LANGENSCHEIDTS
TASCHENWÖRTERBÜCHER

LANGENSCHEIDT
DICIONÁRIO DE BOLSO
DAS LÍNGUAS PORTUGUESA E ALEMÃ

Tomo Primeiro

Português-Alemão

pelo

DR. FRIEDRICH IRMEN

Edição actualizada

LANGENSCHEIDT
BERLIM · MUNIQUE · VIENA · ZURIQUE

LANGENSCHEIDTS TASCHENWÖRTERBUCH

DER PORTUGIESISCHEN UND DEUTSCHEN SPRACHE

Erster Teil

Portugiesisch-Deutsch

von

DR. FRIEDRICH IRMEN

Neubearbeitung

LANGENSCHEIDT

BERLIN · MÜNCHEN · WIEN · ZÜRICH

Inhaltsverzeichnis

Índice

Seite
página

Bemerkungen über die Einrichtung des Wörterbuches — *Notas referentes à organização do dicionário* 7

Erklärung der Zeichen und Abkürzungen — *Explicação dos sinais e das abreviaturas* 11

Die Aussprache des Portugiesischen — *A pronúncia portuguesa* 14

Die brasilianische Aussprache — *A pronúncia brasileira* 18

Die portugiesische Rechtschreibung — *A ortografia da língua portuguesa* 19

Die Betonung der portugiesischen Wörter — *A acentuação das palavras portuguesas* 21

Besonderheiten der brasilianischen Rechtschreibung — *Particularidades da ortografia brasileira* 22

Bemerkungen zur Pluralform der portugiesischen Substantive und Adjektive — *Notas sobre o plural dos substantivos e dos adjectivos em português* 24

Alphabetisches Wörterverzeichnis — *Vocabulário alfabético* 27

Eigennamen — *Nomes próprios* 611

Gebräuchliche portugiesische Abkürzungen — *Abreviaturas portuguesas usuais* 618

Konjugation der portugiesischen Verben — *Conjugação dos verbos portugueses* 624

Zahlwörter — Numerais 638

Portugiesische Maße und Gewichte — *Medidas e pesos portugueses* 640

Auflage:	*7.*	*6.*	*5.*	*Letzte Zahlen*
Jahr:	*1988*	*87*	*86*	*maßgeblich*

Druck: Graph. Betriebe Langenscheidt, Berchtesgaden/Obb.

Printed in Germany · ISBN 3-468-10271-2

Vorwort

Die vorliegende Neubearbeitung des portugiesisch-deutschen Taschenwörterbuches soll der in den letzten Jahren erfolgten raschen Entwicklung des Wortschatzes Rechnung tragen. Sie enthält den modernen Wortschatz der portugiesischen Sprache, wobei der Kernwortschatz wichtiger Fachgebiete wie das der Technik und Rechtswissenschaft, des Sports und Verkehrs eingehend dargestellt ist. Eine Vielzahl umgangssprachlicher Wendungen wurde zusätzlich in diese Neubearbeitung aufgenommen.

Darüber hinaus galt das besondere Augenmerk des Verfassers dem vom europäischen Portugiesisch abweichenden Wortschatz des Brasilianischen, wie die folgenden Beispiele zeigen:

boate (Nachtbar), chope (Faßbier), craque (Kanone *Sport*), escanteio (Ecke *Sport*), falação (Ansprache), fusca (Käfer *Auto*), geladeira (Kühlschrank), gilete (Rasierklinge), jabá (Trockenfleisch), manoca (Tabakbündel), pé-rapado (armer Schlucker), rechapagem (Runderneuerung *Reifen*), samango (Faulpelz), sanfona (Ziehharmonika).

Jedes Stichwort ist in der Lautschrift der Association Phonétique Internationale umschrieben. Hierbei wurden die in Portugal gültigen Aussprachenormen zugrundegelegt. Die davon abweichenden Besonderheiten der brasilianischen Aussprache werden in einem eigenen, umgearbeiteten Kapitel im Vorbogen beschrieben. Ebenfalls im Vorbogen findet der Benutzer zwei neugefaßte Kapitel über Schwierigkeiten und Besonderheiten der modernen portugiesischen bzw. brasilianischen Rechtschreibung, sowie ein wichtiges und nützliches Kapitel über die Pluralbildung der portugiesischen Substantive und Adjektive.

Im Anhang wurden die Verzeichnisse gebräuchlicher Eigennamen und Abkürzungen aktualisiert. Die ausführlichen Konjugationsmuster der portugiesischen Verben enthalten nunmehr auch Hinweise auf abweichenden brasilianischen Sprachgebrauch. Die Anhänge bieten ferner noch Übersichten über die portugiesischen Zahlwörter und Bezeichnungen der Maße und Gewichte.

Verfasser und Verlag danken allen, die diese Neubearbeitung durch mancherlei Hilfestellung und Auskünfte gefördert haben, besonders Herrn Helmut Ascherfeld für seine zahlreichen Anregungen und Hinweise.

DER VERLAG

Prefácio

A presente edição do Dicionário de Bolso português-alemão, revista e actualizada no intuito de acompanhar o rápido desenvolvimento da língua, apresenta tanto o vocabulário geral da língua portuguesa dos nossos dias como a terminologia básica nos campos da Economia, Administração Pública e do Direito, das Ciências, da Técnica, do Trânsito e dos Desportos, com aumento considerável de expressões e locuções familiares da linguagem coloquial.

Além disso, dedicou o Autor especial atenção ao léxico brasileiro, acrescentando palavras, expressões e significados de uso exclusivo no Brasil, como p. ex.:

> boate (Nachtbar), chope (Faßbier), craque (Kanone *Sport*), escanteio (Ecke *Sport*), falação (Ansprache), fusca (Käfer *Auto*), geladeira (Kühlschrank), gilete (Rasierklinge), jabá (Trockenfleisch), manoca (Tabakbündel), pé-rapado (armer Schlucker), rechapagem (Runderneuerung *Reifen*), samango (Faulpelz), sanfona (Ziehharmonika).

As indicações fonéticas, conforme às normas da «Association Phonétique Internationale», que acompanham cada vocábulo, transcrevem a pronúncia oficial portuguesa, sendo as particularidades da pronúncia brasileira explicadas em capítulo especial da Introdução, rigorosamente refundido. Foram também remodelados os capítulos da Introdução referentes às Ortografias portuguesa e brasileira, e acrescentado importante capítulo novo, sobre a formação do plural dos substantivos e adjectivos em português.

A título de suplemento abrange a presente edição listas actualizadas de nomes próprios e de abreviaturas; os paradigmas de conjugação dos verbos regulares e irregulares, desta vez com indicação das variantes paradigmáticas brasileiras; assim como as igualmente actualizadas listas dos numerais e dos pesos e medidas luso-brasileiros.

O Autor e a Editora querem aqui agradecer a todos que, fornecendo valiosas informações e aditamentos, concorreram desinteressadamente para esta nova edição, sentindo-se particularmente obrigados ao sr. Helmut Ascherfeld pelas numerosas sugestões e observações criteriosas.

A EDITORA

Sorgfältige Beachtung des Inhaltes der Seiten 7 – 25 erschließt erst den vollen Wert der Wörterbuches

---

A leitura cuidadosa das páginas 7 – 25 é imprescindível para a valorização e o aproveitamento integral do Dicionário

Bemerkungen über die Einrichtung des Wörterbuches

Notas referentes à organizão do Dicionário

1. **Die alphabetische Reihenfolge** ist überall streng eingehalten. Die gebräuchlichsten Abkürzungen und wichtigsten Eigennamen sind in besonderen Listen am Schluß des Wörterbuches zusammengestellt.

2. **Rechtschreibung.** Für die Schreibung der portugiesischen Wörter waren die Vorschriften des 1945 von der «Academia das Ciências de Lisboa» zusammen mit der «Academia Brasileira de Letras» ausgearbeiteten «Acordo Ortográfico Luso-Brasileiro» maßgebend, der allerdings in Brasilien nicht ratifiziert worden ist. Dort gilt vielmehr bis heute der «Acôrdo Ortográfico Luso-Brasileiro» des Jahres 1943. In beiden Ländern haben jedoch neuere «Reformas Ortográficas», in Brasilien die vom 18. 12. 1971, in Portugal vom 6. 2. 1973, zu einer gewissen Vereinheitlichung geführt. Auf die noch bestehenden Unterschiede wird in den Kapiteln: «Die portugiesische Rechtschreibung» (S. 19), «Besonderheiten der brasilianischen Rechtschreibung» (S. 22) und «Die brasilianische Aussprache» (S. 18) hingewiesen.

Die Schreibung der deutschen Wörter folgt den amtlichen Regeln für die deutsche Rechtschreibung (Duden).

1.º **A ordem alfabética** ficou rigorosamente estabelecida. As abreviaturas mais usadas assim como os mais importantes nomes próprios encontram-se reunidos em listas suplementares no fim deste dicionário.

2.° **Ortografia.** A grafia dos vocábulos portugueses segue as normas do «Acordo Ortográfico Luso-Brasileiro» elaborado em 1945, conjuntamente pelas «Academia das Ciências de Lisboa» e «Academia Brasileira de Letras». Este Acordo, no entanto, nunca foi ratificado no Brasil, onde continua em vigor o «Acôrdo Ortográfico Luso-Brasileiro» do ano de 1943. Todavia, duas «Reformas Ortográficas», a do Brasil, de 18-12-1971, e a de Portugal, de 6-2-1973, levaram a uma certa harmonização das duas ortografias. Às diferenças ainda existentes referem-se os capítulos: «Die portugiesische Rechtschreibung» (p. 19); «Besonderheiten der brasilianischen Rechtschreibung» (p. 22) e ainda «Die brasilianische Aussprache» (p. 18).

A grafia dos vocábulos alemães segue as normas oficiais da ortografia alemã (Duden).

Die moderne portugiesische Rechtschreibung unterscheidet sich beträchtlich von den älteren. Um dem deutschen Benutzer das Auffinden von Wörtern, die ihm in einer veralteten Schreibung entgegentreten, zu erleichtern, sind die wichtigsten Neuerungen in dem Kapitel «Die portugiesische Rechtschreibung» zusammengestellt (S. 19).

3. Wörter gleicher Schreibung.

a) Gleichgeschriebene, aber verschieden ausgesprochene Wörter sind getrennt aufgeführt und mit [1], [2] usw. bezeichnet.

b) Gleichgeschriebene und gleichgesprochene Wörter von verschiedener Abstammung sind aus Gründen der Platzersparnis nicht getrennt aufgeführt, jedoch wird auf die Verschiedenheit der Abstammung durch die Bezeichnung der jeweiligen Wortbedeutungen mit den Buchstaben **a**), **b**), **c**) usw. hingewiesen.

4. Leicht ableitbare Wörter sind vielfach weggelassen worden. Insbesondere betrifft dies

a) die *Adverbien auf -mente*, die im Deutschen meist durch die Bedeutungen der zugehörigen Adjektive wiederzugeben sind;

b) die *weibliche Form der Adjektive*, die sich leicht aus der männlichen bilden läßt;

c) die *Verkleinerungs- und Vergrößerungsformen* (auf -[*z*]*inho*, -[*z*]*ito*; -[*z*]*ão*; -[*z*]*ola*, -[*z*]*ote* usw.), die nur dann aufgeführt werden, wenn sie eine Sonderbedeutung haben.

5. Partizipien werden nur dann gesondert aufgeführt, wenn sie eine eigene Bedeutung haben, die aus den Bedeutungen des zugehörigen Infinitivs nicht ohne weiteres zu entnehmen ist.

6. Reflexive Verben. Bei den meisten portugiesischen Verben ist die dazugehörige, mit **...-se** bezeichnete reflexive Form nur dann angeführt worden, wenn sie eigene, von der transitiven Form abweichende Bedeutungen aufweist. In diesen Fällen werden nur die abweichenden Bedeutungen gegeben.

A moderna ortografia portuguesa difere bastante das antigas. A fim de facilitar ao estudioso alemão a tarefa de encontrar, neste dicionário, os vocábulos que se lhe apresentarem com uma grafia antiquada, as mais importantes inovações encontram-se explicadas no capítulo «A ortografia portuguesa» (p. 19.).

3.º Homógrafos

a) Os de pronúncia diferente encontram-se separados e marcados com os números [1], [2], etc.

b) Os homónimos de etimologia diferente não puderam, por falta de espaço, ser tratados isoladamente. No entanto, alude-se às diferenças etimológicas, fazendo preceder os respectivos significados pelas letras **a**), **b**), **c**), etc.

4.º Palavras de derivação fácil muitas vezes foram excluídas. Trata-se, especialmente,

a) dos *advérbios em -mente*, cujo significado em alemão é, quase sempre, igual ao dos adjectivos correspondentes;

b) da *forma feminina dos adjectivos*, que deriva regularmente da masculina;

c) dos *diminutivos e aumentativos* (em -[*z*]*inho*, -[*z*]*ito*; -[*z*]*ão*, -[*z*]*ola*, -[*z*]*ote*, etc.), que não se mencionaram senão no caso de apresentarem um significado especial.

5.º Dos **participios** mencionaram-se apenas os que, além dos significados verbais indicados nas respectivas formas infinitivas, têm função adjectiva com significado especial.

6.º Verbos reflexos. Na maior parte dos verbos portugueses, só se menciona a respectiva forma reflexa, indicada por **...-se**, quando apresenta significados próprios, diferentes dos da forma transitiva. Não se mencionam senão estes significados.

7. Geschlecht und Zahl der portugiesischen Substantive sind stets angegeben (*m, f; sg., pl.*), ebenso bei den deutschen Übersetzungen.

Die Bezeichnung *su.* (= *substantivo*) bei portugiesischen Wörtern bedeutet, daß das betreffende Wort sowohl weiblich wie männlich gebraucht wird.

8. Flexion der Verben. Bei jedem portugiesischen Verb weisen die in runden Klammern stehenden Zahlen und Buchstaben — (1a) usw. — auf das entsprechende **Konjugationsmuster am Schluß** des Wörterbuches hin (s. Anhang, S. 624).

Die sogenannten defektiven Verben sind außerdem durch den von den Ziffern 1—4 begleiteten Buchstaben D kenntlich gemacht. Dabei bedeutet:

D1: 1. Pers. Sg. Prs. Indikativ und der ganze Konjunktiv sind ungebräuchlich.

D2: Nur in den endungsbetonten Formen gebräuchlich.

D3: Nur 3. Pers. Sg. und Pl. sowie die infiniten Formen sind gebräuchlich.

D4: Gebräuchlich sind nur die endungsbetonten Formen, jedoch nicht im Konjunktiv Prs.

9. Die Rektion ist angegeben, wenn sie in beiden Sprachen verschieden ist. Bei den deutschen Präpositionen wird der Kasus nur für diejenigen bezeichnet, die zwei Fälle regieren können, z. B. *lembrar-se de* sich erinnern an (*ac.*).

10. Bedeutung und Übersetzung. Um dem Benutzer die Auswahl der passenden Bedeutung zu erleichtern, sind den deutschen Bedeutungen der portugiesischen Wörter besondere Zeichen sowie Abkürzungen und sonstige Hinweise in kursiver Schrift beigegeben. Grundsätzlich ist zu merken, daß alle kursiv gedruckten Wörter und Abkürzungen lediglich der Erläuterung dienen, für die Übersetzung eines portugiesischen Wortes also nur die normal gedruckten deutschen Wörter zu benutzen sind. Im einzelnen ist folgendes zu beachten:

7.º O género e o número dos substantivos portugueses indicaram-se sempre (por *m, f; sg., pl.*) assim como os dos substantivos alemães.

A indicação *su.* (= *substantivo*) em vocábulos portugueses quer dizer que a respectiva palavra é usada em ambos os géneros.

8.º Flexão dos verbos. Os números e letras que, postos entre parênteses, acompanham cada verbo português — (1a), etc. — referem-se ao **paradigma de conjugação** a **que o respectivo verbo obedece** e que se encontra no fim do dicionário (v. Apêndice, pág. 624).

Os verbos chamados defectivos estão marcados, além disso, pela letra D acompanhada de uma das cifras 1 a 4, significando:

D1: Não se usa na 1.ª p. sg. prs. do ind. e em todas as pessoas do prs. do conj.

D2: Só se usa nas formas arrizotónicas.

D3: Usado somente nas terceiras pessoas, assim como nas formas infinitas.

D4: Usado apenas nas formas arrizotónicas com excepção das do prs. do conj.

9.º A regência está indicada sempre que seja diferente nos dois idiomas. Das preposições alemãs só levam a indicação do caso as que podem reger dois casos diferentes, p. ex., *lembrar-se de* sich erinnern an (*ac.*).

10.º Significados e tradução. A fim de facilitar ao estudioso a escolha do termo exacto, acrescentaram-se aos significados alemães dos vocábulos portugueses, diversos sinais simbólicos, assim como numerosas abreviaturas e demais indicações em itálico. O estudioso partirá sempre do princípio de que todas as palavras e abreviaturas em itálico são meramente explicativas e que, para traduzir uma palavra portuguesa, só deve utilizar as palavras alemãs impressas em caracteres normais. Devem observar-se as seguintes particularidades:

a) *Bildliche Zeichen* (F, ↯, ⚖ usw.), *Abkürzungen* (*ast.*, *biol.* usw.) und *mit Doppelpunkt versehene Wörter* (*Radio*:, , *Sport*: usw.), die einem portugiesischen Wort beigegeben oder einer deutschen Bedeutung vorangestellt sind, bezeichnen das Lebensgebiet, dem diese Wörter angehören.

b) Die *einem deutschen Verb vorangestellten kursiven Wörter ohne Doppelpunkt* bezeichnen das Objekt, worauf das betreffende Verb sich beziehen kann.

c) Die *einem deutschen Substantiv vorangestellten und durch Bindestrich angeschlossenen kursiven Wörter* bezeichnen den Anwendungsbereich dieses Substantivs. Gleichzeitig soll ausgedrückt werden, daß und in welcher Weise die entsprechenden portugiesischen Ausdrücke im Deutschen durch ein zusammengesetztes Wort wiederzugeben sind.

d) *In Klammern nachgestellte kursive Wörter* bezeichnen bei Verben das Subjekt, von dem die durch das Verb ausgedrückte Tätigkeit ausgeübt werden kann, bei Substantiven und Adjektiven bezeichnen sie den Anwendungsbereich dieser Wörter.

e) *Verschiedenartige Bedeutungen* wurden durch ein *Semikolon*, *sinnverwandte Wörter* durch ein *Komma* getrennt. Bei Redewendungen sind stark abweichende Bedeutungen durch die Buchstaben a), b) usw., bei Präpositionen durch die Zahlen 1., 2. usw. voneinander geschieden.

a) *Os símbolos* (F, ↯, ⚖, etc.), as *abreviaturas* (*ast.*, *biol.*, etc.) e as *palavras seguidas de dois pontos* (*Radio*:, *Sport*:, etc.), que acompanham uma palavra portuguesa ou antecedem um significado alemão, indicam o ramo de vida a que essa palavra ou significado pertence.

b) As *palavras em itálico que antecedem um verbo alemão*, sem serem seguidas de dois pontos, designam os complementos que esse verbo pode ter em alemão.

c) As *palavras em itálico que antecedem um substantivo alemão* estando ligadas a este por meio do *hífen*, delimitam o campo de aplicação desse substantivo e exprimem, simultaneamente, que e de que maneira as correspondentes expressões portuguesas devem ser traduzidas em alemão, por uma palavra composta.

d) *Palavras em itálico entre parênteses, pospostas* a um verbo, designam o sujeito da acção expressa pelo verbo; a seguir a um substantivo ou adjectivo indicam o campo de aplicação dessas palavras.

e) *Significados divergentes* estão separados pelo *ponto e vírgula*; *palavras sinónimas*, apenas por uma *vírgula*. Nas locuções e expressões idiomáticas, os significados muito diferentes distinguiram-se por meio das letras a), b), etc., nas preposições, pelos números 1., 2., etc.

Erklärung der Zeichen und Abkürzungen

Explicação dos sinais e das abreviaturas

1. Zeichen — Sinais

~, ~°, ~, ~° Tilde oder Wiederholungszeichen. Abgeleitete und zusammengesetzte Wörter sind zwecks Raumersparnis oft zu Gruppen vereinigt.

Der senkrechte Strich (|) im ersten Stichwort einer solchen Gruppe trennt den Teil ab, der allen folgenden Wörtern dieser Gruppe gemeinsam ist.

Die fette Tilde (**~**) vertritt entweder das ganze erste Stichwort einer Gruppe oder den vor dem senkrechten Strich (|) stehenden Teil dieses Stichworts. Die einfache Tilde (~) vertritt das ganze, unmittelbar voraufgegangene Stichwort, das selbst schon mit Hilfe der Tilde gebildet sein kann. In der Aussprachebezeichnung vertritt die einfache Tilde (~) die Aussprache des ersten Stichworts einer Gruppe oder die seines ersten Teils.

Nach dem Gleichheitszeichen (=) ersetzt die einfache Tilde den vor dem senkrechten Strich stehenden Teil des ersten Stichworts einer Gruppe. Es handelt sich dann um einen Verweis auf ein anderes Wort innerhalb der gleichen Gruppe.

Wenn sich der Anfangsbuchstabe ändert (groß zu klein od. umgekehrt), steht statt der Tilde die Tilde mit Kreis ~°, **~°**.

Beispiele: **abaf|ação, ~adela** [ɐβɐfɐ'sɐ̃u, ~ɐ'ðɛlɐ] *f* = *~amento*; **~adiço** [~ɐ'ðisu] stickig. — **padre** ['paðrə] *m* Priester; *o Santo* ~° (= *Padre*) der Heilige Vater.

~, ~°, ~, ~° til ou sinal de repetição. A falta de espaço impõe muitas vezes a reunião num só parágrafo, de palavras derivadas ou compostas.

O traço vertical (|) separa do primeiro vocábulo a parte comum a todos os outros reunidos no mesmo parágrafo.

O til carregado (**~**) substitui por inteiro o primeiro vocábulo de um parágrafo ou representa a primeira parte desse vocábulo, separada pelo traço vertical (|). O til simples (~), pelo contrário, substitui, por inteiro, o vocábulo imediatamente anterior e que, ele próprio, pode ser formado por meio do til. Na transcrição fonética, o til simples (~) representa a pronúncia do primeiro vocábulo de um parágrafo ou da sua primeira parte.

Depois do sinal de igualdade (=), o til substitui a parte separada pelo traço vertical, do primeiro vocábulo de um parágrafo. Trata-se, então, de uma chamada para uma outra palavra do mesmo parágrafo.

A transformação de maiúscula em minúscula ou vice-versa é indicada pelo sinal ~°, **~°**.

Exemplos: **abaf|ação, ~adela** [ɐβɐfɐ'sɐ̃u, ~ɐ'ðɛlɐ] *f* = *~amento*; **~adiço** [~ɐ'ðisu] stickig. — **padre** ['paðrə] *m* Priester; *o Santo* ~° (= *Padre*) der Heilige Vater.

- F familiär, *familiar*; Umgangssprache, *linguagem corrente falada.*
- P populär, *linguagem popular.*
- V vulgär, unanständig, *indecente.*
- † veraltet, *antiquado.*
- ⚒ selten, *raro, pouco usado.*
- 🕮 wissenschaftlich, *termo científico.*
- ⚘ Pflanzenkunde, *botânica.*
- ⊕ Technik, Handwerk, *tecnologia.*

⚒ Bergbau, *minas*.
⚔ militärisch, *termo militar*.
⚓ Schiffahrt, *navegação*.
☤ Wirtschaft und Handel, *economia e comércio*.
🚂 Eisenbahn, *caminhos de ferro*.
✈ Flugwesen, *aviação*.
📯 Postwesen, *correios*.
♪ Musik, *música*.
△ Bauwesen u. Baukunst, *construção civil e arquitectura*.
⚡ Elektrotechnik, *electrotecnia*.
⚖ Rechtswissenschaft, *jurisprudência*.
Mathematik, *matemáticas*.
Landwirtschaft, Gartenbau, *agricultura, horticultura*.
Chemie, *química*.
⚕ Heilkunde, Medizin, *medicina*.
= gleich, *igual a*.
Wappenkunde, *heráldica*.

2. Abkürzungen — Abreviaturas

a. auch, *também*.
ac. *acusativo*, Akkusativ, 4. Fall.
a/c. *alguma coisa* (= etwas).
adj. *adjectivo*, Adjektiv.
adv. *advérbio*, Adverb.
alg. *alguém* (= jemand).
allg. allgemein(er), *significado (mais) geral*.
anat. *anatomia*, Anatomie.
angl. *anglicismo*, Anglizismus.
art. *artigo*, Artikel.
ast. *astronomia*, Astronomie, Sternkunde.
atr. *atributivo*, attributiv.
auto. *automobilismo*, Kraftfahrwesen.
biol. *biologia*, Biologie.
bras. *brasileiro*, brasilianisch.
bsd. besonders, *especialmente*.
cat. *católico*, katholisch.
cir. *cirurgia*, Chirurgie.
cj. *conjunção*, Konjunktion.
comp. *comparativo*, Komparativ.
conj. *conjuntivo*, Konjunktiv.
cul. *culinária*, Kochkunst.
dat. *dativo*, Dativ, 3. Fall.
depr. *depreciativo*, verächtlich.
dtsch. deutsch, (*em*) *alemão*.
dim. *diminutivo*, Verkleinerungsform.
ea. einander, *um (uns) ao(s) [outro(s).]*
e-e eine, *uma*.
ehm. ehemalig, ehemals, *antigo, antigamente*.
eigtl. eigentlich, *sentido primitivo*.
e-m, e-m einem, *a um*.
e-n, e-n einen, *um*.
entspr. entspricht, *corresponde a*.
e-r, e-r einer, *a uma, de uma*.
e-s, e-s eines, *de um*.
esgr. *esgrima*, Fechtkunst.
et., et. etwas, *alguma coisa*.
etc. *et cetera*, und so weiter.
f *feminino*, weiblich.
farm. *farmácia e farmacologia*, Arzneikunde u. Apothekerkunst.
fig. figürlich, *em sentido figurado*.
fil. *filosofia*, Philosophie.
fís. *física*, Physik.
fot. *fotografia*, Photographie.
f/pl. *plural feminino*, weiblich in der Mehrzahl.
fr. *francês*, französisch.
fut. *futuro*, Futurum, Zukunft.
gal. *galicismo*, Gallizismus.
geogr. *geografia*, Erdkunde.
geol. *geologia*, Geologie.
ger. *gerúndio*, Gerundium.
Ggs. Gegensatz, *antónimo*.
gram. *gramática*, Grammatik.
h. haben, *ter*.
hist. *histórico*, geschichtlich.
imp. *imperativo*, Imperativ.
impf. *pretérito imperfeito*, Imperfekt.
ind. *indicativo*, Indikativ.
inf. *infinito*, Infinitiv.
infan. *linguagem infantil*, Kindersprache.
int. *interjeição*, Ausruf.
interr. *interrogativo*, Fragewort.
inv. *invariável*, unveränderlich.
irón. *irónico*, ironisch, scherzhaft.
irr. *irregular*, unregelmäßig.
j. jemand, *alguém*.
j-m, j-m jemandem, *a alguém*.
j-n, j-n jemanden, *alguém (ac.)*.
j-s, j-s jemandes, *de alguém*.
l. lassen, *deixar, mandar, fazer*.

lat. *termo latino,* lateinisch.

lit. *ciências literárias,* Literaturwissenschaft.

m *masculino,* männlich.

m. machen, *fazer.*

met. *meteorologia,* Wetterkunde.

min. *mineralogia,* Mineralogie.

mit. *mitologia,* Mythologie.

mont. *montaria,* Jagdwesen.

mor. *moral,* moralisch.

m/pl. *plural masculino,* männlich in der Mehrzahl.

mst meistens, *em geral, habitualmente.*

n *neutro,* sächlich

nom. *nominativo,* Nominativ.

n/pl. *plural neutro,* sächlich in der Mehrzahl.

od. oder, *ou.*

ópt. *óptica,* Optik.

örtl. örtlich, *relativo ao lugar.*

our. *ourivesaria,* Goldschmiedekunst.

P.,Pers. Person, *pessoa.*

parl. *termo parlamentar,* parlamentarischer Ausdruck.

pint. *pintura,* Malerei.

pl. *plural,* Plural, Mehrzahl.

poét. *termo poético,* poetisch.

pol. *politica,* Politik.

port. *português,* portugiesisch.

p.p. *particípio passado,* Partizip des Perfekts.

pred. *predicativo,* prädikativ.

pron. *pronome,* Pronomen, Fürwort.

prot. *protestante,* protestantisch.

prov. *provincialismo,* Provinzialismus.

prp. *preposição,* Präposition, Verhältniswort.

prs. *presente,* Präsens.

psych. *psicologia,* Psychologie.

pt. *pretérito perfeito,* Perfekt.

rel. *religião,* Religion.

ret. *retórica,* Redekunst.

s. siehe, *veja.*

s-e, s-e seine, *sua(s), seus.*

sg. *singular,* Singular, Einzahl.

s-m, s-m seinem, *ao seu.*

sn sein, *ser, estar.*

s-n, s-n seinen, *seu (ac.), aos seus, às suas.*

s-r, s-r seiner, *da(s) sua(s), dos seus.*

Stv. Stammveränderung, *modificação da raiz.*

su. *substantivo,* Substantiv.

sup. *superlativo,* Superlativ.

taur. *tauromaquia,* Stierkampf.

tea. *teatro,* Theater.

tel. *telegrafia e telefonia,* Telegraphie und Telefon.

tip. *tipografia,* Buchdruck.

u. und, *e.*

univ. *universidade,* Hochschulwesen, Studentensprache.

unv. unveränderlich, *invariábel.*

usw. und so weiter, *et cetera.*

v. von, *de.*

vet. *veterinária,* Tierheilkunde.

vgl. vergleiche, *compare.*

v/i. *verbo intransitivo,* intransitives Zeitwort.

v/t. *verbo transitivo,* transitives Zeitwort.

w. werden, *ser, ficar, tornar-se.*

z.B. zum Beispiel, *por exemplo.*

zeitl. zeitlich, *relativo ao tempo.*

zo. *zoologia,* Zoologie.

zs. zusammen, *juntos.*

Zssg(n) Zusammensetzung(en), *palavra(s) composta(s).*

Die Aussprache des Portugiesischen

Die Aussprachebezeichnung ist in der Lautschrift der Association Phonétique Internationale wiedergegeben.

Die Zeichen **b, d, f, g, k, l, m, n, p, t** haben für die portugiesische Aussprache annähernd den gleichen Lautwert wie im Deutschen. Sie werden deshalb in der Tabelle der Aussprachezeichen nicht besonders erwähnt. Es muß jedoch darauf aufmerksam gemacht werden, daß **p, t, k** ohne jeden Hauch (Aspiration) und **b, d, g** durchaus stimmhaft zu sprechen sind.

Auf eine besondere Bezeichnung langer und kurzer Vokale wird verzichtet, da das Portugiesische Vokale mit voller Länge (wie z.B. in deutsch Grüß im Gegensatz zu Küß) nicht besitzt. Zwar ist in betonter Silbe der Vokal im allgemeinen länger als in unbetonter, jedoch kennt das Portugiesische grundsätzlich nur Vokale von mittlerer Dauer.

Das Zeichen ˈ steht vor der betonten Silbe, das Zeichen ˌ vor einer Silbe mit Nebenton.

Die Aussprachebezeichnung ist jeweils in eckige Klammern gesetzt.

Zeichen	Wert des Zeichens	Beispiele
	A. Einfache Vokale	
a	rein und offen wie in dtsch. H**a**se, aber etwas kürzer; vor den Hintergaumenlauten [ɫ] und [u] dunkler gefärbt	*cá* [ka] *hier*; *mal* [maɫ], *mau* [mau] schlecht
ɐ	geschlossenes **a**, dessen Lautwert zwischen denen des englischen **a** in m**a**n, s**a**d einerseits und b**u**t, s**o**n andererseits liegt	*cana* [ˈkɐnɐ] *Rohr*
ɛ	noch offener als in V**ä**ter, aber nicht ganz so lang	*pé* [pɛ] *Fuß*; *director* [dirɛˈtor] *Leiter*
e	geschlossen, wie in S**ee**	*pena* [ˈpenɐ] *Feder*
ə	schwachtoniges **e** wie etwa in dtsch. Mitt**e**l, das vor **r** und **l**, zwischen stimmlosen Konsonanten und in der Mittelsilbe oft nur sehr schwer hörbar ist. Im Unterschied zum Deutschen wird es ohne Lippenrundung gesprochen	*dever* [dəˈver] *Pflicht*; *pessoa* [p(ə)ˈsoɐ] *Person*; *parecer* [pɐr(ə)ˈser] *scheinen*

Zeichen	Wert des Zeichens	Beispiele
i	geschlossen, wie in **Sie**; vor Hintergaumen-**l** und flüchtigem **u** dunkler gefärbt, wie etwa in Sch**i**ff	*fita* ['fitɐ] *Band*; *silvar* [sił'var] *zischen*; *viu* [viu] *sah*
ɨ	mit einer mittleren Zungenstellung zwischen der von **i** und **u** und auseinandergezogenen Lippen zu sprechender **i**-Laut. Er entsteht aus schwachtonigem [ə] in der Nachbarschaft palataler Konsonanten [ʃ, ʎ, ɲ, ʒ].	*fechar* [fɨ'ʃar] *schließen*; *melhor* [mɨ'ʎɔr] *besser*; *senhor* [sɨ'ɲor] *Herr*; *tijolo* [tɨ'ʒolu] *Ziegel*
j	halbkonsonantisches, sich eng an den folgenden Vokal anschließendes **i**, ähnlich dem j-Laut in dtsch. **j**ung, Rad**i**um	*pátio* ['patju] *Hof*; *iodo* ['joðu] *Jod*
ɔ	offenes **o**, wie in S**o**nne, aber etwas länger	*avó* [ɐ'vɔ] *Großmutter*
o	geschlossenes **o**, wie in **O**fen, aber etwas kürzer	*avô* [ɐ'vo] *Großvater*; *solto* ['sołtu] *los*; *rouco* ['ʀoku] *heiser*
u	reines **u**, wie in D**u**	*puro* ['puru] *rein*
w	halbkonsonantisches, sich eng an den folgenden Vokal anschließendes **u** wie in engl. **w**ell	*quatro* ['kwatru] *vier*

B. Diphthonge (zwei Vokale auf eine Silbe)

ai	Jeder der beiden Vokale behält seinen ursprünglichen Wert. Darauf ist besonders bei den mit ei, ɛu und eu umschriebenen Diphthongen zu achten (Gegensatz zum Deutschen!). Beide Bestandteile werden in einer Silbe gesprochen, der erste betont, der zweite stark verkürzt und sehr flüchtig. NB. Der mit ei wiedergegebene Diphthong kann auch offener gesprochen werden und klingt dann, vor allem in Lissabon, fast wie ɐi (jedoch nie wie ai oder ɛi!). — Der Doppellaut ɐu begegnet nur in der Verbindung der Präposition *a* mit dem Artikel *o*(*s*) zu *ao*(*s*). — Der Diphthong *ou*, z. B. in *sou*, *touca*, ist im Wörterverzeichnis als geschlossenes **o** umschrieben [so, 'tokɐ], wie es der offiziellen Aussprache entspricht. Er wird jedoch vielfach, besonders in Nordportugal, als regelrechter Diphthong gesprochen [sou, 'toukɐ].	*pai* [pai] *Vater*
ɐi		*caiar* [kɐi'ar] *kalken*
ɛi		*anéis* [ɐ'nɛiʃ] *Ringe*
ei		*lei* [lei] *Gesetz*
ɔi		*sóis* [sɔiʃ] *Sonnen*
oi		*boi* [boi] *Ochse*
ui		*cuidar* [kui'ðar] *vermuten*
au		*pau* [pau] *Holz*
ɐu		*ao pau* [ɐu'pau] *dem Holz*
ɛu		*céu* [sɛu] *Himmel*
eu		*meu* [meu] *mein*
iu		*riu* [ʀiu] *lachte*

C. Nasalierte Vokale

Zeichen	Wert des Zeichens	Beispiele
ɐ̃	Alle nasalierten Vokale sind geschlossen! Hierauf ist besonders bei den Nasallauten ɐ̃, ẽ und õ zu achten (Gegensatz zum Deutschen!). Die Nasalierung ist nicht so vollständig wie im Französischen, sondern entspricht eher der deutschen in Wörtern wie **Ding, Dung, lang,** jedoch kommt es außer vor **k** und **g** nicht zur Bildung des nasalen Verschlußlautes ŋ. **m** vor **b, p** und **n** vor **d, t** bleiben deutlich hörbar. NB. Durch die Verbindung von *a* (Präposition oder Artikel) oder *à* mit nachfolgendem nasalierten **a** entsteht ausnahmsweise ein offener nasalierter Vokal [ã], z. B. in *à antiga* [ãn'tigɐ] nach alter Weise.	*lã* [lɐ̃] *Wolle*; *branco* ['brɐ̃ŋku] *weiß*; *antes* ['ɐ̃ntɨʃ] *vor*
ẽ		*lenço* ['lẽsu] *Tuch*; *bengala* [bẽŋ'galɐ] *Stock*; *tempo* ['tẽmpu] *Zeit*
ĩ		*rim* [ʀĩ] *Niere*, *zinco* ['zĩŋku] *Zink*; *vinte* ['vĩntə] *zwanzig*
õ		*som* [sõ] *Ton*; *bronco* ['brõŋku] *roh*; *sombra* ['sõmbrɐ] *Schatten*
ũ		*um* [ũ] *ein*; *nunca* ['nũŋkɐ] *nie*; *junto* ['ʒũntu] *bei*

D. Nasalierte Diphthonge

Zeichen	Wert des Zeichens	Beispiele
ɐ̃i	Sowohl der betonte erste wie auch der unbetonte zweite Bestandteil werden als Ganzes nasaliert. Es kommt nicht zur Bildung des nasalen Verschlußlautes -ŋ	*mãe* [mɐ̃i] *Mutter*; *bem* [bɐ̃i]
ɐ̃u		*pão* [pɐ̃u] *Brot*
õi		*limões* [li'mõiʃ] *Zitronen*
ũi		*muito* ['mũintu] *viel*

E. Konsonanten

Zeichen	Wert des Zeichens	Beispiele
β	Lippenreibelaut, etwa wie **w** in süddeutsch **Wein**	*lobo* ['loβu] *Wolf*
δ	sehr weiches **d**, fast wie der engl. Reibelaut **th** in fa**th**er. Die Zunge berührt gleichzeitig die oberen und unteren Schneidezähne	*fado* ['faδu] *Geschick*
γ	sehr weiches, als stimmhafter Reibelaut zu sprechendes **g** (stimmhaftes **ch**!)	*lago* ['laγu] *See*

Zeichen	Wert des Zeichens	Beispiele
ł	Hintergaumen-**l**: dunkler, im hinteren Mundraum gesprochener Laut, wobei die Zungenspitze gegen das Zahnfleisch der oberen Schneidezähne gehoben wird. Ähnlich ist der **l**-Laut in engl. ha**ll**	*mal* [mał] *schlecht*; *sol* [sɔł] *Sonne*; *soltar* [soł'tar] *losmachen*
ʎ	**ein** Laut, wie italienisch **gl**: mit der Zungenlage eines **j** gesprochenes **l**, bei dem die Zungenspitze hinter den unteren Schneidezähnen liegen bleibt	*filho* ['fiʎu] *Sohn*
ɲ	**ein** Laut, wie französisch **gn**: mit der Zungenlage eines **j** gesprochenen **n**, bei dem die Zungenspitze hinter den unteren Schneidezähnen liegen bleibt	*ninho* ['niɲu] *Nest*
ŋ	wie das auslautende **ng** in dtsch. la**ng** gesprochener nasaler Verschlußlaut	*brincar* [brĩŋ'kar] *spielen*
r	einfaches, mit einem Schlag der Zungenspitze gegen das Zahnfleisch der oberen Schneidezähne hervorgebrachtes Zungenspitzen-**r**	*caro* ['karu] *teuer*
ʀ	entweder stark gerolltes Zungenspitzen-**r** oder (stimmloses) Zäpfchen-**r**. Beide Aussprachen sind gleichermaßen zulässig	*rua* ['ʀuɐ] *Straße*; *carro* ['kaʀu] *Wagen*
s	stimmloses, dem deutschen **ß** entsprechendes **s**	*sal* [sał] *Salz*; *cego* ['sɛɣu] *blind*; *isso* ['isu] *das*
z	stimmhaftes **s**, wie in **Rose**	*rosa* ['ʀɔzɐ] *Rose*; *zelo* ['zelu] *Eifer*
ʃ	fast wie deutsches **sch**, aber schwächer und ohne die Lippen vorzustülpen	*chá* [ʃa] *Tee*; *peixe* ['peiʃɨ] *Fisch*
ʒ	stimmhaftes **sch**, etwa wie das **g** in **Genie** oder das **j** in **Jalousie**	*génio* ['ʒɛnju] *Geist*; *já* [ʒa] *schon*; *desde* ['deʒdə] *seit*

Das portugiesische Alphabet

a (a), b (be), c (se), d (de), e (ɛ), f ('ɛfə), g (ʒe, ge), h (ɐ'ga), i (i), j ('ʒɔtɐ), l (ɛł), m ('ɛmə), n ('ɛnə), o (ɔ), p (pe), q (ke), r ('ɛʀə, ʀe), s ('ɛsə), t (te), u (u), v (ve), x (ʃiʃ), z (ze).

Die Buchstaben k ['kapɐ], w [veðu'βraðu], y [i'ɣreɣu] gehören nicht zum portugiesischen Alphabet und werden nur in wenigen, von ausländischen Eigennamen abgeleiteten Fremdwörtern verwendet.

Die brasilianische Aussprache

weicht hauptsächlich in folgenden Punkten von der portugiesischen ab:

1. Die unbetonten Vokale werden in Brasilien nicht so weit abgeschwächt wie in Portugal. Das bedeutet im einzelnen:
   a) Das Brasilianische kennt das geschlossene a [ɐ] des Portugiesischen in unbetonter Silbe nur als nasaliertes [ɐ̃]. Sonst hört man im Vorton im allgemeinen nur reines, offenes [a]: abacaxi [abaka'ʃi]. Im Auslaut schwankt die Aussprache zwischen [ɐ] und [a]: capa ['kapa] oder ['kapɐ].
   b) Das schwachtonige e (in Portugal [ə] oder [ɨ]) wird im Auslaut und in den Vorsilben es- und ex-, manchmal auch in anderen Positionen, eindeutig [i] ausgesprochen. Als Faustregel gilt: unbetontes e wird, außer im Auslaut, als geschlossenes e ausgesprochen: perguntar [pergun'tar].
   c) Unbetontes o, in Portugal [u], spricht der Brasilianer als geschlossenes o im Wortanfang: orelha [o'reʎa] und in der Vortonsilbe: começar [kome'sar], seltener im Auslaut: fato ['fatu], selten ['fato].
2. Vor den Nasalkonsonanten m und n werden in der Tonsilbe die in Portugal offenen Vokale e und o durchweg geschlossen ausgesprochen und statt mit dem Akut (ˊ) mit dem Zirkumflex (ˆ) bezeichnet: port. antónimo [ɐ̃n'tɔnimu], bras. antônimo [ɐ̃n'tonimu].
3. Der Diphthong ei wird [ei] oder [ej], nicht wie sehr häufig in Portugal [ɐi] oder [ɐj] gesprochen. In der Umgangssprache wird er vor Konsonant vielfach vereinfacht zu [e]: meia ['meja]; brasileiro [brazi'leiro, -'lero]. Von dem Nasaldiphthong ãe wird auslautendes em, dessen Aussprache in Portugal damit zusammenfällt, streng unterschieden: mãe [mɐ̃i]; também [tẽm'bẽ], garágem [ga'raʒẽ].
4. Silbenschließendes s oder z wird in Rio und São Paulo wie in Portugal als [ʃ] bzw. [ʒ] gesprochen, manchmal auch in anderen Gegenden Brasiliens. Sonst aber ist die übliche Aussprache [s] im Auslaut und vor stimmlosem, [z] vor stimmhaftem Konsonant: assaz [a'sas]; bastante [bas'tãntʃi]; trasbordar [trazbor'dar].
   Silbenschließendes s oder x verschmilzt mit c vor e, i zu [s]: crescer [kre'ser]; excelente [ise'lẽntʃi].
5. Auslautendes und silbenschließendes l (in Portugal [ɫ]) wird in Brasilien meist vokalisiert: Brasil [bra'ziu], falso ['fausu].
6. [ʀ] wird in Brasilien durchweg als stimmloses Zäpfchen-r gesprochen und dabei oft so weit zurückverlagert, daß es einen Lautwert zwischen deutschem ch (wie in Bruch oder ich) und deutschem h annimmt. Diese Aussprache gilt sowohl für Anfangs- und Doppel-r wie auch für silbenschließendes r, das im Wortauslaut in vulgärer Aussprache oft völlig verstummt: porta ['pɔʀta], dever [de've(ʀ)].
7. Intervokalisches b und d sind in Brasilien als Verschlußlaute zu sprechen, also nicht [β] oder [δ], sondern [b] bzw. [d]; d oder t vor i und unbetontem e im Auslaut und vor Vokal klingt in Rio und São Paulo, aber inzwischen auch überall sonst in Brasilien, wie [dʒ] bzw. [tʃ]. Auslautendes e lautet dann [i]: bonde ['bõndʒi], noite ['noitʃi]; teatro ['tʃjatru].
8. lh wird vor i häufig zu [l] vereinfacht: filhinho [fi'liɲu]. In vulgärer Aussprache hört man in allen Positionen statt [ʎ] nur flüchtiges [j]: barulho [ba'ruju].

BEACHTE: Die oben vermerkten Besonderheiten werden in der Lautschrift des Wörterverzeichnisses nur bei rein brasilianischen Titeln berücksichtigt und sind im übrigen vom Benutzer selbst zu beachten.

Die portugiesische Rechtschreibung

I. Allgemeine Hinweise

1. Im portugiesischen Alphabet **fehlen** die Schriftzeichen **k, w** und **y**, statt ihrer verwendet der Portugiese **qu, v** und **i**. Nur in ausländischen, manchmal auch portugiesischen Eigennamen und davon abgeleiteten Wörtern erscheinen **k, w** und **y**: (Kant) **kantiano**; (Wagner) **wagneriano**, **k** und **w** außerdem in international üblichen Abkürzungen (vgl. S. 618ff.).

Ebenso **fehlt** das Zeichen **ph**, das durch **f**, und **ch** mit dem Lautwert [k], das durch **c** (**Cristo**) oder **qu** (**química**) ersetzt ist; **h** wird nur am Wortanfang oder nach Bindestrich verwendet: **humano, anti-humano**, aber: **desumano**.

2. **Außer -rr- und -ss-** kennt das Portugiesische **keine Doppelkonsonanten**.

3. Portugiesische **Tonzeichen** (**Akzente**) sind: der **Akut** (**só**) als Zeichen für den offenen und der **Zirkumflex** (**rê, pôr**) zur Bezeichnung des geschlossenen Vokals. In mehrsilbigen Wörtern bezeichnen sie gleichzeitig den Wortakzent, sofern dieser auf einer anderen Silbe als derjenigen liegt, die sonst den Wortakzent tragen würde: **cédula, mecânica, tamanduá**.

Die **Tilde** dient im Portugiesischen der Bezeichnung des **Nasaldiphthongs**, am Wortende auch des Nasalvokals **ã**: **pão, mãe, limões, lã**. In mehrsilbigen Wörtern bezeichnet die Tilde zugleich auch die Tonsilbe, es sei denn, diese wird durch den Akut ausdrücklich anders gekennzeichnet: **órfão**.

Das **Trema** (¨) wird in der portugiesischen Rechtschreibung heute nicht mehr verwendet, der **Gravis** (`) nur noch zur Kennzeichnung von Zusammensetzungen der Präposition a mit nachfolgendem Artikel: à(s) = a + a(s) — oder Pronomen: àquele(s), -a(s) = a + aquele(s), -a(s) — sowie der volkstümlichen Zusammensetzung von para + -o(s): prò(s).

II. Hinweise für den Benutzer des TWB

Gleiche Aussprache verschiedener Schriftzeichen in bestimmten Positionen führt gelegentlich, auch in Presse und Buchdruck, zu fehlerhafter Schreibung, die dem Benutzer des TWB das Auffinden einzelner Wörter erschwert.

Regel: Findet der Benutzer ein Wort nicht in der Schreibweise, in der es ihm begegnet, so suche er es an anderer Stelle unter Berücksichtigung der Hinweise unter I, 1 und der nachstehend genannten Verwechslungsmöglichkeiten:

1. **c, ç** *statt* **s, ss** *und umgekehrt*:

   nicht *ceira*, sondern **seira**, nicht *docel*, sondern **dossel**;
   nicht *setim*, sondern **cetim**, nicht *assúcar*, sondern **açúcar.**

2. **ch** *statt* **x, x** *statt* **s**:

   nicht *chícara*, sondern **xícara**, nicht *fachina*, sondern **faxina**;
   nicht *mixto*, sondern **misto**, nicht *juxtapor*, sondern **justapor.**

3. **i** *statt* **e** *und umgekehrt*:

Der häufige *i*-Klang des tonlosen e bringt es mit sich, daß *i* und e in der Schreibung miteinander verwechselt werden. Besonders häufig geschieht dies im Anlaut (*i*, *im*, *in* statt e, *em*, *en* und umgekehrt), in den Vorsilben *des* und *dis*, sowie bei e und *i* vor Vokal.

4. **j** *statt* **g vor e** *und* **i** *und umgekehrt*:

nicht *gibóia*, sondern **jibóia**, nicht *estranjeiro*, sondern **estrangeiro**.

5. **o** *statt* **u** *und umgekehrt*:

Die Aussprache des *o* in unbetonter Silbe (in Portugal [u]) und vor betontem Vokal [w] führt zu Verwechslungen in der Schreibung, ähnlich wie zwischen e und *i*.

6. **s** *statt* **z** *und umgekehrt*:

nicht *comesinho*, sondern **comezinho**, nicht *assás*, sondern **assaz**; nicht *profetiza*, sondern **profetisa**, nicht *atraz*, sondern **atrás**.

Die Betonung der portugiesischen Wörter

Grundregel I: Die meisten portugiesischen Wörter werden auf der vorletzten Silbe betont: de**ve**ras, facul**da**de, faculta**ti**vo, facultativa**men**te, res**pos**ta usw.

Grundregel II: Auf der letzten Silbe werden betont:

1. Wörter, die **i** oder **u** in der letzten Silbe haben: rece**bi**, ta**bu**, uru**bu**; jar**dim**, a**tum** usw.
2. Wörter, die auf **ã** oder **om** enden: ama**nhã**; bom**bom**.
3. Wörter, die auf (fallenden!) **Diphthong** oder auf **Nasaldiphthong** enden; hierzu gehören
   a) in erster Linie die Verbalendungen -**ai**(s), -**ei**(s), -**ou**: (verificar) — verrifi/**cai**(s), /**quei**(s), /**cou**; sowie -**eu** und -**iu**: (vender) — ven**deu**; (partir) — par**tiu** (vgl. Konjugationsmuster **1n**, **2a** und **3a**);
   b) die Nasaldiphthonge **-ão, -ãe, -õe**: ale**mão**, ale**mães**; na**ção**, na**ções**; vul**cão(s)**, **-ães**, **-ões**.
4. Wörter, die auf **-l**, **-r** oder **-z** enden: infan**til** (**-tis**); ba**nal** (**-nais**); pa**pel** (**-péis**), fa**rol** (**-róis**); ven**cer**, vence**dor**; estupi**dez**.

Grundregel III: Wörter, deren Betonung von den Grundregeln I und II abweicht, tragen auf der Tonsilbe einen graphischen Akzent, und zwar:

1. den AKUT (´), wenn der Tonvokal OFFEN ist: **sá**bado, **mé**dico, **ó**culo; **ór**fão, a**cór**dão, **fér**til; **bí**lis; sim**pá**tico, fre**né**tico, rea**lís**tico, an**tó**nimo (port.), a**çú**car; estuda**rá**, jaca**ré**, tam**bém**, ci**pó**.
2. den ZIRKUMFLEX (^), wenn der Tonvokal GESCHLOSSEN ist: **cân**fora, **êm**bolo, **cô**vado, **côn**sul, **bên**ção, **têx**til; de**vê**ramos, ar**gên**teo, experi**ên**cia, se**rô**dio, an**tô**nimo (bras.), al**jô**far; mer**cê**(s), portu**guês**, a**vô**(s).

Besonderheiten der brasilianischen Rechtschreibung

Der Benutzer des Wörterbuchs muß bei Wörtern, die er nicht an der Stelle findet, wo er sie sucht, damit rechnen, daß brasilianische Rechtschreibung vorliegt. Die nachstehenden Hinweise haben den Zweck, das Auffinden brasilianisch geschriebener Wörter in einem Wörterbuch zu erleichtern, das den in Portugal geltenden Rechtschreiberegeln folgt.

1. Besondere Schwierigkeiten für die alphabetische Einordnung ergeben sich aus der unterschiedlichen Behandlung von c und p vor c, ç oder t:

   a) Grundsätzlich gilt in beiden Ländern die Regel, den Konsonanten zu schreiben, wenn er auch gesprochen wird: ficção [fik'sɐ̃u], oder wenn seine Aussprache fakultativen Charakter hat: dicção [di(k)'sɐ̃u]. In vielen Fällen hat sich die brasilianische Rechtschreibung — und Aussprache! — eindeutig für die eine oder andere Variante entschieden: port.: facto — bras.: fato; port.: sumptuoso — bras.: suntuoso; dagegen port.: recepção — bras.: recepção.

      Im allgemeinen aber herrscht in Brasilien größte Freiheit, ja Willkür. Einzige Regel: Wer c oder p vor c, ç und p schreibt, spricht es auch.

   b) Dagegen werden c und p vor c, ç oder t in Portugal auch in Wörtern geschrieben, in denen sie in der ganzen Sprachgemeinschaft verstummt sind. Hier gelten dann in Portugal c und p als rein phonetische Zeichen für die Öffnung des Vokals in unbetonter Silbe: actual [a'twał] (nicht: [ɐ'twał]); afectivo [ɐfɛ'tivu] (nicht: [ɐfə'tivu]); adoptar [ɐδɔ'tar] (nicht: [ɐδu'tar]). Diese Schreibung wird dann auch auf Wörter derselben Wortfamilie ausgedehnt, in denen der Vokal in der Tonsilbe steht, eines besonderen Öffnungszeichens also nicht bedürfte: acto ['atu]; afecto [ɐ'fɛtu]; adopto [ɐ'δɔtu].

      Demgegenüber kennt das Brasilianische in allen Wörtern, in denen c und p auch in Brasilien immer stumm sind, im Unterschied zur portugiesischen Rechtschreibung nur die Schreibung ohne c oder p: ato, atual, afeto, afetivo, adoto, adotar, elétrico, diretor, fator, noturno, batizar, ótimo usw. Die Aussprache ist in beiden Ländern dieselbe.

2. In einzelnen Fällen ist die Behandlung der Gruppen mn und nn in den beiden Ländern verschieden. In Brasilien werden sie in Aussprache und Schreibung vereinfacht, in Portugal häufig nicht, z. B.:

   port. amnistia [ɐmniʃ'tiɐ], bras. [anis'tia]; port. indemne [ĩn'dɛmnə], bras. indene [ĩn'dɛni]; port. connosco [kõ'noʃku], bras. conosco [ko'nosku].

   Aber gleich geschrieben und weitgehend gleichlautend in beiden Ländern: ginásio [ʒi'naziu], ónibus, bras. ônibus ['ɔniβuʃ, 'onibus], usw.

3. Der Gebrauch der **Tonzeichen** oder **Akzente** in der brasilianischen Rechtschreibung unterscheidet sich in drei Punkten von der portugiesischen:

a) Vor den Nasalkonsonanten erhalten betontes o und e den Zirkumflex (^): antônimo [ẽn'tonimu], convênio [kõ'venju]. In portugiesischer Schreibung erhalten diese Wörter wegen unterschiedlicher Vokalqualität den Akut ('): antónimo [ẽn'tɔnimu], convénio [kõ'vɛnju].

b) Im Unterschied zum Portugiesischen erhält den Zirkumflex auch das stammauslautende o der Verben auf -oar in der 1. Pers. Sg. Prs. Indikativ: doar-dôo; perdoar-perdôo. Die Aussprache ist dieselbe (vgl. Paradigma 1f, S. 627).

c) Der Gebrauch des Akuts (') weicht in bestimmten Fällen vom Portugiesischen ab:

c_1 — Die Endungen -eia und -eico erhalten, sofern das e in Brasilien offen ist, den Akut, in Portugal nie: port. ideia — bras. idéia; port. epopeia — bras. epopéia; port. epopeico — bras. epopéico.

c_2 — Die 1. Pers. Pl. des Perfekts der 1. Konjugation (vgl. Konjugationsmuster S. 625) erhält in Brasilien keinen Akut, unterscheidet sich also auch in der Aussprache nicht von der des Prs.: port. amámos — bras. amamos.

c_3 — Dagegen erhalten die stammbetonten Formen einiger Verben auf -oiar den Akut, da hier in Brasilien das o offen gesprochen wird, in Portugal nicht; von den im Wörterverzeichnis enthaltenen Verben betrifft dies nur: apoiar und comboiar — apóio, apóias, apóia usw.

4. Das **Trema** (¨) wird in brasilianischer Schreibung weiterhin zur Unterscheidung des gesprochenen vom stummen u in den Verbindungen gu und qu vor e und i verwendet:

agüentar [agwẽn'tar], eloqüente [ɨlo'kwẽntʃi], tranqüilo [trẽɲ'kwilu] — im Unterschied zu freguês [frɛ'ges], águia ['agjɐ], quente ['kẽntʃi].

In der modernen portugiesischen Rechtschreibung wird das Trema überhaupt nicht verwendet.

5. Der Gravis (`) wird in der brasilianischen Rechtschreibung ebenso wie in der portugiesischen praktisch überhaupt nicht mehr verwendet (vgl. „Die portugiesische Rechtschreibung“ I, 3, S. 19).

Bemerkungen zur Pluralform der portugiesischen Substantive und Adjektive

I. Pluralbildung

Grundregel: Die portugiesischen Substantive und Adjektive bilden den Plural auf **-s**, Wörter auf *-r*, *-s*, *-z* erhalten im Plural **-es**.

Ausnahmen: Die Wörter auf *-x* [ks] und einige Wörter auf *-s* bleiben im Plural unverändert *cais — cais.*

Beachte! Bei solchen Wörtern findet sich im Wörterverzeichnis folgender Hinweis: **pires** (*pl. inv.*) [ˈpiriʃ] *m* ...

Teilregel 1: Die Wörter auf *-m* enden im Plural auf **-ns**: *som — sons.*

Teilregel 2: Die Wörter auf *-l* bilden den Plural auf **-is**: *postal — postais*; *azul — azuis*; *nível — níveis.*

In betonter Endsilbe erhalten e und o den Akut:
hotel — hotéis; *farol — faróis*;
-il wird zu **-is**: *funil — funis.*

In unbetonter Endsilbe wird *-il* zu **-eis**: *fácil — fáceis.*

Beachte! Einige Wörter behalten im Plural das *-l* und bekommen die Endung **-es**. Sie werden im Wörterverzeichnis folgendermaßen kenntlich gemacht:

cônsul(**-es**) [ˈkõsuł(-liʃ)] *m*(*pl.*) ...

Alle anderen Wörter auf *-l* bilden den Plural nach Teilregel 2.

Teilregel 3: Die weitaus größte Zahl der Wörter auf *-ão* bildet den Plural auf **-ões**: *limão — limões*; *nação — nações.*

Besonderheiten:

a) Eine gewisse Anzahl von Wörtern behält den Nasaldiphthong im Plural bei: *mão — mãos.*
Hierzu gehören alle Wörter auf unbetontes **-ão**: *órgão — órgãos.*

b) Andere Wörter bilden den Plural auf **-ães**: *cão — cães*; *pão — pães.*

c) Einige wenige haben mehrere Pluralformen:
aldeão — aldeãos, aldeães; *guardião — guardiães, guardiões*; *vulcão — vulcãos, vulcães, vulcões.*

Beachte! Wörter mit einer dieser Besonderheiten sind im Wörterverzeichnis folgendermaßen kenntlich gemacht:

a) **mão**(**s**) [mɐ̃u(ʃ)] *m*(*pl.*) Hand *f*;

b) **cão**(**-ães**) [kɐ̃u(-ɐ̃iʃ)] *m*(*pl.*) Hund *m*; **capitão**(**-ães**) [~ˈtɐ̃u (-ɐ̃iʃ)] *m*(*pl.*) Hauptmann *m*; ...

c) **guardião**(**-ães, -ões**) [gwɐrˈdjɐ̃u(-ɐ̃iʃ, -õiʃ)] *m*(*pl.*) Torwart *m*.

Wo solche Pluralangaben fehlen, ist der Plural der Wörter auf *-ão* immer **-ões**.

Teilregel 4: Diminutive auf *-zinho* und *-zito* enthalten außer dem Pluralzeichen am Ende auch die Pluralform des Grundwortes unter Wegfall des *-s*:
pão/*pães* — **pãozinho**/*pãezinhos*.

II. Graphische Veränderungen

a) Einsilbige Wörter mit Akzentzeichen im Singular werden im Plural ohne dieses Zeichen geschrieben:
mês — *meses*; **cós** — *coses* usw.

b) Bei einigen wenigen Wörtern verlagert sich der Akzent von der Tonsilbe auf die Endsilbe. Diese Wörter sind im Wörterverzeichnis entsprechend gekennzeichnet:
carácter (**-actéres**) [kɐ'ratɛr (-ra'tɛrɨʃ)].

III. Veränderung der Vokalqualität des Stammvokals bei Substantiven und Adjektiven

Diese Veränderung betrifft ausschließlich geschlossenes [o].

Grundregel: Grundsätzlich bleibt die Qualität von geschlossenem [o] ebenso wie die von offenem [ɔ] im Plural erhalten. Diese Regel gilt ausnahmslos für alle weiblichen Substantive.

Jedoch wird im Plural zahlreicher maskuliner Substantive, bei Adjektiven zusätzlich auch in der weiblichen Form des Singulars und des Plurals geschlossenes [o] zu offenem [ɔ]: olho [o] — olhos [ɔ]; ovo [o] — ovos [ɔ]; novo [o] — nova(s) [ɔ] — novos [ɔ].

Beachte! Diese Wörter sind im Wörterverzeichnis durch den Hinweis (-ɔ-) bei der Lautschrift gekennzeichnet:
porto ['portu (-ɔ-)] *m* Hafen *m*.
Bei allen Wörtern, bei denen dieser Hinweis fehlt, bleibt die Vokalqualität in der femininen Form und im Plural erhalten.

NB: Veränderungen der Vokalqualität in den stammbetonten Flexionsformen der Verben sind den Konjugationsmustern am Schluß des Wörterverzeichnisses zu entnehmen (S. 624ff.).

IV. Plural der zusammengesetzten Substantive

1. Zusammengesetzte Wörter **ohne** Bindestrich werden wie einfache Wörter behandelt, d. h., nur der letzte Bestandteil erhält das Pluralzeichen: *pontapé(s)*, *montepio(s)*, *planalto(s)* usw.
2. Von den **mit** Bindestrich zusammengesetzten Wörtern erhalten das Pluralzeichen:
   a) **beide** Bestandteile, wenn beide flektierbar sind:
   couve(**s**)-**flor**(**es**); **quinta**(**s**)-**feira**(**s**);
   b) nur der erste Bestandteil in Zusammensetzungen mit Hilfe der Präposition **de**: **pão**(**pães**)-**de-ló**; **chefe**(**s**)-**de-secção**;
   c) ebenfalls nur der erste Bestandteil in Zusammensetzungen des Typs: **escola**(s)-**modelo**; **navio**(s)-**escola**; **posição**(-**ões**)-**chave**;
   d) keiner, wenn beide Bestandteile unveränderlich sind: **bota-fora** (*pl. inv.*); oder der zweite bereits im Plural steht: **saca-rolhas** (*pl. inv.*).
   e) nur der letzte Bestandteil, wenn nur dieser veränderlich ist: **guarda-lama**(s); **pára-choque**(s); **luso-alemão**(-**ães**); **anglo-saxão** (-**ões**).

Beachte! Für die Fälle c) bis e) ist im Wörterverzeichnis die Pluralform beim Stichwort (nicht auch bei der Lautschrift) angegeben.
Wo bei mit Bindestrich zusammengesetzten Wörtern eine Pluralangabe fehlt, handelt es sich um Fälle des Typs a) oder b).

A

A, a [a] *m* A, a *n*.

a[1] [ɐ] **1.** *art. f* die (der, das); **2.** *pron. f* sie (ihn, es); Sie; die(-), der(-), das (-jenige).

a[2] [ɐ] *prp.* **1.** *örtl., Nähe*: an (*dat.*); bei; *Richtung, Ziel*: nach *Lissabon, Spanien, Hause*; zu (*z.B. zum Arzt, zur Post*); in (*z.B. ins Konzert, in den Garten*); an (*z.B. ans Fenster, an die Wand*); *Entfernung*: *a poucos passos* (*de aqui*) wenige Schritte von hier; *aos 50 metros* nach 50 Metern; *ao norte de* nördlich von; *Gegenüberstellung*: *dois a um* zwei gegen einen; **2.** *zeitl.*: *aos doze minutos* nach zwölf Minuten; *à noite* (*a três de Março, aos trinta dias*) am Abend (dritten März, dreißigsten Tage); *às três* um drei (Uhr); *às quartas-feiras* mittwochs; *ao entrar* beim Eintreten; *ao fazer isso* als (wenn) *man* das tat (tut); *ao tempo dele* zu seiner Zeit; *aos trinta anos* mit dreißig Jahren; *de hoje a oito* (*dias*) heute über (in) acht Tage(n); **3.** *Art und Weise*: *à* (*maneira*) *inglesa* auf englische Art; *a pé* (*cavalo*) zu Fuß (Pferd); *a galope* im Galopp; *a rir* lachend; **4.** *Aufeinanderfolge*: *folha a folha* Blatt um (*od.* für) Blatt; *três a três* zu dreien; = *a três e três* je (*od.* immer) drei auf einmal; *aos centos* zu Hunderten; *ser o primeiro* (*segundo etc.*) *a fazer a/c.* als erster (zweiter *usw.*) et. tun; **5.** *Mittel, Werkzeug*: mit; **6.** *Preis*: zu; **7.** *Vergleich*: *saber* (*cheirar*) *a vinho* nach Wein schmecken (riechen); **8.** *begleitender Umstand*: *ao sol* in (an) der Sonne; *ao vento e à chuva* in (bei) Wind und Wetter; **9.** *vertritt den deutschen Dativ od. Akkusativ*; **10.** *vor inf.*: zu; um ... zu; *a ser assim* wenn das so ist.

á [a] *m Name des Buchstaben a*; *pl. ás od. aa.*

à [a] *Zssg der prp. a mit dem art.* (*od. pron.*) *f.*

aba [ˈaβɐ] *f Rock*-Schoß *m*, *Hut*-Krempe *f*; Klappe *f*; Rand *m*, Saum *m*; *Fluß*-Ufer *n*; ⊕ Flansch *m*; ~ *pára-lama* Spritzleder *n*.

abacate [ɐβɐˈkatə] *m* ♆ Avocado *f*.

abacaxi *bras.* [abakaˈʃi] *m* (süße) Ananas *f*; *fig.* F Mist *m*; Schund *m*.

abad|e [ɐˈβaðə] *m* Abt *m*; *allg.* Pfarrer *m*, Pastor *m*; **~essa** [ɐβɐˈðesɐ] *f* Äbtissin *f*; **~ia** [ɐβɐˈðiɐ] *f* Abtei *f*.

abaf|adiço [ɐβɐfɐˈðisu] stickig; kurzatmig; *fig.* aufbrausend; **~ado** [~ˈfaðu] dumpf (*Luft, Ton*); schwül, drückend (*Wetter*; *a. fig.*); eng (geschlossen) (*Kleidungsstück*); *fig.* bedrückt; *morrer* (*de*) ~ ersticken; *vinho m* ~ Süßwein *m*; **~ador** [~ɐˈðor] *m* Kaffee- (*od.* Tee-)wärmer *m*; ♪ Dämpfer *m*; ⊕ Schalldämpfer *m*; **~amento** [~ɐˈmẽntu] *m* Erstickung *f*; Dämpfung *f*; Schwüle *f*; Luftmangel *m*; **~ar** [~ˈfar] (1b) erstikken; *Gefühl* unterdrücken; *Ton* dämpfen; *Speisen, j-n* zudecken; (warm) einhüllen; die Gärung *des Weins* unterbrechen; *fig. Dokument usw.* unterschlagen; *Skandal* totschweigen; *Aufstand, Prozeß* niederschlagen; *j-n* zum Schweigen bringen; ⚓ *Segel* reffen; *bras.* F verschwinden l.; mitgehen heißen; **~ar-se** sich (gut) zudecken *od.* (warm) einhüllen; sich bedecken (*Himmel*); **~o** [ɐˈβafu] *m* = *~amento*; *um* ~ etwas Warmes, warmes Zeug *n*; *~s maternos* mütterliche Liebe *f*.

abaix|a-luz (-**es**) [ɐβaiʃɐˈluʃ] *m* (*pl.*) Lampenschirm *m*; **~amento** [~ɐˈmẽntu] *m* Absinken *n*; Rückgang *m*; **~ar** [~ˈʃar] (1a) *v/t.* senken (*a. fig.*); her-, hin-unterl.; *Bild* (*Straße*) tiefer hängen (legen); *Augen* niederschlagen; *Mauer* niedriger m. *od.* niederreißen; *Berg* abtragen; ⩓ *Lot* fällen; ✈ *Fahrgestell* ausfahren; *fig.* demütigen, erniedrigen; *v/i* sinken; **~ar-se** sich bükken; **~o** [ɐˈβaiʃu] **1.** *adv.* unten; *as escadas* ~ die Treppe hin-, herunter; *rio* ~ flußabwärts; *ir*(-*se*) ~, *vir* ~ herunterkommen (*a. fig.*); *Regierung* stürzen; *Saum* auslassen; *o* ~ *assinado* der Endesunterzeichnete *m*; **2.** *int.* nieder!; **3.** *prp.*: ~ *de* unter(halb); **~o-assinado(s)** [~uɐsi'naðu] *m(pl.)* Eingabe *f*.

abal|ada [ɐβɐ'laðɐ] *f* Aufbruch *m*; Flucht *f*; Strich *m der Zugvögel*; *de* ~ im Fluge; *estar de* ~ im Aufbruch begriffen sn; nur vorübergehend da sn; **~ado** [~aðu] locker, wacklig; *fig.* unsicher; **~ador** [~lɐ'ðor] erschütternd; dröhnend (*Explosion*); angreifend (*Krankheit*).

abalançar [~lɐ̃'sar] (1p) wiegen; treiben (zu *a*); **~-se** *a* sich stürzen auf (*ac.*); sich wagen an (*ac.*).

abal|ar [~'lar] (1b) *v/t.* rütteln an (*ac.*), schütteln; zum Wanken bringen (*a. fig.*); erschüttern (*a. fig.*); *fig.* unsicher m.; angreifen (*Krankheit*); *zu Tränen usw.* rühren; ~ *a* bewegen *od.* treiben zu; *v/i.* wackeln; unsicher w.; *fig.* aufbrechen, sich davonm.; ~ *contra* angreifen (*ac.*); **~ável** [~'avɛɫ] *leicht* zu erschüttern; = *~ado*; *fig. a.* rührselig.

abaliz|ado [~li'zaðu] hervorragend; maßgebend; **~ar** [~ar] (1a) *v/t.* abstecken; bezeichnen; *fig.* auszeichnen; **~ar-se** sich hervortun.

abalo [ɐ'βalu] *m* Erschütterung *f*, Stoß *m*; Anstoß *m*; Aufbruch *m*; *dar* (*od. fazer*) ~ *a od. em* e-n Stoß versetzen; beeindrucken (*ac.*); erschüttern (*ac.*).

abaloar [ɐβɐ'lwar] (1f) blähen; bauschen; *Leib* auftreiben.

abalofar [~lu'far] (1e) (auf)lockern; *fig.* zu Kopf steigen (*dat.*); **~-se** locker w.; (auf)quellen; aufgehen (*Teig*); *fig.* sich aufplustern.

abalr|oa [ɐβaɫ'ʀoɐ] *f* Enterhaken *m*; **~oação** *f*, **~oamento** *m* [~ʀwɐ'sɐ̃u, ~ʀwɐ'mẽntu] Zusammenstoß *m*; **~oar** [~'ʀwar] (1f) entern; rammen; *fig.* anrempeln; *v/i.* zs.-stoßen; *fig.* an-ea.-geraten.

aban|ação, ~adela [ɐβɐnɐ'sɐ̃u, ~ɐ'ðɛlɐ] *f* Fächeln *n*; Wedeln *n*; Schütteln *n*; *dar uma* ~ *a* = *~ar*; **~ador** [~ɐ'ðor] *m* Wedel *m*; **~a-moscas** (*pl. unv.*) [~ɐ'moʃkɐʃ] *m* Fliegenwedel *m*; *fig.* Lappalie *f*; Tagedieb *m*; *de* ~ lächerlich.

abananar [~ɐ'nar] (1a) verwirren, F verdattern.

aban|ão [~'nɐ̃u] *m* Ruck *m*; Stoß *m*; **~ar** [~ar] (1a) *v/t.* fächeln; wedeln mit; (*den Kopf, j-n*) schütteln; rütteln an (*dat.*); *Fliegen* verscheuchen; *fig.* abbringen; ~ *as orelhas* abwinken; *andar a* ~ *moscas* Fliegen fangen; *v/i.* wackeln; *com as* (*od. de*) *mãos a* ~ mit leeren Händen.

abancar(-se) [ɐβɐ̃ŋ'kar(sə)] (1n) sich setzen; sich niederlassen.

abandalhar(-se) [ɐβɐ̃ndɐ'ʎar(sə)] (1b) verderben; verlottern.

abandon|adamente [~duˌnaðɐ'mẽntə] rückhaltlos; halt-, zügellos; **~ar** [~'nar] (1f) verlassen; im Stich l.; *Mädchen* sitzenlassen; *Plan usw.* aufgeben; ~ *a bandeira* fahnenflüchtig w.; ~ *o campo* den Kampf aufgeben; **~ar-se** verwahrlosen; sich *e-m Laster* ergeben; **~o** [~'donu] *m* Aufgabe *f*, Verzicht *m*; Vernachlässigung *f*; Verlassenheit *f*; Verwahrlosung *f*; *deixar ao* ~ vernachlässigen, im Stich lassen.

aban|icar [ɐβɐni'kar] (1n) fächeln; **~ico, ~o** [~'niku, ɐ'βɐnu] *m* Fächer *m*; Wedel *m*.

abaratar [~rɐ'tar] (1b) = *baratear*.

abarba|do [ɐβɐr'βaðu] überlastet; **~r** [~r] (1b) erreichen; *fig.* plagen; = *~(-se) com j-m* ebenbürtig sn; gleich hoch sn; *fig. e-r Gefahr* ins Auge sehen.

abarcar [~'kar] (1n, *Stv.* 1b) = *abranger*; *fig.* begreifen; an sich reißen; = *açambarcar*; *querer* ~ *o céu com as pernas* hoch hinaus wollen.

abarrac|amento [ɐβɐʀɐkɐ'mẽntu] *m* Barackenlager *n*; Budenstadt *f*; **~ar** [~'kar] (1n; *Stv.* 1b) *v/t.* Baracken (*od.* Buden) aufschlagen in *od.* auf (*dat.*); in Baracken unterbringen; *v/i. u.* **~ar-se** in Baracken kampieren (*od.* wohnen).

abarrancar [~ʀɐ̃ŋ'kar] (1n) *Gelände* aufreißen; *fig.* behindern; **~-se** ins Gedränge kommen.

abarrotar [~ʀu'tar] (1e) *v/t.* vollstopfen; *v/i.* überquellen.

abast|ado [ɐβɐʃ'taðu] wohlversorgt; wohlhabend; **~amento** [~tɐ'mẽntu] *m* Versorgung *f*; Vorrat *m*; **~ança** [~ɐ̃sɐ] *f* Überfluß *m*; Wohlstand *m*; **~ar** [~ar] (1b) versorgen (*de* mit).

abastardar [~ɐr'ðar] (1b) *v/t.* verderben; *v/i. u.* **~-se** entarten.

abastec|edor [~əsə'ðor] **1.** *m* Lieferant *m*; **2.** *adj.* Versorgungs...; **~er** [~'ser] (2g) versorgen, beliefern (mit *de*); auf-, ein-füllen; **~imento**

[~i'mẽntu] *m* Versorgung *f*; *posto m de* ~ Tankstelle *f*.
abasto *bras.* [a'bastu] *m* = *abastecimento*; *dar* ~ *a* = *abastecer*.
abate [ɐ'βatə] *m* Schlachtung *f*.
abat|edor [ɐβɐtə'ðor] *m*: ~ (*de gado*) Schlächter *m*; **~edouro** [~ə'ðoru] *m bras.* Schlachthof *m*; **~er** [~'ter] (2b) *v/t.* niederschlagen (*a. fig.*); *Baum* fällen; *die Fahne* senken (*als Ehrenbezeugung*); *Flagge* streichen; *Haus* niederreißen; *j-n* niederstrecken; *Kräfte* lähmen; *Namen, Posten* abschreiben, streichen; *Preis* herabsetzen; *Stolz* demütigen; mitnehmen, angreifen (*Krankheit usw.*); *Tiere* ab-schlachten (*od.* -schießen); *Vieh* schlachten; ✈ abschießen; *v/i.* = **~er-se** sich senken (*Boden*); einstürzen (*Gewölbe*); niederstürzen; hereinbrechen (*sobre* über); nachlassen (*Wille, Wind*); abschlagen (*Preis*); ⚕ abmagern; ⚓ abtreiben; **~ido** [~'tiðu] *physisch* abgespannt; *psych.* niedergeschlagen; *carne -a* Frischfleisch *n*; **~imento** [~i'mẽntu] *m Preis*-Ermäßigung *f*; Einsturz *m*; Niedergeschlagenheit *f*; Abgespanntheit *f*; ⚓ Abtrift *f*; = *abate*; **~is** *m bras.* [aba'tis] **a**) *mst.* ~es *pl.* ⚔ Schanze *f*; **b**) Geflügelklein *n*.
abatocar [~u'kar] (1n; *Stv.* 1e) (zu)spünden.
abaul|amento [ɐβaulɐ'mẽntu] *m* Wölbung *f*; **~ar** [~'lar] (1q) wölben.
abcesso [ɐβ'sɛsu] *m* Abszeß *m*.
abcissa ⩓ [~'sisɐ] *f* Abszisse *f*.
abdic|ação [~dikɐ'sɐ̃u] *f* Abdankung *f*; Aufgabe *f*; Amtsniederlegung *f*; Verzicht *m*; **~ar** [~'kar] (1n) *ein Recht* aufgeben, *Amt* niederlegen; *v/i.* abdanken (zugunsten [*gen.*] em); ~ *de* verzichten auf (*ac.*).
abd|ome, ~ómen [~'dɔmə, ~men] *m* Unterleib *m*, Bauch *m*; **~ominal** [~dumi'nał] Unterleibs...; *cavidade f* ~ Bauchhöhle *f*.
abeberar [ɐβəβə'rar] (1c) tränken; **~-se** sich vollsaugen.
a-bê-cê(s) [aβe'se] *m*(*pl.*) Abc *n*, Alphabet *n*; = **abecedário** [ɐβəsə'ðarju] *m* Fibel *f*.
abeg|ão [~'ɣɐ̃u] *m* Großknecht *m*; **~oaria** [~ɣwɐ'riɐ] *f* Viehstall *m*; Geräteschuppen *m*.
abeirar [ɐβei'rar] (1a) nähern (*dat.*).
abelha [ɐ'βeʎɐ] *f* Biene *f*; *fig.* schlaue Person *f*; **~-mestra** Bienenkönigin *f*.
abelh|ão [ɐβɨ'ʎɐ̃u] *m* Hummel *f*; **~eira** [~'ʎeirɐ] *f* Bienennest *n*; **~eiro** [~'ʎeiru] *m* Imker *m*; *zo.* Meise *f*; **~udo** [~'ʎuðu] vorlaut.
abemolado [ɐβəmu'laðu] *adj.* ♪ in b-moll; *fig.* sanft, weich.
Abencerrage, ~m [ɐβẽsə'ʀaʒə, ~ʒɐ̃i] *m*: *último* ~ letzte(r) Vertreter *m* (*od.* Vorkämpfer *m*) *e-r Idee usw.*
aben|çoador [~swɐ'ðor] **1.** *m* Segenspender *m*; **2.** *adj.* segensreich; **~(di)çoar** [~(di)'swar] (1f) segnen.
aberr|ação [ɐβiʀɐ'sɐ̃u] *f* 📖 Aberration *f*, Abweichung *f*; *fig.* Verirrung *f*; *Sinnes*-Täuschung *f*; **~ante** [~'ʀɐ̃tə] verwirrend.
abert|a [ɐ'βɛrtɐ] *f* Öffnung *f*; *Wald*-Lichtung *f*; *vorübergehende* Aufhellung *f des Wetters*; blaue(r) Fleck *m am Himmel*; Pause *f*; *fig.* Gelegenheit *f*; **~o** [~u] **1.** *p.p. v. abrir*; **2.** *adj.* offen; *em* ~ offen; *ficar* ~ aufbleiben; *estar* ~ auf sn, offenstehen; **~tura** [ɐβər'turɐ] *f* Öffnung *f*; Eröffnung *f*; Lücke *f*, Bresche *f*; Spalt *m*; *fig.* Offenheit *f*; ♪ Ouverture *f*; ~ *da estação Radio*: Sendebeginn *m*.
abespinhar-se [ɐβɨʃpi'ɲarsə] (1a) aufgebracht w., sich aufregen.
abetarda [ɐβə'tarðɐ] *f* Trappe *f*.
abeto [ɐ'βetu] *m* (Weiß-)Tanne *f*.
abetumar [ɐβətu'mar] (1a) = *betumar*.
abexim [ɐβə'ʃĩ] **1.** *m* Abessinier *m*; **2.** *adj.* abessinisch.
abibe [ɐ'βiβə] *m* Kiebitz *m*.
abifar P [ɐβi'far] (1a) ergattern; **~-se** schmausen.
abism|al [ɐβiʒ'mał] abgrundtief, abgründig; **~ar-se** [~'marsə] (1a) versinken, *fig. a.* sich versenken; **~o** [ɐ'βiʒmu] *m* Abgrund *m*; *Meeres*-Tiefe *f*.
abissal [~'sał] Tiefsee...
abissínio [~'sinju] = *abexim*.
abjec|ção [ɐβʒɛ'sɐ̃u] *f* Abscheulichkeit *f*; Abscheu *m*; Niedertracht *f*; **~to** [~'ʒɛtu] abscheulich.
abjudic|ação ⚖ [~ʒuðikɐ'sɐ̃u] *f* Aberkennung *f*; **~ar** [~'kar] (1n) aberkennen.
abjur|ação [~ʒurɐ'sɐ̃u] *f* Widerruf *m*; Lossage *f*; Ableugnung *f*; **~ar** [~'rar] (1a) widerrufen; *e-m Glauben, Laster* abschwören, sich lossagen von; *Tat* ableugnen.
ablação [~lɐ'sɐ̃u] *f* ⚕ Entfernung *f*;

praticar a ~ de a/c. et. entfernen.
ablact|ação [~laktɐ'sɐ̃u] *f* Entwöhnung *f*; **~ar** [~'tar] (1a) entwöhnen.
ablução [~lu'sɐ̃u] *f* Waschung *f*.
abneg|ação [~nəɣɐ'sɐ̃u] *f* Entsagung *f*, Selbstverleugnung *f*, Opferwilligkeit *f*; **~ado** [~'ɣaðu] selbstlos, aufopfernd; **~ar** [~'ɣar] (1o; *Stv.* 1c) verzichten auf (*ac.*); entsagen (*dat.*).
abóbada [ɐ'βɔβɐðɐ] *f* Gewölbe *n*; *~ cilíndrica, ~ de berço* Tonnen-, *~ de arestas* Kreuz-gewölbe *n*.
abobad|ar [ɐβuβɐ'ðar] (1b) (über-) wölben; **~ilha** [~iʎɐ] *f* (Kappen-) Gewölbe *n*.
abob|ado, ~alhado *bras.* [abo'badu, ~ba'ʎadu] närrisch, dumm; **~ar** [~'βar] (1e) närrisch m.; **~ar-se** närrisch w.; sich dumm stellen.
abóbora [ɐ'βɔβurɐ] *f* Kürbis *m*; *fig.* Schwächling *m*.
abobor|al [ɐβuβu'rał] *m* Kürbisfeld *n*; **~ar** [~'rar] (1e) *bras. Plan* reifen l.; **~eira** [~'reirɐ] *f* Kürbispflanze *f*.
aboc|ado [~'kaðu] firn (*Wein*), schmackhaft (*Speise*); nahe; **~anhar** [~kɐ'ɲar] (1a) nagen an (*dat.*); schnappen nach; *fig.* durchhecheln; *bras.* ergattern; **~ar** [~'kar] (1n; *Stv.* 1e) an (*od.* in) den Mund nehmen; schnappen nach; ⚓ einlaufen (in [*ac.*]); ⚔ *Waffe* richten auf (*ac.*); *taur.* bei den Nüstern packen; *bras.* rufen.
aboiar [ɐβoj'ar] (1k) **1.** *v/t.* a) anbojen; *Holz* flößen; b) *bras.* arbeiten mit; *Vieh* (an)treiben; **2.** *v/i.* a) treiben; b) *bras.* mit Ochsen arbeiten; Ochsen treiben; schreien.
aboiz [ɐ'βwiʃ] *f* (Vogel-)Schlinge *f*.
aboleimado [ɐβulei'maðu] plump.
abolet|amento [~lətɐ'mẽntu] *m* Einquartierung *f*; Quartier *n*; **~ar** [~'tar] (1c) Quartier geben (*od.* zuteilen); einquartieren.
abol|ição [~li'sɐ̃u] *f* Abschaffung *f*, Aufhebung *f*; **~ir** [~'lir] (3f—D1) abschaffen, aufheben.
abolorecer [~lurə'ser] (2g) verschimmeln.
abomb|ado [ɐβõm'baðu] abgetrieben; **~ar** *bras.* [~'bar] (1a) nicht weiterkönnen; *v/t.* überanstrengen.
abomin|ação [ɐβuminɐ'sɐ̃u] *f* Greuel *m*; **~ar** [~'nar] (1a) verabscheuen; verdammen; **~ável, ~oso** [~'navɛł, ~'nozu(-ɔ-)] abscheulich.
abon|ação [ɐβunɐ'sɐ̃u] *f* Bürgschaft *f*; Beleg *m*; Vertrauenswürdigkeit *f*; Billigung *f*; Vergütung *f*; **~ado** [~'naðu] vertrauenswürdig; glaubwürdig (*Zeuge*); **~ador** [~ɐ'ðor] *m* Bürge *m*; **~ançar** [~ɐ̃'sar] (1p) (sich) aufheitern (*Wetter*); sich beruhigen (*Meer*); sich legen (*Sturm*); **~ar** [~'nar] (1f) gutsagen (*od.* bürgen) für; für *j-n* sprechen, *j-n* herausstreichen; gutschreiben; *Geld* vorstrecken, *j-n* bevorschussen; *Dienste* vergüten; *am Gewicht* etwas zugeben; *fig.* verbürgen; gutheißen; stützen (auf [*ac.*] em); **~ar-se** *de* sich rühmen (*gen.*); sich berufen auf (*ac.*); **~atório** [~ɐ'tɔrju] verbürgend; **~o** [ɐ'βonu] *m* Bürgschaft *f*, Gewähr *f*; Vorschuß *m*; Zugabe *f*; = *~ação*; *~ de família* Familien-*Gehalts*-Zulage *f*; ⚘ *bras.* Dünger *m*; *em ~ fig.* zugunsten.
abord|agem [ɐβur'ðaʒɐ̃i] *f fig.* Erörterung *f*; **~ar** [~ar] (1e) entern; *j-n* ansprechen; *Frage* anschneiden, erörtern; *v/i.* anlegen; landen; **~ável** [~avɛł] zugänglich; Anlege...; **~o** [ɐ'βorðu] *m* Landung *f*; *de fácil ~* leicht zugänglich.
aborígene [ɐβu'riʒənə] **1.** *adj.* einheimisch; **2.** **~s** *m/pl.* Ureinwohner *m/pl.*
aborrec|er [ɐβuʀə'ser] (2g) verabscheuen; ärgern, verdrießen; langweilen; **~er-se:** *~ com, ~ de* sich ärgern über (*ac.*); genug h. von; keine Lust h. zu; verabscheuen (*ac.*); **~ido** [~'siðu] langweilig; ärgerlich, unangenehm; mißmutig; *~ da vida* lebensmüde; *~ com* ungehalten über (*ac.*); böse auf (*ac.*); **~imento** [~si'mẽntu] *m* Abscheu *m* (vor [*dat.*] de); Unannehmlichkeit *f*; Ärger *m*; Mißmut *m*; Langeweile *f*; Überdruß *m*; **~ível** [~'sivɛł] abscheulich.
aborrido [~'ʀiðu] = *aborrecido*.
abort|amento [ɐβurtɐ'mẽntu] *m* = *~o*; *~ criminoso* Abtreibung *f*.
abort|ar [ɐβur'tar] (1e) *v/t.* vor der Zeit gebären; abtreiben; *fig.* (*fazer*) *~* zum Scheitern bringen; *v/i.* eine Fehl- (*od.* Früh-)geburt h.; *vet.* verwerfen; *fig.* fehlschlagen; **~ivo** [~'tivu] *m* Abtreibungsmittel *n*; **~o** [ɐ'βortu] *m* Früh-, Fehl-geburt *f*; ⚖ Abtreibung *f*; *fig.* Ausgeburt *f*; Fehlschlag *m*.
abotoar [ɐβu'twar] (1f) zuknöpfen;

♀ knospen; *bras.* packen; ~-se *com* sich *et.* aneignen.

abraç|adeira [ɐβrɐsɐ'ðeirɐ] *f* Klammer *f*; ⊕ *a.* Bügel *m*, Schelle *f*, Klemme *f*; *Vorhang*-Schlinge *f*; **~ar** [~'sar] (1p; *Stv.* 1b) umarmen; umfassen, -schlingen; *Beruf* ergreifen; *Aufgabe* in Angriff (*od.* unter-) nehmen; sich *Ideen* zu eigen m., annehmen; sich *e-r Partei* anschließen; **~ar-se** *com* (*em*, *a*) sich halten (*od.* klammern) an (*ac.*); = *~ar*; **~o** [ɐ'βrasu] *m* Umarmung *f*; ♀ Ranke *f*; ⚠ Rankenwerk *n*; *dar um ~ a* umarmen (*ac.*).

abrand|amento [ɐβrɐ̃ndɐ'mẽntu] *m* Nachlassen *n*; Abschwächung *f*; **~ar** [~'dar] (1a) erweichen; *fig.* abschwächen; besänftigen; *Schmerz* lindern; *Ton* dämpfen; *Fahrt* verlangsamen; *v/i. u.* **~ar-se** sich beruhigen; nachlassen.

abrang|ente [ɐβrɐ̃'ʒẽntə] umgreifend; **~er** [~er] (2h) umfassen; enthalten; begreifen.

abranger [ɐβrɐ̃'ʒer] (2h) umfassen, -schließen; enthalten; er-, be-greifen.

abras|ado [ɐβrɐ'zaðu] glühend (*em*, *de* vor [*dat.*]); glutrot; **~ador** [~zɐ'ðor] glühend; verheerend; verzehrend; **~ar** [~'zar] (1b) zum Glühen bringen; in Brand setzen; versengen; verheeren; *fig.* entflammen; verzehren.

abrasileir|ado [~zilei'raðu] brasilianisch; **~ar** [~ar] (1a) brasilianisieren.

abrasivo [~'zivu] *m* Schleifmittel *n*.

abre-cartas (**-latas**, **-portas**) (*pl. unv.*) [ˌaβrə'kartɐʃ, ~'latɐʃ, ~'pɔrtɐʃ] *m* Brief- (Büchsen-, Tür-)öffner *m*.

abren|unciar [ɐβʀənũ'sjar] (1g) entsagen (*dat.*), sich lossagen von; **~úncio!** [~'nũsju] (Gott) bewahre!

abrevi|ação [ɐβrəvjɐ'sɐ̃u] *f* Abkürzung *f*; **~adamente** [~ˌvjaðɐ'mẽntə] in Kürze; in gekürzter Form; kurz; **~ar** [~'vjar] (1g) (ab-, ver-)kürzen; *~ razões* sich kurz fassen; **~atura** [~ɐ'turɐ] *f* Abkürzung *f*, Kürzel *n*.

abric|ó, **~ote** *bras.* [abri'kɔ, ~'kɔtə] *m* Aprikose *f*; **~oteiro** [~ko'teiru] *m* Aprikosenbaum *m*.

abrid|eira [ɐβri'ðeirɐ] *bras. f* Aperitif *m*; ⊕ Wolf *m*; **~ela** [~'ðɛlɐ] *f* Gähnen *n*; **~or** [~'ðor] *m* ⊕ Öffner *m*.

abrig|ar [~'γar] (1o) Obdach gewähren (*dat.*); schützen; *Gefühle* hegen; **~ar-se** Zuflucht suchen; unterschlüpfen; sich unterstellen; **~o** [ɐ'βriγu] *m* Obdach *n*, Unterschlupf *m*; Schutz *m*; Schutzhütte *f*; Wartehäuschen *n*; ⚔ Unterstand *m*; *~ antiaéreo* Luftschutz-keller *m*, -bunker *m*; *~ nocturno* Nachtasyl *n*; *ao ~ de* geschützt vor (*dat.*); im Schutz (*od.* Rahmen) (*gen.*).

Abril [ɐ'βriɫ] *m* April *m*.

abrilhantar [ɐβriʎɐ̃n'tar] (1a) (erhöhten) Glanz verleihen (*dat.*); *fig.* verschönern.

abrir [ɐ'βrir] (3b; *p.p. aberto*) **1.** *v/t.* öffnen, aufmachen; ⊕ *a.* auf-bohren, -brechen, -drehen, -graben, -hauen, -kratzen, -meißeln, -schlagen, -schließen, -schneiden, -schweißen, -stemmen *usw.*; *Buch*, *Bett* aufschlagen; *Ausstellung*, *Konkurs* eröffnen; *Weg* bahnen; *Straße*, *Hafen* anlegen; *Tunnel*, *Brunnen* bohren; *Graben* ausheben; *Land* umbrechen; *Licht* anknipsen; *Wettbewerb* ausschreiben; *Buchstaben* schneiden *od.* stechen; *Appetit* anregen; *~ caminho*, *~ passagem* den Weg freigeben; *~ mão de* aufgeben (*ac.*); *~ as mãos fig.* die Hand aufhalten; **2.** *v/i.* sich öffnen; aufgehen; aufblühen (*Blume*); beginnen (*Konzert*); anbrechen (*Tag*); sich aufhellen (*Wetter*); **3.** **~-se** *com alg.* sich j-m anvertrauen.

ab-rog|ação [ɐβʀuγɐ'sɐ̃u] *f* Aufhebung *f*, Abschaffung *f*; **~ar** [~'γar] (1o; *Stv.* 1e) aufheben, abschaffen.

abrolho [ɐ'βroʎu (-ɔ-)] *m* ♀ Sterndistel *f*; *~s pl. fig.* Klippen *f/pl.*

abrum|ado [ɐβru'maðu] neblig, trübe; **~ar** [~'mar] (1a) einnebeln; trüben; verfinstern; bedrücken.

abrunh|eiro [ɐβru'ɲeiru] *m* Zwetschgenbaum *m*; *~ bravo* Schlehdorn *m*; **~o** [ɐ'βruɲu] *m* Schlehe *f*.

abrupto [ɐβ'ʀuptu] steil, abschüssig; plötzlich; rauh, unfreundlich.

abrut|alhar(**-se**), **~ar** [ɐβrutɐ'ʎar(-sɨ), ~'tar] (1b, 1a) verrohen, vertieren.

absc|esso, **~issa** *bras.* = *abcesso*, *-issa*.

absconso [ɐβʃ'kõsu] verborgen.
absent|eísmo *bras.*, **~ismo** [ɐβsẽnte'izmu, ~'tiʒmu] *m* Absentismus *m*; **~eísta**, **~ista** [~'istɐ, ~'tiʃtɐ] *m* Absenter *m*.
abside ⚠ [ɐβ'siðə] *f* Apsis *f*.
absolto [~'soɫtu] *p.p. irr. v. absolver*.
absolut|amente [~su,lutɐ'mẽntə] durchaus; ~ *nada* gar nichts; **~ismo** [~lu'tiʒmu] *m* Absolutismus *m*; **~o** [~su'lutu] unumschränkt (*Gewalt*); unbedingt, völlig; unabhängig; *fil. u.* 🕮 absolut; *em* ~ durchaus, ganz und gar; **~ório** [~'tɔrju]: *sentença f -a* Freispruch *m*.
absolv|er [~soɫ'ver] (2e) freisprechen; *fig.* entbinden; *rel. j-n* lossprechen; *Sünde* vergeben; **~ição** [~vi'sɐ̃u] *f* Freispruch *m*; *rel.* Lossprechung *f*, Absolution *f*.
absor|ção [~sur'sɐ̃u] *f* Absorption *f*; Aufnahme *f*; Versunkenheit *f*; **~to** [~'sortu] *in Gedanken* versunken; versonnen.
absorv|edor [~survə'ðor] *m* ⊕ Absorber *m*; **~ente** [~'vẽntə] **1.** *adj.* saugfähig; *fig.* verzehrend, aufreibend; **2.** *m* Absorptionsmittel *n*; **~er** [~'ver] (2e) absorbieren; aufsaugen; aufnehmen; *fig.* ganz in Anspruch nehmen; *Problem* ganz erfassen; **~er-se**: ~ *em fig.* sich versenken (*od.* vertiefen) in (*ac.*).
abstémio [ɐβʃ'tɛmju] **1.** *adj.* enthaltsam; **2.** *m* Abstinenzler *m*.
absten|ção [~tẽ'sɐ̃u] *f* Enthaltung *f*; Enthaltsamkeit *f*; ⚖ Verzichtleistung *f*; ~ *eleitoral* = **~cionismo** [~sju'niʒmu] *m* Wahlenthaltung *f*; **~cionista** [~sju'niʃtɐ] *m* Nichtwähler *m*.
abster [~'ter] (2zb): ~ *de* abhalten von, hindern an (*dat.*); **~-se** *de* sich enthalten (*gen.*); Abstand nehmen von; verzichten auf (*ac.*).
abstin|ência [~ti'nẽsjɐ] *f* Enthaltsamkeit *f*; *rel.* Abstinenz *f*; *dia m de* ~ Fasttag *m*; **~ente** [~'nẽntə] enthaltsam, abstinent.
abstr|acção [~tra'sɐ̃u] *f* Außerachtlassung *f*; Verallgemeinerung *f*; *fig.* Geistesabwesenheit *f*; *fil.* Abstraktion *f*; *fazer* ~ *de* = **~air** *de*; *por* ~ abstrakt; **~acto** [~'tratu] *adj.* abstrakt, begrifflich; *fig.* geistesabwesend; *em* ~ abstrakt (*adv.*).
abstrair [~trɐ'ir] (3l) wegdenken; entrücken; *v/i.* ~ *de* abstrahieren (*od.* absehen) von; **~-se** sich entziehen; in Gedanken versinken.
abstruso [~'truzu] verworren.
absurdo [ɐβsə'surðu] **1.** *adj.* unsinnig, abgeschmackt; **2.** *m* Unsinn *m*.
abúlico [ɐ'βuliku] willenlos.
abund|ância [ɐβũn'dɐ̃sjɐ] *f* Fülle *f*; Überfluß *m*; **~ante** [~'dɐ̃ntə] reichlich, üppig; reich (an [*dat.*] *de*); **~ar** [~'dar] (1a) reichlich da (*od.* vorhanden) sn; ~ *de*, *em* reich sn an (*dat.*); ~ *em fig. e-e Ansicht* teilen.
aburgues|ado [ɐβurɣə'zaðu] **1.** *adj.* spießig; **2.** *m* Spießer *m*; **~amento** [~zɐ'mẽntu] *m* Verbürgerlichung *f*, **~ar** [~ar] (1c) verbürgerlichen; spießig w.
abus|ar [ɐβu'zar] (1a) (*de*) mißbrauchen (*ac.*); Mißbrauch treiben (mit); übertreiben (*ac.*); zuviel trinken (*od.* essen) (*ac.*); **~ivo** [~'zivu] mißbräuchlich; übertrieben; sprachwidrig; **~o** [ɐ'βuzu] *m* Mißbrauch *m*; Unsitte *f*; übertriebene(r) Gebrauch *m*; Übergriff *m*.
abutre [ɐ'βutrə] *m* Geier *m*.
acab|ado [ɐkɐ'βaðu] fertig; tadellos; *fig.* erledigt; verbraucht; ~ *de chegar* (*imprimir*) soeben (*od.* frisch) angekommen (gedruckt); ~ *de fazer* nagelneu; *produto m* ~ Fertigware *f*; **~adote** F [~βɐ'ðɔtə] klapprig; **~amento** [~βɐ'mẽntu] *m* Fertigstellung *f*; Ausführung *f*; Nachbearbeitung *f*; *Stoff*: Ausrüstung *f*, Appretur *f*; *Kleid*, *Schuh*: Verarbeitung *f*; *Wohnung*: Ausstattung *f*; *de bom* ~ gut ausgeführt; **~ar** [~'βar] (1b) **1.** *v/t.* beenden; fertigm.; fertigstellen; verarbeiten; nach(be)arbeiten; ausrüsten, appretieren; ausstatten; **2.** *v/i.* enden; aufhören; zu Ende (*od.* fertig) sn; ein Ende nehmen; *estar a* ~ zu Ende gehen; fast fertig sn; ~ *com* abschaffen (*ac.*); ein Ende (*od.* den Garaus) m. (*dat.*); Schluß m. mit; ~ *com alg.* (*que*) j-n davon überzeugen *od.* dazu überreden (daß); ~ *de* vollends (*od.* zu Ende) *et. tun*; *et.* fertigmachen; aufhören zu; soeben *et. getan h.*; fertig sn mit; ~ *em* ausgehen, enden mit; aufgehen *od.* sich auflösen in (*dat.*); ~ *por fazer*, ~ *fazendo* schließlich *et.* tun; ~ *em bem* gut ausgehen; ~ *mal* ein böses Ende nehmen; é *coisa de nunca*

~ das nimmt kein Ende; *um nunca* ~ *de* nicht endenwollend; zahllos; **3. ~ar-se** zu Ende sn; *acabou-se!* jetzt ist's genug!; aus!
acabrunh|ado [~βru'ɲaðu] bedrückt; trübsinnig; **~amento** [~ɲɐ'mẽntu] *m* Niedergeschlagenheit *f*; Trübsinn *m*; **~ar** [~'ɲar] (1a) be-, nieder-drücken; quälen.
aca|çapar, ~chapar, ~char [~sɐ'par, ~ʃɐ'par, ~'ʃar] (1b) ducken, *fig.* demütigen; *fig.* verbergen.
acácia [ɐ'kasjɐ] *f* Akazie *f*.
acad|emia [ɐkɐðə'miɐ] *f* Akademie *f*, *Kunst*-Hochschule *f*; **~émico** [~'ðɛmiku] **1.** *adj.* akademisch; **2.** *m* Akademiemitglied *n*; Student *m*.
açafate [ɐsɐ'fatə] *m* Korb *m*.
acafetado [ɐkɐfə'taðu] kaffeefarben.
açafrão [ɐsɐ'frɐ̃u] *m* Safran *m*, Krokus *m*.
açaim|ar [ɐsai'mar] (1a) = *açamar*; **~e, ~o** [ɐ'saimə, -u] *m* = *açame*.
acaju *bras.* [aka'ʒu] *m* Akajou *m*, Akaja *m* (*Mahagoniart*).
acalcanhar [ɐkaɫkɐ'ɲar] (1a) mit Füßen (*od. Absätze* schief) treten.
acalent|ador [~ɐlẽntɐ'ðor] beruhigend; **~ar** [~'tar] (1a) erwärmen; *Kind* wiegen; *allg.* beschwichtigen; *Hoffnung* hegen; *j-n* bestärken; *canção f de* ~ Wiegenlied *n*.
acalm|ar [ɐkaɫ'mar] (1a) beruhigen; besänftigen; *Schmerz* lindern; *v/i.* sich legen (*Wind usw.*); **~ia** [~'miɐ] *f* Ruhe(pause) *f*.
acalor|ado [ɐkɐlu'raðu] hitzig, heftig; **~ar** [~'rar] (1e) erhitzen; *fig.* auf-, er-regen; begeistern.
acam|ado [~'maðu] bettlägerig; **~ar** [~ar] (1a) betten; legen; schichten; niederdrücken (*a. fig.*); *v/i.* bettlägerig w.; liegen.
açamar [ɐsɐ'mar] (1a) e-n Maulkorb anlegen (*dat.*); *fig. a.* zügeln.
acamaradar-se [ɐkɐmɐrɐ'ðarsə] (1b) sich verbrüdern; sich zs.-tun.
açambarc|ador [ɐsɐ̃mbɐrkɐ'ðor] *m* Hamsterer *m*; Schieber *m*; **~amento** [~kɐ'mẽntu] *m* Aufkauf *m*; Hamstern *n*; **~ar** [~'kar] (1n; *Stv.* 1b) aufkaufen; hamstern.
açam|e, ~o [ɐ'sɐmə, -u] *m* Maulkorb *m*.
acamp|amento [ɐkɐ̃mpɐ'mẽntu] *m* (Zelt-)Lager *n*; *fazer* ~ = **~ar** [~'par] (1a) lagern, zelten (lassen).
acanelar [ɐkɐnə'lar] (1c) (aus)kehlen, kannelieren; riefeln.
acanh|ado [ɐkɐ'ɲaðu] beengt; eng; *Auftreten*: blöde, schüchtern; *Charakter*: kleinlich, engherzig; *Intelligenz*: beschränkt; **~amento** [~ɲɐ'mẽntu] *m* Enge *f*; Blödigkeit *f*, Verlegenheit *f*; Engherzigkeit *f*; **~ar** [~'ɲar] (1a) ein-, ver-schüchtern; **~ar-se** verlegen w., Angst bekommen.
acanto [ɐ'kɐ̃ntu] *m* ⚘ Bärenklau *m*; △ Akanthus *m*.
acantoar [ɐkɐ̃n'twar] (1f) in die Ecke stellen; verstecken; **~-se** sich absondern.
acanton|amento ⚔ [ɐkɐ̃ntunɐ'mẽntu] *m* *Truppen*-Unterkunft *f*, Standort *m*; **~ar** [~'nar] (1f) kantonieren; ~ *em, por* verteilen auf (*ac.*); legen nach; *v/i.* Quartier beziehen.
ação *bras.* [a'sɐ̃u] = *acção*.
acare|ação [ɐkɐrjɐ'sɐ̃u] *f* Gegenüberstellung *f*; **~ar** [~'rjar] (1l) *Zeugen* gegenüberstellen.
acaric|iador [~risjɐ'ðor] schmeichlerisch; **~iar** [~'sjar] (1g) liebkosen, streicheln; schmeicheln (*dat.*); *fig.* liebäugeln mit.
acarinhar [~ri'ɲar] (1a) verwöhnen; streicheln; schmeicheln (*dat.*).
ácaro ['akɐru] *m* Milbe *f*.
acarretar [ɐkɐʀə'tar] (1c) anfahren; (herbei)schaffen; zs.-tragen; *fig.* mit sich bringen, verursachen.
acasalar [~zɐ'lar] (1b) (sich) paaren.
acaso [ɐ'kazu] **1.** *m* Zufall *m*; *ao* ~ aufs Geratewohl; *por* ~ von ungefähr; aber, doch; wirklich; = **2.** *adv.* zufällig; etwa, vielleicht.
acastanhado [ɐkɐʃtɐ'ɲaðu] bräunlich.
acat|adamente [ɐkɐˌtaðɐ'mẽntə] ehrerbietig; folgsam; **~amento** [~tɐ'mẽntu] *m* Ehrerbietung *f*; Befolgung *f*; **~ar** [~'tar] (1b) (ver-)ehren, achten; befolgen.
acaudilhar [ɐkauði'ʎar] (1a) (an-)führen, befehligen.
acautel|ado [~tə'laðu] vorsichtig; **~ar** [~'lar] (1c) warnen (vor [*dat.*] *de*); schützen; **~ar-se** sich vorsehen *od.* in acht nehmen (vor [*dat.*] *com*).
acaval|ado [ɐkɐvɐ'laðu] rittlings; Pferde...; **~ar** [~ar] (1b) bespringen (*l.*); *fig.* aufea.-packen; überea.-wachsen (*Zähne*); = **~-se** *em* sprin-

gen *od.* sich setzen auf (*ac.*); **~etado** [~lə'taδu]: *nariz m* ~ Hakennase *f*.

acção [a'sẽu] *f* **a)** Handlung *f*, Tat *f*; Leistung *f*; Eingreifen *n*; Vorgehen *n*; ⚗ *usw.* Wirkung *f*; *feierlicher* Akt *m*; *homem de* ~ tatkräftige(r) Mensch *m*; *liberdade de* ~ Handlungs-, Bewegungs-freiheit *f*; *não ter* ~ *de* keine Freiheit h. zu; *pôr em* ~ ins Werk setzen; *entrar em* ~ in Tätigkeit (*od.* in Aktion) treten; *em* ~ *resultante de* auf Grund von (*dat.*); **b)** ⚔ Unternehmen *n*; Gefecht *n*; *de* ~ *retardada* mit Spätzündung; **c)** ⚖ Klage *f*, Verfahren *n*; ~ *civil* Zivilklage *f*; ~ *penal* Strafverfahren *n*; *pôr* (*od. instaurar*) *uma* ~ ein Verfahren anstrengen; **d)** ✝ Aktie *f*; ~ *sem prioridade* Stamm-, ~ *de preferência*, ~ *de prioridade*, ~ *privilegiada* Vorzugs-, ~ *de fundador* Gründer-, ~ *nominativa* Namens-, ~ *ao portador* Inhaberaktie *f*; ~ *de minas* Kux *m*; *rel.* ~ *de graças* Dank-feier *f*, -gebet *n*.

accion|amento ⊕ [asjunɐ'mẽntu] *m* Antrieb *m*; *mecanismo m de* ~ Getriebe *n*; **~ar** [~'nar] (1f) verklagen; ⊕ antreiben, betätigen; in Gang setzen; *ret.* gestikulieren; **~ista** [~'niʃtɐ] *m* Aktionär *m*.

acearia *bras.* [asea'riɐ] *f* Stahlwerk *n*.

aced|ência [asə'δẽsjɐ] *f* Einverständnis *n*; Entgegenkommen *n*; **~er** [~'δer] (2c) beistimmen, beipflichten; *e-e Einladung* annehmen; *e-n Wunsch* erfüllen.

acefalia [~fɐ'liɐ] *m fig.* Führungsschwäche *f*.

acéfalo [ɐ'sɛfɐlu] *fig.* führerlos.

aceirar [ɐsei'rar] (1a) = *acerar*.

aceit|ação [ɐseitɐ'sẽu] *f* = **~amento** [~ɐ'mẽntu] *m* Annahme *f*; Anerkennung *f*; Hinnahme *f*; Wohlwollen *n*; *ter* ~ angenommen w.; Anklang finden; **~ante** ✝ [~'tẽntə] *m* Akzeptant *m*; **~ar** [~'tar] (1a) annehmen; aufnehmen; *fig.* anerkennen; zulassen, hinnehmen; ✝ akzeptieren; **~ável** [~'tavɛl] annehmbar; **~e** [ɐ'seitə] **1.** *m* Akzept *n*; **2.** = **~o** [ɐ'seitu] **1.** *adj.* angenehm, willkommen; **2.** *p.p. irr. v.* ~ *ar*.

aceler|ação [ɐsələrɐ'sẽu] *f* Beschleunigung *f*; **~ado** [~'raδu] **1.** *adj.* schnell, rasch; *marcha f -a* = **2.** *m* Laufschritt *m*; **~ador** [~rɐ'δor] *m auto.* Gaspedal *n*; *Film*: Zeitraffer *m*; **~ar** [~'rar] (1c) beschleunigen; *auto.* Gas geben; **~ar-se** sich beeilen.

acelga ⚘ [ɐ'sɛlgɐ] *f* Mangold *m*.

acém [ɐ'sẽi] *m*; (*carne f do*) ~ Kamm(stück *n*) *m*.

acenar [ɐsə'nar] (1d) winken; (zu-) nicken.

acend|alha [ɐsẽn'daʎɐ] *f* Feueranzünder *m*; *fig.* Zündstoff *m*; **~edor** [~də'δor] *m Zigarren-*, *Gas-* Anzünder *m*; *fig.* Erreger *m*; ~ *automático* Feuerzeug *n*; **~er** [~'der] (2a) anzünden, -machen, -knipsen; *fig.* entflammen, anstiften; *v/i. auto.* zünden; = **~er-se** angehen, brennen; *fig.* entbrennen; ausbrechen (*Krieg*); erwachen (*Wunsch*); *vor Scham* erglühen; **~ido** [~'diδu] glühend; flammend (*Farbe*); ~ *em ira* zornentbrannt.

acendr|ado [~'draδu] lauter, rein; **~ar** [~ar] (1a) läutern.

aceno [ɐ'senu] *m* Wink *m*; Nicken *n*.

acento [ɐ'sẽntu] *m* Akzent *m*; Ton (-fall) *m*; Betonung *f*; Klang *m*; ~ *tónico* Hauptton *m*; ~ *secundário* Nebenton *m*.

acentu|ação [ɐsẽntwɐ'sẽu] *f* Betonung *f*; Zunahme *f*; Verschärfung *f*; **~adamente** [~ˌtwaδɐ'mẽntə] ausgesprochen; **~ado** [~'twaδu] markant; **~ar** [~'twar] (1g) betonen (*a. fig.*); akzentuieren; *fig.* verstärken; verschärfen.

acepção [asɛ(p)'sẽu] *f* Sinn *m*, Bedeutung *f*; ~ *original*, ~ *primitiva* Grundbedeutung *f*; *sem* ~ *de pessoas* ohne Ansehen der Person.

acepilh|adora [ɐsəpiʎɐ'δorɐ] *f* Hobelmaschine *f*; **~ar** [~'ʎar] (1a) (ab)hobeln.

acepipes [ɐsə'pipiʃ] *m/pl.* Appetithappen *m/pl.*; „Horsd'œuvres" *n/pl.*

acéquia [ɐ'sɛkjɐ] *f* Wassergraben *m*; Bewässerungskanal *m*.

acer|ado [ɐsə'raδu] stählern; scharf, beißend; **~ar** [~'rar] (1c) (an-, ver-) stählen; schärfen; *fig. a.* reizen; **~aria** [~'riɐ] *f* Stahlwerk *n*.

acerb|ar [ɐsər'βar] (1c) verbittern; verschärfen; **~idade** [~βi'δaδə] *f* Herbheit *f*; Härte *f*; Schärfe *f*; **~o** [ɐ'serβu] herb; *fig.* bitter; scharf.

acerca [a'serkɐ]: ~ *de* über (*ac.*).

acercar(-se) [ɐsər'kar(sə)] (1n; *Stv.* 1c): ~ *de* (sich) nähern (*dat.*).

aceroso [~'rozu (-ɔ)] spitz; *folha f*

-*a* ⚘ Nadel *f*.
acérrimo [ɐ'sɛʀimu] *sup. v. acre.*
acert|ado [ɐsər'taðu] treffend, richtig; geschickt; **~ar** [~'tar] (1c) *v/t.* treffen (*a. fig.*); *Rätsel* lösen; *Uhr* stellen; *fig.* richten, in Ordnung bringen; = ~ *com*; *não* ~ *o tiro* (*golpe*) daneben-schießen (-schlagen); *v/i.* treffen; ~ *com* (heraus-) finden (*ac.*); Glück h. mit; erraten (*ac.*); ~ *no alvo* ins Schwarze treffen; *acertou!* getroffen!; **~ar-se** *por* sich richten nach; **~o** [ɐ'sertu] *m* Treffer *m*; Richtigkeit *f*; Erfolg *m*; Geschicklichkeit *f*; *com* ~ treffend, geschickt; *de* ~, *por* ~ zufällig, von ungefähr.
acervo [ɐ'servu] *m* Haufen *m*; *Erb-*Masse *f*.
aceso [ɐ'sesu] **1.** *p.p. irr. v. acender*; **2.** *adj.* brennend; *fig.* erregt; *estar* ~ brennen; ~ *de*, ~ *em* begierig auf (*ac.*).
acess|ão [ɐsə'sɐ̃u] *f* Beitritt *m*; *Thron*-Besteigung *f*; **~ível** [~ivɛɫ] zugänglich (*a. fig.*); erschwinglich (*Preis*); **~o** [ɐ'sɛsu] *m* Zugang *m*, Zufahrt *f*; Zutritt *m*; Zulassung *f*; ⚕ Anfall *m*; ~ *de choro* Weinkrampf *m*; *material m de* ~ Zubehör *n*; *rua f de* ~ Zufahrtsstraße *f*; *cano m de* ~ Zufuhrrohr *n*; *de fácil* (*difícil*) ~ leicht (schwer) zugänglich; *dar* ~ *a j-n* zulassen; führen zu (*Treppe, Tür*); **~ório** [~ɔrju] **1.** *adj.* zugehörig; zusätzlich; nebensächlich; Neben...; **2.** *m* Nebensache *f*; Zutat *f*; ⊕ Ersatzteil *m*; ~*s pl.* Zubehör *n*; Beiwerk *n*; *tea.* Requisiten *n/pl.*
acetato [ɐsə'tatu] *m* Azetat *n*; ~ *de alumínio* essigsaure Tonerde *f*.
acético [ɐ'sɛtiku] Essig...
acetilen|e, ~o [ɐsəti'lɛnə, -u] *m* Azetylen *n*.
acetinado [~ti'naðu] satiniert; glatt, glänzend, Glanz...
acetona [~'tonɐ] *f* Azeton *n*.
acha ['aʃɐ] *f* Scheit *n*; † Streitaxt *f*.
achac|adiço [ɐʃɐkɐ'ðisu] anfällig; = **~ado** [~'kaðu] kränklich.
achad|o [ɐ'ʃaðu] **1.** *m* Fund *m*; *guter* Einfall *m*; *bras.* F = *pechincha*; **2.** *adj. não se dar por* ~ sich dumm stellen.
achamb|oado, ~oirado, ~onado [ɐʃɐ̃m'bwaðu, ~boi'raðu, ~bu'naðu] grob(schlächtig).
achamborrado *bras.* [aʃẽmbo'ʀadu] platt (*Nase*).
achaparrado [ɐʃɐpɐ'ʀaðu] untersetzt; plump; verwachsen.
achaque [ɐ'ʃakə] *m* Unpäßlichkeit *f*; Anfall *m*; *fig.* üble Angewohnheit *f*; ~*s pl.* ⚕ Beschwerden *f/pl.*; *allg.* Unannehmlichkeiten *f/pl.*
achar [ɐ'ʃar] (1b) finden; **~-se** sich befinden.
achat|adela [ɐʃatɐ'ðɛlɐ] *f* Beule *f*; Scharte *f*; *fig.* F Abreibung *f*; **~ado** [~'taðu] platt; *fig.* geknickt; **~amento** [~'mẽntu] *m* Senkung *f*; **~ar** [~'tar] (1b) abplatten; platt-drükken, -walzen; *fig.* einschüchtern; F zs.-stauchen; **~ar-se** platt w.
achavascado [~veʃ'kaðu] plump.
acheg|a [ɐ'ʃegə] *f* Beitrag *m*; Beihilfe *f*; Zutat *f*; **~ado** [ɐʃə'ɣaðu] nah(estehend); **~o** *bras.* [~gu] *m* = ~*a*; **~ar** [ɐʃə'ɣar] (1o; Stv. 1d) nähern; anschmiegen.
achicar ⚓ [ɐʃi'kar] (1n) lenzen.
achinado [ɐʃi'naðu] chinesenhaft.
achincalh|ar [ɐʃiŋkɐ'ʎar] (1b) verspotten; hänseln; **~e, ~o** [~'kaʎə, -u] *m* Spott *m*; Hänselei *f*.
achinesado [ɐʃinə'zaðu] = *achinado.*
achocolatado [ɐʃukulɐ'taðu] schokoladenbraun; Schokoladen...
aciano [ɐ'sjɐnu] *m* Kornblume *f*.
acicat|ar [ɐsikɐ'tar] [1b] anspornen; *fig. a.* an-, auf-stacheln; **~e** [~'katə] *m fig.* Ansporn *m*.
acid|ado [~'ðaðu] sauer; **~ar** [~'ðar] (1a) = *acidificar.*
acidência [~'ðẽsjɐ] *f* Zufälligkeit *f*.
acident|ado [~ðẽn'taðu] hügelig (*Gelände*); uneben (*Boden*); holprig (*Straße*); gefährlich (*Strecke*); bewegt, turbulent; verunglückt (*Mensch*); **~al** [~'taɫ] zufällig, unerwartet; unwesentlich; akzidentell; **~e** [~'ðẽntə] *m* Zufall *m*; Unglück *n*; *Verkehrs*-Unfall *m*; *fil.* Akzidens *n*; ♪ Versetzungszeichen *n*; Unebenheit *f* (*Gelände*); P Anfall *m*; ~ *primário* ⚕ Primäraffekt *m*; *por* ~ zufällig.
acid|ez [ɐsi'ðeʃ] *f* Säure *f*; Säuregehalt *m*; **~ificação** [~ðəfikɐ'sɐ̃u] *f* Säurebildung *f*; Sauerwerden *n*; **~ificar** [~ðəfi'kar] (1n) (an)säuern, sauer m.; **~ificar-se** sauer w.
ácido ['asiðu] **1.** *adj.* sauer; *fig.* bissig; **2.** *m* Säure *f*; ~ *clorídrico* Salz-, ~ *fénico* Karbol-, ~ *fórmico* Ameisen-, ~ *nítrico* Salpeter-, ~

silício Kiesel-, ~ *sulfúrico* Schwefel-, ~ *úrico* Harn-säure *f*.
acidose [ɐsi'ðɔzə] *f* Übersäuerung *f* (*des Blutes*).
acidul|ado [ɐsiðu'laðu] säuerlich; **~ar** [~'lar] (1a) (an)säuern.
acídulo [ɐ'siðulu] säuerlich; *águas f/pl. -as* Sauerbrunnen *m*; *vinho m* ~ Säuerling *m*.
acima [ɐ'simɐ] **1.** *adv.* her-, hinauf; nach oben; aufwärts; *escadas* ~, *escadas abaixo* treppauf, treppab; ~ *mencionado* obenerwähnt; *os nomes* ~ die obigen Namen; **2.** *prp.* ~ *de* über (*ac. u. dat.*), oberhalb (*gen.*); *estar* ~ *de a/c.* stehen über (*dat.*); **3.** *int.* aufwärts!, hinauf!; ~ *corações!* die Herzen hoch!; **4.** *adj. unv.* obig.
acint|e [ɐ'sĩntə] **1.** *m* Absicht *f*; Bosheit *f*; *por* ~ vorsätzlich; = **2.** *adv.* = **~oso** [ɐsĩn'tozu] absichtlich; boshaft.
acinzent|ado [ɐsĩzẽn'taðu] aschfarben, gräulich; **~ar** [~ar] (1a) grau färben.
acion|... *bras., s. accion|...*
acirr|ado [ɐsi'ʀaðu] aufgebracht; **~ar** [~'ʀar] (1a) (auf)reizen, anstacheln; **~ar-se** gereizt w.
aclam|ação [ɐklɐmɐ'sɐ̃u] *f* Zuruf *m*; Wahl *f durch Zuruf*; *-ões pl.* Beifall *m*; Jubel *m*; *dar* (*od. fazer*) *-ões* zujubeln; **~ar** [~'mar] (1a) zujubeln (*dat.*); *zum König* ausrufen, durch Zuruf wählen zu; **~atório** [~'tɔrju] zustimmend.
aclar|ação [~rɐ'sɐ̃u] *f* Aufklärung *f*; Erhellung *f*; Aufhellung *f*; Erklärung *f*; **~agem** ⊕ [~'raʒɐ̃i] *f* Klärung *f*; **~ar** [~'rar] (1b) erhellen; hell (*od.* klar) m.; erklären; *j-n, Geheimnis* aufklären; *Wahrheit* ans Licht bringen; *Farbe* aufhellen; *Wein usw.* klären; *Wald* lichten; *v/i. u.* **~ar-se** klar (*od.* hell) w.
aclim|a(ta)ção [ɐklimɐ(tɐ)'sɐ̃u] *f* (Ein-)Gewöhnung *f*; **~a(ta)r** [~'mar(-mɐ'tar)] (1a [1b]) akklimatisieren; gewöhnen (an [*ac.*] *a*); **~ar-se** sich eingewöhnen.
aclive [ɐ'klivə] **1.** *adj.* steil; **2.** *m* Hang *m*; *em* ~ ansteigend.
acne ⚕ ['aknə] *f* Pickel *m/pl.*, Akne *f*.
aço ['asu] *m* Stahl *m*; **~s** *m/pl.* Stahlwaren *f/pl.*; ~ *fundido* Guß-, ~ *eléctrico* Elektro-stahl *m*; ~ *de espelho* Spiegelbelag *m*; *de* ~ stählern, *fig.* stahlhart; *ser um* ~ hart wie Stahl sn.
acobardar [ɐkuβɐr'ðar] (1b) Angst einjagen; **~-se** verzagen.
acobertar [~βər'tar] (1c) (be-, zu-)decken; *et.* verschleiern; **~-se** *com, em* sich verstecken hinter (*dat.*).
acocorar-se [~ku'rarsə] (1e) sich (nieder-)hocken, (-)kauern; *fig.* sich ducken; kriechen (vor [*dat.*] *diante*).
açod|ado [ɐsu'ðaðu] hastig; **~ar** [~'ðar] (1e) antreiben, hetzen.
acogular [ɐkuɣu'lar] (1a) vollpacken; (an-, auf-)häufen.
acoimar [ɐkoi'mar] (1a) bestrafen; tadeln; ~ *de* schimpfen, nennen (*ac.*); bezichtigen (*gen.*); *v/i.* sich rächen.
açoit... s. *açout...*
acoitar [ɐkoi'tar] (1a) Zuflucht (*od.* Obdach) gewähren; aufnehmen; schützen; **~-se** Zuflucht suchen; sich verbergen.
acolá [ɐku'la] da, dort.
acolchetar [ɐkołʃə'tar] (1c) ein-, zuhaken; zs.-fügen.
acolcho|ado [~'ʃwaðu] *m* Polster *n*; Steppdecke *f*; **~ar** [~'ʃwar] (1f) polstern, wattieren; (durch)steppen.
acolh|edor [ɐkuʎə'ðor] gastlich, einladend; **~er** [~'ʎer] (2d) aufnehmen; empfangen; Gehör schenken (*dat.*); **~er-se** Schutz (*od.* Unterkunft) suchen, sich flüchten; **~ida** *f*, **~imento** *m* [~'ʎiðɐ, ~ʎi'mẽntu] Aufnahme *f*; Zuflucht *f*.
acolitar [ɐkuli'tar] (1a) begleiten; folgen (*dat.*); assistieren (*dat.*).
acólito [ɐ'kɔlitu] *m* Gehilfe *m*; Gefährte *m*; *rel.* Akoluth *m*.
acomet|er [ɐkumə'ter] (2c) anfallen, angreifen; in Angriff nehmen; befallen (*Krankheit*); **~ida** [~'tiðɐ] *f* = **~imento** [~ti'mẽntu] *m* Angriff *m*; Inangriffnahme *f*.
acomod|ação [ɐkumuðɐ'sɐ̃u] *f* Anpassung *f*; Bequemlichkeit *f*; Unterbringungsmöglichkeit *f*; ⚖ Vergleich *m*; ⚕ *u. fís.* Akkomodation *f*; **~adiço** [~ɐ'ðisu] = *~atício*; **~ado** [~'ðaðu] bequem, geeignet; genügsam; mäßig (*Preis*); **~amento** [~ɐ'mẽntu] *m* Unterbringung *f*; = *~ação*; *política f de* ~ Kompromißpolitik *f*; **~ar** [~'ðar] (1e) *Haus* (bequem) einrichten; *Dinge* zurechtmachen (für [*ac.*] *a*), anpassen; gewöhnen (an [*ac.*] *a*); *j-n* mitea. aus-

söhnen, vergleichen; unterbringen (*in Wohnung od. Stellung*); *et.* ein-, aufräumen; *Koffer* verstauen; **~ar-se** es sich *irgendwo* bequem m.; ~ *a* sich anpassen (*dat.*), sich fügen in (*ac.*); **~atício** [~ɐ'tisju] anpassungsfähig; willig; **~ável** [~'ðavɛł] anpaßbar, brauchbar.

acompanh|ador [ɐkõmpɐɲɐ'ðor] *m* Begleiter *m*; **~amento** [~ɐ'mẽntu] *m* Begleitung *f*; Beilage *f*; ~ (*fúnebre*) Leichenzug *m*; **~ar** [~'ɲar] (1a) begleiten; *Ereignisse* verfolgen.

aconcheg|ado [ɐkõʃə'ɣaðu] gemütlich; **~ar** [~'ɣar] (1o; *Stv.* 1d) schmiegen (an, in [*ac.*] *a*); gemütlich m.; **~o** [~'ʃeɣu] *m* Gemütlichkeit *f*.

acondicion|amento ✝ [ɐkõndisjunɐ'mẽntu] *m* Verpackung *f*; **~ar** [~'nar] (1f) ausstatten; verwahren; *Waren* verpacken; *Koffer* verstauen.

aconselh|ado [ɐkõsɨ'ʎaðu] besonnen; **~ar** [~'ʎar] (1d) *j-n* beraten; *j-m et.* (an)raten; **~ar-se** *com* zu Rate ziehen (*ac.*); **~ável** [~'ʎavɛł] ratsam.

acontec|er [ɐkõntə'ser] (2g) sich ereignen, geschehen; vorkommen; *acontece* das kommt vor; *que acontece?* was ist los?; **~imento** [~si'mẽntu] *m* Ereignis *n*; Vorfall *m*; Erlebnis *n*.

acopl|amento [ɐkuplɐ'mẽntu] *m* Kupplung *f*; *Radio*: Kopplung *f*; **~ar** [~'plar] (1e) kuppeln; koppeln.

açor [ɐ'sor] *m* Habicht *m*; **~ar** [ɐsu'rar] (1e) betören.

açorda [ɐ'sorðɐ] *f* Brotsuppe *f*.

acordado [ɐkur'ðaðu] wach; *fig.* wachsam; geweckt; *estar* ~ wachen.

acórdão(s) [ɐ'kɔrðɐ̃u] *m* (*pl.*) Spruch *m*.

acord|ar [ɐkur'ðar] (1e) **1.** *v/t.* **a)** (auf)wecken; *Gefühle* erwecken; **b)** vereinbaren, beschließen; in Einklang bringen, versöhnen; gewähren; **2.** *v/i.* auf-, er-wachen; *não* ~ *a horas* sich verschlafen; ~ *em* beschließen (*ac.*); **~ar-se** sich einigen; **~e** [ɐ'kɔrðə] **1.** *m* ♪ Akkord *m*; Zs.-klang *m*; **2.** *adj.* = *concorde*; **~eão** [ɐkur'djɐ̃u] *m* Ziehharmonika *f*; **~o** [ɐ'korðu] *m* Übereinstimmung *f*; Einverständnis *n*; (gemeinsamer) Beschluß *m*, Übereinkommen *n*; Abkommen *n*, Vertrag *m*; *de* ~ einverstanden; *de* ~ *com* im Einverständnis mit; in Übereinstimmung mit, gemäß (*dat.*); *estar de* ~ *com* übereinstimmen mit; *de comum* ~ einmütig; *chegar a* (*um*) ~ zu einer Einigung kommen; *pôr-se de* ~ übereinkommen, sich einigen; *estar no seu* ~ bei sich sn; *não dar* ~ (*de si*) kein Lebenszeichen von sich geben; *ter pronto* ~ geistesgegenwärtig (*od.* schlagfertig) sn.

açoriano [ɐsu'rjɐnu] **1.** *adj.* der (*od.* von den) Azoren; **2.** *m* Azorianer *m*.

acoroço|ado [ɐkuru'swaðu] beherzt, mutig; **~ar** [~'swar] (1f) ermutigen.

acorrentar [ɐkuʀẽn'tar] (1a) anketten; ketten (an [*ac.*] *a*).

acorrer [ɐku'ʀer] (2d) (herbei)eilen; kommen, sich einstellen; zu Hilfe eilen (*od.* kommen), helfen; *e-m Übel* steuern; *e-m Ruf* Folge leisten.

acossar [ɐku'sar] (1e) hetzen; (vor sich her) treiben; bedrängen.

acost|ar ⚓ [ɐkuʃ'tar] (1e) anlegen; = *encostar*; **~ável** [~'tavɛł]: *cais m* ~ Anlegekai *m*, Pier *m*.

acostum|ado [~tu'maðu] gewohnt, üblich; *bem* (*mal*) ~ gut (schlecht) erzogen; (un)gesittet; **~ar** [~'mar] (1a) gewöhnen (*com* an [*ac.*]).

acotovel|amento [ɐkutuvəlɐ'mẽntu] *m fig.* Gedränge *n*; **~ar** [~'lar] (1c) (an)stoßen; ⊕ kröpfen; **~ar-se** *fig.* sich drängen.

açougada [ɐso'ɣaðɐ] *f* Lärm *m*, Geschrei *n*.

açougu|e [ɐ'soɣə] *m* Schlachthaus *n*; *bras.* Fleischerei *f*; *fig.* Blutbad *n*; **~eiro** [ɐso'ɣeiru] *m* Fleischer *m*.

acoutar [ɐko'tar] (1a) = *acoitar*.

açout-, açoit|ar [ɐso-, ɐsoi'tar] (1a) (aus)peitschen; geißeln; züchtigen; **~e** [ɐ'sotə, ɐ'soitə] *m* Geißel(-) *f*, Peitsche(n-hieb *m*) *f*; F Schläge *pl.*

acovard|ado [ɐkuvɐr'ðaðu] zaghaft; **~ar-se** [~arsə] (1b) den Mut verlieren.

acre ['akrə] **1.** *adj.* herb; *fig.* scharf, schroff; **2.** *m* ✓ Morgen *m*.

acredit|ado [ɐkrəði'taðu] angesehen; glaubwürdig; **~ar** [~'tar] (1a) Ansehen verleihen; verbürgen; glaubhaft (*od.* annehmbar) m.; *pol.* akkreditieren; ~ (*em*) *et. od. j-m* glauben; ~ *em Deus* an Gott glauben; **~ar-se** sich Ansehen verschaffen; **~ável** [~'tavɛł] glaubhaft.

acresc|entar [ɐkrɨʃsẽn'tar] (1a)

(hin)zu-fügen, -setzen; zugeben; vermehren; *Gehalt* erhöhen; *Suppe* verlängern; *v/i. u.* **~entar-se** zunehmen, wachsen; hinzukommen; **~er** [~'ser] (2g) vermehren; hinzufügen; *v/i.* hinzukommen; **~ido** [~'siδu]: ~ *de* vermehrt um; zuzüglich (*gen.*); ~ *a* zs. mit.

acréscimo [ɐ'krɛʃsimu] *m* Steigerung *f*, Erhöhung *f*; Zunahme *f*; Zuwachs *m*; Zusatz *m*.

acriançado [ɐkrjɐ̃'saδu] kindisch.

acrim|ónia [ɐkri'mɔnjɐ] *f* Herbheit *f*; *fig.* Schärfe *f*; **~onioso** [~mu'njozu (-ɔ-)] herb; *fig.* scharf, heftig.

acrisol|ado [ɐkrizu'laδu] lauter; eisern, hart; **~ar** [~'lar] (1e) läutern.

acrítico [ɐ'kritiku] unkritisch.

acrob|acia [ɐkruβɐ'siɐ] *f* Akrobatik *f*; **~ata** [~'βatɐ] *m* Akrobat *m*; ✈ Kunstflieger *m*; **~ático** [~'βatiku] akrobatisch; *voo m* ~ Kunstflug *m*; **~atismo** [~ɐ'tiʒmu] *m* Akrobatik *f*.

acromático *ópt.* [~'matiku] achromatisch.

acta ['atɐ] *f* Protokoll *n*; **~s** *pl.* Akten *f/pl.*; *Kongreß*-Bericht *m*.

activa [a'tivɐ] *f* Aktiv *n*.

activ|ação [ativɐ'sɐ̃u] *f* Aktivierung *f*; **~ar** [~'var] (1a) in Tätigkeit (*od.* in Gang) setzen; in Schwung bringen; aktivieren; **~idade** [~i'δaδə] *f* Tätigkeit *f*, Wirksamkeit *f*; Tatkraft *f*; *esfera f de* ~ Wirkungsbereich *m*, *fig.* -kreis *m*; **~ista** [~'viʃtɐ] **1.** *m* Aktivist *m*; **2.** *adj.* aktivistisch; **~o** [a'tivu] **1.** *adj.* tätig, rührig; tatkräftig; wirksam; aktiv; *oficial m em serviço* ~ aktive(r) Offizier *m*; *gram. voz f -a* = *activa*; **2.** *m* ✝ Aktiv-masse *f*, -posten *m/pl.*

acto ['atu] *m* Akt *m*; Tat *f*, Handlung *f*; *tea.* Aufzug *m*, Akt *m*; *univ.* Schlußexamen *n*; ♀*s pl. Apostólicos* (*od. dos Apóstolos*) Apostelgeschichte *f*; ~ *de presença* persönliche(s) Erscheinen *n*; *no* ~ *de* im Augenblick (*gen.*); ~ *contínuo* sofort, unverzüglich.

ac|tor [a'tor] *m* Schauspieler *m*; *allg.* Akteur *m*, Beteiligte(r) *m*; **~triz** [a'triʃ] *f* Schauspielerin *f*.

actu|ação [atwɐ'sɐ̃u] *f* Betätigung *f*, Wirksamkeit *f*; Wirkung *f*; Rolle *f*; (Ein-, Mit-)Wirkung *f*; Rolle *f*; **~al** [a'twał] gegenwärtig, derzeitig; aktuell; **~alidade** [~ɐli'δaδə] *f* Gegenwart *f* (*Epoche*); Aktualität *f*; Gegenwartsbedeutung *f*; **~s** *pl.* Neues *n* vom Tage; *Film*: Wochenschau *f*; **~alização** [~ɐlizɐ'sɐ̃u] *f*: *curso m de* ~ Aufbaukurs *m*; **~alizar** [~ɐli'zar] (1a) aktualisieren; *Löhne* anpassen; *Kenntnisse* auffrischen; **~almente** [~ał'mẽntə] zur Zeit; **~ante** [a'twɐ̃ntə] wirksam; diensttuend; **~ar** [a'twar] (1g) *v/t.* in Gang setzen; *v/i.* wirken; einwirken (auf [*ac.*] *sobre*), mitwirken (bei *em*), spielen (in [*dat.*]).

acuar [ɐ'kwar] (1g) *Feind* stellen, einkreisen; *v/i.* sich stellen; zurückweichen; *zum Sprung* ansetzen; sich ducken; bocken (*Pferd*).

açúcar [ɐ'sukar] *m* Zucker *m*; ~ *areado* feiner (*od.* Grieß-)Zucker *m*; ~ *branco* klare(r) Zucker *m*; ~ (*em*) *bruto* Roh-, ~*-cândi* Kandis-, ~*-cristal(izado)* Kristall-, ~ *de beterraba* Rüben-, ~ *de cana* Rohr-, ~ *em cubos* Würfel-, ~ *mascavado* Roh-, ~ *em pó* Staubzucker *m*; *pão m de* ~ Zuckerhut *m*; *sem* ~ ungesüßt.

açucar|ado [ɐsukɐ'raδu] süß, süßlich (*a. fig.*); Zucker...; **~ar** [~'rar] (1b) süßen, zuckern; *fig.* versüßen; **~eiro** [~'reiru] **1.** *adj.* Zucker...; **2.** *m* Zuckerdose *f*.

açucena [~'senɐ] *f* (weiße) Lilie *f*.

açud|ar [~'δar] (1a) stauen; **~e** [ɐ'suδə] *m* Wehr *n*, Staudamm *m*.

acudir [ɐku'δir] (3h) zu Hilfe eilen, helfen; *Bedürfnis* abstellen, befriedigen; *e-m Übel* steuern; sich einstellen, kommen; befallen; s-e Zuflucht nehmen (zu *a*); *fig.* entgegnen; *acudam!* zu Hilfe!

acuidade [ɐkwi'δaδə] *f* Schärfe *f*; *envolver* ~ heikel sn.

açular [ɐsu'lar] (1a) (*fig.* auf-, ver-) hetzen.

aculeado [ɐku'ljaδu] stachelig.

acumul|ação [ɐkumulɐ'sɐ̃u] *f* Speicherung *f*; (An-)Häufung *f*; Ansammlung *f*; Zuwachs *m*; **~ador** *fis.* [~ɐ'δor] *m* Speicher *m*; ~ *eléctrico* Akkumulator *m*, F Akku *m*; **~ar** [~'lar] (1a) (an)häufen; *Energie* (auf)speichern; *Erfahrung* sammeln; *Ämter* vereinigen; **~ar-se** auflaufen (*Schulden*); sich ansammeln (*Leute*).

acupun(c)tura [~pũn'turɐ] *f* Akupunktur *f*.

acurado [ɐku'raðu] sorgfältig.
acus|ação [ɐkuzɐ'sɐ̃u] *f* Anklage *f*, Beschuldigung *f*; *Empfangs*-Bestätigung *f*; **~ado** [~'zaðu] *m* Angeklagte(r) *m*; **~ador** [~ɐ'ðor] **1.** *adj.* = *~atório*; **2.** *m* Ankläger *m*; Kläger *m*; *~ público* Staatsanwalt *m*; **~ar** [~'zar] (1a) anklagen, beschuldigen; *Empfang* bestätigen; anzeigen, verraten; *Spiel* ansagen, *Karte* melden; *~ a/c. em alg.* j-m etw. nachsagen; **~ativo** [~ɐ'tivu] *m* vierter Fall *m*, Akkusativ *m*; **~atório** [~ɐ'tɔrju] Anklage...; anklägerisch; **~ável** [~'zavɛł] klagbar.
acústic|a [ɐ'kuʃtikɐ] *f* Akustik *f*; **~o** [~u] akustisch; Hör...
acutângulo [ɐku'tɐ̃ŋgulu] spitzwinklig.
acutil|ante [ɐkuti'lɐ̃ntə] scharf, verletzend; **~ar** [~ar] (1a) aufschlitzen; (er)stechen; zs.-hauen; verletzen.
adágio [ɐ'ðaʒju] *m* Sprichwort *n*, Spruch *m*; ♪ Adagio *n*.
adamado [ɐðɐ'maðu] weibisch; *vinho m ~* Süßwein *m*.
adamascado [ɐðɐmɐʃ'kaðu]: *pêssego m ~* Aprikosenpfirsich *m*.
adapt|ação [ɐdaptɐ'sɐ̃u] *f* Anpassung *f*; Umarbeitung *f*; Umstellung *f*; 🕮 Adaptation *f*; *Film*: Bearbeitung *f*; **~ar** [~'tar] (1a) anpassen; einrichten; umarbeiten (für *a*); *für den Film* bearbeiten; **~ar-se** *a* sich umstellen auf (*ac.*); **~ável** [~'tavɛł] brauchbar.
ade|ga [ɐ'dɛɣɐ] *f* Weinkeller *m*; **~gar** [ɐðə'ɣar] (1o; *Stv.* 1c) einkellern; **~gueiro** [ɐðə'ɣeiru] *m* Kellermeister *m*.
adej|ar [ɐðɨ'ʒar] (1d) flattern; **~o** [ɐ'ðeʒu] *m* Geflatter *n*, Flug *m*.
adeleiro *m*, **-a** *f* [ɐðə'leiru, -ɐ] Trödler(in *f*) *m*.
adelgaçar [ɐðɛɫɣɐ'sar] (1p; *Stv.* 1b) dünn (*od.* schlank) m.; verringern; **~-se** dünn (*od.* schlank) w.
adelo *m*, **-a** *f* [ɐ'ðɛlu, -ɐ] Trödler (-in *f*) *m*.
ademanes [ɐdə'mɐniʃ] *m/pl.* Getue *n* (*de ternura* zärtliches).
adenda [ɐ'ðẽndɐ] *f* Nachtrag *m*.
adens|ado [ɐðẽ'saðu] dicht; **~ar** [~'sar] (1a) verdichten; verdüstern.
adentro [ɐ'ðẽntru] hinein; drinnen; *terra ~* landeinwärts; *~ de* innerhalb (*gen.*).
adepto [ɐ'ðɛptu] *m* Anhänger *m*.
adequ|ação [ɐðəkwɐ'sɐ̃u] *f* Übereinstimmung *f*; **~ado** [~'kwaðu] angemessen, zweckmäßig; adäquat; **~ar** [~'kwar] (1m—D2) an-gleichen, -passen; anwenden.
adereç|ar [ɐðərə'sar] (1p; *Stv.* 1c) (zu-, her-)richten; (aus)schmücken; **~o** [~'resu] *m* Zierde *f* (*a. fig.*); Schmuck *m*; *~s pl.* Zierat *m*, Ausstattung *f*; (Pferde-)Geschirr *n*; *tea.* Requisiten *n/pl.*
ader|ência [ɐðə'rẽsjɐ] *f* Haftfestigkeit *f*; (Anea.-)Haften *n*; Anhänglichkeit *f*; Anhängerschaft *f*; *~s pl.* ⚕ Verwachsungen *f/pl.*; **~ente** [~'rẽntə] **1.** *adj.* haftend; *estar ~*, *ser ~* (an)haften; **2.** *m* Anhänger *m*; **~ir** [~ir] (3c) haften (an [*dat.*] *a*); *fig.* sich anschließen; beitreten.
adern|ar ⚓ [ɐðər'nar] (1c) Schlagseite haben (*od.* bekommen); **~ável** [~avɛł]: *não-~* nicht kenternd.
ades|ão [ɐðə'zɐ̃u] *f* Haftkraft *f*; Anschluß *m*; Beitritt *m*; *Partei*-Zugehörigkeit *f*; Bekenntnis *n* (zu *a*); *fis.* Adhäsion *f*; **~ivo** [~ivu] **1.** *adj.* klebend; klebrig; **2.** *m* Heftpflaster *n*.
adestr|amento [ɐðɨʃtrɐ'mẽntu] *m* Schulung *f*; Dressur *f*; **~ar** [~'trar] (1c) *j-n* (ein)schulen; *Tier* abrichten, dressieren.
adeus [ɐ'ðeuʃ] **1.** *int.* ade!, auf Wiedersehen!; *als Begrüßung*: grüß Gott!; *ora, ~!* F aber hör(en Sie) mal!; **2.** *m* Abschied *m*; *o último ~* das letzte Lebewohl; **~inho!** [ɐðeu'ziɲu] Wiedersehen!
adiamento [ɐðjɐ'mẽntu] *m* Aufschub *m*; Verschiebung *f*; Vertagung *f*.
adiant|adamente [ɐðjẽnˌtaðɐ'mẽntə] im voraus; vorschnell; **~ado** [~'taðu] fortschrittlich; fortgeschritten; frühreif (*Kind*); *dinheiro m ~* Vorschuß *m*; *estar ~*, *andar ~* vorgehen (*Uhr*); **~amento** [~ɐ'mẽntu] *m* Fortgang *m*, Fortschritt *m*; Vorwegnahme *f*; Übereilung *f*; Vorschuß *m*; Vorrücken *n der Uhr*; **~ar** [~'tar] (1a) *v/t.* vorwärtstreiben; *Schüler* vorwärtsbringen; *Uhr* vorrücken; *Geld* vorschießen; *Kopf* vorstrecken; *Meinung* äußern; *Nachricht* melden; *v/i.* vorwärtskommen, Fortschritte m.; vorgehen (*Uhr*); nützen; *não adianta (nada)* das nützt nichts, hat keinen Sinn; **~ar-se** vortreten; sich ver-

frühen; vorgehen (*Uhr*); vorschnell *et.* tun; sich übereilen; zu weit gehen; ~ *a alg.* j-m zuvorkommen, j-n überflügeln; j-m vorauseilen.

adi|ante [ɐ'δjẽntə] vorwärts, weiter; da vorn; ~ *de* vor; *mais* ~ weiter vorn, *in Büchern*: weiter unten; *pelo tempo* ~ im Laufe der Zeit; *passar* ~ weitergehen, *Sport*: vorstoßen; *passar* ~ *de* überholen (*ac.*); *levar* ~ vorwärts treiben; ~! ~! weiter!; **~ar** [ɐ'δjar] (1g) auf-, verschieben; vertagen; **~ável** [ɐ'δjavɛł] auf-, ver-schiebbar.

adição [ɐδi'sɐ̃u] *f* Beifügung *f*; Zusatz *m*; Beigabe *f*; ⚗ Addition *f*.

adicion|al [~sju'nał] **1.** *adj.* zusätzlich, Zusatz...; Zuschlag...; *rendimento m* ~ Nebeneinkommen *n*; **2.** *m* Zuschlag *m*; **~amento** [~ɐ'mẽntu] *m* Beifügung *f*, Zusatz *m*; **~ar** [~'nar] (1f) hinzu-, bei-fügen; zu-gießen, -legen; bei-mengen, -mischen; hinzusetzen; dazurechnen; zs.-zählen, addieren.

adido [ɐ'δiδu] **1.** *adj.* Hilfs...; außerplanmäßig; **2.** *m* Attaché *m*; ~ *aéreo* Luft-, ~ *comercial* Handels-, ~ *de imprensa* Presse-, ~ *militar* Militär-, ~ *naval* Marine-Attaché *m*.

adipos|e ⚕ [ɐδi'pɔzə] *f* Verfettung *f*; **~o** [~'pozu (-ɔ-)] fett(leibig).

adit|amento [ɐδitɐ'mẽntu] *m* Zusatz *m*; Anhang *m*; *pol.* Zusatzantrag *m*; **~ar** [~'tar] (1a) **a)** = *adicionar*; **b)** beglücken; **~ivo** [~'tivu] zusätzlich, Zusatz...; *sinal m* ~ Pluszeichen *n*.

adivinh|a [ɐδə'viɲɐ] *f* Rätsel *n*; Wahrsagerin *f*; **~ação** [~viɲɐ'sɐ̃u] *f* Wahrsagung *f*; Vorhersage *f*; Ahnung *f*; Rätsel *n*; **~ar** [~vi'ɲar] (1a) wahrsagen; vorhersehen, ahnen; voraussagen; *Gedanken* erraten; *Rätsel* lösen; *Geheimnis* enträtseln; *adivinhou!* erraten! **~o** [~u] *m* Wahrsager *m*.

adivinho [~'viɲu] *m* Wahrsager *m*.

adjac|ência [ɐdʒɐ'sẽsjɐ] *f* Nachbarschaft *f*; ~*s pl.* Umgebung *f*; **~ente** [~'sẽntə] angrenzend; *ilhas f/pl.* ♀*s* angeschlossene Inseln *f/pl.*

adjectiv|ação [~tivɐ'sɐ̃u] *f* Adjektivierung *f*; Adjektivgebrauch *m*; Bezeichnung *f*; **~ar** [~'var] (1a) adjektivisch gebrauchen, adjektivieren; *schön usw.* nennen; *Rede usw.* mit Adjektiven schmücken; *fig.* anpassen (an [*dat.*] *com*); *v/i. u.* **~ar-se** *com* passen zu; **~o** [~'tivu] *m* Adjektiv *n*.

adjecto [ɐd'ʒɛtu] beigefügt.

adjudic|ação [adʒuδikɐ'sɐ̃u] *f* Zuerkennung *f*; Zuschlag *m*; *Auftrags*-Vergabe *f*; **~ante** [~'kẽntə]: *entidade f* ~ Auftraggeber *m*; **~ar** [~'kar] (1n) zu-erkennen, -sprechen; *bei Versteigerungen*: zuschlagen; den Auftrag für *die Lieferung usw.* vergeben; **~ativo, ~atório** [~ɐ'tivu, ~ɐ'tɔrju] Zuerkennungs..., Zuschlags..., Auftrags...; *entidade f* -*a* Gewinner *m*.

adjun|ção [ɐdʒũ'sɐ̃u] *f* Beifügung *f*; Zuteilung *f e-s Beamten*; Anschluß *m e-r Dienststelle an e-e andere*; **~to** [~'ʒũntu] **1.** *adj.* beigefügt; Hilfs...; angeschlossen; **2.** *m* Gehilfe *m*; Assistent *m*; *gram.* Beifügung *f*; ⚔ Generaladjutant *m*; *médico m* ~ Assistenzarzt *m*.

adjurar [ɐdʒu'rar] (1a) beschwören.

administr|ação [ɐδminiʃtrɐ'sɐ̃u] *f* Verwaltung *f*; Regierung *f*; ⚕ Verabreichung *f*; *rel.* Spendung *f der Sakramente*; ~ *da justiça* Rechtspflege *f*; ~ *de empresas* Betriebswirtschaft(slehre) *f*; **~ado** [~'traδu] *m*: *o* ~ *de alg.* der unter j-s Verwaltung Stehende; **~ador** [~ɐ'δor] *m* Verwalter *m*; **~ar** [~'trar] (1a) verwalten; *Amt* bekleiden; *Arznei* verabreichen; *Sakramente* spenden; ~ *justiça* Recht sprechen; **~ativo** [~ɐ'tivu] Verwaltungs...

admir|abilíssimo [~miraβi'lisimu] *sup. v.* ~*ável*; **~ação** [~ɐ'sɐ̃u] *f* Bewunderung *f*; Verwunderung *f*; *ponto m de* ~ Ausrufungszeichen *n*; **~ado** [~'raδu]: *ficar* ~ = ~*ar-se*; **~ador** [~ɐ'δor] *m* Bewunderer *m*, Verehrer *m*; **~ar** [~'rar] (1a) bewundern; (ver)wundern, erstaunen; *não admira* kein Wunder!; **~ar-se** *de* sich wundern über (*ac.*); **~ável** [~'ravɛł] bewundernswert.

admiss|ão [~mi'sɐ̃u] *f* Zulassung *f*; Annahme *f*; Einstellung *f*; **~ibilidade** [~siβəli'δaδə] *f* Zulässigkeit *f*; **~ível** [~'sivɛł] zulässig, statthaft; zulassungsreif.

admitir [~mi'tir] (3a) zulassen; *Personal* einstellen; *Möglichkeit* annehmen; *Gedanken* übernehmen; *Wahrheit* zugeben; *Handlung* dulden; *não* ~ (*z. B. Ungezogenheit*) sich

verbitten; ~ *a hipótese* den Fall setzen.
admoest|ação [ɐðmwɨʃtɐ'sɐ̃u] *f* Ermahnung *f*; Verweis *m*; **~ar** [~'tar] (1c) ermahnen, rügen.
adobe [ɐ'ðoβə] *m* Luftziegel *m*.
adoção *bras.* [adɔ'sɐ̃u] = *adopção*.
ado|çar [ɐðu'sar] (1p; *Stv.* 1e) süßen; *fig.* versüßen; abschwächen; ⊕ (ab)schleifen; ~ *a boca a alg.* j-m um den Bart gehen; **~cicado** [~si'kaðu] süßlich; **~cicar** [~'kar] (1n) versüßen; ~ *as palavras* flöten.
adoecer [ɐðwɨ'ser] (2g) krank w., erkranken (an [*dat.*] *de*).
adoent|ado [ɐðwẽn'taðu] unpäßlich, kränkelnd; *estar* (*od.* *andar*) ~ kränkeln; **~ar** [~'tar] (1a) krank m.
adolesc|ência [ɐðulɨʃ'sẽsjɐ] *f* Jugend(alter *n*) *f*; **~ente** [~'sẽntə] **1.** *adj.* jugendlich; **2.** *m* Jüngling *m*; **3.** *f* junge(s) Mädchen *n*; **~er** [~'ser] (2g) zum Jüngling (*od.* zur Jungfrau) w., heranwachsen.
adop|ção [ɐðɔ'sɐ̃u] *f* Annahme *f* an Kindes Statt, Adoption *f*; Übernahme *f*; Anwendung *f*; **~tar** [~'tar] (1a) an Kindes Statt annehmen, adoptieren; *allg.* an-, übernehmen, sich zu eigen m.; anwenden; *Maßnahme* ergreifen; ~ *como base* zugrunde legen; ausgehen v.; **~tável** [~'tavɛɫ] annehmbar; anwendbar; **~tivo** [~'tivu] aufgenommen, Adoptiv...
ador|ação [ɐðurɐ'sɐ̃u] *f* Anbetung *f*; glühende Verehrung (*od.* Liebe) *f*; *ter* ~ *por* anbeten, verehren (*ac.*); *é a minha* ~ (das) ist mein ein und alles; **~ador** [~ɐ'ðor] *m* Anbeter *m*, Verehrer *m*; **~ar** [~'rar] (1e) anbeten; verehren; abgöttisch lieben; **~ável** [~'ravɛɫ] anbetungswürdig; wundervoll.
adorm|ecer [ɐðurmə'ser] (2g) einschläfern; *v/i.* einschlafen; **~ecido** [~ə'siðu] schlafend; **~entador** [~ẽntɐ'ðor] einschläfernd, Schlaf...; **~entar** [~ẽn'tar] (1a) einschläfern.
adornar [ɐður'nar] (1e) (aus-) schmücken, verzieren; **~o** [ɐ'ðornu] *m* Verzierung *f*; Schmuck *m*, Zierat *m*; *fig.* Zier(de) *f*.
ado|t... *bras. s. adop|t...*
adquir|ente, ~idor [ɐðki'rẽntə, ~kəri'ðor] *m* Erwerber *m*; **~ir** [~ki'rir] (3a) erwerben; (für sich) gewinnen; *Krankheit* sich zuziehen; **~ível** [~kə'rivɛɫ] erwerblich.
adrede [ɐ'ðreðə]: (*de*) ~ ausdrücklich; absichtlich; vorsätzlich.
adriça [ɐ'ðrisɐ] *f* Hißtau *n*; *a meia* ~ halbmast.
adro ['aðru] *m* Kirchplatz *m*.
adstring|ente [ɐdʃtrĩ'ʒẽntə] *m* Adstringens *n*; **~ir** [~'ʒir] (3n) zs.-ziehen.
adstrito [~'tritu] **1.** *p.p. v. adstringir*; **2.** *adj.*: ~ *a* gebunden an (*ac.*); abhängig von.
aduan|a [ɐ'ðwɐnɐ] *f* Zoll *m*; **~ar** [ɐðwɐ'nar] (1a) verzollen; **~eiro** [ɐðwɐ'neiru] **1.** *adj.* Zoll...; **2.** *m* Zollbeamte(r) *m*.
adub|ação, ~agem [ɐðuβɐ'sɐ̃u, ~'βaʒɐ̃i] *f* Würzen *n*; Düngung *f*; **~ar** [~'βar] (1a) *Speisen* würzen (*a. fig.*); *Erde* düngen; *Leder* gerben; **~o** [ɐ'ðuβu] *m* Würze *f* (*a. fig.*); Dung *m*, Düngemittel *n*; ~ *químico* Kunstdünger *m*.
adução [ɐðu'sɐ̃u] *f* Zufuhr *f*.
aduela [ɐ'ðwɛlɐ] *f* Daube *f*; ⚠ Gewölbestein *m*; *ter uma* ~ *a* (*od.* *de*) *menos* F e-n Vogel haben.
adufa [ɐ'ðufɐ] *f* Fensterladen *m*.
adul|ação [ɐðulɐ'sɐ̃u] *f* Lobhudelei *f*; **~ador** [~ɐ'ðor] **1.** *adj.* kriecherisch; **2.** *m* Lobhudler *m*, Kriecher *m*; **~ar** [~'lar] (1a) lobhudeln (*dat.*); umschmeicheln.
adulter|ação [ɐðuɫtərɐ'sɐ̃u] *f* (Ver-) Fälschung *f*; Panschen *n*; Verballhornung *f*; **~adamente** [~ˌradɐ'mẽntə] fälschlich; **~ador** [~rɐ'ðor] *m* (Ver-)Fälscher *m*; **~ar** [~'rar] (1c) (ver)fälschen; verderben; *Wein, Milch* panschen; *Wort* entstellen, verballhornen; *v/i.* die Ehe brechen; **~ar-se** verderben; **~ino** [~'rinu] ehebrecherisch; gefälscht; *filho m* ~ Kind *n* des Ehebruchs.
adultério [~'tɛrju] *m* Ehebruch *m*; *fig.* (Ver-)Fälschung *f*; *cometer* ~ die Ehe brechen; **adúltero** [ɐ'ðuɫtəru] **1.** *adj.* ehebrecherisch; **2.** *m*, **-a** *f* Ehebrecher(in *f*) *m*.
adulto [ɐ'ðuɫtu] erwachsen.
adunco [ɐ'ðũŋku] hakenförmig, krumm; *nariz m* ~ Hakennase *f*.
adurente ⚕ [ɐðu'rẽntə] **1.** *m* Ätzmittel *n*; **2.** *adj.* ätzend; brennend.
adustível [ɐduʃ'tivɛɫ] brennbar.
adu|tor [ɐðu'tor] *m* = *conduta f ~a*, *linha f ~a* Zuleitung *f*; **~zir** [~'zir] (3m) beibringen; anführen; *Was-*

ser, Strom zu-führen, -leiten.
ad valorem *lat.* [ɐðvɐ'lorẽi]: *direitos m/pl.* ~ Wertzoll *m.*
ádvena ['aðvənɐ] *m* Fremde(r) *m*; Zugewanderte(r) *m*; Fremdling *m*; *multidões f/pl.* ~*s* Mengen von Fremden; *expressão f* ~ Fremdwort *n.*
adven|tício [ɐðvẽn'tisju] **1.** *adj.* zugewandert, fremd; zufällig; (auf-) kommend; nahend; **2.** *m* Ankömmling *m*; Eindringling *m*; ~**to** [ɐð'vẽntu] *m* Ankunft *f*; Aufstieg *m*; Beginn *m*; ♀ *rel.* Advent *m.*
adverbial [ɐðvər'βjał] adverbial.
advérbio [ɐð'vɛrβju] *m* Umstandswort *n*, Adverb *n.*
advers|ão [ɐðvər'sɐ̃u] *f* Gegnerschaft *f*; ~**ário** [~arju] **1.** *adj.* gegnerisch; **2.** *m* Gegner *m*; *poét.* Widersacher *m*; ~**ativo** [~sɐ'tivu] *gram.* adversativ; ~**idade** [~si'ðaðə] *f* Widrigkeit *f*; Mißgeschick *n*; ~**o** [ɐð'vɛrsu] widrig; zuwider; gegnerisch; *ser* ~ *a a/c.* gegen et. (dagegen) sn.
advert|ência [ɐðvər'tẽsjɐ] *f* Hinweis *m*; Warnung *f*; Benachrichtigung *f*; Vorsicht *f*; ~**ido** [~'tiðu] vorsichtig, klug; *mal* ~ unklug, unbedacht; ~**ir** [~'tir] (3c): ~ *de* aufmerksam m. (*od.* hinweisen) auf (*ac.*); warnen vor (*dat.*); in Kenntnis setzen (*od.* benachrichtigen) von; ~ *alg. de não fazer a/c.* j-n davor warnen et. zu tun.
adv|indo [ɐð'vĩndu] *p.p. v.* ~**ir** [~'vir] (3x) geschehen; sich ergeben (aus *de*); hinzukommen (zu *a*).
advoca|cia [ɐðvukɐ'siɐ] *f* Anwaltschaft *f*, Anwaltsberuf *m.*
advog|ado *m*, **-a** *f* [~'γaðu, -ɐ] *allg.* Anwalt *m*; ⚖ Rechtsanwalt *m*; ~ *de defesa* Verteidiger *m*; ~**ar** [~'γar] (1o; *Stv.* 1e) verfechten, vertreten; eintreten für (*ac.*); ~ *a causa de* plädieren für; ~ *que* den Standpunkt vertreten (*od.* dafür eintreten), daß.
aer|ação, ~**agem** [ɐɛrɐ'sɐ̃u, ~'raʒẽi] *f* (Be-)Lüftung *f.*
aéreo [ɐ'ɛrju] luftartig; Luft..., luftig; *fig.* eitel, nichtig; *ser* ~ ein Luftikus sn; *caminho m* ~, *transportador m* ~ Seil-, Schwebe-bahn *f.*
aerodinâmic|a [ɐɛruði'nɐmikɐ] *f* Aerodynamik *f*; ~**o** [~u] aerodynamisch; ~ *od. de forma -a* stromlinienförmig, schnittig; *linha (forma) f -a* Stromlinie(nform) *f.*
aeródromo [ɐɛ'rɔdrumu] *m* Flugplatz *m.*
aero|fagia [ɐɛrufɐ'ʒiɐ] *f* Luftmagen *m*; ~**fobia** [~fu'βiɐ] *f* Luftangst *f.*
aerólito [ɐɛ'rɔlitu] *m* Meteorstein *m*; Sternschnuppe *f.*
aeromoço *m*, **-a** *f bras.* [ɐɛro'mosu, -ɐ] ✈ Steward(eß *f*) *m.*
aero|motor [ɐɛrumu'tor] *m* Windmotor *m*; ~**nauta** [~'nautɐ] *m* Ballonfahrer *m*; Flieger *m*; ~**náutica** [~'nautikɐ] *f* Luftfahrt *f*; ~**náutico** [~'nautiku] aeronautisch; ~**nave** [~'navə] *f* Luftschiff *n*; Flugzeug *n*; ~**navegação** [~nɐvəγɐ'sɐ̃u] *f* Luftverkehr *m*; ~**plano** [~'plɐnu] *m* Flugzeug *n*; ~**porto** [~'portu (-ɔ-)] *m* Flughafen *m*; ~**stático** [~ʃ'tatiku]: *balão m* ~ Luftballon *m.*
aeróstato [ɐɛ'rɔʃtɐtu] *m* Luftballon *m*; ~ *cativo* Fessel-, ~ *livre* Freiballon *m.*
aero|tecnia [ɐɛrutɛk'niɐ] *f* Lufttechnik *f*; ~**técnico** [~'tɛkniku] **1.** *adj.* lufttechnisch; **2.** *m* Lufttechniker *m*; ~**terapia** [~tərɐ'piɐ] *f* Lufttherapie *f*; ~**terápico** [~tə'rapiku]: *tratamento m* ~ Luftkur *f*; ~**via** [~'viɐ] *f* Luft-weg *m*, -korridor *m.*
afã [ɐ'fɐ̃] *m* Anstrengung *f*, Mühe *f*; Eifer *m*; *com* ~ angestrengt; eifrig.
afabilidade [ɐfɐβəli'ðaðə] *f* Freundlichkeit *f*, Nettigkeit *f.*
afadig|ado [~ði'γaðu] erschöpft, übermüdet; anstrengend; ~**ar** [~'γar] (1o) ermüden, anstrengen; belästigen; ~**ar-se** sich abmühen; ~**oso** [~'γozu (-ɔ-)] anstrengend.
afag|ar [~'γar] (1o; *Stv.* 1b) streicheln; sich *die Arme usw.* reiben; ⊕ glätten; *fig.* schmeicheln (*dat.*); *Hoffnung* hegen; *cul.* abschmelzen; ~**o** [ɐ'faγu] *m* Liebkosung *f.*
afam|ado [ɐfɐ'maðu] berühmt; *mal* ~ berüchtigt, verrufen; ~**ar** [~'mar] (1a) berühmt m.; rühmen; ~**ar-se** berühmt w., sich e-n Namen m.
afan|adamente [ɐfɐˌnaðɐ'mẽntə] angestrengt, eifrig; ~**ado** [~'naðu] in Anspruch genommen; müde, erschöpft; ~**ar** [~'nar] (1a) anstreben; *v/i. u.* ~**ar-se** sich abmühen (bei, mit *em*); ~**oso** [~'nozu (-ɔ-)] anstrengend.
afasia [ɐfɐ'ziɐ] *f* Sprachlähmung *f.*
afast|adamente [ɐfɐʃˌtaðɐ'mẽntə]

zurückgezogen, abseits; **~ado** [~'taðu] fern; entfernt (*Verwandter*); **~amento** [~tɐ'mẽntu] *m* Entfernung *f*; Entlassung *f*; ⊕ Abstand *m*; *fig.* Entfremdung *f*; **~ar** [~'tar] (1b) entfernen; beiseiteschieben; *Beamten* entlassen; *Hindernis* beseitigen; *Verdacht* ausschließen; ab-, zurück-stoßen; **~ar-se** weggehen; sich zurückziehen; abweichen (*vom Weg usw.*).

afável [ɐ'favɛł] freundlich, nett.

afaz|er [ɐfɐ'zer] (2v) gewöhnen (an [*ac.*] *a*); **~eres** [~'zeriʃ] *m/pl.* Geschäfte *n/pl.*, Verpflichtungen *f/pl.*; *ter muitos ~* viel zu tun h.

afear [ɐ'fjar] (1l) verunstalten, entstellen; verschlimmern; häßlich m.

afecção ⚕ [ɐfɛ(k)'sɐ̃u] *f* Reizung *f*; Erkrankung *f*; Affekt *m*.

afec|tação [ɐfɛtɐ'sɐ̃u] *f* Geziertheit *f*, gekünstelte(s) Wesen *n*; **~tado** [~'taðu] gekünstelt, affektiert; *bras.* schwindsüchtig; *~ de* behaftet mit; **~tar** [~'tar] (1a) (er)heucheln, zur Schau tragen; ⚕ angreifen, befallen; *allg.* in Mitleidenschaft ziehen, beeinflussen; betreffen; **~tivo** [~'tivu] liebevoll; Gefühls...; **~to** [ɐ'fɛtu] **1.** *adj.* gewogen; nahestehend; *~ a* abhängig von; betreffend (*ac.*); bestimmt für; *~ de* befallen von; **2.** *m* Zuneigung *f*, Liebe *f*; Affekt *m*; **~tuosidade** [~twoziˈðaðə] *f* Anhänglichkeit *f*; Zärtlichkeit *f*; Liebefähigkeit *f*; **~tuoso** [~'twozu (-ɔ-)] herzlich; zärtlich.

afeiç|ão [ɐfei'sɐ̃u] *f* Zuneigung *f*, Freundschaft *f*; Liebe *f*; *tomar ~ por* liebgewinnen (*ac.*); **~oado** [~'swaðu] **a**) zugetan; **b**) passend, nach Maß; **~oar** [~'swar] (1f) **a**) einnehmen *od.* gewinnen (für *a*); **b**) formen; anpassen; **~oar-se** *a* liebgewinnen (*ac.*).

afeito [ɐ'feitu] *p.p. v. afazer*.

afer|ição [ɐfəri'sɐ̃u] *f* Eichung *f*; Eichstempel *m*; *posto m de ~* Eichamt *n*; **~idor** [~ri'ðor] *m* Eichmaß *n*; ⊕ Stellvorrichtung *f*; *fig.* Maßstab *m*; *~ de pesos e medidas* Eichinspektor *m*; **~ir** [~'rir] (3c) eichen; *~ por fig.* messen an (*dat.*).

aferr|ado [ɐfə'ʀaðu] hartnäckig, verbissen; *~ a* verrannt in (*ac.*); **~ar** [~'ʀar] (1c) festmachen; packen; ⚓ *Hafen* anlaufen; *Segel* reffen; *Fisch* harpunieren; *allg.* angreifen, anfallen; **~ar-se** *a* sich klammern an (*ac.*); festhalten an (*dat.*); sich verbeißen in (*ac.*); **~etar** [~ʀə'tar] (1c), **~etoar** [~ʀə'twar] (1f) brandmarken; **~o** [ɐ'feʀu] *m* Hartnäckigkeit *f*; *~ a* Festhalten *n* an (*dat.*); Liebe *f* zu; **~oar** [~'ʀwar] (1f) (an)stacheln (*a. fig.*); sticheln, ärgern; **~olhar** [~ʀuˈʎar] (1e) *Tür* verriegeln; verblokken; *Dieb* einsperren; *Geld* ein-, weg-schließen.

aferv|entar [ɐfərvẽn'tar] (1a) abkochen; aufkochen l.; *fig.* = **~orar** [~u'rar] (1e) in Wallung bringen; anfeuern; begeistern; **~orar-se** sich ereifern.

afe|t... *bras.*, *s. afec|t...*

afi|ação [ɐfjɐ'sɐ̃u] *f* Schleifen *n*, Wetzen *n*; Schärfe *f*; Schliff *m*; **~ado** [ɐ'fjaðu] scharf; geschliffen (*Stil*); *~ na malícia od. maldade* boshaft, bösartig; *~ contra* aufgebracht gegen; **~ador** [ɐfjɐ'ðor] *m* Schleif-, Abzieh-apparat *m*; Wetzstein *m*, -stahl *m*; Streichriemen *m*.

afiambrado [ɐfjẽm'braðu] gekocht; *fig.* geschniegelt; geschliffen (*Stil*).

afianç|ado [ɐfjɐ̃'saðu]: *estar ~ em* verbürgt w. durch (*ac.*); *ser ~ com (cem contos)* e-e Sicherheit von (hundert Conto) leisten müssen; *tesoureiro ~* Kassierer *m* mit Sicherheit; *~ por um ano* mit einjähriger Garantie; **~ador** [~ɐ'ðor] *m* Bürge *m*; **~ar** [~'sar] (1p) *für j-n* Bürgschaft leisten; bürgen für (*ac.*), verbürgen (*ac.*); versichern; *~ alg. em (cem contos)* e-e Sicherheit von (hundert Conto) für j-n leisten; **~ar-se** Sicherheit leisten (*em e-e ... von*); *~ em alg.* auf j-n vertrauen; **~ável** [~'savɛł] kautionsfähig.

afiar [ɐ'fjar] (1g) schleifen, wetzen; schärfen (*a. fig.*); *Rasiermesser* abziehen; *Sense* dengeln; *Bleistift*, *Pfeil* spitzen; *fig.* (aus)feilen.

aficionado [ɐfisju'naðu] *m* Liebhaber *m bsd. des Stierkampfes*.

afidalg|ado [ɐfiðał'ɣaðu] vornehm; **~ar** [~ar] (1o) adeln; **~ar-se** geadelt w.; vornehm w. (*od.* tun).

afigurar [ɐfiɣu'rar] (1a) vorstellen; darstellen; **~-se** (er)scheinen.

afil|ado [ɐfi'laðu] dünn, schmal; spitz; bissig (*Hund*); **~ar** [~'lar] (1a) **a**) ausdünnen; auszupfen; **b**) *Hunde* hetzen; **~ar-se** spitz zulaufen.

afilhado *m*, **-a** *f* [ɐfiˈʎaðu, -ɐ] Patenkind *n*; Schützling *m*.
afili|ação [ɐfiljɐˈsɐ̃u] *f* Aufnahme *f* (*in e-n Verein*); Mitgliedschaft *f*; **~ado** [~ˈʎaðu] **1.** *adj.*: *associação f -a* Zweigverein *m*; **2.** *m* Mitglied *n*; **~ar** [~ˈljar] (1g) aufnehmen; **~ar-se** Mitglied w.
afim [ɐˈfĩ] verschwägert; *fig.* verwandt; ähnlich.
afin|ação [afinɐˈsɐ̃u] *f* (letzte) Feinheit *f*, letzte Hand *f*; ♪ Stimmung *f*; Abstimmung *f*; ⊕ Einstellung (*a. fig.*); *chegar à ~* F gereizt w.; **~ador** [~ɐˈðor] *m* ♪ Stimmschlüssel *m*; Stimmer *m*; ⊕ Feinmechaniker *m*.
afinal [ɐfiˈnał] schließlich; also, nun; kurz und gut; *~ de contas* letzten Endes; im Endeffekt; *que queres ~?* was willst du eigentlich?
afinar [ɐfiˈnar] (1a) verfeinern; letzte Hand legen an (*ac.*); *Sinne* schärfen; ⊕ ein-, nach-stellen; ♪ (ab)stimmen; *v/i.* ♪ rein singen (*od.* spielen); zs.-stimmen; *~ por* übereinstimmen in (*dat.*).
afinc|ado [ɐfĩŋˈkaðu] nachdrücklich, hartnäckig; *com as mãos -as na cabeça* händeringend; **~ar-se** [~ˈkarsə] (1n): *~ em* mit Nachdruck betreiben (*ac.*); bestehen auf (*dat.*), sich versteifen auf (*ac.*); **~o** [ɐˈfĩŋku] *m* Nachdruck *m*; Hartnäckigkeit *f*.
afinidade [ɐfəniˈðaðə] *f* Verschwägerung *f*; *allg.* Verwandtschaft *f*, Affinität *f*; *~s electivas pl.* Wahlverwandtschaften *f/pl.*
afirm|ação [ɐfirmɐˈsɐ̃u] *f* Bejahung *f*; Behauptung *f*; Versicherung *f*; *fig.* Beweis *m*; Auftreten *n*; Profilierung *f*; **~ar** [~ˈmar] (1a) bejahen; behaupten, versichern; beweisen; **~ar-se** sich erweisen; sich zeigen; auftreten; sich durchsetzen, sich profilieren (als *como*); sich vergewissern (*gen. de*); *~ em* sich halten an (*ac.*); sich heften auf (*ac.*); **~ativa** [~ɐˈtivɐ] *f* Behauptung *f*; *gram.* Bejahung *f*; **~ativamente** [~ɐˌtivɐˈmẽntə]: *responder ~* zustimmen; zusagen; **~ativo** [~ɐˈtivu] bejahend, zustimmend; *resposta f -a* Zusage *f*; (*no*) *caso ~* bejahendenfalls.
afivelar [ɐfivəˈlar] (1c) an-, festschnallen.
afix|ação [ɐfiksɐˈsɐ̃u] *f* Anschlag *m*; **~ar** [~ˈsar] (1a) befestigen; *Plakat* anschlagen.
afleumar [afleuˈmar] (1a) *bras.* sich entzünden.
afli|ção [ɐfliˈsɐ̃u] *f* Kummer *m*, Schmerz *m*; Not *f*; F Aufregung *f*; *causar -ões* zu schaffen m.; = **~gir** [~ˈʒir] (3n) bedrücken, bekümmern; F aufregen; **~tivo** [~ˈtivu] schmerzlich; angstvoll; aufregend; *pena f -a* Leibesstrafe *f*; *gritos m/pl. ~s* Schmerzens- (*od.* Angst-)geschrei *n*; **~to** [ɐˈflitu] *p.p. irr. v. afligir.*
aflor|ação [ɐflurɐˈsɐ̃u] *f* = **~amento** [~ɐˈmẽntu] *m* Berührung *f*; Auftauchen *n*; ⚒ Aufschluß *m*; **~ar** [~ˈrar] (1e) *v/t.* streifen; streichen über (*ac.*); *~ com* ⚠ bündig m.; *v/i.* auftauchen; *fig.* zur Sprache kommen; *~ a* treten in (*ac.*); kommen an (*ac.*).
aflu|ência [ɐˈflwẽsjɐ] *f* Zufluß *m*; Zustrom *m*, Andrang *m*; Besuch *m*; *~ de palavras* Wortschwall *m*; **~ente** [~ẽntə] **1.** *adj. fig.* überströmend, reich; **2.** *m* Zufluß *m*, Nebenfluß *m*; **~ir** [~ir] (3i) zu-strömen, -fließen; zs.-fließen; *fig.* herbei-, zs.-strömen; *~ a* fließen in (*ac.*); *fig.* strömen (*od.* sich drängen) zu; **~xo** [ɐˈfluksu] *m* Zustrom *m*; Reichtum *m*; ⚕ *Blut*-Andrang *m*.
afob|ação *bras.* P [afobaˈsɐ̃u] *f* Aufregung *f*; Hetze *f*; **~ar** *bras.* P [~ˈbar] (1e) aufregen; (ab)hetzen.
afocinhar [ɐfusiˈɲar] (1a) schnappen nach; = *foçar*; auf die Nase fallen; (ab-, ein-)stürzen; ✈ abkippen.
afofar [ɐfuˈfar] (1e) (auf)lockern; aufpolstern; *Kissen* aufschütteln; *fig.* aufplustern.
afog|adiço [~ɣɐˈðisu] kurzatmig; stickend, stickig; **~adilho** [~ɐˈðiʎu] *m*: *de ~* hastig; **~ado** [~ˈɣaðu] hochgeschlossen (*Kleid*); *morrer ~* ertrinken; *estar ~ com* (*od. em, de*) ertrinken in (*dat.*); **~amento** [~ɐˈmẽntu] *m*: *fig.* Beklemmung *f*; **~ar** [~ˈɣar] (1o; *Stv.* 1e) ersticken (*a. fig.*); erdrosseln; *im Wasser* ertränken; *Brot* einweichen, -tunken; *Motor* abwürgen; **~ar-se** ersticken; ertrinken; sich ertränken; **~o** [ɐˈfoɣu] *m* Beklemmung *f*; Bedrängnis *f*; Hetze *f*.
afogue|ado [ɐfuˈɣjaðu] glühend; *fig.* erhitzt; **~ar** [~ˈɣjar] (1l) entflammen; *fig. a.* begeistern; **~ar-se** erglühen; *fig. a.* sich erhitzen.

afoit-, afout|ar [ɐfoi-, ɐfo'tar] (1a) ermutigen; **~ar-se** sich erkühnen; **~eza** [~'tezɐ] *f* Kühnheit *f*; Energie *f*; **~o** [ɐ'foitu, -otu] kühn.
afonia [ɐfu'niɐ] *f* Stimmlosigkeit *f*.
afónico, áfono [ɐ'fɔniku, 'afunu] stimmlos; tonlos.
afons|inho, ~ino [ɐfõ'siɲu, -inu] *fig. do tempo dos ~s* vorsintflutlich; *em tempos ~s* in alten Zeiten.
afora [ɐ'fɔrɐ] außer; draußen.
afor|ado [ɐfu'raδu] zinspflichtig; **~amento** [~rɐ'mẽntu] *m* Erbpacht *f*; **~ar** [~'rar] (1e) in (Erb-)Pacht geben (*od.* nehmen), (ver)pachten; *Neuigkeit* einführen; **~ar-se** *de* (*od. em*) sich als *et.* aufspielen.
aforismo [ɐfu'riʒmu] *m* Aphorismus *m*, Gedankensplitter *m*.
aformosear [ɐfurmu'zjar] (1l) verschönern.
aforquilh|ado [ɐfurki'ʎaδu] gabelförmig; **~ar** [~'ʎar] (1a) aufgabeln, abstützen; *gabelförmig* spalten.
aforr|ado [ɐfu'ʀaδu] (schulden-)frei; **~ar** [~'ʀar] (1e) **a)** *Geld* ersparen; *Ärmel* aufkrempeln; **b)** = *alforriar*; **c)** = *forrar*; **~ar-se** sich den Rock ausziehen; **~o** [ɐ'foʀu] *m* Ersparnisse *f/pl*.
afortunado [ɐfurtu'naδu] vom Glück begünstigt; *mal ~* unglücklich; *homem m ~* Glückspilz *m*.
afout... *s. afoit...*
afrances|ado [ɐfrẽsə'zaδu] **1.** *adj.* französisch (gesinnt); nach französischer Art; **2.** *m* Französling *m*; **~ar** [~'zar] (1c) dem Französischen nachmachen; **~ar-se** französisch w.
afregues|ado [ɐfrɐγə'zaδu] gut gehend (*Geschäft*); gut besucht; *estar ~ com* (*od. em*) Kunde sn bei; **~ar** [~'zar] (1c) Kunden werben für (*ac.*); *j-n* als Kunden werben; **~ar-se** Kunde w. (bei *em*).
áfrica ['afrikɐ] *f* P Heldentat *f*; *meter uma lança em ~* Großes leisten.
afric|anista [ɐfrikɐ'niʃtɐ] *m* Afrikanist *m*; **~anizar** [~ni'zar] (1a) afrikanisieren; **~ano** [~'kɐnu] **1.** *adj.* afrikanisch; **2.** *m* Afrikaner *m*.
afrodisíaco [~uδi'ziɐku] **1.** *adj.* aphrodisisch; **2.** *m* Aphrodisiakum *n*
afro-... [ɐfrɔ...] *in Zssgn* afro..., *z.B. ~brasileiro* afro-brasilianisch.
afroi... *s. afrou...*
afronta [ɐ'frõntɐ] *f* Schimpf *m*; Beleidigung *f*.
afront|adamente [ɐfrõnˌtaδɐ'mẽntə] schimpflich; **~ado** [~'taδu] ärgerlich; erhitzt; unpäßlich; **~amento** [~tɐ'mẽntu] *m* Beleidigung *f*; ⚕ Hitze *f*; Unpäßlichkeit *f*; **~ar** [~'tar] (1a) beschimpfen, schmähen; die Stirn bieten (*dat.*), trotzen (*dat.*); sich ausea.-setzen mit; ⚕ quälen; **~ar-se** sich beschimpft (*od.* ⚕ unpäßlich) fühlen; sich entrüsten; ~ *com alg.* j-m gegenüberstehen, -treten; **~oso** [~'tozu (-ɔ-)] schimpflich.
afroux-, afroix|adamente [ɐfro-, ɐfroiˌʃaδɐ'mẽntə] schlaff, kraftlos; **~amento** [~ʃɐ'mẽntu] *m* Erschlaffen *n*; Lockerung *f*; Verlangsamung *f*; **~ar** [~'ʃar] (1a) lockern; abspannen; entlasten; *Schmerz* vermindern; *Geschwindigkeit* verlangsamen; *fig.* schwächen; *v/i. u.* **~ar-se** erschlaffen, nachlassen.
aft|a ⚕ ['aftɐ] *f* Mundfäule *f*; Aphthe *f*; **~oso** [ɐf'tozu (-ɔ-)]: *febre f -a vet.* Maul- und Klauenseuche *f*.
afugentar [ɐfuʒẽn'tar] (1a) *Feinde* in die Flucht schlagen; *allg.* verjagen, verscheuchen.
afund|amento [ɐfũndɐ'mẽntu] *m* Versenkung *f*; Untergang *m*; Vertiefung *f*; **~ar** [~'dar] (1a) versenken; *Brunnen* vertiefen; *Problem* ergründen; **~ar-se** untergehen, versinken (*a. fig.*); *fig.* verschwinden.
afunilado [ɐfuni'laδu] trichterförmig.
agá [ɐ'γa] *m* **1.** *Name des Buchstaben h*; **2.** Aga *m* (*türk. Offizier*).
agachar-se [ɐγɐ'ʃarsə] (1b) sich ducken (*a. fig.*); *bras. ~ a* anfangen zu; sich m. an (*ac.*).
agadanhar [~δɐ'ɲar] (1a) packen; (zer)kratzen; F klauen.
agaiatado [ɐγɐjɐ'taδu]: *rapaz m ~* Lausbub *m*, Lauser *m*.
agalegado [ɐγɐlə'γaδu] *fig.* ordinär.
agaloado [ɐγɐ'lwaδu] betreßt.
ágape ['aγɐpə] *su.* Liebesmahl *n*; *allg.* Festessen *n*.
agarotado [~ru'taδu] = *agaiatado*.
agarra! [ɐ'γaʀɐ] *int.* haltet ihn!
agarr|adiço [ɐγɐʀɐ'δisu] zudringlich, lästig; **~ado** [~'ʀaδu] knauserig; *ser ~ ao dinheiro* am Gelde hängen, geizig sn; *~ às suas opiniões* rechthaberisch; **~amento** [~ɐ'mẽntu] *m bras.* Knauserei *f*; enges Verhältnis *n*; **~ar** [~'ʀar] (1b) pak-

ken, ergreifen, fassen; **~ar-se** festhalten *od.* sich (an)klammern (an [*ac.*] *a*); ~ *com unhas e dentes a* sich verbeißen in (*ac.*).

agasalh|ar [ɐγɐzɐ'ʎar] (1b) (freundlich) aufnehmen; bewirten; warm anziehen; (ein)hüllen; *Gedanken* hegen; **~ar-se** unterschlüpfen; Wohnung nehmen; ~ *do frio* sich warm anziehen; **~o** [~'zaʎu] *m* (freundliche) Aufnahme *f*; Schutz *m*; warme Kleidung *f*; *dar* ~ *a* = *~ar*.

agast|adiço [ɐγɐʃtɐ'δisu] reizbar; **~ado** [~'taδu] ärgerlich; verhärmt; **~ar** [~'tar] (1b) reizen; ärgern; **~ar-se** sich grämen; sich ängstigen.

ágata ['aγɐtɐ] *f* Achat *m*.

agatanh|adela, ~adura [ɐγɐtɐɲɐ'δɛlɐ, ~ɐ'δurɐ] *f* Kratzer *m*; **~ar** [~'ɲar] (1a) (zer)kratzen; klettern.

agaturrar *bras.* [agatu'ʀar] (1a) ergreifen, packen.

agauchado *bras.* [agau'ʃadu] Gaucho...

agência [ɐ'ʒẽsjɐ] *f* Agentur *f*; Vertretung *f*; Provision *f*; Tätigkeit *f*; Fleiß *m*; ~ *de casas para alugar* Wohnungsnachweis *m*; ~ *de colocações* Stellenvermittlungsbüro *n*; ~ *de correios* Postamt *n*; ~ *de informações* Auskunftei *f*; ~ *de publicidade* Werbebüro *n*; ~ *de transportes* Speditionsgeschäft *n*; ♀ *de Turismo* Verkehrsverein *m*; ~ *de viagens* Reisebüro *n*; ~ *funerária* Beerdigungsinstitut *n*; ~ *telegráfica* Telegraphenamt *n*.

agenci|ar [ɐʒẽ'sjar] (1g, *bras.* 1h) sich rühren; *Geschäfte* (be)treiben; (sich) verschaffen, erwerben; *j-m et.* besorgen (*od.* vermitteln); **~oso** [~'sjozu (-ɔ-)] betriebsam, rührig.

agenda [ɐ'ʒẽndɐ] *f* Terminkalender *m*; ~ (*de bolso*) Taschenkalender *m*; ~ *de trabalhos* Tagesordnung *f*.

agente [ɐ'ʒẽntə] **1.** *adj.* wirkend, wirksam; **2.** *m* wirkende (*od.* treibende) Kraft *f*; Mittel *n*; ⚕ (Krankheits-)Erreger *m*; ⚕ Agent *m*, Vertreter *m*; 🕮 Agens *n*; ~ *propulsor* Antrieb *m*; ~ *transmissor* (Krankheits-)Überträger *m*; ~ *de ligação* Verbindungsmann *m*; ~ *marítimo* Schiffsmakler *m*; ~ (*de polícia*) Polizist *m*; Polizeiagent *m*; ~ *provocador* Lockspitzel *m*; Hauptheṫzer *m*; ~ *de transportes* Spediteur *m*; ~ *de venda* Verkäufer *m*, Vertreter *m*.

agigant|ado [ɐʒiγẽn'taδu] riesig; **~ar** [~'tar] (1a) *fig.* übertreiben; **~ar-se** über sich hinauswachsen.

ágil ['aʒiɫ] gewandt, flink; geschickt.

agilidade [ɐʒəli'δaδə] *f* Gewandtheit *f*, Behendigkeit *f*.

ágio ['aʒju] *m* Agio *n*, Aufgeld *n*.

agiot|a [ɐ'ʒjɔtɐ] *m* Börsenspekulant *m*; Wucherer *m*; **~agem** [ɐʒju'taʒẽi] *f* Agiotage *f*; Arbitrage *f*; Börsenspekulation *f*; *allg.* Wucher *m*; **~ar** [ɐʒju'tar] (1e) spekulieren; *allg.* Wucher treiben.

agir [ɐ'ʒir] (3n—D1) handeln; wirken; eingreifen; vorgehen.

agit|ação [ɐʒitɐ'sɐ̃u] *f* Unruhe *f*; Auf-, Er-regung *f*; *pol.* Agitation *f*; ~ *do mar* Seegang *m*; **~ado** [~'taδu] unruhig; **~ador** [~ɐ'δor] *m* Agitator *m*; ⊕ Rührwerk *n*; **~ar** [~'tar] (1a) bewegen; schwenken; schütteln; auf-, er-regen; beunruhigen; *pol.* aufwiegeln; agitieren; *Frage* aufwerfen; ~ *as mãos* mit den Händen fuchteln; **~ável** [~'tavɛɫ] beweglich; *fig.* erregbar.

aglomer|ação [ɐγlumərɐ'sɐ̃u] *f* Anhäufung *f*, Ansammlung *f*; Zs.-ballung *f*; (Menschen-)Auflauf *m*; *Industrie- usw.* Zentrum *n*; **~ado** [~'raδu] **1.** *adj.*: *cortiça f -a* Preßkork *m*; **2.** *m* Ansammlung *f*; ~ (*de casas*) Weiler *m*; *geol.* Agglomerat *n*; ⊕ künstliche(r) Marmor *m*; Kunststein *m*; ~ *de madeira* Preßholz *n*; ~ *de carvão* Brikett *n*; **~ar** [~'rar] (1c) zs.-ballen, -binden; zs.-, an-häufen; **~ar-se** sich ansammeln.

aglutin|ação [ɐγlutinɐ'sɐ̃u] *f* Agglutination *f*; (Zs.-)Ballung *f*; **~ante** [~'nẽntə] *m* Bindemittel *n*; Klebstoff *m*; **~ar** [~'nar] (1a) 🕮 agglutinieren; *allg.* zs.-ballen; zs.-schließen, vereinigen; zs.-kleben.

agoir... *s. agour...*

agongorado [ɐγõŋgu'raδu] schwülstig.

agon|ia [ɐγu'niɐ] *f* Todeskampf *m*, Agonie *f*; *fig.* Angst *f*, Not *f*; Übelkeit *f*; *nas vascas da* ~ in den letzten Zügen; *rel. horto m da* ~ Ölberg *m*; **~iado** [~'njaδu] angeekelt; *estou* ~ mir ist übel; **~iar** [~'njar] (1g) Übelkeit verursachen (*dat.*); quälen; **~iar-se** sich ängstigen; *agoniei-me* mir wurde übel (*od.* schlecht).

agónico [ɐ'γɔniku]: *estado* (*estertor*)

m ~ Todes-kampf *m* (-röcheln *n*); *morte f -a* langsame(r) Tod *m*.

agoniz|ado [ɐγuni'zaδu] todesbang; erlöschend; **~ante** [~'zẽntə] sterbend; **~ar** [~'zar] (1a) *v/i*. im Sterben liegen; *fig*. ersterben; *v/t*. quälen, peinigen.

agora [ɐ'γɔrɐ] **1.** *adv*. jetzt, nun; *de ~ em diante* von nun an, in Zukunft; *~ mesmo* (so)eben; *ainda ~* eben erst, *interr*. jetzt erst?; *por ~* fürs erste, vorläufig; *de ~* von heute, heutig; *essa ~!* nein, so was!; *essa ~é boa!* das ist aber gut!; *já ~* aber jetzt (... doch); **2.** *cj*. aber; *~ que* jetzt da, jetzt wo.

ágora ['aγurɐ] *f* Marktplatz *m*; **agorafobia** [ɐγurɐfu'βiɐ] *f* Platzangst *f*.

Agosto [ɐ'γoʃtu] *m* August *m*.

agour-, agoir|ado [ɐγo'r-, ɐγoi'raδu]: *bem (mal) ~* glückverheißend (unheilvoll), (Un-)Glücks...; **~ar** [~'rar] (1a) verkünden, verheißen; mutmaßen; **~eiro** [~'reiru] **1.** *adj*. prophetisch; (unheil)verkündend, Unglücks...; **2.** *m* Schwarzseher *m*; **~entar** [~rẽn'tar] (1a) Unheil verkünden; unken; **~ento** [~'rẽntu] unheilvoll; zeichengläubig; **~o** [ɐ'γoru, -oiru] *m* Vorzeichen *n*, Vorbedeutung *f*; *ser de bom (mau) ~* ein (kein) gutes Omen sn; *s. ~ado*.

agraciar [ɐγrɐ'sjar] (1g) begnadigen; schmücken; *~ com j-m et*. gewähren *od*. *Titel, Orden* verleihen.

agrad|ado [ɐγrɐ'δaδu]: *ficar ~ de, com* = *~ar-se*; **~ar** [~ar] (1b) gefallen; **~ar-se** *de* Gefallen finden an (*dat*.); **~ável** [~'δavεł] angenehm; behaglich.

agradec|er [ɐγrɐδə'ser] (2g) danken (*od*. sich bedanken) für; dankbar aufnehmen; **~ido** [~'siδu] dankbar; *muito ~!* herzlichen Dank!; *ser ~* Dankbarkeit finden; **~imento** [~i'mẽntu] *m* Dank *m* (*dar* sagen); Dankbarkeit *f*; *muitos (mil) ~s* herzlichen (tausend) Dank; **~ível** [~'sivεł] dankenswert.

agrado [ɐ'γraδu] *m* Wohlgefallen *n*; Beifall *m*; Annehmlichkeit *f*; Reiz *m*; Nettigkeit *f*; *(não) ser do ~ de alg*. j-m (miß-) ge-fallen.

agrafe, -o [ɐ'γrafə, -u] *m* ⚕ (Wund-) Klammer *f*; ✝ (Brief-)Heftklammer *f*; *~de canto* Eckheftklammer *f*.

agrário [ɐ'γrarju] **1.** *adj*. Acker...; Agrar...; **2.** *m* Grundbesitzer *m*.

agrav|ação [ɐγrɐvɐ'sɐ̃u] *f* = **~amento** [~ɐ'mẽntu] *m* Erschwerung *f*; Verschärfung *f*; ⚕ *u. allg*. Verschlechterung *f*, -schlimmerung *f*; **~ante** [~'vẽntə] **1.** *adj*. strafverschärfend; *testemunha f ~* Belastungszeuge *m*; **2.** *f* belastende(r) (*od*. erschwerende[r]) Umstand *m*; **~ar** [~'var] (1b) *v/t*. erschweren; be-, über-lasten; *Zustand* verschlimmern, verschlechtern; *Strafe usw*. verschärfen; *j-n* beleidigen; *v/i*. ⚖ Einspruch erheben (gegen *de*); **~ar-se** sich zuspitzen (*Lage*); *~ de* sich beklagen über (*ac*.); **~o** [ɐ'γravu] *m* Beleidigung *f*; Schaden *m*; ⚖ Einspruch *m*; = *~ação*; *sem ~ de ninguém* ohne j-m zu nahe treten zu wollen.

agre ['ɐγrə] sauer, herb.

agredir [ɐγrə'δir] (3d) angreifen, anfallen; überfallen.

agreg|ação [ɐγrəγɐ'sɐ̃u] *f* Zs.-schluß *m*; Anschluß *m*; *fís*. Aggregat(zustand *m*) *n*; **~ado** [~'γaδu] *m* Aggregat *n*; *~ de cortiça* Preßkork *m*; *~ (familiar) bras*. Hausangestellte([r] *m*) *f*; ✓ Hintersasse *m*; *ser ~* zur Familie gehören; **~ar** [~'γar] (1o; *Stv*. 1c) zs.-schließen; hinzufügen; anschließen; beigesellen; *Beamten* zuteilen.

agremiação [ɐγrəmjɐ'sɐ̃u] *f* Verband *m*, Vereinigung *f*.

agress|ão [ɐγrə'sɐ̃u] *f* Angriff *m*; Überfall *m*; **~ividade** [~səvi'δaδə] *f* Angriffslust *f*, Aggressivität *f*; **~ivo** [~'sivu] angriffslustig, aggressiv; Angriffs...; angreifend; **~or** [~'sor] *m* Angreifer *m*.

agreste [ɐ'γrεʃtə] ländlich; rauh, wild; grob; *flor f ~* Feldblume *f*.

agrião [ɐ'γrjɐ̃u] *m* Brunnenkresse *f*.

agrícola [ɐ'γrikulɐ] **1.** *adj*. landwirtschaftlich; ackerbautreibend; Acker...; **2.** *m* Landwirt *m*.

agricult|or [ɐγrikuł'tor] *m* Landwirt *m*; **~ura** [~'turɐ] *f* Landwirtschaft *f*; Ackerbau *m*.

agridoce [ɐγri'δosə] süßsauer.

agrilhoar [ɐγri'ʎwar] (1f) fesseln; anschmieden.

agrimens|or [ɐγrimẽ'sor] *m* Feld-, Land-messer *m*, Geometer *m*; *cadeia f de ~* Meßlatte *f*; **~ura** [~'surɐ] *f* Geodäsie *f*.

agrisalhar [ɐγrizɐ'ʎar] (1b) ergrauen l.; **~-se** ergrauen.

agro ['aɣru] **1.** *adj.* sauer; bitter (*a. fig.*); rauh, wild; **2.** *m* Acker *m*.
agro|nomia [ɐɣrunu'miɐ] *f* Agronomie *f*; *Escola f* (*od. Instituto m*) *Superior de* ♀ Landwirtschaftliche Hochschule *f*; **~nómico** [~'nɔmiku] agronomisch.
agrónomo [ɐ'ɣrɔnumu] *m* Agronom *m*, Diplomlandwirt *m*.
agropecuár|ia [ɐɣrupɔ'kwarjɐ] *f* Land- und Viehwirtschaft *f*; **~io** [~ju] land- und viehwirtschaftlich.
agrup|amento [ɐɣrupɐ'mẽntu] *m* Gruppierung *f*; Vereinigung *f*; Gruppe *f*; **~ar** [~'par] (1a) gruppieren; vereinigen; umfassen.
agrura [ɐ'ɣrurɐ] *f* Säure *f*; Bitterkeit *f*; Rauheit *f*; Härte *f*.
água ['aɣwɐ] **1.** *f* Wasser *n*; Regen (-wasser *n*) *m*; *de primeira* (*od. da melhor*) ~ vom reinsten Wasser; ⚓ ~ (*aberta*) Leck *n*; *abrir* (*meter*) ~ leck w. (sn, lecken); *~-de-javel* Bleich-, Chlorwasser *n*; *por* ~ zu Wasser, auf dem Wasserwege; *ficar aquém da* ~ aufsitzen; ~ *abaixo* stromabwärts; *ir por* ~ *abaixo fig.* zu Wasser w.; ~ *acima* (*od. arriba*) stromaufwärts; *negócio m de* ~ *arriba* schwierige Sache *f*; *a* ~ *o dá* (*deu*), *a* ~ *o leva* (*levou*) wie gewonnen, so zerronnen; **2. ~s** *pl.* Gewässer *n*; Heilquellen *f/pl.*, Bad *n*; Wässerung *f* (*in Geweben usw.*); ⚓ Kielwasser *n*; ⚕ Fruchtwasser *n*; P Urin *m*; *fig.* Anzeichen *n/pl.*, Absicht *f*; ~ *termais* (*minerais od. medicinais*) Thermal-(Heil-) quellen *f/pl.*; ~ *vivas* Springflut *f*; *tomar* (*od. fazer uma cura de*) ~ e-e Trinkkur m.; ~ *territoriais* Hoheitsgewässer *n/pl.*; *telhado m de duas* (*quatro*) ~ Sattel- (Walm-) dach *n*; *ir* (*navegar*) *nas* (*mesmas*) ~ *de alg.* in j-s Kielwasser segeln; *navegar em duas* ~ Wasser auf beiden Schultern tragen; *verter* ~ P sein Wasser abschlagen.
agua|çal [ɐɣwɐ'saɫ] *m* Pfuhl *m*; **~ceiro** [~'seiru] *m* (Regen-)Schauer *m*, (-)Bö *f*; *fig.* Gewitter *n*; **~da** [ɐ'ɣwaðɐ] *f* ⚓ Wasservorrat *m*; Wasserstelle *f*; *met.* (Regen-)Guß *m*; *pint.* Aquarell *n*; Wasserfarbe *f*; *m*; *tip.* Buchbinderleim *m*; *fazer* ~ ⚓ Wasser einnehmen.
água-de-colónia [ˌaɣwɐðɔku'lɔnjɐ] *f* Kölnischwasser *n*.
agua|deiro *m*, **-a** *f* [ɐɣwɐ'ðeiru, -ɐ] Wasser-träger(in *f*) *m*, -verkäufer (-in *f*) *m*; **~dilha** [~'ðiʎɐ] *f* (Wund-) Wasser *n*; **~do** [ɐ'ɣwaðu] wäßrig; *ficar* ~ ins Wasser fallen (*Projekt*); **~dor** [~'ðor] *m* Gießkanne *f*.
água-|forte [ˌaɣwɐ'fɔrtə] *f* Scheidewasser *n*; *pint.* Radierung *f*; **~fortista**(s) [~fur'tiʃtɐ] *m*(*pl.*) Radierer *m*; **~furtada** [~fur'taðɐ] *f* Mansarde *f*; *águas-furtadas pl.* Mansardenstock *m*; **~mãe** [~'mɐ̃i] *f* Mutterlauge *f*; **~marinha** [~mɐ'riɲɐ] *f* Aquamarin *m*; **~pé**(s) [~'pɛ] *f*(*pl.*) Tresterwein *m*.
aguar [a'ɣwar] (1m, *bras.* 1t) *Feld* bewässern, *Blumen* begießen; *Wein* panschen, (ver)wässern; *fig.* vergällen, verderben; *v/i.* ~ *por* sich verzehren nach.
aguard|ar [ɐɣwɐr'ðar] (1b) erwarten; *et.* abwarten; warten auf (*ac.*); *aguardando a sua resposta* in Erwartung Ihrer Antwort; **~o** *bras.* [a'gwardu] *m*: *ficar no* ~ *de* = *~ar*.
aguardente [aɣwɐr'ðẽntə] *f* Branntwein *m*, Schnaps *m*; ~ *canforada* Franzbranntwein *m*; ~ *de cereja* Kirschwasser *n*.
água-régia [ˌaɣwɐ'ʀɛʒjɐ] *f* Königswasser *n*.
aguarel|a [aɣwɐ'rɛlɐ] *f* Aquarell *n*; Wasserfarbe *f*; **~ar** [~rə'lar] (1c) *v/t.* (mit Wasserfarben) (an)malen *od.* tönen; *v/i.* aquarellieren; **~ista** [~rə'liʃtɐ] *su.* Aquarellmaler(in *f*) *m*.
aguarrás [~'ʀaʃ] *f* Terpentinöl *n*.
água-|ruça [ˌaɣwɐ'ʀusɐ] *f* Olivenbrühe *f*; **~tinta** [~'tĩntɐ] *f* Aquatinta *f*; **~vai** [~'vai] † *int.* Achtung!; *sem dizer* ~ mir nichts, dir nichts.
aguazil [aɣwɐ'ziɫ] *m* Büttel *m*.
aguç|adeira [ɐɣusɐ'ðeirɐ] *f* Schleif-, Wetz-stein *m*; *fig.* Anregung *f*; Anstoß *m*; *passar pela* ~ = *~ar*; **~ado** [~'saðu] scharf; spitz; **~adura** [~ɐ'ðurɐ] *f* = **~amento** [~ɐ'mẽntu] *m* Schleifen *n*; Wetzen *n*, Abziehen *n*; Schliff *m*; **~ar** [~'sar] (1p) schleifen, wetzen; *Sense* dengeln; *Bleistift*, *Ohren* spitzen; *Verstand*, *Blick* schärfen; *fig.* reizen, (an-) stacheln; *Lage* zuspitzen; **~o** [ɐ'ɣusu] *m* spitze(r) Gegenstand *m*.
agud|eza [ɐɣu'ðezɐ] *f* Schärfe *f*; Spitze *f*; Sehschärfe *f*; Scharfsicht *f*, -sinn *m*; **~ização** [~ðizɐ'sɐ̃u] *f* Verschärfung *f*; **~izar** [~ði'zar] (1a)

verschärfen; **~o** [ɐ'ɣuðu] **1.** *adj.* spitz; *fig.* scharf; ♪ schrill; ⚕ akut; *gram.* auf der letzten Silbe betont; ~ (*de entendimento*) scharfsinnig, F hell; *acento m* ~ Akut *m*; *tornar*(-*se*) ~ (sich) verschärfen; **2.** *m* ♪ *os* ~*s* die hohen Töne *m/pl.* (*od.* Lagen *f/pl.*).

agueira *f*, **-o** *m* [ɐ'ɣweirɐ, -u] Rinne *f*.

aguentar [ɐɣwẽn'tar] (1a) halten, tragen, stützen; aus-, durchhalten; standhalten (*dat.*); er-, vertragen; ~ *com* aushalten (*ac.*); **~-se** durchhalten.

aguerr|ido [ɐɣə'ʀiðu] kriegsgeübt; kriegerisch; **~ir** [~'ʀir] (3c—D2) an den Krieg gewöhnen; abhärten.

aguia ['aɣjɐ] *f* Adler *m*; *poét.* Aar *m*; *fig.* Genie *n*; *bras. a.* Gauner *m*; ⚘ Adlerfarn *m*.

aguieiro [ɐ'ɣjeiru] *m* Dachbalken *m*.

aguilh|ada [ɐɣi'ʎaðɐ] *f* Ochsenstachel *m*; **~ão** [~'ʎɐ̃u] *m* Stachel *m* (*a. fig.*); *respingar* (*od. dar couces*) *contra o* ~ wider den Stachel löcken; **~oada** [~'ʎwaðɐ] *f* Stich *m*; *dar* ~*s a* = **~oar** [~'ʎwar] (1f) (an-, auf-) stacheln.

agulha [ɐ'ɣuʎɐ] *f* Nadel *f*; Kompaß *m*; 🚂 Weiche *f*; ⚔ Zündnadel *f*; *zo.* Hornhecht *m*; ⛪ *Turm*-Spitze *f*; *cabina f* (*od. posto m*) *de* ~*s* Stellwerk *n*; *trabalho m de* ~ Handarbeit *f*; *vinho m* ~ pricklige(r) Wein *m*; *ter* ~ prickeln; ~ *ferrugenta fig.* Ohrenbläser *m*.

agulh|ada [ɐɣu'ʎaðɐ] *f* Nadelstich *m*; **~ão** [~'ʎɐ̃u] *m* Hornfisch *m*; ⚓ *Steuer*-Kompaß *m*; **~eiro** [~'ʎeiru] *m* Nadelschmied *m*; Nadel-büchse *f*, -kissen *n*; Öffnung *f*; 🚂 Weichensteller *m*; ~*s pl.* Abflußlöcher *n/pl.*; **~eta** [~'ʎetɐ] **1.** *f* Durchziehnadel *f*; Metallspitze *f*, Stift *m*; Mundstück *n*; Strahlrohr *n*; **2.** *m* Spritzmeister *m*.

ah [a] *m* Ach *n*; Ah *n*; ~! ach!, ah!, oh!; ~! ~! aha!; ~! ~! ~! haha!

ai [ai] *m* Ach *n*; ~*s pl.* Ach und Weh *n*; *num* ~ im Nu; ~ de weh (*dat.*); ~! ach!, au! (*Schmerz*); ei! (*Tadel*); ~ *Jesus!* ach Gott!, herrje!

aí [ɐ'i] **1.** *m bras.* Faultier *n*; **2.** *adv.* da; *de aí* = *daí*; *até* ~ bis dahin; *eis* ~ da sehen Sie (sieh, seht), da haben Sie (hast du, habt ihr); (*eis*) ~ *está* das ist's eben; ~ *está porque* das ist der Grund, weshalb; *por* ~ hier (herum *od.* irgendwo); *e por* ~ *se compreende* und so versteht man; *por* ~ *além* toll; *espere* ~! Moment mal!

aia ['ajɐ] *f* Kinderfrau *f*; *hist.* Kammerfrau *f*.

ai-jesus (*pl. unv.*) [ˌaiʒə'zuʃ] *m* Liebling *m*, Augenstern *m*; ~! ach herrje!

ainda [ɐ'īndɐ] noch; ~ *hei-de ser rico* ich werde noch einmal reich; ~ *como* ich esse noch weiter (noch mehr); ~ *assim s. assim*; ~ *bem* gottlob!; ~ *bem que* gut, daß; ~ *por cima* noch dazu; ~ *quando* selbst wenn; ~ *que* wenn auch, obgleich.

aio ['aju] *m* Hauslehrer *m*; *hist.* Hofmeister *m*.

aipim *bras.* [ai'pĩ] *m* Maniok *m*.

aipo ['aipu] *m* Sellerie *m*.

airado [ai'raðu] leichtsinnig; liederlich; *vida f -a* lockere(s) Leben *n*.

airoso [ai'rozu (-ɔ-)] anmutig; frisch.

aiveca [ai'vɛkɐ] *f* Streichbrett *n*.

ajaezar [ɐʒɐə'zar] (1c) anschirren; *fig.* schmücken.

ajantarado [ɐʒɐ̃ntɐ'raðu]: *almoço m* ~ üppiges Mittagessen *n*.

ajardin|ado [ɐʒɐrði'naðu] gartenartig; **~ar** [~'nar] (1a) in e-n Garten verwandeln; mit (Grün-)Anlagen versehen; bepflanzen.

ajeit|ado [ɐʒei'taðu] handlich; passend, geeignet; geschickt; *fig.* zierlich; **~ar** [~'tar] (1a) zurecht-legen, -m.; glattstreichen; besorgen; zs.-bringen; *j-n* bearbeiten; **~ar-se** *a* sich richten nach (*dat.*), sich fügen in (*ac.*); ~ *com* zurechtkommen (*od.* sich abfinden) mit.

ajoelh|ado [ɐʒwɨ'ʎaðu] kniend; auf den Knien; **~ar** [~'ʎar] (1d) in die Knie zwingen; *v/i.* niederknien.

ajornalar [ɐʒurnɐ'lar] (1b) dingen; **~-se** sich verdingen.

ajouj|ar [~o'ʒar] (1a) (zs.-)koppeln; ver-binden, -einigen; *fig.* beugen; bedrücken; **~o** [ɐ'ʒoʒu] *m* Koppelriemen *m*; Koppel *f*; *bras.* Auslegerboot *n*.

ajuda [ɐ'ʒuðɐ] *f* Hilfe *f* (*prestar* leisten); Bei-, Nach-hilfe *f*; Unterstützung *f*; Stütze *f*; *dar* ~(*s*) (nach-) helfen; *ir* (*vir*) *em* ~ zu Hilfe kommen; *para mais* ~ zudem; ~ *de custo* Unkostenbeitrag *m*.

ajud|ância [ɐʒu'ðɐ̃sjɐ] *bras. f* Gehilfen-, Assistenten-stelle *f*; **~anta**

[~'ðẽntɐ] *f* Hilfe *f*, Helferin *f*; Assistentin *f*; **~ante** [~'ðẽntə] *m* Gehilfe *m*; Assistent *m*; *Meß*-Diener *m*; *Küchen*-Junge *m*; *auto*. Beifahrer *m*; ⚔ ~(*-de-campo*) Adjutant *m*; ~*-de--ordens* Ordonnanz *f*; **~ar** [~'ðar] (1a) helfen (*dat*.), behilflich sn (*dat*.); unterstützen (*ac*.), beistehen (*dat*.); **~ar-se de** sich helfen mit.

ajuiz|ado [ɐʒwi'zaðu] verständig; **~ar** [~'zar] (1q) *v/t*. (be)urteilen; halten für (*ac*.); ⚖ vor Gericht bringen; *fig*. zur Vernunft bringen; *v/i*. Vernunft annehmen; ~ **de**, ~ *sobre* urteilen über (*ac*.).

ajunt|adeira [ɐʒũntɐ'ðeirɐ] *f* Schuhnäherin *f*; **~amento** [~ɐ'mẽntu] *m* An-, Ver-sammlung *f*; Verbindung *f*; Mischung *f*; *Menschen*-Auflauf *m*; *com o* ~ *de* unter Zusatz von; *fazer* ~ *de* = **~ar** [~'tar] (1a) = *juntar*; ~ *ao carro* an den Wagen spannen; ~ *o dia com a noite* die Nacht zum Tage m.; *v/i*. sparen.

ajurament|ação [ɐʒurɐmẽntɐ'sɐ̃u] *f* Vereidigung *f*; **~adamente** [~ˌtaðɐ'mẽntə] unter Eid; **~ar** [~'tar] (1a) vereidigen; beschwören; **~ar-se** sich verschwören.

ajust|ado [ɐʒuʃ'taðu] **1.** *adj*. passend; *fig*. *a*. angemessen; ♪ rein, treffsicher (*Stimme*); ~ *ao corpo* anliegend; *estar* ~ passen; **2.** *m* Abmachung *f*; *ir pelo* ~ sich an die Abmachung halten; *não faltar ao* ~ Wort halten; **~ador** ⊕ [~tɐ'ðor] *m* Richtmeister *m*, Justierer *m*; Stellvorrichtung *f*; **~agem** [~'taʒɐ̃i] *f* Richten *n*, Justieren *n*; Einstellung *f*; **~amento** [~ɐ'mẽntu] *m* Anpassung *f*; Einrichtung *f*; Abmachung *f*, Vergleich *m*; Ausgleich *m*; Abrechnung *f*; **~ar** [~'tar] (1a) **1.** *v/t*. richten (nach *a*), anpassen (an [*ac*.] *a*); ⊕ justieren; einstellen, regulieren; *Hand, Ohr* legen an (*ac*.); *Verkauf* abschließen; *Preis usw*. ab-, aus-m., vereinbaren; *Vertrag* aushandeln; *Arbeiter* einstellen; *Künstler* verpflichten, engagieren; ~ *(as) conta(s)* abrechnen (*a*. *fig*.); **2.** *v/i*. (zu-ea.-, zs.-)passen; ~ *bem (ao corpo)* dicht anliegen; **3.** **~ar-se** sich einigen, sich vergleichen; sich verpflichten; sich abfinden; passen (zu *a*); **~e** [ɐ'ʒuʃtə] *m* = *~amento*; ⊕ = *~agem*; ~ *de contas* Rechnungsausgleich *m*, Abrechnung *f* (*a*. *fig*.); *salário m por* ~ Akkordlohn *m*; *cunha f (roda f) de* ~ Stell-keil *m* (-rad *n*); *estar pelos* ~*s* einverstanden sn.

ala ['alɐ] *f* Flügel *m*; Reihe *f*; ⚔ Glied *n*; *abrir (od. fazer, formar)* ~*s* Spalier bilden.

alabarda [ɐlɐ'βarðɐ] *f* Hellebarde *f*.

alabastr|ino [~βɐʃ'trinu] Alabaster-...; **~o** [~'βaʃtru] *m* Alabaster *m*.

alabregado [~βrə'γaðu] bäurisch.

ala|da [ɐ'laðɐ] *f* Flügelschlag *m*; **~do** [~u] ge-, be-flügelt; *fig*. beschwingt.

alag|ação [ɐlɐʎɐ'sɐ̃u] *f bras*. Überschwemmung *f*; **~adiço** [~ɐ'ðisu] sumpfig; **~ado** [~'γaðu] (trief)naß; *blut*-, *schweiß*-überströmt; **~ar** [~'γar] (1o; *Stv*. 1b) unter Wasser setzen; überschwemmen; versenken; *mit Wasser usw*. übergießen, *mit Erde usw*. bedecken; wegschwemmen, zerstören, niederreißen; *fig*. verschwenden; ruinieren; **~ar-se** sich in e-n See verwandeln; untergehen; naß w.; einstürzen.

alamar [ɐlɐ'mar] *m* Litze *f*; ~*es pl*. Schnüre *f/pl*.; **~ado** [~mɐ'raðu] (mit Schnüren) besetzt.

alambaz|ado [ɐlẽmbɐ'zaðu] gefräßig; feist.

alambi|car [~bi'kar] (1n) destillieren; *fig*. ausklügeln; drechseln; **~car-se** geziert, geschraubt w. (*od*. tun); **~que** [~'bikə] *m* Destillierapparat *m*; Retorte *f* (*a*. *fig*.).

alameda [ɐlɐ'meðɐ] *f* (Pappel-)Allee *f*, (-)Wäldchen *n*; Park *m*.

álamo ['alɐmu] *m* Espe *f*; ~ *branco* Silberpappel *f*.

alancear [ɐlẽ'sjar] (1l) verletzen.

alanhar [ɐlɐ'ɲar] (1a) aufschlitzen; zerfetzen; peitschen; *fig*. verletzen.

alano [ɐ'lɐnu] *m* **a)** Alane *m*; **b)** = *alão*.

alanzoar [ɐlẽ'zwar] (1f) schwadronieren.

alão(s, -ães, -ões) [ɐ'lɐ̃u(ʃ, -ɐ̃iʃ, -õiʃ)] *m(pl.)* Bullenbeißer *m*.

alap(ard)ar-se [ɐlɐp(ɐr'ð)arsə] (1b) sich (nieder)ducken; sich verstecken.

alar [ɐ'lar] (1b) hissen; erheben; hochziehen; *bras*. F voranmachen mit; ~*-se* aufsteigen.

alaranjado [ɐlɐrɐ̃'ʒaðu] orange (-farben).

alard|e [ɐ'larðə] *m* Prahlerei *f*;

Ruhm(estitel) *m*; Renommierstück *n*; *fazer* ~ *de* großtun mit; **~ear** [ɐlɐr'ðjar] (1l) **a**) zur Schau tragen; prahlen mit; **b**) = *lardear*.

alarg|ador [ɐlɐrγɐ'ðor] *m* ⊕ Reibahle *f*; Krauskopf *m*; **~amento** [~ɐ'mẽntu] *m* Erweiterung *f*; Verbreiterung *f*; Ausdehnung *f*; Lokkerung *f*; **~ar** [~'γar] (1o; *Stv.* 1b) **1.** *v/t.* (*v/i.*) *Enges*: (sich) erweitern, (sich) dehnen; *Schmales*: (sich) verbreitern; *Kleidung* weiter m.; *Spannung*: (sich) lockern; *in Raum und Zeit* (sich) ausdehnen; ~ *a bolsa* in den Geldbeutel greifen; ~ *a língua* s-r Zunge freien Lauf l.; ~ *a mão* zu zweit gehen; ~ *o passo* e-n Schritt dazu tun; ⚔ ~ *passo!* ohne Tritt!; **2.** **~ar-se** *fig.* sich verbreiten; sich entfernen; ~ *em* sich *in Schulden* stürzen; *viel Geld* ausgeben.

alarido [ɐlɐ'riðu] *m* Geschrei *n*, Lärm *m*; Schlägerei *f*; *fazer* ~ (ein) Geschrei erheben; Lärm schlagen; *fig.* = *causar* ~ Staub aufwirbeln.

alarife *bras.* [ala'rifə] **1.** *adj.* gerissen, durchtrieben; **2.** *m* Gauner *m*.

alarma [ɐ'larmɐ] *m* = *alarme*.

alarm|ante [ɐlɐr'mẽntə] beunruhigend; **~ar** [~'mar] (1b) alarmieren; *fig.* beunruhigen, in Aufregung versetzen (~*-se* geraten); **~e** [ɐ'larmə] *m* Alarm(vorrichtung *f*) *m*; Unruhe *f*, Aufregung *f*; *falso* ~ blinder Alarm *m*; *dar* (*o sinal de*) ~ Alarm blasen, Lärm schlagen; 🚂 *sinal m de* ~ Notbremse *f*; **~ismo** [~'miʒmu] *m* Panikmacherei *f*; **~ista** [~'miʃtɐ] **1.** *m* Gerüchtemacher *m*; **2.** *adj.* alarmierend.

alarve [ɐ'larvə] *m fig.* Bauer *m*; Vielfraß *m*; *comer como um* ~ wie ein Scheunendrescher essen.

alastr|adeira [ɐlɐʃtrɐ'ðeirɐ] *f*: *planta* ~ Kriechpflanze *f*; **~ador**, **~ante** [~ɐ'ðor, ~'trẽntə] schleichend, fressend; **~amento** [~ɐ'mẽntu] *m* Ausbreitung *f*; **~ar** [~'trar] (1b) *v/t.* = *lastrar*; *fig.* bestreuen, bedecken; *v/i. u.* **~ar-se** sich ausbreiten, um sich greifen (in [*dat.*] *por*); weiterfressen (*Geschwür*); einreißen (*Unsitte*); ~ *a* übergreifen auf (*ac.*).

alaúde [ɐlɐ'uðə] *m* Laute *f*.

alavanca [ɐlɐ'vẽŋkɐ] *f* Hebel *m* (*de comando* Stell-, *de governo* Steuer-); ~ *de ferro* Brecheisen *n*; ~ (*de velocidades*) *auto.* Gangschaltung *f*.

alazão (**-ões**, **-ães**) [ɐlɐ'zɐ̃u, (-õiʃ, -ɐ̃iʃ)] *m*(*pl.*): (*cavalo m*) ~ Fuchs *m*.

albanês [ałβɐ'neʃ] **1.** *adj.* albanisch; **2.** *m*, **-esa** *f* Albaner(in *f*) *m*.

albarda [ał'βardɐ] *f* Packsattel *m*.

albard|ão [ałβɐr'ðɐ̃u] *m* Saumsattel *m*; *bras.* Bergkette *f*; *Berg-Sattel m*; **~ar** [~'ðar] (1b) den Packsattel auflegen, satteln; *fig. j-n* unterkriegen; P unmöglich anziehen; *Arbeit* hinsudeln; *cul.* in Ei wälzen; **~eiro** [~'ðeiru] **1.** *adj.*: *agulha f -a* Sattlernadel *f*; **2.** *m* (Saum-)Sattler *m*; *fig.* P Pfuscher *m*.

albatroz [ałβɐ'trɔʃ] *m* Albatros *m*.

alberg|ar [ałβər'γar] (1o; *Stv.* 1c) beherbergen; *v/i. u.* **~ar-se** absteigen, einkehren; **~aria** [~ɐ'riɐ] *f* Herberge *f*, Gasthaus *n*; Hospiz *n*.

alber|gue [ał'βɛrγə] *m* Hospiz *n*, Asyl *n*; Herberge *f*; ~ *nocturno* Schlafstätte *f*; **~gueiro**, **~guista** [ałβər'γeiru, ~'γiʃtɐ] *m* Herbergsvater *m*, Gastwirt *m*.

albornoz [ałβur'nɔʃ] *m* Burnus *m*.

albufeira [ałβu'feirɐ] *f* **a**) Lagune *f*; ⊕ Stausee *m*; **b**) Olivenwasser *n*.

álbum ['ałβũ] *m* *Poesie-*, *Photo-*Album *n*; Stammbuch *n*.

albumina ⚗ [ałβu'minɐ] *f* Eiweiß *n*.

albumin|ado [~mi'naðu] eiweißhaltig; **~ato** [~'natu] *m* Eiweißverbindung *f*; **~óide** [~'nɔiðə] **1.** *adj.* Eiweiß...; **2.** ~*s m/pl.* Eiweißkörper *m/pl.*; **~oso** [~'nozu (-ɔ-)] = ~*ado*; **~úria** [~'nurjɐ] *f* Brightsche Nierenkrankheit *f*.

alburno [ɐł'βurnu] *m* Splint(holz *n*) [*m.*]

alça ['ałsɐ] *f* *Hemden-*, *Hosen-*Träger *m*; *Topf-*Henkel *m*; Trag-ring *m*, -schlaufe *f*; ⚓ Stagring *m*; *allg.* Unterlage *f*; ~ *de mira* (Blatt-)Visier *n*; Kimme *f*.

alcácer [ał'kasɛr] *m hist.* Burgschloß *n*, Alkazar *m*.

alcachofra [~kɐ'ʃofrɐ] *f* Artischocke *f*.

alcáçova [~'kasuvɐ] *f* Burg *f*; ⚓ *hist.* Achterkastell *n*.

alcaçuz [ałkɐ'suʃ] *m* Süßholz *n*; Lakritze *f*.

alçada [ał'saðɐ] *f* Zuständigkeit(sbereich *m*) *f*; *não é da minha* ~ dafür bin ich nicht zuständig.

alçado [~'saðu] *m* Aufriß *m*.

alcaide [ał'kaiðə] *m* *spanischer* Alkalde *m*; † Burgvogt *m*; Gerichtsdiener *m*; *bras.* Plunder *m*; Klepper *m*; Vogelscheuche *f*.

álcali [ˈałkɐli] *m* Alkali *n*.

alcal|in(iz)ar [ałkɐlin(iz)ˈar] (1a) alkalisieren; **~ino** [~ˈlinu] laugig, laugenartig; alkalisch; *sal m* ~ Laugensalz *n*; **~óide** [~ˈlɔiðə] *m* Alkaloid *n*.

alcanç|adiço [ałkẽsɐˈðisu] leicht erreichbar; **~ado** [~ˈsaðu] verschuldet; ~ *em meios* verarmt; **~ar** [~ˈsar] (1p) **1.** *v/t.* erreichen; einholen; erlangen, bekommen; reichen bis; *j-m et.* verschaffen; sehen; begreifen; kennen(lernen), erleben; ~ *um quilómetro* e-n Kilometer weit reichen (*od.* tragen); *tudo quanto a vista alcança* soweit das Auge reicht; **2.** *v/i.* (hin)reichen.

alcance [~ˈkẽsə] *m* Reichweite *f*; Tragweite *f* (*a. fig.*); Sicht-, Hörweite *f*; Bereich *m*; Fassungskraft *f*; Fehlbetrag *m*; Unterschlagung *f*; ~ *visual* Sehweite *f*; *ao* ~ *de* erreichbar für, zugänglich (*dat.*); *ao* ~ *de todos* leichtverständlich; *ao* ~ *da bala* (*da voz*) in Schuß- (Ruf-) weite; *de* (*grande*) ~ weittragend; Fern...; *estar fora do* ~ *de* unfaßbar (*od.* uner-reichbar, -schwinglich) sn (*dat. od.* für); *pôr ao* ~ *de* zugänglich m. (*dat.*); *ir no(s)* ~*(s) de* (auf dem Fuße) folgen (*dat.*); *ter outro* ~ auf et. anderes abzielen.

alcandor|ado [~kẽnduˈraðu] hoch (-sitzend, -liegend); ~ *em* oben auf (*dat.*); **~ar-se** [~ˈrarsə] (1e): ~ *em* sich setzen (*od.* stellen) auf (*ac.*); sich erheben zu.

alcantil [~kẽnˈtił] *m* Steilufer *n*; Klamm *f*; Steilhang *m*; Fels *m*; *Berg-*Zinne *f*; **~ado, ~oso** [~kẽntiˈlaðu, ~ˈlozu] (hoch)ragend; steil abfallend; tief eingeschnitten; felsig.

alçapão [~sɐˈpɐ̃u] *m* Falltür *f*; *tea.* Versenkung *f*; ~ (*falso*) Falle *f*.

alcaparra [~kɐˈpaʀɐ] *f* Kapernstaude *f*; Kaper *f*.

alça|-pé(s) [~sɐˈpɛ] *m(pl.)* Fußangel *f* (*für Vögel*); *fig.* Fallstrick *m*; **~-perna(s)** [~ˈpɛrnɐ] *f(pl.)* Beinstellen *n*; **~prema** [~ˈpremɐ] *f* Brecheisen *n*; *cir.* Zahnzange *f*; **~premar** [~prəˈmar] (1d) heben; *fig.* erheben; quälen.

alçar [~ˈsar] (1p) (hoch)heben, in die Höhe halten; auf-, er-richten; *fig.* erheben; *j-n* erhöhen; preisen; *Segel* hissen; *Land* umpflügen; *Strafe usw.* (zeitweilig) aufheben, aussetzen; ~ *a voz fig.* sich auflehnen; **~-se** aufsteigen; sich auflehnen; *fig.* sich überheben; *bras.* durchgehen (*Vieh*).

alcaravão [~kɐrɐˈvɐ̃u] *m* Rohrdommel *f*.

alcaravia [~ˈviɐ] *f* Feldkümmel *m*.

alcateia [~kɐˈteiɐ] *f* Rudel *n*; Bande *f*, Schar *f*; *estar de* ~ auf der Hut sn.

alcatif|a [~kɐˈtifɐ] *f* Teppichboden *m*; **~ado** [~tiˈfaðu] mit Teppichboden (ausgelegt); **~ar** [~tiˈfar] (1a) (mit Teppichen) auslegen.

alcatra [~ˈkatrɐ] *f* Schwanzstück *n*.

alcatr|ão [~kɐˈtrɐ̃u] *m* Teer *m*; ~ *vegetal* Holzteer *m*; **~oado** [~ˈtrwaðu] teerig; *papelão m* ~ Dachpappe *f*; *sabonete m* ~ Teerseife *f*; **~oar** [~ˈtrwar] (1f) teeren; asphaltieren.

alcatruz [~kɐˈtruʃ] *m* Bagger-, Schöpf-eimer *m*.

alce [ˈałsə] *m* Elch *m*, Elen *n*.

alcear [ałˈsjar] (1l) unterlegen, richten.

alcião [ałˈsjɐ̃u] *m* Eisvogel *m*.

alcofa [ałˈkofɐ] **1.** *f* Henkelkorb *m*; **2.** *su.* Kuppler(in *f*) *m*.

álcool [ˈałkwɔł] *m* Alkohol *m*; ~ (*desnaturado*) (Brenn-)Spiritus *m*; ~ *canforado* Kampferspiritus *m*; ~ *amílico* Amyl-, ~ *etílico* Äthyl-, ~ *metílico* Methyl-alkohol *m*; ~ *solificado* Hartspiritus *m*; ~ *vínico* Weingeist *m*.

alcoó|latra [ałˈkwɔlɐtrɐ] **1.** *su.* Trinker(in *f*) *m*; *asilo m para* ~*s* Trinkerheilanstalt *f*; **2.** *adj.* trunksüchtig; **~lico** [~liku] **1.** *adj.* alkoholisch; **2.** *m*, *-a f* Alkoholiker(in *f*) *m*.

alcool|ismo [ałkwuˈliʒmu] *m* Alkoholismus *m*, Trunksucht *f*; **~izado** [~liˈzaðu] betrunken; *um tanto* ~ benebelt; **~izar** [~liˈzar] (1a) alkoholisieren; mit Alkohol versetzen; *fig.* unter Alkohol setzen; **~izar-se** *fig.* sich betrinken.

alcorão [~kuˈrɐ̃u] *m* Koran *m*.

alcorça [~ˈkorsɐ] *f* Zuckerguß *m*.

alcova [~ˈkovɐ] *f* Alkoven *m*; *fig.* Schlupfwinkel *m*.

alcovit|ar [~kuviˈtar] (1a) (ver-) kuppeln; *allg.* verführen; *v/i.* Kuppelei treiben; *allg.* intrigieren; klatschen; **~aria** [~ɐˈriɐ] *f* Kuppelei *f*; Zuhälterei *f*; **~(eir)ice** [~(eir)ˈisə] *f* Klatscherei *f*, Intrige *f*; =

~*aria*; ~**eiro** *m*, -**a** *f* [~'teiru, -ɐ] Kuppler(in *f*) *m*; Zuhälter *m*; *fig*. Klatschbase *f*; Intrigant(in *f*) *m*.
alcunh|a [~'kuɲɐ] *f* Spitz-, Spottname *m*; Beiname *m*; ~**ado** [~ku'ɲaðu] mit dem Spitz- (*od*. Bei-) namen; ~**ar** [~ku'ɲar] (1a): ~ *alg*. *de* ... j-m den Spitz- (*od*. Bei-) namen ... geben, j-n ... nennen.
ald|eão(**s**, **-ões**, **-ães**) *m*(*pl*.), ~**eã** *f* [~'djɐ̃u(ʃ, ~õiʃ, -ɐ̃iʃ), ~'djɐ̃] **1.** *su*. Dörfler(in *f*) *m*; *allg*. Bauer *m*, Bäuerin *f*; **2.** *adj*. dörflich, ländlich, bäurisch; ~**eia** [~'dɐiɐ] *f* Dorf *n*; *bras*. Indianersiedlung *f*; *na* (*para a*) ~ auf dem (aufs) Land; ~**eola**, ~**eota** [~'djɔlɐ, -tɐ] *f* Dörfchen *n*, Weiler *m*.
aldraba, **-va** [aɫ'draβɐ, -vɐ] *f* (Tür-) Drücker *m*; Klopfer *m*.
aldrab-, **aldrav|ada** [aɫdrɐ'β-, aɫdrɐ'vaðɐ] *f* Schlag *m* (mit dem Klopfer); ~**ão** *m*, ~**ona** *f* [~ɐ̃u, ~onɐ] *fig*. P Pfuscher(in *f*) *m*; Schwindler(in *f*) *m*; ~**ar** [~ar] (1b) versperren; (an)klopfen (an [*ac*.] *a*, *em*); *fig*. P hinsudeln; (be)schwindeln; quasseln; ~**ice** [~isə] *f* P Schwindel *m*; Pfuscherei *f*.
aleatório [ɐljɐ'tɔrju] vom Zufall abhängig; zufällig; *contrato* ~ Vertrag *m* mit Zufallsklausel.
alecrim ⚘ [ɐlə'krĩ] *m* Rosmarin *m*.
aleg|ação [ɐləɣɐ'sɐ̃u] *f* Anführung *f*; Behauptung *f*; Darlegung *f*; Begründung *f* (*a*. ⚖); -**ões** *pl*. *finais* (Schluß-)Plädoyer *n*; ~**ante** [~'ɣɐ̃ntə]: *partes f/pl*. ~*s* streitende(n) Parteien *f/pl*.; ~**ar** [~'ɣar] (1o; *Stv*. 1c) *Stelle*, *Tatsache* anführen, sich berufen auf (*ac*.); *Beweisgründe* vorbringen; *Sachverhalt* darlegen; *v/i*. behaupten; argumentieren.
aleg|oria [~ɣu'riɐ] *f* Sinnbild *n*, Allegorie *f*; ~**órico** [~'ɣɔriku] sinnbildlich; ~**orizar** [~uri'zar] (1a) versinnbildlichen.
alegr|ão [ɐlə'ɣrɐ̃u] *m* F Heidenspaß *m*; ~**ar** [~ar] (1c) (er)freuen; auf-, er-heitern; verschönern; erfrischen (*Regen*, *Tau*); ~**ar-se** sich freuen; F sich einen antrinken; ~**e** [ɐ'lɛɣrə] froh; fröhlich, heiter, lustig; angeheitert (*v*. *Alkohol*); frei, locker (*Anekdote*, *Lebenswandel*); *festas* ~*s*! frohe Festtage!; ~**ete** [ɐlə'ɣretə] **1.** *adj*. fröhlich, lustig; F angeheitert; **2.** *m* (Blumen-)Beet *n*; ~**eto** [~'ɣretu] *m* Allegretto *n*; ~**ia** [~'ɣriɐ] *f* Freude *f*; Fröhlichkeit *f*, Heiterkeit *f*; Belustigung *f*; ⚘ Sesam *m*; ~**o** ♩ [ɐ'lɛɣru] *m* Allegro *n*.
aleij|ado [ɐlɐi'ʒaðu] *m* Krüppel *m*; ~**amento**, ~**ão** [~ʒɐ'mẽntu, ~'ʒɐ̃u] *m* Verstümmelung *f*; Verkrüppelung *f*; Gebrechen *n*; Fehler *m*; ~**ar** [~'ʒar] (1a) verstümmeln (*a*. *fig*.), verkrüppeln; verletzen.
aleiloar [~'lwar] (1f) versteigern.
aleitar [~'tar] (1a) Milch geben (*dat*.), stillen.
aleiv|e [ɐ'lɐivə] *m* = ~**osia** [ɐlɐivu'ziɐ] *f* Heimtücke *f*; Verleumdung *f*; Verrat *m*; ~**oso** [~'vozu(ɔ)] heimtückisch, falsch.
aleluia [ɐlə'lujɐ] *f* Halleluja *n*, Lobgesang *m*; Jubel(gesang) *m*; Osterzeit *f*; *Sábado m de* ~ Karsamstag *m*.
além [a'lɐ̃i] da drüben, dahinten; ~ *de* jenseits (*gen*.); außer (*dat*.); ~ *disso*, ~ *de* (*od*. *do*) *que*, ~ *do mais* außerdem; ~ *de sessenta* über sechzig; *para* ~ *de* über (... hinüber, -aus); *passar* ~ darüber hinweggehen; = *ir* ~ weiter- (*od*. hinaus-)gehen (über [*ac*.] *de*); *isso está* ~ *das minhas forças* das geht über meine Kräfte; *de* ~ jenseitig; *o* ~ das Jenseits.
alemão(**-ães**) [ɐlə'mɐ̃u(-ɐ̃iʃ)] **1.** *adj*. deutsch; **2.** *m*(*pl*.), **-ã** *f* Deutsche(r *m*) *m*, *f*; **3.** *m* Deutsch *n*; *alto* ~ (*moderno*) (Neu-)Hochdeutsch *n*; *baixo* ~ Nieder-, Platt-deutsch *n*.
além-mar [ɐlɐ̃i'mar] **1.** *adv*. in (*od*. nach) Übersee; **2.** *m* Übersee *f*.
alent|ado [ɐlẽn'taðu] stark; mutig; ~**ador** [~ɐ'ðor] herzerhebend; ~**ar** [~'tar] (1a) *v/t*. stärken, ermutigen; *v/i*. atmen; ~**ar-se** Mut fassen.
alentejano [~tə'ʒɐnu] **1.** *adj*. aus dem Alentejo; **2.** *m* Alentejaner *m*.
alento [ɐ'lẽntu] *m* Hauch *m*, Atem *m*; Kraft *f*, Stärke *f*; Mut *m*, Tüchtigkeit *f*; Stärkung *f* (*Speise*, *Trank*); ~*s pl*. Nüstern *f/pl*.; *tomar* ~ Atem holen, aufatmen; *cobrar* ~ zu Atem kommen; Mut fassen; *o último* ~ der letzte Hauch (*od*. Atemzug).
alergia [ɐlər'ʒiɐ] *f* Allergie *f*, Überempfindlichkeit *f*.
alérgico [ɐ'lɛrʒiku] allergisch.
alerta [a'lɛrtɐ] **1.** *adv*. wachsam, aufmerksam; auf der Hut; ~! Achtung!; **2.** *m* Alarm *m* (*tocar* blasen); ~**r** [ɐlər'tar] (1c) aufrütteln, alar-

mieren; ~ *para* hinweisen auf (*ac.*); = ~ *contra* warnen vor (*dat.*).

aleta [ɐ'letɐ] *f* ⊕ Rippe *f*; ✈ Klappe *f*; *anat.* Nasenflügel *m.*

aletria [ɐlə'triɐ] *f* Fadennudeln *f/pl.*

alexandrino [ɐləʃẽn'drinu] **1.** *adj.* alexandrinisch; **2.** *m* Alexandriner *m.*

alfa ['ałfɐ] *m* Alpha *n*; *o* ~ *e* (*o*) *ômega* das A und O.

alfabet|ação [ałfɐβətɐ'sɐ̃u] *f* alphabetische Ordnung *f*; Be- (*od.* Aus-)zeichnung *f* mit Buchstaben; **~ar** [~'tar] (1c) alphabetisch ordnen; mit Buchstaben be- (*od.* aus-)zeichnen.

alfabético [~'βɛtiku] alphabetisch.

alfabet|ização [~βətizɐ'sɐ̃u] *f* Alphabetisierung *f*; **~izar** [~'zar] (1a) Lesen u. Schreiben lehren, alphabetisieren; **~o** [~'βɛtu] *m* Alphabet *n*; Abc(-Buch) *n.*

alfac|e [ał'fasə] *f* (Kopf-)Salat *m*; *fresco como uma* ~ F frisch wie ein junger Gott; **~inha** [~fɐ'siɲɐ] *f* Lissabonner(in *f*) *m* (*eigtl. Salatesser*).

alfafa [ał'fafɐ] *f* Luzerne *f*; Klee *m.*

alfageme [~fɐ'ʒɛmə] *m* Waffenschmied *m.*

alf|aia [ał'fajɐ] *f* Gerät *n*; *fig.* **~s** *pl.* Schmuck *m*; **~aiar** [~ɐ'jar] (1b) ausstatten; *fig.* schmücken.

alfaiat|aria [~fɐjɐtɐ'riɐ] *f* Schneiderei *f*; **~e** [~fɐ'jatə] *m* Schneider *m.*

alfândega [~'fɐ̃ndəɣɐ] *f* Zollamt *n.*

alfandeg|agem [ałfɐ̃ndə'ɣaʒɐ̃i] *f* = **~amento** *bras.* [~ɐ'mẽntu] *m* Zollabfertigung *f*, -aufbewahrung *f*; **~ar** [~'ɣar] (1o; *Stv.* 1c) verzollen; zollamtlich abfertigen (*od.* einlagern); zur Zollstation m.; **~ário** [~'ɣarju] Zoll..., *direitos m/pl.* **~s** Zoll *m.*

alfanje [ał'fɐ̃ʒə] *m* Krummsäbel *m.*

alfarr|ábio [~fɐ'ʀaβju] *m* Schmöker *m*; **~abista** [~ʀɐ'βiʃtɐ] *m Buch-*Antiquar *m*; (*loja f de*) ~ Antiquariat *n.*

alfarroba [ałfɐ'ʀoβɐ] *f* Johannisbrot *n.*

alfavaca [~'vakɐ] *f* Basilienkraut *n.*

alfazema [~'zemɐ] *f* Lavendel *m.*

alféloa [ał'fɛlwɐ] *f* Zuckerguß *m.*

alfenide [~fə'niδə] *m* Neusilber *n.*

alfenim [~fə'nĩ] *m* Zuckerwerk *n*; *fig.* Zimperling *m.*

alferça *f*, **-ce** *m* [~'fɛrsɐ, -sə] Hacke *f.*

alferes [~'fɛriʃ] *m* Fähnrich *m*; *fazer pé de* ~ den Hof m.

alfim [~'fĩ] schließlich.

alfinet|ada [~finə'taδɐ] *f* (Nadel-)Stich *m* (*a. fig.*); stechende(r) Schmerz *m*; **~ar** [~'tar] (1c) (sich) stechen in (*ac.*); feststecken; *Beule* aufstechen; *fig.* sticheln; **~e** [~fi'netə] *m* Stecknadel *f*; (Ansteck-)Nadel *f*, Brosche *f*; Hutnadel *f*; *zo.* Kornwurm *m*; **~s** *pl.* Nadelgeld *n*; ~ *de segurança* Sicherheitsnadel *f*; *fechar* (*prender*) *com* ~ zu- (fest-, zs.-)stecken; **~eira** [~'teirɐ] *f* Nadel-büchse *f*, -kissen *n.*

alfobre [~'foβrə] *m* Mistbeet *n.*

alfombra [~'fõmbrɐ] *f* Teppich *m* (*a. fig.*); Rasen *m.*

alforj|ada [~fur'ʒaδɐ] *f* Sack(voll) *m*; **~ar** [~'ʒar] (1e) einsacken; einstecken (*a. fig.*); **~e** [~'fɔrʒə] *m* Quersack *m*; Ranzen *m*; *a* **~s** sackweise.

alforra ✓ [~'foʀɐ] *f* Meltau *m.*

alforr|ia [~fu'ʀiɐ] *f* Freigabe *f*; *allg.* Freiheit *f*; *carta f de* ~ Freibrief *m*; *dar carta de* ~ = **~iar** [~'ʀjar] (1g) freigeben; loskaufen; befreien.

alfurja [~'furʒɐ] *f* Spelunke *f*; Hinterhof *m.*

alg|a ['ałɣɐ] *f* Alge *f*; **~s** *pl.* Tang *m*; **~áceo** [ał'ɣasju] algenartig.

algália [ał'ɣaljɐ] *f* ⚕ Katheter *m.*

algaliar [~ɣɐ'ljar] (1g): ~ *a bexiga* e-n Katheter ansetzen.

algarav|ia [~ɣɐrɐ'viɐ] *f* arabische Sprache *f*; *fig.* Kauderwelsch *n*; = **~iada** [~'vjaδɐ] *f* Stimmengewirr *n*; Geschrei *n*; **~iado** [~'vjaδu] wirr, unverständlich; **~iar** [~'vjar] (1g) kauderwelschen.

algarismo [~ɣɐ'riʒmu] *m* Ziffer *f*; Zahl *f.*

algarv|iense, ~io [~ɣɐr'vjẽsə, -'viu] **1.** *adj.* aus dem Algarve, algarvisch; **2.** *su.* Algarve *m*, Algarvin *f.*

algazarra [~ɣɐ'zaʀɐ] *f* Lärm *m*, Radau *m*; Freudengeheul *n*, Hallo *n.*

álgebra ['ałʒəβrɐ] *f* Algebra *f.*

algébrico [ał'ʒɛβriku] algebraisch.

algem|a [~'ʒemɐ] *f* Handschelle *f*; *allg. u. fig.* Fessel *f*; **~ar** [~ʒə'mar] (1d) Handschellen anlegen; fesseln.

algeroz [~ʒə'rɔʃ] *m* Traufe *f.*

algibebe [~ʒi'βɛβə] *m* Kleiderhändler *m*, -trödler *m.*

algibeira [~ʒi'βeirɐ] *f Kleider-*Tasche *f*; *pergunta f de* ~ verfängliche Frage *f*; *ciência f de* ~ Halbwissen *n*; *andar de mãos na* ~ müßig gehen, faulenzen.

algidez [ałɣi'ðeʃ] *f* Eiseskälte *f*; ⚕ Unterkühlung *f*; **álgido** ['ałɣiðu] eisig, eiskalt.
algo ['ałɣu] **1.** *pron.* etwas; ~ *de belo* etwas Schönes; **2.** *adv.* ein wenig; **3.** *m* Habe *f*; *homem m de* ~ reiche(r) Mann *m*; *filho m de* ~ † Adlige(r) *m*.
algod|ão [ałɣu'ðɐ̃u] *m* Baumwolle *f*; ⚘ Flaum *m*; ~ *em rama* Rohbaumwolle *f*, ⚕ Watte *f*; ~ *hidrófilo* Wundwatte *f*; (*tecido m de*) ~ *cru* Nesseltuch *n*; ~*-pólvora* Schießbaumwolle *f*; **~oado** [~'ðwaðu] watteartig; **~oar** [~'ðwar] (1f) wattieren; **~oeiro** [~'ðweiru] **1.** *adj.* Baumwoll...; **2.** *m* Baumwollstaude *f*.
algoz [~'ɣoʃ] *m* Henker *m*, Folterknecht *m*; Unmensch *m*.
alguém [ał'ɣɐ̃i] jemand.
alguergue [~'ɣɛrɣə] *m* Mosaikstein[*m*.]
alguidar [~ɣi'ðar] *m tiefe* Schüssel *f*.
algum, ~a [ał'ɣũ, ał'ɣumɐ] **1.** *pron.* (irgend)eine(r, -s); **2.** *adj.* (irgend-) ein(e); ein wenig, etwas; ~*a coisa* etwas; ~ *dia* eines Tages; ~ *tanto* ein bißchen; ~ *tempo* einige Zeit; ~*a vez* einmal; *in negativen Sätzen*: kein(e), keinerlei; *de maneira* (*od. forma*) ~*a*, *de modo* ~ keineswegs; *alguns, -mas* einige, manche; ~*as vezes* manchmal; *alguns quinhentos* etwa fünfhundert; **3.** ~*a f* e-e Dummheit *f*; *fizeste* ~? hast du etwas angestellt?
algures [~'ɣuriʃ] irgendwo(hin); *de* ~ irgendwoher.
alhada [ɐ'ʎaðɐ] *f* Knoblauchgericht *n*; *fig.* dumme Geschichte *f*.
alhe|ação [ɐʎjɐ'sɐ̃u] *f* = *alienação*; **~ado** [ɐ'ʎjaðu] geistesabwesend; außer sich, selbstvergessen; **~amento** [~ɐ'mẽntu] *m* Entfremdung *f*; Entziehung *f*; Abwendung *f*; *bsd.* Geistesabwesenheit *f*; = *alienação*; *manifestar* ~ *em inf.* sich weigern (*od.* davon Abstand nehmen) zu; **~ar** [ɐ'ʎjar] (1l) entfremden; entfernen; abwenden; *j-m ein Recht usw.* entziehen; = *alienar*; **~ar-se** (in Gedanken) versinken; ~ (*de si*) außer sich geraten, sich selbst vergessen; **~ável** [ɐ'ʎjavɛł] = *alienável*.
alheio [ɐ'ʎeiu] **1.** *adj.* fremd; ~ *de* entfernt (*od.* fern) von; unvereinbar mit; abhold (*gen.*); unbekannt mit; *estar* ~ *a* nichts zu tun h. mit; nicht achtgeben auf (*ac.*); ~ *ao mundo* welt-fremd, -abgewandt; ~ *de si* geistesgestört; = *alheado*; *meter-se com a vida -a* sich in fremde Angelegenheiten mischen; **2.** *m* fremde(s) Eigentum *n*; *amigo m do* ~ Dieb *m*.
alheira [ɐ'ʎeirɐ] *f* Knoblauchwurst *f*.
alheta [ɐ'ʎetɐ] *f* ⊕ Rippe *f*; = *encalço*.
alho ['aʎu] *m* Knoblauch *m*; *dente m de* ~ Knoblauchzehe *f*; *cabeça f de* ~ *chocho* F zerstreute(r) Professor *m*; *misturar* ~*s com bugalhos* alles durchea.-werfen; *contente como um* ~ F quietschvergnügt; *ser um* ~ schlau sn; **~-porro** [~'poʀu] *m* Lauch *m*, Porree *m*.
ali [ɐ'li] da; (da)hin; *por* ~ da herum; *para* ~ dahin; *de* ~ = *dali*.
ali|ado [ɐ'ljaðu] *m* Verbündete(r) *m*, Alliierte(r) *m*; **~ança** [ɐ'ljɐ̃sɐ] *f* Bündnis *n* (*contrair* schließen); Bund *m*; Verbindung *f*; ~ (*de casamento*) Trauring *m*; ~ *de noivado* Verlobungsring *m*; *fazer* ~ *com* sich verbünden mit; **~ar** [~ar] (1g) verbinden; **~ar-se** sich verbünden; sich zs.-tun; sich anschließen.
aliás [ɐ'ljaʃ] *adv.* übrigens; sonst; ohnehin; *als Verbesserungsformel*: beziehungsweise.
alicate [ɐli'katə] *m* (Draht-)Zange *f*; ~ *combinado* Kombinationszange *f*; ~ *para tubos* Rohrzange *f*; ~ *de unhas* Nagelschere *f in Zangenform*.
alicer|çar [~sər'sar] (1p; *Stv.* 1c) (be)gründen; **~ce(s)** [~'sɛrsə(ʃ)] *m* (*pl.*) Unterbau *m*; Grundlage *f*.
alici|ação [~sjɐ'sɐ̃u] *f* Verführung *f*; **~ador, ~ante** [~ɐ'ðor, ~'sjɐ̃ntə] verführerisch; **~ar** [~'sjar] (1g) (an sich, an)locken; ~ *a*, ~ *para* verlocken (*od.* F beschwatzen) zu; locken in (*ac.*), nach; **~ente** [~'sjẽntə] **1.** *adj.* verlockend; **2.** *m* Lockmittel *n*; Verlockung *f*.
alidade [~'ðaðə] *f* Diopter *m*.
alien|abilidade [ɐljenɐβəli'ðaðə] *f* Veräußerungsrecht *n*; Übertragbarkeit *f*; **~ação** [~ɐ'sɐ̃u] *f* Veräußerung *f*; Entfremdung *f*; ~ *mental* geistige Umnachtung *f*; **~ado** [~'naðu] **1.** *adj.* geisteskrank; **2.** *m*: *hospital m de* ~*s* Irrenanstalt *f*; **~ador** [~ɐ'ðor] *m* Veräußerer *m*; **~amento** [~ɐ'mẽntu] *m* = ~*ação*; ~ (*dos sentidos*) Verzückung *f*; **~ante**

[~'nẽntə] ent-, ver-fremdend, Entfremdungs...; **~ar** [~'nar] (1d) veräußern; abtreten, übertragen; ent-, ver-fremden; verrückt m.; **~ar-se** außer sich geraten; wahnsinnig w.; **~atário** [~ɐ'tarju] *m* Erwerber *m*, Empfänger *m*; **~ável** [~'navɛɫ] veräußerlich; übertragbar; **~ígena** [~'niʒənɐ] **1.** *adj.* ausländisch, fremd; **2.** *su.* Ausländer(in *f*) *m*.

aligeirar [ɐliʒei'rar] (1a) erleichtern; mildern; *Schritt* beschleunigen; **~-se** schneller fließen.

alígero [ɐ'liʒəru] ge-, be-flügelt; leichtbeschwingt.

alij|ação *f*, **~amento** *m* [ɐliʒɐ'sɐ̃u, ~ɐ'mẽntu] ⚓ Leichten *n*; *allg.* Erleichterung *f*; **~ar** [~'ʒar] (1a) ⚓ leichten; (ab-, hinaus-)werfen; *allg.* erleichtern; **~ar-se** sich frei m.

alimária [ɐli'marjɐ] *f* unvernünftige(s) Tier *n*; *bsd.* Esel *m*; *fig.* F Hornochse *m*.

aliment|ação [ɐlimẽntɐ'sɐ̃u] *f* Ernährung *f* (*forçada* künstliche); Verpflegung *f*; ⊕ *u.* ⚒ Speisung *f*; **~ador** [~ɐ'ðor] **1.** *adj.* Speise...; **2.** *m* ⚡ Speisekabel *n*; **~ando** ⚖ [~'tẽndu] *m* Unterhaltsempfänger *m*; **~ar** [~'tar] **1.** *adj.* = *~ício*; *produtos m/pl. ~es* Nahrungsmittel *n/pl.*; *emprego m ~* Verwendung *f* für die Ernährung; **2.** *v/t.* (1a) ernähren, beköstigen; speisen; *fig.* nähren, hegen; **~ário** [~'tarju] **1.** *m* Unterhaltsberechtigte(r) *m*; **2.** *adj.* = **~ício** [~'tisju] nahrhaft; Nähr...; *géneros m/pl. ~s* Nährmittel *n/pl.*; *indústria f* (*importação f*) *-a* Nahrungsmittel-industrie (-einfuhr) *f*; *matéria f -a* Nährstoff *m*; *pensão f -a* Kostgeld *n*; **~o** [~'mẽntu] *m* Nahrung(smittel *n*) *f*, Speise *f*; *~s pl.* Alimente *n/pl.*

alimpa [ɐ'lĩmpɐ] *f* Ausputzen *n*; Säuberung *f*; Worfeln *n des Maises.*

alimp|adura [ɐlĩmpɐ'ðurɐ] *f* Säuberung *f*; *~s pl.* Überbleibsel *n/pl.*; Spreu *f*; **~ar** [~'par] (1a) = *limpar*.

alind|amento [ɐlĩndɐ'mẽntu] *m* Verschönerung *f*; **~ar** [~'dar] (1a) verschönern; putzen; **~e** [ɐ'lĩndə] *m* Schmuck *m*; = *~amento*.

alínea [ɐ'linjɐ] *f* Absatz *m*, Alinea *f*.

alinh|ado [ɐli'ɲaðu] tadellos; **~amento** [~ɐ'mẽntu] *m* Aufstellung *f*, Formierung *f*; Ausrichtung *f*; Begradigung *f*; Regulierung *f*; ⚠ Fluchtlinie *f*; *fig.* Tadellosigkeit *f*; *fio m de ~* Richtschnur *f*; *fazer o ~ de* = **~ar** [~'ɲar] (1a) aufstellen; in Reihen anordnen; ausrichten, gerade- (*od.* gleich-) richten; *Straße* begradigen, regulieren; *fig.* gleichschalten; an-, aus-gleichen; schmücken; *Stil* feilen; *Haar* kämmen; *~!* angetreten!; *v/i. ~ com* gleichziehen mit; auf der gleichen Linie liegen mit; **~ar-se** antreten; sich formieren; *fig.* sich putzen; *~ por* sich richten nach; sich angleichen an (*ac.*); *~ ao lado de* auf *j-s* Seite treten.

alinhav|ar [ɐliɲɐ'var] (1b) (zs.-) heften, reihen; *fig.* entwerfen, planen; zs.-schreiben; **~o** [~'ɲavu] *m* Reihen *n*, Heften *n*; Heftstich *m*; (erster) Entwurf *m*; *~s pl. fig.* Geschreibsel *n*.

alinho [ɐ'liɲu] *m* Aufstellung *f*; Richtschnur *f*; *fig.* Sorgfalt *f*; Gepflegtheit *f*; Schmuck *m*.

al|iquanta ⅍ [ɐli'kwẽntɐ] nicht aufgehend; **~íquota** [ɐ'likwotɐ] aufgehend; *sons m/pl. ~s* ♪ Obertöne *m/pl.*

alis|ado [ɐli'zaðu] glatt, schlicht; *ventos m/pl. ~s* Passatwinde *m/pl.*; **~ador** [~ɐ'ðor] *m* Glättholz *n*; Polierstahl *m*; Rohrputzer *m*; Schlichthammer *m*; **~ar** [~'zar] (1a) schlichten, glätten; *Haare* kämmen.

aliseu, alísio [ɐli'zeu, ɐ'lizju] *m*: (*vento*) *~* Passat(wind) *m*.

alist|amento [ɐliʃtɐ'mẽntu] *m* Einschreibung *f*; Aufstellung *f*; ⚔ Anwerbung *f*; Aushebung *f*; **~ar** [~'tar] (1a) *in e-e Liste* einschreiben; e-e Liste aufstellen von; ⚔ anwerben; ausheben; **~ar-se** sich *zum Militär* melden; eintreten in (*em* [*ac.*]).

aliter|ação [ɐlitərɐ'sɐ̃u] *f* Stabreim *m*; **~ante** [~'rẽntə]: *rima f ~* Stabreim *m*; **~ar** [~'rar] (1c) alliterieren.

aliviar [ɐli'vjar] (1g) *v/t.* erleichtern, befreien; entlasten; *Schmerz* lindern; *fig.* trösten; *~ a roupa* sich leichter anziehen; *~ o luto* Halbtrauer anlegen; *v/i.* aufklaren.

alívio [ɐ'livju] *m* Erleichterung *f*; Entlastung *f*; Trost *m*; Erholung *f*.

alizar(es) [ɐli'zar(iʃ)] *m*(*/pl.*) *Tür-*, *Fenster-*, *Wand-*Verkleidung *f*; Schutzleiste *f*; Besenschrank *m*.

alizarina [~zɐ'rinɐ] *f* Krapprot *n.*
aljava [aɫ'ʒavɐ] *f* Köcher *m.*
aljôfar, aljofre [aɫ'ʒofar, -frə] *m* (Samen-)Perle *f*; Tau *m*; Träne *f.*
aljube [~'ʒuβə] *m* Kerker *m*; *bsd.* Untersuchungsgefängnis *n.*
alma ['aɫmɐ] **1.** *f* Seele *f* (*a.* ⚔, ♪); Herz *n*, Gemüt *n*; Geist *m*; ♪ *a.* Stimmstock *m*; Steg *m an T-Eisen*; Brandsohle *f*; (Knopf-)Form *f*; ~ *de Deus!* Menschenskind!; ~ *danada m* böse(r) Geist *m*; ~ *de mil diabos*, ~ *do diabo* Teufelsseele *f*; ~ *penada*, ~ *do outro mundo* Gespenst *n*; *minha* ~! mein Herzchen!; *por* (*pela salvação da*) *minha* ~ bei meinem Seelenheil; *de* ~ *e coração* von ganzem Herzen, mit Leib und Seele; *com* ~ herzlich, lebhaft; *sem* ~ herz-, gewissen-los; *nem viva* ~ *s. vivalma*; *dia m das* ~*s* Allerseelen (-tag *m*) *n*; *abrir* (*od. descobrir*) *a* ~ sein Herz ausschütten; *dar* ~ *a* Leben verleihen (*od.* einhauchen); *dar a* ~ *a Deus* s-n Geist aufgeben; *dar vida e* ~ *por* alles tun für; *ter* ~ *para* das Herz h. zu; **2.** *m* Halma *n* (*Brettspiel*).
almaço [aɫ'masu] *m*: *mst papel m* ~ Kanzleipapier *n.*
almagra [~'maɣrɐ] *f* Rötel *m.*
almanaque [~mɐ'nakə] *m* Almanach *m*; Kalender *m.*
almanjarra [~mẽ'ʒaʀɐ] *f* Göpel (-stange *f*) *m.*
almarg|e, ~em [~'marʒə, ~ẽi] *m* Weide *f*; Futtergras *n*; **~eal** [~mɐr-'ʒjaɫ] *m* Weideland *n*; **~io** [~'ʒiu] auf der Weide lebend; Weide...
almécega [~'mɛsəɣɐ] *f* Mastix *m.*
almej|ar [~mə'ʒar] (1d) ersehnen; sich sehnen nach (*por*); **~o** [~'meʒu] *m* sehnliche(r) Wunsch *m.*
almir|anta [~mi'rẽntɐ] *f* Admiralschiff *n*; **~antado** [~ẽn'taδu] *m* Admiralität *f*; **~ante** [~'rẽntə] *m* Admiral *m*; ⚘ Admiralsbirne *f*; (*navio m*) ~ Flaggschiff *n.*
almíscar [~'miʃkar] *m* Moschus *m.*
almiscar|ado [~miʃkɐ'raδu] nach Moschus duftend; *rato* ~ Bisamratte *f*; **~eira** [~'reirɐ] *f* Bisamblume *f*; **~eiro** [~'reiru] *m* Moschustier *n.*
almoç|adeira [aɫmusɐ'δeirɐ] *f* Frühstückstasse *f*; **~ado** [~'saδu]: *depois de* ~ nach dem Frühstück (*od.* Mittagessen); *venho* ~ ich habe bereits gefrühstückt (*od.* gegessen).
almocafre [~'kafrə] *m* Keilhaue *f.*
almoç|ar [~'sar] (1p; *Stv.* 1e) frühstücken; *mst* zu Mittag essen; **~o** [~'mosu] *m* Mittagessen *n*; *pequeno* ~ Frühstück *n*; *tomar o pequeno* ~ frühstücken.
almocreve [~'krɛvə] *m* Esel-, Lasttier-treiber *m.*
almoed|a [aɫ'mwɛδɐ] *f* öffentliche Versteigerung *f*; *pôr em* ~ = **~ar** [~mwɛ'δar] (1a) öffentlich versteigern; feilbieten.
almof|aça [aɫmu'fasɐ] *f* Striegel *m*; **~açar** [~ɐ'sar] (1p; *Stv.* 1b) striegeln.
almofada [~'faδɐ] *f* Kopfkissen *n*; Kissen *n*, Polster *n*; Unterlage *f*; (Tür-)Füllung *f*; △ Spiegel *m*, Feld *n*; ~ *de ar*, ~ *pneumática* Luft-, ~ *eléctrica* Heiz-kissen *n.*
almofad|ão [~fɐ'δɐ̃u] *m* Sofakissen *n*; **~ar** [~'δar] (1b) mit Kissen (*od.* Füllungen) versehen; in Felder einteilen; polstern; **~ilha** [~'δiʎɐ] *f* (Säulen-)Wulst *m*; **~inha** [~'δiɲɐ] **1.** *f* Näh-, Nadel-kissen *n*; Tragpolster *n*; Riechsäckchen *n*; **2.** *m bras.* Stutzer *m.*
almofariz [~fɐ'riʃ] *m* Mörser *m*; *mão f de* ~ Stößel *m.*
almofate [~'fatə] *m* Pfriem *m.*
almôndega [aɫ'mõndəɣɐ] *f* (Fleisch-) Klößchen *n*, Klops *m*; Frikadelle *f*, deutsche(s) Beefsteak *n.*
almotolia [aɫmutu'liɐ] *f* Ölkanne *f.*
almoxa|rifado [~ʃɐri'faδu] *m bras.* Materiallager *n*; **~rife** [~'rifə] *m* Lagerverwalter *m*; † königliche(r) Rentmeister *m.*
almude [aɫ'muδə] *m* Almude *f* (*Flüssigkeitsmaß früher* = *12 canadas, jetzt* = *25 l*).
alô [ɐ'lo] *int.* hallo!
alocução [ɐluku'sɐ̃u] *f* Ansprache *f.*
aloés [ɐ'lwɛʃ] *m* Aloe *f.*
aloir-, alour|ado [ɐloi'r-, ɐlo'raδu] blond (*Haar*); leicht gebräunt (*Haut*); **~ar** [~'rar] (1a) *cul.* anbraten; bräunen; *Haar* blondieren, aufhellen; *fig.* vergolden; *v/i.* blond w.; gelb w., reifen.
alois... *s. alous...*
aloj|amento [ɐluʒɐ'mẽntu] *m* Unterbringung *f*; Unterkunft *f*, Wohnung *f*; Quartier *n*; ⊕ Gehäuse *n*, Lager *n*; **~ar** [~'ʒar] (1e) *v/t.* unterbringen; *j-n bei sich* aufnehmen; ⊕

einbetten, lagern; *v/i.* Quartier m.; **~ar-se** absteigen, Wohnung nehmen; ⚔ sich einquartieren; *fig.* sich festsetzen.
alomb|ado [ɐlõm'baδu] lahm; *bras.* faul; **~ar** [~ar] (1a) (ab)hetzen.
along|ado [ɐlõŋ'gaδu] länglich; **~amento** [~ɐ'mẽntu] *m* Verlängerung *f*; (Aus-)Dehnung *f*; Längung *f*; **~ar** [~'gar] (1o) in die Länge ziehen; verlängern; ausstrecken; *Hals* recken; *s-e Augen* schweifen l.; ♪ dehnen; ~ *o passo* e-n Schritt dazu tun; **~ar-se**: ~ *a* sich erstrecken auf (*ac.*); ~ *de* sich entfernen von; ~ *em fig.* sich verlieren in (*ac.*), verweilen bei.
alopatia [ɐlupɐ'tiɐ] *f* Allopathie *f*.
aloucado [ɐlo'kaδu] leicht verrückt.
alour... *s. aloir...*
alous-, alois|ado [ɐlo'z-, ɐloi'zaδu] schiefergedeckt; **~ar** [~'zar] (1a) mit Schiefer(platten) decken.
alpaca [aɫ'pakɐ] *f* Alpaka(wolle *f*; -silber *n*) *n*; *manga f de* ~ Ärmelschoner *m*; *fig.* Schreiberseele *f*.
alpar|ca [~'parkɐ] *f* = **~cata, ~gata** [~pɐr'katɐ, ~'ɣatɐ] *f* Stoffschuh *m*; *allg. a.* Sandale *f*.
alpendr|ada [~pẽn'draδɐ] *f offene* Säulenhalle *f*; **~ado** [~aδu] mit Vor- (*od.* Schutz-)dach versehen; vor- (*od.* schutz-)dachähnlich; **~e** [~'pẽndrə] *m* Vordach *n*; Schutz-, Wetterdach *n*; *offener* Schuppen *m*.
alper|ce, ~che [~'pɛrsə, -ʃə] *m* Aprikose *f*; **~ceiro, ~cheiro** [~pər'seiru, -'ʃeiru] *m* Aprikosenbaum *m*.
alp|estre [~'pɛʃtrə] Alpen...; bergig; rauh; **~inismo** [~i'niʒmu] *m* Bergsport *m*; **~inista** [~i'niʃtɐ] *m* Bergsteiger *m*; **~ino** [~'pinu] **1.** *adj.* Alpen..., Berg...; alpin; ⚔ *caçador* ~ Gebirgsjäger *m*; **2.** *m*: *os* ~*s* die Alpini *m/pl.* (*italienische Alpentruppe*).
alpista, -e [~'piʃtɐ, -ə] *f* Kanariengras *n*; Vogelfutter *n*.
alpor|ca [~'pɔrkɐ] *f* ⚕ P Skrofel *f*; ✓ = ~*que*; **~car** [~pur'kar] (1n; *Stv.* 1e) absenken; Absenker m. von; **~que** [~kə] *m* Absenker *m*.
alquebr|ado [~kə'βraδu] *fig.* gebrochen; gebeugt; **~amento** [~ɐ'mẽntu] *m* Durchbiegung *f*; Krümmung *f*; *fig.* Schwäche *f*; **~ar** [~'βrar] (1c) ⚓ sich durchbiegen; *fig.* zs.-brechen; *v/t.* zermürben.
alqueire [~'keirə] *m* Scheffel *m* (*als Trockenmaß jetzt meist 20 l, bras. als Flächenmaß ca. 2,5—5 ha*).
alqueiv|ado [~kei'vaδu] Brach...; **~ar** [~'var] (1a) brachen; **~e** [~'keivə] *m* Brache *f*, Brachfeld *n*.
alquifa *f*, **-fol** *m* [~'kifɐ, ~ki'fɔɫ] Bleiglanz *m*.
alquil|ador [~kilɐ'δor] *m* Tierverleiher *m*; **~ar** [~'lar] (1a) *Last- und Zugtiere* (ver)leihen; **~aria** [~ɐ'riɐ] *f* Tierverleih *m*.
alquim|ia [~'miɐ] *f* Alchimie *f*; **~ista** [~'miʃtɐ] *m* Alchimist *m*.
alquitara [~ki'tarɐ] *f* Destillierapparat *m*.
Als|ácia [~'zasjɐ]: *lobo m de* ~ Schäferhund *m*; **~aciano** [~ɐ'sjɐnu] **1.** *adj.* elsässisch; **2.** *m* Elsässer *m*.
alta ['aɫtɐ] *f* **a)** ✝ *Preis- usw.* Anstieg *m*; Höhe *f* (*der Preise*); Hausse *f*; *fig. die* vornehme Gesellschaft *f*; *sofrer uma* ~ *de* X $^0/_0$ um X $^0/_0$ steigen; *a* ~ *do custo da vida* (*dos salários*) die hohen Lebenshaltungskosten *pl.* (Löhne *m/pl.*); *a* ~ *do açúcar* der hohe Zuckerpreis *m*; *para* (*a*) ~ nach oben; steigend; **b)** Oberstadt *f*; **c)** Entlassungsschein *m*; ⚔ Rückmeldung *f* zum Dienst; Rückmeldeschein *m*; *dar* (*ter*) ~ entlassen (w.); *estar em* ~ Aufwind h. (*fig.*); **d)** ⚔ Halt *n*; **~mente** [aɫtɐ'mẽntə] in hohem Maße, höchst.
altan|aria [aɫtɐnɐ'riɐ] *f* **a)** Hochmut *m*; **b)** Falkenjagd *f*; **~eiro** [~'neiru] hochfliegend (*Vögel, Pläne*); hochragend (*Baum, Turm*); *fig.* stolz.
altar [~'tar] *m* Altar *m*; **~-mor** [~'mɔr] *m* Hochaltar *m*.
alta-roda [ˌaɫtɐ'ʀɔδɐ] *f die* vornehme Gesellschaft *f*.
alte|amento [aɫtjɐ'mẽntu] *m* Erhöhung *f*; Erhebung *f*; **~ar** [~'tjar] (1l) *v/t.* erheben; höher m., aufstocken; *v/i.* (an)wachsen; **~ar-se** höher w.; sich heben.
alteia [~'tejɐ] *f* Eibisch *m*.
alter|abilidade [~tərɐβəli'δaδə] Veränderlichkeit *f*; Verderblichkeit *f*; Reizbarkeit *f*; **~ação** [~ɐ'sɐ̃u] *f* (Ver-)Änderung *f*; Umstellung *f*; Fälschung *f*; Verderben *n*; Verfall *m* (*der Sitten usw.*); Störung *f*; Aufregung *f*; Empörung *f*; Ärger *m*; Aus-ea.-setzung *f*; *geol.* Verwitterung *f*; ♪ Versetzung *f*; ~ *da moeda* Abwertung *f*; *sem* ~ unverändert;

~ador [~ɐ'ðor]: *sinal m* ~ ♪ Versetzungszeichen *n*; **~ar** [~'rar] (1c) (ver)ändern; *Betrieb* umstellen; *Note* versetzen; *Wahrheit* entstellen; fälschen; verderben; *Ruhe usw.* stören; *fig.* aufregen; empören; ärgern; **~ar-se** verderben; **~ável** [~'ravɛɫ] veränderlich; verderblich.

alterc|ação [~tərkɐ'sɐ̃u] *f* Wortwechsel *m*; Streit *m*; **~ado** [~'kaðu] umstritten; heftig; **~ar** [~'kar] (1n; *Stv.* 1c) (sich) streiten (über [*ac.*]).

altern|ação [~tərnɐ'sɐ̃u] *f* Abwechslung *f*; Wechsel *m*; ⚡ Polwechsel *m*; **~adamente** [~ˌnaðɐ'mẽntə] wechselweise; = **~ado** [~'naðu] (ab)wechselnd; umschichtig; gegen-ea. versetzt; *corrente f -a* ⚡ Wechselstrom *m*; *rima f -a* Kreuzreim *m*; **~ador** ⚡ [~ɐ'ðor] *m* Wechselstrom-dynamo *m*, -generator *m*; **~ância** [~'nɐ̃sjɐ] *f* (regelmäßiger) Wechsel *m*; **~ante** [~'nɐ̃ntə] (ab)wechselnd; unregelmäßig (*Puls*); **~ar** [~'nar] (1c) *v/t.* abwechseln; umkehren; ~ *o trabalho com o descanso* abwechselnd arbeiten und ausruhen; *v/i. u.* **~ar-se** sich ablösen; **~ativa** [~ɐ'tivɐ] *f* Ablösung *f*, Wechsel *m*; Alternative *f*, Entweder-Oder *n*; **~ativo** [~ɐ'tivu] (ab)wechselnd, wechselweise; Wechsel...; alternativ; **~o** [~'tɛrnu] abwechselnd; ⚘ wechselständig; Wechsel... (*a.* ⚡, ⚕).

alteroso [~tə'rozu (-ɔ-)] hoch(-aufragend, -gelegen); stürmisch (*See*); *fig.* hoch(gestellt); stolz, erhaben.

alteza [~'tezɐ] *f* Höhe *f*; Hoheit *f*; *Titel a.* Durchlaucht *f*.

alti|baixo [~ti'βaiʃu] *m mst* ~*s pl.* unebenes Gelände *n*; Unebenheiten *f/pl.*; Unbeständigkeit *f des Glücks*; Auf und Ab *n*, Hin und Her *n*; **~loquência** [~lu'kwẽsjɐ] *f* erhabene Ausdrucksweise *f*; Schwung *m*; **~loquente** [~lu'kwẽntə] erhaben; schwungvoll; **~plano** [~'plɐnu] *m* Hochplateau *n*.

altímetro [~'timətru] *m* Höhenmesser *m*.

altíssimo [~'tisimu] 1. *adj.* höchst; 2. *m*: *o* ♀ der Allerhöchste (*Gott*).

altissonante, altíssono [~tisu'nɐ̃ntə, ~'tisunu] hochtönend, laut; hochtrabend.

altista [~'tiʃtɐ] 1. *m* ♪ Bratschist *m*; ✝ Haussier *m*; 2. *adj.* preissteigernd.

altitude [aɫti'tuðə] *f* Höhe *f* (über dem Meeresspiegel); ~*s pl.* Hochland *n*, -gebirge *n*; *das* ~*s* Höhen...

altiv|ez [~'veʃ] *f* Stolz *m*, Hochmut *m*; **~o** [~'tivu] hoch; selbstbewußt; stolz, hochmütig.

alto ['aɫtu] 1. *adj.* hoch; groß; laut; tief (*Stille*); *o* ~ *Reno* der Oberrhein; *o* ~ *Douro* der obere Douro; *os* ~*s Alpes* die Hochalpen; ~ *dia*, ~ *sol* heller (*od.* am hellichten) Tag; *-a manhã* früh am Morgen; *-a noite*, (*a*) *-as horas* tief in der Nacht; *-a finança f* Hochfinanz *f*; *-a sociedade f* vornehme Gesellschaft *f*; 2. *adv.* hoch, oben; laut; ~ *e bom som* laut und deutlich; rundheraus; *por* ~ obenhin, oberflächlich; *ler od. ver por* ~ überfliegen; *passar por* ~ gehen, -sehen; *fazer as contas por* ~ überschlagen; 3. *m* a) Höhe *f*; Anhöhe *f*; ⚓ hohe See *f*, offene(s) Meer *n*; ~*s e baixos pl.* = *altibaixos*; *os* ~*s da casa* die oberen Teile (*od.* der Oberstock) des Hauses; *casa com* ~*s e baixos* mehrstöckige(s) Haus *n*; *no* ~ *de* oben auf *od.* an (*dat.*); *no* ~ *da noite* mitten in der Nacht; *ao* (*do*) ~ in die (aus der) Höhe, nach (von) oben; *mãos* (*coração*) *ao* ~*!* Hände (Kopf) hoch!; b) Halt *m*; *fazer* ~ halt m.; ~*!* halt!; *de* ~ *lá com ele*(*s*) *od. ela*(*s*) F außergewöhnlich, toll.

alto-|alemão [~ɐlə'mɐ̃u] *m* Hochdeutsch *n*; **~falante**(**s**) [~fɐ'lɐ̃ntə] *m*(*pl.*) Lautsprecher *m*; **~forno** [~'fornu] *m* Hochofen *m*; **~frequente**(**s**) [~frə'kwẽntə] hochfrequent; **~mar** [~'mar] *m* hohe See *f*; **~relevo** [~ʀə'levu] *m* Hochrelief *n*.

altruí|smo [aɫ'trwiʒmu] *m* Selbstlosigkeit *f*; **~sta** [~ʃtɐ] 1. *adj.* selbstlos; 2. *m* Altruist *m*.

altura [aɫ'turɐ] *f* Höhe *f*; Größe *f*; Anhöhe *f*; *geistiges* Niveau *n*; Zeitpunkt *m*; *ter 2 m de* ~ 2 m hoch sn (*Ding*), 2 m groß sn (*Lebewesen*); *em que* ~ *está*(*d*)*o seu trabalho?* wie weit sind Sie mit Ihrer Arbeit?; *a* (*od. em*) *que* ~ wann; *a certa* ~ auf einmal; schließlich; *nessa* ~ zu jener Zeit, damals; da; *na* ~ seinerzeit, damals; = *nesta* ~ im Augenblick, jetzt; *na* ~ *em que* (zu der Zeit,) als *od.* wenn; *na* ~ *de* zur Zeit (*gen.*); bei; *estar à* ~ *de j-m, e-r Sache* gewachsen sein; *cair das* ~*s* aus

den Wolken fallen; *nas* ~*s* in der Höhe, im Himmel.
aluado [ɐ'lwaðu] leicht verrückt.
alucin|ação [ɐlusinɐ'sɐ̃u] *f* Sinnestäuschung *f*, Wahn(vorstellung *f*) *m*; **~ado** [~'naðu] verblendet, besessen; wahnsinnig (vor [*dat.*] de); **~ador** [~ɐ'ðor] = **~ante** [~'nɐ̃ntə] betörend, hinreißend; **~ar** [~'nar] (1a) (ver)blenden; betören; *v/i. u.* **~ar-se** sich täuschen.
alude [ɐ'luðə] *m* Lawine *f*.
alud|ido [ɐlu'ðiðu] (oben) erwähnt; *o* ~ der Vorerwähnte; **~ir** [~'ðir] (3a): ~ *a* anspielen auf (*ac.*), andeuten (*ac.*); erwähnen (*ac.*).
alugar [ɐlu'ɣar] (1o) vermieten; verleihen; *et.* mieten, *j-n* dingen; *aluga-se* zu vermieten.
aluguel, -er [~'ɣɛɫ, -ɛr] *m* Vermietung *f*; Verleih *m*; Miete *f*; *casa f de* ~ Mietshaus *n*; *carro m de* ~ (Auto-)Droschke *f*, Mietwagen *m*; *tomar* (*dar*) *de* ~ (ver)mieten.
alu|ído [ɐ'lwiðu] locker; wackelig; **~ir** [~ir] (3i) *v/t.* rütteln an (*dat.*); erschüttern; lockern; *Erde* auf-, *Gebäude* unter-wühlen; zum Einsturz bringen, niederreißen; *v/i. u.* **~ir-se** sich ausleiern (*Maschine*); ein-, zs.-stürzen (*Gebäude*).
alúmen [ɐ'lumen] *m* Alaun *m*.
alumiar [ɐlu'mjar] (1g) *j-m* leuchten; = *iluminar*.
alumina [~'minɐ] *f* reine Tonerde *f*.
alumin|agem [~mi'naʒɐ̃i] *f* Alaunbad *n*; **~ato** [~atu] *m* Aluminat *n*; **~ífero** [~ifəru] alaunhaltig, Alaun...
alumínio [~'minju] *m* Aluminium *n*.
alumin|ita, -e [~mi'nitɐ, -ə] *f* Alaunstein *m*; **~(i)oso** [~'n(j)ozu] alaunartig; = *aluminífero*.
aluminoso [~mi'nozu (-ɔ)] alaunartig; = *aluminífero*.
alun|agem [~'naʒɐ̃i] *f* Mondlandung *f*; **~ar** [~ar] (1a) auf dem Mond landen.
aluno *m*, **-a** *f* [ɐ'lunu, -ɐ] Schüler (-in *f*) *m*; Zögling *m*; ~ (*-a*) *universitário* (*-a*) Student(in *f*) *m*.
alus|ão [ɐlu'zɐ̃u] *f* Anspielung *f*; Hinweis *m*, Andeutung *f*; *fazer* ~ = *aludir*; **~ivo** [~ivu]: ~ *a* anspielend auf (*ac.*); betreffend (*ac.*); gewidmet (*dat.*); *cartaz m* ~ Spruchband *n*.
aluvi|al, ~ano [~'vjaɫ, ~'vjɐnu] Schwemm...; alluvial; **~ão** [~ɐ̃u] *f* angeschwemmte(s) Erdreich *n*; = *terra f de* ~ Schwemmgebiet *n*.
alva ['aɫvɐ] *f* Tagesanbruch *m*, Morgendämmerung *f*; *rel.* Meßhemd *n*, Albe *f*; *das* Weiße *im Auge*.
alvacento, -dio [aɫvɐ'sɐ̃ntu, -'ðiu] weißlich; weiß.
alvado [~'vaðu] *m* Flugloch *n am Bienenstand*; Öhr *n an Werkzeugen*.
alvaiade [~vɐ'jaðə] *m* Bleiweiß *n*.
alvar [~'var] weiß; *fig.* albern.
alvará [aɫvɐ'ra] *m* Erlaubnis(schein *m*) *f*, Konzession *f*.
alvedrio [~ə'ðriu] *m* = *arbítrio*.
alveiro [~'veiru] weiß; *moinho m* ~ Weizenmühle *f*.
alveitar [aɫvei'tar] *m* Viehdoktor *m*.
alveja|nte [~i'ʒɐ̃ntə] weißlich (aussehend); **~r** [~ar] (1d) **1.** *v/t.* a) weiß m., bleichen; b) zielen auf (*ac.*); *fig. a.* bezwecken; **2.** *v/i.* schimmern.
alvenaria [~ənɐ'riɐ] *f* Maurerhandwerk *n*; Mauerwerk *n*.
álveo ['aɫvju] *m* (Fluß-)Bett *n*.
alveol|ar [aɫvju'lar] **1.** *m* Alveolar *m*; **2.** *adj.* alveolär; **~ariforme** [~ɐri'fɔrmə] zell-, waben-förmig.
alvéolo [~'vɛulu] *m* (Waben-)Zelle *f*; Zahnfach *n*; Lungenbläschen *n*.
alvião [~'vjɐ̃u] *m* Keilhaue *f*.
alvinitente [~vini'tɐ̃ntə] makellos.
alvíssaras [~'visɐrɐʃ] *f/pl.* Finderlohn *m*, Belohnung *f*, Botenlohn *m*.
alvíssimo [~'visimu] schneeweiß.
alvitr|ar [aɫvi'trar] (1a) vorschlagen; annehmen, meinen; **~e** [~'vitrə] *m* **a**) Vorschlag *m* (*propor* m.); Meinung *f*; **b**) = *arbítrio*.
alvo ['aɫvu] **1.** *adj.* weiß; rein; **2.** *m* a) Weiße *f*; *o(s)* (~*s*) das Weiße *im Auge*; b) Ziel(scheibe *f*) *n*; *tiro m ao* ~ Scheibenschießen *n*; *acertar* (*od. dar*) *no* ~ treffen.
alvor [aɫ'vor] *m* Weiße *f*; Schimmer *m*, Schein *m*; *o(s)* ~(*es*) Morgen-, Tages-grauen *n*; *fig.* Erwachen *n*.
alvor|ada [~vu'raðɐ] *f* Morgendämmerung *f*; Morgen-lied *n*, -ständchen *n*; *fig.* Lebensfrühling *m*; ⚔ = *toque m de* ~ Wecksignal *n*, Reveille *f*; **~ar** [~ar] (1e) = **~ecer** [~rə'ser] (2g) Tag w., tagen; *fig.* erwachen; *ao* ~ bei Tagesanbruch; **~ejar** [~rɨ'ʒar] (1d) *v/t.* weißen; *v/i.* schimmern; = **~ecer**.
alvoro|çar [~vuru'sar] (1p; *Stv.* 1e) aufregen; aufschrecken; aufwiegeln; freudig erregen, begeistern; **~çar-**

-**se** sich empören; sich freuen (über [*ac.*] *com*); **~ço** [~vu'rosu] *m* Auf-, Er-regung *f*; Aufruhr *m*; Freude *f*, Begeisterung *f*; Hast *f*; **~tar** [~'tar] (1e) = *~çar*; **~to** [~vu'rotu] *m* Lärm *m*; Erregung *f*; Tumult *m*.
alvura [~'vurɐ] *f* Weiße *f*; Glanz *m*.
ama ['ɐmɐ] *f* Amme *f*; Herrin *f*; Kinderpflegerin *f*.
amabil|idade [ɐmɐβəli'ðaðə] *f* Liebenswürdigkeit *f*; *falta f de ~* Unfreundlichkeit *f*; **~íssimo** [~'lisimu] *sup. v. amável.*
amacacado [~kɐ'kaðu] affenähnlich; affig.
amachuc|ado [~ʃu'kaðu] knautschig; *fig.* (nieder)gedrückt; unpäßlich; *ficar ~ com a/c.* sich et. zu Herzen nehmen; **~ar** [~ar] (1n) (ver)knautschen; zs.-knüllen; *fig.* zusetzen (*dat.*); nahegehen (*dat.*).
ama|ciamento [~sjɐ'mẽntu] *m* Besänftigung *f*; *em ~ bras. auto.* plombiert; **~ciar** [~'sjar] (1g) geschmeidig m.; glätten; mildern; besänftigen; *auto.* einfahren; *~ o génio* sich zs.-nehmen.
amada [ɐ'maðɐ] *f* Geliebte *f*.
amad|or [ɐmɐ'ðor] *m* *Kunst*-Liebhaber *m*; *Radio*-Bastler *m*; *Sport*: Amateur *m*; **~orismo** [~u'riʒmu] *m* Liebhaberei *f*; *Sport*: Amateurwesen *n*.
amadur|ar [ɐmɐðu'rar] (1a) = **~ecer** [~ə'ser] (2g) zur Reife bringen; *v/i.* reifen; **~ecido** [~ə'siðu] reif; gar; **~ecimento** [~əsi'mẽntu] *m* Reifen *n*; Reife *f*.
âmago ['ɐmɐɣu] *m* ⚘ Mark *n*; *fig.* Kern *m*; Wesen *n*; Innere(s) *n*.
amainar [ɐmai'nar] (1a) (die Segel) einziehen; *fig.* beschwichtigen; *v/i.* nachlassen, abflauen.
amaldiçoar [ɐmałdi'swar] (1f) verfluchen, verwünschen.
amálgama [ɐ'małɣɐmɐ] *m* Amalgam *n*; Verquickung *f*; Gemisch *n*.
amalgam|ar [ɐmałɣɐ'mar] (1a) amalgamieren; verquicken; verbinden; vermengen.
amalhar [ɐmɐ'ʎar] (1b) *Vieh* eintreiben, einpferchen; *fig.* in die Enge treiben.
amalucado [ɐmɐlu'kaðu] leicht verrückt.
amamentar [ɐmɐmẽn'tar] (1a) (an der Brust) großziehen; *Kind* säugen; *allg.* nähren.
amanceb|ado [ɐmẽsə'βaðu] in wilder Ehe lebend; **~ar-se** [~arsə] (1d): *~ com* zs.-leben mit; *fig.* sich an *ein Laster* gewöhnen.
amaneir|ado [ɐmɐnei'raðu] gespreizt; kitschig; **~ar** [~ar] (1a) verkitschen; **~ar-se** manieriert w.; ein gespreiztes Wesen annehmen.
amanhã [amɐ'ɲɐ̃] morgen; *~ ou depois* später; *~ de manhã* morgen früh; *depois de ~* übermorgen; *de hoje para ~* von heute auf morgen; *guardar para ~* aufschieben; *o (dia de) ~* der morgige Tag, das Morgen (= *Zukunft*).
amanhar [ɐmɐ'ɲar] (1a) *Feld* bestellen; *Boden* bearbeiten (*a. fig.*); *et.* (her)richten; zs.-bringen; **~-se** *a* sich anschicken zu; sich (zurecht-) finden in (*dat.*); zurechtkommen mit (*a. com*).
amanhecer [~ɲə'ser] (2g) **1.** *v/i.* tagen, Tag w.; anbrechen (*Tag*); aufgehen (*Sonne*); beim Morgengrauen ankommen; am Morgen sn (*od.* sich befinden); erwachen (*a. fig.*); **2.** *m* Tagesanbruch *m* (*ao* bei).
amanho [ɐ'mɐɲu] *m* *Feld*-Bestellung *f*; Herrichtung *f*; *~ da casa* Hauswirtschaft *f*; *~s pl.* Gerät *n*.
amans|amento [ɐmɐ̃sɐ'mẽntu] *m* Zähmung *f*; Beruhigung *f*; Nachlassen *n*; **~ar** [~'sar] (1a) *v/t.* bändigen, (be)zähmen; *Pflanzen* veredeln; *Durst*, *Schmerz* stillen; *Erde* bebauen; *v/i. u.* **~ar-se** zahm w.; sich legen (*Sturm*); sich beruhigen.
amante [ɐ'mẽntə] **1.** *adj.* liebend; liebreich; *~ da paz* friedliebend; *ser ~ de* gern h., lieben (*ac.*); **2.** *su.* Liebhaber(in *f*) *m*; Geliebte(r *m*) *f*; *~s pl.* Liebende(n) *pl.*, Liebespaar *n*.
amanteigado [ɐmẽntei'ɣaðu] butterartig, -farben; Butter...
amantíssimo [~'tisimu] alliebend.
amanuense [ɐmɐ'nwẽsə] *m* (Amts-) Schreiber *m*.
amar [ɐ'mar] (1a) lieben; *fazer-se ~* sich beliebt m.
amar|ado [ɐmɐ'raðu] voll Wasser; *fig.* tränenreich; **~agem** ✈ [~'raʒɐ̃i] *f* Wasserlandung *f*, Wasserung *f*.
amaranto [~'rɐ̃ntu] *m* Amarant *m*; Tausendschön *n*.
amarar [~'rar] (1b) ✈ wassern; **~-se** sich mit Wasser füllen.
amarel|ado [~rə'laðu] gelblich; blaß, bläßlich; **~ão** [~'lɐ̃u] *m* = *~idão*; **~ar** [~'lar] (1c—D1) = **~ecer** [~ə'ser] (2g) gelb färben (*od.* w.);

vergilben; *fig.* immer blasser w.; **~ejar** [~i'ʒar] (1d) gelb(lich) schimmern; = *~ecer*; **~ento** [~ẽntu] **1.** *adj.* gelblich, vergilbt; fahl, bleich; **2.** *bras.* *m* Gelbfieberkranke(r) *m*; **~idão** [~li'δɐ̃u] *f* Gelb *n*; *fig.* Blässe *f*.
amarelo [~'rɛlu] **1.** *adj.* gelb; blaß (*Gesicht*); gezwungen (*Lächeln*); *~-canário* kanariengelb; **2.** *m das* Gelb(e); gelbe Farbe *f*.
amarf|alhar [ɐmɐrfɐ'ʎar] (1b) = **~anhar** [~ɐ'ɲar] (1a) zerknittern; *fig.* ducken; deprimieren.
amarg|ar [ɐmɐr'γar] (1o; *Stv.* 1b) *v/t.* verbittern; bitter büßen; *v/i.* bitter schmecken; **~o** [ɐ'marγu] **1.** *adj.* bitter; **2.** *m bras.* ungesüßte(r) Mate *m*; *~s pl.* bittere Arzneimittel *n/pl.*; *~s pl. de boca fig.* Verdruß *m*; **~or** [~'γor] *m* = *~ura*; **~oso** [~'γozu (-ɔ-)] bitter; **~ura** [~'γurɐ] *f* bittere(r) Geschmack *m*; *fig.* Bitterkeit *f*; Erbitterung *f*; *de ~, da ~* Leidens...; *~s pl.* Verdruß *m*; **~urado** [~γu'raδu] bitter; **~urar** [~γu'rar] (1a) er-, ver-bittern, vergrämen; **~urar-se** sich grämen.
amaricado [ɐmɐri'kaδu] weibisch.
amarilho *bras.* [~'riʎu] *m* ⚕ Verband *m*.
amarílico *bras.* [~'riliku] Gelbfieber...
amarílis [~'riliʃ] *f* Amaryllis *f*.
amaro [ɐ'maru] bitter.
amarotado [~ru'taδu] spitzbübisch.
amarra [ɐ'maʀɐ] *f* Anker-tau *n*, -kette *f*; Trosse *f*; Halte-seil *n*, -tau *n*; *ter boas ~s* gute Beziehungen h.
amarr|ação [ɐmɐʀɐ'sɐ̃u] *f* Vertäuung *f*; Verankerung *f* (*a.* △); *fig.* *bras.* Verliebtheit *f*; **~adura** [~ɐ'δurɐ] *f* Trosse *f*; Vertäuung *f*; **~ar** [~'ʀar] (1b) ⚓ ver-ankern, -täuen, sorren; *allg.* an-, fest-binden, -ketten; festhalten; *Paket* ver-, zs.-schnüren; *bras. fig.* ab-, fest-m.; *Sport*: wetten; *~ a cara* ein finsteres Gesicht m.; *v/i.* festm. (*Schiff*); *fig.* halten, stehenbleiben; **~ar-se** sich binden; *~ a* sich klammern an (*ac.*).
amarrotar [~ʀu'tar] (1e) zerknittern, zs.-knüllen; *fig.* F verbläuen; zs.-stauchen *~-se* knittern, knautschen.
amaru|gem [~'ruʒɐ̃i] *f* leichte Bitterkeit *f*; **~jado** [~ʀu'ʒaδu] leicht bitter; **~jar** [~ʀu'ʒar] (1a) herb schmecken; **~jento** [~ʀu'ʒẽntu] herb.
ama-seca ['ɐmɐ'sekɐ] *f* Kindermädchen *n*.
amásia [ɐ'mazjɐ] *f* Geliebte *f*, F Bettschatz *m*.
amasiar-se [ɐmɐ'zjarsə] (1g) sich eine Geliebte nehmen; ein Verhältnis anknüpfen (*mit*).
amass|adeira [ɐmɐsɐ'δeirɐ] *f* Backtrog *m*; Knet- *od.* Misch-maschine *f*; **~adela** [~ɐ'δɛlɐ] *f fig.* Beule *f*; Hiebe *m/pl.*, F Abreibung *f*; *dar uma ~* (durch)kneten; *fig.* F zs.-stauchen; **~adoiro, -ouro** [~ɐ'δoiru, -oru] *m* Kalkgrube *f*; Knet- *od.* Misch-brett *n*, -platte *f*, -stein *m*, -trog *m*; **~ador** [~ɐ'δor] *m Töpferei*: Kollergang *m*; = *~adoiro*; *~ mecânico s. ~adeira*; **~adura** [~ɐ'δurɐ] *f* Teig *m*; *Zement*-Mischung *f*; *Maurer*-Speise *f*; *fig.* F Abreibung *f*; = **~amento** [~ɐ'mẽntu] *m* Kneten *n*, Mischen *n*; **~ar** [~'sar] (1b) *Teig* kneten; *Zement usw.* mischen; *Finger* quetschen; *Gesicht* platt drücken; *Kleider* zer-knittern, -knüllen; *mitea.* ver-mischen, -mengen; *fig. j-n* zs.-stauchen; *j-n* verhauen; **~aria** [~ɐ'riɐ] *f* Backstube *f*; **~ilho** [~'siʎu] *m* zum Verbacken bestimmte Mehlmenge *f*; = *~adeira*; *fig.* Mischmasch *m*.
amável [ɐ'mavɛɫ] liebenswürdig; nett; *pouco ~* unfreundlich.
amavios [ɐmɐ'viuʃ] *m/pl.* Liebestrank *m*; Zauber *m*.
amaz|ona [ɐmɐ'zonɐ] *f* Amazone *f*; (Kunst-)Reiterin *f*; Reitkleid *n*; **~onense** [~zo'nẽsə] **1.** *su.* Amazonenser(in *f*) *m*; **2.** *adj.* aus dem (*od.* im) Gebiet des Amazonas.
âmbar ['ɐ̃mbar] *m* **a)** Bernstein *m*; **b)** Amber *m* (*Riechmittel*).
ambi|ção [ɐ̃mbi'sɐ̃u] *f* Ehrgeiz *m*, Streben *n*; Verlangen *n*; Bestrebung *f*; **~cionar** [~sju'nar] (1f) erstreben, streben nach; verlangen nach; **~cioso** [~'sjozu (-ɔ-)] ehrgeizig; strebend, verlangend.
ambidestro [~'δɐʃtru] beidhändig.
ambiência [~'bjẽsjɐ] *f* = *ambiente*.
ambient|ar [~bjẽn'tar] (1a) e-e Atmosphäre schaffen für; **~ar-se** sich eingewöhnen; sich ein-arbeiten, -singen, -spielen *usw.*; **~e** [~'bjẽntə] **1.** *adj.* umgebend; **2.** *m* Umwelt *f*; Atmosphäre *f*; Stimmung *f*; *~ de cortar à faca* dicke Luft *f*.

ambiguidade [~biɣwi'ðaðə] *f* Zweideutigkeit *f*, Doppelsinn *m*.
ambíguo [~'biɣwu] zweideutig; zweifelhaft.
âmbito ['ɐ̃mbitu] *m* Umfang *m*; Bereich *m*.
amblígono [ɐ̃m'bliɣunu] stumpf- [winklig.]
ambos, -as ['ɐ̃buʃ, -ɐʃ] beide; ~ (*os*) *dois* alle beide.
ambr|ósia [ɐ̃m'brɔzjɐ] *f* Ambrosia*f*; ⚘ Ambrosienkraut *n*; **~osíaco** [~u'ziɐku] ambrosisch, köstlich; **~osiano** [~u'zjɐnu]: *canto m* ~ ambrosianische(r) Lobgesang *m*.
âmbula ['ɐ̃mbulɐ] *f* Phiole *f*; *rel.* Ölfläschchen *n für geweihtes Öl.*
ambul|ância [ɐ̃mbu'lɐ̃sjɐ] *f* Feldlazarett *n*; Sanitätsdienst *m*; *bsd.* Krankenwagen *m*, Sanitätsauto *n*; 🚃 Postwagen *m*; **~ante** [~ɐ̃ntə] Wander...; fahrend; fahrbar; *vendedor m* ~ Hausierer *m*, Straßenverkäufer *m*; **~atório** [~ɐ'tɔrju] **1.** *adj.* unstet; ⚕ ambulant; **2.** *m* ⚕ Ambulanz *f*.
ameaça [ɐ'mjasɐ] *f* Drohung *f*; bedrohliche(s) Anzeichen *n*; *fazer* ~ *de* beabsichtigen, wollen.
ameaç|ador [ɐmjɐsɐ'ðor] drohend, bedrohlich; **~ar** [~'sar] (1p; *Stv.* 1b) bedrohen; ~ *de j-m* drohen mit; *j-m et.* androhen; **~o** [ɐ'mjasu] *m Krankheits*-Anzeichen *n*.
amealhar [~'ʎar] (1b) (zs.-)sparen.
ameba [ɐ'mɛβɐ] *f* = *amiba*.
amedront|ador [ɐməðrõntɐ'ðor] schrecklich; **~ar** [~'tar] (1a) (er-)schrecken; (ver)ängstigen; **~ar-se** erschrecken.
ameia [ɐ'mejɐ] *f* Zinne *f*.
ameigar [ɐmei'ɣar] (1o) liebkosen, hätscheln; besänftigen, begütigen.
amêijoa [ɐ'meiʒwɐ] *f* Herzmuschel *f*.
ameix|a [ɐ'meiʃɐ] *f* Pflaume *f*; **~(o)eira** [ɐmei'ʃ(w)eirɐ] *f* Pflaumenbaum *m*.
ameloado [ɐmə'lwaðu] Melonen...
amém, ámen [ɐ'mɐ̃i, 'amen] *m* Amen *n*; *dar* (*od. dizer*) *o(s)* ~*(s) a* Ja und Amen sagen zu; *num* (*od. em menos de um*) ~ im Nu.
amêndoa [ɐ'mẽndwɐ] *f* Mandel *f* (*confeita*[*da*] *od. coberta* Zucker...; *torrada* gebrannte); *allg.* Obst-Kern *m*.
amendo|ada [ɐmẽn'dwaðɐ] *f* Mandelmilch *f*; Mandel-kuchen *m*, -pudding *m*; **~ado** [~aðu] Mandel...; **~eira** [~eirɐ] *f* Mandelbaum *m*; **~im** [~'dwĩ] *m* Erdnuß(baum *m*) *f*.
amenidade [ɐməni'ðaðə] *f* Lieblichkeit *f*; Anmut *f*; Heiterkeit *f*; Milde *f*.
ameninado [~ni'naðu] kindlich.
amen|izar [~ni'zar] (1a) verschönen; ausschmücken; *Unangenehmes* abschwächen; aufheitern; *v/i.* milder (*od.* wärmer) w.; **~o** [ɐ'menu] lieblich; anmutig; heiter; mild.
amentilho ⚘ [ɐmẽn'tiʎu] *m* Kätzchen *n*.
amercear-se [ɐmər'sjarsə] (1l) sich erbarmen.
américa *bras.* [a'mɛrikɐ] *f* dolle Sache *f*.
american|ice [ɐmərikɐ'nisə] *f*: *é uma* ~ das ist typisch amerikanisch; **~ista** [~'niʃtɐ] *su.* Amerikanist(in *f*) *m*; **~izar** [~i'zar] (1a) amerikanisieren; **~o** [~ri'kɐnu] **1.** *adj.* amerikanisch; **2.** *m*, **~a** *f* Amerikaner(in *f*) *m*.
ameríndio [ɐmə'rĩndju] **1.** *adj.* indianisch; **2.** *m*, **-a** *f* Indianer(in *f*) *m*.
amerissar *bras.* [ameri'sar] (1a) = *amarar* ×
amesendar(-se) [ɐməzẽn'dar(sə)] (1a) es sich bequem m., sich setzen; *fig.* sich gut betten.
amesquinh|ador [ɐməʃkiɲɐ'ðor] kleinlich; **~ar** [~'ɲar] (1a) verkleinern; ängstigen, quälen; verächtlich (*od.* herunter-)m.; **~ar-se** klagen; knausern.
amestr|ador [ɐmɨʃtrɐ'ðor] *m* Zureiter *m*; Dresseur *m*; **~amento** [~ɐ'mẽntu] *m* Dressur *f*; **~ar** [~'trar] (1c) dressieren, abrichten; *Pferd* zureiten; *j-n* anlernen, (ein-)schulen; **~ar-se** sich üben; sich ausbilden.
ametista [ɐmə'tiʃtɐ] *f* Amethyst *m*.
amial [ɐ'mjał] *m* Erlengebüsch *n*.
amianto [ɐ'mjɐ̃ntu] *m* Asbest *m*.
amiba [ɐ'miβɐ] *f* Amöbe *f*.
amibiano [ɐmi'βjɐnu] Amöben...
amical [ɐmi'kał] freundschaftlich.
amicíssimo [~'sisimu]: ~ *de* sehr zugetan (*dat.*); eng befreundet mit.
amida ⚗ [ɐ'miðɐ] *f* Amid *n*.
amido [ɐ'miðu] *m* Stärke(mehl *n*) *f*.
amieiro [ɐ'mjeiru] *m* Erle *f*.
amig|a [ɐ'miɣɐ] *f* Freundin *f*; **~ado** [ɐmi'ɣaðu] = *amancebado*; **~ar-se** [ɐmi'ɣarsə] (1o) *fig.* sich einlassen (*od.* zs.-leben); **~ável** [ɐmi'ɣavɛł]

freundschaftlich.
amígdala [ɐ'miɣdɐlɐ] *f* Mandel *f*.
amigdal|ina ⚗ [ɐmiɣdɐ'linɐ] *f* Amygdalin *n*; **~ino** [~inu] Mandel...; **~ite** ⚕ [~itə] *f* Mandelentzündung *f*.
amigo [ɐ'miɣu] **1.** *m* Freund *m*; ~ *leitor* geneigte(r) Leser *m*; *o fiel* ~ der Getreue (*iron. für Stockfisch*); ~ *de Peniche* F falsche(r) Freund *m*; *cara f de poucos* ~*s* mürrische(s) Gesicht *n*; **2.** *adj.* freundschaftlich; zugetan; Freundes...; *pessoa f -a* Bekannte(r *m*) *su.*; *ser* (*muito*) ~ *de* (eng) befreundet sn mit; (sehr) lieben (*ac.*); ~ *de música* musikliebend; *tornar-se* ~ *de* sich anfreunden mit; liebgewinnen (*ac.*).
amiláceo [ɐmi'lasju] stärkehaltig; (stärke)mehlartig; ~*s m/pl.* stärkehaltige Nährmittel *n/pl.*
amim|alhar [ɐmimɐ'ʎar] (1b) verhätscheln, verziehen; **~ar** [ɐmi'mar] (1a) verwöhnen.
amistoso [ɐmiʃ'tozu (-ɔ-)] freundschaftlich; Freundschafts...
amiud|ado [ɐmju'ðaðu] häufig, wiederholt; *-as vezes* oft; **~ar** [~ar] (1q) (sich) (oft) wiederholen; aufea. folgen (l.); genau nehmen (*od.* sn).
amiúde [ɐ'mjuðə] häufig.
amizade [ɐmi'zaðə] *f* Freundschaft *f* (*travar* schließen); Liebe *f*; Freundlichkeit *f* (*fazer* erweisen).
amnésia [ɐm'nɛzjɐ] *f* Gedächtnisstörung *f*, Amnesie *f*.
amniótico [ɐm'njɔtiku]: *líquido m* ~ Fruchtwasser *n*.
amnist|ia [ɐmnəʃ'tiɐ] *f* Amnestie *f*; Straferlaß *m*; **~iar** [~'tjar] (1g) amnestieren; begnadigen; verzeihen.
amo ['ɐmu] *m* Herr *m*; Besitzer *m*; ~ *e senhor* Herr und Gebieter.
amodernar [ɐmuðər'nar] (1c) modernisieren.
amodorr|ado [ɐmuðu'ʀaðu] schläfrig; schlaftrunken; **~ar** [~ar] (1e) einschläfern; einlullen; **~ar-se** schläfrig w.; ~ *em* versinken in.
amoedar [ɐmwe'ðar] (1c) münzen; *fig.* zu Geld machen.
amofin|ado [ɐmufi'naðu] verdrießlich; langweilig, qualvoll; **~ar** [~ar] (1a) verdrießen; ärgern; quälen.
amol|ação [ɐmulɐ'sɐ̃u] *f fig. bras.* Aufdringlichkeit *f*; lästige (*od.* langweilige) Sache *f*; **~adeira** [~ɐ'ðeirɐ] *f* Schleif-stein *m*, -maschine *f*; **~adela** [~ɐ'ðɛlɐ] *f* = ~*ação*; *fig. a.* Denkzettel *m*; *dar uma* ~ = ~*ar*; **~ado** [~'laðu] scharf; *fig.* erstklassig; *bras.* verärgert, verstimmt; **~ador** [~ɐ'ðor] *m* Schleifer *m*; *fig. bras.* aufdringliche(r) Kerl *m*, Ekel *n*; **~adura** [~ɐ'ðurɐ] *f* Schleifen *n*; Schliff *m*; **~ante** [~'lɐ̃ntə] aufdringlich; lästig, langweilig; **~ar** [~'lar] (1e) schleifen; *fig.* F lästig fallen (*dat.*), belästigen (*ac.*); langweilen; *não me amoles* F laß mich in Ruhe.
amoldar [ɐmɔɫ'dar] (1a) formen, modeln; gestalten; ~*-se a, com* sich anpassen an (*ac.*).
amolecar *bras.* [ɐmolɛ'kar] (1n) verächtlich behandeln, lächerlich m.
amolec|er [~lə'ser] (2g) *v/t.* aufweichen; *Wasser* enthärten; *fig.* erweichen; rühren; schwächen; *v/i. u.* **~er-se** weich w. (*a. fig.*); *fig.* schwach (*od.* schwächer) w.; erschlaffen; **~imento** [~si'mẽntu] *m fig.* Erschlaffung *f*; ~ *cerebral* Gehirnerweichung *f*.
amolentar [~lẽn'tar] (1a) = *amolecer*.
amolg|adela [ɐmɔɫɣɐ'ðɛlɐ] *f* = ~*adura*; **~ado** [~'ɣaðu] verbeult; schartig (*Messer*); **~adura** [~ɐ'ðurɐ] *f* Beule *f*; Scharte *f*; **~ar** [~'ɣar] (1o) *v/t.* verbeulen; zerstoßen, zerquetschen; *fig.* zs.-schlagen; zusetzen (*dat.*); *v/i. u.* **~ar-se** Beulen bekommen; *fig.* nachgeben.
amoníaco [ɐmu'niɐku] **1.** *m* Ammoniak *n*; Salmiakgeist; *m* **2.** *adj.*: *sal m* ~ Salmiak *m*.
amónio [ɐ'mɔnju] *m* Ammonium *n*; *carbonato m de* ~ Hirschhornsalz *n*.
amont|oa [ɐmõn'toɐ] *f* ↗ Häufelung *f*; **~oação** [~twɐ'sɐ̃u] *f* (Auf-, Zs.-)Häufung *f*; Haufen *m*; **~oadamente** [~ˌtwaðɐ'mẽntə] haufenweise; **~oado** [~'twaðu] *m* Haufen *m*; ~ *de escórias* Schlackenhalde *f*; **~oador** [~twɐ'ðor] *m* ↗ Häufelpflug *m*; **~oamento** [~twɐ'mẽntu] *m* = ~*oação*; **~oar** [~'twar] (1f) (an-, auf-, zs.-)häufen; ↗ häufeln; *v/i.* sich ansammeln; = **~oar-se** anwachsen.
amor [ɐ'mor] **1.** *m* Liebe *f*; *Gott* Amor *m*; Liebste(r *m*) *f*; Liebling *m*; *meu* ~ F mein Schatz; *pelo* (*od. por*) ~ *de Deus* um Gottes willen; *por* ~ *de* wegen (*gen.*), um ... zu (*inf.*); *por* ~

de mim (*de ti usw.*) um meinet- (deinet- *usw.*)willen, mir (dir *usw.*) zuliebe; *ser* (*estar*) *um* ~ reizend sn (aussehen); *ter* ~ *a* lieben (*ac.*); *com* ~ liebend gern; **2.** ~es *pl.* Liebesverhältnis *n*; Liebesgötter *m/pl.*; *estação f dos* ~*es* Zeit *f* der Liebe; *com mil* ~*es* mit tausend Freuden.

amora [ɐ'mɔrɐ] *f* Maulbeere *f*; (~ *negra*) Brombeere *f*.

amorável [ɐmu'ravɛɫ] zärtlich; liebenswert; lieblich.

amordaçar [ɐmurδɐ'sar] (1p; *Stv.* 1b) knebeln; *fig.* mundtot m.

amoreira [ɐmu'reirɐ] *f* Maulbeerbaum *m*; Brombeerstrauch *m*.

amoren|ado [~rə'naδu] bräunlich, dunkel; **~ar-se** [~arsə] (1d) dunkel w.

amorfo [ɐ'mɔrfu] form-, gestalt-los; ⚗ amorph.

amoricos [ɐmu'rikuʃ] *m/pl.* Liebelei *f*; Liebschaften *f/pl.*

amornar [ɐmur'nar] (1e) anwärmen.

amoroso [ɐmu'rozu (-ɔ-)] liebevoll; Liebes...; zart; weich; sanft, mild.

amor-|perfeito ⚘ [ɐ,morpər'feitu] *m* Stiefmütterchen *n*; **~próprio** [~'prɔprju] *m* Selbstachtung *f*.

amortalh|ador *m*, **-eira** *f* [ɐmurtɐʎɐ'δor, -eirɐ] Leichenwäscher (-in *f*) *m*; **~ar** [~'ʎar] (1b) ins Leichentuch hüllen; *allg.* (ein)hüllen; *Zigarette* drehen.

amortec|edor [~təsə'δor] *m* Stoß- *od.* Schwingungs-(~ *de som* Schall-) dämpfer *m*; Puffer *m*; Prellvorrichtung *f*; **~er** [~'ser] (2g) *v/t.* abschwächen, dämpfen; abtöten; *Licht* abblenden; *v/i.* erlöschen (*Licht, Farbe*); **~ido** [~'siδu] erstorben; **~imento** [~i'mẽntu] *m* Abschwächung *f*, Dämpfung *f*; Schwäche *f*.

amortiz|ação [~tizɐ'sɐ̃u] *f* Tilgung *f*; Amortisation *f*; Abschreibung *f*; **~ador** [~ɐ'δor]: *prestação f -a* Tilgungsrate *f*; **~ar** [~'zar] (1a) tilgen; amortisieren; *Schuld* abtragen; ~ *por depreciação* abschreiben; **~ável** [~'zavɛɫ] tilgbar.

amostra [ɐ'mɔʃtrɐ] *f* Muster *n*; Probe *f*; *de* ~ als Muster, zur Probe.

amotin|ação [amutinɐ'sɐ̃u] *f* Aufwiegelung *f*; ⚓ *u.* ⚔ Meuterei *f*; *sonst*: Aufstand *m*; **~ado** [~'naδu] **1.** *adj.* aufständisch, meuternd; **2.** *m* Meuterer *m*; **~ar** [~'nar] (1a) auf-hetzen, -wiegeln; **~ar-se** sich empören; meutern.

amoucado [ɐmo'kaδu] schwerhörig.

amov|er [ɐmu'ver] (2d) = *remover*; **~ível** [~ivɛɫ] ab-, ver-setzbar; widerruflich; ⊕ abnehmbar.

ampar|ar [ẽmpɐ'rar] (1b) schützen, schirmen; (unter)stützen; **~ar-se** *a* sich stützen auf (*ac.*); sich halten an (*ac.*); s-e Zuflucht nehmen zu; **~o** [ẽm'paru] *m* Schutz *m*; Hilfe *f*; Stütze *f*; Unterstützung *f*; *em* ~ zum Schutz; zur Stütze.

amperagem [ẽmpə'raʒɐ̃i] *f* Stromstärke *f*, Amperezahl *f*.

ampere, ampério [ẽm'pɛrə, -'pɛrju] *m* Ampere *n*.

amperímetro, **-ómetro** [ẽmpə'rimətru, -'rɔmətru] *m* Strommesser *m*, Amperemeter *n*.

amplexo [~'plɛksu] *m* Umarmung *f*.

ampl|iação [~pljɐ'sɐ̃u] *f* Erweiterung *f*; *fot.* Vergrößerung *f*; **~iador** [~jɐ'δor] *m* Vergrößerungsapparat *m*; **~iar** [~'pljar] (1g) erweitern; *fot.* vergrößern; **~idão** [~i'δɐ̃u] *f* Weite *f*; = *amplitude*.

amplitude [ẽmpli'tuδə] *f* Weite *f*, Ausdehnung *f*; Umfang *m*; *fís.* Amplitude *f*; *Radio*: Schwingungsweite *f*; ~ *magnética* Abweichung *f*.

amplo ['ẽmplu] weit; geräumig; weitläufig; weitgehend; umfassend (*Kenntnisse usw.*); *informações f/pl. mais -as* nähere Auskunft *f*.

ampola [ẽm'polɐ] *f s. empola*.

ampula [~'pulɐ] *f* Ampulle *f*.

amplific|ação [ẽmpləfikɐ'sɐ̃u] *f* Erweiterung *f*; Vergrößerung *f*; *Radio*: Verstärkung *f*; **~ador** [~ɐ'δor] *m Radio*: Verstärker *m*; **~ar** [~'kar] (1n) erweitern, ausdehnen; vergrößern; *Radio*: verstärken.

ampulheta [ẽmpu'ʎetɐ] *f* Sand-, Eier-uhr *f*.

amput|ação [ẽmputɐ'sɐ̃u] *f* Abnahme *f*; **~ar** [~'tar] (1a) abnehmen.

amu|ado [ɐ'mwaδu] F eingeschnappt; **~ar** [~ar] (1g) *v/i.* maulen; F einschnappen; *fazer* ~ beleidigen; verärgern.

amuleto [ɐmu'letu] *m* Amulett *n*.

ana|baptista [ɐnɐβɐ'tiʃtɐ] *m* Wiedertäufer *m*; **~conda** *bras.* [~'kõndɐ] *f* Anakonda *f*; **~coreta** [~ku'retɐ] *m* Einsiedler *m*; **~creôntico** *lit.* [~'krjõntiku] anakreontisch; **~crónico** [~'krɔniku] anachronistisch; **~cruse** ♪ [~'kruzə] *f* Auf-

takt *m*; **~grama** [~'ɣremɐ] *m* Anagramm *n*.
anágua [ɐ'nɐɣwɐ] *f* Unterrock *m*.
anais [ɐ'naiʃ] *m/pl.* Jahrbücher *n/pl.*; Annalen *pl.*
anal [ɐ'nał] After...
analecta *f*, **-o(s)** *m(/pl.)* [ɐnɐ'lɛktɐ, -u(ʃ)] Auswahl *f*, Sammlung *f*.
analéptico ⚕ [~'lɛptiku] stärkend.
analfab|etismo [ɐnałfɐβə'tiʒmu] *m* Analphabetentum *n*; **~eto** [~'βɛtu] **1.** *adj.* des Lesens und Schreibens unkundig; unwissend; **2.** *m* Analphabet *m*.
analg|(es)ia [~ʒ(əz)'iɐ] *f* Schmerzlosigkeit *f*; Unempfindlichkeit *f* gegen Schmerzen; **~ésico** [~'ʒɛziku] **1.** *adj.* schmerzstillend; **2.** *m* Analgetikum *n*; **análgico** [ɐ'nałʒiku] schmerzunempfindlich.
analis|ador [ɐnɐlizɐ'ðor] **1.** *adj.* kritisch; **2.** *m* Prüfgerät *n*, Prüfer *m*; Analysator *m*; *fig.* kritische(r) Mensch *m*; **~ar** [~'zar] (1a) analysieren; zergliedern, zerlegen; ⚗ *a.* darstellen; **~ável** [~'zavɛł] analysierbar; zerlegbar; darstellbar.
análise [ɐ'nalizə] *f* Analyse *f*; Bestimmung *f*; Probe *f*; *em última ~* letzten Endes; *~s clínicas* Laboruntersuchungen *f/pl.*
anal|ista [ɐnɐ'liʃtɐ] *su.* **a)** Analytiker (-in *f*) *m*; ⚕ Laborant(in *f*) *m*; **b)** Annalenschreiber *m*, Chronist *m*; **~ítico** [~'litiku] analytisch.
analogia [~lu'ʒiɐ] *f* Analogie *f*, Entsprechung *f*; Ähnlichkeit *f*.
analógico, análogo [~'lɔʒiku, ɐ'naluɣu] analog; entsprechend; gleich.
analogismo [~lu'ʒiʒmu] *m* Analogieschluß *m*; Analogiebildung *f*.
anamnese, -nesia [ɐnɐm'nɛzə, -nə'ziɐ] *f* ⚕ Krankheitsgeschichte *f*.
ananás [ɐnɐ'naʃ] *m* Ananas *f*.
anão [ɐ'nɐ̃u] **1.** *m* Zwerg *m*; **2.** *adj.* zwergenhaft, zwergig.
anarquia [ɐnɐr'kiɐ] *f* Anarchie *f*.
anárquico [ɐ'narkiku] anarchisch.
anarqui|sta [ɐnɐr'kiʃtɐ] *m* Anarchist *m*; **~zação** [~kizɐ'sɐ̃u] *f* Zerrüttung *f*; Zerfall *m*; **~zar** [~ki'zar] (1a) in Anarchie stürzen, zerrütten; aufwiegeln.
anátema [ɐ'natəmɐ] *m* Bannfluch *m*.
anatematizar [ɐnɐtəmɐti'zar] (1a) den Bannfluch schleudern gegen; verfluchen.
anat|omia [ɐnɐtu'miɐ] *f* Anatomie *f*; **~ómico** [~'tɔmiku] anatomisch; **~omista** [~u'miʃtɐ] *m* Anatom *m*; **~omizar** [~umi'zar] (1a) sezieren; zergliedern, anatomieren; *j-n* zur Schnecke m.; *fig. a.* zermalmen.
anca ['ɐ̃ŋkɐ] *f* Hinterbacken *m*; Hüfte *f*; *~s pl.* Gesäß *n*; *Tier*-Kreuz *n*; *Pferde*-Kruppe *f*, *Frosch*-Schenkel *m/pl.*; *ir às ~s* hinten aufsitzen.
ancestr|ais [ɐ̃sɨʃ'traiʃ] *m/pl.* Voreltern *pl.*; **~al** [~ał] (ur)alt; **~almente** [~ał'mẽntə] von alters her.
ancho ['ɐ̃ʃu] breit; weit; geräumig; *fig.* aufgeblasen; stolz.
anchova [ɐ̃'ʃovɐ] *f* Sardelle *f*.
anci|anidade [ɐ̃sjɐni'ðaðə] *f* hohe(s) Alter *n*; **~ão(s, -ães, -ões)** [ɐ̃'sjɐ̃u(ʃ, -ɐ̃iʃ, -õiʃ)] **1.** *adj.* alt, hochbetagt; **2.** *m(pl.)*, **~ã** *f* Greis(in *f*) *m*.
ancilar [ɐ̃si'lar]: *cadeira f ~* Nebenfach *n*.
ancilos|ar [ɐ̃silu'zar] (1e) steif m. (*od.* w.); **~e** [~'lɔzə] *f* Gelenksteife *f*.
ancinho [ɐ̃'siɲu] *m* Rechen *m*.
âncora ['ɐ̃ŋkurɐ] *f* Anker *m*.
ancor|ação [ɐ̃ŋkurɐ'sɐ̃u] *f* Ankern *n*; = **~adoiro, -ouro** [~ɐ'ðoiru, -oru] *m* Reede *f*; **~agem** [~'raʒɐ̃i] *f* Verankerung *f*; = *~ação*; **~ar** [~'rar] (1e) vor Anker gehen (*od.* liegen); verankern (*a. fig.*); *~ em fig.* begründen mit; stützen (*od.* gründen) auf (*ac.*); **~eta** *f*, **~ote** *m* [~'retɐ, ~'rɔtə] Wurfanker *m*; Fäßchen *n*.
andad|eiras [ɐ̃ndɐ'ðeirɐʃ] *f/pl.* Gängelband *n*; **~eiro** [~eiru] gangbar; = **~or** [~or] **1.** *adj.* gut zu Fuß; gängig (*Pferd*); **2.** *m* Bote *m*; (Almosen-)Sammler *m*; **~ura** [~urɐ] *f* Gang *m*; Gangart *f des Pferdes*.
andaim|ada, ~aria [~dai'maðɐ, ~mɐ'riɐ] *f* Baugerüst *n*; **~ar** [~'mar] (1a) mit e-m Gerüst versehen; *fig.* austüfteln; **~e** [~'daimə] *m* (Bau-)Gerüst *n*, *bsd.* Hängegerüst *n*.
andamento [~dɐ'mẽntu] *m* Gang *m*; Fortgang *m*; Verlauf *m*; ♪ Taktart *f*, Tempo *n*; *Sonaten*-Satz *m*; *com o comboio em ~* während der Fahrt; *dar ~ a fig.* in Fluß bringen (*ac.*); *estar em ~* laufen (*a. fig.*); 🚗 fahren; *pôr em ~* in Gang setzen (*od. fig.* bringen); an-laufen, -fahren l.
andan|ça [~'dɐ̃sɐ] *f* Schererei *f*; Plackerei *f*; Abenteuer *n*; **~te** [~'dɐ̃ntə] **1.** *adj.* wandernd; unstet; fahrend (*Ritter*); **2.** *m* ♪ Andante *n*.
andar [~'dar] (1a) **1.** *v/i.* gehen;

fahren; laufen (*a.* fliegen, fließen, schwimmen *usw.*); sich befinden, sn; ~ + *adj.* sn, *z.B.* ~ *desesperado (triste)* verzweifelt (traurig) sn; ~ *a fazer a/c.*, ~ *fazendo a/c.* damit beschäftigt (*od.* dabei) sn et. zu tun; et. tun; ~ *a* + *su.* herum... + *inf.*, *z.B.* ~ *às apalpadelas (aos saltos)* herum-tappen (-springen); ~ *à pancada* sich herumschlagen; *oft passivisch*: ~ *aos encontrões* herumgestoßen w. (*Sonderbedeutungen s. bei den betr. Substantiven*); ~ *com* haben (*ac.*); passen zu; mit *j-m* verkehren (*od.* Umgang h.); ~ *de (automóvel etc.)* mit (dem Auto *usw.*) fahren; ~ *de avião* fliegen; ~ *de luto* Trauer(kleidung) tragen; ~ *bem (mal)* gut (schlecht) gehen *od.* stehen (*Unternehmen*); gut (schlecht) sn (in [*dat.*] *de, em*); sich richtig (falsch) benehmen (*od.* gut [schlecht] abschneiden) (bei *od.* in [*dat.*] *em*); (nicht) gut daran tun (zu *em*); (nicht) in Ordnung (*od.* auf der Höhe) sn (mit *de*); ~ *mal de dinheiro* schlecht bei Kasse sn; ~ *mal de saúde* gesundheitlich nicht auf der Höhe sn; *como anda?* wie geht's?; *vou (od. vamos) andando* es geht so; *para aqui ando!* man lebt halt!; *ando bem (mal)* es geht mir gut (schlecht); ~ *por*, ~ *em* gehen in die ...; stehen auf etwa ... (*Preis usw.*); ~ *nos quarenta* in den Vierzigern sn; *não saber a quantas anda* nicht wissen, woran man ist; *anda!*, *anda lá!* geh!, los!; weiter!; *anda cá!* komm her!; *pôr a* ~ in Gang setzen (*od.* bringen); *pôr-se a* ~ sich in Bewegung setzen, sich fortmachen; **2.** *v/t.* gehen; durchwandern; **3.** *m* Gang *m*; Gangart *f*; Fahrt *f*; Geschwindigkeit *f*; Stock (-werk *n*) *m e-s Hauses*; *Raketen-*Stufe *f*; *a todo o* ~ ⚓ mit Volldampf (*a. fig.* F); *levar grande* ~ schnell gehen (*od.* fahren); *com o* ~ *dos tempos* im Laufe der Zeit.

andarilho [~dɐ'riʎu] **1.** *m* Fußgänger *m*; Bote *m*; **2.** *adj.* wanderlustig.

andas ['ẽndɐʃ] *f/pl.* Stelzen *f/pl.*

andebol [ẽndə'βɔɫ] *m* Handball *m.*

andej|ar [~di'ʒar] (1d) herumlaufen; sich herumtreiben; **~o** [~'deʒu] unruhig, unstet; *homem (mulher)* ~ *(-a)* Herumtreiber(in *f*) *m.*

andino [~'dinu] Anden...

andiroba *bras.* [~di'rɔβɐ] *f* Andiroba *n* (*Edelholz*).

ândito ['ẽnditu] *m* Gehweg *m.*

andor [ẽn'dor] *m* Traggerüst *n.*

andor|inha [~du'riɲɐ] *f* Schwalbe *f*; *bras.* Möbelwagen *m*; Dampfbarkasse *f*; **~inhão** [~duri'ɲẽu] *m* Turmschwalbe *f.*

andr|ajo [~'draʒu] *m* Lumpen *m*; **~ajoso** [~drɐ'ʒozu (-ɔ-)] zerlumpt.

andu *bras.* [~'du] *m* Andubohne *f.*

aned|ota [ɐnə'ðɔtɐ] *f* Anekdote *f*; Witz *m*; **~otário** [~ðu'tarju] *m* Anekdotenschatz *m*; **~ótico** [~tiku] anekdo-tenhaft, -tisch.

anejo [ɐ'neʒu] jährig.

anel [ɐ'nɛɫ] *m* Ring *m*; *Ketten-*Glied *n*; *Haar-*Locke *f.*

anel|ação [ɐnəlɐ'sẽu] *f* Atemnot *f*; **~ado** [~'laðu] lockig; ringförmig; **~ante** [~'lẽntə] keuchend; lechzend; **~ar** [~'lar] (1c) **a**) ringeln, kräuseln; **b**) *v/i.* keuchen, schwer atmen; ~ *por* lechzen (*od.* sich sehnen) nach; *v/t.* ersehnen.

anélito [ɐ'nɛlitu] *m* **a**) Hauch *m*; **b**) = **anelo** [~u] *m* (Herzens-) Wunsch *m.*

anemia [ɐnə'miɐ] *f* Bleichsucht *f*, Blutarmut *f*; Anämie *f.*

anémico [ɐ'nɛmiku] bleichsüchtig, blutarm; *fig.* blutleer, farblos.

anemó|grafo, **~metro** [ɐnə'mɔɣrɐfu, ~mətru] *m* Windmesser *m.*

anémona [ɐ'nɛmunɐ] *f* Anemone *f*; ~ *do mar* See-anemone *f*, -rose *f.*

anest|esia [ɐnɨʃtə'ziɐ] *f* Anästhesie *f*, Betäubung *f*; **~esiar** [~'zjar] (1g) betäuben, anästhesieren; **~ésico** [~ʃ'tɛziku] **1.** *adj.* Betäubungs...; **2.** *m* Betäubungsmittel *n*; **~esista** [~ʃtə'ziʃtɐ] *m* Anästhesist *m.*

anete [ɐ'netə] *m* Ankerring *m.*

aneto ⚘ [ɐ'nɛtu] *m* Dill *m.*

aneurisma [ɐneu'riʒmɐ] *m* (Schlagader-)Erweiterung *f.*

anex|ação [ɐnɛksɐ'sẽu] *f* Annexion *f*, An-, Ein-gliederung *f*; Beifügung *f*; **~ar** [~'sar] (1a) annektieren; an-, ein-gliedern; beifügen.

anexim [ɐnə'ʃĩ] *m* Spruch *m.*

anexo [ɐ'nɛksu] **1.** *adj.* angeschlossen; an-, bei-liegend; *edifício m* ~ Anbau *m*; **2.** *m* Zubehör *n*; An-, Beilage *f*; Anhang *m*; Anbau *m.*

anfíbio [ẽ'fiβju] **1.** *adj.* amphibisch; Amphibien...; *avião m* ~ Landwasserflugzeug *n*; 2. *m* Amphibie *f*.

anf|ibólio *bras.*, **~íbolo** [ɐ̃fi'bɔlju, ɐ̃'fiβulu] *m* Hornblende *f*.

anfigúrico [~'ɣuriku] unverständlich.

anfiteatr|al [~tjɐ'traɫ] amphitheatralisch; **~o** [~'tjatru] *m* Amphitheater *n*; ~ *anatómico* Seziersaal *m*.

anfitrião [~'trjɐ̃u] *m* Gastgeber *m*.

anfractu|osidade [ɐ̃fraktwozi'ðaðə] *f* Krümmung *f*, Windung *f*; *Boden-*Einbruch *m*; Rauhigkeit *f*; Unregelmäßigkeit *f*; **~oso** [~'twozu (-ɔ-)] krumm, gewunden; rauh, felsig (*Gelände*); unregelmäßig (*Wunde, Bruch*).

angari|ação [ɐ̃ŋgɐrjɐ'sɐ̃u] *f* Werbung *f*; Beschaffung *f*; Erlangung *f*; **~ador** [~'ɐðor] *m* Werber *m*; (Werbe-)Agent *m*; **~ar** [~'rjar] (1g) werben; beschaffen; erlangen, erzielen; ~ *simpatias* sich beliebt m.

angarilha [~'riʎɐ] *f* Flechtwerk *n um Flaschen usw.*; Flaschenkorb *m*.

angélico [ɐ̃'ʒɛliku] engel-haft, -rein.

angina [ɐ̃'ʒinɐ] *f* (eitrige) Mandelentzündung *f*, Angina *f*.

angli|cano [ɐ̃ŋgli'kɐnu] **1.** *adj.* anglikanisch; *igreja f -a* Hochkirche *f*; **2.** *m* Anglikaner *m*; **~cismo** [~'siʒmu] *m* Anglizismus *m*; **~(ci)zar** [~(si)'zar] (1a) anglisieren.

anglo-americano(s) ['ɐ̃ŋglɔɐməri'kɐnu] angloamerikanisch.

angló|filo [ɐ̃ŋ'glɔfilu] **1.** *adj.* englandfreundlich; **2.** *m* Englandfreund *m*; **~fobo** [~fuβu] *adj.* englandfeindlich.

anglo-|saxão (-ões) ['ɐ̃ŋglɔsa'ksɐ̃u] **1.** *m*(*pl.*) Angelsachse *m*; **2.** *adj.* = **~saxónico** [~sa'ksɔniku] angelsächsisch.

angol|ano [ɐ̃ŋgu'lɐnu] = **~ense**; **~ar** [~ar] *m* Angolar *m* (*Münzeinheit in Angola*); **~ense** [~ẽsə] **1.** *adj.* angolanisch; **2.** *m* Angolaner *m*.

angra ['ɐ̃ŋgrɐ] *f* Bucht *f*.

angu *bras.* [ɐ̃ŋ'gu] *m* Maisbrei *m* (*Art Polenta*); *fig.* = **~-de-caroço** [~dɨka'rosu] *m* F Schlamassel *m*.

angul|ado [ɐ̃ŋgu'laðu] = *anguloso*; **~ar** [~ar] wink(e)lig, Winkel...; eckig; *pedra f* ~ Eckstein *m*; **~ário** [~arju] *m* Winkelmaß *n*.

ângulo ['ɐ̃ŋgulu] *m* Ecke *f*, Kante *f*; Knick *m*; ⚔ Winkel *m* (*agudo, obtuso, recto* spitzer, stumpfer, rechter); *fig.* Blickwinkel *m*, Gesichtspunkt *m*; ~ *contíguo*, ~ *adjacente* Nebenwinkel *m*.

anguloso [ɐ̃ŋgu'lozu (-ɔ-)] (viel-)winkelig; eckig, kantig; *fig.* knochig.

angústia [ɐ̃ŋ'guʃtjɐ] *f* Beklemmung *f*; Angst *f*; *com* ~ angstvoll.

angusti|ado [~guʃ'tjaðu] beklommen; **~ador**, **~ante** [~tjɐ'ðor, ~'tjɐ̃ntə] beängstigend; **~ar** [~'tjar] (1g) ängstigen; quälen; **~oso** [~'tjozu (-ɔ-)] angsterfüllt; beängstigend.

anho ['ɐɲu] *m* Lamm *n*.

aniagem [ɐ'njaʒɐ̃i] *f* Sackleinen *n*.

anichar [ɐni'ʃar] (1a) stellen, legen; einnisten; **~-se** sich hocken.

anídrico [ɐ'niðriku] wasserfrei.

anidr|ido ⚗ [ɐni'ðriðu] *m* Anhydrid *n*; ~ *carbónico* Kohlendioxyd *n*.

anil [ɐ'niɫ] *m* Indigo(blau) *n*; Blau *n*.

anilado [ɐni'laðu] blau.

anilh|a [ɐ'niʎɐ] *f* Ring(elchen *n*) *m*; **~o** [~u] *m* (Gardinen-)Ring *m*; Öse *f*.

anilina [ɐnə'linɐ] *f* Anilin *n*; **~s** *pl.* Anilinfarben *f/pl.*

anim|ação [ɐnimɐ'sɐ̃u] *f* Beseelung *f*; Belebung *f*; Aufmunterung *f*; Auftrieb *m*; Lebhaftigkeit *f*; Betrieb *m*; (angeregte) Stimmung *f*; **~ado** [~'maðu] lebhaft; rege; angeregt; hoffnungsvoll, mutig; *desenhos m/pl.* **~s** Trickfilm *m*; **~ador** [~ɐ'ðor] **1.** belebend; aufmunternd, ermutigend; **2.** *m* Förderer *m*.

animadversão [~mɐðvər'sɐ̃u] *f* Rüge *f*; Abneigung *f*.

animal [~'maɫ] **1.** *adj.* tierisch; *reino m* ~ Tierreich *n*; **2.** *m* Tier *n*; *bras.* Pferd *n*; *fig.* Rindvieh *n*.

animal|aço, **~ão** [~mɐ'lasu, ~'lɐ̃u] *m fig.* F Hornochse *m*; **~ejo** [~'leʒu] *m fig.* F Hammel *m*; **~esco** [~'leʃku] tierisch; **~idade** [~i'ðaðə] *f* Tierheit *f*; = **~ismo** [~'liʒmu] *m* Tiernatur *f*; **~ista** [~'liʃtɐ] *m* Tierdarsteller *m*; **~izar-se** [~i'zarsə] (1a) vertieren.

anim|ar [ɐni'mar] (1a) beseelen; beleben; an-, er-regen; beschleunigen; *j-n* aufmuntern; ermuntern (zu *a*); **~ar-se** lebhaft w.; in Stimmung kommen; Mut (*od.* sich ein Herz) fassen (zu *a*); **~ato** ♪ [~'matu] lebhaft.

anímico [ɐ'nimiku] seelisch.

ânimo ['ɐnimu] *m* Geist *m*; Gemüt *n*; Gesinnung *f*; Mut *m*; Lust *f*; Absicht *f*; ~! nur Mut!, auf!, los!;

de ~ *leve* leichten Herzens; leichthin; *(re)cobrar (o)* ~ (neuen) Mut fassen; *ter* ~ *de* willens sn zu; *ter* ~ *para* fähig sn zu; *estar de* ~ Lust h.

anim|osidade [ɐnimuzi'ðaðə] *f* **a)** Tatkraft *f*; **b)** Abneigung *f*, Groll *m*; **~oso** [~'mozu (-ɔ-)] beherzt.

aninar [~'nar] (1a) einlullen.

aninhar [~'ɲar] (1a) *v/t.* ins Nest legen; beherbergen; verbergen; *v/i.* nisten, horsten; F hausen; **~-se** sich (nieder)hocken; sich kauern; sich einnisten; zu Nest gehen.

aniquil|ação *f*, **~amento** *m* [~kilɐ'sɐ̃u, ~ɐ'mẽntu] Vernichtung *f*; Vertilgung *f*; **~ar** [~'lar] (1a) vernichten; aus-, ver-tilgen; **~ar-se** zu Grunde gehen; zs.-brechen.

anis [ɐ'niʃ] *m* Anis *m*.

anis|ado [ɐni'zaðu] Anis...; **~ar** [~'zar] (1a) mit Anis versetzen *(od.* würzen); **~eta** [~'zetɐ] *f* Anisette *f*.

aniversari|ante *bras.* [~versa'rjẽntə] **1.** *adj.* Jubiläums...; Geburtstags...; **2.** *m* Geburtstagskind *n*; **~ar** *bras.* [~'rjar] (1g) den Jahrestag begehen; Geburtstag feiern.

aniversário [~vər'sarju] **1.** *adj.* Jubiläums...; Geburts...; **2.** *m* Jahrestag *m*; Stiftungsfest *n e-s Vereins*; tag *m*; Jubiläum *n*; ~ *natalício* Geburtstag *m*.

anj|inho [ɐ̃'ʒiɲu] *m* Engelchen *n*; *~s pl. hist.* Daumenschrauben *f/pl.*; **~o** ['ɐ̃ʒu] *m* Engel *m*; ~ *custódio*, ~ *da guarda* Schutzengel *m*.

ano ['ɐnu] **1.** *m* Jahr *n*; ~ *económico* Geschäftsjahr *n*; *♀-Novo* Neujahr *n*; *votos m/pl. de* ~ *bom* Neujahrswünsche *m/pl.*; *dar os bons ~s* zu Neujahr gratulieren; *o* ~ *em que andamos*, *o* ~ *que corre* das laufende Jahr; *uns ~s por outros* im (Jahres-)Durchschnitt; *de há muitos ~s* langjährig; *os ~s (cinquenta etc.)* die (fünfziger) Jahre; *(seja) por muitos ~s!* Glück zu!; **2.** *~s pl.* Lebensjahre *n/pl.*; *dia m de ~s* Geburtstag *m*; *fazer ~s* Geburtstag h.; *fazer (ter) trinta ~s* 30 Jahre alt w. (sn); *quantos ~s tem?* wie alt sind Sie?; *entrado em ~s* bejahrt; *irón.* nicht mehr der Jüngste; *carregado de ~s* hochbetagt.

anódino [ɐ'nɔðinu] unschädlich; schmerzstillend.

anódio, ânodo [ɐ'nɔðju, 'ɐnuðu] *m* Anode *f*.

anoit-, anoutecer [ɐnoit-, ɐnotə'ser] (2g) Nacht *(od.* dunkel) w.; bei Einbruch der Dunkelheit ankommen *(od.* sich befinden); *ao* ~ bei Einbruch der Dunkelheit.

anoj|ado [ɐnu'ʒaðu] trauernd, in Trauer; traurig; **~ar** [~ar] (1e) = *enojar*; **~ar-se** trauern.

anomalia [ɐnumɐ'liɐ] *f* Abweichung *f*, Anomalie *f*; Fehler *m*.

anómalo [ɐ'nɔmɐlu] abweichend, fehlerhaft; krankhaft, abnorm.

an|onimato [ɐnuni'matu] *m* Anonymität *f*; **~ónimo** [ɐ'nɔnimu] **1.** *adj.* anonym; *sociedade f -a* Aktiengesellschaft *f*; **2.** *m* ungenannte(r) Verfasser *m*; Unbekannte(r) *m*.

anorgânico [ɐnur'ɣɐniku] *s. inorg...*

anorm|al [ɐnur'mal] anomal; ungewöhnlich; = *anómalo*; **~alidade** [~mɐli'ðaðə] *f* Abnormität *f*.

anot|ação [ɐnutɐ'sɐ̃u] *f* Anmerkung *f*; Vermerk *m*; **~ar** [~'tar] (1e) mit Anmerkungen versehen; aufschreiben, vermerken.

anseio [ɐ̃'seju] *m* Unruhe *f*, Sorge *f*; Sehnsucht *f*; Streben *n*.

anserino [ɐ̃sə'rinu] Gänse...

ânsia ['ɐ̃sjɐ] *f* = *ansiedade*; *~s* Übelkeit *f*.

ansi|ado [ɐ̃'sjaðu] angstvoll; übel; *ele está* ~ ihm ist übel; **~ar** [~ar] (1h) ängstigen, quälen; schlecht bekommen *(dat.)*; ~ *(por)* sich sehnen nach; brennen auf *(ac.)*; **~edade** [ɐ̃sje'ðaðə] *f* (Seelen-) Angst *f*, innere Unruhe *f*; Spannung *f*; Sehnsucht *f*; Begierde *f*; *com* ~ = **~osamente** [ɐ̃ˌsjɔzɐ'mẽntə]: *desejar* ~ = *~ar*; **~oso** [ɐ̃'sjozu (-ɔ-)] unruhig, angstvoll; sehnsüchtig; ~ *de* begierig (zu *inf.*; nach [*dat.*]); *estar* ~ *por* gespannt sn *(od.* brennen) auf *(ac.)*.

anta *bras.* ['ɐ̃ntɐ] *f zo.* Tapir *m*.

antag|ónico [ɐ̃ntɐ'ɣɔniku] gegensätzlich, widerstreitend; **~onismo** [~u'niʒmu] *m* Gegensatz *m*; **~onista** [~u'niʃtɐ] *m* Gegner *m*.

antálgico [~'talʒiku] schmerzstillend.

antárctico [~'tartiku] antarktisch; *polo m* ~ Südpol *m*.

ante ['ɐ̃ntə] vor *(ac. u. dat.)*; angesichts *(gen.)*.

ante|acto [ɐ̃ntə'atu] *m* Vorspiel *n*; **~braço** [~'βrasu] *m* Unterarm *m*; **~câmara** [~'kɐmɐrɐ] *f* Vor-zimmer *n*, -kammer *f*.

antece|dência [~sɐ'δẽsjɐ] *f* Vorangehen *n*; ~*s pl.* Vorgeschichte *f*, Antezedenzien *n/pl.*; *com* ~ im voraus; frühzeitig; **~dente** [~'δẽntə] **1.** *adj.* vorhergehend, vorig; **2.** *m* Antezedens *n*; Präzedenzfall *m*; *Logik*: Vordersatz *m*; ~*s pl.* **a**) Vorfahren *m/pl.*; **b**) Vorleben *n e-r Person*; Vorgeschichte *f e-r Sache*; ~*s penais* Vorstrafen *f/pl.*; *de maus* ~*s* vorbelastet; *atestado m de bons* ~*s* Unbescholtenheitszeugnis *n*; *sem* ~*s* beispiellos; **~der** [~'δer] (2c) vorher-, voraus-gehen; = **~der-se** zuvorkommen; vorgreifen; **~ssor** *m*, **-a** *f* [~'sor, -ɐ] Vorgänger(in *f*) *m*; ~*es m/pl.* Vorfahren *m/pl.*

antecip|ação [~sipɐ'sɐ̃u] *f* Vorausnahme *f*; Vorwegnahme *f*; ✝ Vorauszahlung *f*; *com* ~ = **~adamente** [~ˌpaδɐ'mẽntə] im voraus; **~ado** [~'paδu] vorherig; vorzeitig; *alegria f* (*venda f*) *-a* Vor-freude (-verkauf *m*) *f*; *pagamento m* ~ Vorauszahlung *f*; **~ar** [~'par] (1a) voraus-, vorwegnehmen; verfrühen; vorverlegen; ~ *alg.* (em) j-m zuvorkommen (bei *od.* in [*dat.*]); ~ *os agradecimentos* im voraus danken; **~ar-se** vorhergehen; zuvorkommen; sich verfrühen; früher kommen (als *a*); vorauseilen; vorgreifen; **~o** *bras.* [~'sipu] *m* Vorschuß *m*.

antedat|a [~'δatɐ] *f* Vordatierung *f*. *pôr* ~ *em* = **~ar** [~δɐ'tar] (1b) vordatieren.

ante|diluviano [~δilu'vjɐnu] vorsintflutlich; **~dizer** [~δi'zer] vorhersagen; **~face** [~'fasə] *m* Gesichtsschleier *m*; Larve *f*; **~firma** [~'firmɐ] *f* Schlußformel *f im Brief*.

antegost|ar (1e), **~o** [~γuʃ'tar, ~'γoʃtu] = *antegoz|ar*, *~o*.

antegoz|ar [~γu'zar] (1e) im voraus (*od.* vorher) genießen (*od.* schmekken); sich freuen auf (*ac.*); **~o** [~'γozu] *m* Vorgeschmack *m*; Vorfreude *f*.

ante|lóquio [~'lɔkju] *m* Vorrede *f*; **~manhã** [~mɐ'ɲɐ̃] *f* (*od. adv.*) (im) Morgengrauen *n*; **~mão** [~'mɐ̃u]: *de* ~ im voraus; **~meridiano** [~məri'δjɐnu] vormittägig.

antena [ɐ̃n'tenɐ] *f* ⚓ Rahe *f*; *zo.* Fühlhorn *n*, Fühler *m*; *Radio*: Antenne *f*; ~ *dirigida* Richtantenne *f*; ~ *aérea*, ~ *alta* Hoch-, ~ *emissora* Sende-, ~ *exterior* Außen-, ~ *interior* Zimmer-, ~ *de quadro* Rahmenantenne *f*.

ante|nupcial [ɐ̃ntənup'sjaɫ] vorehelich; **~olhos** [~'ɔʎuʃ] *m/pl.* Scheuklappen *f/pl.*; **~ontem** [~'õntɐ̃i] vorgestern; **~pagar** [~pɐ'γar] (1o; *Stv.* 1b) voraus(be)zahlen.

antepar|a [~'parɐ] *f* ⚓ Schott *n*; = **~o**; **~ar** [~pɐ'rar] (1b) schützen; vorbeugen (*dat.*), steuern (*dat.*); ab-sperren, -schirmen; *Lücke* schließen; **~ar-se** sich vorsehen; **~o** [~'paru] *m* Schutz *m*; (spanische) Wand *f*; Windfang *m*; (Lampen-, Ofen-)Schirm *m*.

ante|passado [~pɐ'saδu] *m* Vorfahr *m*; **~pasto** [~'paʃtu] *m* Vorspeise *f*; **~penúltimo** [~pə'nuɫtimu] vorvorletzt, drittletzt; **~por** [~'por] (2zd) voranstellen; vorziehen; **~porta** [~'pɔrtɐ] *f* Vortür *f*; Türvorhang *m*; **~porto** [~'portu (-ɔ-)] *m* Außenhafen *m*; **~posição** [~puzi'sɐ̃u] *f* Voranstellung *f*; **~posto** [~'poʃtu (-ɔ-)] **1.** *p.p. v.* ~*por*; **2.** *adj.* vorgelagert; **~projecto** [~pru'ʒɛtu] *m* Vor-entwurf *m*, -projekt *n*.

antera [ɐ̃n'tɛrɐ] *f* Staubbeutel *m*.

anteri|or [ɐ̃ntə'rjor] vorhergehend; vorig; früher; Vorder...; **~oridade** [~rjuri'δaδə] *f* Vorzeitigkeit *f*; Vorzug *m*, Vorrang *m*; *com* ~ = **~ormente** [~ˌrjor'mẽntə] vorher; früher.

anterrosto [~'ʀoʃtu] *m* Schmutztitel *m*.

antes ['ɐ̃ntɨʃ] **1.** *prp.* ~ de vor (*dat.*); ~ *de mais nada* vor allen Dingen, vor allem; ~ *de partir* vor meiner Abreise, bevor ich abreis(t)e; ~ *de terminado o espectáculo* vor Schluß der Vorstellung; ~ *que cj.* bevor, ehe; P selbst wenn; **2.** *adv.* (em) ~ vorher (*pouco* kurz); eher, früher; lieber, besser; ~ (*pelo contrário*) vielmehr; *de* ~ = *dantes*; *quanto* ~ so bald wie möglich; *quanto* ~ *melhor* je eher desto besser.

anti... [ɐ̃ntə] *in Zssgn unv.* **1.** *mit Subst.* Anti..., Gegen..., ...-gegner; Mittel *n* gegen ...; **2.** *mit Adj.* anti..., ...feindlich; (gut) gegen ...

anti|ácido [~'asiδu] säurebeständig; **~aéreo** [~ɐ'ɛrju] Luftschutz..., Flugzeugabwehr...; *defesa f -a* Luft-abwehr *f*, -schutz *m*; *artilharia* (*peça*) *f -a* Flak-artillerie *f*, -geschütz *n*; **~biótico** [~'βjɔtiku] *m* Antibiotikum *n*; **~carro** [~'kaʀu] Panzerabwehr...; **~cefálgico** [~sə'fałʒiku]: (*medicamento*) ~ *m* Kopfwehmittel *n*; **~científico** [~sjẽn'tifiku] unwissenschaftlich; **~clerical** [~kləri'kał] antiklerikal, kirchenfeindlich; **~concepcional** [~kõsepsju'nał] empfängnisverhütend; **~congelante** [~kõʒə'lẽntə] *m* Frostschutzmittel *n*; **~constitucional** [~kõʃtitusju'nał] verfassungswidrig; **~corrosivo** [~kuʀu'zivu] = *~ferruginoso*.

anticrist|ão (**-ãos**) [~kriʃ'tɐ̃u (-ɐ̃uʃ)] **1.** *adj.* anti- (*od.* un-)christlich; **2.** *m* Gegner *m* des Christentums; **~o** [~'kriʃtu] *m* Antichrist *m*.

anti|democrático [~ðəmu'kratiku] undemokratisch; **~deslizante** [~ðəʒli'zẽntə] **1.** *adj.* Gleitschutz...; **2.** *m* Gleitschutz *m*; **~detonante** [~ðətu'nẽntə] klopf-frei, -sicher.

antídoto [ẽn'tiðutu] *m* Gegengift *n* (gegen *a*); Gegenmittel *n*.

anti|económico [ẽntiku'nɔmiku] unwirtschaftlich; **~espumante** [~ʃpu'mẽntə] schaumgebremst; **~estético** [~ʃ'tɛtiku] unästhetisch, unschön; **~fascista** [~fɐ'ʃiʃtɐ] **1.** *adj.* antifaschistisch; **2.** *su.* Antifaschist (-in *f*) *m*; **~ferruginoso** [~fəʀuʒi'nozu (-ɔ-)] rostverhütend; *tinta f -a* Rostschutzfarbe *f*; **~flogístico** [~flu'ʒiʃtiku] (gut) gegen Entzündung; **~-gás** [~'ɣaʃ]: *máscara f* ~ Gasmaske *f*.

antífona [ẽn'tifunɐ] *f kirchlicher* Wechselgesang *m*; Eingangsvers *m*.

antig|alha [ẽnti'ɣaʎɐ] *f* = *~ualha*; **~amente** [~ɐ'mẽntə] früher, ehemals, vormals; **~o** [ẽn'tiɣu] **1.** *adj.* alt, früher, ehemalig; antik; *à -a* in antikem Geschmack; **2.** *m*: *os ~s* die Alten *m/pl*.

anti-greve [~'ɣrɛvə]: *lei f* ~ Antistreikgesetz *n*.

antig|ualha [~'ɣwaʎɐ] *f* = *antiqualha*; **~uidade** [~ɣwi'ðaðə] *f* Altertum *n*; *die* alte Welt, Antike *f*; (Dienst-)Alter *n*; *~s pl.* Antiquitäten *f/pl*.

antílope [ẽn'tilupə] *m* Antilope *f*.

antimagnético [ẽntimɐɣ'nɛtiku]: *relógio m* ~ magnetfreie Uhr *f*.

antimónio [ẽnti'mɔnju] *m* Antimon *n*, Spießglanz *m*.

antinódoa [~'nɔðwɐ] *f* Flecken-[mittel *n*.]

antin|omia [ẽntinu'miɐ] *f* Gegensatz *m*; Widerspruch *m*; **~ómico** [~'nɔmiku] unvereinbar; widersprüchlich, gegensätzlich.

antioperário [~upə'rarju] arbeiterfeindlich.

antipapa [~'papɐ] *m* Gegenpapst *m*.

antip|atia [ẽntipɐ'tiɐ] *f* Abneigung *f*; Widerwille *m*; **~ático** [~'patiku] unsympathisch; unausstehlich; (ea.) abstoßend; unverträglich (*Farben*); **~atizar** [~ɐti'zar] (1a): ~ *com alg.* j-n unsympathisch (*od.* unausstehlich) finden; j-n nicht mögen.

ant|ípoda [ẽn'tipuðɐ] *m* Antipode *m*; **~ipopular** [~tipupu'lar] volksfeindlich.

antiqu|ado [ẽnti'kwaðu] veraltet; **~alha** [~aʎɐ] *f* alte Scharteke *f* (*Buch*); *allg.* F alte Klamotte *f*; Zopf *m*; *~s pl.* Plunder *m*; **~ário** [~arju] **1.** *m* Antiquar *m*; **2.** *adj.* = *~ado*; **~íssimo** [~'kisimu] uralt.

anti-|religioso [~ʀəli'ʒjosu] religionsfeindlich; unreligiös; **~rugas** [~'ʀuɣɐʃ] knitterfrei.

anti-semit|a [~sə'mitɐ] **1.** *adj.* judenfeindlich; **2.** *su.* Antisemit(in *f*) *m*; **~ismo** [~mi'tiʒmu] *m* Antisemitismus *m*.

anti-|séptico [~'sɛptiku] keimtötend, antiseptisch; **~social** [~su'sjał] asozial; unsozial; **~spasmódico** [~ʃpɐʒ'mɔðiku] krampflösend.

ant|ítese [ẽn'titəzə] *f* Antithese *f*, Gegensatz *m*; **~itético** [~i'tɛtiku] gegensätzlich, antithetisch.

anti|tóxico [~'tɔksiku] **1.** *adj.* entgiftend; **2.** *m* Gegengift *n*.

anto|jar [ẽntu'ʒar] (1e) (sich) vor Augen halten; (an)sehen; (sich) vorstellen; wünschen; begehren; Lust haben auf (*ac.*); **~jar-se** (er-)scheinen; **~jo** [ẽn'toʒu(-ɔ-)] *m* Gelüst *n*; Laune *f*; *dão-me ~s de* ich habe Lust auf (*ac.*) *od.* zu; **~lhar** [~'ʎar] (1e) = *~jar*; **~lhos** [~'ɔʎuʃ] *m/pl.* Scheuklappen *f/pl.* (*a. fig.*).

antologia [~lu'ʒiɐ] *f lit.* Blütenlese *f*; Sammlung *f*, Anthologie *f*.

antónimo [ẽn'tɔnimu] **1.** *adj.* entgegengesetzt; **2.** *m* Gegenteil *n*.

antr|acite [ẽntrɐ'sitə] *f* Anthrazit *m*; **~az** ⚕ [~'traʃ] *m* Karbunkel *m*.

antro ['ẽntru] *m* Höhle *f*.

antrop|ofagia [ẽntrupufɐ'ʒiɐ] *f* Menschenfresserei *f*; **~ófago** [~'pɔfɐɣu] *m* Menschenfresser *m*; **~óide** [~'pɔiðə] **1.** *adj.* menschen-

ähnlich; **2.** *m* Menschenaffe *m*; **~ologia** [~pulu'ʒiɐ] *f* Menschenkunde *f*, Anthropologie *f*; **~ologista, ~ólogo** [~pulu'ʒiʃtɐ, ~'pɔluγu] *m* Anthropologe *m*; **~omorfo** [~pu'mɔrfu] = *~óide*.
anual [ɐ'nwał] jährlich; Jahres...; **~idade** [ɐnwɐli'ðaðə] *f* Jährlichkeit *f*; Jahres-beitrag *m*, -einkommen *n*, -ertrag *m*, -rate *f*.
anuário [ɐ'nwarju] *m* Jahrbuch *n*; *~ comercial* Adreßbuch *n*.
anu|ência [ɐ'nwẽsjɐ] *f* Zustimmung *f*; **~ir** [~ir] (3i): *~ a* zustimmen (*dat.*); einwilligen in (*ac.*); einverstanden sn mit.
anul|ação [ɐnulɐ'sɐ̃u] *f* Aufhebung *f*; Nichtigkeitserklärung *f*; **~ar** [~'lar] **1.** *v/t.* (1a) rückgängig m., aufheben; für null und nichtig erklären; außer Kraft setzen; ✝ *Order* annullieren; **2.** *adj.* ringförmig; *dedo m ~* Ringfinger *m*.
anunci|ação [ɐnũsjɐ'sɐ̃u] *f rel.* (Mariä) Verkündigung *f*; **~ador** [~'ðor] **1.** *m* Verkünder *m*; **2.** *adj.* = **~ante** [~'sjẽntə] **1.** *adj.* anzeigend; **2.** *su.* Inserent(in *f*) *m*; **~ar** [~'sjar] (1g) anmelden; ankündigen; verkünden; bekanntmachen; inserieren; *Radio*: ansagen.
anúncio [ɐ'nũsju] *m* Anzeige *f*, Bekanntmachung *f*; Ankündigung *f*; *Radio*: Ansage *f*; Zeitungsanzeige *f*, Inserat *n*; *~ luminoso* Lichtreklame *f*; *pôr (um) ~* inserieren; *~s pl. económicos* kleine Anzeigen *f/pl.*
anúria ⚕ [ɐ'nurjɐ] *f* Harnverhaltung *f*, Anurie *f*.
ânus ['ɐnuʃ] *m* After *m*.
anuviar [ɐnu'vjar] (1g) = *nublar*.
anverso [ɐ̃'vɛrsu] *m* Vorderseite *f*.
anzol [ɐ̃'zɔł] *m* Angelhaken *m*; *fig.* Fallstrick *m*; *cair nos -óis de alg.* j-m ins Netz gehen; *morder (od. tragar) o ~* anbeißen (*a. fig.*).
ao [ɐu, *bras.* au] *Zssg der prp. a mit art. od. pron. demonstr.* o.
aonde [ɐ'õndə] wohin; ⚔ wo.
aorta [ɐ'ɔrtɐ] *f* Hauptschlagader *f*.
apadrinhar [ɐpɐðri'ɲar] (1a) Patenstelle annehmen bei; Zeuge sn bei; *fig.* begünstigen.
apag|ado [ɐpɐ'γaðu] dumpf (*Ton, a. fig.*); *fig.* bescheiden, still; **~ador** [~γɐ'ðor] *m* Löschhorn *n*; Löscher *m*; **~ar** [~'γar] (1o; *Stv.* 1b) (aus-)löschen; *Licht* ausm.; ausschalten; *Ton, Farbe* dämpfen; *fig. a.* besänftigen; vermindern; *Wort* ausradieren; *Spur* verwischen; **~ar-se** erlöschen; verklingen (*Ton*).
ápage! ['apɐʒə] *int.* hinweg!
apainel|ado [ɐpainə'laðu] *m* Paneel *n*; **~amento** [~ɐ'mẽntu] *m* Täfelung *f*; **~ar** [~'lar] (1c) täfeln.
apaixon|ado [ɐpaiʃu'naðu] leidenschaftlich; verliebt; **~ante** [~'nɐ̃ntə] erregend; spannend; **~ar** [~ar] (1e) verliebt m.; (leidenschaftlich) erregen; **~ar-se** *por* sich verlieben in (*ac.*); sich begeistern für.
apalavr|ado [ɐpɐlɐ'vraðu]: *estar ~* zugesagt (*od.* versprochen) sn; **~ar** [~ar] (1b) besprechen; verabreden; *j-n* verpflichten; *et. od. j-n* versprechen; sich *ein Kaufobjekt* sichern; **~ar-se** übereinkommen.
apalermado [~lɛr'maðu] einfältig.
apalp|ação [ɐpałpɐ'sɐ̃u] *f* ⚕ Abklopfen *n*; = *~adela*; **~adeira** [~ɐ'ðeirɐ] *f* Untersuchungsbeamtin *f*; **~adela** [~ɐ'ðɛlɐ] *f* Abtasten *n*; (Tast-)Griff *m*; *às ~s* tastend; *fig.* aufs Geratewohl; *andar às ~s* (herum-, daher-)tappen; **~ar** [~'par] (1a) (ab-, be-)tasten; belästigen.
apanágio [ɐpɐ'naʒju] *m* Merkmal *n*.
apanha [ɐ'pɐɲɐ] *f Oliven*-Ernte *f*.
apanh|ação [ɐpɐɲɐ'sɐ̃u] *f bras.* = *apanha*; **~adeira** [~ɐ'ðeirɐ] *f Obst*-Pflückerin *f*; Ährenleserin *f*; Maschenaufnehmerin *f*; Kehrblech *n*; **~ado** [~'ɲaðu] **1.** *m* Zusammenstellung *f*, Übersicht *f*; Inhaltsangabe *f*; *Kleider*-Falte *f*; **2.** *adj. bem ~* gut gesagt, gut getroffen; F witzig; **~ador** [~ɐ'ðor] *m* Pflücker *m*; Sammler *m*; **~a-gotas** (*pl. unv.*) [~ɐ'γotɐʃ] *m* Tropfenfänger *m*; ⊕ Tropfschale *f*, Ölschiff *n*; **~a-moscas** (*pl. unv.*) [~'moʃkɐʃ] *m* Fliegenfänger *m*; ♀ Fettkraut *n*, Sonnentau *m*; **~ar** [~'ɲar] (1a) aufheben; (er-)greifen, fassen, packen; *Obst usw.* pflücken, ernten; *Ähren usw.* (auf-)sammeln; *Kleid* raffen; *Maschen* aufnehmen; *Ball, Fisch* fangen; *Dieb* erwischen; *j-n bei et.* ertappen; *Regen* abbekommen; *Fieber, Strafe, Zug* bekommen, F kriegen; *j-n* einholen, treffen; *Bestelltes* abholen; F abstauben; *~ (uma sova)* Hiebe bekommen; **~o** [ɐ'pɐɲu] *m* = *apanha*.
apaniguado [~ni'γwaðu] *m* Anhänger *m*; Schützling *m*.

apara [ɐ'parɐ] *f* Schnitzel *n*; Span *m*; Abfall *m*; **~-charutos** (*pl. unv.*) [~ʃɐ'rutuʃ] *m* Zigarrenabschneider *m*.

aparador [ɐpɐrɐ'δor] *m* Anrichte *f*.

aparafusar [~fu'zar] (1a) an-, fest-, ver-, zs.-schrauben.

apara-lápis (*pl. unv.*) [ɐˌparɐ'lapiʃ] *m* Bleistiftspitzer *m*.

aparar [ɐpɐ'rar] (1b) *Ball, Hieb* auffangen, parieren; beschneiden, behauen; *Bleistift* spitzen; *Bart usw.* stutzen; *fig.* F *Ration* fassen; *Holz usw.* abhobeln, glätten; *Stil* (aus-) feilen; *fig. Zumutung* dulden.

aparato [~'ratu] *m* Aufwand *m*; Apparat *m*; *Polizei- usw.* Aufgebot *n*.

aparat|osamente [~rɐˌtɔzɐ'mẽntə] mit großem Aufwand; **~oso** [~'tozu (-ɔ-)] prächtig; aufsehenerregend.

aparec|er [~rə'ser] (2g) erscheinen; kommen; *Krankheit usw.* auftreten; zutage treten, zum Vorschein kommen; **~imento** [~i'mẽntu] *m* Erscheinen *n*; Auftreten *n*; Zutagetreten *n*; Erscheinung *f*.

aparelh|ado [~rə'ʎaδu] bereit *od.* geeignet (zu *para*); **~ador** [~ɐ'δor] *m* Unterwerkmeister *m*; **~agem** [~'ʎaʒẽi] *f* Gerätschaften *f/pl.*; Apparatur *f*; *fig.* Apparat *m*; **~amento** [~ɐ'mẽntu] *m* Zurüstung *f*; = *~agem*; **~ar** [~'ʎar] (1d) ausrüsten; zurichten; vorbereiten; *Steine* behauen; *Holz* hobeln; *Pferd* anschirren; ⚓ auftakeln; **~o** [~'reʎu] *m* **a**) Apparat *m*; Vorrichtung *f*; *Küchen-, Pferde-*Geschirr *n*; *Jagd- usw.* Gerät *n*; ✂ Besteck *n*; **b**) Richten *n*; Vorbereitung *f*.

aparência [~'rẽsjɐ] *f* Schein *m* (*salvar* wahren); Anschein *m*; Äußere(s) *n*; *as ~s enganam* der Schein trügt.

aparent|ado [~rẽn'taδu] verwandt; **~ar** [~ar] (1a) vortäuschen; aussehen wie; *~ (calma etc.)* sich (ruhig *usw.*) geben; **~ar-se a**): *~ com* ähneln (*dat.*); **b**) sich verschwägern; **~e** [~'rẽntə] scheinbar, Schein...

aparição [~ri'sɐ̃u] *f* Erscheinung *f*; *fazer a sua ~* in Erscheinung treten.

aparo [ɐ'paru] *m* Beschneiden *n*; Spitzen *n*; *bsd.* Schreibfeder *f*.

apart|ação [ɐpɐrtɐ'sɐ̃u] *f* Scheidung *f*; *taur.* Einstallung *f der Kampfstiere*; **~ado** [~'taδu] **1.** *adj.* abgelegen; einsam; **2.** *m* ✆ Postfach *n*; **~amento** [~ɐ'mẽntu] *m* Trennung *f*; Absonderung *f*; Entfernung *f*; Zurückgezogenheit *f*; *gal.* Appartement *n*, Wohnung *f*; **~ar** [~'tar] (1b) beiseite-legen, -setzen, -stellen; trennen, absondern; entfernen; *Augen* abwenden; *~ de* abbringen von; **~ar-se** zur Seite treten; sich zurückziehen, sich abwenden; *vom Weg* abweichen; *Vertrag* nicht einhalten.

aparte [a'partə] *m* Zwischen-bemerkung *f*, -ruf *m*; *teat.* zur Seite Gesprochenes *n*; **~ar** *bras.* [apar'tjar] (1l) einwerfen, dazwischenrufen; unterbrechen.

apartid|ário [ɐpɐrti'δarju] parteilos; unabhängig; **~ariamente** [~δarjɐ'mẽntə] ohne Einfluß (*od.* Mitwirkung) von Parteien; **~arismo** [~ɐ'riʒmu] *m* Parteilosigkeit *f*, Unabhängigkeit *f*.

aparv|alhado, ~oado [ɐpɐrvɐ'ʎaδu, ~'vwaδu] verdutzt, ratlos; dumm, blöde; **~alhar** [~'ʎar] (1b) = **~oar** [~'vwar] (1f) aus der Fassung bringen, F verdattern; dumm m.

apascentar [ɐpɐʃsẽn'tar] (1a) weiden.

apatia [~'tiɐ] *f* Teilnahmslosigkeit *f*, Gleichgültigkeit *f*.

apático [ɐ'patiku] teilnahmslos, stumpf.

apátrida [ɐ'patriδɐ] staatenlos.

apavorar [ɐpɐvu'rar] (1e) erschrekken, entsetzen.

apazigu|ador [~ziɣwɐ'δor] *m* Friedensstifter *m*; **~amento** [~ɐ'mẽntu] *m* Befriedung *f*; Beruhigung *f*; **~ante** [~'ɣwẽntə] friedfertig; **~ar** [~'ɣwar] (1m) befrieden; beruhigen.

ape|adeiro [ɐpjɐ'δeiru] *m* 🚃 Haltepunkt *m*, (Eisenbahn-)Station *f*; **~ar** [ɐ'pjar] (1l) *v/t. j-m* (herunter-) helfen; *j-n* aussteigen l.; herunternehmen; abwerfen; *j-n s-s Amtes* entheben, absetzen; *fig.* herunterm.; *v/i. u.* **~ar-se** absitzen; ab-, aussteigen.

apedido *bras.* [ape'didu] *m* Eingesandt *n*; *~s pl.* Zuschriften *f/pl.* aus dem Leserkreis; Briefkasten *m*.

apedrej|amento [ɐpəδrəʒɐ'mẽntu] *m* Steinigung *f*; **~ar** [~'ʒar] (1d) steinigen; (mit Steinen) bewerfen; mit Steinwürfen vertreiben.

apeg|ado [~'ɣaδu] anhänglich, zugetan; **~ar-se** [~arsə] (1o; *Stv.* 1c) ~ *a* Zuneigung fassen zu; sich klammern (*od.* halten) an (*ac.*); hängen an (*dat.*); **~o** [ɐ'peɣu] *m* Anhänglichkeit *f*, Zuneigung *f*.

apeiro [ɐ'peiru] *m* Zuggeschirr *n*; Gerät *n*; Werkzeug *n*.

apel|ação [ɐpəlɐ'sɐ̃u] *f* ⚖ Berufung *f*; *sem* ~ *nem agravo* ohne Revisionsmöglichkeit, *fig.* unwiderruflich; **~ante** [~'lẽntə] *m* Berufungskläger *m*; **~ar** [~'lar] (1c) *v/i.* *para* appellieren an (*ac.*); anrufen (*ac.*); ⚖ Berufung einlegen bei (*de* gegen); ~ *a* aufrufen zu; **~atório** [~ɐ'tɔrju] Berufungs...; **~ável** [~'lavɛɫ] revisionsfähig.

apelid|ado [~li'ðaðu]: ~ *de* sogenannt; **~ar** [~ar] (1a): ~ *de* nennen (*ac.*); **~o** [~'liðu] *m* Zu-, Familienname(n) *m*.

apelo [ɐ'pelu] *m* Aufruf *m*, Appell *m*; ⚖ Berufung *f*; *sem* ~ unwiderruflich.

apenas [ɐ'penɐʃ] **a**) nur; *zeitl.* erst; **b**) kaum.

apêndice [ɐ'pẽndisə] *m* Anhang *m*; Zusatz *m*; ~ (*cecal od. vermicular*) Wurmfortsatz *m*.

apendicite [ɐpẽndi'sitə] *f* Blinddarmentzündung *f*.

apens|ar [ɐpẽ'sar] (1a) bei-, hinzufügen; **~o** [ɐ'pẽsu] **1.** *adj.* beigefügt; **2.** *m* Anlage *f*; Zusatz *m*.

aperaltado [ɐpəraɫ'taðu] geckenhaft.

aperceb|er [ɐpərsə'βer] (2c) **a**) wahrnehmen; **b**) vorbereiten; ausrüsten, versehen (mit *de*); **~er-se a**) ~ *de a/c.* et. (be)merken; **b**) sich rüsten; sich vorsehen; **~ido** [~'βiðu] bereit; **~imento** [~i'mẽntu] *m* Vorbereitung *f*; Ausrüstung *f*.

apercepção *fil.* [~sɛp'sɐ̃u] *f* Apperzeption *f*, Wahrnehmung *f*.

aperfeiço|amento [~feiswɐ'mẽntu] *m* Vervollkommnung *f*; Vollendung *f*; Weiterbildung *f*; *curso m de* ~ Fortbildungskursus *m*; **~ar** [~'swar] (1f) vervollkommnen, verbessern; vollenden; **~ar-se** sich weiterbilden.

aperitivo [ɐpəri'tivu] **1.** *adj.* appetitanregend; **2.** *m* Aperitif *m*.

aperrar [ɐpə'ʀar] (1c) entsichern.

aperrear [~'ʀjar] (1l) hetzen; *fig.* kurzhalten.

apert|adela [ɐpərtɐ'ðɛlɐ] *f*: *dar uma* ~ zwicken, *fig.* sich *j-n* vornehmen; **~ado** [~'taðu] **1.** *adj.* eng, knapp; beengt; drückend; dringlich; genau; knauserig; **2.** *bras.* *m* Engpaß *m*; Klamm *f*; **~ador** [~tɐ'ðor] *m* Klammer *f*; (Haar-)Spange *f*; Schnalle *f*; **~ão** [~'tɐ̃u] *m* heftige(r) Druck *m*; Gedränge *n*; **~ar** [~'tar] (1c) *v/t.* zs.-drängen; (zs.-)drücken, (-)pressen; (zs.-)schnüren; *Schwamm* ausdrücken; *Kleid* enger m.; *Rock* zuknöpfen; *Gürtel* enger (*od.* zu-) schnallen; *Schraube* an-, *Knoten* zu-, *Netz*, *Bericht* zs.-ziehen; *Hand* drücken, schütteln; *Schritt* beschleunigen; *Herz* bedrücken, zs.-schnüren; *Disziplin* verschärfen; *fig.* ~ *alg.* j-m (hart) zusetzen, *bsd.* j-n ausfragen; ~ *alg. com* j-n bedrängen (*od.* j-m zusetzen) mit; ~ *as mãos na cabeça* die Hände ringen; ~ *as despesas* (*a bolsa od. os cordões à bolsa*) sparen; *v/i.* drücken; zs.-rücken, sich zs.-schließen; drängen (*Zeit*, *Not*); stärker (*od.* schlimmer) w. (*Hitze usw.*); sich zs.-ziehen (*Gewitter*); ~ *com alg.* j-m zusetzen; *bras.* ~ *na boca* den Mund zs.-ziehen; **~ar-se** *a* sich drängen (*od.* hängen) an (*ac.*).

apert|o [ɐ'pertu] *m* Druck *m*; Gedränge *n*; Enge *f*; Verengung *f*; Engpaß *m*, Klamm *f*; *fig.* Bedrängnis *f*, Not *f*; Verlegenheit *f*, F Klemme *f*; Drang *m der Geschäfte usw.*; Strenge *f e-s Befehls*; Knauserei *f*; ⊕ Verspannung *f*; *parafuso m de* ~ Klemm-, Spann-schraube *f*; *no maior* ~ *do inverno* im strengsten Winter; *com* ~ inständig; **~ura** [ɐpər'turɐ] *f* = ~*o*; ~*s econômicas bras.* wirtschaftliche Schwierigkeiten *f/pl.*, Geldsorgen *f/pl.*

apesar [ɐpə'zar] trotz (*gen.*); ~ *disso* trotzdem; ~ *de que* obgleich.

apessoado [~'swaðu]: (*bem*) ~ von gutem Aussehen; gut aussehend.

apetec|er [~tə'ser] (2g) begehren; *v/i.* zusagen; (*não*) *me apetece* ich habe (keine) Lust auf (*ac.*) *od.* zu (*dat.*), ich mag nicht (*ac.*); **~ível** [~'sivɛɫ] begehrenswert.

apetência [~'tẽsjɐ] *f* Begierde *f*, Lust *f*.

apetit|e [~'titə] *m* Eßlust *f*, Appetit *m*; Begierde *f*; Trieb *m*; **~ivo** [~ti'tivu] begehrend; *afecto m* ~ Begehren *n*; = **~oso** [~ti'tozu (-ɔ-)] appetitlich; schmackhaft; begeh-

renswert; begehrlich.
apetrech|amento [~trəʃɐ'mẽntu] *m* Ausstattung *f*, Ausrüstung *f*; **~ar** [~'ʃar] (1d) versehen; aus-statten, -rüsten; **~o(s)** [~'treʃu(ʃ)] *m(pl.)* Gerät(schaften *f/pl.*) *n*; Zubehör *n*.
ápice ['apisə] *m* Gipfel *m* (*a. fig.*); Spitze *f*; *~s pl.* Trema *n*; *num ~* im Nu; *por um ~* um ein Haar.
apicult|or [ɐpikuł'tor] *m* Imker *m*; **~ura** [~'turɐ] *f* Bienenzucht *f*.
apiedar [ɐpje'ðar] (1c) erbarmen.
apiment|ado [ɐpimẽn'taðu] pikant, scharf; **~ar** [~'tar] (1a) pfeffern (*a. fig.*); würzen.
apinh|ado [ɐpi'ɲaðu] dicht besetzt, überfüllt; F gesteckt voll; **~ar** [~ar] (1a) = **~oar** [~'ɲwar] (1f) (auf-) häufen; (zs.-)drängen.
ápiro ['apiru] feuerfest.
apisoar [ɐpi'zwar] (1f) walken.
apist|eiro [ɐpiʃ'teiru] *m* Schnabeltasse *f*; **~o** [ɐ'piʃtu] *m* Kraftbrühe *f*.
apit|ar [ɐpi'tar] (1a) pfeifen; **~o** [ɐ'pitu] *m* Pfeife *f*; Pfiff *m*; *estar com ~s* F e-n Bärenhunger h.
aplacar [ɐplɐ'kar] (1n; *Stv.* 1b) besänftigen, beruhigen; *Hunger* stillen; *Feuer* eindämmen; **~-se** sich legen.
aplainar [ɐplai'nar] (1a) (ab-) hobeln; schlichten; *fig.* = *aplanar*.
aplan|ação [~ɐnɐ'sɐ̃u] *f* Ebnen *n*; Einebnung *f*; Abflachung *f*; **~ado** [~'naðu] eben; flach, platt; **~amento** [~ɐ'mẽntu] *m* = *~ação*; **~ar** [~'nar] (1a) ebnen (*a. fig.*); einebnen; abflachen; *Schwierigkeit* beheben.
aplau|dir [~au'ðir] (3a) feiern; loben; billigen; *v/i.* Beifall klatschen; **~so(s)** [ɐ'plauzu(ʃ)] *m(pl.)* Beifall *m*.
aplic|ação [ɐplikɐ'sɐ̃u] *f* An-, Verwendung *f*, Gebrauch *m*; Verabreichung *f*; Auf-legen *n*, -tragen *n*; Fleiß *m*; *Kleider*-Besatz *m*; *~ de raios X* Röntgenbestrahlung *f*; *ponto m de ~* Angriffspunkt *m*; *ter ~* sich anwenden l.; **~ado** [~'kaðu] fleißig; **~ar** [~'kar] (1n) an-, ver-wenden; *Lippen* anlegen; *Pflaster* auflegen; *Marke* aufkleben; *Farbe* auftragen; *Arznei* verabreichen, (ein)geben; *Schlag* versetzen; *j-n zu e-r Strafe* verurteilen; **~ar-se** *a* sich befleißigen (*gen.*); sich widmen (*dat.*); passen (*od.* gehören) zu; **~ável** [~'kavɛł] an-, ver-wendbar.
Apocal|ipse [ɐpukɐ'lipsə] *m* Apokalypse *f*, Offenbarung *f* Johannis; **ˆíptico** [~'liptiku] apokalyptisch; dunkel, geheimnisvoll.
apócrifo [ɐ'pɔkrifu] unecht.
apodar [ɐpu'ðar] (1e) aufziehen, hänseln; *~ de* nennen (*dopp. ac.*).
apoder|ado [~ðə'raðu] *m taur.* Manager *m*; **~ar-se** [~arsə] (1c) sich bemächtigen (*gen.*); ergreifen (*ac.*).
apodíctico [~'ðiktiku] unwiderleglich; keinen Widerspruch duldend.
apodo [ɐ'poðu] *m* Spitzname(n) *m*; Schimpfname(n) *m*, Beschimpfung *f*.
apodr|ecer [ɐpuðrə'ser] (2g) (ver-) faulen, verwesen; verderben; *v/t.* verderben; **~ecimento** [~əsi'mẽntu] *m* Fäulnis *f*; Verwesung *f*; *fig.* Verderbtheit *f*, Verderbnis *f*.
apófise [ɐ'pɔfizə] *f* (Knochen-) Fortsatz *m*.
apogeu [ɐpu'ʒeu] *m fig.* Höhepunkt *m*, Gipfel *m*.
apoi|ado [ɐpo'jaðu] **1.** *int. ~!* bravo!, sehr richtig; **2.** *m* Beifall *m*; **~ante** [~ẽntə]: *~ de* günstig (*dat.*), zugunsten (*gen.*); **~ar** [~ar] (1l, *bras.* 1k) (unter)stützen; (an)lehnen; ⊕ lagern; **~ar-se** *em* sich stützen (*od.* berufen) auf (*ac.*); (be)ruhen auf (*dat.*); den Nachdruck legen auf (*ac.*); *~ a*, *~ contra* sich lehnen an (*ac.*); *~ sobre uma nota* e-n Ton aushalten.
apoio [ɐ'poju] *m* Stütze *f*; Halt *m*; Unterstützung *f*, Hilfe *f*; Beifall *m*; ⊕ (Auf-)Lager *n*, Lagerung *f*, Spur *f*; *dar ~ a* unterstützen (*ac.*); *ter o ~ de* unterstützt w. von; *tomar ~* sich stützen.
apólice [ɐ'pɔlisə] *f* Police *f*; Anteilschein *m*; *~ aberta* Pauschalpolice *f*; *~ de carga* Frachtschein *m*; *~ flutuante* Charterpartie *f*; *~ de seguro* Versicherungs-police *f*, -schein *m*.
apolítico [ɐpu'litiku] unpolitisch.
apolog|ético [ɐpulu'ʒɛtiku] Rechtfertigungs..., Verteidigungs...; Lob-...; **~ia** [~iɐ] *f* Rechtfertigungs-, Verteidigungs-, Lob-rede, -schrift *f*; Ehrenrettung *f*; *fazer a ~ de* = *~izar*; **~ista** [~iʃtɐ] *m* Verteidiger *m*; Verfechter *m*; Lobredner *m*; **~izar** [~ʒi'zar] (1a) rechtfertigen, verteidigen; verfechten; loben.
apont|ado [ɐpõn'taðu] spitz (zu-

laufend); *ele é ~ a dedo* man zeigt mit dem Finger auf ihn; **~ador** [~ɐ'ðor] *m* Zeiger *m*; Aufseher *m*; Kontrollbuch *n*; ⚔ Richtschütze *m*; *tea*. Souffleur *m*; **~amento** [~ɐ'mẽntu] *m* Hinweis *m*; Notiz *f*, Vermerk *m*; Eintragung *f*; Aufzeichnung *f*; Nachschrift *f*; Auszug *m*; ⚔ Richten *n*; *tomar ~s* sich Notizen m.; **~ar** [~ar] (1a) *v/t*. **a**) zeigen, (hin)weisen auf (*ac.*); *Stunde* anzeigen; *Zeugen* benennen; *Termin* festsetzen; *Spitze, Gewehr* richten (auf [*ac.*] *para*); **b**) *j-n* (*od.* sich *et.*) aufschreiben; *et.* notieren; *Wechsel* eintragen; *Sachverhalt* aufzeichnen; *Vorlesung* mitschreiben; **c**) (an-, zu-)spitzen; *fig. a.* schärfen; *v/i.* auftauchen; anbrechen (*Tag*); durchbrechen (*Zahn*); sprießen (*Bart, Knospe*); *in die Augen* treten (*Tränen*); herausstehen (*Knochen*); *allg.* auf-, hervor-treten; *~ para* zeigen, weisen auf (*ac.*) *od.* nach.

apontoar [ɐpõn'twar] (1f) reihen, (zs.-)heften; *fig.* anführen.

apopl|éctico [ɐpu'plɛtiku] **1.** *adj.* schlagflüssig; *ataque m ~* Schlag(-anfall) *m*; **2.** *m* Apoplektiker *m*; **~exia** [~plɛk'siɐ] *f* (Hirn-)Schlag *m*.

apoquent|ação [~kẽntɐ'sɐ̃u] *f* Verdruß *m*, Sorge *f*; Plackerei *f*; **~ado** [~'taðu] verdrießlich; besorgt; **~ador** [~ɐ'ðor] lästig, beschwerlich; **~ar** [~'tar] (1a) plagen, belästigen; quälen; **~ar-se** sich ärgern.

apor [ɐ'por] (2zd) bei-, hinzu-fügen; auf-legen, -setzen, -drücken; *Zettel* anschlagen.

aportar [ɐpur'tar] (1e): *~ a* anlaufen (*ac.*); *~ em* einlaufen in (*ac.*); geraten an (*ac.*), in (*ac.*) *od.* nach.

aportugues|amento [ɐpurtuɣəzɐ'mẽntu] *m* Portugiesierung *f*; portugiesische Form *f*; **~ar** [~'zar] (1c) *Worte* portugiesieren; *j-n* zum Portugiesen m. (**~ar-se** w.).

após [ɐ'pɔʃ] **1.** *prp.* nach; hinter [*dat.*] (...her); (*ano*) *~* (*ano*) ... für ...; **2.** *adv.* danach; hinterher.

aposent|ação [ɐpuzẽntɐ'sɐ̃u] *f* Versetzung *f* (*od.* Eintritt *m*) in den Ruhestand; Emeritierung *f*; Ruhestand *m*; **~ado** [~'taðu] i. R. (im Ruhestand); **~adoria** [~ɐðu'riɐ] *f* Altersversorgung *f*; = *~ação*; *direito m a ~* Pensionsberechtigung *f*; **~ar** [~'tar] (1a) in den Ruhestand versetzen, pensionieren; *Professor* emeritieren; **~ar-se** in den Ruhestand treten, sich pensionieren l.; **~o** [~'zẽntu] *m* Wohnraum *m*, Zimmer *n*; *poét.* Gemach *n*.

aposição [ɐpuzi'sɐ̃u] *f* Beifügung *f*.

aposs|ar [ɐpu'sar] (1e): *~ alg. de* j-n einsetzen in (*ac.*); **~ar-se**: *~ de* sich in den Besitz ... (*gen.*) setzen, in Besitz nehmen (*ac.*).

aposta [ɐ'pɔʃtɐ] *f* Wette *f* (*fazer* abschließen); *de ~* um die Wette; **~r** [ɐpuʃ'tar] (1e) wetten (*em* auf [*ac.*]); wetten um, verwetten; *a ~!* wetten!

apostasia [ɐpuʃtɐ'ziɐ] *f* Abfall *m* (vom Glauben); Abtrünnigkeit *f*.

apóstata [ɐ'pɔʃtɐtɐ] abtrünnig.

apostatar [ɐpuʃtɐ'tar] (1b) (vom Glauben) abfallen; abtrünnig w.

apostema ⚕ [~'temɐ] *m* Abszeß *m*.

aposti|la, ~lha [~'tilɐ, -ʎɐ] *f* Randbemerkung *f*; Nachtrag *m*; Erläuterung *f*; *rel.* Postille *f*; **~lar**, [~ti'lar] (1a) mit Randbemerkungen versehen; erläutern.

aposto [ɐ'poʃtu (-ɔ-)] **1.** *p.p. v. apor*; **2.** *adj.* nett, schmuck; sauber; **3.** *m gram.* Beisatz *m*, Apposition *f*.

apostol|ado [ɐpuʃtu'laðu] *m* Apostelamt *n*; Jüngerschaft *f*; Sendung *f*; **~ar** [~ar] (1e) (das Evangelium) verkündigen; predigen.

apostólico [~'tɔliku] apostolisch.

apóstolo [ɐ'pɔʃtulu] *m* Apostel *m*, Jünger *m*.

apostrofar [ɐpuʃtru'far] (1e) (feierlich) anreden, apostrophieren (*de* als); *~ alg. de* j-n schimpfen (*ac.*).

apóstrof|e [ɐ'pɔʃtrufə] *f* Apostrophe *f*; Zwischenruf *m*; **~o** [~u] *m* Apostroph *m*.

apoteose [ɐpu'tjɔzə] *f* Apotheose *f*.

apouc|ado [ɐpo'kaðu] gering; klein(-lich); zurückgeblieben; ängstlich; **~ador** [~ɐ'ðor] *m* Lästerer *m*; **~amento** [~ɐ'mẽntu] *m* Verminderung *f*; Verächtlichmachung *f*; Erniedrigung *f*; Ängstlichkeit *f*; **~ar** [~ar] (1n) vermindern, verkleinern; *fig.* herabsetzen, verächtlich m.; **~ar-se** sich erniedrigen; sich klein machen.

apraz|amento [ɐprɐzɐ'mẽntu] *m* Befristung *f*; Frist *f*; Anberaumung *f*; Festsetzung *f*; Verabredung *f*; **~ar** [~'zar] (1b) befristen; *Sitzung* anberaumen; *Datum* festsetzen; *j-n* vorladen, bestellen; verabreden.

apraz|er [ɐprɐ'zer] (2s) gefallen, freuen, angenehm sn; **~imento** [~i'mẽntu] *m* Gefallen *n*, Vergnügen *n*; Zustimmung *f*; **~ível** [~ivɛł] gefällig; angenehm, erfreulich.

apre! ['aprə] pfui!

apreçar [ɐprə'sar] (1p; *Stv.* 1c) den Preis *e-r Sache* festsetzen; einschätzen, taxieren.

apreci|ação [~sjɐ'sɐ̃u] *f* Beurteilung *f*, Würdigung *f*; Prüfung *f*; *entrar na* ~ *de* = *~ar*; **~ador** [~ɐ'ðor] *m* Beurteiler *m*; Liebhaber *m*; *ser* ~ *de* = **~ar** [~'sjar] (1g) schätzen, zu würdigen wissen; würdigen; beurteilen (nach *por*); prüfen; **~ativo** [~ɐ'tivu]: *juízo m* ~ Werturteil *n*; **~ável** [~'sjavɛł] schätzbar, beachtlich; wesentlich.

apreço [ɐ'presu] *m* (Wert-)Schätzung *f*, Achtung *f*; Wert *m*; *dar* ~ *a* Wert legen auf (*ac.*); *ter em grande* ~ hochschätzen; *em* ~ fraglich.

apreen|der [ɐprjẽn'der] (2a) *j-n* festnehmen; *et.* beschlagnahmen, ⚔ erbeuten; *fig.* erfassen; *fil.* wahrnehmen; *Tod* fürchten; *v/i.* (nach-)grübeln (über [*ac.*] *em*); **~são** [~jẽ'sɐ̃u] *f* Festnahme *f*; Beschlagnahme *f*; Erbeutung *f*; Befürchtung *f*, Sorge *f*; *fil.* Wahrnehmung *f*; *fazer a* ~ *de* = *~der*; *de fácil* ~ leicht verständlich; **~sível** [~jẽ'sivɛł] faßlich, verständlich; **~sivo** [~jẽ'sivu] besorgt, ängstlich; nachdenklich.

aprego|ador [ɐprəɣwɐ'ðor] *m* (öffentlicher) Ausrufer *m*; Marktschreier *m*; **~ar** [~'ɣwar] (1f) ausrufen; bekanntmachen; (an)preisen; *j-n* aufbieten; ~ *por* preisen (*od.* verdächtigen) als; **~ar-se** sich erklären (für [*ac.*] *por*); sich rühmen (*gen.*) (*de*).

aprend|er [ɐprẽn'der] (2a) lernen; erfahren; *Lehre* beherzigen; **~iz** [~iʃ] *m* Lehrling *m*; **~izado** *m*, **~izagem** *f* [~i'zaðu, ~i'zaʒɐ̃i] Lernen *n*; Lehre *f*; *certificado m de* ~ Lehrbrief *m*.

apres|amento [ɐprəzɐ'mẽntu] *m* Wegnahme *f*; Aufbringung *f*; Prise *f*; **~ar** [~'zar] (1c) packen; erbeuten, wegnehmen; ⚓ aufbringen.

apresent|ação [~zẽntɐ'sɐ̃u] *f* Vorstellung *f*; Auftreten *n in der Öffentlichkeit*; Einführung *f*; Empfehlungsschreiben *n*; Vorschlag *m*; Beibringung *f*; Einreichung *f*; Meldung *f*; Vorlage *f*; Vorzeigung *f*; Vorführung *f*; Meldung *f*; Aussehen *n*, Äußere(s) *n e-r Person*; ⚘ Aufmachung *f*, *Buch*-Ausstattung *f*; *rel.* Mariä Opferung *f* (*21. Nov.*); *fazer a* ~ *de* = *~ar*; *ter boa* ~ gut aussehen, gut aufgemacht (*od.* ausgestattet) sn; **~ado** [~'taðu]: *bem* (*mal*) ~ gut (schlecht) aufgemacht; gut (schlecht) aussehend (*Person*); **~ar** [~'tar] (1a) vorstellen; *Redner* einführen; an-, dar-bieten; *Beileid* aussprechen; *Frage* stellen, *Behauptung* aufstellen; *Lösung* vorschlagen; *parl. Gesetzesvorschlag* einbringen; *Beschwerde* einreichen; *Bitte, Vorschlag* unterbreiten; *Bericht, Papiere* vorlegen; *Beweis, Bürgen* beibringen; *Ausweis* vorweisen, -zeigen; *Modell* vorführen; *Wechsel* präsentieren; *Beglaubigung* überreichen; *Grüße* entbieten; *Entschuldigung* ausdrücken; *Waren* aus-legen, -stellen, herausbringen; *Schwierigkeit* bieten, h.; *Spuren* aufweisen, zeigen; ⚔ ~ *armas* das Gewehr präsentieren; **~ar-se** erscheinen; sich *bei e-r Behörde* melden; sich *der Polizei* stellen; *als Kandidat usw.* auftreten; ~ *por* kommen von; ~ *bem* (*mal*) gut (schlecht) aussehen; *apresenta-se-me* es scheint mir; **~ável** [~'tavɛł] gut aussehend.

apress|ado [~'saðu] eilig, schnell; flüchtig; **~ar** [~'sar] (1c) beschleunigen, abkürzen; drängen, antreiben; **~ar-se** sich (be-) eilen.

apressur|ado [~su'raðu] hastig; **~ar** [~ar] (1a) hetzen; beschleunigen; **~ar-se** hasten.

aprest|ar [~ʃ'tar] (1c) herrichten; (aus-, zu-)rüsten; fertigm.; **~ar-se** *a, para* sich bereitmachen (*od.* anschicken) zu (*od.* für); **~o** [ɐ'prɛʃtu] *m* Ausrüstungsgegenstand *m*; *~s pl.* ⚓ Ausrüstung *f*; *~s da viagem* Reisevorbereitungen *f/pl.*

aprimor|ado [ɐprimu'raðu] vollkommen; hervorragend; **~ar** [~ar] (1e) vervollkommnen; verfeinern, verschönern; **~ar-se** sich bilden.

aprisco [ɐ'priʃku] *m* (Schaf-)Stall *m*; *fig.* Schoß *m* (der Kirche).

aprision|ado [ɐprizju'naðu] gefan-

gen; **~amento** [~ɐ'mẽntu] *m* Gefangennahme *f*; Aufbringung *f*; **~ar** [~ar] (1f) gefangennehmen; gefangenhalten; ⚓ aufbringen.
aproar [ɐ'prwar] (1f) *Schiff* drehen; *v/i.* zusteuern (auf [*ac.*] *para, a*).
aprobativo, -tório [ɐpruβɐ'tivu, -'tɔrju] beifällig; zustimmend.
aprofund|amento [~fũndɐ'mẽntu] *m* Vertiefung *f*; vertiefte(s) Studium *n*; **~ar** [~'dar] (1a) vertiefen.
aprontar [ɐprõn'tar] (1a) richten; fertigmachen.
apropinquar-se [ɐprupĩŋ'kwarsə] (1m, *bras.* 1t) sich nähern.
aproposit|adamente [~puzi,taδɐ'mẽntə] im rechten Augenblick; an der rechten Stelle; **~ado** [~'taδu] gelegen; geeignet; passend; *mal ~* ungelegen; unpassend.
a-propósito [~'pɔzitu] *m* Apropos *n*.
apropri|ação [~prjɐ'sɐ̃u] *f* Aneignung *f*; Anpassung *f*; Umwandlung *f*; **~ado** [~'prjaδu] geeignet, richtig, angemessen; zweckmäßig; **~ar** [~'prjar] (1g) anpassen; herrichten (für *a*); anwenden (auf [*ac.*] *a*); **~ar-se** *de* sich aneignen (*ac.*).
aprov|ação [ɐpruvɐ'sɐ̃u] *f* Billigung *f*, Genehmigung *f*; Beifall *m*; Bestehen(lassen) *n im Examen*; **~ado** [~'vaδu] bestanden; *ser* (*od. ficar*) *~ no exame* die Prüfung bestehen; **~ar** [~'var] (1e) gutheißen, billigen; genehmigen; *Gesetz* annehmen; *e-n Schüler* bestehen l.; *v/i.*: *~* (*no exame*) (die Prüfung) bestehen; **~ável** [~'vavɛł] lobenswert.
aproveit|amento [~veitɐ'mẽntu] *m* Benutzung *f*; (Aus-)Nutzung *f*; Verwertung *f*; Nutzbarmachung *f*; Nutzen *m*; Fortschritt *m*; **~ar** [~ar] (1a) benutzen, gebrauchen; (aus-)nutzen, verwerten; nutzbar m.; *Gelegenheit* wahrnehmen; sich freuen an (*dat.*); *v/i.* nützen; vorwärtskommen; *~ com* Vorteil h. von, F profitieren von *od.* bei; **~ar-se** *de* sich zunutze m. (*ac.*), benutzen (*ac.*); **~ável** [~avɛł] (be)nutzbar; brauchbar; ⚒ abbaufähig.
aprovision|amento [~vizjunɐ'mẽntu] *m* Versorgung *f*; Verproviantierung *f*; **~ar** [~'nar] (1f) versorgen, ausstatten; verproviantieren.
aproxim|ação [ɐprɔsimɐ'sɐ̃u] *f* Annäherung *f*; Heranziehung *f*; ungefähre Schätzung *f*, Überschlag *m*; Trostpreis *m in der port. Lotterie*; **~adamente** [~,maδɐ'mẽntə] annähernd, ungefähr, etwa; **~ado** [~'maδu] Näherungs...; = *~ativo*; **~ar** [~'mar] (1a) (an)nähern; näher bringen; *et. zum Vergleich* heranziehen; in Verbindung bringen mit; **~ar-se** *de* sich nähern, nahen (*dat.*), herangehen an (*ac.*); (sich) näherkommen; sich nahekommen; **~ativo** [~ɐ'tivu] annähernd, ungefähr; *cálculo m ~* Überschlag *m*.
aprum|ado [ɐpru'maδu] senkrecht; *fig.* korrekt; überlegen, stolz; **~ar** [~ar] (1a) senkrecht stellen; gerade (*od.* auf)richten; *fig.* stolz m.; **~ar-se** stehen; sich e-n Ruck geben; Haltung annehmen; **~o** [ɐ'prumu] *m* senkrechte Stellung (*od.* Anordnung) *f*; *fig.* (korrekte) Haltung *f*.
aptidão [ɐpti'δɐ̃u] *f* Eignung *f*; Fähigkeit *f*; *~ para línguas* Sprachbegabung *f*; *ter -ões para* begabt sn (*od.* sich eignen) für.
apto ['aptu] fähig; tauglich.
apunhalar [ɐpuɲɐ'lar] (1a) erdolchen, erstechen; mit dem Dolch anfallen; *fig.* verletzen; quälen.
apup|ada [ɐpu'paδɐ] *f* Gezisch *n*, Gepfeife *n*; Geschrei *n*; **~ar** [~ar] (1a) aus-pfeifen, -zischen; laut verhöhnen; **~o** [ɐ'pupu] *m* Schrei *m* (*dar* ausstoßen); *~s pl.* = *~ada*.
apur|ação [ɐpurɐ'sɐ̃u] *f* = *~amento*; **~ado** [~'raδu] sorgfältig; gut, fein (*Geschmack, Nase, Benehmen*); klar (*Tatbestand*); schwierig (*Lage*); ungeduldig; dick, sämig (*Suppe*); *dinheiro m ~* Einnahme *f*; *ter* (*od. estar com*) *a paciência -a* am Ende s-r Geduld sn; *ser ~ campião do mundo* Weltmeister w.; *ser* (*od. ficar*) *~ para o serviço militar* tauglich geschrieben w.; **~amento** [~ɐ'mẽntu] *m* Klärung *f*; Verfeinerung *f*; Ermittlung *f*; Klarstellung *f*; (Aus-)Zählung *f*; *Rechnungs*-Abschluß *m*; **~ar** [~'rar] (1a) klären; verfeinern; vervollkommnen; *Streitfrage* ins reine bringen; *Tatbestand* klarstellen; *e-m Problem* auf den Grund gehen; *Wahrheit* ermitteln; *Stimmen* (aus)zählen; *Kandidaten* wählen; *Geld* einnehmen; *Betrag* aus-, be-rechnen; *Geist* schärfen; *Suppe* abschmecken; *~ a paciência, os nervos* auf die Nerven gehen, irritieren; **~ar-se** *no*

traje sich sorgfältig kleiden; **~o** [ɐ'puru] *m* Vollkommenheit *f*; Feinheit *f*, Gewähltheit *f*; Sorgfalt *f*; ~(s) (*pl.*) unangenehme Lage *f*, F Patsche *f*; ~s *pl.* Tageseinnahme *f*; *tea. ensaio m de* ~ Kostümprobe *f*.

aquando [ɐ'kwẽndu]: ~ *de* zur Zeit (*gen.*); bei, während.

aquário [ɐ'kwarju] *m* Aquarium *n*; *ast.* Wassermann *m*.

aquartel|ado [ɐkwɐrtə'laδu]: *estar* ~ liegen; **~amento** [~ɐ'mẽntu] *m* Kasernierung *f*; Einquartierung *f*; *Truppen*-Standort *m*; Kaserne *f*; Quartier *n*; **~ar** [~ar] (1c) kasernieren; einquartieren; stationieren.

aquático [ɐ'kwatiku] Wasser...

aquec|edor [ɐkɛsə'δor] **1.** *adj.* Heiz...; **2.** *m* Heizapparat *m*; ~ (*de banho*) (Bade-)Ofen *m*; ~ (*de imersão*) Tauchsieder *m*; **~er** [~'ser] (2g; *Stv.* 2a) (er)wärmen; erhitzen; *Kaffee* aufwärmen; *Zimmer* heizen; *fig.* erregen; ~ *o ânimo j-n* aufbringen; *v/i.* wärmen; warm w. (*a. fig.*); warmlaufen (*Maschine*); **~imento** [~si'mẽntu] *m* Erwärmung *f*; Heizung *f*; *fig.* Erregung *f*; ~ *central* Zentralheizung *f*; **~ível** [~'sivɛɫ] heizbar; erregbar.

aqueduto [ɐkə'δutu] *m* Wasserleitung *f*, Aquädukt *n*.

aquela [ɐ'kɛlɐ] **1.** *pron. s. aquele*; **2.** *f* Getue *n*; Fimmel *m*; Idee *f*; Riecher *m*; *sem mais* ~(s) mir nichts, dir nichts, einfach so.

àquela [a'kɛlɐ] *Zssg v. a u. aquela.*

aquele, -a [ɐ'kelə, -ɛlɐ] jene(r, -s); der, die, das (da); der(-), die(-), das(-jenige); *-a casa* das Haus da; *quem é* ~ (*od. -a*)? wer ist das?

àquele [a'kelə] *Zssg v. a u. aquele.*

aqueloutro, -a [ɐke'lotru, -ɐ] der (die, das) andere (da).

aquém [a'kẽi] diesseits (*gen.*); unterhalb (*gen.*); *ser* (*od. ficar*) ~ *de* zurückbleiben hinter (*dat.*); **~-fronteiras** [~frõn'teirɐʃ] diesseits der Grenze; **~-mar** [~'mar] hier in Europa; *de* ~ europäisch.

aquentar [ɐkẽn'tar] (1a) = *aquecer*.

aqui [ɐ'ki] hier; (hier)her; jetzt; ~ *há oito dias* vor (etwa) acht Tagen; ~ *há anos* (*tempos*) vor ein paar Jahren (einiger Zeit); *por* ~ hier (herum); *para* ~ hierher; ✝ *posto* ~ ab hier.

aquiesc|ência [akjeʃ'sẽsjɐ] *f* Zustimmung *f* (zu *a*); ~ *a um pedido* Erfüllung *f* e-r Bitte; **~er** [~er] (2g) zustimmen.

aquietar [ɐkjɛ'tar] (1a) (sich) beruhigen.

aquilatar [ɐkilɐ'tar] (1b) = *quilatar*; *fig.* läutern; *Wert* bestimmen; *Wesen* kennzeichnen; *Eigenschaft* hervorheben, würdigen.

aquilino [~'linu] Adler...; adlerhaft.

aquilo [ɐ'kilu] das (da), jenes.

aquinhoar [ɐki'ɲwar] (1f) ver-, zuteilen; *fig.* beschenken; ausstatten; empfehlen; **~-se** teilhaben.

aquisi|ção [ɐkəzi'sɐ̃u] *f* Erwerb(ung *f*) *m*; Anschaffung *f*; Gewinn *m*; *Serviço de* ♀ Beschaffungsamt *n*; **~tivo** [~'tivu] Erwerbs...; *capacidade f -a* Kaufkraft *f*.

aquista [ɐ'kwiʃtɐ] *m* Bade-, Kurgast *m*.

aquoso [ɐ'kwozu (-ɔ-)] wäßrig; Wasser...

ar [ar] *m* **a)** Luft *f*; ⊕ Wind *m*; ~es *pl.* Luft *f*, Klima *n*; *corrente f de* ~ Durchzug *m*, Zugluft *f*; *falta f de* ~ Atemnot *f*; *mudança f de* ~*es* Klimawechsel *m*; *ao* ~ *livre* ins (*od.* im) Freie(n); *no* ~ ins Blaue hinein, unüberlegt; in der Schwebe, ungewiß; *andar com a cabeça* (*od. estar*) *no* ~ zerstreut sn; *andar no* ~ in der Luft liegen; *apanhar no* ~ aufschnappen; *atirar com tudo pelos* ~*es* wild w.; *dar* ~, *pôr ao* ~ lüften; *fazer pelos* ~*es* im Fluge *et.* tun; *ir ao* ~ auffliegen; *ir pelos* ~*es* in die Luft fliegen; = *ir aos* ~*es* in die Luft gehen, F platzen; *tomar* ~ Luft schöpfen (*od.* F schnappen); **b)** Anschein *m*, Miene *f*; Gestalt *f*, Haltung *f*; *ter* (*dar*) ~*es de* aussehen (l.) wie; *dar-se* ~*es de* sich aufspielen als, auftreten wie.

árabe ['arɐβə] **1.** *adj.* arabisch; **2.** *m* Araber *m*.

arabesco [ɐrɐ'βeʃku] *m* Arabeske *f*.

aráb|ias [ɐ'raβjɐʃ] *f/pl.* F: *homem m das* ~ tolle(r) Kerl *m*; *mulher f das* ~ tolle(s) Weib *n*; **~ico, ~igo, ~io** [~iku, ~iγu, ~ju] arabisch.

arabutã *bras.* [arabu'tɐ̃] *f* Brasilholz (-baum *m*) *n*.

araca [ɐ'rakɐ] *f* Arrak *m*.

arad|a [ɐ'raδɐ] *f* Acker *m*; = *aradura*; **~o** [~u] *m* Pflug *m*.

arad|or [ɐrɐ'δor] *m* Pflüger *m*; **~ura** [~urɐ] *f* Pflügen *n*.

aragem [ɐ'raʒɐ̃i] *f* Lufthauch *m*, kühles Lüftchen *n*, Brise *f*.

aragonite [ɐrɐɣu'nitə] *f* Eisenblüte *f*.
arame [ɐ'rɐmə] *m* Messing *n*; *bsd.* Draht *m*; *fig.* P Pinke *f*; ~ *farpado* Stacheldraht *m*; *pêlo m* ~ Drahthaarterrier *m*; *ir aos* ~*s* F hochgehen.
aranha [ɐ'rɐɲɐ] *f* Spinne *f*; Kronleuchter *m*; Dogcart *m*; ~ *cruzeira* Kreuzspinne *f*; *teia f de* ~ Spinnwebe *f*; *fig.* Hirngespinst *n*; *tirar as teias de* ~ *a alg.* j-m den Standpunkt klarmachen; *andar às* ~*s* sich herumschlagen, s-e liebe Not h. (mit *com*); *ver-se em papos* (*od. palpos*) *de* ~ F in der Klemme sitzen.
aranh|ento [ɐrɐ'ɲẽntu] voll Spinnen; Spinnen...; **~iço** [~isu] *m fig.* spindeldürre Person *f*; ~*s pl.* ♎ Gewölberippen *f/pl.*; **~oso** [~ozu (-ɔ-)] spinnen-, spinnweb-artig.
aranzel [ɐrɐ̃'zɛɫ] *m* dumme(s) Geschwätz *n*, Litanei *f*.
arão ⚘ [ɐ'rɐ̃u] *m* Aronstab *m*.
arapuca *bras.* [ara'pukɐ] *f* Vogelfalle *f*; *fig.* Bude *f*; *Partei*-Klüngel *m*.
arar [ɐ'rar] (1b) (durch-, um-) pflügen; *Wellen* durchfurchen.
arara *bras.* [a'rarɐ] *f zo.* Ara *m*, Arara *f*; *fig.* Lüge *f*, Schwindel *m*.
araucária ⚘ [arau'karjɐ] *f* Araukarie *f*, Nordfolk- (*od.* Chile-)tanne *f*.
arauto [ɐ'rautu] *m* Herold *m*; Ausrufer *m*; Bote *m*.
arável [ɐ'ravɛɫ] pflügbar, Acker...
aravela [ɐrɐ'vɛlɐ] *f* Pflugsterz *m*.
aravia [ɐrɐ'viɐ] *f* Kauderwelsch *n*.
arbitr|agem [ɐrβi'traʒɐ̃i] *f* Schiedsspruch *m*; ⚕ (Wechsel-)Arbitrage *f*; *comissão f de* ~ Schlichtungsausschuß *m*; **~al** [~aɫ] schiedsrichterlich; *laudo* (*convénio*) *m* ~ Schiedsspruch (-vertrag) *m*; **~amento** [~ɐ'mẽntu] *m* Schieds-gericht *n*, -spruch *m*; *por* ~ schiedsgerichtlich; **~ar** [~ar] (1a) e-n Schiedsspruch fällen; *schiedsrichterlich* entscheiden; *j-m* zusprechen; *Sport*: *Wettspiel* beaufsichtigen, leiten; **~ariedade** [~trɐrje'ðaðə] *f* Willkür *f*; willkürliche(s) Vorgehen *n*; **~ário** [~arju] willkürlich; ungerecht.
arbítrio [ɐr'βitrju] *m* Gutdünken *n*; Willkür *f*; Schiedsspruch *m*; Mittel *n*, Ausweg *m*; *livre* ~ freie(r) Wille *m*, Willensfreiheit *f*.
árbitro ['arβitru] *m* Schiedsrichter *m*; Schlichter *m*; *fig.* oberste(r) Richter *m*.
arbóreo [ɐr'βɔrju] baumartig; *vegetação f -a* Baumwuchs *m*.
arbori|cultor [ɐrβurikuɫ'tor] *m* Baumzüchter *m*; **~cultura** [~kuɫ'turɐ] *f* Baumzucht *f*; **~zação** [~zɐ'sɐ̃u] *f* Aufforstung *f*; **~zar** [~'zar] (1a) mit Bäumen bepflanzen; aufforsten.
arbust|áceo, arbústeo [~uʃ'tasju, -'βuʃtju] strauchartig; Strauch...; ~*s m/pl.* Sträucher *m/pl.*; **~iforme** [~i'fɔrmə] staudenförmig; *erva f* ~ Staude *f*; **~o** [~'βuʃtu] *m* Strauch *m*.
arca ['arkɐ] *f* Truhe *f*, Kasten *m*; Schrein *m*; ~ *da aliança*, ~ *santa* Bundeslade *f*; ~ *de Noé* Arche *f* Noah.
arcaboiço, -ouço [ɐrkɐ'βoisu, -osu] *m* Brustkorb *m*; ⊕ Gerippe *n*.
arcabuz [~'βuʃ] *m* Hakenbüchse *f*.
arcada [ɐr'kaðɐ] *f* Säulen-, Bogengang *m*; (Gewölbe-)Bogen *m*; ♪ Bogenführung *f*; (Bogen-)Strich *m*.
arca|ico [ɐr'kaiku] altertümlich, archaisch; **~ísmo** [~kɐ'iʒmu] *m* Archaismus *m*, altertümliche Ausdrucks-weise *f* (*od.* -form *f*); **~izar** [~kai'zar] (1q) altertümeln, archaisieren; **~izar-se** veralten.
arcanjo [~'kɐ̃ʒu] *m* Erzengel *m*.
arcano [~'kɐnu] **1.** *adj.* geheim(nisvoll); **2.** *m* Geheimnis *n*.
arção [~'sɐ̃u] *m* Sattelbogen *m*.
arcar [~'kar] (1n; *Stv.* 1b) *Faß* bereifen; = *arquear*; *v/i.*: ~ *com* ringen, kämpfen mit; (er)tragen (*ac.*).
arca|ria [~kɐ'riɐ] *f* Tragwerk *n*, Gewölbe *n*; *Faß*-Bereifung *f*; **~tura** ♎ [~'turɐ] *f* Blendbogen *m/pl.*
arcebisp|ado [~səβiʃ'paðu] *m* Erzbistum *n*; **~o** [~'βiʃpu] *m* Erzbischof *m*.
arch|eiro [~'ʃeiru] *m* Bogenschütze *m*; **~ote** [~ɔtə] *m* (Pech-)Fackel *f*.
arco ['arku] *m* Bogen *m* (*a.* ♎ *u.* ♪); Reifen *m*; Ring *m*; *bras. Sport*: Tor *n*; ⊕ *a.* Bügel *m*; ~ *formeiro* Schild-, ~ *mestre* Gurt-, ~ *ogival* Spitz-, ~ *voltaico* Licht-bogen *m*; *colocar* ~*s em* bereifen (*ac.*).
arco|botante [arkuβu'tẽntə] *m* Strebe-, Schwib-bogen *m*; **~-da-velha** [~ðɐ'vɛʎɐ] *m* Regenbogen *m*; *coisas f/pl. do* ~ tolle Sachen *f/pl.*; **~(s)-íris** [~'iriʃ] *m*(*pl.*) Regenbogen *m*.
árctico ['artiku] nördlich, Nord...
ard|ência [ɐr'dẽsjɐ] *f* Glut *f*, Feuer *n*; beißende(r) Geschmack *m*; ⚕ Brennen *n* (*im Halse usw.*); **~ente**

[~'dẽntə] feurig (*Temperament*); blitzend (*Schwert usw.*); beißend (*Geschmack*); *espelho m* ~ Brennspiegel *m*; *capela f* ~ Totenkapelle *f*; *câmara f* ~ Sterbezimmer *n*; **~entia** [~ẽn'tiɐ] *f* Meeresleuchten *n*; **~entoso** [~ẽn'tozu (-ɔ-)] Brenn...; **~er** [~'der] (2b) *v/i.* (ent)brennen; (er-)glühen; blitzen; beißen (*Geschmack*); leuchten (*Meer*); verfliegen (*Reichtum*); wüten (*Krieg usw.*); ~ *por inf.* darauf brennen zu (*inf.*); *v/t.* verbrennen; verzehren; **~ido** [~'diðu] brennend; verdorben; feurig, kühn.

ardil [ɐr'diɫ] *m* List *f*; Kniff *m*.

ardil|eza [~di'lezɐ] *f* = *ardil*; **~oso** [~ozu (-ɔ-)] (hinter)listig.

ard|imento [ɐrdi'mẽntu] *m* Kühnheit *f*; = *ardência*; **~or** [~'dor] *m* Glut *f*, Hitze *f*; Feuer(eifer *m*) *n*; Begierde *f*; beißende(r) Geschmack *m*; ⚕ ~(es) (*pl.*) Brennen *n* (*auf der Haut usw.*); **~oroso** [~u'rozu(-ɔ-)] brennend, glühend; feurig, hitzig.

ardina [ɐr'dinɐ] *m* Zeitungs-junge *m*, -händler *m*.

ardósia [~'dɔzjɐ] *f* Schiefer *m*.

ardosieira [~du'zjeirɐ] *f* Schieferbruch *m*.

árduo ['ardwu] steil; schwierig, mühevoll; hart.

are ['arə] *m* Ar *n*.

área ['arjɐ] *f* Gelände *n*; Fläche *f*; Gegend *f*; *fig.* Gebiet *n*; ⟁ Flächeninhalt *m*; *bras.* △ Licht-hof *m*, -schacht *m*; ~ *central da cidade* Stadtmitte *f*; ~*s pl. residenciais* Wohnbezirke *m/pl*.

are|al [ɐ'rjaɫ] *m* Sand-boden *m*, -fläche *f*, -grube *f*; (Sand-)Strand *m*; **~ar** [~ar] (1l) *v/t.* mit Sand bedecken (*od.* bestreuen); scheuern; *Zucker* raffinieren; *v/i.* versanden; **~eiro** [~eiru] *m* 🚋 Sandkasten *m*; Sandschiff *n*; Streusandbüchse *f*; = ~*al*; **~ento** [~ẽntu] sandig.

areia [ɐ'rejɐ] *f* Sand *m*; ⚕ Blasengrieß *m*; *fig.* Unsinn *m*; ~ *cega*, ~ *movediça* Flug-, Triebsand *m*; F *ter* ~ e-n Vogel haben.

arej|ado [ɐrə'ʒaðu] luftig; **~amento** [~ɐ'mẽntu] *m* Lüftung *f*; **~ar** [~ar] (1d) (aus)lüften; *v/i.* Luft schöpfen; ✓ (ver)trocknen; **~o** [ɐ'reʒu] *m* Lüftung *f*; Luftzug *m*; böse(r) Blick *m*; ✓ Trockenwerden *n*.

arena [ɐ'renɐ] *f* Arena *f*; Manege *f*.

arenga [ɐ'rẽŋgɐ] *f feierliche* Ansprache *f*; Streit *m*, Auseinandersetzung *f*; ~(s) (*pl.*) Geschwätz *n*.

aren|gar [ɐrẽŋ'gar] (1o) eine Ansprache (*od.* Reden) halten (an [*ac.*]); *fig.* streiten; **~gueiro** [~'geiru] streitsüchtig.

aren|ífero [ɐrə'nifəru] sand-haltig, -führend; **~ito** [~itu] *m* Sandstein *m*; **~oso** [~ozu (-ɔ-)] sandig, Sand...

arenque [ɐ'rẽŋkə] *m* Hering *m*.

aréola [ɐ'rɛulɐ] *f ast.* Hof *m*; ⚕ ringförmige Entzündung *f*; ✓ (Rund-)Beet *n*; *anat.* Brustwarzenring *m*.

areómetro [ɐ'rjɔmətru] *m* Senkwaage *f*, Aräometer *m*.

areoso [ɐ'rjozu (-ɔ-)] sandig.

aresta [ɐ'rɛʃtɐ] *f* Kante *f*, Rand *m*; *Berg*-Grat *m*; ⚘ Granne *f*; Faser *f* *limpar as* ~*s fig.* zurechtstutzen.

arestim *vet.* [ɐrəʃ'tĩ] *m* Mauke *f*.

aresto [ɐ'rɛʃtu] *m* Rechtsfall *m*; Entscheidung *f*; *fig.* Lösung *f*.

arestoso [ɐrəʃ'tozu (-ɔ-)] kantig.

arfa|da, ~gem [ɐr'faðɐ, ~ʒɐ̃i] *f* ✈ Querschwingung *f*; ⚓ Stampfen *n*; **~r** [~'far] (1b) keuchen; klopfen (*Herz*); sich heben (*Brust*); schwanken; sich biegen; ⚓ stampfen.

argamass|a [ɐrgɐ'masɐ] *f* Mörtel *m*, Speise *f*; **~ado** [~mɐ'saðu]: *cal f -a* Mörtelkalk *m*; **~ar** [~mɐ'sar] (1b) *bras.* anmengen.

argelino [ɐrʒə'linu] **1.** *adj.* algerisch; **2.** *m*, **-a** *f* Algerier(in *f*) *m*.

argent|ão [ɐrʒẽn'tɐ̃u] *m* Neusilber *n*; **~ar** [~ar] (1a) versilbern; **~aria** [~ɐ'riɐ] *f* Silber-besatz *m*, -stickerei *f*, -geschirr *n*; **~ário** [~arju] *m* Plutokrat *m*; Silberschrank *m*.

argênteo [~'ʒẽntju] silbern, Silber..., silberhell (*Ton*); silbergrau.

argent|ífero [~ʒẽn'tifəru] silberhaltig; **~ino** [~inu] **1.** *adj.* a) = *argênteo*; b) argentinisch; **2.** *m*, **-a** *f* Argentinier(in *f*) *m*; **~ita** *min.* [~itɐ] *f* Silberglanz *m*.

argila [~'ʒilɐ] *f* Ton *m*; ~ *branca*, ~ *pura* Porzellan-, ~ *figulina* Ziegelerde *f*; ~ *friável* Bolus *m*; ~ *gorda*, ~ *plástica* Töpferton *m*; ~ *de moldagem*, ~ *para moldes* Formlehm *m*.

argil|eira [~ʒi'leirɐ] *f* Tongrube *f*; **~oso** [~ozu (-ɔ-)] tonhaltig; tonig, lehmig; *terra f -a* Lehmboden *m*.

argol|a [ɐr'gɔlɐ] *f* Ring *m*; Ohrring *m*; Türklopfer *m*; **~inha** [~gu'liɲɐ]

f Ringelchen *n*; *cul.* Suppennudel *f*; (*jogo m da*) ~ *hist.* Ringstechen *n*.
arg|úcia [~'gusjɐ] *f* Scharfsinn *m*; Spitzfindigkeit *f*; **~ucioso** [~gu'sjozu (-ɔ-)] scharfsinnig; spitzfindig.
argueiro [~'geiru] *m* Splitter(chen *n*) *m*; Strohhälmchen *n*; *Sonnen*-Stäubchen *n*; *fig.* Kleinigkeit *f*.
argu|ente [~'gwẽntə] *m* Redner *m*; **~ição** [~i'sɐ̃u] *f* Beschuldigung *f*; Beweisführung *f*; **~ido** [~iðu] *m* Beschuldigte(r) *m*; **~idor** [~i'ðor] *m* Ankläger *m*; **~ir** [~ir] (3p) beschuldigen, anklagen; ablehnen, tadeln; schließen, folgern.
argument|ação [~gumẽntɐ'sɐ̃u] *f* Beweisführung *f*; Gedankengang *m*; **~ador** [~ɐ'ðor] *m* (Streit-)Redner *m*; **~ar** [~'tar] (1a) den (*od.* s-n) Beweis führen, argumentieren; den Schluß ziehen; den Satz verfechten; folgern; begründen; *für, gegen j-n* sprechen; **~o** [~gu'mẽntu] *m* Argument *n*; Beweis *m*; Thema *n*; *tea.* Handlung *f*; *~s pl.* Gründe und Gegengründe.
arguto [~'gutu] scharfsinnig; witzig; hell (*Stimme*).
ária ['arjɐ] **a)** *f* Arie *f*; Lied *n*; **b) 1.** *adj.* arisch; **2.** *m* Arier *m*.
ariano [ɐ'rjɐnu] = *ária* b).
aridez [ɐri'ðeʃ] *f* Dürre *f*.
árido ['ariðu] dürr, trocken.
aríete [ɐ'riətə] *m* ⊕ Widder *m*; Ramme *f*.
arisco [ɐ'riʃku] sandig (*Boden*); spröde (*Mädchen*); scheu (*Tier*); rauh; unliebenswürdig, F borstig.
aristocr|acia [ɐriʃtukrɐ'siɐ] *f* Aristokratie *f*; **~ata** [~'kratɐ] *m* Aristokrat *m*; **~ático** [~'kratiku] vornehm; **~atizar** [~ɐti'zar] (1a) adeln; ~ *em* erheben zu.
aritmétic|a [ɐrit'mɛtikɐ] *f* Arithmetik *f*; Rechnen *n*; **~o** [~u] Rechen...; *progressão f -a* arithmetische Reihe *f*; *sistema m* ~ Zahlensystem *n*.
arlequim [ɐrlə'kĩ] *m* Hanswurst *m*, Harlekin *m*.
arma ['armɐ] *f* Waffe *f*; *bsd.* Gewehr *n*; Waffengattung *f*; ~ *anti-carro* Panzerabwehr-, ~ *de fogo* Schuß-, ~ *branca* Stich-waffe *f*; blanke Waffe *f*; *~s pl.* Wappen *n*; *Stier*-Hörner *n/pl.*; Krallen *f/pl.* (*od.* Zähne *m/pl.*) *des Raubtieres*; *sobre ~s* unter Waffen; *às ~s!* zu den Waffen!, ans Gewehr!; *descansar (ombro) ~s!* Gewehr ab (über)!; *passar pelas ~s* erschießen; *tomar (as) ~s* zu den Waffen greifen.
arm|ação [ɐrmɐ'sɐ̃u] *f* Bewaffnung *f*; Ausrüstung *f*; Ausstattung *f*; Dekoration *f*; ⚠ Holz-, Fach-werk *n*; *Dach*-Stuhl *m*; ⊕ Fassung *f*; Gestell *n*; *Maschinen*-Rahmen *m*; *Schiffs*-Gerippe *n*; *Bürsten*-Joch *n*; ⊕ Armatur *f*; *Laden*-Einrichtung *f*; Netz *n* (*Sardinenfang*); Stangenwerk *n* (*Zelt*); *Hirsch- usw.* Geweih *n*; ⚓ Takelung *f*; Navigationsgeräte *n/pl.*; *-ões pl.* Beschläge *m/pl.*; **~ada** [~'maðɐ] *f* (Kriegs-)Flotte *f*; *bras.* Lasso *n*; **~adilha** [~ɐ'ðiʎɐ] *f* Falle *f*; **~ador** [~ɐ'ðor] *m* ⚓ Reeder *m*; *bsd.* Leichenbestatter *m*; **~adura** [~ɐ'ðurɐ] *f* Rüstung *f*; ⚠ Balkenwerk *n*; Drahtgeflecht *n im Eisenbeton*; ⚒ Gestell *n*; ⊕ Panzer *m*, Armierung *f*; ⚡ Belag *m*, Armatur *f*; *Magnet*-Anker *m*; **~amento** [~ɐ'mẽntu] *m* Bewaffnung *f*; (Auf-, Aus-) Rüstung *f*; ⚓ Bestückung *f*; **~ar** [~'mar] (1b) bewaffnen; befestigen; ⚓ bestücken; *allg.* ausrüsten; *Laden* einrichten; *Zimmer* ausstatten, dekorieren; *Gerüst* aufschlagen; *Bett* aufstellen; *Falle* stellen; *Feder* spannen; *Tat* aushecken; *Ränke* schmieden; *Verleumdungen* ausstreuen; *Streit* anfangen; ~ *a* haschen nach; **~ar-se** (sich) rüsten; *fig.* sich wappnen; im Anzug sein (*Sturm*); ~ *em* sich ausgeben (*od.* aufspielen) als; **~arinho** *bras.* [~'riɲu] *m* (*loja f de*) ~ Kurzwarenhandlung *f*; **~ário** [~'marju] *m* Schrank *m*.
armaz|ém [ɐrmɐ'zɐ̃i] *m* Lager *n*; Lager-haus *n*, -raum *m*, Magazin *n*; ~ (*-éns pl.*) Waren-, Kauf-haus *n*; **~enagem** [~ə'naʒɐ̃i] *f* Lagergebühr *f*, -zeit *f*; = **~enamento** [~ənɐ'mẽntu] *m* (Ein-)Lagerung *f*; **~enar** [~ə'nar] (1d) (ein)lagern; aufspeichern; **~enista** [~ə'niʃtɐ] *m* Großhändler *m*; *bras.* Lagerverwalter *m*.
armeiro [~'meiru] *m* Waffen-händler *m*, -schmied *m*; -schrank *m*.
arménio [~'mɛnju] **1.** *adj.* armenisch; **2.** *m* Armenier *m*.
arminho [~'miɲu] *m* Hermelin *m* (*zo. n*).
armistício [~məʃ'tisju] *m* Waffen-

stillstand *m*.
arnela [~'nɛlɐ] *f* Zahnstumpf *m*.
arnês [~'neʃ] *m* Harnisch *m*.
arnica [~'nikɐ] *f* Arnika *f*.
aro ['aru] *m* Reif(en) *m*; Ring *m*; *Rad*-Kranz *m*, Felge *f*.
arom|a [ɐ'romɐ] *m* Duft *m*; Bukett *n* (*Wein*); **~ático** [ɐru'matiku] wohlriechend; würzig, Würz...; **~atizar** [ɐrumɐti'zar] (1a) würzen.
arp|ado [ɐr'paðu] gezahnt, gezackt; **~ão** [~ɐ̃u] *m* Harpune *f*; Bootshaken *m*; **~ar** [~ar] (1b) = **~ear** [~jar] (1l) harpunieren; **~éu** [~ɛu] *m* Enterhaken *m*; Boots-, Fischhaken *m*; **~oar** [~war] (1f) harpunieren; festhaken; packen; *fig.* verführen.
arque|ação [~kjɐ'sɐ̃u] *f* **a**) Krümmung *f*; **b**) Eichung *f*; ⚓ Lastigkeit *f*; **~ado** [~'kjaðu] bogenförmig, geschwungen; **~adura** [~ɐ'ðurɐ] *f* = **~amento** [~ɐ'mẽntu] *m* (Bogen-) Wölbung *f*; **~ar** [~'kjar] (1l) **a**) krümmen, wölben; *Augenbrauen* hochziehen; **b**) ausmessen, eichen.
arqueiro [~'keiru] *m bras. Sport*: Torwart *m*.
arquej|ante [~kɨ'ʒẽntə] außer Atem; **~ar** [~ar] (1d) keuchen; sich heben; lechzen (nach *por*); **~o** [~'keʒu] *m* Keuchen *n*, Atemzug *m*.
arque|ologia [~kjulu'ʒiɐ] *f* Altertumskunde *f*, Archäologie *f*; **~ólogo** [~'kjɔluɣu] *m* Archäologe *m*.
arqueta [~'ketɐ] *f* Kästchen *n*; Sammelbüchse *f*; Opferstock *m*.
arquétipo [~'kɛtipu] *m* Urform *f*; Schablone *f*.
arqui... [ɐrki...] Erz..., Haupt...; **~bancada** [~bɐ̃ŋ'kadɐ] *f bras.* Tribüne *f*; **~ducado** [~ðu'kaðu] *m* Erzherzogtum *n*; **~duque(sa** *f*) [~'ðukə, ~ðu'kezɐ] *m* Erzherzog(in *f*) *m*; **~episcopal** [ɐrkjepiʃku'pał] erzbischöflich; **~milionário** [~miljo'narju] *m bras.* Multimillionär *m*; **~pélago** [~'pɛlɐɣu] *m* Inselgruppe *f*, Archipel *m*.
arquitect|ar [~tɛ'tar] (1a) errichten; erdenken, (sich) ausdenken; ~ *fantasias* sich etwas einbilden; **~o** [~'tɛtu] *m* Architekt *m*; *fig.* Urheber *m*; **~ónico** [~ɔniku] baulich, architektonisch; **~ura** [~urɐ] *f* Baukunst *f*, Hochbau *m*, Architektur *f*.
arquiv|ar [~'var] (1a) ins Archiv nehmen; aufbewahren; *Briefe* abheften, -legen; *Tatsachen* festhalten, niederlegen; *Prozeß usw.* niederschlagen, *ad acta* legen; **~ista** [~'viʃtɐ] *m* Archivar *m*; **~o** [~'kivu] *m* Archiv *n*, Ablage *f*; Aktenschrank *m*.
arrabalde [ɐʀɐ'βałdə] *m* Vorort *m*.
arraia [ɐ'ʀajɐ] *f* **a**) = *raia* b); **b**) ~ (*miúda*) Plebs *m*, Pöbel *m*.
arraial [ɐʀa'jał] *m* Lager *n*; *fig.* Fest-, Rummel-platz *m*; Volksfest *n*; *bras.* Flecken *m*, Siedlung *f*.
arraig-, **arreig|ada** [ɐʀai-, ɐʀei-'ɣaðɐ] *f Zungen*-Wurzel *f*; *Glied*-Ansatz(stelle *f*) *m*; ⚓ *Mast*-Spitze *f*; **~ado** [~aðu] ansässig; eingesessen, bodenständig; verwurzelt; **~ar** [~ar] (1o) einwurzeln; *v/i.* Wurzel schlagen, wurzeln; **~ar-se** *fig.* ansässig w.; sich einleben.
arrais [ɐ'ʀaiʃ] *m* Bootsführer *m*.
arranca [a'ʀɐ̃ŋkɐ] *f bras.* Maniokernte *f*.
arranc|ada [ɐʀɐ̃ŋ'kaðɐ] *f* Ruck *m*; Satz *m*; *Sport*: Start *m*; ⚔ Vorstoß *m*; *duma* ~ mit e-m Schlag; *de* ~ plötzlich; stürmisch; **~ador** [~ɐ'ðor] *auto*: Anlasser *m*; **~amento** [~ɐ'mẽntu] *m* Abreißen *n*; **~a-pregos** [~ɐ'prɛɣuʃ] *m* Nagelheber *m*; **~ar** [~ar] (1n) *v/t.* (aus-, ent-, heraus-, los-, weg-)reißen, -brechen; *Baum* entwurzeln, *Zahn* ziehen; *fig.* entlocken, abnötigen; *v/i.* los-gehen, -stürmen (auf [*ac.*] *para*); anziehen (*Zugtier*); aufgehen (*Saat*); anspringen (*Motor*); anfahren, starten; anlaufen (*Maschine*); ausgehen *von e-m Punkt*.
arranchar [ɐʀɐ̃'ʃar] (1a) in Gruppen einteilen; zs.-legen; beherbergen; *v/i.* zs. essen; = **~-se** sich zs.-tun; sich einquartieren.
arranco [ɐ'ʀɐ̃ŋku] *m* Ruck *m*; Satz *m*, Sprung *m*; Ungestüm *n*; plötzliche(r) Entschluß *m*; Anwandlung *f*; Ausbruch *m*; *s. a. arranque*.
arranh|a-céus (*pl. unv.*) [ɐʀɐɲɐ-'sɛuʃ] *m* Wolkenkratzer *m*; **~adela**, **~adura** *f*, **~ão** *m* [~ɐ'ðɛlɐ, ~ɐ'ðurɐ, ~'ɲɐ̃u] Kratzer *m*, Schramme *f*; **~ar** [~'ɲar] (1a) kratzen, schrammen; scheuern; F *Sprache* radebrechen; ♪ klimpern.
arranj|adela [ɐʀɐ̃ʒɐ'ðɛlɐ] *f* kleine (*od.* flüchtige) Reparatur *f*; *dar uma* ~ *a* F zurechtbiegen (*ac.*); **~ado** [~'ʒaðu]: *bem* (*mal*) ~ (un)ordentlich aussehend; *estar* ~ in Ordnung gehen (*od.* sn); aufgehoben (*od.*

fein heraus) sn; *estar bem ~ iron.* F aufgeschmissen sn; **~amento** [~ɐ'mẽntu] *m* = **~o**; ♪ Bearbeitung *f*; ~ *para piano* Klavierauszug *m*; **~ar** [~'ʒar] (1a) in Ordnung bringen; instand setzen; (an)ordnen, arrangieren; (auf-, ein-, weg-) räumen; zurechtmachen; *Koffer* packen; *j-m et.* besorgen; kommen zu; auftreiben, bekommen; *Stellung* finden; *Zeit* erübrigen; sich *e-e Krankheit usw.* zuziehen; sich *et. Unangenehmes* einbrocken; *Mädchen* unter die Haube bringen; **~ar-se** in Ordnung kommen; sich machen l.; e-e Anstellung finden; sich verheiraten; zurechtkommen; ~ *com* sich einrichten mit, auskommen mit; sich mit *j-m* einigen; *arranje-se!* sehen Sie zu, wie Sie zurechtkommen!; **~ista** [~'ʒiʃtɐ] *m* geschäftstüchtige(r) Mensch *m*; **~o** [ɐ'ʀẽʒu] *m* (An-)Ordnung *f*; Instandsetzung *f*; Verschönerung *f*; Aufmachung *f*; Einrichtung *f*; Abmachung *f*; Einigung *f*; Arrangement *n*; ~ *da casa* Hausarbeit *f*; ~*s pl.* Aufräumungsarbeiten *f/pl.*; *fazer* ~ passen, F zupaß kommen; *ter* ~ ordentlich sn.

arranque [ɐ'ʀẽŋkə] *m* = *arranco*; ⊕ Anspringen *n* (*Motor*), Anlaufen *n* (*Maschine*); Anfahren *n* (*Fahrzeug*); *Sport*: Anlauf *m*; Start *m* (*a. fig.*); *taur.* Ausfall *m*; △ Gewölbeansatz *m*; ~ (*automático*) Anlasser *m*; ~ *final* Endspurt *m*; *por ~s sucessivos* ruckweise.

arras|ado [ɐʀɐ'zaðu]: ~ *de água od. lágrimas* tränen-erfüllt, -überströmt; *estar* ~ erledigt sn; **~amento** [~ɐ'mẽntu] *m* Einebnung *f*; Zerstörung *f*; Schleifen *n*; Abtragen *n*; **~ar** [~ar] (1b) (ein-) ebnen; *bsd.* dem Erdboden gleichmachen; *Festung* schleifen; *Gebäude* abtragen; (bis zum Rande) füllen; *fig.* niederschmettern; zugrunde richten; ~ *de lágrimas os olhos de alg.* j-n zu Tränen rühren; *arrasam-se-lhe os olhos de lágrimas* (*od. água*) er weint heiße Tränen.

arrast|ado [ɐʀɐʃ'taðu] schleppend; langsam; mühsam; armselig (*Leben*); **~ão** [~ɐ̃u] *m* Ruck *m*; ⚓ Schleppnetz(fischer *m*) *n*; *levar de* (*ir no*) ~ (sich) mitschleppen (l.); **~ar** [~ar] (1b) *v/t.* (hin-, mit-, nach-, ver-, weg-)schleppen, (-)ziehen; (mit)reißen (in [*ac.*] *para*); hinreißen (zu *a*); ~ *a voz* schleppend sprechen; ~ *os pés* schlurfen, schlappen; ~ *a asa* eine Liebschaft h.; *v/i. u.* **~ar-se** kriechen; **~o** [ɐ'ʀaʃtu] *m*: *rede f de* ~ Schleppnetz *n*; *vida f de* ~ armselige(s) Leben *n*.

arrátel [ɐ'ʀatɛł] *m ehm. Gewicht v. 459 g, entspr. dtsch.* Pfund *n*.

arrazo|ado [ɐʀɐ'zwaðu] **1.** *m* Rede *f*; Darlegung *f*; Überlegung *f*; *depr.* F Geschwafel *n*; **~ador** [~ɐ'ðor] *m* Redner *m*; **~ar** [~ar] (1f) darlegen; erörtern; *j-m* e-e Rede halten; *v/i.* reden; diskutieren; F schwafeln.

arre! ['aʀə] **a**) verdammt (noch mal)!; zum Teufel!; **b**) hott!, hü!

arre|amento [ɐʀjɐ'mẽntu] *m* Hausrat *m*; **~ar** [ɐ'ʀjar] (1l) *v/t.* **a**) anschirren; *Haus* einrichten; schmükken; **b**) *Flagge, Segel* streichen, einholen; *Tau* nachlassen; *v/i. fig.* es aufgeben; zurückschrecken.

arrebanhar [ɐʀəβɐ'ɲar] (1a) zs.-treiben, -raffen; zs.-schließen.

arrebat|ado [ɐʀəβɐ'taðu] ungestüm, jäh; jähzornig; gewalttätig; *pessoa f -a* Heißsporn *m*; **~ador** [~ɐ'ðor] hinreißend; **~amento** [~ɐ'mẽntu] *m* Ungestüm *n*; Jähzorn *m*; hinreißende Kraft *f*; Begeisterung *f*; **~ar** [~ar] (1b) entreißen, rauben; hinreißen; außer sich bringen (~*-se* geraten).

arrebentar [~βẽn'tar] (1a) = *rebentar*; **~-se** *bras.*: ~ *de* umkommen (*od.* sich umbringen) vor (*dat.*).

arreb|icado [~βi'kaðu] anspruchsvoll; hochtrabend; **~icar** [~i'kar] (1n) herausputzen; **~icar-se** sich schniegeln; **~ique** [~'βikə] *m* Schminke *f*; Verzierung *f*; Schnörkel *m*; ~*s pl.* Kinkerlitzchen *n/pl.*, Plunder *m*; Putz *m*, F Staat *m*.

arrebit|ado [~βi'taðu] *fig.* hochnäsig; naseweis; *nariz m* ~ Stups-, Himmelfahrts-nase *f*; **~ar** [~ar] (1a) auf-, um-stülpen; um-biegen, -nieten; hochbiegen; *Ohren* spitzen; **~ar-se** auftrumpfen.

arrebol [~'βɔł] *m* Morgen-, Abendröte *f*.

arrecada [~'kaðɐ] *f* Ohrring *m*; ~(*s*) (*pl.*) *fig.* Schmuck *m*.

arrecad|ação [~kɐðɐ'sɐ̃u] *f* Abstellraum *m*; Gewahrsam *m*; Sicherstellung *f*; Aufbewahrung *f*; ✝ Ein-

treibung *f*; Steuereinnahmen *f/pl.*; **~ado** [~'ðaðu] sparsam, haushälterisch; **~ar** [~'ðar] (1b) verwahren; abstellen, aufbewahren; sicherstellen; in Gewahrsam bringen; ⚖ *Steuern* ein-fordern, -ziehen; einnehmen; *fig.* erreichen, erlangen.
arrecife *bras.* [aʀe'sifə] *m* = *recife.*
arreda! [ɐ'ʀɛðɐ] zurück!; weg da!
arred|ado [ɐʀə'ðaðu] entlegen, entfernt; **~ar** [~ar] (1c) weg-, beiseitelegen (*od.* -stellen); zurückdrängen; *Schwierigkeit* beheben; *fig.* beiseite bringen; abbringen *od.* abhalten (von *de*); **~ar-se** sich zurückziehen; abweichen (von *de*); **~io** [~iu] fern; flüchtig; *andar* ~ umherirren.
arredond|ado [~ðõn'daðu] rundlich; *canto m* ~ stumpfe Kante *f*; **~ar** [~ar] (1a) (ab-, auf-)runden.
arredor [~'ðɔr] **1.** *adv.* (rings)umher; **2.** *adj.* umliegend; **3.** *m* ~(es) (*pl.*) Umgebung *f.*
arrefec|er [ɐʀəfɛ'ser] (2g; *Stv.* 2a) *v/t.* (ab)kühlen, abschrecken (*a. fig.*); *v/i.* (sich) abkühlen, kalt w.; *fig.* erkalten, nachlassen; **~ido** [~i-ðu] kühl, kalt; **~imento** [~i'mẽntu] *m* Abkühlung *f*; *fig.* Erkalten *n.*
arregaçar [~ɣɐ'sar] (1p; *Stv.* 1b) auf-, um-schlagen; *Rock* (auf-, hoch-)schürzen; *Ärmel, Hose* auf-, hoch-krempeln, zurückstreifen.
arregal|ado [~ɣɐ'laðu]: *olhos m/pl.* ~*s* große Augen *n/pl.*; **~ar** [~ar] (1b): *die Augen* aufreißen.
arreganh|ar [~ɣɐ'ɲar] (1a): ~ *os dentes* die Zähne fletschen (*od. fig.* zeigen); grinsen; **~o** [~'ɣɐɲu] *m* Zähnefletschen *n*; ~ *guerreiro* Säbelrasseln *n.*
arregimentar [~ʒimẽn'tar] (1a) (e-m Regiment) zuteilen; (in Regimenter) einteilen; zs.-schließen.
arreig... *s. arraig...*
arreio(s) [ɐ'ʀeju(ʃ)] *m*(/*pl.*) *Pferde*-Geschirr *n*; Siele *f*; *fig.* Schmuck *m.*
arrel|ia [ɐʀə'liɐ] *f* Ärger *m*; *que* ~! wie ärgerlich!; **~iado** [~'ljaðu] ärgerlich; **~iar** [~'ljar] (1g) (ver)ärgern, verstimmen; lästig fallen (*dat.*), plagen; **~iento, ~ioso** [~'ljẽntu, ~'ljozu (-ɔ-)] ärgerlich; lästig.
arremat|ação [~mɐtɐ'sɐ̃u] *f* Versteigerung *f*; Zuschlag *m*; ~ *judicial* Zwangsversteigerung *f*; *concurso m público para* ~ *de* Ausschreibung *f* (*gen.*); **~ador, ~ante** [~ɐ'ðor, ~'tɐ̃ntə] *m* Meistbietende(r) *m*; **~ar** [~'tar] (1b) **a**) versteigern; zuschlagen; ersteigern; **b**) = *rematar.*
arremed|ar [~mə'ðar] (1c) nachäffen; **~o** [~'meðu] *m* Anschein *m.*
arremess|ado [~mə'saðu] unbändig, ungestüm; unbedacht; **~ar** [~ar] (1c) (weg)schleudern; (hinaus)werfen; (ab-, weg-)stoßen; **~ar-se** *a, sobre* sich stürzen auf (*ac.*), herfallen über (*ac.*); **~o** [~'mesu] *m* Wurf *m*; Stoß *m*; Schwung *m* (*a. fig.*); Ruck *m*; Satz *m*, (An-)Sprung *m*; Überfall *m*; Ungestüm *n*; *bola f de* ~ Schleuderball *m*; ~ *de dardos* Speerwerfen *n*; *de* ~ = **~ado**.
arremet|er [~mə'ter] (2c) vorstoßen; angreifen; ~ *contra* stürmen gegen, losstürmen auf (*ac.*); herfallen über (*ac.*); **~ida** [~iðɐ] *f* Vorstoß *m*; Ansturm *m*, Angriff *m.*
arrend|ado [ɐʀẽn'daðu] **1.** *adj.* **a**) *trazer* ~ gemietet (*od.* gepachtet) h.; **b**) Spitzen...; **2.** *m* ~(*s*) (*pl.*) durchbrochene Arbeit *f*; **~ador** [~ɐ'ðor] *m* Pachtherr *m*; Vermieter *m*; **~amento** [~ɐ'mẽntu] *m* Verpachtung *f*, -mietung *f*; Pacht *f*, Miete *f*; *tomar de* ~ pachten, mieten; **~ar** [~ar] (1a) **a**) (ver)pachten; *Haus* (ver)mieten; *arrenda-se* zu verpachten; **b**) mit Spitzen besetzen; **~atário** [~ɐ'tarju] *m* Pächter *m*, Mieter *m.*
arreneg|ação [ɐʀənəɣɐ'sɐ̃u] *f* Abfall *m vom Glauben*; Zorn *m*; **~ado** [~'ɣaðu] wütend; **~ar** [~'ɣar] (1o; *Stv.* 1c) = *renegar*; *fig.* verfluchen; **~ar-se** böse, wütend w.
arrep|anhar [~pɐ'ɲar] (1a) zerknittern; zerzausen; entreißen; stehlen; geizen mit; sich *et.* zs.-geizen; **~elar** [~ə'lar] (1c) *j-n an den Haaren* zerren; **~elar-se** sich die Haare raufen.
arrepend|er-se [~pẽn'dersə] (2a) in sich gehen; ~ *de* bereuen (*ac.*); **~ido** [~iðu] **1.** *adj.* bußfertig, reuig; *estar* ~ *de* bereuen (*ac.*); **2.** *m*, **-a** *f* reuige(r) Sünder(in *f*) *m*; **~imento** [~i'mẽntu] *m* Reue *f.*
arrepia-cabelo [~ˌpiɐkɐ'βelu] **1.** *adv.*: *de* ~ gegen den Strich; *fig.* wider Willen; **2.** ~(s) *m*(*pl.*) unmögliche(r) Mensch *m.*
arrepi|ado [~'pjaðu] borstig; ungekämmt; *estou* ~ mich schaudert; *estou com o cabelo* ~ die Haare

stehen mir zu Berge; *pele -a* Gänsehaut *f*; **~ar** [~ar] (1g) schaudern l.; entsetzen; *Haar* sträuben; gegen den Strich kämmen; ~ *as carnes* e-e Gänsehaut verursachen; ~ *caminho*, ~ *carreira* umkehren, *fig.* e-n Rückzieher m.; ~ *peixe* Fisch einsalzen; *v/i.* haarsträubend sn; **~ar-se** schaudern; *arrepio-me* mich schaudert, es überläuft mich kalt; *arrepia-se-me a pele* F ich bekomme (*od.* habe) e-e Gänsehaut; **~o** [~ˈpiu] *m* Schauer *m*; Schauder *m*; *ter (estar com)* ~*s* schaudern; frösteln; *ao* ~ gegen den Strich; *fig.* gegen den Strom; widerwillig.

arrest|ar [~ʃˈtar] (1c) Arrest legen auf (*ac.*), sicherstellen; beschlagnahmen; pfänden; **~o** [ɐˈʀɛʃtu] *m* Arrest *m*, Sicherstellung *f*; Beschlagnahme *f*; Pfändung *f*.

arreves|ado [~vəˈzaðu] verzwickt, vertrackt (*Stil, Sprache usw.*); **~ar** [~ar] (1c) **a**) um-, ver-drehen, -kehren; verwickeln; **b**) = *revezar*.

arriar [ɐˈʀjar] (1g) = *arrear* b).

arriba [ɐˈʀiβɐ] = *acima*; ~*!* hoch!, auf!; vorwärts!

arrib|ação [ɐʀiβɐˈsɐ̃u] *f* Landung *f*; Ankunft *f*; *ave f de* ~ Zugvogel *m*; **~ada** [~ˈβaðɐ] *f* Landung *f*; *entrar de* ~ gezwungen *in e-n Hafen* einlaufen; **~adiço** [~ɐˈðisu] unstet; *pássaro m* ~ Zugvogel *m*; **~ar** [~ˈβar] (1a) verschlagen w.; gelangen; landen; ⚓ abfallen; *fig.* (wieder) hochkommen; **~e** *bras.* [aˈʀibə] *m* Einfuhr *f*; = ~*ação*.

arrieiro [ɐˈʀjeiru] *m* Maultiertreiber *m*.

arrim|ar [ɐʀiˈmar] (1a) (unter)stützen; lehnen; F *j-m* eine langen; **~ar-se** *a* sich stützen auf (*ac.*); sich (an)lehnen (*od.* halten) an (*ac.*); **~o** [ɐˈʀimu] *m* Stütze *f*, Lehne *f*; Schutz *m*, Halt *m*.

arrisc|ado [~ʃˈkaðu] riskant (*Sache*); waghalsig (*Person*); **~ar** [~ar] (1n) wagen, aufs Spiel setzen; **~ar-se** *a* wagen (*ac.*); Gefahr laufen zu *inf.*

arrivis|mo [~ˈviʒmu] *m* Strebertum *n*, Ehrgeiz *m*; **~ta** [~ʃtɐ] *su.* Erfolgsmensch *m*; Streber *m*.

arroba [ɐˈʀoβɐ] *f* Arroba *f* (*ehm.* = *32 arráteis, jetzt* = *15 kg*).

arrocho [ɐˈʀoʃu] *m* Knebel *m* (*a. fig.*).

arrog|ância [ɐʀuˈɣɐ̃sjɐ] *f* Anmaßung *f*; Dünkel *m*; Schneid *m*; **~ante** [~ˈɣɐ̃ntə] anmaßend, überheblich; dreist; *brio m* ~ Schneid *m*; **~ar** [~ˈɣar] (1o; *Stv.* 1e) *Besitzrechte* an sich reißen; **~ar-se** sich anmaßen.

arroio [ɐˈʀoju] *m* (Gieß-)Bach *m*.

arroj|adiço [ɐʀuʒɐˈðisu] Wurf..., Schleuder...; *fig.* = **~ado** [~ˈʒaðu] kühn, wagemutig; unternehmungslustig; **~ar** [~ˈʒar] (1e) (ab-, weg-) werfen; schleudern; **~ar-se** sich erkühnen; sich stürzen (auf *od.* in [*ac.*] *a*); **~o** [ɐˈʀoʒu] *m* Verwegenheit *f*, Schneid *m*; *ter o* ~ *de* die Stirn h. zu.

arrol|amento [~lɐˈmẽntu] *m* Eintragung *f*; Aufstellung *f*; **~ar** [~ˈlar] (1e) (in Listen) eintragen; aufnehmen; e-e Aufstellung m. von.

arrolhar [~ˈʎar] (1e) ver-, zukorken; *bras. j-m* das Maul stopfen; den Mund halten.

arromba [ɐˈʀõmbɐ] *f*: *de* ~ F fabelhaft.

arromb|amento [ɐʀõmbɐˈmẽntu] *m* ⚖ Einbruch *m*; **~ar** [~ˈbar] (1a) ein-stoßen, -schlagen; auf-, einbrechen; *fig.* zerrütten; *j-n* aufs Kreuz legen; umwerfen.

arrostar [ɐʀuʃˈtar] (1e) die Stirn bieten, trotzen (*dat.*); *Opfer* auf sich nehmen; **~-se** an-ea.-geraten; ~ *a* sich (heran)wagen an (*ac.*).

arrot|ador [~tɐˈðor] *m* Maulheld *m*, Prahlhans *m*; **~ar** [~ˈtar] (1e) *v/i.* aufstoßen, rülpsen; prahlen; platzen (vor [*dat.*] *de*); *v/t.* vortäuschen.

arrotear [~ˈtjar] (1l) urbar machen.

arroto [ɐˈʀotu] *m* Rülpser *m*.

arroub|amento [ɐʀoβɐˈmẽntu] *m* Verzückung *f*, Begeisterung *f*; **~ar** [~ˈβar] (1a) hinreißen, begeistern; **~ar-se** in Verzückung geraten; **~o** [ɐˈʀoβu] *m* = ~*amento*; ~*s pl.* Begeisterungs-taumel *m*, -fähigkeit *f*.

arroxe|ado [~ˈʃjaðu] blaurot, bläulich; **~ar** [~r] (1l) bläulich schimmern.

arroz [ɐˈʀoʃ] *m* Reis(pflanze *f*) *m*; ~*-doce* Milchreis *m*; **~al** [ɐʀuˈzaɫ] *m* Reisfeld *n*; Reispflanzung *f*; **~eiro** [ɐʀuˈzeiru] **1.** *m* Reisbauer *m*; **2.** *adj.* Reis...

arru|aça [ɐˈʀwasɐ] *f* Straßenauflauf *m*, Tumult *m*; **~aceiro** [~ɐˈseiru] *m* Hetzer *m*; Raufbold *m*; **~amento** [~ɐˈmẽntu] *m* Straßenzug *m*, Straße *f*; *Garten*-Weg *m*; **~ar** [~ar] (1g) *v/t.* Straßen legen durch (*ac.*); *in* *e-r Straße* ansiedeln; *v/i.* sich herumtreiben; **~ar-se** sich niederl.

arruçar [ɐʀu'sar] (1p) ergrauen.

arruda ⚘ [ɐ'ʀuðɐ] *f* Raute *f.*

arruf|ar [ɐʀu'far] (1a) verstimmen; **~ar-se** sich aufplustern; sich sträuben; *fig.* verstimmt w. (*od.* sn); **~o** [ɐ'ʀufu] *m fig.* Verstimmung *f.*

arruinar [ɐʀwi'nar] (1q) *Gebäude* zerstören; *allg.* zugrunde richten, ruinieren; **~-se** verfallen (*Gebäude*).

arruiv(asc)ado [~v(ɐʃk)'aðu] rötlich.

arrulh|ar [ɐʀu'ʎar] (1a) *v/i.* gurren, girren; **~o** [ɐ'ʀuʎu] *m* Girren *n.*

arrum|ação [ɐʀumɐ'sɐ̃u] *f* Verstauung *f*, Verladung *f*; Unterbringung *f*; Aufräumen *n*; Bereinigung *f*; (An-, Ein-)Ordnung *f*; geographische Lage *f*; ~ *de contas* ✝ Buchung *f*; *quarto m de* ~ (*od.* -ões) Abstellraum *m*; **~adeira** [~ɐ'ðeirɐ] **1.** *adj.* ordnungsliebend; **2.** *f bras.* Zimmermädchen *n*; **~adela** [~ɐ'ðɛlɐ] *f*: *dar (fazer) uma* ~ (flüchtig) aufräumen; in Ordnung bringen; **~ar** [~'mar] (1a) verstauen, unterbringen (*a. j-n*); auf-, weg-räumen; *Möbel usw.* anordnen, aufstellen; *Speise* anrichten; *e-e Sache* in Ordnung bringen, erledigen; abschaffen, aufgeben; *Mädchen* versorgen, unter die Haube bringen; F *Tritt usw.* versetzen; *bras. a.* = *arranjar*; **~ar-se** e-e Stellung finden, unterkommen; sich verheiraten; **~o** [ɐ'ʀumu] *m* = *~ação*.

arsenal [ɐrsə'nał] *m* Arsenal *n*; Zeughaus *n*; Ausrüstung *f.*

arsén|ico [~'sɛniku] **1.** *adj.* Arsen...; **2.** *m* Arsenik *n*; = **~io** [~ju] *m* Arsen *n.*

arte ['artə] *f* Kunst *f*; (Kunst-)Fertigkeit *f*; Handwerk *n*; List *f*; *com más* ~*s* mit List und Tücke; *ter* ~*s de* es fertigbringen zu; ~ *aplicada* Kunstgewerbe *n*; ~ *mecânica* Handwerk *n*; 𝟐 *Nova* Jugendstil *m.*

artefacto [artə'fa(k)tu] *m* Erzeugnis *n.*

arteir|ice [~tei'risə] *f* Hinterlist *f*; *bras.* Streich *m*; **~o** [~'teiru] (hinter)listig; *bras.* ungezogen.

artelho [~'teʎu] *m* Fußknöchel *m.*

artemísia [~ə'mizjɐ] *f* ⚘ Beifuß *m.*

artéria [~'tɛrjɐ] *f* Schlagader *f*; Arterie *f*; *fig.* (Haupt-)Straße *f.*

arter|ial [~tə'rjał] Arterien...; **~iosclerose** [~ˌtɛrjuʃklə'rɔzə] *f* Arterienverkalkung *f.*

artes|anato [~təzɐ'natu] *m* Handwerk *n*; **~ão(s)** [~'zɐ̃u(ʃ)] *m(pl.)* Handwerker *m.*

ártico *bras.* = *árctico.*

articul|ação [~tikulɐ'sɐ̃u] *f* Gelenk *n*; Scharnier *n*; Gliederung *f*; Aussprache *f*; *bras.* Erörterung *f*; = *~ado* 2.; -ões Verhandlungen *f/pl.*; ~ *esférica* Kugelgelenk *n*; *em* ~ *com* im Zs.-hang mit; **~ado** [~'laðu] **1.** *adj.* Glieder...; zs.-klappbar, Klapp-...; deutlich (*Aussprache*); *bras.* entschlossen (*Wille*); **2.** *m* **a)** ⚖ *gegliederte* Darlegung *f*, Darstellung *f e-s Sachverhalts*; Wortlaut *m*; **b)** ~*s pl.* Gliedertiere *n/pl.*; **~ador** *bras.* [~a'ðor] *m* Beauftragte(r) *m*; ~ *de intrigas* Intrigant *m*; **~ar** [~'lar] **1.** *adj.* Gelenk...; Artikel...; **2.** *v/t.* (1a) (durch Gelenke) in-(*od.* an-)ea.-fügen; gliedern; artikulieren; formulieren; vortragen; *Wort, Laut* hervorbringen; *Arbeitsgang* ausführen; *bras.* erörtern; verhandeln über (*ac.*); beschließen; **~ista** [~'liʃtɐ] *su.* Artikelschreiber (-in *f*) *m.*

artífice [~'tifisə] *m* Handwerker *m*; *fig.* Künstler *m*, Urheber *m.*

artifici|al [ɐrtəfi'sjał] künstlich, Kunst...; ge-, er-künstelt; **~alidade** [~ɐli'ðaðə] *f* = **~alismo** [~ɐ'liʒmu] *m* Künstelei *f.*

artifício [~'fisju] *m* Kunstfertigkeit *f*; Kunst(griff *m*) *f*, Kniff *m*; Künstlichkeit *f*, Künstelei *f*; *fogo m de* ~ Feuerwerk *n.*

artificioso [~fi'sjozu (-ɔ-)] (arg-)listig.

artigo [ɐr'tiɣu] *m gram.* Artikel *m*; *lit. a.* Abschnitt *m*, Absatz *m*; ~ *de fundo* Leitartikel *m*; ~ *de fé* Glaubenssatz *m*; ~ *de grande consumo*, ~ *em série* ✝ Massen-artikel *m*, -ware *f*; ~ *(semi)manufacturado* (Halb-)Fabrikat *n.*

artilh|aria [ɐrtiʎɐ'riɐ] *f* Artillerie *f*; **~eiro** [~'ʎeiru] *m* Artillerist *m.*

artimanha [~'mɐɲɐ] *f* List *f*; Kniff *m.*

artista [ɐr'tiʃtɐ] **1.** *su.* Künstler(in *f*) *m*; *allg.* Handwerker *m*; **2.** *adj.* künstlerisch begabt; F durchtrieben.

artístico [~iku] künstlerisch, Kunst...

arvorar [ɐrvu'rar] (1e) *v/t. Mast* auf-pflanzen, -richten, -setzen; *Fahne* hissen; *j-n* erheben, bestallen (zu em); *v/i.* sich davonmachen; **~-se** (em) sich aufspielen als *od.* aufwerfen zu.
árvore ['arvurə] *f* Baum *m*; Mast *m*; ⊕ Welle *f*; Achse *f*; Spindel *f*; ~ *de fruto* Obstbaum *m*.
arvoredo [ɐrvu'reðu] *m* Wäldchen *n*, Hain *m*; ⚓ Bemastung *f*.
as [ɐʃ] *pl. v. a (art. u. pron.).*
ás [aʃ] *m* Aß *n*; *fig. Sport-, Film-*Größe *f*, Kanone *f*.
às [aʃ] *Zssg der prp. a mit art. u. pron. pl. as.*
asa ['azɐ] *f* Flügel *m*; Henkel *m*; Griff *m*; *anat. Nasen-*Flügel *m*; *bater a* ~ ausreißen.
asado [ɐ'zaðu] Henkel...
asbesto [ɐʒ'βɛʃtu] *m* Asbest *m*.
ascárida [ɐʃ'kariðɐ] *f* Spulwurm *m*.
ascend|ência [ɐʃsẽn'dẽsjɐ] *f* aufsteigende Linie *f*; Ahnen *m/pl.*; *fig.* Überlegenheit *f*, Übergewicht *n*; Einfluß *m*; **~ente** [~ẽntə] **1.** *adj.* aufsteigend; wachsend; *in Portugal*: *linha f* ~ Hinfahrt *f*; **2.** *m* Vorfahr *m*; *fig.* Ansehen *n*; = *~ência*; **~er** [~er] (2a): ~ *a* aufsteigen zu; (an)steigen auf (*ac.*) (*Preise*), sich belaufen auf (*ac.*) (*Rechnung*); an *die Macht* kommen.
ascens|ão [ɐʃsẽ'sɐ̃u] *f* Aufstieg *m*; *Thron-*Besteigung *f*; *Macht-*Ergreifung *f*; *rel.* ♀ Christi Himmelfahrt *f*; **~ional** [~sju'nał] Aufstiegs...; Aufwärts...; Auftriebs...; *força f* ~ Auftrieb *m*, Steigkraft *f*; **~or** [~or] *m* Aufzug *m*, Fahrstuhl *m*; **~orista** *bras.* [~o'ristɐ] *m* Fahrstuhlführer *m*.
asce|se [ɐʃ'sɛzə] *f* Askese *f*; **~ta** [~tɐ] *su.* Asket(in *f*) *m*.
ascético [~tiku] asketisch.
asco ['aʃku] *m* Ekel *m*; *dá* (*od. faz*) ~ das ekelt einen an; *ter* ~ *a* sich ekeln vor (*dat.*); *que* ~! pfui!
asc(or)oso [ɐʃk(ur)'ozu (-ɔ-)] ekelhaft.
áscua ['aʃkwɐ] *f* (Kohlen-)Feuer *n*, Glut *f*; Funke(n) *m*.
aselha [ɐ'zeʎɐ] *f* Öse *f*, Schlinge *f*.
asfalt|ador [ɐʃfałtɐ'ðor] *m* Asphaltarbeiter *m*; **~agem** [~'taʒẽi] *f* Asphaltierung *f*; **~ar** [~'tar] (1a) teeren, asphaltieren; **~o** [~'fałtu] *m* Asphalt *m*.
asfix|ia [~fik'siɐ] *f* Erstickung(stod *m*) *f*; *matar* (*od. morrer*) *por* ~ ersticken; **~iado** [~'sjaðu] scheintot; gaskrank; *morrer* ~ ersticken; **~iante** [~'sjẽntə] erstickend; giftig; *gás m* ~ Giftgas *n*; **~iar(-se)** [~'sjar(sə)] (1g) ersticken.
asiático [ɐ'zjatiku] **1.** *adj.* asiatisch; orientalisch; **2.** *m* Asiat *m*.
asil|ado [ɐzi'laðu] **1.** *adj. estar* ~ in e-m Asyl leben; **2.** *m* (Asyl-)Insasse *m*; **~ar** [~ar] (1a) Asyl gewähren, aufnehmen; *ins Armenhaus usw.* bringen; *irgendwo* unterbringen; **~o** [ɐ'zilu] *m pol.* Asyl *n*; *fig.* Zuflucht *f*; *Alters- usw.* Heim *n*; ~ *de mendicidade* Armenhaus *n*.
asinino [~'ninu] **1.** *adj.* Esel...; *fig.* eselig, Esels...; *gado m* ~ = **2.** **~s** *m/pl.* Esel *m/pl.*
asma ['aʒmɐ] *f* Asthma *n*.
asmático [ɐʒ'matiku] **1.** *adj.* asthmatisch; **2.** *su.* Asthmatiker(in *f*) *m*.
asn|(e)ar [ɐʒ'n(j)ar] (1b [1l]) Dummheiten m.; **~eira** [~'neirɐ] *f* Eselei *f*; Dummheit *f*; *~s pl.* dummes Zeug *n*; **~eirão** [~nei'rɐ̃u] *m fig.* Hornochse *m*; **~o** *m*, **-a** *f* ['aʒnu, -ɐ] Esel (-in *f*) *m*; *ficar com cara de* ~ mit langer Nase abziehen.
aspa ['aʃpɐ] *f*: *fig. ~s pl.* Anführungszeichen *n/pl.*, F Gänsefüßchen *n/pl.* (*entre* in); = **~deira** *bras.* [aʃpa'deira] *f* Haspel *f*; **~r** [ɐʃ'par] (1b) ein- (*fig.* aus-)klammern.
aspecto [ɐʃ'pɛtu] *m* Anblick *m*; Aussehen *n*; Ansicht *f*; Gesichtspunkt *m*; Seite *f*; *ter bom* (*mau*) ~ gut (schlecht) aussehen; *ter* ~ *de* (*doente*) (krank) aussehen; *ter* (*o*) ~ *de* ... wie *od.* als ob; *no* ~ *religioso* in religiöser Hinsicht; *sob o* ~ *de* unter dem Gesichtspunkt (*gen.*); *sob todos os* ~s in jeder Hinsicht.
aspereza [ɐʃpə'rezɐ] *f* Rauheit *f*; Schroffheit *f*; Herbheit *f*; Härte *f*, Strenge *f*; *com* ~ schroff; herb.
asperger [~pər'ʒer] (2c) = *aspergir*.
asperg|es [~'pɛrʒɨʃ] *m* Besprengung *f* mit Weihwasser; **~ir** [~pər'ʒir] (3n; *Stv.* 2c) besprengen.
áspero ['aʃpəru] rauh; schroff; herb (*Frucht*); hart, streng.
aspérrimo [ɐʃ'pɛʀimu] *sup. v. áspero.*
aspers|ão [~pər'sɐ̃u] *f* Besprengung *f*; **~ório** [~ɔrju] *m* Sprengwedel *m*.
aspeto *bras.* [as'pɛtu] = *aspecto.*

aspir|ação [ɐʃpirɐ'sɐ̃u] *f* Einatmung *f*; Atemzug *m*; ⊕ Ein-, An-saugen *n*; *gram.* Aspirieren *n*; *fig.* Streben *n*; Bestrebung *f*; *tubo m de* ~ Saugrohr *n*; *ele tem -ões a* er möchte (gern) *et.* h. (sn *od.* w.) *od.* für *et.* gelten; (*pessoa f*) *com -ões a* (ein Mensch,) der gern *et.* sn (*od.* w.) *od.* für *et.* gelten möchte; **~ador** [~ɐ'ðor] **1.** *m* Saug-apparat *m*, -vorrichtung *f*; ~ (*de pó*) Staubsauger *m*; **2.** *adj.* = **~ante** [~'rɐ̃ntə] **1.** *adj.* Saug...; **2.** *su.* Anwärter(in *f*) *m*; ⚔ Offiziersanwärter *m*; ~ *da alfândega* Zollaspirant(in *f*) *m*; ~ *a s. aspirações a*; **~ar** [~'rar] (1a) einatmen; ⊕ an-, ein-saugen; *gram.* aspirieren; ~ *a* (*por*) streben nach, wünschen (*ac.*); werben um; *ele aspira a* er möchte (gern) *et.* h. (sn *od.* w.) *od.* für *et.* gelten; **~ativo** [~ɐ'tivu] Hauch...; **~ina** [~'rinɐ] *f* Aspirin *n.*

asqueroso [ɐʃkə'rozu (-ɔ-)] ekelhaft; schmutzig (*Wort*).

assacar [ɐsɐ'kar] (1n; *Stv.* 1b) *j-n* beschuldigen; *Schuld* zuschieben.

assad|eira [~'ðeirɐ] *f* (Kastanien-) Röstpfanne *f*; Kastanienrösterin *f*; = **~or**; **~o** [ɐ'saðu] *m* Braten *m*; *fig.* ~(s) (*pl.*) F Patsche *f*, Klemme *f*; **~or** [~or] *m* Röstpfanne *f*; Schmortopf *m*; Bratspieß *m*; **~ura** [~urɐ] *f* Bratenstück *n*; ⚘ F Wolf *m.*

assalari|ado [~lɐ'rjaðu] *m* Lohn- u. Gehalts-empfänger *m*, Arbeitnehmer *m*; *trabalho m* ~ unselbständige Arbeit *f*; **~ar** [~ar] (1g) (gegen Lohn) einstellen *od.* beschäftigen; *j-n* kaufen, bestechen; besolden; **~ato** [~atu] *m*: *o* ~ die Lohn- u. Gehalts-empfänger *m/pl.*

assalt|ador [ɐsaɫtɐ'ðor] *m* Angreifer *m*; **~ante** [~'tɐ̃ntə] *m Bank-, Straßen-*Räuber *m*; Verbrecher *m*; **~ar** [~'tar] (1a) *j-n* an-, über-fallen; angreifen; *Festung* (er)stürmen; einbrechen in (*ac.*); bestürmen (*Gedanken*); anwandeln (*Zweifel*), befallen (*Krankheit*); **~o** [ɐ'saɫtu] *m* Überfall *m*; Einbruch *m*; Angriff *m*; ⚔ Sturm *m* (*de* im); *esgr.* Ausfall *m*; *Box-*Runde *f*; *fig.* Ansturm *m*; Anwandlung *f*; Anfall *m.*

assanh|adiço [ɐsɐɲɐ'ðisu] reizbar, empfindlich; **~ado** [~'ɲaðu] wütend; hochrot; **~amento** [~ɐ'mẽntu] *m* Wutanfall *m*; **~ar** [~'ɲar] (1a) (auf)reizen; röten; *Übel* verschlimmern; **~ar-se** in Wut geraten; wüten.

assar [ɐ'sar] (1b) braten, schmoren; rösten; P wund-laufen, -liegen, -reiben, -reiten, -schwitzen.

assass|inar [ɐsɐsi'nar] (1a) ermorden; **~inato, ~ínio** [~i'natu, ~'sinju] *m* Mord *m*; **~ino** [~'sinu] **1.** *m* Mörder *m*; **2.** *adj.* mörderisch.

assaz [ɐ'saʃ] ziemlich; reichlich.

assaz|oar [ɐsɐ'zwar] (1f) = **~onar** (1f) zum Reifen bringen; *v/i.* reifen.

asse|ado [ɐ'sjaðu] sauber, reinlich; stubenrein (*Tiere*); *pouco* ~ unsauber; **~ar(-se)** [~ar(sə)] (1l) (sich) säubern; (sich) sauber halten; (sich) sauber kleiden.

assediar [~'ðjar] (1g) belagern; *fig.* bestürmen, bedrängen.

assédio [ɐ'sɛðju] *m* Belagerung *f*; *fig.* Drängen *n.*

assegur|ação [ɐsəɣurɐ'sɐ̃u] *f* Ver-, Zu-sicherung *f*; Sicherstellung *f*; **~ado** [~'raðu] sicher; **~ar** [~'rar] (1a) *j-m et.* ver-, zu-sichern; *et. od. j-n* sichern, sicherstellen.

asseio [ɐ'seju] *m* Reinlichkeit *f*; Sauberkeit *f*; Nettigkeit *f der Kleidung*; *com* ~ reinlich, sauber; nett.

assembleia [ɐsẽm'blejɐ] *f* Versammlung *f*; Klub(haus *n*) *m*; ~ *geral* Haupt-, General-versammlung *f.*

assemelh|ação [ɐsəmɨʎɐ'sɐ̃u] *f* Anähnelung *f*; **~ar** [~'ʎar] (1d) anähneln; ähneln (*dat.*); vergleichen (mit *a*); **~ar-se**: ~ *a*, ~ *com* ähneln (*dat.*), ähnlich sehen (*dat.*); *assemelha-se-me* es scheint mir.

assenhorear-se [~ɲu'rjarsə] (1l) sich bemächtigen.

assent|ada [ɐsẽn'taðɐ] *f*: *de uma* ~ auf einmal, in e-m Zug, auf e-n Hieb; **~adamente** [~ˌtaðɐ'mẽntə] bestimmt; ruhig, gesetzt; **~ado** [~aðu] sitzend; liegend; = ~e; **~ador** 🚂 [~ɐ'ðor] *m* Streckenarbeiter *m*; ⊕ Flach-, Setz-hammer *m*, Stöckel *m*; ~ (*de navalha*) Streichriemen *m*; **~ar** [~ar] (1a) *v/t.* (auf-) setzen; (auf-)stellen; *Fundament* legen; *Schienen* verlegen; *Lager, Wohnsitz* aufschlagen; *Farben* auftragen; *Erdreich usw.* fest-klopfen, -stampfen; *Schlag* versetzen; *Messer* abziehen; ⊕ einbetten, lagern; *Leitung* verlegen; *Frage* entscheiden; *Regeln* festsetzen; *Vorhaben* beschließen; *Betrag* (ver)buchen; *Namen* aufschreiben, eintragen; ~ *praça* einrücken; *v/i.* sich setzen, sich senken (*Niederschlag, Erdreich*); gesetzt w. (*Mensch*); passen (*Kleid*); ~ *em* (be)ruhen auf (*dat.*); sich einigen auf (*ac.*); ~ *de* beschließen zu; **~e** [ɐ'sẽntə] **1.** *p.p. irr. v.* ~*ar*; **2.** *adj.* fest, sicher; entschieden; ~ *em* beruhend auf.

assent|imento [~i'mẽntu] *m* Zustimmung *f*; **~ir** [~'tir] (3e) bei-, zu-stimmen.

assento [ɐ'sẽntu] *m* Sitz *m*; Sitzplatz *m*, -gelegenheit *f*; Fuß *m*, Boden *m* (*Gefäß*); Unterlage *f*; Bodensatz *m*; Aufzeichnung *f*; ✝ Buchung *f*, Posten *m*; *anat.* Gesäß *n*; *fig.* Beschluß *m*; *ter* (*tomar*) ~ vernünftig sn (w.).

asséptico [ɐ'sɛptiku] keimfrei.

asser|ção [ɐsər'sɐ̃u] *f* Behauptung *f*; **~tivo** [~'tivu] bestimmt.

assessor *m*, **~a** *f* [ɐsə'sor, ~ɐ] Beisitzer(in *f*) *m*; Beirat *m*.

assestar [ɐsɨʃ'tar] (1c) richten; einstellen; *Schuß* abgeben.

assetear [ɐsə'tjar] (1l) (mit Pfeilen) durchbohren (*a. fig.*); beschießen.

assever|ação [~vərɐ'sɐ̃u] *f* Behauptung *f*; Versicherung *f*; Bekräftigung *f*; **~ar** [~'rar] (1c) behaupten; versichern; bekräftigen.

assiduidade [ɐsiδwi'δaδə] *f* Fleiß *m*, Eifer *m*; Aufmerksamkeit *f*.

assíduo [ɐ'siδwu] fleißig, eifrig; dienstbeflissen, aufmerksam.

assim [ɐ'sĩ] *adv.* so; daher; also; ~, ~ soso (lala); ~ *como* sowie; ~ *como* ~ sowieso, ohnedies; ~ *ou* ~ (*od. assado*) so oder so; *ainda* ~, *mesmo* ~ trotzdem; immerhin; ~ *mesmo!* eben!, richtig!; ~ *que* sowie, sobald; *tanto* (*od. bem*) ~ ganz so; *e* (*isto é*) *tanto* ~ *que* ... a) und zwar so sehr, daß; b) und eben deshalb; *como* ~? P wieso?, warum nicht?

assim|etria [ɐsimə'triɐ] *f* Asymmetrie *f*; **~étrico** [~'mɛtriku] ungleich, unsymmetrisch.

assimil|ação [ɐsəmilɐ'sɐ̃u] *f* Anähnelung *f*; Anpassung *f*; Aneignung *f*; ⚘ *u. gram.* Assimilation *f*; **~ar** [~'lar] (1a) angleichen; vergleichen (mit *a*); *fig.* verdauen; 🕮 assimilieren.

assin|ação [ɐsinɐ'sɐ̃u] *f* Unterzeichnung *f*; Benachrichtigung *f*; Vorladung *f*; Anberaumung *f*; Anweisung *f*; **~ado** [~'naδu] **1.** *p.p.v. assinar*; **2.** *m* Bescheinigung *f*.

assinal|ação [~nɐlɐ'sɐ̃u] *f* (Kenn-) Zeichnung *f*; Kennzeichen *n*; Anzeichen *n*; Anzeige *f*; Auszeichnung *f*; **~ado** [~'laδu] *adj.* hochberühmt; bedeutend; *ser* ~ *com* begleitet sn von; **~amento** [~ɐ'mẽntu] *m* = ~*ação*; **~ar** [~'lar] (1b) (kenn-) zeichnen; aus-, be-zeichnen; verzeichnen; anzeigen; hervorheben; **~ar-se** zu verzeichnen sn; sichtbar (*od.* spürbar) werden; sich hervortun.

assin|ante [~'nẽntə] *m* Unterzeichner *m*; Abonnent *m*; *Fernsprech*-Teilnehmer *m*; **~ar** [~ar] (1a) unterschreiben, -zeichnen; festlegen, *Frist* anberaumen; vereinbaren; *Geldbetrag* zeichnen; ~ (*para*) abonnieren (*ac.*); **~atura** [~ɐ'turɐ] *f* Unterschrift *f*; Subskription *f*; Abonnement *n*; Bezug *m*; *abrir* ~ s-e Unterschrift hinterlegen.

assist|ência [~ʃ'tẽsjɐ] *f* Anwesenheit *f*; *die* Anwesenden *m/pl.*; Beistand *m*; Mitwirkung *f*; Fürsorge *f*; ~ *hospitalar* Krankenhausbehandlung *f*; ~ *médica* ärztliche Hilfe *f*; ~ *pública*, ~ *social* Wohlfahrt *f*; ~ *religiosa* Seelsorge *f*; **~ente** [~ẽntə] **1.** *adj.* anwesend; behandelnd (*Arzt*); **2.** *su.* Assistent(in *f*) *m*; ~*s m/pl. die* Anwesenden *m/pl.*; ~ *f bras.* Hebamme *f*; **~ir** [~ir] (3a) *v/i.*: ~ *a* beiwohnen (*dat.*); *Konzert* hören; *Schauspiel* sehen; *allg.* besuchen (*ac.*); *Unfall usw.* mit ansehen; zusehen (*od.* zuhören) bei; auf *j-s* Seite sein (*Recht*); = *v/t. j-m* beistehen, helfen; *e-n Kranken* behandeln, pflegen; ~ + *inf.* sehen (*od.* es erleben), daß *ind.*

assoalh|ada [ɐswɐ'ʎaδɐ] *f* Zimmer *n*; **~amento** [~ʎɐ'mẽntu] *m* Fußbodenbelag *m*; **~ar** [~'ʎar] (1b) **a)** dielen; **b)** sonnen; *fig.* ausplaudern, weitertragen; zeigen.

assoar [ɐ'swar] (1f) schneuzen; **~-se** sich die Nase putzen.

assoberb|ado [ɐsuβər'βaδu] hochmütig; **~ar** [~ar] (1c) an-, beherrschen; über-bürden, -lasten; lasten auf (*dat.*); **~ar-se** hochmütig werden; sich übernehmen.

assob|iada [~'βjaδɐ] *f* Gepfeife *n*; **~iar** [~jar] (1g) pfeifen; *j-n* auspfeifen; **~io** [~'βiu] *m* Pfiff *m*; Pfeife *f*; *de três ~s* F fabelhaft.

assobradado [~βrɐ'ðaðu] mehrstöckig.

associ|ação [~sjɐ'sɐ̃u] *f* Vereinigung *f*; Zs.-schluß *m*; Verknüpfung *f*; Verein *m*; *Sport*: Verband *m*; Klub *m*; ~ *comercial* Handelskammer *f*; ~ *industrial* Industrieverband *m*; **~ado** [~'sjaðu] *m* Mitglied *n*; Gesellschafter *m*, Teilhaber *m*; **~ar** [~'sjar] (1g) verbinden; *Gedanken* verknüpfen; *zu e-r Gesellschaft* zs.-schließen; zum Teilhaber m.; beigesellen; anschließen; **~ar-se** sich verbünden, sich zs.-tun; ~ *a* sich gesellen zu; *fig.* Anteil nehmen an (*ac.*), teilen (*ac.*); **~ativo** [~ɐ'tivu]: *vida f -a* Vereinswesen *n*; *organismo m* ~ Verband *m*; *massa f -a* Vereinsmitglieder *n/pl.*

assol|ação [~lɐ'sɐ̃u] *f* = **~amento** [~lɐ'mẽntu] *m* Heimsuchung *f*; Verheerung *f*; **~ar** [~'lar] (1e) heimsuchen; verheeren.

assoldadar [ɐsołdɐ'ðar] (1b) in Sold nehmen, anwerben.

assomar [asu'mar] (1f) *v/i.* auftauchen, erscheinen; *v/t. j-n* aufbringen; **~-se** zornig w.; randalieren (*Betrunkener*).

assombr|ação [ɐsõmbrɐ'sɐ̃u] *f bras.* Spuk *m*; Gespenst *n*; = *~amento*; **~adiço** [~ɐ'ðisu] furchtsam, scheu; **~ado** [~'braðu] **a)** schattig; **b)** bestürzt, fassungslos; sprachlos; *bem (mal)* ~ (un)freundlich; *bras. a casa está -a* es spukt im Haus; **~amento** [~ɐ'mẽntu] *m* Schrecken *m*; Grauen *n*; = *~ação*; **~ar** [~'brar] (1a) **a)** beschatten; **b)** in Schrecken (*od.* in Erstaunen) setzen; verblüffen; treffen (*Blitz*); **~ar-se** sich entsetzen; erstaunen; **~o** [ɐ'sõmbru] *m* Verblüffung *f*; Entsetzen *n*; Wunder *n*; *foi um* ~ es war fabelhaft; **~oso** [~'brozu (-ɔ-)] verblüffend; fabelhaft.

assomo [ɐ'somu] *m* Erscheinen *n*; Anzeichen *n*; *fig.* Höhenflug *m*; ~ *de cólera* Wutanfall *m*.

assore|amento [ɐsurjɐ'mẽntu] *m* Versandung *f*; **~ar** [~'rjar] (1l) versanden.

assuada [ɐ'swaðɐ] *f* Getümmel *n*; Auflauf *m*; Geschrei *n*; Rotte *f*; Bande *f*; *de ~, em ~* tobend, wild; *reunir em ~* zs.-rotten.

assumir [ɐsu'mir] (3a) übernehmen; annehmen; *Amt* antreten; *Entscheidung* treffen; *~-se como* sich akzeptieren als.

assunção [ɐsũ'sɐ̃u] *f* Erhebung *f*; *rel.* ♀ Mariä Himmelfahrt *f*.

assunt|ar *bras.* [asũn'tar] (1a) *v/i.* aufpassen; *v/t.* bemerken; **~ar-se** sich zs.-nehmen; **~o** [ɐ'sũntu] *m* Stoff *m*, Gegenstand *m*, Thema *n*; Angelegenheit *f*, Sache *f*; *pint.* Motiv *n*; *estar dentro do* ~ im Bilde sn.

assust|adiço [ɐsuʃtɐ'ðisu] schreckhaft; **~ador** [~ɐ'ðor] erschreckend; **~ar** [~'tar] (1a) erschrecken; **~ar-se** erschrecken; scheuen (*Pferd*).

asteca [ɐʃ'tɛkɐ] **1.** *adj.* aztekisch; **2.** *su.* Azteke *m*, Aztekin *f*.

aster|isco [ɐʃtə'riʃku] *m tip.* Sternchen *n*; **~óide** [~'rɔiðə] **1.** *m* Asteroid *m*; **2.** *adj.* sternförmig, Stern...

astral [ɐʃ'trał] Sternen...; astral.

astro ['aʃtru] *m* Gestirn *n*; Stern *m* (*a. fig.*); **~logia** [ɐʃtrulu'ʒiɐ] *f* Sterndeuterei *f*, Astrologie *f*.

astrólogo [ɐʃ'trɔluɣu] *m* Sterndeuter *m*, Astrologe *m*.

astron|auta [~tru'nautɐ] *m* Raumfahrer *m*; **~áutica** [~ikɐ] *f* Raumfahrt *f*.

astron|omia [~trunu'miɐ] *f* Sternkunde *f*, Astronomie *f*; **~ómico** [~'nɔmiku] astronomisch, Stern...

astrónomo [~'trɔnumu] *m* Sternforscher *m*, Astronom *m*.

astúcia [ɐʃ'tusjɐ] *f* Verschlagenheit *f*, List *f*.

astucioso, astuto [~tu'sjozu (-ɔ-), ~'tutu] verschlagen; schlau; listig.

ata *bras.* ['atɐ] = *acta*.

ataca [ɐ'takɐ] *f* Schnür-band *n*, -riemen *m*, -senkel *m*.

atac|adista *bras.* [ataka'ðistɐ] *m* Großhändler *m*; **~ado** [~'kaðu]: *por* ~ im großen, en gros; *comércio m por* ~ Großhandel *m*; **~ador** [~ɐ'ðor] = **~ante** [~'kẽntə] *m* Angreifer *m*; *Fußball* Stürmer *m*; **~ar** [ɐtɐ'kar] (1n; *Stv.* 1b) **a)** ver-, zu-schnüren; *bras.* (zu)knöpfen; **b)** angreifen; *Lied* anstimmen; befallen (*Schlaf, Krankheit*); rühren (*Schlag*); **c)** *fig.* vollstopfen.

atad|eiro [ɐtɐ'ðeiru]: *ceifeira f -a* Mäh- und Bindemaschine *f*; **~o** [ɐ'taðu] **1.** *adj.* verlegen, zaghaft; **2.** *m* Bündel *n*; **~ura** [~'ðurɐ] *f* Band *n*; Binde *f*; ⚕ Verband *m*.

atafona [~'fonɐ] *f* Mühle *f*; *fig.* Tretmühle *f*, Streß *m*.
atafulhar P [~fu'ʎar] (1a) vollstopfen.
atalaia [~'lajɐ] *f* Wartturm *m*; Ausguck *m*; Wache *f*; Späher *m*, Türmer *m*; *de* ~ auf der Hut (*od.* Lauer).
atalh|ada [ɐtɐ'ʎaδɐ] *f* Schneise *f*; **~ar** [~ar] (1b) *v/t. j-m* (den Weg) versperren; absperren; in den Weg treten (*dat.*), aufhalten; Einhalt gebieten (*dat.*); hindern; unterbrechen; ab-, ver-kürzen; *v/i.* e-n Seitenweg einschlagen; einfallen (*in j-s Rede*); **~ar-se** steckenbleiben; verlegen w.; **~o** [ɐ'taʎu] *m* Seitenweg *m*; Abkürzung *f*; Hindernis *n*; *pôr* ~ *a* beenden (*ac.*), ein Ende setzen (*dat.*); *tomar pelo* ~ (den Weg) abkürzen; *andar por* ~*s* Ausflüchte m.
atamancar [ɐtɐmẽŋ'kar] (1n) zs.-pfuschen, hinsudeln.
ataque [ɐ'takə] *m* Angriff *m*; ⚕ Anfall *m*; *bras.* Pfropfen *m*; *Fußball*: Sturm *m*; *deu-lhe um* ~ er bekam e-n Anfall.
atar [ɐ'tar] (1b) (an-, ver-, zu-, zs.-) binden; an-, ver-knüpfen; ~ *as mãos à* (*od. na*) *cabeça* sich an den Kopf fassen; *não* ~ *nem desatar* sich nicht entschließen können.
atarantar P [ɐtɐrẽn'tar] (1a) aufregen, verwirren.
atard|ado [~'δaδu] (geistig) zurückgeblieben (*Kind*); **~ar** [~ar] (1b) verzögern; **~ar-se** sich verspäten; verweilen (bei *em*).
ataref|ado [~rə'faδu] sehr beschäftigt; geschäftig; *estar* ~ viel zu tun h.; **~ar** [~ar] (1c) *j-m e-e Arbeit* aufladen; *j-n mit Arbeit* überlasten.
atarrac|ado [~ʀɐ'kaδu] untersetzt, vierschrötig; **~ar** [~'kar] (1n; *Stv.* 1b) schmieden; einzwängen; *fig. j-m* zusetzen.
atarraxar [~ʀɐ'ʃar] (1b) an-, festschrauben; *Schraube* anziehen.
ataúde [ɐtɐ'uδə] *m* Sarg *m*; Grab *n*.
ataviar [ɐtɐ'vjar] (1g) schmücken.
atávico [ɐ'taviku] atavistisch.
atavio(s) [ɐtɐ'viu(ʃ)] *m*(*pl.*) Schmuck *m*.
até [ɐ'tɛ] **1.** *prp.* bis; *mit folgendem art.* bis an (auf, in *usw.* [*ac.*] *od.* nach, zu [*dat.*]); ~ *que* bis (daß); ~ *que enfim!* endlich!; **2.** *adv.* selbst; = ~ *mesmo* sogar; *e* ~ ja.
ate|ado [ɐ'tjaδu] *fig.* hitzig; **~ar** [~ar] (1l) an-feuern, -heizen, -zünden; schüren (*a. fig.*); entfachen; **~ar-se** sich entzünden; *fig.* entbrennen; um sich greifen.
ateia [ɐ'tejɐ] *f s. ateu.*
ateí|smo [ɐte'iʒmu] *m* Atheismus *m*; **~sta** [~ʃtɐ] *su.* = *ateu.*
atemoriz|ador, ~ante [ɐtəmurizɐ'δor, ~'zẽntə] furchtbar; **~ar** [~'zar] (1a) erschrecken; einschüchtern.
atença [ɐ'tẽsɐ] *f* Hoffnung *f*; *estar às* ~*s de* bauen auf (*ac.*).
atenção [ɐtẽ'sɐ̃u] *f* Aufmerksamkeit *f* (*chamar* erregen); Gefälligkeit *f*; Rücksicht *f*; Höflichkeit *f*; Achtung *f*; *chamar a* ~ *de alg. a* (*od. para*) j-n aufmerksam m. auf (*ac.*); *prestar* ~ aufpassen; *dar* ~ *a* achten auf (*ac.*), beachten (*ac.*); *ter em* ~ berücksichtigen; *em* ~ *a* mit Rücksicht auf (*ac.*); unter Berücksichtigung (*gen.*); *tratar com* ~ höflich behandeln; *falta f de* ~ Unhöflichkeit *f*; ~! Achtung!; *chamar as* ~*ões* auffallen.
aten|ciosamente [~ˌsjɔzɐ'mẽntə] *in Briefen*: (hoch)achtungsvoll; **~cioso** [~'sjozu (-ɔ-)] aufmerksam; gefällig, höflich; ergeben; **~der** [ɐtẽn'der] (2a) *v/t.* beachten; berücksichtigen; *Patienten* annehmen; *Kunden* bedienen, abfertigen; *Besuch* vorlassen; *Anfrage* erledigen; *tel. Gespräch* abnehmen; *Gesuch* positiv bescheiden; *não* ~ abweisen, *Anfrage* liegen l., *Gesuch* abschlägig bescheiden; ~ *o telefone* ans Telefon gehen, sich melden; ~ *alg.* fragen, was j. will; *ninguém me atendeu* niemand hat aufgemacht (*im Privathaus*); *v/i.* ~ *a* merken (*od.* achtgeben) auf (*ac.*); berücksichtigen (*ac.*); hören auf (*ac.*); sich kümmern um; ~ *pelo nome de*, ~ *por* auf den Namen ... hören; *atendendo a* unter Berücksichtigung (*gen.*); **~dimento** [~ndi'mẽntu] *m* Beachtung *f*; Entgegenkommen *n*; = *atenção.*
atent|ado [ɐtẽn'taδu] *m* Anschlag *m*, Attentat *n*; *autor m de* ~ Attentäter *m*; **~ar** [~ar] (1a) **a**) beachten; *v/i.* ~ *em* betrachten (*ac.*); bedenken (*ac.*); = ~ *por* achten auf (*ac.*); berücksichtigen; **b**) beabsichtigen, planen; *v/i.* ~ *contra* sich vergreifen (*od.* freveln) an (*dat.*); = ~ *contra a vida de alg.* j-m nach

dem Leben trachten; **~atório** [~ɐ'tɔrju] frevelhaft; ~ *de* verstoßend (*od.* gerichtet) gegen; *ser* ~ verstoßen; **~o** [ɐ'tẽntu] aufmerksam; ergeben; *estar* ~ *em* bedacht sn auf; ~ (*a*) in Anbetracht (*gen.*).

atenu|ação [ɐtənwɐ'sɐ̃u] *f* Verdünnung *f*; (Ab-)Schwächung *f*; Abnahme *f*; Dämpfung *f*; **~ador** [~ɐ'ðor] *m* Schwingungsdämpfer *m*; ~ *variável* Potentiometer *n*; **~ante** [~'nwẽntə] **1.** *adj.* (straf)mildernd; **2.** *f* mildernde(r) Umstand *m*; **~ar** [~'nwar] (1g) verdünnen; abschwächen; vermindern; mildern.

aterr|ador [ɐtəʀɐ'ðor] niederschmetternd; **~agem** ✈ [~'ʀaʒɐ̃i] *f.* ~ (*forçada*) (Not-)Landung *f*; *campo m de* ~ Rollfeld *n*; **~ar** [~'ʀar] (1c) *v/t.* **a**) entsetzen; niederschmettern; **b**) mit Erde bedecken, aufschütten; auffüllen; *v/i.* ✈ landen, niedergehen; **~issagem** *bras.* [~i'saʒɐ̃i] *f* = *~agem*; **~issar** *bras.* [~i'sar] (1a) = *~ar* ✈; **~o** [ɐ'teʀu] *m* (Erd-) Aufschüttung *f*; (Erd-)Auffüllung *f*; (Straßen-)Damm *m*; Schutt *m*.

aterrorizar [~ʀuri'zar] (1a) in Schrecken setzen; terrorisieren; **~-se** sich entsetzen.

ater-se [ɐ'tersə] (2zb): ~ *a* sich halten an (*ac.*).

atest|ado [ɐtɨʃ'taðu] **1.** *adj.* randvoll; **2.** *m* Zeugnis *n*; Bescheinigung *f*; Attest *n*; **~ar** [~'tar] (1c) **1.** (bis zum Rand) füllen; **2.** bezeugen, bescheinigen; beweisen.

ateu [ɐ'teu] **1.** *m* Atheist *m*; **2.** *adj.* gottlos.

atiç|ador [ɐtisɐ'ðor] *m* Hetzer *m*; Schürer *m*; Schüreisen *n*, Feuerhaken *m*; **~ar** [~'sar] (1p) *Feuer, Haß* schüren; an-feuern, -heizen; an-, auf-stacheln.

atil|ado [~'laðu] gewissenhaft; verständig; fein, gewählt; **~ar** [~ar] (1a) den letzten Schliff geben (*dat.*), ausfeilen; sorgfältig ausführen; schmücken; klug (*od.* geschickt) m.

atilho [ɐ'tiʎu] *m* Band *n*; Bund *m*.

átimo *bras.* ['atimu]: *num* ~ im Nu.

atin|ado [ɐti'naðu] treffend; verständig, vernünftig; **~ar** [~ar] (1a) *v/t. u.* ~ *com* (es) treffen; herausfinden; merken; **~ente** [~'ẽntə]: ~ *a* betreffend (*ac.*).

ating|ir [ɐtĩ'ʒir] (3n) erreichen; berühren; *fig.* begreifen; ⚔ treffen; verletzen; *fig.* betreffen, angehen; **~ível** [~iveɫ] erreichbar; faßlich.

atir|ador [ɐtirɐ'ðor] *m* Schütze *m*; *franco* ~ Frei-schütz *m*, -schärler *m*; **~ar** [~'rar] (1a) *v/t.* schleudern, werfen; *j-m et.* zuwerfen; *Tritt* versetzen; ~ *coices* (hinten) ausschlagen; *v/i.* ~ *a* schießen auf (*ac.*); *fig.* abzielen auf (*ac.*); ~ *para* neigen zu (*Mensch*); spielen in (*ac.*) (*Farbe*); ~ *com a porta* die Tür (hinter sich) zuschlagen; ~ *com a/c. a* (*od. em, para*) et. *irgendwohin* werfen; **~ar-se** sich (los)stürzen (auf [*ac.*] *a*).

atitar [ɐti'tar] (1a) kreischen.

atitude [ɐti'tuðə] *f* Haltung *f*; Einstellung *f*; Ansicht *f*; Gesinnung *f*; *marcar* (*od. tomar*) *uma* ~ sich verhalten; Stellung nehmen.

ativ... *bras. s. activ...*

atlânti|co [~'lɐ̃ntiku] atlantisch; *o* ♀ der Atlantik; **♀da** [~ðɐ] *f* Atlantis *f*.

atlas ['atlɐʃ] *m* Atlas *m*.

atl|eta [ɐt'lɛtɐ] *m* Athlet *m*; **~ético** [~'lɛtiku] (muskel)stark, athletisch; **~etismo** [~lə'tiʒmu] *m* Athletik *f*.

atmosf|era [~muʃ'fɛrɐ] *f* Atmosphäre *f*; ~ *carregada* Gewitterluft *f*; **~érico** [~'fɛriku] atmosphärisch; *pressão f -a* Luftdruck *m*.

ato *bras.* ['atu] = *acto*.

à-toa [a'toɐ] unbedacht; unnütz, wertlos; flüchtig; *s. toa*.

atoarda [ɐ'twarðɐ] *f* Gerücht *n*; *Zeitungs*-Ente *f*.

atocaiar *bras.* [atoka'jar] (1i) auflauern (*dat.*); bespitzeln.

atochar [ɐtu'ʃar] (1e) ein-, festkeilen; (fest-, ver-)stopfen.

atolar [~'lar] (1e) in den Schlamm (*od.* fest)fahren; versenken; *fig.* in Schwierigkeiten bringen; *e-e Sache* verfahren; *v/i. u.* **~-se** steckenbleiben; sich festfahren.

atoleimado [~lei'maðu] albern.

atoleiro [~'leiru] *m* Morast *m*; Verlegenheit *f*; F Patsche *f*, Klemme *f*.

atómico [ɐ'tɔmiku] Atom...

atomiz|ador [ɐtumizɐ'ðor] *m* Zerstäuber *m*; **~ar** [~'zar] (1a) atomisieren; zer-reiben, -stäuben, -trümmern; vernichten.

átomo ['atumu] *m* Atom *n*; *Sonnen*-Stäubchen *n*; *fig.* Spur *f*.

atónito [ɐ'tɔnitu] verblüfft, sprachlos; *deixar* ~ verblüffen.

átono ['atunu] tonlos, unbetont.

ator *bras. s. actor.*
atordo|ador [ɐturδwɐ'δor] lautstark; **~amento** [~'mẽntu] *m* Betäubung *f*; Verwirrung *f*; Verblüffung *f*; **~ar** [~'δwar] (1f) betäuben; verwirren; verblüffen.
atorment|ação [~mẽntɐ'sɐ̃u] *f* Aufregung *f*, Sorge *f*; **~adiço** [~ɐ'δisu] leicht erregbar; **~ado** [~'taδu] unruhig, qualvoll; **~ar** [~'tar] (1a) foltern; *fig.* quälen; schmerzen.
atóxico [ɐ'tɔksiku] ungiftig.
atrac|ação [ɐtrɐkɐ'sɐ̃u] *f* Festmachen *n*; Landung *f*; Anlegen *n*; **~agem** [~'kaʒɐ̃i] *f*: *manobras f/pl. de ~* Kopplungsmanöver *n*; **~ar** [~'kar] (1n; *Stv.* 1b) festmachen; anlegen, landen; *fig.* ansprechen; F anrempeln; **~ar-se** *com* raufen mit.
atrac|ção [ɐtra'sɐ̃u] *f* Anziehung(skraft) *f*; Tendenz *f* (zu *de*); Glanznummer *f*, Attraktion *f*; **~tivo** [~'tivu] **1.** *adj.* anziehend; zugkräftig (*Film*); *força f -a* Zugkraft *f*; **2.** *m* Anziehungsmittel *n*; zugkräftige Nummer *f*; Reiz *m*.
atraente [ɐtrɐ'ẽntə] anziehend.
atraiço|adamente [ɐtrai͵swaδɐ'mẽntə] meuchlings; hinterrücks; **~ado** [~'swaδu] treulos; **~ar** [~'swar] (1f) verraten; täuschen; im Stich l.
atrair [ɐtrɐ'ir] (3l) anziehen; auf sich ziehen; *j-n* an sich (heran-) ziehen; gewinnen (für *a*); für sich einnehmen; *ins Verderben* ziehen.
atrapalh|ação [ɐtrɐpɐʎɐ'sɐ̃u] *f* Durcheinander *n*; Ratlosigkeit *f*; Hilflosigkeit *f*; **~ado** [~'ʎaδu] ratlos; hilflos; **~ar** [~'ʎar] (1b) durch-ea.-bringen; verwirren; **~ar-se** durch-ea.-geraten; sich verhaspeln.
atrás [ɐ'traʃ] *räuml.* zurück; hinten; vorn; ⚓ achtern; *zeitl.* vorher, früher; *anos ~* vor Jahren; *por ~* von hinten; *para ~* nach hinten, zurück, rückwärts; *correr* (*gritar*) *~ de* nach-laufen (-rufen) (*dat.*); *fazer-se ~* zurücktreten; *fazer pé ~* zurückweichen; *ficar ~* (*de od. a alg.*) (hinter j-m) zurückbleiben; *estar de pé ~ com alg.* j-m nicht trauen; *o que ~ ficou dito* (*od. se escreveu*) das oben Gesagte; *~ de* hinter (*ac. u. dat.*), nach (*dat.*).
atras|ado [ɐtrɐ'zaδu] **1.** *adj.* rückständig; *chegar ~* zu spät (*od.* mit Verspätung) kommen; *ir ~*, *estar ~* nachgehen (*Uhr*); *estar ~ em* im Rückstand sein mit; **2.** *m* Rückstand *m*; **~ar** [~ar] (1b) zurückstellen; zurückdatieren; verzögern; ver-schieben, -schleppen, hinauszögern; *j-n* aufhalten; zurückbringen; *v/i. u.* **~ar-se** zurückbleiben; zurückgehen; nachgehen (*Uhr*); sich verspäten; **~o** [ɐ'trazu] *m* Rückgang *m*; Verspätung *f*; Verzögerung *f*; ⊕ *a.* Nacheilung *f*; *Zahlungs*-Rückstand *m*, Verzug *m*; *fig.* Rückständigkeit *f*; *estar em ~* rückständig (*od.* im Rückstand) sn; 🚃 Verspätung h.
atravanc|ar [~vɐ̃ŋ'kar] (1n) verrammeln, -sperren; hindern; **~ar-se** sich quer stellen, steckenbleiben; **~o** [~'vɐ̃ŋku] *m* Stockung *f*; Hindernis *n*; Ladehemmung *f*.
através [~'vɛʃ] (quer) durch; anhand (*gen.*); durch (*ac.*).
atravess|adiço [~vəsɐ'δisu] hinderlich; **~ado** [~'saδu] quer; *fig.* schielend; querköpfig; falsch; **~ar** [~'sar] (1c) quer über (*od.* durch) *et.* (*ac.*) legen; durch-queren, -reisen, -fahren, -wandern; reisen (fahren *od.* wandern) durch; *Krise usw.* durchmachen; über-queren, -schreiten; *über e-n Fluß* setzen; durchbohren (*Kugel, Messer usw.*); *Pläne* durchkreuzen; *Rassen* kreuzen; *Karte* überstechen; *~ a nado* durchschwimmen; **~ar-se** in die Quere kommen; sich einmischen; sich quer stellen; *im Halse* steckenbleiben.
atreito [ɐ'treitu]: *~ a* neigend zu; zugetan (*dat.*); empfänglich für; gewöhnt an (*ac.*); *ser ~ a* neigen zu.
atrel|ado [ɐtrə'laδu] *m* Anhänger *m*; **~agem** [~aʒɐ̃i] *f* Anspannen *n*; Anhängen *n*; 🚃 Kuppelung *f*; **~ar** [~ar] (1c) an die Leine nehmen; anbinden (*a. fig.*); *fig. j-n* (an sich) fesseln; *Pferde* anspannen; 🚃 *Wagen* anhängen.
atrev|er-se [~'versə] (2c) sich erdreisten; *~ a inf.* es wagen zu *inf.*; *~ a a/c.* sich an et. (*ac.*) heranwagen; *~ com* anbinden mit; **~ido** [~iδu] dreist, unverschämt; verwegen; vermessen; **~imento** [~i'mẽntu] *m* Dreistigkeit *f*, Unverschämtheit *f*; Verwegenheit *f*.
atribu|ição [ɐtriβwi'sɐ̃u] *f* Verleihung *f*; Ermächtigung *f*; Zutei-

lung *f*; -ões *pl.* Befugnisse *f/pl.*, Aufgaben *f/pl.*; **~ir** [~'βwir] (3i) *Amt* verleihen; *Befugnisse* erteilen; *Recht* zuerkennen; zuteilen; zuschreiben; zuschieben, zur Last legen.

atribul|ação [~βulɐ'sɐ̃u] *f* Kummer *m*; Not *f*; **~ado** [~'laδu] bewegt, unruhig, schwierig; **~ar** [~'lar] (1a) bekümmern; bedrängen, quälen.

atribut|ivo [~βu'tivu] *gram.* attributiv; **~o** [~'βutu] *m* Merkmal *n*, Kennzeichen *n*; Abzeichen *n*, Sinnbild *n*; *gram. u. fil.* Attribut *n*.

atrição [~'sɐ̃u] *f rel.* Reue *f*.

átrio ['atrju] *m* Atrium *n*; Innenhof *m*.

atrito [ɐ'tritu] **1.** *m* Reibung *f*; *fig.* *~s pl.* Schwierigkeiten *f/pl.*; Reibereien *f/pl.*; *sem ~* reibungslos.

atriz *bras. s. actriz.*

atro|ada [ɐ'trwaδɐ] *f* Getöse *n*; **~ado** [~aδu] kopflos; *bras. a.* redselig; **~ador** [~ɐ'δor] (ohren)betäubend; **~amento** [~ɐ'mẽntu] *m* Betäubung *f*; Kopflosigkeit *f*; **~ar** [~ar] (1f) erschüttern; durchtosen; betäuben; *v/i.* donnern, tosen.

atroc|idade [ɐtrusi'δaδə] *f* Greuel *m*; **~íssimo** [~'sisimu] *sup. v. atroz.*

atrof|ia [~'fiɐ] *f* Atrophie *f*, Schwund *m*; **~iar** [~'fjar] (1g) verkümmern l.; *v/i.* = **~iar-se** verkümmern, (ein)schrumpfen.

atropel|amento [ɐtrupəlɐ'mẽntu] *m* Zusammenstoß *m*; Verkehrsunfall *m durch Überfahren*; *Gesetzes-*Übertretung *f*; Verletzung *f des Rechts, der Wahrheit*; **~ar** [~'lar] (1c) über- (*od.* an-)fahren; überreiten; um- (*od.* an-)rennen; sich hinwegsetzen über (*ac.*); Gewalt antun (*dat.*); F anpöbeln; **~ar-se** sich drängeln, sich stoßen; **~o** [~'pelu] *m* = *~amento*; *fazer ~ a* verstoßen gegen; *de ~* hastig; verworren.

atroz [ɐ'trɔʃ] gräßlich, scheußlich; erbarmungslos; F riesig.

atu|a... *bras. s. actu|a...*

atuar *bras.* [a'twar] (1g) duzen.

atum [ɐ'tũ] *m* Thunfisch *m*.

atur|ado [ɐtu'raδu] beharrlich; **~ar** [~ar] (1a) ertragen; aushalten; sich abgeben (*od.* herumschlagen) mit; *v/i.* bleiben *od.* es aushalten (bei, in [*dat.*] em); **~ável** [~avɛł] erträglich.

aturd|ido [ɐtur'δiδu] kopflos; verblüfft, F baff; **~imento** [~i'mẽntu] *m* Verwirrung *f*; Verblüffung *f*; Kopflosigkeit *f*; **~ir** [~ir] (3a—D1) betäuben; verblüffen; **~ir-se** den Kopf verlieren.

aud|ácia [au'δasjɐ] *f* Kühnheit *f*; **~acioso** [~δɐ'sjozu (-ɔ-)] = *audaz*; **~acíssimo** [~ɐ'sisimu] *sup. v.* **~az** [au'δaʃ] kühn; verwegen.

audição [~i'sɐ̃u] *f* Hören *n*; Gehör *n*; Aufführung *f*; *Radio*: Empfang *m*; *~ (musical)* Konzert *n*; *primeira ~* Erstaufführung *f*.

audiência [ɐu'δjẽsjɐ] *f* Audienz *f*, Empfang *m*; (Gerichts-)Verhandlung *f*; *dar ~ a j-n* empfangen.

audit|ivo [ɐuδi'tivu] Gehör..., Hör...; **~or** [~or] *m* Beisitzer *m*; **~ório** [~ɔrju] *m* Auditorium *n*, Hörsaal *m*; Zuhörerschaft *f*.

aufer|imento [aufəri'mẽntu] *m* Einnahme *f*; Bezug *m*; **~ir** [~'rir] (3c) erhalten; *Gehalt* beziehen; *Gewinn* erzielen; *Steuer* einnehmen; *fig.* erleben.

auge ['auʒə] *m fig.* Gipfel *m*.

augurar [auɣu'rar] (1a) wahrsagen; vorhersagen; mutmaßen.

augúrio [au'ɣurju] *m* Vorhersage *f*; Vorbedeutung *f*; Anzeichen *n*.

augusto [au'ɣuʃtu] erhaben.

aula ['aulɐ] *f* (Lehr-)Stunde *f*; *~, sala de ~s* Hörsaal *m*; Klassenzimmer *n*; *~s pl.* Unterricht *m*; *dar a alg. ~s de* j-n unterrichten in (*dat.*); *dar ~s com alg.* Unterricht (*od.* Stunden) h. bei; *dar uma ~ j-m* e-e Lehre sn *od.* geben.

aument|ado ♪ [aumẽn'taδu] übermäßig; **~ar** [~ar] (1a) vermehren, vergrößern; erhöhen; steigern; *v/i.* sich mehren, zunehmen, wachsen; steigen; **~o** [au'mẽntu] *m* Vermehrung *f*; Zuwachs *m*; Erhöhung *f*; Anstieg *m*; Steigerung *f*; *vidro m de ~* Vergrößerungsglas *n*; *ir em ~* im Wachsen (*od.* Steigen) begriffen sn.

áureo ['aurju] golden.

aur|éola [au'rɛulɐ] *f* Heiligenschein *m*; Nimbus *m*; **~eolar** [~rju'lar] **1.** *v/t.* (1e) mit e-m Heiligenschein umgeben; umstrahlen; **2.** *adj.* nimbusartig; strahlend.

aurícula [au'rikulɐ] *f anat.* Vorhof *m*; ⚘ Aurikel *f*.

auricular [auriku'lar] Ohren...; Hör...; *dedo m ~* kleine(r) Finger *m*.

aurífero [au'rifəru] goldhaltig.

aurora [au'rɔra] *f* Morgenröte *f*; ~ *boreal* Nordlicht *n*.
auscult|ação ⚕ [auʃkułtɐ'sɐ̃u] *f* Abhorchen *n*, Auskultation *f*; **~ador** [~ɐ'ðor] *m* ⚕ Hörrohr *n*, Abhörgerät *n*; *tel.* Hörer *m*; *Radio*: Kopfhörer *m*; **~ar** [~'tar] (1a) abhören; aushorchen, befragen.
aus|ência [au'zẽsjɐ] *f* Abwesenheit *f*; Fehlen *n* (von *de*), Mangel *m* (an [*dat.*] *de*); *fazer* ~ abwesend sn; *fazer boas* (*más*) *~s a alg.* gut (gehässig) von j-m reden; **~entar-se** [auzẽn'tarsə] (1a) sich entfernen; sich zurückziehen; verreisen; **~ente** [~ẽntə] abwesend.
ausp|iciar [auʃpi'sjar] (1g) vorhersagen, versprechen; begünstigen, befürworten; **~ício** [~'pisju] *m* Vorbedeutung *f*; An-, Vor-zeichen *n*; *~s pl.* Auspizien *n/pl.*; **~icioso** [~i'sjozu (-ɔ-)] aussichtsreich, vielversprechend.
auster|idade [~təri'ðaðə] *f* Strenge *f*; Sparsamkeit *f*; Genügsamkeit *f*; Zurückhaltung *f*; *política f de* ~ Sparpolitik *f*; **~o** [~'tɛru] streng; sparsam.
austral [~'trał] südlich, Süd...
australiano [~trɐ'ljɐnu] **1.** *m* Australier *m*; **2.** *adj.* australisch.
austríaco [~'triɐku] **1.** *adj.* österreichisch; **2.** *m* Österreicher *m*.
autarquia [autɐr'kiɐ] *f* wirtschaftliche Unabhängigkeit *f*, Autarkie *f*; ⚖ Körperschaft *f* des öffentlichen Rechts; öffentlich-rechtliche(r) Anstalt *f* (Verband *m*); ~ *local* kommunale Körperschaft *f*; *eleições f/pl. para as ~s locais* Kommunalwahlen *f/pl.*
autenti|cação [~tẽntikɐ'sɐ̃u] *f* Beurkundung *f*; **~car** [~'kar] (1n) beurkunden; verbürgen; **~cidade** [~si'ðaðə] *f* Echtheit *f*; Glaubwürdigkeit *f*; *fil.* Eigentlichkeit *f*.
autêntico [~'tẽntiku] echt; glaubwürdig; verbürgt; *fil.* eigentlich.
auto ['autu] *m* **a**) Urkunde *f*; *hist.* (Mysterien-)Spiel *n*; ⚖ *a.* Protokoll *n*; *~s pl.* Prozeßakten *f/pl.*; ~ *da posse* Bestallungsurkunde *f*; *levantar ~ de* (*passar a* ~) zu Protokoll nehmen (geben) (*ac.*); **b**) *bras.* Augenblick *m*; **c**) Auto *n*.
auto... [autu...] *in Zssgn su.* Selbst...; *adj.* selbst..., eigen...; **~biografia** [~βjuɣrɐ'fiɐ] *f* Selbstbiographie *f*; **~biográfico** [~βju'ɣrafiku] autobiographisch; **~carro** [~'kaʀu] *m* Autobus *m*; **~clave** ⊕ [~'klavə] *f* Druckkessel *m*, Autoklav *m*; **~clismo** [~'kliʒmu] *m* Wasserspülung *f*; **~cracia** [~krɐ'siɐ] *f* Autokratie *f*; **~crata** [~'kratɐ] *m* Selbstherrscher *m*, Autokrat *m*; **~crático** [~'kratiku] selbstherrlich.
autóctone [au'tɔktunə] **1.** *adj.* ur..., eingesessen; **2.** *m* Ureinwohner *m*.
auto(s)-de-fé [autu(ʒ)ðə'fɛ] *m*(*pl.*) Ketzerverbrennung *f*, Autodafé *n*.
autodeterminação [~ðətərminɐ'sɐ̃u] *f* Selbstbestimmung *f*.
autodid|acta [~ði'ðatɐ] *m* Autodidakt *m*; **~áctico** [~atiku] autodidaktisch; Selbst...
autódromo [au'tɔðrumu] *m* Autorennbahn *f*, Motodrom *n*.
auto-|escola(**s**) [autwiʃ'kɔlɐ(ʃ)] *f*(*pl.*) Fahrschule *f*; **~estrada**[**s**] [~wiʃ'traðɐ(ʃ)] *f*(*pl.*) Auto-straße *f*, -bahn *f*.
autogénio [~u'ʒɛnju] autogen.
autogest|ão [~ʒiʃ'tɐ̃u] *f* Selbstverwaltung *f*; **~ionário** [~tju'narju] Selbstverwaltungs...
autogiro [~'ʒiru] *m* Hubschrauber *m*.
autografar [~ɣrɐ'far] (1b) eigenhändig schreiben *od.* unterzeichnen.
autógrafo [au'tɔɣrɐfu] **1.** *adj.* eigenhändig; **2.** *m* Handschrift *f*, Autograph *m*; Autogramm *n*.
auto|mação [~mɐ'sɐ̃u] *f* Automatisierung *f*; **~maticamente** [~ˌmatikɐ'mẽntə] von selbst; **~mático** [~'matiku] selbsttätig; automatisch; *telefone m* ~ Selbstanschluß(gerät *n*) *m*; **~matismo** [~mɐ'tiʒmu] *m* Automatismus *m*; **~matizar** [~mɐti'zar] (1a) automatisieren.
autómato [au'tɔmɐtu] *m* Automat *m*; *fig.* willenlose(s) Werkzeug *n*.
auto|mobilismo [autumuβi'liʒmu] *m* Kraftverkehr *m*; Motorsport *m*; **~mobilista** [~muβi'liʃtɐ] *m* Kraftfahrer *m*; **~mobilístico** [~muβi'liʃtiku] Auto...; **~motora** [~mu'torɐ] = **~motriz** *bras.* [~mo'triʃ] *f* Triebwagen *m*, Schienenbus *m*; **~móvel** [~'mɔvɛł] **1.** *m* Kraft-wagen *m*, -fahrzeug *n*, Auto(mobil) *n*; ~ *de praça* Taxi *n*; ~ *ligeiro* Personen(kraft)wagen *m*, Pkw *m*; ~ *misto* Kombiwagen *m*; ~ *pesado* (*de passageiros*) Last(kraft)wagen *m*, Lkw *m* (Tourenwagen *m*); **2.** *adj.* selbstbe-

weglich; *veículo m* ~ Kraftfahrzeug *n*.
autonomia [~nu'miɐ] *f* Selbständigkeit *f*; Selbstverwaltung *f*.
autónomo [au'tɔnumu] selbständig; unabhängig; autonom.
autopeças *bras.* [auto'pɛsɐs] *f/pl.* Kfz-Ersatzteile *n/pl.*
autoproclamar [ɐutuprukle'mar] (1a) sich selbst ernennen zu, sich aufspielen als.
autópsia [au'tɔpsjɐ] *f* Obduktion *f*.
autor *m*, **-a** *f* [au'tor, -a] Urheber (-in *f*) *m*; Erfinder(in *f*) *m*; Verfasser(in *f*) *m*; ⚖ Täter *m*; Kläger(in *f*) *m*.
autor|al [autu'rał]: *direitos m/pl.* *-ais* Autoren-, Urheber-rechte *n/pl.*; **~ia** [~iɐ] *f* Urheberschaft *f*; Täterschaft *f*; *um livro da* ~ *de* ein Buch von; *chamar à* ~ zur Verantwortung ziehen.
autori|dade [~i'ðaðə] *f* Ansehen *n*; (Amts-)Gewalt *f*; Behörde *f*; Autorität *f*; *as* ~*s pl.* die Staatsgewalt (*od.* Obrigkeit *f*); *fazer valer a sua* ~ F ein Machtwort sprechen; **~tário** [~'tarju] selbstherrlich; überheblich; autoritär; **~tarismo** [~tɐ'riʒmu] *m* autoritäre Staatsform *f*; *fig.* autoritäres Wesen *n*.
autoriz|ação [~rizɐ'sɐ̃u] *f* Ermächtigung *f*; Berechtigung *f*; Genehmigung *f*; Beglaubigung *f*; *sem* ~ unberechtigterweise; **~ado** [~'zaðu] maßgebend; maßgeblich; angesehen; glaubwürdig; **~ar** [~'zar] (1a) ermächtigen; berechtigen; genehmigen; beglaubigen; **~ar-se** *de* (*od.* *com*) sich berufen auf (*ac.*).
auto-|suficiente(s) [autusufi'sjẽntə] selbstgenügsam; *ser* ~ Selbstversorger sn; **~sugestão (-ões)** [~suʒɨʃ'tɐ̃u] *f(pl.)* Selbst-betrug *m*, -täuschung *f*; **~sugestionar-se** [~suʒɨʃtju'narsə] (1f) sich selbst (*et.*) einreden; **~tanque** [~'tɐ̃kə] *m* Tankwagen *m*.
autu|ação [autwɐ'sɐ̃u] *f* Ermittlung *f*; Protokollierung *f*; **~ar** [~'twar] (1g) ermitteln gegen; vernehmen; zu Protokoll nehmen; protokollieren.
aux|iliar [ausi'ljar] **1.** *v/t.* (1g) helfen (*dat.*), beistehen (*dat.*); unterstützen (*ac.*); **2.** *adj.* helfend; Hilfs...; **3.** *su.* Hilfskraft *f*; **~ílio** [au'silju] *m* Hilfe *f*, Beistand *m*; Unterstützung *f*.
avacalh|ado *bras.* [avaka'ʎadu] schlapp; schlampig; **~ar** *bras.* [~ar] (1a) lächerlich m.; verschlampen; *v/i.* schlapp m.; **~ar-se** umschwenken.
aval [ɐ'vał] *m* Wechselbürgschaft *f*, Aval *m*; *allg.* Bürgschaft *f*; Zustimmung *f*; Genehmigung *f*.
avalancha, -e *gal.* [ɐvɐ'lɐ̃ʃɐ, -ə] *f* Lawine *f*.
avali|ação [ɐvɐljɐ'sɐ̃u] *f* (Ab-, Ein-) Schätzung *f*; Bewertung *f*; Beurteilung *f*; **~ado** [~'ljaðu] Schätz..., Tax...; *estar bem (mal)* ~ hoch (niedrig) im Kurs stehen; **~ador** [~ɐ'ðor] *m* Taxator *m*; **~ar** [~'ljar] (1g) (ab-, ein-)schätzen, taxieren (*em* auf); (be)werten; veranschlagen; ~ *de* sich ein Urteil bilden über (*ac.*).
avali|sta ✝ [~'liʃtɐ] *m* Wechselbürge *m*; **~zar** [~li'zar] (1a) ⚖ avalieren, *allg.* bürgen für.
avanç|ada [ɐvɐ̃'saðɐ] *f* Vorstoß *m*; Vormarsch *m*; **~ado** [~aðu] **1.** *adj.* vorgeschoben (*Posten*); vorgerückt (*Alter*); fortschrittlich (*Ideen*); *posto m* ~ Vorposten *m*; *estar* ~ *muitos anos em relação a alg.* j-m um viele Jahre voraus sn; **2.** *m Sport*: Stürmer *m*; *~-centro* Mittelstürmer *m*; **~amento** [~ɐ'mẽntu] *m* = *~o*; *Gebäude*-Vorsprung *m*; **~ar** [~ar] (1p) *v/t.* *Truppen* vorschieben; *Uhr* vorstellen; *Arbeit, Schüler* vorwärtsbringen; *Kopf, Geld* vorstrecken; *Behauptung* vorbringen; *v/i.* vorrücken, -dringen, -stoßen (*Truppen*); fortschreiten; vortreten; vorspringen (*Gebäudeteil*); näher (*od.* vorwärts) kommen; ~ *com* vorstrecken (*ac.*); ~ *contra* losgehen auf (*ac.*); **~ar-se** näher treten; sich (zu weit) vorwagen; **~o** [ɐ'vɐ̃su] *m* Vorrücken *n*, Vormarsch *m*; Fortschritt *m*; Vorsprung *m*; *Geld*-Vorschuß *m*; Vorteil *m*; ⊕ Vorschub *m*, Voreilung *f*.
avantaj|ado [ɐvɐ̃ntɐ'ʒaðu] vorteilhaft; überlegen; begabt (*Schüler*); *de estatura -a* hochgewachsen; **~ar** [~ar] (1b) *v/t.* übertreffen; begünstigen, fördern; = **~ar-se** *a* sich hervortun vor (*dat.*); im Vorteil sn vor (*dat.*); ~ *em* sich auszeichnen in (*dat.*); zunehmen an (*dat.*).
avante [ɐ'vɐ̃ntə] vorwärts; *de ora* ~ von nun an, in Zukunft.

avar|ento [ɐvɐ'rẽntu] **1.** *adj.* geizig; **2.** *m* Geizhals *m*; **~eza** [~ezɐ] *f* Geiz *m*, Habgier *f*.
avar|ia [~'riɐ] *f* Schaden *m*; *Auto-*Panne *f*; Betriebsstörung *f*; ⚓ Seeschaden *m*, Havarie *f*; **~iar** [~'rjar] (1g) *v/t.* beschädigen; *v/i.* aussetzen; defekt w., ausfallen; e-e Panne bekommen; ⚓ e-e Havarie erleiden; *allg.* Schaden nehmen.
avaro [ɐ'varu] = *avarento*.
avassal|ador [ɐvɐsɐlɐ'ðor] erdrükkend; **~ar** [~'lar] (1b) unterwerfen; *fig.* überwältigen.
avatar [~'tar] *m*: *os ~es fig.* das Hin und Her.
ave[1] ['avə] *f* Vogel *m*; *fig. bras.* lose(r) Vogel *m*; *~s pl.* Geflügel *n*.
ave[2] ['ave] *int.* sei gegrüßt!
aveal [ɐ'vjaɫ] *m* Haferfeld *n*.
aveia [ɐ'vejɐ] *f* Hafer *m*.
avel|ã [ɐvə'lẽ] *f* Haselnuß *f*; *cabeça f de ~* F Hohlkopf *m*; **~anado** [~lɐ'naðu] haselnußfarben; **~eira** [~'leirɐ] *f* Haselnußstrauch *m*.
avelh|ado, ~entado [ɐvɐ'ʎaðu, ~ẽn'taðu] ältlich; **~entar** [~ẽn'tar] (1a) (vor der Zeit) alt m.; *v/i.* (rasch) altern.
aveludado [ɐvəlu'ðaðu] samtig.
ave-maria(s) [ˌavɛmɐ'riɐ] *f(pl.) der* Englische Gruß, Ave-Maria *n*; Rosenkranzperle *f*; *~s pl.* Abendläuten *n*.
avenca [ɐ'vẽnkɐ] *f* Frauenhaar *n*; ⚘ P Engelsüß *n*.
avença [ɐ'vẽsɐ] *f* Vergleich *m*; Pauschale *n*; Ablösung *f*; *por ~* pauschal; durch Ablösung; *estar de boas ~s com* gut stehen mit.
avenida [ɐvə'niðɐ] *f* Allee *f*.
avental [ɐvẽn'taɫ] *m* Schürze *f*; Schutzleder *n*.
aventar [~'tar] (1a) *Getreide* worfeln; (hinaus-, weg-)werfen; *Blut* vergießen; *fig.* vermuten, behaupten; *Frage* aufwerfen; *Ansicht* äußern; *These* aufstellen; *Verborgenes* (auf-, aus)spüren.
aventura [~'turɐ] *f* Abenteuer *n*.
aventur|ado [~tu'raðu] gefährlich; waghalsig; **~ar** [~ar] (1a) wagen; *Gedanken* auf-, vor-bringen; **~ar-se** sich vorwagen; *~ a* sich heranwagen an (*ac.*); sich einlassen auf (*ac.*); **~eirismo** [~rei'riʒmu] *m* Abenteuerlust *f*; Abenteuerlichkeit *f*; **~eiro** [~'reiru] **1.** *adj.* = *~oso*; **2.** *m*, **-a** *f* = **~ista** [~iʃtɐ] *su.* Abenteurer (-in *f*) *m*; **~oso** [~ozu (-ɔ-)] abenteuerlich; gefährlich.
averb|amento [ɐvərβɐ'mẽntu] *m* Eintragung *f*; Überschreibung *f*; **~ar** [~'bar] (1c) eintragen; überschreiben; *~ alg. de inepto etc.* j-n unfähig *usw.* schelten.
averigu|ação [ɐvəriɣwɐ'sɐ̃u] *f* Ermittlung *f*; Feststellung *f*; **~adamente** [~ˌɣwaðɐ'mẽntə] erwiesenermaßen; **~ado** [~'ɣwaðu] erwiesen; **~ar** [~'ɣwar] (1m) (nach)prüfen; feststellen; ermitteln; **~ar-se** sich vergewissern; **~ável** [~'ɣwavɛɫ] feststellbar; nachprüfbar.
avermelh|ado [ɐvərmə'ʎaðu] rötlich; **~ar** [~ar] (1d) (sich) röten.
aversão [ɐvər'sɐ̃u] *f* Abneigung *f*; Widerwille *m*; *causar ~ a* abstoßen (*ac.*), zuwider sn (*dat.*).
avess|as [ɐ'vɛsɐʃ]: *às ~* umgekehrt; verkehrt herum; *pôr às ~* umkehren, auf den Kopf stellen; *sair às ~* fehlschlagen; **~o** [~esu] **1.** *m* Kehrseite *f* (*a. fig.*); *do ~* verkehrt herum; *virar do ~* umkrempeln; **2.** *adj.* umgekehrt; verkehrt; widrig; feindlich.
avestruz *zo.* [ɐvɨʃ'truʃ] *m* Strauß *m*.
avezar [ɐvə'zar] (1c) gewöhnen.
avezinha [~'ziɲɐ] *f* Vögelchen *n*.
aviação [ɐvjɐ'sɐ̃u] *f* Flugwesen *n*; *~ civil* Verkehrsluftfahrt *f*; *~ militar* Luftwaffe *f*; *campo m de ~* Flugplatz *m*; *ministério m de ~* Luftfahrtministerium *n*.
aviado [ɐ'vjaðu] **1.** *adj.* flink; fertig, erledigt; *estar bem ~* auf gutem Wege sn; fein heraus sn, *irón.* in der Patsche sitzen; **2.** *bras. m* Handelsagent *m*.
avia|dor [ɐvjɐ'ðor] *m* **a**) Flieger *m*; **b**) *bras.* Lieferant *m*; **~mento** [~'mẽntu] *m* Ausführung *f*; Erledigung *f*; Anfertigung *f*; Fertigstellung *f*; Antrieb *m*; Gang *m*, Fortschritt *m*; Gerät *n*; ☥ Geschäftswert *m*; *bras.* Lieferung *f*; *~s* Zutaten *f/pl.*; *dar ~* voranmachen (mit *a*); = *aviar*; *não dar ~* F trödeln.
avião [ɐ'vjɐ̃u] *m* Flugzeug *n*; *~ a jacto*, *~ de reacção* Düsenflugzeug *n*; *~ de bombardeamento* Bombenflugzeug *n*, Bomber *m*; *~ de carreira (carga)* Verkehrs- (Fracht-), *~ postal* Post-flugzeug *n*.
aviar [ɐ'vjar] (1g) auf den Weg bringen; *j-n* abfertigen; *Kunden*

bedienen; *Bestellung* ausführen; *Auftrag* erledigen; *Rezept* anfertigen; fertigm.; machen, daß man fertig wird; *bras. Waren* liefern; ~-**se** sich beeilen, sich sputen.
aviário [ɐ'vjarju] *m* Geflügelfarm *f.*
avicult|or [ɐvikuɫ'tor] *m* Geflügelzüchter *m*; ~**ura** [~urɐ] *f* Geflügelzucht *f.*
avidez [~'ðeʃ] *f* Gier *f.*
ávido ['aviðu] gierig; lüstern.
avigorar [ɐviɣu'rar] (1e) kräftigen, stärken.
avilt|amento [ɐviɫtɐ'mẽntu] *m* Entwürdigung *f*; Herabwürdigung *f*; Verworfenheit *f*; ~ *dos preços* Preisdrückerei *f*; ~**ar** [~'tar] (1a) entwürdigen; herabwürdigen; *Preis* drücken; ~**ar-se** sich erniedrigen; sich wegwerfen; sinken (*Preis*).
avinagr|ado [ɐvinɐ'ɣraðu] sauer; *fig.* mürrisch; ~**ar** [~ar] (1b) säuern; *fig.* erbittern; ~**ar-se** sauer w.
avindo [ɐ'vĩndu]: *bem* ~ einig; *mal* ~ uneinig, uneins.
avinhado [ɐvi'ɲaðu] mit Wein vermischt; weingetränkt; Wein...; *homem m* ~ Säufer *m.*
avioneta [ɐvju'netɐ] *f* Sportflugzeug *n.*
avir [ɐ'vir] (3x) versöhnen; schlichten; ~-**se** sich vertragen; sich vergleichen; sich anpassen; passen.
avis|ado [ɐvi'zaðu] klug; vorsichtig; *mal* ~ unklug; ~**ador** [~zɐ'ðor] Warn..., Signal...; ~**ar** [~ar] (1a) benachrichtigen, Bescheid sagen; ~ *de* aufmerksam m. auf (*ac.*); warnen vor (*dat.*); ~**ar-se** bedenken; sich vorsehen (vor [*dat.*] *de*); ~**o** [ɐ'vizu] *m* Nachricht *f*; Bescheid *m*; Mitteilung *f*; Wink *m*; (Ver-)Warnung *f*; ⚓ Tender *m*; Aviso *m*; *sobre* ~ gewarnt, auf der Hut; ~ *de giro* Trattenavis *n*; ~ *de multa* Strafbefehl *m*; ~ *de recepção* Empfangsbestätigung *f*; *de* ~ klug; *salvo* ~ *em contrário* Widerruf vorbehalten.
avistar [ɐviʃ'tar] (1a) sichten; erblicken; ~-**se** *com* zs.-kommen mit, sich treffen mit.
avitaminose ⚕ [ɐvitɐmi'nɔzə] *f* Vitaminmangel(krankheit *f*) *m.*
avivar [~'var] (1a) beleben; *fig.* anfachen; ~-**se** munter werden.
aviventar [~vẽn'tar] (1a) (wieder-) beleben; kräftigen.
avizinhar [~zi'ɲar] (1a) in die Nähe bringen, nähern; grenzen an (*ac.*).
avo ['avu] *m in Brüchen*: *três vinte-e-um* ~*s* drei Einundzwanzigstel; *fig.* Tüttelchen *n.*
avô [ɐ'vo] *m* Großvater *m*; ~*s pl.* ⚔ Großeltern *pl.*
avó [ɐ'vɔ] **1.** *f* Großmutter *f*; **2.** *m* ~*s pl.* Großeltern *pl.*; Vorfahren *m/pl.*
avoado *bras.* [a'vwadu] leichtsinnig.
avoc|ação [ɐvukɐ'sɐ̃u] *f* Überweisung *f*; ~**ar** [~'kar] (1n; *Stv.* 1e) an sich ziehen (*fig.* reißen); (an e-e höhere Instanz) überweisen.
avoengo [ɐ'vwẽŋgu] **1.** *adj.* von den Voreltern her, uralt; **2.** *m* Vorfahr *m*; ~*s pl.* Voreltern *pl.*
avolumar [ɐvulu'mar] (1a) vollpacken; vermehren; *v/i.* umfangreich sn; ~-**se** anschwellen.
à-vontade [avõn'taðə] *m* Unbefangenheit *f*, Ungezwungenheit *f.*
avulso [ɐ'vuɫsu] los-, heraus-gerissen; lose; einzeln; Einzel...
avult|ado [ɐvuɫ'taðu] groß, beträchtlich; umfangreich, dick; ~**ar** [~ar] (1a) *v/t.* vergrößern, vermehren; erweitern; *fig.* hervorheben, übertreiben; *v/i.* anwachsen; ~ (*sobre*) sich auszeichnen (vor [*dat.*]), übertreffen (*ac.*).
axadrezado [ɐʃɐðrə'zaðu] kariert.
axial [ɐk'sjaɫ] Achsen..., axial.
axila [ɐk'silɐ] *f* Achselhöhle *f.*
axioma [ɐk'sjomɐ] *m* Grundsatz *m.*
azado [ɐ'zaðu] günstig; geeignet.
azáfama [ɐ'zafɐmɐ] *f* Eile *f*, Hast *f*; Hetze *f*; Hochbetrieb *m*; Gewühl *n.*
azafam|ado [ɐzɐfɐ'maðu] eilig; hastig; geschäftig, betriebsam; beschäftigt; ~**ar-se** [~arsə] (1a) sich ab-arbeiten, -hetzen.
azálea ⚘ [ɐ'zaljɐ] *f* Azalie *f*, Azalee *f.*
azambujo [ɐzɐ̃m'buʒu] *m* (wilder) Ölbaum *m.*
azar [ɐ'zar] *m* Zufall *m*; Schicksalsschlag *m*; Unglück *n*; böse(r) Stern *m*, Verhängnis *n*; F Pech *n*; *Spiel*: Unglücks-karte *f*, -zahl *f*; *estar com* ~ Pech h.; *ter* ~ *a* (*od. com*) *j-m* böse sn, grollen; *jogo m de* ~ Hasard-, Glücks-spiel *n*; ~**ado** *bras.* [~'radu] **1.** *m* Pechvogel *m*; **2.** *adj.* = ~**ento** [~'rẽntu] Unglücks...
azebre [ɐ'zeβrə] *m* Grünspan *m*; ⚘ Aloe *f*; P Bosheit *f.*
azeda ⚘ [ɐ'zeðɐ] *f* Sauer-ampfer *m*,

-klee *m*; *sal m de* ~ Kleesalz *n*.
azebuado *bras*. [aze'bwadu] Zebu...
azed|ado [ɐzə'ðaðu] säuerlich; **~ar** [~ar] (1c) säuern; *fig*. erbittern; **~ar-se** sauer w.; *fig*. gereizt (*od*. böse) w.; sich zuspitzen; **~eira** [~eirɐ] *f* Sauerampfer *m*; **~o** [ɐ'zeðu] sauer, säuerlich; *fig*. sauertöpfisch; gereizt; **~ume** [~umə] *m* Säure *f*; saure(r) Geschmack *m*; *fig*. Verbitterung *f*; Mißmut *m*.
azeit|ar [ɐzei'tar] (1a) mit Öl abschmecken; ölen; **~e** [ɐ'zeitə] *m* Olivenöl *n*; *allg*. Öl *n*; **~eira** [~'teirɐ] *f* Ölkanne *f*; **~eiro** [~eiru] *m* Ölhändler *m*; **~ona** [~onɐ] *f* Olive *f*; **~onado** [~u'naðu] grünlich; **~oneira** [~u'neirɐ] *f* Oliven-faß *n*, -glas *n*; Olivenpflückerin *f*; **~oneiro** [~u'neiru] *m* Olivenhändler *m*; Olivenpflücker *m*.
azémola [ɐ'zɛmulɐ] *f* Saumtier *n*, Lasttier *n*.
azenha [ɐ'zeɲɐ] *f* Wassermühle *f*.
azeviche [ɐzə'viʃə] *m* Pechkohle *f*; *de* ~ pechschwarz.
aze|vim *bras*. [aze'vĩ] = **~inho** [ɐzə'viɲu] *m* Stechpalme *f*.
azia ⚕ [ɐ'ziɐ] *f* Sodbrennen *n*.
aziago [ɐ'zjaɣu] unglückbringend, unheilvoll; *dia m* ~ Unglückstag *m*.
ázimo ['azimu] ungesäuert (*Brot*).
azinhaga [ɐzi'ɲaɣɐ] *f* Hohlweg *m*.
azinhavre [~'ɲavrə] *m* Grünspan *m*.
azinh|eira *f*, **-o** *m* [~'ɲeirɐ, -u] = **~o** [ɐ'ziɲu] *m* Steineiche *f*.
azo ['azu] *m* Gelegenheit *f*; Grund *m*; Vorwand *m*; *por* ~ *de* dank (*dat*.); *dar* ~ *a* ermöglichen (*ac*.); verursachen (*ac*.).
azo|ado [ɐ'zwaðu] benommen; ärgerlich; **~ar** [~ar] (1f) schwindlig m. (sn *od*. w.); (sich) ärgern.
azoinar [ɐzoi'nar] (1a) belästigen; betäuben; ~ *os ouvidos de alg*. j-m die Ohren vollhängen.
azorr|agar [ɐzuʀɐ'ɣar] (1o; *Stv*. 1b) peitschen; strafen; aufpeitschen, anstacheln; **~ague** [~'ʀaɣə] *m* Peitsche *f*; Geißel *f* (*a*. *fig*.); Strafe *f*.
azot|ado [ɐzu'taðu] stickstoffhaltig; **~e**, **~o** [ɐ'zɔtə, ~u] *m* Stickstoff *m*.
azou|gado [ɐzo'ɣaðu] quecksilberhaltig; *fig*. quecksilberig; **~gue** [ɐ'zoɣə] *m* Quecksilber *n* (*a*. *fig*.).
azucr|im *bras*. [azu'krĩ] *m fig*. Klette *f*; **~inante** [~kri'nɐ̃ntə] lästig; **~inar** [~kri'nar] (1a) nachlaufen.
azul [ɐ'zuɫ] **1.** *adj*. blau; ~ *celeste* himmelblau; ~*-claro* (*-escuro*, *-ferrete*, *-marinho*) hell- (dunkel-, stahl-, marine-)blau; *ver-se* ~ F nicht ein noch aus wissen; *andar* (*estar*) *tudo* ~ F drunter und drüber gehen; **2.** *m* Blau *n*; **~áceo**, **~ado** [ɐzu'lasju, ~'laðu] bläulich; **~ar** [ɐzu'lar] (1a) blau färben; *Stahl* blau anlassen; *v/i*. blauen; **~ar-se** *bras*. F sich dünn m.; **~ejar** [ɐzuli'ʒar] (1d) kacheln; = ~*ar*; *v/i*. blau schimmern; **~ejo** [ɐzu'leʒu] *m* Kachel *f*, Fliese *f*.

B

B, b [be] *m* B, b *n*.
bá *bras.* [ba] *etwa* „Ama", *Anrede für die* **babá** *bras.* [ba'ba] *f* Amme *f*, Kinderfrau *f*.
baba ['baβɐ] *f* Geifer *m*; Schleim *m*; *deitar* ~ geifern.
babaça *bras.* [ba'βasɐ] *m* Zwillings- -bruder *m*, -schwester *f*; ~*s pl.* Zwillinge *pl.*
babaçu *bras.* [baβa'su] *f* Babassupalme *f*, -nuß *f*.
bab|adinho [bɐβɐ'ðiɲu] erpicht (auf *de, por*); rührselig; zärtlich; = **~ado** [~'βaðu] vernarrt; **~adoiro, -ouro** [~ɐ'ðoiru, -oru] *m* Lätzchen *n*; **~ão** [~'βɐ̃ũ] *m* Geiferer *m*; Speichellecker *m*; Dämlack *m*; (verliebter) Narr *m*; **~ar** [~'βar] (1b) (be)geifern; schäumen; **~ar-se** geifern; F sabbeln; stottern; ~ *por* F versessen sn auf (*ac.*); **~atar** *bras.* [baba'tar] (1a) (herum)tappen.
babáu! [ba'βau] aus!; futsch!
bab|el [bɐ'βɛɫ] *m* (Sprach-, Stimmen-)Gewirr *n*; Lärm *m*; **~élico, ~ilónico** [~'βɛliku, ~βi'lɔniku] babylonisch.
bab|osa [~'βɔzɐ] *f* Aloe *f*; **~oseira, ~osice** [~βu'zeirɐ, -'zisə] *f* Unsinn *m*; Gewäsch *n*; **~oso** [~ozu (-ɔ-)] geifernd; dämlich; (närrisch) verliebt; **~ugem** [~uʒɐ̃i] *f* = *baba*; Schaum *m*; (Speise-)Reste *m/pl.*; *à* ~ *de água* an der Wasseroberfläche.
babuíno [~'βwinu] *m* Pavian *m*.
babujar [~βu'ʒar] (1a) begeifern; *fig.* lobhudeln (*dat.*); stottern.
bacalh|au [~kɐ'ʎau] *m* Klipp-, Stock-fisch *m*; *fig.* Bohnenstange *f*; ~ *fresco* Kabeljau *m*, Dorsch *m*; *ficar* (*od. dar*) *em água*(*s*) *de* ~ F schiefgehen; *meter o* ~ *em j-n* heruntermachen; **~oada** [~'ʎwaðɐ] *f* Stockfisch-gericht *n*, -essen *n*; **~oeiro** [~'ʎweiru] *m* ⚓ Kabeljaufänger *m*.
bacamarte [~kɐ'martə] *m hist.* Feuerrohr *n*; *fig.* Scharteke *f*; *bras.* Wanst *m*; Klepper *m*.
bacana *bras.* [ba'kɐnɐ] prima.
bacanal [bɐkɐ'naɫ] *m* wüste(s) Gelage *n*; Bacchanal *n*.
bacará [~kɐ'ra] *m* Bakkarat *n*.
baceira [~'seirɐ] *f* Milzbrand *m*.
bacelo [~'selu] *m* Rebling *m*.
bacharel [~ʃɐ'rɛɫ] *m* Bakkalaureus *m*; *fig.* Schwätzer *m*.
bacharel|ar [~ʃɐrə'lar] (1c) schwätzen; **~ato** [~atu] *m* Bakkalaureat *n*.
bacia [~'siɐ] *f* Becken *n*; Schüssel *f*.
bacil|ar [~si'lar] Bazillen...; stabförmig; **~o** [~'silu] *m* Bazillus *m*.
bacio [~'siu] *m* Nachttopf *m*.
baço ['basu] **1.** *m anat.* Milz *f*; Leberfleck *m*; **2.** *adj.* matt, glanzlos, trüb; dunkel(-haarig, -häutig).
bacorejar [~kurɨ'ʒar] (1d) ahnen, erwarten; nahelegen, raten; *v/i.* schwanen, scheinen.
bácoro ['bakuru] *m* Ferkel *n*.
bact|éria [bɐk'tɛrjɐ] *f* Bakterie *f*; **~ericida** [~təri'siðɐ] keimtötend.
bacteriol|ogia [~tərjulu'ʒiɐ] *f* Bakterienkunde *f*, Bakteriologie *f*; **~ogista** [~u'ʒiʃtɐ] *m* Bakteriologe *m*.
báculo ['bakulu] *m* (Bischofs-)Stab *m*.
badal|ada [bɐðɐ'laðɐ] *f* Glockenschlag *m*; **~ar** [~ar] (1b) *v/t.* schlagen; läuten; *fig.* ausplaudern; *v/i.* läuten; schwatzen; **~o** [~'ðalu] *m* Glockenschwengel *m*; Klöppel *m*; *dar ao* ~ reden, schwatzen.
badameco [~ðɐ'mɛku] *m fig.* Laffe *m*.
badanal [~ðɐ'naɫ] *m* Durcheinander *n*.
badejo [~'ðɛʒu] *m* Dorsch *m*.
baderna *bras.* F [ba'dɛrnɐ] *f* (lustige) Bande *f*; Sumpferei *f*; Rauferei *f*; **~r** [~dɛr'nar] (1a) sumpfen.
baet|a [bɐ'etɐ] *f* Molton *m*, Moll *m*; **~ilha** [bai'tiʎɐ] *f* feine(r) Molton *m*; **~ão** [bai'tɐ̃ũ] *m* Loden *m*.
baf|agem [bɐ'faʒɐ̃i] *f* Hauch *m*; **~ejar** [~fə'ʒar] (1d) (an-)hauchen, (-)blasen; (-)wehen; *fig.* schmeicheln (*dat.*); beglücken; ermutigen, bestärken; **~ejo** [~'feʒu] *m* Hauch *m*, Anhauch *m*; Gunst *f*; **~iento** [~'fjẽntu] muffig; **~io** [~'fiu] *m* muffige(r) Geruch *m*; *ter* ~ muffig riechen; **~o** ['bafu] *m* Hauch *m*,

Atem *m*; Ausdünstung *f*; Wärme *f*; *fig.* Gunst *f*; Eingebung *f*; **~orada** [~fu'raðɐ] *f Dunst-*, *Rauch-*Wolke *f*; *Wind-*Stoß *m*; übelriechende(r) Atem *m*, Fahne *f*; **~orar** [~fu'rar] (1e) ausstoßen (*a. fig.*); *v/i. fig.* prahlen, großtun.

baga ['baɣɐ] *f* Beere *f*; (Schweiß-) Tropfen *m*; **~ceira** [bɐɣɐ'seirɐ] *f* Treber(schuppen) *m*; P Schnaps *m*; *bras.* Plunder *m*; Brennholzstapel *m*; Geschwätz *n*; **~ço** [bɐ'ɣasu] *m* Treber *m*, Trester *m*; Bagasse *f*; P Schnaps *m*; Moos *n* (*Geld*).

bagag|eiro [bɐɣɐ'ʒeiru] *m* Gepäckwagen *m*; Gepäckführer *m*; **~em** [~'ɣaʒɐ̃i] *f* Gepäck *n* (*despachar* aufgeben); ⚔ Train *m*; *bras.* Gesindel *n*; *depósito* (*despacho*) *m de ~ns* Gepäck-aufbewahrung (-abfertigung) *f*.

bagalhoça [~'ʎɔsɐ] *f* P Pinkepinke *f*.

bagana *bras.* [ba'gɐnɐ] *f Zigaretten-*Stummel *m*; Zigarette *f*.

baganha [bɐ'ɣɐɲɐ] *f* ⚘ Kapsel *f*.

bagatel|a [~ɣɐ'tɛlɐ] *f* Kleinigkeit *f*, Bagatelle *f*; **~eiro** [~ɣɐtə'leiru] *m* Kleinigkeitskrämer *m*.

bag|o ['baɣu] *m* Beere *f*; P Pinke *f* (*Geld*); **~ulho** [bɐ'ɣuʎu] *m* (Trauben-)Kern *m*; *fig.* = **~o**.

bagunça *bras.* [ba'gũsɐ] *f* Händel *m/pl.*, F dicke Luft *f*; Radau *m*, Krach *m*.

bah! *bras.* [ba] *int.* ha!

baía [bɐ'iɐ] *f* Bai *f*, Bucht *f*.

bai|ano *bras.* [ba'jɐnu] **1.** *adj.* aus Bahia; **2.** *m*, **-a** *f* Bahianer(in *f*) *m*; **~ão** [~'jɐ̃u] *m* Baião *m* (*Tanz*).

baila ['bailɐ]: *f vir à ~* passen, gelegen (*od.* gerade recht) kommen; aufs Tapet kommen; *trazer à ~* aufs Tapet bringen; *andar od. estar na ~* in aller Munde sn; Schlagzeilen m.

bail|adeira [bailɐ'ðeirɐ] *f* Bajadere *f*; **~ado** [~'laðu] *m* Ballett *n*; Tanz *m*; **~ar** [~'lar] (1a) tanzen; schwanken, zittern; **~arico** [~ɐ'riku] *m* Tanzerei *f*; **~arino** *m*, **-a** *f* [~ɐ'rinu, -ɐ] (Ballett-)Tänzer(in *f*) *m*; **~e** ['bailə] *m* Ball *m*, Tanz *m*.

bainha [bɐ'iɲɐ] *f Degen-*Scheide *f*; *Rock-*Saum *m*; *Erbsen-*Schote *f*.

baio ['baju] rotbraun; (*cavalo*) *~ m* Fuchs *m*.

baioneta [bɐju'netɐ] *f* Seitengewehr *n*; Bajonett *n*.

bairr|ismo [bai'ʀiʒmu] *m* Lokalpatriotismus *m*; **~ista** [~iʃtɐ] *m* Anwohner *m e-s Stadtviertels*; Lokalpatriot *m*; **~o** ['baiʀu] *m* Stadtviertel *n*; Wohnsiedlung *f*; *~ económico* (Arbeiter- *od.* Beamten-)Siedlung *f*; *~ operário* Arbeiterviertel *n*.

baita *bras.* F ['baitɐ] pfundig.

baiuca [ba'jukɐ] *f* Kneipe *f*.

baixa ['baiʃɐ] *f* (Preis-)Rückgang *m*; *Börsen-*Baisse *f*; *Boden-*Senke *f*; *Meeres-*Untiefe *f*; Niedergang *m*; Verfall *m*; Einlieferung *f ins Hospital*; ⚔ Entlassung *f aus d. Dienst*; Krankenurlaub *m*; Verlust *m in e-r Schlacht*; *a ~ dos preços* (*salários*) die niedrigen Preise (Löhne); *a ~ do açúcar* der niedrige Zuckerpreis; *dar ~ Namen* streichen; ⚔ *a.* abmustern; = *ter ~* eingeliefert (*od.* entlassen) w.; = *sofrer ~* (im Wert) sinken; *jogar na ~* auf Baisse spekulieren.

baix|ada [bai'ʃaðɐ] *f bras.* Niederung *f*; *Antennen-*Zuleitung *f*; **~a-mar** [~ʃɐ'mar] *f* Ebbe *f*; **~ar** [~ar] (1a) *v/t.* senken; herunternehmen; herunter-, hinunter-bringen, -geben, -klappen, -lassen; *Preise* abbauen; *Zinsfuß* herabsetzen; *Verordnung* erlassen; *v/i.* sinken, sich senken; fallen (*Preise usw.*); abfallen (*Gelände*); ✈ niedergehen; **~ar-se** sich bücken; *fig.* sich erniedrigen.

baixel [~'ʃɛɫ] *m poét.* Nachen *m*; **~a** [~'ʃɛlɐ] *f* Geschirr *n*.

baix|eza [~'ʃezɐ] *f* Niedrigkeit *f*; Niedertracht *f*; Erbärmlichkeit *f*; **~inho** [~iɲu] leise, heimlich; **~io** [~iu] *m* Sandbank *f*, Untiefe *f*; *fig.* Klippe *f*; **~ista** [~iʃtɐ] *m* Baissier *m*; **~o** ['baiʃu] **1.** *adj.* niedrig (*a. fig.*); klein (*Mensch*); seicht (*Fluß*); billig (*Ware*), niedergeschlagen (*Augen*); gesenkt (*Kopf usw.*); leise (*Stimme*); tief (*Ton*); *fig.* gemein; platt (*Stil*); *parte f -a* (*od. de ~*) untere(r) Teil *m*; **2.** *m* Baß(-stimme *f*, -saite *f*) *m*; Sandbank *f*; Niederung *f*; untere(r) Teil *m*; *~s pl.* Unter-wäsche *f*, -kleider *n/pl.*; *os ~s da casa* das Erdgeschoß; **3.** *adv.* leise; tief, niedrig; *em ~* unten; *em* (*por*) *~ de* unter (*ac. u. dat.*); *para ~* her-, hin-unter; *estar em ~* herunter sn; niedergeschlagen sn; *de ~ s. debaixo*; *~o-alemão m* Nieder-, Platt-deutsch

n; ~*o-relevo m* Bas-, Flach-relief *n*; **~ote** [~ɔtə] untersetzt.
bajouj|ar [bɐʒo'ʒar] (1a) schmeicheln (*dat.*); **~ice** [~isə] *f* Kriecherei *f*; alberne(s) Getue *n*; **~o** [~'ʒoʒu] kriecherisch; albern.
bajul|ação [~ʒulɐ'sɐ̃u] *f* Lobhudelei *f*; **~ador** [~ɐ'ðor] *m* Speichellecker *m*; **~ar** [~'lar] (1a) lobhudeln (*dat.*), schmeicheln (*dat.*).
bala ['balɐ] *f* Kugel *f*, Geschoß *n*; ⚕ Ballen *m* (*Papier*); *bras.* Bonbon *n*; *como uma* ~ F wie aus der Pistole geschossen.
balada [bɐ'laðɐ] *f* Ballade *f*.
balai|eiro [~lɐ'jeiru] *m bras.* Gemüse-, Obst-händler *m*; **~o** [~'laju] *m runder* Korb *m*; *bras.* Mundvorrat *m*; Balaio *m* (*Tanz*).
balança [~'lɐ̃sɐ] *f* Waage *f*; *fig.* Gleichgewicht *n*; ~ *comercial* (*de pagamentos*) Handels- (Zahlungs-) bilanz *f e-s Landes*; ~ *de plataforma* Brücken-, ~ *de travessão* Balken-, ~ *para vagões* Gleis-, ~ *Roberval* Tafel-, ~ *romana* Schnell-waage *f*.
balan|çar [~lɐ̃'sar] (1p) abwägen; (aus)balancieren; ausgleichen; bilanzieren; schaukeln; schlenkern; schwanken (*a. fig.*); ⚓ schlingern; **~cear** [~'sjar] (1l) = ~*çar*; **~ceiro** [~'seiru] *m* ⊕ Gangregler *m*; Ausgleich-, Schwing-hebel *m*; Pendel *n*; Unruh *f* (*Uhr*); **~cete** [~'setə] *m* Teil-, Zwischen-bilanz *f*; **~cim** [~'sĩ] *m* Ortscheit *n an Wagen*; = ~*ceiro*; **~ço** [~'lɐ̃su] *m* Pendel- (*od.* ⚓ Schlinger-)bewegung *f*; Schlingern *n*; Schaukeln *n*; Stoß *m*, Erschütterung *f* (*a. fig.*); *Sport*: Anlauf *m*; ⚕ Bilanz *f*; Abschluß *m*; *dar* ~ *a* prüfen; = *fazer o* ~ *de* die Bilanz ... (*gen.*) ziehen; *em* ~ in der Schwebe.
balandra [~'lɐ̃drɐ] *f* Kutter *m*.
balão [~'lɐ̃u] *m* (Luft-)Ballon *m*; ⚗ Kolben *m*; Fußball *m*; *bras. Kohlen*-Meiler *m*; *fig.* Ente *f*; ~ *cativo* Fesselballon *m*.
balar [~'lar] (1b) blöken.
balastro [~'laʃtru] *m* Schotter *m*.
balaustrada [~lauʃ'traðɐ] *f* Geländer *n*; Balustrade *f*.
balaústre [~lɐ'uʃtrə] *m* Geländersäule *f*.
balb|uciante [bałβu'sjɐ̃ntə] stammelnd; = *gago*; **~uciar** [~u'sjar] (1g) stammeln, stottern; **~úcie** [~'βusjə] *f* Gestammel *n*; **~uciente** [~u'sjɐ̃ntə] = ~*uciante*.
balbúrdia [~'βurðjɐ] *f* Wirrwarr *m*; Lärm *m*.
balça ['bałsɐ] *f* Gestrüpp *n*; Hecke *f*; Stroh-geflecht *n*, -umhüllung *f*.
balcânico [bał'kɐniku] Balkan...
balcão [~'kɐ̃u] *m* Balkon *m*; *tea. a.* Rang *m*; ⚕ Theke *f*, Ladentisch *m*; *empregado m de* ~ Verkäufer *m*.
balda ['bałdɐ] *f* Fehler *m*; Schwäche *f*; *Spiel*: Fehlfarbe *f*; **~do** [bał'daðu] vergeblich.
baldaquim, -ino [~dɐ'kĩ, -inu] *m* Baldachin *m*.
baldar [~'dar] (1a) vereiteln, zunichte m.; vergeuden; vergeblich versuchen; **~-se** scheitern; *Spiel*: sich abwerfen.
balde ['bałdə] *m* (Wasser-)Eimer *m*; ~ *de água fria fig.* kalte Dusche *f*; *de* ~ *s. debalde*; **~ar** [~'djar] (1l) umgießen; von Hand zu Hand gehen l.; *Waren, Gepäck* umladen; *Reisende* umsteigen l.; (um)stürzen; hin und her schütteln *od.* werfen; abspülen; *v/i. bras.* umsteigen.
bald|io [bał'diu] **1.** *adj.* unbebaut; vergeblich, unnütz; *terra f -a* = **2.** *m* Brache *f*, Brachland *n*; **~o** ['bałdu] vergeblich; arm (*de* an [*dat.*]); *estar* ~ nicht bedienen können.
baldroc|a [~'drɔkɐ] *f* Schwindel *m*; *fazer trocas e* ~*s* schachern; schwindeln; *fazer* ~*s com* = **~ar** [~dru'kar] (1n; *Stv.* 1e) schachern mit; an-, be-schwindeln.
balear *bras.* [ba'ljar] (1l) schießen auf (*ac.*); treffen, verletzen.
baleeir|a [bɐ'ljeirɐ] *f* Walfischboot *n*; **~o** [~u] *m* Walfischfänger *m*.
baleia [bɐ'leiɐ] *f* Wal(fisch) *m*.
balela [~'lɛlɐ] *f* Ente *f*; Schwindel *m*.
balha ['baʎɐ] *f* = *baila*.
balido [bɐ'liðu] *m* Blöken *n*.
balir [bɐ'lir] (3b—D1) blöken.
baliz|a [~'lizɐ] *f* (Anker-, Leucht-) Boje *f*; Spiere *f*; Bake *f*; (Grenz-) Pfahl *m*, Landmarke *f*; *fig.* Grundsatz *m*; **~ar** [~li'zar] (1a) (ab)baken; abstecken; ab-, be-grenzen.
balne|ar [bał'njar] *adj.* Bade...; **~ário** [~arju] *m* Badeanstalt *f*; Badeort *m*.
balofo [bɐ'lofu] (auf)gedunsen; locker (*Brot*); aufgeblasen (*a. fig.*).
baloiç-, balouç|ar [~loi's-, ~lo'sar]

(1p) schaukeln; anstoßen; schütteln; *v/i.* (sich) schaukeln; **~o** [~'loisu, ~'losu] *m* Schaukel *f*; Schaukeln *n*; Stoß *m*.
balote [~'lɔtə] *m* (Kleinkaliber-) Kugel *f*; ✝ Ballen *m*.
balouç... *s.* **baloiç...**
balroa [bał'ʀoɐ] *f* Enterhaken *m*.
balsa ['bałsɐ] *f* Floß *n*; *vin.* Trester *m*, Hefe *f*; Bottich *m*, Kufe *f*; ~ *pneumática* Schlauchboot *n*.
balsâmico [bał'sɐmiku] balsamisch.
bálsamo ['bałsɐmu] *m* Balsam *m*.
balseiro [bał'seiru] *m* **a)** Floßführer *m*; **b)** Mostbottich *m*.
báltico ['bałtiku] baltisch; Ostsee...
baluarte [bɐ'lwartə] *m* Bollwerk *n*.
bamb|a *bras.* ['bẽmbɐ] **a)** *f* = *bambúrrio*; **b)** *adj.* streitsüchtig; beschlagen; **c)** = **bambá** *bras.* [bẽm'ba] *m* Bamba *m* (*Tanz*); Bamba *n* (*Kartenspiel*); Rauferei *f*.
bamba|lear [bẽmbɐ'ljar] (1l) = *bambolear*; **~lhão** [~'ʎɐ̃u] schlapp; **~lhona** [~'ʎonɐ] *f* Schlampe *f*.
bamb|ar [bẽm'bar] (1a) = **~ear** [~ar] (1l) abspannen; schwächen; *v/i.* = *bambolear*; **~o** ['bẽmbu] schlaff, locker; schlapp; schwankend; *corda -a s. corda*; **~ochata** [~bu'ʃatɐ] *f* Farce *f*.
bambol|ear [~bu'ljar] (1l) baumeln, schlottern; schwanken, wanken; (sich) schaukeln, sich wiegen; **~eio** [~'leju] *m* Schwanken *n*; Schaukeln *n*; wiegende Bewegung *f*; **~ina** [~'linɐ] *f* *tea.* Soffitte *f*, Bühnenhimmel *m*.
bambu [~'bu] *m* Bambus(rohr *n*) *m*.
bamb|úrrio F [~'buʀju] *m* Zufallstreffer *m*; glücklicher Zufall *m*; **~urrista** [~bu'ʀiʃtɐ] *m* Glückspilz *m*; **~urro** [~uʀu] *m* Gestrüpp *n*.
banal [bɐ'nał] alltäglich, abgedroschen, platt; **~idade** [~nɐli'ðaðə] *f* abgedroschene(s) Zeug *n*; Plattheit *f*, Banalität *f*; **~izar** [~nɐli'zar] (1a) banalisieren.
banana [bɐ'nɐnɐ] **1.** *f* Banane *f*; **2.** *m* Schwächling *m*, Trottel *m*.
banan|al [bɐnɐ'nał] *m* Bananenpflanzung *f*; **~eira** [~eirɐ] *f* Bananenstaude *f*.
banca ['bẽŋkɐ] *f* Tisch *m*; Schreibpult *n*; Spülstein *m* (*Küche*); Büro *n e-s Rechtsanwalts*; *Spiel-*, *Hobel-*Bank *f*; (Prüfungs-)Ausschuß *m*; ~ *de jornais bras.* Zeitungsstand *m*; *jogo m da* ~ Glücksspiel *n*; *abafar a* ~ die Bank sprengen; *fig.* den Vogel abschießen; auffallen; *abrir* (*od. pôr*) ~ sich als Rechtsanwalt niederlassen.
banc|ada [bẽŋ'kaðɐ] *f* Bank(reihe) *f*; Tribüne(n) *f*(*pl.*); *pol.* Fraktion *f*; **~ar** [~ar] (1a) Bankhalter (*bras. a.* Torwart) sn; *bras. fig.* sich aufspielen als; **~ário** [~arju] **1.** *adj.* Bank...; **2.** *m* Bankbeamte(r) *m*; **~arrota** [~ɐ'ʀotɐ] *f* Bankrott *m*; **~arroteiro** [~ɐʀu'teiru] *m* Bankrotteur *m*; **~o** ['bẽŋku] *m* Bank *f*; Hocker *m*; Ruderbank *f*; Werk-, Laden-tisch *m*; ⚓ Untiefe *f*, Sandbank *f*; *geol.* Schicht *f*; ✝ Bank *f*; ⚕ Ambulanz *f*; ~ *de carpinteiro* Hobel-, ~ *dos réus* Anklagebank *f*; ~ *dos ardinas* Zeitungsstand *m*; ~ *de piano* Klavierstuhl *m*; ~ *corrediço* Rollsitz *m*.
banda ['bẽndɐ] *f* Seite *f*; Ufer *n*; *Besatz-*Streifen *m*, Einfassung *f*; *Offiziers-*Koppel *n*; Binde *f*; Schärpe *f*; Schar *f*; Partei *f*; ⚓ Breitseite *f*; ▨ Schrägbalken *m*; ♪ (Musik-)Kapelle *f*; *mandar à outra* ~ wegschicken, hinauswerfen; *ficar de cara à* ~ verblüfft sn; *pôr à* (*od.* de) ~ beiseite legen; aufgeben; abschaffen; *de* ~ *a* ~ durch und durch; *por* ~ *de* seitens (*gen.*); **~da** [bẽn'daðɐ] *f* *Vogel-*Schwarm *m*; **~gem** [bẽn'daʒɐ̃i] *f* Bandage *f*.
bandalh|eira, **~ice** [bẽndɐ'ʎeirɐ, ~isə] *f* Lumperei *f*; **~o** [~'daʎu] *m* Lumpen *m*; *fig.* Lump *m*.
bandar|ilha *taur.* [~dɐ'riʎɐ] *f* Banderilla *f*; **~ilhar** [~dɐri'ʎar] (1a) *dem Stier* Banderillas aufsetzen; **~ilheiro** [~ri'ʎeiru] *m* Banderillero *m*.
bandear [~'djar] (1l) zs.-scharen; *bras.* durch-schlagen, -dringen; **~se** sich zs.-tun (mit *com*); sich auf *j-s* Seite schlagen.
bandeir|a [~'deirɐ] *f* Fahne *f*; *National-*Flagge *f*; Banner *n*; ⚔ Fähnlein *n*; *Licht-*Schirm *m*; Oberlicht *n an Tür u. Fenster*; Wetterfahne *f*; *Mais-*Rispe *f*; Freizeichen *n am Taxameter*; *bras. hist.* „Bandeira" *f* (*Expedition ins Landesinnere*); *bras. m* = *~ista*; **~ada** [~dei'raðɐ] *f* Grundgebühr *f e-s Taxis*; **~ante** [~dei'rẽntə] *m* „Bandeirante" *m* (*Expeditionsmitglied*); = *paulistano*; **~inha** [~dei-

'riɲɐ] *m bras. Sport*: Linienrichter *m*; *fig.* Wetterfahne *f*; **~ista** *bras.* [~dei'riʃtɐ] *m* Streckenwärter *m*; **~o** [~'deiru] *m* parteiisch; wetterwendisch; **~ola** [~dei'rɔlɐ] *f* Wimpel *m*; Signalfähnchen *n*.
bandeja [~'deʒɐ] *f* Tablett *n*; *Getreide*-Wedel *m*; ⚓ Eßgeschirr *n*.
bandi|do [~'diðu] *m* Bandit *m*; **~tismo** [~di'tiʒmu] *m* Banditenstreich *m*; Bandenunwesen *n*.
bando ['bẽndu] *m* Bande *f*; *Vogel*-Schwarm *m*; *Wolfs*-Rudel *n*; Partei *f*; (*Reklame*-)Trupp *m*; Bekanntmachung *f*; *tomar ~ por* Partei ergreifen.
bandola [bẽn'dɔlɐ] *f* ♪ Bandola *f*; *~s pl.* ⚓ Notsegel *n/pl.*
bandoleir|a [~du'leirɐ] *f* Schulterriemen *m*; **~o** [~u] *m* Straßenräuber *m*, Bandit *m*.
bandolim ♪ [~du'lĩ] *m* Mandoline *f*.
bandulho F [~'duʎu] *m* Wanst *m*; Gekröse *n*.
bangalô [bẽŋgɐ'lo] *m* Bungalow *m*.
bangüê *bras.* [bẽŋ'gwe] *m* Traggestell *n*, -stange *f*; Bahre *f*; Sänfte *f*.
banha ['bɐɲɐ] *f* Schmalz *n*, Fett *n*; *~s pl.* Fettpolster *n/pl.*
banh|ar [bɐ'ɲar] (1a) baden; *in Wasser* tauchen, schwemmen; ab-, über-spülen; be-, um-spülen (*Fluß, Meer*); bescheinen (*Sonne*); übermalen; *mit Zuckerguß* überziehen; **~ar-se** *em* baden (*od. fig.* schwimmen) in (*dat.*); **~eira** [~eirɐ] *f* Badewanne *f*; Badefrau *f*; **~eiro** [~eiru] *m* Bademeister *m*; *bras* Badezimmer *n*; **~ista** [~iʃtɐ] *m* Badegast *m*; **~o** ['bɐɲu] *m* **a**) Bad *n*; *~s pl.* Heilbäder *n/pl.*; *ir a ~s* ins Bad reisen; *tomar ~* baden, ein Bad nehmen; **b**) Bagno *n*, Strafgefängnis *n*; **c**) *~s pl.* Heiratsaufgebot *n*; *publicar os ~s* sich aufbieten l.; *correr ~s* aufgeboten w.; **~o-maria** [~umɐ'riɐ] *m* Wasserbad *n*.
bani|mento [bɐni'mẽntu] *m* Verbannung *f*; **~r** [~'nir] (3a—D1) verbannen; ausweisen.
banqu|eiro [bẽŋ'keiru] *m* Bankier *m*; Bankhalter *m*; **~eta** [~etɐ] *f* Bänkchen *n*, Schemel *m*; (Graben-)Stufe *f*; ⚔ Wehrgang *m*; Kerzenaufsatz *m am Altar*; **~ete** [~etə] *m* Bankett *n*; **~etear** [~kə'tjar] (1l): *~ alg.* j-m (*od.* zu j-s Ehren) ein Bankett geben; **~etear-se** prassen;
~inho [~iɲu] *m* Hocker *m*; (Fuß-)Schemel *m*; *~ de lona* Feldstuhl *m*.
banz|ar [bẽ'zar] (1a) verblüffen; *v/i.* sprachlos (*od.* außer sich) sn; wogen (*Meer*); **~eiro** [~eiru] leicht bewegt (*Meer*); ruhig; **~o** ['bẽzu] **1.** *m* Heimweh *n*, unbestimmte(s) Sehnen *n*; **2.** *adj. bras.* traurig, niedergeschlagen.
banzos ['bẽzuʃ] *m/pl.* Schenkel *m/pl.* (*Leiter*); Seitenhölzer *n/pl.* (*Säge usw.*); Tragstangen *f/pl.*
bapti|smal [batiʒ'mał] Tauf...; **~smo** [~'tiʒmu] *m* Taufe *f*; **~sta** [~'tiʃtɐ] *m* Täufer *m*; Baptist *m*; **~stério** [~tiʃ'tɛrju] *m* Taufkapelle *f*; **~zado** [~'zaðu] *m* Kindtaufe *f*; Täufling *m*; **~zar** [~'zar] (1a) taufen.
baque ['bakə] *m* (dumpfer) Knall *m*; Aufprall *m*; Fall *m*, Sturz *m*; (Vor-)Ahnung *f*; **~ar** [bɐ'kjar] (1l) an-, auf-prallen; fallen (*a.* ⚔), stürzen.
baquelita [bɐkə'litɐ] *f* Bakelit *n*.
baquet|a [bɐ'ketɐ] *f* Trommelschlegel *m*; **~ear** [~kə'tjar] (1l) trommeln.
bar [bar] *m* Bar *f*; Bartisch *m*.
baraço [bɐ'rasu] *m* Strick *m*, Strang *m*.
barafunda [bɐrɐ'fũndɐ] *f* Gedränge *n*; Lärm *m*; Wirrwarr *m*.
barafustar [~fuʃ'tar] (1a) (herum-, sich ab-)zappeln; sich mit Händen und Füßen wehren; schimpfen.
baralha [bɐ'raʎɐ] *f* Stock *m* (*Kartenspiel*); Lärm *m*; Zank *m*; Durcheinander *n*; Quertreibereien *f/pl.*; *meter alg. na ~* querschießen.
baralh|ado [~rɐ'ʎaðu] verworren; **~ar** [~ar] (1b) *Karten* mischen; durch-ea.-bringen; -werfen; *v/i.* sich zanken; **~o** [~'raʎu] *m* Spiel *n* Karten; *cortar o ~* abheben.
barão [~'rẽu] *m* Baron *m*, Freiherr *m*.
barata [~'ratɐ] *f* **a**) Küchenschabe *f*, Kakerlak *m*; F Kleinwagen *m* (*Auto*); **b**) *gal.* Butterfaß *n*.
barat|aria [~rɐtɐ'riɐ] *f* Baratthandel *m*; ⚓ Baratterie *f*; *fig.* Schwindel *m*; **~eamento** [~tjɐ'mẽntu] *m* Verbilligung *f*; **~ear** [~'tjar] (1l) (sich) verbilligen; verschleudern; feilschen um; *fig.* verächtlich (*od.* herunter-)m.; **~eiro** [~'teiru] **1.** *adj.* Schleuder...; = *~o*; **2.** *m* F Billigmacher *m*; F Nassauer *m*; **~eza** [~'tezɐ] *f* Wohlfeilheit *f*;

~o [~'ratu] **1.** *adj.* billig, wohlfeil; leicht; **2.** *m* Gewinnanteil *m im Spiel*; Gefallen *m*, Zugeständnis *n*; Vorteil *m*; *dar de ~* zubilligen, gern zugeben; *fazer bom ~ de Ware* losschlagen; nicht beachten; abschaffen (*ac.*); *pôr a vida a ~* sein Leben aufs Spiel setzen.

barba ['barβɐ] *f* **a)** Bart *m*; Kinn *n*; *Getreide-*Granne *f*; *~ a ~* Auge in Auge; *~ cerrada* Vollbart *m*; *dar água pela ~ a alg.* j-m zu schaffen m.; *fazer a ~ a alg.* j-n rasieren; F j-n einseifen; *rir-se na ~* sich ins Fäustchen lachen; *ter a ~ tesa* e-n Dickkopf h.; **b)** *~s pl.* Bart *m*; Barthaare *n/pl.*; (Walfisch-)Barten *f/pl.*; *Feder-*Fahne *f*; (Wurzel-)Fasern *f/pl.*; ⊕ Zacken *f/pl.*; *nas ~s de alg.* j-m ins Gesicht hinein; *ter ~s* F e-n Bart haben.

barb|aças (*pl. unv.*) [bɐr'βasɐʃ] *m* bärtige(r) Geselle *m*; Graubart *m*; **~açudo, ~ado** [~βɐ'suðu, ~'βaðu] bärtig.

barbante [~'βɐ̃ntə] *m* Bindfaden *m*.

barbar|ia [~βɐ'riɐ] *f* Barbarei *f*; Roheit *f*; **~idade** [~ri'ðaðə] *f* Barbarei *f*; Ungeheuerlichkeit *f*; Unmenge *f*; *que ~!* so ein Unsinn!

barbárie [~'βarjə] *f* = *barbaria*.

barbar|ismo [~βɐ'riʒmu] *m* Sprachwidrigkeit *f*; Roheit *f*; Barbarei *f*; **~izar** [~ri'zar] (1a) *v/i.* unrichtig sprechen; *v/t. Sprache* verschandeln; = **~izar-se** verrohen.

bárbaro ['barβɐru] **1.** *adj.* barbarisch; grausam, wild, roh; sprachwidrig; **2.** *m* Barbar *m*.

barbatana [bɐrβɐ'tɐnɐ] *f* Flosse *f*.

barbe|ar [bɐr'βjar] (1l) rasieren; **~aria** [~βjɐ'riɐ] *f* (Herren-)Frisörgeschäft *n*, † Barbierstube *f*.

barbeiro [~'βeiru] *m* (Herren-) Frisör *m*, † Barbier *m*; *hist.* Bader *m*; *irón.* schlechte(r) Fahrer *m*; Pfuscher *m*.

barbela [~'βɛlɐ] *f* Wamme *f*; P Doppelkinn *n*; Kinnkette *f* (*Pferd*); Widerhaken *m* (*Häkelnadel*).

barbi|cacho [~βi'kaʃu] *m* Halfter *n*, Kappzaum *m*; Sturm-band *n*, -riemen *m*; *fig.* Hindernis *n*; **~lhão** [~'ʎɐ̃u] *m* Bartfaden *m* (*Fisch*); Kehllappen *m* (*Hahn*); **~lho** [~'βiʎu] *m* Maulkorb *m* (*a. fig.*).

barbo ['barβu] *m* Barbe *f* (*Fisch*).

barbudo [bɐr'βuðu] bärtig.

barca ['barkɐ] *f* Barke *f*, Kahn *m*; † Bark *f*; *~ (de passagem)* Fähre *f*.

barca|ça [bɐr'kasɐ] *f* Barkasse *f*; Leichter *m*; **~da** [~ðɐ] *f* Bootsladung *f*; **~gem** [~ʒɐ̃i] *f* Fährgeld *n*; **~rola** [~kɐ'rɔlɐ] *f* Gondellied *n*.

barco ['barku] *m* Schiff *n*; Boot *n*; *~ desmontável* Faltboot *n*.

bard|a ['bardɐ] *f* (Dornen-)Hecke *f*; (Bretter-)Zaun *m*; Stützbalken *m*; *fig.* Stapel *m*, Schicht *f*; *em ~* in Masse, in (*od.* die) Menge; **~ana** ♀ [bɐr'dɐnɐ] *f* Klette *f*; **~ar** [bɐr'dar] (1b) ein-, um-zäunen; **~o** [~u] *m* **a)** = *~a*; **b)** Barde *m*.

barganh|a [bɐr'gɐɲɐ] *f* Tausch *m*; Kuhhandel *m*, Schacher *m*; **~ar** [~'ɲar] (1a) tauschen; verschachern.

bargante [~'gɐ̃ntə] *m* Schuft *m*.

barítono [bɐ'ritunu] *m* Bariton *m*.

barlavent|ear ⚓ [~lɐvẽn'tjar] (1l) lavieren; **~ejar** [~tɨ'ʒar] (1d) vor dem Winde segeln; **~o** [~lɐ'vẽntu] *m* Luv *f*.

barómetro [bɐ'rɔmətru] *m* Barometer *n*.

baron|esa [~ru'nezɐ] *f* Baronin *f*, Freifrau *f*; **~ia** [~iɐ] *f* Freiherrenwürde *f*; Freiherrschaft *f*.

barqu|eiro [bɐr'keiru] *m* Schiffer *m*; Fährmann *m*; **~ilha** [~iʎɐ] *f* Log *n*; **~ilheiro** [~ki'ʎeiru] *m* Waffelverkäufer *m*; **~ilho** [~iʎu] *m* (Hohl-) Waffel *f*; **~inha** [~iɲɐ] *f* Ballonkorb *m*, Gondel *f*; = *~ilha*; **~inho** [~iɲu] *m* (kleines) Boot *n*.

barra ['baʀɐ] *f* Barre *f*; Hafeneinfahrt *f*; Mole *f*; *Eisen-*Stange *f*; *Gold-*Barren *m*; Hebebaum *m*; Holm *m*; Stoß *m im Frauenrock*; Einfassung *f*, Besatz *m*; *Farb-*Streifen *m*; ♪ Taktstrich *m*; ▨ Querbalken *m*; *~ do tribunal* Zeugenstand *m*; *~ do leme* Ruderpinne *f*; *~ fixa* Reck *n*; *~s pl. paralelas* Barren *m*.

barrac|a [bɐ'ʀakɐ] *f* Baracke *f*; (Bade-)Zelt *n*; Kiosk *m*; *Markt-*Bude *f*; **~ão** [~ʀɐ'kɐ̃u] *m* Schuppen *m*; *bras.* Kaufladen *m*.

barrado [~'ʀaðu] gestreift.

barragem [~'ʀaʒɐ̃i] *f* Sperre *f*; Absperrung *f*; Staudamm *m*; Talsperre *f*; *fogo m de ~* ⚔ Sperrfeuer *n*.

barranc|a *bras.* [~'ʀɐ̃ŋkɐ] *f* = **~o** [~u] *m* Schlucht *f*; Klamm *f*; Steilhang *m*; *s. tranco*; **~oso** [~ʀɐŋ'kozu (-ɔ-)] aufgerissen, zerrissen (*Gelände*); *fig.* schwierig.

barraqueiro [~ʀɐ'keiru] *m* Buden-

besitzer *m*; *Strand*: Bademeister *m*.
barrar [~ˈʀar] (1b) versperren; (be-)hindern; *mit Lehm* verkitten; *Wand* verputzen; *Brot* (be)streichen.
barreir|a [~ˈʀeirɐ] *f* **a)** Schranke *f*; Sperre *f*; Schlagbaum *m*; *corrida f de ~s* Hindernisrennen *n*, Hürdenlauf *m*; **b)** = **~o** [~u] *m* Tongrube *f*.
barrel|a [~ˈʀɛlɐ] *f* Lauge *f*; **~eiro** [~ʀəˈleiru] *m* Laugenasche *f*.
barrento [~ˈʀẽntu] lehmig; Ton...
barret|e [~ˈʀetə] *m* Mütze *f*; Barett *n*; **~ina** [~ʀəˈtinɐ] *f* Tschako *m*; Käppi *n*.
barric|a [~ˈʀikɐ] *f* Tonne *f*; Faß *n*; **~ada** [~ʀiˈkaðɐ] *f* Barrikade *f*.
barriga [~ˈʀiɣɐ] *f* Bauch *m*; Ausbuchtung *f*; *~ da perna* Wade *f*; *fazer ~* sich bauchen, sich werfen.
barrig|ão F [~ʀiˈɣɐ̃u] *m* Schmerbauch *m*; **~uda** *bras.* [~uðɐ] **1.** *f* ♀ Wollbaum *m*; **2.** *adj.* schwanger; **~udo** [~uðu] **1.** *adj.* dickbäuchig; **2.** *m* Fettwanst *m*.
barril [~ˈʀiɫ] *m* Fäßchen *n*; **~ete** [~ʀiˈletə] *m* Zwinge *f*; Tönnchen *n*.
barrista [~ˈʀiʃtɐ] *m* **a)** Reck-turner *m*, -künstler *m*; **b)** Tonbildner *m*.
barro [ˈbaʀu] *m* Lehm *m*; Ton *m*, Töpfererde *f*; *~s pl.* ⚕ Finnen *f/pl.*; *~ vidrado* Steingut *n*.
barroc|a [bɐˈʀɔkɐ] *f* Schlucht *f*; Höhle *f*; *Erd*-Loch *n*; **~o** [~ˈʀoku] **1.** *adj.* barock; **2.** *m* a) Einsiedlerfels *m*; = *~a*; b) Barock *n*.
barroso [~ˈʀozu (-ɔ-)] lehmig; tonhaltig, Ton...; ⚕ finnig.
barrote [~ˈʀɔtə] *m* Sparren *m*; Querholz *n*, -träger *m*; Ausleger *m*.
barulh|ada, ~eira [~ruˈʎaðɐ, ~eirɐ] *f* Krach *m*; Radau *m*; Wirrwarr *m*; *há grande ~* es geht laut zu (*od.* hoch her); **~ento** [~ẽntu] laut; lärmend; **~o** [~ˈruʎu] *m* Lärm *m*, Krach *m*; Geräusch *n*; Durcheinander *n*; *fazer ~* lärmen; *fig.* = *armar ~* Lärm schlagen.
bas|áltico [bɐˈzaɫtiku] basalten, Basalt...; **~alto** [~aɫtu] *m* Basalt *m*.
basbaque [bɐʒˈβakə] *m* Maulaffe *m*.
báscula [ˈbaʃkulɐ] *f* Dezimalwaage *f*; *carrinho m de ~* Kippwagen *m*.
bascul|ador [bɐʃkulɐˈðor] *m* Kipper *m*; **~ante** [~ˈlɐ̃ntə] kipp-, umlegbar; Kipp...
basculh... *s. vasculh...*
base [ˈbazə] *f* Grund-lage *f*, -fläche *f*; Unterbau *m*, Fundament *n*; Basis *f*; *Zahn*-Wurzel *f*; *Lager*-Bock *m*; ⚠ Sockel *m*; (Säulen-)Fuß *m*; ⚹ Grund-linie *f*, -zahl *f*; ⚗ Base *f*; ⚔ Stützpunkt *m*; *na ~ de, com ~ em* auf Grund von; *não ter ~* unbegründet sn; = *ficar sem ~* der Grundlage entbehren; *formação f de ~* Grundausbildung *f*; *indústria (fábrica) f de ~* (Werk *n* der) Schlüsselindustrie *f*.
base|amento [bɐzjɐˈmẽntu] *m* (Gebäude-)Sockel *m*; **~ar** [~ˈzjar] (1l): *~ em* gründen, stellen, aufbauen auf (*ac.*); stützen auf (*ac.*); begründen mit; **~ar-se** *em* sich berufen auf (*ac.*); beruhen auf (*dat.*).
básico [ˈbaziku] grundlegend; Grund...; ⚗ basisch.
basilar [bɐziˈlar] grundlegend.
basílica [bɐˈzilikɐ] *f* Hauptkirche *f*; Basilika *f*.
basquetebol [ˌbaʃkətəˈβɔɫ] *m* Korbball *m*.
bassê [bɐˈse] *m* Dackel *m*.
basta [ˈbaʃtɐ] *int.* *~!* genug!
bastante [bɐʃˈtɐ̃ntə] genügend, hinlänglich; *adv.* genug, ziemlich.
bastão [~ˈtɐ̃u] *m* Stab *m*.
bastar [~ˈtar] (1b) genügen; genug sn, reichen; *basta e sobra!* das ist mehr als genug!; **~-se** sich selbst genügen.
bastardo [~ˈtarðu] **1.** *adj.* unehelich; unecht; entartet; Misch...; **2.** *m* Bastard *m*.
bastear [~ˈtjar] (1l) (durch)steppen.
bastião [~ˈtjɐ̃u] *m* Bastei *f*.
bastidão [~tiˈðɐ̃u] *f* Dichtigkeit *f*; Häufigkeit *f*.
bastidor [~tiˈðor] *m* Stickrahmen *m*; Bühnen-, Schiebe-wand *f*; *~es pl.* Kulissen *f/pl.*; *fig. a.* Hintergründe *m/pl.*
basto [ˈbaʃtu] dicht; dick; zahlreich; häufig; *-as vezes* oftmals.
bata [ˈbatɐ] *f* Kittel *m*.
batalha [bɐˈtaʎɐ] *f* Schlacht *f*; Kampf *m*; Wortgefecht *n*; *cavalo m de ~* Streitroß *n*; *fig.* Zankapfel *m*; *fazer cavalo de ~ de* herumreiten auf (*dat.*).
batalh|ador [~tɐʎɐˈðor] *m* (Vor-)Kämpfer *m*; **~ão** [~ˈʎɐ̃u] *m* Bataillon *n*; **~ar** [~ˈʎar] (1b) sich e-e Schlacht liefern; kämpfen; (mit-ea.) streiten.
bataria [~tɐˈriɐ] *f* = *bateria*.
batata [~ˈtatɐ] *f* Kartoffel *f*; *~ doce*

Batate *f*; ~ *inglesa* Speisekartoffel *f*; ~*s pl. inglesas* Chips *m/pl.*; ~ *fritas* Pommes frites *f/pl.*
batat|ada [~tɐ'taδɐ] *f*: *andar à* ~ Dummheiten m.; **~al** [~ał] *m* Kartoffelfeld *n*; **~eira** [~eirɐ] *f* Kartoffelstaude *f*.
bate|-boca(s) *bras.* [batə'bokɐ] *m(pl.)* Geschimpfe *n*; **~-bola(s)** *bras.* [~'bɔlɐ] *m(pl.)* Kick(s)en *n*; **~-cu(s)** [~'ku] *m(pl.)* Fall (*od.* Schlag) *m* auf den Hintern; **~deira** [bɐtə'δeirɐ] *f* Butterfaß *n*; Knet-, Schwing-maschine *f*; **~doiro, ~douro** [bɐtə'δoiru, -oru] *m* Waschstein *m*; **~dor** [bɐtə'δor] *m* (Schnee-)Schläger *m*; Münzmeister *m*; *mont.* Treiber *m*; ⚔ Kundschafter *m*; Vorreiter *m*; *bras.* Maisdrescher *m*; **~dura** [bɐtə'δurɐ] *f* ⊕ Hammerschlag *m*; **~-estacas** (*pl. unv.*) [~ɨʃ'takɐʃ] *m* Ramme *f*.
bátega ['batəɣɐ] *f* Becken *n*; (Regen-)Guß *m*.
bateia [bɐ'teiɐ] *f* Schale *f zum Goldwaschen.*
bateira [~'teirɐ] *f* Flachboot *n*.
batel [~'tɛł] *m* Kahn *m*, Boot *n*; **~ão** [~tə'lɐ̃u] *m* Last-, Schlepp-kahn *m*.
batente [~'tẽntə] *m* (Tür-)Flügel *m*; Tür-leiste *f*, -pfosten *m*; Anschlag *m*; Türklopfer *m*; Wellenbrecher *m*.
bate-papo(s) *bras.* [batɨ'papu] *m(pl.)* Schwätzchen *n*.
bater [~'ter] (2b) schlagen; klopfen; *Teppich usw.* ausklopfen; *Eisen usw.* hämmern; bearbeiten; *Küste usw.* peitschen, bespülen (*Wellen*); *Feld, Wald* absuchen; *Pflaster* treten; ⚔ *Stellung* unter Feuer nehmen, bestreichen; ⚕ *Star* stechen; klappern (schlagen, stampfen, trommeln, zucken) mit; ~ *em* scheinen auf, in (*ac.*) (*Sonne*); aufschlagen auf (*ac.*) (*Stein*); fahren gegen (*Kfz.*); *j-n* schlagen, verprügeln; *bras.* landen in (*dat.*); ~ *boca bras.* (sich) kabbeln; ~ (*com*) *as mãos*, ~ *palmas* in die Hände (*od.* Beifall) klatschen; ~ *contra* sich stoßen an (*dat.*); ~ *à porta de alg.* bei j-m anklopfen; *estão a* ~ es klopft; *aí é que bate o ponto* das ist der springende Punkt.
bateria [~tə'riɐ] *f* Batterie *f*; ♪ Schlagzeug *n*; *Küchen*-Geschirr *n*.
bati|da [~'tiδɐ] *f* Treibjagd *f*; ⚔ Streife *f*; Razzia *f*; *bras.* Saumpfad *m*; „Batida" *f* (*Mixgetränk aus Zuckerrohrschnaps, Zitrone u. Zukker*); *fig.* Verweis *m*; de ~ hastig; **~do** [~δu] ausgetreten (*Schuh, Weg*); ausgefahren (*Gleis, Weg*); abgetragen (*Anzug*); *fig.* abgedroschen; *von der Sonne* beschienen.
batí-, batómetro [~'ti-, ~'tɔmətru] *m* Tiefenmesser *m*; Echolot *n*.
batina [~'tinɐ] *f* S(o)utane *f*.
batis..., batiz... *bras.* = *baptis..., baptiz...*
batocar [~tu'kar] (1n; *Stv.* 1e) zuspünden; verspunden.
baton *fr.* [ba'tõ] *m* Lippenstift *m*.
batoque [bɐ'tɔkə] *m* Spund(loch *n*) *m*; *fig.* Klotz *m*.
batot|a [~'tɔtɐ] *f* Falschspiel *n*, Mogelei *f*; *casa f de* ~ Spielhölle *f*; *fazer* ~ falsch spielen, mogeln; **~eiro** [~tu'teiru] *m* (Falsch-)Spieler *m*.
batráquios [~'trakjuʃ] *m/pl.* Lurche *m/pl.*
batu|cada [batu'kaδɐ] *f* Trommeln *n*; **~car** [~'kar] (1a) trommeln; tanzen; **~que** [~'tukə] *m* Trommeln *n*; *bras.* „Batuque" *m* (*ein Negertanz*).
batuta [~'tutɐ] **1.** *f* Taktstock *m*; **2.** *adj. bras.* fix; tüchtig; **~r** [~tu'tar] (1a) dirigieren.
baú [bɐ'u] *m* Koffer *m*, Truhe *f*.
baunilha [bau'niʎɐ] *f* Vanille *f*; ~ *dos jardins* Heliotrop *n*.
bávaro ['bavɐru] **1.** *adj.* bayrisch; **2.** *m* Bayer *m*.
bazar [bɐ'zar] *m* Bazar *m*; Kaufhaus *n*.
bazófi|a [~'zɔfjɐ] *f* Prahlerei *f*; **~o** [~u] **1.** *adj.* prahlerisch; **2.** *m* Prahler *m*, F Prahlhans *m*.
bazulaque [~zu'lakə] *m* Lungenfrikassee *n*; Plunder *m*, Kleinkram *m*; Dicke(r) *m*; *bras.* Kokoshonig *m*.
bê [be] *m Name des Buchstabens* b.
beata ['bjatɐ] *f* Betschwester *f*.
beat|ice [bjɐ'tisə] *f* Frömmelei *f*, Muckertum *n*; **~ificação** [~təfikɐ'sɐ̃u] *f* Seligsprechung *f*; **~ificar** [~təfi'kar] (1n) seligsprechen; beseligen; **~itude** [~ti'tuδə] *f* Seligkeit *f*; **~o** ['bjatu] **1.** *adj.* selig (gesprochen); frömmlerisch, scheinheilig; **2.** *m* Betbruder *m*, Mucker *m*.
bebé [bɛ'βɛ] *m* Säugling *m*, Baby *n*.
bebedeira [bəβə'δeirɐ] *f* Rausch *m*; Sauferei *f*; *cozer a* ~ F s-n Rausch ausschlafen.
bêbedo ['beβəδu] **1.** *adj.* betrunken; ~ *como um cacho* sternhagelvoll,

blau wie ein Veilchen; **2.** *m* Trinker *m.*

bebedoiro, -ouro [bəβə'ðoiru, -oru] *m* Tränke *f.*

beber [bə'βer] (2c) trinken; saufen (*Tier, Trunkenbold*); *fig.* hinunterschlucken; *Worte* verschlingen; *Geld* vertrinken; ⚗ auf-, ein-saugen; *Anregung* schöpfen (aus em); ~ *azeite* F gewichst (*od.* gewitzt) sn; ~ *do fino* gut informiert sn; ~ *os ventos,* ~ *os ares por alg.* in j-n vernarrt sn; *desta água não beberei* das kann mir nicht passieren.

beber|agem [~βə'raʒɐ̃i] *f* (Heil-)Trank *m,* Aufguß *m*; *fig.* Gebräu *n*; **~es** [~'βeriʃ] *m/pl.* Getränke *n/pl.*; **~ete** [~etə] *m* Trunk *m,* Erfrischung *f*; **~icar** [~ri'kar] (1n) nippen.

beberr|ão, ~az [~βə'ʀɐ̃u, ~aʃ] **1.** *adj.* trunksüchtig, P versoffen; **2.** *m* Säufer *m*; **~icar** [~ʀi'kar] (1n) nippen; **~ona** [~onɐ] *f* Säuferin *f.*

bebes P ['bɛβiʃ] *m/pl.* Getränke *n/pl.*; *comes e* ~ Essen und Trinken *n.*

bebida [bə'βiðɐ] *f* Getränk *n*; *dado à* ~ trunksüchtig.

bebível [~vɛł] trinkbar.

beca ['bɛkɐ] *f* Talar *m.*

beça *bras.* [~sɐ]: *à* ~ toll, mächtig (viel).

beco ['beku] *m* Gäßchen *n*; ~ *sem saída* Sackgasse *f.*

bedel *uni.* [bə'ðɛł] *m* Pedell *m.*

bedelho [~'ðeʎu] *m* Sperrhebel *m an Türen*; *fig.* Kindskopf *m*; *meter o* ~ F s-n Senf dazutun.

beduíno [~'ðwinu] *m* Beduine *m.*

bei|ça P ['beisɐ] *f* Schnute *f*; *fazer* ~ = *fazer* **~cinho** [bei'siɲu] *m* F Schnütchen *n*; *fazer* ~ F eine Schnute ziehen (*od.* m.); **~ço** [~su] *m* Lippe *f*; Lefze *f*; (Wund-)Rand *m*; Vorsprung *m*; *andar de* ~ *caído por* verliebt sn in (*ac.*); *levar* (*od. trazer*) *alg. pelo* ~ j-n um den Finger wickeln (können); **~çudo** [bei'suðu] dicklippig.

beij|ado [bei'ʒaðu]: ~ *com* dicht an (*dat.*); *de mão -a* mit Kußhand; = *de aba -a* umsonst; **~a-flor** (**-es**) [~ʒɐ'flor] *m*(*pl.*) Kolibri *m*; **~a-mão**(**s**) [~ʒɐ'mɐ̃u] *m*(*pl.*) Handkuß *m*; **~ar** [~'ʒar] (1a) küssen; berühren; **~inho** [~'ʒiɲu] *m* Küßchen *n*; *fig. die* Krem, *der* (*die, das*) Feinste; **~o** ['beiʒu] *m* Kuß *m*; **~oca** P [~'ʒɔkɐ] *f* Schmatz *m*; **~ocar** [~ʒu'kar] (1n; *Stv.* 1e) abküssen, F abknutschen.

beijoim [~'ʒwĩ] *m* = *benjoim.*

beiju *bras.* [~'ʒu] *m* Sagokuchen *m.*

beira ['beirɐ] *f* Rand *m*; Ufer *n*; Nähe *f*; *à* ~ *de* (nahe) an (*ac. u. dat.*) *od.* bei; *chegar*(*-se*) *à* ~ *de* sich nähern (*dat.*), treten an (*ac.*) *od.* zu; *estar à* ~ *de fig.* stehen vor (*dat.*); nahe daran sn zu (+ *inf.*).

beir|ada [bei'raðɐ] *f bras.* Umgebung *f,* Nachbarschaft *f*; = **~ado, ~al** [~aðu, ~ał] *m* Traufe *f*; Rand *m*; Ufer *n*; **~a-mar** [~rɐ'mar] *f* Küste(ngebiet *n*) *f*; *à* ~ an der Küste, am Meer; **~ão** [~ɐ̃u] **1.** *adj.* (aus) der Beira; **2.** *m,* **~ã, ~oa** *f* Beiraner(in *f*) *m*; **~ense** [~ẽsə] = *~ão.*

beladona [bɛlɐ'ðɔnɐ] *f* Tollkirsche *f.*

bela|mente [ˌbɛlɐ'mẽntə] ausgezeichnet; famos; **~-portuguesa** [~purtu'ɣezɐ] *f port. Rosenart.*

belas-|artes [ˌbɛlɐz'artiʃ] *f/pl. die* bildenden Künste *f/pl.*; *Academia das* ♀ Kunstakademie *f*; **~letras** [~lɐʒ'letrɐʃ] *f/pl.* schöne Literatur *f.*

belchior *bras.* [bɛł'ʃjor] *m* Alt-(buch)händler *m.*

beldade [bɛł'daðə] *f* Schönheit *f.*

beldroega ⚘ [~'drwɛɣɐ] *f* Portulak *m.*

beleguim [bələ'ɣĩ] *m hist.* Büttel *m*; *depr.* Bulle *m.*

beletr|ista [~'triʃtɐ] *m* Unterhaltungsschriftsteller *m*; **~ística** [~iʃtikɐ] *f* Unterhaltungsliteratur *f*; **~ístico** [~iʃtiku] belletristisch.

beleza [bə'lezɐ] *f* Schönheit *f*; *uma* ~! herrlich!, wunderbar!

belga ['bɛłɣɐ] **1.** *adj.* belgisch; **2.** *su.* Belgier(in *f*) *m.*

beliche [bə'liʃə] *m* Koje *f.*

bélico ['bɛliku] kriegerisch, Kriegs...

beli|coso [bəli'kozu (-ɔ-)] kriegs-, streit-lustig; kriegerisch; **~gerância** [~ʒə'rɐ̃sjɐ] *f* Teilnahme *f* am Krieg; *estado m de* ~ Kriegszustand *m*; **~gerante** [~ʒə'rɐ̃ntə] kriegführend.

belindre [~'lĩndrə] *m* Murmel *f.*

belisc|adura *f,* **~ão** *m* [~liʃkɐ'ðurɐ, ~'kɐ̃u] Kniff *m*; Kneifstelle *f,* blaue(r) Fleck *m*; *fig.* Stich *m,* Bosheit *f*; **~ar** [~'kar] (1n) kneifen, zwicken; *fig.* sticheln; **~o** [~'liʃku] = *~adura.*

belo ['bɛlu] schön; **~-horizontino** (**-s**) *bras.* [~orizõn'tinu] aus Belo

Horizonte; **~nave** *bras.* [~'navə] *f* Kriegsschiff *n.*

bel-prazer [bɛłprɐ'zer]: *a (seu)* ~ nach Gutdünken, nach Belieben.

belt|rano, ~rão [~'trɐnu, ~rɐ̃u] *m* (Herr) Y *m*; Herr Soundso *m.*

bem [bɐ̃i, bɐ̃i] **1.** *m* Gut *n*; *das* Gute; Wohl *n*, Nutzen *m*; Habe *f*; *meu* ~ *fig.* mein Schatz *m*; *homem m de* ~ Ehrenmann *m*; *querer* ~ *a* gern-, lieb-h. (*ac.*), wohlwollen (*dat.*); *fazer* ~ a) Gutes tun; b) guttun, bekommen; *haver* (*od. ter*) *por* ~ für gut befinden, geruhen; *levar a* ~ gut aufnehmen, genehmigen; ~ *haja!* viel Glück!, (das ist *od.* war) sein Glück!; ~ *haja quem ...!* wohl dem, der ...!; **2. bens** *pl.* Vermögen *n*, Besitz *m*; Habe *f*; ~ *de raiz* Liegenschaften *f/pl.*; **3.** *adv.* gut, wohl; sehr; recht; gern; ordentlich; richtig; genau; ~ ..., *mas* zwar..., aber; ~ *de* viel(e); (*se*) ~ *que* obwohl; *ainda* ~! glücklicherweise!, Gott sei Dank!; *ainda* ~ *que* gut, daß; *por* ~ in guter Absicht; *a* ~ zum (*od.* im) Guten; ~ *como* ebenso wie; *estou* ~ a) es geht mir gut; ich fühle mich wohl; b) ich stehe gern; ich sitze (*od.* liege) gut; *está* ~! gut!, richtig!; *estar* ~ *com* (sich) gut stehen mit; *estar* (*od. ficar*) ~ *a alg.* a) j-m stehen (*od.* passen); b) sich schicken (*od.* gehören) für j-n; *passa bem?* geht's gut?; *passe* ~! alles Gute!; ~ *feito!* das ist (*od.* geschieht ihm) recht!; *a gente* ~ die „feinen" Leute *pl.*

bem-aventur|ado(s) [~ɐvẽntu'raðu] (glück)selig; **~ança**(s) [~ɐ̃sɐ] *f* (*pl.*) Glück(seligkeit *f*) *n*; ewige Seligkeit *f*; **~ar** [~ar] (1a) glücklich (*od.* selig) machen.

bem-|criado(s) [~'krjaðu] wohlerzogen; **~dizer** [~di'zer] (2x) gut sprechen von, loben; *a* ~ sozusagen; *vgl. bendizer*; **~estar** [~iʃ'tar] *m* Wohlergehen *n*; Wohlstand *m*; **~fadado**(s) [~fɐ'ðaðu] glücklich, Glücks...; **~falante**(s) [~fɐ'lɐ̃ntə] beredt; **~fazer** [~fɐ'zer] (2v) wohltätig sn, Gutes tun; wohltun; **~humorado**(s) [~umu'raðu] gut gelaunt; gutartig; **~intencionado**(s) [~ĩntẽnsju'naðu] wohlmeinend; gutwillig; wohlgemeint; **~me-quer** (**-es**) ⚘ [~mə'kɛr] *m(pl.)* Maßliebchen *n*; **~nado**(s), **~nascido**(s) [~'naðu, ~nɐʃ'siðu] **a**) hochgeboren; **b**) unter e-m guten Stern geboren, glücklich.

bemol ♪ [bə'mɔł] *m* **a**) Erniedrigungszeichen *n* (b); *rê* ~ Des; *mi* ~ Es; *si* ~ B; **b**) Moll(tonart *f*) *n*; **~ado** ♪ [bəmu'laðu] erniedrigt.

bem-|parecido(s) [bɐ̃i-, bɐ̃ipɐrə'siðu] gutaussehend; **~posto**(s) [~'poʃtu (-ɔ-)] gut gekleidet; **~querente**(s) [~kə'rẽntə] wohlmeinend; zugetan; **~querer** [~kə'rer] (2t) wohlwollen (*dat.*); gern h.; **~soante** (**-s**) [~'swɐ̃ntə] wohlklingend; **~vindo**(s) [~'vĩndu] willkommen; **~visto**(s) [~'viʃtu] gern gesehen, beliebt.

bênção(s) ['bẽsɐ̃u(ʃ)] *f* (*pl.*) Segen *m.*

ben|dito [bɐ̃i-, bɐ̃i'ditu] **1.** *m* Benediktus *n*; **2.** *p.p. v.* **~dizer** [~di'zer] (2x) segnen, preisen.

beneditino [bənəði'tinu] *m* Benediktiner *m.*

benef|icência [bənəfi'sẽsjɐ] *f* Wohltätigkeit *f*; **~icente** [~i'sẽntə] wohltätig; **~iciação** *f*, **~iciamento** *m* [~isjɐ'sɐ̃u, ~'mẽntu] Verbesserung *f*, Verschönerung *f*; Aufbesserung *f*; Desinfektion *f*; **~iciar** [~i'sjar] (1g) eine Wohltat erweisen (*dat.*); *j-n mit et.* bedenken; versehen; aus-, ver-bessern, verschönern; veredeln; aufbessern; desinfizieren; *v/i.* ~ de Vorteil h. von, gewinnen bei; genießen (*ac.*); **~iciário** [~i'sjarju] *m* Nutznießer *m*; **~ício** [~'fisju] *m* Wohltat *f*; Geschenk *n*; Pfründe *f*; *tea.* Wohltätigkeitsveranstaltung *f*; *em* (*od. a*) ~ de zum Wohl (*od.* zum Nutzen) von.

benéfico [bə'nɛfiku] wohltuend.

benem|erência [bənəmə'rẽsjɐ] *f* Verdienst(lichkeit *f*) *n*; Mildtätigkeit *f*; *de* ~ = **~erente** [~ə'rẽntə] verdienstlich; mild(tätig); **~érito** [~'mɛritu] verdienstvoll; ~ de verdient um; würdig (*gen.*).

bene|plácito [~'plasitu] *m* Genehmigung *f*, Plazet *n*; **~volência** [~vu'lẽsjɐ] *f* Wohlwollen *n*; Güte *f*; **~volente** [~vu'lẽntə] = **benévolo** [bə'nɛvulu] wohlwollend, gütig.

benf|azejo [bɐ̃i-, bɐ̃ifɐ'zɛʒu] wohltätig; = *benéfico*; **~eitor** *m*, **-a** *f* [~ei'tor, -ɐ] Wohltäter(in *f*) *m*; **~eitoria** [~eitu'riɐ] *f* Verbesserung *f*; = *benefício*.

bengal|a [bẽŋ'galɐ] *f* (Spazier-)

Stock *m*; **~eiro** [~gɐ'leiru] *m* Schirmständer *m*.
benign|idade [bəniɣni'ðaðə] *f* Güte *f*, Gutherzigkeit *f*; Milde *f*; Gutartigkeit *f*; **~o** [bə'niɣnu] gütig, gutherzig; mild; gutartig.
benjamim [bẽʒɐ'mĩ] *m* Nesthäkchen *n*, Liebling *m*.
benjoim [~'ʒwĩ] *m* Benzoe *f*.
benqu|erença [bẽŋkə'rẽsɐ] *f* Zuneigung *f*; **~isto** [~'kiʃtu] beliebt.
bent|inhos [bẽn'tiɲuʃ] *m/pl*. Weihblättchen *n/pl*.; **~o** ['bẽntu] **1.** *adj*. geweiht, Weih...; **2.** *m* Benediktiner *m*.
benz|edeiro *m*, **-a** *f* [bẽzə'ðeiru, -ɐ] Gesundbeter(in *f*) *m*; **~er** [~'zer] (2a) einsegnen, weihen; segnen; **~er-se** sich bekreuzigen; *fig*. staunen; **~ilhão** *m*, **-oa** *f* [~i'ʎɐ̃u, -oɐ] = *~edeiro, -a*.
benz|ina [~'zinɐ] *f* (Wasch-)Benzin *n*; **~ol** [~ɔł] *m* Benzol *n*.
bequadro ♪ [be'kwaðru] *m* Auflösungszeichen *n*.
bequ|e ['bɛkə] *m* Schiffsschnabel *m*; **~ilha** [bə'kiʎɐ] *f* ✈ Sporn *m*.
berbequim [bərβə'kĩ] *m* Drillbohrer *m*; Bohrkurbel *f*.
berbere [~'βɛrə] **1.** *su*. Berber(in *f*) *m*; **2.** *adj*. berberisch. [*f*.]
berbigão [~βi'ɣɐ̃u] *m* Herzmuschel
berço ['bersu] *m* Wiege *f*; Grabgitter *n*; ⚠ *Gewölbe*-Tonne *f*; ⚓ Stapel *m*, Gleitbahn *f*; ⊕ Schlitten *m*; *bras*. Stempelkissen *n*; Löscher *m*; *ele* (*ela*) *teve o ~ em* s-e (ihre) Wiege stand in (*dat*.).
bergamota ⚘ [bərɣɐ'mɔtɐ] *f* Bergamotte *f*. [*m*.]
bergantim [~ɣɐ̃n'tĩ] *m* Zweimaster
berilo [bə'rilu] *m* Beryll *m*.
berimbau [bərĩm'bau] *m* Maultrommel *f*.
berinjela [~ĩ'ʒɛlɐ] *f* Eierpflanze *f*; Eierfrucht *f*, Aubergine *f*.
berl|inda [bər'lĩndɐ] *f* Berline *f*; *estar na ~* Gegenstand des Spottes (*od*. der Kritik) sn; Tagesgespräch sn; *Pfänderspiel*: auf dem Mokierstuhl sitzen; **~inense** [~li'nẽsə] **1.** *adj*. berlin(er)isch; **2.** *su*. Berliner(in *f*) *m*.
berl|iques [~'likɨʃ] (*artes f/pl. de*): *~ e berloques m/pl*. Taschenspielerkünste *f/pl*., Gaukelwerk *n*, Hokuspokus *m*; **~oque** [~ɔkə] *m* (Uhr-) Anhänger *m*; Firlefanz *m*.
berma ['bɛrmɐ] *f* Berme *f*; Randstreifen *m*, Bankett *n*.
berra ['bɛʀɐ] *f* Brunst *f*; *andar* (*od*. *estar*) *na ~* in der Mode (*od*. in aller Leute Munde) sn.
berr|ante [bə'ʀɐ̃ntə] schreiend; grell (*Farbe*); **~ão** F [~ɐ̃u] *m* Schreihals *m* (*Kind*); **~ar** [~ar] (1c) brüllen; blöken (*Schaf*); röhren (*Hirsch*); schreien (*Farbe*); *fig*. gröhlen; zetern; **~aria**, **~ata** [~ʀɐ'riɐ, ~'ʀatɐ] *f* Gebrüll *n*; **~egar** [~ʀə'ɣar] (1o; *Stv*. 1c) brüllen; blöken; **~eiro** [~eiru] *m* Gebrüll *n*, Geheul *n*; Gezeter *n*; **~o** ['bɛʀu] *m* Schrei *m*; Brüllen *n*; Geblöke *n*; *fig*. (*bsd*. *~s pl*.) Gegröhle *n*; Gezeter *n*.
besoiro, -ouro [bə'zoiru, -oru] *m* (Mist-)Käfer *m*.
besta[1] ['bɛʃtɐ] *f* Armbrust *m*.
besta[2] ['beʃtɐ] **1.** *f* Vierfüßler *m*, Vieh *n*; *fig*. F Hornvieh *n*; *~ de carga* (*tiro*) Last- (Zug-)Tier *n*; **2.** *adj*. blöde, doof; **~-fera** [ˌbeʃtɐ'fɛrɐ] *f* wilde(s) Tier *n*.
best|alhão *m*, **-ona** *f bras*. [bestaˈʎɐ̃u, -onɐ] Dummkopf *m*; **~ar** [~'tar] (1c) dummes Zeug reden; Dummheiten m.; herumlungern; **~eira** *bras*. [~'teirɐ] *f* Dummheit *f*; **~ial** [bɨʃ'tjał] viehisch; roh; F fabelhaft.
bestiali|dade [bɨʃtjɐli'ðaðə] *f* Bestialität *f*, Roheit *f*; Vertiertheit *f*; Dummheit *f*; **~zar**(**-se**) [~'zar(sə)] (1a) vertieren; verrohen; verdummen. [= *bestializar*.]
bestificar(**-se**) [~təfi'kar(sə)] (1n)
bestunto P [~'tũntu] *m* Hirnkasten *m*; F Grips *m*.
besunt|ado [bəzũn'taðu] fettig, ölig; schmierig; **~ão** *m*, **~ona** *f* F [~ɐ̃u, ~onɐ] Schmierfink *m*; **~ar** [~ar] (1a) be-, ein-schmieren.
beta[1] ['bɛtɐ] *m u. f* Beta *n* (β).
beta[2] ['betɐ] *f farbiger* Streifen *m*; Fleck *m*; *Faden*-Büschel *n*; ⚓ Tau *n*; ⚒ kleine(r) Erzgang *m*.
betão [bə'tɐ̃u] *m* Beton *m*.
bétele ['bɛtələ] *m* Betel(pfeffer) *m*.
beterraba [bətə'ʀaβɐ] *f* Zucker-, Vieh-rübe *f*; rote Rübe *f*.
betesga [bə'teʒɣɐ] *f* (Sack-)Gasse *f*; Spelunke *f*.
betilho [~'tiʎu] *m* (Ochsen-)Zaum *m*.
bet|onar [~tu'nar] (1f) betonieren; **~oneira** [~u'neirɐ] *f* Betonmischmaschine *f*; **~onilha** [~u'niʎɐ] *f*

Feinbeton *m für Bodenbelag.*
bétula ['bɛtulɐ] *f* Birke *f.*
betum|ado [bətu'maðu] Teer...; *cartão m* ~ Dachpappe *f*; **~ar** [~ar] (1a) teeren; (ver)kitten; *ferro m de* ~ Spatel *m*; **~e** [~'tumə] *m* Bitumen *n*; Glaserkitt *m*; **~inoso** [~mi'nozu (-ɔ-)] teerhaltig, bituminös.
bexi|ga [bə'ʃiɣɐ] *f* Harnblase *f*; (Schwimm-)Blase *f*; **~s** *pl.* Blattern *pl.*, Pocken *pl.*; *~s doidas, ~s loucas* Windpocken *pl.*; *fazer* ~ dumme Scherze m.; *picado das ~s* (*a. fig.*) = **~goso**, **~guento** [~ʃi'ɣozu (-ɔ-), -'ɣẽntu] blatter-, pocken-narbig; *fig.* F kratzbürstig.
bezerr|a [bə'zeʀɐ] *f* Färse *f*; **~o** [~u] *m* (Ochsen-)Kalb *n*; Kalbsleder *n*; *pé m de* ~ ⚘ Löwenmaul *n.*
bi... [bi] *in Zssgn* zwei..., zwie..., doppel...
bibe ['biβə] *m* Spielschürze *f.*
biberão *gal.* [biβə'rɐ̃u] *m* (Saug-) Flasche *f.*
Bíbl|ia ['biβljɐ] *f* Bibel *f*; **♀ico** [~iku] biblisch.
bibli|oclasta [biβlju'klaʃtɐ] *m* Bücherverbrenner *m*; **~ofilia** [~ufi'liɐ] *f* Leidenschaft *f* für schöne u. seltene Bücher; **~ófilo** [~'ɔfilu] *m* Bibliophile *m*; **~ófobo** [~'ɔfuβu] *m* Bücherfeind *m*; **~ografia** [~uɣrɐ'fiɐ] *f* Bücherkunde *f*; Schrifttumsnachweis *m*, Literaturverzeichnis *n*; **~ográfico** [~u'ɣrafiku] bibliographisch, Literatur...; **~omania** [~umɐ'niɐ] *f* Bücherfimmel *m*; **~ómano** [~'ɔmɐnu] *m* Büchernarr *m*; **~oteca** [~u'tɛkɐ] *f* Bibliothek *f*, Bücherei *f*; **~otecário** [~utə'karju] *m* Bibliothekar *m*; **~oteconomia** [~utɛkunu'miɐ] *f* Bibliothekswesen *n.*
bica ['bikɐ] *f* Brunnenröhre *f*; *Wasser*-Strahl *m*; *bras.* F *uma* ~ einen Schwarzen (*Kaffee*); *estar à* ~ an der Reihe sn; bevorstehen; dicht stehen (vor [*dat.*] *para*); *em* ~ reichlich; **~da** [bi'kaðɐ] *f* Schnabelhieb *m*; Schnabelvoll *m*, Happen *m*; Schluck *m*; Saum *m*, Zipfel *m e-s Waldes*; Ausläufer *m* (*Gebirge*); Felsvorsprung *m*; *~s pl.* Reisig *n.*
bicarbonato [bikɐrβu'natu] *m* doppeltkohlensaure(s) Salz *n*; ~ *de sódio* Natron *n.*
bicéfalo [bi'sɛfɐlu] doppelköpfig.
bíceps (*pl. unv.*) ['bisɛps] *m* Oberarmmuskel *m*, Bizeps *m.*
bicha ['biʃɐ] *f* Kriechtier *n*; Schlange *f* (*a. fig.*); Eidechse *f*; Wurm *m*; ~ *solitária* Bandwurm *m*; ~ *de sangrar* Blutegel *m*; ~ *de rabear* Frosch *m* (*Feuerwerkskörper*); *estar com uma* ~ F wütend sn; *fazer* ~ Schlange stehen, anstehen; *meter-se na* ~ sich anstellen; **~(s)-cadela** [ˌbiʃɐkɐ'ðɛlɐ] *f* (*pl.*) Ohrwurm *m.*
bich|ado *bras.* [bi'ʃaðu] madig; **~anar** [~ʃɐ'nar] (1a) zischeln, flüstern; **~ano** [~'ʃɐnu] *m* Kätzchen *n*; **~ão** [~'ʃɐ̃u] *m* Mordskerl *m*; **~arada** [~ʃɐ'raðɐ] *f* = **~aredo** *bras.* [~ʃa'redu] *m* = **~aria** [~ʃɐ'riɐ] *f* Getier *n*; Gewürm *n*; Ungeziefer *n*; *fig.* Gewimmel *n*, Gekrabbel *n*; **~aroco** P [~ʃɐ'roku] *m* Biest *n*; **~eiro** [~'ʃeiru] **1.** *m* Bootshaken *m*; **2.** *adj. fig.* kleinlich; **~o** ['biʃu] *m* Tier *n*; Wurm *m*; Made *f*; Laus *f*; F Kerl *m*; ~ *do monte* (*od. do mato, da toca*) Rauhbein *n*, Eigenbrötler *m*; ~ *raro* komischer Kauz *m*; *pancadaria f de criar* ~ tolle Rauferei *f*; *virar* ~ *bras.* wütend w.; **~oca** P [~'ʃɔkɐ] *f* **a**) (Eingeweide-)Wurm *m*; **b**) Geschwürchen *n*; **~o-carpinteiro** [ˌbiʃukɐrpĩn'teiru] *m* Holzwurm *m*; *ter* ~ krabbelig sn; **~o-da-seda** [ˌbiʃuðɐ'seðɐ] *m* Seidenraupe *f*; **~o-de-conta** [ˌbiʃuðə'kõntɐ] *m* Kellerassel *f*; **~oso** [~'ʃozu (-ɔ-)] wurmstichig, madig.
bicicleta [bəsi'klɛtɐ] *f* Fahrrad *n*; ~ *de corridas* Rennrad *n*; ~ *a motor* Mofa *n*; *ir* (*andar*) *de* (*od. a*) ~ radfahren, radeln.
bico ['biku] *m* Schnabel *m*; Spitze *f*; Ende *n*; Ausguß *m*; ⊕ Brenner *m*; ♪ Mundstück *n*; ~ *do peito* Brustwarze *f*; *~-de-obra* knifflige Sache *f*; *melro m de* ~ *amarelo* Schlauberger *m*; *calar o* ~ den Schnabel halten; ~! Schnauze!; *ter* ~ schwierig (*od.* knifflig) sn; *isso leva* (*od. tem, traz*) *água no* ~ da steckt etwas dahinter; *jogar com pau de dois ~s* Wasser auf beiden Schultern tragen; **~-cruzado** [ˌbikukru'zaðu] *m* Kreuzschnabel *m*; **~-grossudo** [ˌbikuɣru'suðu] *m* Kernbeißer *m.*
bicolor [biku'lor] zweifarbig.
bicudo [bi'kuðu] geschnäbelt; spitz; F heikel, belämmert; kratzbürstig.
bidão [~'ðɐ̃u] *m* Kanister *m.*
bidé, -ê [~'ðɛ, -e] *m* Bidet *n.*

biela [ˈbjɛlɐ] *f* Kuppel-, Pleuelstange *f*; Pedalstange *f* (*Fahrrad*).
bienal [bjɛˈnał] zweijährig.
biénio [ˈbjɛnju] *m* Zeitraum *m* von zwei Jahren.
bifana [biˈfɐnɐ] *f* Hamburger *m* mit Schweineschnitzel.
bifar F [biˈfar] (1a) stibitzen, mausen.
bife [ˈbifə] *m* (Beef-, Rump-)Steak *n*; *fig.* Beef *m* (*irón.* = *Engländer*).
bifocal [bifuˈkał] bifokal.
bifurc|ação [bifurkɐˈsɐ̃u] *f* Gabelung *f*; Abzweigung *f*; **~ar** [~ˈkar] (1n) gabeln; *Beine* spreizen; **~ar-se** abzweigen; sich (rittlings) setzen.
bigamia [~γɐˈmiɐ] *f* Doppelehe *f*.
bígamo [ˈbiγɐmu] *m* Bigamist *m*.
bigode [biˈγɔδə] *m* Schnurrbart *m*.
bigorna [~ˈγɔrnɐ] *f* Amboß *m*.
bigorrilha(s) [~γuˈʀiʎɐ(ʃ)] *m*(*pl.*) Lump *m*.
biguá *bras.* [~ˈγwa] *m* Kormoran *m*.
bijuteria [~ʒutəˈriɐ] *f* (Mode-) Schmuck *m*.
bilateral [~lɐtəˈrał] zweiseitig.
bilha [ˈbiʎɐ] *f* Trinkwasserkrug *m*.
bilhão [biˈʎɐ̃u] *m* Milliarde *f*.
bilhar [biˈʎar] *m* Billard *n*.
bilhete [~ˈʎetə] *m* Eintrittskarte *f*; Fahr-karte *f* (*Eisenbahn*), -schein *m* (*Straßenbahn*); Briefchen *n*; Zettel *m*; (Geld-)Schein *m*; *Lotterie*-Los *n*; ~ (*de visita*) Besuchskarte *f*; ~ *de gare* (*ida e volta, postal*) Bahnsteig-(Rückfahr-, Post-)karte *f*.
bilhet|eira [~ʎəˈteirɐ] *f* **a**) Schalter *m*; *tea.* Kasse *f*; **b**) Besuchskartenschale *f*; **~eiro** [~eiru] *m* Kartenverkäufer *m*; **~eria** *bras.* [~təˈriɐ] *f* = *~eira* a).
bilhostre [~ˈʎɔʃtrə] *m* verfluchte(r) Ausländer *m*; Lump *m*.
bilião [~ˈljɐ̃u] *m* Milliarde *f*.
biliar, -ário [~ˈljar, -arju] Gallen...
bilingue [~ˈlĩŋgwə] zweisprachig; *fig.* doppelzüngig.
bilioso [~ˈljozu (-ɔ-)] gallig.
bílis [ˈbiliʃ] *f* Galle *f*.
bilontra *bras.* [biˈlõntrɐ] *m* Schlingel *m*.
bilr|ar [biłˈʀar] (1a) klöppeln; **~o** [ˈbiłʀu] *m* Klöppel *m*; *Ball*-Schläger *m*; *fig.* Knirps *m*, Püppchen *n*.
biltre [ˈbiłtrə] *m* Lump *m*.
bimbalh|ada [bĩmbɐˈʎaδɐ] *f* Gebimmel *n*; **~ar** [~ar] (1b) bimmeln.
bimbarra [~ˈbaʀɐ] *f* Hebebaum *m*.
bi|mensal [bimẽˈsał] halbmonatlich; **~mestral** [~məʃˈtrał] Zweimonats...; **~motor** [~muˈtor] *adj.* (*u. m*) zweimotorig(es Flugzeug *n*); **~nário** [~ˈnarju] **1.** *m* Kräftepaar *n*; ~ *de arranque* (*torção*) Anzugs-(Dreh-)moment *n*; **2.** *adj.* Ⓘ binär; ♪ *compasso m* ~ Zweivierteltakt *m*; **~nóculo** [~ˈnɔkulu] *m* Feldstecher *m*; *tea.* Opernglas *n*.
bio|grafar [bjuγrɐˈfar] (1b) *j-s* Leben beschreiben; **~grafia** [~γrɐˈfiɐ] *f* Lebensbeschreibung *f*, Biographie *f*; **~gráfico** [~ˈγrafiku] biographisch, Lebens...
biógrafo [ˈbjɔγrɐfu] *m* Biograph *m*.
bio|logia [bjuluˈʒiɐ] *f* Biologie *f*; **~lógico** [~ˈlɔʒiku] biologisch; **~logista, biólogo** [~luˈʒiʃtɐ, ˈbjɔluγu] *m* Biologe *m*.
biombo [ˈbjõmbu] *m* spanische Wand *f*.
bioquímica [bjuˈkimikɐ] *f* Biochemie *f*.
bipartidismo [bipɐrtiˈδiʒmu] *m* Zweiparteienstaat *m*.
bípede [ˈbipəδə] *m* Zweifüßler *m*.
biplano [biˈplɐnu] *m* Doppeldecker *m*.
biqu|eira [biˈkeirɐ] *f* Spitze *f*; Ausguß *m*, Schnabel *m*; Wasserspeier *m*; Stoßplatte *f* (*am Schuh*); *bras.* Zigarren-, Zigaretten-spitze *f*; **~inho** [~iɲu]: *fazer* ~ maulen.
biquíni [~ini] *m* Bikini *m*.
birbante [birˈβɐ̃ntə] *m* Lump *m*.
birm|ã, ~ane [birˈmɐ̃, ~ɐnə] **1.** *adj.* burmanisch; **2.** *su.* Burmane *m*, Burmanin *f*; **~anês** *m*, **-esa** *f* [-ɐˈneʃ, -zɐ] = *~ã*.
birr|a [ˈbiʀɐ] *f* Starrsinn *m*; Ärger *m*; Haß *m*; *ter* (*od. estar com a*) ~ starrköpfig sn; *ter* ~ *a* hassen (*ac.*); **~ento** [biˈʀẽntu] halsstarrig; ungezogen (*Kind*); ärgerlich.
biruta ✈ [biˈrutɐ] *f* Windsack *m*.
bis [biʃ] zweimal; *bei Hausnummern*: (3)[a]; ~! noch einmal! *da capo!*
bisagra [biˈzaγrɐ] *f* (Tür-)Angel *f*.
bisanual [bizɐˈnwał] zweijährig.
bisão [biˈzɐ̃u] *m* = *bisonte*.
bisar [biˈzar] (1a) noch einmal verlangen; wiederholen; *a ária foi bisada três vezes* die Arie mußte dreimal wiederholt werden.
bisav|ô [bizɐˈvo] *m* Urgroßvater *m*; *~s pl.* Urgroßeltern *pl.*; **~ó** [~ɔ] *f* Urgroßmutter *f*.
bisbilhar *bras.* [bizbiˈʎar] (1a) murmeln.

bisbilhot|ar [biʒβiʎu'tar] (1e) intrigieren; klatschen; herumschnüffeln; **~eiro** *m*, **-a** *f* [~eiru, -ɐ] Klatschbase *f*; Intrigant(in *f*) *m*; Schnüffler(in *f*) *m*; **~ice** [~isə] *f* Intrige *f*; Klatscherei *f*; Schnüffelei *f*.
bisbórria(s) [~'βɔʀjɐ(ʃ)] *m* Lump *m*.
bisca ['biʃkɐ] *f* „Bisca" *f* (*Art Kartenspiel*); (*boa*) ~ Anzüglichkeit *f*; Gauner *m*; *jogar a ~ fig.* zs.-stecken.
biscate [bis'katə] *m* unbedeutende Arbeit *f*, kleine Sache *f*; *bras.* Nebenverdienst *m*; **~ar** [~ka'tjar] (1l) *bras.* Nebenarbeiten m.; von Gelegenheitsarbeiten leben.
biscoito, -outo [biʃ'koitu, -otu] *m* Biskuit *n*; Keks *m*; Zwieback *m*.
bisel [bi'zɛł] *m* Schrägkante *f*, Schliff *m*; Schroteisen *n*; **~ar** [~zə'lar] (1c) schleifen; schweifen.
bismuto [biʒ'mutu] *m* Wismut *n*.
bisnag|a [~'naɣɐ] *f* Tube *f*; Spritze *f*; **~ar** [~nɐ'ɣar] (1o; *Stv.* 1b) bespritzen.
bisnau [~'nau] tückisch; *pássaro m* ~ Fuchs *m*, Gauner *m*.
bisneto *m*, **-a** *f* [~'nɛtu, -ɐ] Urenkel(in *f*) *m*.
bisonho [bi'zoɲu] **1.** *adj.* unerfahren, ungeschickt; **2.** *m* Neuling *m*.
bisonte [~'zõntə] *m* Bison *m*.
bispado [biʃ'paðu] *m* Bistum *n*.
bispar F [~'par] (1a) **a)** erblicken; ahnen; mustern; beobachten; **b)** stehlen; **~-se** sich davonstehlen.
bispo ['biʃpu] *m* Bischof *m*; *Schach*: Läufer *m*; *cul.* F *ter* ~ angebrannt sn; *para o* ~ F für die Katz'.
bissec|ção [bisɛ(k)'sẽu] *f* Halbierung *f*; **~tor** [~'tor] **1.** *adj.* Halbierungs-...; **2.** **~triz** [~'triʃ] *f* Halbierungslinie *f*; Winkelhalbierende *f*.
bissemanal [bisəmɐ'nał] halbwöchentlich; zweimal wöchentlich erscheinend (*od.* stattfindend).
bissexto [~'seiʃtu] **1.** *adj.* Schalt...; **2.** *m* Schalttag *m*.
bisturi [biʃtu'ri] *m* Bistouri *n*.
bitácula [bi'takulɐ] *f* Kompaßhäuschen *n*; ~(s) F Nase *f*.
bitola [~'tɔlɐ] *f* Maß(stab *m*) *n*; Norm *f*; Muster *n*; Stärke *f*; Nummer *f*; 🚂 Spurweite *f*; ⚓ Tau-Dicke *f*; *fig.* Richtschnur *f*; ~ *dupla* Doppelgleis *n*; *de* ~ *larga* breit-, *de* ~ *simples, de uma só* ~ einspurig; *medir pela mesma* ~ über e-n Kamm scheren.
biva|car [bivɐ'kar] (1n; *Stv.* 1b) biwakieren; **~que** [~'vakə] *m* Biwak *n*; Feldmütze *f*.
bizantin|ice [bizẽntə'nisə] *f* läppische Sache *f*; = **~ismo** [~iʒmu] *m* Haarspalterei *f*; **~o** [~'tinu] byzantinisch; *fig.* spitzfindig.
bizarr|ia [~ɐ'ʀiɐ] *f* Überspanntheit *f*; Verschrobenheit *f*; Mut *m*, Schneid *m*; Eleganz *f*; Hochmut *m*; *como vai essa* ~? F was macht die Kunst?; **~ice** [~isə] *f* Eitelkeit *f*, Prahlsucht *f*; Prahlerei *f*; **~o** [~'zaʀu] überspannt; verschroben; mutig, schneidig; elegant.
blandícia [blẽn'disjɐ] *f* Liebkosung *f*; Reiz *m*.
blasf|emar [blɐʃfə'mar] (1d) lästern, fluchen; *v/t.* schmähen; **~ematório** [~əmɐ'tɔrju] (gottes-)lästerlich, Läster...; **~émia** [~'fɛmjɐ] *f* (Gottes-)Lästerung *f*; Fluch *m*; Schimpf(wort *n*) *m*; **~emo** [~'femu] **1.** *adj.* beleidigend; = *~ematório*; **2.** *m* (Gottes-)Lästerer *m*.
blasonar [blɐzu'nar] (1f) prahlen (*od.* sich brüsten) mit; *v/i.* ~ *de* sich aufspielen als, *et.* spielen.
blef|ar *angl.* [blɛ'far] (1a) bluffen; **~e** ['blɛfə] *m* Bluff *m*.
blenda ['blẽndɐ] *f* (Zink-)Blende *f*.
blind|ado [blin'daðu]: Panzer...; **~agem** [~aʒẽi] *f* Panzerung *f*; Panzerwaffe *f*; *Radio*: Abschirmung *f*; **~ar** [~ar] (1a) panzern; verkleiden.
bloco ['blɔku] *m* Block *m*; *em* ~ in Bausch und Bogen.
bloqu|eamento [blukjɐ'mẽntu] *m* Sperrung *f*, Sperre *f*; **~ear** [~'kjar] (1l) blockieren; sperren, abriegeln; ver-blocken, -riegeln; **~eio** [~eju] *m* Blockade *f*; Absperrung *f*.
blusa ['bluzɐ] *f* Bluse *f*; Kittel *m*.
blusão [blu'zẽu] *m* Blouson *m*; Anorak *m*, Windjacke *f*; ~ *vestido* Hemdblusenkleid *n*.
boa ['boɐ] **1.** *adj.* (*f v.* *bom*) (*essa*) *é* ~! das ist gut!, das ist (aber) gelungen!; das ist ja heiter!; *às* ~*s* im Guten, gütlich; **2.** *f zo.* Boa *f*.
boá [bu'a] *f* Boa *f* (*Pelzumhang*).
boas-|festas [ˌboaʃ'fɛʃtɐʃ] *f/pl.* Festtagswünsche *m/pl.*; *telegrama m de* ~ Glückwunschtelegramm *n*; *votos m/pl. de* ~ (Weihnachts-, Neujahrs-, Oster-)Wünsche *m/pl.*; *dar as* ~ ein frohes Fest (*od.* frohe

Festtage) wünschen; **~vindas** [~ˈvĩndɐʃ] *f/pl.* Willkommen *n*; *discurso m de ~* Begrüßungsansprache *f*; *dar as ~* willkommen heißen.

boate *bras. gal.* [ˈbwatə] *f* Nachtbar *f*.

boat|eiro [bwɐˈteiru] *m* Gerüchtemacher *m*; **~o** [ˈbwatu] *m* Gerücht *n*.

boazona [~ˈzonɐ] *adj. f* gut(mütig).

boba *bras.* [ˈbobɐ] *f* dumme Gans *f*.

bob|agem *bras.* [boˈbaʒẽi] *f* Albernheit *f*; Dummheit *f*; **~alhão** *bras.* [~baˈʎɐ̃u] *m* F Dussel *m*; **~ar** *bras.* [~ar] (1e) = **~ear** [~jar] (1l) Dummheiten m.; sich albern benehmen; **~ice** [~isə] = *~agem*.

bobina [buˈβinɐ] *f* Spule *f*; Rolle *f*.

bobin|ador [~βinɐˈδor] *m* Spulmaschine *f*; Auf-, Umspulgerät *n*; **~agem** [~ˈnaʒẽi] *f* (Auf-, Um-)Spulen *n*; **~ar** [~ˈnar] (1a) (auf-, um-)spulen; bewickeln.

bobo [ˈboβu] **1.** *m* Narr *m*; *bras.* Dummkopf *m*; **2.** *adj.* närrisch; *bras.* dumm; albern.

boca [ˈbokɐ] *f* Mund *m*; Maul *n*; Schnauze *f*; Rachen *m*; *Tunnel-usw.* Öffnung *f*; Ansatz(rohr *n*) *m*; *Fluß-*Einfahrt *f*; *Gefäß-*Rand *m*; *Höllen-*Tor *n*; Eingang *m*; *Geschütz-*Mündung *f*; Anbruch *m des Winters*; Einbruch *m der Nacht*; ⚒ Gicht *f*; *~s pl. fig.* Gerücht *n*; *~ de fogo* Geschütz *n*; *~ de incêndio* Feuerhahn *m*, Hydrant *m*; *abrir a ~ fig.* gähnen; *andar na(s) ~(s) do mundo* (*od. do povo*) in der Leute Mäuler sn; *cair na ~ do povo* ins Gerede kommen; *por ~* mündlich; *duro de ~* hartmäulig; *estar* (*od. ficar*) *de ~ aberta* sprachlos sn; *fazer a ~ doce a alg.* j-m Honig ums Maul schmieren; (*isto*) *faz-me crescer água na ~* (dabei) läuft mir das Wasser im Munde zs.; *fechar a ~ a j-n* zum Schweigen bringen; *tapar a ~ j-m* das Maul stopfen; *ter* (*od. sustentar*) *cinco ~s* fünf Esser im Hause h.; *ter boa* (*má*) *~* kein Kostverächter (wählerisch) sn; **~-aberta** [ˌbokaˈβɛrtɐ] *m* Einfaltspinsel *m*; Hans Guckindieluft *m*.

boca|dilha [bukɐˈδiʎɐ] *f* Mundstück *n* (*Pfeife*); **~dinho** [~ˈδiɲu]: *um ~* ein bißchen; *dim. v.* **~do** [~ˈkaδu] *m* Bissen *m*, Happen *m*; Mundstück *n* (*Pferd*); Weilchen *n*; *um ~* ein bißchen; *há ~* vor kurzem, soeben; *passar um mau* (*od. maus*) *~(s)* Schweres *od.* e-e schwere Zeit durchm. *tirar os ~s da boca* sich den Bissen vom Munde absparen.

bocal [~ˈkaɫ] *m Gefäß-*Mündung *f*, Mund *m*, Öffnung *f*; Düse *f*; ♪ Mundstück *n*; Gebiß *n am Zaum*.

boçal [~ˈsaɫ] dumm; **~idade** [~sɐliˈδaδə] *f* Dummheit *f*.

bocej|ar [~sɨˈʒar] (1d) gähnen; **~o** [~ˈseʒu] *m* Gähnen *n*.

boceta [~ˈsetɐ] *f* Dose *f*; *~ de Pandora* Büchse *f* der Pandora.

bochecha [~ˈʃeʃɐ] *f* Backe *f*.

bochech|ar [~ʃɨˈʃar] (1d) (den Mund) spülen mit; **~o** [~ˈʃeʃu] *m* Mundvoll *m*, Schluck *m*; **~udo** [~ˈʃuδu] pausbäckig.

bócio ⚕ [ˈbɔsju] *m* Kropf *m*.

boda(s) [ˈboδɐ(ʃ)] *f*(*pl.*) Hochzeit(sfest *n*) *f*; Fest *n*; *~ de prata* (*ouro, diamante*) silberne (goldene, diamantene) Hochzeit *f*; silbernes *usw.* Dienst-, Geschäfts-, Regierungs-jubiläum *n*.

bode [ˈbɔδə] *m* Ziegenbock *m*; *~ expiatório* Sündenbock *m*.

bod|ega [buˈδɛγɐ] *f* Kneipe *f*; F Spelunke *f*; Fraß *m*; **~egueiro** [~δəˈγeiru] *m* (Kneip-)Wirt *m*; *fig.* Schmutzfink *m*.

bodo [ˈboδu] *m* Armenspeisung *f*.

bodum [buˈδũ] *m* (Bocks-)Gestank *m*.

boémi|a [ˈbwɛmjɐ] *f* Böhmin *f*; Zigeunerin *f*; *fig.* liederliche(s) Leben *n*; Boheme *f*; **~o** [~u] **1.** *adj.* böhmisch; **2.** *m* Böhme *m*; Zigeuner *m*; Bohémien *m*; F verbummelte(s) Genie *n*.

bof|ar [buˈfar] (1e) auswerfen; *v/i.* schnauben; hervorsprudeln; *fig.* großtun; **~e(s)** [ˈbɔfə(ʃ)] *m/pl.* **a**) Lunge *f*; Geschlinge *n*; *fig.* Herz *n*; **b**) Bäffchen *n*.

bofet|ada [~əˈtaδɐ] *f* Ohrfeige *f*; **~ão** [~ɐ̃u] *m* Maulschelle *f*.

boga [bɔγɐ] *f* Blöker *m* (*Fisch*).

boi [boi] *m* Ochse *m*; Rind *n*; *a passo de ~* im Schneckentempo.

bóia [ˈbɔjɐ] *f* Boje *f*; Schwimmer *m*; Schwimmkörper *m*; *bras.* Essen *n*.

boiad|a [boˈjaδɐ] *f* Ochsenherde *f*; **~eiro** [~jɐˈδeiru] *m* Ochsentreiber *m*; Viehhändler *m*.

boião [boˈjɐ̃u] *m* Einmachtopf *m*; Glasbehälter *m*; *bras.* Räucherkammer *f*.

boiar [bɔ'jar] (1k) anbojen; *v/i.* (auf dem Wasser) schwimmen, treiben; ⚓ loskommen, flott w.; *fig.* schwanken; *bras.* (zu Mittag *od.* zu Abend) essen.
boiça ['boisɐ] *f* = *bouça*.
boicot|agem [boiku'taʒɐ̃i] *f* Boykott *m*; **~ar** [~ar] (1e) = **~ear** [~jar] (1l) boykottieren.
boieiro [bo'jeiru] *m* Ochsentreiber [*m.*]
boina ['boinɐ] *m* Baskenmütze *f*.
boiz [bu'iʃ] *f Vogel*-Falle *f* (*a. fig.*).
boj|ar [bu'ʒar] (1e) (aus)bauchen; bauschen; *Metall* treiben; **~o** ['boʒu] *m* Ausbauchung *f*; Bauch *m*; Fassungsvermögen *n*; Widerstandskraft *f*; **~udo** [bu'ʒuðu] bauchig.
bola[1] ['bɔlɐ] *f* Kugel *f*; Ball *m*; *Seifen*-Blase *f*; ⚕ Beule *f*; *fig.* Kopf *m*; *jogo m da ~* Kegelspiel *n*; *~s pl.* Eierbriketts *n/pl.*; *bras.* Kugellasso *n*, Bola *f*; *ora ~s! int.* F verflixt noch mal!; von wegen!
bola[2] ['bolɐ] *f* Bola *f* (*Flachbrot*); F Schlag *m* auf die Hand.
bola(s)-ao-cesto *bras.* [ˌbɔlɐzɐu'sestu] *m(pl.)* Korbball *m*; Basketball *m*.
bolach|a [bu'laʃɐ] *f* Keks *m*; *fig.* F Backpfeife *f*; *~ de água e sal* Wasserkeks *m*; **~udo** F [~lɐ'ʃuðu] pausbäckig.
bolandas [~'lẽndɐʃ] *f/pl.* Schwierigkeiten *f/pl.*; *meter-se em ~* sich in die Nesseln setzen.
bolar [bu'lar] (1e) (mit der Kugel) treffen; *bras.* planen, organisieren.
bolas ['bɔlɐʃ] **1.** *m* Nichtsnutz *m*; **2.** *~! int.* Quatsch!; von wegen!
bolb|o ['bołβu] *m* Knolle *f*; *Blumen*-Zwiebel *f*; **~oso** [boł'βozu (-ɔ-)] zwiebelförmig, Zwiebel...; Knollen...
bolche|vismo [bołʃə'viʒmu] *m* Bolschewismus *m*; **~vista** [~'viʃtɐ] **1.** *su.* Bolschewist(in *f*) *m*; **2.** *adj.* bolschewistisch. [Traggurt *m.*]
boldrié [~'drjɛ] *m* Wehrgehänge *n*;
boleadeiras *bras.* [bolja'deirɐs] *f/pl.* Kugellasso *n*, Bola *f*.
bolear [bu'ljar] (1l) (ab)runden.
boleia [~'lejɐ] *f* (Kutsch-)Bock *m* *auto.* Fahrersitz *m*; *fig.* F Freifahrt *f*; *à ~* per Anhalter; *dar ~ j-n* mitnehmen; *pedir ~* Autostopp m.
bolero [~'lɛru] *m* Bolero *m* (*Tanz*); Bolerojäckchen *n*.
bolet|im [~lə'tĩ] *m* amtliche Mitteilung *f*; *Heeres-*, *Konferenz*-Bericht *m*; Zettel *m*; Schein *m*, Vordruck *m zum Ausfüllen*; Mitteilungsblatt *n*; *~ meteorológico* Wetterbericht *m*; *~ oficial* Regierungsanzeiger *m*, Gesetzblatt *n*; **~ineiro** [~ti'neiru] *m* Telegrammbote *m*.
boleto [~'letu] *m* **a**) Quartier(zettel *m*) *n*; **b**) ⚘ Röhrenpilz *m*.
boléu [~'lɛu] *m* Fall *m*; Stoß *m*; An-, Zs.-prall *m*.
bolh|a ['boʎɐ] *f* Blase *f*; *ter ~* F e-n Vogel h.; *estar com a ~* F e-n Rappel h.; **~oso** [bu'ʎozu (-ɔ-)] blasig.
boliche *bras.* [bo'liʃə] *m* Ausschank *m*; Kramladen *m*; Kegelbahn *f*.
bólide ['bɔliðə] *f* Meteor *m*.
bolin|a ⚓ [bu'linɐ] *f* Buline *f*; *ir à ~* bei dem Winde segeln; **~ete** [~li'netə] *m* Winde *f*; Haspel *f*.
boliviano [~li'vjɐno] **1.** *adj.* bolivianisch; **2.** *m* Bolivianer *m*.
bolo ['bolu] *m* **a**) Kuchen *m*; Kloß *m*; ⚕ Beule *f*; F Schlag *m* auf die Hand; *~ de Berlim* Berliner (Pfannkuchen) *m*, Krapfen *m*; **b**) (Spiel-) Kasse *f*; *bras.*: *dar ~ em* es besser wissen als; *dar o ~ a j-n* versetzen; *dar um ~* e-e Unterschlagung begehen; **c**) *~(-arménio) min.* Bol(us) *m*.
bolor [bu'lor] *m* Schimmel *m*; *coberto de ~* schimmelig; *criar ~* = **~ecer** [~lurə'ser] (2g) *v/i.* verschimmeln; **~ento** [~lu'rẽntu] schimmelig.
bolota [bu'lɔtɐ] *f* Eichel *f*.
bolsa ['bołsɐ] *f* (Geld-)Beutel *m*; Börse *f* (*a.* ✝); Handtasche *f*; *Rohr*-Muffe *f*; *~ de ar* Luftsack *m*; *~ (de estudo)* (Studien-)Stipendium *n*; *~ de fundos públicos* Effekten-, *~ de câmbios* Devisen-, *~ de mercadorias* Waren- *od.* Produkten-, *~ de trabalho* Arbeits-, *~ de valores* Wertpapier-börse *f*; *puxar (pel)os cordões da ~* in die Tasche greifen.
bols|eiro [boł'seiru] *m* Schatzmeister *m*; *bsd.* Stipendiat *m*; = **~ista** [~iʃtɐ] **1.** *m* Börsenspekulant *m*, Börsianer *m*; *bras.* Stipendiat *m*; **2.** *adj.* Börsen...; **~o** ['bołsu] *m* *Hosen-*, *Rock*-Tasche *f*; *meter a mão no ~* in die Tasche greifen.
bom [bõ] gut; gutherzig; tüchtig; schön (*a. irón.*); gesund; *~ ano ein* gutes (*od.* gesegnetes) Jahr; *Ano m* ♀ Neujahr *n*; *estou ~* es geht mir gut; *ele não está ~ (da cabeça)!* er ist nicht

bei Trost (nicht richtig im Kopf)!; *isso não está ~!* das ist nicht in Ordnung!
bomb|a ['bõmbɐ] *f* Pumpe *f*; Saugrohr *n*; ⚔ Bombe *f*; 🚂 Puffer *m*; *~ (de gasolina)* Benzinpumpe *f*, Tankstelle *f*; *~ aspiradora, ~ elevadora* Saugpumpe *f*; *~ falhada* Blindgänger *m*; *~ incendiária* Brandbombe *f*; *~ de incêndio* Feuerspritze *f*; *dar à ~, tocar a ~* pumpen; **~achas** [bõm'baʃɐʃ] *f/pl.* Pumphosen *f/pl.*
bombard|eamento [bõmbɐrdjɐ'mẽntu] *m* Beschießung *f*; Bombardement *n*; *~ aéreo* Luftangriff *m*; **~ear** [~'djar] (1l) beschießen, bombardieren; **~eio** [~'deju] *m* Bombardierung *f*; *avião m de ~* Bombenflugzeug *n*; **~eiro** ✈ [~'deiru] *m* Bomben-, Kampf-flugzeug *n*, Bomber *m*; *zo.* Bombardierkäfer *m*.
bomb|ástico [~'baʃtiku] schwülstig, hochtrabend; bombastisch; **~ear** [~'bjar] (1l) runden; ⚒ bombardieren; *bras.* (aus)kundschaften; **~eiro** [~eiru] *m* Feuerwehrmann *m*; *bras.* **a**) Klempner *m*; **b**) Kundschafter *m*; *os ~s pl.* die Feuerwehr; **~ista** [~iʃtɐ] *m* Bombenwerfer *m*; *atentado m ~* Bombenattentat *n*.
bombazina [~bɐ'zinɐ] *f* Bombasin *m* (*Art Baumwollsamt*).
bombo ['bõmbu] *m* große Trommel *f*; *fig.* F Prügelknabe *m*.
bombom [bõm'bõ] *m* Praline *f*.
bombordo [~'bɔrðu] *m* Backbord *n*.
bonacheirão [bunɐʃei'rɐ̃u] **1.** *adj.* gutmütig; **2.** *m* gute Seele *f*.
bonanç|a [bu'nɐ̃sɐ] *f* ruhiges Wetter *n* (auf See); Glück *n*; **~oso** [~nɐ̃'sozu (-ɔ-)] ruhig, heiter; frisch (*Wind*).
bondade [bõn'daðə] *f* Güte *f*; *tenha a ~ de + inf.* seien Sie so gut und + *imp.*; bitte, + *imp.*
bonde ['bondə] *m bras.* Straßenbahn *f*.
bondoso [bõn'dozu (-ɔ-)] gütig; gutmütig.
boné [bu'nɛ] *m* (Schirm-)Mütze *f*.
bonec|a [~'nɛkɐ] *f* Puppe *f*; **~o** [~u] *m männl.* Puppe *f*; *fig.* Hampelmann *m*.
bonific|ação [bunəfikɐ'sɐ̃u] *f* Vergünstigung *f*, Prämie *f*; **~ar** [~'kar] (1n) *j-m* e-e Vergünstigung (*od.* Prämie) gewähren.
bonifrate [~'fratə] *m* Hampelmann *m*. [*n*.]
bonina [bu'ninɐ] *f* Gänseblümchen *n*.
bonit|eza [~ni'tezɐ] *f* Hübschheit *f*; hübsche Sache *f*; **~inho** [~'tiɲu] niedlich; **~o** [~'nitu] hübsch; schön; *~!* das ist ja heiter!; *arranjei-a -a* da habe ich mir was (Schönes) eingebrockt; *fê-la -a!* da haben Sie sich was geleistet!; *~ é ele!* ein nettes Pflänzchen!
bonomia [~nu'miɐ] *f* Gutmütigkeit *f*, Bonhomie *f*.
bónus (*pl. unv.*) ['bɔnuʃ] *m* Prämie *f*; (Fahrpreis-)Ermäßigung *f*; Gutschein *m*.
bonzo ['bõzu] *m* Bonze *m* (*a. fig.*).
boqu|ear [bu'kjar] (1l) nach Luft schnappen; = *~ejar*; **~eira** [~'keirɐ] *f* Ausschlag *m* am Mundwinkel; **~eirão** [~ei'rɐ̃u] *m* weite Öffnung *f*; Kanalmündung *f*; tiefe(s) Loch *n*; **~ejar** [~ɨ'ʒar] (1d) schnappen (nach); gähnen; meckern (über [*ac.*] *de*); **~ejo** [~'keʒu] *m* Gähnen *n*.
boqui|aberto [bokjɐ'βɛrtu] verdutzt, F baff; *ficar ~* Mund und Nase aufsperren, baff sn; **~abrir** *bras.* [~a'brir] (3b) verblüffen.
boqu|ilha [bu'kiʎɐ] *f* (Zigarren-, Zigaretten-)Spitze *f*; ♪ = **~im** [~ĩ] *m* Mundstück *n*; **~inha** [~iɲɐ] *f* Mündchen *n*; *fig.* Küßchen *n*; *fazer ~* den Mund verziehen.
borato [~'ratu] *m* borsaure(s) Salz *n*.
bórax ['bɔraks] *m* Borax *m*.
borbol|eta [burβu'letɐ] *f* Schmetterling *m* (*a. fig.*); *bras.* Drehkreuz *n*; **~etear** [~ə'tjar] (1l) (herum)flattern; *fig.* (umher)schweifen.
borborejar [~rɨ'ʒar] (1d) brodeln.
borbori|gmo, ~smo [~'riɣmu, ~ʒmu] *m*: *~s pl.* Blähungen *f/pl.*; **~nho** [~ɲu] *m* Stimmengewirr *n*; Lärm *m*; Durcheinander *n*.
borbot|ão [~'tɐ̃u] *m Wasser*-Strahl *m*; *Wind*-Stoß *m*; *a* (*od.* *em*) *-ões* sprudelnd, stoßweise; *sair em -ões* = **~ar** [~ar] (1e) (hervor)sprudeln.
borbulha [bur'βuʎɐ] *f Haut*-Bläschen *n*; *Haut*-Finne *f*, Pöckchen *n*; *Luft*-Blase *f*; *Pflanzen*-Knospe *f*; *fig.* Schwäche *f*; Fehler *m*.
borbulh|ão [~βu'ʎɐ̃u] *m* Schwall *m*; Strahl *m*; = *borbotão*; **~ar** [~ar] (1a) brodeln; (hervor)sprudeln; sprossen; *fig.* hervorbrechen; **~oso** [~ozu] sprudelnd; blasig.
borco ['borku]: *de ~* umgestülpt;

auf der (*od.* die) Nase; mit dem Gesicht (auf [*ac. u. dat.*] sobre).
borda ['bɔrðɐ] *f* Rand *m*, Saum *m*; Kante *f*; Fase *f*; Borte *f*, Einfassung *f*; Ufer *n*.
borda|da ⚓ [bur'ðaðɐ] *f* Kreuzen *n*; Schlag *m* (*beim Kreuzen*); Lage *f*, Breitseite *f*; **~deira** [~ðɐ'ðeirɐ] *f* Stickerin *f*; Stickmaschine *f*; **~do** [~ðu] *m* Stickerei *f*; **~dura** [~ðɐ'ðurɐ] *f* Einfassung *f*; Rand *m*; = *~do*; **~gem** [~ʒɐ̃i] *f* Beplankung *f*.
bordão [~'ðɐ̃u] *m* (Wander-, Pilger-)Stab *m*; Krückstock *m*; *fig.* Halt *m*; Redensart *f*; ♪ Brummbaß *m*.
bord|ar [~'ðar] (1e) sticken; einfassen; *fig.* ausschmücken; **~ear** [~jar] (1l) = **~ejar** [~ði'ʒar] (1d) ⚓ lavieren; Kahn fahren; segeln.
bordel [~'ðɛł] *m* Bordell *n*.
bordo[1] ['bɔrðu] *m* ⚓ Bord *m*; Kurs *m*; *allg.* Rand *m*, Saum *m*; *a ~* an Bord; *andar aos ~s* schwanken; *de alto ~* hochbordig; *fig.* riesig.
bordo[2] ['borðu] *m* Ahorn *m*.
bordoada [bur'ðwaðɐ] *f* Schlag *m* (mit dem Stock).
boreal [~'rjał] nördlich, Nord...
borgonha, **-ão** [bur'ɣoɲɐ, ~ɣu'ɲɐ̃u] *m* Burgunder(wein) *m*.
borg|onhês, **~uinhão** [~ɣu'ɲeʃ, ~ɣi'ɲɐ̃u] **1.** *adj.* burgundisch; **2.** *m* Burgunder *m*.
bórico ['bɔriku] Bor...
borl|a ['bɔrlɐ] *f* Quaste *f*; Troddel *f*; Flaggenknopf *m*; Doktorhut *m*; *tomar a ~* sich habilitieren; *de ~* P umsonst; *conseguir uma ~* e-n Freiplatz ergattern; **~ista** [bur'liʃtɐ] *m* Freiplatzjäger *m*.
bornal [bur'nał] *m* Futtersack *m*.
borne ['bɔrnə] *m* Klemmschraube *f*; *Radio*: Polklemme *f*.
boro ['bɔru] *m* Bor *n*.
boroa [bu'roɐ] = *broa*.
borocoxô *bras.* P [boroko'ʃo] *m* trübe Tasse *f*.
borra ['boʀɐ] *f* Bodensatz *m*, Rückstand *m*; Hefe *f* (*a. fig.*); Flockseide *f*; *fig.* unnütze(s) Zeug *n*.
borra|çal [buʀɐ'sał] *m* Moor *n*; **~ceiro** [~'seiru] *m* Sprühregen *m*.
borracha [~'ʀaʃɐ] *f* Weinschlauch *m*; (Ballon-, Klistier-)Spritze *f*; Radiergummi *m*; *allg.* Gummi *m*; *~ sintética* künstliche(r) Kautschuk *m*.
borrach|ão [~ʀɐ'ʃɐ̃u] *m fig.* Schlauch *m*; **~eira** [~eirɐ] *f* Rausch *m*; Sauferei *f*; *fig.* Sudelei *f*, F Mist *m*; **~o** [~'ʀaʃu] **1.** *adj.* P besoffen; **2.** *m* a) Säufer *m*; b) Täubchen *n*.
borrad|ela [~'ðɛlɐ] *f* Klecks *m*; Fliegen-, Insekten-dreck *m*; (leichter) Anstrich *m*; *fig.* Geschmiere *n*; **~or** [~or] *m* Kladde *f*; Skizzenbuch *n*; *bsd.* Konzept *n*; *fig.* Kleckser *m*; **~ura** [~urɐ] *f* **a**) = *~ela*; **b**) Streichung *f*; radierte Stelle *f*.
borragem ⚘ [~'ʀaʒɐ̃i] *f* Borretsch *m*.
borralho [~'ʀaʎu] *m* heiße Asche *f*, Glut *f*; *fig.* Herd *m*.
borr|ão [~'ʀɐ̃u] *m* (Tinten-)Klecks *m*; Konzept *n*, Entwurf *m*; Skizze *f*; *fig.* Schandfleck *m*; Schmach *f*; **~ar** [~ar] (1e) beklecksen, beschmieren; durchstreichen; verwischen; ausradieren; *fig.* kritzeln; schmieren.
borrasc|a [~'ʀaʃkɐ] *f* Unwetter *n*; *fig.* Wutausbruch *m*; Aufruhr *m*; **~oso** [~ʀɐʃ'kozu (-ɔ-)] stürmisch.
borrego *m*, **-a** *f* [~'ʀeɣu, -ɐ] jährige (-s) Lamm *n*; *fig.* gute(s) Schaf *n*.
borrelho [~'ʀeʎu] *m* Wasserhuhn *n*.
borrif|ador [~ʀifɐ'ðor] *m* Rasen-, Wäsche-sprenger *m*; **~ar** [~'far] (1a) benetzen; (be)sprengen; anfeuchten; *v/i.* tropfen, rieseln; **~o** [~'ʀifu] *m* Tröpfchen *n*; Sprühregen *m*; *dar um ~ a* = *~ar*.
bosque ['bɔʃkə] *m* Wald *m* (*a. fig.*); Gehölz *n*.
bosquej|ar [buʃki'ʒar] (1d) entwerfen, skizzieren (*a. fig.*); **~o** [~'keʒu] *m* Entwurf *m*; Skizze *f* (*a. fig.*); ungefähre Vorstellung *f*.
bossa ['bɔsɐ] *f* Beule *f*; Auswuchs *m*; Höcker *m*; *Schrauben*-Nabe *f*; *fig.* Eignung *f*, Talent *n*; ♀ *Nova bras.* der Neue Stil.
bosta ['bɔʃtɐ] *f* Kuh-fladen *m*, -mist *m*.
bost|ela [buʃ'tɛlɐ] *f* Pustel *f*, Pocke *f*; **~elento** [~tə'lẽntu] pockig.
bota ['bɔtɐ] *f* Stiefel *m*; *~ alta* Schaft-, *~ de montar* Reit-stiefel *m*; *umas ~s* ein Paar *n* Stiefel; *arranjar um par de ~s a alg.* j-m etwas einbrocken; *descalçar a ~* sich aus der Klemme ziehen; *bater a ~* sterben.
bota-|fogo(s) [~'foɣu] *m*(*pl.*) Luntenstock *m*; *fig.* Heißsporn *m*; **~fora** (*pl. unv.*) [~'fɔrɐ] *m* ⚓ Stapellauf *m*; *allg.* Abschiedsfeier *f*; Kehraus *m*; Verschwendung *f*.
botalós ⚓ [butɐ'lɔʃ] *m* Spieren *f/pl.*
botânic|a [bu'tɐnikɐ] *f* Pflanzen-

kunde *f*, Botanik *f*; **~o** [~u] **1.** *adj.* botanisch; **2.** *m* Botaniker *m.*
botão [~'tẽu] *m* Knopf *m*; Knauf *m*; ⚘ Knospe *f*; ⚕ Pickel *m*; *com os seus -ões* bei (*od.* zu, mit) sich selbst.
botar P [~'tar] (1e) schmeißen; ausstoßen, (ab-, raus-)l.; (ran-, rein-, weg-, zu-)tun, -m.; (rein-, weg-) stecken; (ein-, zu-, weg-)schütten; *Kleid* anziehen, tragen; ~ *fora* wegschmeißen; *Zunge* rausstrecken; *Speise usw.* rausspucken; *j-n* rausschmeißen; ~ *a inf.* anfangen zu *inf.*; ~ *a fugir* sich dünnmachen; **~-se** *a* rangehen an (*ac.*); gehen bis.
botaréu [~tɐ'rɛu] *m* Widerlager *n*; Strebe-bogen *m*, -pfeiler *m.*
bote ['bɔtə] *m* Boot *n.*
botelha *gal.* [bu'teʎɐ] *f* Flasche *f.*
botequim [butə'kĩ] *m* Schenke *f.*
botic|a [~'tikɐ] *f* Apotheke *f*; **~ão** [~ti'kẽu] *m* Zahnzange *f*; **~ário** [~ti'karju] *m* Apotheker *m.*
botija [~'tiʒɐ] *f* Gas-, *bsd.* Wärmflasche *f*; *fig.* Fettwanst *m.*
boto ['botu] **1.** *adj.* stumpf(sinnig); **2.** *m* Schweinsfisch *m.*
botoeir|a [bu'tweirɐ] *f* Knopfloch *n*; Knopfmacherin *f.*
bouba ⚕ ['boβɐ] *f* Schanker *m.*
bouça ['bosɐ] *f* Gestrüpp *n*; Brachfeld *n.*
bov|ídeos [bu'viðjuʃ] *m/pl.* Horntiere *n/pl.*; **~ino** [~inu] **1.** *adj.* Rinder…, Rinds…; *gado m* ~ = **2.** *m* ~*s pl.* Rinder *n/pl.*; **~inocultura** [~kuł'turɐ] *f* Rinderzucht *f.*
box|e ['bɔksə] *m* Boxsport *m*, Boxen *n*; *bras.* Box *f*; *Markt*-Stand *m*; Duschecke *f*; *jogar* ~ boxen; **~(e)ador, ~ista** *bras.* [bɔks(j)ɐ'dor, -'sistɐ] *m* Boxer *m.*
braça ['brasɐ] *f* Klafter *m* (= 2,20 m); ⚓ Faden *m.*
braç|ada [brɐ'saðɐ] *f* ⚓ Faden *m*; = *~ado*; **~adeira** [~sɐ'ðeirɐ] *f* Schlinge *f*, Schlaufe *f*; Ring *m an gewissen Gegenständen*; Schelle *f*, Zwinge *f*; Schildriemen *m*; **~ado** [~aðu] *m* Armvoll *m*; große Menge *f*, Überfluß *m*; **~al** [~ał] *adj. trabalho m* ~ körperliche Arbeit *f*; *trabalhador m* ~ Handarbeiter *m.*
braceiro [~'seiru] **1.** *adj.* stark (-armig); Arm…, Wurf…; **2.** *m* Handarbeiter *m.*
brace|jar [~sɨ'ʒar] (1d) die Arme schlenkern; mit den Armen (*od.* herum-)fuchteln; **~jo** [~'seʒu] *m* Schlenkern *n*; Fuchteln *n*; **~lete** [~sə'letə] *m* Arm-reifen *m*, -band *n.*
braço ['brasu] *m* Arm *m*; Oberarm *m* (*Mensch*); Vorderbein *n* (*Tier*); Fangarm *m* (*Polyp*); *Baum*-Ast *m*; Armlehne *f* (*Stuhl*); Hebelarm *m*, Waagebalken *m*; *Pumpen*-Schwengel *m*; ⚓ Brasse *f*; ♪ *Geigen*-Hals *m*; *fig.* **a**) Arbeitskraft *f*; **b**) Mut *m*; **c**) Gewalt *f*; *cadeira f de ~s* Lehnstuhl *m*; *enfiar o ~ no de* sich einhaken bei; *dar-se os ~s* sich unterhaken; *de ~ dado* Arm in Arm; *deixar cair os ~s* die Arme sinken l.; mutlos w., es aufgeben; *de* (*od. com os*) *~s caídos* (*cruzados*) untätig, müßig; *deixar alg. a ~s com* j-n allein l. mit; j-m et. auf-bürden, -halsen; *estar* (*od. ver-se*) *a ~s com a/c.*, *ter a/c. a ~s* et. auf dem Halse h., mit et. s-e liebe Not h.; *pôr a ~s* mit-ea. verfeinden; *vir a ~s com alg.* mit j-m handgemein w.; *viver dos seus ~s* von seiner Hände Arbeit leben; *não dar o seu ~ a torcer* nicht nachgeben, sich nichts gefallen l.; *meter o ~ bras.* dreinschlagen.
bráctea ⚘ ['braktjɐ] *f* Deckblatt *n.*
bradar [brɐ'ðar] (1b) schreien, brüllen; ~ *de* eifern gegen; *que brada ao céu* himmelschreiend.
brado ['braðu] *m* Schrei *m*; Geschrei *n*; *dar ~ fig.* Aufsehen erregen.
bragal [brɐ'γał] *m* Wäsche(ausstattung) *f.*
bragu|eiro [~'γeiru] *m* Bruchband *n*; **~ilha** [~'γiʎɐ] *f* Hosenschlitz *m.*
brama ['brɐmɐ] *f* Brunst *f.*
brâmane ['brɐmɐnə] *m* Brahmane *m.*
bram|ar [brɐ'mar] (1a) röhren; *allg.* brüllen; toben; **~ido** [~iðu] *m* Brunstgeschrei *n*; Gebrüll *n*; Toben *n*; **~ir** [~ir] (3a) brüllen; toben, tosen; **~oso** [~ozu] tobend.
branc|a ['brɐ̃ŋkɐ] *f* ♪ halbe Note *f*; ♀ *de Neve* Schneewittchen *n*; **~o** [~u] **1.** *adj.* weiß; blank; hell; *carta f -a* Blankett *n* (*weiße Spielkarte*); Vollmacht *f*; *pão m ~* Weißbrot *n*; *crédito* (*cheque*) *m em ~* Blankokredit *m* (-scheck *m*); *página f em ~* leere Seite *f*; *estar em ~* blank sn; nüchtern sn; nicht studiert h., nichts wissen; *ficar em ~* nichts verstehen; *deixar alg. em ~* j-n enttäuschen; j-n sitzen l.; *deixar a/c.*

em ~ unausgefüllt (leer *od.* frei) l.; *assinar em ~ fig.* vorbehaltlos billigen; *de ponto em ~* tadellos *od.* F tipptopp (angezogen); *sair em ~* eine Niete ziehen; *passar a noite em ~* kein Auge zutun; **2.** *m* Weiß *n*; Weiße(r) *m* (*Ggs. Farbiger*); (Ei-)Weiß *n*; *das* Weiße *im Auge*; (Zeilen-)Abstand *m*; **~ura** [brẽŋ'kurɐ] *f* Weiße *f*.

brandão [brẽn'dɐ̃u] *m* (Wachs-)Fackel *f*; *große* (Kirchen-)Kerze *f*.

brândi *angl.* ['brẽndi] *m* Weinbrand *m*.

brandir [~'dir] (3a) schwingen, schwenken; *v/i.* schwanken.

brand|o ['brẽndu] sanft, weich; lind; mild (*Wetter*); schwach, gelinde (*Feuer*); nachgiebig, lässig; stimmhaft (*Konsonant*); *~ de boca* weichmäulig (*Pferd*); **~ura** [brẽn'durɐ] *f* Sanftheit *f*, Weichheit *f*; Milde *f*; Nachgiebigkeit *f*; *~s pl.* Zärtlichkeiten *f/pl.*

branqu|ear [brẽŋ'kjar] (1l) weißen; tünchen; bleichen; *v/i.* = *~ejar*; **~earia** [~jɐ'riɐ] *f* Bleiche *f*; **~ejar** [~ɨ'ʒar] (1d) *v/i.* bleichen, weiß w.; weiß schimmern.

brânquias ['brẽŋkjɐʃ] *f/pl.* Kiemen *f/pl.*

braquial [brɐ'kjaɫ] Arm...

brasa ['brazɐ] *f* (Kohlen-)Glut *f*; glühende Asche *f*; *em ~* glühend; *fig.* wütend; *estar* (*od. andar*) *sobre ~s* auf Kohlen sitzen.

brasão [brɐ'zɐ̃u] *m* Wappen *n*.

bras|eira [~'zeirɐ] *f* Kohlenbecken *n*; Glut *f*; **~eiro** [~eiru] *m* = *~eira*; *ficar reduzido a um ~* sich in einen glühenden Aschenhaufen verwandeln; **~ido** [~iðu] *m* Glut *f*.

brasil [~'ziɫ] *m* Brasilholz *n*.

brasil|eirismo [~zilei'riʒmu] *m* brasilianische(r) Ausdruck *m*; **~eiro** [~'leiru] **1.** *adj.* brasilianisch; **2.** *m*, **-a** *f* Brasilianer(in *f*) *m*; **~idade** [~i'ðaðə] *f* Brasilianertum *n*; Liebe *f* zu Brasilien; **~iense** [~'ljẽsə] aus Brasília.

brason|ado [~zu'naðu] wappengeschmückt; **~ar** [~ar] (1f) *v/i.* = *blasonar*.

brav|ata [brɐ'vatɐ] *f* (prahlerische) Drohung *f*; Prahlerei *f*; **~atear** [~vɐ'tjar] (1l) Drohungen ausstoßen; prahlen; **~eza** [~ezɐ] *f* Kühnheit *f*; kühne Tat *f*; Ungestüm *n*; Wut *f der Elemente*; **~io** [~iu] **1.** *adj.* wild; unbändig, ungestüm; grob, bäurisch; rauh, unwirtlich (*Klima*); unbebaut (*Gelände*); **2.** *m* Ödland *n*; **~o** ['bravu] **1.** *adj.* tapfer; hochherzig; tüchtig, großartig (*a. irón.*); wild (*Tier*); ungestüm, unbändig (*Mensch*); unwirtlich (*Land*); *o mar está ~* das Meer geht hoch; *~!* bravo!; **2.** *m* Bravoruf *m*; Bravo *m*, Bandit *m*; **~ura** [~urɐ] *f* Mut *m*, Tapferkeit *f*; Ungestüm *n*; Wildheit *f der Tiere*; ♪ Bravour *f*.

brear [brjar] (1l) teeren.

breca ['brɛkɐ] *f* Muskelkrampf *m*; *levado da ~* F verteufelt; *ser levado da ~* F es faustdick hinter den Ohren haben; *fazer coisas da ~* F unglaubliche Sachen m.; *com a ~!* F zum Donnerwetter noch mal!; *ir-se com a ~* F abhauen.

brecar *bras.* [brɛ'kar] (1n) bremsen.

brecha ['brɛʃɐ] *f* Bresche *f* (*abrir, fazer* schlagen *od.* schießen); Riß *m*; Lücke *f*; *estar na ~* in vorderster Linie kämpfen; **~r** *bras.* [brɛ'ʃar] (1a) (sich) drängeln.

brej|eiro [brɛ'ʒeiru] **1.** *m* Flegel *m*; **2.** *adj.* flegelhaft; **~o** ['breʒu] *m* Sumpf(land *n*) *m*, Heide(land *n*) *f*.

brema ['bremɐ] *f zo.* Blei *m*, Brachse *f*.

brenh|a ['brɛɲɐ] *f* Gestrüpp *n* (*a. fig.*); *~s pl.* Wildnis *f*; **~oso** [brɨ'ɲozu] buschig, dicht; undurchdringlich (*a. fig.*).

brequ|e ['brɛkə] *m* Kremser *m*; *bras.* Bremse *f*; **~ista** *bras.* [brɛ'kistɐ] *m* Bremser *m*.

bretão [brə'tɐ̃u] **1.** *m* a) Bretone *m*; b) Brite *m*; **2.** *adj.* a) bretonisch; b) britisch.

brete ['brɛtə] *m* (Vogel-)Falle *f*; *fig. a.* Schlinge *f*.

breu [breu] *m* Teer *m*; *escuro como ~* pechschwarz; stockfinster.

breve ['brɛvə] **1.** *m* Breve *n*; **2.** *f* ♪ Brevis *f*; *gram.* kurze(r) Silbe *f* (Vokal *m*); **3.** *adv.* bald; **4.** *adj.* kurz; *em ~s anos* in wenigen Jahren; *uma resposta ~* eine baldige Antwort; *o mais ~ possível* so kurz (*od.* so bald) wie möglich; (*dentro*) *em breve* = **~mente** [~'mẽntə] kurz, in Kürze; in kurzem, bald.

brevet *fr.* [brə'vɛ] *m* Flugpatent *n*; **~ar-se** [~və'tarsə] (1c) das Flugpatent erwerben.

brev|iário [brə'vjarju] *m* Brevier *n* (*a. fig.*); Auszug *m*, Abriß *m*; *ler pelo mesmo* ~ in demselben Fahrwasser segeln; **~idade** [~vi'ðaðə] *f* Kürze *f*.
bricabraque [brika'βrakə] *m* Antiquitäten *f/pl.*; *depr.* Gerümpel *n*.
brida ['briðɐ] *f* Zaum *m*, Zügel *m*; *a toda a* ~ mit verhängten Zügeln; *fig.* so schnell wie möglich.
brid|ão [bri'ðɐ̃u] *m* Trense *f*; **~ar** [~ar] (1a) zäumen, zügeln (*a. fig.*).
briga ['briɣɐ] *f* Streit *m*; Schlägerei *f*.
brig|ada [bri'ɣaðɐ] *f* Brigade *f*; Trupp *m* Arbeiter; *Polizei*-Streife *f*; **~adeiro** [~ɣɐ'ðeiru] *m* Brigadegeneral *m*, Generalmajor *m*; **~ador** [~ɣɐ'ðor] = **~alhão** *bras.* [~ga'ʎɐ̃u] *m* = **~ante**, **~ão** [~'ɣɐ̃ntə, ~'ɣɐ̃u] 1. *adj.* händelsüchtig; 2. *m* Raufbold *m*; **~ar** [~ar] (1o) streiten; kämpfen; raufen; ea. widersprechen.
brigue ['briɣə] *m* Brigg *f*.
brilh|ante [bri'ʎɐ̃ntə] **1.** *adj.* glänzend; **2.** *m* Brillant *m*; **~antina** [~ʎɐ̃n'tinɐ] *f* Brillantine *f*; **~ar** [~ar] (1a) glänzen (*a. fig.*); schimmern, funkeln; **~o** ['briʎu] *m* Glanz *m*; Schein *m*; Schimmer *m*.
brim [brĩ] *m* Segeltuch *n*.
brinc|adeira [brĩŋkɐ'ðeirɐ] *f* Scherz *m*, Spaß *m*; Spielerei *f*; *fora de* ~ Spaß beiseite; *não estar para ~s* nicht zum Scherzen aufgelegt sn; *não gostar de ~s* k-n Spaß verstehen; **~alhão** [~ɐ'ʎɐ̃u] **1.** *adj.* verspielt; lustig; *homem m* ~ = **2.** *m* Spaßvogel *m*; **~ar** [~'kar] (1n) *v/i.* spielen; hüpfen, tanzen; scherzen, spaßen; ~ *às guerras* (*aos professores*) Krieg (Lehrer) spielen; *a* ~ zum Spaß; *estar a* ~ *com alg.* j-n auf den Arm nehmen wollen; **~o** ['brĩŋku] *m* Spiel(zeug) *n*; Scherz *m*, Spaß *m*; *fig.* hübsche Sache *f*; *ficar um* ~ hübsch w. (*od.* aussehen); *~s pl.* Ohr-ringe *m/pl.*, -schmuck *m*; **~os-de-princesa** [ˌbrĩŋkuʒðəprĩ'sezɐ] *m/pl.* Fuchsie *f*.
brind|ar [brĩn'dar] (1a) *v/t.* (*alg. com a/c.*) (j-n mit et.) beschenken, (j-m et.) schenken; (j-m et.) anbieten (*z.B. ein Glas Wein*) *od.* geben (*z.B. ein Essen*); (j-m et.) überlassen (*od.* gewähren); *v/i.* e-n Trinkspruch ausbringen; ~ *à saúde de alg.* auf j-n (*od.* j-m zu)trinken; **~e** ['brĩndə] *m* Trinkspruch *m*, Toast *m*; Geschenk *n*; *erguer, fazer um* ~ *a* trinken auf (*ac.*).
brinquedo [brĩŋ'keðu] *m* Spiel (-sache *f*, -zeug *n*) *n*.
brio [briu] *m* Ehr-, Selbst-gefühl *n*; Mut *m*; Großherzigkeit *f*; F Schneid *m*; *fig.* Feuer *n*, F Schmiß *m*; *encher-se de ~s* sich bei der Ehre gepackt fühlen; *abater os ~s a* F j-m e-n *od.* eins auf den Deckel geben; *sem* ~ ehrvergessen; **~so** ['brjozu] ehrliebend, selbstbewußt; mutig; großherzig; F schneidig; *fig.* feurig, F schmissig.
briquete [bri'ketə] *m* (Eier-)Brikett *n*.
brisa ['brizɐ] *f* Brise *f*.
brit|a ['britɐ] *f* Schotter *m*; **~ado** [bri'taðu]: *pedras f/pl. -as* = *brita*; **~ador** [britɐ'ðor] *m* Steinklopfer *m* (*Mensch*); Erz-, Stein-brecher *m*; Zerkleinerungsmaschine *f*; Kollergang *m*.
britânico [~'tɐniku] britisch.
britar [~'tar] (1a) *Steine* klopfen; *allg.* zerkleinern; *Knochen usw.* zerbrechen, zermalmen (*a. fig.*).
broa ['broɐ] *f* Maisbrot *n*; *Art* Christstolle(n) *f* (*m*).
broca ['brɔkɐ] *f* Bohrer *m*; Bohreisen *n*; *bras. a.* Bohrloch *n*; Dorn *m im Türschloß*; *bras.* **a**) *Kaffeebohnen*-Sieb *n*; **b**) Bohrkäfer *m*.
brocado [bru'kaðu] *m* Brokat *m*.
brocar [~'kar] (1n; *Stv.* 1e) = *broquear*; *bras. Kaffeebohnen* sieben.
brocardo [~'karðu] *m* Sprichwort *n*, Spruch *m*.
brocha ['brɔʃɐ] *f* Schusterzwecke *f*; Achsnagel *m*; *estar* (*od. ver-se*) *à* ~ F in der Klemme sitzen; weder ein noch aus wissen.
brochar [bru'ʃar] (1e) **a**) (fest)nageln; **b**) *Bücher* binden, broschieren.
broche ['brɔʃə] *m* Brosche *f*; Spange *f*.
brochura [bru'ʃurɐ] *f* Broschüre *f*; Broschieren *n*.
brócolos ['brɔkuluʃ] *m/pl.* *Art* Blumenkohl *m*, Brokkoli *pl*.
brom|a ['bromɐ] **1.** *f* a) Holzwurm *m*; b) innere(r) Rand *m* (des Hufeisens); c) *bras.* Scherz *m*; Spott *m*; **2.** *adj.* ordinär; minderwertig; **3.** *m* Schafskopf *m*; **~ar** [bru'mar] (1f) zernagen; *Zucker* verderben (l.); *v/i. bras.* Pech h.; schlecht ausgehen; verderben; **~eto** [bru'metu] *m*: *papel m* ~ Bromsilberpapier *n*.

bróm|ico ['brɔmiku] Brom...; **~io** [~ju], **bromo** ['bromu] *m* Brom *n*.
bronco ['brõŋku] roh, unbearbeitet; rauh (*Gelände, Stimme*); ungehobelt (*Wesen*); grob, plump (*Arbeit, Bewegung*); *geistig* stumpf.
bronco|pneumonia [ˌbrõŋkɔpneu-mu'niɐ] *f* doppelseitige Lungenentzündung *f*; **~scopia** [~ʃku'piɐ] *f* Luftröhrenspiegelung *f*.
bronquial [brõŋ'kjał] bronchial.
brônquios ['brõŋkjuʃ] *m/pl*. Bronchien *f/pl*.
bronquite [brõŋ'kitə] *f* Bronchial-[katarrh *m*.]
bronze ['brõzə] *m* Bronze *f*, Erz *n*; *de* ~ ehern; **~ado** [brõ'zjaðu] bronzefarben; **~ar** [brõ'zjar] (1l) bronzieren; bräunen; *óleo m de* ~ Sonnenöl *n*.
brônzeo ['brõzju] bronzen, ehern.
broque ['brɔkə] *m* Gebläse *n*.
broquear [bru'kjar] (1l) (auf-, aus-, durch-)bohren.
broquel [bru'kɛł] *m* (kleiner) Schild *m*; *Maurergewerbe*: Aufziehbrett *n*; *fig*. Schutz *m*.
brossa ['brɔsɐ] *f* (Drucker-,[Pferde-)Bürste *f*.]
brot|ar [bru'tar] (1e) *v/i*. keimen, knospen, sprießen; ausschlagen (*Baum*); treiben (*Pflanze*); (hervor-)quellen (*Wasser*); entspringen; erwachsen; zum Vorschein kommen; *v/t*. hervorbringen; *Klagen usw*. ausstoßen; *Unsinn* reden; **~inho** *bras*. [~iɲu] *m* Backfisch *m*.
brox|a ['brɔʃɐ] *f* (Kalk-, Anstreicher-)Pinsel *m*; **~ante** [bru'ʃɐ̃ntə] *m* Anstreichergeselle *m*; **~ar** [bru'ʃar] (1e) (an-, über-)pinseln.
bruaca *bras*. ['brwakɐ] *f* Fellkoffer *m*.
bruços ['brusuʃ]: *de* ~ auf allen vieren; aufgestützt; = *de borco*; *atirar-se de* ~ sich aufs Gesicht werfen.
bruma ['brumɐ] *f* (*See-, Boden-*) Nebel *m*; Brodem *m*.
brum|al [bru'mał] Nebel...; *fig*. düster; **~oso** [~ozu (-ɔ-)] nebelig, diesig.
brun|ideira [bruni'ðeirɐ] *f* Plätterin *f*, Büglerin *f*; **~ido** [~'niðu] **1.** *adj*. glänzend; **2.** *m* Glanz *m*; **~idor** [~i'ðor] *m* Polierer *m*; Polier-stahl *m*, -stein *m*; **~ir** [~'nir] (3a—D1) glätten, polieren; *Wäsche* plätten.
bruno ['brunu] dunkel, düster.
brus|co ['bruʃku] plötzlich, jäh; heftig; schroff; **~quidão** [bruʃki-'ðɐ̃u] *f* Plötzlichkeit *f*; Heftigkeit *f*; Schroffheit *f*; *com* ~ barsch; *sem* ~ allmählich; sanft.
brut|al [bru'tał] roh, viehisch; brutal; gewalttätig; **~alidade** [~tɐli-'ðaðə] *f* Roheit *f*; Brutalität *f*, Rücksichtslosigkeit *f*; **~alizar** [~tɐ-li'zar] (1a) verrohen (l.); **~amontes** [~tɐ'mõntɨʃ] *m* Rohling *m*, Flegel *m*; **~o** ['brutu] **1.** *adj*. roh; *fig*. *a*. ungeschliffen; *em* ~ im Rohzustand, Roh...; *peso m* (*rendimento m*) ~ Brutto-gewicht *n* (-gewinn *m*); **2.** *m* Tier *n*; *fig*. = *~amontes*.
bruxa ['bruʃɐ] *f* Hexe *f*; *mandar à* ~ zum Teufel schicken.
brux|aria *f*, **~edo** *m* [bruʃɐ'riɐ, ~'ʃeðu] Hexerei *f*; **~o** ['bruʃu] *m* Hexenmeister *m*, Zauberer *m*.
bruxul|eante [~u'ljɐ̃ntə] flackernd; **~ear** [~jar] (1l) flackern; glimmen.
bub|ão [bu'βɐ̃u] *m* (Leisten-)Drüsengeschwür *n*; (Pest-)Beule *f*; **~ónica** [~ɔnikɐ] Beulen...
bucal [bu'kał] Mund...; *bolsa f* ~ Backentasche *f*.
bucéfalo [~'sɛfɐlu] *m* Schlachtroß [*n*; P Gaul *m*.]
buch|a ['buʃɐ] **1.** *f* Pfropf(en) *m*; *Speise*-Happen *m*, *Brot*-Bissen *m*; ⊕ (Lager-)Buchse *f*, (-)Büchse *f*, (-)Hülse *f*; Einsatz-, Paß-, Verlängerungs-stück *n*; *fig*. Unannehmlichkeit *f*; **2.** *m* Wanst *m*; **~o** [~u] *m* Magen *m*, Pansen *m*; Bauch *m*; *tirar do ~ de alg*. aus j-m herausholen; *despejar o* ~ sein Herz ausschütten.
buço ['busu] *m* Flaum *m*.
bucólic|a [bu'kɔlikɐ] *f* Schäfergedicht *n*, Hirtenlied *n*; **~o** [~u] idyllisch, naiv; Hirten..., Schäfer...
budismo [~'ðiʒmu] *m* Buddhismus *m*.
búfalo *m* (*-a f*) ['bufɐlu (-ɐ)] Büffel(kuh *f*) *m*.
buf|ão [bu'fɐ̃u] *m* Prahlhans *m*; † Possenreißer *m*; **~ar** [~ar] (1a) pusten; schnauben, fauchen; *fig*. *a*. große Bogen spucken; V furzen.
bufar|inha(s) [~fɐ'riɲɐ(ʃ)] *f*(*pl*.) Kram *m*; **~inhar** [~i'ɲar] (1a) hausieren mit; **~inheiro** [~i'ɲeiru] *m* Hausierer *m*.
bufete [~'fetə] *m* Anrichte *f*; Servier-, Schank-tisch *m*; Büfett *n*.
bufo ['bufu] **1.** *m* a) Uhu *m*; *fig*. Menschenfeind *m*; Geizhals *m*; P Spion *m*; b) Kröte *f*; c) Schnaufer *m*; d) *tea*. Buffo *m*; **2.** *adj*. possierlich,

komisch; **~naria** [bufunɐ'riɐ] *f* Prahlerei *f*; (Narrens-)Posse *f*.
bugalh|o [bu'γaʎu] *m* Eichel *f*; Gallapfel *m*; **~udo** [~γɐ'ʎuδu] eichelförmig; vorstehend (*Auge*).
buganvília ⚘ [~γɐ̃'viljɐ] *f* Bougainvillea *f*.
bug|ia [bu'ʒiɐ] *f* **a**) Affenweibchen *n*; **b**) Kerze *f*; Leuchter *m*; **~iar** [~'ʒjar] (1g): *mandar* ~ F fortjagen, zum Teufel schicken; *vá* ~*!* hau ab!; **~iaria** [~ʒjɐ'riɐ] *f* = **~igangas** [~ʒi'γɐ̃ŋgɐʃ] *f/pl.* Affereien *f/pl.*; Affenstreiche *m/pl.*; *bsd.* Kleinkram *m*, Plunder *m*; *loja f de* ~ Kramladen *m*; **~io** [~'ʒiu] *m* Mandrill *m* (*Pavianart*); *allg.* Affe *m* (*a. fig.*).
bugre *bras.* ['bugrə] *m* Wilde(r) *m*.
bujão [bu'ʒɐ̃u] *m* Pfropfen *m*, Stopfen *m*, Stöpsel *m*; Verschlußstück *n*; ~ *postiço* Leerkontakt *m*.
bujarrona [buʒɐ'ʀonɐ] *f* ⚓ Klüver *m*; *fig.* Beleidigung *f*; *bras.* (Papier-) Drache *m*.
bula ['bulɐ] *f* (päpstliche) Bulle *f*; *ter* ~ *para tudo* sich alles erlauben können; ~*s pl.* Befähigung *f*; *com* ~*s falsas* durch Betrug.
bulb|o ['bułβu] *m* (Blumen-)Zwiebel *f*; **~oso** [buł'βozu (-ɔ-)] Zwiebel...
buldogue [buł'dɔγə] *m* Bulldogge *f*.
bule ['bulə] *m* (Tee-)Kanne *f*.
búlgaro ['bułγɐru] **1.** *adj.* bulgarisch; **2.** *m*, *-a f* Bulgare *m*, Bulgarin *f*.
bulh|a ['buʎɐ] *f* Lärm *m*; Streit *m*, Händel *m/pl.*; Rauferei *f*; *meter à* ~ in Händel verwickeln; aufhetzen; *andar às* ~*s* = **~ar** [bu'ʎar] (1a) sich zanken; sich raufen; **~ento** [bu'ʎɐ̃ntu] händelsüchtig.
bulício [bu'lisju] *m* Unruhe *f*; Gedränge *n*; Gewirr *n*; Geräusch *n*.
buliçoso [~li'sozu (-ɔ-)] unruhig; zappelig; betriebsam.
bulimia [~'miɐ] *f* Heißhunger *m*.
bulir [~'lir] (3h) *v/i.* sich rühren, sich regen; ~ *em* berühren; ~ *com* bewegen; = *v/t.* (be)rühren; beunruhigen; belästigen; hänseln.
bumba! ['bũmbɐ] bums!, bum!
bunda *bras.* V ['bũndɐ] *f* Hintern *m*.
bundo ['bũndu] *m* Bundo *n*; *allg.* Negersprache *f*.
buraco [bu'raku] *m* Loch *n*.
burburinho [burβu'riɲu] *m* Gemurmel *n*; Lärm *m*.
burel [~'rɛł] *m* Kutte *f*.
burgo ['burgu] *m* Marktflecken *m*; Vorstadt *f*; Schloß *n*; **~mestre** [ˌburgu'mɛʃtrə] *m* Bürgermeister *m*.
burgu|ês [bur'geʃ] **1.** *m* Bürger *m*; Bourgeois *m*; Spießer *m*; **2.** *adj.* (spieß)bürgerlich; **~esia** [~gə'ziɐ] *f* Bürgertum *n*; Bourgeoisie *f*; *pequena* ~ Kleinbürgertum *n*.
buril [bu'ril] *m* (Grab-)Stichel *m*; Radiernadel *f*; *fig.* Griffel *m*.
buril|ador [~rilɐ'δor] *m* Stecher *m*; **~ar** [~'lar] (1a) *in Kupfer usw.* stechen, graben; (ein)gravieren; (ein-, aus-)meißeln; *fig.* (sich) einprägen; *Stil* ausfeilen.
burla ['burlɐ] *f* Betrug *m*; Neckerei *f*; ~*s pl.* Betrügereien *f/pl.*
burl|ador, **~ão** [burlɐ'δor, -'lɐ̃u] **1.** *m* Betrüger *m*; **2.** *adj.* betrügerisch; neckend; **~ar** [~'lar] (1a) betrügen; prellen; F aufziehen.
burle|sco [~'leʃku] drollig; lächerlich, grotesk; **~ta** [~tɐ] *f* Burleske *f*.
burlista [~'liʃtɐ] = *burlador*.
burocr|acia [burukrɐ'siɐ] *f* Bürokratie *f*; Amtsschimmel *m*; **~ata** [~'kratɐ] *m* Bürokrat *m*; **~ático** [~'kratiku] bürokratisch.
burra ['buʀɐ] *f* Eselin *f*; Geldkasten *m*; Sägebock *m*; Wasserwinde *f*; *descer da* ~ endlich nachgeben.
burr|ada [bu'ʀaδɐ] *f* = **~icada** [~ʀi'kaδɐ] *f* Trupp *m* Esel; *fig.* = **~ice** [~isə] *f* Eselei *f*; Dummheit *f*; Störrigkeit *f*; **~ico** [~iku] *m* Eselsfüllen *n*; **~inho** [~iɲu] *m* ⊕ Motor-(luft)pumpe *f*; **~iqueiro** [~ʀi'keiru] *m* Eseltreiber *m*; **~o** ['buʀu] **1.** *m* Esel *m* (*a. fig.*); ⊕ (Säge-)Bock *m*; *Schule*: Eselsbrücke *f*; ⊕, *prov. u.* ⚓ *Name der verschiedensten Gebrauchsgegenstände, Taue und Spiele*; **2.** *adj.* dumm; *cabeça f de* ~ Dummkopf *m*; *como* ~ P, *para* ~ *bras.* schrecklich (viel).
bus [buʃ]: ~*!* Ruhe!, still!; *nem chus nem* ~ kein (*od.* ohne ein) Sterbenswörtchen; *sem dizer chus nem* ~ ohne zu mucksen.
busc|a ['buʃkɐ] *f* Suche *f*; Haus-, Durch-suchung *f*; Nachforschung *f*; *fig.* Spürhund *m*; *andar em* ~ *de* auf der Suche sn (*od.* suchen) nach; *dar* ~ *a* ab-, durch-suchen (*ac.*); **~a-pé(s)** [ˌbuʃkɐ'pɛ] *m(pl.)* Schwärmer *m*, Frosch *m* (*Feuerwerk*); **~ar** [buʃ'kar] (1n) suchen; *Haus usw.* ab-, durch-suchen; *j-n* aufsuchen,

sich an *j-n* wenden; *ir* ~, *vir* ~ (ab-) holen; *mandar* ~ holen lassen.

busílis [bu'ziliʃ] *m*: *aí é que está o* ~ da sitzt der Haken, das ist der springende Punkt.

bússola ['busulɐ] *f* Kompaß *m.*

busto ['buʃtu] *m* Büste *f*; *pint., fot.* Brustbild *n.*

butano [bu'tɐnu] *m* Butangas *n.*

bute P ['butə] *m* Stiefel *m*; *a* ~*s* zu Fuß, auf Schusters Rappen.

bux(eir)o ['buʃu, bu'ʃeiru] *m* Buchs (-baum) *m.*

buzin|a [bu'zinɐ] *f* (Hift-)Horn *n*; Sprachrohr *n*; *ast.* kleine(r) Bär *m*; *Auto*-Hupe *f*; **~ar** [~zi'nar] (1a)(das Horn) blasen; trompeten (*a. fig.*); hupen (*Auto*).

búzio ['buzju] *m* **a)** Tritonshorn *n*; Horn *n*; Hupe *f*; **b)** Perlenfischer *m.*

C

C, c [se] *m* C, c *n*.

cá [ka] *adv*. hier; (hier)her; *als Füllwort in Wendungen wie* eu ~, nós ~, a gente ~ *mst unübersetzbar*: eu ~ me entendo ich weiß schon; ouça (diga) ~ hören (sagen) Sie mal; de ~ hiesig; diesseitig.

caatinga *bras*. [~'tĩŋgɐ] *f* niedrige(r) Busch-, Trocken-wald *m*.

cabaç|a [kɐ'βasɐ] **1.** *f* Flaschenkürbis *m*; Kürbisflasche *f*; **2.** *m bras*. Zweitgeborene(r) *m v. Zwillingen*; **~o** [~u] *m* = ~a 1.; *fig*. P dar (levar) o ~ e-n Korb geben (kriegen).

cabal [~'βał] erschöpfend (*Erklärung*); stichhaltig, schlagend (*Beweis*); formar ~ ideia de sich ein klares Bild m. von.

cabala [~'βalɐ] *f* Kabbala *f*; Kabale *f*, Intrige *f*; **~r** *bras*. [kaβa'lar] (1a) ködern; arbeiten (gegen contra); intrigieren.

cabana [~'βɐnɐ] *f* (Stroh-)Hütte *f*.

cabaré *bras*. [kaba'rɛ] *m* (Tanz-) Bar *f*.

cabaz [~'βaʃ] *m* (Henkel-)Korb *m*; Essenträger *m*.

cabeça [~'βesɐ] *f* Kopf *m*, *poét*. Haupt *n*; Verstand *m*; *Finger- usw*. Kuppe *f*; *Kapitel*-Überschrift *f*; Kopfstück *n*, Oberteil *m*, *n e-s Gegenstandes*; *Stangen*-Ende *n*; *Zahn*-Krone *f*; *Kolben*-Boden *m*; *Familien*-Oberhaupt *n*; Haupt-ort *m*, -stadt *f e-s Bezirks*; Spitze *f e-s Unternehmens usw.*; ~ *f u. m* Leiter *m*; (Rädels-)Führer *m*; ~ (de gado) Stück *n* Vieh; ~ no ar verträumt, zerstreut; ~ de avelã (*od*. alho vento), ~ leve Leichtfuß *m*, Luftikus *m*; uma grande ~ ein kluger Kopf; de ~ kopfüber; andar com a ~ à roda schwindelig sn; nicht wissen, wo e-m der Kopf steht; heillos verliebt sn; andar de ~ levantada den Kopf hoch tragen; deu-lhe na ~ er hat sich in den Kopf gesetzt; fazer andar a ~ à roda a den Kopf verdrehen (*dat*.); fazer perder a ~ a aus der Fassung bringen (*ac*.); meter na ~ einreden; não ter pés nem ~ weder Hand noch Fuß h.; passar pela ~ durch den Kopf gehen; einfallen; pôr (*od*. fazer) a ~ em água *j-n* verrückt m.; pôr na ~ aufsetzen; pôr (levar) à ~ auf den (dem) Kopf setzen (tragen); ter ~ klug sn.

cabeç|ada [~βə'saδɐ] *f* Stoß *m* mit dem Kopf; *Sport*: Kopfstoß *m*; Kopfstück *n am Pferdezaum*; Hochwerfen *n* des Kopfes (*Pferd*); Schnitt *m* (*Buch*); *fig*. Dummheit *f*; ~s *pl*. Kopfnicken *n*; Stampfen *n* (*Schiff*); **~al** [~ał] *m* Kopfkissen *n*; Kompresse *f*; *Glocken*-Helm *m*; **~alha** [~aʎɐ] *f* Deichsel *f*; **~alho** [~aʎu] *m Brief-*, *Zeitungs*-Kopf *m*; Überschrift *f*; Langbaum *m* (*Wagen*); **~ão** [~ɐ̃u] *m* (Umlege-)Kragen *m*; (Hals-)Krause *f*; Kappzaum *m* (*Pferd*).

cabec|ear [~βə'sjar] (1l) schläfrig mit dem Kopf nicken; vor sich hin duseln; nicken; schwanken; sich (vornüber) neigen; ⚓ stampfen; **~eira** [~eirɐ] *f* Kopfende *n*; Kopfkissen *n*; Ehrenplatz *m bei Tisch*; Kopf *m e-r Seite*; Eingangszeile *f*; mesa *f* de ~ Nachttisch *m*; ~s *pl*. Oberlauf *m e-s Flusses*; **~ilha** [~iʎɐ] *m* Anführer *m*; Parteiführer *m*.

cabeço [~'βesu] *m* Gipfel *m*; Hügel *m*; ~ de amarração Poller *m*.

cabeç|orra P [~'sorɐ] *f* Dickkopf *m*; **~ote** ⊕ [~ɔtə] *m* Spindel-, Reit-stock *m*; **~udo** [~uδu] dickköpfig; *fig*. stur.

cabedal [~'δał] *m* Kapital *n*; Vermögen *n*; Reichtum *m*; Macht *f*; ⊕ Leder *n*; ~ de viel; fazer ~ de pochen *od*. hoffen auf (*ac*.).

cabedelo [~'δelu] *m* Düne *f*.

cabel|eira [~'leirɐ] *f* (Haupt-) Haar *n*; Perücke *f*; **~eireiro** *m*, **-a** *f* [~lei'reiru, -ɐ] (Damen-)Friseur *m*, Friseuse *f*; Perückenmacher(in *f*) *m*.

cabelo [~'βelu] *m* Haar *n*; (Kopf-) Haare *n/pl*.; (*Uhr*-)Feder *f*; pelos ~s mit Gewalt, widerwillig; agarrar pelos ~s beim Schopf fassen; estar *pelos* ~*s* sehr aufgebracht (*od.* bokkig) sn; *não tocar a ponta dum* ~ kein Härchen krümmen; *em* ~ barhaupt; *ter* ~*s no coração* Haare auf den Zähnen h.; über Leichen gehen.

cabeludo [~βə'luðu] behaart; haarig (*a. fig.*); *couro m* ~ Schädeldecke *f*.

caber [~'βer] (2q) Platz h. (*od.* finden); (hinein)gehen; enthalten sn; passen; angebracht (*od.* zulässig) sn; möglich (*od.* denkbar) sn; kommen auf (*ac.*) (*Anteil*); zufallen; zustehen; j-s Sache sn, obliegen; *não* ~ *em si de* sich nicht zu lassen wissen vor (*dat.*).

cabide [~'βiðə] *m* Kleider-haken *m*, -ständer *m*, *bras. a.* -bügel *m*.

cabidela [~βi'ðɛlɐ] *f* **a**) Geflügelklein *n*; **b**) = *cabimento*.

cabido [~'βiðu] **1.** *m* (Dom-)Kapitel *n*; **2.** *adj. bem* ~ willkommen; passend; richtig.

cabimento [~βi'mẽntu] *m* Platz *m*, Raum *m*; Angebrachtheit *f*; Zulässigkeit *f*; *ter* ~ = *caber*.

cabina, -e [~'βinɐ, -ə] *f* Kabine *f*; ~ *telefónica* Fernsprechzelle *f*.

cabisbaixo [~βiʒ'βaiʃu] niedergeschlagen, F geknickt; *andar* ~ den Kopf hängen lassen.

cabo ['kaβu] *m* Ende *n*; *Besen- usw.* Stiel *m*; *Messer- usw.* Griff *m*; Kap *n*, Vorgebirge *n*; ⚓ Tau *n*, Seil *n*; ⚓ *u.* ⚡ Kabel *n*; ⚔ Gefreite(r) *m*; Zug-, Patrouillen-führer *m*; *allg.* Anführer *m*; *bsd.* Vorarbeiter *m*; *tea.* Chorführer *m*; ~ *do mar* **a**) Maat *m*; **b**) Strandpolizist *m*; ~ *da polícia* (Polizei-)Wachtmeister *m*; ~ *de aço* Drahtseil *n*; *ao* ~ zu guter Letzt; letzten Endes; *ao* ~ *de* am Ende (*gen.*), nach (Verlauf von) (*dat.*); *de* ~ *a rabo* von einem Ende zum andern, von A bis Z; von oben bis unten; vollständig; *levar a* ~ durchführen; *dar* ~ *de* kaputtmachen; *Vermögen* durchbringen; *Geduld* erschöpfen; *nervlich* fertigm.; *ir às do* ~ hochgehen; *razões f/pl. de* ~ *de esquadra* Unsinn *m*.

caboclo *bras.* [ka'boklu] **1.** *m* Halbblutindianer *m*; Mischling *m*; *allg.* Landarbeiter *m*; arme(r) Teufel *m*; **2.** *adj.* kupferfarben.

cabograma [kɐβu'ɣrɐmɐ] *m* Kabeldepesche *f*.

cabot|agem [~'taʒɐ̃i] *f* Küstenschiffahrt *f*; *navio m de* ~ Küstenschiff *n*; **~ar** [~ar] (1e) den Küstendienst versehen.

cabotino [~'tinu] *m* Komödiant *m*.

cabouc|ar, ~o [~βo'kar, ~'βoku] = *cavouc|ar, ~o*.

cabo-verdiano(s) [ˌkaβuvər'ðjɐnu] kapverdisch.

cabra ['kaβrɐ] **1.** *f* Ziege *f* (*a. fig.*); Ziegenleder *n*; ⊕ Ladebaum *m*; *irón.* Cabra *f* (*die Universitätsglocke von Coimbra*); **2.** *m bras.* (Neger-) Mischling *m*; *allg.* Kerl *m*; **~-cega** [ˌkaβrɐ'sɛɣɐ] *f* Blindekuh *f*.

cabrar ✈ [kɐ'βrar] (1b) hochziehen.

cábrea ⚓ ['kaβrjɐ] *f* Hebebock *m*.

cabrestante ⚓ [kɐβriʃ'tẽntə] *m* Winde *f*, Spill *n*.

cabrest|eiro [~'teiru] (zügel)fromm, zahm; **~o** [~'βreʃtu] *m* Halfter *f* (*a. m, n*); Leitochse *m*.

cabrim [kɐ'βrĩ] *m* Ziegenleder *n*.

cabriola [~'βrjɔlɐ] *f* Bocksprung *m*; Luftsprung *m*; *fig.* Umschwung *m*.

cabriolé [~βrju'lɛ] *m* Kabriolett *n*.

cabr|ita [~'βritɐ] *f weibl.* Zicklein *n*; *às* ~*s* huckepack; **~ito** [~itu] *m männl.* Zicklein *n*; **~ocha** *bras.* [~ɔʃɐ] *su.* (Neger-)Mischling *m*; Mulatte *m*, Mulattin *f*; **~oeira** [~weirɐ] *f* Bande *f*; **~um** [~ũ] Ziegen...

cábula ['kaβulɐ] **1.** *f* Schliche *m/pl.*, Kniffe *m/pl.*; Eselsbrücke *f*; Mogelzettel *m*; = *cabulice*; **2.** *su.* Faulpelz *m*; **3.** *adj.* nachlässig, faul.

cabul|ar [kɐβu'lar] (1a) die Schule schwänzen; nicht arbeiten; sich drücken; **~ice** [~isə] *f* Nachlässigkeit *f*; Drückebergerei *f*; **~oso** *bras.* [~ozu (-ɔ-)] unangenehm, lästig; = *cábula* 3.

caça ['kasɐ] **1.** *f* Jagd *f*; Wild(bret) *n*; ~ *grossa* (*miúda*) Hoch- (Klein-) wild *n*; *andar à* ~ *de* auf der Jagd sn nach; *dar* ~ *a* Jagd m. auf (*ac.*); *espantar a* ~ *fig.* zu früh losschießen; *ir à* ~ auf die Jagd gehen; **2.** *m* ✈ Jagdflieger *m*, Jäger *m*.

caç|ada [kɐ'saðɐ] *f* (Treib-)Jagd *f*; Jagdpartie *f*; Jagdbeute *f*; **~adeira** [~sɐ'ðeirɐ] *f* Jagd-flinte *f*, -joppe *f*, -boot *n*; **~adeiro** [~sɐ'ðeiru] Jagd...; **~ado** [~aðu] *fig.* mit allen Hunden gehetzt, durchtrieben; **~ador** [~sɐ'ðor] *m* Jäger *m* (*a.* ⚔); ~ *clandestino*, ~ *furtivo* Wilddieb *m*, Wilderer *m*.

caçamba *bras.* [ka'sẽmbɐ] *f* (Schöpf-)Eimer *m*; *Bagger*-Löffel *m*; Steigbügel *m*; Tragkiste *f*; Karren *m*.
caça-|minas (*pl. unv.*) [ˌkasɐ'minɐʃ] *m* Minensuchboot *n*; **~níqueis** (*pl. unv.*) *bras.* [~'nikeiʃ] *m* Groschengrab *n* (*Glücksspielautomat*).
caçar [kɐ'sar] (1p; *Stv.* 1b) jagen; fischen; *fig.* ergattern; erwischen; ⚓ *Schoten* anholen; *v/i.* ⚓ abfallen.
cacar|acá [kakɐrɐ'ka] *m* Kikeriki *n*; *de* ~ läppisch; **~ejar** [kɐkɐri'ʒar] (1d) gackern; **~ejo** [~'reʒu] *m* Gackern *n*; *fig.* Geschwätz *n*.
caçarola [kɐsɐ'rɔlɐ] *f* Kasserolle *f*.
cacatua [kɐkɐ'tuɐ] *f* Kakadu *m*.
cacau [kɐ'kau] *m* Kakao *m*.
cacau|al [kɐkaw'ał] *m* Kakaopflanzung *f*; **~(z)eiro** [~'eiru, ~kau'zeiru] *m* Kakaobaum *m*.
cacet|ada [kɐsə'taðɐ] *f* Schlag *m* (mit dem Knüppel); *bras. fig.* = *~eação*; **~e** [~'setə] **1.** *m* (Gummi-)Knüppel *m*; *in Porto*: lange(s) Weißbrot *n*; *bras.* lästige(r) Mensch *m*; **2.** *adj. bras.* aufdringlich; langweilig; **~eação** *bras.* [~tja'sẽu] *f* Schererei *f*, lästige Sache *f*; Aufdringlichkeit *f*; **~ear** [~'tjar] (1l) verprügeln; *bras.* belästigen, F auf den Wecker gehen; **~eiro** [~eiru] *m* F Bulle *m*.
cacha|ça *bras.* [ka'ʃasɐ] **1.** *f* (Zuckerrohr-)Schnaps *m*; *fig.* große Leidenschaft *f*, Schwäche *f*; **2.** *m* = *~ceiro*; **~ceira** [~ʃa'seirɐ] *f fig.* Suff *m*, Rausch *m*; **~ceiro** [~ʃa'seiru] **1.** *adj.* versoffen; **2.** *m* Säufer *m*.
cachaç|o [kɐ'ʃasu] *m* Nacken *m*; (Nacken-)Schlag *m*; *bras.* Zuchteber *m*; **~udo** [~ʃɐ'suðu] dick-, kurz-halsig; *fig.* aufgeblasen.
cachalote [~ʃɐ'lɔtə] *m* Pottwal *m*.
cacha|morra, ~porra [~'mɔʀɐ, ~'poʀɐ] *f* Knüppel *m*.
cachão [~'ʃẽu] *m* Schwall *m*; Sprudel *m*; Strahl *m*.
caché *gal.* [kɐ'ʃɛ] *m* Gage *f*.
cache|col [kɐʃə'kɔł] *m* = **~né** [~'nɛ] *m* Halstuch *n*.
cacheira [kɐ'ʃeirɐ] *f* Knüttel *m*.
cachimb|ar [~ʃĩm'bar] (1a) Pfeife rauchen; ~ *de* pfeifen auf (*ac.*); ~ *em* nachdenken über (*ac.*); **~o** [~'ʃĩmbu] *m* (Tabaks-)Pfeife *f*.
cachimónia P [~ʃi'mɔnjɐ] *f* Schädel *m*; *fig.* Grips *m*.
cachin|ada [~ʃi'naðɐ] *f* Hohngelächter *n*; **~ar** [~ar] (1a) laut herauslachen.
cacho ['kaʃu] *m* Traube *f*; *fig.* Büschel *n*, *Funken*-Garbe *f*; *Haar*-Locke *f*; ~ *de uvas* Weintraube *f*.
cacho|ar [kɐ'ʃwar] (1f) brodeln; **~eira** [~eirɐ] *f* Wasserfall *m*.
cachola F [~'ʃɔlɐ] *f* Schädel *m*.
cachop|a [~'ʃopɐ] *f* (junges) Mädchen *n*; **~o** [~u] *m* **a)** Junge *m*; **b)** Klippe *f* (*a. fig.*).
cachorr|a [~'ʃoʀɐ] *f* (junge) Hündin *f*; *fig. depr.* gemeine(s) Weib *n*; **~o** [~u] *m* (junger) Hund *m*; *Tier*-Junge(s) *n*; ⚠ Kragstein *m*; *fig.* Lump *m*; Schlingel *m*; **~o-quente** *bras.* [~u'kẽntə] *m* „Hotdog" *m*.
cacifo [~'sifu] *m* Kasten *m*; Lade *f*; Wandschränkchen *n*; Nische *f*.
cacimba [~'sĩmbɐ] *f* feuchte(r) Nebel *m*; Wasserloch *n*.
caciqu|e [~'sikə] *m* Kazike *m*, Häuptling *m*; *fig.* Boß *m*, F Bonze *m*; **~ismo** [~sə'kiʒmu] *m* Bonzentum *n*.
caco ['kaku] *m* Scherbe *f*; Plunder *m*; *fig.* F Schädel *m*; *fazer em ~s* zerschlagen, -brechen; *ter ~* Grips h.
caço|ada [kɐ'swaðɐ] *f* Spöttelei *f*; Witz *m*; *fazer ~* = **~ar** [~ar] (1f) verspotten; *v/i.* spötteln; Witze m.
cacofonia [kakufu'niɐ] *f* Mißklang *m*.
caçoila, -oula [kɐ'soilɐ, -olɐ] *f* [(Koch-)Topf *m*.]
cacto ['ka(k)tu] *m* Kaktus *m*.
caçula *bras.* [ka'sulɐ] *su.* der, die Jüngste; Nesthäkchen *n*.
cacunda *bras.* [~'kũndɐ] *f* Rücken *m*; Buckel *m* (*a. fig.*); *fig.* Schutz *m*.
cada ['kɐðɐ] jeder, jede, jedes; ~ *um*, ~ *qual* ein jeder; *um escudo ~ (um)* e-n Escudo das Stück (*od.* je e-n E.); ~ *vez mais (bonito)* immer mehr (schöner); ~ *três dias* alle drei Tage; ~ *(coisa, ideia, etc.)* F die tollsten (Dinge, Einfälle *usw.*); *dizer od. ter (fazer) ~ uma* die tollsten Dinge sagen (tun); *lembrar-se de ~ uma* auf die unmöglichsten Gedanken kommen.
cadafalso [kɐðɐ'fałsu] *m* Schafott *n*.
cadastr|ado [~ʃ'traðu] vorbestraft; **~ar** [~ar] (1b) (ins Grundbuch) eintragen; **~o** [~'ðaʃtru] *m* Kataster *m*; Grundbuch *n*; Personalakten *f/pl. e-s Beamten*; Verbrecheralbum *n der Polizei*; *Steuer*-Register *n*; *allg.* Kartei *f*.

cadáver [kɐ'ðavɛr] *m* Leiche *f*, Leichnam *m*; *Tier*-Kadaver *m*.
cadavérico [~ðɐ'vɛriku] leichenhaft, -blaß; Leichen...
cadê *bras.* [ka'ðe] wo ist?
cad|eado [~'ðjaðu] *m* Vorhängeschloß *n*; **~eia** [~'ðeiɐ] *f* Kette *f*; Gefängnis *n*; *em ~* Ketten...
cadeira [~'ðeirɐ] *f* Stuhl *m*; Lehrstuhl *m*; (Lehr-)Fach *n*; *~ dobradiça (estofada, de balanço, de braços, de palhinho, de preguiça od. repouso, de rodas, de vime)* Falt- (Polster-, Schaukel-, Arm- *od.* Lehn-, Rohr-, Liege-, Roll-, Korb-)stuhl *m*; *~ estofada de braços* Polster- (*de orelhas* Backen-)sessel *m*; *professor m de ~* ordentlicher Professor *m*; *professor da ~* Fachvertreter *m*; *~s pl.* Gesäß *n*; Hüften *f/pl.*
cadeir|ado [~ðei'raðu] **1.** *m* Gestühl *n*; **2.** *adj. bras.* breithüftig; **~inha** [~iɲɐ] *f* Sänfte *f*; Tragsessel *m*.
cadela [~'ðɛlɐ] *f* Hündin *f*; Dirne *f*.
cadência [~'ðẽsjɐ] *f* Tonfall *m*; Takt *m*; Rhythmus *m*; *Schuß*-Geschwindigkeit *f*; ♪ Kadenz *f*.
cadenc|iado, ~ioso [~ðẽ'sjaðu, ~'sjozu (-ɔ-)] rhythmisch; (ab)gemessen; wohlklingend.
cadente [~'ðẽntə] fallend; *estrela f ~* Sternschnuppe *f*.
cadern|al [~ðər'nał] *m* Flaschenzug *m*; **~eta** [~etɐ] *f* Notizbuch *n*; Studien-, Spar-, Konto-buch *n*; ⚔ Soldbuch *n*, Wehrpaß *m*; **~o** [~'ðɛrnu] *m* Heft *n*; Notizbuch *n*; *~ de papel* Lage *f* Papier; *~ de encargos* Vertragsbestimmungen *f/pl.*
cadete [~'ðetə] *m* Kadett *m*.
cadilho *bras.* [ka'diʎu] *m* Napf *m*; *~s pl.* Fransen *f/pl.*; *fig.* Sorgen *f/pl.*
cadinho [~'ðiɲu] *m* (Schmelz-)Tiegel *m*.
cádmio ⚗ ['kaðmju] *m* Kadmium *n*.
cadu|car [kɐðu'kar] (1n) in Verfall geraten; hinfällig w.; ⚖ verfallen; **~cário** [~'karju] Verfalls...; herrenlos (*Güter*); = *~co*; **~cidade** [~si'ðaðə] *f* Bau-, Hinfälligkeit *f*; ⚖ Ungültigkeit *f*; **~co** [kɐ'ðuku] bau-, hin-fällig; ⚖ verfallen, ungültig; *fig.* vergänglich; *árvore f de folha -a* Laubbaum *m*; *mal m ~* Fallsucht *f*.
café [kɐ'fɛ] *m* Kaffee *m*; Kaffeehaus *n*, Café *n*; *o ~ da manhã bras.* das Frühstück; *~ puro, ~ só* schwarze(r) Kaffee *m*; *~ com leite* Milchkaffe *m*; *fig.* Mulatte *m*; **~(s)-concerto** [~kõ'sertu] *m(pl.)* Konzertcafé *n*.
caf|edório P [kɐfə'ðɔrju] *m* Plörre *f*; **~eeiral** [~jei'rał] *m* Kaffeepflanzung *f*; **~eeiro** [~'fjeiru] *m* Kaffeebaum *m*; **~eicultor** [~ɛikuł'tor] *m* Kaffeepflanzer *m*; **~eicultura** [~ɛikuł'turɐ] *f* Kaffeeanbau *m*; **~eina** [~fɛ'inɐ] *f* Koffein *n*.
cafeteir|a [~'teirɐ] *f* Kaffeekanne *f*; **~o** [~u] *m* Kaffee(haus)besitzer *m*.
cafez|al [~fɛ'zał] *m* Kaffeepflanzung *f*; **~eiro** [~eiru] *m* Kaffeebaum *m*; = *~ista*; **~inho** *bras.* [kafɛ'ziɲu] *m* Täßchen *n* Kaffee; **~ista** [~iʃtɐ] **1.** *m* Kaffeepflanzer *m*; **2.** *su.* Kaffeetante *f*.
cafif|a [ka'fifɐ] *su.* Pechvogel *m*; **~ar** [~fi'far] (1a) Unglück bringen (*dat.*); **~e** [~ə] *m* Pech *n*.
cáfila ['kafilɐ] *f* Karawane *f*; *fig.* Bande *f*.
cafre ['kafrə] *m* Kaffer *m*.
cáften *bras.* ['kaften] *m* Zuhälter *m*.
caftina *bras.* [kaf'tinɐ] *f* Kupplerin *f*.
cafua [kɐ'fuɐ] *f* Höhle *f*; *fig.* Loch *n*.
cafuzo *m*, **-a** *f bras.* [ka'fuzo, -ɐ] Indianer-Negermischling *m*.
cagaço V [kɐ'ɣasu] *m* Schiß *m*.
cágado ['kaɣɐðu] **1.** *m* Schlammschildkröte *f*; *fig.* Faulpelz *m*; **2.** *adj.* durchtrieben; faul.
cag|anita V [kɐɣɐ'nitɐ] *f* Ziegen-, Schaf-mist *m*; Mäusedreck *m*; **~ão** V [~'ɣɐ̃u] *m fig.* Angsthase *m*; **~ar** V [~'ɣar] (1o; *Stv.* 1b) (be)scheißen; sich in die Hosen m.; **~arola** V [~ɐ'rɔlɐ] *m* = *~ão*.
cai|ação [kɐjɐ'sɐ̃u] *f* Kalken *n*, Tünchen *n*; = **~adela** [~ɐ'ðɛlɐ] *f* Kalkanstrich *m*; *fig.* Schminke *f*; *dar uma ~* = *~ar*; **~ar** [~'jar] (1b) kalken, tünchen; *Gesicht* schminken; *fig.* beschönigen.
cãibra ['kɐ̃imbrɐ] *f* (Muskel-)Krampf *m*.
caibr|al [kai'βrał]: *prego m ~* Dachdeckerstift *m*; **~o** ['kaiβru] *m* (Dach-)Sparren *m*.
caíd|a [kɐ'iðɐ] *f* = *queda*; **~o** [~u] **1.** *adj.* hängend; *fig.* hinfällig; niedergeschlagen; verloren; F verliebt; fällig (*Zinsen*); **2.** *m ~s pl.* Rückstände *m/pl.* (*a.* ⚓); *bras.*

Zärtlichkeiten *f/pl.*
caieir|a [kɐ'jeirɐ] *f* Kalk-brennerei *f*, -ofen *m*; **~o** [~u] *m* Kalkbrenner *m*.
caimão [kai'mɐ̃u] *m* Kaiman *m*.
caimento [kai'mẽntu] *m* Fall *m*; Verfall *m*; Hinfälligkeit *f*; Niedergeschlagenheit *f*; (seitliche) Neigung *f*.
caipira *bras.* [kai'pirɐ] *m* Hinterwäldler *m*, Bauer *m*.
caipor|a *bras.* [~'pɔrɐ] *m* Irrlicht *n*; *fig.* Pechvogel *m*; **~ismo** [~po'rizmu] *m* Unglück *n*; F Pech *n*.
cair [kɐ'ir] (31) (herunter-, um-, hin-)fallen; stürzen; sinken (*Sonne*; *Niveau usw.*); nachlassen (*Leistung usw.*); abstürzen (*Flugzeug*); herunterkommen (*Decke usw.*); ab-, aus-fallen (*Blätter*, *Haare*); zufallen (*Gewinn*); fällig sn (*Zinsen*); (über-, herunter-)hängen; einschlagen (*Blitz*); *fazer ~* zu Fall bringen, umwerfen, einreißen; *~ bem* (*mal*) sich (nicht) schicken, den Leuten (nicht) gefallen; *~ a alg.* j-m bekommen (*Speise*); *~ em* fallen auf *e-n Tag*, in *e-n Monat*; hereinfallen auf (*ac.*); in *die Falle*, in *sich* gehen; in *Vergessenheit usw.* geraten; in *e-n Irrtum usw.* verfallen; in *Tränen* ausbrechen; *~ na razão*, *~ no entendimento* Vernunft annehmen; *~ em sorte* zufallen; *~ em cima de* herfallen über (*ac.*); *~ por terra fig.* unter den Tisch fallen; *~ morto* tot umfallen; *ao ~ da noite* bei Anbruch der Nacht.
cairel [kai'rɛɫ] *m Hut*-Tresse *f*; Besatz *m*; Schutz-, Stoß-kante *f*.
cairo ['kairu] *m* Kokosfaser *f*.
cais (*pl. unv.*) [kaiʃ] *m* Kai *m*; 🚂 Bahnsteig *m*.
caititu *bras.* [kaiti'tu] *m* Maniokreibe *f*.
caixa ['kaiʃɐ] **1.** *f* Schachtel *f*; Dose *f*; Büchse *f*; Kiste *f*; Kasten *m*; ⊕ *a.* Gehäuse *n*; *auto. Auspuff*-Topf *m*; *Lkw.*: *~ aberta* (*fechada*) Pritsche *f* (Kasten *m*); *Brillen*-Scheide *f*, Etui *n*; *Treppen*-Haus *n*; *Geld*-Kasse *f*; *~ (forte, clara od. de guerra)* Trommel *f*; *~ de depósitos* (*económica*) Depositen- (Spar-) kasse *f*; *~ de música* Spieldose *f*; *~ de ressonância* Resonanzkasten *m*; *~ tipográfica* Schrift-, Setz-kasten *m*; *~ alta* (*baixa*) Groß- (Klein)buchstabe *m*; **2.** *m* Kassierer *m*; Kassenbuch *n*; **~-d'água** [~'ðaɣwɐ] *f* Wasserbehälter *m*, -reservoir *m*.
caix|ão [kai'ʃɐ̃u] *m* (große) Kiste *f*; *bsd.* Sarg *m*; *de ~ à cova* F toll; **~eiro** [~eiru] *m* Handlungsgehilfe *m*, Verkäufer *m*; *~ viajante* ⚕ Reisende(r) *m*; **~ilho** [~iʎu] *m* (Bilder-, Fenster-)Rahmen *m*; **~inha** [~iɲɐ] *f* Schachtel *f*; **~ote** [~ɔtə] *m Versand*-Kiste *f*; **~otim** *tip.* [~ʃu'tĩ] *m* Fach *n im Schriftkasten.*
cajado [kɐ'ʒaðu] *m* Hirtenstab *m*; *fig.* Halt *m*, Stütze *f*.
caju *bras.* [ka'ʒu] *m* Kajunuß *f*; *fig.* (Lebens-)Jahr *n*; **~eiro** [~'ʒweiru] *m* Kajubaum *m*; P Geizhals *m*.
cal [kaɫ] *f* Kalk *m*; *~ apagada* (*viva*) (un)gelöschte(r) Kalk *m*; *de pedra e ~* felsenfest, F bombensicher.
cala ['kalɐ] *f* Einschnitt *m*.
calaboiço, -ouço [kɐlɐ'βoisu, -osu] *m* Verlies *n*; Gefängnis *n*.
calabre [~'laβrə] *m* (Anker-)Tau *n*.
calad|a [~'laðɐ] *f* Stille *f*; Schweigen *n*; *pela ~* heimlich, unter der Hand; *às ~s* in aller Stille; **~o** [~u] **1.** *adj.* **a**) still, schweigend; schweigsam, verschwiegen; *estar ~* schweigen; **b**) durchbrochen (*Tuch*); **c**) aufgepflanzt (*Bajonett*); **d**) F gepfeffert (*Rechnung*); **2.** *m* ⚓ Tiefgang *m*.
calafet|agem [~lɐfə'taʒɐ̃i] *f* Kalfaterung *f*; Abdichtung *f*; **~ar** [~ar] (1c) kalfatern; abdichten; **~o** [~lɐ'fetu] *m* Dichtung *f*; = *~agem.*
calafrio [~lɐ'friu] *m Kälte*-Schauer *m*; Schüttelfrost *m*; *fig.* Schauder *m*; *tenho ~s* mich fröstelt (*od.* schaudert).
calami|dade [~lɐmi'ðaðə] *f* Katastrophe *f*; Unglück *n*; **~toso** [~'tozu (-ɔ-)] unheilvoll; unglücklich.
cálamo ['kalɐmu] *m Getreide*-Halm *m*; (Schreib-)Feder *f*; ⚘ Kalmus *m*.
calandr|a [kɐ'lẽndrɐ] *f* Mangel *f*; Walze *f*; Kalander *m* (*a. zo.*); **~agem** [~lẽn'draʒɐ̃i] *f* Mangeln *n*; Walzen *n*; Kalandern *n*; **~ar** [~lẽn'drar] (1a) *Wäsche* mangeln; *Blech* walzen; *Papier*, *Wolle* kalandern.
calão [kɐ'lɐ̃u] *m* Argot *n*, Jargon *m*; *Arbeiter-*, *Studenten- usw.* Sprache *f*.
calar [~'lar] (1b) **a**) *v/t.* zum Schweigen bringen; verschweigen; *cala-te boca!* halt den Mund!; *v/i. u.* **~-se** schweigen; **b**) *v/t.* durchdringen; *Frucht* anschneiden; herunterlassen; *Segel usw.* streichen; *Bajonett* fäl-

len; *Schiff* in den Grund bohren; *et.* an s-n Platz bringen (*od.* stellen, legen); *v/i.* (ein)dringen (in [*ac.*] em).

calau [kɐ'łau] *m* Nashornvogel *m.*

calça ['kałsɐ] *f* Fußring *m*; **~s** *pl.* Hose *f*; *~s de senhora* Schlüpfer *m*; *dar umas ~s* es *j-m* zeigen; *apanhar umas ~s* e-n auf den Deckel kriegen; *ver-se em ~s pardas* in der Klemme sitzen; *usar (as) ~s* die Hosen anhaben.

calç|ada [kał'saðɐ] *f* Pflaster *n*; (gepflasterte) Straße *f*; *bras.* Bürgersteig *m*; **~adeira** [~sɐ'ðeirɐ] *f* Schuhanzieher *m*; **~ado** [~aðu] *m* Schuhwerk *n*; *indústria f do ~* Schuhindustrie *f*; **~ador** [~ɐ'ðor] *m* = *~adeira.*

calcador [~kɐ'ðor] *m* Stampfer *m*, Ramme *f*; (runder) Setzhammer *m*; Füßchen *n an Nähmaschinen.*

calç|amento [~sɐ'mẽnto] *m bras.* Pflaster *n*; **~ão (-ões)** [~'sɐ̃u (~õiʃ)] *m(pl.)* kurze Hose(n) *f(pl.)*; Hosen *f/pl. der Vögel*; *~ de banho* Badehose *f.*

calcanhar [~ɐ'ɲar] *m* Ferse *f*, Hacken *m*; *dar aos ~es* Fersengeld geben; *andar nos ~es de alg.* j-m folgen (*fig.* nachlaufen); *não chegar aos ~es de alg.* j-m nicht das Wasser reichen können.

calcar [~'kar] (1n) treten (*aos pés* mit Füßen), stampfen; fest-, zertreten, -stampfen, -drücken, -klopfen; durchpausen, abklatschen.

calçar [~'sar] (1p) *Schuhe, Strümpfe* anziehen (*od.* tragen); *Straße* pflastern; *Auto* bereifen; *Werkzeug* beschlagen; *Rad* verkeilen; *Sporen* anlegen; *Möbel* unterlegen; *j-n* mit Schuhwerk ausstatten; *v/i.* passen.

calcário [~'karju] **1.** *adj.* kalkhaltig, Kalk...; **2.** *m* Kalkstein *m*, Kalk *m.*

calcet|ar [~sə'tar] (1c) pflastern; **~eiro** [~eiru] *m* Steinsetzer *m.*

calcific|ação [~səfikɐ'sɐ̃u] *f* Verkalkung *f*; **~ar-se** [~'karsə] (1n) ⚕ verkalken.

calcin|ação [~sinɐ'sɐ̃u] *f* (Aus-, Ver-)Brennen *n*; Verkohlung *f*; **~ar** [~'nar] (1a) *Gesteine* brennen; *Erz* glühen; ausbrennen (*a.* ⚕); verbrennen; *Holz* verkohlen.

cálcio ['kałsju] *m* Kalzium *n.*

calcita [kał'sitɐ] *f* Kalkspat *m.*

calço ['kałsu] *m* Unter-, Zwischenlage *f*, Keil *m*; Hemmschuh *m*; Bremsklotz *m.*

calco ['kałku] *m* Pause *f*, Durchzeichnung *f*; **~grafia** [~ɣrɐ'fiɐ] *f* Kupferstich(kunst *f*) *m.*

calço|las *bras.* [kał'sɔlɐs] *f/pl. Damen*-Schlüpfer *m*; **~tas** [~tɐs] *f/pl.* „Shorts" *pl.*

calcul|adamente [kałku,ladɐ'mẽntə] mit Berechnung; absichtlich; **~ador** [~lɐ'ðor] **1.** *m* = *~ista*; **2.** *adj.* Rechen...; **~ar** [~'lar] (1a) berechnen; sich ausrechnen; voraussehen; glauben; sich vorstellen (können); *calculo!* kann ich mir denken!; *~ a/c. em* et. veranschlagen auf (*ac.*); *v/i.* rechnen; **~ável** [~'lavɛł] berechenbar; absehbar; **~ista** [~'liʃtɐ] **1.** *m* Rechner *m*; berechnende(r) Mensch *m*; Plänemacher *m*; **2.** *adj.* berechnend.

cálculo ['kałkulu] *m* **a)** Rechnen *n*, Rechenkunst *f*; Rechnung *f*; Berechnung *f*; Plan *m*; *~ mental* Kopfrechnen *n*; **b)** ⚕ Stein *m.*

calda ['kałdɐ] *f* Glühen *n des Eisens*; (Zucker-, Frucht-)Sirup *m*; *allg.* Brühe *f*; Sud *m*; *~s pl.* warme Quellen *f/pl.*; Thermalbad *n*; *dar ~ ao ferro* das Eisen glühen.

calde|ação [kałdjɐ'sɐ̃u] *f* Glühen *n*; Schweißen *n*; Löschen *n*; = **~amento** [~ɐ'mẽntu] *m Rassen*-Mischung *f*; **~ar** [~'djar] (1l) *Metalle* glühen; *Metallteile* (zs.-) schweißen; *Kalk* löschen; *Fleisch* ablöschen; *Rassen* mischen; *fig.* erhitzen.

caldeira [~'deirɐ] *f* Kessel *m*; ⊕ Dampfkessel *m*; ⛏ Grube *f*; *~ eléctrica* elektrische(r) Kocher *m.*

caldeir|ada [~dei'raðɐ] *f* Kesselvoll *m*; Guß *m*; Fischsuppe *f*; **~ão** [~ɐ̃u] *m* (großer) Kessel *m*; *bras.* Wasserloch *n*; Pfütze *f*; ♩ Fermate *f*; **~eiro** [~eiru] *m* Kessel-, Kupfer-schmied *m*; **~inha** [~iɲɐ] *f* Weihwasserkessel *m*; *estar entre a cruz e a ~* in Lebensgefahr schweben; in größter Verlegenheit sn; *estar entre a cruz e a ~ de ... e de ...* sich in der Zwangslage befinden, zwischen ... (*dat.*) und ... (*dat.*) wählen (*od.* entweder ... *inf.* oder ... *inf.*) zu müssen; **~o** [~'deiru] *m* Schöpfeimer *m*; Kochtopf *m.*

caldo ['kałdu] *m* Brühe *f*; 🕮 (Nähr-) Bouillon *f*; *~ verde* Kohlsuppe *f*; *fig.* F *~ requentado* olle Kamelle *f*;

~ *entornado* faule Sache *f*; *entornar o* ~ die Sache verderben; ~ *de castanhas* Blümchenkaffee *m*; ~ *de cultura fig.* Nährboden *m*.
calefacção [kɐləfa'sɐ̃u] *f* Heizung *f*; Erhitzung *f*, Erwärmung *f*.
calefrio [~'friu] *m* = *calafrio*.
caleira [kɐ'leirɐ] *f* (Dach-)Rinne *f*.
calejado [kɐlɨ'ʒaδu] schwielig; *fig.* abgefeimt.
calembur [~ẽm'bur] *m* Kalauer *m*.
calend|ário [~ẽn'darju] *m* (Abreiß-)Kalender *m*; **~as** [~'lẽndɐʃ] *f/pl.* (*gregas*) Nimmerleinstag *m*.
calha ['kaʎɐ] *f* Rinne *f*; Schiene *f*.
calhado [kɐ'ʎaδu]: ~ *em* eingearbeitet in (*dat.*); bewandert in (*dat.*).
calhamaço [kɐʎɐ'masu] *m* Schinken *m* (*Buch*).
calhambeque [~ɐ̃m'bɛkə] *m* alte Karre *f*; Plunder *m*.
calhandra [~'ʎɐ̃ndrɐ] *f* Kalanderlerche *f*.
calhandro [~'ʎɐ̃ndru] *m* Toiletteneimer *m*; *Klosett*-Becken *n*.
calhar [~'ʎar] (1b) *fig.* sich treffen; klappen; passen; *estar* (*mesmo*) *a* ~ sich gut treffen; wie gerufen kommen; *se* ~ vielleicht; *como calha*(*r*) wie es gerade kommt.
calhau [~'ʎau] *m* Felsbrocken *m*; (Kiesel-)Stein *m*; *tapado como um* ~ F dumm wie Bohnenstroh.
calheta [~'ʎetɐ] *f* schmale Bucht *f*.
calibr|ador [kɐliβrɐ'δor] *m* Loch-, Schraub-, Schub-lehre *f*; Stellvorrichtung *f*; ⚒ Sortiergerät *n*; **~ar** [~'βrar] (1a) kalibrieren; ausmessen; **~e** [~'liβrə] *m* Kaliber *n*, Lehre *f*; Bohrung *f*; Schablone *f*; *fig.* Beschaffenheit *f*, Art *f*; ~ *macho* (*fêmea*) Kaliber-dorn (-ring) *m*.
caliça [kɐ'lisɐ] *f* Kalk(schutt) *m*.
cálice ['kalisə] *m* (Stiel-)Glas *n*; *bsd.* Portweinglas *n*; *rel. u.* ⚘ Kelch *m*.
calidez [kɐli'δeʃ] *f* Hitze *f*.
cálido ['kaliδu] **a**) heiß; feurig; **b**) schlau, durchtrieben.
califa [kɐ'lifɐ] *m* Kalif *m*.
calig|em [~'liʒɐ̃i] *f* (dichter) Nebel *m*; Finsternis *f*; **~inoso** [~liʒə'nozu (-ɔ-)] dicht (*Nebel*); diesig (*Wetter*); finster; getrübt (*Auge*).
caligr|afia [~liγrɐ'fiɐ] *f* Schönschrift *f*; *allg.* Handschrift *f*; **~áfico** [~'γrafiku] kalligraphisch.
calist|a [~'liʃtɐ] *su.* Fußpfleger(in *f*) *m*; **~o** [~u]: *ser* ~ Unglück bringen.
cálix (*pl. unv.*) ['kalis] *m* Kelch *m*.
calma ['kałmɐ] *f* Ruhe *f*; Hitze *f*; ⚓ Windstille *f*.
calm|ante [kał'mɐ̃ntə] *m* Beruhigungsmittel *n*; **~ar** [~ar] (1a) = *acalmar*; **~aria** [~mɐ'riɐ] *f* Windstille *f*; Schwüle *f*; **~o** ['kałmu] ruhig; still, unbewegt; = **~oso** [~ozu (-ɔ-)] schwül; heiß.
calo ['kalu] *m* Schwiele *f*, Hornhaut *f*; ⚕ Hühnerauge *n*.
caloiro, -ouro [kɐ'loiru, -oru] *m* Neuling *m*; Neue(r) *m*.
calombo [ka'lõmbu] *m bras.* Geschwulst *f*; Gerinnsel *n*.
calor [kɐ'lor] *m* Wärme *f*, Hitze *f*; Lebhaftigkeit *f*, Eifer *m*; *está* (*od. faz*) ~ es ist heiß; *tenho* ~ mir ist warm; *com* ~ *fig.* lebhaft, eifrig; **~ia** [~lu'riɐ] *f* Kalorie *f*.
calor|ífero [~lu'rifəru] *m* Heizkörper *m*; Heizvorrichtung *f*, Heizung *f*; **~ificação** [~rifikɐ'sɐ̃u] *f* Wärmeerzeugung *f*; **~ífico** [~ifiku] **1.** *adj.* Heiz...; Wärme...; **2.** *m* Heizkörper *m*; **~ífugo** [~ifuγu] nicht wärmeleitend; **~ímetro** [~imətru] *m* Wärmemesser *m*; **~oso** [~ozu (-ɔ-)] warm (*a. fig.*); herzlich; lebhaft.
calos|idade [~zi'δaδə] *f* Hornhaut *f*; **~o** [~'lozu (-ɔ-)] schwielig.
calota [~'lɔtɐ] *f* ⚙ (Kugel-)Haube *f*; *anat.* Schädeldach *n*; *Priester*-Käppchen *n*; (Rad-)Deckel *m*.
calot|e [~'lɔtə] *m* unbezahlte Schuld *f*; Schwindel *m*; *armar* (*od. pregar*) *~s a* = **~ear** [~lu'tjar] (1l) *j-n* anschwindeln, prellen; *v/i.* die Leute prellen; **~eiro** [~lu'teiru] *m* Schwindler *m*, Preller *m*.
caluda! [~'luδɐ] Ruhe!
calúnia [~'lunjɐ] *f* Verleumdung *f*.
caluni|ador [~lunjɐ'δor] *m* Verleumder *m*; **~ar** [~'njar] (1g) verleumden; **~oso** [~'njozu (-ɔ-)] verleumderisch.
calva ['kałvɐ] *f* Glatze *f*; *pôr a* ~ *à mostra a alg.* j-n entlarven.
Calvário [kał'varju] *m* Golgatha *n*, Schädelstätte *f*; ♀ Kalvarienberg *m*; *fig.* Leidens-weg *m*, -zeit *f*; Qual *f*; *levar a sua cruz ao* ♀ sein Kreuz auf sich nehmen, sein Los tragen.
calv|ejar [~ə'ʒar] (1d) *v/i.* kahl w.; **~ície** [~'visjə] *f* Kahlköpfigkeit *f*; **~o** ['kałvu] **1.** *adj.* kahl(köpfig); *fig.* durchsichtig; **2.** *m* Kahlkopf *m*.

cama ['kɐmɐ] *f* Bett *n*; Lager *n*; *fig.* Unterlage *f*, Polster *n*; Schicht *f*; ~ *de casal* (*solteiro*) Doppel- (Einzel-)bett *n*; ~ *de campanha*, *bras.* ~-*-de-vento* Feldbett *n*; *cair à* ~ in die Wochen kommen; = *cair de* ~ bettlägerig w.; *estar de* ~, *guardar a* ~ das Bett hüten, bettlägerig sn.
camada [kɐ'maðɐ] *f* Schicht *f*, Lage *f*; Überzug *m*, Film *m*; *dispor em* ~*s* (auf-, über-ea.-)schichten.
camafeu [~mɐ'feu] *m* Gemme *f*.
camaleão [~'ljɐ̃u] *m* Chamäleon *n*.
câmara ['kɐmɐrɐ] *f* Kammer *f*; Gehäuse *n*; ⚓ Kajüte *f*; ⚔ Patronenlager *n*; Laderaum *m* (*Kanone*); ♀ *Municipal* Rathaus *n*; ~ *óptica* Guckkasten *m*; *fot.* ~ *escura*, ~ *obscura* Dunkelkammer *f*; (Loch-)Kamera *f*; *Presidente m da* ♀ Bürgermeister *m*; ~**-ardente** [ˌkɐmɐrar'dẽntə] *f* Totenkammer *f*.
camar|ada [kɐmɐ'raðɐ] *m* Kamerad *m*, Gefährte *m*; (Berufs-, Partei-) Genosse *m*; ~ *de escola* Mitschüler *m*; ~ *da Universidade* Studienfreund *m*; ~**adagem** [~rɐ'ðaʒɐ̃i] *f* Kameradschaft *f*.
câmara-de-ar [ˌkɐmɐrɐ'ðar] *f* Luftblase *f* (*Ei*); *auto.* Schlauch *m*.
camarão [kɐmɐ'rɐ̃u] *m* Krabbe *f*.
camarário [~'rarju] städtisch; *imposto m* ~ Gemeindesteuer *f*.
camar|eira [~'reirɐ] *f* Kammerfrau *f*; *bras.* Zimmermädchen *n*; ~**eiro** [~eiru] *m* Kämmerer *m*; *bras.* Nachttopf *m*; ~**ilha** [~iʎɐ] *f* Kamarilla *f*; ~**im** [~ĩ] *m tea.* Ankleidezimmer *n*, Künstlerloge *f*; *rel.* Heiligenschrein *m*; ~**ista** [~iʃtɐ] *m* Kammerherr *m*; Stadtverordnete(r) *m*; ~**lengo** [~'lẽŋgu] *m* Kardinalkämmerling *m*; ~**ote** [~ɔtə] *m* ⚓ Kabine *f*; Kajüte *f*; *tea.* Loge *f*; ~**oteiro** [~ru'teiru] *m* ⚓ Steward *m*; *tea.* Logenschließer *m*.
camba ['kɐ̃mbɐ] *f* Felge *f*.
cambada [kɐ̃m'baðɐ] *f* Schnur *f Vögel, Fische usw.*; Haufen *m*; *fig.* Gesindel *n*.
camb|ado [~'baðu] schief (getreten); = ~**aio** [~aju] krumm-(X-)beinig.
cambalacho *bras.* [~ba'laʃu] *m* Kuhhandel *m*.
cambalear [~bɐ'ljar] (1l) schwanken, taumeln.
cambalhota [~'ʎɔtɐ] *f* Purzelbaum [*m.*]
cambão [~'bɐ̃u] *m* Schwengel *m*; Zugwaage *f*; Göpelstange *f*; Obstpflücker *m*; *fig.* Machenschaft *f*.
camba|pé [~bɐ'pɛ] *m* Beinstellen *n*; *fig.* Falle *f*; *dar* (*od. armar*) *um* ~ ein Bein stellen; ~**r** [~'bar] (1a) (ein)knicken; *bras.* wenden; umspringen (*Wind*); *fig.* umfallen.
cambeta [~'betɐ] krummbeinig.
cambi|ador [kɐ̃mbjɐ'ðor] *m bras.* *Platten*-Wechsler *m*; ~**ais** [~'bjaiʃ] *m/pl.* Devisen *f/pl.*; ~**al** [~'bjał] Wechsel...; Kurs...; Devisen...; *política f* ~ Devisenpolitik *f*; *estabilidade f* ~ Festigkeit *f* der Währung; ~**ante** [~'bjẽntə] **1.** *adj.* (vielfarbig) schillernd; **2.** *m* Farbton *m*, Farbe *f*; ~**ar** [~'bjar] (1g) *Geld* (um-) wechseln, umtauschen; *Stier* täuschen; *v/i.* schillern, wechseln (*Farbe*); *fig.* sich wandeln; ~**ário** [~'bjarju] = ~*al*.
câmbio ['kɐ̃mbju] *m* Umtausch *m*, (Geld-)Wechsel *m*; Wechselgeschäft *n*; Valuta *f*; *Börsen*-Kurs *m*; *taur.* Ausweichbewegung *f*; *letra f de* ~ Wechsel *m*; *casa f de* ~ Wechselstube *f*.
cambista [kɐ̃m'biʃtɐ] *m* Wechsler *m*; *bras. a.* Billettverkäufer *m*.
cambo ['kɐ̃mbu] *m* Obstpflücker *m*.
cambot|a [kɐ̃m'bɔtɐ] *f* ⚠ Holzverschalung *f*; *bras.* Radkranz *m*.
cambraia [~'brajɐ] *f* Batist *m*.
cambulhada [~bu'ʎaðɐ] = *cambada*; *fig.* Durcheinander *n*; *de* ~ Hals über Kopf; nacheinander.
camélia [kɐ'mɛljɐ] *f* Kamelie *f*.
camel|ice P [~mə'lisə] *f* Dummheit *f*; ~**o** [~'melu] *m* Kamel *n* (*a. fig.*).
camião [~'mjɐ̃u] *m* 🚗 Gepäckkarren *m*; Last(kraft)wagen *m*, Lkw *m*.
caminh|ada [~mi'ɲaðɐ] *f* Wanderung *f*; weite(r) Weg *m*, lange(r) Marsch *m*; ~**ador** [~ɲɐ'ðor] **1.** *adj.* gut zu Fuß; **2.** *m* (guter) Fußgänger *m*; ~**ante** [~ẽntə] **1.** *adj.* wandernd, reisend; **2.** *m* Wanderer *m*; Reisende(r) *m*; Vorübergehende(r) *m*; ~**ão** *bras.* [~ɐ̃u] *m* Lastwagen *m*; *auto.* = *camião*; ~*-tanque* Tankwagen *m*; ~**ar** [~ar] (1a) *v/i.* wandern, reisen; gehen, laufen; ~ *para fig.* zusteuern auf (*ac.*); ~ *por* durchwandern, bereisen, befahren; *v/t.* *Strecke* zurücklegen; ~**eiro** [~eiru] **1.** *adj.* (gut) zu Fuß; **2.** *m* Wanderer *m*; Botengänger *m*; ~**eta** [~etɐ] *f* = *camioneta*.

caminho [kɐ'miɲu] *m* Weg *m*; ~ *de ferro* Eisenbahn *f*; ~ *de cabra*, ~ *de pé posto* Fußpfad *m*; *de* ~ sogleich; gleich(zeitig); *pelo* ~ unterwegs; *o* ~ *de* der Weg nach; *a duas horas de* ~ zwei Wegstunden weit; *fazer* ~ vorwärtskommen; *levar o seu* ~ s-n Lauf nehmen; *pôr pés* (*od. pernas*) *a* ~, *pôr-se* (*od. meter-se*) *a* ~ sich auf den Weg m., F abhauen; *tomar* ~ Vernunft annehmen; *por* ~*s perdidos* auf Schleichwegen, irgendwie.

camion|agem [~mju'naʒɐ̃i] *f* Kraftwagen-Fernverkehr *m*; Transport *m*; *empresa f de* ~ Transportunternehmen *n*; **~eta** [~etɐ] *f* Omnibus *m*; ~ *de carga* Lastkraftwagen *m*; **~ista** [~iʃtɐ] *m* Transportunternehmer *m*; Last(kraft)wagenfahrer *m*.

camisa [kɐ'mizɐ] *f* Hemd *n*; *fig.* Überzug *m*; *Kalk*-Bewurf *m*; (Frucht-)Hülle *f*; *Mais*-Hülse *f*; *Geschoß*-, *Ofen*-Mantel *m*; (Salz-) Decke *f in Salinen*; Glühstrumpf *m*; ~ *de dormir*, ~ *de noite* Nachthemd *n*; ~ *de força* Zwangsjacke *f*; ~*-de--vénus* Kondom *n*; *em* ~ im Hemd; *ficar sem* ~ alles verlieren; *meter-se numa* ~ *de onze varas* F sich in die Nesseln setzen.

camis|aria [~mizɐ'riɐ] *f* Hemden-, Wäsche-geschäft *n*; **~eira** [~'zeirɐ] *f* Weißnäherin *f*; **~eiro 1.** *m* Hemdenfabrikant *m*; Weißnäher *m*; ~ *cortador* Hemdenzuschneider *m*; **2.** *adj.* Hemden...; **~eta** *bras.* [~'zetɐ], **~ola** [~'zɔlɐ] *f* Unter-hemd *n*, -jacke *f*; Pullover *m*; **~olão** *bras.* [~o'lɐ̃u] *m* Nachthemd *n*.

camomila [~mu'milɐ] *f* Kamille *f*.

campa ['kɐ̃mpɐ] *f* Grab(stein *m*) *n*; Glocke *f*; **~inha** [kɐ̃mpɐ'iɲɐ] *f* Glocke *f* (*a.* ⚘), Klingel *f*; P Zäpfchen *n*; ~*s pl.* Schellenbaum *m*; *tocar à* ~ klingeln.

campal [kɐ̃m'pał] Feld...

campanário [~pɐ'narju] *m* Glockenturm *m*; Kirchensprengel *m*; *questões f/pl. de* ~ Lokalfragen *f/pl.*

campanha [~'pɐɲɐ] *f* Feldzug *m*; Feldlager *n*; offene(s) Feld *n*; *fig.* Kampagne *f*; ~ *eleitoral* Wahlkampf *m*; ~ *de azeite* Ölkampagne *f*; ~ *de pesca* Fangzeit *f*.

camp|anil [~pɐ'nił] *m* Glockengut *n*; **~anudo** [~pɐ'nuðu] glockenförmig; *fig.* schwülstig; **~ânula** [~'pɐnulɐ] *f* Glöckchen *n*; **~anuláceas** [~pɐnu'lasjɐʃ] *f/pl.* Glockenblumen *f/pl.*; **~anulado** [~pɐnu'laðu] glokkenförmig; Glocken...

campar [~'par] (1a) sich aufspielen (als *por*); seine Sache gut machen, glänzen; = *acampar*.

campe|ão [~'pjɐ̃u] *m* Kämpe *m*, Held *m*; Vorkämpfer *m*, Verfechter *m*; *Sport*: Meister *m*; ~ *de automobilismo*, ~ *de ciclismo* Meisterfahrer *m*; **~ar** [~ar] (1l) im Felde stehen; einherstolzieren; sich aufspielen (als *por*); auffallen; das Feld beherrschen, thronen; *bras.* das Feld durch- (*od.* umher-)streifen; *s. a. acampar*; **~onato** [~pju'natu] *m* (Kampf *m* um die) Meisterschaft *f*; ~*s pl.* Meisterschaftskämpfe *m/pl.*

camp|esinho, ~esino, ~estre [~pə'ziɲu, -nu, ~'pɛʃtrə] ländlich, Land...; ⚘ wildwachsend, Feld...; **~ina** [~'pinɐ] *f* Flur *f*, Gefilde *n*; **~ino** [~'pinu] *m* (Stier-)Hirt *m*; **~ismo** [~'piʒmu] *m* Camping *n*; *fazer* ~ campen; **~ista** [~'piʃtɐ] *m* Camper *m*; **~o** ['kɐ̃mpu] *m* Feld *n*, Acker *m*; Land *n* (*Ggs. Stadt*); *Konzentrations- usw.* Lager *n*; *Arbeits*-Gebiet *n*; Spielraum *m*; ~ *desportivo* Sportplatz *m*; ~ *de batalha* Schlachtfeld *n*; ~ *santo* Friedhof *m*; *conquistar* ~ Boden gewinnen; *deixar o* ~ *livre* das Feld räumen; *entrar em* ~ in die Schranken treten; *no* (*para o*) ~ auf dem (aufs) Land; *ficar senhor do* ~ das Feld behaupten; **~onês** [~pu'neʃ] **1.** *m* Landmann *m*, Bauer *m*; **2.** *adj.* ländlich; bäuerlich; **~ónio** [~'pɔnju] *m iron.* Bäuerlein *n*.

camufl|agem [kɐmu'flaʒɐ̃i] *f* Tarnung *f*; **~ar** [~ar] (1a) tarnen.

camundongo *bras.* [~mũn'dõŋgu] *m* (Haus-)Maus *f*.

camurça [~'mursɐ] *f* Gemse *f*; Wildleder *n*; Fensterleder *n*.

cana ['kɐnɐ] *f* Schilf *n*, (Zucker-, Bambus-)Rohr *n*; Rohrstock *m*; *Getreide*-Halm *m*; *Stiefel*-Schaft *m*; (Angel-)Rute *f*; ~ *do nariz* Nasenrücken *m*, -bein *n*; ~ *da perna* Schienbein *n*; ~*s pl. do braço* Unterarmknochen *m/pl.*

canada [kɐ'naðɐ] *f* **a)** Kanade *f*, *entspr. etwa dtsch.* Maß *f*; **b)** Pflockreihe *f zur Bezeichnung e-r Furt*; Richtweg *m*; Wagengleis *n*.

canadense, -iano [~nɐ'ðẽsə, -jɐnu] **1.** *adj.* kanadisch; **2.** *m* Kanadier *m*.

canal [kɐ'nał] *m* Kanal *m*; Röhre *f*.
canalha [~'naʎɐ] **a**) *f* Pack *n*, Gesindel *n*; **b**) *m* Lump *m*, P Aas *n*.
canaliz|ação [~nɐlizɐ'sɐ̃u] *f* Kanalisation *f*; (Wasser-, Gas-)Leitung *f*; **~ar** [~'zar] (1a) kanalisieren; *fig.* (weiter)leiten, lenken.
canana [~'nɐnɐ] *f* Patronengurt *m*.
canapé [~nɐ'pɛ] *m* Sofa *n*.
canário [~'narju] *m* Kanarienvogel *m*.
canastra [~'naʃtrɐ] *f* (Wäsche-)Korb *m*.
canastr|ada [~nɐʃ'traðɐ] *f* Korbvoll *m*; *às ~s* körbeweise; **~eiro** [~eiru] *m* Korbflechter *m*; **~o** [~'naʃtru] *m* *hochwandiger* Tragkorb *m*; P Leichnam *m* (*fig.*); *dar cabo do ~* P die Knochen im Leibe zs.-schlagen.
canavial [kɐnɐ'vjał] *m* Röhricht *n*.
canção [kɐ̃'sɐ̃u] *f* Lied *n*.
cancela [~'sɛlɐ] *f* *Gitter-*, *Garten-*Tür *f*; *Bahn-*Schranke *f*; Sperre *f*.
cancel|amento [~səlɐ'mẽntu] *m* Streichung *f*; Ungültigkeitserklärung *f*; (Ab-, Aus-)Sperrung *f*; Niederschlagung *f*; **~ar** [~'lar] (1c) *Eintragung* streichen; ungültig m.; für ungültig erklären; ☤ *Auftrag* zurückziehen, annullieren; *Kredit usw.* sperren; *allg.* (ab-, aus-) sperren; *Prozeß* niederschlagen.
câncer *ast.* ['kɐ̃sɛr] *m* Krebs *m*.
canceroso [kɐ̃sə'rozu (-ɔ-)] Krebs-...; krebskrank.
cancha *bras.* ['kɐ̃ʃɐ] *f* Renn-, Sportplatz *m*; Tenne *f*.
cancioneiro [kɐ̃sju'neiru] *m* Liederbuch *n*.
cançonet|a [~su'netɐ] *f* Schlager *m*; **~ista** [~nə'tiʃtɐ] *su.* Schlagersänger (-in *f*) *m*.
cancro ⚕ ['kɐ̃ŋkru] *m* Krebs(geschwür *n*) *m*; *fig.* Krebsschaden *m*.
candeeiro [kɐ̃n'djeiru] *m* Lampe *f*.
candei|a [~'ðejɐ] **1.** *f* (Öl-)Lampe *f*; ⚘ Kätzchen *n*; *Festa f das* ♀*s* Lichtmeß *f*; *de ~s às avessas* auf gespanntem Fuß; **2.** *adj. bras.* graziös; elegant; **~o** [~u] *m* Lockfeuer *n*.
candel|abro [~də'laβru] *m* Armleuchter *m*; ♀**ária** [~arjɐ] *f* Lichtmeß *f*; ♀ ⚘ Königskerze *f*.
candente [~'dẽntə] weißglühend.
cândi ['kɐ̃ndi] *s. açúcar*.
candid|atar-se [kɐ̃ndiðɐ'tarsə] (1a) kandidieren; **~ato** [~'ðatu] *m* Kandidat *m*; Bewerber *m*; Anwärter *m*; **~atura** [~ɐ'turɐ] *f* Kandidatur *f*; Bewerbung *f*; Anwartschaft *f*.
cândido ['kɐ̃ndiðu] weiß; *fig.* rein; arglos; naiv.
candil [kɐ̃n'dił] *m* = *candeia*.
candonga [~'dõŋgɐ] *f* **a**) (Lebensmittel-)Schmuggel *m*; **b**) arglistige Schmeichelei *f*; *~s pl.* katzenfreundliche(s) Benehmen *n*.
candor *m*, **-ura** *f* [~'dor, -urɐ] Weiße *f*; Lauterkeit *f*; Arglosigkeit *f*, Unschuld *f*; Einfalt *f*.
canec|a [kɐ'nɛkɐ] *f* Krug *m*; *Milch-*Kännchen *n*; **~o** [~u] *m* Kanne *f*; P Deibel *m*; *pintar o ~ s. diabo*.
caneiro [~'neiru] *m* Fahr-wasser *n*, -rinne *f*; Kanal *m*; Fischreuse *f*.
canela [~'nɛlɐ] *f* Zimt *m*; *anat.* Schienbein *n*; Fessel *f* (*Pferd*); ⊕ *Web-*Spule *f*; *dar às ~s* F ausreißen.
canel|ado [~nə'laðu] gerippt; *folha f -a* Wellblech *n*; *tecido (veludo) m ~* Rips(samt) *m*; **~ão** [~ɐ̃u] *m* kandierte Zimtstange *f*; Zitronatmandel *f*; Grundfaden *m der Kette*; **~ar** [~ar] (1c) riefen, kannelieren; **~eira** [~eirɐ] *f* ⚘ Zimtbaum *m*; † ⚔ Beinschiene *f*; *Sport*: Schienbeinschützer *m*; ⊕ Spulerin *f*; **~eiro** [~eiru] *m* ⊕ Spulrad *n*; Spuler *m*; ⚘ = *~eira*; **~im** [~ĩ] *m* Zimtmandel *f*; **~o** [~'nelu] *m* *Ochsen-*Beschlag *m*, Hufeisen *n*; **~ura** [~urɐ] *f* Riefe *f*; Riefung *f*; Kannelierung *f*.
caneta [~'netɐ] *f* (Feder-, Bleistift-) Halter *m*; *~ (de tinta) permanente* = *~-tinteiro f* Füllfederhalter *m*; F Füller *m*.
cânfora ['kɐ̃furɐ] *f* Kampfer *m*.
canga ['kɐ̃ŋgɐ] *f* (Ochsen-)Joch *n* (*a. fig.*); Tragstange *f*.
canga|ceiro *bras.* [kɐ̃ŋga'seiru] *m* Bandit *m*; **~ço** [~'gasu] *m* **a**) = *engaço*; **b**) *bras.* Bewaffnung *f des Banditen*; Banditentum *n*.
cangalh|as [~'gaʎɐʃ] *f/pl.* Traggestell *n der Lasttiere*; P Brille *f*; *de ~* der Länge nach; **~eiro** [~gɐ'ʎeiru] *m* Beerdigungsunternehmer *m*; **~o** [~'gaʎu] *m* Pflock *m am Ochsenjoch*; Zweig *m mit Früchten*; F Klappergestell *n*; Plunder *m*.
cangar [~'gar] (1o) ins Joch spannen; *fig.* unterjochen.
cangote *bras.* [~'gɔtə] *m* Nacken *m*.
canguinha(s) [~'giɲɐ(ʃ)] *m* Knirps *m*; Knicker *m*.
canguru [~gu'ru] *m* Känguru *n*.

canhamaço [kɐɲɐ'masu] *m Art* Rupfen *m.*
cânhamo ['kɐɲɐmu] *m* Hanf *m*; ~ *em rama* Basthanf *m.*
canhão [kɐ'ɲɐ̃u] *m* Kanone *f*, Geschütz *n*; (Ärmel-)Aufschlag *m*; (Stiefel-)Stulpe *f*; (Feder-)Kiel *m*; Zylinder *m* (*Sicherheitsschloß*).
canhas ['kɐɲɐʃ]: *às* ~ links herum, verkehrt.
canhenho [kɐ'ɲeɲu] *m* Merk-, Notiz-block *m*; *fig.* Gedächtnis *n*; *escrever no* ~ sich einprägen.
canhestro [~'ɲeʃtru] linkisch.
canhon|ada [~ɲu'naðɐ] *f* Kanonendonner *m*; **~ear** [~'njar] (1l) (mit Kanonen) beschießen; **~eio** [~eju] *m* Beschießung *f*; Kanonade *f*; = *~ada*; **~eira** [~eirɐ] *f* Schießscharte *f*; ⚓ Kanonenboot *n*; **~eiro** [~eiru] Kanonen...
canhoto [~'ɲotu] **1.** *adj.* linkshändig; *fig.* linkisch; **2.** *m* Linkshänder *m*; P Deibel *m*; *prov.* Knorz *m*; *bras.* Scheck-, Quittungs-abschnitt *m.*
canib|al [~ni'βaɫ] *m* Menschenfresser *m*; Unmensch *m*; **~alesco** [~βɐ'leʃku] kannibalisch; unmenschlich; **~alismo** [~βɐ'liʒmu] *m* Menschenfresserei *f.*
caniçal [~'saɫ] *m* Ried *n.*
canície [~'nisjə] *f* Weißhaarigkeit *f*; Alter *n.*
caniço [~'nisu] *m* Rohr *n*, Ried *n*; Rohrgeflecht *n*; Angelrute *f*; Floß *n.*
canícula [~'nikulɐ] *f* Hundstern *m*; Hundstage *m/pl.*
canicular [~niku'lar] glühend (heiß); *época f* ~, *dias m/pl.* *~es* Hundstage *m/pl.*
canil [~'niɫ] *m* Hunde-hütte *f*, -zwinger *m*; Röhre *f* (*Pferd*).
canino [~'ninu] Hunde...; *dente m* ~ Eckzahn *m*; *fome f -a* Heiß-, Wolfs-hunger *m.*
canivete [~ni'vɛtə] *m* (Taschen-) Messer *n.*
canja ['kɐ̃ʒɐ] *f* Hühnersuppe *f mit Reis*; *ser* ~ F ganz einfach (*od.* prima) sn. *que nem* ~ F wie geschmiert.
canjica *bras.* [kɐ̃'ʒikɐ] *f* (Mais-) Grieß *m*; Maisbrei *m*; Schnupftabak *m*; Kies *m.*
cano ['kɐnu] *m* Rohr *n*, Röhre *f*; *Gewehr*-Lauf *m*; *Stiefel-*, *Säulen*-Schaft *m*; *Orgel*-Pfeife *f*; *Feder*-Kiel *m.*
canoa [kɐ'noɐ] *f* Kanu *n*; Paddelboot *n*; Wanne *f*; Fischpfanne *f.*
cânon(e) ['kɐnon(ə)] *m* Regel *f*, Richtschnur *f*; Kanon *m* (*a. rel. u.* ♪); Katalog *m*; Tabelle *f.*
canoni|cal [kɐnuni'kaɫ] domherrlich; **~cato** [~'katu] *m* Domherrnpfründe *f*, -würde *f.*
canónico [~'nɔniku] kanonisch.
canon|isa [~nu'nizɐ] *f* Kanonissin *f*, Stiftsdame *f*; **~ista** [~iʃtɐ] *m* Kirchenrechtler *m*; **~ização** [~nizɐ'sɐ̃u] *f* Heiligsprechung *f*; **~izar** [~ni'zar] (1a) heiligsprechen.
cans|aço [kɐ̃'sasu] *m* Erschöpfung *f*; Abspannung *f*; ~ *em* Überdruß an (*dat.*); **~ado** [~aðu] abgespannt; erschöpft; abgenutzt, F ausgeleiert; *estar* ~ *de* müde sn (*gen.*), es müde sn zu *inf.*; *vista f -a* Weitsichtigkeit *f*; ~ *de vista* weitsichtig; **~ar** [~ar] (1a) ermüden, anstrengen; langweilen; **~ar-se** müde w.; sich abplagen; *não* ~ *com* leichtnehmen (*ac.*); **~ativo** [~sɐ'tivu] ermüdend; **~eira** [~eirɐ] *f* Anstrengung *f*; Plackerei *f*; Sorge *f*; = *~aço*; *ter ~s por* sich sorgen um; **~eiroso** [~sei'rozu (-ɔ-)] anstrengend; geplagt.
cant|adeira [kɐ̃ntɐ'ðeirɐ] *f* (Volks-) Sängerin *f*; **~ado** [~'taðu]: *missa f -a* Hochamt *n*; **~ador** [~ɐ'ðor] *m* (Volks-)Sänger *m*; **~ante** [~'tɐ̃ntə] singend; singbar.
cantão [~'tɐ̃u] *m* Kanton *m*; *Straßen*-Abschnitt *m.*
cantar [~'tar] (1a) **1.** *v/i.* singen; krähen (*Hahn*); schlagen (*Nachtigall*); quaken (*Frosch*); *in der Tasche* klimpern; *hei-de cantar-lhas* dem (denen *od.* Ihnen) will ich heimleuchten (*od.* ordentlich die Meinung sagen); **2.** *v/t.* besingen, preisen; *Lieder* singen; **3.** *m* Lied *n*; *isto é outro* ~ das ist was anderes; das klingt schon anders.
cantaria [~tɐ'riɐ] *f* Steinhauerkunst *f*; *pedra f de* ~ Hau-, Werk-stein *m.*
cantárida [~'tariðɐ] *f* spanische Fliege *f.*
cântaro ['kɐ̃ntɐru] *m* (Ton-)Krug *m*; (Blech-)Kanne *f*; *als Flüssigkeitsmaß* = $^1/_2$ *od.* 1 *Almude*; *alma f de* ~ herzlose(r) Mensch *m*, Rohling *m*; *a ~s* eimerweise; in Strömen.
canta|rola [kɐ̃ntɐ'rɔlɐ] *f* Trällerliedchen *n*; Singsang *m*; **~rolar** [~ru'lar] (1e) (vor sich hin)trällern;

~ta [~'tatɐ] *f* Kantate *f*.
canteir|a [~'teirɐ] *f* Steinbruch *m*; Grube *f*; **~o** [~u] *m* **a)** Steinmetz *m*; **b)** (Garten-)Beet *n*; (Reis-)Feld *n*.
cântico ['kɐ̃ntiku] *m* Gesang *m*, Lied *n*; ♀ *dos* ♀*s das* Hohelied Salomonis.
cantiga [kɐ̃n'tiɣɐ] *f* Lied(chen) *n*; *fig.* Litanei *f*, rührselige (*od.* unglaubliche) Geschichte *f*; *a velha ~*, *a ~ de sempre* die alte Leier; *deixe--se de ~s!* reden Sie kein Blech!
cantil [~'tiɫ] *m* Falzhobel *m*; Glätteisen *n*; Feldflasche *f*.
cantilena [~ti'lenɐ] *f* Kantilene *f*; *fig.* = *cantiga*.
cantina [~'tinɐ] *f* Kantine *f*.
canto ['kɐ̃ntu] *m* **a)** Kante *f*; Ecke *f*; Kantstein *m*; Brotranft *m*; *fig.* Winkel *m*; *Sport*: Eckball *m*, Ecke *f*; *~ da boca* Mundwinkel *m*; *de ~* übereck, hochkant; **b)** Gesang *m*; Krähen *n* (*Hahn*); **~chão** [kɐ̃ntu'ʃɐ̃u] *m* Gregorianische(r) Choral *m*.
cantoeira [kɐ̃n'tweirɐ] *f* Bauklammer *f*.
canton|al [~tu'naɫ] Kantons...; Strecken...; **~eira** [~'neirɐ] *f* Eckbord *n*; **~eiro** [~'neiru] *m* Streckenwärter *m e-r Landstraße*.
cantor [~'tor] *m* Sänger *m*; Kantor *m*; **~a** [~ɐ] *f* Sängerin *f*.
canudo [kɐ'nuðu] *m* Röhre *f*, Rohr *n*; Fernrohr *n*; *Trink*-Halm *m*; Ringellocke *f*; *Kleider*-Rüsche *f*; F *iron. Bezeichnung des Lizentiatendiploms, etwa*: Wisch *m*; *fig.* Schwindel *m*; *apanhar um ~* reinfallen; *ver (Braga) por um ~* in die Röhre gucken.
cânula ⚕ ['kɐnulɐ] *f* Röhrchen *n*; Kanüle *f*.
cão (**cães**) [kɐ̃u (kɐ̃iʃ)] *m*(*pl.*) Hund *m* (*a. fig.*); Hahn *m an Schußwaffen*; *~ de água* Pudel *m*; *~ de guarda* Wach-, *~ de luxo*, *~ de regaço* Schoß-hund *m*; *entre o ~ e o lobo* in der Dämmerung; *pregar um ~ a* Schulden m. bei, prellen (*ac.*); *viajar a ~* schwarz reisen; *andar a cair da boca aos cães* F völlig auf den Hund gekommen sn.
caolho *bras.* [ka'oʎu] einäugig.
caos (*pl. unv.*) ['kauʃ] *m* Durcheinander *n*; Chaos *n*; *pôr num ~* völlig durch-ea.-bringen.
caótico [kɐ'ɔtiku] durcheinander; unordentlich; chaotisch.
capa ['kapɐ] **1.** *f* Mantel *m*, *fig. a.* Schutz *m*; Umhang *m*, Cape *n*; Hülle *f*, Umschlag *m*; Überzug *m*; Schicht *f*; *fig. a.* Deckmantel *m*, Vorwand *m*; *taur.* Capa *f*; *~ aérea* Lufthülle *f*; *~ e batina hist.* portugiesische Studententracht *f*; *pôr-se de ~* ⚓ beidrehen; **2.** *m Name des Buchstabens k.*
capacete [kɐpɐ'setə] *m* ⚔ Helm *m*, Schutzhelm *m*; *auto.* Sturzhelm *m*; *Windmühle*: Haube *f*; *~ de gelo* Eisbeutel *m*.
capacho [~'paʃu] *m* Fußmatte *f*; *fig.* Kriecher *m*.
capac|idade [~pɐsi'ðaðə] *f* Fassungsvermögen *n*, Aufnahmefähigkeit *f*; *allg.* Fähigkeit *f*; ⊕ *a.* Leistung *f*; ⚗ Inhalt *m*, Raum *m*; *fig.* Kapazität *f*; *~ eleitoral* Wahl-, Stimm-recht *n*; *~ de compra* (*od. aquisitiva*) Kaufkraft *f*; *medida f de ~* Hohlmaß *n*; **~íssimo** [~'sisimu] *sup. v. capaz*; **~itação** [~itɐ'sɐ̃u] *f*: *curso m de ~* Schulungskurs *m*; **~itado** [~i'taðu] fähig, imstande; **~itar** [~i'tar] (1a) befähigen; ausbilden, schulen.
capanga *bras.* [ka'pɐ̃ŋgɐ] **1.** *f* Brotbeutel *m*; **2.** *m* Leibwächter *m*; Meuchelmörder *m*; Messerheld *m*.
cap|ão [kɐ'pɐ̃u] *m* Kapaun *m*; Wallach *m*; *bras.* Gehölz *n*; **~ar** [~ar] (1b) *Tier* kastrieren; ⚘ beschneiden.
caparrosa [kɐpɐ'ʀɔzɐ] *f* Vitriol *n*.
capatão *zo.* [~'tɐ̃u] *m* Kaulkopf *m*.
capataz [~'taʃ] *m* Aufseher *m*; Vorarbeiter *m*; Werkmeister *m*; ⚠ Polier *m*; ⚒ Steiger *m*.
capaz [kɐ'paʃ] fähig; befähigt; imstande; berechtigt; geeignet; gut.
capcioso [kɐp'sjozu (-ɔ-)] verfänglich.
cape|ador [kɐpjɐ'ðor] *m taur.* Capeador *m*; **~ar** [~'pjar] (1l): *fig.* bemänteln; *den Stier* (mit der Capa) reizen; *j-n* nasführen, hinhalten; *v/i.* winken; *taur.* die Capa schwingen; ⚓ beidrehen.
capela [~'pɛlɐ] *f* Kapelle *f*; Galanteriewaren(handlung *f*) *f*/*pl.*; *Blumen*-Gewinde *n*; *Backofen*-Gewölbe *n*; **~-mor** [~'mor] *m* Chor *m* (*a. n*).
capel|ania [~pəlɐ'niɐ] *f* Kaplanei *f*; **~ão** (**-ães**) [~'lɐ̃u (-ɐ̃iʃ)] *m*(*pl.*) Kaplan *m*; **~ista** [~'liʃtɐ] *m* Kurz-, Mode-warenhändler *m*; **~o** [~'pelu] *m Mönchs*-Kapuze *f*, *Nonnen*-Haube *f*; *Professoren*-Ornat *m*; Kardi-

nalshut *m*; Rauchfang *m*; (Thron-, Altar-)Himmel *m*.

capenga ⚘ *bras.* [ka'pẽŋgɐ] hinkend, lahm.

capicua [kɐpi'kuɐ] *f* Pasch *m*.

capilar [~'lar] Haar...; haarfein; *vaso (tubo) m* ~ Haar-gefäß (-röhrchen) *n*, Kapillare *f*.

capilé [~'lɛ] *m* Avencasaft *m* (*s. avenca*).

capim [~'pĩ] *m* **a)** *bras.* Gras *n*; **b)** Verputz *m*.

capinar [~pi'nar] (1a) heuen; jäten.

capinzal *bras.* [kapĩ'zał] *m* Wiese *f*.

capitação [~pitɐ'sɐ̃u] *f* Kopfsteuer *f*; Zuteilung *f*; Anteil *m*.

capital [~'tał] **1.** *adj.* hauptsächlich, wesentlich, Haupt...; entscheidend (wichtig); Kapital...; *tip. letra f* ~ Großbuchstabe *m*, Versalie *f*; *pena f* ~ Todesstrafe *f*; **2.** *f* Hauptstadt *f*; **3.** *m* Kapital *n*; ~ *circulante*, ~ *flutuante* bewegliche(s) Kapital *n*; ~ *líquido* flüssige(s) (*od.* verfügbares) Kapital *n*, Masse *f*; ~ *nominal*, ~ *principal* (*social*) Stamm- (Gesellschafts-), ~ *de exploração* Betriebskapital *n*.

capital|ismo [~tɐ'liʒmu] *m* Kapitalismus *m*; **~ista** [~iʃtɐ] *m* Kapitalist *m*; (*sócio m*) ~ Geldgeber *m*; **~izar** [~li'zar] (1a) kapitalisieren; (*Zinsen*) zum Kapital schlagen.

capitan|ear [~tɐ'njar] (1l) befehligen; **~ia** [~iɐ] *f* Hauptmanns-, Kapitäns-rang *m*; ⚓ Hafenamt *n*; *hist.* Erblehen *n in Brasilien*.

capitão (-ães) [~'tɐ̃u (-ɐ̃iʃ)] *m(pl.)* Hauptmann *m*; *Kavallerie*-Rittmeister *m*; ⚓ Kapitän *m*; ~ *de porto* Hafenmeister *m*; **~-de-mar-e--guerra** [~ðəmari'ɣɛʀɐ] *m* Kapitän *m* zur See; **~-tenente** [~tə'nẽntə] *m* Kapitänleutnant *m*.

capitel [~'tɛł] *m* Kapitell *n*.

capitólio [~'tɔlju] *m* Kapitol *n*.

capitul|ação [~tulɐ'sɐ̃u] *f* Kapitulation *f*, Übergabe *f*; Vergleich *m*; *fig.* Zugeständnis *n*; **~ar** [~'lar] (1a) **1.** *v/i.* kapitulieren; ~ *com* Zugeständnisse m. (*dat.*); sich abfinden mit; *v/t.* vereinbaren; (in aller Form) anklagen; ~ *de* nennen (*ac.*), bezeichnen als; **2.** *adj.* Kapitel..., Stifts...; *letra f* ~ Initiale *f*.

capítulo [~'pitulu] *m* (Dom-)Kapitel *n*; Abschnitt *m*, Kapitel *n*; (Anklage-)Punkt *m*; ⚘ Korbblüte *f*; *chamar a* ~ zur Rechenschaft ziehen; *ter voto no* ~ *fig.* et. zu sagen haben.

capivara *bras.* [kapi'varɐ] *f* Wasserschwein *n*.

capoeir|a [~'pweirɐ] *f* **a)** Hühnerstall *m*; **b)** *bras.* Holzung *f*; (*jogo da*) ~ „Hahnentanz" *m*; ~ *m* Hahnentänzer *m*; **~o** (~u) *m* Hühnerdieb *m*.

capot|a [kɐ'pɔtɐ] *f* (*Motor-*)Haube *f*; *Wagen*-Verdeck *n*; Häubchen *n*; **~ar** [~u'tar] (1e) *auto.*, ✈ *usw.* sich überschlagen; **~e** [~ə] *m* Militär-, Loden-mantel *m*; *Spiel*: *dar* ~ Schlemm m. (*ac.*); *levar um* ~ schwarz w.; *allg.* verlieren.

caprich|ar [~pri'ʃar] (1a): ~ *em* bestehen (*od.* sich versteifen) auf (*ac.*); die Laune (*od.* den Einfall) haben *et. tun* zu wollen; **~o** [~'priʃu] *m* Laune *f*, Grille *f*; Launenhaftigkeit *f*; Eigensinn *m*; Akkuratesse *f*; ♪ Capriccio *n*; *pint.* Phantasiestück *n*; *fazer* ~ *de* = *~ar*; *a* ~ je nach Laune; *~s pl.* Mucken *f/pl.*; **~oso** [~ozu] launisch; eigensinnig; akkurat; launig; wunderlich.

capri|córnio [~'kɔrnju] *m zo.* Holzbock *m*; *ast.* Steinbock *m*; **~no** [~'prinu] Ziegen...; *gado m* ~ Ziegen *f/pl.*; *os ~s* die Ziegen.

cápsula ['kapsulɐ] *f* Kapsel *f*.

capt|ação [kɐptɐ'sɐ̃u] *f* Erschleichung *f*; Gewinnung *f*; Einnahme *f*; Entnahme *f*; Auffangen *n*; ~ *de votos* Stimmenfang *m*; **~ador** [~ɐ'ðor] *m* ~ *sonoro* Tonabnehmer *m*; **~agem** [~'taʒɐ̃i] *f* = *~ação*; **~ar** [~'tar] (1b) *et.* erschleichen; sich *in j-s Wohlwollen usw.* einschleichen; *j-n* (für sich) gewinnen, (an sich) fesseln; *Wasser, Wellen* auffangen; entnehmen; *Sender* bekommen; **~ura** [~'turɐ] *f* Festnahme *f*; Fang *m*; ⚓ Prise *f*; **~urar** [~u'rar] (1a) festnehmen; (ein)fangen; ⚓ aufbringen; *fig.* erobern.

capuch|a [~'puʃɐ] *f* Kapuze *f*; ♀ Kapuzinerorden *m*; *à* ~ heimlich; **~inho** [~pu'ʃiɲu] *m* Kapuziner (-mönch) *m*; **~o** [~u] **1.** *m* Kapuziner *m*; Kapuze *f*; = *capulho*; **2.** *adj.* Kapuziner...; streng, ernst.

capulho ⚘ [~'puʎu] *m* Hülle *f*; Baumwollkapsel *f*.

capuz [~'puʃ] *m* Kapuze *f*.

caquético [~'kɛtiku] abgezehrt.

caqui [kɐ'ki] *m* = **cáqui** *bras.* ['kaki]

1. *m* Khaki *n*; *bras.* (japan.) Aprikose *f*; 2. *adj.* khakifarben.
cara ['karɐ] *f* Gesicht *n*; Miene *f*; Vorderseite *f*; Bildseite *f* (*Münze*); ~ *a* ~ von Angesicht zu Angesicht; ~ *estanhada*, ~ *de aço*, ~ *sem vergonha* freche Stirn *f*; schamlose(r) Mensch *m*; *à má* ~ gewaltsam; wütend; *de* ~*s* von vorn; gegenüber; *fig.* geradeheraus; *bras. de meia* ~ gratis, umsonst; *na* ~ ins Gesicht hinein; *dar de* ~ *com* stoßen auf (*ac.*); *deitar à* ~ *j-m* unter die Nase reiben; *estar com* (*od. ter*) ~ *de saúde* (*boa* ~) gesund (gut) aussehen; *ter* ~ *para* den Mut h. zu; (*não*) *ter* ~ *de inf.* (nicht) danach aussehen, als ob *conj. impf.*; *tirar* (*od. chupar*) *os olhos da* ~ *j-m* das Fell über die Ohren ziehen.
carabina [kɐrɐ'βinɐ] *f* Karabiner *m*.
caracol [~'kɔł] *m* Schnecke *f*; Locke *f* (*fazer* drehen); Spirale *f*; *escada f de* ~ Wendeltreppe *f*.
caracol|ar [~ku'lar] (1e) = **~ear** [~'ljar] (1l) sich drehen *od.* winden; sich tummeln; *v/t. Pferd* tummeln.
carácter (-**actéres**) [kɐ'ratɛr (-'tɛrɨʃ)] *m* Eigenart *f*; Charakter *m*; Rang *m*; (Schrift-)Zeichen *n*; Buchstabe *m*, *tip.* Letter *f*.
caracter|ística [~rɐtə'riʃtikɐ] *f* Kennzeichen *n*, Merkmal *n*; Charakterzug *m*; Eigenart *f*; ₰ Kennziffer *f*; *gram.* Kennbuchstabe *m*; **~ístico** [~'riʃtiku] 1. *adj.* kennzeichnend, charakteristisch; 2. *m* Kennzeichen *n*, Merkmal *n*; **~ização** [~rizɐ'sɐ̃u] *f* Kennzeichnung *f*, Charakteristik *f*; *tea.* Darstellung *f*; Maske *f*; **~izador** [~rizɐ'ðor] *m* Darsteller *m*; Maskenbildner *m*; **~izar** [~ri'zar] (1a) kennzeichnen, charakterisieren; *tea.* maskieren; *Rolle* verkörpern, spielen; **~ologia** [~rulu'ʒiɐ] *f* Charakterkunde *f*; **~ológico** [~ru'lɔʒiku] charakterologisch; Charakter...
cara|dura *bras.* [ˌkara'ðurɐ] *m* unverschämte(r) Mensch *m*; **~durismo** [~ðu'rizmu] *m* Dummdreistigkeit *f*; Unverschämtheit *f*.
caramanchão, **-el** [kɐrɐmɐ̃'ʃɐ̃u, -ɛł] *m* Laube *f*; ⚔ Vorwerk *n*.
caramba! [kɐ'rɐ̃mbɐ] (zum) Donnerwetter!; hol's der Teufel!
carambol|a [~rɐ̃m'bɔlɐ] *f* rote Billardkugel *f*; Karambolage *f*; Karambolespiel *n*; *fig.* = **~ice**; **~ar** [~bu'lar] (1e) *Billard* karambolieren; *fig.* schwindeln; intrigieren; **~eiro** [~bu'leiru] *m* Schwindler *m*; **~ice** [~bu'lisə] *f* Schwindel *m*.
caramelo [~ɐ'mɛlu] *m* Karamelzucker *m*, -bonbon *n*; (Glatt-)Eis *n*.
caramujo [~ɐ'muʒu] *m* (See-) Schnecke *f*.
caranguej|a [~ɐ̃ŋ'geʒɐ] *f* ⚓ Gaffel *f*; **~ar** [~gɨ'ʒar] (1d) krebsen; unschlüssig sn; **~o** [~u] *m* Krebs *m*; ⚓, ⊕ (Schienen-)Kran *m*.
car|antonha [~ɐ̃n'toɲɐ] *f* Grimasse *f*; **~ão** [~'rɐ̃u] *m* Fratze *f*; Gesichtshaut *f*; *fig. bras.* Anpfiff *m*.
carapaça *zo.* [~ɐ'pasɐ] *f* Panzer *m*.
carapau [kɐrɐ'pau] *m* Stichling *m*; *fig.* P Klappergestell *n*; *teso como um* ~ steif wie ein Stock.
carapeta [~'petɐ] *f* Tanzkreisel *m*; *fig.* Flunkerei *f*; ~*s pl.* Flausen *f/pl.*
carapinha [~'piɲɐ] *f* Kraushaar *n*, F Wolle *f*; Krimmer *m*.
carapuç|a [~'pusɐ] *f* Pudelmütze *f*; *allg.* Hütchen *n*; *serve-lhe a* ~! er verdient's!; das geht auf Sie (*od.* ihn, sie); *não me serve a* ~! das trifft mich nicht!; da sind Sie an die falsche Adresse gekommen!; *enterrar a* ~ den Tadel herunterschlucken; den Hieb einstecken; *qual* ~! Unsinn!, Quatsch!; **~o** [~u] *m* Kaffeesack *m*; = ~*a*.
caráter *bras.* [ka'ratɛr] = *carácter*.
carater|... *bras.* [karater...] = *caracter|...*
caravana [kɐrɐ'vɐnɐ] *f* Karawane *f*.
caravela [~'vɛlɐ] *f* Karavelle *f*.
carbon|atado [kɐrβunɐ'taðu] kohlensauer; **~ato** [~'natu] *m* kohlensaure(s) Salz *n*, Karbonat *n*; **~e** [~'βɔnə] *m* Kohlenstoff *m*.
carbóneo [~'βɔnju] 1. *m* Kohlenstoff *m*; 2. *adj.* Kohlen...; Karbon...
carboneto [~βu'netu] *m* = *carbureto*.
carbónico [~'βɔniku] Kohlen...; *geol. período m* ~ Karbon *n*.
carbon|ífero [~βu'nifəru] kohlenhaltig, Kohlen...; *indústria f -a* Kohlenindustrie *f*; *flora f -a* Flora *f* des Karbonzeitalters; **~izado** [~ni'zaðu] verkohlt; *morrer* ~ verbrennen; **~izar** [~ni'zar] (1a) verkohlen; verbrennen; **~o** [~'βɔnu] *m* Kohlenstoff *m*.
carbúnculo [~'βũŋkulu] *m* ⚕ Kar-

bunkel *m*; *our.* Karfunkel *m*.

carbur|ação [~βurɐ'sɐ̃u] *f* Verbrennung *f*; Kohlung *f des Eisens*; *auto.* Vergasung *f*; **~ador** *auto.* [~ɐ'δor] *m* Vergaser *m*; **~ante** [~'rɐ̃ntə] *m* Brennstoff *m*; **~ar** [~'rar] (1a) vergasen; *Eisen* kohlen; **~eto** [~'retu] *m* Karbid *n*.

carc|aça [~'kasɐ] *f* Gerippe *n*; Gehäuse *n*; *Schiffs*-Rumpf *m*; Wrack *n*; Weißbrot *n*; **~ás** [~'kaʃ] *m* Köcher *m*.

carcela [~'sɛlɐ] *f* Knopflochstreifen *m*; *prov.* Hosenschlitz *m*.

cárcere ['karsərə] *m* Kerker *m*.

carcereiro [kɐrsə'reiru] *m* Kerkermeister *m*; Gefängniswärter *m*.

carcom|a [~'komɐ] *f* Holzwurm *m*; Wurmfraß *m*; *fig.* nagende(r) Wurm *m*; **~er** [~ku'mer] (2d) zernagen; *fig.* unter-graben, -höhlen; **~ido** [~ku'miδu] wurmstichig.

carcunda [~'kũndɐ] **1.** *f* Buckel *m*; **2.** *adj.* bucklig.

card|a ['karδɐ] *f* Karde *f*; Krempel *m*, Hechel *f*; Kardieren *n*; Kämmen *n*; Schmutzklümpchen *n/pl.*; **~ador** *m*, **-eira** *f* [kɐrδɐ'δor, -eirɐ] Kardierer(in *f*) *m*; Wollkämmer(in *f*) *m*.

cardamina ⚘ [kɐrδɐ'minɐ] *f* Wiesenschaumkraut *n*.

card|an [~'δɐ̃] *m* Kardangelenk *n*; (*à*) ~ = **~ânico** [~ɐniku] Kardan..., kardanisch.

cardanha *f*, **-o** *m* [~'δɐɲɐ, -u] Schlafbaracke *f für Landarbeiter*.

cardão [~'δɐ̃u] distelfarben.

cardápio *bras.* [kar'dapju] *m* Speisekarte *f*; *fig.* Kochbuch *n*.

cardar [kɐr'δar] (1b) *Tuch* kardieren; *Wolle* kämmen; krempeln; P *j-n* schröpfen; *j-n* erleichtern um.

cardeal [~'δjał] **1.** *m* Kardinal *m*; **2.** *adj.* Haupt...; *pontos m/pl. cardeais* Himmelsrichtungen *f/pl.*

cardíaco [kɐr'δiɐku] **1.** *adj.* Herz...; **2.** *m* Herzkranke(r) *m*.

cardinal [~δi'nał] Haupt...; *número m* ~ Grundzahl *f*.

cardio|grama [~δju'γrɐmɐ] *m* Kardiogramm *n*; **~logia** [~lu'ʒiɐ] *f* Kardiologie *f*; **~logista** [~lu'ʒiʃtɐ] *m* Herzspezialist *m*.

cardo ['kardu] *m* Distel *f*; Karde *f*.

carduç|a [kɐr'dusɐ] *f* Streichkamm *m*; **~ar** [~du'sar] (1p) krempeln.

cardume [~'dumə] *m* Schwarm *m*.

careca [kɐ'rɛkɐ] **1.** *adj.* kahl (-köpfig); *fig.* durchsichtig (*Schwindel*), fadenscheinig (*Vorwand*); **2.** *f* Glatze *f*; **3.** *su.* Glatzkopf *m*.

carec|er [~rə'ser] (2g) fehlen, knapp sn; ~ *de* brauchen; *tun* müssen; **~ido** [~'siδu]: ~ *de* bedürftig (*gen.*).

careiro [~'reiru] teuer.

carência [~'rẽsjɐ] *f* Entbehrung *f*; Mangel *m* (de an); Knappheit *f*.

carestia [~rɨʃ'tiɐ] *f* Teuerung *f*.

careta [~'retɐ] *f* Grimasse *f* (*fazer* schneiden).

carga ['kargɐ] *f* Last *f*, Bürde *f* (*a. fig.*); Belastung *f*; Ladung *f* (*a.* ⚔ *u.* ⚡); Fracht(gut *n*) *f*; Befrachtung *f*; Verladung *f*, Verfrachtung *f*; ⚔ Angriff *m*; ⚒ Gicht *f*, Beschickung *f*; ~ *útil* Nutzlast *f*; *besta f de* ~ Lasttier *n*; *burro m de* ~ Packesel *m*; *declaração f de* ~ ⚓ Schiffsbericht *m*; *navio m de* ~ Frachter *m*; *peso m de* ~ Ladegewicht *n*; ~ *cerrada* geballte Ladung *f*; *à* ~ zur Verladung (*bestimmt*); ~ *de ossos* F Knochengestell *n*; ~ *de pau* (*od. lenha*) F Tracht *f* Prügel; ~ *de água* Regenguß *m*; *por que* ~ *de água* aus welchem unerfindlichen Grunde; warum zum Kuckuck; *voltar à* ~ wieder davon (*od.* damit) anfangen.

cargo ['kargu] *m* Amt *n*; Auftrag *m*; Pflicht *f*, Verpflichtung *f*; *a* ~ *de* übernommen (*od.* ausgeführt, wahrgenommen) von; ✝ zu Lasten (*gen.*); *isto fica a* ~ *dele* das bleibt ihm überlassen; das übernimmt er; das ist s-e Sache; ✝ das geht zu s-n Lasten; *ter a seu* ~ übernommen h.; verpflichtet sn zu; sorgen (*od.* ✝ aufkommen) müssen für; *tomar a seu* ~ übernehmen; *deixar a* ~ *de j-m* überlassen.

cargueiro [kɐr'geiru] **1.** *adj.* Fracht-..., Last...; **2.** *m* Fracht(dampf)er *m*.

cari|ado [kɐ'rjaδu] hohl (*Zahn*); **~ar** [~ar] (1g) *v/i.* (an)faulen; angefressen (*od.* kariös) w.

caricato [~ri'katu] lachhaft.

caricat|ura [~kɐ'turɐ] *f* Karikatur *f*, Zerrbild *n*; **~urar** [~tu'rar] (1a) karikieren; **~uresco** [~tu'reʃku] fratzenhaft; **~urista** [~tu'riʃtɐ] *m* Karikaturenzeichner *m*.

carícia [~'risjɐ] *f* Liebkosung *f*.

carid|ade [~ri'δaδə] *f* (Nächsten-) Liebe *f*; Mildtätigkeit *f*; ~ *pública* (öffentliche) Wohlfahrt(spflege) *f*; *casa f de* ~ Armenhaus *n*; *fazer* (*a*) ~

Almosen geben, e-n Liebesdienst erweisen; **~oso** [~ozu] mildtätig.

cárie ['karjə] *f* Karies *f*; *fig.* (langsame[n]) Zerfall *m*.

caril [kɐ'riɫ] *m* Curry *m*.

carimb|ar [kɐrĩm'bar] (1a) (ab-)stempeln; **~o** [~'rĩmbu] *m* Stempel *m*.

carinh|o [~'riɲu] *m* Liebe *f*; Liebkosung *f*; **~oso** [~ri'ɲozu (-ɔ-)] liebevoll; zärtlich (*com* zu).

carioca *bras.* [ka'rjɔkɐ] **1.** *su.* (*Spitzname der Einwohner von Rio de Janeiro*); **2.** *adj.* aus Rio de Janeiro.

caritativo [kɐritɐ'tivu] mildtätig; Wohltätigkeits...

cariz [~'riʃ] *m* Aussehen *n*, Gesicht *n*; *fig.* Anstrich *m*; Lage *f*; *estar de mau ~* böse (*od.* bedenklich) aussehen.

carlinga [kɐr'lĩŋgɐ] *f* ✈ Kanzel *f*; ⚓ Kielschwein *n*.

carmelita [~mə'litɐ] *su.* Karmeliter-mönch *m*, -nonne *f*.

carm|esim [~'zĩ] *m* Karmesin *n*; **~im** [kɐr'mĩ] *m* Karmin(rot) *n*; **~íneo** [~'minju] karminrot.

carn|adura [~nɐ'ðurɐ] *f die fleischigen Teile m/pl. des Körpers, das* Fleisch; *ter boa (má) ~* gut (schlecht) bei Fleisch sn; **~agem** [~'naʒɐ̃i] *f* Fleisch-versorgung *f*, -vorrat *m*; *fig.* Blutbad *n*; **~al** [~'naɫ] fleischig, Fleisch...; fleischlich, sinnlich; leiblich, blutsverwandt; **~alidade** [~nɐli'ðaðə] *f* Fleischeslust *f*.

carnaúba *bras.* [karnɐ'ubɐ] *f* Karnauba-palme *f*, -wachs *n*.

carnaval [kɐrnɐ'vaɫ] *m* Fasching *m*, Karneval *m*; **~esco** [~nɐvɐ'leʃku] karnevalistisch; Faschings...

carn|az [~'naʃ] *m* Fleischseite *f an Häuten*; **~e** ['karnə] *f* Fleisch *n* (*a. fig.*) (*verde* frisches, *viva* gesundes); *~ de canhão* Kanonenfutter *n*; *em ~ e osso* in Fleisch und Blut, leibhaftig; *ser unha e ~* ein Herz und eine Seele sn.

carneir|a [~'neirɐ] *f* Schafleder *n*; Schweißleder *n im Hut*; **~ada** [~nei'raðɐ] *f* Hammelherde *f*; Schaumwellen *f/pl.*; (afrikanisches) Fieber *n*; **~o** [~u] *m* Widder *m*; Hammel *m*; Hammelfleisch *n*.

cárneo ['karnju] fleischig; Fleisch...

carniça [kɐr'nisɐ] *f* **a**) (brauchbares) Fleisch *n*; *fig.* Gemetzel *n*; **b**) Zielkreisel *m* (*Ggs. zum Wurfkreisel*); *fig.* Zielscheibe *f* des Spottes.

carni|çaria [~nisɐ'riɐ] *f* Schlächterei *f*; Metzelei *f*; **~ceiro** [~'seiru] **1.** *adj.* fleischfressend; *fig.* blutrünstig; **2.** *m* Fleischer *m*, Metzger *m*; *~s pl.* Raubtiere *n/pl.*

carn|ificina [~nəfə'sinɐ] *f* Gemetzel *n*, Blutbad *n*; **~ívoro** [~ivuru] **1.** *adj.* fleischfressend; *ser ~* gern Fleisch essen; **2.** *~s m/pl.* fleischfressende Tiere *n/pl.*; **~osidade** [~nuzi'ðaðə] *f* ⚕ (Fleisch-)Wucherung *f*; **~oso** [~'nozu (-ɔ-)] fleischig; Fleisch...; *excrescência f -a* wilde(s) Fleisch *n*; **~udo** [~'nuðu] fleischig; muskulös.

caro ['karu] teuer; *fig.* lieb, wert; *sair ~* teuer zu stehen kommen.

caroch|a [kɐ'rɔʃɐ] *f zo.* Hirschkäfer *m*; **~inha** [~ru'ʃiɲɐ] *f*: *histórias f/pl. da ~* Ammenmärchen *n/pl.*; **~o** [~'roʃu] dunkelfarbig.

caroço [kɐ'rosu (-ɔ-)] *m Frucht*-Kern *m*, Stein *m*; P Kies *m* (*Geld*); *bras.* P Geschwulst *f*.

carol|a [kɐ'rɔlɐ] **1.** *m* Mucker *m*, Frömmler *m*; *allg.* Fanatiker *m*; **2.** *adj.* fanatisch; **~ice** [~ru'lisə] *f* Muckerei *f*, Frömmelei *f*; Fanatismus *m*.

carona *bras.* [ka'ronɐ] **1.** *f* Satteldecke *f*; *fig.* Schwarzfahrt *f*; *de ~* schwarz; **2.** *m* Schwarzfahrer *m*; Schwindler *m*.

carótida [kɐ'rɔtiðɐ] *f* Halsschlagader *f*.

carpa ['karpɐ] *f* Karpfen *m*; ⚘ Hagebuche *f*; *bras.* Heuen *n*.

carpet|a *bras.* [kar'petɐ] *f* grüne(s) Tuch *n*; Spiel(klub *m*) *n*; **~e** [kɐr'pɛtə] *f* Teppich *m*.

carpid|eira [~pi'ðeirɐ] *f* Klageweib *n*; F Tränenliese *f*; ⚒ Jätmaschine *f*; **~o** [~'piðu] **1.** *m* Totenklage *f*; (Klage-)Geschrei *n*; **2.** *adj.* klagend.

carpint|aria [~pĩntɐ'riɐ] *f* Schreinerei *f*; **~eiro** [~'teiru] *m* Schreiner *m*; Zimmermann *m*; *banco m de ~* Hobelbank *f*; *bicho m de ~* Holzbock *m*.

carpir [~'pir] (3b—D2) pflücken; jäten; *bras. a.* roden; *fig.* sich *die Haare* raufen; *v/i. u.* **~-se** (sich be-)klagen.

carpo ['karpu] **1.** *m* a) *anat.* Handwurzel *f*; b) Frucht *f*; **2.** **~...** *in Zssgn* Frucht...

carqueja [kɐr'keʒɐ] *f* Ginster *m*;

(Ginster-)Reisig *n*.
carraça [kɐ'ʀasɐ] *f* Zecke *f*.
carrada [~'ʀaðɐ] *f* Fuder *f*, Fuhre *f*; *ter ~s de razão* haushoch recht h.
carranca [~'ʀɐ̃ŋkɐ] *f* finstere(s) Gesicht *n*; Fratze *f*; Maske *f*.
carrancudo [~ʀɐ̃ŋ'kuðu] brummig.
carrapat|a [~ɐ'patɐ] *f* schwerheilende Wunde *f*; *fig.* lästige Sache *f*; **~eiro** [~pɐ'teiru] *m* Rizinusstaude *f*; **~o** [~u] *m* ⚘ Rizinus *m*; *zo.* Zecke *f*; *fig.* Knirps *m*; Klette *f*.
carrapi|cho [~'piʃu] *m* aufgesteckte(s) Haar *n*; Knoten *m*; Kringel *m*; *bras.* ⚘ Klette *f*; **~to** [~tu] *m Haar*-Schwänzchen *n*; *Haar*-Schnecke *f*.
carrasc|al [~ʃ'kaɫ] *m* Zwergwald *m*; **~ão** [~ɐ̃u]: (*vinho*) *~ m* Krätzer *m*; **~o** [~'ʀaʃku] *m* **a**) Henker *m*; *fig.* Unmensch *m*; **b**) Zwergeiche *f*.
carraspana P [~ʃ'pɐnɐ] *f* Schwips *m*.
carrear [~'ʀjar] (1l) karren; (auf e-m Karren) fortschaffen; schleppen.
carreg|ação [~ʀəɣɐ'sɐ̃u] *f* Laden *n*; Verladen *n*; Ladung *f*; **~adeira** [~ɐ'ðeirɐ] *f* Lastträgerin *f*; ⚓ Geitau *n*; **~ado** [~'ɣaðu] schwer; überladen; *fig.* schwarz bewölkt (*Himmel*); kräftig (*Farbe*); F betrunken; **~ador** [~ɐ'ðor] *m* Packer *m*; Lastträger *m*; Ladearbeiter *m*; 🚂 Gepäckträger *m*; ⚔ *Pistolen*-Magazin *n*; **~amento** [~ɐ'mẽntu] *m* Last *f*, Belastung *f*; ⚒ Rostbeschikkung *f*; = *~ação*; **~ar** [~'ɣar] (1o; *Stv.* 1c) beladen; *Waffe, Batterie* laden; *Güter* ver-, ein-laden; verfrachten; *Schuld* zur Last legen, aufladen; *Steuer* erhöhen, *Preis* verteuern; *j-m Arbeit usw.* aufbürden; *j-n mit Arbeit usw.* überlasten; *Magen* voll-, über-laden; *Gesicht, Himmel* verfinstern; *j-n* bedrücken; *auf j-m* lasten; *Feind* bedrängen; *Übel usw.* vergrößern; übertreiben; † *j-n* belasten, *j-m et.* berechnen; ⚓ *Segel* reffen; ⚒ gichten; *Ofen* beschicken; *~ as sobrancelhas* die Stirn runzeln; *v/i.* Ladung (ein-) nehmen, laden; stärker w. (*Sturm usw.*); ⚘ tragen; drängen; *~ em* lasten auf (*dat.*); drücken auf (*ac.*); sich stützen auf (*ac.*); bestehen auf (*dat.*); *~ com* sich beladen (*od.* belasten) mit; *et.* tragen; *~ com alg.* j-m zusetzen; *~ sobre alg.* auf j-n eindringen; *~ para*, *~ sobre* s-n Weg nehmen (*od.* abbiegen, *fig.* drängen) nach (*dat.*); **~ar-se** sich bewölken, sich verfinstern; *~ de* sich *et.* aufladen, *et.* auf sich (*ac.*) (*od.* über-) nehmen; **~o** [~'ʀeɣu] *m* Last *f*; Ladung *f*; *fig.* (Gewissens-)Last *f*.
carreir|a [~'ʀeirɐ] *f* Weg *m*; *Verkehrs*-Linie *f*; Strecke *f*, Route *f*; Lauf *m*, Fahrt *f*, Rennen *n*; Rennbahn *f*; Reihe *f*; ⚓ Stapel *m*; *fig.* Gang *m*; *bsd.* Laufbahn *f*, Karriere *f*; Beruf *m*; *~ de tiro* Schießstand *m*; *diplomata m de ~* Berufsdiplomat *m*; *em ~* (in Reihen) hinter-ea.; **~o** [~u] **1.** *m* Fuhrmann *m*; (Fahr-)Weg *m*; (Ameisen-)Straße *f*; **2.** *adj.* Karren..., Wagen...
carreta [~'ʀetɐ] *f* Karren *m*; ⚔ Protze *f*.
carret|agem [~ʀə'taʒɐ̃i] *f* Beförderung *f*; Fracht *f*; **~ão** [~ɐ̃u] *m* Rollwagen *m*; **~ar** [~ar] (1c) befördern; = *acarretar*; **~e** ⊕ [~'ʀetə] *m* Zahnrad *n*; Schnecke *f*; Rolle *f*; Ritzel *n*; **~eiro** [~eiru] **1.** *m* Kärrner *m*, Fuhrmann *m*; **2.** *adj. barco m ~* Leichter *m*; **~el** [~ɛɫ] *m* Rolle *f*; Spule *f*; Haspel *f*; Winde *f*; **~ilha** [~iʎɐ] *f* Teigrädchen *n*; Radbohrer *m*; **~o** [~'ʀetu] *m* Transport *m*; Fracht *f*.
carriça [~'ʀisɐ] *f* Zaunkönig *m*.
carril [~'ʀiɫ] *m* (Fahr-)Geleise *n*; 🚂 Schiene *f*; *Pflug*-Karren *m*; **~ar** [~ʀi'lar] (1a) aufschienen.
carrilhão [~ʀi'ʎɐ̃u] *m* Glockenspiel *n*; Schlagwerk *n* (*der Uhr*).
carrinh|a [~'ʀiɲɐ] *f*: *~ (mista)* Kombi(wagen *m*) *m*; **~o** [~u] *m* (Förder-)Karren *m*; Kinderwagen *m*; ⊕ Laufkatze *f*; *~ de mão* Schubkarren *m*.
carro ['kaʀu] *m* Karren *m*; Karre *f*; *Kraft*-Wagen *m*; *~ de assalto*, *~ de combate* Kampfwagen *m*; *~ patrulha* Streifen-, „Peter"-wagen *m*; **~ça** [kɐ'ʀɔsɐ] *f* Leiterwagen *m*; † Karosse *f*.
carro|çada [kɐʀu'saðɐ] *f* Fuhre *f*; **~çaria** [~sɐ'ʀiɐ] *f* Karosserie *f*; **~ceiro** [~'seiru] *m* Fuhrmann *m*; **~ssel** [~'sɛɫ] *m* Karussell *n*.
carruagem [~'ʀwaʒɐ̃i] *f* Wagen *m*; *~-cama* 🚂 Schlafwagen *m*.
carta ['kartɐ] *f* Brief *m*, Schreiben *n*; (Land-, Spiel-)Karte *f*; *Doktor*-Diplom *n*; *~ de aviso* (*crédito*) Avis-(Kredit-)brief *m*; *~ de apresentação*, *~ de recomendação* Empfehlungs-

schreiben *n*; ~ *de condução* Führerschein *m*; ♀ *constitucional* Verfassungsurkunde *f*; ♀ *do Atlântico* Atlantikcharta *f*; *dar as ~s fig.* den Ton angeben; *dar ~s a* Vorschriften machen (*dat.*); ter (*tirar*) ~ den Führerschein h. (m.).

cartabuxa [kɐrtɐˈβuʃɐ] *f* Drahtbürste *f*.

cart|ada [~ˈtaδɐ] *f* Ausspielen *n*; (ausgespielte) Karte *f*; *jogar a última* ~ die letzte Karte ausspielen; **~ão** [~ɐ̃u] *m* Pappe *f*, Pappdeckel *m*; Pappschachtel *f*; Karton *m*; *bras.* Ansichtskarte *f*; *Besuchs-*, *Mitglieds*-Karte *f*; **~ão-postal** *bras.* [~tɐ̃uposˈtał] *m* Postkarte *f*; **~apácio** [~tɐˈpasju] *m* (Notiz-)Heft *n*; Aktenbündel *n*; *lit.* Schinken *m*.

cart|az [~ˈtaʃ] *m* Plakat *n*; *tea.* Spielplan *m*; *fig.* Aushängeschild *n*; **~eira** [~eirɐ] *f* Brieftasche *f*; Brief-, Akten-mappe *f*; *Damen*-Handtasche *f*; Notizbuch *n*; *Schreib*-Pult *n*; Schulbank *f*; Ausweis *m*; *Führer*-Schein *m*; ~ *profissional* Arbeitsbuch *n*; ♀ *Bank*-Abteilung *f*; **~eirista** [~teiˈriʃtɐ] *m* Taschendieb *m*; **~eiro** [~eiru] *m* Briefträger *m*; **~el** [~ɛł] *m* **a)** Herausforderung *f*; **b)** Kartell *n*.

cárter [ˈkartɛr] *m auto.* Gehäuse *n*, Kasten *m*.

cartilag|em [~tiˈlaʒɐ̃i] *f* Knorpel *m*; **~íneo**, **~inoso** [~lɐˈʒinju, ~ʒiˈnozu (-ɔ-)] knorpelig.

cartilha [~ˈtiʎɐ] *f* Fibel *f*.

cartógrafo [~ˈtɔγrɐfu] *m* Kartenzeichner *m*.

cartola P [~ˈtɔlɐ] *f* Angströhre *f* (= *Zylinderhut*); Deckel *m*.

cartolina [~tuˈlinɐ] *f* feine(s) Kartonpapier *n zu Besuchskarten usw.*

cartom|ancia [~tumɐ̃ˈsiɐ] *f* Kartenlegen *n*; **~ante** [~ˈmɐ̃ntə] *su.* Kartenleger(in *f*) *m*.

carton|ado [~tuˈnaδu] kartoniert; **~agem** [~aʒɐ̃i] *f* Kartonage *f*; Pappband *m*.

cartório [~ˈtɔrju] *m* Notariat *n*; (Anwalts-)Büro *n*; Archiv *n*; *ter culpas no* ~ keine reine Weste h.

cartuch|eira [~tuˈʃeirɐ] *f* Patronentasche *f*; **~o** [~ˈtuʃu] *m* Patrone *f*, Kartusche *f*; Tüte *f*; *papel m* ~ Packpapier *n*.

cartux|a [~ˈtuʃɐ] *f* Karthäuserorden *m*, -kloster *n*; **~o** [~u] *m* Karthäusermönch *m*.

caruma [kɐˈrumɐ] *f* Kiefern-, Tannen-nadel *f*.

carunch|o [~ˈrũʃu] *m* Holzwurm *m*; *fig.* Totenwurm *m*; **~oso** [~rũˈʃozu] wurmstichig.

carvalh|al [kɐrvɐˈʎał] *m* Eichenwald *m*; **~o** [~ˈvaʎu] *m* Eiche *f*.

carvão [~ˈvɐ̃u] *m* Kohle *f*; *pint.* Kohlezeichnung *f*; ~ *animal* Tier-, Knochen-, ~ *de pedra*, ~ *mineral* Stein-, ~ *vegetal* Holz-kohle *f*; *depósito m de* ~ ⚓ (Kohlen-)Bunker *m*; *receber* (*od. tomar*) ~ bunkern.

carvo|aria [~vwɐˈriɐ] *f* Kohlenhandlung *f*; Meiler *m*; **~eira** [~ˈvweirɐ] *f* Kohlen-keller (*od.* ⚓ -bunker) *m*, -kasten *m*, -händlerin *f*; Meiler *m*; **~eiro** [~ˈvweiru] **1.** *m* Köhler *m*; Kohlenhändler *m*; **2.** *adj.* Kohlen...; kohlschwarz.

casa [ˈkazɐ] *f* Haus *n*; Wohnung *f*; *Bade*-Zimmer *n*; *Maschinen*-Raum *m*; Handelshaus *n*, Firma *f*; Feld *n* (*Schachbrett*); Fach *n in Gestellen usw.*; (Zahlen-)Stelle *f*; ~ *do botão* Knopfloch *n*; ♀ *da Moeda* Münze *f*; ~ *de aluguer* Mietshaus *n*; ~ *grande bras.* Herrenhaus *n*; ~ *pública* Bordell *n*; ~ *de saúde* Krankenhaus *n*; *Santa* ♀ (*da Misericórdia*) Spital *n*, städtisches Krankenhaus *n*; *em* (*para*) ~ zu (nach) Hause; *em* ~ *de* bei; *a* ~ *de* zu; *estar od. andar na* (*aproximar-se da*) ~ *dos cinquenta* in (sich) den Fünfzigern sn (nähern); *mudar de* ~ umziehen; *pôr* ~ e-n Hausstand gründen; *com* ~ *posta* mit eigener Wohnung.

casac|a [kɐˈzakɐ] *f* Frack *m*; *cortar na* ~ *j-n* durchhecheln; lästern (über [*ac.*]); *virar a* ~ die Fahne wechseln, sich umstellen; **~ão** [~zɐˈkɐ̃u] *m* Überrock *m*; **~o** [~u] *m Herren*-Rock *m*, Jackett *n*; *Damen*-Mantel *m*.

casad|eiro, **~oiro**, **~ouro** [~zɐˈδeiru, ~oiru, ~oru] heiratsfähig; **~o** [~ˈzaδu] verheiratet.

casal [kɐˈzał] *m* Bauernhof *m*; Weiler *m*; Paar *n*, *bsd.* Ehepaar *n*; *Vogel- usw.* Pärchen *n*.

casamata [~zɐˈmatɐ] *f* Kasematte *f*.

casam|enteiro [~mɐ̃nˈteiru] **1.** *adj.* Heirats...; Ehevermittlungs...; **2.** *m*, -**a** *f* Heiratsvermittler(in *f*) *m*; **~ento** [~ˈmɐ̃ntu] *m* Heirat *f*; Eheschließung *f*, Trauung *f*; Hochzeit *f*; Ehe *f*; *fig.* Vereinigung *f*; Gemeinschaft *f*; ~ *religioso* (*civil*) kirchliche (Zivil-)Trauung *f*; *contrair* ~ *com* die Ehe schließen mit, ehelichen (*ac.*); *pedir alg. em* ~ um j-s Hand anhalten.

casar [~'zar] (1b) *v/t.* trauen; *fig.* verbinden; *v/i.* (sich ver)heiraten; ~ *com* heiraten (*ac.*); **~-se** (zueinander) passen.

casarão [~zɐ'rɐ̃u] *m* Riesenhaus *n*; F Kasten *m*.

casca ['kaʃkɐ] *f* Schale *f*; *Baum*-Rinde *f*; Faß *n*; *fig.* Hülle *f*; Außenseite *f*; ~ *grossa* Grobian *m*; *em* ~ ungeschält (*Reis*).

cascalh|eira [kɐʃkɐ'ʎeirɐ] *f* Halde *f*; Kollern *n*; Rasseln *n*; Röcheln *n*; **~o** [~'kaʎu] *m* Geröll *n*; Kies *m*; *Stein*-Schotter *m*; *Eisen*-Schlacke(n) *f*(*/pl.*); P Kies *m* (*Geld*); **~oso, ~udo** [~ozu (-ɔ-), ~uðu] steinig.

cascar [~'kar] (1n; *Stv.* 1b) **a)** P *j-n* durchbleuen; *Schlag usw.* versetzen; gereizt antworten; **b)** = *descascar.*

cascata [~'katɐ] *f* Kaskade *f*; Wasserfall *m*.

cascavel [~ka'vɛł] *m* Rassel *f*; (*cobra f*) ~ Klapperschlange *f*.

casc|o ['kaʃku] *m* Schädel *m*; Kopfhaut *f*; Schale *f*; *Pferde*-Huf *m*; Faß *n*; ⚓ Rumpf *m*; *fig.* Grips *m*; **~udo** [kɐʃ'kuðu] **1.** *adj.* dickschalig; **2.** *m* Kopfnuß *f*.

cas|ear [kɐ'zjar] (1l) Knopflöcher m. (*ac.*); **~ebre** [~'zɛβrə] *m* elende Hütte *f*, Loch *n*.

caseína [~ze'inɐ] *f* Kasein *n*.

caseiro [~'zeiru] **1.** *adj.* Haus...; häuslich (*a. fig.*); hausgemacht; **2.** *m* Verwalter *m*; Pächter *m*.

caserna [~'zɛrnɐ] *f* Kaserne *f*.

casimira [~zə'mirɐ] *f* Kaschmir *m*.

casinh|a [~'ziɲɐ] *f* Häuschen *n* (*a. fig.*); **~ola, ~ota** [~zi'ɲɔlɐ, -ɔtɐ] *f* Hütte *f*.

casino [~'zinu] *m* Kurhaus *n*; Kasino *n*.

casmurro [kɐʒ'muʀu] dickköpfig; brummig; trübselig.

caso ['kazu] *m* Fall *m* (*a. gram.*); Vorfall *m*; Sache *f*; Umstand *m*; ~ *que conj.*, *no* ~ *de inf.* falls *ind.*, wofern *ind.*; *dado o* ~ *que* gesetzt den Fall, daß; *em todo o* ~ auf jeden Fall, jedenfalls; *em* ~ *algum* (*od. nenhum*) auf keinen Fall, keinesfalls; (*no*) ~ *contrário* anderenfalls; *em último* ~ äußerstenfalls; *eu no seu* ~ ich an Ihrer Stelle; *dá-se o* ~ *que* zufällig, auf einmal; da, nun; *estar no* ~ im Bilde sn; (*não*) *fazer* ~ *de* sich etw. (nichts) m. aus; sich (nicht) kümmern um; *fazer muito ao* ~ sehr wichtig sn; *sendo* ~ *disso*, *quando for o* ~ notfalls; *não ser* ~ *para isso* nicht so schlimm sn; *vamos ao* ~! zur Sache!; *vir ao* ~ zur Sache (*od.* hierher) gehören.

casota [kɐ'zɔtɐ] *f Hunde*-Hütte *f*.

caspa ['kaʃpɐ] *f* Schuppen *f/pl.*

cáspite ['kaʃpitə] nanu!, sieh mal an!

casquete [kɐʃ'ketə] *m* Kappe *f*.

casquilh|aria, ~ice [~kiʎɐ'riɐ, ~'ʎisə] *f* Gefallsucht *f*; Schmuck *m*; **~o** [~'kiʎu] **1.** *adj.* geckenhaft; **2.** *m* Geck *m*, Stutzer *m*.

casquin|ada [~ki'naðɐ] *f* Gekicher *n*; **~ar** [~ar] (1a) kichern.

casquinha [~'kiɲɐ] *f* Rinde *f*, Tannenholz *n*; Furnierholz *n*; ~ *de ouro* Blattgold *n*.

cassa ['kasɐ] *f* Musselin *m*.

cass|ação [kɐsɐ'sɐ̃u] *f* Aufhebung *f*; Kassation *f*; **~ar** [~'sar] (1b) aufheben; kassieren.

cassino *bras.* [ka'sinu] *m* = *casino.*

casta ['kaʃtɐ] *f* Art *f*; Rasse *f*; Geschlecht *n*; Kaste *f*; *de* ~ reinrassig; hochwertig; *toda a* ~ *de* alle möglichen, allerlei.

castanha [kɐʃ'tɐɲɐ] *f* Kastanie *f*; Haarwulst *m*; *bras.* Isolator *m*; **~s** *pl.* ⚓ Klüsen *f/pl.*

castanh|al, ~edo [~tɐ'ɲał, ~eðu] *m* Kastanien-pflanzung *f*, -wald *m*; **~eiro** *m*, **-a** *f* [~eiru, -ɐ] Kastanienbaum *m*; -verkäufer(in *f*) *m*; **~etas** [~etɐʃ] *f/pl.* Kastagnetten *f/pl.*; Fingerschnalzen *n*; **~o** [~'tɐɲu] **1.** *m* Kastanie(nholz *n*) *f*; **2.** *adj.* (kastanien)braun; **~olas** [~ɔlɐʃ] *f/pl.* = *~etas.*

castão [~'tɐ̃u] *m* (Stock-)Knauf *m*.

castelão *m*, **-ã** *f* [~tə'lɐ̃u, -ɐ̃] Burgherr(in *f*) *m*; Kastellan *m*.

castelhano [~tə'ʎɐnu] **1.** *adj.* kastilisch; **2.** *m*, **-a** *f* Kastilianer(in *f*) *m*.

castelo [~'tɛlu] *m* Burg *f*, Schloß *n*; Festung *f*, Fort *n*; Kastell *n*; Schanze *f*; *fazer* (*od. levantar*) ~*s no ar* Luftschlösser bauen; ~ *de cartas* Kartenhaus *n*.

castiçal [~ti'sał] *m* Leuchter *m*.

castiço [~'tisu] rein; rein-blütig, -rassig, Rasse...; einwandfrei.

castidade [~ti'ðaðə] *f* Keuschheit *f*.

castig|ar [~ti'ɣar] (1o) (be)strafen; e-n Verweis erteilen (*dat.*); geißeln; *Stil* ausfeilen; **~o** [~'tiɣu] *m* Strafe *f*; Verweis *m*; Züchtigung *f*.
casto ['kaʃtu] keusch, rein.
castor [kɐʃ'tor] *m* Biber *m*; Biberpelz *m*; Kastorhut *m*; *ast.* Kastor *m*.
castr|ação [~trɐ'sɐ̃u] *f* Kastration *f*; **~ado** [~'traðu] *m* Kastrat *m*; **~ar** [~'trar] (1b) kastrieren.
castrense [~'trẽsə] Feld..., Militär...
castro ['kaʃtru] *m* Kastell *n*; *vorrömische* Siedlung *f*.
casual [kɐ'zwał] zufällig, Zufalls...; *com ar* ~ wie zufällig; **~idade** [~zwɐli'ðaðə] *f* Zufälligkeit *f*; Zufall *m*; *por* ~ zufällig.
casul|a [~'zulɐ] *f* Kasel *f* (*Meßgewand*); **~o** [~u] *m* Kokon *m*; Samenkapsel *f*.
cata ['katɐ] *f* Suche *f*; *bras.* Schürfstelle *f*; (Kaffee-)Lese *f*; *andar em ~ de* suchen nach; *dar ~ a* durchsuchen.
cataclismo [kɐtɐ'kliʒmu] *m* Sintflut *f*; Erdumwälzung *f*; *fig.* Umwälzung *f*.
catacumbas [~'kũmbɐʃ] *f/pl.* Katakomben *f/pl*.
catad|eira *bras.* [~'ðeirɐ] *f* Kaffeeleserin *f*; **~or** [~or] *m* Kaffeereiniger *m* (*Maschine*).
catadupa [~'ðupɐ] *f* Wasserfall *m*; *fig.* Flut *f*.
catadura [~'ðurɐ] *f*: *má ~* verdächtiges Aussehen *n*; drohende Miene *f*; *estar de boa* (*má*) ~ guter (schlechter) Laune sn.
catafalco [~'fałku] *m* Katafalk *m*.
catalão (-ães) [~'lɐ̃u (-ɐ̃iʃ)] **1.** *adj.* katalanisch; **2.** *m*(*pl.*) Katalane *m*.
catalis|ador [~lizɐ'ðor] *m* Katalysator *m*; **~ar** [~'zar] (1a) katalysieren.
catalogar [~lu'ɣar] (1o; *Stv.* 1e) katalogisieren.
catálogo [~'taluɣu] *m* Katalog *m*; Verzeichnis *n*.
cataplasma [~tɐ'plaʒmɐ] *f* ⚕ Breiumschlag *m*.
catapora(s) *bras.* ⚕ [~'pɔrɐ(s)] *f*(/*pl.*) Frieseln *m/pl*.
catapult|a [~'pułtɐ] *f* Katapult *m*; **~ar** [~puł'tar] (1a) *fig.* schleudern.
catar [~'tar] (1b) (ab-, durch-, nach-, unter-)suchen; ~ *a cabeça*, ~ *piolhos* lausen; ~ *pulgas* flöhen.
catarata [~'ratɐ] *f* Wasserfall *m*; ⚕ graue(r) Star *m*; *tirar as ~s fig.* den Star stechen.
catarr|al [~'ʀał] **1.** *adj.* katarrhalisch; **2.** *f* Bronchialkatarrh *m*; **~ento** [~ẽntu] zu Katarrhen neigend; (ständig) erkältet; **~o** [~'taʀu] *m* Katarrh *m*; Erkältung *f*.
catástrofe [~'taʃtrufə] *f* Katastrophe *f*.
catastrófico [~tɐʃ'trɔfiku] katastrophal.
cata-vento(s) [kɐtɐ'vẽntu] *m*(*pl.*) Wetterfahne *f* (*a. fig.*).
catecismo [~ə'siʒmu] *m* Katechismus *m*.
cátedra ['katəðrɐ] *f* Katheder *n*; Lehrstuhl *m*; *der* Heilige Stuhl *m*.
catedr|al [kɐtə'ðrał]: (*sé*) ~ *f* Dom *m*; Münster *n*; **~ático** [~atiku]: (*professor*) ~ *m* Lehrstuhlinhaber *m*, ordentliche(r) Professor *m*.
categ|oria [~ɣu'riɐ] *f* Klasse *f*, Gruppe *f*; Rang *m*; Kategorie *f*; *de alta* ~ = *~orizado*; **~órico** [~'ɣɔriku] kategorisch, bestimmt; **~orizado** [~uri'zaðu] maßgebend; hochgestellt; erstklassig; **~orizar** [~uri'zar] (1a) einstufen; berechtigen; befähigen; auszeichnen.
catenária [~'narjɐ] *f* 🚋 Oberleitung *f*.
catequizar [~ki'zar] (1a) katechisieren; *allg.* schulen; *fig.* beschwatzen.
caterva [~'tɛrvɐ] *f* Rotte *f*, Schwarm *m*.
cateter ⚕ [~tə'tɛr] *m* Katheter *m*.
cateto [~'tɛtu] *m* ⩓ Kathete *f*.
catilinária [~təli'narjɐ] *f* Strafrede *f*.
catimplora *bras.* [~tĩm'plɔrɐ] *f* Eismaschine *f*.
catinga [~'tĩŋgɐ] **1.** *f* Negergeruch *m*; Geiz *m*; **2.** *m* Geizkragen *m*; **~r** [~tĩŋ'gar] (1o) stinken; F knausern.
catita [~'titɐ] niedlich; fein, elegant.
cativ|ante [~ti'vẽntə] gewinnend; bezaubernd; **~ar** [~ar] (1a) gefangennehmen; knechten; *fig.* fesseln; *j-n* für sich einnehmen; *j-s Zuneigung usw.* gewinnen; bezaubern; beschämen; bestechen; **~eiro** [~eiru] *m* Gefangenschaft *f*; Gefängnis *n*; Knechtschaft *f*; **~o** [~'tivu] **1.** *p.p. irr. v. ~ar*; **2.** *adj.* ✝ abgabepflichtig; lichtempfindlich (*Farbe*); *s. balão*; **3.** *m* Gefangene(r) *m*; Sklave *m*.
catódio, cátodo [~'tɔðju, 'katuðu] ⚡ **1.** *m* Kathode *f*; **2.** *adj.* Kathoden...
catoli|cão [~tuli'kɐ̃u] *m* Erzkatholik *m*; *ser um ~* stockkatholisch sn; ~-

cismo [~'siʒmu] *m* katholische Religion *f*; Katholizismus *m*.

católico [~'tɔliku] **1.** *adj.* katholisch; *não ser (estar) muito* ~ F nicht einwandfrei (auf der Höhe) sn; **2.** *m* Katholik *m*. [schwulst *f*.]

catombo *bras.* [~'tõmbu] *m* Ge-

catorze [~'torzə] vierzehn.

catraca ⊕ [~'trakɐ] *f* Ratsche *f*, Sperrad *n*; *Bohr*-Knarre *f*.

catrafilar P [~trɐfi'lar] (1a) schnappen, erwischen; klauen.

catrai|a [~'trajɐ] *f* Einmannboot *n*, Kahn *m*; Häuschen *n*; P Mäuschen *n* (= *kleines Mädchen*); **~o** [~u] *m* Knirps *m*; Lausbube *m*.

catrapiscar [~trɐpiʃ'kar] (1n) liebäugeln (*od.* schöntun) mit.

catrapus [~'puʃ]: *de* (*od. a, em*) ~ im Galopp; ~! plauz!, plumps!

catre ['katrə] *m* Feld-, Klapp-bett *n*; Pritsche *f*.

caturr|a [~'tuʀɐ] **1.** *su.* Spießer *m*; Pedant *m*; **2.** *adj.* spießig; pedantisch; **~ice** [~tu'ʀisə] *f* Sturheit *f*; Pedanterie *f*.

caubói *angl. bras.* [kau'bɔi] *m* Cowboy *m*.

caução [kau'sɐ̃u] *f* Bürgschaft *f*, Sicherheit *f*, Kaution *f*.

caucho, -u ['kauʃu, kau'ʃu] *m* Rohgummi *m* (*od. n*), Kautschuk *m*.

caucion|ar [kausju'nar] (1f) verbürgen, sicherstellen; Sicherheit leisten für (*ac.*); **~ário** [~arju] **1.** *adj.* Kautions...; **2.** *m* Bürge *m*; Kautionssteller *m*.

cauda ['kauðɐ] *f* Schwanz *m* (*a.* ✈); Schweif *m* (*a. ast.*); *Kleider*-Schleppe *f*; ⚔ Nachhut *f*; ♪ (Noten-)Hals *m*; *fig.* Gefolge *n*; Ende *n*; *piano m de* ~ Flügel *m*.

caud|al [kau'ðał] **1.** *adj.* Schwanz...; reißend (*Strom*); **2.** *m* Strom *m*; Wasserflut *f*; **~aloso** [~ðɐ'lozu (-ɔ-)] wasserreich; reißend; *fig.* reich.

caudilho [~'ðiʎu] *m* Führer *m*.

caule ['kaulə] *m* Stengel *m*; *Gras*-Halm *m*.

caulim, -ino [kau'lĩ, -inu] *m* Porzellanerde *f*.

causa ['kauzɐ] *f* Ursache *f*; Grund *m*, Veranlassung *f*; ⚖ (Rechts-)Sache *f*, Prozeß *m*; *fig.* Sache *f*; ~ *final* Endursache *f*; Zweck *m*; ~ *primária* letzte Ursache *f*, Ursprung *m*; *conhecimento m de* ~ Sachkenntnis *f*; *por* ~ *de* wegen (*gen.*), um ... (*gen.*) willen; *por minha* ~ um meinetwillen; *dar* ~ *a* der Grund sn für; = *causar*; *em* ~ betreffend.

caus|ador [kɐuzɐ'ðor] **1.** *m* Urheber *m*; **2.** *adj.* ursächlich, verursachend; **~al** [~'zał] **1.** *adj.* kausal, ursächlich; Kausal..., Ursachen...; **2.** *f* (Beweg-)Grund *m*; Ursprung *m*; **~alidade** [~ɐli'ðaðə] *f* Ursächlichkeit *f*, Kausalität *f*; **~alismo** [~ɐ'liʒmu] *m* Kausalzusammenhang *m*; **~ar** [~'zar] (1a) verursachen; hervorbringen; *Unheil* anrichten, stiften; **~ídico** [~'ziðiku] *m* Rechtsanwalt *m*, *depr.* Rechtsverdreher *m*.

causti|car [kauʃti'kar] (1n) ätzen, ausbrennen; *fig.* belästigen; quälen; **~cidade** [~si'ðaðə] *f* Ätzkraft *f*; *fig.* Bissigkeit *f*.

cáustico ['kauʃtiku] **1.** *adj.* ätzend; *fig.* beißend; bissig; **2.** *m* Ätzmittel *n*; Beize *f*; Zugpflaster *n*.

cautel|a [kau'tɛlɐ] *f* Vorsicht *f*; Vorbehalt *m*; Schein *m*; *Los*-Anteil *m*; ~ *de penhor* Pfandschein *m*; *à* ~ zur Vorsicht; *estar com* ~ auf der Hut sn; *ter* ~ *com* vorsichtig sn mit, sich in acht nehmen vor (*dat.*); **~ar** [~tə'lar] Vorsichts...; **~eiro** [~tə'leiru] *m* Losverkäufer *m*; **~oso** [~tə'lozu (-ɔ-)] vorsichtig.

cautério [~'tɛrju] *m* Ätzmittel *n*; Ätzwunde *f*; Glüh-brenner *m*, -stift *m*; *fig.* strenge Maßnahme *f od.* Strafe *f*.

cauteriz|ação [~tərizɐ'sɐ̃u] *f* Wegätzen *n*, Ausbrennen *n*; **~ar** [~'zar] (1a) (weg)ätzen; ausbrennen.

cauto ['kautu] vorsichtig; schlau.

cava ['kavɐ] *f* Behacken *n* des Weinbergs; Grube *f*; Graben *m*; (Ärmel-, Hals-)Ausschnitt *m*; *bras.* Keller(geschoß *n*) *m*.

cavac|a [kɐ'vakɐ] *f* Scheit *n*; Stück *n* Holz; *cul.* Plätzchen *n*; **~o** [~u] *m* (Holz-)Span *m*, Splitter *m*; F Schwatz *m*; *dois dedos de* ~ Schwätzchen *n*; *dar o* ~ *por* F versessen sn auf (*ac.*); *dar (o)* ~ *com* sich ärgern über (*ac.*).

cavad|ela [~vɐ'ðɛlɐ] *f*: *dar uma* ~ um-graben, -hacken; **~o** [~'vaðu] **1.** *m* Grube *f*; *Achsel*-Höhle *f*; **2.** *adj.* hohl; **~or** [~or] *m* Erdarbeiter *m*; *Gold- usw.* Gräber *m*; *bras. fig.* Hochstapler *m*.

cavala [~'valɐ] *f* Makrele *f* (*Fisch*).

caval|ada [~vɐ'laðɐ] **1.** *f* Erzdummheit *f*; **2.** *adj.* beschält (*Stute*); **~agem** [~aʒẽi] *f* Bespringung *f*; Sprunggeld *n*; **~ar** [~ar] Pferde...; *gado m* ~ Pferde *n/pl.*; **~aria** [~lɐ'riɐ] *f* Reitkunst *f*; ⚔ Kavallerie *f*, Reiterei *f*; *fig.* ritterliche Tat *f*, Heldentat *f*; *soldado m de* ~ Kavallerist *m*; *meter-se em ~s altas* große Rosinen im Kopf h. (*od.* sich ... in den Kopf setzen); **~ariça** [~lɐ'risɐ] *f* Pferdestall *m*; † Marstall *m*; **~eira** [~'leirɐ] *f* Reiterin *f*; *às ~s* rittlings; huckepack; **~eiro** [~eiru] **1.** *m* Reiter *m*; Ritter *m*; Edelmann *m*; ⚔ Kavallerist *m*; **2.** *adj.* beritten; Ritter...; **~eiroso** [~lei'rozu (-ɔ-)] ritterlich; **~ete** [~etə] *m* Staffelei *f*; *Wagen*-Runge *f*; *tip.* (Setz-)Regal *n*; *Dach*-Sattel *m*; (Rüst-, Säge-)Bock *m*; *allg.* Gestell *n*; ♪ Steg *m*.

cavalg|ada [~vał'γaδɐ] *f* Kavalkade *f*; Ritt *m*; **~adura** [~γɐ'δurɐ] *f* Reittier *n*; *fig.* Riesenroß *n*; **~ar** [~ar] (1o) *v/i.* reiten; rittlings sitzen; *v/t.* reiten; sich rittlings setzen auf (*ac.*); be-, über-steigen.

cavalheir|esco [~vɐʎei'reʃku] artig, galant; zuvorkommend; ritterlich; **~ismo** [~iʒmu] *m* Artigkeit *f*; Zuvorkommenheit *f*; Ritterlichkeit *f*; **~o** [~'ʎeiru] *m* Kavalier *m*; höfliche(r) Mann *m*; *allg.* Herr *m*; mein Herr (*als Anrede*).

caval|icoque P [~li'kɔkə] *m* Klepper *m*; **~inha** [~'liɲɐ]: *às ~s* huckepack; **~inho** [~'liɲu] *m* Pferdchen *n*; P Pfund *n* Sterling; (*circo m de*) *~s* Pferdezirkus *m*.

cavalo [~'valu] *m* Pferd *n*; Hengst *m*; *Schach*: Springer *m*; Feuerzange *f*; ⊕ Schnitzelbank *f*; ✓ Pfropfzweig *m*; *fis.* Pferdestärke *f*; ~ *de montar* (*od. sela*) Reitpferd *n*; ~ *de lavoura* Ackergaul *m*; ~ *de pau* Steckenpferd *n*; *a* ~ zu Pferde; rittlings; *ir* (*od. andar, montar*) *a* ~ reiten; *bras. no* ~ *dos frades* auf Schusters Rappen; **~-marinho** [~mɐ'riɲu] *m* Nilpferdpeitsche *f*; Seepferdchen *n*; **~(s)-vapor** [~vɐ'por] *m(pl.)* (*Abk. C.V.*) Pferdestärke *f*.

cavanhaque [~vɐ'ɲakə] *m* Spitzbart *m*.

cavaqu|ear [~vɐ'kjar] (1l) schwatzen, plaudern; **~eira** [~'keirɐ] *f* Schwatz *m*; **~inho** [~'kiɲu] *m* Klampfe *f*; *dar* ~ *s. cavaquear*.

cavar [~'var] (1b) (um-, aus-)graben; (auf)hacken; (aus)höhlen; *fig.* durch-, er-forschen; *bras.* F organisieren; ~ (*para*) sich davonm. (nach).

cave ['kavə] *f* Keller(geschoß *n*) *m*.

caveir|a [ka'veirɐ] *f* Totenkopf *m*; **~oso** [~vei'rozu (-ɔ-)] eingefallen (*Gesicht*).

caverna [kɐ'vɛrnɐ] *f* Höhle *f*; ⚕ Kaverne *f*; ⚓ Spant *n*.

cavern|ame [~vər'nɐmə] *m* ⚓ Spanten(werk *n*) *n/pl.*; **~ícula** [~ikulɐ] *su.* Höhlenbewohner(in *f*) *m*; **~oso** [~ozu (-ɔ-)] voller Höhlen; höhlenartig; hohl (*Ton, Stimme*); ⚕ kavernös.

cavidade [~vi'δaδə] *f* Höhlung *f*; Vertiefung *f*; *Brust- usw.* Höhle *f*.

cavilação *bras.* [~la'sẽu] *f* Arglist *f*.

cavilha [~'viʎɐ] *f* Bolzen *m*; Zapfen *m*; Holznagel *m*; *Stahl*-Dübel *m*.

caviloso [~vi'lozu (-ɔ-)] arglistig.

cavo ['kavu] hohl; tief; tiefliegend.

cavouc|ar [kɐvo'kar] (1n) *Graben* aus-heben, -schachten; *v/i.* F buddeln; **~o** [~'voku] *m* Ausschachtung *f*; Graben *m*.

cê [se] *m Name des Buchstabens* c; **~-agá** [~ɐ'γa] *m Name des Buchstabens* ch.

cear [sjar] (1l) zu Nacht essen.

cebola [sə'βolɐ] *f* Zwiebel *f*.

cebol|ada [~βu'laδɐ] *f* Zwiebelgericht *n*; **~inha** [~iɲɐ] *f* Perlzwiebel *f*; ~ *francesa*, ~ *verde* Schnittlauch *m*; **~inho, ~o** [~iɲu, ~'βolu] *m* Samenzwiebel *f*; **~ório** P [~ɔrju] *int.* Unsinn!, Quatsch!

Ceca ['sɛkɐ]: *correr* ~ *e Meca* von Pontius zu Pilatus laufen.

cecear [sə'sjar] (1l) lispeln.

cê-cedilha [sesə'δiʎɐ] *m Name des Buchstabens* ç.

cec|eio [sə'seju] *m* Lispeln *n*; **~eoso** [~'sjozu (-ɔ-)] lispelnd.

ceco ['sɛku] *m* Blinddarm *m*.

ced|ência [sə'δẽsjɐ] *f* Nachgeben *n*; = *cessão*; **~er** [~er] (2c) abtreten, überlassen; *v/i.* nachgeben; nachstehen.

cediço [~'δisu] faul(ig); schlecht; *fig.* abgedroschen; alt(modisch).

cedilha [~'δiʎɐ] *f* Häkchen *n unter dem* c.

ced|inho [~'δiɲu] recht früh; **~o** ['seδu] (zu) früh; bald, gleich; *de manhã* ~ frühmorgens.

cedro ['sɛδru] *m* Zeder *f*.

cédula ['sɛδulɐ] *f* Zettel *m*; Schein *m*; Banknote *f*; *Personal*-Ausweis *m*.
cefálico [sə'faliku] Kopf...; Gehirn...
ceg|a ['sɛγɐ] *f* Blinde *f*; *às* **~s** = **~amente** [~'mẽntə] blind; blindlings; **~ar** [sə'γar] (1o; *Stv.* 1c) *v/i.* erblinden; *v/t.* blenden; *fig.* verblenden; *Loch* verstopfen; *Geschütz* vernageln; **~o** [~u] blind; *fig.* verblendet; verstopft (*Rohr*); undeutlich; stumpf (*Schneide*); *intestino m* ~ Blinddarm *m*.
cegonha [sə'γoɲɐ] *f* Storch *m*; *fig.* Schwingbaum *m*; Schwengel *m*.
cegu|eira [~'γeirɐ] *f* Blindheit *f*; *fig.* Verblendung *f*; **~inho** [sɛ'γiɲu] *m* blinde(r) Bettler *m*.
ceia ['sejɐ] *f* Nachtessen *n*; Imbiß *m am späten Abend*.
ceifa ['seifɐ] *f* Schnitt *m*, Mahd *f*; Ernte *f* (*a. fig.*).
ceif|adeira [seifɐ'δeirɐ] *f* = **~eira**; **~ar** [~'far] (1a) mähen, schneiden; *fig.* niedermähen; **~eira** [~'feirɐ] *f* Mähmaschine *f*; Schnitterin *f*; **~eiro** [~'feiru] **1.** *m* Schnitter *m*, Mäher *m*; **2.** *adj.* Mäh...
ceitil [sei'tiɫ] *m* Heller *m*.
cela ['sɛlɐ] *f* Zelle *f*, Klause *f*.
celebérrimo [sələ'βɛʀimu] *sup. v. célebre*.
celebr|ação [~βrɐ'sɐ̃u] *f* Feier *f*, Begehung *f*; Abhaltung *f*; Abschluß *m*; Vollziehung *f*; **~ar** [~'βrar] (1c) feiern, begehen; *Feier* abhalten; *Vertrag* abschließen; *Unterschrift* vollziehen; *Messe* lesen; *j-n* preisen, rühmen; **~ar-se** stattfinden.
célebre ['sɛləβrə] berühmt.
celebri|dade [sələβri'δaδə] *f* Berühmtheit *f*; **~zar(-se)** [~'zar(sə)] (1a) berühmt machen (werden).
celeiro [sə'leiru] *m* Scheune *f*; Kornkammer *f*; Speicher *m*.
celerado [~lə'raδu] **1.** *adj.* ruchlos; **2.** *m* Schurke *m*, Bösewicht *m*.
célere ['sɛlərə] schnell; leicht(füßig).
celeridade [sələri'δaδə] *f* Schnelligkeit *f*.
celeste, -stial [sə'lɛʃtə, -lɨʃ'tjaɫ] himmlisch, Himmels...
celeuma [~'leumɐ] *f* Lärm *m*; Aufsehen *n*, Aufregung *f*.
celga ♀ ['sɛɫγɐ] *f* Mangold *m*.
celha ['seʎɐ] *f* Wimper *f*.
celibat|ário [səliβɐ'tarju] **1.** *adj.* unverheiratet; ledig; **2.** *m* Junggeselle *m*; **~o** [~'βatu] *m* Ehelosigkeit *f*, Zölibat *n*.
celofane [~lu'fɐnə] *m* Zellophan *n*.
celso ['sɛɫsu] hoch; erhaben.
celta ['sɛɫtɐ] **1.** *adj.* keltisch; **2.** *su.* Kelte *m*, Keltin *f*.
célula ['sɛlulɐ] *f* Zelle *f*.
celul|ar [səlu'lar] zellig; zellular, Zell(en)...; *prisão f* ~ Einzelhaft *f*; **~óide** [~ɔiδə] *f* Zelluloid *n*; **~ose** [~ɔzə] *f* Zellulose *f*, Zellstoff *m*; **~oso** [~ozu (-ɔ-)] Zell(en)...
cem [sɐ̃i] hundert.
cement|ar [səmẽn'tar] (1a) *Metall* härten; **~o** [~'mẽntu] *m Metall*-Beize *f*; *Zahn*-Zement *m*.
cemitério [~i'tɛrju] *m* Friedhof *m*, Kirchhof *m*.
cena ['senɐ] *f* Szene *f*; Bühne *f*; Auftritt *m* (*a. fig.*); Schauplatz *m*; *fig. a.* Schauspiel *n*; *direcção f de* ~ Regie *f*; *director m de* ~ Regisseur *m*; *aparecer* (*od. entrar*) *em* ~ auftreten, in Erscheinung treten; *pôr em* ~ aufführen.
cenário [sə'narju] *m* Bühnenausstattung *f*; Bühnenbild *n*; Landschaft *f*; Szenerie *f*, Schauplatz *m*; ~ *de fundo* Hintergrund *m*.
cenho ['seɲu] *m* (düstere) Miene *f*; (strenges) Aussehen *n*.
cénico ['seniku] szenisch; Bühnen...
cenógrafo [sə'nɔγrɐfu] *m* Bühnenbildner *m*, -maler *m*.
cenoira, -oura [~'noirɐ, -orɐ] *f* Gelb-, Mohr-rübe *f*, Möhre *f*.
censo ['sẽsu] *m* (Volks-)Zählung *f*; Zins *m*.
cens|or [sẽ'sor] *m* Zensor *m*; *fig.* Krittler *m*; Tadler *m*; **~ório** [~ɔrju] der Zensur, Zensur...; **~ura** [~urɐ] *f* Zensur(behörde) *f*; Tadel *m*; **~urar** [~su'rar] (1a) zensieren; tadeln; **~urável** [~su'ravɛɫ] tadelnswert.
centavo [sẽn'tavu] *m* **a)** Hundertstel *n*; **b)** Centavo *m* (*port. Münze* = $^1/_{100}$ *Escudo*).
cent|eal [~'tjaɫ] *m* Roggenfeld *n*; **~eio** [~eju] **1.** *m* Roggen *m*; **2.** *adj. palha f -a* Roggenstroh *n*.
centelha [~'teʎɐ] *f* Funke(n) *m*.
centen|a [~'tenɐ] *f* Hundert *n*; Hunderter *m*; *uma* ~ etwa hundert; *às* **~s** zu Hunderten; **~ar** [~tə'nar] *m* Hundert *n*; **~ário** [~tə'narju] **1.** *adj.* hundert-jährig, -fältig; **2.** *m* Hundertjahrfeier *f*; ~ *da morte* hundertste(r) Todestag *m*; *oitavo* ~ Achthundertjahrfeier *f*.

cent|esimal [~tɛzi'mał] zentesimal; **~ésimo** [~'tɛzimu] **1.** *adj.* hundertste; **2.** *m a.* Hundertstel *n*; **~ígrado** [~'tiɣraðu]: *termómetro m* ~ Thermometer *n* nach Celsius; **~igrama** [~i'ɣrɐmɐ] *m* Zentigramm *n*; **~ímetro** [~'timətru] *m* Zentimeter *n*.
cêntimo ['sẽntimu] *m* Centime *m*.
cento ['sẽntu] **1.** hundert; **2.** *m* Hundert *n*; *aos ~s* zu Hunderten; *por ~* vom Hundert; *um (dois) por ~* ein (zwei) Prozent; *(de) um (dois) por ~* ein- (zwei-)prozentig; **~peia** [sẽntu'pejɐ] *f* Tausendfuß *m*.
centr|agem ⊕ [sẽn'traʒɐ̃i] *f* Zentrierung *f*; **~al** [~ał] **1.** *adj.* zentral; Haupt...; **2.** *f* Zentrale *f*; *~ dos telefones* Fernmeldeamt *n*; *~ (hidro-)eléctrica* (Wasser-)Kraftwerk *n*; **~alização** [~trɐlizɐ'sɐ̃u] *f* Zentralisierung *f*; **~alizar** [~trɐli'zar] (1a) zs.-fassen, zentralisieren; **~ar** ⊕ [~ar] (1a) zentrieren; **~ífuga** *f*, **~ifugador** *m* [~ifuɣɐ, ~trifuɣɐ'ðor] Zentrifuge *f*; **~ifugar** [~trifu'ɣar] (1o) schleudern; *fig.* verdrängen; **~ífugo** [~ifuɣu] zentrifugal; *força f -a* Fliehkraft *f*; **~ípeto** [~ipətu] zentripetal; **~ista** [~iʃtɐ] ... der Mitte; *ser ~* e-e Politik der Mitte vertreten.
centro ['sẽntru] *m* Mittelpunkt *m*; Zentrum *n*, Mitte *f* (*a. pol.*); *~ de gravidade* Schwerpunkt *m*; *ao ~* in der Mitte; **~avante** [~wɐ'vɐ̃ntə] *m* Mittelstürmer *m*; **~médio** [~'mɛðju] *m* Mittelläufer *m*.
centuplicar [sẽntupli'kar] (1n) verhundertfachen.
cêntuplo ['sẽntuplu] hundertfach.
cepa ['sepɐ] *f* Baumstumpf *m*, Stubben *m*; Wurzelstock *m*; Rebstock *m*; *não passar da ~ torta* nicht vorwärts kommen; auf keinen grünen Zweig kommen.
cep|eira [sə'peirɐ] *f* Rebstock *m*; **~ilho** [~iʎu] *m* Hobel *m*; Feile *f*; (Sattel-)Knopf *m*; **~o** ['sepu] *m* Klotz *m* (*a. fig.*); Stumpf *m*; ⊕ Kehlhobel *m*; ♪ Stimmstock *m*; ⚓ (Anker-)Stock *m*; *rel.* Opferstock *m*; ⚖ Block *m*.
ceptro ['sɛtru] *m* = *cetro.*
cepticismo [sɛ(p)ti'siʒmu] *m* Skepsis *f*; *fil.* Skeptizismus *m*.
céptico ['sɛ(p)tiku] **1.** *adj.* skeptisch; **2.** *m* Skeptiker *m*.
cera ['serɐ] *f* Wachs *n*; Wachslicht *n*; Ohrenschmalz *n*; *~ mineral* Paraffin *n*; *fazer ~* bummeln.
cerâmic|a [sə'rɐmikɐ] *f* Keramik *f*, Töpferkunst *f*; **~o** [~u] keramisch.
cerca ['serkɐ] **1.** *f* Einfriedigung *f*; Zaun *m*; Gehege *n*; *~ viva* Hecke *f*; **2.** *prp.* *~ de* nahe (*dat.*); ungefähr, etwa, zirka, fast.
cerc|ado [sər'kaðu] *m* Gehege *n*, Umzäunung *f*; **~adura** [~kɐ'ðurɐ] *f* Einfassung *f*; **~ania**(s) [~kɐ'niɐ(ʃ)] *f*(*/pl.*) Nachbarschaft *f*, Umgebung *f*; **~ar** [~ar] (1n; *Stv.* 1c) ein-zäunen, -friedigen; *fig.* umgeben, umringen; umzingeln; *Stadt* einschließen; *fig.* bedrängen.
cerce ['sɛrsə]: *cortar ~* an der Wurzel (*od.* glatt) abschneiden.
cerce|amento [sərsjɐ'mẽntu] *m* Beschränkung *f*; **~ar** [~'sjar] (1l) ab-, be-schneiden; *fig. a.* einschränken; *Hoffnung* zerstören.
cerco ['serku] *m* Einfriedung *f*; Umzingelung *f*; Einschließung *f*; Einfassung *f*; *Belagerungs*-Ring *m*; Kreis *m*; Umkreis *m*; Gehege *n*; *pôr ~ a* einschließen, belagern (*ac.*).
cerd|as ['serðɐʃ] *f/pl.* Borsten *f/pl.*; **~oso** [sər'ðozu (-ɔ-)] borstig; Borsten...
cereal [sə'rjał] **1.** *adj.* Getreide...; **2.** *m* Getreideart *f*; *cereais pl.* Getreide *n*; **~ífero** [~rjɐ'lifəru] Getreide...
cere|belo [sərə'βelu] *m* Kleinhirn *n*; **~bral** [~'βrał] Gehirn..., Hirn...; verstandesmäßig, Verstandes...; **~brino** [~'βrinu] Gehirn...; *fig.* phantastisch; hirnverbrannt.
cérebro ['sɛrəβru] *m* Gehirn *n*, Hirn *n*; Großhirn *n*; *fig.* Verstand *m*.
cerefolho, -ólio [sərə'foʎu (-ɔ-), -ɔlju] *m* Kerbel *m*.
cereja [sə'reʒɐ] *f* Kirsche *f*.
cerej|al [sərɨ'ʒał] *m* Kirschgarten *m*; **~eira** [~eirɐ] *f* Kirschbaum *m*.
cerimónia [səri'mɔnjɐ] *f* Feierlichkeit *f*, Zeremonie *f*; *fig.* Förmlichkeit *f*; *~s pl.* Umstände *m/pl.*; *de ~s* förmlich; *sem ~(s)* ungezwungen.
cerimoni|al [~mu'njał] **1.** *adj.* zeremoniell; **2.** *m* Zeremoniell *n*; (Fest-)Brauch *m*, (Fest-)Vorschriften *f/pl.*; **~oso** [~ozu (-ɔ-)] förmlich.
cern|e ['sɛrnə] *m* Kern(holz *n*) *m*; *estar no ~* in s-n besten Jahren sn; **~eira** [sər'neirɐ] *f* Langholz *n*.
cernelha [~'neʎɐ] *f* Widerrist *m*;

cul. Kammstück *n.*
ceroilas, -oulas [sə'roilɐʃ, -olɐʃ] *f/pl.* lange Unterhose *f.*
cerqueiro [sər'keiru] umgebend; Um-, Ein-fassungs...; Rund...
cerr|ação [səʀɐ'sɐ̃u] *f* Nebel *m*, Finsternis *f*; **~ado** [~'ʀaδu] **1.** *adj.* dicht; finster, dunkel; schwerverständlich (*Aussprache*); schwer (*Tadel usw.*); *fig.* engstirnig; **2.** *m* Gehege *n*; *innerbrasilianische* Buschsteppe *f*; **~ar** [~'ʀar] (1c) (ver-, ein-, zs.-) schließen; *Arbeit* abschließen; *Gelände* ein-friedigen, -zäunen; *Zugang* ver-sperren, -stopfen; *Fäuste* ballen; *Zähne* zs.-beißen; **~ar-se** schließen (*im Brief*); einbrechen (*Nacht*); zu Ende gehen (*Jahr*).
certa ['sɛrtɐ]: *ir pela ~* sichergehen.
certame [sər'tɐmə] *m* Wett-kampf *m*, -bewerb *m*; Ausstellung *f.*
cert|eiro [sər'teiru] (treff)sicher; (zu)treffend; **~eza** [~ezɐ] *f* Gewißheit *f*; *com ~* gewiß, sicherlich; *ter a ~* sicher sn; **~idão** [~ti'δɐ̃u] *f* Bescheinigung *f*; *~ de baptismo* (*de óbito*) Tauf- (Toten-)schein *m*; *~ de idade* Geburtsurkunde *f.*
certific|ado [~əfi'kaδu] *m* Bescheinigung *f*, Zeugnis *n*; Zertifikat *n*; *~ de aptidão* Befähigungsnachweis *m*; *~ de avaria* Havarie-Attest *n*; *~ médico* ärztliche(s) Attest *n*; **~ar** [~ar] (1n) bescheinigen, beglaubigen; versichern; *j-n* in Kenntnis setzen von; **~ar-se** sich vergewissern.
certo ['sɛrtu] **1.** *adj. vorgestellt*: gewiß; *nachgestellt*: sicher; genau; bestimmt; *~ homem* ein gewisser Jemand *m*; *homem m ~* zuverlässige(r) Mensch *m*; *~ dia* e-s Tages; *de ~*, *por ~* sicher, zweifellos; *é ~ (que)* gewiß; *está ~!* (das ist) richtig!, *fig.* das ist recht!; *estar ~* richtig gehen (*Uhr*); *estar ~ de* gewiß sn (*gen.*); *bater ~* stimmen; *~ de que* in der Gewißheit, daß; **2.** *m*: *o ~ é que* sicher ist, daß ...; *ao ~* genau; = **3.** *adv.* sicher, gewiß.
cerume [sə'rumə] *m* Ohrenschmalz *n.*
cerusa [~'ruzɐ] *f* Bleiweiß *n.*
cerv|a ['sɛrvɐ] *f* Hirschkuh *f*; **~al** [sər'vał] Hirsch...; *lobo m ~* Luchs *m.*
cerveja [sər'veʒɐ] *f* Bier *n* (*branca, preta* helles, dunkles).
cervej|aria [~viʒɐ'riɐ] *f* Bierbrauerei *f*; -ausschank *m*, -halle *f*; Brauhaus *n*; **~eiro** [~'ʒeiru] *m* Bierbrauer *m*; Bier-, Schank-wirt *m.*
cerv|ical [~i'kał] Nacken...; **~iz** [~'viʃ] *f* Nacken *m*, Genick *n.*
cervo ['sɛrvu] *m* Hirsch *m.*
cerz|idor *m*, **-ideira** *f* [sərzi'δor, -eirɐ] Kunststopfer(in *f*) *m*; **~ir** [~'zir] (3d) (kunst)stopfen.
ces|áreo, ~ariano [sə'zarju, ~zɐ'rjɐnu] Cäsaren...; *operação f -a* Kaiserschnitt *m.*
céspede ['sɛʃpəδə] *m* Rasenstück *n*, Plagge *f.*
cess|ação [səsɐ'sɐ̃u] *f* Aufhören *n*; **~ante** [~'sɐ̃ntə] ausscheidend; **~ão** [~'sɐ̃u] *f* Abtretung *f*, Überlassung *f*; Abgabe *f*; **~ar** [~'sar] (1c) aufhören; ablassen von; aufgeben; ⚔ einstellen; *sem ~* unaufhörlich; *o ~-fogo* Feuereinstellung *f.*
cest|a ['seʃtɐ] *f* Korb *m*; *bras.* Ballschläger *m* (*Pelotaspiel*); *levantar a ~ a alg.* F j-m den Brotkorb höher hängen; **~a-rota** [~'ʀotɐ] *su.* Waschweib *n*; **~eiro** *m*, **-a** *f* [siʃ'teiru, -ɐ] Korb-macher(in *f*) *m*, -händler(in *f*) *m*; **~o** ['seʃtu] *m kleiner* Korb *m*; Fausthandschuh *m*; *~ da gávea* Mastkorb *m*; *fig. ~-roto* Waschweib *n*; **~obol** [~o'βɔł] *m* Korbball *m.*
cesura [sə'zurɐ] *f* Zäsur *f*; Einschnitt *m.*
cetáceo [sə'tasju] *m* Wal *m.*
cet..., cét... *bras.* = *cept..., cépt...*
cet|im [~'tĩ] *m* Satin *m*, Atlas *m*; **~ineta** [~ti'netɐ] *f* Baumwollsatin *m*; **~inoso** [~ti'nozu (-ɔ-)] seidenweich; seidig.
cetro ['sɛtru] *m* Zepter *n.*
céu [sɛu] *m* Himmel *m*; *~-da-boca* Gaumen *m*; *fogo m do ~* Blitz *m.*
ceva ['sɛvɐ] *f* Mast *f*; Mastfutter *n.*
cevada [sə'vaδɐ] **1.** *f* Gerste *f*; **2.** *adj. palha f ~* Gerstenstroh *n.*
cevad|al [~vɐ'δał] *m* Gerstenfeld *n*; **~eira** [~eirɐ] *f* Futtersack *m*; *fig.* Futterkrippe *f*; **~eiro** [~eiru] *m* Schweinekoben *m*; **~inha** [~iɲɐ] *f* Graupen *f/pl.*; **~o** [~'vaδu] *m* Mastschwein *n*; **~oiro, ~ouro** [~oiru, ~oru] *m* Mast-stall *m*, -weide *f*; Vogelherd *m*; **~ura** [~urɐ] *f* = *ceva.*
cevar [~'var] (1c) mästen; ködern; vollstopfen; fett machen (*a. fig.*).
cevo ['sevu] *m* Köder *m.*
chá [ʃa] *m* Tee *m*; *dar (um) ~ a alg.*

j-n aufziehen, j-n sticheln; *ter tomado* ~ *em pequeno* F e-e gute Kinderstube haben.

chã [ʃɐ̃] **1.** *f* Flachland *n*; *cul.* Stück *n* (Fleisch) vom Schlegel; **2.** *adj. s. chão* 1.

chacal [ʃɐ'kał] *m* Schakal *m*.

chácara *bras.* ['ʃakarɐ] *f* Land-haus *n*, -gut *n*.

chacin|a [ʃɐ'sinɐ] *f fig.* Gemetzel *n*; *fazer (a)* ~ *(de) fig.* = **~ar** [~si'nar] (1a) in Scheiben schneiden; *fig.* niedermetzeln.

chacot|a [~'kɔtɐ] *f* Spott *m*, Hohn *m*; Spottgedicht *n*; *fazer* ~ *de* = **~ear** [~ku'tjar] (1l) (ver)spotten.

chafariz [~fɐ'riʃ] *m* Brunnen *m*.

chafurd|a [~'furdɐ] *f* Suhle *f*; Pfuhl *m* (*a. fig.*); **~ar** [~fur'dar] (1a) sich im Schlamm wälzen.

chag|a ['ʃaɣɐ] *f* Wunde *f*; Wundmal *n Christi*; *fig.* F Plage *f*; Quälgeist *m*; *~s pl.* ⚘ Kapuzinerkresse *f*; **~ado** [ʃɐ'ɣaðu] wund; **~ar** [ʃɐ'ɣar] (1o; *Stv.* 1b) verwunden; *fig. a.* quälen; **~uento** [ʃɐ'ɣẽntu] wund; wundenbedeckt.

chalaça [ʃɐ'lasɐ] *f* Witz *m*; Spott *m*.

chalace|ador [~lɐsjɐ'ðor] *m* Witzbold *m*; Spötter *m*; **~ar** [~'sjar] (1l) witzeln; spotten.

chalado [~'laðu] fad; meschugge; *água f -a* Wassertee *m*.

chale ['ʃalə] *m* Schalfisch *m*; *s. xale*.

chalé [ʃa'lɛ] *m* Schweizerhaus *n*; Landhaus *n*, Villa *f*.

chaleira [ʃɐ'leirɐ] *f* Wasserkessel *m*.

chalr|ar [ʃał'ʀar] (1a) = *~ear*; **~eada** [~'ʀjaðɐ] *f* Geplapper *n*; Gezwitscher *n*; **~ear** [~'ʀjar] (1l) plappern (*a. Kind*); zwitschern (*Vögel*); **~eio** [~eju] *m* = *~eada*.

chalupa [ʃɐ'lupɐ] *f* Schaluppe *f*.

chama ['ʃɐmɐ] *f* Flamme *f*.

cham|ada [ʃɐ'maðɐ] *f* Ruf *m*; Anruf *m*; Aufruf *m e-s Schülers*; Berufung *f e-s Beamten*; Appell *m*, Feststellen *n* der Anwesenheit; ⚔ Einberufung *f*; *lit.* Verweis *m*; *tip.* Randzeichen *n*; *tel.* Anruf *m*; *tea.* Hervorruf *m*; *fazer a* ~ die Anwesenheit feststellen; antreten l. (*ac.*); *fazer uma* ~ *(para)* anrufen (*ac. od.* in, bei); *ter uma* ~ *para* gerufen w. zu (*od.* nach); **~ado** [~aðu] *m* Aufforderung *f*; **~amento** [~mɐ'mẽntu] *m* Einberufung *f*; **~ar** [~ar] (1a) (an)rufen; zu sich rufen; *Versammlung, Rekruten* einberufen; *auf e-n Posten* berufen; *tea.* hervorrufen; *lit.* verweisen; *namentlich* aufrufen; ~ *(burro) a alg.*, ~ *alg. de (burro)* j-n e-n (Esel) nennen; ~ *nomes a alg.* j-m Schimpfwörter zurufen, j-n beschimpfen; ~ *a si fig.* an sich (*ac.*) ziehen; ~ *por alg.* nach j-m rufen; **~ar-se** heißen; *isto chama-se* das nennt man; ~ *a* sich halten an (*ac.*); **~ariz** [~mɐ'riʃ] *m* Lockvogel *m* (*a. fig.*); Lock-pfeife *f*, -ruf *m*.

chá-mate [ʃa'matə] *m* Matetee *m*.

chamej|ante [ʃɐmɨ'ʒẽntə] flammend; sprühend; **~ar** [~ar] (1d) flammen; ~ *ira* Gift u. Galle speien.

chamiço [ʃɐ'misu] *m* Reisig *n*.

chaminé [~mi'nɛ] *f* Schornstein *m*, *Fabrik*-Schlot *m*; Rauchfang *m*; (Schmiede-)Esse *f*; ⚒ *a.* Schacht *m*; Zylinder *m* (*Petroleumlampe*); (Pfeifen-)Kopf *m*.

champanhe [ʃẽm'pɐɲə] *m* Sekt *m*.

chamusc|ado [ʃɐmuʃ'kaðu] brandig, brenzlig; **~ar** [~ar] (1n) (ab-, an-, ver-)sengen; anbrennen l.; **~o** [~'muʃku] *m* Brandgeruch *m*; *cheirar a* ~ brandig (*od.* angebrannt, versengt) riechen; *fig.* anrüchig sn.

chancela [ʃẽ'sɛlɐ] *f* Siegel *n*.

chancel|ar [~sə'lar] (1c) siegeln; **~aria** [~lɐ'riɐ] *f* Kanzlei *f*; **~er** [~ɛr] *m* Kanzler *m*; Siegelbewahrer *m*; *bras.* Außenminister *m*.

chanfr|ador [~frɐ'ðor] *m* Schweif-, Falz-hobel *m*; **~adura** [~ɐ'ðurɐ] *f* Abschrägung *f*, Abfasung *f*; Falz *m*; **~ar** [~'frar] (1a) schweifen; abschrägen, abfasen; falzen; **~o** ['ʃẽfru] *m* = *~adura*.

chantagem *gal.* [ʃẽn'taʒẽi] *f* Erpressung *f*; *fazer* ~ Erpressungsversuche m.; erpressen (*ac.*).

chantre ['ʃẽntrə] *m* Kantor *m*.

chão(s) [ʃɐ̃u(ʃ)] **1.** *adj.* (*f chã*) eben, flach; einfach, ungekünstelt; gerade(heraus); **2.** *m(pl.)* (Erd-, Fuß-) Boden *m*; Grund *m*.

chapa ['ʃapɐ] *f* Platte *f*; Blech *n*; Tafel *f*; *Glas*-Scheibe *f*; *Nummern*-Schild *n*; *Erkennungs*-Marke *f*; *Erinnerungs*-Plakette *f*; *Wahl*-Liste *f*; *tip.* Druckstock *m*, Klischee *n*; *de* ~ gerade gegenüber; ins Gesicht (hinein); rundweg; senkrecht (*Sonne*); der Länge nach (*Fall*); auf einmal; gleichlautend (*Nachricht*).

chap|ada [ʃɐ'paδɐ] *f* (Hoch-)Ebene *f*, Fläche *f*; Klatsch *m*, Schlag *m*; *Regen-*, *Wasser-*Guß *m*; **~adinho** [~pɐ'δiɲu] ganz genau, ganz; **~ado** [~aδu] P komplett; **~ar** [~ar] (1b) = *~ear*; *fig.* F *ins Gesicht* schleudern; **~ar-se** (zu Boden) stürzen; **~atesta** [ʃapɐ'tɛʃtɐ] *f* Schloßblech *n*.
chape ['ʃapə] *m* Klatsch *m*; *~!* klatsch!, platsch!; *fazer ~* klatschen, platschen; *~-~* Plätschern *n*.
chape|ado [ʃɐ'pjaδu]: *madeira f -a* Furnierholz *n*; **~ar** [~ar] (1l) *Holz* furnieren; *Metall* plattieren; *mit Platten* belegen; abplatten.
chapel|aria [~pəlɐ'riɐ] *f* Hut-fabrik *f*, -geschäft *n*, -macherei *f*; **~eira** [~'leirɐ] *f* Hutschachtel *f*; **~eiro** [~'leiru] *m* Hut-macher *m*, -fabrikant *m*; **~eta** [~'letɐ] *f* (Leder-)Ventil *n*; *Ventil-*Klappe *f*; Ab-, Auf-prall *m*; Hopser *m*; rote(r) Fleck *m auf den Wangen*; Kreis *m im Wasser*; P Schlag *m* auf den Kopf.
chapéu [~'pɛu] *m* Hut *m*; *pôr (tirar) o ~* den Hut aufsetzen (abnehmen); *é de se lhe tirar o ~* F alle Achtung!
chapinhar [~pi'ɲar] (1a) abwaschen; *v/i.* plätschern, planschen.
chapuz [~'puʃ] *m* Holzpflock *m*; *de ~* kopfüber; unversehens.
charada [~'raδɐ] *f* (Silben-)Rätsel *n*.
charamela [~rɐ'mɛlɐ] *f* Schalmei *f*.
charanga [~'rẽŋgɐ] *f* Blechmusik *f*.
charão [~'rɐ̃u] *m* Glanz-lack *m*, -leder *n*; *caixa f de ~* Lackdose *f*.
charco ['ʃarku] *m* Sumpf *m*.
charcutaria *bras.* [ʃarkuta'riɐ] *f* Metzgerei *f*, Fleischerei *f*.
charlat|anaria [~lɐtɐnɐ'riɐ] *f* Quacksalberei *f*; **~anear** [~ɐ'njar] (1l) quacksalbern; quasseln; **~anesco** [~ɐ'neʃku] schwindelhaft; **~anice** *f*, **~anismo** *m* [~ɐ'nisə, ~ɐ'niʒmu] Windbeutelei *f*, Schwindel *m*; = *~anaria*; **~ão** (**-ães**, **-ões**) [~'tɐ̃u (-ɐ̃iʃ, -õiʃ)] *m(pl.)* Quacksalber *m*; Schwätzer *m*; Schwindler *m*; Scharlatan *m*.
charneca [~'nɛkɐ] *f* Heide *f*.
charneira [~'neirɐ] *f* Scharnier *n*.
charpa ['ʃarpɐ] *f* Schärpe *f*.
charque *bras.* ['ʃarkə] *m gesalzenes* Trockenfleisch *n*; Dörrfleisch *n*.
charrua [ʃɐ'ʀuɐ] *f* Pflug *m*.
charut|aria *bras.* [~rutɐ'riɐ] *f* Zigarrenladen *m*; **~eira** [~'teirɐ] *f* Zigarren-etui *n*, -tasche *f*, -kiste *f*; **~eiro** [~'teiru] *m* Zigarren-dreher *m*; *bras. a.* -händler *m*; **~o** [~'rutu] *m* Zigarre *f*.
chas|co ['ʃaʃku] *m* **a**) Spott *m*; **b**) Pieper *m* (*Vogel*); **c**) *bras.* Ruck *m* (am Zügel); **~quear** [ʃɐʃ'kjar] (1l) (ver)spotten.
chassi [ʃɐ'si] *m* Fahrgestell *n*; *fot.* Kassette *f*.
chata ['ʃatɐ] *f* Prahm *m*; Schute *f*.
chat|ear F [ʃɐ'tjar] (1l) anöden; *allg.* (ver)ärgern; **~eza** [~'tezɐ] *f* Plattheit *f*; Abgedroschenheit *f*; *que ~* so was Blödes; **~ice** F [~'tisə] *f* = *~eza*; *que ~!*, *uma ~!* Scheiße!; *dar ~* Stunk geben; *uma ~ pegada* ein einziger Mist.
chato ['ʃatu] **1.** *adj.* platt (*a. fig.*), flach; F langweilig, fad, öde; lausig; **2.** *m* F öde(r) Kerl *m*; *zo.* Filzlaus *f*.
chavão [ʃɐ'vɐ̃u] *m Kuchen-*Form *f*; *fig.* Muster *n*; As *n*; *ret.* Gemeinplatz *m*; Schlagwort *n*.
chavas|cal [~vɐʃ'kał] *m* Ödland *n*; *fig.* Schweinestall *m*; *armar um ~* F e-e Szene m.; **~car** [~'kar] (1n; *Stv.* 1b) zs.-zimmern; (hin)sudeln; **~co** [~'vaʃku] roh (gearbeitet); zs.-ge-, ver-pfuscht; **~quice** [~'kisə] *f* Pfuscherei *f*.
chave ['ʃavə] *f* Schlüssel *m*; (Wasser-, Gas-)Hahn *m*; ⚡ Schalter *m*; ♪ Klappe *f*; ⚠ Schlußstein *m*; *~ de boca* Schraubenschlüssel *m*; *~ de fenda* Schraubenzieher *m*; *~ geral* Absperr-, Haupt-hahn *m*; *~ inglesa* Engländer *m*; *~ mestra* Haupt-, *~ falsa* Nach-schlüssel *m*; *fechar à ~* ab-, zu-schließen.
chav|eiro [ʃɐ'veiru] *m* Schließer *m*; Schlüsselring *m*; **~elho** [~eʎu] *m* Horn *n*.
chávena ['ʃavənɐ] *f* Tasse *f*.
chavo [~u] *m* Heller *m*, Pfennig *m*.
checo ['ʃɛku] **1.** *adj.* tschechisch; **2.** *m*, **-a** *f* Tscheche *m*, Tschechin *f*; **~slovaco** [~ʒlu'vaku] tschechoslowakisch.
chefatura [ʃəfɐ'turɐ] *f* Hauptgebäude *n*; *Polizei-*Präsidium *n*; = *chefia*.
chefe ['ʃɛfə] *m* (An-)Führer *m*, Oberhaupt *n*; Vorgesetzte(r) *m*, Prinzipal *m*; Chef *m*; *em ~* kommandierend, leitend; Ober...
chef|ia [ʃə'fiɐ] *f* Führerschaft *f*, Führung *f*; **~iar** [~'fjar] (1g) (an-)führen; leiten, vorstehen (*dat.*).
cheg|ada [ʃə'ɣaδɐ] *f* Ankunft *f*; *fig.*

= **~adela** [~ɣɐ'ðɛlɐ] *f* Abreibung *f*; **~ado** [~aðu] nahe (bei *a*); benachbart; **~ar** [~ar] (1o; *Stv.* 1d) *v/t.* heran-bringen, -rücken; reichen; *v/i.* (an)kommen (in, an [*dat.*] *a*, *bras.* em); (heran)nahen; reichen (zu *a*, *para od.* bis [zu] *até*); ~ *a* gelangen zu (*od.* nach); heranreichen an (*ac.*); sich belaufen auf (*ac.*); werden (*nom.*); ~ *a alg.* F j-m eine runterhauen; *chega-lhe!* gib's ihm!; *chegaram--lhe muitas cartas* er hat viele Briefe bekommen; *chega!* es reicht!, genug!; ~ *a fazer a/c.* dazu kommen (*od.* soweit gehen) et. zu tun; sogar et. tun; ~ *a ser* werden; ~ *às mãos*, ~ *a vias de facto* handgemein w.; *não* ~ *aos calcanhares* (*od. às solas dos sapatos*) *de* nicht das Wasser reichen können (*dat.*); *querer* ~ *a* hinauswollen auf (*ac.*); **~ar-se** herantreten (an [*ac.*] *a*); sich nähern; zs.-, heran-rücken.

chei|a ['ʃejɐ] *f* Hochwasser *n*; Überschwemmung *f*; Flut *f*; **~o** [~u] voll; stark(leibig); trächtig; ~ *de* gefüllt mit; reich an (*dat.*); ~ *de si* selbstbewußt, stolz; ~ *de dores* schmerzerfüllt; ~ *de vida* lebhaft; *mal* ~ schlecht gefüllt; knapp; *estar* ~ F es satt (*od.* leid) sein; *em* ~ völlig; aus aller Kraft; ⊕ mit Hochdruck; mit Volldampf; auf Hochtouren; (gut) ausgefüllt (*Tag*); gelungen (*Fest*); *dar em* ~ großen Erfolg h.; ins Schwarze treffen.

cheir|ar [ʃei'rar] (1a) *v/t.* riechen (*ac. od.* an [*dat.*]); *fig.* hineinriechen in (*ac.*); F aus-, durch-schnüffeln; *v/i.* riechen, duften (nach *a*); ~ *mal* stinken; *não me cheira* das ist nichts für mich; faule Sache!; **~o** ['ʃeiru] *m* Geruch *m*; Duft *m*; Essenz *f*; Gewürzkraut *n*; *fig.* (guter) Klang *m*; (guter) Ruf *m*; *água f de* ~ Riechwasser *n*, Parfüm *n*; *dar* (*deitar*) ~ riechen; **~oso** [~ozu (-ɔ-)] wohlriechend, duftend.

cheque ['ʃɛkə] *m* Scheck *m*; (Zahlungs-)Anweisung *f*; = *xeque*; ~ *cruzado* Verrechnungs-, ~ *à ordem* Order-, ~ *não à ordem* Rekta-, ~ *ao portador* Inhaber-, ~ *bancário* Bank-scheck *m*.

cherne ['ʃɛrnə] *m* Seebarsch *m*.

cheta F ['ʃetɐ] *f* Heller *m*.

chi|aço ['ʃjasu] Pfeifen *n*; **~ada** [~ðɐ] *f* Quietschen *n*; Piepen *n*; **~ar** [~ar] (1g) quietschen; piepen; pfeifen (*Atem*).

chibata [ʃi'βatɐ] *f* Gerte *f*.

chibo ['ʃiβu] *m* Zicklein *n*.

chica ['ʃikɐ] *f* **a**) Chica *f* (*ein Negertanz*); **b**) Maisbranntwein *m*; **c**) *bras.* Kippe *f*.

chic|ana [ʃi'kɐnɐ] *f* Kniff *m*; Finte *f*; Schikane *f*; *fazer* ~, *usar de* ~ = **~anar** [~kɐ'nar] (1a) Winkelzüge m.; Kniffe anwenden; Ausflüchte suchen; schikanieren.

chicha ['ʃiʃɐ] *f* Eselsbrücke *f*; *bras.* Maniokbier *n*; *infan.* was Gutes *n*.

chícharo ['ʃiʃɐru] *m* Kichererbse *f*.

chicharro [ʃi'ʃaʀu] *m* Stichling *m*.

chichi [ʃi'ʃi] *m infan.* Pipi *n*.

chicória [ʃi'kɔrjɐ] *f* Zichorie *f*.

chicot|ada [~ku'taðɐ] *f* Peitschenhieb *m*; **~e** [~'kɔtə] *m* Peitsche *f*; ⚓ Tauende *n*; **~ear** [~'tjar] (1l) peitschen.

chifr|a ['ʃifrɐ] *f* Schabeisen *n*; **~ar** [ʃi'frar] (1a) (ab)schaben.

chifre ['ʃifrə] *m* Horn *n*; **~s** *pl.* Gehörn *n*; Geweih *n*.

chileno [ʃi'lenu] **1.** *adj.* chilenisch; **2.** *m*, **-a** *f* Chilene *m*, -in *f*.

chilique P [ʃə'likə] *m* Anfall *m*.

chilr|ar [ʃiɫ'ʀar] (1a) = **~ear**; **~eada** [~'ʀjaðɐ] *f* = **~o**; **~ear** [~jar] (1l) zwitschern; *fig.* schwatzen, plappern; **~eio** [~eju] *m* = **~o** ['ʃiɫʀu] **1.** *m* Gezwitscher *n*; **2.** *adj.* geschmacklos, fad; dünn; farblos; *água f -a fig.* Wassersuppe *f*.

chim [ʃĩ] = *chinês*.

chimarrão *bras.* [ʃima'ʀɐ̃u] ungezuckert; herrenlos (*Vieh*).

chimpanzé [ʃĩmpɐ̃'zɛ] *m* Schimpanse *m*.

chinchila [ʃĩ'ʃilɐ] *f* Hasenmaus *f*.

chinel|a [ʃi'nɛlɐ] *f* Hausschuh *m*; = **~o** [~u] *m* Pantoffel *m*; *meter num* ~ in die Tasche stellen.

chin|ês [~'neʃ] **1.** *adj.* chinesisch; **2.** *m*, **-esa** *f* Chinese *m*, Chinesin *f*; **~esice** [~nə'zisə] *f* ausgefallene Sache (*od.* Idee) *f*; Marotte *f*.

chinfrim P [ʃĩ'frĩ] **1.** *m* Radau *m*, Krach *m*; *bras.* Tanzerei *f*; **2.** *adj.* laut; gewöhnlich, ordinär.

chino ['ʃinu] = *chinês*.

chinó [ʃi'nɔ] *m* Perücke *f*.

chio ['ʃiu] *m* Quietschen *n*; Piepen *n*; Quietscher *m*; Pieps *m*.

chi|que ['ʃikə] schick; **~queiro**

[ʃi'keiru] *m* Schweinestall *m*; Pfuhl *m*; *bras.* (Fisch-)Reuse *f*; **~quismo** [ʃi'kiʒmu] *m* Schick *m*.
chisp|a ['ʃiʃpɐ] *f* Funke(n) *m*; *fig.* Geist(esblitz) *m*; **~ar** [ʃiʃ'par] (1a) Funken sprühen; *bras.* (davon-) flitzen; **~e** [~ə] *m* Schweinsfuß *m*.
chist|e ['ʃiʃtə] *m* Witz *m*; **~oso** [ʃiʃ'tozu (-ɔ-)] geistreich, witzig.
chita ['ʃitɐ] *f* (bedruckter) Kattun *m*.
choca ['ʃɔkɐ] *f* a) Schlag-holz *n*, -ball *m*; b) Kuhglocke *f*; *taur.* Leittier *n*.
choça ['ʃɔsɐ] *f* a) Holzkohle *f*; b) Hütte *f*.
chocadeira [ʃukɐ'ðeirɐ] *f* Brutapparat *m*, -maschine *f*.
chocalh|ada [~'ʎaðɐ] *f* (Geläut *n* der) Kuhglocken *f/pl.*; **~ar** [~ar] (1b) läuten; bimmeln; schütteln; *fig.* laut auflachen; *et.* ausplaudern; **~eiro** [~eiru] **1.** *adj.* schwatzhaft; klatschsüchtig; **2.** *m*, **~eira** *f* Plaudertasche *f*; **~ice** [~isə] *f* Klatschsucht *f*; Klatsch(erei *f*) *m*; **~o** [~'kaʎu] *m* (Kuh-)Glocke *f*; (Neger-)Rassel *f*; *fig.* Klatschbase *f*.
choc|ante [~'kẽntə] anstößig; empörend; empört; **~ar** [~ar] (1n; *Stv.* 1e) a) aus-, be-brüten (*a. fig.*); *v/i.* brüten; schlecht w.; b) Anstoß erregen bei, empören; *v/i.* prallen (*od.* rennen) (gegen *com*); sich stoßen (an [*dat.*] *com*); = **~ar-se** zs.-, aufea.-stoßen; prallen auf (*com*).
chocarr|ear [~kɐ'ʀjar] (1l) Witze (*od.* Zoten) reißen; **~ice** [~isə] *f* derbe(r) Witz *m*, Zote *f*.
chocho ['ʃoʃu] **1.** *adj.* saftlos, trocken; faul (*Ei*); taub (*Nuß*); kindisch, schwachköpfig; altersschwach; **2.** *m* a) Schwachkopf *m*, Faselhans *m*; b) P Schmatz *m*.
choco ['ʃoku] **1.** *adj.* bebrütet (*Ei*); brütig (*Huhn*); *allg.* faul, verdorben; *água f -a* Jauche *f*; *galinha f -a* Bruthenne *f*; **2.** *m* a) Brut(zeit) *f*; *estar no ~* brüten; bebrütet w.; *fig.* im Werden sn; F noch in den Federn stecken; b) *zo.* Tintenfisch *m*.
chocolat|e [ʃuku'latə] *m* Schokolade *f*; **~eira** [~lɐ'teirɐ] *f* Kakaokanne *f*; (Kakao-, Milch-)Topf *m*.
chofer [ʃo'fɛr] *m* Schofför *m*.
chofre ['ʃɔfrə]: *de ~* unversehens, plötzlich.
choldra P ['ʃɔɫdrɐ] *f* Pack *n*, Mischpoke *f*; Mischmasch *m*.
chope *bras.* ['ʃɔpə] *m* Faßbier *n*; Schoppen *m* Bier.
choque ['ʃɔkə] *m* Zs.-stoß *m* (*a.* ⚔), -prall *m*; Stoß *m*, Anprall *m*, Schock *m* (*a.* ⚕); Schlag *m* (*a.* ⚡).
choquinho [ʃu'kiɲu] *m* Tintenfisch *m*.
choradeira [ʃurɐ'ðeirɐ] *f* Gejammer *n*; F Bettelei *f*; † Klageweib *n*.
choram|ingar [~mĩŋ'gar] (1o) quengeln, greinen; weinerlich sn; **~ingas** [~'mĩŋgɐʃ] *su.* Tränenliese *f*, Jammerlappen *m*.
chor|ão [~'rɐ̃u] **1.** *m* Trauerweide *f*; *Name mancher Hängepflanzen*; *fig.* = *choramingas*; **2.** *adj.* weinerlich; **~ar** [~ar] (1e) weinen; klagen; beweinen, beklagen; weinen um; **~o** ['ʃoru] *m* Weinen *n*; Tränen *f/pl.*; **~oso** [~ozu (-ɔ-)] weinend; weinerlich; gekränkt; beklagenswert.
chorrilho [ʃu'ʀiʎu] *m* Reihe *f*, Folge *f*; Haufen *m*.
choru|do P [~'ruðu] fett; Schmer-...; *fig.* dick, einträglich, Bomben...; **~me** [~mə] *m* Fett *n*, Schmer *m*; **~mento** [~ru'mẽntu] fett(ig).
choup|al [ʃo'paɫ] *m* Pappelwäldchen *n*; **~ana** [~ɐnɐ] *f* (Stroh-)Hütte *f*; **~o** ['ʃopu] *m* Pappel *f*.
chouriço [ʃo'risu] *m* (Hart-)Wurst *f*; Sandsack *m*; Haarwulst *m*.
chov|ediço [ʃuvə'ðisu] regnerisch; Regen...; **~er** [~'ver] (2d) regnen; *~ a cântaros* (*od.* *potes*, *baldes*) in Strömen regnen, gießen; **~ido** [~'viðu] verregnet; regennaß.
chucha ['ʃuʃɐ] *f* etwas zu lutschen; Lutscher *m*; *à ~ calada* heimlich.
chuch|adeira [ʃuʃɐ'ðeirɐ] *f* = *chucha*; *fig.* F lohnende Sache *f*; P faule(r) Witz *m*; **~ado** [~'ʃaðu] ausgesogen; ausgemergelt; **~ar** [~'ʃar] (1a) lutschen (*ac. od.* an [*dat.*]); *fig.* kriegen, auftreiben; P faule Witze m. über (*ac.*); (*ficar a*) *~ no dedo* das Nachsehen h.; **~urrear** [~u'ʀjar] (1l) (aus)schlürfen.
chuço ['ʃusu] *m* Spieß *m*.
chué(s) [ʃwɛ(ʃ)] schäbig.
chucrute *gal.* [ʃu'krutə] *m* Sauerkraut *n*.
chuf|a ['ʃufɐ] *f* Scherz *m*, Witz *m*; **~ar** [ʃu'far] (1a) witzeln über (*ac.*).
chulear [ʃu'ljar] (1l) überwendlich nähen.
chulipa [~'lipɐ] *f* 🚂 Schwelle *f*.
chulo ['ʃulu] ordinär; unanständig.

chuma|ceira [ʃumɐ'seirɐ] *f* ⊕ (Zapfen-)Lager *n*; *Boots*-Dolle *f*; **~ço** [~'masu] *m* Bausch *m*; Unterlage *f*.

chumb|ada [ʃũm'baðɐ] *f* Schrotschuß *m*, -ladung *f*; Bleigewichte *n/pl*. *an Fischnetzen*; **~ado** [~aðu]: *ficar* ~, *ser* ~ F durchfallen; **~agem** [~aʒɐ̃i] *f* Löten *n*; Plombieren *n*; **~ar** [~ar] (1a) löten; ⚕, ⚔ plombieren; (mit Blei) beschweren; ⚔ anschießen; *im Examen* durchfallen (l.); P besäuseln; **~o** ['ʃũmbu] *m* Blei *n*; Plombe *f*; Schrot *m* (*a. n*); Bleigewicht *n*; F Durchfall *m im Examen*; *fig*. F Grips *m*, Grütze *f*; *bras. bater* ~ schießen.

chupa-chupa [ˌʃupɐ'ʃupɐ] *m* Zuckerstange *f*.

chup|adela [ʃupɐ'ðɛlɐ] *f* Zug *m*; *dar uma* ~ = *~ar*; **~ado** F [~'paðu] ausgemergelt; **~a-flor(es)** [~ɐ'flor] *m(pl.)* Kolibri *m*; **~ão** P [~'pɐ̃u] *m* Schmatz *m*; Kußfleck *m*; **~ar** [~'par] (1a) lutschen; schlürfen; *an der Zigarre* ziehen; anzapfen, schröpfen (*a. fig.*); *fig. a.* schlucken; *Vermögen* verjubeln; **~eta** [~'petɐ] *f* Schnuller *m*; P *de* ~ lecker, prima.

churras|co *bras*. [ʃu'ʀasku] *m* Spießbraten *m*; **~queira** [~ʀas'keirɐ] *f* Spießbraterei *f*.

chus [ʃuʃ] *s. bus*.

chusma ['ʃuʒmɐ] *f fig*. Schwarm *m*: Sippschaft *f*.

chuta! ['ʃutɐ] *int*. pscht!, still!

chut|ar *bras*. [ʃu'tar] (1a) *Fußball*: kicken, schießen; **~e, ~o** ['ʃutə, -u] *m* Schuß(ball) *m*.

chuva ['ʃuvɐ] *f* Regen *m*; ~ *de pedra* Hagel *m*; *banho m de* ~ Dusche *f*; *ficar preso pela* ~ einregnen; *bras. estar na* ~ F e-n sitzen h.; **~s** *pl*. Regenfälle *m/pl*.

chuv|eiro [ʃu'veiru] *m* Brause(kopf *m*) *f*, Dusche *f*; Regenguß *m*; **~iscar** [~viʃ'kar] (1n) nieseln; **~isco** [~iʃku] *m* Nieselregen *m*; **~oso** [~ozu (-ɔ-)] regnerisch.

cian|ídrico [sjɐ'niðriku]: *ácido m* ~ Blausäure *f*; **~ogénio** [~nu'ʒɛnju] *m* Zyan *n*.

ciátic|a ['sjatikɐ] *f* Hüftweh *n*, Ischias *f*; **~o** [~u] Hüft...; *nervo m* ~ Ischiasnerv *m*; *dor f -a* Ischias *f*.

cib|alho [si'βaʎu] *m* = **~o** ['siβu] *m* Vogel-, Hühner-futter *n*; F Happen *m*, Bissen *m*.

cicatr|iz [sikɐ'triʃ] *f* Narbe *f*; **~ização** [~trizɐ'sɐ̃u] *f* Vernarbung *f*; **~izar** [~tri'zar] (1a) heilen, schließen; *v/i*. vernarben.

cicerone [~sə'rɔnə] *m* Fremdenführer *m*.

cic|iar [~'sjar] (1g) säuseln (*Wind*); (*j-m et.* zu)flüstern; **~io** [~'siu] *m* Säuseln *n*; Flüstern *n*.

ciclame [~'klɐmə] *m* Alpenveilchen *n*.

cíclico ['sikliku] zyklisch.

cicli|smo [si'kliʒmu] *m* Radsport *m*; **~sta** [~ʃtɐ] *su*. Radfahrer(in *f*) *m*.

ciclo ['siklu] *m* Zyklus *m*; Periode *f*; ⚡ Umdrehung *f*.

cicl|one [si'klɔnə] *m* Zyklon *m*; **~ónico** [~ɔniku] zyklonartig.

cicl|ope [~'klɔpə] *m* Zyklop *m*; **~ópico** [~ɔpiku] zyklopisch, riesig.

cicuta [si'kutɐ] *f* Schierling *m*.

cidad|ania [~ðɐðɐ'niɐ] *f* Bürgerrecht *n*; **~ão(s)** *m(pl.)*, **~ã** *f* [~'ðɐ̃u(ʃ), -ɐ̃] Staatsangehörige(r *m*) *m*, *f*, (-)Bürger(in *f*) *m*; **~e** [~'ðaðə] *f* Stadt *f*; **~ela** [~'ðɛlɐ] *f* Zitadelle *f*; *fig*. Hochburg *f*; *bras. Sport*: Tor *n*.

cidra ['siðrɐ] *f* Bergamottpomeranze *f*, Bisamzitrone *f*; Apfelwein *m*.

cidr|ão [si'ðrɐ̃u] *m* Zitronat *n*; **~eira** [~eirɐ]: *erva f* (*chá m de*) ~ Melisse(ntee *m*) *f*.

cieiro ['sjeiru]: *estar com* ~ *nas mãos* (*nos lábios*) aufgesprungene Haut (Lippen) haben.

ciência ['sjẽsjɐ] *f* Wissenschaft *f*; Kenntnisse *pl*.; *Faculdade f de* ~*s* Naturwissenschaftliche Fakultät *f*; ~*s pl. die* exakten Naturwissenschaften *f/pl*.; ~*s pl. naturais* Naturwissenschaften *f/pl*.

ciente ['sjẽntə] kenntnisreich; ~ *de* unterrichtet von; erfahren *od*. (aus-)gebildet in (*dat*.); *estar* ~ *de* wissen (*ac*.); *fazer alg*. ~ *de* j-n in Kenntnis setzen von; *ficar* ~ *de* zur Kenntnis nehmen (*ac*.).

cient|ificar *bras*. [sjẽntifi'kar] (1n) unterrichten, mitteilen; **~ífico** [~'tifiku] wissenschaftlich; **~ista** [~'tiʃtɐ] *m* Wissenschaftler *m*.

cifra ['sifrɐ] *f* Ziffer *f*; Chiffre (-schrift) *f*; Zeichen *n*; Schlüssel *m*; *em* ~ chiffriert, Chiffre...

cifr|ão [si'frɐ̃u] *m* Escudo-, Dollarzeichen *n*; **~ar** [~ar] (1a) beziffern; *Telegramm* chiffrieren; zs.-fassen; **~ar-se** *em* enthalten sn in (*dat*.);

sich sagen l. in (*dat.*); ~ *a* sich beschränken auf (*ac.*).

cigano [si'γɐnu] **1.** *m*, **-a** *f* Zigeuner (-in *f*) *m*; **2.** *adj.* gerissen, verschlagen; zigeunerhaft.

cigarra [~'γaʀɐ] *f* Zikade *f*, Baumgrille *f*; ⊕ Summer *m*; Ticker *m*.

cigarr|aria [~γɐʀɐ'riɐ] *f* Zigarettenladen *m*; **~eira** [~'ʀeirɐ] *f* Zigaretten-arbeiterin *f*, -etui *n*; **~ilha** [~'ʀiʎɐ] *f* Zigarillo *m*; **~o** [~'γaʀu] *m* Zigarette *f*.

cilada [~'laδɐ] *f* Hinterhalt *m*; *mont.* Anstand *m*; *fig.* Falle *f*.

cilh|a ['siʎɐ] *f* Sattel-, Bauch-gurt *m*; **~ar** [si'ʎar] (1a) gurten.

cilício [sə'lisju] *m* Büßerhemd *n*.

cilindr|ada [səlĩn'draδɐ] *f auto.* Zylinderinhalt *m*; Kolbenverdrängung *f*, Hubraum *m*; **~agem** [~aʒɐ̃i] *f* Walzen *n*; **~ar** [~ar] (1a) *Straße* walzen.

cilíndrico [~'lĩndriku] zylindrisch.

cilindro [~'lĩndru] *m* Zylinder *m*; Mangel *f*; Trommel *f*; Walze *f*, *bsd.* Straßen- (*od.* Dampf-)walze *f*.

cílio ['silju] *m* Wimper *f*.

cima ['simɐ]: *de* ~ von oben (herab [*a. fig.*]); *o(s)*, *a(s) de* ~ der, die, das obere(n); *ao de* ~ obenauf; *em* ~ oben(-an, -auf); *em* ~ *de* auf (*ac. u. dat.*); *para* ~ hin-, her-auf, nach oben; aufwärts; *para* ~ *de* über, mehr als; *por* ~ oberhalb, darüber; *por* ~ *de* über (*ac. u. dat.*); oberhalb (*gen.*); *ainda por* ~, *por* ~ *disto* obendrein, darüber hinaus; *passar por* ~ überspringen; darüber hinweg-gehen, -sehen.

cimalha [si'maʎɐ] *f* ⚠ Gesims *n*; Abdeckung *f*.

cimbre ⚠ ['sĩmbrə] *m* (Bogen-, Gewölbe-)Gerüst *n*.

cimeir|a [si'meirɐ] *f* Helm(aufsatz) *m*; *Dach*-First *m*; *Berg*-Gipfel *m*; *fig.* Gipfelkonferenz *f*; **~o** [~u] ober(st), höchst; *fig. a.* Spitzen...

ciment|ar [~mẽn'tar] (1a) zementieren; (ver)kitten; *fig.* unterbauen; befestigen; **~o** [~'mẽntu] *m* Zement *m*; Kitt *m*; *fig.* Unterbau *m*, Grundlage *f*; ~ *armado* Eisenbeton *m*.

cimitarra [~i'taʀɐ] *f* Krummsäbel *m*; *mont.* Hirschfänger *m*.

cimo ['simu] *m* Gipfel *m*; First *m*; *no* ~ *de* oben auf (*dat.*).

cinabre, -ábrio [si'naβrə, -aβrju] *m* Zinnober(rot *n*) *m*.

cincar [sĩŋ'kar] (1n) *fig.* versagen; e-n Bock schießen.

cinch|ar [sĩ'ʃar] (1a) pressen; **~o** ['sĩʃu] *m* Käse(preß)form *f*; *Oliven*-Preßzylinder *m*.

cinco ['sĩŋku] **1.** fünf; **2.** *m* Fünf *f*; Fünfer *m*; Nummer *f* fünf.

cindir [sĩn'dir] (3a) spalten.

cin|e ['sine] *m* Kino *n*; **~easta** [si'njaʃtɐ] *m* Cineast *m*; **~eclube** [sine'kluβə] *m* Filmklub *m*; **~éfilo** [si'nɛfilu] *m*: *ser* ~ gern ins Kino gehen; wie ein Filmstar aussehen.

cinegétic|a [sinə'ʒɛtikɐ] *f* Jagd *f*, Jägerei *f*; **~o** [~u] Jagd...; jagdbar.

Cine|lândia [~'lẽndjɐ] *f* Kinoviertel *n*; **2ma** [si'nemɐ] *m* Lichtspieltheater *n*, Kino *n*; ~ *mudo* Stumm-, ~ *falado* Sprech-, ~ *sonoro* Tonfilm *m*; *actor m* (*estrela f*, *sessão f*) *de* ~ Film-schauspieler *m* (-star *m*, -vorstellung *f*).

cinemat|ografia [~mɐtuγrɐ'fiɐ] *f* Lichtspiel-, Film-kunst *f*; **~ográfico** [~u'γrafiku] Film...; **~ógrafo** [~'tɔγrɐfu] *m* Kinematograph *m*; Kino *n*.

cinemoscópio [~muʃ'kɔpju] *m* Breitwandfilm *m*.

cinerári|a [~'rarjɐ] *f* Zinerarie *f*; **~o** [~u] Aschen...

cin|escópio [~iʃ'kɔpju] *m* Fernsehröhre *f*; **~eteatro** [~ə'tjatru] *m* Filmtheater *n*.

cinétic|a [~'nɛtikɐ] *f* Bewegungslehre *f*, Kinetik *f*; **~o** [~u] kinetisch.

cingir [sĩ'ʒir] (3n) gürten; sich (um-)gürten mit, anlegen; aufsetzen; *fig.* umfassen; **~-se** *a* sich halten an (*ac.*); sich beschränken auf (*ac.*).

cínico ['siniku] **1.** *adj.* zynisch; **2.** *m* Zyniker *m*; schamlose(r) Mensch *m*.

cinquenta [sĩŋ'kwẽntɐ] fünfzig.

cinquent|ão [~kwẽn'tɐ̃u] **1.** *adj.* fünfzigjährig; in den Fünfzigern; **2.** *m*, **~ona** *f* Fünfziger(in *f*) *m*; **~enário** [~tə'narju] *m* fünfzigste(r) Jahrestag *m*; ~ *do nascimento* (*da morte*) fünfzigste(r) Geburts-(Todes-)tag *m*.

cinta ['sĩntɐ] *f* Strumpfgürtel *m*; Hüfthalter *m*; Leib-, Bauch-binde *f* (*a. v. Büchern*); Taille *f*; *Rock*-Bund *m*; Streifen *m*; ⊕ Band *n*; Gurt *m*; ✉ Streifband *n*; ⚠ Kranzgesims *n*; *fig.* Gürtel *m*, Kranz *m*; ~ *de ferro* Bandeisen *n*.

cint|ado [sĩn'taδu] anliegend, auf

Taille (*Kleid*); mit Gürtel; **~ar** [~ar] (1a) ein Kreuzband kleben um; mit e-r Bauchbinde versehen; *Kleid* auf Taille arbeiten, taillieren; *Faß* bereifen; *fig.* umfassen; **~eiro** [~eiru] *m* Gürtler *m*; (Hut-)Band *n*; Wickelband *n*.
cintil|ação [~tilɐ'sɐ̃u] *f* Funkeln *n*; Aufleuchten *n*; **~ar** [~'lar] (1a) funkeln, glitzern; aufleuchten; *v/t.* sprühen, ausstrahlen.
cint|o ['sĩntu] *m* Gürtel *m*; Gurt *m*; *Rock-*, *Hosen-*Bund *m*; **~ura** [sĩn'turɐ] *f* Gürtel *m*; *anat. a.* Taille *f*.
cinturão [sĩntu'rɐ̃u] *m* *Degen-*Koppel *n*; Gurt *m*.
cinz|a(s) ['sĩzɐ(ʃ)] *f(pl.)* Asche *f*; *Quarta-Feira f de* ♀ Aschermittwoch *m*; *reduzir a* ~ zu Asche verbrennen; *fig.* vernichten; **~eiro** [sĩ'zeiru] *m* Aschbecher *m*; Aschen-kasten *m*, -haufen *m*.
cinzel [sĩ'zɛɫ] *m* Meißel *m*; **~ar** [~zə'lar] (1c) (aus)meißeln; ausarbeiten; punzen, treiben; ziselieren; *fig.* (aus)feilen; drechseln.
cinzento [~'zẽntu] grau.
cio ['siu] *m* Brunst *f*; Balz *f* (*Vögel*); Laufzeit *f* (*Hündin*); *estar no* ~ brünstig (*od.* läufig) sn; balzen.
cioso ['sjozu (-ɔ-)] eifersüchtig; eifrig.
cip|ó [si'pɔ] *m* Liane *f*; **~oal** [~'pwaɫ] *m* Lianenwald *m*; Dickicht *n*.
cipreste [~'prɛʃtə] *m* Zypresse *f*.
cipriota [~'prjɔtɐ] **1.** *su.* Zypriot(in *f*) *m*; **2.** *adj.* zypriotisch.
cirand|a [~'rẽndɐ] *f* Schwinge *f*, Wanne *f*; = **~inha** [~rẽn'diɲɐ] *f* Seilspringen *n*; **~ar** [~rẽn'dar] (1a) schwingen, sieben; Seil springen.
circo ['sirku] *m* Zirkus *m*.
circuito [sir'kuitu] *m* Umkreis *m*; Bezirk *m*; Kreis-, Um-lauf *m*; Rundfahrt *f*; Ring(bahn *f*) *m*; ⚡ Stromkreis *m*; ~ *bifilar* (*bifásico*) Zweileiter-(Zweiphasen-)system *n*; *curto* ~ Kurzschluß *m*.
circul|ação [~kulɐ'sɐ̃u] *f* Umlauf *m*, Kreislauf *m*; Strömung *f*, Strom *m*; Zirkulation *f*; *Straßen- usw.* Verkehr *m*; ✝ ~ *monetária*, ~ *emitida* Notenumlauf *m*; *de grande* ~ weitverbreitet; verkehrsreich; *fora de* ~ außer Kurs; *pôr em* ~ in Umlauf setzen; *retirar da* ~ einziehen; **~ante** [~'lẽntə] im Umlauf befindlich; **~ar** [~'lar] **1.** *adj.* Kreis..., kreisförmig; Rund...; **2.** *f* Rundschreiben *n*; **3.** *v/t.* (1a) umgeben; *v/i.* umlaufen, zirkulieren; verkehren (*Zug usw.*); ~ *pela direita* (*esquerda*) rechts (links) fahren; *pôr a* ~ in Umlauf setzen; **~atório** [~ɐ'tɔrju] Umlaufs...; Verkehrs...; *movimento m* ~ Kreis-bewegung *f*, -lauf *m*; *viagem f -a* Rundreise *f*.
círculo ['sirkulu] *m* Kreis *m*; *Wahl-*Bezirk *m*; *fig. a.* Zirkel *m*, Verein *m*.
circunci|dar [sirkũsi'ðar] (1a) beschneiden; **~são** [~'zɐ̃u] *f* Beschneidung *f*; **~so** [~'sizu] beschnitten.
circun|dante [~kũn'dẽntə] umliegend; **~dar** [~'dar] (1a) umgeben; einfassen; umkreisen; herum-gehen (*od.* -fahren) um; umfließen (*Fluß*); herumführen um (*Straße*); **~ferência** [~kũfə'rẽsjɐ] *f* Kreis (-umfang) *m*; Umkreis *m*; **~flexo** [~kũ'flɛksu] *gram.* (*acento*) ~ *m* Zirkumflex *m*; **~jacente** [~kũʒɐ'sẽntə] umliegend; **~lóquio** [~kũ'lɔkju] *m* Umschreibung *f*; *fig.* Umschweif *m*.
circunscr|ever [~kũʃkrəver] (2c; *p.p.* ~*ito*) ein-, be-grenzen; ⅍ umschreiben; **~ever-se** sich beschränken (auf [*dat.*] *a*); **~ição** [~i'sɐ̃u] *f* Ein-, Be-grenzung *f*; Umschreibung *f*; *Wahl-*Kreis *m*; *Wehr-*Bereich *m*; *Forst-*Bezirk *m*, -Revier *n*.
circunsp|ecção [~kũʃpɛ(k)'sɐ̃u] *f* Umsicht *f*; Bedacht *m*; **~ecto** [~'pɛ(k)tu] umsichtig; bedächtig.
circunst|ância [~kũʃ'tɐ̃sjɐ] *f* Umstand *m*; ~*s pl.* Verhältnisse *n/pl.*, Lage *f*; *nestas* ~*s* unter diesen Umständen; **~anciado** [~tɐ̃'sjaðu] umständlich, ausführlich; **~ancial** [~tɐ̃'sjaɫ]: *complemento m* ~ Umstandswort *n*; **~anciar** [~tɐ̃'sjar] (1g) umständlich schildern; **~ante** [~'tẽntə] umstehend; anwesend.
circunv|alação [~kũvɐlɐ'sɐ̃u] *f* Umwallung *f*; Wall(straße *f*) *m*; **~izinho** [~ə'ziɲu] benachbart; umliegend; **~olução** [~ulu'sɐ̃u] *f* Umdrehung *f*; Windung *f*.
círio ['sirju] *m* Altarkerze *f*
cirro ['siʀu] *m met.* Zirrus-, Federwolke *f*; *zo.* Bartfaden *m* (*Fisch*); Flaum(feder *f*) *m*; ⚘ Ranke *f*; ⚕ (Krebs-)Geschwulst *f*.
cirrose ⚕ [si'ʀɔzə] *f* Leberverhärtung *f*, Zirrhose *f*.
cirurg|ia [sirur'ʒiɐ] *f* Chirurgie *f*;

~ião [~'ʒjẽu] *m* Chirurg *m*; Wundarzt *m*. [(*gen.*).]
cis... [siʃ..., sis...] *in Zssgn* diesseits
cisalhas [si'zaʎɐʃ] *f/pl.* (Metall-) Späne *m/pl.*
cisão [~'zẽu] *f* Spaltung *f*.
cisc|ador [siʃkɐ'ðor] *bras* Harke *f*; **~alho** [~'kaʎu] *m* Kehricht *m*; = ~o; **~ar** [~'kar] (1n) zs.-harken, -kehren; *Hund* hetzen; scharren (in [*dat.*]); **~o** ['siʃku] *m* Kohlenstaub *m*; Kehricht *m*.
cisma ['siʒmɐ] **1.** *m* Schisma *n*, Spaltung *f*; **2.** *f* Grübelei *f*; Sorge *f*; Grille *f*; *bras.* Mißtrauen *n*; *andar de ~ com* mißtrauen (*dat.*).
cism|ar [siʒ'mar] (1a) grübeln; Grillen fangen; *bras.* vermuten, fürchten; ~ *com* nachgrübeln über (*ac.*); sich verbohren in (*ac.*); **~ático** [~atiku] **1.** *adj.* a) nachdenklich; grüblerisch; grillenhaft; b) abtrünnig; **2.** *m* Schismatiker *m*.
císmico ['siʒmiku]: *abalo m ~* Erdstoß *m*.
cisne ['siʒnə] *m* Schwan *m*.
cisqueiro [siʃ'keiru] *m* Kehricht *m*.
cissiparidade [sisipɐri'ðaðə] *f* Zellteilung *f*.
cisterna [siʃ'tɛrnɐ] *f* Zisterne *f*.
cist|ite [~'titə] *f* Blasenentzündung *f*; **~o** ['siʃtu] *m* Zyste *f*; ~ *sebáceo* Grützbeutel *m*; **~oscópio** ⚕ [~tuʃ'kɔpju] *m* Blasenspiegel *m*.
citação [sitɐ'sẽu] *f* Zitat *n*; Erwähnung *f*; ⚖ Vorladung *f*.
citadino [~'ðinu] **1.** *adj.* städtisch, Stadt...; **2.** *m* Städter *m*.
citânia [si'tɐnjɐ] *f* vorrömische Siedlung *f*.
citar [~'tar] (1a) *Stelle* anführen; *Autor* erwähnen, zitieren; ⚖ vorladen; *taur. den Stier* locken.
cítara ['sitɐrɐ] *f* Zither *f*.
citerior [sitə'rjor] diesseitig.
cítrico ['sitriku] Zitrus...; *ácido m ~* Zitronensäure *f*.
citrino [si'trinu]: *~s m/pl.* Zitrusfrüchte *f/pl.*
ciúme ['sjumə] *m* Eifersucht *f*; *ter ~s de* eifersüchtig sn auf (*ac.*).
ciumento [sju'mẽntu] eifersüchtig.
cív|el ⚖ ['sivɛɫ] **1.** *adj.* zivil; **2.** *m* Zivilrecht *n*; *juiz m do ~* Zivilrichter *m*; **~ico** [~iku] **1.** *adj.* (staats-)bürgerlich; **2.** *m* Polizist *m*.
civil [si'viɫ] bürgerlich; gesittet; höflich; zivil; *ano m ~* Kalenderjahr *n*; *Guarda f ~* Bereitschaftspolizei *f*.
civili|dade [~vəli'ðaðə] *f* Gesittung *f*; Höflichkeit *f*; **~sta** [~'liʃtɐ] *m* Zivilrechtler *m*; **~zação** [~zɐ'sẽu] *f* Zivilisation *f*; **~zado** [~'zaðu] gesittet; höflich; **~zador** [~zɐ'ðor] **1.** *adj.* kulturell, Kultur...; **2.** *m* Kulturträger *m*, Zivilisator *m*; **~zar** [~'zar] (1a) zivilisieren; erziehen; **~zar-se** zivilisiert (*od.* ein Kulturvolk) werden.
civismo [~'viʒmu] *m* staatsbürgerliche Gesinnung *f*, Bürgersinn *m*.
cizânia [~'zɐnjɐ] *f* ⚘ Lolch *m*; *fig.* Zwietracht *f* (*espalhar* säen).
clam|ar [klɐ'mar] (1a) schreien, rufen; *j-n* anrufen; rufen nach, flehen um; laut protestieren; **~or** [~or] *m* Geschrei *n*; (Weh-)Klage *f*; **~oroso** [~mu'rozu (-ɔ-)] klagend; jämmerlich; schreiend; laut.
clandest|inidade [klẽndəʃtini'ðaðə] *f* Heimlichkeit *f*; *pol.* Untergrund *m*; *passar à ~* untertauchen; **~ino** [~'tinu] heimlich, verstohlen; Geheim..., Schwarz...; blind (*Passagier*).
clang|or [klẽŋ'gor] *m* Schmettern *n*; *Waffen*-Getöse *n*; **~oroso** [~gu'rozu (-ɔ-)] schmetternd.
clara ['klarɐ] *f* Lichtung *f*; Öffnung *f*; ~ (*de ovo*) Eiweiß *n*; *~ do olho das* Weiße im Auge; **~bóia** [~'βɔjɐ] *f* Oberlicht *n*; Dachfenster *n*.
clar|ão [klɐ'rẽu] *m* helle(r) Schein *m*, Leuchten *n*; Glanz *m*; **~ear** [~'rjar] (1l) ausdünnen, lichten; *v/i.* dünn (*od.* schütter) w.; sich lichten; = *aclarar*; **~eira** [~eirɐ] *f* Lichtung *f*; *fig.* Lücke *f*; **~ete** [~etə] **1.** *adj.* blaßrot; **2.** *m* Bleichert *m* (*Wein*); **~eza** [~ezɐ] *f* Klarheit *f*; Deutlichkeit *f*; *com ~* klar; deutlich.
clari|dade [~ri'ðaðə] *f* Helle *f*, Helligkeit *f*; Licht *n*; **~ficador** [~fikɐ'ðor] *m* Klär-mittel *n*, -anlage *f*; **~ficar** [~fi'kar] (1n) klären, *fig. a.* klarstellen.
clarim [~'rĩ] *m* (Signal-)Horn *n*.
clarinete [~ri'netə] *m* Klarinette *f*.
clarivid|ência [~rəvi'ðẽsjɐ] *f* Hellsichtigkeit *f*; Weitsicht *f*; **~ente** [~ẽntə] hellsichtig; weitschauend.
claro ['klaru] **1.** *adj.* klar; hell; rein; deutlich; unleugbar; berühmt; dünn(*-gesät usw.*); *é ~, está ~, ~* (*está*) selbstverständlich; *às -as* unverhohlen; *~ como água, ~ como o*

dia sonnenklar; **2.** *m* Helle *n*; helle (*od.* belichtete) Seite *f*; Zwischenraum *m*; Lücke *f*; *deixar em* ~ *Platz* frei l., *Frage* offenlassen; *passar em* ~ auslassen, übergehen; hinwegsehen über (*ac.*); *die Nacht über* kein Auge zutun; **~-escuro** [~ɨʃ-'kuru] *m* Helldunkel *n*.

classe ['klasə] *f* Klasse *f*; *Gesellschafts*-Schicht *f*; *Berufs*-Stand *m*; *fig.* Art *f*; Rang *m*; ~ *média* Mittelstand *m*; ~ *operária* Arbeiterschaft *f*.

classicismo [klɐsə'siʒmu] *m* Klassizismus *m*; Klassik *f*.

clássico ['klasiku] **1.** *adj.* klassisch, mustergültig; *autor m* ~ = **2.** *m* Klassiker *m*.

classific|ação [klɐsəfikɐ'sɐ̃u] *f* Einteilung *f*; Bestimmung *f*; Einordnung *f*; Einstufung *f*; *Sport*: Platz *m*; Punktzahl *f*; *Schule*: Bewertung *f*, Note *f*; **~ado** [~'kaðu]: *ficar* ~ eingestuft w.; e-n Platz (e-e Punktzahl) erringen; *o primeiro* (*segundo etc.*) ~ Erster (Zweiter *usw.*); *o melhor* ~ der Sieger; **~ador** [~ɐ'ðor] *m* Akten-, Brief-ordner *m*; ⊕ Klassierer *m*; **~ar** [~'kar] (1n) einteilen, klassifizieren; ⊕ klassieren; *Briefe usw.* einordnen; *in e-n Rang* einstufen; *Leistung* bewerten; ~ *de* bezeichnen als; **~ar-se** sich auszeichnen; sich erweisen (als); *Sport*: sich placieren.

classista [klɐ'siʃtɐ] klassenbewußt, Klassen...

claudicar [klauði'kar] (1n) hinken (*a. fig. Vergleich*); *fig.* Schwächen (*od.* Mängel) zeigen; stolpern.

claustr|al [~ʃ'traɫ] klösterlich; **~o** ['klauʃtru] *m* Kreuzgang *m*; Kloster *n*; (akademischer) Senat *m*.

cláusula ['klauzulɐ] *f* Klausel *f*.

clausura [klau'zurɐ] *f* Klausur *f*.

clava ['klavɐ] *f* Keule *f*.

clave ['klavə] *f* ♪ Schlüssel *m*; ~ *de fá* (*sol*) Baß- (Violin-)schlüssel *m*.

clavícula *anat.* [klɐ'vikulɐ] *f* Schlüsselbein *n*.

clem|ência [klə'mẽsjɐ] *f* Milde *f*; Gnade *f*; **~ente** [~ẽntə] mild(e).

clerezia [~rə'ziɐ] *f* = *clero*.

cleric|al [~ri'kaɫ] geistlich; klerikal; **~ato** [~atu] *m der* geistliche Stand.

clérigo ['klɛriɣu] *m* (Welt-)Geistliche(r) *m*.

clero ['klɛru] *m* Geistlichkeit *f*, Klerus *m*.

cliché [kli'ʃɛ] *m fot.* Negativ *n*; *tip.* Klischee *n*.

client|e ['kljẽntə] *m* ⚕ Patient *m*; ⚖ Klient *m*; ✝ Kunde *m*; **~ela** [kljẽn-'tɛlɐ] *f* Kundschaft *f*; Klientel *f*; Patienten *m/pl.*; Praxis *f*.

clima ['klimɐ] *m* Klima *n*.

clim|atérico [klimɐ'tɛriku] **a)** kritisch; *anos m/pl.* ~*s* Wechseljahre *n/pl.*, Klimakterium *n*; **b)** = **~ático** [~'matiku] klimatisch; *estância f -a* Luftkurort *m*.

clínic|a ['klinikɐ] *f* Klinik *f*; (ärztliche) Praxis *f*; *exercer* ~ den ärztlichen Beruf ausüben; *médico m de* ~ *geral* Arzt *m* für Allgemeinmedizin; **~o** [~u] **1.** *adj.* klinisch; **2.** *m* Kliniker *m*; praktische(r) Arzt *m*.

clíper ['klipɛr] *m* Klipper *m*.

clip(s) *engl.* [klip(ʃ)] *m* Heftklammer *f*.

clique ['klikə] *m* Klicks *m*, Klicken *n*.

clister [kliʃ'tɛr] *m* Einlauf *m*, Klistier *n*.

clit|óride, **~óris** *anat.* [kli'tɔriðə, -riʃ] *m* Kitzler *m*, Klitoris *f*.

clivagem [~'vaʒẽ] *m min.* Schieferung *f*; *fig.* Bruch *m*; Graben *m*.

cloaca ['klwakɐ] *f* Kloake *f*.

clor|ato [klu'ratu] *m* Chlorat *n*, chlorsaure(s) Salz *n*; **~eto** [~etu] *m* Chlorkalk *m*; ~ *de sódio* Kochsalz *n*; **~idrato** [~ri'ðratu] *m* Chlorwasserstoff *m*; **~ite** [~itə] *f* Chlorit *n*; **~o** ['klɔru] *m* Chlor *n*.

cloro|fila [~ru'filɐ] *f* Blattgrün *n*; **~fórmio** [~'fɔrmju] *m* Chloroform *n*; **~formizar** [~furmi'zar] (1a) chloroformieren.

clorose [klu'rɔzə] *f* Bleichsucht *f*.

club|e ['kluβə] *m* Klub *m*; **~ista** [klu'βiʃtɐ] *m* Klubmitglied *n*.

co... *od.* **co-...** *in Zssgn*: Mit...; *z.B. co-réu m* Mitangeklagte(r) *m*.

coabitar [kwɐβi'tar] (1a) gemeinsam bewohnen; *v/i.* zusammenleben.

coac|ção [kwɐ'sɐ̃u] *f* Druck *m*, Zwang *m*; Nötigung *f*; **~tivo** [~'tivu] Zwangs...; **~to** ['kwatu] gezwungen.

coadjuva|do [kwɐðʒu'vaðu]: ~ *por* ... ⚖ mit ... als Beisitzer; **~r** [~'var] (1a) *j-m* helfen; unterstützen; ⚖ beisitzen.

coad|o ['kwaðu] *p.p. v. coar*; *fig.* (schreckens)bleich; **~or** [kwɐ'ðor] *m* Durchschlag *m*; Teesieb *n*.

coadunar [kwɐðu'nar] (1a) ver-

binden; zs.-schließen; anschließen (an [*ac.*] *com*); koordinieren.
coagir [~'ʒir] (3n) nötigen; zwingen.
coagul|ação [~ɣulɐ'sɐ̃u] *f* Gerinnen *n*; Ausflocken *n*; Koagulation *f*; **~ador** [~ɐ'ðor] *m* Labmagen *m*; **~ar** [~'lar] (1a) zum Gerinnen bringen; ausfällen; ein-, ver-dicken; **~ar-se** gerinnen; ausflocken.
coágulo ['kwaɣulu] *m* Gerinnsel *n*.
coalh|ada [kwɐ'ʎaðɐ] *f* Dick-, Sauermilch *f*; **~ar** [~ar] (1b) = *coagular*; *fig.* ~ *de* bedecken (*od.* füllen, verstopfen) mit; *v/i. u.* **~ar-se** gerinnen; dick w.; ausfallen (*Salz*); **~eira** [~eirɐ] *f* Labmagen *m*; **~o** ['kwaʎu] *m* Gerinnsel *n*; (Käse-) Lab *n*.
coalizão [~li'zɐ̃u] *f* Koalition *f*; ✝ Kartell *n*; *Preis*-Absprache *f*.
coar [kwar] (1f) durch-seihen, -schlagen; filtrieren; (durch)quetschen, (-)treiben; *Eisen* schmelzen; *Licht* dämpfen; *v/i. u.* **~-se** eindringen; sich einschleichen; verschwinden.
co-arrendar [koɐʀẽn'dar] (1a) gemeinsam mieten.
co-aut|or [koau'tor] *m* Mitverfasser *m*; ⚖ Mittäter *m*; **~oria** [~tu'riɐ] *f* ⚖ Mittäterschaft *f*.
coax|ar [kwɐ'ʃar] (1b) quaken; **~o** ['kwaʃu] *m* Quaken *n*.
cobaia [ku'βajɐ] *f* Meerschweinchen *n*; *fig.* Versuchstier *n*.
cobalto [~'βaɫtu] Kobalt *n*.
cobard|e [~'βarðə] **1.** *adj.* feig; niederträchtig; **2.** *m* Feigling *m*; **~ia** [~βɐr'diɐ] *f* Feigheit *f*; Niedertracht *f*.
cobert|a [ku'βɛrtɐ] *f* (Bett-)Überzug *m*; Verdeck *n*, Dach *n*; Decke *f*; Deckel *m*; *Speise*-Platte *f*; ⚓ Deck *n*; ⚔ Deckung *f*; *fig.* Deckmantel *m*; Schutz *m*; **~o** [~u] **1.** *p.p. v. cobrir*; **2.** *m* Schutzdach *n*, Verdeck *n*; *a ~ de* unter dem Schutz (*gen.*); geschützt vor (*dat.*); *pôr-se a ~* sich schützen, sich sichern.
cobert|or [~βər'tor] *m* Bettdecke *f*; **~ura** [~urɐ] *f* Bedachung *f*; Decke *f*; Deckel *m*; ✝ *u.* ⚔ Deckung *f*; *fig.* Schutz *m*; Tarnung *f*; *sob a ~ de* getarnt als; *sem ~* ungedeckt.
cobiç|a [~'βisɐ] *f* Begierde *f*, Gier *f*; **~ar** [~βi'sar] (1p) begehren; gieren nach; begierig sn auf (*ac.*); **~oso** [~βi'sozu (-ɔ-)] lüstern, gierig.
cobra ['kɔβrɐ] *f* Schlange *f*, Natter *f*; ~ (*de*) *capelo* Brillenschlange *f*; *dizer ~s e lagartos de* (*od. contra*) schimpfen auf (*ac.*), schlechtmachen (*ac.*).
cobr|ador [kuβrɐ'ðor] *m* Steuereinnehmer *m*; Kassenbote *m*; **~ança** [~'βrɐ̃sɐ] *f* Eintreibung *f*; Einkassierung *f*; ✝ Inkasso *n*; *Departamento m de* ♀ Kasse *f*; 📯 *à ~* gegen Nachnahme; **~ar** [~'βrar] (1e) *Gebühren* erheben; *Schulden*, *Steuern* bei-, ein-treiben; *Rechnung* (ein-) kassieren; ⚓ ein-ziehen, -holen; *allg.* (wieder)erlangen; ~ *forças* wieder zu Kräften kommen.
cobre ['kɔβrə] *m* Kupfer *n*; Kupfermünze *f*; *~s pl.* P Groschen *m/pl.*
cobre-|junta(s) [~'ʒũntɐ] *f*(*pl.*) Lasche *f*; Deckschiene *f*; **~nuca** [~'nukɐ] *m* Nackenschutz *m*.
cobr|ição [kuβri'sɐ̃u] *f*: *de ~* = **~idor** [~'ðor] Zucht...; **~ir** [~'βrir] (3f; *p.p. coberto*) decken (*a.* ⚔); be-, ver-, zu-decken; bestreichen; überziehen; *Strecke* zurücklegen; ♪ übertönen; *fig.* bemänteln; verbergen; schützen; **~ir-se** den Hut aufsetzen.
cobro ['koβru]: *pôr ~ a* ein Ende m. (*dat.*), abstellen (*ac.*).
coç|a ['kɔsɐ] *f* Tracht *f* Prügel; *dar uma ~ a* durchprügeln (*ac.*); *levar* (*od. apanhar*) *uma ~* Hiebe bekommen; **~ado** [ku'saðu] abgeschabt; verschlissen; schäbig.
coca|ína [kukɐ'inɐ] *f* Kokain *n*; **~inómano** [~ɐi'nɔmɐnu] kokainsüchtig.
cocar [~'kar] **1.** *m* Helmbusch *m*; Kokarde *f*; Abzeichen *n*; **2.** P *v/t.* (1n, *Stv.* 1e) auflauern (*dat.*); belauern (*ac.*).
coçar [ku'sar] (1p, *Stv.* 1e) (sich) kratzen; abnutzen, verschleißen; *fig.* verhauen.
cóccix (*pl. unv.*) ['kɔksis] *m* Steißbein *n*.
cócegas ['kɔsəɣaʃ] *f/pl.* Kitzel *m*, *fig. a.* Reiz *m*; *ter ~* kitzlig sn; *fazer ~ j-n* kitzeln; *ter ~ na língua* den Mund nicht halten können.
coche ['koʃə] *m* Kutsche *f*; = *cocho*.
cocheir|a [ku'ʃeirɐ] *f* Remise *f*; Droschkenstand *m*; **~o** [~u] *m* Kutscher *m*.
cochich|ar [~ʃi'ʃar] (1a) flüstern, tuscheln; *j-m et.* zuflüstern; **~o**(s) [~'ʃiʃu(ʃ)] *m*(*/pl.*) Getuschel *n*.

cochilar [~ʃi'lar] (1a) schlummern.
cochinilha [~'niʎɐ] *f* Blutlaus *f*.
cocho ['koʃu] *m* Aufziehbrett *n*; Schleifkasten *m*; *bras. Vieh*-Trog *m*.
cociente *bras.* [ko'sjẽntə] = *quociente*.
coco ['koku] *m* Kokos-nuß *f*, -schale *f*; *chapéu m de* ~ Melone *f*.
cocó [kɔ'kɔ] *m* **a**) Haarkranz *m*; **b**) = **cocô** *bras.* [ko'ko] *m infan.* Baba *n*, Aa *n*.
cócoras ['kɔkurɐʃ]: *de* ~ hockend, in der Hocke; *estar de* ~ hocken; *sentar-se* (*od. pôr-se*) *de* ~ sich niederhocken.
cocorocó [kɔkɔrɔ'kɔ] kikeriki.
cocuruto [kuku'rutu] *m* Gipfel *m*; Scheitel *m*.
coda ♪ ['kɔðɐ] *f* Koda *f*.
côdea ['koðjɐ] *f* Rinde *f*, Kruste *f*.
codeína [kuðe'inɐ] *f* Kodein *n*.
códex (*pl. unv.*), **-ice** ['kɔðɛks, -isə] *m* alte Handschrift *f*, Kodex *m*.
código ['kɔðiγu] *m* Gesetzbuch *n*; (Geheim-)Kode *m*; ⚕ *u. farm.* Vademekum *n*; ♀ *Comercial* Handels-, ♀ *Penal* Straf-gesetzbuch *n*; ♀ *da Estrada* Straßenverkehrsordnung *f*; ~ *de acesso bras. tel.* Vorwahl *f*; *em* ~ chiffriert; *escrever em* ~ chiffrieren.
codorniz [kuður'niʃ] *f* Wachtel *f*.
coeducação [koiðukɐ'sɐ̃u] *f* Gemeinschaftserziehung *f*.
coeficiente [koifə'siẽntə] *m* Koeffizient *m*; Faktor *m*; ~ *de oft*: ...zahl *f*.
coelh|eira [kwə'ʎeirɐ] *f* Kaninchenstall *m*; **~o** ['kweʎu] *m* Kaninchen *n*.
coentro ⚘ ['kwẽntru] *m* Koriander *m*.
coer|ção [kwər'sɐ̃u] *f* Zwang *m*; **~c(it)ivo** [~s(it)'ivu] Zwangs...; Druck...; zwingend.
coer|ência [kwə'rẽsjɐ] *f* Zs.-hang *m*, Kohärenz *f*; Folgerichtigkeit *f*; **~ente** [~ẽntə] zs.-hängend, kohärent; folgerichtig; sich selbst getreu.
coes|ão [kwə'zɐ̃u] *f* Kohäsion *f*; *fig.* Zs.-halt *m*; **~ivo** [~ivu] kohäsiv; **~o** ['kwɛzu] = *coerente*; einig.
coetâneo [~'tɐnju] **1.** *adj.* gleichaltrig; zeitgenössisch; **2.** *m* Alters-, Zeit-genosse *m*.
coevo ['kwɛvu] = *coetâneo*.
coexist|ência [kwɨziʃ'tẽsjɐ] *f* gleichzeitige(s) Vorkommen (*od.* Vorhandensein) *n*; Koexistenz *f*; **~ir** [~ir] (3a) gleichzeitig existieren (*od.* vorkommen, vorhanden sn); nebenea., zs.-bestehen.
cofre ['kɔfrə] *m* Geld-, Kassenschrank *m*; Safe *m*; Geldkassette *f*; *Staats*-Kasse *f*; *pagar à boca do* ~ sofort zahlen; ~ *de carga bras.* „Container" *m*.
co-gestão [koʒɨʃ'tɐ̃u] *f* Mitbestimmung *f*.
cogit|abundo [kuʒitɐ'βũndu] nachdenklich; **~ação** [~ɐ'sɐ̃u] *f* Nachdenken *n*; *entrar em* (*estar fora de*) ~ (nicht) in Betracht kommen; **~ar** [~'tar] (1a) nachdenken über (*ac.*); bedenken; sich ausdenken; **~ativo** [~ɐ'tivu] nachdenklich.
cognom|e [koγ'nomə] *m* Beiname *m*; **~inado** [~numi'naðu] mit dem Beinamen, genannt.
cognoscível [~nuʃ'sivɛɫ] erkennbar.
cogula [ku'γulɐ] *f* Kutte *f*.
cogul|ar [~γu'lar] (1a) übervoll m., überfüllen; **~o** [~'γulu] *m* Zuviel *n*, Überschuß *m*; Über-fülle *f*, -maß *n*.
cogumelo [kuγu'mɛlu] *m* Pilz *m*.
co-herd|ar [koɨr'ðar] (1c) gemeinsam erben; **~eiro** [~eiru] *m* Miterbe *m*.
coibir [kwi'βir] (3s) einschreiten gegen; hindern; zügeln.
coice ['koisə] *m* = *couce*.
coifa ['koifɐ] *f* Haarnetz *n*.
coima ['koimɐ] *f* Buße *f*.
coincid|ência [kwĩsi'ðẽsjɐ] *f* Zs.-treffen *n*; Zs.-fall *m*; Gleichzeitigkeit *f*; Zufall *m*; **~ente** [~ẽntə] übereinstimmend (*od.* in Übereinstimmung) mit (*com*); **~ir** [~ir] (3a) zs.-fallen, -treffen; übereinstimmen; ~ *em fazer a/c.* übereinstimmend (*od.* gleichzeitig) etw. tun.
coir... *s. cour...*
coirmão(s) *m*(*pl.*), **-ã** *f* [koir'mɐ̃u, -ɐ̃] Geschwisterkind *n*.
coisa ['koizɐ] = *cousa*.
coitado [koi'taðu] arm, unglücklich; ~ *de mim!* ich Ärmster!, ~! der (du, Sie) Ärmste(r)!; *vielfach bloßer Stoßseufzer*: ach Gott!
coito ['koitu] *m* Beischlaf *m*; *vgl. couto*.
cola ['kɔlɐ] *f* **a**) Leim *m*; Klebstoff *m*; ~ *branca* Kleister *m*; ~ *forte* Tischlerleim *m*; ~ *de vidro* Glaserkitt *m*; **b**) Spur *f*; *bras.* Schwanz *m*; *ir na* ~ *de* hinter *j-m* hergehen; *j-m* auf den Fersen sn; **c**) *bras.* Abschrift *f*; *fazer* ~ abschreiben.

colabor|ação [kulɐβurɐ'sɐ̃u] *f* Mit-, Zs.-arbeit *f*; Mitwirkung *f* (*com a* unter); **~acionista** *pol.* [~ɐsju'niʃtɐ] *m* Kollaborateur *m*; **~ador** [~ɐ'ðor] **1.** *adj.* hilfs-, einsatz-bereit; **2.** *m* Mitarbeiter *m*; Mitwirkende(r) *m*; **~ar** [~'rar] (1e) zs.-arbeiten; mitarbeiten (an *od.* in [*dat.*] *em*); mitwirken (bei *em*).

cola|ção [kulɐ'sɐ̃u] *f* Imbiß *m*; Verleihung *f e-r Würde*; Vergleichung *f v. Schriften usw.*; Kollation *f*; **~cionar** [~sju'nar] (1f) vergleichen, kollationieren.

colagem [~'laʒɐ̃i] *f* (An-, Auf-, Ein-, Zs.-)Leimen *n*, (-)Kleben *n*; *lit.*, *pint.*, *tea.* Collage *f*.

colaps|ar [~lap'sar] (1a) kollabieren; **~o** [~'lapsu] *m* Schwächeanfall *m*, Kollaps *m*; *fig.* Zs.-bruch *m*.

colar [~'lar] **1.** *m* Hals-band *n*, -kette *f*, -krause *f*; ⊕ Ring *m*; **2.** *v/t.* (1e) (an-, auf-, ein-, zs.-)leimen, (-)kleben; *Wein* klären; *bras.* abschreiben; **~inho** [~lɐ'riɲu] *m* *Umlege-*Kragen *m*.

colateral [kolɐtə'rɐł] benachbart; Seiten...; entfernt (*Verwandter*).

cola-tudo [kɔlɐ'tuðu] *m* Alleskleber *m*.

colch|a ['kołʃɐ] *f* Paradedecke *f*; **~ão** [koł'ʃɐ̃u] *m* Matratze *f*; *~ de molas* Sprungfedermatratze *f*.

colcheia [koł'ʃejɐ] *f* Achtel(note *f*) *n*.

colchet|a [~'ʃetɐ] *f* *prov.* Öse *f*; **~e** [~ə] *m* Haken *m*; Klammer *f*; *tip.* eckige Klammer(n) *f*(*pl.*); *prender com ~* einhaken.

coldre ['kɔłdrə] *m* *Pistolen-*Halfter *n*.

colear [ku'ljar] (1l) *fig.* sich schlängeln; **~-se** sich einschleichen.

colec|ção [~lɛ'sɐ̃u] *f* Sammlung *f*; **~cionador** [~sjunɐ'ðor] *m* Sammler *m*; **~cionar** [~sju'nar] (1f) sammeln.

colecistite [kuləsiʃ'titə] *f* Gallenblasenentzündung *f*.

colecta [~'lɛtɐ] *f* Geldsammlung *f*, Kollekte *f*; *allg.* Sammlung *f*.

colect|ânea [~lɛ'tɐnjɐ] *f* Auswahl *f*; **~ar** [~ar] (1a) besteuern; steuerlich einstufen; (ein)sammeln; **~ivamente** [~tivɐ'mẽntə] insgesamt; gemeinschaftlich; **~ividade** [~tivi'ðaðə] *f* Gesamtheit *f*; Gemeinschaft *f*; Vereinigung *f*; **~ivismo** [~ti'viʒmu] *m* Kollektiv-wirtschaft *f*, -system *n*; **~ivização** [~tivizɐ'sɐ̃u] *f* Kollektivierung *f*; **~ivo** [~ivu] **1.** *adj.* gemeinsam, kollektiv; *acordo m ~*, *contrato m ~* Tarifvertrag *m*; *gram.* *nome m ~* Sammelbegriff *m*; *sociedade f -a* offene Handelsgesellschaft *f*; *Sport*: *provas f/pl. -as* Mannschaftskämpfe *m/pl.*; **2.** *m* Kollektiv *n*; ⚖ Kammer *f*; Senat *m*; **~or** [~or] **1.** *adj.* Sammel...; *anel m ~* Schleifring *m*; **2.** *m* Sammler *m*; *Beitrags-*Kassierer *m*; Steuereinnehmer *m*; ⚡ Strom-sammler *m*, -abnehmer *m*; *Radio*: Empfangsdraht *m*.

colega [ku'lɛɣɐ] *m* Amtsbruder *m*, Kollege *m*; Kommilitone *m*.

colegial [~lə'ʒjał] **1.** *adj.* kollegial; Frei(schul)...; **2.** *su.* Schüler(in *f*) *m* e-r Privatschule, Freischüler(in *f*) *m*.

colégio [~'lɛʒju] *m* Kollegium *n*; Privatschule *f*, College *n*; (Wahl-)Versammlung *f*.

coleira [~'leirɐ] *f* *Hunde-*Halsband *n*; Kum(me)t *n*.

cólera ['kɔlərɐ] *f* Zorn *m*; Wut *f*; ⚕ Cholera *f*.

colérico [ku'lɛriku] **1.** *adj.* zornig; jähzornig; cholerakrank; **2.** *m* Choleriker *m*; ⚕ Cholerakranke(r) *m*.

coleta *bras. s. colecta.*

colete [~'letə] *m* Weste *f*; Korsett *n* (*bsd. fig.*); *~ de forças* Zwangsjacke *f*.

colet|i..., ~o... *bras. s. colect|i..., ~o...*; **~oria** *bras.* [kolɛto'riɐ] *f* Finanzamt *n*.

colheita [~'ʎeitɐ] *f* Ernte *f*.

colher[1] [~'ʎer] (2d) ernten; pflücken; *fig.* 🚗 erfassen, *auto. a.* anfahren; auf die Hörner nehmen (*Stier*); *allg.* er-tappen, -wischen; *Lehre* ziehen; ⚓ einziehen.

colh|er[2] [~ɛr] *f* Löffel *m*; *Maurer-*Kelle *f*; ⛏ Handschaufel *f*; *~ (das) de sopa (café, chá, sobremesa)* Suppen- (Kaffee-, Tee-, Dessert-)löffel *m*; *às ~es* löffelweise; **~era** *bras.* [~ɛrɐ] *f* Koppel(riemen *m*) *n*; **~erada** [~ʎɛ'raðɐ] *f* Löffelvoll *m*; *meter a sua ~* F s-n Senf dazutun.

colibri [kuli'βri] *m* Kolibri *m*.

cólica ['kɔlikɐ] *f* Kolik *f*.

colidir [kuli'ðir] (3a) zs.-stoßen, -fallen; verstoßen (*com* gegen).

colig|ação [~ɣɐ'sɐ̃u] *f* Koalition *f*; **~ar-se** [~'ɣarsə] (1o) sich verbünden; *pol.* koalieren.

coligir [~'ʒir] (3n) sammeln; zs.-stellen; *Auskünfte* ein-holen, -ziehen; *~ de* folgern aus.

colimar [~'mar] (1a) (an)visieren; zielen auf (*ac.*); *fig.* bezwecken.
colina [ku'linɐ] *f* Hügel *m*.
colírio [~'lirju] *m*: ~ *seco* (*mole, líquido*) Augen-pulver *n* (-salbe *f*, -tropfen *m/pl.*).
col|isão [~li'zɐ̃u] *f* Zs.-stoß *m*; Widerstreit *m*; **~iseu** [~i'zeu] *m* Kolosseum *n*; Vergnügungspalast *m*; **~ite** ⚕ [kɔ'litə] *f* Dickdarmentzündung *f*.
colm|ado [koɫ'maðu] *m* Strohhütte *f*; **~ar** [~ar] (1a) **a**) mit Stroh decken; bedecken; **b**) überhäufen; vollm.; **~atar** [~mɐ'tar] (1b) anschwemmen; aufschütten; *Bresche* (ver)stopfen, abriegeln; **~eal** [~jaɫ] *m* Bienenstand *m*; **~eeiro** [~jeiru] *m* Bienenzüchter *m*; **~eia** [~ejɐ] *f* Bienenkorb *m*; **~eiro** [~eiru] *m* Garbe *f*; **~ilho** [~iʎu] *m* Fangzahn *m*.
colmo ['koɫmu] *m* Halm *m*; (Dach-) Stroh *n*; *fig.* (Stroh-)Hütte *f*.
colo ['kɔlu] *m* Hals *m*, Busen *m*; *ao* ~ im (*od.* in den) Arm; *fig.* auf Händen; *criança f de* ~ Säugling *m*.
coloc|ação [kulukɐ'sɐ̃u] *f* Aufstellung *f*, Anordnung *f*; Anbringen *n*, Einbau *m*; (Geld-)Anlage *f*; *Waren*-Absatz *m*; Unterbringung *f*, Versorgung *f*; Anstellung *f*; Stelle *f*; *de fácil* (*difícil*) ~ leicht (schwer) absetzbar (*od.* unterzubringen); **~ador** [~ɐ'ðor] *m* Installateur *m*; **~ar** [~'kar] (1n; *Stv.* 1e) stellen; setzen; (auf-, ver-)legen; aufstellen, anordnen; anbringen, einbauen; *Waren* (auf den Markt) bringen; *Geld* anlegen; *Minen usw.* (aus)legen; *j-n* unterbringen; *Arbeiter usw.* ein-, an-stellen; **~ar-se** e-e Stelle finden (*od.* annehmen).
colofónia [~'fɔnjɐ] *f* Kolophonium *n*.
colóide [ku'lɔiðə] *m* Kolloid *n*.
colombiano [~lõm'bjɐnu] **1.** *adj.* kolumbianisch; **2.** *m* Kolumbier *m*.
cólon ['kɔlɔn] *m anat.* Dickdarm *m*.
colónia [ku'lɔnjɐ] *f* Kolonie *f*; Niederlassung *f*; Siedlung *f*.
colon|ial [~lu'njaɫ] kolonial; **~ialismo** [~nja'liʒmu] *m* Kolonialismus *m*; **~ização** [~nizɐ'sɐ̃u] *f* Kolonisation *f*, -sierung *f*; **~izador** [~nizɐ'ðor] *m* Kolonisator *m*; **~izar** [~ni'zar] (1a) besiedeln, erschließen; kolonisieren; **~o** [~'lɔnu] *m* Siedler *m*, Kolonist *m*.
coloquial [~'kjaɫ] umgangssprachlich.
colóquio [~'lɔkju] *m* Gespräch *n*.
color|ação [~lurɐ'sɐ̃u] *f* Färbung *f*, Farbgebung *f*; **~ar** [~'rar] (1e) = ~*ir*; **~au** [~'rau] *m* Paprika *m*; **~ido** [~'riðu] **1.** *adj.* farbig, bunt; *filme m* ~ Farbfilm *m*; **2.** *m* Bemalung *f*; Farbgebung *f*, Kolorit *n*; *fig.* Farbigkeit *f*; Buntheit *f*; (glänzender) Anstrich *m*; **~ir** [~'rir] (3f—D1) färben (*a. fig.*); bemalen, kolorieren; *fig.* farbig schildern; e-n (glänzenden) Anstrich geben; schönfärben, beschönigen.
coloss|al [~'saɫ] gewaltig, riesig; **~o** [~'losu] *m* Koloß *m*.
coltar [koɫ'tar] *m* Steinkohlenteer *m*.
colun|a [ku'lunɐ] *f* Säule *f* (*a. fig.*); *tip.* Spalte *f*; ⚔ Kolonne *f*; *quinta* ~ fünfte Kolonne *f*; **~ata** [~lu'natɐ] *f* Kolonnade *f*, Säulen-gang *m*, -reihe *f*.
colutório [~lu'tɔrju] *m* Mundwasser *n*.
colza ['koɫzɐ] *f* Raps *m*; Rübsamen *m*; *óleo m de* ~ Rüböl *n*.
com [kõ] *Begleitung*: mit (*dat.*); *Werkzeug, Mittel*: mit (*dat.*), durch (*ac.*); *Nähe, Umstand*: bei (*dat.*); *Verhältnis*: (*para*) ~ gegen (*ac.*), zu (*dat.*); *konzessiv*: trotz (*dat., gen.*); ~ *tudo isso* bei (*od.* trotz) alledem; ~ *inf.* obgleich *ind.*; wenn man bedenkt, daß *ind.*; *estar* ~ *alg.* mit j-m zs.-sein, j-n sprechen; *estar* ~ *medo etc.* Angst *usw.* h.; *estar* ~ *inveja* (*fome, sono etc.*) neidisch (hungrig, schläfrig *usw.*) sn; *estou* ~ *calor* (*frio*) mir ist warm (kalt); *isto é* ~ *ele* das geht ihn an; das ist s-e Sache; *sofrer* ~ leiden unter (*dat.*); *alegrar-se* ~ sich freuen über (*ac.*); *gemer* (*gritar etc.*) ~ stöhnen (schreien *usw.*) vor (*dat.*).
com..., com-... *in Zssgn* mit...; *z.B. com-aluno m* Mitschüler *m*.
coma ['komɐ] *f* **a**) Mähne *f*; **b**) schwere Bewußtlosigkeit *f*, Koma *n*.
comadre [ku'maðrə] *f* Gevatterin *f*; Hebamme *f*; F Wärmflasche *f*; *bras.* Bettpfanne *f*.
comand|ante [~mɐ̃n'dɐ̃ntə] *m* Kommandant *m*, Befehlshaber *m*; **~ar** [~ar] (1a) kommandieren, den Befehl führen; steuern.
comandit|a [~mɐ̃n'ditɐ] *f* Kommanditgesellschaft *f*; **~ário** [~di'tarju] *m* stille(r) Teilhaber *m*.

comando [~ˈmẽndu] *m* Befehl *m*, Kommando *n*; *fig.* Führung *f*; ⊕ Steuerung *f*; Antrieb *m*; Schaltung *f*; *alto ~ militar* Oberste Heeresleitung *f*; *aparelho m de ~* Schalt-vorrichtung *f*, -werk *n*; *ter o ~* = *comandar*; *voz f de ~* Kommandoruf *m*.

comarca [~ˈmarkɐ] *f* Bezirk *m*; *tribunal m da ~* Amtsgericht *n*.

comatoso [~mɐˈtozu (-ɔ-)] bewußtlos.

combal|ido [kõmbɐˈliðu] angefault (*Obst*); angegriffen; **~ir** [~ir] (3b—D4) (*j-s* Gesundheit) erschüttern; *j-m* zusetzen; *Obst* verderben.

combate [~ˈbatə] *m* Kampf *m*; Gefecht *n*; *Schädlings- usw.* Bekämpfung *f*.

combat|ente [~bɐˈtẽntə] **1.** *adj.* Kampf...; **2.** *m* Kämpfer *m*; Kriegsteilnehmer *m*; **~er** [~er] (2b) kämpfen; streiten; eintreten (für *por*); *v/t.* bekämpfen; bestreiten; **~ível** [~ivɛɫ] bekämpfenswert; bestreitbar; **~ividade** [~tiviˈðaðə] *f* Kampfkraft *f*, -geist *m*; **~ivo** [~ˈtivu] kämpferisch; Kampf...

combin|ação [~binɐˈsɐ̃u] *f* Zs.-stellung *f*; Verbindung *f* (*bsd.* ⚗); Kombination *f*; *fig.* Verabredung *f*, Abmachung *f*; Unterrock *m*; **~ar** [~ˈnar] (1a) zs.-stellen; verknüpfen, verbinden; kombinieren; berechnen; verabreden, ab-, aus-machen; **~ar-se** *com* passen zu.

comboi|ar [~bɔˈjar] (1k) geleiten, bringen; **~o** [~ˈbɔju] *m* Geleit *n*; (Eisenbahn-, Munitions-)Zug *m*; ⚓ Geleitzug *m*; Transport *m*; (Träger-)Karawane *f*; *~ correio* Post-, Personen-, *~ directo* Eil-, *~ especial* Sonder-, *~ espresso* Fernschnell-, *~ de mercadorias* Güter-, *~ misto* Bummel-, *~ rápido* Schnell-zug *m*.

comburente [~buˈrẽntə] die Verbrennung fördernd; Brenn...

combust|ão [~buʃˈtɐ̃u] *f* Verbrennung *f*; Feuerung *f*; Brand *m* (*a. fig.*); **~ível** [~ivɛɫ] **1.** *adj.* brennbar; **2.** *m* Brennmaterial *n* (*fest*); Brenn-, Betriebs-stoff *m* (*flüssig*); **~or** *bras.* [~or] *m* Straßenlaterne *f*.

começ|ar [kuməˈsar] (1p; *Stv.* 1c) anfangen, beginnen; *~ por fazer a/c.* zuerst et. tun; **~o** [~ˈmesu] *m* Anfang *m*, Beginn *m*; *dar ~ a* = *-ar*.

comédia [~ˈmɛðjɐ] *f* Lustspiel *n*, Komödie *f* (*a. fig.*).

comediante [~məˈðjɐ̃ntə] *su.* Schauspieler(in *f*) *m*; *fig.* Komödiant (-in *f*) *m*.

comed|ido [~məˈðiðu] mäßig; gemessen; zurückhaltend; bescheiden; **~imento** [~ðiˈmẽntu] *m* Gemessenheit *f*; Zurückhaltung *f*; Bescheidenheit *f*; **~ir** [~ir] (3r—D1) abmessen; anpassen; mäßigen; **~ir-se** Maß (*od.* an sich) halten.

comed|oiro, ~ouro [~ˈðoiru, ~oru] **1.** *m* Futterplatz *m*; Freßtrog *m*; **2.** *adj.* eßbar; **~or** [~or] *m* (starker) Esser *m*; Schmarotzer *m*.

comemor|ação [~murɐˈsɐ̃u] *f* (Gedächtnis-)Feier *f*; *em ~ de* zur Feier (*gen.*); **~ar** [~ˈrar] (1e) gedenken (*gen.*); feiern, begehen; **~ativo** [~rɐˈtivu] Gedenk...; **~ável** [~ˈravɛɫ] denkwürdig.

comendador [~mẽndɐˈðor] *m* Komtur *m*.

comenos [~ˈmenuʃ]: *neste ~* in diesem Augenblick; unterdessen.

comensal [~mẽˈsaɫ] *su.* Tischgenosse *m*, -genossin *f*.

comensurável [~suˈravɛɫ] meßbar; *bsd.* vergleichbar.

coment|ador [~mẽntɐˈðor] *m* Erklärer *m*, Kommentator *m*; Kritiker *m*; **~ar** [~ˈtar] (1a) erklären, erläutern; mit Anmerkungen versehen, kommentieren; bemerken (*od.* Bemerkungen m.) zu; kritisieren; **~ário** [~ˈtarju] *m* Kommentar *m*; Erklärung *f*; Bemerkung(en) *f*(*pl.*); **~arista** [~tɐˈriʃtɐ] *m* = *~ador*.

comer [~ˈmer] (2d) essen, speisen; fressen (*Tier*); anfressen (*Rost*); *Vermögen* aufzehren, durchbringen; *Wörter* verschlucken; *Spiel*: *Figur* schlagen; ⚕ jucken; *fig.* F *j-n* reinlegen; *dar de ~ Tier* füttern.

comerci|al [~mərˈsjaɫ] kaufmännisch; Handels...; Geschäfts...; *escola f* (*instituto m*) *~* (höhere) Handelsschule *f*; **~alista** [~sjɐˈliʃtɐ] *m* Handelsrechtler *m*; **~alizar** [~liˈzar] (1a) kommerzialisieren; vermarkten; **~ante** [~ɐ̃ntə] **1.** *m* Kaufmann *m*; **2.** *f* Geschäftsfrau *f*; **3.** *adj.* handeltreibend; Handels...; **~ar** [~ar] (1g *u.* 1h) Handel treiben, handeln; *v/t.* vertreiben; **~ário** *bras.* [~arju] *m* kaufmännische(r) Angestellte(r) *m*; **~ável** [~avɛɫ] (ver)käuflich.

comércio [~ˈmɛrsju] *m* Handel *m*; Verkehr *m*, Umgang *m* (*mit j-m*); ~ *exterior* (*interior*) Außen- (Binnen-)handel *m*.

comes [ˈkɔməʃ] *s. bebes.*

comestív|el [kuməʃˈtivɛɫ] **1.** *adj.* eßbar; *óleo m* ~ Speiseöl *n*; **2.** **~eis** *m/pl.* Eßwaren *f/pl.*

cometa [kuˈmetɐ] *m* Komet *m*.

comet|er [~məˈter] (2c) *Verbrechen usw.* begehen; *j-m et.* anvertrauen; ⚔ angreifen (*a. fig.*); **~ida** [~iðɐ] *f* Angriff *m*; **~imento** [~tiˈmẽntu] *m* Begehen *n*; Vergehen *n*; Auftrag *m*; Unternehmung *f*; = *~ida*.

comez|aina P [~ˈzainɐ] *f* Gelage *n*; **~inho** [~iɲu] eßbar; *fig.* anspruchslos; harmlos.

comichão [~miˈʃɐ̃u] *f* Jucken *n*, Juckreiz *m*; *fig.* Gelüst *n*; *tenho -ões* es juckt mich; *causar* (*od.* *fazer*) *-ões a j-n* jucken; *fig. j-n* hochbringen.

comício [~ˈmisju] *m* (Massen-)Versammlung *f*, Kundgebung *f*.

cómico [ˈkɔmiku] **1.** *adj.* komisch; **2.** *m* Komiker *m*.

comid|a [kuˈmiðɐ] *f* Nahrung *f*; Speise *f*; Essen *n*; ~ *caseira* Hausmannskost *f*; **~o** [~u]: *estar* ~ gegessen h.; *ser* (*ficar*) ~ F rein-gelegt w. (-fallen).

comigo [~ˈmiɣu] mit (bei *od.* zu) mir; *s. a. com*; *consigo*.

comilão [~miˈlɐ̃u] *m* Vielfraß *m*.

comin|ação [~nɐˈsɐ̃u] *f* (Strafan-) Drohung *f*; Vorschrift *f*; **~ar** [~ˈnar] (1a) (Strafe) androhen (*dat.*).

cominho ⚘ [~ˈmiɲu] *m* Kümmel *m*.

comiser|ação [~mizərɐˈsɐ̃u] *f* Mitleid *n*; **~ar** [~ˈrar] (1c) *j-s* Mitleid erregen; **~ar-se** Mitleid h. (mit *de*).

comiss|ão [~ˈsɐ̃u] *f* Auftrag *m*, Mission *f*; Kommission *f*; Abordnung *f*; Ausschuß *m*; ⚚ Vergütung *f*, Provision *f*; **~ariado** [~sɐˈrjaðu] *m* Kommissariat *n*; **~ário** [~arju] *m* Kommissar *m*; Beauftragte(r) *m*; = *~ionista*; **~ionar** [~sjuˈnar] (1f) beauftragen; e-e Kommission übertragen (*dat.*); **~ionista** [~sjuˈniʃtɐ] *m* Kommissionär *m*; Vertreter *m*; **~o** [~ˈmisu] *m* Konventionalstrafe *f*; **~ório** [~ɔrju]: *cláusula f -a* Ungültigkeitsklausel *f*; **~ura** [~urɐ] *f* *anat.* Naht *f*; ⚠ Fuge *f*; ~ *dos lábios* Mundwinkel *m*.

comité *fr.* [~ˈtɛ] *m* Ausschuß *m*.

comi|tente [~ˈtẽntə] *m* Auftraggeber *m*; **~tiva** [~ˈtivɐ] *f* Gefolge *n*.

comível [~ˈmivɛɫ] eßbar.

como [ˈkomu] **1.** *adv.* wie; *in der Eigenschaft* als; *assim* ~ sowie; ~ (*que*) gleichsam; *tanto* ... ~ sowohl ... als (auch); ~ *quem diz* sozusagen; **2.** *interr.* wie?; wieso?; ~ *é isso?* was?; was soll das heißen?; **3.** *cj.* (*oft mit conj.*) *kausal*: da; *zeitl.* als, sobald; *konzess.* ~ *se* als ob.

comoção [kumuˈsɐ̃u] *f* Erschütterung *f*; Erregung *f*; Rührung *f*.

cómoda [ˈkɔmuðɐ] *f* Kommode *f*.

comod|idade [kumuðiˈðaðə] *f* Bequemlichkeit *f*; Annehmlichkeit *f*; (bequeme) Gelegenheit *f*; *~s pl.* Komfort *m/sg.*; **~ismo** [~ˈðiʒmu] *m* Bequemlichkeit *f*, Behäbigkeit *f*; **~ista** [~ˈðiʃtɐ] **1.** *adj.* bequem, behäbig; Bequemlichkeits...; **2.** *m* bequeme(r) Mensch *m*.

cómodo [ˈkɔmuðu] **1.** *adj.* bequem; angenehm; leicht; **2.** *m* = *comodidade*; = *acomodação*; *~s pl. bras. fig. die* Örtlichkeiten *f/pl.*; *casa f de ~s bras.* Mietshaus *n*; *encontrar* ~ e-e Stelle finden.

comov|edor, ~ente [kumuvəˈðor, ~ˈvẽntə] rührend, ergreifend; **~er** [~ˈver] (2d) bewegen, erschüttern; ergreifen, rühren; *v/i.* zu Herzen gehen; **~er-se** gerührt sn.

compacto [kõmˈpaktu] dicht(gedrängt); fest; kompakt.

compadec|er [~pɐðəˈser] (2g) bemitleiden; gönnen; ertragen; **~er-se** sich vertragen; ~ *de* Mitleid haben mit; **~imento** [~siˈmẽntu] *m* Mitleid *n*.

compadr|e [~ˈpaðrə] *m* Gevatter *m*; Freund *m*; **~io** [~pɐˈðriu] *m* Gevatterschaft *f*; innige Freundschaft *f*; *fig.* Vetternwirtschaft *f*.

compagin|ação [~pɐʒinɐˈsɐ̃u] *f* **a**) *tip.* Umbruch *m*; **b**) Gefüge *n*; **~ar** [~ˈnar] (1a) **a**) *tip.* umbrechen; **b**) zs.-, in-ea.-fügen; **~ar-se** *com* sich vertragen mit.

compaixão [~paiˈʃɐ̃u] *f* Mitleid *n*, Erbarmen *n*; *ter* ~ *de* sich erbarmen (*gen.*); *por* ~*!* um Gottes willen!

companha [~ˈpɐɲɐ] *f* *Boots*-Mannschaft *f*; (Fischer-)Innung *f*.

companh|eira [~pɐˈɲeirɐ] *f* (Lebens-)Gefährtin *f*; **~eirismo** [~ɲeiˈriʒmu] *m* Kameradschaftlichkeit *f*;

~eiro [~eiru] *m* Gefährte *m*; Genosse *m*, Kamerad *m*; Geselle *m*; ~ *de escola* Mitschüler *m*; **~ia** [~iɐ] *f* Gesellschaft *f* (*fazer* leisten); ⚔ Kompanie *f*; *tea.* Truppe *f*; ~ *anónima* Aktien-, ~ *colectiva* offene Handels-gesellschaft *f*; ~ *(i)limitada* Gesellschaft *f* mit (un)beschränkter Haftung; ~ *limitada por garantia* Gesellschaft *f* mit beschränkter Nachschußpflicht.

compar|ação [~rɐ'sɐ̃u] *f* Vergleich *m*; *gram.* Steigerung *f*; *graus m/pl. de* ~ Steigerungsstufen *f/pl.*; *em* ~ vergleichsweise; *sem* ~ unvergleichlich; *não ter* ~ nicht zu vergleichen sn; **~ado** [~'raðu] *gram.* vergleichend; **~ar** [~'rar] (1b) vergleichen; gleichstellen; **~ativo** [~ɐ'tivu] **1.** *adj.* vergleichend; **2.** *m* Komparativ *m*; **~ável** [~'ravɛɫ] vergleichbar; **~ecer** [~ə'ser] (2g) (vor Gericht) erscheinen; sich (ein)stellen; **~ência** [~'rẽsjɐ] *f* Erscheinen *n*.

comparsa [~'parsɐ] *su.* Statist(in *f*) *m*, Komparse *m*, Komparsin *f*; Mitspieler(in *f*) *m*.

comparticip|ação [~pɐrtəsipɐ'sɐ̃u] *f* Teilnahme *f*; Beteiligung *f*; *staatlicher* Zuschuß *m*; **~ar** [~'par] (1a): ~ *de* teilnehmen an (*dat.*); sich beteiligen (*od.* beteiligt sn) an (*dat.*).

compartilhar [~ti'ʎar] (1a) = *partilhar*.

compartimento [~'mẽntu] *m* Fach *n*, Abteilung *f*; Raum *m e-s Hauses*; 🚃 Abteil *n*.

compass|ado [~pɐ'saðu] (ab)gemessen; taktmäßig; im Takt; **~ar** [~ar] (1b) abzirkeln; abmessen; abwägen; verlangsamen; **~ível, ~ivo** [~iveɫ, ~ivu] mitleidig, teilnahmsvoll; **~o** [~'pasu] *m* Zirkel *m*; ♪ Takt *m*; *fig.* Maß *n*; *rel.* Osterbesuch *m des Pfarrers*; *a* ~ im Takt; *ao* ~ *de* im Einklang mit.

compat|ibilidade [~tiβəli'ðaðə] *f* Vereinbarkeit *f*; **~ibilizar** [~iβəli'zar] (1a) vereinigen, vereinbaren; **~ibilizar-se** sich vertragen; **~ível** [~'tivɛɫ] vereinbar, verträglich.

compatrício, -triota [~'trisju, -'trjɔtɐ] *su.* Lands-mann *m*, -männin *f*.

compelir [~pə'lir] (3c) zwingen, nötigen; (an-, ver-)treiben.

compêndio [~'pẽndju] *m* Kompendium *n*, Abriß *m*; Leitfaden *m*.

compendioso [~pẽn'djozu (-ɔ-)] kurzgefaßt.

compenetr|ação [~pənətrɐ'sɐ̃u] *f* Überzeugung *f*; **~ar** [~'trar] (1c) durchdringen; **~ar-se** sich überzeugen.

compens|ação [~pẽsɐ'sɐ̃u] *f* Ausgleich *m*; Ersatz *m*; Entschädigung *f*; *em* ~ dafür; **~ador** [~ɐ'ðor] **1.** *adj.* ausgleichend; Ersatz...; lohnend; **2.** *m* Ausgleicher *m*; **~ar** [~'sar] (1a) ausgleichen; ersetzen; entschädigen; lohnen; *v/i.* sich lohnen; **~atório** [~sɐ'tɔrju] Kompensations...

compet|ência [~pə'tẽsjɐ] *f* Befugnis *f*; Zuständigkeit *f*; Urteilsfähigkeit *f*; = **~*ição***; *de* ~ maßgebend; *não é da minha* ~ dafür bin ich nicht zuständig; **~ente** [~ẽntə] zuständig; maßgebend; = *capaz*; **~ição** [~ti'sɐ̃u] *f* Wett-streit *m*, -bewerb *m*; *Sport*: Wettkampf *m*; ⚕ Konkurrenz *f*; **~idor** [~ti'ðor] **1.** *adj.* Wett...; Konkurrenz...; **2.** *m* Nebenbuhler *m*; Wettkämpfer *m*; Konkurrent *m*; **~ir** [~ir] (3c) **a)** zukommen, zustehen; obliegen; **b)** sich mitbewerben; wetteifern; streiten um; ⚕ konkurrieren; **~itivo** [~ti'tivu] konkurrenzfähig.

compil|ação [~pilɐ'sɐ̃u] *f* Zs.-stellung *f*; **~ador** [~ɐ'ðor] *m* Sammler *m*; Kompilator *m*; **~ar** [~'lar] (1a) zs.-tragen; kompilieren.

compita [~'pitɐ] *f*: *à* ~ um die Wette.

complac|ência [~plɐ'sẽsjɐ] *f* Willfährigkeit *f*; Nachsicht *f*; **~ente** [~ẽntə] willfährig; nachsichtig.

complei|ção [~plei'sɐ̃u] *f* Körperbeschaffenheit *f*, Konstitution *f*; Gemüt *n*, Naturell *n*; **~cionado, ~çoado** [~sju'naðu, ~'swaðu]: *bem (mal)* ~ kräftig (schmächtig) gebaut.

comple|mentar [~plәmẽn'tar] ergänzend, Ergänzungs...; *imposto m* ~ Einkommensteuer *f*; **~mento** [~'mẽntu] *m* Ergänzung *f*; Abschluß *m*; 𝄪 Komplement *n*; *gram.* (nähere) Bestimmung *f*; ~ *(in-)directo* Akkusativ- (präpositionales *od.* Dativ-)Objekt *n*; **~tar** [~'tar] (1c) ergänzen; vervollständigen; abschließen; ~ *50 anos* das fünfzigste Lebensjahr vollenden; **~to** [~'plɛtu] ganz, vollständig; 🚃 besetzt; *por* ~ völlig, ganz und gar.

complex|ado [~plɛk'saðu] voller

Komplexe; **~idade** [~si'ðaðə] *f* Verwickeltheit *f*; Reichtum *m*; **~o** [~'plɛksu] **1.** *adj.* verwickelt; zs.-gesetzt; vielfältig, reich; **2.** *m* Gesamtheit *f*; Komplex *m*.

complic|ação [~plikɐ'sɐ̃u] *f* Verwicklung *f*; Schwierigkeit *f*; **~ado** [~'kaðu] schwierig; umständlich; **~ar** [~'kar] (1n) verwickeln; erschweren; komplizieren.

comp|onedor *tip.* [~punə'ðor] *m* Winkelhaken *m*; **~onente** [~u'nẽntə] **1.** *adj.* Teil...; **2.** *m* Bestandteil *m*; Mitglied *n*; **~or** [~'por] (2zd) *v/t.* zs.-setzen, -stellen; *ein Ganzes* bilden; *fig.* (an)ordnen; in Ordnung bringen; ausbessern, flicken; *Streitende* versöhnen; *tip.* setzen; *lit.* verfassen; ♪ vertonen, komponieren; *tel.* wählen; ~ *o rosto* eine gleichmütige Miene aufsetzen; *v/i.* dichten; komponieren; **~or-se** sich putzen; sich vergleichen; sich fassen; ~ *de* bestehen aus.

comporta [~'pɔrtɐ] *f* Schleuse *f*.

comport|ado [~pur'taðu]: *bem* (*mal*) ~ (un)artig; gut (schlecht) erzogen; **~amento** [~tɐ'mẽntu] *m* Betragen *n*; Verhalten *n*; **~ar** [~ar] (1e) zulassen, dulden; beinhalten; fassen; **~ar-se** sich benehmen.

composição [~puzi'sɐ̃u] *f* Zs.-setzung *f*; Zs.-stellung *f*, Anordnung *f*; Aufbau *m*; Abfassung *f*; *Schul-*Aufsatz *m*; ♪ Komposition *f*; *tip.* Satz *m*; 🚂, *auto.* Güter-, Last-zug *m*; ⚖ Vergleich *m*; (Wahl-)Absprache *f*; ⚗ *a.* = *composto*.

compósita [~'pɔzitɐ] ⚠ Komposit...; *fig.* zs.-gewürfelt.

compositor [~puzi'tor] *m* ♪ Komponist *m*; *tip.* Setzer *m*.

compost|as ⚘ [~'pɔʃtɐʃ] *f/pl.* Korbblütler *m/pl.*; **~o** [~'poʃtu] **1.** *adj.* ruhig; ernst; ordentlich; **2.** *p.p. v. compor*; **3.** *m* Mischung *f*; Verbindung *f*; **~ura** [~puʃ'turɐ] *f* Zs.-setzung *f*; Anordnung *f*; *bsd.* Anstand *m*; Haltung *f*; Ausbesserung *f*; (Ver-)Fälschung *f*; *ter* ~ ausgebessert (*od.* geflickt, repariert) w. können; **~s** *pl.* Schminke *f*, Nachhilfe *f*.

compot|a [~'pɔtɐ] *f* Marmelade *f*; Eingemachte(s) *n*; **~eira** [~pu'teirɐ] *f* Einmachglas *n*; Kompottschale *f*.

compra ['kõmprɐ] *f* Kauf *m*; Einkauf *m*; *fig.* Bestechung *f*; „~ e *venda*" „An- u. Verkauf" *m*; *fazer* (*ir às*) **~s** einkaufen (gehen).

compr|ador *m*, **-a** *f* [kõmprɐ'ðor, -ɐ] Käufer(in *f*) *m*; **~ar** [~'prar] (1a) kaufen (*a crédito*, *a prazo* auf Kredit, auf Ziel; *na boca do lobo* viel zu teuer); *fig.* *a.* bestechen; **~ável** [~'pravɛɫ] käuflich; **~azer** [~ɐ'zer] (2s; *Perfektstamm a.* 2b) willfahren; **~azer-se** *com, de, em* Vergnügen finden an (*dat.*); sich gefallen in (*dat.*); **~azimento** [~ɐzi'mẽntu] *m* Wohlgefallen *n*, Vergnügen *n*.

compreen|der [~prjẽn'der] (2a) enthalten; (um)fassen; einschließen; verstehen; *chegar a* ~ dahinterkommen; **~são** [~prjẽ'sɐ̃u] *f* Fassungskraft *f*; Verständnis *n*; *capacidade f de* ~ Begriffsvermögen *n*; *de fácil* (*difícil*) ~ leicht (schwer) verständlich; *de* ~ *lenta* schwer von Begriff; **~sível** [~prjẽ'sivɛɫ] verständlich; **~sivo** [~prjẽ'sivu] verständnisvoll; (um)fassend.

compress|a [~'prɛsɐ] *f* Umschlag *m*; **~ão** [~prə'sɐ̃u] *f* Verdichtung *f*; Druck *m*; **~ivo** [~prə'sivu] fest; Druck..., Preß...; Unterdrückungs-...; **~or** [~prə'sor] **1.** *m* Verdichter *m*; *auto.* Kompressor *m*; **2.** *adj.* Druck...; *rolo m* ~ Walze *f*.

compr|ido [~'priðu] lang; **~imento** [~pri'mẽntu] *m* Länge *f*; *ter dois metros de* ~ zwei Meter lang sn.

comprim|ido [~pri'miðu] **1.** *adj.*: *ar m* ~ Preßluft *f*; **2.** *m* Tablette *f*; **~ir** [~ir] (3a) zs.-drücken, (-)pressen; *Gas* verdichten; *fig.* be-, unter-drücken.

comprobatório [~uβɐ'tɔrju] = [*comprovador*.]

compromet|edor [~umətə'ðor] verdächtig; kompromittierend; **~er** [~'ter] (2c) *Wort usw.* verpfänden; aufs Spiel setzen; in Gefahr bringen; bloßstellen; F blamieren; **~er-se**: ~ *a* sich verpflichten zu; ~ *em* sich verwickeln in (*ac.*); **~ido** [~'tiðu] F verlegen; *estar* ~ schon et. vorhaben, schon versagt sn; ✝ engagiert sn; sich festgelegt haben; **~imento** [~ti'mẽntu] *m* Absprache *f*.

compromisso [~u'misu] *m* Kompromiß *m* (*a. n*); Verpflichtung *f* (*tomar* übernehmen); Gewähr *f*; Vergleich *m*; *livre de* ~, *sem* ~ unverbindlich; freibleibend (*Preis*); *ter um* ~ (*anterior*) anderweitig verpflichtet (*od.* versagt) sn; **~s** *pl.* ✝

Verbindlichkeiten *f/pl.*
comprova|ção [~uvɐ'sɐ̃u] *f* Bestätigung *f*; Beweis *m*; Nachweis *m*; **~ador, ~ante** [~ɐ'ðor, ~'vɐ̃ntə] beweiskräftig; *exemplar m* ~ Belegexemplar *n*; *documento m* ~ (*força f -a*) Beweis-stück *n* (-kraft *f*); **~ar** [~'var] (1e) bestätigen; belegen, beweisen; nachweisen; nachprüfen; **~ativo** [~vɐ'tivu] = *~ador.*
compul|sar [~puł'sar] (1a) durchsehen; nachschlagen; **~ório** [~ɔrju] Zwangs...
compuls|ar [~puł'sar] (1a) durchsehen, prüfen; nachschlagen; **~ivo** [~ivu] gewaltsam; **~ório** [~ɔrju] Zwangs...
compun|ção [~pũ'sɐ̃u] *f* Zerknirschung *f*; **~gido** [~'ʒiðu] zerknirscht; **~gir** [~'ʒir] (3n) schmerzen; **~gir-se** tief bereuen.
comput|ador [~putɐ'dor] *m* Computer *m*; **~ar** [~'tar] (1a) aus-, berechnen; veranschlagen.
cômputo ['kõmputu] *m* Berechnung *f*; ~ *geral* Gesamtrechnung *f*.
com|um [ku'mũ] **1.** *adj.* allgemein; gemeinsam; Gemeinschafts...; gewöhnlich; *em* ~ gemeinschaftlich; *senso m* ~ *der* gesunde Menschenverstand; **2.** *m*: *o* ~ *dos die* meisten; *Câmara f dos Comuns* Unterhaus *n*; **~umente** *bras.* [komu'mẽntə] = **~ummente** [~mũ'mẽntə] gemeinhin.
comun|a [~'munɐ] *f* Kommune *f*; Gemeinde *f*; **~al** [~mu'nał] Gemeinde..., kommunal.
comung|ar [~mũŋ'gar] (1o) die Kommunion reichen; die Kommunion empfangen, kommunizieren; ~ *com j-s Ideen* teilen; ~ *em* übereinstimmen in (*dat.*), mitmachen (*ac.*); **~atório** [~gɐ'tɔrju] *m* Kommunionbank *f*.
comunhão [~mu'ɲɐ̃u] *f cat.* Kommunion *f*; *prot.* Abendmahl *n*; *Glaubens-, Güter- usw.* Gemeinschaft *f*; Gemeinsamkeit *f*.
comunicabilidade [~nikɐβəli'ðaðə] *f* Mitteilsamkeit *f*; Aussagekraft *f*.
comun|icação [~nikɐ'sɐ̃u] *f* Mitteilung *f*; Übermittlung *f*; Umgang *m*; Verbindung *f*; Verkehr *m*; *órgão m* (*od. meio m, processo m*) *de* ~ *social* Massenmedium *n*; *Ministério m da* ♀ *Social* Presse- und Informationsministerium *n*; *dar* ~ *para* Zutritt gewähren zu, die Verbindung herstellen mit; **~icado** [~i'kaðu] *m* Eingesandt *n* (*Zeitung*); *Heeres*-Bericht *m*; amtliche Meldung *f*, Kommuniqué *n*; **~icar** [~i'kar] (1n) mitteilen; verbinden; *v/i.* in Verbindung stehen (*od.* treten); *fis.* kommunizieren; ~ *com tel.* anrufen (*ac.*); **~icar-se** *a* sich übertragen auf (*ac.*); **~icativo** [~ikɐ'tivu] mitteilsam; gesellig; *tinta f -a* Kopiertinte *f*; **~ável** [~i'kavɛł] mitteilsam; mitteilbar; **~idade** [~i'ðaðə] *f* Gemeinschaft *f*; Körperschaft *f*; Gemeinwesen *n*; Gemeinde *f*; **~isante** [~i'zɐ̃ntə] dem Kommunismus nahestehend; **~ismo** [~'niʒmu] *m* Kommunismus *m*; **~ista** [~'niʃtɐ] **1.** *su.* Kommunist(-in *f*) *m*; **2.** *adj.* kommunistisch; **~itário** [~ni'tarju] der Gemeinschaft; Gemeinschafts...; Gemeinde...
comut|ação [~tɐ'sɐ̃u] *f* Umwandlung *f*; Umschaltung *f*; Umtausch *m*, Tausch *m*; *tel.* Vermittlung *f*; **~ador** [~ɐ'ðor] *m* ⚡ (Um-)Schalter *m*; **~ar** [~'tar] (1a) *Strafe* umwandeln; *Strom* umschalten; *allg.* um-, ein-tauschen; **~ável** [~'tavɛł] umwandelbar (*Strafe*).
con... *in Zssgn* mit...; *z.B. concidadão m* Mitbürger *m*.
concaten|ação [kõŋkɐtənɐ'sɐ̃u] *f* Verknüpfung *f*; Zs.-hang *m*; ~ *de ideias* Gedankengang *m*; **~ado** [~'naðu] durchdacht; **~ar** [~'nar] (1d) verketten; verknüpfen.
concavidade [~vi'ðaðə] *f* Höhlung *f*.
côncavo ['kõŋkɐvu] konkav; hohl.
conceb|er [kõsə'βer] (2c) *biol.* empfangen; *fig.* (er)denken; begreifen; *Plan* entwerfen; *Buch* verfassen; **~ível** [~ivɛł] denkbar; faßlich.
conceder [~'ðer] (2c) *Bitte* gewähren; *Recht* zugestehen; *Wort, Erlaubnis* erteilen; erlauben; zugeben; ~ *em* sich bereit finden zu.
concei|ção [~sei'sɐ̃u] *f* Empfängnis *f*; *Nossa Senhora da* ♀ Maria der unbefleckten Empfängnis (*Schutzheilige Portugals*); **~to** [~'seitu] *m* Begriff *m*; Meinung *f*; Ruf *m*; Ausspruch *m*; *no* ~ *de* nach *m-r, s-r* Auffassung; hinsichtlich (*gen.*); **~tuação** [~twɐ'sɐ̃u] *f* Auffassung *f*,

Ansicht *f*; **~tuado** [~'twaðu] angesehen; **~tuar** [~'twar] (1a) erklären; auffassen (als); halten für; **~tuoso** [~'twozu (-ɔ-)] geist-voll, -reich.

concelh|io [~sə'ʎiu] Kreis...; **~o** [~'seʎu] *m* (Stadt-, Land-)Kreis *m*; *Paços m/pl. do* ♀ Rathaus *n*.

concentr|ação [~sẽntrɐ'sɐ̃u] *f* Konzentration *f*; Sammlung *f*; ⚗ Sättigung(sgrad *m*) *f*; ⚒ Anreicherung *f*; *da* ~ Sammel...; **~ar** [~'trar] (1a) konzentrieren; *auf e-n Punkt* richten; *auf od. in sich* vereinigen; *Truppen* zs.-ziehen, massieren; *Kräfte* anspannen; *mit e-m Salz* sättigen; *Erz* anreichern; **~ar-se** sich sammeln; sich vertiefen.

concêntrico [~'sẽntriku] konzentrisch.

concep|ção [~sɛ(p)'sɐ̃u] *f* Empfängnis *f*; Fassungskraft *f*; Entwurf *m*; Begriff *m*; Anschauung *f*; ~ *do mundo* Weltbild *n*; **~tual** [~'twał] begrifflich, Begriffs...

concern|ente [~sər'nẽntə]: ~ *a* betreffend (*ac.*); *no* ~ *a* hinsichtlich (*gen.*); was ... (*ac.*) anbetrifft; **~ir** [~'nir] (3c—D3): ~ *a* betreffen (*ac.*).

concert|ação [~tɐ'sɐ̃u] *f* Vereinbarung *f*; **~ado** [~'taðu] konzertiert; **~ar** [~'tar] (1c) vereinbaren; *Kauf* abschließen; *Plan* ausarbeiten; in Einklang (*od.* in Ordnung) bringen; *v/i.* übereinstimmen; **~ar-se** übereinkommen; sich vertragen, passen; **~eza** [~'tezɐ] *s. certeza*; **~ina** [~'tinɐ] *f* Ziehharmonika *f*; **~ino** [~'tinu] *m* Konzertmeister *m*; **~ista** [~'tiʃtɐ] *m* Konzertist *m*; **~o** [~'sertu] *m* Einklang *m*; Überein-kunft *f*, -stimmung *f*; Ordnung *f*; ♪ Konzert *n*; *de* ~ einstimmig; im Einverständnis.

concess|ão [~sə'sɐ̃u] *f* Gewährung *f*; Bewilligung *f*; Erlaubnis *f*; Konzession *f* (*a.* ✝, ⚒); **~ionário** [~sju'narju] **1.** *adj.* Lizenz...; **2.** *m* Lizenzträger *m*; **~ivo** [~ivu] konzessiv.

concha ['kõʃɐ] *f* Muschel *f*; Schale *f*; Kelle *f*; (Schnecken-)Haus *n*.

conchav|ar [kõʃɐ'var] (1b) (ein-, hinzu-, zs.-)fügen; verabreden; *bras.* anstellen; **~-se** sich zs.-tun; *bras.* Dienst nehmen (bei *com*); **~o** [~'ʃavu] *m* Absprache *f*; *bras.* Hausdiener *m*; Dienst *m*.

concheg|ar [~ʃə'ɣar] (1o; *Stv.* 1d) = *aconchegar*; **~o** [~'ʃeɣu] *m* Schutz *m*, Zuflucht *f*; = *aconchego*.

concili|ação [kõsiljɐ'sɐ̃u] *f* Versöhnung *f*; Vergleich *m*; **~ar** [~'ljar] **1.** *adj.* Konzil...; **2.** *v/t.* (1g) versöhnen; vereinigen; in Einklang bringen; *Gemüt* gewinnen; ~ *o sono* einschlafen; **~ar-se** sich vertragen (*od.* vergleichen); sich verbünden; **~ável** [~'ljavɛł] vereinbar.

concílio [~'silju] *m* Konzil *n*.

concis|ão [~si'zɐ̃u] *f* Gedrängtheit *f*; Kürze *f*; **~o** [~'sizu] knapp.

concitar [~'tar] (1a) auf-wiegeln, -stacheln; auf-, er-regen.

conclamar [kõŋklɐ'mar] (1a) aufrufen (zu *a, para*).

conclave [~'klavə] *m* Konklave *n*; *allg.* Tagung *f*.

conclu|dente [~klu'ðẽntə] bündig, schlüssig; überzeugend; **~ir** [~'klwir] (3i) (ab)schließen; be-, vollenden; entscheiden; ~ *de* folgern aus; ~ *por* ⚖ erkennen auf; ~ *por inf.* damit schließen, daß *ind.*; **~são** [~'zɐ̃u] *f* Vollendung *f*, Abschluß *m*; Schluß(folgerung *f*) *m*; ⚖ Schlußantrag *m*; *em* ~ kurz; schließlich; **~sivo** [~'zivu] abschließend; folgerecht; Schluß...; **~so** [~'kluzu] ⚖ abgeschlossen, spruchreif.

concomit|ância [~kumi'tɐ̃sjɐ] *f* Zs.-wirken *n*; Begleiterscheinung *f*; Gleichzeitigkeit *f*; **~ante** [~ẽntə] Begleit...; gleichzeitig; **~mente** (*com*) gleichzeitig *od.* zs. (mit).

concord|ância [~kur'dɐ̃sjɐ] *f* Übereinstimmung *f*; Einverständnis *n*; *lit.* Konkordanz *f*; *gram.* Kongruenz *f*; **~ar** [~ar] (1e) in Einklang bringen; *v/i.* übereinstimmen; ~ *com* einverstanden sn mit, zustimmen (*dat.*); ~ *em* zugeben (*ac.*); sich bereit finden zu; **~ata** [~atɐ] *f* Konkordat *n*; ✝ Vergleich *m*; *allg.* Vereinbarung *f*; **~e** [~'kɔrdə] übereinstimmend; gleichgesinnt, einig; einverstanden (mit *com*).

concórdia [~'kɔrdjɐ] *f* Eintracht *f*; Zustimmung *f*.

concorr|ência [~ku'ʀẽsjɐ] *f* Bewerbung *f*; Bewerber *m/pl.*; Wettbewerb *m*; Zulauf *m*; Besuch *m*; Publikum *n*; Zs.-treffen *n*; Beistand *m*; Beitrag *m*; Mitwirkung *f*; ✝ Konkurrenz *f*; *abrir* ~*s para* ausschreiben (*ac.*); *fora de* ~ nicht konkurrenzfähig; **~encial** [~ʀẽ'sjał] konkurrierend, Konkurrenz...; **~ente** [~ẽntə] **1.** *adj.* zs.-wirkend; mitwirkend; teilnehmend; **2.** *m* Bewerber *m*; Teilnehmer *m*; Konkurrent *m*; **~er** [~er] (2d) zs.-kommen, -treffen; ~ *a* sich bewerben um; teilnehmen an (*dat.*); erscheinen bei; ~ *com* einig gehen mit; ~ *para* beitragen zu; mitwirken an (*dat.*) *od.* bei; **~ido** [~iðu] stark besucht, beliebt.

concre|ção [~krə'sɐ̃u] *f geol.* Konkretion *f*; Sinter *m*; ⚕ Konkrement *n*; **~tização** [~tizɐ'sɐ̃u] *f* Veranschaulichung *f*; Vergegenständlichung *f*; Verwirklichung *f*; **~tizar** [~ti'zar] (1a) fest m., verfestigen; *fig.* vergegenständlichen; veranschaulichen; ausdrücklich erklären; verwirklichen; **~to** [~'krɛtu] **1.** *adj.* fest, hart; *fig.* bestimmt; eindeutig; greifbar, anschaulich; konkret; *nada em* ~ nichts Bestimmtes; **2.** *m bras.* Beton *m*; *fazer em* ~ betonieren.

concubinato [~kuβi'natu] *m* wilde Ehe *f*, Konkubinat *n*.

concunhado [~ku'ɲaðu] *m* Schwippschwager *m*.

concupisc|ência [~kupiʃ'sẽsjɐ] *f* Lüsternheit *f*; **~ente** [~ẽntə] lüstern.

concurso [~'kursu] *m* Wettbewerb *m*; ✝ Ausschreibung *f*; Mitwirkung *f*; ~ *hípico* Reitturnier *n*; *abrir* ~ ausschreiben; *por* ~ durch Ausschreibung.

concuss|ão [~ku'sɐ̃u] *f* Erschütterung *f*; Erpressung *f*; *espoleta f de* ~ Aufschlagzünder *m*; **~ionário** [~sju'narju] **1.** *adj.* erpresserisch; **2.** *m* Erpresser *m*.

cond|ado [kõn'daðu] *m* Grafenstand *m*; Grafschaft *f*; **~ão** [~ɐ̃u] *m* (geheime) Kraft *f*; Gabe *f*; Vorrecht *n*; *vara* (*od. varinha*) *f de* ~ Zauberstab *m*.

conde ['kõndə] *m* Graf *m*.

condecor|ação [kõndəkurɐ'sɐ̃u] *f* Auszeichnung *f*; Orden *m*, Ehrenzeichen *n*; **~ado** [~'raðu] ordengeschmückt; *ser* ~ e-n Orden bekommen; *ser* ~ *com* erhalten (*ac.*); **~ar** [~'rar] (1e) *j-m* e-n Orden verleihen; ~ *com j-m* verleihen (*ac.*).

conden|ação [~nɐ'sɐ̃u] *f* Verurteilung *f*; Strafurteil *n*; *rel.* Verdammnis *f*; **~ado** [~'naðu] *adj.*: *estar* ~ verloren sn; **~ar** [~'nar] (1d) verurteilen (zu *a*, *em*); verdammen; *allg.* richten; *Kranken usw.* verloren (*od.* auf)geben; **~ar-se** sich selbst sein Urteil sprechen; **~atório** [~ɐ'tɔrju] Verdammungs...; = **~ável** [~'navɛł] verwerflich; strafbar.

condens|ação [~dẽsɐ'sɐ̃u] *f* Kondensation *f*; Kondensierung *f*; Verdichtung *f*; Zs.-drängung *f*, -fassung *f*; **~ador** [~ɐ'ðor] *m* ⊕, ⚡ Kondensator *m*; *ópt.* Kondensor *m*; **~ar** [~'sar] (1a) verdichten, kondensieren; *Feuchtigkeit* niederschlagen; *Flüssigkeit* eindicken; *fig.* zs.-drängen, -fassen.

condescend|ência [~diʃsẽn'dẽsjɐ] *f* Nachgiebigkeit *f*; Zustimmung *f*; **~ente** [~ẽntə] nachgiebig; gefällig; **~er** [~er] (2a): ~ *a* sich herablassen zu; einwilligen in (*ac.*); ~ *com* willfahren (*dat.*).

condessa[1] [~'desɐ] *f* Gräfin *f*.

condessa[2] [~'dɛsɐ] *f* Deckelkorb *m*.

condição [~di'sɐ̃u] *f* Bedingung *f*; Zustand *m*; (angeborene) Art *f*, Natur *f*; Beschaffenheit *f*; Stand *m*, Rang *m*; **~ões** *pl.* Voraussetzungen *f/pl.*; *em -ões* in Ordnung; *em tais-ões* unter solchen (*od.* diesen) Umständen; *sob* (*od. com a od. à*) ~ *que* (*od. de*) unter der Bedingung, daß; *pessoa f de* ~ Standesperson *f*; *de baixa* ~ von niederer Herkunft; *estar em -ões* in Ordnung sn; *estar em -ões de inf.* in der Lage sn zu *inf.*

condicente [~'sẽntə] passend; *ser* ~ *com* passen zu; entsprechen (*dat.*).

condicion|ado [~sju'naðu]: *ar m* ~ = **~ador** [~nɐ'ðor] *m* Klimaanlage *f*; **~al** [~ał] **1.** *adj.* bedingt; bedingend; Bedingungs...; **2.** *m gram.* Konditional *m*; **~alismo** [~nɐ'liʒmu] *m* Bedingtheit *f*; Bedingung(en) *f* (*pl.*); **~amento** [~nɐ'mẽntu] *m* Umstände *m/pl.*; *pol.* Bewirtschaftung *f*; Beschränkung *f*; ~ *económico* Wirtschaftslenkung *f*; **~ar** [~ar] (1f) *Bedingungen* unterwerfen (*dat.*); ⊕ konditionieren; *Wirtschaft* lenken; *Lebensmittel* bewirtschaften; *Handel* beschränken.

condigno [~'diɣnu] angemessen; entsprechend.

condiment|ar [~dimẽn'tar] (1a) würzen; **~o** [~'mẽntu] *m* Gewürz *n*; Würze *f*.

condiz|ente [~'zẽntə] = *condicente*; **~er** [~'zer] (2x) zs.-passen; ~ *com*

übereinstimmen mit; passen zu.
condoer-se [~'dwersə] (2f) gerührt w.; ~ *de* bemitleiden (*ac.*).
condolência [~du'lẽsjɐ] *f* Anteilnahme *f*; ~(*s*) (*pl.*) Beileid *n/sg.*
cond|omínio *bras.* [~do'minju] *m* Eigentumswohnung *f*; **~ômino** [~'dominu] *m* Wohnungsinhaber *m.*
condu|ção [~du'sɐ̃u] *f* Führung *f*; Leitung *f*; Lenkung *f*; Steuerung *f*; Überführung *f*; Transport *m*; Fuhre *f*; *bras.* Verkehrsmittel *n*; *carta f de* ~ Führerschein *m*; *exame m de* ~ Fahrprüfung *f*; ~ *ilegal* Fahren *n* ohne Führerschein; *perder a* ~ den Anschluß verpassen; **~cente** [~'sẽntə]: ~ *a* führend *od.* bestimmt zu; **~ta** [~'dutɐ] *f* Führung *f*; Geleit *n*; *fig. a.* Verhalten *n*; *linha f de* ~ Richtlinie *f*; Ausrichtung *f*; ⊕ ~ *de lixos* Müllschlukker *m*; **~tância** [~'tẽsjɐ] *f* Leitwert *m*; **~tibilidade** *fís.* [~tiβəli'δaδə] *f* Leitfähigkeit *f*; **~tivo** [~'tivu] leitend; **~to** [~'dutu] *m* Röhre *f*; Rinne *f*; (Wasser-)Leitung *f*; Kanal *m*; P *Brot*-Beilage *f*, Aufschnitt *m*; **~tor** [~'tor] **1.** *adj.* Zuleitungs...; *fio m* ~ Leitungsdraht *m*; *fig.* rote(r) Faden *m*; **2.** *m* Leiter *m* (*a. fís.*); Führer *m*; 🚃 Zugführer *m*; *Straßenbahn*-Schaffner *m*; *auto.* Fahrer *m*; *Radio*: Leitung *f*; **~zir** [~'zir] (3m) führen; leiten (*a. fís.*); *Fahrzeug* lenken, fahren; (hin)bringen, transportieren; *Leiche usw.* überführen.
cone ['kɔnə] *m* Kegel *m.*
cónego ['kɔnəɣu] *m* Domherr *m.*
cone|ctar [kunɛ'tar] (1a) verbinden; ⚡ anschließen; **~xão** [~'ksɐ̃u] *f* Verknüpfung *f*; Zs.-hang *m*; ⊕, *bras. a.* 🚃 Anschluß *m*, Verbindung *f*; **~xo** [~'nɛksu] zs.-gehörig; zs.-hängend.
confec|ção [kõfɛ(k)'sɐ̃u] *f* An-, Verfertigung *f*; *gal.* Konfektion(skleidung) *f*; **~cionar** [~sju'nar] (1f) an-, ver-fertigen; herstellen.
confeder|ação [~fəδərɐ'sɐ̃u] *f* (Staaten-)Bund *m*; ♀ *Suíça* Schweizer Eidgenossenschaft *f*; **~ar-se** [~'rarsə] (1c) sich verbünden; sich zs.-schließen; **~ativo** [~ɐ'tivu] Bundes...
confeiç|ão [~fei'sɐ̃u] *f* Bereitung *f*; Herstellung *f*; Werk *n*; Präparat *n*; Süßigkeit *f*; **~oar** [~'swar] (1f) *Arznei* bereiten, anfertigen; *Wein* behandeln; *Süßwaren* herstellen.
confeit|ado [~fei'taδu] Zucker...; **~ar** [~'tar] (1a) überzuckern, glasieren; **~aria** [~tɐ'riɐ] *f* Konditorei *f*; **~eiro** [~'teiru] *m* Konditor *m*, Zuckerbäcker *m*; **~o** [~'feitu] *m* Konfekt *n.*
confer|ência [~fə'rẽsjɐ] *f* Besprechung *f*, Konferenz *f* (*realizar* abhalten); Tagung *f*; Vortrag *m* (*fazer* halten); ♀ *Nacional* Landesparteitag *m*; **~enciador** *bras.* [~rẽsja'dor] *m* = *~encista*; **~enciar** [~rẽ'sjar] (1g) sich besprechen; beratschlagen; **~encista** [~rẽ'siʃtɐ] *m* Vortragende(r) *m*, Redner *m*; **~ente** [~ẽntə] *m* Konferenzteilnehmer *m*; ⚓ Ladeaufseher *m*; **~ir** [~ir] (3c) vergleichen, prüfen; *Preis* verleihen; *Wort* erteilen; = *~enciar*; *v/i.* stimmen; übereinstimmen.
confess|ado [~fə'saδu] **1.** *adj. estar* ~ gebeichtet h.; **2.** *m* Beichtkind *n*; **~ar** [~ar] (1c) gestehen, bekennen; eingestehen, zugeben; *rel.* beichten; ~ *alg.* j-m die Beichte abnehmen; **~ar-se** beichten; **~ionário** [~sju'narju] *m* Beichtstuhl *m*; **~o** [~'fɛsu] geständig; *rel.* reumütig; **~or** [~or] *m* Beichtvater *m*; Bekenner *m.*
confi|ado [~'fjaδu] *adj.* vertrauensselig; **~ança** [~ɐ̃sɐ] *f* Vertrauen *n* (*em* zu); Vertraulichkeit *f*; ~ *em si* Selbstvertrauen *n*; *com* ~ vertrauensvoll; *de* ~ vertrauenswürdig, zuverlässig; *ter* ~ *com* auf vertrautem Fuße stehen mit; *tomar* ~ zutraulich w.; *abuso m de* ~ Vertrauensbruch *m*; **~ar** [~ar] (1g) anvertrauen; *v/i.* ~ *em* vertrauen (*dat.*); vertrauen auf (*ac.*); **~dência** [~fi'δẽsjɐ] *f* vertrauliche Mitteilung *f.*
confiden|cial [~δẽ'sjɐɫ] vertraulich; **~ciar** [~'sjar] (1g) anvertrauen; **~te** [~'δẽntə] *su.* Vertraute(r *m*) *m*, *f.*
configur|ação [~ɣurɐ'sɐ̃u] *f* Bildung *f*, Gestalt *f*; Form *f*; **~ar** [~'rar] (1a) bilden, gestalten; abfassen.
confin|ante [~'nẽntə] an-, begrenzend; **~ar** [~ar] (1a) begrenzen; *v/i.* ~ *com* grenzen an (*ac.*); **~s** [~'fiʃ] *m/pl.* Grenzen *f/pl.*; *os* ~ *do mundo* das Ende der Welt.
confirm|ação [~firmɐ'sɐ̃u] *f* Bestätigung *f*; *cat.* Firmung *f*; *prot.* Konfirmation *f*; **~ar** [~'mar] (1a) bestätigen; versichern; *rel.* firmen; einsegnen, konfirmieren; **~ativo,**

~atório [~mɐ'tivu, ~'tɔrju] bestätigend.

confisc|ação [~fiʃkɐ'sɐ̃u] *f* Einziehung *f*; Beschlagnahme *f*; **~ar** [~'kar] (1n) einziehen; beschlagnahmen.

confissão [~fi'sɐ̃u] *f* (Ein-)Geständnis *n*; Beichte *f*; Bekenntnis *n*.

conflagr|ação [~flɐɣrɐ'sɐ̃u] *f* Brandkatastrophe *f*; *fig.* Brand *m*; ~ *bélica* kriegerische Verwicklung *f*; ~ *mundial* Weltkrieg *m*; **~ar** [~'ɣrar] (1b) in Brand setzen; aufrühren; **~ar-se** in Brand (*od.* Aufruhr) geraten.

conflito [~'flitu] *m* Zs.-stoß *m*; Gegensatz *m*; Konflikt *m*.

conflu|ência [~'flwẽsjɐ] *f* Zs.-strömen *n*; Zs.-fluß *m*; Schnitt-, Knoten-punkt *m*; **~ente** [~ẽntə] *m* Nebenfluß *m*; **~ir** [~ir] (3i) zs.-fließen, -strömen; fließen in (*ac.*).

conform|ação [~furmɐ'sɐ̃u] *f* Bildung *f*, Gestalt(ung) *f*; *fig.* Ergebung *f*; Anpassung *f*; **~ador** [~ɐ'ðor] *m* Kopfmesser *m*; **~ar** [~'mar] (1e) bilden; in Einklang bringen (*od.* stehen); **~ar-se** *com* sich abfinden mit, sich ergeben in (*ac.*); passen zu; **~e** [~'fɔrmə] **1.** *adj.* übereinstimmend; gleich(-artig, -förmig, -lautend); richtig, angemessen; *fig.* ergeben; *estar* ~ (überein)stimmen; (é) ~! je nachdem!, wie man's nimmt!; **2.** *prp.* ~ (*a*) gemäß, nach; je nach; **3.** *cj.* wie; je nachdem, ob; **~idade** [~i'ðaðə] *f* Übereinstimmung *f*; Gemäßheit *f*; *fig.* Ergebung *f*; *em* ~ *com* gemäß (*dat.*); gleichlautend mit; *nesta* ~ unter diesen Umständen; **~ismo** [~'miʒmu] *m* Anpassung *f*; **~ista** [~'miʃtɐ] **1.** *m pol.* Konformist *m*; **2.** *adj.* anpassungsfähig; *ser* ~ alles mitmachen; sich allem anpassen.

confort|ar [~fur'tar] (1e) stärken; *fig. a.* trösten; **~ável** [~avɛɫ] bequem; behaglich; **~o** [~'fortu] *m* Stärkung *f*; Trost *m*; Bequemlichkeit *f*, Komfort *m*.

confrade [~'fraðə] *m* Kollege *m*, Amtsbruder *m*; (Bruderschafts-) Mitglied *n*.

confrang|edor [~frɐ̃ʒə'ðor] herzzerreißend; beängstigend; **~er** [~'ʒer] (2h) quälen; ängstigen; **~imento** [~ʒi'mẽntu] *m* Qual *f*; Angst *f*.

confraria [~frɐ'riɐ] *f* Bruderschaft *f*.

confraterni|dade [~frɐtərni'ðaðə] *f* brüderliche Freundschaft *f*; **~zação** [~zɐ'sɐ̃u] *f* Verbrüderung *f*; freundschaftliche(r) Verkehr *m*; **~zar** [~'zar] (1a) verbrüdern; anfreunden; *v/i.* ~ *com* brüderlich (*od.* freundschaftlich) verkehren mit; j-s Gesinnung(en) teilen.

confront|ação [~frõntɐ'sɐ̃u] *f* Gegenüberstellung *f*; Konfrontation *f*; -*ões pl.* Grenzen *f/pl.*; **~ar** [~'tar] (1a) gegenüberstellen; vergleichen; *v/i.* ~ *com* grenzen an (*ac.*); **~ar-se** ea. gegenübertreten; ~ *com* entgegentreten (*dat.*); sich messen mit; **~o** [~'frõntu] *m* Vergleich *m*; = *~ação*.

confund|ido [~fũn'diðu]: *estar* ~ sich irren; **~ir** [~ir] (3a) vermengen; verwechseln; verwirren, irremachen; *Pläne usw.* zuschanden m.; **~ir-se** sich (ver)mischen; verschwimmen; verwirrt *od.* verlegen w.

confus|ão [~fu'zɐ̃u] *f* Verwirrung *f*; Verwechslung *f*; Verlegenheit; *fazer* ~ *a* (*com*) *j-n* verwirren (*et.* verwechseln); **~o** [~'fuzu] verwirrt; wirr; beschämt.

congel|ação [kõʒəlɐ'sɐ̃u] *f* Tiefkühlung *f*; *ponto m de* ~ Gefrierpunkt *m*; **~ado** [~'laðu] starr; eisig, eiskalt; *carne f -a* Gefrierfleisch *n*; *crédito m* ~ Sperrguthaben *n*; **~ador** [~ɐ'ðor] **1.** *adj.* eisig; Tiefkühl...; **2.** *m* Tiefkühl-schrank *m*, -truhe *f*; **~amento** [~ɐ'mẽntu] *m* Sperrung *f*; *Lohn-*, *Preis-*Stopp *m*; **~ar** [~'lar] (1c) zum Gefrieren (*od.* Erstarren) bringen; tiefkühlen; *Guthaben* sperren; *Löhne*, *Preise* stoppen; *Stimme* ersticken; **~ar-se** gefrieren, erstarren; stocken; einfrieren (*Guthaben*); gelieren (*Fruchtsaft*).

congeminar [~ʒəmi'nar] (1a) (sich aus-)denken.

congénere [~'ʒɛnərə] (art)verwandt; } *allg.* ähnlich.

congenial [~ʒə'njaɫ] geistesverwandt, kongenial; arteigen.

congénito [~'ʒɛnitu] angeboren.

congest|ão [~ʒɨʃ'tɐ̃u] *f* Blutandrang *m*; Stauung *f*; = *~ionamento*; ~ *cerebral* Gehirnschlag *m*; ~ *de fígado* Leberstauung *f*; **~ionado** [~tju'naðu] verstopft; geschwollen; zornrot; **~ionamento** *bras.* [~tjunɐ'mẽntu] *m* Verkehrsstockung *f*, Gedränge *n*; **~ionar** [~tju'nar] (1f) verstopfen; **~ionar-se** sich stauen

(*Blut*); stocken (*Verkehr*); sich drängen (*Menschen*); rot anlaufen (*vor Zorn*). [ballen.

conglobar [kõŋglu'βar] (1e) zs.-

conglomer|ação [~mɐrɐ'sɐ̃u] *f* Ansammlung *f*; = **~ado** [~'raðu] *m* Konglomerat *n*; **~ar** [~'rar] (1c) zs.-ballen, -backen. [kleben.

conglutinar [~ti'nar] (1a) zs.-

congraçar [~grɐ'sar] (1p; *Stv.* 1b) versöhnen; (sich) zum Freunde m.; **~-se** sich (wieder) vertragen.

congratul|ação [~grɐtulɐ'sɐ̃u] *f* Glückwunsch *m*; **~ar** [~'lar] (1a) beglückwünschen; **~ar-se** sich Glück wünschen; sich freuen.

congreg|ação [~grəɣɐ'sɐ̃u] *f* Versammlung *f*; Kongregation *f*; **~ado, ~anista** [~'ɣaðu, ~ɣɐ'niʃtɐ] *m* (Kongregations-)Mitglied *n*; **~ante** [~'ɣɐ̃ntə] *m* Laienbruder *m*; **~ar** [~'ɣar] (1o; *Stv.* 1c) einberufen, zs.-rufen; versammeln; zs.-schließen.

congress|ista [~grə'siʃtɐ] *m* Kongreßteilnehmer *m*; **~o** [~'grɛsu] *m* Kongreß *m*; *Partei*-Tag *m*.

congro ['kõŋgru] *m* Seeaal *m*, Dornhai *m*.

côngrua ['kõŋgrwɐ] *f* (Pfarrer-)Gehalt *n*; *bras.* Mahlgeld *n*.

congru|ência [kõŋ'grwẽsjɐ] *f* Übereinstimmung *f*; ⩕ Kongruenz *f*; **~ente** [~ẽntə] angemessen, passend; zweckmäßig; kongruent.

conhaque [kɔ'ɲakə] *m* Kognak *m*.

conhec|edor [kuɲəsə'ðor] **1.** *adj.* Kenner...; ~ (de) kennend (*ac.*); beschlagen (in [*dat.*]); unterrichtet (von); **2.** *m* Kenner *m*; **~er** [~'ser] (2g) kennen; kennenlernen; sich auskennen in (*dat.*); etwas verstehen von; *fil. u.* 🕮 erkennen; ~ *por* (er)kennen an (*dat.*); *dar a* ~ zur Kenntnis bringen; bekanntmachen; erkennen l.; *chegar* (*od. vir*) *a* ~ kennenlernen; **~ido** [~'siðu] *adj.* bekannt; **~imento** [~i'mẽntu] *m* Erkenntnis *f*; Kenntnis *f*; Bewußtsein *n*; Bekanntschaft *f* (*travar* schließen); Bekannte(r) *m*; ⚕ Bescheinigung *f*; ⚓ Ladeschein *m*; Konnossement *n*; ~ *de causa* Sachkenntnis *f*; *dar* (*tomar*) ~ in (zur) Kenntnis setzen (nehmen); **~ível** [~'sivɛɫ] erkenn-, erfahr-bar.

cónico ['kɔniku] konisch, Kegel...

conífera [ku'nifərɐ] *f* Nadelholzbaum *m*; ~*s pl.* Nadelhölzer *pl*.

coniv|ência [kuni'vẽsjɐ] *f* (sträfliche) Nachsicht *f od.* Duldung *f*; Mitschuld *f*; *estar de* ~ unter e-r Decke stecken; **~ente** [~ẽntə] nachsichtig; abgekartet; mitschuldig.

conject|ura [kõʒɛ'turɐ] *f* Mutmaßung *f*, Konjektur *f*; *fazer* ~*s* Vermutungen anstellen; **~ural** [~tu'raɫ] mutmaßlich; **~urar** [~tu'rar] (1a) mutmaßen, vermuten.

conjug|ação [~ʒuɣɐ'sɐ̃u] *f* Verbindung *f*; Zs.-treffen *n*; *gram.* Konjugation *f*; *em* ~ *com* zs. mit; **~ado** [~'ɣaðu] ⊕: *eixo m* (*roda f*) ~ (-*a*) Kuppel-achse *f* (-rad *n*); **~al** [~'ɣaɫ] ehelich; Ehe..., Gatten...; **~ar** [~'ɣar] (1o) vereinigen; verbinden; *Pläne usw.* (auf-ea.) abstimmen; ⊕ kuppeln; *gram.* konjugieren, beugen; **~ar-se** *com* zs.-stimmen mit.

cônjuge ['kõʒuʒə] *m* Ehegatte *m*; ~*s pl.* Eheleute *pl*.

conjun|ção [kõʒũ'sɐ̃u] *f* Vereinigung *f*; Verbundenheit *f*; Gelegenheit *f*; *gram. u. ast.* Konjunktion *f*; **~tamente** [~ntɐ'mẽntə] zusammen; miteinander; **~tiva** [~n'tivɐ] *f* Bindehaut *f*; **~tivite** [~nti'vitə] *f* Bindehautentzündung *f*; **~tivo** [~n'tivu] **1.** *adj.* Binde...; *modo m* ~ = **2.** *m* Konjunktiv *m*; **~to** [~'ʒũntu] **1.** *adj.* verbunden; gemeinsam; anliegend; **2.** *m* Ganze(s) *n*; Gesamtheit *f*; Zs.-hang *m*; Zs.-stellung *f*; „Set" *n*; *tea.* Ensemble *n*; *Sport*: Mannschaft *f*; *teoria f dos* ~*s* Mengenlehre *f*; *em* ~ zusammen; **~tura** [~n'turɐ] *f* Zs.-treffen *n*; Lage *f* der Dinge; Umstände *m/pl.*; Augenblick *m*; ⚕ Konjunktur *f*; **~tural** [~ntu'raɫ] konjunkturell, Konjunktur...

conjur|a(ção) [~'ʒurɐ, ~ʒurɐ'sɐ̃u] *f* Verschwörung *f*; = **~o**; **~ado** [~'raðu] *m* Verschwörer *m*; **~ar** [~'rar] (1a) beschwören (*a. fig.*); *Verschwörung* anzetteln; *j-n* anstiften; *v/i.* konspirieren; **~ar-se** sich verschwören; **~o** [~'ʒuru] *m* Beschwörung *f*.

conlui|ar [kõlu'jar] (1i) *j-n* anstiften; *Betrug usw.* abkarten, verabreden; gemeinsam begehen; **~ar-se** sich zs.-tun; ~ *para* sich verabreden zu; **~o** [kõ'luju] *m* abgekartete Sache *f*; Machenschaft *f*; geheime(s) Einverständnis *n*.

connosco [kõ'noʃku] = **conosco**

bras. [ko'nosku] mit (bei *od.* zu) uns; *s. a. com*; *consigo.*
conotação [kunutɐ'sɐ̃u] *f* Konnotation *f*; *allg.* Nebenbedeutung *f.*
conquanto [kõŋ'kwɐ̃ntu] obgleich; sofern.
conquista [~'kiʃtɐ] *f* Eroberung *f*; Errungenschaft *f.*
conquist|ador [~kiʃtɐ'ðor] **1.** *m* Eroberer *m*; F Don Juan *m*; **2.** *adj. fig.* unwiderstehlich; **~ar** [~'tar] (1a) erobern; erringen; **~ável** [~'tavɛɫ] einnehmbar (*Festung*); besiegbar.
consagr|ação [kõsɐɣrɐ'sɐ̃u] *f rel.* Weihe *f*, Einweihung *f*; Wandlung *f* (*Messe*); *allg.* Widmung *f*; *de ~ a* geweiht, gewidmet (*dat.*); **~ado** [~'ɣraðu] anerkannt, bedeutend; **~ar** [~'ɣrar] (1b) *rel.* (ein)weihen; heiligen (*a. fig.*); *bsd.* widmen; zollen; gewährleisten, garantieren.
consangu|íneo [~sɐ̃ŋ'gwinju] blutsverwandt; **~inidade** [~gwini'ðaðə] *f* Blutsverwandtschaft *f.*
consciência [kõʃ'sjẽsjɐ] *f* Bewußtsein *n*; Gewissen *n* (*limpa* gute[s]); Gewissenhaftigkeit *f*; *com ~* gewissenhaft; aufrichtig; *pesar na ~* auf der Seele liegen; *caso m de ~* Gewissens-frage *f*, -sache *f.*
consciencializ|ação [~sjẽsjɐlizɐ'sɐ̃u] *f* Bewußtseinsbildung *f*; Bewußtmachung *f*; **~ar** [~'zar] (1a): *~ alg. para a/c.* j-m et. bewußt m.; **~ar-se** sich bewußt w.; sich überzeugen (von *de*).
conscien|cioso [kõʃsjẽ'sjozu (-ɔ-)] gewissenhaft; **~te** [kõʃ'sjẽntə] (selbst)bewußt.
cônscio ['kõʃsju] bewußt (*gen.*).
conscr|ição [kõʃkri'sɐ̃u] *f* Aushebung *f*; *~ militar* Wehrbereich *m.*
consecu|ção [kõsəku'sɐ̃u] *f* Erlangung *f*; Erreichung *f*; *de difícil ~* schwer zu erreichen (*od.* erlangen); *na ~ de* zur Erreichung (*gen.*); **~tivamente** [~ˌtivɐ'mẽntə] nacheinander; nach u. nach; unaufhörlich; **~tivo** [~'tivu] auf-ea. folgend; *três horas -as* drei Stunden lang.
consegu|imento [~ɣi'mẽntu] *m* Erreichung *f*, Erringung *f*; Gelingen *n*; **~inte** [~'ɣĩntə] folgend; *por ~*, *~mente* folglich; **~ir** [~'ɣir] (3o; *Stv.* 3c) erlangen; erringen; erreichen; bekommen; erzielen; *consigo* es gelingt mir; **~ível** [~'ɣivɛɫ] erreichbar; erhältlich.
conselh|eiro [~'ʎeiru] *m* Rat(-geber) *m*; ⚖ (Oberlandes-)Gerichtsrat *m*; **~o** [~'seʎu] *m* Rat(schlag) *m*; Rat(sversammlung *f*) *m*; *♀ de Ministros* Ministerrat *m*; *Presidente m do ♀* Ministerpräsident *m*; *a ~* auf Anraten; *entrar* (*od. reunir-se*) *em ~* zs.-treten; *ser de bom* (*mau*) *~* (nicht) ratsam sn; *tomar ~* sich raten lassen.
consenso [~'sẽsu] *m* Einverständnis *n*, Konsens *m.*
consent|âneo [~sẽn'tɐnju] übereinstimmend; *~ com* gemäß (*dat.*); **~imento** [~ti'mẽntu] *m* Zustimmung *f*, Einwilligung *f*; **~ir** [~ir] (3e) gestatten; billigen; zulassen, dulden; *v/i. ~ em* einwilligen in (*ac.*), zustimmen (*dat.*); *~ com* einverstanden sn mit.
consequ|ência [~sə'kwẽsjɐ] *f* Folge(-rung) *f*; Folgerichtigkeit *f*; Wichtigkeit *f*; *em ~ de* infolge, auf Grund (*gen.*); angesichts (*gen.*); *por ~* folglich; *ter por ~* zur Folge h.; *ter ~s* Folgen nach sich ziehen; *de graves ~s* folgenschwer; **~ente** [~ẽntə] **1.** *adj.* daraus folgend; folgerichtig; konsequent; **2.** *m* Folgesatz *m*; *os ~s* die Folgen *f/pl.*, die Konsequenzen *f/pl.*; **~entemente** [~ˌkwẽntə'mẽntə] folglich.
consert|ar [~sər'tar] (1c) flicken; ausbessern; reparieren, instand setzen; **~o** [~'sertu] *m* Flicken *n*; Ausbesserung *f*; Reparatur *f*; Instandsetzung *f*; Flicken *m*, Einsatz *m*; *levar um grande ~* gründlich instand gesetzt w.; stark repariert w.; *ter ~* zu reparieren sn.
conserva [~'sɛrvɐ] *f* Konserve *f*, Eingemachte(s) *n*; *de* (*em*) *~* eingemacht; *carne f em ~* Büchsenfleisch *n*; *pôr de ~* einmachen.
conserv|ação [~sərvɐ'sɐ̃u] *f* Erhaltung *f*; Aufbewahrung *f*; Konservierung *f*; **~ador** [~ɐ'ðor] **1.** *adj.* erhaltend; *pol.* konservativ; **2.** *m* Erhalter *m*; Aufseher *m*; Kustos *m*; *pol.* Konservative(r) *m*; *~ do registo predial* Kataster-, *~ do registo civil* Standes-beamte(r) *m*; *~ de biblioteca* Bibliothekar *m*; **~adorismo** [~ɐðu'riʒmu] *m* = **~antismo** [~ɐ̃n'tiʒmu] *m* Konservatismus *m*; **~ar** [~'var] (1c) erhalten; (auf)bewahren; beibehalten; konservieren, *Früchte* einmachen; **~ar-se** sich halten; bleiben; **~ativo** [~ɐ-

'tivu] konservierend, erhaltend; **~atória** [~ɐ'tɔrjɐ] *f* Katasteramt *n*; Standesamt *n*; **~atório** [~ɐ'tɔrju] *m*: ~ *de música* Konservatorium *n*.

consider|ação [~siδərɐ'sɐ̃u] *f* Betrachtung *f*, Erwägung *f*; Berücksichtigung *f*; Rücksicht(nahme) *f*; Ansehen *n*; Hochachtung *f*; *por -ões pessoais* aus persönlichen Rücksichten (*od.* Gründen); *falta f de* ~ Rücksichtslosigkeit *f*; *com toda a* ~ hochachtungsvoll; *com a máxima (mais elevada etc.)* ~ mit vorzüglicher Hochachtung; *de* ~ beträchtlich; angesehen; *em* ~ *a* in Anbetracht (*gen.*); *ter em* ~ denken an (*ac.*); *ter* ~ *por* (*od. a*) achten (*ac.*), hochschätzen (*ac.*); *tomar em* ~ in Betracht ziehen; berücksichtigen; **~ado** [~'raδu] angesehen; **~ando** [~'rɐ̃ndu] *m*: *os* ~*s de uma sentença* die Urteilsbegründung; **~ar** [~'rar] (1c) bedenken, erwägen; sich überlegen, prüfen; in Betracht ziehen, berücksichtigen; halten für (*ac.*); hochschätzen, achten; ~ *como* ansehen als; ~ *que* dafürhalten (*od.* meinen, denken), daß; **~ável** [~'ravɛł] beträchtlich; ansehnlich; bedeutend.

consign|ação [~siγnɐ'sɐ̃u] *f* ✝, ⚓ Konsignation *f*; *allg.* Hinterlegung *f*; *Geld*-Anweisung *f*; *fig.* Aufnahme *f*, Verankerung *f*; **~ar** [~'nar] (1a) ✝ in Kommission geben, ⚓ konsignieren; ⚖ hinterlegen; (*schriftl.*) niederlegen, festhalten, verankern; *Lob* erteilen; *Bewunderung* zollen; *Geld* anweisen; *estar -ado em* stehen in (*dat.*); **~atário** [~ɐ'tarju] *m* (Ladungs-)Empfänger *m*, Konsignatär *m*; *allg.* Verwahrer *m*.

consigo [~'siγu] **1.** mit (bei *od.* zu) sich (selbst); mit (bei *od.* zu) Ihnen; *ter* (*od. trazer*) ~ bei sich h.; *levar* ~ mitnehmen; *isso* (*não*) *é* ~ das geht Sie (nichts) an; das gilt (nicht) Ihnen; **2.** *s. conseguir.*

consist|ência [~siʃ'tẽsjɐ] *f* Konsistenz *f*; Haltbarkeit *f*; Beständigkeit *f*; *tomar* ~ sich bestätigen (*Gerücht*); **~ente** [~ẽntə] fest, stark; haltbar; beständig; **~ir** [~ir] (3a): ~ *em* bestehen aus *od.* in (*dat.*); beruhen auf (*dat.*).

consistório [~'tɔrju] *m* Konsistorium *n*.

conso|ada [~'swaδɐ] *f* leichtes Abendessen *n an Fasttagen*; *bsd.* Weihnachtsessen *n am Heiligabend*; *fig.* Weihnachtsgeschenk *n*; **~ante** [~ɐ̃ntə] **1.** *adj.* mitlautend; reimend, Reim...; **2.** *prp.* gemäß (*dat.*); auf Grund (*gen.*); je nach (*dat.*); **3.** *f* Konsonant *m*; **~ar** [~ar] (1f) **a)** zs.-stimmen, -klingen; mitlauten; reimen; **b)** zu Abend essen.

consócio [~'sɔsju] *m pol.* Parteigenosse *m*.

consola [~'sɔlɐ] *f* Konsole *f*.

consol|ação [~sulɐ'sɐ̃u] *f* Tröstung *f*; Trost *m*; **~ador** [~ɐ'δor] tröstlich; **~ar** [~'lar] (1e) trösten; (er-)freuen; schadlos halten.

consolid|ação [~liδɐ'sɐ̃u] *f* Festigung *f*; Sicherung *f*; ✝ Konsolidierung *f*; **~ados** [~'δaδuʃ] *m/pl.* ✝ Konsols *m/pl.*; **~ar** [~'δar] (1a) festigen, sichern; ✝ konsolidieren; **~ar-se** fest w.; ⚕ heilen.

consolo[1] [~'solu] *m* Trost *m*; Stärkung *f*; Erleichterung *f*.

consolo[2] [~'sɔlu] *m* Konsole *f*.

consonância [~su'nɐ̃sjɐ] *f* Zs.-, Gleich-klang *m*; Einklang *m*, Übereinstimmung *f*; Voll-, End-reim *m*; *em* ~ in dieser Hinsicht; demgemäß.

consorciar [~sur'sjar] (1g) zs.-schließen; trauen, verheiraten; **~-se** *com fig.* heiraten (*ac.*).

consórcio [~'sɔrsju] *m* Konsortium *n*; Interessengemeinschaft *f*; Ehe *f*; ✝ *a.* Konzern *m*.

consorte [~'sɔrtə] *su.* Gatte *m*, Gattin *f*; *Príncipe m* ♀ Prinzgemahl *m*.

conspícuo [kõʃ'pikwu] bemerkenswert; berühmt; ernst(haft).

conspir|ação [~pirɐ'sɐ̃u] *f* Verschwörung *f*, Anschlag *m*; **~ador** [~ɐ'δor] *m* Verschwörer *m*; **~ar** [~'rar] (1a) Verschwörungen anzetteln; sich verschwören; ~ *a* (gemeinsam) hinarbeiten (*od.* abzielen) auf (*ac.*).

conspurcar [~pur'kar] (1n) beflecken.

const|ância [~'tɐ̃sjɐ] *f* Beständigkeit *f*; **~ante** [~ɐ̃ntə] **1.** *adj.* standhaft, beharrlich; beständig; fest (-stehend); allgemein (*Meinung*); ~ *de* enthalten in (*dat.*); des (der); **2.** *f* Konstante *f*, feste Größe *f*; **~ar** [~ar] (1a) verlauten; ruchbar (*od.* bekannt) w.; ~ *de* hervorgehen aus; erwähnt w. (*od.* vorkommen, stehen) in (*dat.*); bestehen aus;

consta-me ich habe gehört; *consta que* es heißt, daß; *segundo nos consta* wie wir hören; *ao que consta* wie verlautet; **~atar** [~tɐ'tar] (1b) = *verificar*.

constel|ação [~təlɐ'sɐ̃u] *f* Sternbild *n*, Konstellation *f* (*a. fig.*); **~ado** [~'laδu] gestirnt; **~ar** [~'lar] (1c) schmücken; sprenkeln; erleuchten; *fig. j-n* verherrlichen.

constern|ação [~tərnɐ'sɐ̃u] *f* tiefe(s) Leid *n*; Bestürzung *f*; **~ar** [~'nar] (1c) tief betrüben; bestürzen.

constip|ação [~tipɐ'sɐ̃u] *f* Schnupfen *m*, Erkältung *f*; Verstopfung *f*; **~ado** [~'paδu] verschnupft, erkältet; **~ar** [~'par] (1a) Erkältung verursachen; **~ar-se** sich erkälten.

constit|ucional [~titusju'nał] verfassungsmäßig, Verfassungs...; angeboren, Konstitutions...; **~uição** [~twi'sɐ̃u] *f* Gründung *f*, Errichtung *f*; Einsetzung *f*; Aufbau *m*; Zs.-setzung *f*; *pol.* Verfassung *f*; ⚕ Konstitution *f*; **~uinte** [~'twĩntə] **1.** *adj.* aufbauend, Aufbau...; Gründungs...; Ernennungs...; Grund...; verfassunggebend; **2.** *f* verfassunggebende Versammlung *f*; **3.** *su.* Mandant(in *f*) *m*; ⚗ Bestandteil *m*; **~uir** [~'twir] (3i) ausmachen, bilden; darstellen; gereichen zu; (be)gründen, auf-, er-richten; einsetzen (*od.* ernennen) zu; **~uir-se** zs.-treten, sich konstituieren; sich m. zu; **~utivo** [~u'tivu] wesentlich, Haupt...; konstitutiv.

constrang|er [~trɐ̃'ʒer] (2h) zwingen, nötigen (zu *a*); *j-m* Zwang antun; bedrücken; beengen; verlegen m.; **~er-se** sich zs.-nehmen; **~imento** [~ʒi'mẽntu] *m* Zwang *m*; Verlegenheit *f*, Gezwungenheit *f*; *sem ~* ungezwungen.

constringir [~trĩ'ʒir] (3n; *p.p. constrito*) zs.-schnüren, -ziehen.

constru|ção [~tru'sɐ̃u] *f* Bau *m*; Gebäude *n*; Aufbau *m*; Bildung *f*; *gram.* Satzbau *m*; ⚒ *usw.* Konstruktion *f*; *~ civil* Bau-gewerbe *n*, -industrie *f*; *engenheiro m de ~ civil* Bauingenieur *m*; **~ir** [~'trwir] (3k) (auf)bauen; entwerfen; *Sätze* bilden; ⚒ konstruieren; **~tivo** [~'tivu] aufbauend; konstruktiv; **~tor** [~'tor] *m* Baumeister *m*; Erbauer *m*.

consubstanc|ialidade [kõsuβʃtɐ̃sjɐli'δaδə] *f* Wesensgleichheit *f*; **~iar** [~'sjar] (1g) zum Ausdruck bringen; verkörpern; **~iar-se** zum Ausdruck kommen.

consuetudinário [kõswɛtuδi'narju] gewohnheitsmäßig; Gewohnheits...

cônsul (-es) ['kõsul] *m* (*pl.*) Konsul *m*.

consul|ado [kõsu'laδu] *m* Konsulat *n*; **~ar** [~ar] Konsulats...; Konsular...

consulta [~'sułtɐ] *f* Befragung *f*, Anfrage *f*; Konsultation *f*; Gutachten *n*; (*horas f/pl. de*) *~* Sprechstunde *f*; *obra f de ~* Nachschlagewerk *n*.

consult|ante [~suł'tẽntə] beratend; konsultierend (*Arzt*); vortragend (*Minister*); Rat suchend; *advogado m ~* Rechtsberater *m*; **~ar** [~ar] (1a) befragen, (um Rat) fragen, zu Rate ziehen; beratschlagen; begutachten; nachschlagen in (*dat.*); *~(-se com) a almofada* (*od. o travesseiro*) es überschlafen; **~ivo** [~ivu] beratend, konsultativ; *conselho m ~* Beirat *m*; **~ório** [~ɔrju] ⚕ *m* Sprechzimmer *n*, Praxis *f*.

consum|ação [~sumɐ'sɐ̃u] *f* Vollendung *f*; Ende *n*; *bras.* Verzehr *m*; **~ado** [~'maδu] gelehrt, bewandert; ausgemacht, Erz...; *facto m ~* vollendete Tatsache *f*; **~ar** [~'mar] (1a) vollenden; *Tat* vollbringen; ⚖ vollziehen; *Verbrechen* begehen.

consum|ição [~mi'sɐ̃u] *f* Aufregung *f*; Plackerei *f*; *~ inútil* Verschwendung *f*; **~idor** [~i'δor] **1.** *adj*: *mercado m ~* Absatzmarkt *m*; **2.** *m* Verbraucher *m*; Abnehmer *m*; *Drogen-*Süchtige(r) *m*; **~ir** [~'mir] (3h) verzehren (*a. fig.*); auf-, ver-brauchen; *Drogen* nehmen; *Alkohol* trinken; vernichten; ⚚ abnehmen, konsumieren; *fig.* aufreiben; aufregen, plagen; **~o** [~'sumu] *m* Verbrauch *m*; Verzehr *m*; ⚚ Konsum *m*, Absatz *m*.

consumpção [~sũ'sɐ̃u] *f* ⚕ Auszehrung *f*.

conta ['kõntɐ] *f* Rechnung *f*; Konto *n*; Rechenschaft *f*; *Rosenkranz-*Perle *f*; *~ corrente* Kontokorrent *n*; *à ~* a conto, auf Rechnung; = *por ~*; *de ~* wichtig; angesehen; *em ~* billig, preiswert; *por ~* für (*od.* auf) Rechnung; *por ~ própria* (*de outrem*) (nicht) selbständig (*Arbeit*); *sem ~* unzählbar; unbedacht; *acertar, ajustar ~s* abrechnen; *chamar* *a* ~*s* zur Rechenschaft ziehen; *dar* ~*(s)* *de* Rechenschaft ablegen über (*ac.*); gewachsen sn (*gen.*); fertigbringen (*ac.*); gerecht w. (*gen.*); *dar má* ~ *de si* F sich blamieren; *entrar em* ~ in Betracht kommen; e-e Rolle spielen; *errar a* ~ sich verrechnen; *fazer* ~*s* (ab)rechnen; *fazer a* ~ *de* ausrechnen (*ac.*); *fazer* (*de*) ~ *que* annehmen, daß; so tun, als ob; *levar* (*od. tomar*) *em* ~ in Rechnung stellen; anrechnen; Rechnung tragen (*dat.*); *meter* (*od. incluir*) *na* ~ auf die Rechnung setzen; ein-, mit-rechnen; *prestar* ~*s* Rechnung (ab)legen, abrechnen; *ter alg. na* ~ *de* j-n halten für (*ac.*); *ter em muita* ~ viel halten von; *ter* (*od. tomar, meter*) *em* (*linha de*) ~ in Betracht ziehen, berücksichtigen; *sem ter em* ~ *que* abgesehen davon, daß; *tomar* ~ *de* aufpassen auf (*ac.*); in Verwahrung nehmen (*ac.*); sich annehmen (*gen.*); übernehmen (*ac.*); *afinal de* ~*(s)* letzten Endes.

contabil|idade [kõntɐβəli'ðaðə] *f* Rechnungswesen *n*; Berechnung *f*; ☤ Buchführung *f* (*por partidas dobradas* [*simples*] doppelte [einfache]); **~ista** [~'liʃtɐ] *m* Buchhalter *m*; **~ístico** [~'liʃtiku]: *serviços m/pl.* ~*s* Buchhaltung *f*; **~izar** [~'zar] (1a) berechnen; ☤ verbuchen.

contactar [~ta(k)'tar] (1a): ~ (*com*) sich in Verbindung setzen mit, kontakten (*ac.*).

contacto [~'tatu] *m* Berührung *f*; Fühlung *f* (*pôr-se em* nehmen); Verbindung *f* (*ter* stehen in); Kontakt *m*; ⚡ ~ *intermitente* Ticker *m*; *Radio*: ~ *à* (*od. com a*) *terra* Erdschluß *m*; *bujão* (*od. pino*) *m de* ~ *bras.* Stecker *m*.

cont|ado [~'taðu]: *de* ~ sofort; *pagamento m de* ~ Sofortzahlung *f*; *a dinheiro de* ~ in bar; *favas -as* e-e ausgemachte Sache; **~ador** [~tɐ'ðor] *m* Rechnungs-führer *m*, -prüfer *m*; Zahlmeister *m*; *bras.* Buchhalter *m*; ⊕ Zähler *m*; *Gas-*, *Wasser-*Uhr *f*; **~adoria** [~tɐðu'riɐ] *f* Rechnungsamt *n*; Zahlstelle *f*; **~a-fios** [~tɐ'fiuʃ] *m* Fadenzähler *m*; **~agem** [~'taʒɐ̃i] *f* Zählung *f*.

cont|agiar [~tɐ'ʒjar] (1g) anstecken; ~ *a* übertragen auf (*ac.*); **~ágio** [~'taʒju] *m* Ansteckung *f*; Übertragung *f*; **~agioso** [~ɐ'ʒjozu (-ɔ-)] ansteckend.

conta-gotas (*pl. unv.*) [~'ɣotɐʃ] *m* Tropfenzähler *m*.

contamin|ação [~minɐ'sɐ̃u] *f* Ansteckung *f*; Verunreinigung *f*; **~ar** [~'nar] (1a) anstecken; beflecken, verunreinigen; verderben.

contanto que [~'tɐ̃ntukə] sofern; falls; wenn ... nur.

conta-quilómetros (*pl. unv.*) [ˌkõntɐki'lɔmətruʃ] *m* Kilometerzähler *m*.

contar [kõn'tar] (1a) zählen; aus-, be-rechnen; *Geschichte* erzählen; ~ *inf.* beabsichtigen (*od.* hoffen) zu *inf.*; ~ *pelos dedos* an den Fingern abzählen; *v/i.* rechnen; ~ *com* zählen auf (*ac.*); rechnen mit.

contat|... *bras. s. contact|...*

contempl|ação [~tẽplɐ'sɐ̃u] *f* Betrachtung *f*; Rücksicht(nahme) *f*; *rel. u. fil.* Kontemplation *f*, Anschauung *f*; **~ar** [~'plar] (1a) *v/t.* betrachten; anschauen; erwägen; bedenken (mit *de*); *Bitte* berücksichtigen; *v/i.* (nach)sinnen, meditieren; **~ativo** [~ɐ'tivu] beschaulich; nachdenklich.

contemporâneo [~pu'rɐnju] **1.** *adj.* zeitgenössisch; ~ *de* aus der Zeit (*gen.*); **2.** *m* Zeitgenosse *m*.

contemporiz|ação [~purizɐ'sɐ̃u] *f* kluge Anpassung (*od.* Rücksichtnahme) *f*; kluge(s) Hinhalten *n*; **~ar** [~'zar] (1a) hinhalten; *v/i.* ~ *com* sich gut stellen mit; dulden (*ac.*); sich anpassen (*dat.*); (klug) berücksichtigen (*ac.*).

conten|ção [~tẽ'sɐ̃u] *f* Einhalt *m*, Stopp *m*; Stillstand *m*; **~cioso** [~'sjozu (-ɔ-)] **1.** *adj.* strittig; Streit-...; ⚖ streitig; **2.** *m* Prozeßgericht *n*; *allg.* Streitfall *m*; **~da** [~'tẽndɐ] *f* Streit *m*, Kampf *m*; Zank *m*; Anstrengung *f*; **~der** [~tẽn'der] (2a) (sich) streiten; kämpfen; angehen (gegen *contra*); wetteifern; sich anstrengen; **~dor** [~tẽn'dor] **1.** *m* Gegner *m*; **2.** *adj.* streitend; **~são** [~'sɐ̃u] *f* Anspannung *f*, Anstrengung *f*.

content|amento [~tẽntɐ'mẽntu] *m* Befriedigung *f*; Freude *f*, Vergnügen *n*; **~ar** [~'tar] (1a) befriedigen, zufriedenstellen; **~ar-se** sich zufriedengeben; zufrieden sn; **~e** [~'tẽntə] zufrieden; vergnügt, froh; *de* ~ vor Freude; **~o** [~'tẽntu]: *a* ~

auf (*od.* zur) Probe; zufriedenstellend, zu *j-s* Zufriedenheit.

contentor [~'tor] *m* Container *m*.

conter [~'ter] (2zb) enthalten, fassen, h.; an-, nieder-, zurück-, zs.-halten; **~-se** an sich (*ac.*) halten.

contérmino [~'tɛrminu] **1.** *adj.* angrenzend; **2.** *m* Grenze *f*.

conterrâneo [~tə'ʀɐnju] *m* Landsmann *m*.

contest|ação [~tɨʃtɐ'sɐ̃u] *f* Anfechtung *f*; Bekämpfung *f*; Widerspruch *m*; Streit *m*; *allg.* Protest *m*; *aceitar* ~ anfechtbar sn; *sem* ~ widerspruchslos; unanfechtbar; zweifellos; **~ado** [~'taðu] strittig, umstritten; **~ar** [~'tar] (1c) bestreiten, in Abrede stellen; *Spruch* anfechten; *Anmaßung* bekämpfen; ⚖ (durch Zeugen) bestätigen; *v/i.* widersprechen; **~atário** [~'tarju] trotzig; Protest...; **~ável** [~'tavɛɫ] anfechtbar.

conteúdo [~'tjuðu] *m* Inhalt *m*; Gehalt *m*.

context|o [~'teiʃtu] *m* Zs.-hang *m*; **~ura** [~tɨʃ'turɐ] *f* Anordnung *f der Teile*; innere(r) Bau *m*, Gefüge *n*; Fügung *f*, Gewebe *n*.

contido [~'tiðu] **1.** *p.p.* *v. conter*; **2.** *adj.* zurückhaltend.

contigo [~'tiɣu] mit (bei *od.* zu) dir; *vgl. consigo*.

contíguo [~'tiɣwu] an-stoßend, -grenzend; neben-ea.-liegend; Neben...

contin|ência [~ti'nẽsjɐ] *f* Enthaltsamkeit *f*; Beherrschung *f*; (stramme) Haltung *f*; ~ *militar* Ehrenbezeigung *f*; *fazer a* ~ strammstehen; grüßen, salutieren; **~ental** [~nẽn'taɫ] festländisch; **~ente** [~ẽntə] **1.** *m* Festland *n*, Kontinent *m*; **2.** *adj.* enthaltsam; beherrscht.

conting|ência [~tĩ'ʒẽsjɐ] *f* Zufälligkeit *f*; Möglichkeit *f*; Zufall *m*; Fall *m*; Angelegenheit *f*; **~entar** [~ʒẽn'tar] (1a) rationieren; zuteilen; **~ente** [~ẽntə] **1.** *adj.* zufällig; etwaig, möglich; ungewiß; anteilmäßig; **2.** *m* Anteil *m*; Deputat *n*; ⚔ Abteilung *f*, Kontingent *n*.

continu|ação [~tinwɐ'sɐ̃u] *f* Fortsetzung *f*; Weiterführung *f*; (Fort-)Dauer *f*; Folge *f*; *com a* ~ in der Folge; auf die Dauer; **~ar** [~'nwar] (1g) *v/t.* fortsetzen; fort-, weiterführen; *v/i.* fortfahren, weitermachen, -gehen; fort-, an-dauern; fortbestehen; (bestehen)bleiben; ~ *fazendo*, ~ *a* (*od. em, com*) *fazer* fortfahren zu tun; immer noch tun; weiter tun; ~ *sem fazer* immer noch nicht tun; ~ *sem dinheiro* immer noch kein Geld h.; ~ *doente, etc.* (immer) noch krank *usw.* sn; *continua, a* ~ Fortsetzung folgt; **~idade** [~i'ðaðə] *f* Stetigkeit *f*; Zs.-hang *m*; Fortdauer *f*.

contínuo [~'tinwu] **1.** *adj.* unablässig, fortwährend; fortlaufend; stetig; *de* ~ unaufhörlich; = *acto* ~ unverzüglich; **2.** *m* Büro-, Schuldiener *m*.

cont|ista [~'tiʃtɐ] *m* Erzähler *m*; **~o** ['kõntu] *m* **a**) Erzählung *f*, Geschichte *f*; ~ *de fadas* Märchen *n*; **b**) ~ *de reis* Conto *n* (= 1000 Escudos); ~ *de ovos* 20 Dutzend Eier; *sem* ~ unzählig; **c**) *Stock*-Zwinge *f*; *Lanzen*-Schuh *m*.

contor|ção [~tur'sɐ̃u] *f* Verrenkung *f*; **~cer** [~'ser] (2g; *Stv.* 2d) verrenken, verdrehen; *Gesicht* verzerren; **~cer-se** sich winden; **~cionista** [~sju'niʃtɐ] *m* Schlangenmensch *m*.

contorn|ar [~tur'nar] (1e) herumgehen, -fahren um (*ac.*); umgeben; umgehen (*a. fig.*); umreißen; runden; **~o** [~'tornu] *m* Umriß *m*, Kontur *f*; Umfang *m*; Umkreis *m*; Umweg *m*; *lit.* Eleganz *f*; **~s** *pl.* Umgebung *f*; Ausflüchte *f/pl.*

contra ['kõntrɐ] **1.** *prp.* gegen (*ac.*); gegenüber (*dat.*); an (*ac. u. dat.*); **2.** *adv.* dagegen; entgegen; **3.** *m* Widerspruch *m*; Nachteil *m*; *os prós e os* ~*s* das Für u. Wider; *isso não tem* ~ dagegen ist nichts zu sagen.

contra..., contra-... *in Zssgn* Gegen...; Wider...

contr|a-almirante(s) [ˌkõntraɫmi'rẽntə] *m(pl.)* Konteradmiral *m*; **~a-atacar** [~atɐ'kar] (1n; *Stv.* 1b) e-n Gegenangriff m. (gegen [*ac.*]); **~a-ataque(s)** [~a'takə] *m(pl.)* Gegenangriff *m*; **~a-aviso(s)** [~a'vizu] *m(pl.)* Gegenorder *f*; Abbestellung *f*; **~abaixo** [~ɐ'βaiʃu] *m* Kontrabaß *m*; Kontrabassist *m*; **~abalançar** [~ɐβɐlɐ̃'sar] (1p) die Waage halten (*dat.*), aufwiegen; (ent)gegenwirken.

contraband|ear [~ɐβẽn'djar] (1l) schmuggeln; **~ista** [~iʃtɐ] *m* Schmuggler *m*; **~o** [~'βẽndu] *m* Schmuggel *m*; Schmuggelware *f*;

de ~ heimlich; *levar* (*od. passar*) *de* ~ (durch)schmuggeln.
contracção [kõntra'sɐ̃u] *f* Zs.-ziehung *f*; Kontraktion *f*; Zukkung *f*; Schrumpfung *f*.
contracepção [~sɛ(p)'sɐ̃u] *f* Empfängnisverhütung *f*.
contracifra [~ɐ'sifrɐ] *f* Schlüssel *m*.
contr|áctil [~'traktiɫ] zs.-ziehbar; = **~activo** [~ak'tivu] zs.-ziehend; **~acto** [~'aktu] *p.p. irr. v. contrair.*
contra|dança [~ɐ'δɐ̃sɐ] *f* Kontertanz *m*; *fig.* Hin und Her *n*; Auf und Ab *n*; **~dição** [~δi'sɐ̃u] *f* Widerspruch *m*; *sem* ~ unstreitig; **~dique** [~'δikə] *m* Vordeich *m*; **~dita** [~'δitɐ] *f* ⚖ Ein-, Wider-spruch *m*; Gegenaussage *f*; **~ditar** [~δi'tar] (1a) anfechten; widersprechen (*dat.*); **~ditória** [~δi'tɔrjɐ] *f* genaue(s) Gegenteil *n*; Widerspruch *m*; **~ditório** [~δi'tɔrju] widersprechend; kontradiktorisch; **~dizer** [~δi'zer] (2x) widersprechen (*dat.*); bestreiten.
contraente [~ɐ'ẽntə] **1.** *adj.* vertragschließend; **2.** *m* Vertragspartner *m*.
contra|facção [~ɐfa'sɐ̃u] *f* Nachahmung *f*; *tip.* Raubdruck *m*; Vortäuschung *f*; Fälschung *f*; Überarbeitung *f*, Kontrafaktur *f*; **~factor** [~fa'tor] *m* Nachdrucker *m*; Fälscher *m*; Bearbeiter *m*; **~fazer** [~fɐ'zer] (2v) nachm., fälschen; vortäuschen; *Buch* widerrechtlich nachdrucken; *Gedicht* be-, überarbeiten; **~fé** [~'fɛ] *f* Vorladung *f*; **~feito** [~'feitu] **1.** *p.p. v. ~fazer*; **2.** *adj.* gezwungen; beengt; **~forte** [~'fɔrtə] *m* Inlett *n*; ⚠ Widerlager *n*; Strebepfeiler *m*; *~s pl.* Vorgebirge *n*; **~gosto** [~'γoʃtu]: *a* ~ widerwillig.
contra-indic|ação (**-ões**) [~ĩndikɐ'sɐ̃u] *f*(*pl.*) Unverträglichkeit *f*; **~ado** [~'kaδu] unverträglich; **~ar** ⚕ [~'kar] (1n) den Gebrauch *e-s Mittels* verbieten.
contrair [~ɐ'ir] (3l) zs.-ziehen; verkürzen; sich *e-e Krankheit* zuziehen; *Gewohnheit* annehmen; *Verpflichtung* übernehmen, eingehen; *Schulden* m.; *Anleihe* aufnehmen; *Vertrag, Ehe* schließen; **~-se** sich zs.-krampfen; zucken; schrumpfen.
contralto [~'traɫtu] *m* Alt(stimme *f*) *m*.
contra|marca [~trɐ'markɐ] *f* Kontroll- (*od.* ✈ Gegen-)marke *f*; **~mestre** [~'mɛʃtrə] *m* Werkführer *m*; ⚓ Obermaat *m*; **~minar** [~mi'nar] (1a) e-e Gegenmine legen gegen; *fig.* vereiteln; **~muro** [~'muru] *m* Stützmauer *f*; **~-ordem** (**-ns**) [~'ɔrδɐ̃i] *f*(*pl.*) Gegen-befehl *m*, -order *f*; **~partida** [~pɐr'tiδɐ] *f* Gegenstück *n*; *fig.* Ausgleich *m*; *em* ~ dafür, dagegen; andererseits; **~passo** [~'pasu] *m* Trittwechsel *m*; **~pelo** [~'pelu]: *a* ~ gegen den Strich; *fig.* verkehrt; **~pesar** [~pə'zar] (1c) aufwiegen; ausgleichen; **~peso** [~'pezu] *m* Gegengewicht *n* (*a. fig.*); ✈ Gewichtsausgleich *m*; **~placado** [~plɐ'kaδu] **1.** *m* Sperrholz *n*; **2.** *adj.* Sperr(holz)...; **~ponto** ♪ [~'põntu] *m* Kontrapunkt *m*; ⊕ Reitnagel *m*; **~por** [~'por] (2zd) (ea.) gegenüberstellen, gegen-ea.-halten; entgegenstellen; **~posição** [~puzi'sɐ̃u] *f* Gegenüberstellung *f*; Gegensatz *m*; **~producente** [~pruδu'sẽntə] das Gegenteil beweisend (*od.* bewirkend); abwegig; **~prova** [~'prɔvɐ] *f* Gegenprobe *f*; ⚖ Gegenbeweis *m*; *tip.* zweite Korrektur *f*; **~-regra**(**s**) *tea.* [~'ʀɛγrɐ] *m*(*pl.*) Inspizient *m*.
contrariamente [~ˌtrarjɐ'mẽntə]: ~ *a* im Gegensatz zu; umgekehrt wie.
contrari|ar [~trɐ'rjar] (1g) widerstreben (*dat.*); im Gegensatz stehen zu; widersprechen (*dat.*); ärgern, verdrießen; **~edade** [~rje'δaδə] *f* Widerstand *m*; Unannehmlichkeit *f*.
contrário [~'trarju] **1.** *adj.* entgegengesetzt; widrig; schädlich; feindlich; Gegen...; *em sentido* ~ umgekehrt; **2.** *m* Gegenteil *n*; *ao* ~ *de* im Gegensatz zu; *pelo* ~ im Gegenteil; = *em* ~ dagegen; *de* ~ anderenfalls, sonst.
contra-|safra(**s**) [~trɐ'safrɐ] *f*(*pl.*): *colheita f* (*ano m*) *de* ~ schlechte(s) Ernte *f* (-jahr *n*); **~senha**(**s**) [~'seɲɐ] *f*(*pl.*) ⚔ Losung(swort *n*) *f*; **~senso** (**-s**) [~'sẽsu] *m*(*pl.*) Wider-, Un-sinn *m*.
contrast|ar [~ɐʃ'tar] (1b) *v/t.* standhalten (*dat.*); widersprechen; *Münze* eichen; prüfen; = *v/i.* ~ *com* im Widerspruch stehen zu; abstechen (*od.* abweichen) von; **~aria** [~tɐ'riɐ] *f* Eichamt *n*; **~e** [~'traʃtə] *m* Gegensatz *m*; Kontrast *m*; Eichung *f*; Eichmeister *m*; *~s pl. da fortuna*

Schicksalsschläge *m/pl.*; *estabelecer o ~ entre ea.* (*dat.*) gegenüberstellen.

contrat|ado [~ɐ'taδu] vertraglich angestellt; *professor m ~ entspr. dtsch.* Studienassessor *m*; *uni.* Gastprofessor *m*; **~ador** [~tɐ'δor] *m* Ankäufer *m*; Anwerber *m*; Billettverkäufer *m*; **~ante** [~ẽntə] vertragschließend; **~ar** [~ar] (1b) vertraglich abm.; e-n Kaufvertrag abschließen über (*ac.*); in Dienst nehmen, engagieren; *Künstler* verpflichten; *Matrosen* heuern.

contratempo [~'tẽmpu] *m* Unannehmlichkeit *f*; Unglück *n*; ♪ Taktverschiebung *f*.

contrat|ista [~'tiʃtɐ] *m* Bauunternehmer *m*; Lieferant *m*; **~o** [kõn'tratu] *m* Vertrag *m*; Kontrakt *m*.

contratorpedeiro [~turpə'δeiru] *m* Torpedobootzerstörer *m*.

contratual [~'twał] vertraglich; Vertrags...

contra|venção [~vẽ'sɐ̃u] *f* Übertretung *f*; **~veneno** [~və'nenu] *m* Gegengift *n*; **~vento** [~'vẽntu] *m* Gegenwind *m*; Windfang *m*; **~ventor** [~vẽn'tor] **1.** *adj.* straffällig; **2.** *m* Übertreter *m*; **~vir** [~'vir] (3x) übertreten; zuwiderhandeln (*dat.*).

contribu|ição [kõntriβwi'sɐ̃u] *f* Beitrag *m*; Abgabe *f*; *bsd.* Steuer *f*; *~ camarária* Gemeinde-, *~ industrial* Gewerbe-, *~ predial* Grund- und Gebäude-steuer *f*; *~ para a Segurança Social* Sozialversicherung(sbeitrag *m*) *f*; *pôr em ~* besteuern; **~inte** [~'βwĩntə] **1.** *adj.* steuerpflichtig; **2.** *m* Steuer-, Beitrags-zahler *m*; **~ir** [~'βwir] (3i) *et.* beitragen *od.* beisteuern (zu *para*); liefern, geben; (Steuern) zahlen.

contributo [~'βutu] *m* Beitrag *m*.

contri|ção [~i'sɐ̃u] *f* Zerknirschung *f*, Reue *f*; **~star** [~iʃ'tar] (1a) betrüben; **~to** [~'tritu] zerknirscht.

control|ar *gal.* [~u'lar] (1e) kontrollieren; beherrschen; **~e, ~o** [~'trolə, -u] *m* Kontrolle *f*; *Radio*: Steuerung *f*; *fazer o ~* kontrollieren; steuern.

controv|érsia [~u'vɛrsjɐ] *f* Auseinandersetzung *f*; **~erso, ~ertido** [~ɛrsu, ~vər'tiδu] umstritten, strittig, Streit...

contudo [~'tuδu] jedoch, indessen, aber; dennoch.

contum|ácia [~tu'masjɐ] *f* Eigensinn *m*; Nichterscheinen *n* vor Gericht, Kontumaz *f*; **~az** [~aʃ] hartnäckig, eigensinnig.

contund|ente [~tũn'dẽntə] Quetsch-...; Stoß...; *fig.* aggressiv; **~ir** [~ir] (3a) quetschen; stoßen; *fig.* herfallen über (*ac.*).

conturb|ação [~turβɐ'sɐ̃u] *f* Unruhe *f*, Verwirrung *f*; **~ado** [~'βaδu] unruhig, wirr; **~ador** [~ɐ'δor] *m* Unruhestifter *m*; **~ar** [~'βar] (1a) beunruhigen, verwirren; aufwiegeln.

contus|amente [~ˌtuzɐ'mẽntə]: *ferir-se ~* Quetschungen erleiden; **~ão** [~'zɐ̃u] *f* Quetschung *f*; **~o** [~'tuzu] gequetscht; Quetsch...

conúbio [ku'nuβju] *m* Ehe *f*; *fig.* Klüngel *m*.

convalesc|ença [kõvɐlɨʃ'sẽsɐ] *f* (Wieder-)Genesung *f*; Rekonvaleszenz *f*; *estar em ~* auf dem Wege der Besserung (*od.* Rekonvaleszent) sn; **~ente** [~ẽntə] *m* Rekonvaleszent *m*; **~er** [~er] (2g) genesen.

conven|ção [~vẽ'sɐ̃u] *f* Übereinkunft *f*; Konvention *f*; **~cer** [~'ser] (2g; *Stv.* 2a) überzeugen; überführen; **~cimento** [~si'mẽntu] *m* Überzeugung *f*; Überführung *f*.

convencion|al [~sju'nał] vertragsmäßig; Vertrags...; konventionell; förmlich; **~alismo** [~nɐ'liʒmu] *m* Förmlichkeit *f*; Formenwesen *n*; **~ar** [~'nar] (1f) festsetzen; übereinkommen über (*ac.*).

conveni|ência [~və'njẽsjɐ] *f* Angemessenheit *f*, Schicklichkeit *f*; Annehmlichkeit *f*, Vorteil *m*; Zweckmäßigkeit(serwägung) *f*; *por ~* aus Gründen der Zweckmäßigkeit; *por ~ própria* um des eigenen Vorteils willen; *matrimónio m de ~* Vernunftehe *f*; *as ~s* der gesellschaftliche Anstand; **~ente** [~ẽntə] angemessen; angebracht; schicklich; angängig; genehm; nützlich, vorteilhaft; *é ~* es empfiehlt sich.

convénio [~'vɛnju] *m* Abkommen *n*; *em ~ com* im Einvernehmen mit.

convent|ículo [~vẽn'tikulu] *m* heimliche Zs.-kunft *f*; Klüngel *m*; **~o** [~'vẽntu] *m* Kloster *n*; **~ual** [~'twał] klösterlich, Kloster...; still (*Messe*).

converg|ência [~vər'ʒẽsjɐ] *f* ⚡ Zs.-treffen *n*, Konvergenz *f*; *fig.* Übereinstimmung *f*; **~ente** [~ẽntə] zs.-laufend; übereinstimmend; **~ir**

[~ir] (3n; *Stv.* 3c) konvergieren; sich vereinigen; bezwecken (*ac.*).

conversa [~'vɛrsɐ] *f* Unterhaltung *f*, Gespräch *n*; Besprechung *f*; Umgang *m*; ~ *fiada* Geschwätz *n*; *dois dedos de* ~ Schwätzchen *n*.

convers|ação [~vərsɐ'sɐ̃u] *f* Konversation *f*; = *conversa*; **~ada** [~'saðɐ] *f* Liebste *f*, Schatz *m*; **~ado** [~'saðu] *m* Liebste(r) *m*, Schatz *m*; **~ador** [~ɐ'ðor] *m* Plauderer *m*; **~ão** [~'sɐ̃u] *f* Umwandlung *f*; Umkehrung *f*; ✝ Konversion *f*; Umtausch *m*; *rel.* Bekehrung *f*; ⚔ *u. pol.* Schwenkung *f*; **~ar** [~'sar] (1c) (mit-ea.) verkehren; sich unterhalten, mitea. sprechen; sich besprechen; **~ável** [~'savɛɫ] umgänglich.

conver|sível [~'sivɛɫ] = *~tível*; **~sor** [~'sor] *m* Bessemerbirne *f*; **~ter** [~'ter] (2c) umwandeln; umkehren; ✝ konvertieren; *rel.* bekehren; **~ter-se** *pol. a.* umschwenken; **~tido** [~'tiðu] *m* Konvertit *m*; **~tível** [~'tivɛɫ] umwandelbar; umkehrbar; tauschfähig.

convés [~'vɛʃ] *m* Deck *n*.

convex|idade [~vɛksi'ðaðə] *f* Wölbung *f*; **~o** [~'vɛksu] konvex.

convic|ção [~vik'sɐ̃u] *f* Überzeugung *f*; Überführung *f*; *prova f de* ~ Beweis(stück *n*) *m*; **~to** [~'viktu] überführt; überzeugt.

convid|ado [~vi'ðaðu] *m* Gast *m*; **~ar** [~ar] (1a) einladen *od.* auffordern (zu *a*, *para*); (an)reizen; **~ativo** [~ðɐ'tivu] einladend.

convincente [~vĩ'sẽntə] überzeugend, schlagend; triftig.

convir [~'vir] (3x) zuträglich sn; anstehen; passen; ~ *em* übereinstimmen in (*dat.*); sich einigen auf (*ac.*); zugeben (*ac.*).; *convém* es schickt sich, es gehört sich; man muß; es empfiehlt sich; *convém notar que* es ist zu beachten, daß; *convém* (*-lhe*)? paßt es Ihnen?

convite [~'vitə] *m* Einladung *f*; Aufforderung *f*.

conviv|a [~'vivɐ] *m* Tischgenosse *m*, Gast *m*; **~ência** [~vi'vẽsjɐ] *f* Zs.-leben *n*; (vertraulicher) Umgang *m*; (enge) Beziehungen *f/pl.*; **~er** [~vi'ver] (2a) zs.-leben; umgehen; verkehren.

convívio [~'vivju] *m* Geselligkeit *f*, Umgang *m*, Verkehr *m*.

convoc|ação [~vukɐ'sɐ̃u] *f* Einberufung *f*; Aufforderung *f*; **~ar** [~'kar] (1n; *Stv.* 1e) einberufen, zs.-rufen; **~atória** [~ɐ'tɔrjɐ] *f* Einladung *f*.

convosco [~'voʃku] mit (bei *od.* zu) euch (*od.* Ihnen); *vgl. com*; *consigo.*

convuls|ão [~vuɫ'sɐ̃u] *f* Zuckung *f*; Krampf *m*; Umwälzung *f*; **~ionar** [~sju'nar] (1f) zs.-, ver-krampfen; aufwühlen; **~ivo** [~'sivu] krampfhaft, -artig; **~o** [~'vuɫsu] zuckend; verkrampft; Krampf...; aufgewühlt.

coonestar [kwoniʃ'tar] (1c) beschönigen; rechtfertigen.

cooper|ação [kwopərɐ'sɐ̃u] *f* Zs.-arbeit *f*; Zs.-wirken *n*; Mit-arbeit *f*, -wirkung *f*; **~ador** [~ɐ'ðor] **1.** *adj.* zs.-, mit-wirkend; **2.** *m* Mitarbeiter *m*; **~ante** [~'rẽntə] *m* Genossenschaftler *m*; **~ar** [~'rar] (1c) zs.-wirken; zs.-arbeiten; ~ *em* mitarbeiten an (*dat.*); mitwirken bei; ~ *para* beitragen zu; **~ativa** [~ɐ'tivɐ] *f* Genossenschaft *f*; **~ativismo** [~ɐti'viʒmu] *m* Genossenschaftswesen *n*; **~ativo** [~ɐ'tivu] Genossenschafts...; genossenschaftlich.

cooptação [kwɔptɐ'sɐ̃u] *f* Zuwahl *f*.

coorden|ação [kwordənɐ'sɐ̃u] *f* Zs.-fassung *f*; Bei-, Zu-ordnung *f*; Koordinierung *f*; **~adas** [~'naðɐʃ] *f/pl.* Koordinaten *f/pl.*; **~ador** [~'ðor] **1.** *adj.* koordinierend; **2.** *m* Koordinator *m*; **~ar** [~'nar] (1d) zs.-fassen; bei-, zu-ordnen; anordnen; koordinieren; **~ativo** [~ɐ'tivu] Koordinierungs...

coorte ['kwɔrtə] *f* Kohorte *f*; *fig.* Trupp *m*, Horde *f*.

copa ['kɔpɐ] *f* Anrichte *f*; *Baum-*Krone *f*; *Hut-*Kopf *m*; (Tisch-)Geschirr *n*; *~s pl.* Herz *n*; **~do** [kɔ'paðu] dicht belaubt.

copé *bras.* [kɔ'pɛ] *m* (Stroh-)Hütte *f*.

copeir|a [~'peirɐ] *f* Geschirrschrank *m*; **~o** [~u] *m* Gläserschrank *m*; † Mundschenk *m*.

cópia ['kɔpjɐ] *f* Menge *f*; Abschrift *f*; Kopie *f*; *Schreibmaschinen-*Durch-schlag *m*, -schrift *f*; *tip. u. fot.* Abzug *m*; *fig.* Abbild *n*.

copi|ador [kupjɐ'ðor] *m* Kopierbuch *n*, -presse *f*; **~ar** [~'pjar] **1.** *v/t.* (1g) abschreiben; durchschreiben; abziehen; nachzeichnen; nachahmen; **2.** *m bras.* Vor-, Schutzdach *n*; **~ógrafo** [~'pjɔɣrɐfu] *m*

Vervielfältigungsgerät *n*.
copios|idade [~pjuzi'δaδə] *f* Reichhaltigkeit *f*, Reichtum *m*; **~o** [~'pjozu (-ɔ-)] reichlich; reich.
copista [~'piʃtɐ] *m* Abschreiber *m*; ♪ *u. pint.* Kopist *m*.
copla ['kɔplɐ] *f* Strophe *f*; *Volks-*Liedchen *n*.
copo ['kɔpu] *m Wein-, Wasser-*Glas *n*; Becher *m*; *~s pl. Degen-*Korb *m*; **~-d'água** [ˌkɔpu'δaɣwɐ] *m* kalte(r) Imbiß *m*, kalte(s) Büfett *n*.
copra ['kɔprɐ] *f* Kopra *f*; **~ol** [kɔprɐ'ɔł] *m* Kokosfett *n*.
cópula ['kɔpulɐ] *f* Verbindung *f*; Begattung *f*; *gram.* Kopula *f*.
copulativo [kupulɐ'tivu] verbindend.
coque ['kɔkə] *m* **a**) Kopfnuß *f*; Klaps *m*; **b**) ⊕ Koks *m*.
coqueiro [ku'keiru] *m* Kokospalme *f*.
coqueluche [kɔkə'luʃə] *f* Keuchhusten *m*.
cor[1] [kor] *f* Farbe *f*; *fig.* Anstrich *m*; *de ~* farbig; *sob ~ de* mit dem Anstrich (*gen.*); unter dem Vorwand (*gen.*); *soltar a ~* abfärben.
cor[2] [kɔr]: *de ~* auswendig.
cora ['kɔrɐ] *f* Bleichverfahren *n*; *fazer a ~* bleichen.
coração[1] [kurɐ'sɐ̃u] *m* Herz *n*; Mut *m*; *do ~* von Herzen; herzlich gern; *caíu-lhe o ~ aos pés* das Herz fiel ihm in die Hosen; *falar com o ~ nas mãos* aus s-m Herzen keine Mördergrube m.; *ter o ~ ao pé da boca* das Herz auf der Zunge tragen; *ter cabelos (od. pêlos) no ~* ein Herz von Stein h.; *o que me vai no ~* wie mir ums Herz ist.
cor|ação[2] [kɔrɐ'sɐ̃u] *f* Färbung *f*; Farbgebung *f*; = *cora*; **~ado** [~'raδu] (scham)rot; farbig; **~adoiro, -ouro** [~ɐ'δoiru, -oru] *m* Bleiche *f*.
cora|gem [ku'raʒɐ̃i] *f* Mut *m*; *~ cívica* Zivilcourage *f*; **~joso** [~rɐ'ʒozu) (-ɔ-)] mutig, tapfer.
coral [~'rał] **1.** *m* a) Koralle *f*; b) Chor(gesang) *m*; Choral *m*; **2.** *adj.* Chor...; *canto m ~* Chorsingen *n*; Choral *m*; *grupo m ~* Chor *m*.
cor|ante [kɔ'rɐ̃ntə] **1.** *adj. matéria f ~* = **2.** *m* Bleichmittel *n*; Farbstoff *m*; **~ar** [~ar] (1a) *Stoff* färben; *Wäsche* bleichen; *allg.* röten; *cul.* bräunen; *fig.* beschönigen; *v/i.* rot w., erröten.
corbelha [kur'βeʎɐ] *f* Körbchen *n*, (Blumen-)Korb *m*.
corça ['korsɐ] *f* Reh *n*, Ricke *f*.
corcel [kur'sɛł] *m poét.* Streitroß *n*.
corc|ova [kur'kɔvɐ] *f* Höcker *m*; Buckel *m*; **~ovado** [~ku'vaδu] höckerig; bucklig; krumm; **~ovar** [~ku'var] (1e) krümmen; **~ovear** [~ku'vjar] [1l] bocken (*Pferd*); **~ovo** [~'kovu (-ɔ-)] *m* Bocksprung *m*; *Erd-*Buckel *m*.
corcunda [~'kũndɐ] = *carcunda*.
corda ['kɔrδɐ] *f* Kordel *f*, Strick *m*; *Wäsche-*Leine *f*; *Galgen-*Strang *m*; *Bogen*, ⚕ *u. anat.* Sehne *f*; *Uhr*: Feder *f*; *Standuhr*: Kette *f*, Kordel *f*; ♪ Saite *f*; *~ de vento* steife(r) Wind *m*; *a ~ sensível* die empfindliche Stelle; *~s pl.* ♪ Streicher *m/pl.*; *instrumentos m/pl. de ~* Streichinstrumente *n/pl.*; *~s de água* Bindfäden *m/pl.* (*Regen*); *~s vocais* Stimmbänder *n/pl.*; *dançar na ~ bamba* seiltanzen; *fig.* in der Patsche sitzen; *dar ~ Uhr* aufziehen; *ter ~* aufgezogen sn; *não ter ~, estar sem ~* abgelaufen sn.
cord|ame [kur'δɐmə] *m* ⚓ Takelwerk *n*; **~ão** [~ɐ̃u] *m* Schnur *f*; Schnür-riemen *m*, -band *n*; *Gürtel-*Strick *m*; Strang *m*; Kordon *m*; ⚔ Postenkette *f*; *~ de segurança* Sperrkette *f*; *~ umbilical* Nabelschnur *f*; *fechar com ~* zuschnüren.
cordato [~'δatu] klug; *maneiras f/pl. -as* angenehme Umgangsformen *f/pl.*
cordeiro [~'δeiru] *m* Lamm *n* (*a. fig.*).
cord|el [~'δɛł] *m* Bindfaden *m*, Schnur *f*; *literatura f de ~* Schundliteratur *f*, Kolportage *f*; *romance m de ~* Hintertreppenroman *m*; **~elinho** [~δə'liɲu] *m* Schnur *f*; *~s pl. fig.* geheime Fäden *m/pl.*; *mexer os ~s* die Fäden in der Hand h.
cordi|al [~'djał] **1.** *adj.* herzlich, innig; **2.** *m* Herzstärkung *f*; **~alidade** [~djɐli'δaδə] *f* Herzlichkeit *f*.
cordilheira [~δi'ʎeirɐ] *f* Gebirgskette *f*.
cordo|alha [~'dwaʎɐ] *f* Tauwerk *n*; **~aria** [~dwɐ'riɐ] *f* Seilerei *f*; **~eiro** [~'dweiru] *m* Seiler *m*.
coreia ⚕ [ku'rejɐ] *f* Veitstanz *m*.
coreografia [kurjuɣrɐ'fiɐ] *f* Tanz-, Ballett-kunst *f*.
coreto [~'retu] *m* Musikpavillon *m*.
coriáceo [~'rjasju] lederartig.
córico ['kɔriku] chorisch; Chor...

corifeu [kuri'feu] *m hist.* Chorführer *m*; *fig.* führende(r) Mann (*od.* Kopf) *m*, Koryphäe *f*; F Leuchte *f*.
corisc|ada [~ʃ'kaðɐ] *f* Wetterleuchten *n*; **~ar** [~ar] (1n) wetterleuchten; blitzen; **~o** [~'riʃku] *m* (elektrischer) Funken *m*; Blitz *m*.
corista [~'riʃtɐ] *su.* Chorsänger(in *f*) *m*.
coriza [~'rizɐ] *f* Nasenschleimhautentzündung *f*, Schnupfen *m*.
corja ['kɔrʒɐ] *f* Pack *n*, Gezücht *n*.
corn|aca [kur'nakɐ] *m* Elefantenführer *m*; **~ada** [~aðɐ] *f* Hornstoß *m*; **~alina** [~nɐ'linɐ] *f* Karneol *m*; **~amusa** [~nɐ'muzɐ] *m* Dudelsack *m*.
córne|a ['kɔrnjɐ] *f* Hornhaut *f*; **~o** [~u] hörnern, Horn...; hornartig.
corneta [kur'netɐ] **1.** *f* Horn *n*; ~ *acústica* Hörrohr *n*; ~ *de chaves* Flügelhorn *n*; **2.** *m* Hornist *m*.
cornet|ada [~nə'taðɐ] *f* Hornsignal *n*; Hörner-klang *m*, -schall *m*; **~eiro** [~eiru] *m* Hornist *m*; **~im** [~'tĩ] *m* Kornett *n*; Piston *n*.
cornija [~'niʒɐ] *f* Gesims *n*.
cornípeto [~'nipətu] = *cornúpeto*.
corno ['kornu (-ɔ-)] *m* Horn *n*; Fühlhorn *n*; V *fig.* Hahnrei *m*.
corn|ucópia [kurnu'kɔpjɐ] *f* Füllhorn *n*; **~udo** [~'nuðu] gehörnt; *animais m/pl.* ~*s* Hornvieh *n*; **~úpeto** [~'nupətu] **1.** *adj.* stößig; **2.** *m* Stier *m*; **~uto** [~'nutu] = *~udo*.
coro ['koru (-ɔ-)] *m* ♪ Chor *m* (△ *a. n*); *fazer* ~ (*com*) beistimmen (*dat.*); *em* ~ im Chor, einstimmig.
coroa [ku'roɐ] *f* Krone *f*; *Lorbeer-usw.* Kranz *m*; *Berg-*Gipfel *m*; *astr.* Hof *m*, Korona *f*; *rel.* Tonsur *f*; *Zahn-*Krone *f*; *bras.* Sandbank *f*.
coro|ação *f*, **~amento** *m* [kurwɐ'sɐ̃u, ~ɐ'mẽntu] Krönung *f* (*a. fig.*); △ Bekrönung *f*; *Sport*: Kranzverteilung *f*; **~ar** [~'rwar] (1f) krönen (*rei* zum König); die Krone aufsetzen (*a. fig.*); bekränzen.
coroca *bras.* [ko'rɔkɐ] kränklich.
coroinha *bras.* [~ro'iɲɐ] *m* Meßdiener *m*.
corol|a [ku'rɔlɐ] *f* (Blumen-)Krone *f*; **~ário** [~ru'larju] *m* Folge(satz *m*) *f*.
coronel [~ru'nɛɫ] *m* Oberst *m*; ⛉ (Wappen-)Krone *f*.
coronha [~'roɲɐ] *f* (Gewehr-)Kolben *m*.
corp|anzil F [kurpɐ̃'ziɫ] *m* Riesenleib *m*; **~ete, ~inho** [~'petə, ~iɲu] *m* Mieder *n*, Leibchen *n*; Taille *f*; **~o** ['korpu] *m* Körper *m*, *anat. a.* Leib *m*; Haupt(bestand)teil *m*; ♪ Schallkörper *m*; Körper *m des Besens, Beils, der Granate usw.*; Rumpf *m* (*a.* ⊕); Leiche *f*; Mieder *n* (*Kleid*); Hauptgebäude *n*, Mittelbau *m*; *fig.* Körperschaft *f*, Verband *m*; ⚔ Truppenverband *m*; Korps *n*; Dikke *f e-s Gewebes*; *tip.* Schriftgröße *f*; *Stimm-*Stärke *f*; Gewicht *n*; ~ *de bombeiros* Feuerwehr-mannschaft *f*, -verband *m*; ~ *de delito* ⚖ Beweisstück *n*, Korpus delikti *n*; ≗ *de Deus* Fronleichnam *m*; ~ *diplomático das* diplomatische Korps; ~ *docente* Lehrkörper *m*; ~ *de exército* Armeekorps *n*; ~ *a* ~ Mann gegen Mann; *de* ~ *e alma* mit Leib und Seele; *dar* ~ Gestalt geben; *cul.* (ein)dicken; *tomar* (*od. ganhar*) ~ Gestalt annehmen; sich verdichten (*Gerücht*).
corpor|ação [~purɐ'sɐ̃u] *f* Innung *f*, Gilde *f*; † Zunft *f*; *allg.* Körperschaft *f*, Verband *m*; *-ões pl.* Stände *m/pl.*; **~al** [~'raɫ] **1.** *adj.* körperlich, Körper...; leiblich, Leibes...; **2.** *m rel.* Kelchtuch *n*; **~ativismo** [~ɐti'viʒmu] *m* Innungs-, Gilden-, Zunft-wesen *n*; ständische Ordnung *f*; **~ativo** [~ɐ'tivu] korporativ; *estado m* ~ Ständestaat *m*.
corpóreo [~'pɔrju] körperlich.
corporizar [~puri'zar] (1a) verkörpern.
corp|ulência [~pu'lẽsjɐ] *f* Beleibtheit *f*; **~ulento** [~pu'lẽntu] beleibt; **≗us Cristi** [ˌkɔrpuʃ'kriʃti] *m* Fronleichnam *m*; **~úsculo** [~'puʃkulu] *m* Korpuskel *n*.
correagem *f*, **-eame** *m* [ku'ʀjaʒɐ̃i, -jɐmə] Lederzeug *n*.
correc|ção [~ʀɛ'sɐ̃u] *f* Verbesserung *f*, Korrektur *f*; Korrektheit *f*; Verweis *m*; Strafe *f*; *casa f de* ~ Besserungsanstalt *f*; **~cional** [~sju'naɫ] **1.** *adj.* polizeilich; *tribunal m* ~ Polizeigericht *n*; *juiz m* ~ Schnellrichter *m*; **2.** *m* Polizeigerichtsbarkeit *f*; **~cionalmente** [~sjunaɫ'mẽntə] im Schnellgerichtsverfahren; **~tivo** [~'tivu] **1.** *adj.* berichtigend; verbessernd; mildernd; **2.** *m* Korrektiv *n*; Abmilderung *f*; Verweis *m*, Strafe *f*; **~to** [~'rɛtu] einwandfrei; korrekt; richtig; **~tor** [~'tor] *m*

Zuchtmeister *m*; Korrektor *m*.

corred|eira *bras.* [~Rə'ðeirɐ] *f* Stromschnelle *f*; **~iça** [~isɐ] *f* Gleitschiene *f*; Schieber *m*; Schiebefenster *n*; -wand *f*; Rollo *n*; *de* ~ Auszieh...; Schiebe...; **~iço, ~io** [~isu, ~iu] glatt; Schiebe...; Roll...; *laço* (*od. nó*) *m* ~ Laufschlinge *f*; **~or** [~or] **1.** *adj.* schnell(füßig); Lauf...; **2.** *m* (Schnell-)Läufer *m*; Rennfahrer *m*; *bras.* (Renn-)Reiter *m*; (Haus-)Flur *m*; Korridor *m*; Galerie *f*; *auto.* (Seiten-)Abstand *m*.

corregedor [~Rɨʒə'ðor] *m* Gerichtspräsident *m*.

córrego ['kɔRəɣu] *m* Rinne *f*; Hohlweg *m*; *linha f de* ~ Talsohle *f*.

correia [ku'Rejɐ] *f* Riemen *m*.

correio [~'Reju] *m* Post *f*; (Post-)Bote *m*; Kurier *m*; Postsack *m*; ~ *central* (*od. geral*), *central f dos ~s* Haupt-post(amt *n*) *f*; *estação f dos ~s* Neben-)Postamt *n*; (*comboio m*) ~ Postzug *m*; *pombo m* ~ Brieftaube *f*; ~ *aéreo* Luft-, ~ *diplomático* Kurier-, ~ *militar* Feld-, ~ *pneumático* Rohr-post *f*; *com este* ~ mit gleicher Post; *na volta do* ~ postwendend.

correla|ção [~Rəlɐ'sɐ̃u] *f* Wechselbeziehung *f*; **~cionar** [~sju'nar] (1f) = **~tar** [~'tar] (1b) auf-ea. beziehen; mit-ea. in Beziehung bringen; **~tar-se** mit-ea. in Beziehung stehen (*od.* treten); **~tivo** [~'tivu] wechselseitig; entsprechend; **~to** [~'latu] zs.-hängend (mit *com*).

correligionário [~liʒju'narju] *m* Glaubensgenosse *m*; Gesinnungs-, Partei-genosse *m*.

corrente [~'Rẽntə] **1.** *adj.* laufend; geläufig; fließend (*Wasser*), flüssig (*Stil*); gebräuchlich; gängig; gültig (*Münze*); üblich; allgemein; *linguagem f* ~ Umgangssprache *f*; *preço m* ~ Marktpreis *m*; *ser de consumo* ~ laufend verbraucht (*od.* abgesetzt) w.; **2.** *m der* laufende Monat; *estar* (*od. andar*) *ao* ~ *de* auf dem laufenden (*od.* im Bilde) sn über (*ac.*); *pôr ao* ~ ins Bild setzen, unterrichten; **3.** *f* Strömung *f* (*a. fig.*); Strom *m*; Wasserlauf *m*; Kette *f*; ⊕ Flotte *f*; ~ *de ar* Durchzug *m*, Zugluft *f*; ~ *alternada* ⚡ Wechsel-, ~ *contínua* ⚡ Gleich-strom *m*; ~ *marítima* Meeresströmung *f*, Drift *f*; **4.** *adv.* = **~mente** [~'mẽntə] üblicherweise; gemeinhin; fließend (*Sprache*).

corrent|eza [~Rẽn'tezɐ] *f* Lauf *m*; Strömung *f*; Folge *f*; (Häuser-)Reihe *f*; *fig.* Leichtigkeit *f*; **~io** [~iu] laufend; dünnflüssig; = *corrente* 1.; **~oso** [~ozu (-ɔ-)] strömend, reißend.

correr [~'Rer] (2d) *v/i.* laufen; eilen; rennen; fließen (*Wasser*); wehen (*Luft*); ver-laufen, -gehen; weitergehen; ablaufen; im Umlauf sn (*Münze*); gehen (*Gerüchte*); Mode sn; ~ *atrás de* nachlaufen (*dat.*); ~ *com* tragen (*ac.*); *j-n* hinauswerfen; ~ *por conta de alg.* auf j-s Rechnung gehen; ~ *sobre alg.* über j-n herfallen; *deixar* ~ (*o marfim*) es darauf ankommen l.; *corre que* es verlautet (*od.* es geht das Gerücht), daß; *o tempo corre chuvoso* das Wetter ist (gegenwärtig) regnerisch; *os preços que correm no mercado* die augenblicklichen Marktpreise *m/pl.*; *v/t.* durch-laufen, -eilen; *Land* bereisen; (beiseite) rücken; *Riegel* vorschieben; *Gardine* zuziehen; *Wild* hetzen; *Gefahr* laufen; sich *e-e Strafe* zuziehen; *Geschäft* erledigen; ~ *alg.* j-n hinauswerfen; ~ *a casa* durchs Haus laufen; das Haus durchsuchen; ~ *toda a cidade* (*todos os museus, etc.*) in der ganzen Stadt herum- (durch alle Museen *usw.*) laufen; ~ *as igrejas* (*tavernas, etc.*) dauernd in der Kirche (im Wirtshaus *usw.*) sitzen.

correria [~Rə'riɐ] *f* Wettrennen *n*; (Wett-)Fahrt *f*; Gerenne *n*, Rennerei *f*; (Herum-)Fahrerei *f*; Streifzug *m*.

correspond|ência [~Rɨʃpõn'dẽsjɐ] *f* Entsprechung *f*; Erwiderung *f e-s Gefühls*; Verbindung *f*, 🚃 Anschluß *m*; ✉ Briefwechsel *m*; Briefpost *f*; Korrespondenz *f*; *Leser*-Briefe *m/pl.*; *ter* ~ erwidert w. (*Liebe usw.*); *ter* ~ *com* im Briefwechsel stehen mit; **~ente** [~ẽntə] **1.** *adj.* entsprechend; *ângulo m* ~ Wechselwinkel *m*; *sócio m* ~ korrespondierende(s) Mitglied *n*; **2.** *m* Korrespondent *m*; ~ *especial* Sonderberichterstatter *m*; **~er** [~er] (2a) *v/i.* entsprechen; *v/t. Gefühl* erwidern; *Wohltat* vergelten; **~er-se** (*com*) im Briefwechsel stehen (mit).

corret|agem [~Rə'taʒɐ̃i] *f* Maklergeschäft *n*; Maklergebühr *f*; **~or** [~or] *m* Makler *m*; Börsenmakler *m*;

~ *do hotel* Hoteldiener *m*; *bras.* = *corrector*.
corrid|a [~'ʀiðɐ] *f* Lauf *m*; Gelaufe *n*, Gerenne *n*; Hetze *f*; *Sport*: ~ *de velocidade* Schnellauf *m*; ~ *de automóveis* (*bicicletas, cavalos*) Auto- (Rad-, Pferde-)rennen *n*; ~ *de touros* Stierkampf *m*; ~ *a* Sturm *m* auf (*ac.*); *de* ~ eilig; *hersagen* ohne Anstoß; nebenbei (*od.* obenhin); *de* ~*s* Renn...; **~o** [~u] verlegen; abgenutzt, abgedroschen; abgekämpft (*Stier*); abgefeimt; *ser* ~ F hinausgeworfen w.; verjagt w. (von *od.* aus *de*).
corrig|enda [~ʀi'ʒẽndɐ] *f* Druckfehler *m/pl.*; **~ir** [~ir] (3n) verbessern, berichtigen; zurechtweisen; *Schärfe* mildern; korrigieren (*bsd. tip.*); **~ir-se** sich bessern.
corri|maça [~'masɐ] *f* Hatz *f*, Hetze *f*; Rennerei *f*; **~mão**(**s, -ões**) [~'mɐ̃u] *m*(*pl.*) (Treppen-)Geländer *n*; **~mento** [~'mẽntu] *m* ⚕ Fluß *m*; **~queiro** [~'keiru] alltäglich; abgedroschen.
corrobor|ação [~ʀuβurɐ'sɐ̃u] *f* Stärkung *f*; Bekräftigung *f*; **~ante** [~'ʀẽntə](be)stärkend; Stärkungs...; **~ar** [~'rar] (1e) (be)stärken; bekräftigen, bestätigen.
corroer [~'ʀwer] (2f) zernagen; an-, zer-fressen; zersetzen, zerstören; auswaschen; **~-se** verwittern.
corromper [~ʀõm'per] (2a) verderben; verunstalten; bestechen; **~-se** verderben; verfaulen, verwesen; *sittlich* verkommen.
corros|ão [~ʀu'zɐ̃u] *f* zerstörende Wirkung *f*; Verwitterung *f*; Korrosion *f*; **~ivo** [~ivu] **1.** *adj.* ätzend; zerstörend; **2.** *m* Ätzmittel *n*.
corrup|ção [~ʀu'sɐ̃u] *f* Verderben *n*, Verderb *m*; Fäulnis *f*, Verwesung *f*; Verderbtheit *f*; Bestechung *f*; Verführung *f*; Sittenverderbnis *f*; Korruption *f*; **~tela** [~'tɛlɐ] *f* Sprech-, Schreib-fehler *m*; **~tível** [~'tivɛɫ] verderblich; verführbar; **~to** [~'ʀu(p)tu] verdorben; verderbt (*Wort*); faul, verwest; bestechlich; verkommen.
corsário [kur'sarju] **1.** *m* Seeräuber *m*, Korsar *m*; **2.** *adj.* Kaper...
corso ['korsu] **1.** *m* a) Kaperzug *m*; b) Korso *m*; c) Sardinenzug *m*; d) Korse *m*; **2.** *adj.* korsisch.
cort|adeira [kurtɐ'ðeirɐ] *f* Teigrädchen *n*; Schneidegerät *n*; **~ador** [~ɐ'ðor] *m* Fleischer(geselle) *m*; Zuschneider *m*; Schneide-gerät *n*, -maschine *f*; Holzhauer *m*; **~adura** [~ɐ'ðurɐ] *f* Schnitt *m*; Einschnitt *m*; **~agem** [~'taʒɐ̃i] *f* Zerlegen *n des Fleisches*; **~a-mato** [ˌkɔrtɐ'matu]: *a* ~ querfeldein; **~ante** [~'tẽntə] Schneide...; schneidend.
corta-|palha(**s**) [ˌkɔrtɐ'paʎɐ] *m*(*pl.*) Häckselmaschine *f*; **~papel**(**-éis**) [~pɐ'pɛɫ] *m*(*pl.*) Papiermesser *n*.
cortar [kur'tar] (1e) schneiden; beschneiden (*a. fig.*); ab-schneiden (*a. fig.*), -sägen; *Bild, Notiz* ausschneiden; *Apfel* durchschneiden; *Luft usw.* durchschneiden; *Pläne* durchkreuzen; *Wort* (durch)streichen; *Ausgaben* einschränken; *Posten* streichen, weglassen; *Baum* fällen; *Holz* schlagen; *Fleisch* zerlegen; *Kleid* zuschneiden; *Wein* verschneiden; *Weg* versperren; *Zufuhr* absperren; *auto. u.* ⊕ *a. Gas, Dampf* wegnehmen; *Lieferung* einstellen, stoppen; *Verbindung* unterbrechen; *Strom* abschalten, *Beziehung* abbrechen; *Karten* abheben; *Kopf* abschlagen; ~ *na casaca* (*od. na pele*) *de alg.* j-m etwas am Zeuge flicken, über j-n herziehen; ~ *com os dentes* abbeißen; ~ (*a*) *direito* geradeaus gehen; ~ *à direita* rechts ein-, ab-biegen.
corte[1] ['kɔrtə] *m* (Ab-, Be-, Durch-, Zer- *usw.*) Schneiden *n*; (Ein-) Schnitt *m*; Schneide *f*; (Quer-) Schnitt *m durch ein Gebäude usw.*; Streichung *f*; Kürzung *f*; *Baum*-Schlag *m*; Schlachten *n des Viehs*; Verschnitt *m*; (Ab-)Sperrung *f*, Sperre *f*; Einstellung *f*; Unterbrechung *f*; Abbruch *m*; Abheben *n*; (Zu-)Schnitt *m der Hose usw.*; *gado m para* ~ Schlachtvieh *n*.
corte[2] ['kortə] *f* Hof *m*; Hofstaat *m*; *hist.* ~*s pl.* Landstände *m/pl.*
cortej|ar [kurtɨ'ʒar] (1d) grüßen; den Hof m.; **~o** [~'teʒu] *m* Begrüßung *f*; Gefolge *n* (*a. fig.*); (Fest-) Zug *m*; ~ *fúnebre* Leichenzug *m*; *desfilar em* ~ (vorbei)ziehen, (-)marschieren.
cortelho [~'teʎu] *m* Schweinestall *m*.
cortês [~'teʃ] höflich.
cortes|ã [~tə'zɐ̃] *f* Kurtisane *f*; **~ania** [~zɐ'niɐ] *f* höfische(s) Wesen *n*; **~ão**(**s, -ões**) [~ɐ̃u] **1.** *adj.* höfisch,

Hof...; **2.** *m(pl.)* Höfling *m*; **~ia** [~iɐ] *f* Höflichkeit *f*; Gruß *m*; Verbeugung *f*; *taur.* *~s pl.* Begrüßungsakt *m*.
cortiça [~'tisɐ] *f* Kork *m*; Rinde *f*; Kruste *f*; *~s pl.* Schwimmer *m/pl.*; Schwimmkorken *m/pl.*
corti|cal [~ti'kał] Kork...; Rinden...; *camada f ~ do cérebro* Großhirnrinde *f*; **~ceira** [~'seirɐ] *f* Korklager *n*; **~ceiro** [~'seiru] **1.** *adj.* Kork...; **2.** *m* Kork-händler *m*, -schäler *m* (*Arbeiter*); **~cento** [~'sẽntu] korkartig; **~cífero** [~'sifəru] korkliefernd; Kork...; **~cite** [~'sitə] *f* Preßkork *m*; **~ço** [~'tisu] *m* Bienenkorb *m*; *bras.* Elendsquartier *n*.
cortilha [~'tiʎɐ] *f* Teigrädchen *n*.
cortin|a [~'tinɐ] *f* Gardine *f*; Vorhang *m* (*de ferro* eisern); Schutzmauer *f*; **~ado** [~ti'naδu] *m* Gardinen *f/pl.*; Vorhang *m*.
cortinha [~'tiɲɐ] *f* Nutzgarten *m*.
coruchéu [kuru'ʃɛu] *m* *Turm*-Spitze *f*, Zinne *f*; *Gebäude*-Turm *m*.
coruj|a [~'ruʒɐ] *f* Eule *f*; *fig.* alte Hexe *f*; **~ão** [~ru'ʒɐ̃u] *m* Uhu *m*.
coruscar [~ruʃ'kar] (1n) blitzen.
coruta *f*, **-o** *m* [~'rutɐ, -u] Spitze *f*; *no ~ de* oben auf (*od.* in) (*dat.*).
cor|veta [kur'vetɐ] *f* Korvette *f*; **~vina** [~'vinɐ] *f* Rabenfisch *m*; **~vo** ['korvu (-ɔ-)] *m* Rabe *m*.
cós [kɔʃ] *m* *Hosen-*, *Rock*-Bund *m*.
coscuvilh|ar [kuʃkuvi'ʎar] (1a) klatschen; **~eiro** [~eiru] **1.** *adj.* klatschsüchtig; **2.** *m*, **-a** *f* Klatschbase *f*; **~ice** [~isə] *f* Klatsch *m*.
cosed|or *tip.* [kuzə'δor] *m* Heftlade *f*; **~ura** [~urɐ] *f* Nähen *n*; *precisa duma ~* das muß genäht werden.
co-seno ⅍ [ko'senu] *m* Kosinus *m*.
coser [ku'zer] (2d) (an-, zs.-)nähen; **~-se** *com* sich schmiegen an (*ac.*).
cosmétic|a [kuʒ'mɛtikɐ] *f* Kosmetik *f*; **~o** [~u] **1.** *adj.* kosmetisch; **2.** *m* Kosmetikum *n*.
cósmico ['kɔʒmiku] kosmisch.
cosmo|gonia [kuʒmuɣu'niɐ] *f* Weltentstehung(slehre) *f*; **~grafia** [~ɣrɐ'fiɐ] *f* Kosmographie *f*; **~logia** [~lu'ʒiɐ] *f* Lehre *f* vom Weltall; **~lógico** [~'lɔʒiku] kosmologisch, Welt...; **~nauta** [~'nautɐ] *m* Kosmonaut *m*, Raumfahrer *m*; **~náutica** [~'nautikɐ] *f* Raumfahrt *f*; **~nave** [~'navə] *f* Raumschiff *n*; **~polita** [~pu'litɐ] **1.** *m* Kosmopolit *m*; **2.** *adj.* kosmopolitisch; **~rama** [~'rɐmɐ] *m* Guckkasten *m*; **~visão** [~vi'zɐ̃u] *f* Weltsicht *f*.
cosmos ['kɔʒmuʃ] *m* Welt(-all *n*, -ordnung *f*) *f*; Kosmos *m* (*a.* ⚘).
cossaco [ku'saku] *m* Kosak *m*.
costa ['kɔʃtɐ] *f* **a)** Küste *f*; *bras. a.* Ufer *n*; (Ab-)Hang *m*; *de ~ arriba* (*od. acima*) schwierig, heikel; *dar à ~* stranden; **b)** Rippe *f*; *~s pl.* Rücken *m*; Rückseite *f*; *às ~s* auf dem Rücken; *fig.* auf dem Halse (*od.* Buckel); *de ~s* auf dem (*od.* den) Rücken; rücklings; *nas ~s de* hinter *j-s* Rücken; *pelas ~s* hinterrücks; von hinten; *pôr às ~s* (sich) beladen mit; (sich) *et.* aufladen; *ter as ~s quentes* Beziehungen h.
cost|ado [kuʃ'taδu] *m* Seite *f*, Flanke *f*; Rücken *m*; ⚓ Bordwand *f*, Breitseite *f*; *fig.* Großelternteil *m*; *os quatro ~s* die vier Großeltern *pl.*; *dos 4 ~s fig.* Stock..., Erz...; *medir o ~ a* verprügeln (*ac.*); **~al** [~ał] *m* Traglast *f* (= *60 kg*); Sack *m*.
costaneir|a [~tɐ'neirɐ] *f* *Holz*-Schwarte *f*; Einwickelpapier *n*; Kladde *f*; **~o** [~u] äußer; *papel m ~* Einwickelpapier *n*.
cost|ear [~'tjar] (1l) entlang-gehen, -fahren an (*dat.*), folgen (*dat.*); *~ um país* an der Küste e-s Landes entlang fahren; **~eiro** [~eiru] Küsten...; **~ela** [~ɛlɐ] *f* Rippe *f*; ⚓ Spant *n*; *fig.* F bessere Hälfte *f*.
costeleta [~tə'letɐ] *f* Kotelett *n*.
costum|ado [~tu'maδu] üblich, gewohnt; **~ar** [~ar] (1a): *~ fazer* zu tun pflegen, gewöhnlich *et.* tun; **~ário** [~arju] hergebracht, üblich; **~e** [~'tumə] *m* Gewohnheit *f*; Sitte *f*, Brauch *m*; *~s pl.* Sitten und Gebräuche *pl.*; Benehmen *n*; *das* Übliche; *bras.* Kostüm *n*; *Herren*-Kombination *f*; *de ~* gewöhnlich; *de bons ~s* wohlerzogen; *ter por ~* die Gewohnheit h.; **~eira** [~eirɐ] *f* Angewohnheit *f*; **~eiro** [~eiru] üblich; hergebracht.
costura [~'turɐ] *f* Nähen *n*; Näherei *f*; Naht *f*; Narbe *f*; Fuge *f*.
costur|adeira *bras.* [~tura'δeirɐ] *f* *tip.* Heftlade *f*; **~agem** *bras.* [~'raʒẽ] *f* *tip.* Heftung *f*; **~ar** [~'rar] (1a) nähen; schneidern; Näharbeiten m.; Näherin sn; **~eira** [~'reirɐ] *f* Näherin *f*; **~eiro** [~'reiru] Schneider...; Näh(erinnen)...

cota [ˈkɔtɐ] *f* **a**) Anteil *m*; Rate *f*; Quote *f*; (Mitglieds-)Beitrag *m*; Glosse *f*; ⚖ Aktenzeichen *n*; *geol.* Höhenzahl *f*; *Messer*-Rücken *m*; ~ *parte* Anteil *m*; **b**) Panzerhemd *n*.

cota|ção [kutɐˈsɐ̃u] *f Börsen*-Notierung *f*; Kurs *m*; Preis *m* (*Ware*); *fig.* Schätzung *f*; ~ *efectuada* Geld-, ~ *oferecida* Brief-kurs *m*; *ter fraca* ~ tief im Kurs stehen (*a. fig.*); **~do** [~ˈtaðu] geschätzt; gefragt; **~mento** [~ˈmẽntu] *m* ⚖ Rubrizierung *f*.

cotão [kuˈtɐ̃u] *m* Filz *m*; *Staub*-, *Woll*-Flocken *f/pl.*; Flaum *m*.

cot|ar [~ˈtar] (1e) einschätzen; einstufen, bewerten; den Preis (*od.* Kurs) *e-r Sache* festsetzen (auf [*ac.*] em); *Wertpapiere* kotieren; *Börsenkurse* notieren; *Akten* rubrizieren; **~ável** [~avɛɫ] zum Börsenhandel zugelassen, kotierbar.

cotej|ar [~tiˈʒar] (1d) vergleichen; **~o** [~ˈteʒu] *m* Vergleich(ung *f*) *m*.

coti|ado [kuˈtjaðu] alltäglich, Alltags...; **~ar** [~ar] (1g) verschleißen; **~diano** [~tiˈðjɐnu] täglich.

cotilhão [~tiˈʎɐ̃u] *m* Kehraus *m*.

cótilo [ˈkɔtilu] *m* Gelenkpfanne *f*.

cotim [kuˈtĩ] *m* Drillich *m*.

cotio [~ˈtiu] *m*: *a* ~ täglich, alle Tage; *de* ~ Alltags...

cotiz|ação [~tizɐˈsɐ̃u] *f* Einschätzung *f*; Besteuerung *f*; Anteil *m*; Preis *m*; **~ar** [~ˈzar] (1a) den (Steuer-)Anteil festsetzen; besteuern; *Betrag* umlegen; *v/i. u.* **~ar-se** sich beteiligen; s-n Anteil zahlen.

coto [ˈkotu] *m* Stumpf *m*, Stummel *m*.

cotovel|ada [kutuvəˈlaðɐ] *f* Rippenstoß *m*, ~(s) (*pl.*) Gestoße *n*; *andar às* ~*s* herumgestoßen w.; **~o** [~ˈvelu] *m* Ellbogen *m*; Knick *m*; Biegung *f*; ⊕ Knie(-stück *n*, -rohr *n*) *n*; *dor f de* ~ F Eifersucht *f*; *falar pelos* ~*s* wie ein Wasserfall (daher)reden.

cotovia [~ˈviɐ] *f* Lerche *f*; ~ *de poupa* Haubenlerche *f*.

coturno [~ˈturnu] *m* Kothurn *m*; *de alto* ~ hochgestellt.

couce [ˈkosə] *m* Ferse *f*; Schlag *m* mit dem Huf; Fußtritt *m*; Rückstoß *m*; hintere(s) Ende *n*; *dar* ~*s* ausschlagen; treten; *dar* (*levar*) *um* ~ e-n Tritt versetzen (kriegen).

coudelaria [koðəlɐˈriɐ] *f* Gestüt *n*.

cour-, coir|aça [ko-, koiˈrasɐ] *f* Panzer(ung *f*) *m*; **~açado** [~rɐˈsaðu] *m* Panzerkreuzer *m*; **~açar** [~rɐˈsar] (1p; *Stv.* 1b) panzern; **~aceiro** [~rɐˈseiru] *m* Kürassier *m*.

cour-, coireiro [~ˈreiru] *m* Lederhändler *m*.

cour-, coirela [~ˈrɛlɐ] *f* Streifen *m* Land.

couro, coiro [ˈkoru, ˈkoiru] *m* Leder *n*; Haut *f*; *em* ~ nackt; *de levar* ~ *e cabelo* rasend teuer.

cousa [ˈkozɐ] *f* Sache *f*; Ding *n*; Angelegenheit *f*; *alguma* ~ etwas; *alguma* ~ *de adj.*, *uma* ~ *adj.*, ~*s adj.* etwas ... (*z.B.* etwas Schönes); *alguma* ~ *de valor* etwas Wertvolles; ~ *alguma*, ~ *nenhuma* nichts; *outra* ~ etwas anderes; *pouca* (*muita*) ~ wenig (viel); *a mesma* ~ dasselbe; ~ *de* etwa; *olha a grande* ~! was ist das schon!; *não ser grande* ~ (*od. uma* ~ *por aí além*) nichts Besonderes sn; *nem* ~ *que o valha* nichts dergleichen; ~*s e lousas* dieses und jenes; *não dizer* ~ *com* ~ nichts Vernünftiges sagen; *aí há* ~ hier stimmt was nicht; *é forte* ~! schlimm, schlimm!

cous-, cois|ada P [ko-, koiˈzaðɐ] *f* was; so'ne Sache *f*; **~a-má, ~a-ruim** [~zɐˈma, ~zɐˈʀwĩ] *m bras.* Deibel *m*; **~inha** [~ˈziɲɐ] *f* Dingelchen *n*, Sächelchen *n*; *uma* ~ *de nada* fast gar nichts, kaum etwas; **~íssima** [~ˈzisimɐ]: ~ *nenhuma* F absolut nichts; **~o** P [ˈkozu, ˈkoizu] *m* Kerl *m*.

cout|ada [koˈtaðɐ] *f* Gehege *n*; = ~*o*; **~ar** [~ar] (1a) einzäunen; sperren; *hist.* für frei erklären; zu Lehen geben; **~o** [ˈkotu] *m* Wildpark *m*; *Jagd*-Revier *n*; Schutzgebiet *n*; *hist.* Freistatt *f*; *fig.* Zuflucht *f*.

couv|al [koˈvaɫ] *m* Kohlfeld *n*; **~e** [ˈkovə] *f* Kohl *m*; ~ *de Bruxelas* Rosen-, ~*-galega* Grün-, ~*-flor* Blumenkohl *m*; ~*-rábano*, *bras.* ~*-nabo* Kohlrabi *m*; ~*-sabóia* Wirsing *m*.

cova [ˈkɔvɐ] *f* Grube *f*; Grab *n*; Höhle *f*; Höhlung *f*; Mulde *f*; ~ *do dente der* hohle Zahn.

côvado [ˈkovɐðu] *m* Elle *f*.

covarde [kuˈvardə] = *cobarde*.

cov|eiro [kɔˈveiru] *m* Totengräber *m*; **~il** [kuˈviɫ] *m* Höhle *f*; *Fuchs*-Bau *m*; *fig.* Spelunke *f*; **~inha** [~iɲɐ] *f* Grübchen *n*.

coxa [ˈkoʃɐ] *f* (Ober-)Schenkel *m*.

cox|ear [kuˈʃjar] (1l) hinken; **~ia** [kuˈʃiɐ] *f* (Mittel-)Gang *m*; ⚓

Laufsteg *m*; Klappsitz *m*; **~ilha** *bras.* [~'ʃiʎɐ] *f* Alm *f*; **~im** [~'ʃĩ] *m* Sitzkissen *n*; Sattelsitz *m*; ⚡ Reibkissen *n*; *allg.* Kissen *n*, Polster *n*.
coxo ['koʃu] hinkend; *ser* (*estar*) ~ hinken; lahmen (*Tier*).
coz|edura [kuzə'ðurɐ] *f* Kochen *n*; Kochgut *n*; **~er** [~'zer] (2d) kochen; *Brot usw.* backen; *Ziegel usw.* brennen; *Früchte* zum Reifen bringen (*Sonne*); *fig.* verdauen; *s-n Rausch* ausschlafen; **~ido** [~'ziðu] *m* gekochte(s) Rindfleisch *n*; *carne f para* ~ Suppenfleisch *n*; **~imento** [~i'mẽntu] *m* Absud *m*; Sud *m*; **~inha** [~'ziɲɐ] *f* Küche *f*.
cozinh|ado [~zi'ɲaðu] *m* Gericht *n*; **~ar** [~ar] (1a) kochen; **~eiro** *m*, **-a** *f* [~eiru, -ɐ] Koch *m*, Köchin *f*.
crânio ['krɐnju] *m* Schädel *m*.
crápula ['krapulɐ] **1.** *f* Lotterleben *n*; Lotterei *f*; liederliche Gesellschaft *f*; **2.** *m* Taugenichts *m*.
crapuloso [krɐpu'lozu (-ɔ-)] liederlich.
craque ['krakə] **1.** *int.* knack(s)!; **2.** *m bras. Sport*-Kanone *f*.
crase ['krazə] *f Vokal*-Verschmelzung *f*; Gravis *m*.
crasso ['krasu] dick, dicht; grob, kraß.
cratera [krɐ'tɛrɐ] *f geol.* Krater *m*.
crav|ação [krɐvɐ'sɐ̃u] *f* (An-)Nageln *n*; Einschlagen *n*; Nagelbeschlag *m*; Fassung *f*; **~ador** [~ɐ'ðor] *m Schuster*-Pfriem *m*; Heftmaschine *f*; Nagelapparat *m*; **~agem** [~'vaʒɐ̃i] *f* Mutterkorn *n*; **~ar** [~'var] (1b) (an)nageln; ein-schlagen, -treiben; *Papier* (zs.-)heften; *Edelstein* fassen; *die Augen* heften (auf [*ac.*] em); **~eira** [~'veirɐ] *f* Meßlatte *f*; *Schuster*: Maßlade *f*; Nagelloch *n* (*Hufeisen*); Nageleisen *n*; *na* ~ *de* am Maßstab ... (*gen.*) gemessen; **~eiro** [~'veiru] *m* **a**) Nelken-stock *m*, -topf *m*; **b**) = **~ejador** [~ɨʒɐ'ðor] *m* Nagelschmied *m*; **~ejar** [~ɨ'ʒar] (1d) annageln; beschlagen; *our.* fassen; *mit Steinen* besetzen.
cravelh|a [~'veʎɐ] *f* Wirbel *m*; **~ame** [~və'ʎɐmə] *m* Wirbel-brett *n*, -kasten *m*; Wirbel *m/pl.*
crav|ete [~'vetə] *m Schnallen*-Dorn *m*, Stift *m*; **~ija** [~iʒɐ] *f* Bolzen *m*, Zapfen *m*; **~inho** [~iɲu] *m* (Gewürz-)Nelke *f*; **~o** ['kravu] *m* (Huf-, Kreuz-)Nagel *m*; ⚕ Warze *f*; *vet.* Schwiele *f*; ♪ Cembalo *n*; ⚘ Nelke *f*; *~-da-índia*, *~-de-cabecinha* Gewürznelke *f*.
cré [krɛ] *m* Kreide *f*.
creche ['krɛʃə] *f* Kinderkrippe *f*.
cred|ência [krə'ðẽsjɐ] *f* Kredenz *f*; **~encial** [~ðẽ'sjaɫ] **1.** *adj. carta f* ~ = **2.** *-ais f/pl.* Beglaubigungsschreiben *n*; **~enciar** *bras.* [~ẽ'sjar] (1g) beglaubigen, akkreditieren; ausweisen (als *como*); **~iário** *bras.* [kre'djarju] *m* Abzahlungsgeschäft *n*; **~ibilidade** [~iβəli'ðaðə] *f* Glaubwürdigkeit *f*; **~itar** [~i'tar] (1a) gutschreiben; kreditieren; **~itar-se** *fig.* sich bewähren.
crédito ['krɛðitu] *m* Vertrauen *n*; Glauben *m* (*dar* schenken); gute(r) Ruf *m*; Ansehen *n*; ⚚ Kredit *m* (*a* auf); Guthaben *n*; Schuldforderung *f*; ~ *aberto* Blankokredit *m*; ~ *diplomático* Beglaubigung *f*, Akkreditiv *n*; *carta f de* ~ Kreditbrief *m*, Akkreditiv *n*; *papéis m/pl. de* ~ Effekten *pl.*, Wertpapiere *n/pl.*; *~s pl.* Außenstände *m/pl.*; *de* ~ angesehen, vertrauens-, ⚚ kredit-würdig.
cred|o ['krɛðu] **1.** *m* Glaubensbekenntnis *n*, Kredo *n*; *num* ~ im Nu; **2.** *int.* ~! was?!; schrecklich!; pfui!; **~or** [krɛ'ðor] *m* Gläubige(r) *m*; *ser* ~ *de fig.* beanspruchen können (*ac.*); **~ulidade** [krəðuli'ðaðə] *f* Leichtgläubigkeit *f*.
crédulo ['krɛðulu] leichtgläubig.
crem|ação [krəmɐ'sɐ̃u] *f* Leichenverbrennung *f*, Einäscherung *f*; **~alheira** [~ɐ'ʎeirɐ] = *gramalheira*; **~ar** [~'mar] (1d) einäschern; **~atório** [~ɐ'tɔrju]: (*forno m*) ~ Krematorium *n*.
creme ['krɛmə] *m* Rahm *m*, Sahne *f*; Krem *f* (*a. fig.*); ~ *chantilly* Schlagsahne *f*.
crena ['krenɐ] *f* ⊕ Einschnitt *m* (*Zahnrad*); ⚘ Zacke *f*, Zahn *m*.
crença ['krẽsɐ] *f* Glaube(n) *m*.
cren|deiro [krẽn'deiru] einfältig; leichtgläubig; **~dice** [~isə] *f* Aberglaube *m*; **~te** ['krẽntə] gläubig.
crepe ['krɛpə] *m* (*Trauer*-)Flor *m*; *cul.* Eier-, Pfann-kuchen *m*.
crepit|ação [krəpitɐ'sɐ̃u] *f* Knistern *n*; Knattern *n*; **~ar** [~'tar] (1a) prasseln, knistern; knattern.
crep|uscular [~puʃku'lar] Dämmer-...; dämmerig; **~úsculo** [~'puʃkulu] *m* (Abend-, Morgen-)Dämmerung

f; *fig.* Nieder-, Unter-gang *m*; ~ *da vida* Lebensabend *m*.
crer [krer] (2k) glauben (an [*ac.*] *em*); halten für.
cresc|endo [kriʃ'sẽndu] *m* ♪ Krescendo *n*; **~ente** [~ẽntə] **1.** *adj.* wachsend, zunehmend; überflüssig; übrig; *quarto m* ~ erste(s) Viertel *n* (*Mond*); **2.** *m* zunehmende(r) Mond *m*; Halbmond *m*; *Haar*-Wulst *m*; **~er** [~er] (2g) (an)wachsen; zunehmen; aufgehen (*Brot usw.*); anschwellen (*Beule usw.*); steigen (*Fluß*); übrig (*od.* überflüssig) sn; ~ *para alg.* über j-n herfallen; **~ido** [~iðu] groß; erwachsen; ansehnlich; **~idote** [~si'ðɔtə] halbwüchsig; **~imento** [~si'mẽntu] *m* Wachstum *n*; (An-) Wachsen *n*; Zunahme *f*.
cresp|ar [~'par] (1c) = *encrespar*; **~o** ['kreʃpu] kraus; rauh; holprig (*Weg*); bewegt (*Meer*).
crest|adeira [~tɐ'ðeirɐ] *f* Wabenstecher *m*; *cul.* Brenneisen *n*; **~ado** [~'taðu] sonnenverbrannt; schwarz, dunkel; **~ar** [~'tar] (1c) **a**) (an-) bräunen; ansengen; versengen, verbrennen (*Sonne od. Frost*); **b**) *Waben* stechen; *fig.* plündern; erpressen; unterschlagen.
crestomatia [~tumɐ'tiɐ] *f* Lesebuch *n*.
cret|áceo [krə'tasju] kreidig, Kreide...; **~aico** [~aiku]: *período m* ~ Kreidezeit *f*.
cretin|ismo [~ti'niʒmu] *m* ⚕ Kretinismus *m*; *fig.* Schwachsinn *m*; **~o** [~'tinu] *m* Kretin *m*; *fig.* Schwachkopf *m*.
cretone [~'tɔnə] *m* Kreton *m*.
cria ['kriɐ] *f* Junge(s) *n*; Wurf *m*; Brut *f*; Zucht *f*, Züchtung *f*; *prov.* Vieh *n*; Geflügel *n*; *gado m de* ~ Jungvieh *n*; **~ção** [krjɐ'sɐ̃u] *f* Schöpfung *f*; Ein-, Er-richtung *f*, Schaffung *f*; Großziehen *n* (*fig. a.* Erziehung *f*) *der Kinder*; (Vieh-) Zucht *f*; (Vieh-)Züchterei *f*; **~da** ['krjaðɐ] *f* Dienstmädchen *n*; Magd *f* (*auf dem Lande*); ~ *de sala* Zimmermädchen *n*; **~dagem** [krjɐ'ðaʒɐ̃i] *f* Dienerschaft *f*; Gesinde *n des Bauern*; Hausangestellte(n) *pl.*; **~do** ['krjaðu] **1.** *adj. bem* ~ gutartig, gut erzogen; gut genährt, dick; *mal* ~ ungezogen, unartig; **2.** *m* Diener *m*; Knecht *m des Bauern*; Kellner *m im Gasthaus*; ~ *de mesa* Servierkellner *m*; (*um*) *seu* ~ Ihr Diener; **~do-mudo** *bras.* [ˌkrjaðu'muðu] *m* Nachttisch *m*; **~dor** [krjɐ'ðor] **1.** *m* Schöpfer *m*; Ernährer *m*, Erzieher *m*; (Vieh-)Züchter *m*; **2.** *adj.* schöpferisch, Schöpfer...; fruchtbar.
criança ['krjɐ̃sɐ] *f* Kind *n*; ~ *de peito* Säugling *m*; ~ *abandonada* Findelkind *n*.
crian|çada [krjɐ̃'saðɐ] *f* Kinderschar *f*; **~cice** [~'sisə] *f* Kinderei *f*; **~çola** [~'sɔlɐ] *m* Kindskopf *m*.
criar [krjar] (1g) *v/t.* erschaffen; erzeugen; (hervor)bringen; *Werk, Bedingungen* schaffen; *Fett usw.* ansetzen; *Mut* bekommen *od.* m.; *Kinder, Junge* nähren, säugen; *Kinder* groß- (*od.* er-)ziehen; *Tiere* aufziehen; *Vieh usw.* züchten; *Wurzel* treiben; **~-se** aufwachsen.
criat|ivo [krjɐ'tivu] schöpferisch; **~ura** [~urɐ] *f* Geschöpf *n*; Kreatur *f*; Wesen *n*.
crime ['krimə] *m* Verbrechen *n*.
crimin|al [krimi'nał] **1.** *adj.* verbrecherisch; strafrechtlich, kriminal; *jurisprudência f* ~ Strafrechtskunde *f*; **2.** *m* Strafsache *f*; Strafgericht(sbarkeit *f*) *n*; **~alidade** [~ɐli'ðaðə] *f* Strafbarkeit *f*; Verbrechertum *n*; Kriminalität *f*; **~alista** [~ɐ'liʃtɐ] *m* Strafrechtler *m*; **~ar** [~'nar] (1a) anklagen, bezichtigen; **~ologia** [~ulu'ʒiɐ] *f* Kriminalistik *f*; **~oso** [~'nozu (-ɔ-)] **1.** *adj.* verbrecherisch; strafbar; **2.** *m* Verbrecher *m*.
crina ['krinɐ] *f* *Pferde*-Mähne *f*; Roßhaar *n*.
crinolina [krinu'linɐ] *f* Reifrock *m*.
crioilo, -oulo ['krjoilu, -olu] **1.** *adj.* kreolisch; **2.** *m*, **-a** *f* Kreole *m*, Kreolin *f*.
cripta ['kriptɐ] *f* (unterirdische) Höhle *f*; Krypta *f*.
crisálida [kri'zaliðɐ] *f* Puppe *f*.
crisântemo [~'zɐ̃ntəmu] *m* Chrysanteme *f*, Winteraster *f*.
crise ['krizə] *f* Krise *f*; ⚕ Krisis *f*.
crism|a ['kriʒmɐ] *f* (Sakrament *n* der) Firmung *f*; Salbung *f*; heilige(s) Öl *n*; **~ar** [kriʒ'mar] (1a) salben; firmen; *fig.* umbenennen; nennen; **~ar-se** den Namen wechseln.
crisol [kri'zɔł] *m* Schmelztiegel *m*; *fig.* Probe *f*, Prüfstein *m*.
crispar [kriʃ'par] (1a) kräuseln, verziehen; **~-se** zs.-zucken.
crista ['kriʃtɐ] *f* Kamm *m*; *jogar as*

~s sich schlagen *mit*; *abaixar a* ~ klein beigeben; *j-m* eins auf den Deckel geben; *levanta a* ~ (ihm, ihr) schwillt der Kamm.
cristal [kriʃ'tał] *m* Kristall *m*; Kristall(glas) *n*; *fig.* Spiegel *m*; *de* ~ kristallen; geschliffen; *-ais pl.* Kristallsachen *f/pl.*, Gläser *n/pl.*
cristal|eira [~tɐ'leirɐ] *f* Gläserschrank *m*, -bord *n*; **~ino** [~inu] **1.** *adj.* kristallklar, hell; **2.** *m* (Augen-)Linse *f*; **~ização** [~lizɐ'sɐ̃u] *f fig.* Festigung *f*; **~izar** [~li'zar] (1a) kristallisieren; *fig.* = **~izar-se** erstarren; sich festigen.
cristandade [~tɐ̃n'daðə] *f* Christenheit *f*.
cristão(s) [~'tɐ̃u] **1.** *adj.* christlich; **2.** *m(pl.)*, **-ã** *f* Christ(in *f*) *m*.
cristian|ismo [~tjɐ'niʒmu] *m* Christentum *n*; **~ização** [~nizɐ'sɐ̃u] *f* Bekehrung *f* zum Christentum; Verchristlichung *f*; **~izar** [~ni'zar] (1a) zum Christentum bekehren, christianisieren; verchristlichen.
cristo ['kriʃtu] *m* **a**) *o* ♀ Christus *m*; **b**) Kruzifix *n*; *um (uma) pobre de* ~ ein armer Mann (e-e arme Frau).
crit|ério [kri'tɛrju] *m* Merkmal *n*; Maßstab *m*; Gesichtspunkt *m*, Ansicht *f*; Unterscheidungsvermögen *n*; Einsicht *f*; *de* ~ einsichtig, klug; *deixar ao* ~ *de alg.* j-m anheimstellen; **~erioso** [~tə'tjozu (-ɔ-)] einsichtig, verständnisvoll.
crítica ['kritikɐ] *f* Kritik *f*; *Buch*-Besprechung *f*, Rezension *f*; *fazer a* ~ *de* besprechen, rezensieren.
criti|car [kriti'kar] (1n) kritisieren; bekritteln; **~castro** [~'kaʃtru] *m* schlechte(r) Kritiker *m*, Federfuchser *m*; = *critiqueiro*; **~cável** [~'kavɛł] angreifbar; tadelnswert.
crítico ['kritiku] **1.** *adj.* kritisch; entscheidend; gefährlich; **2.** *m* Kritiker *m*, Rezensent *m*.
critiqu|eiro [kriti'keiru] *m* Kritteler *m*, Kritikaster *m*; Mäkler *m*, Mekkerer *m*; **~ice** [~isə] *f* Krittelei *f*.
crivar [kri'var] (1a) durchlöchern; sprenkeln; spicken; (durch)sieben.
crível ['krivɛł] glaubhaft.
crivo ['krivu] *m* Sieb *n*; Schaumlöffel *m*; Brausekopf *m*; Guck-loch *n*, -fenster *n*; *bordado m a* ~ durchbrochene Arbeit *f*.
croché [krɔ'ʃɛ] *m* Häkelarbeit *f*; *fazer* ~ häkeln.
crocitar [krusi'tar] (1a) krächzen.
croco ['krɔku] *m* Krokus *m*.
crocodilo [kruku'ðilu] *m* Krokodil *n*.
crom|ado [kru'maðu] *m* Chrommetallware *f*; **~ar** [~ar] (1f) verchromen; **~ática** [~atikɐ] *f* Farbenlehre *f*; **~ático** [~atiku] chromatisch.
crómio, cromo ['krɔmju, 'kromu] *m* Chrom *n*; Farbendruck *m*.
cromo|litografia [kromolituɣrɐ'fiɐ] *f* Farbsteindruck *m*; **~tipia, ~tipografia** [~ti'piɐ, ~tipuɣrɐ'fiɐ] *f* Farbendruck *m*.
crónic|a ['krɔnikɐ] *f* Chronik *f*; **~o** [~u] chronisch; Gewohnheits...
cron|ista [kru'niʃtɐ] *m* Chronist *m*; **~ologia** [~nulu'ʒiɐ] *f* Chronologie *f*; Zeitfolge *f*; **~ológico** [~nu'lɔʒiku] chronologisch; **~ómetro** [~ɔmətru] *m* Chronometer *n*; Präzisionsuhr *f*.
croquete [krɔ'kɛtə] *m* Krokette *f*.
crosta ['kroʃtɐ] *f* Kruste *f*; ⚕ Schorf *m*; ⊕ Guß-, Walz-haut *f*.
cru [kru] roh; ungekocht; unreif (*fig.*); rauh; hart; ungeschminkt (*Wahrheit*); unbebaut (*Land*); ungebleicht; naturfarben.
cruc|ial [kru'sjał] kreuzförmig, Kreuz...; *fig.* entscheidend; **~iante** [~jẽntə] quälend, herzzerreißend; **~iar** [~jar] (1g) quälen; kasteien; **~ífera** [~ifərɐ] *f* Kreuzblütler *m*.
crucific|ação [~səfikɐ'sɐ̃u] *f* Kreuzigung *f*; **~ar** [~'kar] (1n) kreuzigen; = *cruciar*.
crucifixo [~'fiksu] *m* Kruzifix *n*.
cruel [krwɛł] grausam; **~dade** [~'daðə] *f* Grausamkeit *f*.
cruento ['krwẽntu] blutig; roh.
crueza ['krwezɐ] *f* rohe(r) Zustand *m*; Unreife *f*; Roheit *f*, Härte *f*.
crupe ⚕ ['krupə] *m* Krupp *m*.
crust|a ['kruʃtɐ] *f* = *crosta*; **~áceos** [kruʃ'tasjuʃ] *m/pl.* Schaltiere *n/pl.*
cruz [kruʃ] *f* Kreuz *n* (*a. fig.*); Kreuzzeichen *n*; Bug (*od.* Widerrist) *m* (*Tier*); *fig. a.* Leid *n*; ~*es pl. anat. u. ast.* Kreuz *n*; Kruppe *f* (*Pferd*); Schriftseite *f* (*Münze*); ~ *alçada* Vortrags-, ~ *potentada* Krücken-, ~ *de Santo André* Andreas-kreuz *n*; ♀ *Vermelha* Rote(s) Kreuz *n*; ~*es ou cunhos* Schrift oder Wappen (*Spiel*); *em (forma de)* ~ kreuz-weise (-förmig); *fazer* ~*es na boca* nichts anrühren; das Nachsehen haben.
cruz|a-bico(s) [kruzɐ'βiku] *m(pl.)* Kreuzschnabel *m*; **~ada** [~'zaðɐ]

f Kreuzzug *m*; **~ado** [~'zaðu] **1.** *adj.* gekreuzt; Kreuz...; stürmisch (*Gewässer*); *fogo m* (*od. tiros m/pl.*) *~(s)* Kreuzfeuer *n*; *palavras f/pl. -as* Kreuzworträtsel *n*; **2.** *m* Kreuzfahrer *m*; *hist.* Kreuzer *m* (*Münze*); **~ador** [~ɐ'ðor] *m* ⚓ Kreuzer *m*; **~amento** [~ɐ'mẽntu] *m* Kreuzung *f*; Kreuzweg *m*; **~ar** [~'zar] (1a) (durch)kreuzen; (durch)schneiden; *~ os braços fig.* die Hände in den Schoß legen; *v/i.* kreuzen; = **~ar-se** sich kreuzen; sich schneiden (*Linien*); *~ com* vorbei-gehen, -fahren an (*dat.*).; **~eiro** [~'zeiru] **1.** *m großes* (Stein-)Kreuz *n*; ⚠ Vierung *f*; *ast.* Kreuz *n* des Südens; *bras.* Cruzeiro *m* (*Münze u. Orden*); **2.** *adj.* Kreuz...; **~eta** [~'zetɐ] *f* Kleiderbügel *m*.

cu(ses) V ['ku(zɨʃ)] *m*(*pl.*) Arsch *m*.

cuba ['kuβɐ] *f* Kübel *m*, Bottich *m*; *bras.* F hohe(s) Tier *n*.

cub|agem [ku'βaʒɐ̃i] *f* Berechnung *f* des Rauminhalts; Kubikinhalt *m*; Festgehalt *m* (*Baumstamm*); **~ar** [~ar] (1a) kubieren.

cubano [~'βɐnu] **1.** *adj.* kubanisch; **2.** *m* Kubaner *m*.

cubata [~'βatɐ] *f* Negerhütte *f*.

cúbico ['kuβiku] kubisch, würfelförmig; Kubik..., *metro m ~* Kubikmeter *n*, Festmeter *n des Holzes*; *raiz f -a* dritte Wurzel *f*.

cubículo [ku'βikulu] *m* Kammer *f*.

cúbito *anat.* ['kuβitu] *m* Elle *f*.

cubo ['kuβu] *m* Würfel *m*, Kubus *m*; dritte Potenz *f*; Festmeter *n*; Schuh *m* (*Wasserrad*); Oberwasserkanal *m* (*Wassermühle*); Radnabe *f*.

cuco ['kuku] *m* Kuckuck *m*.

cucúrbita [ku'kurβitɐ] *f* Destillierkolben *m*; ⚘ Kürbis *m*.

cuecas ['kwɛkɐʃ] *f/pl.* Unterhose *f*.

cueiro ['kweiru] *m* Windel *f*.

cuia *bras.* ['kujɐ] *f* Kürbis(flasche *f*) [*m*.]

cuid|ado [kwi'ðaðu] *m* Sorge *f*; Sorgfalt *f*; Vorsicht *f*; *ao ~ de* per Adresse, bei; *com ~* vorsichtig; sorgfältig; *a/c.* (*nada*) *de ~* etwas (nichts) Ernstes; *deixar ao ~ de alg.* j-m überlassen; *pôr* (*o*) *~ em* achten auf (*ac.*); sich kümmern (*od.* sorgen) um; *ter ~ com* vorsichtig sn mit; = *~ar de*; *tomar ~* sich in acht nehmen; *~!* Achtung!; *~ não caias!* paß auf, daß du nicht fällst!; *com ...!* Vorsicht vor ...! (*dat.*); *estar com* (*od. em*) *~* besorgt sn, unruhig sn; **~adoso** [~ðɐ'ðozu (-ɔ-)] vorsichtig; sorgfältig; **~ar** [~ar] (1a) besorgen (*a. fig.*); versorgen; *fig. a.* glauben; fürchten; *v/i.* sorgen (für *de*); pflegen (*ac. de*); achtgeben (auf [*ac.*] *em*); sich hüten (vor [*dat.*] *de*); *~ de não inf.* sich hüten zu *inf.*, aufpassen, daß ... nicht ...; **~ar-se** sich pflegen; sich halten für.

cujo ['kuʒu] dessen, deren.

culinári|a [~li'narjɐ] *f* Kochkunst *f*; **~o** [~u] kulinarisch; Koch...

culmin|ação [kuɫminɐ'sɐ̃u] *f* Kulmination *f*; **~ância** [~'nɐ̃sjɐ] *f* höchste(r) (*fig.* Höhe-)Punkt *m*; **~ante** [~'nɐ̃ntə]: *ponto m ~* höchste(r) Punkt *m*; *ast.* Kulminationspunkt *m*; *fig.* Gipfel *m*; = *momento m ~* Höhepunkt *m*, entscheidende(r) Augenblick *m*; *época f ~* Blütezeit *f*; **~ar** [~'nar] (1a) kulminieren; *fig.* den (*od.* s-n) Höhepunkt erreichen.

culpa ['kuɫpɐ] *f* Schuld *f*; Vergehen *n*; *~ formada* Tatverdacht *m*; *dar* (*od. deitar, lançar*) *a(s) ~(s) de a/c. a* (*od. sobre*) *alg.* j-m die Schuld an et. (*dat.*) geben (*od.* zuschieben); *ter a ~ de* schuld sn an (*dat.*); *ter ~ em* mitschuldig sn an (*dat.*); *a ~ é dele* er ist schuld.

culp|abilidade [kuɫpɐβəli'ðaðə] *f* Schuld *f*; Strafbarkeit *f*; **~ado** [~'paðu] schuldig; **~ar** [~'par] (1a) beschuldigen; **~ável** [~'pavɛɫ] strafbar; **~oso** [~'pozu (-ɔ-)] schuldhaft.

cultiv|ação [~tivɐ'sɐ̃u] *f* = *~o*; **~ador** [~ɐ'ðor] *m* Anpflanzer *m*, Bauer *m*; Züchter *m*; Pfleger *m*; ⊕ Kultivator *m*; **~ar** [~'var] (1a) *Land* bebauen; *Pflanze* anbauen; *Talent* pflegen, ausbilden; **~ável** [~'vavɛɫ] anbaufähig; **~o** [~'tivu] *m* Bebauung *f*; Anbau *m*; Pflege *f*.

culto ['kuɫtu] **1.** *adj.* gebildet (*Person*); gesittet (*Volk*); gepflegt (*Stil*); **2.** *m* Gottesdienst *m*, Kultus *m*; Verehrung *f*, Kult *m*; *liberdade f de ~s* Religionsfreiheit *f*.

cultor [kuɫ'tor] *m* Anhänger *m*; Liebhaber *m*, Diener *m*; = *cultivador*.

cultur|a [~'turɐ] *f* ✐ Bebauung *f*; Anbau *m*; Zucht *f*; *fig.* Bildung *f e-s Menschen*; Pflege *f*, Ausbildung *f e-s Talents*; Kultur *f e-s Volkes*; *~ dos campos* Ackerbau *m*; *~ física* Körperpflege *f*; *Sport*: Leibeserziehung *f*; *~ geral* Allgemeinbildung *f*; *sem ~* ungebildet; **~al** [~tu'raɫ]

Kultur...; Bildungs...; kulturell.
cume [ˈkumə] *m* Gipfel *m*; Spitze *f*.
cume|ada [kuˈmjaðɐ] *f* Gebirgskamm *m*; Bergrücken *m*; = **~eira** [~eirɐ] *f* (Dach-)First *m*.
cúmplice [ˈkũmplisə] **1.** *su*. Helfershelfer *m*, Komplice *m*; **2.** *adj*. mitschuldig.
cumplicidade [kũmpləsiˈðaðə] *f* Mittäterschaft *f*, Mitschuld *f*.
cumpr|idor [~priˈðor] verläßlich, zuverlässig; **~imentar** [~imẽnˈtar] (1a) (be)grüßen; Komplimente m. (*dat*.); beglückwünschen; **~imenteiro** [~imẽnˈteiru] übertrieben höflich; **~imento** [~iˈmẽntu] *m* Erfüllung *f*; Ausführung *f*; Gruß *m*; Begrüßung *f*; Höflichkeit *f*, Kompliment *n*; Glückwunsch *m*; **~s** *pl*. Glückwunsch-adresse *f*, -besuch *m*, -ansprache *f*; *apresentar* (*od*. *dar*) *~s a* = *~imentar*; *dar ~ a* = **~ir** [~ˈprir] (3a) erfüllen; ausführen, vollstrecken; *Wort* halten; *~ trinta anos* das dreißigste Lebensjahr vollenden; *v/i*. obliegen; *j-s* Pflicht sn; nötig (*od*. angebracht sn; *~ com os seus deveres* (*od*. *as suas obrigações*) s-n Verpflichtungen nachkommen; *com alg*. s-e Verpflichtungen gegen j-n erfüllen.
cúmulo [ˈkumulu] *m* Haufe(n) *m*; Gipfel *m*; *~s pl*. Haufenwolken *f/pl*.; *é o ~* das ist die Höhe; *por ~* zum Überfluß; *para* (*od*. *por*) *~ da desgraça* um das Unglück voll zu m.
cuneiforme [kuneiˈfɔrmə] keilförmig, Keil...
cunha [ˈkuɲɐ] *f* Keil *m*; *fig*. F gute Beziehungen *f/pl*.; *à ~* voll; *meter uma ~* ein gutes Wort einlegen (bei *a*).
cunhad|a [kuˈɲaðɐ] *f* Schwägerin *f*; **~o** [~u] *m* Schwager *m*.
cunh|agem [~ˈɲaʒɐ̃i] *f* Prägung *f*; **~ar** [~ar] (1a) prägen; *fig*. *a*. hervorheben; **~o** [ˈkuɲu] *m* Prägestempel *m*; *fig*. Gepräge *n*.
cupão(s, -ões) [kuˈpɐ̃u] *m(pl.)* Kupon *m*.
cupidez [~piˈðeʃ] *f* Gier *f*.
cupim *bras*. [~ˈpĩ] *m* Termite *f*.
cúprico [ˈkupriku] Kupfer...
cuprífero [kuˈprifəru] kupferhaltig.
cúpula [ˈkupulɐ] *f* Kuppel *f*; ⊕ Dom *m*, Haube *f*; ⚘ Kelch *m*; *Regierungs-*, *Partei-*Spitze *f*; Spitzenfigur *f*; *reunião f de ~* Gipfelkonferenz *f*; *pela ~* von oben.
cura [ˈkurɐ] **1.** *f* Heilung *f*; Kur *f*; *ter ~* heilbar sn; zu reparieren sn; **2.** *m* Pfarrer *m*; *~ de almas* Seelsorger *m*.
cur|ador [kurɐˈðor] *m* Pfleger *m*, Vormund *m*; Kurator *m*; **~adoria** [~ɐðuˈriɐ] *f* Vormundschaft *f*; **~andeiro** [~ɐ̃nˈdeiru] *m* Kurpfuscher *m*, Quacksalber *m*; **~andice** [~ɐ̃nˈdisə] *f* Kurpfuscherei *f*; **~ar** [~ˈrar] (1a) heilen, gesund m.; (ärztlich) behandeln; bleichen; *Fleisch* dörren; *v/i*. heilen; wieder gesund w., genesen; *~ de* sich abgeben mit; behandeln (*ac*.), pflegen (*ac*.); **~ar-se** sich behandeln; = *v/i*.; *fig*. sich bessern; **~are** [~ˈrarə] *m* Pfeilgift *n*; **~atela** [~ɐˈtɛlɐ] *f* Vormundschaft *f*, Kuratel *f*; **~ativo** [~ɐˈtivu] **1.** *adj*. heilkräftig, Heil...; **2.** *m* Heilmittel *n*; Pflaster *n*; *Zahn-*Einlage *f*; *receber ~ de* behandelt w. an (*dat*.); *~ dum ferimento* Wundverband *m*; **~ável** [~ˈravɛł] heilbar.
cúria [ˈkurjɐ] *f* Kurie *f*.
curinga [kuˈrĩŋgɐ] *m* Joker *m*.
curios|idade [~rjuziˈðaðə] *f* Neugierde *f*; Wißbegier *f*; Sehenswürdigkeit *f*, Seltenheit *f*; *estar com ~ de*, *aguardar com ~* neugierig (*od*. gespannt) sn auf (*ac*.); **~o** [~ˈrjozu (-ɔ-)] neugierig; merkwürdig; *estar ~ por inf*. gespannt darauf sn zu (*inf*.).
curr|al [kuˈʀał] *m* Stall *m*; Hürde *f*; **~o** [ˈkuʀu] *m* *Stier-*Zwinger *m*; Auswahl *f* (*von Stieren*).
curs|ado [kurˈsaðu]: *~ em* geübt in (*dat*.); zu Hause in (*dat*.); **~ar** [~ar] (1a) *Fach* studieren; *Kurs* absolvieren, m.; *Universität* besuchen; tragen (*Geschütz*); **~ista** [~iʃtɐ] *m* Kursteilnehmer *m*; **~o** [ˈkursu] *m* Lauf *m*; Gang *m*; Lehrgang *m*; *Sprach-*Kurs(us) *m*; *univ*. Vorlesung *f*; *Geld-*Umlauf *m*; ⊕ Hub *m*; *~ de Medicina*, *etc*. das medizinische *usw*. Studium; *fazer o ~ de Direito* (*de Engenharia*) Rechts- (Ingenieur-)wissenschaft studieren; *em ~* im Gange *od*. im Umlauf (befindlich); laufend; *ter ~* Kurs h., im Umlauf sn; *fig*. gebräuchlich (*od*. gangbar) sn; *ter um ~* studiert h.; *dar* (*livre*) *~ a* freien Lauf l. (*dat*.); *de* (*médio*) *~* (Mittel)strecken...; **~or** [~or] *m* ⊕ Läufer *m*, Schieber *m*.
curteza [~ˈtezɐ] *f* Kürze *f*; Knapp-

heit *f*; Beschränktheit *f*; ~ *de vista* *fig.* Kurzsichtigkeit *f*.
curt|idor [~ti'ðor] *m* Gerber *m*; **~imenta** [~i'mẽntɐ] *f vin.* Gärung *f*; = **~imento** [~i'mẽntu] *m* Gerben *n*; Rösten *n*; Einlegen *n*; **~ir** [~'tir] (3a) *Leder* gerben, lohen; *Flachs* rösten; *Oliven* einlegen; *fig.* (ab-)härten; (er)leiden.
curto ['kurtu] kurz; knapp; rasch; *fig.* beschränkt; schüchtern; ~ *de palavras* wortkarg; ~ *de vista* kurzsichtig; *ser* ~ *de espírito, ter o espírito* ~ beschränkt sn; **~-circuito** [~sir'kuitu] *m* Kurzschluß *m*.
curtume [kur'tumə] *m* Gerbverfahren *n*; Gerbstoff *m*, Lohe *f*; *fábrica f de* ~*s* Gerberei *f*; *indústria f de* ~*s* Lederindustrie *f*.
curul [ku'ʀuɫ] *f*: *fig.* Rang *m*, Spitze *f*.
curupira *bras.* [~ru'pirɐ] *m* Waldgeist *m*.
curva ['kurvɐ] *f* Kurve *f*; Kehre *f*; Biegung *f*; krumme Linie *f*; Bogen *m*; ~ *da perna* Kniekehle *f*.
curv|ado [kur'vaðu] krumm; *fig.* gebeugt; ergeben; **~ar** [~ar] (1a) krümmen, biegen; *fig.* beugen; *Kopf* senken; *v/i.* sich krümmen, sich biegen; **~ar-se** sich bücken; sich verneigen; ~ *aos pés de alg.* sich j-m zu Füßen werfen; **~atura** [~vɐ'turɐ] *f* Krümmung *f*; Wölbung *f*; Biegung *f*.
curv|ilíneo [~vi'linju] krummlinig; **~o** ['kurvu] krumm, gebogen.
cuspe ['kuʃpə] *m* = *cuspo*.
cúspide ['kuʃpiðə] *f* Spitze *f*.
cusp|ido [kuʃ'piðu]: *ser* ~ hinausgeschleudert w.; **~ir** [~ir] (3h) spucken, speien; schleudern; ausspucken, -werfen; **~o** ['kuʃpu] *m* Speichel *m*, Spucke *f*.
custa ['kuʃtɐ] *f* ⚖: ~*s* Kosten *pl.*; *à(s)* ~*(s) de* auf Kosten von; durch, mit; *à* ~ *de inf.* weil *ind.*
cust|ar [kuʃ'tar] (1a) kosten; schwerfallen; ~ *caro* teuer sn, *fig.* teuer zu stehen kommen (*ac.*); ~ *os olhos da cara* ein Vermögen kosten; ~ *a crer* schwer zu glauben sn; *a gente custa* P es fällt schwer; *não* ~ *(nada)* (ganz) leicht sn; (gar) keine Mühe m.; **~eamento** [~tjɐ'mẽntu] *m* Unkosten *pl.*; Kostenaufwand *m*; Finanzierung *f*; **~ear** [~'tjar] (11) die Kosten *e-r Sache* tragen; *Ausgaben* bestreiten; *Unternehmen* finanzieren; die Unkosten *e-r Sache* veranschlagen; **~eio** [~'teju] *m* = ~*eamento*; **~o** ['kuʃtu] *m* Preis *m*, Kosten *pl.*; *fig.* Mühe *f*; *a* ~ mit Mühe, mühsam; *a muito* ~ mit Mühe u. Not, kaum; *a todo o* ~ unbedingt; *a* ~ *de* unter, mit (*dat.*); *o* ~ *da vida* die Lebenshaltungs-, ~*s de produção* Gestehungskosten *pl.*; *ajuda f de* ~*s* Unkostenbeitrag *m*; *preço m de* ~ Selbstkostenpreis *m*.
custódi|a [~'tɔðjɐ] *f* Gewahrsam *m*; Obhut *f*; Schutz *m*; *rel.* Monstranz *f*; ~ *protectora* Schutzhaft *f*; **~o** [~u] **1.** *m* Wächter *m*, Kustos *m*; **2.** *adj. anjo m* ~ Schutzengel *m*.
custoso [~'tozu (-ɔ-)] kostspielig; *fig.* mühselig, schwierig.
cutâneo [ku'tɐnju] Haut...; *erupção f -a* Ausschlag *m*.
cutel|a [~'tɛlɐ] *f* Fleisch-, Hackmesser *n*; ✓ Rebmesser *n*; **~aria** [~təlɐ'riɐ] *f* Messer-schmiede *f*, -fabrik *f*; Messer- u. Scherengeschäft *n*; ~*s pl.* Messerwaren *f/pl.*; **~eiro** [~tə'leiru] *m* Messerschmied *m*; Messerhändler *m*; **~o** [~u] *m* Hackbeil *n*; Hackmesser *n*; ✓ Rebmesser *n*; *mont.* Hirschfänger *m*; *poét.* Schwert *n*; ~*s pl.* Beisegel *n/pl.*
cúter ['kutɛr] *m* Kutter *m*.
cutil|ada [kuti'laðɐ] *f* *Messer*-Stich *m*; *Säbel*-Hieb *m*; **~aria, ~eiro** [~lɐ'riɐ, ~'leiru] = *cutelaria, cuteleiro.*
cútis ['kutiʃ] *f* Haut *f*.
czar [gzar] *m* Zar *m*.

D

D, d [de] *m* D, d *n*.
da [dɐ] *Zssg der prp.* de *mit art.* (*od. pron.*) *a*.
dacolá [dɐku'la] von dort (her); daher; daraus.
dactil|ógrafa [da(k)ti'lɔɣrɐfɐ] *f* Schreib-kraft *f*, -hilfe *f*; **~ografado** [~luɣrɐ'faðu] maschinenschriftlich; **~ografar** [~luɣrɐ'far] (1b) mit der Maschine schreiben, F tippen; **~ografia** [~luɣrɐ'fiɐ] *f* Maschinenschreiben *n*; **~ográfico** [~lu'ɣrafiku] maschinenschriftlich.
dádiva ['daðivɐ] *f* Gabe *f*, Geschenk *n*.
dad|o ['daðu] **1.** *p.p. v. dar*; *fig.* ergeben; anhänglich; *ser ~ a alg. fazer a/c.* j-m vergönnt sein et. zu tun; *dado* (*m*), *dada* (*f*) in Anbetracht (*gen.*), infolge (*gen.*); *~ que* in Anbetracht dessen, daß; da; **2.** *m* a) Würfel *m* (*estão lançados* sind gefallen); *lançar os ~s* würfeln; b) Gegebenheit *f*; Umstand *m*; ⚔ gegebene Größe *f*; *~s pl.* Unterlagen *f/pl.*; Daten *n/pl.*; **~or** [dɐ'ðor] *m* Geber *m*; Spender *m*; Stifter *m*.
daí [dɐ'i] von da, von dort; (von) da weg, her; *fig.* hier- (*od.* dar-) aus; daher; *anda ~*, *vem ~* komm her *od.* mit).
dalém [dɐ'lɐ̃i] *Zssg v. de u. além*.
dali [~'li] von da, von dort; da-, dort-her; *fig.* daraus; daher.
dália ['daljɐ] *f* Dahlie *f*.
dalt|ónico [daɫ'tɔniku] farbenblind; **~onismo** [~tu'niʒmu] *m* Farbenblindheit *f*.
dama ['dɐmɐ] *f* Dame *f*; *jogo m das ~s* Damespiel *n*; *~ de companhia* Gesellschafterin *f*.
damas|ceno [dɐmɐʃ'senu] = *~quino*; **~co** [~'maʃku] *m* Damast *m*; ⚘ Aprikose *f*; **~queiro** [~'keiru] *m* Aprikosenbaum *m*; **~quilho, ~im** [~'kiʎu, ~'kĩ] *m* Halbdamast *m*; **~quinar** [~ki'nar] (1a) damaszieren; **~quino** [~'kinu] Damaszener(...).
dan|ação [dɐnɐ'sɐ̃u] *f* Verdammung *f*; Verderben *n*; *fig.* Wut *f*; **~ado** [~'naðu] wütend; verzweifelt (*Lage*), verzwickt; verrucht (*Charakter*); schlimm; **~ar** [~'nar] (1a) toll m.; aufbringen; zugrunde richten; schaden (*dat.*); **~ar-se** toll w. (*Hund*); *fig.* F hochgehen.
dança ['dɐ̃sɐ] *f* Tanz *m* (*a. fig.*); *meter-se na ~* sich darauf einlassen, mitmachen; *meter na ~* mit hineinziehen; *meter numa boa ~ j-m* etwas Schönes einbrocken.
danç|ante [dɐ̃'sɐ̃ntə]: *chá m ~* Tanztee *m*; **~ar** [~ar] (1p) tanzen; **~arino** *m*, **-a** *f* [~sɐ'rinu, -ɐ] (Ballett-)Tänzer(in *f*) *m*; Eintänzer(in *f*) *m*; **~ata** *bras.* [~atɐ] *f* Tanzerei *f*.
danific|ação [dɐnəfikɐ'sɐ̃u] *f* (Be-) Schädigung *f*, Schaden *m*; **~ado** [~'kaðu]: *ficar ~* Schaden erleiden; **~ar** [~'kar] (1n) beschädigen; Schaden zufügen.
dan|inho [~'niɲu] schädlich; gefährlich; *bicho m ~*, *insecto m ~* Schädling *m*; *ervas f/pl. -as* Unkraut *n*; **~o** ['dɐnu] *m* Schaden *m*; Verlust *m*; *fazer ~* schaden; Schaden zufügen; **~oso** [~ozu (-ɔ-)] schädlich.
dantes ['dɐ̃ntɨʃ] früher; vorher.
danubiano [dɐnu'βjɐnu] Donau...
daqu|ele [dɐ'kelə] *Zssg v. de u. aquele*; **~ém** [~ɐ̃i] *Zssg v. de u. aquém*; **~i** [~i] von hier (aus *od.* ab); hieraus; *~ a oito dias* heute in acht Tagen; *~ a pouco* bald, in Kürze; *~ em diante* von jetzt an, in Zukunft; *~ até lá* bis dahin; **~ilo** [~ilu] davon; dessen; desjenigen; von dem(jenigen), *oft a.*: dar-aus, -um *usw.*; aus dem(jenigen), um das(jenige) *usw.*
dar [dar] (1r) **1.** *v/t.* geben; reichen; schenken; ab-, her-geben; gewähren; *Lehrstoff* durchnehmen; *Töne usw.* von sich geben, ausstoßen; ergeben (*als Resultat*); *Arbeit usw.* machen; *Früchte* tragen; *Nutzen* (ein)bringen; *Zeit*, *Geld* verwenden auf (*ac.*), opfern (für [*ac.*]*para*, *por*); *Sonderbedeutungen in Verbindung mit Substantiven s. dort*; **2.** *v/i.*: *~ a* bewegen

(*ac.*); ~ *a inf.* anfangen zu *inf.*; ~ *a alg. fig.* es j-m geben; ~ *a entender* (*od. perceber*) zu verstehen geben; ~ *a fugir*, ~ *as pernas* (*od. aos calcanhares, às trancas, às de vila-diogo*) ausreißen; *ir* ~ *a* führen *od.* kommen nach (*od.* zu); ~ *com* stoßen auf (*ac.*), sehen (*ac.*); *j-n* treffen; ~ *como* halten für; ~ *de si* sich dehnen (Holz *usw.*); sich senken (Dach); nachgeben (Stütze); ~ *em* a) fallen auf (*od.* in) (*ac.*); ~ *nos olhos* (*na vista*) *fig* auffallen; b) werden (*z. B. verrückt*), w. zu (*z. B. zum Trinker*); dahin kommen zu *inf.*; ~ *em* (*od. contra*) stoßen gegen (*od.* auf [*ac.*]); (an-)rennen gegen; ⚓ auflaufen auf (*ac.*); ~ *em alg.* j-n schlagen; j-m zusetzen; ~ *com os olhos* (*od. a vista*) em gewahr werden (*ac.*), bemerken (*ac.*); ~ *consigo no chão* (*a janela abaixo, etc.*) auf den Boden (aus dem Fenster *usw.*) fallen; ~ *para* a) reichen für (*ac.*); b) gelten für (*ac.*); c) (hinaus)gehen nach *od.* auf (*ac.*); d) hinauslaufen auf (*ac.*); *gut, schlecht* ausgehen; *dá-me para* ich bekomme Lust auf (*ac.*) *od.* zu; ~ *por* halten für; betrachten als; (*não*) ~ *por* (nicht) achten auf (*ac.*), (nicht) (be)merken (*ac.*); ~ *pela coisa* dahinterkommen; ~ *a/c. por 100* et. für 100 hergeben; ~ *sobre* herfallen über (*ac.*); *deu-lhe a/c.* ihm ist et. zugestoßen; *deu-lhe um ataque* (*o sono*) er hat e-n Anfall (Schlaf) bekommen; *deu-lhe para* er ist darauf verfallen zu *inf.*; ihm ist *et.* (*nom.*) eingefallen; *ele* (*isto*) *não dá nada* aus ihm (daraus) wird nichts; **3.** ~**-se** vorkommen; eintreten; geschehen; ~ *bem* (*mal*) sich wohl (nicht wohl) fühlen; ~ *a* sich ergeben (*dat.*); sich widmen (*dat.*); ~ *com* verkehren mit; sich verstehen (*od.* vertragen) mit; ~ *por* sich halten (*od.* erklären, ausgeben) für; *não se* ~ *por achado,* (*od. entendido*) sich dumm stellen; *dá-se como certo* es gilt als sicher (*od.* erwiesen).

dard|ejar [dɐrðɨ'ʒar] (1d) (mit dem Speer) durchbohren; schleudern (auf [*ac.*]); *v/i.* blitzen (*Auge*); **~o** ['darðu] *m* Speer *m*; *Insekten*-Stachel *m* (*a. fig.*); *Schlangen*-Zunge *f*; *fig.* bissige Bemerkung *f*; *Sport*: *lançamento de* ~ Speerwerfen *n.*

dat|a ['datɐ] *f* Datum *n*; *uma* ~ *de* e-e Menge; *de fresca* (*od. nova*) ~ neueren Datums; F frischgebacken; *de longa* (*od. velha*) ~ langjährig, alt; von langer Hand; *em* ~ *de* mit Datum vom; **~ar** [dɐ'tar] (1b) datieren; ~ *de* stammen aus (*od.* von); beginnen mit (*od.* in); **~ivo** [dɐ'tivu] *m* dritte(r) Fall *m*, Dativ *m*.

de [də] **1.** *vertritt den deutschen Genitiv*; **2.** *attributiv*: a) *Kennzeichnung nach Stoff, Form, Alter, Wesen usw.*: aus (*dat.*); *chapéu m* ~ *3 picos* Dreispitz *m*; *cadeira f* ~ *braços* Armstuhl *m*; ~ *20 anos* zwanzigjährig; *acto m* ~ *coragem* mutige Tat *f*; b) *Bestimmung*: *sala f* ~ *jantar* Eßzimmer *n*; *deixar* (*ficar*) ~ zurück-lassen (-bleiben) als; **3.** *Herkunft*: a) *Ausgangspunkt*: von (*dat.*); ~ ... *a* von ... zu *od.* nach; von ... bis; ~ *dia para dia* von Tag zu Tag; ~ *hoje a 8 dias* heute in 8 Tagen; ~ *amarelo tornou-se branco* s-e gelbe Farbe wurde weiß; ~ *simples jornalista fez-se ministro* vom einfachen Journalisten stieg er zum Minister auf; b) *Raum od. Herkunft*: aus (*dat.*); *vento do Norte* Nordwind *m*; **4.** *Ziel*: nach (*dat.*); *desejo m da morte* Todesverlangen *n*; **5.** *Ursache, Beweggrund*: an (*dat.*); von (*dat.*); *doente* ~ krank an (*dat.*); ~ *medo* (*alegria etc.*) vor *od.* aus Angst (Freude *usw.*); ~ *velho* (*contente*) vor Alter (Freude); **6.** *Mittel, Umstand*: mit (*dat.*); ~ *casaca* im Frack; ~ *costas* auf dem Rücken; ~ *novo* von neuem; ~ *todo* ganz und gar; ~ *per si* für sich allein; von sich aus; **7.** *zeitl. Umstand*: ~ *manhã* (*tarde, noite*) morgens (nachmittags, nachts), am Morgen (am Nachmittag, in der Nacht); ~ *dia* tagsüber, am Tage; **8.** *Maß, Anzahl, Wert, Größe*: *um copo* ~ *água* ein Glas Wasser; *1 m* ~ *fazenda* 1 Meter Stoff; *monte m* ~ *100 m* ~ *altura* 100 m hoher Berg *m*; *charuto m* ~ *1 escudo* Zigarre *f* zu 1 Escudo; *algo* (*nada*) ~ *novo* etwas (nichts) Neues; **9.** *Beifügung e-s Namens*: *a cidade* ~ *Lisboa* die Stadt Lissabon; *o título* ~ *Doutor* der Doktortitel; *o pobre do homem* der arme Mann; *pobre* ~ *mim* ich Armer; *o parvo do médico* der (*od.* dieser) Tropf von einem Arzt; **10.** *beim Komparativ*: als.

dê [de] **1.** *m Name des Buchstabens* **d**;

2. *s. dar.*
dealbar [djał'βar] (1a) *v/i.* erglänzen, schimmern.
deambul|ar [djẽmbu'lar] (1a) (umher-)wandeln, (-)schweifen; **~atório** [~lɐ'tɔrju] *m* Wandelgang *m*; ⚠ Chorumgang *m*.
deão(s, -ães, -ões) [djẽu(ʃ, -ẽiʃ, -õiʃ)] *m(pl.)* Dechant *m*, Propst *m*; *pol.* Doyen *m*.
debaixo [də'βaiʃu] unten; darunter; ~ *de* unter (*ac. u. dat*); unterhalb (*gen.*); *estar* ~ unten(durch) *od.* herunter sn; *ficar* ~ unterliegen; *meter* ~ unterkriegen.
debalde [~'βałdə] vergeblich.
debandada [~βẽn'daðɐ] *f* Auflösung *f*; (wilde) Flucht *f*; *fig.* Abwanderung *f*; *em* ~ auf der Flucht; Hals über Kopf, bunt durch-ea.; *pôr em* ~ in die Flucht schlagen; = **~ar** [~ar] (1a) (aus-ea.-)sprengen; *v/i. u.* **~ar-se** sich auflösen (*Heer, Ordnung*); fliehen; *fig.* abwandern; ~! ⚔ weggetreten!
debat|e [~'βatə] *m* Aus-ea.-setzung *f*, Debatte *f*; Verhandlung *f*; *parl.* Aussprache *f*; *em* ~ zur Verhandlung (*od.* zur Debatte) stehend; fraglich; **~er** [~βɐ'ter] (2b) erörtern, debattieren; verhandeln; **~er-se** sich sträuben; zappeln; sich herumschlagen *od.* kämpfen (mit *em, com*).
débil ['dɛβił] schwach; hinfällig; schwächlich.
debili|dade [dəβəli'ðaðə] *f* Schwäche *f*; Hinfälligkeit *f* (*physisch*); **debelar** [~βə'lar] (1c) niederwerfen; bezwingen; überwinden.
debicar [~βi'kar] (1n) (*em*) picken *od.* naschen (an [*dat.*]); *fig.* auf j-n (*od.* an j-m herum)sticheln.
~tação *f*, **-mento** *m* [~tɐ'sẽu, -'mẽntu] Schwächung *f*; Entkräftung *f*; **~tar** [~'tar] (1a) schwächen; entkräften; **~tar-se** schwach w.; s-e Kraft verlieren.
debitar [~βi'tar] (1a): ~ *alg. em* (*od. por*) ⚕ j-n belasten mit.
débito ['dɛβitu] *m* Schuld *f*; Soll *n*; *levar a* ~ *de alg.* j-n belasten mit.
debochado *gal.* [dəβu'ʃaðu] = *devasso.*
debruar [~'βrwar] (1g) einfassen; (aus)schmücken.
debru|çar [~βru'sar] (1p) niederbeugen; **~çar-se** sich (hinaus)lehnen; ~ *sobre fig.* sich beschäftigen (*od.* befassen) mit.
debrum [~'βrũ] *m* Einfassung *f*; Besatz *m*, Saum *m*.
debulha [~'βuʎɐ] *f* Drusch *m*.
debulh|ador [~βuʎɐ'ðor] *m* Drescher *m*; = **~adora** [~ɐ'ðorɐ] *f* Dreschmaschine *f*; **~ar** [~'ʎar] (1a) ent-hülsen, -körnen; *Getreide* dreschen; **~ar-se** sich *in Tränen* auflösen; **~o** [~'βuʎu] *m* Spreu *f*.
debux|ar [~βu'ʃar] (1a) zeichnen; skizzieren, entwerfen; **~o** [~'βuʃu] *m* Zeichnung *f*; Skizze *f*, Entwurf *m*; Plan *m*; Vorzeichnung *f*; Druckstock *m für Gewebedruck.*
deca... [dɛkɐ...] *in Zssgn* Zehn...; *z.B. decaedro m* Zehnflächner *m*; *decágono m* Zehneck *n*; *~litro m* Dekaliter *n*.
década ['dɛkɐðɐ] *f* Dekade *f*; Jahrzehnt *n*.
decad|ência [dəkɐ'ðẽsjɐ] *f* Verfall *m*, Niedergang *m*; Dekadenz *f*; *estar em* ~ verfallen; darniederliegen; **~ente** [~ẽntə] dekadent.
deca|ída [~'iðɐ] *f* Verfall *m*; Hinfälligkeit *f*; = ~ *imento*; **~ído** [~'iðu] hinfällig; **~imento** [~i'mẽntu] *m* Abnahme *f*; *fís.* Zerfall *m*; **~ir** [~'ir] (3l) verfallen; nachlassen (*Leistung*); sinken (*Ansehen usw.*); herunterkommen; ~ *da graça* in Ungnade fallen.
decalcar [~kał'kar] (1n) (durch-)pausen.
decálogo [dɛ'kaluɣu] *m die* Zehn Gebote *n/pl.*
decalque [də'kałkə] *m* Pause *f*; Abklatsch *m*.
decampar [~kẽm'par] (1a) das Lager abbrechen; abziehen.
decan|ado [~kɐ'naðu] *m* Dechanat *n*, Dekanat *n*; **~o** [~'kɐnu] *m* Dienst-, Rang-älteste(r) *m*; Dekan *m*.
decant|ação [~kẽntɐ'sẽu] *f* Klärung *f*, Läuterung *f*; **~ador** [~ɐ'ðor] *m* Kläranlage *f*; Klär-, Läuter-bottich *m*; **~ar** [~'tar] (1a) **a**) abgießen; klären, läutern; **b**) besingen.
decapitar [~kɐpi'tar] (1a) enthaupten; *allg.* köpfen; *fig.* (der Führung) berauben.
decatlo [dɛ'katlu] *m* Zehnkampf *m*.
decen|al [dəsɛ'nał] zehnjährig;

Zehnjahres...; **~ário** [~'narju] **1.** *adj.* zehnteilig; **2.** *m* zehnte(r) Jahrestag *m*.

decência [~'sẽsjɐ] *f* Anstand *m*; Einfachheit *f*; Reinlichkeit *f*.

decénio [~'sɛnju] *m* Jahrzehnt *n*.

decente [~'sẽntə] anständig; schicklich; unaufdringlich; reinlich.

decentraliz|ação [~sẽntrɐlizɐ'sɐ̃u] *f* Dezentralisation *f*; **~ar** [~'zar] (1a) dezentralisieren.

decepar [~sə'par] (1c) verstümmeln; *cir.* abnehmen; *allg.* ab-schneiden, -hacken *usw.*; *fig.* unterbrechen.

decep|ção [~sɛ'sɐ̃u] *f* Enttäuschung *f*; **~cionar** [~sju'nar] (1f) enttäuschen.

decerto [~'sɛrtu] gewiß.

decid|ido [~si'ðiðu] energisch; **~ir** [~ir] (3a) entscheiden; *Zweifel* lösen; *Tat* beschließen; ~ *a* veranlassen zu; ~ *de* beschließen über (*ac.*); **~ir-se** sich entschließen.

decifr|ar [~'frar] (1a) entziffern; *Rätsel* lösen; *Absicht* durchschauen; **~ável** [~avɛɫ] lesbar; lösbar; erkennbar; zu entziffern(d).

deci|grama [~'ɣrɐmɐ] *m* Zehntelgramm *n*, Dezigramm *n*; **~litro** [~'litru] *m* Deziliter *n*.

décima ['dɛsimɐ] *f* Zehntel *n*; Zehnte *m*, Zehent *m*; *lit.* Zehnzeiler *m*; ♪ Dezime *f*.

decim|al [dɛsi'maɫ] **1.** *adj.* Dezimal...; **2.** *f* Dezimalzahl *f*; **~ar** [~ar] (1a) = *dizimar*.

decímetro [də'simətru] *m* Zehntelmeter *n*, Dezimeter *n*.

décimo ['dɛsimu] **1.** *adj.* zehnt; **2.** *m der* zehnte Teil; Zehntel *n*.

decis|ão [dəsi'zɐ̃u] *f* Entscheidung *f* (*tomar* fällen); Lösung *f*; Beschluß *m*, Entschluß *m* (*tomar* fassen); Entschlossenheit *f*; *com* ~ entschlossen, energisch; **~ivo** [~ivu] entscheidend, ausschlaggebend; entschieden, klar; **~ório** [~ɔrju] entscheidend, Entscheidungs...

declam|ação [dəklɐmɐ'sɐ̃u] *f* Vortrag(skunst *f*) *m*; *cair na* ~ Phrasen dreschen; **~ador** [~ɐ'ðor] *m* Vortragskünstler *m*; F Phrasendrescher *m*; **~ar** [~'mar] (1a) vortragen; *v/i.* feierlich reden; *depr.* Phrasen dreschen; ~ *contra* eifern gegen; **~atório** [~ɐ'tɔrju] Vortrags...; *fig.* feierlich; *depr.* hochtrabend.

declar|ação [~rɐ'sɐ̃u] *f* Erklärung *f* (abgeben *fazer*); ⚜ *a.* Deklaration *f*; ⚖ *a.* Aussage *f*; **~adamente** [~ˌraðɐ'mẽntə] offensichtlich; = **~adas** [~'raðɐʃ]: *às* ~ offen; **~ante** [~'rɐ̃ntə] *m* Ausfertiger *m*; ⚖ Deklarant *m*; **~ar** [~'rar] (1b) erklären; *Zoll usw.*: deklarieren, verzollen; ⚖ *a.* aussagen; *fig.* ernennen zu; bezeichnen, nennen; *sein Herz* entdecken; **~ar-se** ausbrechen (*Feuer*); entstehen (*Aufregung usw.*); ~ *com alg.* sich j-m entdecken.

declin|ação [~inɐ'sɐ̃u] *f* Neigung *f*, Senkung *f*; *fig.* Verfall *m*; Rückgang *m*; Ende *n*; *ast.* Abweichung *f*; *geogr.* Mißweisung *f*; *gram.* Deklination *f*, Beugung *f*; **~ar** [~'nar] (1a) *v/i.* sich neigen, senken; *vom Meridian* abweichen, fehlweisen; *fig.* zurückgehen (*Fieber*); zu Ende gehen (*Leben*); *allg.* verfallen; *v/t.* zurückweisen; *Schuld* abwälzen (auf [*ac.*] *sobre*); *Blick* abwenden; *gram.* deklinieren, beugen; **~ável** [~'navɛɫ] beugungsfähig, deklinierbar.

declínio [~'klinju] *m* Niedergang *m*, Verfall *m*; Ende *n*.

decliv|ar [~kli'var] (1a) abfallen (*Gelände*); **~e** [~'klivə] **1.** *m* Hang *m* (*a. fig.*), Böschung *f*; Gefälle *n*; Neigung *f*; Abschüssigkeit *f*; *em* ~ = **2.** *adj.* = **~oso** [~ozu (-ɔ-)] abschüssig; bergab.

decoada [də'kwaðɐ] *f* Lauge *f*.

decoc|ção [~kɔk'sɐ̃u] *f* Absud *m*; *fazer a* ~ *de* auskochen (*ac.*); **~to** [~'kɔktu] *m* Absud *m*, Dekokt *n*.

decol|agem ✈ [~ku'laʒɐ̃i] *f* Start *m*; **~ar** [~ar] (1e) starten, abheben.

decomp|onível [~kõmpu'nivɛɫ] ⚗ abbaufähig; **~or** [~'por] (2zd) zerlegen; zersetzen (*a. fig.*); *Gesichtszüge* entstellen; ⚗ abbauen; *Atom* zertrümmern; **~or-se** zerfallen; sich auflösen; verfaulen; verderben; **~osição** [~uzi'sɐ̃u] *f* Zerlegung *f*; Zersetzung *f* (*a. fig.*); ⚗ Abbau *m*; Zerfall *m* (*a. fig.*); Fäulnis *f*; Verwesung *f* (*Leiche*); *em* ~ verdorben.

decor|ação [~kurɐ'sɐ̃u] *f* Ausschmückung *f*, Dekoration *f*; (Fest-) Schmuck *m*; *tea.* Bühnenausstattung *f*; **~ador** [~ɐ'ðor] *m Schaufenster*-Dekorateur *m*; Innenarchitekt *m*; Bühnenbildner *m*; **~ar** [~'rar] (1e) **a)** (aus)schmücken, dekorieren; **b)** auswendig lernen; be-

halten; **~ativo** [~ɐ'tivu] dekorativ.
decor|o [~'koru] *m* Anstand *m*; Würde *f*; **~oso** [~ku'rozu (-ɔ-)] anständig.
decorr|ência [~ku'ʀẽsjɐ] *f* Verlauf *m*; Folge *f*; **~er** [~ku'ʀer] (2d) verlaufen, verstreichen (*Zeit*); stattfinden; geschehen; ~ *de* folgen (*od.* sich ergeben) aus; *no* ~ *de* im Verlauf (*gen.*); im Laufe *der Zeit*; **~ido** [~iðu] nach (*dat.*); abgelaufen (*Jahr*).
decot|ado [~'taðu] dekolletiert; **~ar** [~ar] (1e) beschneiden, stutzen; *Kleid* ausschneiden; **~ar-se** ausgeschnittene Kleider tragen; **~e** [~'kɔtə] *m* Ausschnitt *m am Kleid.*
decr|épito [~'krɛpitu] gebrechlich; hochbetagt; **~epitude** [~əpi'tuðə] *f* Gebrechlichkeit *f*; Alter *n*; *em* ~ altersschwach.
decresc|endo [~kriʃ'sẽndu] *m* ♪ Dekrescendo *n*; **~er** [~er] (2g) abnehmen; fallen (*Wasserstand*); abschwellen (*Ton*); **~imento** [~si'mẽntu] *m* Abnahme *f*; Rückgang *m*; Abschwellen *n*.
decréscimo [~'krɛʃsimu] *m* = *decrescimento.*
decret|ar [~krə'tar] (1c) verordnen; verfügen, den Befehl erlassen; **~o** [~'krɛtu] *m* Verordnung *f*; Ratschluß *m*, Wille *m Gottes*; **~o-lei** [~ˌkrɛtu'lei] *m* Gesetzesverordnung *f*.
decúbito [~'kuβitu] *m* Ruhelage *f*; ~ *dorsal* Rückenlage *f*.
décuplo ['dɛkuplu] zehnfach.
decurso [də'kursu] *m* Verlauf *m*; Dauer *f*; *no* ~ *de* während (*gen.*).
ded|ada [~'ðaðɐ] *f* Fingerspitze *f* voll; Fingerabdruck *m*; **~al** [~aɫ] *m* Fingerhut *m*; **~aleira** [~ðɐ'leirɐ] *f* ⚘ Fingerhut *m*; **~eira** [~eirɐ] *f* Fingerling *m*.
dedic|ação [~ðikɐ'sɐ̃u] *f* Hingabe *f*; Fleiß *m*; Verwendung *f*; Widmung *f*; **~ado** [~'kaðu] eifrig, fleißig; ergeben; **~ar** [~'kar] (1n) widmen; *Buch a.* zueignen; *Liebe usw.* schenken; *Mittel* verwenden (auf [*ac.*] *a*); **~ar-se** sich *j-m* ergeben; sich *Gott usw.* weihen; **~atória** [~ɐ'tɔrjɐ] *f* Widmung *f*.
dedilh|ação ♪ [~ðiʎɐ'sɐ̃u] *f* Fingersatz *m*; **~ar** [~'ʎar] (1a) ♪ *Saiten* schlagen; *Stück* klimpern; *Noten* mit Fingersatz versehen.
dedo ['deðu] *m* Finger *m*; *Fuß*-Zehe *f*; *fig.* Hand *f*; *a* ~ mit dem (den) Finger(n); *como os próprios* ~*s* in- und auswendig; *dar ao* ~ emsig nähen; *dois* ~*s de* ein bißchen; e-n Schluck; *ter* ~ *para* Geschick h. für.
dedu|ção [dəðu'sɐ̃u] *f* Ableitung *f*; Folgerung *f*; Abzug *m*; *fil.* Deduktion *f*; ~ *feita de* nach Abzug (*gen.*); **~tivo** [~'tivu] deduktiv; **~zido** [~'ziðu]: ~(*s*), -*a*(*s*) + *su.* abgesehen von; **~zir** [~'zir] (3m) ableiten; folgern; *Kosten usw.* abziehen; *a* ~ abzüglich; **~zir-se** folgen, sich ergeben.
defas|agem [~fɐ'zaʒɐ̃i] *f* Phasendifferenz *f*, -verschiebung *f*; **~ar** [~ar] (1b) *fig.* überstürzen, vorwegnehmen.
defec|ação [~fəkɐ'sɐ̃u] *f* ⚕ Stuhl (-gang) *m*; **~ar** [~'kar] (1n; *Stv.* 1c) klären, läutern; *v/i.* den Darm entleeren, Stuhlgang h.
defecção [~fɛk'sɐ̃u] *f* Fahnenflucht *f*; Austritt *m aus e-r Partei usw.*
defec|tível [~fɛ(k)'tivɛɫ] fehlerhaft; fehlbar; **~tivo** [~'tivu] unvollständig.
defeit|o [~'feitu] *m* Fehler *m*; Gebrechen *n*; Mangel *m*; **~uoso** [~fei'twozu (-ɔ-)] fehlerhaft, schadhaft; unvollständig; mangelhaft.
defen|der [~fẽn'der] (2a) verteidigen; (be)schützen (*de* vor [*dat.*]); untersagen; **~der-se** sich durchschlagen; ~ *de* sich verteidigen (*od.* behaupten) gegen; **~dível** [~'divɛɫ] = ~*sável*; **~sa** [~'fẽsɐ] *f* = *defesa*; ~*s pl.* ⚓ Stoßhölzer *n/pl.*; **~são** [~ẽ'sɐ̃u] = *defesa*; **~sável** [~ẽ'savɛɫ] verteidigungsfähig; haltbar, vertretbar (*Ansicht*); entschuldbar (*Benehmen*); **~siva** [~ẽ'sivɐ] *f* Verteidigung(szustand *m*) *f*; **~sível** [~ẽ'sivɛɫ] = ~*sável*; **~sivo** [~ẽ'sivu] Verteidigungs...; Abwehr...; Schutz...; **~sor** [~ẽ'sor] *m* Verteidiger *m*.
defer|ência [~fə'rẽsjɐ] *f* Gefälligkeit *f*; Ehrerbietung *f*; **~ente** [~ẽntə] gefällig, freundlich; **~imento** [~ri'mẽntu] *m* Bewilligung *f e-s Gesuchs*; Übertragung *f*; Verleihung *f*; *não ter* ~ abschlägig beschieden w.; **~ir** [~ir] (3c) *Gesuch* bewilligen; *Amt* übertragen; *Würde* verleihen; *v/i.* willfahren; sich richten (nach *a*); **~ível** [~ivɛɫ] statthaft, möglich.

defes|a [~'fezɐ] **1.** *f* Verteidigung *f*; Abwehr *f*; Schutz *m*; Verbot *n*; **~s** *pl.* Fangzähne *m/pl.*; Hörner *n/pl.*, Geweih *n*; **2.** *m Sport*: Verteidiger *m*; **~o** [~u] **1.** *adj.* verboten; **2.** *m* Schonzeit *f*.
défice ['dɛfisə] *m* Fehlbetrag *m* (*cobrir* ausgleichen), Defizit *n*.
defici|ência [dəfi'sjẽsjɐ] *f* Mangel *m*; Schwäche *f*; Fehlerhaftigkeit *f*; *Gewichts*-Ausfall *m*; **~entado** [~ẽn-'taðu] kriegsbeschädigt; **~ente** [~ẽntə] mangelhaft; fehlerhaft; körperbehindert; **~tário** [~si'tarju] defizitär.
definh|ado [~fi'ɲaðu] abgezehrt, mager; hinfällig, elend; welk; **~amento** [~ɲɐ'mẽntu] *m* Abgezehrtheit *f*; Hinfälligkeit *f*; Welkheit *f*; Verfall *m*; Rückgang *m*; **~ar** [~ar] (1a) ausmergeln; verzehren; **~ar-se** abmagern; dahinwelken.
defin|ição [~fəni'sɐ̃u] *f* Erklärung *f*; Begriffsbestimmung *f*, Definition *f*; **~ido** [~'niðu] *gram.* bestimmt (*Artikel*); **~ir** [~'nir] (3a) bestimmen, definieren; erklären; abgrenzen; **~ir-se** Stellung nehmen, sich entscheiden; sich herausstellen; **~itivo** [~i'tivu] endgültig; End...; *em ~* letzten Endes; **~ível** [~'nivɛł] bestimmbar.
deflação [~flɐ'sɐ̃u] *f* Aufwertung *f*.
deflagr|ação [~ɣrɐ'sɐ̃u] *f* Explosion *f*; *Kriegs*-Ausbruch *m*; Ausrufung *f*; **~ador** [~ɐ'ðor] *m* Zünder *m*; Auslöser *m*; **~ar** [~'ɣrar] (1b) abbrennen, zur Explosion bringen; *fig.* auslösen, entfesseln; *Streik* ausrufen; *v/i.* explodieren (*Bombe*); auflodern; *fig.* entbrennen, ausbrechen.
deflor... *s. desflor...*
defluxo [~'fluksu] *m* ⚕ Schnupfen *m*; *allg.* Fluß *m*.
deform|ação [~furmɐ'sɐ̃u] *f* Entstellung *f*; Miß-, Um-bildung *f*; **~ar** [~'mar] (1e) entstellen; ver-, um-bilden; **~e** [~'fɔrmə] entstellt; unförmig, häßlich; **~idade** [~i'ðaðə] *f* Mißgestalt *f*; Verunstaltung *f*; ⚕ *a.* Gebrechen *n*.
defraud|ação [~frauðɐ'sɐ̃u] *f* Veruntreuung *f*; Unterschlagung *f*; Hinterziehung *f*; **~ador** [~ɐ'ðor] *m* Defraudant *m*; **~ar** [~'ðar] (1a) *j-n* berauben; *j-n um et.* bringen; *Erbschaft* hinterziehen; *Geld* unterschlagen; veruntreuen; *das Gesetz* umgehen; *Hoffnung* täuschen.
defront|ar [~frõn'tar] (1a): *~ com* gegenüber-liegen, -sitzen, -stehen (*dat.*); = **~ar-se** *com* stehen vor (*dat.*), rechnen müssen mit; sich messen mit, gegenübertreten (*dat.*); **~e** [~'frõntə] gegenüber(-liegend, -sitzend, -stehend); *~ a, de* gegenüber (*dat.*); vor.
defum|ado [~fu'maðu]: *carne -a* Rauchfleisch *n*; **~ar** [~ar] (1a) (aus-, ein-, ver-)räuchern.
defunto [~'fũntu] verstorben.
degas *bras.* ['dɛgɐs] *m* Erfolgsmensch *m*, Angeber *m*; P Umschreibung für „ich": *o ~ não vai* da geht der hier nicht hin.
degel|ar [~ʒə'lar] (1c) auftauen; **~o** [~'ʒelu] *m* Tauwetter *n*.
degener|ação [~nərɐ'sɐ̃u] *f* Entartung *f*; Ausartung *f*; **~ar** [~'rar] (1c) entarten; *~ em* ausarten in (*ac.*).
deglutir [dəɣlu'tir] (3a) (ver-)schlucken, (-)schlingen.
degol|ação [dəɣulɐ'sɐ̃u] *f* Enthauptung *f*; Ermordung *f*; Schlachten *n durch Kehlschnitt*; **~ar** [~'lar] (1e) die Kehle ab- (*od.* durch-)schneiden; enthaupten; (ab)schlachten; niedermetzeln.
degrad|ação [dəɣrɐðɐ'sɐ̃u] *f* Degradierung *f*; Erniedrigung *f*; Verwilderung *f* (*Geschmack, Sitten*); *pint.* Abstufung *f*; *geol.* Verwitterung *f*; **~ante** [~'ðẽntə] niedrig, würdelos; **~ar** [~'ðar] (1b) degradieren; erniedrigen, entwürdigen; abstufen; verderben.
degrau [~'ɣrau] *m* Stufe *f*; Sprosse *f*; Grad *m*, Rang *m*.
degred|ar [~ɣrə'ðar] (1c) verbannen; **~o** [~'ɣreðu] *m* Verbannung *f*.
degustar [~ɣuʃ'tar] (1a) abschmekken; kosten.
deit|ado [dei'taðu] liegend; im Liegen; *estar ~* (zu Bett) liegen; **~ar** [~ar] (1a) **1.** werfen; (hin-, nieder-)legen; *Flüssigkeit* (ein-, ver-)gießen; *Feuer, Blut* speien, spucken; *Dampf, Fluch* ausstoßen; *Feuerwerk* abbrennen; *Ballon* fliegen l.; *Schuld* zuschieben; *Brief* einwerfen; *Karten* legen; *Los* werfen; *Netz* auswerfen; *Schiff* zu Wasser l.; *Bruthenne* setzen; *Eier* unterlegen; *Kleid, Fesseln* anlegen; *Knospen* treiben; *~ no chão* niederwerfen; = *~ abaixo* ab-, ein-, hin-, niederreißen; *Regierung* stür-

zen; ~ *fora* weg-werfen, -gießen; *j-n* wegjagen; *Zunge* herausstrecken; ausspucken; ~ *por fora* überlaufen; ~ *para* hinausgehen nach; ~ *a inf.* anfangen zu *inf.*; ~ *a fugir* ausreißen; ~ *os dentes etc. a* mit den Zähnen *usw.* packen; **2. ~ar-se** schlafen gehen; ~ *a* sich verlegen auf (*ac.*); = *largar-se a.*

deixa [ˈdeiʃɐ] *f tea.* Stichwort *n.*

deix|á-lo [deiˈʃalu] macht nichts!; **~ar** [~ar] (1a) **1.** lassen; *Ort, Person* verlassen; *von der Schule usw.* abgehen; *Habe, Angehörige* zurücklassen; *et. irgendwo* stehen- (*od.* liegen-) l.; *j-n zu Hause usw.* absetzen; *beim Tode* hinterlassen; *Plan usw.* aufgeben; *Arbeit* niederlegen; *Pflicht* unterlassen; *Festgehaltenes* loslassen; *Beschlagnahmtes* freigeben; *Schuld* er-, nachlassen; *Eigenes* abtreten; *j-m e-e Entscheidung* überlassen; *Unerlaubtes* zulassen, erlauben; *Unnötiges* weglassen; *Gewinn* abwerfen; ~ *dito Befehl* hinterlassen; ~ *feito* (*od. pronto, acabado etc.*) fertigmachen; ~ *descrito* (*encarregado, etc.*) beschrieben (beauftragt *usw.*) h.; ~ *triste* (*alegre*) traurig (froh) m.; ~ *de* a) aufhören zu; b) vergessen (*od.* es unterl.) zu; c) sich hüten zu; ~ *muito que* (*od. para*) *desejar* viel zu wünschen übriglassen; *não* ~ *de inf.* auf jeden Fall *et. tun*; *não poder* ~ *de inf.* nicht umhin können zu *inf.*, *et. tun* müssen; *deixe que* a) erlauben Sie, daß; b) warten Sie nur, bis; *ora deixe-me!* lassen Sie mich doch zufrieden!; *deixe estar!* lassen Sie nur!; **2. ~ar-se** *ir* sich gehenlassen; sich vernachlässigen; ~ *de a/c.* et. lassen; ~ *estar* dableiben; sitzen (*od.* liegen) bleiben; sich nicht bemühen; ~ *sentir* fühlbar werden.

dejec|ção [diʒɛˈsɐ̃u] *f* Darmentleerung *f*, Stuhlgang *m*; *Vulkan*-Auswurf *m*; **~to(s)** [~ˈʒɛtu(ʃ)] *m*(*/pl.*) Kot *m.*

dela(**s**) [ˈdɛlɐ(ʃ)] *Zssg v. de mit pron. ela*(*s*).

delação [dəlɐˈsɐ̃u] *f* Anzeige *f.*

delambido [~lẽmˈbiδu] fad.

delapid|ação [dəlɐpiδɐˈsɐ̃u] *f* Vergeudung *f*; *-ões pl.* Mißwirtschaft *f*; **~ar** [~ˈδar] (1a) vergeuden.

delat|ar [~lɐˈtar] (1b) anzeigen, denunzieren; **~ável** [~avɛł] anzeigepflichtig; **~or** [~or] *m* Spitzel *m.*

dele(**s**) [ˈdelə(ʃ)] *Zssg v. de mit pron. ele*(*s*).

deleg|ação [dələγɐˈsɐ̃u] *f* Abordnung *f*; Übertragung *f*; Zweigstelle *f*; = **~acia** [~ɐˈsiɐ] *f* Amt *n*; Vertretung *f*; Staatsanwaltschaft *f*; *bras.* Polizeikommissariat *n*; **~ado** [~ˈγaδu] *m* Abgeordnete(r) *m*; Beauftragte(r) *m*; Vertreter *m*; ⚖ Staatsanwalt *m*; *bras.* Polizeikommissar *m*; **~ar** [~ˈγar] (1o; *Stv.* 1c) *j-n* abordnen; *j-n mit et.* beauftragen; *j-m et.* übertragen; *j-n* (als Vertreter) entsenden.

deleit|ar [~leiˈtar] (1a) ergötzen; **~ável** [~avɛł] = ~*oso*; **~e** [~ˈleitə] *m* Wonne *f*; **~oso** [~ozu (-ɔ-)] ergötzlich; köstlich, wonnig.

delgado [dɛłˈγaδu] dünn; schlank.

deliber|ação [dəliβərɐˈsɐ̃u] *f* Überlegung *f*; Beratung *f*; Beschluß(fassung *f*) *m*; **~ado** [~ˈraδu]: *de caso* ~ mit Überlegung; absichtlich; **~ar** [~ˈrar] (1c) beschließen; *v/i.* ~ *sobre* beraten über (*ac.*); nachdenken über (*ac.*); **~ativo** [~ɐˈtivu] beschlußfassend; *voto m* ~ Stimmrecht *n.*

delicad|eza [~kɐˈδezɐ] *f* Zartheit *f*; Schwäche *f*; Empfindlichkeit *f*; Zartgefühl *n*, Takt *m*; (zarte) Aufmerksamkeit *f*; *de* ~ heikel (*Lage*); **~o** [~ˈkaδu] zart; dünn, fein; empfindlich; heikel; lecker; zartfühlend, taktvoll; aufmerksam.

delícia [~ˈlisjɐ] *f* Lust *f*, Wonne *f*; Entzücken *n*; *as* ~*s* die Freuden *f/pl.*; die Schönheiten *f/pl.*; *ser uma* ~ köstlich sn.

delici|ar [~liˈsjar] (1g) entzücken; **~ar-se** (*com*) sich freuen (an [*dat.*]); (*et.*) genießen; **~oso** [~ozu] köstlich; entzückend.

delimit|ação [~mitɐˈsɐ̃u] *f* Be-, Ab-grenzung *f*; (Grenz-)Ziehung *f*; **~ar** [~ˈtar] (1a) ab-, be-grenzen.

deline|ação *f*, **~amento** *m* [~njɐˈsɐ̃u, ~ɐˈmẽntu] Riß *m*; Umriß *m*; Entwurf *m*; **~ar** [~ˈnjar] (1l) umreißen; *in Umrissen* auf-, einzeichnen; *fig.* entwerfen; **~ativo** [~ɐˈtivu] umrißhaft, Umriß...

delinqu|ente [~lĩŋˈkwẽntə] **1.** *adj.* verbrecherisch; **2.** *m* Straftäter *m*; **~ir** [~ir] (3p—D1) sich vergehen.

delíquio [~ˈlikwju] *m* (Ohnmachts-) Anfall *m*; ⚗ Auflösung *f.*

delir|ante [~liˈrẽntə] wahnsinnig

(*a. fig.*); irreredend; tobend (*Volksmassen*); tosend (*Fest*); **~ar** [~ar] (1a) irrereden; *fig.* phantasieren, schwärmen; sich wie wahnsinnig gebärden; faseln.

delírio [~'lirju] *m* Wahnsinn *m*, Delirium *n*; *fig.* Schwärmerei *f*; tosende Begeisterung *f*; Toben *n*; Trubel *m*; ~ *alcoólico* (*febril*) Säufer- (Fieber-)wahn *m*; ~ *furioso* Tobsucht *f*; *ser um* ~ einfach fabelhaft sn.

delito [~'litu] *m* Vergehen *n*; (Straf-) Tat *f*, Verbrechen *n*; *em flagrante* ~ auf frischer Tat.

delong|a [~'lõŋgɐ] *f* Verzögerung *f*; Aufschub *m*; *fazer* ~*s* hinauszuschieben suchen; **~ar** [~lõŋ'gar] (1o) verzögern; auf-, hinaus-schieben.

demag|ogia [dəmɐɣu'ʒiɐ] *f* Demagogie *f*; Hetze *f*; **~ógico** [~'ɣɔʒiku] demagogisch; *propaganda f -a* = **~ogismo** [~u'ʒiʒmu] *m* Hetzpropaganda *f*; demagogische Haltung *f*; **~ogo** [~'ɣoɣu] *m* Demagoge *m*.

demais [də'maiʃ] **1.** *adv.* zuviel; zu sehr; ~ *a mais* im übrigen; zu allem Überfluß; *uma coisa por* ~ unerträglich; unglaublich; **2.** *adj.* zu viel; übrig; *o* ~ das übrige; *os* ~ die übrigen, die anderen.

demand|a [~'mẽndɐ] *f* ⚖ Streitsache *f*, Klage *f*; *fig.* Streit *m*; *mover* ~ e-n Prozeß anstrengen; *andar em* ~*s* herumprozessieren; *fig.* sich herumstreiten; *ir em* ~ *de* suchen nach; *em* ~ *de* auf der Suche nach; auf dem Wege nach (*od.* zu), ⚓ mit Kurs nach; **~ante** [~mẽn'dẽntə] *su.* Kläger(in *f*) *m*; **~ar** [~mẽn'dar] (1a) suchen nach; zu erreichen suchen, ⚓ ansteuern; nachsuchen um; fordern; benötigen; ⚖ verklagen.

demarc|ação [~mɐrkɐ'sɐ̃u] *f* Abgrenzung *f*; *linha f de* ~ Demarkationslinie *f*; **~ar** [~'kar] (1n; *Stv.* 1b) abstecken; abgrenzen; **~ar-se** sich profilieren; abrücken, sich distanzieren (von *de*).

demão(s) [~'mɐ̃u] *f* (*pl.*) Anstrich *m*; *dar uma* (*duas*) ~(*s*) ein- (zwei-)mal überstreichen; *dar a ultima* ~ letzte Hand anlegen.

demasia [~mɐ'ziɐ] *f* Übermaß *n*; Überschuß *m*; Übertreibung *f*; *em* ~ im Übermaß, zu sehr.

demasi|ado [~'zjaðu] zuviel; übermäßig; übertrieben; überflüssig; *adv.* (all)zu; zu sehr; **~ar-se** [~arsə] (1g) sich übernehmen; zu weit gehen.

demência [~'mẽsjɐ] *f* Irrsinn *m*.

demente [~'mẽntə] geisteskrank.

demi|ssão [~mi'sɐ̃u] *f* Rücktritt *m*; Entlassung *f*; *dar a* ~ *a alg.* = ~*tir*; *dar* (*od. pedir*) *a* ~ s-n Abschied einreichen; zurücktreten; **~ssionário** [~sju'narju] zurückgetreten; *estar* ~ s-n Abschied eingereicht h.; **~ssório** [~'sɔrju] Rücktritts...; Entlassungs...; **~tir** [~'tir] (3a) *s-s Amtes* entheben; *j-n* absetzen; *Gesandten* abberufen; *j-n* entlassen, verabschieden; ~ *de si* zurückweisen; **~tir-se** zurücktreten, s-n Abschied nehmen; ~ *de Amt* niederlegen; *Dienst* aufkündigen.

demo F ['demu] *m* Teufel *m*.

democr|acia [dəmukrɐ'siɐ] *f* Demokratie *f*; **~ata** [~'kratɐ] *m* Demokrat *m*; **~aticidade** [~təsi'ðaðə] *f* demokratische Absicht (*od.* Natur) *f*; **~ático** [~'kratiku] demokratisch; **~atização** [~tizɐ'sɐ̃u] *f* Demokratisierung *f*; **~atizar** [~ti'zar] (1a) demokratisieren.

demófilo [~'mɔfilu] *m* Volksfreund *m*.

demogr|afia [~ɣrɐ'fiɐ] *f* Bevölkerungsstatistik *f*; **~áfico** [~'ɣrafiku] Bevölkerungs..., der Bevölkerung.

demol|ição [~li'sɐ̃u] *f* Zerstörung *f*; Niederlegung *f*; Schleifung *f*; **~ir** [~'lir] (3f—D1) zerstören; *Gebäude* abreißen, niederlegen; ⚔ schleifen.

demoníaco [~'niɐku] teuflisch.

demónio [də'mɔnju] *m* Teufel *m* (*a. fig.*); Dämon *m*; *com os* ~*s*, *com mil* (*od. seiscentos*) ~*s!* zum Teufel nochmal!; *que* ~ was zum Teufel; *vai-te com os* ~*s!* geh zum Teufel!

demonstr|ação [~mõʃtrɐ'sɐ̃u] *f* Beweis *m*; Nachweis *m*; Veranschaulichung *f*; Darlegung *f*; Vorführung *f*; *fis.* Versuch *m*; *fig.* Bekundung *f*; ⚔ Scheinmanöver *n*; **~ar** [~'trar] (1a) *Behauptung* beweisen; *Existenz* nachweisen; *Gedankengang* veranschaulichen; *Sachverhalt* darlegen; *Gerät* vorführen; *Trauer usw.* bekunden, bezeigen; **~ativo** [~ɐ'tivu] anschaulich; demonstrativ; *gram. a.* hinweisend; **~ável** [~'travɛɫ] be-, nach-weisbar.

demor|a [~'mɔrɐ] *f* Verzögerung *f*;

Aufenthalt *m*; Verzug *m*; *sem* ~ unverzüglich; **~ado** [~mu'raδu] langwierig, zeitraubend; langsam; **~ar** [~mu'rar] (1e) hinauszögern; aufhalten; warten l.; *v/i.* lange dauern; ~ *a chegar* sich verspäten; **~ar-se** sich aufhalten; (stehen)bleiben; *não se* ~ *a fazer a/c.* sofort *et.* tun.

demover [~mu'ver] (2d) wegräumen, entfernen; *j-n* abbringen *von.*

demudar [~'δar] (1a) verändern; entstellen; **~-se** sich verfärben.

dendê *bras.* [dẽn'de] *m* Dendeöl *n* (*ein Palmöl*).

dendezeiro *bras.* [~dɨ'zeiru] *m* Dendepalme *f.*

deneg|ação [dənəɣɐ'sɐ̃u] *f* Verweigerung *f*; **~ar** [~'ɣar] (1o; *Stv.* 1c) verweigern; leugnen.

denegrir [~'ɣrir] (3d) schwarz färben; verdunkeln; *fig.* herabsetzen, verunglimpfen; *Ruf* beschmutzen; **~-se** *pint.* nachdunkeln.

den|goso [dẽŋ'gozu (-ɔ-)] kokett; zimperlich; *bras.* weinerlich; **~gue** ['dẽŋgə] **1.** *adj.* = *~goso*; **2.** *f* Denguefieber *n*; **3.** *m* Reiz *m*; *bras.* Quengelei *f*; = **~guice** [~'gisə] *f* Koketterie *f*; Zimperlichkeit *f.*

denigr|ação [dəniɣrɐ'sɐ̃u] *f* Verleumdung *f*; **~ativo** [~ɐ'tivu] ehrenrührig; **~ir** [~'ɣrir] (3a) = *denegrir.*

denod|ado [~nu'δaδu] beherzt, mutig; ungeniert; ungestüm; **~o** [~'noδu] *m* Mut *m*; Ungestüm *n.*

denomin|ação [~minɐ'sɐ̃u] *f* Bezeichnung *f*; **~ado** [~'naδu] sogenannt; **~ador** [~ɐ'δor] *m* ♧ Nenner *m*; ~ *comum* Hauptnenner *m*; *reduzir ao mesmo* ~ gleichnamig m.; **~ar** [~'nar] (1a) (be-, er-)nennen; **~ar-se** heißen.

denot|ação [~tɐ'sɐ̃u] *f* Bezeichnung *f*; Zeichen *n*; **~ar** [~'tar] (1e) bezeichnen; (an)zeigen, erkennen l.

dens|idade [dẽsi'δaδə] *f* Dichte *f*, Dichtigkeit *f*; **~ímetro** [~'simətru] *m* Dichtigkeitsmesser *m*; **~o** ['dẽsu] dicht; dick; undurchdringlich.

dent|ada [dẽn'taδɐ] *f* Biß *m*; *fig.* Hieb *m*; **~ado** [~aδu]: *roda f -a* Zahnrad *n*; **~adura** [~tɐ'δurɐ] *f* Gebiß *n*; Zahnkranz *m*; **~al** [~ał] **1.** *adj.* dental; *pasta f* ~ Zahnpasta *f*; **2.** *f* Zahnlaut *m*; **~ão** [~ɐ̃u] *m* Zahnbrassen *m* (*Fisch*); **~ar** [~ar] (1a) (an)beißen; = *dentear*; *v/i.* zahnen; **~ário** [~arju] Zahn...

dente ['dẽntə] *m* Zahn *m*; *Gabel-*Zinke *f*; ⚠ *u. geol.* Zacken *m*; *sobre o* ~ auf nüchternen Magen; *aguçar os* ~*s* den Schnabel wetzen; *bater* (*ranger*) *os* ~*s* mit den Zähnen klappern (knirschen); *apanhar a* ~ aufschnappen; sich anlernen; *dar ao* ~ essen; *dizer* (*od. falar, etc.*) *entre* (*os*) ~*s* in den Bart brummen; *não meter* ~ *a* (*od. em*) nicht fertig w. mit; *não pôr* ~ *em* nicht anrühren (*ac.*); *ter* (*od. trazer*) *entre os* ~*s* e-n Pik h. auf (*ac.*); *tomar entre os* ~*s* durchhecheln; *com unhas e* ~*s* mit aller Kraft.

dent|ear [dẽn'tjar] (1l) (aus)zacken; ⊕ (ver)zahnen; **~el** [~'tɛł] *m* Einschnitt *m*; **~ição** [~ti'sɐ̃u] *f* Zahnen *n* (*Kind*); **~iculado, -lar** [~tiku'laδu, -'lar] gezahnt, gezackt; dentelliert; **~ículo** [~'tikulu] *m* ⚠ Zahn (-schnitt) *m*; **~ificação** [~təfikɐ'sɐ̃u] *f* Zahnbildung *f*; **~ifrício** [~ti'frisju] **1.** *m* Zahnputzmittel *n*; **2.** *adj.* = **~ífrico** [~'tifriku]: *água f -a* Mundwasser *n*; *pasta f -a, pó m* ~ Zahn-paste *f*, -pulver *n*; **~ina** [~'tinɐ] *f* Zahnschmelz *m*; **~ista** [~'tiʃtɐ] *m* Dentist *m*; *médico-*~ Zahnarzt *m.*

dentre ['dẽntrə] in(mitten); unter.

dentro [~u] **1.** *adv.* darin, drinnen; *a* ~ = *adentro*; *de* ~ von innen (heraus); *adjektivisch*: inner; *criada f de* ~ Stubenmädchen *n*; *para* ~ hinein; *por* ~ drinnen; (von) innen; *meter* ~ a) aufbrechen; b) hineinbringen, einschmuggeln; **2.** *prp.* ~ *de*, ~ *em* in (*dat. u. ac.*); im Innern (*gen.*); innerhalb (*gen.*); ~ *em breve* bald.

dentuça [dẽn'tusɐ] *f* vorspringende Zähne *m/pl.*; F Pferdegebiß *n.*

denudar [dənu'δar] (1a) entblößen; *fig.* bloßlegen.

denúncia [~'nũsjɐ] *f* Anzeige *f*, Verrat *m*; Anzeichen *n*; Ankündigung *f*; *Ehe-*Aufgebot *n*; Aufkündigung *f.*

denunci|ação [~nũsjɐ'sɐ̃u] *f* = *denúncia*; **~ador** [~ɐ'δor] **1.** *adj.* ~ *de* anzeigend (*ac.*); **2.** *m* = **~ante** [~'sjẽntə] *su.* Denunziant(in *f*) *m*; **~ar** [~'sjar] (1g) anzeigen, verraten; enthüllen, aufdecken; ankündigen; (be)zeigen; *Vertrag* aufkündigen; **~ativo** [~ɐ'tivu] = *~ador.*

deontologia [djõntulu'ʒiɐ] *f* Berufsethos *n.*

deparar [dəpɐ'rar] (1b) (dar)bieten; (auf)finden; ~ *com* stoßen auf (*ac.*).

departamento [~pɐrtɐ'mẽntu] *m* Bezirk *m*; Departement *n*; *bsd.* Dienststelle *f*; Abteilung *f*.

depauper|ação *f*, **~amento** *m* [~pauparɐ'sɐ̃u, ~ɐ'mẽntu] Verelendung *f*; Auspowerung *f*; Verminderung *f*; Entkräftung *f*; **~ar** [~'rar] (1c) arm m.; aussaugen, auspowern; schwächen; entkräften; **~ar-se** verarmen, verelenden; sich vermindern.

depenar [~pə'nar] (1d) rupfen.

depend|ência [~pẽn'dẽsjɐ] *f* Abhängigkeit *f*; Nebengebäude *n*; ✝ Zweig-stelle *f*, -niederlassung *f*; **~s** *pl.* Zubehör *n*; *pol.* Besitzungen *f/pl.*; estar na ~ de = **~er**; **~ente** [~ẽntə] abhängig; **~er** [~er] (2a) abhängen; angewiesen sn (auf [*ac.*] de); gehören (zu de); isso depende! das kommt drauf an!, je nachdem!; **~ura** [~urɐ] *f*: estar à ~ auf dem letzten Loch pfeifen; **~urar** [~du'rar] (1a) = pendurar.

depenicar [~pəni'kar] (1n) (einzeln) ausrupfen; (zurecht) zupfen; P naschen (an [*dat.*] em).

depil|ação [~pilɐ'sɐ̃u] *f* Enthaarung *f*; **~ar** [~'lar] (1a) enthaaren; die Haare ausreißen (*od.* entfernen); **~atório** [~ɐ'tɔrju] *m* Enthaarungsmittel *n*.

deplor|ar [dəplu'rar] (1e) beklagen; **~ável** [~avɛl] beklagenswert, kläglich; erbärmlich.

depo|ente [də'pwẽntə] *su.* Zeuge *m*, Zeugin *f*; **~imento** [~poi'mẽntu] *m* ⚖ (Zeugen-)Aussage *f*; *allg.* Enthüllungen *f/pl.*; Erlebnisbericht *m*.

depois [~'poiʃ] **1.** *adv.* danach, darauf, dann; nachher, später; hinterher; außerdem; **2.** *prp.* ~ de nach (*dat.*); ~ de *inf.* (*od. p.p.*) nachdem (*od.* als, wenn) *ind.*; **3.** ~ que *cj.* nachdem.

depor [~'por] (2zd) *Waffen, Amt* niederlegen; *Anzug* ablegen; *Geld* hinterlegen; *Minister usw.* absetzen; ⚖ aussagen; *Vertrauen* setzen in (*ac.*); ~ nas mãos de alg. j-m zu treuen Händen übergeben.

deport|ação [~purtɐ'sɐ̃u] *f* Verschickung *f*, Deportation *f*; **~ar** [~'tar] (1e) verschicken; verbannen.

deposi|ção [~puzi'sɐ̃u] *f* Absetzung *f*; (Amts-)Niederlegung *f*; *Kreuz*-Abnahme *f*; **~tante** [~'tẽntə] *m* ✝ Hinterleger *m*, Deponent *m*; **~tar** [~'tar] (1a) hinterlegen, deponieren; *Kranz* niederlegen; *Waren* einlagern; *feste Stoffe* ausscheiden; ~ confiança, ~ nas mãos *s.* depor; **~tário** [~'tarju] *m* Verwahrer *m*; Treuhänder *m*; *fig.* Vertraute(r) *m*.

depósito [~'pɔzitu] *m* Hinterlegung *f*; *Bank*-Einlage *f*; (Bank-)Konto *n*; Deposit(um) *n*; *Waren*-Lager *n*, Depot *n*; *Benzin*-Tank *m*; *Wasser*-Speicher *m*; *Gewehr*-Magazin *n*; ⚕ Ablagerung *f*; ⚗ Bodensatz *m*; *Fund*-Büro *n*; *fig.* Sammelbecken *n*; ~ à ordem (a prazo) Giro- (Spar)konto *n*.

deprav|ação [~prɐvɐ'sɐ̃u] *f* Verderbnis *f*; Verfall *m*; **~ado** [~'vaðu] entartet; **~ador** [~ɐ'ðor] verderblich; **~ar(-se)** [~'var(sə)] (1b) verderben; verfallen.

deprec|ação [~prəkɐ'sɐ̃u] *f* (flehentliche) Bitte *f*; = **~ada** [~'kaðɐ] *f* Ersuchen *n*; **~ar** [~'kar] (1n; *Stv.* 1c) anflehen, bitten; ersuchen.

depreci|ação [~sjɐ'sɐ̃u] *f* Ab-, Entwertung *f*; *Wert*-Schwund *m*; Abschreibung *f*; *fig.* Herabsetzung *f*; Geringschätzung *f*; **~ador** [~ɐ'ðor] *m* Verächter *m*; **~ar** [~'sjar] (1g) ab-, ent-werten; abschreiben; *fig.* herabsetzen; verachten; **~ativo** [~ɐ'tivu] ab-, gering-schätzig.

depred|ação [~ðɐ'sɐ̃u] *f* Verwirtschaftung *f*; **~ar** [~'ðar] (1c) verwirtschaften, vergeuden; **~atório** [~'tɔrju] verschwenderisch.

depreender [~prjẽn'der] (2a) erkennen; verstehen; ~ de entnehmen aus; **~-se** de hervorgehen aus.

depressa [~'prɛsɐ] schnell, rasch.

depress|ão [~prə'sɐ̃u] *f* Senkung *f*; Rückgang *m*; *geol.* Senke *f*; *anat.* Einbuchtung *f*; *met.* Tief *n*; *fis.*, *ast.* Depression *f*; ⚓ Kimmtiefe *f*; ✝ Tiefstand *m*, Depression *f*; *fig.* Niedergeschlagenheit *f*; **~ivo** [~ivu] niederdrückend; ⚕ depressiv.

deprim|ente [~pri'mẽntə] niederdrückend; **~ir** [~ir] (3a) demütigen; verächtlich m.; *Gemüt* nieder-drükken, -schlagen; *Übermut* dämpfen.

depur|ação [dəpurɐ'sɐ̃u] *f* Reinigung *f*; Läuterung *f*; *pol.* Säuberung *f*; **~ador** [~ɐ'ðor] *m* Reinigungsapparat *m*; *Gasfabrik*: Reinigerkasten *m*; **~ar** [~'rar] (1a) reinigen; *Metall* läutern; *pol.* säubern; eliminieren; **~ativo** [~ɐ'tivu] **1.** *adj.* (blut)reinigend; *pol.* acção *f* -a

Säuberungsaktion *f*; **2.** *m* Blutreinigungsmittel *n*.

deput|ação [~tɐ'sɐ̃u] *f* Abordnung *f*; **~ado** [~'taðu] *m* Abgeordnete(r) *m*; **~ar** [~'tar] (1a) abordnen.

dera ['dɛrɐ] *s. dar*; *quem me dera* könnte ich doch (auch) *inf.*; hätte ich doch (auch) (*ac.*); *quem me dera ser* wäre ich doch.

deriva [də'rivɐ]: *andar à* ~ treiben; umhergetrieben werden.

deriv|ação [~rivɐ'sɐ̃u] *f* Ableitung *f*; Abstammung *f*; Ableitungsrohr *n*; Ablenkung *f v. der Geschoßbahn*; ⚓ Abtrift *f*; ⚡ Nebenschluß *m*, *tel.* Zweigleitung *f*; **~ado** [~'vaðu] *m gram.* abgeleitete(s) Wort *n*, Ableitung *f*; ⚗ Derivat *n*; ⊕ Nebenprodukt *n*; **~ar** [~'var] (1a) ableiten; herleiten; ⚡ abzweigen; *v/i.* hervorgeben (aus *de*); herkommen *od.* (ab)stammen (von *de*); ⚓ abtreiben; **~ativo** [~ɐ'tivu] **1.** *adj.* ableitend; Ableitungs...; **2.** *m* ⚕ Derivant *n*; *fig.* Ablenkung *f*.

dermat|ologia [dɛrmɐtulu'ʒiɐ] *f* Dermatologie *f*; **~ologista** [~ulu'ʒiʃtɐ] *m* Hautarzt *m*; **~ose** [~'tɔzə] *f* Hautkrankheit *f*.

derme ['dɛrmə] *f* Lederhaut *f*.

dérmico ['dɛrmiku] Haut...

derog... *s. derrog...*

derradeiro [dəʀɐ'ðeiru] letzt; *por* ~ [zuletzt.]

derrama [~'ʀɐmɐ] *f* Umlage *f*.

derram|amento [~ɐmɐ'mẽntu] *m* Vergießen *n*; Verbreitung *f*; Verschwendung *f*; Aus-, Zer-fließen *n*; *Blut*-Erguß *m*; **~ar** [~'mar] (1a) vergießen; *Gerücht* ausstreuen; *Blumen* streuen; *Lehren* verbreiten; *Vermögen* verschwenden; *Ansammlung* zerstreuen; *Seufzer* ausstoßen; **~ar-se** sich ergießen, ausfließen; zerfließen; **~e** [~'ʀɐmə] *m* Ausfließen *n*; = *~amamento*; *fig. bras.* Erguß *m*.

derrancar [~ʀɐ̃ŋ'kar] (1n) verderben; durch-ea.-bringen; **~-se** ranzig w., verderben (*a. fig.*); durch-ea. geraten.

derrap|agem [~ʀɐ'paʒɐ̃i] *f* Schleudern *n*; **~ar** *gal.* [~ar] (1b) *auto.* schleudern; ins Schleudern geraten.

derre|ado [~'ʀjaðu] lendenlahm; **~ar** [~ar] (1l) nieder-drücken, -schlagen; fallen l.

derredor [~ʀə'ðɔr] *s. redor*.

derreter [~'ter] (2c) schmelzen, auflösen; *Geld* durchbringen; *fig.* rühren; ärgern; ~ *os olhos*, ~ *em lágrimas* zu Tränen rühren; **~-se** schmelzen; *fig.* zerschmelzen.

derribar [~ʀi'βar] (1a) niederreißen; zu Boden werfen; *Gebäude* zum Einsturz bringen (*Erdbeben*); *Bäume* fällen, entwurzeln (*Sturm*); *Wald* roden; *Äste* abschlagen; *Gegner* nieder-, *Reiter* ab-werfen; *Heer, Figur* schlagen; *Flugzeug* abschießen; *Regierung* stürzen; *Einrichtung* umstürzen; **~-se** (ein-, nieder-, um-, zs.-)stürzen.

derriç|ar [~'sar] (1p) zerreißen; zerren an (*dat.*); *fig.* schäkern (mit *em*); **~o** [~'ʀisu] *m* Schatz *m* (*fig.*); Flirt *m*.

derris|ão [~'zɐ̃u] *f* Hohngelächter *n*; Verhöhnung *f*; Hohn *m*; **~ório** [~ɔrju] lächerlich; höhnisch.

derroc|ada [~ʀu'kaðɐ] *f* Einsturz *m*, Zerfall *m*; Absturz *m*; *fig.* Zs.-bruch *m*; Sturz *m*; ⚔ Niederlage *f*; **~ar** [~ar] (1n; *Stv.* 1e) ab-, ein-, nieder-reißen; *Ordnung* umstürzen; *Regierung* zu Fall bringen; *Gegner* niederwerfen, schlagen.

derrog|ação [~γɐ'sɐ̃u] *f* Aufhebung *f*; **~ar** [~'γar] (1o; *Stv.* 1e) aufheben; **~atório** [~γɐ'tɔrju] aufhebend.

derrota [~'ʀɔtɐ] *f* **a**) Weg *m*; Bahn *f* (*a. ast.*); ⚓ Kurs *m*; **b**) Niederlage *f*.

derrot|ar [~ʀu'tar] (1e) **a**) *v/i.* vom Kurs (*od.* vom Wege) abkommen; **b**) *v/t.* (vernichtend) schlagen; *fig.* übel zurichten; *ser -ado* unterliegen; **~ismo** [~iʒmu] *m* Defätismus *m*; **~ista** [~iʃtɐ] **1.** *adj.* defätistisch; **2.** *m* Defätist *m*.

derrub|ada [~'βaðɐ] *f* Holzung *f*; *fig.* Massenentlassung *f*; **~ar** [~ar] (1a) = *derribar*; **~e** [~'ʀuβə] *m pol.* Sturz *m*.

desabaf|ado [dəzɐβɐ'faðu] luftig; unbeschwert; unbehindert; offen (-herzig); vorurteilsfrei; **~ar** [~ar] (1b) *v/t.* freimachen; aufdecken; *fig.* Luft m. (*dat.*); *Herz* erleichtern; *Leid* klagen; *v/i.* frei aufatmen; sein Herz ausschütten (*dat. com*); sich aussprechen, F loslegen; **~o** [~'βafu] *m* (Aus-)Lüftung *f*; *fig.* *Gefühls*-Ausbruch *m*; Erguß *m*.

desabalado [~'laðu] übermäßig; F höllisch (*Schmerz, Zorn*); hastig;

weit offen (*Tür*).

desab|amento [~ˈmẽntu] *m* Einsturz *m*; Zs.-bruch *m*; ~ *de terra* Erdrutsch *m*; **~ar** [~ˈβar] (1b) *Hut* herunterklappen; *fig.* untergraben; *v/i.* einstürzen; abrutschen (*Erdreich*); *fig.* zs.-brechen.

desabit|ado [~βiˈtaðu] unbewohnt; **~ar** [~ar] (1a) ausziehen aus; *Wohnsitz* verlassen; *aus s-m Wohnsitz* vertreiben; *Gegend* entvölkern.

desabituado [~ˈtwaðu] nicht mehr (daran) gewöhnt; **~ar** [~ˈtwar] (1g): ~ *alg. de* j-m abgewöhnen (*ac.*).

desabon|ado [~βuˈnaðu] verrufen; **~ar** [~ar] (1f) sprechen gegen; entwerten; um sein Ansehen (*od.* um allen Kredit) bringen; **~ar-se** sein Ansehen (*od.* s-n Kredit) verlieren; **~o** [~ˈβonu] *m* Mißkredit *m*; *em* ~ zu ungunsten, zum Nachteil.

desabotoar [~ˈtwar] (1f) *v/t.* auf-, ab-knöpfen; *v/i.* aufbrechen (*Knospe*); aufblühen (*Blume*).

desabrido [~ˈβriðu] rauh; barsch, unwirsch; grob (*Beleidigung*).

desabrig|ado [~βriˈɣaðu] obdach-, schutz-los; verlassen; offen; rauh (*Wind*); **~ar** [~ar] (1o) des Obdachs (*od.* des Schutzes) berauben; im Stich l.; **~o** [~ˈβriɣu] *m* Verlassenheit *f*; Einöde *f*; Not *f*.

desabro|char [~βruˈʃar] (1e) aufhaken, -knöpfen, -schnallen; öffnen; losmachen; *Geheimnis* lüften; *v/i.* = **~lhar** [~ˈʎar] (1e) auf-, erblühen; sprießen.

desabus|ado [~βuˈzaðu] aufgeklärt; vorurteilsfrei; rücksichtslos; **~ar** [~ar] (1a) aufklären (über [*ac.*] *de*); **~ar-se** *de* sich *et.* aus dem Kopf schlagen; nicht glauben (*ac.*).

desacat|ado [~kɐˈtaðu] unehrerbietig, unverschämt; **~ar** [~ar] (1b) unehrerbietig (*od.* unhöflich) behandeln; mißachten; **~o** [~ˈkatu] *m* Unverschämtheit *f*; Mißachtung *f*.

desacautel|ado [~kautəˈlaðu] unvorsichtig; **~ar**(**-se**) [~ar(sə)] (1c): ~ (*de*) unvorsichtig sn (mit); nicht achtgeben (auf [*dat.*]).

desacelerar [~sələˈrar] (1c) sich verlangsamen; abflauen.

desacert|ado [~sərˈtaðu] töricht; irrig, abwegig; **~ar** [~ar] (1c) sich irren bei *od.* in (*dat.*); versehen, falsch m.; ~ *o golpe* (*o tiro*) danebenhauen (-treffen), ~ *o passo* aus dem Schritt geraten; *v/i.* (sich) irren; **~ar-se** fehlschlagen; in Unordnung geraten; **~o** [~ˈsertu] *m* Versehen *n*.

desacompanh|ado [~kõmpɐˈɲaðu] allein; ~ *de* ohne; *não ser* ~ *de fig.* nicht ermangeln (*gen.*); **~ar** [~ar] (1a) nicht mehr mitgehen (*a. fig.*); verlassen; im Stich lassen.

desaconch... *s. desconch...*

desaconselh|ado [~kõsəˈʎaðu] unbesonnen; nicht ratsam; **~ar** [~ar] (1d) abraten (*dat.*).

desacorço... *s. descorço...*

desacord|ado [~kurˈdaðu] uneinig, uneins; unbesonnen; besinnungslos; **~ar** [~ˈdar] (1e) veruneinigen; *v/i.* (sich) uneinig sn; nicht zu-ea. passen; durch-ea.-geraten; **~o** [~ˈkordu] *m* Uneinigkeit *f*; Unbesonnenheit *f*; Unachtsamkeit *f*. *estar em* ~ *com* widersprechen (*dat.*).

desacostum|ado [~kuʃtuˈmaðu] ungewöhnlich, ungewohnt; nicht mehr gewöhnt (an [*ac.*] *de*); **~ar** [~ar] (1a): ~ *alg. de* j-m abgewöhnen (*ac.*).

desacredit|ado [~krəðiˈtaðu] übel beleumundet, verrufen; **~ar** [~ar] (1a) in Mißkredit bringen.

desador|ado *bras.* [~doˈradu] schmerzgeplagt; lästig; übermäßig; **~ar** [~ar] (1e) belästigen, quälen; *v/i.* leiden; **~o** [~ˈdoru] *m* Schmerz *m*; Übermaß *n*.

desafect|ação [~fɛtɐˈsɐ̃u] *f* Ungezwungenheit *f*; Natürlichkeit *f*; **~ado** [~ˈtaðu] ungekünstelt; ungezwungen; **~o** [~ˈfɛtu] **1.** *adj.* feindlich; **2.** *m* Abneigung *f*.

desafeiç|ão [~feiˈsɐ̃u] *f* Lieblosigkeit *f*; Abneigung *f*; **~oado** [~ˈswaðu] lieblos; abgeneigt; **~oar** [~ˈswar] (1f) **a**) entstellen; **b**) *j-n* abwenden (von *de*); *j-m* Abneigung einflößen.

desa|feito [~ˈfeitu] nicht mehr (daran) gewöhnt; **~ferrar** [~fəˈʀar] (1c) losmachen; loslassen; *fig.* abbringen; *v/i.* ⚓ auslaufen; **~ferrar-se** *de fig.* aufgeben (*ac.*).

desafet|... *bras. s. desafect|...*

desa|fiante [~ˈfjẽntə] drohend; trotzig; **~fiar** [~ˈfjar] (1g) (heraus)fordern; trotzen (*dat.*); auffordern.

desafin|ação [~finɐˈsɐ̃u] *f* Verstimmtheit *f*; Unreinheit *f*; Mißklang *m*; **~ado** [~ˈnaðu] falsch, unrein; **~ar** [~ˈnar] (1a) verstimmen; *v/i.* falsch spielen (*od.* singen); unrein klingen; *fig.* verstimmt (*od.*

ärgerlich) w. (über *com*); aus der Rolle fallen.

desafio [~'fiu] *m* Herausforderung *f*; Wettstreit *m*; *bras.* Wettsingen *n*; *Sport*: Wettspiel *n*; *a* ~ um die Wette.

desafivelar [~fivə'lar] (1c) auf-, ab-schnallen.

desafog|ado [~fu'ɣaðu] frei, unbehindert; geräumig; bequem; unbeschwert; sorglos; ungezwungen; **~ar** [~ar] (1o; *Stv.* 1e) Erleichterung (*od.* Luft) verschaffen (*dat.*); erleichtern; *Rock usw.* aufmachen; *e-m Gefühl* Luft m.; *v/i.* sein Herz erleichtern (bei *com*); ~ *em* sich Luft m. in (*od.* mit); **~ar-se** sich Luft (*od.* sich's bequem) m.; ~ *em lágrimas* sich ausweinen; **~o** [~'foɣu] *m* Erleichterung *f*; Erholung *f*; Zwanglosigkeit *f*; Ungezwungenheit *f*; *dar* ~ *a* Luft m. (*dat.*); *com* ~ sorglos, unbekümmert.

desafoguear [~fu'ɣjar] (1l) abkühlen; erfrischen.

desafor|ado [~fu'raðu] unverschämt; **~ar-se** [~arsə] (1e) *fig.* frech w.; ~ *de todo* sich über alles hinwegsetzen; **~o** [~'foru] *m* Unverschämtheit *f*.

desafortunado [~furtu'naðu] unglücklich.

desafregues|ado [~frɛɣə'zaðu] ohne Kunden; *estar* ~ keine Kunden (mehr) h.; **~ar** [~ar] (1c) die Kunden abspenstig m. (*dat.*); **~ar-se** nicht mehr kaufen (bei *de.*)

desafront|a [~'frõntɐ] *f* Genugtuung *f*; Rache *f*; **~ar** [~frõn'tar] (1a) rächen; erleichtern; befreien.

desagasalh|ado [~ɣɐzɐ'ʎaðu] obdachlos; ungeschützt; unwirtlich; ungenügend bekleidet; nicht (*od.* schlecht) zugedeckt; **~o** [~'zaʎu] *m* Unwirtlichkeit *f*; Ungastlichkeit *f*; Dürftigkeit *f*; Mangel *m* an Kleidung (*od.* an Decken).

desagastar [~ɣɐʃ'tar] (1b) beschwichtigen; **~-se** sich wieder beruhigen.

desagrad|ar [~ɣrɐ'ðar] (1b) mißfallen; *v/t.* belästigen; **~ável** [~avɛɫ] unangenehm; peinlich; **~ecer** [~ðə'ser] (2g) *j-m* nicht danken (für [*ac.*]); *j-m et.* mit Undank lohnen; **~ecido** [~ðə'siðu] undankbar; **~ecimento** [~ðəsi'mẽntu] *m* Undankbarkeit *f*; **~o** [~'ɣraðu] *m* Mißfallen *n*; *cair* (*od. incorrer*) *no* ~ Mißfallen erregen.

desagrav|ar [~'var] (1b) Genugtuung geben; rächen; entschädigen; *Schaden* ersetzen; *Schuld, Schmerz* mildern; ⚖ *Urteil* aufheben; **~o** [~'ɣravu] *m* Genugtuung *f*, Sühne *f*; Entschädigung *f*; ⚖ Aufhebung(s-urteil *n*) *f*.

desagreg|ação [~ɣrɨɣɐ'sɐ̃u] *f* (Ab-)Trennung *f*; Auflösung *f*; Zerfall *m*; **~ar** [~'ɣar] (1o; *Stv.* 1c) (ab-)trennen; ab-, auf-lösen; **~ar-se** zerfallen.

desagu|adoiro, -ouro [~ɣwɐ'ðoiru, -oru] *m* Abzugs-, Entwässerungsgraben, -kanal *m*; **~amento** [~ɐ'mẽntu] *m* Entwässerung *f*; **~ar** [~'ɣwar] (1m, *bras.* 1t) entwässern; trockenlegen; *v/i.* münden.

desair|e [də'zairə] *m* Steifheit *f*, Hölzernheit *f*; Ungeschicklichkeit *f*; Mißgeschick *n*; Ungehörigkeit *f*; Fehler *m*; **~oso** [~ai'rozu (-ɔ-)] steif, hölzern; ungeschickt, linkisch; unglücklich, mißlich; ungehörig.

desa|jeitado [dəzɐʒei'taðu] unbeholfen, linkisch; **~judado** [~ʒu'ðaðu] nicht begünstigt; nicht (*od.* schlecht) unterstützt; **~juizado** [~ʒwi'zaðu] unvernünftig.

desajust|amento [~ʒuʃtɐ'mẽntu] *m* = ~e; **~ar** [~'tar] (1a) aus der Ordnung bringen; lösen; *Vertrag* rückgängig m.; *j-m* aufkündigen; **~ar-se** in ein Mißverhältnis geraten; ~ *de j-m od. et.* (auf)kündigen; **~e** [~'ʒuʃtə] *m Vertrags*-Kündigung *f*; Mangel *m* an Anpassung; Mißverhältnis *n*, Unterschied *m*.

desalent|ar [~lẽn'tar] (1a) entmutigen; **~ar-se** den Mut (*od.* die Lust) verlieren; **~o** [~'lẽntu] *m* Mutlosigkeit *f*.

desalinh|ado [~li'ɲaðu] unordentlich; verwahrlost; **~ar** [~ar] (1a) in Unordnung (*od.* durch-ea.-) bringen; vernachlässigen; verunstalten; **~o** [~'liɲu] *m* Unordnung *f*; Nachlässigkeit *f*; Verwirrung *f*.

desalmado [dəzaɫ'maðu] herzlos, grausam; ruchlos.

desaloj|ado [~ɐlu'ʒaðu] *m pol.* Vertriebene(r) *m*; **~amento** [~ʒɐ'mẽntu] *m* Aus-, Ver-treibung *f*; Wegnahme *f*; **~ar** [~'ʒar] (1e) austreiben, hinaussetzen; entfernen; *aus e-m Land usw.* vertreiben.

desalug|ado [~lu'ɣaðu] frei; **~ar** [~ar] (1o) *j-n* hinaussetzen; *Wohnung* aufgeben *od.* freimachen; **~ar-se** frei werden.

desamão [~a'mɐ̃u]: *à* ~ abgelegen.

desam|ar [dəzɐ'mar] (1a) hassen; **~arrar** [~mɐ'ʀar] (1b) losm.; *fig.* F loseisen; *v/i.* die Anker lichten, auslaufen; ✈ starten, abwassern; **~arrotar** [~mɐʀu'tar] (1e) glattstreichen, glätten.

desam|ável [~'mavɛɫ] unliebenswürdig; **~igar-se** [~mi'ɣarsə] (1o) sich verfeinden; **~or** [~or] *m* Lieblosigkeit *f*; Feindschaft *f*; **~orável, ~oroso** [~mu'ravɛɫ, ~mu'rozu] unliebenswürdig; lieblos; gefühllos.

desampar|ado [dəzɐ̃mpɐ'raðu] hilflos, verlassen; ~ *de* ohne (*ac.*); *criança f -a* Findelkind *n*, schutzlose Waise *f*; **~ar** [~ar] (1b) verlassen, im Stich l.; sich nicht kümmern um; **~o** [~'paru] *m* Schutzlosigkeit *f*; Verlassenheit *f*.

desancar [dəzɐ̃ŋ'kar] (1n) verprügeln; *fig.* verreißen.

desand|ador [dəzɐ̃ndɐ'ðor] *m* Schraubenzieher *m*; **~ar** [~'dar] (1a) auf-, zurück-drehen, -schrauben; = ~ *em*, ~ *a*; *v/i.* zurückgehen; ~ *em* enden mit; ~ *a* beginnen zu.

desa|nexar [dəzɐnɛk'sar] (1a) abtrennen; **~nichar** [~ni'ʃar] (1a) ausheben; *fig.* vertreiben; verdrängen.

desanim|ado [~ni'maðu] mutlos; gedrückt; langweilig; leblos; **~ar** [~ar] (1a) entmutigen; die Lust (*od.* die Freude) nehmen; *v/i. u.* **~ar-se** den Mut (*od.* die Lust) verlieren; langweilig werden.

desânimo [də'zɐnimu] *m* Entmutigung *f*, Niedergeschlagenheit *f*.

desaninhar [dəzɐni'ɲar] (1a) = *desanichar*.

desanuvi|ado [~nu'vjaðu] wolkenlos, heiter; **~amento** [~vjɐ'mẽntu] *m*: *política f de* ~ Entspannungspolitik *f*; **~ar** [~ar] (1g) auf-hellen, -heitern; *fig.* entspannen.

desa|paixonado [~paiʃu'naðu] leidenschaftslos, kühl; **~parafusar** [~pɐrɐfu'zar] (1a) ab-, auf-, herausschrauben.

desaparec|er [~pɐrə'ser] (2g) verschwinden; **~ido** [~iðu] ⚔ vermißt; **~imento** [~si'mẽntu] *m* Verschwinden *n*.

desaparelhar [~pɐrɨ'ʎar] (1d) *Pferd* abschirren; *Ochsen* ausspannen; *Hund* loskoppeln; *Schiff* abtakeln (*a. fig.* F); *Schmuck usw.* entfernen; ab-, aus-räumen.

desapeg|ado [~pə'ɣaðu] gleichgültig, teilnahmslos; **~ar-se** [~arsə] (1o; *Stv.* 1c) sich lösen; ~ *de fig.* das Interesse (*od.* die Lust) verlieren an (*dat.*); nichts mehr zu tun h. wollen mit; **~o** [~'peɣu] *m* Gleichgültigkeit *f*; Abneigung *f*.

desapercebido [~pərsə'βiðu] unvorbereitet; ~ *de* entblößt von, ohne; *vgl. despercebido*.

desapert|ar [~pər'tar] (1c) lockern; auf-, los-, frei-, weiter-m.; erleichtern; **~ar-se** es sich bequem m.; **~o** [~'pertu] *m* Lockerung *f*; Ungezwungenheit *f*; Sorglosigkeit *f*.

desapiedado [~pje'ðaðu] mitleid-, herz-los; gottlos; ruchlos.

desapoder|ado [~puðə'raðu] machtlos; unbändig; **~ar** [~ar] (1c): ~ *alg. de* j-m *Besitz*, *Macht* entreißen; j-m *Amt*, *Vollmacht* entziehen; **~ar-se** *de* verzichten auf (*ac.*).

desapont|amento [~põntɐ'mẽntu] *m* Enttäuschung *f*; **~ar** [~'tar] (1a) enttäuschen.

desaposs|ado [~pu'saðu] besitzlos; kraftlos; **~ar** [~ar] (1e) *j-n* enteignen; *j-m et.* wegnehmen; **~ar-se** weggeben, verzichten auf (*ac.*).

desaprazer [~prɐ'zer] (2s) mißfallen.

desapre|ciar [~prə'sjar] (1g) geringschätzen; **~ço** [~'presu] *m* Geringschätzung *f*.

desa|prender [~prẽn'der] (2a) verlernen; **~propriar** [~pru'prjar] (1g) = *desapossar*; **~provar** [~pru'var] (1e) mißbilligen.

desaproveit|ado [~pruvei'taðu] un(aus)genutzt; verpaßt (*Gelegenheit*); unnütz vertan (*Zeit*, *Geld*); nachlässig; **~amento** [~tɐ'mẽntu] *m* Vergeudung *f*; Versäumnis *n*; Nachlässigkeit *f*; **~ar** [~ar] (1a) nicht aus- (*od.* be-)nutzen; vertun; versäumen; vernachlässigen.

desaprum|ar-se [~pru'marsə] (1a) sich neigen; überhängen; **~o** [~'prumu] *m* Neigung *f*, schiefe Stellung *f*.

desaquartelar [~kwɐrtə'lar] (1c) ausquartieren.

desar [də'zar] *m* = *desaire*.

desarboriz|ado [dəzɐrburi'zaðu] baumlos; **~ar** [~ar] (1a) (ab)holzen.

desarm|ação [⁓mɐ'sɐ̃u] *f* Abbau *m*; ⚓ Abtakelung *f*; **⁓ado** [⁓'maðu] unbewaffnet; bloß (*Auge*); **⁓amento** [⁓ɐ'mẽntu] *m* Entwaffnung *f*; Abrüstung *f*; **⁓ar** [⁓'mar] (1b) entwaffnen (*a. fig.*); *Heer* abrüsten; *Maschine usw.* aus-ea.-nehmen, abmontieren; *Zimmer* ausräumen; ⚓ abtakeln; *v/i.* abrüsten.

desarm|onia [⁓mu'niɐ] *f* Mißklang *m*; Uneinigkeit *f*; **⁓ónico** [⁓'mɔniku] disharmonisch; **⁓onioso** [⁓u'njozu (-ɔ-)] unharmonisch; uneinig; **⁓onizar** [⁓uni'zar] (1a) stören; entzweien.

desarraigar [dəzɐʀai'ɣar] (1o) entwurzeln; ausreißen; *fig.* ausrotten.

desarranj|ado [⁓ʀɐ̃'ʒaðu] nicht richtig angezogen; unordentlich; **⁓ar** [⁓ar] (1a) in Unordnung (*od.* durch-ea.) bringen; stören; verwirren; **⁓o** [⁓'ʀɐ̃ʒu] *m* Unordnung *f*; Störung *f*; Verwirrung *f*; *Darm*-Verstimmung *f*; *causar* ⁓ stören.

desarrazo|ado [⁓ʀɐ'zwaðu] ungereimt; unbillig; unangebracht; **⁓ar** [⁓ar] (1f) Unsinn reden (*od.* m.).

desarrear [⁓'ʀjar] (1l) abschirren.

desarrimo [⁓'ʀimu] *m* Hilf-, Schutzlosigkeit *f*.

desarrolhar [⁓ʀu'ʎar] (1e) entkorken.

desarrum|ação [⁓ʀumɐ'sɐ̃u] *f* Durcheinander *n*; **⁓ado** [⁓'maðu] unaufgeräumt; durcheinander; **⁓ar** [⁓'mar] (1a) in Unordnung (*od.* durch-ea.) bringen; umräumen.

desarticul|ação [dəzɐrtikulɐ'sɐ̃u] *f fig.* Zerrüttung *f*; **⁓ado** [⁓'laðu] undeutlich (*Aussprache*); **⁓ar** [⁓'lar] (1a) (heraus)lösen; aus-ea.-nehmen; aus den Fugen bringen.

desarvorar [⁓vu'rar] (1e) *Schiff* entmasten; *Fahne* streichen; *v/i.* die Masten verlieren.

desass|anhar [⁓sɐ'ɲar] (1a) besänftigen; **⁓eio** [⁓'seju] *m* Unsauberkeit *f*; **⁓imilação** [⁓əmilɐ'sɐ̃u] *f* Aufspaltung *f*; **⁓isar** [⁓i'zar] (1a) verrückt m. (*od.* w.); **⁓ociar** [⁓u'sjar] (1g) trennen; entzweien.

desassombr|ado [⁓sõm'braðu] schattenlos, offen; *fig.* offenherzig; frei; *bsd.* unerschrocken; dreist; **⁓o** [⁓'sõmbru] *m* Unerschrockenheit *f*; Dreistigkeit *f*; Offenheit *f*.

desassosseg|ado [⁓susə'ɣaðu] unruhig; **⁓ar** [⁓ar] (1o; *Stv.* 1c) beunruhigen; **⁓o** [⁓u'seɣu] *m* Unruhe *f*; Ruhelosigkeit *f*.

desastr|adamente [dəzɐʃ₁traðɐ'mẽntə] durch e-n (*od.* bei e-m) Unfall; **⁓ado** [⁓'traðu] unglücklich; jämmerlich (*Zustand*); plötzlich (*Tod*); tolpatschig; **⁓e** [də'zaʃtrə] *m* Unglück *n*; Unfall *m*; ⁓ *de viação*, ⁓ *de trânsito* Verkehrsunfall *m*; **⁓oso** [⁓'trozu (-ɔ-)] unheilvoll; verhängnisvoll.

desa|tacar [dəzɐtɐ'kar] (1n; *Stv.* 1b) entladen; aus-, ent-leeren; = **⁓tar** [⁓'tar] (1b) auf-knoten, -knüpfen, -schnüren; *fig.* lösen; *Fahne usw.* entfalten; befreien (von *de*); ⁓ *a inf.* anfangen zu *inf.*; ⁓ *em* ausbrechen in (*ac.*); **⁓tar-se** sich losm.; aufgehen; erblühen; **⁓tarraxar** [⁓tɐʀɐ'ʃar] (1b) ab-, auf-, heraus-schrauben.

desaten|ção [⁓tẽ'sɐ̃u] *f* Achtlosigkeit *f*; Unachtsamkeit *f*; Unhöflichkeit *f*; **⁓cioso** [⁓'sjozu (-ɔ-)] achtlos; unhöflich; **⁓der** [⁓n'der] (2a) nicht beachten; sich nicht kümmern um; mißachten; **⁓dível** [⁓n'divɛɫ] unwichtig; **⁓tar** [⁓n'tar] (1a) nicht achten auf (*ac.*); nicht bemerken (*ac.*); **⁓to** [⁓'tẽntu] unaufmerksam, zerstreut; unbedacht.

desaterr|ar [⁓tə'ʀar] (1c) *Loch* ausschachten; *Erdaufschüttung* abtragen; **⁓o** [⁓'teʀu] *m* Abtragung *f*; Abraum *m*; Ausschachtung *f*.

desati|lado [⁓ti'laðu] verdreht; F nicht bei Trost; **⁓nado** [⁓'naðu] töricht; sinnlos; unsinnig; **⁓nar** [⁓'nar] (1a) aus der Fassung (*od.* um den Verstand) bringen; *v/i.* den Verstand verlieren; Unsinn reden (*od.* m.); **⁓no** [⁓'tinu] *m* Unverstand *m*; Unsinn *m*; Albernheit *f*.

desa|tracar [⁓trɐ'kar] (1n; *Stv.* 1b) lostäuen; **⁓travancar** [⁓trɐvɐ̃ŋ'kar] (1n) frei-, los-, flott-m.; **⁓trelar** [⁓trə'lar] (1c) losm.; ausspannen.

desautor|ar [dəzautu'rar] (1e): ⁓ *alg. de* j-m *et.* entziehen; = **⁓izar** [⁓ri'zar] (1a) die Befugnis entziehen (*dat.*); in Mißkredit bringen; die Zuständigkeit (*od.* Beweisgültigkeit) absprechen (*dat.*); **⁓izar-se** sich um sein Ansehen bringen.

desavença [dəzɐ'vẽsɐ] *f* Zwist *m*; ⁓*s pl.* Zwistigkeiten *f/pl.*

desavergonhado [⁓vərɣu'ɲaðu] schamlos; unverschämt; *-a!* (du *od.* Sie) Luder! (*zu e-r weibl. Person*).

desav|indo [~'vĩndu] uneins, feindlich; *andar ~ com* verfeindet sn mit; **~ir** [~ir] (3x) entzweien.

desavis|ado [~vi'zaδu] unvernünftig; unklug; **~ar** [~ar] (1a) Gegenorder geben (*dat.*); **~o** [~'vizu] *m* Gegenorder *f*; Unklugheit *f*.

desavistar [~viʃ'tar] (1a) aus den Augen verlieren.

desaz|ado [~'zaδu] ungeschickt; **~o** [də'zazu] *m* Ungeschicklichkeit *f*.

desbancar [dɨʒβẽŋ'kar] (1n) die Bank sprengen; *fig.* ausstechen.

desbarat|adamente [~βɐrɐˌtaδɐ'mẽntə] blindlings; **~ado** [~rɐ'taδu] zügellos; **~amento** [~rɐtɐ'mẽntu] *m* Zerrüttung *f*, Auflösung *f*; **~ar** [~rɐ'tar] (1b) durch-ea.-bringen; *Vermögen* zerrütten; *Kapital* verwirtschaften; *Ware* verschleudern; zerstören; zugrunde richten; *Feinde* schlagen, vernichten; *Menge* aus-ea.-treiben; **~ar-se** verlorengehen; zugrunde gehen; **~e, ~o** [~'ratə, -u] *m* Zerrüttung *f*; Mißwirtschaft *f*; Verlustgeschäft *n*; Verschwendung *f*; Niederlage *f*; Niedergang *m*; *ao ~* zu Schleuderpreisen; = *em ~* blindlings.

desbast|ador [~βɐʃtɐ'δor] *m* Rauhbank *f* (*Hobel*); **~ar** [~'tar] (1b) abhobeln; behauen; graben, schürfen; *Baum, Wald* ausholzen, lichten; *Haar* ausdünnen; **~e** [~'βaʃtə] *m* Abhobeln *n*; Behauen *n*; Ausholzung *f*; Ausdünnen *n*.

desbloqu|eamento [~blukjɐ'mẽntu] *m* = *~eio*; **~ear** [~'kjar] (1l) die Blockade aufheben, freigeben; **~eio** [~'keju] *m* Aufhebung *f* der Blockade, Freigabe *f*; Befreiung *f*.

desboc|ado [~βu'kaδu] unbändig (*Pferd*); frech, schamlos; **~ar** [~ar] (1n; *Stv.* 1e) er-, ver-, weg-gießen; *fig. Schimpfwort* ausstoßen; **~ar-se** durchgehen (*Pferd*); *fig.* frech w.

desbord|ante [~βur'δẽntə] überschwenglich; überschäumend; **~ar** [~ar] (1e) über die Ufer treten; überlaufen; sich drängen.

desbot|ado [~βu'taδu] *fig.* farblos, matt; **~ar** [~ar] (1e) (aus)bleichen; *v/i.* die Farbe verlieren.

desbragado [~βrɐ'γaδu] zügel-, hemmungs-los, frech.

desbravar [~βrɐ'var] (1b) urbar m.; *Pferd* bändigen; *Weg* bahnen.

descabel|ado [dɨʃkɐβə'laδu] zerzaust; kahl; *fig.* wüst; wild; maßlos; **~ar** [~ar] (1c) die Haare (aus)raufen (*dat.*); **~ar-se** wüst w.; **~o** [~'βelu] *m taur.* Genickstoß *m*.

descab|er [~kɐ'βer] (2q—D3) nicht (hinein)passen; nicht her-gehören, -passen; **~ido** [~iδu] unangebracht; unpassend; zwecklos.

descadeir|ado [~kɐδei'raδu] lendenlahm; **~ar** [~ar] (1a) verprügeln.

desca|ída [~kɐ'iδɐ] *f cul.* Geflügelklein *n*; *fig.* F = **~idela** [~kai'dɛlɐ] *f* F Entgleisung *f*; **~ído** [~iδu] hinfällig; eingefallen (*Wangen*); herunter(gekommen); **~imento** [~kai'mẽntu] *m* Verfall *m*; Hinfälligkeit *f*; Rückgang *m*; ⚓ Abtrift *f*; **~ir** [~ir] (3l) verfallen; (ab)sinken; zurückgehen, nachlassen; schwach (*od.* hinfällig) w.; ⚓ ab-fallen, -treiben; *~ em* fallen in (*ac.*); ausarten in (*ac.*); *~ para* kommen (*od.* verfallen) auf (*ac.*); übergehen zu; *ao ~ do dia* gegen Abend.

descalabro [~kɐ'laβru] *m* Verlust *m*; ⚔ Schlappe *f*; *allg.* verheerende Lage *f*.

descalç|adeira *f*, **~ador** *m* [~kalsɐ'δeirɐ, ~ɐ'δor] Stiefelknecht *m*; **~ar** [~'sar] (1p) ausziehen; den Bremsklotz lösen von; die Unterlage(n) herausziehen unter (*dat.*); *Straße* aufreißen; **~ar-se** sich die Schuhe ausziehen.

descalcificação ⚕ [~kalsəfikɐ'sɐ̃u] *f* Knochenerweichung *f*.

descalço [~'kalsu] barfuß; unbereift (*Auto*); ungepflastert (*Straße*); *fig.* P unvorbereitet.

descamb|ada *bras.* [~kẽm'baδɐ] *f* (Ab-)Hang *m*; *fig.* Entgleisung *f*; **~ar** [~ar] (1a) hinunter-fallen, -gleiten; ausrutschen (*a. fig.*); *~ em* enden mit; ausarten in (*ac.*); *~ no ridículo* lächerlich w.; **~ar-se** *com* herausrücken mit.

descaminh|ar [~kɐmi'ɲar] (1a) = *desencaminhar*; **~o** [~'miɲu] *m* Irrweg *m*; Irrtum *m*; Unterschleif *m*; Schmuggel(ware *f*) *m*; Verlust *m*; *levar ~* verlorengehen.

descamisar [~kɐmi'zar] (1a) *Mais* enthülsen.

descampado [~kẽm'paδu] *m* offene(s) Feld *n*.

descans|adeiro [~kẽsɐ'δeiru] *m*

Ruhe-, Rast-platz *m*; **~ado** [~'saðu] ruhig; geruhsam; *esteja ~!* keine Sorge!; **~ar** [~'sar] (1a) **1.** *v/t.* ausruhen (l.); auf-stützen, -legen; (unter)stützen; abstellen; *fig.* beruhigen; *~ armas!* Gewehr ab!; **2.** *v/i.* (sich aus)ruhen; rasten; ausspannen; sich erholen; schlafen; sich beruhigen, ruhig sn; *~ em* sich verlassen auf (*ac.*); *não ~ em* nicht locker l.; *~ sobre alg.*, *~ na palavra de alg.* auf j-n (*od.* auf j-s Wort) vertrauen (*od.* bauen); *~!* rührt euch!; *sem ~* unablässig, rastlos.

descanso [~'kẽsu] *m* Ruhe *f*; Rast *f*; Erholung *f*, Ausspannung *f*; Arbeitspause *f*; Rastplatz *m*; Stütze *f* (*a. fig.*); Unterlage *f*; Ablage *f*; Ständer *m*; *~ semanal* Ruhetag *m*; ⚔ *estar no ~* gesichert sn (*Gewehr*); *tirar do ~* entsichern; *com ~*, *em ~* gemächlich; mit Muße; *sem ~* rastlos.

descar|ado [~kɐ'raðu] unverschämt; **~amento** [~rɐ'mẽntu] *m* Unverschämtheit *f*; **~ar-se** [~arsə] (1b) unverschämt werden.

descarg|a [~'karɣɐ] *f* Entladung *f*; ⚓ Ausladen *n*, Löschung *f*; ⚡ Entleerung *f*; ⚔ Abschuß *m*; Salve *f*; *cano m* (*od. tubo m*) *de ~* ⊕ Ablaß-, Auspuff-rohr *n*, Auspuff *m*; *fazer a ~*, *proceder à ~* (*de*) ausladen; **~o** [~u] *m* Entlastung *f*; Entledigung *f*; (Pflicht-)Erfüllung *f*; *dar ~ de si* s-e Pflicht erfüllen.

descari|doso [~kɐri'ðozu (-ɔ-)] hartherzig; **~nhoso** [~'ɲozu (-ɔ-)] lieblos.

descarn|ado [~kɐr'naðu] entfleischt; bloßliegend (*Knochen*); *fig.* abgezehrt; hager; trocken (*Stil*); **~ar** [~ar] (1b) *Knochen* bloßlegen (*a. fig.*); das Fleisch ablösen von; **~ar-se** abmagern.

descaro [~'karu] *m* = *descaramento*.

descaroçar [~kɐru'sar] (1p; *Stv.* 1e) entkernen, entkörnen.

descarreg|adoiro, -ouro [~ʀəɣɐ'ðoiru, -oru] *m* Abladeplatz *m*; ⚓ Löschplatz *m*; **~ador** [~ɐ'ðor] *m* Lastträger *m*, Werftarbeiter *m*; **~amento** [~ɐ'mẽntu] *m* Entladen *n*; **~ar** [~'ɣar] (1o; *Stv.* 1c) *v/t.* ab-, aus-laden; *Waffe* entladen (*a.* ⚡); *Schußwaffe* abfeuern; *Schuß* abgeben; *Schlag* versetzen; *fig.* entlasten; befreien; *Weinstock* beschneiden; *Darm* entleeren; *Gewässer* ergießen; *~ em* (*od. sobre*) abladen auf (*ac.*); *Zorn usw.* auslassen an (*dat.*); *v/i.* sich entladen; losgehen (*Schuß*); **~ar-se** sich entledigen (*gen. de*); sich ergießen.

descarril|amento [~ʀilɐ'mẽntu] *m* Entgleisung *f*; **~ar** [~'lar] (1a) zum Entgleisen bringen; *v/i.* entgleisen.

descartar-se [~kɐr'tarsə] (1b): *fig.* sich entledigen.

descas|car [~kɐʃ'kar] (1n; *Stv.* 1b) (ab)schälen; enthülsen; *Baum* entrinden; *bras. Säbel* ziehen; *v/i.* sich schälen; *fig. ~ em* F schimpfen mit (*od.* über [*ac.*]); **~que** [~'kaʃkə] *m* Schälen *n*; Entrinden *n*; *fábrica f de ~* (Reis-)Schälfabrik *f*.

descaso [~'kazu] *m* Mißachtung *f*.

descend|ência [dɨʃsẽn'dẽsjɐ] *f* Nachkommenschaft *f*; Abstammung *f*; **~ente** [~ẽntə] **1.** *adj.* absteigend; abstammend; fallend; abwärtsfahrend; *comboio m ~* Rückzug *m*; **2.** *m* Nachkomme *m*, Abkömmling *m*; **~er** [~er] (2a) abstammen; herkommen.

descentral... *s. decentral...*

descer [~'ser] (2g) **1.** *v/t. u. v/i.* herab-, herunter-kommen; herab-, hinunter-steigen, -gehen, -fahren, -fließen; **2.** *v/t.* herabnehmen; her-, hin-unterbringen; *Vorhang usw.* her-, hin-unterlassen; *Bild* niedriger hängen; *Gehalt*, *Preis* herabsetzen; *j-n* ab- (*od.* tiefer-)setzen; tiefer einstufen; *Instrument* tiefer stimmen; **3.** *v/i.* sinken (*a. fig.*); sich senken (*Gelände*); niedergehen (*Flugzeug*); fallen (*Preis*, *Temperatur*); (hinunter)fließen; stromabwärts fahren; ab-, aus-steigen (*vom Pferd, aus dem Auto*); niedersteigen (zu *a*, *para*); *fig.* nachlassen (*Leistung*, *Qualität*); herunterkommen; sich herablassen (zu *a*); *von e-r Meinung* ab-gehen, -stehen.

descerc|ar [~sər'kar] (1n; *Stv.* 1c) *Stadt* entsetzen; *Gelände* freilegen; **~o** [~'serku] *m* Entsetzung *f*.

descerrar [~sə'ʀar] (1c) (er)öffnen; *Geheimnis*, *Denkmal* enthüllen.

desci|da [~'siðɐ] *f* Abstieg *m* (*na* beim); 🚗 Talfahrt *f*; ✈ Niedergehen *n*; Gefälle *n*, Neigung *f e-r Straße*; *Preis*-Senkung *f*; *Preis-*, *Temperatur*-Sturz *m*; *Antennen-*

Niederführung *f*; *fig.* Niedergang *m*; = **~mento** [~si'mẽntu] *m* Hinunter-lassen *n*, -setzen *n*; Herabnehmen *n*; Tieferhängen *n*; *Kreuz-*Abnahme *f*.

descivilizar(-se) [~sivəli'zar(sə)] (1a) verrohen.

desclassific|ado [~klɐsəfi'kaδu] ehrlos; **~ar** [~ar] (1n) entehren; deklassieren.

descoa|gular [~kwɐγu'lar] (1a) = **~lhar** [~'ʎar] (1b) (wieder) auflösen.

descobert|a [~ku'βɛrtɐ] *f* Entdeckung *f*; **~o** [~u] **1.** *adj.* offen; unbedeckt; nackt, bloß; ungedeckt (*a.* ✝, ⚔); barhäuptig; *a ~* ✝ ungedeckt, offen; = *ao ~*; *de rosto ~* offen(herzig); **2.** *m bras.* Fund (-stelle *f*) *m*; *ao ~* im Freien; schutz-, hüllen-los; offen.

descobr|idor [~βri'δor] *m* Entdecker *m*; **~imento** [~i'mẽntu] *m* Entdeckung *f*; Erkundung *f e-s Landes*; **~ir** [~'βrir] (3f) aufdecken; *Brust* entblößen; *Verbrechen* anzeigen; *Unbekanntes* entdecken, (heraus)finden; *Herz* ausschütten; *v/i.* sich aufklären (*Luft*); **~ir-se** den Hut abnehmen; sich verraten; *~ com alg.* sich j-m entdecken.

descol|agem [~'laʒɐ̃i] *f* ✈ Start *m*; = **~amento** [~lɐ'mẽntu] *m* Ablösung *f*; **~ar** [~'lar] (1e) (sich) ablösen; = *decolar*; *prestes a ~* startbereit.

descolor|ação [~lurɐ'sɐ̃u] *f* Entfärbung *f*; Bleichen *n*; **~ar** [~'rar] (1e) bleichen; **~ido** [~'riδu] blaß, farblos; **~ir** [~'rir] (3f—D1) *v/i.* die Farbe verlieren, ausbleichen.

descomed|ido [~mə'δiδu] maßlos; unhöflich; ungebührlich; **~imento** [~δi'mẽntu] *m* Maßlosigkeit *f*; Ungebührlichkeit *f*; **~ir-se** [~irsə] (3r—D1) es zu weit (*od.* über-)treiben; sich ungebührlich betragen.

descompass|ado [~kõmpɐ'saδu] ungleich; ungewöhnlich (groß); **~ar** [~ar] (1b) aus dem Takt bringen; übertreiben; **~ar-se** = *descomedir-se*.

descomp|or [~'por] (2zd) in Unordnung bringen; entstellen; entblößen; *fig.* ausschimpfen; *bsd.* F abkanzeln; **~or-se** in Unordnung (*od. fig.* außer sich) geraten; **~osto** [~oʃtu (-ɔ-)] unordentlich, durch-ea.; unanständig; außer sich; frech, unverschämt; **~ostura** [~puʃ'turɐ] *f* Unordnung *f*; Nachlässigkeit *f*; Unschicklichkeit *f*; Maßregelung *f*; *dar uma ~* = *~or fig.*

descomunal [~kumu'nał] ungewöhnlich.

desconceit|o [~kõ'seitu] *m* schlechte(r) Leumund (*od.* Ruf) *m*; **~uado** [~sei'twaδu] schlecht beleumundet; **~uar** [~sei'twar] (1g) in Verruf bringen.

desconcert|ado [~sər'taδu] unordentlich; halt-, maß-los; fassungslos; **~ante** [~ẽntə] betäubend; verwirrend; **~ar** [~ar] (1c) verwirren, in Unordnung bringen; stören; *Instrument* verstimmen; *Menschen* entzweien; *fig.* bestürzen, aus der Fassung bringen; **~o** [~'sertu] *m* Verwirrung *f*; Unordnung *f*; Störung *f*; Zwiespalt *m*; Ungehörigkeit *f*; Unsinn *m*.

desconchav|ado [~ʃɐ'vaδu] töricht; **~o** [~'ʃavu] *m* Torheit *f*.

desconcheg|ado [~ʃə'γaδu] ungemütlich; **~ar** [~ar] (1o; *Stv.* 1d) trennen, aus-ea.-reißen; in Unordnung bringen; **~o** [~'ʃeγu] *m* Ungemütlichkeit *f*; Schutz-, Hilf-losigkeit *f*.

desconcord|ância [~kõŋkur'dɐ̃sjɐ] *f* Mißverhältnis *n*; Unstimmigkeit *f*; Mißton *m*; Widerspruch *m*; **~ante, ~e** [~ẽntə, ~'kɔrdə] unstimmig; ungleich; widersprechend.

desconex|ão [~kunɛk'sɐ̃u] *f* Zs.-hanglosigkeit *f*; **~o** [~'nɛksu] zs.-hanglos, un-zs.-hängend.

desconfi|ado [~kõ'fjaδu] mißtrauisch; zweifelnd (an [*dat.*] *de*); ungläubig; **~ança** [~ɐ̃sɐ] *f* Mißtrauen *n*; **~ar** [~ar] (1g) glauben; *~ de* mißtrauen (*dat.*); zweifeln an.

desconform|e [~'fɔrmə] verschieden; unpassend; riesig; **~idade** [~furmi'δaδə] *f* Verschiedenheit *f*; Gegensatz *m*; Mißbildung *f*.

desconfort|ar [~fur'tar] (1e) *fig.* untröstlich m., niederschmettern; **~o** [~'fortu] *m* Trostlosigkeit *f*.

descongelar [~ʒə'lar] (1c) (wieder) auftauen; *fig.* freigeben.

descongestion|amento [~ʒiʃtjunɐ'mẽntu] *m* ⚕ Reinigung *f*; *fig.* Offenhaltung *f*; Entlastung *f*; Auflockerung *f*; **~ar** [~'nar] (1f) ⚕ reinigen, ausspülen; *fig.* freimachen;

Zugang offenhalten; *vom Verkehr* entlasten; *Verkehr* auflockern.

desconhec|edor [~kuɲəsə'ðor]: ~ *de* nicht kennend (*ac.*); nicht bekannt mit; nicht dankbar für; **~er** [~'ser] (2g) nicht kennen, nicht wissen; keine Ahnung h. von; nicht (an-) erkennen; bestreiten; **~ido** [~'siðu] unbekannt; unerkannt; **~imento** [~i'mẽntu] *m* Unkenntnis *f*.

desconjunt|amento [~kõʒũntɐ'mẽntu] *m* Verrenkung *f*; Verwirrung *f*; Riß *m* (*a. fig.*); **~ar** [~'tar] (1a) aus-ea.-nehmen; durch-ea.-bringen, verwirren; *Arm* aus-, verrenken; **~ar-se** *fig.* aus den Fugen gehen.

desconsert|ado [~sər'taðu] entzwei, F kaputt; defekt; **~ar** [~ar] (1c) entzwei (*od.* F kaputt) m.; in Unordnung bringen; *Arm* verrenken; **~ar-se** entzwei- (*od.* aus-ea.-)gehen; defekt w.; **~o** [~'sertu] *m* Fehler (-haftigkeit *f*) *m*, Defekt *m*.

desconsider|ação [~siðərɐ'sɐ̃u] *f* Rücksichtslosigkeit *f*; Unhöflichkeit *f*; **~ado** [~'raðu] unbedacht; achtlos; wenig angesehen; **~ar** [~'rar] (1c) nicht beachten; mißachten; rücksichtslos (*od.* unhöflich) behandeln; **~ar-se** an Ansehen verlieren.

desconsol|ação [~sulɐ'sɐ̃u] *f* = ~*o*; **~ado** [~'laðu] trostlos; untröstlich; langweilig, fad; **~ador** [~ɐ'ðor] betrüblich; hoffnungslos (*Sache*); **~ar** [~'lar] (1e) aufs Tiefste betrüben; (grausam) enttäuschen; *fig.* zur Verzweiflung bringen; **~o** [~'solu] *m* Trostlosigkeit *f*, Betrübnis *f*; Enttäuschung *f*; *que ~!* wie langweilig!; *ser um ~* schrecklich langweilig (*od.* fad, zum Verzweifeln) sn.

descontar [~kõn'tar] (1a) Nachlaß gewähren; abziehen; absehen von; diskontieren; *Scheck* einlösen.

descontent|adiço [~tẽntɐ'ðisu] schwer zu befriedigen(d); = ~*e*; **~amento** [~ɐ'mẽntu] *m* Unzufriedenheit *f*; Mißstimmung *f*; **~ar** [~'tar] (1a) unzufrieden m.; mißfallen (*dat.*); **~e** [~'tẽntə] unzufrieden; mißvergnügt.

descontin|uar [~ti'nwar] (1g) noch nicht wieder *et. tun*; *não ~ em* nicht ablassen von; *não ~ de fazer* unablässig weiter tun; *sem ~* unablässig; **~uidade** [~nwi'ðaðə] *f* Unstetigkeit *f*; Zs.-hanglosigkeit *f*.

descontínuo [~'tinwu] unterbrochen; un-zs.-hängend; unstetig; diskontinuierlich.

desconto [~'kõntu] *m Preis*-Ermäßigung *f*; Abschlag *m*; Abzug *m*; Rabatt *m*; Skonto *m*; Diskont *m*; Diskontierung *f*; ~ *para revenda* Preisnachlaß *m* (*od.* Rabatt *m*) für Wiederverkäufer.

descontro|lado [~kõntro'ladu] außer Rand und Band; **~lar-se** *bras.* [~'larsə] (1e) leichtsinnig w.; **~le, -o** [~'trolə, -u] *m* Leichtsinn *m*.

desconversar *bras.* [~kõnver'sar] (1c) ausweichen; das Thema wechseln.

descon|vidar [~kõvi'ðar] (1a) *j-n* abbestellen, ausladen; **~vir** [~'vir] (3x) ungelegen kommen; unpassend sn; dagegen sn; in Abrede stellen.

descor|ado [~kɔ'raðu] verblichen; farblos; blaß; **~amento** [~rɐ'mẽntu] *m* Bleichen *n*, Ausbleichen *n*; Blässe *f*; **~ante** [~ɐ̃ntə] Bleich...; **~ar**[1] [~ar] (1a) *v/t.* bleichen; *v/i.* ausbleichen; sich verfärben.

descorar[2] [~ku'rar] (1e) vergessen, verlernen.

descor(o)çoar [~r(u)'swar] (1f) entmutigen; *v/i.* den Mut verlieren.

descor|tês [~kur'teʃ] unhöflich; **~tesia** [~tə'ziɐ] *f* Unhöflichkeit *f*; **~tiçar** [~ti'sar] (1p) entrinden, schälen; **~tinar** [~ti'nar] (1a) *fig.* enthüllen; *Aussichten* eröffnen; erblicken, entdecken; **~tino** *bras.* [~'tinu] *m* Weitsicht *f*.

descos|er [~ku'zer] (2d) *Naht usw.* auf-, los-trennen; *fig.* auf-, zerreißen; enthüllen; **~er-se** aufgehen; platzen; reißen; **~ido** [~iðu] locker, lose; zs.-hanglos, sprunghaft.

descravar [~krɐ'var] (1b) ab-, auf-, heraus-m., -reißen; = *desencravar*; *fig. den Blick* (ab)wenden; nicht mehr an- (*od.* hin-)sehen.

descrédito [~'krɛðitu] *m* Mißkredit [*m.*]

descr|ença [~'krẽsɐ] *f* Unglaube(n) *m*; **~ente** [~ẽntə] ungläubig; **~er** [~er] (2k) nicht glauben (an [*ac.*] *de, em*); verleugnen (*ac.*).

descr|ever [~krə'ver] (2c; *p.p. descrito*) beschreiben, schildern; **~ição** [~i'sɐ̃u] *f* Beschreibung *f*.

descriminar [~krəmi'nar] (1a) freisprechen.

descritivo [~kri'tivu] beschreibend.

descuid|ado [⁓kwi'ðaðu] nachlässig; fahrlässig; sorglos; **⁓ar** [⁓ar] (1a) vernachlässigen; außer acht l.; **⁓ar-se** nicht aufpassen (auf [*ac.*] *de*); nachlässig sn (in [*dat.*] *de*); unvorsichtig sn; sich gehenlassen; **⁓o** [⁓'kuiðu] *m* Nachlässigkeit *f*; Unachtsamkeit *f*; Versehen *n* (*por* aus).

desculp|a [⁓'kułpɐ] *f* Entschuldigung *f* (*por* als, zur); Vorwand *m*, Ausrede *f*; *dar* ⁓ *a* entschuldigen (*ac.*); *pedir* (*muitas*, *mil*) ⁓(*s*) *de a/c. a alg.* j-n (vielmals, tausendmal) für et. um Entschuldigung bitten; **⁓ar** [⁓kuł'par] (1a) entschuldigen; *j-n von et.* entbinden; schenken; **⁓ar-se** *com a/c.* et. vorschützen.

descurar [⁓ku'rar] (1a) vernachlässigen.

desde ['deʒðə] seit, von ... an; ab; von (... bis *até*); ⁓ *então* seitdem; ⁓ *há* seit; ⁓ *já* gleich; schon jetzt; ⁓ *logo s. logo*; ⁓ *que* seitdem; sobald; sofern.

desdém [diʒ'ðɐ̃i] *m* Geringschätzung *f*, Verachtung *f*; *com* ⁓ verächtlich; *ao* ⁓ nachlässig.

desdenh|ar [⁓ðə'ɲar] (1d) geringschätzen, verachten; verschmähen; **⁓ável** [⁓avɛł] verächtlich; **⁓oso** [⁓ozu (-ɔ-)] verächtlich; abweisend.

desdentado [⁓ðẽn'taðu] zahnlos.

desdit|a [⁓'ðitɐ] *f* Unglück *n*; Unstern *m*; **⁓oso** [⁓ði'tozu (-ɔ-)] unglücklich.

desdizer [⁓ði'zer] (2x) bestreiten, in Abrede stellen; *v/i.* im (*od.* sich in) Widerspruch stehen (setzen) (zu *de*); nicht passen zu; **⁓-se** *de* sich lossagen von; zurücknehmen (*ac.*).

desdobr|amento [⁓ðuβrɐ'mẽntu] *m* Entfaltung *f*; Entwicklung *f*; Darlegung *f*; Ausbreitung *f*; 🚂 Entlastungszug *m*; Einlege- (*od.* E-)wagen *m*; ⚗ Aufschluß *m*; (Ab-)Spaltung *f*; *ter* ⁓*s* Konsequenzen h.; **⁓ar** [⁓'βrar] (1e) aus-ea.-, ent-falten; ausbreiten; (auf)teilen; ⚔ *Truppen* ausea.-ziehen; 🚂 e-n Entlastungszug (*od.* e-n zweiten Wagen) einlegen; *Radio*: trennen; ⚗ aufschließen, (ab)spalten; **⁓ar-se** sich erstrecken; sich entwickeln; um sich greifen.

desdoir-, desdour|ar [⁓ðoi'r-, ⁓ðo'rar] (1a) *fig.* verunehren; schänden; **⁓o** [⁓'ðoiru, -oru] *m* Schande *f*.

deseduc|ar [dəziðu'kar] (1n) verziehen; **⁓ativo** [⁓kɐ'tivu] schädlich.

desej|ar [dəzi'ʒar] (1d) (herbei-) wünschen, verlangen; sich *et.* wünschen; begehren; *desejo oft*: ich möchte; *não ter nada a* ⁓ wunschlos glücklich sn; **⁓ável** [⁓avɛł] wünschenswert; erwünscht; **⁓o** [⁓'zeʒu] *m* Wunsch *m*; Verlangen *n*; Begehren *n*; *o que o meu* ⁓ *apetece* was mein Herz begehrt; **⁓oso** [⁓ozu (-ɔ-)]: ⁓ *de* begierig nach; von dem Wunsch beseelt zu.

deseleg|ância [⁓lə'ɣɐ̃sjɐ] *f* Plumpheit *f*; **⁓ante** [⁓ɐ̃ntə] unfein; plump.

desembainhar [dəzẽmbɐi'ɲar] (1a) den Saum *e-s Kleides* auftrennen; *Schwert* aus der Scheide ziehen, zücken; *fig.* herausnehmen.

desembalar [⁓bɐ'lar] (1b) auspacken.

desembaraç|ado [⁓bɐrɐ'saðu] ungehemmt; ungezwungen; flink *im Arbeiten*; **⁓ar** [⁓ar] (1p; *Stv.* 1b) befreien; *Ort* frei m., räumen; *Hindernis* beseitigen; **⁓ar-se** zurechtkommen; sich gut anlassen, F sich m.; ⁓ *de* sich entledigen (*gen.*); *desembarace-se!* sehen Sie, daß Sie zurechtkommen!; machen Sie voran!; **⁓o** [⁓bɐ'rasu] *m* Ungezwungenheit *f*; Sicherheit *f*; Geschick *n*; *com* ⁓ = ⁓*ado*.

desembarc|adoiro, -ouro [⁓bɐrkɐ'ðoiru, -oru] *m* Landungsplatz *m*; **⁓ar** [⁓'kar] (1n; *Stv.* 1b) *v/t.* ausschiffen; *Waren* ausladen, löschen; *v/i.* an Land gehen; aussteigen.

desembarg|ador [⁓bɐrgɐ'ðor] *m* Landgerichtsrat *m*; **⁓ar** [⁓'gar] (1o; *Stv.* 1b) freigeben; befreien; abfertigen; **⁓o** [⁓'bargu] *m* Freigabe *f*.

desembarque [⁓'barkə] *m* Ausschiffung *f*; ⚓ Löschung *f*.

desembestar [⁓bɛʃ'tar] (1a) schleudern; *v/i.* rasen.

desemboc|adura [⁓bukɐ'ðurɐ] *f* Mündung *f*; **⁓ar** [⁓'kar] (1n; *Stv.* 1e) *v/i.* münden.

desembols|ar [⁓boł'sar] (1a) *Geld* aus-geben, -legen; aus der Tasche ziehen, F herausrücken; **⁓o** [⁓'bołsu] *m* Zahlung *f*; Auslage *f*.

desem|braiar, ⁓brear [⁓brɐ'jar, ⁓'brjar] (1b, 1l) auskuppeln.

desem|briagar [⁓brjɐ'ɣar] (1o; *Stv.* 1b) ernüchtern; **⁓brulhar** [⁓bru'ʎar] (1a) auspacken; *fig.* entwirren; **⁓buchar** [⁓bu'ʃar] (1a) ausspeien;

fig. ausplaudern.

desemoldurado [dəzimołdu'raδu] rahmenlos.

desempach|ar [dəzẽmpɐ'ʃar] (1b) = *desembaraçar*; erleichtern; loseisen; abfertigen; **~o** [~'paʃu] *m* Erleichterung *f*; Befreiung *f*; Beseitigung *f*.

desem|pacotar [~pɐku'tar] (1e) auspacken; **~palhar** [~pɐ'ʎar] (1b) aus dem Stroh nehmen; auspacken; **~panado** [~pɐ'naδu] *bras.* unverblümt; ehrlich; **~panar** [~pɐ'nar] (1a) *Spiegel* abwischen; *Metall* aufpolieren; *fig.* (auf)klären; **~paredar** [~pɐrə'δar] (1c) aufbrechen; befreien; **~parelhar** [~pɐrɨ'ʎar] (1d) trennen.

desempat|ar [~pɐ'tar] (1b) entscheiden; den Ausschlag geben; *Geschäft* zum Abschluß bringen; ~ *capitais* Geld flüssigmachen; **~e** [~'patə] *m* Entscheidung *f*; Ausschlag *m*; Abschluß *m*; *eleição f de* ~ Stichwahl *f*; *jogo m de* ~ Entscheidungsspiel *n*.

desempe|çar [~pə'sar] (1p; *Stv.* 1c) = **~cer** [~'ser] (2g) = **~cilhar** [~si'ʎar] (1a) frei-, los-machen; befreien; unbehindert (*od.* frei-)l.

desem|pedernir [~pəδər'nir] (3c—D4) *fig.* rühren; **~pedrar** [~pə'δrar] (1c) *Straße* aufreißen; ⚒ von Steinen befreien; = *~pedernir*.

desempen|adeira [~pənɐ'δeirɐ] *f* Reibebrett *n*; Abrichtmaschine *f*; **~ado** [~'naδu] gerade; leicht beweglich; *fig.* schlank; gewandt; flink; **~ar** [~'nar] (1d) geraderichten; (ab-, aus-, zu-)richten; wieder beweglich m.; *v/i. u.* **~ar-se** sich geradeziehen.

desempenh|ar [~pə'ɲar] (1d) *Pfand* einlösen; *Pflicht* erfüllen; *Wort* halten; *Auftrag* ausführen; *Amt* ausüben; *j-s* Schulden bezahlen; *tea. Rolle* spielen; ~ *alg.* de j-n entbinden von; **~ar-se** s-n Verpflichtungen nachkommen; **~o** [~'peɲu] *m* Einlösung *f*; Erfüllung *f*; Erledigung *f*; *Amts*-Führung *f*; Ausübung *f*; Befreiung *f von e-r Schuld usw.*; *tea.* Darstellung *f*, Spiel *n*.

desempeno [~'penu] *m fig.* Gewandtheit *f*, Beweglichkeit *f*.

desem|perrar [~pə'ʀar] (1c) lokkern; *fig.* gefügig m., umstimmen; **~pestar** [~pɛʃ'tar] (1a) entgiften.

desempo|ado, ~eirado [~'pwaδu, ~pwei'raδu] vorurteilsfrei; **~ar** [~ar] (1f) = **~eirar** [~ei'rar] (1a) ab-, aus-, ent-stauben; ausschütteln; ab-, aus-klopfen; *fig.* auslüften; von Vorurteilen befreien.

desempreg|ado [~prə'ɣaδu] arbeits-, erwerbs-los; **~ar** [~ar] (1o; *Stv.* 1c) entlassen; **~ar-se** s-e Stelle verlieren; **~o** [~'preɣu] *m* Arbeitslosigkeit *f*.

desem|proar [~'prwar] (1f) aus der Fassung bringen; **~punhar** [~pu'ɲar] (1a) los-, fahren-lassen; aus der Hand legen.

desemudecer [dəzimuδə'ser] (2g) zum Sprechen bringen; *v/i.* die Sprache wiedergewinnen.

desen|cabeçar [dəzẽŋ-, dəzĩŋkɐβə'sar] (1p; *Stv.* 1c) *j-m et.* ausreden; **~cabrestar** [~kɐβrɨʃ'tar] (1c) abhalftern; *fig.* zu Kopf steigen (*dat.*); *v/i.* über die Stränge schlagen; **~cabrestar-se** sich losreißen.

desencade|amento [~kɐδjɐ'mẽntu] *m* Ausbruch *m*; **~ar** [~'δjar] (1l) losm.; *fig.* auslösen; entfesseln; **~ar-se** sich losreißen; *fig.* sich entladen; wüten; ausbrechen (*Krieg*).

desencaix|ar [~kai'ʃar] (1a) heraus-, aus-ea.-nehmen, -reißen, -treiben; auspacken (*a. fig.*); *Arm* ausrenken; *Beleidigung* ausstoßen; **~ar-se** herausspringen; **~ilhar** [~ʃi'ʎar] (1a) aus dem Rahmen nehmen; **~otar** [~ʃu'tar] (1e) auspacken.

desencalh|ado [~kɐ'ʎaδu] flott; **~ar** [~ar] (1b) (wieder) flottmachen (*a. fig.*); *Weg* frei machen; *Hindernis* beseitigen; *v/i.* (wieder) flott w.; **~e** [~'kaʎə] *m* Flottmachen *n*.

desencaminh|ado [~kɐmi'ɲaδu] abwegig, irrig; *andar* ~, *ir* ~ sich auf e-m falschen Weg befinden; **~amento** [~ɲɐ'mẽntu] *m* Irreführung *f*; Fehlleitung *f*; = *descaminho*; **~ar** [~ar] (1a) irreführen; fehlleiten; *von s-n Pflichten* abbringen; auf Abwege bringen; verschwinden l.; unterschlagen; **~ar-se** fehlgehen; auf Abwege geraten; sich entfernen; verschwinden.

desencant|amento [~kẽntɐ'mẽntu] *m* Entzauberung *f*; Enttäuschung *f*; **~ar** [~'tar] (1a) entzaubern; enttäuschen; die Augen öffnen; entdecken; *Wahrheit* entschleiern; **~o** [~'kẽntu] *m* Enttäuschung *f*.

desen|carregar [~kɐʀə'ɣar] (1o; *Stv.* 1c) entlasten; befreien; *von Ämtern* entsetzen; **~cascar** [~kɐʃ-'kar] (1n; *Stv.* 1b) *Wein* abfüllen; ab-, aus-waschen; **~cerrar** [dəzĩsə-'ʀar] (1c) in Freiheit setzen; *fig.* aufdecken; **~cerrar-se** loskommen; *fig.* sich zeigen; **~colher** [~ku'ʎer] (2d) strecken; **~comendar** [~ku-mẽn'dar] (1a) abbestellen.

desencontr|ado [~kõn'traðu] entgegengesetzt; ungleich; abweichend; **~ar** [~ar] (1a) ea. verfehlen l.; (gegen-ea.) versetzen; *j-n* verfehlen; **~ar-se** nicht zs.-stimmen; an-ea. vorbeireden; (von-ea.) abweichen; **~o** [~'kõntru] *m* verfehlte Begegnung *f*; Mißverständnis *n*; Versetzung *f*; Gegensatz *m*.

desencorajar [~kurɐ'ʒar] (1b) entmutigen.

desen|costar [~kuʃ'tar] (1e) aufrichten; frei (hin)stellen; **~cravar** [~krɐ'var] (1b) die Nägel herausziehen aus; freilegen; *fig.* flottm.; loseisen; = *descravar*; **~crespar** [~kriʃ'par] (1c) glätten; **~deusar** [~deu'zar] (1a) entgöttern; **~dividar** [~dəvi'ðar] (1a) entschulden; entbinden.

desenfad|adiço [dəzẽ-, dəzĩfɐðɐ-'ðisu] unterhaltsam, lustig; **~ado** [~'ðaðu] heiter, sorglos; ungeniert; **~ar** [~'ðar] (1b) unterhalten, zerstreuen; aufheitern; **~o** [~'faðu] *m* Unterhaltung *f*; Heiterkeit *f*; Ungezwungenheit *f*, Freimut *m*.

desen|fardar [~fɐr'dar] (1b) auspacken; **~fastiar** [~fɐʃ'tjar] (1g) Lust (*od.* Appetit) m.; = *desenfadar*; **~feitar** [~fei'tar] (1a) des Schmuckes entkleiden; verunzieren; **~feitiçar** [~feiti'sar] (1p) entzaubern; heilen; **~ferrujar** [~fəʀu'ʒar] (1a) von Rost befreien; aufpolieren; *fig.* F aufmöbeln; F ölen, schmieren; *Kehle* wieder einsingen; sich *die Beine* vertreten; *Glieder* lockern; *der Zunge* freien Lauf l.; **~fezar** [~fɛ'zar] (1a) *fig.* hochpäppeln; aufmuntern.

desenfre|ado [~'frjaðu] zügel-, hemmungs-los; maßlos; **~amento** [~frjɐ'mẽntu] *m* Entfesselung *f*; Hemmungs-, Zügel-losigkeit *f*; **~ar** [~ar] (1l) abzäumen; *fig.* entfesseln; **~ar-se** durchgehen (*Pferd*); alle Fesseln sprengen; losbrechen.

desen|fronhar [~fru'ɲar] (1f) abziehen; *allg.* entkleiden; auspacken, *fig. a.* enthüllen; **~funar-se** [~fu-'narsə] (1a) abschwellen; *fig.* kleinlaut w.; **~gaçar** [dəzĩŋgɐ'sar] (1p; *Stv.* 1b) abbeeren; P fressen.

desengan|ado [dəzẽŋ-, dəzĩŋgɐ-'naðu] illusionslos; klar, offen; aufgegeben (*Kranker*); überdrüssig; **~ar** [~ar] (1a) die Augen öffnen (*dat.*), die Wahrheit sagen (*dat.*) (über [*ac.*] *de*); ernüchtern; enttäuschen; **~ar-se** s-n Irrtum einsehen; e-e Enttäuschung erleben (an [*dat.*] *de*); *desengane-se!* lassen Sie sich e-s Besseren belehren!

desenganchar [~gẽ'ʃar] (1a) aus-, los-haken; lösen.

desengano [~'gɐnu] *m* Enttäuschung *f*; Lehre *f*; Illusionslosigkeit *f*; Offenheit *f*.

desen|gastar [~gẽʃ'tar] (1b) (aus der Fassung *od.* heraus-)lösen; **~gatar** [~gɐ'tar] (1b) aus-haken, -klinken, -kuppeln; **~gate** [~'gatə] *m* Auskupplung *f*; Auslösung *f*; **~gatilhar** [~gɐti'ʎar] (1a) entsichern; abdrücken; **~godar** [~gu-'ðar] (1e) *fig.* ernüchtern.

desengonç|ado [~gõ'saðu] wackelig, locker; ausgeleiert; *fig.* schlotterig; **~ar** [~ar] (1p) *Tür* ausheben; aus-ea.-nehmen; lockern; *Arm* ausrenken; **~ar-se** aus den Angeln (*od.* Fugen) gehen; *fig.* schlottern; **~o** [~'gõsu] *m* Lockerung *f*; Verrenkung *f*; Schlotterigkeit *f*.

desengord|ar [~gur'dar] (1e) mager m. (*od.* w.); **~urar** [~du'rar] (1a) entfetten; von Fettflecken säubern.

desen|graçado [~grɐ'saðu] fad, langweilig; reizlos; **~graxar** [~grɐ-'ʃar] (1b) entfetten; **~grossar** [~gru'sar] (1e) dünner machen (*od.* werden); abhobeln.

desenh|ador [dəziɲɐ'ðor] *m* Zeichner *m*; **~ar** [~'ɲar] (1d) (ab-, auf-) zeichnen; **~ar-se** sich abzeichnen; **~o** [də'zɛɲu] *m* Zeichnung *f*; Zeichnen *n*; ~ *geométrico* Planzeichnen *n*; ~*s pl. animados* Trickfilm *m*.

desenj|oar [dəzẽ-, dəzĩ'ʒwar] (1f) die Übelkeit vertreiben; anregen; **~oar-se** die Übelkeit loswerden; sich zerstreuen; sich Luft m.; **~oativo** [~ʒwɐ'tivu] **1.** *adj.* gut gegen Übelkeit; (appetit)anregend; *ser* ~ = ~*oar*; **2.** *m* Appetithappen *m*; anregende Sache *f*.

desenla|çar [~lɐ'sar] (1p; *Stv.* 1b) losbinden, aufschnüren; *fig.* entwirren; (auf)lösen; **~ce** [~'lasə] *m* Lösung *f*; Ausgang *m*; Ende *n*.

desenl|ear [~'ljar] (1l) aufknüpfen; entwirren; **~eio** [~'leju] *m* Entwirrung *f*, Lösung *f*.

desenobrecer [dəzinuβrə'ser] (2g) entehren.

desen|raizar [dəzẽ-, dəzĩrai'zar] (1q) entwurzeln, ausreißen; *-ado* wurzellos; vereinzelt; **~rascar** [~ʀɐʃ'kar] (1n; *Stv.* 1b) entwirren; herausbekommen; aus der Klemme ziehen; **~redar** [~ʀə'δar] (1c) entwirren, lösen; **~redo** [~'ʀeδu] *m* Entwirrung *f*, Lösung *f*; Ausgang *m e-s Dramas*; **~regelar** [~ʀɨʒə'lar] (1c) auftauen (*a. fig.*); **~rolar** [~ʀu'lar] **1.** *v/t.* (1e) aufrollen; *fig.* erzählen; entwickeln; **2.** *m* Entwicklung *f*; Verlauf *m*; **~rolar-se** *fig.* sich entwickeln; ablaufen; stattfinden; **~roscar** [~ʀuʃ'kar] (1n; *Stv.* 1e) aufwickeln; abschrauben; **~rugar** [~ʀu'γar] (1o) glätten.

desentalar [~ẽn-, ~ĩntɐ'lar] (1b) *fig.* aus der Klemme ziehen.

desentend|er [~tẽn'der] (2a) nicht verstehen (wollen); überhören; **~ido** [~iδu]: *fazer-se ~* sich dumm (*od.* taub) stellen; **~imento** [~di'mẽntu] *m* Verständnislosigkeit *f*.

desenterr|ado [~tə'ʀaδu]: *com cara de -a* wie eine wandelnde Leiche; **~amento** [~təʀɐ'mẽntu] *m* Ausgrabung *f*; **~ar** [~'ʀar] (1c) (wieder) ausgraben (*a. fig.*).

desento|ação [~twɐ'sɐ̃u] *f* Mißton *m*; Mißklang *m*; Ungehörigkeit *f*; **~ado** [~'twaδu] mißtönend; falsch; **~ar** [~'twar] (1f) falsch singen; *v/i.* detonieren; falsch klingen; *fig.* daneben hauen, Unsinn reden.

desen|tonar [~tu'nar] (1f) demütigen; **~torpecer** [~turpə'ser] (2g) wieder gelenkig m.; aufmuntern, in Schwung bringen; **~torpecer-se** aus der Erstarrung erwachen, sich ermuntern; **~tortar** [~tur'tar] (1e) geradebiegen.

desen|trançar [~trɐ̃'sar] (1p) aufflechten; entwirren; **~tranhar** [~trɐ'ɲar] (1a) ausweiden; entreißen; herausbringen; herausrücken mit; *~ suspiros* tief aufseufzen; **~tranhar-se** überschäumen, strotzen; sein Letztes hergeben.

desentulh|ar [~tu'ʎar] (1a) (vom Schutt) säubern; *Schutt* wegräumen; aus dem Schutt ziehen; ⚒ *Platz* abräumen; **~o** [~'tuʎu] *m* Abraum *m*, Schutt *m*; *trabalhos m/pl. de ~* Aufräumungsarbeiten *f/pl*.

desentupir [~tu'pir] (3a *u.* 3h) frei m.; öffnen; *Rohr usw.* aus-putzen, -fegen, -blasen.

desen|vencilhar [dəzẽ-, dəzĩvẽsi'ʎar] (1a) entwirren; **~vencilhar-se** sich befreien *od.* losm. (von *de*); **~vergar** [~vər'gar] (1o; *Stv.* 1c) *Segel* losm.; *Uniform* ausziehen.

desenvolt|o [~'vołtu] gewandt, sicher; ungeniert; mutwillig; dreist; **~ura** [~voł'turɐ] *f* Gewandtheit *f*; Mutwille *m*; Dreistigkeit *f*.

desenvolv|er [~voł'ver] (2e) entwickeln; *Tätigkeit* entfalten; (ausführlich) dar-legen, -stellen; ⚔ durchführen; **~ido** [~iδu] ausführlich, eingehend; **~imento** [~vi'mẽntu] *m* Entwicklung *f*; Aus-, Durch-führung *f*; *país m em vias de ~* Entwicklungsland *n*.

desenxabido [~ʃɐ'βiδu] fad.

desenxovalh|ado [~ʃuvɐ'ʎaδu] sauber; glatt; **~ar** [~ar] (1b) säubern; glätten; *fig.* rein waschen.

desequil|ibrado [dəzikəli'βraδu] unausgeglichen; F verrückt; **~ibrar (-se)** [~i'βrar(sə)] (1a) aus dem Gleichgewicht bringen (geraten); **~íbrio** [~'liβrju] *m* Mangel *m* an Gleichgewicht; Unausgeglichenheit *f*; Mißverhältnis *n*; *ficar em ~ com* in keinem Verhältnis stehen zu.

deserção [dəzər'sɐ̃u] *f* Fahnenflucht *f*; ⚖ Verzicht(leistung *f*) *m*.

deserd|ação [~dɐ'sɐ̃u] *f* Enterbung *f*; **~ar** [~'dar] (1c) enterben; *fig.* stiefmütterlich behandeln.

desert|ar [~'tar] (1c) **1.** *v/t.* entvölkern; ⚖ Verzicht leisten auf (*ac.*); **2.** *v/i.* fahnenflüchtig w., desertieren; **~o** [~'zɛrtu] **1.** *adj.* wüst; öde, leer; verlassen; unbewohnt; **2.** *m* Wüste *f*; Einöde *f*; **~or** [~or] *m* Fahnenflüchtige(r) *m*, Deserteur *m*; Abtrünnige(r) *m*.

desesper|ação [dəziʃpərɐ'sɐ̃u] *f* **a)** Verzweiflung *f*; *meter od. pôr (entrar) em ~ = ~ar(-se)*; *é uma ~* es ist zum Verzweifeln; **b)** = *~ança*; **~ado** [~'raδu] verzweifelt;

wütend; **~ança** [~'rẽsɐ] *f* Hoffnungslosigkeit *f*; Aussichtslosigkeit *f*; **~ançar** [~ẽ'sar] (1o) die Hoffnung rauben (*dat.*); **~ante** [~'rẽntə] aussichtslos; **~ar** [~'rar] (1c) zur Verzweiflung bringen; *v/i.* verzweifeln (an [*dat.*] de); **~ar-se** wütend w.; **~o** [dəziʃ'peru] *m* = *~ação* a); *que ~!* wie gräßlich!

desestabiliz|ação [~tɐβəlizɐ'sɐ̃u] *f* Verunsicherung *f*; **~ador** [~ɐ'ðor] verunsichernd, Unsicherheits...; **~ar** [~'zar] (1a) verunsichern.

desestim|a [~'timɐ] *f* Geringschätzung *f*; **~ar** [~ti'mar] (1a) verachten; unterschätzen.

desfaça|do [diffɐ'saðu] unverschämt; **~tez** [~sɐ'teʃ] *f* Unverschämtheit *f*.

desfalcar [~fał'kar] (1n) vermindern; (be)rauben; unterschlagen.

desfalec|er [~fɐlə'ser] (2g) schwächen; *v/i.* schwach w.; *bsd.* in Ohnmacht fallen; *~ em* es fehlen l. an (*dat.*); nachlassen an *od.* in (*dat.*), mit; **~ido** [~iðu] schwach, hinfällig; schwächlich; *~ de* ...los; **~imento** [~si'mẽntu] *m* Schwäche *f*; Ohnmacht *f*; Nachlassen *n*.

desfalque [~'fałkə] *m* Abgang *m*; Fehlbetrag *m*; *bsd.* Unterschlagung *f*.

desfas|ado [~fɐ'zaðu] phasenverschoben; **~agem** [~aʒɐ̃i] *f* = **~amento** [~zɐ'mẽntu] *m* Phasenverschiebung *f*; *fig.* Abstand *m*, Kluft *f*.

desfastio [~fɐʃ'tiu] *m* Eßlust *f*; Munterkeit *f*; *por ~* zur Unterhaltung.

desfav|or [~fɐ'vor] *m* Ungunst *f*; Abneigung *f*; **~orável** [~vu'ravɛł] ungünstig; **~orecer** [~vurə'ser] (2g) *j-m* s-e Gunst entziehen; *bsd.* benachteiligen; schlecht zu Gesicht stehen (*Kleidungsstück*).

desfazer [~fɐ'zer] (2v) aus-ea.-nehmen; zer-reiben, -stückeln, -teilen; zerbrechen; zerstören; *Genähtes* wieder auftrennen; *Knoten* lösen; *Heer*, *Zucker* auflösen; *Täuschung* zunichte m.; *Feind* vernichten; *Vermögen* zerrütten; *Wolken* vertreiben; rückgängig m.; *Vertrag* zerreißen; *Beleidigung* wiedergutmachen; *j-m* zusetzen; *~ a/c. de* et. wegschaffen von; *~ alg. de* j-n befreien von; *~ em* herunterm. (*ac.*); **~-se** aus-ea.-, entzwei-gehen, zerschmettern; aufgehen (*Naht*, *Frisur*); sich auflösen, zergehen *od.* zerfließen (in [*ac.*] *em*); zerfallen; *~ de* sich entledigen (*gen.*), losw. (*ac.*); *Rock usw.* ablegen; *Werte* veräußern; *~ em* sich ergehen in (*dat.*); *~ por* sich alle Mühe geben, um ... zu *inf.*

desfear [~'fjar] (1l) entstellen.

desfech|ar [~fɨ'ʃar] (1d) *Schuß* abfeuern, abgeben (auf [*ac.*] *a*); *Blick* schießen; *Schrei usw.* ausstoßen; *Schlag* versetzen; *fot.* knipsen; *v/i.* sich entladen; davonsausen; *~ em* enden mit; ausbrechen in (*ac.*); **~ar-se** losgehen (*Feuerwaffe*); **~o** [~'feʃu] *m* Ausgang *m*, Ende *n*.

desfeit|a [~'feitɐ] *f* Beleidigung *f*; **~ear** [~fei'tjar] (1l) beschimpfen; *j-m* e-n Streich spielen; *Sport*: über-listen, -runden; **~o** [~u] **1.** *p.p. v. desfazer*; **2.** *adj.* stürmisch, wild.

des|ferir [~fə'rir] (3c) *Flügel* ausspannen; *Pfeil* (ab)schießen; *Speer*, *Blick* schleudern; *Schwert* schwingen; *Schlag* versetzen; *Ton* ausstoßen; *Angriff*, *Versuch* unternehmen; **~fiar** [~'fjar] (1g) Fäden ausziehen aus; abfädeln; ausfransen; *Haar* ausdünnen; *v/i.* rinnen (*Tränen*); **~fiar-se** ausfransen; aufgehen; **~fibrar** [~fi'βrar] (1a) zerfasern; *fig.* veruneinigen.

desfigur|ação [~fiɣurɐ'sɐ̃u] *f* Entstellung *f*; **~ar** [~'rar] (1a) entstellen; verzerren; unkenntlich machen.

desfil|ada [~fi'laðɐ] *f* Folge *f*; = *~e*; *à ~* spornstreichs; mit verhängten Zügeln; *partir à ~* los-brausen, -stürmen; durchgehen; **~adeiro** [~lɐ'ðeiru] *m* Paß *m*; Engpaß *m*; **~ar** [~ar] (1a) vorbeimarschieren; **~e** [~'filə] *m* Vorbeimarsch *m*; *~ naval* Flottenparade *f*.

desfitar [~fi'tar] (1a) *Blick* (ab-) wenden; nicht (mehr) ansehen.

desflor|ação [~flurɐ'sɐ̃u] *f* Blütenfall *m*; = **~amento** [~ɐ'mẽntu] *m* Entjungferung *f*; **~ar** [~'rar] (1e) der Blüten berauben; abpflücken; den Reiz der Neuheit nehmen (*dat.*); *Speise* kosten; *Gefühl usw.* beleidigen; *Oberfläche* streifen; *Mädchen* entjungfern, schänden; **~ecer** [~ə'ser] (2g) verblühen; **~ecimento** [~əsi'mẽntu] *m* Verblühen *n*.

desflorest|amento [~flurɨʃtɐ'mẽntu] *m* Kahlschlag *m*; **~ar** [~'tar]

(1c) kahlschlagen.

desfolha [~'fɔʎa] *f* Laubfall *m*; Herbst *m*.

desfolh|ada [~fu'ʎaδɐ] *f* Enthülsen *n des Maises*; **~amento** [~ɐ'mẽntu] *m* Ablauben *n*; Laubfall *m*; **~ar** [~ar] (1e) ablauben; entblättern; *Mais* enthülsen; **~ar-se** sich entlauben.

desforç|ar [~fur'sar] (1p; *Stv.* 1e) rächen; **~ar-se** sich Genugtuung verschaffen; **~o** [~'forsu (-ɔ-)] *m* Rache *f*; Genugtuung *f*.

desforr|a [~'fɔʀɐ] *f* Rache *f*, Vergeltung *f*; *tirar a* ~ = *~ar-se*; *dar* ~ *Spiel*: Revanche geben; **~ar** [~fu'ʀar] (1e) **a**) das Futter heraustrennen aus; **b**) *Verlust* ausgleichen; rächen; **~ar-se** *de a/c. em* sich für et. rächen (*od.* schadlos halten) an (*dat.*); es *j-n* entgelten lassen.

des|fraldar [~frał'dar] (1a) *Segel* ausspannen; *Fahne* flattern l.; ausbreiten; **~franzir** [~frẽ'zir] (3a) die Falten herausm. aus; *Stirn* glätten.

desfrut|ador [~frutɐ'δor] *m* Nutznießer *m*; **~ar** [~'tar] (1a) den Nutzen h. von; aus-beuten, -nutzen; zum besten h.; ~ *de* genießen; **~e, ~o** [~'frutə, -u] *m* Nutznießung *f*; Ausnutzung *f*; Genuß *m*.

desgalhar [dɨʒγɐ'ʎar] (1b) ab-, aus-ästen.

desgarr|ado [~γɐ'ʀaδu] unbekümmert; dreist; **~ar** [~ar] (1b) vom Wege (*od.* ⚓ Kurs) abbringen; irreleiten; *v/i. u.* **~ar-se** sich verirren; ⚓ abtreiben; *fig.* auf Abwege geraten; ~ *de* abweichen von.

desgast|ar [~γɐʃ'tar] (1b) abnutzen, verschleißen; zermürben (*Krieg*); zerfressen (*Rost usw.*); aufbrauchen; **~e** [~'γaʃtə] *m* Abnutzung *f*; Verschleiß *m*; *guerra f de* ~ Zermürbungskrieg *m*.

desgost|ar [~γuʃ'tar] (1e) verärgern, verstimmen; bekümmern; ~ *alg. de a/c.* j-m et. verleiden; *v/i.* ~ *de* nicht mögen (*ac.*); *não* ~ ganz gern mögen (*od.* h.); **~ar-se** *com* überbekommen (*ac.*); sich ärgern über (*ac.*); **~o** [~'γoʃtu] *m* Ärger *m*, Verstimmung *f*; Mißfallen *n*; Kummer *m*; **~oso** [~ozu (-ɔ-)] mißvergnügt, verärgert; betrübt; schlecht schmekkend; ~ *de* überdrüssig (*gen.*).

desgovern|ado [~γuvər'naδu] unordentlich; leichtsinnig; **~ar** [~ar] (1c) schlecht regieren (*od.* verwalten); in Unordnung bringen; F drauflos wirtschaften (mit); *v/i. auto.* = **~ar-se** unvernünftig leben (*od.* wirtschaften); *auto.* von der Fahrbahn abkommen; **~o** [~'vernu] *m* Mißwirtschaft *f*; Verschwendung *f*; Leichtsinn *m*.

desgraça [~'γrasɐ] *f* Unglück *n*; Elend *n*; Unfall *m*; Mißgeschick *n*; Unbeholfenheit *f*; *cair em* ~ in Ungnade fallen; *por* ~ unglücklicherweise; *para maior* ~ *sua* um sein Unglück vollzumachen.

desgraç|adamente [~γrɐˌsaδɐ'mẽntə] unglücklicherweise; *caiu tão* ~ er fiel so unglücklich; **~ado** [~'saδu] **1.** *adj.* unglücklich; unselig; unbeholfen; **2.** *m* Unglücksmensch *m*; **~ar** [~'sar] (1p; *Stv.* 1b) unglücklich m., ins Unglück stürzen.

desgracioso [~'sjozu (-ɔ-)] plump; reizlos.

desgrenh|ado [~γrə'ɲaδu] ungekämmt; *fig.* unordentlich, wirr; **~ar** [~ar] (1d) zerzausen.

desguarnecer [~γwɐrnə'ser] (2g) entblößen; den Schmuck abnehmen von; *v. e-m Kleid* den Besatz, *v. e-r Tür* die Beschläge abnehmen *usw.*; *aus e-m Zimmer* die Dekoration fortnehmen; *Haus* ausräumen; *Pferd* abschirren; *Festung* entblößen.

desguedelhar [~γəδɨ'ʎar] (1d) = *desgrenhar*.

desiderato [dəziδə'ratu] *m* Wunsch *m*; Ziel *n*.

desídia [də'ziδjɐ] *f* Nachlässigkeit *f*, Bummelei *f*; Fahrlässigkeit *f*.

desidratar [dəziδrɐ'tar] (1b) das Wasser entziehen (*dat.*).

design|ação [~γnɐ'sɐ̃u] *f* Bezeichnung *f*; Bedeutung *f*; Ernennung *f*; **~adamente** [~ˌnaδɐ'mẽntə] insbesondere; **~ar** [~'nar] (1a) bezeichnen; bedeuten; ernennen; *pol.* designieren; **~ativo** [~ɐ'tivu] bezeichnend; kennzeichnend.

desígnio [də'ziγnju] *m* Absicht *f*; Plan *m*; Ziel *n*.

desigual [dəzi'γwał] ungleich(mäßig); uneben; unbeständig; **~ar** [~γwɐ'lar] (1b) unterscheiden; *v/i.* verschieden sn, (von-ea.) abweichen; **~dade** [~γwał'daδə] *f* Ungleichheit *f*; Unbeständigkeit *f*; Unebenheit *f*.

desilu|dido [~lu'δiδu] illusionslos;

im Klaren (über [*ac.*] *de*); **~dir** [~'ðir] (3a) enttäuschen; die Augen öffnen (*dat.*); **~dir-se** e-e Enttäuschung erleben; s-n Irrtum einsehen; **~são** [~'zɐ̃u] *f* Enttäuschung *f*.

desimpedir [dəzĩmpə'ðir] (3r) säubern; freilegen; beseitigen.

desin|çar [~ĩ'sar] (1p) säubern; **~centivo** [~sẽn'tivu] *m* Mangel *m* an Anreiz; Interesselosigkeit *f*; **~char** [~'ʃar] (1a) zum Abschwellen bringen; vertreiben; *Ballon* entleeren; *fig.* ducken; **~char-se** abschwellen; *fig.* bescheiden w.; **~crustador** [~ĩŋkruʃtɐ'ðor] *m* Kesselsteinentferner *m*; **~crustar** [~ʃ'tar] (1a) entkalken; **~cumbir-se** [~ĩŋkũm'birsə] (3a): ~ *de* sich entledigen (*gen.*); *Auftrag* ausführen; *Amt* ausüben.

desinência [dəzi'nẽsjɐ] *f* (Wort-) Endung *f*.

desinfec|ção [~ĩfɛ'sɐ̃u] *f* Desinfektion *f*; **~tante** [~'tẽntə] *m* Desinfektionsmittel *n*; **~tar** [~'tar] (1a) desinfizieren; **~tório** *bras.* [~'tɔrju] *m* Desinfektions-stelle *f*, -raum *m*.

desin|festar [~fɛʃ'tar] (1a) säubern; **~flamar** [~flɐ'mar] (1a) die Entzündung beheben; **~flamar-se**: *desinflamou-se* es (er, sie) ist nicht mehr entzündet; **~formativo** [~furmɐ'tivu] nicht informativ; irreführend; **~ibição** [~inəβi'sɐ̃u] *f* Enthemmung *f*; Ungeniertheit *f*; **~ibido** [~nə'βiðu] ungehemmt; **~ibir** [~inə'βir] (3l) enthemmen; **~quieto** [~ĩŋ'kjɛtu] *usw.* = *inquieto usw.*

desintegr|ação [~ĩntəɣrɐ'sɐ̃u] *f* (Los-)Trennung *f*; *Atom*-Zertrümmerung *f*; Zerfall *m*; **~ar** [~'ɣrar] (1c) (los)trennen; *Atom* zertrümmern; *fig.* auflösen; **~ar-se** zerfallen.

desinteligência [~təli'ʒẽsjɐ] *f* Meinungsverschiedenheit *f*; Zwist *m*.

desinteress|ado [~tərə'saðu] unbeteiligt; uneigennützig; **~ante** [~ẽntə] reizlos, uninteressant; **~ar** [~ar] (1c) abfinden; *j-m et.* verleiden; *j-n* abbringen von; **~ar-se** (*de*) das Interesse verlieren (an [*dat.*]); zurücktreten (von); ausscheiden (aus); **~e** [~tə'resə] *m* Gleichgültigkeit *f*; Uneigennützigkeit *f*.

desin|toxicar [~tɔksi'kar] (1n) entgiften; **~trincar** [~trĩŋ'kar] (1n) entwirren; vereinfachen; herauslösen; **~tumescer** [~tuməʃ'ser] (2g) abschwellen l.; *v/i. u.* **~tumescer-se** zurückgehen.

desirman|ado [~irmɐ'naðu] einzeln; einsam; feindlich; **~ar** [~ar] (1a) verfeinden; vereinzeln.

desist|ência [~iʃ'tẽsjɐ] *f* Verzicht (-leistung *f*) *m*; Aufgabe *f*; Rücktritt *m*; **~ir** [~ir] (3a): ~ *de* abstehen von; verzichten auf (*ac.*); aufgeben (*ac.*), fallen l. (*ac.*); zurücktreten von; *fazer* ~ *de* abbringen von.

desjeito *bras.* [dɨz'ʒeitu] *m* Ungeschick(lichkeit *f*) *n*.

des|lacrar [dɨʒlɐ'krar] (1b) aufbrechen; **~lassar** [~lɐ'sar] (1b) lockern; **~lassar-se** *fig.* sich gehenlassen.

deslav|ado [~lɐ'vaðu] verschossen; wäßrig (*Wein*); *fig.* unverschämt; **~ar** [~ar] (1b) aus-, ver-waschen; ausbleichen; verwässern.

desleal [~'ljaɫ] treulos; unredlich, unlauter; **~dade** [~ljaɫ'daðə] *f* Treulosigkeit *f*; Unredlichkeit *f*.

desleitar [~lei'tar] (1a) *Butter* kneten; *Säugling* entwöhnen.

desleix|ado [~lei'ʃaðu] nachlässig; fahrlässig; **~ar-se** [~arsə] (1a) nachlässig w.; sich gehenlassen; nicht aufpassen; **~o** [~'leiʃu] *m* Nachlässigkeit *f*; Fahrlässigkeit *f*.

deslembr|ado [~lẽm'braðu] vergeßlich; **~ança** [~ẽsɐ] *f* Vergeßlichkeit *f*; **~ar** [~ar] (1a) = **~ar-se** *de* vergessen (*ac.*).

deslig|ado [~li'ɣaðu] unverbunden; lose; **~ar** [~ar] (1o) lösen; aufbinden; ab-kuppeln, -schalten, -stellen; *Stecker* herausziehen; *tel.* trennen; *Hörer* auflegen; *fig.* entbinden; *zeitweilig* beurlauben.

deslind|amento [~lĩndɐ'mẽntu] *m* Vermarkung *f*; Klarstellung *f*; **~ar** [~'dar] (1a) *Land* vermarken; *Problem usw.* abgrenzen; *Streitfrage* klarstellen; **~ar-se** sich (auf)klären; **~e** [~'lĩndə] *m* = ~*amento*.

desliz|adeiro [~lizɐ'ðeiru] *m* schlüpfrige Stelle *f*; = *plano de* ~*amento*; **~amento** [~ɐ'mẽntu] *m*: *plano m de* ~ Gleitbahn *f*; Rutsche *f*; **~ar** [~'zar] (1a) *v/i. u.* **~ar-se** (dahin-, vorüber-, ab-, hinunter-) gleiten; fließen (*Wasser*); ausgleiten, -rutschen (*a. fig.*); sich ein-

(*od.* weg-)schleichen; *desliza!* F hau ab!; **~e** [~'lizə] *m* Fehltritt *m*; Versehen *n*.

desloc|ação *f*, **~amento** *m* [~lukɐ'sɐ̃u, ~ɐ'mẽntu] Ortsveränderung *f*; Übersiedlung *f*; Reise *f*; Fahrt *f*; Verschiebung *f*; *Luft*-Verdrängung *f*; Abwanderung *f*; Verlegung *f*; *Erd*-Bewegung *f*; ⚕ Ausrenkung *f*; *despesas f/pl. de ~* Reisekosten *pl.*; Umzugskosten *pl.*; **~ar** [~'kar] (1n; *Stv.* 1e) ver-legen, -setzen, -stellen; *Truppen usw.* verschieben; *Industrie* verlegen; *Erdmassen* bewegen; *Luft, Wasser* verdrängen; *Arm* ausrenken; **~ar-se** sich begeben (nach [*dat.*], in, an [*ac.*] *para*); reisen, fahren; übersiedeln; sich fortpflanzen (*Schall*); sich bewegen; in Bewegung geraten (*Erdmassen*); abwandern (*Volksmassen*).

deslomb|ado [~lõm'baðu] lendenlahm; **~ar** [~ar] (1a) verprügeln.

deslumbr|adamente [~lũmˌbraðɐ'mẽntə] blendend; blindlings; **~amento** [~brɐ'mẽntu] *m* Blendung *f*; Verblendung *f*; Begeisterung *f*; **~ar** [~'brar] (1a) blenden; verblenden, betören; begeistern.

deslustr|ar [~luʃ'trar] (1a) verdunkeln; beschlagen, trüben; *fig.* beflecken; verunglimpfen; schaden (*dat.*); **~oso** [~ozu] glanzlos, trübe.

desluz|ido [~lu'ziðu] glanz-, reizlos; unscheinbar; unansehnlich; schwunglos (*Redner usw.*); **~imento** [~zi'mẽntu] *m* Mattigkeit *f*; Trübseligkeit *f*; Unscheinbarkeit *f*; Unansehnlichkeit *f*; *fig.* Schande *f*; **~ir** [~ir] (3m) trüben; *fig.* schmähen; entehren.

desmai|ado [~mɐ'jaðu] schwach; schlaff; ohnmächtig; farblos; **~ar** [~ar] (1b) *fig.* niederschmettern (*Nachricht*); *v/i.* ohnmächtig w.; verzagen; erblassen; (dahin)schwinden; **~o** [~'maju] *m* Ohnmacht *f*; Schwäche *f*; Verzagtheit *f*.

desmam|a [~'mɐmɐ] *f* Entwöhnung *f*; **~ar** [~mɐ'mar] (1a) *Kind* entwöhnen; **~e** [~ə] *m* = *~a*.

desmanch|ado [~mɐ̃'ʃaðu] unordentlich, liederlich; entzwei; **~a-prazeres** (*pl. unv.*) [~ˌmɐ̃ʃɐprɐ'zeriʃ] *m* Störenfried *m*; Spiel-, Spaßverderber *m*; **~ar** [~ar] (1a) aus-ea.-nehmen; auf-m., -trennen, -reißen; in Unordnung (*od.* durch-ea.) bringen; *Plan* zunichte m.; *Freude* verderben; *Getanes* rückgängig m.; *Arm* ausrenken; **~ar-se** entzweigehen, -brechen; durch-ea. kommen; sich zerschlagen (*Plan*); sich verrenken; *fig.* sich gehenlassen; auf Abwege geraten; **~o** [~'mɐ̃ʃu] *m* Unordnung *f*, Verwirrung *f*; Zerstörung *f*; Störung *f*; Liederlichkeit *f*; P Fehlgeburt *f*.

desmand|ado [~mẽn'daðu] widerspenstig; zügellos; unbeherrscht; verirrt; **~ar-se** [~arsə] (1a) zu weit gehen; sich gehenlassen; F über die Stränge schlagen; *~ de* sich lossagen von; abweichen von; **~o** [~'mẽndu] *m* Widersetzlichkeit *f*; Übergriff *m*; Zügellosigkeit *f*.

desmantel|amento [~mẽntəlɐ'mẽntu] *m* Schleifung *f*; Abbruch *m*; Demontage *f*; ⚓ Abtakelung *f*; **~ar** [~'lar] (1c) *Festung* schleifen; *Gebäude* abbrechen; *Werk* demontieren; *Schiff* abtakeln; *fig.* auflösen; *Monopol* brechen; *Organisation* zerschlagen.

desmarc|ado [~mɐr'kaðu] maßlos; ungeheuer; **~ar** [~ar] (1n; *Stv.* 1b) unkenntlich m.; die Markierung(en) entfernen von; das Lesezeichen herausnehmen aus; *Spiel* nicht anrechnen; *Platzvorbestellung* streichen; *mandar ~ Plätze* abbestellen.

desmascar|amento [~mɐʃkɐrɐ'mẽntu] *m* Entlarvung *f*; **~ar** [~'rar] (1n; *Stv.* 1b) demaskieren; *fig.* entlarven.

desmaterializar [~mɐtərjəli'zar] (1a) entstofflichen; vergeistigen.

desmazel|ado [~mɐzə'laðu] nachlässig; schlampig; **~ar-se** [~arsə] (1c) sich gehenlassen; verschlampen; **~o** [~mɐ'zelu] *m* Nachlässigkeit *f*; Schlamperei *f*; Schlendrian *m*.

desmed|ido [~mə'ðiðu] un-, übermäßig; ungeheuer; **~ir-se** [~irsə] (3r) das Maß überschreiten; = *descomedir-se*.

desmedr|ado [~mə'ðraðu] schmächtig; kümmerlich; **~ar** [~ar] (1c) herunterbringen; *v/i.* herunterkommen; verkümmern.

desmembr|amento [~mẽmbrɐ'mẽntu] *m* Zerstückelung *f*; Zerfall *m*, Auflösung *f*; **~ar** [~'brar] (1a) zerstückeln; (ab)trennen; **~ar-se** aus-ea.-fallen, sich auflösen.

desmemoriado [~məmu'rjaðu] vergeßlich; ohne Gedächtnis.

desment|ido [~mẽn'tiðu] *m* Ableugnung *f*; Richtigstellung *f*; Dementi *n*; *ser um ~ de* widerlegen (*ac.*); **~ir** [~ir] (3e) *j-n* Lügen strafen; *j-m* widersprechen; *Behauptung* richtigstellen; *Tatsachen* in Abrede stellen; verleugnen; *bras. Fuß* verstauchen.

desmerec|edor [~mərəsə'ðor] unwürdig; **~er** [~'ser] (2g) nicht verdienen; *v/i.* an Wert einbüßen; verblassen; *~ de* unwürdig sn (*gen.*); **~imento** [~i'mẽntu] *m* Unwert *m*.

desmesur|a [~mə'zurɐ] *f* Unhöflichkeit *f*; **~ado** [~'raðu] unmäßig; riesig; ungebührlich; unhöflich; **~ar-se** [~'rarsə] (1a) zu weit gehen; sich ungebührlich betragen; **~ável** [~'ravɛɫ] unmeßbar; riesig.

desmilitarizar [~məlitɐri'zar] (1a) entmilitarisieren.

desmistific|ador [~miʃtəfikɐ'ðor] ernüchternd; **~ar** [~'kar] (1n) entlarven.

desmiolado [~mju'laðu] hirnverbrannt.

desmobil|ado [~mußi'laðu] unmöbliert; **~ar** [~ar] (1a) *Haus* ausräumen; **~ização** [~lizɐ'sɐ̃u] *f* Demobilisierung *f*; Entlassung *f*; **~izar** [~li'zar] (1a) *Heer* demobilisieren; *Soldaten* entlassen.

desmoitar, -outar [~moi-, ~mo'tar] (1a) roden; *Sträucher* beschneiden; *fig.* zurechtstutzen.

desmont|ada [~mõn'taðɐ] *f* Absitzen *n*; **~ado** [~aðu] zu Fuß; reiterlos (*Pferd*); **~agem** [~aʒɐ̃i] *f* Abmontieren *n*; Abbau *m*; *fig.* Untersuchung *f*; **~ar** [~ar] (1a) *j-m* vom Pferd helfen; *j-n* abwerfen (*Pferd*); *Maschine* abmontieren; *allg.* ausea.-nehmen; *fig.* untersuchen; *v/i.* absitzen; **~ável** [~avɛɫ] zerlegbar; abnehmbar; **~e** [~'mõntə] *m* = *~agem*; *~ a céu aberto* Tagebau *m*.

desmoraliz|ação [~murɐlizɐ'sɐ̃u] *f* Zersetzung *f*, Demoralisierung *f*; Zuchtlosigkeit *f*; **~ado** [~'zaðu] zuchtlos; mutlos; sittenlos; **~ante** [~'zẽntə] demoralisierend; **~ar** [~'zar] (1a) zersetzen, demoralisieren; entmutigen; verderben.

desmoron|adiço [~murunɐ'ðisu] bröckelig; baufällig; **~amento** [~ɐ'mẽntu] *m* Erd-, Berg-rutsch *m*; Einsturz *m*; Zerfall *m*; Zs.-bruch *m*; **~ar** [~'nar] (1f) *Gebäude* ab-, einreißen; *Einrichtung* umstürzen; untergraben; **~ar-se** abrutschen (*Erdmassen*); einstürzen; zerbröckeln, zerfallen; zs.-brechen.

desmotiv|ado [~ti'vaðu] unmotiviert; **~ar** [~ar] (1a) abschrecken; **~ar-se** abgeschreckt w.

desnacionaliz|ação [~nɐsjunɐlizɐ'sɐ̃u] *f* Überfremdung *f*; **~ar** [~'zar] (1a) entnationalisieren; *Land, Industrie* überfremden; das Ursprungsland *e-r Ware* verschleiern; **~ar-se** s-n nationalen Charakter verlieren.

desnat|ação [~nɐtɐ'sɐ̃u] *f* Entrahmung *f*; **~adeira** [~ɐ'ðeirɐ] *f* Milch-schleuder *f*, -zentrifuge *f*; **~ar** [~'tar] (1b) *Milch* entrahmen; *leite m desnatado* Magermilch *f*.

desnatur|ado [~nɐtu'raðu] **1.** *adj.* widernatürlich; unmenschlich, grausam; *álcool m ~* Brennspiritus *m*; **2.** *m* Unmensch *m*; **~al** [~aɫ] unnatürlich; **~alização** [~rɐlizɐ'sɐ̃u] *f* Ausbürgerung *f*; **~alizar** [~rɐli'zar] (1a) ausbürgern; **~ar** [~ar] (1a) entstellen; *Alkohol* vergällen.

desnecess|ariamente [~nəsəˌsarjɐ'mẽntə] unnötigerweise; **~ário** [~'sarju] unnötig, überflüssig.

desnível [~'nivɛɫ] *m* (Höhen-, Niveau-)Unterschied *m*; Unebenheit *f*; Tiefstand *m*.

desnivel|ado [~nivə'laðu] schief; uneben; unausgeglichen; **~amento** [~lɐ'mẽntu] *m* Verschiebung *f*; Abgleiten *n*; Störung *f*; **~ar** [~ar] (1c) aus der Waagerechten (*fig.* aus dem Gleichgewicht) bringen; uneben m.; *fig.* unterscheiden; verschieben, stören; **~ar-se** sich (gegen-ea.) verschieben; uneben w.

desnorte|ado [~nur'tjaðu] richtungs-, ziel-los; falsch unterrichtet; ratlos; **~amento** [~tjɐ'mẽntu] *m* Richtungs-, Ziel-losigkeit *f*; Verwirrung *f*; Ratlosigkeit *f*; **~ar** [~ar] (1l) vom Kurs abbringen; *fig.* irreführen; verwirren; **~ar-se** die Richtung verlieren; sich nicht mehr zurechtfinden; ratlos werden.

desnubl|ado [~nu'ßlaðu] wolkenlos; **~ar** [~ar] (1a) aufheitern.

desnud|amento [~nuðɐ'mẽntu] *m* Entblößung *f*; Kahlwerden *n*; **~ar**

[~ˈδar] (1a) entblößen; bloßlegen; **~ar-se** kahl w.; ~ *de* ablegen (*ac.*); **~ez** [~ˈδeʃ] *f* Nacktheit *f*, Blöße *f*; Kahlheit *f*; **~o** [~ˈnuδu] nackt; kahl.

desnutrição [~nutriˈsɐ̃u] *f* Unterernährung *f*.

desobed|ecer [dəzuβəδəˈser] (2g) nicht gehorchen; sich widersetzen; nicht beachten (*ac.*); zuwiderhandeln; **~ecido** [~əˈsiδu] machtlos; wirkungslos; **~iência** [~ˈδjẽsjɐ] *f* Ungehorsam *m*; Widersetzlichkeit *f*; Nichtbeachtung *f*; Zuwiderhandlung *f*; **~iente** [~ˈδjẽntə] ungehorsam; widersetzlich.

desobrig|ação [~uβriɣɐˈsɐ̃u] *f* Entlastung *f* (erteilen *conceder*); *allg.* Befreiung *f*; **~ar** [~ˈɣar] (1o) ✝ entlasten; *allg.* befreien, entbinden; **~ar-se** s-n Verpflichtungen nachkommen; *rel.* s-e Osterpflicht erfüllen.

desobstr|ução [~ɔβʃtruˈsɐ̃u] *f* Behebung *f* der Verstopfung; Säuberung *f*; Freilegung *f*, Öffnung *f*; **~uir** [~ˈtrwir] (3k) die Verstopfung *e-s Organs usw.* beheben; säubern; freilegen, öffnen.

desocup|ação [~okupɐˈsɐ̃u] *f* Beschäftigungslosigkeit *f*; Räumung *f*; **~ado** [~ˈpaδu] unbeschäftigt; arbeitslos; leerstehend (*Wohnung*); **~ar** [~ˈpar] (1a) räumen; ausräumen, leeren; *Stelle* aufgeben *od.* freimachen; *j-n* entlassen; **~ar-se** frei w. (*Wohnung usw.*); sich losmachen; arbeitslos werden.

desodoriz|ante [~oδuriˈzẽntə] *m* Desodorans *n*; **~ar** [~ar] (1a) desodorieren.

desofuscar [~ofuʃˈkar] (1n) aufhellen, -klären; *Augen* öffnen.

desol|ação [~ulɐˈsɐ̃u] *f* Untröstlichkeit *f*; Verheerung *f*; **~ado** [~ˈlaδu] untröstlich, trostlos; **~ar** [~ˈlar] (1e) niederschmettern; verheeren.

desonest|idade [~uniʃtiˈδaδə] *f* Unehrlichkeit *f*; Unanständigkeit *f*; **~o** [~uˈnɛʃtu] unehrlich; unanständig.

desonr|a [~ˈõʀɐ] *f* Unehre *f*, Schande *f*; Ehrlosigkeit *f*; **~ado** [~õˈʀaδu] ehrlos; ehrvergessen; **~ar** [~õˈʀar] (1a) entehren; schänden; Schande m. (*dat.*); herabwürdigen; **~oso** [~õˈʀozu (-ɔ-)] entehrend; schändlich.

desopil|ação [~upilɐˈsɐ̃u] *f* Erleichterung *f*; **~ante** [~ˈlẽntə] reinigend; erleichternd; befreiend (*Lachen*); **~ar** [~ˈlar] (1a) die Verstopfung *e-s Organs* beheben; Erleichterung verschaffen (*dat.*); ~ *o fígado fig.* laut (heraus)lachen; den Kummer verscheuchen.

desoprimir [~upriˈmir] (3a) erleichtern; befreien.

desoras [~ˈɔrɐʃ]: *a* ~ zur Unzeit.

desord|eiro [~urˈdeiru] **1.** *adj.* streitsüchtig; **2.** *m* Unruhestifter *m*; **~em** [~ˈɔrdɐ̃i] *f* Unordnung *f*; Verwirrung *f*; Schlägerei *f*; *pol.* Unruhe *f*; **~enado** [~dəˈnaδu] unordentlich; regellos; liederlich; ungezügelt (*Trieb*); wirr (*Geist usw.*); wild (*Flucht*); **~enar** [~dəˈnar] (1d) in Unordnung bringen, verwirren; **~enar-se** in Unordnung geraten.

desorganiz|ação [~urgɐnizɐˈsɐ̃u] *f* Desorganisation *f*; **~ar** [~ˈzar] (1a) desorganisieren; **~ar-se** durch-ea.-geraten.

desorient|ação [~urjẽntɐˈsɐ̃u] *f* Richtungs-, Ziel-losigkeit *f*; Verwirrung *f*; Ratlosigkeit *f*; **~ado** [~ˈtaδu] richtungs-, ziel-los; ratlos; falsch unterrichtet; **~ar** [~ˈtar] (1a) irreführen; verwirren; **~ar-se** die Richtung verlieren; ratlos w.; sich nicht mehr zurechtfinden.

desorn|ado [~urˈnaδu] schmucklos; **~ar** [~ar] (1e) = *desenfeitar*.

desossar [~uˈsar] (1e) ausbeinen.

desov|a [~ˈɔvɐ] *f* Laichen *n*; Laichzeit *f*; **~ar** [~uˈvar] (1e) laichen.

despach|ado [dɨʃpɐˈʃaδu] anstellig, flink, F fix; **~ante** [~ẽntə] *m* Zollexpedient *m*; **~ar** [~ar] (1b) abfertigen; erledigen; absenden; *Telegramm* aufgeben; expedieren; *Schriftstück* ausfertigen; *Gesuch* bewilligen; *j-n* ernennen; *Rechtsfall* entscheiden; F *j-m* Beine m.; *j-n* erledigen; *et.* losschlagen; *v/i.* die (laufenden) Geschäfte erledigen; **~ar-se** sich sputen; **~o** [~ˈpaʃu] *m* Abfertigung *f*; Erledigung *f*; Expedition *f*, Versand *m*; Ausfertigung *f*; Bewilligung *f*; *bsd.* Erlaß *m*; Entscheid *m*; *Anklage*-Schrift *f*; *dar* ~ *a* = *~ar*.

desparafusar [~pɐrɐfuˈzar] (1a) = *desap...*

despautério F [~pɐuˈtɛrju] *m* Unsinn *m.*

despedaçar [~pəδɐˈsar] (1p; *Stv.* 1b) zer-stückeln, -brechen; zerschlagen, -trümmern; zerreißen.

desped|ida [~pə'ðiðɐ] *f* Abschied *m*; Verabschiedung *f*; Entlassung *f*; Ausklang *m*; ~*s pl. de verão* ♀ Winterastern *f/pl.*; **~imento** [~ði'mẽntu] *m* Entlassung *f*; **~ir** [~ir] (3r) verabschieden; *Personal* entlassen; schleudern; *Schuß* abgeben; *Schlag* versetzen; *Schrei* ausstoßen; *Duft* aus-strömen, -strahlen; *allg. a.* schicken; **~ir-se** (s-n) Abschied nehmen; ~ *de Stelle* kündigen; *Amt* niederlegen.

despeg|ado [~pə'ɣaðu] abstehend (*Ohr*); = *desapegado*; **~ar** [~ar] (1o; *Stv.* 1c) = *desapegar*; **~o** [~'peɣu] *m* = *desapego*.

despeit|ar [~pei'tar] (1a) ärgern; **~o** [~'peitu] *m* Ärger *m*; Abscheu *m*; *a* ~ *de* trotz.

despej|ado [~pɨ'ʒaðu] leer; frei; klar; wolkenlos; *fig.* schamlos; **~ar** [~ar] (1d) (ent)leeren; ausgießen; freim.; *Haus* räumen; *v/i.* ausziehen; **~o** [~'peʒu] *m* Entleerung *f*; (Zwangs-)Räumung *f*; Gerümpel *n*; *fig.* Dreistigkeit *f*; Frechheit *f*; *ordem f de* ~ ⚖ Räumungsbefehl *m*; ~*s pl.* Abfall *m*; Dreck *m*.

despender [~pẽn'der] (2a) *Geld* ausgeben; *Zeit, Mühe* auf-, verwenden; *fig.* verschwenden.

despenh|adeiro [~pəɲɐ'ðeiru] *m* Steil-, Ab-hang *m*; **~ar** [~'ɲar] (1d) her-, hin-abstürzen; *fig.* stürzen; **~ar-se** ab-, hinunter-stürzen.

despensa [~'pẽsɐ] *f* Speisekammer *f*; *vgl. dispensa.*

despentear [~pẽn'tjar] (1l) zerzausen.

desperceb|er [~pərsə'βer] (2c) nicht bemerken; nicht beachten; **~ido** [~iðu] unbeachtet; *passar* ~ unbemerkt bleiben; *j-m* entgehen.

desperd|içado [~di'saðu] **1.** *adj.* verschwenderisch; **2.** *m* = **~içador** [~isɐ'ðor] *m* Verschwender *m*; **~içar** [~i'sar] (1p) verschwenden; vergeuden, vertun; **~ício** [~'disju] *m* Verschwendung *f*; Abfall *m*.

desper|sonalizar [~sunɐli'zar] (1a), **~sonificar** [~ifi'kar] (1n) entpersönlichen; **~suadir** [~swɐ'ðir] (3b): *j-m et.* ausreden.

despert|ador [~tɐ'ðor] *m* Wecker *m*; **~ar** [~'tar] (1c) wecken; *Gefühl* erwecken; *Erinnerung* wachrufen; *Neugier* erregen; *j-n* aufmuntern; auslösen; *v/i.* auf-, er-wachen; **~o** [~'pɛrtu] wach; aufgeweckt.

despesa [~'pezɐ] *f* Ausgabe *f*; *Zeit*-Aufwand *m*; ~*s pl.* Unkosten *pl.*

despido [~'piðu] nackt, bloß; kahl; ~ *de* bar (*gen.*); ohne (*ac.*).

despiedoso [~pje'ðozu (-ɔ-)] mitleidlos.

despique [~'pikə] *m*: *em* ~ um die Wette.

despir [~'pir] (3c) entkleiden, ausziehen; *Hülle* ab-streifen, -ziehen; *Fehler* ablegen.

despistar [~piʃ'tar] (1a) irreführen; ablenken; **~-se** aus der Bahn geraten; *auto.* von der Fahrbahn abkommen.

despoj|ar [~pu'ʒar] (1e) berauben; ausplündern; **~ar-se** *de* ablegen; (*ac.*); sich entäußern (*gen.*); **~o** [~'poʒu (-ɔ-)] *m* Beraubung *f*; Ausplünderung *f*; *Kriegs*-Beute *f*; *Erb*-Nachlaß *m*; *Tier*-Balg *m*; *Raupen*-Hülle *f*; ~*s pl.* Überbleibsel *n/pl.*; Abfall *m*; ~*s pl. mortais die* sterblichen Überreste *m/pl.*

despoletar *bras.* [~pole'tar] (1c) auslösen.

despolitiz|ação [~litəzɐ'sɐ̃u] *f* Entpolitisierung *f*, politische Gleichgültigkeit *f*; **~ado** [~'zaðu] politisch gleichgültig; **~ar** [~'zar] (1a) entpolitisieren.

despolp|ador [~połpa'dor] *m bras.* Kaffeeschäler *m*; **~ar** [~'par] (1e) *bras. Kaffee* schälen.

despolu|ído [~pu'lwiðu] sauber; **~ir** [~'lwir] (3i) (von Verschmutzung) befreien, reinigen.

despontar [~põn'tar] **1.** (1a) *v/t. Spitze* abstumpfen, abbrechen; *v/i.* anbrechen (*Tag*); aufsteigen (*Gestirn usw.*); zum Vorschein kommen, sich zeigen; *fig.* keimen; **2.** *m* Anbruch *m*; Aufgang *m*.

desport|ista [~pur'tiʃtɐ] *su.* Sportler(in *f*) *m*; **~ivo** [~ivu] sportlich; Sports...; **~o** [~'portu (-ɔ-)] *m* Sport *m*; ~*s pl.* Sportarten *f/pl.*

despos|ar [~pu'zar] (1e) (ver)heiraten; **~ório** [~ɔrju] *m* Hochzeit *f*.

déspota ['dɛʃputɐ] *m* Despot *m*.

despótico [diʃ'pɔtiku] despotisch.

despovo|ação *f*, **~amento** *m* [~puvwɐ'sɐ̃u, ~ɐ'mẽntu] Entvölkerung *f*; **~ado** [~'vwaðu] *m* unbewohnte Gegend *f*, Einöde *f*; **~ar** [~'vwar] (1f) entvölkern; entblößen.

desprazer [~prɐ'zer] **1.** *v/i.* (2s)

mißfallen; **2.** *m* Mißfallen *n*.

desprec|atado [~prəkɐ'taðu] unvorsichtig; überraschend; **~atar-se** [~ɐ'tarsə] (1b) sich nicht vorsehen; nicht aufpassen; **~aver** [~ɐ'ver] (2b—D2) unvorsichtig (*od.* sorglos) m.; **~aver-se** = *~atar-se*; **~avido** [~ɐ'viðu] = *~atado*.

despreconceito [~kõ'seitu] *m* Vorurteilslosigkeit *f*.

despreg|ado [~prə'ɣaðu] flatternd (*Fahne*); **~ar** [~aɾ] (1o; *Stv.* 1c) **a**) ab-, auf-, heraus-reißen; losreißen (*a. fig.*); ab-, auf-m.; **b**) glätten; entfalten; **~ar-se** ab-, aufgehen.

desprendado [~prẽn'daðu] unbegabt.

desprend|er [~prẽn'der] (2a) ab-, los-m.; lösen; *Augen usw.* abwenden; *Wort* ausstoßen; **~er-se** abfallen; **~ido** [~iðu] uneigennützig; unabhängig; gleichgültig (gegen *de*); **~imento** [~di'mẽntu] *m* Ab-, Los-lösung *f*; Uneigennützigkeit *f*; Gleichgültigkeit *f*; Erdrutsch *m*.

despreocup|ação [~prjukupɐ'sɐ̃u] *f* Ahnungslosigkeit *f*; Sorglosigkeit *f*; **~ado** [~'paðu] unbefangen; ahnungslos; sorglos; **~ar** [~'par] (1a) beruhigen; sorglos machen.

desprest|igiar [~prɨʃti'ʒjar] (1g) um sein Ansehen bringen; **~ígio** [~'tiʒju] *m* Mangel *m* an Ansehen.

despretens|ão [~prətẽ'sɐ̃u] *f* Anspruchslosigkeit *f*; **~ioso** [~'sjozu (-ɔ-)] anspruchslos.

despreven|ido [~prəvə'niðu] unvorbereitet; überraschend; ahnungslos; unbefangen; **~ir-se** [~irsə] (3d) = *desprecatar-se*.

desprez|ador [~prəzɐ'ðor] *m* Verächter *m*; **~ar** [~'zar] (1c) verachten; verschmähen; außer acht l.; verächtlich m.; **~ar-se** sich vernachlässigen; sich erniedrigen; ~ *de* sich schämen (*gen.*); **~ível** [~'zivɛɫ] verächtlich; schändlich; **~o** [~'prezu] *m* Verachtung *f*; Vernachlässigung *f*; *dar-se ao ~* sich verächtlich m.; sich erniedrigen (zu *de*); *votar ao ~* mit Verachtung strafen; verstoßen.

desprivilegiar [~prəvilə'ʒjar] (1g) der Vorrechte berauben; benachteiligen.

despromo|ção [~prumu'sɐ̃u] *f* Degradierung *f*; **~ver** [~'ver] (2d) zurückversetzen, degradieren.

despron|úncia [~pru'nũsjɐ] *f* Zurückziehung *f* der Anklage (gegen [*ac.*] *de*); **~unciar** [~nũ'sjar] (1g) die Anklage gegen *j-n* zurückziehen.

despropor|ção [~prupur'sɐ̃u] *f* Mißverhältnis *n*; **~cionado** [~sju'naðu] unverhältnismäßig (groß, lang, hoch *usw.*); ungleich; **~cionar** [~sju'nar] (1f) ins Mißverhältnis setzen; unverhältnismäßig groß, lang *usw.* m.; **~cionar-se** in ein Mißverhältnis geraten; ungleich w.

desproposit|adamente [~puziˌtaðɐ'mẽntə] zu Unrecht; ohne Grund; ohne Sinn und Verstand; **~ado** [~'taðu] ungereimt; unbegründet; unklug; unsinnig; **~ar** [~'tar] (1a) Unsinn reden (*od.* m.).

despropósito [~'pɔzitu] *m* Ungereimtheit *f*; Unsinn *m*.

desprotegido [~tɨ'ʒiðu] schutzlos, verlassen; ungeschützt.

desprov|eito [~'veitu] *m* Nachteil *m*, Schaden *m*; = *desaproveitamento*; **~er** [~er] (2n) nicht versorgen; ~ *alg. de* j-n berauben (*gen.*); j-m vorenthalten (*ac.*); **~ido** [~iðu] unversorgt; unvorbereitet; ~ *de* entblößt von (*dat.*), bar (*gen.*); ~ *de recursos* mittellos.

desqualific|ação [~kwɐləfikɐ'sɐ̃u] *f* Unfähigkeit *f*; *Sport*: Disqualifizierung *f*; **~ado** [~'kaðu] unfähig; wertlos; ehrlos; **~ar** [~'kar] (1n) unfähig m.; für unfähig erklären; *Sport*: disqualifizieren (*a. fig.*).

desquit|ar [~ki'tar] (1a) trennen; **~ar-se** sich zurückziehen; **~e** [~'kitə] *m* ⚖ Trennung *f* (von Tisch u. Bett); *Spiel*: Revanche *f*.

desramar [dɨʒʀɐ'mar] (1a) ab-, aus-ästen.

desregr|ado [~ʀə'ɣraðu] regellos; ungeregelt; unmäßig; ausschweifend, liederlich; **~amento** [~ɣrɐ'mẽntu] *m* Regellosigkeit *f*; Ausschweifung *f*; **~ar** [~ar] (1c) in Unordnung bringen; **~ar-se** sich gehenlassen; ausschweifen.

desrespeit|ar [~ʀɨʃpei'tar] (1a) mißachten; unehrerbietig (*od.* unhöflich) behandeln; **~o** [~'peitu] *m* Mißachtung *f*; Unhöflichkeit *f*; **~oso** [~ozu (-ɔ-)] unhöflich, frech.

dessa ['dɛsɐ] *Zssg v. de u. essa*.

dessangrar [dəsẽŋ'grar] (1a) ausbluten l.; *fig.* anzapfen; aussaugen; **~-se** (sich) verbluten (*a. fig.*).

desse ['desə] *Zssg v. de u.* esse.

dessec|ação [dəsəkɐ'sɐ̃u] *f* Trockenlegung *f*; Dörren *n*; Verdorren *n*; **~ador** [~ɐ'ðor] *m* Trocken-, Dörrapparat *m*; **~ar** [~'kar] (1n; *Stv.* 1c) *Sumpf* trockenlegen; *Felder* austrocknen (*a. fig.*); *Pflanze* trocknen; **~ar-se** austrocknen; verdorren.
desselar [~'lar] (1c) **a**) absatteln; **b**) die (Brief-)Marke ablösen von.
dessemelh|ança [~mə'ʎɐ̃sɐ] *f* Unähnlichkeit *f*; **~ante** [~ɐ̃ntə] unähnlich; **~ar** [~ar] (1d) unterscheiden.
desserviço [dəsər'visu] *m* schlechte(r) Dienst *m*.
dessoldar [~soɫ'dar] (1a) (ab)lösen.
desta ['dɛʃtɐ] *Zssg v. de u. esta.*
destabocado *bras.* [destabo'kadu] überspannt.
destabiliz|... [diʃtɐβəliz...] *s.* deses- [tabiliz|...]
destac|ado [dɨʃtɐ'kaðu] führend; kurz (*Ton*); deutlich; ♪ staccato; **~amento** [~kɐ'mẽntu] *m* (Sonder-) Kommando *n*; Abteilung *f*; **~ar** [~ar] (1n; *Stv.* 1b) abkommandieren; entsenden; absondern; *Silben* trennen; *fig.* hervorheben; auszeichnen; *v/i. u.* **~ar-se** hervortreten; sich abheben, abstechen.
destamp|ado [~tẽm'paðu] stark; riesig; **~ar** [~ar] (1a) den Deckel abheben von; ab-, aufdecken; *v/i. fig.* F überschnappen; ~ *a* anfangen zu; ~ *em* ausbrechen in (*ac.*).
destapar [~tɐ'par] (1b) aufdecken.
destaque [~'takə] *m fig. pôr em* ~ hervorheben, betonen; *de* ~ hochgestellt, prominent; sichtbar.
destarte *bras.* [dɛs'tartə] hierdurch; auf diese Weise.
deste ['deʃtə] *Zssg v. de u.* este.
destelar [dɨʃtə'lar] (1c) abfallen.
destelhar [~tə'ʎar] (1d) *Haus* abdachen; *Dach* abdecken.
destem|idez [~təmi'ðeʃ] *f* = *destemor*; **~ido** [~'miðu] furchtlos; kühn; **~or** [~'mor] *m* Unerschrockenheit *f*.
destemper|ado [~tẽmpə'raðu] unmäßig; heftig; rauh; verstimmt (*a.* ⚕); wäßrig (*Wein, Farbe*); weich (*Stahl*); **~ar** [~ar] (1c) abkühlen; abschwächen, wässern; ♪ verstimmen; *Stahl* enthärten; *allg.* stören; *v/i. u.* **~ar-se** die Härte verlieren (*Stahl*); *fig.* es zu weit treiben; sich ergehen; **~o** [~tẽm'peru] *m* Durcheinander *n*; Störung *f*; ♪ Verstimmung *f*; *fig.* Heftigkeit *f*; Ungehörigkeit *f*.
desterr|ar [~tə'ʀar] (1c) verbannen; ausweisen; *fig.* verscheuchen; **~o** [~'teʀu] *m* Verbannung *f*.
destil|ação [~tilɐ'sɐ̃u] *f* Destillation *f*; Träufeln *n*; **~ador** [~ɐ'ðor] **1.** *adj.* Destillier...; **2.** *m* Destilliergerät *n*, -kolben *m*; **~ar** [~'lar] (1a) träufeln; brennen, destillieren; *v/i.* tropfen; **~aria** [~ɐ'riɐ] *f* Brennerei *f*.
destin|ação [~tinɐ'sɐ̃u] *f* Bestimmung *f*; **~ar** [~'nar] (1a) bestimmen; zuweisen; vorbehalten; *Brief* richten (an [*ac.*] *a*); **~ar-se** *a* bestimmt sn für; sich entscheiden für; sich widmen (*dat.*); **~atário** *m*, **-a** *f* [~ɐ'tarju, -ɐ] Empfänger(in *f*) *m*.
destingir [~tĩ'ʒir] (3n; *p.p. destinto*) ausbleichen; abfärben; *v/i.* die Farbe verlieren, verschießen.
destino [~'tinu] *m* Schicksal *n*; Bestimmung(sort *m*) *f*; Ziel *n*, Zweck *m*; *sem* ~ aufs Geratewohl.
destitu|ição [~titwi'sɐ̃u] *f* Absetzung *f*; Entlassung *f*; **~ído** [~'twiðu]: ~ *de* entblößt von (*dat.*); bar (*gen.*); ~ *de bom senso* unklug; ~ *de razão* unverständig; grundlos; **~ir** [~'twir] (3i) *des Amtes* entheben; *j-n* absetzen, entlassen; ~ *alg. de a/c.* j-m et. entziehen.
desto|ante [~'twɐ̃ntə] falsch; verschiedenartig; unpassend, ungewöhnlich; **~ar** [~ar] (1f) falsch singen (spielen *od.* klingen); *fig.* aus der Reihe tanzen; ~ *de* nicht passen zu; ~ *em* verfallen in (*ac.*).
des|toldar [~toɫ'dar] (1e) abdecken; *Wein usw.* klären; **~toldar-se** sich aufheitern (*Himmel*); **~torcer** [~tur'ser] (2g) *Seil usw.* aufdrehen; geradebiegen; ⚕ *u. fig.* einrenken; **~toutro** [deʃ'totru] *Zssg v. de mit estoutro.*
destra ['dɛʃtrɐ] *f* = *dextra.*
destramar [dɨʃtrɐ'mar] (1a) *fig.* entwirren; auf-decken, -heben.
destrambelh|ado F [~trɐ̃mbə'ʎaðu] wirr; verrückt; **~ar** F [~ar] (1d) durch-ea.-geraten (*a. fig.*); aus dem Leim gehen; *fig.* auf Abwege geraten; **~o** F [~'beʎu] *m* Durcheinander *n*; Unsinn *m*.
destrancar [~trɐ̃ŋ'kar] (1n) aufriegeln.
destratar *bras.* [~tra'tar] (1a) beschimpfen.
destrav|ado [~trɐ'vaðu] nicht abgebremst; fessel-, halt-, zügel-los;

~ar [~ar] (1b) die Bremsen lösen; *Pferd usw.* losmachen.
destreinado [~trei'naδu] aus der Übung; *Sport*: untrainiert.
destreza [~'trezɐ] *f* Geschicklichkeit *f*; Kunstgriff *m*; F Kniff *m*.
destribar-se [~tri'βarsə] (1a) *fig.* den Halt verlieren.
destrinça [~'trĩsɐ] *f* Entwirrung *f*.
destrinç|ado [~trĩ'saδu] eingehend; übersichtlich; **~ar** [~ar] (1p) ausea.-nehmen; zerlegen, zergliedern; entwirren.
destro ['dɛʃtru] geschickt; schlau.
destroç|ar [dɨʃtru'sar] (1o; *Stv.* 1e) zer-schlagen, -trümmern, -stückeln; *Heer* vernichtend schlagen; *Vermögen* durchbringen; **~o** [~'trosu (-ɔ-)] *m* Vernichtung *f*; **~s** *pl.* Trümmer *pl.*
destronar [~tru'nar] (1f) entthronen.
destroncar [~trõŋ'kar] (1n) verstümmeln; *Glied* abhauen.
destru|ição [~trwi'sɐ̃u] *f* Zerstörung *f*; Vernichtung *f*; **~idor** [~i'δor] *m* Zerstörer *m*; **~ir** [~'trwir] (3k) zerstören; vernichten.
destrunfar [~trũ'far] (1a) *j-m* die Trümpfe herausziehen.
destrutivo [~tru'tivu] zerstörend; zersetzend.
desumano [dəzu'mɐnu] unmenschlich.
desun|ião [~'njɐ̃u] *f* Uneinigkeit *f*; Trennung *f*; **~ir** [~'nir] (3a) trennen; entzweien.
desurdir [~ur'dir] (3a) *Gewebe* abzetteln; *fig.* aufdecken.
desus|ado [~u'zaδu] ungebräuchlich; **~ar-se** [~arsə] (1a) außer Gebrauch sn; **~o** [~'uzu] *m* Nichtgebrauch *m*; Mangel *m* an Gewohnheit (*od.* Übung); *cair em* ~ außer Gebrauch kommen, veralten.
desvair|ado [dɨʒvai'raδu] wirr; überspannt; kopflos; verschiedenartig; **~amento** [~rɐ'mẽntu] *m* Wahn *m*; Überspanntheit *f*; Verblendung *f*; **~ar** [~ar] (1a) verblenden; verwirren; irreführen; *v/i.* den Verstand verlieren; Unsinn reden (*od.* machen).
desval|ido [~vɐ'liδu] hilflos; unglücklich; **~ioso** [~'ljozu (-ɔ-)] wertlos; **~or** [~or] *m* Wertlosigkeit *f*; Unwert *m*; Mutlosigkeit *f*.
desvaloriz|ação [~vɐlurizɐ'sɐ̃u] *f* ✝ Abwertung *f*; *allg.* Entwertung *f*; **~ar** [~'zar] (1a) *Währung* abwerten; *allg.* entwerten; **~ar-se** wertlos w.; im Wert sinken.
desvanec|er [~vɐnə'ser] (2g) verscheuchen; zerstreuen; auslöschen; zunichte m.; *j-m* zu Kopf steigen (*Ruhm*); *den Kopf* verdrehen; **~er-se** verfliegen; sich verflüchtigen; verschwinden; eitel w.; stolz sn (auf [*ac.*] *de, em*); **~ido** [~iδu] eitel; **~imento** [~si'mẽntu] *m fig.* Dünkel *m*; Stolz *m*.
desvant|agem [~vɐ̃n'taʒɐ̃i] *f* Nachteil *m*; **~ajoso** [~tɐ'ʒozu (-ɔ-)] nachteilig; ungünstig.
desvão(s) [~'vɐ̃u] *m(pl.)* (Dach-) Boden *m*; (Schlupf-)Winkel *m*.
desvar|iar [~vɐ'rjar] (1g) *v/i. im Fieber* phantasieren; **~io** [~'riu] *m* (Fieber-)Wahn *m*; Wahnsinn *m*; Wahnvorstellung *f*, Grille *f*.
desvel|ado [~və'laδu] **a**) wachsam; besorgt; liebevoll; **b**) offenbar; heiter; **~ar** [~ar] (1c) **a**) wach halten; nicht schlafen l.; **b**) entschleiern, -blößen, -hüllen (*a. fig.*); aufhellen; **~ar-se a**) wachen; ~ *em*, ~ *por* sich sorgen um (*ac.*); sich Mühe geben mit (*dat.*); sich bemühen zu *inf.*; **b**) offenbar w.; **~o** [~'velu] *m* Sorge *f*.
desvenc... = *desenvenc...*
desvendar [~vẽn'dar] (1a) *j-m* die Binde abnehmen; enthüllen, aufdecken; *j-m die Augen* öffnen; **~-se** *fig.* offenbar werden.
desventrar [~'trar] (1a) den Bauch aufschlitzen (*dat.*); ausweiden.
desventur|a [~'turɐ] *f* Unglück *n*; **~ado, ~oso** [~tu'raδu, -ozu (-ɔ-)] unglücklich.
desvergonha [~vər'ɣoɲɐ] *f* Unverschämtheit *f*.
desvi|ado [~'vjaδu] abgelegen; fernstehend; **~ar** [~ar] (1g) ablenken; abdrängen; entfernen; *Augen* abwenden; *Kopf* zur Seite biegen; *Stuhl* beiseite rücken; *Sendung* fehlleiten; *Verkehr* umleiten; *Industrie usw.* verlagern; *Zs.-stoß usw.* vermeiden; *Schlag* parieren; ~ *de* (weg-) nehmen von; *v. e-m Betrag* abzweigen; *von e-m Plan* abbringen; *v/i. u.* **~ar-se** abweichen; abbiegen; *Vorschriften* umgehen; fehlgehen; abirren (*Geschoß*); abtreiben (*Schiff*); *vom Thema* abschweifen; *e-r Gefahr* ausweichen.
desvincular [~vĩŋku'lar] (1a) lösen, (ab)trennen.

desvio [~'viu] *m* Ablenkung *f*; Abweichung *f*; Fehlleitung *f*; Abzweigung *f*; Umleitung *f*; Verlagerung *f*; Umweg *m*; Abweg *m*; Verirrung *f*; Unterschlagung *f*; Versteck *n*; 🚂 Ausweichstelle *f*.
desvirt|uação [~virtwɐ'sɐ̃u] *f* Entstellung *f*, Verfälschung *f*; **~uar** [~'twar] (1g) infragestellen; entstellen, verfälschen; entkräften; **~uar-se** an Kraft verlieren; **~ude** [~'tuδə] *f* Untugend *f*; **~uoso** [~'twozu (-ɔ-)] ungut, schlecht.
desvitalizar [~vitɐli'zar] (1a): ~-**se** erstarren.
detalh|ar (1b), **~e** *m* (*gal.*) [dətɐ'ʎar, ~'taʎə] = *pormenor(izar)*.
detect|ar [~tɛ'tar] (1a) feststellen; entdecken; aufdecken; *tel.* anzapfen; **~ável** [~'tavɛɫ] feststellbar; anzapfbar.
deten|ça [~'tẽsɐ] *f* Aufenthalt *m*; Aufschub *m*; Verzögerung *f*; *sem* ~ unverzüglich; **~ção** [~tẽ'sɐ̃u] *f* Verhaftung *f*; Haft *f*; Einbehaltung *f*; Besitz *m*; (*casa f de*) ~ Gefängnis *n*; ~ *preventiva* Untersuchungshaft *f*; **~tor** [~tẽn'tor] *m* Inhaber *m*; *Macht*-Haber *m*.
deter [~'ter] (2zb) zurückhalten; aufhalten; innehaben, besitzen; fest-halten, -nehmen; ~-**se** verweilen (*fig.* bei *em*); stehenbleiben; ein-, inne-halten; sich aufhalten.
detergente [~tər'ʒẽntə] *m* Detergens *n*; Weichmacher *m*, Spülmittel *n*.
deterior|ação [~tərjurɐ'sɐ̃u] *f* Verderb *m*; Beschädigung *f*; Verschlechterung *f*; Schlechtwerden *n*; Verfall *m*; **~ar** [~'rar] (1e) verderben; beschädigen; in Verfall bringen; *Zähne* angreifen; **~ar-se** schlecht w.; verderben; zer-, verfallen; **~ável** [~'ravɛɫ] verderblich.
determin|ação [~tərminɐ'sɐ̃u] *f* Bestimmung *f*; Entschließung *f*; Beschluß *m*; Entschlossenheit *f*; Bestimmtheit *f*; Anordnung *f*; **~ado** [~'naδu] gewiß; ausdrücklich; entschlossen (zu *a*); **~ante** [~'nẽntə] **1.** *adj.* entscheidend, bestimmend; schlagend (*Beweis*); **2.** *f* ℞ Determinante *f*; *biol. a.* Erbanlage *f*; **~ar** [~'nar] (1a) bestimmen; entscheiden; festsetzen; beschließen; nötig m.; **~ar-se** sich entschließen; **~ativo** [~ɐ'tivu] (näher) bestimmend; **~ável** [~'navɛɫ] bestimmbar.
detest|ar [~tɨʃ'tar] (1c) verabscheuen; **~ável** [~avɛɫ] abscheulich.
detido [~'tiδu] **1.** *p.p. v. deter*; **2.** *adj.* eingehend; **3.** *m* Häftling *m*.
deton|ação [~tunɐ'sɐ̃u] *f* Knall *m*; **~ador** [~ɐ'δor] *m* Sprengkapsel *f*; **~ar** [~'nar] (1f) knallen; explodieren.
detrac|ção [~tra'sɐ̃u] *f* Verleumdung *f*; **~tivo** [~'tivu] verleumderisch; **~tor** [~'tor] *m* Verleumder *m*.
detrair [~trɐ'ir] (3l) *v/t. u.* ~ *de* verleumden (*ac.*); in den Schmutz ziehen (*ac.*).
detrás [~'traʃ] hinten; hinterher; dahinter; *por* ~ hinterrücks; hinter dem Rücken; ~ *de*, *por* ~ *de* hinter (*dat. u. ac.*); nach (*dat.*).
detri|mento [~tri'mẽntu] *m* Schaden *m*, Nachteil *m*; *em* ~ *de* anstelle von; zu *j-s* Schaden; *com* ~ *alheio* zum Schaden anderer; *sem* ~ ohne Benachteiligung; **~to(s)** [~'tritu(ʃ)] *m(/pl.)* *Gesteins*-Trümmer *pl.*; Abfall *m*; Rückstand *m*; *aproveitamento m de* ~*s* Abfallverwertung *f*.
deturp|ação [~turpɐ'sɐ̃u] *f* Entstellung *f*; **~ar** [~'par] (1a) entstellen, fälschen.
Deus [deuʃ] *m* Gott *m*; ♀ *heidnischer* Gott *m*; Götze *m*; ~ *me livre!* Gott bewahre!, bewahre!; ~ *queira* hoffentlich!; *se* ~ *quiser* so Gott will; *fique com* ~*!* Gott befohlen!; *valha-me* ~*!* Gott steh' mir bei!; *ao* ~ *dará* auf gut Glück; in den Tag hinein; *nem à mão de* ~*-Padre* mit aller Gewalt nicht; *por* ~ um Gottes willen; *um pobre de* ~ ein armer Mann; *uma criatura de* ~ ein armes, unglückliches Geschöpf.
deusa ['deuzɐ] *f* Göttin *f*.
devagar [dəvɐ'γar] langsam; ~ *se vai ao longe* Eile mit Weile.
devan|ear [~vɐ'njar] (1l) phantasieren; träumen; *v/t.* (sich) *et.* erträumen; **~eio** [~'neju] *m* Phantasie *f*; Wahn *m*; Träumerei *f*; Traum *m*.
devassa [~'vasɐ] *f* Untersuchung *f*.
devass|ado [~vɐ'saδu] offen(liegend), öffentlich; **~ar** [~ar] (1b) eindringen in (*ac.*) (*a. fig.*); einsehen; auskundschaften; aufdecken; preisgeben; verbreiten; verführen, verderben; **~ar-se** sich lockern; bekannt w.; auf Abwege geraten; **~ável** [~vɛɫ] zugänglich, begehbar; **~i-**

dão [~si'ðɐ̃u] *f* Verderbtheit *f*; unsittliche(r) Lebenswandel *m*; Liederlichkeit *f*; **~o** [~'vasu] liederlich.
devast|ação [~vɐʃtɐ'sɐ̃u] *f* Verwüstung *f*; **~ar** [~'tar] (1b) verwüsten, verheeren.
deve ['dɛvə] *m* Soll *n*.
dev|edor [dəvə'ðor] *m* Schuldner *m*; **~er** [~'ver] (2c) **1.** *v/t.* schulden; verdanken; ~ *por* a) verpflichtet sn für; b) schulden an *Miete, Steuer usw.*; ~ *a si (mesmo)* sich *et.* schuldig sn; ~ *os cabelos* bis über die Ohren verschuldet sn; ~ *muito (pouco)* große (kaum) Schulden h.; *ficar a* ~ *a* schuldig bleiben (*dat.*); *fig.* zurückbleiben hinter (*dat.*); **2.** *v/i.* ~ (*de*) *inf.* müssen; *não* ~ nicht dürfen; *Wahrscheinlichkeit od. Vermutung*: *ele (não) deve vir* er wird wohl (nicht) kommen; **3. ~er-se** *a* a) Pflichten h. gegen, sich widmen müssen (*dat.*); b) zu verdanken sn (*dat.*); zurückzuführen sn auf (*ac.*); **4.** *m* Pflicht *f*; *fiel ao* ~ pflichttreu.
deveras [~'vɛrɐʃ] wirklich, wahrhaftig; ernstlich.
devid|amente [~ˌviðɐ'mẽntə] vorschriftsmäßig, richtig; rechtsgültig; **~o** [~'viðu] **1.** *adj.* (pflicht)schuldig, gehörig; richtig; ~ *a* infolge (*gen.*); *ser* ~ gebühren; sich gehören; **2.** *m* Schuldigkeit *f*.
devir [~'vir] **1.** *v/i.* (3x) werden; **2.** *m* Werden *n*.
devoção [~vu'sɐ̃u] *f* Andacht *f*; Frömmigkeit *f*; Hingabe *f*; Ergebenheit *f*; *-ões* Andachtsübungen *f/pl.*; fromme Werke *n/pl.*; *ser a* ~ *de alg.* j-m heilig (*od.* verehrungswürdig) sn; j-s Ein u. Alles sn; *ter* ~ *com* besondere Vorliebe h. für.
devol|ução [~lu'sɐ̃u] *f* Rückgabe *f*; ⚖ Heimfall *m*; Übertragung *f*; Devolution *f*; **~utivo** [~u'tivu] Rückgabe...; Übertragungs..., Devolutions...; **~uto** [~'lutu] leerstehend; herrenlos; **~utório** [~u'tɔrju] = *~utivo*; **~ver** [~voɫ'ver] (2e) zurückgeben, -erstatten, -schicken; zurückweisen; zurückgehen l.; ⚖ übertragen; (zurück)verweisen; **~vido** [~voɫ'viðu] ✉ Annahme verweigert; *fig.* nach (Verlauf von).
devor|ador [~vurɐ'ðor] **1.** *adj.* verheerend; unersättlich; **2.** *m* ~ *de* ...fresser; **~ar** [~'rar] (1e) verschlingen (*a. fig.*); hinunter-schlingen, -stürzen; *fig.* verzehren.
devot|ado [~vu'taðu] ergeben, zugetan; hingebend; **~amento** [~tɐ'mẽntu] *m* Hingabe *f*; **~ar** [~ar] (1e) schenken; zuwenden; *fig. bsd.* widmen; **~o** [~'vɔtu] **1.** *adj.* andächtig; fromm; ergeben, zugetan; verehrungswürdig; **2.** *m*, **-a** *f* Andächtige(r) *m*; *depr.* Frömmler(in *f*) *m*; *fig.* Anhänger(in *f*) *m*.
dex|teridade [deiʃtəri'ðaðə] *f* = *destreza*; **~tra** ['deiʃtrɐ] *f die* rechte Hand *f*; **~trina** [~'trinɐ] *f* Dextrin *n*.
dez [dɛʃ] **1.** zehn; **2.** *m* Zehn *f*; Zehner *m*; Nummer *f* zehn.
deza|nove [dəzɐ'nɔvə] neunzehn; **~sseis** [~'seiʃ] sechzehn; **~ssete** [~'sɛtə] siebzehn.
Dez|embro [də'zẽmbru] *m* Dezember *m*; **2ena** [~enɐ] *f* Zehner *m*; *uma* ~ (*duas* ~*s*) *de* etwa zehn (zwanzig); **2enove** [~zə'nɔvə] *usw. bras.* = *dezanove usw.*; **2oito** [~ɔitu, ~oitu] achtzehn.
dia ['diɐ] **1.** *m* Tag *m*; ~ *santo,* ~ *santificado* kirchliche(r) Feiertag *m*; ~ *a* ~, ~ *após* ~ Tag für Tag, täglich; *o* ~ *a* ~ das tägliche Einerlei, der Alltag *m*; *a* ~*s* Tages...; *com* ~ bei Tage(slicht); *de* ~ tagsüber, am Tage; *dum* ~ *para (o) outro* über Nacht; *dentro de* ~*s* in wenigen Tagen, bald; *no* ~ *anterior (imediato)* tags zuvor (darauf); *há* ~*s* kürzlich; *hoje em* ~, *no* ~ *de hoje* heutzutage; *mais* ~ *menos* ~ über kurz oder lang; *outro* ~ neulich; *um* ~ *destes, um destes* ~*s* dieser Tage, in den nächsten Tagen; *uns* ~*s por outros* dann und wann; *bom* ~, *bons* ~*s!* guten Morgen!; *dar os bons* ~*s* guten Morgen wünschen; *o (no)* ~ *2 de Maio* der (am) zweite(n) Mai; *algum* ~ eines Tages, einmal; *deixar para outro* ~ aufschieben, liegenl.; *estar (andar) em* ~ in Ordnung sn; auf dem laufenden sn; *estar nos seus* ~*s* gut aufgelegt sn; *pôr em* ~ in Ordnung bringen; *Rechnungen usw.* nachtragen; aufarbeiten; *pôr-se em* ~ *com* Ordnung schaffen in (*dat.*); sich vertraut m. mit; sich ins Bild setzen über (*ac.*); *ganhar (od. trabalhar, andar) aos* ~*s* gegen Tagelohn (*od.* als Tagesfrau) arbeiten; *ter* ~*s* s-e Tage h.;

ter o seu ~ s-n Glückstag h.; *ser o* ~ *e a noite* (verschieden) wie Tag und Nacht sn; **2.** ~*s pl.* Leben(s-zeit *f*) *n*; (Lebens-)Tage *m/pl.*; *de* ~*s* wenige Tage alt (*Kind*); betagt; *em meus* ~*s*, (*n*)*os* ~*s da minha vida* mein Leben lang; zu (meinen) Lebzeiten; *nos nossos* ~*s* in unserer Zeit.

diab|ete(s) [djɐ'βɛtə(ʃ)] *f* Zuckerkrankheit *f*; ~**ético** [~ɛtiku] **1.** *adj.* zuckerkrank; **2.** *m* Diabetiker *m*.

diabo ['djaβu] *m* Teufel *m*; Teufelskerl *m*; *oh* ~!, *que* ~!, ~! zum Teufel!, Teufel nochmal!; *com os* ~*s*!, *com trezentos* ~*s*! zum Teufel!, alle Wetter!; *do*(*s*) ~(*s*) verteufelt; höllisch; Teufels...; *o* ~ *do homem* der Teufelskerl; *é o* ~ das ist e-e verflixte Sache; *o* ~ *te leve* (*od. carregue*)! der Teufel soll dich holen!; *dar ao* ~ verwünschen; auf sich beruhen l.; *dizer o* ~ das unglaublichste Zeug reden; *pintar* (*od. fazer*) *o* ~ das Unterste zuoberst kehren.

diabólico [djɐ'βɔliku] teuflisch; verteufelt, verflixt.

diabr|ete [~'βretə] *m fig.* kleine(r) Teufel *m*; *Kartenspiel*: *Art* Schwarzer Peter *m*; ~**ura** [~urɐ] *f* Teufelei *f*; dumme(r) Streich *m*.

diacho P ['djaʃu] *m* Deibel *m*; *s. diabo*.

diacon|ato [djɐku'natu] *m* Diakonat *n*; ~**isa** [~izɐ] *f* Diakonissin *f*.

diácono ['djakunu] *m* Diakon *m*.

diadema [djɐ'δemɐ] *m* Diadem *n*.

diáfano ['djafɐnu] durchsichtig.

diafragm|a [djɐ'fraγmɐ] *m* Diaphragma *n*; *oft*: Scheidewand *f*; *fot.* Blende *f*; *anat.* Zwerchfell *n*; ⚡ Membrane *f*; Tonabnehmer *m*; ~ *do ouvido* Trommelfell *n*; ~**ar** [~frɐγ'mar] (1b) *fot.* abblenden.

diagn|ose [diɐγ'nɔzə] *f* Diagnose *f*; ~**osticar** [~nuʃti'kar] (1n) *Krankheit* feststellen; erkennen; ~**osticável** [~uʃti'kavɛł] erkennbar; ~**óstico** [~ɔʃtiku] *m* Diagnose *f*; Befund *m*.

dia|gonal [~γu'nał] diagonal; ~**grama** [~'γrɐmɐ] *m* Diagramm *n*.

dialect|al [~lɛ'tał] mundartlich, Dialekt...; ~**o** [~'lɛtu] *m* Mundart *f*, Dialekt *m*; ~**ologia** [~tulu'ʒiɐ] *f* Dialektforschung *f*.

dialog|ado [~lu'γaδu] in Gesprächsform; ~**al** [~ał] Gesprächs...; dialogisch; ~**ar** [~ar] (1o; *Stv.* 1e) in Gesprächsform abfassen; *v/i.* mitea. sprechen; ~ *com* sprechen mit.

diálogo ['djaluγu] *m* Gespräch *n*; ~ *em directo* „Talk-Show" *f*.

diamant|e [djɐ'mɐ̃ntə] *m* Diamant *m*; ~ *rosa* Rosette *f*; *ponta f de* ~ Glaserdiamant *m*; *de* ~ = ~**ino** [~mɐ̃n'tinu] diamanten; *fig.* hart; ehern.

diamba *bras.* ['djɐ̃mbɐ] *f* Haschisch *n*.

diâmetro ['djɐmətru] *m* Durchmesser *m*.

dianho P ['djɐɲu] *m* = *diacho*.

diante ['djɐ̃ntə] **1.** *adv.* vorn; *de* ... *em* (*od. por*) ~ von ... an, ab ...; *para* ~ vorwärts; weiter; *ir por* ~ weitergehen, fortfahren; *e assim por* ~ und so weiter; **2.** *prp.* ~ *de* vor (*ac. u. dat.*); angesichts (*gen.*); *j-m* voran, vor *j-m* her; **3.** *m*: *ao* ~, *para o* ~ in Zukunft.

dianteir|a [djɐ̃n'teirɐ] *f* Vorderteil *m*; Vorhut *f*, Spitze *f*; *Fußball*: Sturm *m*; *dar a* ~ *a* vorlassen (*ac.*); die Führung abgeben an (*ac.*); *estar na* ~ *de* führend sn in (*dat.*); *Sport*: führen in (*dat.*); *ganhar* (*od. tomar*) *a* ~ die Führung übernehmen; *j-m* den Rang ablaufen; *Sport*: in Führung gehen; ~**o** [~u] **1.** *adj.* vorder; Vorder...; **2.** *m* Stürmer *m*.

dia|pasão [djɐpɐ'zɐ̃u] *m* Ton-, Stimm-umfang *m*; Lautstärke *f*; Tonleiter *f*; *bsd.* Stimmgabel *f*; *afinar pelo mesmo* ~ in dasselbe Horn blasen; *baixar* (*levantar*) *o* ~ s-e Stimme senken (erheben); s-e Ansprüche herab-(hinauf-)schrauben.

diári|a ['djarjɐ] *f* Tagelohn *m*; Tagesration *f*; ganztägige Verpflegung *f*; Tages-satz *m*, -preis *m im Hotel*; ~**o** [~u] **1.** *adj.* täglich; **2.** *m* Tagebuch *n*; (Tages-)Zeitung *f*; ✝ Journal *n*; ~ *de bordo* ⚓ Logbuch *n*; *tel.* Tagesschau *f*; ~ *falado* Tagesübersicht *f*; ♀ *do Governo* Regierungsanzeiger *m*; Gesetzblatt *n*.

diarreia [djɐ'ʀɐjɐ] *f* Durchfall *m*.

diatermia [~tər'miɐ] *f* Wechselstrombehandlung *f*, Diathermie *f*.

dicção [dik'sɐ̃u] *f* Sprech-, Vortragsweise *f*; Ausdrucksweise *f*.

dichote [~'ʃɔtə] *m* bissige Bemerkung *f*.

dicionário [~sju'narju] *m* Wörterbuch *n*; Lexikon *n*.

didáctico [~'δatiku] didaktisch; lehrhaft; belehrend, Lehr...

diedro ['djɛðru]: *ângulo m* ~ Flächenwinkel *m*.
dieta ['djɛtɐ] *f* **a**) Lebensweise *f*, Ernährung *f*; *bsd.* Krankenkost *f*, Diät *f*; *estar a* ~ Diät leben müssen; *pôr a* ~ auf Diät setzen; **b**) Landtag *m*.
difam|ação [difɐmɐ'sɐ̃u] *f* Verleumdung *f*; **~ador** [~ɐ'ðor] **1.** *m* Verleumder *m*; **2.** *adj.* = **~ante** [~'mɐ̃ntə] ehrenrührig; **~ar** [~'mar] (1a) verleumden, in Verruf bringen; schmähen; **~atório** [~ɐ'tɔrju] verleumderisch, ehrenrührig; Schmäh...
diferença [~fə'rẽsɐ] *f* Verschiedenheit *f*; Unterschied *m*; Unstimmigkeit *f*; Rest *m*; Meinungsverschiedenheit *f*; *fazer* ~ sich unterscheiden (in [*dat.*] *em*); *fazer* ~ *a alg.* j-m etwas ausmachen; j-m nicht passen; j-m peinlich (*od.* unangenehm) sn; *a* ~ *de* zum Unterschied v.; *à* ~ *de* im Unterschied zu.
diferen|çar [~rẽ'sar] (1p) unterscheiden; differenzieren; **~cial** [~'sjał] *f* Differential *n*; ⊕ (*engrenagem*) ~ Ausgleich-, Differential-getriebe *n*; **~ciar** [~'sjar] (1g) = **~çar**; ⩑ differenzieren; **~do** [~'rẽndu] *m* Meinungsverschiedenheit *f*, F Differenz *f*; **~te** [~'rẽntə] verschieden; verändert; ander; *isto é* ~ das ist etwas anderes; **~temente** [~ˌrẽntə'mẽntə] anders.
diferir [~'rir] (3c) aufschieben; hinaus-, ver-zögern; *v/i.* sich unterscheiden; aus-ea.-gehen (*Meinungen*), (von-ea.) abweichen.
dif|ícil [di'fisił] schwierig; schwer; peinlich; beschwerlich; *ser* ~ *a* schwerfallen (*dat.*); *é* ~ *que ele faça isso* er wird das schwerlich (*od.* kaum) tun; **~icílimo** [~fə'silimu] äußerst schwierig; **~icilmente** [~ˌfisił'mẽntə] mit Mühe; schwerlich, kaum.
dificul|dade [~fikuł'daðə] *f* Schwierigkeit *f* (*levantar, opor* m.; *suscitar* bereiten); *tenho* ~ *em et.* fällt mir schwer; es fällt mir schwer zu *inf.*; *com* ~ mühsam; (be)schwerlich; *sem* ~ leicht; ohne weiteres; **~tação** [~tɐ'sɐ̃u] *f* Erschwerung *f*; **~tar** [~'tar] (1a) erschweren; als schwierig hinstellen; **~tar-se** schwierig w.; Bedenken h.; **~toso** [~'tozu (-ɔ-)] schwierig; beschwerlich.
difteria [diftə'riɐ] *f* Diphtherie *f*.
difundir [difũn'dir] (3a) verbreiten; *Radio*: senden, ausstrahlen.
difus|ão [~fu'zɐ̃u] *f* Aus-, Verbreitung *f*; Weitschweifigkeit *f des Stils*; *fís.* Diffusion *f*; **~o** [~'fuzu] weitschweifig, breit; *fís.* diffus.
dige|rir [diʒə'rir] (3c) verdauen (*a. fig.*); *Unglück* verschmerzen; **~rível** [~'rivɛł] verdaulich; **~stão** [~ʃ'tɐ̃u] *f* Verdauung *f*; *fazer a* ~ verdauen; **~stivo** [~ʃ'tivu] Verdauungs...; verdauungsfördernd; *tubo m* ~ Magen-Darm-Kanal *m*.
digit|ação [~ʒitɐ'sɐ̃u] *f* ♪ Fingerübung *f*; **~ado** [~'taðu] fingerförmig; **~al** [~'tał] **1.** *adj.* Finger...; *impressões f/pl.* *-ais* Fingerabdrücke *m/pl.*; **2.** *f* ⚘ Fingerhut *m*.
digladiar [diɣlɐ'ðjar] (1g) fechten; **~-se** mit-ea. ringen (*od.* kämpfen).
dign|ar-se [diɣ'narsə] (1a) geruhen, die Güte h.; **~idade** [~ni'ðaðə] *f* Würde *f*; Ansehen *n*; **~ificar** [~nəfi'kar] (1n) Würde verleihen (*dat.*), ehren; aufwerten; **~itário** [~ni'tarju] *m* Würdenträger *m*; **~o** ['diɣnu] würdig; angemessen.
digress|ão [diɣrə'sɐ̃u] *f* Ausflug *m*, Fahrt *f*; *bsd.* Abstecher *m*; Abschweifung *f v. Thema*; Ausflucht *f*; *ast.* Entfernung *f*; **~ionar** [~sju'nar] (1f) abschweifen; ~ *sobre* (weitläufig) sprechen über (*ac.*); ~ *por* durchstreifen (*ac.*); **~ivo** [~ivu] abschweifend; weitschweifig; ausgedehnt (*Spaziergang usw.*).
dilação [dilɐ'sɐ̃u] *f* Verzögerung *f*, Aufschub *m*; *sem* ~ unverzüglich.
dilacer|ação *f*, **~amento** *m* [~sərɐ'sɐ̃u, ~ɐ'mẽntu] Zerreißung *f*; Zerrissenheit *f*; **~ante** [~'rɐ̃ntə] *fig.* herzzerreißend; **~ar** [~'rar] (1c) zerreißen, zerfetzen; *fig.* foltern.
dilapid|ação [~piðɐ'sɐ̃u] *f* Vergeudung *f*; **~ar** [~'ðar] (1a) vergeuden.
dilat|ação [~tɐ'sɐ̃u] *f* (Aus-)Dehnung *f*; Erweiterung *f*; Verlängerung *f*; Verbreitung *f*; **~ador** [~ɐ'ðor] *m cir.* Sperreisen *n*; **~ar** [~'tar] (1b) (aus)dehnen; erweitern; *Frist* verlängern; *Tat* hinauszögern, aufschieben; *Lehre* verbreiten; *Brust, Sinn* weiten; **~ável** [~'tavɛł] (aus-) dehnbar; erweiterungsfähig; **~ório** [~'tɔrju] Aufschub bewirkend, verzögernd; dilatorisch.
dilecto [~'lɛtu] (innig) geliebt, lieb.
dilema [~'lemɐ] *m* Dilemma *n*.

diletante [ˌlə'tẽntə] **1.** *m* Dilettant *m*; *bsd.* Musikliebhaber *m*; **2.** *adj.* dilettantisch.

dileto *bras. s. dilecto.*

dilig|ência [dəli'ʒẽsjɐ] *f* Eifer *m*; Postkutsche *f*; ˌ*s pl. fig.* Maßnahmen *f/pl.*; *pol.* Schritte *m/pl.*; *Polizei*: Ermittlungen *f/pl.*; ⚖ Durchführung *f*; Vollstreckung *f*; *oficial m de* ˌ*s* Gerichtsvollzieher *m*; *fazer* ˌ *por inf.* sich bemühen zu *inf.*; *fazer* ˌ*s* Maßnahmen ergreifen; Schritte unternehmen; Ermittlungen (*od.* Erhebungen) anstellen; *com* ˌ eifrig; **ˌenciar** [ˌʒẽ'sjar] (1g *u.* 1h) betreiben; sich bemühen (um [*ac.*], zu *inf.*); **ˌente** [ˌẽntə] eifrig; flink.

dilu|ição [dilwi'sɐ̃u] *f* (Auf-)Lösung *f*; Verdünnung *f*; **ˌir** [ˌ'lwir] (3i) (auf)lösen; verdünnen; *Butter* zerlassen; **ˌir-se** zergehen; verschwimmen.

diluvial, -iano [ˌlu'vjał, -ɐnu] *geol.* eiszeitlich; *período m* ˌ Eiszeit *f*; *chuva f* ˌ Wolkenbruch *m*.

dilúvio [di'luvju] *m* Sintflut *f*; *fig.* Flut *f*, Meer *n*.

dimanar [dimɐ'nar] (1a) (ent-)strömen; *fig. a.* entstammen; *v/t.* herausgeben, verbreiten.

dimensão [dimẽ'sɐ̃u] *f* Ausdehnung *f*, Dimension *f*; Ausmaß *n*; -*ões pl.* Abmessungen *f/pl.*

diminu|endo [ˌmi'nwẽndu] **1.** *m* ⅍ Minuend *m*; **2.** *adv.* ♪ diminuendo; **ˌição** [ˌnwi'sɐ̃u] *f* Verminderung *f*; *Gewichts*-Abnahme *f*; *Personal*-Abbau *m*; ⅍ Abziehen *n*; **ˌidor** [ˌnwi'ðor] *m* ⅍ Subtrahend *m*; **ˌir** [ˌ'nwir] (3i) vermindern; verkleinern; *Wirkung* abschwächen; *Ausgaben* einschränken; *Zeit* verkürzen; *Preis* herabsetzen; *Personal* abbauen; *Fahrt* verlangsamen; ⚓ beidrehen; **ˌir-se** abnehmen; **ˌtivo** [ˌnu'tivu] *m* Diminutiv *n*.

diminuto [ˌ'nutu] winzig.

dinamarquês [dinɐmɐr'keʃ] **1.** *adj.* dänisch; **2.** *m*, **-esa** *f* Däne *m*, Dänin *f*.

dinâmic|a [ˌ'nɐmikɐ] *f* Dynamik *f*; *fig. a.* Triebkraft *f*; Bewegung *f*, Ablauf *m*; **ˌo** [ˌu] dynamisch; kraft-, schwung-voll.

dinam|ismo [ˌnɐ'miʒmu] *m fig.* Dynamik *f*, Schwung *m*; Lebenswille *m*; **ˌitar** [ˌmi'tar] (1a) (in die Luft) sprengen; **ˌite** [ˌitə] *f* Dynamit *n*; **ˌização** [ˌmizɐ'sɐ̃u] *f* Ankurbelung *f*; Aktivierung *f*; Aufrüttelung *f*; **ˌizador** [ˌmizɐ'ðor] **1.** *adj.* aufrüttelnd, Aktivierungs...; **2.** *m*, **-a** *f* Aktivist(in *f*) *m*; **ˌizar** [ˌmi'zar] (1a) in Schwung bringen; aktivieren; ⚕ ankurbeln; *Menschen* aufrütteln.

dínamo ['dinɐmu] *m* Dynamo *m*; *auto.* Lichtmaschine *f*.

dinastia [dinɐʃ'tiɐ] *f* Dynastie *f*.

dinheir|ada, ˌame P [diɲei'raðɐ, ˌɐmə] *f* Masse *f* Geld; **ˌão** [ˌɐ̃u] *m* Unsumme *f*; Heidengeld *n*; **ˌo** [ˌ'ɲeiru] *m* Geld *n*; ˌ *de contado* Bargeld *n*; *a* ˌ gegen bar; in bar.

dintel [dĩn'tɛł] *m* Türsturz *m*.

dioc|esano [djusə'zɐnu] **1.** *adj.* Bischofs...; Bistums...; **2.** *m* Angehörige(r) der Diözese; **ˌese** [ˌ'sɛzə] *f* Bistum *n*, Diözese *f*.

diploma [di'plomɐ] *m* Diplom *n*, Zeugnis *n*; Urkunde *f*.

diplom|acia [ˌplumɐ'siɐ] *f* Diplomatie *f*; **ˌado** [ˌ'maðu] gelernt; studiert; akademisch gebildet; Diplom...; **ˌata** [ˌ'matɐ] *m* Diplomat *m*; **ˌático** [ˌ'matiku] diplomatisch.

dique ['dikə] *m* Damm *m*, Deich *m*; *bras.* = *doca.*

direc|ção [dirɛ'sɐ̃u] *f* Leitung *f*; Direktion *f*; Führung *f*; Lenkung *f*; Steuerung *f*; Richtung *f*; Ausrichtung *f*; ✉ Anschrift *f*, Adresse *f*; ♀ *Geral Ministerial*-Abteilung *f*; -*ões pl.* Anweisungen *f/pl.*; *em* ˌ *a* (*od. de*) in der Richtung nach (*od.* zu); in Richtung (auf) (*ac.*); **ˌtamente** [ˌtɐ'mẽntə] geradeswegs; geradezu; selbst; **ˌtiva** [ˌ'tivɐ] *f* Richtlinie *f*, Direktive *f*; **ˌtivo** [ˌ'tivu] leitend; *Comissão f* ♀*a* Vorstand *m*; *Conselho m* ♀ *univ.* Senat *m*; *Fakultäts*-Konferenz *f*; *allg.* Verwaltungsrat *m*; **ˌto** [ˌ'rɛtu] **1.** *adj.* gerade; unmittelbar; durchgehend; direkt; *comboio m* ˌ = **2.** *m* Eilzug *m*; **ˌtor** [ˌ'tor] **1.** *m* Leiter *m*, Direktor *m*; ♪ Dirigent *m*; ˌ-*geral* General- (*od. pol.* Ministerial-)direktor *m*; **2.** *adj.* leitend; **ˌtora** [ˌ'torɐ] *f* Vorsteherin *f*; Leiterin *f*; **ˌtoria** [ˌtu'riɐ] *f* Leitung *f*; ⚕ Vorstand *m*; **ˌtório** [ˌ'tɔrju] *m* Direktorium *n*; **ˌtriz** [ˌ'triʃ] **1.** *f* Richtlinie *f*; ⅍ Leitlinie *f*; **2.** *adj.* leitend.

direit|a [di'reitɐ] *f* rechte Hand *f*,

Rechte *f*; *à* ~ rechts; zur Rechten; *às* ~*s* rechtschaffen; recht, richtig; *seguir pela* ~ rechts gehen (*od.* fahren); ~**eza** [~rei'tezɐ] *f* Geradheit *f*, Rechtschaffenheit *f*; ~**inho** [~rei'tiɲu] genau; richtig; ~**ista** [~rei'tiʃtɐ] **1.** *adj.* Rechts..., der Rechten; **2.** *su.* Rechte(r) *m*, Rechtspolitiker *m*; ~**o** [~u] **1.** *adj.* a) gerade; senkrecht; einreihig (*Anzug*); *fig.* aufrecht, rechtschaffen; recht, wahr; b) recht (*Ggs. link*); **2.** *adv.* gerade; geradewegs; *a* ~ geradeaus; **3.** *m* a) Recht(swissenschaft *f*) *n*; Steuer *f*; *a torto e a* ~ unbesehen; blind drauflos; *de* ~ von Rechts wegen; *em* (*bom*) ~ billigerweise; *dar* ~ *a* berechtigen zu; *não haver* ~ nicht recht sn; *ter* (*o*) ~ *de inf.* das Recht h. zu *inf.*; = *ter* ~(*s*) *a* ein Recht (*od.* Anspruch) h. auf (*ac.*); *Faculdade f de* ♀ rechtswissenschaftliche Fakultät *f*; b) rechte Seite *f e-s Tuches*; *pelo* ~ von rechts; c) ~*s pl.* Zoll(gebühren *f/pl.*) *m*; ~*s de importação*, ~*s de entrada* Einfuhr-, ~*s de exportação*, ~*s de saída* Ausfuhr-zoll *m*; ~*s reais* Real-lasten *f/pl.*, -steuern *f/pl.*; ~**ura** [~rei'turɐ] *f* Geradheit *f*; *em* ~ geradewegs.

diret|... *bras. s. direct...*

dirig|**ente** [~ri'ʒẽntə] **1.** *adj.* leitend, führend; **2.** *m* Leiter *m*, Führer *m*; ~**ido** [~iδu] *fig.* gezielt; ~**ir** [~ir] (3n) leiten; *Geschäfte*, *Heer* führen; *Wagen*, *Schiff* lenken, steuern; *Brief*, *Wort* richten (an *od.* auf [*ac.*]; nach *a*, *para*); ~**ir-se** *para* sich begeben, fahren (*od.* fliegen) nach; ⚓ ansteuern (*ac.*); ✈ anfliegen (*ac.*); ~ *a* sich wenden an (*ac.*); gerichtet sn an (*ac.*), bestimmt sn für; ~**ismo** [~iʒmu] *m*: ~ *económico* (System *n* der) Wirtschaftslenkung *f*; ~**ível** [~ivɛɫ] **1.** *adj.* lenkbar; **2.** *m* Luftschiff *n*.

dirim|**ente** [~'mẽntə]: *impedimento m* ~ Hinderungs- (*od.* Scheidungs-) grund *m*; ~**ir** [~ir] (3a) ungültig (*od.* unmöglich) m.; *fig. Zweifel* lösen; *Streit* schlichten; *Frage* entscheiden.

discar *bras.* [dis'kar] (1n) wählen.

discente [diʃ'sẽntə]: *população f* ~ Schülerschaft *f*.

discern|**imento** [~sərni'mẽntu] *m* Unterscheidung(svermögen *n*) *f*; Überlegung *f*; *sem* ~ unterschiedslos; unüberlegt; ~**ir** [~'nir] (3c) unterscheiden, sondern.

disciplin|**a** [~si'plinɐ] *f* Zucht *f*, Disziplin *f*; (Ordens-)Regel *f*; Schulung *f*, Schule *f*; (Unterrichts-)Fach *n*; ~**ado** [~pli'naδu] ruhig, beherrscht; an Ordnung gewöhnt, gehorsam; diszipliniert; ~**ar** [~pli'nar] **1.** *v/t.* (1a) in Zucht nehmen (*od.* halten); schulen; züchtigen; **2.** *adj.* Disziplinar...; Straf...; disziplinarisch. [Jünger *m.*]

discípulo [~'sipulu] *m* Schüler *m*;

disco ['diʃku] *m* Scheibe *f*; *Sport*: Diskus *m*; ♪ Schallplatte *f*; ~-*voador* fliegende Untertasse *f*.

díscolo ['diʃkulu] widerspenstig.

discord|**ância** [diʃkur'δɐ̃sjɐ] *f* Unvereinbarkeit *f*; Widerspruch *m*; (Meinungs-)Verschiedenheit *f*; Mißklang *m*; ~**ante** [~ɐ̃ntə] unvereinbar; widersprechend; ~**ar** [~ar] (1e) nicht (mit-ea.) übereinstimmen, (von-ea.) abweichen; (sich) widersprechen; anderer Meinung sn (als *de*); ♪ nicht zs.-klingen; ~**e** [~'kɔrδə] uneinig; ungleich; ♪ mißtönend, falsch; = ~*ante*.

discórdia [~'kɔrδjɐ] *f* Zwietracht *f*; Streit *m*; *pomo m de* ~ Zankapfel *m*.

discorrer [~ku'ʀer] (2d) fließen, streifen, reisen, ziehen (durch *por*; entlang *ao longo de*; aus *od.* von ... herab *de*); ~ *em* nachdenken über (*ac.*); ~ *sobre* sich auslassen (*od.* sprechen) über (*ac.*).

discoteca [~ku'tɛkɐ] *f* Schallplattensammlung *f*; Diskothek *f*.

discrep|**ância** [~krə'pɐ̃sjɐ] *f* Widerspruch *m*; Unstimmigkeit *f*; (Meinungs-)Verschiedenheit *f*; ~**ante** [~ɐ̃ntə] widersprechend; ungleich; ~**ar** [~ar] (1c) aus-ea.-gehen; sich unterscheiden.

discret|**ear** [~krə'tjar] (1l) plaudern (über [*ac.*] *sobre*); ~**o** [~'krɛtu] zurückhaltend; unauffällig; verschwiegen; klug; ⚕ diskret.

discri|**ção** [dəʃkri'sɐ̃u] *f* Zurückhaltung *f*, Takt *m*; Unauffälligkeit *f*; Verschwiegenheit *f*; Klugheit *f*; *à* ~ nach Belieben; ~**cional**, -**ário** [~sju'naɫ, -arju] unbeschränkt.

discrimin|**ação** [diʃkrəminɐ'sɐ̃u] *f* Unterscheidung *f*; Aufteilung *f*; Diskriminierung *f*; ~**ador** [~ɐ'δor] diskriminierend; **~ar** [~'nar] (1a) unterscheiden; (näher) beschreiben; diskriminieren; **~atório** [~'tɔrju] diskriminierend; **~ável** [~'navɛɫ] unterscheidbar; trennbar.

discurs|ar [~kur'sar] (1a) darlegen, erörtern; *v/i.* e-e Rede (*od.* e-n Vortrag) halten *od.* sprechen (über [*ac.*] *sobre*); **~ivo** [~ivu] begrifflich; diskursiv; *depr.* redselig; **~o** [~'kursu] *m* Rede *f* (*fazer* halten).

discu|ssão [~ku'sɐ̃u] *f* Aussprache *f*; Erörterung *f*; Aus-ea.-setzung *f*; **~tido** [~'tiδu] umstritten; **~tir** [~'tir] (3a) durchsprechen, ererörtern; verhandeln; sich streiten über (*ac.*); *não* ~ dahingestellt sn l.; **~tível** [~'tivɛɫ] fraglich, fragwürdig.

disent|eria [dizẽntə'riɐ] *f* Ruhr *f*; **~érico** [~'tɛriku] ruhrartig.

disfar|çado [diʃfɐr'saδu] *fig.* hinterhältig, falsch; **~çar** [~'sar] (1p; *Stv.* 1b) verkleiden; *Mängel* verdecken; *Wahrheit* verhehlen; *Stimme* verstellen; *Tat* bemänteln; **~çar-se** *fig.* sich verstellen; **~ce** [~'farsə] *m* Verkleidung *f*; Verstellung *f*.

disforme [~'fɔrmə] unförmlich; plump; scheußlich.

disjun|ção [dizʒũ'sɐ̃u] *f* (Zer-) Trennung *f*; **~gir** [~'ʒir] (3n) *Ochsen* losmachen; *allg.* trennen; **~tivo** [~n'tivu] trennend; ea. ausschließend; disjunktiv; **~to** [~'ʒũntu] getrennt.

dislate [diʒ'latə] *m* Unsinn *m*.

díspar ['diʃpar] ungleich.

dispar|ada *bras.* [dispa'radɐ] *f* Flucht *f*; *em* ~, *à* ~ fluchtartig, Hals über Kopf; *chegar* (*od. vir*) *em* ~ angesaust kommen; *sair em* ~ davon-fegen, -stürzen; **~ador** [diʃpɐrɐ'δor] **1.** *m* Drücker *m*, Abzug *m*; *fot.* Auslöser *m* (*automático* Selbst-...); **2.** *adj. bras.* [dispara'dor] scheu; **~ar** [diʃpɐ-, *bras.* dispa-'rar] (1b, a) ab-drücken, -schießen; schleudern; ausstoßen; *fot.* knipsen; *bras. v/i.* aus-ea.-, davon-stieben.

disparat|ado [~rɐ'taδu] ungereimt; sinnlos; **~ar** [~ar] (1b) Unsinn reden; töricht handeln; **~e** [~'ratə] *m* Unsinn *m*; Torheit *f*.

disparidade [~ri'δaδə] *f* Ungleichheit *f*, Verschiedenartigkeit *f*; *bras. a.* Unsinn *m*.

disparo [~'paru] *m* Abschuß *m*; Schuß *m*, Knall *m*; Flucht *f*.

dispêndio [~'pẽndju] *m* Verbrauch *m*; Aufwand *m*; Verlust *m*.

dispendioso [~pẽn'djozu (-ɔ-)] kostspielig.

dispensa [~'pẽsɐ] *f* Erlaß *m*, Befreiung *f*; Erlaubnis *f*; Dispens *m*.

dispens|ar [~pẽ'sar] (1a) befreien (von *de*); überheben; *j-m et.* erlassen; überflüssig m.; spenden; bereiten; *Hilfe* leisten; schenken; überlassen; **~ar-se** *de* (es) nicht für nötig halten; **~ário** [~arju] *m* ärztliche Beratungsstelle *f*; **~atório** [~sɐ'tɔrju] *m farm.* Laboratorium *n*; = *~ário*; **~ável** [~avɛɫ] erläßlich; unnötig.

disp|epsia [~pɛp'siɐ] *f* schlechte Verdauung *f*; **~éptico** [~'pɛptiku] Verdauungs...; magenkrank.

dispers|ão [~pər'sɐ̃u] *f* Zerstreuung *f*; Verschwendung *f*; *fís.* Dispersion *f*; ⚔ Streuung *f*; **~ar** [~ar] (1c) zerstreuen; verschwenden; **~o** [~'pɛrsu] zerstreut; verstreut; versprengt (*Truppen*).

displic|ência [~pli'sẽsjɐ] *f* Mißvergnügen *n*; üble Laune *f*; **~ente** [~ẽntə] unangenehm; übellaunig.

dispneia [~'pnejɐ] *f* Atemnot *f*.

dispon|ibilidade [~punißəli'δaδə] *f* Verfügbarkeit *f*; *fig.* Geneigtheit *f*; *~s pl.* Bestände *m/pl.*, Vorräte *m/pl.*; *~s* (*monetárias*) verfügbare Geldmittel *n/pl.*; *em* ~ verfügbar; ⚔ zur Disposition (*Abk.* z. D.); **~ível** [~'nivɛɫ] verfügbar; frei.

dispor [~'por] (2zd) **1.** *v/t.* (an-) ordnen; *Truppen*, *Regeln* aufstellen; *Verhalten* vorschreiben; *Plan usw.* entwerfen; *Grundstein* legen; *Pflanzen* aus-säen, -pflanzen; *Wurzeln* senken; *j-m et.* zur Verfügung stellen; *et.* (her)richten (für *para*); *den Weg* bereiten; ~ *por* einteilen nach *od.* in (*ac.*); ~ *alg. a* (*od. para*) j-n bewegen (*od.* bringen) zu; j-n vorbereiten auf (*ac.*); j-n gewöhnen an (*ac.*); ~ (*o ânimo de*) *alg. para* j-n geneigt m. zu; *o homem põe e Deus dispõe* der Mensch denkt und Gott lenkt; **2.** *v/i.* ~ *de* verfügen über (*ac.*); ~ *de si* frei sn; **3.** **~-se** *a od. para* sich anschicken zu; Anstalten treffen für (*ac.*) *od.* zu *inf.*; sich bereit m. (*od.* finden) zu; sich gefaßt m. auf (*ac.*); sich entschließen zu; **4.** *m* Verfügung *f*; *deixar ao* ~ *de alg.* j-m überlassen; *estar* *ao* ~ *de* zur Verfügung stehen (*dat.*).

disposi|ção [~puzi'sɐ̃u] *f* Anordnung *f*, Einteilung *f*; Lage *f*; Veranlagung *f* (für *para*); Gesinnung *f*; *Gemüts*-Stimmung *f*; *Gesetzes*-Vorschrift *f*; ⚕ Befinden *n*; ~ *para o trabalho* Einsatzbereitschaft *f*; *estar od. ficar (pôr) à* ~ *de* zur Verfügung stehen (stellen) (*dat.*); **~tivo** [~'tivu] *m* Vorrichtung *f*; Maßnahme *f*; ~ *cénico* Bühnenbild *n*; ~*s pl.* Vorkehrungen *f/pl.*; *instalar o* ~ *de* Vorkehrungen treffen (*od.* e-e Vorrichtung anbringen) für.

disposto [~'poʃtu (-ɔ-)] *adj.* bereit; geneigt; aufgelegt; fähig; *estar bem (mal)* ~ *(a respeito de alg.)* a) sich (nicht) wohl fühlen; b) gut (schlecht) aufgelegt (auf j-n zu sprechen) sn; *ser* ~ *a* neigen zu.

disput|a [~'putɐ] *f* Wortwechsel *m*; Streit *m*; Aus-ea.-setzung *f*; *Sport*: Austrag *m*; Kampf *m* (um *de*); **~ador** [~putɐ'ðor] *m* Gegner *m*; *Sport*: Bewerber *m* (um *de*); **~ar** [~pu'tar] (1a) bestreiten; streitig m.; streiten um; *Sport*: austragen, kämpfen um; *das Feld* behaupten; *v/i.* sich streiten; **~ável** [~pu'tavɛł] strittig.

dissabor [disɐ'βor] *m* Verdruß *m*; Unannehmlichkeit *f*.

dissec|ação [disəkɐ'sɐ̃u] *f* Zergliederung *f*; *anat.* Sektion *f*; **~ar** [~'kar] (1n; *Stv.* 1c) zergliedern, zerlegen; *anat.* sezieren; *cir.* herausschneiden.

dissec|ção [disɛk'sɐ̃u] *f* = *dissecação*; **~tor** [~'tor] *m* Zergliederer *m*; Präparator *m*; Seziermesser *n*.

dissemelh... *s. dessemelh...*

dissemin|ação [~əminɐ'sɐ̃u] *f* Aus-, Zer-streuung *f*; Aus-, Ver-breitung *f*; **~ar** [~'nar] (1a) aus-, umher-, ver-, zer-streuen; aus-, ver-breiten.

dissen|são [disẽ'sɐ̃u] *f* Mißhelligkeit *f*; Gegensatz *m*; = **~timento** [~ẽnti'mẽntu] *m* Meinungsverschiedenheit *f*; **~tir** [~ẽn'tir] (3e): ~ *de* anderer Meinung sn als; abweichen von.

dissert|ação [~ərtɐ'sɐ̃u] *f* Abhandlung *f*; Vortrag *m*; (Prüfungs-) Arbeit *f*; Doktorarbeit *f*; **~ar** [~'tar] (1c): ~ *sobre* behandeln (*ac.*); sprechen (*od.* schreiben) über (*ac.*).

dissid|ência [~i'ðẽsjɐ] *f* Spaltung *f*; Abfall *m*; Uneinigkeit *f*; Gegensatz *m*; **~ente** [~ẽntə] **1.** *adj.* andersdenkend; *bsd.* andersgläubig; **2.** *m* Dissident *m*.

dissídio [di'siðju] *m* Streit *m*; *bras.* ⚖ Lohnkonflikt *m*.

dissimilar [~səmi'lar] *adj.* ungleichartig.

dissimul|ação [~simulɐ'sɐ̃u] *f* Verstellung *f*; **~ado** [~'laðu] hinterhältig; heimlich; **~ar** [~'lar] (1a) verheimlichen, verhehlen; bemänteln; *v/i.* sich verstellen.

dissip|ação [~pɐ'sɐ̃u] *f* Auflösung *f*; Zerstreuung *f*; *fig.* Verschwendung *f*; *viver na* ~ in Saus und Braus leben; **~ado** [~'paðu] verschwenderisch; **~ador** [~ɐ'ðor] *m* Verschwender *m*; **~ar** [~'par] (1a) auflösen; *Zweifel usw.* zerstreuen; *fig.* verschwenden.

disso ['disu] *Zssg v. de u. isso.*

dissoci|ação [disusjɐ'sɐ̃u] *f* Trennung *f*; Absonderung *f*; Zerfall *m*; **~ar** [~'sjar] (1g) trennen; absondern, -spalten; **~ar-se** zerfallen.

dissol|ução [~lu'sɐ̃u] *f* Auflösung *f*; ⚗ Lösung *f*; *fig.* Ausschweifung *f*; **~uto** [~'lutu] ausschweifend, liederlich; **~vente** [~oł'vẽntə] **1.** *adj.* lösend; Löse...; *fig.* zersetzend; **2.** *m* ⚗ Lösemittel *n*; **~ver** [~oł'ver] (2e) auflösen; ⚗ *u.* ⚖ lösen; *fig.* zersetzen; verderben.

disson|ância [~'nẽsjɐ] *f* Mißklang *m*; Mißverhältnis *n*; Dissonanz *f*; **~ante** [~ẽntə] mißtönend; gegensätzlich; uneinheitlich; **~ar** [~ar] (1f) falsch klingen; nicht zu-ea. passen; uneinheitlich wirken.

dissua|dir [diswɐ'ðir] (3b): ~ *alg. de* j-m abraten von; j-m ausreden (*ac.*); **~dir-se** abkommen (von *de*); **~são** [~'zɐ̃u] *f* Abmahnung *f*; Ausreden *n*; **~sivo, ~sório** [~'zivu, ~'zɔrju] abratend; dagegen sprechend.

dist|ância [diʃ'tẽsjɐ] *f* Entfernung *f*; Abstand *m* (*a. fig.*); Zwischenraum *m*; *fig.* Unterschied *m*; *a* ~ aus (*od.* in) der Ferne, von weitem; *à* ~ *de* in e-r Entfernung (*od.* e-m Abstand) von; *a grande* ~ Langstrekken..., Fern...; *de* ~ *em* ~ von Ort zu Ort; hier und da; von Zeit zu Zeit; *conservar (od. manter) a* ~ fernhalten; *estar a grande* ~ weit entfernt sn; **~anciamento** [~tẽsjɐ'mẽntu] *m* Distanzierung *f*; Distanz *f*; **~anciar** [~tẽ'sjar] (1g) (von-ea.) entfernen (*od.* trennen);

hinausschieben; *Truppen* aus-ea.-ziehen; in Abständen *et. tun*; **~anciar-se** *fig.* abrücken (von *de*); **~anciómetro** [~tẽ'sjɔmətru] *m* Entfernungsmesser *m*; **~ante** [~ẽntə] entfernt; fern, weit; *fig.* unterschieden; **~antemente** [~ˌtẽntə'mẽntə] = *a distância*; **~ar** [~ar] (1a) entfernt sn; verschieden sn.

disten|der [~tẽn'der] (2a) dehnen, strecken; spannen; ⚕ zerren; ~ *a vista* blicken; **~der-se** sich entspannen; **~são** [~tẽ'sɐ̃u] *f* Dehnung *f*; Spannung *f*; ⚕ Zerrung *f*; *psic.* Entspannung *f*; **~sível** [~tẽ'sivɛł] dehnbar; **~so** [~'tẽsu] überdehnt.

dístico ['diʃtiku] *m lit.* Distichon *n*; *fig.* Auf-, In-schrift *f.*

distin|ção [diʃtĩ'sɐ̃u] *f* Unterscheidung *f*; Deutlichkeit *f*; Unterschied *m*; Auszeichnung *f*; Vornehmheit *f*; *à* ~ *de* zum Unterschied von; *com* ~ ausgezeichnet; vornehm; *para* ~ zur Unterscheidung; *fazer* (*a*) ~ unterscheiden; den Unterschied herausfinden (*od.* klären); *ter* ~ vornehm sn; **~guir** [~tĩŋ'gir] (3o) unterscheiden; wahrnehmen; auszeichnen; **~guível** [~tĩŋ'givɛł] unterscheidbar; wahrnehmbar; **~tivo** [~tĩn'tivu] *m* Kennzeichen *n*, Merkmal *n*; *Fest-*, *Partei-*Abzeichen *n*; **~to** [~'tĩntu] verschieden; deutlich; ausgezeichnet; vornehm.

disto ['diʃtu] *Zssg v. de u. isto.*

distor|ção [diʃtur'sɐ̃u] *f* Verzerrung *f*; **~cer** [~'ser] (2g; *Stv.* 2d) verzerren.

distrac|ção [~tra'sɐ̃u] *f* Unachtsamkeit *f*, Zerstreutheit *f*; Zerstreuung *f*, Ablenkung *f*; *por* ~ aus Versehen; **~tivo** [~'tivu] unterhaltend.

distra|idamente [~trɐˌiðɐ'mẽntə] aus Versehen; **~ído** [~'iðu] zerstreut; ~ *em*, ~ *por* vertieft in (*dat.*); *apanhar alg.* ~ j-n überraschen; **~ir** [~'ir] (3l) zerstreuen; unterhalten; ablenken; *Geld* unterschlagen, nehmen (aus *de*); **~ir-se** nicht aufpassen; sich vertun.

distrat|ar [~trɐ'tar] (1b) rückgängig m.; **~e** [~'tratə] *m* Rückgängigmachung *f*, Widerruf *m.*

distribu|ição [~triβwi'sɐ̃u] *f* Verteilung *f*; Einteilung *f*; ✉ Briefzustellung *f*; *tea. Rollen-*Besetzung *f*; ⚚ *Gewinn-*Ausschüttung *f*; *Karten-*Ausgabe *f*; ⊕ Steuerung *f*; ⚡ Schaltung *f*; *tip.* Ablegesatz *m*; **~idor** [~i'ðor] *m* Verteiler *m* (*a.* ⊕); ⚚ Generalvertreter *m*; Aus-teiler *m*, -träger *m*; ~ *automático* Automat *m*; **~ir** [~'βwir] (3i) verteilen; aus-, ein-, ab-, zu-teilen; *Post* austragen; *Dividende* ausschütten; *Lebensmittel(karten)* ausgeben.

distrit|al [~tri'tał] Bezirks...; **~o** [~'tritu] *m* (Regierungs-)Bezirk *m.*

disturbar [~tur'βar] (1a) stören.

distúrbio [~'turβju] *m* Störung *f*; *pol.* Unruhe *f.*

dita ['ditɐ] *f* Glück(sfall *m*) *n.*

dit|ado [di'taðu] *m* Diktat *n*; Sprichwort *n*; **~ador** [~tɐ'ðor] *m* Diktator *m*; **~adura** [~tɐ'ðurɐ] *f* Diktatur *f*; **~afone** [~a'fɔnə] *m* Diktiergerät *n*, Diktaphon *n*; **~ame** [~ɐmə] *m* Ausspruch *m*; Regel *f*, Gesetz *n*; **~ar** [~ar] (1a) diktieren; eingeben; befehlen; *Gesetz* erlassen; **~atorial, ~atório** [~tɐtu'rjał, ~tɐ'tɔrju] diktatorisch.

dito ['ditu] **1.** *p.p. v. dizer*; **2.** *adj.* besagt, genannt; solch; *irón.* sogenannt; ~ *e feito* gesagt, getan; *está* ~*!* abgemacht!; es bleibt dabei!; *tenho* ~*!* ich habe gesprochen!; **3.** *m* Ausspruch *m*; Witz *m*; *dar o* ~ *por não* ~ nichts gesagt h. wollen.

ditongo [di'tõŋgu] *m* Diphthong *m.*

ditoso [~'tozu (-ɔ-)] glücklich.

diur|ese [diu'rɛzə] *f* Harnruhr *f*; **~ético** [~ɛtiku] harntreibend.

diurno ['diurnu] Tages...

diuturn|idade [diuturni'ðaðə] *f* Dienstalter *n*; (Alters-)Zulage *f*; **~o** [~'turnu] langlebig; lang-dauernd, -wierig.

divã [di'vɐ̃] *m* Diwan *m*; Liege *f.*

divag|ação [~vɐγɐ'sɐ̃u] *f* Umherstreifen *n*; Streifzug *m*; *bsd.* Abschweifung *f*; **~ador** [~ɐ'ðor] *m fig.* Phantast *m*; **~ar** [~'γar] (1o; *Stv.* 1b) *v/i.* umherstreifen; durchstreifen (*ac. por*); *fig.* abschweifen; sich verbreiten (über [*ac.*] *sobre*).

diverg|ência [~vər'ʒẽsjɐ] *f* (Meinungs-)Verschiedenheit *f*; Gegensatz *m*; Divergenz *f*; **~ente** [~ẽntə] aus-ea.-gehend; (von-ea.) abweichend; **~ir** [~ir] (3n; *Stv.* 3c) aus-ea.-gehen; (von-ea.) abweichen; nicht (mit-ea.) übereinstimmen; 📖 divergieren.

divers|ão [~'sɐ̃u] *f* Zeitvertreib *m*, Belustigung *f*; Ablenkung *f*; ⚔ Ablenkungsmanöver *n*; *salão m de -ões* Vergnügungslokal *n*; **~idade** [~si'ðaðə] *f* Verschiedenartigkeit *f*; Mannigfaltigkeit *f*; **~ificar** [~səfi'kar] (1n) abwechseln; Abwechslung hineinbringen in (*ac.*); *v/i.* wechseln; **~ivo** [~'sivu] Ablenkungs...; **~o** [~'vɛrsu] verschieden, ander; verschiedenartig; mannigfaltig.

divert|ido [~'tiðu] lustig; unterhaltsam; **~imento** [~ti'mẽntu] *m* Unterhaltung *f*; Lustbarkeit *f*; **~ir** [~ir] (3c) belustigen, unterhalten, vergnügen; ab-bringen, -lenken (von *de*); **~ir-se** *com* (*od. à custa de*) *alg.* sich über j-n lustig machen.

dívida ['diviðɐ] *f* Schuld(igkeit) *f*; *contrair ~s* Schulden m.; *estar em ~ para com alg.* in j-s Schuld stehen.

divid|endo [dəvi'ðẽndu] *m* ⅍ Dividend *m*; ✝ Dividende *f*; **~ir** [~ir] (3a) teilen; ab-, ein-, zer-teilen; dividieren; *fig.* entzweien.

divinatório [~nɐ'tɔrju] ahnungsvoll; weitschauend.

divin|dade [dəvĩn'daðə] *f* Gottheit *f*; Göttlichkeit *f*; **~izar** [~vini'zar] (1a) vergöttlichen; *fig.* vergöttern; **~o** [~'vinu] göttlich; himmlisch.

divisa [~'vizɐ] *f* Devise *f*; Wahlspruch *m*; Sinnbild *n*; Wappenspruch *m*; Kennzeichen *n*; ⚔ Rangabzeichen *n*, Aufschlag *m*; *taur.* Züchtereiabzeichen *n*; *~s pl. estrangeiras* Auslandsdevisen *f/pl.*

divis|ão [~vi'zɐ̃u] *f* Teilung *f*; Scheidung *f*; Teilungslinie *f*; Scheidewand *f*; Einteilung *f*; Abteilung *f*; (Wohn-)Raum *m*; ⅍, ⚔ Division *f*; *~ naval* Flottenverband *m*; *~ territorial* Gebietsteil *m*; *~ do trabalho* Arbeitsteilung *f*; **~ar** [~ar] (1a) erblicken, sehen; **~ionário** [~zju'narju] ⚔ Divisions...; **~ionista** [~zju'niʃtɐ] Teilungs...; **~ível** [~ivɛɫ] teilbar; **~o** [~'vizu] geteilt; getrennt; uneinig; **~or** [~or] *m* ⅍ Divisor *m*; Nenner *m*; *~ comum* Hauptnenner *m*; *~ primo* Primzahl *f*; **~ória** [~ɔrjɐ] *f* Teilungslinie *f*; Scheide-, Zwischen-wand *f*; **~ório** [~ɔrju] Trennungs...; Scheide...; Grenz...; *linha f -a das águas* Wasserscheide *f*; *acção f -a* ⚖ Teilungsverfahren *n*.

divorciar [divur'sjar] (1g) *Ehe* scheiden; *allg.* entzweien; **~-se** sich scheiden l.

divórcio [~'vɔrsju] *m* (Ehe-)Scheidung *f*; *fig.* Gegensatz *m*.

divulg|ação [~vuɫɣɐ'sɐ̃u] *f* Verbreitung *f*; *livro m de ~* gemeinverständliche(s) Buch *n*; **~ar** [~'ɣar] (1o) verbreiten; bekanntmachen.

dizedor [dizə'ðor] *m* Schwätzer *m*.

dizer [di'zer] (2x) **1.** sagen; sprechen; besagen; lauten (*Text*); Zeugnis ablegen; verraten; nennen; *Geschichten* erzählen; *Gedicht* vortragen; *Rolle, Gebet* sprechen; *Messe* lesen; *~ com* passen zu; *~ que sim* (*não*) ja (nein) sagen; *dar que ~ à gente* Anlaß zu Gerede geben; *querer ~* bedeuten, heißen; é *~, quer ~* das heißt; *a bem ~* genau genommen; *por assim ~* sozusagen; *ele diz e faz* er tut, was er sagt; *não há nada a ~-lhe* (*od. que lhe diga*), *não tem que lhe ~* an ihm (*od.* daran) ist nichts auszusetzen; *muito havia que ~* da wäre viel zu sagen (*od.* zu erzählen); *não sei que diga* ich weiß nicht, was ich (dazu) sagen soll; *diz(-se)* (*od. dizem*) *que* es heißt, daß; *é o que dizem!* so sagt man!; *há quem diga* es wird behauptet; *como se diz isso em* wie heißt das auf; *dir-se-ia* man könnte (*od.* konnte) meinen; *digo* ich mein(t)e; *in Schriftstücken*: soll heißen; *é o que digo!* das will ich meinen!; *eu bem dizia!* das hab' ich doch gleich gesagt!; *diga!, faz favor de ~!* ja, bitte?; nun, was wünschen Sie?; *Você dirá!* bestimmen Sie, bitte!; Sie werden ja sehen!; *que me diz!* was Sie nicht sagen!; **2. ~-se** sich nennen; zu sn behaupten, sn wollen; **3.** *m* Ausdruck(-sweise *f*) *m*; Stil *m*; Gerede *n*; *no ~ de* nach Ansicht (*gen.*); **~es** *pl.* Aufschrift *f*, Beschriftung *f*.

dízima ['dizimɐ] *f* Zehent *m*; Abgabe *f*; ⅍ Dezimalbruch *m*.

dizimar [dəzi'mar] (1a) dezimieren; aufräumen unter (*dat.*); **~-se** zs.-schmelzen.

dízimo ['dizimu] = *décimo*; = *dízima*.

dizível [də'zivɛɫ] sagbar; (aus-)sprechbar.

diz-que(**-diz-que**)**s** ['diske('diskə)] *m*(*pl.*) *bras.* Gerücht *n*, Gerede *n*.

do [du] *Zssg v. de u. o.*

dó [dɔ] *m* **a**) Mitleid *n*; Schmerz *m*; *sem ~ nem piedade* erbarmungslos; **b**) ♪ C *n*.

do|ação [dwɐ'sɐ̃u] *f* Schenkung *f*; **~ador** [~ɐ'ðor] *m* Spender *m*; Geber *m*; **~ar** [dwar] (1f) schenken; *j-n mit et.* bedenken.

dob|adoira, -oura [duβɐ'ðoirɐ, -orɐ] *f* Haspel *f*; *andar numa ~* gehetzt sn; **~agem** [~'βaʒɐ̃i] *f* Haspeln *n*; **~ar** [~'βar] (1e) haspeln, spulen; *fig.* (sich) drehen.

doble ['dɔβlə] = *dobrado* 1.; *dobre* 1.

dobl|ete [du'βletə] *m* Dublette *f*, falsche(r) Edelstein *m*; **~ez** [~eʃ] *f* = *dobrez*.

dobra ['dɔβrɐ] *f* Falte *f*; Falz *m*; Knick *m*.

dobr|ada [du'βraðɐ] *f* (Rinder-) Gekröse *n*; *bras.* Geländefalte *f*, Einschnitt *m*; Hügelland *n*; **~adeira** [~βrɐ'ðeirɐ] *f tip.* Falzbein *n*; **~adiça** [~βrɐ'ðisɐ] *f Tür-*Angel *f*; Scharnier *n*; Haspe *f*; *tea.* Klappsitz *m*; **~adiço** [~βrɐ'ðisu] biegsam; Klapp...; **~ado** [~aðu] **1.** *adj.* doppelt; hügelig (*Gelände*); gefüllt (*Blume*); Doppel...; **2.** *m* ⚔ Eilmarsch *m*; **~adura** [~βrɐ'ðurɐ] *f* Faltung *f*; Falte *f*; Biegung *f*; **~ar** [~ar] (1e) *v/t.* falten (*a. Hände*); *Summe* verdoppeln; *Stange* biegen; *Stolz* beugen; *j-n* gefügig m.; *j-n* umstimmen; *Glocke* läuten; *~ a esquina* um die Ecke biegen; *~ a voz* trillern, schlagen (*Vögel*); *v/i.* zunehmen (an [*dat.*] *de*); abbiegen *od.* sich wenden (nach *a*); läuten (*Glocke*); = **~ar-se** sich verneigen; sich beugen, nachgeben; **~e** ['dɔβrə] **1.** *adj.* doppelt; *fig.* falsch; **2.** *m* Geläut *n*; *~ dos finados* Totenglocke *f*; *~ fúnebre dos sinos* Trauergeläut *n*; **~ez** [~eʃ] *f fig.* Falschheit *f*; **~o** ['doβru] *m* Doppelte(s) *n*.

doca ['dɔkɐ] *f* Dock *n*; *~ flutuante* (*seca*) Schwimm- (Trocken-)dock *n*.

doçaria [dusɐ'riɐ] *f* Süßwaren *f/pl.*

doce ['dosə] **1.** *adj.* süß; lieblich; sanft; weich (*Stahl*); *água f ~* Süßwasser *n*; **2.** *m* Süßspeise *f*; Süßigkeit *f*; *~ de fruta* Marmelade *f*; = *~ em calda* Kompott *n*.

doc|ência [du'sẽsjɐ] *f* Dozentur *f*; **~ente** [~ẽntə]: *corpo m ~* Lehrerschaft *f*; Lehrkörper *m*.

dócil ['dɔsiɫ] gelehrig; fügsam; weich; geschmeidig; wendig.

docilidade [dusəli'ðaðə] *f* Gelehrigkeit *f*; Fügsamkeit *f*; Geschmeidigkeit *f*.

document|ação [dukumẽntɐ'sɐ̃u] *f* Beurkundung *f*; Ausweispapiere *n/pl.*; Beweise *m/pl.*; Belege *m/pl.*; **~al** [~'taɫ] urkundlich; schriftlich; **~ar** [~'tar] (1a) beurkunden; belegen, beweisen; mit Belegen versehen; **~ar-se** *fig.* sich vergewissern; **~ário** [~'tarju] *m* Kulturfilm *m*; Dokumentar-bericht *m*; -film *m*; **~ável** [~'tavɛɫ] beleg-, beweis-bar; **~o** [~'mẽntu] *m* Urkunde *f*, Dokument *n*; Schriftstück *n*; Beweis *m*; Beleg *m*; *~s pl.* (Ausweis-)Papiere *n/pl.*; Unterlagen *f/pl.*

doçura [du'surɐ] *f* Süße *f*, Süßigkeit *f*; Lieblichkeit *f*; Milde *f*; Sanftmut *f*; *~s pl.* Annehmlichkeiten *f/pl.*

dodói *bras.* F [do'dɔi] *m* Wehwehchen *n*.

doen|ça ['dwẽsɐ] *f* Krankheit *f*; *~ súbita* Schlaganfall *m*; Herzinfarkt *m*; **~te** [~ẽntə] krank; leidend; *estar (ser) ~* krank (ein kranker Mensch) sn; *bras. ser ~ por* vernarrt sn in (*ac.*); **~tio** [dwẽn'tiu] kränklich; krankhaft; schädlich.

doer [dwer] (2f—D3) schmerzen; weh tun; *dói-me a alma (o coração)* es tut mir in der Seele weh; **~-se** (*de*) (2f) klagen (über [*ac.*]); bedauern (*ac.*).

dogm|a ['dɔɣmɐ] *m* Dogma *n*; Glaubens-satz *m*, -lehre *f*; **~ática** [dɔɣ'matikɐ] *f* Glaubenslehre *f*; **~ático** [~'matiku] dogmatisch; **~atizar** [~mɐti'zar] (1a) zum Dogma erheben.

dogue ['dɔɣə] *m* Dogge *f*.

doid-, doud|amente [doi-, doðɐ'mẽntə] wie verrückt; wie ein Wahnsinniger; **~ejar** [~ðɨ'ʒar] (1d) Unsinn (*od.* Dummheiten) m. (*od.* reden); albern; **~ice** [~'ðisə] *f* Narrheit *f*; Torheit *f*; Tollheit *f*; **~inho** F [~'ðiɲu] meschugge; verschossen (in [*ac.*] *por*); **~ivanas** [~ði'vɐnɐʃ] *su.* Leichtfuß *m*; Brausekopf *m*; **~o** ['do(i)ðu] **1.** *adj.* verrückt; närrisch; ausgelassen, toll; wahnsinnig (vor [*dat.*] *de*); versessen (auf [*ac.*] *para*); *andar ~ com* sich wahnsinnig freuen über (*ac.*); *estar ~ de* sich nicht zu lassen wissen vor (*dat.*); *estar (od. ser) ~ por* vernarrt sn in (*ac.*); *à -a* = *doidamente*.

doído ['dwiðu] **1.** *p.p. v. doer*; **2.** *adj.*

schmerzend; betrübt; schmerzlich.
dói-dói [dɔi'ðɔi] *m infan.* Wehweh *n.*
doir... *s. dour...*
dois [doiʃ] **1.** *adj.* zwei; *às duas por três* mir nichts dir nichts; auf einmal; *os* ~ die beiden, beide; **2.** *m* Zwei *f*; Nummer *f* zwei.
dólar ['dɔlar] *m* Dollar *m.*
dol|ência [du'lẽsjɐ] *f* Schmerz *m*; **~ente** [~ẽntə] leid-, schmerz-erfüllt; schmerzlich; klagend.
dólmen ['dɔłmen] *m* Hünengrab *n.*
dolo ['dɔlu] *m* Betrug *m*; Arglist *f*; ~ *da guerra* Kriegslist *f*; *por* ~ mit betrügerischer Absicht.
doloroso [~'rozu (-ɔ-)] schmerzhaft; schmerzlich; kläglich; schmerzensreich; beklagenswert.
doloso [~'lozu (-ɔ-)] betrügerisch; arglistig.
dom [dõ] *m* **1.** Gabe *f*; Begabung *f*; **2.** Don (*Ehrentitel vor d. Vornamen v. Adligen u. hohen Geistlichen*); ⁓ *Afonso IV* König Alfons IV.
dom|ador [dumɐ'ðor] *m* Tierbändiger *m*; **~ar** [~'mar] (1f) zähmen; *fig.* bezwingen, bändigen; **~ável** [~'mavɛł] zähmbar; *fig.* bezwingbar.
domesticar [~iʃti'kar] (1n) zähmen; **~-se** zahm werden.
doméstico [~'mɛʃtiku] **1.** *adj.* häuslich, Haus...; einheimisch; inner; **2.** *m*, **-a** *f* Hausdiener *m*; Hausangestellte *f*; Hausfrau *f.*
domicili|ado [~məsi'ljaðu] wohnhaft; ansässig; **~ar** [~ar] (1g) ansiedeln; unterbringen; **~ar-se** sich niederlassen; **~ário** [~arju] Wohnungs...; Haus...; Heim...; *visita f* *-a* Haus-suchung, -inspektion *f.*
domicílio [~'silju] *m* Wohnung *f*; Wohnsitz *m*; *fig.* Sitz *m.*
domin|ação [~minɐ'sɐ̃u] *f* Herrschaft *f*; Beherrschung *f*; **~ador** [~ɐ'ðor] herrisch; **~ante** [~'nɐ̃ntə] (be-, vor-)herrschend; hauptsächlich; **~ar** [~'nar] (1a) beherrschen; überragen; *v/i.* (vor)herrschen.
domin|go [du'mĩŋgu] *m* Sonntag *m*; *aos* ~*s* sonntags; *no* ~ am Sonntag; **~gueiro** [~mĩŋ'geiru] sonntäglich, Sonntags...
dominic|al [~məni'kał] *dia m* ~ Tag *m* des Herrn; *oração f* ~ Vaterunser *n*; **~ano** [~ɐnu] *m* Dominikaner *m.*
domínio [~'minju] *m* Herrschaft *f*; Macht *f*, Gewalt *f*; Eigentum *n*; Besitzung *f*; Domäne *f*; *britisches* Dominion *n*; *Wissens*-Gebiet *n*; ~ *directo* Eigentums-, ~ *útil* Nutzungs-recht *n*; ~ *de si* (*próprio*) Selbstbeherrschung *f*; *ser do* ~ *do público* allgemein bekannt sein.
dominó [dɔmi'nɔ] *m* Domino *n* (*Spiel*), *m* (*Anzug*).
domo ['dɔmu] *m* Kuppel *f*; Dom *m der Kuppel.*
dona ['dɔnɐ] *f* Eigentümerin *f*; ~ *de casa* Hausfrau *f*; ⁓ Donna (*Anrede vor Taufnamen der port. Damen*).
donair|e [du'nairə] *m* Anmut *f*; Anstand *m*; Witz(wort *n*) *m*; ~*s pl.* Schmuck *m*; **~oso** [~nai'rozu] anmutig; vornehm.
donat|ário [~nɐ'tarju] *m* Beschenkte(r) *m*; Empfänger *m*; **~ivo** [~ivu] *m* Schenkung *f*, Stiftung *f*; Gabe *f.*
donde ['dõndə] *Zssg v. de u. onde*; woher; woraus; weswegen; wodurch.
doninha [dɔ'niɲɐ] *f* Wiesel *n.*
dono ['donu] *m* Eigentümer *m*, Besitzer *m*; Herr *m*; ~ *da casa* Hausherr *m*; ~ *da taverna* Wirt *m.*
donzela [dõ'zɛlɐ] *f* Jungfrau *f*; (Hof-)Fräulein *n*; Zofe *f.*
doqueiro [do'keiru] *m* Dockarbeiter *m.*
dor [dor] *f* Schmerz *m*; ~*es pl.* (*de parto*) (Geburts-)Wehen *f/pl.*; *estar com as* ~*es* in den Wehen liegen.
doravante [dɔrɐ'vɐ̃ntə] *s. avante.*
dorido [du'riðu] schmerzend; schmerzhaft; schmerzerfüllt; traurig, betrübt; mitleidig, gerührt.
dorm|ente [dur'mẽntə] **1.** *adj.* schlafend; schläfrig; regungslos; stehend (*Wasser*); eingeschlafen (*Fuß*); **2.** *m* Tragbalken *m*; 🚂 (Bahn-)Schwelle *f*; **~ida** [~iðɐ] *f* Schlaf(zustand) *m*; Übernachtung *f*; Nachtlager *n*; *dar* ~ übernachten l.; **~ideira** ⚘ [~mi'ðeirɐ] *f* Mohn *m*; **~ido** [~iðu] schlafend, regungslos; altbacken (*Brot*); *noite f bem* (*mal*) *-a* gut durchschlafene (schlecht verbrachte) Nacht *f*; **~inhão, -oco** [~mi'ɲɐ̃u, -oku] **1.** *adj.* verschlafen; **2.** *m* Langschläfer *m*; **~ir** [~ir] (3f) schlafen; ~ *sobre et.* überschlafen; **~itar** [~mi'tar] (1a) schlummern; **~itivo** [~mi'tivu] einschläfernd; **~itório** [~mi'tɔrju] *m* Schlafsaal *m*; *bras.* Schlafzimmer *n.*
dorna ['dɔrnɐ] *f* Bottich *m*, Kufe *f.*
dors|al [dur'sał] Rücken...; *espinha f* ~ Rückgrat *n*; **~o** ['dorsu] *m*

Rücken *m*; Rückseite *f*.
dos|agem [du'zaʒɐ̃i] *f* Dosierung *f*; Menge(nverhältnis *n*) *f*; Mischung *f*; **~ar** [~ar] (1e) dosieren; abmessen; ein-, zu-teilen; **~e** ['dɔzə] *f* Menge *f*; Dose *f*, Dosis *f*; Teil *m*; Portion *f*; *uma boa ~ fig.* ein gut Teil; **~ear** [~jar] (1l) = *~ar*.
dossel [du'sɛɫ] *m* Altar-, Thron-, Bett-himmel *m*; *cama f com ~* Himmelbett *n*.
dot|ação [dutɐ'sɐ̃u] *f* Stiftung *f*; Ausstattung *f*; **~ado** [~'taðu] begabt; **~ador** [~ɐ'ðor] *m* Stifter *m*; **~al** [~'taɫ] *bens m/pl. -ais* Heiratsgut *n*; *regime m ~* Gütertrennung *f*; **~ar** [~'tar] (1e): *~ de j-n* ausstatten mit; *et.* stiften für; **~e** ['dɔtə] *m* Mitgift *f*; Schenkung *f*; *fig.* Gabe *f*.
doud... *s. doid...*
dour-, doir|ada [do'r-, doi'raðɐ] *f* Goldbrasse(n) *m*, Dorade *m* (*Fisch*); **~ado** [~aðu] **1.** *adj.* golden, Gold...; **2.** *m* Vergoldung *f*; Goldfisch *m*; **~adura** [~rɐ'ðurɐ] *f* Vergoldung *f*; **~ar** [~ar] (1a) vergolden; *cul.* anbraten, bräunen.
dous [doʃ] = *dois*.
douto ['dotu] gelehrt.
dout|or [do'tor] *m* Doktor *m*; ♀ *da Igreja* Kirchenlehrer *m*; *~ em direito* (*em medicina*) Doktor *m* der Rechte (der Medizin); **~ora** [~orɐ] *f* Frau (*od.* Fräulein) Doktor; *ela é ~* sie ist Doktor; **~orado** [~tu'raðu] *m* Doktorwürde *f*; **~oral** [~tu'raɫ] Doktor...; doktorenhaft, pedantisch; **~oramento** [~turɐ'mẽntu] *m* Promotion *f*; Habilitation *f*; **~orar** [~tu'rar] (1e) zum Doktor promovieren; **~orar-se** s-n (*od.* den) Doktor m.; sich habilitieren.
doutrina [do'trinɐ] *f* Lehre *f*; ⚖ Rechtsauffassung *f*; Doktrin *f*; *fig.* Überzeugung *f*; *de ~* ideologisch; *estabelecer ~* ⚖ Stellung nehmen (zu *a respeito de*).
doutrin|ação [~trinɐ'sɐ̃u] *f* Unterweisung *f im Glauben*; *politische* Schulung *f*; **~al** [~'naɫ] Lehr...; belehrend; grundsätzlich; doktrinär; **~ar** [~'nar] (1a) *in e-r Lehre* unterweisen; lehren; *pol.* schulen; **~ário** [~'narju] = *~al*; **~eiro** [~'neiru] *m* Prinzipienreiter *m*.
doze ['dozə] **1.** zwölf; **2.** *m* Zwölf *f*; Nummer *f* zwölf.
draconiano [drɐku'njɐnu] drakonisch.
drag|a ['draɣɐ] *f* Bagger(schiff *n*) *m*; *~s pl.* Helgen *m*; **~agem** [drɐ'ɣaʒɐ̃i] *f* Ausbaggerung *f*.
dragão [drɐ'ɣɐ̃u] *m* Drachen *m*; ⚔ Dragoner *m*.
dragar [~'ɣar] (1o; *Stv.* 1b) ausbaggern.
dragoeiro [~'ɣweiru] *m* Drachenblutbaum *m*.
dragona [~'ɣonɐ] *f* Achselklappe *f*.
drain|agem, ~ar [drai'naʒɐ̃i, ~ar] *s. dren|agem, ~ar*.
dram|a ['drɐmɐ] *m* Drama *n*; Schauspiel *n*; **~aticidade** [drɐmɐtəsi'ðaðə] *f* Dramatik *f*; **~ático** [drɐ'matiku] dramatisch.
dramat|izar [drɐmɐti'zar] (1a) dramatisieren; **~ologia** [~tulu'ʒiɐ] *f* Theaterdichtung *f*; dramatische Kunst *f*; **~urgia** [~tur'ʒiɐ] *f* Dramaturgie *f*; **~urgo** [~'turgu] *m* Schauspieldichter *m*, Dramatiker *m*.
drástico ['draʃtiku] drastisch.
dren|agem [drə'naʒɐ̃i] *f* Entwässerung *f*; Dränage *f*; **~ar** [~ar] (1d) entwässern; dränieren; **~o** ['drenu] *m* Abzugs-graben *m*, -rohr *n*.
driça ['drisɐ] *f* Hißtau *n*.
drog|a ['drɔɣɐ] *f* Droge *f*; F Bruch *m*, Schund *m*; Schwindel *m*; *dar em ~* schiefgehen (*Sache*); verkommen (*Mensch*); *ser uma ~* F blöd (*od.* Blödsinn) sn; **~aria** [druɣɐ'riɐ] *f* Drogerie *f*; **~uista** [~'ɣiʃtɐ] *m* Drogist *m*.
dromedário [drumə'ðarju] *m* Dromedar *n*.
drupa ['drupɐ] *f* Steinobst *n*.
dual|idade [dwɐli'ðaðə] *f* Doppelheit *f*; Gespaltenheit *f*; **~ismo** [~'liʒmu] *m* Dualismus *m*; Gegensatz *m*; **~ista** [~'liʃtɐ] **1.** *adj.* dualistisch; gegensätzlich; **2.** *m fil.* Dualist *m*.
duas ['duɐʃ] *f v. dois* 1.; *das ~ uma* entweder oder.
dúbio ['duβju] unschlüssig; zweifelhaft.
dubitativo [duβitɐ'tivu] zweifelnd; mehrdeutig.
duc|ado [~'kaðu] *m* Herzogtum *n*; † Dukaten *m*; **~al** [~'kaɫ] herzoglich.
ducha ['duʃɐ] *f* Dusche *f*; *tomar uma ~* (sich) duschen.
dúctil ['duktiɫ] dehnbar; geschmeidig; gefügig.
ductilidade [duktəli'ðaðə] *f* Dehnbarkeit *f*; Geschmeidigkeit *f*; Gefügigkeit *f*.

duel|ista [dwə'liʃtɐ] *m* Duellant *m*; **~o** ['dwɛlu] *m* Zweikampf *m*.
duende ['dwẽndə] *m* Kobold *m*.
dueto ['dwetu] *m* Duett *n*.
dulc|ificar [duɫsəfi'kar] (1n) (ver-)süßen; mildern; **~ineia** [~si'nejɐ] *f* F Herzenskönigin *f*; **~íssimo** [~'sisimu] *sup. v. doce*.
dum, -a [dũ, 'dumɐ] *Zssg v. de u. um(a)*.
duna ['dunɐ] *f* Düne *f*; ~ *movediça*, ~ *caminhante* Wanderdüne *f*.
duod|écimo [dwɔ'δɛsimu] zwölft; *um* ~ ein Zwölftel *n*; **~eno** [~'δenu] *m* Zwölffingerdarm *m*.
dupli|cação [duplikɐ'sɐ̃u] *f* Verdoppelung *f*; **~cado** [~'kaδu] **1.** *adj.* doppelt; **2.** *m* Doppel *n*, Duplikat *n*; Abschrift *f*; *em* ~ in doppelter Ausfertigung; **~car** [~'kar] (1n) verdoppeln; **~cata** [~'katɐ] *f* = *~cado* 2.; ✝ Wechsel *m*; **~cidade** [~si'δaδə] *f* Duplizität *f*; Zs.-treffen *n*; *fig.* Doppelzüngigkeit *f*.
duplo ['duplu] doppelt; *de* ~ *sentido* doppelsinnig.
duqu|e ['dukə] *m* Herzog *m*; *os* ~*s* Herzogspaar *n*; **~esa** [du'kezɐ] *f* Herzogin *f*.
dura ['durɐ] *f* Dauer *f*; *de muita (pouca)* ~ (wenig) dauerhaft, haltbar; lang- (kurz-)lebig.
dur|abilidade [durɐβəli'δaδə] *f* Dauerhaftigkeit *f*, Haltbarkeit *f*; Festigkeit *f*; Brenndauer *f*; **~ação** [~ɐ'sɐ̃u] *f* Dauer *f*; **~adoiro, -ouro** [~ɐ'δoiru, -oru] dauerhaft, haltbar; andauernd; sicher; **~ante** [~'rɐ̃ntə] *prp.* während (*gen.*); ~ *todo o ano* das ganze Jahr hindurch; ~ *quatro anos* vier Jahre lang; **~ar** [~'rar] (1a) (an)dauern; währen; sich halten; reichen; **~ável** [~'ravɛɫ] dauerhaft; **~ázio** [~'razju] hart, Hart...; *fig.* ältlich; **~eza** [~'rezɐ] *f* Härte *f*; Grausamkeit *f*; Verhärtung *f*; ~ *do coração (ventre)* Hartherzigkeit (-leibigkeit) *f*; *com* ~ hart.
duriense [du'rjẽsə] aus dem Dourogebiet, vom Douro; Douro...
durindana [~rĩn'dɐnɐ] *f* Säbel *m*, F Plempe *f*; *arrastar* ~*s ameaçadoras* drohend mit dem Säbel rasseln.
duro ['duru] hart; zäh; schwer, mühsam; rauh, streng; grausam; ~ *de roer fig.* kaum zu glauben; schwer zu ertragen; ~ *de boca (ouvido)* hart-mäulig (-hörig); ~ *de cabeça* dickschädelig; *cabeça f -a* Dickkopf *m*; *bras. no* ~ auf Biegen od. Brechen.
dúvida ['duviδɐ] *f* Zweifel *m*; Bedenken *n*; *entrar em* ~ zweifelhaft sn; = *estar em* ~ im Zweifel sn; Bedenken tragen; *opor* ~*s* Einwendungen m.; *pôr em* ~ in Zweifel ziehen; in Frage stellen; *tirar* ~*s* Zweifel beheben; Bedenken zerstreuen; *na* ~ im Zweifelsfalle; *sem* ~ zweifellos, sicher; *não há* ~ *que* ... ohne Zweifel ..., zweifellos ...; *não há* ~*!* keine Sorge!; *não tem* ~*!* das hat nichts zu sagen!
duvid|ar [duvi'δar] (1a) s-e Zweifel h.; unschlüssig sn; ~ *de* zweifeln an (*dat.*), bezweifeln (*ac.*); beargwöhnen (*ac.*); sich nicht klar sn über (*ac.*); **~oso** [~ozu (-ɔ-)] zweifelhaft; verdächtig; unschlüssig.
duzentos [du'zẽntuʃ] zweihundert.
dúzia ['duzjɐ] *f* Dutzend *n*; *às* ~*s* dutzendweise, im Dutzend; massenhaft; *das* ~*s* mittelmäßig.

E

E, e [ɛ] *m* E, e *n*.
e [i] und; aber; und zwar.
é [ɛ] **1.** *m Name des Buchstabens* e; **2.** 3. *Pers. prs. sg. v.* ser; é! ja!; é *que* denn, nämlich; é … *que s. que*.
ebanista [iβɐ'niʃtɐ] *m* Kunsttischler *m*.
ébano ['ɛβɐnu] *m* Ebenholz *n*.
ebonite [iβu'nitə] *f* Hartgummi *m*.
ébrio ['ɛβrju] (*de*) trunken (vor [*dat.*]); lechzend (nach).
ebulição [iβuli'sɐ̃u] *f fig.* (Auf-)Wallung *f*; *ponto m de* ~ Siedepunkt *m*; *entrar em* ~ aufwallen; *estar em* ~ kochen, sieden; wallen.
ebúrneo [i'βurnju] elfenbeinern.
echalota [iʃɐ'lɔtɐ] *f* Schalotte *f*.
Eclesi|astes [iklə'zjaʃtɨʃ] *m* Prediger *m* Salomo; **℮ástico** [~aʃtiku] **1.** *adj.* geistlich; kirchlich, Kirchen-…; **2.** *m* Geistliche(r) *m*.
eclips|ar [əklip'sar] (1a) verfinstern; *fig.* verbergen; in den Schatten stellen; **~ar-se** verschwinden; **~e** [ə'klipsə] *m* Finsternis *f* (*a. fig.*); *fazer* ~ verschwinden.
eclo|dir [iklu'δir] (3f—D3) ausbrechen; **~são** [~'zɐ̃u] *f* Ausbruch *m*.
ec|o ['ɛku] *m* Echo *n*, Widerhall *m*; *fazer* ~ widerhallen; Staub aufwirbeln; *fazer-se* ~ *de j-m od. et.* nachbeten; **~oar** [i'kwar] (1f) (wider)hallen; wiederholen.
ecol|ogia [ikulu'ʒiɐ] *f* Ökologie *f*; **~ógico** [~'lɔʒiku] ökologisch.
ecómetro [i'kɔmətru] *m* Echolot *n*.
econom|ato [ikunu'matu] *m* Verwalterstelle *f*; Verwaltung *f*; **~ia** [~iɐ] *f* Wirtschaft(lichkeit) *f*; Sparsamkeit *f*; Ersparnis *f*; ~ *animal* tierische(r) Haushalt *m*; ~ *doméstica*, ~ *privada* Haus-wirtschaft *f*, -haltung *f*; ~ *nacional* (*dirigida*) Volks- (Plan-)wirtschaft *f*; ~ *política* Wirtschaftswissenschaft *f*.
econ|omicamente [~ˌnɔmikɐ'mẽntə] vom wirtschaftlichen Standpunkt, wirtschaftlich gesehen; **~ómico** [~'nɔmiku] wirtschaftlich, Wirtschafts…; haushälterisch; sparsam; billig; **~omista** [~nu'miʃtɐ] *m* Volkswirt(schaftler) *m*; **~omizar** [~numi'zar] (1a) sparsam umgehen mit; (ein)sparen.
ecónomo [i'kɔnumu] *m* Verwalter *m*, Ökonom *m*.
ecosistema [ikusiʃ'temɐ] *m* Ökosystem *n*.
ecuménico [iku'mɛniku] ökumenisch.
eczema [ig'zemɐ] *f* (Haut-)Ausschlag *m*, Ekzem *n*.
edema [i'δemɐ] *m* Ödem *n*.
éden ['ɛδen] *m* Garten *m* Eden.
edi|ção [əδi'sɐ̃u] *f* Herausgabe *f*; Ausgabe *f*; Auflage *f*; **~cto** [ə'δitu] *m* Verordnung *f*, Edikt *n*.
edific|ação [iδəfikɐ'sɐ̃u] *f* Erbauung *f* (*a. fig.*), Errichtung *f*; **~ante** [~'kẽntə] erbaulich; **~ar** [~'kar] (1n) bauen, errichten; *fig.* erbauen.
edifício [~'fisju] *m* Gebäude *n*, Bau *m*.
edil [ə'δiɫ] *m* Stadtrat *m*; **~idade** [iδəli'δaδə] *f* Stadtverwaltung *f*.
edit|al [əδi'taɫ] *m* Bekanntmachung *f*; **~ar** [~ar] (1a) heraus-geben, -bringen; verlegen.
édito ['ɛδitu] *m* (öffentliche) Bekanntmachung *f*, Anschlag *m*.
edit|or [əδi'tor] *m* Herausgeber *m*; Verleger *m*; **~ora** [~orɐ] *f* (*casa f*) ~ Verlag *m*; **~orial** [~tu'rjaɫ] **1.** *adj.* Herausgeber…; Verleger…; Verlags…; **2.** *m* Leitartikel *m*; **3.** *f* Verlag *m*.
edredão *gal.* [iδrə'δɐ̃u] *m* Daunen-, Stepp-decke *f*.
educ|ação [iδukɐ'sɐ̃u] *f* Erziehung *f*; Dressur *f*; **~acional** [~ɐsju'naɫ] Erziehungs…; **~ador** [~ɐ'δor] *m* Erzieher *m*; **~andário** *bras.* [~ɐ̃n'darju] *m* Bildungs-, Erziehungs-anstalt *f*; **~ando** *m*, **-a** *f* [~'kẽndu, -ɐ] Zögling *m*, Schüler(in *f*) *m*; **~ar** [~'kar] (1n) erziehen (zu *em*); *Tiere* dressieren; **~ativo** [~ɐ'tivu] erzieherisch; Erziehungs…
efe ['ɛfə] *m Name des Buchstabens* f; *com todos os ~s e erres* mit allem Drum und Dran.
efectiv|ação [ifɛtivɐ'sɐ̃u] *f* Durchführung *f*; Abschluß *m*; **~amente** [~ˌtivɐ'mẽntə] in der Tat, tatsächlich; **~ar** [~'var] (1a) durchführen;

abschließen, tätigen; zustande bringen; *Schuß* abgeben.
efect|ível [~'tivɛł] aus-, durchführbar; **~ividade** [~tivi'ðaðə] *f* Wirksamkeit *f*; Tatsächlichkeit *f*; ⚔ Aktivität *f*; **~ivo** [~ivu] **1.** *adj.* wirksam; tatsächlich, wirklich; planmäßig (*Angestellter*); Effektiv-...; *serviço m* ~ Aktivdienst *m*; *tornar* ~ in die Tat umsetzen, verwirklichen; **2.** *m* (Effektiv-)Bestand *m*; ⚔ (Truppen-)Stärke *f*; **~uar** [~'twar] (1g) durchführen; ausführen, in die Tat umsetzen; *Kauf* tätigen; **~uar-se** stattfinden.
efeit|o [i'feitu] *m* Wirkung *f*; Ergebnis *n*; Zweck *m*; *Licht- usw.* Effekt *m*; ⚚ Wertpapier *n*; *armar ao* ~ angeben, sich aufspielen; *causar* (*od. fazer, produzir*) ~ e-e Wirkung h.; wirken; Eindruck m.; *levar a* ~, *pôr em* ~ = *efectuar*; *com* ~ in der Tat; *de* ~ wirkungsvoll; *para este* (*od. tal*) ~ dazu; deshalb; *para* ~ *de* zu; **~uar** [ifei'twar] (1g) = *efectuar*.
efémera [i'fɛmərɐ] *f* Eintagsfliege *f*.
efemeridade [ifəməri'ðaðə] *f* Kurzlebigkeit *f*; Ephemeride *f*.
efémero [i'fɛməru] ephemer.
efemin|ado [ifəmi'naðu] weibisch; **~ar** [~ar] (1a) verweichlichen.
efervesc|ência [ifərviʃ'sẽsjɐ] *f fig.* Wallung *f*; (Gemüts-)Aufwallung *f*, Erregung *f*; *pol.* Gärung *f*; **~ente** [~ẽntə] Brause...; aufbrausend; erregt; **~er** [~er] (2g) (auf)brausen.
efet... *s. efect...*
efi|cácia [əfi'kasjɐ] *f* Wirksamkeit *f*; Wirkung *f*, Erfolg *m*; Nachdruck *m*; *com* ~ = **~caz** [~'kaʃ] wirksam; tatkräftig, erfolgreich; wirkungs-, effekt-voll; **~ciência** [~'sjẽsjɐ] *f* Effizienz *f*; = *~cácia*; **~ciente** [~'sjẽntə] effizient; *fig.* tüchtig.
efígie [ə'fiʒjə] *f* Bildnis *n*.
efloresc|ência [ifluriʃ'sẽsjɐ] *f fig.* Ausblühung *f*; ⚗ Auswitterung *f*; ⚘ Flaum *m*; ⚕ Hautausschlag *m*; **~er** [~er] (2g) aufblühen; *fig.* ausblühen (*Haut, Steine*); auswittern (*Stein*); zerfallen (*Salz*); ausschlagen (*Haut*).
efus|ão [ifu'zɐ̃u] *f Blut-*Erguß *m*; *fig.* (Herzens-)Erguß *m*; Innigkeit *f*; **~ivo** [~ivu] überströmend; überschwenglich.
égide ['ɛʒiðə] *f* Ägide *f*; Schutz *m*.
egípcio [ə'ʒipsju] **1.** *adj.* ägyptisch; **2.** *m* Ägypter *m*.
ego|cêntrico [iɣu'sẽntriku] ichbezogen; **~ísmo** [i'ɣwiʒmu] *m* Selbstsucht *f*, Eigennutz *m*; **~ísta** [i'ɣwiʃtɐ] **1.** *adj.* selbstsüchtig; **2.** *m* Egoist *m*; **~tista** [~'tiʃtɐ] ichbezogen.
egrégio [i'ɣrɛʒju] erlaucht.
égua ['ɛɣwɐ] *f* Stute *f*.
eia! ['ejɐ] frisch!, auf!, los!; P ei!
ei-lo(**s**), **-la**(**s**) ['eilu(ʃ), -lɐ(ʃ)] *s. eis.*
eir|a ['eirɐ] *f* Tenne *f*; *sem* (*não ter*) ~ *nem beira* arm wie e-e Kirchenmaus (sn); **~ado** [ei'raðu] *m* Terrasse *f*.
eis [eiʃ]: ~ (*aqui*) hier ist (*od.* sind); ~*-me* (*aqui*) da bin ich; *ei-lo aí* da ist er; *ei-la que chega* da kommt sie; ~ *porque* und deshalb; ~ *senão quando* unversehens.
eito ['eitu] *a* ~ der Reihe nach
eiva ['eivɐ] *f* Sprung *m im Glas usw.*; Fleck *m an Früchten*; *fig.* Makel *m*; Gebrechen *n*.
eiv|ado [ei'vaðu] fleckig; **~ar** [~ar] (1a) beflecken; verderben; **~ar-se** springen, bersten; anfaulen (*Obst*); *fig.* verderben.
eixo ['eiʃu] *m* Achse *f*; ⊕ Welle *f*; ~ *óptico*, ~ *visual* Sehachse *f*; *andar* (*estar*) *fora dos* ~*s* außer Rand u. Band (F ausgeflippt) sn; *entrar* (*pôr*) *nos* (*seus*) ~*s* (wieder) in die Reihe (*od.* ins Lot) kommen (bringen); *sair fora dos* ~*s* über die Stränge schlagen; *tirar dos seus* ~*s* durch-ea.-bringen.
ejacul|ação [iʒɐkulɐ'sɐ̃u] *f* (Samen-)Erguß *m*; **~ar** [~'lar] (1a) ausspritzen, -stoßen; ergießen.
ejector [iʒɛ'tor] *m* Dampfstrahlpumpe *f*; Auswerfer *m am Gewehr*.
ela ['ɛlɐ] *pron. f* sie; *a* ~ ihr; *com* ~ mit ihr; *para* ~ für sie; ~*s s. eles*.
elabor|ação [ilɐβurɐ'sɐ̃u] *f* Ausarbeitung *f*, Anfertigung *f*; Bildung *f*; Verarbeitung *f*; **~ar** [~'rar] (1e) ausarbeiten, anfertigen; bilden, hervorbringen; ⚕ *Speise* verarbeiten.
elasticidade [ilɐʃtəsi'ðaðə] *f* Elastizität *f* (*a. fig.*), Federkraft *f*; *fig.* Spannkraft *f*; ~ *de consciência* weite(s) Gewissen *n*.
elástico [i'laʃtiku] **1.** *adj.* elastisch; dehnbar; *força f -a* Federkraft *f*; *mesa f -a* Ausziehtisch *m*; *ser* ~ federn; **2.** *m* Gummiband *n*.
ele[1] ['elə] *m Name des Buchstabens* l.
ele[2] ['elə] *pron. m* er; *a* ~ ihm; *com* ~ mit ihm; *para* ~ für ihn.

electivo [ilɛ'tivu] Wahl...

elec|trão [ilɛ(k)'trɐ̃u] *m* Elektron *n*; **~tricidade** [~trəsi'ðaðə] *f* Elektrizität *f*; **~tricista** [~trə'siʃtɐ] *m* Elektrotechniker *m*, F Elektriker *m*.

eléctrico [i'lɛtriku] **1.** *adj.* elektrisch; *cabo m* (*fio m*, *poste m*, *rede f*) ~ (*-a*) Leitungs-kabel *n* (-draht *m*, -mast *m*, -netz *n*); *carro m* ~ = **2.** *m* Straßenbahn *f*.

electri|ficação [ilɛtrəfikɐ'sɐ̃u] *f* Elektrifizierung *f*; **~ficar** [~fi'kar] (1n) elektrifizieren; **~zar** [~tri'zar] (1a) elektrisieren; *fig.* begeistern.

electro|cussão [~truku'sɐ̃u] *f* Hinrichtung *f* durch den elektrischen Stuhl; **~cutado** [~ku'taðu]: *morrer* ~ durch elektrischen Schlag (*od.* auf dem elektr. Stuhl) sterben; **~cutar** [~ku'tar] (1a) durch den elektrischen Stuhl hinrichten; (durch elektrischen Strom) töten; **~dinâmico** [~ɔði'nɐmiku] elektrodynamisch; Dynamo...

electródio [ilɛ'trɔðju] (*a.* **eléctrodo** [i'lɛtruðu]) *m* Elektrode *f*.

electrodoméstico [~trɔðu'mɛʃtiku] **1.** *adj.*: *aparelhos m/pl.* ~*s* = **2.** *m*: ~*s pl.* Elektrogeräte *n/pl.*

electr|ólise [~'trɔlizə] *f* Elektrolyse *f*; **~ómetro** [~ɔmətru] *m* Strommesser *m*; **~omotor** [~trɔmu'tor] elektromotorisch.

electro|-soldadura(s) [i,lɛtrɔsołdɐ'ðurɐ] *f*(*pl.*) Elektroschweißung *f*; **~técnico** [~'tɛkniku] elektrotechnisch; Elektro...

elefant|e [ilə'fɐ̃ntə] *m* Elefant *m*; ~ *do mar* See-Elefant *m*; **~íase** [~fɐ̃n'tiɐzə] *f* Elefantiasis *f*.

eleg|ância [~'γɐ̃sjɐ] *f* Zierlichkeit *f*; Schlankheit *f*; Gewähltheit *f*; Eleganz *f*; *perder a* ~ dick w.; **~ante** [~ɐ̃ntə] zierlich; schlank; elegant.

eleger [~'ʒer] (2h) wählen (zu *para*).

eleg|ia [~'ʒiɐ] *f* Elegie *f*; Klagelied *n*; **~íaco** [~iɐku] elegisch.

elegível [~'ʒivɛł] wählbar.

elei|ção [ilei'sɐ̃u] *f* Wahl *f*; *fazer* ~ *de* (aus)wählen (*ac.*); **~tista** [~'tiʃtɐ] elektiv; **~to** [i'leitu] gewählt; *fig.* erwählt; **~tor** [~'tor] *m* Wähler *m*; (*príncipe-*)~ Kurfürst *m*; **~torado** [~tu'raðu] *m* Wählerschaft *f*; **~toral** [~tu'rał] Wahl..., Wahlrechts...; *acto m* (*campanha f*) ~ Wahl(kampf *m*) *f*; **~toralista** [~turɐ'liʃtɐ] Wahlkampf...

element|ar [iləmẽn'tar] elementar; grundlegend; Anfangs...; für Anfänger; *classe* (*instrução*) *f* ~ Grundschul-klasse (-unterricht *m*) *f*; *curso m* ~ Anfängerkurs *m*; *princípios m/pl.* ~*es* Anfangsgründe *m/pl.*; **~o** [~'mẽntu] *m* Element *n*; Grundstoff *m*; (Grund-)Bestandteil *m*; *fig.* Mensch *m*, Person *f*; Mitglied *n*; ~*s pl.* Grundlagen *f/pl.*, Anfangsgründe *m/pl.*; Unterlagen *f/pl.*, Material *n*.

elenco [i'lẽŋku] *m* Katalog *m*; Liste *f*; *tea.* Ensemble *n*; Mannschaft *f*.

eles, elas ['eliʃ, 'ɛlɐʃ] *pron. pl.* sie; *a eles* ihnen; *com* ~ mit ihnen; *contra* ~ gegen sie; *para* ~ für sie.

elet... *bras. s. elect...*

elev|ação [iləvɐ'sɐ̃u] *f* Erhebung *f*; Aufschwung *m*; Erhöhung *f*; Beförderung *f*; Errichtung *f*; Hebung *f*; (An-, Auf-)Steigen *n*; Anhöhe *f*; **~ado** [~'vaðu] hoch, erhaben; **~ador** [~ɐ'ðor] *m* Aufzug *m*, Fahrstuhl *m*; ⊕ Elevator *m*; ~ *de baldes* Becherwerk *n*; **~ar** [~'var] (1c) (empor)heben; erheben (*a. fig.*); erhöhen; *Mauer* errichten; *j-n* befördern; **~ar-se** (an-, auf-)steigen; sich aufschwingen; ~ *a* sich belaufen auf (*ac.*).

elidir [əli'ðir] (3a) beseitigen; *gram.* ausstoßen.

elimin|ação [iləminɐ'sɐ̃u] *f* Beseitigung *f*, Ausmerzung *f*; Streichung *f*; Ausschluß *m*; ₰ Elimination *f*; ⚔ *u. Sport* Ausscheidung *f*; **~ar** [~'nar] (1a) beseitigen, ausmerzen; ausschließen; ausschalten; *Posten* streichen; ₰ eliminieren; ⚔ *u. Sport* ausscheiden; **~atória** [~ɐ'tɔrjɐ] *f* Ausscheidungskampf *m*; **~atório** [~ɐ'tɔrju] Ausscheidungs...

elipse [ə'lipsə] *f* Ellipse *f*.

elit|e [ɛ'litə] *f* Elite *f*; **~ista** [əli'tiʃtɐ] elitär.

elixir [əli'ʃir] *m* Elixier *n*.

elmo ['ɛłmu] *m* Helm *m*.

elo ['ɛlu] *m* (Ketten-)Glied *n*; ⚘ Ranke *f*; *fig.* Bindeglied *n*; Band *n*.

elo|giar [ilu'ʒjar] (1g) loben; rühmen, preisen; **~gio** [~'ʒiu] *m* Lob *n*; Lobrede *f*; *fazer o* ~ *de* e-e Lobrede halten auf (*ac.*); =

fazer ~*s a* = ~*giar*; *digno de* ~*s* anerkennens-, rühmens-wert; **~gioso** [~'ʒjozu (-ɔ-)] lobend, anerkennend; schmeichelhaft.

eloqu|ência [~'kwẽsjɐ] *f* Beredsamkeit *f*; **~ente** [~ẽntə] beredt.

el-rei [ɛł'ʀei] *m* der König; ~ *D. João I.* König Johann I.

elucid|ação [ilusiðɐ'sɐ̃u] *f* Aufklärung *f*; Aufschluß *m*; Erklärung *f*; **~ado** [~'ðaðu]: *estar* ~ im Bild sn, verstehen; **~ar** [~'ðar] (1a) aufklären; erklären, erläutern; *j-m* Aufschluß geben (über [*ac.*] *sobre*); **~ativo** [~ɐ'tivu] aufschlußreich; erklärend, erläuternd.

elucubra|... *s. lucubra|...*

em [ɐ̃i] in; an; auf (*alle dat. u. ac.*); *de* (*ano*) ~ (*ano*) (Jahr) für (Jahr); ~ *3 semanas* in drei Wochen; ~ *3%* um 3%; ~ *3 de Maio* am 3. Mai; ~ *1965* im Jahre 1965; ~ *inglês* auf englisch; im Englischen; ~ (*recompensa usw.*), ~ (*sinal usw.*) zur (*Belohnung*), zum (*Zeichen*); ~ *criança* als Kind.

emaciar [imɐ'sjar] (1g) ausmergeln; **~-se** (sich) abzehren.

emagrec|er [~ɣrə'ser] (2g) abmagern; **~imento** [~si'mẽntu] *m* Abmagerung *f*.

eman|ação [~nɐ'sɐ̃u] *f* Ausdünstung *f*; Dunst *m*; Ausstrahlung *f*; Ausfluß *m*; **~ar** [~'nar] (1a) (aus-) strömen, (-)strahlen; entspringen; *fig. Verbot* erlassen; *Erklärung* abgeben; *allg.* veröffentlichen.

emancip|ação [imɐ̃sipɐ'sɐ̃u] *f* Emanzipation *f*; Befreiung *f*; ⚖ Mündigsprechung *f*; **~alista** [~'liʃtɐ] Befreiungs...; **~ar** [~'par] (1a) emanzipieren; befreien; ⚖ mündigsprechen.

emaranh|amento [imɐrɐɲɐ'mẽntu] *m* Verwicklung *f*; **~ar** [~'ɲar] (1a) verwickeln; verwirren.

emba|çadela P [ẽmbɐ-, ĩmbɐsɐ'ðɛlɐ] *f* Betrug *m*; Verblüffung *f*; **~çado** [~'saðu] sprachlos; blaß, bleich; dumpf (*Ton*); betrogen; = ~*ciado*; **~çar** [~'sar] (1p; *Stv.* 1b) die Sprache verschlagen (*dat.*); hinters Licht führen; *v/i.* sprachlos sn; erlahmen; = ~*ciar*; **~ciado** [~'sjaðu] trübe; matt; **~ciar** [~'sjar] (1g) trüben; beschlagen; anhauchen; *fig.* verdunkeln, beflecken; *v/i. u.* **~ciar-se** trübe w., (sich) beschlagen; sich eintrüben (*Wetter*).

embainhar [~ɐ-i'ɲar] (1a) in die Scheide stecken; (ein)säumen.

embair [~'ir] (3l—D4) (be)trügen.

embaix|ada [ẽmb-, ĩmbai'ʃaðɐ] *f* Botschaft *f*; **~ador** *m*, **-a** *f* [~ʃɐ'ðor, -ɐ] Botschafter(in *f*) *m*; **~atriz** [~ʃɐ'triʃ] *f* Gattin *f* des Botschafters.

embal|ado [~ɐ'laðu] verzückt; *ir* ~ *fig.* im Schwung sn; **~agem** *gal.* [~aʒɐ̃i] *f* Verpackung *f*; **~ar** [~ar] (1b) **a**) ver-, ein-packen; **b**) (ein-) wiegen; *fig.* einlullen; *embalava-o a esperança* er wiegte sich in der Hoffnung; **~o** [~'balu] *m* Wiegen *n*.

embalsamar [~ałsɐ'mar] (1a) einbalsamieren; durchduften.

embandeirar [~ẽndei'rar] (1a) beflaggen, mit Fahnen schmücken; *Fahne* hissen; **~-se** flaggen.

embaraç|ado [~ɐrɐ'saðu] verlegen; unpäßlich; schwierig; **~ar** [~ar] (1p; *Stv.* 1b) versperren; (be)hindern, hemmen; erschweren; verwirren; in Verlegenheit setzen; **~ar-se** in Verlegenheit geraten; ~ *com alg.* sich mit j-m überwerfen; **~o** [~ɐ'rasu] *m* Hindernis *n*; Hemmnis *n*; Störung *f*; Verlegenheit *f*; ~ *gástrico* Verdauungsstörung *f*; **~oso** [~ozu] hinderlich; mißlich; peinlich; verlegen.

embaratecer [~ɐrɐtə'ser] (2g) (sich) verbilligen.

embarc|ação [~ɐrkɐ'sɐ̃u] *f* (Wasser-)Fahrzeug *n*, Schiff *n*; **~adoiro, -ouro** [~ɐ'ðoiru, -oru] *m* Landungsplatz *m*; Ladekai *m*; 🚃 Bahnsteig *m*; **~ar** [~'kar] (1n; *Stv.* 1b) ein-, ver-schiffen; *v/i.* sich einschiffen, an Bord gehen; den Zug nehmen; *allg.* abreisen.

embarg|ado [~ɐr'gaðu]: ~ *de fala* sprachbehindert; ~ *dos membros* gelähmt; **~ar** [~ar] (1o; *Stv.* 1b) beschlagnahmen; pfänden; zurückhalten; versperren; hemmen, hindern; *Stimme* ersticken; **~o** [~'bargu] *m* Beschlagnahme *f*; Hindernis *n*, Hemmung *f*; Abhaltung *f*; ✝ Embargo *n*; ⚖ Einspruch *m*; *pôr* ~*s a* Einwände erheben gegen; *j-m* Schwierigkeiten m.; *sem* ~ jedoch; trotzdem; *sem* ~ *de* trotz.

embarque [ẽm-, ĩm'barkə] *m* Ein-, Ver-schiffung *f*; Verladung *f*.

embarrilar [~bɐʀi'lar] (1a) in ein Faß (*od.* auf Fässer) (ab)füllen; *fig.*

hinters Licht führen.
embasbac|ado [~bɐʒβɐ'kaδu]: *ficar ~* = **~ar** [~ar] (1n; *Stv.* 1b) *v/i.* staunen; *v/t.* verblüffen.
embast|ar [~bɐʃ'tar] (1b) (ab-, durch-)steppen; **~ecer** [~tə'ser] (2g) verdichten.
embat|e [~'batə] *m* An-, Auf-prall *m*; Zs.-prall *m*, -stoß *m*; Ansturm *m*, Angriff *m*; **~s** *pl. da fortuna* Schicksalsschläge *m/pl.*; **~er** [~bɐ'ter] (2b): ~ *em* prallen auf *od.* gegen; ~ *com* zs.-prallen mit.
embat|ocar [~bɐtu'kar] (1n; *Stv.* 1e) zuspunden; *fig.* P = **~ucar** [~tu'kar] (1n) den Mund stopfen; *v/i.* verstummen; den Mund halten.
embeb|edar [~bəβə'δar] (1c) berauschen; *fig. a.* betören; **~edar-se** sich betrinken; *fig.* sich berauschen (an [*dat.*] *com*); **~er** [~ə'βer] (2c) auf-, ein-saugen; *Tränen* zurückdrängen; *Zeit, Geld* verschlingen; ~ *em* (ein-) tauchen in (*ac.*), tränken mit; abtrocknen an (*dat.*); einlassen in (*ac.*); *Schwert* stoßen in (*ac.*); *Bild, Wort* (ein)prägen in; *Blick* heften auf (*ac.*); **~er-se** *de, em* sich vollsaugen mit; aufsaugen (*ac.*); *fig.* sich versenken in (*ac.*); sich durchdringen l. von; eindringen in (*ac.*) (*z.B. Schwert*); **~erar** [~ə'rar] (1c) tränken; **~ido** [~'βiδu] *fig.* durchdrungen (*od.* voll) (von *de*).
embeiç|ado [~bei'saδu]: F ~ *por* verliebt in (*ac.*); **~ar** [~ar] (1p) betören; F den Kopf verdrehen (*dat.*).
embelecar [ẽmb-, ĩmbələ'kar] (1n; *Stv.* 1c) betören, F einwickeln.
embele|cer [~ələ'ser] (2g) verschöne(r)n; schmücken; **~zamento** [~zɐ'mẽntu] *m* Verschönerung *f*; Schmuck *m*; Entzücken *n*; **~zar** [~'zar] (1c) entzücken; = **~cer**.
embevec|er [~əvə'ser] (2g) verzücken, hinreißen; betören; *v/i. u.* **~er-se** in Verzückung geraten; ~ *em* sich vernarren in (*ac.*); **~imento** [~si'mẽntu] *m* Verzückung *f*.
embezerrar P [~əzə'ʀar] (1c) maulen; einschnappen; bocken.
embicar [~i'kar] (1n) stolpern (über [*ac.*] *com*; *a. fig.*); steckenbleiben; ⚓ auflaufen; *fig.* ~ *com* sich stoßen an (*dat.*); nörgeln über (*ac.*).
embiocar [~bju'kar] (1n; *Stv.* 1e) vermummen; maskieren (*a. fig.*).
embirra [ẽm-, ĩm'biʀɐ] *f* Eigensinn *m*; Marotte *f*; Widerwille(n) *m*; *ser de ~* abscheulich sn; *andar de ~ com* = *embirrar com.*
embirr|ação [~biʀɐ'sɐ̃u] *f*: *cara f de ~* abstoßende(s) Gesicht *n*; **~ante** [~'ʀɐ̃ntə] halsstarrig; brummig; **~ar** [~'ʀar] (1a) halsstarrig sn, F bocken; unausstehlich sn (*od.* w.); ~ *em* sich versteifen auf (*ac.*), durchaus wollen (*ac.*); ~ *com* nicht ausstehen können (*ac.*); **~ento** [~'ʀẽntu] abscheulich, unausstehlich.
emblem|a [ẽm-, ĩm'blemɐ] *m* Sinnbild *n*; Abzeichen *n*; **~ático** [~blə'matiku] sinnbildlich.
emboc|adura [~bukɐ'δurɐ] *f* Mündung *f*; *Pferde*-Gebiß *n*; ♪ Mundstück *n*; ♪ Ansatz *m*, Haltung *f beim Spielen*; *fig.* Anlage *f* (zu *para*); **~ar** [~'kar] (1n; *Stv.* 1e) ansetzen; in den Mund stecken; das Gebiß anlegen (*dat.*); hinein-zwängen, -bringen; ein-biegen, -fahren in (*ac.*).
emboç|ar [~bu'sar] (1p; *Stv.* 1e) verputzen; **~o** [~'bosu] *m* Verputz *m*.
embolar [~bu'lar] (1e) mit Schutzkugeln versehen, schützen.
êmbolo ['ẽmbulu] *m* Kolben *m*.
embolsar [ẽm-, ĩmboł'sar] (1e) *Geld* einstecken; *Schulden* bezahlen; *Gläubiger* befriedigen.
embondo *bras.* [~'bõndu] *m* Schwierigkeit *f*.
embonecar [~bunə'kar] (1n; *Stv.* 1c) (heraus)putzen.
embora [~'bɔrɐ] **1.** *adv.* meinetwegen; in Gottes Namen; immerhin; *ir-* (*od. vir-*)*se* (*mandar*) ~ weg-gehen(-schicken); **2.** *cj.* obgleich, obwohl; wenn auch.
emborc|ação [~burkɐ'sɐ̃u] *f* ⚕ (lokale) Waschung *f*; Heilwasser *n*; **~ar** [~'kar] (1n; *Stv.* 1e) umstülpen; (aus)gießen; (aus)leeren.
embornal [~bur'nał] *m* Futtersack *m*; *-nais pl.* ⚓ Speigatt *n*.
emborrachar P [~buʀɐ'ʃar] (1b) betrunken m.; **~-se** sich betrinken.
emborrascar [~buʀɐʃ'kar] (1n; *Stv.* 1b) aufwühlen; aufbringen; **~-se** ein bedrohliches Aussehen annehmen (*Himmel, Meer*).
embosc|ada [~buʃ'kaδɐ] *f* Hinterhalt *m*; **~ar(-se)** [~ar(sə)] (1n; *Stv.* 1e) (sich) in e-n Hinterhalt (*od.* auf die Lauer) legen, (sich) verstecken.
embot|ado [~bu'taδu] stumpf; **~a-**

mento [~tɐ'mẽntu] *m* Abstumpfung *f*; Stumpfheit *f*; Nachlassen *n*; **~ar** [~ar] (1e) abstumpfen (*a. fig.*); stumpf m.; *Wirkung* abschwächen; *Augen usw.* schwächen; **~ar-se** stumpf w.; *fig.* nachlassen.

embr|agar [ẽmbr-, ĩmbrɐ'ɣar] (1o; *Stv.* 1b) = **~aiar** [~ɐ'jar] (1b) ⊕ kuppeln; **~aiagem** [~ɐ'jaʒɐ̃i] *f* Kuppelung *f*.

embran|decer [~ẽndə'ser] (2g) erweichen; besänftigen; rühren; *v/i.* weich werden (*a. fig.*); nachlassen.

embranquecer [~ẽŋkə'ser] (2g) bleichen; *v/i.* weiß werden.

embravec|er [~ɐvə'ser] (2g) aufbringen, -wühlen; *v/i. u.* **~er-se** wild (*od.* wütend) w.; **~imento** [~si'mẽntu] *m* Wut *f*.

embrear [ẽm'brjar] (1l) teeren.

embrenhar-se [ẽmbrə'ɲarsə] (1d) eindringen; *fig. a.* versinken.

embria|gar [~iɐ'ɣar] (1o; *Stv.* 1b) berauschen; *fig. a.* begeistern; betören; **~gar-se** sich betrinken; **~guez** [~'ɣeʃ] *f* Trunkenheit *f*; Rausch *m*.

embrião [ẽm'brjɐ̃u] *m* Embryo *m*.

embridar [ẽm-, ĩmbri'ðar] (1a) aufzäumen; *v/i. u.* **~-se** den Kopf hoch tragen.

embroma *bras.* [~'bromɐ] *f* Bummelei *f*; = **~ção** *bras.* [~bromɐ'sɐ̃u] *f* Schwindel *m*; **~r** [~bro'mar] (1f) (absichtlich) hinauszögern; verbummeln; (an-, be-)schwindeln.

embrulh|ada [~bru'ʎaðɐ] *f* Verwirrung *f*, Durchea. *n*; F Patsche *f*; **~ado** [~aðu] verzwickt; ratlos; trübe (*Wetter*); **~ar** [~ar] (1a) einwickeln (*a. fig. j-n*), (ein)hüllen; verwirren, durchea.-bringen; **~ar-se** durchea.-geraten; sich verwickeln; trübe w. (*Wetter*); **~o** [~'bruʎu] *m* Paket *n*; = *~ada*; *papel m de ~* Einwickel-, Pack-papier *n*; *ir* (*levar*) *no ~* darauf hereinfallen (*j-n* hereinlegen).

embrumado [~bru'maðu] neblig.

embrutec|er [~tə'ser] (2g) verdummen; verrohen; vertieren; **~imento** [~si'mẽntu] *m* Verdummung *f*; Verrohung *f*.

embruxar [~bru'ʃar] (1a) verhexen.

embuçar [~bu'sar] (1p) vermummen.

embuchar P [~bu'ʃar] (1a) hineinstopfen; *Magen* vollstopfen; *j-m* das Maul stopfen; *fig.* (hinunter-)würgen; *v/i.* ersticken; *fig.* sich ausschweigen; maulen.

embuço [~'busu] *m* Vermummung *f*; Verstellung *f*.

embuste [~'buʃtə] *m* Betrügerei *f*; Schwindel *m*.

embust|ear [~buʃ'tjar] (1l) anschwindeln; **~eiro** [~'teiru] **1.** *adj.* falsch; **2.** *m* Schwindler *m*.

embut|ido [~bu'tiðu] **1.** *adj.*: *armário m ~* Einbauschrank *m*; **2.** *m* Einlegearbeit *f*; **~ir** [~ir] (3a) ein-legen, -lassen; -bauen *in*; *fig.* aufbinden.

eme ['ɛmə] *m Name des Buchstabens m.*

emend|a [i'mẽndɐ] *f* Verbesserung *f*, (Druckfehler-)Berichtigung *f*; Flicken *m*; Ansatz(stück *n*) *m*, Verlängerung *f*; Ansatzstelle *f*; *pol.* Abänderungsvorschlag *m* (zu *a*); *fig. mor.* Besserung *f*; *não ter ~ fig.* unverbesserlich sn; *servir de ~* zur Lehre dienen; *tomar ~* sich bessern; **~ar** [imẽn'dar] (1a) *Fehler* verbessern, berichtigen; *Schaden* ausbessern; *Kleid, Gesetz usw.* abändern; *Fehlendes* anstücken; *Übel* wieder gutmachen; *Übeltäter* strafen; **~ar-se** *fig.* sich bessern, sich wandeln.

ementa [i'mẽntɐ] *f* Liste *f*; *bsd.* Speisekarte *f*; Speisenfolge *f*.

emerg|ência [imər'ʒẽsjɐ] *f* Auftauchen *n*; Austritt *m*; *fig.* Ernst-, Not-fall *m*; Not(stand *m*) *f*; Dringlichkeit *f*; (gefährlicher) Augenblick *m*; *estado m de ~* Ausnahmezustand *m*; Notstand *m*; **~er** [~er] (2h) = **~ir** [~ir] (3n; *Stv.* 2c) auftauchen; aus-, hervor-treten; hervorgehen.

emérito [i'mɛritu] emeritiert; *fig.* erfahren.

emers|ão [imər'sɐ̃u] *f* Auftauchen *n*; *ast.* Austritt *m*; **~o** [i'mɛrsu] *p.p. irr. v. emergir*.

emigr|ação [əmiɣrɐ'sɐ̃u] *f* Auswanderung *f*; **~ado** [~'ɣraðu] *m* Emigrant *m*; **~ante** [~'ɣrẽntə] *su.* Auswanderer *m*, -in *f*; **~ar** [~'ɣrar] (1a) auswandern.

emin|ência [~'nẽsjɐ] *f* Erhebung *f*; *fig.* Überlegenheit *f*; *~ (parda)* (graue) Eminenz *f* (*Titel*); **~ente** [~ẽntə] hervor-, über-ragend; hoch; **~entíssimo** [~nẽn'tisimu] hochwürdigst (*Kardinal*).

emiss|ão [~'sɐ̃u] *f* Ausstrahlung *f*; Ausströmen *n*; *Ton*-Bildung *f*; Ausgabe *f v. Staatspapieren*; *Radio*:

Sendung *f*; *banco m de* ~ Notenbank *f*; **~ário** [~arju] *m* Abgesandte(r) *m*; **~or** [~or] **1.** *m* (Ab-) Sender *m*; **2.** *adj.* (*aparelho m*) ~ Sendegerät *n*, Sender *m*; *banco m* ~ ausgebende (*od.* Emissions-)Bank *f*; **~ora** [~orɐ] *f* Sendestation *f*, Sender *m*; ♀ *Nacional* Landessender *m*.

emitir [~'tir] (3a) aus-senden, -strahlen, -strömen; *Banknoten usw.* ausgeben; *Ton* ausstoßen, ♪ bilden, bringen; *Meinung* äußern; *Stimme* abgeben; *Radio*: senden.

emo|ção [imu'sɐ̃u] *f* Erregung *f*; *fig.* Erlebnis *n*; *causar* ~ *fig.* zum Erlebnis w.; **~cional** [~sju'nał] erregend; Erregungs...; erregbar; Gefühls...; **~cionante** [~sju'nẽntə] ergreifend; aufregend; **~cionar** [~sju'nar] (1f) erregen; ergreifen.

emoldurar [imołdu'rar] (1a) einrahmen, -fassen.

emolir [imu'lir] (3h—D4) auf-, er-weichen.

emolumento [~lu'mẽntu] *m*: ~*s pl.* Gebühren *f/pl.*; Nebeneinkünfte *pl.*

emotiv|idade [~tivi'ðaðə] *f* Erregbarkeit *f*; **~o** [~'tivu] erregend; Erregungs...; Gefühls...

empac|ado *bras.* [ẽmp-, ĩmpa'kadu] störrisch; **~ar** [~ar] (1n) bocken; stillstehen.

empachar [~ɐ'ʃar] (1b) über-laden, -füllen; verstopfen; (be)hindern.

empacot|ador [~ɐkutɐ'ðor] *m* Pakker *m*; **~ar** [~'tar] (1e) (ein)packen; bündeln; *Getreide* binden.

empada [ẽm-, ĩm'paðɐ] *f* Pastete *f*.

empáfia [~'pafjɐ] *f* Dünkel *m*.

empalh|ar [~pɐ'ʎar] (1b) in Stroh wickeln (*od.* packen); auf Stroh lagern; *Vögel* ausstopfen; *fig.* F hinhalten; = **~eirar** [~ʎei'rar] (1a) *Getreide usw.* einschobern; Rohrgeflecht anbringen an (*dat.*); *cadeira f empalheirada* Rohrstuhl *m*.

empalidecer [ẽm-, ĩmpɐliðə'ser] (2g) erblassen, erbleichen.

empalmar [~ał'mar] (1a) verschwinden l.; entwenden, stehlen; *die Macht* an sich reißen.

empanar [~ɐ'nar] (1a) *fig.* trüben.

empan|car [~ẽŋ'kar] (1n) (ab-) dichten; **~que** [~'pẽŋkə] *m* Dichtung *f*.

empan|deirar [~ẽndei'rar] (1a) *Segel* blähen; füllen; *fig.* P prellen; *Geld* durchbringen; sich *j-n* vom Halse schaffen; **~tufar** [~tu'far] (1a) aufplustern; **~turrar** [~tu'ʀar] (1a) vollstopfen; **~turrar-se** *fig.* (sich) dick tun; **~zinar** P [~ẽzi'nar] (1a) (voll)stopfen; *fig. j-m* e-n Schreck einjagen.

empap|ado [~ɐ'paðu] erstickt (*Stimme*); **~ar** [~ar] (1b) auf-, ein-weichen; tränken; ein-tauchen, -tunken; *bras.* fressen (*Huhn*); **~ar-se** sich vollsaugen; aufweichen; versagen (*Stimme*).

empapuçado [~ɐpu'saðu] geschwollen, dick; voll(er); *olhos m/pl.* ~*s* Glotzaugen *n/pl.*

empaquetar-se *bras.* [~ake'tarsə] (1c) Staat machen.

emparedar [~ɐrə'ðar] (1c) ver-, zu-mauern; *j-n* einsperren; **~-se** *fig.* sich auftürmen.

emparelh|ado [~ɐrɨ'ʎaðu] paarig; gleich(artig); *versos m/pl.* ~*s* Reimpaarverse *m/pl.*; **~ar** [~ar] (1d) paaren; zs.-tun; gleichstellen; vergleichen; *v/i.* ~ *com j-m* gleichkommen, *j-m* gleich(artig) sn.

emparvoecer [~ɐrvwə'ser] (2g) verblüffen; *v/i.* sprachlos sein.

empast|ado [~ɐʃ'taðu] zäh(flüssig); klebrig; teigig (*a. fig.*); verschleimt (*Hals*); **~ar** [~ar] (1b) leimen; verkleben; verschleimen; *pint.* impastieren; **~ar-se** teigig (*od.* klebrig) w.; **~e** [~'paʃtə] *m* Leimen *n*; *pint.* Farbauftrag *m*, Impasto *n*.

empat|ado [~ɐ'taðu] unentschieden; *Schach*: remis, patt; festliegend (*Geld*); *estar* (*ter*) ~ festliegen (h.) (*Geld*); **~ar** [~ar] (1b) hemmen, aufhalten; aussetzen, unentschieden l.; *Stimmenzahl* gleichmachen; ✝ ~ *em Geld* hineinstecken in (*ac.*) *od.* anlegen in (*dat.*); *v/i.* unentschieden enden; **~e** [~'patə] *m* *Stimmen*-Gleichheit *f*; Unentschieden *n*; Remis *n*, Patt *n*; *bras.* ⚕ Verstopfung *f*.

empavesar [~ɐvə'zar] (1c) bewimpeln, beflaggen; **~-se** flaggen; *fig.* sich aufplustern, F dick tun.

empavonar [~ɐvu'nar] (1f) zu Kopf steigen (*dat.*); **~-se** sich brüsten.

empe|çar [~ə'sar] (1p; *Stv.* 1c) verwirren; erschweren; *v/i.* ~ *em* stolpern über (*ac.*); = **~cer** [~'ser] (2g) (be-, ver-)hindern; schaden (*dat.*); *j-m in den Weg* treten; *v/i.* ein Hindernis bilden, entgegenstehen; **~cilho** [~'siʎu] *m* Hinder-

nis *n*; Abhaltung *f*; Schwierigkeit *f*.
empeçonhar [~əsu'ɲar] (1f) vergiften.
empedern|ido [~əδər'niδu] hart (-herzig); hartgesotten; **~ir** [~ir] (3c—D4) versteinern; verhärten.
empedr|ado [~ə'δraδu] *m* (Kopfstein-)Pflaster *n*; **~ar** [~ar] (1c) pflastern; **~ar-se** versteinern; sich verhärten.
empen|a [ẽm-, ĩm'penɐ] *f* ⚠ Giebel (-front *f*) *m*; **~agem** ✈ [~pə'naʒɐ̃i] *f* Leitwerk *n*; **~ar** [~pə'nar] (1d) **a**) (sich) verziehen; sich werfen; **b**) (be)fiedern.
empenh|ado [ẽmp-, ĩmpə'ɲaδu] angelegentlich; ~ *em* interessiert (*od.* beteiligt) an (*dat.*); **~amento** [~ɲɐ'mẽntu] *m* Engagement *n*, Einsatz *m*; **~ar** [~ar] (1d) verpfänden, versetzen; verpflichten; einsetzen, aufwenden; *Opfer* bringen; **~ar-se** sich in Schulden stürzen; ~ *em* sich angelegen sn l. (*ac.*); sich bemühen um (*ac.*); sich einl. auf (*ac.*); sich interessieren für (*ac.*); ~ *por* eintreten (*od.* sich einsetzen, sich verwenden) für; **~o** [~'peɲu] *m* Verpfändung *f*; Verpflichtung *f*; Einsatz *m*; Verwendung *f*; Bemühung *f*; Anliegen *n*; Interesse *n*; *fig. bsd.* persönliche Beziehungen *f/pl.*; *carta f de* ~ Empfehlungsbrief *m*; *meter* ~*s* s-e Verbindungen spielen l.; *servir de* ~ *a* sich verwenden für (*ac.*); *ter* (*od. pôr*) ~ *em* Wert legen auf (*ac.*); *tenho* (*od. ponho*) (*todo o*) ~ *em* es liegt mir (viel) an (*dat.*); *ter bons* ~*s* gute Beziehungen haben.
emperrar [~ə'ʀar] (1c) zum Stokken (*od.* Stehen) bringen; *Tür* verklemmen; *fig.* störrisch (*od.* halsstarrig) m.; aufbringen; *v/i. u.* **~-se** stehen- (*od.* stecken-)bleiben; stocken; klemmen; *fig.* bocken.
empertig|ado [~ərti'γaδu] steif; stramm; unnahbar; **~ar** [~ar] (1o) steif m.; **~ar-se** sich (kerzengrade) aufrichten; ⚔ strammstehen; *fig.* sich spreizen.
empestar [~ɛʃ'tar] (1a) verpesten.
empilhar [~i'ʎar] (1a) (auf[ea.]-) stapeln.
empin|ado [~i'naδu] steil; hoch (-aufgerichtet); *fig.* hochnäsig; hochtrabend (*Stil*); **~ar** [~ar] (1a) emporheben; steil aufrichten; *Glas* leeren; **~ar-se** sich recken; sich bäumen (*Pferd*); (hoch) emporsteigen; *fig.* sich spreizen.
empiricamente [ẽm-, ĩm,pirikɐ'mẽntə] durch (die) Erfahrung.
empírico [~'piriku] **1.** *adj.* Erfahrungs...; empirisch; **2.** *m* Empiriker *m*; Heilpraktiker *m*.
empistolar *bras.* [~pisto'lar] (1e) sich verwenden für, empfehlen.
emplast(r)|ar [~plɐʃ't(r)ar] (1b) be-, ver-pflastern; flicken; **~o** [~'plaʃt(r)u] *m* Pflaster *n*; Flicken *m*.
emplum|ado [~plu'maδu] Feder...; **~ar** [~ar] (1a) (be)fiedern.
empoar [~'pwar] (1f) (ein)pudern; bestäuben; = *empoeirar*.
empobrec|er [~pußrə'ser] (2g) arm m.; verbrauchen; *v/i.* verarmen; **~imento** [~si'mẽntu] *m* Verarmung *f*.
empoeirar [~pwei'rar] (1a) staubig m.; **~-se** verstauben.
empol|a [~'polɐ] *f* Blase *f*; Ampulle *f*; ~ *eléctrica* Glühbirne *f*; ~ *de raios X* Röntgenröhre *f*; **~ado** [~pu'laδu] blasig; aufgewühlt (*See*); gebirgig; *fig.* schwülstig, hochtrabend; **~amento** [~pulɐ'mẽntu] *m fig.* Aufblähung *f*; Übertreibung *f*; **~ar** [~pu'lar] (1e) aufblähen; *v/i.* (an)schwellen; hohl gehen (*See*).
empoleir|ado [~pulei'raδu] (oben) auf (*dat. em*); *fig.* hochgestellt; hochnäsig; ~ *em in e-m Amt* sitzend; an *der Macht* befindlich; **~ar** [~ar] (1a) *j-n* hochbringen; *zum Minister usw.* m.; *an die Macht* bringen; **~ar-se** sich (auf die Stange) setzen (*Vögel*); hocken; *fig.* hochkommen; *in ein Amt* kommen.
empolg|ante [~poł'γẽntə] packend; spannend; **~ar** [~ar] (1o; *Stv.* 1e) packen (*a. fig.*); an sich reißen; *Bogen* spannen (*a. fig.*); **~ar-se** sich ereifern.
emporcalhar [~purkɐ'ʎar] (1b) beschmutzen.
empório [~'pɔrju] *m* Handels-, Stapel-platz *m*; (Kultur-)Zentrum *n*; *bras.* Lebensmittelgeschäft *n*.
empós *bras.* [ẽm'pɔs]: ~ (*de*) nach, hinter (...her).
empossar [ẽm-, ĩmpu'sar] (1e) *in ein Amt* einsetzen; **~-se** Besitz ergreifen, sich bemächtigen.
emprazar [ẽmpr-, ĩmprɐ'zar] (1b) (vor)laden; einbestellen; e-e Frist stellen (*dat.*); *Wild* umstellen.
empreend|edor [~jẽndə'δor] **1.** *adj.*

unternehmend; Unternehmer..., Unternehmungs...; **2.** *m* Unternehmer *m*; **~er** [~'der] (2a) unternehmen, anfangen; **~imento** [~i'mẽntu] *m* Unternehmung *f*; Unternehmen *n*, Werk *n*.

empreg|ado [~ə'ɣaðu] **1.** *adj.*: *dar por bem* ~ glauben, *et.* nutzbringend angewandt (*od.* nicht vertan) zu h.; zufrieden sn mit; **2.** *m* Angestellte(r) *m* (des Öffentlichen Dienstes *público*); *-a f bras.* Hausangestellte *f*; **~ador** *bras.* [~ga'dor] *m* Arbeitgeber *m*; **~ar** [~ar] (1o; *Stv.* 1c) *j-n* anstellen, beschäftigen; *et.* gebrauchen; ~ (*em*) benutzen, verwenden (für); *Kraft usw.* wenden *od.* verschwenden (an [*ac.*]); *Geld* anlegen (in [*dat.*]); **~ar-se** *em* sich verlegen auf (*ac.*); e-e Stelle annehmen bei *od.* in (*dat.*); **~o** [~'preɣu] *m* Anstellung *f*, Stelle *f*; Gebrauch *m*; Verwendung *f*; *Kraft- usw.* Aufwand *m*; *Kapitals*-Anlage *f*; Arbeits-platz *m*, -markt *m*.

empregue [~'prɛɣə] *p.p. irr. v. empregar.*

empreit|ada [~ei'taðɐ]: *obra f de* ~ Akkordarbeit *f*; *dar de* ~ in Akkord geben; *de* ~ im Akkord; **~ar** [~ar] (1a) in Akkord nehmen (*od.* geben); **~eiro** [~eiru] *m* Bauunternehmer *m*.

emprenhar [~ə'ɲar] (1d) schwängern; *v/i.* schwanger w.

empresa [~'prezɐ] *f* Unternehmen *n*, Betrieb *m*.

empresaria|do [~prəzɐ'rjaðu] *m* Unternehmer(tätigkeit *f*) *m/pl.*; **~l** [~ał] Unternehmer...; **~r** [~ar] (1g) unternehmen; betreiben.

empresário [~'zarju] *m* Unternehmer *m*; Impresario *m*; Konzertagent(ur *f*) *m*.

emprest|ado [~iʃ'taðu]: *pedir* ~ *a* leihen von; **~ar** [~ar] (1c) (aus-, ver-)leihen.

empréstimo [~'prɛʃtimu] *m* Leihgabe *f*; ✝ Anleihe *f*, Darlehen *n*; *de* ~, *por* ~ leihweise.

empretecer [~prətə'ser] (2g) (an-)schwärzen.

empro|ado [~'prwaðu] hochmütig; eitel; **~ar** [~ar] (1f) = *aproar*; **~ar-se** sich brüsten, sich überheben.

empunhar [ẽm-, ĩmpu'ɲar] (1a) ergreifen, packen; halten, tragen.

empurr|ão [~'ʀɐ̃u] *m* Stoß *m*, Puff *m*; *aos empurrões* mit Gewalt; **~ar** [~ar] (1a) (auf-, zurück-)stoßen; „drücken" (*an Türen*).

empux|ão [~'ʃɐ̃u] *m* Ruck *m*; Stoß *m*; **~ar** [~ar] (1a) (zurück)stoßen; (weg)reißen; **~o** [~'puʃu] *m Erd*-Schub *m*, Druck *m*; *fig.* Anstoß *m*.

emudec|er [imuðə'ser] (2g) zum Verstummen bringen, verstummen l.; *v/i.* verstummen; **~imento** [~si'mẽntu] *m* Verstummen *n*.

emul|ação [~lɐ'sɐ̃u] *f* Nacheiferung *f*; Wetteifer *m*; **~ar** [~'lar] (1a): ~ *com od. v/t.* nacheifern (*dat.*); wetteifern mit.

émulo ['ɛmulu] *m* Gegenspieler *m*, Nebenbuhler *m*.

emulsão [imuł'sɐ̃u] *f* Emulsion *f*.

enaltec|er [inałtə'ser] (2g) erheben; preisen; **~imento** [~si'mẽntu] *m* Erhebung *f*; Preisen *n*.

enamorar [inɐmu'rar] (1e) verliebt m.; begeistern; *j-m* den Kopf verdrehen; **~-se** sich verlieben.

encabeç|ado [ẽŋ-, ĩŋkɐβə'saðu] starkährig (*Saat*); ~ *de* unterstellt (*dat.*); **~ar** [~ar] (1p; *Stv.* 1c) anführen; krönen; *zur Steuer* veranlagen; anstücken, *Strumpf* anstricken; *Schrift* einleiten, überschreiben; *j-m et.* einreden.

encabelado [~βə'laðu] behaart.

encabrestar [~βriʃ'tar] (1c) (an-)halftern; *fig.* unterjochen.

encabritar-se [~βri'tarsə] (1a) sich bäumen.

encabular *bras.* F [~βu'lar] (1a) verdattern; *v/i.* = *encafifar*.

encachoeirado [~ʃwei'raðu] reißend (*Fluß*).

encade|amento [~ðjɐ'mẽntu] *m* Verkettung *f*; Verknüpfung *f*; Kette *f*; **~ar** [~'ðjar] (1l) an-, verketten; *fig.* (anea.-, an sich) fesseln; *Ideen* verknüpfen; anea.-reihen.

encadern|ação [~ðərnɐ'sɐ̃u] *f* Binden *n der Bücher*; Buchbinderei *f*; *Buch*-Einband *m*; **~ado** [~'naðu] F gut angezogen; **~ador** [~ɐ'ðor] Buchbinder *m*; **~ar** [~'nar] (1c) (ein)binden; *fig.* F neu einkleiden.

encafifar *bras.* [~fi'far] (1a) verlegen w. (*od.* sn); maulen.

encaf|uar [~'fwar] (1g) = **~urnar** [~fur'nar] (1a) verstecken; an-, hinein-stecken, -zwängen; ~ *na cabeça de j-m* eintrichtern.

encaiporar *bras.* [ẽŋ-, ĩŋkaipo'rar] (1e) unglücklich m.; Unglück brin-

gen (*dat.*); *v/i.* Pech haben.
encaix|amento [~ʃɐ'mẽntu] *m* **a)** Verpackung *f*; **b)** Sitz *m*, Einpassung *f*; = ~**e**; ~**ar** [~'ʃar] (1a) **a)** in Kästen verpacken (*od.* ordnen); ein-, ver-, weg-packen; **b)** ein-fügen, -passen, -setzen; inea.-fügen; hineinzwängen; *Ring* anstecken; *Schlag usw.* einstecken; *Schlag* versetzen; *Ball* halten (*Torwart*); *Zitat* einflechten; *Textstelle* einfügen; *fig.* in den Kopf setzen; aufhängen; *v/i.* (inea.-)passen; ~**ar-se** sich eindrängen; ~**e** [~'kaiʃə] *m* Ein-, Inea.-fügen *n*; Einpassung *f*; Schlitz *m*, Nut *f*; *Zapfen*-Loch *n*; Falz *m*; Fuge *f*; Dübel *m*; Einsatz *m*; Gelenk *n*; Lasche *f*; ~ *de ouro* Goldreserve *f*; ~**ilhar** [~ʃi'ʎar] (1a) einrahmen; ~**o** [~'kaiʃu] *m* = ~**e**; ~**otamento** [~ʃutɐ'mẽntu] *m* Verpakkung *f* in Kisten; ~**otar** [~ʃu'tar] (1e) in Kisten (ver)packen.
encalacrar F [ẽŋ-, ĩŋkɐlɐ'krar] (1b) hereinlegen.
encalç|ar [~kał'sar] (1p) *j-s* Spur (*od. j-n*) verfolgen, *j-m* auf den Fersen sn; *j-m* folgen, nachgehen; ~**o** [~'kałsu] *m* Verfolgung *f*; Spur *f*, Fährte *f*; *ir no ~ de* = ~*ar*.
encalh|ar [~kɐ'ʎar] (1b) *v/i.* auflaufen, stranden; *fig.* sich festfahren; liegenbleiben; ~**e** [~'kaʎə] *m* Strandung *f*; *fig.* Stockung *f*; unverkäufliche(r) Rest *m*; ~**o** [~'kaʎu] *m* Untiefe *f*, Sandbank *f*.
encalist|ar *bras.* [~kalis'tar] (1a) *j-m* Unglück bringen; ~**rar** *bras.* [~'trar] (1a) beschämen; *v/i.* sich schämen.
encaminh|ado [~kɐmi'ɲaðu]: *bem ~* auf gutem Wege; ~**amento** [~ɲɐ'mẽntu] *m* Zu-, Weiter-leitung *f*; Anbahnung *f*; ~**ar** [~ar] (1a) auf den Weg bringen; *j-m* den Weg weisen; *et.* in die Wege (*od.* ein-) leiten, anbahnen; ~ *a*, ~ *para fig.* (hin-)leiten, (-)lenken auf (*ac.*) *od.* zu; bringen, führen auf (*od.* zu); richten auf (*ac.*); *Brief* senden an (*od.* nach), zuleiten (*dat.*); ~ *por* richten nach; ~**ar-se** sich auf den Weg (*od.* sich auf-)machen; sich begeben; zusteuern auf (*ac. para*); sich anschicken zu (*inf. para*).
encamp|ação [~kẽmpɐ'sɐ̃u] *f* Verstaatlichung *f*; Übernahme *f*; ~**ar** *bras.* [~'par] (1a) verstaatlichen; übernehmen; *fig.* F schlucken.
encan|ado [~kɐ'naðu]: *água f encanada* Leitungswasser *n*; ~**ador** [~nɐ'ðor] *m bras.* Installateur *m*; ~**amento** [~nɐ'mẽntu] *m* Kanalisierung *f*; Leitung *f*, Kanalisation *f*; ~ *de água* (*gás*) Wasser- (Gas-)leitung *f*; ~**ar** [~ar] (1a) in Röhren legen; kanalisieren; *cir.* (ein)schienen.
encanastrar [~nɐʃ'trar] (1b) in den Korb (*od.* in Körbe) legen; flechten.
encandear [~kẽn'djar] (1l) blenden; *fig.* betören.
encanecer [~kɐnə'ser] (2g) *v/i.* ergrauen.
encant|ador [~kẽntɐ'ðor] Zauber...; *fig.* bezaubernd; ~**amento** [~ɐ'mẽntu] *m* Zauberei *f*; Verzauberung *f*; Zauber *m*; ~**ar** [~'tar] (1a) verzaubern; *fig.* bezaubern, entzücken; ~**o** [~'kẽntu] *m* Zauber *m*; Entzücken *n*, Wonne *f*; *ser um ~* reizend (*od.* entzückend) sein.
encant|oar [~'twar] (1f) = ~**onar** [~tu'nar] (1f) in die Ecke (*od.* weg-) stellen; absondern; ~**oar-se** sich zurückziehen.
encanudado [~kɐnu'ðaðu] röhrenförmig.
encapar [~kɐ'par] (1b) mit e-m Schutzumschlag versehen; überziehen; ein- (*fig.* ver-)hüllen.
encapelar [~pə'lar] (1c) *Meer* aufwühlen; ~**-se** hochgehen.
encapotar(-se) [~pu'tar(sə)] (1e) (sich) verhüllen; sich verstellen.
encaprichar-se [~pri'ʃarsə] (1a): ~ *de* (*od. em*) sich in den Kopf setzen (*ac.*); bestehen auf (*dat.*).
encapuzado [~pu'zaðu] verkappt.
encaracolar(-se) [~rɐku'lar(sə)] (1e) (sich) locken; (sich) ringeln.
encarado [~'raðu]: *bem ~* gut aussehend; nett; freundlich; *mal ~* häßlich; mürrisch; finster.
encarapinh|ado [~rɐpi'ɲaðu] kraus; ~**ar** [~ar] (1a) kräuseln; *v/i. fig.* gerinnen.
encarar [~'rar] (1b) ins Auge fassen; ansehen, betrachten; erörtern; *e-r Gefahr* ins Auge sehen; ~ *de frente fig.* mutig entgegentreten (*dat.*); *Schwierigkeit* mutig anpacken, durchgreifend lösen; ~**-se** *com* sich gegenübersehen (*dat.*); gegenübertreten (*dat.*); begegnen.
encarcer|amento [~kɐrsərɐ'mẽntu] *m* Einkerkerung *f*; ~**ar** [~'rar] (1c) einkerkern, festnehmen.
encardido [~kɐr'diðu] schmutzig.
encarec|er [~kɐrə'ser] (2g) verteu-

ern; übertreiben; anpreisen, herausstreichen; schildern; ans Herz legen, empfehlen; *v/i.* teurer w.; **~idamente** [~ˌsiðɐˈmẽntə] angelegentlich; **~imento** [~siˈmẽntu] *m* Verteuerung *f*; Übertreibung *f*; Anpreisung *f*; Nachdruck *m*.

encargo [~ˈkarɣu] *m* Auftrag *m*; Verpflichtung *f*; *Steuer*-Last *f*; *caderno m de ~s* Leistungsverzeichnis *n*, Angebotsunterlagen *f/pl*.

encarn|ação [~kɐrnɐˈsɐ̃u] *f* Fleischwerdung *f*; Verkörperung *f*; Fleischfarbe *f*; **~ado** [~ˈnaðu] **1.** *adj.* fleischfarben; (hoch)rot; **2.** *m* Fleischfarbe *f*; Rot *n*; **~ar** [~ˈnar] (1b) *v/i.* Fleisch w.; sich verkörpern; heilen (*Wunden*); *v/t.* anmalen; darstellen.

encarniç|ado [~niˈsaðu] blutrünstig; erbittert (*Kampf*); hochrot (*Gesicht*); blutunterlaufen (*Auge*); **~amento** [~sɐˈmẽntu] *m* Blutgier *f*; Erbitterung *f*; **~ar** [~ar] (1p) blutrünstig m.; aufhetzen; erbittern; **~ar-se** wüten.

encaroçar [~ruˈsar] (1e) Klumpen bilden, klumpen (*Mehl*); Knoten bilden (*Haut*); hart w.; anschwellen.

encarquilh|ado [~kiˈʎaðu] verschrumpft, runzlig; **~ar** [~ar] (1a) runzeln; *v/i.* (ein-, zs.-)schrumpfen.

encarrapit|ado [~kɐʀɐpiˈtaðu] oben (auf [*dat.*] *em*); **~ar** [~ar] (1a) setzen *od.* stellen (oben auf [*ac.*] *em*).

encarreg|ado [~ʀəˈɣaðu] *m* Beauftragte(r) *m*; *~ de cursos* Lehrbeauftragte(r) *m*; *~ de negócios pol.* Geschäftsträger *m*; **~ar** [~ar] (1o; *Stv.* 1c) *j-m et.* auftragen; *j-n mit et.* beauftragen; *Verpflichtung* auferlegen; **~ar-se** *de* übernehmen (*ac.*).

encarregue [~ˈʀɛɣə] *p.p. irr. v. encarregar.*

encarreir|ado [~ʀeiˈraðu]: *estar ~* auf gutem Wege sn; F richtig liegen, drin sn; **~ar** [~ar] (1a) auf den Weg helfen (*dat.*); dahin-, hinein-bringen; F lancieren; *v/i.* s-n Weg gehen (*od.* nehmen); hineinkommen; kommen (auf [*ac.*] *com*).

encarret|adeira [~ʀətɐˈðeirɐ] *f* Spulmaschine *f*; **~ar** [~ˈtar] (1c) *Geschütz* aufprotzen; *Garn* aufspulen.

encarrilar, -lhar [~ʀiˈlar, -ˈʎar] (1a) aufschienen; lenken; *fig.* in die Wege leiten; in Gang bringen; ins Gleis bringen; *v/i.* auf den rechten Weg (*od.* ins Gleis) kommen; = *encarreirar*.

encart|ado [~kɐrˈtaðu] zugelassen; *fig.* F ausgekocht; **~ar** [~ar] (1b) zulassen; bestallen; *v/i.* bedienen (*Kartenspiel*); **~ar-se** sich e-n Zulassungs- (*od.* Gewerbe-)schein besorgen; sich eintragen l.; **~e** [~ˈkartə] *m* Eintragung *f*; Zulassung (-sgebühren *f/pl.*) *f*.

encartuchar [~tuˈʃar] (1a) *Geld* (ein)rollen.

encasac|ado [~kɐzɐˈkaðu] befrackt; im Frack; **~ar-se** [~arsə] (1n; *Stv.* 1b) den Frack anziehen.

encascalhar [~kɐʃkɐˈʎar] (1b) schottern.

encas|car [~ˈkar] (1n; *Stv.* 1b) *Wein* abfüllen; *Wand* bewerfen; *v/i.* hart w.; **~que** [~ˈkaʃkə] *m* Abfüllung *f*; **~quetar** [~kəˈtar] (1c) *fig.* P eintrichtern.

encastelar [~təˈlar] (1c) *fig.* auf- (ea.-), überea.-türmen.

encastoar [~ˈtwar] (1f) (ein)fassen; einlegen; mit e-m Knauf verzieren.

encatarr|ar-se [~kɐtɐˈʀarsə] (1b) = **~oar-se** [~ˈʀwarsə] (1f) sich erkälten.

encavac|ado [~vɐˈkaðu] verärgert, beleidigt; **~ar** [~ar] (1n; *Stv.* 1b) sich ärgern; F einschnappen.

encavilhar [~viˈʎar] (1a) (an-, fest-, zs.-)pflöcken.

encefalite [ĩ-, ẽsəfɐˈlitə] *f* Gehirnentzündung *f*; *vet.* Koller *m*.

enceleirar [~leiˈrar] (1a) ein- (*fig.* auf-)speichern.

encen|ação [~nɐˈsɐ̃u] *f* Inszenierung *f*; Aufführung *f*; **~ador** [~ɐˈðor] *m* Regisseur *m*; **~ar** [~ˈnar] (1d) inszenieren; aufführen.

encer|ado [~ˈraðu] *m* Wachs-, Öltuch *n*; **~adora** [~rɐˈðorɐ] *f* Bohnermaschine *f*; **~amento** [~ɐˈmẽntu] *m* Wachsen *n*; Bohnern *n*; **~ar** [~ˈrar] (1c) (ein)wachsen; *Boden* bohnern.

encerr|amento [~ʀɐˈmẽntu] *m* Schließung *f*; Einschließung *f*; Abschluß *m*; ✝ Geschäftsschluß *m*; *~ da estação Radio*: Sendeschluß *m*; *acto m de ~* Schluß-akt *m*, -sitzung *f*; **~ar** [~ˈʀar] (1c) schließen; ein-, um-, ver-schließen; abschließen; bergen, enthalten.

encetar [~səˈtar] (1c) *Brot usw.* anschneiden; *Schachtel* anbrechen; *Gebrauchsgegenstand* einweihen;

Sitzung eröffnen; *Projekt* in Angriff nehmen; *allg.* beginnen.

encharcar [~ʃɐr'kar] (1n; *Stv.* 1b) überfluten, unter Wasser setzen; durchnässen; *Boden* aufweichen, verschlammen; **~-se** naß w.; verschlammen; ~ *em fig.* ertrinken (*od.* versinken) in (*dat.*).

ench|ente [~'ʃẽntə] *f* Flut *f* (*a. fig.*); Hochwasser *n*; Steigen *n* (*Wasser*); Zunehmen *n* (*Mond*); *tea.* ausverkaufte(s) Haus *n*; Andrang *m*; **~er** [~er] (2a) (an-, aus-, er-)füllen; ~ (*de ar*) aufpumpen; *v/i.* steigen (*Flut*); zunehmen (*Mond*); **~er-se** F sich die Taschen füllen; sich vollstopfen; ~ *de fig. Haß usw.* empfinden; *Hoffnung, Mut* fassen; sich mit *Geduld usw.* wappnen; ~ *de razão* recht behalten; **~ido** [~iðu] *m* Wurst *f*; = **~imento** [~ʃi'mẽntu] *m* Füllung *f*; Füllsel *n*; Fülle *f*.

enchouriç|ado [~ʃori'saðu] rollen-, walzen-förmig; **~ar** [~ar] (1p) rollen; ausstopfen; **~ar-se** schwellen.

enchumaçar [~ʃumɐ'sar] (1p; *Stv.* 1b) wattieren; unterlegen.

enciclopéd|ia [~siklu'pɛðjɐ] *f* Konversationslexikon *n*; Enzyklopädie *f*; **~ico** [~iku] enzyklopädisch; umfassend (gebildet).

encimar [~si'mar] (1a) (oben) anbringen; krönen; (er)heben.

enclau|strar [ẽŋ-, ĩŋklauʃ'trar] (1a) ins Kloster stecken; = **~surar** [~zu'rar] (1a) einsperren; **~surar-se** sich absondern.

enclavinhar [~klɐvi'ɲar] (1a) *Finger* verschränken.

enclítico [~'klitiku] *gram.* angehängt.

encobert|a [~ku'βɛrtɐ] *f* Versteck *n*; Vorwand *m*; Ausflucht *f*; List *f*, Falle *f*; *às ~s* verstohlen; **~o** [~u] **1.** *p.p. v. encobrir*; **2.** *adj.* verblümt; verstohlen; heimlich.

encobr|ideira [~βri'ðeirɐ] *f* Hehlerin *f*; **~idor** [~i'ðor] **1.** *adj.* hehlerisch; **2.** *m*, *-a f* Hehler(in *f*) *m*; **~imento** [~i'mẽntu] *m* Hehlerei *f*; **~ir** [~'βrir] (3f) verbergen, verhüllen; verdecken; übertönen; verhehlen; **~ir-se** sich bedecken (*Himmel*).

encolerizar [~ləri'zar] (1a) erzürnen; **~-se** zornig werden.

encolh|er [~'ʎer] (2d) *Glied* ein-, an-ziehen; zs.-ziehen, verkürzen; *Ausgaben* kürzen, verringern; *fig.* einschüchtern; *die Achseln* zucken; *v/i. u.* **~er-se** einlaufen (*Gewebe*); schwinden; *fig.* sich ducken; sich zurückhalten; **~ido** [~iðu] zaghaft, schüchtern; **~imento** [~ʎi'mẽntu] *m* Einlaufen *n*; Schwund *m*; *fig.* Zaghaftigkeit *f*; Schüchternheit *f*.

encomend|a [~'mẽndɐ] *f* Bestellung *f*; Auftrag *m*; ~ *postal* Postpaket *n*; *de* ~ auf Bestellung; nach Maß; nach Wunsch; **~ar** [~mẽn'dar] (1a) *j-n mit et.* beauftragen; *et. bei j-m* bestellen; (an)empfehlen; *j-n Gott usw.* (an)befehlen; ~ *defuntos* für Verstorbene beten; **~ar-se** sich anvertrauen.

encomi|ar [~'mjar] (1g) loben, preisen; **~asta** [~aʃtɐ] *m* Lobredner *m*; **~ástico** [~aʃtiku] lobend, Lob...; schmeichelhaft.

encómio [ẽŋ-, ĩŋ'kɔmju] *m* Lob (-rede *f*, -spruch *m*) *n*.

encompridar *bras.* [~kõmpri'ðar] (1a) länger machen; anstücken.

encontr|adiço [~kõntrɐ'ðisu] häufig zu finden(d); *fazer-se* ~ *com j-m* zu begegnen suchen; **~ado** [~'traðu] zs.-gewachsen (*Brauen*); entgegengesetzt; **~ão** [~'trɐ̃u] *m* Zs.-prall *m*; Puff *m*; **~ar** [~'trar] (1a) finden; stoßen auf (*ac.*); *j-n* treffen, *j-m* begegnen; **~ar-se** sich (be)finden; aufea.-treffen; ~ *com* zs.-treffen mit; **~o** [~'kõntru] *m* Begegnung *f*; Zs.-stoß *m*; ⚔ Treffen *n*; ⊕ Widerlager *n*; *fig.* Hindernis *n*; *ir od. sair* (*vir*) *ao* ~ *de* entgegen-gehen (-kommen) (*dat.*); *ir de* ~ *a* zs.-stoßen mit; stoßen gegen; entgegentreten (*dat.*).

encorajar [~kurɐ'ʒar] (1b) ermutigen, anfeuern.

encorp|ado [~kur'paðu] beleibt; dick, stark (*Papier usw.*); **~ar** [~ar] (1e) verstärken; eindicken; *v/i. u.* **~ar-se** zunehmen, wachsen.

encóspias [~'kɔʃpjɐʃ] *f/pl.* Leisten *m*.

encost|a [~'kɔʃtɐ] *f* Hang *m*; **~ar** [~kuʃ'tar] (1e) an-, zurück-lehnen; ~ *a*, ~ *em* (an)lehnen an (*ac.*); stützen auf (*ac.*); ~ *a mão* (*od. o pau, o relho, etc.*) *a* (*od. em*) *alg. bras.* j-n mit der Hand (*od.* dem Stock, der Peitsche *usw.*) schlagen; ~ *alg. bras.* j-n schlagen, übertreffen; ~ *alg. com* j-n anpumpen wollen um; **~ar-se** *bras.* F faulenzen; **~es** [~iʃ] *m/pl.* Stützpfeiler *m/pl.*; *fig.* Schutz *m*; **~o** [~oʃtu] *m* Lehne *f*; Stütze *f* (*a. fig.*); ⊕ Gegen-, Vor-halter *m*.

encov|ado [~ku'vaδu] hohl (*Wangen*); tiefliegend (*Augen*); **~ar** [~ar] (1e) vergraben, (aus)höhlen; *fig.* *j-m* den Mund stopfen.

encrav|ação [~krɐvɐ'sɐ̃u] *f* Vernagelung *f*; Klemme *f*; Unannehmlichkeit *f*; **~ado** [~'vaδu]: *estar* ~ klemmen; eingeklemmt sn; festsitzen; in der Klemme sitzen; **~ar** [~'var] (1b) (ver)nageln; bohren, treiben, zwängen (in [*ac.*] *em*); zum Stocken bringen; *fig. a.* bloßstellen; in Verlegenheit bringen; **~ar-se** steckenbleiben (*a. fig.*); sich ein-, fest-klemmen; einwachsen (*Fingernagel*); *fig.* sich festfahren; in die Klemme geraten.

encrenc|a [~'krẽŋkɐ] *f* Schwierigkeit *f*; Unannehmlichkeit *f*; **~ado** [~krẽŋ'kaδu] verfahren; festgefahren; **~ar** [~krẽŋ'kar] (1n) in Schwierigkeiten bringen; verwirren.

encresp|ado [~kriʃ'paδu] kraus; schäumend (*Meer*); *fig.* aufgebracht; **~ar** [~ar] (1c) kräuseln; ~ *os nervos* auf die Nerven fallen; **~ar-se** sich sträuben; schäumen (*Meer*); *fig.* aufbrausen; sich aufblasen.

encrist|ado [~kriʃ'taδu] *fig.* hochmütig; **~ar-se** [~arsə] (1a) *fig.*: *encrista-se* ihm schwillt der Kamm.

encruar [~'krwar] (1g) hart (*od.* nicht gar) kochen; *allg.* verhärten; *fig.* aufbringen; ~ *o estômago* (*uma negociação*) die Magentätigkeit (e-e Verhandlung) zum Stocken bringen; *v/i.* hart (*od.* roh) bleiben, glasig werden (*Kartoffeln*).

encruz|amento [~kruzɐ'mẽntu] *m* Kreuzung(spunkt *m*) *f*; **~ar** [~'zar] (1a) kreuzen; **~ilhada** [~zi'ʎaδɐ] *f* Kreuzweg *m*; *fig.* Scheideweg *m*; **~ilhar** [~zi'ʎar] (1a) kreuzen.

encurralar [~kuʀɐ'lar] (1b) *Vieh* einpferchen; *allg.* einschließen.

encurtar [~kur'tar] (1a) (ab-, ver-) kürzen; ~ *razões* sich kurz fassen; **~-se** kürzer werden.

encurvar [~'var] (1a) krümmen, biegen; *fig.* beugen; F ducken.

endecha [ẽn-, ĩn'deʃɐ] *f* Trauergesang *m*.

endefluxado [~dəfluk'saδu] verschnupft; näselnd.

endemoninh|ado [~muni'ɲaδu] (vom Teufel) besessen; verteufelt; F fuchsteufelswild; *criança f endemoninhada* Racker *m*; **~ar** [~ar] (1a) *fig.* zur Verzweiflung (*od.* zum Rasen) bringen; **~ar-se** toben.

endent|ado [~dẽn'taδu] inea.-greifend; **~ar** [~ar] (1a) verzahnen; ein-, inea.-greifen (*Zähne*); **~ecer** [~tə'ser] (2g) zahnen.

endereç|ar [~dərə'sar] (1p; *Stv.* 1c) richten; senden; *Brief* adressieren; **~ar-se** sich wenden; sich begeben; **~o** [~'resu] *m* Anschrift *f*.

endeusar [~deu'zar] (1a) vergöttern; **~-se** sich überheben.

endiabr|ado [~djɐ'βraδu] verteufelt, Teufels...; wütend, rasend; ausgelassen, wild (*Kind*); **~ar** [~ar] (1b) toll m.; **~ar-se** F hochgehen.

endinheirado [~diɲei'raδu] mit Geld gespickt; gut bei Kasse; reich.

endireitar [~direi'tar] (1a) *v/t.* gerade- (*od.* auf-)richten; geradebiegen; *fig.* in Ordnung bringen; F zurechtbiegen, einrenken; ~ *para* lenken, richten nach (*dat.*) *od.* auf (*ac.*); *v/i.* ~ *para* die Richtung nehmen auf (*ac.*); ~ *com* sich zurechtfinden in (*dat.*) *od.* mit; **~-se** sich strecken; *fig.* in Ordnung kommen; aufsässig werden.

endívia [~'divjɐ] *f* Endivie *f*.

endivid|ado [~dəvi'δaδu] verschuldet; **~amento** [~δɐ'mẽntu] *m* Verschuldung *f*; **~ar** [~ar] (1a) in Schulden stürzen; (sich) *j-n* verpflichten; **~ar-se** *com alg.* j-s Schuldner w.

Endoenças [~'dwẽsɐʃ] *f/pl.* Passionsfeierlichkeiten *f/pl.*; *Quinta-feira f de* ~ Gründonnerstag *m*.

endoidecer [~doiδə'ser] (2g) verrückt machen (*od.* werden).

endomingado [~dumĩŋ'gaδu] sonntäglich geputzt.

endoss|ado [~du'saδu] *m* Indossat *m*, Girat(ar) *m*; **~amento** [~sɐ'mẽntu] *m* = **~o**; **~ante** [~ẽntə] *m* Indossant *m*, Girant *m*; ~ *anterior* Vor(der)-, ~ *posterior* Nach-mann *m*; **~ar** [~ar] (1e) indossieren, girieren; *fig.* aufbürden; *allg.* unterschreiben (*a. fig.*); *fig.* unterstützen; **~atário** [~sɐ'tarju] = **~ado**; **~o** [~'dosu] *m* Indossament *n*; Giro *n*.

endoudecer [~doδə'ser] = *endoidecer*.

endro ⚘ ['ẽndru] *m* Dill *m*.

endurec|er [ẽn-, ĩndurə'ser] (2g) verhärten, hart m.; abhärten; *v/i.* erhärten; = **~er-se** hart w.; sein Herz verhärten; verstockt w.; **~i-**

mento [~si'mẽntu] *m* Verhärtung *f*; Abhärtung *f*; Hartherzigkeit *f*; Verstocktheit *f*.
ene ['ɛnə] *m Name des Buchstabens n*.
enegrecer [inəɣrə'ser] (2g) schwärzen; verdüstern; *fig.* schlechtm.; *v/i. u.* **~-se** schwarz w.
energ|ético [inər'ʒɛtiku] *fis.* energetisch; Energie...; **~ia** [~iɐ] *f* Tatkraft *f*; Nachdruck *m*; *fis.* Energie *f*; ~ *eléctrica* Strom *m*; **enérgico** [i'nɛrʒiku] tatkräftig; nachdrücklich; entschieden; energisch.
enerv|ação [inərvɐ'sɐ̃u] *f* Nervengeflecht *n*; ♀ Aderung *f*; = **~amento** [~ɐ'mẽntu] *m* Nervosität *f*; Aufregung *f*; **~ar** [~'var] (1c) mit Nerven versorgen; *fig.* auf die Nerven fallen (*dat.*); aufregen; **~ar-se** nervös werden; aufbrausen.
enevo|ado [inə'vwaδu] neblig; trüb; **~ar** [~ar] (1f) in Nebel hüllen; bewölken; trüben (*a. fig.*).
enfad|adiço [ẽ-, ĩfɐδɐ'δisu] empfindlich; **~ado** [~'δaδu] ärgerlich; **~ar** [~'δar] (1b) verstimmen; ärgern; langweilen; **~o** [ẽ-, ĩ'faδu] *m* Verstimmung *f*; Ärger *m*; Langeweile *f*; *encher-se de* ~ sich langweilen; **~onho** [~'δoɲu] langweilig; ärgerlich; lästig.
enfaixar [~fai'ʃar] (1a) *Kind* wickeln.
enfard|adeira [~fɐrdɐ'δeirɐ] *f* ⚒ Bindemaschine *f*; **~ador** [~ɐ'δor] *m* Packer *m*; **~amento** [~ɐ'mẽntu] *m* Verpackung *f*; Binden *n*; **~ar** [~'dar] (1b) (in Ballen) verpacken, einnähen; *Getreide* binden; = **~elar** [~də'lar] (1c) einpacken.
enfarinh|ado [~fɐri'ɲaδu] mehlig; beschlagen (in [*dat.*] *em*); **~ar** [~ar] (1a) (mit Mehl) bestäuben; weiß m.; (ein)pudern; **~ar-se** *de fig.* hineinriechen in (*ac.*).
enfarruscar [~fɐʀuʃ'kar] (1n) schwarz m., schwärzen; *fig.* ärgern.
enfart|amento [~fɐrtɐ'mẽntu] *m* (Magen-)Überladung *f*; (Blut-)Stauung *f*; **~ar** [~'tar] (1b) vollstopfen; verstopfen; stauen; = *enfastiar*; **~e** [~'fartə] = *~amento*; ~ *de miocárdio* Herzinfarkt *m*.
ênfase ['ẽfɐzə] *f* Emphase *f*.
enfasti|ado [ẽ-, ɨfɐʃ'tjaδu] überdrüssig; widerwillig; **~ante** [~ẽntə] widerlich; langweilig; **~ar** [~ar] (1g) zuwider sn, anwidern; langweilen; **~ar-se** überdrüssig w.
enfático [~'fatiku] emphatisch.
enfatu|ado [~fɐ'twaδu] eingebildet; **~amento** [~twɐ'mẽntu] *m* Dünkel *m*, Einbildung *f*; **~ar** [~ar] (1g) zu Kopf steigen (*dat.*); **~ar-se** sich et. einbilden (auf [*ac.*] *com*).
enfeit|ar [~fei'tar] (1a) (aus)schmükken; verzieren; verbrämen; **~e** [~'feitə] *m* Schmuck *m*; Putz *m*; Zierat *m*, Verzierung *f*.
enfeitiçar [~feiti'sar] (1p) verzaubern, behexen; *fig.* bezaubern.
enfeixar [~fei'ʃar] (1a) bündeln; sammeln; ein-, zs.-packen.
enferm|agem [~fər'maʒɐ̃i] *f* Krankenpflege *f*; Pflegepersonal *n*; **~ar** [~ar] (1c) krank m.; (be)schädigen; *v/i.* erkranken; ~ *de* kranken an (*dat.*); **~aria** [~mɐ'riɐ] *f* Krankensaal *m*, -abteilung *f*; Revier *n* (*Kaserne*); Station *f* (*Krankenhaus*); **~eira** [~eirɐ] *f* Krankenschwester *f*; Pflegerin *f*; **~eiro** [~eiru] *m* Kranken-pfleger *m*, -wärter *m*; **~iço** [~isu] kränklich; krankhaft; **~idade** [~mi'δaδə] *f* Gebrechen *n*; Krankheit *f*; Kränklichkeit *f*; **~o** [~'fermu] krank; kränklich; schadhaft.
enferruj|ado [~fəʀu'ʒaδu] rostig, verrostet; **~ar** [~ar] (1a) zum Rosten bringen; *v/i.* (ein)rosten.
enfesta [~'fɛʃtɐ] *f* (An-)Höhe *f*; Gipfel *m*; **~do** [~fɨʃ'taδu] doppelbreit.
enfeud|amento [~feuδɐ'mẽntu] *m fig.* Abhängigkeit *f*; **~ar** [~'δar] (1a) *fig.* abhängig m.
enfez|ado [~fɛ'zaδu] schmächtig; unentwickelt; **~ar** [~ar] (1a) nicht zur Entwicklung kommen l.; zurückbringen; *fig. j-n* aufbringen.
enfi|ada [~'fjaδɐ] *f* Reihe *f*, Kette *f*; *de* ~ hinter-, nach-einander; **~ado** [~aδu] bleich, blaß; **~adura** [~fjɐ'δurɐ] *f* Nadelöhr *n*; = **~amento** [~fjɐ'mẽntu] *m* Einfädeln *n*; Reihe *f*; *fig.* Schreck *m*; Blässe *f*; **~ar** [~ar] (1g) einfädeln (*a. fig.*); aufreihen; anea.-reihen; *Kleidungsstück* überstreifen, anziehen; *Ring* anstecken; durch-queren, -schreiten; entlang-gehen, -fahren; *v/i.* erbleichen; ~ *por* (*a, em*) einbiegen in (*ac.*); (hinein-)gehen, (-)stürzen, (-)ziehen in (*ac.*); sich wenden nach.
enfileirar [~filei'rar] (1a) (in Reihen) aufstellen; eingliedern; ausrichten; **~-se** in die Reihe treten; in Reihen

stehen (*od.* hängen, liegen *usw.*); eintreten (*in e-e Partei usw.*).
enfim [ẽ'fĩ] endlich; ~, kurz,; na ja,; *até que ~!* na endlich!
enfit|euse [ẽfi'teuzə] *f* Erbpacht *f*; **~euta** [~eutɐ] *su.* Erbpächter(in *f*) *m*; **~êutico** [~eutiku] Erbpacht...
enfo|car [ẽ-, ĩfu'kar] (1n; *Stv.* 1e) = *focalizar*; **~que** [~'fɔkə] *m* Einstellung *f*.
enforc|ado [~fur'kaδu] *m fig. etwa*: Hängerebe *f*; **~amento** [~ɐ'mẽntu] *m* Erhängen *n*; *morte f por ~* Tod *m* durch den Strang; **~ar** [~ar] (1n; *Stv.* 1e) erhängen, henken; *fig. Hoffnung usw.* begraben; *Geld* verjubeln; *Waren* verschleudern.
enformar [~fur'mar] (1e) formen; durchdringen; zugrunde liegen (*dat.*); *v/i.* sich entwickeln.
enfornar [~'nar] (1e) *Brot* einschießen.
enfraquec|er [ẽ-, ĩfrɐkə'ser] (2g) schwächen; *v/i.* schwach w.; erschlaffen; **~imento** [~si'mẽntu] *m* Schwächung *f*; Schwäche *f*.
enfrascar [~frɐʃ'kar] (1n; *Stv.* 1b) abfüllen.
enfr|ear [~'frjar] (1l) = **~enar** *bras.* [~fre'nar] (1d) (auf)zäumen; *fig.* zügeln.
enfrent|amento [~frẽntɐ'mẽntu] *m* Ausea.-setzung *f*, Kampf *m*; **~ar** [~'tar] (1a) entgegentreten, die Stirn bieten (*dat.*); ins Auge sehen (*dat.*); *~ com* gegenüber-liegen, -stehen; **~ar-se** ea. gegenübertreten, sich messen.
enfronh|ado [~fru'ɲaδu] beschlagen, bewandert (in [*dat.*] *em*); **~ar** [~ar] (1f) überziehen; überwerfen; **~ar-se:** *~ em* studieren (*ac.*).
enfuma|çado [~fumɐ'saδu] rauchig; diesig; **~çar** [~'sar] (1p; *Stv.* 1b) = **~rar** [~'rar] (1b) verräuchern.
enfunar [~fu'nar] (1a) (auf)blähen; **~-se** schwellen; *fig.* großtun.
enfurec|er [~furə'ser] (2g) wütend m.; *v/i. u.* **~er-se** wütend w.; wüten, toben (*Wind, Meer*); **~ido** [~iδu] wütend, tobend.
enfurnar [~fur'nar] (1a) (ein-, ver-) stecken.
engabelar [ẽŋ-, ĩŋgabə'lar] (1c) *bras.* irreführen, F einwickeln.
engaço [ẽŋ-, ĩŋ'gasu] *m* Trester *m*.
engadanhar [~gɐδɐ'ɲar] (1a) steif machen; **~-se** erstarren (*a. fig.*).
engaiolar [~gaju'lar] (1e) in e-n Käfig (*od.* ein-)sperren.
engaj|ador [~gɐʒɐ'δor] *m* Auswanderungsagent *m*; Heuerbaas *m*; **~amento** [~'mẽntu] *m* Engagement *n* (*a. fig.*); **~ar** [~'ʒar] (1b) engagieren (*a. fig.*); an-, ein-stellen; (an-) werben, *Matrosen* anheuern; **~ar-se** *em* Dienst (*od.* e-e Stelle an-) nehmen bei, gehen zu; *fig.* sich einlassen auf (*ac.*), sich engagieren in (*dat.*).
engalanar [~gɐlɐ'nar] (1a) schmücken.
engan|adiço [~gɐnɐ'δisu] leicht zu täuschen(d); **~ado** [~'naδu]: *estar ~* = *~ar-se*; **~ador** [~ɐ'δor] (be-) trügerisch; **~ar** [~'nar] (1a) (be-) trügen; täuschen; *Schmerz* zu vergessen suchen; *Zeit* totschlagen; *Hunger* betäuben; **~ar-se** sich irren, sich täuschen (in [*dat.*] *com, em*); **~o** [~'gɐnu] *m* Betrug *m*; Irrtum *m*; Täuschung *f*; **~oso** [~'nozu (-ɔ-)] (be)trügerisch; irrig.
enganchar [~gẽ'ʃar] (1a) an-, ein-, fest-haken; an-, auf-hängen; **~-se** hängenbleiben.
engarapar *bras.* [~gara'par] (1b) *fig. j-n* einwickeln.
engarraf|adeira [~gɐʀɐfɐ'δeirɐ] *f* Flaschenfüllmaschine *f*; **~ado** [~'faδu]: *vinho m ~* Flaschenwein *m*; **~amento** [~ɐ'mẽntu] *m* Abfüllung *f auf Flaschen*; *fig.* Verstopfung *f*; *Verkehrs*-Stau *m*; ⚕ Engpaß *m*; **~ar** [~'far] (1b) in e-e Flasche (*od.* auf Flaschen) füllen, abfüllen; *fig.* verstopfen.
engasg|ado [~gɐʒ'ɣaδu] *fig.* verlegen; **~ar** [~'ɣar] (1o; *Stv.* 1b) *j-m* im Halse steckenbleiben; **~ar-se** sich verschlucken; *fig.* steckenbleiben.
engast|ar [~gɐʃ'tar] (1b) (ein)fassen; einlegen; **~e** [~'gaʃtə] *m* Fassung *f*.
engat|ador ⊕ [~gɐtɐ'δor] *m* Sperrklinke *f*; **~ar** [~'tar] (1b) ver-, zs.-klammern; ein-haken, -klinken; *Pferd* anspannen; 🚂 an-, zs.-kuppeln; **~e** [~'gatə] *m* 🚂 Kuppelung *f*.
engatilhar [~gɐti'ʎar] (1a) *Gewehr* entsichern, spannen; *fig.* bereithalten; *Gesicht* aufsetzen.
engatinhar [~'ɲar] (1a) auf allen vieren kriechen; (erst) anfangen.
engavetar [~və'tar] (1c) einschließen; **~-se** *bras.* sich inea.-schieben.
engelh|ado [ẽ-, ĩʒɨ'ʎaδu] runzlig;

knautschig, faltig; **~ar** [~ar] (1c) (zer)knittern; runzeln; **~ar-se** ein-, ver-schrumpfen.

engendrar [~ʒẽn'drar] (1a) erzeugen; hervorbringen; sich ausdenken; *Ränke* schmieden; *Verschwörung* anzetteln.

engenh|ar [~ʒɨ'ɲar] (1d) ersinnen; aushecken; **~aria** [~ɲɐ'riɐ] *f* Ingenieurwissenschaft *f*; ⚔ Pioniertruppe *f*, Pioniere *m/pl.*; **~eiro** [~eiru] *m* (Diplom-)Ingenieur *m*; ~ *agrónomo* Diplomlandwirt *m*; ~ *civil* Bauingenieur *m*; *corpo m de ~s die* technischen Truppen *f/pl.*; **~o** [~'ʒeɲu] *m* Erfindungsgabe *f*; Geschick *n*; Genie *n*; Kunstgriff *m*; Maschine *f*, Apparat *m*; *Wasser*-Schöpfwerk *n*; *bras. Mate-*, *Zucker*-Mühle *f*; *bsd.* Zucker-siederei *f*, -rohrfarm *f*; ~ (*explosivo*) Sprengkörper *m*; ~ *especial* Rakete *f*; **~oca** [~ɔkɐ] *f* Maschinchen *n*, Apparat *m*; *fig.* F Kniff *m*; *bras.* Schnapsbrennerei *f*; **~osidade** [~ɲuzi'ðaðə] *f* Erfindungsgabe *f*; Findigkeit *f*; **~oso** [~ozu (-ɔ-)] sinnreich; erfinderisch, findig; geistreich.

engessar [~ʒə'sar] (1c) (ein-, ver-) gipsen; verputzen.

englob|amento [ẽŋ-, ĩŋgluβɐ'mẽntu] *m* ⚖ Zs.-veranlagung *f*; **~ar** [~'βar] (1e) zs.-ballen; zs.-fassen; umfassen; einbeziehen; zs.-veranlagen; **~ável** [~'βavɛɫ] steuerpflichtig (*Einkünfte*).

engod|ar [~gu'ðar] (1e) ködern; **~o** [~'goðu] *m* Köder *m*.

engol|far [~goɫ'far] (1e) (hinein-) treiben, (-)stecken; hinreißen (zu *em*); **~far-se** versinken; sich verlieren.

engolir [~gu'lir] (3f) verschlingen; (hinunter)schlucken (*a. fig.*); ~ *em seco* schlucken, einstecken; *v/i.* sich nicht mucksen, still sein.

engomar [~gu'mar] (1f) *Wäsche* stärken; *Papier usw.* gummieren; *Stimme* erheben; *Wein* klären; *ferro m de ~* Plätteisen *n*.

engonç|ar [~gõ'sar] (1a) einhängen; **~o** [~'gõsu] *m Tür*-Angel *f*; Scharnier *n*; *boneco m de ~s* Hampelmann *m*.

engord|a [~'gɔrdɐ] *f* Mast *f*; **~ar** [~gur'dar] (1e) mästen; *v/i.* dick w., zunehmen; **~e** *bras.* [~ə] *m* Mast *f*; **~urar** [~gurdu'rar] (1a) fettig m.

engraç|ado [~grɐ'saðu] nett, allerliebst; ulkig; lustig; witzig; **~ar** (**-se**) [~ar(sə)] (1p; *Stv.* 1b): ~ *com alg.* j-n nett finden.

engrad|ado [~'ðaðu] *m* Lattenverschlag *m*; **~ar** [~ar] (1b) mit e-m Lattenverschlag versehen.

engrandec|er [~grẽndə'ser] (2g) vergrößern; erhöhen; rühmen; übertreiben; *v/i. u.* **~er-se** wachsen; aufsteigen; **~imento** [~si'mẽntu] *m fig.* Aufstieg *m*.

engranzar [~grẽ'zar] (1a) *Perlen* auffädeln; verketten; = *engrenar*.

engravat|ado [~grɐvɐ'taðu] beschlipst; *allg.* schmuck; **~ar-se** [~arsə] (1b) e-n Schlips tragen; *allg.* sich herausputzen.

engravidar [~vi'ðar] (1a) schwängern; *Kind* austragen; *v/i.* schwanger w.

engrax|adela [~grɐʃɐ'ðɛlɐ] *f Schuh*-Reinigung *f*; *Leder*-Einfettung *f*; **~ador** [~ɐ'ðor] *m* Schuhputzer *m*; *fig.* Speichellecker *m*; **~ar** [~'ʃar] (1b) *Schuhe* putzen; *Leder* einfetten; ~ (*as botas a*) *alg.* j-m die Stiefel lecken; **~ate** *bras.* [~'ʃatə] *m* Schuhputzer *m*.

engren|agem [~grə'naʒẽi] *f* Getriebe *n*, Räderwerk *n* (*a. fig.*); Maschinerie *f*; Verzahnung *f*; *roda f de ~* Zahnrad *n*; **~ar** [~ar] (1d) verzahnen; ein-, inea.-haken, -schalten; *fig.* in Angriff nehmen; *v/i. u.* **~ar-se** ein-, inea.-greifen.

engrinaldar [~grinaɫ'dar] (1a) bekränzen, schmücken.

engrip|ado [~gri'paðu] grippekrank; **~ar-se** [~'parsə] (1a) sich erkälten; die Grippe bekommen.

engrolar [~gru'lar] (1e) an-braten, -kochen; hinsudeln; murmeln.

engross|ador [~grosɐ'dor] *m bras. fig.* Kriecher *m*; **~amento** [~ɐ'mẽntu] *m bras. fig.* Kriecherei *f*; **~ar** [~'sar] (1e) verdicken; verstärken (*a. fig.*); ver-größern, -mehren; *Suppe usw.* eindicken; *bras. fig.* beweihräuchern; *v/i.* dick w.; anschwellen.

enguia [~'giɐ] *f* Aal *m*.

enguiç|ado [~gi'saðu] vom Pech verfolgt; kümmerlich; **~ar** [~ar] (1p) verhexen; Unglück bringen; verkümmern; **~o** [~'gisu] *m* Hexerei *f*; Unglück *n*, F Pech *n*; ⊕ Panne *f*; böse Ahnung *f*; böse(s) Zeichen

n; Kümmerling *m*.
engulh|ar [~gu'ʎar] (1a) (sich) ekeln; **~o** [~'guʎu] *m* Ekel *m*; Brechreiz *m*.
enigm|a [i'niɣmɐ] *m* Rätsel *n*; **~ático** [iniɣ'matiku] rätselhaft.
enjeit|ado [ẽ-, ĩʒei'taδu] *m* Findelkind *n*; *fig*. Stiefkind *n*; **~ar** [~ar] (1a) zurückweisen; verstoßen; *Kind* aussetzen; *Nest* aufgeben.
enjo|ado [ẽ-, ĩ'ʒwaδu] widerwärtig; *estou* ~ mir ist übel; ich bin see- (*od*. luft-)krank; *estou* ~ *de et*. ist mir widerwärtig; **~ar** [~ar] (1f) nicht mögen; *j-m* Übelkeit verursachen; *enjoa-me* das macht mir übel; das ist mir widerwärtig; *v/i*. *enjoei* mir ist übel (*od*. ich bin see-, luft-krank) geworden; **~ativo** [~ɐ'tivu] schwer verdaulich (*Speisen*); *fig*. widerwärtig, eklig; **~o** [~'ʒo-u] *m* Übelkeit *f*; See- (*od*. Luft-) krankheit *f*; Widerwille *m*.
enla|çar [ẽ-, ĩlɐ'sar] (1p; *Stv*. 1b) festbinden; ver-binden, -knüpfen; fesseln; umschlingen (mit *em*); *v/i*. ~ *com* in Verbindung stehen mit; sich anschließen an (*ac*.); **~çar-se** sich verbinden; (sich ver)heiraten; sich verschwägern; **~ce** [~'lasə] *m* Verbindung *f*; Verschlingung *f*; Band *n*, Fessel *f*; Vermählung *f*.
enlamear [~lɐ'mjar] (1l) verschlammen; besudeln.
enlat|ado [~'taδu] **1.** *adj*. Büchsen...; **2.** *m* Konserve *f*; **~ar** [~ar] (1b) (in Büchsen) einmachen.
enle|ado [ẽ-, ĩ'ljaδu] verlegen, befangen; bestürzt; *estar* ~ *com* nicht wiedererkennen (*ac*.); **~ar** [~ar] (1l) (an-, fest-)binden; verwirren; *j-n in e-e Sache* verwickeln, verstricken; *j-n* fesseln, anziehen; **~ar-se** sich verschlingen; sich verfangen.
enleio [~'leju] *m* Schlinge *f*; Schlingpflanze *f*; Verwicklung *f*; Verwirrung *f*; Reiz *m*, Zauber *m*.
enlev|ar [~lə'var] (1c) ent-, verzücken, hinreißen; betören; **~ar-se** in Verzückung geraten; versinken (in [*ac. u. dat*.] *em*); **~o** [~'levu] *m* Begeisterung *f*; Verzückung *f*; Versunkenheit *f*; Zauber *m*; Wunder *n*.
enliçar [~li'sar] (1p) *Kettfäden* einziehen; *Gewebe* binden, durchschießen; *fig*. anzetteln, aushecken; be-, ver-stricken; täuschen.
enlindecer *bras*. [~lĩnde'ser] (2g) verschönern.
enlodar [~lu'δar] (1e) beschmutzen.
enlouquecer [~lokə'ser] (2g) um den Verstand bringen; *v/i*. den Verstand verlieren.
enlut|ado [~lu'taδu] in Trauer; leidtragend, trauernd; schwarzgerändert (*Papier*); düster; **~ar** [~ar] (1a) heimsuchen; verdüstern.
enobrecer [inuβrə'ser] (2g) adeln; veredeln; verschönern.
enodoar [inu'δwar] (1f) beflecken.
enoj|adiço [~ʒɐ'δisu] empfindlich, reizbar; **~ar** [~'ʒar] (1e) ekeln, anwidern; ärgern.
enorm|e [i'nɔrmə] ungeheuer, gewaltig; *fig*. ungeheuerlich; **~idade** [inurmi'δaδə] *f* gewaltige Größe (*od*. Zahl) *f*; gewaltige(s) Ausmaß *n*; *fig*. Ungeheuerlichkeit *f*.
enovelar [inuvə'lar] (1c) aufwickeln; *fig*. verwirren; **~-se** wirbeln; sich verknäueln; sich zs.-ballen.
enquadr|amento [ẽŋ-, ĩŋkwɐdrɐ'mẽntu] *m* Rahmen *m*; *fig*. Eingliederung *f*, Integration *f*; Anschluß *m*; **~ar** [~'δrar] (1b) einrahmen; einschließen; ~ *em fig*. ein-fügen, -gliedern in (*ac*.); gehören zu; sich anschließen an (*ac*.); **~ável** [~'δravɛɫ]: *ser* ~ *em* sich einfügen l.
enquanto [~'kwẽntu] **1.** als; **2.** *cj*. solange; ~ (*que*) während; ~ *isto* unterdessen; **3.** *adv*. *por* ~ vorläufig, vorderhand.
enraiv|ar [ẽ-, ĩʀai'var] (1a) = **~ecer** [~və'ser] (2g) wütend m.; *v/i*. *u*. **~ecer-se** wütend w.
enraizar [~ʀai'zar] (1q) einwurzeln; *v/i*. *u*. **~-se** Wurzel fassen, wurzeln.
enrasc|adela P [~ʀɐʃkɐ'δɛlɐ] *f* Patsche *f*; Reinfall *m*; **~ar** P [~'kar] (1n; *Stv*. 1b) reinlegen; **~ar-se** reinfallen; sich in die Nesseln setzen.
enred|ar [~ʀə'δar] (1c) verwickeln; inea.-flechten, verschlingen; umgarnen; verstricken; verhetzen, entzweien; *lit*. e-e Fabel ersinnen für; *Geschichte* ausspinnen; *Handlung* aufbauen, verknüpfen; **~iça** [~isɐ] *f* Schlingpflanze *f*; **~o** [~'ʀeδu] *m* Verwicklung *f*; Verwirrung *f*; mißliche Lage *f*; Intrige *f*; Machenschaft *f*; *lit*. Handlung *f*; **~oso** [~ozu (-ɔ-)] verwickelt; heikel.
enregelar [~ʀɨʒə'lar] (1c) erstarren lassen; *v/i*. erstarren.
enrij|ar [~ʀi'ʒar] (1a) = **~ecer**

[~ʒə'ser] (2g) (sich) abhärten; (sich) kräftigen.
enriquec|er [~kə'ser] (2g) reich m., bereichern; *v/i.* reich(er) w.; ~ *com* reich w. durch (*ac.*); sich bereichern an (*dat.*); **~imento** [~si'mẽntu] *m* Reichwerden *n*; Bereicherung *f.*
enristar [~ʃ'tar] (1a) losgehen auf (*ac., com*); **~-se** aufea. losgehen.
enrodilhar [~ʀuδi'ʎar] (1a) (auf-, um-)wickeln; einwickeln (*a. fig.*).
enrol|amento [~lɐ'mẽntu] *m* Wicklung *f*; **~ar** [~'lar] (1e) (auf-, ein-, zs.-)rollen; (ein-, ver-)wickeln; verstecken; **~ar-se** hochgehen (*See*).
enroscar [~ʀuʃ'kar] (1n; *Stv.* 1e) zs.-rollen; (auf)winden; einschrauben; schlingen (um *a*); **~-se** *fig.* sich zs.-kauern.
enroupar [~ʀo'par] (1a) (mit Wäsche) ausstatten; warm anziehen; *fig.* stecken in (*ac., em*).
enrouquecer [~ʀokə'ser] (2g) heiser machen (*od.* werden).
enrubescer [~ʀuβɨʃ'ser] (2g) röten; *v/i.* erröten, erglühen.
enrug|ado [~ʀu'ɣaδu] runzlig; **~ar** [~ar] (1o) runzeln; (ver)knautschen; kräuseln; **~ar-se** zs.-schrumpfen.
ensabo|adela [~sɐβwɐ'δɛlɐ] *f fig.* F Abreibung *f*; ~ *de* oberflächliche Einführung *f* in (*ac.*) *od.* Kenntnis von; *dar uma ~ a* einseifen (*ac.*); *fig.* den Kopf waschen (*dat.*); *dar uma ~ de* ein paar Brocken (*od.* ein bißchen) ... (*ac.*) beibringen; **~ado** [~'βwaδu] *m*: *dia m de ~* Waschtag *m*; **~ar** [~'βwar] (1f) einseifen; *fig.* F *j-m* den Kopf waschen; ~ *a cara* (*od. as ventas*) *a alg.* j-m eine runterhauen. [(*Zunge*).]
ensaburrado [~sɐβu'ʀaδu] belegt
ensac|ador [~sɐkɐ'δor]: *balança f ~a* Einsackwaage *f*; **~ar** [~'kar] (1n; *Stv.* 1b) einsacken; zu Wurst verarbeiten; ~ *carne* wursten.
ensai|ador [~sɐjɐ'δor] *m* Münzprüfer *m*; *tea.* Spielwart *m*; **~ar** [~'jar] (1b) ausprobieren; prüfen; *Motor* einlaufen; *tea.* einstudieren; proben; **~ar-se** sich üben.
ensaibr|ado [~sai'βraδu] Kies...; **~ar** [~ar] (1a) mit Kies bedecken.
ensaio [~'saju] *m* Probe *f*; Versuch *m*; Prüfung *f*; Essay *m*; *proveta f* (*od. tubo m*) *de ~* Probierglas *n.*
ensaísta [~sɐ'iʃtɐ] *m* Essayist *m.*
ensalm|ar [~saɫ'mar] (1a) besprechen; **~o** [~'saɫmu] *m* Zauberspruch *m.*
ensambl|agem [~sẽm'blaʒẽi] *f* Holzverband *m*; **~ar** [~ar] (1a) verbinden, ein-, zs.-fügen.
ensancha(s) [~'sẽʃɐ(ʃ)] *f*(*pl.*) Stoff *m* zum Auslassen (*in Kleidern*).
ensanguent|ado [~sẽŋgwẽn'taδu] blutig, blutbefleckt; **~ar** [~ar] (1a) mit Blut beflecken.
ensarilhar [~sɐri'ʎar] (1a) (ver-)haspeln; *Gewehre* zs.-stellen.
enseada [~'sjaδɐ] *f* Bucht *f*, Reede *f.*
enseb|ado [~sə'βaδu] schmierig, fettig; **~ar** [~ar] (1d) ein-fetten, -schmieren.
ensej|ar [~sɨ'ʒar] (1d) Gelegenheit geben (*dat.*); *Gelegenheit* abwarten; **~o** [~'seʒu] *m* Gelegenheit *f* (*neste* bei dieser); Augenblick *m.*
ensimesmar-se [~simɨʒ'marsə] (1c) in Gedanken versinken.
ensin|adela [~sinɐ'δɛlɐ] *f* Lehre *f*; **~ado** [~'naδu] sachverständig; *bem* (*mal*) ~ wohler- (unge-)zogen; **~amento** [~ɐ'mẽntu] *m* Lehre *f*; **~ar** [~'nar] (1a) lehren (*a. fig.*), unterrichten; zeigen; *Pferd* zureiten; *Hund* abrichten, dressieren; **~o** [~'sinu] *m* Unterricht *m*; Belehrung *f*, Lehre *f*; Zureiten *n*; Abrichten *n*; *fig.* Erziehung *f*; *tomar ~* sich belehren l. [heiß.]
ensoado [~'swaδu] welk; trocken;
ensoberbecer [~suβərβə'ser] (2g) stolz m.; **~-se** hochmütig w.; stürmisch w.; hochgehen (*Wellen*).
ensolarado *bras.* [~sola'radu] sonnig.
ensombrar [~sõm'brar] (1a) beschatten; verdüstern.
ensonado [~su'naδu] schläfrig.
ensop|ado [~su'paδu] **1.** *adj. estar ~ em água* völlig durchnäßt sn; *carne f ensopada* = **2.** *m* Schmorbraten *m*; **~ar** [~ar] (1e) einweichen; eintunken; einbrocken; durch-nässen, -weichen; durchdringen; *Fleisch* schmoren; **~ar-se** einziehen; naß w.
ensurdec|edor [~surdəsə'δor] betäubend; einschläfernd; **~er** [~'ser] (2g) betäuben; (ab)dämpfen; *v/i.* taub w.; *fig.* sich taub stellen; **~imento** [~si'mẽntu] *m* Taubheit *f.*
entablamento [ẽn-, ĩntɐβlɐ'mẽntu] *m* △ Gebälk *n.*
entabocar *bras.* [~tabo'kar] (1n; *Stv.* 1e) (ein-, fest-)klemmen.

entabu|amento [~tɐβwɐ'mẽntu] *m* Fußboden *m*; Verschalung *f*; Bohlen *f/pl.*; **~ar** [~'βwar] (1g) dielen, bohlen; verschalen; beplanken; **~ar-se** sich verhärten.

entabul|amento [~tɐβulɐ'mẽntu] *m* **a**) Gesims *n*; **b**) Beginn *m*; Einleitung *f*; Anknüpfung *f*; **~ar** [~'lar] (1a) (an)ordnen; beginnen; einleiten; *Verhandlung* anknüpfen; **~ar-se** sich anspinnen, beginnen.

entaipar [~tai'par] (1a) absperren, einzäunen; einsperren.

ental|ação [~tɐlɐ'sɐ̃u] *f fig.* Bedrängnis *f*; Klemme *f*; **~ado** [~'laðu]: *estar* (*od.* *ver-se*) ~ in der Klemme (*od.* F Patsche) sitzen; *ficar* ~ = *~ar-se*; **~ar** [~'lar] (1b) ein-, fest-schrauben; (ein)klemmen; ⚕ (ein)schienen; *fig.* in die Enge treiben; in die Klemme bringen; F hereinlegen; **~ar-se** steckenbleiben, eingeklemmt w.; *in e-e schwierige Lage usw.* geraten; in Bedrängnis kommen; F hereinfliegen.

entalh|ador [~tɐʎɐ'ðor] *m* (Holz-, Bild-) Schnitzer *m*; Stechbeitel *m*; **~adura** [~ɐ'ðurɐ] *f* Schnitzwerk *n*; = ~e; **~ar** [~'ʎar] (1b) (ein)schneiden; schnitzen; *in Stein* hauen; (aus)meißeln; ausarbeiten; (ein-) kerben, riefen; **~e**, **~o** [~taʎə, -u] *m* Schnitzen *n*; Holz-schnitzerei *f*, -schnitt *m*; Einschnitt *m*, Kerbe *f*.

entanguido [~tẽŋ'giðu] klamm; starr; *fig.* verlegen.

entanto [~'tẽntu]: *no* ~ indessen.

então [~'tɐ̃u] damals; da; dann; also (dann); *desde* ~ seitdem; *até* ~ bis dahin; ~! (na) also!; ~? nun?; e ~? und dann?; und?; e ~?! und wenn schon?!; ~, *que diz?* nun, was sagen Sie?; ~, *é possível?* aber ist das denn möglich?

entardecer [~tɐrdə'ser] (2g) Abend w.; *ao* ~ am Spätnachmittag.

ente ['ẽntə] *m* Wesen *n*.

enteado *m*, **-a** *f* [ẽn-, ĩn'tjaðu, -ɐ] Stief-sohn *m*, -tochter *f*.

entediar [~tə'ðjar] (1g) anwidern, langweilen; *j-m et.* verekeln.

entend|edor [~tẽndə'ðor] verständig; **~er** [~'der] (2a) verstehen; etwas verstehen von; erkennen, einsehen; *j-n* durchschauen; glauben, meinen; der Ansicht sein; wollen; erfahren von; *v/i.* es verstehen; ~ *com* zs.-hängen mit; ~ *de* etwas verstehen von; zuständig sn für; ~ *de lagares de azeite*, ~ *da poda* s-e Sache verstehen; ~ *em* zu sagen h. in (*dat.*); unter sich h. (*ac.*); ~ *em inf.* sich darum kümmern zu *inf.*; daran denken zu *inf.*; *dar a* ~ zu verstehen geben, andeuten; *dar que* ~ zu denken geben; *fazer-se* ~ sich verständlich m.; *no meu* ~ m-r Meinung nach; **~er-se** sich verständigen; sich auskennen (in [*dat.*] *de*, *em*); ~ *com* sich ins Einvernehmen setzen (*od.* sich einig sn) mit; *eu cá me entendo* ich weiß, woran ich bin (*od.* was ich zu tun habe); **~ido** [~'diðu] **1.** *adj.* verständig; beschlagen; einverstanden; ~! abgemacht!; *bem* ~ wohlverstanden; selbstverständlich; *não se dar por* ~ sich dumm stellen; *ser* ~ *em* etwas verstehen von; **2.** *m* Kenner *m*; Fachmann *m*; P Heilkünstler *m*; **~imento** [~i'mẽntu] *m* Verstand *m*; Verständnis *n*; Auslegung *f*; *pol.* Verständigung *f*; *~s pl. bras.* Verhandlungen *f/pl.*; Absprache *f*.

entenebrecer [~tənəβrə'ser] (2g) verfinstern.

enterite [~tə'ritə] *f* Darmentzündung *f*.

enternec|edor [~tərnəsə'ðor] rührend; **~er** [~'ser] (2g) rühren; **~er-se** gerührt (*od.* zärtlich) w.; **~imento** [~i'mẽntu] *m* Rührung *f*; weiche (*od.* zärtliche) Stimmung *f*.

enterr|amento [~təʀɐ'mẽntu] *m* Ein-, Ver-graben *n*; Begräbnis *n*; **~ar** [~'ʀar] (1c) ein-, ver-graben; *Tote* begraben, beerdigen; *in e-r Gruft* beisetzen; *fig.* ins Grab bringen; unterkriegen; unmöglich machen; **~ar-se** versinken.

enterro [~'teʀu] *m* Beerdigung *f*; Beisetzung *f*; Leichenzug *m*.

entesar [~tə'zar] (1c) straffen; (ver-) steifen; (ver)stärken.

entesoirar, -ourar [~təzoi'rar, -o'rar] (1a) *Schätze* zs.-tragen; aufhäufen, -speichern.

entestar [~tɨʃ'tar] (1c): ~ *com* grenzen, stoßen an (*ac.*).

entibiar [~ti'βjar] (1g) abkühlen.

entidade [~ti'ðaðə] *f* Wesenheit *f*; Wesen *n*; Persönlichkeit *f*; *staatl.* Stelle *f*, Behörde *f*.

ento|ação [~twɐ'sɐ̃u] *f* Intonation *f*; Tonfall *m*; *pint.* Abstimmung *f*; **~ar** [~'twar] (1f) anstimmen; singen; *fig.* (ein)leiten; ~ *em falsete* kreischen.

entono [~'tonu] *m* Dünkel *m*.

entontecer [~tõntə'ser] (2g) schwindlig m. (*od.* w.); verdummen.

entornar [~tur'nar] (1e) umwerfen; vergießen; *Ton, Licht* aussenden; *fig.* vergeuden; **~-se** umfallen; ausfließen; ausgehen (*Ton, Licht*).

entorpec|ente [~pɐ'sẽntə] *m* Rauschgift *n*; **~er** [~er] (2g) lähmen; einschläfern; *v/i.* erlahmen; erschlaffen; einschlafen (*Körperteil*); **~imento** [~si'mẽntu] *m* Lähmung *f*; Erlahmen *n*; Erstarrung *f*; Gefühllosigkeit *f* (*Körperteil*).

entorse [~'tɔrsə] *f* Sehnenzerrung *f*.

entortar [~tur'tar] (1e) (ver)biegen; verdrehen; *fig.* ~ *os olhos* schielen; ~ *um negócio* e-n Handel verderben; *v/i. u.* **~-se** krumm w.; schiefgehen; auf Abwege geraten.

entrad|a [~'traðɐ] *f* Eingang *m*; Einfahrt *f*; Einlaß *m*; Einstieg *m*; Eintritt *m*; Zutritt *m*; (Eintritts-)Karte *f*; Einreise *f*; Ein-marsch *m*, -zug *m*; Ankunft *f*; Anfang *m*; Einlieferung *f ins Krankenhaus*; *cul.* Vorspeise *f*; *tea.* Auftritt *m*; ♪ *u. Spiel*: Einsatz *m*; ⚕ Einzahlung *f*; Aufnahmegebühr *f*; Anzahlung *f*; Eingang *m*, Einnahme *f*; Einfuhr *f*; *hist.* Erkundungszug *m*; **~s** *pl.* Geheimratsecken *f/pl.*; ~*s do ano* Jahresanfang *m*; *dar* ~ *a* einfahren (-fliegen) l.; einl. (*ac.*); (als eingegangen) verbuchen (*ac.*); *tea.* das Stichwort geben (*dat.*); *dar* (*od. fazer a sua*) ~ *em* = *entrar*; in *das Krankenhaus* eingeliefert w.; *dar* ~ *na alfândega* beim Zoll deklarieren (*od.* deklariert w.); *ter* ~ *em* Zutritt h. zu; *de* ~ eingangs, zu Anfang; *de primeira* ~ gleich zu Anfang; **~o** [~u] gern gesehen; wohlaufgenommen; gelungen; ~ (*de vinho*) F angesäuselt; ~ *em anos* im vorgerückten Alter; **~ote** F [trɐ'ðɔtə] ältlich; angesäuselt.

entranç|ado [~trẽ'saðu] *m* Geflecht *n*; **~ar** [~ar] (1p) flechten; inea.-, ver-flechten; splissen.

entrância [~'trẽsjɐ] *f bras.* Klasse *f*; Dienstalter *n*.

entranhas [~'trɐɲɐʃ] *f/pl.* Weichteile *pl.*, Eingeweide *n*; *fig.* Innere(s) *n*; Gemüt *n*; *das minhas* ~ mein(e) inniggeliebte(r, s).

entranh|ado [~trɐ'ɲaðu] innig; eingewurzelt; **~ar** [~ar] (1a) (tief) hineinführen; einflößen; *mit e-r Waffe* durchbohren; bewahren, einschließen; **~ar-se** (ein)dringen; sich verbergen; wurzeln; ~ *de*, ~ *em* sich versenken in (*ac.*); sich hingeben (*dat.*); **~ável** [~avɛɫ] tief (empfunden); innig.

entrante [~'trẽntə] beginnend, neu.

entrar [~'trar] (1d) eintreten; hineingehen; hereinkommen; einziehen, -marschieren (*Festzug usw.*); ein-fahren, -laufen (*Zug, Schiff*); ankommen; sich ergießen, münden (*Fluß*); *mit Gewalt* eindringen; Eingang finden, hineinkommen; einreisen (*in ein Land*); Zutritt h.; *zur Arbeit usw.* erscheinen, kommen, dasein (müssen); eingehen (*Post usw.*); ♪ einsetzen; *tea.* auftreten; *entrar a inf.* beginnen zu *inf.*; ~ *bem*, ~ *com o pé direito* e-n guten Anfang (*od.* F Start) h.; ~ *com a/c.* a) hinter et. (*ac.*) kommen; b) *e-n Betrag* beisteuern, (ein)zahlen *od. im Spiel* setzen; ~ *com alg.* mit j-m anbinden; ~ *de serviço* Dienst h.; ~ *em a/c.* a) mitmachen (*ac. od.* bei), teilnehmen an (*dat.*); sich beteiligen an (*dat.*); sich einlassen auf (*ac.*); sich herbeilassen zu; b) gehören zu; c) *e-m Verein* beitreten; bei *od.* in *e-r Firma* angestellt w.; bei *e-r Arbeit*, in *e-r Dienststelle* verwendet w.; d) übergehen *od.* gelangen zu; beginnen mit; auf *e-e Frage usw.* eingehen; ~ *em alg.* j-n überfallen (*Gefühl, Gedanke*); ~ *em si* in sich gehen; ~ *na cabeça*, ~ *nos cascos* in den Kopf wollen; ~ *por* in *e-e Straße* einbiegen; *fazer* ~ hineinbringen; hineinnötigen; *mandar* ~ eintreten l.; *entra!, entre!* herein!

entrav|ar [~trɐ'var] (1b) hemmen; (ver)hindern; **~e** [~'travə] *m* Hemmung *f*; Hindernis *n*.

entre ['ẽntrə] zwischen *zwei*; unter *mehreren* (*beide mit ac. u. dat.*); an, *z.B.*: *cem homens* ~ *mortos e feridos* hundert Mann an Toten und Verwundeten; ~ *adj.* e *adj.* halb..., halb...; *por* ~ inmitten (*gen.*); mitten durch; mitten unter; ~ *si* bei (*od.* zu) sich selbst; unter- (mit-, *od.* zu-)ea.; ~ *os portugueses* bei den Portugiesen; *pôr* ~ *fig.* umgeben mit; *trazer* ~ *mãos* unter den

Händen haben.

entreab|erto [ẽntrjɐ'βɛrtu] angelehnt (*Tür*); **~rir** [~'βrir] (3b) (ein wenig *od.* leise) öffnen; *v/i.* (langsam) aufgehen; sich aufhellen.

entreacto [~'atu] *m* Zwischenakt *m*.

entreajuda [~ɐ'ʒuδɐ] *f* gegenseitige Hilfe *f*.

entrecasca *f*, **-o** *m* [ẽntrə'kaʃkɐ, -u] Bast *m*.

entrecho [ẽn-, ĩn'treʃu] *m* Handlung *f*.

entrechocar-se [ẽntrəʃu'karsə] (1n; *Stv.* 1e) aufea.-prallen, -stoßen.

entrecort|ado [~kur'taδu] unregelmäßig; **~ar** [~ar] (1e) durchschneiden, zerteilen; unterbrechen; **~ar-se** *geom.* sich schneiden; **~e** [~'kɔrtə] *m* Abschrägung *f*.

entre|cruzar-se [~kru'zarsə] (1a) ea. kreuzen; **~dizer** [~δi'zer] (2x) murmeln; zuea. sagen; **~forro** [~'foʀu] *m* Stoffeinlage *f*; Dachstuhl *m*.

entre|ga [ẽn-, ĩn'trɛγɐ] *f* Übergabe *f*; Aushändigung *f*; Ab-, Aus-lieferung *f*; Hingabe *f*; Zahlung *f*; ~ *ao domicílio* Zustellung *f* ins Haus; *obrigação f de* ~ Ablieferungspflicht *f*; *contra* ~ gegen Aushändigung; *fazer* ~ *de* = ~*gar*; **~gar** [~trə'γar] (1o; *Stv.* 1c) übergeben; aushändigen; abliefern, abgeben; *Post* zustellen, austragen; *bestellte Waren, Gefangene* ausliefern; *fremder Obhut* anvertrauen; *Geliehenes* zurückgeben; *Geld* (aus-, ein-, be-)zahlen; *Geheimnis* preisgeben, verraten; **~gar-se** sich ergeben; sich widmen; sich hingeben; **~gue** [~γə] *p.p.irr.v.* ~*gar*; ~ *a fig.* ergeben; ausgeliefert; *deixar* ~ aushändigen; abgeben; überlassen, anvertrauen; *ficou* ~? haben Sie es ausgerichtet (*od.* richtig abgegeben)?; *ficar* (*od. estar*) *bem* ~ gut aufgehoben sn.

entrelaç|ado [~trəlɐ'saδu] *m* Flechtwerk *n*; **~amento** [~sɐ'mẽntu] *m* Verflechtung *f*; Einflechtung *f*; Geflecht *n*; **~ar** [~ar] (1p; *Stv.* 1b) ein-, inea.-, ver-flechten; einweben; **~ar-se** sich verschlingen.

entrelinh|a [ẽntrə'liɲɐ] *f* Zeilenzwischenraum *m*; Zeilenabstand *m*; *tip.* Durchschuß *m*; Zwischenzeile *f*, Einschiebsel *n*; ~*s pl.* tiefere Bedeutung *f*; *ler nas* ~*s* zwischen den Zeilen lesen; **~ar** [~li'ɲar] (1a) einschieben; mit Zwischenbemerkungen versehen; *tip.* durchschießen.

entreluzir [~lu'zir] (3m) durchschimmern.

entrem|ear [~'mjar] (1l) einschieben, -setzen, -weben; durchweben; untermischen; durchbrechen; **~eio** [~'meju] *m* Einschub *m*; Einsatz *m*; Zwischen-raum *m*, -zeit *f*; *neste* ~ mittlerweile.

entrementes [~'mẽntɨʃ] unterdessen; *neste* ~ inzwischen.

entremeter [~mə'ter] (2c) = *intrometer*.

entremez [~'meʃ] *m* Zwischenspiel *n*; Posse *f*.

entre|olhar-se [ẽntrju'ʎarsə] (1e) ea. ansehen; **~ouvir** [~o'vir] (3u) (undeutlich) hören; munkeln hören.

entreponte [ẽntrə'põntə] *m* Zwischendeck *n*.

entreposto, **-pósito** [~'poʃtu (-ɔ-), -'pɔzitu] *m* Stapelplatz *m*.

entretanto [ẽn-, ĩntrə'tẽntu] *adv.* unterdessen; indessen.

entretecer [~tə'ser] (2g) ein-, verweben; durch-weben, -wirken; *fig.* einflechten; verflechten.

entretel|a [~'tɛlɐ] *f* Steifleinen *n*; Widerlager *n*; **~ar** [~tə'lar] (1c) unterlegen; *Mauer* abstützen.

entret|enimento [~təni'mẽntu] *m* Unterhaltung *f*, Zeitvertreib *m*; **~er** [~'ter] (2zb) unterhalten; zerstreuen; auf-, hin-halten; *Schmerz* ertragen helfen, erträglich m.; **~ido** [~'tiδu] unterhaltsam, vergnüglich; **~imento** [~i'mẽntu] = ~*enimento*.

entrevado [~trɛ'vaδu] gelähmt.

entrever [~trə'ver] (2m) (undeutlich *od.* flüchtig) sehen; ahnen.

entreverar *bras.* [~ve'rar] (1c) (sich) vermengen; durchea.-geraten.

entrevista [~'viʃtɐ] *f* Zs.-kunft *f*; Begegnung *f*, Interview *n*.

entrevist|ado [~viʃ'taδu] *m* Befragte(r) *m*; **~ador** [~tɐ'δor] *m* Fragesteller *m*; **~ar** [~ar] (1a) interviewen; ~*-se com* zs.-treffen mit.

entrincheir|amento [ẽntrĩʃeirɐ'mẽntu] *m* Verschanzung *f*; *obras f/pl. de* ~ Schanz-arbeiten *f/pl.*, -werke *n/pl.*; **~ar(-se)** [~'rar(sə)] (1a) (sich) verschanzen (*fig.* hinter [*dat.*] em).

entristecer [~triʃtə'ser] (2g) traurig m., betrüben; *v/i.* traurig werden.

entronc|ado [~trõŋ'kaδu] untersetzt, stämmig; **~amento** [~kɐ'mẽntu] *m* Abzweigung *f*; Treffpunkt *m*; *Bahn*-Knotenpunkt *m*; **~ar** [~ar] (1n) zs.-laufen l.; *Herkunft* ableiten; *v/i.* zs.-treffen; *fig.* sich zurückführen l. auf (*ac.*, em).

entroniz|ação [~trunizɐ'sɐ̃u] *f* Erhebung *f auf den Thron*; Thronbesteigung *f*; Einsetzung *f od.* Amtsantritt *m*; **~ar** [~'zar] (1a) (auf den Thron) erheben; *j-n* erhöhen; *Bischof* einsetzen; **~ar-se** den Thron besteigen; die Macht ergreifen.

entros|ado [~tro'zadu]: ~ *com od. em bras.* verwickelt in (*dat.*); **~amento** [~zɐ'mẽntu] *m bras.* (Quer-) Verbindung *f*; **~ar** [~'zar] (1e) inea.-greifen; ~ *com* greifen in; *fig.* in Verbindung stehen mit.

entrudo [~'truðu] *m* Fasching *m*, Fastnacht *f*.

entufar [~tu'far] (1a) (auf)blähen.

entulh|ar [~tu'ʎar] (1a) ⚒ einlagern; *Grube* auffüllen; *fig.* voll-, ver-stopfen; **~eira** [~eirɐ] *f* Schuttabladestelle *f*, -halde *f*; **~o** [~'tuʎu] *m* Schutt *m*; ⚒ Abraum *m*.

entumecer [~tumə'ser] (2g) = *intumescer*.

entup|ido [~tu'piðu] *fig.*: *estar* ~ schwer von Begriff sn; *ficar* ~ wie vor den Kopf geschlagen sn; *ter os ouvidos* ~*s* schwerhörig sn (*a. fig.*); **~imento** [~pi'mẽntu] *m* Verstopfung *f*; Dummheit *f*; **~ir** [~ir] (3a *u.* 3h) (sich) verstopfen; *fig.* = *estar* (*od. ficar*) ~*ido*.

enturvar [~tur'var] (1a) (be)trüben.

entusi|asmar [~tuzjɐʒ'mar] (1b) begeistern; anfeuern; **~asmo** [~'zjaʒmu] *m* Begeisterung *f*; Schwärmerei *f*; **~asta** [~'zjaʃtɐ] **1.** *su.* Enthusiast(in *f*) *m*; *ser um* ~ *por* schwärmen für; **2.** *adj.* = **~ástico** [~'zjaʃtiku] begeistert.

enumer|ação [inumərɐ'sɐ̃u] *f* Aufzählung *f*; **~ar** [~'rar] (1c) (auf-) zählen.

enunci|ação [inũsjɐ'sɐ̃u] *f* Nennung *f*; Darlegung *f*; = **~ado** [~'sjaðu] *m* Satz *m*, Behauptung *f*; **~ar** [~'sjar] (1g) aus-sagen, -sprechen; hersagen, nennen; darlegen; ausdrükken; **~ativo** [~ɐ'tivu] Aussage...; darlegend; ausdrückend; Nenn...

envaid|ar [ẽ-, ĩvai'ðar] (1a) = **~ecer** [~ðə'ser] (2g) eitel m.; **~ecer-se** *com od. de* stolz sn *od.* sich (*dat.*) etwas einbilden auf (*ac.*).

envas|ar [ẽ-, ĩvɐ'zar] (1b) = **~ilhar** [~zi'ʎar] (1a) ab-, ein-füllen.

envelhec|er [~vɛʎə'ser] (2g) alt m.; *v/i.* alt w., altern; veralten; **~imento** [~si'mẽntu] *m* Altern *n*; Veralten *n*.

envelope *gal.* [~və'lɔpə] *m Brief-* [Umschlag *m.*]

envencilhar [~vẽsi'ʎar] (1a) (fest-, zs.-)binden; **~-se** sich verwickeln; in Streit geraten.

envenen|ado [~vənə'naðu] giftig (*a. fig.*); *morrer* ~ an Vergiftung sterben, vergiftet w.; **~ador** [~nɐ'ðor] *m* Giftmischer *m*; **~amento** [~nɐ'mẽntu] *m* Vergiftung *f*; **~ar** [~ar] (1d) vergiften; entstellen, mißdeuten; **~ar-se** *fig.* bösartig (*od.* gehässig) werden.

enveredar [~vərə'ðar] (1c): ~ *por e-n Weg* einschlagen; eintreten in (*ac.*); sich zuwenden (*dat.*), wählen (*ac.*).

enverg|adura [~vərgɐ'ðurɐ] *f* Segelbreite *f*; Flügel-, Spann-weite *f*; *fig.* Format *n*; Tragweite *f*; *de grande* ~ großangelegt (*Plan, Unternehmung*); **~ar** [~'gar] (1c) *Segel* anschlagen; *Rock* anziehen.

envergonh|ado [~gu'ɲaðu] verschämt; schamhaft; **~ar** [~ar] (1f) beschämen; Schande m. (*dat.*); **~ar-se** sich schämen.

enverniz|ado [~ni'zaðu] Lack...; **~ar** [~ar] (1a) lackieren; *Möbel* polieren.

envesgar [~vɨʒ'ɣar] (1c): ~ *os olhos* schielen.

envi|ado [~'vjaðu] *m* (Ab-)Gesandte(r) *m*; ~ *especial* Sonderbotschafter *m*; **~ar** [~ar] (1g) (ab-, ent-, über-)senden, (zu-)schicken.

envidar [~vi'ðar] (1a) *Kartenspiel*: reizen; *fig.* einsetzen, aufbieten; anspannen; *Anstrengung* machen.

envidraç|ado [~ðrɐ'saðu] Glas...; **~ar** [~ar] (1p; *Stv.* 1b) verglasen.

envies|ado [~vjɛ'zaðu] schräg; schief; **~ar** [~ar] (1a) schräg stellen; abschrägen; = *envesgar*; ~ *o corpo* sich schief halten; ~ *os passos* seitwärts gehen; ~ *para* gehen nach; *j-n* von der Seite ansehen; **~ar-se** schief gehen; falsch laufen.

envilecer [~vilə'ser] (2g) herabwürdigen; entwerten; *v/i. u.* **~-se** an Wert (*od.* Ansehen) verlieren.

envio [~'viu] *m* (Zu-)Sendung *f*; Versand *m*; Entsendung *f*.

enviuvar [~vju'var] (1q) verwitwen.

envolt|a [~'vɔłtɐ]: *de* ~ durchea.;

zusammen; gleichzeitig; **~o** [~'voł-tu] **1.** *p.p. irr. v. envolver*; **2.** *adj.* trübe; *tränen*-erstickt; *zorn*-entbrannt; *in Vergessenheit* geraten; *im Laster* versunken.

envol|tório [~voł'tɔrju] *m* Hülle *f*; Verpackung *f*; Paket *n*; **~vência** [~'vẽsjɐ] *f* Umstand *m*; **~vente** [~'vẽntə] um-fassend, -greifend; Umfassungs...; umliegend; **~ver** [~'ver] (2e) (ein)wickeln; (ein-, ver-)hüllen; *fig.* umfassen; hineinziehen; beteiligen; **~ver-se** *fig.* sich einlassen auf (*ac.*), sich einmischen in (*ac.*); **~vido** [~'viðu]: *ser* (*estar*) ~ *em* verwickelt w. (sn) in (*ac.*); **~vimento** [~vi'mẽntu] *m* Verwicklung *f*; Einmischung *f*.

enxada [ẽ'ʃaðɐ] *f* Hacke *f*; *fig.* Broterwerb *m*.

enxad|ada [ẽʃɐ'ðaðɐ] *f* Hackenschlag *m*; *à primeira* ~ auf Anhieb; **~ão** [~ɐ̃u] *m* Breithacke *f*, Karst *m*; **~ar** [~ar] (1b) (auf-, um-)hacken.

enxadrezar [ẽ-, ĩʃɐðrə'zar] (1c) karieren, würfeln.

enxaguar [~'ɣwar] (1m) (ab-, aus-) waschen, (-)spülen.

enxalmo [~'ʃałmu] *m* Plane *f*; *fig.* Taugenichts *m*.

enxambrar [~ʃɐ̃m'brar] (1a) abtrocknen (lassen).

enxam|e [~'ʃɐmə] *m* Bienenschwarm *m*; *fig.* Schwarm *m*; **~ear** [~ʃɐ'mjar] (1l) *Bienen* einfangen; *Bienen* einsetzen in; *v/i.* schwärmen (*Bienen*); *fig.* sich scharen; wimmeln.

enxaqueca [~ʃɐ'kekɐ] *f* Migräne *f*.

enxárcia [~'ʃarsjɐ] *f* ⚓ Tauwerk *n*.

enxerg|a [~'ʃergɐ] *f* Strohsack *m*; ärmliche(s) Lager *n*; **~ão** [~ʃər'gɐ̃u] *m* Strohsack *m*.

enxergar [~ʃər'gar] (1o; *Stv.* 1c) gewahr w.; bemerken; sehen, erblicken.

enxert|adeira [~ʃərtɐ'ðeirɐ] *f* Okuliermesser *n*; **~ar** [~'tar] (1c) (auf-) pfropfen, okulieren; *fig.* einfügen; einschmuggeln; **~ia** [~'tiɐ] *f* Pfropfen *n*; **~o** [~'ʃertu] *m* Pfropfreis *n*; Pfropfen *n*; *fazer* ~ *em* pfropfen (*ac.*).

enxó [~'ʃɔ] *f* Krummhaue *f*, Dechsel *f*.

enxofr|ar [~ʃu'frar] (1e) schwefeln; **~e** [~'ʃofrə] *m* Schwefel *m*.

enxot|a-moscas (*pl. unv.*) [~ˌʃɔtɐ-'moʃkɐʃ] *m* Fliegenwedel *m*; **~ar** [~ʃu'tar] (1e) ver-jagen, -scheuchen, -treiben.

enxoval [~ʃu'vał] *m* Aussteuer *f*; (Säuglings-)Ausstattung *f*.

enxovalh|ar [~ʃuvɐ'ʎar] (1b) beschmutzen; verknautschen; *fig.* beschimpfen; schimpflich sn für; **~o** [~'vaʎu] *m* Beschmutzung *f*; Verunglimpfung *f*; Schimpf *m*.

enxovia [~'viɐ] *f* Verlies *n*.

enxug|adoiro, -ouro [~ɣɐ'ðoiru, -oru] *m* Trockenplatz *m*; **~ador** [~ɐ'ðor] *m* Trockengestell *n*; Wäschetrockner *m*; **~ar** [~'ɣar] (1o) (ab)trocknen; *v/i.* (aus)trocknen.

enxúndia [~'ʃũndjɐ] *f* (Geflügel-) Fett *n*.

enxurr|ada [~ʃu'ʀaðɐ] *f* Gießbach *m*; Guß *m*; (Wasser-)Flut *f* (*a. fig.*); *às* ~*s* in Strömen; *fig.* haufen-, massen-weise; **~ar** [~ar] (1a) überschwemmen; *v/i.* anschwellen; **~o** [~'ʃuʀu] *m fig.* Abschaum *m*.

enxuto [~'ʃutu] trocken.

epicentro [əpi'sẽntru] *m* Erdbebenherd *m*.

épico ['ɛpiku] **1.** *adj.* episch; *género m* ~ Epik *f*; **2.** *m* Epiker *m*.

epid|emia [əpiðə'miɐ] *f* Epidemie *f*, Seuche *f*; **~émico** [~'ðɛmiku] epidemisch, seuchenartig.

epid|erme [~'ðɛrmə] *f* Epidermis *f*, (Ober-)Haut *f*; **~érmico** [~'ðɛrmiku] äußerlich; oberflächlich.

epi|gástrio, -astro [~'ɣaʃtrju, -aʃtru] *m* Magengrube *f*.

epígono [ə'piɣunu] *m* Nachfolger *m*; Nachkomme *m*; Epigone *m*.

epígrafe [ə'piɣrɐfə] *f* Inschrift *f*; Überschrift *f*, Motto *n*.

epigram|a [əpi'ɣrɐmɐ] *m* Sinngedicht *n*; Epigramm *n*; **~ático** [~ɣrɐ'matiku] epigrammatisch; knapp.

epil|epsia [~lɛp'siɐ] *f* Fallsucht *f*; **~éptico** [~'lɛtiku] epileptisch.

epilogar [~lu'ɣar] (1o; *Stv.* 1e) mit e-m Nachwort versehen; zs.-fassen; ausklingen l., beschließen.

epílogo [ə'piluɣu] *m* Nachwort *n*; Schluß *m*; Epilog *m*.

episcop|ado [əpiʃku'paðu] *m* Bischofs-amt *n*, -würde *f*; Episkopat *n*; **~al** [~ał] bischöflich, Bischofs...

episód|ico [~'zɔðiku] episodisch; nebensächlich; gelegentlich; **~io** [~ju] *m* Episode *f*.

epistaxe [əpiʃ'taksə] *f* Nasen-

bluten *n.* [ben *n*; Brief *m.*]
epístola [ə'piʃtulɐ] *f* Sendschrei-
epistol|ar [əpiʃtu'lar] Brief...; brieflich; **~ário** [~arju] *m* Briefsammlung *f*; Briefsteller *m*; Epistelbuch *n*.
epitáfio [ɨpi'tafju] *m* Grabschrift *f*.
epíteto [ɨ'pitətu] *m* Beiwort *n*; Beiname(n) *m*.
época ['ɛpukɐ] *f* Epoche *f*, Zeit *f*.
epopei|a [ipu'pejɐ] *f* Epos *n*; **~co** [~'peiku] Helden...; glorreich.
equa|ção [ikwɐ'sɐ̃u] *f* Gleichung *f*; **~cionar** [~sju'nar] (1f) *fig. Problem* erörtern, lösen; **~cionar-se** sich zs.-finden.
equador [~'ðor] *m* Äquator *m*.
equanimidade [~nimi'ðaðə] *f* Gleichmut *m*.
equatoria|l [~tu'rjał] äquatorial (-...); **~no** [~'rjɐnu] **1.** *adj.* ecuadorianisch; **2.** *m* Ecuadorianer *m*.
equestre [i'kwɛʃtrə] Reit(er)...
equiângulo [ɛkwj'ɐ̃ŋgulu] gleichwinklig.
equidade [ɨkwi'ðaðə] *f* Rechtsgefühl *n*, Billigkeit *f*; Gleichheit *f*.
equídeo *zo.* [ɨ'kwiðju] *m* Einhufer *m*.
equi|distante [ɛkwiðiʃ'tɐ̃ntə] gleich weit (entfernt); **~látero** [~'latəru] gleichseitig.
equilibr|ação [ikəliβrɐ'sɐ̃u] *f* Ausgleich(ung *f*) *m*; Ausbalancierung *f*; **~ado** [~'βraðu] im Gleichgewicht; *fig.* gerecht; **~ador** [~ɐ'ðor] *m* ⊕ Ausgleicher *m*; *peso m ~* Gegengewicht *n*; **~ar** [~'βrar] (1a) ins (im) Gleichgewicht bringen (halten); ausgleichen; **~ar-se** im Gleichgewicht bleiben; *fig.* sich behaupten.
equil|íbrio [~'liβrju] *m* Gleichgewicht *n*; Ausgeglichenheit *f*; Gerechtigkeit *f*; **~ibrista** [~li'βriʃtɐ] *su.* Seiltänzer(in *f*) *m*.
equimose [ɨki'mɔzə] *f* Bluterguß *m*.
equino [e'kwinu] Pferde...
equinócio [ɨki'nɔsju] *m* Tagundnachtgleiche *f*.
equipa [ɨ'kipɐ] *f* Team *n*; Arbeitsgemeinschaft *f*, -gruppe *f*; *Sport*: Mannschaft *f*; *trabalho m por* (*od. de*) *~* Gemeinschaftsarbeit *f*.
equip|ado [ɨki'paðu]: *cozinha f -a* Einbauküche *f*; **~agem** [~ʒɐ̃i] *f* *Schiffs*-Mannschaft *f*, Besatzung *f*; = **~amento** [~pɐ'mẽntu] *m* Ausrüstung *f*; *allg.* Ausstattung *f*; ⊕ Anlage *f*; *fig.* Einrichtung *f*; **~ar** [~ar] (1a) bemannen; ausrüsten, ausstatten.
equipar|ação [~pɐrɐ'sɐ̃u] *f* Gleichstellung *f*, -setzung *f*; **~ar** [~'rar] (1b) gleich-stellen, -setzen.
equipe *bras.* [e'kipə] *f* = *equipa*.
equitação [ekitɐ'sɐ̃u] *f* Reitkunst *f*, Reiten *n*.
equitativo [ɨkwitɐ'tivu] billig, gerecht; rechtlich (denkend).
equival|ência [ɨkivɐ'lẽsjɐ] *f* Gleichwertigkeit *f*; Entsprechung *f*; Gegenwert *m*; *dar a ~ a* als gleichwertig anerkennen (*ac.*); **~ente** [~ẽntə] **1.** *adj.* gleichwertig; entsprechend; gleichbedeutend (mit *a*); ⚹ gleichgroß; **2.** *m* Gegenwert *m*; Ersatz *m*; *fís.* Äquivalent *n*; **~er** [~er] (2p) gleich(wertig) sein; entsprechen.
equivocar [~vu'kar] (1n; *Stv.* 1e) täuschen; verwechseln; **~-se** sich versprechen; = *confundir-se*.
equívoco [ɨ'kivuku] **1.** *adj.* doppelsinnig, zweideutig; zweifelhaft; verdächtig; **2.** *m* Doppelsinn *m*, Zweideutigkeit *f*; Irrtum *m*, Versehen *n*; Mißverständnis *n*.
era ['ɛrɐ] **1.** *f* Zeitalter *n*; Zeitrechnung *f*; **2.** *s. ser* 1.
erário [i'rarju] *m* (Staats-)Kasse *f*.
er|ecção [irɛ'sɐ̃u] *f* Er-, Aufrichtung *f*; Steifheit *f*, Erektion *f*; **~ecto** [i'rɛtu] **1.** *p.p. irr. v. erigir*; **2.** *adj.* aufrecht; steif.
erem|ita [irə'mitɐ] *m* Einsiedler *m*; **~itério** [~mi'tɛrju] *m* Einsiedelei *f*; **~ítico** [~itiku] einsiedlerisch.
ergu|er [ir'ɣer] (2i; *Stv.* 2c) auf-, er-richten; in die Höhe (*od.* hoch-) halten; *Hand*, *Stimme usw.* erheben; *Hut* lüpfen; *Schleier* lüften; *Verbot* aufheben; **~ido** [~iðu] hoch (aufgerichtet).
eriç|ado [ɨri'saðu] stachlig, borstig; struppig; **~ar** [~ar] (1p) sträuben; *fig.* spicken (mit *de*).
erigir [ɨrə'ʒir] (3n) auf-, er-richten; *fig. a.* stiften; erheben (zu *em*); **~-se** *em* sich aufwerfen zu.
erisipela ⚕ [ɨrəzi'pɛlɐ] *f* Rotlauf *m*, Rose *f*.
erm|ar [ɨr'mar] (1c) entvölkern; **~ida** [~iðɐ] *f* Einsiedelei *f*; Wallfahrtskapelle *f*; **~ita** [~itɐ] *m* Einsiedler *m*; **~itão**(s, -ães, -ões) [~mi'tɐ̃u(ʃ, -ɐ̃iʃ, -õiʃ)] *m*(*pl.*) Klausner *m*; **~o** ['ermu] **1.** *adj.* einsam, abgelegen; verödet; **2.** *m* Einöde *f*.

eros|ão [iru'zẽu] *f* Erosion *f*; *fig.* Zersetzung *f*; **~ivo** [~ivu] zersetzend, fressend.
erótico [i'rɔtiku] erotisch; Liebes...
erotismo [iru'tiʒmu] *m* Erotik *f*.
err|abundo, ~adio [iʀɐ'βũndu, ~ɐ'δiu] (umher)-irrend, -schweifend; unstet; verirrt.
erradic|ação [~δikɐ'sẽu] *f* Vernichtung *f*; **~ar** [~'kar] (1n) (her)ausreißen, vernichten.
err|ado [i'ʀaδu] irrig; falsch; irrtümlich, fälschlich; *fig.* verirrt; *estar* ~ sich irren; **~ante** [~ẽntə] irrend; unstet; Wander...; Wandel...; *judeu m* ~ *der* ewige Jude *m*; **~ar** [~ar] (1c) verfehlen; falsch m.; ~ *o alvo* (*golpe*) fehl-schießen (-schlagen); ~ *o fogo* versagen; *v/i.* (umher)irren; sich irren (in [*dat.*] em); **~ata** [~atɐ] *f* Druckfehler(verzeichnis *n*) *m*; **~ático** [~atiku] wandernd; *bloco m* ~ erratische(r) Block *m*, Findling *m*.
erre ['ɛʀə] *m Name des Buchstabens* r; *fig. levar um* ~ durchfallen; *por um* ~ um ein Haar.
err|o ['eʀu] *m* Irrtum *m*; Fehler *m*; Fehltritt *m*; **~óneo** [i'ʀɔnju] irrig, Irr...; **~or** [i'ʀor] *m* Irrfahrt *f*.
erud|ição [iruδi'sẽu] *f* Gelehrsamkeit *f*; **~ito** [~'δitu] gelehrt.
erupção [irup'sẽu] *f* Ausbruch *m*; ⚕ (Haut-)Ausschlag *m*.
erva ['ɛrvɐ] *f* Kraut *n*; Gras *n*; *bras.* Giftpflanze *f*; F Pinke *f*; ~ *brava*, ~ *má*, ~ *ruim* Unkraut *n*; ~*s pl.* Gemüse *n*.
erva|çal [ɛrvɐ'sał] *m* Wiese *f*; Weide *f*; **~-cidreira** [~si'δreirɐ] *f s. cidreira*; **~do** [~'vaδu] grasbewachsen; vergiftet; F reich; **~-doce** [~'δosə] *f* Anis *m*; **~-mate** [~'matə] *f s. mate*; **~-moura** [~'morɐ] *f* Nachtschatten *m*; **~nário** [~'narju] *m* Kräuter-händler *m*, -sammler *m*.
ervário [~'varju] *m* Herbarium *n*.
ervilh|a [ɨr'viʎɐ] *f* Erbse *f*; **~aca** [~vi'ʎakɐ] *f* Wicke *f*; **~al** [~vi'ʎał] *m* Erbsenpflanzung *f*.
esbaforido [ɨʒβɐfu'riδu] atemlos.
esbandalhar [ɨʒβẽndɐ'ʎar] (1b) in die Flucht schlagen; zer-schlagen, -reißen, -zausen; durchea.- (*Vermögen* durch)bringen; **~-se** ausea.-stieben; *fig.* herunterkommen.
esbanj|ador [ɨʒβẽʒɐ'δor] **1.** *adj.* verschwenderisch; **2.** *m* Verschwender *m*; **~amento** [~ɐ'mẽntu] *m* Vergeudung *f*; **~ar** [~'ʒar] (1a) vergeuden.
esbarr|ar [~βɐ'ʀar] (1b) (an)stoßen; ~ *com*, ~ *contra* zs.-prallen mit; fahren gegen; sich stoßen an (*dat.*); stoßen auf (*ac.*); *v/t. bras. Pferd* zum Stehen bringen; **~o** [~'βaʀu] *m* Stoß *m*; *colar m de* ~ ⊕ Spurkranz *m*, -ring *m*; *dar de* ~ *com* = ~*ar com*.
esbater [~βɐ'ter] (2b) herausarbeiten; abschatten.
esbelteza [~βɛł'tezɐ] *f* Schlankheit *f*, schlanke(r) Wuchs *m*.
esbelto [~'βɛłtu] schlank, hoch.
esbirro [~'βiʀu] *m* Häscher *m*.
esboç|ar [~βu'sar] (1p; *Stv.* 1e) skizzieren; andeuten; **~o** [~'βosu] *m* Skizze *f*; Andeutung *f*.
esbofar [~βu'far] (1e) abhetzen.
esbofetear [~βufə'tjar] (1l) ohrfeigen.
esbo|roamento [~βurwɐ'mẽntu] *m* Zerfall *m*; Einsturz *m*; **~roar** [~'rwar] (1f) zerbröckeln; **~roar-se** ab-, zer-bröckeln; zerfallen.
esborrachar [~βuʀɐ'ʃar] (1b) zerquetschen; platt drücken; = **~-se** zerschellen; trommeln (*Regen*).
esbranqu|ecimento [ɨʒβrẽŋkəsi'mẽntu] *m* weiße Stelle *f*; **~ecer** [~'ser] (2g) = ~*içar*; **~içado** [~ki'saδu] weißlich; **~içar-se** [~ki'sarsə] (1p) weiß w.
esbra|seado [ɨʒβrɐ'zjaδu] glühend; **~sear** [~'zjar] (1l) zum (Er-)Glühen bringen; **~sear-se** (er)glühen.
esbravejar [~vɨ'ʒar] (1d) toben; *v/t.* schreien; *Beleidigung* ausstoßen.
esbugalh|ado [ɨʒβuɣɐ'ʎaδu]: *olhos m/pl.* ~*s* Glotzaugen *n/pl.*; *olhar com os olhos* ~*s* (an)glotzen; **~ar** [~ar] (1b) *die Augen* aufreißen.
esbulh|ar [~'ʎar] (1a) berauben; **~o** [~'βuʎu] *m* Beraubung *f*; Raub *m*.
esburacar [~rɐ'kar] (1n; *Stv.* 1b) durchlöchern.
esburgar [ɨʒβur'gar] (1o) (ab-)schälen; *Knochen* abnagen.
escabeche [ɨʃkɐ'βɛʃə] *m* Marinade *f*; *em* ~ mariniert; *pôr de* (*od. em*) ~ einlegen.
escabelo [~'βelu] *m* (Fuß-)Schemel *m*; Sitztruhe *f*; Schaukasten *m*.
escabichar [~βi'ʃar] (1a) durchstöbern; stochern in (*dat.*).
escabroso [~'βrozu (-ɔ-)] steil;

holprig, rauh; heikel, kitzlig; *fig.* schlüpfrig.
escachar [~'ʃar] (1b) spalten; *Beine* spreizen.
esca|da [ɨʃ'kaðɐ] *f* Treppe *f*; ~ *de caracol* (*rolante*) Wendel- (Roll-) treppe *f*; ~ (*móvel*) Leiter *f*; ~ *de corda* (*salvação*) Strick- (Rettungs-) leiter *f*; **~daria** [~kɐðɐ'riɐ] *f* Treppenhaus *n*; Freitreppe *f*; **~dote** [~kɐ'ðɔtə] *m* Stehleiter *f*.
escafandr|ista [ɨʃkɐfẽn'driʃtɐ] *m* Taucher *m*; **~o** [~'fẽndru] *m* Taucheranzug *m*.
escala [ɨʃ'kalɐ] *f* Maß(stab *m*) *n*; Skala *f*; Reihe(nfolge) *f*; Rangliste *f*; ♪ Tonleiter *f*; See-, Flug-hafen *m*; (Zwischen-)Station *f*; *fazer* ~ *em*, *tocar de* ~ anlaufen, ✈ anfliegen; *sem* ~ ohne Zwischenlandung *f*; ~ *de serviço* Dienstordnung *f*; ~ *de abertura* ⚕ Notdienstplan *m*; *em larga* ~ in großem Ausmaß; umfang-, zahl-reich; Massen...; großangelegt; *por* ~ der Reihe nach; schichtweise.
escal|ada [~kɐ'laðɐ] *f* Aufstieg *m*; Eskalation *f*; **~ador** [~kɐlɐ'ðor] *m* Fassadenkletterer *m*; ⚔ Sturmsoldat *m*; **~ão** [~'lɐ̃u] *m* Stufe *f* (*a. fig.*); ⚕ Anteil *m*, Satz *m*; *Leiter*-Sprosse *f*; ⚔ Staffel *f*; (*dispor*) *em -ões* gestaffelt (staffeln); **~ar** [~'lar] (1b) er-klettern, -steigen; ⚓ einsteigen, -brechen in (*ac.*); *Dienst* verteilen; *Festung* erstürmen; *v/i.* ~ *em* die Reise unterbrechen in (*dat.*).
escalavr|adura *f*, **~amento** [ɨʃkɐlɐvrɐ'ðurɐ, ~ɐ'mẽntu] = **~o**; **~ar** [~'vrar] (1b) abschürfen; *Kante* abstoßen; *fig.* ruinieren; **~o** [~'lavru] *m* Schürfung *f*; Ruin *m*.
escald|adela [ɨʃkałdɐ'ðɛlɐ] *f* = *~adura*; *fig.* Denkzettel *m*, Lehre *f*; **~ado** [~'dadu] *m bras.* Brühe *f*; **~adura** [~ɐ'ðurɐ] *f* Verbrühung *f*; Brandwunde *f*; **~ante** [~'dɐ̃ntə] glühendheiß; *calor m* ~ Gluthitze *f*; **~a-pés** (*pl. unv.*) [~ɐ'pɛʃ] *m* heißes Fußbad *n*; **~ar** [~'dar] (1a) (ab-, ver-)brühen; (ver)brennen; *fig.* witzigen; F abkanzeln.
escaler [~'lɛr] *m* Schaluppe *f*.
escalfar [~kał'far] (1a) *Wasser* heiß m.; *Eier* kochen.
escalonar [ɨʃkɐlu'nar] (1f) staffeln; (ab)stufen.
escalope [~'lɔpə] *m*: ~ (*de vitela*) (Wiener) Schnitzel *n*.
escalpar [~kał'par] (1a) skalpieren.
escalpelo [~'pelu] *m* Seziermesser *n*.
escalpo [~'kałpu] *m* Skalp *m*.
escalracho [~'ʀaʃu] *m* Unkraut *n*.
escalvado [ɨʃkał'vaðu] kahl, nackt.
escama [ɨʃ'kɐmɐ] *f* Schuppe *f*.
escam|ado [~kɐ'maðu] *fig.* böse; mißtrauisch; durchtrieben; **~ar** [~ar] (1a) schuppen; *fig.* ärgern; **~ar-se** *fig. bras.* sich dünnmachen; **~eado**, **~oso** [~jaðu, ~ozu (-ɔ-)] geschuppt; schuppig.
escamot(e)|ador [~mut(j)ɐ'ðor] *m* Taschenspieler *m*; *fig.* Langfinger *m*; **~ar** [~'t(j)ar] (1e [1l]) verschwinden l.; *fig.* verschleiern; F stibitzen; ✈ einziehen.
escamp|ado [~kẽm'paðu] weit; heiter (*Wetter*); **~ar** [~ar] (1a) sich aufheitern (*Himmel*); wieder schön werden (*Wetter*).
escâncara [~'kẽŋkɐrɐ]: *à*(*s*) *~*(*s*) weit offen; unverhohlen.
escancar|ado [~kẽŋkɐ'raðu] sperrangelweit; **~ar** [~ar] (1b) aufreißen, aufsperren.
escancelar *bras.* [~kẽse'lar] (1c) = *escancarar*.
escanchar [~kẽ'ʃar] (1a) (ausea.-) spreizen; **~-se** *em* sich rittlings setzen auf (*ac.*), reiten auf (*dat.*).
escandalizar [~kẽndɐli'zar] (1a) Anstoß erregen bei; empören; **~-se** *com od. de* Anstoß nehmen an (*dat.*) *od.* sich empören über (*ac.*).
escândalo [~'kẽndɐlu] *m* Ärgernis *n*; Anstoß *m*; Aufsehen *n*; Skandal *m*; Empörung *f*; *pedra f de* ~ Stein *m* des Anstoßes.
escandaloso [~kẽndɐ'lozu (-ɔ-)] anstößig; empörend.
escandec|ência [~də'sẽsjɐ] *f* Rotglut *f*; Erregung *f*; **~er** [~er] (2g) zum Glühen bringen, ausglühen; *v/i.* glühend w.; (ent)brennen; sich erhitzen; sich erregen.
escandinavo [~di'navu] **1.** *adj.* skandinavisch; **2.** *m* Skandinavier *m*.
escangalh|ado [~kẽŋgɐ'ʎaðu] kaputt; **~ar** [~ar] (1b) aus-ea.-nehmen, abbauen; F kaputt m.; **~ar-se** aus dem Leim gehen.
escanhoar [~kɐ'ɲwar] (1f) glatt rasieren.
escanifrado P [~ni'fraðu] klapperdürr.
escan|inho [~'niɲu] *m* (Geheim-)

Fach *n*; Versteck *n*; **~o** [~'kɐnu] *m* Schemel *m*; Sitzkiste *f*.
escanteio *bras.* [~kẽn'teju] *m Sport:* Eckball *m*, Ecke *f*.
escantilhão [~ti'ʎɐ̃u] *m* Maßstab *m*; Lehre *f*; Eichmaß *n*; ⊕ Schablone *f*; de ~ Hals über Kopf.
escanzelado P [~kɐ̃zə'laδu] klapperdürr.
escap|ada, ~adela [~kɐ'paδɐ, ~kɐpɐ'δɛlɐ] *f* Entwischen *n*; Drückebergerei *f*; Seitensprung *m*; Entgleisung *f*; Ausweg *m*; Ausflucht *f*; **~adiço** [~ɐ'δisu] flüchtig; **~amento** [~ɐ'mẽntu] *m* Ausströmen *n*; Ausfluß *m*; Verlust *m*; **~ar** [~'par] (1b) entwischen; entrinnen; davonkommen; vorbeikommen an (*dat.*); *j-s Aufmerksamkeit* entgehen; entfallen, -fahren (*Wort*); aus-strömen, -fließen aus; nicht fallen unter (*ac.*); *fig.* gerade noch angehen; ausrutschen (*Hand, Fuß*); deixar ~ aus der Hand l.; *j-n* (*od.* sich *et.*) durchgehen l.; **~ar-se** entwischen; **~arate** [~pɐ'ratə] *m* **a)** Glas-glocke *f*, -schrank *m*; ✝ Schaukasten *m*; Auslage *f*; **b)** = **~atória** [~pɐ'tɔrjɐ] *f* Ausflucht *f*; F Hintertür *f*; **~atório** [~pɐ'tɔrju] leidlich (gut).
escap|e [~'kapə] *m* undichte Stelle *f*, Loch *n*; Leck *n*; ⊕ Auspuff *m*; Ventil *n*; = escap|ada, ~amento; cano *m* de ~ Ablaß-, Ableitungsrohr *n*; Auspuff *m*; gás (vapor) de ~ Ab-gas *n* (-dampf *m*); ter um ~ undicht sn; **~o** [~u] *m* Hemmung *f*.
escapulir [~kɐpu'lir] (3h) entwischen (l.).
escara [ɨʃ'karɐ] *f* Schorf *m*.
escarabeu [~kɐrɐ'βeu] *m* Käfer *m*.
escarafunchar [~fũ'ʃar] (1a) scharren; kratzen; *Boden* aufwühlen; *fig.* durchschnüffeln.
escaramu|ça [~'musɐ] *f* Scharmützel *n*; *fig.* (Wort-)Geplänkel *n*; **~çar** [~mu'sar] (1p) *v/i.* plänkeln; sich herum-schlagen, -zanken.
escaravelho [~'veʎu] *m* (Kartoffel-)Käfer *m*.
escarcéu [~kɐr'sɛu] *m* Wellenschlag *m*; Sturzwelle *f*; *fig.* Geschrei *n*; fazer grandes ~s viel Aufhebens m.
escard|ear [~'djar] (1l) = **~ilhar** [~di'ʎar] (1a) (aus)jäten; **~ilho** [~'diʎu] *m* Jäthacke *f*.
escarlat|e [~kɐr'latə] **1.** *adj.* scharlachrot; **2.** *m* Scharlach *m* (*Farbe*); **~ina** [~lɐ'tinɐ] *f* ⚕ Scharlach *m*.
escarment|ar [~mẽn'tar] (1a) *fig.* witzigen; *v/i. u.* **~ar-se** durch Schaden klug w.; **~o** [~'mẽntu] *m* (schlimme) Erfahrung *f*; (abschreckendes) Beispiel *n*.
escarnecer [~nə'ser] (2g) verspotten; *v/i.* spotten (über [*ac.*] de).
escárnio [~'karnju] *m* Spott *m*, Hohn *m*; Verachtung *f*.
escarp|a [~'karpɐ] *f* Böschung *f*; (Fels-)Wand *f*; Abhang *m*; **~ado** [~kɐr'paδu] abschüssig, steil; **~ar** [~kɐr'par] (1b) abböschen.
escarr|ado [~kɐ'ʀaδu] *fig.* P (escrito e) ~ wie er leibt und lebt; **~ador** [~ʀɐ'δor] *m* Spucknapf *m*.
escarranch|ado [~ʀɐ̃'ʃaδu] mit gespreizten Beinen; rittlings; **~ar** [~ar] (1a) *die Beine* spreizen; rittlings setzen; ~ as pernas em = **~ar-se** em mit gespreizten Beinen springen (*od.* sich rittlings setzen) auf (*ac.*).
escarr|ar [ɨʃkɐ'ʀar] (1b) aus-spukken, -speien; *v/i.* spucken; **~o** [~'kaʀu] *m* Auswurf *m*.
escarvar [~kɐr'var] (1b) scharren.
escass|ear [~kɐ'sjar] (1l) ver-knappen, -mindern; ~ a/c. a alg. j-m et. spärlich geben (*od.* zumessen); bei j-m mit et. knausern; *v/i.* knapp w. (*od.* sn); ausbleiben; **~ez** [~'seʃ] *f* Knappheit *f*; Mangel *m*; Knauserei *f*; **~o** [~'kasu] knapp; spärlich; selten; *fig.* knauserig.
escav|ação [ɨʃkɐvɐ'sɐ̃u] *f* Ausschachtung *f*; Schacht *m*; **~acar** [~ɐ'kar] (1n; *Stv.* 1b) zerbrechen, zerschlagen; *fig.* herunterbringen; **~ador** [~ɐ'δor] *m* (Löffel-, Greifer-) Bagger *m*; **~ar** [~'var] (1b) ausschachten; aufgraben; aushöhlen; *fig.* durchackern.
escaveirado [~vei'raδu] abgezehrt.
esclarec|edor [ɨʃklɐrəsə'δor] belehrend; wissenswert; despacho *m* ~ Ausführungsverordnung *f*; **~er** [~'ser] (2g) erhellen; *fig.* aufklären; *j-m et.* erklären, klarmachen; *j-n* berühmt m.; *v/i.* sich aufheitern; tagen; **~ido** [~'siδu] berühmt; ausgezeichnet; **~imento** [~i'mẽntu] *m* Aufklärung *f*; Erklärung *f*; Klarheit *f*; Auskunft *f*.
escler|ose ⚕ [ɨʃklə'rɔzə] *f* Verhärtung *f*, Sklerose *f*; **~ótica** *anat.* [~ɔtikɐ] *f* Lederhaut *f*.

esclusa [ɨʃ'kluzɐ] *f* Schleuse *f*.
esco|adoiro, -ouro [ɨʃkwɐ'ðoiru, -oru] *m* Ausguß *m*; Abfluß(rohr *n*) *m*; Abzug(sgraben) *m*; *fig.* ✝ Absatzgebiet *n*; **~amento** [~ɐ'mẽntu] *m* Ausfluß *m* (*a. fig.*); Abfluß *m*; Ableitung *f*; Entleerung *f*; *fig.* Folge *f*; ✝ Absatz *m*; Abnahme *f*; **~ar** [~'kwar] (1f) ab- (aus- *od.* durch-)fließen l.; leeren; **~ar-se** abfließen; verfließen (*Zeit*); *fig.* sich leeren; ✝ gehen nach (*para*).
escoc|ês [~ku'seʃ] **1.** *adj.* schottisch; **2.** *m* Schotte *m*; **~esa** [~ezɐ] *f* Schottin *f*; ♪ Ekossaise *f*.
escoimar [~koi'mar] (1a) tilgen.
escol [~'kɔł] *m das* Auserlesenste; *die* Blüte; Elite *f*.
escola [~'kɔlɐ] *f* Schule *f*; ~ *de belas artes* (*de minas*) Kunst- (Berg-) Akademie *f*; ~ *politécnica* Polytechnikum *n*; ~ *mista* (*nocturna, primária, profissional*) Gemeinschafts- (Abend-, Volks-, Berufs-) schule *f*; ~ (*normal*) *do magistério primário* Pädagogische Hochschule *f*; *fazer* ~ Schule m.
escol|ar [~ku'lar] **1.** *adj.* Schul...; *grupo m* ~ *bras.* Grundschule *f*; **2.** *su.* Schüler(in *f*) *m*; **~aridade** [~lɐri'ðaðə] *f* Schulzeit *f*; ~ *obrigatória* Schulpflicht *f*; *idade f da* ~ schulpflichtige(s) Alter *n*; **~arização** [~lɐrizɐ'sɐ̃u] *f* Einschulung *f*; **~ástica** [~aʃtikɐ] *f* Scholastik *f*; **~ástico** [~aʃtiku] **1.** *adj.* scholastisch; **2.** *m* Scholastiker *m*.
escolh|a [ɨʃ'koʎɐ] *f* Wahl *f*; Auswahl *f* (*à* zur); *sem* ~ wahllos; **~er** [~ku'ʎer] (2d) (aus-, er-)wählen; sich *et.* aussuchen; *Reis* verlesen; **~ido** [~ku'ʎiðu] auserlesen.
escolho [~'koʎu (-ɔ-)] *m* Klippe *f*.
escolt|a [~'kɔłtɐ] *f* Bedeckung *f*, Eskorte *f*; Geleit *n*; **~ar** [~koł'tar] (1e) eskortieren; geleiten.
escombros [~'kõmbruʃ] *m/pl.* Trümmer *pl.*, Reste *m/pl.*; Schutt *m*.
escond|er [~kõn'der] (2a) verbergen, verstecken; verheimlichen; **~erijo** [~də'riʒu] *m* Versteck *n*; Schlupfwinkel *m*; **~idamente** [~ˌdiðɐ'mẽntə] = *às* **~idas** [~iðɐʃ] heimlich; unter der Hand; *jogo m de* ~ Versteckspiel *n*; *brincar às* ~ Versteck spielen.
esconjur|ar [~kõʒu'rar] (1a) beschwören; **~o** [~'ʒuru] *m* Beschwörung *f*.
esconso [~'kõsu] *m* Winkel *m*; Versteck *n*; *de* ~ schief (*a. fig.*).
escopo [~'kopu] *m* Ziel(scheibe *f*) *n*; Absicht *f*, Zweck *m*.
escopro [~'kopru] *m* Beitel *m*.
escor|a [~'kɔrɐ] *f* Stütze *f* (*a. fig.*); Versteifung *f*; *bras. a.* Hinterhalt *m*; **~ar** [~ku'rar] (1e) (ab)stützen; ab-, ver-steifen; *bras. a.* standhalten (*dat.*); auflauern (*dat.*).
escorbuto [~kur'βutu] *m* Skorbut *m*.
escorçar [~'sar] (1p; *Stv.* 1e) *pint.* verkürzen; verjüngen.
escorch|ante [~'ʃẽntə] drückend (*Steuer*); Wucher...; **~ar** [~ar] (1e) schälen; schinden (*a. fig.*); (aus-) plündern.
escorço [~'korsu] *m pint.* Verkürzung *f*; *fig.* Kürze *f*; Zs.-fassung *f*.
escória [~'kɔrjɐ] *f* Schlacke *f*; *fig.* Abschaum *m*; Gesindel *n*, Pack *n*.
escori|ação [~kurjɐ'sɐ̃u] *f* Schürfung *f*; **~al** [~'rjał] *m* Schlackenhalde *f*; **~ar** [~'rjar] (1g) (ab)schürfen; aufreiben; = **~ficar** [~rifi'kar] (1n) entschlacken, läutern.
escornar *bras.* [~kor'nar] (1e) *fig.* auf die Hörner nehmen; wettern gegen.
escorpião [~kur'pjɐ̃u] *m* Skorpion *m*.
escorraçar [~kuʀɐ'sar] (1p; *Stv.* 1b) hinauswerfen; verjagen.
escorralhas *f/pl.*, **-o** *m* [~'ʀaʎɐʃ, -u] Bodensatz *m*.
escorreg|adela [~ʀəɣɐ'ðɛlɐ] *f* Ausrutscher *m*; *fig.* Entgleisung *f*; Fehltritt *m*; **~adiço** [~ɐ'ðisu] unsicher *auf den Beinen*; *fig.* willensschwach; = **~adio** [~ɐ'ðiu] glatt, schlüpfrig; **~adoiro, -ouro** [~ɐ'ðoiru, -oru] *m* schlüpfrige Stelle *f*; = **~ador** *bras.* [~a'dor] *m* Rutschbahn *f*, Rutsche *f*; **~ão** [~'ɣɐ̃u] *m* Rutsche *f*; **~ar** [~'ɣar] (1o; *Stv.* 1c) (ab-, aus-)rutschen, (-)gleiten; *fig.* straucheln; F sich verplappern.
escorreito [~'ʀeitu] wohlbehalten; gesund; *são e* ~ gesund und munter.
escorr|er [~'ʀer] (2d) abgießen; aus-drücken, -wringen; ab-, austropfen, -laufen l.; triefen von; *Blut* verströmen; entlang- (*od.* vorbei-)fahren an (*dat.*); *v/i.* (ab-) tropfen; ab-, aus-fließen, -laufen; **~ido** [~iðu] *fig.* glatt (*Haar*), anliegend (*Kleid*).
escorropichar [~ʀupi'ʃar] (1a)

(herunter)kippen.
esco|ta [⁓'kɔtɐ] *f* ⚓ Schote *f*; **⁓teiro** *bras.* [⁓ko'teiru] = *escuteiro*; **⁓tilha** [⁓ku'tiʎɐ] *f* (Schiffs-)Luke *f*.
escova [⁓'kovɐ] *f* Bürste *f*.
escov|adela [⁓kuvɐ'ðɛlɐ] *f fig.* Abreibung *f*; *dar uma* ⁓ = ⁓*ar*; **⁓ado** [⁓'vadu] *bras.* gerissen; **⁓ador** [⁓ɐ'ðor] *m* ✓ Entstäuber *m*; **⁓alho** [⁓'vaʎu] *m* Fege *f*, Feger *m*; **⁓ar** [⁓'var] (1e) (ab-, aus-)bürsten; *Pferd* striegeln; *fig.* abkanzeln; verprügeln.
escovém ⚓ [⁓'vẽi] *m* Klüse *f*.
escovinha [⁓'viɲɐ] *f* ⚘ Kornblume *f*; *cortar à* ⁓ kurz scheren.
escrav|atura [iʃkrɐvɐ'turɐ] *f* Sklavenhandel *m*; ⁓ *branca* Mädchenhandel *m*; = **⁓idão** [⁓i'ðɐ̃u] *f* Sklaverei *f*; Knechtschaft *f*; **⁓izar** [⁓i'zar] (1a) versklaven; knechten; **⁓o** [⁓'kravu] **1.** *adj.* sklavisch; knechtisch, Knechts...; **2.** *m* Sklave *m*; **⁓ocrata** [⁓vu'kratɐ] *m* Sklavenhalter *m*.
escrev|edor [⁓krəvə'ðor] *m* F Schreiberling *m*; **⁓ente** [⁓'vẽntə] *m* Schreiber *m*; Kopist *m*; **⁓er** [⁓'ver] (2c, *p.p. escrito*) (auf-, nieder-) schreiben (*à mão* [*máquina*] mit der Hand [Maschine]); **⁓inhador** [⁓iɲɐ'ðor] *m* Kritzler *m*, Schmierer *m*; **⁓inhar** [⁓i'ɲar] (1a) (zs.-)kritzeln, schmieren.
escriba [⁓'kriβɐ] *m hist. jüdischer* Schriftgelehrte(r) *m*; P Schreiberling *m*.
escrínio [⁓'krinju] *m* Schrein *m*.
escri|ta [⁓'kritɐ] *f* Schrift *f*; ✝ Buchführung *f*; **⁓to** [⁓tu] **1.** *adj.* geschrieben; beschrieben; schriftlich; *prova f -a* schriftliche Prüfung *f*; **2.** *m* Schrift(stück) *n*) *f*; *por* ⁓ schriftlich; *pôr por* ⁓ schriftlich festhalten; schriftlich m.; ⁓*s pl.* Mietzettel *m* (*pôr* ankleben); **⁓tor** *m*, **-a** *f* [⁓kri'tor] Schriftsteller(in *f*) *m*; **⁓tório** [⁓kri'tɔrju] *m* Büro *n*; Geschäftszimmer *n*; ✝ Kontor *n*; Arbeits-, Herren-zimmer *n*; **⁓tura** [⁓'turɐ] *f* Urkunde *f*; Schrift *f*; **⁓turação** [⁓turɐ'sɐ̃u] *f* Buchführung *f*; **⁓turar** [⁓tu'rar] (1a) Buch führen über (*ac.*); eintragen; *kontraktlich* verpflichten; **⁓turário** [⁓tu'rarju] *m* Buchhalter *m*; Schreiber *m*; **⁓vaninha** [⁓vɐ'niɲɐ] *f* Schreibtisch *m*; **⁓vão** (**-ães**) [⁓'vɐ̃u(-ɐ̃iʃ)] *m* (Gerichts-)Schreiber *m*; Protokollführer *m*.
escrófula [⁓'krɔfulɐ] *f* Skrofel *f*.
escro|fulose [⁓krufu'lɔzə] *f* Skrofulose *f*; **⁓fuloso** [⁓'lozu (-ɔ-)] skrofulös.
escroto [⁓'krotu] *m* Hodensack *m*.
escrúpulo [⁓'krupulu] *m* Bedenken *n*; Skrupel *m*; Gewissenhaftigkeit *f*; *com* ⁓ gewissenhaft; *sem* ⁓ bedenken-, gewissen-los.
escrupuloso [⁓krupu'lozu (-ɔ-)] gewissenhaft; gründlich.
escrut|ar [⁓kru'tar] (1a) untersuchen; **⁓inador** [⁓tinɐ'ðor] *m* Stimmzähler *m*; **⁓inar** [⁓ti'nar] (1a) *v/t. Stimmen* zählen; **⁓ínio** [⁓'tinju] *m* Wahl(vor)gang *m*; Feststellung *f* des Wahlergebnisses.
escud|ar [iʃku'ðar] (1a) beschützen; **⁓eiro** [⁓eiru] *m* Schildknappe *m*; **⁓ela** [⁓ɛlɐ] *f* Napf *m*, Mulde *f*; **⁓o** [⁓'kuðu] *m* Schild *m*; Wappen (-schild *m*) *n*; *ehm. etwa*: Taler *m*; *port. Währung*: Escudo *m*; *fig.* Schutz *m*, Schirm *m*.
escul|pir [⁓kuł'pir] (3a—D1) (in Stein) hauen; (in Holz) schnitzen; *Inschrift* eingraben; (in Ton) formen, modellieren; **⁓tor** *m*, **-a** *f* [⁓'tor, -ɐ] Bildhauer(in *f*) *m*; **⁓tórico** [⁓'tɔriku] Bildhauer...; plastisch; **⁓tura** [⁓'turɐ] *f* Bildhauerkunst *f*, Plastik *f*; Bildwerk *n*, Skulptur *f*; **⁓tural** [⁓tu'rał] = ⁓*tórico*; *fig.* bildschön, herrlich.
escuma [⁓'kumɐ] *f* Schaum *m*; *fig.* Abschaum *m*.
escum|adeira [⁓kumɐ'ðeirɐ] *f* Schaumlöffel *m*; **⁓alha** [⁓'maʎɐ] *f fig.* F Abschaum *m*; = **⁓alho** [⁓'maʎu] *m* (Metall-)Schaum *m*; Schmiedeschlacke *f*; **⁓ar** [⁓'mar] (1a) *v/i.* schäumen (*a. fig.*); *v/t.* abschäumen; **⁓ilha** [⁓'miʎɐ] *f* Gaze *f*, Flor *m*; *mont.* Schrot *m*, Vogeldunst *m*; **⁓oso** [⁓'mozu (-ɔ-)] schaumig; schaumbedeckt, schäumend.
escuna ⚓ [⁓'kunɐ] *f* Schoner *m*.
escuras [⁓'kurɐʃ]: *às* ⁓ im Dunkeln; blind(lings).
escur|ecer [⁓kurə'ser] (2g) = **⁓entar** [⁓ẽn'tar] (1a) verdunkeln; *fig.* trüben; in den Schatten stellen; *v/i.* dunkel w.; *ao* ⁓ bei Einbruch der Dunkelheit; **⁓idade** [⁓i'ðaðə] *f* Dunkelheit *f*; **⁓idão** [⁓i'ðɐ̃u] *f* Finsternis *f*; Blindheit *f*; Trübsinn

m; **~o** [~'kuru] dunkel (*a. fig.*); finster; trüb; dumpf.

escusa [~'kuzɐ] *f* Entschuldigung *f*; Dispens *m*.

escus|adamente [~kuˌzaδɐ'mẽntə] umsonst; **~ado** [~'zaδu] überflüssig; zwecklos; *ser* ~ sich erübrigen; **~amente** [~ˌkuzɐ'mẽntə] insgeheim; **~ar** [~'zar] (1a) entschuldigen; *j-m et.* erlassen; *et.* vermeiden; *j-n mit et.* verschonen; überflüssig m.; = *v/i.* ~ (*de*) nicht brauchen (*ac.*); **~ar-se** *a od. de* sich entziehen (*dat.*); sich weigern zu (+ *inf.*); **~ável** [~'zavɛɫ] entschuldbar; = *~ado*; **~o** [~'kuzu] heimlich, einsam.

escut|a [~'kutɐ] **1.** *m* = *~eiro*; **2.** *f* Abhören *n*, Abhörfall *m*; Abhörgerät *n*; „Wanze" *f*, Lauschvorrichtung *f*; *encontrar-se sob* ~ abgehört w.; *estar* (*od. ficar*) *à* ~ = **~ar** [~ku'tar] (1a) horchen, lauschen; zuhören; *v/t.* anhören; horchen, lauschen auf (*ac.*); *Kranken* abhorchen; *Gespräch* belauschen; *Telefongespräch* abhören; *Geräusche* hören; *Bitte* erhören; **~eiro** [~ku'teiru] *m* Pfadfinder *m*.

esdrúxulo [iʒ'druʃulu] auf der drittletzten Silbe betont.

esfacelar [iʃfɐsə'lar] (1c) *fig.* zerfetzen; zerstören; **~-se** brandig w.; *fig.* ausea.-, ver-, zer-fallen.

esfaim|ado, ~ar [~fai'maδu, ~ar] (1a) = *esfome|ado, ~ar*.

esfalf|amento [~faɫfɐ'mẽntu] *m* Erschöpfung *f*; Überanstrengung *f*; **~ado** [~'faδu] erschöpft; *voz f -a* müde Stimme *f*; **~ar** [~'far] (1a) überanstrengen; abmühen.

esfaquear [~fɐ'kjar] (1l) einstechen auf (*ac.*); verwunden; erstechen.

esfarel|ado [~fɐrə'laδu] brüchig, bröckelig; **~ar** [~ar] (1c) *Mehl* beuteln; *Brot usw.* zerbröckeln; *Feind* aufreiben; **~ar-se** ausea.-, zer-fallen; sich auflösen.

esfarpar [~fɐr'par] (1b) zersplittern; zerfasern.

esfarrap|ado [~fɐʀɐ'paδu] abgerissen, zerlumpt; **~ar** [~ar] (1b) zerfetzen, -reißen.

esfarripado [~ʀi'paδu] strähnig.

esfer|a [~'fɛrɐ] *f* Kugel *f*; Sphäre *f*; Lebens-, Wirkungs-kreis *m*; **~icidade** [~fɛrəsi'δaδə] *f* Kugelgestalt *f*.

esférico [~'fɛriku] Kugel...; kugelförmig, kugelig.

esferográfica [~fɛrɔ'γrafikɐ] *f* Kugelschreiber *m*.

esfiar [iʃ'fjar] (1g) ausfransen.

esfíncter [iʃ'fĩŋktɛr] *m* Schließmuskel *m*.

esfinge [iʃ'fĩʒə] *f* Sphinx *f*.

esflorar [iʃflu'rar] (1e) = *desflorar*; ritzen; kräuseln; durchblättern.

esfol|adela [~fulɐ'δɛlɐ] *f* Hautabschürfung *f*; wundgeriebene Stelle *f*; Schramme *f*, Kratzer *m*; = *~amento m*; *fig.* Betrug *m*; Ausbeutung *f*; **~ador** [~ɐ'δor] *m* Abdecker *m*, Schinder *m* (*a. fig.*); **~adura** [~ɐ'δurɐ] *f* = **~amento** [~ɐ'mẽntu] *m* Abhäuten *n*; Abdecken *n*; Wundliegen *n*; = *~adela*; **~ar** [~'lar] (1e) (ab)häuten; (ab-, auf-)scheuern, (-)kratzen; abblättern; (*Tier*) abdecken; *Haut* aufreiben; *Gesicht* zerkratzen; *fig. j-n* schröpfen, prellen; *j-m* das Fell über die Ohren ziehen.

esfolhar [~'ʎar] (1e) entblättern; *Mais* enthülsen.

esfoliar [~'ljar] (1g) abblättern; ⚕ abschälen; **~-se** sich schälen.

esfome|ado [~'mjaδu] ausgehungert, (sehr) hungrig; **~ar** [~ar] (1l) hungern l., aushungern; hungrig m.

esforç|ado [~fur'saδu] tapfer; stark; **~ar** [~ar] (1p; *Stv.* 1e) ermutigen; (ver)stärken; **~ar-se** sich anstrengen, sich bemühen (zu *inf. por*); **~o** [~'forsu (-ɔ-)] *m* Anstrengung *f*; Mut *m*; Kraft *f*; ⊕ Beanspruchung *f*; *fazer* (*od. empreender, empregar, envidar, desenvolver*) *~s* Anstrengungen m.; Kräfte aufbieten.

esfrangalhar [~frẽŋgɐ'ʎar] (1b) = *esfarrapar*.

esfreg|a, ~adela [~'frɛγɐ, ~frəγɐ'δɛlɐ] *f* Scheuern *n*; Abreibung *f* (*a. fig.*); ~ *de mãos* Händereiben *n*; **~ão** [~frə'γẽu] *m* Scheuer-lappen *m*, -bürste *f*; ~ *de arame* Drahtschwamm *m*; **~ar** [~frə'γar] (1o; *Stv.* (1c) scheuern; (ab)reiben; sich *die Schuhe* abputzen; ~ *as costas* durchprügeln.

esfri|amento [~friɐ'mẽntu] *m* Abkühlung *f*; Erkaltung *f*; **~ar** [~'frjar] (1g) (ab)kühlen (*a. fig.*); abschrekken (*a. fig.*); *v/i. u.* **~ar-se** sich abkühlen; auffrischen (*Wetter*); *fig.* erkalten.

esfum|ador [~fumɐ'δor] *m* Wischer *m*; **~ar** [~'mar] (1a) *pint.* verwischen; *allg.* schwärzen, andunkeln; **~ar-se** verschwimmen; **~ear** [~'mjar] (1l) rauchen; **~inho** [~'miɲu] *m* Wischer *m.*

esgadanhar [ɨʒγɐðɐ'ɲar] (1a) (zer-)kratzen.

esgalho [ɨʒ'γaʎu] *m Geweih*-Sproß *m*; *Baum*-Trieb *m*; *Ast*-Stumpf *m.*

esgana [ɨʒ'γɐnɐ] *f vet.* Staupe *f.*

esgan|ado [~γɐ'naðu] gierig; geizig; **~ar** [~ar] (1a) erdrosseln, erwürgen; **~ar-se** ersticken; sich erhängen; gieren, lechzen (nach *por*); vor Neid vergehen.

esgana-gata(s) [~nɐ'γatɐʃ] *m*(*pl.*) Stichling *m* (*Fisch*).

esganiç|ado [~ni'saðu] kreischend; **~ar-se** [~arsə] (1p) kreischen.

esgar [~'γar] *m* Grimasse *f*, Fratze *f.*

esgaravatar [~γɐrɐvɐ'tar] (1b) aufscharren; (herum)stochern in (*dat.*); *fig.* durch-stöbern, -wühlen.

esgarçar [~γɐr'sar] (1p; *Stv.* 1b) ab-, auf-, durch-, zer-reißen; **~-se** (zer)reißen.

esgazear [~γɐ'zjar] (1l) *Augen* verdrehen; *Farben* verwischen, blaß m.

esgot|ado [~γu'taðu] vergriffen (*Buch*); ausgebrannt, leer (*Batterie*); **~adoiro, -ouro** [~tɐ'ðoiru, -oru] *m* Abzugsrohr *n*; Senke *f*; **~amento** [~tɐ'mẽntu] *m* Entleerung *f*; Erschöpfung *f*; Verbrauch *m*; Ausverkauf *m*; **~ante** [~ẽntə] aufreibend; **~ar** [~ar] (1e) entleeren; *fig.* erschöpfen; *Vorräte* verbrauchen; *Waren* ausverkaufen; *Feind, Gesundheit* aufreiben; **~ar-se** abfließen; sich ausgeben (*bei e-r Arbeit usw.*); zu Ende gehen (*Vorräte*); **~ável** [~avɛɫ] begrenzt; **~o** [~'γotu] *m* Abfluß *m*, Abzug *m*, Ausguß *m*; Senke *f*; **~s** *pl.* Kanalisation *f*; *águas f/pl.* de ~ Abwässer *n/pl.*

esgravatar *s. esgaravatar.*

esgrim|a [ɨʒ'γrimɐ] *f* Fechten *n*, Fechtkunst *f*; **~ir** [~γri'mir] (3a) *Säbel* schwingen; *v/i.* fechten; *fig.* kämpfen; **~ista** [~γri'miʃtɐ] *su.* Fechter(in *f*) *m.*

esgrouviado [~γro'vjaðu] hoch aufgeschossen, lang.

esguedelhar [~γəðɨ'ʎar] (1d) zerzausen, verwirren.

esgueirar-se [~γei'rarsə] (1a) sich davon-schleichen, -stehlen.

esguelh|a [~'γeʎɐ]: *de* ~ schief; von der Seite; **~ar** [~γɨ'ʎar] (1d) abschrägen.

esguich|ar [~γi'ʃar] (1a) aus-, verspritzen; *v/i.* (hervor)spritzen; **~o** [~'γiʃu] *m* Spritzer *m*, Strahl *m*; Spritze *f.*

esguio [~'γiu] schlank; enganliegend.

eslavo [ɨʒ'lavu] **1.** *m* Slawe *m*; **2.** *adj.* slawisch.

esmaecer [ɨʒmai'ser] (2g) dahinwelken; erbleichen.

esmag|ador [~mɐγɐ'ðor] **1.** *adj.* niederschmetternd; erdrückend; **2.** *m* (Trauben-)Presse *f*; Quetsche *f*; Schrotmühle *f*; ~ *de átomos* Zyklotron *n*; **~amento** [~'mẽntu] *m fig.* Klemme *f*; **~ar** [~'γar] (1o; *Stv.* 1b) (zer)quetschen; erdrücken; zermalmen, vernichten; **~ar-se** zerquetscht w.; zerschellen.

esmalt|ar [~maɫ'tar] (1a) emaillieren; *Möbel* lackieren; *fig.* schmükken; **~e** [~'maɫtə] *m* Email *n*; *Möbel-, bras. a. Nagel*-Lack *m*; *Zahn*-Schmelz *m*; *fig.* Glanz *m.*

esmar [~'mar] (1c) (ab)schätzen; berechnen.

esmerado [~mə'raðu] sorgfältig (ausgeführt); tadellos.

esmerald|a [~mə'raɫdɐ] *f* Smaragd *m*; **~ino** [~raɫ'dinu] (smaragd)grün.

esmerar [~mə'rar] (1c) vervollkommnen; pflegen; **~-se** sich die größte Mühe geben.

esmer|il [~mə'riɫ] *m* Schmirgel *m*; **~ilado** [~ri'laðu]: *vidro m* ~ Mattglas *n*; **~ilar** [~ri'lar] (1a) (ab-)schmirgeln; (ab)schleifen; **~ilhar** [~ri'ʎar] (1a) = *~ilar*; *fig.* ausfeilen; durchforschen; **~ilhar-se** sich vervollkommnen; sich herausputzen.

esmero [~'meru, *bras.* -ɛru] *m* Sorgfalt *f*; Vollendung *f.*

esmigalhar [~miγɐ'ʎar] (1b) zerkrümeln, -bröckeln; zermalmen.

esmiolar [~mju'lar] (1e) *Brot* aushöhlen; zerkrümeln.

esmi|uçar [~mju'sar] (1p; *Stv.* 1q) = **~udar** [~u'ðar] (1q) zerkleinern; *fig.* zerlegen; eingehend untersuchen (*od.* erklären).

esmo ['eʒmu] *m* Schätzung *f*; *a* ~ aufs Geratewohl.

esmoer [ɨʒ'mwer] (2f) zerkauen; verdauen.

esmol|a [iʒ'mɔlɐ] *f* Almosen *n*; *pedir* ~ betteln; **~ar** [~mular] (1e) (als) Almosen geben; (er)betteln.

esmorec|er [~murə'ser] (2g) entmutigen; schwächen; dämpfen; *v/i.* ermatten; dahin-siechen, -sinken, -welken; verblassen; ersterben (*Ton*); nachlassen; **~ido** [~iδu] mutlos; matt, kraftlos; blaß; niedergeschlagen; **~imento** [~si'mẽntu] *m* Niedergeschlagenheit *f*; Mattigkeit *f*; Schwäche *f*; Abflauen *n*.

esmurr(aç)ar [~muʀ(ɐs)'ar] (1a [1p; *Stv.* 1b]) mit der Faust bearbeiten, schlagen; mißhandeln.

és-não-és [ˌɛʒnɐ̃u'ɛʃ]: *por um* ~ um ein Haar.

esnobismo [ɨʒnu'βiʒmu] *m* Snobismus *m*.

esófago [i'zɔfɐγu] = **esôfago** *bras.* [i'zofaγu] *m* Speiseröhre *f*.

espa|çadamente [ɨʃpɐˌsaδɐ'mẽntə] in Abständen; **~çado** [~'saδu] gelegentlich; selten; stockend, langsam; lange; **~çamento** [~sɐ'mẽntu] *m* Abstand *m*; Unterbrechung *f*; Aufschub *m*; **~çar** [~'sar] (1p; *Stv.* 1b) ausea.-ziehen, Abstand l. zwischen (*dat.*); *tip. Wort* sperren; *Gebiet* erweitern; *Rede* in die Länge ziehen; *Frist* aufschieben; *Besuch usw.* seltener w. l.; **~cejamento** [~sɨʒɐ'mẽntu] *m tip.* Sperrdruck *m*; **~cejar** [~sɨ'ʒar] (1d) sperren.

espa|cial [~pɐ'sjaɫ] räumlich; Raum-...; **~ciosidade** [~sjuzi'δaδə] *f* Geräumigkeit *f*; **~ço** [~'pasu] *m* Raum *m*, Zeit(raum *m*) *f*; Zwischenraum *m*; Abstand *m*; Platz *m*; *de* ~ *a* ~, *a* ~ *e* ~ hier und da; = *a* ~*s* in Abständen, von Zeit zu Zeit; **~çoso** [~'sozu (-ɔ-)] geräumig; ausgedehnt; breit (*Stirn*).

espada [~'paδɐ] *f* Degen *m*; Säbel *m*; Schwert *n* (*a. fig.*); *entregar a* ~ sich ergeben; *estar entre a* ~ *e a parede* zwischen zwei Stühlen sitzen; *passar à* ~ über die Klinge springen l.; ~*s pl.* Pik *n*.

espad|achim [~pɐδɐ'ʃĩ] *m* Haudegen *m*; **~agão** [~ɐ'γɐ̃u] *m* Haudegen *m* (*Waffe*); **~ana** [~'δɐnɐ] *f* ⚘ Schwertlilie *f*; *Wasser*-Strahl *m*; *Kometen*-Schweif *m*; *Fisch*-Flosse *f*; **~anar** [~ɐ'nar] (1a) (hervor)sprudeln; **~arte** [~'δartə] *m* Sägefisch *m*.

espadaúdo [~δɐ'uδu] breitschultrig.

espadel|a [~'δɛlɐ] *f* Flachsbreche *f*; Ruderstange *f*; Notsteuer *n*; **~ar** [~δə'lar] (1c) *Flachs* brechen.

espad|ilha [~'δiʎɐ] *f* Pik-As *n*; *zo.* Sprotte *f*; **~im** [~'δĩ] *m* Zierdegen *m*.

espádua [~'paδwɐ] *f* Schulter *f*.

espaguetes [~pɐ'γetɨʃ] *m/pl.* Spaghetti *m/pl.*

espairec|er [~pairə'ser] (2g) (sich) zerstreuen *od.* ablenken; (sich) unterhalten; spazierengehen; **~imento** [~si'mẽntu] *m* Unterhaltung *f*; Zerstreuung *f*.

espaldar [~paɫ'dar] *m* (Rücken-) Lehne *f*; Rück-wand *f*, -seite *f*.

espalhafat|o [ɨʃpɐʎɐ'fatu] *m* Lärm *m*; Getue *n*; Spiegelfechterei *f*; Aufwand *m*; **~oso** [~fɐ'tozu (-ɔ-)] lärmend; großspurig; auffallend.

espalhar [~pɐ'ʎar] (1b) (aus-, ver-, zer-)streuen; *Nachricht usw.* aus-, ver-breiten; *Getreide* schwingen; *Trauer* verscheuchen; ~ *o bofe* sein Herz ausschütten; ~ *os olhos*, ~ *a vista* den Blick weiden; *v/i. u.* **~-se** sich verzetteln.

espalmar [~paɫ'mar] (1a) ausea.-streichen; aus-rollen, -walzen; *Schiffsrumpf* reinigen und teeren.

espampanante F [~pẽmpɐ'nẽntə] großspurig; protzig.

espan|ador [~pɐnɐ'δor] *m* Staubtuch *n*, -besen *m*; Flederwisch *m*; **~ar** [~'nar] (1a) aus-, ab-stauben.

espancar [~pẽŋ'kar] (1n) verprügeln; verscheuchen.

espanej|ador, **~ar** [~pɐnɨʒɐ'δor, ~'ʒar] (1d) = *espan|ador*, *~ar*.

espanhol [~pɐ'ɲɔɫ] **1.** *adj.* spanisch; **2.** *m*, **-a** [~'ɲɔlɐ] *f* Spanier(in *f*) *m*.

espant|adiço [~pẽntɐ'δisu] schreckhaft; scheu; **~alho** [~'taʎu] *m* Vogelscheuche *f*; F Popanz *m*; **~ar** [~'tar] (1a) erschrecken; in Erstaunen setzen, verblüffen; *Pferd* scheu m.; *Wild* aufscheuchen; *Schlaf usw.* verscheuchen; **~ar-se** erschrecken; sich wundern; scheuen (*Pferd*); **~o** [~'pẽntu] *m* Schrecken *m*; Erstaunen *n*, Verblüffung *f*; **~oso** [~'tozu (-ɔ-)] schrecklich; erstaunlich; außerordentlich, F toll.

esparadrapo [~pɐrɐ'δrapu] *m* Heft-, Wundpflaster *n*.

espargir [~pɐr'ʒir] (3n; *Stv.* 3b—D1) vergießen; (be)netzen, (be-) sprengen; aus-, be-streuen; *Licht* ausstrahlen; **~-se** sich ergießen; sich aus-, ver-breiten.

espargo [~'pargu] *m* Spargel *m*.

esparrame [~pɐ'ʀɐmə] *m fig.* Aufregung *f*; *fazer* ~ *bras.* Aufhebens

m.; Lärm schlagen.
esparreg|ado [~pɐʀə'ɣaδu] *m Art* Spinat *m aus jungen Rüben- od. Spargelblättern*; **~ar** [~ar] (1o; *Stv.* 1c) *Gemüse* dämpfen.
esparrela [~pɐ'ʀɛlɐ] *f* Schlinge *f*; Falle *f* (*a. fig.*); ⚓ Notsteuer *n*.
esparso [~'parsu] **1.** *p.p. irr. v. esparzir*; **2.** *adj.* verstreut; locker, lose.
espartano [~pɐr'tɐnu] **1.** *adj.* spartanisch; **2.** *m* Spartaner *m*.
espartilh|ar [~ti'ʎar] (1a) einzwängen; **~o** [~'tiʎu] *m* Korsett *n*.
esparto [~'partu] *m* Spartogras *n*.
esparzir [~pɐr'zir] (3b—D4) = *espargir*.
espasm|o [~'paʒmu] *m* Krampf *m*; *~s pl. a.* Zuckungen *f/pl.* **~ódico** [~pɐʒ'mɔδiku] krampfartig.
espatifar [~pɐti'far] (1a) zer-fetzen, -schlagen, -trümmern; F kurz und klein schlagen; *fig.* vergeuden.
espato [~'patu] *m min.* Spat *m*; *~ flúor* Flußspat *m*.
espátula [~'patulɐ] *f* Spatel *m*, Spachtel *m*; Papiermesser *n*.
espavent|ar [~pɐvẽn'tar] (1a) erschrecken; bestürzen; **~ar-se** (sich) erschrecken; bestürzt sn; P sich auf-blasen, -donnern; **~o** [~'vẽntu] *m* Schrecken *m*; P Getue *n*, Geprahle *n*; Tamtam *n*; **~oso** [~'tozu (-ɔ-)] aufgeblasen; aufgedonnert.
espavor|ecer [~vurə'ser] (2g) = **~ir** [~'rir] (3f—D4) erschrecken.
espec|ado [~pɛ'kaδu] steif, unbeweglich; **~ar** [~ar] (1n) (ab)stützen; *v/i. u.* **~ar-se** stehenbleiben.
especial [ɨʃpə'sjał] besonder; eigentümlich; Sonder..., ⚕ *a.* Spezial...; *em ~* insbesondere, besonders.
especiali|dade [~sjɐli'δaδə] *f* Besonderheit *f*; Eigentümlichkeit *f*; Sondergebiet *n*; (Haupt-)Fach *n*; ⚕ Spezialität *f*; **~sta** [~'liʃtɐ] *m* Spezialist *m*; Fach-arzt *m*, -mann *m* (für *em*); **~zado** [~'zaδu] Spezial..., Fach...; **~zar** [~'zar] (1a) besonders angeben (*od.* behandeln, kennzeichnen); auszeichnen; hervorheben; **~zar-se** sich spezialisieren.
especia|lmente [~sjał'mẽntə] besonders; **~ria** [~sjɐ'riɐ] *f* Gewürz *n*.
espécie [~'pɛsjə] *f* Art *f*; *das* (menschliche) Geschlecht; *cul.* Gewürz *n*; ⚖ Sonderfall *m*; ⚕ Warengattung *f*, Sorte *f*; *em ~* in Naturalien; *~s pl.* Münzsorten *f/pl.*; *fazer ~ a j-n* ärgern; *j-n* wundern, F *j-m* komisch vorkommen; *toda a ~ de* allerlei, alle möglichen; *da ~* derartig. [krämer *m*.]
especieiro [~pə'sjeiru] *m* Gewürz-
especific|ação [~sifikɐ'sɐ̃u] *f* (genaue) Aufstellung *f*; Spezifizierung *f*; **~ado** [~'kaδu] genau; einzeln (angeführt); **~ar** [~'kar] (1n) einzeln anführen; spezifizieren; **~idade** [~si'δaδə] *f* Besonderheit *f*.
específico [~'sifiku] spezifisch.
espécime, -en [~'pɛsimə, -en] *m* Muster *n*, Probe *f*; Exemplar *n*.
especioso [~pə'sjozu (-ɔ-)] spitzfindig; Schein...
espect|acular [~ɛ(k)tɐku'lar] = *~aculoso*; **~áculo** [~'takulu] *m* Schauspiel *n*; Vorstellung *f*; **~aculoso** [~ɐku'lozu (-ɔ-)] auffallend; aufsehenerregend; **~ador** *m*, **-a** *f* [~ɐ'δor, -ɐ] Zuschauer(in *f*) *m*.
espectr|al [~pɛ(k)'trał] Spektral...; **~o** [~'pɛ(k)tru] *m* Gespenst *n*; *fís.* Spektrum *n*; *de largo ~* Breitband...
especul|ação [~pəkulɐ'sɐ̃u] *f* Spekulation *f*; **~ador** [~ɐ'δor] *m* Spekulant *m*; **~ar** [~'lar] (1a) **1.** *v/t.* nachsinnen (*od.* spekulieren) über (*ac.*); *j-n* ausbeuten; *bras. j-n* ausholen; *v/i.* spekulieren (in [*dat.*] *em*; mit *com*); **2.** *adj.* Spiegel...; *pedra f ~* Marienglas *n*; **~ativo** [~ɐ'tivu] spekulativ; theoretisch; *preço m ~* Spekulationspreis *m*.
espéculo ⚕ [~'pɛkulu] *m* Spiegel *m*.
espelh|ar [~pi'ʎar] (1d) (wider-)spiegeln; polieren; **~ar-se** sich (be-)spiegeln; sich weiden (an [*dat.*] *em*); **~im** [~ĩ] *m* Marienglas *n*; **~o** [~'peʎu] *m* Spiegel *m*; Vorderfläche *f*; ♪ Schalloch *n*; ⚠ Fensterrose *f*.
espelta [~'pɛłtɐ] *f* Dinkel *m*, Spelt *m*.
espelunca [~pə'lũŋkɐ] *f* Höhle *f*; Spelunke *f*.
espeque [~'pɛkə] *m* Stütze *f*, Halt *m*.
espera [~'pɛrɐ] *f* Warten *n*; Erwartung *f*; Frist *f*; Hinterhalt *m*; *mont.* Anstand *m*; ⊕ (Gegen-)Halter *m*, Anschlag *m*; *estar* (*od. ficar*) *à ~* (*de*) warten (auf [*ac.*]).
esper|ança [~pə'rɐ̃sɐ] *f* Hoffnung *f*; *estar de ~s* guter Hoffnung sn; **~ançar** [~rɐ̃'sar] (1p) Hoffnung m.; **~ançoso** [~rɐ̃'sozu (-ɔ-)] hoffnungsvoll; **~ar** [~ar] (1c) erwarten; (er)hoffen; *fig.* auflauern (*dat.*); *v/i.* warten *od.* hoffen (auf [*ac.*] *por*); *fazer-se ~*

auf sich warten l.
esperm|a [~'pɛrmɐ] *m* Same(n) *m*; **~acete** [~pərmɐ'sɛtə] *m* Walrat *m*.
esperne|ar [~pər'njar] (1l) strampeln; **~gar** [~nə'ɣar] (1o, *Stv.* 1c) = *~ear*; **~gar-se** sich ausstrecken.
espert|alhão F [~pərtɐ'ʎɐ̃u] **1.** *adj.* gerieben; **2.** *m*, **-ona** *f* Schlauberger *m*, -fuchs *m*; **~ar** [~'tar] (1c) = *despertar*; **~eza** [~'tezɐ] *f* Gescheitheit *f*; Schlauheit *f*, Schläue *f*; **~o** [~'pɛrtu] wach; aufgeweckt, gescheit; schlau; kräftig (*Wein*).
espess|ar [~pə'sar] (1c) ein-, verdicken; verdichten; verstärken; **~o** [~'pesu] dick(flüssig); dicht(gedrängt); **~ura** [~urɐ] *f* Dicke *f*, Stärke *f*; Dichtigkeit *f*; Dickicht *n*.
espet ... *bras. s. espect ...*
espet|ada, ~adela [~pə'taδɐ, ~tɐ'δɛlɐ] *f* Stich *m*; F Reinfall *m*; **~ar** [~ar] (1c) aufspießen; durchbohren; stoßen; *fig.* F reinlegen; *Predigt* loslassen auf (*ac.*); *iron. j-n* beglücken mit; **~ar-se** F reinfallen; **~o** [~'petu] *m* (Brat-)Spieß *m*; *fig.* Hopfenstange *f*; *bras.* F Plackerei *f*, Schererei *f*; *que ~!* wie lästig!; *dar ~* lästig fallen.
espetr|al, ~o *bras. s. espectr|...*
espevit|adeira [~əvitɐ'δeirɐ] *f* Lichtschere *f*; **~ado** [~'taδu] vorlaut; **~ar** [~'tar] (1a) schneuzen; *fig.* anfachen, aufstacheln; *ferro m de ~* Schür-eisen *n*, -haken *m*; *~ os brios de alg.* j-n bei der Ehre packen.
espezinhar [~pɛzi'ɲar] (1a) mit Füßen treten, unterdrücken.
espi|a [iʃ'piɐ] **1.** *m* Kundschafter *m*, Späher *m*; **2.** *su.* Spion(in *f*) *m*; **3.** *f* Schlepptau *n*; Wurfleine *f*; **~ão** [~'pjɐ̃u] *m* Spion *m*; Spitzel *m*; **~ar** [~'pjar] (1g) auskundschaften; belauern; erspähen; spionieren.
espicaçar [~pikɐ'sar] (1p; *Stv.* 1b) (an)picken; (durch)stechen; *fig.* (an-, auf-)stacheln; sticheln.
espich|ar [~pi'ʃar] (1a) *Fische* aufreihen; *allg.* aufspießen, durchbohren; *Faß* anstechen; (aus-, er-)strecken; *Leder* aufspannen; *bras.* F reinfallen; **~e, ~o** [~'piʃə, -u] *m* Zapfen *m*, Pflock *m*; Pinne *f*; *fig.* P Hopfenstange *f*; *bras.* F Reinfall *m*.
espiga [~'piɣɐ] *f* Ähre *f*; *Mais*-Kolben *m*; ⊕ Zapfen *m*, Dorn *m*; ⚕ Niednagel *m*; *fig.* F Reinfall *m*; Mist *m*; Tort *m*; *apanhar* (*od. gramar*) *uma ~* P reinfallen; *ora ~s!* F von wegen!; = *que ~!* so'n Mist!
espig|ado [~pi'ɣaδu] *f* aufgeschossen; **~adote** [~ɣɐ'δɔtə] halbwüchsig; **~ão** [~ɐ̃u] *m* First *m*; Gipfel *m*; Giebel *m*; Pflock *m*; Stachel *m*; Spitze *f*; Bergkegel *m*; Wellenbrecher *m*; Niednagel *m*; **~ar** [~ar] (1o) *fig.* P reinlegen; *v/i.* Ähren ansetzen (*Getreide*); *fig.* (in die Höhe *od.* ins Kraut) schießen; **~o** [~'piɣu] *m* (Gemüse-)Sproß *m*.
espim [~'pĩ]: *porco m ~* Stachelschwein *n*; *uva f ~* Berberitze *f*.
espinafre [~pi'nafrə] *m* Spinat *m*.
espinal [~pi'nał] Rückgrat...; Rückenmark...; spinal; *~ medula f* Rückenmark *n*.
espineta ♪ [~'netɐ] *f* Spinett *n*.
espingarda [~pĩŋ'garδɐ] *f* Gewehr *n*, Büchse *f*, Flinte *f*; *~ de dois* (*três*) *canos* Doppelbüchse *f* (Drilling *m*).
espinha [~'piɲɐ] *f* Gräte *f*; Dornfortsatz *m an Knochen*; ⚕ Pickel *m*; Mitesser *m*; ⊕ Bohrnadel *f*; *fig.* Schwierigkeit *f*; Knochengestell *n*; *~ (dorsal)* Rückgrat *n*; *~ nasal* Nasenbein *n*; *ter ~* e-n Haken h.; *ter uma ~ atravessada na garganta fig.* F e-e Laus auf der Leber h.
espinh|aço [~pi'ɲasu] *m* Wirbelsäule *f*, Rückgrat *n*; *fig.* Gebirgskette *f*; *quebrar o ~* (sich) das Genick brechen; **~al** [~ał] **1.** *adj.* = *espinal*; **2.** *m* (Dornen-)Gestrüpp *n*; **~ar** [~ar] (1a) (mit Dornen) stechen; *fig.* ärgern; **~eiro** [~eiru] *m* Dornstrauch *m*; Christ-, *~ cambra* Kreuz-, *~ alvar* Weiß-dorn *m*; **~o** [~'piɲu] *m* Dorn *m*; Stachel *m*; *fig.* Schwierigkeit *f*, F Haken *m*; **~oso** [~ozu (-ɔ-)] dornig; stachelig; Dorn...; *fig.* dornenvoll; schwierig, heikel.
espiolhar [~pju'ʎar] (1e) lausen; *fig.* untersuchen; herausklauben.
espion|agem [~'naʒɐ̃i] *f* Spionage *f*; **~ar** [~ar] (1f) (aus)spionieren; *j-n* bespitzeln.
espique [~'pikə] *m Palm*-Stamm *m*.
espir|a [~'pirɐ] *f* Windung *f*; = **~al** [~pi'rał] **1.** *f* Schneckenlinie *f*; Spirale *f*; *Uhr*: Spiralfeder *f*; *em ~* spiralförmig; gewunden, gedreht; *escada f em ~* Wendeltreppe *f*; **2.** *adj.* schneckenförmig, Spiral...; **~alar-se** [~pirɐ'larsə] (1b) sich hochschrauben.
espirar [~pi'rar] (1a) aus-hauchen,

-strömen; *v/i.* atmen, leben.
espirit|ismo [⁓pəri'tiʒmu] *m* Spiritismus *m*; **⁓ista** [⁓iʃtɐ] **1.** *adj.* spiritistisch; **2.** *su.* Spiritist(in *f*) *m*.
espírito [⁓'piritu] *m* Geist *m*; Sinn *m* (für *de*); Witz *m*; Spiritus *m*; ♀ *Santo der* Heilige Geist *m*; **⁓-santense** [⁓sẽn'tẽsə] aus (dem Staat) Espírito Santo.
espiritual [⁓pəri'twał] geistig; *director m* ⁓ *rel.* Beichtvater *m*; **⁓idade** [⁓twɐli'ðaðə] *f* Geistigkeit *f*; geistige(s) Leben *n*; **⁓izar** [⁓twɐli'zar] (1a) vergeistigen; geistig (*od.* symbolisch) deuten.
espirituoso [⁓'twozu (-ɔ-)] feurig (*Wein*); geist-reich, -voll; *licores m/pl.* ⁓*s* Spirituosen *pl.*
espirr|a-canivetes (*pl. unv.*) [⁓ˌpiʀɐkɐni'vɛtɨʃ] *su.* Hitzkopf *m*; **⁓ar** [⁓pi'ʀar] (1a) niesen; knistern; (her-vor)spritzen; *fig.* maulen; aufbrausen; *fazer* ⁓ aufbringen; *v/t.* verspritzen; herausniesen; **⁓o** [⁓'piʀu] *m* Niesen *n*; Nieser *m*; *dar um* ⁓ niesen.
esplend(ec)er [⁓plẽnd(əs)'er] (2g) glänzen. (2a,)
esplêndido [⁓'plẽndiðu] strahlend; *fig.* glänzend; prächtig.
esplendor [⁓plẽn'dor] *m* Glanz *m*; Pracht *f*; **⁓oso** [⁓du'rozu (-ɔ-)] = *esplêndido*.
espocar *bras.* [⁓po'kar] (1n; *Stv.* 1e) auf-, aus-brechen; sprudeln.
espojar-se [⁓pu'ʒarsə] (1e) sich wälzen (*com riso* vor Lachen).
espoleta [⁓pu'letɐ] *f* Zünder *m*.
espoli|ação [⁓puljɐ'sɐ̃u] *f* Beraubung *f*; Plünderung *f*; Raub *m*; **⁓ar** [⁓'ljar] (1g) berauben; plündern.
espólio [⁓'pɔlju] *m* Nachlaß *m*; *Kriegs*-Beute *f*; Plünderung *f*.
esponj|a [⁓'põʒɐ] *f* Schwamm *m*; **⁓oso** [⁓põ'ʒozu (-ɔ-)] schwammig.
esponsais [⁓põ'saiʃ] *m/pl.* Verlobung *f*.
espont|aneamente [⁓õnˌtɐnjɐ'mẽntə] von selbst; **⁓aneidade** [⁓tɐnei'ðaðə] *f* Spontaneität *f*; Ursprünglichkeit *f*; Natürlichkeit *f*; Freiwilligkeit *f*; **⁓aneísmus** [⁓tɐne'iʒmu] *m* Spontanverhalten *n*; **⁓âneo** [⁓'tɐnju] spontan; ursprünglich, urwüchsig; natürlich; freiwillig; ⚘ wildwachsend.
espora [⁓'pɔrɐ] *f* Sporn *m*; ⚘ Rittersporn *m*; *fig.* Ansporn *m*.
esporádico [⁓pu'raðiku] vereinzelt, selten; gelegentlich.
espor|ão [⁓'rɐ̃u] *m Hahnen*-Sporn *m* (*a.* ⚘); *Gebirgs*-Ausläufer *m*; ⚠ Widerlager *n*; Wellenbrecher *m*; ⚓ Schiffsschnabel *m*; ⚕ Mutterkorn *n*; **⁓ear** [⁓'rjar] (1l) (an)spornen.
espório, -oro [⁓'pɔrju, -u] *m* Spore *f*.
esporte [⁓'pɔrtə] *m* = *desporto*.
espórtula [⁓'pɔrtulɐ] *f* Sportel *f*.
espos|a [⁓'pozɐ] *f* Gattin *f*; **⁓ar** [⁓pu'zar] (1e) trauen; heiraten; *fig.* sich *e-r Sache* (*gen.*) annehmen; *Beruf* ergreifen; eintreten für; (unter)stützen; **⁓o** [⁓u] *m* Gatte *m*; ⁓*s pl.* Ehegatten *pl.*
espraiar [ɨʃprɐ'jar] (1b) *fig.* ausbreiten; *Strahl* (aus)senden; ⁓ *males*, ⁓ *tristezas* sich zerstreuen; ⁓ *a vista* die Aussicht genießen; schauen (über [*ac.*] *sobre*); sehen (bis *até*); *v/i.* zurückfluten; **⁓-se** sich verbreiten; sich ergehen (in [*dat.*] *em*, über [*ac.*] *sobre*); ⁓ *em inf.* sich bemühen zu *inf.*
espreguiç|adeira *f*, **⁓ador** *m* [⁓prəɣisɐ'ðeirɐ, ⁓ɐ'ðor] Couch *f*, Liege *f*; **⁓ar-se** [⁓'sarsə] (1p) sich rekeln; faulenzen; *fig.* sich ausbreiten.
espreit|a [⁓'preitɐ] *f* Beobachtung *f*; *estar* (*pôr-se*) *à* ⁓ auf der (sich auf die) Lauer liegen (legen); *ter* (*od.* *trazer*) *em* ⁓ = **⁓ar** [⁓prei'tar] (1a) beobachten; (be)lauern; (er)spähen; *Gelegenheit* abpassen; *Wunsch* von den Augen ablesen.
espremer [⁓prə'mer] (2c) auspressen (*a. fig.*); (aus)wringen; *Tränen* entlocken; *Thema* erschöpfend behandeln; F *j-n* ausquetschen.
espulgar [ɨʃpuł'ɣar] (1o) flöhen.
espuma [⁓'pumɐ] *f* Schaum *m*; *tirar a* ⁓ abschäumen (*ac.*).
espum|adeira [⁓pumɐ'ðeirɐ] *f* Schaumlöffel *m*; **⁓ante** [⁓'mɐ̃ntə] schäumend; (*vinho*) ⁓ *m* Schaumwein *m*, Sekt *m*; **⁓ar** [⁓'mar] (1a) = *escumar*; **⁓ejar** [⁓mɨ'ʒar] (1d) schäumen; **⁓oso** [⁓'mozu (-ɔ-)] schaumig; schäumend, Schaum...
espúrio [⁓'purju] fremd, Fremd...
esquadra [⁓'kwaðrɐ] *f* (Polizei-)Revier *n*; ⚓, ✈ Geschwader *n*; ⚔ Zug *m*; = *esquadro*.
esquadr|ão [⁓kwɐ'ðrɐ̃u] *m* Schwadron *f*; **⁓ejar** [⁓ðrɨ'ʒar] (1d) rechtwinklig behauen (*od.* zuschneiden); **⁓ia** [⁓iɐ] *f* rechte(r) Winkel *m*; Haustein *m*; = *esquadro*; **⁓ilha**

[~iʎɐ] *f* ⚓ Flottille *f*; ✈ Staffel *f*.

esquadrinhar [~ðri'ɲar] (1a) durchstöbern; aus-, durch-schnüffeln.

esquadro [~'kwaðru] *m* (Anschlag-) Winkel *m*; Dreieck *n*; ~ (*de pedreiro*) Winkeleisen *n*; (*duplo*) ~ Reißschiene *f*; *falso* ~ Stellwinkel *m*.

esquálido [~'kwaliðu] schmutzig; käsig (*Gesicht*).

esquartejar [~kwɐrtɨ'ʒar] (1d) vierteilen; zerstückeln.

esquec|ediço [~kɛsə'ðisu] vergeßlich; **~er** [~'ser] (2g; *Stv.* 2a) vergessen; *v/i.* vergessen w.; ~ *a alg.* j-m entfallen; j-m entgehen; j-m einschlafen (*Arm, Bein*); *esqueceu-me o chapéu* ich habe m-n Hut liegenlassen; **~er-se** *de a/c.* et. vergessen; et. verlernen; ~ *de si*, ~ *de quem é* sich vergessen; **~ido** [~'siðu] *adj.* vergeßlich; ~ *de* uneingedenk (*gen.*); **~imento** [~i'mẽntu] *m* Vergessen *n*; Vergeßlichkeit *f*; Versehen *n*; Auslassung *f*; Vergessenheit *f*; *Glieder-*Lähmung *f*; *v/i. dar od. deitar ao* ~, *pôr em* ~ in Vergessenheit bringen; *cair no* (*entregar ao*) ~ der Vergessenheit anheimfallen (anheimgeben).

esquel|ético [~kə'lɛtiku] Skelett...; skelettartig; *fig.* klapperdürr; **~eto** [~'letu] *m* Skelett *n*, Gerippe *n*.

esquem|a [~'kemɐ] *m* Schema *n*; Entwurf *m*, Plan *m*; **~ático** [~kə'matiku] schematisch; **~atizar** [~kəmɐti'zar] (1a) schematisieren.

esquent|ação [~kẽntɐ'sɐ̃u] *f* Erwärmung *f*; Hitze *f*; *fig.* hitzige Ausea.-setzung *f*; ⚕ Harnleiterentzündung *f*; **~ado** [~'taðu] warm; *fig.* hitzig; aufgebracht; **~ador** [~ɐ'ðor] *m* Bettwärmer *m*; Badeofen *m*; Durchlauferhitzer *m*; **~amento** [~ɐ'mẽntu] *m* = ~*ação*; P Tripper *m*; **~ar** [~'tar] (1a) (an-, er-)wärmen; *fig.* aufbringen; *v/i. u.* **~ar-se** sich erhitzen; in Zorn geraten.

esquerd|a [~'kerðɐ] *f* Linke *f* (*a. pol.*); ⚔ ~! links um!; *à* ~ zur Linken, links; **~ismo** [~kər'ðiʒmu] *m* Linkspolitik *f*; Linkstendenz *f*; **~ista** [-iʃtɐ] **1.** *adj.* linksgerichtet; der Linken; **2.** *su.* Linke(r *m*) *m*, *f*; Anhänger *m* der Linken; **~o** [~u] link; Links...; *fig.* verdreht, schief; scheel; linkshändig; linkisch; *deitar à mão -a* F krummnehmen.

esqui [~'ki] *m* Schi *m*; **~ador** [~kjɐ'ðor] *m* Schiläufer *m*.

esquife [~'kifə] *m* Totenbahre *f*, Sarg *m*; *Sport*: Skiff *n*.

esquilo [~'kilu] *m* Eichhörnchen *n*.

esquimó [~ki'mɔ] *m* Eskimo *m*.

esquina [~'kinɐ] *f* Ecke *f*.

esquip|ação [~kipɐ'sɐ̃u] *f* Ausrüstung *f*; Mannschaft *f*; *Kleider-*Ausstattung *f*, F Kluft *f*; **~ado** [~'paðu] *m bras.* Paß(gang) *m*; **~ador** *bras.* [~a'ðor] *m* Paßgänger *m*; **~amento** [~ɐ'mẽntu] *m* (Schiffs-) Ausrüstung *f*; **~ar** [~'par] (1a) aus-rüsten, -statten; schmücken; *bras.* Paß reiten.

esquírola [~'kirulɐ] *f* (Knochen-) Splitter *m*.

esquisit|ão [~kəzi'tɐ̃u] *m* (komischer) Kauz *m*; Sonderling *m*, Eigenbrötler *m*; **~ice** [~isə] *f* Sonderbarkeit *f*; Überspanntheit *f*; Eigenbrötelei *f*; **~o** [~kə'zitu] ausgefallen; sonderbar, F komisch; überspannt; eigenbrötlerisch; ⚒ auserlesen.

esquiv|ança [~ki'vɐ̃sɐ] *f* Zurückhaltung *f*; Scheu *f*, Sprödigkeit *f*; Unfreundlichkeit *f*; **~ar** [~ar] (1a) verschmähen; ausweichen (*dat.*); vermeiden; **~ar-se** (sich) davonschleichen; sich entziehen; ausweichen (*dat. a, de*); sich drücken (vor *od.* von *a, de*); **~o** [~'kivu] scheu; ungesellig; herb, spröde; unfreundlich; schwierig.

essa ['ɛsɐ] **1.** *f* Katafalk *m*; *pôr na* ~ aufbahren; **2.** *pron. f, s.* esse[2]; das; ~ *é boa!* das ist gut!; *iron.* das ist ja reizend!; ~ *não é má!* (das ist) nicht schlecht!; *ora* ~! aber ich bitte Sie!; gern geschehen!; = ~ *agora!* nein, so was!; aber hören Sie mal!; *ora* ~ *é boa!* das ist ja allerhand!; (*ainda*) *mais* ~! auch das noch!; (*nem*) *por* ~*s e* (*nem*) *por outras* aus diesen und andern Gründen (auf gar keinen Fall).

esse[1] ['ɛsə] *m Name des Buchstabens s.*

esse[2], **essa** ['esə, 'ɛsɐ] *pron.* der, die, das (da); dieser, diese, dieses; *esse relógio* die Uhr da; Ihre Uhr; *essa saúde* Ihre Gesundheit; *im Brief*: *nessa cidade* in Ihrer Stadt, dort; *essa casa* Ihre Firma.

essência [i'sẽsjɐ] *f* **a)** Wesen *n*; Sinn *m*; Wesentliche(s) *n*; Wesenheit *f*; **b)** Essenz *f*.

essencial [isẽ'sjaɫ] **1.** *adj.* wesentlich; hauptsächlich, Haupt...; **2.** *m* Hauptsache *f*; **~mente** [~'mẽntə] im wesentlichen; besonders.

essoutro, -a [e'sotru, ɛ'sotrɐ] der, die, das andere (da).

esta ['ɛʃtɐ] *pron. f s.* este²; das; *com ~* damit; *d~* davon; daraus; *d~ escapou ele!* diesmal ist er noch davongekommen; *s. essa.*

estabanado [ɨʃtɐβɐ'naδu] leichtsinnig; unbedacht.

estabelec|er [ɨʃtɐβələ'ser] (2g) (be-)gründen; *Staat, Gebäude* errichten; *Anstalt* einrichten, eröffnen; *Regel* festsetzen; *Rekord* aufstellen; *Sachverhalt* feststellen; *Gericht* einsetzen; *Steuer, Brauch* einführen; *Ordnung, Verbindung* herstellen; *Entscheidung* treffen; *Beschluß* fassen; *s-e Kinder* versorgen, *ihnen* e-e Existenz gründen; sich *e-e Wohnung* einrichten; bestimmen (*Gesetz*); **~er-se** sich durch-, festsetzen; auftreten; sich gründen (auf [*dat.*] em); sich niederlassen; sich e-e Existenz gründen; **~imento** [~si'mẽntu] *m* Begründung *f*; Gründung *f*; Errichtung *f*; Eröffnung *f*; Durch-, Fest-setzung *f*; Auf-, Feststellung *f*; Einrichtung *f*; Herstellung *f*; Versorgung *f*; Niederlassung *f*; *~ comercial* Geschäft(s-haus) *n*; *~ industrial* gewerbliche(r) Betrieb *m*; *~ pio* Wohlfahrtseinrichtung *f*; *~ público* öffentliche Anstalt *f* (*od.* Einrichtung *f*).

estabili|dade [~βəli'δaδə] *f* Stabilität *f*; (Stand-)Festigkeit *f*; Beständigkeit *f*; *lugar m de ~* Dauerstellung *f*; **~zador** [~zɐ'δor] *m* ✈ Trimmvorrichtung *f*; Höhenflosse *f*; **~zar** [~'zar] (1a) festigen, stabilisieren.

estábulo [ɨʃ'taβulu] *m* Stall *m*.

estac|a [ɨʃ'takɐ] *f* Pfahl *m*; Stecken *m*; ⚘ Steckling *m*; *pegar de ~* Wurzeln schlagen; **~ada** [~tɐ'kaδɐ] *f* Verhau *m*; Lattenzaun *m*; Einfriedung *f*; Pfahlrost *m*.

estação [~tɐ'sɐ̃u] *f* Station *f*; Haltestelle *f*; Bahnhof *m*; Dienststelle *f*; *fig.* Jahreszeit *f*; *Regen-, Bade-*Zeit *f*; (Lebens-)Alter *n*; *~ de serviço auto.* Reparaturwerkstätte *f*.

estac|ar [~'kar] (1n; *Stv.* 1b) pfählen; (ab)stützen; *v/i.* (plötzlich) stehenbleiben; *fig.* stocken; stutzen; **~aria** [~kɐ'riɐ] *f* Pfahlwerk *n*; Pfahlrost *m*.

estacion|al [~sju'nał] jahreszeitlich; Stations...; **~amento** [~nɐ'mẽntu] *m* Stehenbleiben *n*; Stillstand *m*; Aufenthalt *m*; *auto.* Parken *n*; *parque m de ~* Parkplatz *m*; **~ar** [~ar] (1f) haltm., halten; stehenbleiben; stocken (*Verkehr*); *Auto* abstellen; *fig.* aufhören; *estar ~ado auto.* parken; **~ário** [~arju] gleichbleibend, unveränderlich; fest (*Preis usw.*); rückständig; *ficar ~, conservar-(manter-)se ~* sich gleich- (*od.* fest-) bleiben; nicht zurückgehen; = *~ar.*

estad|a [ɨʃ'taδɐ] *f* Aufenthalt *m*; Verweilen *n*; Anwesenheit *f*; **~ão** [~tɐ'δɐ̃u] *m* Prunk *m*, Aufwand *m*; **~ear** [~tɐ'δjar] (1l) sich brüsten mit; **~ear-se** großtun; **~ia** [~tɐ'δiɐ] *f* ⚓ Liegezeit *f*; = *estada.*

estádi|a [~'taδjɐ] *f* Entfernungsmesser *m*; **~o** [~u] *m* Stadion *n*; ⚕ Stadium *n*.

estad|ismo [~tɐ'δiʒmu] *m* Staatsabsolutismus *m*; **~ista** [~iʃtɐ] *m* Staatsmann *m*; **~o** [~'taδu] *m* Stand *m*; Zustand *m*; *Wetter- usw.* Lage *f*; ♀ Staat *m* (*in Bras. a. Bezeichnung der Bundesländer*); *~s pl.* (Land-)Stände *m/pl.*; *~ civil* Familien-, *~ de casado* (*solteiro, viuvo*) Ehe- (Ledigen-, Witwen-)stand *m*; *~ interessante* guter Hoffnung; *governo m de ♀ bras.* Landesregierung *f*; *ministro m de ♀* Bundesminister *m*; *no ~ actual das coisas* nach Lage der Dinge; **~o-maior** [~ıtaδumɐ'jɔr] *m* (Regiments-, Bataillons-, General-) Stab *m*; **~ual** *bras.* [~ta'dwał] Staats..., Landes...; **~unidense** [~taδuni'δẽsə] der Vereinigten Staaten.

estaf|a [~'tafɐ] *f* Schinderei *f*; Hetze *f*; **~ado** [~tɐ'faδu] zerschlagen; abgetrieben (*Pferd*); *fig.* abgedroschen; abgetragen (*Anzug*); **~ante** [~tɐ'fẽntə] anstrengend; **~ar** [~tɐ'far] (1b) überanstrengen, F schinden; herumhetzen; *fig.* herunterleiern; *Spiel*: mogeln; *~ alg. com* j-m zur Last fallen (*od.* die Ohren vollhängen) mit; **~ar-se** sich abschinden; sich abhetzen.

estafermo [~tɐ'fermu] *m fig.* Vogelscheuche *f*.

estafeta [~'fetɐ] *f* Stafette *f*; *fig.* Bote *m*; *Sport*: Staffellauf *m*.

estagi|ar [~'ʒjar] (1g) als Volontär (*od.* praktisch) arbeiten; **~ário** [~arju] *m* Praktikant *m*; Volontär *m*; Lehramtskandidat *m*.
estágio [~'taʒju] *m* Praktikantenzeit *f*; praktische Ausbildung *f*; Referendarjahr *n*; *Entwicklungs-*Stufe *f*; *fazer um ~ = estagiar.*
estagn|ação [~tɐɣnɐ'sɐ̃u] *f* Stillstand *m*, Stockung *f*; **~ado** [~'naδu] stehend, *fig.* faul (*Wasser*); **~ante** [~'nɐ̃ntə] hemmend, lähmend; **~ar** [~'nar] (1b) stauen; *fig.* hemmen, lähmen; zum Stocken bringen; stillegen; **~ar-se** *fig.* stocken; zum Stillstand kommen.
estai [~'tai] *m* ⚓ Stag *m*; Ankerdraht *m*; Kettensteg *m*; ⊕ Strebe *f*; **~amento** [~tɐjɐ'mẽntu] *m* Verspannung *f*, Versteifung *f*.
estalactite [~tɐlɐk'titə] *f* (Zapfen-) Tropfstein *m*; (Eis-)Zapfen *m*.
estal|ado [~'ladu]: *ovo m ~ bras.* Spiegelei *n*; **~agem** [~aʒɐ̃i] *f* Gasthaus *n*; **~ajadeiro** *m*, **-a** *f* [~lɐʒɐ'δeiru, -ɐ] (Gast-)Wirt(in *f*) *m*.
estal|ão [~'lɐ̃u] *m = padrão*; *Preis-*, *Währungs-* Index *m*; **~ar** [~ar] (1b) bersten, platzen (*a. fig.*); (zer)springen (*Glas*); knallen, knattern; knacken; *fig.* ausbrechen (*Krieg*); *v/t.* zerbrechen.
estaleiro ⚓ [~'leiru] *m* Werft *f*.
estal|ejar [~lɨ'ʒar] (1d) knattern; **~ido** [~'liδu] *m* Geknatter *n*; Geknister *n*; Knall *m*; Schnalzer *m*; **~inho** [~'liɲu] *m* Zündblättchen *n*, Knallerbse *f*; **~o** [~'talu] *m* Knall *m*; Knack *m*; Klatsch *m*; **~s** *pl.* Knallen *n*, Geknalle *n*; *dar ~s* knallen; knacken; schnalzen.
estambre [~'tẽmbrə] *m*: (*fio m de*) ~ Kammgarn *n*.
estame [~'tɐmə] *m* ⚘ Staubfaden *m*; ~ (*da vida*) Lebensfaden *m*.
estamp|a [~'tẽmpɐ] *f* Abbildung *f*; Stich *m*; Holzschnitt *m*; (Fuß-) Abdruck *m*; *fig.* Bild *n*; Aussehen *n*; *dar à ~* in Druck geben; *obrar de ~* nach Schema F arbeiten; **~ado** [~tẽm'paδu] bedruckt (*Stoff*); **~ar** [~tẽm'par] (1a) drucken; ein-, aufdrücken; (ein)prägen; (aus-, ein-) stanzen; **~aria** [~tẽmpɐ'riɐ] *f* Zeug-, Kattun-, Bild-druckerei *f*.
estampido [~tẽm'piδu] *m* Knall *m*; Krach *m*, Getöse *n*; Dröhnen *n*.
estampilha [~tẽm'piʎɐ] *f* Stempel *m*; *bras.* Steuermarke *f*.
estanc|ado [~tɐ̃ŋ'kaδu] = *estagnado*; *estanque*; **~amento** [~kɐ'mẽntu] *m* Stauung *f*; Abdichten *n*; Dichtigkeit *f*; Stillen *n*; Trockenlegung *f*; Versiegen *n*; Stockung *f*; **~ar** [~ar] (1n) (ab)stauen; abdichten; den Lauf *v. et.* aufhalten; *Blut*, *Durst* stillen; *Tränen* trocknen; *Behälter* leeren, leerpumpen; *Wasser* auspumpen *od.* ablassen; *fig.* aussaugen; erschöpfen; beenden; *die Lust* nehmen; *v/i. u.* **~ar-se** sich stauen; zum Stillstand kommen, stocken; versiegen.
estância [~'tɐ̃sjɐ] *f* **a**) Aufenthalt(sort) *m*; (Wohn-)Sitz *m*; Standort *m*; Rast(platz *m*) *f*; Erholungsort *m*; ⚓ Ankerplatz *m*; *Holz-*, *Kohlen-*Lager *n*; *bras.* Viehzüchterei *f*; ~ *balnear* Badeort *m*; **b**) *lit.* Stanze *f*.
estanco [~'tɐ̃ŋku] *m = estanque.*
estandar|dizar [~tẽndɐrdi'zar] (1a) vereinheitlichen, standardisieren; **~te** [~'dartə] *m* Standarte *f*; Fahne *f* (*a. fig.*).
estanh|ar [~tɐ'ɲar] (1a) verzinnen; **~o** [~'tɐɲu] *m* Zinn *n*; *papel m de ~* Silberpapier *n*; Stanniol *n*.
estan|que [~'tɐ̃ŋkə] **1.** *m* Tabakladen *m*, Kiosk *m*; **2.** *adj.* dicht; hermetisch verschlossen; leer; trocken; versiegt; *~ ao ar* luftdicht; **~queiro** [~tɐ̃ŋ'keiru] *m* Tabakhändler *m*.
estante [~'tɐ̃ntə] *f* Bücher-brett *n*, -gestell *n*, -schrank *m*; Regal *n*; Lese-, Noten-pult *n*.
estar [ɨʃ'tar] (1s) *vorübergehend irgendwo od. in e-m Zustand* sein; *irgendwo* liegen, stehen, stecken, sitzen *od.* hängen; sich befinden; sich aufhalten; *~ a fazer a/c.*, *~ fazendo a/c.* gerade (*od.* eben) et. tun; dabei sn et. zu tun; *~ com a/c.* et. haben; *~ com alg.* mit j-m zs.-sein (*od.* -wohnen); *fig.* es mit j-m halten; *estou com calor* (*frio*) es ist mir warm (kalt); *~ de aprendiz, caixeiro, etc.* Lehrling, Verkäufer *usw.* sn; *~ de mão na cinta, de espada na mão, etc.* die Hand am Gürtel, das Schwert in der Hand *usw.* h.; *~ de casaca, de luto, etc.* im Frack, in Trauer *usw.* sn; *~ em fig.* bestehen in (*dat.*) (*Schwierigkeit*); stehen auf, kosten (*Preis*); in *ein Geheimnis* eingeweiht sn, *et.*

schon wissen; *et.* begreifen; bei *j-m* liegen, in *j-s* Macht stehen; *~ em si, ~ senhor de si* bei Sinnen sn, sich in der Gewalt h.; *~ para* aufgelegt sn (*od.* Lust h.) zu; einverstanden sn mit; *örtl.* gegangen (*od.* gefahren) sn nach (*od.* zu, in [*ac.*]); *zeitl.* dauern (*ac.*); *Proportion*: sich verhalten zu; *~ para inf.* im Begriff sn zu *inf.*, wollen *inf.*; *~ por* sn für, angetan sn von; auf *j-s* Seite stehen; *~ por fazer* noch zu tun (*od.* nicht getan) sn; *isso ainda está por muitos dias* (*od. muito tempo*) das dauert noch lange; *~ que* meinen *od.* glauben, daß; *fulano está?* ist Herr X da?; *está (lá)? tel.* hallo!; *deixa ~!* warte nur! (*als Drohung*); *s. a. deixar.*

estarrec|edor [iʃtɐrəsə'ðor] entsetzlich; **~er** [~'ser] (2g) lähmen; *v/i.* erstarren.

estas ['ɛʃtɐʃ]: *sem mais ~ nem aquelas* mir nichts, dir nichts.

estatal [iʃtɐ'tał] staatlich, Staats...; *bras.* bundesstaatlich, Bundes...

estatel|ado [~tə'laðu] der Länge nach; *ficar ~ = ~ar-se*; **~ar** [~ar] (1c) (auf den Boden *od.* hin-) werfen; zu Boden (*od.* nieder-) strecken; (hin)fallen l.; *~ a/c. em* (*od. contra*) mit et. fallen auf (*ac.*) *od.* prallen gegen; **~ar-se** der Länge nach (hin)fallen; (zu Boden) stürzen; prallen (gegen *em*, *contra*); e-n Zs.-stoß h.; *fig.* F sich blamieren.

estátic|a [~'tatikɐ] *f* Statik *f*; **~o** [~u] statisch; *fig.* fest; unbeweglich.

estatística [~tɐ'tiʃtikɐ] *f* Statistik *f*; *Instituto Nacional de* ♀ Statistisches Amt *n*; **~o** [~u] statistisch.

estatiz|ação [~tizɐ'sɐ̃u] *f* Verstaatlichung *f*; **~ante** [~'zɐ̃ntə] Verstaatlichungs...; **~ar** [~'zar] (1a) verstaatlichen.

estátua [~'tatwɐ] *f* Standbild *n*, Statue *f*.

estatu|ária [~tɐ'twarjɐ] *f* Bildhauerkunst *f*; **~eta** [~etɐ] *f* Statuette *f*, Plastik *f*; **~ir** [~ir] (3i) festsetzen, verordnen; errichten; *Exempel* statuieren; **~ra** [~'turɐ] *f* Wuchs *m*; Gestalt *f*; Größe *f*; **~to** [~'tutu] *m* Satzung *f*, Statut *n*.

estável [~'tavɛł] beständig; fest, stabil.

este[1] ['ɛʃtə] *m* Osten *m*.

este[2], **esta** ['eʃtə, 'ɛʃtɐ] dieser, dieses, diese; der, das, die (hier); *esta manhã* (*noite*, *tarde*) heute morgen (abend [*od.* nacht], nachmittag); *nesta* (*cidade*) hier.

estear [iʃ'tjar] (1l) (unter)stützen.

estea|rina [~tjɐ'rinɐ] *f* Stearin *n*; **~tite** [~'titə] *f* Speckstein *m*.

esteio [iʃ'teju] *m* Stütze *f*; Steg *m*.

estei|ra [~'teirɐ] *f* **a**) (Binsen-)Matte *f*; *bras.* ⊕ Raupe *f*; **b**) Kielwasser *n*; *fig.* Spur *f*; Weg *m*, Richtung *f*; *ir na ~ de alg. fig.* j-m folgen, j-m nach-gehen, -fahren; **~ro** [~'teiru] *m* Meeres- (*od.* Fluß-)arm *m*; Haff *n*; = *estuário*.

estêncil [~'tẽsił] (*papel*) *~ m* Schablone *f*; Matrize *f*.

estend|al [~tẽn'dał] *m* Menge *f* = *~oiro*; *fazer ~ de* angeben mit; auskramen (*ac.*); **~edoiro**, **-ouro** [~də'ðoiru, -oru] *m* Trockenplatz *m*; **~er** [~er] (2a) (aus)strecken; ausbreiten; ausea.-falten, -ziehen; in die Länge ziehen; (aus)dehnen; spannen; *Wäsche usw.* (zum Trocknen) aufhängen (*od.* [aus]legen); *über e-e Fläche* verteilen; *Teig* ausrollen; *j-m et.* reichen; *Befugnisse* überschreiten; *j-n* zu Boden (*od.* nieder)strecken; zur Strecke bringen, besiegen; *~ os olhos, ~ a vista* blicken (nach *para*, über [*ac.*] *por sobre*); *v/i.* sich dehnen; **~er-se** sich erstrecken (bis *até*, auf [*ac.*] *a*); *fig.* F sich blamieren; durchfallen; *~ no chão, ~ ao comprido* der Länge nach hinfallen; **~idamente** [~ˌiðɐ'mẽntə] ausführlich, weitläufig.

esten|ografar [~tənuɣrɐ'far] (1b) stenographieren; **~ografia** [~uɣrɐ'fiɐ] *f* Kurzschrift *f*; **~ográfico** [~u'ɣrafiku] stenographisch; **~ógrafo** *m*, **-a** *f* [~'nɔɣrɐfu, -ɐ] Stenograph(in *f*) *m*.

estepe [~'tɛpə] *f* Steppe *f*.

esterc|ada [~tər'kaðɐ] *f* Düngung *f*; **~ar** [~ar] (1n; *Stv.* 1c) düngen; *v/i.* misten; **~o** [~'terku] *m* Mist *m*; Dünger *m*; *fig.* Unrat *m*; **~oreiro** [~ku'reiru] *m* Mistkäfer *m*.

estere, **-éreo** [~'tɛrə, -ɛrju] *m* Festmeter *m*; *tip.* Matrize *f*, Klischee *n*.

estereo|fónico [~tɛrju'fɔniku] stereophon; *aparelhagem f* (*emissão f*) *-a* Stereo-anlage (-sendung *f*) *f*; **~metria** [~mə'triɐ] *f* Stereometrie *f*; **~scópio** [~ʃ'kɔpju] *m* Stereoskop *n*; **~tipado** [~ti'paðu] stereotyp; **~tipia**

[~ti'piɐ] *f* Stereotypie *f*; **~típico** [~'tipiku] = *~tipado.*
estéril [~'tɛril] **1.** *adj.* unfruchtbar (*a. fig.*); ⚕ keimfrei, steril; *fig.* fruchtlos; **2.** *m* taube(s) Gestein *n.*
esterili|dade [~tərəli'ðaðə] *f* Unfruchtbarkeit *f*; **~zador** [~zɐ'ðor] *m* Sterilisierapparat *m*; **~zar** [~'zar] (1a) sterilisieren; unfruchtbar m.; *fig. a.* zunichte m.
esterlino [~tər'linu] **1.** *adj. libra f -a* = **2.** *m das* Pfund Sterling.
esterno [~'tɛrnu] *m* Brustbein *n.*
esterqu|eira *f*, **-o** *m* [ɨʃtər'keirɐ, -u] Misthaufen *m*; Mistgrube *f.*
esterroar [~tə'ʀwar] (1f) eggen.
estert|or [~tər'tor] *m* Röcheln *n*; **~orar** [~tu'rar] (1e) röcheln; rasseln; **~oroso** [~tu'rozu (-ɔ-)] röchelnd.
esteta [~'tɛtɐ] *m* Ästhet *m.*
estética [~'tɛtikɐ] *f* Ästhetik *f.*
estetoscópio ⚕ [~tɛtuʃ'kɔpju] *m* Stethoskop *n*, Hörrohr *n.*
esteva [~'tevɐ] *f* Pflugsterz *m.*
esti|ado [~'tjaðu] trocken und heiter; **~agem** [~aʒɐ̃i] *f* trockene(s) Wetter *n*; (Zeit der) Dürre *f*; **~ar** [~ar] (1g) aufhören zu regnen.
estibina [~ti'βinɐ] *f* Spießglanz *m.*
estibordo [~'βɔrðu] *m* Steuerbord *n.*
estic|adela [~kɐ'ðɛlɐ] *f* Ruck *m*; **~ão** [~'kɐ̃u] *m* heftige(r) Ruck *m*; **~ar** [~'kar] (1n) straffen, spannen; strecken; recken; zerren; *~ a canela, ~ a perna, ~ o pernil v/i.* V verrecken.
estigma [~'tiɣmɐ] *m* Stigma *n*, Wundmal *n* Christi; *fig.* (Brand-)Mal *n*; ⚕, ⚘ Narbe *f*; **~tizar** [~tiɣmɐti'zar] (1a) stigmatisieren; *fig.* brandmarken.
estilar [~ti'lar] (1a) träufeln; *v/i.* tropfen; **~-se** sich verzehren.
estilete [~ti'letə] *m* Stilett *n*; ⚘ Griffel *m*; ⚕ Sonde *f.*
estilha [~'tiʎɐ] *f* Span *m*, Splitter *m*; *fazer em ~s* = **~çar** [~tiʎɐ'sar] (1p, *Stv.* 1b) zersplittern; **~ço** [~ti'ʎasu] *m* Splitter *m.*
estil|ística [~tə'liʃtikɐ] *f* Stilkunde *f*; **~ístico** [~'liʃtiku] stilistisch; **~izar** [~li'zar] (1a) stilisieren; **~o** [~'tilu] *m* (Schreib-)Griffel *m*; *fig.* Stil *m*; Brauch *m*; ⚘ Griffel *m.*
estima [~'timɐ] *f* Wertschätzung *f*; *ter ~ a alg.* j-n schätzen.
estim|ação [~timɐ'sɐ̃u] *f* Schätzung *f*; *fig.* Achtung *f*, Wertschätzung *f*; *valor m de ~* Liebhaberwert *m*; *ter em ~* (hoch)schätzen, werthalten; **~ado** [~'maðu] (lieb)wert; **~ador** [~ɐ'ðor] *m* Liebhaber *m*; **~ar** [~'mar] (1a) (ein)schätzen, taxieren; (wert)schätzen, achten; in Ehren (*od.* wert)halten; gern h., lieben; glauben, meinen; halten für; sich freuen; wünschen; *~ que conj.* hoffentlich *ind.*; **~ar-se** auf sich halten; (gut) für sich sorgen; **~ativa** [~ɐ'tivɐ] *f* Schätzung *f*; Berechnung *f*; **~ativo** [~ɐ'tivu]: *juízo m ~* Wahrscheinlichkeitsurteil *n*; *valor m ~* Liebhaberwert *m*; **~ável** [~'mavɛɫ] schätzbar; angenehm.
estimul|ação [~timulɐ'sɐ̃u] *f* Anregung *f*; Erregung *f*; Anfeuerung *f*; **~ante** [~'lɐ̃ntə] *m* Reizmittel *n*, Stimulans *n*; *fig. a.* = *estímulo*; **~ar** [~'lar] (1a) an-regen, -reizen; *Haß usw.* erregen; *j-n* an-spornen, -feuern; aufstacheln, reizen.
estímulo [~'timulu] *m* Stachel *m*; *fig.* Anregung *f*, Auftrieb *m*; Anreiz *m*, Antrieb *m*; Ansporn *m.*
estio [ɨʃ'tiu] *m* Sommer *m.*
estiolar(-se) [ɨʃtju'larsə] (1e) verkümmern.
estipul|ação [~tipulɐ'sɐ̃u] *f* Festsetzung *f*; Abmachung *f*; ⚖ Klausel *f*, Bestimmung *f*; **~ante** [~'lɐ̃ntə]: *partes f/pl. ~s die* vertragschließenden Parteien *f/pl.*; **~ar** [~'lar] (1a) festsetzen; abmachen; zur Bedingung m.
estir|açar [~tirɐ'sar] (1p; *Stv.* 1b) in die Länge ziehen; recken; **~ão** [~'rɐ̃u] *m* Ruck *m*; F Plackerei *f*; **~ar** [~'rar] (1a) (aus)strecken; *Draht* ziehen; (aus)dehnen (*a. fig.*); zerren; *Befugnis* überschreiten; *j-n* zu Boden (*od.* nieder-)strecken.
estirpe [~'tirpə] *f* Wurzelstock *m*; *fig.* Geschlecht *n*; Herkunft *f.*
estiva [~'tivɐ] *f* Ballast *m*; Trimmladung *f*; Stauraum *m*; (Lade-)Rost *m*; *~s pl. bras.* Knüppeldamm *m.*
estiv|ação [~tivɐ'sɐ̃u] *f* Trimmen *n*; Trimm *m*; ⚘ Blütenknospenstand *m*; **~ador** [~ɐ'ðor] *m* Stauer *m*; **~agem** [~'vaʒɐ̃i] *f* Trimmen *n*; Verstauen *n*; **~al** [~'vaɫ] Sommer...; sommerlich; **~ar** [~'var] (1a) trimmen; *Last* (ver)stauen; *Schiff* (be-)laden; *v/i.* (Sommer-)Urlaub m.
estocada [~tu'kaðɐ] *f* Degen-stich *m*, -stoß *m.*

estoc|agem *bras.* [~to'kaʒẽi] *f* Lagern *n*; Lager(bestand *m*) *n*; **~ar** *bras.* [~ar] (1n; *Stv.* 1e) auf Lager nehmen (*od.* legen); einlagern.
estof|ador [~tufɐ'ðor] *m* Polsterer *m*; **~ar** [~'far] (1e) *Möbel* überziehen; polstern; wattieren; **~o** [~'tofu] **1.** *m* Überzugstoff *m*; (Polster-)Füllung *f*; **~s** *pl.* Polstermöbel *n/pl.*; *ter ~ para* das Zeug h. zu; **2.** *adj.* stehend (*Wasser*).
estóico [~'tɔiku] **1.** *adj.* stoisch; gleichmütig; **2.** *m* Stoiker *m*.
estoir-, estour|ada [~toi-, ~to'raðɐ] *f* Geprassel *n*, Getöse *n*; **~ado** [~aðu]: *olhos m/pl.* **~s** Glotzaugen *n/pl.*; **~ar** [~ar] (1a) bersten, platzen (*a. fig.*); (zer-)knallen, (-)krachen; *v/t.* zum Platzen bringen (*a. fig.*); zerschmettern; **~o** [~'toi-, ~'toru] *m* Knall *m*, Krach *m*.
estojo [~'toʒu] *m* Futteral *n*; Etui *n*; *cir.* Besteck *n*; *~ de costura* (*desenho*), *~ matemático* Näh-(Zeichen-), Zirkel-kasten *m*.
estoma|cal [~tumɐ'kał] Magen..., magenstärkend; **~gar** [~'ɣar] (1o; *Stv.* 1b) verstimmen.
estômago [~'tomɐɣu] *m* Magen *m*; *fig.* Lust *f*; Mut *m*, F Mumm *m*.
estomatite [~tumɐ'titə] *f* Mundfäule *f*.
estomatolog|ia [~tumɐtulu'ʒiɐ] *f* Zahn- u. Kieferheilkunde *f*; **~ista** [~iʃtɐ] *m* Facharzt *m* für Zahn- u. Kieferkrankheiten.
estónio [~'tɔnju] **1.** *adj.* estnisch; **2.** *m*, **-a** *f* Este *m*, Estin *f*.
estonte|ado [~tõn'tjaðu] benommen; *fig.* ratlos; **~amento** [~tjɐ'mẽntu] *m* Betäubung *f*; Verwirrung *f*, Ratlosigkeit *f*; **~ar** [~ar] (1l) betäuben; *fig.* verwirren.
estopa [~'topɐ] *f* Werg *n*.
estop|ada [~tu'paðɐ] *f* Büschel *n*; Werg *n*; Bausch *m*; *fig.* langweilige Sache *f*; Plackerei *f*; *que ~!* wie langweilig!; wie lästig!; **~ar** [~ar] (1e) aus-, ver-, zu-stopfen; *fig.* langweilen; auf die Nerven fallen; **~ento** [~ẽntu] faserig; *fig. bras.* langweilig; lästig; **~im** [~ĩ] *m* Lunte *f*; **~inha** [~iɲɐ] *f* Flachs *m*; *falar às ~s* drauflos schwätzen.
estoqu|e [~'tɔkə] *m* **1.** Stoßdegen *m*; **2.** *angl.* Vorrat *m*; Lager *n*; Lagerbestand *m*; **~ear** [~tu'kjar] (1l) verwunden; niederstoßen.
estorcer [~tur'ser] (2g; *Stv.* 2d) ver-drehen, -renken; *v/i.* abdrehen; abbiegen; **~-se** sich winden.
estore [~'tɔrə] *m* Rouleau *n*.
estória *bras.* [es'tɔrjɐ] *f* Geschichte *f*.
estornar [~tur'nar] (1e) stornieren.
estorninho *zo.* [~'niɲu] *m* Star *m*.
estorno [~'tornu] *m* Storno *m*.
estorv|ar [~tur'var] (1e) stören; (be)hindern; *fig.* irremachen; *~ a/c. a alg.* j-n an et. (*dat.*) hindern; j-n in (*od.* bei) et. (*dat.*) stören; **~o** [~'torvu] *m* Störung *f*; Hindernis *n*; *fazer ~* hinderlich sn; = *~ar*.
estour... *s. estoir...*
estoutro, -a [eʃ'totru, ɛʃ'totrɐ] der, die, das andere (hier).
estouv|ado [ɨʃto'vaðu] leichtfertig; **~amento** [~vɐ'mẽntu] *m* Leichtfertigkeit *f*; Leichtsinn *m*.
estrabar [~trɐ'βar] (1b) misten.
estrábico [~'traβiku] schielend.
estrabismo [ɨʃtrɐ'βiʒmu] *m* Schielen *n*.
estrad|a [~'traðɐ] *f* (Land-)Straße *f*; *fig.* Weg *m*; *~ de ferro* Eisenbahn *f*; *~ de rodagem* Autostraße *f*; *~ de Santiago* Milchstraße *f*; **~eiro** *bras.* [~tra'deiru] gut zu Fuß; Wander...; *fig.* gerissen; **~o** [~u] *m* Podium *n*; Tritt *m*; Erhöhung *f*.
estragão [~trɐ'ɣɐ̃u] *m* Estragon *m*.
estrag|ar [~trɐ'ɣar] (1o; *Stv.* 1b) verderben; verheeren; *Gesundheit* zerrütten; *Geld* verschwenden; **~ar-se** verderben; **~o** [~'traɣu] *m* Schaden *m*; Verheerung *f*; Verlust *m*; Verschwendung *f*.
estramónio [~'mɔnju] *m* Stechapfel *m*.
estrangeir|ado [~trẽʒei'raðu] fremdartig, -ländisch; **~ar** [~ar] (1a) überfremden; verändern; **~ismo** [~iʒmu] *m* Fremdwort *n*; **~o** [~'ʒeiru] **1.** *adj.* ausländisch; *Ministério m dos Negócios ℒs* Ministerium *n* des Äußern, Außenministerium *n*; *in Dtschl.* Auswärtige(s) Amt *n*; *país m ~* fremde(s) Land *n*; **2.** *m* Ausland *n*; **3.** *m* Ausländer *m*.
estrangul|ação [~trẽŋgulɐ'sɐ̃u] *f* ⚕ Einklemmung *f*; ⊕ Drosselung *f*; = **~amento** [~ɐ'mẽntu] *m* Erdrosselung *f*; Verengung *f*; **~ar** [~'lar] (1a) erdrosseln; verengen; ab-, ein-klemmen; *Stimme* erstikken; ⊕ (ab)drosseln.

estrangúria [~'gurjɐ] *f* Harnzwang *m*.
estranh|ar [~trɐ'ɲar] (1a) a) fremd (*od.* seltsam) finden; an-, bestaunen; nicht gewohnt sn, nicht vertragen können; Angst h. vor (*dat.*); ~ *a/c. a* mit Befremden bemerken (*od.* befremdlich finden) an (*dat.*); b) befremden; **~eza** [~ezɐ] *f* Fremdartigkeit *f*; Seltsamkeit *f*; Befremden *n*; Verwunderung *f*; Scheu *f*, Schüchternheit *f*; **~o** [~'trɐɲu] 1. *adj.* fremd(artig); seltsam; erstaunlich; befremdend; scheu; ~ *a* unbeteiligt *od.* uninteressiert an (*dat.*); 2. *m* Fremde(r) *m*.
estrat|agema [~trɐtɐ'ʒemɐ] *m* (Kriegs-)List *f*; **~égia** [~'tɛʒjɐ] *f* Kriegskunst *f*, Strategie *f*; **~égico** [~'tɛʒiku] strategisch; **~egista** [~ə-'ʒiʃtɐ] *m* Stratege *m*.
estrat|ificação [~təfikɐ'sɐ̃u] *f* Schichtung *f*; **~ificar** [~əfi'kar] (1a) schichten; (schichtweise) ablagern; **~o** [~'tratu] *m geol.* Schicht *f*, Lage *f*; *met.* Stratus-, Schicht-wolke *f*; **~osfera** [~uʃ'fɛrɐ] *f* Stratosphäre *f*.
estre|ante [~'trjɐ̃ntə] 1. *adj.* zum erstenmal auftretend; 2. *su.* Anfänger(in *f*) *m*, Debütant(in *f*) *m*; **~ar** [~ar] (1l) einweihen; *Schachtel* anbrechen; *Kuchen* anschneiden; *Speise* versuchen; *tea.* ur- *od.* erstaufführen; *a* ~ noch unbenutzt; *v/i. u.* **~ar-se** zum erstenmal auftreten, debütieren; *allg.* anfangen.
estrebuchar [~trəβu'ʃar] (1a) zappeln; (zs.-)zucken.
estreia [~'trejɐ] *f* Einweihung *f*; Anfang *m*; *tea.* Debüt *n*; Erstaufführung *f*, Premiere *f*; ~ *mundial* Uraufführung *f*.
estreit|amento [~treitɐ'mẽntu] *m* Verengerung *f*; Engergestaltung *f*; Beschränkung *f*; Verschärfung *f*; Verengung *f*; **~ar** [~'tar] (1a) enger (*od.* schmäler) m.; verengern; be-, ein-engen; *Rechte* beschränken; *Belagerung, Vorschrift* verschärfen; um-, zs.-schließen; *Bündnis, in die Arme* schließen; *an die Brust, Hand* drücken; *Entfernung* verringern; **~ar-se** enger (*od.* schmäler) w.; sich zs.-schließen; sich verringern; ~ *em* sich einschränken in (*dat.*); **~eza** [~'tezɐ] *f* Enge *f*; Beschränktheit *f*; beschränkte Verhältnisse *n/pl.*; Bedrängnis *f*; Not *f*; Drang *m der Geschäfte usw.*; Strenge *f des Gesetzes*; **~o** [~'treitu] 1. *adj.* eng; schmal; beschränkt; innig (*Umarmung*); streng (*Befehl*); (peinlich) genau; sparsam, knauserig; kleinlich; 2. *m* Meerenge *f*; Engpaß *m*; Not(lage) *f*.
estrela [~'trelɐ] *f* Stern *m* (*a. fig.*); ⊕ Armkreuz *n*; *tea.* Star *m*.
estrel|ado [~trə'laδu] gestirnt, Sternen...; *ovo m* ~ Spiegel-, Setz-ei *n*; *cavalo m* ~ Blesse *f*; **~a(s)-do--mar** [~ˌtrelɐδu'mar] *f(pl.)* Seestern *m*; **~ar** [~ar] (1c) (*mit Sternen*) schmücken; *cul.* (über)backen; *v/i.* glänzen, glitzern; **~ejar** [~lɨ'ʒar] (1d) sich mit Sternen bedecken; *o céu estreleja* am Himmel glitzern die Sterne; **~inha** [~iɲɐ] *f cul.* Sternchennudel *f*.
estrem|a [~'tremɐ] *f* Feldscheide *f*; Grenzstein *m*; **~adura** [~'trəmɐ-'δurɐ] *f* Mark *f*, Grenze *f*; ♀ Estremadura *f*; **~ar** [~trə'mar] (1d) ab-, be-grenzen; *Grenzen* abstecken; auszeichnen. [rein.]
estreme [~'trɛmə] unvermischt,
estreme|cer [~trəmə'ser] (2g) schütteln; erschüttern; erschrecken; zärtlich lieben; *v/i.* (er)zittern, schaudern; zs.-zucken; dröhnen (*Ton*); **~cido** [~'siδu] zitternd; heißgeliebt; zärtlich; **~cimento** [~si'mẽntu] *m* Zittern *n*; Schauer *m*; Erschütterung *f*; zärtliche Liebe *f*.
estremunh|ado [~mu'ɲaδu] schlaftrunken; **~ar** [~ar] (1a) (aus dem Schlaf) aufschrecken.
estrénuo [~'trɛnwu] beherzt, mutig.
estrepitar [~trəpi'tar] (1a) tosen.
estrépito [~'trɛpitu] *m* Tosen *n*, Getöse *n*; Lärm *m*.
estrepitoso [~trəpi'tozu(-ɔ-)] tosend; lärmend; *fig.* aufsehenerregend.
estr|ia [~'triɐ] *f* Riefe *f*, Rinne *f*; Hohlkehle *f*; ⚔ Drall *m*; **~iar** [~'trjar] (1g) riefen; auskehlen.
estrib|ar [~tri'βar] (1a) stützen; errichten; *v/i. u.* **~ar-se** *fig.*: ~ *em* (*od. sobre*) sich stützen auf (*ac.*); fußen, beruhen auf (*dat.*); ⚠ ruhen auf (*dat.*); **~eira** [~eirɐ] *f* Steigbügel *m*; *perder as* ~*s* die Fassung verlieren; *fazer perder as* ~*s* aus der Fassung bringen; **~eiro** [~eiru] *m* Stallmeister *m*.
estribilh|ar [~βi'ʎar] (1a) wiederkäuen, nachplappern; **~o** [~'βiʎu] *m*

Kehrreim *m*; Schlagwort *n*.
estribo [~'triβu] *m* Steigbügel *m* (*a. anat.*); Trittbrett *n an Wagen*; ⊕ Bügel *m*; Stützpfeiler *m*; *fig.* Stütze *f*; Grund *m*; *dar* ~ vertrauen.
estricnina [~ik'nine] *f* Strychnin *n*.
estrid|ente [~i'δẽntə] schrill; gellend; **~or** [~or] *m* Schrillen *n*; Gellen *n*; Brausen *n*; **~ular** [~δu'lar] (1a) schrillen; gellen; zirpen.
estrídulo [~'triδulu] = *estridente*.
estringir *bras.* [~trĩ'ʒir] (3n) zerdrücken, zs.-pressen.
estripar [~tri'par] (1a) ausweiden; den Bauch aufschlitzen.
estrito [~'tritu] streng; strikt.
estr|ofe [~'trɔfə] *f* Strophe *f*; **~ófico** [~ɔfiku] strophisch; *divisão f -a* Strophenbau *m*.
estroin|a [~'troine] **1.** *adj.* leichtsinnig; verbummelt; **2.** *su.* Leichtfuß *m*; **~ice** [~troi'nisə] *f* Leichtsinn *m*.
estrond|ear [~trõn'djar] (1l) krachen; tosen; *fig.* toben; Aufsehen erregen; **~o** [~'trõndu] *m* Krach *m*; Knall *m*; Krachen *n*; Tosen *n*; *fig.* Aufsehen *n* (*fazer* erregen); Aufwand *m*; *de* ~ aufsehenerregend; ~*s pl.* F Freudengeschrei *n*; **~oso** [~ozu (-ɔ-)] krachend; tosend; tobend; aufsehenerregend.
estropiar [~tru'pjar] (1g) verstümmeln; kaputtm., verderben; *tea.* schmeißen; **~-se** entzweigehen.
estrug|ido [~tru'ʒiδu] *m cul.* Mehlschwitze *f*, Einbrenne *f*; **~ir** [~ir] (3n—D3) betäuben; F volldröhnen; *cul.* einbrennen; *v/i.* dröhnen.
estrum|ar [~'mar] (1a) düngen; **~e** [~'trumə] *m* Dünger *m*; **~eira** [~eire] *f* Dünger-haufen *m*, -grube *f*.
estrupido [~'piδu] *m* Getöse *n*.
estrutur|a [~'ture] *f* Gliederung *f*, Aufbau *m*; Gestell *n*; Bau *m*; Struktur *f*; **~al** [~tu'rał] strukturell; Bau...; **~ar** [~tu'rar] (1a) (auf-) bauen; gliedern; strukturieren.
estuário [~'twarju] *m* Mündungstrichter *m*, *Fluß*-Delta *n*.
estuc|ador [~tuke'δor] *m* Stuckarbeiter *m*; **~ar** [~'kar] (1n) mit Stuck bekleiden; verputzen.
estud|ado [~'δaδu] *fig.* einstudiert, gekünstelt; heuchlerisch; **~ante** [~ẽntə] *su.* Schüler(in *f*) *m*; ~ *universitário* (*-ia*) Hochschüler(in *f*) *m*, Student(in *f*) *m*; **~antil** [~δẽn'tił] Schüler...; Studenten...; studentisch; **~ar** [~ar] (1a) studieren; lernen; *Gedicht usw.* auswendig lernen; *Rolle* einstudieren; *Musik, Tanz* üben; ~ *com alg.* bei j-m lernen; ~ *o terreno* das Terrain sondieren, F auf den Busch klopfen.
estúdio [~'tuδju] *m* Arbeitszimmer *n*; *Maler*-Atelier *n*; *Radio*: Senderaum *m*, Studio *n*.
estudioso [~tu'δjozu (-ɔ-)] **1.** *adj.* lernbegierig, fleißig; wissensdurstig; **2.** *m* Benutzer *m*; Leser *m*.
estudo [~'tuδu] *m* Studium *n*; *lit., pint.* Studie *f*; ♪ Etüde *f*; 🕮 Untersuchung *f*; ⊕ Entwurf *m*, Plan *m*; *fig.* Verstellung *f*; *andar nos* ~*s* studieren; *dar* ~*s a* studieren l. (*ac.*); *estar em* ~ geprüft w.; *ter* ~*s* studiert (*od.* Kenntnisse) h.; *de* ~ absichtlich, gewollt.
estufa [~'tufe] *f* Ofen *m*; Schwitzkasten *m*; *cul.* Kochkiste *f*; 🕮 Brutschrank *m*; Desinfektionsapparat *m*; ⚘ Treibhaus *n*; *fig.* Brutofen *m*; ~ *fria* Gewächshaus *n*; *planta f de* ~ Treibhauspflanze *f* (*a. fig.*).
estuf|adeira [~tufe'δeire] *f* Schmortopf *m*; **~ado** [~'faδu] *m* Schmorbraten *m*; **~ar** [~'far] (1a) trocknen; in den Brutschrank stellen; *cul.* schmoren; dämpfen.
estugar [~'γar] (1o): ~ *o passo* den Schritt beschleunigen, schneller gehen.
estult|ícia [~tuł'tisje] *f* Dummheit *f*; **~o** [~'tułtu] dumm, töricht.
estupef|acção [~pəfa'sẽu] *f* Betäubung *f*; *fig.* Verblüffung *f*; Bestürzung *f*; **~aciente** [~e'sjẽntə] *m* Rauschgift *n*; **~acto** [~'fatu] sprachlos, verblüfft.
estupendo [~'pẽndu] fabelhaft.
estupid|ez [~pi'δeʃ] *f* Stumpfsinn *m*, Blödsinn *m*; Dummheit *f*; **~ificar** [~δəfi'kar] (1n) *v/t.* abstumpfen; *v/i. u.* **~ificar-se** verblöden, verdummen.
estúpido [~'tupiδu] stumpf-, blödsinnig; dumm.
estupor [~tu'por] *m* Erstarrung *f*, Lähmung *f*; Sprachlosigkeit *f*; V dämliche(r) Hammel *m*.
estupr|ar [~tu'prar] (1a) vergewaltigen; **~o** [~'tupru] *m* Notzucht *f*; *assassínio m com* ~ Lustmord *m*.
estuque [~'tukə] *m* Stuck *m*.
esturjão [~tur'ʒẽu] *m* Stör *m* (*Fisch*).

esturr|ado [~tu'ʀaδu] **1.** *adj.* überspannt; fanatisch; *cabeça f -a* Heißsporn *m*; **2.** *m* Fanatiker *m*; **~ar** [~ar] (1a) *Kaffee* schwarz brennen; *Speisen* anbrennen l.; **~ar-se** anbrennen; schwarz w.; *fig.* sich aufregen; **~o** [~'tuʀu] *m* angebrannte(r) Zustand *m*; *criar ~* anbrennen; *ter (cheirar, saber a) ~* angebrannt sn (riechen, schmecken); *fig.* brenzlig (= *gefährlich*) sn.

esvaec|er [iʒvɐə'ser] (2g) (in Dunst) auflösen; vertreiben; *Hoffnung* zerstören; *v/i. u.* **~er-se** vergehen; verfliegen; erlöschen; verklingen; verschwinden; *fig.* dahinsiechen; dahinsinken; schwindlig w.; **~imento** [~si'mẽntu] *m* Auflösung *f*; Vergehen *n*, Schwund *m*; *fig.* Schwäche *f*, Ohnmacht *f*.

esva|ído [~vɐ'iδu] siech; welk; kraftlos; ohnmächtig; schwindlig; **~imento** [~i'mẽntu] *m* = *esvaecimento*; **~ir-se** [~irsə] (3l): *~ em sangue* verbluten; *~ em suor* stark schwitzen; **~necer** [~nə'ser] (2g) = *esvaecer*.

esvaziar [~vɐ'zjar] (1g) (aus-, ent-) leeren; auspumpen, lenzen.

esverd|eado, **~ejado** [~vər'δjaδu, -δi'ʒaδu] grünlich (verfärbt); **~inhado** [~δi'ɲaδu] blaßgrün; **~inhar** [~δi'ɲar] (1a) grün färben.

esvoaçar [~vwɐ'sar] (1p; *Stv.* 1b) flattern.

etapa [i'tapɐ] *f* Etappe *f*; Abschnitt *m*; Stufe *f*.

éter ['ɛtɛr] *m* Äther *m*.

etéreo [i'tɛrju] ätherisch.

etern|idade [itərni'δaδə] *f* Ewigkeit *f*; **~izar** [~i'zar] (1a) verewigen, ewige Dauer verleihen; **~izar-se** ewig dauern; **~o** [i'tɛrnu] ewig.

étic|a ['ɛtikɐ] *f* Ethik *f*; **~o** [~u] sittlich.

etílico [ə'tiliku] Äthyl...

etilo [ə'tilu] *m* Kohlenwasserstoff *m*.

étimo ['ɛtimu] *m* Etymon *n*.

etiquet|a [əti'ketɐ] *f* **a)** *das* feine Benehmen, Etikette *f* (*faltar à* verstoßen gegen); Förmlichkeit *f*; Vorschrift *f*; *de ~* hochoffiziell, Gala...; **b)** *gal.* Etikett *n*; **~ar** *gal.* [~kə'tar] (1c) etikettieren.

étnico ['ɛtniku] völkisch.

etno|grafia [ɛtnuɣrɐ'fiɐ] *f* Volks-, Völker-kunde *f*; **~gráfico** [~'ɣrafiku] volks-, völker-kundlich; **~logia** [~lu'ʒiɐ] *f* Rassenkunde *f*.

eu ['eu] **1.** *pron.* ich; **2.** *m* Ich *n*.

eucaristia [eukɐriʃ'tiɐ] *f das* heilige Abendmahl.

euf|émico [eu'fɛmiku] verhüllend, beschönigend; **~emismo** [eufə'miʒmu] *m* sprachliche Verhüllung *f*, Euphemismus *m*; **~onia** [eufu'niɐ] *f* Wohlklang *m*; **~ónico** [~ɔniku] wohlklingend; **~oria** [eufu'riɐ] *f* Euphorie *f*.

eunuco [eu'nuku] *m* Eunuch *m*.

europ|eia [euru'pejɐ] *s.* *~eu*; **~eísmo** [~pe'iʒmu] *m* Europäertum *n*; **~eísta** [~pe'iʃtɐ] **1.** *m* Vertreter *m* des Europagedankens; **2.** *adj.* = *~eu*; **~eizar** [~pei'zar] (1q) europäisieren; **~eu** [~eu] **1.** *adj.* europäisch; **2.** *m*, **-eia** *f* Europäer(in *f*) *m*.

evacu|ação [ivɐkwɐ'sɐ̃u] *f* Räumung *f*; Abzug *m*; Beseitigung *f*; Abtransport *m*; ⚕ Entleerung *f*; Abführung *f*; Ausscheidung *f*; Stuhl(gang) *m*; **~ar** [~'kwar] (1g) *Platz* räumen; *Truppen* ab-, zurückziehen; *Gefährdetes* wegschaffen, abtransportieren; ⚕ *Darm usw.* entleeren; *angesammelte Stoffe* abführen; *Stoffe spontan* ausscheiden; sich *s-s Inhalts* entledigen; *v/i.* Stuhlgang haben.

evadir [ivɐ'δir] (3b) vermeiden, aus dem Wege gehen (*dat.*); sich herumdrücken um; sich vorbeidrücken an (*dat.*); **~-se** entweichen; ausbrechen (aus *de*).

Evangelho [ivɐ̃'ʒɛʎu] *m* Evangelium *n*.

evang|élico [~'ʒɛliku] evangelisch; *paciência f -a* Engelsgeduld *f*; **~elista** [~ʒə'liʃtɐ] *m* Evangelist *m*; **~elizar** [~ʒəli'zar] (1a) das Evangelium predigen (*dat.*); *Lehre* verkündigen, predigen.

evapor|ação [ivɐpurɐ'sɐ̃u] *f* Verdunstung *f*; Ausdünstung *f*, Dunst *m*; **~ar** [~'rar] (1e) zum Verdunsten (*od. fig.* zum Verschwinden) bringen; ausdünsten; *fig.* vergeuden; **~ar-se** verdunsten, verfliegen; *fig.* vergehen; verschwinden.

evas|ão [ivɐ'zɐ̃u] *f* Flucht *f*; *fig.* = **~iva** [~ivɐ] *f* Ausflucht *f*; Ausrede *f*; **~ivo** [~ivu] ausweichend.

evento [i'vẽntu] *m* Ereignis *n*.

even|tual [ivẽn'twał] etwaig, eventuell; gelegentlich; *trabalho m ~* Gelegenheitsarbeit *f*; **~tualidade** [~twɐli'δaδə] *f* (möglicher) Fall *m*;

(zufälliger) Umstand *m*; Möglichkeit *f*; Zufall *m*; **~tualmente** [~twaɫ'mẽntə] gegebenenfalls; unter Umständen; möglicherweise.

evid|ência [əvi'ðẽsjɐ] *f* Offenkundigkeit *f*; Unbestreitbarkeit *f*; Evidenz *f*; *ceder à ~* sich überzeugen l., sich geschlagen geben; *pôr em ~* = *~enciar*; *recusar-se à ~* es nicht einsehen wollen; **~enciar** [~ðẽ'sjar] (1g) außer Zweifel setzen, beweisen; dartun, zeigen; **~enciar-se** *fig.* sich hervortun; **~ente** [~ẽntə] offenkundig; unbestreitbar; einleuchtend, überzeugend; deutlich; **~entemente** [~ˌðẽntə'mẽntə] offensichtlich; selbstverständlich.

evit|ar [əvi'tar] (1a) (ver)meiden; ausweichen (*dat.*); verhindern; entgehen (*dat.*); **~ável** [~avɛɫ] vermeidbar.

eviterno [əvi'tɛrnu] ewig.

evoc|ação [ivukɐ'sɐ̃u] *f* (Geister-) Beschwörung *f*; Vergegenwärtigung *f*; Erinnerung *f* (an [*ac.*] *de*); **~ar** [~'kar] (1n; *Stv.* 1e) hervorrufen; *Geister* beschwören; *Vergangenes* heraufbeschwören, vergegenwärtigen; *Erinnerung* wachrufen. **~ativo, ~atório** [~ɐ'tivu, ~ɐ'tɔrju] beschwörend; Beschwörungs...; Erinnerungs...

evolar-se [ivu'larsə] (1e) verfliegen.

evolu|ção [~lu'sɐ̃u] *f* Entwicklung *f*; ⚔ Schwenkung *f*; **~cionar** [~sju'nar] (1f) Schwenkungen m.; ⚓ manövrieren; = *~ir*; **~cionismo** [~sju'niʒmu] *m* 📖 Entwicklungstheorie *f*; *pol.* Evolutionstheorie *f*; **~ir** [~'lwir] (3i) sich entwickeln; **~tivo** [~'tivu] Entwicklungs...

ex- [eiʃ-, eiz-] *vor su.* ehemalig, Ex-.

exacerb|ação [izɐsərβɐ'sɐ̃u] *f* Erbitterung *f*; Steigerung *f*; Verschärfung *f*; **~ar** [~'βar] (1c) erbittern; *Haß* schüren; *Schmerz* steigern; *kritische Lage* verschärfen; **~ar-se** sich ereifern.

exact|amente [izatɐ'mẽntə]: *~!* sehr richtig!; eben!; **~idão** [~i'ðɐ̃u] *f* Genauigkeit *f*; Richtigkeit *f*; Sorgfalt *f*; Pünktlichkeit *f*; *com ~* = **~o** [i'zatu] genau; richtig; sorgfältig.

exager|ação [izɐʒərɐ'sɐ̃u] *f* = *~o*; **~ar** [~'rar] (1c) übertreiben; überschätzen; übersteigern; **~o** [~'ʒeru] *m* Übertreibung *f*.

exal|ação [~lɐ'sɐ̃u] *f* Ausdünstung *f*; Dunst *m*; Duft *m*; **~ar** [~'lar] (1b) ausdünsten; *Duft* ausströmen; *Seufzer*, *Klagen* ausstoßen; *die Seele* aushauchen; *Zorn* auslassen; **~ar-se** aus-, ent-strömen; verfliegen.

exalt|ação [izaɫtɐ'sɐ̃u] *f* Erhöhung *f*; Steigerung *f*; Lobpreisung *f*; Ruhm *m*; Erregung *f*; Begeisterung *f*; Überreizung *f*; **~ado** [~'taðu] überreizt, übersteigert; überspannt; F rabiat; **~ar** [~'tar] (1a) erhöhen; *Kräfte* steigern; rühmen; rühmlich sn für (*ac.*); begeistern; erregen; **~ar-se** aufbrausen.

exame [i'zɐmə] *m* Prüfung *f*; Examen *n*; Untersuchung *f* (*bsd.* ⚕); Besichtigung *f*; *Gewissens*-Erforschung *f*; ⚖ Vernehmung *f*; *passar no ~* die Prüfung bestehen.

examin|ador [izɐminɐ'ðor] *m* Prüfer *m*; **~ando** [~'nẽndu] *m* Prüfling *m*; **~ar** [~'nar] (1a) prüfen; beobachten; untersuchen (*bsd.* ⚕); *Gewissen* erforschen; *Zeugen* vernehmen.

exangue [i'zẽŋgə] blutlos; kraftlos.

exânime [i'zɐnimə] entseelt, leblos.

exantem|a [izẽn'temɐ] *m* Hautflecken *m/pl.*; **~ático** [~tə'matiku] mit Hautflecken verbunden; Fleck...

exarar [izɐ'rar] (1b) eingraben; *fig.* (nieder)schreiben; eintragen, vermerken; *Dekret* erlassen.

exasper|ação [izɐʃpərɐ'sɐ̃u] *f* Erbitterung *f*, Erregung *f*; **~ar** [~'rar] (1c) aufbringen, erbittern; zur Verzweiflung bringen; *Übel* verschlimmern; **~ar-se** sich aufregen.

exat... *bras. s. exact...*

exau|rir [izau'rir] (3a—D1) erschöpfen; ausleeren; *Quelle* austrocknen; **~rir-se** versiegen; **~stivo** [~ʃ'tivu] erschöpfend; **~sto** [i'zauʃtu] erschöpft; verbraucht; *~ de* entblößt von (*dat.*), bar (*gen.*); ...los; **~stor** [~ʃ'tor] *m* Entlüfter *m*, Ventilator *m*.

exceç..., excec... *bras. s. excepç..., excepc...*

exced|ente [iʃsə'ðẽntə] **1.** *adj.* über-zählig, -schüssig; restlich; **2.** *m* Überschuß *m*; Rest *m*; Mehrbetrag *m*, -wert *m*; *~ de (receitas)* Mehr(einnahme *f*) *n*; **~er** [~er] (2c) über-schreiten, -steigen; = *v/i.* *~ a* übertreffen (*ac.*); überlegen sn (*dat.*); **~er-se** zu weit gehen; sich übernehmen (bei *em*); sich selbst

übertreffen.
excel|ência [~ˈlẽsjɐ] *f* Vortrefflichkeit *f*; ♀ Exzellenz *f* (*Titel*); *Vossa* ♀ Ew. (= *Euer*) Exzellenz; *allg. als Anrede*: Sie; *por* ~ (recht) eigentlich; vorbildlich; **~ente** [~ẽntə] vortrefflich; ausgezeichnet; **~entíssimo** [~lẽnˈtisimu]: ♀ *Senhor als Anschrift*: Herrn; *als Anrede*: Sehr geehrter Herr; ♀ *Senhor Ministro Anschrift*: An Seine Exzellenz den Herrn Minister; ♀*a Senhora D. Anschrift*: Frau; ♀*a Senhora als Anrede*: Sehr geehrte gnädige Frau.
excelso [ɨʃˈsɛlsu] hoch; erhaben; hervorragend.
excêntrico [~ˈsẽntriku] **1.** *adj. geom.* exzentrisch; *fig.* überspannt; sonderbar; **2.** *m* Sonderling *m*; ⊕ Exzenter *m*; *tea.* Clown *m*.
excep|ção [~sɛˈsɐ̃u] *f* Ausnahme *f*; ⚖ Einspruch *m*; *à od. com* ~ *de*, ~ *feita a* = *~to*; **~cional** [~sjuˈnał] außergewöhnlich; Ausnahme...; **~cionalmente** [~sjunałˈmẽntə] ausnahmsweise; **~cionar** [~sjuˈnar] (1f) Einspruch erheben gegen; **~to** [~ˈsɛtu] außer, mit Ausnahme von; **~tuar** [~ˈtwar] (1g) ausnehmen; ausschließen; = *~cionar*; *~ando* abgesehen von.
excerto [ɨʃˈsɛrtu] *m* Auszug *m*.
excess|ivo [ɨʃsəˈsivu] über-mäßig, -trieben; zu groß; ungemein; **~o** [~ˈsɛsu] *m* Überschuß *m*, Rest *m*; Übermaß *n*; Überzahl *f*; Ausschreitung *f*; Ausschweifung *f*, Exzeß *m*; ~ *de (peso)* Mehr- *od.* Über-(gewicht *n*); ~ *de velocidade* überhöhte Geschwindigkeit *f*; *em* ~ übermäßig; zuviel, zu sehr.
exet ... *bras. s. exept ...*
excipiente [ɨʃsiˈpjẽntə] *m* neutrale Grundsubstanz *f einer Arznei*.
excit|ação [~tɐˈsɐ̃u] *f* Erregung *f*; Reizung *f*; Gereiztheit *f*; **~ador** [~ɐˈδor] *m* ⚡ Erreger *m*; ~ *de desordens* Unruhestifter *m*; **~amento** [~ɐˈmẽntu] *m* Belebung *f*, Ankurbelung *f*; Erregung *f*; **~ante** [~ˈtẽntə] **1.** *adj.* (auf)reizend; **2.** *m* Reizmittel *n*; **~ar** [~ˈtar] (1a) erregen; reizen; anfeuern; anstiften; *Wirtschaft usw.* beleben, ankurbeln.
exclam|ação [ɨʃklɐmɐˈsɐ̃u] *f* Ausruf *m*; (Auf-)Schrei *m*; *ponto m de* ~ Ausrufungszeichen *n*; **~ar** [~ˈmar] (1a) (aus)rufen; (auf)schreien; **~ativo**, **~atório** [~ɐˈtivu, ~ɐˈtɔrju] rufend; Ausrufungs...
excluir [~ˈklwir] (3i) ausschließen.
exclu|são [~kluˈzɐ̃u] *f* Ausschluß *m*, Ausschließung *f*; *sem* ~ *de ninguém* ohne Ausnahme; **~sive** [~ˈzivɛ] ausschließlich; **~sivismo** [~ziˈviʒmu] *m* Ausschließlichkeit(sanspruch *m*) *f*; Exklusivität *f*; **~sivo** [~ˈzivu] **1.** *adj.* ausschließlich, Allein...; ausschließend; selbstherrlich; **2.** *m* Alleinberechtigung *f*; Allein-verkauf *m*, -vertretung *f*.
excogitar [~kuʒiˈtar] (1a) sich ausdenken, ersinnen; sinnen auf.
excom|ungado [~kumũŋˈgaδu] **1.** *adj. fig.* verwünscht, verflucht; **2.** *m*, **-a** *f* Kerl *m*, Weibsbild *n*; *ter cara de* ~ wenig vertrauenerweckend aussehen; **~ungar** [~ũŋˈgar] (1o) exkommunizieren; **~unhão** [~uˈɲɐ̃u] *f* Kirchenbann *m*, Exkommunikation *f*.
excre|ção [~krəˈsɐ̃u] *f* Ausscheidung *f*; **~mento** [~ˈmẽntu] *m* Auswurf *m*, Kot *m*; **~scência** [~ʃˈsẽsjɐ] *f Fleisch-*Auswuchs *m*, Gewächs *n*; **~scente** [~ʃˈsẽntə]: *tecido m* ~, *carne f* ~ Auswuchs *m*; **~tar** [~ˈtar] (1c) ausscheiden; **~to** [~ˈkrɛtu] *m* Ausscheidung *f*, Exkret *n*.
excurs|ão [~kurˈsɐ̃u] *f* Ausflug *m*; Exkursion *f*; **~ionista** [~sjuˈniʃtɐ] *m* Ausflügler *m*; Exkursionsteilnehmer *m*; **~o** [~ˈkursu] *m* Exkurs *m*.
execr|ação [izəkrɐˈsɐ̃u] *f* Abscheu *m*; **~ando** [~ˈkrɐ̃ndu] verabscheuenswert; **~ar** [~ˈkrar] (1c) verabscheuen; verwünschen; **~ável** [~ˈkravɛł] abscheulich.
execu|ção [~kuˈsɐ̃u] *f* Ausführung *f*; Durchführung *f*; Ausübung *f*; ♪ *u. tea.* Spiel *n*; ⚖ Vollstreckung *f*; *bsd.* Zwangsvollstreckung *f*; Hinrichtung *f*; *de difícil (fácil)* ~ schwer (leicht) aus-, durch-führbar; *dar* ~ *a*, *pôr em* ~ = *~tar*; **~tante** [~ˈtẽntə] *m* ♪ Spieler *m*; **~tar** [~ˈtar] (1a) ausführen; *Programm* durchführen; *Amt* ausüben; *Stück, Rolle* spielen; *Urteil* vollstrecken; *Schuldner* pfänden; *Verbrecher* hinrichten; **~tável** [~ˈtavɛł] aus-, durch-führbar; vollstreckbar; **~tivo** [~ˈtivu] Aus-, Durch-führungs...; *comissão f -a* Exekutivausschuß *m*; *mandado m* ~ Vollstreckungsbefehl *m*; *poder m* ~ voll-

ziehende Gewalt *f*, Exekutive *f*; **~tor** [~'tor] *m* Vollstrecker *m*; ~ *judicial* Gerichtsvollzieher *m*.
exegese [izə'ʒɛzə] *f* Auslegung *f*.
exempl|ar [izẽm'plar] **1.** *adj*. mustergültig, Muster...; nachdrücklich, exemplarisch; **2.** *m* Muster *n*, Exemplar *n*; **~ificação** [~əfikɐ'sɐ̃u] *f* Veranschaulichung *f*; **~ificar** [~əfi'kar] (3n) veranschaulichen; als Beispiel anführen; **~o** [i'zẽmplu] *m* Beispiel *n*; Vorbild *n*; Sprichwort *n*; *dar o ~* mit gutem Beispiel vorangehen; *fazer ~em* ein Exempel statuieren an (*dat.*); *tomar ~ em* (*od. o ~ de*) sich ein Beispiel nehmen an (*dat.*); *a ~ de alg.* nach j-s Beispiel; *por ~* zum Beispiel; *sem ~* beispiellos.
exéquias [i'zɛkjɐʃ] *f/pl.* Trauerfeier *f*; *rel.* Exequien *pl.*
exequível [izə'kwivɛɫ] aus-, durchführbar.
exerc|er [izər'ser] (2g) ausüben; *Handel, Sport* treiben, *ein Geschäft* betreiben; *Platz* ausfüllen; *Tugend, Finger usw.* üben; *Verbrechen* verüben, begehen; *Vergleich usw.* durchführen; ~ *a medicina* (*a engenharia*) als Arzt (Ingenieur) tätig sn; ~ *acção sobre* wirken auf (*ac.*); beeinflussen (*ac.*); **~ício** [~isju] *m* Übung *f*; Ausübung *f*; Betreibung *f*, Treiben *n*; ⚕ Geschäftsjahr *n*; *em ~* amtierend; **~itar** [~si'tar] (1a) üben; (be)treiben; ausüben; ⚔ exerzieren, drillen.
exército [i'zɛrsitu] *m* Heer *n*.
exib|ição [izəβi'sɐ̃u] *f* Vorlage *f*; Vorweisung *f*; Zurschaustellung *f*; Vorführung *f*; Aus-lage *f*, -stellung *f*; *tea.* Aufführung *f*; Auftreten *n*; **~icionismo** [~isju'niʒmu] *m* ⚕ Exhibitionismus *m*; *fig.* Gefallsucht *f*; **~ir** [~'βir] (3a) *Papiere* vorlegen; *Gründe* vorbringen; *Ausweis* vorweisen; *Kunststück* vorführen; *Waren* auslegen; *Bilder* ausstellen; *Film* aufführen; *Reize* zur Schau stellen; *Talent* zeigen; **~ir-se** sich zur Schau stellen; *tea.* auftreten.
exig|ência [izi'ʒẽsjɐ] *f* Forderung *f*; Erfordernis *n*; Bedarf *m*; ⚖ Vorschrift *f*; **~ente** [~ẽntə] anspruchsvoll; dringlich; **~ir** [~ir] (3n) fordern, verlangen (von *a*, *de*); erfordern, brauchen.
exíguo [i'ziɣwu] gering; winzig; wenig.
exilar [izi'lar] (1a) verbannen.
exílio [i'zilju] *m* Verbannung *f*.
exímio [i'ʒimju] hervorragend.
eximir [izi'mir] (3a): ~ *de* befreien von; verschonen mit; **~-se** *de* sich drücken von *od.* vor (*dat.*), sich entziehen (*dat.*); entgehen (*dat.*).
exist|ência [iziʃ'tẽsjɐ] *f* Dasein *n*; Vorhandensein *n*; Vorkommen *n*; Leben *n*; *fil.* Existenz *f*; ⚕ *em ~* vorrätig; *~s pl.* Bestand *m*, Vorräte *m/pl.*; **~ente** [~ẽntə] bestehend; vorhanden; ⚕ vorrätig; *ser ~* = **~ir** [~ir] (3a) bestehen, dasein; vorhanden sn; vorkommen; leben; *existe(m)* es gibt.
êxito ['eizitu] *m* Ausgang *m*; Erfolg *m*.
êxodo ['eizuðu] *m* Auszug *m*.
exoner|ação [izunərɐ'sɐ̃u] *f* Amtsenthebung *f*; Entlassung *f*; **~ar** [~'rar] (1c) entlasten; *von Verpflichtungen* befreien; *s-s Amtes* entheben; entlassen.
exor|ar [izu'rar] (1e) anflehen; **~ável** [~avɛɫ] mitleidig, gütig.
exorbit|ância [izurβi'tɐ̃sjɐ] *f* Übermaß *n*; Überfülle *f*; Übertreibung *f*; unverschämt hohe(r) Preis *m*; **~ante** [~ɐ̃ntə] übermäßig; übertrieben; unverschämt; **~ar** [~ar] (1a) zu weit gehen; ~ *de* überschreiten (*ac.*).
exorc|ismar [izursiʒ'mar] (1a) *j-m* den Teufel austreiben; *Geister* beschwören, austreiben; **~ismo** [~'siʒmu] *m* (Teufels-)Austreibung *f*.
exórdio [i'zɔrðju] *m* Einleitung *f*.
exort|ação [izurtɐ'sɐ̃u] *f* Ermahnung *f*; Mahnrede *f*; **~ar** [~'tar] (1e) (er)mahnen; aufmuntern; anfeuern; auffordern (zu *a*).
exótico [i'zɔtiku] exotisch; fremdartig.
expan|dir [iʃ-, eiʃpɐ̃'dir] (3a) ausdehnen, -breiten; erweitern; *Blätter* entfalten; *Lehren* verbreiten; *Gedanken* äußern; **~são** [~pɐ̃'sɐ̃u] *f* Ausdehnung *f*, Expansion *f*; Aus-, Ver-breitung *f*; Erweiterung *f*; Äußerung *f*; *Gefühls-*Ausbruch *m*; **~sionismo** [~pɐ̃sju'niʒmu] *m* Ausdehnungsdrang *m*; **~sivo** [~pɐ̃'sivu] (sich) ausdehnend; *fig.* mitteilsam; offenherzig; *força f -a*, *poder m ~* Ausdehnungsdrang *m*.
expatri|ação [~pɐtrjɐ'sɐ̃u] *f* Ausbürgerung *f*; **~ar** [~'trjar] (1g) ausbürgern; **~ar-se** außer Landes gehen.

expectar [~pɛ(k)'tar] (1a) abwarten.
expectativa [~pɛ(k)tɐ'tivɐ] *f* Erwartung *f*; Hoffnung *f* (auf [*ac.*] de); *estar na* ~ (ab)warten; *estar na* ~ *de* erwarten (*ac.*); hoffen auf (*ac.*); *manter-se na* ~ sich abwartend verhalten; *ter a* ~ *de* Aussicht haben auf (*ac.*); *contra toda a* ~ wider Erwarten.
expector|ação [~pɛturɐ'sɐ̃u] *f* Auswurf *m*; **~ante** [~'rẽntə] schleimlösend; **~ar** [~'rar] (1e) aushusten; ausspucken; *fig.* ausstoßen.
exped|ição [~pəδi'sɐ̃u] *f* Abfertigung *f*; Erledigung *f*; *Brief*-Beförderung *f*; *Waren*-Versand *m*; *Telegramm*-Aufgabe *f*; Feldzug *m*; Forschungsreise *f*, Expedition *f*; *fig.* Geschick *n*; **~icionário** [~isju'narju] **1.** *adj.* Expeditions...; **2.** *m* Expeditionsteilnehmer *m*; **~iente** [~'δjẽntə] **1.** *adj.* findig; **2.** *m* Auskunftsmittel *n*, Notbehelf *m*; Verlegenheitslösung *f*; Geschäfts-, Schrift-Verkehr *m*; Dienst-, Schrift-sachen *f/pl.*; Ausgänge *m/pl.*; *fig.* Geschick *n*, F Fixigkeit *f*; (*horas f/pl.* de) ~ Dienst-, Geschäfts-zeit *f*; *dia m de* ~ Abfertigungs-, Post-, Versand-tag *m*; *fértil em* ~*s* findig; *viver de* ~*s* sich durchschlagen; **~ir** [~'δir] (3r) abfertigen; erledigen; *Waren usw.* absenden, auf den Weg bringen; *Truppen* verschicken; *Boten usw.* entsenden; *Post* befördern; *Telegramm* aufgeben; *Befehl* ausfertigen, herausgeben; *Schrei* ausstoßen, von sich geben; **~itivo, ~ito** [~δi'tivu, ~'δitu] rasch, reibungslos; flink; *tornar* ~ beschleunigen.
expelir [~pə'lir] (3c) austreiben; ausstoßen; auswerfen; von sich geben.
expensas [~'pẽsɐʃ] *f/pl.* Kosten *pl.*; *a* ~ *de* auf *j-s* Kosten.
experi|ência [~pə'rjẽsjɐ] *f* Erfahrung *f*; Erlebnis *n*; Versuch *m*; Empfindung *f*; Erprobung *f*; Experiment *n*; *viagem f de* ~ Probefahrt *f*; *a título de* ~ probeweise; *tomar* ~ Erfahrungen sammeln; **~ente** [~ẽntə] erfahren.
experiment|ação [~rimẽntɐ'sɐ̃u] *f* Erprobung *f*; Prüfung *f*; Anstellen *n* von Versuchen; **~ado** [~'taδu] erfahren; erprobt; **~al** [~'tał] experimentell; Erfahrungs...; **~ar** [~'tar] (1a) erproben (*a. fig.*), ausprobieren; prüfen; versuchen; erfahren; erleben; erleiden; empfinden.
experto *bras.* [~'pɛrtu] **1.** *m* Experte *m*; **2.** *adj.* sachverständig.
expet... *bras. s. expect...*
expi|ação [~pjɐ'sɐ̃u] *f* Sühne *f*; Abbüßung *f*; **~ar** [~'pjar] (1g) *Schuld* büßen, sühnen; *j-n* entsühnen; *Strafe* abbüßen; **~atório** [~ɐ'tɔrju] Sühne...; Buß...; Sünden...
expir|ação [~pirɐ'sɐ̃u] *f* Ausatmung *f*; *fig.* Ablauf *m e-r Frist*; **~ar** [~'rar] (1a) (aus)atmen; *v/i.* verscheiden; erlöschen, ersterben (*Ton, Stimme*); ablaufen (*Frist*); zu Ende gehen.
explan|ação [~plɐnɐ'sɐ̃u] *f* Erklärung *f*; Darlegung *f*; **~ar** [~'nar] (1a) ausea.-setzen, erklären; darlegen.
expletivo [~plɛ'tivu]: *palavra f -a* Füllwort *n*.
explic|ação [~plikɐ'sɐ̃u] *f* Erklärung *f*; *-ões pl.* Nachhilfestunden *f/pl.*; **~adamente** [~ˌkaδɐ'mẽntə] eingehend; **~ador** [~ɐ'δor] *m bsd.* Nachhilfelehrer *m*; Repetitor *m*; **~ar** [~'kar] (1n) klarmachen; auf-, er-klären; Nachhilfestunden geben in (*dat.*); **~ativo** [~ɐ'tivu] erklärend, erläuternd; **~itação** [~sitɐ'sɐ̃u] *f* Verdeutlichung *f*; **~itar** [~'tar] (1a) explizit m.; verdeutlichen.
explícito [~'plisitu] ausdrücklich; klar, deutlich.
explodir [~plu'δir] (3f—D1) explodieren.
explor|ação [~plurɐ'sɐ̃u] *f* Erforschung *f*; Erkundung *f*; Untersuchung *f*; Bewirtschaftung *f*; Abbau *m*; *fig.* Aus-nutzung *f*, -wertung *f*; Ausbeutung *f*; ~ *agrícola* (*fabril, familiar*) landwirtschaftlicher (Fabrik-, Familien-)Betrieb *m*; ~ *mineira* Bergwerk *n*; *viagem f de* ~ Forschungsreise *f*; *lucro m de* ~ Unternehmergewinn *m*; **~ador** [~ɐ'δor] *m* Forscher *m*; *fig.* Ausbeuter *m*; **~ar** [~'rar] (1e) erforschen; erkunden; ⚕ *Wunde* untersuchen; 🌱 bewirtschaften; ⚒ abbauen; ⚚ *Geschäft* betreiben; *fig. Möglichkeiten* ausnutzen; *Ergebnisse* auswerten; *Menschen* ausbeuten.
explos|ão [~plu'zɐ̃u] *f* Explosion *f*; *fig.* Ausbruch *m*; **~ivo** [~'zivu] **1.** *adj.* explosiv; Spreng...; Knall...; *força f -a* Sprengkraft *f*, Brisanz *f*; **2.** *m*

Spreng-stoff *m*, -körper *m*.
expoente [~'pwẽntə] *m* ⚕ Exponent *m*; *allg.* Träger *m*; ~ *de raiz* Wurzelzeichen *n*.
expor [~'por] (2zd) (aus)stellen; *Gedanken* darlegen; *Ereignisse* darstellen; *j-n* aussetzen; exponieren; *fot.* belichten; **~-se** sich zeigen; sich (der Gefahr) aussetzen; sich unterziehen (*z.B. e-m Examen*).
export|ação [~purtɐ'sɐ̃u] *f* Ausfuhr *f*, Export *m*; **~ador** [~ɐ'ðor] *m* Exporteur *m*; **~ar** [~'tar] (1e) ausführen, exportieren; **~ável** [~'tavɛł] exportfähig.
expos|ição [~puzi'sɐ̃u] *f* Ausstellung *f*; Darlegung *f*; Darstellung *f*; Lage *f e-s Hauses usw.*; Aussetzung *f e-s Kindes*; *lit.* Exposition *f*; ⚖ Eingabe *f*; Denkschrift *f*; *fot.* Belichtung(sdauer) *f*; ~ (*da vida*) Einsatz *m* (des Lebens); **~itor** [~i'tor] *m* Aussteller *m*; **~to** [~'poʃtu] **1.** *p.p. v.* *expor*; **2.** *m* Darlegung *f*; *em vista do* ~ angesichts des (oben) Dargelegten (*od.* Gesagten).
express|ão [~prə'sɐ̃u] *f* Ausdruck *m*; *liberdade f de* ~ Redefreiheit *f*; *reduzir à* ~ *mais simples* auf die einfachste Formel bringen; *j-n* zum Schweigen bringen; *j-n* ins Elend stürzen; **~ar** [~ar] (1c) = *exprimir*; **~ionismo** [~sju'niʒmu] *m* Expressionismus *m*; **~ividade** [~ivi'ðaðə] *f* Ausdruckskraft *f*; **~ivo** [~ivu] ausdrucksvoll; Ausdrucks...; nachdrücklich; **~o** [~'prɛsu] **1.** *p.p. irr. v.* *exprimir*; **2.** *adj.* ausdrücklich; klar, deutlich; ausgeprägt; *comboio* (*od. trem*) *m* ~, *correio* (*od. mensageiro*) *m* ~ = **3.** *m* Schnellzug *m*; Eilbote *m*.
exprimir [~pri'mir] (3a) ausdrükken, zum Ausdruck bringen.
exprobr|ação [~pruβrɐ'sɐ̃u] *f* Vorwurf *m*; Anprangerung *f*; **~ar** [~'βrar] (1e) *j-m et.* vorhalten, vorwerfen; *et.* anprangern, geißeln.
expropri|ação [~prjɐ'sɐ̃u] *f* Enteignung *f*; **~ar** [~'prjar] (1g) enteignen.
expugnar [~puɣ'nar] (1a) erstürmen, erobern; besiegen.
expuls|ão [~puł'sɐ̃u] *f* Vertreibung *f*; Ausstoßung *f*; Ausschluß *m*; Ausweisung *f*; ⚕ Auswurf *m*; Abführung *f*; **~ar** [~ar] (1a) vertreiben; ausstoßen; ausschließen; hinauswerfen; *aus e-m Lande* ausweisen; ⚕ abführen; von sich geben; **~o** [~'pułsu] *p.p. irr. v.* *~ar*.
expurg|ar [~pur'gar] (1o) reinigen; ausmerzen, streichen; **~atório** [~gɐ'tɔrju]: (*índice*) ~ *m* Index *m*; **~o** *bras.* [is'purgu] *m* Säuberung *f*; Streichung *f*.
exsudar [ɨʃsu'ðar] (1a) ausschwitzen; *v/i.* austreten.
êxtase ['eiʃtɐzə] *m* Verzückung *f*; Ekstase *f*.
ext|asiar [iʃ- eiʃtɐ'zjar] (1g) verzücken; begeistern; **~asiar-se** in Verzückung geraten; **~ático** [~'tatiku] verzückt.
extemporâneo [~tẽmpu'rɐnju] unangebracht.
extens|ão [~tẽ'sɐ̃u] *f* Ausdehnung *f*; (Über-)Dehnung *f*; Länge *f*; Dauer *f*; *Ton- usw.* Umfang *m*; Verallgemeinerung *f*; *medida f de* ~ Längenmaß *n*; *em menor* (*maior*) ~ in geringerem (höherem) Maße; *por* ~ *gram.* im weiteren Sinne; **~ível** [~ivɛł] dehnbar; **~ivo** [~ivu] extensiv; *fig.* verallgemeinernd; anwendbar (auf [*ac.*] *a*); *ser* ~ *a* gelten für; **~o** [~'tẽsu] weit(läufig); lang; langanhaltend (*Ton*); umfangreich; *por* ~ in Worten, ausgeschrieben; **~or** [~or] *m* Expander *m*.
extenu|ação [~tənwɐ'sɐ̃u] *f* Schwäche *f*; Abschwächung *f*; **~ar** [~ar] (1g) schwächen; aufreiben; erschöpfen; *Drohung* abschwächen.
exterior [~tə'rjor] **1.** *adj.* äußer, Außen...; äußerlich; **2.** *m* Äußere(s) *n*; Ausland *n*; *do* ~ von außen.
exterior|idade [~tərjuri'ðaðə] *f* Äußerlichkeit *f*; **~ização** [~izɐ'sɐ̃u] *f* Äußerung *f*; **~izar** [~i'zar] (1a) äußern, zum Ausdruck bringen; **~mente** [~rjor'mẽntə] von außen, nach außen hin; äußerlich.
extermin|ador [~tərminɐ'ðor]: *anjo m* ~ Würgengel *m*; **~ar** [~'nar] (1a) ausrotten; vernichten.
extermínio [~tər'minju] *m* Ausrottung *f*; Vernichtung *f*.
externo [~'tɛrnu] **1.** *adj.* äußer; Außen...; äußerlich; „*uso* ~" „äußerlich"; *aluno m* ~ = **2.** *m* Außenschüler *m*, Externe(r) *m*.
extin|ção [~tĩ'sɐ̃u] *f* Löschung *f*; Ausrottung *f*, Vertilgung *f*; Abschaffung *f*; Auflösung *f*; Tilgung *f*; Verlust *m*; Erlöschen *n*; Ausster-

ben *n*; **~guir** [~tĩŋ'gir] (3o) (aus-)löschen; ausrotten, vertilgen; *Gesetz* abschaffen; *Verein* auflösen; *Schuld* tilgen; *Kraft, Vermögen* vergeuden; **~guir-se** erlöschen; aussterben; verscheiden; **~to** [~'tĩntu] **1.** *p.p. irr. v. ~guir*; **2.** *m* Verstorbene(r) *m*; **~tor** [~tĩn'tor] *m* Feuerlöschgerät *n*.

extirp|ação [~tirpɐ'sɐ̃u] *f* Ausrottung *f*; **~ar** [~'par] (1a) ausrotten.

extor|quir [~tur'kir] (3o—D1) erpressen; abnötigen; **~são** [~'sɐ̃u] *f* Erpressung *f*; Nötigung *f*.

extra ['eiʃtrɐ] *m tea.* Zugabe *f*.

extra..., extra-... [eiʃtrɐ] *in Zssgn*: außer...; extra...; *z.B.* *~conjugal* außerehelich; *~fino* extrafein; *~parlamentar* außerparlamentarisch.

extrac|ção [ɨʃ-, eiʃtra'sɐ̃u] *f cir.* Extraktion *f*, Ziehen *n e-s Zahnes*; ♧ *u. Lotterie*: Ziehung *f*, ⚗ Auslaugung *f*, Entziehung *f*; ⚒ Förderung *f*, Gewinnung *f*; † Absatz *m*; *fig. gal.* Herkunft *f*; **~tar** [~'tar] (1a) ausziehen, e-n Auszug m. aus (*dat.*); ⚗ auslaugen, entziehen; **~tivo** [~'tivu]: *indústria f -a* Abbau *m* (*od.* Gewinnung *f*) von Bodenschätzen und Naturprodukten; **~to** [~'tratu] *m* Auszug *m*; ⚗ Extrakt *m*.

extradi|ção [~δi'sɐ̃u] *f* Auslieferung *f*; **~tar** [~'tar] (1a) ausliefern.

extrair [~trɐ'ir] (3l) (heraus)ziehen (aus *de*); *Zahn, Los* ziehen; ⚒ *Erze* fördern, gewinnen; = *extratar*.

extra|ordinário [~urδi'narju] **1.** *adj.* außer-, un-gewöhnlich; außerordentlich; Sonder...; **2.** *~s m/pl.* Extraausgaben *f/pl.*; Sonstige(s) *n*; **~-programa** [~pru'ɣremɐ] **1.** *adv.* außer Programm; **2.** *m* Zugabe *f*.

extrat... *bras. s. extract...*

extravagância [~vɐ'ɣɐ̃sjɐ] *f* Extravaganz *f*, Überspanntheit *f*; *dizer ~s* ungereimtes Zeug reden; **~vagante** [~vɐ'ɣɐ̃ntə] **1.** *adj.* närrisch; überspannt; unsinnig; leichtsinnig; **2.** *m* Narr *m*; Leichtfuß *m*; **~vagar** [~vɐ'ɣar] (1o; *Stv.* 1b) überzählig sn; sich verlieren (in [*dat.*] *em*); **~vasar** [~vɐ'zar] (1b) überlaufen; ausfließen; aus-, über-treten; **~viar** [~'vjar] (1g) irreführen; fehlleiten; verlegen; verschwinden l.; *fig.* auf Abwege bringen; **~viar-se** sich verirren; abhanden kommen (*Sendung*); auf Abwege geraten; **~vio** [~'viu] *m* Irreführung *f*; Fehlleitung *f*; Verschwinden(lassen) *n*; Verlust *m*; Abweg *m*; *cair em ~s* auf Abwege geraten.

extrem|ado [~trə'maδu] außergewöhnlich; vollkommen; ausgesucht; **~ar** [~'mar] (1d) auszeichnen; steigern; vervollkommnen; **~a-unção** [iʃˌtremɐũ'sɐ̃u] *f* Letzte Ölung *f*; **~idade** [~mi'δaδə] *f* (äußerstes) Ende *n*; Grenze *f*; Spitze *f* (*levar à* auf die ... treiben); *fig.* Äußerste(s) *n*; *~s pl.* Gliedmaßen *n/pl.*, Glieder *n/pl.*; *estar reduzido à última ~* sich in äußerster Not (*od.* Verlegenheit) befinden; **~ismo** [~iʒmu] *m* Extremismus *m*; Übertriebenheit *f*; **~ista** [~iʃtɐ] *m* Extremist *m*; Fanatiker *m*; **~o** [~'tremu] **1.** *adj.* äußerst; letzt; übertrieben; **2.** *m* Ende *n*; (äußerster) Gegensatz *m*; Extrem *n*; Äußerste(s) *n* (an [*dat.*] *de*); *~s pl.* Übertreibungen *f/pl.*; *o ~ do* (*da*) der (das, die) äußerste; *~-direito* (*-esquerdo*) *m Fußball*: Rechts- (Links-)außen *m*; *em ~, por ~* äußerst, außerordentlich; aufs (*od.* zum) äußerste(n); **~oso** [~ozu (-ɔ-)] zärtlich.

extrínseco [~'trĩsəku] äußerlich; *valor m ~* Nennwert *m*.

exuber|ância [izuβə'rɐ̃sjɐ] *f* Üppigkeit *f*; Reichtum *m*; **~ante** [~ɐ̃ntə] üppig; strotzend; **~ar** [~ar] (1c) strotzen *od.* überschäumen vor.

exult|ação [izuɫtɐ'sɐ̃u] *f* Jubel *m*; **~ar** [~'tar] (1a) frohlocken.

exumar [izu'mar] (1a) ausgraben.

F

F, f ['ɛfə] *m* F, f *n*.
fá ♩ [fa] *m* F *n*.
fabiano [fɐ'βjɐnu] *m* Dingsda *m*.
fábrica ['faβrikɐ] *f* Fabrik *f*; Anlage *f*; Bau *m*; Triebwerk *n*; *fig*. Quelle *f*, Herd *m*; ~ *da igreja* Kirchenkasse *f*; *de boa* ~ gut gearbeitet.
fabric|ação [fɐβrikɐ'sɐ̃u] *f* Herstellung *f*, Erzeugung *f*; **~ante** [~'kɐ̃ntə] *m* Fabrikant *m*; **~ar** [~'kar] (1n) herstellen, erzeugen; *Land* bestellen; *Schiff* überholen; *Ränke* schmieden; *Lügen* aufbringen; *Umtriebe* anzetteln; **~o** [~'βriku] *m* Herstellung *f*, Erzeugung *f*; Erzeugnis *n*, Fabrikat *n*; *Land*-Bestellung *f*.
fabril [fɐ'βriɫ] Fabrik...; fabrikmäßig.
fábula ['faβulɐ] *f* Fabel *f*.
fabul|ar [fɐβu'lar] (1a) erdichten; *v/i*. fabeln; **~ista** [~iʃtɐ] *m* Fabeldichter *m*; **~oso** [~ozu] Fabel...; märchenhaft; erdichtet; fabelhaft.
faca ['fakɐ] *f* Messer *n*; ~ *de mato* Hirschfänger *m*; *meter a* ~ *a* (*od*. *em*) *fig*. beschneiden, beschränken (*ac*.); *pôr a* ~ *ao peito* die Pistole auf die Brust setzen; *à* ~ obenhin; auf gut Glück; **~da** [fɐ'kaðɐ] *f* Messer-stich *m*, -schnitt *m*; *fig*. schmerzliche Überraschung *f*; P Anpumper *m*; *dar uma* ~ *bras*. anpumpen (*ac*.); *matar às* ~*s* erstechen.
façanha [fɐ'sɐɲɐ] *f* Heldentat *f*.
facão [fɐ'kɐ̃u] *m* Buschmesser *n*.
fac|ção [fa(k)'sɐ̃u] *f* **a**) Waffentat *f*; **b**) (politische) Partei *f*; Fraktion *f*; **~ciosismo** [~sju'ziʒmu] *m* Parteigeist *m*; **~cioso** [~'sjozu (-ɔ-)] parteihörig; Partei...
face ['fasə] *f* Gesicht *n*, *poét*. Angesicht *n*; *bsd*. Wange *f*; Stirn-, Vorder-seite *f*; Fläche *f e-s Körpers*; Oberfläche *f* (*Meer*, *Erde*); Bildseite *f* (*Münze*); rechte Seite *f* (*Zeug*); *Zahn*-Flanke *f*; *Hammer*-Bahn *f*; *fig*. Aussehen *n*, Miene *f*; *fazer* ~ *a* Trotz bieten (*dat*.); *Ausgaben* bestreiten; *Bedürfnisse* befriedigen; *s-n Verpflichtungen* nachkommen; *fazer* ~ *para* gekehrt sn nach; *mudar de* ~ schon anders aussehen; *à* ~ *de* vor (*dat*.), in Gegenwart (*gen*.); de ~ von vorn; (de) ~ *a* ~ von Angesicht zu Angesicht; *em* ~ *de* **a**) angesichts (*gen*.); **b**) gegenüber (*dat*.) (*um do outro* ea.).
facécia [fɐ'sɛsjɐ] *f* Witz *m*.
faceir|ice [~sei'risə] *f* Geckerei *f*; Gefallsucht *f*; **~o** [~'seiru] geschniegelt; geckenhaft.
facet|a [~'setɐ] *f* Facette *f*; Seite(nfläche) *f*; **~ar** (1c), **~ear** (1l) [~sə'tar, -'tjar] facettieren.
faceto [~'setu] witzig.
fachada [~'ʃaðɐ] *f* Fassade *f*; (Buch-) Deckel *m*; Titelblatt *n*; *fig*. Außenseite *f*; Aussehen *n*.
fachis [~'ʃiʃ] *m/pl*. Eßstäbchen *n/pl*.
facho ['faʃu] *m* Fackel *f*; Leuchtfeuer *n*, -turm *m*.
facial [fɐ'sjaɫ] Gesichts...
fácies ['fasjɛʃ] *f* (*a. m*) Miene *f*.
fácil ['fasiɫ] leicht; mühelos; ungezwungen; (leicht) zugänglich; leichtfertig; *isso é* ~ *de dizer* das ist leicht (*od*. schnell) gesagt.
facili|dade [fɐsəli'ðaðə] *f* Leichtigkeit *f*; Ungezwungenheit *f*; Gefälligkeit *f*; Leichtfertigket *f*; ~*s pl*. *Zahlungs- usw*. Erleichterungen *f/pl*.; Entgegenkommen *n*; *para ele tudo são* ~*s* für ihn ist alles leicht; *com* ~ = *facilmente*; **~tar** [~'tar] (1a) erleichtern; be-, ver-schaffen; unterstützen; **~tar-se** sich bereit erklären.
facilmente [ˌfasiɫ'mẽntə] zweifellos; = *fácil*.
facínora [fɐ'sinurɐ] *m* Bösewicht *m*.
facinoroso [~sinu'rozu (-ɔ-)] ruchlos.
fact|ício [fɐk'tisju] künstlich; **~ível** [~ivɛl] tunlich; möglich; ausführbar; **~o** ['faktu] *m* Tatsache *f*; *estar ao* ~ *de* unterrichtet sn von, im Bilde sn über (*ac*.); *pôr ao* ~ unterrichten, ins Bild setzen; *vias f/pl. de* ~ Tätlichkeiten *f/pl*.; *passar a vias de* ~ handgemein w.; *de* ~ tatsächlich, in der Tat; **~or** [fa'tor] *m* Fak-

tor *m*; Verwalter *m*.
factur|a [fa'turɐ] *f* Ausführung *f*, (Mach-)Art *f*; ⚕ Rechnung *f*; **~ar** [~tu'rar] (1a) (e-e) Rechnung ausstellen über (*ac.*).
facul|dade [fɐkuł'daδə] *f* Fähigkeit *f*, Vermögen *n*; Berechtigung *f*; Befugnis *f*; ♀ *uni*. Fakultät *f*; **~tar** [~'tar] (1a) *j-n zu et.* ermächtigen; *j-m et.* erlauben; verschaffen; (ab)geben, bieten; **~tativo** [~tɐ'tivu] **1.** *adj.* ermächtigend; ermöglichend; freiwillig (*Arbeit*); wahlfrei (*Unterrichtsfach*); **2.** *m* Arzt *m*.
facundo [~'kũndu] redegewandt.
fada ['faδɐ] *f* Fee *f*; weise Frau *f*.
fad|ado [fɐ'δaδu]: *bem* (*mal*) ~ (un-)glücklich; **~ar** [~ar] (1b) vorherbestimmen; voraussagen; mit reichen Gaben ausstatten, begaben; begünstigen; beschützen; **~ário** [~arju] *m das* Unvermeidliche *n*; Verhängnis *n*; Mühsal *f*.
fadiga [fɐ'δiγɐ] *f* Müdigkeit *f*; Mühe *f*; Anstrengung *f*; Strapaze *f*.
fad|ista [~'δiʃtɐ] *su.* Fadosänger (-in *f*) *m*; *fig.* Zuhälter *m*; Hure *f*; **~o** ['faδu] *m* Los *n*; Verhängnis *n*; Schicksal *n*; ♪ Fado (*port. Volkslied*); ~*s pl.* Schicksal *n*.
fagote ♪ [fɐ'γɔtə] *m* Fagott *n*.
fagueiro [~'γeiru] liebevoll, zärtlich; hold.
fagulha [~'γuʎɐ] **1.** *f* Funke(n) *m*; **2.** *su.* Naseweis *m*.
fai|a ['fajɐ] *f* **a)** ⚘ Buche *f*; ~ *preta* Espe *f*; **b)** *tip.* Durchschuß *m*; **~al** [fɐ'jał] *m* Buchenwald *m*.
faiança [fɐ'jẽsɐ] *f* Steingut *n*.
faina ['fainɐ] *f* Seedienst *m*; *allg.* Arbeit *f*; Plackerei *f*.
faisão (-ães, -ões) [fai'zɐ̃u (-ɐ̃iʃ, -õiʃ)] *m*(*pl.*) Fasan *m*.
faísca [fɐ'iʃkɐ] *f* Funke(n) *m*; Blitz (-strahl) *m*; ⚒ Goldkorn *n*.
faiscar [fɐiʃ'kar] (1n; *Stv.* 1q) sprühen; *v/i.* Funken sprühen; blitzen; funkeln.
faixa ['faiʃɐ] *f* Binde *f*; Band *n*; Schärpe *f*; Gürtel *m*; Streifen *m*; *Kinder*-Windel *f*; *her.* Balken *m*; ⊕ Fließband *n*; *fig. a.* Bereich *m*; ~ *de rodagem* Fahrbahn *f*.
fala ['falɐ] *f* Rede *f*; Worte *n/pl.*; Sprache *f*; *ter uma ~ com alg.* e-e Aussprache mit j-m haben.
fal|ação [fala'sɐ̃u] *f bras.* Ansprache *f*; **~ácia** [fɐ'lasjɐ] *f* **a)** Stimmengewirr *n*; Geschwätz(igkeit *f*) *n*; **b)** Schwindel *m*; **~aço** *bras.* [~'lasu] *m* Gerede *n*; **~adeira** [~ɐ'δeirɐ] *f* Schwätzerin *f*; **~ado** [~'laδu] besprochen; bekannt, berühmt; **~ador** [~ɐ'δor] **1.** *adj.* schwatzhaft; **2.** *m* Schwätzer *m*.
falange [~'lɐ̃ʒə] *f* Phalanx *f*; Trupp *m*, Schar *f*; *anat.* Fingerglied *n*; *a* ♀ die *span.* Falange.
fal|ante [~'lɐ̃ntə]: *bem* ~ wortgewandt, beredt; **~ar** [~ar] (1b) sprechen, reden; sagen; besprechen, vereinbaren; ~ *artes* (*políticas*) über Kunst (Politik) sprechen; ~ *a* sprechen mit *od.* zu; ~ *com* sprechen (*ac.*); gehen mit; ~ *de*, ~ *em* sprechen von; ~ *por* ~ drauflosreden; *dar que* ~, *fazer* ~ *de si* von sich reden m.; Aufsehen erregen; *estar a* ~ *tel.* besetzt sn; *posso falar com o sr. Silva?* ist Herr Silva zu sprechen?; ~ *a um surdo*, ~ *a uma parede* (*od. porta*) tauben Ohren predigen; *não falando em, sem* ~ *de* abgesehen von; **~ar-se** mitea. verkehren; **~atório** [~lɐ'tɔrju] *m* Geschwätz *n*, Gewäsch *n*; **~az** [~aʃ] (be)trügerisch, falsch.
falcão [fał'kɐ̃u] *m* Falke *m*.
falcatr|ua [~kɐ'truɐ] *f* List *f*; Kniff *m*; Betrug *m*; **~uar** [~'trwar] (1g) (he)reinlegen.
falec|er [fɐlə'ser] (2g) fehlen, mangeln; ausbleiben; ausgehen; sterben; *faleço de* es fehlt (*od.* mangelt) mir an (*dat.*); **~ido** [~iδu] verstorben; ~ *de* arm an (*dat.*); bedürftig (*gen.*); **~imento** [~si'mẽntu] *m* Tod *m*; Mangel *m*; ~*s* Sterbefälle *m/pl.*
falena [~'lenɐ] *f* Nachtfalter *m*.
falência [~'lẽsjɐ] *f* Fehler *m*; Mangel *m*; ⚕ Konkurs *m*; *abrir* ~ in Konkurs gehen, Konkurs machen.
falésia [~'lɛzjɐ] *f* Steilküste *f*.
falh|a ['faʎɐ] *f* Fehler *m*; Sprung *m*; (Lade-)Hemmung *f*; Versager *m*; *geol.* Verwerfung *f*; **~ado** [fɐ'ʎaδu] *m* gescheiterte Existenz *f*; **~ar** [fɐ'ʎar] (1b) *v/i.* Untergewicht h.; knapp gemessen sn; fehlschlagen (*Projekt*); ausbleiben (*z.B. Lieferung*); ausgehen (*Licht*); versagen (*Mechanismus*); ausfallen (*Maschine*); fehlgehen (*Schuß*); fehlen; *im Leben* scheitern; *Kartenspiel*: passen; ~ *a* versäumen (*ac.*); ~ *ao compromisso* nicht Wort halten; **~o** [~u]

fehlerhaft; nicht vollgewichtig (*Münze*); ~ *em* arm an (*dat.*); beraubt (*gen.*); unwissend in (*dat.*).

fal|ido [fɐ'liδu] ✝ zahlungsunfähig, fallit; *massa f -a* Konkursmasse *f*; **~ir** [~ir] (3b—D2) ausbleiben, fehlen; ✝ die Zahlungen einstellen, Konkurs m.; **~ível** [~ivɛɫ] fehlbar; fehlerhaft; unsicher.

fals|amente [faɫsɐ'mẽntə] fälschlich; **~ar** [~'sar] (1a) fälschen; durch-brechen, -schlagen, -stoßen; = *falsear*; *v/i.* falsch sn, schwindeln; sich senken; sich (ver)biegen; fehlgehen; **~ário** [~'sarju] *m* Schwindler *m*; Fälscher *m*; Falschmünzer *m*; **~ear** [~'sjar] (1l) (ver-) fälschen; betrügen; irreführen; *Hoffnung* vereiteln; *v/i.* schwindeln; ♪ falsch singen (*od.* klingen).

falsete [~'setə] *m* Fistel(stimme) *f*.

falsi|dade [~si'δaδə] *f* Falschheit *f*; Lüge *f*; **~ficação** [~səfikɐ'sɐ̃u] *f* Fälschung *f*; **~ficador** [~səfikɐ'δor] *m* Fälscher *m*; **~ficar** [~səfi'kar] (1n) fälschen.

falso ['faɫsu] falsch; *ataque m* ~ Scheinangriff *m*; *chave f -a* Nachschlüssel *m*; *fundo m* ~ Doppelboden *m*; *juramento m* ~ Meineid *m*; *porta f -a* Tapetentür *f*; *posição f -a* schiefe Lage *f*; *em* ~ falsch; fälschlich; nur zum Schein; *golpe* (*passo, tiro*) *m em* ~ Fehl-schlag (-tritt, -schuß) *m*; *dar um passo* (*od. pôr um pé*) *em* ~ fehltreten; *fig.* e-n Fehltritt tun.

falta ['faɫtɐ] *f* Fehler *m*; Mangel *m* (an [*dat.*] de); Ausfall *m*; Ausbleiben *n*; Fehlen *n*; ~ *de* + *su.* Miß- *od.* Un- + *su.*, *su.* + -losigkeit *f*; *à* (*od. em, na, por*) ~ *de* aus Mangel an (*dat.*), mangels (*gen.*), in Ermangelung von; *sem* ~ ganz bestimmt; unfehlbar; *dar* (*três*) ~*s* (dreimal) fehlen; *estar* (*ficar*) *em* ~ *com alg.* bei j-m im Rückstand sn (bleiben); j-m gegenüber ein schlechtes Gewissen h.; *fazer pouca* (*grande*) ~ kaum (sehr) fehlen (*od.* nötig sn); wenig (viel) ausmachen; gut (schlecht) entbehren können; *há* ~ *de* es gibt kein(e), es mangelt an.

faltar [faɫ'tar] (1a) fehlen; nicht da sn; nicht kommen, ausbleiben; zu Ende (*od.* aus-)gehen (*Vorräte*); versagen (*Kräfte usw.*); entschwinden, dahingehen; ~ *a* verstoßen gegen; *Wort* nicht (*Vertrag* nicht ein-)halten (*ac.*); unterlassen (*ac.*); fehlen bei (*od.* in) (*dat.*), nicht erscheinen zu; im Stich l. (*ac.*), sich versagen (*dat.*); verlassen (*ac.*); *não falta que inf.* (*quem*) es gibt genug zu *inf.* (es gibt genug Menschen, die); *falta pouco para* es ist (*od.* sind) fast; *faltou pouco para que o não matassem* fast hätten sie ihn getötet; *não faltava mais nada, era o que faltava* das fehlte gerade noch.

falto ['faɫtu]: ~ *de* arm an (*dat.*); *ele está* ~ *de* ihm fehlt (*nom.*); **~so** [faɫ'tozu(-ɔ-)] arbeitsscheu, faul.

fama ['fɐmɐ] *f* Ruf *m*; Ruhm *m*; Gerücht *n*; öffentliche Meinung *f*; *ter* ~ berühmt sn; *ter boa* (*má*) ~ e-n guten (schlechten) Ruf haben.

famélico [fɐ'mɛliku] = *faminto*.

fam|igerado, ~ígero [~miʒə'raδu, ~'miʒəru] berühmt; berüchtigt.

família [~'miljɐ] *f* Familie *f*; *die* Angehörigen *pl.*; *bras. a.* Kind *n*; *pessoa de* ~ Angehörige(r) *m*, Verwandte(r) *m*; *em* ~ unter sich.

famili|ar [~mi'ljar] **1.** *adj.* vertraut; vertraulich; ungezwungen, familiär; Familien...; Haus...; **2.** *m* Familienangehörige(r) *m*; Bediente(r) *m*, F dienstbare(r) Geist *m*; **~aridade** [~ljɐri'δaδə] *f* Vertraulichkeit *f*; Ungezwungenheit *f*; *ter* ~ *com alg.* mit j-m befreundet sn; **~arizar** [~ljɐri'zar] (1a) vertraut m.; **~arizar-se** *com* sich hineinfinden in (*ac.*), vertraut w. mit.

faminto [~'mĩntu] hungrig (nach *de*); glühend; ~ *de a.* ...begierig.

famoso [~'mozu (-ɔ-)] berühmt; großartig.

fâmulo ['fɐmulu] *m* Famulus *m*.

fanado [fɐ'naδu] welk.

fanal [~'naɫ] *m* Leuchtfeuer *n*; *fig.* Leitstern *m*; Flammenzeichen *n*.

fanático [~'natiku] **1.** *adj.* fanatisch; **2.** *m* Fanatiker *m*.

fanat|ismo [~nɐ'tiʒmu] *m* Fanatismus *m*; **~izar** [~ti'zar] (1a) fanatisieren.

fancaria [fɐ̃ŋkɐ'riɐ] *f* Stoffhandel *m*; *obra f de* ~ Machwerk *n*; Stümperarbeit *f*.

fandango [fɐ̃n'dɐ̃ŋgu] *m* Fandango *m* (*Tanz*); *tropa f -a* Bande *f*.

faneca [fɐ'nɛkɐ] *f* Trüsche *f* (*Fisch*); *ao pintar da* ~ wie gerufen.

faneco [~'nɛku] taub; vertrocknet.

fanfarr|ão [fɐ̃fɐ'ʀɐ̃u] **1.** *m* Prahlhans *m*; Aufschneider *m*; **2.** *adj.* großspurig; aufschneiderisch; **~ear** [~jar] (1l) großtun; aufschneiden; **~ice, ~onada, ~onice** [~isə, ~ʀu'naδa, ~ʀu'nise] *f* Prahlerei *f*; Großtuerei *f*; Aufschneiderei *f*.

fanhoso [fɐ'ɲozu (-ɔ-)] näselnd.

fani|co [~'niku] *m* Stückchen *n*; Krume *f*; Pfenniggeschäft *n*; Gelegenheitseinnahme *f*; P (hysterischer) Anfall *m*; *fazer* (*od. partir*) *em ~s* zertrümmern, zerfetzen.

fanqueiro [fɐ̃'keiru] *m* Tuchhändler *m*.

fantas|ia [fɐ̃ntɐ'ziɐ] *f* Einbildungskraft *f*; Phantasie *f* (*a.* ♪ *u. pint.*); Einbildung *f*; Erdichtung *f*; Grille *f*, Laune *f*; *de ~* Phantasie...; erdichtet; gemustert (*Stoff*); **~iar** [~jar] (1g) erdenken; erdichten; *v/i.* phantasieren; **~ioso** [~jozu (-ɔ-)] phantasievoll; = **~ista** [~iʃtɐ] **1.** *adj.* erdacht, erdichtet; wunderlich; überspannt; **2.** *m* Phantast *m*.

fantasm|a [~'taʒmɐ] *m* Trugbild *n*, Hirngespinst *n*; Phantom *n*, Gespenst *n*; **~agoria** [~tɐʒmɐɣu'riɐ] *f* Blendwerk *n*; *tea.* Phantasmagorie *f*; **~agórico** [~tɐʒmɐ'ɣɔriku] zauberhaft.

fantástico [~'taʃtiku] phantastisch.

fantoche [~'tɔʃə] *m* Marionette *f* (*a. fig.*); Hampelmann *m*.

faqu|eiro [fɐ'keiru] *m* Besteck (-kasten *m*) *n*; Messerschmied *m*; **~ista** [~iʃtɐ] *m* Messerheld *m*.

farda ['fardɐ] *f* Uniform *f*.

fard|ado [fɐr'daδu] in Uniform; **~amenta** [~dɐ'mẽntɐ] *f* Montur *f*; Kleidung *f*; **~amento** [~dɐ'mẽntu] *m* Uniform(ierung) *f*; **~ar** [~ar] (1b) in Uniform stecken, uniformieren; **~ar-se** sich die Uniform anziehen.

fard|el [~'dɛł] *m* Schnappsack *m*; Mundvorrat *m*; **~o** ['fardu] *m* Ballen *m*; Last *f*.

farejar [fɐrɨ'ʒar] (1d) riechen; auf-, aus-, nach-spüren; durchschnüffeln; *v/i.* wittern, winden.

farel|o [~'rɛlu] *m* Kleie *f*; *Holz*-Mehl *n*; *fig.* Lappalie *f*; **~ório** F [~rə'lɔrju] *m* Humbug *m*.

farfalh|ada [fɐrfɐ'ʎaδɐ] *f* = *~eira*; **~ão** [~ɐ̃u] *m* Schwätzer *m*; Prahlhans *m*; **~ar** [~ar] (1b) rascheln; *fig.* plappern; prahlen; lärmen; **~eira** [~eirɐ] *f* Rascheln *n*; Geräusch *n*; *fig.* Lappalie *f*; Geschwätz *n*; Prahlerei *f*; *~s pl.* Tand *m*.

farináceo [fɐri'nasju] mehlig, mehlhaltig; Mehl...

faring|e [~'rĩʒə] *f* Schlund *m*, Rachen *m*; **~ite** [~rĩ'ʒitə] *f* Rachenkatarrh *m*.

farinha [~'riɲɐ] *f* Mehl *n* (*flor de* Blüten...); *~ de pau* Tapioka *f*; *da mesma ~* vom gleichen Schlag.

farinhento, -oso, -udo [~ri'ɲẽntu, -ozu (-ɔ-), -uδu] mehlig.

faris|aico [~ri'zaiku] pharisäisch; **~eu** [~eu] *m* Pharisäer *m*.

farm|acêutico [fɐrmɐ'seutiku] **1.** *adj.* pharmazeutisch; Arznei...; Heil...; Apotheker...; **2.** *m* Apotheker *m*; **~ácia** [~'masjɐ] *f* Apotheke *f*; *Faculdade f de* ♀ Pharmazeutische Fakultät *f*; *vendido exclusivamente nas ~s* apothekenpflichtig; **~acologia** [~mɐkulu'ʒiɐ] *f* Pharmakologie *f*.

farnel [~'nɛł] *m* = *fardel*.

faro ['faru] *m* Witterung *f*; Geruch (-ssinn) *m*; Spürsinn *m*, F Riecher *m*.

farofa *bras.* [fa'rɔfɐ] *f* geröstete(s) Maniokmehl *n*.

farol [fɐ'rɔł] *m* Leucht-turm *m*, -feuer *n*; Positionslicht *n*; Topplaterne *f*; *auto.* Scheinwerfer *m*; *fig.* Leuchte *f*; Leitstern *m*; *~ alto* (*médio, baixo*) Fern- (Abblend-, Standlicht *n*.

farol|eiro [~ru'leiru] *m* Leuchtturmwärter *m*; **~ete** *bras.* [~'letə] *m auto.* Rücklicht *n*; **~im** [~ĩ] *m* Blinkfeuer *n*; *~ de retaguarda* Schlußlicht *n*.

farpa ['farpɐ] *f Pfeil- usw.* Spitze *f*; Widerhaken *m*; Riß *m im Kleid*; Splitter *m in der Haut*; *Tuch*-Fetzen *m*; *taur.* Speerhaken *m*.

farp|ado [fɐr'paδu] spitz; stachelig; *arame m ~* Stacheldraht *m*; *papel m ~* Büttenpapier *n*; **~ão** [~ɐ̃u] *m* Harpune *f*; Haken *m*; † Wurfspieß *m*; *fig. Liebes*-Pfeil *m*; *Schicksals*-Schlag *m*; **~ar** [~ar] (1b) mit Spitzen (*od.* Stacheln) versehen; zerreißen, -fetzen; = **~ear** [~jar] (1l) verwunden, durchbohren; *dem Stier* Speerhaken aufsetzen; **~ela** [~ɛlɐ] *f* Widerhaken *m*; F Kluft *f*.

farra ['faʀɐ] *f* Äsche *f* (*Lachsart*); *bras.* Schwof *m*; Mordsspaß *m*.

farrapo [fɐ'ʀapu] *m* Lumpen *m*; Fetzen *m*; *fig.* Lump *m*.
farrear *bras.* [fa'ʀjar] (1l) schwofen, bummeln; feiern.
farripas [fɐ'ʀipɐʃ] *f/pl.* Strähnen *f/pl.*
farroupilha [~ʀo'piʎɐ] *su.* zerlumpte(r) Mensch *m*; zerlumpte(s) Frauenzimmer *n*; *fig.* Lump *m*.
farrusco [~'ʀuʃku] rußig; schwarz.
fars|a ['farsɐ] *f* Posse(nspiel *n*) *f*, Farce *f*; Narrenstreich *m*; *tea.* Schwank *m*; **~ista** [fɐr'siʃtɐ] *m* Hanswurst *m*, Narr *m*; **~ola** [fɐr'sɔlɐ] *m* Witzbold *m*; Prahlhans *m*.
fart|a ['fartɐ]: *à* ~ in Hülle und Fülle; weidlich; **~ar** [fɐr'tar] (1b) sättigen; befriedigen; überhäufen; vollstopfen; *fig.* lästig fallen (*dat.*); anekeln; *Geduld* erschöpfen; *Auge* weiden (an [*dat.*] em); *a* ~ (über-)reichlich; *que farte* übergenug; **~ar-se** genug bekommen, satt w.; ~ *de inf. et.* weidlich *tun*; sich weidlich bemühen zu *inf.*; ~ *de rir* sich totlachen; *não se* ~ *de inf.* nicht müde w. zu *inf.*; **~o** [~u] satt; voll; üppig; (umfang)reich; überdrüssig; gastfreundlich; freigebig; *estar* ~ *de inf.* es satt sn zu *inf.*; **~ura** [fɐr'turɐ] *f* Sättigung *f*; Überfluß *m*.
fascículo [fɐʃ'sikulu] *m* Bündel *n*; *Buch*-Lieferung *f*, Heft *n*.
fascin|ação [~sinɐ'sɐ̃u] *f* Faszination *f*; **~ador, ~ante** [~'ðor, ~'nɐ̃ntə] faszinierend; **~ar** [~'nar] (1a) faszinieren.
fascínio [~'sinju] *m* = *fascinação*.
fasci|smo [~'siʒmu] *m* Faschismus *m*; **~sta** [~'siʃtɐ] **1.** *m* Faschist *m*; **2.** *adj.* = **~zante** [~si'zɐ̃ntə] faschistisch; faschistenfreundlich.
fase ['fazə] *f* Phase *f*; Entwicklungsstufe *f*; ⚖ Dienstzeit *f*.
fasquia [fɐʃ'kiɐ] *f* Latte *f*.
fast|idioso [fɐʃti'ðjozu (-ɔ-)] ekelhaft; langweilig; ärgerlich; lästig; **~io** [~'tiu] *m* Ekel *m*; Überdruß *m*; Widerwillen *m*; Appetitlosigkeit *f*.
fast|o ['faʃtu] **1.** *adj.* glücklich; Glücks...; **2.** *m* Gepränge *n*; Glanz *m*; **~s** *pl. hist.* Chronik *f*; **~(u)oso** [fɐʃ't(w)ozu (-ɔ-)] prunkvoll.
fat... *bras. s. a. fact...*
fatal [fɐ'taɫ] verhängnisvoll; unselig; unausbleiblich, unabwendbar; tödlich; **~idade** [~tɐli'ðaðə] *f* Verhängnis *n*; Unglück *n*; **~ista** [~tɐ'liʃtɐ] *su.* Fatalist(in *f*) *m*; **~mente** [~taɫ'mẽntə] unbedingt, unfehlbar.
fateixa [~'teiʃɐ] *f* Dreganker *m*; Kanthaken *m*; Fleischerhaken *m*.
fatia [~'tiɐ] *f* Schnitte *f*, Scheibe *f*.
fatídico [~'tiðiku] verhängnisvoll; unheilvoll, unheimlich.
fati|gante [~ti'ɣɐ̃ntə] beschwerlich; **~gar** [~ar] (1o) ermüden; (über-)anstrengen; lästig sn (*od.* fallen).
fat|iota [~'tjɔtɐ] *f* Anzug *m*, F Kluft *f*; **~o** ['fatu] *m* Anzug *m*; Kleidung *f*; ~ *para senhora* Jackenkleid *n*.
fa|to, ~tor, ~tura *bras. s. fact...*
fátuo ['fatwu] eingebildet; albern, läppisch; *fogo m* ~ Irrlicht *n*.
fauce ['fausə] *f* Schlund *m*.
faúlha [fɐ'uʎɐ] *f* Funke *m*; Mehlstaub *m*.
faulhento [fɐ-u'ʎẽntu] funkensprühend; blitzend; stäubend.
faun|a ['faunɐ] *f* Tierwelt *f*, Fauna *f*; **~o** [~u] *m* Faun *m*, Waldgott *m*.
faust|o ['fauʃtu] **1.** *adj.* glück-bringend, -haft; günstig; **2.** *m* Gepränge *n*; Prunk *m*; **~(u)oso** [fauʃ't(w)ozu (-ɔ-)] prunkvoll, prächtig.
fautor [fau'tor] *m* Anstifter *m*; ~ *de guerra* Kriegshetzer *m*.
fava ['favɐ] *f* (Sau- *od.* Pferde-) Bohne *f*; ~ *preta* schwarze (Stimm-) Kugel *f*; ~*s contadas* todsicher; *mandar às* ~*s* F zum Teufel schicken; *pagar as* ~*s* F die Zeche zahlen; *vai à* ~ F geh zum Kuckuck; *que vá plantar* ~*s* F zum Kuckuck mit ihm, er kann mir gestohlen bleiben.
favela *bras.* [fa'vɛlɐ] *f* Negersiedlung *f*; Elendsviertel *n*, „Slum" *m*.
favo ['favu] *m* Wabe *f*.
favor [fɐ'vor] *m* Gunst(bezeugung) *f*; Gefälligkeit *f*; Gefallen *m*; Nachsicht *f*; *im Brief*: *o seu* ~, *o* ~ *de V.Ex.ª* Ihr geschätztes Schreiben; *dias m/pl. de* ~ Verzugsfrist *f*; *entrada f de* ~ freie(r) Eintritt *m*; *bilhete m de* ~ Freikarte *f*; *a* (*od.* *em*) ~ *de* zugunsten; *a* (*od.* *em*) *meu* ~ zu meinen Gunsten; *ao* (*od.* *com o*) ~ *de* mit Hilfe (*gen.*), vermöge (*gen.*); *por* ~ aus Gefälligkeit; bitte!; *faz* (*od.* *faça*) ~ *de inf.* bitte *imp.*; *faça-me o* ~ *de inf.* tun Sie mir den Gefallen (*od.* seien Sie so gut) und *imp.*; *gozar de* ~ in Gunst stehen; *ter alg. a seu* ~ j-n auf s-r Seite h.
favor|ável [~vu'ravɛɫ] günstig; ~ *ao vento* leewärts, in Lee; **~ecer** [~rə'ser] (2g) begünstigen; sich *j-s*

annehmen; auszeichnen; *j-m* gut (zu Gesicht) stehen (*Kleidung*); schmeicheln (*Bild*); ✝ beehren; ~ *alg. com* j-n bedenken mit; j-m gewähren (*ac.*); **~ecer-se** *de* sich zunutze m. (*ac.*), sich bedienen (*gen.*); **~itismo** [~rə'tiʒmu] *m* Günstlingswirtschaft *f*; Begünstigungswesen *n*; **~ito** [~itu] **1.** *adj.* begünstigt; Lieblings...; **2.** *m*, **-a** *f* Günstling *m*; Liebling *m*.

faxina [fɐ'ʃinɐ] *f* Reisigbündel *n*; Faschine *f* (*a.* ⚔); *estar de* ~ ⚔ Stubendienst haben.

fazedor [~zə'ðor] *m* Verfertiger *m*, Schöpfer *m*; *Verse-*, *Ränke-*Schmied *m*; *Gerüchte-*Macher *m*.

fazend|a [~'zẽndɐ] *f* (Land-)Gut *n*; Vermögen *n*; *Anzug-*Stoff *m*; *allg.* Ware *f*; *bras.* Farm *f*; Pflanzung *f*, Plantage *f*; ♀ (*pública*) Finanzwesen *n*; **~eiro** [~zẽn'deiru] *m* Farmer *m*.

fazer [~'zer] (2v) machen; tun; *j-m et.* antun; *Ehre usw.* erweisen; *Arbeit* verrichten; *Sport*, *Gewerbe* treiben; ausmachen, wichtig sn; verursachen, bewirken; enthalten, fassen (*Hohlmaß*); *Geld* machen, verdienen; einnehmen; einbringen; ~ *bem* (*mal*) *a alg.* j-m Gutes (etwas zuleide) tun; j-m gut (nicht gut) tun *od.* bekommen; ~ *bem* (*mal*) (*em inf.*) es richtig (falsch) m.; gut (schlecht) daran tun (zu *inf.*); ~ *inf.* lassen *inf.*; veranlassen *od.* bringen zu *inf.*; ~ *su.* = *inf. des zugehörigen Verbs, z.B.*: a) ~ *escárnio*, *explosão*, *sangue* spotten, explodieren, bluten; b) ~ *as delícias* (*a felicidade*) *de alg.* j-n entzücken (beglücken); ~ *alg. comerciante* (*médico*) j-n Kaufmann (Arzt) w. l.; ~ *alg. homem* (*rei*) j-n zum Manne (König) m.; ~ *alg. católico* (*bispo*) j-n für katholisch (e-n Bischof) halten; ~ *alg. em Roma* (*na França*) j-n in Rom (in Frankreich) glauben; ~ *a a/c.* an et. (*ac.*) gewöhnen; mit et. zu tun h.; ~ *a alg.* j-m tun; j-m et. ausmachen; ~ *de intérprete etc.* den Dolmetscher *usw.* m. (*od.* spielen); ~ *de surdo etc.* sich taub *usw.* stellen; *em quanto faz o litro?* wie teuer stellt sich das Liter?; ~ *em su.* = *inf. des zugehörigen Verbs, z.B.*: ~ *em estilhas* zersplittern, ~ *em cacos* zerbrechen; ~ *por* sich bemühen um (*ac.*) *od.* zu *inf.*; ~ *tudo por* sein Möglichstes tun, um ... zu *inf.*; ~ (*com*) *que* a) *ind.* so tun als ob *conj. impf.*; b) *conj.* veranlassen, daß; bewirken, daß; es dahin bringen, daß; erreichen, daß; dazu führen (*od.* zur Folge h.), daß (*alle mit ind.*); *faz agora 20 anos* es ist jetzt 20 Jahre her; *fez no domingo 8 dias* Sonntag vor 8 Tagen; *fez* (*od. fazia*) *ele* versetzte er; *quanto faz?* wieviel macht's?; *que faz?* was tut's?; *não faz mal* das macht nichts; = *tanto* (*me*) *faz* (das) ist (mir) egal; *dar que* ~ Arbeit m.; **~-se** sich m.; zu m. sn, sich m. l.; zustande kommen (*Geschäft*); *spät, alt usw.* w.; eintreten (*Ruhe usw.*); entstehen (*Tumult usw.*); wachsen, reifen; ~ *surdo* sich taub *usw.* stellen; ~ *inf.* sich l. *inf.*; werden *p.p.*; ~ *su.* sich m. zu (*dat.*); werden (*nom.*); ~ *em* zerfallen in (*ac.*); w. zu (*dat.*); ~ *ao largo* (*od. ao mar*, *de vela*) in See gehen, auslaufen; *fig.* F abhauen.

faz-tudo (*pl. unv.*) [faʃ'tuðu] *m* Faktotum *n*, F Mädchen *n* für alles.

fé [fɛ] *f* Glaube(n) *m* (*dar* schenken); Überzeugung *f*; Treue *f*; Vertrauen *n* (auf [*ac.*] *de*, zu [*dat.*] *em*); Beglaubigung *f*, Zeugnis *n*; *boa* ~ Ehrlichkeit *f*; Treu und Glauben *m*; *de boa* ~ in gutem Glauben; ehrlich; *má* ~ Unredlichkeit *f*; Falschheit *f*; *de má* ~ böswillig; unredlich; *à* ~ wahrhaftig; *à* ~ *de quem sou* meiner Treu; *à* ~ *de cavaleiro*, *cristão*, *homem de bem* bei meiner (*deiner usw.*) Ritter-, Christen-, Mannesehre *f*; *à minha* ~ auf Ehre; *à falsa* ~ heimtückisch, treulos; *dar* ~ *de* (be)merken (*ac.*); *fazer* ~, *ter* ~ Glauben verdienen; *fazer* ~ *de* zeugen von; bezeugen (*ac.*); *fazer* ~ *em* glauben schenken (*dat.*), glauben (*dat.*).

fealdade [fjał'daðə] *f* Häßlichkeit *f*.

febra ['feβrɐ] *f* mageres Fleisch *n*; *fig.* Energie *f*; *ter* (*boa*) ~ e-n eisernen Willen h.; *de* ~ willensstark.

febr|e ['fɛβrə] *f* Fieber *n*; **~ífugo** [fə'βrifuɣu] *m* Fiebermittel *n*; **~il** [~'βrił] fiebrig, Fieber...; fieberhaft.

fecal [fə'kał]: *matérias f/pl.* *-ais* Fäkalien *pl.*; Auswurfstoffe *m/pl.*

fech|adura [fɨʃɐ'ðurɐ] *f Tür-*Schloß *n*; **~amento** [~ɐ'mẽntu] *m* (Ver-)Schließen *n*; △, ✝, ⚖ Abschluß *m*; **~ar** [~'ʃar] (1d) schließen; *Tür usw.* zumachen; *Raum, Arbeit, Vertrag* ab-, *j-n* ein-, *Geld* ein-, wegschließen; ~ *à chave* ab-, ein-, verschließen; *v/i.* schließen, zugehen; **~ar-se** *fig.* sich verschließen; ~ *com a/c.* et. für sich (*od.* geheim-)halten; **~aria** [~ɐ'riɐ] *f Gewehr*-Schloß *n*; **~o** ['feʃu] *m* Verschluß *m*; *Tür*-Riegel *m*; *fig.* Schluß *m*; ~ „*éclair*" = ~ *relâmpago* Reißverschluß *m*; ~ *de abóbada* Gewölbeschluß *m*.

fécula ['fɛkulɐ] *f* Stärkemehl *n*.

feculento [fəku'lẽntu] stärke(mehl)-haltig; niederschlagbildend, trüb.

fecund|ação [~kũndɐ'sɐ̃u] *f* Befruchtung *f*; **~ar** [~'dar] (1a) befruchten; *v/i.* befruchtet w., empfangen; **~idade** [~i'δaδə] *f* Fruchtbarkeit *f*; **~o** [~'kũndu] fruchtbar.

fed|elho [~'δeʎu] *m* Rotznase *f*; Grünschnabel *m*; **~entina** [~δẽn'tinɐ] *f* Gestank *m*; **~er** [~er] (2c) stinken.

feder|ação [fəδərɐ'sɐ̃u] *f* Bund *m*; Verband *m*; *pol.* Bundesstaat *m*; **~al** [~'raɫ] Bundes...; Verbands...; **~alismo** [~ɐ'liʒmu] *m* Föderalismus *m*; **~ar** [~'rar] (1c) zs.-schließen; vereinen.

fedor [~'δor] *m* Gestank *m*; **~ento** [~δu'rẽntu] stinkend.

feérico ['fjɛriku] feenhaft.

feição [fei'sɐ̃u] *f* Form *f*, Gestalt *f*, Aussehen *n*; Charakter-, Gesichtszug *m*; Anlage *f*; Laune *f*; *à* ~ nach Wunsch, nach Belieben; nach Maß; *desta* ~ auf diese Weise; *falar à* ~ *de alg.* j-m nach dem Munde reden.

feij|ão [fei'ʒɐ̃u] *m* Bohne *f*; **~oada** [~waδɐ] *f bras.* Bohnengericht *n*; **~oal** [~waɫ] *m* Bohnenfeld *n*; **~oca** [~ɔkɐ] *f* dicke Bohne *f*.

fei|o ['feju] häßlich; mißlich; böse (*Gesicht*); *bras. fazer* ~ e-n schlechten Eindruck m.; **~ote** [fe'jɔtə] mordshäßlich.

feira ['feirɐ] *f* Jahrmarkt *m*; Markt (-platz) *m*; *Industrie*-Messe *f*; **~nte** [fei'rẽntə] *m* (Messe-)Aussteller *m*; (-)Besucher *m*.

feita ['feitɐ] *f* Tat *f*; *desta* ~ diesmal.

feiti|çaria [feitisɐ'riɐ] *f* Zauberei *f*; **~ceiro** [~'seiru] *m*, -a *f* Zauber-er *m*, -in *f*; **~cismo** [~'siʒmu] *m* Fetischismus *m*; **~cista** [~'siʃtɐ] *m* Fetischist *m*; **~ço** [~'tisu] **1.** *adj.* künstlich, falsch; blind (*Tür*); **2.** *m* Zauber *m*; Fetisch *m*; *fazer* ~s zaubern.

feit|io [~'tiu] *m* Form *f*, Gestalt *f*; Charakter *m*, Art *f*; Schnitt *m e-s Kleides*; Machen *n e-s Anzugs usw.*; Machelohn *m*; *bom* ~ nette Art *f*; *está fora do meu* ~ das liegt mir nicht; *perder o tempo e o* ~ Zeit und Mühe vergeblich verschwenden; **~o** ['feitu] **1.** *p.p v. fazer*; *estar* ~ fertig sn; *fig.* unter e-r Decke stecken; *está* ~! immerhin!; *o que está* ~, *está* ~ das ist nun einmal nicht zu ändern; *dito e* ~ gesagt, getan; *bem* ~! recht so!; *é bem* ~ *que* gut daß; *que é* ~ *dele?* was ist aus ihm geworden?; was macht er?; **2.** *adj.* vollendet; fertig; ganz; reif; beschlossen; ~! abgemacht!; ~ *de* aus (*dat.*); *homem m* ~ erwachsene(r) Mann *m*; **3.** *m* Tat *f*; Unternehmung *f*; *de* ~ tatsächlich; **~or** [~or] *m* Verwalter *m*; Pächter *m*; **~oria** [~tu'riɐ] *f* Verwaltung *f*; (Handels-)Niederlage *f*, † Faktorei *f*; **~ura** [~urɐ] *f* Anfertigung *f*; Schöpfung *f*; Machart *f*, Schnitt *m*.

feixe ['feiʃə] *m* Bündel *n*, Bund *m*; Garbe *f* (*fazer* binden).

fel [fɛɫ] *m* Galle *f*.

felici|dade [fələsi'δaδə] *f* Glück *n*; ~ *eterna* ewige Seligkeit *f*; *por* ~ zum Glück; *muitas* ~s! herzliche Glückwünsche!; alles Gute!; **~tação** [~tɐ'sɐ̃u] *f* Glückwunsch *m*; **~tar** [~'tar] (1a) beglücken; beglückwünschen (*od.* gratulieren [*dat.*]) (zu *por*).

felicíssimo [~'sisimu] *sup. v. feliz.*

felino [fə'linu] **1.** *adj.* Katzen...; *fig.* hinterhältig; **2.** ~s *m/pl.* Katzen *f/pl.*

feli|z [~'liʃ] glücklich; ~ *da vida* überglücklich, selig; **~zão**, **~zardo** F [~li'zɐ̃u, -'zarδu] *m* Glückspilz *m*; **~zmente** [~liʒ'mẽntə] glücklicherweise, zum Glück; glücklich (*adv.*).

felonia [~lu'niɐ] *f* Treulosigkeit *f*; Gemeinheit *f*.

felp|a *f*, **-o** *m* ['fɛɫpɐ, -u] Plüsch (-haare *n/pl.*) *m*; Filz *m*; Flaum *m*; *bsd.* Frottee *n*; *toalha f de* ~ Frottier(hand)tuch *n*; **~udo** [fɛɫ'puδu] wollig; haarig; samtig.

feltro ['feɫtru] *m* Filz *m*.

fêmea ['femjɐ] *f* Weibchen *n*; *depr.* Weib *n*; ⊕ Öse *f*.

feme|aço [fə'mjasu] *m* Weibergesellschaft *f*; **~eiro** [~eiru] *m* Schürzenjäger *m*.

fêmeo ['femju] weiblich; *ficha f -a* ⚡ Steckdose *f*.
femin|idade [fəməni'ðaðə] *f* Weiblichkeit *f*; **~il** [~'nił] weibisch; = *~ino*; **~ilidade** [~li'ðaðə] *f* Fraulichkeit *f*; = *~idade*; **~ino** [~'ninu] weiblich; Frauen...; für Frauen; **~ismo** [~'niʒmu] *m* Frauenbewegung *f*; **~ista** [~'niʃtɐ] *su*. Frauenrechtler(in *f*) *m*.
fémur ['fɛmur] *m* Schenkelknochen *m*.
fend|a ['fẽndɐ] *f* Spalte *f*, Schlitz *m*; Spalt *m*, Riß *m*; **~er** [fẽn'der] (2a) spalten; auf-reißen, -schlitzen; *fig*. durch-queren, -schneiden; **~er-se** bersten; rissig w.
fenecer [fənə'ser] (2g) enden, sterben; verwelken.
feno ['fenu] *m* Heu *n*.
fenol [fə'nɔł] *m* Phenol *n*, Karbol *n*.
fenomenal [fənumə'nał] Erscheinungs...; phänomenal; *fig*. fabelhaft; wunderbar.
fenómeno [~'nɔmənu] *m* Phänomen *n* (*a. fig*.); (Natur-)Erscheinung *f*.
fera ['fɛrɐ] *f* Raubtier *n*; *fig*. P Biest *n*; F Leuchte *f*, Wundertier *n*.
feraz [fə'raʃ] frucht-bringend, -bar.
féretro ['fɛrətru] *m* Sarg *m*.
féria ['fɛrjɐ] *f* Wochentag *m*; *bsd*. Tage-, Wochen-lohn *m*; Lohnliste *f*; Ruhetag *m*; *bras*. Tageseinnahme *f*; *~s pl*. Ferien *pl*.
feriado [fə'rjaðu] **1.** *adj*. Ruhe..., Erholungs...; *dia m ~* = **2.** *m* Feiertag *m* (*nacional* Staats...).
feri|da [~'riðɐ] *f* Wunde *f*; Verletzung *f*; *fig. a*. Kränkung *f*; *ao atar das ~s* kurz vor (*od*. nach) Toresschluß; **~mento** [~ri'mẽntu] *m* Verwundung *f*.
ferino [~'rinu] raubtierhaft; tierisch; bösartig (*a*. ⚕).
ferir [fə'rir] (3c) verwunden; verletzen; beleidigen, kränken; treffen (auf [*ac*.] em); *fig*. schlagen.
ferment|ação [fərmẽntɐ'sɐ̃u] *f* Gärung *f*; **~ar** [~'tar] (1a) gären l.; (durch)säuern; *fig*. aufwühlen; aufhetzen; *v/i*. gären (*a. fig*.); aufgehen (*Teig*); **~o** [~'mẽntu] *m* Gärstoff *m*; Sauerteig *m*; *cul*. Backpulver *n*; *Wein*-Hefe *f*; *fig*. Keim *m*.
fero ['fɛru] wild; grausam; stark, gesund; **~cidade** [fərusi'ðaðə] *f* Wildheit *f*; Grausamkeit *f*; **~z** [fə'rɔʃ] wild, reißend; grimmig.
ferrã [fə'ʀɐ̃] *f* Futtergetreide *n*.
ferra|dela [~'ðɛlɐ] *f* Biß *m*; **~dor** [~'ðor] *m* Hufschmied *m*; **~dura** [~'ðurɐ] *f* Hufeisen *n*; *deitar ~ a* beschlagen (*ac*.); **~geiro** [~'ʒeiru] *m* Eisen- u. Metallwarenhändler *m*; **~gem** [~'ʀaʒɐ̃i] *f* (Eisen-, Huf-) Beschlag *m*; Eisenteile *m/pl*.; *-ns pl*. Eisenwaren *f/pl*.; *loja f de -ns* Eisen- u. Metallwarenhandlung *f*; **~gista** *bras*. [~'ʒiʃtɐ] *m* = *~geiro*; **~jaria** [~ʒɐ'riɐ] *f* Eisenhandlung *f*; **~menta** [~'mẽntɐ] *f* (Eisen-)Werkzeug *n*; *máquina-~ f* Werkzeugmaschine *f*.
ferr|ão [~'ʀɐ̃u] *m* Stachel *m*; **~ar** [~ar] (1c) *Pferd usw*. beschlagen; *Vieh usw*. zeichnen, brandmarken; *Segel* einholen; P *Schlag usw*. versetzen, beibringen; *~ os dentes* (*as unhas*) *em* sich verbeißen (verkrallen) in (*ac*.); *v/i*. *~ a alg*. j-n beißen (*Hund*); *~ com a/c*. (*alg*.) *em* et. (j-n) werfen an, in *od*. gegen (*alle mit ac*.); *~ de* (an)packen (*ac*.); *~(-se) no sono* einschlafen; **~aria** [~ʀɐ'riɐ] *f* Schmiede *f*; **~eiro** [~eiru] *m* Schmied *m*; **~enho** [~ɐɲu] eisenfarbig, -hart; *fig*. hart, unerbittlich; hartnäckig; verbissen.
férreo ['fɛʀju] eisern; Eisen...; *fig. a*. hart, starr; *rede f -a* Eisenbahnnetz *n*; *via f -a* Eisenbahn *f*.
ferret|a [fə'ʀetɐ] *f Kreisel*-Spitze *f*; **~e** [~ə] *m* Brenneisen *n*; Brandmal *n* (*a. fig*.); *azul ~* dunkel-, stahlblau; *marcar com o ~ de* brandmarken als; **~ear** [~ʀə'tjar] (1l) brandmarken; **~oar** [~ʀə'twar] (1f) stechen; (an-, auf-)stacheln; *fig*. F herunterreißen; sticheln.
férrico ['fɛʀiku] ⚗ Eisen...
ferro ['fɛʀu] *m* Eisen *n*; Brandmal *n*; ⚓ Anker *m*; *fig*. Waffe *f*; Schwert *n*; *~s pl*. *Eisen*-Werkzeug *n*; Ketten *f/pl*.; *~s pl*. *velhos* Trödel *m*; *estar a ~s* in Ketten liegen; *~ coado*, *~ fundido* Guß-, *~ batido*, *~ forjado* Schmiede-eisen *n*; *~ de frisar* Brennschere *f*; *a ~ e fogo* mit Feuer und Schwert; *fig*. mit allen Mitteln; *pôr* (*od. meter*) *a ~ e fogo* brandschatzen; *fig*. tödlich mitea. verfeinden; *de ~* eisern; Eisen..., *estar sobre ~* vor Anker liegen; *lançar* (*levantar*) *~* (den) Anker werfen (lichten); *malhar em ~ frio* Unmögliches wollen; *passar* (*od. correr*) *a ~* (über)bügeln.

ferro|ada, ~adela [fə'ʀwaðɐ, ~ʀwɐ-'ðɛlɐ] *f* Stich *m*; *fig.* Stichelei *f*; **~ar** [~'ʀwar] (1f) = *ferretoar*; **~lho** [~'ʀoʎu] *m* Riegel *m* (*correr* vorschieben); **~-velho** [ˌfɛʀu'vɛʎu] *m* Trödler *m*.

ferro|via [fəʀu'viɐ] *f* Eisenbahn *f*; **~viário** [~'vjarju] **1.** *adj.* Eisenbahn...; **2.** *m* Eisenbahner *m*.

ferrug|em [fə'ʀuʒɐ̃i] *f* Rost *m*; ✓ Meltau *m*; *criar* ~ ver-, einrosten (*a. fig.*); **~ento** [~ʀu'ʒẽntu] rostig, verrostet; **~íneo** [~ʀu'ʒinju] rostfarben; *fig.* schwärzlich, dunkel; **~inoso** [~ʀuʒi'nozu (-ɔ-)] eisenhaltig; Eisen...

fértil ['fɛrtił] fruchtbar; ergiebig.

fertili|dade [fərtəli'ðaðə] *f* Fruchtbarkeit *f*; Ergiebigkeit *f*; **~zar** [~'zar] (1a) fruchtbar m.; befruchten.

férula ['fɛrulɐ] *f* (Zucht-)Rute *f*; *fig.* Fuchtel *f*; Strenge *f*.

ferv|edoiro, -ouro [fərvə'ðoiru, -oru] *m* Gewimmel *n*; **~endo** [~'vẽndu]: *água f* ~ kochende(s) Wasser *n*; **~ente** [~'vẽntə] *fig.* inbrünstig; **~er** [~'ver] (2c) kochen, sieden; brennen, glühen; wallen, sprudeln; brausen; wimmeln; ~ *em pouca água* leicht aufbrausen, sich gleich aufregen.

férvido ['fɛrviðu] siedend; wild (-bewegt); heftig; glühend.

ferv|ilhar [fərvi'ʎar] (1a) brodeln; wimmeln; nicht ruhig sitzen können; **~or** [~'vor] *m fig.* Glut *f*, Feuer *n*; Inbrunst *f*; Ungestüm *n*; Eifer *m*; *com* ~ = **~oroso** [~u'rozu (-ɔ-)] glühend, feurig; inbrünstig; heftig, ungestüm; eifrig; **~ura** [~'vurɐ] *f* Sieden *n*; Sprudel *m*; Wallung *f*; *fig.* Erregung *f*; *deitar água na* ~ Öl auf die Wogen gießen.

festa ['fɛʃtɐ] *f* Fest *n*; Feier *f*; ~ *rija* Rummel *m*; *haver* ~ *rija* hoch hergehen; *ar de* ~ Festtagsgesicht *n*; *estar de* ~ lustig sn; *fazer* ~(*s*) *a alg.* j-n herzlich aufnehmen; j-m schöntun; j-n streicheln; *desejar boas* ~*s* frohes Fest wünschen; *vgl. boas--festas.*

fest|ança [fɨʃ'tɐ̃sɐ] *f* Festveranstaltung *f*; F Rummel *m*; F Schwof *m*; **~ão** [~ɐ̃u] *m* **a)** Gewinde *n*, Feston *n*; Girlande *f*; Borte *f*; **b)** *bras.* Bombenfest *n*; **~arola** F [~tɐ'rɔlɐ] *f* lustige(r) Abend *m*; Festivität *f*; **~ejar** [~tɨ'ʒar] (1d) feiern; **~ejo** [~eʒu] *m* Feier(lichkeit) *f*, Festlichkeit *f*; ~ *popular* Volksfest *n*; **~im** [~ĩ] *m* Familienfest *n*; Festschmaus *m*; **~ival** [~ti'vał] *m* Festspiel *n*; ~ *desportivo* Sportfest *n*; **~ividade** [~təvi'ðaðə] *f* Festlichkeit *f*; *kirchliche* Feier(lichkeit) *f*; Festfreude *f*; **~ivo** [~ivu] festlich; fröhlich; Fest...

festo ['feʃtu] *m* (Stoff-)Breite *f*; Kniff *m*; *a* ~ steil aufwärts.

fetidez [fəti'ðeʃ] *f* Gestank *m*.

fétido ['fɛtiðu] stinkend.

feto ['fɛtu] *m* **1.** Fötus *m*; *fig.* Keim *m*; **2.** ♀ Farn(kraut *n*) *m*.

feud|al [feu'ðał] feudal; **~alismo** [~ðɐ'liʒmu] *m* Lehnswesen *n*; Feudalismus *m*; **~o** ['feuðu] **1.** *m* Lehen *n*; **2.** *adj. pol.* abhängig.

Fevereiro [fəvə'reiru] *m* Februar *m*.

fez [feʃ] **1.** *m* Fes *m*; Fez *m* (*türkische Mütze*); **2.** *s. fazer*.

fezes ['fɛzɨʃ] *f/pl.* Fäkalien *pl.*; Bodensatz *m*; *Metall*-Schlacke *f*; *fig.* Abschaum *m*.

fia|ção [fjɐ'sɐ̃u] *f* Spinnen *n*; (*fábrica f de*) ~ Spinnerei *f*; **~da** ['fjaðɐ] *f* Lage *f Steine*; Reihe *f*, Kette *f*; **~deira** [~'ðeirɐ] *f* Spinnmaschine *f*; **~dilho** [~'ðiʎu] *m* Flockseide *f*; **~do** ['fjaðu] **a)** *m* Gespinst *n*; **b)** **1.** *adj.* vertrauend (*od.* im Vertrauen) (auf [*ac.*] em); = **2.** *adv.* auf Kredit, auf Borg; *pedir* ~ anschreiben l.; **~dor** [~'ðor] *m* Bürge *m*; Sicherheitskette *f*; (Sperr-)Riegel *m*; Portepee *n*.

fiambr|e ['fjẽmbrə] *m* gekochte(r) Schinken *m*.

fiança ['fjẽsɐ] *f* Bürgschaft *f*; Sicherheit(sleistung) *f*, Kaution *f* (*prestar* zahlen); *fig.* Gewähr *f*.

fiandeiro *m*, **-a** *f* [fjẽn'deiru, -ɐ] Spinner(in *f*) *m*.

fiapo ['fjapu] *m* Fädchen *n*; *Stroh*-Halm *m*.

fiar ['fjar] (1g) **a)** spinnen; *Draht* ziehen; ~ *fino* e-e kitzlige Sache sn; sich schwierig anlassen; **b)** anvertrauen; borgen; bürgen für; *v/i.* auf Borg verkaufen; = **~-se** *de*, *em* vertrauen, bauen auf (*ac.*); sich anvertrauen (*dat.*).

fiasco ['fjaʃku] *m* Mißerfolg *m*, Fiasko *n*; *fazer* ~ durchfallen.

fibra ['fiβrɐ] *f* Fiber *f*, Faser *f*.

fibr|ilação [fiβrilɐ'sɐ̃u] *f Herz*-Flimmern *n*; **~ina** [~'βrinɐ] *f* Fibrin *n*; **~ino** [~'βrinu] Faser...; **~oso**

[~'βrozu (-ɔ-)] faserig.

ficar [fi'kar] (1n) bleiben; übrig-, ver-, zurück-bleiben; anhalten; stehenbleiben; sich befinden, liegen, sein; *oft = estar*; ~ *mit p.p., adj. od. su.* werden; *manchmal* sein, *z.B.* ~ *contente* zufrieden (*od.* froh) sn; *Sonderbedeutungen in Verbindung mit Subst., Adj. und Adv.: s. dort!*; ~ *bem* (*mal*) gut (schlecht) abschneiden; e-n guten (schlechten) Eindruck m.; gut (schlecht) stehen (*dat. a*); ~ *a fazer* (*od. fazendo*) *a/c.* noch et. tun; ~ *ao pintar*, ~ *a matar* F wie angegossen sitzen; ~ *com alg.* bei j-m bleiben; ~ *com a/c.* behalten; *Kleid* an-, *Hut* auf-behalten; ~ *com uma perna partida* ein Bein brechen; ~ *de* (zurück)bleiben als; w. (*od.* sn); versprechen zu; ~ *em* a) bleiben bei; ver-abreden, -einbaren (*ac.*); b) sich belaufen auf (*ac.*); c) geraten in (*ac.*); d) nur noch sn (*nom.*); *ficar na sua* dabei bleiben; auf s-r Meinung (*od.* s-m Willen) beharren; ~ *para* bleiben (*od.* sn) für (*ac.*); *fig.* sich erweisen als; angesehen w. können als; ~ *para ali*, ~ *para um canto* vergessen (*od.* vernachlässigt) w.; ~ *por* bestellt w. zu; *Preis*: kommen auf (*ac.*), kosten; ~ *por alg.* für j-n einstehen; ~ *por fazer* liegenbleiben; noch nicht getan (*od.* noch zu tun) sn; ~ (*por*) *que* garantieren (*od.* dafür einstehen), daß; ~ *por conta de alg.* auf j-s Rechnung gehen; ~ *sem* loswerden, lossein; verlieren; nicht bekommen; ~ *sem se fazer* nicht getan w.; *em que ficamos?* wie verbleiben wir?, was beschließen wir?; **~-se** (ver)bleiben; innehalten, stekkenbleiben; stehen-, zurück-bleiben; dastehen; ~ *em* bleiben (bei); ~ *com* behalten (*ac.*).

ficção [fik'sɐ̃u] *f* Erdichtung *f*; Vorspiegelung *f*; bloße Annahme *f*, Fiktion *f*; *literatura f de* ~ schöngeistige Literatur *f*, Prosadichtung *f*; ~ *científica* „Science-fiction" *f*.

fich|a ['fiʃɐ] *f* Spielmarke *f*; (Garderoben-)Marke *f*; Katalog-, Karteikarte *f*; ~ *eléctrica* Stecker *m*; ~ *dupla* Doppelstecker *m*; **~ar** *bras.* [fi'ʃar] (1a) e-e Karteikarte geben (*dat.*); registrieren; **~ário** *bras.* [fi'ʃarju] *m* = **~eiro** [fi'ʃeiru] *m* Kartothek *f*, Kartei *f*; Kartei-, Zettel-kasten *m*.

fictício [fik'tisju] erdichtet; angeblich; angenommen; Schein...

fidalg|a [fi'δałγɐ] *f* Edel-frau *f*, -fräulein *n*; vornehme Dame *f*; **~o** [~u] **1.** *adj.* adelig; edel; edelmütig; vornehm; *iron.* fein; **2.** *m* Edelmann *m*; Junker *m*; vornehme(r) Herr *m*; *iron.* feine(r) Mann *m*; **~ote** [~δał'γɔtə] *m* Krautjunker *m*.

fidalgu|ia [~δał'γiɐ] *f* Adel *m*; Edelmut *m*; Vornehmheit *f*; **~ice** [~isə] *f* Vornehmtuerei *f*.

fide|digno [~δə'δiγnu] glaubwürdig; **~lidade** [~li'δaδə] *f* Treue *f*; Genauigkeit *f*; **~líssimo** [~'lisimu] *sup. v. fiel*.

fidéus [~'δɛuʃ], *bras.* **fidelinhos** [~de'liɲus] *m/pl.* Fadennudeln *f/pl.*

fid|úcia [~'δusjɐ] *f* (Selbst-)Vertrauen *n*, Zuversicht *f*; P Frechheit *f*; **~uciário** [~δu'sjarju]: *moeda f -a* Papiergeld *n*.

fieira ['fjeirɐ] *f* Drahtzieheisen *n*; Drahtlehre *f*; Zieh-düse *f*, -stein *m*; Wachsstockzug *m*; *Kreisel*-Schnur *f*; ⚒ Erzgang *m*; *zo.* Spinndrüse *f*; *fig.* Reihe *f*, Kette *f*; Prüfstein *m*; *passar pela* ~ genau nehmen.

fiel [fjɛł] **1.** *adj.* treu; (wort)getreu; genau; zuverlässig; **2.** *m* Vertrauensmann *m*, Stellvertreter *m*; Verwalter *m*, Aufseher *m*; ~ *da balança* Zünglein *n* an der Waage; *os fiéis pl. rel.* die Gläubigen *pl.*

figa ['fiγɐ] *f* Amulett *n* in Faustform; *~!* pfui!; hau ab!; *de uma* ~ Dreck..., Mist...; *fazer* (*od. dar*) *uma* ~ *a alg.* j-m was husten, j-n abblitzen l.; *não vale uma* ~ er ist keinen Pfifferling wert.

figadal [fiγɐ'δał] Leber...; *fig.* tödlich; *inimigo m* ~ Todfeind *m*.

fígado ['fiγɐδu] *m* Leber *f*; *fig.* Charakter *m*; Mut *m*; *ter maus ~s* kratzbürstig sn; *ficar com o* ~ *em iscas* sich schwarz ärgern.

figo ['fiγu] *m* Feige *f*; *fig.* F Klumpen *m*; *chamar um* ~ lecker finden.

figueira [fi'γeirɐ] *f* Feigenbaum *m*.

figura [~'γurɐ] *f* Figur *f*; Gestalt *f*; Abbildung *f*; *fazer* (*boa*) ~ (e-n guten) Eindruck m.; sich gut ausnehmen; *fraca* ~ F Jammergestalt *f*.

figur|ação [~γurɐ'sɐ̃u] *f* (bildliche) Darstellung *f*; Gestaltung *f*; Aussehen *n*; **~adamente** [~ˌraδɐ'mẽntə] in übertragener (*od.* bildlicher) Bedeutung; **~ado** [~'raδu] bildlich, figürlich; übertragen; **~ante** *m*, **-a** *f* [~'rẽntə, -ɐ] Statist(in *f*) *m*; Figurant(in *f*) *m*; **~ão** F [~-'rẽu] *m* große(s) Tier *n*; *iron.* Früchtchen *n*; *fazer um ~* Eindruck schinden; große Töne spucken; **~ar** [~'rar] (1a) darstellen; (sich) vorstellen; ausschmücken; auftreten (als *de*); vorkommen; gehören (zu [*dat.*] *em*); (verzeichnet) stehen; **~ar-se** scheinen; **~ativo** [~ɐ'tivu] bildlich; Bilder...; **~ino** [~'rinu] *m* Modezeichnung *f*; *fig.* Modepuppe *f*; Vorbild *n*; *~s pl.* Modeheft *n*; **~o** F [~'γuru] *m* zweifelhafte(s) Subjekt *n*; Kerl *m*.

fila ['filɐ] **a**) *f* Reihe *f*; *bras. fig.* Schlange *f* (stehen *fazer*); *~ indiana* Gänsemarsch *m*; **b**) *cão m de ~* bissige(r) Hund *m*, *mont.* Hatzhund *m*.

fil|aça [fi'lasɐ] *f* Spinnflachs *m*; grobe(r) Zwirn *m*; **~amento** [~lɐ-'mẽntu] *m* *Wurzel*-Faser *f*; *Glüh*-Faden *m*; **~amentoso** [~lɐmẽn-'tozu (-ɔ-)] faserig; **~andras** [~ẽn-drɐʃ] *f*/*pl.* Mariengarn *n*, Altweibersommer *m*; ⚓ Seetang *m*.

filantr|opia [~lẽntru'piɐ] *f* Menschenfreundlichkeit *f*; **~ópico** [~-'trɔpiku] menschenfreundlich; **~opo** [~'tropu] *m* Menschenfreund *m*.

filão ⚒ [~'lẽu] *m* Gang *m*, Ader *f*.

filar [~'lar] (1a) fassen, packen; *bras.* schnorren; **~-se** sich verbeißen.

filarmónic|a [~lɐr'mɔnikɐ] *f* Philharmonie *f*; Gesellschaft *f* der Musikfreunde; Musikkapelle *f*; **~o** [~u] philharmonisch.

filat|elia [~lɐtə'liɐ] *f* Briefmarkenkunde *f*; **~élico** [~'tɛliku] Briefmarken...; **~elista** [~ə'liʃtɐ] *m* Briefmarkensammler *m*.

fil|é [fi'lɛ] *m cul.* = *~ete*; **~eira** [~ei-rɐ] *f* Reihe *f*; ⚔ Glied *n*; **~ete** [~etə] *m* Streif(en) *m*; △ Leiste *f*; *her.* Faden *m*; ⊕ Gewinde *n*; Filet (-arbeit *f*) *n*; *cul.* Filet(steak *n*) *n*; *anat.* Nervenfaser *f*; *tip.* Linie *f*; *~ matriz* ⊕ Muttergewinde *n*; *trabalho m de ~* Filet *n*, Netzarbeit *f*; *Kartenspiel*: *fazer ~* schneiden.

filh|a ['fiʎɐ] *f* Tochter *f*; Kind *n*; **~arada** [fiʎɐ'raδɐ] *f* Kinderschar *f*; **~o** [~u] *m* Sohn *m*; Kind *n*; *~s pl.* Kinder *n*/*pl.*

filhó [fi'ʎɔ] *f* Waffel *f*; Krapfen *m*.

filh|o(s)-família [ˌfiʎufɐ'miljɐ] *m*(*pl.*) Minderjährige(r) *m*; **~ote** [fi'ʎɔtə] *m* Gebürtige(r) *m*; *bras.* Günstling *m*; *ser ~ de* stammen aus; **~otismo** *bras.* [fiʎo'tizmu] *m* Günstlingswirtschaft *f*.

fili|ação [filjɐ'sẽu] *f* Abstammung *f*, Herkunft *f*, Aufnahme *f od.* Eintritt *m in e-e Partei usw.*; Mitgliedschaft *f*; *Ideen*-Verknüpfung *f*; Abhängigkeit *f*; **~al** [~'ljał] **1.** *adj.* kindlich; Kindes...; Neben..., Zweig...; **2.** *f* Filiale *f*; **~ar** [~'ljar] (1g) an Kindes Statt annehmen; *~ em*, *~ com* aufnehmen in (*ac.*); anschließen an (*ac.*); herleiten von; verknüpfen mit; **~ar-se** *em* eintreten in (*ac.*); sich anschließen an (*ac.*); abstammen von; zs.-hängen mit.

fili|forme [fili'fɔrmə] fadenförmig; dünn, schwach; **~grana** [~'γrɐnɐ] *f* Filigran(arbeit *f*) *n*.

filipino [~'pinu] **1.** *adj.* philippinisch; **2.** *m* Philippine *m*.

filisteu [~ʃ'teu] *m* Philister *m*.

film|agem [fił'maʒẽi] *f* Verfilmung *f*; Filmaufnahme *f*; **~ar** [~ar] (1a) (ver)filmen; **~e** ['fiłmə] *m* Film *m*; *~ didáctico* Lehr-, *~ falado* Sprech-, *~ mudo* Stumm-, *~ sonoro* Ton-, *~ colorido* Farb-film *m*.

fílmico ['fiłmiku] filmisch.

filó [fi'lɔ] *m* Tüll *m*.

filol|ogia [filulu'ʒiɐ] *f* Sprachkunde *f*, Philologie *f*; **~ógico** [~'lɔʒiku] philologisch; sprachlich.

filólogo [fi'lɔluγu] *m* Philologe *m*.

filo|sofal [filuzu'fał]: *pedra f ~* Stein *m* der Weisen; **~sofar** [~zu'far] (1e) philosophieren; **~sofia** [~zu'fiɐ] *f* Philosophie *f*; Gelassenheit *f*; Gleichmut *m*; **~sófico** [~'zɔfiku] philosophisch.

filósofo [fi'lɔzufu] *m* Philosoph *m*.

filoxera [filɔk'sɛrɐ] *f* Reblaus *f*.

filtr|ação [fiłtrɐ'sẽu] *f*: *águas f*/*pl. de ~* Sickerwasser *n*; **~ar** [~'trar] (1a) (durch)seihen; filtrieren; *fig.* ein-blasen, -flößen, -hauchen; **~ar-se** durch-, ein-sickern; durchlaufen; sich ein-schleichen, -schmeicheln; **~o** ['fiłtru] *m* Filter *m*; *~ amarelo fot.* Gelbscheibe *f*.

fim [fĩ] *m* Ende *n*; Schluß *m*; Zweck *m*, Absicht *f*; Ziel *n*; Ausgang *m*; *~ da estação* (*od. temporada*) Nachsaison *f*; *dar* (*od. fazer, pôr*) *~ a* beenden (*ac.*); ein Ende m. (*dat.*); vollenden (*ac.*); *levar ao* (*a bom*) ~ (gut) zu Ende führen; *a* ~ *de um* ... zu; *a* ~ *de que* damit; *com o* ~ in der Absicht; zu dem Zweck; mit dem Ziel; *no* ~ *de contas* letzten Endes; *no* ~ (*od. em fins*) *de Maio* (*do mês*) Ende Mai (des Monats); *por* ~ schließlich.

fímbria [fĩmbrjɐ] *f* Franse *f*; Besatz *m*; Saum *m*.

fin|ado [fi'naδu] *m* Verstorbene(r) *m*; *Dia m de* ²*s* Allerseelen(tag *m*) *n*; **~al** [~ał] **1.** *adj.* schließlich; endgültig; End..., Schluß...; letzt; *gram.* final; *exame m* ~ Abschlußprüfung *f*; *dia m* ~ *der* Jüngste Tag; *juízo m* ~ *das* Jüngste Gericht; *ponto m* ~ (Schluß-)Punkt *m*; **2.** *m* Ende *n*; Schluß *m*; Ausgang *m*; *no* ~ *das contas* = *afinal* (*od. no fim*) *de contas*; **3.** *f* ♪ Finale *n*; *Sport*: Endspiel *n*; Endrunde *f*; **~alidade** [~nɐli'δaδə] *f* Zweckbestimmung *f*; (End-)Zweck *m*; Zielsetzung *f*; **~alista** [~nɐ'liʃtɐ] *m uni.* Student *m* des letzten Studienjahres; **~alizar** [~nɐli'zar] (1a) abschließen, beenden; *v/i.* enden, zu Ende gehen (*od.* sn); schließen (mit *com*); **~almente** [~nał'mẽntə] endlich, schließlich; zuletzt; letzten Endes; *ao* ~ *e ao cabo* schließlich und endlich.

finança [fi'nẽsɐ] *f* Finanz *f*; *alta* ~ Hochfinanz *f*; Großkapital *n*; ~*s pl.* Finanzwesen *n*; *Ministério m das* ²*s* Finanzministerium *n*.

finan|ceiro [~nẽ'seiru] **1.** *adj.* finanziell; Finanz...; **2.** *m* Finanzmann *m*; Geldgeber *m*; **~ciamento** [~sjɐ'mẽntu] *m* Finanzierung *f*; **~ciar** [~'sjar] (1g) finanzieren; **~cista** [~'siʃtɐ] *m* Finanzfachmann *m*.

finar(-se) [fi'nar(sə)] (1a) abnehmen, sich verzehren; sterben.

finc|a ['fĩŋkɐ] *f* Stütze *f*; *às* ~*s* nachdrücklich; angelegentlich; **~-pé(s)** [ˌfĩŋkɐ'pɛ] *m(pl.) fig.* Stütze *f*; *fazer* ~ *em* treten (*od.* sich stützen) auf (*ac.*); *fig.* bestehen auf (*ac.*); **~ar** [fĩŋ'kar] (1n) einschlagen; einpflanzen; stützen (auf *od.* in [*ac.*] *em*); **~ar-se** sich festsetzen; ~ *em* bestehen auf (*dat.*); sich verbeißen in (*ac.*).

find|ar [fĩn'dar] (1a) beenden; *v/i.* enden, ein Ende nehmen; zu Ende gehen (*od.* sn); ablaufen (*Frist*); **~ável** [~avɛł] vergänglich; **~o** ['fĩndu] **1.** *p.p. irr. v. findar*; ~ *su.* nach (Ab-)Schluß (*gen.*); nach Ablauf (*gen.*); nach (*dat.*); **2.** *adj.* abgelaufen, verflossen.

fineza [fi'nezɐ] *f* Feinheit *f*; (zarte) Aufmerksamkeit *f*, Artigkeit *f*; *fazer a* ~ so freundlich sn.

fing|ido [fĩ'ʒiδu] falsch, künstlich; Schein...; blind (*Tür*); heuchlerisch; ⚕ fingiert; **~imento** [~ʒi'mẽntu] *m* Verstellung *f*; Falschheit *f*; Heuchelei *f*; **~ir** [~ir] (3n) vortäuschen; vorgeben; (er)heucheln; *v/i.* sich verstellen; ~ *inf. od. que* sich stellen (*od.* so tun), als ob *conj. impf.*; **~ir-se** sich stellen; spielen.

finit|o [fi'nitu] endlich; *gram.* finit; **~ude** [~ni'tuδə] *f* Endlichkeit *f*.

finlandês [fĩlẽn'deʃ] **1.** *adj.* finn(länd)isch; **2.** *m*, **-esa** *f* Finne *m*, Finnin *f*; Finnländer(in *f*) *m*.

fin|o ['finu] fein; dünn; zart(fühlend); höflich, artig; geschmackvoll; scharf; schlau; *ouro m* ~ Feingold *n*; *pedra f -a* Edelstein *m*; *vinho m* ~ Süd-, *bsd.* Port-wein *m*; *beber do* ~ genau Bescheid wissen; *fazer-se* ~ frech w. (*od.* sn); *à -a força* mit Gewalt; **~ório** [fi'nɔrju] **1.** *adj.* durchtrieben; **2.** *m* geriebene(r) Bursche *m*.

fint|a ['fĩntɐ] *f* **a**) *Steuer*-Umlage *f*; **b**) *bras.* Finte *f*; *fazer* ~ *a* täuschen (*ac.*); **~ar** [fĩn'tar] (1a) **a**) besteuern; *Steuer* umlegen; ~*-se para inf.* sich zs.-tun, um ... *inf.*; **b**) *bras.* hinters Licht führen, täuschen; ergaunern, schnorren.

finura [fi'nurɐ] *f* Schlauheit *f*; Verschlagenheit *f*; = *fineza*.

fio ['fiu] *m* Faden *m*; Garn *n*; *Perlen*-Schnur *f*; Bindfaden *m*; *Metall*-Draht *m*; *Messer- usw.* Schneide *f*; Schärfe *f*; *fig.* Kette *f*; ~ *condutor* Leitungsdraht *m*; ~ *de água* Rinnsal *n*; Strömung *f*; ~ *de terra Radio*: Erdleitung *f*; ~ *retorcido* Zwirn *m*; *a* ~, ~ *a* ~ ununterbrochen; hintereа.; *ao* ~ (*direito*) fadengerade; der Länge nach; *fig.* geradeswegs; *de* ~ *a pavio* von A bis Z, von Anfang bis zu Ende; *por um* ~ haarscharf; ums Haar; *dar* ~ schleifen (*ac.*); *no* ~ fadenscheinig; *estar por um* ~ an e-m Faden hängen; *ter* ~ scharf sn, schneiden.

firma ['firmɐ] *f* Unterschrift *f*; Geschäftsname *m*; ♀ (Handels-) Firma *f*.

firmamento [firmɐ'mẽntu] *m* Himmelszelt *n*, Firmament *n*.

firm|ar [fir'mar] (1a) (be)festigen; bestätigen; anerkennen; beglaubigen; *bsd.* unterzeichnen; ~ *em* stellen (*od.* stützen) auf (*ac.*); ~ *os pés em* treten (*od.* sich stellen) auf (*ac.*); **~ar-se** unterschreiben; Fuß fassen; ~ *em* sich stützen (*od.* sich berufen) auf (*ac.*); **~e** ['firmə] fest; stark; sicher; standhaft; ✝ fest; endgültig; *terra f* ~ Festland *n*; *a pé* ~ festen Fußes; ohne zu wanken; **~eza** [fir'mezɐ] *f* Festigkeit *f*; Sicherheit *f*; Kraft *f*; Standhaftigkeit *f*.

fiscal [fiʃ'kał] **1.** *adj.* Steuer...; *conselho m* ~ Aufsichtsrat *m*; *nota f* ~ Lieferschein *m*; **2.** *m* Steuerprüfer *m*; Zollbeamte(r) *m*; Kontrolleur *m*.

fiscaliz|ação [~kɐlizɐ'sɐ̃u] *f* Aufsicht *f*; Überwachung *f*, Kontrolle *f*; **~ador** [~ɐ'ðor] **1.** *adj.* Aufsichts-...; Überwachungs...; **2.** *m* Aufseher *m*; Kontroll-, Überwachungsbeamte(r) *m*; **~ar** [~'zar] (1a) beaufsichtigen; überwachen; nach-, überprüfen.

fisco ['fiʃku] *m* Staatsschatz *m*; Fiskus *m*.

fisg|a ['fiʒɣɐ] *f dreizackige* Harpune *f*; *bsd.* Zwille *f* (*Art Schleuder*); Spalte *f*, Riß *m*; **~ada** [fiʒ'ɣaðɐ] *f* stechende(r) Schmerz *m*, Stich *m*; **~ar** [fiʒ'ɣar] (1o) *Fische* stechen, angeln; fangen; *fig.* auf-fangen, -schnappen.

físic|a ['fizikɐ] *f* Physik *f*; **~o** [~u] **1.** *adj.* physikalisch; körperlich, physisch; **2.** *m* Äußere(s) *n*; Aussehen *n*; Physiker *m*; P Doktor *m*; **~o-química** [ˌfizikɔ'kimikɐ] *f* physikalische Chemie *f*.

fisio|logia [fizjulu'ʒiɐ] *f* Physiologie *f*; **~logista** [~lu'ʒiʃtɐ] *m* Physiologe *m*; **~nomia** [~nu'miɐ] *f* Gesicht(sausdruck *m*) *n*; Gepräge *n*; Physiognomie *f*.

fiss|ão [fi'sɐ̃u] *f* Spaltung *f*; **~ura** [~urɐ] *f* Riß *m*.

fístula ['fiʃtulɐ] *f* ⚕ Fistel *f*.

fita ['fitɐ] *f* Band *n*; *Papier*-Streifen *m*; Ordensband *n*; ~ (*cinematográfica*) Film(streifen) *m*; ~ *contínua* Fließ-, Montage-band *n*; ~ *métrica* Bandmaß *n*; ~ *para máquina de escrever* Farbband *n*; *ir na* (*od. nessa*) ~ darauf hereinfallen; *fazer* ~*s* (*deixar-se de* ~*s*) sich (nicht) aufspielen.

fit|ar [fi'tar] (1a) *Blick* heften (auf [*ac.*] em); *Ohren* spitzen; *Aufmerksamkeit* richten (auf [*ac.*] em); *j-n* (starr) ansehen; **~o** ['fitu] **1.** *adj.* starr; gespitzt (*Ohr*); **2.** *m* Ziel *n*; Absicht *f*; (*jogo m do*) ~ Zielball *m*; *a* (*od. de*) ~ starr.

fivela [fi'vɛlɐ] *f* Schnalle *f*.

fixa ['fiksɐ] *f* Meßlatte *f*; *Scharnier- usw.* Band *n*; Lasche *f*.

fix|ação [fiksɐ'sɐ̃u] *f* Befestigung *f*; Festsetzung *f*; ⚗ *u. fot.* Fixierung *f*; **~ador** [~ɐ'ðor] **1.** *m* Haarfett *n*; ⊕ Sicherung *f*; *pint.* Fixativ *n*; *fot.* Fixierbad *n*; **2.** *adj.* Fixier...; **~ar** [fik'sar] (1a) befestigen, festmachen; *Termin, Regel* festsetzen; sich merken, *im Gedächtnis* behalten; *Wohnsitz* aufschlagen; *Fuß* setzen (auf [*ac.*] em); *Aufmerksamkeit* fesseln; richten (auf [*ac.*] em); *fot., pint.* fixieren; **~ar-se** sich niederlassen; sich festsetzen; ~ *em* sich konzentrieren auf (*ac.*); **~ativo** [~ɐ'tivu] Fixier...; Klebe...

fix|e P ['fiʃə] unverwüstlich; unentwegt; ~! topp! wird gemacht!; *sempre* ~ immer obenauf, immer auf dem Posten; nicht kleinzukriegen; **~idez** [fiksi'ðeʃ] *f* Festigkeit *f*; Beständigkeit *f*; **~o** ['fiksu] fest; starr; beständig; bestimmt; *estrela f -a* Fixstern *m*; *ideia f -a* fixe Idee *f*; (*ordenado*) ~ *m* Fixum *n*.

flácido ['flasiðu] schlaff, welk.

flagel|ar [flɐʒə'lar] (1c) geißeln, peitschen; *fig.* bedrängen, *j-m* zusetzen; **~o** [~'ʒɛlu] *m* Geißel *f*.

flagrante [~'ɣrɐ̃ntə] **1.** *adj.* offenkundig, flagrant; **2.** *m* = *instâneo 2.*; *em* ~ auf frischer Tat.

flama ['flɐmɐ] *f* Flamme *f*.

flam|ejante [flɐmɨ'ʒɐ̃ntə] flammend; *gótico m* ~ Spätgotik *f*; **~ejar** [~ɨ'ʒar] (1d) (auf)flammen; leuchten.

flamengo [~'mẽŋgu] **1.** *adj.* flandrisch; flämisch; **2.** *m*, **-a** *f* Flame *m*, Flämin *f*.

flâmula ['flɐmulɐ] *f* Wimpel *m*.

flanco ['flɐ̃ŋku] *m* Flanke *f*; Seite *f*.

flanela [flɐ'nɛlɐ] *f* Flanell *m*.

flanquear [flɐ̃ŋ'kjar] (1l) flankieren.

flato ['flatu] *m* Blähung *f*.

flatul|ência [flɐtu'lẽsjɐ] *f* Bläh-

sucht *f*, Blähungen *f/pl.*; **~ento** [~ẽntu] blähend; Blähungs...; **~oso** [~ozu (-ɔ-)] an Blähungen leidend.
flauta ['flautɐ] *f* Flöte *f*; ~ *recta* Block-, ~ *travessa* Quer-flöte *f*.
flaut|ar [flau'tar] (1a) flöten (*a. fig.*); **~eado** [~'tjaðu]: *levar a vida -a* ein Faulenzerdasein führen; **~ear** [~'tjar] (1l) die Flöte blasen; *bras.* faulenzen; (ver)spotten; **~eio** [~'teju] *m* Flötenspiel *n*; *bras.* Faulenzerdasein *n*; **~im** [~'tĩ] *m* Pikkoloflöte *f*; **~ista** [~iʃtɐ] *m* Flötenspieler *m*.
flebite [flə'βitə] *f* Venenentzündung *f*.
flecha ['flɛʃɐ] *f* Pfeil *m*; *Turm-*Spitze *f*; ⚠ Durch-biegung *f*, -hang *m*; Stich *m*.
flei-, fleuma ['flei-, 'fleumɐ] *f* Phlegma *n*; Kaltblütigkeit *f*, Ruhe *f*.
fleumático [fleu'matiku] kaltblütig.
flex|ão [flɛk'sɐ̃u] *f gram.* Beugung *f*, Flexion *f*; ⊕ (Durch-)Biegung *f*; **~ível** [~iveł] biegsam, geschmeidig; wendig; gelehrig; nachgiebig; *gram.* beugbar, flektierbar.
floco ['flɔku] *m* Flocke *f*; Büschel *n*.
flóculo ['flɔkulu] *m* Flöckchen *n*.
flor [flor] *f* Blüte *f* (*a. fig.*); Blume *f*; Blüte *f* (*a. fig.*); Schimmel *m*; Flaum *m auf Obst*; Narbe(n *m*) *f des Leders*; *fina* ~ Elite *f*; *à* ~ *de* auf der Oberfläche (*gen.*); dicht auf *od.* über (*ac. u. dat.*); dicht über ... (*ac.*) hin; *à* ~ *de água* an der Wasseroberfläche; *em* ~ in Blüte; *na* ~ *da idade* im besten Alter; *dar* ~, *estar em* ~ blühen; **~a** ['flɔrɐ] *f* Pflanzenwelt *f*, Flora *f*.
flor|ação [flurɐ'sɐ̃u] *f* Blütenstand *m*; Blüte(zeit) *f*; **~al** [~'rał] Blumen...; Blüten...; *jogos m/pl.* **~ais** poetische Blumenspiele *n/pl.*; **~ão** [~'rɐ̃u] *m* ⚘ Korbblüte *f*; ⚠ Kreuzblume *f*.
flor|eado [flu'rjaðu] **1.** *adj.* geblümt (*Stoff*); **2.** *m* Verzierung *f*; **~ear** [~'rjar] (1l) (mit Blumen) schmükken; *Degen* führen; *v/i.* blühen; ♪ verzieren; *fig.* sich hervortun, glänzen; **~eio** [~'reju] *m* Verzierung *f*; Redensart *f*; ⚠ Blumenornament *n*; **~s** *pl.* Floskeln *f/pl.*; zierliche Bewegungen *f/pl.*; **~eira** [~'reirɐ] *f* Blumenvase *f*; = *florista*; **~escência** [~riʃ'sẽsjɐ] *f* Blüte(zeit) *f*; **~escer** [~riʃ'ser] (2g) mit Blumen schmücken; *v/i.* (auf-, er-)blühen; in Mode sn; sich durchsetzen.
florest|a [~'rɛʃtɐ] *f* Wald *m*; *poét.* Forst *m*; ~ *virgem* Urwald *m*; **~al** [~riʃ'tał] waldig; Forst...; *guarda m* ~ Förster *m*; *horto m* ~ Baumschule *f*.
floret|e [~'retə] *m* Florett *n*; **~ista** [~rə'tiʃtɐ] *m* Florettfechter *m*.
floricult|ura [flurikuł'turɐ] *f* Blumenzucht *f*; **~or** [~or] *m* Blumenzüchter *m*.
flórido ['flɔriðu] glänzend; = **florido** [flu'riðu] blühend; blumig.
florim [flu'rĩ] *m* Gulden *m*.
flor|ir [~'rir] (3f—D4) (auf)blühen; *v/t. bras.* (mit Blumen) schmücken; **~ista** [~iʃtɐ] *su.* Blumen-händler (-in *f*) *m*, -macher(in *f*) *m*.
flotilha [flu'tiʎɐ] *f* Flottille *f*.
flu|ência ['flwẽsjɐ] *f* Flüssigkeit *f*, Leichtigkeit *f*; **~ente** [~ẽntə] flüssig, fließend; **~idez** [flwi'ðeʃ] *f* = *~ência*; **~ido** ['flwiðu] **1.** *adj.* (dünn)flüssig; flüchtig; **2.** *m* Flüssigkeit *f*; Fluidum *n*; **~ir** ['flwir] (3i) fließen; fluten; entspringen; *fig.* hervorgehen, sich ergeben.
fluminense [flumi'nẽsə] **1.** *adj.* aus Rio de Janeiro; **2.** *m* Einwohner *m* von Rio de Janeiro, Fluminenser *m*.
flúor ['fluɔr] *m* Fluor *n*; Flußspat *m*.
fluor|escência [flwuriʃ'sẽsjɐ] *f* Leuchtkraft *f*; **~escente** [~iʃ'sẽntə] Leucht...; *ser* ~ fluoreszieren, leuchten; **~ite** [~'ritə] *f* Flußspat *m*.
flutu|ação [flutwɐ'sɐ̃u] *f* Schwanken *n* (*a. fig.*); *Preis-*Schwankung *f*; Wogen *n*; **~ador** [~ɐ'ðor] *m* ⊕ Schwimmer *m*; ~ *de borracha* Schlauchboot *n*; **~ante** [~'twɐ̃ntə] ⚓ schwebend (*Schuld*); **~ar** [~'twar] (1g) schwanken (*a. fig.*); (hin- u. her-)wogen; flattern (*Fahne*); *auf dem Wasser* treiben, schwimmen.
fluvi|al [~'vjał] Fluß...; *porto m* ~ Binnenhafen *m*; **~ómetro** [~ɔmətru] *m* Pegel *m*.
flux|ão [fluk'sɐ̃u] *f* ⚕ Schwellung *f*; = **~o** ['fluksu] *m* Flut *f*; ⚕ Ausfluß *m*; Schnupfen *m*; *vet.* Rotz *m*; *Wort-*Schwall *m*; ~ *e refluxo fig.* Auf und Ab *n*, Hin und Her *n*.
fobia [fu'βiɐ] *f* krankhafte Angst *f*, Phobie *f*; Widerwille(n) *m*.
foca ['fɔkɐ] **1.** *f* Robbe *f*, Seehund *m*; **2.** *su.* Geizhals *m*; **3.** *m bras.* Anfänger *m*, Neuling *m*.
foc|agem [fu'kaʒɐ̃i] *f fot.* Einstel-

lung *f*; **~al** [~ał]: *distância f ~* Brennweite *f*; **~alizar** *bras.* [fokɐli'zar] (1a) = **~ar** [~ar] (1n; *Stv.* 1e) anstrahlen; *fig. Thema* zur Sprache bringen, behandeln; *fot.* aufnehmen; *~ bem (mal)* (un)scharf einstellen.

foçar [fu'sar] (1o; *Stv.* 1e) (mit der Schnauze auf)wühlen.

focinh|eira [~si'ɲeirɐ] *f Schweine*-Rüssel *m*; Nasenriemen *m*; **~o** [~'siɲu] *m* Schnauze *f*; ⊕ Auslauf (-rinne *f*) *m*.

foco ['fɔku] *m* Brennpunkt *m*; Lichtquelle *f*; *fig.* Herd *m*, Sitz *m*; *profundidade f de ~ fot.* Tiefenschärfe *f*; *estar (pôr) em ~* im Brenn- (*od.* Mittel)punkt stehen (hervorheben).

fofo ['fofu] **1.** *adj.* locker; bauschig; weich; **2.** *m* Bausch *m*, Puff *m*.

fog|aça [fu'γasɐ] *f* Kuchenbrot *n*; **~acho** [~aʃu] *m* Flämmchen *n*; Lichtchen *n*; *fig.* Wutausbruch *m*; fliegende Hitze *f*; **~agem** [~aʒɐ̃i] *f* Hitzblattern *f/pl.*; *fig.* Hitzigkeit *f*; **~aleira** [~γɐ'leirɐ] *f* Feuerschaufel *f*; **~ão** [~ɐ̃u] *m* (Küchen-)Herd *m*; ⚔ Zündloch *n*; *~ de petróleo* Petroleum-kocher *m*, -ofen *m*; *~ de sala* Kamin *m*; Ofen *m*; **~areiro** [~γɐ'reiru] *m Petroleum*-Kocher *m*; Tonöfchen *n*; **~aréu** [~γɐ'rɛu] *m* Feuertopf *m zur Festbeleuchtung*; Pechpfanne *f*; Feuerstoß *m*; **~o** ['foγu (-ɔ-)] *m* Feuer *n* (*a. fig.*); Brand *m*; Herd *m*; Wohnung *f*; *~s pl.* ⚓ Lichter *n/pl.*; *~ de artifício* Feuerwerk *n*; *~ posto* Brandstiftung *f*; *~ rápido* Schnellfeuer *n*; *caixa f de ~* Feuerung *f*; *sessão f de ~* Feuerwerk *n*; *com ~* feurig; mit Feuereifer; *em ~* brennend; *condenar ao ~* zum Feuertod verurteilen; *abrir (cessar) ~* das Feuer eröffnen (einstellen); *fazer ~* Feuer m.; ⚔ feuern; *pegar ~* Feuer fangen; angehen; = *pôr ~ a* in Brand stecken (*ac.*); *~!* Feuer!; **~o-fátuo** [ˌfoγu'fatwu] *s. fátuo*.

fogos|idade [~γuzi'ðaðə] *f* Feuer *n*; Heftigkeit *f*; **~o** [~'γozu (-ɔ-)] feurig; heftig.

fogu|eira [~'γeirɐ] *f* Feuer *n*; Herdfeuer *n*; Scheiterhaufen *m*; Lohe *f*; *~ mundial* Weltbrand *m*; *~ de S. João* Johannisfeuer *n*; **~eiro** [~eiru] *m* Heizer *m*; **~etão** [~γə'tɐ̃u] *m* Rakete(ngeschoß *n*) *f*; **~ete** [~etə] *m* Rakete *f* (*deitar* steigen l., abbrennen); *fig.* F Abreiber *m*; *como um ~, de ~* blitzschnell, wie der Blitz; *~s pl. fig.* Freudengeschrei *n*, Hurra *n*; **~eteiro** [~γə'teiru] *m* Feuerwerker *m*; **~etório** [~γə'tɔrju] *m* Feuerwerk *n*; **~ista** *bras.* [fo'gistɐ] *m* Heizer *m*.

foice *usw. s. fouce usw.*

fojo ['foʒu] *m* Fallgrube *f*; Höhle *f*.

folar [fu'lar] *m* Oster-kuchen *m*, -geschenk *n*.

folc|lore [fołk'lɔrə] *m* Volkskunst *f*, Folklore *f*; **~lórico** [~'lɔriku] volkstümlich, Volks...

fole ['fɔlə] *m* Blasebalg *m*; Gebläse *n*; *fot.* Balg *m*; *fig.* F Wanst *m*.

fôlego ['foləγu] *m* Atem *m* (*tomar* schöpfen; *sem* außer); Atmung *f*; Atempause *f*; *perder o ~* keine Luft mehr bekommen.

folga ['fɔłγɐ] *f* Ruhepause *f*; Muße *f*; *fig.* Spielraum *m*; *dia m de ~* Ruhetag *m*; *dar ~* Spielraum l.; weit(er) m.; *ter ~* weit sn (*Kleid*).

folg|ado [foł'γaðu] bequem; weit (*Kleid*); ausgeruht; geruhsam; fröhlich, unbeschwert; *levar vida -a* sorglos leben; **~ança** [~ɐ̃sɐ] *f* Erholung *f*; Zerstreuung *f*; **~ar** [~ar] (1o; *Stv.* 1e) Ruhe (*od.* Erholung) gönnen; lockern; weit(er) m.; *~ folguedos* sich amüsieren; *v/i.* sich erholen; spielen; sich vergnügen; angenehm verlaufen; *~ com* sich freuen über (*ac.*); *~ de inf.* sich freuen zu *inf.*; *folgo muito!* sehr erfreut!; **~azão** [~γɐ'zɐ̃u] **1.** *adj.* (lebens)lustig; **2.** *m* Genießer *m*; Bruder *m* Lustig; **~uedo** [~eðu] *m* Vergnügen *n*; Spiel *n*; Spaß *m*.

folha ['foʎɐ] *f* Blatt *n*; *Messer*-Klinge *f*; *Säge*-Blatt *n*; *Brief*-Bogen *m*; *Metall*-Blech *n*; Fallblatt *n an Vorhängen*; Verzeichnis *n*, Liste *f*; *Pflug*-Schar *f*; *~ de estanho* Zinnblech *n*; Stanniol *n*; *~ de serviço* Personalakte *f*; *~-de-flandres* Weißblech *n*; *~ de ferias* Lohnliste *f*; *fazer a ~ dos empregados (operários)* die Gehalts- (Lohn-) listen aufstellen; *doirado por ~s* mit Goldschnitt (*Buch*); *porta f de duas ~s* Flügeltür *f*; *novo em ~* (funkel-) nagelneu; *virar a ~* das Thema wechseln.

folh|ado [fu'ʎaðu] **1.** *adj.* blätterig; *massa f -a* = **2.** *m* Blätterteig *m*;

Laub(werk) *n*; *fig.* Redensarten *f/pl.*; ~ *de maçã* Apfelstrudel *m*; **~agem** [~aʒẽi] *f* Laub *n*; Blattwerk *n*; **~ar** [~ar] (1e) belauben; mit Laubwerk schmücken; *cul.* blätterig m.; = *~ear*; **~eado** [~jaðu] *m* Furnier *n*; **~ear** [~jar] (1l) blättern in (*dat.*); durch-blättern, -fliegen; *Möbelstück* furnieren; *tip.* paginieren; **~edo** [~eðu] *m* (abgefallenes) Laub *n*; **~elho** [~eʎu] *m* Hülse *f*; Spreu *f*; **~ento** [~ẽntu] blätterig; (dicht) belaubt; **~eta** [~etɐ] *f* *Metall*-Blättchen *n*; Folie *f*; **~etear** [~ʎə'tjar] (1l) *Metall* plattieren; *Möbel* furnieren; *Stein* fassen; **~etim** [~ʎə'tĩ] *m* Feuilleton *n*, Unterhaltungsteil *m*; **~etinista** [~ʎəti'niʃtɐ] *m* Unterhaltungsschriftsteller *m*, Feuilletonist *m*; **~eto** [~etu] *m* Flugschrift *f*; Propagandaschrift *f*, Flugblatt *n*; **~inha** [~iɲɐ] *f* Kalender(blatt *n*) *m*; **~o** ['foʎu (-ɔ-)] *m* Rüsche *f*; *zo.* = **~oso** [~ozu (-ɔ-)] **1.** *m* Blättermagen *m*; **2.** *adj.* = **~udo** [~uðu] dicht belaubt.

folia [fu'liɐ] *f fig.* Lustbarkeit *f*, F Rummel *m*; Mutwillen *m*.

foli|ão [fu'ljɐ̃u] *m* Possenreißer *m*; Schwerenöter *m*; **~ar** [~ar] (1g) hüpfen, tanzen; sich amüsieren.

fólio ['fɔlju] *m* *Buch*-Blatt *n*; Foliant *m*; *em ~ = in-fólio.*

fome ['fɔmə] *f* Hunger *m*; Hungersnot *f*; *estou com ~, tenho ~* mich hungert, ich bin hungrig; *morrer de ~* verhungern; *passar ~, padecer de ~* hungern, Hunger leiden; *cara f de ~ fig.* Hungerleider *m*.

foment|ação [fumẽntɐ'sɐ̃u] *f* Einreibung *f*; *fig.* = *~o*; **~ador** [~ɐ'ðor] *m* Förderer *m*; Anstifter *m*; Hetzer *m*; **~ar** [~'tar] (1a) einreiben; *fig.* fördern; heben; *Wirtschaft* ankurbeln; *Haß* schüren; anstiften; *Belange* wahrnehmen; **~o** [~'mẽntu] *m* Linderung(smittel *n*) *f*; *fig.* Förderung *f*; Hebung *f*, Ankurbelung *f*; Nahrung *f*; ♀ *Mineiro (Naval)* Berg-(Marine-)amt *n*.

fona ['fonɐ] **1.** *f* Schnuppe *f*; *bras.* Knobel *m*, Würfel *m*; *andar numa ~* F gehetzt sn; **2.** *su.* Knauser *m*.

fone ['fɔnə] *m* 🕮 Phon *n*; *bras.* (Telephon-)Hörer *m*.

fon|ética [fu'nɛtikɐ] *f* Lautlehre *f*; **~ético** [~ɛtiku] phonetisch; lautlich; Laut...

font|ainha [fõntɐ'iɲɐ] *f* (kleine) Quelle *f*; **~anário** [~ɐ'narju] *m* öffentliche(r) Brunnen *m*; **~anela** [~ɐ'nɛlɐ] *f anat.* Fontanelle *f*; *cir.* Fontanell *n*; **~e** ['fõntə] *f* Quelle *f* (*a. fig.*); Brunnen *m*; *cir.* Fontanell *n*; *~s pl.* Schläfen *f/pl.*

fora[1] ['forɐ] *Plusq.pf. von ir u. ser.*

fora[2] ['fɔrɐ] **1.** *adv.* draußen; auswärts; außer dem Hause; *lá ~* da draußen; im Ausland; *de ~* von (dr)außen; von auswärts; *de ~ de* außerhalb (*gen.*); *de ~ a ~* von e-m Ende zum andern; durch und durch; *por ~* (von) außen; nebenbei, im Nebenberuf; *portas a ~* außerhalb des Hauses (*od.* der Stadt); zur Tür (*od.* zum Tor) hin- (*od.* her-)aus; *botar* (*od. deitar, jogar*) *~* wegwerfen; herausreißen; *dar o ~ bras.* weggehen; *deixar de ~* draußen (*od.* aus-)lassen; vergessen; *estar para ~* verreist sn; *ficar de ~* sich heraushalten; vergessen w.; *ir para ~* verreisen; *pôr ~* hinauswerfen; **2.** *prp.* außer (*dat.*); ausgenommen (*ac.*); abgesehen von (*dat.*); *~ de* außerhalb (*gen.*); außer (*dat.*); *~ do lugar* (*od. sítio*) nicht an s-m Platz; **3.** *~! int.* hinaus!, raus!; **~gido** [furɐ'ʒiðu] flüchtig; entflohen (aus *de*); **~steiro** [furɐʃ'teiru] fremd; auswärtig.

forca ['forkɐ] *f* Galgen *m*; (Tod *m* durch den) Strang *m*; *fig.* Strick *m*.

força [~'forsɐ] *f* Kraft *f*; Gewalt *f*; Macht *f*; Stärke *f*; Hauptmasse *f*; *~s pl. armadas* Streitkräfte *f/pl.*; *~ pública die* Truppen *f/pl.*; (*caso de*) *~ maior* höhere Gewalt *f*; *~ de* eine Menge, viel; *é ~ que* es ist nötig, daß; *à (viva) ~* mit Gewalt, gewaltsam; *à ~ de inf.* durch angestrengtes *inf.*; *à ~ de a/c.* mit (viel) (*dat.*); *à ~ de armas* mit Waffengewalt; *de ~* tüchtig, bedeutend; schwerwiegend; *em ~* in großer Zahl; die Menge; *na ~ de* auf der Höhe (*gen.*); mitten in (*dat.*); *por ~* unbedingt; notgedrungen; *por ~ de* kraft (*gen.*), wegen (*gen.*); *adquirir ~* erstarken; *dar ~ a alg.* j-m den Rücken steifen; *fazer ~* drängen; sich anstrengen.

forcado [fur'kaðu] *m* Heu-, Mistgabel *f*; Gabelvoll *f*; (*moço de*) *~ m taur.* Stiertreiber *m*.

forç|ado [~'saðu] **1.** *adj.* gewaltsam;

notgedrungen; *herdeiro m* ~ Leibeserbe *m*; *trabalhos m/pl.* ~s Zwangsarbeit *f*; **2.** *m* Sträfling *m*; **~amento** [~sɐ'mẽntu] *m* Gewaltanwendung *f*; *por* ~ = *à força*; **~ar** [~ar] (1p; *Stv.* 1e) zwingen (zu *a*); Gewalt antun (*dat.*); (hinein-)pressen, (-)zwängen; (sich) *Zutritt, Achtung usw.* erzwingen; *Widerstand* bezwingen; *Tür usw.* aufbrechen; *Frau* vergewaltigen.

forcejar [~sɨ'ʒar] (1d) kämpfen; sich bemühen (zu *inf. por*).

fórceps (*pl. unv.*) ['fɔrsɛps] *m cir.* (Geburts-)Zange *f*.

forçoso [fur'sozu (-ɔ-)] notgedrungen, unbedingt; zwingend; heftig; *é-me* ~ *inf.*, *é* ~ *que eu conj.* ich muß *inf.*

for|eiro [fu'reiru] **1.** *m* Erbpächter *m*; **2.** *adj.* zinspflichtig; **~ense** [~ẽsə] gerichtlich, Gerichts...

forja ['fɔrʒɐ] *f* Schmiede(herd *m*) *f*; Schmelzofen *m*; *estar (ainda) na* ~ bald (noch nicht) spruchreif sn.

forj|ador [furʒɐ'ðor] *m fig.* Ränke-Schmied *m*; Urheber *m*; **~ar** [~'ʒar] (1e) schmieden; *fig. a.* aushecken; erfinden; **~icar** [~i'kar] (1n) zs.-pfuschen.

forma[1] ['fɔrmɐ] *f* Form *f*; Gestalt *f*; Art und Weise *f*; Muster *n*; *pública* ~ beglaubigte Abschrift *f*; *de (od. por) esta* ~ auf diese Weise; *de (od. por)* ~ *nenhuma (od. alguma)* keineswegs; *de outra* ~ anders; andernfalls, sonst; *de (tal)* ~ *que* + *conj. od. ind.*, *de (od. por)* ~ *a* + *inf.* so daß + *ind.*; *debaixo de* ~ ⚔ in Reih und Glied; *em* ~ *de* in der Art eines (*od.* einer); ...förmig; *em (devida)* ~ ordnungsgemäß, vorschriftsmäßig; richtig, wirklich; *em toda a* ~ regelrecht, gebührend; *dar* ~ *a* gestalten (*ac.*), ausführen (*ac.*); *entrar em* ~ ⚔ antreten; *não há* ~ *de inf.* es ist nicht möglich zu *inf.* (*od.* daß *ind.*).

forma[2] ['formɐ] *f* ⊕ Form *f*; *Schuh*-Leisten *m*; *tip.* Satzform *f*; (*pão m de*) ~ Kastenbrot *n*.

form|ação [furmɐ'sɐ̃u] *f* Bildung *f*; Entstehung *f*; Formation *f* (*bsd. geol.*); Aufstellung *f* (*bsd.* ⚔); *em* ~ im Entstehen begriffen; **~ado** [~'maðu] **1.** *adj. ser* ~ *em* (*z.B. Medicina, Direito, Ciências*) (Mediziner, Jurist, Naturwissenschaftler) sn; **2.** *m bras.* Akademiker *m*; **~ador** [~ɐ'ðor] **1.** *adj.* gestaltend; (die Grundlage) bildend; **2.** *m* Schöpfer *m*, Gestalter *m*; **~al** [~'mał] Form..., formal; förmlich; regelrecht; ausdrücklich; erklärt (*Gegner*); **~alidade** [~ɐli'ðaðə] *f* Förmlichkeit *f*; Formsache *f*, Formalität *f*; *por* ~ der Form halber; **~alista** [~ɐ'liʃtɐ] *m* Formenmensch *m*; Pedant *m*; **~alizar** [~ɐli'zar] (1a) formalisieren; *Vertrag* ausfertigen; *Gesuch* einreichen (bei *em*); **~alizar-se** sich entrüsten (über [*ac.*] *de*); **~almente** [~ał'mẽntə] der Form nach; **~ão** [~'mɐ̃u] *m* Stechbeitel *m*, Schroteisen *n*; **~ar** [~'mar] (1e) bilden; aufstellen; *Plan* fassen; *j-n* studieren l.; *v/i.* antreten; **~ar-se** entstehen; e-n Universitätsgrad erwerben; ~ *em* studieren (*ac.*); **~ativo** [~ɐ'tivu] Bildungs...; ...bildend; Gestaltungs...; erzieherisch; **~ato** [~'matu] *m* Format *n*; **~atura** [~ɐ'turɐ] *f* Abschlußprüfung *f*; Studienabschluß *m*; Studium *n*; ⚔ Aufstellung *f*; Aufmarsch *m*.

formicida [~i'siðɐ] *m* Ameisengift *n*.

formidável [~i'ðavɛł] furchtbar; F toll; phantastisch.

formi|ga [fur'miɣɐ] *f* Ameise *f*; **~gar** [~mi'ɣar] (1o) *v/i.* kribbeln; wimmeln; krabbeln; *fig.* sich abplagen; **~gueiro** [~mi'ɣeiru] *m* Ameisenhaufen *m*; Gewimmel *n*; Kribbeln *n*; **~guejar** [~miɣɨ'ʒar] (1d) wimmeln.

formos|o [~'mozu (-ɔ-)] schön; **~ura** [~mu'zurɐ] *f* Schönheit *f*.

fórmula ['fɔrmulɐ] *f* Formel *f*.

formul|ar [furmu'lar] *v/t.* (1a) formulieren; *Rezept* verschreiben; *Bitte* zum Ausdruck bringen; **~ário** [~arju] *m* (Bet-, Schreib-, Sprach-) Spiegel *m*; Arzneibuch *n*.

forn|ada [fur'naðɐ] *f* Schub *m*; **~alha** [~aʎɐ] *f* Backofen *m* (*a. fig.*); Feuerung *f*; Ofenloch *n*.

fornec|edor [~nəsə'ðor] *m* Lieferant *m*; **~er** [~'ser] (2g) liefern; beliefern *od.* versorgen (mit *de*); **~imento** [~i'mẽntu] *m* Lieferung *f*; Versorgung *f*.

fornicar V [~ni'kar] (1n) bumsen.

fornido [~'niðu] stark; stämmig; ~ *de carnes* fleischig, beleibt; ~ *de folhas* starkblätterig.

forn|ilho [~'niʎu] *m* Kocher *m*; Herd *m*; Pfeifenkopf *m*; ⚔ Flattermine *f*; **~o** ['fornu (-ɔ-)] *m* Backofen *m* (*a. fig.*); Back-, Brat-röhre *f*; Glas-, Kalk-, Ring-, Ziegel-ofen *m*.

foro[1] ['fɔru] *m* Forum *n*.

foro[2] ['foru (-ɔ-)] *m* (Pacht-)Zins *m*; Nutzung(srecht *n*) *f*; (Gewohnheits-, Sonder-, Vor-)Recht *n*; Gerichtshof *m*; Rechtsprechung *f*; ~ *civil* (*comercial*, *eclesiástico*) bürgerliches (Handels-, Kirchen-) Recht *n*.

forqu|eta [fur'ketɐ] *f* Gabelholz *n*; = **~ilha** [~iʎɐ] *f dreizinkige* Heugabel *f*; *allg.* Gabel *f*; Gabelstütze *f*; Kleiderrechen *m*.

forrador [fuʀɐ'ðor] *m* Tapezierer *m*.

forrag|ear [~'ʒjar] (1l) *Wiese* mähen; *fig.* zs.-klauben; *v/i.* Futter schneiden; **~em** [~'ʀaʒɐ̃i] *f* Futter (-mittel) *n*; **~inoso** [~ʒi'nozu (-ɔ-)] Futter...

forr|ar [fu'ʀar] (1e) *Kleid usw.* füttern; *mit Kissen* auslegen; *mit Metall usw.* überziehen; *mit Holz* verkleiden, -schalen; *Wand* tapezieren; *Geld* sparen; **~o** ['foʀu] *m Kleider-*Futter *n*; *Holz-*Verkleidung *f*, Verschalung *f*; (Holz-)Decke *f*; Überzug *m*; Dachboden *m*.

fortal|ecer [furtɐlə'ser] (2g) (be-) stärken; ermutigen; ertüchtigen; ⚔ befestigen; **~ecer-se** erstarken; sich erholen; **~ecimento** [~əsi'mẽntu] *m* Stärkung *f*; Ertüchtigung *f*; Erstarken *n*; **~eza** [~'lezɐ] *f* Stärke *f*, Festigkeit *f*; Kraft *f*; Mut *m*; ⚔ Festung *f*.

forte ['fɔrtə] **1.** *adj.* stark; kräftig; sicher; fest; steif (*Brise*); *casa f* ~ feuersichere(r) Raum *m*, Safe *m*; *estar* ~ *de si* selbstsicher sn; *fazer-se* ~ sich verschanzen (hinter [*dat.*] *com*); *ser* ~ *em* etwas leisten in (*dat.*); **2.** *adv.* kräftig, laut; ♪ forte; **3.** *m* starke Seite *f*; ⚔ Fort *n*.

fortific|ação [furtəfikɐ'sɐ̃u] *f* Befestigung(skunst) *f*; **~ante** [~'kɐ̃ntə] *m* Stärkungsmittel *n*; **~ar** [~'kar] (1n) stärken; ⚔ befestigen.

fortim [fur'tĩ] *m* Schanze *f*.

fortuito [fur'tuitu] zufällig.

fortun|a [~'tunɐ] *f* Glück *n*; Erfolg *m*; Schicksal *n*; Los *n*, Geschick *n*; *mit.* Fortuna *f*; *gal.* Vermögen *n*; *fazer* ~ ein Vermögen erwerben; es zu etwas bringen.

fosc|ar [fuʃ'kar] (1n; *Stv.* 1e) mattieren; **~o** ['foʃku] matt; stumpf; *vidro m* ~ Milchglas *n*; *fot.* Mattscheibe *f*.

fosfatado [~fɐ'taðu] phosphathaltig.

fosfor|ear [~fu'rjar] (1l) leuchten; **~eira** [~eirɐ] *f* Streichholz-behälter *m*, -büchse *f*; **~ejar** [~rɨ'ʒar] (1d) brennen, funkeln.

fosforesc|ência [~furɨʃ'sẽsjɐ] *f* Phosphoreszenz *f*; Leuchtkraft *f*; Eigenlicht *n*; ~ *do mar* Meerleuchten *n*; **~er** [~'ser] (2g) phosphoreszieren; leuchten (*a. fig.*).

fosfórico [~'fɔriku] Phosphor...

fósforo ['fɔʃfuru] *m* Phosphor *m*; Streich-, Zünd-holz *n*; *fig.* F Grips *m*; **~s** *pl. de espera-galego* F Schwefelhölzer *n/pl.*; *em menos de um* ~ im Handumdrehen.

fossa ['fɔsɐ] *f* Grube *f*; ~ *comum* Massengrab *n*; **~s** *pl. nasais* Nasenhöhlen *f/pl.*

foss|ado [fu'saðu] *m Festungs-*Graben *m*; **~ador** [~sɐ'ðor] **1.** *adj.* Wühl...; **2.** *m zo.* Wühler *m*; **~ar** [~ar] (1e) aufwühlen; ausheben.

fóssil ['fɔsił] **1.** *adj.* versteinert, fossil; **2.** *m* Versteinerung *f*.

fosso ['fosu (-ɔ-)] *m* Graben *m*; Grube *f*.

foto ['fɔtu] *f* = *fotografia*; **~cópia** [fɔto'kɔpjɐ] *f* Photokopie *f*; *tirar uma* ~ *de* photokopieren (*ac.*); **~génico** [fɔto'ʒɛniku] gut zu photographieren(d), photogen.

foto|grafar [futuɣrɐ'far] (1b) photographieren, aufnehmen, F knipsen; *fig.* getreu wiedergeben; **~grafia** [~ɣrɐ'fiɐ] *f* Photographie *f* (*a cores* Farb...); Lichtbild *n*, Aufnahme *f*; *tirar uma* ~ e-e Aufnahme m. (von *a*); = **~grafar**; **~gráfico** [~'ɣrafiku] photographisch; *máquina f -a* Photoapparat *m*, Kamera *f*.

fot|ógrafo [fu'tɔɣrɐfu] *m* Photograph *m*; **~ómetro** [~ɔmətru] *m* Belichtungsmesser *m*.

foto|telegrafia [fɔtotələɣrɐ'fiɐ] *f* drahtlose Bildübermittlung *f*; Fernbild *n*; **~telegráfico** [~tələ'ɣrafiku] *serviço m* ~ Fernbilddienst *m*; **~tipia** [~ti'piɐ] *f* Lichtdruck *m*.

fou-, foi|çada [fo-, foi'saðɐ] *f* Sensenhieb *m*; **~çar** [~'sar] (1p) mähen; **~ce** ['fo-, 'foisə] *f* Sense *f*; *fig.* Hippe *f*.

fouveiro [fo'veiru] falb; *cavalo m* ~ Falbe *m*.

foz [fɔʃ] *f Fluß*-Mündung *f*.
fracalhão [frɐkɐ'ʎɐ̃u] **1.** *adj.* schwächlich; **2.** *m* Schwächling *m*.
fracass|ar [~'sar] (1b) *v/i.* scheitern; mißlingen; *tea.* durchfallen; **~o** [~'kasu] *m* Krach *m*; *fig.* Scheitern *n*; Mißerfolg *m*; klägliche(r) Ausgang *m*.
frac|ção [fra'sɐ̃u] *f* (Bruch-)Teil *m*; Bruchstück *n*; ⚔ Bruch *m*; *pol.* (Partei-)Fraktion *f*; *rel.* Brechen *n des Brotes*; *todo ou às -ões* ganz oder teilweise; *in Preisangaben*: *ou -ões* jede(r, s) angefangene; **~cionar** [~sju'nar] (1f) zer-stückeln, -teilen, -splittern; ⚔ teilen; **~cionário** [~sju'narju] Bruch...
frac|o ['fraku] **1.** *adj.* schwach; dünn; mager; feig; **2.** *m* schwache Seite *f*; Schwäche *f*; **~ote** [frɐ'kɔtə] schwächlich; anfällig.
fractur|a [fra(k)'turɐ] *f* Bruch *m*; *Erd*-Einbruch *m*, Riß *m*; **~ar(-se)** [~tu'rar(sə)] (1a) (zer)brechen.
frad|alhão [frɐδɐ'ʎɐ̃u] *m* Pfaffe *m*; **~aria** [~ɐ'riɐ] *f* alles, was Mönch heißt; **~e** ['fraδə] *m* Mönch *m*; Steinpfosten *m*; *Wein*-Heber *m*; *tip.* verschmierte Stelle *f*; *~ leigo* Laienbruder *m*; *feijão-~ m* Mönchsbohne *f* (*Bohnenart*); **~inho** [frɐ'δiɲu] *m* Kohlmeise *f* (*Vogel*).
fraga ['fraɣɐ] *f* (steiler) Felsen *m*.
fragata [frɐ'ɣatɐ] *f* Fregatte *f*; Barkschiff *n auf dem Tajo*; Fregattvogel *m*; *fig.* P Maschine *f* (*dicke Frau*).
frágil ['fraʒiɫ] zerbrechlich; brüchig, spröd; gebrechlich; schwach; vergänglich.
fragilidade [frɐʒəli'δaδə] *f* Zerbrechlichkeit *f*; Sprödigkeit *f*; Schwäche *f*; Vergänglichkeit *f*.
fragment|ação [frɐɣmẽntɐ'sɐ̃u] *f* Zerstückelung *f*; **~ar** [~'tar] (1a) zer-stückeln, -schlagen; **~ar-se** (zer)splittern; **~ário** [~'tarju] bruchstückhaft, fragmentarisch; Stück...; **~o** [~'mẽntu] *m* Bruchstück *n*, Fragment *n*.
frago *mont.* ['fraɣu] *m* Losung *f*.
fragor [frɐ'ɣor] *m* Krachen *n*; Tosen *n*; **~oso** [~ɣu'rozu (-ɔ-)] tosend.
fragoso [frɐ'ɣozu (-ɔ-)] unwegsam, unzugänglich; rauh, wild.
fragr|ância [frɐ'ɣrɐ̃sjɐ] *f* Wohlgeruch *m*; **~ante** [~ɐ̃ntə] wohlriechend.
frágua ['fraɣwɐ] *f* Schmiede(feuer *n*) *f*; Esse *f*; *fig.* Glut *f*; Bitterkeit *f*.
fralda ['fraɫdɐ] *f* (Hemd-)Zipfel *m*; *Rock*-Schoß *m*; Windel *f*; *fig.* Saum *m*; *Berg*-Fuß *m*; *~ do mar* Küste *f*; *em ~s de camisa* im Hemd.
frald|ilha [fraɫ'diʎɐ] *f* Lederschurz *m*; **~iqueiro** [~di'keiru]: *cão m ~* Schoßhund *m*; **~oso** [~ozu (-ɔ-)] lang(schößig); *fig.* weitschweifig.
frambo|esa [frɐ̃m'bwezɐ] *f* Himbeere *f*; **~eseiro** [~bwə'zeiru] *m* Himbeerstrauch *m*.
francalete [frɐ̃ŋkɐ'letə] *m* (Sturm-) Riemen *m*.
franca|mente [frɐ̃ŋkɐ'mẽntə]: *~!* offen gestanden!; **~tripa** *bras.* [~'tripɐ] *m* Hampelmann *m*.
franc|ês [frɐ̃'seʃ] **1.** *adj.* französisch; **2.** *m* Franzose *m*; **~esa** [~ezɐ] *f* Französin *f*; *à ~* auf französisch(e Art); pompös; **~esismo** [~sə'ziʒmu] *m* französische Ausdrucksweise *f*.
franco ['frɐ̃ŋku] **1.** *adj.* a) frei (-mütig); offen(herzig); großzügig; ungehemmt; *~ de porte* portofrei; *porto m ~* Freihafen *m*; b) fränkisch; **2.** *m* Frank(en) *m* (*Münze*); *os ~s* die Franken *m/pl.* (*Volksstamm*).
franco- *in Zssgn* **a)** [ˌfrɐ̃ŋkɔ...] französisch, *z.B.*: *~alemão* deutsch-französisch; **b)** ['frɐ̃ŋku, -kw] Frei..., *z.B.*: *~atirador* Freischärler *m*; *~maçäo* Freimaurer *m*.
francó|filo [frɐ̃ŋ'kɔfilu] **1.** *adj.* franzosenfreundlich; **2.** *m* Französling *m*; **~fobo** [~fuβu] franzosenfeindlich.
franga ['frɐ̃ŋgɐ] *f* Hühnchen *n*.
frangalho [frɐ̃ŋ'gaʎu] *m* Lumpen *m*; Fetzen *m*; *fazer em ~s* zerfetzen.
frang|alhote [frɐ̃ŋgɐ'ʎɔtə] *m* junge (-r) Hahn *m*; *fig.* Leichtfuß *m*, Schürzenjäger *m*; **~anito** [~ɐ'nitu] *m* junge(s) Hähnchen *n*; *fig.* Gernegroß *m*; **~o** ['frɐ̃ŋgu] *m* Hähnchen *n*; *fig.* Grünschnabel *m*; **~(s)-d'água** [ˌfrɐ̃ŋgu'δaɣwɐ] *m*(*pl.*) Wasserhuhn *n*; **~ote** [~'gɔtə] *m* = *~anito*.
franj|a ['frɐ̃ʒɐ] *f* Franse *f*; **~ado** [frɐ̃'ʒaδu] Fransen...; Spitzen...; **~ar** [frɐ̃'ʒar] (1a) mit Fransen (*od.* Spitzen) besetzen; ausfransen.
franqu|ear [frɐ̃ŋ'kjar] (1l) freigeben; (er)öffnen; ermöglichen; zur Verfügung stellen; *Schwierigkeit* überwinden; zum Freihafen erklären; **~eza** [~'kezɐ] *f* Freiheit *f*; Frei-

mut *m*, Offenheit *f*; Großzügigkeit *f*; *com* ~ = *francamente*; **~ia** [~'kiɐ] *f* Postgebühr *f*, Porto *n*; Freiheit *f*, Vorrecht *n*; Freistatt *f*; **~iar** [~'kjar] (1g) *Post* freim., frankieren.

franz|ido [frẽ'ziðu] **1.** *adj.* Falten...; faltig; kraus; **2.** *m* Plissee *n*; **~ino** [~inu] dünn; zart; **~ir** [~ir] (3a) fälteln; *fig.* kräuseln; ~ *as sobrancelhas*, ~ *o sobrolho*, ~ *a testa* die Stirn runzeln (*od.* in Falten legen).

fraque ['frakə] *m* Cutaway *m*.

fraqu|ejar [frɐkɨ'ʒar] (1d) schwach w.; wanken; verzagen; **~eza** [~'kezɐ] *f* Schwäche *f*, Schwachheit *f*; ~ *no sangue* P Blutarmut *f*; *cair na* ~ *de inf.* schwach genug (*od.* so schwach) sn zu *inf.*; *fazer das* ~*s forças* aus der Not e-e Tugend machen.

frasco ['fraʃku] *m* Fläschchen *n*; Flakon *n*; *Einmach- usw.* Glas *n*.

frase ['frazə] *f* Satz *m*; Phrase *f* (*a.* ♪); = ~ *feita* Redensart *f*; *fazer* ~*s* Phrasen dreschen.

frase|ado [frɐ'zjaðu] *m* Rede- (*od.* Schreib-)weise *f*; ♪ Phrasierung *f*; **~ar** [~ar] (1l) phrasieren; **~ologia** [~zjulu'ʒiɐ] *f* Phraseologie *f*.

frasqueira [frɐʃ'keirɐ] *f* Flakon-, Flaschen-kasten *m*, -ständer *m*; Gestell *n* (*od.* Schrank *m*) für Einmachgläser; *bsd.* Flaschenkeller *m*.

fratern|al [frɐtər'nał] brüderlich; **~idade** [~ni'ðaðə] *f* Brüderlichkeit *f*; **~izar** [~ni'zar] (1a) *v/i.* sich verbrüdern; = *confraternizar*; **~o** [~'tɛrnu] Bruder..., brüderlich.

fratric|ida [~tri'siðɐ] *m* Brudermörder *m*; **~ídio** [~iðju] *m* Brudermord *m*.

fratur|a, **~ar** *bras. s. fractur|a*, *~ar*.

fraud|ar [frau'ðar] (1a) betrügen (um *de*); **~e** ['frauðə] *f* Betrug *m*; Hinterziehung *f*; **~ulento** [~ðu'lẽntu] betrügerisch, hinterlistig.

frauta ['frautɐ] *f* = *flauta*.

frear ['frjar] (1l) bremsen.

frecha ['frɛʃɐ] *f* = *flecha*.

frech|ada [frɛ'ʃaðɐ] *f* Pfeilschuß *m*; **~al** [~ał] *m* Schwelle *f* (*Balken*); Rahmholz *n*; **~ar** [~ar] (1a) (mit Pfeilen) be-, er-schießen, treffen; *den Bogen* spannen; *mit Hohn* überschütten; schießen durch.

fregu|ês [frɛ'ɣeʃ] *m* Kunde *m*; (Stamm-)Gast *m*; Gemeindemitglied *n*; **~esia** [~ɣə'ziɐ] *f* Kundschaft *f*; Gemeinde *f*.

frei [frei] *m* Bruder *m* (*Mönchstitel*).

freio ['freju] *m* Gebiß *n*; 🚗 Bremse *f*; *fig.* Zaum *m*; ~ *da língua* Zungenband *n*; *não ter* ~ *na língua* kein Blatt vor den Mund nehmen; *soltar o* ~ die Zügel schießen l.; *tomar o* ~ *nos dentes* durchgehen; *fig.* über die Stränge schlagen.

freira ['freirɐ] *f* Nonne *f*.

freixo ['freiʃu] *m* Esche *f*.

frem|ente [frə'mẽntə] brausend, tosend; **~ir** [~ir] (3c—D1) brausen, tosen; zittern, schaudern.

frémito ['frɛmitu] *m* Brausen *n*, Tosen *n*; Zittern *n*.

fren|agem [frə'naʒẽi] *f*: (*aparelho de*) ~ Bremsvorrichtung *f*; **~ar** [~ar] (1d) bremsen; *fig.* zügeln.

fren|esi, -im [frənə'zi, -'zĩ] *m* Tobsucht *f*; Raserei *f*; *com* ~ wie toll; **~ético** [~'nɛtiku] rasend, toll.

frente ['frẽntə] *f* Vorderseite *f*; Spitze *f*; ⚔ Front *f*; ~ *a* ~ ea. gegenüber; *à* ~ vorn; *estar à* ~ an der Spitze stehen; *da* ~ vorder, Vorder...; *de* ~ von vorn; von Angesicht zu Angesicht; entschlossen; *em* ~ *de* vor (*ac. u. dat.*); ~ *a* gegenüber (*dat.*); *para a* ~ vorwärts; *fazer* ~ *a* = *fazer face*, *s. face*.

frequ|ência [frə'kwẽsjɐ] *f* Häufigkeit *f*; Verkehr *m*; Zulauf *m*; Besuch *m*; ⚡ Frequenz *f*; (*alta* Hoch-...); *ter* ~ *gut* besucht sn, Zulauf h.; *ter boa* ~ nicht oft gefehlt h.; *com* ~ häufig; **~entador** [~kwẽntɐ'ðor] *m* (regelmäßiger) Besucher *m*; **~entar** [~kwẽn'tar] (1a) (regelmäßig) besuchen; verkehren mit *od.* in (*dat.*); *Weg* begehen; **~ente** [~ẽntə] häufig; beschleunigt (*Puls*); eifrig; ~*s vezes* = **~entemente** [~ˌkwẽntə'mẽntə] oft.

fresa ['frɛzɐ] *f* Fräsmaschine *f*.

fresar *gal.* [frɛ'zar] (1a) fräsen.

fresca ['freʃkɐ] *f* Morgen-, Abendkühle *f* (*pela* in der); *tomar a* ~ frische Luft schöpfen.

fresc|alhão [frɨʃkɐ'ʎɐ̃u] *adj.* (*f* ~*ona*, ~*ota*) frisch; jugendlich, gut erhalten; **~o** ['freʃku] **1.** *adj.* frisch; kühl; neu; leicht (*Stoff*); P frech, leicht; *iron.* reizend, heiter; **2.** *m* frische(r) Luftzug *m*; = ~*or*; Fresko *n*; *allg.* Bild *n*; *pintado a* ~ mit Wandmalereien ausgemalt; *tomar o* ~ frische Luft schöpfen; *fig.* =

pôr-se ao ~ F sich dünn m.; **~or** *m*, **~ura** *f* [~'kor, ~'kurɐ] Frische *f*; Kühle *f*.
frese ['frɛzə] *m* Fräse *f*.
fresquidão [frɨʃki'ðɐ̃u] *f* = *frescor*.
fressura [frə'surɐ] *f* Geschlinge *n*.
frest|a ['frɛʃtɐ] *f* (Mauer-)Lücke *f*, Spalt *m*; (Dach-)Luke *f*; **~ão** [frɨʃ'tɐ̃u] *m* Spitzbogenfenster *n*.
fret|ador [frətɐ'ðor] *m* Verfrachter *m*; **~agem** [~'taʒɐ̃i] *f* Frachtkosten *pl.*; Chartergebühr *f*; **~amento** [~ɐ'mẽntu] *m* Befrachtung *f*; Frachtvertrag *m*; **~ar** [~'tar] (1c) *Schiff* chartern; *Transportmittel* mieten; befrachten; **~e** ['frɛtə] *m* Fracht *f*; Transport *m*; Chartern *n*, Miete *f*; *fig.* F a) prima Sache *f*, Rebbach *m*; b) Reinfall *m*; Mist *m*.
fri|acho ['frjaʃu] kühl; *fig.* lau; **~agem** ['frjaʒɐ̃i] *f* Frost *m*; **~aldade** [frjaɫ'daðə] *f* Kälte *f*; = *frieza*.
friável ['frjavɛɫ] bröckelig.
fric|ção [frik'sɐ̃u] *f* (Ein-)Reibung *f*; **~cionar** [~sju'nar] (1f) (ein)reiben.
fri|eira ['frjeirɐ] *f* Frostbeule *f*; **~s** *pl.* Frost *m*; **~eza** ['frjezɐ] *f* (Gefühls-)Kälte *f*; Frostigkeit *f*; ~ *de ânimo* Kaltblütigkeit *f*.
frigideira [friʒə'ðeirɐ] *f* Bratpfanne *f*; Bräter *m*.
frigidez [~'ðeʃ] *f* Kälte *f*.
frígido ['friʒiðu] kalt, eisig.
frigir [fri'ʒir] (3q) braten; *fig.* sich aufspielen.
frigorífico [~ɣu'rifiku] **1.** *adj.* Kälte erzeugend; Kühl...; Eis...; **2.** *m* Kühlschrank *m*; *bras.* Kühlhaus *n*.
frincha ['frĩʃɐ] *f* Spalte *f*.
frio ['friu] **1.** *adj.* kalt; *fig. a.* frostig; ausdrucks-, seelen-los; ~ *de pedra* eiskalt; *carnes f/pl.* -*as* Aufschnitt *m*; **2.** *m* Kälte *f*, Frost *m*; Frostigkeit *f*; *instalação f de* ~ Kühlanlage *f*; *apanhar* ~ sich erkälten; *estar* ~, *fazer* ~ kalt sn; *não fazer* ~ *nem calor a alg.* j-n kalt l.; *tenho* (*od. sinto*) ~ es ist mir kalt, mich friert, ich friere; **~s** *pl. bras.* kalte Speisen *f/pl.*; Aufschnitt *m*.
frioleira [frju'leirɐ] *f* Schiffchenarbeit *f* (*Spitze*); *fig.* Lappalie *f*.
friorento [~'rẽntu] verfroren.
frisa ['frizɐ] *f* **a**) Flausch *m*; **b**) Parterreloge *f*; Fries *m*; *cavalo m de* ~ spanische(r) Reiter *m*.
fris|ado [fri'zaðu] *m* gekräuselte(s) Haar *n*; **~ante** [~ẽntə] zutreffend; bezeichnend; überzeugend; **~ar** [~ar] (1a) **a**) *Tuch* rauhen; *Haar* kräuseln, brennen; **b**) bemerken, hervorheben; *v/i.* ~ *por* streifen *od.* grenzen an (*ac.*); **~ar-se** sich kräuseln; sich die Haare brennen; **~o** ['frizu] *m* Fries *m*.
frit|ada [fri'taðɐ] *f* = *~ura*; ~ *de ovos* gebackene Eier *n/pl.*; **~ar** [~ar] (1a) (in Fett) backen; **~o** ['fritu] **1.** *p.p. irr. v. frigir u. fritar*; *batatas f/pl.* -*as* Pommes frites *pl.*; *peixe m* ~ *fig.* F Betriebsnudel *f*; **2.** *m* = **~ura** [~urɐ] *f* Fettgebackene(s) *n*.
frívolo ['frivulu] leichtfertig; frivol; nichtig.
froco ['frɔku] *m* (Schnee-)Flocke *f*.
froix... *s. froux...*
fronde ['frõndə] *f* Laub *n*; **~s** *pl.* Zweige *m/pl.*; Laubwerk *n*.
frond|ear [frõn'djar] (1l) = **~ejar** [~dɨ'ʒar] (1d) (sich) belauben; **~oso** [~ozu (-ɔ-)] dicht belaubt.
fronha ['froɲɐ] *f* (Kissen-)Bezug *m*.
front|al [frõn'taɫ] **1.** *adj.* Stirn...; *fig.* frontal; kraß, schroff; **2.** *m* Stirnband *n*; Altarbekleidung *f*; ⚠ (Fenster-, Tür-)Aufsatz *m*; **~aleira** [~tɐ'leirɐ] *f* Altardecke *f*; **~alidade** [~tɐli'ðaðə] *f* Schroffheit *f*; *com* ~ frontal; **~ão** [~ɐ̃u] *m* Giebel *m*; Aufsatz *m*; **~aria** [~tɐ'riɐ] *f* Fassade *f*; = **~e** ['frõntə] *f* Stirn *f*; Vorderseite *f*; **~eira** [~eirɐ] *f* Grenze *f*; **~eiriço** [~tei'risu] Grenz...; angrenzend; **~eiro** [~eiru] gegenüberliegend; Grenz...; **~ispício** [~tɨʃ'pisju] *m* Giebel(seite *f*) *m*; *tip.* Titelblatt *n*; *fig.* Antlitz *n*.
frota ['frɔtɐ] *f* Flotte *f*.
froux-, froix|el [fro-, froi'ʃɛɫ] *m* Flaum(federn *f/pl.*) *m*; **~idão** [~ʃi'ðɐ̃u] *f* Schlaffheit *f*; Schlappheit *f*; Lässigkeit *f*; **~o** ['fro-, 'froiʃu] **1.** *adj.* schlaff, matt; schlapp; lässig; **2.** *m* Schlappschwanz *m*.
frug|al [fru'ɣaɫ] einfach, karg; genügsam; **~alidade** [~ɣɐli'ðaðə] *f* Kargheit *f*; Genügsamkeit *f*.
fru|ição [frwi'sɐ̃u] *f* Genuß *m*; **~ir** [frwir] (3i) genießen.
frumento [fru'mẽntu] *m* Weizen *m*; Getreide *n*.
fruste, -o ['fruʃtə, -u] abgenutzt; veraltet, alt; mager, rar; ⚕ unspezifisch.
frustr|ação [fruʃtrɐ'sɐ̃u] *f* Vereitelung *f*; Scheitern *n*; *psic.* Frustra-

tion *f*; **~ado** [~'traδu] verhindert; zurückgeblieben; vergeblich; **~ante** [~'trẽntə] frustrierend; **~ar** [~'trar] (1a) *j-s Hoffnung* täuschen; *j-n* bringen um; *Pläne usw.* vereiteln, zum Scheitern bringen; *psic.* frustrieren; **~ar-se** scheitern; zurückbleiben.

fruta ['frutɐ] *f* Obst *n*; *eßbare* Frucht *f*; *ser ~ do tempo fig.* jahreszeitlich (*od.* zeit-)bedingt sein.

frut|eira [fru'teirɐ] *f* Obst-baum *m*, -schale *f*, -keller *m*; Obst-frau *f*, -händlerin *f*; **~eiro** [~eiru] **1.** *m* Obsthändler *m*; Obst-schale *f*, -keller *m*; **2.** *adj.* Obst...; **~ífero** [~ifəru] fruchttragend; Obst...; *fig.* fruchtbringend, ergiebig; nützlich; fruchtbar; **~ificar** [~təfi'kar] (1n) Frucht bringen; *fig.* Nutzen bringen, fruchtbar w.; **~o** ['frutu] *m* Frucht *f*; Erzeugnis *n*; Ergebnis *n*; Nutzen *m*; Folge *f*; *dar ~* (Frucht) tragen (*Pflanze*); Nutzen bringen; ein Ergebnis zeitigen; **~uoso** [~'twozu (-ɔ-)] fruchtbar; einträglich; nützlich.

fuá *bras.* [fwa] scheu (*Pferd*).

fubá *bras.* [fu'ba] *m* Feinmehl *n*.

fubeca *bras.* [fu'bɛkɐ] *f* Tracht *f* Prügel; F Abreibung *f*.

fug|a ['fuɣɐ] *f* Flucht *f*; Luftloch *n*; undichte Stelle *f*; ♪ Fuge *f*; *fig.* Ausflucht *f*; Anwandlung *f*; (*lance m de*) *~ Sport*: Vorstoß *m*; *em ~* flüchtig; *pôr em ~* in die Flucht schlagen; *pôr-se em ~* die Flucht ergreifen; **~acidade** [fuɣɐsi'δaδə] *f* Flüchtigkeit *f*; **~az** [fu'ɣaʃ] flüchtig.

fugi|da [fu'ʒiδɐ] *f* Flucht *f*; Ausflucht *f*; Ausweg *m*; *de ~* flüchtig; vorübergehend; *dar uma ~ até* (*od. para*) auf e-n Sprung gehen (*od.* kommen) zu; rasch einmal vorbeigehen (*od.* -kommen) bei; **~diço**, **~dio** [~ʒi'δisu, -'δiu] flüchtig; scheu; **~r** [~ir] (3n; *Stv.* 3h) fliehen (aus *od.* vor [*dat.*] *de*, *a*); *j-m* entfliehen; *j-n*, *et.* fliehen, vermeiden; (ver-) fliegen; *Sport*: vorstoßen; *~ para fig.* zufliegen auf (*ac.*); *~ com o corpo* ausweichen; *fig.* sich drücken; *deixar ~ j-n* entkommen l.; sich *et.* entgehen l.; *et.* aus der Hand (*od.* los-)l.; **~tivo** [~ʒi'tivu] **1.** *adj.* flüchtig; **2.** *m* Flüchtling *m*.

fuinha ['fwiɲɐ] *f* (Stein-)Marder *m*; *fig.* Hungerleider *m*; Geizhals *m*.

fula ['fulɐ] *f* **a)** Eile *f*; Haufen *m*, Schwarm *m*; Backentasche *f*; Blase *f*; *à ~* überstürzt; **b)** ⊕ Walke *f*.

fulano [fu'lɐnu] *m der* Dingsda *m*; *~ (de tal)* (ein) Herr Soundso *m*; ♀ Herr X; *~ e sicrano* Hinz u. Kunz.

fulcro ['fułkru] *m* Stütze *f*; Stütz-, Dreh-punkt *m*, Rückhalt *m*.

ful|gente, **fúlgido** [fuł'ʒẽntə, 'fułʒiδu] leuchtend, strahlend; **~gir** [~'ʒir] (3n—D1) = *fulgurar*; **~gor** [~'ɣor] *m* Glanz *m*, Schimmer *m*.

fulgur|ação [fułɣurɐ'sɐ̃u] *f* leuchtende(r) Blitz *m*; *-ões pl.* Wetterleuchten *n*; **~ar** [~'rar] (1a) blitzen; leuchten; *fig.* hervorleuchten.

fulig|em [fu'liʒɐ̃i] *f* Ruß *m*; **~inoso** [~liʒə'nozu (-ɔ-)] rußig; belegt (*Zunge*).

fulmin|ante [fułmi'nẽntə] **1.** *adj.* blitzartig; drohend; vernichtend; Knall..., Spreng...; Zünd...; **2.** *m* Zündhütchen *n*; Sprengsatz *m*; **~ar** [~ar] (1a) Blitze schleudern gegen; treffen, erschlagen (*Blitz*); zerschmettern; *fig.* niederschmettern; *Drohung* ausstoßen; *Strafe* verhängen (über [*ac.*] *contra*); *j-n* niederdonnern; *mit Blicken* durchbohren; *v/i.* blitzen; *fig.* toben, wettern.

fulo ['fulu] mulattenfarbig; *fig.* gelb, bleich *vor Zorn usw.*; F fuchsteufelswild.

fulvo ['fułvu] goldblond, rot.

fum|aça [fu'masɐ] *f* Rauch(wolke *f*) *m*; *fig.* Dünkel *m*; **~aceira** [~mɐ'seirɐ] *f* Qualm *m*; **~ada** [~aδɐ] *f* Zug *m beim Rauchen*; Rauch (-wolke *f*) *m*; **~ador** [~mɐ'δor] *m*; **~ante** *bras.* [~'mẽntə] *m* Raucher *m*; **~ar** [~ar] (1a) *Tabak* rauchen; *Wurst* räuchern; *v/i.* rauchen; *fig.* verrauchen; schäumen (*Wein*; *vor Wut*); **~arento** [~mɐ'rẽntu] qualmend; **~arola** [~mɐ'rɔlɐ] *f* Rauchwolke *f* (*Vulkan*); **~atório** [~mɐ'tɔrju] **1.** *adj.* Rauch...; **2.** *m* Rauchzimmer *n*; **~ear** [~'mjar] (1l) = **~egar** [~mə'ɣar] (1o; *Stv.* 1c) rauchen, qualmen; dampfen; schäumen; **~eiro** [~eiru] *m* Rauchfang *m*; ⊕ Fuchs *m*; (*carnes f/pl. de*) *~* Rauchfleisch *n*, Räucherware *f*; **~ífero** [~ifəru]: *bomba f -a* Rauchbombe *f*; **~igar** [~mi'ɣar] (1o) aus-, durch-räuchern; **~igatório** [~miɣɐ'tɔrju] Räucher...; **~ista** [~iʃtɐ] *m* Raucher *m*; **~ívoro** [~ivuru] *m* Rauchverzehrer *m*.

fum|o ['fumu] *m* Rauch *m*; Dampf *m*; Dunst *m*; Rauchtabak *m*; *bras.* (Rauch-)Tabak *m*; *fig.* Dünkel *m*, Eitelkeit *f*; (Trauer-)Flor *m*; ~*s pl. de santidade der* Geruch der Heiligkeit; *deitar* (*od. fazer*) ~ rauchen, qualmen; *deitar em* ~ in Rauch aufgehen (l.); *ter* ~ nach Rauch (*od.* angebrannt) schmecken; *ter* ~*s de* sich aufspielen als; sich brüsten mit; **~oso** [fu'mozu (-ɔ-)] rauchig; rauchend, dampfend; *fig.* eitel; eingebildet.

funâmbulo [fu'nẽmbulu] *m* Seiltänzer *m*; *fig.* Wetterfahne *f*.

função [fũ'sɐ̃u] *f* Funktion *f*; Amt *n*, Obliegenheit *f*; Aufgabe *f*; Zweck *m*; Fest(lichkeit *f*) *n*; Vorstellung *f*; *em* ~ ⊕ in Betrieb; *em* ~ *de* im Verhältnis zu; im Hinblick auf (*ac.*).

funcho ['fũʃu] *m* Fenchel *m*.

funcion|al [fũsju'nał] funktionell, Funktions...; **~alismo** [~nɐ'liʒmu] *m* Beamtenschaft *f*, Beamtentum *n*; **~amento** [~nɐ'mẽntu] *m* Funktionieren *n*; Gang *m e-r Maschine usw.*; Betrieb *m*; Amtstätigkeit *f*; *entrar em* ~ in Funktion treten; anlaufen; *entrada f em* ~ Inbetriebnahme *f*; **~ar** [~ar] (1f) funktionieren; gehen, laufen, F es tun; F klappen; arbeiten, in Betrieb sn; amtieren; *não funciona!* außer Betrieb!; **~ário** [~arju] *m* Beamte(r) *m*.

funda ['fũndɐ] *f* Schleuder *f*; Bruchband *n*.

fund|ação [fũndɐ'sɐ̃u] *f* Gründung *f*; Einrichtung *f*; Stiftung *f*; ⊕ Träger *m*; Base *f*, Stütze *f*; **~ador** [~ɐ'ðor] **1.** *adj.* Gründungs...; **2.** *m* Gründer *m*; Stifter *m*; **~amentação** [~ɐmẽntɐ'sɐ̃u] *f* Begründung *f*; Grundlegung *f*; Festigung *f*; **~amental** [~ɐmẽn'tał] grundlegend; Grund...; Haupt...; **~amentalmente** [~ɐˌmẽntał'mẽntə] eigentlich, im Grunde; **~amentar** [~ɐmẽn'tar] (1a) den Grund legen zu; begründen; stützen; **~amento** [~ɐ'mẽntu] *m* Grund *m*; Grundlage *f*; Fundament *n*; Begründung *f*; ⊕ Fundierung *f*, Unterbau *m*; *não ter* ~ der Grundlage entbehren; nicht stichhaltig sn; **~ar** [~'dar] (1a) gründen; ein-, auf-richten; stiften; ~ *em* stützen auf (*ac.*); vertrauen auf (*ac.*); **~eado** [~'djaðu] vor Anker liegend; **~eadoiro, -ouro** [~djɐ'ðoiru, -oru] *m* Ankerplatz *m*; **~ear** [~'djar] (1l) vor Anker gehen; **~eiro** [~'deiru] unterst, tief; **~iário** [~'djarju]: *capital m* ~ Grundvermögen *n*.

fund|ição [fũndi'sɐ̃u] *f* Guß *m* (*a. fig.*); Roheisen *n*; Verhüttung *f*; (*fábrica f de*) ~ Gießerei *f*; Hütte (-nwerk *n*) *f*; **~ido** [~'diðu] Guß...; **~idor** [~i'ðor] *m* Gießer *m*.

fundilho [~'diʎu] *m* Hosenboden *m*.

fund|ir [~'dir] (3a) schmelzen, lösen; *Metall* gießen; *Erze* verhütten; *fig.* (mitea.) verschmelzen; zs.-legen; *v/i.* ergiebig (*od.* einträglich) sn; = **~ir-se** schmelzen; durchbrennen (*Sicherung*); *fig.* dahin-, zs.-schmelzen; mitea. verschmelzen; sich zs.-tun; **~ível** [~ivɛł] schmelzbar.

fund|o ['fũndu] **1.** *adj.* tief; tiefliegend (*Auge*); *de olhos* ~*s* hohläugig; **2.** *m* Grund *m*; *Gefäß*-Boden *m*; *Tal*-Sohle *f*; Tiefe *f*; Hintergrund *m*; Grundlage *f*; Gehalt *m*; Kern *m e-r Sache*; Nadelöhr *n*; ✝ Fonds *m*; ~ *de amortização* (*reserva*) Tilgungs-(Reserve-)fonds *m*; ~*s pl.* Kapital *n*, Geldmittel *n/pl.*; ~*s pl. públicos* Staatspapiere *n/pl.*; *a* ~ gründlich; *de* ~ tiefgründig; grundlegend, wesentlich; *dar* ~ Anker werfen; *ir ao* ~ (ver)sinken; *meter ao* (*od. no*) ~ versenken; *ter* ~ tief sn; *prometer mundos e* ~*s* goldene Berge versprechen; *ter mundos e* ~*s* steinreich sn; **~ura** [fũn'durɐ] *f* Tiefe *f*.

fúnebre ['funəβrə] Leichen...; Trauer...; Grab...; traurig; düster.

funer|al [funə'rał] **1.** *adj.* Begräbnis...; **2.** *m* Leichenbegängnis *n*; **~ário** [~arju] Begräbnis...; Grab...

funesto [fu'nɛʃtu] unheilvoll; verhängnisvoll.

fung|ão [fũŋ'gɐ̃u] *m* Morchel *f*; Mutterkorn *n*; ⚕ schwammige(r) Auswuchs *m*; **~ar** [~ar] (1o) *Tabak* schnupfen; *v/i.* schnaufen; *fig.* quengeln; maulen; **~o** ['fũŋgu] *m* ⚘, ⚕ Schwamm *m*; **~oso** [~ozu (-ɔ-)] schwammig.

funicular [funiku'lar] **1.** *adj.* Seil...; **2.** *m* Drahtseilbahn *f*.

funil [fu'nił] *m* Trichter *m*; **~eiro** [~ni'leiru] *m* Klempner *m*.

fura-bolo(s) *bras.* F [ˌfura'bolu] *m(pl.)* Zeigefinger *m*.

furacão [furɐ'kɐ̃u] *m* Orkan *m*.

furado [~'raðu]: *sair* ~ schiefgehen.

fur|ador [~ɐ'ðor] *m* Pfriem *m*; Locher *m*; **~ão** [~'rɐ̃u] *m* Frettchen *n*; *fig.* Schnüffler *m*; F Schlaukopf *m*; **~ar** [~'rar] (1a) lochen; durchlöchern, -bohren, -brechen; -stechen; *fig.* vereiteln, verderben; ~ *paredes* mit allen Wassern gewaschen sn; *v/i.* sich ein-, durchschmuggeln; schaffen, bohren; **~a--vidas** (*pl. unv.*) [ˌfurɐ'viðɐʃ] *m* geschäftstüchtige(r) Mensch *m*.

furg|ão [fur'gɐ̃u] *m* 🚂 Gepäckwagen *m*; **~oneta** [~gu'netɐ] *f auto.* Lieferwagen *m*.

fúria ['furjɐ] *f* Wut *f*; Raserei *f*; [*mit.* Furie *f*.]

fur|ibundo [furi'βũndu] zornig, grimmig; **~ioso** [~'rjozu (-ɔ-)] wütend; tobsüchtig; rasend; heftig.

furna ['furnɐ] *f* Grotte *f*, Höhle *f*.

furo ['furu] *m* Loch *n* (*abrir* bohren); *fig.* Ausweg *m*; *bras.* Durchfahrt *f*; *subir um ~ no conceito de alg.* um e-e Stufe in j-s Achtung steigen.

furor [fu'rorl] *m* Raserei *f*; Wut *f*; Tobsucht *f*; Begeisterung *f*.

furt|a-cor [furtɐ'kor] schillernd; **~adela** [~ɐ'ðɛlɐ] *f* Dieberei *f*; *às ~s* verstohlen; **~a-fogo(s)** [~ɐ'foɣu (-ɔ-)] *m*(*pl.*): (*lanterna f de*) ~ Blendlaterne *f*; **~ar** [~'tar] (1a) stehlen, entwenden; entziehen; *Augen* abwenden; fälschen; ~ *o corpo* = **~ar--se** *a* ausweichen (*dat.*); sich entziehen (*dat.*); sich drücken vor (*dat.*).; **~ivo** [~'tivu] verstohlen, heimlich.

furto ['furtu] *m* Diebstahl *m*; gestohlene(s) Gut *n*; *a ~* heimlich.

furúnculo [fu'rũŋkulu] *m* Blutgeschwür *n*, Furunkel *m*.

fusa ♪ ['fuzɐ] *f* Zweiunddreißigstelnote *f*.

fusão [fu'zɐ̃u] *f* Schmelzzustand *m*; Schmelze *f*; Verhüttung *f*; *fig.* Verschmelzung *f*; Zs.-schluß *m*; *ponto de ~* Schmelzpunkt *m*.

fusc|a *bras.* ['fuskɐ] *m* VW-Käfer *m*; **~ão** [fus'kɐ̃u] *m* VW-1500 *m*.

fusco ['fuʃku] dunkel, düster.

fuselagem ✈ *gal.* [fuzə'laʒɐ̃i] *f* Rumpf *m*.

fus|ionar [fuzju'nar] (1f) verschmelzen; zs.-legen, -schließen; **~ível** [~'zivɛl] **1.** *adj.* schmelzbar; **2.** *m* ⚡ Sicherung *f*.

fuso ['fuzu] *m* Spindel *f*; *direito como um ~* kerzengerade; geradewegs.

fusquinha *bras.* [fus'kiɲɐ] *m* = *fusca*.

fuste ['fuʃtə] *m* Schaft *m*.

fustigar [fuʃti'ɣar] (1o) (aus-) peitschen; geißeln.

fute|bol [futə'βɔl] *m* Fußball(spiel *n*) *m*; **~bolista** [~βu'liʃtɐ] *m* Fußball(spiel)er *m*.

fútil ['futil] nichtig, belanglos.

futric|a [fu'trikɐ] **1.** *f* Kneipe *f*; Plunder *m*; Gemeinheit *f*; **2.** *m uni.* Philister *m*; **~ar** [~tri'kar] (1n) intrigieren, hetzen; *Plan* hintertreiben; ~ *compras e vendas* schachern.

futur|ar [~tu'rar] (1a) voraussagen; vermuten; **~o** [~'turu] **1.** *adj.* (zu-) künftig; **2.** *m* Zukunft *f*; *de ~*, *para o ~* in Zukunft, künftig; *ter ~* = **~oso** *bras.* [~ozu (-ɔ-)] hoffnungsvoll, vielversprechend.

fuzil [fu'zil] *m* Feuerstahl *m*; Blitz *m*; Ketten-glied *n*, -ring *m*; Bügel *m*; *bras.* Karabiner *m*, Gewehr *n*.

fuzil|ada [~zi'laðɐ] *f* Gewehrfeuer *n*; Wetterleuchten *n*; **~amento** [~lɐ'mẽntu] *m* (standrechtliche) Erschießung *f*; **~ar** [~ar] (1a) (standrechtlich) erschießen; *v/i.* blitzen, funkeln; **~aria** [~lɐ'riɐ] *f* Gewehrfeuer *n*; **~eiro** [~eiru] *m* Füsilier *m*; Infanterist *m*.

G

G, g [ʒe] *m* G, g *n*.
gabão [gɐ'βɐ̃u] *m* Kapuzenmantel *m*.
gabar [gɐ'βar] (1b) rühmen, preisen; *j-m* schmeicheln; **~-se** *de* stolz sein auf (*ac*.); großtun mit.
gabardina [gɐβɐr'dinɐ] *f* Regenmantel *m*; Gabardine *m*.
gabari [gɐβɐ'ri], **~to** *bras*. [gaba'ritu] *m* Vorlage *f*, Schablone *f*; Modell *n* (*a*. *fig*.); ⊕ Spannweite *f*; 🚃 Spurweite *f*; Ladeprofil *n*; ⚓ Ladelinie *f*; Freibord-, Lade-marke *f*; *bras*. *a*. *Bau*-Höhe *f*; *fig*. Format *n*.
gabarol|a F [~ɐ'rɔlɐ] *su*. Prahlhans *m*; **~ice** [~ɐru'lisə] *f* F Angeberei *f*.
gabinete [gɐβi'netə] *m* (Arbeits-, Lese-, Studier-)Zimmer *n*; Kabinett *n*; Ministerrat *m*.
gadanh|a [~'δɐɲɐ] *f* Schöpflöffel *m*; Sense *f*; = **~o**; **~eira** [~δɐ'ɲeirɐ] *f* Mähmaschine *f*; **~o** [~u] *m* Kralle *f* (*a*. *fig*.); Mistgabel *f*.
gado ['gaδu] *m* Vieh *n*; ~ *grosso* (*miúdo*) Groß- (Klein-)vieh *n*.
gafanhoto [gɐfɐ'ɲotu] *m* Heuschrecke *f*.
gafe *gal*. ['gafə] *f* Entgleisung *f*; *cometer uma* ~ e-n Bock schießen.
gaf|eira [~'feirɐ] *f* Räude *f*; **~(eir)ento** [~f(eir)'ẽntu] räudig.
gaforina, -inha [~fu'rinɐ, -iɲɐ] *f* *Haar*-Tolle *f*; Mähne *f*.
gago ['gaɣu] **1.** *adj*. stotternd; *fiquei* ~ F mir blieb die Spucke weg; **2.** *m* Stotterer *m*.
gagu|ejar [gɐɣɨ'ʒar] (1d) stottern; **~ez** [~'ɣeʃ] *f* Stottern *n*.
gaiato [gɐ'jatu] **1.** *m* Gassenjunge *m*; Lausbub *m*; **2.** *adj*. lausbubenhaft; spitzbübisch. [2. *m* Häher *m*.]
gaio ['gɐju] **1.** *adj*. lustig, fröhlich;
gaiola [gɐ'jɔlɐ] *f* Käfig *m*; Vogelbauer *m*; Lattenverschlag *m*; ⚒ Förderkorb *m*.
gait|a ['gaitɐ] *f* Mundharmonika *f*; ~ *galega*, ~ *de foles* Dudelsack *m*; *ir-se à* ~ F schiefgehen; *saber a* (*od*. *que nem*) **~s** fein schmecken; ~! P Quatsch!; **~eiro** [gai'teiru] *m* (Dudelsack-)Pfeifer *m*.
gaiv|ão *zo*. [gai'vɐ̃u] *m* Segler *m*; **~ota** [~ɔtɐ] *f* Möwe *f*.
gaj|a V ['gaʒɐ] *f* Weibsbild *n*; **~o** V [~u] *m* Kerl *m*.
gala ['galɐ] *f* Gala(-anzug *m*, -kleid *n*) *f*; (Fest-)Schmuck *m*; *fig*. Anmut *f*; *dia m de* ~ (Staats-)Feiertag *m*; *de* ~ in Gala; Gala...; *fazer* ~ (*de*) F renommieren (mit).
galã [gɐ'lɐ̃] *m* Galan *m*. [(*fig*.).]
galalau *bras*. [gala'lau] *m* Riese *m*
galant|aria [gɐlɐ̃ntɐ'riɐ] *f* Höflichkeit *f*; Artigkeit *f*; nette(s) Ding *n*; **~e** [~'lɐ̃ntə] anmutig; galant; höflich, fein; geschmackvoll; geistvoll; F nett; **~eador** [~tjɐ'δor] *m* Galan *m*, Liebhaber *m*; **~ear** [~'tjar] (1l) umwerben; den Hof m. (*dat*.); herausputzen (mit *de*); **~eio** [~'teju] *m* Liebeswerben *n*; Galanterie *f*.
galão [gɐ'lɐ̃u] *m* **a**) Tresse *f*; Litze *f*; **b**) (englische) Gallone *f*.
galard|ão [gɐlɐr'dɐ̃u] *m* Lohn *m*; **~oar** [~'dwar] (1f) belohnen.
gal|é [~'lɛ] **1.** *f* a) Galeere *f*; **~s** *pl*. Zwangsarbeit *f*; b) *tip*. Setzschiff *n*; **2.** *m* (Galeeren-)Sträfling *m*; **~eão** [~'ljɐ̃u] *m* ⚓ Galione *f*; *tip*. Winkelhaken *m*; *Fischerei*: Ringwade *f*.
galego [~'leɣu] **1.** *m* Galicier *m*; Lastträger *m*; Packknecht *m*; F Grobian *m*; *bras*. *Spitzname der Portugiesen*; **2.** *adj*. galicisch; F ordinär, gewöhnlich.
galena, -nite [~'lenɐ, ~lə'nitə] *f* Bleiglanz *m*.
galera [~'lɛrɐ] *f* Galeere *f*; Dreimaster *m*; Feuerwehrwagen *m*; Möbelwagen *m*; Schmelzofen *m*; *bras*. Güterwagen *m*.
galeria [~lə'riɐ] *f* Galerie *f*; (bedeckter) Gang *m*; ⚔, ⚒ Stollen *m*; ⚓ Promenadendeck *n*.
galerno [~'lɛrnu] sanft (*Wind*).
galês [gɐ'leʃ] wallisisch.
galg|a ['galɣɐ] *f* Windhündin *f*; kleine(r) Anker *m*; Mahlstein *m* (*Ölmühle*); **~ar** [gał'ɣar] (1o) durch-, über-schreiten; hinaufspringen; springen über (*ac*.); hinunterhüpfen; zurücklegen; *Schule usw*. durchlaufen; aufsteigen zu; *v/i*.

springen; **~o** [~u] *m* Wind-hund *m*, -spiel *n*.
galha ['gaʎɐ] *f* Gallapfel *m*.
galhard|ear [gɐʎɐr'djar] (1l) schneidig auftreten; prunken (mit); prangen (in [*dat.*]); **~ete** [~'detə] *m* Wimpel *m*; **~ia** [~'diɐ] *f* Schneid *m*; Stattlichkeit *f*; **~o** [~'ʎardu] schneidig; stattlich, schmuck; munter.
galhet|a [~'ʎetɐ] *f* Öl-, Essigfläschchen *n*; *cat.* Wein-, Wasserkännchen *n*; **~eiro** [~ʎə'teiru] *m* Öl- und Essigständer *m*, Menage *f*.
galho ['gaʎu] *m* Zweig *m*; Schößling *m*; Horn *n*; *~s pl. Hirsch*-Geweih *n*; *Ochsen*-Gehörn *n*.
galhof|a [gɐ'ʎɔfɐ] *f* Spaß *m*; Spott *m*; *fazer ~ de* lachen (*od.* spotten) über (*ac.*); **~ar** [~ʎu'far] (1e) sich amüsieren; **~eiro** [~ʎu'feiru] **1.** *adj.* lustig; **2.** *m* Spaßvogel *m*.
galhudo [~'ʎuδu] **1.** *adj.* astreich (*Baum*); geweihtragend (*Tier*); **2.** *m* Dornhai *m*.
gali|cano [gɐli'kɐnu] gallikanisch; **~cínio** [~'sinju] *m* Hahnenschrei *m*; Herrgottsfrühe *f*; **~cismo** [~'siʒmu] *m* Gallizismus *m*.
gálico ['galiku] **a**) gallisch; **b**) Gallus...
galinh|a [gɐ'liɲɐ] *f* Henne *f*, Huhn *n*; *fig.* Memme *f*; *pele f de ~* Gänsehaut *f*; *pés m/pl. de ~* Krähenfüße *m/pl.*; *ser ~* P kinderleicht sn; *ter ~* P Pech h.; **~aço** [~li'ɲasu] *m* Hühnervolk *n*; **~a-de-água** [~'δaɣwɐ] *f* = *~ota*; **~a-d'angola** [~δɐ̃ŋ'gɔlɐ] *f* Perlhuhn *n*; **~eiro** [~li'ɲeiru] *m* Hühnerstall *m*; *tea.* F Olymp *m*; **~ola** [~li'ɲɔlɐ] *f* Schnepfe *f*; **~ota** [~li'ɲɔtɐ] *f* Bläßhuhn *n*.
galispo [gɐ'liʃpu] *m* Kiebitz *m*.
galo ['galu] *m* Hahn *m*; Rotzunge *f* (*Fisch*); P Beule *f*; *~ silvestre* Birkhahn *m*; *missa f do ~* Mitternachtsmette *f*; *ao cantar do ~* beim ersten Hahnenschrei.
galocha [gɐ'lɔʃɐ] *f* Überschuh *m*.
galop|ar [~lu'par] (1e) galoppieren; *fig.* schaukeln; **~e** [~'lɔpə] *m* Galopp *m* (*a* im); *a todo ~* in gestrecktem Galopp; *fig.* in aller Eile; **~ear** *bras.* [~'pjar] (1l) = *~ar*; *v/t. Pferd* einreiten; **~im** [~'pĩ] *m* Gassenjunge *m*; *~ eleitoral* Stimmenfänger *m*; **~inagem** [~pi'naʒɐ̃i] *f pol.* Stimmenfang *m*.
galpão *bras.* [gał'pɐ̃u] *m* Schuppen *m*.
galr|ar [~'ʀar] (1a) schwätzen; F angeben; **~ear** [~'ʀjar] (1l) plappern (*Kinder*).
galucho [gɐ'luʃu] *m* Rekrut *m*; *fig.* Neuling *m*.
galvânico [gał'vɐniku] galvanisch.
galvan|izar [~vɐni'zar] (1a) galvanisieren; verzinken; *fig.* beleben; erregen; **~ómetro** [~'nɔmətru] *m* Galvanometer *n*.
gama ['gɐmɐ] *f* **a**) Damhirschkuh *f*; **b**) ♪ Tonleiter *f*; *allg.* Skala *f*.
gambeta *bras.* [gɐ̃m'betɐ] *f* Haken *m* (*fazer* schlagen).
gâmbia P ['gɐ̃mbjɐ] *f* Bein *n*; *dar às ~s* ausreißen.
gamel|a [gɐ'mɛlɐ] *f* Mulde *f*; Kübel *m*, Trog *m*; Holznapf *m*; *comer da mesma ~* ein Herz u. e-e Seele sn; **~o** [~'melu] *m Vieh*-Trog *m*.
gamo ['gɐmu] *m* Damhirsch *m*.
gan|a ['gɐnɐ] *f* Verlangen *n*; Heißhunger *m*; *dar na ~ j-m* einfallen; *j-n* gelüsten; *ter ~s de* Lust h. zu; *ter ~ a alg.* auf j-n wütend sn; **~ância** [gɐ'nɐ̃sjɐ] *f* Gewinn(sucht *f*) *m*; Wucher(zins) *m*; **~ancioso** [gɐnɐ̃'sjozu (-ɔ-)] einträglich; gewinnsüchtig; Wucher...
ganch|o ['gɐ̃ʃu] *m* Haken *m*; Haar-, Häkel-nadel *f*; *~s pl.* Neben-arbeit *f*, -verdienst *m*; *prender* (*od. segurar*) *com ~* ein-, fest-haken; feststecken; **~oso** [gɐ̃'ʃozu (-ɔ-)] hakenförmig.
gândara ['gɐ̃ndɐrɐ] *f* Heide *f*.
ganga ['gɐ̃ŋgɐ] *f* **a**) Ringelflughuhn *n*; **b**) (Baumwoll-)Köper *m*; **c**) ⚒ Ganggestein *n*; Schlacke *f*.
gânglio ['gɐ̃ŋglju] *m* Ganglion *n*.
gangorra *bras.* [gɐ̃ŋ'goʀɐ] *f* Wippe *f*.
gangr|ena [~'grenɐ] *f* Brand *m*; *fig.* Krebsschaden *m*; **~enar** [~grə'nar] (1d) *fig.* verderben; *v/i.* brandig w.; **~enoso** [~grə'nozu (-ɔ-)] brandig.
ganh|adeiro [gɐɲɐ'δeiru] (für Geld) arbeitend; erwerbstüchtig; **~a-dinheiro** [ˌgɐɲɐδi'ɲeiru] *m* (Gelegenheits-)Arbeiter *m*; **~ão** [~'ɲɐ̃u] *m* Tagelöhner *m*; *prov.* Knecht *m*; **~a-pão** (**-ães**) [ˌgɐɲɐ'pɐ̃u] *m*(*pl.*) Broterwerb *m*; **~a-perde** (*pl. unv.*) [ˌgɐɲɐ'pɛrδə] Wer verliert, gewinnt! (*Spiel*); **~ar** [~'ɲar] (1a) gewinnen; *durch Arbeit* verdienen; bekommen, erlangen; *Erfolg* erzielen; sich *Achtung usw.* erwer-

ben; sich *e-n Schaden* zuziehen; *j-m et.* einbringen; sich *j-s* bemächtigen, *j-n* packen; *Ziel* erreichen; *Verlorenes* aufholen; *Mut* fassen; ~ *a/c. de alg.* j-m et. abgewinnen; ~ *a alg. em* j-n übertreffen an (*dat.*); ~ *com* gewinnen bei, et. haben von; ~ *em inf.* gewinnen, wenn *ind.*

ganh|o ['gɐɲu] *m* Gewinn *m*; Erwerb *m*; Vorteil *m*, Nutzen *m*; **~oso** [gɐ'ɲozu (-ɔ-)] gewinnsüchtig.

gan|içar *bras.* [gɐni'sar] (1p) = **~ir**; **~ido** [~'niðu] *m* Geheul *n*; Gewinsel *n*; **~ir** [~'nir] (3a—D1) heulen; winseln.

ganj|a *bras.* ['gẽʒɐ] *f* Selbstgefälligkeit *f*; **~ento** [gẽ'ʒẽntu] eingebildet.

ganso ['gẽsu] *m* Gans *f* (*Artname*); Gänserich *m* (*männl. Tier*).

garag|em *gal.* [gɐ'raʒẽi] *f* Garage *f*; **~ista** [~rɐ'ʒiʃtɐ] *m* Garagenbesitzer *m*.

garanhão [~rɐ'ɲẽu] *m* Zuchthengst *m*; *fig.* geile(r) Bock *m*.

garant|e [~'rẽntə] *m* Bürge *m*; Gewährsmann *m*; **~ia** [~rẽn'tiɐ] *f* Gewähr *f*, Garantie *f*; Bürgschaft *f*; **~ir** [~rẽn'tir] (3a) gewährleisten, verbürgen; bürgen für; Garantie geben auf (*ac.*).

garapa *bras.* [ga'rapɐ] *f* Zuckerwasser *n*; Limonade *f*.

garat|uja [gɐrɐ'tuʒɐ] *f* Grimasse *f*; Gekritzel *n*, Geschmiere *n*; **~ujar** [~tu'ʒar] (1a) (be)kritzeln.

garav|anço [~'vẽsu] *m* Getreideschwinge *f*; **~ato** [~'vatu] *m Obst*-Pflücker *m*; **~eto** [~etu] *m Holz*-Span *m*; ~*s pl.* Kleinholz *n*.

garb|o ['garbu] *m* Anstand *m*; Anmut *f*; **~oso** [gɐr'bozu (-ɔ-)] anmutig; stattlich.

garça ['garsɐ] *f* Reiher *m*.

garção *bras.* [gar'sẽu] *m* Kellner *m*, „Ober" *m*.

garço ['garsu] grünlich; blaugrün.

gardénia [gɐr'ðɛnjɐ] *f* Gardenie *f*.

gare ['garə] *f* Bahnsteig *m*.

gari *bras.* [ga'ri] *m* Straßenkehrer *m*.

garf|ilha [gɐr'fiʎɐ] *f* Münzrand *m*; **~o** ['garfu] *m* (Eß-, Rad-, Heu-) Gabel *f*; *Pfropf*-Reis *n*; *auswandernder* Bienenschwarm *m*; *bom* ~ gute(r) Esser *m*.

gargalh|ada [~gɐ'ʎaðɐ] *f* Gelächter *n*; *soltar* (*od. dar*) ~*s* (*od. uma* ~) = **~ar** [~ar] (1b) laut herauslachen.

gargalo [~'galu] *m* Flaschenhals *m*.

garganta [~'gẽntɐ] **1.** *f* Kehle *f*; Hals *m*; Engpaß *m*, Schlucht *f*; *Fluß*-Einfahrt *f*; ⊕ Ausladung *f*; *fig.* F Angeberei *f*; *ter muita* ~ F dicke Töne reden; angeben; *ter atravessado na* ~ nicht verwinden (*od.* nicht ausstehen) können; *voz presa na* ~ erstickte Stimme *f*.

gargant|ear [~gẽn'tjar] (1l) trillern; *v/t.* zwitschern; trällern; **~eio** [~'teju] *m* Triller *m*; Zwitschern *n*; **~ilha** [~'tiʎɐ] *f* Halskrause *f*.

gargarej|ar [~gɐrɨ'ʒar] (1d) gurgeln; **~o** [~gɐ'reju] *m* Gurgeln *n*; Gurgelwasser *n*.

gárgula ['gargulɐ] *f* Ausfluß(-loch *n*, -rohr *n*) *m*; Traufe *f*; ⚠ Wasserspeier *m*.

garimpeiro *bras.* [garĩm'peiru] *m* Diamantensucher *m*.

garlopa [gɐr'lɔpɐ] *f* Schlichthobel *m*, Rauhbank *f*.

garnisé [~ni'zɛ] *m* Zwerghuhn *n*.

garoa *bras.* [ga'roɐ] *f* Sprühregen *m*; **~r** [~ar] (1f) nieseln.

garot|ada [gɐru'taðɐ] *f* Straßenjugend *f*; Lausbuben(schar *f*) *m/pl.*; **~ice** [~isə] *f* Lausbubenstreich *m*, Ungezogenheit *f*; **~o** [~'rotu] **1.** *m* Straßenjunge *m*; Lausbube *m*, Lauser *m*; *prov.* F Milchkaffee *m*; **2.** *adj.* (laus)bubenhaft; spitzbübisch.

garoup|a [~'ropɐ] *f Art* Barsch *m*; **~eira** *bras.* [~ro'peirɐ] *f* Fischerboot *n*, Barschfischer *m*.

garra ['gaʀɐ] *f* Klaue *f*, Kralle *f*; ⊕ *a.* Klinke *f*; ~*s pl.* Fänge *m/pl.*

garraf|a [gɐ'ʀafɐ] *f* Flasche *f*; **~ão** [~ʀɐ'fẽu] *m* Korbflasche *f*; Glasballon *m*; *bsd.* Fünfliterflasche *f*; **~eira** [~ʀɐ'feirɐ] *f* Flaschen-keller *m*, -schrank *m*.

garraio [gɐ'ʀaju] *m* Jungstier *m*.

garr|idice [~ʀi'ðisə] *f* Schick *m*; Koketterie *f*; Munterkeit *f*; **~ido** [~'ʀiðu] fesch, schick; kokett; munter; bunt; **~ir** [~'ʀir] (3b—D4) klingen; zwitschern; schwätzen; Mutwillen treiben; = **~ir-se** sich fesch anziehen.

garrot|ar [~ʀu'tar] (1e) erdrosseln; abschnüren; **~e** [~'ʀɔtə] *m* **a**) Knebel *m*; Erdrosseln *n*; **b**) *bras.* Jungstier *m*; **~ilho** ⚕ [~ʀu'tiʎu] *m* Bräune *f*, Krupp *m*.

garrucha *bras.* [ga'ʀuʃɐ] *f* Pistole *f*.

garupa [gɐ'rupɐ] *f* Kruppe *f*; Man-

telsack *m*; ~*s pl.* Schwanzriemen *m/pl.*
gás [gaʃ] *m* Gas *n*; ~ *de iluminação* Leucht-, ~ *pobre* Misch-, ~ *de carga* Gicht-gas *n*.
gas|eado [gɐ'zjaδu] gasvergiftet; **~ear** [~'zjar] (1l) vergasen; **~eificar** ⚗ [~zeifi'kar] (1n) vergasen; Gas zusetzen (*dat.*); **~eificar-se** sich verflüchtigen, verfliegen; **~eiforme** [~zei'fɔrmə] gasförmig.
gasganete F [gɐʒγɐ'netə] *m* Kehle *f*; Hals *m*.
gasista *bras.* [ga'zistɐ] *m* Gasmann [*m.*]
gasnete [gɐʒ'netə] *m* = *gasganete*.
gas|ogénio [gɐzu'ʒɛnju] *m* Gasgenerator *m*; **~óleo** [~'zɔlju] *m* Dieselöl *n*; *veículo m a* ~ Dieselfahrzeug *n*; **~olina** [~zu'linɐ] **1.** *f* Benzin *n*, Brennstoff *m*; *bomba f* (*depósito m*) *de* ~ Benzin-pumpe *f* (-tank *m*); *meter* ~ tanken; **2.** *m* Motorboot *n*; **~ómetro** [~'zɔmətru] *m* Gasmesser *m*; Gasbehälter *m*, Gasometer *m*; **~osa** [~'zɔzɐ] *f* Brause(limonade) *f*; **~oso** [~'zozu (-ɔ-)] kohlensäurehaltig; *água f -a* Sprudel *m*, Sodawasser *n*.
gáspea ['gaʃpjɐ] *f* Riester *m*.
gastalho [gɐʃ'taʎu] *m* Kloben *m*, Zwinge *f*, Klammer *f*.
gast|ar [~'tar] (1b) *Geld* ausgeben (für *em*); *Mittel* aufwenden (für *em*); *Vorrat* auf-, ver-brauchen; *Vermögen* verschwenden, vergeuden; abnutzen; *Kleider* abtragen, verschleißen; *Schuhe* durch-, ablaufen; ~ *a inf. Zeit usw.* damit verbringen zu *inf.*; ~ *de* kaufen bei; ~ *largo* auf großem Fuße leben; **~ar-se** draufgehen; nötig sn; abgehen (*Ware*); verschleißen (*Kleid*); **~o** ['gaʃtu] **1.** *p.p. irr. v. gastar*; **2.** *m* Ausgabe *f*; Kosten *pl.*; Verbrauch *m*; Abnützung *f*; Verschleiß *m*; ~*s pl.* Auslagen *f/pl.*, Spesen *f/pl.*; Unkosten *pl.*
gástrico ['gaʃtriku] Magen...
gastr|ite [gɐʃ'tritə] *f* Magenschleimhautentzündung *f*, -katarrh *m*; **~o...** ['gaʃtrɔ...] Magen...; *z.B.*: ~*-intestinal* Magen- u. Darm...; **~onomia** [~trunu'miɐ] *f* Kochkunst *f*; **~ónomo** [~ɔnumu] *m* Feinschmecker *m*; **~ópodes** [~ɔpuδɨʃ] *m/pl.* Bauchfüßler *m/pl.*
gata ['gatɐ] *f* Katze *f* (*weibl. Tier*); Katzenfisch *m*; ⚓ Besanrahe *f*; P Rausch *m*; ~ *borralheira* Aschenputtel *n*; Hausmütterchen *n*; *andar de* ~*s* auf allen vieren kriechen; *a* ~*s bras.* nur mit Mühe, kaum.
gatafunh|ar [gɐtɐfu'ɲar] (1a) kritzeln; **~os** [~'fuɲuʃ] *m/pl.* Gekritzel *n*.
gat|ear [gɐ'tjar] (1l) ver-klammern, -nieten; **~eira** [~eirɐ] *f* Schlupfloch *n*; (Dach-)Luke *f*; **~eiro** [~eiru] katzenfreundlich; **~ilho** [~iʎu] *m Gewehr*-Hahn *m*, Abzug *m*; **~imanhos** [~ti'mɐɲuʃ] *m/pl.* Gefuchtel *n*; **~inha** [~iɲɐ] *f*: *de* ~*s s. gata*.
gato ['gatu] *m* Katze *f* (*Artname*); Kater *m* (*das männl. Tier*); ⊕ Klammer *f*, Krampe *f*; *Böttcherei*: Faßzug *m*, -zieher *m*; *fig.* P Versehen *n*; *aí há* ~ da stimmt was nicht; *aí é que está o* ~ das ist der springende Punkt; ~ *montês*, ~ *silvestre* Wildkatze *f*; *dar* (*od. vender*) ~ *por lebre* betrügen; *j-n* anführen; *comer* (*od. engolir*) ~ *por lebre* sich anführen l.; **~-pingado** P [ˌgatupĩŋ'gaδu] *m berufsmäßiger* Leichenbegleiter *m*.
gatun|ice [gɐtu'nisə] *f* Gaunerei *f*; Diebstahl *m*; **~o** [~'tunu] *m* Gauner *m*; Spitzbube *m*.
gaúcho *bras.* [gɐ'uʃu] **1.** *m* Gaucho *m*, Pampahirt *m*; **2.** *adj.* gauchomäßig, Gaucho...; *fig.* herrenlos.
gáudio ['gauδju] *m* Hauptspaß *m*; Gaudium *n*.
gaulês [gau'leʃ] **1.** *adj.* gallisch; **2.** *m* Gallier *m*.
gávea ['gavjɐ] *f* Mastkorb *m*; Marssegel *n*.
gavela [gɐ'vɛlɐ] *f* Garbe *f*; Bündel *n*; Armvoll *m*.
gaveta [~'vetɐ] *f* Schub-lade *f*, -fach *n*; ⊕ Schieber *m*; Kammer *f*.
gaveto [~'vetu]: *casa f* (*loja f*) *de* ~ Eck-haus *n* (-laden *m*).
gav|ião [~'vjɐ̃u] *m* Sperber *m*; ⚘ = **~inha** [~iɲɐ] *f* Ranke *f*.
gaxeta [gɐ'ʃetɐ] *f* Dichtung *f*, Liderung *f*, Packung *f*.
gaza, -e ['gazɐ, -ə] *f* Gaze *f*, Mull *m*.
gazão *gal.* [gɐ'zɐ̃u] *m* Rasen *m*.
gazear [~'zjar] (1l) **a**) die Schule schwänzen; **b**) zwitschern; plappern (*Kind*).
gazela [~'zɛlɐ] *f* Gazelle *f*.
gazeta [~'zetɐ] *f* Zeitung *f*; *fazer* ~ *die Schule* schwänzen; *allg.* blau m.
gazet|eiro [~zə'teiru] *m depr.* Zei-

tungsfritze *m*; *bras.* Zeitungsverkäufer *m*; **~ilha** [~iʎɐ] *f* Feuilleton *n*.
gazua [~'zuɐ] *f* Nachschlüssel *m*; Dietrich *m*.
gê [ʒe] *m Name des Buchstabens* g.
ge|ada ['ʒjaδɐ] *f* Reif *m*; Frost *m*; **~ar** [ʒjar] (1l) *v/i.* reifen; frieren.
gel|adeira [ʒela'deirɐ] *f bras.* Kühlschrank *m*; **~ado** [ʒə'laδu] **1.** *adj.* eisig (*a. fig.*), eiskalt; eisgekühlt; fest; durchgefroren; **2.** *m* Eis(speise *f*) *n*; **~ar** [ʒə'lar] (1c) zum Gefrieren bringen, vereisen; *fig.* lähmen; *v/i. u.* **~ar-se** gefrieren; erstarren (*a. fig.*); ein-, er-frieren; vereisen; *cul.* gelieren; **~atina** [ʒəlɐ'tinɐ] *f* Gelatine *f*; Sülze *f*, Gallert *n*; **~atinoso** [ʒəlɐti'nozu (-ɔ-)] gallertartig; **~eia** [ʒə'lejɐ] *f* Gelee *n*; Sülze *f*; **~eira** [ʒə'leirɐ] *f* Gletscher *m*; Eis-keller *m*, -maschine *f*.
gélido ['ʒɛliδu] eisig.
gelo ['ʒelu] *m* Eis *n*; *fig.* Frost *m*; Eiseskälte *f*; *de ~* eiskalt, eisig.
gelosia [ʒəlu'ziɐ] *f* (Fenster-) Gitter *n*; Gitterfenster *n*.
gema ['ʒemɐ] *f* Auge *n*, Knospe *f*; Keim *m*; *our.* Gemme *f*; *fig.* Kern *m*; Innere(s) *n*; *~ de ovo* Ei-dotter *m*, -gelb *n*; *ser da ~* echt sein.
gémeo ['ʒɛmju] **1.** *adj.* Zwillings...; **2.** *~s m/pl.* Zwillinge *m/pl.*; *três ~s* Drillinge *m/pl.*; *quatro (cinco) ~s* Vier-(Fünf-)linge *m/pl.*
gem|er [ʒə'mer] (2c) ächzen, stöhnen; wimmern; winseln (*Hund*); knarren (*Tür usw.*); *v/t.* beklagen, beweinen; **~ido** [~iδu] *m* Ächzen *n*; Wimmern *n*; Winseln *n*.
geminado [~mi'naδu] Doppel...; ⚘ paarig.
genciana ⚘ [ʒẽ'sjɐnɐ] *f* Enzian *m*.
geneal|ogia [ʒənjɐlu'ʒiɐ] *f* Genealogie *f*; Ahnenreihe *f*; Herkunft *f*; **~ógico** [~'lɔʒiku] genealogisch; *árvore f -a* Stammbaum *m*.
genebra [ʒə'nɛβrɐ] *f* Genever *m*.
general [~nə'rał] *m* General *m*; *~ de brigada (divisão)* General-major (-leutnant) *m*; **~a** [~lɐ] *f* Generalmarsch *m*; Generalsgattin *f*; **~ato** [~rɐ'latu] *m* Generalsrang *m*; Generalität *f*; **~idade** [~rɐli'δaδə] *f* Allgemeinheit *f*; Gesamtheit *f*; *a ~ de* die meisten + *su./pl.*; der größte Teil (*gen.*); *~s pl.* Allgemeine(s) *n*; allgemeine Redensarten *f/pl.*; *na ~* im allgemeinen; **~íssimo** [~rɐ'lisimu] **1.** *sup.v. geral*; **2.** *m* Oberstkommandierende(r) *m*; Generalissimus *m*; **~izar** [~rɐli'zar] (1a) verallgemeinern; verbreiten; **~izar-se** allgemein (*od.* zum Gemeingut) w.
generatriz [~rɐ'triʃ] = *geratriz*.
gen|ericamente [ʒəˌnɛrikɐ'mẽntə] der Gattung nach; (ganz) im allgemeinen; **~érico** [~'nɛriku] Gattungs...; allgemein.
género ['ʒɛnəru] *m* Gattung *f*; Art (und Weise) *f*; Stil *m*; Geldwert *m*; *gram.* Geschlecht *n*; *~s pl.* Waren *f/pl.*; *bsd.* Lebensmittel *n/pl.*; *~ de vida* Leben *n*; *quadro m de ~ pint.* Genrebild *n*.
gener|osidade [ʒənəruzi'δaδə] *f* Adel *m*; Edelmut *m*; Freigebigkeit *f*; edle Tat *f*; **~oso** [~'rozu (-ɔ-)] edel(mütig); großmütig; freigebig; *vinho m ~* schwere(r) Süßwein *m*.
génese, -is ['ʒɛnəzə, -iʃ] **1.** *f* Entstehung *f*, Werden *n*; **2.** *m* Genesis *f* (*1. Buch Moses*).
genetriz [ʒənə'triʃ] *f* Erzeugerin *f*, [Mutter *f*.]
gengibre [ʒẽ'ʒiβrə] *m* Ingwer *m*.
gengiv|a [~'ʒivɐ] *f* Zahnfleisch *n*; **~ite** [~ʒi'vitə] *f* Zahnfleischentzündung *f*.
genial [ʒə'njał] genial.
génio ['ʒɛnju] *m* Genius *m*, Geist *m*; Genie *n*; Anlage *f*, Neigung *f*; *Charakter*-Veranlagung *f*; *de ~* genial; *por ~* aus Neigung (*od.* Veranlagung); *ter bom ~* gutmütig (*od.* freundlich) sn; *ter (mau) ~* böse (*od.* jähzornig) sein.
genit|al [ʒəni'tał] Zeugungs...; *órgãos m/pl. -ais* Geschlechtsteile *m/pl.*; **~ivo** [~ivu] *m* Genitiv *m*; **~or** [~or] *m* Erzeuger *m*, Vater *m*.
genro ['ʒẽʀu] *m* Schwiegersohn *m*.
gent|aça, ~alha [ʒẽn'tasɐ, -aʎɐ] *f* Pack *n*, Gesindel *n*; **~e** ['ʒẽntə] *f* Leute *pl.*; Menschen *m/pl.*; Volk *n*; Besuch *m*; *a ~* man; unsereiner; *fraca ~* armselige(r) Wicht *m*; *direito m das ~s* Völkerrecht *n*; *(não) há ~* es ist jemand (niemand) da; *ser (tornar-se od. fazer-se) ~* groß sn (w.); etwas sn (w.); ein Kerl sn (w.); *como ~ grande* kunstgerecht; weidlich; *~ de paz!* gut Freund!; **~il** [~'tił] höflich, liebenswürdig; reizend, nett; **~ileza** [~ti'lezɐ] *f* Höflichkeit *f*; Liebenswürdigkeit *f*; Anmut *f*; Nettigkeit *f*;

~ilício, ~ílico [~ti'lisju, ~'tiliku] heidnisch; **~inha** [~iɲɐ] *f* kleine Leute *pl.*; Gesindel *n*; **~io** [~iu] **1.** *m* Heide *m*; P Menschenmenge *f*, Gedränge *n*; **2.** *adj.* heidnisch; primitiv.

genuflex|ão [ʒənuflɛk'sɐ̃u] *f* Kniebeugung *f*; Fußfall *m*; *fazer uma* ~ das Knie beugen; **~ório** [~ɔrju] *m* Betstuhl *m*.

genu|inidade [ʒənwini'ðaðɐ] *f* Echtheit *f*; **~íno** [~'nwinu] echt; unverkennbar; eigentlich (*Bedeutung*).

geo|desia [ʒjuðə'ziɐ] = **~désia** *bras.* [~'dɛzjɐ] *f* Vermessungskunde *f*, Geodäsie *f*; **~grafia** [~ɣrɐ'fiɐ] *f* Erdkunde *f*; **~gráfico** [~'ɣrafiku] erdkundlich, geographisch.

geógrafo ['ʒjɔɣrɐfu] *m* Geograph *m*.

geol|ogia [ʒjulu'ʒiɐ] *f* Erdgeschichte *f*, Geologie *f*.

geólogo ['ʒjɔluɣu] *m* Geologe *m*.

geometria [ʒjumə'triɐ] *f* Geometrie *f*.

gera|ção [ʒərɐ'sɐ̃u] *f* Zeugung *f*; Geschlecht *n*; Generation *f*; *fig.* Erzeugung *f*, Entstehung *f*; **~dor** [~'ðor] **1.** *adj.* erzeugend, Erzeuger-...; Ursprungs...; ⚡ Generator (-en)...; **2.** *m* Erzeuger *m*, Vater *m*; ⊕ Generator *m*; (Dampf-)Kessel *m*.

ger|ais [ʒə'raiʃ] *m/pl.*: *estar nos seus* ~ *bras.* F im siebten Himmel sn; **~al** [~ał] **1.** *adj.* allgemein; General...; *duma maneira* ~ überhaupt; = *em* ~ im allgemeinen; meistens; sonst; **2.** *m* Allgemeinheit *f*; *Ordens*-General *m*; *Kartenspiel*: Schlemm *m*; **3.** *f tea.* Galerie *f*; **~almente** [~rał'mẽntə] = *em geral*.

gerânio [~'rɐnju] *m* Geranie *f*.

ger|ar [~'rar] (1c) zeugen; *fig.* schaffen; *v/i. u.* **~ar-se** entstehen; **~atriz** [~rɐ'triʃ] **1.** *adj. f v. gerador*; **2.** *f* Erzeugerin *f*, Mutter *f*; **~ência** [~ẽsjɐ] *f* Geschäftsführung *f*, Leitung *f*; **~ente** [~ẽntə] **1.** *adj.* geschäftsführend, leitend; **2.** *su.* Geschäftsführer(in *f*) *m*; Betriebsleiter(in *f*) *m*.

geringonça [ʒərĩŋ'gõsɐ] *f* Kauderwelsch *n*; Plunder *m*.

gerir [ʒə'rir] (3c) leiten.

germânic|as [ʒər'mɐnikɐʃ] *f/pl. uni.* Germanistik *f* und Anglistik *f*; **~o** [~u] germanisch; deutsch

german|ismo [~mɐ'niʒmu] *m gram.* Germanismus *m*; Deutschtum *n*, deutsche Art *f*; **~ista** [~iʃtɐ] *m* Germanist *m*; **~o** [~'mɐnu] **1.** *adj.* richtig (*Verwandter*); echt; **2.** *m* ~*s pl.* Germanen *m/pl.*; **~ófilo** [~'nɔfilu] deutschfreundlich; **~ofobia** [~nufu'βiɐ] *f* Deutschenhaß *m*; **~ófobo** [~'nɔfuβu] **1.** *adj.* deutschfeindlich; **2.** *m* Deutschenhasser *m*.

germe, gérmen ['ʒɛrmə, -men] *m* Keim *m*.

germin|ação [ʒərminɐ'sɐ̃u] *f* Entstehung *f*; **~adoiro** [~ɐ'ðoiru] *m* Malzkeller *m*; **~ar** [~'nar] (1a) keimen (*a. fig.*).

gess|ado [ʒə'saðu] Gips...; **~ar** [~ar] (1c) (ein-, ver-)gipsen; **~o** ['ʒesu] *m* Gips(abdruck *m*) *m*; *aparelho m de* ~ Gipsverband *m*.

gest|ação [ʒɨʃtɐ'sɐ̃u] *f* Tragezeit *f der Tiere*; Schwangerschaft *f*; *fig.* Ausarbeitung *f*; **~ão** [ʒɨʃ'tɐ̃u] *m* Amtsführung *f*; (Geschäfts- *od.* Betriebs-)Leitung *f*; **~atório** [~ɐ'tɔrju]: *período m* ~ = ~*ação*; *cadeira f -a* Tragsessel *m*.

gesticul|ação [ʒəʃtikulɐ'sɐ̃u] *f* Gebärdenspiel *n*; **~ado** [~'laðu] **1.** *adj.* Gebärden..., Zeichen...; mit e-r Gebärde (ausgedrückt); **2.** *m* Gebärde(nspiel *n*) *f*; **~ar** [~'lar] (1a) Gebärden m., gestikulieren.

gesto ['ʒɛʃtu] *m* Gebärde *f*, Geste *f*; Bewegung *f*; Schlag *m*; Gesichtsausdruck *m*, Miene *f*.

gestor [ʒɨʃ'tor] *m Betriebs*-Leiter *m*.

gestual [~'twał] gestisch.

giba ['ʒiβɐ] *f* Höcker *m*, Buckel *m*.

gibão [ʒi'βɐ̃u] *m* **a**) Wams *n*; *hist.* Koller *m*; **b**) *zo.* Gibbon *m*.

giboso [~'βozu (-ɔ-)] buckelig.

giesta ['ʒjɛʃtɐ] *f* Ginster *m*.

giga ['ʒiɣɐ] *f* flache(r) Korb *m*.

gigant|e [ʒi'ɣɐ̃ntə] **1.** *m* Riese *m*; △ Strebebogen *m*; ⚘ Malve *f*; **2.** *adj.* = **~esco** [~ɣɐ̃n'teʃku] Riesen...; riesenhaft, riesig.

gilete *bras.* [ʒi'lɛtə] *m* Rasierklinge *f*.

gin|asial *bras.* [ʒina'zjał] Gymnasial...; **~asiano** *bras.* [~a'zjɐnu] *m* Gymnasiast *m*; **~ásio** [~'nazju] *m* Turnhalle *f*; *bras.* Gymnasium *n*; **~asta** [~'naʃtɐ] *m* Turner *m*; **~ástica** [~'naʃtikɐ] *f* Turnen *n*; Gymnastik *f* (*a. fig.*); *fazer* ~ turnen; Gymnastik treiben; **~ástico** [~'naʃtiku] Turn..., turnerisch; gymnastisch.

gincana [ʒĩŋ'kɐnɐ] *f* Geschicklich-

keitsspiel *m* (*bsd. auto.*).
gindungo ⚘ [ʒĩn'dũŋgu] *m* = *malagueta*.
ginecolog|ia [ʒinəkulu'ʒiɐ] *f* Frauenheilkunde *f*; **~ista** [~iʃtɐ] *m* Frauenarzt *m*, Gynäkologe *m*.
ginete [ʒi'netə] *m* Rassepferd *n*; *bras.* Reiter *m*.
gingar [ʒiŋ'gar] (1o) watscheln; [sich wiegen.]
ginja ['ʒĩʒɐ] *f* Sauerkirsche *f*.
ginj|eira [ʒĩ'ʒeirɐ] *f* Sauerkirschbaum *m*; *conhecer de* ~ gut (*od.* durch u. durch) kennen; **~inha** [~iɲɐ] *f* Kirschlikör *m*.
gira-discos (*pl. unv.*) [ˌʒirɐ'ðiʃkuʃ] *m* Plattenspieler *m*.
girafa [ʒi'rafɐ] *f* Giraffe *f*.
gir|ândola [ʒi'rɐ̃ndulɐ] *f* Feuerrad *n*; **~ar** [~ar] (1a) sich drehen, kreisen; umlaufen; umgehen; herumirren, (umher)schweifen; sich umdrehen; sich winden; *fig.* sich rühren; *fazer* ~ in Umlauf setzen; *v/t.* drehen; *Kreis* beschreiben; durcheilen, -schweifen; **~assol** [~rɐ'sɔɫ] *m* Sonnenblume *f*; **~atório** [~rɐ'tɔrju] Dreh...; Kreis..., kreisend; drehbar; *ponte* (*porta*) *f* -*a* Drehbrücke (-tür) *f*.
gíria ['ʒirjɐ] *f* Rotwelsch *n*, Gaunersprache *f*; *Ärzte-*, *Studenten-*Sprache *f*, Slang *m*.
girino [ʒi'rinu] *m* Kaulquappe *f*.
giro ['ʒiru] **1.** *m* Kreisen *n*, Kreislauf *m*; Drehung *f*; Umlauf *m*; Ablösung *f*, Schicht *f*; ⚕ Umsatz *m*; Giro *n*; *fig.* Umschweif *m*; **2.** *adj.* F ulkig; zum Kugeln; **~scópio** [ʒiruʃ'kɔpju] *m* Kreiselkompaß *m*.
giz [ʒiʃ] *m* Kreide *f*.
glabro ['glaβru] ⚘ unbehaart, nackt; *fig.* kahl; glatt.
glaci|al [glɐ'sjaɫ] eisig; Eis...; **~ar** [~ar] *m* Gletscher *m*; **~ário** [~arju] Gletscher...; *período m* ~ Eiszeit *f*.
gladíolo [~'ðiulu] *m* Schwertlilie *f*.
glande *anat.* ['glɐ̃ndə] *f* Eichel *f*.
glândula ['glɐ̃ndulɐ] *f* Drüse *f*.
glandular [glɐ̃ndu'lar] Drüsen...
glauco ['glauku] meergrün; **~ma** ⚕ [glau'komɐ] *m* grüne(r) Star *m*.
gleba ['glɛβɐ] *f* Scholle *f*; Erde *f*.
glena *anat.* ['glenɐ] *f* Gelenkpfanne *f*.
gleucómetro [gleu'kɔmətru] *m* [Mostwaage *f*.]
gli|cerina [glisə'rinɐ] *f* Glyzerin *n*; **~cínia** ⚘ [~'sinjɐ] *f* Glyzin(i)e *f*; **~cose** [~'kɔzə] *f* Traubenzucker *m*.
global [glu'βaɫ] Gesamt...; Pauschal...; **~mente** [~βaɫ'mẽntə] insgesamt, im ganzen.
glob|o ['gloβu] *m* Kugel *f*; Erdball *m*; Weltkugel *f*, Globus *m*; ~ *ocular*, ~ *do olho* Augapfel *m*; *em* ~ in Bausch und Bogen; **~ular** [gluβu'lar] kugelig, kugelförmig; Kugel...
glóbulo ['glɔβulu] *m* Kügelchen *n*; ~ *sanguíneo* Blutkörperchen *n*.
glória ['glɔrjɐ] *f* Ruhm *m*; Ruhmestat *f*; Glorie *f*; himmlische Herrlichkeit *f*; Seligkeit *f*; Stolz *m*; *pint.* Gloriole *f*; *dar* ~ *a alg.* j-m die Ehre geben, j-n preisen; ~ *a Deus!* Ehre sei Gott!; *fazer* ~ *de* stolz sn auf (*ac.*).
glor|ificação [glurəfikɐ'sɐ̃u] *f* Verherrlichung *f*; *cat.* Seligsprechung *f*; **~ificar** [~əfi'kar] (1n) verherrlichen; rühmen; *rel.* seligsprechen; **~íola** [~'riulɐ] *f* unverdiente(r) Heiligenschein *m*; **~ioso** [~'rjozu (-ɔ-)] glorreich, ruhmreich; rühmlich.
glos|a ['glɔzɐ] *f* Glosse *f*, Erklärung *f*; Randbemerkung *f* (*a. fig.*); **~ar** [glu'zar] (1e) glossieren, mit Anmerkungen versehen; *fig.* s-e Glossen machen über (*ac.*).
glossário [glu'sarju] *m* Glossar *n*.
glote *anat.* ['glɔtə] *f* Stimmritze *f*.
glut|ão [glu'tɐ̃u] **1.** *adj.* gefräßig; **2.** *m*, **~ona** *f* Vielfraß *m*.
glúten ['gluten] *m* ⚗ Kleber *m*.
glutinoso [gluti'nozu (-ɔ-)] klebrig.
gnoma ['gnomɐ] *f* Sinnspruch *m*.
gnomo ['gnomu] *m* Erdgeist *m*; Kobold *m*.
gobo ['goβu] *m* Kopfstein *m*.
godo ['goðu] **1.** *adj.* gotisch; **2.** *m* Gote *m*.
goela ['gwɛlɐ] *f* Schlund *m*.
goense, goês ['gwẽsə, gweʃ] **1.** *adj.* aus Goa; **2.** *m* Goenser *m*.
goi|aba [go'jabɐ] *f* Guavenbirne *f*; **~abada** [~ja'badɐ] *f* Guavenmarmelade *f*; **~abeira** [~ja'beirɐ] *f* Guavenbaum *m*; **~va** ['goivɐ] *f* Hohlmeißel *m*; **~vo** ⚘ ['goivu] *m* Levkoje *f*; ~ *amarelo* Goldlack *m*.
gol|a ['gɔlɐ] *f* Kragen *m*; ⚠ Karnies *n*; ⚔ Kehle *f* e-s *Forts*; ~ *alta* Stehkragen *m*; **~ada** [gu'laðɐ] *f* Fahrrinne *f*; P Schluck *m*; **~e** [~ə] *m* Schluck *m*; = *golo*.
gole|ador [guljɐ'ðor] *m* Torschütze *m*; **~ar** [~'ljar] (1l) ein Tor schie-

ßen; **~iro** [~'leiru] *m* Torwart *m*.

golf|ada [goɫ'faðɐ] *f Wasser*-Strahl *m*, Strom *m*; *Dampf*-Stoß *m*; **~ar** [~ar] (1e) ausstoßen; (aus)brechen; (aus)werfen; verströmen; ausstrahlen; *v/i.* strömen; strahlen; **~e** ['gɔlfə] *m* Golf *n*; **~inho** [~iɲu] *m* **a**) Delphin *m*, Tümmler *m*; **b**) Minigolf *n*; **~o** ['goɫfu] *m* Meerbusen *m*, Golf *m*.

golo *angl.* ['golu] *m* Tor *n*, Goal *n*.

golpada [goɫ'paðɐ] *f* Staatsstreich *m*.

golpe ['gɔɫpə] *m* Schlag *m* (*a. fig.*), Hieb *m*; Stoß *m*; Streich *m*; Schnitt *m*; Schuß *m od.* Schluck *m e-r Flüssigkeit*; ♀ *de Estado* Putsch *m*; = *golpada*; ~ *de mão* Handstreich *m*; ~ *de mar* Sturzsee *f*; ~ *de mestre* Meisterstreich *m*; ~ *de morte* (*vento*) Todes- (Wind-)stoß *m*; ~ *de ar* Luftzug *m*; ~ *de vista* Blick *m*; ~ *palaciano* Palastrevolution *f*; *errei o* ~ ich habe daneben-geschlagen (*od.* -getroffen); ich habe mich verrechnet; es ist (mir) fehlgeschlagen; *de* ~ auf einmal; = *de um* ~ auf e-n Zug (*od.* Streich).

golpear [goɫ'pjar] (1l) (zer)stechen; aufschlitzen; zerfetzen, zerreißen.

golpista [~'piʃtɐ] **1.** *adj.* Putsch...; **2.** *m* Putschist *m*.

goma ['gomɐ] *f* Gummi *n*; Klebstoff *m*; Stärke *f*; Klärmittel *n für Wein*; ⚕ (syphilitischer) Knoten *m*; *bras.* Tapioka *f*; **~-arábica** [ˌgoma'raβikɐ] *f* Gummiarabikum *n*; **~-laca** [ˌgomɐ'lakɐ] *f* Schellack *m*.

gomo ⚘ ['gomu] *m* Auge *n*, Sproß *m*; *Apfelsinen*-Schnitz *m*.

gomoso [gu'mozu (-ɔ-)] Gummi...; [zäh.]

gôndola ['gõndulɐ] *f* Gondel *f*.

gongo ['gõŋgu] *m* Gong *m*.

goniómetro [gu'njɔmətru] *m* Winkelmesser *m*, Goniometer *n*.

gonorreia ⚕ [~nu'ʀejɐ] *f* Tripper *m*.

gonzo ['gõsu] *m Tür*-Angel *f*; Haspe *f*; Scharnier *n*.

gor|ar [gu'rar] (1e) zum Scheitern bringen, vereiteln; *v/i. u.* **~ar-se** faul w. (*Ei*); *fig.* scheitern; **~az** [~aʃ] *m* Brassen *m* (*Fisch*).

gordo ['gordu] fett; dick, beleibt; fettig; *domingo m* ~ (*terça-feira f -a*) Fastnachts-sonntag (-dienstag) *m*.

gord|ucho [gur'duʃu] rundlich; **~ura** [~urɐ] *f* Fett *n*; Schmiere *f*; Fettigkeit *f*; **~uroso** [~du'rozu (-ɔ-)] fettig, Fett...; ölig.

gorgo|lejar [gurguli'ʒar] (1d) glucksen; kollern; *v/t.* schlürfen; **~lhão** [~'ʎɐ̃u] *m Wasser*-Strahl *m*; **~lhar** [~'ʎar] (1e) sprudeln.

gorgulho [~'guʎu] *m* Kornwurm *m*.

gorilha [gu'riʎɐ] *m* Gorilla *m*.

gorj|ear [gur'ʒjar] (1l) zwitschern; trillern; **~eio** [~'ʒeju] *m* Zwitschern *n*; Triller *m*; **~eta** [~'ʒetɐ] *f* Trinkgeld *n*.

goro ['goru] faul (*Ei*).

gorr|a ['goʀɐ] *f* Kappe *f*, Mütze *f*; *de* ~ gemeinschaftlich; *meter-se de* ~ *com* gemeinschaftliche Sache m. mit; sich gut stellen mit; **~o** [~u] *m* Kappe *f*; ⚔ Feldmütze *f*.

gosma ['gɔʒmɐ] *f vet.* Pips *m*.

gost|ar [guʃ'tar] (1e) *v/i.*: ~ *de* gern h., mögen (*ac.*); gern essen (*od.* trinken) (*ac.*); *Musik, ein Mädchen usw.* lieben; ~ *de fazer a/c.* et. gern tun; sich freuen et. zu tun; *gosto da peça* (*do quadro*) das Stück (das Bild) gefällt mir; *gostou?* hat es Ihnen gefallen?; *v/t.* kosten; **~o** ['goʃtu] *m* Geschmack *m* (*a*[*o*] nach); Gefallen *n*; Freude *f*; Lust *f*; *muito* ~ (*em conhecê-lo*) sehr erfreut (Sie kennenzulernen); *com muito* ~ sehr gern; *de* (*bom*) (*mau*) ~ geschmack-voll (-los); *por* ~ freiwillig; aus Liebhaberei; aus Spaß; *dar* (*od. fazer*) ~ Spaß (*od.* Freude) m.; *ter muito* ~ *em fazer a/c.* et. gern tun; sich freuen et. zu tun; *ter* ~ *para* Neigung h. zu; *tomar o* ~ *de* kosten (*ac.*); = *tomar* ~ *a* Geschmack finden an (*dat.*); **~s** *pl. de* ..allüren *f/pl.*; *são* ~*s!* das ist halt Geschmackssache!; **~osamente** [~ˌtɔzɐ'mẽntə] gern; **~oso** [~'tozu (-ɔ-)] schmackhaft; angenehm.

gota ['gotɐ] *f* Tropfen *m*; ⚕ Gicht *f*; ~ *a* ~ tropfenweise; **~-serena** [~sə'renɐ] *f* schwarze(r) Star *m*.

got|eira [gu'teirɐ] *f* Dachtraufe *f*; Regenloch *n im Dach*; **~ejar** [~ti'ʒar] (1d) tröpfeln, tropfen.

gótico ['gɔtiku] **1.** *adj.* gotisch; *caracteres m/pl.* ~*s tip.* Fraktur *f*; **2.** *m* Gotik *f*; *tip.* Fraktur *f*.

goto P ['gotu] *m* Schlund *m*; *dar* (*od. cair*) *no* ~ *fig.* auffallen; gefallen.

gotoso ⚕ [gu'tozu (-ɔ-)] gichtisch.

govern|ação [guvərnɐ'sɐ̃u] *f* Verwaltung *f*; Regierung *f*; **~adeira** [~ɐ'ðeirɐ] **1.** *f* gute Wirtschafterin *f*; **2.** *adj.* = **~ado** [~'naðu] haushälterisch; **~ador** [~ɐ'ðor] *m* Gouverneur *m* (*in Brasilien aus allg. Wahlen hervorgegangener Chef e-r Landesregierung*); ~ *civil* Zivilgouverneur *m* (*entspr. dtsch. Regierungspräsident*); **~amental** [~ɐmẽn'tał] Regierungs..., der Regierung; **~ança** [~'nẽsɐ] *f* Regiererei *f*; **~anta** [~'nẽntɐ] *f* Haushälterin *f*; Gouvernante *f*; **~ante** [~'nẽntə] *m* Machthaber *m*; **~ar** [~'nar] (1c) regieren; leiten; *Haushalt* führen; *Wagen* lenken; ⚓ steuern; *v/i.* dem Steuer gehorchen; funktionieren; **~ar-se** s-e Interessen wahrnehmen; wirtschaften, haushalten; ~ *por* sich richten nach; *governe-se!* sehen Sie, wie Sie zurechtkommen!; **~ativo** [~ɐ'tivu] Regierungs...; **~ável** [~'navɛł] (leicht) zu regieren(d); (leicht) zu lenken(d); **~icho** [~'niʃu] *m* Pöstchen *n*; *bras.* Klüngelregierung *f*; **~ismo** [~'niʒmu] *m* staatliche Anmaßung *f*; diktatorische Amtsführung *f*; **~ista** *bras.* [~'niʃtɐ] Regierungs...

governo [gu'vernu] *m* Regierung *f*; Verwaltung *f*; Regierungsbezirk *m*; Steuer(ruder) *n*; Zügel *m*; Steuerung *f*; Lenkung *f*; (Haushalt-) Führung *f*; *fig.* Richtschnur *f*; ♀ *Civil* Regierungspräsidium *n*; *não ter* ~ nicht zu wirtschaften wissen; nicht zu regieren sn.

goz|ado [go'zadu] *bras.* = *engraçado*; **~ar** [gu'zar] (1e) *v/t.* genießen (*a. v/i.*); haben; Anspruch h. auf (*ac.*); ~ + *su.* = *zugehöriges adj.* + sn, *z.B.* ~ *saúde* gesund sn; *v/i.* ~ *de* sich erfreuen (*gen.*); sich amüsieren über (*ac.*); ~ *bras.* e-n Orgasmus h.; **~o** ['gozu] *m* **a)** Genuß *m*; **b)** Köter *m*; **~oso** [gu'zozu (-ɔ-)] fröhlich; genußreich.

grã [grẽ] **1.** *adj.* = *grande*; **2.** *f* (Kermes-)Schildlaus *f*; Scharlach *m*.

graça ['grasɐ] **1.** *f* Gnade *f*; Begnadigung *f*; Gunst *f*; Grazie *f*, Anmut *f*; *bsd.* Witz *m*; *golpe de* ~ Gnadenstoß *m*; *de* ~ umsonst; *nem de* ~*!* nicht geschenkt!; *cair em* ~ gefallen; *dizer* ~*s* Witze m., scherzen; *não estar* (*ser*) *para* ~*s* nicht zum Scherzen aufgelegt sn (keinen Spaß verstehen); *ter* ~ witzig (*od.* merkwürdig) sn; *tem* ~*!* das ist gut!; das ist ja ein Witz!; **2.** **~s** *pl.* Dank *m*; *as* ♀ die Grazien *f/pl.*; ~ *a* dank (*dat.*); ~ *a Deus!* Gott sei Dank!; *dar* ~ *a* danken (*dat.*).

gracej|ar [grɐsɨ'ʒar] (1d) scherzen; **~o** [~'seʒu] *m* Scherz *m*, Witz *m*.

grácil ['grasił] zart, graziös.

gracios|idade [grɐsjuzi'ðaðə] *f* Liebreiz *m*, Anmut *f*; **~o** ['sjozu (-ɔ-)] **1.** *adj.* graziös; anmutig; reizend; witzig; gratis; **2.** *m* Witzbold *m*.

graçola [~'sɔlɐ] **1.** *f* schlechte(r) Witz *m*; **2.** *m* Witzbold *m*.

grad|ação [grɐðɐ'sẽu] *f* Abstufung *f*; *ret.* Steigerung *f*; **~ador** [~ɐ'ðor] *m* Egge *f*; **~agem** [~'ðaʒẽi] *f* Eggen *n*; **~ar** [~'ðar] (1b) **a)** eggen; **b)** dick w., wachsen; **~aria** [~ɐ'riɐ] *f* Gitter(werk) *n*; **~ativo** [~ɐ'tivu] = *gradual*; **~e** ['graðə] *f* Gitter *n*; Lattenverschlag *m*; *Pferde*-Striegel *m*; ⚒ Egge *f*; *pint.* Staffelei *f*; *ir para as* ~*s* ins Gefängnis kommen; **~eamento** [~ðjɐ'mẽntu] *m* Vergitterung *f*; Einzäunung *f*; *Eisen*-Gitter *n*; **~ear** [~'ðjar] (1l) vergittern; einzäunen; **~il** [~'ðił] *m* Schutzgitter *n*; Einfassung *f*.

grado ['graðu] **1.** *adj.* dick(körnig); *fig.* höchst; hochstehend; **2.** *m*: *de bom* (*mau*) ~ (un)gern; *mau* ~ *meu* gegen meinen Willen; *mau* ~ widerwillig; = *mal-grado*.

gradu|ação [grɐðwɐ'sẽu] *f* Gradeinteilung *f*; ⚔ Rang(ordnung *f*) *m*; Alkoholgehalt *m*; *fig.* Abstufung *f*; **~ado** [~'ðwaðu] rangmäßig, dem Range nach; graduiert; Grad...; Meß...; Titular...; alkoholhaltig; *fig. a.* angesehen; **~ador** [~ɐ'ðor] *m* Gradmesser *m*; **~al** [~'ðwał] graduell; allmählich; **~ar** [~'ðwar] (1g) in Grade (ab)teilen, graduieren; e-n Rang (*od.* e-e Würde) verleihen (*dat.*); abstufen; abschätzen, einstufen; **~ar-se** e-e akademische Würde erwerben; ~ *de doutor* den Doktor m.

graf|ar [grɐ'far] (1b) schreiben; **~ia** [~'fiɐ] *f* Schreibung *f*.

gráfic|a ['grafikɐ] *f* Graphik *f*; **~o** [~u] **1.** *adj.* Schrift...; graphisch; **2.** *m* graphische Darstellung *f*.

graf|ila [grɐ'filɐ] *f* Schriftrand *m e-r Münze*; **~ita, -e** [~itɐ, -ə] *f* Graphit *m*; **~ologia** [~fulu'ʒiɐ] *f* Handschriftendeutung *f*; **~ólogo** [~ɔluɣu] *m* Graphologe *m*; **~ómetro** [~ɔmətru] *m* Winkelmesser *m*.

grainha [grɐ'iɲɐ] *f* Kern *m*.

graix... *s. grax...*
gralh|a ['graʎɐ] *f* Krähe *f*; *tip.* Druckfehler *m*; *fig.* Klatschbase *f*; **~ar** [grɐ'ʎar] (1b) krächzen; *fig.* schnattern, schwätzen; **~o** [~u] *m* Dohle *f*; Saatkrähe *f*; Seerabe *m*.
grama ['grɐmɐ] **1.** *f* ♀ Quecke *f*; Gras *n*; **2.** *m* Gramm *n*.
gram|adeira [grɐmɐ'ðeirɐ] *f* Flachsbreche *f*; Schleifhaken *m*; **~alheira** [~ɐ'ʎeirɐ] *f* Kesselhaken *m*; Zahnstange *f*; *caminho m (de ferro) de ~* Zahnradbahn *f*; **~ar** [~'mar] (1a) *Flachs* brechen; F hinunterwürgen; *fig.* F schlucken, einstecken; ausstehen.
gramátic|a [grɐ'matikɐ] *f* Grammatik *f*; Sprachlehre *f*; **~o** [~u] **1.** *adj.* (*a.* **gramatical** [~mɐti'kał]) grammatisch; **2.** *m* Grammatiker *m*.
gramíne|as [~'minjɐʃ] *f/pl.* Gräser *n/pl.*; **~o** [~u] grasartig, Gras...
graminha [~'miɲɐ] *f* Gras *n*.
gramofone [~mu'fɔnə] *m* Grammophon *n*.
grampo ['grɐ̃mpu] *m* Krampe *f*; Klammer *f*; *bras.* Haarnadel *f*.
grana|da [grɐ'naðɐ] *f* ⚔ Granate *f*; *min.* Granat *m*; **~deiro** [~nɐ'ðeiru] *m* Grenadier *m*; **~r** [~r] (1a) Körner ansetzen (*Getreide*); *Pulver* körnen; **~te** [~tə] *m* Granat *m*.
grande ['grɐ̃ndə] groß (*a. fig.*); lang (*Zeit*); *fig.* mächtig; bedeutend; hoch (*Pflicht usw.*); *~ cidade (potência) f* Groß-stadt (-macht) *f*; *à ~, de ~* großartig; mit vollen Händen; auf großem Fuß; *em ~* im großen (u. ganzen); **~mente** [ˌgrɐ̃ndə'mẽntə] sehr; außerordentlich; großartig.
grand|essíssimo P [~'sisimu] *sup. v. grande*; **~eza** [grɐ̃n'dezɐ] *f* Größe *f*; Erhabenheit *f*, Hoheit *f*; *~s pl.* Titel und Würden, Herrlichkeit *f*, Pracht *f*; **~iloquência** [~ilu'kwẽsjɐ] *f* hochtrabende Ausdrucksweise *f*; **~iosidade** [~djuzi'ðaðə] *f* Großartigkeit *f*; Herrlichkeit *f*, Pracht *f*; **~ioso** [~'djozu(-ɔ-)] großartig; herrlich; **~íssimo** P [~'disimu] *sup. v. grande, in Ausrufen etwa*: Riesen...; Erz...; verdammt; **~ote** [~'dɔtə] ziemlich groß; halbwüchsig.
granel [grɐ'nɛł] *m* Kornboden *m*; Getreidekiste *f*; *tip.* Fahne *f*; *prova f de ~* Fahnenabzug *m*; *a ~* lose (*Waren*), unverpackt; ⚓ im Ramsch.
gran|ir [~'nir] (3a) *Zeichnung* punktieren; *Stein* abschleifen; **~ítico** [~itiku] Granit...; hart (wie Granit); **~ito** [~itu] *m* Granit *m*; Körnchen *n*; Anisschnaps *m*; **~izar** [~ni'zar] (1a) *v/i.* hageln; **~izo** [~'nizu] *m* Hagel *m*.
granj|a ['grɐ̃ʒɐ] *f* Bauernhof *m*; Scheune *f*; **~ear** [grɐ̃'ʒjar] (1l) *Boden* bearbeiten, bebauen; *fig.* sich *et.* erarbeiten; sich bemühen um; erlangen, erwerben; ein-bringen, -tragen; *~ alg.* j-n für sich (*od.* sich j-n) gewinnen; **~eio** [grɐ̃'ʒeju] *m* Bebauung *f*, Bewirtschaftung *f*; Ertrag *m*; *fig.* Gewinn *m*; **~eiro** [grɐ̃'ʒeiru] *m* Meier *m*, Pächter *m*.
granul|ação [grɐnulɐ'sɐ̃u] *f* Körnchenbildung *f*, Einsprengung *f*; Pustelbildung *f*; = **~agem** [~'laʒɐ̃i] *f* Körnen *n*; Körnung *f*; **~ar** [~'lar] **1.** *adj.* granulär, körnig; **2.** *v/t.* (1a) körnen, granulieren.
grânulo ['grɐnulu] *m* Körnchen *n*; *Oberflächen*-Korn *n*; ⚕ Pustel *f*.
granuloso [grɐnu'lozu (-ɔ-)] körnig.
grão(s) [grɐ̃u(ʃ)] *m/pl.* Korn *n*; Körnchen *n*; *Obst*-Kern *m*; *Kaffee*-Bohne *f*; *Leder*-Narbe *f*; ⚕ Pustel *f*; † Gran *n* (*Gewicht*); *~-de-bico* Kichererbse *f*; **2.** *adj.* = *grande*; *in Zssgn* Groß...
grapa ['grapɐ] *f vet.* Mauke *f*.
grasnar [grɐʒ'nar] (1b) schnattern (*Ente*); krächzen (*Rabe*); quaken (*Frosch*).
grass|ar [grɐ'sar] (1b) umgehen, herrschen; um sich greifen; **~ento** [~ẽntu] fettig, ölig; schmierig.
grat|idão [grɐti'ðɐ̃u] *f* Dankbarkeit *f*; **~ificação** [~əfikɐ'sɐ̃u] *f* Gratifikation *f*; Vergütung *f*; **~ificar** [~əfi'kar] (1n) belohnen; beschenken, erfreuen; vergüten; *j-m* ein Trinkgeld geben.
grátis ['gratiʃ] unentgeltlich, frei.
grato ['gratu] angenehm; dankbar.
gratui|(ti)dade [grɐtwi(ti)'ðaðə] *f* Unentgeltlichkeit *f*; *fig.* Grundlosigkeit *f*; Plattheit *f*; **~to** [~'tuitu] unentgeltlich, gratis, frei; *fig.* grundlos, unbegründet; sinnlos.
gratul|ação [~tulɐ'sɐ̃u] *f* Glückwunsch *m*; Beglückwünschung *f*; **~ar** [~'lar] (1a) beglückwünschen; **~atório** [~ɐ'tɔrju] Glückwunsch...

grau [grau] *m* Grad *m*; *fig. a.* Stufe *f*; Rang *m*; *akademische* Würde *f*.
graúdo [grɐ'uδu] dick-, grobkörnig; kräftig; *fig.* vornehm.
grav|ação [grɐvɐ'sɐ̃u] *f* Gravierung *f*; ♪ Schallplatten-, Band-aufnahme *f*; = *~ame*; **~ador** [~ɐ'δor] *m* Graveur *m*; (Kupfer-)Stecher *m*; Graphiker *m*; ⊕ Tonbandgerät *n*, „Recorder" *m*.
gravame [~'vɐmə] *m* Last *f*; Belastung *f*; Beleidigung *f*.
gravanço [~'vɐ̃su] *m* Kichererbse *f*.
gravar [~'var] (1b) (ein)graben; *in Metall* stechen; *in Holz* (ein-)schneiden; *fig.* ein-, auf-drücken; (ein)schreiben; *ins Gedächtnis* einprägen; *Tonband* bespielen *od.* besprechen; *~ em* aufnehmen auf (*ac.*).
gravata [~'vatɐ] *f* Krawatte *f*, F Schlips *m*; † Selbstbinder *m*.
grave ['gravə] schwer; ernst; wichtig; gefährlich; tief (*Ton*); auf der vorletzten Silbe betont (*Wort*); *acento m ~* Gravis *m*.
gravela [grɐ'vɛlɐ] *f* Treber *pl.*, Trester *m*; Weinstein *m*; ⚕ Blasen- (*od.* Nieren-)steine *m/pl.*
graveto [~'vetu] *m* = *garaveto*.
grav|idade [~vi'δaδə] *f* Schwere *f*; Schwerkraft *f*; Ernst *m*; Wichtigkeit *f*; Gefährlichkeit *f*; *centro m de ~* Schwerpunkt *m*; *doente de ~* schwerkrank; *sem ~* leicht; **~idez** [~i'δeʃ] *f* Schwangerschaft *f*.
grávido ['graviδu] schwanger, trächtig (*a. fig.*).
gravit|ação [grɐvitɐ'sɐ̃u] *f* Schwerkraft *f*; **~ar** [~'tar] (1a) gravitieren; kreisen (um *em volta de*); *fig.* (an-)gezogen werden.
gravoso [~'vozu (-ɔ-)] drückend.
gravura [~'vurɐ] *f* Gravierung *f*; (Kupfer-)Stich *m*; (Holz-)Schnitt *m*; Illustration *f*, Abbildung *f*; *~ a água-forte* Radierung *f*.
graxa, graixa ['graʃɐ, 'graiʃɐ] *f* Schuh-krem *f*, -wichse *f*; ⚗ Fett *n*.
greco-... [ˌgrɛkɔ] *in Zssgn* griechisch-...
greda ['greδɐ] *f* (Schlämm-)Kreide *f*.
gregário [grə'ɣarju] Herden...; Dutzend...
grego ['greɣu] **1.** *adj.* griechisch; *ser ~ para alg.* j-m spanisch vorkommen; *ver-se ~* F nicht mehr ein noch aus wissen; aufgeschmissen sn; **2.** *m*, **-a** *f* Grieche *m*, Griechin *f*.
gregório [grə'ɣɔrju]: *chamar pelo ~* F sich übergeben.
grei [grei] *f* Herde *f* (*a. fig.*); Volk *n*.
grelar [grə'lar] (1c) sprossen; keimen; (auf)schießen.
grelh|a ['grɛʎɐ] *f* Rost *m*, Grill *m*; *Radio*: Gitter *n* (*blindada* Schirm...); **~ar** [grɨ'ʎar] (1c) rösten, braten.
grelo ['grelu] *m* Sproß *m*.
grémio ['grɛmju] *m* Gremium *n*; Innung *f*; Verein *m*; Versammlung *f*; Schoß *m der Kirche*.
grenh|a ['greɲɐ] *f* Mähne *f*; Busch (-wald) *m*; **~o** *bras.* [~u] wirr, ungekämmt.
grés [grɛʃ] *m* Sandstein *m*; Steingut *n*.
gret|a ['gretɐ] *f* Spalte *f*; Riß *m*; **~ar(-se)** [grə'tar(sə)] (1c) rissig w.; *fig.* daneben-, schief-gehen.
grev|e ['grɛvə] *f* Streik *m* (*geral* General...); *~ de braços caídos* Sitzstreik *m*; *declarar-se em ~*, *ir para a ~* in den Streik treten; *fazer ~* streiken; **~ista** [grə'viʃtɐ] *m* streikend, Streik...
grif|ado [gri'faδu] kursiv; **~ar** [~'far] (1a) kursiv drucken; **~o** ['grifu] *m* **a)** (Vogel) Greif *m*; **b)** Rätsel(wort) *n*; **c)** Kursivschrift *f*.
grilh|ão [gri'ʎɐ̃u] *m* Kette *f*; *fig.* Fessel *f*; **~eta** [~etɐ] **1.** *f* Fußeisen *n*; **2.** *m* Sträfling *m*.
grilo ['grilu] *m* Grille *f*; *andar aos ~s*, *bras. a. encangar ~s* müßiggehen, nichtstun.
grimp|a ['grĩmpɐ] *f* Wetterfahne *f*; First *m*; Gipfel *m*; *fig. levantar a ~* das Maul aufreißen; **~ar** [grĩm'par] (1a) frech w.; *~ contra* herfallen über (*ac.*).
grinalda [gri'nałdɐ] *f* Girlande *f*; Kranz *m*; *lit.* Blumenlese *f*.
grinfar [grĩ'far] (1a) zwitschern (*Schwalbe*).
gringo *bras. depr.* ['grĩŋgu] *m blonder helläugiger* Ausländer *m*.
grip|al [gri'pał] grippeartig; **~ar-se** *bras.* [~arsə] (1a) die Grippe bekommen; sich erkälten; **~e** ⚕ ['gripə] *f* Grippe *f*; *allg.* Erkältung *f*.
gris|alho [gri'zaʎu] grau (*Haar*); **~ão** [~ɐ̃u] graubündnerisch, rätisch; **~éu** [~ɛu] grünlich-grau.
grisu [gri'zu] *m* Grubengas *n*, schlagende Wetter *n/pl.*
grit|ador *m*, **-eira** *f* [gritɐ'δor, -eirɐ]

= ~alhão *m*, -ona *f* [~ɐ'ʎɐ̃u, -onɐ] Schreihals *m*; ~ar [~'tar] (1a) schreien; an-, aus-, zu-rufen; zetern; ~ *por auxílio* um Hilfe rufen; ~ *com alg.* j-n an-fahren, -schreien; ~aria [~ɐ'riɐ] *f* Geschrei *n*; ~o ['gritu] *m* Schrei *m*; Ruf *m*; ~ *de guerra* Feldgeschrei *n*; ~s *pl.* Geschrei *n*; *aos* ~s schreiend; *dar* ~s schreien; *dar um* ~ aufschreien.

grogue ['grɔɣə] *m* Grog *m*.

grosa ['grɔzɐ] *f* **a**) Gros *n*; **b**) Raspel *f*.

groselha [gru'zɛʎɐ] *f* Johannisbeere *f*; Johannisbeersaft *m*.

gross|aria [grusɐ'riɐ] *f* Grobheit *f*; Flegelei *f*; Ungehörigkeit *f*; ~eirão [~ei'rɐ̃u] **1.** *adj.* ungeschliffen, flegelhaft; **2.** *m* Flegel *m*, Lümmel *m*; ~eiro [~'seiru] grob (*a. fig.*); plump; *fig.* ungeschliffen; roh; gemein; ~eria [~ə'riɐ] *f* = ~*aria*; ~ista *bras.* [~'siʃtɐ] **1.** *adj.* Groß(handels)...; **2.** *m* Großhändler *m*; ~o ['grosu (-ɔ-)] **1.** *adj.* dick; umfangreich; groß; stark; schwer; hoch (*Spiel*); **2.** *adv.* sehr; stark; ernst; *falar* ~ *fig.* F Krach schlagen; *jogar* ~ hoch spielen; **3.** *m der* dicke(re) Teil *m*; Haupt-teil *m*, -macht *f*; *em* ~ in großem Stil; unbesehen; *por* ~ ✝ en gros; *preço m* (*venda f*) *por* ~ Engros-preis (-verkauf) *m*; *comércio m por* ~ Großhandel *m*; ~ura [~'surɐ] *f* Dicke *f*, Stärke *f*.

grotesco [gru'teʃku] grotesk.

grou [gro] *m* Kranich *m*.

grua ['gruɐ] *f* Kran *m*; ~ *de alimentação* 🚂 Wasserkran *m*.

grud|ar [gru'ðar] (1a) ver-, zs.-leimen, -kleben; *v/i.* (zs.-)kleben; *fig.* zs.-passen; übereinstimmen; *não gruda!* F das gilt (*od.* verfängt) nicht!; ~ar-se *fig.* anea.-geraten; ~e ['gruðə] *m* (*a. f*) (Tischler-)Leim *m*; Kleister *m*; *bras.* Schlägerei *f*.

grulhar [gru'ʎar] (1a) daherreden, schwätzen.

grumete [~'metə] *m* Schiffsjunge *m*.

grum|o ['grumu] *m* Klümpchen *n*; ~oso [gru'mozu (-ɔ-)] klumpig.

grunh|ido [gru'ɲiðu] *m* Grunzen *n*; ~ir [~ir] (3a—D1) grunzen; *fig.* murren.

grupo ['grupu] *m* Gruppe *f*, Zirkel *m*; *Freundes*-Kreis *m*; *Maschinen*-Satz *m*.

grut|a ['grutɐ] *f* Grotte *f*; Höhle *f*; ~esco [gru'teʃku] *m pint.* Grottenstück *n*; Groteske *f* (*Ornament*).

guaçu *bras.* [gwa'su] groß, Groß...

guaiaca *bras.* [gwa'jakɐ] *f* Geldkatze *f*; Gürteltasche *f*.

guáiaco ['gwajaku] *m* Guajakbaum *m*; Guajak-, Heiligen-, Pock-holz *n*.

gualdrapa [gwał'drapɐ] *f* Schabracke *f*.

guamp|a *bras.* ['gwɐ̃mpɐ] *f* (Trink-) Horn *n*; ~aço *m*, ~ada *f* [gwɐ̃m'pasu, -adɐ] *bras.* Stoß *m* mit den Hörnern; ~udo *bras.* [gwɐ̃m'puðu] gehörnt, Horn...

guano ['gwɐnu] *m* Vogeldünger *m*.

guap|ear *bras.* [gwa'pjar] (1l) schneidig auftreten; ~etão *bras.* [~pe'tɐ̃u] *m* schneidiger Kerl *m*; Aufschneider *m*; ~eza *bras.* [~ezɐ] *f* = ~ice [~isə] *f* Schneid *m*; Schick *m*; ~o ['gwapu] tapfer, schneidig; F schick; fesch.

guará *bras.* [gwa'ra] *m* Wolfshund [*m*.]

guaraná *bras.* [~rɐ'na] *m* Guaranapaste *f*, -limonade *f*.

guarapa [~'rapɐ] *f* = *garapa*.

guarda ['gwarðɐ] **1.** *m* Wächter *m*; Aufseher *m*; Schutzmann *m*; F Schupo *m*; Wachtposten *m*; ~ *campestre*, ~ *rural* Flur-, ~ *florestal* Wald-hüter *m*; ~ *fiscal* Zollbeamte(r) *m*; ~-*marinha* Fähnrich *m* zur See; **2.** *f* Aufbewahrung *f*; Wache *f*; Bewachung *f*, Schutz *m*; *Säbel*-Korb *n*; *esgr.* Deckung *f*; *Unterschrifts*-Schnörkel *m*; Vorsatz *m* (*Buch*); Wächterin *f*, Wärterin *f*; ~s *pl.* Geländer *n*, Brüstung *f*; ~ *avançada* Vorhut *f*; ~ *nacional* Bürgerwehr *f*; ♀ *Republicana* Guarda Republicana *f* (*port. berittene Polizeitruppe*); *cão m de* ~ Wachhund *m*; *corpo m da* ~ Wache *f*; *pôr-se em* ~ in Deckung gehen; *render a* ~ die Wache ablösen; *ó da* ~! zu Hilfe!; ~-barreira(s) [~βɐ'ʀeirɐ] *m*(*pl.*) Zollwächter *m*; 🚂 Schrankenwärter *m*; ~-cancela(s) *bras.* [~kɐ̃'sɛlɐ] *m*(*pl.*) Schrankenwärter *m*; ~-chuva (-s) [~'ʃuvɐ] *m*(*pl.*) Regenschirm *m*; ~-costas (*pl. unv.*) [~'kɔʃtɐʃ] *m* Küstenwachschiff *n*; *fig.* Leibwächter *m*; ~ *pl.* Leibwache *f*; ~-fato(s) [~'fatu] *m*(*pl.*) Kleiderschrank *m*; ~-fios (*pl. unv.*) [~'fiuʃ] *m* Telegraphenarbeiter *m*; ~-fogo(s) [~'foɣu(-ɔ-)] *m*(*pl.*) Kaminvorsatz *m*; Brandmauer *f*; ~-freio(s) [~'freju] *m(pl.)* Bremser *m*; Wagenführer *m* *der Straßenbahn*; **~-jóias** (*pl. unv.*) [~'ʒɔjɐʃ] *m* Schmuckkasten *m*; **~-lama(s)** [~'lɐmɐ] *m(pl.)* Spritzleder *n*; *Fahrrad*: Schutzblech *n*; *auto.* Kotflügel *m*; Stoß *m an Kleidern*; **~-linha(s)** [~'liɲɐ] *su.* (*pl.*) 🚂 Streckenwärter(in *f*) *m*; **~-livros** (*pl. unv.*) [~'livruʃ] *m* Buchhalter *m*; **~-loiça, ~-louça(s)** [~'loisɐ, ~'losɐ] *m(pl.)* Geschirr-schrank *m*, -bord *n*; **~-mão(s)** [~'mɐ̃u] *m(pl.)* *Degen*-Gefäß *n*; **~-mor** [~'mɔr] *m* Oberaufseher *m*; ~ *da alfândega* Oberzollinspektor *m*; ~ *de saúde* Chef *m* der Gesundheitspolizei; **~-móveis** (*pl. unv.*) [~'mɔveiʃ] *m bras.* Möbellager *n*; **~napo(s)** [~'napu] *m(pl.)* Mundtuch *n*, Serviette *f*; **~-noc-turno** [~nɔ'turnu] *m* Nachtwächter *m*; **~-pó(s)** [~'pɔ] *m(pl.)* Staubmantel *m*; *Dach*-Verschalung *f*; **~-portão** (**-ões**) [~pur'tɐ̃u] *m(pl.)* Pförtner *m*; **~-prata(s)** [~'pratɐ(ʃ)] *m(pl.)* Silberschrank *m*.

guardar [gwɐr'ðar] (1b) bewachen; (be)hüten, beaufsichtigen; (be-)schützen; (auf)bewahren, verwahren; einstecken; (zurück)behalten; (in sich) bergen; aufsparen; *j-m et.* vorbehalten; *Distanz* (ein)halten; *Prinzip* aufrechterhalten; *Gesetz* beobachten; **~-se** sich hüten *od.* schützen (vor [*dat.*] de).

guarda|-redes (*pl. unv.*) [ˌgwarðɐ'ʀeðɨʃ] *m* Torwart *m*; **~-roupa(s)** [~'ropɐ] **1.** *m(pl.)* Kleiderschrank *m*; Kostümverleih *m*; *tea.* Kleider- u. Requisitenkammer *f*, Garderobe *f*; **2.** *su.* Garderobier *m*, -iere *f*; **~-sol** (**-sóis**) [~'sɔɫ] *m(pl.)* Sonnenschirm *m*; **~-vento(s)** [~'vẽntu] *m(pl.)* Windfang *m*; **~-vestidos** (*pl. unv.*) [~vɨʃ'tiðuʃ] *m* Kleiderschrank *m*; **~-vista(s)** [~'viʃtɐ] *m(pl.)* Augenschirm *m*; **~-voz** (**-es**) [~'vɔʃ] *m(pl.)* Schalldeckel *m der Kanzel*.

guardião (**-ães, -ões**) [gwɐr'ðjɐ̃u (-ɐ̃iʃ, -õiʃ)] *m* Guardian *m*; *Sport*: Torwart *m*.

guari|da [~'riðɐ] *f* Bau *m*, Höhle *f*; *fig.* Schlupfwinkel *m*; *dar* ~ aufnehmen; *fig.* Raum geben; **~ta** [~tɐ] *f* Schilderhaus *n*; Bahnwärterhäuschen *n*.

guarn|ecer [gwɐrnə'ser] (2g) ausrüsten; *mit Material* versehen; *mit Truppen* belegen *od.* besetzen; *Kleid* besetzen, einfassen; *Wand* verputzen; ausschmücken; verzieren; garnieren; ⊕ *a.* lidern; **~ição** [~i'sɐ̃u] *f* Garnison *f*; *Schiffs*-Besatzung *f*; *Kleider*-Besatz *m*; *Degen*-Gefäß *n*; *Pferde*-Geschirr *n*; Reitzeug *n*; Beschlag *m*, Verzierung *f*; Ausrüstung *f*; (Ein-)Fassung *f*; Garnitur *f*; ⊕ *a.* Dichtung *f*, Packung *f*.

guar-te! ['gwartə] *Zs.-ziehung v. guarda-te!* Achtung!; *sem tir-te nem* ~ mir nichts dir nichts.

guê [ge] *m Name des Buchstabens g vor a, o, u od. Konsonant.*

guedelha [gə'ðeʎɐ] *f* Mähne *f*.

guelra ['gɛɫʀɐ] *f* Kieme *f*.

guerr|a ['gɛʀɐ] *f* Krieg *m*; ~ *a frio*, ~ *fria* (*ardente*) *der* kalte (heiße) Krieg; ~ *civil* Bürgerkrieg *m*; *a Grande* ♀, *a* ♀ *Mundial* der Weltkrieg; *dar* ~ *a* j-m das Leben sauer m.; *fazer* ~ *a* Krieg führen gegen; = **~ear** [gə'ʀjar] (1l) bekriegen, bekämpfen; *v/i.* Krieg führen; kämpfen; **~eiro** [gə'ʀeiru] **1.** *m* Krieger *m*; **2.** *adj.* kriegerisch; **~ilha** [gə'ʀiʎɐ] **1.** *f* Guerilla *f*; **2.** *m* = **~ilheiro** *m* Partisan *m*; ~*s pl.* Guerillas *pl.*; ~*s urbanos* Mitglieder *n/pl.* der Stadtguerilla.

guia ['giɐ] **1.** *f* Führung *f*; Leitfaden *m*; Richtschnur *f*; Begleit-, Fracht-, Zoll-schein *m*; Paket-, Zahl-karte *f*; Schwungfeder *f*; *Pferde*-Leine *f*; Vorspann *m*; ⊕ Steuerung *f*; ~*s pl.* Schnurrbartspitzen *f/pl.*; **2.** *m* Führer *m*; Stadtplan *m*; 🚂 Kursbuch *n*; *Autobus*-Fahrplan *m*; Postbestimmungen *f/pl.*; Sprachführer *m*; Leittier *n e-r Herde*; Register *n in Büchern*.

gui|ador [gjɐ'ðor] *m* Führer *m*; Register *n*; = ~*dão*; **~ão** (**-ães, -ões**) [gjɐ̃u (-ɐ̃iʃ, -õiʃ)] *m(pl.)* Prozessionsfahne *f*; = ~*dão*; **~ar** [gjar] (1g) führen; leiten; *Pferd, Wagen* lenken; *Auto* fahren; *carta f de* ~ Führerschein *m*; **~ar-se** *por* sich richten nach; **~dão** [gi'ðɐ̃u] *m* Lenkstange *f*.

guilhotin|a [giʎu'tinɐ] *f* Fallbeil *n*; Papierschneidemaschine *f*; **~ar** [~ti'nar] (1a) *mit dem Fallbeil* hinrichten; köpfen.

guin|ada [gi'naðɐ] *f* Kursschwenkung *f* (*a. fig.*); Seitensprung *m des Pferdes*; P Stechen *n*; Anfall *m*; **~ar** [~ar] (1a) im Zickzack fahren, keinen Kurs halten; (zur Seite) springen, ausweichen.

guinch|ar [gĩ'ʃar] (1a) kreischen; **~o** ['gĩʃu] *m* **a**) Aufschrei *m*; *zo.* Mauersegler *m*; **b**) ⊕ Winde *f*.

guind|ado [gĩn'daδu] geschraubt (*Stil*); **~agem** [~aʒẽi] *f* Hissen *n*; Heben *n*; **~alete** [~dɐ'letə] *m* Hebetau *n*; Drahtseil *n*; **~ar** [~ar] (1a) aufwinden, heben; hochbringen; *Sätze* drechseln; **~ar-se** sich versteigen; **~aste** [~'daʃtə] *m* Kran *m*; Hebezeug *n*, Winde *f*.

guisa ['gizɐ]: *à ~ de* als; nach Art eines (einer); *de tal ~* derart.

guis|ado [gi'zaδu] *m* Gulasch *m*; **~ar** [~ar] (1a) schmoren; an-richten, -stiften; *Ränke* schmieden.

guita ['gitɐ] *f* Bindfaden *m*.

guitarr|a [gi'taʀɐ] *f* portugiesische (*12saitige*) Gitarre *f*; **~ada** [~tɐ'ʀaδɐ] *f* Gitarren-konzert *n*, -ständchen *n*; **~ista** [~tɐ'ʀiʃtɐ] *m* Gitarrist *m*.

guizo ['gizu] *m* Glöckchen *n*, Schelle *f*.

gula ['gulɐ] *f* Gefräßigkeit *f*; Völlerei *f*.

gulo|dice, ~seima [gulu'δisə, ~'zeimɐ] *f* Leckerbissen *m*; Leckerei *f*; = **~sice** [~'zisə] *f* Naschhaftigkeit *f*; Eßgier *f*; **~so** [~'lozu (-ɔ-)] naschhaft; gefräßig; *ser ~ de* erpicht sn auf (*ac.*).

gume ['gumə] *m* Schneide *f*; *fig.* Scharf-sinn *m*, -sicht *f*; *de dois ~s* zweischneidig.

gumífero [gu'mifəru] Gummi...

guri *m*, **-ia** *f bras.* [gu'ri, -iɐ] Kind *n*; Gör *n*; Bengel *m*, Göre *f*; **~zada** *bras.* [~ri'zadɐ] *f* Kinderschar *f*.

gurupés ⚓ [~ru'pɛʃ] *m* Bugspriet *m*.

gusa ['guzɐ] *f Eisen*-Guß *m*, Massel *f*; *ferro m ~* Roheisen *n*.

gusano [~'zɐnu] *m* Made *f*, Wurm *m*.

gusta|ção [guʃtɐ'sɐ̃u] *f* Kosten *n*, Schmecken *n*; **~tivo** [~'tivu] Geschmacks...

gutural [~tu'rał] Kehl...; guttural.

H

H, h [ɐ'ɣa] *m* H, h *n.*
há [a] *s. haver; bras.*: *há (que) inf.* man muß *inf.*; *não há (que) inf.* man braucht nicht zu *inf.*
hábil ['aβiɫ] geschickt; gewandt; fähig; berechtigt.
habili|dade [ɐβəli'ðaðə] *f* Geschicklichkeit *f*; Gewandtheit *f*; Fähigkeit *f*; **~s** *pl.* Kunststücke *n/pl.*; **~doso** [~'ðozu] kunstfertig; geschickt; **~tação** [~tɐ'sɐ̃u] *f* Befähigung *f*; Berechtigung *f*; ⚖ Rechtsfähigkeit(serklärung) *f*; **-ões** *pl.* Befähigungs-, Berechtigungs-nachweis *m*; Fähigkeiten *f/pl.*; Kenntnisse *f/pl.*; **~tado** [~'taðu] mit Berufserfahrung *f*; **~tar** [~'tar] (1a) befähigen, fähig m.; ausbilden; herrichten; berechtigen (zu *a*); für (rechts)fähig erklären; **~tar-se** sich üben; F sich stark m.; s-e Rechtsfähigkeit betreiben (*od.* nachweisen); s-e Berechtigung (*od.* Befähigung) nachweisen; **~** *para professor* die Lehrberechtigung erwerben.
habit|ação [ɐβitɐ'sɐ̃u] *f* Wohnung *f*; **~ante** [~'tɐ̃ntə] *su.* Bewohner(in *f*) *m*; Einwohner(in *f*) *m* (*Stadt, Land*); Anwohner(in *f*) *m e-r Straße*; **~ar** [~'tar] (1a) bewohnen, wohnen in (*dat.*); *v/i.* wohnen.
hábito ['aβitu] *m* **a**) Gewohnheit *f*; **b**) äußere Erscheinung *f*; Auftreten *n*; **c**) Ordenskleid *n*; *Mönchs*-Kutte *f*; Amtstracht *f*; **~s** *pl. menores* (Unter-)Wäsche *f.*
habitu|al [ɐβi'twaɫ] gewöhnlich; gewohnt; Gewohnheits...; **~ar** [~ar] (1g) gewöhnen (an [*ac.*] *a*).
hálito ['alitu] *m* Hauch *m*; Atem *m.*
halo ['alu] *m ast.* Hof *m*; *anat.* V Warzenhof *m*; *fot.* Lichthof *m*; *fig.* Nimbus *m.*
haltere [aɫ'tɛrə] *m* Hantel *f.*
hamburguês [ɐmbur'ɣeʃ] **1.** *adj.* hamburgisch; **2.** *m* Hamburger *m.*
hangar [ɐ̃ŋ'gar] *m* (Flugzeug-) Schuppen *m*; Luftschiffhalle *f.*
hans|a ['ɐ̃sɐ] *f* Hansa *f*, Hanse *f*; **~eático** [ɐ̃'sjatiku] Hanse..., hanseatisch.
harmonia [ɐrmu'niɐ] *f* Harmonie (-lehre) *f*; Ein-, Wohl-, Zs.-klang *m*; Eintracht *f.*
harmón|ica [~'mɔnikɐ] *f* Harmonika *f* (*a. fig.*); **~ico** [~iku] harmonisch; **~io** [~ju] *m* Harmonium *n*; *fig.* = **~ica**.
harmon|ioso [~mu'njozu (-ɔ-)] harmonisch; ausgeglichen; einträchtig; **~izar** [~ni'zar] (1a) in Einklang bringen; ♪ harmonisieren; *v/i.* in Einklang stehen, harmonieren.
harp|a ['arpɐ] *f* Harfe *f* (*eólia* Äols...); **~ear** [ɐr'pjar] (1l) = **~ejar** [ɐrpɨ'ʒar] (1d) Harfe spielen.
hast|a ['aʃtɐ] *f* Speer *m*, Lanze *f*; **~** *pública* öffentliche Versteigerung *f*; *vender em* **~** *pública* öffentlich versteigern; **~e** [~ə] *f* Schaft *m*; (Fahnen-)Stange *f*; *Pflanzen*-Stengel *m*; Horn *n* (*Stier*); ⚓ Topp *m*; *meia* **~** halbmast; **~ear** [ɐʃ'tjar] (1l) *Fahne* hissen; (auf)stecken; befestigen; **~ear-se** flattern; **~il** [ɐʃ'tiɫ] *m* Schaft *m*; Stiel *m.*
haurir [au'rir] (3a—D1) schöpfen; schlürfen.
havana *bras.*, **-o** [a'vɐnɐ, -u] *m* Havanna *f* (*Zigarre*).
haver [ɐ'ver] (2z) **1.** *persönl.* haben, besitzen; bekommen; finden, glauben; *gelegentlich als Hilfsverb neben ter*; *haver de inf.* (*mit Bindestrich in folgenden Formen*: *hei-de, hás-de, há-de, hão-de*) sollen *inf.*; sicher *inf.* werden; **~** *por* halten für (*ac.*), ansehen als (*ac.*); **~** *por bem* für gut befinden; *que Deus haja!* Gott hab' ihn selig!; *bem haja* wohl ihm; wohl dem, *der*; **2.** *unpers.* (*não*) *há* (*od. havia*) *três dias* (*que*) vor *od.* seit (weniger als) drei Tagen; es ist *od.* war (noch keine) drei Tage her; *há muito* (*pouco*) (*que*) vor (*od.* seit) langer (kurzer) Zeit; längst (kürzlich); *há* es gibt; es ist (*od.* sind) (da); es findet (*od.* finden) statt; es kommt vor; *há que* + *inf.* man muß + *inf.*; *não há de quê!* keine Ursache!; *não há como* es geht nichts über (*ac.*); **3.** **~-se** sich

benehmen; ~ *com alg.* mit j-m abrechnen; **4.** *m* Haben *n*; ~**es** *pl.* Habe *f*; Vermögen *n*.
haxixe [ɐ'ʃiʃə] *m* Haschisch *n*.
hebdomadário [ɛβδumɐ'δarju] *m* Wochenblatt *n*.
hebraico, -reu [i'βraiku, -eu] **1.** *adj.* hebräisch; **2.** *m* Hebräer *m*.
hectare [ɛk'tarə] *m* Hektar *n*.
hediondo [i'δjõndu] scheußlich.
hegemonia [iʒəmu'niɐ] *f* Hegemonie *f*, Oberherrschaft *f*.
hegemónico [~'mɔniku] hegemonisch
hélice ['ɛlisə] *f* Spirale *f*, Schraubenlinie *f*; (Schiffs-)Schraube *f*; ✈ Propeller *m*; ⚠ *u.* ⊕ Schnecke *f*.
helicóptero [ɛli'kɔptəru] *m* Hubschrauber *m*, Schraubenflugzeug *n*.
hélio ⚗ ['ɛlju] *m* Helium *n*.
helio|gravura [ɛljuɣrɐ'vurɐ] *f* Lichtdruck *m*; ~**scópio** [~ʃ'kɔpju] *m* Sonnenglas *n*; ~**trópio** [~'trɔpju] *m* ⚘ *u. Min.* Heliotrop *n*.
hem! [ɐ̃i] was!?
hema(to)... [ɛmɐ(tu)...] *in Zssgn* Blut...; *z.B.*: *hematologia f* Lehre *f* vom Blut; *boletim m* ~*tológico* Blutbild *n*.
hemi|ciclo [əmi'siklu] *m* Halb-kreis *m*, -rund *n*; ~**sfério** [~ʃ'fɛrju] *m* Halbkugel *f*, Hemisphäre *f*.
hemo|filia [ɛmɔfi'liɐ] *f* Bluterkrankheit *f*; ~**fílico** [~'filiku] *m* Bluter *m*; ~**plástico** [~'plaʃtiku] blutbildend; ~**ptise** [~p'tizə] *f* Blutsturz *m*; ~**rragia** [~ʀɐ'ʒiɐ] *f* Blutung *f*; Bluterguß *m*; ~**rróidas, -es** [~'ʀɔiδɐʃ, -iʃ] *f/pl.* Hämorrhoiden *f/pl.*; ~**stático** [~ʃ'tatiku] (*m*) blutstillend(es Mittel *n*).
hep|atalgia [ɛpɐtał'ʒiɐ] *f* Leberschmerz *m*; ~**ática** ⚘ [~'patikɐ] *f* Leberkraut *n*; ~**ático** [~'patiku] Leber...; leberkrank; ~**atite** [~ɐ'titə] *f* Leberentzündung *f*.
hera ['ɛrɐ] *f* Efeu *m*.
heráldica [i'rałdikɐ] *f* Wappenkunde *f*.
herança [i'rɐ̃sɐ] *f* Erbschaft *f*, Erbe *n*; ⚕ Vererbung *f*; *deixar em* ~ hinterlassen; vermachen.
herb|áceo [ir'basju] Kraut...; ~**anário** [~bɐ'narju] = *ervanário*; ~**ário** [~arju] *m* Pflanzensammlung *f*, Herbarium *n*; ~**ívoro** [~ivuru] grasfressend; ~**orista** [~bu'riʃtɐ] *m* Kräuter-sammler *m*, -händler *m*; ~**orizador** *m*, **-a** *f* [~burizɐ'δor] Pflanzensammler(in *f*) *m*; ~**orizar** [~buri'zar] (1a) botanisieren.
hercúleo [ir'kulju] herkulisch.
herd|ade [ir'daδə] *f* Hof *m*, Landgut *n*; ~**ar** [~ar] (1c) erben; vererben, hinterlassen; ~**eiro** *m*, **-a** *f* [~eiru, -ɐ] Erbe *m*, Erbin *f*.
heredit|ariedade [irəδitɐrje'δaδə] *f* Erblichkeit *f*; Vererbung *f*; ~**ário** [~'tarju] erblich, Erb...
here|ge [i'rɛʒə] **1.** *su.* Ketzer(in *f*) *m*; **2.** *adj.* ketzerisch; ~**sia** [irə'ziɐ] *f* Ketzerei *f*; Irrlehre *f*.
herético [i'rɛtiku] ketzerisch.
hermético [ir'mɛtiku] luftdicht, hermetisch; *fig.* undurchdringlich.
hérnia ⚕ ['ɛrnjɐ] *f* Bruch *m*.
herói [i'rɔi] *m* Held *m*.
her|oicidade [irwisi'δaδə] *f* Heldentum *n*; ~**óico** [i'rɔiku] heldenmütig; heldisch, Helden...; ~**oína** [i'rwinɐ] *f* Heldin *f*; *farm.* Heroin *n*; ~**oísmo** [i'rwiʒmu] *m* Heldenmut *m*.
hertziano ⚡ [ɛr'tsjɐnu]: *ondas f/pl.* -*as* Hertzsche Wellen *f/pl.*
hesit|ação [əzitɐ'sɐ̃u] *f* Unschlüssigkeit *f*; Zögern *n*; ~**ante** [~'tɐ̃ntə] unschlüssig; zögernd; ~**ar** [~'tar] (1a) schwanken; stocken; ~ *em inf.* zögern (*od.* Anstand nehmen) zu *inf.*; davor zurückschrecken zu *inf.*
hetero|doxo [ətəru'δɔksu] irrgläubig; andersgesinnt; ~**géneo** [~'ʒɛnju] verschieden(artig).
hex|aedro [ɛksɐ'ɛδru] *m* Sechsflächner *m*, Würfel *m*; ~**agonal** [~ɐɣu'nał] sechseckig; ~**ágono** [ɛk'saɣunu] *m* Sechseck *n*; ~**âmetro** [ɛk'sɐmətru] *m* Hexameter *m*.
hiato ['jatu] *m gram.* Hiatus *m*; *fig.* Lücke *f*; Sprung *m*.
hibern|ação [iβərnɐ'sɐ̃u] *f* Winterschlaf *m*; ~**al** [~'nał] winterlich, Winter...; ~**ar** [~'nar] (1c) überwintern.
híbrido ['iβriδu] *adj.* Zwitter...
hidr|atar [iδrɐ'tar] (1b) hydrieren; hydratisieren; ~**ato** [i'δratu] *m* Hydrat *n*; ~**áulica** [i'δraulikɐ] *f* Hydraulik *f*; ~**áulico** [i'δrauliku] hydraulisch; Wasser...; ~**elétrica** *bras.* [~i'lɛtrikɐ] *f* Wasserkraftwerk *n*.
hídrico ['iδriku] wäßrig, Wasser...; Wasserstoff...
hidr|oavião [iδrɔɐ'vjɐ̃u] *m* Wasserflugzeug *n*; ~**océfalo** ⚕ [~ɔ'sɛfɐlu] *m* Wasserkopf *m*; ~**oeléctrico**

[~oi'lɛtriku] hydroelektrisch; Wasserkraft...; **~ófilo** [i'ðrɔfilu] wassersaugend, hydroskopisch; **~ofobia** ⚕ [~ɔfu'βiɐ] *f* Wasserscheu *f*; Tollwut *f*; **~ófobo** [i'ðrɔfuβu] wasserscheu; toll(wütig); **~ogénio** [~ɔ'ʒɛnju] *m* Wasserstoff *m*; **~ografia** [~ɔɣrɐ'fiɐ] *f* Bewässerungs-verhältnisse *n/pl.*, -kunde *f*; **~ográfico** [~ɔ'ɣrafiku] Bewässerungs...; **~óides** [i'ðrɔiðɨʃ] *m/pl.* Hohltiere *n/pl.*; **~olisar** ⚗ [~ɔli'zar] (1a) der Hydrolyse unterwerfen; **~ólise** ⚗ [~ɔ'lizə] *f* Hydrolyse *f*; **~omel** [~ɔ'mɛɫ] *m* Honigwasser *n*; ~ *vinoso* Met *m*; **~ómetro** [i'ðrɔmətru] *m* Wassermesser *m*; **~ópico** ⚕ [i'ðrɔpiku] wassersüchtig; **~opisia** ⚕ [~ɔpi'ziɐ] *f* Wassersucht *f*; **~oplano** [~ɔ'plɐnu] *m* Wasserflugzeug *n*; **~oterapia** [~ɔtərɐ'piɐ] *f* Wasserheilkunde *f*.

hiena ['jɛnɐ] *f* Hyäne *f*.

hier|arquia [jerɐr'kiɐ] *f* Hierarchie *f*; Rangordnung *f*; **~árquico** [~'rarkiku] hierarchisch; Rang...; **~arquizar** [~ki'zar] (1a) hierarchisch gliedern.

hier|oglífico [~o'glifiku] hieroglyphisch; rätselhaft, unleserlich; **~óglifo** [~'rɔgliful] *m* Hieroglyphe *f*.

hífen ['ifen] *m* Bindestrich *m*.

higi|ene [i'ʒjɛnə] *f* Gesundheitspflege *f*, Hygiene *f*; **~énico** [~ɛniku] hygienisch; *pano m* ~ Damenbinde *f*.

higr|ómetro [i'ɣrɔmətru] *m* Luftfeuchtigkeitsmesser *m*, Hygrometer *n*; **~oscópio** [iɣruʃ'kɔpju] *m* Wetterhäuschen *n*; = *~ómetro*.

hilar|iante [ilɐ'rjẽntə] erheiternd; *gás m* ~ Lachgas *n*; **~idade** [~ri'ðaðə] *f* Heiterkeit *f*; Lachlust *f*.

hímen ['imen] *m anat.* Jungfernhäutchen *n*, Hymen *n*; *poét.* = **himeneu** [imə'neu] *m* Ehe(bund *m*) *f*; Hochzeit *f*; *mit.* Hymen *m*.

hindu [ĩn'du] **1.** *adj.* indisch; **2.** *m* Hindu *m*; *allg.* Inder *m*.

hino ['inu] *m* Hymne *f*.

hiper... ['ipɛr] *in Zssgn* Über..., übermäßig, hyper...

hipérbole [i'pɛrbulə] *f* Hyperbel *f*; *fig. a.* Übertreibung *f*.

hiper|bóreo [ipɛr'bɔrju] Nord...; **~estesia** ⚕ [~ɨʃtə'ziɐ] *f* Überempfindlichkeit *f*; **~tensão** ⚕ [~tẽ'sɐ̃u] *f* hohe(r) Blutdruck *m*; = **~tonia** [~tu'niɐ] *f* Hypertonie *f*; **~trofia** ⚕ [~tru'fiɐ] *f* Vergrößerung *f*, Hypertrophie *f*; **~trofiado** [~tru'fjaðu] vergrößert.

hípico ['ipiku] Pferde...; Reit...

hipismo [i'piʒmu] *m* Reitsport *m*.

hipn|ose [ip'nɔzə] *f* Hypnose *f*; **~ótico** [~ɔtiku] **1.** *adj.* hypnotisch; einschläfernd; **2.** *m* Betäubungsmittel *n*; **~otizador** [~nutizɐ'ðor] *m* Hypnotiseur *m*; **~otizar** [~nuti'zar] (1a) hypnotisieren; lähmen.

hipocondr|ia [ipukõn'driɐ] *f* Hypochondrie *f*; eingebildete Krankheit *f*; **~íaco** [~iɐku] **1.** *adj.* hypochondrisch; **2.** *m* Hypochonder *m*.

hipocrisia [~kri'ziɐ] *f* Heuchelei *f*; Scheinheiligkeit *f*; Muckertum *n*.

hipócrita [i'pɔkritɐ] **1.** *adj.* heuchlerisch; scheinheilig; **2.** *su.* Heuchler(in *f*) *m*.

hipodérmico [ipu'ðɛrmiku] sub-[kutan.]

hipódromo [i'pɔðrumu] *m* Reit-, Renn-bahn *f*.

hipófise [i'pɔfizə] *f anat.* Hirn-[anhangdrüse *f*.]

hipopótamo [ipu'pɔtɐmu] *m* Fluß-, Nil-pferd *n*; *fig.* Rindvieh *n*.

hipoteca [~'tɛkɐ] *f* Hypothek *f*.

hipotec|ado [~tə'kaðu] verschuldet; **~ar** [~ar] (1n; *Stv.* 1c) verpfänden; e-e Hypothek aufnehmen (*od.* legen) auf (*ac.*); belasten; *bras. fig. j-m et.* zusichern; **~ário** [~arju]: *direito m* ~ Pfandrecht *n*; **~ável** [~avɛɫ] verpfändbar.

hipotenusa ⟁ [~tə'nuzɐ] *f* Hypotenuse *f*.

hipótese [i'pɔtəzə] *f* Voraussetzung *f*; Annahme *f*, Hypothese *f*; *na melhor das ~s* bestenfalls; *na ~ de inf.* falls *ind.*

hipot|ensão [iputẽ'sɐ̃u] *f* = *~onia*; **~ético** [~'tɛtiku] hypothetisch, mutmaßlich; **~onia** [~u'niɐ] *f* niedrige(r) Blutdruck *m*, Hypotonie *f*; **~ónico** [~'tɔniku] *m* Hypotoniker *m*.

hirsuto [ir'zutu] struppig, zottig.

hirto ['irtu] steif, starr; straff, stramm; *fig.* wie versteinert.

hisp|ânico [iʃ'pɐniku] spanisch; **~ano(-)** [~ɐnu (*in Zssgn* -ɔ)] spanisch; hispano...

hissope [i'sɔpə] *m* Weihwedel *m*.

hist|eria [iʃtə'riɐ] *f* Hysterie *f*; **érico** [~'tɛriku] hysterisch; **~terismo** [~'riʒmu] *m* = *~eria*.

histologia [~ulu'ʒiɐ] *f* Histologie *f*, Gewebelehre *f*.

história [iʃ'tɔrjɐ] *f* Geschichte *f*; ~ *universal* Weltgeschichte *f*; ~ *sagrada* biblische Geschichte *f*; ~*s* (*da vida*)! Geschichten!, Märchen!; *qual* ~! Quatsch!; *isso é* ~! das ist geflunkert!; *deixar-se de* ~*s* keine Geschichten erzählen (*od.* m.).

histori|ado [iʃtu'rjaðu] geschichtenreich; umständlich; reichverziert; **~ador** [~rjɐ'ðor] *su.* Geschichtsschreiber(in *f*) *m*; Erzähler(in *f*) *m*; Historiker(in *f*) *m*; **~ar** [~ar] (1g) (die Geschichte *e-s Vorganges*) darstellen, erzählen; *fig.* verzieren, ausschmücken.

histórico [iʃ'tɔriku] geschichtlich.

histori|eta [iʃtu'rjetɐ] *f* Kurzgeschichte *f*; Histörchen *n*; **~ografia** [iʃtɔrjɔγrɐ'fiɐ] *f* Geschichtsschreibung *f*; **~ógrafo** [~'rjɔγrɐfu] *m* Geschichtsschreiber *m*.

hodierno [u'ðjɛrnu] heutig.

hoje ['oʒə] heute; *de* ~ heutig.

holandês [ulẽn'deʃ] **1.** *adj.* holländisch; **2.** *m*, **-esa** *f* Holländer(in *f*) *m*.

holo|causto [ulu'kauʃtu] *m* Brandopfer *n*, Holokaust *n*; *allg.* Opfer *n*; *oferecer em* ~ opfern; **~fote** [olo'fɔtə] *m* Scheinwerfer *m*.

homem ['ɔmẽi] *m* Mensch *m*; Mann *m*; ~ *de bem*, ~ *às direitas* Ehrenmann *m*; ~! Mensch!; Mann!

homen|agear [umənɐ'ʒjar] (1l) ehren; **~agem** [~'naʒẽi] *f* Huldigung *f*; *bsd.* Ehrung *f*; 🕮 Festschrift *f* (für *a*); ~*s pl.* verbindliche Grüße und Empfehlungen *pl.*; *prestar* ~ *a* ehren (*ac.*); *em* ~ *a* zu Ehren (*gen.*); in Anerkennung (*gen.*).

homenz|arrão [ɔmẽzɐ'ʀẽu] *m* Riese *m*, Kerl *m*; **~inho** [~'ziɲu] *m* Knirps *m*; *depr.* Männchen *n*.

homeopatia [omjopɐ'tiɐ] *f* Homoöpathie *f*.

homic|ida [umi'siðɐ] *su.* Totschläger(in *f*) *m*, Mörder(in *f*) *m*; **~ídio** [~iðju] *m* Totschlag *m*.

homília [u'miljɐ] *f rel.* Homilie *f*; *fig.* Moralpredigt *f*.

homiz|iar [~'zjar] (1g) verbergen; **~iar-se** flüchtig w.; **~io** [~'ziu] *m* Flucht *f*; Versteck *n*.

homófono [u'mɔfunu] gleichlautend, homophon.

homog|eneidade [umuʒənei'ðaðə] *f* Gleichartigkeit *f*; **~eneizar** [~ənei'zar] (1a) gleichartig m.; vereinheitlichen; **~éneo** [~'ʒɛnju] gleichartig; einheitlich, homogen.

homologar [umulu'γar] (1o; *Stv.* 1e) anerkennen; ⚖ rechtskräftig m.

homólogo [u'mɔluγu] **1.** *adj.* homolog; **2.** *m* Kollege *m*.

homónimo [u'mɔnimu] **1.** *adj.* gleichlautend; **2.** *m* Namensvetter *m*; *gram.* Homonym *n*.

homossexual [ɔmɔsɛk'swaɫ] homosexuell.

homúnculo [u'mũŋkulu] *m* Homunkulus *m*; *fig.* Knirps *m*.

honest|idade [unɛʃti'ðaðə] *f* Ehrbarkeit *f*; Ehrlichkeit *f*; **~o** [u'nɛʃtu] ehrbar; anständig; ehrlich.

honor|abilidade [unurɐβəli'ðaðə] *f* Ehrenhaftigkeit *f*; Verdienstlichkeit *f*; **~ário** [~'rarju] **1.** *adj.* ehrenamtlich; Ehren...; Honorar...; **2.** ~*s m/pl.* Honorar *n*; **~ífico** [~'rifiku] ehrenvoll; = ~*ário* 1.

honra ['õʀɐ] *f* Ehre *f*; ~*s pl.* Ehren (-titel *m/pl.*, -stellen) *f/pl.*; ~*s fúnebres*, ~*s supremas die* letzte Ehre *f*; Trauerfeier *f*; ~*s militares* militärische Ehrenbezeigungen *f/pl.*; *com* ~ ehrenvoll; *em* ~ *de* zu Ehren (*gen.*); *sob sua* ~ auf Ehre; *conceder* ~*s a* ehren (*ac.*); *dar* (*od. fazer*) ~ Ehre m., ehren; *fazer a* ~ *de inf.* die Ehre erweisen zu *inf.*; *fazer as* ~*s da casa* den Wirt (*od.* die Wirtin) m.; *ter a* ~ *de inf.* die Ehre h. (*od.* sich beehren) zu *inf.*; *ter as* ~*s da noite* der Held des Abends sn.

honr|adez [õʀɐ'ðeʃ] *f* Ehrbarkeit *f*, Rechtschaffenheit *f*; **~ado** [õ'ʀaðu] ehrenhaft; ehrbar; ehrlich; rechtschaffen; anständig, brav; **~ar** [õ'ʀar] (1a) ehren; beehren; **~ar-se** *com* (*od. de*) sich e-e Ehre m. aus, stolz sn auf (*ac.*); **~aria** [~ɐ'riɐ] *f* Würde *f*; Ehrung *f*; **~oso** [õ'ʀozu (-ɔ-)] ehrenvoll; ehrenwert.

hora ['ɔrɐ] *f* Stunde *f*; Zeit *f*; ~ *oficial*, ~ *legal* amtliche Uhrzeit *f*; ~ *da Europa central* mitteleuropäische Zeit *f*; ~*s extraordinárias* Überstunden *f/pl.*; *à* ~ pünktlich; = *por* ~ in der Stunde; *à* ~ *de* um die Zeit (*gen.*); *a qualquer* irgendwann; *à* ~ *que quiser* wann Sie wollen; *a toda*(*s*) *a*(*s*) *hora*(*s*) jederzeit; andauernd; *a que* ~*s* um wieviel Uhr?; *às duas* ~*s* (*e dez*, *menos dez*) um (zehn nach, zehn vor) zwei Uhr;

a altas ~*s*, *a* ~*s mortas* tief in der Nacht; *em boa* ~ sehr gelegen; glücklicherweise; *em má* ~ zur Unzeit; in dunkler Stunde; ungelegen; *a más* ~*s* spät; *à última* (*da*) ~, *em cima da* ~ in letzter Minute; *de* ~ *a* (*od. em*) ~ stündlich; ~*s e* ~*s*, ~*s esquecidas*, ~*s a fio* stundenlang; *na* ~ sofort; *fora de* ~*s* zu ungewöhnlicher Stunde; *dar* ~*s* schlagen (*Uhr*); *vor Hunger* brummen (*Magen*); *deram três* ~*s* es hat drei Uhr geschlagen; *dar as* ~*s a alg.* j-m sagen, wieviel Uhr es ist; *fazer* ~*s* die Zeit totschlagen; *ser* (*mais que*) ~*s* (höchste) Zeit sein; *ter* ~*s* (*certas*) genaue Zeit h.; (*não*) *ter* ~*s* (keine) feste(n) Zeiten h. (für, zu *de*, *para*); *ter* ~*s para tudo* nach der Uhr leben; *ter* ~ *marcada em* angemeldet sn bei; bestellt sn zu.

horoscópio, -óscopo [uruʃ'kɔpju, u'rɔʃkupu] *m* Horoskop *n*.

horário [u'rarju] **1.** *adj.* stündlich; *sinal m* ~ Zeitzeichen *n*; **2.** *m* Stundenplan *m*; 🚂 Fahrplan *m*; ~ *de trabalho* Arbeitszeit *f*.

horda ['ɔrδɐ] *f* Horde *f*, Bande *f*.

horizont|al [urizõn'tał] **1.** *adj.* waagerecht; **2.** *f* Waagerechte *f*; **~e** [~'zõntə] *m* Gesichtskreis *m*; Horizont *m*; *fig.* Weite *f*, Raum *m*; Weitblick *m*; Aussicht *f*.

horm|ona *f*, **~ônio** *m bras.* [ɔr'monɐ, ~onju] Hormon *n*.

horr|endo, ~ífico [u'ʀẽndu, ~ifiku] grausig; **~ipilante** [uʀipi'lẽntə] haarsträubend; grausig; **~ipilar** [~ipi'lar] (1a) entsetzen; **~ipilar-se** schaudern; sich grausen; **~ível** [~ivɛł] schrecklich; grauenhaft; **~or** [~or] *m* Entsetzen *n*; Abscheu *m* (*a. f*); Greuel *m*; Schandtat *f*; ~*es pl.* schreckliche Dinge *n/pl.*; *ter* ~ *a* nicht ausstehen können; *que* ~! (wie) entsetzlich!; **~orizar** [uʀuri'zar] (1a) mit Entsetzen erfüllen; **~orizar-se** sich entsetzen; **~oroso** [uʀu'rozu(-ɔ-)] entsetzlich.

horta ['ɔrtɐ] *f* Gemüsegarten *m*.

hort|aliça [uʀtɐ'lisɐ] *f* Gemüse *n*; **~aliceiro** *m*, **-a** *f* [~ɐli'seiru, -ɐ] Gemüsehändler(in *f*) *m*; **~elã** [~ə'lẽ] *f* Minze *f*; **~elão** *m*, **-oa** *f* [~ə'lɐ̃u, -oɐ] Gemüsegärtner(in *f*) *m*; **~elã-pimenta** [~əˌlẽpi'mẽntɐ] *f* Pfefferminze *f*; **~ense** [ur'tẽsə] Garten...; **~ênsia** [ur'tẽsjɐ] *f* Hortensie *f*; **~icultor** [~ikuł'tor] (Kunst-)Gärtner *m*; **~icultura** [~ikuł'turɐ] *f* Gartenbau *m*; **~igranjeiro** *bras.* [~igrẽ'ʒeiru] *m* Gemüsegärtner *m*; **~o** ['ortu] *m* (Kunst-)Gärtnerei *f*; ♀ *das Oliveiras* Ölberg *m*.

hosped|agem [uʃpə'δaʒɐ̃i] *f* Beherbergung *f*; Wohnung *f*; *dar* ~ *a alg.* = ~*ar*; **~ado** [~aδu]: *estar* ~ wohnen, logieren; **~ar** [~ar] (1c) beherbergen; bei sich wohnen l.; **~ar-se** absteigen; sich einlogieren; **~aria** [~δɐ'riɐ] *f* Gasthaus *n*.

hóspede ['ɔʃpəδə] *m* Gast *m*; Gastfreund *m*; Fremdling *m*; *fig.* Laie *m*; *casa f de* ~*s* Pension *f*.

hospedeiro [uʃpə'δeiru] **1.** *adj.* gastlich, gastfreundlich; Gast...; **2.** *m*, **-a** *f* Wirt(in *f*) *m*; ✈ Steward(eß *f*) *m*.

hosp|ício [uʃ'pisju] *m* Spital *n*; Asyl *n*; Hospiz *n*; **~ital** [~pi'tał] *m* Krankenhaus *n*; ~ *militar* Lazarett *n*.

hospital|ar [~pitɐ'lar] Krankenhaus...; **~eiro** [~eiru] gastfrei, gastlich; **~idade** [~li'δaδə] *f* Gastfreundschaft *f*; **~ização** [~lizɐ'sɐ̃u] *f* Aufnahme *f* ins Krankenhaus; Krankenhausaufenthalt *m*; **~izado** [~li'zaδu] im Krankenhaus (befindlich); *ser* (*ficar*) ~ ins Krankenhaus kommen; **~izar** [~li'zar] (1a) ins Krankenhaus einliefern (*od.* aufnehmen).

hoste ['ɔʃtə] *f* Heer *n*; Schar *f*.

hóstia ['ɔʃtjɐ] *f* Hostie *f*; Oblate *f*.

hostil [uʃ'tił] feindlich; feindselig; **~idade** [~təli'δaδə] *f* Feindseligkeit *f*; **~ização** [~təlizɐ'sɐ̃u] *f* Anfeindung *f*; *não* ~ Tolerierung *f*; **~izar** [~təli'zar] (1a) anfeinden; befehden; Schaden zufügen (*dat.*).

hotel [u'tɛł] *m* Hotel *n*, Gasthof *m*; **~aria** [utəlɐ'riɐ] *f* Hotel- und Gaststättengewerbe *n*; **~eiro** [utə'leiru] **1.** *m* Hotelbesitzer *m*, Hotelier *m*; **2.** *adj.*: *indústria f -a* = ~*aria*.

hulh|a ['uʎɐ] *f* Steinkohle *f*; ~ *branca* Wasserkraft *f*; **~eira** [u'ʎeirɐ] *f* Steinkohlengrube *f*.

hum! [ũ] *int.* hm!

human|amente [umɐnɐ'mẽntə]: ~ *possível* menschenmöglich; **~idade** [~i'δaδə] *f* Menschheit *f*; Menschlichkeit *f*; **~ismo** [~'niʒmu] *m* Humanismus *m*; **~ista** [~'niʃtɐ] **1.** *m* Humanist *m*; **2.** *adj.* = **~ístico** [~-

ˈniʃtiku] humanistisch; **~itário** [~i-ˈtarju] menschlich; humanitär; **~itarismo** [~itɐˈriʒmu] *m* Menschlichkeit *f*, Humanität *f*; **~izar(-se)** [~iˈzar(sə)] (1a) gesittet (*od.* menschlich) m. (*od.* w.); **~o** [uˈmɐnu] **1.** *adj.* menschlich; zwischenmenschlich (*Beziehungen*); **2.** *m* *~s pl. die* Menschen *m/pl.*

hum|edecer [uməδəˈser] (2g) an-, be-feuchten; **~edecer-se** feucht w.; **~idade** [~iˈδaδə] *f* Feuchtigkeit *f*.

húmido [ˈumiδu] feucht.

humild|ade [umiłˈdaδə] *f* Demut *f*; Bescheidenheit *f*; Bedeutungslosigkeit *f*; Ärmlichkeit *f*; **~e** [uˈmiłdə] demütig; bescheiden; gering; ärmlich, arm; untertänig(st).

humilh|ação [umiʎɐˈsɐ̃u] *f* Demütigung *f*; Erniedrigung *f*; **~ante** [~ˈʎɐ̃ntə] kränkend; **~ar** [~ˈʎar] (1a) demütigen; erniedrigen; beugen.

humílimo [uˈmilimu] *sup. v. humilde.*

humo [ˈumu] *m* Humus *m*.

humor [uˈmor] *m fig.* Laune *f*; Humor *m*; *~es pl. Körper*-Säfte *m/pl.*; *estar de bom (mau) ~* gut (schlecht) gelaunt sn; *com ~* launig.

humor|ado [umuˈraδu]: *bem (mal) ~* gut (schlecht) gelaunt; **~ista** [~iʃtɐ] *su.* Humorist(in *f*) *m*; **~ístico** [~iʃtiku] humoristisch; Witz…

húngaro [ˈũŋgɐru] **1.** *adj.* ungarisch; **2.** *m*, **-a** *f* Ungar(in *f*) *m*.

huno [ˈunu] *m* Hunne *m*.

hussardo [uˈsarδu] *m* Husar *m*.

I

I, i [i] *m* I, i *n*; ~ *grego* Ypsilon *n*; *pl. is od. ii*; *pôr os pontos nos ii* die Sache klarstellen; deutlich m.
iambo [ˈjẽmbu] *m* Jambus *m*.
ianque [ˈjẽŋkə] **1.** *m* Yankee *m*; *allg.* Nordamerikaner *m*; **2.** *adj.* (nord-) amerikanisch.
iaque [ˈjakə] *m zo.* Jak *m*.
iate ⚓ [ˈjatə] *m* Jacht *f*.
ibérico [iˈβɛriku] iberisch.
ibero [iˈβɛru] **1.** *m* Iberer *m*; **2.** *in Zssgn* ibero-...
ibirapitanga [iβirapiˈtẽŋgɐ] *f* Brasilholz *n*.
içar [iˈsar] (1p) hissen; auf-, hochwinden.
iconoclasta [ikonoˈklaʃtɐ] *m* Bilderstürmer *m*.
ict|erícia ⚕ [iktəˈrisjɐ] *f* Gelbsucht *f*; **~érico** [ikˈtɛriku] gelbsüchtig.
ictio... [ˈiktjɔ] *in Zssgn* Fisch...; **~se** ⚕ [ikˈtjɔzə] *f* Hautschuppen *f/pl.*
ida [ˈiδɐ] *f* Gang *m*; Reise *f* (nach *a*); Weggang *m*, Abreise *f*; *~s e voltas* (*od. vindas*) *pl.* Kommen und Gehen *n*; Hin und Her *n*; *~ e volta* 🚆 hin und zurück; *bilhete m de ~ e volta* Rückfahrkarte *f*.
idade [iˈδaδə] *f* Alter *n*; Zeitalter *n*; *pouca ~* Jugend *f*; *entrar em ~* ins Alter kommen; *estar em ~ de* alt genug sn zu; *que ~ tem?* wie alt sind Sie?; *tenho vinte anos de ~* ich bin zwanzig Jahre alt; *ter a ~ de* so alt sn wie; *de (muita) ~* (sehr) alt; *de meia ~* mittleren Alters; *sobre ~* in vorgerückten Jahren; *♀ Média das* Mittelalter.
ide|ação [iδjɐˈsɐ̃u] *f* Erdenken *n*, Entwerfen *n*; Vorstellung *f*; **~ador** [~ɐˈδor] *m* Erfinder *m*, Urheber *m*; **~al** [iˈδjaɫ] **1.** *adj.* ideal, vorbildlich; ideell, erträumt; **2.** *m* Ideal *n*; **~alidade** [~ɐliˈδaδə] *f* Idealität *f*; Traum *m*; **~alismo** [~ɐˈliʒmu] *m* Idealismus *m*; **~alista** [~ɐˈliʃtɐ] **1.** *adj.* idealistisch; **2.** *su.* Idealist(in *f*) *m*; **~alização** [~ɐlizɐˈsɐ̃u] *f* Idealisierung *f*; = *~ação*; **~alizar** [~ɐliˈzar] (1a) idealisieren; = **~ar** [iˈδjar] (1l) erdenken, ersinnen; entwerfen; sich vorstellen; **~ário** [iˈδjarju] *m* Ideenwelt *f*, Ideen *f/pl.*; **~ável** [iˈδjavɛɫ] denkbar; vorstellbar.
ideia [iˈδɛjɐ] *f* Idee *f*, Gedanke *m*; Vorstellung *f*; Begriff *m*; Einfall *m*; *~-força f* Zwangsvorstellung *f*; *fazer ~ de a/c.* sich et. vorstellen können; *não fazer (od. ter) (a mínima) ~* keine (nicht die geringste) Ahnung h.; *perder (tirar) de ~* sich aus dem Kopf schlagen; *meter na ~* in den Kopf setzen.
id|enticamente [iˌδẽntikɐˈmẽntə] auf die nämliche (*od.* auf einerlei) Weise; **~êntico** [iˈδẽntiku] identisch; einerlei, gleich.
identi|dade [iδẽntiˈδaδə] *f* Identität *f*; *bilhete m de ~* Personalausweis *m*; *chapa (od. placa) f de ~* ⚔ Erkennungsmarke *f*; **~ficar** [~əfiˈkar] (1n) identifizieren; **~ficar-se** *com* aufgehen in (*dat.*); sich zu eigen m. (*ac.*); **~ficável** [~əfiˈkavɛɫ] identifizierbar, erkennbar.
ideo|logia [iδjuluˈʒiɐ] *f* Ideologie *f*; Weltanschauung *f*; Ideengeschichte *f*; **~logicamente** [~ˌlɔʒikɐˈmẽntə] aus ideologischen Gründen; **~lógico** [~ˈlɔʒiku] ideologisch; weltanschaulich; ideengeschichtlich; **~logista** [~luˈʒiʃtɐ] (*a.* **ideólogo** [iˈδjɔluγu]) *m* Ideologe *m*.
idíl|ico [iˈδiliku] idyllisch; **~io** [~lju] *m* Idyll *n*.
idiom|a [iˈδjomɐ] *m* Sprache *f*; **~ático** [iδjuˈmatiku] idiomatisch.
idiossincrasia [iδjusĩŋkrɐˈziɐ] *f* (Über-)Empfindlichkeit *f*.
idiota [iˈδjɔtɐ] **1.** *adj.* schwachsinnig; idiotisch; **2.** *su.* Schwachkopf *m*; Idiot *m*.
idiot|ia [iδjuˈtiɐ] *f* Schwachsinn *m*, Idiotie *f*; = **~ice** [~isə] *f* Dummheit *f*; Blödsinn *m*; **~ismo** [~iʒmu] *m* Spracheigentümlichkeit *f*.
idólatra [iˈδɔlɐtrɐ] *su.* Götzendiener(in *f*) *m*.
idolatr|ar [iδulɐˈtrar] (1b) Götzendienst treiben mit; vergöttern, abgöttisch lieben; **~ia** [~iɐ] *f* Götzendienst *m*; *fig.* Vergötterung *f*.

ídolo ['iðulu] *m* Götze *m*; *fig.* Abgott *m*.
id|oneidade [iðɔnei'ðaðə] *f* Eignung *f*; Tauglichkeit *f*; **~óneo** [i'ðɔnju] geeignet, fähig; tauglich.
idoso [i'ðozu (-ɔ-)] bejahrt, alt.
ignaro [iɣ'naru] unwissend.
ignavo [~'navu] träge.
ígneo ['iɣnju] feurig; Feuer...
ign|escente [iɣnɨʃ'sẽntə] brennend; glühend; brennbar; **~ição** [~i'sɐ̃u] *f* Verbrennung *f*; *auto.* Zündung *f*; **~ífugo** [~'nifuɣu] feuersicher; **~ívoro** [~'nivuru] feuerfressend.
ignóbil [iɣ'nɔβił] niedrig, gemein.
ignom|ínia [iɣnu'minjɐ] *f* Schmach *f*, Schande *f*; Gemeinheit *f*; **~inioso** [~mi'njozu (-ɔ-)] schmählich, schändlich.
ignor|ado [~'raðu] unbekannt; vergessen; **~ância** [~ɐ̃sjɐ] *f* Unwissenheit *f*; Unkenntnis *f*; **~antão** [~rɐ̃n'tɐ̃u] *m* eingebildete(r) Dummkopf *m*; **~ante** [~ɐ̃ntə] **1.** *adj.* unwissend; dumm; **2.** *m* Ignorant *m*; Dummkopf *m*; **~ar** [~ar] (1e) nicht wissen; nicht kennen; ignorieren; *não ignoro* ich weiß sehr wohl; *ninguém ignora* jedermann weiß; es ist allgemein bekannt.
ignoto [iɣ'nɔtu] unbekannt.
igreja [i'ɣreʒɐ] *f* Kirche *f*.
igual [i'ɣwał] gleich; gleich-bleibend, -förmig, -mäßig; eben (*Boden*); *o(s) meu(s) (teu[s])* ~*(-ais)*, *a(s) minha(s) (tua[s])* ~*(-ais)* meines- (deines-)gleichen; ~ *a* wie (*nom.*), gleich (*dat.*); *de* ~ *a* (*od. para*) ~ wie meines- (deines-)gleichen; *sem* ~ ohnegleichen; *não ter* ~ nicht seinesgleichen haben; **~ar** [iɣwɐ'lar] (1b) gleichmachen; ausgleichen; angleichen (an [*ac.*] *com*); gleichstellen; *Weg* ebnen; *v/i.* gleichen; **~ar-se** *a alg. em* j-m gleichkommen an (*od.* in) (*dat.*); ~ *com* so hoch sn wie; **~dade** [iɣwał'daðə] *f* Gleichheit *f*, Gleichmäßigkeit *f*; Ebenheit *f*; *com* ~ gleichmäßig; *em* ~ *de circunstâncias* unter den gleichen Umständen; *colocar* (*estar*) *em pé de* ~ *com* auf die (der) gleiche(n) Stufe stellen (stehen) wie.
igualha [i'ɣwaʎɐ]: *os* (*od. as*) *da minha* (*tua*) ~ meines- (deines-)gleichen; *gente f da minha* (*tua*) ~ Leute *pl.* wie ich (du).
igual|itário [iɣwɐli'tarju] gleichmacherisch; **~itarismo** [iɣwɐlitɐ'riʒmu] *m* Gleichmacherei *f*; **~mente** [~'mẽntə] gleichfalls; **~zinho** [~'ziɲu] ganz (und gar) gleich.
iguaria [iɣwɐ'riɐ] *f* Leckerbissen *m*; Gericht *n*, Speise *f*.
ilação [ilɐ'sɐ̃u] *f* Folgerung *f*.
ilaquear [~'kjar] (1l) ins Netz locken; um-stricken, -garnen; *v/i. u.* **~-se** ins Netz gehen.
ile|gal [ilə'ɣał] ungesetzlich; unrechtmäßig; unlauter; **~galidade** [~ɣɐli'ðaðə] *f* Illegalität *f*, Gesetzwidrigkeit *f*; **~galizar** [~ɣɐli'zar] (1a) für illegal erklären, verbieten; **~gítimo** [~'ʒitimu] unrechtmäßig; unbillig; unstatthaft; unehelich (*Kind*).
ilegível [~'ʒivɛł] unleserlich.
ileso [i'lɛzu] unverletzt; unberührt; heil.
iletrado [ilə'traðu] ungebildet.
ilha ['iʎɐ] *f* Insel *f*; Wohnblock *m*; Inselberg *m*; ~*s pl.* Inselgruppe *f*; **~r** [i'ʎar] (1a) isolieren, absondern.
ilh|al [i'ʎał] *m* Flanke *f*, Weiche *f*; **~arga** [~argɐ] *f* Seite *f*, Hüfte *f*; Weiche, Flanke *f*; *fig.* Stütze *f*, Unterstützung *f*; Ratgeber *m*, Gönner *m*; *às* ~*s* zur Seite, neben.
ilhéu [i'ʎɛu] **1.** *m* Felseninsel *f*, Eiland *n*; **2.** *m*, **-oa** *f* Inselbewohner (-in *f*) *m*, Insulaner(in *f*) *m*.
ilhó [i'ʎɔ] *su.* Schnürloch *n*; Öse *f*.
ilíaco [i'liɐku]: *osso m* ~ Darmbein *n*.
ilib|ado [ili'βaðu] fleckenlos; **~ar** [~'βar] (1a) reinwaschen; *Tat* rechtfertigen; *Ansehen* wiederherstellen.
iliberal [iliβə'rał] kleinlich; geizig; unliberal; Zwangs...
ilícito [i'lisətu] unerlaubt.
ilimitado [iləmi'taðu] un-begrenzt, -beschränkt.
ilógico [i'lɔʒiku] unlogisch.
ilogismo [ilu'ʒiʒmu] *m* Mangel *m* an Logik; logische(r) Fehler *m*.
iludir [ilu'ðir] (3a) täuschen, trügen; *Gesetz, Problem* umgehen.
ilumin|ação [~minɐ'sɐ̃u] *f* Beleuchtung *f*; Erleuchtung *f*; Aufklärung *f*; Ausmalung *f*; ⚓ *u.* ✈ Befeuerung *f*; *pintura f de* ~ = *~ura*; **~ar** [~'nar] (1a) beleuchten; erleuchten; aufklären; ausschmücken; *Buch* ausmalen; **~ativo** [~ɐ'tivu] aufklärend, aufschlußreich; **ℒismo** [~'niʒmu] *m* Aufklärung *f*; **~ura**

[~'nurɐ] *f* Buchmalerei *f*.

ilus|ão [~'zɐ̃u] *f* Täuschung *f* (*de óptica* optische); Wahn(vorstellung *f*) *m*; Blendwerk *n*; **~ionismo** [~zju'niʒmu] *m* Zauberei *f*; **~ionista** [~zju'niʃtɐ] *m* Zauberkünstler *m*; **~ivo** [~'zivu] trügerisch; **~o** [i'luzu] getäuscht; betrogen; **~ório** [~'zɔrju] trügerisch; vergeblich; eitel; Wahn...

ilustr|ação [iluʃtrɐ'sɐ̃u] *f* Verdeutlichung *f*, Veranschaulichung *f*; Erleuchtung *f*; Bildung *f*; Auszeichnung *f*; Berühmtheit *f*; Abbildung *f*; Bildausstattung *f*; illustrierte Zeitschrift *f*; *in Vorträgen*: Lichtbild *n*; *musikalische* Wiedergabe *f*; **~ado** [~'traδu] gebildet; illustriert; **~ar** [~'trar] (1a) ver-deutlichen, -anschaulichen; erleuchten; bilden; auszeichnen; berühmt m.; illustrieren, bebildern; **~e** [i'luʃtrə] berühmt; erlaucht.

ilutação ⚕ [ilutɐ'sɐ̃u] *f* Schlammpackung *f*, -bad *n*.

ímã *bras.* ['imɐ̃] *m* Magnet *m*.

imaculado [imɐku'laδu] unbefleckt.

imagem [i'maʒɐ̃i] *f* Bild *n*; Heiligenbild *n*; Ebenbild *n*.

imagin|ação [imɐʒinɐ'sɐ̃u] *f* Einbildung(skraft) *f*, Phantasie *f*; **~ar** [~'nar] (1a) sich einbilden; sich vorstellen; sich (aus)denken; glauben; *imagino!* das kann ich mir vorstellen (*od.* denken); **~ar-se** sich halten für; sich glauben; **~ário** [~'narju] eingebildet; imaginär (*a.* ⅍); **~ativa** [~ɐ'tivɐ] *f* Einbildungskraft *f*; **~ativo** [~ɐ'tivu] erfinderisch; sinnreich; an Einbildungen leidend; besorgt, ängstlich; **~oso** [~'nozu (-ɔ-)] phantasievoll; phantastisch.

imaleável [imɐ'ljavɛł] spröde, hart.

íman ['imɐ̃] *m* = *ímã*.

imarcescível [imɐrsɨʃ'sivɛł] unverwelklich, -gänglich.

imaterial [imɐtə'rjał] unstofflich, unkörperlich; **~izar** [~rjɐli'zar] (1a) entstofflichen.

imbecil [ĩmbə'sił] **1.** *adj.* schwachsinnig; dämlich; **2.** *m* Schwachkopf *m*, Dämlack *m*.

imberbe [ĩm'bɛrbə] **1.** *adj.* bartlos; F grün; **2.** *m* Milchbart *m*.

imbu|ído [ĩm'bwiδu]: ~ *de*, ~ *em fig.* durchdrungen von, voll von; **~ir** [~ir] (3i) eintauchen; einlassen; auslegen; tränken; *fig. j-m et.* einflößen, *j-n mit et.* erfüllen.

imedia|ção [iməδjɐ'sɐ̃u] *f* Unmittelbarkeit *f*; *-ões pl.* Nähe *f*; **~tamente** [~ˌδjatɐ'mẽntə] sofort, sogleich; **~to** [~'δjatu] **1.** *adj.* unmittelbar; augenblicklich, sofortig; an(ea.-)grenzend; (aufea.-)folgend; *dia m* ~ nächste(r) Tag *m*; *de* ~ sofort, unverzüglich; **2.** *m* ⚓ Erste(r) Offizier *m*.

imemorável, -rial [iməmu'ravɛł, -'rjał] unvordenklich; uralt.

imens|idade, ~idão [imẽsi'δaδə, ~i'δɐ̃u] *f* Unermeßlichkeit *f*; unermeßliche Weite *f*; Unerschöpflichkeit *f*; **~o** [i'mẽsu] unermeßlich; maßlos; ungeheuer; unerschöpflich; **~urável** [imẽsu'ravɛł] unmeßbar; unermeßlich.

imerecido [imərə'siδu] unverdient.

imergir [imər'ʒir] (3n; *Stv.* 2c) eintauchen; versenken; *v/i.* eindringen; einfallen (*Licht*); eintreten; = **~-se** untertauchen.

imérito [i'mɛritu] unverdient.

imers|ão [imər'sɐ̃u] *f* Ein-, Untertauchen *n*; Versenken *n* (*z.B. des Atommülls*); *ast.* Immersion *f*; Einfall *m* (*Lichtstrahl*); **~ivo** [~ivu] Tauch...; durch Untertauchen; **~o** [i'mɛrsu] **1.** *p.p. irr. v. imergir*; **2.** *adj.* versunken.

imigr|ação [imiγrɐ'sɐ̃u] *f* Einwanderung *f*; **~ante** [~'γrẽntə] *su.* Einwanderer(in *f*) *m*; **~ar** [~'γrar] (1a) einwandern.

imin|ência [imi'nẽsjɐ] *f* Nähe *f*; Drohung *f*; **~ente** [~ẽntə] nahe bevorstehend; drohend; *estar* ~ nahe bevorstehen; drohen.

imis|ção [imiʃ'sɐ̃u] *f* (Ver-)Mischung *f*; Einmischung *f*; **~cuir-se** [~'kwirsə] (3i) sich einmischen.

imissão [imi'sɐ̃u] *f*: ~ *de posse* Amtseinsetzung *f*.

imit|ação [imitɐ'sɐ̃u] *f* Nachahmung *f*; Wiederholung *f*; Nachfolge *f* (*Christi*); *à* ~ *de* nach dem Vorbild (*gen.*); **~ador** [~ɐ'δor] *m* Nachahmer *m*; **~ar** [~'tar] (1a) nachahmen, -machen, -äffen; *j-m* nacheifern, -folgen; wiederholen; darstellen; **~ativo** [~ɐ'tivu] nachahmend; Nachahmungs...

imitir [imi'tir] (3a) (ein)setzen.

imobil|iário [imuβə'ljarju] **1.** *adj.*

unbeweglich; *bens m/pl.* ~s Immobilien *pl.*; **2.** *m* Grundstück *n*; Haus *n*; **~idade** [~li'ðaðə] *f* Unbeweglichkeit *f*; Stillstand *m*; Starre *f*; Steifheit *f*; **~ismo** [~'liʒmu] *m* Unerschütterlichkeit *f*; Starrsinn *m*; **~ização** [~lizɐ'sɐ̃u] *f* Stillegung *f*; Stillstand *m*; Lähmung *f*; Festlegung *f*; **~izado** [~li'zaðu]: *estar* ~ still-liegen, -stehen; festliegen; *ficar* ~ = *~izar-se*; **~izar** [~li'zar] (1a) stillegen; zum Stillstand bringen; lähmen; *Geld* festlegen; konsolidieren; **~izar-se** zum Stillstand kommen; stehenbleiben; erstarren; ✝ einfrieren.

imoder|ação [imuðərɐ'sɐ̃u] *f* Maßlosigkeit *f*; **~ado** [~'raðu] un-, übermäßig; maßlos.

imod|éstia [imu'ðɛʃtjɐ] *f* Unbescheidenheit *f*; **~esto** [~ɛʃtu] unbescheiden; unanständig.

imódico [i'mɔðiku] übertrieben.

imol|ação [imulɐ'sɐ̃u] *f* Opferung *f*; Ermordung *f*; **~ar** [~'lar] (1e) opfern; (hin)schlachten.

imoral [imu'rał] unmoralisch, unanständig; sittenlos; **~idade** [~rɐli'ðaðə] *f* Unsittlichkeit *f*; Sittenlosigkeit *f*; Unredlichkeit *f*.

imorredoiro, -ouro [imuʀə'ðoiru, -oru] unvergänglich.

imortal [imur'tał] unsterblich; **~idade** [~tɐli'ðaðə] *f* Unsterblichkeit *f*; **~izar** [~tɐli'zar] (1a) unsterblich m.; verewigen.

imóvel [i'mɔvɛł] unbeweglich; (*bens*) *-eis m/pl.* Liegenschaften *f/pl.*, Immobilien *pl.*

impaci|ência [ĩmpɐ'sjẽsjɐ] *f* Ungeduld *f*; **~entar** [~sjẽn'tar] (1a) ungeduldig m.; nervös m.; **~entar-se** die Geduld verlieren; nervös w.; **~ente** [~ẽntə] ungeduldig.

impacte, -o [ĩm'paktə, -u] *m* Aufschlag *m*; Stoß *m*; ⚔ Ein-schlag *m*, -schuß *m*; *fig.* Einwirkung *f*; Wirkung *f*; *de* (*grande*) ~ (sehr) wirkungsvoll.

im|pagável [ĩmpɐ'ɣavɛł] unbezahlbar; **~palpável** [~pał'pavɛł] ungreifbar, -faßbar; **~par** [~'par] (1a) keuchen; *fig.* platzen (*de* vor).

ímpar ['ĩmpar] ungerade; ungleich; einseitig (*Organ*).

imparável [ĩmpɐ'ravɛł] unaufhaltsam.

impar|cial [ĩmpɐr'sjał] unparteiisch; **~cialidade** [~sjɐli'ðaðə] *f* Unparteilichkeit *f*.

impasse [~'pasə] *m fig.* Engpaß *m*, Sackgasse *f*.

impass|ibilidade [~pɐsiβəli'ðaðə] *f* Gleichmut *m*; **~ível** [~'sivɛł] unempfindlich; gleichmütig.

impávido [~'paviðu] unerschrocken.

impecável [~pə'kavɛł] *fig.* tadellos, einwandfrei.

imped|ido [~pə'ðiðu] **1.** *adj.* gesperrt (*Straße*); verhindert; unabkömmlich; **2.** *m* ⚔ Bursche *m*; **~imento** [~ði'mẽntu] *m* Hindernis *n*; Abhaltung *f*; *bras.* Abseits *n*; **~ir** [~ir] (3r) (ver)hindern; hemmen; abhalten; *Straße* sperren; verwehren; verbieten; *Lust* benehmen.

impelir [~pə'lir] (3c) (an-, vorwärts-)treiben; stoßen; schieben.

impend|ente [~pẽn'dẽntə] (über-)hängend; lastend, liegend (auf [*dat.*] *sobre*); *fig.* = *iminente*; **~er** [~er] (2a) bevorstehen, drohen; ~ *sobre* hängen über (*dat.*); lasten auf (*dat.*); ~ *a* obliegen.

impenetr|ado [~pənə'traðu] unerforscht; un-begangen, -befahren; **~ável** [~pənə'travɛł] undurchdringlich; uner-forschlich, -gründlich.

impenit|ência [~pəni'tẽsjɐ] *f* Unbußfertigkeit *f*; **~ente** [~ẽntə] unbußfertig.

impens|ado [~pẽ'saðu] un-bedacht, -überlegt; unvermutet; **~ável** [~pẽ'savɛł] undenkbar.

imper|ador [~pərɐ'ðor] *m* Herrscher *m*; Kaiser *m*; **~ar** [~'rar] (1c) beherrschen; *v/i.* herrschen; **~ativo** [~ɐ'tivu] **1.** *adj.* gebieterisch; Zwangs...; **2.** *m* Gebot *n*; *gram.* Befehlsform *f*, Imperativ *m*; **~atório** [~ɐ'tɔrju] herrscherlich; herrisch; unbedingt; **~atriz** [~ɐ'triʃ] *f* Kaiserin *f*; Herrscherin *f*.

imperceptível [~pərsɛ'tivɛł] unmerklich; unhörbar; nicht wahrnehmbar.

imperdoável [~'ðwavɛł] unverzeihlich.

imperecível [~ə'sivɛł] unvergänglich.

imperf|eição [~fei'sɐ̃u] *f* Unvollkommenheit *f*; **~eito** [~'feitu] **1.** *adj.* unvollkommen; unvollständig; *pretérito m* ~ = **2.** *m* Imperfekt *n*.

imperi|al [ĩmpə'rjał] kaiserlich; Reichs...; F frech, anmaßend; **~a-**

lismo [~rjɐ'liʒmu] *m* Imperialismus *m*; **~alista** [~rjɐ'liʃtɐ] imperialistisch.

imperícia [~'risjɐ] *f* Unerfahrenheit *f*.

império [ĩm'pɛrju] *m* Herrschaft *f*; Kaiserreich *n*; *deutsches, römisches* Reich *n*; Kolonialreich *n*, Imperium *n*; *estilo m* ~ Empirestil *m*.

imperioso [~pə'rjozu (-ɔ-)] hoheitsvoll, herrisch; dringend.

imperito [~pə'ritu] unerfahren.

imperme|abilizar [~pərmjɐβəli'zar] (1a) abdichten; wasserdicht m.; imprägnieren; **~ável** [~'mjavɛɫ] **1.** *adj.* undurchlässig; wasserdicht; ~ *a* ...dicht; **2.** *m* Gummi-, Regenmantel *m*.

imper|mutável [~mu'tavɛɫ] unauswechselbar; unübertragbar; unverkäuflich; nicht umwandelbar (*Strafe*); **~scrutável** [~ʃkru'tavɛɫ] unerforschlich; **~sistente** [~siʃ'tẽntə] unbeständig, wandelbar.

impertin|ência [~ti'nẽsjɐ] *f* Impertinenz *f*; Aufdringlichkeit *f*; Frechheit *f*; **~ente** [~ẽntə] ungehörig, unpassend; impertinent; aufdringlich; frech, ungezogen.

imperturbável [~tur'bavɛɫ] unerschütterlich.

impessoal [ĩmpə'swaɫ] unpersönlich.

ímpeto ['ĩmpətu] *m* Ungestüm *n*; Aufwallung *f*; Schwung *m*; *de um* ~ mit e-m Satz (*od.* Ruck).

impetrar [ĩmpə'trar] (1c) erbitten; beantragen; erwirken, erlangen.

impetuos|idade [~twozi'ðaðə] *f* Ungestüm *n*; Heftigkeit *f*; **~o** [~'twozu (-ɔ-)] ungestüm, heftig.

impied|ade [~pje'ðaðə] *f* Herzlosigkeit *f*; **~oso** [~ozu (-ɔ-)] herzlos, grausam.

impigem ⚕ [ĩm'piʒẽi] *f* Flechte *f*.

impingir [~pĩ'ʒir] (3n) auf-drängen, -zwingen; F andrehen; aufbinden; *Schlag* versetzen.

ímpio ['ĩmpju] gottlos; ruchlos.

implacável [ĩmplɐ'kavɛɫ] unerbittlich.

implant|ação [~plẽntɐ'sɐ̃u] *f*: *fig.* Errichtung *f*; Einführung *f*; Einbürgerung *f*; Eingliederung *f*; Einfluß(nahme *f*) *m*; Beliebtheit *f*; *zona f de* ~ Einflußzone *f*; *ter* ~ *em* (*junto de*) Einfluß h. *od.* beliebt sn in (*dat.*) (bei); **~ar** [~'tar] (1a) (ein-) pflanzen; *Wurzeln* senken; *fig.* errichten; einrichten; *Neues* einführen; einbürgern, verwurzeln; **~ar-se** sich festsetzen; sich einnisten; beliebt w.

implemento [~plə'mẽntu] *m* Zubehör *n*; Werkzeug *n*.

implic|ação [~plikɐ'sɐ̃u] *f* Implikation *f*; **~ar** [~'kar] (1n) verwickeln; hineinziehen; implizieren; bedeuten; nach sich ziehen; voraussetzen; *isso não implica que* das heißt (*od.* bedeutet) nicht, daß; *v/i.* ~ *em* bedeuten (*ac.*); **~ar-se** im Widerspruch stehen (zu *com*); sich einlassen (auf [*ac.*] *em*); Streit anfangen (mit *com*).

impl|icitamente [~ˌplisitɐ'mẽntə] gleichzeitig; **~ícito** [~'plisitu] implizit; stillschweigend.

implor|ação [~plurɐ'sɐ̃u] *f* Anrufung *f*; Flehen *n*; **~ar** [~'rar] (1e) an-flehen, -rufen; flehen (*od.* flehentlich bitten) um.

implume [~'plumə] ungefiedert.

impol|idez [~puli'ðeʃ] *f* Grobheit *f*; Unhöflichkeit *f*; **~ido** [~'liðu] roh; rauh; grob; unhöflich.

impolítico [~pu'litiku] unpolitisch.

impoluto [~'lutu] makellos, rein.

imponder|ado [~põndə'raðu] unbedacht; **~ável** [~avɛɫ] **1.** *adj.* unwägbar; nicht ins Gewicht fallend; unberechenbar; **2.** *m*: *-eis pl.* Imponderabilien *pl.*

impon|ência [~pu'nẽsjɐ] *f* Erhabenheit *f*; Großartigkeit *f*; Pracht *f*; **~ente** [~ẽntə] Ehrfurcht gebietend; großartig, eindrucksvoll, imposant.

impopular [~pupu'lar] unbeliebt (*entre* bei); unpopulär; **~idade** [~lɐri'ðaðə] *f* Unbeliebtheit *f*.

impor [~'por] (2zd) auf-legen, -setzen; *Strafe, Bedingung* auferlegen; *Pflicht* aufbürden; *Siegel* anbringen; *Doktorhut* verleihen; *Gesetz* aufzwingen; *Entschluß* notwendig m., erfordern; *Schuld* zuschieben; *schlechte Tat* unterschieben; *Namen* beilegen; *Achtung* einflößen; *j-n* ausgeben als; *tip.* ausschießen; ~ *silêncio a* zum Schweigen bringen (*ac.*); *v/i.* ~ *de* sich aufspielen als; sich aufwerfen zu; **~-se** sich Achtung verschaffen, sich durchsetzen; imponieren; sich aufdrängen (*Faktum*); unvermeidlich sn (*Entschluß*).

import|ação [~purtɐ'sɐ̃u] *f* Einfuhr *f*, Import *m*; Einschleppung *f e-r*

Krankheit; Einführung *f*; **~ador** [~ɐ'ðor] **1.** *adj.* Einfuhr...; **2.** *m* Importeur *m*; **~ância** [~'tɐ̃sjɐ] *f* Wichtigkeit *f*, Bedeutung *f*; ✝ *Rechnungs*-Betrag *m*; *na ~ de* in Höhe von; *atribuir* (*od. dar, ligar*) *~ a* Bedeutung beimessen (*dat.*); wichtig nehmen (*ac.*); Wert legen auf (*ac.*); *dar-se ~* sich wichtig nehmen (*od.* m.); *não ter ~* keine Rolle spielen, nichts m.; **~ante** [~'tɐ̃ntə] wichtig, bedeutend; wesentlich; **~ar** [~'tar] (1e) *v/t.* einführen; *Krankheit* einschleppen; *Folgen* mit sich bringen, nach sich ziehen; *v/i.* wichtig sn; *~ em* sich belaufen auf (*ac.*), kosten (*ac.*); *fig.* hinauslaufen auf (*ac.*), bedeuten (*ac.*); *não importa* das macht nichts; gleichviel; *pouco importa* das macht fast gar nichts; *que importa?* was liegt daran?; was macht das aus?; **~ar-se** *com* Wert legen auf (*ac.*); wichtig nehmen (*ac.*); sich kümmern um; *se não se importa* wenn es Ihnen nichts ausmacht; **~ável** [~'tavɛɫ] importfähig; **~e** [~'pɔrtə] *m* Betrag *m*; Kosten *pl.*

importun|ação [~purtunɐ'sɐ̃u] *f* Belästigung *f*; **~ar** [~'nar] (1a) belästigen; **~o** [~'tunu] lästig; zudringlich; ungelegen, unangebracht.

imposi|ção [~puzi'sɐ̃u] *f* Auf(er)legung *f*; *Steuer*-Auflage *f*; *Vertrags*-Verpflichtung *f*; (Auf-)Nötigung *f*; Zwang *m*; gewaltsame Einführung *f*; Machtwort *n*; Verleihung *f*; *Namen*-Gebung *f*; **~tivo** [~'tivo] gewaltsam, Zwangs...

imposs|ibilidade [~pusiβəli'ðaðə] *f* Unmöglichkeit *f*; **~ibilitado** [~iβəli'taðu]: *~ de* außerstande (*od.* unfähig) zu; verhindert; *~ de trabalhar* arbeitsunfähig; **~ibilitar** [~iβəli'tar] (1a) unmöglich m.; als unmöglich hinstellen; außerstande setzen, unfähig m.; es *j-m* unmöglich m.; **~ível** [~'sivɛɫ] unmöglich.

imposto [~'poʃtu (-ɔ-)] **1.** *p.p. v. impor*; **2.** *m* Steuer *f*; Abgabe *f*; *fig.* Last *f*; *~ complementar* Einkommen-, *~ de transacções*, *~ de circulação (de mercadorias)* Umsatz-, *~ do selo* Stempel-, *~ sobre produtos industrializados (veículos)* Mehrwert-(Kfz.-)steuer *f*.

impost|or [~puʃ'tor] *m* Betrüger *m*; Hochstapler *m*; **~ura** [~urɐ] *f* Schwindel *m*; Hochstapelei *f*.

impotável [~pu'tavɛɫ] untrinkbar; *água ~!* kein Trinkwasser!

impot|ência [~pu'tɐ̃sjɐ] *f* Unvermögen *n*; Ohnmacht *f*; ⚕ Impotenz *f*; **~ente** [~ɐ̃ntə] außerstande; ohnmächtig; impotent; *reduzir à ~* entmachten.

impraticável [~prɐti'kavɛɫ] unaus-, undurch-führbar; unwegsam; unbe-fahrbar, -gehbar.

imprec|ação [~prəkɐ'sɐ̃u] *f* Verwünschung *f*; **~ar** [~'kar] (1n; *Stv.* (1c) *v/i.* fluchen.

impregn|ação [~prəɣnɐ'sɐ̃u] *f* Imprägnierung *f*, Durchtränkung *f*; ⚗ Sättigung *f*; **~ar** [~'nar] (1c) (durch)tränken, imprägnieren; ⚗ sättigen; *fig.* schwängern.

imprens|a [~'prɐ̃sɐ] *f* Buchdruck(-erkunst *f*) *m*; Druck(er)-presse *f*; *fig.* Presse *f*; **~ar** [~'sar] (1a) (auf-, ein-, zs.-) pressen; (be-) drucken.

imprepar|ação [~prəpɐrɐ'sɐ̃u] *f* mangelnde Vorbereitung *f*, Unerfahrenheit *f*; **~ado** [~'raðu] unvorbereitet; unerfahren.

impres|cindível [~priʃsĩn'divɛɫ] unerläßlich; unentbehrlich; **~critível** [~kri'tivɛɫ] unabdingbar.

impress|ão [~prə'sɐ̃u] *f* Druck *m*; Abdruck *m*; *fig.* Eindruck *m*; Einfluß *m*; *troca f de -ões* Meinungsaustausch *m*; *fazer ~* = *~ionar*; **~ionante** [~sju'nɐ̃ntə] eindrucksvoll; grausig; **~ionar** [~sju'nar] (1f) beeindrucken; Eindruck m. auf (*ac.*); erschüttern; entsetzen; *fot. Abzug* belichten; **~ionar-se** *com* sich beeindrucken l. von; **~ionável** [~sju'navɛɫ] leicht zu beeindrukken(d); leicht erregbar; **~o** [~'prɛsu] **1.** *p.p. irr. v. imprimir*: gedruckt; Druck...; **2.** *m* Drucksache *f*; Flugblatt *n*; **~or** [~or] *m* (Buch-)Drucker *m*.

imprestável [~priʃ'tavɛɫ] unnütz; unbrauchbar; wertlos.

impreterível [~prətə'rivɛɫ] unaufschiebbar; unausweichlich.

imprevi|dência [~prəvi'ðɐ̃sjɐ] *f* Kurzsichtigkeit *f*; Leichtsinn *m*; **~dente** [~'ðɐ̃ntə] kurzsichtig; leichtsinnig; nachlässig; **~são** [~'zɐ̃u] *f* Mangel *m* an Voraussicht *f*; Unvorsichtigkeit *f*; **~sível** [~'zivɛɫ] unvorhersehbar; **~sto** [~'viʃtu] unvorhergesehen; unvermutet.

imprim|ar [~pri'mar] (1a) *pint.* grundieren; **~ir** [~ir] (3a) (auf-, ein-)drücken; auf-, ein-prägen; *Bewegung* er-, mit-teilen; *Furcht* einflößen; *Buch* (ab)drucken.
impro|babilidade [~pruβɐβəli'δaδə] *f* Unwahrscheinlichkeit *f*; Unglaubwürdigkeit *f*; **~bidade** [~βi'δaδə] *f* Unredlichkeit *f*.
ímprobo ['ĩmpruβu] mühevoll.
impro|cedente [ĩmprusə'δẽntə] unzulässig; grundlos; unhaltbar; **~dutivo** [~δu'tivu] unfruchtbar; unnütz; **~fícuo** [~'fikwu] unergiebig; vergeblich; **~pério** [~'pɛrju] *m* Beleidigung *f*; Gemeinheit *f*.
impr|opriamente [~ˌprɔprjɐ'mẽntə] fälschlich, zu Unrecht; **~óprio** [~'prɔprju] ungeeignet; ungenau (*Wort*); ungünstig (*Gelegenheit*); unangebracht; unschicklich; ~ *de* nicht passend zu; unpassend für.
improrrogável [~pruʀu'γavɛɫ] nicht verlängerungsfähig.
improvável [~pru'vavɛɫ] unwahrscheinlich; unglaubwürdig.
improvis|ação [~pruvizɐ'sɐ̃u] *f* Improvisation *f*; **~ar** [~'zar] (1a) improvisieren; *v/i.* schwindeln; **~o** [~'vizu] **1.** *adj.* unvorbereitet; unvorhergesehen; *de* ~ unerwartet; aus dem Stegreif; **2.** *m* Improvisation *f*; Ansprache *f*; Stegreifdichtung *f*; ♪ Impromptu *n*.
imprud|ência [~pru'δẽsjɐ] *f* Unklugheit *f*, Unvorsichtigkeit *f*; **~ente** [~ẽntə] unvorsichtig, unklug.
impúbere [~'puβərə] unreif.
impudente [~pu'δẽntə] schamlos.
impudico [~'δiku] unzüchtig.
impudor [~pu'δor] *m* Schamlosigkeit *f*.
impugn|ação [~puγnɐ'sɐ̃u] *f* ⚖ Anfechtung *f*; **~ar** [~'nar] (1a) anfechten; bestreiten; widerlegen; **~ável** [~'navɛɫ] anfechtbar.
impuls|ão [~puɫ'sɐ̃u] *f* Auftrieb *m*; **~ionar** [~sju'nar] (1f) (an)treiben; in Bewegung setzen; *fig. a.* anregen; **~ionador** [~sjunɐ'δor] **1.** *m* treibende Kraft *f*; **2.** *adj.* = **~ivo** [~ivu] treibend (*a. fig.*); Treib...; impulsiv, triebhaft; **~o** [~'pulsu] *m* Stoß *m*; Antrieb *m*, Impuls *m*; Trieb *m*; *fig.* Auftrieb *m*; Anregung *f*; Aufwallung *f*, Anwandlung *f*; ~ *inicial* Anfangsgeschwindigkeit *f*; Anstoß *m*; Schwung *m*; *dar* ~ *a* an-stoßen, -treiben (*ac.*); ankurbeln (*ac.*); Auftrieb geben (*dat.*); *tomar* ~ e-n Anlauf nehmen; ausholen; anlaufen; **~or** [~or] **1.** *m* Trägerrakete *f*; **2.** *adj.* = *~ivo*.
impun|e [~'punə] unge-straft, -sühnt; straflos; **~idade** [~puni'δaδə] *f* Straflosigkeit *f*; **~ível** [~pu'nivɛɫ] nicht strafbar, straffrei.
impur|eza [~pu'rezɐ] *f* Unreinheit *f*; Unreinlichkeit *f*; Fremdstoff *m*; Schmutz *m*; **~o** [~'puru] unrein; un-reinlich, -sauber; schmutzig.
imput|ação [~putɐ'sɐ̃u] *f* Beschuldigung *f*; Zurechnungsfähigkeit *f*; Strafantrag *m*; **~ar** [~'tar] (1a) zur Last legen; *j-m et.* an-dichten, -hängen; ✝ anrechnen; **~ável** [~'tavɛɫ] strafbar; zurechenbar; zurechnungsfähig.
imputrescível [~putrɨʃ'sivɛɫ] unverweslich; unbegrenzt haltbar.
imund|ícia, -e [imũn'disjɐ, -ə] *f* Unsauberkeit *f*; Schmutz *m*, Unrat *m*; **~o** [i'mũndu] schmutzig, drekkig.
imun|e [i'munə] ⚕ *u.* ⚖ immun; ~ *de* frei, befreit von; **~idade** [imuni'δaδə] *f* Immunität *f*; (Steuer-)Freiheit *f*; Befreiung *f*; **~izar** [imuni'zar] (1a) immunisieren; **~ologia** [~munulu'ʒiɐ] *f* Immunologie *f*.
imutável [imu'tavɛɫ] unveränderlich; unwandelbar.
inabalável [inɐβɐ'lavɛɫ] unerschütterlich.
inábil [in'aβiɫ] unfähig; untauglich.
inabili|dade [inɐβəli'δaδə] *f* Unfähigkeit *f*; Untauglichkeit *f*; **~tação** [~tɐ'sɐ̃u] *f* ⚖ Aberkennung *f*; Unfähigkeitserklärung *f*; **~tar** [~'tar] (1a) außerstand setzen; für unfähig erklären; *j-m* das Recht (die Befugnis) entziehen (zu *de*).
inabit|ado [~βi'taδu] unbewohnt; **~ável** [~avɛɫ] unbewohnbar.
inacabável [~kɐ'βavɛɫ] endlos.
inacção [ina'sɐ̃u] *f* Untätigkeit *f*.
ina|ceitável [inɐsei'tavɛɫ] unannehmbar; unzulässig; **~cessível** [~sə'sivɛɫ] unerreichbar; unzugänglich; verschlossen; gesperrt; unerschwinglich (*Preis*); *fig.* unnahbar; **~creditável** [~krəδi'tavɛɫ] unglaubwürdig; unglaublich.
inactiv|idade [inatəvi'δaδə] *f* Untätigkeit *f*; Stillstand *m*; ⚔ Ruhe-

stand *m*; **~o** [~'tivu] untätig; stillliegend, -stehend; gelähmt; inaktiv; außer Dienst.
inactual [~'twał] unzeitgemäß.
inadapt|ação [inɐδaptɐ'sɐ̃u] *f* Anpassungsschwierigkeiten *f/pl.*; **~ável** [~'tavɛł] nicht anpassungsfähig; unbrauchbar.
inad|equado [inɐδə'kwaδu] unangemessen; unvereinbar; **~iável** [~'δjavɛł] unaufschiebbar; **~missível** [~mə'sivɛł] unzulässig.
inadvert|ência [~vər'tẽsjɐ] *f* Unachtsamkeit *f*; **~ido** [~iδu] unachtsam; unbekümmert; unbemerkt.
inal|ação [inɐlɐ'sɐ̃u] *f* Einatmung *f*, Inhalation *f*; **~ador** [~ɐ'δor] *m* Inhalationsapparat *m*, Inhalator *m*; **~ar** [~'lar] (1b) einatmen, inhalieren.
inalienável [~lje'navɛł] unveräußerlich.
inalter|ado [inałtə'raδu] unverändert; **~ável** [~avɛł] unwandelbar; unveränderlich; unwiderruflich; unerschütterlich.
inamovível [~mu'vivɛł] unverrückbar, fest (eingebaut); unabsetzbar (*Beamter*); unkündbar (*Amt*).
inane [in'ɐnə] leer; hohl; nichtig.
inanição [~ɐni'sɐ̃u] *f* Entkräftung *f*.
inanimado, inânime [~ɐni'maδu, ~'ɐnimə] leblos.
inapelável [~pə'lavɛł] unwiderruflich; endgültig.
inaplicável [~pli'kavɛł] unanwendbar; unbrauchbar.
inapreciável [~prə'sjavɛł] unschätzbar; unbestimmbar.
inapt|idão [~pti'δɐ̃u] *f* Mangel *m* an Eignung; Unfähigkeit *f*; **~o** [in'aptu] nicht geeignet; unfähig.
inarticul|ado [inɐrtiku'laδu] unartikuliert; **~ável** [~avɛł] un(aus)sprechbar.
inatacável [inɐtɐ'kavɛł] unangreifbar.
inatingível [~tĩ'ʒivɛł] unerreichbar; unbegreiflich.
inativo [ina'tivu] *s. inactivo.*
inato [i'natu] angeboren; ungeboren.
inau|dito [inau'δitu] unerhört; **~dível** [~'δivɛł] unhörbar.
inaugur|ação [~ɣurɐ'sɐ̃u] *f* Eröffnung *f*; Einweihung *f*; Enthüllung *f*; Beginn *m*; **~al** [~'rał] Eröffnungs...; Einweihungs...; Antritts...; **~ar** [~'rar] (1a) eröffnen; einweihen; *Denkmal* enthüllen; **~ar-se** beginnen; eröffnet *usw.* w.
inavegável [inɐvə'ɣavɛł] nicht schiffbar; seeuntüchtig.
incalculável [ĩŋkałku'lavɛł] unberechenbar, unzählbar; unermeßlich.
incandesc|ência [~kɐ̃ndɨʃ'sẽsjɐ] *f* Weißglut *f*; *camisa f de ~* Glühstrumpf *m*; **~ente** [~ẽntə] weißglühend; *luz f ~* Glühlicht *n*; **~er** [~er] (2g) zur Weißglut bringen; *v/i.* (auf-, er-)glühen.
incansável [~kɐ̃'savɛł] unermüdlich.
incap|acidade [~kɐpɐsi'δaδə] *f* Unfähigkeit *f*; Beschränktheit *f*; Rechtsunfähigkeit *f*; **~acitar** [~ɐsi'tar] (1a) außerstand setzen; **~az** [~'paʃ] unfähig; unbrauchbar.
inçar [ĩ'sar] (1p) befallen, verseuchen; *estar inçado de* wimmeln von.
incauto [~'kautu] unvorsichtig; unbedacht; leichtgläubig.
incend|iado [ĩsẽn'djaδu] *m* Brandgeschädigte(r) *m*; **~iar** [~jar] (1g *u.* 1h) in Brand setzen (*od.* stecken); niederbrennen; *fig.* ent-flammen, -zünden; **~iar-se** in Brand geraten; *fig.* entbrennen; **~iário** [~jarju] **1.** *adj.* Brand...; Hetz...; **2.** *m* Brandstifter *m*.
incêndio [ĩ'sẽndju] *m* Brand *m*, Feuersbrunst *f*; *fig. a.* Glut *f*; (*crime m de*) *~* Brandstiftung *f*; *serviço m de ~s* Feuerwehr *f*.
incens|ação [ĩsẽsɐ'sɐ̃u] *f fig.* Beweihräucherung *f*; **~ar** [~'sar] (1a) beräuchern, Weihrauch streuen an (*od.* auf, in) (*ac.*); (durch)räuchern; *fig.* beweihräuchern; **~o** [ĩ'sẽsu] *m* Weihrauch *m*; *fig. a.* Schmeichelei *f*; **~ório** [~'sɔrju] *m* Räucherfaß *n*.
incentiv|ação [ĩsẽntivɐ'sɐ̃u] *f* Ermunterung *f*; Anknüpfung *f*; **~ar** [~'var] (1a) ermuntern zu; *Beziehungen* anknüpfen; **~o** [~'tivu] *m* Anreiz *m*, Ansporn *m*.
incert|eza [ĩsər'tezɐ] *f* Ungewißheit *f*; Zweifel *m*; **~o** [ĩ'sɛrtu] ungewiß; unsicher; zweifelhaft; etwaig.
incessante, -ável [ĩsə'sẽntə, -avɛł] unablässig; endlos.
incest|o [ĩ'sɛʃtu] *m* Blutschande *f*; **~uoso** [ĩsɨʃ'twozu (-ɔ-)] blutschänderisch.
inch|ação *f*, **~aço** *m* [ĩʃɐ'sɐ̃u, ĩ'ʃasu] Schwellung *f*; Geschwulst *f*; *fig.* Dünkel *m*; Geschwollenheit *f*; **~ado** [ĩ'ʃaδu] (auf)gedunsen; ge-

schwollen (*a. fig.*); **~ar** [ĩ'ʃar] (1a) (auf-)schwellen, (-)blähen; *Meer* aufwühlen; *fig.* aufblasen; eitel m.; *v/i. u.* **~ar-se** (an)schwellen; (auf-)quellen (*Holz*); *fig.* sich blähen.

incid|ência [ĩsi'δẽsjɐ] *f* Aus-, Rückwirkung *f*; Betonung *f*; *ângulo m* (*plano m*) *de* ~ ⚗ Einfalls-winkel *m* (-ebene *f*); **~ente** [~ẽntə] **1.** *adj.* beiläufig; Zwischen...; Neben...; *fís.* einfallend, Einfalls...; **2.** *m* Zwischenfall *m*; Nebenumstand *m*; **~ir** [~ir] (3a) *v/t.* konzentrieren (auf [*ac.*] em); *v/i.* ~ *sobre* fallen auf (*ac.*); *fig.* sich konzentrieren auf (*ac.*); betreffen (*ac.*).

inciner|ação [~nərɐ'sɐ̃u] *f* Einäscherung *f*; **~ar** [~'rar] (1c) einäschern.

incipiente [~'pjẽntə] beginnend; angehend.

incis|ão [~'zɐ̃u] *f* Einschnitt *m*; **~ivo** [~ivu] (ein)schneidend; scharf; knapp (*Stil*); Schneide...; **~o** [ĩ'sizu] **1.** *adj.* (ein)geschnitten; Schnitt...; **2.** *m* Einschiebsel *n*.

incit|ação [~tɐ'sɐ̃u] *f* Reizung *f*; Reiz *m*; = *~amento*; **~ador** [~ɐ'δor] **1.** *adj.* Reiz...; Hetz...; **2.** *m* Hetzer *m*, Anstifter *m*; **~amento** [~ɐ'mẽntu] *m* Anstachelung *f*; Anstiftung *f*; Antrieb *m*; = *~ação*; **~ante** [~'tẽntə]: *causa f* ~ Antrieb *m*; **~ar** [~'tar] (1a) (an-, auf-)reizen (zu *a*, *para*); antreiben; anstacheln; aufhetzen; anstiften; **~ativo** [~ɐ'tivu] *m* Reizmittel *n*; Anreiz *m*, Lockmittel *n*.

incivil [ĩsə'viɫ] unhöflich; **~izado** [~vəli'zaδu] unzivilisiert.

inclem|ência [ĩŋklə'mẽsjɐ] *f* Härte *f*, Grausamkeit *f*; Ungunst *f des Schicksals*; Unbilden *pl. der Witterung*; **~ente** [~ẽntə] hart, grausam; unfreundlich.

inclin|ação [~klinɐ'sɐ̃u] *f* Neigung *f* (*a. fig.*); Gefälle *n*; Schräglage *f*; 🕮 Abweichung *f*; *fig.* Ver-neigung *f*, -beugung *f*; Zuneigung *f*; *ângulo m de* ~ Neigungs-, Steigungs-winkel *m*; **~ado** [~'naδu] abfallend; *plano m* ~ schiefe Ebene *f*; **~ar** [~'nar] (1a) neigen; beugen; senken; lenken, wenden; *j-n* bewegen *od.* (um-)stimmen (zu *a*); *v/i.* ~ *para* neigen zu; = **~ar-se** abfallen (*Gelände*); sich (ver)beugen; sich bücken; ~ *a*, ~ *para* neigen (*od.* sich verstehen) zu.

inclu|ído [~'klwiδu] inbegriffen; **~indo** [~'klwĩndu] einschließlich (*gen.*); inbegriffen; sogar; **~ir** [~'klwir] (3i) einschließen; ein-, mit-rechnen; bei-legen, -schließen; **~são** [~klu'zɐ̃u] *f* Einschluß *m*; **~sivamente, ~sive** [~klu,zivɐ'mẽntə, ~'zivɛ] einschließlich; **~so** [~'kluzu] beiliegend; enthalten (in [*dat.*] em).

incobrável [~ku'βravɛɫ] uneintreibbar, -ziehbar.

incoer|ência [~kwe'rẽsjɐ] *f* Zs.-hanglosigkeit *f*; Sprunghaftigkeit *f*; **~ente** [~ẽntə] zs.-hanglos, unzs.-hängend; sprunghaft.

incogitável [~kuʒi'tavɛɫ] un(aus)-denkbar.

incógnit|a [~'kɔɣnitɐ] *f* ⚗ Unbekannte *f*; **~o** [~u] **1.** *adj.* unbekannt; **2.** *m* Unbekannte(r) *m*; Inkognito *n*.

incolor [~ku'lor] farblos.

incólume [~'kɔlumə] unversehrt, heil.

incombustível [~kõmbuʃ'tivɛɫ] unverbrennbar, feuerfest.

incomensurável [~kumẽsu'ravɛɫ] unvergleichbar; unermeßlich.

incomod|ado [~kumu'δaδu] unpäßlich, unwohl; aufgebracht; **~ar** [~ar] (1e) belästigen, bemühen; beschwerlich (*od.* lästig) fallen (*dat.*); aufregen; **~ar-se** sich Mühe m. (mit *com*); **~ativo** [~δɐ'tivu] lästig, beschwerlich; **~idade** [~δi'δaδə] *f* Unbequemlichkeit *f*; Beschwerlichkeit *f*, Mühe *f*.

incómodo [~'kɔmuδu] **1.** *adj.* unbequem; unbehaglich; lästig; hinderlich; **2.** *m* Mühe *f*; Unpäßlichkeit *f*; = *incomodidade*; *causar* (*od. dar*) ~ Mühe m.; *dar-se ao* (*od. ter o*) ~ *de inf.* sich die Mühe m. zu *inf.*

incomparável [~kõmpɐ'ravɛɫ] unvergleichbar; unvergleichlich.

incompat|ibilidade [~pɐtiβəli'δaδə] *f* Unvereinbarkeit *f*; ~ *de horas* zeitliche Überschneidung *f*; **~ibilizar** [~iβəli'zar] (1a) unmöglich m.; verhindern; **~ível** [~'tivɛɫ] unvereinbar; unverträglich.

incompet|ência [~pə'tẽsjɐ] *f* Unzuständigkeit *f*; Unfähigkeit *f*; **~ente** [~ẽntə] unzuständig; unbefugt; unmaßgeblich; unfähig.

incompleto [~'plɛtu] unvollendet; unvollständig; unfertig.

incomportável [~pur'tavɛɫ] unerträglich; unverträglich.

incompreen|dido [~prjẽn'diδu] unverstanden; **~são** [~'sɐ̃u] *f* Unverständnis *n*; **~sível** [~'sivɛł] unverständlich, unbegreiflich.

incomum [~ku'mũ] ungewöhnlich.

incomunic|abilidade [~munikɐβəli'δaδə] *f* ⚖ Einzelhaft *f*; *fig.* Vereinsamung *f*; **~ável** [~'kavɛł] unübertragbar; nicht mitteilbar; abgeschnitten (von *com*); ⚖ in Einzelhaft; *fig.* ungesellig; unerreichbar.

incomutável [~mu'tavɛł] nicht umwandelbar; unveränderlich.

incon|cebível [~kõsə'βivɛł] undenkbar; unfaßlich; **~ciliável** [~si'ljavɛł] unversöhnlich; unvereinbar; **~cusso** [~kõŋ'kusu] unerschütterlich; unbestreitbar; *fig. a.* streng.

incondicion|ado [~kõndisju'naδu] unbedingt; **~al** [~ał] bedingungslos; uneingeschränkt.

inconfess|ado [~kõfə'saδu] uneingestanden; **~ável** [~avɛł] unsagbar; **~o** [~'fɛsu] ungeständig, verstockt.

inconfid|ência [~fi'δẽsjɐ] *f* Verrat *m*; **~ente** [~ẽntə] treulos; unzuverlässig.

inconform|ado [~fur'maδu] aufsässig, trotzig; **~ismo** [~iʒmu] *m* Nonkonformismus *m*; **~ista** [~iʃtɐ] *m* Nonkonformist *m*.

inconfundível [~fũn'divɛł] unverwechselbar.

incongru|ência [~kõŋ'grwẽsjɐ] *f* Inkongruenz *f*; Unvereinbarkeit *f*; Ungehörigkeit *f*; **~ente** [~ẽntə] unvereinbar; ⩘ inkongruent; *fig.* ungehörig; unpassend.

inconsci|ência [~kõʃ'sjẽsjɐ] *f* Unzurechnungsfähigkeit *f*; Unverantwortlichkeit *f*; Gewissenlosigkeit *f*; **~encioso** [~sjẽ'sjozu (-ɔ-)] gewissenlos; **~ente** [~ẽntə] unbewußt; unzurechnungsfähig; unverantwortlich.

inconsequ|ência [~kõsə'kwẽsjɐ] *f* Mangel *m* an Logik, Inkonsequenz *f*; Widerspruch *m*; **~ente** [~ẽntə] inkonsequent; widerspruchsvoll.

inconsider|ação [~siδərɐ'sɐ̃u] *f* Rücksichtslosigkeit *f*; *fig.* Unbedachtsamkeit *f*; **~ado** [~'raδu] rücksichtslos; unbedacht; übereilt.

inconsist|ência [~siʃ'tẽsjɐ] *f* Unbeständigkeit *f*; Haltlosigkeit *f*; Unsicherheit *f*; **~ente** [~ẽntə] unbeständig; haltlos; unsicher.

inconsolável [~su'lavɛł] untröstlich.

inconst|ância [~ʃ'tɐ̃sjɐ] *f* Unbeständigkeit *f*, Wankelmut *m*; **~ante** [~ɐ̃ntə] unbeständig, wankelmütig.

inconstitucional [~ʃtitusju'nał] verfassungswidrig.

inconsútil [~'sutił] nahtlos.

incontável [~kõn'tavɛł] unzählbar.

incontest|ado [~tiʃ'taδu] unbe-, unum-stritten; **~ável** [~avɛł] unbestreitbar.

incont|ido [~'tiδu] hemmungslos; **~inência** [~ti'nẽsjɐ] *f* Hemmungslosigkeit *f*; ~ *de língua* Schwatzhaftigkeit *f*; ~ *de urinas* Harnfluß *m*, Bettnässe *f*; **~inente** [~ti'nẽntə] ausschweifend; = **~***ido*.

incontornável [~tur'navɛł] unvermeidlich.

incontrastável [~trɐʃ'tavɛł] unumstößlich; unwiderleglich.

inconveni|ência [~kõvə'njẽsjɐ] *f* Unschicklichkeit *f*; Ungelegenheit *f*; = **~ente** [~ẽntə] **1.** *m* Mißstand *m*, Unzuträglichkeit *f*; Nachteil *m*; Schwierigkeit *f*; **2.** *adj.* unschicklich; ungebührlich; unpassend; unzweckmäßig; ungelegen.

inconversível, -tível [~vər'sivɛł, -'tivɛł] nicht umkehrbar (*Satz*); nicht konvertierbar (*Anleihe*); nicht umtauschbar.

incorpor|ação [~kurpurɐ'sɐ̃u] *f* Einverleibung *f*; Anschluß *m*; Aufnahme *f*; **~ar** [~'rar] (1e) einverleiben; zs.-schließen, verbinden; anschließen; aufnehmen, eingliedern; ein-weisen, -stellen; gestalten; *v/i.* Gestalt annehmen, sich bilden; **~ar-se** *em* eintreten in (*ac.*).

incorpóreo [~'pɔrju] unkörperlich.

incorr|ecção [~kuʀɛ'sɐ̃u] *f* Fehler *m*; Unhöflichkeit *f*; Taktlosigkeit *f*; **~ecto** [~'ʀɛtu] unrichtig; unhöflich, taktlos; **~er** [~'ʀer] (2d): ~ *em* sich zuziehen (*ac.*); hineingezogen w. in (*ac.*); begehen (*ac.*); **~igível** [~ə'ʒivɛł] unverbesserlich; **~uptível** [~u(p)'tivɛł] unverweslich; unzerstörbar; *fig.* unbestechlich; **~upto** [~'ʀu(p)tu] unversehrt; *fig.* unbescholten; unbestechlich.

incred|ibilidade [ĩŋkrəδiβəli'δaδə] *f* Unglaubwürdigkeit *f*; **~ulidade** [~uli'δaδə] *f* Ungläubigkeit *f*.

incrédulo [~'krɛδulu] ungläubig.

increment|ar [~krəmẽn'tar] (1a) fördern; vermehren; ankurbeln; **~o** [~'mẽntu] *m* Anwachsen *n*; Zuwachs *m*; *bsd.* Aufschwung *m*; *dar* ~ *a* = ~*ar.*

increp|ação [~pɐ'sɐ̃u] *f* scharfe(r) Tadel *m*; Beschuldigung *f*; *fazer uma* ~ *a* = **~ar** [~'par] (1c) scharf tadeln, hart anfahren; ~ *alg. de* j-n beschuldigen (*gen.*).

incrimin|ação [~krəminɐ'sɐ̃u] *f* Beschuldigung *f*; **~ar** [~'nar] (1a) ~ *de*, ~ *por* beschuldigen (*gen.*).

incrível [~'krivɛł] unglaublich.

incruento [~'krwẽntu] unblutig.

incrust|ação [~kruʃtɐ'sɐ̃u] *f* Einlegearbeit *f*; Einlage *f*; Überzug *m*; Verkrustung *f*; ⊕ Kesselstein *m*; *geol.* Einschluß *m*; **~ar** [~'tar] (1a) *Oberfläche* auslegen; *Muster* einlegen; *mit e-r Schicht* überziehen; einlagern; **~ar-se** verkrusten; versintern; *fig.* sich einprägen.

incub|ação [ĩŋkuβɐ'sɐ̃u] *f* Brut (-zeit) *f*; ⚕ Inkubation *f*; *fig.* Ausarbeitung *f*; **~ador** [~ɐ'ðor] **1.** *adj.* Brut...; Inkubations...; **2.** *m* Brutapparat *m*; **~ar** [~'βar] (1a) (aus-, be-)brüten; *fig.* aus-arbeiten, -denken.

inculcar [~kuł'kar] (1n) empfehlen; anpreisen; *j-n* bekehren zu; beibringen; einschärfen.

inculpar [~'par] (1a) beschuldigen.

inculto [~'kułtu] unbebaut; ungepflegt; ungebildet; schlicht.

incumb|ência [~kũm'bẽsjɐ] *f* Auftrag *m*; Obliegenheit *f*; **~ir** [~ir] (3a) *j-n* beauftragen (mit); *j-m* obliegen, *j-s* Aufgabe sn; *incumbe-me* ich muß.

incunábulo [~ku'naβulu] *m* Wiegendruck *m*, Inkunabel *f*.

incurável [~'ravɛł] unheilbar.

incúria [~'kurjɐ] *f* Fahrlässigkeit *f*; Sorglosigkeit *f*; Nachlässigkeit *f*.

incurs|ão [~kur'sɐ̃u] *f* Überfall *m*; Einfall *m*; ~ *aérea* Feindflug *m*, Luftangriff *m*; **~o** [~'kursu]: ~ *em* verfallen (*dat.*); schuldig (*gen.*); ~ *no artigo 3* straffällig nach Artikel 3.

incutir [~ku'tir] (3a) einflößen; *Zweifel* erwecken; einschärfen.

inda ['ĩndɐ] = *ainda.*

indag|ação [ĩndɐɣɐ'sɐ̃u] *f* Nachforschung *f*; Erforschung *f*; **~ar** [~'ɣar] (1o; *Stv.* 1b) erforschen; ermitteln; *v/i.* ~ (*acerca*) *de* nachforschen (*dat.*); Nachforschungen anstellen über (*ac.*).

indébito [~'dɛβitu] freiwillig (*Zahlung*); unverdient.

inde|cência [ĩndə'sẽsjɐ] *f* Unschicklichkeit *f*; F Skandal *m*; **~cente** [~'sẽntə] unanständig; unschicklich; anstößig; F skandalös, unglaublich; gemein; **~cifrável** [~si'fravɛł] nicht zu entziffern(d); unverständlich; **~ciso** [~'sizu] unentschlossen; unentschieden; unbestimmt; **~clinável** [~kli'navɛł] unablehnbar; unübertragbar; unabweislich; *gram.* unveränderlich; **~coro** [~'koru] *m* Mangel *m* an Anstand; **~coroso** [~ku'rozu (-ɔ-)] unanständig; anstößig; empörend; **~fectível** [~fɛ(k)'tivɛł] unfehlbar; unausbleiblich; unvergänglich; **~fensável, -ível** [~fẽ'savɛł, -ivɛł] unhaltbar; *fig. a.* unentschuldbar; **~fenso** [~'fẽsu] = *~feso*; **~ferimento** [~fəri'mẽntu] *m* Ablehnung *f*; **~ferir** [~fə'rir] (3c) ablehnen, abschlägig bescheiden; **~feso** [~'fezu] wehrlos; **~fesso** [~'fɛsu] unermüdlich.

indefin|ição [~fəni'sɐ̃u] *f* Unklarheit *f*; Unentschiedenheit *f*; **~idamente** [~fəˌniðɐ'mẽntə] auf unbestimmte Zeit; **~ido, ~ito** [~'niðu, ~itu] unbestimmt, unbegrenzt, grenzenlos; **~ível** [~'nivɛł] unbestimmbar, undefinierbar.

indeformável [~fur'mavɛł] formbeständig.

inde|lével [~'lɛvɛł] unauslöschlich; unvergänglich; **~licadeza** [~likɐ'ðezɐ] *f* Taktlosigkeit *f*; **~licado** [~li'kaðu] taktlos; geschmacklos.

indemne [ĩn'dɛmnə, ~'dɛnə] unbeschädigt; unversehrt, heil.

indemni|dade [ĩndəmni-, ĩndəni'ðaðə] *f* Straflosigkeit *f*; *pol.* Indemnität *f*; = **~zação** [~zɐ'sɐ̃u] *f* Entschädigung *f*; Schadenersatz *m*; Abfindung *f*; **~zar** [~'zar] (1a) ~ *alg. por* (*od.* de) j-n entschädigen für; j-m *et.* ersetzen.

indemonstrável [ĩndəmõʃ'travɛł] unbeweisbar; unerweislich.

inden|... *bras. s. indemn|...*

independ|ência [~pẽn'dẽsjɐ] *f* Unabhängigkeit *f*; **~ente** [~ẽntə] unabhängig, frei; selbständig; **~er** [~er] (2a): (*não*) ~ *de* unabhängig sn (abhängen) von.

indes|critível [ĩndiɫkri'tivɛł] unbeschreiblich; **~culpável** [~kuł'pavɛł] unentschuldbar.

indesejável [ĩndəzɨ'ʒavɛɫ] unerwünscht; lästig (*Ausländer*).
indes|mentível [~dɨʒmẽn'tivɛɫ] unleugbar; **~trutível** [~dɨʃtru'tivɛɫ] unzerstörbar.
indetectável [~dətɛk'tavɛɫ] nicht feststellbar.
indetermin|ado [ĩndətərmi'naδu] unbestimmt; unschlüssig; **~ar** [~ar] (1a) unschlüssig m.; **~ável** [~avɛɫ] unbestimmbar.
indetível [~'tivɛɫ] unaufhaltbar.
indevassável [ĩndəvɐ'savɛɫ] nicht einsehbar, geschlossen.
indevid|amente [ĩndəˌviδɐ'mẽntə] zu Unrecht; **~o** [~'viδu] fälschlich; unverdient; unpassend.
índex (*pl. unv.*) ['ĩndɛks] *m* = *índice*; *cat.* Index *m*.
indiano [ĩn'djɐnu] **1.** *adj.* indisch; **2.** *m*, **-a** *f* Inder(in *f*) *m*.
indic|ação [ĩndikɐ'sɐ̃u] *f* Anzeige *f*; Hinweis *m*; Anzeichen *n*; Andeutung *f*; Fingerzeig *m*; Angabe *f*; **~ado** [~'kaδu] zweckmäßig; berufen; passend; *não estar* ~ nicht in Frage kommen; **~ador** [~ɐ'δor] **1.** *adj.* Zeige...; Meß...; *placa f* ~*a* Hinweisschild *n*; **2.** *m* Zeiger *m*; Anzeiger *m*; *Post-*, *Straßen-*Verzeichnis *n*; (Weg-)Weiser *m*; *Druck-*, *Wasserstand- usw.* Messer *m*; **~ar** [~'kar] (1n) (an)zeigen; *j-n* hinweisen auf (*ac.*); angeben, sagen; namhaft m.; **~ativo** [~ɐ'tivu] **1.** *adj.* *modo m* ~ = **2.** *m* Indikativ *m*; *fig.* Anzeichen *n*; ~ *de acesso tel.* Ortsnetzkennzahl *f*, Vorwahl *f*.
índice ['ĩndisə] *m* Bücher-, Inhaltsverzeichnis *n*; Register *n*; Zeiger *m*; 🕮 Index *m*; *número-índice* Index (-ziffer *f*) *m*; ~ *das matérias* (*onomástico*) Sach-(Namen-)register *n*.
indici|ar [ĩndi'sjar] (1g) anzeigen; erkennen l.; Indiz sn für; verdächtigen; **~ário** [~arju] Indizien...
indício [ĩn'disju] *m* Anzeichen *n*; ⚖ Indiz *n*.
indiferen|ça [~difə'rẽsɐ] *f* Gleichgültigkeit *f*; *fis.* Indifferenz *f*; **~te** [~ẽntə] gleichgültig; teilnahmslos; lau; *fis.* indifferent; **~temente** [~ˌrẽntə'mẽntə] unterschiedslos.
indígena [~'diʒənɐ] eingeboren; einheimisch.
indig|ência [~di'ʒẽsjɐ] *f* Armut *f*, Not *f*; **~ente** [~ẽntə] bedürftig, arm.
indige|rível [~ʒə'rivɛɫ] unverdaulich; **~stão** [~ʃ'tɐ̃u] *f* Verdauungsstörung *f*; Magenverstimmung *f*; **~sto** [~'ʒɛʃtu] unverdaulich; schwer (verdaulich); unausstehlich.
indigit|ado [~ʒi'taδu] (allgemein) bekannt (*od.* anerkannt); berufen; kommend; **~ar** [~ar] (1a) zeigen (auf [*ac.*]); bezeichnen; vorschlagen.
indign|ação [~diɣnɐ'sɐ̃u] *f* Entrüstung *f*, Empörung *f*; Zorn *m*; **~ar** [~'nar] (1a) entrüsten, empören; erzürnen; **~o** [~'diɣnu] unwürdig; würdelos; schmählich.
índio ['ĩndju] *m* Indianer *m*.
indirect|a [ĩndi'rɛtɐ] *f* Anspielung *f*; Anzüglichkeit *f*, Hieb *m*; F Pflaume *f*; *dar* ~*s*, *dizer* ~*s* anzüglich w.; **~o** [~u] indirekt, mittelbar; krumm; hinterhältig; anzüglich.
indis|cernível [ĩndiʃsər'nivɛɫ] ununterscheidbar; **~cutível** [~ku'tivɛɫ] fraglos, unbestreitbar; selbstverständlich; indiskutabel; **~pensável** [~pẽ'savɛɫ] unerläßlich; unumgänglich; unentbehrlich.
indiscipl|ina [~sə'plinɐ] *f* Disziplinlosigkeit *f*; **~inado** [~pli'naδu] zuchtlos, undiszipliniert; **~inar** [~pli'nar] (1a) *j-s* Disziplin untergraben; **~inar-se** aufsässig w.; **~inável** [~pli'navɛɫ] unlenksam; aufsässig.
indiscr|eto [~'krɛtu] taktlos; zudringlich; schwatzhaft; unvorsichtig; **~ição** [~kri'sɐ̃u] *f* Taktlosigkeit *f*; Zudringlichkeit *f*; Schwatzhaftigkeit *f*; Unvorsichtigkeit *f*.
indiscrimin|ado [~krəmi'naδu] unterschiedslos; **~ável** [~avɛɫ] ununterscheidbar.
indisp|onível [~pu'nivɛɫ] nicht verfügbar; unveräußerlich; **~or** [~'por] (2zd) verstimmen; verderben; schlecht bekommen (*dat.*); ~ *com* verfeinden mit; **~osição** [~puzi'sɐ̃u] *f* Unwohlsein *n*; Unlust *f*; Verstimmung *f*; **~osto** [~'poʃtu (-ɔ-)] unwohl, unpäßlich; ärgerlich.
indissociado [ĩndisu'sjaδu] echt.
indissolúvel [ĩndisu'luvɛɫ] unauflöslich; unlöslich.
indistin|guível [~diʃtĩŋ'givɛɫ] unerkennbar; ununterscheidbar; **~tamente** [~ˌtĩntɐ'mẽntə] ohne Unterschied; **~to** [~'tĩntu] undeutlich; unterschiedslos.
individu|ação [ĩndəviδwɐ'sɐ̃u] *f*

(Be-)Sonderung *f*; Vereinzelung *f*; Besonderheit *f*; **~al** [~'ðwał] individuell; besonder; Sonder..., Einzel...; persönlich; *lições* (*Sport*: *provas*) *f/pl.* *-ais* Einzel-stunden *f/pl.*, -kämpfe *m/pl.*; **~alidade** [~ɐli'ðaðə] *f* Persönlichkeit *f*; Besonderheit *f*; ⚖ Person *f*; **~alista** [~ɐ'liʃtɐ] **1.** *adj.* individualistisch; eigen; **2.** *m* Individualist *m*; Einzelgänger *m*; **~alizar** [~ɐli'zar] (1a) individualisieren; (einzeln) kennzeichnen; vereinzeln; **~almente** [~ał'mẽntə] einzeln, besonders; **~ar** [~'ðwar] (1g) einzeln darstellen (*od.* aufzählen); = *~alizar*.

indi|víduo [~'viðwu] *m* Individuum *n*; Einzelwesen *n*, Exemplar *n*; **~visível** [~və'zivɛł] unteilbar; **~viso** [~'vizu] ungeteilt; gemeinsam; **~zível** [~'zivɛł] unsagbar, unsäglich, unaussprechlich.

indo- ['ĩndɔ] *in Zssgn* indo...

indócil [ĩn'dɔsił] ungelehrig; unfolgsam.

indocumentado [~dukumẽn'taðu] ohne Papiere; *estar ~* keine Papiere h.

índole ['ĩndulə] *f* innere Artung *f*, Wesen *n*; Eigenart *f*; *ter boa ~* gut veranlagt (*od.* gutartig) sn.

indol|ência [ĩndu'lẽsjɐ] *f* Lässigkeit *f*; Trägheit *f*; **~ente** [~ẽntə] lässig; teilnahmslos; träge; **~or** [~'lor] schmerzlos.

indom|ável [~'mavɛł] unbezwinglich; unbeugsam; **~esticável** [~miʃti'kavɛł] unzähmbar.

indómito [~'dɔmitu] unbezwungen; unbändig; widerspenstig, aufsässig.

indonésio [~du'nɛzju] **1.** *adj.* indonesisch; **2.** *m* Indonesier *m*.

indubitável [~duβi'tavɛł] unzweifelhaft.

indução [~'sẽu] *f* Überredung *f*; Verführung *f*; ⚡ *u. fil.* Induktion *f*.

indúctil [~'duktił] starr; spröde.

indulg|ência [~duł'ʒẽsjɐ] *f* Nachsicht *f*, Milde *f*; *rel.* *~s pl.* Ablaß *m*; **~ente** [~ẽntə] nachsichtig, milde.

indult|ar [~'tar] (1a) begnadigen; freisprechen von; **~o** [~'dułtu] *m* Begnadigung *f*; Straferlaß *m*.

indument|ária [~dumẽn'tarjɐ] *f* Trachtenkunde *f*; Tracht *f*; *tea.* Kostüme *n/pl.*; **~o** [~'mentu] *m* Kleidung *f*, Tracht *f*.

indústria [~'duʃtrjɐ] *f* Gewerbe *n*; Industrie *f*; Gewerbe-, Kunst-fleiß *m*; Geschicklichkeit *f*; Betriebsamkeit *f*; *~ agrícola* Landwirtschaft *f*; *~ básica*, *~ de base* Grund(stoff)-industrie *f*; *~ dos transportes* Transportwesen *n*; *cavalheiro m de ~* Hochstapler *m*.

industri|al [~duʃ'trjał] **1.** *adj.* industriell, Industrie...; Gewerbe...; **2.** *m* Gewerbetreibende(r) *m*; Industrielle(r) *m*; **~alismo** [~trjɐ'liʒmu] *m* Industrialismus *m*; **~alizar** [~trjɐli'zar] (1a) industrialisieren; **~ar** [~ar] (1g) unterrichten; bearbeiten; **~ar-se** *em* sich üben in (*dat.*); sich werfen *od.* alle Mühe wenden auf (*ac.*); **~oso** [~ozu (-ɔ-)] fleißig; geschickt.

indu|tivo [~du'tivu] induktiv; **~tor** [~'tor] **1.** *adj.* Induktions...; **2.** *m* Induktor *m*; **~zido** ⚡ [~'ziðu] *m* Anker *m*, Rotor *m*, Läufer *m*; **~zir** [~'zir] (3m) folgern; ⚡ induzieren; *Furcht* erwecken; *~ em* verleiten zu; bereden zu; *in Versuchung* führen.

inebriar [inə'βrjar] (1g) berauschen.

ineditismo [~ði'tiʒmu] *m* Neuheit *f*; Originalität *f*.

inédito [in'ɛðitu] **1.** *adj.* noch ungedruckt (*Autor*); unveröffentlicht (*Werk*); *fig.* unbekannt, neu; originell; **2.** *m* ungedruckte(s) Werk *n*.

ine|fável [inə'favɛł] unaussprechlich; **~ficaz** [~fi'kaʃ] unwirksam, wirkungslos.

ineg|ável [~'ɣavɛł] unleugbar; **~ociável** [~ɣu'sjavɛł] unabdingbar.

inelutável [~lu'tavɛł] unumgänglich, unvermeidlich.

inepto [in'ɛptu] albern; unfähig; tölpelhaft.

inequívoco [inə'kivuku] eindeutig.

inércia [in'ɛrsjɐ] *f* Trägheit *f* (*a. fís.*); Untätigkeit *f*; *estado m* (*força f*) *de ~* Beharrungs-zustand *m* (-vermögen *n*).

iner|ência [inə'rẽsjɐ] *f* Zugehörigkeit *f*; Unlösbarkeit *f*; **~ente** [~ẽntə] innewohnend, anhaftend; eigentümlich; verknüpft (mit *a*).

inerte [in'ɛrtə] regungslos; untätig; schlaff; träge; erschlaffend.

ines|crutável [iniʃkru'tavɛł] unerforschlich; **~gotável** [iniʒɣu'tavɛł] unerschöpflich; **~perado** [iniʃpə'raðu] unerwartet; unverhofft; **~quecível** [~kɛ'sivɛł] unvergeßlich;

~timável [~ti'mavɛɫ] unschätzbar.
inevitável [inəvi'tavɛɫ] unvermeidlich.
inex|actidão [inei-, inizati'ðɐ̃u] *f* Ungenauigkeit *f*; **~acto** [~'zatu] ungenau; unrichtig; unpünktlich; **~aurível** [~zau'rivɛɫ] unausschöpfbar; unversieglich; **~cedível** [~ʃsə'ðivɛɫ] unübertrefflich; **~cusável** [~ʃku'zavɛɫ] unerläßlich; unentschuldbar; **~equível** [~zə'kwivɛɫ] unaus-, undurch-führbar; **~istência** [~ziʃ'tẽsjɐ] *f* Nichtvorhandensein *n*; Fehlen *n*; völlige(r) Mangel *m* (an [*dat.*] *de*); **~istente** [~ziʃ'tẽntə] nicht vorhanden, inexistent; **~istir** [~ziʃ'tir] (3a) nicht vorkommen; fehlen; **~orável** [~zu'ravɛɫ] unerbittlich.
inex|periência [ineiʃ-, inɨʃpə'rjẽsjɐ] *f* Unerfahrenheit *f*; **~periente** [~pə'rjẽntə] unerfahren; arglos; **~plicável** [~pli'kavɛɫ] unerklärlich; **~plorado** [~plu'raðu] unerforscht; unausgebeutet; ungenutzt; **~pressivo** [~prə'sivu] ausdruckslos; **~primível** [~prə'mivɛɫ] unaussprechlich; **~pugnável** [~puɣ'navɛɫ] uneinnehmbar; unbesiegbar; **~tenso** [~'tẽsu] unausgedehnt; *aber*: *in extenso lat.* ausführlich; im Wortlaut; **~tinguível** [~tĩŋ'givɛɫ] unlöschbar; = **~tirpável** [~tir'pavɛɫ] unausrottbar; **~tricável** [~tri'kavɛɫ] unentwirrbar.
infal|ibilidade [ĩfɐliβəli'ðaðə] *f* Unfehlbarkeit *f*; **~ível** [~'livɛɫ] unfehlbar; unausbleiblich.
infam|ante [~'mɐ̃ntə] = **~atório**; **~ar** [~ar] (1a) entehren; verleumden; schänden; **~atório** [~mɐ'tɔrju] entehrend; ehrenrührig; *libelo m ~* Schmähschrift *f*; **~e** [ĩ'fɐmə] **1.** *adj.* ehrlos; schmählich, schändlich; **2.** *m* Schuft *m*.
infâmia [ĩ'fɐmjɐ] *f* Schändlichkeit *f*; Schande *f*; Niedertracht *f*.
infância [ĩ'fɐ̃sjɐ] *f* Kindheit *f*; Kindesalter *n*; Kinder *n/pl*.
infant|aria [ĩfɐ̃ntɐ'riɐ] *f* Infanterie *f*; **~ário** [~'tarju] *m* Kindergarten *m*; **~e** [ĩ'fɐ̃ntə] **1.** *m* ⚔ Infanterist *m*; **2.** *m*, **-a** *f* Infant(in *f*) *m*; **3.** *adj.* kindlich; **~icida** [~ə'siðɐ] *su.* Kindesmörder(in *f*) *m*; **~icídio** [~ə'siðju] *m* Kindesmord *m*; **~il** [~'tiɫ] kindlich; Kindes..., Kinder...; *depr. u.* ⚕ kindisch, infantil.
infarto *bras.* [ĩ'fartu] *m* = *enfarte*.
infatigável [ĩfɐti'ɣavɛɫ] unermüdlich.
infausto [ĩ'fauʃtu] unglücklich, Unglücks...
infec|ção [ĩfɛ'sɐ̃u] *f* Ansteckung *f*; Entzündung *f*; **~cionar** [~sju'nar] (1f) = **~tar**; **~cioso** [~'sjozu (-ɔ-)] ansteckend; infektiös; **~tar** [~'tar] (1a) anstecken; entzünden; verpesten; **~to** [ĩ'fɛ(k)tu] verpestet; stinkend.
infel|icidade [ĩfələsi'ðaðə] *f* Unglück *n*; **~iz** [~'liʃ] unglücklich; **~izmente** [~liʒ'mẽntə] unglücklicherweise; leider.
inferência [~'rẽsjɐ] *f* Folgerung *f*.
inferior [~'rjor] **1.** *adj.* unter; nieder; unterlegen; untergeordnet; minderwertig; Unter...; Nieder...; *comp. ~ a* niedriger *od.* geringer als; **2.** *m* Untergebene(r) *m*; **~idade** [~rjuri'ðaðə] *f* Unterlegenheit *f*; Minderwertigkeit *f*; **~izar** [~rjuri'zar] (1a) erniedrigen, herabwürdigen.
inferir [~'rir] (3c) folgern.
infern|al [ĩfər'naɫ] höllisch; teuflisch; *pedra f ~* Höllenstein *m*; **~o** [ĩ'fɛrnu] *m* Hölle *f*.
ínfero ['ĩfəru] = *inferior*.
infértil [ĩ'fɛrtiɫ] unfruchtbar.
infest|ar [ĩfɨʃ'tar] (1c) heimsuchen; verheeren; **~o** [ĩ'fɛʃtu] feindlich; lästig; schädlich.
infetar [ĩfɛ'tar] (1a) *bras. s. infectar.*
infidel|idade [ĩfiðəli'ðaðə] *f* Untreue *f*; Verrat *m*; Ungenauigkeit *f*; **~íssimo** [~ə'lisimu] *sup. v.* **infiel** [ĩ'fjɛɫ] untreu; treulos; ungenau; *rel.* ungläubig.
infiltr|ação [ĩfiɫtrɐ'sɐ̃u] *f* Einsickerung *f*, Eindringen *n*; *geol.* Einschluß *m*; **~ar** [~'trar] (1a) durchdringen, einsickern in (*ac.*); *~ a/c. em fig.* et. einflößen (*dat.*); **~ar-se** ein-, durch-sickern, -dringen.
ínfimo ['ĩfimu] unterst, niedrigst.
infin|dável [ĩfĩn'davɛɫ] endlos; **~do** [ĩ'fĩndu] = *infinito*; **~idade** [ĩfəni'ðaðə] *f* Unendlichkeit *f*; *uma ~ de* unendlich viele, zahllose; *uma ~ de tempo* endlos lange; **~itesimal** [ĩfənitɛzi'maɫ] unendlich klein; Infinitesimal...; **~itivo** [ĩfəni'tivu] *m* Infinitiv *m*, Nennform *f*; **~ito** [ĩfə'nitu] unendlich; grenzenlos; zahllos; = *~itivo*.

infirmar [ĩfir'mar] (1a) entkräften; rückgängig m., aufheben.
infla|ção [ĩfla'sɐ̃u] *f* Füllung *f*; Schwellung *f*; *fig.* Aufgeblasenheit *f*; Dünkel *m*; ⚚ Geldentwertung *f*, Inflation *f*; **~cionista** [~sju'niʃtɐ] *adj.* Inflations..., inflationistisch.
inflam|ação [ĩflɐmɐ'sɐ̃u] *f* Entzündung *f*; Zündung *f*; *fig.* Glut *f*; **~ado** [~'maðu] flammend, glühend; **~ar** [~'mar] (1a) entzünden; *fig.* entflammen; **~ar-se** zünden; *fig.* entbrennen; erglühen; **~atório** [~ɐ'tɔrju] zündend; Entzündungs...; **~ável** [~'mavɛɫ] entzünd-bar, -lich.
inflar [ĩ'flar] (1a) aufblasen, *Ballon* füllen; schwellen, bauschen; aufblähen (*a. fig.*); **~-se** (an)schwellen.
inflectir [ĩflɛ(k)'tir] (3c) (sich) biegen *od.* beugen; ablenken; (sich) senken.
inflex|ão [ĩflɛk'sɐ̃u] *f* Biegung *f*; *fís.* Ablenkung *f*; Brechung *f*; *gram.* Beugung *f*; **~ível** [~'sivɛɫ] unbiegsam; unbeugsam; unerbittlich.
infligir [ĩfli'ʒir] (3n) *Strafe* auferlegen; *Niederlage* zufügen.
inflorescência ⚘ [ĩfluriʃ'sẽsjɐ] *f* Blütenstand *m*.
influ|ência [ĩ'flwẽsjɐ] *f* Einfluß *m*; *fís.* Influenz *f*; *movimentar as suas ~s* s-e Beziehungen spielen l.; **~enciar** [ĩflwẽ'sjar] (1g) beeinflussen; **~enciável** [ĩflwẽ'sjavɛɫ] beeinflußbar; **~ente** [~ẽntə] einflußreich; **~enza** ⚕ [~ẽzɐ] *f* Influenza *f*, Grippe *f*; **~ir** [~ir] (3i) *v/t.* hervorrufen; anfeuern; *~ em* ein-flößen, -geben (*dat.*); *v/i.* *~ em* Einfluß h. (*od.* ausüben) auf (*ac.*), beeinflussen (*ac.*); **~xo** [ĩ'fluksu] *m* Einfluß *m*; Zufluß *m*, Zustrom *m*; Flut *f*.
in-fólio [in'fɔlju] **1.** *adj.* im Kanzleiformat; **2.** *m* Foliant *m*.
inform|ação [ĩfurmɐ'sɐ̃u] *f* Information *f*; Mitteilung *f*; Nachricht *f*; Auskunft *f* (*dar* erteilen); *²ões* Auskunft *f*; *pedido m de ~* Anfrage *f*; *tirar* (*od. tomar, colher*) *-ões* Erkundigungen einziehen; **~ado** [~'maðu]: *estar ~* Bescheid wissen; *ser* (*od. ficar*) *~* Bescheid (*od.* Kenntnis) erhalten; **~ador, ~ante** [~ɐ'ðor, ~'mẽntə] *m* Gewährsmann *m*.
informal [~'maɫ] ungezwungen.
inform|ar [~'mar] (1e) *j-n* aufklären; *Prozeß* einleiten; *~ alg.* (*acerca*) *de od. sobre* j-n unterrichten (*od.* in Kenntnis setzen) von; j-m Bescheid sagen (*od.* Auskunft geben) über (*ac.*); **~ar-se** de sich erkundigen nach; **~ativo** [~ɐ'tivu] Informations...; Auskunfts...; Nachrichten...; informativ.
informe [ĩ'fɔrmə] **1.** *m* = *informação*; **2.** *adj.* formlos; unförmig.
infort|unado [ĩfurtu'naðu] unglücklich; **~únio** [~'tunju] *m* Unglück *n*; Heimsuchung *f*.
infrac|ção [ĩfra'sɐ̃u] *f* *Gesetzes*-Übertretung *f*; Zuwiderhandlung *f*; *Vertrags*-Bruch *m*; *~ disciplinar* Dienstvergehen *n*; **~tor** [~'tor] *m* Übertreter *m*; Zuwiderhandelnde(r) *m*; Vertragsbrüchige(r) *m*.
infra-estrutura(s) [ĩfrɐiʃtru'turɐ] *f*(*pl.*) Infrastruktur *f*.
infring|ência *bras.* [ĩfrĩ'ʒẽsjɐ] *f* Übertretung *f*; **~ir** [~ir] (3n) *Gesetz* übertreten; *Vertrag, Wort* brechen.
infrutífero [ĩfru'tifəru] unfruchtbar; *fig.* fruchtlos, vergeblich.
infun|dado, ~damentado [ĩfũn'daðu, ~dɐmẽn'taðu] unbegründet; grund-, halt-los; **~dir** [~'dir] (3a) aufgießen; einweichen; *fig.* einflößen.
infus|ão [ĩfu'zɐ̃u] *f* Aufguß *m*; *Möbel*-Beize *f*; *fig.* Einflößung *f*; *dar uma ~ a* beizen (*ac.*); **~ível** [~ivɛɫ] unschmelzbar; **~o** [ĩ'fuzu] **1.** *p.p. irr. v. infundir*; **2.** *m* Aufguß *m*; **~órios** [~ɔrjuʃ] *m/pl.* Infusorien *n/pl.*
ingénito [ĩ'ʒɛnitu] angeboren; *rel.* eingeboren.
ingente [ĩ'ʒẽntə] riesig, ungeheuer.
ing|enuidade [ĩʒənwi'ðaðə] *f* Naivität *f*; Einfalt *f*; **~énuo** [ĩ'ʒɛnwu] naiv; kindlich-unbefangen; harmlos.
inge|rência [ĩʒə'rẽsjɐ] *f* Einmischung *f*; **~rir** [~'rir] (3c) einführen; ver-schlingen, -schlucken; *v/i.* = **~rir-se** sich einmischen; **~stão** [ĩʒiʃ'tɐ̃u] *f* Verschlucken *n*; Genuß *m* (*v. Speisen*).
ingl|ês [ĩŋ'gleʃ] **1.** *adj.* englisch; **2.** *m* Engländer *m*; *para ~ ver* für die Dummen; nur zum Schein; **~esa** [~ezɐ] *f* Engländerin *f*.
inglório [ĩŋ'glɔrju] unrühmlich, ruhmlos.
ingovernável [ĩŋguvər'navɛɫ] unlenkbar.
ingrat|idão [ĩŋgrɐti'ðɐ̃u] *f* Undank-

barkeit *f*; **~o** [ĩŋ'gratu] undankbar; unangenehm; abweisend.
ingrediente [ĩŋgrə'ðjẽntə] *m* Bestandteil *m*; Zutat *f*.
íngreme ['ĩgrəmə] abschüssig, steil.
ingress|ar [ĩŋgrə'sar] (1c) eintreten; aufgenommen w.; *ins Krankenhaus* eingeliefert w.; **~o** [iŋ'grɛsu] *m* Eintritt *m*; Aufnahme *f*; Einlieferung *f*; *bras.* Eintrittskarte *f*; ~ *permanente* Dauerkarte *f*.
íngua ⚕ ['ĩŋgwɐ] *f* Lymphdrüsenschwellung *f*.
inguinal [ĩŋgi'nał] *anat.* Leisten...
ingurgit|amento [ĩŋgurʒitɐ'mẽntu] *m* Verstopfung *f*, Überfüllung *f*; *fig.* Aufblähung *f*; **~ar** [~'tar] (1a) verschlingen; voll-, ver-stopfen; **~ar-se** *em* versinken in (*ac.*).
inha|ca *bras.* [i'ɲakɐ] *m* Gestank *m*; **~pa** *bras.* [~pɐ] *f* Zugabe *f*.
inib|ição [inəβi'sɐ̃u] *f* Verhinderung *f*; Verbot *n*; Hemmung *f*, Lähmung *f*; **~ir** [~'βir] (3a) verhindern; untersagen; ⚕ hemmen, lahmlegen; **~itivo, ~itório** [~i'tivu, ~i'tɔrju] hinderlich; Hinderungs...; verbietend, Verbots...; hemmend.
inici|ação [inisjɐ'sɐ̃u] *f* Einweihung *f*; Einführung *f*; **~ador** [~ɐ'ðor] *m* Bahnbrecher *m*; **~al** [~'sjał] **1.** *adj.* anfänglich, Anfangs...; Ausgangs...; **2.** *f* Anfangsbuchstabe *m*; **~ar** [~'sjar] (1g) beginnen; anbahnen; ~ *em* einweihen (*od.* einführen) in (*ac.*); **~ar-se** beginnen; ~ *em* sich üben in (*dat.*); sich vertraut m. mit; **~ativa** [~ɐ'tivɐ] *f* Anregung *f*, Anstoß *m*; Unternehmungsgeist *m*; *tomar a* ~ (*de*) den Anstoß geben (zu); die Initiative ergreifen; *ter muita* ~ unternehmungslustig sn; *por* ~ *de* auf Anregung (*gen.*); *por* ~ *própria* aus eigenem Antrieb.
início [i'nisju] *m* Beginn *m*, Anfang *m*; *ter* ~ beginnen; *dar* ~ eröffnen.
ini|gualável [iniɣwɐ'lavɛł] unvergleichlich; unerreichbar; **~ludível** [~lu'ðivɛł] unausweichlich; **~maginável** [~mɐʒi'navɛł] unvorstellbar.
inimi|císsimo [inəmi'sisimu] tödlich verfeindet; *sup. v.* **~go** [~'miɣu] **1.** *adj.* feindlich; verfeindet; schädlich; **2.** *m* Feind *m*; Gegner *m*; **~tável** [~'tavɛł] unnachahmlich; **~zade** [~'zaðə] *f* Feindschaft *f*; **~zar** [~'zar] (1a) verfeinden.
inin|teligível [inĩntələ'ʒivɛł] unverständlich; unerklärlich; unerkennbar; **~terrupto** [~tə'ʀuptu] ununterbrochen.
iníquo [i'nikwu] unbillig, ungerecht.
injec|ção [ĩʒɛ'sɐ̃u] *f* Injektion *f*; Spritze *f*; **~tado** [~'taðu] blutunterlaufen (*Auge*); **~tar** [~'tar] (1a) *Serum* einspritzen; *Holz* imprägnieren; ~ *as faces* in die Wangen schießen (*Blut*); **~tor** [~'tor] *m* Spritzdüse *f*; Dampfstrahlgebläse *n*.
injúria [ĩ'ʒurjɐ] *f* Beschimpfung *f*, Schimpf *m*; *fazer uma* ~ beleidigen.
injuri|ar [ĩʒu'rjar] (1g) beschimpfen, schmähen; beeinträchtigen; zerstören; **~oso** [~ozu (-ɔ-)] beleidigend, Schmäh...
injust|iça [ĩʒuʃ'tisɐ] *f* Ungerechtigkeit *f*; **~ificado** [~təfi'kaðu] ungerechtfertigt, unberechtigt; **~ificável** [~təfi'kavɛł] nicht zu rechtfertigen(d); **~o** [ĩ'ʒuʃtu] ungerecht; unberechtigt.
inobliterável [inuβlitə'ravɛł] unauslöschlich.
inobserv|ado [inuβsər'vaðu] noch nicht beobachtet; **~ância** [~ɐ̃sjɐ] *f* Nichtbefolgung *f*.
inoc|ência [inu'sẽsjɐ] *f* Unschuld *f*; **~entar** [~sẽn'tar] (1a) reinwaschen; **~ente** [~ẽntə] **1.** *adj.* unschuldig; harmlos; **2.** *su.* unschuldige(s) Kindlein *n*.
in-octavo [inɔk'tavu] **1.** *adj.* in Oktav(format); **2.** *m* Oktavband *m*.
inocul|ação [inukulɐ'sɐ̃u] *f* (Ein-) Impfung *f*; *agulha f de* ~ Impfnadel *f*; **~ar** [~'lar] (1a) impfen; *Ideen* einimpfen; **~ar-se** eindringen.
inócuo [in'ɔkwu] unschädlich.
inodoro [inu'ðɔru] geruchlos.
inofensivo [inufẽ'sivu] harmlos.
inolvidável [inołvi'ðavɛł] unvergeßlich.
inomin|ado [inumi'naðu] ungenannt; **~ável** [~avɛł] un(be)nennbar.
inop|erância [inupə'rɐ̃sjɐ] *f* Untätigkeit *f*; **~erante** [~ə'rẽntə] unwirksam; einflußlos; **~inado** [~i'naðu] unerwartet; **~ortuno** [~ur'tunu] ungelegen; unzeitig, zur Unzeit; unangebracht; unerwünscht.
inorgânico [inur'gɐniku] unorganisch.
inospitaleiro [inuʃpitɐ'leiru] ungastlich; unwirtlich.
inov|ação [inuvɐ'sɐ̃u] *f* Neuerung *f*;

~ador [~ɐ'ðor] **1.** *adj.* neuerungssüchtig; unternehmend; **2.** *m* Neuerer *m*; **~ar** [~'var] (1e) Neuerungen einführen in (*dat.*), erneuern.
inoxidável [inɔksi'ðavɛɫ] rostfrei.
inqualificável [ĩŋkwɐləfi'kavɛɫ] unqualifizierbar.
in-quarto [in'kwartu] **1.** *adj.* in Quart(format); **2.** *m* Quartband *m*.
inquebrantável [ĩŋkəβrɐ̃n'tavɛɫ] unzerbrechlich; unzerreißbar; unermüdlich.
inquérito [ĩŋ'kɛritu] *m* Untersuchung *f*; Rund-, Um-frage *f*; ~-*-piloto* Repräsentativumfrage *f*.
inquiet|ação [ĩŋkjɛtɐ'sɐ̃u] *f* Unruhe *f*; **~ar** [~'tar] (1a) beunruhigen; **~o** [~'kjɛtu] unruhig; **~ude** [~'tuðə] *f* = *~ação*.
inquilin|ato [iŋkəli'natu] *m* (Haus-) Miete *f*; Mieterschaft *f*; *lei f do ~* Mieterschutzgesetz *n*; **~o** *m*, **-a** *f* [ĩŋkə'linu, -ɐ] Mieter(in *f*) *m*.
inquin|ação [ĩŋkinɐ'sɐ̃u] *f* Verseuchung *f*; **~ar** [~'nar] (1a) verunreinigen; ⚕ verseuchen.
inquir|ição [ĩŋkəri'sɐ̃u] *f* Nachforschung *f*; (Zeugen-)Verhör *n*; **~idor** [~'ðor] *m* Fragesteller *m*; **~ir** [~'rir] (3a) (er)forschen; untersuchen; *Zeugen* verhören, befragen.
Inquisi|ção [ĩŋkəzi'sɐ̃u] *f* Inquisition *f*; **2dor** [~'ðor] *m* Inquisitor *m*; **2torial**, **2tório** [~tu'rjaɫ, ~'tɔrju] Inquisitions...; *fig.* inquisitorisch.
insa|ciável [ĩsɐ'sjavɛɫ] unersättlich; **~livar** [~li'var] (1a) *Speisen* mit Speichel vermischen; **~lubre** [~'luβrə] ungesund, schädlich.
insan|ável [~'navɛɫ] unheilbar; nicht wieder gut zu machen(d); **~o** [ĩ'sɐnu] wahnsinnig.
insatisf|ação [ĩsɐtiʃfɐ'sɐ̃u] *f* Ungenügen *n*; Unzufriedenheit *f*; **~eito** [~'feitu] unbefriedigt; unzufrieden.
insciente, **ínscio** [ĩʃ'sjẽntə, 'ĩʃsju] unwissend.
inscr|ever [ĩʃkrə'ver] (2c; *p.p. inscrito*) ein-schreiben, -tragen; schreiben (in *od.* auf [*ac.*] *em*); eingraben; *geom.* einzeichnen; *fig.* ein-, zu-ordnen; **~ever-se** gehören (zu *em*); **~ição** [~i'sɐ̃u] *f* In-, Aufschrift *f*; Ein-schreibung *f*, -tragung *f*.
insect|icida [ĩsɛti'siðɐ] **1.** *m* Insektengift *n*; **2.** *adj.*: *pó m ~* Insektenpulver *n*; **~ívoro** [ĩsɛ'tivuru] *m* Insektenfresser *m*; **~o** [ĩ'sɛtu] *m* Insekt *n*; *~ daninho* Schädling *m*.
inse|duzível [ĩsəðu'zivɛɫ] unverführbar; unbestechlich; **~guro** [~'γuru] unsicher; **~minação** [~minɐ'sɐ̃u] *f* (künstliche) Befruchtung *f*.
insensat|ez [ĩsẽsɐ'teʃ] *f* Unvernunft *f*; Unsinn *m*; **~o** [~'satu] unvernünftig; unsinnig; sinnlos.
insens|ibilidade [ĩsẽsiβəli'ðaðə] *f* Gefühllosigkeit *f*; Unempfindlichkeit *f*; **~ibilizar** [~iβəli'zar] (1a) betäuben; abstumpfen; **~ível** [~'sivɛɫ] gefühllos; unempfindlich; unfühlbar; unmerklich.
inseparável [ĩsəpɐ'ravɛɫ] untrennbar; unzertrennlich.
inser|ção [ĩsər'sɐ̃u] *f* Einfügung *f*; Aufnahme *f*, Anschluß *m*; Aufgabe *f*; *anat. u.* ⚘ Insertion *f*, Ansatz *m*; *ponto m de ~* Ansatzstelle *f*; **~ir** [~'rir] (3c) einfügen; aufnehmen, bringen; *Anzeige* aufgeben; **~ir-se** *anat. u.* ⚘ an-, ein-wachsen; **~to** [ĩ'sɛrtu] *p.p. irr. v. ~ir.*
inset... *bras. s. insect...*
insídia [ĩ'siðjɐ] *f* Hinterlist *f*; Falle *f*.
insidi|ar [ĩsi'ðjar] (1g) nachstellen (*dat.*); **~oso** [~ozu (-ɔ-)] hinterlistig; heimtückisch.
insigne [ĩ'siγnə] bedeutend, hervorragend.
insígnia [ĩ'siγnjɐ] *f* Abzeichen *n*; Standarte *f*; *~s pl.* Insignien *pl.*
insignific|ância [ĩsiγnəfi'kɐ̃sjɐ] *f* Bedeutungslosigkeit *f*; Geringfügigkeit *f*; Kleinigkeit *f*; Bagatelle *f*; **~ante** [~ɐ̃ntə] unbedeutend; geringfügig.
insinu|ação [ĩsinwɐ'sɐ̃u] *f* Einschmeichelung *f*; Einflüsterung *f*; Andeutung *f*, Wink *m*; Anspielung *f*; Unterstellung *f*; **~ante** [~'nwɐ̃ntə] einschmeichelnd; anziehend; **~ar** [~'nwar] (1g) einflößen; einflüstern; nahelegen; zu verstehen geben, andeuten; unterstellen; **~ar-se** *em* sich einschmeicheln in (*ac.*); sich *et.* erschleichen.
ins|ipidez [ĩsipi'ðeʃ] *f* Fadheit *f*; Abgeschmacktheit *f*; **~ípido** [ĩ'sipiðu] geschmacklos; fade, schal; abgeschmackt; **~ipiente** [~i'pjẽntə] unklug; unvernünftig.
insist|ência [ĩsiʃ'tẽsjɐ] *f* Drängen *n*; Beharrlichkeit *f*; **~ente** [~ẽntə] beharrlich; nachdrücklich; dringend; **~ir** [~ir] (3a) drängen; be-

teuern; ~ *em* bestehen (*od.* beharren) auf (*dat.*); nicht ablassen von; Wert legen auf (*ac.*).

insoci|abilidade [īsusjɐβəli'ðaðə] *f* Ungeselligkeit *f*, Menschenscheu *f*; **~al** [~'sjał] unsozial; **~ável** [~'sjavɛł] ungesellig, menschenscheu.

inso|fismável [~fiʒ'mavɛł] unleugbar; **~frido** [~'friðu] ungeduldig, gereizt; unruhig; **~frível** [~'frivɛł] unleidlich, unerträglich.

insol|ação [~lɐ'sɐ̃u] *f fot.* Belichtung *f durch Sonnenlicht*; ⚕ Sonnenstich *m*; **~ar** [~'lar] (1e) der Sonne aussetzen, sonnen; **~ente** [~'lẽntə] unverschämt; zudringlich.

insólito [ī'sɔlitu] ungewöhnlich.

insolúvel [īsu'luvɛł] unlösbar; unablösbar (*Schuld*); ⚗ unlöslich.

insolv|ência [īsoł'vẽsjɐ] *f* Zahlungsunfähigkeit *f*; **~ente** [~ẽntə] zahlungsunfähig.

insondável [īsõn'davɛł] unergründlich.

insónia [ī'sɔnjɐ] *f* Schlaflosigkeit *f*.

insosso [ī'sosu] salzlos; fad.

inspec|ção [īʃpɛ'sɐ̃u] *f* Besichtigung *f*; *ärztliche usw.* Untersuchung *f*; Nach-, Über-prüfung *f*; Aufsicht(sbehörde) *f*, Überwachung(sstelle) *f*, Inspektion *f*; ⚔ Musterung *f*; **~cionar** [~sju'nar] (1f) besichtigen; untersuchen; nach-, überprüfen; beaufsichtigen; mustern; **~tor** [~'tor] *m* Inspektor *m*.

inspir|ação [~pirɐ'sɐ̃u] *f* Einatmung *f*; *fig.* Inspiration *f*; Eingebung *f*; **~ador** [~ɐ'ðor] *m* Anreger *m*, Urheber *m*; **~ar** [~'rar] (1a) einatmen; *fig.* ein-flößen, -geben; erleuchten, inspirieren; begeistern.

instabilidade [~tɐβəli'ðaðə] *f* Unbeständigkeit *f*; Unsicherheit *f*.

instal|ação [~tɐlɐ'sɐ̃u] *f* Einrichtung *f*, Einbau *m*, Installation *f*; *elektrische* Leitung *f*; *maschinelle* Anlage *f*; **~ado** [~'laðu] verfügbar, vorhanden; **~ador** [~ɐ'ðor] *m* Installateur *m*; **~ar** [~'lar] (1b) einrichten, installieren; aufstellen; einbauen; anlegen; *Draht* verlegen; *j-n* unterbringen; *in ein Amt* einführen; **~ar-se** Wohnung nehmen; sich niederlassen; sich's bequem m.

instância [~'tɐ̃sjɐ] *f* Inständigkeit *f*; Dringlichkeit *f*; inständige Bitte *f*; Ansuchen *n*; Eingabe *f*; ⚖ Instanz *f*; *com* ~ inständig; *em última* ~ *fig.* äußerstenfalls.

instant|âneo [~tɐ̃n'tɐnju] **1.** *adj.* augenblicklich; sofortig; plötzlich; vorübergehend, Augenblicks...; **2.** *m* Momentaufnahme *f*, Schnappschuß *m*; **~e** [~'tɐ̃ntə] **1.** *adj.* inständig; drängend; dringlich; **2.** *m* Augenblick *m*.

instar [~'tar] (1a) drohen (*Gefahr*); drängen; dringend (nötig) sn; *v/t.* auffordern, drängen.

instaur|ação [~taurɐ'sɐ̃u] *f* Errichtung *f*; Einführung *f*; Wiederherstellung *f*; ⚖ Einleitung *f*; **~ador** [~ɐ'ðor] *m* Begründer *m*; **~ar** [~'rar] (1a) errichten; einführen; wiederherstellen; *Prozeß* einleiten; **~ar-se** *fig.* eintreten (*Zustand*).

instável [~'tavɛł] unbeständig; unsicher, labil; leicht beweglich.

instig|ação [~tiɣɐ'sɐ̃u] *f* Anstiftung *f*; Hetze *f*; Antrieb *m*; **~ador** [~ɐ'ðor] **1.** *m* Anstifter *m*; Hetzer *m*; **2.** *adj.* treibend; **~ar** [~'ɣar] (1o) anstiften; (auf)hetzen; (an)treiben.

instilar [~ti'lar] (1a) einträufeln.

instint|ivo [~tĩn'tivu] triebhaft, instinktiv; unwillkürlich; **~o** [~'tĩntu] *m* (Natur-)Trieb *m*, Instinkt *m*.

institucionalizar [~titusjunɐli'zar] (1a) instutionalisieren.

institu|ição [~titwi'sɐ̃u] *f* Einrichtung *f*; Gründung *f*; Anstalt *f*; Einsetzung *f*; **~ir** [~'twir] (3i) ein-, er-richten; gründen; *Termin usw.* festsetzen; *zum Erben* einsetzen; freigeben für; **~to** [~ti'tutu] *m* Institut *n*; Anstalt *f*; (Ordens-)Regel *f*; Orden *m*; *Schönheits*-Salon *m*; ♀ *Industrial* (*Comercial*) Ingenieur- (höhere Handels-)schule *f*; ♀ *Superior Técnico* Technische Hochschule *f*; ♀ *Superior de Ciências Económicas e Financeiras* Wirtschaftshochschule *f*.

instru|ção [~tru'sɐ̃u] *f* Unterricht *m*; Unterweisung *f*; Anweisung *f*; Vorschrift *f*; Schulbildung *f*; ⚖ Voruntersuchung *f*; *~pública* Schulwesen *n*; ~ *primária* (*secundária, superior*) Grundschul- (höhere Schul-, Hochschul-)bildung *f*; *juiz m de* ~ *s. instrutor* 1.; **~ído** [~'trwiðu] gebildet; **~ir** [~'trwir] (3i) unterrichten, unterweisen; anweisen, instruieren; bilden; *Forderung* belegen; ⚖ *Prozeß* vorbereiten.

instrument|ação [~trumẽntɐ'sɐ̃u] *f*

Instrumentierung *f*; **~al** [~'tał] **1.** *adj.*: *música f* ~ Instrumentalmusik *f*; **2.** *m* Instrumentarium *n*; **~alização** [~tɐlizɐ'sɐ̃u] *f* Benutzung *f*; **~alizar** [~tɐli'zar] (1a) (als Werkzeug) benutzen; **~ar** [~'tar] (1a) instrumentieren; **~ista** [~'tiʃtɐ] *m* Musiker *m*; **~o** [~tru'mẽntu] *m* Instrument *n* (*a. fig.*); Werkzeug *n*; Gerät *n*; Urkunde *f*; ~ *de corda* (*percussão, sopro*) Streich- (Schlag-, Blas-)instrument *n*; ~*s pl.* ⊕ Armaturen *f/pl.*

instrut|ivo [~tru'tivu] lehrreich; aufschlußreich; Lehr...; **~or** [~or] **1.** *adj. juiz m* ~ Untersuchungsrichter *m*; **2.** *m* Lehrer *m*; ⚔ Instrukteur *m.*

ínsua ['ĩswɐ] *f* (Fluß-)Insel *f*.

insubmisso [ĩsuβ'misu] aufsässig.

insubordin|ação [~urδinɐ'sɐ̃u] *f* Widersetzlichkeit *f*; Unbotmäßigkeit *f*; **~ado** [~'naδu] **1.** *adj.* widersetzlich, unbotmäßig; **2.** *m* Gehorsamsverweigerer *m*; **~ar** [~'nar] (1a) aufwiegeln; **~ar-se** den Gehorsam verweigern.

insub|ornável [~ur'navɛł] unbestechlich; **~sistente** [~siʃ'tẽntə] halt-, grund-los; **~stituível** [~ʃti'twivɛł] unersetzlich.

insucesso [ĩsu'sɛsu] *m* Mißerfolg *m*.

insufici|ência [~fi'sjẽsjɐ] *f* Unzulänglichkeit *f*; ~ *cardíaca* Herzinsuffizienz *f*, -schwäche *f*; **~ente** [~ẽntə] unzulänglich.

insufl|ador [~flɐ'δor] *m* ⚕ (Ballon-) Spritze *f*; ⊕ Gebläse *n*; **~ar** [~'flar] (1a) aufblasen; einblasen; einspritzen; *fig.* einflößen; beeinflussen.

insul|ação, ~ador [~lɐ'sɐ̃u, ~ɐ'δor] = *isol|ação, ~ador*; **~ano** [~'lɐnu] **1.** *adj.* Insel...; insular; **2.** *m*, **-a** *f* Inselbewohner(in *f*) *m*; **~ar** [~'lar] (1a) = *isolar*.

insul|tar [ĩsuł'tar] (1a) beleidigen; **~to** [ĩ'sułtu] *m* Schimpf *m*; Beleidigung *f*; ⚕ Anfall *m*; **~tuoso** [~twozu (-ɔ-)] beleidigend.

insu|perável [ĩsupə'ravɛł] unüberwindlich; unübertrefflich; **~portável** [~pur'tavɛł] unerträglich; **~prível** [~'privɛł] unersetzlich.

insurg|ente [ĩsur'ʒẽntə] **1.** *adj.* aufständisch; **2.** *m* Aufrührer *m*; **~ir** [~'ʒir] (3n) aufwiegeln; **~ir-se** sich auflehnen *od.* empören.

insurr|ecto [ĩsu'ʀɛtu] = *insurgente*; **~eição** [~ei'sɐ̃u] *f* Aufstand *m*, Aufruhr *m*; Auflehnung *f*; Empörung *f*.

insus|peito [ĩsuʃ'peitu] unverdächtig; glaubwürdig; unparteiisch; **~tentável** [~tẽn'tavɛł] unhaltbar.

intacto [ĩn'ta(k)tu] unberührt; unversehrt, heil.

intangível [~tẽ'ʒivɛł] unantastbar.

íntegra ['ĩntəɣrɐ] *f* Wortlaut *m*; *na* ~ vollständig, im Wortlaut.

integr|ação [ĩntəɣrɐ'sɐ̃u] *f* Einordnung *f*; Zs.-schluß *m*; ⅍ Integration *f*; **~al** [~'ɣrał] **1.** *adj.* vollständig; *cálculo m* ~ Integralrechnung *f*; *pão m* ~ Vollkornbrot *n*; **2.** *f* ⅍ Integral *n*; **~alismo** [~'liʒmu] *m cat., pol.* Integralismus *m*; **~alizar** [~li'zar] (1a) *Kapital* einzahlen; **~ante** [~'ɣrẽntə] **1.** *adj.* integrierend; *oração f* ~ abhängige(r) Satz *m*, indirekte Rede *f*; *fazer parte* ~ *de* wesentlich gehören zu, nicht weggedacht w. können aus; **2.** *m* Mitglied *n*; **~ar** [~'ɣrar] (1c) ergänzen; *fig.* eingliedern; *allg.* gehören zu, bilden; *tel.* anschließen; ⅍ integrieren; **~ar-se** *em* gehören zu; eintreten in (*ac.*); **~idade** [~i'δaδə] *f* Vollständigkeit *f*; Unversehrtheit *f*; Redlichkeit *f*; Unbescholtenheit *f*.

íntegro ['ĩntəɣru] vollständig; unversehrt; rechtschaffen; aufrecht; unbestechlich; unbescholten.

inteir|ado [ĩntei'raδu]: *estar* ~ *de* im Bilde sn über (*ac.*), Kenntnis h. von; **~ar** [~'rar] (1a) vervollständigen; in Kenntnis setzen; **~ar-se** Kenntnis nehmen, sich ein Bild m.; **~eza** [~ezɐ] *f* Vollständigkeit *f*; Ganzheit *f*; ~ *de carácter* aufrechte(r) Charakter *m*; **~içado** [~ri'saδu] steif (vor Kälte), klamm; **~içar** [~ri'sar] (1p) steif m., verklammen; **~içar-se** erstarren; **~iço** [~'risu] aus e-m Stück; steif, starr; **~o** [~'teiru] ganz; vollständig; unversehrt.

intelecto [ĩntə'lɛtu] *m* Verstand *m*.

intelectual [~təlɛ'twał] Verstandes-..., verstandesmäßig; intellektuell; **~izar** [~twɐli'zar] (1a) verbegrifflichen, intellektualisieren; vergeistigen.

intelig|ência [ĩntəli'ʒẽsjɐ] *f* Einsicht *f*; Verständnis *n*; Klugheit *f*; Intelligenz *f*; Sinn *m*; Einvernehmen *n*; *estar de* (*od.* *ter*) ~ *com* in heimlicher Verbindung stehen (F unter e-r Decke stecken) mit; **~ente** [~ẽntə] **1.** *adj.* einsichtig, verständig; klug; ~ *em* bewandert in (*dat.*); *ser m* ~ Verstandeswesen *n*; **~ível** [~ivɛł] verständlich.

intemerato [~mə'ratu] rein, lauter; aufrecht.

intemper|ado [ĩtẽmpə'raδu] unmäßig; **~ança** [~ẽsɐ] *f* Unmäßigkeit *f*; **~ante** [~ẽntə] zügellos.

intemp|érie [~'pɛrjə] *f* Unbilden *f/pl.* (der Witterung); **~estivo** [~pɨʃ'tivu] ungelegen; unerwartet.

inten|ção [ĩtẽ'sɐ̃u] *f* Absicht *f*; *segunda* ~ Nebenabsicht *f*; Hintergedanken *m/pl.*; *por* ~ *de* zum Besten von, für; *ter boas* (*od. as melhores*) *-ões* es gut meinen; **~cionado** [~sju'naδu] *bem* ~ gutwillig; ehrlich; *mal* ~ böswillig; **~cional** [~sju'nał] absichtlich; vorsätzlich; **~dência** [~ẽn'dẽsjɐ] *f* Verwaltung *f*; ⚔ Intendantur *f*; **~dente** [~ẽn'dẽntə] *m* Verwalter *m*; Intendant *m*; **~der** [~ẽn'der] (2a) die Aufsicht führen, F zu sagen h.

intens|idade [ĩtẽsi'δaδə] *f* Heftigkeit *f*; Nachdruck *m*; Eindringlichkeit *f*; *Laut-*, *Strom-*Stärke *f*; Intensität *f*; **~ificar** [~əfi'kar] (1n) verstärken; steigern; **~ivo** [~'sivu] steigernd, verstärkend; intensiv; **~o** [~'tẽsu] heftig; nachdrücklich; eindringlich; stark; intensiv.

intent|ar [ĩtẽn'tar] (1a) vorhaben; versuchen; unternehmen; *Prozeß* anstrengen; ~ *acção judicial contra alg.* j-n (gerichtlich) verklagen; **~o** [~'tẽntu] *m* Vorhaben *n*, Absicht *f*; Versuch *m*; *de* ~ absichtlich; **~ona** [~'tonɐ] *f* Putschversuch *m*.

intercalar [ĩtərkɐ'lar] **1.** *v/t.* (1b) einschalten; einschieben; **2.** *adj.* Schalt...; Zwischen...

inter|câmbio [~'kẽmbju] *m* Austausch *m*; **~ceder** [~sə'δer] (2c) bitten *od.* sich verwenden (für *por*); sich ins Mittel legen.

interceptar [~sɛp'tar] (1a) *Leitung* unterbrechen; *Brief* abfangen; *Nachricht* auffangen; *Zug* anhalten.

intercess|ão [~sə'sɐ̃u] *f* Vermittlung *f*, Verwendung *f*; Fürsprache *f*; **~or** *m*, **-a** *f* [~or, -ɐ] Fürsprecher (-in *f*) *m*; Vermittler(in *f*) *m*.

intercomunal [~kumu'nał]: *lutas f/pl. -ais* Stammeskämpfe *m/pl.*

interdepend|ência [~dəpẽn'dẽsjɐ] *f* wechselseitige Abhängigkeit *f*; **~ente** [~'dẽntə] vonea. abhängig.

interdi|ção [~di'sɐ̃u] *f* Untersagung *f*; Verbot *n*; Entzug *m*; *bsd.* Entmündigung *f*; *Handels-*Sperre *f*; **~tar** [~'tar] (1a) sperren; **~to** [~'ditu] **1.** *adj. ele está* ~ *de inf.* es ist ihm verboten zu *inf.*; **2.** *m* **a**) Entmündigte(r) *m*; **b**) *rel.* Interdikt *n*; **~zer** [~'zer] (2x) untersagen; verbieten; *Rechte* entziehen; entmündigen; *rel.* mit dem Interdikt belegen.

interess|ado [~ə'saδu] **1.** *adj. fig.* = *~eiro*; **2.** *m*, **-a** *f* Interessent(in *f*) *m*, Reflektant(in *f*) *m*; Teilhaber(in *f*) *m*; Beteiligte(r *m*) *m*, *f*; **~ante** [~ẽntə] reizvoll; bedeutsam, wichtig; spannend; fesselnd; interessant; **~ar** [~ar] (1c) interessieren; reizen; fesseln; in Mitleidenschaft ziehen (*Verletzung*); ~ *em* beteiligen (*od.* teilnehmen l.) an (*dat.*); ~ *alg. por* j-n interessieren für; *v/i.* ~ *a j-n* angehen; *j-m* (*od.* für *et.*) wichtig sn; *j-n* interessieren; (*isso*) *não interessa* das tut nichts (zur Sache); das ist Nebensache; **~ar-se**: ~ *por* Anteil nehmen an (*dat.*); **~e** [~'resə] *m* Interesse *n*; Anteil(nahme *f*) *m*; Reiz *m*; Wert *m*, Bedeutung *f*; Nutzen *m*, Gewinn *m*; Belang *m* (*defender* vertreten); Gewinnsucht *f*, Eigennutz *m*; ✝ Anteil *m*; Zins *m*; *~s pl. criados* Interessenverknüpfung *f*; *cheio de* ~ = *~ante*; *sem* ~ reizlos; bedeutungslos; uninteressant; **~eiro** [~eiru] berechnend; eigennützig.

interfer|ência [~fə'rẽsjɐ] *f* Einmischung *f*; Dazwischentreten *n*; Mitwirkung *f*; *fís.* Interferenz *f*; *Radio*: Nebengeräusch *n*; **~ente** [~ẽntə] Interferenz...; **~ir** [~ir] (3c) *fís.* interferieren; *fig.* ~ *em* eingreifen (*od.* sich einmischen) in (*ac.*); mitwirken bei.

interfoliado [~fu'ljaδu] durchschossen (*Buch*).

interin|ado, -ato [~i'naδu, -atu] *m* Interim *n*; **~o** [~'rinu] einstweilig; stellvertretend; interimistisch.

interior [ĩtə'rjor] **1.** *adj.* inner (-lich); Innen...; Binnen...; **2.** *m das* Innere; Inland *n*; Binnenland *n*; *pint.* Interieur *n*; *fot.* Innenaufnahme *f*; ~ *direito* (*esquerdo*) *Sport*:

Halb-rechte(r) *m*, -linke(r) *m*; *foro m* ~ *der* Richterstuhl des Gewissens; **~ano** *bras.* [~rjo'rɐnu] binnenländisch; **~idade** [~rjuri'ðaðə] *f* Innerlichkeit *f*.

inter|jeição [~ʒei'sɐ̃u] *f* Ausruf *m*; **~linear** [~li'njar] zwischen den Zeilen (stehend); **~locutor** *m*, **-a** *f* [~luku'tor] Gesprächspartner(in *f*) *m*; Wortführer(in *f*) *m*.

intermedi|ado [~mə'ðjaðu]: ~ *de* abwechselnd mit; **~ar** [~ar] (1h) dazwischenliegen; *fig.* vermitteln; eingreifen; **~ário** [~arju] **1.** *adj.* dazwischenliegend; Zwischen...; Mittels...; **2.** *m* Mittelsmann *m*; Vermittler *m*; ⚕ Zwischenhändler *m*.

intermédio [~'mɛðju] **1.** *adj.* Zwischen...; **2.** *m* Zwischenzeit *f*; Vermittlung *f*; *tea.* Zwischenspiel *n*, Intermezzo *n*.

intermi|nável [~mi'navɛɫ] endlos; **~ssão** [~'sɐ̃u] *f* Unterbrechung *f*; **~tência** [~'tẽsjɐ] *f* Stockung *f*; Aussetzen *n* (*Puls*); Ausbleiben *n*; Unterbrechung *f*; **~tente** [~'tẽntə] stockend; zeitweilig aufhörend; aussetzend (*Puls*); *febre f* ~ Wechselfieber *n*.

internacional [~nẽsju'naɫ] international, zwischenstaatlich.

intern|ar [~'nar] (1c) internieren; *ins Krankenhaus* einliefern; *in ein Internat* geben; **~ar-se** eindringen; sich vertiefen; **~ato** [~atu] *m* Internat *n*; Asyl *n*; **~o** [ĩn'tɛrnu] inner; innerlich; Innen..., Binnen...; intern (*Schüler*).

interpel|ação [~pəlɐ'sɐ̃u] *f* Aufforderung *f*; *parl.* Anfrage *f*, Interpellation *f*; **~ar** [~'lar] (1c) auffordern; interpellieren; e-e Frage richten an (*ac.*); anfragen bei.

interpol|ação [~pulɐ'sɐ̃u] *f* Einschub *m*; **~ar** [~'lar] (1e) einschieben; 📖 interpolieren.

interpor [~'por] (2zd) legen, stellen, treten (zwischen *entre*); einschieben; dazwischenstellen; *Einfluß usw.* geltend m.; ⚖ *Berufung* einlegen; **~-se** dazwischentreten; sich ins Mittel legen.

interpret|ação [~prətɐ'sɐ̃u] *f* Auslegung *f*, Deutung *f*, Interpretation *f*; Übersetzung *f*; ♪ *a.* Wiedergabe *f*; *tea.* Darstellung *f*; **~ar** [~'tar] (1c) auslegen, deuten, interpretieren; übersetzen; verdolmetschen; ♪ wiedergeben; *tea.* darstellen; **~ativo** [~ɐ'tivu] erläuternd; *tea.* darstellerisch.

intérprete [ĩn'tɛrprətə] *su.* Dolmetscher(in *f*) *m*; Vermittler(in *f*) *m*; Interpret(in *f*) *m*; *tea.* Darsteller(in *f*) *m*.

interregno [ĩntə'ʀɛɣnu] *m* Interregnum *n.*

inter-relações [ˌĩntɛʀəlɐ'sõiʃ] *f/pl.* Wechselbeziehungen *f/pl.*

interrog|ação [~ʀuɣɐ'sɐ̃u] *f* Befragung *f*; Frage *f*; *Zeugen*-Vernehmung *f*; (*ponto m de*) ~ Fragezeichen *n*; **~ar** [~'ɣar] (1o; *Stv.* 1e) (aus-, be)fragen; *Schüler* prüfen; ⚖ verhören; **~ativo** [~ɐ'tivu] fragend; Frage...; **~atório** [~ɐ'tɔrju] *m* Verhör *n*.

interr|omper [~ʀõm'per] (2a) unterbrechen; ausschalten; **~upção** [~ʀup'sɐ̃u] *f* Unterbrechung *f*; Ausschaltung *f*; ~ *da emissão Radio*: Sendepause *f*; *sem* ~ ununterbrochen; durchgehend (*geöffnet*); **~uptor** [~ʀup'tor] *m* ⚡ Schalter *m*.

inter|secção [~sɛk'sɐ̃u] *f* ⩘ Schnitt(-punkt) *m*; **~trigem** ⚕ [~'triʒɐ̃i] *f* Wolf *m*; **~urbano** [~ur'βɐnu] **1.** *adj. tel.* Fern...; **2.** *m bras.* Ferngespräch *n*; **~valo** [~'valu] *m* Abstand *m*, Zwischenraum *m*; Zwischenzeit *f*; *tea.* Pause *f*; ♪ Intervall *n*; *Sport*: Halbzeit *f*.

interv|enção [~vẽ'sɐ̃u] *f* Eingreifen *n*, Intervention *f*; Wortmeldung *f*, Rede *f*; Eintritt *m e-s Ereignisses*; Vermittlung *f*; ⚕ Eingriff *m*; **~eniente** [~və'njẽntə] *m* Beteiligte(r) *m*; Teilnehmer *m*, Redner *m*; ⚖ Intervenient *m*; ⚕ *Wechsel*-Honorant *m*; **≗entor** [~vẽn'tor] *m bras.* „Interventor" *m* (*von der Bundesregierung ernannter Chef e-r Landesregierung*, *Ggs. Governador*); **~ir** [~'vir] (3x) eintreten (*Ereignis*); eingreifen, einschreiten; sich zu Wort melden; teilnehmen.

intestin|al [ĩntiʃti'naɫ] Darm...; **~o** [~'tinu] **1.** *adj.* inner(lich); häuslich; *guerra f -a* Bürgerkrieg *m*; **2.** *m* Darm *m*; **~s** *pl.* Eingeweide *n/pl.*; ~ *cego* (*delgado, grosso*) Blind-(Dünn-, Dick-)darm *m*.

intim|ação [ĩntimɐ'sɐ̃u] *f* Ankündigung *f*; Aufforderung *f*; ⚖ Vorladung *f*; Zahlungsbefehl *m*; **~ar** [~'mar] (1a) auffordern; ⚖ vorladen; *Sitzung* einberufen; *bras.* provozieren; **~ativa** [~ɐ'tivɐ] *f* Auftrumpfen *n*; energische Aufforderung *f*; *falar com ~* auftrumpfen; **~ativo** [~ɐ'tivu] befehlend; drohend.

intimid|ação [~miδɐ'sɐ̃u] *f* Einschüchterung *f*; Abschreckung *f*; **~ade** [~'δaδə] *f* Innigkeit *f*; innige Freundschaft *f*; Vertraulichkeit *f*; Heimlichkeit *f*; *das* Innerste; *tomar ~ com* vertraulich w. (*od.* sich anfreunden) mit; *ter ~ com, viver na ~ de* eng befreundet sn mit; **~ar** [~'δar] (1a) einschüchtern; abschrecken.

íntimo ['ĩntimu] **1.** *adj.* innerst; innerlich; eng, innig; vertraut; intim; **2.** *m das* Innerste; gute(r) Freund *m*.

intitular [ĩntitu'lar] (1a) betiteln; (be)nennen; **~-se** heißen.

intocável [ĩntu'kavɛɫ] unberührbar; unangreifbar; tabu.

intoler|ância [ĩntulə'rɐ̃sjɐ] *f* Unduldsamkeit *f*; **~ante** [~ɐ̃ntə] unduldsam; **~ável** [~avɛɫ] unerträglich, unausstehlich; empörend.

intoxic|ação [ĩntɔksikɐ'sɐ̃u] *f* Vergiftung *f*; **~ar** [~'kar] (1n) vergiften.

intraduzível [ĩntrɐδu'zivɛɫ] unübersetzbar; unsagbar.

intranquilo [ĩntrɐ̃ŋ'kwilu] unruhig.

intransferível [ĩntrɐ̃ʃfə'rivɛɫ] unübertragbar; nicht transferierbar.

intransig|ência [~zi'ʒẽsjɐ] *f* Unnachgiebigkeit *f*; **~ente** [~ẽntə] unnachgiebig; kompromißlos.

intransit|ável [~zi'tavɛɫ] unwegsam; nicht begeh- *od.* befahr-bar; gesperrt; **~ivo** [~ivu] intransitiv.

intrans|missível [ĩntrɐ̃ʒmi'sivɛɫ] unübertragbar; **~ponível** [~ʃpu'nivɛɫ] unüberschreitbar; unüberbrückbar; **~portável** [~ʃpur'tavɛɫ] nicht transportfähig.

intra|tável [ĩntrɐ'tavɛɫ] abweisend; unausstehlich; unwegsam; **~venoso** [~və'nozu (-ɔ-)] intravenös.

intr|epidez [ĩntrəpi'δeʃ] *f* Unerschrockenheit *f*; **~épido** [ĩn'trɛpiδu] unerschrocken, verwegen.

intricar [ĩntri'kar] (1n) = *intrincar.*

intrig|a [ĩn'triɣɐ] *f* Intrige *f*; Kabale *f*; **~s** *pl.* Umtriebe *m/pl.*, Machenschaften *f/pl.*; **~ante** [~tri'ɣɐ̃ntə] **1.** *adj.* ränkevoll; hinterhältig, heimtückisch; **2.** *su.* Intrigant(in *f*) *m*; **~ar** [~tri'ɣar] (1o) aufhetzen, verfeinden; keine Ruhe l. (*dat.*), ärgern; beunruhigen, quälen; neugierig m.; *v/i.* intrigieren; **~uista** [~tri'ɣiʃtɐ] = *~ante.*

intrinc|ado [ĩntrĩŋ'kaδu] dunkel; schwierig; **~ar** [~ar] (1n) verwirren, durchea.-bringen; verwikkeln.

intrínseco [~'trĩzəku] inner(lich); wesentlich; echt.

introdu|ção [ĩntruδu'sɐ̃u] *f* Einführung *f* (in *a*); *lit.* Einleitung *f*; ♪ Vorspiel *n*; **~tivo** [~'tivu] einleitend; Vor...; **~tor** [~'tor] *m* Neuerer *m*; Begründer *m*; **~zir** [~'zir] (3m) einführen; bringen; vorstellen; ⊕ *a.* stöpseln; **~zir-se** eindringen.

intróito [ĩn'trɔitu] *m* Einleitung *f*.

introm|eter [ĩntrumə'ter] (2c) (hinein)bringen; einfügen, einlegen; **~eter-se** sich einmischen; *~ com* sich einlassen mit; belästigen (*ac.*); **~etido** [~ə'tiδu] naseweis; vorlaut; frech; **~issão** [~i'sɐ̃u] *f* Einmischung *f*; Belästigung *f*.

introspec|ção [~ʃpɛ'sɐ̃u] *f* Selbstbeobachtung *f*; Selbstbesinnung *f*; **~tivo** [~'tivu] inner; nach innen gehend; (sich selbst) prüfend; Selbst...

introver|são [~vər'sɐ̃u] *f fig.* innere Einkehr *f*; Selbstbespiegelung *f*; **~so** [~'vɛrsu] = **~tido** [~'tiδu] nach innen gekehrt; *fig.* in sich gekehrt; ⚕ introvertiert.

intruj|ão P [~'ʒɐ̃u] *m* Schwindler *m*, Hochstapler *m*; **~ar** P [~ar] (1a) anschwindeln, reinlegen; **~ice** P [~isə] *f* Schwindel *m*; Hochstapelei *f*.

intruso [ĩn'truzu] **1.** *adj.* unrechtmäßig (eingedrungen); betrügerisch; frech; **2.** *m* Eindringling *m*.

intui|ção [ĩntwi'sɐ̃u] *f* Intuition *f*, Anschauung *f*; Einfühlung *f*; Vorahnung *f*; *quadro m de ~* Anschauungsbild *n*; **~r** [~'twir] (3i) (voraus-)sehen, ahnen; **~tivo** [~'tivu] intuitiv; anschaulich; einleuchtend; Anschauungs...; **~to** [~'tuitu] *m* Absicht *f*; Zweck *m*.

intumesc|ência [ĩntumɨʃ'sẽsjɐ] *f* (An-)Schwellung *f*; **~ente** [~ẽntə] geschwollen (*a. fig.*); **~er** [~er] (2g) (an)schwellen; (auf)quellen; (sich) aufblähen; **~imento** *bras.* [~si'mẽntu] *m* = *~ência.*

inum|ação [inumɐ'sɐ̃u] *f* Bestattung *f*; **~ano** [~'mɐnu] unmenschlich; **~ar** [~'mar] (1a) bestatten; **~erável** [~ə'ravɛɫ] unzählbar; = **inúmero** [i'numəru] unzählig.

inund|ação [inũndɐ'sɐ̃u] *f* Überschwemmung *f*; **~ar** [~'dar] (1a) überschwemmen; *fig.* durch-fluten, -strömen.

inusitado [inuzi'taδu] ungewöhnlich.

inútil [in'utiɫ] unnütz; zweck-, wert-los; unbrauchbar; vergeblich.

inutili|dade [inutəli'δaδə] *f* Nutz-, Zweck-losigkeit *f*; Vergeblichkeit *f*; **~zado** [~'zaδu]: *estar* (*od. ficar*) ~ nicht mehr zu gebrauchen (*od.* F hin) sn; **~zar** [~'zar] (1a) unbrauchbar (*od.* zunichte) m.; entwerten.

invadir [ĩvɐ'δir] (3b) überfallen; einfallen in (*ac.*); eindringen in (*ac.*), überfluten (*Wasser*); heimsuchen (*Seuche*); *fig.* überkommen.

invalid|ade [ĩvɐli'δaδə] *f* Ungültigkeit *f*; **~ar** [~ar] (1a) ungültig m., aufheben; entkräften; untauglich m.; = *inutilizar*; **~ez** [~eʃ] *f* Invalidität *f*.

inválido [ĩ'valiδu] **1.** *adj.* invalide; behindert; ungültig; **2.** *m* Invalide *m*; Behinderte(r) *m*; ~ *da guerra* Kriegsbeschädigte(r) *m*.

invariável [ĩvɐ'rjavɛɫ] unveränderlich.

invas|ão [ĩvɐ'zɐ̃u] *f* (feindlicher) Einfall *m*, Überfall *m*; Ansturm *m*; Sturm *m* (*auf Banken usw.*); Eindringen *n*; *Wasser*-Einbruch *m*; Auftreten *n* (*Krankheit*); **~or** [~or] *m* Eindringling *m*, Angreifer *m*.

invectiv|a [ĩvɛk'tivɐ] *f* Ausfall *m*, Schmähung *f*; **~ar** [~ti'var] (1a) ausfällig w.; *v/t.* beschimpfen.

invej|a [ĩ'vɛʒɐ] *f* Neid *m*; *ter* ~ *a* (*od. de*) = *~ar*; *não ter* ~ *a fig.* nicht nachstehen (*dat.*); **~ar** [ĩvɨ'ʒar] (1c): ~ *a/c. a alg.* j-n um et. beneiden, j-m et. neiden; ~ *a/c.* et. begehren; *não ter que* ~ *a* nicht nachstehen (*dat.*); **~ável** [~avɛɫ] beneidenswert; **~oso** [~ozu (-ɔ-)] **1.** *adj.* neidisch; **2.** *m* Neider *m*.

inven|ção [ĩvẽ'sɐ̃u] *f* Erfindung *f*; **~cível** [~'sivɛɫ] unbesieglich; unwiderstehlich; unüberwindlich; **~dável, -ível** [ĩvẽn'davɛɫ, -ivɛɫ] unverkäuflich.

invent|ar [ĩvẽn'tar] (1a) erfinden; erdichten; aufbringen; anzetteln; **~ariar** [~tɐ'rjar] (1g) e-e Bestandsaufnahme (*od.* Aufstellung) m. von; aufnehmen; aufführen; **~ário** [~arju] *m* Bestandsaufnahme *f*, Inventur *f*; (Inventar-)Verzeichnis *n*; Nachlaßverzeichnis *n*; **~iva** [~ivɐ] *f* Erfindung(sgabe *f*) *f*; Phantasie *f*; **~ivo** [~ivu] erfinderisch; Erfindungs...; **~o** [ĩ'vẽntu] *m* Erfindung *f*; *privilégio m* (*od. propriedade f*) *de* ~ Erfinderschutz *m*; **~or** [~or] *m* Erfinder *m*; Urheber *m*.

invern|ada [ĩvər'naδɐ] *f* Winter(s)-zeit *f*; *bras.* Winterkamp *m*; **~adoiro, -ouro** [~nɐ'δoiru, -oru] *m* Winterlager *n*; Gewächshaus *n*; **~al** [~aɫ] winterlich; Winter...; **~ar** [~ar] (1c) überwintern; winterliches Wetter sn; **~ia** [~iɐ] *f* Winterwetter *n*; **~o** [ĩ'vɛrnu] *m* Winter *m*; **~oso** [~ozu (-ɔ-)] = *~al*.

invero|símil [ĩvəru'zimiɫ] unwahrscheinlich; **~similhança** [~zəmi'ʎẽsɐ] = **~ssimilhança** *bras.* [~sə-mi'ʎẽsɐ] *f* Unwahrscheinlichkeit *f*; **~ssímil** *bras.* [~'simiɫ] = *~símil*.

invers|ão [ĩvər'sɐ̃u] *f* Umkehrung *f*; *gram.* Umstellung *f*; *bras.* ✝ Investition *f*; **~ível** [~ivɛɫ] umkehrbar; *de polo* ~ ⚡ polumschaltbar; **~o** [ĩ'vɛrsu] **1.** *adj.* umgekehrt; gegenteilig; entgegengesetzt; *na razão -a de* im umgekehrten Verhältnis zu; **2.** *m* Gegenteil *n*; **~or** [~or] *m* ⚡ Umschalter *m*.

invert|ebrado [ĩvərtə'βraδu] **1.** *adj.* wirbellos; **2.** *m* wirbellose(s) Tier *n*; **~er** [~'ter] (2c) umkehren; umstellen; *bras.* ✝ investieren; **~ido** [~'tiδu] ⚕ invertiert, pervers.

invés [ĩ'vɛʃ]: *ao* ~ umgekehrt; verdreht; verkehrt (herum); *ao* ~ *de* im Gegensatz zu; gegen; anstatt.

invest|ida [ĩvɨʃ'tiδɐ] *f* Überfall *m*, Handstreich *m*; **~idura** [~ti'δurɐ] *f* Belehnung *f*; *Amts*-Einsetzung *f*; *rel.* Investitur *f*; **~imento** [~ti'mẽntu] *m* ✝ Investition *f*, *Kapital*-Anlage *f*.

investig|ação [~tiγɐ'sɐ̃u] *f* Forschung *f*; Untersuchung *f*; *andar em* ~ Nachforschungen anstellen; **~ador** [~ɐ'δor] **1.** *adj.* forschend; **2.** *m* (Er-)Forscher *m*; **~ar** [~'γar] (1o) (er)forschen; untersuchen, prüfen; ~ *de* forschen nach.

investir [~'tir] (3c) einsetzen in (*ac.*) *od.* bekleiden (mit *em*); ✝

investieren, anlegen; = *v/i.* ~ *com* angreifen (*ac.*), sich stürzen auf (*ac.*); ~ *contra* berennen (*ac.*).
inveter|ado [ĩvətə'raðu] eingefleischt; eingewurzelt; **~ar-se** [~arsə] (1c) in Fleisch und Blut übergehen; sich festsetzen.
inviável [ĩ'vjavɐł] ungangbar (*a. fig.*), unbefahrbar; *fig.* aussichtslos; unmöglich.
invicto [ĩ'viktu] unbesiegt; unbesiegbar.
ínvio ['ĩvju] unwegsam.
inviol|ado [ĩvju'laðu] unversehrt; **~ável** [~avɐł] unverletzlich; unverbrüchlich.
invisível [ĩvə'zivɐł] unsichtbar.
invoc|ação [ĩvukɐ'sɐ̃u] *f* Anrufung *f*; Flehen *n*; Berufung *f*; **~ar** [~'kar] (1n; *Stv.* 1e) anrufen; flehen um; sich berufen auf (*ac.*).
involução [~lu'sɐ̃u] *f* Involution *f*; *fig.* Rückbildung *f*.
invólucro [ĩ'vɔlukru] *m* Hülle *f*.
involuntário [ĩvulũn'tarju] unfreiwillig; unwillkürlich.
invul|gar [ĩvuł'ɣar] un-, außergewöhnlich; **~nerável** [~nə'ravɐł] unverwundbar; unangreifbar.
iod|ado [jo'ðaðu] jodhaltig; *água f -a* Jodlösung *f*; **~eto** [~etu] *m* Jodid *n*; **~ismo** [~iʒmu] *m* Jodvergiftung *f*; **~o(fórmio)** ['joðu(joðu'fɔrmju)] *m* Jod(oform) *n*.
ioga ['jɔɣɐ] *m* Joga *m*.
iogurte [ju'ɣurtə] *m* Joghurt *m*.
iperite [ipə'ritə] *f* ⚔ Gelbkreuz *n*.
ir [ir] (3y) **1.** *v/i.* gehen; sich *irgendwohin* begeben; fahren; reisen; reiten; abgehen (*Zug, Post*); führen (*Weg*); vorgehen; umlaufen (*Gerücht*); (ver)laufen (*Unternehmen*); stehen (*Gestirn, Angelegenheit, Kleid*); (verzeichnet) stehen; sich (hin)ziehen (*Straße usw.*); fließen (*Fluß*); gespielt w. (*Film, Stück*); sich befinden; ~ *adj.* sein *adj.*; *ir fazer a/c.* gehen und et. tun; (*im impf.*: *ia...*:) im Begriff sn et. zu tun; et. tun wollen; ~ *a* fahren (*od.* reisen *usw.*) nach; beginnen mit; herangehen an; ~ *a inf.* wollen *inf.*, beabsichtigen zu *inf.*; ~ *a alg.* über j-n herfallen; auf j-n losgehen; ~ *à figura*, ~ *ao pelo* (*od. físico*) *de alg.* F j-m auf den Pelz rücken; j-m das Fell gerben; ~ *com* begleiten (*ac.*); *fig.* es halten mit; *Meinung* teilen; sich vertragen mit; ~ *contra* ziehen gegen; (an)rennen (*od.* prallen) gegen; sich widersetzen (*dat.*); bekämpfen (*ac.*); ~ *de* (verkleidet) gehen als; *den Führer usw.* m.; *quanto vai de ... a* (*od. até*) wie weit ist es (*od.* wie lange braucht man) von ... bis; wie groß ist der Unterschied zwischen (*dat.*) ... und (*dat.*); ~ *em* sich befinden in (*od.* bei) (*dat.*); sich bewegen in (*dat.*); bestehen in (*dat.*); beruhen auf (*dat.*); liegen an (*dat.*); hereinfallen auf (*ac.*); sich belaufen auf etwa (*ac.*); ~ *para* gehen (*od.* ziehen) nach; kommen in (*od.* an, auf) (*ac.*); auf *das Land*, an *die See* gehen; ~ *para su.* werden *su. od. adj.*; ~ *por* gehen (*od.* fahren, reisen) über (*ac.*); *fig.* setzen auf (*ac.*); sich halten an (*ac.*); es halten mit; ~ *sobre* losgehen auf (*ac.*), herfallen über (*ac.*); verfolgen (*ac.*); ~ *indo* nicht klagen können; nicht schlecht gehen (*od.* stehen); sich recht gut anl.; *vai um ano que* seit (*od.* vor) e-m Jahr; *vai em* (*od. para*) (*já lá vão*) *três anos* es ist etwa (schon) 3 Jahre her; *vai nos oitenta* er ist in den Achtzigern; *onde vai?* wohin gehen (*od.* fahren) Sie?; *bei Sachen*: wohin kommt das?; *já vou!* ich komme schon!; *vamos!* a) gehen wir!, komm(en Sie)!; los!, marsch!; b) na, hören Sie mal!; langsam, langsam!; *vá!* a) los!, marsch!; b) = *vá lá!* na, schön!; immerhin!; *o que aqui vai!* was ist denn hier los!; hier geht's ja heiter zu!; *o que lá vai, lá vai!* hin ist hin!; *vai não vai* um ein Haar; *nem para lá vai* und wird's nie w.; **2.** **~-se** weggehen; verschwinden; auslaufen *od.* verdunsten (*Flüssigkeit*); verfliegen (*a. Hoffnung usw.*); verbraucht w.; draufgehen (mit *od.* bei) (*Geld, Vorräte*); vergehen (*Zeit*); entschlüpfen (*Wort*); entfallen; ausrutschen (*Hand, Fuß*); dahingehen, sterben.
ira ['irɐ] *f* Zorn *m*; **~cúndia** [irɐ'kũndjɐ] *f* Jähzorn *m*; **~cundo** [irɐ'kũndu] jähzornig; **~do** [i'raðu] zornig; **~scível** [irɐʃ'sivɐł] reizbar.
íris (*pl. unv.*) ['iriʃ] **1.** *m.* = *arco-íris*; **2.** *f* Iris *f*.
irisar [iri'zar] (1a) irisieren, schillern (I.).

irlandês [irlẽn'deʃ] **1.** *adj.* irisch; **2.** *m*, -esa *f* Irländer(in *f*) *m*.

irm|ã [ir'mẽ] *f* Schwester *f*; **~ãmente** [~mẽ'mẽntə] geschwisterlich; **~anado** [~mɐ'naðu] verschwistert; Bruder...; *-a* Schwester...; **~anar** [~mɐ'nar] (1a) verbrüdern; verein(ig)en; **~anar-se** zuea. passen; **~andade** [~mẽn'daðə] *f* Bruderschaft *f*; Brüderlichkeit *f*; *fig.* Bund *m*; Verwandtschaft *f*; **~ão(s)** [~ẽu(ʃ)] **1.** *m* Bruder *m* (*meio* Halb...); *~s pl.* Geschwister *pl.*; **2.** *adj.* Bruder...

ironia [iru'niɐ] *f* Spott *m*, Ironie *f*.

irónico [i'rɔniku] spöttisch, ironisch.

ironizar [iruni'zar] (1a) (be)spötteln, ironisieren.

iroso [i'rozu (-ɔ-)] zornig; tobend.

irra! P ['iʀɐ] zum Kuckuck!

irracional [iʀɐsju'naɫ] **1.** *adj.* unvernünftig; 🕮 irrational; **2.** *m* unvernünftige(s) Wesen *n*.

irradi|ação [~ðjɐ'sẽu] *f* Ausstrahlung *f*; Ausbreitung *f*; **~ador** [~ɐ'ðor] *m* Wärmestrahler *m*; **~ar** [~'ðjar] (1g) ausstrahlen; verbreiten, *Radio*: senden; *v/i.* strahlen; sich ausbreiten.

irreal [i'ʀjaɫ] unwirklich; eingebildet; **~izável** [iʀjɐli'zavɛɫ] unaus-, undurch-führbar.

irre|conciliável [iʀəkõsi'ljavɛɫ] unversöhnlich; **~conhecível** [~kuɲə'sivɛɫ] unkenntlich; nicht wiederzuerkennen; **~corrível** [~ku'ʀivɛɫ] unanfechtbar; **~cuperável** [~kupə'ravɛɫ] unwiederbringlich; für immer verloren; **~cusável** [~ku'zavɛɫ] unabweislich.

irredu|tibilidade [~ðutiβəli'ðaðə] *f* Unteilbarkeit *f*; *fig.* Unbeugsamkeit *f*; Unabänderlichkeit *f*; **~tível, ~zível** [~'tivɛɫ, ~'zivɛɫ] nicht zurückführbar, irreduzibel; nicht weiter teilbar; nicht wieder einzurenken(d); unlösbar; *fig.* unbeugsam.

irreflectido [~flɛ'tiðu] unüberlegt, unbedacht.

irre|freável [~'frjavɛɫ] unbezähmbar; zügellos; **~futável** [~fu'tavɛɫ] unwiderleglich.

irregular [~ɣu'lar] unregelmäßig; regellos; ungesetzlich; ⚔ irregulär; **~idade** [~lɐri'ðaðə] *f* Unregelmäßigkeit *f*; Regellosigkeit *f*.

irreligi|ão [~li'ʒjẽu] *f* Mangel *m* an Religion; = **~osidade** [~ʒjuzi'ðaðə] *f* Unglaube *m*; **~oso** [~'ʒjozu (-ɔ-)] ungläubig; unreligiös.

irre|mediável [~mə'ðjavɛɫ] nicht wieder gut zu machen(d); unheilbar; unabänderlich, unausweichlich; **~parável** [~pɐ'ravɛɫ] unersetzlich; = *~mediável*; **~preensível** [~prjẽ'sivɛɫ] untadelig; **~primível** [~prə'mivɛɫ] ununterdrückbar; **~quieto** [~'kjɛtu] unruhig; **~sistível** [~ziʃ'tivɛɫ] unwiderstehlich; **~soluto** [~zu'lutu] unentschlossen; **~spirável** [~ʃpi'ravɛɫ] erstickend.

irrespon|dível [iʀiʃpõn'divɛɫ] unbeantwortbar, unwidersprechlich; **~sabilidade** [~õsɐβəli'ðaðə] *f* Verantwortungslosigkeit *f*; **~sável** [~õ'savɛɫ] unverantwortlich; verantwortungslos; ⚖ niemandem verantwortlich.

irrever|ência [iʀəvə'rẽsjɐ] *f* Unehrerbietigkeit *f*; **~encioso, ~ente** [~rẽ'sjozu (-ɔ-), ~'rẽntə] unehrerbietig; achtungswidrig.

irreversível [~vər'sivɛɫ] nicht umkehrbar; *ser ~* nicht mehr rückgängig zu m. sn.

irrevogável [~vu'ɣavɛɫ] unwiderruflich.

irrig|ação [iʀiɣɐ'sẽu] *f* Bewässerung *f*; Berieselung *f*; Sprengung *f*; Spülung *f*; **~ador** [~ɐ'ðor] *m* Sprenger *m*; ⚕ Irrigator *m*; **~ar** [~'ɣar] (1o) *Land* bewässern; *Rasen* berieseln; *Straße* sprengen; ⚕ spülen; **~atório** [~ɐ'tɔrju] Bewässerungs...; Berieselungs...; Spreng...

irris|ão [~'zẽu] *f* Verspottung *f*; Hohn *m*; **~ório** [~ɔrju] lächerlich.

irrit|abilidade [~tɐβəli'ðaðə] *f* Reizbarkeit *f*; **~ação** [~ɐ'sẽu] *f* Reizung *f*; Gereiztheit *f*; **~adiço** [~ɐ'ðisu] reizbar; empfindlich; **~ante** [~'tẽntə] **1.** *adj.* reizend, Reiz...; *fig.* erregend; empörend; **2.** *m* Reizmittel *n*, -stoff *m*; **~ar** [~'tar] (1a) reizen; *fig.* erregen; erzürnen; erbittern; **~ável** [~'tavɛɫ] reizbar.

irr|omper [iʀõm'per] (2a) einbrechen, -dringen; ausbrechen (in [*ac.*] *em*); *~ de* hervorbrechen (*od.* dringen) aus; **~upção** [~up'sẽu] *f* Einbruch *m*; Auftreten *n*; ⚕ Ausschlag *m*.

isc|a ['iʃkɐ] *f* Köder *m* (*a. fig.*); Zunder *m*; Bissen *m*; *morder a ~* anbeißen; *fig.* auf den Leim gehen; **~ar** [iʃ'kar] (1n) mit Köder ver-

sehen; (ein)schmieren; *fig.* (an-)ködern; verlocken; anstecken.
isen|ção [izẽ'sɐ̃u] *f* Befreiung *f*; *Steuer*-Freiheit *f*; Unabhängigkeit *f*; Zurückhaltung *f*; ~ *de propinas* Gebührenerlaß *m*; **~tar** [~n'tar] (1a) befreien; ausnehmen; **~to** [i'zẽntu] befreit, frei; unabhängig.
islame, -amismo, -ão [iʒ'lɐmə, ~lɐ'miʒmu, ~'lɐ̃u] *m* Islam *m*.
islandês [iʒlɐ̃n'deʃ] **1.** *adj.* isländisch; **2.** *m*, **-esa** *f* Isländer(in *f*) *m*.
iso... [izɔ] *in Zssgn* gleich...
isobárico [~'βariku]: *curvas f/pl.* *-as* Isobare *f*.
isol|ação [izulɐ'sɐ̃u] *f* = *~amento*; **~acionismo** [~ɐsju'niʒmu] *m* Einzelgängerei *f*; *pol.* Isolationismus *m*; **~ador** [~ɐ'ðor] **1.** *adj.* Isolier...; **2.** *m* ⚡ Isolator *m*; **~amento** [~ɐ'mẽntu] *m* Abschließung *f*, Absonderung *f*; Zurückgezogenheit *f*; Abgeschlossenheit *f*; Vereinzelung *f*; ⊕ *u.* ⚕ Isolierung *f*; **~ar** [~'lar] (1e) abschließen, absondern; vereinzeln; isolieren.
isóscele(s) [i'zɔʃsəlɨʃ] gleichschenklig.
isotérmico [izɔ'tɛrmiku]: *linhas f/pl.* *-as* Isotherme *f*.
isqueiro [iʃ'keiru] *m* Feuerzeug *n*.
israel|ense *bras.*, **~iano** [iʒʀɐe'lẽsə, ~jɐnu] **1.** *adj.* israelisch; **2.** *su.* Israeli *su.*; **~ita** [~itɐ] **1.** *su.* Israelit(in *f*) *m*; **2.** *adj.* israelitisch; = *~ense*.
isso ['isu] das (da), dies (da); *~!* ganz recht!; *é ~!*, (*é*) *~ mesmo!* das ist's eben; sehr richtig!; *~ sim!* so sehen Sie aus!; (*lá*) *~ é!* ganz recht, freilich!; *para ~* dafür, dazu; *por ~* darum, deshalb, deswegen; *por ~ que* weil; *nem por ~* a) nicht allzu sehr (*od.* viel); b) trotzdem nicht; *nem por ~ ele deixa de fazê-lo* trotzdem tut er es.
istmo ['iʃtmu] *m* Landenge *f*; *anat.* Verengung *f*.
isto ['iʃtu] das (hier), dies (hier); *~ é* das heißt; nämlich.
italiano [itɐ'ljɐnu] **1.** *adj.* italienisch; **2.** *m*, **-a** *f* Italiener(in *f*) *m*.
itálico [i'taliku] **1.** *adj.* italisch; *tip.* *letra f -a* = **2.** *m* Kursivschrift *f*; *em ~* kursiv.
item ['itẽ] *m bras.* Punkt *m*; Abschnitt *m*; Thema *n*.
iter|ar [itə'rar] (1c) wiederholen; **~ativo** [~rɐ'tivu] wiederholend; wiederholt.
itinerário [itinə'rarju] *m* (Reise-)Weg *m*, Reise *f*; Reise-beschreibung *f*, -führer *m*, -plan *m*; Fahrplan *m*; ⚔ Marschroute *f*.
iugoslavo *bras.* [jugoz'lavu] = *jugoslavo*.

J

J, j ['ʒɔtɐ] *m* J, j *n*.
já [ʒa] schon; (so)gleich, sofort; jetzt; ~, ~! schleunigst, auf der Stelle!; ~ ... ~ bald ... bald; entweder ... oder; ~ *agora* ... jetzt ... halt auch; *int.* jetzt kommt's nicht mehr darauf an!; da wir nun einmal dabei sind!; ~ *não* nicht (*od.* kein[e]) mehr; ~ *que* da ... nun einmal, da ... doch; *até* ~ bis gleich; *desde* ~ schon jetzt; *para* ~ fürs erste, zunächst einmal.
jabá *bras.* [ʒa'ba] *m* Trockenfleisch *n*.
jabuticaba [ʒabuti'kabɐ] *f bras.* Schwarzkirsche *f*.
jaca ['ʒakɐ] *m* **a)** Oberhäuptling *m* (*Afrika*); **b)** Brotfrucht *f*; *bras. fig.* F Angströhre *f*.
jacá *bras.* [ʒa'ka] *m Lebensmittel-*Korb *m*.
jacar|andá *bras.* [ʒakarɐ̃n'da] *f* Jakarandabaum *m*; Palisanderholz *n*; **~é** [ʒaka'rɛ] *m* Kaiman *m*.
jacente [ʒɐ'sẽntə] **1.** *adj.* liegend; *herança f* ~ herrenlose(r) Nachlaß *m*; **2.** *m* Brückenbalken *m*; **~s** *pl.* Klippen *f/pl.*
jacinto [ʒɐ'sĩntu] *m* ⚘ Hyazinthe *f*; Hyazinth *m* (*Edelstein*).
jact|ância [ʒɐk'tɐ̃sjɐ] *f* Prahlerei *f*; Dünkel *m*; **~ancioso** [~tɐ̃'sjozu (-ɔ-)] prahlerisch; dünkelhaft; **~ar-se** [~arsə] (1b) prahlen (mit *de*); sich rühmen (*gen.*).
jacto ['ʒa(k)tu] *m* Wurf *m*; Stoß *m*; Strahl *m*; *de* ~ aus e-m Guß; *de um* ~ auf einmal.
jaculatória [ʒɐkulɐ'tɔrjɐ] *f* Stoßgebet *n*.
jaez [ʒɐ'eʃ] *m* (Pferde-)Geschirr *n*; *fig.* Qualität *f*.
jagunço *bras.* [ʒa'gũsu] *m* Bandit *m*.
jalapa [ʒɐ'lapɐ] *f* Jalappenwurzel *f* (*Abführmittel*).
jaleco [ʒɐ'lɛku] *m* Joppe *f*.
jamais [ʒa'maiʃ] niemals; nimmermehr; je(mals); P besonders.
Janeiro [ʒɐ'neiru] *m* Januar *m*.
janela [~'nɛlɐ] *f* Fenster *n* (*à* am *od.* ans); *da* ~ *abaixo* aus dem Fenster; *pela* ~ *fora* zum Fenster hinaus.
jangad|a [ʒɐ̃ŋ'gaδɐ] *f* Floß *n*; *bras.* Fischerboot *n*; **~eiro** [~gɐ'δeiru] *m* Flößer *m*; *bras.* Bootsführer *m*.
janota [ʒɐ'nɔta] **1.** *adj.* schick, elegant; **2.** *m* Stutzer *m*.
janta P ['ʒɐntɐ] *f* Abendbrot *n*.
jant|ado [ʒɐ̃n'taδu]: *depois de* ~ nach dem Abendessen; *venho* ~ ich habe bereits zu Abend gegessen; **~ar** [~ar] **1.** (1a) (zu Abend) essen; **2.** *m die* Hauptmahlzeit, *heute mst* Abendessen *n*; **~arada** *f*, **~arão** *m* [~tɐ'raδɐ, ~tɐ'rɐ̃u] Schmaus *m*.
jante *fr.* ['ʒɐ̃ntə] *f* Felge *f*.
japona [ʒɐ'ponɐ] *f* Janker *m*; *bras.* = *galego*.
jap|onês [ʒɐpu'neʃ] **1.** *adj.* japanisch; **2.** *m*, **~onesa** *f* Japaner(in *f*) *m*; **~ónico** [~'pɔniku] japanisch.
jaque ['ʒakə] *m* ⚓ Gösch *f*.
jaqueira [ʒɐ'keirɐ] *f* Brotbaum *m*.
jaquet|a [~'ketɐ] *f* Jacke *f*, Joppe *f*; **~ão** [~kə'tɐ̃u] *m* Zweireiher *m*.
jararaca *bras.* [ʒara'rakɐ] *f* **a)** Schlangenkraut *n*; **b)** Jararaca (-holz *n*) *f*; **c)** (Gift-)Schlange *f*.
jarda ['ʒardɐ] *f* Yard *n*.
jardim [ʒɐr'dĩ] *m* Garten *m*; ~ *de infância*, ~ *infantil* Kindergarten *m*.
jardin|agem [~di'naʒɐ̃i] *f* Gartenbau *m*; **~ar** [~ar] (1a) gärtnern; **~eira** [~eirɐ] *f* Ziertisch *m*; Gärtnersfrau *f*; Gärtnerin *f*; Kremser *m* (*Art Kutsche*); *à* ~ *cul.* auf Gärtnerinart; **~eiro** [~eiru] *m* Gärtner *m*.
jarr|a ['ʒaʀɐ] *f* Vase *f*; ⚓ Trinkwasserbehälter *m*; **~ão** [ʒɐ'ʀɐ̃u] *m große* Schmuckvase *f*.
jarret|e [ʒɐ'ʀetə] *m* Kniekehle *f*; Hechse *f*; Bug *m*; **~eira** [~ʀə'teirɐ] *f*: *ordem da* ~ Hosenbandorden *m*.
jarro ['ʒaʀu] *m* **a)** *Wasser-*Kanne *f*; Krug *m*; **b)** ⚘ Aronstab *m*.
jasmim [ʒɐʒ'mĩ] *m* Jasmin *m*.
jaspe ['ʒaʃpə] *m min.* Jaspis *m*.
jataí [ʒata'i] *m bras.* Honigbiene *f*.
jaula ['ʒaulɐ] *f* Käfig *m*, Zwinger *m*.
javal|i [ʒɐvɐ'li] *m* Wildschwein *n* (*Artname*); Keiler *m* (*männl. Tier*);

~ina [~inɐ] *f* Wildsau *f*, Bache *f*.
javanês [~'neʃ] **1.** *adj.* javanisch; **2.** *m*, **-esa** *f* Javaner(in *f*) *m*.
javardo [ʒɐ'vardu] *m* Frischling *m*.
jaz|er [ʒɐ'zer] (2b, 3. *P. sg. prs. jaz*) liegen; ruhen; **~ida** [~iðɐ] *f* Ruhe (-platz *m*, -stellung *f*) *f*; ⚒ Fundstelle *f*; **~igo** [~iɣu] *m* Gruft *f*; ⚒ Lager *n*.
jeira ['ʒeirɐ] *f* Morgen *m*, Joch *n* (*Feldmaß*); *prov.* Tagelohn *m*.
jeit|o ['ʒeitu] *m* Ruck *m*; Griff *m*; Kniff *m*; Bewegung *f*, Geste *f*; ungeschickte Bewegung *f*, Verzerrung *f*; Angewohnheit *f*; Geschick *n*; Art (u. Weise) *f*; Anschein *m*; *Gesichts*-Zug *m*; *a* ~ zur (*od.* bei der) Hand; gelegen; = *de* ~ handlich; brauchbar; passend; *com* ~ behutsam; *de* ~ *que* dergestalt, daß; *em* ~ *de* als; *dar um* ~ *a et.* schaukeln; *et.* zurechtrücken; *den Mund* verziehen; *fazer* ~ zupaß kommen; *não dá* (*od. não tem, não leva*) ~ das geht nicht; das taugt nicht; *não vejo* ~ ich sehe keinen Ausweg (*od.* keine Möglichkeit); **~oso** [ʒei'tozu (-ɔ-)] geschickt; bequem; hübsch, nett; = *de jeito*.
jeju|ador [ʒɨʒwɐ'ðor] *m* Hungerkünstler *m*; **~ar** [ʒɨ'ʒwar] (1a) fasten; **~m** [ʒɨ'ʒũ] *m* Fasten *n*; *dia m de* ~ Fasttag *m*; *em* ~ nüchtern; F ahnungslos.
jer|arquia [ʒərɐr'kiɐ] *f* (gesellschaftliche[r]) Rang *m*; **~árquico** [~'rarkiku] = *hierárquico*.
jerico [ʒə'riku] *m* Esel *m*.
jeropiga [ʒəru'piɣɐ] *f* Most *m*.
jesu|íta [ʒə'switɐ] *m* Jesuit *m*; **~ítico** [~itiku] jesuitisch.
Jesus [ʒə'suʃ] *m* Jesus *m*; ~! Herrje!
jetica *bras.* [ʒe'tikɐ] *f* Batate *f*.
jibóia [ʒi'βɔjɐ] *f* Boa *f*; ~ *constringente* Königsschlange *f*.
joalh|aria [ʒwɐʎɐ'riɐ] *f* Juwelenhandel *m*, -handlung *f*; **~eiro** [~'ʎeiru] *m* Juwelier *m*.
joan|ete [ʒwɐ'netə] *m* Bramsegel *n*; *anat.* Überbein *n*; **~inha** [~iɲɐ] *f* Marienkäferchen *n*.
joão (**joões**)-|**ninguém** [ˌʒwɐ̃unĩŋ'gɐ̃i] *m*(*pl.*) Knirps *m*; kleine(r) Wicht *m*; **~pestana**(**s**) P [~pɨʃ'tɐnɐ] *m*(*pl.*) Sandmann *m*.
joça *bras.* ['ʒɔsɐ] *f* Plunder *m*.
jocos|idade [ʒukuzi'ðaðə] *f* Spaß *m*; Lustigkeit *f*; Schäkerei *f*; **~o** [~'kozu (-ɔ-)] spaßig; lustig, scherzhaft.
joeir|a ['ʒweirɐ] *f* *Getreide*-Schwinge *f*; Sieb *n*; Siebung *f* (*a. fig.*); **~ar** [ʒwei'rar] (1a) *Getreide* schwingen; sieben (*a. fig.*).
joelh|eira [ʒwɨ'ʎeirɐ] *f* Knie-leder *n*, -schützer *m*, -wärmer *m*; Kniebeule *f an Hosen*; Kniebrett *n* (*beim Aufwaschen*); *hist.* Kniekachel *f an Rüstungen*; **~eiro** [~eiru] Knie...; **~o** ['ʒweʎu] *m* Knie *n*; Kugelgelenk *n* (*Stativ*); *de* ~*s* kniefällig; kniend; *estar de* ~*s* knien; *pôr-se de* ~*s*, *pôr os* ~*s no chão* auf die Knie fallen, niederknien.
jog|ada [ʒu'ɣaðɐ] *f* Runde *f im Spiel*; Zug *m*; *Würfel*: Wurf *m*; *Glücksspiel*: Einsatz *m*; *fig.* Manöver *n*; **~ador** [~ɣɐ'ðor] *m* Spieler *m*; **~ar** [~ar] (1o; *Stv.* 1e) *v/t.* spielen; *Karte* ausspielen; *Figur* ziehen; *fig.* aufs Spiel setzen; *Geld usw.* verspielen; *Waffen* handhaben, führen; *Stein usw.* schleudern; *Scherz* riskieren; *bras.* werfen, schleudern; ~ *fora* hinaus-, weg-werfen; ~ *os dados* würfeln; ~ *as últimas* alles aufbieten; *v/i.* spielen; scherzen; funktionieren; schaukeln (*Schiff*); passen (zu *com*); ~ *em* setzen auf (*ac.*); **~o** ['ʒoɣu (-ɔ-)] *m* Spiel *n*; Spielerei *f*; Fechten *n*; Satz *m*, Garnitur *f*; Ausstattung *f*; Einrichtung *f*; *Wagen*-Gestell *n*; *fig.* Wette *f*; *Börsen*-Spekulation *f*; Manöver *n*, Kniff *m*; Spielball *m des Glücks*; ~ *de água* Wasserkunst *f*; ~ *de mão* Taschenspielerei *f*; ~ *de palavras* (*prendas*) Wort- (Pfänder-) spiel *n*; *calar-se* (*od. fechar-se*) *com o* ~, *esconder o* ~ sich nicht in die Karten schauen l.; *conhecer o* ~ *a alg.* j-s Spiel durchschauen; *entrar em* ~ in Funktion treten; zu arbeiten beginnen; eingreifen; e-e Rolle spielen; *entrar no* ~ mitspielen; mitm.; *estar em* ~ auf dem Spiel stehen; *faltar ao* ~ sich nicht an die Spielregeln halten; *jogar o* ~ nach den Regeln spielen.
joguet|ar [ʒuɣə'tar] (1c) scherzen; (herum)fuchteln (mit *de*); **~e** [~'ɣetə] *m* Spielzeug *n*; Scherz *m* (*por* aus); *fig.* Spielball *m*; **~ear** [~'tjar] (1l) = ~*ar*.
jóia ['ʒɔjɐ] *f* Juwel *n*, Kleinod *n*; Aufnahmegebühr *f in Vereinen*; *fig.* Perle *f*; ~*s pl.* Schmuck *m*; *minha*

~! mein Schatz!

jónico ['ʒɔniku] ⚠ *u. lit.* ionisch.

jorna P ['ʒɔrnɐ] *f* (Tage-)Lohn *m*.

jorn|ada [ʒur'naδɐ] *f* Tage-marsch *m*, -reise *f*; Reise *f*, Fahrt *f*; Tagewerk *n*; ⚔ Unternehmen *n*, Feldzug *m*; *Sport*: Runde *f*; Sporttag *m*; **~al** [~ał] *m* (Tage-)Lohn *m*; (Tages-)Zeitung *f*; *Radio*: Nachrichten *f/pl.*; *pôr no* ~ aufgeben; **~aleco** [~nɐ'lɛku] *m* Käseblättchen *n*; **~aleiro** [~nɐ'leiru] *m* Tagelöhner *m*; **~alismo** [~nɐ'liʒmu] *m* Zeitungswesen *n*; **~alista** [~nɐ'liʃtɐ] *su.* Journalist(in *f*) *m*; **~alístico** [~nɐ'liʃtiku] journalistisch; Zeitungs...

jorr|a ['ʒoʀɐ] *f* Töpferteer *m*; Eisenschlacke *f*; **~ar** [ʒu'ʀar] (1e) hervor-quellen, (-)sprudeln; *v/t.* aus-stoßen, -werfen; **~o** [~u] *m* *starker* Strahl *m*; *correr em* ~ = *~ar*.

jota ['ʒɔtɐ] *m Name des Buchstabens j*; *pl. jotas od. jj.*

jovem ['ʒɔvẽi] **1.** *adj.* jung; jugendlich; **2.** *su.* Jüngling *m*; junge(s) Mädchen *n*; *-ns pl. die* jungen Leute.

jovial [ʒu'vjał] heiter, lustig; **~idade** [~viɐli'δaδə] *f* Heiterkeit *f*.

juba ['ʒuβɐ] *f* (Löwen-)Mähne *f*.

jubil|ação [ʒuβilɐ'sɐ̃u] *f* Versetzung *f* in den Ruhestand; Jubel *m*; **~ar** [~'lar] **1.** *adj.* Jubiläums..., Gedenk...; **2.** (1a) *v/t.* in den Ruhestand versetzen, emeritieren; *v/i.* jubeln; **~ar-se** in den Ruhestand treten; **~eu** [~'leu] *m* Jubel-fest *n*, -jahr *n*; Ablaß *m*; *fig.* Jubiläum *n*.

júbilo ['ʒuβilu] *m* Jubel *m*, Freude *f*.

jubiloso [ʒuβi'lozu (-ɔ-)] jubelnd; froh.

jucundo [ʒu'kũndu] heiter.

jud|aico [ʒu'δaiku] jüdisch; **~aísmo** [~δɐ'iʒmu] *m* Judentum *n*; **~as** ['ʒuδaʃ] *m* Verräter *m*; **~eu** [~eu] **1.** *adj.* jüdisch, Juden...; **2.** *m*, **-ia** *f* Jude *m*, Jüdin *f*; **~iar** [~'δjar] (1g): ~ *com* böse umspringen mit; spotten über (*ac.*); **~iaria** [~δjɐ'riɐ] *f* Judenviertel *n*; *fig.* Schabernack *m*; Bosheit *f*; *fazer ~s a* = *~iar*.

judi|catura [ʒuδikɐ'turɐ] *f* richterliche Gewalt *f*; Richteramt *n*; **~cial** [~'sjał] gerichtlich; Gerichts...; Rechts...; **~ciar** [~'sjar] (1g) Rechtsentscheidungen fällen; **~ciário** [~'sjarju] richterlich; *Polícia f* ≗*a* Kriminalpolizei *f*; **~cioso** [~'sjozu (-ɔ-)] verständig, klug.

jugo ['ʒuɣu] *m* Joch *n*.

jugoslavo [ʒuɣu'ʒlavu] **1.** *adj.* jugoslawisch; **2.** *m* Jugoslawe *m*.

jugular [ʒuɣu'lar] **1.** *adj.* Hals...; **2.** *v/t.* (1a) unterdrücken, ersticken.

juiz ['ʒwiʃ] *m* Richter *m*, ~ *de direito* Berufsrichter *m* (*entspr. d. dtsch.* Amtsrichter *m*); ~ *de facto* Schöffe *m*; ~ *do cível* (*crime*) Zivil- (Straf-) richter *m*.

juízo ['ʒwizu] *m* Urteil *n*; Ansicht *f*; Einsicht *f*, Vernunft *f*; Vorhersage *f*; Prozeß *m*; Gericht *n*; *o* ~ *final* (*od. universal*) das Jüngste Gericht; *o dia do* ~ der Jüngste Tag; *chamar* (*ser enviado*) *a* ~ zur Verantwortung ziehen (gezogen w.); *dar volta ao* ~ um den Verstand bringen (*ac.*); *estar em seu* (*fora de*) ~ bei (von) Sinnen sn; *formar* ~ sich ein Urteil bilden; *portar-se com* ~ sich anständig benehmen, brav sn; *ter* ~ vernünftig sn; ein Einsehen h.; *tomar* ~, *criar* ~ Vernunft annehmen, zur Vernunft kommen; *vir a* ~ (*com alg.*) vor den Richter (*od.* vor Gericht) kommen (bringen).

julg|ado [ʒuł'ɣaδu] **1.** *m* Gerichtsbezirk *m*; Urteil *n*; **2.** *adj.* abgetan; **~ador** [~ɣɐ'δor] *m* Beurteiler *m*, Richter *m*; **~amento** [~ɣɐ'mẽntu] *m* (Gerichts-)Verfahren *n*, Prozeß *m*; Urteil *n*; Prüfung *f*; **~ar** [~ar] (1o) richten; entscheiden; *Verbrecher* aburteilen; *allg.* beurteilen; halten für (*ac. od. adj.*); *v/i.* urteilen; glauben, meinen; **~ar-se** *no dever od. na obrigação* sich verpflichtet fühlen.

Julho ['ʒuʎu] *m* Juli *m*.

jumento *m*, **-a** *f* [ʒu'mẽntu, -ɐ] Esel(in *f*) *m*.

juncal [ʒũŋ'kał] *m* Röhricht *n*.

junção [ʒũ'sɐ̃u] *f* Verbindung(sstelle) *f*; Vereinigung(spunkt *m*) *f*.

junc|ar [ʒũŋ'kar] (1n) (mit Blättern u. Blumen) bestreuen; bedecken; **~o** ['ʒũŋku] *m* Binse *f*; spanische(s) Rohr *n*; Rohrstock *m*.

jungir [ʒũ'ʒir] (3n) zs.-koppeln; an-spannen, -schirren; verbinden, vereinigen; unterwerfen.

Junho ['ʒuɲu] *m* Juni *m*.

júnior (**juniores**) ['ʒunjɔr (ʒu'njɔrɨʃ)] *m*(*pl.*) Junior *m*.

junquilho [ʒũŋ'kiʎu] *m* Freesie *f*.

junta ['ʒũntɐ] *f* Fuge *f*; Verbindung(sstelle) *f*, Naht *f*; *Knochen*-Gelenk *n*; *Schienen*-Stoß *m*; *Ochsen*-Gespann *n*; *Verwaltungs*-Rat *m*; *Gesundheits- usw.* Kommission *f*; *Gläubiger*-Versammlung *f*; *Produktions-*, *Verkaufs*-Genossenschaft *f*; *Handels*-Kammer *f*; *Ärzte*-Konferenz *f*; ~ *de paróquia* Kirchenvorstand *m*; ~ *de freguesia* Gemeinderat *m*; **~mente** [ˌʒũntɐ'mẽntə] zusammen; gleichzeitig.

junt|ar [ʒũn'tar] (1a) (an-, auf-, ver-)sammeln; (an)häufen; zs.-rufen, -treiben; verbinden; zs.-fügen; anea.-, zs.-nähen; zs.-schließen, vereinigen; an-, beifügen, dazutun; hinzu-fügen, -setzen; beilegen; *Hände* falten; *Geld* zs.-bringen, sparen; *Holz* falzen; **~ar-se** sich anschließen; sich zs.-tun; **~eira** [~eirɐ] *f* Falzhobel *m*; **~o** ['ʒũntu] **1.** *p.p. irr. v. juntar*; **2.** *adj.* beiliegend; daneben-liegend, -stehend; Neben...; ~s zusammen; **3.** *adv.* beiliegend; dicht dabei; daneben; zusammen (mit *com*); *por* ~ in Bausch u. Bogen; im ganzen; **4.** *prp.* ~ *a*, ~ *de* (dicht) bei; (dicht) an; neben; **~ura** [~urɐ] *f* Gelenk *n*; Scharnier *n*; Fuge *f*; Verbindung *f*; Verband *m*.

jur|a ['ʒurɐ] *f* Schwur *m*; Fluch *m*; *fazer uma* ~ schwören; *dizer* ~s fluchen; **~ado** [ʒu'raðu] *m* ⚖ Geschworene(r) *m*; **~amentar** [ʒurɐmẽn'tar] (1a) vereidigen; **~amento** [ʒurɐ'mẽntu] *m* Eid *m*; ~ *falso* Meineid *m*; *sob* ~ eidlich; **~ar** [ʒu'rar] (1a) schwören (bei *sobre*, *por*); *et.* beschwören, beeidigen; fluchen.

júri ['ʒuri] *m* Preisrichter-, Prüfungs-ausschuß *m*, Jury *f*; ⚖ *die* Geschworenen *m/pl.*

jurídico [ʒu'riðiku] rechtsgültig; juristisch; rechtlich; Rechts...

juris|consulto [ʒuriʃkõ'sułtu] *m* Rechtsgelehrte(r) *m*; Rechtsberater *m*; **~dição** [~riʒði'sɐ̃u] *f* Gerichtsbarkeit *f*; Rechtsprechung *f*; *fig.* Macht *f*; Befugnis *f*, Recht *n*; **~perito** [~pə'ritu] *m* Rechtskundige(r) *m*; **~prudência** [~pru'ðẽsjɐ] *f* Rechtswissenschaft *f*; **~ta** [~'riʃtɐ] **1.** *m* Rechtswissenschaftler *m*, Jurist *m*; **2.** *su.* Geldverleiher(in *f*) *m*; Inhaber(in *f*) *m* von Staatspapieren.

juro ['ʒuru] *m* Zins(fuß) *m*; ~*s pl.* Zinsen *m/pl.*; ~ *composto* Zinseszins *m*.

jus [ʒuʃ] *m* Recht *n*; *fazer* ~ Gerechtigkeit widerfahren l.; **~ta** ['ʒuʃtɐ] *f* (Zwei-)Kampf *m*; Streit *m*; **~tamente** [~tɐ'mẽntə] mit Recht; genau; gerade, eben; ~*!* ganz recht!

justapor [~tɐ'por] (2zd) stellen (*od.* setzen, legen) neben (*ac.*); nebenea. stellen (*od.* setzen, legen).

just|ar [~'tar] (1a) Lanzen brechen; kämpfen, streiten; **~eza** [~ezɐ] *f* Genauigkeit *f*; Richtigkeit *f*; Angemessenheit *f*; **~iça** [~isɐ] *f* Gerechtigkeit *f*; Recht *n*; Rechtspflege *f*, Justiz *f*; Gerichtsbarkeit *f*; *Ministério m da* ♀ Justizministerium *n*; *fazer* ~ *a* richten, aburteilen (*ac.*); Gerechtigkeit widerfahren l. (*dat.*); *dizer de sua* ~ s-e Meinung sagen, s-n Standpunkt klarm.; *ouvir alg. de sua* ~ j-s Gründe anhören; *falta-lhe a* ~ das Recht ist nicht auf s-r Seite; *de* ~, *por* ~ von Rechts wegen; **~içar** [~ti'sar] (1p) aburteilen; hinrichten; **~iceiro** [~ti'seiru] streng rechtlich; unerbittlich; unbestechlich; **~içoso** [~ti'sozu] streng, genau; = ~*iceiro*.

justific|ação [~təfikɐ'sɐ̃u] *f* Rechtfertigung *f*; Beweis *m*; **~adamente** [~ˌkaðɐ'mẽntə] mit Recht; **~ar** [~'kar] (1n) rechtfertigen; beweisen; *tip.* justieren; **~ativa** [~ɐ'tivɐ] *f* Grund *m*, Begründung *f*; **~ativo** [~ɐ'tivu] rechtfertigend; Beweis...

justo ['ʒuʃtu] gerecht; recht, billig; genau; richtig; knapp, eng (anliegend); genau passend; *bater o* ~ den Nagel auf den Kopf treffen; *dez anos* ~*s* genau zehn Jahre; *à -a* genau, richtig.

juv|enil [ʒuvə'nił] jugendlich; *Taça f Nacional de* ♀*is* Juniorenpokal *m*; **~entude** [~vẽn'tuðə] *f* Jugend *f*.

L

L, l [ɛɫ] *m* L, l *n*.

la [lɐ] *pron. f* sie (ihn, es); Sie.

lá [la] **1.** *m* ♪ A *n*; ~ *sustenido* Ais *n*; ~ *bemol* As *n*; **2.** *adv.* **a**) *örtlich*: da, dort; (da-, dort-)hin; ~ *em cima* (*baixo*) da (*od.* nach) oben (unten); hin-auf (-unter); *de* ~ dorther; dortig; jenseitig; **b**) *zeitlich*: da; **c**) *als Füllwort in Wendungen wie sei* ~! was weiß ich!; *sabe-se* ~ Gott weiß; *ele* ~ *sabe* er wird's ja (*od.* schon) wissen; *diga* ~ sagen Sie mal; *oft*: also; *vá* ~! meinetwegen!; immerhin!

lã [lɐ̃] *f* Wolle *f*; ~*s pl.* Woll-stoffe *m/pl.*, -waren *f/pl.*; *com pés de* ~ auf leisen Sohlen.

labareda [lɐβɐ'reδɐ] *f* Lohe *f*; Flamme *f*.

labéu [lɐ'βɛu] *m* Schimpf *m*; Makel *m*.

lábia F ['laβjɐ] *f* Zungenfertigkeit *f*; Durchtriebenheit *f*; *ter muita* ~ ein gutes Maulwerk h.; sehr gerissen sn; *a* ~ *não pega* das zieht nicht.

labi|adas ⚘ [lɐ'βjaδɐʃ] *f/pl.* Lippenblütler *m/pl.*; **~ado** [~aδu] lippig; **~al** [~aɫ] **1.** *adj.* Lippen...; labial; **2.** *f gram.* Lippenlaut *m*.

lábio ['laβju] *m* Lippe *f*; *Wund-*Rand *m*.

labirinto [lɐβə'rĩntu] *m* Labyrinth *n*.

labor [lɐ'βor] *m* = *lavor*.

labor|ação [lɐβurɐ'sɐ̃u] *f* Bearbeitung *f*; Betrieb *m*; Arbeit *f*; **~al** [~'raɫ] Arbeits...; Arbeiter...; **~ar** [~'rar] (1e) arbeiten; pflügen, ackern; **~atório** [~ɐ'tɔrju] *m* Laboratorium *n*; **~ioso** [~'rjozu (-ɔ-)] arbeitsam, fleißig; mühsam, schwierig; langsam (*Verdauung*); **~ista** [~'riʃtɐ] = *trabalhista*.

labrego [lɐ'βreγu] **1.** *m* Bauer *m*; Tiefpflug *m*; Grubber *m*; **2.** *adj.* bäurisch.

labro ['laβru] *m* Lippfisch *m*.

labut|a, ~ação [lɐ'βutɐ, lɐβutɐ'sɐ̃u] *f* harte Arbeit *f*; Mühe *f*, Kampf *m*; **~ar** [~βu'tar] (1a) sich plagen; hart arbeiten; kämpfen, ringen (um *por*).

laca ['lakɐ] *f* Lack *m*.

laç|ada [lɐ'saδɐ] *f* Schlinge *f*; **~ador** *bras.* [~sɐ'δor] *m* Lassowerfer *m*; **~ar** [~'sar] (1p; *Stv.* 1b) mit der Schlinge (*od.* dem Lasso) fangen.

lacaio [lɐ'kaju] *m* Lakai *m*.

la|cete [lɐ'setə] *m Straßen-*Schleife *f*; Stulpe *f* (*Türschloß*); **~ço** ['lasu] *m* Schleife *f*; F Fliege *f*; Schlinge *f* (*armar* legen); Lasso *n*; ⊕ *u.* ⚠ Band *n* (*pl.* Bänder); *fig.* Band *n* (*pl.* Bande); *cair no* ~ in die Falle gehen.

lac|ónico [lɐ'kɔniku] lakonisch; knapp, gedrängt; kurz angebunden; **~onismo** [~ku'niʒmu] *m* Wortkargheit *f*; Knappheit *f*.

la|craia *bras.* [la'krajɐ] *f* Tausendfuß *m*; **~crar** [lɐ'krar] (1b) (ver-, zu-)siegeln; **~crau** [lɐ'krau] *m* Skorpion *m*; **~cre** ['lakrə] *m* Siegellack *m*.

lacrim|al [lɐkri'maɫ] Tränen...; **~ejar** [~mɨ'ʒar] (1d) tränen; greinen; **~ogéneo** [~mɔ'ʒɛnju]: *gás m* ~ Tränengas *n*; **~oso** [~ozu (-ɔ-)] tränend; tränenüberströmt; traurig.

lact|ação [lɐktɐ'sɐ̃u] *f* Stillen *n*, Säugen *n*; Laktation *f*; **~ar** [~'tar] (1b) stillen, säugen; *v/i.* saugen, trinken; **~ário** [~'tarju] **1.** *adj.* Milch...; **2.** *m* Milchausgabestelle *f*.

lácte|a ['laktjɐ] *f Fisch-*Milch *f*; **~o** [~u] milchig; *via f -a* Milchstraße *f*.

lacticínio [lakti'sinju] *m* Milchprodukt *n*; Milchspeise *f*.

láctico ['laktiku] Milch...

lact|ómetro [lɐk'tɔmətru] *m* Milchwaage *f*; **~ose** [~'tɔzə] *f* Milchzucker *m*.

lacuna [lɐ'kunɐ] *f* Lücke *f*.

lacustre [~'kuʃtrə] See...; Sumpf..., Wasser...; *habitação f* ~ Pfahlbau *m*.

ladainha [lɐδɐ'iɲɐ] *f* Litanei *f*.

lade|ar [lɐ'δjar] (1l) in die Mitte nehmen; begleiten; *fig.* umgehen; **~ável** [~avɛɫ] vermeidbar; *não* ~ unumgänglich.

ladeir|a [lɐ'δeirɐ] *f Berg-*Hang *m*; Halde *f*; **~o** [~u] flach (*Teller*).

ladin|eza *bras.* [ladi'nezɐ] *f* = **~ice** [~isə] *f* Gerissenheit *f*; **~o** [~'dinu] gerissen, durchtrieben.

lado ['laδu] *m* Seite *f*; Richtung *f*; Partei *f*; ♞ Schenkel *m*; ~ *a* ~ Seite an Seite, nebenea.; *ao* ~ nebenan; nebenher; *ao* ~ *de* neben; *de* ~ zur Seite; seitwärts; daneben; seitlich; beiseite; *do* ~ *de* auf (*od.* von) seiten (*gen.*); *de* ~ *a* ~ von e-r Seite zur andern; durch u. durch; ganz u. gar; *de um e outro* ~ beiderseits; *do* ~ *direito* (*esquerdo*) rechts (links); *de um para o outro* ~ hin u. her, auf u. ab; *para o* ~ auf die (*od.* zur) Seite; *para os* ~*s de* in der (*od.* die) Gegend von; *pelo* ~ unter dem Gesichtspunkt; ...seits; in der Richtung; *por* (*od.* *de*) *um* ~ ... *por* (*od.* *de*) *outro* ~ einerseits... andererseits; *fazer-se ao* ~ zur Seite treten; *para que* ~ wohin; *pôr de* ~ beiseite (*od.* weg-)legen; beiseite l.

ladr|a ['laδrɐ] *f* Diebin *f*; Gaunerin *f*; *fig.* Pflückstock *m*; *Feira f da* ♀ Flohmarkt *m*; **~ão** [lɐ'δrɐ̃u] *m* Dieb *m*; Gauner *m*; *Straßen*-Räuber *m*; ⚘ wilde(r) Trieb *m*; *fig.* Überlauf(-rohr *n*) *m*; **~ar** [lɐ'δrar] (1b) bellen; kreischen; ~ *à lua* den Mond anbellen; **~ido** [lɐ'δriδu] *m* Gebell *n*.

ladrilh|ar [lɐδri'ʎar] (1a) mit Fliesen belegen, pflastern; **~eiro** [~eiru] *m* Fliesenbrenner *m*; **~o** [~'δriʎu] *m* *Backstein*-Fliese *f*; *fig.* Würfel *m*; Riegel *m*.

ladro|eira [lɐ'δrweirɐ] *f* Räuberhöhle *f*; = **~ice** [~isə] *f* Dieberei *f*; Prellerei *f*; Betrug *m*.

lagar [lɐ'ɣar] *m* Kelter(haus *n*) *f*; Ölmühle *f*.

lagart|a [lɐ'ɣartɐ] *f* Raupe *f*; **~ixa** [~ɣɐr'tiʃɐ] *f* Mauereidechse *f*; **~o** [~u] *m* Eidechse *f*; *bras. cul.* Bug *m*, Schulter(stück *n*) *f*; *dizer cobras e* ~*s s. cobra*.

lag|o ['laɣu] *m* See *m*; *Garten*-Teich *m*; **~oa** [lɐ'ɣoɐ] *f* *Berg*-See *m*.

lagost|a [lɐ'ɣoʃtɐ] *f* Languste *f*; *fig.* Krebs *m*; **~im** [lɐɣuʃ'tĩ] *m* kleine Languste *f*.

lágrima ['laɣrimɐ] *f* Träne *f*; Tropfen *m*; *banhado* (*od.* *desfeito*) *em* ~*s* tränenüberströmt; *chamar as* ~*s aos olhos* zu Tränen rühren; *estar sempre com as* ~*s nos olhos* die Tränen locker sitzen h.

lagri... *s. lacri...*

laguna [lɐ'ɣunɐ] *f* Lagune *f*.

laia ['lajɐ] *f* Schlag *m*; *à* ~ *de* nach Art (*gen.*); wie.

laical, -co [lai'kał, 'laiku] weltlich, Laien...; konfessionslos (*Schule*).

laiv|ar [lai'var] (1a) beflecken; *fig.* belecken; **~o** ['laivu] *m* Fleck *m*, Makel *m*; *Holz*-Ader *f*; *fig.* ~*s pl.* Spur *f*; Anstrich *m*; Schimmer *m*; *ter* ~*s de* beleckt sein von.

laj|a, -e ['laʒɐ, -ə] *f* = **lájea** ['laʒjɐ] *f* Stein-, Fels-platte *f*; Fliese *f*; ~ *de concreto* Beton-platte *f*, -decke *f*; **~eado** [lɐ'ʒjaδu] *m* Platten-fußboden *m*, -belag *m*; Steinpflaster *n*; **~ear** [lɐ'ʒjar] (1l) mit Steinplatten (*od.* Fliesen) belegen, pflastern.

lama ['lɐmɐ] **1.** *f* Schlamm *m*; Kot *m*, Dreck *m*; **2.** *m* Lama *m* (*zo. n*); **~çal, ~ceiro** [lɐmɐ'sał, -'seiru] *m* Morast *m*; Sumpf *m*; *fig.* Dreckloch *n*; **~cento** [lɐmɐ'sẽntu] schlammig; dreckig; schwabbelig.

lambada [lẽm'baδɐ] *f* Schlag *m*, Hieb *m*; Prügel *m/pl.*; *fig.* Abreibung *f*; *dar* ~ *em* verhauen (*ac.*); *fig.* abkanzeln (*ac.*); verreißen (*ac.*).

lamb|ão [lẽm'bɐ̃u] *m* Schlecker (-maul *n*) *m*; Vielfraß *m*; **~areiro** [~bɐ'reiru] **1.** *adj.* naschhaft; **2.** *m*, **-a** *f* Leckermaul *n*; **~arice** [~bɐ'risə] *f* Schleckerei *f*; Leckerbissen *m*; **~er** [~er] (2a) (ab-, aus-, be-) lecken; (auf)schlecken; ~ *os dedos* = **~er-se** genießen; sich die Finger lecken (nach *para*, *por*); **~ido** [~iδu] geschniegelt; glatt (*Haar*); **~iscar** P [~biʃ'kar] (1n) naschen, knabbern; **~isco** P [~iʃku] *m* Häppchen *n*; *num* ~ im Nu; **~isqueiro** [~biʃ'keiru] **1.** *adj.* naseweis, vorwitzig; lecker(mäulig); **2.** *m*, **-a** *f* Naseweis *m*; Leckermaul *n*; **~ona** [~onɐ] *f* Naschkatze *f*.

lambreta [~'bretɐ] *f* Motorroller *m*.

lambrim P, **-bris** [lẽm'brĩ, -'briʃ] *m* (Wand-)Verkleidung *f*.

lambu|jar P [~bu'ʒar] (1a) naschen, schlecken; **~jem** [~'buʒẽi] *f* Schleckerei *f*; Köder *m*; **~zadela** [~zɐ'δεlɐ] *f* Fleck *m*; *uma(s)* ~*(s) de* einige Ahnung von; **~zar** [~'zar] (1a) be-, ein-, ver-schmieren.

lamecha F [lɐ'mεʃɐ] **1.** *adj.* schmachtend; **2.** *m* Schmachtlappen *m*.

lameir|a [lɐ'meirɐ] *f* Weide(land *n*) *f*; Wiese *f*; **~o** [~u] *m* Weide *f*; Wiesenstück *n*.

lamel|a [~'mεlɐ] *f* Lamelle *f*; Blättchen *n*; Plättchen *n*; **~ado, ~oso** [~mə'laðu, -ozu (-ɔ-)] in Lamellen eingeteilt; blätterig; geplättelt.

lament|ação [~mẽntɐ'sɐ̃u] *f* Wehklage *f*; Klage(-gesang *m*, -lied *n*) *f*; **~ar** [~'tar] (1a) beklagen; bedauern; *lamento muito!* bedaure sehr!; **~ar-se** klagen, jammern (über [*ac.*] *de*); **~ável** [~'tavɛɫ] bedauerlich; = *~oso*; **~o** [~'mẽntu] *m* Klage *f*; ~(s) (*pl.*) Jammern *n*; **~oso** [~'tozu (-ɔ-)] klagend; kläglich.

lâmina ['lɐminɐ] *f* Blatt *n*, Blättchen *n*; *Gold*-Blech *n*; Plättchen *n*, Scheibe *f*; *Metall*-Streifen *m*; *Säge*-Blatt *n*; *Messer*-Klinge *f*; Lamelle *f*; Objektträger *m* (*Mikroskop*).

lamin|ação [lɐminɐ'sɐ̃u] *f* (Aus-)Walzen *n*; Plattierung *f*; **~ado** [~'naðu] Walz...; **~ador** [~ɐ'ðor] *m* (Fein-)Walze *f* (*de chapa, fio* Blech-, Draht-...); **~ar** [~'nar] **1.** *v/t.* (1a) *Metall* auswalzen; plattieren; **2.** *adj.* = **~oso** [~'nozu (-ɔ-)] blätterig; Blatt...; streifen-, schwert-förmig.

lâmpada ['lɐ̃mpɐðɐ] *f* Lampe *f*; ⚡ Glühbirne *f*; *Radio*: Röhre *f*; ~ *de acetileno* (*quartzo, arco voltaico*) Karbid- (Quarz-, Bogen-)Lampe *f*.

lamp|adejar [lɐ̃mpɐðɨ'ʒar] (1d) aufblitzen, -leuchten; flackern; **~arina** [~ɐ'rinɐ] *f* Lämpchen *n*; Nachtlicht *n*; **~eiro** [~'peiru] frühreif; *fig.* dreist; flink; **~ejar** [~ɨ'ʒar] (1d) (auf)blitzen, funkeln; wetterleuchten; **~ejo** [~'peʒu] *m* Funkeln *n*; (Auf-)Blitzen *n*; Aufflackern *n*; **~ianista** [~pjɐ'niʃtɐ] *m* Laternenanzünder *m*, -putzer *m*; **~ião** [~'pjɐ̃u] *m* (Straßen-, Signal-)Laterne *f*; Papierlaterne *f*, Lampion *m*; **~ista** [~'piʃtɐ] *m* Laternenmacher *m*; = *~ianista*.

lampo ['lɐ̃mpu] frühreif, Früh... (*Feige*); *fig.* dreist.

lampreia [lɐ̃m'prejɐ] *f* Neunauge *n*.

lamúria(s) [lɐ'murjɐ(ʃ)] *f*(/*pl.*) Jammer *m*; Gejammer *n*.

lamuri|ante [~mu'rjɐ̃ntə] jammernd; jämmerlich; **~ar** [~ar] (1g) jammern; **~ento** [~ẽntu] = *~iante*.

lanç|a ['lɐ̃sɐ] *f* Lanze *f*; *Wagen*-Deichsel *f*; ⊕ Ausleger *m*; **~a-chamas** (*pl. unv.*) [~ɐ'ʃɐmɐʃ] *m* Flammenwerfer *m*; **~ada** [lɐ̃'saðɐ] *f* Lanzenstoß *m*; **~adeira** [lɐ̃sɐ'ðeirɐ] *f* Schiffchen *n*; **~a-foguetes** (*pl. unv.*) [~ɐfu'ɣetɨʃ] *m* Raketenwerfer *m*; **~amento** [lɐ̃sɐ'mẽntu] *m* *Bomben*-Abwurf *m*; *Raketen*-Abschuß *m*; *Grund*(*stein*)-Legung *f*; *fig.* Start *m*; ✝ Buchung *f* (*fazer* vornehmen); *Steuer*-Veranlagung *f*; ~ *à água* ⚓ Stapellauf *m*; *Sport*: ~ *de disco* (*martelo*) Diskus- (Hammer-)werfen *n*; ~ *de peso* Kugelstoßen *n*; *promover o* ~ *de* herausbringen; **~a-minas** [~ɐ'minɐʃ] *m* Minenwerfer *m*; **~ar** [lɐ̃'sar] (1p) werfen, schleudern; *Netz* auswerfen; aus-dünsten, -strahlen; ausstoßen, -brechen; *Flüssigkeit* gießen; *Gefühl* einflößen; *Dividende* ausschütten; *Artikel* auf den Markt (*od.* heraus)bringen; *Samen* aussäen; *Gerücht* ausstreuen; *Schrekken, Licht* verbreiten; *Mode* aufbringen; lancieren; *Unternehmen* starten; *tea.* auf die Bühne bringen; *Schößling* treiben; *Wurzel, Brücke* schlagen; *Rakete* abschießen; *in Trauer* versenken; *Schuld* schieben (auf [*ac.*] *a, sobre*); ✝ buchen; *Geld* bieten (auf [*ac.*] *em*); *Steuer* festsetzen; ~ *à água*, ~ *ao mar* vom Stapel l.; ~ *à conta de j-m* in Rechnung stellen; *fig.* zuschreiben (*dat.*); ~ *à costa* (*od. praia*) anspülen; ~ *imposto sobre* besteuern (*ac.*); ~ *mão de s. mão*; ~ *os alicerces od. fundamentos* (*a primeira pedra*) *de* den Grund(stein) legen zu (*od.* für [*ac.*]); ~ *de si* abwerfen; von sich stoßen; ~ *fora* aus-, er-brechen; **~ar-se** sich stürzen (auf *od.* in [*ac.*] *sobre, em*); sich ergießen (*Fluß*); ~ *a* sich m. (*od.* wagen) an (*ac.*), in Angriff nehmen (*ac.*); **~a-torpedos** (*pl. unv.*) [~ɐtur'peðuʃ] *m* Torpedorohr *n*.

lance ['lɐ̃sə] *m* Wurf *m*; (Schach-)Zug *m*; Wagnis *n*; Tat *f*; Vorfall *m*; (gefährliche) Lage *f*; (entscheidender) Augenblick *m*; *Schicksals*-Schlag *m*; (Glücks-)Treffer *m*.

lanc|ear [lɐ̃'sjar] (1l) (mit der Lanze) verwunden; *fig.* quälen, beunruhigen; *bras.* (mit dem Netz) fischen; **~eiro** [~eiru] *m* Lanzenreiter *m*; **~eolado** [~sju'laðu] lanzettförmig, Lanzett...; **~eta** [~etɐ] *f* Lanzette *f*, Schnepper *m*; **~etar** [~sə'tar] (1c) aufstechen.

lanch|a ['lɐ̃ʃɐ] *f* Barkasse *f*; Boot *n*; ~ *canhoneira* (*torpedeira, pesqueira, automóvel*) Kanonen- (Torpedo-,

Fischer-, Motor-)boot *n*; **~ão** [lɐ̃'ʃɐ̃u] *m* Frachtschiff *n*.
lanch|ar [lɐ̃'ʃar] (1a) vespern; **~e** ['lɐ̃ʃə] *m* (Schnell-)Imbiß *m*; **~onete** [~ʃu'netə] *f* Imbißstube *f*.
lancinante [lɐ̃si'nɐ̃ntə] stechend; *fig.* herzzerreißend.
lanço ['lɐ̃su] *m* Wurf *m*; Fischzug *m*; *Häuser*-Reihe *f*; *Mauer-, Graben*-Abschnitt *m*; *Bau*-Flucht *f*; *Treppen*-Lauf *m*; Länge *f*, Erstreckung *f*; *Weberei*: Ein-, Durch-schuß *m*; *Preis*-Gebot *n*; Stapel *m gleichartiger Dinge*; *geol.* Treppe *f*; = *lance*; *em (od. ao maior)* ~ meistbietend; *de* ~ auf einmal.
land|e ['lɐ̃ndə] *m* (Kork-)Eichel *f*; **~eira** [lɐ̃n'deirɐ] *f* Korkeichenpflanzung *f*.
lang|or [lɐ̃ŋ'gor] *m* = *~uidez*; **~oroso** [~gu'rozu (-ɔ-)] = *lânguido*; **~uento** [~ɐ̃ntu] siech, kränklich; **~u(id)escer** [~g(ið)ɨʃ'ser] (2g) dahin-siechen, -welken; schmachten; **~uidez** [~gi'ðeʃ] *f* Schlaffheit *f*; Hinfälligkeit *f*; Schmachten *n*.
lânguido ['lɐ̃ŋgiðu] schlaff; schwach; lässig; schmachtend.
lanho ['lɐɲu] *m* Schnitt *m*; Schlitz *m*; *bras. a.* Streifen *m*.
lan|ífero [lɐ'nifəru] = *~ígero*; **~ifício** [~ni'fisju] *m* Wollware *f*; *indústria f de ~s* Wollindustrie *f*; **~ígero** [~iʒəru] wollig; Woll...; **~oso** [~ozu (-ɔ-)] wollig, flaumig.
lantejoila [lɐ̃ntɨ'ʒoilɐ] = *lentej...*
lanterna [~'tɛrnɐ] *f* Laterne *f*; ~ *de furta-fogo* Blendlaterne *f*.
lanu|do [lɐ'nuðu] zottig; = *lanoso*; **~gem** [~uʒɐ̃i] *f* Flaum *m*; **~ginoso** [~nuʒi'nozu (-ɔ-)] flaumig.
lapa ['lapɐ] *f* Felsenhöhle *f*; überhängende(r) Fels *m*; *zo.* Entenmuschel *f*; *prov.* Stein *m*.
lapão *m*, **-oa** [lɐ'pɐ̃u, -oɐ] Lappländer(in *f*) *m*, Lappe *m*, Lappin *f*.
láparo ['lapɐru] *m* Karnickel *n*.
lapela [lɐ'pɛlɐ] *f* *Rock*-Aufschlag *m*, Revers *n*; *Frack*-Spiegel *m*.
lapid|ação [lɐpiðɐ'sɐ̃u] *f* Steinigung *f*; **~agem** [~'ðaʒɐ̃i] *f* Steinschleiferei *f*; Schleifen *n*; Schliff *m*; **~ar** [~'ðar] **1.** *v/t.* (1a) steinigen; *Steine* schleifen; *fig.* (aus)feilen; abschleifen; bilden; **2.** *adj.* Stein...; lapidar; **~aria** [~ɐ'riɐ] *f* Steinschleiferei *f*; **~ariedade** [~rjə'ðaðə] *f* Wucht *f*; Eindringlichkeit *f*; **~ário** [~'ðarju] *m* Steinschleifer *m*.
láp|ide ['lapiðə] *f* Gedenk-, Grabstein *m*; **~is** (*pl. unv.*) [~iʃ] *m* Bleistift *m*; ~ *azul (vermelho)* Blau-(Rot-)stift *m*; ~ *de cor* Farbstift *m*.
lapiseira [~pi'zeirɐ] *f* Füllbleistift *m*; *Zirkel*-Einsatz *m*.
lapso ['lapsu] *m* Versehen *n*; Irrtum *m*; Fehler *m*; ~ *(de tempo)* Zeitraum *m*; *no ~ de* im Lauf (*od.* Verlauf) (*gen.*); *por ~* versehentlich.
lapuz [lɐ'puʃ] *m* Bauer *m*; Bursche *m*, Kerl *m*.
laque|ação ⚕ [lɐkjɐ'sɐ̃u] *f* Abschnürung *f*; **~ar** [~'kjar] (1l) **a)** *Ader* abschnüren, unterbinden; **b)** lackieren.
lar [lar] *m* Herd *m*; Heim *n*; *Studenten*-Wohnheim *n*; Nest *n*; = *os pátrios ~es pl.* Haus und Hof; die Heimat.
laracha [lɐ'raʃɐ] *f* Witz *m*.
laranj|a [~'rɐ̃ʒɐ] *f* Apfelsine *f*, Orange *f*; *o ~* das Orange; **~ada** [~rɐ̃'ʒaðɐ] *f* Orangeade *f*; **~al** [~rɐ̃'ʒał] *m* Apfelsinengarten *m*; **~eira** [~rɐ̃'ʒeirɐ] *f* Apfelsinenbaum *m*.
larápio [lɐ'rapju] *m* Spitzbube *m*; Gauner *m*.
lard|eadeira [lɐrðjɐ'ðeirɐ] *f* Spicknadel *f*; **~ear** [~'ðjar] (1l) spicken; **~o** ['larðu] *m* Speckstreifen *m*.
lareira [lɐ'reirɐ] *f* Herd *m*.
larg|a ['largɐ]: *à ~* mit vollen Händen; nach Herzenslust; überreichlich; auf großem Fuß; *dar ~(s) a* freien Lauf (*od.* die Zügel schießen) l.; **~ado** *bras.* [lar'gadu] unbändig; **~amente** [~ɐ'mẽntə] reichlich; zur Genüge; umständlich; **~ar** [lɐr'ɣar] (1o; *Stv.* 1b) loslassen; fallen l.; *fig. a.* fahren l.; frei-, laufen-, fliegen lassen; aus- *od.* her-geben; *j-m et.* (über)lassen; *Zügel* schießen l.; *Fahne* flattern l.; *Segel* setzen; *fig. a.* = *soltar*; *v/i.* ab-fahren, -fliegen; **~ar-se** *a* sich m. an (*ac.*); sich daranm. zu (*inf.*); **~o** ['larɣu] **1.** *adj.* breit; weit; weitläufig; geräumig; ausgedehnt, lang (*zeitl.*); reichlich; umfangreich; groß (*Strich, Umriß, Geist*); ungewöhnlich; *com mão(s) -a(s)* mit vollen Händen; *mar m ~* hohe See *f*; *a passos ~s* mit großen Schritten; *à rédea -a* mit verhängten Zügeln; **2.** *m* hohe (*od.* offene) See *f*; *kleiner öffentlicher* Platz *m*; ♪ Largo *n*; *ter dois metros de ~* zwei

Meter breit sn; *ao* ~ in der Ferne; *ao* ~, *pelo* ~ weitläufig, weitgehend; *passar de* ~ *sobre fig.* rasch hinweggehen über (*ac.*); **3.** *adv.* = *largamente*; mit großen Schritten; auf großem Fuß; ♪ largo, breit; **~ueza** [lɐr'ɣezɐ] *f fig.* Freigebigkeit *f*; Verschwendung *f*; **~ura** [lɐr'ɣurɐ] *f* Breite *f*; Weite *f*; Weitläufigkeit *f*; Ausdehnung *f*; Geräumigkeit *f*; Umfang *m*; *ter* (*od. ser de*) *dois metros de* ~ zwei Meter breit sn; *que* ~ *tem?* wie breit ist das?

lar|ício, ~iço ⚘ [lɐ'risju, -isu] *m* Lärche *f*.

laring|e [lɐ'rĩʒə] *f* Kehlkopf *m*; **~ite** [~rĩ'ʒitə] *f* Kehlkopfentzündung *f*; **~oscópio** [~rĩŋguʃ'kɔpju] *m* Kehlkopfspiegel *m*.

larva ['larvɐ] *f Insekten*-Larve *f*; Engerling *m* (*Käferlarve*).

las [lɐʃ] *pron. f/pl.* sie; Sie; *vgl. la.*

lasc|a ['laʃkɐ] *f* Splitter *m*, Span *m*; *fig.* Stückchen *n*; **~ar** [lɐʃ'kar] (1n; *Stv.* 1b) zersplittern; spleißen; zerfetzen; *v/i.* (zer)splittern.

lasc|ívia [lɐʃ'sivjɐ] *f* Geilheit *f*; Unzucht *f*; **~ivo** [~ivu] geil; unzüchtig; schlüpfrig.

lass|idão [lɐsi'ðɐ̃u] *f* Erschlaffung *f*; Ermattung *f*; **~o** ['lasu] schlaff; ermattet; lässig; ausgeleiert.

lástima ['laʃtimɐ] *f* Mitleid *n*; Bedauern *n*; Jammer *m*; Elend *n*; *fig. depr.* elende Sache *f* (*od.* Geschichte *f*); Jämmerling *m*; *é* ~*!* es ist schmerzlich (*od.* bedauerlich, schade); *é uma* ~ es ist ein Jammer; er ist ein jämmerlicher Mensch; *que* ~*!* wie dumm!; wie schade!; welch ein Jammer!

lastim|ar [lɐʃti'mar] (1a) beklagen, bedauern; betrüben, schmerzen; **~ar-se** klagen, jammern; **~ável** [~avɛɫ] beklagenswert; **~oso** [~ozu (-ɔ-)] kläglich; bedauernswert.

lastr|ar [lɐʃ'trar] (1b) mit Ballast beladen; beschweren; **~o** ['laʃtru] *m* Ballast *m*; *fig.* Grundlage *f*.

lata ['latɐ] *f* Weißblech *n*; Blechbüchse *f*, -dose *f*, -kanne *f*; Kanister *m*; *Müll*-Eimer *m*; *fig.* Blech *n*; V Fresse *f*; *ter muita* ~ das Maul aufreißen, ein großes Maul h.; *ter a* ~ *de* die Frechheit h. zu.

lat|ada [lɐ'taðɐ] *f* Spalier *n*; Laubengang *m*; *fig.* Polterabend *m*; **~agão** [~tɐ'ɣɐ̃u] *m* lange Latte *f*; **~ão** [~'tɐ̃u] *m* Messing *n*.

látego ['latəɣu] *m* Knute *f*.

latej|ar [lɐtɨ'ʒar] (1d) klopfen, schlagen; pulsieren; keuchen; **~o** [lɐ'teʒu] *m* Pulsschlag *m*; **~s** *pl.* Klopfen *n*, Schlagen *n*.

laten|cia [~'tẽsjɐ] *f* Latenz *f*; *em* ~ = **~te** [~'tẽntə] latent; geheim; schleichend (*Übel*).

lateral [~tə'raɫ] seitlich, Seiten...

latido [lɐ'tiðu] *m* Bellen *n*; **~s** *pl.* Gebell *n*.

latifundiário [~tifũn'djarju] **1.** *m* Großgrundbesitzer *m*; **2.** *adj.* Großgrund...; *burguesia f* -*a* Großbürgertum *n*.

latifúndio [~ti'fũndju] *m* Großgrundbesitz *m*, Latifundium *n*.

latim [lɐ'tĩ] *m* Latein *n*; *perder o seu* ~ sich vergebliche Mühe geben.

latin|idade [~tini'ðaðə] *f* Latinität *f*; *die* romanischen Völker *n/pl.*; Romania *f*; **~ista** [~'niʃtɐ] *m* Lateiner *m*; **~o** [~'tinu] **1.** *adj.* lateinisch; Latein...; romanisch (*Sprache, Volk*); **2.** *m* Latiner *m*; Romane *m*; Lateiner *m*; *~-americano m* Lateinamerikaner *m*.

latir [lɐ'tir] (3b) bellen; *fig.* klopfen, schlagen (*Herz*).

latitud|e [~ti'tuðə] *f geogr.* Breite *f*; Breitengrad *m*; *fig.* Umfang *m*; Handlungsfreiheit *f*; **~inário** [~tuði'narju] weit; umfangreich; freizügig.

lato ['latu] weit(läufig); geräumig; *sentido m* ~ weitere Bedeutung *f*.

latoeiro [lɐ'tweiru] *m* Klempner *m*.

latrina [lɐ'trinɐ] *f* Abtritt *m*.

latrocínio [~tru'sinju] *m* Raub(überfall) *m*; Straßenraub *m*.

laudatório [lauðɐ'tɔrju] lobend, Lob...

laudo ['lauðu] *m* Schiedsspruch *m*.

láurea ['laurjɐ] *f bras. akademischer* Grad *m*; ~ *de doutor* Doktorhut *m*.

laur|eado [lau'rjaðu] lorbeer-, preisgekrönt; **~el** [~ɛɫ] *m* Lorbeer(-kranz) *m*; (Ehren-)Preis *m*.

lauto ['lautu] üppig.

lava ['lavɐ] *f* Lava *f*.

lavabo [lɐ'vaβu] *m* Waschbecken *n*; *rel.* Lavabo *n*; **~s** *pl.* Toilette *f*.

lavad|aria [lɐvɐðɐ'riɐ] *f* Waschanstalt *f*; **~eira** [~'ðeirɐ] *f* Wäscherin *f*, Waschfrau *f*; Waschmaschine *f*; = *lavandeira*; **~ela** [~'ðɛlɐ] *f*: *dar uma* ~ ab-, aus-waschen; **~inho**

[~'ðiŋu] sauber gewaschen; **~o** [~'vaðu]: ~ *de ares* luftig; ~ *em lágrimas* (*sangue*) tränen- (blut-) überströmt; *de bofes ~s* gutherzig; *às mãos -as* mühelos; ohne weiteres; = *de mãos -as* unentgeltlich, umsonst; **~oiro, ~ouro** [~ðoiru, -oru] *m* Wasch-tank *m*, -platz *m*; **~ura** [~'ðurɐ] *f* Spülicht *n*, Spülwasser *n*.

lavagante [~'ɣẽntə] *m* Hummer *m*.

lavagem [lɐ'vaʒɐ̃i] *f* Waschen *n*; Wäsche *f*; *prov.* Schweinefutter *n*; *fig.* Abreibung *f*; ~ *a seco* chemische Reinigung *f*.

lavand|aria, ~eria [~vẽndɐ'riɐ, -ə'riɐ] *f* Wäscherei *f*; **~eira, ~isca** [~'deirɐ, -iʃkɐ] *f* Bachstelze *f*.

lavar [lɐ'var] (1b) (ab)waschen; (ab-, aus-, be-)spülen; *Erz* schlämmen; *fig.* reinigen; reinwaschen; *fot.* wässern; ~ *as mãos de* nichts zu tun h. wollen mit; *lavo* (*daí*) *as minhas mãos* ich wasche meine Hände in Unschuld; ~ *a seco* chemisch reinigen (l.).

lavatório [~vɐ'tɔrju] *m* Waschtisch *m*; Waschbecken *n*; Waschung *f*.

lavável [~'vavɛɫ] waschbar.

lav|oira [~'voirɐ] *f* = *~oura*; **~or** [~or] *m* Arbeit *f*; erhabene Arbeit *f*; Handarbeit *f*; **~oura** [~orɐ] *f* Ackerbau *m*; Feldbestellung *f*; ~ *algodoeira* (*arrozeira etc.*) Baumwoll- (Reis- *usw.*)anbau *m*; **~ra** ['lavrɐ] *f* Pflügen *n*; = *~oura*; *ser da* ~ *de alg.* von j-m angefertigt (*od.* erdacht, erzeugt, geschrieben) sn; *da* ~ *de* aus der Feder von; *da minha* (*tua, sua, etc.*) ~ selbstgemacht; hausgemacht.

lavrad|eira [lɐvrɐ'ðeirɐ] *f* Bäuerin *f*; Feldarbeiterin *f*; Stickerin *f*; **~eiro** [~eiru] Acker...; **~io** [~'ðiu] anbaufähig, Acker...; **~o** [~'vraðu] *m* Acker *m*; *weibl.* Handarbeit *f*; **~or** [~or] Bauer *m*; Pflüger *m*.

lavrar [~'vrar] (1b) bearbeiten; *Boden* (um)pflügen; *Holz* (ab)hobeln; *Stein* (be)hauen; *Figuren* (ein-) sticken; *in Metall* treiben; *in Stein* meißeln, (ein)graben; *Münze* prägen; *allg.* mit erhabener Arbeit schmücken; *Gebäude* errichten; *Erzlager* aufschließen; ausbeuten; *Schriftstück* abfassen; niederlegen; ausarbeiten; *Urteil* fällen; *v/i.* sich ausbreiten, um sich greifen; schwelen (*Brand*); herrschen (*Haß usw.*).

lax|ação [lɐʃɐ'sɐ̃u] *f* Lockerung *f*; ⚕ Abführung *f*; **~ante** [~'ʃẽntə] *m* Abführmittel *n*; **~ar** [~'ʃar] (1b) lockern; erleichtern; ⚕ abführen; **~ativo** [~ɐ'tivu] = *~ante*.

lazar|ento [lɐzɐ'rẽntu] aussätzig; mit Schwären (*od.* Wunden) bedeckt; P ausgehungert; elend; **~eto** [~etu] *m* Quarantänelager *n*.

lázaro ['lazɐru] *m* Aussätzige(r) *m*; Lazarus *m*; *feito um* ~ wundgeschlagen; wundenbedeckt.

lazeira [lɐ'zeirɐ] *f* Elend *n*; Unglück *n*; ⚕ Aussatz *m*; *fig.* Hunger *m*.

lazer [~'zer] *m* Freizeit *f*; Muße *f*.

leal [ljaɫ] ehrlich; treu; loyal; **~dade** [ljaɫ'daðə] *f* Ehrlichkeit *f*; Treue *f*; Loyalität *f*.

leão [ljɐ̃u] *m* Löwe *m*; *dente m* (*parte f*) *de* ~ Löwen-zahn *m* (-anteil *m*).

lebr|acho [lə'βraʃu] *m* Häslein *n*; **~ão** [~ɐ̃u] *m* Hase *m* (*männl. Tier*); **~e** ['lɛβrə] *f* Hase *m* (*Artname*); Häsin *f* (*weibl. Tier*); *esta* ~ *está corrida!* das wär' geschafft!; *levantar uma* ~ e-e Frage aufwerfen; e-n Streit vom Zaun brechen (wegen *de*); **~éu** [~ɛu] *m* Hasenhund *m*.

lec|cionar [lɛsju'nar] (1f) unterrichten; Stunden geben in (*dat.*); lesen (*od.* sprechen) über (*ac.*); **~tivo** [lɛ'tivu] Schul...

ledo ['leðu] lustig, froh.

ledor [lə'ðor] *m* Leser *m*.

leg|ação [ləɣɐ'sɐ̃u] *f* Gesandtschaft *f*; **~ado** [~'ɣaðu] *m* **a**) (päpstlicher) Gesandte(r) *m*; **b**) Legat *n*, Vermächtnis *n*; **~al** [~'ɣaɫ] rechtmäßig, gesetzlich; rechtsgültig; **~alidade** [~ɐli'ðaðə] *f* Rechtmäßigkeit *f*; Rechtsgültigkeit *f*; *der* Boden des Gesetzes; **~alista** [~ɐ'liʃtɐ] gesetzestreu; **~alização** [~ɐlizɐ'sɐ̃u] *f* Beglaubigung *f*; gesetzliche Anerkennung *f*; Rechtsgültigkeit *f*; **~alizar** [~ɐli'zar] (1a) beglaubigen; rechtsgültig m., legalisieren; **~ar** [~'ɣar] (1o; *Stv.* 1c) **a**) abordnen; entsenden; **b**) vermachen; **~atário** [~ɐ'tarju] *m* ⚖ Erbe *m*.

legenda [lɨ'ʒẽndɐ] *f* Aufschrift *f*, Beschriftung *f*; Inschrift *f*; *Bild-*Text *m*; *Zeichen-*Erklärung *f*; *Film*: Untertitel *m*.

legi|ão [lɨ'ʒjɐ̃u] *f* Legion *f*; ♀ *Estrangeira* (*de Honra*) Fremden- (Ehren-)

legion *f*; ~ *de* zahllose; **~onário** [~ʒju'narju] *m* Legionär *m*.
legisl|ação [liʒiʒlɐ'sɐ̃u] *f* Gesetzgebung *f*; **~ador** [~ɐ'ðor] *m* Gesetzgeber *m*; **~ar** [~'lar] (1a) Gesetze geben; *v/t.* durch Gesetz verordnen (*od.* festlegen); **~ativo** [~ɐ'tivu] **1.** *adj.* gesetzgebend; *poder m* ~ = **2.** *m* gesetzgebende Gewalt *f*, Legislative *f*; **~atura** [~ɐ'turɐ] *f* Gesetzgebung *f*; Legislaturperiode *f*.
legista [~'ʒiʃtɐ] *m* Gesetzeskenner *m*; *médico m* ~ *bras.* Polizeiarzt *m*.
legítima [~'ʒitimɐ] *f* Pflichtteil *n*.
legitim|ação [~ʒətimɐ'sɐ̃u] *f* Legitimation *f*, Befugnis *f*; Ausweis *m*; **~ar** [~'mar] (1a) für rechtmäßig (*od.* legitim) erklären, legitimieren; rechtfertigen; **~ar-se** sich ausweisen; **~idade** [~i'ðaðə] *f* Rechtmäßigkeit *f*; eheliche Geburt *f*; Richtigkeit *f*; Berechtigung *f*; Echtheit *f*.
legítimo [~'ʒitimu] rechtmäßig, legitim; ehelich; berechtigt; echt; *-a defesa f* Notwehr *f*.
legível [~'ʒivɛɫ] leserlich; lesbar.
légua ['lɛɣwɐ] *f spanische* Meile *f*, Wegstunde *f* (= 5 km); ~ *marítima* spanische Seemeile *f* (= 5,555 km); *estar a uma* ~ (*od. a cem* ~*s*) *de* (meilen)weit entfernt sn von; *à* ~ auf Anhieb, sofort.
legum|e [lə'ɣumə] *m* Hülsenfrucht *f*; ~*s pl.* Gemüse *n*; **~inosas** [~ɣumi'nɔzɐʃ] *f/pl.* Hülsenfrüchte *f/pl.*; **~inoso** [~ɣumi'nozu(-ɔ-)] Hülsen...; *planta f -a* Hülsenfrucht *f*.
lei [lei] *f* Gesetz *n*; Vorschrift *f*; Gebot *n*; Münz-fuß *m*, -gehalt *m*; ~ *da guerra*, ~ *militar* Kriegsrecht *n*; ~ *civil* bürgerliche(s) Recht *n*; ~ *criminal* (*eclesiástica*, *marcial*, *das nações*) Straf- (Kirchen-, Stand-, Völker-)recht *n*; *de* ~ vollgewichtig (*Gold*); *fig.* echt, gut; rechtschaffen; *dar* (*as*) ~*s fig.* herrschen; *j-m* Vorschriften m.; F den Ton angeben; *pôr* (*por*) ~ *que* verfügen, daß; *fora da* ~ vogelfrei.
leigo ['leiɣu] **1.** *adj.* weltlich; Laien...; *fig.* laienhaft; **2.** *m* Laie *m*.
leil|ão [lei'lɐ̃u] *m* Versteigerung *f*, Auktion *f*; *fazer* ~ *de* zur Schau stellen (*ac.*) = *pôr em* ~ = **~oar** [~'lwar] (1f) versteigern; **~oeiro** [~'lweiru] *m* Auktionator *m*.
leira ['leirɐ] *f Acker*-Furche *f*; (Mist-)Beet *n*.
leit|ão *m*, **-oa** *f* [lei'tɐ̃u, -oɐ] *m* Spanferkel *n*; **~aria, ~eria** [~tɐ'riɐ, ~tə'riɐ] *f* Molkerei *f*; Milchhandlung *f*; **~e** ['leitə] *m* Milch *f*; **~eira** [~'teirɐ] *f* Milchfrau *f*; Milchkanne *f*; **~eiro** [~'teiru] **1.** *adj.* Milch...; **2.** *m* Milchmann *m*.
leito ['leitu] *m* Bett *n*; Lager *n* (*a.* ⊕); *fig.* Ehe *f*.
leitor *m*, **-a** *f* [lei'tor, -ɐ] Leser(in *f*) *m*; Lektor(in *f*) *m*; **~ado** [~tu'raðu] *m* Lektorat *n*.
leitoso [~'tozu (-ɔ-)] milchig; Milch...; milchweiß.
leitura [~'turɐ] *f* Lesen *n*; (Vor-, Ab-)Lesung *f*; Lesestoff *m*, Lektüre *f*; Belesenheit *f*; *tea.* Leseprobe *f*; ♪ Vomblattspiel *n*; *sala f de* ~ Lesesaal *m*; *ter muita* ~ sehr belesen sein.
leiva ['leivɐ] *f Acker*-Scholle *f*; *Acker*-Furche *f*.
lema ['lemɐ] *f fig.* Richtschnur *f*; Losung *f*; Devise *f*.
lembr|adiço [lẽmbrɐ'ðisu] gedächtnisstark; *ser* (*muito*) ~ nichts vergessen; **~ado** [~'braðu] erinnerlich; unvergeßlich; = *~adiço*; *estar* ~ *de* sich erinnern an (*ac.*); **~ança** [~'brẽsɐ] *f* Erinnerung *f*; Andenken *n*; Einfall *m*, Gedanke(n) *m*; Hinweis *m*, Wink *m*; Vorhaltung *f*; Geschenk *n*, Aufmerksamkeit *f*; ~*s pl.* Grüße *m/pl.*; **~ar** [~'brar] (1a): ~ *a/c. a alg.* j-n an et. (*ac.*) erinnern; j-n auf et. (*ac.*) hinweisen *od.* bringen; j-n anregen zu; *et.* anregen bei; *v/i.* erinnerlich sn; einfallen; **~ar-se** *de* sich erinnern an (*ac.*); sich merken (*ac.*); kommen auf (*ac.*); *lembro-me de a/c.* mir fällt et. ein; **~ete** [~'bretə] *m* Merkzettel *m*; Notiz *f*; F Denkzettel *m*.
leme ['lɛmə] *m* Steuer(ruder) *n*; ✈ Flosse *f*, Ruder *n*; Dorn *m der Türangel*, Haspe *f*; *fig.* Leitung *f*, Führung *f*; *não dar pelo* ~ aus dem Ruder laufen.
lenç|aria [lẽsɐ'riɐ] *f* Weißwaren *f/pl.*; Weißwaren-handel *m*, -geschäft *n*; **~o** ['lẽsu] *m* Taschen-, Hals-, Kopf-tuch *n*; **~ol** [~'sɔɫ] *m* Bettuch *n*, Laken *n*; Leichentuch *n*; *Feuer*-Vorhang *m*; *Wasser*-Spiegel *m*; ~ *de banho* Badetuch *n*; *estar* (*meter-se*) *em maus -óis* F in der Tinte sitzen (sich in die Nesseln setzen).

lend|a ['lẽndɐ] *f* Legende *f*; Sage *f*; **~ário** [lẽn'darju] legendär.

lengalenga [lẽŋgɐ'lẽŋgɐ] *f* Litanei [*f*.]

lenha ['leɲɐ] *f* Brennholz *n*; *deitar ~ para a fogueira* Öl ins Feuer gießen.

lenh|ador [lɨɲɐ'ðor] *m* Holz-fäller *m*, -hacker *m*; **~ar** [~'ɲar] (1d) Holz hacken; **~eiro** [~'ɲeiru] *m* Holzhändler *m*; *bras.* Holzschuppen *m*; **~ite** [~'ɲitə] *f* Braunkohle *f*; **~o** ['leɲu] *m* Holz *n*; Holz-klotz *m*, -scheit *n*; *fig.* Schiff *n*; *o santo ~* das Heilige Kreuz; **~oso** [~'ɲozu (-ɔ-)] holzig, Holz...

leni|ficar ⚕ [lənifi'kar] (1n) lindern; **~mento** [~'mẽntu] *m* Linderung(smittel *n*) *f*; **~r** [lə'nir] (3c—D2) lindern; beruhigen; **~tivo** [~'tivu] *m* Linderungsmittel *n*.

lente ['lẽntə] **1.** *m* Universitätslehrer *m*, Professor *m*; **2.** *f* Linse *f*; Augenglas *n*; Lupe *f*.

lentejoila, -oula [lẽntɨ'ʒoilɐ, -olɐ] *f* Flitter *m*.

lenticular [~iku'lar] linsenförmig.

lentidão [~i'ðɐ̃u] *f* Langsamkeit *f*.

lenti|gem [~'tiʒɐ̃i] *f* Leberfleck *m*; Sommersprosse *f*; **~lha** [~'tiʎɐ] *f* Linse *f*.

lentisco [~'tiʃku] *m* Mastix(strauch) [*m*.]

lento ['lẽntu] langsam, träge; weich; schlaff; feucht.

leoa ['ljoɐ] *f* Löwin *f*.

leonino [lju'ninu] Löwen...

leopardo [~'parðu] *m* Leopard *m*.

lépido ['lɛpiðu] lustig; flink.

leporino [ləpu'rinu]: *lábio m ~* Hasenscharte *f*.

lepra ['lɛprɐ] *f* Aussatz *m*; *fig.* Ausschlag *m*; Laster *n*.

lepr|osaria [ləpruzɐ'riɐ] *f* Leprosenheim *n*; **~ose** ⚕ [~'prɔzə] *f* Aussatz *m*; **~oso** [~'prozu] aussätzig.

leque ['lɛkə] *m* Fächer *m*.

ler [ler] (2l) (ab-, vor-)lesen; ♪ vom Blatt spielen (*od.* singen).

lerd|ear *bras.* [lɛr'djar] (1l) trödeln; **~o** ['lɛrdu] schwerfällig; plump.

léria P ['lɛrjɐ] *f* Redeschwall *m*; Märchen *n*; *~s pl.* Quatsch *m*.

lés [lɛʃ]: *de ~ a ~* durch und durch; von e-m Ende zum andern; von Anfang bis zu Ende.

lesa-|majestade [ˌlɛzɐmɐʒɨʃ'taðə]: *crime m de ~* Majestätsbeleidigung *f*; **~pátria** [~'patrjɐ]: *crime m de ~* Landesverrat *m*.

les|ão [lə'zɐ̃u] *f* Verletzung *f*; *Körper*-Schaden *m*; *Herz*-Fehler *m*; **~ar** [~ar] (1c) verletzen; schädigen; **~ivo** [~ivu] schädlich; verletzend.

lesma ['leʒmɐ] *f* Nacktschnecke *f*; *fig.* P langweilige(r) Patron *m*.

lés-nordeste [ˌlɛʒnɔr'ðɛʃtə] *m* Ostnordost.

leso ['lɛzu] verletzt; geschädigt; gelähmt (auf [*dat.*] de); *bras.* dumm.

lés-sueste [ˌlɛʃ'swɛʃtə] *m* Ostsüdost.

leste ['lɛʃtə] *m* Ost(en) *m*; Ost(wind) *m*; *estar a ~ fig.* keine Ahnung h.

lesto ['lɛʃtu] flink; leicht; schnell.

letal [lə'tał] tödlich.

letão [lə'tɐ̃u] **1.** *adj.* lettisch; **2.** *m* Lette *m*.

letargia [lətɐr'ʒiɐ] *f* Tiefschlaf *m*; *fig.* Betäubung *f*; Untätigkeit *f*.

letárgico [lə'tarʒiku] lethargisch; schläfrig; betäubt; niedergeschlagen; untätig, träge; gleichgültig.

letra ['letrɐ] **1.** *f* Buchstabe *m*; Schrift *f*; Handschrift *f*; Inschrift *f*; *Opern*-Text *m*; Wortlaut *m*; *tip.* Letter *f*, Type *f*; ☤ Wechsel *m*; *~ aberta* Kreditbrief *m*; *~ ao portador* Inhaber-, *~ a termo fixo* Präzis-, *~ a uso* Uso-, *~ à vista* Sicht-, *~ aprazada* Dato-, *~ convencional* Gefälligkeits-wechsel *m*; *~ contra entrega de documentos* Dokumententratte *f*; *~ de câmbio* Wechsel *m*, Tratte *f*; *~ da terra* Platz-, *~ de compensação* Saldo-, *~ de reembolso* Rück-wechsel *m*; *~ fictícia* fingierter Wechsel *m*; *à ~, ao pé da ~* buchstäblich, wörtlich; **2.** *~s pl.* Schrifttum *n*; Geisteswissenschaften *f/pl.*; Brief *m*; *belas ~s* schöne Literatur *f*; *Faculdade f de ~s* Philosophische Fakultät *f*.

letr|ado [lə'traðu] **1.** *adj.* (akademisch) gebildet; gelehrt; **2.** *m* (Rechts-)Gelehrte(r) *m*; **~eiro** [~eiru] *m* Aufschrift *f*; Etikett *n*; *Straßen- usw.* Schild *n*.

léu [lɛu] *m* Muße *f*, Zeit *f*; *ao ~* nach Belieben, wie's kommt; bloß; *com a cabeça ao ~* barhäuptig.

leucócito [leu'kɔsitu] *m* weiße(s) Blutkörperchen *n*.

lev|a ['lɛvɐ] *f* Ausfahrt *f*; Trupp *m*; Transport *m*; Schub *m*; (Truppen-)Aushebung *f*; Aufgebot *n*; **~ada** [lə'vaðɐ] *f* (Ab-)Transport *m*; Mitnahme *f*; Mühlbach *m*, Wassergang *m*; Wasser-strom *m*, -fall *m*;

de ~ hastig, überstürzt.

levad|iça [ləvɐ'ðisɐ] *f* Zugbrücke *f*; **~iço** [~isu] beweglich; aufziehbar; Fall...; Zug...; **~inho, ~o** [~iɲu, lə'vaðu]: ~ *da breca s. breca*; ~ *do diabo*, ~ *do demónio* Teufels..., verteufelt; **~oira, ~oura** [~oirɐ, ~orɐ] *f* Leichter *m mit Entladevorrichtung*.

levant|adiço [ləvẽntɐ'ðisu] aufsässig; unruhig; unbedacht; **~ado** [~'taðu] leichtsinnig, leichtfertig; erhaben (*Stil*); hochgehend (*See*); **~amento** [~ɐ'mẽntu] *m* Aufhebung *f e-s Verbots usw.*; Aufstand *m*; Erhöhung *f*; Aufstellung *f*, Überblick *m*; (Bestands-)Aufnahme *f*; *fig.* Niveau *n*; ~ *cénico* Bühnenbild *n*; **~ar** [~'tar] (1a) **1.** *v/t.* (er)heben; aufrichten; auf-, hochziehen; *Anker* lichten; *Strafe usw. od. et. vom Boden* aufheben; *Landkarte* aufnehmen; *Geld* abheben; *Wirkung* hervorrufen; *Staub* aufwirbeln; *Meer* aufwühlen; *Volksmasse* aufwiegeln; *Gesang* anstimmen; *Gebäude* errichten; *Preis usw.* erhöhen; *Mut* heben, stärken; *Geschäft* in Schwung bringen, F ankurbeln; *Frage* aufwerfen; *Zweifel* vorbringen; *Streit* vom Zaun brechen; *Gerücht* aufbringen; *Wild* aufscheuchen; *Truppen* ausheben; *in den Armen* tragen; wegnehmen; fortschaffen; *Bestelltes* abholen; *Ernte* einbringen; *Hindernis* aus dem Wege (*od.* weg-)räumen; ~ *às alturas* (*às nuvens, ao céu*) in den Himmel erheben; **2.** *v/i.* (an)steigen; aufgehen (*Teig*); sich aufheitern (*Wetter*); **3. ~ar-se** aufstehen; auftauchen; aufkommen (*Wind, Gerücht*); aufgehen (*Sonne*); *fig.* hochkommen, es zu et. bringen; sich empören (gegen, *fig.* über [*ac.*] *contra*); ~ *com a/c.* mit et. auf und davon gehen; **4.** *m*: ~ *do sol* Sonnenaufgang *m*; **~e** [lə'vẽntə] *m* Osten *m*; ♀ Levante *f*; *span.* Ostküste *f*.

levar [lə'var] (1c) mitnehmen; tragen; (hin)bringen; führen; *Weg* gehen, nehmen; *Schritte, Augen usw.* lenken (nach [*dat.*], auf [*ac.*] *para*); wegbringen, fortschaffen; *Wagen* ziehen; *Anker* lichten; (weg)nehmen; entreißen; entführen; (hin-)wegschwemmen; verwehen (*Wind*); dahinraffen (*Krieg usw.*); *Mittel* (ver)brauchen, verschlingen; *Preis, Verwundung* davontragen; *Gewinn* einheimsen; *Verlust* erleiden; *Preis* verlangen; *Schläge* bekommen; mit sich bringen, zur Folge h.; mit sich führen; fassen; enthalten; (an, bei *od.* in sich) tragen; aufweisen, zählen; *Absicht usw.* hegen, sich tragen mit; fahren (*od.* fliegen, reiten, segeln, gehen, laufen) mit; weggehen (*od.* abreisen) mit *Bedauern usw.*; ~ *alg.* j-n (nach s-m Willen) lenken; j-n mit sich reißen (*od.* ziehen); F j-n herumkriegen; F j-n hinters Licht führen; *saber* ~ *alg.* j-n zu nehmen wissen; ~ *alg. a* j-n bringen (*od.* verleiten) zu; *deixar-se* ~ sich mit- (*od.* hin-) reißen l.; sich verleiten l.; ~ *a crer* darauf schließen l.; ~ *caro a alg.* j-n überteuern; ~ *a bem* gut auf- (*od.* nicht übel-)nehmen; ~ *a mal* übelnehmen; ~ *de brincadeira* (*od. de chalaça, galhofa, mangação, risota*), ~ *a rir* nicht ernst nehmen; lachend aufnehmen; ~ (*à cena*) *tea.* aufführen; ~ *aos pés* (*od. à presença*) *de alg.* vor j-n bringen; ~ (*tempo*) (Zeit) dauern; (Zeit) brauchen (für *para*); *j-m* (Zeit) wegnehmen; *j-n* (Zeit) kosten; verbringen mit *od.* verwenden (auf [*ac.*] *com*); *v/i.* F Hiebe kriegen.

leve ['lɛvə] **1.** *adj.* leicht; flüchtig; läßlich (*Sünde*); (*ao*) *de* ~ leicht; flüchtig; *nem* (*ao*) *de* ~ nicht im entferntesten; *ter a(s) mão(s)* ~*(s)* e-e lockere Hand haben; **2.** *m Sport*: Feder-, Leichtgewicht *n*.

leve|dar [ləvə'ðar] (1c) *Brot* (an-)säuern; gehen l.; *v/i.* (auf)gehen; **lêvedo** ['levəðu] **1.** *adj.* Sauer...; **2.** *m bras.* Hefepilz *m*; **~dura** [~'ðurɐ] *f* Hefe *f*.

leveza [lə'vezɐ] *f* Leichtigkeit *f*; Flüchtigkeit *f*; Läßlichkeit *f*.

levian|dade [ləvjẽn'daðə] *f* Leichtsinn *m*; Leichtfertigkeit *f*; **~o** [lə'vjɐnu] leichtsinnig; leichtfertig.

léxico ['lɛksiku] *m* Wörterbuch *n*, Lexikon *n*; Wortschatz *m*.

lezíria [lə'zirjɐ] *f* Flußniederung *f*, Marsch *f*.

lhan|eza [ʎɐ'nezɐ] *f* Natürlichkeit *f*; Schlichtheit *f*; Aufrichtigkeit *f*; **~no** ['ʎɐnu] natürlich, ungekünstelt; schlicht, einfach; aufrichtig.

lha(s) [ʎɐ(ʃ)] *s. lho*; *lhos*.

lhe [ʎə] ihm; ihr; Ihnen; **~s** ihnen; Ihnen.
lho, lha [ʎu, ʎɐ] *Zssg. von lhe(s) mit den pron. o, a.*
lhos, lhas [ʎuʃ, ʎaʃ] *Zssg. von lhe(s) mit den pron. os, as.*
liaça ['ljasɐ] *f* Strohverpackung *f.*
liamba ['ljẽmbɐ] *f indisch.* Hanf *m*; Haschisch *n*, Marihuana *n.*
liame ['ljɐmə] *m* Bindung *f*; Band *n* (*pl. Bande*).
lib|ação [liβɐ'sɐ̃u] *f* Trankopfer *n*; *fazer -ões* = **~ar** *v/i.*; *fig.* zechen; **~ar** [~'βar] (1a) schlürfen; *v/i.* Trankopfer darbringen.
libelinha [liβə'liɲɐ] *f* Libelle *f.*
libelo [li'βɛlu] *m* Anklageschrift *f.*
libélula [li'βɛlulɐ] *f* Libelle *f.*
líber ['liβɛr] *m* Bast *m.*
liber|ação [liβərɐ'sɐ̃u] *f* Befreiung *f*; Freilassung *f*; Freigabe *f*; Aushändigung *f*; *bras.* = **~alização**; **~al** [~'rał] **1.** *adj.* liberal; freigebig; frei (*Kunst, Beruf*); **2.** *m* Liberale(r) *m*; **~alidade** [~ɐli'ðaðə] *f* Freigebigkeit *f*; Großzügigkeit *f*; **~alismo** [~ɐ'liʒmu] *m* Liberalismus *m*; **~alização** [~ɐlizɐ'sɐ̃u] *f* Liberalisierung *f*; **~alizar** [~ɐli'zar] (1a) liberalisieren; **~ar** [~'rar] (1c) befreien; *Gefangenen* freilassen; *Geldmittel, Waren* freigeben; entbinden (von *de*); *Schuld* löschen; *Aktien usw.* einlösen; **~atório** [~ɐ'tɔrju] Freiheits...; Befreiungs...; Einlösungs...; **~dade** [~'ðaðə] *f* Freiheit *f*; Freimut *m*; *tomar ~s* sich Freiheiten herausnehmen; *tomar a ~ de* sich erlauben zu; *~ condicional* bedingte Strafaussetzung *f.*
liberiano [~'rjɐnu] **a)** **1.** *adj.* liberisch; **2.** *m* Liberier *m*; **b)** Bast...
libert|ação [liβərtɐ'sɐ̃u] *f* Befreiung *f*; ⚖ Entlassung *f aus der Haft*; Freigabe *f*; **~ador** [~'ðor] **1.** *adj.* Befreiungs...; **2.** *m* Befreier *m*; **~ar** [~'tar] (1c) befreien (von *od.* aus *de*); entlassen (aus *de*); freigeben; *Wärme* abgeben; **~ário** [~'tarju] freiheitlich; **~inagem** [~i'naʒɐ̃i] *f* Zügellosigkeit *f*; **~ino** [~'tinu] **1.** *adj.* ausschweifend, zügellos; **2.** *m* Wüstling *m*; **~o** [li'βɛrtu] frei(gelassen).
libidinoso [liβəði'nozu (-ɔ-)] lüstern, geil; ausschweifend.
libra ['liβrɐ] *f* Pfund *n.*
libr|ação [liβrɐ'sɐ̃u] *f* Pendelbewegung *f*, Schwingung *f*; **~ar** [~'βrar] (1a) (aus)schwingen l.; gründen (auf [*ac.*] em); **~ar-se** schwingen; schweben; (be)ruhen (auf [*dat.*] em).
libré [li'βrɛ] *f* Livree *f*; *fig.* Uniform *f.*
libreto [~'βretu] *m* Textbuch *n.*
liça ['lisɐ] *f* **a)** Kampf-, Turnierplatz *m*; Kampf *m*; Ausea.-setzung *f*; *fig.* Schranken *f/pl.*; *chamar à ~* in die Schranken fordern; *ser chamado à ~ fig.* eingreifen müssen; *entrar na ~, vir à ~* eingreifen; **b)** ⊕ Schaft *m.*
lição [li'sɐ̃u] *f Universitäts*-Vorlesung *f*; (Lehr-)Stunde *f*; Lehrstoff *m*; Lehrstück *n*, Lektion *f*; (Lern-) Aufgabe *f*; Lesart *f e-s Textes*; *fig.* Lehre *f*; Verweis *m*; Strafe *f*; *dar ~* Stunden nehmen (bei *com*) (*Schüler*); Stunden geben (*Lehrer*); *tomar (a) ~ a alg.* j-n ab-, über-hören; *servir de ~ j-m* e-e Lehre sn.
liceal [li'sjał]: *aluno m ~* Gymnasiast *m*; Mittelschüler *m*; *ensino m ~* höhere(s) Schulwesen *n*; *in Österreich*: Mittelschulwesen *n.*
licença [~'sẽsɐ] *f* Erlaubnis *f*; Genehmigung *f*; Erlaubnisschein *m*, Lizenz *f*; *Jagd*-Schein *m*; Urlaub *m*; *fig.* Zügellosigkeit *f*; *poét.* Freiheit *f*; *dar ~* erlauben; *dá ~?* darf ich?; *estar com ~* beurlaubt sn; *estar de ~* Urlaub h.; *com ~!* Verzeihung!, gestatten Sie?
licenci|ado [~sẽ'sjaðu] *m* Referendar *m*; Lizentiat *m*; *~ em medicina* approbierter Arzt *m*; **~amento** [~sjɐ'mẽntu] *m* Beurlaubung *f*; Genehmigung *f*; **~ar** [~ar] (1g *u.* 1h) beurlauben; *j-m* das Staatsexamen abnehmen (*~-se m.*); **~atura** [~sjɐ'turɐ] *f* Staatsexamen *n*; **~oso** [~ozu (-ɔ-)] ausschweifend; liederlich, locker.
liceu [li'seu] *m* Gymnasium *n.*
licitar [lisi'tar] (1a) bieten; *v/t.* versteigern; ansteigern; überbieten.
lícito ['lisitu] erlaubt, zulässig.
liço ['lisu] *m Weber*-Schaft *m.*
licor [li'kor] *m* Flüssigkeit *f*, Saft *m*; *bsd.* Likör *m*; **~eiro** [liku'reiru] *m* Likörservice *n.*
licorne [li'kɔrnə] *m* Einhorn *n.*
licoroso [liku'rozu (-ɔ-)]: *vinho m ~* Südwein *m.*
licranço [~'krɐ̃su] *m* Blindschleiche *f.*

lid|a ['liðɐ] *f* Arbeit *f*, Mühe *f*; Kampf *m*; **~ador** [liðɐ'ðor] *m* Kämpfer *m*; **~ar** [li'ðar] (1a) kämpfen; sich (ab)mühen; ~ *com fig.* umgehen *od.* zu tun h. mit; verkehren mit; **~e** ['liðə] *f* Kampf *m*; *bsd.* Stierkampf *m*; (Rechts-)Streit *m*; *em* ~ strittig; fraglich.

líder *angl.* ['liðɛr] *m* Führer *m*.

lider|ança [liðe'rɐ̃sɐ] *f* Führung *f*; **~ar** [~'rar] (1c) (an)führen, leiten.

lídimo ['liðimu] = *legítimo*.

lido ['liðu] belesen.

liga ['liɣɐ] *f* Bund *m*; Strumpfband *n*; Sockenhalter *m*; ⚗ Legierung *f*; † Mischung *f*; *fazer boa* ~ sich vertragen.

lig|ação [liɣɐ'sɐ̃u] *f* Verbindung *f*; Zs.-hang *m*; Anschluß *m*; ⚡ Schaltung *f*; ♪ Bindung *f*; ~ *à corrente Radio*: Netzanschluß *m*; **~adura** [~ɐ'ðurɐ] *f cir.* Verband *m*, Binde *f*; **~ame, ~ámen** [~'ɣɐmə, -ɐmen] *m* Band *n* (*pl.* Bande); *teol.* Ehehindernis *n*; **~amento** [~ɐ'mẽntu] *m* Bindung *f*; *anat.* Muskelband *n*; **~ar** [~'ɣar] (1o) (ver)binden; festbinden; verschnüren; *Gedanken* verknüpfen; *Strom* einschalten; *an e-e Leitung* anschließen; *Metalle* legieren; *Motor* anlassen; *não* ~ *duas ideias* nicht denken können; *v/i.*: ~ *a allg. j-n* mögen, liebh.; *ele não liga* das ist ihm egal; er merkt es nicht; ~ *para* achten auf (*ac.*); *tel.* anrufen (*ac.*); ~ *com* sich vertragen mit; passen zu; = **~ar-se** *a* in Verbindung stehen (*od.* treten) mit; verkehren mit; zs.-hängen mit.

ligeir|eza [liʒei'rezɐ] *f* Leichtigkeit *f*; Behendigkeit *f*; Oberflächlichkeit *f*; **~o** [li'ʒeiru] leicht; flink; flüchtig; leichtsinnig.

lign|ificar-se [liɣnəfi'karsə] (1n) verholzen; **~ita, -e** [~'nitɐ, -ə] *f* Braunkohle *f*.

ligústica [li'ɣuʃtikɐ] *f* Liebstöckel *m*.

lilás [li'laʃ] **1.** *m* Flieder *m*; Lila *n*; **2.** *adj.* fliederfarben, lila.

lima ['limɐ] *f* **a)** Feile *f*; *fig.* Ausfeilung *f*; ~ *de meia cana* (*paralela, redonda, triangular*) Halbrund- (Flach-, Rund-, Dreikant-)feile *f*; *a* ~ *do tempo* der Zahn der Zeit; **b)** ♀ Limone *f*; **~dura, ~gem** [limɐ'ðurɐ, -'maʒɐ̃i] *f* Feilen *n*; **~lha** [li'maʎɐ] *f* Feilspäne *m/pl.*

limão [li'mɐ̃u] *m* Zitrone *f*.

limar [li'mar] (1a) (ab)feilen; *fig.* ausfeilen.

limbo ['lĩmbu] *m* Rand *m*, *rel.* Vorhölle *f*.

limiar [li'mjar] *m* Schwelle *f*.

limit|ação [limitɐ'sɐ̃u] *f* Begrenzung *f*, Beschränkung *f*; Zurückhaltung *f*; ~ *de preços* Preisstop *m*; **Ɑada** [~'taðɐ] *f*: (*Sociedade*) ~ Gesellschaft *f* mit beschränkter Haftung; **~ar** [~'tar] (1a) begrenzen; beschränken; einschränken; *v/i.* ~ *com* grenzen an (*ac.*); **~ar-se** sich zurückhalten; ~ *a* sich beschränken auf (*ac.*); sich fügen in (*ac.*); **~ativo** [~ɐ'tivu] be-, ein-schränkend; **~e** [~'mitə] *m* Grenze *f*; † Preisgrenze *f*; Grenzwert *m*; *preço m* ~ Höchstpreis *m*.

limítrofe [~'mitrufə] (an)grenzend; Grenz...

limo ['limu] *m* Alge *f*; *Fluß*-Schlamm *m*.

limo|al [li'mwał] *m* Zitronenhain *m*; **~eiro** [~eiru] *m* Zitronenbaum *m*; **~nada** [~mu'naðɐ] *f* Limonade *f*.

limonita *f*, **-o** *m* [~mu'nitɐ, -u] Brauneisenstein *m*.

limoso [~'mozu (-ɔ-)] schlammig.

limpa ['lĩmpɐ] *f* Blöße *f*; = *alimpa*; **~-botas** (*pl. unv.*) F [~'βɔtɐʃ] *m* Schuhputzer *m*; **~-calhas** (*pl. unv.*) [~'kaʎɐʃ] *m* Schienenputzer *m*; **~-chaminés** (*pl. unv.*) [~ʃɐmi'nɛʃ] *m* Schornsteinfeger *m*.

limp|adela [lĩmpɐ'ðɛlɐ] *f* Säuberung *f*; *dar uma* ~ *a* = **~ar**; **~ador** [~ɐ'ðor] *m* ♀ Getreideschwinge *f*; **~ar** [~'par] (1a) säubern, reinigen; (ab-, aus-)putzen, -wischen; (aus-)jäten; (aus)leeren; ~ *o suor da testa* (*as lágrimas dos olhos*) sich den Schweiß von der Stirn (die Tränen aus den Augen *usw.*) wischen; *v/i.* sich aufheitern (*Wetter*); die Blüten abwerfen (*Baum*).

limpa-|pára-brisas (*pl. unv.*) *bras.* [~ˌparɐ'brizɐs] *m* Scheibenwischer *m*; **~trilhos** (*pl. unv.*) *bras.* [~'triʎus] *m* 🚂 Streckenräumer *m*, Fangkorb *m*; **~vidros** (*pl. unv.*) [~'viðruʃ] *m* Scheibenwischer *m*.

limpeza [lĩm'pezɐ] *f* Sauberkeit *f*; Sauberhaltung *f*; Säuberung *f*; Reinlichkeit *f*; Reinheit *f*; ~ *de mãos* Rechtlichkeit *f*; ~ *pública* Müllabfuhr *f* und Straßenreinigung *f*; *estar uma* ~ sauber (ausgeführt) sn; *foi uma* ~! das war ganze Arbeit!; *fazer a ~ de* säubern, putzen (*ac.*); sauberhalten.

limpidez [lĩmpi'ðeʃ] *f* Klarheit *f*; Durchsichtigkeit *f*.

límpido ['lĩmpiðu] klar; durchsichtig; rein; lauter; tiefblau (*Himmel*); wohlklingend (*Stimme*).

limpo ['lĩmpu] sauber (*a. fig.*); rein (-lich); rechtlich; frei (von *de*); klar (*Himmel*); F blank; *pôr* (*od.* *tirar*) *a ~* aufklären, herausfinden; ins reine bringen; *passar a ~* ins reine schreiben.

limusina, -e [limu'zinɐ, -ə] *f* Limusine *f*.

lince ['lĩsə] *m* Luchs *m*.

linch|agem *f*, **~amento** *m* [lĩ'ʃaʒɐ̃i, ~ʃɐ'mẽntu] Lynchjustiz *f*; Lynchen *n*; **~ar** [~'ʃar] (1a) lynchen.

lind|a ['lĩndɐ] *f* Grenze *f*; Markstein *m*; Rand *m*; **~ar** [lĩn'dar] (1a) abgrenzen; *v/i.* angrenzen; **~eira** [lĩn'deirɐ] *f Fenster-*, *Tür-*Kämpfer *m*; **~eiro** [lĩn'deiru] Grenz...

lind|eza [lĩn'dezɐ] *f* Schönheit *f*; **~o** ['lĩndu] schön, hübsch.

line|al [li'njal] = *~ar*; **~amento** [~njɐ'mẽntu] *m* Umriß *m*; (Gesichts-)Zug *m*; Linie *f*; **~ar** [~ar] linear; *fig.* eindeutig, klar; *desenho m ~* Strichzeichnung *f*.

linf|a ['lĩfɐ] *f* Lymphe *f*; **~ático** [lĩ'fatiku] Lymph...; lymphatisch; **~atismo** [lĩfɐ'tiʒmu] *m* Lymphdrüsenschwellung *f*.

lingote [lĩŋ'gɔtə] *m Metall-*Barren *m*.

língua ['lĩŋgwɐ] *f* Zunge *f*; Sprache *f*; *~ mãe* Ursprache *f*; *~ materna* Muttersprache *f*; *~ de terra* Landzunge *f*; *~ danada* (*od. depravada, ruim, viperina*) = *má-língua*; *dar à* (*bras. a. de*) *~* plaudern, schwatzen; *dar com a ~ nos dentes* auspacken; den Mund nicht halten können; *não ter senão ~* ein Maulheld sn; *pagar pela ~* es büßen müssen; *saber* (*od. ter*) *na ponta da ~* aus dem ff kennen (*od.* können); *debaixo da ~* auf der Zunge; *trocar ~ bras.* plaudern.

lingu|ado [lĩŋ'gwaðu] *m* (Manuskript-)Fahne *f*; *Metall-*Band *n*; *Gußeisen-*Block *m*; *zo.* Seezunge *f*; **~agem** [~aʒɐ̃i] *f* Sprech-, Ausdrucks-weise *f*; Sprache *f*; **~eta** [~etɐ] *f* Zünglein *n der Waage*; *Schuh-*Zunge *f*; (Sperr-)Klinke *f*; *Lade-*Rampe *f*; *Schlüssel-*Bart *m*; ⊕ *u.* ♪ Klappe *f*; **~iça** [~isɐ] *f* Mettwurst *f*; *~ frita* Bratwurst *f*; **~ista** [~iʃtɐ] *m* Sprachwissenschaftler *m*, Linguist *m*; **~ístico** [~iʃtiku] sprachwissenschaftlich.

linha ['liɲɐ] *f* **a**) Linie *f*; Reihe *f*; Zeile *f*; *tel.* Leitung *f*; *fig.* Richtlinie *f*; Haltung *f*; *~ de montagem* Fließband *n*; *entrar em ~ de conta com a/c.* et. in Betracht ziehen; *perder a ~* F aus der Rolle fallen; *ter a ~* (die richtige) Haltung zu wahren wissen; **b**) Zwirn *m*; Schnur *f*; *Angel-*Leine *f*; *~ de alinhavar* Heftgarn *n*; *pescar à ~* angeln.

linh|aça [li'ɲasɐ] *f* Leinsamen *m*; *óleo m de ~* Leinöl *n*; **~agem** [~aʒɐ̃i] *f* **a**) Sackleinen *n*; **b**) Abstammung *f*; Geschlecht *n*; **~ita, -e** [~itɐ, -ə] *f* Braunkohle *f*; **~o** ['liɲu] *m* Flachs *m*, Lein *m*; Leinen *n*; **~ol** [~ɔɫ] *m* Pechdraht *m*.

linifícios [linə'fisjuʃ] *m/pl.* Leinen-, Weiß-waren *f/pl.*

linimento [~ni'mẽntu] *m* Einreibeöl *n*.

linotip|ia [~nuti'piɐ] *f* Maschinensatz *m*; **~o, linótipo** [~'tipu, ~'nɔtipu] *m* Setzmaschine *f*; **~ista** [~iʃtɐ] *m* Maschinensetzer *m*.

liqu|ação [~kwɐ'sɐ̃u] *f* (Aus-) Schmelzen *n*; Seigerung *f*; **~efacção** [~kəfa'sɐ̃u] *f* Verflüssigung *f*; **~efazer** [~kəfɐ'zer] (2v) verflüssigen; **~efeito** [~kə'feitu] flüssig.

líquen ⚘ ['liken] *m* Flechte *f*.

liquid|ação [likiðɐ'sɐ̃u] *f* Liquidation *f*, Liquidierung *f*; ✝ *a.* Ausverkauf *m*; *Geschäfts-*Aufgabe *f*; *fig.* Beseitigung *f*; *~ provisória* (*definitiva*) ✝ Voraus- (Abschluß-)zahlung *f*; **~ador** [~'ðor]: *ser ~ de* beseitigen (*ac.*); **~ante** [~'ðɐ̃ntə] **1.** *m* Liquidator *m*; **2.** *adj.* in Auflösung (befindlich); **~ar** [~'ðar] (1a) ✝ *u. fig.* liquidieren; ✝ *a. Rechnung* begleichen; *Defizit* ausgleichen; *Geschäft* auf-lösen, -geben; *Lager* ausverkaufen; *fig. a. j-n* beseitigen; *Konflikt* beilegen; **~atário** [~'tarju] Liquidierungs...; **~ável** [~'ðavɛɫ] ✝ flüssig zu machen(d); **~ez** [~'ðeʃ] *f* Flüssigkeit(sgrad *m*) *f*; ✝ Verfügbarkeit *f*; Liquidität *f*.

líquido ['likiðu, *bras.* 'likwidu] **1.** *adj.* flüssig (*a. Geld*); *gram.* liquid; ✝ *a.* netto; *produto m ~* Rein-, Netto-ertrag *m*; **2.** *m* Flüssigkeit *f*.

lira ['lirɐ] *f* **a)** Lira *f* (*Münze*); **b)** ♪ Leier *f*.
líric|a ['lirikɐ] *f* Lyrik *f*; **~o** [~u] **1.** *adj.* lyrisch; **2.** *m* Lyriker *m*.
lírio ['lirju] *m* Lilie *f*; **~**-*convale* Maiglöckchen *n*.
lirismo [li'riʒmu] *m* lyrische Stimmung *f*; (Gefühls-)Überschwang *m*.
lisbo|eta, ~nense [liʒ'βwetɐ, ~βu'nẽsə] **1.** *adj.* aus Lissabon; Lissabonner; **2.** *su.* Lissabonner(in *f*) *m*.
liso ['lizu] glatt; uni; schlicht; ehrlich.
lisonja [li'zõʒɐ] *f* Schmeichelei *f*.
lisonj|ear [lizõ'ʒjar] (1l) schmeicheln (*dat.*); gefallen (*dat.*); **~ear-se** *com* sich schmeicheln mit (*z.B. e-r Hoffnung*); sich geschmeichelt fühlen durch; **~eiro** [~'ʒeiru] **1.** *adj.* schmeichelhaft; schmeichlerisch; **2.** *m* Schmeichler *m*.
lista ['liʃtɐ] *f* Liste *f*, Verzeichnis *n*; (Speisen-, Wein-, Getränke-)Karte *f*; Streifen *m*; ~ *civil* Zivilliste *f*; ~ *dos telefones* Telephonbuch *n*; ~ *geral* Gewinnliste *f* (*Lotterie*); *à* ~, *por* ~ nach der Karte.
list|ão [liʃ'tɐ̃u] *m* Band *n*; Schärpe *f*; Zollstock *m*; *poét.* Kielwasser *n*; **~el** [~ɛɫ] *m* Leiste *f*; **~ra** ['liʃtrɐ] *f* Streifen *m*; **~rado** [~'traðu] gestreift.
lisura [li'zurɐ] *f* Glätte *f*; Schlichtheit *f*; Ehrlichkeit *f*.
liteira [li'teirɐ] *f* Sänfte *f*.
liter|al [litə'raɫ] buchstäblich; **~ário** [~arju] literarisch; **~ato** *m*, **-a** *f* [~atu, -ɐ] Literat(in *f*) *m*; **~atura** [~rɐ'turɐ] *f* Schrifttum *n*, Literatur *f*.
litíase ⚕ [li'tiɐzə] *f*: ~ *biliar* (*renal*) Gallen- (Nieren-)steine *m/pl.*
litig|ante [liti'ɣẽntə] prozeßführend; **~ar** [~ar] (1o) prozessieren; streiten, rechten.
litígio [li'tiʒju] *m* (Rechts-)Streit *m*, Prozeß *m*; *em* ~ = *litigante*.
litigioso [liti'ʒjozu (-ɔ-)] strittig.
litograf|ar [lituɣrɐ'far] (1b) lithographieren; **~ia** [~iɐ] *f* Steindruck *m*, Lithographie *f*; lithographische Anstalt *f*.
litor|al [~'raɫ] **1.** *m* Küsten-gebiet *n*, -strich *m*; **2.** *adj.* = **~âneo** [~'rɐnju] Küsten...
litro ['litru] *m* Liter *n* (*a. m*).
lituano [li'twɐnu] **1.** *adj.* litauisch; **2.** *m*, **-a** *f* Litauer(in *f*) *m*.
liturgia [litur'ʒiɐ] *f* Liturgie *f*.
litúrgico [~'turʒiku] liturgisch.
lividez [livi'ðeʃ] *f* Leichenblässe *f*.
lívido ['liviðu] leichenblaß; fahl.
livramento [livrɐ'mẽntu] *m* Freilassung *f*; ~ *condicional* bedingte Strafaussetzung *f*.
livrar [li'vrar] (1a): ~ *de* befreien von; behüten (*od.* bewahren) vor (*dat.*); *Deus me livre!* Gott bewahre!; *livra!* (das ist ja) unerhört!; **~-se** sich hüten.
livraria [livrɐ'riɐ] *f* Buchhandlung *f*; Bücherei *f*; Bücherschrank *m*.
livre ['livrə] frei; (*pontapé*) ~ *m* Freistoß *m*; ~ *de* frei von, außer; **~-câmbio** [~'kɐ̃mbju] *m* Freihandel *m*.
livreco [li'vrɛku] *m* Schmöker *m*.
livre-do|cência *bras.* [ˌlivrədo'sẽsjɐ] *f* Venia legendi *f*; Privatdozentur *f*; **~cente** [~'sẽntə] *m* Privatdozent *m*.
livreiro [li'vreiru] *m* Buchhändler *m*; ~ *editor* Verlagsbuchhändler *m*.
livre|mente [ˌlivrə'mẽntə] frei(willig); **~-pensador** [~pẽsɐ'ðor] *m* Freidenker *m*.
livr|esco [li'vreʃku] Buch...; angelesen (*Kenntnisse*); **~ete** [~etə] *m* Büchlein *n*; Dienst-, Sold-buch *n*; Konto-, Sparkassen-buch *n*; *auto.* Fahrzeugbrief *m*; **~o** ['livru] *m* Buch *n*; *zo.* Blättermagen *m*; ~ *caixa* Kassa-, ~ *mestre*, ~ *razão* Haupt-buch *n*; ~ *branco* (*azul*, *etc.*) Weiß- (Blau- *usw.*)buch *n*; ~ *de contas* Kontobuch *n*; ~ *de mortalhas* Heft *n* Zigarettenpapier; **~ório** [~ɔrju] *m depr.* Schinken *m*.
lix|a ['liʃɐ] *f* Seehund(sfell *n*) *m*; *fig.* Sand-, Schmirgel-papier *n*; **~ar** [li'ʃar] (1a) (ab)schmirgeln; **~eira** [li'ʃeirɐ] *f* Müll-haufen *m*, -halde *f*; **~eiro** [li'ʃeiru] *m* Müllmann *m*; **~s** *pl.* Müllabfuhr *f*; **~ívia** [li'ʃivjɐ] *f* (Aschen-)Lauge *f*; **~iviar** [liʃi'vjar] (1g) ⚗ aus-waschen, -laugen; **~o** [~u] *m* Kehricht *m*, Müll *m*; *fig.* Auswurf *m*; *condução f de* ~ Müllabfuhr *f*; **~oso** [li'ʃozu (-ɔ-)] drekkig, verdreckt.
lo [lu] *pron. m* ihn (es, sie); Sie.
ló [lɔ] *m* **a)** ⚓ Luv *f*; *meter de* ~ (an)luven; **b)** *pão m de* ~ Biskuitkuchen *m*.
loa ['loɐ] *f* Lobrede *f*; *cantar od. entoar* **~s** *a* Loblieder singen auf (*ac.*), überschwenglich loben.
loba ['loβɐ] *f* **a)** Wölfin *f*; **b)** Sutane *f*.

lob|acho [lu'βaʃu] *m* Wölflein *n*; **~ado** ⚘ [~aδu] gelappt; lappig; **~al** [~ał] wölfisch, Wolfs...; **~ato** [~atu] *m* junge(r) Wolf *m*; **~inho** [~iɲu] *m* ⚕ Grützbeutel *m*; **~isomem** [loβiz'ɔmẽi] *m* Werwolf *m*.
lobo[1] ['lɔβu] *m anat.* Lappen *m*; *Ohr*-Läppchen *n*.
lobo[2] ['loβu] *m* Wolf *m* (*a.* ⊕); ~ *do mar fig.* alte(r) Seebär *m*; *velho* ~ alte(r) Fuchs *m*; *escuro como a boca do* ~ stockfinster; *na boca do* ~ in des Teufels Küche; **~-cerval** [~sər'vał] *m* Luchs *m*; **~-marinho** [~mɐ'riɲu] *m* Seehund *m*.
lôbrego ['loβrəγu] düster, finster.
lobrigar [luβri'γar] (1o) erspähen; (zu) ahnen (beginnen).
lóbulo ['lɔβulu] *m anat. u.* ⚘ Läppchen *n*; Lappen *m*.
locação [lukɐ'sɐ̃u] *f* Miete *f*, Pacht *f*; *bras.* Absteckung *f*; Lage *f*.
local [lu'kał] **1.** *adj.* örtlich, Orts...; *afecção f* ~ lokale Erkrankung *f*; *cor f* ~ Lokalfarbe *f*; **2.** *m* Ort *m*, Stelle *f*; Örtlichkeit *f*; *no próprio* ~ an Ort und Stelle; **3.** *f* lokale Nachricht *f*; *-ais pl.* Lokales *n*; **~idade** [~kɐli'δaδə] *f* Örtlichkeit *f*; (geschlossene) Ortschaft *f*; **~ização** [~kɐlizɐ'sɐ̃u] *f* Lokalisierung *f*; **~izado** [~kɐli'zaδu]: ~ *em* spielend in (*dat.*); *bem* ~ gut gelegen; **~izar** [~kɐli'zar] (1a) lokalisieren; (ver)legen.
locanda [lu'kɐ̃ndɐ] *f* Schenke *f*; (Verkaufs-)Bude *f*.
loção [lu'sɐ̃u] *f* ⚕ Waschung *f*; Gesichtswasser *n*; ~ *capilar* Haarwasser *n*.
locatário *m*, **-a** *f* [lukɐ'tarju, -ɐ] Mieter(in *f*) *m*; Pächter(in *f*) *m*.
locomo|ção [lukumu'sɐ̃u] *f* Fortbewegung *f*; Beförderung *f*; **~tiva** [~'tivɐ] *f* Lokomotive *f*; **~tor** [~'tor] fortbewegend; *aparelho m* ~ *zo.* Fortbewegungswerkzeuge *n/pl.*; **~triz** [~'triʃ] *adj. f zu* ~*tor*.
locu|ção [~'sɐ̃u] *f* Ausdrucksweise *f*; Redewendung *f*; *gram.* Ausdruck *m*; **~pletar** [~plə'tar] (1c) bereichern, reich m.; **~tor** [~'tor] *m* Ansager *m*; **~tório** [~'tɔrju] *m* Sprechzimmer *n*.
loda|çal [luδɐ'sał] *m* Morast *m*; Pfuhl *m*, Sumpf *m*; **~cento** [~'sẽntu] = *lodoso*.
lódão(s) ['lɔδɐ̃u] *m*(*pl.*) Lotus *m*.
lodo ['loδu] *m* Schlamm *m*, Kot *m*; *banho m de* ~ Moorbad *n*; **~so** [lu'δozu (-ɔ-)] schlammig, kotig.
loendro ['lwẽndru] *m* Oleander *m*.
logar|ítmico [luγɐ'ritmiku]: *tábua f -a* Logarithmentafel *f*; **~itmo** [~itmu] *m* Logarithmus *m*.
lógic|a ['lɔʒikɐ] *f* Logik *f*; *erro m de* ~ Denkfehler *m*; **~o** [~u] logisch.
logístic|a [lu'ʒiʃtikɐ] *f* Logistik *f*; **~o** [~u] logistisch.
logo ['lɔγu] (so)gleich; nachher; bald; also, demnach; *até* ~! bis nachher!; *bras.* auf Wiedersehen!; *desde* ~ sogleich; gewiß!; *para* ~ alsbald; ~ *a seguir* gleich darauf; *mais* ~ später, nachher; ~ *que, tão* ~ sobald (als).
logr|adoiro, -ouro [luγrɐ'δoiru, -oru] *m* Gemeindewiese *f*; Nutzfläche *f*; ~ *público* Anlage *f*, Promenade *f*; **~ar** [~'γrar] (1e) erreichen, kommen zu; erringen, gewinnen; genießen, besitzen; benutzen, den Nutzen h. von; anführen; betrügen; *v/i.* wirken; sich durchsetzen; *logro inf.* es gelingt mir zu *inf.*; **~o** ['loγru] *m* Genuß *m*, Besitz *m*; Schwindel *m*, Betrug *m*.
loiça ['loisɐ] *f* = *louça*.
lóio ['lɔju] *m* Kornblume *f*.
loir... *s. lour...*
loisa ['loizɐ] *f* = *lousa*.
loj|a ['lɔʒɐ] *f* Erdgeschoß *n*; Lagerraum *m*; Werkstatt *f*; *bsd.* (Kauf-) Laden *m*; *Freimaurer*-Loge *f*; ~*-de-tudo, bras.* ~ *de secos e molhados* Gemischtwarenladen *m*, „Drugstore" *m*; **~ista** [lu'ʒiʃtɐ] *su.* Ladeninhaber(in *f*) *m*.
lomb|a ['lõmbɐ] *f* Bergrücken *m*; = **~ada** [lõm'baδɐ] *f* Höhenzug *m*; (Ochsen-)Rücken *m*; Buchrücken *m*; **~ar** [lõm'bar] Rücken...; Lenden...; **~o** [~u] *m* Lende *f*; (Berg-, Buch-)Rücken *m*; ~ *assado* Filetsteak *n*; *endurecer o* ~ *bras. fig.* bocken.
lombriga [lõm'briγɐ] *f* Ringelwurm *m*; ⚕ Spulwurm *m*.
lona ['lonɐ] *f* Segeltuch *n*, Zeltbahn *f*, Plane *f*.
londrino *m*, **-a** *f* [lõn'drinu, -ɐ] Londoner(in *f*) *m*.
long|ânime [lõŋ'gɐnimə] langmütig; **~animidade** [~gɐnimi'δaδə] *f* Langmut *f*.
longarina [~gɐ'rinɐ] *f* Holm *m*, [Träger *m*.]
longe ['lõʒə] **1.** *adv.* weit; = *ao* ~

in der (*od.* die) Ferne; *de* ~ von weitem; aus der Ferne; *fig.* bei weitem; *de* ~ *em* ~ hier und dort; dann und wann; *para* ~ weit weg; ~ *de* weit (*od.* fern) von (*a. fig.*); ~ *disso!* weit gefehlt!; = *nem* (*de perto nem*) *de* ~ nicht im entferntesten (*od.* geringsten)!; *andar* (*od.* *estar, ir*) ~ weit entfernt (*od.* weg) sn; längst vergangen sn, weit zurückliegen; *ir* ~ weit gehen (*od. fig.* kommen); weitgehend sn; **2.** *m* ~*s pl.* Entfernung(en) *f(pl.)*; *pint.* Hintergrund *m*; *fig.* entfernte Ähnlichkeit *f*; Spuren *f/pl.*; **3.** *adj.*: ~*s terras f/pl.* ferne Länder *n/pl.*

long|evidade [lõʒəvi'ðaðə] *f* Langlebigkeit *f*; **~evo** [~'ʒevu] langlebig; hochbetagt; **~ínquo** [~'ʒĩŋkwu] fern.

longitud|e [~ʒi'tuðə] *f geogr.* Länge *f*; **~inal** [~tuði'nał] Längen...; Längs...

longo ['lõŋgu] lang(wierig); weitläufig; weit; *ao* ~ *de* längs (*gen.*) *od. nachgestellt*: entlang (*ac.*); *zeitl.* während, im Laufe (*gen.*).

lontra ['lõntrɐ] *f* Otter *m*; ~ *comum* Fischotter *m*.

loqu|acidade [lukwɐsi'ðaðə] *f* Geschwätzigkeit *f*; **~az** [~'kwaʃ] geschwätzig; zungenfertig; **~ela** [~'kwɛlɐ] *f* Wortgewandtheit *f*.

lorde *angl.* ['lɔrðə] *m* Lord *m*; *câmara f dos* ~*s* Oberhaus *n*.

loreno [lu'renu] **1.** *adj.* lothringisch; **2.** *m*, **-a** *f* Lothringer(in *f*) *m*.

lorot|a *bras.* [lo'rɔtɐ] *f* Geschwätz *n*; Ammenmärchen *n*; Ente *f*; **~eiro** [loro'teiru] **1.** *adj.* verlogen; lügenhaft; **2.** *m* Lügner *m*.

lorpa ['lorpɐ] **1.** *adj.* einfältig; naiv; **2.** *su.* Einfaltspinsel *m*.

los [luʃ] *pron. m/pl.* sie; Sie.

losango ⚔ [lu'zẽŋgu] *m* Raute *f*.

lota ['lɔtɐ] *f* Fischauktion *f*.

lot|ação [lutɐ'sɐ̃u] **1.** *f* Schätzung *f*; Einteilung *f*; Anzahl *f* der Plätze; ⚓ Lastigkeit *f*; Verschneiden *n des Weins*; *com* ~ *de 4 lugares viersitzig*, mit *vier* Plätzen; *com a* ~ *esgotada* = ~*ado*; **2.** *m bras.* Kleinbus *m*; **~ado** [~'taðu] voll besetzt, ausverkauft; **~ar** [~'tar] (1e) (ab-)schätzen, taxieren; einteilen; *Wein* verschneiden; auslosen; **~aria** [~ɐ'riɐ] *f* Lotterie *f*; **~e** ['lɔtə] *m* Los *n*; Anteil *m*; *Waren*-Posten *m*; Parzelle *f*; Trupp *m*; ⚓ Lastigkeit *f*; **~eria** [~ə'riɐ] *f* = ~*aria*; **~o** ['lotu] *m* Lotto *n*.

louça ['losɐ] *f* Geschirr *n*; Steingut *n*; Tonware(n) *f(pl.)*; *lava-*~ *m* Spüle *f*, Spülbecken *n*.

loução [lo'sɐ̃u] schmuck.

louceiro [~'seiru] *m* Geschirrschrank *m*.

louc|o ['loku] irr-, wahn-sinnig, verrückt; **~ura** [lo'kurɐ] *f* Irr-, Wahn-sinn *m*; Verrücktheit *f*.

lour|-, loir|eiro [lo'r-, loi'reiru] *m* Lorbeer *m*; **~ejar** [~rɨ'ʒar] (1d) bräunen; aufblonden; *v/i.* blond (*od.* braun) w.; reifen (*Getreide*); **~o** ['loiru, 'loru] **1.** *adj.* blond; goldbraun (*Braten*); **2.** *m* Lorbeer *m*.

lousa ['lozɐ] *f* Schiefer(tafel *f*) *m*; Steinplatte *f*; Grabstein *m*.

louv|a-a-deus (*pl. unv.*) [ˌlova'ðeuʃ] *m zo.* Gottesanbeterin *f*; **~adamente** [loˌvaðɐ'mẽntə] lobenswert; **~ado** [lo'vaðu] *m* Sachverständige(r) *m*; Schiedsrichter *m*; Taxator *m*; **~aminha** [lovɐ'miɲɐ] *f* Lobhudelei *f*; **~ar** [lo'var] (1a) loben; preisen, rühmen; schätzen (auf [*ac.*] *em*); **~ar-se** *em alg.* j-n als Sachverständigen (*od.* Schiedsrichter) angeben; ~ *no parecer de alg.* sich j-s Meinung anschließen; **~ável** [lo'vavɛł] lobenswert; **~or** [lo'vor] *m* Lob *n*; Lob-rede *f*, -preisung *f*.

lua ['luɐ] *f* Mond *m*; ~ *cheia* (*nova*) Voll- (Neu-)mond *m*; ~ *de mel* Honigmond *m*, Flitterwochen *f/pl.*; **~r** [lwar] *m* Mond-schein *m*, -licht *n*; *está* ~ der Mond scheint; **~rento** [lwɐ'rẽntu] mondhell.

lúbrico ['luβriku] schlüpfrig; geil.

lubrific|ação [luβrəfikɐ'sɐ̃u] *f* Ölung *f*, Schmierung *f*; **~ante** [~'kẽntə] **1.** *adj.* Schmier...; **2.** *m* Schmieröl *n*; **~ar** [~'kar] (1n) ölen, schmieren.

lucarna [lu'karnɐ] *f* Dachfenster *n*; Luke *f*.

lucidez [lusi'ðeʃ] *f* (Geistes-)Klarheit *f*; Deutlichkeit *f*.

lúcido ['lusiðu] licht, klar; lichtvoll; leuchtend; *intervalos m/pl.* ~*s* lichte Augenblicke *m/pl.*

luc|ífugo [lu'sifuɣu] lichtscheu; **~ilar** [lusi'lar] (1a) (schwach) leuchten; flackern.

lúcio ['lusju] *m* Hecht *m*; Zander *m*.

lucr|ar [lu'krar] (1a) ein-bringen, -tragen; gewinnen (bei *com*); aus-, be-nutzen; *v/i.* ~ *com* Nutzen ziehen aus; **~ativo** [~krɐ'tivu] einträglich; vorteilhaft; **~o** ['lukru] *m* Gewinn *m*; Ertrag *m*; Nutzen *m*.

lucubr|ação *f*, **-ões** *f/pl.* [lukuβrɐ'sɐ̃u, -õiʃ] nächtliche Arbeit *f*; *fig.* geistiges Ringen *n*; tiefe Gedanken *m/pl.*; **~ar** [~'βrar] (1a) nachts (durch)arbeiten; (geistig) ringen; *v/t. et.* in nächtlicher Arbeit fertigstellen; *fig.* sich *et.* abringen.

lud|ibriar [luδi'βrjar] (1g) verhöhnen; ~ *de* sich lustig m. über (*ac.*); **~íbrio** [~'δiβrju] *m* Hohn *m*; *tornar-se* ~ zum Gespött w.; **~ibrioso** [~i'βrjozu (-ɔ-)] höhnisch.

luf|ada [lu'faδɐ] *f* (Wind-)Stoß *m*; *às* **~s** in Stößen, böig; **~a-lufa** P [ˌlufɐ'lufɐ] *f* Hetze *f*, Hatz *f*; *andar numa* ~ sich (ab)hetzen; *à* ~ hastig; **~ar** [~ar] (1a) brausen (*Wind*); schnauben.

lugar [lu'γar] *m* Ort *m* (*a.* ⛭); Platz *m*; Stelle *f*; Stellung *f*; Ortschaft *f*, Flecken *m*; ~ *comum* Gemeinplatz *m*; *dar* ~ *a fig.* Raum geben (*dat.*); Anlaß (*od.* Gelegenheit) geben zu; ermöglichen (*ac.*); verursachen (*ac.*), zur Folge h. (*ac.*); *estar no seu* ~ am Platze sn; im Recht sn; *ter* ~ stattfinden; *ter seu* ~ am Platze (*od.* angebracht) sn; *em* ~ *de* (an)statt (*gen.*), an Stelle (*gen.*); *em primeiro* (*segundo*, *etc.*) ~ erstens (zweitens *usw.*); **~ejo** [luγɐ'reʒu] *m* Dörfchen *n*; **~-tenente(s)** [~tə'nẽntə] *m(pl.)* Stellvertreter *m*; Statthalter *m*.

lugre ['luγrə] *m* Logger *m*.

lúgubre ['luγuβrə] schauerlich; düster; Trauer...

lula ['lulɐ] *f* Tintenfisch *m*.

lumbago ⚕ [lũm'baγu] *m* Hexenschuß *m*, Ischias *f*.

lume ['lumə] *m* Feuer *n*; Licht *n*; ~ *de água* Wasser(ober)-, ~ *de espelho* Spiegel-fläche *f*; *ter* ~ *de* Kenntnis (*od.* e-e Ahnung) h. von; *ter* ~ *no olho* gewitzt sn; *tirar a* ~ veröffentlichen; *trazer a* ~ ans Licht bringen; *vir a* ~ herauskommen (*Buch*); *pôr ao* ~ aufsetzen (*Topf*).

lumieira *f*, **-o** *m* [lu'mjeirɐ, -u] Licht *n*; Lichtschein *m*; Leuchter *m*; Oberlicht *n*; Luke *f*.

lumin|ar [~mi'nar] *m bras.* Leuchte *f* (*fig.*); **~ária** [~arjɐ] *f* Leuchte *f* (*a. fig.*); Lämpchen *n*; Licht *n*; **~s** *pl.* öffentliche Festbeleuchtung *f*; **~escência** [~nɨʃ'sẽsjɐ] *f* Lumiszenz *f*, Leuchtkraft *f*; **~escente** [~nɨʃ'sẽntə] leuchtend; **~osidade** [~nuzi'δaδə] *f* Helligkeit *f*; Leuchtkraft *f*; **~oso** [~'nozu (-ɔ-)] leuchtend; hell; Licht...; **~otécnica** [~ɔ'tɛknikɐ] *f* Beleuchtungstechnik *f*.

lun|ação [lunɐ'sɐ̃u] *f* Mondumlauf *m*; **~ar** [~'nar] **1.** *adj.* Mond...; **2.** *m* Muttermal *n*; **~ático** [~'natiku] mondsüchtig; *fig.* wunderlich; **~eta** [~'netɐ] *f* Augenglas *n*; Fern-glas *n*, -rohr *n*; Rundfenster *n*; Lichtloch *n*; *Monstranz*-Fensterchen *n*; ⚔ Kugellehre *f*; **~s** *pl.* Kneifer *m*.

lupanar [lupɐ'nar] *m* Bordell *n*.

lúpulo ['lupulu] *m* Hopfen *m*.

lura ['lurɐ] *f Kaninchen*-Höhle *f*.

lusco ['luʃku] einäugig; schielend; **~-fusco** [~'fuʃku] *m* (Abend-)Dämmerung *f*.

lusitano [luzi'tɐnu] **1.** *adj.* portugiesisch; **2.** *m* Portugiese *m*.

lus|o ['luzu] portugiesisch; *~-alemão* deutsch-portugiesisch; **~ófilo** [lu'zɔfilu] portugiesenfreundlich.

lustr|adeira [luʃtrɐ'δeirɐ] *f* Dampfmangel *f*; **~ar** [~'trar] (1a) **a)** blank putzen; polieren; *Boden* bohnern; *Schuhe* wichsen; *Wäsche* plätten; *Gewebe* appretieren; *fig.* erleuchten; bilden; *v/i.* glänzen; **b)** läutern, reinigen; mustern, betrachten; lustrieren; **~e** ['luʃtrə] *m* Glanz *m*; Ruhm *m*, Ansehen *n*; Kronleuchter *m*; *dar* ~ *a* Glanz verleihen; = *~ar*; **~ino** [~'trinu] Glanz...; **~o** ['luʃtru] *m* Jahrfünft *n*; P = *~e*; **~oso** [~'trozu (-ɔ-)] glänzend.

luta ['lutɐ] *f* Kampf *m*, Streit *m*; *Sport*: Ringkampf *m*; *fig.* Ringen *n*; *entrar em* ~ in Streit geraten.

lut|ador [lutɐ'δor] *m* Ringer *m*; Kämpfer *m*; **~ar** [~'tar] (1a) **a)** ringen; kämpfen; streiten; ~ *pela vida* sich durchs Leben schlagen; **b)** hermetisch verschließen; abdichten; *gegen Feuer* isolieren.

luteran|ismo [~ərɐ'niʒmu] *m* Luthertum *n*; **~o** [~ə'rɐnu] **1.** *adj.* lutherisch; **2.** *m* Lutheraner *m*.

luto ['lutu] *m* **a)** Trauer(kleidung) *f* (*deitar od. tomar* anlegen); ~ *pesado od. carregado* (*aliviado*) tiefe (Halb-)Trauer *f*; *estar de* ~ in Trauer sn; trauern (um *por*); **b)**

Kitt *m*.

lutulento [lutu'lẽntu] schlammig.

lutuoso [lu'twozu (-ɔ-)] trauernd, in Trauer; Trauer...; schauerlich.

luv|a ['luvɐ] *f* Handschuh *m*; ⊕ Lasche *f*; Muffe *f*; **~s** *pl. fig.* Vergütung *f*; *assentar como uma* ~ wie angegossen sitzen; **~aria** [luvɐ'riɐ] *f* Handschuh-fabrik *f*, -laden *m*; **~eiro** *m*, **-a** *f* [lu'veiru, -ɐ] Handschuhmacher(in *f*) *m*.

lux|ação *f*, **~amento** *m* [luʃɐ'sɐ̃u, ~ɐ'mẽntu] Verrenkung *f*; **~ar** [~'ʃar] (1a) verrenken, auskugeln.

lux|o ['luʃu] *m* Luxus *m*, Aufwand *m*; *bras.* Ziererei *f*; *dar-se ao* ~ *de inf.* es sich leisten *od.* sich das Vergnügen m. zu *inf.*; **~uoso** [lu'ʃwozu (-ɔ-)] luxuriös; kostspielig; üppig; **~úria** [lu'ʃuriɐ] *f* Üppigkeit *f*; Geilheit *f*; Unzucht *f*; Zügellosigkeit *f*.

luxuri|ante [luʃu'rjẽntə] üppig wuchernd, geil; **~oso** [~ozu (-ɔ-)] unzüchtig, geil; üppig.

luz [luʃ] **1.** *f* Licht *n*; Augenlicht *n*; *meia* ~ Halbdunkel *n*; *abrir os olhos à* ~ das Licht der Welt erblicken; *dar à* ~ zur Welt bringen, gebären; *Buch* herausbringen; *sair* (*od. vir*) *à* ~ herauskommen; in Erscheinung treten; *sentir fugir a* ~ *dos olhos* sich e-r Ohnmacht nahe fühlen; *tornar à* ~ dem Leben wieder geschenkt w.; wieder zu sich kommen; *à* ~ *de* im Lichte (*gen.*), auf Grund (*gen.*); **2.** **~es** *pl.* Kenntnisse *f/pl.*; Bildung *f*; *século m das* **~es** Zeitalter *n* der Aufklärung; **~eiro** [lu'zeiru] *m* Leuchte *f*; Licht *n*; **~ente** [lu'zẽntə] leuchtend.

luzerna ⚘ [lu'zɛrnɐ] *f* Luzerne *f*.

luzi|dio [luzi'ðiu] glänzend, schimmernd; **~do** [~'ziðu] prächtig, glänzend; **~r** [lu'zir] (3m) leuchten, glänzen; sich entwickeln; nutzen.

M

M, m ['ɛmə] *m* M, m *n*.
ma [mɐ] *Zssg. der pron. me u. a.*
má [ma] *adj. f v. mau.*
maca ['makɐ] *f* Tragbahre *f*; F Krankenauto *n*; Traggestell *n*; ⚓ Hängematte *f*, Koje *f*.
maça ['masɐ] *f* Keule *f*; Ramme *f*, Stampfe *f*; Walke *f*.
maçã [mɐ'sɐ̃] *f* Apfel *m*; *Degen*-Knauf *m*; ~ *do rosto* Backenknochen *m*; ~*-de-adão* Adamsapfel *m*.
macabro [mɐ'kaβru] schaurig; *dança f -a* Totentanz *m*.
macac|a [~'kakɐ] *f* Affenweibchen *n*; *fig.* F häßliche Ziege *f*; **~ão** [~kɐ'kɐ̃u] *m bras.* Monteuranzug *m*.
macacaúba [makakɐ'ubɐ] *f* Makakauba *n* (*bras. Edelholz*).
macaco [mɐ'kaku] **1.** *m* Affe *m*; (Zahnstangen-)Winde *f*; Hebebock *m*; *auto.* Wagenheber *m*; ⊕ Ramme *f*; (*fato m*) ~ Monteuranzug *m*; **2.** *adj.* gerissen; häßlich, ungeschlacht.
maçada [mɐ'saδɐ] *f fig.* Plackerei *f*; Schererei *f*; *que* ~! wie lästig!; wie langweilig!; wie ärgerlich!
macadam|e [mɐkɐ'δɐmə] *m* Makadam *m*; Fahrbahn *f*; **~izar** [~δɐmi'zar] (1a) *Straße* schottern.
maç|ador [mɐsɐ'δor] **1.** *adj.* lästig; langweilig; **2.** *m*, **-a** *f* lästige(r) Mensch *m*; **3.** *m* Flachsbreche *f*; **~al** [~'sal] *m* Molke *f*.
macambúzio [mɐkɐ̃m'buzju] griesgrämig.
maç|aneta [mɐsɐ'netɐ] *f* Knauf *m*; *Tür*-Drücker *m*; *Sattel*-Knopf *m*; **~ão** *gal.* [~'sɐ̃u] *m* Freimaurer *m*; **~apão(-ães)** [~ɐ'pɐ̃u(-ɐ̃iʃ)] *m(pl.)* Marzipan *n*.
macaqu|ear [mɐkɐ'kjar] (1l) nachäffen; **~ice** [~'kisə] *f* Nachäfferei *f*; Affigkeit *f*; affige(s) Getue *n*; Geschmuse *n*; **~inho** [~'kiɲu] *m*: *ter* ~*s no sótão* F e-n Vogel h.
maçar [mɐ'sar] (1p; *Stv.* 1b) (durch)walken; quetschen, drükken; rammen; *Flachs* brechen; *fig.* lästig sn; langweilen; ärgern.
maçarico [mɐsɐ'riku] *m* ⊕ Lötlampe *f*; Schweiß-, Schneid-brenner *m*.
maçaroca [~'rɔkɐ] *f* Spindel *f*; (Mais-)Kolben *m*; Haarwulst *m*.
macarr|ão [mɐkɐ'ʀɐ̃u] *m* Makkaroni *pl.*; **~ónico** [~ɔniku] Makkaroni...; *latim m* ~ Küchenlatein *n*.
macedónia [~sə'δɔnjɐ] *m*: ~ *de legumes* Gemüseplatte *f*.
macela [mɐ'sɛlɐ] *f* Kamille *f*.
macer|ação [~sərɐ'sɐ̃u] *f fig.* Kasteiung *f*; **~ar** [~'rar] (1c) mazerieren; einweichen; *fig.* kasteien.
macet|a [~'setɐ] *f* Klöpfel *m*; *Farben*-Stößel *m*; *Trommel*-Schlegel *m*; **~e** [~ə] *m* Knüppel *m*, Holzhammer *m*.
machad|a [mɐ'ʃaδɐ] *f* (Hand-)Beil *n*; **~ada** [~ʃɐ'δaδɐ] *f* Axt-, Beil-hieb *m*; **~inha** [~ʃɐ'δiɲɐ] *f* Hackbeil *n*; **~o** [~u] *m* Axt *f*, Beil *n*.
macha-fêmea [ˌmaʃɐ'femjɐ] *f* Scharnier *n*.
machear [mɐ'ʃjar] (1l) fälteln, plissieren; *Tiere* paaren.
mach|o ['maʃu] **1.** *m* Männchen *n* (*männl. Tier*); Maulesel *m* (*Kreuzung v. Pferdehengst u. Eselstute*); Haken *m* (*Ggs. Öse*); Haspe *f* (*Ggs. Band*), Dorn *m* (*des Fischbands, Ggs. Lappen*); Spindel *f* (*Wasserhahn*); (Plissee-)Falte *f*; ⊕ Gewindebohrer *m*; **2.** *adj.* männlich.
machucar [mɐʃu'kar] (1n) zerdrücken, -quetschen, -reiben, -stampfen; = *amachucar*.
maciço [mɐ'sisu] **1.** *adj.* massiv; dicht; voll; fest, sicher; gewichtig; **2.** *m* Massiv *n*; Dickicht *n*; dichte Gruppe *f*; Gedränge *n*.
macieira [mɐ'sjeirɐ] *f* Apfelbaum *m*.
macilento [mɐsi'lẽntu] abgezehrt, verhärmt; bleich.
macio [mɐ'siu] weich; glatt, geschmeidig; sanft, mild; lind.
maço ['masu] *m* Holzhammer *m*; Klöpfel *m*; Ramme *f*, Stampfe *f*; Packen *m Papier*; Stoß *m Briefe*; Päckchen *n Zigaretten*.
maç|onaria [mɐsunɐ'riɐ] *f* Freimaurerei *f*; **~ónico** [~'sɔniku] Freimaurer...; freimaurerisch.
maconha *bras.* [ma'koɲɐ] *f* Ha-

schisch *n*.
macota *bras*. [ma'kɔtɐ] **1.** *m* Lokalgröße *f*; **2.** *adj*. groß(mächtig); großartig.
má-criação [ˌmakrjɐ'sɐ̃u] *f* Ungezogenheit *f*; Unverschämtheit *f*.
macrocefalia [ˌmakrɔsəfɐ'liɐ] *f* Makrozephalie *f*; *fig*. Kopflastigkeit *f*.
maçudo [mɐ'suðu] *fig*. schwer(verständlich); langweilig, ermüdend.
mácula ['makulɐ] *f* Flecken *m*; *fig*. Makel *m*.
macular [mɐku'lar] (1a) beflecken; [*fig*. besudeln.]
macumba *bras*. [ma'kũmbɐ] *f* Macumba *m* (*kultischer Negertanz*).
madeira [mɐ'ðeirɐ] **1.** *f* Holz *n*; ~ *compensada bras*., ~ *contraplacada* Sperrholz *n*; **2.** *m* Madeira(wein) *m*.
madeir|amento [mɐðeirɐ'mẽntu] *m* Holzwerk *n*; Gebälk *n*; *Dach-*Gestühl *n*; **~ar** [~'rar] (1a) mit Holzwerk versehen; **~eiro** [~'reiru] **1.** *adj*. Holz...; **2.** *m* Holzhändler *m*; **~ense** [~'rẽsə] aus Madeira; **~o** [~'ðeiru] *m* Langholz *n*, Balken *m*; Klotz *m* (*a*. *fig*.).
madeixa [mɐ'ðeiʃɐ] *f* Strähne *f*.
madraço [mɐ'ðrasu] **1.** *adj*. faul; **2.** *m*, **-a** *f* Faulpelz *m*.
madrasta [~'ðraʃtɐ] **1.** *f* Stiefmutter *f*; **2.** *adj*. stiefmütterlich.
madre ['maðrə] *f* Nonne *f*; Mutter *f* (*Nonnentitel*); *anat*. Gebärmutter *f*; Quell *m*; *Fluß-*Bett *n*; Haupt-, Trag-balken *m*; Bodensatz *m* (*Wein*); ♀ *de Deus* Mutter Gottes; **~pérola** [~'pɛrulɐ] *f* Perlmutter *f*; **~ssilva** [~'siɫvɐ] *f* Geißblatt *n*.
madrinha [mɐ'ðriɲɐ] *f* Patin *f*, Patentante *f*; Trauzeugin *f*.
madrug|ada [~ðru'ɣaðɐ] *f* Morgenfrühe *f*; *fazer uma* ~ früh aufstehen; *de* ~ im Morgengrauen; sehr früh; **~ador** [~ɣɐ'ðor] *m* Frühaufsteher *m*; **~ar** [~ar] (1o) früh aufstehen; der erste sn; sich früh entwickeln.
madur|ar [mɐðu'rar] (1a) *v/i*. reifen; **~ez(a)** [~eʃ(~ezɐ)] *f* Reife *f*; Überlegung *f*; **~o** [~'ðuru] reif; gereift, verständig; reiflich.
mãe [mɐ̃i] **1.** *f* Mutter *f* (*a*. *fig*.); Weinmutter *f*; *fig*. *a*. Grundstock *m*; **2.** *adj*. Ur..., Grund...; **~-d'água** [~'ðaɣwɐ] *f* Quelle *f*; Wasserbecken *n*; *bras*. Wasserfrau *f*.
maestro ♪ [mɐ'ɛʃtru] *m* Tonkünstler *m*; Dirigent *m*.
mãezinha [mɐ̃i'ziɲɐ] *f* Mutti *f*.
magan|ão [mɐɣɐ'nɐ̃u] **1.** *m* (durchtriebener) Schelm *m*; **2.** *adj*. durchtrieben; **~ice** [~isə] *f* Schelmenstreich *m*; Schabernack *m*; **~o** [~'ɣɐnu] **1.** *adj*. verschmitzt; lustig; **2.** *m*, **-a** *f* Schalk *m*.
magarefe [~'rɛfə] *m* Schlächter *m*.
magia [mɐ'ʒiɐ] *f* Magie *f*.
mágica ['maʒikɐ] *f tea*. Illusionsstück *n*; *fig*. Zauber(kraft *f*) *m*.
magicar F [mɐʒi'kar] (1n) (nach-)grübeln (über [*ac*.] em).
mágico ['maʒiku] **1.** *adj*. magisch; *fig*. zauberhaft; *lanterna f* (*vara f*) *-a* Zauber-laterne *f* (-stab *m*); **2.** *m* Magier *m*, Schwarzkünstler *m*.
magistério [mɐʒiʃ'tɛrju] *m* Lehramt *n*; Lehrstand *m*; Lehrerschaft *f*.
magistr|ado [~'traðu] *m* Magistrat *m*; **~al** [~aɫ] meisterhaft; Meister...; **~atura** [~trɐ'turɐ] *f* Amtszeit *f*; ~ *judicial* Richter-amt *n*, -stand *m*.
magn|animidade [mɐɣnɐnəmi'ðaðə] *f* Seelengröße *f*; **~ânimo** [~'nɐnimu] hochherzig; großherzig.
magnate, -a [~'natə, -ɐ] *m* Magnat *m*.
magn|ésia [~'nɛzjɐ] *f* Magnesia *f*, Bittererde *f*; **~ésio** [~ɛzju] *m* Magnesium *n*; *luz f de* ~ Blitzlicht *n*; **~esite** [~nə'zitə] *f* Bitterspat *m*; **~ete** [~ɛtə] *m* Magnet *m*; **~ético** [~ɛtiku] magnetisch; *agulha f -a* Magnetnadel *f*; **~etite** [~nə'titə] *f* Magnet(eisen)stein *m*; **~etizador** [~nətizɐ'ðor] *m* Magnetiseur *m*; **~etizar** [~nəti'zar] (1a) magnetisieren; **~eto** *bras*. [~'nɛtu] *m* = ~ete.
magnific|ência [~nəfi'sẽsjɐ] *f* Pracht *f*; Großzügigkeit *f*; **~ente** [~ẽntə] großzügig, freigebig; = **magnífico** [~'nifiku] herrlich; prächtig; ♀ *Reitor m* Magnifizenz *f*.
magn|itude [~ni'tuðə] *f* Größe *f*; **~o** ['maɣnu] groß; *Carlos* ♀ Karl der Große.
mago ['maɣu] **1.** *m* Magier *m*; *os Reis* ♀*s* die Heiligen Drei Könige; **2.** *adj*. zauberhaft.
mágoa(s) ['maɣwɐ(ʃ)] *f*(/*pl*.) *fig*. Schmerz *m*, Leid *n*.
mago|ado [mɐ'ɣwaðu] schmerz-, leid-erfüllt; **~ar** [~ar] (1f) quetschen; wehtun; *fig*. schmerzen, bekümmern; verletzen.
magote [mɐ'ɣɔtə] *m* Trupp *m*; Haufen *m*; *aos* ~*s* in Haufen.

magr|eza [mɐ'ɣrezɐ] *f* Magerkeit *f*; **~icela**(s), **~izela** [~ɣri'sɛlɐ(ʃ), -i'zɛlɐ] *su.* dürre(s) Gestell *n*; **~o** ['maɣru] mager; *dia* (*jantar*) *m de* ~ Fasttag *m* (Fastenessen *n*).
magusto [~'ɣuʃtu] *m* Kastanienfeuer *n*.
Maio ['maju] *m* Mai *m*.
maiô *bras.* [ma'jo] *m* Trikot *n*; Badeanzug *m*.
maionese [mɐju'nɛzə] *f* Mayonnaise *f*.
maior [mɐ'jɔr] **1.** *adj. comp.* größer; älter; *sup.* größt; am größten; Haupt...; Ober...; ~ (*de idade*) großjährig, mündig; *Estado m* ♀ (Regiments-)Stab *m*; Generalstab *m*; *tom m* ~ Durtonart *f*; *dó* (*ré, lá*) ~ C- (D-, A-)Dur; *terça* (*sexta, sétima*) *f* ~ große Terz (Sext, Sept) *f*; *a* ~ *parte de* der (die, das) meiste; die meisten; *a* ~ *parte das vezes* meistens; **2.** *m* Großjährige(r) *m*; **3.** **~es** *pl.* Vorfahren *m/pl.*
maior|al [mɐju'rał] *m* (Ober-) Haupt *n*; Großknecht *m*; Leittier *n*; *bras.* Postkutscher *m*; *os -ais* die Honoratioren *m/pl.*; **~ia** [~iɐ] *f* Mehrheit *f*; Mehrzahl *f*; *em* ~ in der Mehrzahl; *por* ~ durch Stimmenmehrheit; **~idade** [~ri'ðaðə] *f* Großjährigkeit *f*; Mündigkeit *f*; **~itário** [~ri'tarju] Mehrheits...
mais [maiʃ] **1.** *adv.* mehr (*de* als); am meisten; überdies; ferner; lieber; wieder; nebst, mit, und; ♂ plus; ~ *a/c.* (*alg.*) noch et. (jemand); ~ *nada* (*ninguém*) sonst nichts (niemand); *que* (*quem*) ~? was (wer) noch?; *cada vez* ~ (+ *adj.*) immer mehr (+ *adj. comp.*); ~ *dia menos dia*, ~ *ano menos ano* heute oder morgen, früher oder später, über kurz oder lang; (*pouco*) ~ *ou menos* ungefähr, mehr oder minder; *nem* ~ (*nem menos*) genauso; ganz richtig; *sem* ~ *aquela* (*od. nem* ~, *nem menos*) mir nichts dir nichts, kurzerhand; *a* ~ zuviel; über-flüssig, -zählig; *a* ~ *de* außer; *para* ~ zudem, überdies, außerdem; *ainda para* ~ (*isso*)! *int.* auch das noch!; **2.** *konzessiv*: *por* ~ *que trabalhe* so sehr er auch arbeitet; *por* ~ *difícil que seja* so schwer es auch ist (*od.* sein mag); *por* ~ *que digam* was man auch sagen mag; **3.** *Zur Bildung der Steigerungsstufen*: **a**) *Komparativ*: ~ *adj.*, ~ *adv.* I. *ele é* ~ *alto* (*do*) *que ela* er ist größer als sie; II. *ela é* ~ *bonita* (*do*) *que inteligente* sie ist mehr schön als klug; III. *o* ~ *velho dos dois* der ältere von beiden; IV. ~ *su.*: *ele tem* ~ *juízo do que tu* er hat mehr Verstand als du; **b**) *Superlativ*: I. *prädikativ*: *ele é o* ~ *velho* er ist am ältesten (*od.* der älteste); II. *adverbial*: *ele é quem trabalha* ~ (~ *depressa*) er arbeitet am meisten (am schnellsten); *este cavalo corre* ~ ... läuft am schnellsten; III. *attributiv*: *o homem* ~ *velho do mundo* der älteste Mann der Welt; *a* ~ *bela rapariga que conheço* das schönste Mädchen, das ich kenne; **4.** *m*: *o* ~ das übrige; *o(s)* ~ *de* die meisten; **5.** *adj.*: *os* ~ *navios* die übrigen Schiffe.
mais-|que-perfeito [~kəpər'feitu] *m* Plusquamperfekt *n*, Vorvergangenheit *f*; **~querer** [~kə'rer] (2t) lieber h., vorziehen; **~valia**(s) [~vɐ'liɐ] *f*(*pl.*) Mehrwert *m*.
maiúscul|a [mɐ'juʃkulɐ] *f* große(r) Buchstabe *m*; **~o** [~u] groß.
majest|ade [mɐʒɨʃ'taðə] *f* Majestät *f*; Hoheit *f*; **~oso** [~ozu (-ɔ-)] majestätisch; hoheitsvoll.
major [mɐ'ʒɔr] *m* Major *m*; **~ação** [~ʒora'sɐ̃u] *f Lohn*-Erhöhung *f*; **~ar** *bras.* [~ʒo'rar] (1e) *Lohn* erhöhen; = *aumentar*; **~ativo** [~ʒora'tivu] steigend; **~itário** [~ʒuri'tarju] Mehrheits...
mal [mał] **1.** *adv.* schlecht, übel; schlimm; falsch; unrecht; kaum (*fast nicht*); ~ *que bem* recht und schlecht; *menos* ~ ganz gut; *estou* ~ es geht mir schlecht; ich fühle mich nicht wohl; ich sitze (*od.* liege) schlecht; es fehlt mir (*od.* ich leide) (an [*dat.*] *de*); *estamos* ~! F wir sind aufgeschmissen!; *estar* (*de*) ~ *com alg.* mit j-m auf gespanntem Fuß stehen; j-m böse sein; *ficar* ~ schlecht abschneiden, F sich blamieren; *ficar* (*od. estar*) ~ *a alg.* j-m nicht stehen; sich nicht schicken (*od.* gehören) für j-n; **2.** *cj.* kaum, sobald; **3.** *m* Übel *n*; Böse *n*; Schaden *m*; Leiden *n*; Krankheit *f*; Unglück *n*; ~ *de amor* Liebeskummer *m*; *a* ~ im Bösen; ungern, widerwillig; mit Gewalt; *de* ~ *a pior* immer

schlimmer (*od.* schlechter), schlimmer und schlimmer; *do ~ o menos* das kleinere Übel; *por ~ de* zur Strafe für; *por meu ~* zu meinem Unglück; *por bem ou por ~* so oder so; *deitar para ~* kein gutes Ende nehmen; schiefgehen; = *levar od. tomar a ~* übelnehmen; *dizer ~ de* klatschen *od.* herziehen über (*ac.*); *fazer ~* Böses tun; schaden; weh tun; etwas zuleide tun; schlecht bekommen; *querer ~* übelwollen; *que ~ há nisso?* was ist denn dabei?

mal-... [~] *in Zssgn entspr. dt.* un-, miß- (*pl. unv.*).

mala ['malɐ] *f* Koffer *m*; Handtasche *f*; (Post-)Sack *m*; *auto.* Kofferraum *m*; *fazer a(s) ~(s)* packen; *fig.* sein Bündel schnüren; *desfazer a(s) ~(s)* auspacken.

malabar [mɐlɐ'βar]: *jogos m/pl.* ~*es* Jonglierkünste *f/pl.*; **~ista** [~βɐ'riʃtɐ] *m* Jongleur *m*.

malaca *bras.* [ma'lakɐ] *f körperliches* Leiden *n*; **~fento** [malaka'fẽntu] leidend.

mal-|afortunado [malɐfurtu'naδu] unglücklich; **~agradecido** [~ɐγrɐδə'siδu] undankbar.

malagueta [mɐlɐ'γetɐ] *f* afrikanischer Pfeffer *m*; ⚓ Spake *f*.

malaio [mɐ'laju] **1.** *adj.* malaiisch; **2.** *m* Malaie *m*.

mal-|ajambrado [malɐʒẽm'braδu] ungeschlacht; = **~ajeitado, ~amanhado** [~ɐʒei'taδu, ~ɐmɐ'ɲaδu] unordentlich, liederlich; ungeschickt.

malandr|ice [mɐlẽn'drisə] *f* Gaunerei *f*; **~im** [~ĩ] *m* Strolch *m*; **~o** [~'lẽndru] *m* Strolch *m*; Gauner *m*.

mala-posta [ˌmalɐ'pɔʃtɐ] *f* Postkutsche *f*.

malaquita, -e [mɐlɐ'kitɐ, -ə] *f* Malachit *m*.

malar [mɐ'lar] **1.** *adj. osso m ~* = **2.** *m* Jochbein *n*, Backenknochen *m*.

malária [mɐ'larjɐ] *f* Malaria *f*.

malas-artes [ˌmalɐz'artɨʃ] *f/pl.* Tükken *f/pl.*; List und Tücke *f*.

mal-|assombrado [malɐsõm'braδu] *bras.* verhext; **~aventurado** [~ɐvẽntu'raδu] unglücklich, unselig; **~avindo** [~ɐ'vĩndu] unverträglich; **~avisado** [~ɐvi'zaδu] schlecht beraten; unklug.

malax|ador [mɐlaksɐ'δor] *m* Knetmaschine *f*; **~ar** [~'sar] (1a) kneten.

mal-azado [malɐ'zaδu] ungünstig; unglücklich, Unglücks...

malbarat|ar [małβɐrɐ'tar] (1b) = **~ear** *bras.* [~'tjar] (1l) *Waren* verschleudern; *Vermögen usw.* vergeuden, vertun; *Rat usw.* mißachten; **~o** [~βɐ'ratu] *m* Verschleuderung *f*; Vergeudung *f*; Mißachtung *f*; *fazer ~ de* = **~ar**.

mal-|casado [~kɐ'zaδu] unglücklich verheiratet; **~cheiroso** [~ʃei'rozu] übelriechend.

malcria|ção *bras.* [~krja'sɐ̃u] *f* Ungezogenheit *f*, Flegelei *f*; **~do** [~'krjaδu] **1.** *adj.* ungezogen, flegelhaft; **2.** *m* Flegel *m*.

mald|ade [~'daδə] *f* Bosheit *f*; Schlechtigkeit *f*; Gemeinheit *f*; Unart *f* (*v. Kindern*); **~ição** [~di'sɐ̃u] *f* Fluch *m*, Verwünschung *f*; **~ito** [~itu] *p.p. v. maldizer*; vertrackt; **~izente** [~di'zẽntə]: *pessoa f ~* Läster-maul *n*, -zunge *f*; **~izer** [~di'zer] (2x) verfluchen, verdammen; *v/i.* fluchen; lästern (über [*ac.*] *de*); *~ de* verfluchen (*ac.*); **~oso** [~ozu (-ɔ-)] böse; böswillig; boshaft.

male|abilidade [mɐljɐβəli'δaδə] *f* Geschmeidigkeit *f*; *fig. a.* Gefügigkeit *f*; Bildsamkeit *f*; **~ar** [~'ljar] (1l) *Metall* hämmern; *fig.* gefügig m.; formen, bilden; **~ável** [~'ljavɛł] geschmeidig; hämmerbar (*Metall*); *fig.* gefügig; bildsam; schmiegsam.

maledicência [mɐləδi'sẽsjɐ] *f* üble Nachrede *f*; Schmähsucht *f*, böse Zunge *f*.

mal-educado [maliδu'kaδu] unerzogen.

malef|icência [mɐləfi'sẽsjɐ] *f* boshafte Gesinnung *f*, Bosheit *f*; **~iciar** [~i'sjar] (1g) schaden (*dat.*); verhexen; **~ício** [~'fisju] *m* Schaden *m*; Bosheit *f*; böse(r) Zauber *m*.

maléfico [mɐ'lɛfiku] bösartig, böse; schädlich; verderblich.

maleita(s) [mɐ'leitɐ(ʃ)] *f(/pl.)* Wechselfieber *n*.

mal-en|carado [malĩŋkɐ'raδu] verdächtig aussehend; bärbeißig, grimmig; **~sinado** [~ẽsi'naδu] ungezogen; **~tendido** [~ĩntẽn'diδu] **1.** *adj.* alles mißverstehend; mißverstanden; **2.** *m* Mißverständnis *n*.

mal-estar [~iʃ'tar] *m* Unwohlsein *n*; Miß-, Un-behagen *n*; unklare Verhältnisse *n/pl.*; schiefe Lage *f*.

maleta [mɐ'letɐ] *f* Köfferchen *n*.

malevol|ência [mɐləvu'lẽsjɐ] *f* Ab-

neigung *f*, Haß *m*; **~ente** [~ẽntə] böswillig; boshaft, übelwollend.
malévolo [mɐ'lɛvulu] **1.** *adj.* = *malevolente*; **2.** *m* Bösewicht *m*.
malfa|dado [małfɐ'ðaðu] unselig; **~dar** [~'ðar] (1b) Unglück verheißen *od.* bringen (*dat.*); ins Unglück stürzen.
malfa|zejo [~fɐ'zeʒu] = *maléfico*; **~zer** [~'zer] (2v) schaden; Böses tun.
malfeit|o [~'feitu] schlecht (gearbeitet); unförmig; böse; **~or** [~fei'tor] *m* Bösewicht *m*, Übeltäter *m*.
malferido [~fə'riðu] tödlich verletzt (*od.* verwundet); blutig (*Schlacht*).
malga ['małɣɐ] *f* Napf *m*.
mal-grado [~'ɣraðu] trotz; ~ *meu* (*seu*) wider meinen (s-n) Willen.
malha ['maʎɐ] *f* **a**) Masche *f*; *fig.* Netz *n*; ~ *caída* Laufmasche *f*; ~*s pl.*, *obras f/pl. de* ~ Strickwaren *f/pl.*; *cota f de* ~ Panzerhemd *n*; *fazer* ~ stricken; **b**) Drusch *m*; **c**) Fleck *m*.
malh|ada [mɐ'ʎaðɐ] *f* **a**) = *enredo*; **b**) Schlag *m mit dem Dreschflegel*; Dreschen *n*; **c**) Schäferhütte *f*; Pferch *m*; Schafherde *f*; **~adeiro** [~ʎɐ'ðeiru] *m* Dreschflegel *m*; *fig.* Prügelknabe *m*; **~ado** [~aðu] gefleckt; gescheckt; getigert; **~adoiro, -ouro** [~ʎɐ'ðoiru, -oru] *m* Dreschtenne *f*; **~ador** [~ʎɐ'ðor] *m* Drescher *m*; Zuschläger *m*; Walkhammer *m*; **~ar** [~ar] (1b) *Getreide* dreschen; *Eisen* hämmern, schmieden; *fig.* herumhacken auf (*dat.*); = *v/i.* ~ *em* verdreschen (*ac.*); ~ *em ferro frio* leeres Stroh dreschen; **~o** ['maʎu] *m* Schmiede-, Vorschlag-hammer *m*; Schlegel *m*; Ramme *f*.
mal|-humorado [malumu'raðu] *fig.* übellaunig; schlecht gelaunt; **~ícia** [mɐ'lisjɐ] *f* Bosheit *f*; **~icioso** [mɐli'sjozu (-ɔ-)] boshaft; verschlagen.
malign|a [mɐ'liɣnɐ] *f* bösartige(s) Fieber *n*; Typhus *m*; **~idade** [~liɣni'ðaðə] *f* Bösartigkeit *f*; **~o** [~u] bösartig; böse.
má-língua [ma'lĩŋgwɐ] **1.** *f* Lästerzunge *f*, böse Zunge *f*; üble Nachrede *f*; **2.** *su.* Lästermaul *n*.
mal-intencionado [malĩntẽsju'naðu] böse gesinnt; heimtückisch.
malíssimo [ma'lisimu] *sup. v. mau.*
mal|jeitoso [małʒei'tozu] ungeschickt, tölpelhaft; **~mequer** ⚘ [~mə'kɛr] *m* Tausendschön *n*; **~nascido** [~nɐʃ'siðu] **a**) vom Unglück verfolgt; **b**) niedrig.
malogr|ado [mɐlu'ɣraðu] früh verstorben; **~ar** [~ar] (1e) zerstören; zum Scheitern bringen, vereiteln; **~ar-se** scheitern, fehlschlagen; mißlingen; durch e-n frühen Tod dahingerafft w.; **~o** [mɐ'loɣru] *m* Fehlschlag *m*; Mißerfolg *m*; Scheitern *n*.
malparado [małpɐ'raðu] gefährdet; unsicher.
malquer|ença [~kə'rẽsɐ] *f* Übelwollen *n*; Abneigung *f*; **~ente** [~ẽntə] feindselig; **~er** [~er] (2t) übelwollen (*dat.*); hassen.
malquist|ar [~kiʃ'tar] (1a) verfeinden; verhaßt m.; **~o** [~'kiʃtu] verhaßt; unbeliebt (bei *de*).
mal|são(s) [~'sɐ̃u(ʃ)] ungesund; kränklich; kaum genesen (*od.* verheilt); **~sim** [~'sĩ] *m* Spitzel *m*; Angeber *m*; **~sinar** [~si'nar] (1a) bespitzeln; anzeigen; übel auslegen; verleumden; **~soante** [~'swɐ̃ntə] übelklingend; *fig.* anstößig; **~sofrido** [~su'friðu] ungebärdig; ungeduldig.
malta ['małtɐ] *f* **a**) Gesindel *n*; Trupp *m* Landarbeiter; F Bande *f*, Klub *m*; **b**) Erdpech *n*.
malte ['małtə] *m* Malz *n*.
maltês [mał'teʃ] *m* Landarbeiter *m*.
maltina [~'tinɐ] *f* Malzextrakt *m*.
maltra|pilho [~trɐ'piʎu] **1.** *adj.* zerlumpt; **2.** *m* zerlumpte(r) Kerl *m*; Lump *m*; **~tar** [~'tar] (1b) mißhandeln; schlecht behandeln.
malu|co [mɐ'luku] **1.** *adj.* verrückt; närrisch; **2.** *m*, **-a** *f* Narr *m*, Närrin *f*; **~queira** [~lu'keirɐ] *f* Verrücktheit *f*; **~quice** [~lu'kisə] *f* verrückte Idee *f*; Unsinn *m*.
malva ['małvɐ] *f* Malve *f*; *ir para as* ~*s* F ins Gras beißen.
malvad|ez [małvɐ'ðeʃ] *f* Schlechtigkeit *f*, Tücke *f*; Bosheit *f*; **~o** [~'vaðu] **1.** *adj.* böse, tückisch, schlecht; verbrecherisch; **2.** *m* Bösewicht *m*.
malva|isco ⚘ [~vɐ'iʃku] *m* Eibisch *m*; **~-rosa** [~'ʀɔzɐ] *f* Stockrose *f*.
malvers|ação [~vərsɐ'sɐ̃u] *f* Veruntreuung *f*; **~ar** [~'sar] (1c) veruntreuen.
malvisto [~'viʃtu] unbeliebt.

mama ['mɐmɐ] *f* weibliche Brust *f*; Euter *n*; Zitze *f*; Muttermilch *f*; *criança f de* ~ Säugling *m*.
mam|ã [mɐ'mɐ̃] *f* Ma'ma *f*; **~adeira** [~mɐ'ðeirɐ] *f* = *biberão*; **~ãe** *bras.* [~'mɐ̃i] *f* 'Mama *f*, Mutti *f*; **~ão** [~'mɐ̃u] **1.** *adj.* saugend, Milch...; **2.** *m* **a**) Säugling *m*; **b**) *bras.* Baummelone *f*, Papaya *f*; **~ar** [~ar] (1a) saugen; *fig. an et.* verdienen; *j-m et.* abnehmen; *j-n* hereinlegen, anführen; verschlingen; ~ *com o leite* mit der Muttermilch einsaugen; *dar de* ~ *a* stillen, nähren (*ac.*); *Tier* säugen; **~ário** [~arju] Brust...; Milch...; **~ata** *bras.* [~atɐ] *f* Schiebung *f*, Schwindel *m*.
mameluco [mɐmə'luku] *m* **a**) Mameluck *m*; **b**) *bras.* Mestize *m*.
mamente [ma'mɐ̃ntə] widerwillig.
mamífero [mɐ'mifəru] *m* Säugetier *n*.
mamil|ar [~mi'lar] Brust...; **~o** [~'milu] *m* Brustwarze *f*; Zitze *f*.
mamoeiro *bras.* [~'mweiru] *m* Melonenbaum *m*.
mamona *bras.* [~'monɐ] *f* Rizinus[*m.*]
mamute [~'mutə] *m* Mammut *n*.
mana ['mɐnɐ] *f* Schwester *f*.
manada [mɐ'naðɐ] *f* Herde *f*.
manancial [~nɐ̃'sjaɫ] **1.** *m* Quelle *f*; *fig.* Born *m*, Quell *m*; Flut *f*; **2.** *adj.* unversieglich.
manápula [~'napulɐ] *f* Pranke *f*.
manar [~'nar] (1a) ausgießen; hervorbringen; *v/i.* quellen, strömen; ~ *de* ent-strömen, -springen (*dat.*); herkommen von; hervorgehen aus.
mancal [mɐ̃ŋ'kaɫ] *m Achsen*-Lager *n*.
mancar [~'kar] (1n) hinken.
manceb|a [mɐ̃'seβɐ] *f* Konkubine *f*; **~ia** [~sə'βiɐ] *f* wilde Ehe *f*; lokkere(s) Leben *n*; **~o** [~u] **1.** *m* Jüngling *m*, junge(r) Mann *m*; Leichtmatrose *m*; *bras.* Kleiderständer *m*; **2.** *adj.* jung.
manch|a ['mɐ̃ʃɐ] *f* Fleck *m*; Makel *m*; **~ado** [mɐ̃'ʃaðu] fleckig; **~ar** [mɐ̃'ʃar] (1a) beflecken (*a. fig.*); schmutzig m.; *fig.* besudeln.
mancheia [mɐ̃'ʃejɐ] *f* = *mão-cheia*.
manchete *fr.* [~'ʃɛtə] *f* Schlagzeile *f*.
manchil [~'ʃiɫ] *m* Fleischermesser *n*.
manco ['mɐ̃ŋku] verstümmelt (*a. fig.*); hinkend; *estar* ~ hinken, lahmen (auf [*dat.*] *de*).
mancomun|ação [mɐ̃ŋkumunɐ'sɐ̃u] *f* gemeinsame(s) Vorgehen *n*; Zweckverband *m*; abgekartete Sache *f*; **~ado** [~'naðu] gemeinsam; **~ar** [~'nar] (1a) unterea. verabreden, F abkarten; **~ar-se** gemeinsam vorgehen; sich zs.-tun.
manda ['mɐ̃ndɐ] *f lit.* Verweis *m*; **~chuva** *bras.* [~'ʃuvɐ] *m der* mächtigste Mann *m*.
mand|ado [mɐ̃n'daðu] *m* Auftrag *m*; Befehl *m*; ~ *de prisão* Haftbefehl *m*; ~ *de segurança* einstweilige Verfügung *f*; **~amento** [~dɐ'mẽntu] *m* Gebot *n*; ⚔ Kommando *n*; *os* ~*s da lei de Deus* die Zehn Gebote Gottes; **~ante** [~ɐ̃ntə] *m* ⚖ Mandant *m*; *roda f* ~ Triebrad *n*; **~ão** [~ɐ̃u] *m* herrschsüchtige(r) Mensch *m*; *fig.* Machthaber *m*; *querer ser* ~ F die erste Geige spielen wollen; **~ar** [~ar] (1a) befehlen, gebieten; anordnen; regieren, lenken; befehligen, leiten; schicken, senden; *Abgeordneten* entsenden; ~ *fazer a/c.* et. tun l.; ~ *vir a/c. et.* bestellen; ~ *em alg. j-n* herumkommandieren; ~ *à estampa* in Druck geben; ~ *para outra vida* ins Jenseits befördern; ~ *à tábua*, ~ *à fava*, ~ *bugiar*, ~ *passear* wegschicken, F heimleuchten (*dat.*); **~atar** [~dɐ'tar] (1b): ~ *alg. para* j-n bestellen zu *od.* beauftragen mit; **~atário** [~dɐ'tarju] *m* Mandatar *m*; **~ato** [~atu] *m* Mandat *n*.
mandíbula [~'diβulɐ] *f* Kinnlade *f*; Kiefer *m*; Geweih *n* (*od.* Zangen *f/pl.*) (*Insekt*); ~ *de engate* ⊕ Kupplungsklaue *f*.
mandil [~'diɫ] *m Koch*-Schürze *f*; [Scheuertuch *n*.]
manding|a [~'dĩŋgɐ] *f* Hexerei *f*; **~ar** [~dĩŋ'gar] (1o) verhexen.
mandioca [~'djɔkɐ] *f* Maniok (-wurzel *f*) *m*.
mando ['mɐ̃ndu] *m* Befehl(sgewalt *f*) *m*.
mândria ['mɐ̃ndrjɐ] *f* Faulheit *f*.
mandri|ão [mɐ̃n'drjɐ̃u] **1.** *adj.* faul; **2.** *m* Faulpelz *m*, Tagedieb *m*; **~ar** [~ar] (1g) faulenzen, herumlungern; **~ce** [~'drisə] *f* = *mândria*.
mandril [~'driɫ] *m* **a**) ⊕ Bohrkopf *m*; *Sonden- usw.* Draht *m*; **b**) Mandrill *m* (*Affenart*).
manducar P [~du'kar] (1n) essen.
mané(-cocô) *bras.* [mɐ'nɛ(ko'ko)] *m* Trottel *m*.
mane|ar [mɐ'njar] (1l) **a**) = *manejar*; **b**) *bras.* die Füße fesseln (*dat.*); **~ável** [~avɛɫ] handlich; geschmeidig; *fig.* leicht zu behandeln(d).

manei|a *bras.* [~'neje] *f* Fußfessel *f*; **~o** [~u] *m* Handhabung *f*; Bearbeitung *f*; *fig.* Lenkung *f*, Steuerung *f*; Verwendung *f*; *reserva f de* ~ Reserve *f* zur besonderen Verwendung, Ausgleichsreserve *f*.

maneira [~'neire] *f* Art (und Weise) *f*; Manier *f*; Möglichkeit *f*; ~*s pl.* Lebensart *f*; Benehmen *n*; ~ *de falar* (*od. dizer*) Ausdrucksweise *f*; Redensart *f*; ~ *de pensar* Denkweise *f*; Denkungsart *f*; Auffassung *f*, geistige Einstellung *f*; *à* ~ *de* nach Art (*gen.*), wie; *à* ~ *adj.* auf *adj.* Art; *de* ~ *nenhuma* keineswegs; auf keinen Fall; *de qualquer* ~ irgendwie; jedenfalls; *de qualquer* ~ *que conj.* wie immer *ind.*; *de* ~ *a inf.*, *de* ~ *que ind.* (*od. conj.*) so (*od.* dergestalt) daß *ind.*; *fazer de* ~ *que* es so einrichten, daß; *não há* ~ *de inf.* es ist völlig unmöglich zu *inf.*

maneir|inho [~nei'riɲu] *dim. mit sup. Bedeutung v.* ~*o*; **~ismo** [~iʒmu] *m* Manierismus *m* (*Stilrichtung*); *fig.* Manieriertheit *f*; **~o** [~'neiru] handlich; bequem; manierlich, nett; zahm (*Vogel*); **~oso** [~ozu (-ɔ-)] manierlich, artig.

manej|ar [~nɨ'ʒar] (1d) handhaben; *Vorrichtung* bedienen, betätigen; umzugehen wissen mit; *Feder, Säbel usw.* führen; *Schiff, j-n* lenken; *Sprache* sprechen; **~ável** [~avɛɫ] zu handhaben(d); zu bedienen(d); lenkbar; beherrschbar; = *maneável*; **~o** [~'neʒu] *m* Handhabung *f*; Bedienung *f*; Behandlung *f*; Führung *f*; Lenkung *f*; Dressur *f*; Reitschule *f*; ⚔ Schwenkung *f*; ~*s pl. fig.* Machenschaften *f/pl.*, Umtriebe *m/pl.*; Kniffe *m/pl.*

manequim [~nə'kĩ] *m* Modell(puppe *f*) *n*; Mannequin *n*; *fig.* Modegeck *m*; Modepuppe *f*.

maneta [~'nete] einarmig.

manga ['mẽŋge] *f* **a**) Ärmel *m*; *Lampen*-Zylinder *m*; ⊕ Muffe *f*; ~ *de água* Wasserhose *f*; *dar* ~*s* Gelegenheit (*od.* die Möglichkeit) geben; Spielraum l.; *não ter pano para* ~*s* F keine Sprünge m. können; *em* ~*s* (*de camisa*) in Hemdsärmeln; **b**) ♀ Mangofrucht *f*; **c**) *bras.* Koppel *f*.

mang|ação [mẽŋge'sẽu] *f* Spott *m*, Spötterei *f*; **~ar** [~'gar] (1o) spaßen; witzeln; ~ *com* aufziehen (*ac.*).

manganês [~'neʃ] *m* Mangan *n*.

mangual [mẽŋ'gwaɫ] *m* Dreschflegel *m*.

manguara *bras.* [mẽŋ'gware] *f* Stock *m*; Stange *f*.

mangu|e *bras.* ['mẽŋgə] *m* **a**) Manglebaum *m*; **b**) Watt *n*; **~eira** [mẽŋ'geire] *f* **a**) ♀ Mango *m*; **b**) (Wasser-)Schlauch *m*; **c**) Pferch *m*; **~eiro** *bras.* [mẽŋ'geiru] **1.** *m* Ärmelbrett *n*; **2.** *adj.* unausstehlich.

manha ['meɲe] *f* Trick *m*, Kniff *m*; Verschlagenheit *f*, Tücke *f*; ~*s pl.* Schliche *m/pl.*; *ter* ~*s* verschlagen (*od.* heimtückisch) sn; Mucken h.; *estar com* ~ mucken.

manhã [me'ɲẽ] *f* Morgen *m*; Vormittag *m*; *de* ~, *pela* ~ morgens, am Morgen; vormittags, am Vormittag; *ontem de* ~ gestern morgen (*od.* früh); *esta* ~, *hoje de* ~ heute morgen (*od.* früh); *amanhã de* ~ morgen früh (*od.* vormittag); *da* ~ *para a noite* von heute auf morgen; **~zinha** [meɲẽ'ziɲe] *f* Morgenfrühe *f*; *de* ~ frühmorgens.

manh|eiro [me'ɲeiru] launisch; *menino m* ~ Muttersöhnchen *n*; **~oso** [~'ɲozu (-ɔ-)] gerissen; verschlagen, tückisch; heikel.

mania [me'nie] *f* ⚕ Manie *f*; *fig.* Schrulle *f*, Steckenpferd *n*; Marotte *f*; Sucht *f*; Einbildung *f*, fixe Idee *f*; *estar com a* ~ F s-n Rappel h.; ~ *das modas* (*das grandezas*) Modefimmel *m* (Größenwahn *m*); *deu-lhe a* ~ *de* er ist verfallen auf (*ac.*).

maníaco [~'nieku] ⚕ manisch; *fig.* besessen, toll; ~ *por* versessen auf.

maniatar [~nje'tar] (1b) fesseln; *fig.* knebeln.

manicómio [~ni'kɔmju] *m* Irrenhaus *n.*

manicura [~'kure] *f* Maniküre *f*.

manicurto [~'kurtu] *fig.* knauserig.

manifest|ação [~fiʃte'sẽu] *f* Äußerung *f*; Kundgebung *f* (*a. pol.*), Demonstration *f*; Anzeichen *n*; **~ante** [~'tẽntə] *su.* Demonstrant *m*; **~ar** [~'tar] (1c) offenbaren, zeigen; zum Ausdruck bringen, äußern; bekunden; *Waren* deklarieren; **~ar-se** ausbrechen (*Brand*); *pol.* demonstrieren; **~o** [~'fɛʃtu] **1.** *adj.* offenkundig, offenbar; eindeutig; **2.** *m* Manifest *n*; *Waren-*, *Lade*-Erklärung *f*; *dar ao* ~ deklarieren (*ac.*); *dar o corpo ao* ~ sich einsetzen; es wagen.

manilha [~'niʎɐ] *f* **a**) Armreif(en) *m*; Fußring *m*; Hand-, Fuß-schelle *f*; *Kanalisations*-Rohr *n*; (Ketten-) Glied *n*; **b**) Manila-zigarre *f*, -tabak *m*; **c**) Joker *m*.
maninho [~'niɲu] **1.** *adj*. unfruchtbar; ⚘ *a*. wild; **2.** *m* Ödland *n*.
mani|panso [~ni'pẽsu] *m* Götze *m*; Fetisch *m*; *fig*. F Fettwanst *m*; **~presto** [~'prɛʃtu] fingerfertig.
manipul|ação [~nipulɐ'sɐ̃u] *f* Manipulation *f* (*a*. *fig*.); Handhabung *f*; Herstellung *f*; Handgriff *m*; **~ar** [~'lar] (1a) manipulieren (*a*. *fig*.); hantieren mit, handhaben; herstellen; **~ável** [~'lavɛɫ] manipulierbar.
manípulo [~'nipulu] *m* **a**) Büschel *n*; Handvoll *f*; **b**) *hist*. Manipel *m*; **c**) *rel*. Manipel *f*.
manivela [~ni'vɛlɐ] *f* Kurbel *f*; ~ *de comando* Schalt-, Steuer-hebel *m*; *dar à* ~ die Kurbel drehen; (an-) kurbeln.
manj|ar [mɐ̃'ʒar] *m* Speise *f*; ~(es) (*pl*.) Nahrung *f*; *~-branco* Maizenapudding *m*; **~edoira, -oura** [~ʒə'ðoirɐ, -orɐ] *f* *Futter*-Krippe *f*.
manjer|icão, ~ico [~ʒəri'kɐ̃u, ~'riku] *m* Basilienkraut *n*, Basilikum *n*; **~ona** [~'ronɐ] *f* Majoran *m*.
mano F ['mɐnu] *m* Bruder *m*; ~s *pl*. Geschwister *pl*.
manobr|a [mɐ'nɔβrɐ] *f* ⚓ *u*. ⚔ Manöver n (*a*. *fig*.); 🚂 Rangieren *n*; *fig*. *a*. Machenschaft *f*; ⊕ Steuerung *f*; Schaltung *f*; *a ~ de abrir* (*fechar*, *etc*.) das Öffnen (Schließen *usw*.); ~s *pl*. ⚓ Tauwerk *n*; ~s *pl*. *aero-navais* kombinierte Luft- und Flottenmanöver *n*/*pl*.; **~ar** [~nu'βrar] (1e) manövrieren (*a*. *fig*.); 🚂 rangieren; *v*/*t*. steuern, lenken; *fig*. F schaukeln.
manoca *bras*. [~'nɔkɐ] *f* Tabakbündel *n*, -rolle *f*.
manojo [~'noʒu (-ɔ-)] *m* = *manípulo* a).
manómetro [~'nɔmətru] *m* Druckmesser *m*, Manometer *n*.
manopla [~'nɔplɐ] *f* lange Peitsche *f*; *hist*. Panzerhandschuh *m*; *fig*. P Pranke *f*.
manquejar [mɐ̃ŋkɨ'ʒar] (1d) hinken (*a*. *fig*.); lahmen (*Tier*).
mans|ão [mɐ̃'sɐ̃u] *f* Wohnung *f*; Villa *f*; **~arda** [~arðɐ] *f* Mansarde *f*, Dachkammer *f*.
mans|idão [~si'ðɐ̃u] *f* Sanftheit *f*; Milde *f*; Sanftmut *f*; Zahmheit *f*; **~inho** [~'siɲu]: *de ~* ganz leise (*od*. sacht); **~o** ['mɐ̃su] sanft; mild; sanftmütig; zahm (*Tier*); edel (*Pflanze*); still (*Wasser*); leise, sacht; ~ e ~ ganz allmählich.
mant|a ['mɐ̃ntɐ] *f* Decke *f*; Reisedecke *f*, Plaid *n*; Überwurf *m*; Hals-, Kopf-tuch *n*; Pferdedecke *f*; ⚔ Blende *f*; *Spargel- usw*. Beet *n*; Pflanzgraben *m für Weinstöcke*; Schicht *f*; **~ear** [mɐ̃n'tjar] (1l) prellen, wippen; *fig*. ärgern.
manteiga [mɐ̃n'teiγɐ] *f* Butter *f*; *~ de porco* Schweineschmalz *n*; *dar ~* Honig ums Maul schmieren.
mantei|garia [~teiγɐ'riɐ] *f* Buttergeschäft *n*; **~goso** [~'γozu (-ɔ-)] butter-artig, -haltig, Butter...; fettig; **~gueira** [~'γeirɐ] *f* Butterdose *f*.
manter [~'ter] (2zb) *Verwandte* er-, unter-halten; *j-n* (aufrecht), *Gebote* (ein-)halten; *Meinung* aufrechterhalten *od*. festhalten an (*dat*.); **~-se** sich halten; bleiben (bei em); *~ em pé* sich aufrecht halten.
mantilha [~'tiʎɐ] *f* Mantilla *f*.
mantimento [~ti'mẽntu] *m* Nahrung(smittel *n*) *f*; Erhaltung *f*; Aufrechterhaltung *f*; Unterhalt *m*; ~s *pl*. Verpflegung *f*.
manto ['mɐ̃ntu] *m* Umhang *m*, Überwurf *m*; Mantel *m* (*a*. *fig*.).
manual [mɐ'nwaɫ] **1.** *adj*. Hand...; handgearbeitet; *habilidade f ~* Handfertigkeit *f*; **2.** *m* Handbuch *n*.
manuelino [~nwɛ'linu] manuelinisch (*hist*. *port*. *Stilform*).
manufact|or [~nufa'tor] **1.** *m* Hersteller *m*; Fabrikant *m*; **2.** *adj*. *indústria f -a* Handwerk *n*; Gewerbe *n*; **~ura** [~urɐ] *f* Hand-arbeit *f*, -erzeugnis *n*; Fabrik *f*; Fabrikat *n*; Fabrikware *f*; Herstellung *f*; **~urado** [~tu'raðu]: *artigos m*/*pl*. *~s* Manufakturwaren *f*/*pl*.; **~urar** [~tu'rar] (1a) herstellen, fabrizieren; **~ureiro** [~tu'reiru] gewerbetreibend; Fabrik...; Fabrikations...
manuscrito [~nuʃ'kritu] **1.** *adj*. handschriftlich; **2.** *m* Handschrift *f*, Manuskript *n*.
manusear [~nu'zjar] (1l) in die Hand nehmen, benutzen.
manutenção [~nutẽ'sɐ̃u] *f* Aufrechterhaltung *f*; Unterhalt *m*; Verwaltung *f*; Wartung *f*; ⚔ Hee-

resbäckerei *f.*

mão(s) [mɐ̃u] *f(pl.)* Hand *f*; Handvoll *f*; Vorder-fuß *m*, -pfote *f*; *Kalbs- usw.* Fuß *m*; *Vogel*-Klaue *f*; Buch *n* (Papier); Stößel *m*, Stampfer *m*; *Werkzeug*-Griff *m*; Anstrich *m*, Schicht *f*, Lage *f*; Hilfe *f*, Beistand *m*; Macht *f*, Gewalt *f*; *Kartenspiel*: Vorhand *f*; Fahrtrichtung *f*; ~ *única* Einbahnstraße *f*; *boas* ~*s pl.* geschickte Hände *f/pl.*; *à* ~ a) mit der (*od.* von) Hand; b) zur (*od.* bei der) Hand, griffbereit; *à* ~ *direita* (*esquerda*) rechter (linker) Hand; *da* ~ *à boca* unversehens; *de* ~ *em* ~ von Hand zu Hand; *de boa* ~ aus sicherer Quelle; *de* ~*s dadas* Hand in Hand; *de* ~*s postas* mit gefalteten Händen; flehentlich; *debaixo* (*od. por baixo*) *de* ~ unterderhand, insgeheim; *do pé para a* ~ im Handumdrehen; *em primeira* (*segunda*) ~ in (*od.* aus) erster (zweiter) Hand; *fora de* ~ abgelegen; nicht greifbar; auf der falschen Straßenseite; *por* ~ *própria, por suas* ~*s* eigenhändig, selbst(ändig); ~*s à obra!* Hand ans Werk!, an die Arbeit!; *abrir* (*od. largar*) ~ *de* loslassen (*ac.*); verzichten auf (*ac.*); *andar nas* (*od. em*) ~*s de alg.* in j-s Händen sn; durch j-s Hände gehen; *assentar a* ~ *em* züchtigen, strafen (*ac.*); *correr a* ~ *por* mit der Hand fahren (*od.* streichen) über (*ac.*); *dar a* ~ *a alg.* a) j-m die Hand fürs Leben reichen; b) j-m helfen; j-n unterstützen; c) j-m die Vorhand l.; *dar a última* ~ *a* die letzte Hand anlegen an (*ac.*); den letzten Schliff geben (*ac.*); *dar de* ~ *a* aufgeben (*ac.*); im Stich l. (*ac.*); *deitar a(s)* ~*(s) a* packen (*ac.*); greifen nach; *deitar* ~*s a* in Angriff nehmen (*ac.*), anpacken (*ac.*); *emendar a* ~ s-n Kurs ändern; *estar com* (*od. ter, trazer*) *a/c. entre* ~*s* et. unter den Händen h., mit et. beschäftigt sn; *estar de* ~ *armada contra alg.* j-s erbitterter Gegner sn; *estar na* ~ *de alg.* in j-s Hand (*od.* Macht) liegen; *estar nas* ~*s de alg.* in j-s Hand sn; *fazer* ~ *baixa em* stehlen (*ac.*); *lançar* ~ *de* zurückgreifen auf (*ac.*), sich bedienen (*gen.*); nehmen (*ac.*); *lançar* ~ *de todos os meios* (*od. recursos*) alle Minen springen lassen; *levar* (*od. meter*) *a* ~ *a* die Hand legen auf (*od.* an) (*ac.*); berühren (*ac.*); *meter os pés pelas* ~*s* alles durcheinander werfen; den Kopf verlieren; *meter* (*od. pôr*) ~*s à obra* ans Werk gehen; *passar a* ~ *em bras.* fassen (*ac.*), packen (*ac.*); *passar para as* ~*s de* in *j-s* Hände übergehen; *j-m* überreichen, weitergeben an (*ac.*); *perder a* ~ *Spiel*: in die Hinterhand kommen; *fig.* ins Hintertreffen geraten; *pôr* (*od. entregar*) *nas* ~*s de alg.* in j-s Hände legen; j-m überantworten; *ser* ~ die Vorderhand h.; *ter* ~ *de* (*od. em*) in der Hand (*od.* Gewalt) h. (*ac.*); Einfluß h. auf (*ac.*); *vir às* ~*s* handgemein w.; *viver de suas* ~*s* von s-r Hände Arbeit leben; **~-aberta** [~ɐ'βɛrtɐ] *su.* Verschwender(in *f*) *m*; **~-cheia** [~'ʃejɐ] *f* Handvoll *f*; *de* ~ ausgezeichnet; **~-de-obra** [~'ðɔβrɐ] *f* Arbeits-kraft *f*, -kräfte *f/pl.*

maomet|ano [mɐumə'tɐnu] **1.** *adj.* mohammedanisch; **2.** *m*, **-a** *f* Mohammedaner(in *f*) *m*.

mão-|morta [mɐ̃u'mɔrtɐ] *f* Tote Hand *f*; **~posta** [~'pɔʃtɐ] *f* Rücklage *f*; *de* ~ vorsätzlich; *estar de* ~ sich vorsehen; **~tenente** [~tə'nẽntə]: *a* ~ aus nächster Nähe; unvermittelt; mit Nachdruck.

mapa ['mapɐ] *m* (Land-)Karte *f*; Übersicht *f*; Liste *f*; **~(s)-múndi** [~'mũndi] *m(pl.)* Weltkarte *f*.

maple *engl.* ['meiplə] *m* Klubsessel *m*.

maqueta [mɐ'ketɐ] *f* Modell *n*.

maquia [mɐ'kiɐ] *f* Mahlgeld *n*; Metze *f* (*Trockenmaß*); *allg.* Geld *n*.

maquil|agem *gal.* [mɐki'laʒɐ̃i] *f* Schminken *n*, Make-up *n*; **~ar** [~ar] (1a) (sich) schminken.

máquina ['makinɐ] *f* Maschine *f*; Apparat *m*; Bau *m*; 🚂 Lokomotive *f*; P Fahrrad *n*; ~ *de barbear* Rasierapparat *m*; ~ *de costura* Nähmaschine *f*; ~ *de escrever* (*portátil*) (Koffer-)Schreibmaschine *f*; ~ *fotográfica* Photoapparat *m*; *à* ~ maschinell; Maschinen...

maquin|ação [mɐkinɐ'sɐ̃u] *f* geheime(r) Anschlag *m*; Machenschaft *f*; **~ador** [~ɐ'ðor] *m* Ränkeschmied *m*; Urheber *m*; **~al** [~'nał] Maschinen...; *fig.* mechanisch; unwillkürlich; **~ar** [~'nar] (1a) anstiften, -zetteln; ersinnen, (sich) ausdenken; hinarbeiten auf (*ac.*); *j-m et.* einbrocken; **~aria** [~ɐ'riɐ] *f* Maschinen-park *m*, -bestand *m*; Maschinenkunde *f*; **~eta** [~'netɐ] *f* Vorrichtung *f*, Apparat *m*; Altar-, Heiligen-schrein *m*; **~ismo** [~'niʒmu] *m* Geh-, Trieb-werk *n*, Mechanismus *m*; *tea.* Maschinerie *f*; = *~aria*; **~ista** [~'niʃtɐ] *m* Maschinenbauer *m*; Maschinist *m*; 🚂 Lok(omotiv)führer *m*.

mar [mar] *m* Meer *n*, See *f*; *banho m de ~* Bad *n* im Meer; *por ~* zur See; *fazer-se ao ~* in See stechen.

mara|cotão [mɐrɐku'tɐ̃u] *m* Herzpfirsich *m*; **~cujá** [~ku'ʒa] *m bras.* *Name der Blüte und Frucht e-r eßbaren Passionsblumenart, span.* Granadilla *f*; **~cujazeiro** [~ʒa'zeiru] *m* Maracujástrauch *m*.

maranh|a [mɐ'rɐɲɐ] *f* Gewirr *n*, Knäuel *m*; Wirrwarr *m*; *~s pl.* Ränke *pl.*, Umtriebe *m/pl.*; **~ão** [~rɐ'ɲɐ̃u] *m* Lüge *f*, Flunkerei *f*; **~ense** *bras.* [~rɐ'ɲẽsə] aus dem Staat (*od.* des Staates) Maranhão; **~o** [~u] *m cul.* Hammelklein *n*; **~oso** [~rɐ'ɲozu (-ɔ-)] verlogen.

marasmo [~'raʒmu] *m* Kräfteverfall *m*; Hinfälligkeit *f*; Stumpfheit *f*.

marat|ona [mɐrɐ'tonɐ] *f* Marathonlauf *m*; **~ónico** [~'tɔniku] Marathon..., endlos.

marau [mɐ'rau] *m* Halunke *m*.

maravalhas [~rɐ'vaʎɐʃ] *f/pl.* Hobelspäne *m/pl.*; *fig.* Nichtigkeiten *f/pl.*

maravilh|a [~'viʎɐ] *f* Wunder *n*; *à ~* wundervoll, herrlich; *às mil ~s* ganz herrlich; *fazer* (*dizer*) *~s* Wunderdinge vollbringen (erzählen); *uma ~!* wunder-bar!, -voll!; **~ar** [~vi'ʎar] (1a) wundern; in Erstaunen setzen; **~oso** [~vi'ʎozu] wunderbar; wundervoll.

marc|a ['markɐ] *f* Zeichen *n*; Marke *f*; Markierung *f*; Seezeichen *n*; Stempel *m*; Namenszug *m*; Waren-, Wäsche-zeichen *n*; Merkzeichen *n*; *Brand-*, *Wund-*Mal *n*; Spur *f*; Narbe *f*; Mark *f*, Grenze *f*; *ponto m de ~* Stickstich *m*; *de ~*, *de ~ G* (*od. maior*) ersten Ranges; von Format; Erz...; außergewöhnlich; *ir fora das ~s*, *passar (d)as ~s*, *ultrapassar* (*od. exceder*) *as ~s* zu weit gehen; **~ação** [mɐrkɐ'sɐ̃u] *f* Markierung *f*; (Be-, Aus-)Zeichnung *f*; ⚓ Peilung *f*; *tea.* (Platz-)Vorbestellung *f*; Belegen *n der Plätze*; *Glücksspiel*: Setzen *n*; Einsatz *m*.

marçano [mɐr'sɐnu] *m* (Kaufmanns-)Lehrling *m*, F Stift *m*.

marc|ante [mɐr'kɐ̃ntə] markant; **~ar** [~ar] (1n; *Stv.* 1b) markieren; zeichnen; aus-, be-zeichnen; *Stelle im Buch* anstreichen; *Platz* belegen *od.* vorbestellen; *tel.* wählen; *Spiel* setzen auf (*ac.*); *Stiche* machen; *Silber usw.* stempeln; *Frist*, *Marschroute* fest-legen, -setzen; *Zeit*, *Punkte usw.* angeben, (an)zeigen; aufschreiben; *Sport*: *Tor* schießen; *Takt* schlagen; ⚓ anpeilen; *~ em* hervor-ragen, -stechen in (*dat.*); *~ (o) passo* auf der Stelle treten; *fig.* nicht von der Stelle kommen.

marcen|aria [mɐrsənɐ'riɐ] *f* Möbeltischlerei *f*; **~eiro** [~'neiru] *m* Möbel-schreiner *m*, -tischler *m*.

marcha ['marʃɐ] *f* Gang *m* (*a. fig.*); ⊕ *a.* Lauf *m*; ⚔ *u.* ♪ Marsch *m*; 🚂 *usw.* Fahrt(geschwindigkeit) *f*; *Fest-*Zug *m*, Vorbeimarsch *m*; *Stern-*Bewegung *f*; *fig.* Verlauf *m*; Fortgang *m*, Entwicklung *f*; *~ acelerada* Eil-, *~ forçada* Gewalt-, *~ fúnebre* Trauermarsch *m*; (*fazer*) *~ atrás*, *bras. ~ à ré auto.* Rückwärtsgang *m* (rückwärts fahren); *estar em ~* im Gange sn; laufen (*Maschine*); fahren (*Fahrzeug*); marschieren (*Truppen*); *pôr em ~* in Gang bringen; *Maschine* anlaufen (*Fahrzeug* anfahren) l.; *Truppen* in Marsch setzen; ⚒ anblasen; *pôr-se em ~* in Gang kommen; an-laufen, -fahren; sich in Marsch setzen.

marchante [mɐr'ʃɐ̃ntə] *m* (Schlacht-) Viehhändler *m*.

marchar [~'ʃar] (1b) marschieren; gehen; laufen (*Maschine*); fahren (*Fahrzeug*); sich bewegen (*Sterne*); *fig.* fortschreiten; sich entwickeln.

marche-marche ⚔ [ˌmarʃə'marʃə] *a ~* im Laufschritt; *~!* marsch marsch!

marchet|ado [mɐrʃə'taðu] *m* Einlegearbeit *f*; **~ar** [~ar] (1c) *Kästchen usw.* auslegen; *Perlmutter usw.* einlegen; *fig.* schmücken; **~aria** [~tɐ'riɐ] *f* Kunsttischlerei *f*; **~eiro** [~eiru] *m* Kunsttischler *m*.

marcial [~'sjał] kriegerisch; Kriegs...

marco ['marku] *m* **a**) Grenz-, Kilometer-, Meilen-stein *m*; Grenzpfahl *m*; *~ postal* Briefkasten *m*; **b**) Mark *f*

(*Münze*); *três* ~*s* drei Mark.
Março ['marsu] *m* März *m*.
maré [mɐ'rɛ] *f* Tide *f*, Flut *f*; *fig.* Gelegenheit *f*; *as* ~*s* die Gezeiten *pl.*; ~ *alta* höchste(r) Stand *m* der Flut, Hochwasser *n*; ~ *baixa* tiefste (-r) Stand *m* der Flut, tiefste(r) Wasserstand *m*; ~ *enchente* Flut *f*; ~ *vazante* Ebbe *f*; *a* ~ *enche* (*vaza*) es flutet (ebbt); die Flut steigt (fällt); *remar* (*od. ir, nadar*) *contra a* ~ gegen den Strom schwimmen.
mare|ação [mɐrjɐ'sɐ̃u] *f* Seefahrt *f*; *gente f de* ~ Seeleute *pl.*; **~agem** [~'rjaʒɐ̃i] *f* Takelung *f*; Kurs *m*; Seefahrt *f*; **~ante** [~'rjɐ̃ntə] **1.** *adj.* seefahrend; See...; **2.** *m* Seefahrer *m*; **~ar** [~'rjar] (1l) *Schiff* führen, steuern; *Segel* handhaben, bedienen; seekrank (*od.* übel [*dat.*]) m.; trüben; *v/i.* zur See fahren; schiffen; seekrank w.; anlaufen (*Metall*); *agulha f de* ~ Kompaß(nadel *f*) *m*.
marechal [mɐrɨ'ʃaɫ] *m* Marschall *m*; ~ *de campo* Feldmarschall *m*.
marégrafo [mɐ'rɛɣrɐfu] *m* Pegel *m*.
mare|jar [~rɨ'ʒar] (1d) durchlässig sn; durchsickern; tropfen; **~moto** [marə'mɔtu] *m* Seebeben *n*.
marfim [mɐr'fĩ] *m* Elfenbein *n*; *deixar correr o* ~ den Dingen ihren Lauf l.
marg|a ['margɐ] *f* Mergel *m*; **~ar** [mɐr'gar] (1o; *Stv.* 1b) mergeln.
margari|da [mɐrgɐ'riðɐ] *f* ⚘ Margerite *f*; ~ *anual*, ~ *do campo* Gänseblümchen *n*; **~na** [~nɐ] *f* Kunstbutter *f*, Margarine *f*; **~ta** [~tɐ] *f* Perlmuschel *f*; Perle *f*; = ~*da*.
marg|ear [mɐr'ʒjar] (1l) entlanggehen, -fahren, -laufen; begleiten; einfassen, säumen; **~em** ['marʒɐ̃i] *f* Rand *m*; *Fluß*-Ufer *n*; (Feld-)Rain *m*; *Acker*-Balken *m*; *fig.* Spielraum *m*, Möglichkeit *f*; Anlaß *m*; *à* ~ *de* neben (*dat.*); außerhalb (*gen.*); *deitar* (*od. lançar*) *à* ~ beiseite tun *od.* l.; übergehen; *dar od. deixar* ~ *para* erlauben (*ac.*); *tenho* ~ *para isto* das kann ich m.
marginal [~ʒi'naɫ] Ufer...; Rand...; marginal; *homem m* ~ Außenseiter *m*, Outsider *m*; **~idade** [~nɐli'ðaðə] *f* Randexistenz *f*; **~ização** [~nɐlizɐ'sɐ̃u] *f* Randbemerkung *f*; **~izado** [~nɐli'zaðu] *m* Außenseiter *m*; **~izar** [~nɐli'zar] (1a) ins Abseits (*od.* an den Rand [*z. B. der Gesellschaft*]) drängen; ausschalten.
marginar [~ʒi'nar] (1a) mit Randbemerkungen versehen; ~ *um livro com a/c.* et. in e-m Buch an den Rand schreiben; = *margear*.
mariano [mɐ'rjɐnu] Marien...
marialva [~'rjaɫvɐ] **1.** *m* Geck *m*, „Playboy" *m*; **2.** *adj.* geckenhaft.
maribondo *bras.* [mari'βõndu] *m* Wespe *f*.
maricão, -as [mɐri'kɐ̃u, -'rikɐʃ] **1.** *m* weibische(r) Mensch *m*; Feigling *m*; **2.** *adj.* feig.
marid|ar [~ri'ðar] (1a) verheiraten; **~o** [~'riðu] *m* (Ehe-)Mann *m*; Gatte *m*.
marimacho [~ri'maʃu] *m* Mann- [weib *n*.]
marimba [~'rĩmbɐ] *f* Kafferntrommel *f*; *bras.* F Klapperkasten *m*.
marinha [~'riɲɐ] *f* Marine *f*; *Kriegs-*, *Handels*-Flotte *f*; Saline *f*; *pint.* Seestück *n*.
marinh|agem [~ri'ɲaʒɐ̃i] *f* Seeleute *pl.*; Seewesen *n*; **~ar** [~ar] (1a) *Schiff* bemannen *od.* steuern; *v/i.* Seefahrer sn; **~(eir)aria** [~ɲ(ei-r)ɐ'riɐ] *f* Steuermannskunde *f*; **~(eir)esco** [~ɲ(eir)'eʃku] seemännisch; **~eiro** [~eiru] **1.** *m* Seemann *m*; Matrose *m*; ~ *de água doce* Landratte *f*; **2.** *adj.* Seemanns...; See...; **~o** [~'riɲu] (*a.* **marino** [~'rinu]) Meer..., See...
mariola [mɐ'rjɔlɐ] **1.** *m* Laufbursche *m*, Dienstmann *m*; *bsd. fig.* Halunke *m*; **2.** *adj.* schuftig, gemein.
mariposa [mɐri'pozɐ] *f* Schmetterling *m*.
mariscos [~'riʃkuʃ] *m/pl.* eßbare Meerestiere *n/pl.*, „Frutti di Mare" *m/pl.*; *sopa f de* ~ Krebssuppe *f*.
marítimo [~'ritimu] **1.** *adj.* See...; Hafen...; seefahrend; Seemanns...; **2.** *m* Seemann *m*.
marmel|ada [mɐrmə'laðɐ] *f* (Quitten-)Marmelade *f*; **~eiro** [~eiru] *m* Quittenbaum *m*; **~o** [~'mɛlu] *m* Quitte *f*.
marmita [~'mitɐ] *f* (Koch-)Topf *m*; Kessel *m* (*a. geol.*); Kochgeschirr *n*.
mármore ['marmurə] *m* Marmor *m*.
marm|óreo [mɐr'mɔrju] marmorn, Marmor...; **~orear** [~mu'rjar] (1l) = **~orizar** [~muri'zar] (1a) marmorieren.
marmota [~'mɔtɐ] *f* Murmeltier *n*; (*pescada f*) ~ *s. pescadinha*.
marnota [~'nɔtɐ] *f* Salzgarten *m*.

marom|a [mɐ'romɐ] *f* Seil *n*; *andar na* ~ auf dem Seil tanzen; *fig.* schwer zu schaffen h.; **~ba** [~'rõmbɐ] *f* Balancierstange *f*; *fig.* unhaltbare(r) Lage *f* (Zustand *m*).
marosca P [~'roʃkɐ] *f* Schwindel *m*.
maroto [mɐ'rotu] **1.** *m* Taugenichts *m*, Lump *m*; Gauner *m*; **2.** *adj.* nichtsnutzig; verschlagen, gerissen.
marqu|ês [mɐr'keʃ] *m* Marquis *m*; *ehm.* Markgraf *m*; **~esa** [~ezɐ] *f* Marquise *f*; *ehm.* Markgräfin *f*; gepolsterte Sitzbank *f*, Sofa *n*; = *~ise*; **~esinha** [~kə'ziɲɐ] *f* Regen-, Wetter-dach *n*; *ehm.* Sonnenschirm *m*; **~ise** [~izə] *f* Vordach *n*; Markise *f*; Glasveranda *f*; 🚂 Bahnsteigdach *n*.
marra ['maʀɐ] *f* Jäthacke *f*; Keilhammer *m*; *Straßen*-Graben *m*; Lücke *f im Weinberg*.
marr|ã [mɐ'ʀɐ̃] *f* Jungsau *f*; **~ada** [~aðɐ] *f* Stoß *m*; **~ão** [~'ʀɐ̃u] *m* **a)** Jungschwein *n*; **b)** Keilhammer *m*; **~ar** [~ar] (1b) *mit dem Kopf* stoßen; einhämmern auf (*ac.*); *fig.* stoßen auf (*ac.*); sich trüben (*Wein*).
marrom *bras.* [ma'ʀõ] braun.
marroqu|im [~ʀu'kĩ] *m* Saffian (-leder *n*) *m*; **~ino** [~inu] **1.** *adj.* marokkanisch; **2.** *m* Marokkaner *m*.
marsupial [mɐrsu'pjał] *m* Beuteltier *n*.
marta ['martɐ] *f* Marder *m*.
Marte [~ə] *m* Mars *m*.
martel|ada [mɐrtə'laðɐ] *f* Hammerschlag *m*; Gehämmer *n*; **~agem** [~aʒɐ̃i] *f* ⊕ Hämmern *n*; **~ar** [~ar] (1c) hämmern; *fig.* einhämmern auf (*ac.*), bearbeiten; bestürmen; mürbe m.; *Thesen* einhämmern; *Thema* zu Tode reiten; herumreiten auf (*dat.*); **~o** [~'tɛlu] *m* Hammer *m*; ~ *pilão* Dampfhammer *m*; (*peixe*) ~ Hammerfisch *m*; *a* ~ *fig.* mit Gewalt, F mit dem Holzhammer.
mártir ['martir] *su.* Märtyrer(in *f*) *m*; *fig. a.* Dulder(in *f*) *m*.
mar|tírio [mɐr'tirju] *m* Martyrium *n*, Märtyrertod *m*; *fig.* Marter *f*; **~tirizar** [~tiri'zar] (1a) martern, quälen.
marujo [mɐ'ruʒu] *m* Matrose *m*, Seemann *m*.
marulh|ado [~ru'ʎaðu] überflutet; **~ar** [~ar] (1a) fluten, sich wälzen; hochgehen, brausen; **~o** [~'ruʎu] *m* Seegang *m*; Brausen *n*; Wirrwarr *m*; Tumult *m*; **~oso** [~'ʎozu (-ɔ-)] aufgewühlt, wogend; brausend.
marxi|smo [mɐrk'siʒmu] *m* Marxismus *m*; **~sta** [~ʃtɐ] **1.** *su.* Marxist(in *f*) *m*; **2.** *adj.* marxistisch.
mas [mɐʃ] **1.** *cj.* aber; *nach e-r Verneinung*: sondern; *zur Verstärkung*: aber wirklich; **2.** *Zssg. der pron. me u. as.*
mascar [~'kar] (1n; *Stv.* 1b) kauen; *fig.* F *Plan* (aus)brüten; *j-m et.* vorkauen; *v/i. fig.* brummeln.
máscara ['maʃkɐrɐ] *f* Maske *f* (*largar od. deixar* fallen l. *od.* abwerfen); *tirar a* ~ *a* entlarven (*ac.*).
mascar|ada [mɐʃkɐ'raðɐ] *f* Maskerade *f*, Mummenschanz *m*; **~ão** [~ɐ̃u] *m* △ Maskaron *m*, Fratzengesicht *n*; **~ar** [~ar] (1b) maskieren; verkleiden; verbergen; verstellen; **~ilha** [~iʎɐ] *f* Larve *f*.
mascarr|a [~'kaʀɐ] *f* Rußfleck *m*; *Tinten*-Klecks *m*; Schmutz *m*; *fig.* Schandfleck *m*; **~ar** [~kɐ'ʀar] (1b) (be)kleckern; (be)klecksen.
mascate *bras.* [mas'katə] *m* (fliegende[r]) Händler *m*; *hist. etwa* Pfeffersack *m* (*Schimpfname für die Portugiesen von Recife*).
mascote *gal.* [mɐʃ'kɔtə] *f* Glücksbringer *m*, Maskottchen *n*.
masculino [mɐʃku'linu] männlich; stumpf (*Vers*).
másculo ['maʃkulu] männlich.
masmorra [mɐʒ'moʀɐ] *f* Verlies *n*; Kerker *m* (*a. fig.*).
massa ['masɐ] *f* Masse *f* (*a. fig.*); Menge *f*; *Tomaten*-Mark *n*; ⊕ *a.* Kitt *m*; *cul.* Teig *m*; Nudeln *f/pl.*; F Moneten *pl.*; *~-peso* Volumengewicht *n*; *~s pl. alimentícias* Teigwaren *f/pl.*; *em* ~ massenhaft; wie ein Mann; *estar com a(s) mão(s) na* ~ dabei sn; *meter as mãos na* ~ s-e Nase hineinstecken.
massacr|ar *gal.* [mɐsɐ'krar] (1b) niedermetzeln; **~e** [~'sakrə] *m* Blutbad *n*, Massaker *n*.
massag|em [mɐ'saʒɐ̃i] *f* Massage *f*; *dar* ~ *a* massieren (*ac.*); **~ista** [~sɐ'ʒiʃtɐ] *su.* Masseur *m*, Masseuse *f*.
massame [~'sɐmə] *m* Mauerwerk *n*; ⚓ Tauwerk *n*.
masseira [~'seirɐ] *f* Backtrog *m*.
massific|ação [~səfikɐ'sɐ̃u] *f* Vermassung *f*; **~ador, ~ante** [~kɐ'ðor, ~'kɐ̃ntə] Vermassungs..., vermassend; **~ar** [~'kar] (1n) zur Masse m.;

v/i. vermassen.
massi|lha [~'siʎɐ] *f* Papiermaché *n*; **~nha** [~ɲɐ] *f* Suppennudeln *f/pl.*
massivo *gal.* [~'sivu] massiv.
massudo [~'suδu] teigig; massig; plump.
mastig|ação [~ʃtiɣɐ'sɐ̃u] *f* Kauen *n*; **~ar** [~'ɣar] (1o) kauen; *fig.* durchkauen, durchdenken; murmeln.
mastim [~'tĩ] *m* Schäferhund *m*; *allg.* Köter *m*; *fig. a.* Spürhund *m.*
mástique ['maʃtikə] *m* Mastix *m.*
mastr|eação [mɐʃtrjɐ'sɐ̃u] *f* Bemastung *f*; **~ear** [~'trjar] (1l) bemasten; **~o** ['maʃtru] *m* Mast *m*; ~ *grande* Groß-, ~ *do traquete*, ~ *da proa* Fock-, Vor-, ~ *da mezena* Kreuz-, Besan-mast *m.*
masturb|ação [~turβɐ'sɐ̃u] *f* Selbstbefriedigung *f*, Masturbation *f*; **~ar-se** [~'βarsə] (1a) masturbieren.
mata ['matɐ] *f* Wald *m.*
mata|-bicho(s) [ˌmatɐ'βiʃu] *m*(*pl.*) Frühtrunk *m*; gute(r) Tropfen *m*; **~-borrão** (-**ões**) [~βu'ʀɐ̃u] *m*(*pl.*) Löschpapier *n*; **~-cavalos** [~kɐ'valuʃ]: *a* ~ mit verhängten Zügeln; spornstreichs; **~doiro**, **-ouro** [mɐtɐ'δoiru, -oru] *m* Schlachthof *m*; *fig.* Blutbad *n*; **~dor** [mɐtɐ'δor] *m* *taur.* Matador *m.*
matagal [mɐtɐ'ɣaɫ] *m* Dickicht *n*, Gebüsch *n*; Busch *m.*
matalot|agem [~lu'taʒɐ̃i] *f* Mundvorrat *m*, Verpflegung *f*; *fig.* Gemisch *n*; **~e** [~'lɔtə] *m* Seemann *m*; (Reise-)Gefährte *m*; Vorschiff *n.*
mata|-moiros, **~-mouros** (*pl. unv.*) [ˌmatɐ'moi-, ~'moruʃ] *m* Maulheld *m.*
matança [mɐ'tɐ̃sɐ] *f* Tötung *f*; Schlachtung *f*; Massenmord *m*; Gemetzel *n*; F Schinderei *f.*
matar [mɐ'tar] (1b; *p.p. morto*) töten, umbringen; *Vieh* schlachten; *Wild* erlegen; *Zeit* totschlagen; *Hunger usw.* stillen; ~ *o bicho* (*do ouvido de alg.*) F sich e-n genehmigen (j-m in den Ohren liegen); *bater* (*comer*) *a* ~ (sich) zu Tode prügeln (essen); *ficar a* ~ wunderbar stehen (aussehen); **~-se** sich umbringen (für *por*); umkommen (vor *por*); ~ *a trabalhar* sich zu Tode arbeiten.
mata-ratos (*pl. unv.*) [ˌmatɐ'ʀatuʃ] *m* Rattengift *n.*
mate ['matə] **1.** *m* **a**) *Schach*: Matt *n*; **b**) Mate *m* (*Tee*); **2.** *adj.* matt, glanzlos.
mateiro [mɐ'teiru] **1.** *m* Forstaufseher *m*; *bras.* Holzfäller *m*; Waldläufer *m*; **2.** *adj.* Wald...
matemátic|a(s) [~tə'matikɐ(ʃ)] *f* (*pl.*) Mathematik *f*; **~o** [~u] mathematisch.
matéria [~'tɛrjɐ] *f* Materie *f*, Stoff *m*; Mittel *n*; Gegenstand *m*, Thema *n*; Sache *f*; *bsd.* Lehrstoff *m*; ~-*-prima* Rohstoff *m*; *em* ~ *adj.* (*od. de su.*) auf dem Gebiet *su. gen.*; *entrar em* (*od. na*) ~ zur Sache kommen.
material [~tə'rjaɫ] **1.** *adj.* stofflich, körperlich; materiell (*a. fig.*); sachlich (*Fehler*, *Bedeutung*); geistlos (*Arbeit*); **2.** *m* Material *n*; Stoff *m.*
material|ismo [~rja'liʒmu] *m* Materialismus *m*; **~ista** [~iʃtɐ] materialistisch; **~ização** [~izɐ'sɐ̃u] *f* Verkörperung *f*; **~izar** [~i'zar] (1a) materialisieren; verkörpern; zum Materialisten m.
matern|al [~tər'naɫ] mütterlich, Mutter...; **~idade** [~ni'δaδə] *f* Mutterschaft *f*; (*casa da*) ♀ Entbindungsanstalt *f*; *Vossa* ♀ Ehrwürdige Mutter *f* (*Anrede*); **~o** [~'tɛrnu] = *maternal*; *avô m* ~ Großvater *m* mütterlicherseits.
matilha [~'tiʎɐ] *f* Meute *f.*
matin|al [~ti'naɫ] morgendlich, Morgen...; **~ar** [~ar] (1a) frühzeitig wecken; *fig.* einpauken; *v/i.* früh aufstehen; **~as** *rel.* [~'tinɐʃ] *f/pl.* Mette *f*; **~ée**, **~ê** [~'nɛ, -e] *f* Nachmittagsvorstellung *f* (*em* als).
matiz [~'tiʃ] *m* Farbgebung *f*; Tönung *f*, Schattierung *f*; (Farb-)Ton *m*; Schmelz *m*; Farbe *f*; **~ado** [~ti'zaδu] bunt; schillernd; **~ar** [~ti'zar] (1a) abstufen; tönen, färben; schmücken (mit *de*).
mato ['matu] *m* Busch *m*; Gestrüpp *n*; ~ *grosso bras.* Urwald *m*; *faca f do* ~ Hirschfänger *m*; **~so** [mɐ'tozu (-ɔ-)] buschig, Busch...
matraca [mɐ'trakɐ] *f* Klapper *f*; Knüppel *m*; *fig.* Stichelei *f.*
matraque|ado [~trɐ'kjaδu] erfahren; = *matreiro*; **~ar** [~ar] (1l) hänseln; auspfeifen; aufhetzen; P anlernen, einweihen.
matreiro [~'treiru] durchtrieben; gewitzt; tückisch.
matric|ida [~tri'siδɐ] **1.** *su.* Muttermörder(in *f*) *m*; **~ídio** [~iδju] *m* Muttermord *m.*

matrícula [~'trikulɐ] *f* Matrikel *f*; Register *n*, Verzeichnis *n*; ⚔ Stammrolle *f*; *uni.* Immatrikulation(sgebühr) *f*; *auto.* Kennzeichen *n.*
matricular [~triku'lar] (1a) einschreiben; *uni.* immatrikulieren.
matrim|onial [~trimu'njał] ehelich; Ehe...; **~ónio** [~'mɔnju] *m* Ehe *f*; Hochzeit *f.*
matriz [~'triʃ] **1.** *f* Matrix *f*; *anat.* Gebärmutter *f*; ⊕ Matrize *f*; *poét.* Quelle *f*; ~ *predial* Grundbuch *n*, Kataster *m*; ~ *(da contribuição) industrial* Gewerbesteuerrolle *f*; **2.** *adj.* Stamm...; Haupt...; Ur...
matul|a [mɐ'tulɐ] *f* Gesindel *n*; *bras.* Proviantsack *m*; **~agem** [~tu'laʒɐ̃i] *f* Landstreicherei *f*; Gesindel *n*; **~ão** [~tu'lɐ̃u] *m* Frechdachs *m.*
matungo *bras.* [ma'tũŋgu] **1.** *adj.*: *cavalo m* ~ = **2.** *m* Klepper *m.*
matur|ação [mɐturɐ'sɐ̃u] *f* Reife *f*; **~ar** [~'rar] (1a) reifen l.; *v/i.* (heran-)reifen; **~escência** [~iʃ'sẽsjɐ] *f* Reife(zustand *m*) *f*; **~idade** [~i'ðaðə] *f* Reife *f.*
matutar P [~tu'tar] (1a) grübeln; ~ *em* nachgrübeln über (*ac.*).
matutino [~'tinu] **1.** *adj.* Morgen...; morgendlich; früh; **2.** *m* Morgenzeitung *f*, -blatt *n.*
matuto [mɐ'tutu] **1.** *adj.* bäurisch; linkisch; F verschlagen; **2.** *m bras.* Hinterwäldler *m.*
mau [mau] **1.** *adj.* (*f má*) schlecht (*an sich*); schlimm (*Auswirkung*); übel; unangenehm; falsch, verkehrt; *moralisch* böse; unartig (*Kind*); ~ *de contentar* schwer zu befriedigen; *às más* im Bösen; mit Gewalt; *estar* ~ nicht in Ordnung sn; verschlissen (*od.* verdorben, falsch) sn; gereizt (*od.* schlechter Laune) sn; krank sn; *ser* ~ schlecht (*od.* schlimm, übel, böse) sn; *não é* ~! das läßt sich hören!; nicht übel!; **2.** *m* Böse(s) *n*; Böse(r) *m*; **3.** ~! *int.* o weh!, au!; falsch!; schlimm!
mavioso [mɐ'vjozu (-ɔ-)] liebevoll; zart; lieblich.
maxil|a [mak'silɐ] *f* Kiefer *m*; ~ *inferior (superior)* Unter- (Ober-) kiefer *m*; **~ar** [~si'lar] Kiefer...
máxim|a ['masimɐ] *f* Grundsatz *m*; Maxime *f*; **~o** [~u] **1.** *adj.* größt, höchst; Maximal..., Höchst...; **2.** *m* Maximum *n*; *das* Höchste; *das* Äußerste; *ao* ~ im höchsten Grade, äußerst; bestens; = *no* ~ höchstens; ~*s pl. auto.* Fernlicht *n.*
mazel|a [mɐ'zɛlɐ] *f* Wunde *f*; *fig.* Makel *m*; **~ar** [~zə'lar] (1c) wund reiben; mit Wunden bedecken; quälen; besudeln.
mazombo [~'zõmbu] **1.** *adj.* brummig; **2.** *m* Brummbär *m*; *bras.* hergelaufene(r) Kerl *m.*
me [mə] mir; mich.
meã [mjɐ̃] *adj. f. zu meão.*
meada ['mjaðɐ] *f* Strang *m* (*Garn*); *fig.* Intrige *f*; *retomar o fio à* ~ den Faden (*des Gesprächs*) wieder aufnehmen.
meado ['mjaðu] **1.** *adj.* halbiert; ~ *o mês* (in der) Mitte des Monats; *pão m* ~ Mischbrot *n*; **2.** *m* Mitte *f*; *até (a)o(s)* ~*(s) de* bis (zur) Mitte (*gen.*); *no* ~ (*od. em* ~*s*) *de* (in der) Mitte (*gen.*); *os* ~*s do ano (mês)* die Jahres- (Monats-)mitte.
mealh|a ['mjaʎɐ] *f fig.* Kleinigkeit *f*; *ein* bißchen; = *migalha*; **~eiro** [mjɐ'ʎeiru] **1.** *m* Spar-büchse *f*, -pfennig *m*; **2.** *adj.* Pfennig...
meandro ['mjɐ̃ndru] *m* Mäander *m*; Windung *f*; *fig.* Winkelzug *m.*
me|ão(s) [mjɐ̃u] **1.** *adj.* mittler; Mittel...; mittel-groß, -mäßig; **2.** *m(pl.) Deckel-*Knopf *m*; *Rad-*Nabe *f*; **~ar** [mjar] (1l) halbieren.
mecânic|a [mə'kɐnikɐ] *f* Mechanik *f*; Mechanismus *m*; ~ *de precisão* Feinmechanik *f*; **~o** [~u] **1.** *adj.* mechanisch; Maschinen...; **2.** *m Elektro-*, *Radio-*, *Fernseh-*, *Kfz.*-Mechaniker *m*; Maschinenschlosser *m.*
mecan|ismo [məkɐ'niʒmu] *m* Mechanismus *m*; Maschinerie *f*; Getriebe *n*; Vorrichtung *f*; **~izar** [~ni'zar] (1a) mechanisieren; **~ografia** [~nuɣrɐ'fiɐ] *f* Maschinenschreiben *n*; **~ográfico** [~nu'ɣrafiku] maschinenschriftlich; **~ógrafo** [~ɔɣrɐfu] *m* Schreibkraft *f.*
meças ['mɛsɐʃ] *f/pl.*: *pedir* ~ um Nachprüfung bitten; *fig. a.* sich vergleichen l.
mecenas [mə'senɐʃ] *m* Mäzen *m.*
mech|a ['mɛʃɐ] *f* Stangenschwefel *m*; Docht *m*; Lunte *f*; Speckstreifen *m*; *Haar-*Strähne *f*; ⊕ Zapfen *m*; ⚕ Scharpie *f*; *dar a* ~ *a* ausschwefeln (*ac.*); **~agem** [mɛ'ʃaʒɐ̃i] *f vin.* Ausschwefelung *f*; **~ar** [mɛ'ʃar] (1a)

Faß ausschwefeln; *Holzteile* inea.-fügen; *Fleisch* spicken; **~eiro** [mɛˈʃeiru] *m Lampen*-Tülle *f*.

meda [ˈme-, ˈmɛδɐ] *f* Dieme(n *m*) *f*, Feime(n *m*) *f*; *fig.* Haufen *m*.

medalh|a [məˈδaʎɐ] *f* Medaille *f*; Denkmünze *f*; **~ão** [~δɐˈʎɐ̃u] *m* Medaillon *n*; **~ário** [~δɐˈʎarju] *m* Münzkabinett *n*.

média [ˈmɛδjɐ] *f* Mittel(wert *m*) *n*; Durchschnitt(s-geschwindigkeit *f*, -leistung *f*, -note *f*, -umsatz *m*, -wert *m usw.*) *m*; *na ~* im Durchschnitt, durchschnittlich.

medi|ação [məδjɐˈsɐ̃u] *f* Vermittlung *f*; **~ador** [~ɐˈδor] **1.** *adj.* vermittelnd; **2.** *m* Vermittler *m*; **~al** [~ˈδjał] mittler; Mittel...; medial; **~aneiro** [~ɐˈneiru] = *~ador*; **~ana** [~ˈδjɐnɐ] *f* Mittel-linie *f*, -wert *m*; **~ania** [~ɐˈniɐ] *f* Mittelmaß *n*; Mittelmäßigkeit *f*; Mitte *f*; **~ano** [~ˈδjɐnu] mittelmäßig, mittler; Mittel...; **~ante** [~ˈδjɐ̃ntə] vermittelnd; *prp.* (ver)mittels (*gen.*); durch (*ac.*); unter (*dat.*); dank (*dat.*); **~ar** [~ˈδjar] (1h) halbieren; vermitteln; *v/i. ~ entre ... e*, *~ de ... a* liegen zwischen ... (*dat.*) und; **~ato** [~ˈδjatu] mittelbar.

medi|cação [məδikɐˈsɐ̃u] *f* Medikation *f*; **~cal** [~ˈkał] ärztlich; **~camento** [~kɐˈmẽntu] *m* (Arznei-) Mittel *n*, Medikament *n*; **~camentoso** [~kɐmẽnˈtozu (-ɔ-)] heilend, Heil...; medikamentös.

medição [~ˈsɐ̃u] *f* Messung *f*.

medi|car [~ˈkar] (1n) Arznei verordnen (*dat.*); behandeln; **~castro** [~ˈkaʃtru] *m* Quacksalber *m*; **~cina** [~ˈsinɐ] *f* Medizin *f*, Heilkunde *f*; Heilmittel *n*; *~ legal* Gerichtsmedizin *f*; **~cinal** [~siˈnał] Heil...; heilkräftig; **~cinar** [~siˈnar] (1a) = *~car*.

médico [ˈmɛδiku] **1.** *m*, **-a** *f* Arzt *m*, Ärztin *f*; Mediziner(in *f*) *m*; *~-especialista* Facharzt *m*; **2.** *adj.* ärztlich; medizinisch; Heil...

medid|a [məˈδiδɐ] *f* Maß *n* (*a. fig.*); Maßstab *m* (*a. fig.*); *lit.* Versmaß *n*; ♪ Takt *m*; Messung *f*; *prov. u. bras.* Metze *f* (*Trockenmaß v. 10—20 l*); *fig.* Maß-nahme *f*, -regel *f* (*tomar* ergreifen); Maßgabe *f*; Ausmaß *n*; Mäßigung *f*; *~ de capacidade* (*para líquidos, para secos*) Hohl- (Flüssigkeits-, Trocken-)maß *n*; *~ de comprimento* (*od. extensão*) Längenmaß *n*; *~ de peso* Gewicht(s-einheit *f*) *n*; *~ de superfície* (*volume*) Flächen- (Körper-)maß *n*; *à ~, sob ~* nach Maß; *à ~ de* nach Maßgabe (*gen.*), gemäß (*dat.*); *à ~ que, na ~ em que* in dem Maße als; soweit, sofern; *em boa ~* weitgehend; *sem ~* maß-, zahl-los; *dar a ~ de* ermessen l. (*ac.*); *encher as ~s* durchaus zufriedenstellen; *não estar com meias ~s* F nicht lange fackeln; *ter a ~* (*exacta*) *de* ermessen können (*ac.*); *tirar* (*od. tomar*) *a(s) ~(s)* Maß nehmen; messen; **~or** [məδiˈδor] *m* (Ver-)Messer *m*; Zähler *m*.

medieval, -vo [məδjəˈvał, məˈδjɛvu] mittelalterlich.

médio [ˈmɛδju] **1.** *adj.* mittler, Mittel...; durchschnittlich, Durchschnitts...; *classe f -a* Mittelstand *m*; *~-burguês* kleinbürgerlich; **2.** *m Sport*: Läufer *m*; *~-centro m* Mittelläufer *m*; *~s pl. auto* Abblendlicht *n*. [*bras.* „ausreichend".]

medíocre [məˈδiukrə] mittelmäßig; ∫

medir [məˈδir] (3r) (ab)messen; durchmessen; ermessen, (ab-) schätzen; mustern; ab-, er-wägen; *Worte* wägen; *~ armas* (*od. a espada*) *com* sich schlagen mit; *~ o chão com o corpo* lang hinschlagen; *não ter mãos a ~* alle Hände voll zu tun haben.

medit|abundo [məδitɐˈβũndu] = *~ativo*; **~ação** [~ɐˈsɐ̃u] *f* Nachdenken *n*; Betrachtung *f*; Meditation *f*; **~ar** [~ˈtar] (1a) nachdenken über (*ac.*); durchdenken; erwägen, planen; *v/i.* nachdenken, sinnen; meditieren; **~ativo** [~ɐˈtivu] nachdenklich; versonnen.

mediterrân|eo [~təˈʀɐnju] mittelmeerländisch, Mittelmeer...; *o* (*Mar*) ♀ das Mittelmeer; **~ico** *bras.* [~niku] = *~eo adj.*

med|o [ˈmeδu] *m* Angst *f* (*de* vor [*dat.*]); *a ~* ängstlich; *com ~* aus Angst; *andar* (*od. estar*) *com* (*sem*) *~* (nicht) ängstlich sn; *meter ~* Angst einjagen, ängstigen (*ac.*); **~onho** [məˈδoɲu] fürchterlich.

medr|a, ~ança [ˈmɛδrɐ, məˈδrɐ̃sɐ] *f* Wachstum *n*; Gedeihen *n*; Entwicklung *f*; **~ar** [məˈδrar] (1c) zum Wachsen (*od. fig.* vorwärts-) bringen; entwickeln; fördern; *v/i.* wachsen; gedeihen; vorwärts-

kommen.
medrica(s) [mə'ðrikɐ(ʃ)] *su.* Angsthase *m.*
medronh|eiro [~ðru'ɲeiru] *m* Erdbeerbaum *m*; **~o** [~'ðroɲu] *m* Baumerdbeere *f.*
medroso [~'ðrozu (-ɔ-)] furchtsam, ängstlich.
medul|a [mə'ðulɐ] *f* Mark *n*; *fig.* Kern *m*; **~ar** [~ðu'lar] Rückenmarks...; Mark...; **~oso** [~ðu'lozu] Mark...; *fig.* geschmeidig, weich.
medusa [mə'ðuzɐ] *f* Qualle *f.*
meeiro ['mjeiru] **1.** *adj.* zu halbieren(d); **2.** *m* Halbpächter *m.*
mef|ítico [mə'fitiku] verpestet, Pest...; **~itismo** [~fi'tiʒmu] *m* Verpestung *f.*
mega|fone [məɣɐ'fɔnə] *m* Sprachrohr *n*; **~lomania** [~lumɐ'niɐ] *f* Größenwahn *m*; **~lómano** [~'lɔmɐnu] größenwahnsinnig.
meia ['mejɐ] *f* **a**) Strumpf *m*; Strickerei *f*; ~ *curta bras.* Socke *f*; (*obra*) *f de* ~ Strickarbeit *f*; *fazer* ~ stricken; **b**) *bras.* sechs; **c**) *~s pl.* Halbpart-geschäft *n*, -vertrag *m*; *a ~s, de ~s* auf halbpart; zu gleichen Teilen; *entrar de ~s em* sich als Halbpartner beteiligen an (*dat.*); **~-água** [~'aɣwɐ] *f* Pultdach *n*; Dachstock *m*; **~-cana** [~'kɐnɐ] *f* Hohl-eisen *n*, -feile *f*; Hohlkehle *f*; *de* ~ kanneliert; **~-cara** [~'karɐ] *de* ~ *bras.* umsonst, schwarz; unentgeltlich; **~-direita** (**-esquerda**) [~ði'reitɐ(iʃ'kerðɐ)] *m* Halbrechte(r) *m* (-linker *m*); **~-idade** [~i'ðaðə] *f* mittlere(s) Alter *n*; **~-laranja** [~lɐ'rẽʒɐ] *f* Halbrund *n*; Halbkreis *m*; **~-lona** [~'lonɐ] *f* Segeltuch *n*; **~-lua** [~'luɐ] *f* Halbmond *m*; **~-luz** [~'luʃ] *f* Dämmerlicht *n*; **~-nau** [~'nau] *f*: *a* ~ mittschiffs; **~-noite, ~-noute** [~'noitə, ~'notə] *f* Mitternacht *f*; **~s-calça**(s) [~ʃ'kałsɐ(ʃ)] *f/pl.* Strumpfhose *f*; *dois pares de* ~ zwei Strumpfhosen; **~-tinta** [~'tĩntɐ] *f* Halbton *m*; Halbschatten *m.*
mei|go ['meiɣu] zärtlich; zutraulich; **~guice** [mei'ɣisə] *f* Zärtlichkeit *f*; Zutraulichkeit *f.*
meio ['meju] **1.** *adj.* halb; *um e* ~, *uma e -a* anderthalb; *dois* (*três*) *e* ~, *duas* (*três*) *e -a* zwei- (drei-) einhalb; *-a hora* a) halb eins, halb ein Uhr; b) eine halbe Stunde; *duas* (*três*) *horas e -a* a) halb drei (vier) Uhr; b) zwei- (drei-)einhalb Stunden; ~ *litro* ein halbes Liter; *-as palavras* (*od. razões*) *f/pl.* Andeutungen *f/pl.*; **2.** *adv.* halb, zur Hälfte; **3.** *m* Mitte *f*; (Hilfs-) Mittel *n*; Werkzeug *n*; Umwelt *f*, Milieu *n*; *fís.* Medium *n*; *justo* ~ *der* Goldene Mittelweg; *do* ~ (in) der Mitte; mittler; *em* ~ *de* (*od. a*) mitten unter (*dat.*); = *no* ~ *de* inmitten (*gen.*); mitten in (*od.* auf, an) (*ac. od. dat.*); *por* ~ *de* (ver)mittels (*gen.*); *deixar* (*ficar*) *em* ~ liegen- l. (-bleiben); *estar em* ~ halb fertig sn; mitten im Gange sn; *não haver* ~ ganz unmöglich sn; nicht wollen (*od.* können); **4.** *~s pl.* (Geld-)Mittel *n/pl.*; Vermögensumstände *m/pl.*; *Lei f de* ♀*s pol.* Etat *m.*
meio-|busto [~'βuʃtu] *m* Kopf (-bild *n*) *m*; **~corpo** [~'korpu] *m* Oberkörper *m*, Büste *f*; **~dia** [~'ðiɐ] *m* Mittag *m*, Süden *m*; *ao* (é) ~ um (es ist) 12 Uhr; *antes do* ~ am Vormittag; **~fio** [~'fiu] *m bras.* Bord-kante *f*, -stein *m*; **~pesado**(s) [~pə'zaðu] *m*(*pl.*) *Sport*: Mittelgewicht *n*; **~relevo** [~ʀə'levu] *m* Halbrelief *n*; **~soprano** [~su'prɐnu] *m* Mezzosopran *m*; **~termo** [~'termu] *m s. termo.*
mel [mɛł] *m* Honig *m*; *dez réis de* ~ *coado* Pfifferling *m*; *palavras f/pl. de* ~ honigsüße Worte *n/pl.*; *dar* ~ *pelos beiços* Honig ums Maul schmieren; *ser de* ~ *com* überaus freundlich sn zu; **~aço** [mə'lasu] *m* Melasse *f*; Sirup *m*; **~ado** [mə'laðu] honig-farben, -süß.
melan|cia [məlẽ'siɐ] *f* Wassermelone *f*; **~cial** [~'sjał] *m* Wassermelonenpflanzung *f.*
melanc|olia [məlẽŋku'liɐ] *f* Schwermut *f*; Trübsinn *m*; **~ólico** [~'kɔliku] schwermütig; trübsinnig; *estar* ~ Trübsinn blasen
melão [mə'lɐ̃u] *m* Melone *f.*
melena [mə'lenɐ] *f* Schopf *m.*
melga ['mɛłɣɐ] *f* Schnake *f*; ~ (*dos prados*) Rotklee *m.*
melhor [mɨ'ʎɔr] **1.** *adj.* **a**) *comp.* besser; *levar a* ~ die Oberhand gewinnen, siegen; *para dizer* ~! richtiger, besser!; **b**) *Sup.* I. *attributiv*: best; II. *prädikativ*: am besten; **2.** *adv. comp.* besser; *sup.* am besten; **3.** *m das* Beste; *o* ~ *possível* so gut wie möglich; bestens;

4. *int.* ~! um so besser!; **~a** [mɨ'ʎɔrɐ] *f* Besserung *f*; *estimo as suas ~s* (*as ~s de*) gute Besserung (für).

melhor|amento [mɨʎurɐ'mẽntu] *m* Verbesserung *f*; Melioration *f*; **~ar** [~'rar] (1e) verbessern; wiederherstellen; bevorzugen; steigern; *v/i.* sich (ver)bessern; besser (*od.* gesund) w.; vorwärtskommen; *melhorou de posição* (*saúde*) seine Stellung (Gesundheit) hat sich verbessert (gebessert); **~ia** [~'riɐ] *f* Besserung *f* (*ter* erfahren); Verbesserung *f*; Vorteil *m*; *~ de vencimentos* Gehaltsaufbesserung *f*.

meliante [mə'ljẽntə] *m* Taugenichts *m*; Bösewicht *m*.

mélico ['mɛliku] **a**) Honig...; süß; **b**) melodisch, wohlklingend.

melí|fero [mə'lifəru] honigerzeugend, Honig...; **~fico** [~fiku] Honig...; *fig.* süß; **~fluo** [~fluu] *fig.* honigsüß, lieblich.

melindr|ar [məlĩn'drar] (1a) verletzen, kränken; **~ar-se** sich verletzt fühlen; gekränkt sn; **~e** [~'lĩndrə] *m* Empfindlichkeit *f*; Zartgefühl *n*; Zimperlichkeit *f*; ⚘ Balsamine *f*; *cul.* Honigkuchen *m*; **~oso** [~ozu(-ɔ-)] empfindlich; zart (besaitet); zimperlich; heikel.

melissa [mə'lisɐ] *f* Melisse *f*.

melo|a [mə'loɐ] *f* runde Melone *f*; *abóbora ~* Melonenkürbis *m*; **~al** [mə'lwaɫ] *m* Melonenfeld *n*.

melo|dia [məlu'δiɐ] *f* Melodie *f*; Weise *f*; **~dioso** [~'δjozu (-ɔ-)] melodisch; wohlklingend; **~peia** [~'pejɐ] *f fig.* Sprachmelodie *f*, Tonfall *m*; melodische(r) Vortrag *m*; **~so** [~'lozu (-ɔ-)] honigsüß.

melro ['mɛlʀu] *m* Amsel *f*; *fig.* Schlaufuchs *m*; *~ dourado* Pirol *m*.

membran|a [mẽm'brɐnɐ] *f* Häutchen *n*, Membran(e) *f*; **~oso** [~brɐ'nozu (-ɔ-)] häutig.

membr|o ['mẽmbru] *m* Glied *n*; Mitglied *n*; **~udo** [mẽm'bruδu] starkgliedrig; stämmig.

memor|ando [məmu'rẽndu] **1.** *adj.* = *~ável*; **2.** *m* = **~ândum** [~ẽndũ] *m* Denkschrift *f*; Memorandum *n*; Merkbuch *n*; ⚜ Ankündigung *f*, Mitteilung *f*; **~ar** [~ar] (1e) erinnern an (*ac.*); festhalten; = *comemorar*; **~ável** [~avɛɫ] denkwürdig.

memória [mə'mɔrjɐ] *f* Gedächtnis *n*; Andenken *n*; Erinnerung *f* (an [*ac.*] *de*); Denkmal *n*; Verzeichnis *n*; Aufzeichnung *f*; Bericht *m*; Denkschrift *f*; *digno de ~* denkwürdig; *de ~* auswendig; im (*od.* aus dem) Kopf; *de boa* (*má*) *~* (un)seligen Andenkens; *em* (*od.* *à*) *~ de* zum Andenken an (*ac.*); ... (*dat.*) zum Gedächtnis; *ter de ~* sich (noch) erinnern an (*ac.*); im Kopf h.; *varrer da ~* aus dem Gedächtnis streichen; die Erinnerung an *et.* *od.* *j-n* auslöschen; *~s pl.* Memoiren *f/pl.*; Aufzeichnungen *f/pl.*, Denkwürdigkeiten *f/pl.*

memori|al [məmu'rjaɫ] *m* Merkbuch *n*; Eingabe *f*; Aufzeichnung *f*; **~ar** [~ar] (1g) aufzeichnen.

menagem [mə'naʒɐ̃i] *f*: *torre f de ~* Bergfried *m*.

men|ção [mẽ'sɐ̃u] *f* Erwähnung *f*; P Absicht *f*; *fazer ~ de* erwähnen (*ac.*); P die Absicht h. (*od.* sich anschicken) zu; **~cionar** [~sju'nar] (1f) erwähnen.

mendi|cante [mẽndi'kẽntə] **1.** *adj.* Bettel...; **2.** *m* = *~go*; **~cidade** [~si'δaδə] *f* Bettelei *f*; Bettlerunwesen *n*; *asilo m de ~* Armenhaus *n*; **~gar** [~'ɣar] (1o) betteln um, erbetteln; *v/i.* betteln; **~go** [~'diɣu] *m* Bettler *m*.

mendubi, -ubim, -uí [mẽndu'βi, -u'βĩ, ~'dwi] *m* Erdnuß *f*.

mene|ar [mə'njar] (1l) schwenken; schütteln; handhaben, führen; *~ a cabeça* (*cauda*) mit dem Kopf (Schwanz) nicken (wedeln); **~ar-se** schwanken; **~ável** [~avɛɫ] beweglich; handlich; biegsam.

meneio [mə'neju] *m* Geste *f*; Wink *m*; Handhabung *f*, Führung *f*; *fig.* Machenschaft *f*; Kniff *m*.

menestrel [~nɨʃ'trɛɫ] *m hist.* Spielmann *m*.

menin|a [mə'ninɐ] *f* (kleines) Mädchen *n*; Fräulein *n*; *~ do olho* Augenstern *m*, Pupille *f*; *fig.* *a.* Liebling *m*; **~eiro** [~ni'neiru] kindlich; kinderlieb.

menin|ge [~'nĩʒə] *f* Hirnhaut *f*; **~gite** [~nĩ'ʒitə] *f* Hirnhautentzündung *f*, Meningitis *f*.

menin|ice [~ni'nisə] *f* Kindheit *f*; Kindlichkeit *f*; Kinderei *f*; **~o** [~'ninu] *m* (kleiner) Junge *m*; *der* junge Herr *m*; *os ~s* die Kinder.

menisco [~'niʃku] *m* Meniskus *m*.

menopausa [mɛnɔˈpauzɐ] *f* Wechseljahre *n/pl.*, Menopause *f.*
menor [məˈnɔr] **1.** *comp.* kleiner; geringer; minder; jünger; minderjährig, unmündig; nieder, unter; *águas f/pl.* ~*es* ⚕ Fruchtwasser *n*; *tom m* ~ Molltonart *f*; *dó* (*ré*, *lá*) ~ c- (d-, a-)Moll; *terça* (*sexta*, *sétima*) *f* ~ kleine Terz *f* (Sext, Sept *f*); **2.** *su.* Minderjährige(r *m*) *m, f*; **~idade** [~nuriˈðaðə] *f* Minderjährigkeit *f*; *fig. der* kleinere Teil.
menos [ˈmenuʃ] **1.** *adv.* weniger; minder; abzüglich; ~ *mal* ganz gut; *tudo quanto há* (*od. havia*) *de* ~ alles andere als; *a* ~, *de* ~ zu wenig; *a* ~ *que* es sei denn, daß; falls ... nicht; *em* (*por*) ~ *de* in (für) weniger als; **2.** *prp.* außer (*dat.*); *tudo*, ~ *isso* nur das nicht; **3.** *m das* Wenigste; *ao* ~, *pelo* ~, *quando* ~ wenigstens, mindestens; **~cabar** [~kɐˈβar] (1b) schmälern; in Mißkredit bringen; schädigen; mißachten; **~cabo** [~ˈkaβu] *m* Mißachtung *f*; **~prezar** [~prəˈzar] (1c) geringschätzen; verachten; **~prezo** [~ˈprezu] *m* Geringschätzung *f*; Verachtung *f.*
mensag|eiro [mẽsɐˈʒeiru] **1.** *adj.* (an-, ver-)kündend (*ac. de*); **2.** *m*, **-a** *f* Bote *m*, Botin *f*; Verkünder(in *f*) *m*; **~em** [~ˈsaʒɐ̃i] *f* Botschaft *f*; *Glückwunsch*-Adresse *f.*
mens|al [~ˈsał] monatlich; Monats-...; **~alidade** [~sɐliˈðaðə] *f* Monatsbetrag *m*, -geld *n*, -gehalt *n*, -preis *m*; *Student*: (Monats-)Wechsel *m*; **~ário** [~arju] **a**) *m* Monatsschrift *f*; **b**) *adj.* Tisch...
menstruação [mẽʃtrwɐˈsɐ̃u] *f* Regel *f*, Periode *f*; Menstruation *f.*
mensur|ação [mẽsurɐˈsɐ̃u] *f* Messung *f*; **~ar** [~ˈrar] (1a) messen.
menta ⚘ [ˈmẽntɐ] *f* Minze *f.*
mental [mẽnˈtał] geistig, Geistes...; gedanklich; still (*Gebet usw.*); *cálculo m* ~ Kopfrechnen *n*; **~idade** [~tɐliˈðaðə] *f* Denkungsart *f*; Geisteshaltung *f*, Einstellung *f*; Mentalität *f*; **~izacão** [~tɐlizɐˈsɐ̃u] *f* Werbung *f*; **~izar** [~tɐliˈzar] (1a) zu gewinnen suchen; werben; dazu bringen zu (*inf.*); ~*-se para* sich einstellen auf (*ac.*); sich überzeugen l. von; **~mente** [~tałˈmẽntə] *m* im Geiste; in Gedanken; im stillen.
mente [ˈmẽntə] *f* Geist *m*; Sinn *m*; Absicht *f*; *de boa* (*má*) ~ (un)gern; in guter (böser) Absicht; *em* ~ = *mentalmente*; **~capto** [~ˈkaptu] schwachsinnig; töricht.
ment|ido [mẽnˈtiðu] trügerisch, eitel; **~ir** [~ir] (3e) lügen; trügen; ~ *a* belügen (*ac.*); (be)trügen (*ac.*); verraten (*ac.*); **~ira** [~irɐ] *f* Lüge *f*; Lug *m*; Trug *m*; *parece* ~! unglaublich!; **~irola** [~tiˈrɔlɐ] *f* Flunkerei *f*; **~iroso** [~tiˈrozu (-ɔ-)] lügenhaft, verlogen; trügerisch.
mento [ˈmẽntu] *m* Kinn *n.*
meramente [ˌmɛrɐˈmẽntə] lediglich; einfach; rein.
merca P [ˈmɛrkɐ] *f* Einkauf *m.*
merc|adejar [mərkɐðiˈʒar] (1d) Handel treiben; handeln, feilschen; **~adinho** *bras.* [~ɐˈðiɲu] *m* Laden *m*; **~ado** [~ˈkaðu] *m* Markt *m*; Absatz(gebiet *n*) *m*; **~adologia** [~ɐðuluˈʒiɐ] *f* Marktforschung *f*; **~ador** [~ɐˈðor] *m* Händler *m*; *fazer ouvidos de* ~ sich taub stellen; **~adoria** [~ɐðuˈriɐ] *f* Ware *f*; **~ante** [~ˈkɐ̃ntə] *adj.* Handels...; **~antil** [~ɐ̃nˈtił] handeltreibend; kaufmännisch; kommerziell; Kaufmanns...; Handels...; *depr.* Krämer...; geschäftstüchtig; **~antilismo** [~ɐ̃ntiˈliʒmu] *m* Merkantilismus *m*; Krämergeist *m*; **~ar** [~ˈkar] (1n; *Stv.* 1c) kaufen; ~ *a/c. com* et. erkaufen (*od.* erwerben) mit.
mercê [mərˈse] *f* Lohn *m*; Gunst *f*; Vorrecht *n*; Gnade *f*; Gefallen *m*; *Vossa* ~ = *Vossemecê*; ~ de dank (*dat.*); *à* ~ *de* nach der Willkür (*od.* dem Willen) (*gen.*); *andar* (*od. estar*, *ficar*) *à* ~ *de* ein Spielball ... (*gen.*) sn, hin und her getrieben w. von; preisgegeben sn (*dat.*).
merce|aria [mərsjɐˈriɐ] *f* Lebensmittelgeschäft *n*; **~eiro** [~ˈsjeiru] *m* Lebensmittelhändler *m.*
mercenário [~səˈnarju] **1.** *adj.* Lohn...; Söldner...; *fig.* käuflich; *soldado m* ~ = **2.** *m* ⚔ Söldner *m.*
mercerizar ⊕ [~səriˈzar] (1a) merzerisieren.
mercurial [~kuˈrjał] **1.** *adj.* Quecksilber...; **2.** *m* Quecksilberpräparat *n.*
mercúr|ico [~ˈkuriku] Quecksilber-...; **~io** [~ˈkurju] *m* Quecksilber *n.*
merda V [ˈmɛrðɐ] *f* Scheiße *f*; *deixar-se de* ~*s* den Blödsinn l.

merec|edor [mərəsə'ðor] würdig (*gen.* de); *tornar-se* ~ *de* sich ein Anrecht erwerben auf (*ac.*); *ser* ~ *de* = **~er** [~'ser] (2g) verdienen; *Dank usw.* finden bei (*a*); *v/i.* ~ *bem* (*od. bem* ~) *de* sich verdient m. um; **~idamente** [~ˌsiðɐ'mẽntə] verdientermaßen; mit Recht; **~ido** [~'siðu] gerecht; **~imento** [~i'mẽntu] *m* Verdienst *n*.

merend|a [mə'rẽndɐ] *f* Vesperbrot *n*; Imbiß *m*; **~ar** [~rẽn'dar] (1a) vespern; etwas essen. [Meringe *f*.]

merengue [~'rẽŋgə] *m* Baiser *n*,

meretriz [mərə'triʃ] *f* Dirne *f*.

mergulh|ador [mərɣuʎɐ'ðor] *m* Taucher *m*; **~ão** [~'ʎɐ̃u] *m* ⚘ Ableger *m*; *zo.* Taucher *m*; **~ar** [~'ʎar] (1a) (ein-, unter-)tauchen; ⚘ absenken; *v/i.* tauchen, versinken; **~ia** [~'ʎiɐ] *f* (Vermehrung *f* durch) Ableger *m*; Absenken *n*; **~o** [~'guʎu] *m* Tauchen *n*; ✈ Sturzflug *m*.

meridi|ano [məri'ðjɐnu] **1.** *m* Meridian *m*; **2.** *adj.* Meridian...; mittägig, Mittags...; **~onal** [~ðju'nał] **1.** *adj.* südlich; **2.** *su.* Südländer(in *f*) *m*.

meritíssimo [~'tisimu] hochverdient; hochachtbar.

mérito ['mɛritu] *m* Verdienst *n*; Vorzug *m*; Wert *m*; *sócio m de* ~ Ehrenmitglied *n*; *isso não tem* ~ *nenhum* das kann jeder.

meritório [məri'tɔrju] verdienstvoll.

merlim [mər'lĩ] *m* Steifgaze *f*; ⚓ Marlleine *f*; *fig.* Schlaukopf *m*.

mero ['mɛru] **a)** *adj.* rein, bloß; **b)** *m* Silberbarsch *m*.

mês [meʃ] *m* Monat *m*; Monatsgehalt *n*, -miete *f*; *ao* ~ monatlich.

mesa ['mezɐ] *f* Tisch *m*; Tafel *f*; Platte *f*; Ausschuß *m*; Vorsitz *m*, Präsidium *n*; *Spiel*: Einsatz *m*; *rel.* Kommunionbank *f*; ~ *de jantar* Eßtisch *m*; *à* ~ bei (*od.* zu) Tisch; *levantar* (*pôr*) *a* ~ die Tafel aufheben; den Tisch abdecken (dekken); **~-de-cabeceira** [~ðəkɐβə'seirɐ] *f* Nachttisch *m*; **~-redonda** [~ʀə'ðõndɐ] *f* Table d'hôte *f*; *fig. der* Runde Tisch.

mesada [mə'zaðɐ] *f* = *mensalidade*.

mescl|a ['mɛʃklɐ] *f* Mischung *f*; Beimischung *f*; Fremdstoff *m*; gemusterter (*od.* Phantasie-)Stoff *m*; **~ado** [miʃ'klaðu] Misch...; gemustert, Phantasie...; bunt; **~ar** [miʃ'klar] (1c) (ver)mischen; ~ *a/c. com* (*od. a*) et. bei-mischen, -gesellen (*dat.*). [Gekröse *n*.]

mesentério *anat.* [məzẽn'tɛrju] *m*

mesm|a ['meʒmɐ] *f*: *na* ~ unverändert; weiterhin; trotzdem; *deixar ficar* (*estar od. continuar, manter-se*) *na* ~ beim alten (*od.* unverändert) l. (sn); *ficar na* ~ sich gleichbleiben; auf eins herauskommen; so weit sn wie zuvor; nicht weiterkommen; *o doente continua na* ~ der Zustand des Kranken ist unverändert; **~íssimo** [miʒ'misimu] genau (*od.* ganz) *der-, die-, das*-selbe (*od. der, die, das* gleiche); **~o** ['meʒmu] **1.** *adj.* selb, gleich; *ele* ~ er selbst; **2.** *m o* ~ (*que*) dasselbe (wie); (*ir od. vir a*) *dar o* ~ auf eins herauskommen; **3.** *adv.* genau, gerade; eben; dicht *neben usw.*; selbst, sogar; *vou* ~ ich gehe wirklich; *assim* ~ genauso; = ~ *assim* trotzdem; immerhin; *nem* ~ nicht einmal; *hoje* ~ heute noch; *de si* ~ Eigen..., Selbst...; (*ainda*) ~ *que* selbst wenn, wenn auch.

mesquinharia, -ez [miʃkiɲɐ'riɐ, -'ɲeʃ] *f* Knauserei *f*; Kleinlichkeit *f*; Dürftigkeit *f*, Armseligkeit *f*; **~o** [~'kiɲu] knauserig; kleinlich; schäbig; dürftig.

mesquita [~'kitɐ] *f* Moschee *f*.

messe [mɛsə] *f* **a)** *Offiziers*-Messe *f*; **b)** Mahd *f*, Ernte *f* (*a. fig.*).

mester [miʃ'tɛr] = *mister*.

mestiç|ar [miʃti'sar] (1p) *Rassen* kreuzen; **~o** [~'tisu] *m* Mestize *m*; Mischling *m*; Kreuzung *f*.

mestr|a ['mɛʃtrɐ] *f* Lehrerin *f*; Meisterin *f*; **~e** [~ə] **1.** *m* Meister *m*; Lehrer *m*; ⚔ Erster Offizier *m*; Bootsführer *m*; **2.** *adj.* meisterhaft; Meister...; Haupt...; **~e-de-obras** [~ə'ðɔβrɐʃ] *m* Bau-führer *m*, -meister *m*; Bauunternehmer *m*; **~e-escola** [~iʃ'kɔlɐ] *m* Schulmeister *m*; **~ia** [miʃ'triɐ] *f* Meisterschaft *f*.

mesur|a [mə'zurɐ] *f* Verbeugung *f*; Knicks *m*; **~ado** [~zu'raðu] gemessen; gesetzt; gemäßigt; **~eiro** [~zu'reiru] übertrieben höflich.

meta ['mɛtɐ] *m* Ziel *n*; Schranke *f*; *alcançar a* ~ durchs Ziel gehen; = *chegar à* ~ sein Ziel erreichen.

meta|bolismo [mətɐβu'liʒmu] *m* Stoffwechsel *m*; **~carpo** *anat.*

[~'karpu] *m* Mittelhand *f*.

metade [mə'taðə] *f* Hälfte *f*; *a cara-~* F die bessere Hälfte; *fazer as coisas por ~* alles halb m.

metafísic|a [mətɐ'fizikɐ] *f* Metaphysik *f*; **~o** [~u] metaphysisch; übersinnlich.

metáfora [mə'tafurɐ] *f* bildliche(r) Ausdruck *m*, Metapher *f*.

metafórico [mətɐ'fɔriku] bildlich; bilderreich.

metal [mə'tał] *m* Metall *n*; metallische(r) Klang *m*; *~ (sonante)* klingende Münze *f*.

metálico [~'taliku] metallisch, Metall...

metal|ífero [mətɐ'lifəru] erz-, metallhaltig; **~óide** [~ɔiðə] *m* Metalloid *n*; **~urgia** [~lur'ʒiɐ] *f* Hüttenkunde *f*, -wesen *n*; Metallurgie *f*; **~úrgico** [~urʒiku] **1.** *adj*. Metall..., metallurgisch; **2.** *m* = **~urgista** *m* [~ur'ʒiʃtɐ] Metallurg *m*.

metamorfos|e [~mur'fɔzə] *f* Umbildung *f*; Verwandlung *f*; Metamorphose *f*; **~ear** [~fu'zjar] (1l) umbilden; verwandeln.

metástase [mə'taʃtɐzə] *f* Metastase *f*.

metatarso *anat*. [mətɐ'tarsu] *m* [Mittelfuß *m*.]

metediço [mətə'ðisu] vorwitzig; vorlaut; aufdringlich.

metempsicose [mətẽmpsi'kɔzə] *f* Seelenwanderung *f*.

mete|órico [mə'tjɔriku] Meteor...; **~orismo** ⚕ [~tju'riʒmu] *m* Blähsucht *f*; **~oro** [~'tjɔru] *m* Sternschnuppe *f*, Meteor *m* (*a. fig.*).

meteorol|ogia [mətjurulu'ʒiɐ] *f* Wetterkunde *f*; **~ógico** [~'lɔʒiku] meteorologisch; Wetter...; *observatório m ~* Wetterwarte *f*.

meter [mə'ter] (2c) **1.** *v/t*. stecken, (herein-, hinein-)legen, (-)setzen, (-)bringen, F (-)tun; *Furcht* einjagen; *Diener usw*. nehmen; *Spiel*: *Geld* setzen; *Sonderbedeutungen in Verbindung mit Substantiven*: *s. dort*; *~ em in Unkosten* stürzen; *in Schwierigkeiten* bringen; *ins Geheimnis (in e-e Sache* herein-)ziehen; *~ em boa*, *~ em danças* in des Teufels Küche bringen; **2.** *v/i*. tief liegen (*Schiff*); hinaus- (*od*. hinein-)ragen; *~ por* gehen (*od*. fahren) durch (*od*. entlang); **3.** *~-se em* sich begeben (*od*. verfügen) nach (*od*. in, auf [*ac*.]); absteigen (*od*. Wohnung nehmen) in (*dat*.); sich verkriechen *od*. einschließen in (*dat*.); sich (ein)drängen *od*. einmischen in (*ac*.); sich einl. auf (*ac*.); sich stürzen in (*od*. auf) (*ac*.); münden in (*ac*.) (*Fluß*); *~ a inf*. darangehen (*od*. sich anschicken) zu *inf*.; es wagen zu *inf*.; *~ com alg*. mit j-m anbinden; *~ consigo* sich um s-e eigenen Angelegenheiten kümmern; *~ em meio*, *~ de permeio* dazwischenkommen, -liegen; = *~ no meio* dazwischentreten, eingreifen; vermitteln; *~ para dentro* hineingehen; sich zurückziehen; *~ onde não é chamado* sich um Dinge kümmern, die e-n nichts angehen; *não saber onde se há de ~* nicht wissen, wohin man sich verkriechen soll.

meticulos|idade [mətikuluzi'ðaðə] *f* Gewissenhaftigkeit *f*; Pedanterie *f*; **~o** [~'lozu (-ɔ-)] gewissenhaft; genau; pedantisch; ängstlich.

metido [mə'tiðu] **1.** *p.p. v. meter*; *estar ~* stecken, liegen, sitzen (in *od*. an, auf [*dat*.] *em*); **2.** *adj*. *fig*. vorwitzig, naseweis; *~ com* eng befreundet mit; *~ consigo* mit sich selbst beschäftigt; zurückhaltend; *~ em* bewandert in (*dat*.); bedacht auf (*ac*.); interessiert an (*dat*.).

metil|eno [məti'lenu] *m* Holzgeist *m*, Methylen *n*; **~o** [~'tilu] *m* Methyl *n*.

metódico [mə'tɔðiku] methodisch; planmäßig; wohldurchdacht; zielstrebig; umsichtig.

método ['mɛtuðu] *m* Methode *f*; Verfahren *n*, Vorgehen *n*; Sprachlehre *f*; *fig*. Planmäßigkeit *f*; Zielstrebigkeit *f*; Umsicht *f*; *~ de piano* Klavierschule *f*.

metragem *bras*. [me'traʒẽ] *f* (Meter-)Länge *f*.

metralha [mə'traʎɐ] *f* Kartätschen-, Schrapnell-, Schrott-ladung *f*; *fig*. Hagel *m*; ⚔ Geschoßhagel *m*, Kugelregen *m*; **~dor** [~trɐʎɐ'ðor] *m* Maschinengewehrschütze *m*; *de ~es* Maschinengewehr...; **~dora** [~trɐʎɐ'ðorɐ] *f* Maschinengewehr *n*; **~r** [~trɐ'ʎar] (1b) mit Maschinengewehrfeuer belegen; beschießen.

métric|a ['mɛtrikɐ] *f* Verslehre *f*, Metrik *f*; **~o** [~u] metrisch; *fita f -a* Bandmaß *n*; *cadeia f -a* Meßkette *f*.

metro ['mɛtru] *m* **a)** Versmaß *n*; **b)** Meter *n* (*a. m*); *~ corrente* Ge-

viertmeter *n*; ~ *corrido* laufende(s) Meter *n*; ~ *dobradiço* Zollstock *m*; *ao* ~ meterweise; **c**) *a*. *f* U-Bahn *f*.
metrópole [mə'trɔpulə] *f* Hauptstadt *f*; erzbischöfliche(r) Sitz *m*; *bsd.* Mutterland *n*; *fig.* Sitz *m*, Mittelpunkt *m*.
metropolitano [mətrupuli'tɐnu] **1.** *adj.* erzbischöflich; des Mutterlandes; **2.** *m rel.* Erzbischof *m*; 🚇 Untergrundbahn *f*.
meu, minha [meu, 'miɲɐ] **1.** *adj.* mein(e); *z.B.*: *um amigo meu* ein Freund von mir, einer meiner Freunde; *este* (*aquele*) *meu amigo* mein Freund hier (da); **2.** *pron.* meiner, meine, meines; *ele é muito meu* er ist mir sehr zugetan; **3.** *su. der, die, das* Meine *od.* Meinige; *os* ~*s* die Meinigen, die Meinen.
mex|ediço [mɨʃə'ðisu] rührig; zappelig; **~er** [~'ʃer] (2c) rühren; (fort-) bewegen; umrühren; *Flasche* schütteln; durchstöbern; durchea.-bringen; *v/i.* sich regen; ~ *em* rühren in (*od. fig.* an) (*dat.*); anfassen (*ac.*); *pôr-se a* ~ F sich packen.
mexerica *bras.* [mɨʃe'rikɐ] *f* Mandarine *f*.
mexeri|car [~əri'kar] (1n) klatschen über (*ac.*); zutragen; *v/i.* klatschen; **~co** [~ə'riku] *m* Klatscherei *f*; ~*s pl.* Klatsch *m*; **~queiro 1.** *adj.* klatsch-haft, -lustig; **2.** *m*, **-a** *f* [~'keiru, -ɐ] Klatsch-base *f*, -maul *n*.
mexicano [~i'kɐnu] **1.** *adj.* mexikanisch; **2.** *m* Mexikaner *m*.
mexid|a [mɨ'ʃiðɐ] *f* Wirrwarr *m*; Uneinigkeit *f*; **~o** [~u] rührig; *ovos m/pl.* ~*s* Rührei(er) *n*(/*pl.*).
mexilhão [~ʃi'ʎɐ̃u] *m* Miesmuschel *f*.
mezena ⚓ [mə'zenɐ] *f* Fock *f*.
mezinha ⚕ [mɛ'ziɲɐ] *f* Einlauf *m*; P Hausmittel *n*, *Heil*-Mittel *n*.
mi ♪ [mi] *m* E *n*; E-Saite *f*.
miar [mjar] (1g) miauen.
mic|a ['mikɐ] *f* **a**) *min.* Glimmer *m*; **b**) Krume *f*; **~áceo** [mi'kasju] Glimmer...
micção [mik'sɐ̃u] *f* Urinieren *n*.
micro... [mikrɔ..., mikru...] **1.** *pref.* Mikro..., mikro...; **2.** *m* Mikron *n*, My *n*.
micr|óbio [mi'krɔβju] *m* Mikrobe *f*; **~ocenso** [~kru'sẽsu] *m* Teilzählung *f*; **~ofone** [~kru'fɔnə] *m* Mikrophon *n*; **~ofoto** [~kru'fɔtu] *m* Mikro-bild *n*, -photographie *f*; **~oorganismo** [~krɔurgɐ'niʒmu] *m* Kleinstlebewesen *n*; **~oscópico** [~kruʃ'kɔpiku] mikroskopisch; **~oscópio** [~kruʃ'kɔpju] *m* Mikroskop *n*.
mictório [mik'tɔrju] *m* Pissoir *n*.
mig|alha [mi'ɣaʎɐ] *f* Brosame *f*; Krume *f*; *fig.* Krümchen *n*; **~alhar** [~ɣɐ'ʎar] (1b) = *esmigalhar*.
migr|ação [miɣrɐ'sɐ̃u] *f* (Völker-) Wanderung *f*; Wanderzug *m* (*v. Tieren*); *peixes* (*aves f/pl.*) *m/pl. de* ~ Wanderfische (Zugvögel) *m/pl.*; *em* ~ auf der Wanderschaft *od.* in Bewegung (begriffen); **~atório** [~ɐ'tɔrju] wandernd; Wander...; Zug...
mij|adeiro V [miʒɐ'ðeiru] *m* Pissoir *n*; **~ar** V [~'ʒar] (1a) pissen; **~o** V ['miʒu] *m* Pisse *f*.
mil [mił] tausend.
milagr|e [mi'laɣrə] *m* Wunder *n*; *fazer* ~*s* F hexen; *olha o* ~! das ist keine Kunst!; **~eiro** [~lɐ'ɣreiru] **1.** *adj.* wundertätig; wundersüchtig; **2.** *m* Wundertäter *m*; **~oso** [~lɐ'ɣrozu (-ɔ-)] wunderbar; = ~*eiro*.
milanês [~lɐ'neʃ] **1.** *adj.* mailändisch; **2.** *m*, **-esa** *f* Mailänder(in *f*) *m*.
milavo [mi'lavu] *m* Tausendstel *n*.
míldio ['miłdju] *m* Meltau *m*.
mil|efólio [milə'fɔlju] *m* = **~em--rama** ⚘ [~ẽ'ʀɐmɐ] *m* Schafgarbe *f*; **~enário** [~ə'narju] **1.** *adj.* tausendjährig; **2.** *m* Jahrtausendfeier *f*; = **~énio** [~'lɛnju] *m* Jahrtausend *n*; **~ésimo** [~'lɛzimu] tausendst; = *milavo*.
milha ['miʎɐ] **1.** *f englische* Meile *f*; ~ *marítima* Seemeile *f*; **2.** *adj. farinha* (*palha*) *f* ~ Mais-mehl (-stroh) *n*.
milhafre, -ano [mi'ʎafrə, -ɐnu] *m zo.* Weih *m*, Hühnergeier *m*.
milh|ão [mi'ʎɐ̃u] *m* Million *f*; **~ar** [~ar] *m* Tausend *n*; ~*es pl. de* Tausende von; **~aral**, **~eiral** [~ʎɐ'rał, ~ʎei'rał] *m* Maisfeld *n*; **~eiro** [~eiru] *m* **a**) Tausend *n*; Tausender *m*; **b**) Mais-pflanze *f*, -rohr *n*; **~o** ['miʎu] *m* Mais *m*, Welschkorn *n*, Pferdezahn *m*; *fig.* F Kies *m* (*Geld*); ~ *miúdo* Hirse *f*; *dinheiro m como* ~ Geld *n* wie Heu.
mili... [mili] *in Zssgn* Milli..., *z.B.*: ~*grama m* Milligramm *n*; **~ar** [mi'ljar] **1.** *adj.* hirsekorn-förmig, -groß; *febre f* ~ = **2.** *f* Frieselfieber *n*, Frieseln *pl.*; **~ário** [~'ljarju] **a**)

Meilen...; *fig.* entscheidend; *marco m* ~, *pedra f -a* Meilenstein *m*; **b)** = ~*ar*.

milícia [mə'lisjɐ] *f* Miliz *f*; Reserve *f*; ~ *celeste die* himmlischen Heerscharen *f/pl.*

miliciano [~li'sjɐnu] **1.** *adj.* Miliz...; Reserve...; *oficial m* ~ Reserveoffizier *m*; **2.** *m* Reservist *m*.

mili|grama [mili'ɣrɐmɐ] *m* Milligramm *n*; **~litro** [~'litru] *m* Milliliter *n od. m*; **~métrico** [~'mɛtriku]: *papel m* ~ Millimeterpapier *n*;

milímetro [~'limətru] *m* Millimeter *n od. m*.

milionário [milju'narju] **1.** *adj.* steinreich; **2.** *m*, *-a f* Millionär(in *f*) *m*.

milit|ância [məli'tɐ̃sjɐ] *f* Einsatz *m*; kämpferische Haltung *f*; **~ante** [~'tɐ̃ntə] **1.** *adj.* militant, streitbar; aktiv; **2.** *m* aktive(s) (Partei-)Mitglied *n*; **~ar** [~ar] **1.** *adj.* militärisch; Militär...; soldatisch, Soldaten...; **2.** *m* Soldat *m*; **3.** (1a) kämpfen, streiten; **~ariado** [~tɐ'rjaðu] *m* Militär *n*; **~arista** [~tɐ'riʃtɐ] **1.** *adj.* militaristisch; **2.** *m* Militarist *m*.

mil-réis (*pl. unv.*) [miɫ'ʀeiʃ] *m* P Escudo *m*.

mim [mĩ] mir; mich; *a* ~ mir *od.* an mich, zu mir *usw.*; *de* ~ meiner *od.* von mir; über mich *usw.*; *cá por* ~ meinetwegen; meinerseits.

mim|alho [mi'maʎu] verwöhnt, verhätschelt; **~ar** [~ar] (1a) **a)** = *amimar*; **b)** mimen; **~eografar** *bras.* [~mjoɣra'far] (1a) vervielfältigen; **~eógrafo** [~'mjɔɣrafu] *m* Vervielfältigungsapparat *m*; **~etismo** [~mə'tiʒmu] *m* Mimikry *f*.

mímic|a ['mimikɐ] *f* Gebärdensprache *f*, Mimik *f*; **~o** [~u] mimisch.

mimo ['mimu] *m* Liebkosung *f*; Zärtlichkeit *f*; Aufmerksamkeit *f*, Geschenk *n*; Zartheit *f*; zarte(s) Gebilde *n*; Verhätschelung *f*; *dar* ~(s) *a* verwöhnen; verhätscheln; *ter* ~ verwöhnt (*od.* verhätschelt) sn; *que* ~*!* wie lieb!; **~sa** ⚘ [mi'mɔzɐ] *f* Mimose *f*; **~sear** [mimu'sjar] (1l) verwöhnen; beschenken; **~so** [mi'mozu (-ɔ-)] **1.** *adj.* zart; empfindlich; zärtlich; verwöhnt; bevorzugt; reich (an [*dat.*] *de*); **2.** *m* Liebling *m*.

min|a ['minɐ] *f* Bergwerk *n*, Grube *f*; Mine *f* (*a.* ⚔); Erzgang *m*; Stollen *m*; (unterirdische) Quelle *f*; *fig.* Goldgrube *f*; Fundgrube *f*; ~*s pl.* Bergbau *m* (*Unterrichtsfach*); *engenheiro m de* ~*s* Bergingenieur *m*; **~ar** [mi'nar] (1a) *Stollen* graben, treiben; *Erde* aufgraben, durchwühlen; wühlen in (*dat.*); unterwühlen; ⚔ unterminieren; *fig. a.* untergraben; *v/i.* um sich greifen; *fig.* sich durchsetzen; **~eiro** [mi'neiru] **1.** *adj.* Bergbau..., Berg...; Bergwerks...; *indústria f -a* Bergbau *m*; **2.** *m* Bergmann *m*.

miner|ação [minərɐ'sɐ̃u] *f* Abbau *m*; Erzgewinnung *f*; Aufbereitung *f*; **~al** [~'raɫ] **1.** *adj.* mineralisch; Mineral...; **2.** *m* Mineral *n*, Gestein *n*; **~alizar** [~ɐli'zar] (1a) vererzen; **~alogia** [~ɐlu'ʒiɐ] *f* Mineralogie *f*; Gesteinskunde *f*; **~alógico** [~ɐ'lɔʒiku] mineralogisch; **~alogista** [~ɐlu'ʒiʃtɐ] *m* Mineraloge *m*.

minério [mi'nɛrju] *m* Erz *n*.

ming|a P ['mĩŋgɐ] *f* = *míngua*; *não fazer* ~ nichts ausmachen; nichts zu bedeuten h.; nicht nötig sn; **~ar** P [mĩŋ'gar] (1o) abnehmen; sich verknappen; eingehen, schrumpfen; knapp sn.

mingau *bras.* [mĩŋ'gau] *m* Brei *m*.

míngua ['mĩŋgwɐ] *f* Mangel *m*; Armut *f*; Knappheit *f*, Verknappung *f*; Abnahme *f*; Beeinträchtigung *f*; = *minga*; *à* ~ in Not, im Elend; *à* ~ *de* aus Mangel an (*dat.*); *morrer à* ~ langsam zugrunde gehen.

mingu|ado [mĩŋ'gwaðu] arm (an [*dat.*] *de*); dürftig; knapp; unglücklich; kurz (*Tag*); **~ante** [~ɐ̃ntə] **1.** *adj. quarto m* ~ = **2.** *m das* letzte Viertel *des Mondes, der* abnehmende Mond; *fig.* Rückgang *m*; **~ar** [~ar] (1m, *bras.* 1t) abnehmen; zurückgehen; mangeln, fehlen; = *mingar*.

minha ['miɲɐ] *s. meu*.

minhoca [mi'ɲɔkɐ] *f* Regenwurm *m*; ~*s pl.* P Schrullen *f/pl.*

miniatur|a [miniɐ'turɐ] *f* Miniatur *f*; **~ista** [~tu'riʃtɐ] *su.* Miniaturmaler(in *f*) *m*.

mínima ['minimɐ] *f* halbe Note *f*.

minimamente [ˌminimɐ'mẽntə] im geringsten; **mínimo** ['minimu] **1.** *adj.* sehr klein; minimal; kleinst; geringst; wenigst; Tiefst...; **2.** *m* Minimum *n*; *der* kleine Finger; ~*s pl. auto.* Standlicht *n*.

mínio ['minju] *m* Mennig(e *f*) *m*.
minissaia [mini'sajɐ] *f* Minirock *m*.
minist|erial [məniʃtə'rjaɫ] ministeriell; Minister...; Ministerial...; **~ério** [~'tɛrju] *m* Amt *n*; Dienst *m*; Verrichtung *f*; *pol.* Ministerium *n*; *bras. a.* Ministerrat *m*; ~ *da Educação e Investigação Científica* Erziehungs- und Forschungs-, ~ *do Equipamento Social* Sozial-, ~ *das Finanças* (*bras. da Fazenda*) Finanz-, *dos Negócios Estrangeiros* (*bras. das Relações Exteriores*) Außenministerium *n* (in der BRD Auswärtiges Amt); ~ *público* ⚖ Staatsanwaltschaft *f*.
ministr|ante [~'trɐ̃ntə] **1.** *adj.* ausübend; Hilfs...; **2.** *m* Gehilfe *m*; Meßdiener *m*; **~ar** [~ar] (1a) liefern; reichen; (an)bieten; *rel.* ministrieren; **~o** [~'niʃtru] *m* Amtsträger *m*; Diener *m* (*a. fig.*); Gehilfe *m*; *pol.* Minister *m*; Gesandte(r) *m*; *bras. Titel der* Bundesrichter *m*; ♀ *Primeiro* ♀ Premierminister *m*, *in der BRD* Kanzler *m*.
minor|ação [minurɐ'sɐ̃u] *f* Verminderung *f*; Linderung *f*; **~ar** [~'rar] (1e) (ver)mindern; lindern; **~ia** [~'riɐ] *f* Minderheit *f*; **~itariamente** [~iˌtarjɐ'mẽntə] als Minderheit; **~itário** [~i'tarju] Minderheits...; **~izar** [~i'zar] (1a) herunterspielen; = *~ar*.
minúcia [mi'nusjɐ] *f* Kleinigkeit *f*; = **minucios|idade** [~nusjuzi'ðaðə] *f* Genauigkeit *f*, Gewissenhaftigkeit *f*; Ausführlichkeit *f*; *depr.* Kleinlichkeit *f*; **~o** [~nu'sjozu (-ɔ-)] (peinlich) genau, gewissenhaft; ausführlich; eingehend.
minud|ência *bras.* [minu'ðẽsjɐ] *f* = *minuciosidade*; **~enciar** [~ðẽ'sjar] (1g) = *pormenorizar*; **~ente** [~ẽntə] = *minucioso*.
minuete, -o [mi'nwetə, -u] *m* Menuett *n*.
minúscul|a [mi'nuʃkulɐ] *f* kleine(r) Buchstabe *m*; **~o** [~u] winzig, geringfügig; unbedeutend; klein.
minut|a [~'nutɐ] *f* **a)** Entwurf *m*; Skizze *f*; *bras.* ⚖ Eingabe *f*; **b)** *bras.*: *à ~ gal.* „à la minute", Fertig-...; **~ar** [~nu'tar] (1a) entwerfen.
minuto [~'nutu] **1.** *m* Minute *f*; **2.** *adj.* = *diminuto*.
mioc|árdio [mju'karðju] *m* Herzmuskel *m*; **~ardite** [~kɐr'ðitə] *f* Herzmuskelentzündung *f*.
miolo ['mjolu (-ɔ-)] *m* *Brot*-Krume *f*; *Frucht*-Mark *n*; *Nuß*-Kern *m*; *fig.* Kern *m*; ~(s) (*pl.*) Gehirn *n*, Hirn *n*; *fig.* F Grips *m*; *cabeça f sem ~(s)* Hohlkopf *m*; *dar no ~* einfallen; *queimar* (*od. fazer saltar*) *os ~s* (sich) e-e Kugel in den Kopf jagen.
míope ['miupə] kurzsichtig (*a. fig.*).
miopia [mju'piɐ] *f* Kurzsichtigkeit *f*.
miosótis [~'zɔtiʃ] *f* Vergißmeinnicht *n*.
mira ['mirɐ] *f* *Gewehr*-Korn *n*; Meßlatte *f*; *fig.* Blick *m*; Absicht *f*; Ziel *n*; *cruz f de ~* Fadenkreuz *n*; *linha f de ~* Visierlinie *f*; *ponto m de ~* Korn(spitze *f*) *n*; *à ~* auf der Lauer; *pôr a ~ em* sn Augenmerk richten auf (*ac.*); *ter a ~ em* im Auge behalten (*ac.*); **~bolante** [mirɐβu'lɐ̃ntə] auffallend; aufsehenerregend.
miraculoso [mirɐku'lozu (-ɔ-)] = *milagroso*.
mir|adoiro, -ouro [mirɐ'ðoiru, -oru] *m* = *~ante*; **~agem** [~'raʒɐ̃i] *f* Luftspiegelung *f*; Fata Morgana *f* (*a. fig.*); **~amar** [~ɐ'mar] *m* Meerblick *m*; **~ante** [~'rɐ̃ntə] *m* Ausguck *m*; Aussichts-punkt *m*, -turm *m*; **~ar** [~'rar] (1a) ansehen, betrachten; beobachten; erblicken; *~ em* richten auf (*ac.*); *~ a/c.* = *v/i. ~ a* (ab)zielen (*od.* ausgehen *od.* bedacht sn) auf (*ac.*); *~ para* liegen (*od.* gehen) nach; **~ar-se** sich bespiegeln (*od.* betrachten) (in [*dat.*] *em*).
miríade [mi'riɐðə] *f* Myriade *f*.
mirim *bras.* [mi'rĩ] klein; *táxi-~* Kleintaxi *n*.
mirr|a ['miʀɐ] **a)** *f* ⚘ Myrrhe *f*; **b)** *m* F Knochengestell *n*; Geizhals *m*; **~ar** [mi'ʀar] (1a) ausdörren; *v/i. a.* verdorren.
mirto ⚘ ['mirtu] *m* Myrte *f*.
misantr|opia [mizɐ̃ntru'piɐ] *f* Menschenscheu *f*; **~ópico** [~'trɔpiku] menschenscheu; **~opo** [~'tropu] *m* Menschenfeind *m*, Misanthrop *m*.
míscaro ⚘ ['miʃkɐru] *m* Sandpilz *m*.
miscelânea [miʃsə'lɐnjɐ] *f* Vermischte(s) *n*; vermischte Aufsätze *m/pl.*, Miszellen *f/pl.*
miscigena|ção [~siʒənɐ'sɐ̃u] *m* (Rassen-)Mischung *f*; **~do** [~'naðu] gemischt.
mise *fr.* ['mizə] *f* Dauerwelle *f*.
miser|ando [mizə'rɐ̃ndu] beklagenswert; **~ável** [~avɛɫ] *adj.* elend; erbärmlich; schäbig.

miséria [mi'zɛrjɐ] *f* Elend *n*, Not *f*; erbärmliche(r) Zustand *m*; Erbärmlichkeit *f*; Schäbigkeit *f*; Kleinigkeit *f*, F Dreck *m*; Leid *n*, Jammer *m*; *ficar reduzido à* ~, *cair na* ~ ins Elend (*od.* in Not) geraten.
miseric|órdia [mizəri'kɔrδjɐ] *f* Barmherzigkeit *f*, Erbarmen *n*; *golpe m de* ~ Gnadenstoß *m*; (*Santa Casa d*)*a* ♀ Spital *n*, städtische(s) Krankenhaus *n*; **~ordioso** [~kur'δjozu (-ɔ-)] barmherzig.
mísero ['mizəru] elend, unglücklich; schäbig.
miss|a ['misɐ] *f* Messe *f*; ~ *cantada*, ~ *solene* Hochamt *n*; ~ *pedida* (*rezada*) bestellte (stille) Messe *f*; *não saber da* ~ *a metade* schlecht unterrichtet sn, nicht Bescheid wissen; **~al** [mi'sał] *m* Meßbuch *n*.
missanga [mi'sẽŋgɐ] *f* Glasperle(n-schmuck *m*) *f*; *tip.* Perlschrift *f*; ~*s pl.* Kleinkram *m*; *bordado a* ~ mit Perlenstickerei.
miss|ão [mi'sɐ̃u] *f* Mission *f*; Auftrag *m*, Sendung *f*; *ter por* ~ die Aufgabe h.; **~ionar** [~sju'nar] (1f) bekehren; im Glauben unterweisen; **~ionário** [~sju'narju] *m* Missionar *m*.
míssil ['misił] *m* Rakete *f*; ~ *de lançamento submarino* (*aéreo, terrestre*) Unterwasser- (Luft-, Boden-)rakete *f*.
missiva [mi'sivɐ] *f* (Send-)Schreiben *n*.
mistela [miʃ'tɛlɐ] *f* P Gebräu *n*.
mister [~'tɛr] *m* Beruf *m*; Aufgabe *f*; Arbeit *f*; Notwendigkeit *f*; *haver* ~, *ser* ~, *fazer-se* ~ nötig sn.
mist|ério [~'tɛrju] *m* Geheimnis *n*; Mysterium *n*; Mysterienspiel *n*; **~erioso** [~tə'rjozu (-ɔ-)] geheimnisvoll.
mística ['miʃtikɐ] *f* Mystik *f*.
misticismo [miʃtə'siʒmu] *m* Mystizismus *m*.
místico ['miʃtiku] **1.** *adj.* mystisch; geheimnisvoll; schwärmerisch; fromm; **2.** *m* Mystiker *m*.
mistific|ação [miʃtəfikɐ'sɐ̃u] *f* Mystifikation *f*; **~ar** [~'kar] (1n) mystifizieren; irreführen, täuschen.
mist|ifório [miʃti'fɔrju] *m* Durcheinander *n*; Mischmasch *m*; **~o** ['miʃtu] **1.** *adj.* gemischt, Misch...; **2.** *m* Gemisch *n*.
mistur|a [miʃ'turɐ] *f* Mischung *f*; **~ada** [~tu'raδɐ] *f* Mischmasch *m*, Gemisch *n*; **~ar** [~tu'rar] (1a) (ver)mischen; durchea.-werfen.
mísula ['mizulɐ] *f* Konsole *f*.
mítico ['mitiku] mythisch.
mitigar [miti'ɣar] (1o) lindern; beschwichtigen; *Durst* löschen; *fig. a.* mäßigen.
mitificar [~fi'kar] (1n) mythisieren.
mito ['mitu] *m* Mythos *m*; *fig. a.* Hirngespinst *n*; Rätsel *n*; **~logia** [mitulu'ʒiɐ] *f* Mythologie *f*.
mitra ['mitrɐ] *f* Mitra *f*.
miu|çalha [mju'saʎɐ] *f* Splitter *m*; Stückchen *n*; ~*s pl.* Kleinkram *m*; *bras.* = **~dagem** F [~'δaʒɐ̃i] *f* Kroppzeug *n*.
miudamente [mjuδɐ'mẽntə] stückweise; einzeln; nach und nach.
miudeza [mju'δezɐ] *f* Kleinheit *f*; Zartheit *f*; Genauigkeit *f*; ~*s pl.* Kleinigkeiten *f/pl.*; ✝ Kurzwaren *f/pl.*; ~*s de galinha* (*lebre, etc.*) Hühner- (Hasen- *usw.*)klein *n*.
miúdo ['mjuδu] **1.** *adj.* klein, Klein...; zart; häufig, wiederholt; *fig.* genau, gewissenhaft; kleinlich; *a* ~ häufig; *por* ~, *pelo* ~ im einzelnen; im kleinen; genau; *venda f por* ~ Kleinverkauf *m*; **2.** *m*, **-a** *f* Kleine(r) *m*; kleine(r) Junge *m*, kleine(s) Mädchen *n*; **3.** ~*s pl.* Kleingeld *n*; *Geflügel- usw.* Klein *n*; *trocar em* ~ *bras. fig.* explizieren.
mixórdia [mi'ʃɔrδjɐ] *f* Mischmasch *m*, Gemisch *n*; Gewirr *n*.
mnemot|ecnia [mnɛmɔtɛk'niɐ] *f* Mnemotechnik *f*; **~écnico** [~'tɛkniku] mnemotechnisch, Gedächtnis...
mo [mu] *Zssg der pron.* me *u.* o.
mó [mɔ] *f* **a**) Mühlstein *m*; Schleifstein *m*; **b**) Menge *f*; Schar *f*.
moagem ['mwaʒɐ̃i] *f* Mahlen *n*; Mahlgut *n*; Müllerei *f*; *fábrica f de* ~ Mühle(nwerk *n*) *f*; *indústria f de* ~ Mühlengewerbe *n*.
móbil ['mɔβił] **1.** *adj.* = *móvel*; **2.** *m* Triebfeder *f*; Beweggrund *m*.
mobilar [muβi'lar] (1a) möblieren.
mobília [mu'βiljɐ] *f* Möbel *n/pl.*, Mobiliar *n*.
mobil|iar *bras.* [~βi'ljar] (1t) = *mobilar*; **~iário** [~'ljarju] **1.** *adj.* Mobilien...; beweglich; Möbel...; **2.** *m* Mobiliar *n*, Möbel *n/pl.*; **~idade** [~li'δaδə] *f* Beweglichkeit *f*; Mobilität *f*; **~ização** [~lizɐ'sɐ̃u] *f*

✕ Mobilmachung *f*; *fig.* Mobilisierung *f*; Einsatz *m*; **~izar** [~li'zar] (1a) mobil m.; *fig.* mobilisieren; einsetzen; **~izável** [~li'zavɫ] einsatzfähig.

moca ['mɔkɐ] **1.** *f bras.* Scherz *m*; **2.** *m* Mokka *m*; **3.** *f* Keule *f*.

moça ['mosɐ] *f* Mädchen *n*; *prov.* ✓ Magd *f*; *bras. a.* Kellnerin *f*.

mocada [mɔ'kaðɐ] *f* Schlag *m*; *~s pl.* Prügel *pl*.

mocambo *bras.* [mo'kɐ̃mbu] *m* (Sklaven-)Hütte *f*.

moção [mu'sɐ̃u] *f* Bewegung *f*; *pol.* Antrag *m*.

moçárabe [~'sarɐβə] **1.** *adj.* mozarabisch; **2.** *m* Mozaraber *m*.

mocet|ão [musə'tɐ̃u] *m* (strammer) Bursche *m*; **~ona** [~onɐ] *f* stattliche(s) Mädchen *n*.

mochar [mu'ʃar] (1e) verstümmeln.

mochila [mu'ʃilɐ] *f* Tornister *m*, F Affe *m*; Ranzen *m*.

mocho ['moʃu] **1.** *adj.* ungehörnt; verstümmelt; gekappt (*Baum*); **2.** *m zo.* Kauz *m* (*a. fig.*); Hocker *m*.

mocidade [musi'ðaðə] *f* Jugend *f*.

moç|o ['mosu] **1.** *adj.* jung; **2.** *m* Bursche *m*, junge(r) Mann *m*; Gepäckträger *m*; Hausdiener *m*; ✓ Knecht *m*; **~oila** [mu'soilɐ] *f* stramme(s) Mädchen *n*.

moda ['mɔðɐ] *f* Mode *f*; Liedchen *n*; *canção f da ~* Schlager *m*; *estabelecimento m de ~s* Modegeschäft *n*; *à ~* nach der Mode, modisch; *à sua ~* auf seine Art; *fora da ~* unmodern, altmodisch; *entrar em ~* Mode w.; *estar na (fora da) ~* (außer) Mode sn; *passar de ~* aus der Mode kommen; *pôr à ~* modernisieren (l.).

modal [mu'ðaɫ] modal; **~idade** [~ðɐli'ðaðə] *f* (Seins-)Weise *f*; Form *f*; (Sport-)Art *f*; Bedingung *f*; *gram.* Art *f* und Weise *f*; *fil.* Modalität *f*.

model|ar [~ðə'lar] **1.** *adj.* mustergültig; **2.** *v/t.* (1c) modellieren; formen, gestalten; *~ por fig.* richten nach; **~ar-se** *por* zum Vorbild nehmen (*ac.*), nachahmen (*ac.*); **~o** [~'ðelu] *m* Modell *n*; Vorlage *f*; *fig.* Vorbild *n*, Muster *n*.

moder|ação [~ðərɐ'sɐ̃u] *f* Mäßigung *f*; *tel.* Moderation *f*; **~ado** [~'raðu] mäßig; maßvoll; **~ador** [~'ðor] *m tel.* Moderator *m*; **~ar** [~'rar] (1c) mäßigen; verlangsamen; *tel. e-e Sendung* moderieren; **~ar-se** nachlassen; **~ativo** [~ɐ'tivu] mäßigend.

modern|amente [~ˌðɛrnɐ'mẽntə] in neuerer Zeit; **~ice** [~ðər'nisə] *f* Neuerungssucht *f*; Zeiterscheinung *f*; **~idade** [~ðərni'ðaðə] *f* Modernität *f*; = **~ismo** [~ðər'niʒmu] *m* Modernismus *m*; **~ista** [~ðər'niʃtɐ] **1.** *adj.* modernistisch; **2.** *m* Modernist *m*; **~izar** [~ðərni'zar] (1a) modernisieren; **~o** [~'ðɛrnu] neu(zeitlich); modern; Neu...; *à -a* modern.

mo|déstia [~'ðɛʃtjɐ] *f* Bescheidenheit *f*; **~desto** [~'ðɛʃtu] bescheiden; zurückhaltend; anspruchslos.

módico ['mɔðiku] mäßig; spärlich; gering(fügig); wohlfeil.

modific|ação [muðəfikɐ'sɐ̃u] *f* (Ab-, Ver-)Änderung *f*; 🕮 Modifikation *f*; **~ar** [~'kar] (1n) (ab-, um-, ver-) ändern; mäßigen, einschränken; 🕮 modifizieren; **~ativo** [~ɐ'tivu] *verbo m ~* modale(s) Hilfsverb *n*.

mod|inha [mɔ'ðiɲɐ] *f* Schlager *m*; **~ista** [mu'ðiʃtɐ] *f* Schneiderin *f*; Putzmacherin *f*, Modistin *f*.

modo ['mɔðu] **1.** *m* Art *f*; Weise *f*; Verfahren *n*; *gram., fil.* Modus *m*; ♪ Tonart *f*; Lebensart *f*; *~ maior (menor)* Dur- (Moll-)Tonart *f*; *~ de falar* Ausdrucksweise *f*; Redensart *f*; *~ de pensar* Denkweise *f*; Auffassung *f*; *~ de ser* Seinsweise *f*; Lebensform *f*; *~ de vida* Lebensweise *f*; Beruf *m*; *a seu ~* auf seine Weise; *ao ~ de* nach Art (*gen.*); wie; *de ~ a inf.* um ... zu *inf.* = *de (od. por) ~ que* so daß; *de certo ~* gewissermaßen; *deste ~, por este ~* auf diese Weise, so; = *do (od. pelo) ~ seguinte* folgendermaßen; *de ~ algum (od. nenhum)* keineswegs; auf keinen Fall; *de mau ~* unfreundlich; widerwillig; *de certo ~* gewissermaßen; *de outro ~* anderenfalls, sonst; *de qualquer ~* irgendwie; auf jeden Fall; überhaupt; *de tal ~* derart, so; *pelo(s) ~(s)* augenscheinlich; *pelo ~ como* aus der (*od.* durch die) Art wie; **2. ~s** *pl.* Umgangsformen *f/pl*.

modorr|a [mu'ðoʀɐ] *f vet.* Drehkrankheit *f*; *fig.* Schläfrigkeit *f*; *quarto m da ~* ⚓ dritte Nachtwache *f*; **~ento, ~o** [~ðu'ʀẽntu, ~'ðoʀu] schlaftrunken; schläfrig.

modul|ação [muδulɐ'sɐ̃u] *f* Modulation *f*; Lautveränderung *f*; **~ar** [~'lar] (1a) modulieren; singen.
módulo ['mɔδulu] *m* Modul *m*.
moeda ['mwεδɐ] *f* Münze *f*; Geld (-stück) *n*; Hartgeld *n*; Währung *f*; ~ *falsa* Falschgeld *n*; ~ *ouro* Goldwährung *f*; *papel m* ~ Papiergeld *n*; (*Casa f da*) ♀ Münze *f*; *pagar na mesma* ~ es j-m heimzahlen.
moedeiro [muə'δeiru] *m*: ~ *falso* Falschmünzer *m*, Geldfälscher *m*.
moela ['mwεlɐ] *f Geflügel*-Magen *m*.
moenda ['mwẽndɐ] *f* Mühle *f*; Mahl-gang *m*, -geld *n*, -stein *m*.
moer [mwer] (2f) mahlen; zermahlen, zerkleinern; *fig. Gedanken* wälzen; zermürben, F rädern; belästigen, F zusetzen (*dat.*); ~ verprügeln; **~-se** sich (ab)plagen.
mofa ['mɔfɐ] *f* Spott *m*, Spötterei *f*; *fazer* ~ *de* = **~r** [mu'far] (1e) spotten (über [*ac.*] *de*).
mof|ado *bras.* [mo'faδu] muffig; schimmelig; **~ento** [~ẽntu] **a)** = *~ado*; **b)** verhängnisvoll.
mofin|a [~'finɐ] *f* Unglück *n*; *fig.* Knauserei *f*; *bras.* Hetzartikel *m*; = *f v.* **~o** [~u] **1.** *adj.* unglücklich, Unglücks...; knauserig; querköpfig; **2.** *m*, **-a** *f* Unglücksmensch *m od. n*; Knauser *m*; Querkopf *m*.
mofo ['mofu] *m* Schimmel *m*; *cheirar a* ~ muffig riechen; *criar* ~ verschimmeln; **~so** [mu'fozu] = *~ado*.
mogno ['mɔɣnu] *m* Mahagoni (-baum *m*) *n*.
moído ['mwiδu] **1.** *p.p. v. moer*; **2.** *adj.* abgespannt; F durchgedreht; verdorben (*Fisch*, *Fleisch*).
moinh|a ['mwiɲɐ] *f* Spreu *f*; Staub *m*; **~o** [~u] *m* Mühle *f*; ~ *de vento* Windmühle *f*; *fig.* Luftikus *m*; *levar a água ao seu* ~ s-n Vorteil wahrnehmen; *águas passadas não movem* ~ vorbei ist vorbei.
moio ['mɔju] *m hist.* Malter *m*; *jetzt*: Bündel *n*.
moir-, mour|aria [moi-, morɐ'riɐ] *f* Maurenviertel *n*; **~ejar** [~ɨ'ʒar] (1d) sich plagen, F sich schinden; **~isco** [~'riʃku] maurisch; **~o** ['moiru, 'moru] **1.** *adj.* maurisch; *vinho m* ~ P ungetaufter Wein *m*; **2.** *m*, **-a** *f* Maure *m*, Maurin *f*; Mohr(in *f*) *m*; *allg.* Ungläubige(r) *m*; *fig.* F Schwerarbeiter *m*; *trabalhar como um* ~ F wie ein Pferd arbeiten.
moita, mouta ['moitɐ, 'motɐ] **1.** *f* Busch *m*, Gebüsch *n*; **2.** *int.* ~(-*carrasco*) mucksmäuschenstill.
moitão, moutão [moi-, mo'tɐ̃u] *m* Block *m im Flaschenzug*.
mola ['mɔlɐ] *f* Feder *f*; *fig.* Triebfeder *f*; ~ *real fig.* Haupttriebfeder *f*; *botão m de* ~ Druckknopf *m*; *ter* (*boas*) *~s* federn; *ter pancada na* ~ F e-n Vogel haben.
molambo [mo'lẽmbu] *m bras.* Lumpen *m*; *fig.* Lump *m*.
molar [mu'lar] **1.** *adj.* Mahl...; Mühl...; *fig.* weich, mürbe; *dente m* ~ = **2.** *m* Backenzahn *m*.
mold|ação [mołdɐ'sɐ̃u] *f* Ab-druck *m*, -guß *m*; **~ado** [~'daδu] *m* Ranken-, Schnitz-, Stuck-werk *n*; **~ador** [~ɐ'δor] *m* Bildner *m*; Bildgießer *m*; Schnitzer *m*; **~agem** [~'daʒɐ̃i] *f* Bildgießerei *f*; = *~ação*; **~ar** [~'dar] (1e) e-n Abdruck (*od.* Abguß) m. von; ein Modell (*od.* e-e Gußform) m. von; gießen; *fig.* modellieren; formen, bilden; gestalten; **~ar-se** *por* zum Vorbild nehmen (*ac.*); ~ *a* sich anpassen an (*ac.*); **~e** ['mɔłdə] *m* (Guß-)Form *f*, Modell *n*; *Schneiderei*: Schnittmuster *n*; *fig.* Muster *n*, Vorbild *n*; *carpinteiro m de ~s* Modellschreiner *m*; *de* ~ passend, nach Maß; gelegen, wie gerufen; *de* ~ *a inf.* geeignet (*od.* angetan) zu *inf.*; *ir* (*vir*) *de* ~ *a* passen zu; **~ura** [~'durɐ] *f* Rahmen *m*; △ Gesims *n*, Fries *m*.
mole ['mɔlə] **1.** *f* Masse *f*; Koloß *m*; **2.** *adj.* weich; weichlich; schlaff; nachgiebig; *pint.* farblos; *fig. a.* teilnahmslos; träge; F schlapp.
molécula [mu'lεkulɐ] *f* Molekül *n*.
moleiro [mu'leiru] *m* Müller *m*.
molenga, -gue [~'lẽŋgɐ, -gə] **1.** *adj.* weichlich; schlaff; träge **2.** *m* Weichling *m*; Schlappschwanz *m*.
moleque [~'lεkə] *m* **a)** Negerjunge *m*; *bras.* Gassenjunge *m*; Lausbube *m*; **b)** ⚒ Magnetscheider *m*.
molestar [~lɨʃ'tar] (1c) belästigen, plagen; *j-m* lästig fallen; mißhandeln; drücken (*Kleid*); ärgern.
moléstia [~'lεʃtjɐ] *f* Last *f*, Mühe *f*; Plage *f*; *körperliche* Beschwerde *f*.
molesto [~'lεʃtu] lästig; unbequem; beschwerlich.
mole|ta [~'letɐ] *f* Reibstein *m*; **~te** [~tə] *m* (Milch-)Brötchen *n*; **~za** [~zɐ] *f* Weichheit *f*; Schlaffheit *f*;

Trägheit *f*; Farblosigkeit *f*.
molh|adela [muʎɐ'ðɛlɐ] *f* Dusche *f*, Bad *n*; *apanhar uma* ~ naß w.; **~ado** [~'ʎaðu] **1.** *adj.* naß; **2.** *m* nasse Stelle *f*; ~*s pl. bras.* Getränke *n/pl.*; *loja f de secos e ~s = mercearia f*; **~agem** [~'ʎaʒɐ̃i] *f* Maische *f*; **~ar** [~'ʎar] (1e) naß m.; anfeuchten; einweichen; eintunken; *Malz* maischen; **~ar-se** naß werden.
molhe ['mɔʎə] *m* Mole *f*.
molheira [mu'ʎeirɐ] *f* Soßenschüssel *f*, Sauciere *f*.
molho[1] ['mɔʎu] *m* Bund *m*; Büschel *n*; Bündel *n*; ~ *de chaves* Schlüsselbund *m*; *em ~s* gebündelt.
molho[2] ['moʎu] *m* Soße *f*, Tunke *f*; *pôr de* ~ einweichen; (aus)wässern.
moliço [mu'lisu] *m* Algen *f/pl.* (*als Düngemittel*); Dachstroh *n*.
molin|ete [~li'netə] *m* Drehkreuz *n*; Schalenkreuz *n*; *Angel*-Rolle *f*; ⚓ Bratspill *n*; *fig.* Pirouette *f*; **~ilho** [~iʎu] *m* Hand- (Pfeffer-, Kaffee- *usw.*)mühle *f*; Schneeschläger *m*; **~ote** [~ɔtə] *m* Zuckerrohrmühle *f*.
molusco [~'luʃku] *m* Weichtier *n*.
moment|aneamente [mumẽnˌtɐnjɐ'mẽntə] im (*od.* auf e-n) Augenblick **~âneo** [~'tɐnju] augenblicklich; vorübergehend, Augenblicks...; **~o** [~'mẽntu] *m* Augenblick *m*; *fig.* Bedeutung *f*; *fís.* Moment *n*; *o ~ que passa* der gegenwärtige Augenblick; *consequências f/pl. de grande* ~ schwerwiegende Folgen *f/pl.*; *a cada* ~ jeden Augenblick; *de ~ a* ~ alle Augenblicke; *de pouco* ~ unwichtig; *num* ~ im Augenblick, im Nu; *por ~s* e-n Augenblick lang; augenblicksweise; *~s depois* gleich darauf; **~oso** [~'tozu (-ɔ-)] bedeutungsvoll, wichtig.
mom|ice [mu'misə] *f* Grimasse *f*; F Faxe *f*; *~s pl. fig.* Verstellung *f*; Blendwerk *n*; **~o** ['momu] *m* mimische Darstellung *f*; Mummenschanz *m*; = *~ice*.
mona ['monɐ] *f* Affenweibchen *n*; F Stoffpuppe *f*; Affe *m* (*Rausch*); Brummigkeit *f*.
monac|al [munɐ'kał] mönchisch, Mönchs...; **~ato** [~atu] *m* Mönchstum *n*; mönchische(s) Leben *n*.
monar|ca [~'narkɐ] *m* Monarch *m*; **~quia** [~nɐr'kiɐ] *f* Monarchie *f*.
monárquico [~'narkiku] **1.** *adj.* monarchisch; **2.** *m* = **monarquista** *bras.* [~nɐr'kiʃtɐ] *m* Monarchist *m*.
monástico [~'naʃtiku] klösterlich; = *monacal*.
monção [mõ'sɐ̃u] *f* Monsun *m*; Passat *m*; günstige(r) Wind *m*; *fig.* (günstige) Gelegenheit *f*.
monco ['mõŋku] *m* Nasenschleim *m*, F Rotz *m*; Schnabellappen *m des Puters*.
mond|a ['mõndɐ] *f* Jäten *n*; Jätezeit *f*; **~adeiro** *m*, **-a** *f* [mõndɐðeiru, -ɐ] Jäter(in *f*) *m*; **~ador** [mõndɐ'ðor] *m* Jäter *m*; Jäthacke *f*; **~ar** [mõn'dar] (1a) *Feld* jäten; *Unkraut* ausjäten; *Baum* ausputzen; *Rüben* verziehen; *fig.* säubern.
monetário [munə'tarju] Münz...; Geld...; Währungs...; *circulação f (inflação f) -a* Geld-umlauf *m* (-entwertung *f*); *correcção f -a* Geldwertkorrektur *f*; *política f (situação f) -a* Währungs-politik *f* (-lage *f*).
monge ['mõʒə] *m* Mönch *m*.
mong|ol [mõŋ'gɔł] **1.** *m* Mongole *m*; **2.** *adj.* = **~ólico** [~ɔliku] mongolisch.
monh|a ['moɲɐ] *f* Zierschleife *f*; Modepuppe *f*; **~o** [~u] *m* Haarknoten *m*, Dutt *m*.
monja ['mõʒɐ] *f* Nonne *f*.
mono ['monu] **1.** *m* Affe *m* (*a. fig.*); F Griesgram *m*; ✝ Ladenhüter *m*; *pregar um ~ a alg.* F j-m e-n Bären aufbinden; j-n reinlegen; **2.** *adj.* Affen...; *fig.* F griesgrämig.
mono... [mɔnɔ] ein...; allein...
monóculo [mu'nɔkulu] **1.** *m* Einglas *n*, Monokel *n*; **2.** einäugig.
mono|fásico ⚡ [mɔnɔ'faziku] Einphasen...; **~gamia** [~ɣɐ'miɐ] *f* Einehe *f*.
monógamo [mɔ'nɔɣɐmu] in Einehe lebend, monogam.
mono|grafar [mɔnɔɣrɐ'far] (1b) e-e Monographie schreiben über (*ac.*), in e-r Monographie behandeln; **~grafia** [~ɣrɐ'fiɐ] *f* Monographie *f*; **~grama** [~'ɣrɐmɐ] *m* Monogramm *n*.
monólogo [mu'nɔluɣu] *m* Monolog *m*; Selbstgespräch *n*.
mono|pólio [munu'pɔlju] *m* Monopol *n*; **~polizar** [~puli'zar] (1a) monopolisieren; (für sich allein) beanspruchen.
monoss|ilábico [mɔnɔsi'laβiku] einsilbig; **~ilabismo** [~ilɐ'βiʒmu] *m* Einsilbigkeit *f* (*a. fig.*); **~ílabo**

[~'silɐβu] *m* einsilbige(s) Wort *n*; *falar por ~s* einsilbig (*od.* wortkarg) sn; sich in Andeutungen ergehen.
mon|otonia [munutu'niɐ] *f* Eintönigkeit *f*, Einförmigkeit *f*; **~ótono** [~'nɔtunu] ein-tönig, -förmig.
monstro ['mõʃtru] *m* Ungeheuer *n*; Ungetüm *n*; Scheusal *n*; *anat.* Mißbildung *f*, Monstrum *n*.
monstruos|idade [mõʃtrwuzi'ðaðə] *f* Ungeheuerlichkeit *f*; Scheußlichkeit *f*; Mißbildung *f*; **~o** [~'trwozu (-ɔ-)] ungeheuer; scheußlich; widernatürlich; mißgestaltet, monströs.
monta ['mõntɐ] *f* Betrag *m*; Bedeutung *f*; Wert *m*; *de pouca ~* geringfügig; unbedeutend.
mont|ada [mõn'taðɐ] *f* Aufsitzen *n*; Pferd und Reiter; **~ado** [~aðu] **1.** *adj.* beritten; *estar ~ em* reiten (*od.* rittlings sitzen) auf (*dat.*); **2.** *m* Eichenwald *m*; *engorda f de ~* Eichelmast *f*; **~ador** [~tɐ'ðor] *m* Monteur *m*; **~agem** [~aʒɐ̃i] *f* ⊕ Montage *f*; Aufstellung *f e-r Maschine*, Einbau *m e-r Vorrichtung*; Aufbau *m e-r Anlage*; ⚡ Schaltung *f*.
montanha [~'tɐɲɐ] *f* Gebirge *n*; *~-russa* Berg- und Talbahn *f*.
montanh|eira [~tɐ'ɲeirɐ] *f* Eichelmast *f*; **~eiro** [~eiru] **1.** *m Algarve u. Alentejo*: Einzelhofbauer *m*; Hofsasse *m*; **2.** *adj.* = **~ês** [~eʃ] **1.** *adj.* Gebirgs..., Berg...; **2.** *m* Gebirgler *m*; **~oso** [~ozu (-ɔ-)] gebirgig, bergig.
mont|ante [~'tɐ̃ntə] **1.** *m* (Gesamt-) Betrag *m*; Höhe *f*; *no ~ de* in Höhe von; *a ~* (fluß)aufwärts; **2.** *adj.* steigend; **~ão** [~ɐ̃u] *m* Haufen *m*, Berg *m*; *aos montões* haufenweise; in Haufen; *em ~* alle durchea.; **~ar** [~ar] (1a) **1.** *v/t.* **a)** *Pferd* besteigen; reiten, reiten auf (*dat.*); *Fahrrad* fahren; *j-n* beritten m.; setzen (*od.* legen) (auf [*ac.*] *em*, *sobre*); ⚓ *Kap* umschiffen; **b)** *Fabrik* einrichten; *Maschine* aufstellen, montieren; *Zelt*, *Gerüst* aufschlagen; *Vorrichtung* einbauen, anbringen; *Organisation* aufziehen; *Edelstein* fassen; *Falle* stellen; **2.** *v/i.* steigen; aufsitzen; reiten; (aus-) machen; *~ a* sich belaufen auf (*ac.*).
montaria [~tɐ'riɐ] *f* Wildbahn *f*, Jagdgehege *n*; Treibjagd *f*; Jagdwesen *n*, Waidwerk *n*; *fig.* Hetzjagd *f*; *bras.* Jagdboot *n*.
monte ['mõntə] *m* Berg *m*; Wildnis *f*; Haufen *m*; Erbschaftsmasse *f*; *Art* Pharaospiel *n*; *Spiel*-Kasse *f*; *Karten*-Stock *m*; *~s pl.* Gebirge *n*; *a ~* verwahrlost, verwildert; aufs Geratewohl, blindlings; = *aos ~s* haufenweise; wild durchea.; *andar a ~* sich in der Wildnis versteckt halten; **~ada** [mõn'tjaðɐ] *f* Jagd *f*, Pirsch *f*; Treibjagd *f*; **~ador** [mõntjɐ'ðor] *m* = *monteiro*; **~ar** [mõn'tjar] (1l) **a)** jagen, pirschen; **b)** e-n Aufriß machen von.
monteia [mõn'tejɐ] *f* Aufriß *m*.
monteiro [mõn'teiru] **1.** *adj.* Jagd...; **2.** *m* Jäger *m*; Förster *m*.
montepio [~tə'piu] *m* Sterbekasse *f*.
montês [~'teʃ] wild, Wild...; *cabra f -esa* Gemse *f*; *cabrito m ~* Steinbock *m*.
montículo [~'tikulu] *m* Hügel(chen *n*) *m*; Häufchen *n*.
montra ['mõntrɐ] *f* Schaufenster *n*.
montur|eiro [mõntu'reiru] *m* Lumpensammler *m*; **~o** [~'turu] *m* Kehricht *m*; Müllhaufen *m*.
monument|al [munumẽn'taɫ] großartig, monumental; **~o** [~'mẽntu] *m* Denkmal *n*; Grabmal *n*.
moqu|ear *bras.* [mo'kjar] (1l) *Fleisch* dörren; **~ém** [~ẽ] *m* Trokkenrost *m*; Bratrost *m*.
mor[1] [mɔr] Haupt...; Ober...; *z. B. capela-~ f* Hauptaltar *m*; *monteiro-~ m* Oberförster *m*.
mor[2] [mor]: *por ~ de* wegen (*gen.*); *j-m* zuliebe.
mora ['mɔrɐ] *f* Verzögerung *f*; Aufschub *m*; *juros m/pl. de ~* Verzugszinsen *m/pl.*; *estar constituído em ~* im Verzug (*od.* Rückstand) sn.
mor|ada [mu'raðɐ] *f* Wohnung *f*; *fig.* Aufenthalt *m*; **~adia** [~rɐ'ðiɐ] *f* Wohn- (*a.* Ferien-)haus *n*; = *~ada*; **~ador** [~rɐ'ðor] **1.** *adj.* wohnhaft; **2.** *m* Bewohner *m*, Mieter *m*; Anlieger *m*, -wohner *m*; Einwohner *m*.
moral [mu'raɫ] **1.** *adj.* moralisch; sittlich; **2.** *f* Sittenlehre *f*, Moral *f*; **3.** *m* Stimmung *f*, Moral *f*; **~idade** [~rɐli'ðaðə] *f* Sittlichkeit *f*; Nutzanwendung *f*, Moral *f*; **~ista** [~rɐ'liʃtɐ] *m* Moralist *m*; **~izador** [~rɐlizɐ'ðor] **1.** *adj.* lehrreich, erzieherisch; **2.** *m* Moralprediger *m*; **~izar** [~rɐli'zar] (1a) moralisieren.
moran|go [mu'rẽŋgu] *m* Erdbeere *f*;

~gueiro [~rẽŋ'geiru] *m* Erdbeerpflanze *f*.
morar [mu'rar] (1e) wohnen (*em casa do diabo* am Ende der Welt); *ir ~ para* ziehen nach.
moratória [~rɐ'tɔrjɐ] *f* Zahlungsaufschub *m*; Moratorium *n*.
morbid|ade [murbi'δaδə] *f* Zahl *f* der Krankheitsfälle; **~ez** [~eʃ] *f* Krankhaftigkeit *f*; Zartheit *f*.
mórbido ['mɔrbiδu] kränklich; krankhaft; zart, süß; schmachtend.
morcego [mur'seγu] *m* Fledermaus *f*; *fig.* Nachtschwärmer *m*.
morcela, -ilha [mur'sɛlɐ, -iʎa] *f* Blutwurst *f*.
mord|aça [mur'dasɐ] *f* Knebel *m*; **~az** [~aʃ] beißend; bissig; scharf; **~edela, ~edura** [~də'δɛlɐ, ~də'δurɐ] *f* Biß(wunde *f*) *m*; **~ente** [~ẽntə] **1.** *adj.* beißend; durchdringend (*Ton*); **2.** *m* Beize *f*; Fixativ *n*; ⊕ (Klemm-)Backe(n *m*) *f*; ♪ Vorschlag *m*; **~er** [~er] (2d) **1.** *v/t.* (an-, zer-)beißen; beißen auf (*ac.*); stechen (*Insekt*); ätzen; an-, zerfressen; *fig.* zwicken; jucken; bissig w. gegen; *~ os beiços* (*a língua*) sich auf die Lippen (die Zunge) beißen (*a. fig.*); *~ o pó, ~ a poeira* (*od. terra*) ins Gras beißen; **2.** *v/i.* beißen; brennen; jucken; **3. ~er-se** *fig.* vergehen *od.* F schäumen (vor [*dat.*] *de*); **~icar** [~di'kar] (1n) prickeln; (an)knabbern; (zer)beißen; zwicken; jucken; **~ida** *bras.* [~iδɐ] *f* Biß *m*; **~imento** [~di'mẽntu] *m fig.* Gewissensbiß *m*; **~iscar** [~diʃ'kar] (1n) = *~icar*.
mordomo [mɔr'domu] *m* Verwalter *m*; Haushofmeister *m*.
moreia [mu'rejɐ] *f* **a)** Hocke *f*; Mandel *f*; **b)** Muräne *f* (*Fisch*).
moren|a [~'renɐ] *f* **a)** *geol.* Moräne *f*; **b)** Brünette *f*, F schwarzbraune(s) Mädel *n*; **~o** [~u] schwarzbraun, brünett; dunkel.
morfin|a [mur'finɐ] *f* Morphium *n*; **~ómano** [~fi'nɔmɐnu] *m* Morphinist *m*.
morfologia [~fulu'ʒiɐ] *f* Formenlehre *f*, Morphologie *f*.
morgad|a [mɔr'γaδɐ] *f* Majoratsherrin *f*; **~inha** [~γɐ'δiɲɐ] *f* Majoratsfräulein *n*; **~io** [~γɐ'δiu] *m* Majorat *n*; **~o** [~u] *m* Majorat(sherr *m*) *n*; Erstgeborene(r) *m*.
morgue *fr.* ['mɔrγə] *f* Leichenschauhaus *n*.
moribundo [muri'βũndu] sterbend; verlöschend.
moriger|ação [muriʒərɐ'sɐ̃u] *f* Belehrung *f*, Erziehung *f*; **~ado** [~'raδu] wohlerzogen; ehrbar; **~ar** [~'rar] (1c) erziehen.
moringa *f*, **-gue** *m* [mu'rĩŋgɐ, -gə] Trinkwasserkrug *m*.
morma|cento [murmɐ'sẽntu] *fig.* feuchtwarm; **~ço** [~'masu] *m* feuchte Wärme *f*.
mormente [mɔr'mẽntə] hauptsächlich, insbesondere, vor allem.
mormo *vet.* ['mormu] *m* Rotz *m*.
morn|idão [murni'δɐ̃u] *f* Lauheit *f*; **~o** ['mornu (-ɔ-)] lau(warm); *de água -a* lau; unbedeutend, wertlos.
moros|idade [muruzi'δaδə] *f* Saumseligkeit *f*; Langwierigkeit *f*; **~o** [~'rozu (-ɔ-)] saumselig; säumig; langwierig, nicht enden wollend.
morra! ['moʀɐ] nieder (mit)!
morrão [mu'ʀɐ̃u] *m* Lunte *f*; *Docht*-Schnuppe *f*.
morred|iço [~ʀə'δisu] (er)sterbend; verlöschend; = **~oiro, ~ouro** [~oiru, ~oru] kurzlebig; vergänglich; todbringend.
morrer [~'ʀer] (2d; *p.p. meist morto*) sterben (an *e-r Krankheit*, vor *Schreck usw. de*); umkommen; absterben (*Glied*); *fig.* enden; vergehen; verlöschen (*Licht*); verklingen (*Ton*); *~ por* für sein Leben gern h. (mögen *od.* tun); *ele está para ~* es geht mit ihm zu Ende.
morrinh|a [~'ʀiɲɐ] *f* Räude *f*; *prov.* Sprühregen *m*; *bras.* Schweißgeruch *m*; **~ento** [~ʀi'ɲẽntu] räudig; trüb (*Tag*); kränklich.
morro ['moʀu] *m* Hügel *m*; Steinbruch *m*.
morsa ['mɔrsɐ] *f* Walroß *n*.
mort|adela [murtɐ'δɛlɐ] *f entspr. dtsch.* Bierwurst *f*; **~agem** [~'taʒɐ̃i] *f* Zapfenloch *n*; **~al** [~'tał] sterblich; tödlich; kurzlebig; *pecado m ~* Todsünde *f*; **~alha** [~'taʎɐ] *f* Leichentuch *n*; Totenhemd *n*; *fig.* Zigarettenpapier *n*; **~alidade** [~ɐli'δaδə] *f* Sterblichkeit(sziffer) *f*; **~andade** [~ɐ̃n'daδə] *f* Verlust *m* an Menschenleben; = *~alidade*.
morte ['mɔrtə] *f* Tod *m*; Todesfall *m*; *perigo m de ~* Lebensgefahr *f*; *a ~ em pé* ein lebender Leichnam; *de ~* tödlich; Todes...; zutiefst; *de má*

~ böswillig; *para a vida e para a* ~ auf Leben und Tod; *estar à* ~ ernst stehen um.

morteiro [mur'teiru] *m* Mörser *m*; Böller *m*.

mort|icínio [~ti'sinju] *m* Massenmord *m*; Blutbad *n*; **~iço** [~'tisu] erloschen (*Auge, Farbe*); erlöschend (*Licht*); blaß; leblos; **~ífero** [~'tifəru] todbringend.

mortific|ação [~təfikɐ'sɐ̃u] *f* Abtötung *f*; Kasteiung *f*; Kränkung *f*; **~ar** [~'kar] (1n) abtöten; kasteien; demütigen; kränken; quälen.

morto ['mortu (-ɔ-)] tot; getötet (*zu matar*); gestorben (*zu morrer*); abgestorben (*Glied*); leblos; still (*Saison*); stehend (*Wasser*); ~ *e bem* ~ mausetot; ~ *de* halbtot vor (*dat.*); *estar* ~ *por* (*que* [*conj.*]) darauf brennen zu (daß).

mortu|alha [mur'twaʎɐ] *f* Leichenhaufen *m*; = ~*ório*; **~ário** [~arju] Leichen...; Sterbe...; **~ório** [~ɔrju] *m* Leichenbegängnis *n*.

morubixaba *bras.* [morubi'ʃabɐ] *m Eingeborenen*-Häuptling *m*.

morzelo [mur'zelu]: (*cavalo*) ~ *m* Rappe *m*.

mosaico [mu'zaiku] **1.** *m* Mosaik *n*; **2.** *adj.* **a**) Mosaik...; musivisch; **b**) mosaisch.

mosca ['moʃkɐ] *f* Fliege *f*; *fig. a.* Klette *f*; Schönheitspflästerchen *n*; Knopflochstich *m*; *andar às* ~*s*, *apanhar* ~*s* F herumlungern; *deu-* (*od. picou-*)*lhe a* ~ er ist wie von der Tarantel gestochen; *estar às* ~*s* leer (*od.* wenig besucht) sn; *estar com a* ~ kribbelig sn; *papar* ~*s* F Maulaffen feilhalten.

moscad|a [muʃ'kaðɐ] *f* Muskat (-nuß *f*) *m*; **~eira** [~kɐ'ðeirɐ] *f* Muskatbaum *m*; **~eiro** [~kɐ'ðeiru] *m* Fliegenklatsche *f*; **~o** [~u] würzig; *noz f -a* Muskatnuß *f*.

mosc|a-morta [ˌmoʃkɐ'mɔrtɐ] *su.* Duckmäuser(in *f*) *m*; Leisetreter(in *f*) *m*; **~ão** [muʃ'kɐ̃u] *m* Schmeißfliege *f*; **~ar** [muʃ'kar] (1n; *Stv.* 1e —D2) F sich verduften; **~ardo** [muʃ'karðu] *m* Bremse *f*.

moscatel [muʃkɐ'tɛł] *m* Muskateller(wein) *m*.

mosco ['moʃku] *m* Mücke *f*.

mosqu|eado [muʃ'kjaðu] gefleckt, scheckig; *cavalo m* ~ Schecke *m*; **~ear** [~jar] (1l) sprenkeln; bespritzen; *v/i. bras.* mit dem Schwanz schlagen; **~eiro** [~eiru] *m* Fliegen-schrank *m*, -klappe *f*.

mosquet|ão [~kə'tɐ̃u] *m* Karabinerhaken *m*; **~e** [~'ketə] *m* **a**) Muskete *f*; **b**) *bras.* kleine(s) flinke(s) Pferd *n*; **~eiro** [~eiru] *m* Musketier *m*.

mosquit|eiro [~ki'teiru] *m* Moskitonetz *n*; **~o** [~'kitu] *m* Stechmücke *f*, Moskito *m*.

mossa ['mɔsɐ] *f* Beule *f*; Scharte *f*; Kerbe *f*; *fig.* Eindruck *m*.

mostard|a [muʃ'tardɐ] *f* Senf *m*, Mostrich *m*; **~eira** [~tɐr'deirɐ] *f* Senfkraut *n*; Senftöpfchen *n*.

mosteiro [~'teiru] *m* Kloster *n*.

mosto ['moʃtu] *m* Most *m*.

mostra ['mɔʃtrɐ] *f* Vorführung *f*; Ausstellung *f*; Zeichen *n*; Anzeichen *n*; Beweis *m*; ~*s pl.* Ausdruck *m*; Anschein *m*; *dar* ~*s de* zu sn scheinen; *cão m de* ~ Vorstehhund *m*; *à* ~ sichtbar; offensichtlich; *dar* ~*s de* bezeigen (*ac.*); unter Beweis stellen (*ac.*); *fazer* ~ *de* Miene m. zu *inf.*; zur Schau tragen (*ac.*); *passar* ~ *a* besichtigen (*ac.*); *pôr à* ~ zum Vorschein bringen; zeigen, vorführen.

mostr|ador [muʃtrɐ'ðor] *m* Zifferblatt *n*; Ladentisch *m*; **~ar** [~'trar] (1e) zeigen.

mostrengo [~'trẽŋgu] *m* Vogelscheuche *f*; Taugenichts *m*.

mostruário [~'trwarju] *m* Musterkollektion *f*; Muster-buch *n*, -koffer *m*; Schaukasten *m*.

mota ['mɔtɐ] *f* **a**) Deich *m*, Damm *m*; Erdaufschüttung *f*; **b**) *bras.* Zugabe *f*; Trinkgeld *n*.

mote ['mɔtə] *m* Motto *n*; Wahlspruch *m*.

mote|jar [mutɨ'ʒar] (1d) verspotten; *v/i.* spotten (über [*ac.*] *com, de*); **~jo** [~'teʒu] *m* Spott *m*; Spötterei *f*; **~te** [~'tetə] *m* Stichelei *f*, Witz *m*; ♪ Motette *f*.

motim [~'tĩ] *m* Unruhe *f*, Auflauf *m*; Lärm *m*; ⚔ Meuterei *f*.

motiv|ação [~tivɐ'sɐ̃u] *f* Begründung *f*; Motivation *f*; **~ar** [~'var] (1a) begründen; veranlassen; ~ *alg. a j-n* motivieren zu; **~o** [~'tivu] *m* Grund *m*, Anlaß *m*; *lit., pint. u.* ♪ Motiv *n*; *por* ~(*s*) *de* aus Anlaß (*gen.*), anläßlich (*gen.*); ...halber.

moto[1] ['mɔtu] *m* Bewegung *f*; *de* ~ *próprio* aus freien Stücken, aus eigenem Antrieb.

moto[2] ['mɔtɔ] *f* Motorrad *n*; **~-bomba(s)** [~'βõmbɐ] *f(pl.)* Motorspritze *f*; **~cicleta** [~si'klɛtɐ] *f* Motorrad *n*; **~ciclismo** [~si'kliʒmu] *m* Motorradsport *m*; **~ciclista** [~si'kliʃtɐ] *m* Motorradfahrer *m*; **~ciclo** [~'siklu] *m* = ~*cicleta*.

motor [mu'tor] **1.** *m* Antrieb *m*, treibende Kraft *f*; ⊕ Motor *m*; ~ *a dois (quatro) tempos* Zwei-(Vier-)takt-, ~ *eléctrico* Elektromotor *m*; ~ *exterior móvel* Außenbordmotor *m*; *de um só* ~ einmotorig; **2.** *adj.* bewegend, treibend; motorisch; *força f* ~ *a* Triebkraft *f*.

motoret|a [~tu'retɐ] *f* Moped *n*; **~ista** [~rə'tiʃtɐ] *m* Mopedfahrer *m*.

motor|ista [mutu'riʃtɐ] *m* Kraftfahrer *m*; *bras. a.* Lokführer *m*; *carteira f de* ~ *bras.* Führerschein *m*; **~ização** [~rizɐ'sɐ̃u] *f* Motorisierung *f*; **~izada** [~ri'zaðɐ] *f* Mofa *n*; **~izar** [~ri'zar] (1a) motorisieren; **~(n)eiro** *bras.* [~'r(n)eiru] *m* Wagenführer *m der Straßenbahn*; *lugar m do* ~ Führerstand *m*.

motriz [mu'triʃ]: *(força)* ~ *f* Triebkraft *f*; treibende Kraft *f*.

mou|co ['moku] taub; **~quidão** [moki'ðɐ̃u] *f* Taubheit *f*.

mour... *s. moir...*

mout... *s. moit...*

movediço [muvə'ðisu] beweglich; locker *(Erdreich)*; tragbar; unstet; *areia f -a* Flugsand *m*.

móv|el ['mɔvɛɫ] **1.** *adj.* beweglich; fahrbar; Dreh...; **2.** *m* **a)** Beweggrund *m*, Anlaß *m*; *(primeiro)* ~ treibende Kraft *f*; **b)** Möbel(stück) *n*; **3. ~eis** *pl.* Möbel *n/pl.*; Mobilien *pl.*

mover [mu'ver] (2d) bewegen *(a. fig.)*; (an)treiben; *fig.* verursachen; veranlassen; *Zwietracht* stiften; *zu Tränen* rühren.

moviment|ação [muvimẽntɐ'sɐ̃u] *f* Bewegung *f*; Abwechslung *f*; Verkehr *m*; Transaktion *f*; *Waren-*Umsatz *m*; *-ões pl.* Geschäftigkeit *f*; **~ar** [~'tar] (1a) bewegen; *Aufmerksamkeit* lenken; † umsetzen; = *pôr em* ~*o*; **~ar-se** sich bewegen, sich regen; in Bewegung geraten; sich drehen; **~o** [~'mẽntu] *m* Bewegung *f*; Regung *f*; *Straßen-*Verkehr *m*; † Umsatz *m*; *fig. a.* Veränderung *f*; Bewegtheit *f*; Mannigfaltigkeit *f*; *pôr em* ~ in Bewegung setzen; *Motor* an-lassen, -werfen; *Maschine* anlaufen *(od.* anfahren) l.; *allg.* in Gang setzen *(od.* bringen); *pôr-se em* ~ anlaufen *(Motor)*; anfahren *(Fahrzeug)*; in Gang kommen.

muar [mwar]: *gado m* ~ = ~*es m/pl.* Maultiere *n/pl.*

muco ['muku] *m* (Nasen-)Schleim *m*; **~sa** [mu'kɔzɐ] *f* Schleimhaut *f*; **~sidade** [mukuzi'ðaðə] *f* Schleim *m*; **~so** [mu'kozu (-ɔ-)] schleimig, Schleim...

muçulmano [musuɫ'mɐnu] *m* Muselmann *m*.

mucumbu *bras.* [~kũm'bu] *m* Plunder *m*; *anat.* Steißbein *n*.

muda ['muðɐ] *f* Wechsel *m*; Haarwechsel *m*; Mauser *f (Vögel)*; Häutung *f (Schlange, Insekt)*; Stimmbruch *m (Mensch)*; ✓ Setzling *m*; *das* Auspflanzen.

mud|ança [mu'ðɐ̃sɐ] *f* Änderung *f*; Veränderung *f*; Verwandlung *f*; *das* Umschlagen *des Windes*; *Witterungs-*Umschlag *m*; Verlegung *f*; Versetzung *f*; Wohnungswechsel *m*, Umzug *m*; *fig. a.* Abwechslung *f*; Unbeständigkeit *f*; (caixa *f* de) ~ *auto.* Gangschaltung *f*; **~ar** [~ar] (1a) **1.** *v/t.* (ab-, ver-)ändern; wechseln; verwandeln (in [*ac.*] *em*); ~ *para* legen *(od.* hängen, setzen, stellen) an, auf, in *(ac.) od.* nach; *Setzling* (aus)pflanzen in *(ac.)*; *Geschäft* verlegen nach; *j-n* versetzen nach; ~ *a pena* sich mausern; ~ *a voz* in den Stimmbruch kommen; **2.** *v/i.* sich ändern; umschlagen *(Wind, Wetter)*; umziehen; ~ *de* wechseln *(ac.)*; ändern *(ac.)*; ~ *de casa* umziehen; ~ *de figura* anders aussehen; ~ *de propósito (od. tenção, ideia)* andern Sinnes w., sich anders besinnen; ~ *de roupa (casaco, vestidos)* die Wäsche (den Rock, die Kleider) wechseln, *kurz*: **3. ~ar-se** sich umziehen; ~ *para* s-n Wohnsitz verlegen *(od.* umziehen) nach; **~ável** [~avɛɫ] veränderlich.

mud|ez [~'ðeʃ] *f* Stummheit *f*; *fig.* Schweigen *n*; **~o** ['muðu] stumm; *fig.* schweigend; schweigsam.

mufla ⊕ ['muflɐ] *f* Muffel *f*.

mugem ['muʒɐ̃i] *f* Meeräsche *f*.

mug|ido [mu'ʒiðu] *m* Gebrüll *n*; **~ir** [~ir] (3n—D3) brüllen *(Rind)*.

mui [mũi] *Kurzform v.* **~to** ['mũintu] **1.** *adv.* sehr; dringend (*müssen, wollen, brauchen usw.*); schnell (*laufen usw.*); laut (*schreien usw.*); eng (*umschlungen*); *beim comp.* viel; *zur Bezeichnung des Übermaßes* zu; **2.** *adj. u. m* viel; zu viel; lange (Zeit); *há* (*od. havia*) *muito* (*que*) a) schon lange (*od.* längst), schon vor langer Zeit; b) seit langer Zeit, seit langem; *viver* ~ a) lang leben; b) viel erleben; *quando* ~! höchstens!

mula ['mulɐ] *f weibliches* Maultier *n*; Mauleselin *f*.

mulat|inho [mulɐ'tiɲu]: (*feijão*) ~ *m* braune Bohne *f*; **~o** *m*, **-a** *f* [~'latu, -ɐ] Mulatte *m*, Mulattin *f*.

mulet|a [~'letɐ] *f* Krücke *f*; *taur.* Muleta *f*; **~eiro** [~lə'teiru] *m* Maultiertreiber *m*.

mulher [mu'ʎɛr] *f* Frau *f*; ~ *a dias* Putzhilfe *f*; ~ *da vida* Hure *f*.

mulher|aça [~ʎə'rasɐ] *f* F Dragoner *m*; **~ame** [~ɐmə] *m* = ~*io*; **~ão** [~ɐ̃u] *m* = ~*aça*; **~engo** [~ẽŋgu] **1.** *adj.* weibstoll; weibisch; **2.** *m* Weiberknecht *m*; **~ico** [~iku] weibisch; **~il** [~ił] weiblich; Frauen...; **~inha** [~iɲɐ] *f* Weibsperson *f*, Mensch *n*; **~io** [~iu] *m* F *die* holde Weiblichkeit *f*.

mult|a ['mułtɐ] *f* Geldstrafe *f*; *apanhar uma* ~ Strafe zahlen müssen; **~ar** [muł'tar] (1a) mit e-r Geldstrafe belegen (von *em*).

multi|co(lo)r [mułtiku'lor, -'kor] vielfarbig, bunt; **~dão** [~'dɐ̃u] *f* (Menschen-)Menge *f*; Volksmasse *f*; **~forme** [~'fɔrmə] vielgestaltig; **~lateral** [~lɐtə'rał] vielseitig; ⚕ *u. pol.* multilateral; **~nacional** [~nɐsju'nał] multinational; **~partidário** [~pɐrti'ðarju] Mehrparteien...; **~-partidarismo** [~pɐrtiðɐ'riʒmu] *m* Mehrparteienstaat *m*.

multiplic|ação [~tiplikɐ'sɐ̃u] *f* Vervielfältigung *f*; Multiplikation *f*; *fig.* Vermehrung *f*; **~ador** [~ɐ'ðor] *m* Vervielfältiger *m*; ⅋ Multiplikator *m*; **~ando** [~'kɐ̃ndu] *m* Multiplikand *m*, Grundzahl *f*; **~ar** [~'kar] (1n) vervielfältigen; multiplizieren; **~ar-se** sich (ver)mehren; **~ativo** [~ɐ'tivu] vervielfältigend; Multiplikations...

multíplice [~'tiplisə] mannigfach, vielfach; mannigfaltig.

multiplicidade [~tiplisi'ðaðə] *f* große Zahl *f*; Häufigkeit *f*; Mannigfaltigkeit *f*; Vielfältigkeit *f*.

múltiplo ['mułtiplu] vielfach; vielfältig, mannigfaltig.

múmia ['mumjɐ] *f* Mumie *f*.

mumificar [muməfi'kar] (1n) einbalsamieren; *v/i. u.* **~-se** einschrumpfen.

mund|ana [mũn'dɐnɐ] *f* Halbweltdame *f*; **~an(al)idade** [~dɐn(ɐl)i'ðaðə] *f* Weltlichkeit *f*; Weltlust *f*; mondäne(r) Charakter *m*; **~ano** [~ɐnu] **1.** *adj.* weltlich, Welt...; mondän; **2.** *m* Weltkind *n*; **~ão** *bras.* [~ɐ̃u] *m* endlose Weite *f*; Riesenmenge *f*, Berg *m*; **~éu** *bras.* [~ɛu] *m* Falle *f*; Gefahr *f*; *cair no* ~ in die Falle gehen; **~ial** [mũn'djał] Welt...; weltweit; ~*mente conhecido* weltbekannt. [gen.]

mundificar [~dəfi'kar] (1n) reini-

mundo ['mũndu] *m* Welt *f*; *bras. fig.* Überfluß *m*, Menge *f*; *o outro* ~ das Jenseits, jene Welt *f*; *homem m* (*prática f*) *do* ~ Welt-mann (-kenntnis *f*) *m*; *todo o* ~ alle Welt; *assim é o* ~ das ist der Lauf der Welt; *desde que o* ~ *é* ~ seit eh und je; *enquanto o* ~ *for* ~ solange die Welt steht.

mungir [mũ'ʒir] (3n—D1) melken.

muni|ção [muni'sɐ̃u] *f* Befestigung *f*, Bollwerk *n* (*a. fig.*); Verpflegung *f*; Schießbedarf *m*; Munition *f*; *pão m de* ~ = **munício** [mu'nisju] *m* Kommißbrot *n*; **~cionar** [~sju'nar] (1f) verproviantieren; mit Munition versorgen; **~cionário** [~sju'narju] *m* Proviantmeister *m*.

municipal [munəsi'pał] Gemeinde..., Stadt...; städtisch; *bras.* Bezirks-...; *câmara f* ~ Rathaus *n*; = **~idade** [~pɐli'ðaðə] *f* Stadt- (*bras.* Bezirks-) verwaltung *f*; **~ização** [~pɐlizɐ'sɐ̃u] *f* Überführung *f* in die Hand der Stadt- (*od.* Gemeinde-)verwaltung; **~izado** [~pɐli'zaðu]: *serviço m* ~ städtische(r) Betrieb *m*; Stadtwerk *n*; **~izar** [~pɐli'zar] (1a) in die Hand der Stadt- (*od.* Gemeinde-)verwaltung legen; übernehmen (*Stadtverwaltung*).

município [~nə'sipju] *m* Stadtgemeinde *f*, Stadt *f*; Kreis *m*; *bras.* (Regierungs-)Bezirk *m*.

munific|ência [~nifi'sẽsjɐ] *f* Freigebigkeit *f*, Großmut *f*; **~ente** [~ẽntə] freigebig.

munir [mu'nir] (3a) versorgen; versehen; befestigen; **~-se** *de* sich beschaffen (*ac.*).
muque *bras.* ['mukə] *m* Muskel *m*; Kraft *f*; *a* ~ gewaltsam.
muquirana *bras.* [muki'rɐnɐ] *f* Laus *f*.
mur|al [mu'rał] Wand...; Mauer...; **~alha** [~aʎɐ] *f* (Stadt-)Mauer *f*; **~ar** [~ar] (1a) ummauern.
murch|ar [mur'ʃar] (1a) zum Welken bringen; *v/i.* verwelken; verbleichen; erschlaffen; absterben; **~idão** [~ʃi'ðɐ̃u] *f* Welkheit *f*; Blässe *f*; Schlaffheit *f*; Unlust *f*; **~o** ['murʃu] welk; schlaff; unlustig.
murmulh|ar [murmu'ʎar] (1a) rauschen (*Blätter*); plätschern (*Wellen*); **~o** [~'muʎu] *m* Rauschen *n*.
murmur|ação [~murɐ'sɐ̃u] *f* Gemurmel *n*; Murren *n*; Klatscherei *f*; **~ar** [~'rar] (1a) murmeln; *Ton* hervorbringen; *fig.* murren; *v/i.* murmeln; rauschen (*Blätter*); säuseln (*Wind*); *fig.* murren; lästern; klatschen (über [*ac.*] *de*).
murmúrio [~'murju] *m* Murmeln *n*; Rauschen *n*; Säuseln *n*; Gemurmel *n*; Murren *n*.
muro ['muru] *m* Mauer *f*; Wand *f*.
murro ['muʀu] *m* Faustschlag *m*.
murta ⚘ ['murtɐ] *f* Myrte *f*.
murundu *bras.* [murũn'du] *m* Haufen *m*.
musa ['muzɐ] *f* Muse *f*, Dichtkunst *f*.
musaranho [muzɐ'rɐɲu] *m* Spitzmaus *f*.
muscul|ado [muʃku'laðu] muskulös; **~ar** [~ar] Muskel...; **~atura** [~lɐ'turɐ] *f* Muskulatur *f*.
músculo ['muʃkulu] *m* Muskel *m*; P Kraft *f*; *ter* ~ stark sn.
musculoso [muʃku'lozu (-ɔ-)] muskulös.
museu [mu'zeu] *m* Museum *n*.
mus|go ['muʒɣu] *m* Moos *n*; **~goso** [muʒ'ɣozu (-ɔ-)] moosig; Moos...
música ['muzikɐ] *f* Musik *f*; Musikstück *n*; Noten *f/pl.*; *isso é outra* ~ das hört sich schon anders an.
music|al [muzi'kał] musikalisch; **~ar** [~ar] (1n) vertonen; *v/i.* musizieren, Musik m.; **~ata** [~atɐ] *f* Musikkapelle *f*; musikalische Darbietung *f*; **~ista** *bras.* [~'sistɐ] *m* Musik-liebhaber *m*, -kenner *m*.
músico ['muziku] **1.** *adj.* musikalisch; **2.** *m* Musiker *m*.
musicó|logo [muzi'kɔluɣu] *m* Musik-forscher *m*, -kenner *m*; **~mano** [~mɐnu] *m* Musikschwärmer *m*.
muta|bilidade [mutɐβəli'ðaðə] *f* Veränderlichkeit *f*; **~ção** [~'sɐ̃u] *f* Veränderung *f*, Wechsel *m*; *tea.* Szenenwechsel *m*; 🕮 Mutation *f*.
mutil|ação [~tilɐ'sɐ̃u] *f* Verstümmelung *f*; **~ado** [~'laðu] *m* Krüppel *m*; **~ar** [~'lar] (1a) verstümmeln.
mutismo [~'tiʒmu] *m* Stummheit *f*; Schweigsamkeit *f*; Schweigen *n*.
mutu|alidade [~twɐli'ðaðə] *f* Gegenseitigkeit *f*; Austausch *m*; **~ar** [~'twar] (1g) austauschen; leihen; **~ário** [~'twarju] *m* Darlehensempfänger *m*; Kreditnehmer *m*.
mutuca *bras.* [~'tukɐ] *f zo.* Bremse *f*.
mútuo ['mutwu] gegenseitig; *companhia f de socorros* ~*s* Genossenschaft *f* auf Gegenseitigkeit.

N

N, n ['ɛnə] *m* N, n *n.*
na [nɐ] **1.** *Zssg der prp.* em *mit art.* a; **2.** *pron.* *f* sie (ihn, es); Sie.
nababo [nɐ'βaβu] *m* Nabob *m.*
nab|al [nɐ'βał] *m* Rübenfeld *n*; **~iça** [~isɐ] *f zartes* Rübenblatt *n*; **~o** ['naβu] *m* (Kohl-)Rübe *f*; *comprar ~s em saco* die Katze im Sack kaufen; *tirar ~s do púcaro* die Würmer aus der Nase ziehen.
nação [nɐ'sɐ̃u] *f* Nation *f*; Volk *n*; Stamm *m.*
nácar ['nakar] *m* Perlmutter *f.*
nacion|al [nɐsju'nał] national; Volks...; Landes...; **~alidade** [~nɐli'δaδə] *f* Nationalität *f*; Staatsangehörigkeit *f*; **~alismo** [~nɐ'liʒmu] *m* Nationalismus *m*; **~alista** [~nɐ'liʃtɐ] **1.** *adj.* nationalistisch; **2.** *su.* Nationalist(in *f*) *m*; **~alização** [~nɐlizɐ'sɐ̃u] *f* Verstaatlichung *f*; Nationalisierung *f*; **~alizar** [~nɐli'zar] (1a) *Industrie* verstaatlichen *od.* nationalisieren; *j-n* einbürgern.
naco ['naku] *m* Stück *n.*
nada ['naδɐ] **1.** *m das* Nichts; Nichtigkeit *f*; *um tudo ~* ein ganz klein wenig; *uma coisa de ~* e-e Kleinigkeit; nichts Besonderes; *antes de mais ~* vor allen Dingen; *de ~!* nichts zu danken!, keine Ursache!; *daí a ~* gleich darauf; *num ~* im Nu; *por (tudo e por) ~ um* (*od.* für) nichts und wieder nichts; = *por ~ neste mundo* nicht um alles in der Welt; *dar em ~* ergebnislos verlaufen, keinen Erfolg h.; scheitern, F schiefgehen; *estimar* (*od.* *ter*) *em ~* für nichts erachten, verachten; keinen Wert legen auf (*ac.*); *reduzir a ~* vernichten; zunichte machen; **2.** *Verneinungswort*: **a**) nichts, *z. B. ele ~ faz, ele não faz ~* er tut nichts; **b**) etwas, *z. B. ele nunca faz ~* er tut nie etwas; *não é ~!* das hat nichts zu bedeuten; das tut (*od.* kostet) nichts; *não há ~ (melhor) que* es geht nichts über (*ac.*); *~ de belo (novo etc.)* nichts Schönes (Neues *usw.*); *não é ~ disso!* das ist ganz verkehrt!; **3.** *adv.* gar, *z. B.*: *não é ~ mau* das ist gar nicht schlecht; *ele não é ~ doutor* er ist gar kein Doktor; **4.** *int.* *~!* keineswegs!, Unsinn!; *~ de inf.* auf keinen Fall (soll man) *inf.*; *~ de su.*, *~ disso!* nichts da!
nad|ador [nɐδɐ'δor] *m*, **-a** *f* Schwimmer(in *f*) *m*; **~ar** [~'δar] (1b) schwimmen. [*~s pl.* Gesäß *n.*]
nádega ['naδəγɐ] *f* Hinterbacke *f*;
nad|ificar [nɐδəfi'kar] (1n) zunichte m.; *ser -ado*, *~-se* zunichte w.; **~inha** [nɐ'δiɲɐ] *m ein* ganz klein wenig; überhaupt nichts.
nado ['naδu] **a**) *m* (*borboleta, clássico, de costas, livre*) (Schmetterlings-, Brust-, Rücken-, Freistil-) Schwimmen *n*; *a ~* schwimmend; *estar a ~* schwimmen; *passar a ~* durchschwimmen; **b**) *adj.* geboren.
nafta ['naftə] *f* Erdöl *n*; **~lina** [nɐftɐ'linɐ] *f* Mottengift *n.*
naipe ['naipə] *m Kartenspiel*: Farbe *f*; ♪ (Instrumenten-)Gruppe *f.*
namor|ada [nɐmu'raδɐ] *f* (feste) Freundin *f*; **~adeira** [~rɐ'δeirɐ] *f* Flittchen *n*; **~ado** [~aδu] **1.** *adj.* umworben, Liebes...; lieblich; **2.** *m* (feste[r]) Freund *m*; **~ar** [~ar] (1e) den Hof m. (*dat.*); begehren; in die Augen stechen (*dat.*); *~ alg.* mit j-m ein Verhältnis h., F flirten; **~ar-se** *de* sich verlieben in (*ac.*); **~i(s)car** [~ri(ʃ)'kar] (1n) flirten mit; liebäugeln mit; **~i(s)co** [~i(ʃ)ku] *m* Liebelei *f*, Flirt *m*; **~o** [nɐ'moru] *m* Werben *n*; Liebschaft *f*, F Verhältnis *n.*
não [nɐ̃u] **1.** *verneinende Antwort*: nein; *dizer que ~* nein sagen; **2.** *Verneinungswort*: **a**) nicht (*z.B.*: *~ trabalha* er arbeitet nicht; *~ conheço os homens* ich kenne die Menschen nicht); *~ ger.* nicht (*od.* ohne) zu *inf.*; **b**) kein(e) (*z.B.*: *~ conheço homens bons* ich kenne keine guten Menschen); **c**) *vor Substantiven*: Nicht...; (*z.B.*: *o ~ eu* das Nicht-Ich); **d**) *besondere Verwendungen*: *~ mais!* genug!, nicht weiter!; *~ que prs. conj.* nicht als ob *impf. conj.*; *já ~* nicht (*od.* kein)

mehr; *já ~ há* das gibt's nicht mehr; es gibt kein(e) ... mehr; *a ~ ser que conj.* es sei denn, daß *ind.*; **3.** *m* Nein *n*.

não-alinha|mento [~ɐliɲɐ'mẽntu] *m* Blockfreiheit *f*; **~do** [~'ɲaðu] blockfrei.

não-|beligerância [~βəliʒə'rẽsjɐ] *f* Neutralität *f*; **~cumprimento** [~-kũmpri'mẽntu] *m* Nichterfüllung *f*; **~intervenção** [~ĩntərvẽ'sɐ̃u] *f* Nichteinmischung *f*.

naquela, -ele, -ilo [nɐ'kɛlɐ, -elə, -ilu] *Zssgn v.* *em u. aquela, -ele, -ilo.*

narceja [nɐr'seʒɐ] *f* Bekassine *f*.

narciso [nɐr'sizu] *m* ⚘ Narzisse *f*, Osterblume *f*; *fig.* Narziß *m*.

narc|ose [nɐr'kɔzə] *f* Betäubung *f*, Narkose *f*; **~ótico** [~ɔtiku] *m* Betäubungsmittel *n*; **~otizar** [~kuti'zar] (1a) betäuben, narkotisieren.

nardo ⚘ ['narðu] *m* Narde *f*.

narguilé [nɐrgi'lɛ] *m* Wasserpfeife *f*.

narícula [nɐ'rikulɐ] *f* Nasenloch *n*.

nari|gudo [nɐri'ɣuðu] großnasig; Nasen...; **~na** [~'rinɐ] *f* = *narícula*.

nariz [nɐ'riʃ] *m* Nase *f*; **~es** *pl.* Nasenlöcher *n/pl.*; *cair de ~, bater (od. cair, dar) com os ~es no chão* auf die Nase fallen; *levar pelo ~* an der Nase herumführen; *torcer o ~* die Nase rümpfen.

narr|ação [nɐʀɐ'sɐ̃u] *f* Erzählung *f*; Darstellung *f*; **~acional** [~ɐsju'nał] erzählerisch; **~ador** *m*, **-a** *f* [~ɐ'ðor] Erzähler(in *f*) *m*; **~ar** [~'ʀar] (1b) erzählen; **~ativa** [~ɐ'tivɐ] *f* Erzählung *f*; **~ativo** [~ɐ'tivu] erzählend.

narval [nɐr'vał] *m* Narwal *m*.

nas [nɐʃ] **1.** *Zssg der prp.* *em mit art. as*; **2.** *pron. f/pl.* sie; Sie.

nasal [nɐ'zał] **1.** *adj.* Nasen...; nasal; genäselt; **2.** *f gram.* Nasal *m*, Nasenlaut *m*; **~ar** [~zɐ'lar] (1b) nasalieren; näseln.

nasc|ença [nɐʃ'sẽsɐ] *f* = *~imento*; *fig. a.* Anfang *m*; **~ente** [~ẽntə] **1.** *adj.* aufgehend; entstehend; **2. a)** *m* Osten *m*; **b)** *f* Quelle *f*; **~er** [~er] (2g) geboren w. (*su.* als); ausschlüpfen (*Vogel*); sprießen, wachsen (*Pflanze*); entspringen (*Fluß*, *Folge*); anbrechen (*Tag*); aufgehen (*Gestirn*); *fig.* entstehen; herkommen, stammen; erwachsen; erwachen (*Wunsch*, *Gefühl*); erscheinen; *fazer ~* hervorrufen; **~ido** [~iðu] geboren; gebürtig; **~imento** [~si'mẽntu] *m* Geburt *f*; Entstehung *f*; Ursprung *m*; Herkunft *f*.

nassa ['nasɐ] *f* Reuse *f*.

nastro ['naʃtru] *m schmales* Band *n*; *fita f de ~* Einfaßband *n*.

nata ['natɐ] *f* Rahm *m*, Sahne *f*; Krem *m*; *fig.* Krem *f*, Auslese *f*.

natação [nɐtɐ'sɐ̃u] *f* Schwimmen *n*; *de ~* Schwimm...

natal [~'tał] **1.** *adj.* heimatlich; Geburts...; Heimat...; **2.** *m* ♀ Weihnachten *pl.*; *de ~* Weihnachts...; **~ício** [~tɐ'lisju] Geburts...; **~idade** [~tɐli'ðaðə] *f* Geburtenziffer *f*.

natatório [~tɐ'tɔrju] Schwimm...

nateiro [nɐ'teiru] *m* Schlick *m*.

nativ|idade [~tivi'ðaðə] *f* Geburt *f*; *astr.* Nativität *f*; ♀ *de Nosso Senhor (Nossa Senhora)* Christi (Mariä) Geburt; **~o** [~'tivu] **1.** *adj.* angeboren; natürlich; (ein)heimisch, Heimat...; gebürtig; Quell... (*Wasser*); **2.** *m* Einheimische(r) *m*.

nato ['natu] geboren; natürlich.

natural [nɐtu'rał] **1.** *adj.* natürlich; Natur...; *~ de* geboren in; *ser ~ de* stammen aus; é *~* es ist anzunehmen; **2.** *m* Naturtrieb *m*; Naturell *n*; Einheimische(r) *m*; *ao ~* nach der Natur; ohne alles; *fora do ~* außergewöhnlich; **~idade** [~rɐli'ðaðə] *f* Natürlichkeit *f*; Selbstverständlichkeit *f*; Herkunft *f*; *direito m de ~* Heimatrecht *n*; **~ista** [~rɐ'liʃtɐ] **1.** *adj.* naturalistisch; **2.** *su.* Naturforscher(in *f*) *m*; *uni.* technische(r) Assistent(in *f*) *m*; Naturalist(in *f*) *m*; **~ização** [~rɐlizɐ'sɐ̃u] *f* Einbürgerung *f*; Naturalisation *f*; **~izar** [~rɐli'zar] (1a) einbürgern; naturalisieren.

natureza [~'rezɐ] *f* Natur *f*; Art *f*; *~ morta pint.* Stilleben *n*.

nau [nau] *f* † (Kriegs-, Handels-) Schiff *n*.

naufr|agar [naufrɐ'ɣar] (1o; *Stv.* 1b) Schiffbruch erleiden, scheitern; zugrunde gehen; **~ágio** [~'fraʒju] *m* Schiffbruch *m*.

náufrago ['naufrɐɣu] schiffbrüchig; gescheitert.

náusea(s) ['nauzjɐ(ʃ)] *f(/pl.)* Übelkeit *f*; *fig.* Ekel *m*.

nause|abundo [nauzjɐ'βũndu] Übelkeit (*od.* Ekel) erregend; **~ado** [~'zjaðu] unwohl; **~ar** [~'zjar] (1l) = *enjoar*; *fig.* anekeln.

náutic|a ['nautikɐ] *f* Nautik *f*; **~o** [~u] nautisch; Schiffahrts...; Navigations...; *associação f -a* Wassersportverein *m*.
naval [nɐ'vał] See..., Schiffs...; Marine...; *progressos m/pl. navais* Fortschritte *m/pl.* zur See.
navalh|a [~'vaʎɐ] *f* Klappmesser *n*; *bsd.* Rasiermesser *n*; *fig.* Lästerzunge *f*; *~s pl.* Hauer *m/pl.* (*Wildschwein*); **~ada** [~vɐ'ʎaδɐ] *f* Messerschnitt *m*, -stich *m*.
nave ⚠ ['navə] *f* Schiff *n*.
nave|gação [nɐvəɣɐ'sɐ̃u] *f* Schiffahrt *f*; (See-)Fahrt *f*; *~ aérea* Luftfahrt *f*; **~gador, ~gante** [~ɣɐ'δor, ~'ɣɐ̃ntə] *m* Seefahrer *m*; **~gar** [~'ɣar] (1o; *Stv.* 1c) befahren; *v/i.* zur See fahren; segeln, fahren; steuern; fliegen; **~gável** [~'ɣavɛł] schiffbar; befliegbar; **~ta** [~'vetɐ] *f* Räucherfaß *n*; ⊕ Schiffchen *n*.
navio [nɐ'viu] *m* Schiff *n*; *~ fantasma* Gespensterschiff *n*; *der* Fliegende Holländer (*Wagneroper*); *~-hospital* Lazarettschiff *n*; *ficar a ver ~s* F in den Mond gucken.
naz|i [nɐ'zi] **1.** *m* Nazi *m*; **2.** *adj.* nazistisch; **~ismo** [~iʒmu] *m* Nazismus *m*.
neblina [nə'βlinɐ] *f* (Boden-)Nebel *m*; *bras. a.* Nieselregen *m*.
nebul|osa [nəβu'lɔzɐ] *f astr.* Nebelfleck *m*; **~osidade** [~luzi'δaδə] *f* Nebel(haftigkeit *f*) *m*; *fig.* Verschwommenheit *f*; **~oso** [~ozu (-ɔ-)] diesig; trüb; verschleiert; nebelhaft, verschwommen.
necedade [nəsə'δaδə] *f* Unwissenheit *f*; Dummheit *f*; Torheit *f*.
necess|ário [~'sarju] notwendig; nötig, erforderlich; **~idade** [~si'δaδə] *f* Notwendigkeit *f*; Not *f*; Bedürfnis *n*; Bedarf *m*; *artigo m de ~* Bedarfsartikel *m*; *de ~ = ~ário*; *de primeira ~* lebenswichtig; *por ~* notwendigerweise; aus Not; *fazer as suas ~s* P s-e Notdurft verrichten; *ter ~ de a/c.* et. nötig h., et. brauchen; **~itado** [~si'taδu] notleidend; (hilfs)bedürftig; **~itar** [~si'tar] (1a) brauchen; *~ a* zwingen zu; *v/i.* Not leiden; *~ (de)* bedürfen (*gen.*), brauchen (*ac.*); müssen *inf.*
necr|ologia [nəkrulu'ʒiɐ] *f* Sterberegister *n*; Todesanzeigen *f/pl.*; **~ológico** [~u'lɔʒiku] Todes..., Toten...; **~ológio** [~u'lɔʒju] *m* Nachruf *m*; **~omancia** [~umɐ̃'siɐ] *f* schwarze Kunst *f*; **~omante** [~u'mɐ̃ntə] *m* Schwarzkünstler *m*; **~ópole** [~'krɔpulə] *f* Friedhof *m*; **~otério** [~u'tɛrju] *m* Leichenschauhaus *n*.
nédio ['nɛδju] (fett)glänzend.
neerlandês [neərlɐ̃n'deʃ] **1.** *adj.* niederländisch; **2.** *m*, **-esa** *f* Niederländer(in *f*) *m*.
nef|ando, ~ário [nə'fɐ̃ndu, ~'farju] schändlich; ruchlos; abscheulich; **~as** ['nɛfɐʃ] *por fás e por ~* so oder so; mit allen Mitteln; **~asto** [nə'faʃtu] unheilvoll.
nefrite [nə'fritə] *f* Nierenentzündung *f*.
neg|aça [nə'ɣasɐ] *f* Lock-mittel *n*, -speise *f*, -vogel *m*; *fazer ~ a* (an-, ver-)locken (*ac.*); **~ação** [~ɣɐ'sɐ̃u] *f* Verneinung *f*; Weigerung *f*; Ablehnung *f*; *fil.* Negation *f*; *ser a ~ de* das genaue Gegenteil (*gen.*) sn; keine Begabung h. für; **~acear** [~ɣɐ'sjar] (1l) (an-, ver-)locken; *~ com* sich anlegen mit; **~ador** [~ɣɐ'δor] *m* Leugner *m*; Neinsager *m*; **~ar** [~ar] (1o; *Stv.* 1c) verneinen; *Tatsache* leugnen; *Recht* bestreiten; *Person* verleugnen; *Zumutung* ablehnen; *fil.* negieren; *~ a/c. a alg.* j-m et. absprechen; j-m et. verweigern; *Bitte* abschlagen; *~ alg.* de nicht anerkennen als; **~ar-se** sich verleugnen l.; *~ a inf.* sich weigern zu *inf.*; *~* de ablehnen (*ac.*); **~ativa** [~ɣɐ'tivɐ] *f* Verneinung(s-satz *m*, -wort *n*) *f*; abschlägige Antwort *f*, Absage *f*; Weigerung *f*; **~ativo** [~ɣɐ'tivu] verneinend; ablehnend (*Haltung*); abschlägig (*Antwort*); negativ; *pólo m ~* Minuspol *m*.
neglig|ência [nəɣli'ʒẽsjɐ] *f* Nachlässigkeit *f*; **~enciar** [~ʒẽ'sjar] (1g) vernachlässigen; **~enciável** [~ʒẽ'sjavɛł] unwichtig; *não ~* wichtig, nicht zu unterschätzen(d); **~ente** [~ẽntə] nachlässig.
negoci|ação [nəɣusjɐ'sɐ̃u] *f* Verhandlung *f*; Handel *m*; Verkauf *m*; *Wechsel*-Begebung *f*; *fazer ~ de* handeln (*od.* Geschäfte m.) mit; **~ador** [~ɐ'δor] *m* Unterhändler *m*; **~ante** [~'sjɐ̃ntə] *m* Kaufmann *m*, (Groß-)Händler *m*; Geschäftsmann *m*; **~ar** [~'sjar] (1g *u.* 1h) *v/i.* handeln, Handel treiben (mit *em*); in Verhandlung stehen (*od.* unterhan-

deln) (mit *com*); *v/t.* handeln mit; erhandeln, erwerben; verhandeln über (*ac.*); *Wechsel* begeben; *fig.* verkaufen; aushandeln; **~arrão** [~ɐ'ʀɐ̃u] *m* Bomben-geschäft *n*, -sache *f*; **~ata** [~'sjatɐ] *f* dunkle(r) Handel *m*, unsaubere(s) Geschäft *n*; **~ável** [~'sjavɛɫ] verkäuflich; umsetzbar; begebbar (*Wechsel*); *não ser* ~ kein Verhandlungsgegenstand sn.
negócio [~'ɣɔsju] *m* Handel *m* (*fazer* treiben); Geschäft *n* (*fazer* m.); Sache *f*, Angelegenheit *f*; *casa f de* ~ Handelshaus *n*; *homem m de* ~ Geschäftsmann *m*; *homem m para* ~ geschäftstüchtiger Mann *m*; *não querer* ~*s com* nichts zu tun h. wollen mit.
negr|eiro [nə'ɣreiru] *m* Sklavenhändler *m*; **~ejante** [~ɣrɨ'ʒɐ̃ntə] schwärzlich; **~ejar** [~ɣrɨ'ʒar] (1d) schwarz, dunkel *od.* trübe aussehen *od.* (da-)liegen, (-)stehen; **~idão** [~ɣri'ðɐ̃u] *f* Schwärze *f*; **~ito** [~itu] *m* Negrito *m* (*Negerrasse*); *tip. bras.* Fettdruck *m*; **~o** ['neɣru] **1.** *adj.* schwarz, dunkel, düster; **2.** *m*, **-a** *f* Neger(in *f*) *m*; ~ *m de fumo* Kienruß *m*; **~óide** [~ɔiðə] Neger...; negroid; **~or, ~ume** [~or, ~umə] *m* Schwärze *f*; dichte Finsternis *f*; **~ura** [~urɐ] *f* = ~*or*; *fig.* Ruchlosigkeit *f*.
nela, nele ['nɛlɐ, 'nelə] *Zssg v. em* + *ela, ele.*
nem [nɐ̃i] nicht einmal; und nicht (*od.* kein); ~ *eu!* ich auch nicht!; ~ *um (só)* kein einziger; ~ *todos* nicht alle; *não* ... ~, ~ ... ~ weder ... noch; ~ *um* ~ *outro* keiner von beiden; *sem* ... ~ ohne ... und ohne; ~ *mesmo* (und) auch nicht; ~ *que* a) selbst wenn; b) als wenn; *que* ~ als; ~ *por isso fazer* trotzdem nicht tun; ~ *por isso deixar de fazer* trotzdem tun.
nenh|um, -a [nɨ'ɲũ, -umɐ] kein, keine; **~ures** [~urɨʃ] nirgendwo, nirgends.
nenúfar [nə'nufar] *m* Seerose *f*.
neo... [nɛɔ] *in Zssgn* Neu...
neófito *m*, **-a** *f* [nɛ'ɔfitu, -ɐ] Neubekehrte(r) *m*; Neuling *m*.
neo|latino [nɛɔlɐ'tinu] romanisch (*Volk, Sprache*); **~lítica** [~'litikɐ] *f* Jungsteinzeit *f*; **~logismo** [~lu'ʒiʒmu] *m* Neubildung *f* (*Wort*).
nepotismo [nəpu'tiʒmu] *m* Vetternwirtschaft *f*.
nerv|ação ⚘ [nərvɐ'sɐ̃u] *f* Aderung *f*; **~ado** [~'vaðu] geädert; gerippt; **~o** ['nervu] *m* Nerv *m*; P Sehne *f*; ⚘ *u.* ⚠ Rippe *f*; *fig.* Kraft *f*; Schwung *m*; *de* ~ nervig; *fazer* ~*s a alg.* F j-m auf die Nerven fallen; *ter* ~*s* F nervös sn; **~osidade** *f*, **~osismo** *m* [~uzi'ðaðə, ~u'ziʒmu] nervöser Zustand *m*; Nervosität *f*; **~oso** [~'vozu (-ɔ-)] Nerven...; nervig, kraftvoll; nervös; nervenkrank; **~udo** [~'vuðu] starknervig; sehnig; **~ura** [~'vurɐ] *f Blatt*-Nerv *m*, Ader *f*; *Gewölbe*-Rippe *f*.
néscio ['nɛʃsju] unwissend, dumm; töricht.
nesga ['neʒɣɐ] *f* Zwickel *m*; *fig.* Stückchen *n*.
nêspera *f*, **-o** *m* ['neʃpərɐ, -u] Mispel *f*.
nessa, nesse ['nɛsɐ, 'nesə] *Zssg v. em u. essa, esse.*
nesta, neste ['nɛʃtɐ, 'neʃtə] *Zssg v. em u. esta, este.*
neto *m*, **-a** *f* ['nɛtu, -ɐ] Enkel(in *f*) *m*; *os netos* die Enkel(kinder).
neura F ['neurɐ] *f* Nervosität *f*.
neur|algia [neuraɫ'ʒiɐ] *f* Nervenschmerz *m*, Neuralgie *f*; **~álgico** [~'raɫʒiku] Nerven...; **~astenia** [~ɐʃtə'niɐ] *f* Nervenschwäche *f*, Neurasthenie *f*; **~asténico** [~ɐʃ'tɛniku] **1.** *adj.* nervenschwach; **2.** *m* Neurastheniker *m*; **~ologia** [~ulu'ʒiɐ] *f* Nervenheilkunde *f*; **~ologista** [~ulu'ʒiʃtɐ] *m* Nervenarzt *m*; **~ose** [~'rɔzə] *f* Neurose *f*.
neutr|al [neu'traɫ] parteilos; neutral; **~alidade** [~trɐli'ðaðə] *f* Parteilosigkeit *f*; Neutralität *f*; **~alizar** [~trɐli'zar] (1a) neutralisieren; unschädlich m.; **~o** ['neutru] neutral; geschlechtslos; *gram.* sächlich; intransitiv (*Verb*); *o* ~ das Neutrum.
nev|ada [nə'vaðɐ] *f* Schnee(fall) *m*; P Reif *m*; **~ado** [~aðu] **1.** *adj.* (schnee)weiß; eiskalt; **2.** *m* Firnschnee *m*; **~ão** [~ɐ̃u] *m* = ~*ada*; **~ar** [~ar] (1c) beschneien; eisen, kühlen; *v/i.* schneien; P reifen; *fig.* weiß w.; weiß glänzen; **~asca** [~aʃkɐ] *f* Schneegestöber *n*.
neve ['nɛvə] *f* Schnee *m*; P Reif *m*; *frio m de* ~ Eiseskälte *f*; *ficar preso pela* ~ einschneien.
nevo ['nɛvu] *m* Muttermal *n*.
névoa ['nɛvwɐ] *f* Nebel(schleier) *m*; ⚕ Schleier *m*.
nevo|aça *f*, **~eiro** *m* [nə'vwasɐ, ~'vweiru] (dichter) Nebel *m*; *fig.*

Dunkelheit *f*.

nevr|algia [nəvraɫ'ʒiɐ] *f* = *neuralgia*; **~ite** [~'vritə] *f* Nervenentzündung *f*; **~ose** [~'vrɔzə] *f* = *neurose*.

nexo ['nɛksu] *m* Verknüpfung *f*, Zs.-hang *m*; Nexus *m*.

nica F ['nikɐ] *f* Nucke *f*; *por uma* ~ für nichts und wieder nichts.

nicho ['niʃu] *m* Nische *f*; Fach *n*; *fig*. Klause *f*; F Futterkrippe *f*.

nicotina [niku'tinɐ] *f* Nikotin *n*.

nígua ['niɣwɐ] *f* Sandfloh *m*.

niilismo [niə'liʒmu] *m* Nihilismus *m*.

nimbo ['nĩmbu] *m* Nimbus *m*; Heiligenschein *m*; Regenwolke *f*.

nímio ['nimju] übertrieben.

ninfa ['nĩfɐ] *f* Nymphe *f*; *zo*. Puppe *f*.

ninguém [nĩŋ'gɐ̃i] niemand; *não* (*nunca*) *vê* ~ er sieht niemand (nie jemand).

ninh|ada [ni'ɲaðɐ] *f* Brut *f* (*a*. *fig*.); Gelege *n*; Wurf *m*; **~aria** [~ɲɐ'riɐ] *f* Lappalie *f*, Kleinigkeit *f*; Kinderei *f*; **~o** ['niɲu] *m* Nest *n*; *fig*. *a*. Zuflucht *f*; *sair do* ~ ausfliegen.

nipónico [ni'pɔniku] japanisch.

níquel ['nikɛɫ] *m* Nickel *n*.

niquel|agem [nikə'laʒɐ̃i] *f* Vernickeln *n*; Nickelbelag *m*; **~ar** [~ar] (1c) vernickeln.

niqu|ento [ni'kẽntu] kleinlich, pedantisch; **~ice** [~isə] *f* Kleinigkeitskrämerei *f*; Kleinigkeit *f*.

nisso, nisto ['nisu, 'niʃtu] *Zssg v. em u. isso, isto*.

nitidez [niti'ðeʃ] *f fig*. Klarheit *f*; Deutlichkeit *f*; *fot*. Schärfe *f*.

nítido ['nitiðu] *fig*. deutlich; klar; *fot*. scharf; *pouco* ~ unscharf.

nitr|ato [ni'tratu] *m* Nitrat *n*, salpetersaures Salz *n*; P Salpeter *m*; **~eira** [~eirɐ] *f* ✓ Jauchegrube *f*.

nítrico ['nitriku] Salpeter...

nitro ['nitru] *m* Salpeter *m*; **~génio** [nitru'ʒɛnju] *m* Stickstoff *m*; **~so** [ni'trozu (-ɔ-)] salpeterhaltig; Salpeter...

nível ['nivɛɫ] *m* a) Wasserwaage *f*, Libelle *f*; Nivellier(gerät) *n*; b) Niveau *n*; *Wasser*-Stand *m*; *Meeres*-Höhe *f*, Spiegel *m*; *fig*. Ebene *f*; *reunião f de* (*á mais*) *alto* ~ Treffen *n* auf hoher (höchster) Ebene *f*; ~ *de vida* Lebensstandard *m*; *a* ~ waagerecht; *ao* ~ *de* auf der Höhe (*gen*.); *estar ao* ~ *de fig*. die Waage halten (*dat*.); gewachsen sein (*dat*.).

nivel|ador [nivəlɐ'ðor] nivellierend; gleichmacherisch; **~amento** [~ɐ'mẽntu] *m* Nivellement *n*; Nivellierung *f*; Ausgleich *m*; Verflachung *f*; **~ar** [~'lar] (1c) einebnen; nivellieren; ausgleichen; verflachen.

níveo ['nivju] schneeweiß.

no [nu] **1.** *Zssg der prp*. *em mit art*. *o*; **2.** *pron*. *m* ihn (es, sie); Sie.

nó [nɔ] *m* Knoten *m*; *anat*. *Finger*-Knöchel *m*; Ast *m im Holz*; *fig*. Kern *m e-r Sache*, springende(r) Punkt *m*; Schwierigkeit *f*; Verwicklung *f* (*im Drama usw*.); *Freundschafts*-Band *n* (*pl*. *Bande*); ~ *cego* doppelte(r) Knoten *m*; ~ *de Adão*, ~ *da garganta* (*od*. *goela*) Adamsapfel *m*; ~ *na garganta fig*. Kloß *m* im Hals.

nobil|iário [nuβi'ljarju] *m* Adelsbuch *n*; **~itar** [~li'tar] (1a) adeln.

nobr|e ['nɔβrə] adlig; edel(mütig); Edel... (*Metall*); *Salão m* ♀ Festsaal *m*; *uni*. große Aula *f*; **~eza** [nu'βrezɐ] *f* Adel *m* (*a*. *fig*.).

noção [nu'sɐ̃u] *f* Begriff *m*.

nocaute *angl*. *bras*. [nɔ'kautə] *m* Knockout *m*, K.o.

nocivo [nu'sivu] schädlich.

noct|âmbulo [nɔk'tẽmbulu] *m* Nachtwandler *m*; **~urno** [nɔ'turnu] **1.** *adj*. nächtlich; Nacht...; *curso m* ~ Abendkurs *m*; **2.** *m* ♪ Notturno *n*; **3.** ~*s pl*. *zo*. Nacht-vögel *m/pl*., -falter *m/pl*.

nodal [nu'ðaɫ] Knoten...; *fig*. Kern-...; Haupt...

nódoa ['nɔðwɐ] *f* Fleck(en) *m*; [Makel *m*.]

nodoso [nu'ðozu (-ɔ-)] knotig; knorrig.

nogueira [nu'ɣeirɐ] *f* Nußbaum *m*.

noit-, nout|ada [noi-, no'taðɐ] *f* Nacht *f*; durchwachte (lustige *od*. Arbeits-)Nacht *f*; *fazer* ~ nicht schlafen gehen; **~e** ['noitə] *f* Nacht *f*; Abend *m*; Dunkelheit *f*; *uma* ~ e-s Abends; e-s Nachts; ~ *fechada* dunkle Nacht *f*; (*a*, *por*) *alta* ~ tiefe (tief in der) Nacht; *à* ~ am Abend, abends; *amanhã* (*ontem*) *à* ~ morgen (gestern) abend; *de* ~ in der Nacht, nachts; *pela* ~ *fora* bis tief in die Nacht hinein; *fazer-se* ~, *cair a* ~ Abend (Nacht *od*. dunkel) w.; *ao cair* (*od*. *à boca*, *à boquinha*) *da* ~ bei Einbruch der Dunkelheit; *já ser*

~ schon dunkel sn; *já de* ~ nach Dunkelwerden; *fazer da* ~ *dia* die Nacht zum Tage m.; *boa(s)* ~*(s)* guten Abend; gute Nacht; **~ibó** [~ti'βɔ] *m* Nachtvogel *m*; *fig.* Nachtschwärmer *m*; **~inha** [~'tiɲɐ] *f* Spätnachmittag *m*.

noiv|a ['noivɐ] *f* Braut *f*; **~ado** [noi'vaδu] *m* Brautstand *m*; **~ar** [~'var] (1a) sich verloben; **~o** [~u] *m* Bräutigam *m*; ~*s pl.* Braut-leute *pl.*, -paar *n.*

noj|ento [nu'ʒẽntu] eklig, ekelhaft, widerlich; **~o** ['noʒu] *m* Ekel *m*; Trauer *f*; *causar (od. fazer, meter)* ~ widerlich sn (*dat.*); anekeln (*ac.*); *ter* ~ *de* sich ekeln vor (*dat.*); *tomar (estar de)* ~ Trauer anlegen (in Trauer sein); **~oso** [~ozu (-ɔ-)] = ~*ento*; in Trauer.

nómada, -e ['nɔmɐδɐ, -ə] **1.** *adj.* wandernd; unstet; **2.** *m* Nomade *m*.

nome ['nomə, 'nɔmə] *m* Name(n) *m*; *gram.* Nomen *n*; Substantiv *n*; ~ *próprio* Eigen-, Tauf-name *m*; *de* ~ a) namens; b) dem Namen nach; c) von Ruf, berühmt; *em* ~ *de* im Namen (*gen.*); um ... (*gen.*) willen; auf *j-s* Namen; *pelo* ~ *de* a) *bekannt* unter dem Namen; b) beim Namen (*gen.*), um ... willen; *chamar* ~*s a alg.* j-n beschimpfen; *dar a alg. o* ~ *de* j-n ... nennen; *dar pelo* ~ *de* auf den Namen ... hören; *dar o (seu)* ~ s-n Namen angeben (*od.* nennen); *prestar (od. dar) o seu* ~ s-n Namen hergeben.

nome|ação [numjɐ'sɐ̃u] *f* Ernennung *f*; Bestallung *f*; **~ada** [~'mjaδɐ] *f* Ruf *m*; **~adamente** [~ˌmjaδɐ'mẽntə] namentlich; **~ar** [~'mjar] (1l) nennen; rufen; ~ *alg.* (*su.*) j-n ernennen (zu).

nomenclatura [numẽŋklɐ'turɐ] *f* Nomenklatur *f*; *palavra f da* ~ *científica, musical etc.* wissenschaftlicher, musikalischer *usw.* Fachausdruck *m*.

nomin|ação [~minɐ'sɐ̃u] *f* Nennung *f*, Namhaftmachung *f*; **~al** [~'nał] namentlich, Namen...; nominell; *valor m* ~ Nennwert *m*; **~ativo** [~ɐ'tivu] *m gram.* Nominativ *m*.

nonag|enário [nonɐʒə'narju] neunzigjährig; **~ésimo** [~'ʒɛzimu] **1.** *adj.* neunzigst; **2.** *m ein* Neunzigstel *n*.

non(in)gentésimo [nõ(nonĩ)ʒẽn'tɛzimu] neunhundertst.

nono ['nonu] **1.** *adj.* neunt; **2.** *m* Neuntel *n*.

nónuplo ['nɔnuplu] neunfach.

nora ['nɔrɐ] *f* **a**) Schwiegertochter *f*; **b**) Schöpf-rad *n*, -brunnen *m*; ⊕ Becher-, Paternoster-werk *n*.

nord|este [nɔr'dɛʃtə] *m* Nordost (-en) *m*; **~estino** [~dɛs'tinu] **1.** *adj.* nordostbrasilianisch; **2.** *m* Nordostbrasilianer *m*.

nórdico ['nɔrδiku] **1.** *adj.* nordisch; **2.** *m*, **-a** *f* Nordländer(in *f*) *m*.

norma ['nɔrmɐ] *f* Norm *f*; Regel *f*; Vorschrift *f*.

norm|al [nur'mał] **1.** *adj.* normal, regelrecht; üblich; Muster...; **2.** *f* ⩘ Normale *f*; **~alidade** [~mɐli'δaδə] *f* Normalzustand *m*; Regel *f*; *das* Übliche; **~alização** [~mɐlizɐ'sɐ̃u] *f* Normalisierung *f*; Entspannung *f*; **~alizar** [~mɐli'zar] (1a) normalisieren; *Beziehungen* entspannen; **~almente** [~mał'mẽntə] für gewöhnlich; wie üblich.

normando [nur'mẽndu] **1.** *adj.* normannisch; **2.** *m* Normanne *m*.

normativo [nurmɐ'tivu] normativ.

nor-... [nɔr...] Nord...

noroeste [nɔ'rwɛʃtə] *m* Nordwest (-en) *m*.

nort|ada [nɔr'taδɐ] *f* Nordwind *m*; **~e** ['nɔrtə] **1.** *m* Norden *m*; Nord *m*; *fig.* Orientierung *f*; **2.** *adj.* nördlich, Nord...; **~e-americano(s)** [ˌnɔrtjɐməri'kɐnu] **1.** *adj.* (nord)amerikanisch; **2.** *m(pl.)* (Nord-)Amerikaner *m*; **~ear** [~'tjar] (1l) leiten; lenken, steuern; beeinflussen; **~ear-se** sich richten (nach *por*); **~enho** [~'tɐɲu] **1.** *adj.* nordportugiesisch; **2.** *m* Nordportugiese *m*; **~ista** *bras.* [~'tiʃtɐ] **1.** *su.* Nordbrasilianer(in *f*) *m*; **2.** *adj.* nordbrasilianisch.

norueguês [nɔrwɛ'ɣeʃ] **1.** *adj.* norwegisch; **2.** *m* Norweger *m*.

nos[1] [nuʃ] uns.

nos[2] [nuʃ] **1.** *Zssg v. em u. art. os*; **2.** *pron. m/pl.* sie; Sie

nós [nɔʃ] *pron.* **1.** *Subjekt*: wir; **2.** nach *prp.*: uns; *a* ~ a) uns; b) an uns; zu uns; *de* ~ a) unser; b) von uns; vor (*od.* über) uns.

nosso, -a ['nɔsu, -ɐ] **1.** *adj.* unser(e); **2.** *pron.* unsere(r, s); **3.** *su. der, die das* unsrige, unsere.

nost|algia [nuʃtał'ʒiɐ] *f* Heimweh *n*; Nostalgie *f*; **~álgico** [~'tałʒiku] sehnsüchtig; heimwehkrank.

nota ['nɔtɐ] *f* Aufzeichnung *f*; Vermerk *m*, Notiz *f*; Anmerkung *f*; Rechnung *f*, Nota *f*; *pol.* Note *f*; *Schule*: Zensur *f*; ♪ Note *f*; Ton *m*; ⚜ Banknote *f*, Geldschein *m*; P 100-Escudoschein *m*; *fig.* Bemerkung *f*; Tadel *m*; ~ *de entrega* (*pedido*) Auslieferungs- (Bestell-) schein *m*; *livro m de* ~*s* Notizbuch *n*; *digno de* ~ bemerkenswert; *de* ~ von Bedeutung; *de boa* ~ rühmlich bekannt; *de má* ~ übel beleumdet; *forçar a* ~ übertreiben; *tomar* (*od.* *tirar*) ~ *de* (sich [*dat.*]) aufschreiben (*ac.*); *tomar* (*boa*) ~ *de a/c.* sich et. (vor)merken.

notabil|idade [nutɐβəli'ðaðə] *f* Berühmtheit *f*; Ansehen *n*; Bedeutung *f*; ~*s pl.* Honoratioren *pl.*; **~íssimo** [~'lisimu] *sup. v. notável*; **~izar** [~i'zar] (1a) berühmt m.; **~izar-se** berühmt w.; sich hervortun.

not|ação [~tɐ'sɐ̃u] *f* Notierung *f*; Bezeichnung *f*, Zeichenschrift *f*; ♪ Notenschrift *f*; **~adamente** [~ˌtaðɐ'mẽntə] insbesondere; **~ado** [~'taðu] bemerkenswert; **~ar** [~'tar] (1e) aufzeichnen, vermerken; anmerken; (be)merken; beachten; *j-m et.* vorwerfen; *o que lhe nota?* was fällt Ihnen an ihm (*od.* daran) auf?; *note-se que* es ist zu beachten, daß; *note bem!* zur Beachtung!, beachte(n Sie)!; **~ariado** [~ɐ'rjaðu] *m* Notariat *n*; **~arial** [~ɐ'rjał] notariell; **~ário** [~'tarju] *m* Notar *m*; **~ável** [~'tavɛł] bemerkenswert; bedeutend; hervorragend; beträchtlich (*Menge*); **~ícia** [~'tisjɐ] *f* Nachricht *f*; Meldung *f*; Notiz *f*; Hinweis *m*.

notici|ar [~ti'sjar] (1g) melden, berichten; mitteilen; **~ário** [~arju] *m* Nachrichtenteil *m*; *Radio*: Nachrichten *f/pl.*; **~oso** [~ozu (-ɔ-)] Nachrichten...; *resumo m* ~ *Radio*: Kurznachrichten *f/pl.*

notific|ação [~təfikɐ'sɐ̃u] *f* Bekanntgabe *f*, Mitteilung *f*; *amtliche* Benachrichtigung *f*; **~ar** [~'kar] (1n) *j-m et.* bekanntgeben, mitteilen; *j-n von et.* benachrichtigen.

notoriedade [~turje'ðaðə] *f* Berühmtheit *f*; Offenkundigkeit *f*; *de* ~ *europeia* (*mundial*) in ganz Europa (der ganzen Welt) bekannt; *ter* ~ bekannt (*od.* berühmt) sn.

notório [~'tɔrju] (all)bekannt; offenkundig; *é* ~ *que* bekanntlich.

noturno *bras.*, *s. nocturno.*

nout... *s. noit...*

noutro, -a ['notru, -ɐ] *Zssg v. em* [*u. outro, -a.*]

nova ['nɔvɐ] *f* Nachricht *f*; *boa* ~ frohe Botschaft *f*; **~mente** [~'mẽntə] von neuem; wieder.

novato [nu'vatu] *m* Neuling *m*; *Schule*: Neue(r) *m*; Anfänger *m*.

nove ['nɔvə] **1.** *adj.* neun; **2.** *m* Neun *f*; Nummer *f* Neun; **~centos** [~'sẽntuʃ] neunhundert.

novel [nu'vɛł] unerfahren; jung; neu; **~a** [~'vɛlɐ] *f* Novelle *f*; Erdichtung *f*; **~esco** [~və'leʃku] novellenhaft; **~ista** [~və'liʃtɐ] *su.* Erzähler(in *f*) *m*.

novelo [nu'velu] *m* Knäuel *n*; Büschel *n*; ~ (*da China*) Hortensie *f*.

Novembro [~'vẽmbru] *m* November *m*.

nov|ena [~'venɐ] *f* neuntägige Andacht *f*; *uma* ~ *de* neun; **~eno** [~enu] neunt; **~enta** [~ẽntɐ] neunzig.

novi|ciado [~vi'sjaðu] *m* Noviziat *n*; Lehrzeit *f*, Lehre *f*; **~ço** [~'visu] **1.** *adj.* unerfahren; **2.** *m*, **-a** *f* Novize *su.*; Lehrling *m*; **~dade** [~'ðaðə] *f* Neuheit *f*; Neuigkeit *f*; *das* junge Obst; Ernte *f*; *não há* ~ alles in Ordnung!; = *não haverá* ~ geht in Ordnung; kein Problem!; *isso* (*para mim*) *é* ~ das ist (mir) neu; *sem* ~ reibungslos, glatt; wohlbehalten; **~lha** [~'viʎɐ] *f* Färse *f*; **~ilhada** [~'ʎaðɐ] *f* Stierkampf *m* mit Jungstieren; Jungvieh *n*; **~ilho** [~'viʎu] *m* Farren *m*, Jungstier *m*; **~lúnio** [nɔvi'lunju] *m* Neumond *m*.

novo ['novu (-ɔ-)] neu; jung (*an Alter*); ander; frisch; neu zugezogen; *águas f/pl. -as die* ersten Herbstregen *m/pl.*; *em estado de* ~ (*-a*) fast neu; wie neu; *de* ~ von neuem, nochmals; wieder; *que há de* ~? was gibt's Neues?

noz [nɔʃ] *f* (Wal-)Nuß *f*; ♪ Frosch *m* *am Geigenbogen.*

nu [nu] **1.** *adj.* nackt; bloß; kahl; nüchtern; blank (*Waffe*); *verdade f -a e crua* nackte Wahrheit *f*; **2.** *m* *pint.* Akt *m*; *pôr a* ~ aufdecken.

núbil ['nuβił] heiratsfähig; mannbar.

nubl|ado [nu'βlaðu] bewölkt, wolkig; düster; *pouco* ~ schwach bewölkt; **~ar** [~ar] (1a) bewölken; verdüstern; **~oso** [~ozu (-ɔ-)] = ~*ado*.

nuca ['nukɐ] *f* Genick *n*, Nacken *m*.

nuclear [nu'kljar] Kern..., Atom...

núcleo ['nuklju] *m* Kern *m*; *fig.* Mittel-, Sammel-punkt *m*; *Widerstands*-Nest *n*.

nud|ez, ~eza [nu'δeʃ, -ezɐ] *f* Nacktheit *f*; Blöße *f*; Kahlheit *f*; Nüchternheit *f*; **~ismo** [~iʒmu] *m* Nacktkultur *f*; **~ista** [~iʃtɐ] *su.* Anhänger(in *f*) *m* der Nacktkultur.

nul|idade [nuli'δaδə] *f* Nichtigkeit *f*; Unfähigkeit *f*; ⚖ *a.* Ungültigkeit *f*; *fig. eine* Null; **~ificar** [~əfi'kar] (1n) für null und nichtig erklären; aufheben; **~o** ['nulu] nichtig; F gleich null; unfähig; ungültig.

num, numa [nũ, 'numɐ] *Zssg v. em u. um(a).*

numer|ação [numərɐ'sɐ̃u] *f* Bezifferung *f*, Numerierung *f*; Aufzählung *f*; **~ador** [~ɐ'δor] *m* Zähler *m e-s Bruches*; Nummernstempel *m*; **~al** [~'rał]: *adjectivo m ~, substantivo m ~* Zahlwort *n*; **~ar** [~'rar] (1c) beziffern, numerieren; nach Nummern ordnen; (auf)zählen; **~ário** [~'rarju] **1.** *adj.* Geld...; **2.** *m* (Bar-)Geld *n*; **~ável** [~'ravɛł] (auf-) zählbar; bezifferbar.

numérico [~'mɛriku] numerisch; der Zahl nach; Zahlen...

número ['numəru] *m* Zahl *f*; Nummer *f*; *gram.* Numerus *m*, Zahl *f*; *grande ~ de* e-e Menge *f*; *o maior ~* die Mehrzahl *f*, die Mehrheit *f*; *(um) certo ~ de* e-e Anzahl *f*; *um sem ~* e-e Unzahl *f*; *sem ~* zahllos.

numeroso [numə'rozu (-ɔ-)] zahlreich; kinderreich.

numismática [~iʒ'matikɐ] *f* Münzkunde *f*.

nunca ['nũŋkɐ] nie(mals); je(mals); *~ mais* nie wieder; nimmermehr.

núncio ['nũsju] *m* Nuntius *m*.

nupcial [nup'sjał] Hochzeits...; Heirats...; ehelich.

núpcias ['nupsjɐʃ] *f/pl.* Hochzeit *f*; *em segundas ~* in zweiter Ehe.

nutr|ição [nutri'sɐ̃u] *f* Ernährung *f*; Nahrungsaufnahme *f*; **~icionista** [~sju'niʃtɐ] *m* Ernährungswissenschaftler *m*; **~ido** [~'triδu] wohlgenährt, beleibt; **~ir** [~'trir] (3a) (er)nähren; *Hoffnung usw.* hegen; aufziehen; unterhalten; **~itivo** [~i'tivu] nahrhaft; Nähr...; Ernährungs...

nuvem ['nuvɐ̃i] *f* Wolke *f*; *fig.* Schatten *m*; ⚕ Trübung *f*; *elevar às ~ns* in den Himmel heben; *ir às ~ns fig.* in die Luft gehen.

O

O, o [ɔ] *m* O, o *n*.
o [u] **1.** *art. m* der (das, die); *pl. os*; **2.** *pron.* ihn (es, sie); Sie; es; der(-), das(-), die(-jenige); das.
ó [ɔ] **a**) Du, Sie; *unübersetzt*: *ó Carlos!* (Du), Karl!; *ó menina!* (Sie,) Fräulein!; **b**) he!, *z.B.*: *ó rapaz!* he! Junge!; **c**) *ó filho* hör mal, mein Sohn; *ó sr. Doutor* sagen Sie mal, Herr Doktor; **d**) aber hör(en Sie) mal!; *vgl. oh.*
oásis ['waziʃ] *m* Oase *f*.
obcec|ação [uβsəkɐ'sɐ̃u] *f* Verblendung *f*; **~ar** [~'kar] (1n; *Stv.* 1c) verblenden.
obed|ecer [uβəδə'ser] (2g) gehorchen; befolgen (*ac.*); nachgeben; zs.-brechen (unter *a*); abhängen (von *a*); unterliegen; untergeordnet sn; *fazer-se* ~ sich Gehorsam verschaffen; **~ecido** [~iδu] *p.p. v.* *~ecer*; *ser* ~ Gehorsam finden; **~iência** [~'δjẽsjɐ] *f* Gehorsam *m*; Folgsamkeit *f*; *em* ~ *a* in Befolgung (*gen.*); in Übereinstimmung mit; **~iente** [~'δjẽntə] gehorsam; folgsam.
obes|idade [~zi'δaδə] *f* Fettleibigkeit *f*; **~o** [u'βezu] fettleibig, feist.
óbice ['ɔβisə] *m* Hindernis *n*.
óbito ['ɔβitu] *m* Tod *m*; Sterbefall *m*; *certidão f de* ~ Sterbeurkunde *f*, Totenschein *m*.
objec|ção [uβʒɛ'sɐ̃u] *f* Einwand *m* (*pôr* m. *od.* erheben); **~tar** [~'tar] (1a) einwenden (*a* gegen); **~tiva** [~'tivɐ] *f opt.* Objektiv *n*; ⚔ *Angriffs*-Ziel *n*; **~tivar** [~ti'var] (1a) vergegenständlichen, objektivieren; *bras.* zum Ziel h., bezwecken; **~tividade** [~təvi'δaδə] *f* Gegenständlichkeit *f*; *bsd.* Sachlichkeit *f*; **~tivo** [~'tivu] **1.** *adj.* gegenständlich; *bsd.* sachlich; objektiv; **2.** *m* Ziel *n*, Absicht *f*; **~to** [~'ʒɛtu] *m* Gegenstand *m*; Objekt *n*; Ding *n*.
objurga|ção [uβʒurgɐ'sɐ̃u] *f* Rüge *f*; **~tório** [~'tɔrju] rügend.
oblíqua [uβ'likwɐ] *f* schräge Linie *f*.
obliqu|ângulo [uβli'kwɐ̃ŋgulu] schiefwinklig; **~ar** [~'kwar] (1m) schräg gehen (*od.* verlaufen); in schräger Richtung marschieren; *fig.* krumme Wege gehen; **~idade** [~kwi'δaδə] *f* Schräge *f*.
oblíquo [u'βlikwu] schräg; schief; schiefstehend (*Auge*); schief (*Blick*); *fig.* krumm (*Weg*); *dirigir um olhar* ~ *para alg.* j-n schief ansehen.
obliter|ação [uβlitərɐ'sɐ̃u] *f* ⚕ Verschluß *m*; **~ar** [~'rar] (1c) auslöschen; ⚕ verschließen; **~ar-se** erlöschen; sich schließen.
oblongo [uβ'lõŋgu] länglich.
obnubilar [~nuβi'lar] (1a) vernebeln; *fig.* trüben.
obo|é ♪ [u'βwɛ] *m* Oboe *f*; **~ista** [~iʃtɐ] *m* Oboist *m*.
óbolo ['ɔβulu] *m* Scherflein *n*.
obra ['ɔβrɐ] *f* Werk *n*; Arbeit *f*; Tat *f*; Wirkung *f*; **~s** *pl.* Bauarbeiten *f/pl.*; Instandsetzung(sarbeiten *f/pl.*) *f*; Umbau *m*; ~ *morta* (*viva*) *Schiffs*-Ober- (Unter-)teil *m*; ~*s mortas* Deckaufbauten *m/pl.*; ~*s públicas* öffentliche Arbeiten *f/pl.*; *bico m de* ~ F verteufelt schwierige Sache *f*; ~ *de* etwa; *por* ~ *de* durch (*ac.*); *estar em* ~*s* umgebaut (*od.* instand gesetzt) w.; *pôr em* ~ ins Werk setzen, ausführen; *temos* ~*!* jetzt gibt's Arbeit!, jetzt gilt's; = *isso é* ~*!* das ist kein Kinderspiel!; *ter* ~*s em casa* die Handwerker im Hause h.; **~-mestra** [~'mɛʃtrɐ] *f* Meisterstück *n*; **~-prima** [~'primɐ] *f* Meisterwerk *n*; **~r** [u'βrar] (1e) bewirken; vollbringen; ausführen; herstellen; tun, machen; *v/i.* handeln; wirken; schaffen; F s-e Notdurft verrichten.
obreia [u'βrejɐ] *f* Oblate *f*.
obreir|a [u'βreirɐ] *f* Arbeiterin *f*; Arbeitsbiene *f*; **~o** [~u] *m* Arbeiter *m*; *fig.* Schöpfer(geist) *m*.
ob-rep|ção [uβʀɛp'sɐ̃u] *f* Erschleichung *f*; **~tício** [~'tisju] erschlichen.
obrig|ação [uβriɣɐ'sɐ̃u] *f* Verpflichtung *f*; Pflicht *f*, Schuldigkeit *f*; Schuldverschreibung *f*, Obligation *f*; *dever -ões a alg.* j-m zu Dank verpflichtet sn; *estar em* ~ *para com*

alg. j-m gegenüber Verpflichtungen h.; **~ado** [~ˈɣaðu] zu Dank verpflichtet; dankbar; verbindlich, obligat; pflichtig; *ser ~ a inf.* müssen *inf.*; *~!* danke!; *muito ~!* vielen Dank!; **~ar** [~ˈɣar] (1o) zwingen, nötigen; verpflichten; *~-se a* sich anheischig m. zu; **~atoriedade** [~ɐturjəˈðaðə] *f* Verpflichtung *f*, Pflicht *f*; **~atório** [~ɐˈtɔrju] Pflicht...; Zwangs...; verbindlich, bindend; *serviço m militar ~* Wehrpflicht *f*.

obscen|idade [uβʃsəniˈðaðə] *f* Zote *f* (*dizer* reißen); **~o** [~ˈsenu] unanständig; unzüchtig.

obscur|amente [~kurɐˈmẽntə] im Dunkeln; im Verborgenen; **~antismo** [~ɐ̃nˈtiʒmu] *m* Obskurantismus *m*; **~antista** [~ɐ̃nˈtiʃtɐ] *m* Dunkelmann *m*; **~ecer** [~əˈser] (2g) verdunkeln; verschleiern; *v/i. u. ~-se* sich verfinstern; **~ecimento** [~əsiˈmẽntu] *m* Verdunkelung *f*; Verfinsterung *f*; **~idade** [~iˈðaðə] *f* Dunkelheit *f*, Finsternis *f*; *fig.* Dunkel *n*; **~o** [~ˈkuru] dunkel; verborgen; unbekannt.

obsed(i)ar [uβsəˈð(j)ar] (1c [1g]) keine Ruhe l.

obsequi|ador [~zəkjɐˈðor] gefällig, zuvorkommend; **~ar** [~ˈkjar] (1g) zuvorkommend behandeln; sich gefällig erweisen (*dat.*); *~ alg. com* j-n gewinnen (*od.* zu Dank verpflichten) durch; j-n bedenken (*od.* beschenken) mit.

obséquio [~ˈzɛkju] *m* Gefälligkeit *f*; Aufmerksamkeit *f*; Gefallen *m*.

obsequios|idade [~zəkjuziˈðaðə] *f* Zuvorkommenheit *f*; **~o** [~ˈkjozu (-ɔ-)] zuvorkommend; gefällig.

observ|ação [~sərvɐˈsɐ̃u] *f* Beobachtung *f*; Befolgung *f*; Bemerkung *f*; Verweis *m*; Hinweis *m*; **~ador** [~ɐˈðor] *m*, **-a** *f* Beobachter (-in *f*) *m*; **~ância** [~ˈvɐ̃sjɐ] *f* Befolgung *f*, Heilighaltung *f*; (Ordens-) Regel *f*, Zucht *f*; **~ar** [~ˈvar] (1c) beobachten; untersuchen; *Vorschrift* befolgen; *Frist* einhalten; bemerken; *~ a alg. que* j-n darauf hinweisen, daß; **~atório** [~ɐˈtɔrju] *m* Observatorium *n*; Beobachtungsposten *m*; *Stern-*, *See-*Warte *f*.

obsess|ão [~səˈsɐ̃u] *f* Besessenheit *f*; Zwangsvorstellung *f*; **~o** [~ˈsɛsu] geplagt; besessen; **~or** [~səˈsor] zudringlich, lästig.

obsoleto [~suˈletu, -ɛtu] veraltet.

obst|áculo [uβʃˈtakulu] *m* Hindernis *n*; **~ante** [~ɐ̃ntə]: (*isto*) *não ~* **a**) dessenungeachtet, trotzdem; **b**) *prp.* trotz; **~ar** [~ar] (1e) entgegenstehen; *~ a* hindern (*ac.*); *obsta que* dem steht entgegen, daß.

obstetrícia [~təˈtrisjɐ] *f* Geburtshilfe *f*, Obstetrik *f*.

obstin|ação [~tinɐˈsɐ̃u] *f* Hartnäckigkeit *f*; Halsstarrigkeit *f*; Verstocktheit *f*; **~ado** [~ˈnaðu] hartnäckig; halsstarrig; **~ar** [~ˈnar] (1a) verstockt m.; **~ar-se** verstockt (*od.* halsstarrig) w.; *~ em* sich versteifen auf (*ac.*); sich verrennen in (*ac.*).

obstipação ⚕ [~tipɐˈsɐ̃u] *f* Darmträgheit *f*, Obstipation *f*.

obstru|ção [~truˈsɐ̃u] *f* ⚕ Verstopfung *f*; *fig.* Obstruktion *f*; *fazer ~ a* zu hindern suchen (*ac.*); Schwierigkeiten m.; **~cionismo** [~sjuˈniʒmu] *m pol.* Quertreiberei *f*; **~cionista** [~sjuˈniʃtɐ] **1.** *su.* Quertreiber(in *f*) *m*; **2.** *adj.* Obstruktions...; **~ir** [~ˈtrwir] (3i) verstopfen, versperren; verhindern.

obtemperar [uβtẽmpəˈrar] (1c) erwidern; *~ a* Folge leisten; willfahren (*dat.*).

obt|enção [~tẽˈsɐ̃u] *f* Erlangung *f*; **~er** [~ˈter] (2zb) erlangen, erhalten; erreichen, erwirken (*de alg.* bei j-m); bekommen; *Ergebnis* erzielen; *~ a posse de a/c.* in den Besitz e-r Sache gelangen.

obtur|ação [~turɐˈsɐ̃u] *f* Verschluß *m*; Plombieren *n* (*Zahn*); *Zahn-*Füllung *f*, Plombe *f*; **~ador** [~ɐˈðor] **1.** *adj.* Schließ...; Verschluß...; **2.** *m* Verschluß *m* (*a. fot.*); *~ momentâneo* (*de cortina*) Moment- (Schlitz-)verschluß *m*; **~ar** [~ˈrar] (1a) verschließen; verstopfen; *Zahn* füllen, plombieren.

obtus|ângulo [ɔβtuˈzɐ̃ŋgulu] stumpfwinklig; **~o** [~ˈtuzu] stumpf; *fig.* schwerfällig, begriffsstutzig.

obviar [uβˈvjar] (1g) entgegentreten; = *v/i.* abhelfen; vorbeugen.

óbvio [ˈɔβvju] einleuchtend; (leicht) ersichtlich.

ocasi|ão [ukɐˈzjɐ̃u] *f* Gelegenheit *f*; Anlaß *m*; *da ~* gegenwärtig; = *~onal*; *por ~ de* aus Anlaß, anläßlich (*gen.*); **~onal** [~zjuˈnał] gelegentlich, Gelegenheits...; auslösend; zu-

fällig; **~onar** [~zju'nar] (1f) auslösen; veranlassen; verschaffen.
ocaso [u'kazu] *m* Untergang *m* (*a. fig.*); Westen *m*; *fig.* Niedergang *m.*
occip|ício [ɔksi'pisju] *m* Hinterkopf *m*; **~ital** [~pi'tał] **1.** *adj.* Hinterhaupt...; **2.** *m* Hinterhauptbein *n.*
oce|ânico [u'sjɐniku] ozeanisch; **~ano** [~ɐnu] *m* Ozean *m*; **~anografia** [usjɐnɔɣrɐ'fiɐ] *f* Meereskunde *f.*
ocident|al [usiδẽn'tał] **1.** *adj.* westlich, West...; abendländisch; **2.** *su.* Abendländer(in *f*) *m*; **~e** [~'δẽntə] *m* Westen *m*, Abendland *n.*
ócio ['ɔsju] *m* Muße *f*; Müßiggang *m*; *~s pl.* Freizeit *f*, Muße *f.*
ocios|idade [usjuzi'δaδə] *f* Müßiggang *m*; **~o** [u'sjozu (-ɔ-)] **1.** *adj.* müßig; ungenutzt; **2.** *m* Müßiggänger *m.*
oclusão [ɔklu'zɐ̃u] *f* Verschluß *m.*
oco ['oku] hohl; *fig. a.* leer; nichtig.
ocorr|ência [uku'ʀẽsjɐ] *f* Vorfall *m*; Zs.-treffen *n*; Zufall *m*; Gelegenheit *f*; Einfall *m*; **~ente** [~ẽntə] etwaig; gelegentlich; **~er** [~er] (2d) sich ereignen, vorfallen; eintreten, vorkommen; *~ a* entgegentreten (*dat.*); gerecht w. (*dat.*); sicherstellen (*ac.*); abhelfen (*dat.*); *~ a alg.* j-m einfallen, j-m in den Sinn kommen.
ocre ['ɔkrə] *m* Ocker *m.*
oct|ingentésimo [ɔktĩʒẽn'tɛzimu] achthundertst; **~ogenário** [~ɔʒə'narju] achtzigjährig; **~ogésimo** [~ɔ'ʒɛzimu] achtzigst; **~ogonal** [~ɔɣu'nał] achteckig; **~ógono** [~'tɔɣunu] *m* Achteck *n.*
óctuplo ['ɔktuplu] achtfach.
ocul|ação ⚘ [ɔkulɐ'sɐ̃u] *f* Okulation *f*; **~ar** [~'lar] **1.** *adj.* Augen...; **2.** *m* Okular *n*; **~armente** [~ar'mẽntə] mit den Augen; durch den Augenschein; **~ista** [~'liʃtɐ] **1.** *adj. médico m ~* = **2.** *m* Augenarzt *m.*
óculo ['ɔkulu] *m* Fernglas *n*; Rundfenster *n*; *~s pl.* Brille *f* (*um par* eine); *~s pl. escuros* Sonnenbrille *f.*
ocult|ação [ukułtɐ'sɐ̃u] *f* Verheimlichung *f*; Hinterziehung *f*; **~amente** [~ɐ'mẽntə] = *às ~as*; **~ar** [~'tar] (1a) ver-bergen, -stecken; verheimlichen; hinwegtäuschen über (*ac.*); verhehlen; *Steuern* hinterziehen; **~as** [u'kułtɐʃ]: *às ~* heimlich, insgeheim; im Verborgenen; hinter *j-s* Rücken; **~o** [u'kułtu] verborgen; geheim.
ocup|ação [ukupɐ'sɐ̃u] *f* Beschäftigung *f*; Inanspruchnahme *f*; Besetzung *f*; Besatzung *f*; Inbesitznahme *f*; Besitz *m*; Bewohnen *n*; -ões Geschäfte *n/pl.*, Verpflichtungen *f/pl.*; **~ante** [~'pɐ̃ntə] **1.** *adj.* Besatzungs...; **2.** *m* Insasse *m*; Okkupant *m*; ⚔ Besatzungs-angehörige(r) *m*, -soldat *m*; *~s pl.* ⚔ Besatzung *f*; **~ar** [~'par] (1a) beschäftigen; in Anspruch nehmen; besetzen (*a.* ⚔); in Besitz nehmen; *Platz* einnehmen; *Raum* ausfüllen; *Amt* bekleiden; *Haus* beziehen; bewohnen; **~ar-se** *de od. em, a. com* sich beschäftigen mit.
ode ['ɔδə] *f* Ode *f.*
odi|ar [u'δjar] (1h) hassen; **~ento** [~ẽntu] haßerfüllt, gehässig.
ódio ['ɔδju] *m* Haß *m.*
odioso [u'δjozu (-ɔ-)] hassenswert; verrucht.
odisseia [uδi'sejɐ] *f* Irrfahrt *f.*
odont|álgico [ɔδõn'tałʒiku] (gut) gegen Zahnweh; Zahn...; **~ologia** [~tulu'ʒiɐ] *f* Zahnheilkunde *f*; **~ológico** [~tu'lɔʒiku] Zahn...; **~ologista** [~tulu'ʒiʃtɐ] *m* Zahnarzt *m.*
odor [u'δor] *m* Geruch *m*; Duft *m*; **~ante, ~ífero, ~oso** [uδu'rɐ̃ntə, -ifəru, -ozu (-ɔ-)] wohlriechend, duftend.
odre ['oδrə] *m* Schlauch *m.*
oés-|noroeste [wɛʒnɔ'rwɛʃtə] *m* Westnordwest *m*; **~sudoeste** [wɛʃsu'δwɛʃtə] *m* Westsüdwest *m.*
oeste ['wɛʃtə] *m* West(en) *m.*
ofeg|ante [ufə'ɣẽntə] atemlos; **~ar** [~ar] (1o; *Stv.* 1c) keuchen.
ofen|der [ufẽn'der] (2a) beleidigen; verletzen; kränken; schädigen; **~der-se** *de* übelnehmen (*ac.*); **~sa** [u'fẽsɐ] *f* Beleidigung *f*; Kränkung *f*; Schädigung *f*; *~ corporal* Körperverletzung *f*; *sem ~ de* ohne ... (*dat.*) zu nahe treten zu wollen; ohne Verstoß gegen; ohne Schaden für; **~siva** [ufẽ'sivɐ] *f* Offensive *f*, Angriff *m*; *tomar a ~* zum Angriff übergehen; **~sivo** [ufẽ'sivu] Angriffs...; offensiv; beleidigend; **~sor** [ufẽ'sor] *m* Beleidiger *m.*
ofer|ecer [ufərə'ser] (2g) (an)bieten; antragen; darbieten; reichen; *Opfer* darbringen; schenken; spenden; *~ à venda* feilbieten; **~ecer-se**

sich bieten; sich erbieten; einfallen; eintreten, vorkommen; **~ecimento** [~əsi'mẽntu] *m* Anerbieten *n*; Darbietung *f*; Darbringung *f*; = *~ta*; **~enda** [~'rẽndɐ] *f* Spende *f*; (Opfer-)Gabe *f*; **~endar** [~ẽn'dar] (1a) spenden; *Opfer* darbringen; **~ta** [u'fɛrtɐ] *f* Angebot *n* (*a.* ✝); Antrag *m*; Gabe *f*; Geschenk *n*; Spende *f*; = *~ecimento*; *fazer ~ de* = *~ecer*; **~tar** [~'tar] (1c) = *~endar*; ✝ anbieten.

ofic|ial [ufi'sjał] **1.** *adj.* offiziell, amtlich; *folha f ~* Gesetzblatt *n*; **2.** *m* Offizier *m*; Unterbeamte(r) *m*; *Handwerks*-Geselle *m*; *~ de diligências* Gerichtsvollzieher *m*; *~ de justiça* Gerichts-diener *m*, -schreiber *m*; **~ialato** [~sjɐ'latu] *m* Offiziers-, Gesellen-stand *m*, -würde *f*; **~ialidade** [~sjɐli'δaδə] *f* Offizierskorps *n*; **~ializar** [~sjɐli'zar] (1a) amtlich bestätigen; **~iante** [~'sjẽntə] *m* Offiziant *m*; **~iar** [~'sjar] (1g) den Gottesdienst abhalten; *~ a* von Amts wegen mitteilen *od.* sich wenden an (*ac.*); **~ina** [~'sinɐ] *f* Werkstatt *f*; Offizin *f*.

ofício [u'fisju] *m* Handwerk *n* (*saber* verstehen); Beruf *m*; Pflicht *f*; Amt *n*; Dienst *m*; Obliegenheit *f*; *bsd.* amtliche(s) Schreiben *n*; Erlaß *m*; *rel.* *~ (divino)* Gottesdienst *m*; *Santo* ♀ Inquisition *f*; *~s pl.* Dienste *m/pl.*; *rel.* Offizien *n/pl.*; *bons ~s pl.* Hilfe *f*; *~s pl. dos defuntos* (*od. mortos*) Seelenmesse *f*; *fazer o seu ~* sein Amt ausüben; s-e Pflicht tun; s-n Zweck erfüllen; *ser do ~* vom Fach sn; *ter por ~* den Zweck h. zu.

oficioso [ufi'sjozu (-ɔ-)] dienstfertig; *bsd.* halbamtlich, offiziös; *defensor m ~* Offizialverteidiger *m*.

ofídios [u'fiδjuʃ] *m/pl.* Schlangen *f/pl.*

oftalm|ia [ɔftał'miɐ] *f* Augenentzündung *f*; **~ologia** [~mulu'ʒiɐ] *f* Augenheilkunde *f*; **~ologista** [~mulu'ʒiʃtɐ] *m* Augenarzt *m*.

ofusc|ação [ufuʃkɐ'sɐ̃u] *f* Verdunkelung *f*; *fig.* Verblendung *f*; **~ar** [~'kar] (1n) verdunkeln (*a. fig.*); verbergen; *fig.* (ver)blenden; in den Schatten stellen.

ogiv|a [u'ʒivɐ] *f* Spitzbogen *m*; *~ nuclear (de carga múltipla)* Atom-(Mehrfach-)sprengkopf *m*; **~al** [uʒi'vał] spitzbogig, Spitzbogen...

oh! [o] *int.* oh!; ach!

oir... *s. our...*

oit|ante [oi'tɐ̃ntə] *m* ⚓ Oktant *m*; **~ava** [~avɐ] *f* Achtel *n*; ♪, *lit. u. rel.* Oktave *f*; **~avado** [~tɐ'vaδu] achteckig; ♪ schrill; **~avo** [~avu] **1.** *adj.* achte; **2.** *m* Achtel *n*.

oiteiro [oi'teiru] *m* Hügel *m*.

oitent|a [oi'tẽntɐ] achtzig; **~ão** P [oitẽn'tɐ̃u] achtzigjährig.

oito ['oitu] acht; **~centos** [~'sẽntuʃ] achthundert.

olá! [ɔ'la] *int.* holla!, sieh da!

olaria [ulɐ'riɐ] *f* Töpferei *f*

olé! [ɔ'lɛ] *int.* **1.** recht so!; bravo!; **2.** = *olá!*

ole|áceo [u'ljasju] Öl...; **~ado** [~aδu] *m* Wachstuch *n*; Öltuch *n*; *~ para soalho* Linoleum *n*; **~agíneo** [uljɐ'ʒinju] Oliven..., Öl...; **~aginoso** [uljɐʒi'nozu (-ɔ-)] ölig; Öl...; ölhaltig; **~ar** [u'ljar] (1l) ölen.

oleiro [u'leiru] *m* Töpfer *m*.

óleo ['ɔlju] *m* Öl *n*; *~ pesado* Schweröl *n*; *os Santos* ♀*s* die letzte Ölung *f*; *a ~ pint.* in Öl, Öl...

oleo|grafia [uljuγrɐ'fiɐ] *f* Öldruck *m*; **~duto** [ɔlju'δutu] *m* Ölleitung *f*; **~so** [u'ljozu (-ɔ-)] ölig; fettig.

olfacto [oł'fatu] *m* Geruch(ssinn) *m*.

olh|ada, ~adela [u'ʎaδɐ, uʎɐ'δɛlɐ] *f* Blick *m*; Seitenblick *m*; **~ado** [u'ʎaδu] **1.** *m* (*mau*) *~* böse(r) Blick *m*; *deitar* (*od. dar*) *~ a* behexen; **2.** *bem* (*mal*) *~* beliebt (verhaßt); **~ar** [~ar] (1d) **1.** *v/t.* an-blicken, -schauen, -sehen; betrachten, mustern; wachen über (*ac.*); = *v/i.* blicken, schauen; *~ a*, *~ para* blicken nach (*od.* auf [*ac.*]); achten auf (*ac.*); denken an (*ac.*); *~ por* sehen nach, aufpassen auf (*ac.*); *~ que* darauf achten (*od.* daran denken), daß; *~ sobre* hinwegsehen über (*ac.*); *olha!* (*olhe!*) hör(en Sie) mal!; paß (passen Sie) mal auf!; *~ frente* (*direita*)! ⚔ Augen geradeaus (rechts)!; **2.** *m* Blick *m*; **~eiras** [~eirɐʃ] *f/pl.* (*grandes*) *~* (tiefe) Schatten *m/pl.* unter den Augen; **~eirento** [uʎei'rẽntu] mit Schatten unter den Augen; **~ento** [~ẽntu] löcherig (*Käse*).

olho ['oʎu (ɔ-)] *m* Auge *n* (*a. fig.*); *Nadel-*, *Beil*-Öhr *n*; Loch *n* (*Käse*, *Brot*); Spundloch *n* (*Faß*); Lichtloch *n*, Rundfenster *n*; *a ~* nach Augenmaß; *a ~s vistos* zusehends;

a ~ *nu* mit bloßem Auge; *com bons* (*maus*) ~*s* (un)gern; *com os* ~*s fechados* blindlings; *abrir uns grandes* ~*s* große Augen m.; *abrir os* ~*s ao dia* (*od.* *à luz*) das Licht der Welt erblicken; *num abrir e fechar de* ~*s* im Nu; *dar com os* ~*s em* erblicken (*ac.*); *encher o* ~ *a alg.* j-n freuen; *estar com o* ~ *aberto* (*od.* *alerta*) die Augen offenhalten; *fechar os* ~*s fig.* ein Auge zudrücken; hinwegsehen (über [*ac.*] *a*); *lançar* (*od.* *deitar*) *os* ~*s para* ein Auge (*od.* e-n Blick) werfen auf (*ac.*); *meter a/c. pelos* ~*s dentro j-m* et. klarmachen (*od.* F eintrichtern); *passar os* ~*s por* überfliegen (*ac.*); *pôr os* ~*s em alg.* j-n zum Vorbild nehmen; *pôr diante dos* ~*s* vor Augen führen, vorhalten; *saltar aos* ~*s* in die Augen springen; *ser todo* ~*s* ganz Auge sn; *ter* ~ Augenmaß h.; *ter* (*od.* *estar com*) *os* ~*s* (*fixos*) *em* (fest) im Auge h. (*ac.*), (nur) denken an (*ac.*); *ter* ~ *em si* auf sich achten; *ter* (*od.* *trazer*) *o(s)* ~*(s) em* ein Auge h. auf (*ac.*); im Auge behalten; *tirar diante dos* ~*s* aus den Augen schaffen; *trazer de* ~ aufpassen, auf (*ac.*), überwachen; F auf dem Strich h.; *ter peneira* (*od.* *poeira*) *nos* ~*s* Scheuklappen vor den Augen h.; *meus* ~*s!* mein Augenstern!; *longe dos* ~*s, longe do coração* aus den Augen, aus dem Sinn; **~-de-boi** [~ðə'βoi] *m* Ochsenauge *n.*

oligarquia [uliɣɐr'kiɐ] *f* Oligarchie *f.*

olimpíada [ulĩm'piɐðɐ] *f* Olympiade *f.*

olímpico [u'lĩmpiku] olympisch.

oliv|áceo [uli'vasju] olivgrün; **~al** [~ał] *m* Olivenhain *m*; **~eira** [~eirɐ] *f* Ölbaum *m*; **~icultor** [~vikuł'tor] *m* Olivenpflanzer *m*; **~icultura** [~vikuł'turɐ] *f* Olivenbau *m.*

olmo ['ołmu] *m* Ulme *f.*

olvid|ar [ołvi'ðar] (1a) vergessen; **~o** [~'viðu] *m* Vergessenheit *f.*

ombr|ear [õm'brjar] (1l) *fig.*: ~ *com* wetteifern mit; **~eira** [~'breirɐ] *f* Schulterteil *m* (*Kleidung*); Türpfosten *m*, *fig.* Schwelle *f*; **~o** ['õmbru] *m* Schulter *f* (*com* an); *cerrar* ~*s* sich zs.-schließen; *encolher os* ~*s* die Achseln zucken; *meter os* ~*s a* sich stemmen gegen; *pôr* (*od.* *deitar*) ~*s a* Hand (an)legen an (*ac.*), in Angriff nehmen (*ac.*); *não ter* ~*s para* nicht der Kerl sn zu; *olhar* (*tratar com*) *alg. por cima do* ~ j-n über die Schulter ansehen (von oben herab behandeln); ~ *armas!* Gewehr über!

omeleta [omə'letɐ] *f* Omelett *n.*

ominoso [omi'nozu (-ɔ-)] verhängnisvoll; schändlich.

omi|ssão [umi'sɐ̃u] *f* Unterlassung *f*; Auslassung *f*; Lücke *f*; **~sso** [u'misu] **1.** *adj.* lückenhaft; nachlässig; **2.** *p.p.irr.v.* **~tir** [~'tir] (3a) unterlassen; aus-, weg-lassen.

omni|potência [ɔmnipu'tẽsjɐ] *f* Allmacht *f*; **~potente** [~pu'tẽntə] allmächtig; **~presente** [~prə'zẽntə] allgegenwärtig; **~sciente** [~ʃ'sjẽntə] allwissend.

omnívoro [~'nivuru] *m* Allesfresser *m.*

omoplata [ɔmɔ'platɐ] *f* Schulterblatt *n.*

ónagro ['ɔnaɣru] *m* Wildesel *m.*

onça ['õsɐ] *f* **a**) ⚕ Unze *f*; **b**) *zo.* Jagdleopard *m*; *bras.* Jaguar *m*; *amigo m da* ~ F falscher Fuffziger *m.*

oncologia [õkulu'ʒiɐ] *f* Onkologie *f.*

onda ['õndɐ] *f* Welle *f* (*a. fis.*), Woge *f*; *fig. a.* Strom *m*; Flut *f*; ~ *curta* (*média, longa, sonora*) Kurz- (Mittel-, Lang-, Schall-)welle *f.*

onde ['õndə] wo; wohin; *de* ~ *em* ~ hier und da; dann und wann; *para* ~ wohin; *por* ~ wo(durch).

onde|ado [õn'djaðu] wellig (*Haar*); **~ar** [~ar] (1l) wogen; flattern; sich schlängeln; *v/t.* wellen.

ondul|ação [õndulɐ'sɐ̃u] *f* Wellenbewegung *f*; Wellengang *m*; Flattern *n*; Windung *f*; Ondulation *f* (♪ *u. Haar*); ~ *permanente* Dauerwellen *f/pl.*; **~ado** [~'laðu] wellig; Well...; *porta f -a* Wellblechtür *f*; **~ante** [~'lẽntə] auf- und ab-steigend; **~ar** [~'lar] (1a) *v/i.* = *ondear*; *v/t.* *Haar* wellen, ondulieren; **~atório** [~ɐ'tɔrju] Wellen...

oner|ação *bras.* [onərɐ'sɐ̃u] *f* Belastung *f*; Besteuerung *f*; **~ar** [~'rar] (1c) belasten; besteuern; beladen; (be)drücken; **~oso** [~'rozu (-ɔ-)] lastend, drückend; beschwerlich; kostspielig; abgabepflichtig.

oni... *bras.* [oni...] *s. omni...*

ónibus ['ɔniβuʃ] *m* Omnibus *m*; 🚂 Personen-, F Bummel-zug *m.*

onomástic|a [ɔnɔ'maʃtikɐ] *f* Namenskunde *f*; Namensverzeichnis *n*; **~o** [~u] Namen(s)...

onomatop|aico [ɔnɔmɐtɔ'paiku] lautmalerisch; **~eia** [~ejɐ] *f* Lautmalerei *f*; Schallwort *n*; **~eico** [~eiku] = *~aico*.

ontem ['õntẽi] gestern.

ontologia [õntulu'ʒiɐ] *f* Seinslehre *f*, Ontologie *f*.

ónus ['ɔnuʃ] *m* Last *f*; Abgabe *f*; Steuer *f*; *fig. a.* Auflage *f*.

onze ['õzə] **1.** *adj.* elf; **2.** *m* Elf *f*; Nummer *f* Elf.

onzen|a [õ'zenɐ] *f fig.* Wucher (-zins) *m*; **~ário** [õzə'narju] *m* Wucherer *m*.

opa ['ɔpɐ] *f farbiger, ärmelloser* Überwurf *m*.

opa|cidade [upɐsi'ðaðə] *f* Undurchsichtigkeit *f*; Dunkel *n*; Verschwommenheit *f*; **~co** [u'paku] undurchsichtig; dunkel; verschwommen; **~la** [u'palɐ] *f* Opal *m*.

opal|escente, ~ino [upɐliʃ'sẽntə, ~'linu] schillernd, opalisierend.

ópalo ['ɔpɐlu] *m* Opal *m*.

opção [ɔp'sɐ̃u] *f* Wahl *f*; Entscheidung *f*; *pol.* Option *f*.

ópera ['ɔpərɐ] *f* Oper *f*.

oper|ação [upərɐ'sɐ̃u] *f* Operation *f*; *Rechen*-Aufgabe *f*; Tätigkeit *f e-s Organs*; *cir.* Eingriff *m*; ⚕ Geschäft *n*; ⊕ Arbeitsgang *m*; *entrada f em ~* Inbetriebnahme *f*; **~acional** [~ɐsju'nał] operativ; arbeits-, funktionsfähig; *custo m ~ bras.* Gestehungskosten *pl.*; **~acionalidade** [~ɐsjunɐli'ðaðə] *f* Funktionsfähigkeit *f*; **~ador** [~ɐ'ðor] *m* Operateur *m*; *math.* Operator *m*; *Film*: Kameramann *m*; *Radio*: Funker *m*; *bras. allg.* Tätige(r) *m*; **~ante** [~'rẽntə] wirkend; **~ar** [~'rar] (1c) bewirken; aus-, durch-führen; *cir.* operieren; *v/i.* wirken; handeln; arbeiten; **~ar-se** sich vollziehen; vor sich gehen; **~ariado** [~ɐ'rjaðu] *m* Arbeiterschaft *f*; **~ário** [~'rarju] **1.** *m* Arbeiter *m*; Handwerker *m*; **2.** *adj.* Arbeiter...; Arbeits...; ... der (*od.* durch die) Arbeiter; **~atividade** [~ɐtivi'ðaðə] *f*: *ter ~* betriebs- (*od.* einsatz-)fähig sn; **~ativo** [~ɐ'tivu] (be)wirkend; tätig; wirksam; **~atório** [~ɐ'tɔrju] Operations...; operativ.

opereta [upə'retɐ] *f* Operette *f*.

operoso [~'rozu (-ɔ-)] mühsam, schwierig; tätig; eifrig; fruchtbar.

opil|ação ⚕ [upilɐ'sɐ̃u] *f* Verstopfung *f*; **~ar** [~'lar] (1a) verstopfen.

opin|ante [~'nẽntə] meinungs-, urteils-fähig; sich äußernd; **~ar** [~ar] (1a) meinen; vorschlagen; *~ sobre* sich äußern zu; beurteilen (*ac.*); *opina-se* man ist der Ansicht; **~ativo** [~nɐ'tivu] persönlich (*Urteil*); gutachtlich; *questão f -a* Ansichtssache *f*; **~ião** [~'njɐ̃u] *f* Meinung *f* (*pública* öffentliche), Ansicht *f*, Auffassung *f*; Ruf *m*; *na minha ~* m-s Erachtens, m-r Meinung nach; *manifestar a sua ~ a que* der Auffassung Ausdruck geben, daß; **~ioso** [~'njozu (-ɔ-)] rechthaberisch; von sich überzeugt.

ópio ['ɔpju] *m* Opium *n*.

opíparo [ɔ'pipɐru] üppig, prächtig.

opo(n)ente [u'pwẽntə, upu'nẽntə] **1.** *adj.* Gegen...; gegnerisch; **2.** *su.* Gegner(in *f*) *m*.

opor [u'por] (2zd) entgegen-setzen, -stellen; in den Weg legen; einwenden; *Widerstand* leisten; **~-se** *a* sich widersetzen (*dat.*); sich bewerben um (*ac.*).

oportun|amente [upurtunɐ'mẽntə] bei (passender) Gelegenheit; rechtzeitig; **~idade** [~i'ðaðə] *f* (passende) Gelegenheit *f*; Zweckmäßigkeit *f*; Richtigkeit *f*; Glück(sfall *m*) *n*; *de ~* Zufalls...; **~ista** [~'niʃtɐ] **1.** *su.* Opportunist(in *f*) *m*; **2.** *adj.* opportunistisch; **~o** [~'tunu] recht (*Augenblick*); gelegen; günstig; angebracht, zweckmäßig; richtig.

oposi|ção [upuzi'sɐ̃u] *f* Widerspruch *m*, -stand *m* (*fazer* leisten); Gegensatz *m*; ⚖ Einspruch *m*; *pol. u. ast.* Opposition *f*; **~cionismo** [~sju'niʒmu] *m* Oppositionsgeist *m*; oppositionelle Haltung *f*; **~cionista** [~sju'niʃtɐ] **1.** *su.* Oppositionelle(r) *su.*; **2.** *adj.* Oppositions...; **~tivo** [~'tivu] ⚘ gegenständig; **~tor** [~'tor] *m* Gegner *m*.

oposto [u'poʃtu (-ɔ-)] **1.** *adj.* entgegengesetzt; gegenüberliegend; ⚘ gegenständig; *ângulo m ~* Gegenwinkel *m*; **2.** *m* Gegenteil *n*.

opress|ão [uprə'sɐ̃u] *f* Be-, Unterdrückung *f*, Druck *m*; *fig.* Beklemmung *f*; **~ivo** [~ivu] bedrückend; Zwangs...; **~o** [u'prɛsu] *p.p. irr. v. oprimir*; **~or** [~or] *m* Unterdrücker *m*.

oprimir [upri'mir] (3a) (be)drücken; unterdrücken; beklemmen.
opróbrio [u'prɔβrju] *m* Schande *f*, Schmach *f*; Schimpf *m*.
oprobrioso [upru'βrjozu (-ɔ-)] schmachvoll, Schmach...; schimpflich.
opt|ar [ɔp'tar] (1a) optieren; ~ *entre* wählen zwischen (*dat.*).; ~ *por* sich entscheiden für.
óptic|a ['ɔ(p)tikɐ] *f* Optik *f*; **~o** [~u] **1.** *adj*. optisch; Seh...; **2.** *m* Optiker *m*.
optimi|smo [ɔ(p)ti'miʒmu] *m* Optimismus *f*; Zuversicht *f*; **~sta** [~ʃtɐ] **1.** *adj*. zuversichtlich; **2.** *su*. Optimist(in *f*) *m*.
óptimo ['ɔtimu] vortrefflich.
opul|ência [upu'lẽsjɐ] *f* Reichtum *m*; Üppigkeit *f*; **~ento** [~ẽntu] reich, üppig.
opúsculo [u'puʃkulu] *m* Schrift *f*.
ora ['ɔrɐ] **1.** *adv*. nun, jetzt; *por* ~ fürs erste; vorläufig; ~ ... ~ bald ... bald; ~ *bem* nun (gut)!; F na schön; **2.** *int*. nun!; also!; na!; nanu!; pah!; ~, ~*!* ach was!; ~ *nem mais* ganz recht!; so ist's!; ~ *vamos!* na, wird's bald?, F los, los!; aber hör(en Sie) mal!; ~ *vejam lá* sieh mal einer an!
ora|ção [urɐ'sɐ̃u] *f* Gebet *n* (*fazer* verrichten); Rede *f*; *gram*. Satz *m*; ~ *principal* (*subordinada*) Haupt- (Neben-)satz *m*.
oráculo [u'rakulu] *m* Orakel *n*.
orago [u'raɣu] *m* Schutzpatron *m*.
orador [urɐ'δor] *m* Redner *m*.
oral [u'rał] mündlich, oral; Mund...; **~idade** [urɐli'δaδə] *f* Mündlichkeit *f*.
orangotango [urɐ̃ŋgu'tẽŋgu] *m* [Orang-Utan *m*.]
orar [u'rar] (1e) beten (zu *a*; für *por*); ~ *a/c. a alg*. j-n um et. bitten.
oratóri|a [urɐ'tɔrjɐ] *f* Redekunst *f*; **~o** [~u] **1.** *adj*. rednerisch; **2.** *m* Haus-altar *m*, -kapelle *f*; ♪ Oratorium *n*.
orbe ['ɔrbə] *m* Kugel *f*; Kreis *m*; Rund *n*; ~ *terrestre* Erdkreis *m*.
órbita ['ɔrbitɐ] *f ast*. Umlaufbahn *f*; *anat*. Augenhöhle *f*; *fig*. Einflußsphäre *f*.
orbital [urβi'tał] Umlauf...; *estação f* ~ Raumstation *f*.
orça ['ɔrsɐ] **a**) *meter* (*od. ir*) *à* ~ ⚓ luven; **b**) *à* ~ schätzungsweise.
orçament|al, ~ário [ursɐmẽn'tał, ~arju] veranschlagt; Haushalts...; **~o** [~'mẽntu] *m Kosten*-Voranschlag *m*; Haushaltsplan *m*; ~ *do Estado* Staatshaushalt *m*.
orçar [ur'sar] (1p; *Stv*. 1e) veranschlagen (auf *em*); *v/i*. **a**) ⚓ luven; **b**) ~ *por* veranschlagt sn (*od*. sich etwa belaufen) auf (*ac*.).
ordeiro [ur'δeiru] ordnungs- (*od*. fried-)liebend.
ordem ['ɔrdɐ̃i] *f* Ordnung *f*; Reihe(nfolge) *f*; Anordnung *f*; Rang (-ordnung *f*) *m*; Stand *m*; Orden *m* (*rel. u. fig*.); Befehl *m*; Anweisung *f*; Vorschrift *f*; Gebot *n*; Auftrag *m* († *dar* erteilen); † Order *f*; *Anwalt-*, *Ärzte*-Kammer *f*; *-ns pl. rel. die* Weihen (*tomar* empfangen); ~ *do dia*, ~ *dos trabalhos* Tagesordnung *f* (*entrar na od. passar à* übergehen zu); ~ *de ideias* Zs.-hang *m*; *oficial m às -ns* Ordonnanzoffizier *m*; *à* ~ an die Order (*Wechsel*); auf Abruf; *à(s)* ~*(-ns) de alg*. zu j-s Verfügung; *às -ns!* ⚔ zu Befehl!; *até nova* ~ bis auf weiteres; *da* ~ *de* von etwa; *debaixo* (*od. dentro*) *de* ~ ⚔ in Marschordnung; *com* ~ *a* mit dem Ziel; = *em* ~ *a* im Hinblick auf (*ac*.); *em boa* ~ friedlich; *fora de* ~ unordentlich, wirr durchea.; *por* ~ der Reihe nach; *por* ~ *de alg*. in j-s Auftrag; *assegurar od. garantir a* ~ für Ordnung sorgen; *chamar à* ~ zur Ordnung rufen; *estar na* ~ nichts Unrechtes tun; *sempre às suas -ns!* stets zu Ihren Diensten!
orden|ação [urdənɐ'sɐ̃u] *f* Anordnung *f*; Ver-ordnung *f*, -fügung *f*; Gebot *n*; *rel*. Priesterweihe *f*, Ordination *f*; **~ada** ⩘ [~'naδɐ] *f* Ordinate *f*; **~adamente** [~ˌnaδɐ'mẽntə] ordentlich; der Reihe nach; ordnungsgemäß; **~ado** [~'naδu] *m* Gehalt *n*; **~amento** [~'mẽntu] *m* Ordnung *f*; **~ança** [~'nɐ̃sɐ] *f* Ordonnanz *f*; *Offiziers*-Bursche *m*; **~ar** [~'nar] (1d) ordnen; anordnen, einrichten; befehlen; ver-fügen, -ordnen; *rel*. ordinieren, weihen.
ordenhar [~ɨ'ɲar] (1d) melken.
ordin|al [~i'nał] Ordnungs...; **~ante** [~ɐ̃ntə] *bispo m* ~ Weihbischof *m*; **~ário** [~arju] **1.** *adj*. gewöhnlich (*a. fig*.); üblich; *fig*. ordinär; **2.** *m das* Übliche; *de* ~ (für) gewöhnlich.
orear *bras*. [o'rjar] (1l) (aus)lüften; trocknen.

orelha [u'reʎɐ] *f* Ohr *n*; ⊕ Lasche *f*; ⚘ Lappen *m*; *de* ~ vom Hörensagen; *de* ~ *fita* mit gespitzten Ohren; *de* ~ *murcha* (*od. caída*) mit hängenden Ohren, F geknickt.

orelh|eira [uri'ʎeirɐ] *f* (Schweins-) Ohren *n/pl.*; Ohrenklappe *f*; **~udo** [~uδu] langohrig; *fig.* dickköpfig.

orfanato [urfɐ'natu] *m* Waisenhaus *n*.

órfão(s) ['ɔrfɐ̃u(ʃ)] **1.** *adj.* verwaist; ~ *de pai* (*mãe*) vater- (mutter-)los; *ficar* ~ *de* verlieren (*ac.*); **2.** *m(pl.)*, **-ã** *f* Waisenkind *n*, Waise *f*; Waisen-knabe *m*, -mädchen *n*.

orfe|ão [ɔr'fjɐ̃u] *m* Gesangverein *m*; Chor *m*; **~ónico** [~ɔniku] Chor...

organdi [ɔrgɐ̃n'di] *m* Glasbatist *m*.

orgânic|a [ur'gɐnikɐ] *f* Aufbau *m*; **~o** [~u] organisch; *lei f -a* Grundgesetz *n*.

organ|ismo [~gɐ'niʒmu] *m* Organismus *m*; Gliederung *f*; Körperschaft *f*; Behörde *f*; **~ista** [~iʃtɐ] *su.* Organist(in *f*) *m*; Orgelspieler(in *f*) *m*; **~ização** [~nizɐ'sɐ̃u] *f* Organisation *f*; Aufbau *m*, Gliederung *f*; Einrichtung *f*; *körperliche* Verfassung *f*, Veranlagung *f*; Veranstaltung *f*; **~izado** [~ni'zaδu] organisch; **~izador** [~nizɐ'δor] **1.** *m* Organisator *m*; Veranstalter *m*; **2.** *adj.* bildend, ordnend; = **~izativo** [~nizɐ'tivu] organisatorisch, Organisations...; **~izar** [~ni'zar] (1a) organisieren; gliedern; einrichten; *Fest* veranstalten.

órgão(s) ['ɔrgɐ̃u(ʃ)] *m(pl.)* Organ *n* (*a. fig.*); *fig. a.* Werkzeug *n*; ♪ Orgel *f*; *~s pl. vitais* edle Teile *pl.*

orgia [ur'ʒiɐ] *f* Gelage *n*, Orgie *f*.

orgulh|ar [urgu'ʎar] (1a) stolz m.; **~ar-se** *de* stolz sn auf (*ac.*); **~o** [~'guʎu] *m* Stolz *m*; *ter* ~ *em* = *~ar-se de*; **~oso** [~ozu (-ɔ-)] stolz.

orient|ação [urjẽntɐ'sɐ̃u] *f* Orientierung *f*; Ortsbestimmung *f*; *fig.* Richtung *f*; Anleitung *f*; *debaixo de* (*od. sob*) *a* ~ *de* unter der Leitung (*gen.*); **~ador** [~ɐ'δor] **1.** *adj.* richtunggebend, wegweisend; leitend; Orientierungs...; **2.** *m* Berater *m*; Leiter *m*; Wegweiser *m*; **~al** [~'tał] östlich, Ost...; orientalisch; **~alista** [~ɐ'liʃtɐ] *su.* Orientalist(in *f*) *m*; **~ar** [~'tar] (1a) orientieren; *fig.* (an)leiten; beraten; **~ar-se** sich zurechtfinden; sich richten (nach *por*); **~ativo** [~ɐ'tivu] = *~ador* 1.; **~e** [u'rjẽntə] *m* Osten *m*; Morgen(land *n*) *m*; ♀ Orient *m*; *Próximo* (*Extremo*) ♀ Nahe(r) (Ferne[r]) Osten *m*.

orifício [uri'fisju] *m* Öffnung *f*; Loch *n*; *anat. a.* Mund *m*; ⊕ Düse *f*.

origem [u'riʒɐ̃i] *f* Ursprung *m*; Herkunft *f*, Ursache *f*; *na* (*sua*) ~ ursprünglich; *dar* ~ *a* = *originar*.

origin|al [uriʒi'nał] **1.** *adj.* ursprünglich; urschriftlich; Ur...; Original...; eigenartig; originell; *pecado m* ~ Erbsünde *f*; **2.** *m* Original *n*; Manuskript *n*; Urtext *m*; Urbild *n*; Sonderling *m*; **~alidade** [~nɐli'δaδə] *f* Ursprünglichkeit *f*, Originalität *f*; **~ar** [~ar] (1a) hervorrufen; verursachen; **~ar-se** entstehen, -springen; abstammen; herrühren; **~ário** [~arju] ur-sprünglich, -tümlich; gebürtig; *ser* ~ *de* abstammen von; stammen aus.

oriundo [u'rjũndu] stammend.

orl|a ['ɔrlɐ] *f* Rand *m*, Saum *m*; Einfassung *f*; **~ar** [ur'lar] (1e) einfassen; (um)säumen.

ornament|ação [urnɐmẽntɐ'sɐ̃u] *f* Ausschmückung *f*; *-ões pl. Straßen-*Schmuck *m*; **~al** [~'tał] schmükkend; Schmuck..., Zier...; **~ar** [~'tar] (1a) (aus)schmücken; verzieren; **~o** [~'mẽntu] *m* Verzierung *f*; Ornament *n*; *fig.* Zierde *f*.

orna|r [ur'nar] (1e) schmücken; zieren; **~to** [~tu] *m* Schmuck *m*; Zierat *m*; Verzierung *f* (*a.* ♪).

orn|ear [~'njar] (1l) = **~ejar** [~ni'ʒar] (1d) schreien (*Esel*).

ornitologia [ɔrnitulu'ʒiɐ] *f* Vogelkunde *f*.

orografia [uruγrɐ'fiɐ] *f* Gebirgskunde *f*; Oberflächengestalt *f*.

orquestra [ur'kɛʃtrɐ] *f* Orchester *n*.

orquestr|ação [~kiʃtrɐ'sɐ̃u] *f* Orchestersatz *m*; **~al** [~'trał] Orchester..., orchestral; **~ar** [~'trar] (1c) für Orchester bearbeiten; orchestrieren.

orquídea [ur'kiδjɐ] *f* Orchidee *f*.

orto|doxia [ɔrtoδɔk'siɐ] *f* Rechtgläubigkeit *f*; **~doxo** [~'δɔksu] rechtgläubig; **~grafia** [~γrɐ'fiɐ] *f* Rechtschreibung *f*; **~gráfico** [~'γrafiku] orthographisch; **~pedia** [~pə'δiɐ] *f* Orthopädie *f*; **~pedista** [~pə'δiʃtɐ] *m* Orthopäde *m*.

orvalh|ar [urvɐ'ʎar] (1b) (be-)tauen; **~o** [~'vaʎu] *m* Tau *m*.

os [uʃ] *art. u. pron. m/pl.* die; sie; Sie.

oscil|ação [uʃsilɐ'sɐ̃u] *f* Schwingung *f*; *fig.* Schwankung *f*; Schwanken *n*; **~ante** [~'lẽntə] Schwingungs...; *fig.* schwankend; **~ar** [~'lar] (1a) schwingen; schwanken; **~atório** [~ɐ'tɔrju] schwingend, Pendel...; = *~ante*.

oscular [uʃ-, ɔʃku'lar] (1a) küssen.

ósculo ['ɔʃkulu] *m* Kuß *m*.

oss|ada [u'saðɐ] *f* Gebeine *n/pl.*; Skelett *n* (*a. fig.*); = **~amenta** [ɔsɐ'mẽntɐ] *f* Gerippe *n*; **~aria** *f*, **~ário** *m* [usɐ'riɐ, u'sarju] Knochenhaufen *m*; Beinhaus *n*; **~atura** [usɐ'turɐ] *f* *Tier*-Gerippe *n*; **~eína** [use'inɐ] *f* Knochensubstanz *f*.

ósseo ['ɔsju] knochig; Knochen...

ossific|ação [ɔsəfikɐ'sɐ̃u] *f* Knochenbildung *f*; **~ar-se** [~'karsə] (1n) verknöchern.

osso ['osu (ɔ-)] *m* Knochen *m*, Bein *n*; *~s pl.* Gebeine *n/pl.*; *são ~s do ofício* das muß man mit in Kauf nehmen; *~ duro de roer* harte Nuß *f*; *~-do-pai-joão* Steißbein *n*.

ossu|ário [u'swarju] *m* = *ossário*; **~do** [u'suðu] (stark)knochig.

osten|sível, **~sivo** [uʃtẽ'sivɛł, ~'sivu] (offen)sichtlich; deutlich; auffallend; = *~tativo*; **~tação** [~tẽntɐ'sɐ̃u] *f* Schaustellung *f*; Aufwand *m*; Prahlerei *f*; **~tar** [~tẽn'tar] (1a) zur Schau tragen, prahlen (*od.* protzen) mit; zeigen; **~tativo** [~tẽntɐ'tivu] ostentativ; **~toso** [~tẽn'tozu (-ɔ-)] prunkhaft, F protzig.

ostra ['oʃtrɐ] *f* Auster *f*.

ostracismo [uʃtrɐ'siʒmu] *m fig.* Ausschluß *m*; Verbannung(surteil *n*) *f*.

ostr|eira [~'treirɐ] *f* Austernbank *f*; **~eiro** [~eiru] *m* Austernhändler *m*.

oti... *bras. s. opti...*

ótico ['ɔtiku] Ohren...

otite [ɔ'titə] *f* Ohrenentzündung *f*; *~ interna* Mittelohrentzündung *f*.

otorrinolaringologista [ɔtoˌʀinolɐˌrĩŋgɔlu'ʒiʃtɐ] *m* Facharzt *m* für Hals-, Nasen- und Ohrenkrankheiten.

ou [o] oder; *~ ... ~* entweder ... oder.

oução [o'sɐ̃u] *m* Made *f*.

our-, **oir|ama** *bras.* [o-, oi'rɐmɐ] *f* Goldmünze(n) *f* (*f/pl.*); Geld *n*; **~ejante** [~rɨ'ʒẽntə] goldglänzend; **~ejar** [~rɨ'ʒar] (1d) golden glänzen; **~ela** [~ɛlɐ] *f* Borte *f*; *Tuch*-Leiste *f*.

ouri-, **oiri|çado** [ori-, oiri'saðu] stachelig, borstig; **~çar** [~'sar] (1p) sträuben; **~ço** [~'risu] *m* ⚘ Stachelhülle *f*; *zo.* Igel *m*; *~ do mar* Seeigel *m*.

ouriv|es [o'rivɨʃ] *m* Goldschmied *m*; **~esaria** [orivəzɐ'riɐ] *f* Goldschmiedekunst *f*; Juweliergeschäft *n*.

ouro, **oiro** ['oru, 'oiru] *m* Gold *n*; *~s pl. Kartenspiel*: Schellen *f/pl.*; Eckstein *m*, Karo *n*; *de ~* golden; *cor de ~* goldgelb; **~pel** [o-, oiru'pɛł] *m* Rauschgold *n*; Flitter *m*.

ous|adia [ozɐ'ðiɐ] *f* Kühnheit *f*; Wagnis *n*; **~ado** [o'zaðu] kühn; **~ar** [o'zar] (1a) wagen.

outeiro [o'teiru] *m* = *oiteiro*.

outiva [o'tivɐ]: *de ~* vom Hören-sagen.

outo ['otu] *m* Spreu *f*.

outon|al [otu'nał] herbstlich, Herbst...; **2o** [o'tonu] *m* Herbst *m*.

outorg|a [o'tɔrgɐ] *f* Gewährung *f*, Bewilligung *f*; schriftliche Erklärung *f*; Ausfertigung *f*; **~ante** [otur'gẽntə] **1.** *adj.* diese Erklärung abgebend; **2.** *su.* Aussteller(in *f*) *m e-s Dokuments*, Endesunterzeichnete(r) *m*; **~ar** [otur'gar] (1o; *Stv.* 1e) gewähren; oktroyieren; *schriftlich* erklären; *Dokument* ausfertigen.

outr|em ['otrɐ̃i] andere *pl.*; jemand anderes; *de ~* anderer (*od.* fremder) Leute; *por conta de ~* für fremde Rechnung (*z.B.*: *arbeiten*); nichtselbständig (*z.B.*: *Arbeit*); **~o** [~u] ein anderer; ein zweiter, noch ein; *o ~* der andere; *um e ~* der eine und (*od.* wie) der andere; beide; *uma ou -a vez* das eine oder andere Mal, ab und zu; *um (uns) ao(s) ~(s)* (an-, zu-)einander, gegenseitig; *um (uns) debaixo (em cima, atrás) do(s) ~(s)* unter- (auf-, hinter-)einander; *-a coisa (pessoa)* etwas (jemand) anderes; *~ dia* ein andermal; *(n)~ dia* neulich; *~ tal* dasselbe; *~ tanto* noch einmal (*od.* eben)soviel; dasselbe; *-a vez* ein andermal; noch einmal; *até -a vez!* auf Wiedersehen!; *de -a maneira* (*od. forma etc.*) anders; andernfalls, sonst; *~ lado, -a parte* anderswo, woanders; *temos -a! iron.* das wird ja immer schöner!; hört's denn noch nicht auf?; *(ou) por -a* das heißt, mit anderen Worten.

outr|ora [o'trɔrɐ] ehemals, früher; **~ossim** [otru'sĩ] ebenfalls; ebenso.

Outubro [o'tuβru] *m* Oktober *m*.

ouv|ida [o'viðɐ] *f*: *de ~* vom Hörensagen; **~ido** [~iðu] **1.** *m* Gehör *n*;

Ohr *n*; ⚔ Zündloch *n*; ~ *médio* Mittelohr *n*; *de* ~ ♪ nach dem Gehör; *aplicar o* ~ *a fig.* horchen auf (*ac.*); *apurar o* ~ die Ohren spitzen; *chegar aos* ~*s* zu Ohren kommen; *dar* (*od. prestar*) ~(*s*) *a* hören auf (*ac.*); *fig.* Gehör schenken (*dat.*); *ser todo* ~*s* ganz Ohr sein; **2.** *p.p. v.* ~*ir*; ~ (*su.*) nach Anhörung (*gen.*); *ser* ~ *fig.* Gehör finden; **~idor** [ovi'ðor] *m* ⚖ Beisitzer *m*; Auditor *m*; **~inte** [o'vĩntə] *m* Zuhörer *m*; Hörer *m*; Hospitant *m*; **~ir** [~ir] (3u) (an)hören; zuhören (*dat.*); *Bitte* erhören; hören auf (*ac.*); *fazer-se* ~ *em* (*od. com*) *et.* zu Gehör bringen; *et.* spielen (*od.* singen, sprechen); auftreten in (*dat.*); ~ *de confissão j-m* die Beichte abnehmen.

ova ['ɔvɐ] *f* Eierstock *m* (*der Fische*); ~*s pl.* Rogen *m*, Laich *m*.

ova|ção [uvɐ'sɐ̃u] *f* Huldigung *f*; Beifallssturm *m*; **~cionar** [~sju'nar] (1f) *j-m* zujubeln; *j-n* feiern.

ov|al [u'vał] eiförmig, oval; **~ar** [~ar] (1e) Eier legen; laichen (*Fisch*); **~ário** [~arju] *m* Eierstock *m*; ⚘ Fruchtknoten *m*; **~eiro** [~eiru] **1.** *m* Eierstock *m der Vögel*; Eierschüssel *f*; **2.** *adj. bras.* falb.

ovelh|a [u'vɐʎɐ] *f* Schaf *n*; **~um** [uvɨ'ʎũ]: *gado m* ~ Schafe *n/pl.*

ovino [u'vinu] **1.** *adj.* Schafs...; *s. ovelhum*; **2.** *m* Schaf *n*.

ovíparo [ɔ'vipɐru] Eier legend.

ovo ['ovu (ɔ-)] *m* Ei *n* (*pôr* legen); ~ *cozido* (*quente*) harte(s) (weiche[s]) Ei.

óvulo ['ɔvulu] *m* Ei(zelle *f*) *n*.

oxalá [oʃɐ'la] *int.* hoffentlich!; ~ *que conj.* hoffentlich *ind.*

oxid|ação [ɔksiðɐ'sɐ̃u] *f* Oxydation *f*; **~ar** [~'ðar] (1a) oxydieren.

óxido ['ɔksiðu] *m* Oxyd *n*.

oxigen|ado [ɔksiʒə'naðu]: *água f* -*a* Wasserstoffsuperoxyd *n*; **~ar** [~ar] (1d) mit Sauerstoff sättigen.

oxigénio [~'ʒɛnju] *m* Sauerstoff *m*.

oz|one, ~ónio [u'zɔnə, ~ɔnju] *m* Ozon *n*; **~onizado** [uzuni'zaðu] ozonhaltig.

P

P, p [pe] *m* P, p *n*.
pá [pa] **1.** *f* Schaufel *f*; ⊕ Blatt *n*; *cul.* Schulter(stück *n*) *f*; ~ *direita* Spaten *m*; *bras.*: ~ *virada m* Heißsporn *m*; *da* ~ *virada* hitzig; **2.** ~! *int.* Mensch!
paca ['pakɐ] *f* **a**) Ballen *m*; Packen *m*; **b**) *zo.* Paka *m* (*Hasenart*).
pacat|ez [pɐkɐ'teʃ] *f* Friedfertigkeit *f*; **~o** [~'katu] friedfertig; still.
pachorr|a [pɐ'ʃoʀɐ] *f* Gemächlichkeit *f*; **~ento** [~ʃu'ʀẽntu] gemächlich; behäbig; F pomadig.
paci|ência [pɐ'sjẽsjɐ] *f* Geduld *f*; Gedulds-, Zs.-setz-spiel *n*; Patience *f*; *fazer perder a* ~ *a alg.* j-s Geduld erschöpfen, j-n aufbringen; *ter* ~ sich gedulden; (*tenha*) ~! seien Sie nett!; ärgern Sie sich nicht!; nur keine Aufregung!; nur ruhig Blut!; nichts zu machen!; na schön! *usw.*; **~ente** [~ẽntə] **1.** *adj.* geduldig; leidend; **2.** *su.* Geduldsmensch *m*; Leidende(r) *m*; *bras.* Patient *m*.
pacific|ação [pɐsəfikɐ'sɐ̃u] *f* Befriedung *f*; **~ador** [~ɐ'ðor] *m* Friedensstifter *m*; **~ar** [~'kar] (1n) befrieden; beruhigen.
pacífico [~'sifiku] friedfertig; friedlich; ruhig; still; *Oceano m* ♀ Großer (*od.* Stiller) Ozean *m*.
pacifista [~sə'fiʃtɐ] **1.** *su.* Kriegsgegner(in *f*) *m*; **2.** *adj.* pazifistisch.
paço ['pasu] *m königl. od. bischöfl.* Residenz *f*; Palast *m*; Hof *m*; ♀(s *pl.*) *do Concelho* Rathaus *n*.
pacoba *bras.* [pa'kɔβɐ] *f* Banane *f*.
pacote [pɐ'kɔtə] *m* Paket *n*.
pacóvio F [~'kɔvju] **1.** *adj.* dußlig; **2.** *m* Dussel *m*.
pacto ['paktu] *m* Pakt *m*; Vertrag *m*.
pactu|ante [pak'twɐ̃ntə] **1.** *adj.* paktierend; vertragschließend; verbündet; **2.** *m* = *~ário*; **~ar** [~ar] (1g) *Vertrag* schließen; *Bedingung* festsetzen, aushandeln; paktieren (mit *com*); **~ário** [~arju] *m* Vertragspartner *m*; Verbündete(r) *m*.
padaria [paðɐ'riɐ] *f* Bäckerei *f*.
padec|ente [pɐðə'sẽntə] *m* Dulder *m*; arme(r) Sünder *m*; **~er** [~er] (2g) zu erdulden (*od.* auszustehen) h.; (er)leiden; ertragen; erlauben; *v/i.* ~ *de* leiden an (*dat.*); zu tun h. mit; **~imento** [~si'mẽntu] *m* Leiden *n*.
padeir|a [pa'ðeirɐ] *f* Brotfrau *f*; Bäckersfrau *f*; **~o** [~u] *m* Bäcker *m*.
padejar [pɐðɨ'ʒar] (1d) worfeln.
padiola [pɐ'ðjɔlɐ] *f* Trage *f*, Bahre *f*.
padrão [pɐ'ðrɐ̃u] *m* **a**) Eichmaß *n*; Norm *f*; Vorlage *f*; Schablone *f*; *Gewebe*-Muster *n*, Dessin *n*; *fig.* Muster *n*, Vorbild *n*; Richtschnur *f*; ~ *ouro* Goldwährung *f*; **b**) Denkstein *m*; *metro*-~ *m* Urmeter *n*.
padrasto [~'ðraʃtu] *m* Stiefvater *m*.
padre ['paðrə] *m* Priester *m*; Pater *m* (*Anrede*); *os* (*santos*) ♀*s* die Kirchenväter *m/pl.*; *o Santo* ♀ der Heilige Vater *m*.
padre|ação [pɐðrjɐ'sɐ̃u] *f* Fortpflanzung *f*; *Pferde*-Zucht *f*; **~ador** [~ɐ'ðor] **1.** *adj.* Zucht...; **2.** *m* Beschäler *m*; **~ar** [~'ðrjar] (1l) sich fortpflanzen (*Pferde*).
padre-|nosso(s) [ˌpaðrə'nɔsu] *m*(*pl.*) Vaterunser *n*; ♀**santo** [~'sɐ̃ntu] *m der* Heilige Vater *m*.
padrinho [pɐ'ðriɲu] *m* (Tauf-) Pate *m*; Trauzeuge *m*; Sekundant *m* (*Duell*); Doktorvater *m*; *fig.* Beschützer *m*.
padro|ado [~'ðrwaðu] *m* Patronat(s-recht) *n*; **~eiro** *m*, **-a** *f* [~eiru, -ɐ] Schutzherr(in *f*) *m*; Schutzheilige(r *m*) *m*, *f*.
padroni|zação [~ðrunizɐ'sɐ̃u] *f* Normierung *f*, Vereinheitlichung *f*; **~zar** [~'zar] (1a) normen, normieren; vereinheitlichen.
paga ['paɣɐ] *f* Zahlung *f*; Lohn *m*; *em* ~ *de fig.* zum Lohn für.
paga|dor [pɐɣɐ'ðor] *m* Zahler *m*; **~mento** [~'mẽntu] *m* Aus-, Bezahlung *f*; Zahlung *f*; Abschlagszahlung *f*; ~ *adiantado* Vorauszahlung *f*; *a* ~*s* auf Abschlag.
paganismo [~ɣɐ'niʒmu] *m* Heidentum *n*.
pagão(s) [~'ɣɐ̃u] **1.** *adj.* heidnisch; **2.** *m*(*pl.*), **-ã** *f* Heide *m*, Heidin *f*.

pagar [~'ɣar] (1o; *Stv.* 1b) zahlen; be-, aus-, ab-zahlen; (ab)büßen; *et.* vergelten, heimzahlen; *j-n* belohnen; *Besuch* erwidern; *ele mo* (*od. mas*) *pagará* das soll er mir büßen; ~ *adiantado* im Voraus zahlen; **~-se** de sich entschädigen (*od.* schadlos halten) für.

pagável [~'ɣavɛɫ] zahlbar.

página ['paʒinɐ] *f* Seite *f*; *virar a* ~ umblättern; *fig.* das Thema wechseln.

pagin|ação [pɐʒinɐ'sɐ̃u] *f* Bezifferung *f* der Seiten; **~ar** [~'nar] (1a) paginieren.

pago ['paɣu] *p.p. irr. v. pagar.*

pagode [pɐ'ɣɔðə] *m* Pagode *f*; Götze *m*; *fig.* F Rummel *m*; Schwof *m.*

pai [pai] *m* Vater *m*; *os* ~*s* die Eltern *pl.*; ~*-nosso m* Vaterunser *n*; ~*-de-santo bras.* Götzenpriester *m*; ~*-gonçalo bras.* Waschlappen *m.*

painço ⚘ [pɐ'ĩsu] *m* Hirse *f.*

painel [pai'nɛɫ] *m* Gemälde *n*; Paneel *n*; *-éis pl.* Täfelung *f.*

paio ['paju] *m Art* Rollschinken *m.*

paiol [pɐ'jɔɫ] *m* Pulver-kammer *f*, -turm *m*; ⚓ Laderaum *m*, Bunker *m*; ~ *de mantimentos* Vorratsraum *m.*

pairar [pai'rar] (1a) ⚓ stilliegen; treiben; schweben; *fig.* schwanken; ~ *sobre* hängen über (*dat.*); bevorstehen (*dat.*), drohen (*dat.*).

país [pɐ'iʃ] *m* Land *n.*

paisag|em [pai'zaʒɐ̃i] *f* Landschaft *f*; **~ista** [~zɐ'ʒiʃtɐ] *su.* Landschaftsmaler(in *f*) *m.*

paisan|a [~'zɐnɐ]: *à* ~ in Zivil; Zivil...; **~o** [~u] *m* Zivilist *m.*

paixão [pai'ʃɐ̃u] *f* Leidenschaft *f*; ♀ *de Christo* Leiden *n* Christi; ♀ *segundo S. Mateus* Matthäuspassion *f*; *semana* (*sexta-feira*) *f da* ♀ Kar-woche *f* (-freitag *m*).

pajem ['paʒɐ̃i] *m* Edelknabe *m*, Page *m*; *taur.* Ordonnanz *f.*

pala ['palɐ] *f* Augen-, Mützenschirm *m*; *Edelstein*-Fassung *f*; *Schuh*-Lasche *f*; *Taschen*-Klappe *f*; ▨ Pfahl *m*; *cat.* Kelchdeckel *m*; *auto.* Sonnenblende *f*; P Lüge *f.*

palac|ete [pɐlɐ'setə] *m* herrschaftliche(s) Haus *n*; Schlößchen *n*; **~iano** [~'sjɐnu] **1.** *adj.* höfisch; Palast...; **2.** *m* Höfling *m.*

palácio [~'lasju] *m* Palast *m*; Schloß *n.*

paladar [~lɐ'ðar] *m anat.* Gaumen *m*; *fig.* Geschmack *m*; Zunge *f.*

palad|im, ~ino [~lɐ'ðĩ, -inu] *m* Paladin *m*; *fig.* Kämpe *m*; Vorkämpfer *m.*

palafita [pɐlɐ'fitɐ] *f* Pfahlbau *m.*

palafrém [~'frɐ̃i] *m* † Zelter *m.*

pálamo ['palɐmu] *m* Schwimmhaut *f.*

palanqu|e [pɐ'lɐ̃ŋkə] *m* Tribüne *f*; **~im** [~lɐ̃ŋ'kĩ] *m* Sänfte *f.* [Ente *f.*]

palão [pɐ'lɐ̃u] *m* Schwindel *m*, F

palatal [pɐlɐ'taɫ] **1.** *adj.* Gaumen...; **2.** *f* Gaumenlaut *m.*

palatin|ado [~ti'naðu] *m* Pfalz (-grafschaft) *f*; Woiwodschaft *f*; **~o** [~'tinu] **a)** **1.** *adj.* pfalzgräflich; Pfalz...; **2.** *m* Pfalzgraf *m*; Woiwode *m* (*in Polen*); **b)** **1.** *adj.* Gaumen...; *osso m* ~ = **2.** *m* Gaumenbein *n.*

palato [pɐ'latu] *m* Gaumen *m.*

palavra [~'lavrɐ] *f* Wort *n*; ~ *de honra* Ehrenwort *n*; ~ *de ordem* Parole *f*, Devise *f*; *falta f de* ~ Wortbruch *m*; *homem m de* (*sua*) ~ Mann von Wort; ~ *puxa* ~ ein Wort gibt das andere; *de* ~ mündlich; *pela* ~ wörtlich; *por* (*sem*) *meias* ~*s* andeutungsweise (offen); ~! Ehrenwort!, ehrlich!; *sob* ~ (*de honra*) auf Ehrenwort; *dar uma* (*ou duas*) ~(*s*) *a alg.* ein Wort im Vertrauen mit j-m reden; j-n allein sprechen; *dar* (*od. conceder*) *a* ~ das Wort erteilen; *não dar* (*od. dizer*) ~ kein Wort von sich geben; *estar sob* ~ versprochen sn; *negar* (*retirar*) *a* ~ das Wort verbieten (entziehen); *passar das* ~*s aos factos* ernst m.; *pegar a alg. na* ~ j-n beim Wort nehmen; *ser de* ~ *fácil, ter o dom da* ~ wortgewandt sn; *ter* ~ Wort halten; *tirar a* ~ *da boca j-m* das Wort aus dem Munde nehmen; *tomar a* ~, *usar da* ~ das Wort ergreifen.

palavr|ão [~lɐ'vrɐ̃u] *m* Wortungetüm *n*; Schimpfwort *n*, Fluch *m*; **~eado** [~'vrjaðu] *m* Geschwätz *n*, Gerede *n*; Wortschwall *m*; **~ear** [~'vrjar] (1l) schwätzen; **~eiro** [~'vreiru] **1.** *adj.* geschwätzig; **2.** *m* Schwätzer *m*; **~ório** [~'vrɔrju] = ~*eado*; **~oso** [~'vrozu (-ɔ-)] wortreich.

palco ['paɫku] *m* Bühne *f.*

paleio *bras.* [pa'leju] *m* faule(r) Witz *m*; Gewäsch *n.*

palerm|a [pɐ'lɛrmɐ] **1.** *su.* Schafskopf *m*; **2.** *adj.* dämlich; **~ice** [~lər'misə] *f* Dämlichkeit *f.*

palestin|iano, ~o [~liʃti'njɐnu, ~'tinu] **1.** *adj.* palästinensisch; **2.** *m* Palästinenser *m*.

palestr|a [~'lɛʃtrɐ] *f* Plauderei *f*; F Schwatz *m*; **~(e)ar** [~liʃ'tr(j)ar] (1c [1l]) plaudern.

paleta [~'letɐ] *f pint.* Palette *f*; Modellierholz *n*; *bras.* Schulter(stück *n*) *f*.

paletó *gal.* [~lə'tɔ] *m* Überzieher *m*; *bras.* Jackett *n*, Rock *m*.

palha ['paʎɐ] *f* Stroh(halm *m*) *n*; *fig.* Nichts *n*; *fumo m de ~* blaue(r) Dunst *m*; *lucro m de ~* Scheingewinn *m*; *~ de madeira* Holzwolle *f*; *dar ~* blauen Dunst vormachen; *por dá cá aquela ~* für nichts und wieder nichts.

palh|açada [pɐʎɐ'saδɐ] *f* Clown-Nummer *f im Zirkus*; Albernheit *f*; Posse *f*; **~aço** [~'ʎasu] *m* Hanswurst *m*, Clown *m*; **~ada** [~'ʎaδɐ] *f* Häcksel *n* (*a. m*); *fig.* leeres Stroh *n*; **~eireiro** [~ei'reiru] *m* Strohflechter *m*; **~eiro, -ão** [~'ʎeiru, ~ʎei'rɐ̃u] *m* Strohschober *m*; **~eta** [~'ʎetɐ] *f* Zunge *f in Blasinstrumenten*; *Metall*-Plättchen *n*; *Ball*-Schläger *m*; *Rad*-Schaufel *f*; Hemmung *f* (*Uhr*); *pint.* Modellierholz *n*; **~etão** [~ə'tɐ̃u] *m Schlüssel*-Bart *m*; **~ete** [~'ʎetə] blaßrot; *vinho m ~* Bleichert *m*; **~iço** [~'ʎisu] **1.** *m* Häcksel *n* (*a. m*); Dachstroh *n*; **2.** *adj.* Stroh...; **~inha** [~'ʎiɲɐ] *f* Strohhalm *m*; *cadeira f de ~* Rohrstuhl *m*; **~oça** [~'ʎɔsɐ] *f* Strohmantel *m*; = **~ota** [~'ʎɔtɐ] *f* (Stroh-)Hütte *f*.

pali|ar [pɐ'ljar] (1g) bemänteln; vorübergehend beheben; lindern; hinauszögern; hinhalten; **~ativo** [~ljɐ'tivu] **1.** *adj.* hinhaltend; behelfsmäßig; Verzögerungs...; Linderungs...; **2.** *m* Linderungsmittel *n*; Behelf *m*, Verlegenheitslösung *f*; Verzögerung(smanöver *n*) *f*.

paliçada [~li'saδɐ] *f* Palisade *f*; Kampfplatz *m*.

palidez [~li'δeʃ] *f* Blässe *f*.

pálido ['paliδu] blaß, bleich.

pálio ['palju] *m* Traghimmel *m*, Baldachin *m*; Pallium *n*.

palit|ar [pɐli'tar] (1a): *~ os dentes* in den Zähnen stochern; **~eiro** [~eiru] *m* Zahnstocherbüchse *f*; **~o** [~'litu] *m* Zahnstocher *m*; F Salzstange *f*; V Glimmstengel *m*; *bras.* Streichholz *n*; *fig.* Strich *m*.

palma ['pałmɐ] *f* Palme *f* (*a. fig.*); Palmzweig *m*; *~ da mão* Handfläche *f*, flache Hand *f*; *~s pl.* Händeklatschen *n*; *fig.* Beifall *m*; *dar a(s) ~(s)* den Sieg zusprechen; F *j-m* gratulieren; *dar ~s* in die Hände (*od.* Beifall) klatschen; *levar a ~* den Sieg davontragen.

palm|ada [pał'maδɐ] *f* Klaps *m*; *~s pl.* Beifall *m*; **~ado** [~u]: *pata f -a* Schwimmfuß *m*; **~ar** [~ar] **1.** *m* Palmenhain *m*; **2.** *adj.* Mittelhand...; spannenlang; *fig.* handgreiflich; **~atoada** [~mɐ'twaδɐ] *f* Schlag *m* auf die Hand; **~atória** [~mɐ'tɔrjɐ] *f* Handklatsche *f*; Handleuchter *m*; *dar as mãos à ~* sich schuldig bekennen; **~ear** [~'mjar] (1l) (be)klatschen; *Kahn* mit den Händen rudern; *bras. et.* in der flachen Hand rollen (*od.* reiben); **~eira** [~eirɐ] *f* Palme *f*; **~eta** [~etɐ] *f* Spachtel *m*; Stellkeil *m*; = **~ilha** [~iʎɐ] *f* Einlegesohle *f*; Strumpfsohle *f*; *em ~s* in Strümpfen; **~ilhar** [~mi'ʎar] (1a) *Strümpfe* anstricken; *Schuhzeug* abtreten; (entlang) wandern; **~ípedes** [~'mipəδiʃ] *m/pl.* Schwimmvögel *m/pl.*; **~ito** [~itu] *m* Zwergpalme *f*; Palmmark *n*; **~o** ['pałmu] *m* Spanne *f*; Handbreit *f*; *homem m* (*od. gente f usw.*) *de ~ e meio* Dreikäsehoch *m*; *~ a ~* Schritt für Schritt; *a ~s* zusehends; **~oira**, **~oura** [~oirɐ, ~orɐ] *f* Schwimmfuß *m*.

palpável [~'pavɛł] greifbar.

pálpebra ['pałpəβrɐ] *f* Lid *n*.

palpit|ação [pałpitɐ'sɐ̃u] *f* Zuckung *f*; Herzklopfen *n*; **~ante** [~'tɐ̃ntə] brennend (*Frage*); **~ar** [~'tar] (1a) (zs.-)zucken; klopfen (*Herz*); *~ a alg.* F j-m schwanen; j-m vorkommen; **~e** [~'pitə] *m fig.* F äußern. [ler *m*.]

palpo ['pałpu] *m* Taster *m*; Füh-

palr|ador [pałʀɐ'δor] *m* Plappermaul *n*; Schwätzer *m*; **~ar** [~'ʀar] (1a) plappern; schwatzen; **~eiro** Ahnung *f*; Fingerspitzengefühl *n*; *arriscar um ~* e-e Vermutung [~'ʀeiru] schwatzhaft; schwatzend; **~ice** [~'ʀisə] *f* Geplapper *n*.

palu|dismo [pɐlu'δiʒmu] *m* Sumpffieber *n*; **~stre** [~'luʃtrə] Sumpf...

pamonha *bras.* [pa'moɲɐ] *f Art* Maiskuchen *m*; *fig.* Schlappschwanz *m*.

pampa ['pẽmpɐ] *f* Pampa *f*.
pâmpano [~ɐnu] *m* Weinranke *f*.
pampilho [pẽm'piʎu] *m* Spieß *m*; Ochsenstachel *m*.
panaceia [pɐnɐ'sejɐ] *f* Allheilmittel *n*.
panar [~'nar] (1a) *Fleisch usw.* panieren; *água f panada* Brotwasser *n* (*Krankenkost*).
panarício ⚕ [~nɐ'risju] *m* Umlauf *m*.
panasco [~'naʃku] *m* Futterkorn *n*.
pança ['pẽsɐ] *f* Pansen *m*; *irón.* Wanst *m*; **~da** [pẽ'saδɐ] *f* Fresserei *f*.
pancad|a [pẽŋ'kaδɐ] *f* Schlag *m*; Stoß *m*; *~ de água* Platzregen *m*; *andar od. bater-se à ~* sich prügeln; *dar (levar) ~* verprügeln (Prügel kriegen); *jogar a ~* sich prügeln; *ter ~ (na mola od. no realejo)* F e-n Rappel h.; **~aria** [~kɐδɐ'riɐ] *f* Schlägerei *f*; ♪ P Schlagzeug *n*.
pâncreas ['pẽŋkrjɐʃ] *m* Bauchspeicheldrüse *f*.
pançudo [pẽ'suδu] dickbäuchig.
pândeg|a ['pẽndəγɐ] *f* tolles Fest *n*; Rummel *m*; Schwof *m*; *andar na ~* F sich amüsieren; auf den Bummel gehen; **~o** [~u] **1.** *adj.* lustig; leichtsinnig; **2.** *m* Bruder *m* Lustig.
pandei|reta *f*, **~ro** *m* [pẽndei'retɐ, ~'deiru] Tamburin *n*.
pandilha [~'diʎɐ] **1.** *m* Gauner *m*; **2.** *f bras. Gauner*-Bande *f*; Trupp *m* *Pferde usw.*
pando ['pẽndu] gebläht; geschwollen; bauchig.
pandorca, -ga P [pẽn'dɔrkɐ, -γɐ] **1.** *f* **a**) Katzenmusik *f*; **b**) *irón.* Maschine *f*; **c**) *bras. Papier*-Drache(n) *m*; **2.** *m* Fettwanst *m*.
pane *gal.* ['pɐnə] *f* Panne *f*.
paneg|írico [pɐnɨ'ʒiriku] **1.** *adj.* lobend; **2.** *m* Lobrede *f*; **~irista** [~ʒi'riʃtɐ] *m* Lobredner *m*.
paneiro [~'neiru] *m* Korb *m*; Rücksitz *m im Boot*; Laufrost *m*; Korbwagen *m*.
panejar [~nɨ'ʒar] (1d) *v/i.* flattern.
panel|a [~'nɛlɐ] *f* Kochtopf *m*; Kessel *m* (*a. fig.*); **~ada** [~nə'laδɐ] *f* Topfvoll *m*; **~inha** [~nə'liɲɐ] *f fig.* F Klüngel *m*; *desmanchar (od. desfazer) a ~* e-n Strich durch die Rechnung m.; *fazer ~ com* gemeinsame Sache m. mit; = *ser da mesma ~* unter e-r Decke stecken.
panema *bras.* [~'nemɐ] *su.* Pechvogel *m*; Pech *n*.
panfleto [pẽ'fletu] *m* Schmähschrift *f*, Pamphlet *n*.
pango *bras.* ['pẽŋgu] *m* = *liamba.*
pânico ['pɐniku] **1.** *adj.* panisch; **2.** *m* Panik *f*.
panícula ⚘ [pɐ'nikulɐ] *f* Rispe *f*.
panific|ação [~nəfikɐ'sẽu] *f* Brotbereitung *f*; *indústria f de ~* Bäckereigewerbe *n*; **~ador** [~ɐ'δor]: *sociedade f ~a* Bäckereigenossenschaft *f*; **~ar** [~'kar] (1n) zu Brot verarbeiten.
pan|inho [~'niɲu] *m* Schirting *m*; **~o** ['pɐnu] *m* Tuch *n*; Stoff *m*; *Stoff*-Bahn *f*; *Putz*-Lappen *m*; *Mauer*-Stück *n*; Rauchfang *m*; ⚕ *Haut*-Flecken *m/pl.*; ⚓ *die* Segel *n/pl.*; *~ (de boca) tea.* Vorhang *m*; *~ de fundo tea.* Prospekt *m*; *~ de linho* Leinwand *f*; *~ verde der* grüne Tisch *m*; *~s pl. quentes* falsche Rücksichtnahme *f*; F Samthandschuhe *m/pl.*; *a todo o ~* ⚓ *u. fig.* mit vollen Segeln; *passar a ~* putzen, wischen.
panor|ama [pɐnu'rɐmɐ] *m* Panorama *n*; **~âmico** [~iku]: *(vista) -a f* Rundblick *m*; *fig.* Überblick *m*.
panqueca *bras.* [pẽŋ'kɛkɐ] *f* Eier-, Pfann-kuchen *m*.
pantalha [pẽn'taʎɐ] *f* Lampen-, Licht-schirm *m*.
pantan|a [~'tɐnɐ]: *dar em ~* F verkrachen; *dar em ~ com* zugrunde richten (*ac.*); **~al** [~tɐ'nał] *m* Bruch *n*, Moor *n*; = **pântano** ['pẽntɐnu] *m* Sumpf *m*; Morast *m*; **~oso** [~tɐ'nozu (-ɔ-)] sumpfig.
panteão [~'tjẽu] *m* Ruhmeshalle *f*.
pantera [~'tɛrɐ] *f* Panther *m*.
pantógrafo ⚙ [~'tɔγrɐfu] *m* Storchschnabel *m*.
pantom|ima [~tu'mimɐ] *f* Pantomime *f*; = **~ina** [~inɐ] *f* Schwindel *m*, Betrug *m*; **~ineiro** [~mi'neiru] *m* Schwindler *m*.
pantu|fa [~'tufɐ] *f fig.* P Schickse *f*; = **~fo** [~'tufu] *m* (Filz-)Pantoffel *m*; **~rrilha** [~tu'ʀiʎɐ] *f* (künstliche) Wade *f*.
pão (-ães) [pẽu (-ẽiʃ)] *m(pl.)* Brot *n* (*a. fig.*); P Korn *n*; *Wachs- usw.* Kuchen *m*; *Zucker*-Hut *m*; *fig.* Nahrung *f*, Speise *f*; *pães pl. fig.* Getreide *n*; *~ nosso de cada dia* unser tägliches Brot; *~, ~, queijo, queijo!* geradeheraus!, ja oder nein!; **~-de-ló** [~δə'lɔ] *m* Biskuitkuchen *m*; **~-e-queijo** [~i-

'keiʒu] *m* Schlüsselblume *f*; **~zeiro** *bras.* [~'zeiru] *m* Brot-austräger *m*, -verkäufer *m*; **~zinho** [~'ziɲu] *m* Brötchen *n*.

papá [pɐ'pa] *m infan.* Papa *m*.

papa ['papɐ] **1.** *m* Papst *m*; **2.** *f meist ~s pl.* Brei *m*; *cobertor m de ~* schwere Wolldecke *f*; *não ter ~s na língua* F kein Blatt vor den Mund nehmen; **~-abelhas** (*pl. unv.*) [ˌpapa'βeʎɐʃ] *m* Fliegenschnäpper *m*; **~-açorda**(s) F [ˌpapa'sordɐ] *su.*(*pl.*) Schlappschwanz *m*; **~-arroz** (**-es**), **~-capim** (**-ins**) [ˌpapa'ʀos, ~ka'pĩ] *m*(*pl.*) *bras.* Schwarzmeise *f*; **~da** [pɐ'paδɐ] *f* Doppelkinn *n*; Wamme *f*; **~do** [pɐ'paδu] *m* Papsttum *n*; Pontifikat *n*; **~-figo**(s) [ˌpapɐ'fiɣu] *m*(*pl.*) *zo.* Feigendrossel *f*; **~-fina** [ˌpapɐ'finɐ] **1.** *m* Laffe *m*; **2.** *adj.* wohlschmekkend, fein; **~-formigas** (*pl. unv.*) [ˌpapɐfur'miɣɐʃ] *m* Ameisenbär *m*; Pieper *m* (*Vogel*).

papa|gaio [pɐpɐ'ɣaju] *m* Papagei *m* (*a. fig.*); *Papier*-Drache(n) *m*; Trenn(ungs)wand *f*; dreieckige Windel *f*; *bras.* (Vorzugs-)Wechsel *m*; Mahnschreiben *n*; Dienstanweisung *f*; **~guear** [~'ɣjar] (1l) daherplappern; her(unter)leiern.

papa-|hostias (*pl. unv.*) [ˌpapɐ'ɔʃtjɐʃ] *su.* Bet-bruder *m*, -schwester *f*; **~jantares** (*pl. unv.*) [~ʒẽn'tarɨʃ] *su.* Schmarotzer(in *f*) *m*.

papai *bras.* [pa'pai] *m* Papa *m*.

papal [pɐ'paɫ] päpstlich, Papst...

papalvo [~vu] *m* Einfaltspinsel *m*.

papa-|léguas (*pl. unv.*) [ˌpapɐ'lɛɣwɐʃ] *su.* Kilometerfresser *m*; **~-moscas** (*pl. unv.*) [~'moʃkɐʃ] *m zo.* Fliegenschnäpper *m* (*Vogel*); Fliegeneidechse *f*; Spinne *f*; *fig.* Gimpel *m*, Gaffer *m*.

papão [pɐ'pɐ̃u] *m* Menschenfresser *m*; *der* schwarze Mann.

papar [~'par] (1b) *infan.* essen; **~icar** [~pɐri'kar] (1n) knabbern; naschen; **~icos** [~pɐ'rikuʃ] *m/pl.* liebevolle Pflege *f*; Leckerbissen *m*.

papeira [~'peirɐ] *f* Kropf *m*.

papel [~'pɛɫ] *m* Papier *n*; Zettel *m*; *tea.* Rolle *f*; *~ filtro* Filter-, *~ higiénico* Klosett-, *~ pardo* grobes Pack-, *~ químico* Kohle-, *~ selado* Stempel-, *~ vegetal* Pergamentpapier *n*; *~ de música* (*od. pautado*) Notenpapier *n*; *~ de primeiro plano fig.* entscheidende Rolle *f*; *~ para forrar casas* Tapete *f*; *estar no seu ~* im Recht sn; *fazer* (*od. representar, desempenhar*) *um ~* e-e Rolle spielen; *fazer ~ de su.* den (*od.* die) *su.* spielen; *forrar a ~* tapezieren; *pôr* (*od. lançar*) *no ~* zu Papier bringen.

papel|ada [~pə'laδɐ] *f* Papierkram *m*; *die* Papiere *n/pl.*; **~ão** [~ɐ̃u] *m* Pappe *f*; **~aria** [~lɐ'riɐ] *f* Schreibwarenhandlung *f*; **~eira** [~eirɐ] *f* Schreibpult *n*; **~eiro** [~eiru] **1.** *adj.* Papier...; **2.** *m* Papierfabrikant *m*; **~eta** [~etɐ] *f* (Anschlag-)Zettel *m*; Anschlag *m*; Papier *n* (*fig.*); **~inho** [~iɲu] *m* Zettel *m*; *~s, papeizinhos pl.* Konfetti *n*; **~(-éis)-moeda** [~pɛɫ'mwɛδɐ] *m*(*pl.*) Papiergeld *n*; **~ório** [~ɔrju] *m* Wisch *m*; **~ota** [~ɔtɐ] *f* Papierkugel *f*; **~otes** [~ɔtɨʃ] *m/pl.* Lockenwickel *m/pl.*; **~ucho** [~uʃu] *m* Wisch *m*.

papila [~'pilɐ] *f* Wärzchen *n*.

papilionáceas ⚘ [~pilju'nasjɐʃ] *f/pl.* Schmetterlingsblütler *m/pl.*

papi|smo [~'piʒmu] *m* Papsttum *n*, Papismus *m*; **~sta** [~ʃtɐ] päpstlich.

papo ['papu] *m* Kropf *m* (*Vogel*); Backentasche *f* (*Affe*); F Pansen *m*; P Kropf *m*; *fig.* Bausch *m*; *bater* (*o od. um*) *~* e-n Schwatz halten; *falar de ~* sich aufspielen, F angeben; *ficar de ~ para o ar* sich nichts daraus m.; nichts tun, faulenzen; *querer uma no saco e outra no ~* den Hals nicht vollkriegen können.

papoila, -oula [pɐ'poilɐ, -olɐ] *f* Mohn *m*.

papudo [~'puδu] kropfig; pausbäckig; vorstehend (*Auge*).

paquete [pɐ'ketə] *m* Handelsdampfer *m*; *fig.* Laufjunge *m*.

paquiderme *zo.* [~ki'δɛrmə] *m* Dickhäuter *m*.

paquistanês [~ʃtɐ'neʃ] **1.** *adj.* pakistanisch; **2.** *m* Pakistani *m*.

par [par] **1.** *adj.* gerade (*Zahl*); gleich, ähnlich; paarig; **2.** *m* Paar *n*; *Tanz*-Partner *m*; Pair *m* (*Titel*); *os meus* (*teus etc.*) *~es* meines- (deines- *usw.*) gleichen; *~ a ~ com* (zusammen) mit; = *a ~ de* neben; gleichzeitig mit; *a ~es* paarweise; *ao ~* zum Nennwert; *de ~ em ~* sperrangelweit (offen); *sem ~* ohne-, sonder-gleichen; *estar ao ~* ✝ den Nennwert h.; *estar* (*od.*

andar) a(o) ~ *de* im Bilde sn *od.* Bescheid wissen über (*ac.*); *ir de* ~ ea. die Waage halten; *não ter* ~ nicht seinesgleichen h.; *pôr ao* ~ (*de*) ins Bild setzen (über [*ac.*]).

para [pɐrɐ] **1.** *örtlich*: nach (*dat.*); zu (*dat.*); *a.* in, an *od.* auf (*ac.*); (*dá*) ~ *cá!* gib her!, her damit!; hierher!; **2.** *zeitlich*: für (*ac.*); *bras. a.* = *por* 2.; ~ (*todo o*) *sempre* für immer; ein für allemal; ~ *quando?* wann?; ~ *o ano* (*a semana*) nächstes Jahr (nächste Woche); **3.** *Zweck, Bestimmung*: für (*ac.*); *ser homem* ~ fähig sn zu (*dat.*); ~ *que* (*od. quê*)? wozu?; ~ *isso* dazu, dafür; **4.** *Verhältnis*: im Verhältnis zu (*dat.*), gemessen an (*dat.*); für (*ac.*), angesichts (*gen.*); ~ (*com*) zu (*dat.*), gegen (*ac.*); *12* ~ *6 como 8* ~ *4* 12 zu 6 wie 8 zu 4; *de si* ~ *si* bei sich selbst; **5.** ~ *inf.* um ... zu *inf.*; zum *inf. su.*; *estar* ~ Lust h. zu; im Begriff sn zu *od.* eben *et. tun* wollen; stehen vor (*dat.*); **6.** *cj.* ~ *que conj.* damit *ind.*

parabéns [~'βẽiʃ] *m/pl.* Glückwunsch *m* (*muitos* herzlichen); *dar os* ~ beglückwünschen (*ac.*); *estar de* ~ zu beglückwünschen sn.

parábola [pɐ'raβulɐ] *f* Gleichnis *n*; ⩘ Parabel *f.*

pára-|brisa(s) [ˌparɐ'βrizɐʃ] *m* Windschutzscheibe *f(pl.)*; **~choque (-s)** [~'ʃɔkə] *m(pl.)* 🚃 Puffer *m*; *auto.* Stoßstange *f*; ~ *de via morta* Prellbock *m.*

parad|a [pɐ'raδɐ] *f* Stillstand *m*; Halt *m*; Aufenthalt *m*; *bras.* Haltestelle *f*; ⚔ *u. Reiten*: Parade *f*; *Spiel*: Einsatz *m*; *sinal m de* ~ Haltesignal *n*; *furtar a* ~ in die Parade fahren; **~eiro** [~rɐ'δeiru] *m* Aufenthalt(sort) *m*; *pôr* ~ *a* Einhalt gebieten.

paradigma [~rɐ'δiγmɐ] *m Deklinations- usw.* Muster *n*, Paradigma *n.*

paradisíaco [~δi'ziɐku] paradiesisch, himmlisch.

parado [~'raδu] stillstehend; außer Betrieb; untätig; arbeitslos; *bem* (*mal*) ~ (un)sicher; *ficar* ~ stehenbleiben; = *estar* ~ stehen (*Maschine*); stocken (*Geschäfte*).

paradox|al [~rɐδɔk'sał] widersinnig, paradox; widerspruchsvoll; **~o** [~'δɔksu] *m* Widersinn *m*, Paradox *n.*

parafina [pɐrɐ'finɐ] *f* Paraffin *n.*

paráfrase [pɐ'rafrɐzə] *f* Umschreibung *f*, Paraphrase *f.*

parafr|asear [pɐrɐfrɐ'sjar] (1l) umschreiben; **~ástico** [~'fraʃtiku] umschreibend, paraphrastisch.

parafus|ar [~fu'zar] (1a) an-, auf-, fest-schrauben; *fig.* ~ *sobre* nachgrübeln über (*ac.*); verbohrt sn in (*dat.*); **~o** [~'fuzu] *m* Schraube *f*; *chave f de* ~*s* Schraubenzieher *m.*

paragem [pɐ'raʒẽi] *f* Halten *n*; Anhalten *n*; Stillstand *m*; Aufenthalt(sort) *m*; *Straßenbahn*-Haltestelle *f*; *-ns pl.* Gegend *f*; *poét.* Gefilde *n/pl.*; ⚓ Gewässer *n/pl.*; *fazer* ~ = *parar* 2.

parágrafo [~'raγrɐfu] *m* Absatz *m*; Paragraph(enzeichen *n*) *m.*

paraíso [~rɐ'izu] *m* Paradies *n.*

pára-lama(s) *bras.* [ˌparɐ'lɐmɐ] *m(pl.)* Kotflügel *m.*

paral|ela [pɐrɐ'lɛlɐ] *f* ⩘ Parallele *f*; ~*s pl. Sport*: Barren *m*; **~elepípedo** [~lɛlə'pipəδu] *m* Quader *m*; *bsd.* Pflasterstein *m*; **~elismo** [~lə'liʒmu] *m fig.* Übereinstimmung *f*; Entsprechung *f*; **~elo** [~ɛlu] **1.** *adj.* parallel; *fig.* übereinstimmend, gleichartig; *ser* ~ *a* entsprechen (*dat.*); **2.** *m geogr.* Breitengrad *m*; P Pflasterstein *m*; *fig.* Gegenüberstellung *f*, Vergleich *m*; *em* ~ *com* in Übereinstimmung mit; gleichzeitig (*od.* zs.) mit; *sem* ~ ohne Beispiel, beispiellos; *pôr em* ~ gegenüberstellen.

paralis|ação [~lizɐ'sɐ̃u] *f* Stockung *f*; Einstellung *f*; Niederlegung *f*; Stillegung *f*; Stillstand *m*; **~ar** [~'zar] (1a) lähmen; zum Stehen bringen; *Tätigkeit* einstellen; *Arbeit* niederlegen; *Fabrik* stillegen; *Verkehr* lahmlegen; *v/i.* stehenbleiben; zum Stehen kommen; stocken (*Verkehr, Betrieb, Absatz*); aufhören (*Tätigkeit*); s-n Betrieb einstellen; **~ia** [~'ziɐ] *f* Lähmung *f*; ⚕ *a.* Paralyse *f.*

paralítico [~'litiku] **1.** *adj.* gelähmt; lahm; **2.** *m* ⚕ Paralytiker *m.*

pára-luz (-es) [ˌparɐ'luʃ] *m(pl.)* Lichtschirm *m.*

parament|ar [pɐrɐmẽn'tar] (1a) (aus)schmücken; **~ar-se** die kirchlichen Gewänder anlegen; **~o** [~'mẽntu] *m* Schmuck *m*, Zierat *m*; polierte Fläche *f*; ~*s pl. rel.* Paramente *pl.*; Altarschmuck *m.*

parámetro ✈ [ˌ'ramətru] *m* Parameter *m*; *fig.* Maßstab *m*.
páramo ['parɐmu] *m* Ödland *n*, Steppe *f*; *fig.* Gefilde *n*.
paran|á *bras.* [parɐ'na] *m* Flußarm *m*; **~aense** [ˌna'ẽsə] *su.* (Brasilianer [-in *f*] *m*) aus Paraná.
parangona [pɐrẽŋ'gonɐ] *f* Plakatschrift *f*; *fig.* Schlagzeile *f*.
parapeito [ˌ'peitu] *m* Brüstung *f*, Geländer *n*; Fensterbank *f*; ⚔ Brustwehr *f*.
pára-qu|edas (*pl. unv.*) [ˌparɐ'kɛðɐʃ] *m* Fallschirm *m*; **~edismo**(s) [ˌkə'ðiʒmu] *m*(*pl.*) Fallschirmabsprung *m*; **~edista**(s) [ˌkə'ðiʃtɐ] *m*(*pl.*) Fallschirm(ab)springer *m*.
parar [pɐ'rar] (1b *3. Pers. prs. ind.* *pára*) **1.** *v/t.* anhalten; hemmen; *Maschine* abstellen; *Wild* stellen; *Schlag* auffangen, parieren; *Geld* (ein)setzen; *Augen usw.* richten (auf [*ac.*] em); **2.** *v/i.* halten (*Wagen usw.*); stehenbleiben (*Mensch*, *Maschine*); innehalten *in e-r Tätigkeit*; stocken, zum Stillstand kommen (*Tätigkeit*); bleiben; ~ *de inf.* aufhören zu *inf.*; ~ *em* enden mit; hinauslaufen auf (*ac.*); = *ir* ~ *em* enden in (*od.* an, auf) (*dat.*); = *vir* ~ *em* geraten nach *od.* in (*a.* an, auf) (*ac.*); ~ *em mal* schlecht enden (*od.* ablaufen); *não* (*poder*) ~ nicht ruhig bleiben können; *sem* ~ unverzüglich; unaufhörlich.
pára-raios (*pl. unv.*) [ˌparɐ'ʀajuʃ] *m* Blitzableiter *m*; *Radio*: Blitzschutz *m*.
parasit|a [pɐrɐ'zitɐ] *su.* Schmarotzer(in *f*) *m*; *Radio*: Nebengeräusch *n*; **~ar** [ˌzi'tar] (1a) schmarotzen; **~ário** [ˌzi'tarju] Schmarotzer...; parasitisch; **~ismo** [ˌzi'tiʒmu] *m* Schmarotzertum *n*; **~o** *bras.* [ˌu] *m* = **~a**.
pára-|sol (**-óis**) [ˌparɐ'sɔł] *m*(*pl.*) Sonnenschirm *m*; *fot.* Sonnenblende *f*; **~vento**(s) [ˌ'vẽntu] *m*(*pl.*) Windschirm *m*; spanische Wand *f*.
parca ['parkɐ] *f* Parze *f*; *fig.* Tod *m*.
parc|eiro [pɐr'seiru] *m* Partner *m*; Teilhaber *m*; Mitspieler *m*; **~ela** [ˌɛlɐ] *f* Parzelle *f*; Stück *n*; *Rechnungs*-Posten *m*; **~elamento** [ˌsəlɐ'mẽntu] *m* Aufteilung *f*; **~elar** [ˌsə'lar] *v/t.* (1c) aufteilen; **~eria** [ˌsə'riɐ] *f* Konsortium *n*; Partizipationsgeschäft *n*, -vertrag *m*; **~ial** [ˌ'sjał] teilweise; Teil...; parteiisch; **~ialidade** [ˌsjɐli'ðaðə] *f* Parteilichkeit *f*.
parcim|ónia [ˌsi'mɔnjɐ] *f* Sparsamkeit *f*; Kärglichkeit *f*; Zurückhaltung *f*; **~onioso** [ˌmu'njozu (-ɔ-)] sparsam; kärglich; zurückhaltend.
parco ['parku] karg, spärlich.
pardacento [pɐrdɐ'sẽntu] dunkel (-grau).
pardal [ˌ'dał] *m* Sperling *m*, Spatz [*m*.]
pard|ejar [ˌdi'ʒar] (1d) dunkeln; **~o** ['pardu] **1.** *adj.* grau; dunkel (-farbig; -häutig); *ver-se em calças -as* in der Klemme sitzen; **2.** *m* Mulatte *m*.
páreas ['parjɐʃ] *f/pl.* Nachgeburt *f*.
parec|ença [pɐrə'sẽsɐ] *f* Ähnlichkeit *f*; **~er** [ˌer] **1.** *v/t.* (2g) scheinen; *gut, schlecht usw.* aussehen; aussehen (*od.* wirken) wie *su.*; *j-n* dünken, *j-m* vorkommen; ~ *mal fig.* sich nicht gehören; *parece que* anscheinend; *parece-me* ich glaube (*od.* meine); ich fühle mich (als ob *que*); *pois não me parecia* das hätte ich nicht gedacht; *ao que* ~ wie es scheint; *que lhe parece?* was meinen Sie (zu *od.* was halten Sie von)?; **2. ~er-se** sich ähneln; ~ *com alg.* j-m ähneln; **3.** *m* Anschein *m*; Aussehen *n*; *bsd.* Ansicht *f*, Meinung *f*; Gutachten *n*; *formar* ~ sich ein Urteil bilden; **~ido** [ˌiðu]: ~ *com* ähnlich (*dat.*); *bem* ~ nett; hübsch.
pared|ão [ˌ'ðɐ̃u] *m* dicke Mauer *f*; *bras.* Felswand *f*; Steilufer *n*; **~e** [ˌ'reðə] *f* Wand *f*; Mauer *f*; *fig.* Streik *m*; *fazer* ~ streiken; ~ *mestra* Brandmauer *f*; ~*s meias com* gleich neben (*dat.*), Wand an Wand mit; *colocar entre a espada e a* ~ in die Enge treiben; *as* ~*s têm ouvidos* die Wände haben Ohren!; **~ista** [ˌ'ðiʃtɐ] **1.** *su.* Streikende(r) *m*; **2.** *adj.* Streik...
paredro *bras.* [pa'rɛðru] *m* große(s) Tier *n*; Bonze *m*.
parelh|a [pɐ'reʎɐ] *f Pferde*-Gespann *n*; Paar *n*; *sem* ~ ohne-, sondergleichen; *fazer* ~ zuea. passen; *correr* ~*s com* wetteifern mit; **~eiro** *bras.* [ˌre'ʎeiru] *m* Rennpferd *n*; **~o** [ˌu] paarig; gleich(artig).
parenética [ˌrə'nɛtikɐ] *f* Moralpredigt *f*.
parent|a [ˌ'rẽntɐ] *f* Verwandte *f*; **~e** [ˌə] **1.** *m* Verwandte(r) *m*; **2.** *adj.*

verwandt.
parent|ela [~rẽn'tɛlɐ] *f* Verwandtschaft *f*; **~esco** [~eʃku] *m* Verwandtschaft(sgrad *m*) *f*.
parênt|ese, ~esis [~'rẽntəzə, -iʃ] *m* Einschub *m*, Parenthese *f*; Klammer *f*; beiläufige Bemerkung *f*; *~s pl. rectos (od. quadrados)* eckige Klammern *f/pl.*; *abrir um ~* etwas einschieben; e-e Bemerkung einschalten; *abrir (fechar) o ~* Klammer auf (zu); *pôr em ~(s)* einklammern; *entre ~* beiläufig.
pargo ['pargu] *m* = *sargo*.
parição [pɐri'sɐ̃u] *f* Werfen *n* (*der Tiere*); Wurf *m*.
paridade [~'δaδə] *f* Parität *f*; Gleichheit *f*.
parietal [pɐrjɛ'tał] **1.** *adj. osso m ~* = **2.** *m* Scheitelbein *n*.
parir [pa'rir] (3z) gebären; werfen (*Tiere*); ferkeln (*Schwein*).
parisiense [~ri'zjẽsə] **1.** *adj.* parisisch, Pariser...; **2.** *su.* Pariser(in *f*) *m*.
parlament|ar [pɐrlɐmẽn'tar] **1.** *adj.* parlamentarisch; **2.** *m* Parlamentsmitglied *n*; **3.** *v/i.* (1a) = *~ear*; **~ário** [~arju] *m* Unterhändler *m*; **~arismo** [~tɐ'riʒmu] *m* Parlamentarismus *m*; **~ear** [~'tjar] (1l) unterhandeln; **~o** [~'mẽntu] *m* Parlament *n*.
parlapat|ão [~lɐpɐ'tɐ̃u] *m* Aufschneider *m*, Großmaul *n*; **~ear** [~'tjar] (1l) aufschneiden; **~ice** [~isə] *f* Aufschneiderei *f*; Geflunker *n*.
parl|atório [~lɐ'tɔrju] *m* Sprechzimmer *n*; *fig.* F Schwatzbude *f*; **~enga** [~'lẽŋgɐ] *f* (Hin- und Her-) Gerede *n*; Ausea.-setzung *f*.
parmesão [~mə'zɐ̃u] **1.** *adj. queijo m ~* = **2.** *m* Parmesankäse *m*.
parnaíba *bras.* [parna'iβɐ] *f* (Fleischer-)Messer *n*.
pároco ['paruku] *m* Pfarrer *m*.
paródia [pɐ'rɔδjɐ] *f* Parodie *f*.
parodiar [~ru'δjar] (1g) parodieren.
parola(s) [~'rɔlɐ(ʃ)] *f*(*pl.*) Gewäsch *n*.
parol|agem [~ru'laʒɐ̃i] *f* Gequassel *n*; **~ar** [~ar] (1e) quasseln; F quatschen; **~eiro** [~eiru] *m* F Quatschkopf *m*; **~ice** [~isə] *f* Quasselei *f*; F Quatsch *m*; **~o** [~'rolu] *m*: *cantar um ~* F den Marsch blasen.
paróquia [pɐ'rɔkjɐ] *f* Pfarre *f*.
paroqui|al [~ru'kjał] Pfarr...; pfarramtlich; **~ano** [~ɐnu] **1.** *adj.* Pfarr...; **2.** *m*, **-a** *f* Pfarrkind *n*.
parótida [~'rɔtiδɐ] *f* Ohrspeicheldrüse *f*.
parotidite ⚕ [~rɔti'δitə] *f* Ziegenpeter *m*.
paroxismo [pɐrɔk'siʒmu] *m* höchste(r) Grad *m*; Höhepunkt *m*; Anfall *m*; Paroxysmus *m*; *no ~ de* im (*od.* in der) höchsten ...
parque ['parkə] *m* Park *m*; *Camping*-Platz *m*; *Austern*-Bank *f*; Laufgitter *n*, -stall *m für Kinder*.
parquete [pɐr'ketə] *m* Parkett *n*.
parra ['paʀɐ] *f* Wein-blatt *n*, -laub *n*; *fig.* Geschwätz *n*.
parreir|a [~'ʀeirɐ] *f* Weinspalier *n*; = **~al** [~ʀei'rał] *m* Weinlaube *f*.
parte ['partə] *f* Teil *m*; Anteil *m*; Seite *f*; Ort *m*; Partei *f*; Kontrahent *m*; Mitteilung *f*; Meldung *f*; ♪ Stimme *f*, Part *m*; *tea.* Rolle *f*; *a maior ~ de* der (die, das) meiste; die meisten; *a maior ~ das vezes* meistens; *pela maior ~* größtenteils; *à ~* a) *adv.* gesondert; besonders; beiseite; vertraulich; b) *prp.* außer (*dat.*); abgesehen von; *da ~ da frente (de trás, etc.)* (von) vorn (hinten *usw.*); *da ~ do sul (norte, etc.)* im (*od.* von) Süden (Norden *usw.*); *da (od. por) ~* seitens; in *j-s* Namen (*od.* Auftrag); von (*dat.*); *de ~* beiseite; abseits; *de ~ a ~* gegenseitig; beiderseits; durch und durch; *em (grande) ~* zum (großen) Teil; *em alguma (od. qualquer) ~* irgendwo; *em ~ alguma (od. nenhuma)* nirgends; *em toda a ~* überall; *noutra ~* anderswo; *para (od. a) qualquer (outra) ~* irgend- (anders-)wohin; *para (od. a) ~ nenhuma* nirgendwohin; *por (od. pela) minha ~* meinerseits; von mir aus; *por outra ~* andererseits; *por ~s* Punkt für Punkt; der Reihe nach; *dar ~ de et.* mitteilen; *j-n* anzeigen; *et. od. j-n* melden; *dar ~ de adj.* sich *adj.* melden (*od.* zeigen); *fazer ~ de* gehören zu; *mandar àquela ~* F zum Henker schicken; *pôr (od. deixar) de ~* beiseite legen (*od.* l.); *j-n* ausschalten; *ter ~ em* Anteil (*od.* teil-)haben (*od.* beteiligt sn) an (*dat.*); = *tomar ~ em* teil- (*od.* Anteil) nehmen an (*dat.*); sich beteiligen an (*dat.*); *tomar a/c. à boa (má) ~* et. gut auf- (übel-)nehmen.

parteir|a [pɐr'teirɐ] *f* Hebamme *f*; **~o** [~u] *m* Geburtshelfer *m*.

particip|ação [~təsipɐ'sɐ̃u] *f* Mitteilung *f*; Teilnahme *f*; Mitbestimmung *f*; **~ante** [~'pɐ̃ntə] *m* Teilnehmer *m*; **~ar** [~'par] (1a) mitteilen; *v/i.* ~ *de*, ~ *em* teilnehmen an (*dat.*); Anteil nehmen an (*dat.*); teilhaben an (*dat.*); mitbestimmen bei *od.* in (*dat.*).

particípio [~'sipju] *m* Partizip *n*.

partícula [~'tikulɐ] *f* Partikel *f*; *gram. Binde- usw.* Wort *n*.

particul|ar [~tiku'lar] **1.** *adj.* besonder; eigentümlich; persönlich; privat, Privat...; *em* ~ unter vier Augen; = *~armente*; **2.** *m* Privatperson *f*; *neste* ~ in diesem Punkt; **3.** *~es pl.* Besonder-, Einzel-heiten *f/pl.*; **~aridade** [~lɐri'ðaðə] *f* Besonderheit *f*; besondere(r) Umstand *m*; Eigen-tümlichkeit *f*, -heit *f*; **~arismo** [~lɐ'riʒmu] *m* Absonderung *f*; Eigenbrötelei *f*; *pol.* Partikularismus *m*; **~arista** [~lɐ'riʃtɐ] *m* Einzelgänger *m*; Partikularist *m*; **~arizar** [~lɐri'zar] (1a) in allen Einzelheiten erzählen; besonders erwähnen; **~arizar-se** sich unterscheiden; sich absondern; eigene Wege gehen; **~armente** [~lar'mẽntə] besonders; insbesondere.

partida [~'tiðɐ] *f* Abreise *f*; Abfahrt *f*; Aufbruch *m*; Abmarsch *m*; *Sport*: Start *m*; ⚕ *Waren*-Posten *m*; *Schach- usw.* Partie *f*; „Party" *f*; *Schmuggler- usw.* Bande *f*; *bras.* Vorrennen *n*; F Streich *m* (*pregar* spielen); *escrituração f por ~s dobradas* (*simples*) doppelte (einfache) Buchführung *f*; *ponto m de* ~ Ausgangspunkt *m*; *estar de* ~ vor der Abreise stehen; *à* ~ beim (bei der) Start (Abreise) *usw.*; *fig.* von vornherein.

partid|ário [~ti'ðarju] **1.** *adj.* Partei...; parteilich; **2.** *m allg.* Anhänger *m*; *pol.* (Partei-)Mitglied *n*; **~(ar)ismo** [~ð(ɐr)'iʒmu] *m* Parteiwesen *n*, Parteiung *f*; **~(ar)ista** [~ð(ɐr)'iʃtɐ] *m* Parteifanatiker *m*; **~o** [~'tiðu] *m* Partei *f*; *Heirats*-Partie *f*; *Spiel*: Vorgabe *f*; *fig.* Nutzen *m*, Vorteil *m*; Ausweg *m*; *bras.* Zuckerrohrpflanzung *f*; *fazer alg. do seu* ~ j-n auf s-e Seite ziehen; *fazer-se do* (*od. tomar o*) ~ *de alg.* sich auf j-s Seite schlagen; *tirar* ~ *contra* ankommen gegen; *tirar* ~ *de* Nutzen ziehen aus; *tomar* ~ Partei ergreifen; *tomar o* ~ *de* sich verlegen auf; **~or** [~ti'ðor] *m* (Erbschafts-) Teiler *m*.

partilh|a [~'tiʎɐ] *f* (Erb-)Teilung *f*; Anteil *m*; *negar ~s em j-n* ausschließen von; **~ar** [~ti'ʎar] (1a) (ver)teilen; ~ *de* Anteil nehmen an (*dat.*), teilen (*ac.*).

partir [~'tir] (3b) **1.** *v/t.* (zer)teilen; zerbrechen; *Brot* brechen, schneiden; zerreißen; verteilen; ~ *ao* (*od. pelo*) *meio* durch-, entzweibrechen; halbieren; **2.** *v/i.* a) (zer-) brechen; b) abreisen; aufbrechen; abfahren; weggehen; aus-, wegreiten; auf- und davongehen; *fig.* ausgehen; anfangen; *a* ~ *de* von ... an; ab ...

partit|ivo [~ti'tivu] *gram.* Teilungs...; **~ura** ♪ [~'turɐ] *f* Partitur *f*.

parto ['partu] *m* Niederkunft *f*, Entbindung *f*; *fig.* Erzeugnis *n*; ~ *prematuro* Frühgeburt *f*.

parturiente [pɐrtu'rjẽntə] **1.** *adj.* kreißend; **2.** *f* Wöchnerin *f*.

parv|o ['parvu] **1.** *adj.* einfältig, kindlich; **2.** *m*, **~a** (*od.* **párvoa**) *f* Kindskopf *m*; *cara f de* ~ Schafsgesicht *n*, -kopf *m*; **~oíce** [pɐr'vwisə] *f* Kinderei *f*; Dummheit *f*.

párvulo ['parvulu] **1.** *adj.* kindlich; **2.** *m* Kind(lein) *n*.

pascal [pɐʃ'kał] österlich, Oster...

pascer [~'ser] (2g—D1, *Stv.* 2b) (ab)weiden; ~(-se) *em fig.* (sich) weiden an (*dat.*).

Páscoa ['paʃkwɐ] *f* Ostern *n* (*a. pl.*); *cara f de* ~ Festtagsgesicht *n*.

pasco|al [pɐʃ'kwał] = *pascal*; **~ela** [~ɛlɐ] *f der* Weiße Sonntag; Woche *f* nach Ostern.

pasm|ar [pɐʒ'mar] (1b) verblüffen; entsetzen; ~ *a vista em* starren auf (*ac.*), anstarren (*ac.*); *v/i.* erstarren; starr sn; **~o** ['paʒmu] **1.** *m* Verblüffung *f*; Staunen *n*; Erstarrung *f*; **2.** *adj. bras.* verblüfft; starr; entsetzt; **~oso** [~ozu (-ɔ-)] verblüffend; erstaunlich, staunenswert.

pasquim [pɐʃ'kĩ] *m* Schmähschrift *f*, Pasquill *n*; Hetzblatt *n*.

passa ['pasɐ] *f* Rosine *f*.

passada [pɐ'saðɐ] *f* Schritt *m*; *~s pl. fig.* Laufereien *f/pl.*

passad|eira [~sɐ'ðeirɐ] *f* Läufer *m*

(*Teppich*); Schrittstein *m im Fluß*; Steg *m*; Durchziehring *m*; Zuckerseiher *m*; ⚔ Kugellehre *f*; **~iço** [~isu] **1.** *m* Durchgang *m*; Gang *m*; Lauf-brücke *f*, -steg *m*; **2.** *adj.* vorübergehend; **~io** [~'ðiu] *m* (tägliche) Kost *f*; **~o** [~'saðu] **1.** *adj.* vergangen; vorig; früher; getrocknet (*Obst*); behandelt (mit *com*); *fig.* starr *vor Kälte usw.*; ~ *su.* nach (*dat.*); hinter (*dat.*); *~s três dias* drei Tage später; *próximo ~* letzt (vergangen); *bem (mal) ~* (nicht) durchgebraten; *águas f/pl. -as* abgetane Sache *f*; *particípio ~ gram.* Partizip *n* des Perfekts; **2.** *m* Vergangenheit *f*; *~s pl.* Vorfahren *m/pl.*; **~or** [~'ðor] *m cul.* Durchschlag *m*, Sieb *n*; *fig.* Schieber *m*; Schmuggler *m*; Hehler *m*; *Scheck*-Aussteller *m*; *bras. Vieh*-Treiber *m*; **~ouro, ~oiro** [~oru, ~oiru] *m* Laufsteg *m*; = *~iço*.

passa|geiro [~sɐ'ʒeiru] **1.** *adj.* vorübergehend; unbedeutend; vielbegangen, belebt; **2.** *m* Reisende(r) *m*, Fahrgast *m*; Vorübergehende(r) *m*; *bras.* Fährmann *m*; **~gem** [~'saʒẽi] *f* Passage *f*; Durch-gang *m*, -fahrt *f*, -reise *f*; Durch-marsch *m*, -zug *m*; (Über-)Fahrt *f*; Über-gang *m*, -schreitung *f*; Übertritt *m* (*a. fig.*); Vorbei-marsch *m*, -fahrt *f usw.*; Fahr-, Flug-preis *m*, -karte *f*; Stelle *f im Buch usw.*; Ereignis *n*; *Wild*-Wechsel *m*; gestopfte Stelle *f*; *Fußgänger*-Überweg *m*; 🚂 *~ de nível* Bahnübergang *m*; *~ inferior (superior)* Bahnunter- (-über)führung *f*; *~ de linha* Überquerung *f* des Äquators; *dar ~* vorbei- (*od.* durch-)l.; = *ceder a ~* Vorfahrt l.; *de ~* auf der Durchreise, vorübergehend; im Vorbeigehen (*a. fig.*), nebenbei; **~jar** [~'ʒar] (1b) stopfen; **~mento** [~'mẽntu] *m* Hingang *m*; **~nte** [~'sẽntə]: *~ de* hinausgehend über (*ac.*); *~ dos 60* über 60 Jahre alt; **~porte** [~sɐ'pɔrtə] *m* (Reise-) Paß *m*.

passar [~'sar] (1b) **1.** *v/t.* überschreiten; überqueren; gehen (*od.* fahren, reiten *usw.*) über (*ac.*); hinaus-gehen, -fahren, -fliegen, -schießen über (*ac.*); übertreffen; durch-schreiten, -queren; durchbohren, -dringen; gehen (*od.* dringen) durch; *Suppe* durchschlagen; *Flüssigkeit* filtrieren; *Mehl* sieben; weiter-geben, -leiten *od.* abgeben (an [*ac.*] *a*); (über)reichen, geben; *Schlag* versetzen; *Dokument* ausstellen; *Geschäft* übertragen; *Waren* an den Mann bringen; *j-m e-e Mitteilung* zukommen l.; *Ware* (durch-) schmuggeln; *Buchung* vortragen; *Leiden* durchmachen, auszustehen h.; *Zeit* verbringen, zubringen; *Obst* dörren; *Fleisch* braten; *~ (a/c. od. alg.) para* (et. *od.* j-n) übersetzen nach; überführen nach (*od.* in [*ac.*]); befördern nach (*fig.* zu); *Beamten* versetzen nach (*od.* in [*ac.*]); *~ a/c. por* bringen durch (*od.* über [*ac.*]); (durch)ziehen *od.* (-)stecken durch; (über)ziehen (*od.* streifen) über (*ac.*); gleiten l. durch; *Ring* stecken an (*ac.*); *Faden* ein-fädeln, -ziehen in (*ac.*); *Wäsche usw.* schwenken (*od.* abspülen) in (*dat.*); *cul.* wälzen (*od.* braten) in (*dat.*); *~ a mão (escova) por (od. por cima, em)* mit der Hand (Bürste) fahren über (*ac.*); *~ exame (od. revista) a, ~ em revista* mustern (*ac.*), besichtigen (*ac.*); *~ os olhos (od. a vista, uma vista de olhos) por, ~ pelos olhos, ~ pela vista* e-n Blick werfen auf (*ac.*) *od.* in (*ac.*); durch-, über-fliegen (*ac.*); flüchtig ansehen (*ac.*); **2.** *v/i.* I. vorbei-, vorübergehen; vergehen (*Zeit*); dahingehen (*sterben*); aus der Mode kommen; durchkommen (*in Prüfung, Wahl usw.*); gelten, anerkannt w. (*Münze, Dokument*); durchsickern (*Wasser, Gerücht*); passen (*im Spiel*); leidlich (*od.* erträglich) sn; *~ a alg.* j-m entfallen; *passe! fig.* das mag an- (*od.* hin-)gehen!; mag sein!; *isto não pode ~ assim* so geht das nicht; *como passou (od. tem passado)?* wie geht es Ihnen?; *~ bem (mal) com* gut (schlecht) auskommen mit *od.* vertragen (*ac.*); *~ por, ~ como* gelten für; *(poder) ~ sem et.* entbehren können, auskommen ohne; *ter com que ~* zu leben h.; *deixar ~* vorbei- (*od.* durch-)l.; *fig. j-m et.* durchgehen l.; II. *~ a, ~ para* hinübergehen, -fahren *usw.* nach *od.* zu; übergehen zu; überwechseln nach; verziehen *od.* verlegt w. nach; versetzt w. nach (*od.* in [*ac.*]); befördert w. zu; aufsteigen zu; werden; kommen (*od.* geraten) nach (*od.* in [*ac.*]); ~ *a fazer a/c.* dazu übergehen et. zu tun; jetzt et. tun; ~ *a ser* werden; III. ~ *de* hinausgehen über (*ac.*), über-schreiten, -steigen (*ac.*); mehr sn als; hinaus sn über (*ac.*); ~ *dos 60* über 60 Jahre alt sn; *não* ~ *de* nicht mehr sn als; nur (*od.* bloß) sn; ~ *de ... em* gehen von ... zu; ~ *de ideia* (*od. memória*) entfallen; IV. ~ *por* a) (*a. junto de*) vorbei-kommen (*od.* -gehen, -fliegen, -fließen, -marschieren, -ziehen *usw.*) an (*dat.*); b) kommen, gehen, fahren, reisen *usw.* durch *od.* über (*ac.*); c) *fig.* hindurchgehen durch, durchmachen (*ac.*), erleben (*ac.*); *Phasen* durchlaufen; gehen durch *die Hand, den Kopf usw.*; d) (*a. por cima de*) streichen, fahren durch *od.* über (*ac.*); *fig.* hinweg-gehen, -sehen *od.* sich hinwegsetzen über (*ac.*); e) ~ *por casa de* bei j-m vorbeikommen (*od.* vorsprechen); **3.** **~-se** vorgehen, F los sn; vor sich gehen, verlaufen, vergehen (*Zeit*); ~ *a* über-gehen, -laufen, -wechseln zu; umziehen nach.

passar|ada *f*, **~edo** *m* [pɐsɐ'raðɐ, -eðu] Vogelschwarm *m*; *die* Vögel *pl.*; **~(inh)eiro** [~(iɲ)eiru] *m* Vogelsteller *m*, -händler *m*.

pássaro ['pasɐru] *m* (Sing-)Vogel *m*.

passatempo [ˌpasɐ'tẽmpu] *m* Zeitvertreib *m*, Unterhaltung *f*.

passe ['pasə] *m* Erlaubnis(schein *m*) *f*; Passierschein *m*; *bsd.* Dauerkarte *f*; *esgr. u. taur.* Finte *f*; *Fußball*: Abgabe *f*; **~ante** [pɐ'sjẽntə] *su.* Spaziergänger(in *f*) *m*; Herumtreiber(in *f*) *m*; **~ar** [pɐ'sjar] (1l) aus-, spazieren-führen; durch-wandeln, -fahren; gehen (*od.* fahren) durch; *Blick, Gedanken* schweifen l.; *v/i.* spazieren-gehen, -fahren, -reiten *usw.*; umhergehen; umherschweifen; *mandar* ~ zum Teufel schicken; *vai* ~! geh zum Kuckuck!; **~ata** [pɐ'sjatɐ] *f* Bummel *m*; *bras.* Fest-, Um-, Demonstrations-zug *m*; **~io** [pɐ'seju] *m* Spazier-gang *m*, -fahrt *f*, -ritt *m usw.*; Ausflug *m*; Bürgersteig *m*; ~ *público* Promenade *f*; *dar um* ~ = ~*ar*.

passional [pɐsju'naɫ] leidenschaftlich; aus Leidenschaft.

passiva [~'sivɐ] *f gram.* Passiv *n*.

passível [~'sivɛɫ] gefühlvoll; *ser* ~ Gefühl h.; *ser* ~ *de* unterliegen (*dat.*); stehen unter (*ac.*).

passiv|idade [pɐsəvi'ðaðə] *f* Untätigkeit *f*; **~o** [~'sivu] **1.** *adj.* passiv; untätig; leidend; *voz f* -*a* Passiv *n*; **2.** *m* ✝ Passiva *pl.*

passo ['pasu] **1.** *m Schritt m* (*dar* tun); Fußtapfen *m*; Gangart *f*; Gang *m*; Durchgang *m*; *Berg*-Paß *m*; *Meer*-Enge *f*; *bras.* Furt *f*; *fig.* Stelle *f im Buch*; Vorfall *m*, Erlebnis *n*; *cat.* (Kreuzweg-)Station *f*; ⊕ Steigung *f*, Steighöhe *f*; Teilung *f*; Abstand *m*; Gewinde *n*; *a* ~ im Schritt; *a cada* ~ auf Schritt und Tritt; alle Augenblicke; *a* ~*s contados*, ~ *a* ~ Schritt für Schritt; *a* ~*s largos* (*agigantados*) mit langen (Riesen-)Schritten; *a* ~*s lentos* (*descansados*) langsam (gemächlich); *a dois* ~*s* ganz in der Nähe; *a poucos* ~*s de fig.* kurz (*od.* bald) nach; nicht weit von; *ao* ~ *que cj.* während; *de* ~ beiläufig; *neste* ~ an dieser Stelle; in diesem Augenblick; da; *abafar o* ~ leise gehen; *acertar o* ~ *com*, *andar no mesmo* ~ *que* Schritt halten mit; *apressar* (*od. dobrar*) *o* ~ schneller gehen; *ceder o* ~ den Vortritt l.; *auto.* Vorfahrt achten; *marcar* ~ auf der Stelle treten; *perder o* ~ aus dem Schritt kommen; *tomar o* ~ *a alg.* j-m zuvorkommen; *travar o* ~ Einhalt gebieten; **2.** *adj.* getrocknet; *uva f* -*a* = *passa*.

pasta ['paʃtɐ] *f* Paste *f*; *Metall- usw.* Kuchen *m*; *Buch*-Deckel *m*; *Akten*-Mappe *f*; *pol.* Geschäftsbereich *m*, Portefeuille *n*; Amt *n*.

past|agem [pɐʃ'taʒɐ̃i] *f* Weide *f*; **~ar** [~ar] (1b) abweiden; (ab-)fressen; *v/i.* weiden, grasen; *fig.* sich weiden (an [*dat.*] de); **~el** [~ɛɫ] *m Fleisch*-Pastete *f*; Törtchen *n*; *tip.* Zwiebelfisch *m*; *pint.* Pastell *n*; **~elão** [~tə'lɐ̃u] *m* Pfannkuchen *m*; **~elaria** [~təlɐ'riɐ] *f* Pastetenbäckerei *f*; **~eleiro** [~tə'leiru] *m* Pastetenbäcker *m*, Konditor *m*; **~ilha** [~iʎɐ] *f* Pastille *f*; ~ *elástica* Kaugummi *m*; **~o** ['paʃtu] *m Vieh*-Futter *n*; Weide *f*; *fig.* Nahrung *f*; *Augen-, Ohren*-Schmaus *m*; *casa f de* ~ Speisewirtschaft *f*; *vinho m de* ~ Tafelwein *m*.

pastor [pɐʃ'tor] *m* Hirt *m*; *fig.* Seelsorger *m*; Pfarrer *m*; Pastor *m*; ~ *alemão* Schäferhund *m*; *agulha f de*

~ ⚘ Storchschnabel *m.*
pastor|al [~tu'rał] **1.** *adj.* Hirten...; **2.** *f rel.* Hirtenbrief *m*; *lit.* Hirtengedicht *n*; Schäferspiel *n*; **~ear** [~'rjar] (1l) = **~ejar** *bras.* [~rɨ'ʒar] (1d) *Vieh* weiden, hüten; *fig.* geistlich betreuen; leiten, lenken; **~ela** [~ɛlɐ] *f* Hirtenlied *n*; **~il** [~ił] Hirten..., Schäfer...; ländlich.
pastoso [~'tozu (-ɔ-)] teigig; *pint.* pastös.
pata ['patɐ] *f* **a**) Ente *f* (*weibl. Tier*); **b**) Pfote *f*; Tatze *f*; *Pferde-*Huf *m*, Klaue *f*; *Anker-*Pflug *m*; *à ~* zu Fuß; *às quatro ~s* auf allen vieren.
pataco [pɐ'taku] *m altport. Bronzemünze f*; *fig.* Schafskopf *m*; *não valer um ~* keinen Pfifferling wert sn; *~s pl.* Kröten *pl.*
patada [~'taδɐ] *f* Hieb *m* mit der Tatze; Fußtritt *m*; *fig.* Schnitzer *m*; *dar uma ~ fig.* e-n Bock schießen.
patamar [~tɐ'mar] *m Treppen-*Absatz *m*; *Wohnungs-*Vorplatz *m.*
pataqueiro [~tɐ'keiru] **1.** *adj.* billig; Pfennig...; **2.** *m* Pfennigfuchser *m.*
patarata [~tɐ'ratɐ] **1.** *f* Windbeutelei *f*, Großtuerei *f*; **2.** *su.* Windbeutel *m.*
patavina [~tɐ'vinɐ] *f* überhaupt nichts.
pate|ada [~'tjaδɐ] *f* Stampfen *n*; Trampeln *n*; *dar ~ tea.* = **~ar** [~ar] (1l) *tea.* auspfeifen; *v/i.* stampfen; trampeln.
patença [~'tẽsɐ] *f* Rotzunge *f.*
patent|e [~'tẽntə] **1.** *adj.* offen; offen-bar, -kundig; geöffnet (für *a*, *para*); *estar* (*od. encontrar-se*) *~* ausliegen, einzusehen sn; **2.** *f* Patent *n*; Diplom *n*; Ausweis *m*; **~ear** [~tẽn'tjar] (1l) öffnen; offen darlegen, aufdecken; zeigen; bekunden; *Erfindung* patentieren.
patern|al [~tər'nał] väterlich, Vater...; **~idade** [~ni'δaδə] *f* Vaterschaft *f*; **~o** [~'tɛrnu] = *~al.*
patet|a [pa'tɛtɐ] *su.* Schafskopf *m*, dumme Gans *f*; **~ice** [~tɐ'tisə] *f* Dummheit *f*; Albernheit *f.*
patético [~'tɛtiku] **1.** *adj.* pathetisch; **2.** *m* Pathos *n.*
patibular [~tiβu'lar]: *cara f ~* Verbrechergesicht *n.*
patíbulo [~'tiβulu] *m* Schafott *n.*
patif|aria [~tifɐ'riɐ] *f* Schurkenstreich *m*; Gemeinheit *f*; **~e** [~'tifə] **1.** *m* Schuft *m*, Schurke *m*; *iron.* Schlingel *m*; **2.** *adj.* schuftig, gemein; **~ório** [~'fɔrju] *m* geriebene(r) Bursche *m.*
patim [~'tĩ] *m* Schlittschuh *m*; *Schlitten-*Kufe *f*; *~ de rodas* Rollschuh *m*; *hóquei m em ~ns* Eishockey *n.*
patin|ador *m*, **-a** *f* [~tinɐ'δor, -ɐ] Schlitt- (*od.* Roll-)schuhläufer(in *f*) *m*; **~agem** [~'naʒɐ̃i] *f* Schlitt- (*od.* Roll-)schuhlauf *m*; **~ar** [~'nar] (1a) Schlitt- (*od.* Roll-)schuh laufen; schleudern (*Auto*).
patinhar [~ti'ɲar] (1a) (herum-) plätschern; planschen; nicht fassen, nicht greifen (*Räder*).
pátio ['patju] *m* (Innen-)Hof *m.*
pato ['patu] *m* Ente *f* (*Artname*); Enterich *m*; *fig.* F Tropf *m*; *pé m de ~ Taucher-*Flosse *f*; *cair como um ~* F reinfallen (auf [*ac.*] *em*); *pagar o ~* F es ausbaden müssen.
patogénico [pɐtu'ʒɛniku]: *micróbio m ~* Krankheitserreger *m.*
patranha [pɐ'trɐɲɐ] *f* Märchen *n*; *contar ~s* aufschneiden, flunkern.
patrão [~'trɐ̃u] *m* Arbeitgeber *m*; Chef *m*, Boß *m*; Wirt *m*; Hausherr *m*; ⚓ Patron *m*; **~-mor** *bras.* [~'mɔr] *m Abteilungs-*Leiter *m*; F Oberboß *m.*
pátria ['patrjɐ] *f* Vaterland *n*; [Heimat *f.*]
patri|arca [pɐ'trjarkɐ] *m* Patriarch *m*; Erzvater *m*; **~arcado** [~trjɐr'kaδu] *m* Patriarchat *n*; **~arcal** [~trjɐr'kał] patriarchalisch.
patrício [~'trisju] **1.** *adj.* vornehm; **2.** *m* Patrizier *m*; Landsmann *m.*
patrim|onial [~trimu'njał] väterlich; **~ónio** [~'mɔnju] *m* Patrimonium *n*; *fig.* Vorrecht *n*; *♀ do Estado* Staatseigentum *n.*
pátrio ['patrju] **a**) vaterländisch; Heimat...; **b**) väterlich.
patri|ota [pɐ'trjɔtɐ] *su.* Patriot(in *f*) *m*; **~oteirismo** [~trjutei'riʒmu] *m* Hurrapatriotismus *m*; **~oteiro** [~trju'teiru] *m* Hurrapatriot *m*; **~ótico** [~'trjɔtiku] patriotisch, vaterländisch; **~otismo** [~trju'tiʒmu] *m* Vaterlandsliebe *f*, Patriotismus *m.*
patroa [~'troɐ] *f die* Frau des Hauses *f*; Wirtin *f*; Arbeitgeberin *f*; Chefin *f*; Besitzerin *f*; *a minha ~* F meine Frau.
patroc|inador [~trusinɐ'δor] *m* Schirmherr *m*; **~inado** [~i'naδu]: *~ por* unter der Schirmherrschaft

(*gen.*); mit Unterstützung (*gen.*); **~inar** [~i'nar] (1a) begünstigen, fördern; unterstützen; die Schirmherrschaft übernehmen über (*ac.*); **~ínio** [~'sinju] *m* Schutz *m*; Schirmherrschaft *f*, Protektorat *n*.

patron|ado [~tru'naδu] *m* Arbeitgeberschaft *f*; = *~ato*; **~al** [~ał] Arbeitgeber...; **~ato** [~atu] *m* Patronat *n*; = *~ado*; **~o** [~'tronu] *m* Schirmherr *m*; Beschützer *m*; Rechtsbeistand *n*; Patronatsherr *m*.

patruça [~'truse] *f* Scholle *f* (*Fisch*).

patrulh|a [~'truʎe] *f* Streife *f*, Patrouille *f*; Trupp *m*; Bande *f*; *pol.* Clique *f*; **~ar** [~tru'ʎar] (1a) patrouillieren; streifen durch, abgehen; bewachen.

patusc|ada [~tuʃ'kaδe] *f* Schlemmerei *f*; Gaudi *n*; Ulk *m*; **~ar** [~ar] (1n) schlemmen; lustig sn, spielen; **~o** [~'tuʃku] lustig; ulkig.

pau [pau] **1.** *m* Holz *n*; Stück *n* Holz; Stock *m*; Stange *f*; Stiel *m*; Prügel *m* (*fig. pl.*); *Schokoladen-*Riegel *m*; *fig.* F Batzen *m* (= 1 *Escudo*); *~s pl. zo.* Gestänge *n*, Geweih *n*; *Kartenspiel*: Treff *n*, Kreuz *n*, Eichel *f*; *~ para toda a obra fig.* Mädchen *n* für alles; *cabeça f de ~* F a) Holzkopf *m*; b) Altmöbelhändler *m*; *cara f de ~* F doofe(s) Gesicht *n*; *pé m de ~* Stelze *f*; *a meio ~* halbmast; *a dar com um ~* massenhaft; *jogar com ~ de dois bicos* Wasser auf beiden Schultern tragen; *lavar a ~* mit Gewalt durchsetzen (*od.* m.); **2.** *adj. bras.* lästig; langweilig; **~-brasil** [~βre'ził] *m* Brasilholz *n*.

paul [pe'uł] *m* Pfuhl *m*; Sumpf *m*.

paulada [pau'laδe] *f* Stockschlag *m*; *~s pl.* Prügel *m/pl.*

paulatino [~le'tinu] langsam, allmählich.

paulificar *bras.* [~lifi'kar] (1n) ärgern; belästigen.

paulista [~'liʃte] (Brasilianer[in *f*] *m*) aus dem Staat São Paulo; **~no** [~liʃ'tenu] aus (der Stadt) S. Paulo.

paulit|eiro [~li'teiru] *m* Stocktänzer *m*; **~o** [~'litu] *m* Stöckchen *n*; *dança f dos ~s* Stocktanz *m*.

paup|erismo [paupə'riʒmu] *m* (Massen-)Elend *n*; Verarmung *f*; **~érrimo** [~'pɛʀimu] bettelarm.

pau-preto [pau'pretu] *m* Brasilholz *n*.

paus|a ['pauze] *f* Pause *f*; **~ado** [pau'zaδu] langsam, (ab)gemessen.

pau-santo [pau'sẽntu] *m* Pock-, Gujak-baum *m*, -holz *n*.

pausar [pau'zar] (1a) pausieren, innehalten; *v/t.* zurückhalten; unterbrechen.

pauta ['paute] *f* Linienblatt *n*; ♪ (Fünf-)Liniensystem *n*; Liste *f*; *Zoll- usw.* Tarif *m*; Tagesordnung *f*, (Arbeits-)Programm *n*.

paut|ado [peu'taδu] liniiert; regelrecht; planmäßig; maßvoll; *papel m ~* Linienpapier *n*; ♪ Notenpapier *n*; **~al** [~ał] *fig.* tarifmäßig; **~ar** [~ar] (1a) liniieren; ♪ rastrieren; (in Listen) eintragen; *Tarif* festsetzen; *fig.* regeln (*od.* ausrichten) (nach *por*); *~ de* bezeichnen als.

pautear *bras.* [~'tjar] (1l) plaudern.

pauzinho [pau'ziɲu] *m* Hölzchen *n*, Stöckchen *n*; *~s pl.* Machenschaften *f/pl.*; *mexer* (*od. tocar*) *os ~s* Ränke spinnen; alles in Bewegung setzen; der Drahtzieher sn.

pavão [pe'vẽu] *m* Pfau *m*.

paveia [~'veje] *f* Bund *m* (Heu *od.* Stroh); Reisighaufen *m*.

pávido ['paviδu] entsetzt.

pavilhão [pevi'ʎẽu] *m* Pavillon *m*; Garten-, Lust-haus *n*; *anat.* Ohrmuschel *f*; ⚓ Flagge *f*; ♪ Schalltrichter *m*; *~ de cama* Betthimmel *m*.

paviment|ar [pevimẽn'tar] (1a) dielen; pflastern; **~o** [~'mẽntu] *m* Fußboden(belag) *m*; Stockwerk *n*; Pflaster *n*; *~ alcatifado* Teppichboden *m*.

pavio [~'viu] *m* Docht *m*; Wachsstock *m*.

pavonear [~vu'njar] (1l) herausputzen; zur Schau stellen (*od.* tragen); **~-se** sich brüsten; = *~ com as galas de* sich aufspielen als.

pavor [~'vor] *m* Entsetzen *n*, Schreck *m*; **~oso** [~vu'rozu (-ɔ-)] entsetzlich, schrecklich.

paz [paʃ] *f* Friede(n) *m*; Ruhe *f*; *estar em ~ com* in Frieden leben mit; *fazer* (*od. firmar*) *as ~es* Frieden schließen; *ficar em ~* ruhig bleiben; *oferecer as ~es* die Hand zum Frieden reichen; *gente f de ~* gut Freund.

pazada [pa'zaδe] *f* Schaufelvoll *f*; Schlag *m* (mit der Schaufel); *~ de águas* Regenguß *m*.

pé [pɛ] *m* Fuß *m* (*a* zu); Sockel *m*; Stativ *n*; Stiel *m*, Stengel *m*; Strunk *m*; Stock *m*; *Kohl*-Kopf *m*; Knolle *f*, Zwiebel *f*; *allg.* Stück *n*; *Weinbau*: Treber *pl.*; Bodensatz *m*; *fig.* Grund *m*, Anlaß *m*; Vorwand *m*; *Kartenspiel*: Hinterhand *f*; *~s pl.* Fußende *n* (*Bett*); *~ ante ~* ganz leise, vorsichtig; *a ~* zu Fuß; *a ~ firme* (*od. quedo*) ohne sich zu rühren; ohne zu wanken; standhaft; *ao ~ de* an, bei; neben, zur Seite; *aos ~s de* zu Füßen (*gen.*); *a*(*os*) *~s juntos* hartnäckig; *de ~*, *em ~* aufrecht; stehend, im Stehen; gesträubt (*Haar*); *de ~ alçado para* bereit zu; *dos* (*od. desde os*) *~s à* (*od. até à*) *cabeça* von Kopf bis Fuß; *em ~ de guerra* auf Kriegsfuß; kriegsstark; *em que ~ está?* wie steht ...?, wie weit ist ...?; *sem ~s nem cabeça* ohne Hand und Fuß; *andar a ~* (herum)laufen; *bater o ~* aufstampfen; *cair em ~* auf die Füße fallen; *comprar* (*vender*) *em ~* am Baum (*od.* auf dem Halm, in der Erde) (ver)kaufen; *dar com os ~s a* (mit Füßen) treten (*ac.*); *estar a ~* auf sn; *estar de* (*od. em*) *~* stehen; bestehen; *estar com os ~s* (*od. um ~*) *para a cova* (*od. na sepultura*) mit e-m Fuß im Grabe stehen; *estar com o ~ no ar* auf dem Sprung sn; *estar no mesmo ~* nicht weiterkommen, unverändert sn; ebenso sn (wie *de*); *estar fora de ~* keinen Grund h. (*im Wasser*); *fazer ~* e-n Niederschlag bilden, sich setzen; *ficar a ~* aufbleiben; *ficar de* (*od. em*) *~* stehen- (*od.* bestehen)bleiben; *ganhar ~* Grund finden (*im Wasser*); *meter* (*od. pôr*) *de baixo dos ~s* unterwerfen; besiegen; *meter-se debaixo dos ~s de* kriechen vor (*dat.*); *não ter ~* tief sn (*Wasser*); *perder ~* keinen Grund mehr h. (*im Wasser*); den Boden unter den Füßen verlieren; aus dem Konzept geraten; *pôr de ~* auf die Beine stellen; *pôr-se a* (*od. de, em*) *~* (wieder) aufstehen; absitzen; sich sträuben (*Haar*); *ter-se em ~* sich aufrecht halten; stehen(bleiben); *tomar ~* Fuß fassen.

pê [pe] *m Name des Buchstabens p.*

peão [pjɐ̃u] *m* Fußgänger *m*; Fußsoldat *m*; *Schach*: Bauer *m*; *bras.* Landarbeiter *m*; Knecht *m*.

pear [pjar] (1l) an den Vorderfüßen fesseln; *fig.* (be)hindern.

peça [ˈpɛsɐ] *f* Stück *n*; *Spiel*: Stein *m*, Figur *f*; Karte *f*; ⚖ Schriftstück *n*, Akte *f*; *Wohnung*: Möbelstück *n*; Zimmer *n*; ⚔ Geschütz *n*; ⊕ Ersatzteil *n*; F Streich *m*; *boa* (*od. má*) *~ irón.* schlimme(r) Kunde *m*; *de uma só ~* aus e-m Stück; *em ~* am Stück.

pec|ado [pəˈkaðu] *m* Sünde *f*; Vergehen *n*; Fehler *m*; **~ador** [~kɐˈðor] **1.** *adj.* sündig; **2.** *m*, **-a** *f* Sünder(in *f*) *m*; **~aminoso** [~kɐmiˈnozu (-ɔ-)] sündhaft; **~ar** [~ar] (1n; *Stv.* 1c) sündigen; verstoßen (gegen *contra*); leiden (an [*dat.*] *em*); *~ por* (*a. de*) *adj.* den Fehler h. (zu) *adj.* zu sn.

pecha [ˈpɛʃɐ] *f* Fehler *m*; schlechte Angewohnheit *f*; *pôr ~ a* (*od. em*) etwas auszusetzen h. an (*dat.*), herunterm. (*ac.*).

pechinch|a [pɨˈʃĩʃɐ] *f* Dusel *m*; gefundene(s) Fressen *n*; fette(r) Bissen *m*; gute(r) Fang *m*; einmalige Gelegenheit *f*; ✝ Gelegenheitskauf *m*; **~ar** [~ʃĩˈʃar] (1a) ergattern; auftreiben; abhandeln.

pechisbeque [~ʃiʒˈβɛkə] *m* Talmi *n*.

peco [ˈpeku] **1.** *m* Schwund *m*; *dar o ~ em* den Schwund bekommen, verkümmern (*Pflanzen*); **2.** *adj.* verkümmert; taub (*Nuß*); *fig.* beschränkt; schüchtern.

peçonh|a [pəˈsoɲɐ] *f* Gift *m*; **~ento** [~suˈɲẽntu] giftig.

pecuári|a [pəˈkwarjɐ] *f* Viehzucht *f*; Vieh *n*; **~o** [~u] **1.** *adj.* Vieh...; **2.** *m* Viehzüchter *m*.

peculato [pəkuˈlatu] *m* Veruntreuung *f* öffentlicher Gelder.

pec|uliar [~kuˈljar] eigen(tümlich); besonder; **~úlio** [~ˈkulju] *m* Ersparnisse *f/pl.*; Rücklage *f*; Barschaft *f*; *fig.* Sammlung *f*; Schatz *m*.

pecuniário [pəkuˈnjarju] Geld...; *bens m/pl. ~s* Barvermögen *n*.

pedaço [~ˈðasu] *m* Stück *n*; Weile *f*; *fazer em ~s* in Stücke reißen (*od.* schlagen); zer-reißen, -schlagen; an *j-m* kein gutes Haar l.; *fazer-se em ~s*, *cair a*(*os*) *~s* ausea.-, zer-fallen; *feito ~s* zerschlagen (*a. fig.*); zerfetzt; entzwei, F kaputt.

pedágio *bras.* [peˈdaʒiu] *m* Straßen-, Brücken-zoll *m*, Maut *f*.

pedag|ogia [pəðɐɣuˈʒiɐ] *f* Erziehungs-methode *f*, -wissenschaft *f*;

~ógico [~'ɣɔʒiku] pädagogisch; **~ogo** [~'ɣoɣu] *m* Erzieher *m*.
pé-d'água *bras*. [pɛ'δaɣwɐ] *m* Platzregen *m*.
pedal [pə'δaɫ] *m* Pedal *n*; **~ar** [~δɐ'lar] (1b) treten; radeln.
pedant|aria [~δɐ̃ntɐ'riɐ] *f* Dünkel *m*; Wichtigtuerei *f*; Überladenheit *f des Stils*; **~e** [~'δɐ̃ntə] **1.** *su*. eingebildete(r) Mensch *m*; Laffe *m*; Wichtigtuer(in *f*) *m*; **2.** *adj*. eingebildet; hochtrabend; überladen (*Stil*); *ser ~* sich etwas einbilden; **~ismo** [~'tiʒmu] *m* = *~aria*.
pé-de-|altar [pɛδaɫ'tar] *m* Kirchensporteln *f/pl*.; **~boi** [~δə'βoi] *m* altmodische(r) Mensch *m*; *bras. fig*. Arbeitstier *n*; **~-cabra** [~δə'kaβrɐ] *m* Geißfuß *m*, Brecheisen *n*; Nageleisen *n*, -heber *m*; **~galinha** [~δəɣɐ'liɲɐ] *m s. galinha*; **~galo** [~δə'ɣalu] *m* ♀ Hopfen *m*; *mesa f de ~* Pilztisch *m*; **~meia** [~δə'mejɐ] *m* Sparbüchse *f*; = *pecúlio*; *juntar ~* etwas zurücklegen; **~moleque** *bras*. [~dəmu'lɛkə] *m* **a)** süße Erdnußspeise *f*; **b)** Maiskuchen *m*.
pederast|a [pəδə'raʃtɐ] *m* Päderast *m*; **~ia** [~rɐʃ'tiɐ] *f* Knabenliebe *f*.
pedern|al [~δər'naɫ] **1.** *adj*. steinern; Stein...; **2.** *m* nackte(r) Fels *m*; = **~eira** [~eirɐ] *f* Feuerstein *m*.
pedest|al [~δɨʃ'taɫ] *m* Sockel *m*; Fußgestell *n*; **~re** [~'δɛʃtrə] **1.** *adj*. Fuß...; *fig*. gemein; *estátua f ~* Standbild *n*; **2.** *m bras*. Fußgänger *m*; **~rianismo** [~δɨʃtrjɐ'niʒmu] *m* Wandersport *m*; Wettgehen *n*.
pé-de-vento [pɛδə'vẽntu] *m* Orkan *m*.
pediatr|a [pə'δjatrɐ] *m* Kinderarzt *m*; **~ia** [~δjɐ'triɐ] *f* Kinderheilkunde *f*.
pedículo [~'δikulu] *m* ♀ Stiel *m*, Stengel *m*.
pedicur|a [~δi'kurɐ] *f* Pediküre *f*, Fußpflege *f*; **~o** [~u] *m* Fußpfleger *m*.
pedido [~'δiδu] **1.** *m* Bitte *f* (*fazer a* richten an [*ac*.]); Gesuch *n*; Anfrage *f*; ✝ Bestellung *f*; Nachfrage *f*; *Heirats*-Antrag *m*; *das* Erbetene; *a ~* auf Wunsch; *fazer um ~ de* e-n Antrag stellen (*od*. e-e Bestellung m.) auf (*ac*.) (bei j-m *a alg*.); *fazer ~s* bitten; betteln; **2.** *adj*. erbeten; erwünscht.
pedilúvio [~δi'luvju] *m* Fußbad *n*.
pedin|chão *m*, **-ona** *f* [~δĩ'ʃɐ̃u, -onɐ] Bettelsack *m*; **~char** [~'ʃar] (1a) betteln; **~chice** [~'ʃisə] *f* Bettelei *f*; **~te** [~'δĩntə] *su*. Bettler(in *f*) *m*; Bittsteller(in *f*) *m*.
pedir [~'δir] (3r) *Zeit, Mühe usw*. erfordern; *~* (*a/c. a alg*.) (j-n um et.) bitten; (j-n um et.) ersuchen; (et. von j-m) fordern, verlangen; j-m et. abverlangen; (et. bei j-m) bestellen; (bei j-m um et.) betteln; j-n (um et.) anbetteln; j-n (zu et.) treiben; *~ a Deus por alg*. für j-n zu Gott beten.
pé-direito [pɛδi'reitu] *m* (lichte) Höhe *f*; Pfeiler *m*.
peditório [pəδi'tɔrju] *m* Sammlung *f*, Kollekte *f*; dringende(s) Gesuch *n*.
pedómetro [~'δɔmətru] *m* Schrittmesser *m*.
pedra ['pɛδrɐ] *f* Stein *m*; (Schul-) Tafel *f*; Hagel(korn *n*) *m*; *Salz- usw*. Korn *n*; Stück *n Seife, Zucker usw*.; *primeira ~* Grundstein *m*; *cair ~*, *chover ~* hageln; *estar de ~ e cal* fest zs.-halten, unzerstörbar sn; *ser uma ~* F stockdumm sn; *trazer ~ no sapato* mißtrauisch sn.
pedr|ada [pə'δraδɐ] *f* Steinwurf *m*; *fig*. Schimpf *m*; **~a-pomes** [ˌpɛδrɐ'pomɨʃ] *f* Bimsstein *m*; **~aria** [~ɐ'riɐ] *f* Bausteine *m/pl*.; Edelsteine *m/pl*.; **~a-ume** [pɛδrɐ'umə] *f* Alaunstein *m*.
pedreg|al [~δrə'ɣaɫ] *m* steinige(r) Ort *m*; Steinwüste *f*; **~oso** [~ozu] steinig; **~ulho** [~'ɣuʎu] *m* Stein-, Fels-block *m*; Geröll *n*.
pedreir|a [~'δreirɐ] *f* Steinbruch *m*; **~o** [~u] *m* Steinmetz *m*; Maurer *m*; **~o-livre** [~ˌδreiru'livrə] *m* Freimaurer *m*.
pedúnculo [pə'δũŋkulu] *m* ♀ (Blüten-)Stiel *m*.
pega[1] ['peɣɐ] *f* Elster *f*; ⚓ Eselshaupt *n*; *fig*. Schwatzliese *f*.
pega[2] ['pɛɣɐ] *f* Anfasser *m*; *taur*. Stierbändigung *f* (*durch Packen des Stiers de cara* von vorn, an den Hörnern, *oder*: *de cernelha* am Widerrist, von der Seite); *fig*. Handgemenge *n*; Streit *m* (*armar* bekommen); **~da** [pɛ'ɣaδɐ] *f* Fußspur *f*; Fährte *f*; *fig*. Spur *f*; *ir nas ~s de alg*. j-n verfolgen.
pega|diço [pəɣɐ'δisu] klebrig; auf-

dringlich (*Mensch*); ansteckend (*Krankheit*); **~dilha** [~'ðiʎɐ] *f* Ausea.-setzung *f*, Streit *m*; Grund *m* zum Streit; **~do** [~'ɣaðu]: ~ *a* hängend (*od.* klebend) an (*dat.*); anstoßend an (*dat.*); dicht an (*od.* bei, neben) (*dat.*); *fig.* befreundet mit, zugetan (*dat.*); *estar* ~ kleben; angewachsen sn; *fig.* nahestehen; *casa f -a* Nebenhaus *n*; *chuva f -a* Dauerregen *m*; **~dor** [~'ðor] *m taur.* Stierbändiger *m*; *brincar de* ~ *bras.* Fangen spielen; **~jento, ~joso** [~'ʒẽntu, ~'ʒozu (-ɔ-)] = *~diço.*

pegamass|a ⚘ [~'masɐ] *f* Klette *f*; **~o** [~u] *m* Kleister *m*; *fig.* Spritzer *m*; *fig.* Klette *f*; *erva-dos-~s f* = *~a.*

peganhento [~'ɲẽntu] durchdringend (*Stimme*); = *pegadiço.*

pegão [pɛ'ɣɐ̃u] *m* (Brücken-)Pfeiler *m*; Windhose *f*.

pegar [pə'ɣar] (1o; *Stv.* 1c) **1.** *v/t.* an-, auf-, zs.-kleben, -leimen, -heften; fassen; fangen; *j-n* anstecken mit; **2.** *v/i.* haftenbleiben; kleben; halten; einschlagen, sich durchsetzen (*Geschäft, Mode*); wirken, F ziehen (*Reklame*); anspringen (*Motor*); anstecken (*Krankheit*); angehen (*Pflanze, Feuer*); ~ *com* grenzen, stoßen an (*ac.*); ~ *em* nehmen (*ac.*), ergreifen (*ac.*); *Bemerkung* aufgreifen; in Angriff nehmen (*ac.*); *Auftrag* übernehmen; eingehen auf (*ac.*), F anbeißen; ~ *de inf.* anfangen zu *inf.*; *isso não pega!* F das zieht nicht!; so'n Quatsch!; **3.** **~-se** hängen- (*od.* kleben-)bleiben; anstecken(d sn); an-hängen, -brennen (*Speise*); sich festsetzen (*Gewohnheit usw.*); störrisch sn (*Pferd*); ~ *a* sich klammern an (*ac.*); ~ *com* anbinden (*od.* anea.-geraten) mit; ~ *de palavras* in Wortwechsel geraten; *ele não tem por onde se lhe pegue* man kann ihm nichts anhaben; *a chuva pegou-se* es hat sich eingeregnet.

pego ['pɛɣu] *m* tiefste Stelle *f*; *fig.* Abgrund *m*; Strudel *m*.

peguilh|ar [pəɣi'ʎar] (1a) zanken; **~ento** [~ẽntu] zänkisch; **~o** [~'ɣiʎu] *m* Hindernis *n*, Hemmschuh *m*; Grund *m* zum Streit; Vorwand *m*.

peia ['pejɐ] *f* Fußfessel *f*; *bras.* Peitsche *f*; Steigriemen *m*; *fig.* Fessel *f*; Hemmschuh *m*.

peit|a ['peitɐ] *f* Bestechung(sgeld *n*) *f*; **~ar** [pei'tar] (1a) bestechen.

peit|ilho [pei'tiʎu] *m* Hemdenbrust *f*; Vorhemd *n*; (Blusen-)Einsatz *m*; Brustlatz *m*; **~o** ['peitu] *m* Brust *f*; *poét.* Busen *m*; *fig.* Herz *n*; Seele *f*; Mut *m*; ~ *do pé* Fußtritt *m*, Spann *m*; *~-largo bras.* Raufbruder *m*; *criança f de* ~ Säugling *m*; *de* ~ *feito* absichtlich; aus-, nach-drücklich; *abrir o* ~ sn Herz ausschütten; *pôr (o)* ~ *a* in Angriff nehmen (*ac.*), betreiben (*ac.*); sich einsetzen für; sich entgegenwerfen (*dat.*); *tomar a* ~ sich angelegen sn l.; ernst nehmen; sich zu Herzen nehmen; **~oral** [~tu'rał] **1.** *adj.* Brust...; (brust)stärkend; **2.** *m Pferde*-Brust *f*; Brustblatt *n am Pferdegeschirr*; *farm.* Brustmittel *n*; **~oril** [~tu'rił] *m* Brüstung *f*; Geländer *n*; ~ *da janela* Fensterbank *f*.

peix|ada *bras.* [pei'ʃaðɐ] *f* Fischgericht *n*; **~e** ['peiʃə] *m* Fisch *m*; ~ *podre fig.* Taugenichts *m*; faule Sache *f*; ~ *seco* Trockenfisch *m*; *estar como (o)* ~ *na água* in s-m Element sn; zu Hause sn (in [*dat.*] em); **~e-espada** [peiʃɨʃ'paðɐ] *m* Schwertfisch *m*; **~eira** [~eirɐ] *f* Fischfrau *f*; Fischschüssel *f*; **~eiro** [~eiru] *m* Fischhändler *m*; **~elim** [~ʃə'lĩ] *m* Kleinfisch *m*; **~e-martelo** [ˌpeiʃəmɐr'tɛlu] *m* Hammerfisch *m*; **~e-serra** [ˌpeiʃə'sɛʀɐ] *m* Sägefisch *m*; **~e-voador** [ˌpeiʃəvwɐ'ðor] *m* fliegende(r) Fisch *m*.

pej|ada [pɨ'ʒaðɐ] *adj. f* schwanger; trächtig (*Tier*); **~ado** [~aðu] voll; *fig.* verschämt; verlegen; **~ar** [~ar] (1d) voll-, ver-stopfen; be-, überladen; hemmen; *v/i.* schwanger w.; *bras.* stehenbleiben (*Mühle*); **~ar-se** *fig.* verlegen w.; sich schämen (über [*ac.*] *od.* vor [*dat.*] de); zurückschrecken; **~o** ['peʒu] *m* Scham *f*; Verlegenheit *f*; *ter* ~ = *~ar-se*; **~orativo** [~ʒurɐ'tivu] herabsetzend, verächtlich; schlecht.

pela [pəlɐ, 'pelɐ] *Zssg der prp. por mit art. od. pron. demonstr. a*; *s. por.*

péla ['pɛlɐ] *f* **a**) (Feder-, Fang-)Ball *m*; Schlagball *m*; **b**) Korkschicht *f*.

pela|do [pə'laðu] kahl; nackt; **~dura** [~lɐ'ðurɐ] *f* Häuten *n*; Enthaaren *n*; **~gem** [~aʒɐ̃i] *f* Haarkleid *n* (*der Tiere*).

pélago ['pɛlɐɣu] *m die* hohe See; Tiefsee *f*; *fig.* Abgrund *m*.

pel|ame [pə'lɐmə] *m* Behaarung *f*; Fell *n*; Pelzwerk *n*; **~anca, ~anga** [~ɐ̃ŋkɐ, -gɐ] *f* schlaffe Haut *f*; **~ar** [~ar] (1c; *Präs. ind.* 1.—3. *Pers.* *pélo, pélas, péla*) (ab)häuten; enthaaren; *Obst usw.* schälen; *fig.* rupfen; **~ar-se** *por* versessen sn auf (*ac.*); ~ *de* umkommen vor (*dat.*); **~aria** [~lɐ'riɐ] *f* Kürschnerei *f*; Pelzwaren *f/pl.*; **~e** ['pɛlə] *f* Haut *f*; Fell *n*, Balg *m*; Pelz *m*; *casaco m* (*loja f*) *de* ~*s* Pelz-mantel *m* (-handlung *f*); *cortar na* ~ *de* herziehen über (*ac.*); *defender a sua* ~ sich s-r Haut wehren; *estar na* ~ *de alg.* in j-s Haut stecken; *mudar* (*od. despir*) *a* ~ sich häuten; *tirar a* ~ *fig.* das Fell über die Ohren ziehen; *tratar da* ~ Hautpflege treiben; **~ega** *bras.* [pe'legɐ] *f* Geldschein *m*; **~ego** [pe'legu] *m* *bras.* Schaffell *n als Satteldecke*; **~eiro** [~eiru] *m* Kürschner *m*.

pelej|a [~'leʒɐ] *f* Kampf *m*; Handgemenge *n*; Rauferei *f*; **~ar** [~li'ʒar] (1d) sich schlagen, kämpfen; anea.-geraten; sich raufen.

pé-leve *bras.* [pɛ'lɛvə] *m* Landstreicher *m*.

pele-vermelha [ˌpɛləvər'mɛʎɐ] *m* [Rothaut *f*.]

peli|ca [pə'likɐ] *f* Handschuhleder *n*; *luva f de* ~ Glacéhandschuh *m*; **~ça** [~sɐ] *f* Pelz-jacke *f*, -rock *m*.

pelicano [~li'kɐnu] *m* Pelikan *m*; *cir.* (Zahn-)Zange *f*.

película [~'likulɐ] *f* Häutchen *n*; *fot.* Film(streifen) *m*.

pelintra [~'lĩntrɐ] **1.** *adj.* ärmlich; schäbig; **2.** *m* arme(r) Schlucker *m*; schäbige(r) Kerl *m*.

pelo [pəlu] *Zssg der prp. por mit art. od. pron. demonstr.* o; *s. por.*

pêlo ['pelu] *m* Haar *n*; Behaarung *f*; Flaum *m*; *em* ~ F im Adamskostüm; *largar o* ~ haaren.

peloir... *s. pelour...*

pelota [pə'lɔtɐ] *f* **a)** Bällchen *n*; Ball *m*; Kugel *f*; Kissen *n*; *cir.* Pelotte *f*; Pelota *f* (*Ballspiel*); **b)** *bras.* Fährboot *n aus Ochsenhaut.*

pelot|ão [~lu'tɐ̃u] *m* ⚔ Abteilung *f*; *Exekutions*-Kommando *n*; **~iqueiro** [~ti'keiru] *m* Taschenspieler *m*, Gaukler *m*.

pelour-, peloir|inho [~lo-, ~loi'riɲu] *m* Schandpfahl *m*; **~o** [~'lo-, ~'loiru] *m städtisches* Amt *n*.

pelúcia [~'lusjɐ] *f* Plüsch *m*.

pelu|do [~'luðu] haarig; behaart; zottig; *fig.* scheu; täppisch; **~gem** [~ʒɐ̃i] *f* Flaum *m*.

pena ['penɐ] *f* **a)** Strafe *f*; Kummer *m*; Leid *n*; Erbarmen *n*; *Höllen*-Qual *f*; ~ *capital*, ~ *última* (*máxima*) Todes- (Höchst-)strafe *f*; *sob* ~ bei Strafe; *cumprir uma* ~ e-e Strafe verbüßen (*od.* absitzen); é (*uma*) ~, *faz* ~ es ist bedauerlich *od.* schade; *faz-me* ~, *tenho* ~ es tut mir leid; *valer* (*od. merecer*) *a* ~ sich (ver-)lohnen, der Mühe wert sn; ~! schade!; **b)** Feder *f* (*a. fig.*); *ao correr da* ~ aufs Geratewohl, ohne zu überlegen; obenhin.

pena|cho [pə'naʃu] *m* Feder-, Helmbusch *m*; *Hahnen*-Kamm *m*; ⚠ *Gewölbe*-Kappe *f*; ♪ Wischer *m*; *apanhar o* ~ an die Macht kommen; die Leitung (*od.* Führung) übernehmen; *ter o* ~ F zu sagen h.; **~da** [~ðɐ] *f* Federstrich *m*; **~do** [~ðu] **a)** gefiedert; **b)** *alma f -a* arme Seele *f*; Gespenst *n*.

penal [~'nał] Straf(rechts)...

penal|idade [~nɐli'ðaðə] *f* Strafbestimmung *f*; Strafe *f*; *Sport*: Strafpunkt *m*; **~ista** [~'liʃtɐ] *m* Strafrechtler *m*; **~ização** [~izɐ'sɐ̃u] *f* Bestrafung *f*; **~izar** [~i'zar] (1a) betrüben; leid tun (*dat.*); bestrafen.

penar [~'nar] (1d) büßen; leiden.

penca ['pẽŋkɐ] *f* fleischige(s) Blatt *n*; *fig.* große Nase *f*; *bras.* Büschel *n*; Menge *f*; *Schlüssel*-Bund *m*; *Kinder*-Schar *f*; *em* ~ massenhaft; *prov.* (*couve*) ~ Blattkohl *m*.

pend|ão [pẽn'dɐ̃u] *m* Banner *n*; Fahne *f*; (Mais-)Rispe *f*; *fig.* Wahrzeichen *n*; Anschein *m*, Zeichen *n*; **~ência** [~ẽsjɐ] *f* Ausea.-setzung *f*, Streit *m*; ~ *de honra* Ehrenhandel *m*; *na* ~ *da causa* solange das Verfahren schwebt; **~enga** *bras.* [~ẽŋgɐ] *f* Streit(igkeit *f*) *m*, Konflikt *m*; **~ente** [~ẽntə] **1.** *adj.* (über)hängend; ungepflückt (*Obst*); abhängig (von *de*); *fig.* unerledigt, schwebend; ⚖ *a.* anhängig; **2.** *m* (Ohr-)Gehänge *n*; ⚠ *Gewölbe*-Zwickel *m*; **~er** [~er] (2a) *v/i.* hängen; herabhängen (von *de*); (sich zu)neigen (zu *a, para*); **~or** [~or] *m* Abhang *m*; Neigung *f* (*a. fig.*).

pêndulo ['pẽndulu] *m* Pendel *n*.

pendur|ado [pẽndu'raðu] hängend; *estar* ~ hängen; **~ar** [~ar] (1a) aufhängen (an [*dat.*] *por*); ~ *em*, ~ *de* hängen an (*ac.*); **~icalho** [~ri'kaʎu] *m* Anhängsel *n*.

pened|ia [pənə'ðiɐ] *f* Felsen(gewirr *n*) *m*; **~o** [~'neðu] *m* Fels(en) *m*.

peneir|a [~'neirɐ] *f* Sieb *n*; Sprühregen *m*; Krabbenteller *m*; **~ar** [~nei'rar] (1a) (durch)sieben; *Mehl* beuteln; *v/i. bras.* nieseln; **~ar-se** watscheln; **~o** [~u] *m* Beutelsieb *n*.

penetr|ação [~nətrɐ'sɐ̃u] *f* Durchdringung *f*; Eindringen *n*; *fig.* Scharfsinn *m*; *força f de* ~ Durchschlagskraft *f*; **~ante** [~'trɐ̃ntə] durch-dringend, -schlagend; scharf, spitz; beißend (*Ironie*); tief (*Gefühl*); schrill (*Ton*); scharfsinnig; **~ar** [~'trar] (1c) durchdringen; eindringen in (*ac.*); begreifen; durchschauen; *v/i.* (durch)dringen; einleuchten (*Grund*); ~ *em* eindringen in (*ac.*); **~ar-se** *de* sich (fest) überzeugen von; **~ável** [~'travɛɫ] *fig.* durchschaubar; verständlich.

penh|a ['peɲɐ] *f* Fels(en) *m*; **~asco** [pɨ'ɲaʃku] *m* (hoher) Felsen *m*.

penhoar *gal. bras.* [pe'ɲwar] *m* Negligé *n*.

penhor [pɨ'ɲor] *m* Pfand *n*; *fig. a.* Unterpfand *n*; *dar em* ~ verpfänden; *emprestar sobre* ~*es* auf Pfand leihen; **~a** [~'ɲorɐ] *f* Pfändung *f*.

penhor|ado [~ɲu'raðu] *fig.* dankbar, verbunden; *agradeço muito* ~ ich danke verbindlichst; **~ante** [~ɐ̃ntə] dankenswert; liebenswürdig; **~ar** [~ar] (1e) (ver)pfänden; verbürgen; versprechen; *fig.* zu Dank verpflichten; beschämen; **~ista** [~iʃtɐ] *m* Pfandleiher *m*.

penico V [pə'niku] *m* Nachttopf *m*.

península [pə'nĩsulɐ] *f* Halbinsel *f*.

peninsular [pənĩsu'lar] **1.** *adj.* der Halbinsel; **2.** *su.* Bewohner(in *f*) *m* der Halbinsel (*bsd. der iberischen*).

pénis, *bras.* **pênis** ['pɛniʃ, 'penis] *m* Penis *m*.

penit|ência [pəni'tẽsjɐ] *f* Buße *f*; *tribunal m da* ~ Beichtstuhl *m*; ~*s pl.* Bußübungen *f/pl.*; **~encial** [~tẽ'sjaɫ] **1.** *adj.* Buß...; **2.** *m* Bußregel *f*; **~enciar** [~tẽ'sjar] (1g) *j-m* eine Buße auferlegen; bestrafen; **~enciar-se** Buße tun; **~enciária** [~tẽ'sjarjɐ] *f* Straf(vollzugs)anstalt *f*; **~enciário** [~tẽ'sjarju] **1.** *adj.* Buß...; Straf...; **2.** *m* Strafgefangene(r) *m*; *rel.* Beichtiger *m*; **~ente** [~ẽntə] **1.** *adj.* bußfertig; reuig; **2.** *su.* Büßer (-in *f*) *m*.

penoso [pə'nozu (-ɔ-)] schmerzlich; beschwerlich; peinlich; lästig.

pens|ado [pẽ'saðu]: *bem* (*mal*) ~ wohl (un)überlegt; wohl (schlecht) durchdacht; *caso m* ~ Absicht *f*; *de caso* ~ absichtlich; vorsätzlich; **~ador** [~sɐ'ðor] *m* Denker *m*; **~amento** [~sɐ'mẽntu] *m* Gedanke(n) *m*; Denken *n*; Absicht *f*; Vorhaben *n*; *vir ao* ~ einfallen (*dat.*); **~ão** [~ɐ̃u] *f* Pension *f*; Ruhegehalt *n*; **~ar** [~ar] (1a) **1.** *v/i.* denken (an [*ac.*] *em*); sich besinnen; glauben, meinen; vorhaben; ~ *em*, ~ *sobre* überlegen (*ac.*); nachdenken über (*ac.*); ~ *em inf.* gedenken zu *inf.*; ~ *bem* (*mal*) richtig (falsch) denken (*od. fig.* F liegen); (un)recht h.; *sem* ~ unwillkürlich; gedankenlos; *nem* ~ (*nisso*)! Gott bewahre!; kommt nicht in Frage; *maneira f* (*od. modo m*) *de* ~ Denkweise *f*; Denkungsart *f*; **2.** *v/t.* a) denken; sich *et.* denken; bedenken; durchdenken; b) pflegen, warten; *Wunde* verbinden; **3.** *m*: *no meu* ~ m-r Ansicht nach; **~ativo** [~sɐ'tivu] nachdenklich.

pênsil ['pẽsiɫ] hängend; Hänge...

pension|ário [pẽsju'narju] **1.** *adj.* Pensions...; **2.** *m*, **-a** *f* = **~ista** [~'niʃtɐ] *su.* Pensionär(in *f*) *m*; Rentner(in *f*) *m*.

penso ['pẽsu] **a)** *m* Wartung *f*, Pflege *f*; Futter(ration *f*) *n*; ⚕ Verband *m*; *Zahn*-Einlage *f*; **b)** *adj. bras.* (über)hängend; schief.

pent|agonal [pẽntɐɣu'naɫ] fünfeckig; **~ágono** [~'taɣunu] *m* Fünfeck *n*.

pente ['pẽntə] *m* Kamm *m*; *bras. Patronen*-Gurt *m*; ~ *miúdo*, ~ *para caspa* Staubkamm *m*.

pente|adeira *bras.* [pẽntja'deirɐ] *f* Frisiertoilette *f*; **~ado** [~'tjaðu] *m* Frisur *f*; **~ador** [~tjɐ'ðor] *m* Frisiermantel *m*; **~ar** [~ar] (1l) kämmen; frisieren; *vá* ~ *macacos!* gehen Sie zum Teufel!; **~ar-se** *para fig.* es darauf anlegen *et.* zu werden.

Pentecostes [~tə'kɔʃtɨʃ] *m* Pfingsten *pl.*, Pfingstfest *n*.

pent(e)eiro [~'t(j)eiru] *m* Kammmacher *m*.

penu|do [pə'nuðu] gefiedert; **~gem** [~ʒɐ̃i] *f* Flaum(federn *f/pl.*) *m*; Daunen *f/pl.*; **~gento**, **~joso** [~nu-

'ʒẽntu, ~'ʒozu (-ɔ-)] flaumig.
penúltimo [pən'ułtimu] vorletzt.
penumbra [pen'ũmbrɐ] *f* Halbdunkel *n*. [Not *f*.]
penúria [pə'nurjɐ] *f* Mangel *m*,
peónia ♀ ['pjɔnjɐ] *f* Pfingstrose *f*.
pepino [pə'pinu] *m* Gurke *f*.
pepita [~'pitɐ] *f* (Gold-)Korn *n*.
pequen|ez, ~eza [~kə'neʃ, -ezɐ] *f* Kleinheit *f*; Bedeutungslosigkeit *f*; **~ino, ~ito** [~inu, ~itu] **1.** *adj.* winzig (klein); **2.** *m*, **-a** *f* Knirps *m*, Krott *f*; **~o** [~'kenu] klein, Klein...; gering(fügig); bedeutungslos; *-as coisas f/pl.* Kleinigkeiten *f/pl.*; *~ de alma* (*od. coração*) engherzig; *~ de inteligência* beschränkt; *em ~* als Kind; *desde ~* von klein auf.
pequeno-burguês [~ˌkenɔβur'γeʃ] **1.** *adj.* kleinbürgerlich; **2.** *m*, **-esa** *f* Kleinbürger(in *f*) *m*.
pequerrucho [~kə'ʀuʃu] **1.** *adj.* klein; **2.** *m* a) Knirps *m*; b) *bras. prov.* Fingerhut *m*.
per [pər]: *de ~ si* von selbst; für sich.
pera ['perɐ] *f* ♀ Birne *f*; *fig.* Spitzbart *m*; ⚡ Zwischenschalter *m*; *ter (dar) para ~s* schwer zu schaffen h. (m.); schwer leiden müssen.
peralta, -alvilho [pə'rałtɐ, ~rał'viʎu] **1.** *m* Stutzer *m*, Geck *m*; **2.** *adj.* stutzer-, gecken-haft.
perambular *bras.* [perẽmbu'lar] (1a) (umher)streifen; bummeln.
perante [pə'rẽntə] vor; in Gegenwart (*gen.*); angesichts (*gen.*).
pé-rapado *bras.* [pɛʀa'padu] *m* F arme(r) Schlucker *m*.
perau *bras.* [pe'rau] *m* tiefe Stelle *f*; Schlucht *f*; Steilhang *m*, Böschung *f*.
perca ['pɛrkɐ] *f* **a**) *zo.* Barsch *m*; **b**) P Verlust *m*; Ausfall *m*.
percalço [pər'kałsu] *m* Nebenverdienst *m*; *bsd.* F Mißgeschick *n*; Unannehmlichkeit *f*.
percalina [~kɐ'linɐ] *f* Kaliko *m*.
percebas, -es [~'seβɐʃ, -ɨʃ] *f(m)/pl.* Rankenfüßer *m/pl.* (*e-e Krebsart*).
perceber [~sə'βer] (2c) wahrnehmen; bemerken; hören; verstehen; erkennen; *Gehalt* bekommen; *deixar ~* durchblicken lassen.
percent|agem [~sẽn'taʒẽi] *f* Prozent-, Hunder-satz *m*; Prozente *n/pl.*; Anteil *m*; Teil *m*; **~ual** [~'twał] prozentual, Prozent...
percep|ção [~sɛ'sɐ̃u] *f* Wahrnehmung *f*; Einziehung *f*; **~cionar** [~'sju'nar] (1f) verständlich m.; **~tível** [~'tivɛł] wahrnehmbar; vernehmlich; ein-treibbar, -ziehbar (*Schulden*).
percevejo [~sə'veʒu] *m* Wanze *f*; *fig.* Reißzwecke *f*.
percha ['pɛrʃɐ] *f* (Kletter-)Stange *f*.
percorrer [pərku'ʀer] (2d) durcheilen, -fahren, -fließen, -laufen, -ziehen; eilen, fahren, gehen *usw.* durch; *Strecke* zurücklegen; *Land* bereisen; *Meer* befahren; *fig.* durchforschen, -stöbern; *~ (com a vista)* mustern; überfliegen.
percurso [~'kursu] *m* Strecke *f*; Bahn *f*; *Fluß*-Lauf *m*; *Reise*-Weg *m*; Reise *f*; Fahrt *f*; Marsch *m*.
percu|ssão [~ku'sɐ̃u] *f* Stoß *m*; Schlag *m*; ♪ Anschlag *m*; ⚕ Abklopfen *n*; Perkussion *f*; **~ssor** [~'sor] *m* Schlagbolzen *m*; **~tir** [~'tir] (3a) stoßen gegen; (auf-)schlagen auf (*ac.*); prallen auf (*ac.*) *od.* gegen; *Ton* anschlagen; ⚕ abklopfen.
perda ['perδɐ] *f* Verlust *m*; Verschwinden *n*; *Haar*-Ausfall *m*; *fig.* Verderben *n*.
perdão [pər'δɐ̃u] *m* Verzeihung *f*; Begnadigung *f*; Vergebung *f*.
perder [~'δer] (2o) verlieren; *Gelegenheit, Zug usw.* ver-säumen, -passen; sich *et.* entgehen l.; vertun; vergeblich tun; zugrunde richten; verderben; = *deitar a ~* ins Verderben stürzen; ruinieren; *~ para com* (*od. na opinião de*) *alg.* in j-s Achtung sinken; **~-se** verloren- (*od.* zugrunde) gehen; verderben; umkommen; sich ins Verderben stürzen; sich verirren; sich nicht mehr zurechtfinden; sich verwirren; *~ por* vernarrt sn in (*ac.*); versessen sn auf (*ac.*).
perdi|ção [~δi'sɐ̃u] *f* Verderben *n*; Unheil *n*; *rel.* Verdammnis *f*; *amor m de ~* verderbliche Liebe *f*; **~damente** [~ˌδiδɐ'mẽntə] maßlos, wie toll; ohne Sinn und Verstand; **~do** [~'δiδu]: *~ de* außer sich vor (*dat.*); *andar ~* sich verirrt h.
perdi|gão [~δi'γɐ̃u] *m* Rebhahn *m*; **~gueiro** [~'γeiru]: (*cão*) *~ m* Hühnerhund *m*.
perdiz [~'δiʃ] *f* Rebhuhn *n*.
perdo|ar [~'δwar] (1f) verzeihen; durchgehen l.; *Sünde* vergeben; *Strafe, Schuld* erlassen; ersparen;

j-n begnadigen; (ver)schonen; **~ável** [~'ðwavɛɫ] verzeihlich.

perdulário [~ðu'larju] **1.** *adj.* verschwenderisch; leichtsinnig; **2.** *m* Verschwender *m*; Leichtfuß *m*.

perdur|ação [~ðurɐ'sɐ̃u] *f* Fortdauer *f*, -bestand *m*; **~ar** [~'rar] (1a) (lange) dauern; fortdauern; **~ável** [~'ravɛɫ] dauerhaft; ewig.

pereb|a *bras.* [pe'rɛbɐ] *f* Krätze *f*; Räude *f*; Pustel *f*; Schramme *f*; **~ento** [~re'bẽntu] räudig.

perec|edor [pərəsə'ðor] vergänglich; **~er** [~'ser] (2g) vergehen; untergehen; umkommen; sterben; **~imento** [~si'mẽntu] *m* Untergang *m*; **~ível** [~'sivɛɫ] vergänglich.

peregrin|ação [~rəɣrinɐ'sɐ̃u] *f* Wallfahrt *f*; Pilgerfahrt *f*; Reise *f*; Gang *m* (*nach Canossa*); **~ar** [~'nar] (1a) pilgern; wandern; reisen; **~o** [~'ɣrinu] **1.** *adj.* fremd; seltsam; ungewöhnlich; selten; **2.** *m*, **-a** *f* Pilger (-in *f*) *m*; Wallfahrer(in *f*) *m*.

pereira [~'reirɐ] *f* Birnbaum *m*.

peremp|ção ⚖ [pərẽmp'sɐ̃u] *f* Verjährung *f*; **~to** [~'ẽmptu] verjährt; **~tório** [~'tɔrju] entscheidend; nachdrücklich; ⚖ perem(p)torisch.

peren|e [~'ɛnə] (fort)dauernd; beständig; ewig; Dauer...; **~idade** [~əni'ðaðə] *f* Fortdauer *f*; Bestand *m*.

perer|eca *bras.* [pere'rɛkɐ] **1.** *f* Grünling *m* (*Froschart*); **2.** *su. fig.* Frosch *m*; **~ecar** [~re'kar] (1n; *Stv.* 1c) herumhopsen; zappeln.

perfazer [pərfɐ'zer] (2v) vollenden; erfüllen; *Summe* (aus-, voll-)m.

perfectível [~fɛk'tivɛɫ] vervollkommnungsfähig.

perfei|ção [~fei'sɐ̃u] *f* Vollkommenheit *f*; Vollendung *f*; **~tamente** [~ˌfeitɐ'mẽntə]: *~!* ganz recht!; **~to** [~'feitu] vollkommen; völlig; vollendet; tadellos; genau.

perfídia [~'fiðjɐ] *f* Falschheit *f*.

pérfido ['pɛrfiðu] treulos; niederträchtig; falsch.

perfil [pər'fiɫ] *m* Profil *n*; Umriß *m*; Seitenansicht *f*; ⚔ Ausrichtung *f*; *fig.* Charakterbild *n*; *de ~* im Profil; **~ar** [~fi'lar] (1a) im Profil zeichnen (*od.* darstellen); ⚔ ausrichten; *~!* richt't euch!; **~ar-se** Richtung nehmen; Haltung annehmen.

perfilhar [~fi'ʎar] (1a) an Kindes Statt annehmen, adoptieren; *fig.* sich zu eigen m.; *Lehre* vertreten.

perfum|ado [~fu'maðu] duftend; **~ador** [~mɐ'ðor] *m* Räuchergefäß *n*; **~ar** [~ar] (1a) parfümieren; durchduften; **~aria** [~mɐ'riɐ] *f* Parfümerie *f*; **~e** [~'fumə] *m* Parfüm *n*; Duft *m* (*a. fig.*).

perfur|ação [~furɐ'sɐ̃u] *f* Lochung *f*; Durchlöcherung *f*; (Durch-) Bohrung *f*; Durchstoß(ung *f*) *m*; Durchbruch *m*; *Damm*-Bruch *m*; Perforation *f* (*bsd.* ⚕); *torre f de ~* Bohrturm *m*; **~ado** [~'raðu]: *ficha f* (*tira f*) *-a* Loch-karte *f* (-streifen *m*); **~ador** [~ɐ'ðor] **1.** *m* Bohrmaschine *f*; ⊕ Lochzange *f*; Locher *m*; *~ m*, *-a f* Lochkartenschreiber (-in *f*) *m*; **2.** *adj.* (*máquina*) *~a f* Bohr- (*od.* Perforier-)maschine *f*; **3.** *adj.* = **~ante** [~'rẽntə] spitz; *arma f ~* Stichwaffe *f*; *poder m ~* Durchschlagskraft *f*; **~ar** [~'rar] (1a) lochen, perforieren; durchlöchern, -bohren, -stechen, -brechen.

pergaminho [~ɣɐ'miɲu] *m* Pergament *n*; *bras. uni. etwa*: Wisch *m*; *~ vegetal* Pergamentpapier *n*.

pergunt|a [~'ɣũntɐ] *f* Frage *f* (*fazer* stellen); Befragung *f*; **~ar** [~ɣũn'tar] (1a) (be)fragen; *~ a alg.* j-n fragen; *~ por* fragen nach.

peric|árdio [pəri'karðju] *m* Herzbeutel *m*; **~ardite** [~kɐr'ðitə] *f* Herzbeutelentzündung *f*; **~árpio, ~arpo** [~arpju, ~arpu] *m* Samengehäuse *n*.

perícia [pə'risjɐ] *f* Erfahrung *f*; (Sach-)Kenntnis *f*.

periclit|ante [~rikli'tẽntə] gefährdet; **~ar** [~ar] (1a) gefährdet sn; schwanken, zögern.

perif|eria [pərifə'riɐ] *f* Peripherie *f*; Rand *m*; Außenseite *f*; Umkreis *m*; **~érico** [~'fɛriku] peripher.

perífrase [~'rifrɐzə] *f* Umschreibung *f*, Periphrase *f*.

perifrástico [~ri'fraʃtiku] umschreibend, periphrastisch.

perigar [~ri'ɣar] (1o) Gefahr laufen.

perig|o [~'riɣu] *m* Gefahr *f*; *pôr em ~* gefährden; *ficar em ~ de vida bsd.* lebensgefährlich verletzt w. (*od.* sn); **~oso** [~ri'ɣozu (-ɔ-)] gefährlich.

perímetro [~'rimətru] *m* Umfang *m*; *Wald- usw.* Gebiet *n*.

perimir [~ri'mir] (3a) ⚖ *Prozeß* niederschlagen; *v/i.* ver-jähren, -fallen; *fig.* veralten.

períneo *anat.* [~'rinju] *m* Damm *m*.
periodicidade [~rjuδisi'δaδə] *f* regelmäßige Wiederholung *f*; regelmäßige(s) Erscheinen *n*.
periódico [~'rjɔδiku] **1.** *adj.* periodisch; regelmäßig; *imprensa f -a* Tagespresse *f*; **2.** *m* Zeitung *f*.
período [~'riuδu] *m* Periode *f*; Zeit (-abschnitt *m*) *f*; *ast. a.* Umlaufzeit *f*; *gram.* Satz(gefüge *n*) *m*.
peri|ósteo [~'rjɔʃtju] *m* Knochenhaut *f*; **~ostite** [~rjɔʃ'titə] *f* Knochenhautentzündung *f*.
peripécia [~ri'pɛsjɐ] *f* Wendepunkt *m*; (Schicksals-)Wendung *f*, Umschwung *m*; F Überraschung *f*.
periquito [~ri'kitu] *m* Sittich *m*.
periscópio [~riʃ'kɔpju] *m* Sehrohr *n*.
perit|agem [~'taʒɐ̃i] *f* Sachverständigengutachten *n*; **~o** [~'ritu] **1.** *adj.* sachverständig; fachmännisch; **2.** *m* Sachverständige(r) *m*.
perit|oneu, ~ónio [~ritu'neu, ~'tɔnju] *m* Bauchfell *n*; **~onite** [~tu'nitə] *f* Bauchfellentzündung *f*.
perj|urar [pərʒu'rar] (1a) abschwören (*dat.*); *v/i.* s-n Eid brechen; falsch schwören; **~úrio** [~'ʒurju] *m* Eidbruch *m*; Meineid *m*; **~uro** [~'ʒuru] eidbrüchig; meineidig.
perman|ecer [~mɐnə'ser] (2g) bleiben; verharren; verweilen; fortdauern; **~ência** [~'nẽsjɐ] *f* Fortdauer *f*; Verweilen *n*; Aufenthalt *m*; *estar* (*od.* *declarar-se*) *em ~* ohne Unterbrechung tagen; sich in Permanenz erklären; **~ente** [~'nẽntə] **1.** *adj.* bleibend; dauernd; Dauer...; ⚚ durchgehend; stehend (*Heer*); **2.** *f* Dauerwelle *f*.
perme|abilidade [~mjɐβəli'δaδə] *f* Durchlässigkeit *f*; **~ar** [~'mjar] (1l) durch-setzen, -flechten, -ziehen; spicken; *v/i.* dazwischenliegen; hindurchgehen; sich hindurchziehen; dazwischenkommen; **~ável** [~'mjavɛɫ] durchlässig.
permeio [~'meju]: *de ~* dazwischen; darunter; inzwischen; *meter-se de ~* sich ein- (*od.* dazwischen-)schieben; dazwischen-kommen, -treten; sich einmischen.
permi|ssão [~mi'sɐ̃u] *f* Erlaubnis *f*; Genehmigung *f*; **~ssividade** [~sivi'δaδə] *f* Freizügigkeit *f*; **~ssível** [~'sivɛɫ] zulässig, statthaft; **~ssivo, ~ssório** [~'sivu, ~'sɔrju] Erlaubnis...; **~tir** [~'tir] (3a) erlauben, gestatten.
permut|a [~'mutɐ] *f* Aus-, Umtausch *m*; **~ar** [~mu'tar] (1a) austauschen; *Geld usw.* umtauschen; vertauschen; auswechseln.
perna ['pɛrnɐ] *f* Bein *n*; *cul.* Keule *f*; *anat. a.* Unterschenkel *m*; *Zirkel*-Schenkel *m*; *~ de letra* Grundstrich *m*; *~ de pau* Stelzfuß *m*; *zo.* Strandläufer *m*; *de ~s para o ar* auf dem Kopf (stehend); *dar à ~* tanzen; *dar às ~s* Reißaus nehmen; *passar a ~ a alg.* j-m ein Schnippchen schlagen.
pern|ada [pər'naδɐ] *f* lange(r) Schritt *m*; *Baum*-Ast *m*; *Fluß*-Arm *m*; *bras.* lange(r) Marsch *m*; **~altas** [~'aɫtɐʃ] *f/pl.* Stelzvögel *m/pl.*; **~alto** [~'aɫtu] lang-, stelz-beinig; **~ear** [~'njar] (1l) strampeln; springen; **~eira** [~'neirɐ] *f bras.* *~s pl.* (Leder-) Gamaschen *f/pl.*
pernicioso [~ni'sjozu (-ɔ-)] verderblich; schädlich; bösartig (*Fieber*).
pernil [~'niɫ] *m* *Schinken*-Knochen *m*; **~ongo** [~ni'lõŋgu] **1.** *adj.* langbeinig; **2.** *m* Strandläufer *m* (*Vogel*); *bras.* Schnake *f*.
perno ['pɛrnu] *m* Bolzen *m*; Zapfen *m*.
pernoit|a [pər'noitɐ] *f* = **~amento** [~noitɐ'mẽntu] *m* Übernachtung *f*; **~ar** [~noi'tar] (1a) übernachten; **~e** [~'noitə] *m* = *~a*.
pernout|... *s.* *pernoit|...*
pêro ['peru] *m* Spitzapfel *m*; *são como um ~* gesund und munter.
peroba *bras.* [pe'rɔbɐ] *f* Peroba *n* (*Name mehrerer Bauhölzer*); *fig.* aufdringliche(r) Kerl *m*.
pérola ['pɛrulɐ] *f* Perle *f* (*a. fig.*).
perol|eira [pəru'leirɐ] *f* Oliventopf *m*; **~ífero** [~'lifəru] Perl...
peroneu, -ónio [pəru'neu, ~'rɔnju] *m* Wadenbein *n*.
peror|ação [~urɐ'sɐ̃u] *f* Schlußwort *n*; ♪ Schlußsatz *m*; Redeerguß *m*; **~ar** [~'rar] (1e) *in e-r Rede* zum Schluß kommen; hochtrabend daherreden; F salbadern.
perpassar [pərpɐ'sar] (1b) vergehen, -fliegen; *~ por* vorbei-, vorüber- (*od.* entlang-)gehen, -streichen, -fliegen *usw.* an (*dat.*); gehen, streichen über (*ac.*) *od.* durch.
perpend|icular [~pẽndiku'lar] **1.** *adj.* senkrecht; **2.** *f* Senkrechte *f*, Lot *n* (*tirar* fällen); **~ículo** [~'dikulu] *m* Senkblei *n*, Lot *n*.

perpetr|ação [~pətrɐ'sɐ̃u] *f* Verübung *f*; **~ar** [~'trar] (1c) *Verbrechen* begehen, verüben.

perpétua ⚘ [~'pɛtwɐ] *f* Strohblume *f*.

perpetu|ação [~pətwɐ'sɐ̃u] *f* Verewigung *f*; Verlängerung *f*; Erhaltung *f*; **~ar** [~'twar] (1g) verewigen; verlängern; erhalten, fortpflanzen; **~idade** [~twi'ðaðə] *f* Fortdauer *f*; Lebenslänglichkeit *f*.

perpétuo [~'pɛtwu] beständig; unbefristet; unvergänglich, ewig; lebenslänglich (*Strafe*).

perplex|idade [~plɛksi'ðaðə] *f* Bestürzung *f*; Ratlosigkeit *f*; **~o** [~'plɛksu] bestürzt; ratlos; *ficar* ~ stutzen; *deixar* ~ bestürzen.

perr|engue *bras.* [pe'ʀẽŋgə] unbrauchbar; schlapp; brummig; **~ice** P [pə'ʀisə] *f* Dickköpfigkeit *f*; Bockigkeit *f*; **~o** ['peʀu] **1.** *m* Hund *m* (*a. fig.*); **2.** *adj.* dickköpfig; bockig; verklemmt (*Tür, Schloß*); *estar* ~ klemmen.

persa ['pɛrsɐ] **1.** *adj.* persisch; **2.** *su.* Perser(in *f*) *m*.

perscrut|ação [pərʃkrutɐ'sɐ̃u] *f* Erforschung *f*; **~ador** [~tɐ'ðor] forschend, durchdringend (*Blick*); **~ar** [~'tar] (1a) erforschen; durchschauen; eindringen in (*ac.*).

persegu|ição [~səɣi'sɐ̃u] *f* Verfolgung *f*; **~idor** [~i'ðor] *m* Verfolger *m*; **~ir** [~'ɣir] (3o; *Stv.* 3c) verfolgen; zusetzen (*dat.*).

persever|ança [~səvə'rɐ̃sɐ] *f* Beharrlichkeit *f*; **~ante** [~ɐ̃ntə] beharrlich; **~ar** [~ar] (1c): ~ *em* beharren bei *e-r Meinung*, auf *e-m Vorsatz*; verharren in (*dat.*).

persiana [~'sjɐnɐ] *f* Rolladen *m*; Jalousie *f*.

pérsi(c)o ['pɛrsju (-siku)] persisch.

persignar-se [~siɣ'narsə] (1a) sich bekreuzigen.

persist|ência [~siʃ'tẽsjɐ] *f* Ausdauer *f*; **~ente** [~ẽntə] ausdauernd; beständig; **~ir** [~ir] (3a) ausdauern; (fort)dauern; ~ *em* bestehen auf (*dat.*); verharren in (*dat.*).

person|agem [~su'naʒɐ̃i] *f*, *a. m* Persönlichkeit *f*; *Roman*-Figur *f*; *tea.* Person *f*; **~alidade** [~nɐli'ðaðə] *f* Persönlichkeit *f*; Eigenart *f*; persönliche Note *f*; **~alismo** [~nɐ'liʒmu] *m* Ichbezogenheit *f*; **~alista** [~nɐ'liʃtɐ] personalistisch; **~alizar** [~nɐli'zar] (1a) persönlich w.; *v/t.* persönlich nennen; personalisieren; = **~ificar** [~nəfi'kar] (1n) verkörpern, personifizieren.

perspectiv|a [~ʃpɛ'tivɐ] *f* Perspektive *f*; Aussicht *f*; *fig. a.* Richtung *f*; **~ar** [~ti'var] (1a) perspektivisch darstellen; *fig.* in Aussicht stellen (*od.* nehmen); ins Auge fassen.

persp|icácia [~ʃpi'kasjɐ] *f* scharfe(r) Blick *m*; Scharf-, Weit-blick *m*; Scharfsinn *m*; **~icaz** [~i'kaʃ] scharf (*Auge*); *fig.* scharf-sichtig, -sinnig; weitblickend; *ser* ~ ein scharfes Auge h.; **~ícuo** [~ʃ'pikwu] klar, deutlich; anschaulich.

persua|dir [~swɐ'ðir] (3b): ~ *de* überzeugen von; überreden zu; **~são** [~'zɐ̃u] *f* Überzeugung *f*; Überredung *f*; **~siva** [~'zivɐ] *f* Überredungskunst *f*; **~sivo** [~'zivu] überzeugend.

perten|ça [~'tẽsɐ] *f* Eigentum(srecht) *n*; Befugnis *f*; ~*s pl.* Zubehör *n* (*com suas* mit allem); **~ce** [~sə] *m* Überschreibung *f*; = ~*ça*; **~cente** [~tẽ'sẽntə] **1.** *adj.* *j-m* gehörend; zu *et.* gehörig; *j-m* zustehend (*Recht*); *et.* betreffend; **2.** *su.* Angehörige(r) *f*(*m*); **~cer** [~tẽ'ser] (2g; *Stv.* 2a) *j-m* gehören; angehören; gehören zu; *j-m* zustehen; *j-s* Sache sn; *j-n*, *et.* betreffen.

pertin|ácia [~ti'nasjɐ] *f* Hartnäckigkeit *f*; **~az** [~aʃ] hartnäckig.

pertinente [~ti'nẽntə] (dazu)gehörig, entsprechend; (zu)treffend; ~*mente* der Sache nach; *ser* ~ zur Sache gehören; zutreffen.

perto ['pɛrtu] **1.** *adv.* nahe; *aqui* ~ hier in der Nähe; **2.** *prp.*: ~ *de* a) *örtlich*: nahe bei (*dat.*); in der Nähe (*gen.*); ~ *daqui* nicht weit von hier; b) *fig.* nahezu; ~ *das três horas* gegen drei Uhr; ~ *de três horas* nahezu drei Stunden; *estar* ~ *de inf.* nahe daran sn zu *inf.*; *vir* ~ herannahen, nahe sn; **3.** *m*: *ao* ~, *de* ~ aus (*od.* in) der Nähe; *conhecer de* ~ durch und durch (*od.* ganz genau) kennen; ~*s pl.* Vordergrund *m e-s Bildes*; erste(r) Eindruck *m*; Äußere(s) *n*; Manieren *f/pl.*

perturb|ação [pərturβɐ'sɐ̃u] *f* Störung *f*; Verwirrung *f*; Unruhe *f*; *lançar a* ~ *em* in Verwirrung (*od.* Aufruhr) bringen (*ac.*); **~ado** [~'βaðu] durchea.; unruhig; verlegen;

~ador [~ɐ'ðor] *m*, **-a** *f* Störenfried *m*; Ruhe-, Friedens-störer(in *f*) *m*; **~ar** [~'βar] (1a) *Ordnung, Ruhe* stören; *Freundschaft usw.* trüben; beunruhigen; verwirren; durchea.-bringen; aufwühlen; **~ar-se** in Verwirrung (*od.* Aufruhr) geraten.

peru [pə'ru] *m* Truthahn *m*, Puter *m*; *bras. fig.* **a**) Schmachtlappen *m*; **b**) *Kartenspiel*: Kiebitz *m*; **~a** [~'ruɐ] *f* Truthenne *f*; *fig.* F dumme Pute *f*; *bras.* Kombiwagen *m*; *estar com a ~* P e-n Affen h.

peruano [~'rwɐnu] **1.** *adj.* peruanisch; **2.** *m*, **-a** *f* Peruaner(in *f*) *m*.

peruar *bras.* [~'rwar] (1g) anschmachten; *Kartenspiel*: kiebitzen.

peruca [~'rukɐ] *f* Perücke *f*.

perver|são [pərvər'sɐ̃u] *f* Verkehrung *f*; Verderbnis *f*; Entartung *f*; **~sidade** [~si'ðaðə] *f* Verderbtheit *f*; Perversität *f*; **~so** [~'vɛrsu] widernatürlich, pervers; **~ter** [~'ter] (2c) verkehren; *sittlich* verderben; *Wahrheit* verdrehen; **~ter-se** verkommen; entarten.

pesa-cartas (*pl. unv.*) [ˌpɛzɐ'kartɐʃ] *m* Briefwaage *f*.

pesa|dão [pəzɐ'ðɐ̃u] schwer wie Blei; schwerfällig; **~delo** [~'ðelu] *m* Alp(druck) *m*; **~do** [~'zaðu] **1.** *adj.* schwer; lästig; schwerfällig, plump; schwerwiegend; *ser* (*od. ficar*) *~ a alg.* j-m zur Last (*od.* lästig) fallen; **2.** *m Sport*: Schwergewicht *n*; **~dote** [~'ðɔtə] ziemlich schwer; plump; **~gem** [~'zaʒɐ̃i] *f* Wiegen *n*; Waage *f*.

pesa-|leite(s) [ˌpɛzɐ'leitə] *m(pl.)* Milchwaage *f*; **~licores** [~li'koriʃ] (*pl. unv.*) *m* Senkwaage *f*.

pêsames ['pezɐmiʃ] *m/pl.* Beileidsbezeigung *f*; *sentidos ~* herzliches Beileid; *dar os ~* sein Beileid aussprechen; *visita f de ~* Beileidsbesuch *m*.

pesa-|mosto(s) [ˌpɛzɐ'moʃtu (-ɔ-)] *m(pl.)* Mostwaage *f*; **~papéis** (*pl. unv.*) [~pɐ'pɛiʃ] *m* Briefbeschwerer *m*.

pesar [pə'zar] **1.** *v/t.* (1c) (ab-)wiegen; *fig.* (ab)wägen; **2.** *v/i.* wiegen; *~ sobre* lasten auf (*dat.*); = *~ a fig.* bedrücken (*ac.*); leid tun; *~ em* belasten (*ac.*); *~ na balança* (*de alg.*) (bei j-m) ins Gewicht fallen; **3.** *m* Kummer *m*; Bedauern *n*, Reue *f*; *a meu ~* zu m-m Bedauern (*od.* Leidwesen); gegen m-n Willen; **~oso** [pəzɐ'rozu (-ɔ-)] bekümmert; niedergeschlagen; reuig.

pesca ['pɛʃkɐ] *f* Fischerei *f*; (Fisch-)Fang *m*; *~ à linha* Angeln *n*, Angelsport *m*; *andar à ~* angeln (nach).

pesc|ada [pɨʃ'kaðɐ] *f* Seehecht *m*; *~-marlonga* Merlan *m*; **~adinha** [~kɐ'ðiɲɐ] *f* Weißling *m* (*Fisch*); **~ador** [~kɐ'ðor] **1.** *m* Fischer *m*; Angler *m*; *~ de águas turvas* Hochstapler *m*; **2.** *adj.* Fischer...; **~anço** F [~ɐ̃su] *m*: *fazer ~* in die Karten gucken; **~ar** [~ar] (1n; *Stv.* 1c) fischen; *fig. zufällig* aufschnappen; *Vorteil* er-wischen, -gattern; *Geheimnis* herauskriegen (aus *a*), abluchsen; kapieren; *~ em águas turvas* (*od. envoltas*) im trüben fischen; **~aria** [~kɐ'riɐ] *f* = *pesca*.

pescoço [~'kosu] *m* Hals *m*; Nacken *m*; *pôr no ~* um den Hals binden.

peseta [pə'zetɐ] *f* Pesete *f*.

peso ['pezu] *m* Gewicht *n*; Schwere *f*; Peso *m* (*Münze*); *fig.* Last *f*; Druck *m*; Nachdruck *m*; Gewicht *n*; *bras.* Briefbeschwerer *m*; *a ~* nach (dem) Gewicht; *de ~* gewichtig; schwerwiegend; *em ~* ganz; alle; *comprar a ~ de ouro* mit Gold aufwiegen; *tomar o ~ de* (*od. a*) das Gewicht (*gen.*) feststellen; *fig.* abschätzen, würdigen; *~ morto* Ballast *m*; *~-galo* Bantam-, *~-mosca* Fliegen-, *~-pena*, *~-pluma* Federgewicht *n*.

pespeg|ar F [pɨʃpə'ɣar] (1o; *Stv.* 1c) versetzen, beibringen; **~ar-se** sich festsetzen, sich breitmachen; **~o** [~'peɣu] *m* Störung *f*; Hindernis *n*.

pespont|ar [~põn'tar] (1a) steppen; **~o** [~'põntu] *m* Steppstich *m*.

pesqueir|a [~'keirɐ] *f* Fischgrund *m*; **~o** [~u] **1.** *m* Angelschnur *f*; Fischwehr *n*; = *~a*; **2.** *adj.* Fischerei...; Fischer...; Fisch...

pesquis|a [~'kizɐ] *f* Nachforschung *f* (*fazer* anstellen); Untersuchung *f*; ⚒ Schürfung *f*; Bohrung *f*; **~ar** [~ki'zar] (1a) *Ort* durchsuchen; forschen (*od.* ⚒ schürfen) nach; untersuchen; feststellen, ermitteln.

pessário [pə'sarju] *m* Pessar *n*.

pêssego ['pesəɣu] *m* Pfirsich *m*.

pessegueiro [pəsə'ɣeiru] *m* Pfirsichbaum *m*.

pessimi|smo [~si'miʒmu] *m* Schwarzseherei *f*; Pessimismus *m*;

~sta [~ʃtɐ] **1.** *su.* Pessimist(in *f*) *m*; **2.** *adj.* pessimistisch.
péssimo [ˈpɛsimu] sehr schlecht.
pesso|a [pəˈsoɐ] *f* Person *f*; Mensch *m* (*boa* nett); *uma* ~ jemand; man; *muitas* ~*s* viele Leute; *em* ~ persönlich; **~al** [~ˈswał] **1.** *adj.* persönlich; **2.** *m* Personal *n*; *o* ~ *bras.* man; wir; die Leute *pl.*
pestana [pɨʃˈtɐnɐ] *f* Wimper *f.*
pestan|ear [~tɐˈnjar] (1l) = **~ejar** [~nɨˈʒar] (1d) mit der (*od.* den) Wimper(n) zucken; zwinkern; blinken (*Licht*); **~ejo** [~ˈneʒu] *m* Zucken *n* der Lider; Zwinkern *n*; *sem* ~ ohne mit der Wimper zu zucken; **~udo** [~ˈnuðu] mit langen Wimpern.
pest|e [ˈpɛʃtə] *f* Pest *f*; Seuche *f*; Gestank *m*; *fig.* Plage *f*; *ser uma* ~ unausstehlich sn; **~ífero** [pɨʃˈtifəru] Pest…; pestkrank.
pestil|ência [pɨʃtiˈlẽsjɐ] *f* Pestilenz *f*; **~encial** [~lẽˈsjał] Pest…; pestartig; **~ente, -o** [~ẽntə, -u] = ~*encial*; pestkrank; verpestet.
peta [ˈpetɐ] *f* Schwindel *m*; Finte *f*; Augenfleck *m* (*Pferd*); Hackmesser *n*; *dizer* ~*s* aufschneiden.
pétala [ˈpɛtɐlɐ] *f* Blütenblatt *n.*
petar [pəˈtar] (1c) schwindeln.
petardo [~ˈtarðu] *m* Sprengkörper *m.*
peteca *bras.* [peˈtɛkɐ] *f* Federkopf *m* (*Kinderspielzeug*); *fig.* Spielball *m.*
peteleco *bras.* [~teˈlɛku] *m* Klaps *m.*
peti|ção [pətiˈsɐ̃u] *f* Bittschrift *f*; Gesuch *n*; Bitte *f*, Ersuchen *n*; **~cionário** [~sjuˈnarju] **1.** *adj.* Bitt…; **2.** *m* Bittsteller *m.*
petinga [~ˈtĩŋgɐ] *f* Sprotte *f.*
petipé [~ˈpɛ] *m* Maßstab *m.*
petis|car [~tiʃˈkar] (1n) kosten; zu sich nehmen; *fig. Kenntnisse* aufschnappen; *v/i.* naschen, schlecken; *Feuer* schlagen; **~co** [~ˈtiʃku] *m* Leckerbissen *m*; Appetithappen *m*; Feuerstahl *m*; *fig.* F Laffe *m*; **~queira** P [~ˈkeirɐ] *f* was Feines.
petitório [~tiˈtɔrju] Bitt…; *acção f -a* ⚖ Forderungsklage *f.*
petiz [~ˈtiʃ] **1.** *adj.* klein; **2.** *m*, **~a** *f* [~izɐ] Knirps *m*, Kleine *f*; **~ada** [~tiˈzaðɐ] *f* Kindervolk *n.*
petrechos [~ˈtreʃuʃ] *m/pl.* Gerät (-schaften *f/pl.*) *n*; Werkzeug *n*; ~ (*de guerra*) Kriegsbedarf *m.*
pétreo [ˈpɛtrju] steinern (*a. fig.*); Stein…; steinhart.
petrific|ação [pətrifikɐˈsɐ̃u] *f* Versteinerung *f*; **~ar** [~ˈkar] (1n) versteinern; *fig.* zutiefst erschüttern, entsetzen; **~ar-se** versteinern; *fig.* wie versteinert sn.
petr|oleiro [~truˈleiru] *m* ⚓ Tanker *m*, Tankschiff *n*; **~óleo** [~ˈtrɔlju] *m* Erdöl *n*; Petroleum *n*; **~olífero** [~uˈlifəru] erdölhaltig, Erdöl…
petul|ância [pətuˈlɐ̃sjɐ] *f* Anmaßung *f*; **~ante** [~ɐ̃ntə] anmaßend; unverschämt, frech.
peúga [ˈpjuɣɐ] *f* Socke *f.*
peugada [peuˈɣaðɐ] *f* = *pegada.*
pevide [pəˈviðə] *f Obst*-Kern *m*; *Docht*-Schnuppe *f*; *vet.* Pips *m*; ⚕ Zungenfehler *m.*
pez [peʃ] *m* Harz *n*; Pech *n.*
pia [ˈpiɐ] *f* (Spül-, Tauf-)Becken *n.*
piada [ˈpjaðɐ] *f* F Witz *m*; *ter* ~ witzig sn.
piamente [ˌpiɐˈmẽntə] fromm; brav; gewissenhaft.
piançar *bras.* [pjɐ̃ˈsar] (1p): ~ *por* lechzen nach, brennen auf (*ac.*).
pian|íssimo [pjɐˈnisimu] ♪ sehr leise; **~ista** [~iʃtɐ] *su.* Klavierspieler(in *f*) *m*, Pianist(in *f*) *m*; **~ístico** [~iʃtiku] Klavier…; pianistisch; **~o** [ˈpjɐnu] **1.** *m* Klavier *n*; ~ *de* (*meia*) *cauda* (Stutz-)Flügel *m*; **2.** *adv.* leise; **~ola** [~ɔlɐ] *f* elektrische(s) Klavier *n.*
pião [pjɐ̃u] *m* (Tanz-)Kreisel *m.*
piar [pjar] (1g) piep(s)en.
piauiense *bras.* [pjauˈjẽsə] **1.** *adj.* aus Piauí; **2.** *su.* Piauirenser(in *f*) *m.*
pic|ada [piˈkaðɐ] *f* Stich *m* (*a. fig.*); Biß *m*; Richtweg *m*; ✈ Sturzflug *m*; **~adeira** [~kɐˈðeirɐ] *f* Krönel(hammer) *m*; **~adeiro** [~kɐˈðeiru] *m* Reitschule *f*, Tattersall *m*; ⊕ Bank-eisen *n*, -haken *m*; **~adela** [~kɐˈðɛlɐ] *f* Stich *m*; **~adinho** [~kɐˈðiɲu] *m bras.* Hackfleisch *n*; **~ado** [~aðu] **1.** *adj.* gesprenkelt; bewegt (*See*); *fig.* gekränkt, F pikiert; gereizt; *carne f -a* Hackfleisch *n*; *voo m* ~ Sturzflug *m*; **2.** *m* Gehackte(s) *n*; Haschee *n*; ⊕ Rauhung *f*; ♪ Pizzicato *n*; ✈ Sturzflug *m*; **~ador** [~kɐˈðor] *m* Kunstreiter *m*; Reitlehrer *m*; *taur.* Pikador *m*; *bras.* 🚂 Knips-, Loch-zange *f*; **~anço** [~ɐ̃su] *m* Specht *m*; **~ante** [~ɐ̃ntə] scharf, pikant; prickelnd; *fig.* anzüglich; beißend; **~ão** [~ɐ̃u] *m* Spitzhacke *f*; Pickel *m*; **~a-pau** (-s) [pikɐˈpau] *m*(*pl.*) (Klopf-)

Specht *m*; **~ar** [~ar] (1n) stechen; sich stechen in (*ac.*); beißen (auf [*dat.*]); (an)picken; zerlöchern; *Zeichnung* ausstechen; *Pferd* spornen; *taur. dem Stier* Banderillas aufsetzen; *cul. Fleisch usw.* hacken; ⊕ aufrauhen, *Stein* kröneln; *Stein* zerschlagen, klopfen; ⚓ *Tau* kappen; *fig.* an-, auf-stacheln; reizen, sticheln; kränken, verletzen; quälen; *j-m* zusetzen; *v/i.* anbeißen (*Fisch*); stechen; brennen; ✈ im Sturzflug niedergehen; **~ar-se** sich kräuseln (*See*); ~ *de*, ~ *com* F pikiert sn über (*ac.*); ~ *de* sich dünken *adj. od. nom.*; sich etwas einbilden auf (*ac.*); sich stark m. zu *inf.*; **~ardia** [~kɐr'ðiɐ] *f* Streich *m*; **~aresco** [~kɐ'reʃku] burlesk; lustig; *romance m* ~ Schelmenroman *m*; **~areta** [~kɐ'retɐ] *f* (Kreuz-)Hacke *f*; *meia-~ bras.* Spitzhacke *f*; **~aria** [~kɐ'riɐ] *f* Reit-kunst *f*, -bahn *f*.

pícaro ['pikɐru] gerissen; schlau.

piçarra [pi'saʀɐ] *f* Schiefer *m*; Geröll *n*, Grand *m*.

pich|ar *bras.* [pi'ʃar] (1a) teeren; (mit Teer) beschmieren; **~e** ['piʃə] *m* Teer *m*.

pichel [pi'ʃɛł] *m* (Zinn-)Krug *m*.

pichel|aria [piʃəlɐ'riɐ] *f* Klempnerei *f*; **~eiro** [~'leiru] *m* Zinngießer *m*; Klempner *m*.

pícnico ['pikniku] **1.** *adj.* gedrungen; **2.** *m* Pykniker *m*.

pico ['piku] *m* Spitze *f*; Dorn *m*; Stachel *m*; *Berg-*Spitze *f*, Zacke *f*; Gipfel *m*; *Berg-*Kegel *m*; *zo.* Specht *m*; *fig.* Schärfe *f*; Witz *m*; *ter* ~ prickeln (*Wein*); *e* ~ P und etwas.

picolé *bras.* [piko'lɛ] *m* Eis *n* am Stiel, Stieleis *n*.

picot|agem *bras.* [piko'taʒẽi] *f* Knipsen *n*; **~ar** [~'tar] (1e) *Fahrschein* knipsen.

pict|órico [pik'tɔriku] malerisch; = **~ural** [~tu'rał] bildhaft; Bild...

picuinha [pi'kwiɲɐ] *f fig.* anzügliche Bemerkung *f*; Seitenhieb *m*.

pidesco [~'ðɛʃku] Gestapo...

pied|ade [pje'ðaðə] *f* Frömmigkeit *f*; Mitleid *n*, Erbarmen *n*; Ehrfurcht *f*; *sem* ~ erbarmungs-, mitleids-los; **~oso** [~ozu (-ɔ-)] fromm; mitleidig.

pie|gas ['pjɛɣɐʃ] **1.** *adj.* empfindsam, zartbesaitet; **2.** *su.* sentimentale(r) Mensch *m*; **~guice** [pjɛ'ɣisə] *f* Gefühlsduselei *f*.

pieira ['pjeirɐ] *f* Piep(s)en *n*.

pífano, -aro ['pifɐnu, -ɐru] *m* Querpfeife *f*.

pigarço [pi'ɣarsu]: *cavalo m* ~ Apfelschimmel *m*.

pigarr|ear [~ɣɐ'ʀjar] (1l) sich räuspern; hüsteln; **~ento** [~ẽntu] heiser; kratzend (*Tabak*); **~o** [~'ɣaʀu] *m* Hustenreiz *m*; rauhe(r) Hals *m*; Räuspern *n*.

pigmeu [piɣ'meu] **1.** *m*, **-eia** *f* Pygmäe *m*, Zwerg(in *f*) *m*; **2.** *adj.* zwergenhaft, Zwerg...

pijama [pi'ʒɐmɐ] *m* Schlafanzug *m*.

pil|ão [pi'lɐ̃u] *m* **a**) Stößel *m*; Stampfe(r *m*) *f*; Pochhammer *m*; Laufgewicht *n an der Brückenwaage*; Zuckerhut *m*; *bras. Holz-*Mörser *m*; **b**) ⚠ Pylon *m*; **~ar** [~ar] **1.** *v/t.* (1a) stampfen; zerstoßen; schälen; **2.** *m* Pfeiler *m*; Säule *f*; **~astra** [~aʃtrɐ] *f* Wandpfeiler *m*, Pilaster *m*.

pilé [pi'lɛ]: (*açúcar*) ~ *m* Kristallzucker *m*.

pileca P [pi'lɛkɐ] *f* Mähre *f*.

pileque *bras.* [~'lɛkə] *m* **a**) Gummiring *m*; **b**) Schwips *m*.

pilh|a ['piʎɐ] *f* **a**) Haufen *m*; Stoß *m Bücher usw.*; ⚡ Element *n*, Batterie *f*; F Taschenlampe *f*; *às ~s*, *~s de* viel; *em* ~ in hellen Scharen; **b**) Diebstahl *m*; *Spiel, etwa*: Räubern *n*; **~agem** [pi'ʎaʒẽi] *f* Plünderung *f*; Raub *m*; *fazer -ns* = **~ar** [pi'ʎar] (1a) plündern; stehlen, rauben; erwischen; F ergattern; ertappen; schnappen.

pilhéria P [pi'ʎɛrjɐ] *f* Witz *m*.

pilheta [~'ʎetɐ] *f* Napf *m*; Kübel *m*.

piloro *anat.* [~'lɔru] *m* Magenausgang *m*.

piloso [~'lozu (-ɔ-)] haarig (*Pflanze*).

pilot|agem [~lu'taʒẽi] *f* Steuermannskunst *f*; Lotsen *n*; Fliegen *n*; **~ar** [~ar] (1e) lotsen; steuern; ✈ lenken; *auto.* fahren; **~o**]~'lotu] *m* Pilot *m*, Flugzeugführer *m*; ⚓ Lotse *m*, Steuermann *m* (*a. fig.*); *zo.* Lotsenfisch *m*.

pílula ['pilulɐ] *f* Pille *f* (*a. fig.*).

pilungo *bras.* [pi'lũŋgu] *m* Klepper *m*.

pimenta [pi'mẽntɐ] *f* Pfeffer *m*; = *bras.* *~-do-reino* schwarze(r) Pfeffer *m*; *~-da-jamaica* Piment *n*.

piment|ão [~mẽn'tɐ̃u] *f* spanische(r) (Cayenne-, Chili-)Pfeffer *m*; ~ *doce* *bras.* = ~*o*; **~eira** [~eirɐ] *f* Pfefferbüchse *f*; = **~eiro** [~eiru] *m* Pfefferstrauch *m*; **~o** [~'mẽntu] *m* Paprika (-schote *f*) *m*.

pimp|ão [pĩm'pɐ̃u] **1.** *adj.* forsch; großspurig; **2.** *m* forsche(r) Kerl *m*; Großtuer *m*; **~ar** [~ar] (1a) forsch auftreten; großtun.

pimpolho [~'poʎu] *m* ⚘ Schößling *m*; *fig.* Bengel *m*.

pina ['pinɐ] *f Rad-*Felge *f*.

pináculo [pi'nakulu] *m* Fiale *f*; Zinne *f*; Gipfel *m* (*a. fig.*).

pinázio [pi'nazju] *m Fenster-*Sprosse *f*.

pinça ['pĩsɐ] *f* Pinzette *f*; Abnäher *m*; *Wund-*Klammer *f*; *Krebs-*Schere *f*.

píncaro ['pĩŋkɐru] *m* Gipfel *m*.

pincel [pĩ'sɛł] *m* Pinsel *m*; **~ada** [~sə'laðɐ] *f* Pinselstrich *m*; **~ar** [~sə'lar] (1c) pinseln.

pinch|ar [pĩ'ʃar] (1a) (fort)schnellen; *v/i.* hüpfen, springen; **~o** ['pĩʃu] *m* Sprung *m*; Hopser *m*.

pindaíba *bras.* [pĩndɐ'ibɐ] *f* Kokosschnur *f*, -strick *m*; *fig.* F Ebbe *f in der Kasse*; *andar na* ~ F abgebrannt sn.

ping|a ['pĩŋgɐ] **1.** *f* Tropfen *m* (*a. fig.*); *bras.* Schnaps *m*; *entrar na* ~ F sich e-n antrinken; *estar com a* (*od. tocado da*) ~ F einen sitzen h.; *gostar da* ~ F gern einen heben; **2.** *m* arme (-r) Schlucker *m*; **~adeira** [pĩŋgɐ'ðeirɐ] *f* Tropfschale *f*; Abgetropfte(s) *n*; Tropf-flasche *f*, -glas *n*, -röhrchen *n*, -vorrichtung *f*; P einträgliche Sache *f*; laufende Ausgabe *f*.

pingalim [pĩŋgɐ'lĩ] *m* lange (*od.* Bogen-)Peitsche *f*.

pingar [~'gar] (1o) tropfen; tröpfeln; beträufeln; einträglich sn.

pingente [~'ʒẽntə] *m* Anhänger *m* (*bras. a. Bezeichnung des auf dem Trittbrett stehenden Fahrgastes*); *Ohr-*Gehänge *n*; *bras. são proibidos os* ~*s* Anhängen verboten.

pin|go ['pĩŋgu] *m* Schweineschmalz *n*; Tropfen *m* (*Fett*); *bras.* Reitpferd *n*; **~go-de-mel** [~ðə'mɛł] *m* Honigfeige *f*; **~gue** [~gə] **1.** *adj.* fett; dick (*Gehalt*); einträglich (*Geschäft*); **2.** *m* = ~*go*.

pingue-pongue(s) [ˌpĩŋgə'põŋgə] *m*(*pl.*) Tischtennis *n*, Pingpong *n*.

pinguim [pĩŋ'gwĩ] *m* Pinguin *m*.

pinha ['piɲɐ] *f* Kienapfel *m*; Tannenzapfen *m*; *fig.* Haufen *m*.

pinh|al [pi'ɲał] *m* Kiefernwald *m*; Pinienhain *m*; ~ *de azambuja* Räuberhöhle *f*; **~ão** [~ɐ̃u] *m* Pinienkern *m*; **~eiral** [~ɲei'rał] *m* = ~*al*; **~eiro** [~'ɲeiru] *m* Kiefer *f*; = ~ *bravo*, ~ *silvestre* Föhre *f*; ~ *larício* Lärche *f*; ~ *manso* Pinie *f*; ~ *marítimo* Strand-, ~ *torto* Krummholz-kiefer *f*, Latsche *f*; ~ *brasileiro* Araukarie *f*; ~ *de Riga* Fichte *f*; **~o** ['piɲu] *m* Kiefern-, Fichten-, Tannen-holz *n*; *bras.* Fiedel *f*; ~*-do-paraná bras.* Araukarie *f*; *bater o* ~ fiedeln.

pino ['pinu] *m* Stift *m*; *fig.* Gipfel *m*, Höhepunkt *m*; Handstand *m*; ~ *de engate* ⊕ Kuppelbolzen *m*; *a* ~ senkrecht; aufrecht; *no* ~ *de* mitten im *Winter usw.*; ~ *do dia* Mittag *m*.

pinot|e [pi'nɔtə] *m* Sprung *m*, Satz *m*; **~ear** [~nu'tjar] (1l) (umher-)springen.

pinta ['pĩntɐ] *f* **a**) Fleck(en) *m*, Tupf(en) *m*; *fig.* Äußere(s) *n*; *pela* ~ äußerlich; vom Ansehen; *ter boa* ~ gut aussehen; **b**) Pinte *f* (*altes Maß*); **c**) Hühnchen *n*.

pint|adela [pĩntɐ'ðɛlɐ] *f* Anstrich *m*; *dar uma* ~ *a* überstreichen (*ac.*); **~ado** [~'taðu] farbig, bunt; gefleckt; *fig.* vollkommen; klug; ~ *de adj.* … gestrichen; (*que nem*) ~ wie gemalt; wie gerufen; **~ainho** *m*, **-a** *f* [~ɐ'iɲu, -ɐ] Küken *n*; Hähnchen *n*, Hühnchen *n*; **~alegrete** [~ɐlə'ɣretə] *m* Geck *m*, Laffe *m*; **~algar** [~ał'ɣar] (1o) bunt färben; **~a-monos** (*pl. unv.*) [~ɐ'monuʃ] *m* Kleckser *m*; Pfuscher *m*; **~ar** [~'tar] (1a) **1.** *v/t.* malen; *Wand, Tür* (an-)streichen; *Haar* färben; *Gesicht* schminken; *fig.* schildern; P anschmieren; ~ *a manta* (*od. o caneco, o caramujo, o diabo, o sete*) alles auf den Kopf stellen; *não é tão feio como o pintam* er ist besser als sein Ruf; **2.** *v/i. vir ao* ~ wie gerufen kommen; **3.** **~ar-se** *fig.* sich spiegeln; **~arroxo** [~ɐ'ʀoʃu] *m* Rotkehlchen *n*; **~assilgo** [~ɐ'siłɣu] *m* Stieglitz *m*; **~inha** [~'tiɲɐ]: *às* ~*s* getüpfelt.

pinto ['pĩntu] *m* Küken *n*; *num* ~ durch und durch naß.

pintor *m*, **~a** *f* [pĩn'tor, ~ɐ] *m* Maler (-in *f*) *m*; Anstreicher *m*.

pintur|a [~'turɐ] *f* Malerei *f*; Ge-

mälde *n*, Bild *n*; Anstrich *m*; *fig.* Schilderung *f*; *belo que nem* (*od.* *como*) *uma* ~ bildschön; **~esco** [~tu'reʃku] malerisch; romantisch.
pio ['piu] **1.** *m* **a**) Pieps *m*; *Eulen-usw.* Schrei *m*; *bras.* Lockpfeife *f*; *nem* ~! keinen Mucks!; **b**) *Wein-*Kelter *f*; **2.** *adj.* fromm; gutherzig; *casa f -a* Waisenhaus *n*.
piolh|eira [pju'ʎeirɐ] *f* Dreck-loch *n*, -haufen *m*; lausige Sache *f*; **~ento** [~ẽntu] verlaust; Läuse...; **~o** ['pjoʎu] *m* Laus *f*.
pioneir|ismo [~nei'riʒmu] *m* Pioniergeist *m*; **~o** [~'neiru] *m* Bahnbrecher *m*, Vorkämpfer *m*; Pionier *m*.
pior [pjɔr] *comp. u. sup. v. mau u. mal*; (*tanto*) ~! um so schlimmer!; *o* ~ *é* schlimm ist nur; *de mal para* (*od. a*) ~ immer schlimmer; **~a**(**s**) ['pjɔra(ʃ)] *f*(/*pl.*) Verschlimmerung *f*; Verschlechterung *f*; **~ar** [pju'rar] (1e) (sich) verschlimmern; (sich) verschlechtern; *ele piorou* sein Zustand hat sich verschlechtert.
pipa ['pipɐ] *f Wein-*Pipe *f*; Faß *n* (*a. fig.*).
piparote [pipɐ'rɔtə] *m* Schnipser *m*, Schneller *m*.
pipeta [~'petɐ] *f* Pipette *f*; Stechheber *m*.
pip|i [pi'pi] *m infan.* Piepmatz *m*; *als Ruf*: piep; **~iar** [~'pjar] (1g) = **~ilar** [~pi'lar] (1a) piepen; **~i(l)o** [~'pi(l)u] *m* Pieps *m*; Gepiepse *n*.
pipo ['pipu] *m* Fäßchen *n*; Ausspritz-, Düsen-rohr *n*.
pipoc|a [pi'pɔkɐ] *bras. f* Puffmais *m*; **~ar** [~po'kar] (1n; *Stv.* 1e) krachen; puffen; **~o** [~'poku] *m* Puff *m*; Krach *m* (*a. fig.*).
pique ['pikə] *m ehm.* Pike *f*; scharfe (-r) Geschmack *m*; *bras.* Stich *m*; *a* ~ senkrecht; steil; *fig.* in Gefahr; *estar a* ~ *de inf.* im Begriff sn zu *inf.*; *ir a* ~ untergehen; *fig.* zugrunde gehen; *meter* (*od. pôr*) *a* ~ in den Grund bohren, versenken.
piquenique [pikə'nikə] *m* Picknick *n*.
piquet|a [~'ketɐ] *f* Absteckpfahl *m*; **~ar** [~kə'tar] (1c) abstecken; **~e** [~ə] *m Truppen-*Abteilung *f*, Pikett *n*; Trupp *m*, Schicht(wechsel *m*) *f*; *estar de* ~ Schicht (*od.* Dienst) h.
piracema *bras.* [pira'semɐ] *f* Wanderzeit *f* der Fische; Laichzeit *f*; Fischschwarm *m*.
piraí *bras.* [pirɐ'i] *m* Knute *f*.
pirajá *bras.* [~ra'ʒa] *m* Regenbö *f*.
piramidal [~rɐmi'ðał] pyramidenförmig; *fig.* kolossal.
pirâmide [~'rɐmiðə] *f* Pyramide *f*.
piranga [~'rɐ̃ŋgɐ] **a**) **1.** *f* roter brasilianischer Ton *m*; *andar na* (*od. à*) ~ knapp bei Kasse sn; **2.** *adj. bras.* rot; **b**) **1.** *adj.* armselig; **2.** *m* Hungerleider *m*.
piranha [~ɐɲɐ] *f* Piranha *f* (*bras. Raubfisch*).
pirão *bras.* [~'rɐ̃u] *m Maniok-, Apfel- usw.* Brei *m*, Mus *n*.
pirat|a [~'ratɐ] *m* Seeräuber *m*, Pirat *m*; *fig.* Gauner *m*; **~aria** [~rɐtɐ'riɐ] *f* Seeräuberei *f*; *fig.* Gaunerei *f*.
pirenaico [~rə'naiku] pyrenäisch.
pires (*pl. unv.*) ['piriʃ] **1.** *m* Untertasse *f*; **2.** *adj.* kitschig.
piri|lampo [piri'lɐ̃mpu] *m* Glühwürmchen *n*; **~rica** *bras.* [~'rikɐ] rauh, kratzig; kratzbürstig.
pirite [~'ritə] *f* Pyrit *m*, Schwefelkies *m*; ~ *de ferro* Eisen-, ~ *cúprica* Kupfer-kies *m*.
piroga [~'rɔɣɐ] *f* Einbaum *m*.
pir|ogravura [piruɣrɐ'vurɐ] *f* Brandmalerei *f*; **~ólatra** [~'rɔlɐtrɐ] *m* Feueranbeter *m*; **~ose** ⚕ [~'rɔzə] *f* Sodbrennen *n*; **~otecnia** [~utɛk'niɐ] *f* Feuerwerkskunst *f*; **~otécnico** [~u'tɛkniku] **1.** *adj.* Feuerwerks...; pyrotechnisch; **2.** *m* Feuerwerker *m*.
pirraça [pi'ʀasɐ] *f* (übler) Streich *m* (*fazer* spielen).
piruet|a [pi'rwetɐ] *f* Pirouette *f*; Kehrtwendung *f*; Sprung *m*; **~ar** [~rwe'tar] (1c) die Pirouette m.; kehrtmachen; springen.
pisa ['pizɐ] *f* Treten *n der Trauben*; Keltern *n*; *fig.* Tracht *f* Prügel.
pis|ada [pi'zaðɐ] *f* Fußstapfen *m*; (Fuß-)Tritt *m*; = *pisa*; **~adela** [~zɐ'ðɛlɐ] *f* = *~adura*; *levar uma* ~ nur leicht zertreten (*od.* gepreßt) w. (*Trauben*); **~ador** [~zɐ'ðor] *m* Kelterpresse *f*; **~adura** [~zɐ'ðurɐ] *f* Quetschung *f*; blaue(r) Fleck *m*; **~a-flores** (*pl. unv.*) [~ɐ'floriʃ] *m* Geck *m*; Herzensbrecher *m*; **~a-mansinho**(s) [~ɐmɐ̃'siɲu] *m*(*pl.*) Leisetreter *m*; **~ão** [~'zɐ̃u] *m* Walkmühle *f*, Walke *f*; **~ar** [~'zar] (1a) (fest-, nieder-, zer-)treten; *Ort* betreten; bereisen; besuchen; treten auf (*ac.*); (zer)quetschen; (fest-, zer-)stampfen; *Trauben* keltern *od.* austreten; *fig.* besiegen; kränken;

= ~ *aos pés* mit Füßen treten, verachten; *v/i.* schreiten, gehen.
pisc|a-pisca(s) [piʃkɐ'piʃkɐ] *m(pl.) auto.* Blinker *m*, Blinklicht *n*; **~ar** [~'kar] (1n) *auto.* blinken; ~ *os olhos* blinzeln; zwinkern; ~ (*o olho a*) *alg.* j-m zuzwinkern.
piscatório [piʃkɐ'tɔrju] Fischerei..., Fischer...
pisc|ícola [~'sikulɐ] Fisch...; **~icultor** [~sikuł'tor] *m* Fischzüchter *m*; **~icultura** [~sikuł'turɐ] *f* Fischzucht *f*.
piscina [~'sinɐ] *f* Schwimm-bad *n*, -bassin *n*, -becken *n*; Fischweiher *m*; Taufbecken *n*.
pisco ['piʃku] **1.** *adj.* blinzelnd; halbgeschlossen; **2.** *m* Gimpel *m*; ~*-chilreiro* Dompfaff *m*.
piso ['pizu] *m* Gang *m*; Boden *m*; Geschoß *n*; Stock(werk *n*) *m*; Auftritt *m e-r Stufe*.
piso|ar [pi'zwar] (1f) walken; **~tear** *bras.* [~zo'tjar] (1l) zertreten; mit Füßen treten.
pista ['piʃtɐ] *f* Fährte *f*; Fahr-, Reit-, Renn-bahn *f*; ✈ Roll-feld *n*, -bahn *f*; *tea.* Manege *f*; *andar* (*od. ir*) *na* ~ *de alg.* j-m auf der Spur sn; j-m nachgehen, folgen.
pistácia ⚘ [piʃ'tasjɐ] *f* Pistazie *f*.
pistão *gal.* [piʃ'tɐ̃u] *m* = *êmbolo*.
pistilo ⚘ [~'tilu] *m* Stempel *m*.
pistol|a [~'tɔlɐ] *f* Pistole *f*; ~ *automática od. metralhadora* Maschinen-, ~ *de pintar* ⊕ Spritz-pistole *f*; *pintar à* ~ spritzen; **~ão** [~tu'lɐ̃u] *m bras.* Empfehlung *f*; gute Beziehung *f*; **~eiro** [~tu'leiru] *m* Bandit *m*.
pitada [pi'taðɐ] *f* Prise *f*; Messerspitze *f* (voll).
pitar *bras.* [~'tar] (1a) (Pfeife) rauchen.
piteira [~'teirɐ] *f* **a**) amerikanische Agave *f*; P (Feigen-)Schnaps *m*; Rausch *m*; **b**) *bras.* (Zigarren-, Zigaretten-)Spitze *f*.
pitéu F [~'tɛu] *m* Leckerbissen *m*.
pitinga *bras.* [pi'tĩŋgɐ] weiß; hell.
pito ['pitu] *m bras.* Pfeife *f*; Zigarette *f*; *fig.* Zigarre *f*.
pitoresco [~tu'reʃku] malerisch, pittoresk.
pitosga P [~'tɔʒɣɐ] **1.** *adj.* kurzsichtig; blinzelnd; **2.** *su.* Blinzler *m*.
pitu *bras.* [~'tu] *m* Flußkrebs *m*.
pitu|íta [~'twitɐ] *f* Schleim *m*; **~itário** [~tui'tarju] *m* Schleim...; *membrana f -a* Nasenschleimhaut *f*.
pivete [pi'vetə] *m* Räucherkerze *f*; *bras. jugendlicher* Straßendieb.
pivô *gal.* [~'vo] *m* Stift(zahn) *m*.
pix|aim *bras.* [piʃɐ'ĩ]: (*cabelo*) ~ *m* Kraushaar *n*; **~é** *bras.* [~'ʃɛ] angebrannt.
placa ['plakɐ] *f* Platte *f*; *Firmen-*, *Nummern-*Schild *n*; *Gedenk-*Tafel *f*; *Ordens-*Plakette *f*; Kerzen-, Lampen-halter *m*; ~ *giratória* 🚂 Drehscheibe *f*.
placenta *anat.* [plɐ'sẽntɐ] *f* Mutterkuchen *m*, Plazenta *f*.
placidez [~si'ðeʃ] *f* Gelassenheit *f*.
plácido ['plasiðu] ruhig; gelassen.
plagi|ar [plɐ'ʒjar] (1g) plagiieren; abschreiben; **~ário** [~arju] *m* Plagiator *m*; **~ato** [~atu] (*a.* **plágio** ['plaʒju]) *m* Plagiat *n*.
plain|a ['plainɐ] *f* Hobel *m*; **~o** [~u] *m* Ebene *f*; = *plano* 1.
plana ['plɐnɐ] *f* Rang *m*; *de primeira* ~ ersten Ranges.
plan|ado [plɐ'naðu]: *voo m* ~ Gleitflug *m*; **~ador** [~nɐ'ðor] *m* Segelflieger *m*, -flugzeug *n*; Segler *m*; **~alto** [~ałtu] *m* Hoch-ebene *f*, -fläche *f*; **~ar** [~ar] (1a) im Gleitflug fliegen, segeln (*Flugzeug*).
plan|eamento [~njɐ'mẽntu] *m* Planung *f*; **~ear** [~'njar] (1l) planen; entwerfen.
planej|amento *bras.* [~nɨʒɐ'mẽntu] *m*, **~ar** [~'ʒar] (1d) = *plan|eamento*, *~ear*.
planet|a [~'netɐ] *m* Planet *m*; **~ário** [~nə'tarju] **1.** *adj.* Planeten...; planetarisch; **2.** *m* Planetarium *n*.
plangente [plẽ'ʒẽntə] klagend.
planície [plɐ'nisjə] *f* Ebene *f*.
planific|ação [~nəfikɐ'sɐ̃u] *f* Planzeichnung *f*; *fig.* Planung *f*, Plan *m*; **~ar** [~'kar] (1n) planzeichnen; *fig.* planen; *economia f -ada* Planwirtschaft *f*.
plano ['plɐnu] **1.** *adj.* eben; flach; platt; Plan...; *fig.* leicht verständlich; ungekünstelt; **2.** *m* Fläche *f*; Ebene *f* (*a. fig.*); Plan *m* (*a. fig.*); ~ *de sustentação* ✈ Tragfläche *f*; ~ *côncavo* (*convexo*) Plan-konkav (-konvex) *n*; ~ *inclinado* schiefe Ebene *f*; *primeiro* ~ *pint.* Vordergrund *m*; *passar para o segundo* ~ in den Hintergrund treten.
planta ['plẽntɐ] *f* Pflanze *f*; *Fuß-*Sohle *f*; (Grund-)Riß *m*; *Stadt-*

Plan *m*; ~ *vivaz* Staude *f*.
plant|ação [plɐ̃ntɐ'sɐ̃u] *f* Pflanzung *f*; Anbau *m*; **~ador** [~ɐ'ðor] *m* Pflanzer *m*; ✓ Setzholz *n*; **~ão** [~'tɐ̃u] *m* Stubendienst *m*; *de* ~ diensttuend; dienstbereit; **~ar** [~'tar] (1a) pflanzen; an-bauen, -pflanzen; *Feld* bepflanzen; *Fahne* aufpflanzen; *Pfahl* einschlagen; *fig. j-n od. et. an e-n Platz* stellen *od.* setzen; *Kolonie usw.* gründen; säen, züchten; **~ígrado** [~'tiɣrɐðu] *m zo.* Sohlengänger *m*; **~io** [~'tiu] *m* (An-)Pflanzung *f*; Pflanzen *n*.
planura [plɐ'nurɐ] *f* (Hoch-)Ebene *f*.
plaqué *fr.* [~'kɛ] *m* Dublee *n*.
plasm|a ['plaʒmɐ] *m* Plasma *n*; **~ar** [plɐʒ'mar] (1b) (ab-, nach-) bilden, gestalten.
plástica ['plaʃtikɐ] *f* Plastik *f*.
plastic|idade [plɐʃtəsi'ðaðə] *f* Bildsamkeit *f*; Bildhaftigkeit *f*; Plastizität *f*; **~ina** [~'sinɐ] *f* Plastilin *n*.
plástico ['plaʃtiku] **1.** *adj.* plastisch; bildsam; bildend; bildhaft, anschaulich; *substância f -a* ⊕ = **2.** *m* Kunststoff *m*.
plataforma [plɐtɐ'fɔrmɐ] *f* Plattform *f*; 🚂 *a.* Drehscheibe *f*; Perron *m*; *Abschuß*-Rampe *f*; *fig.* (Verhandlungs-)Grundlage *f*; *bras. Regierungs*-Programm *n*.
plátano ['platɐnu] *m* Platane *f*.
plateia *tea.* [plɐ'tejɐ] *f* Parkett (-platz *m*) *n*.
platibanda [~ti'βɐ̃ndɐ] *f* Einfassung *f*.
platina [~'tinɐ] *f* Platin *n*.
platónico [~'tɔniku] platonisch.
plausível [plau'zivɛł] plausibel, einleuchtend; glaubhaft.
plebe ['plɛβə] *f* Volk *n*; Masse *f*.
pleb|eísmo [pləβə'iʒmu] *m* Pöbelhaftigkeit *f*; pöbelhafte(r) Ausdruck *m*; **~eu** [~'βeu] **1.** *adj.* pöbelhaft; gemein; **2.** *m* Pöbel *m*; **3.** *m*, **-eia** *f* Plebejer(in *f*) *m*; **~iscitário** [~iʃsi'tarju] plebiszitär; *votação f -a* = **~iscito** [~iʃ'situ] *m* Volksabstimmung *f*.
plêiada, -e ['plejɐðɐ, -ɔ] *f fig.* Gruppe *f*; ♀*s pl.* Siebengestirn *n*.
pleit|ear [plei'tjar] (1l) verklagen; erstreben; sich bewerben um; absprechen; ~ *parelhas a* sich vergleichen mit; *v/i.* prozessieren; streiten; wetteifern; **~o** ['pleitu] *m* Klage *f*; Streit *m*; Wahl(kampf *m*) *f*.
plen|amente [plenɐ'mẽntə] durchaus; völlig; **~ário** [plə'narju] **1.** *adj.* vollständig; Voll..., Plenar...; **2.** *m* Plenarsitzung *f*; *pol. a.* Vollversammlung *f*; ⚖ Hauptverhandlung *f*; **~ilúnio** [pləni'lunju] *m* Vollmond *m*; **~ipotenciário** [plənipuťẽ'sjarju] bevollmächtigt; *ministro m* ~ Gesandte(r) *m*; **~itude** [pləni'tuðə] *f* Fülle *f*; Vollkraft *f*; **~o** [~u] voll; vollständig; ganz; vollkommen; *sessão f -a* Plenarsitzung *f*, Plenum *n*; *em* ~ *verão (-a rua)* mitten im Sommer (auf der Straße).
plet|ora [plɛ'tɔrɐ] *f* Vollblütigkeit *f*; *fig.* Überfluß *m*; **~órico** [~ɔriku] vollblütig.
pleur|a ['pleurɐ] *f* Rippenfell *n*; **~isia** [pleurə'ziɐ] *f* Rippenfellentzündung *f*.
plum|a ['plumɐ] *f* Feder *f*; *algodão m em* ~ *bras.* Rohbaumwolle *f*; **~agem** [plu'maʒɐ̃i] *f* Gefieder *n*; Federschmuck *m*.
plúmb|eo ['plũmbju] bleiern; bleifarben; **~ico** ⚗ [~iku] Blei...
plumitivo [plumi'tivu] *m* Federheld *m*, Schreiberling *m*.
plural [plu'rał] *m* Mehrzahl *f*; **~idade** [~rɐli'ðaðə] *f* Mehrheit *f*; Vielheit *f*; *à* ~ (*de votos*) mit (*od.* bei) Stimmenmehrheit; **~ismo** [~rɐ'liʒmu] *m* Pluralismus *m*; **~ista** [~rɐ'liʃtɐ] pluralistisch; **~izar** [~rɐli'zar] (1a) in die Mehrzahl setzen; *fig.* vermehren; vervielfältigen.
pluri... [pluri...] *in Zssgn* Mehr...
pluvi|al [plu'vjał] **1.** *adj.* Regen...; **2.** *m rel.* Pluviale *n*; **~ómetro** [~ɔmətru] *m* Regenmesser *m*; **~oso** [~ozu (-ɔ-)] regnerisch.
pneu [pneu] *m* Reifen *m*, Decke *f*; ~*s pl.* Bereifung *f*; *pôr* ~*s* bereifen.
pneum|ático [pneu'matiku] **1.** *adj.* Luft(druck)..., pneumatisch; *correio m* ~ Rohrpost *f*; *máquina f -a* Vakuumpumpe *f*; *martelo m* ~ Preßlufthammer *m*; **2.** *m* Reifen *m*; **~onia** [~mu'niɐ] *f* Lungenentzündung *f*.
pó [pɔ] *m* Staub *m*; Pulver *n*; ~(*s*) (*pl.*) Puder *m*; ~ *de arroz* (Gesichts-) Puder *m*; ~*s pl. higiénicos* Körperpuder *m*; *açúcar m em* ~ Staubzucker *m*; *café m em* ~ gemahlener Kaffee *m*; *canela* (*pimenta*) *f em* ~ gestoßener Zimt (Pfeffer) *m*; *leite m*

em ~ Trockenmilch *f*; *reduzir a* ~ zerreiben; (fein) stoßen; (zu Staub) mahlen; = *fazer em* ~ zermalmen, zertrümmern; *pôr* (*od. usar*) ~ sich pudern.

pobre [ˈpɔβrə] **1.** *adj.* arm; ärmlich; armselig; unergiebig; ~ *de mim!* ich Armer!; **2.** *su.* Arme(r) *m*; Bettler(in *f*) *m*; ~ *de Cristo*, ~ *de Deus* arme(r) Kerl *m*.

pobr|etana, -tão [poβrəˈtɐnɐ, -ˈtɐ̃u] *m* arme(r) Schlucker *m*; Hungerleider *m*; **~ete** [~ˈβretə] **1.** *adj.* ärmlich; **2.** *m* arme(r) Kerl *m*; **~eza** [~ˈβrezɐ] *f* Armut *f*; Ärmlichkeit *f*; Armseligkeit *f*.

poça [ˈposɐ] *f* Pfütze *f*; Lache *f*.

poção [puˈsɐ̃u] *f* (Arznei-)Trank *m*.

poceiro [puˈseiru] *m* Brunnenbauer *m*; Waschkorb *m*; *vin.* Kiepe *f*.

pocema *bras.* [poˈsemɐ] *f* Gebrüll *n*; Geschrei *n*.

pocilga [puˈsilɣɐ] *f* Schweinestall *m*.

poço [ˈposu (-ɔ-)] *m* Brunnen *m*; (Luft-, Wasser-)Loch *n*; ⚒ Schacht *m*; ~ *de ciência*, ~ *de saber irón.* gelehrte(s) Haus *n*.

poda [ˈpɔðɐ] *f* Beschneiden (*od.* Ausputzen) *n der Bäume usw.*; *saber da* ~ F s-e Sache verstehen.

podad|eira [puðɐˈðeirɐ] *f* Baumschere *f*; Garten-, Hecken-schere *f*; **~or** [~or] *m* Rebschneider *m*.

podagra [~ˈðaɣrɐ] *f* Fußgicht *f*.

pod|ão [~ˈðɐ̃u] *m* Rebmesser *n*, Hippe *f*; *fig.* Trampel *m* (*a. n*); **~ar** [~ar] (1e) beschneiden, stutzen; ausputzen.

podengo [~ˈðẽŋgu] *m* (Vorsteh-, Hühner-)Hund *m*.

poder [puˈðer] **1.** (2y) können; vermögen; dürfen (*Erlaubnis*); mögen (*Vermutung*); ~ *com* zurechtkommen mit; aushalten (*od.* vertragen) können (*ac.*); *Last* tragen können; fertig w. mit; *j-n* dazu bringen (daß *que*); *não* ~ *com alg.* mit j-m nichts anzufangen wissen; j-n nicht ausstehen können; *não* ~ *consigo* sich kaum mehr schleppen können; *não* ~ *senão* nichts anderes tun können als; *a* (*od. até*) *mais não* ~ aus allen Kräften; bis zum äußersten; *pode ser* kann (*od.* mag) sn, vielleicht; *possa inf.* möge *inf.*; **2.** *m* Gewalt *f*; Macht *f*; *Kauf*-Kraft *f*; *Heiz*-Wert *m*; ⚖ Berechtigung *f*, Recht *n*; Besitz *m*; *pol. a. der* Staat; *chegar ao* ~ an die Macht kommen; (*plenos*) **~es** *pl.* Vollmacht(en) *f* (*pl.*); *a* ~ *de* kraft (*gen.*); dank (*dat.*); durch viel ... (*ac.*); *cair em* ~ *de alg.* j-m in die Hände fallen; *ter a/c. em seu* ~ et. besitzen (*od.* h.); *ter* ~ *em si* sich in der Gewalt h.

poder|io [~ðəˈriu] *m* Macht *f*; Gewalt *f*; **~oso** [~ozu (-ɔ-)] mächtig.

podr|e [ˈpoðrə] faul; verdorben; ~ *de rico* steinreich; **~idão** [puðriˈðɐ̃u] *f* Fäulnis *f*; Verderbnis *f*; Lasterhaftigkeit *f*.

poedeira [puəˈðeirɐ]: *galinha f* ~ Leger *m*, Legehenne *f*.

poeir|a [ˈpweirɐ] **1.** *f* Staub *m*; *fig.* Dünkel *m*; F blaue(r) Dunst *m*; *andar numa* ~ drunter und drüber gehen; *deitar* ~ *nos olhos* Sand in die Augen streuen; *fazer* ~ *bras.* Verwirrung (*od.* Unfrieden) stiften; *levantar* ~ Staub aufwirbeln; *morder a* ~ ins Gras beißen; **2.** *adj. bras.* bösartig; **~ada** [pweiˈraðɐ] *f* Staubwolke *f*; **~ento** [pweiˈrẽntu] staubig; verstaubt.

poema [ˈpwemɐ] *m längeres* Gedicht *n*, Dichtung *f*.

poente [ˈpwẽntə] *m* Westen *m*; *sol* ~ untergehende Sonne *f*.

poe|sia [pwɨˈziɐ] *f* Dichtkunst *f*, Dichtung *f*; *lyrisches* Gedicht *n*; *fig.* Poesie *f*; **~ta** [ˈpwɛtɐ] *m* Dichter *m*; **~tar** [pweˈtar] (1c) dichten; **~tastro** [pweˈtaʃtru] *m* Dichterling *m*.

poétic|a [ˈpwɛtikɐ] *f* Poetik *f*; **~o** [~u] dichterisch; poetisch (*a. fig.*); *arte f -a* Dichtkunst *f*.

poeti|sa [pweˈtizɐ] *f* Dichterin *f*; **~zar** [~tiˈzar] (1a) dichterisch verklären; *v/i.* dichten.

pois [ˈpoiʃ] **1.** *adv.* also; nun; denn; aber; natürlich; ~! na ja!; = ~ *é!* ganz recht!; aber ja!, natürlich!; ~ *é verdade!* das ist ja wahr!; da haben Sie ganz recht!; ~ *bem!* nun!; schön!; *ora* ~ infolgedessen, folglich; ~ *não?* nicht wahr?; ~ *não!* a) aber nein!; ausgeschlossen!; b) warum denn nicht?, selbstverständlich!; ~ *sim!* nun ja!; **2.** *conj.* da; = ~ *que* denn.

pois... *s. pous...*

polaco [puˈlaku] **1.** *adj.* polnisch; **2.** *m*, **-a** *f* Pole *m*, Polin *f*.

polaina [~ˈlainɐ] *f* Gamasche *f*.

polar [~ˈlar] *geogr.* Polar...; *fis.* polar.

polariz|ador [⁓lɐrizɐ'ðor]: *aparelho m* ⁓ Polarisator *m*; **⁓ar** [⁓'zar] (1a) polarisieren; *fig.* anziehen, anlokken.

poldr|a ['połdrɐ] *f* **a)** ⚘ Wurzelschößling *m*; wilde(r) Trieb *m*; **b)** Stutenfüllen *n*; **⁓o** [⁓u] *m* Fohlen *n*, Füllen *n*.

poleg|ada [⁓lə'ɣaðɐ] *f* Zoll *m* (*Längenmaß*); **⁓ar** [⁓ar] *m* Daumen *m*; große Zehe *f*.

poleiro [⁓'leiru] *m* (Hühner-)Stange *f*; Hühner-leiter *f*, -stiege *f*; *tea.* F Olymp *m*; *estar no* ⁓ an der Macht sn; an einflußreicher Stelle sitzen.

polémic|a [⁓'lɛmikɐ] *f* Polemik *f*; Streit *m*, Ausea.-setzung *f*; *fazer* ⁓ polemisieren; **⁓o** [⁓u] polemisch; streitsüchtig, gehässig.

polemi|car [⁓ləmi'kar] (1n) = **⁓zar** *bras.* [polemi'zar] (1a) polemisieren.

pólen ['pɔlen] *m* Blütenstaub *m*.

polia [pu'liɐ] *f* **1.** ⊕ (Riemen-) Scheibe *f*; Rolle *f*; ⁓ *falsa* Leerscheibe *f*; **2.** *bras.* Speckkäfer *m*.

poli... [pɔli] *in Zssgn* viel...; mehr...

polícia [pu'lisjɐ] **1.** *f* Polizei *f*; ⁓ *internacional* Ausländer-, ⁓ *judiciária* Kriminal-, ⁓ *política* Staats-, ⁓ *rural* Feld-, ⁓ *secreta* Geheim-, ⁓ *de segurança pública* Schutz-, ⁓ *de trânsito* Verkehrs-polizei *f*; *fazer a* ⁓ für Ruhe und Ordnung sorgen; **2.** *m* Schutzmann *m*, Polizist *m*; F Schupo *m*.

polici|al [⁓li'sjał] polizeilich, Polizei...; *filme* (*romance*) *m* ⁓ Kriminal-film *m* (-roman *m*); **⁓amento** [⁓sjɐ'mẽntu] *m* polizeiliche Überwachung *f*, Polizeiaufsicht *f*; **⁓ar** [⁓ar] (1g) polizeilich überwachen.

policlínica [pɔli'klinikɐ] *f* Poliklinik *f*.

policromo [pɔli'kromu] bunt.

polid|ez [puli'ðeʃ] *f* Höflichkeit *f*; **⁓o** [⁓'liðu] poliert; glänzend, glatt; *fig.* höflich, fein; **⁓or** [⁓or] *m* Polierer *m*; Schleifer *m*; Polierkissen *n*; **⁓ura** [⁓urɐ] *f* Politur *f*; Glanz *m*.

poli|fónico [pɔli'fɔniku] mehrstimmig; **⁓gamia** [⁓ɣɐ'miɐ] *f* Vielweiberei *f*, Polygamie *f*; **⁓glota** [⁓'ɣlɔtɐ] **1.** *adj.* vielsprachig; sprachbegabt; polyglott; **2.** *su.* Sprachenkenner(in *f*) *m*; **⁓gonal** [⁓ɣu'nał] vieleckig.

polígono [pɔ'liɣunu] *m* Vieleck *n*.

polimento [puli'mẽntu] *m* Polieren *n*; Politur *f*; Glanz *m*; Lackleder *n*; Glätte *f des Stils*; *fig.* Schliff *m*.

polinizar ⚘ [pulini'zar] (1a) bestäuben.

poliomielite ⚕ [pɔljumje'litə] *f* spinale Kinderlähmung *f*.

pólipo ['pɔlipu] *m* ⚕ *u. zo.* Polyp *m*.

polir [pu'lir] (3g) polieren; abschleifen; auf Hochglanz bürsten; *Stil* glätten, ausfeilen.

poli|ssilábico [pɔlisi'laβiku] mehrsilbig; **⁓ssílabo** [⁓'silɐβu] *m* mehrsilbige(s) Wort *n*; **⁓técnico** [⁓'tɛkniku] polytechnisch; *academia* (*od.* *escola*) *f* -*a* Polytechnikum *n*; **⁓teísmo** [⁓te'iʒmu] *m* Vielgötterei *f*.

política [pu'litikɐ] *f* Politik *f*; *fig.* aalglatte Höflichkeit *f*; Berechnung *f*; ⁓ *forte* Politik *f* der starken Hand.

politic|ador [⁓litikɐ'ðor] = ⁓*ante*; **⁓agem** [⁓'kaʒɐ̃i] *f* Klüngel(politik *f*) *m*; **⁓ante** [⁓'kɐ̃ntə] **1.** *adj.* politisierend; **2.** *m* Politikmacher *m*; = *politiqueiro*; **⁓ar** [⁓'kar] (1n) *v/i.* Politik m.; kannegießern, politisieren.

político [⁓'litiku] **1.** *adj.* politisch; *fig.* gewandt; aalglatt; berechnend; **2.** *m* Politiker *m*; *fig.* Politikus *m*.

politi|queiro [⁓liti'keiru] *m* Bierbankpolitiker *m*, Politikaster *m*; **⁓quice** [⁓'kisə] *f* Bierbankpolitik *f*; **⁓zar** [⁓'zar] (1a) *v/t.* politisch interessieren, politisieren.

pólo ['pɔlu] *m* Pol *m*; *Sport*: Polo *n*; ⁓ *económico* Wirtschaftszentrum *n*.

polonês [polo'nes] *bras.* = *polaco*.

polp|a ['połpɐ] *f* Muskelfleisch *n*; *Hand-*, *Fuß*-Ballen *m*; *Finger*-Kuppe *f*; *Frucht*-Fleisch *n*; *Pflanzen*-Mark *n*; *fig.* Wert *m*, Gewicht *n*; F Format *n*; ⁓ *dentária* Zahnbein *n*; *encher-se de* ⁓ wichtig tun; **⁓udo** [poł'puðu] fleischig; *fig.* dick, fett.

poltr|ão [poł'trɐ̃u] **1.** *adj.* ängstlich; feig; **2.** *m* Angsthase *m*; Feigling *m*; **⁓ona** [⁓onɐ] *f* Sessel *m*; **⁓onear-se** [⁓tru'njarsə] (1l) sich rekeln, sich flegeln.

polu|ção [pulu'sɐ̃u] *f* ⚕ Samenerguß *m*; **⁓ente** [⁓'lwẽntə] *m* Schmutzstoff *m*; **⁓ição** [⁓lwi'sɐ̃u] *f* (Umwelt-) Verschmutzung *f*; Verseuchung *f*; **⁓idor** [⁓lwi'ðor] umweltfeindlich; **⁓ir** [⁓'lwir] (3i) besudeln; *allg.* verschmutzen; verseuchen.

polvilh|ar [połvi'ʎar] (1a) *Pulver*

verstäuben; streuen; *j-n od. et.* bestäuben; bestreuen; einpudern; **~o** [~'viʎu] *m* Maniokmehl *n*; *~s pl.* Pulver *n*; *Haar*-Puder *m*.

polvo ['połvu] *m* Krake *m*, Polyp *m*.

pólvora ['pɔłvurɐ] *f* Schießpulver *n*.

polvor|inho [połvu'riɲu] *m* Pulverhorn *n*; **~osa** P [~ɔzɐ] *f*: *andar em ~* Hochbetrieb h.; viel zu schaffen h.; *pôr* (*od. dar com*) *a/c. em ~* et. verpulvern; *pôr os pés em ~* sich aus dem Staube m.

pomáceas [pu'masjɐʃ] *f/pl.* Kernobst(bäume *m/pl.*) *n*.

pomad|a [~'maðɐ] *f* Salbe *f*; *Haar*-Pomade *f*; *bras. fig.* Großkotzigkeit *f*; **~ista** *bras.* [~ma'distɐ] *m* F Großkotz *m*.

pomar [~'mar] *m* Obstgarten *m*.

pomb|a ['põmbɐ] *f* Taube *f* (*weibl. Tier*); *Zuckersiederei*: Sirupkessel *m*; **~al** [põm'bał] *m* Taubenschlag *m*; **~eiro** [põm'beiru] *m* **a**) Waldläufer *m*; **b**) *bras.* Geflügelhändler *m*; **~o** [~u] *m* Taube *f* (*Artname*); Täuber *m*; *~-correio* Brieftaube *f*.

pomes ['pɔmɨʃ] Bims...

pomicultura [pumikuł'turɐ] *f* Kernobstzucht *f*.

pomo ['pomu] *m* Apfel *m* (*a. fig.*); *~(s)* (*pl.*) Kernobst *n*; *~ proibido*, *~ vedado* verbotene Frucht *f*.

pomp|a ['põmpɐ] *f* Pomp *m*, Pracht *f*; Gepränge *n*; **~ear** [põm'pjar] (1l) sich brüsten; prangen; *v/t.* prunken mit; **~oso** [põm'pozu (-ɔ-)] pomphaft, prächtig; pompös.

ponch|e ['põʃə] *m* Punsch *m*; **~eira** [põ'ʃeirɐ] *f* Punschbowle *f*.

poncho *bras.* ['põʃu] *m* Poncho *m*; *forrar o ~* F sich gesundm.; *sacudir o ~* sich mausig machen.

ponder|ação [põndərɐ'sɐ̃u] *f* Erwägung *f*; Klugheit *f*; Wichtigkeit *f*; **~ado** [~'raðu] ernst; überlegt; klug; **~ar** [~'rar] (1c) abwägen; erwägen, bedenken; *v/i.* nachdenken (über [*ac.*] *sobre*); **~ável** [~'ravɛł] wägbar; erwägenswert; **~oso** [~'rozu] gewichtig; schwerwiegend; beachtlich; einleuchtend.

pónei ['pɔnei] *m* Pony *n*.

pongo ['põŋgu] *m* Schimpanse *m*; *bras.* Klamm *f*.

ponta ['põntɐ] *f* Spitze *f*; Ende *n*; Ecke *f*; Zacke *f*; Horn *n des Stiers usw.*; *Zigarren-*, *Zigaretten*-Stummel *m*; *bras.* Stromschnelle *f*; *~ do dia* Tagesanbruch *m*; *~ de terra* Landzunge *f*; *~ de vinho* F Spitz *m*; *horas f/pl. de ~* Stoßzeiten *f/pl.*; *uma ~ de* ein bißchen; ein paar; *até à ~ dos cabelos* bis obenhin, bis zum Halse; *de ~ a ~* von e-m Ende zum anderen; durch und durch, von A bis Z; *na ~* geschniegelt; *na ~ dos dedos* (*od. da língua*) am Schnürchen, im Schlaf; *andar de ~* sich schlecht (*od.* auf gespanntem Fuß) stehen; *estar na ~ bras.* hoch im Kurs stehen; *ter olhos nas ~s dos dedos* Fingerspitzengefühl h.; *não tem ~ por onde se lhe pegue* mit ihm (*od.* damit) ist nichts anzufangen; *trazer alg. de ~* F e-n Pick auf j-n h.

pont|ada [põn'taðɐ] *f* Stich *m*; stechende(r) Schmerz *m*; Seitenstechen *n*; **~a-direita** (**-esquerda**) [ˌpõntɐði'reitɐ (-ɨʃ'kerðɐ)] *m* Rechts- (Links-)außen *m*; **~al** [~ał] *m* Bord(höhe *f*) *m*; Landzunge *f*; *prego m ~* Schiffsnagel *m*; **~alete** [~tɐ'letə] *m* Stützbalken *m*; Gabelstütze *f*; *~s pl.* Sägebock *m*; **~ão** [~ɐ̃u] *m* **a**) Stütze *f*; **b**) Ponton *m*; Prahm *m*; Brückensteg *m*; Straßenbrücke *f*; **~apé** [~tɐ'pɛ] *m* Fußtritt *m*; *Fußball*: Stoß *m*; Schuß *m*; *~ livre* Freistoß *m*; *~ raso* Flachschuß *m*; **~aria** [~tɐ'riɐ] *f* Zielen *n*; Richten *n des Geschützes*; *fig.* Ziel *n*; *fazer ~* zielen; *ter boa ~* gut schießen; **~as** ['põntɐʃ] *f/pl.* Gehörn *n*; Geweih *n*; *bras.* Quellflüsse *m/pl.*; **~a-seca** *pint.* [ˌpõntɐ'sekɐ] *f* Radiernadel *f*; Radierung *f*.

ponte ['põntə] *f* Brücke *f*; ⚓ Kommandobrücke *f*; Deck *n*, Verdeck *n*; *~ de barcas* Schiffsbrücke *f*.

pontear [põn'tjar] (1l) punktieren; tüpfeln; heften; stopfen; *bras.* ♪ *Gitarre* zupfen; F klimpern; *v/i. bras.* an der Spitze gehen (*od.* marschieren, *fig.* liegen).

ponteir|a [~'teirɐ] *f* *Stock*-Zwinge *f*; *Zigaretten*-Spitze *f*; **~o** [~u] **1.** *m* Zeigestock *m*; *Uhr*-Zeiger *m*; ♪ Plektron *n*; ⊕ Spitzeisen *n*; *bras.* Anführer *m*; **2.** *adj.* ungehorsam (*Hund*); ungenau (*Gewehr*); *vento m ~* Gegenwind *m*.

pontiagudo [~tjɐ'ɣuðu] spitz (zulaufend); zugespitzt.

pontific|ado [~tɔfi'kaðu] *m* Pontifikat *n*; Papstwürde *f*; **~al** [~ał] päpstlich; bischöflich; pontifikal; **~ar** [~ar] (1n) das Pontifikalamt halten; *fig.* schulmeistern.

pontífice [~'tifisə] *m* Pontifex *m*; *Sumo* ♀ Papst *m*.

pontifício [~tə'fisju] päpstlich.

ponti|lha [~'tiʎɐ] *f* scharfe Spitze *f*; schmale Gold- (*od.* Silber-)franse *f*; Spitzenborte *f*; *taur.* kurzer Dolch *m*; *fig.* Gnadenstoß *m*; **~lhão** [~ti'ʎɐ̃u] *m* (Lauf-)Steg *m*, Brücke *f*; **~lhar** [~ti'ʎar] (1a) punktieren, pünkteln; sprenkeln; *fig.* unterbrechen; **~lhoso** [~ti'ʎozu (-ɔ-)] peinlich genau; **~nha** [~'tiɲɐ] *f*: *uma ~ de* ein bißchen; *da ~* ganz ausgezeichnet; *de ~ com* verzankt mit; *nas ~s* wie aus dem Ei gepellt; *das ~s* durchtrieben; **~nho** [~ɲu] *m* Pünktchen *n*; Handschuhstich *m*.

ponto ['põntu] *m* Punkt *m*; Zeitpunkt *m*; Augenblick *m*; Fleck *m*; Ort *m*, Stelle *f*; *Näh*-Stich *m*; Stopfstich *m*; gestopfte Stelle *f*; Näharbeit *f*; Teilstrich *m auf Meßgeräten*; *Gitarren*-Griff *m*; Auge *n auf Würfeln usw.*; Klammer *f an zerbrochenem Geschirr*; Reitnagel *m der Drehbank*; Korn *n des Gewehrs*; Gegenstand *m*; Frage *f*; Hauptsache *f*; Ziel *n*, Absicht *f*; *Prüfungs*-Aufgabe *f*; *uni.* Semesterschluß *m*; *tea.* Souffleur *m*; *cul.* Faden *m des gekochten Zuckers*; *Spiel*: Spieler *m gegen den Bankhalter*; F Type *f*; *bras.* Verkaufsstelle *f*; *~ corrido* Laufmasche *f*; *cir.* *~ (natural)* Nadel *f*; *~ (falso)* Heftpflaster *n*; *~ adiante* Vor-, *~ atrás* Stepp-stich *m*; *~ final* (Schluß-)Punkt *m*; *~ e vírgula* Strichpunkt *m*, Semikolon *n*; *irón.* Dick und Dünn; *dois ~s* Doppelpunkt *m*; *os quatro ~s do mundo* die vier Himmelsrichtungen; *bom ~* F drollige(r) Kerl *m*; *~ de honra* Ehrensache *f*; *açúcar m em ~* zu Faden gekochte(r) Zucker *m*; *livro m de ~* Kontrollbuch *n*; *a ~* **a**) rechtzeitig; gelegen; **b**) aufs genaueste, genau; *a ~ de* im Begriff (*od.* F drauf und dran) zu; *a ~ para* auf dem Sprung zu; *a (tal) ~ que, a ~(s) de inf.* so (sehr) daß; derart daß; *até certo ~* bis zu e-m gewissen Grad; irgendwie; *de ~ em branco* ganz und gar; wie aus dem Ei gepellt; *em ~* pünktlich; *três horas em ~* punkt 3 Uhr; *em ~ grande (pequeno)* im großen (kleinen) Maßstab; in groß (klein); im Großen (Kleinen); *assinar o ~* sich ins Kontrollbuch (*od.* in die Anwesenheitsliste) eintragen; *baixar de ~* von s-r Höhe herabsteigen, F klein beigeben; sich bescheiden; *criar ~* Faden ziehen (*Zucker*); *estar no seu ~* im Schuß (*od.* in Form) sn; *fazer ~ bras.* sich gewöhnlich aufhalten (in [*dat.*] em); *fazer o ~ de* berichten über (*ac.*); *ferir o ~, dar no ~* den Nagel auf den Kopf treffen; *ganhar (od. vencer) aos ~s* nach Punkten siegen; *ir ao ~ de inf.* so weit gehen zu *inf.*; sogar *ind.*; *não perder o ~ de* sich nichts entgehen l. von; *pôr ~ em* Schluß m. mit; *pôr os ~s altos* hoch hinauswollen; *subir de ~* anwachsen, zunehmen; steigen; *v/t.* anpreisen; über den grünen Klee loben; *tomar o ~* die Anwesenheit feststellen; *tomar um ~* ein Loch stopfen; *tomar por ~* als Ehrensache betrachten; *em que ~ vai* wie steht es mit.

pontu|ação [põntwɐ'sɐ̃u] *f* Zeichensetzung *f*; *Sport*: Punktbewertung *f*; **~al** [~'twał] pünktlich, gewissenhaft; punktuell; **~alidade** [~ɐli'ðaðə] *f* Pünktlichkeit *f*; **~ar** [~'twar] (1g) interpunktieren; markieren; **~do** [~'tuðu] spitz; heikel.

popa ⚓ ['popɐ] *f* Heck *n*, Achterschiff *n*; *vento m em ~* Wind achter; = *vento m pela ~* Rückenwind *m*; *ir (od. navegar) de vento em ~* vor dem Wind segeln; *fig.* gut vorankommen.

popul|aça [pupu'lasɐ] *f* Mob *m*; *das einfache* Volk; **~ação** [~lɐ'sɐ̃u] *f* Bevölkerung *f*; Insassen *pl. e-s Gebäudes*; *Fisch- usw.* Bestand *m*; *~ escolar (universitária)* Schüler-(Studenten-)schaft *f*; **~acho** [~aʃu] *m* = *~aça*; **~acional** [~lɐsju'nał] Bevölkerungs...; **~ar** [~ar] **1.** *adj.* des Volkes, Volks...; volkstümlich, populär; *frente f ~* Volksfront *f*; **2.** *m* einfache(r) Mann *m*, Mann *m* (*~es pl.* Leute *pl.*) aus dem Volk; **~aridade** [~lɐri'ðaðə] *f* Volkstümlichkeit *f*; Beliebtheit *f*; Popularität *f*; **~arizar** [~lɐri'zar] (1a) beliebt m.; gemeinverständlich m., popularisieren; **~arizar-se** volkstümlich w.; Gemeingut w.; **~ismo** *bras.* [~iʒmu] *pol.* Populismus *m*, volkstümliche Politik *f*; **~ista** [~iʃtɐ] populistisch, volkstümlich; **~oso** [~ozu (-ɔ-)] volkreich, dicht bevölkert.

por [pur] *prp.* **1.** *örtl.* durch *e-n Raum, e-e Öffnung* (hindurch); in *e-m Raum* herum; in (der Gegend von) (*dat.*); auf *e-r Fläche* (herum); über *e-e Fläche* (hin-weg, -über); über *e-e Ortschaft*; an *e-m Ort* vorbei; *e-e Linie* entlang; nach *e-r Seite* (hin); von *e-r Seite* (her); *~ aí* (*aqui, lá*) da (hier, dort) herum; *~ mar* zur See; *~ terra* zu Lande; **2.** *zeitl.* gegen, um ... herum; für *ein Jahr usw.*; *e-e Zeit* lang; *pela manhã* (*tarde*) am Morgen (Nachmittag); **3.** *Verhältnis*: für, pro; im, in der; um; zu; nach, gemäß; *~ hoje* für heute; *~ pessoa* pro Person; *~ hora* (*dia, semana, mês, ano*) stünd- (täg-, wöchent-, monat-, jähr-)lich; *uma vez ~ mês* einmal im Monat (*od.* monatlich); *um ~ um* einzeln, e-r um den anderen; nachea.; *~ partes iguais* zu gleichen Teilen; *~ folhas* blattweise; *pelo que ele diz* nach s-n Worten; *pelo seu aspecto* s-m Aussehen nach; *pelo que vejo* (*consta od. dizem*) wie ich sehe (verlautet); *pelo todo, ~ tudo, ~ todos* im ganzen, alles in allem; **4.** *Division*: durch; **5.** *Grund, Ursache*: wegen; aus; *~ medo* (*covardia, etc.*) aus Angst (Feigheit *usw.*); *~ isso, ~ isto* darum, des-wegen, -halb; *~ inf.* weil (*od.* da) *ind.*; **6.** *Urheber* (*Passiv*): von; **7.** *Mittel, Werkzeug, Vermittlung*: durch; mit; per; *~ escrito* schriftlich; *~ mar* (*terra*) auf dem See- (Land-)wege; **8.** *Rücksicht*: um ... willen, wegen; *~ mim* meinetwegen; von mir aus; **9.** *Zweck, Ziel*: nach; um ... zu *inf.*; zu *j-s* Gunsten, für; **10.** *Stellvertretung, Tausch*: für; statt, anstelle; um; gegen; *tomar ~* halten für; **11.** *Augenschein, Rolle*: als; für; *ter ~* ansehen als; **12.** *Umstand*: bei, unter (*dat.*); **13.** *unfertiger Zustand*: noch zu *inf.*; *~ fazer* noch ungetan, noch nicht angefangen; **14.** *konzessiv*: *~ pouco que seja* so wenig es auch ist (*od.* sein mag); *~ (mais) difícil que seja* so schwer es auch ist (*od.* sein mag); *azul ~ azul, prefiro* (*od. antes*) wenn schon blau, dann lieber (*od.* eher); **15.** *~ que s. que u. porque.*

pôr [por] (2zd) **1.** *v/t.* setzen; legen; bringen; stellen; *in die Hand* geben; (ver)stecken; (auf)hängen; pflanzen; (auf-, hin-)schreiben; auf-, hin-stellen; den Fall setzen, annehmen; erklären, behaupten; *ängstlich usw.* m.; *Geldbetrag* wetten *od.* bieten; *Gesetz* erlassen; *Strafe* verhängen; *Argument* vorbringen, äußern; *Schwierigkeiten* m.; *Problem* aufwerfen; *Beispiel* bringen; *Amt usw.* niederlegen; *Hände* falten; *Kleid usw.* tragen, anziehen; *Hut, Brille usw., Miene* aufsetzen; *Schmuck, Trauer, Zügel usw.* anlegen; *Puder, Gedeck, Kompresse* auflegen; *Namen* beilegen, geben; sich *e-n Wagen, Diener, Namen* zulegen; *Tisch* decken; *~ em, ~ a Zubehör* anbringen *od. Knopf usw.* (an)nähen an (*dat.*); *Briefmarke* (auf)kleben *od. Siegel* (auf)drücken auf (*ac.*); *Ingredienz* hinzufügen (*dat.*), hineintun in (*ac.*); *Auge usw.* richten auf (*ac.*); *Kräfte usw.* brauchen (*od.* einsetzen) für, verwenden auf (*ac.*) *od.* für, wenden (*od.* setzen verschwenden) an (*ac.*); *Kapital usw.* (hinein)stecken in (*ac.*), anlegen in (*dat.*), (bereit)stellen für; *Liebe usw.* schenken (*dat.*); *Gefühl* hervorrufen in (*dat.*); *j-n* eintragen (l.) in (*ac.*), anmelden bei; *Leichnam* beisetzen (l.) in (*dat.*); *j-n in e-r Firma usw.* unterbringen, *in die Schule, e-n Beruf usw.* stecken; *in e-n Zustand* versetzen; *in e-e Lage* bringen; verwandeln in (*ac.*), zu; *Steuer* auferlegen (*dat.*); *Ruhm, Weisheit* gründen auf (*ac.*); *Ehre* setzen in (*ac.*); *Schuld* geben, zuschieben (*dat.*); *Fehler* vorwerfen (*dat.*); *Ursache, Grund* sehen in (*dat.*); *~ fora* hinauswerfen; *~ a inf.* bringen zu *inf.*, lassen *inf.*; *~ alto o desejo* (*od. a mira, os olhos*) hoch hinauswollen; *~ a boca* (*od. os lábios*) *em* mit den Lippen berühren (*ac.*), küssen (*ac.*); *~ cobro* (*od. fim, termo, modo*) *a* ein Ende m. (*dat.*), Schluß m. mit; *~ de sua casa* (*od. algibeira, cabeça, lavra*) (Eigenes *od.* das Seinige) dazu-tun, -erfinden; *~ o fito* (*od. a mira, o intento*) *em* sein Augenmerk richten auf (*ac.*); *et.* h. (*od.* w.) wollen; sich bemühen um; *~ na necessidade* (*obrigação*) *de* zwingen (in die Verlegenheit bringen) zu; *~ + adj.* (*z.B. louco*) *j-n* (verrückt) m.; 2. **~-se** untergehen (*Gestirn*); werden; ~ *a* in Angriff nehmen (*ac.*); sich heranwagen an (*ac.*); sich betätigen in (*dat.*); ~ *a inf.* beginnen zu *inf.*; ~ *a* (*od. com*) *su.* anfangen zu *inf. des zugehörigen Verbs, z.B. pôs-se aos berros* (*com desculpas*) er fing an zu schreien (sich zu entschuldigen); ~ *em su.* = *inf. des zugehörigen Verbs, z.B.* ~ *em fuga* (*sossego, armas*) fliehen (sich beruhigen, sich [be]waffnen); ~ *de luto* Trauerkleider anziehen; ~ *bem* (*mal*) *com* sich gut (schlecht) stellen mit; 3. *m*: ~ *do sol* Sonnenuntergang *m*.

poracá *bras.* [pora'ka] *m* Fischkorb *m*.

poranduba *bras.* [~rẽn'dubɐ] *f* Geschichte *f*; Nachricht *f*; Bericht *m*.

porão [pu'rɐ̃u] *m* ⚓ Schiffs-, Laderaum *m*; *fig. bras.* Keller *m*.

porc|a ['pɔrkɐ] *f* Sau *f* (*a. fig.*); ⊕ (Schrauben-)Mutter *f*; **~alhão** [purkɐ'ʎɐ̃u] 1. *adj.* dreckig; 2. *m*, -**ona** *f* Schmutz-fink *m*, -liese *f*.

porção [pur'sɐ̃u] *f* Teil *m*; Stück *n*; Anzahl *f*; Portion *f*.

porcaria [~kɐ'riɐ] *f* Schweinerei *f*; Dreck *m*.

porcelana [~sə'lɐnɐ] *f* Porzellan (-arbeit *f*, -plastik *f*) *n*; *zo.* Porzellanschnecke *f*; ~*s pl.* Porzellan *n*.

porcentagem [~sẽn'taʒɐ̃i] *f* = *percentagem*.

porcino [~'sinu] = *suíno*.

porco ['porku] 1. *m* Schwein *n* (*a. fig.*); Eber *m*; Schweinefleisch *n*; ~ *bravo*, ~ *montês* Wildschwein *n*; 2. *adj.* schweinig; schmutzig; **~-espim, ~-espinho** [~iʃ'pĩ, ~iʃ'piɲu] *m* Stachelschwein *n*.

porém [pu'rɐ̃i] jedoch, aber.

porfia [pur'fiɐ] *f* Ausea.-setzung *f*; Ausdauer *f*; Hartnäckigkeit *f*; *à* ~ um die Wette.

porfi|adamente [~ˌfjaðɐ'mẽntə] um die Wette; **~ado** [~'fjaðu] hartnäckig, zäh; heftig umstritten; **~ar** [~'fjar] (1g) trotzen; (sich) streiten; ~ *por* sich streiten um, ea. streitig m. (*ac.*); ~ *em* bestehen auf (*dat.*); sich bemühen zu (*inf.*); ~ *com* wetteifern mit; **~oso** [~'fjozu (-ɔ-)] trotzig; = ~*ado*.

pórfiro ['pɔrfiru] *m* Porphyr *m*.

pormenor [purmə'nɔr] *m* Einzelheit *f* (*entrar em* eingehen auf [*ac.*]); besondere(r) Umstand *m*; *em* ~ = **~izadamente** [~nuriˌzaðɐ'mẽntə] im einzelnen; **~izado** [~nuri'zaðu] eingehend; **~izar** [~nuri'zar] (1a) im einzelnen ausführen; einzeln aufzählen; näher erklären; genau (-er) schildern.

pornogr|afia [~nuɣrɐ'fiɐ] *f* Pornographie *f*; **~áfico** [~'ɣrafiku] pornographisch, Porno ...

poro ['pɔru] *m* Pore *f*; **~so** [pu'rozu (-ɔ-)] durchlässig, porös.

porqu|anto [pur'kwẽntu] da ja, weil; **~e** ['purkə] 1. *adv. interr.* warum; 2. *cj.* weil; *mit conj.*: damit; **~ê** [pur'ke] warum.

porqu|eiro [~'keiru] *m* Schweinehirt *m*; **~inho** [~iɲu] *m* Ferkel *n*; ~ *da Índia* Meerschweinchen *n*.

porra V ['poʀɐ] *int.*: ~!, *olha a* ~! V verdammte Scheiße!; **~da** [pu'ʀaðɐ] *f* Hiebe *m/pl.*

porreiro [pu'ʀeiru] gutmütig.

porro ['poʀu] *m* = *alho-porro*.

porta ['pɔrtɐ] *f* Tür *f*; *Stadt*-Tor *n* (*a. fig.*); Pforte *f* (*a. fig.*); *fig.* Eingang *m*; Ausweg *m*; ~-*cocheira* Torweg *m*; ~ *de serviço* Eingang *m* für Lieferanten; ~ *lateral* (*od. travessa, traseira*) Hintertür *f*; ~*s pl. travessas* (*od. secretas*) *fig.* Schliche *m/pl.*; ♀ *Otomana die* Hohe Pforte; ~ *poterna* (*od. falsa*) Ausfallstor *n*; *à* ~ *fechada* hinter verschlossenen Türen; *dar com a* ~ *na cara* (*od. nos olhos*) *de alg.* j-m die Tür vor der Nase zuschlagen; *estar às* ~*s da morte* dem Ende nahe sein.

port|a-aviões (*pl. unv.*) [ˌpɔrta'vjõiʃ] *m* Flugzeug-träger *m*, -mutterschiff *n*; **~a-bagagem** (-**ns**) [~ɐβɐ'ɣaʒɐ̃i] *m*(*pl.*) Gepäckträger *m an Fahrrädern usw.*; **~a-bandeira** (-**s**) [~ɐβẽn'deirɐ] *m*(*pl.*) Fähnrich *m*; Fahnenträger *m*.

port|ada [pur'taðɐ] *f* Portal *n*; *Fenster*-Laden *m*; **~ador** [~tɐ'ðor] 1. *adj.* ~ *de* tragend (*ac.*); mit sich führend (*ac.*); im Besitz (*gen.*); 2. *m*, -*a f* Überbringer(in *f*) *m*; Träger(in *f*) *m*; Inhaber(in *f*) *m v. Wertpapieren*; **~agem** [~ɐʒɐ̃i] *f* Brückenzoll *m*; **~al** [~ał] *m* Portal *n*.

portaló ⚓ [purtɐ'lɔ] *m* Fallreep *n*.

porta-|marmita(s) [ˌpɔrtɐmɐr'mitɐ] *f*(*pl.*) Essenträger *m*; **~moedas** (*pl. unv.*) [~'mwɛðɐʃ] *m* = **~níqueis** (*pl. unv.*) *bras.* [~'nikeis] *m* Geldbeutel *m*; **~novas** (*pl. unv.*) [~'nɔ-

vɐʃ] *m* Neuigkeitskrämer *m*.
portanto [pur'tẽntu] also, folglich.
portão [pur'tɐ̃u] *m* Tor *n*.
port|ar [pur'tar] (1e): ~ *por fé* bescheinigen; **~ar-se** sich betragen, benehmen; **~aria** [~ɐ'riɐ] *f* Klostertür *f*; Portal *n*; Vorhalle *f*; *ministerieller* Erlaß *m*; **~a-seios** (*pl. unv.*) [ˌpɔrtɐ'sejuʃ] *m* Büstenhalter *m*; **~átil** [~atiɫ] tragbar; Taschen...; Hand...; zerlegbar; **~a-voz** (**-es**) [ˌpɔrtɐ'vɔʃ] *m*(*pl.*) Sprachrohr *n*, Megaphon *n*; *fig. su.* Sprecher(in *f*) *m*.
porte ['pɔrtə] *m* Beförderung *f*; Fracht *f*; Mitführen *n*, Tragen *n*; Zustellungsgebühr *f*; Fuhr-, Träger-lohn *m*; ✉ Porto *n*; ⚓ Lastigkeit *f*; *fig.* Haltung *f*; Benehmen *n*; Ansehen *n*; Tragfähigkeit *f* (*Stimme*); **~ar** [pur'tjar] (1l) freimachen.
porteir|a [pur'teirɐ] *f* Pförtnerin *f*; Pförtnersfrau *f*; **~o** [~u] *m* Pförtner *m*; Portier *m*; Torwächter *m*.
portela [pur'tɛlɐ] *f* Tür *f*; Wegbiegung *f*; Engpaß *m*.
portent|o [~'tẽntu] *m* Wunder *n*; Seltenheit *f*; **~oso** [~tẽn'tozu (-ɔ-)] wunderbar; unglaublich.
pórtico ['pɔrtiku] *m* Säulenhalle *f*.
portinhola [purti'ɲɔlɐ] *f* (Wagen-) Schlag *m*; Taschenklappe *f*; (Hosen-)Schlitz *m*; ⚓ Stückpforte *f*.
porto ['portu (-ɔ-)] *m* Hafen *m*; ~ *de mar* See-, ~ *fluvial* Binnen-, ~ *de refúgio* (*od. salvação*) Not-hafen *m*; *vinho m do* 𝔖 Portwein *m*; *tomar* (*od. ferrar o*) ~ e-n Hafen an- (*od.* in e-n Hafen ein-)laufen; **~-alegrense**(s) [~ɐlə'ɣrẽsə] aus Porto Alegre; **~-franco** [~'frẽŋku] *m* Freihafen *m*; **~-riquenho**(s) [~ʀi'keɲu] aus Portoriko.
portuense [pur'twẽsə] Portuenser; aus Oporto, Oporto...
portuga *bras.* [por'tuɣɐ] *su.* Portugiese *m*, Portugiesin *f*.
portugu|ês [purtu'ɣeʃ] **1.** *adj.* portugiesisch; **2.** *m* Portugiese *m*; **~esa** [~ezɐ] *f* Portugiesin *f*; *a* 𝔖 *die* portugiesische Nationalhymne *f*; **~esismo** [~ɣə'ziʒmu] *m* portugiesische(r) Ausdruck *m* (*od.* Brauch *m*); **~esmente** [~ɣeʒ'mẽntə] auf portugiesische Art.
portuoso [~'twozu (-ɔ-)] hafenreich.
porventura [~vẽn'turɐ] zufällig; etwa, vielleicht; *als Füllwort*: aber, doch, wirklich; denn.
porv|indoiro, -ouro [~vĩn'doiru, -oru] kommend; künftig; **~ir** [~'vir] *m* Zukunft *f*.
pós [pɔʃ] **1.** *prp.* nach; **2.** *pl. v. pó.*
pós-... [~] *in Zssgn* die Zeit nach ...
posar *gal.* [po'zar] (1a): ~ *para alg.* j-m sitzen; ~ *para o fotógrafo* (*pintor*) sich photographieren (malen) l.
pós-|data(s) [pɔʒ'ðatɐ] *f*(*pl.*) Nachdatierung *f*; spätere(s) Datum *n*; **~datar** [~ðɐ'tar] (1b) nachdatieren.
pose *gal.* ['pɔzə, *bras.* 'pozə] *f* Pose *f*; *fot. Zeit*-Aufnahme *f*; Belichtungsdauer *f*.
pós-|escolar [pɔzɨʃku'lar] nach Abschluß (*m*) der Schulbildung (*f*); **~escrito**(s) [~ɨʃ'kritu] *m*(*pl.*) Nachschrift *f*.
posfácio [pɔʃ'fasju] *m* Nachwort *n*.
pós-guerra [pɔʒ'ɣɛʀɐ] *m die* Nachkriegszeit.
posição [puzi'sɐ̃u] *f* Stellung *f*, Lage *f*; Haltung *f*.
positiv|amente [puziˌtivɐ'mẽntə] in der Tat; wahrhaftig; offengestanden; **~ar** *bras.* [~ti'var] (1a) verdeutlichen; **~ismo** [~ti'viʒmu] *m fil.* Positivismus *m*; *fig.* Wirklichkeitssinn *m*; **~ista** [~ti'viʃtɐ] **1.** *adj.* positivistisch; nüchtern, praktisch; **2.** *su.* Positivist(in *f*) *m*; Tatsachenmensch *m*; **~o** [~'tivu] positiv (*bsd.* 🕮); tatsächlich; fest(stehend), sicher; handgreiflich; praktisch; *prova f -a fot.* Positiv *n*.
posologia *farm.* [puzulu'ʒiɐ] *f* Dosierung *f*.
pospelo [puʃ'pelu]: *a* ~ gegen den Strich; mit Gewalt.
posp|or [~'por] (2zd) nachstellen; hintansetzen; zurückstellen; **~osição** [~puzi'sɐ̃u] *f gram.* Nachstellung *f*; **~ositivo** [~puzi'tivu] *gram.* nachgestellt; **~osto** [~oʃtu (-ɔ-)] *p.p. v.* ~*or*.
poss|ança [pu'sɐ̃sɐ] *f* Mächtigkeit *f*; *Geistes*-Stärke *f*; Macht *f*, Gewalt *f*; **~ante** [~ɐ̃ntə] mächtig; stattlich.
poss|e ['pɔsə] *f* Besitz *m*; *dar* ~ *a j-n* in ein Amt einführen; = *meter de* (*od. na*) ~ *de a/c.* in den Besitz e-r Sache (*gen.*) setzen; ⚖ *j-m* et. zusprechen; *entrar na* ~ in den Besitz kommen; *tomar* ~ *de* Besitz ergreifen von; *ein Amt* antreten; ~*s pl.* Vermögen *n* (*a. fig.*); *ter* ~*s para* sich *et.* (*od.* es sich) leisten

können (zu *inf.*); **~eiro** [pu'seiru] *m* Besitzer *m*, Inhaber *m*.

poss|essão [pusə'sẽu] *f* Besitzung *f*; **~essivo** [~ə'sivu] **1.** *adj.* besitzanzeigend; **2.** *m* Possessivum *n*; **~esso** [~'sɛsu] besessen; **~essor** [~ə'sor] *m* Besitzer *m*.

possibil|idade [~səβəli'ðaðə] *f* Möglichkeit *f*; *~s pl.* = *posses*; **~itar** [~i'tar] (1a) ermöglichen.

possível [~'sivɛł] **1.** *adj.* möglich; *tão adj. od. adv. quanto ~* so *adj. od. adv.* wie möglich; *tanto quanto ~* so viel (*od.* sehr, schnell, laut) wie möglich; *o mais depressa (que seja) ~* so schnell wie möglich; *o melhor tratamento (que seja) ~* die bestmögliche Behandlung; *na medida do ~* soweit (wie) möglich; *fazer (todo) o ~* sein möglichstes tun.

possu|ído [~'swiðu]: *~ de* durchdrungen von; **~idor** [~swi'ðor] **1.** *adj. ~ de* besitzend (*ac.*); verfügend über (*ac.*); **2.** *m*, **-a** *f* Besitzer(in *f*) *m*; Inhaber(in *f*) *m*; **~ir** [~ir] (3i) besitzen; innehaben; verfügen über (*ac.*); beherrschen; **~ir-se** de sich überzeugen (*od.* durchdringen l.) von.

posta ['pɔʃtɐ] *f* Scheibe *f od.* Stück *n Fisch od. Fleisch*; † Post(station) *f*; Relais *n*; *boa ~* F prima Stelle *f*.

post|al [puʃ'tał] **1.** *adj.* Post...; *bilhete m ~* = **2.** *m* Postkarte *f*; **~ar** [~ar] (1e) (auf)stellen, postieren; *bras. Brief* einwerfen; **~a-restante** [ˌpɔʃtɐrɨʃ'tẽntə] postlagernd; **~e** ['pɔʃtə] *m* Pfosten *m*; ⚡ Mast *m*; *fig. Schand*-Pfahl *m*; *~ de luz bras.* Straßenlaterne *f*.

posteiro *bras.* [pos'teiru] *m* Farmwächter *m*, Posten *m*.

postergar [~tər'ɣar] (1o; *Stv.* 1c) zurücklassen; zurück- (*od.* hintan-) setzen; übergehen; *Gesetz* übertreten.

poster|idade [~təri'ðaðə] *f* Nachwelt *f*; Nachruhm *m*; *passar à ~* in die Geschichte eingehen; **~ior** [~'rjor] **1.** *adj.* nachherig; später (als *a*); hinter, Hinter...; **2.** *m* P Hintern *m*; *~es pl.* Nachkommen *m/pl.*

póstero ['pɔʃtəru] künftig.

postiço [puʃ'tisu] künstlich, falsch; aufgesetzt; abnehmbar; *janela f -a* Blendfenster *n*.

postigo [~'tiɣu] *m* Pförtchen *n*; Luke *f* (*a.* ⚓); *Faß*-Einstieg *m*; (Guck-) Fensterchen *n*; Schalter *m*.

postila [~'tilɐ] *f* Studienbuch *n*; Diktatheft *n*; = *apostila*.

postilhão [~ti'ʎẽu] *m* Postillion *m*.

posto ['poʃtu (-ɔ-)] **1.** *p.p. v. pôr*; **2.** *adj. bem ~* gutaussehend; gut gekleidet; *sol m ~* Sonnenuntergang *m*; **3.** *m* Posten *m*; Platz *m*; Amt *n*; Stelle *f*; Dienstrang *m*; *Zoll*-Haus *n*; *Polizei*-Wache *f*; *Wetter*-Warte *f*; *bras.* Sennhütte *f*; *~ de pronto socorro* Unfallstation *f*; *~ de trabalho* Arbeitsplatz *m*; *estar a ~s* auf s-m Posten (*od.* bereit) sn; **4.** *cj. ~ (que)* wenn auch, obgleich.

postular [puʃtu'lar] (1a) nachsuchen um; fordern.

póstumo ['pɔʃtumu] nachgeboren; nachgelassen (*Werk*), postum.

postura [puʃ'turɐ] *f* Stellung *f*; Haltung *f*; Aussehen *n*, Miene *f*; Schminke *f*; Eierlegen *n*; Legeleistung *f*; ⚖ städtische Verordnung *f*.

potassa [pu'tasɐ] *f* Kali(umsalz) *n*; = *~ do comércio* Pottasche *f*; *~ cáustica* Ätzkali *n*.

potássio [~'tasju] *m* Kalium *n*; *carbonato m de ~* Pottasche *f*; *silicato m de ~* Wasserglas *n*; *cianeto m de ~* Zyankali *n*.

potável [~'tavɛł] trinkbar; *água f ~* Trinkwasser *n*.

pote ['pɔtə] *m* (irdener) Topf *m*; Nachttopf *m*; Pott *m* (*altes Maß* = *6 Kanaden*).

poteia [pu'tejɐ] *f* Zinnoxyd *n* (*Poliermittel*).

potência [~'tẽsjɐ] *f* Macht *f*; Potenz *f* (*a.* Ꜹ); Kraft *f*; *fís.* Leistung *f*; ⚡ Energie *f*, Strom *m*; *grande ~ pol.* Großmacht *f*; *~ máxima* Höchstleistung *f*; *de grande ~* leistungsfähig; stark; lautstark; 2 *na (od. elevado à)* 3.ª *~* 2 hoch 3.

potenci|al [~tẽ'sjał] **1.** *adj.* potentiell; möglich; 2. *m* ⚡ Potential *n*; ✝ Kaufkraft *f*; **~alidade** [~sjɐli'ðaðə] *f* Leistungsfähigkeit *f*; (ungenutzte) Möglichkeit *f*; *~ de consumo* Kaufkraft *f*; **~ar** [~ar] (1g) Ꜹ zur Potenz erheben.

potent|ado [~tẽn'taðu] *m* Machthaber *m*, Potentat *m*; **~e** [~'tẽntə] potent; mächtig; gewaltig; stark.

potestade [~tɨʃ'taðə] *f* Macht *f*, Gewalt *f*.

poto|ca *bras.* [po'tɔkɐ] *f* Schwindel

m; **~car** [~to'kar] (1n; *Stv.* 1c) *bras.* schwindeln; **~queiro** [~to'keiru] *m* Schwindler *m*.

potra ['potrɐ] *f* **a)** ⚕ Bruch *m*; ⚘ Knoten *m*; *bras.* Glück *n*; Dünkel *m*; **b)** Stutenfüllen *n*.

potranc|a *bras.* [po'trẽŋkɐ] *f* Stut(en)fohlen *n*; **~ada** [~trẽŋ'kaδɐ] *f* Fohlenherde *f*; **~o** *bras.* [~u] *m* Fohlen *n*, Füllen *n*.

potr|eiro [pu'treiru] *m* Pferdehändler *m*; Koppel *f*, Weide *f*; **~il** [~ił] *m* Tattersall *m*; **~ilho** *bras.* [~iʎu] *m* Füllen *n*; **~o** ['potru] *m* Fohlen *n*; *hist.* Folterbank *f*.

pouc|achinho [pokɐ'ʃiɲu] sehr wenig; = **~adinho** *bras.* [~a'δiɲu]: (*um*) ~ ein bißchen; **~a-vergonha** [ˌpokɐvər'ɣoɲɐ] *f* Schande *f*; Schuftigkeit *f*; Schamlosigkeit *f*; **~o** ['poku] **1.** *adj.* wenig; gering(fügig), klein; kurz (*Zeit*); *um ~ de* ein wenig; *uns ~s de* ein paar; *de ~as palavras* (*falas*) wortkarg, mundfaul; 2. *adv.* wenig; langsam; *~ a ~, a ~ e ~, aos ~s* nach und nach, allmählich; *~ mais ou menos* so ungefähr; *de aqui a ~, dentro em ~* bald; *de aí a ~* kurz (*od.* bald) darauf; *há ~* vor kurzem, kürzlich; soeben; *por ~* fast, beinahe; *fazer ~ de* nicht ernst nehmen (*ac.*); hänseln (*ac.*); **~ochinho** [~u'ʃiɲu] = *poucachinho*.

poupa ['popɐ] *f* Federbusch *m*; Schopf *m*; *zo.* Wiedehopf *m*.

poup|ado [po'paδu] sparsam; **~ança** F [~ẽsɐ] *f* Sparsamkeit *f*; *~ forçada* Zwangssparen *n*; **~ar** [~ar] (1a) haushalten mit; aufsparen, zurückbehalten; *Kräfte, Kleider usw.* schonen; *Geld* sparen; *j-m et.* ersparen, *j-n* verschonen mit; *j-n* verschonen (vor [*dat.*] *a*); *das Leben* schenken; **~ar-se** *a* sich drücken vor (*dat.*); *não se ~ a* sich nicht scheuen vor (*dat.*).

pouqu|idade, **~idão** [poki'δaδə, ~i'δẽu] *f* Wenigkeit *f*; Geringfügigkeit *f*; Knappheit *f*; Unzulänglichkeit *f*; **~inho** [~'kiɲu]: *um ~* ein bißchen; **~íssimo** [~'kisimu] äußerst wenig (*od.* gering).

pous-, pois|ada [po-, poi'zaδɐ] *f* Rast-haus *n*, -stätte *f*; Unterkunft *f*; Wohnung *f*; *dar ~ a j-n* aufnehmen; **~a-papel** (-éis) *bras.* [ˌpozɐpa'pɛł] *m*(*pl.*) Briefbeschwerer *m*; **~ar** [~ar] (1a) legen; setzen; stellen; hinlegen; ab-, nieder-legen; *Augen* heften (auf [*ac.*] *sobre*); *~ o pé em fig.* sich stützen auf (*ac.*); sich richten nach; *v/i.* sich niederlassen; (sich aus-) ruhen; Quartier nehmen, absteigen; sich setzen (*od.* sitzen) (*Vögel*); wohnen; **~io** [~iu] **1.** *m* Brache *f*; **2.** *adj.* Brach...; **~o** ['pozu, 'poizu] *m* Sitz *m*, Platz *m*, Stätte *f*; Ankerplatz *m*; Bodenstein *m der Mühle*; *bras.* Schlafstätte *f*; *~s pl.* ⚓ Helgen *m*.

pov|aréu [puvɐ'rɛu] *m* Pöbel *m*; Volk *n*; **~eiro** [~'veiru] aus Póvoa de Varzim; **~iléu** [~i'lɛu] *m* = *~aréu*; **~inho** [~'viɲu] *m das* einfache Volk; **~o** ['povu] *m* Volk *n*; Weiler *m*, Flecken *m*; **~oação** [~vwɐ'sẽu] *f* Bevölkerung *f*; Ortschaft *f*; *bras.* Gummipflanzung *f*; **~oado** [~'vwaδu] **1.** *adj.* bevölkert; *~ de árvores* bewaldet; *~ de peixes* fischreich; **2.** *m* Ansiedlung *f*; **~oador** [~vwɐ'δor] *m* Siedler *m*; Besiedler *m*; **~oamento** *bras.* [~vwɐ'mẽntu] *m* = *~oação*; *~ florestal* Aufforstung *f*; **~oar** [~'vwar] (1f) bevölkern; besiedeln; *j-n* ansiedeln; versehen (*od.* beschenken) (mit *de*); *~ de árvores* aufforsten; **~oléu** [~vu'lɛu] *m* = *~aréu*.

pra [prɐ] *verkürzte Form v. para.*

praça ['prasɐ] *f* Platz *m*; Markt(-platz) *m*; Kaufmannschaft *f*; Raum *m*; ⚓ Laderaum *m*; ⚔ Festung *f*; gemeine(r) Soldat *m*; Jahrgang *m*; *~ de armas* Truppenübungsplatz *m*; *~ de automóveis* Taxistand *m*; *~ de peixe* Fischmarkt *m*; *~ de reserva* Reservist *m*; *~ do comércio* Handelsbörse *f*; *~ de toiros* Stierkampfarena *f*; *automóvel m de ~* Mietauto *n*, Taxi *n*; *empregado m de ~* Platzvertreter *m*; *desta* (*dessa*) *~* ☤ hier (dort) am Platz; *assentar ~* Soldat w.; sich anwerben l.; *ir à ~* unter den Hammer kommen; *pôr em ~, levar à ~* versteigern; *sair à ~* an die Öffentlichkeit (*od.* hervor)treten; bekannt w.

pracista [prɐ'siʃtɐ] *m* ☤ Platzvertreter *m* (*Ggs. Reisender*); *bras.* Stadtmensch *m*.

prad|aria [prɐδɐ'riɐ] *f* Wiesen(-grund *m*) *f*/*pl.*; **~o** ['praδu] *m* Wiese *f*, *bras.* Reit-, Renn-bahn *f*.

praga ['praɣɐ] *f* Plage *f*, Landplage *f*; ✓ Schädling *m*; *fig.* Fluch *m*; Gewimmel *n*; *rogar ~s* fluchen.

pragana ⚘ [prɐ'ɣenɐ] *f* Granne *f*.
pragm|ática [prɐɣ'matikɐ] *f* Zeremoniell *n*, Vorschrift *f*; 🕮 Pragmatik *f*; **~ático** [~atiku] sachlich, nüchtern; pragmatisch; **~atismo** [~mɐ'tiʒmu] *m* Pragmatismus *m*.
praguejar [prɐɣɨ'ʒar] (1d) *v/i*. fluchen; ~ *de* = *v/t*. lästern, verfluchen; schmähen.
praia ['prajɐ] *f* Strand *m*; Seebad *n*; Küste *f*; **~-mar** [~'mar] *f* = *preamar*; **~no** *bras*. [pra'jenu] *m* Strandbewohner *f*, Badegast *m*.
pralina *gal*. [prɐ'linɐ] *f* gebrannte Mandel *f*.
prancha ['prɐ̃ʃɐ] *f* Planke *f*, Bohle *f*; ⚓ Laufplanke *f*; *bras*. Prahm *m*; *dar de ~ com a espada* mit der flachen Klinge schlagen (*ac*.).
pranch|ada [prɐ̃'ʃaδɐ] *f* Schlag *m* mit der flachen Klinge; **~ão** [~ɐ̃u] *m* Bohle *f*; Laufplanke *f*; **~ear** [~'ʃjar] (1l) (der Länge nach) hinfallen; stürzen (*Pferd*); **~eta** [~etɐ] *f* Brettchen *n*, Latte *f*; Meßtisch *m*.
prant|ear [prɐ̃n'tjar] (1l) beweinen, beklagen; *v/i*. weinen; (weh)klagen; **~o** ['prɐ̃ntu] *m* Wehklage *f*; Weinen *n*; *~s* Tränen *f/pl*.
prata ['pratɐ] *f* Silber(-münze *f*, -geld, -geschirr) *n*; *de ~* silbern.
prat|aria [prɐtɐ'riɐ] *f* Silber-gerät *n*, -geschirr *n*; **~eado** [~'tjaδu] versilbert; silberplattiert; silbern; **~ear** [~'tjar] (1l) versilbern; **~eira** [~'teirɐ] *f* Silber-schrank *m*, -bord *n*; **~eleira** [~ə'leirɐ] *f* Bord *n*, Brett *n*; = **~eleiro** [~ə'leiru] *m* Tellerbord *n*.
prática ['pratikɐ] *f* Übung *f*; Erfahrung *f*; Anwendung *f*; Ausübung *f*; Durchführung *f*; Praxis *f*; Brauch *m*; Kniff *m*; praktische Tätigkeit *f*; Predigt *f*; *na ~* in Wirklichkeit; *pôr em ~* aus-, durchführen, in die Tat umsetzen; *ter muita ~* gut eingearbeitet sn; *vir à ~* zur Sprache kommen.
pratic|ante [prɐti'kɐ̃ntə] **1.** *m* Praktikant *m*; *~ desportivo* Sporttreibende(r) *m*, Sportler *m*; **2.** *adj*. ausübend; praktisch tätig; *católico m ~* gute(r) Katholik *m*; **~ar** [~ar] (1n) *Beruf* ausüben, betreiben; *Sport* treiben; *Sprache, Tugend usw*. üben, praktisch anwenden; *Verbrechen* verüben, begehen; *gute Werke* tun; *Operation* vornehmen; *Worte* (aus-) sprechen; *Beleidigung* ausstoßen; *v/i*. sprechen; als Praktikant tätig sn; **~ável** [~avɛɫ] aus-, durchführbar; gang-, befahr-, benutz-bar.
prático ['pratiku] **1.** *adj*. praktisch; **2.** *m* Praktiker *m*; ⚓ *Küsten*-Lotse *m*.
prati|lheiro ♪ [prɐti'ʎeiru] *m* Beckenschläger *m*; **~nho** [~'tiɲu] *m fig*. *servir de ~* die Zielscheibe des Spottes sn, zum Gespött w.; *ser um ~* ein Gaudium sn.
prato ['pratu] *m* Teller *m*; *Fleisch-, Fisch- usw*. Platte *f*; *cul*. Gericht *n*; Gang *m*; *~ da balança* Waagschale *f*; *~ do meio cul*. Zwischengericht *n*; *pôr em ~s limpos* klarstellen; *~s pl*. ♪ Becken *n*.
prax|e ['praʃə] *f* Brauch *m*; Vorschrift *f*; Etikette *f*; Praxis *f*; *da ~* vorschriftsmäßig; üblich; *respeitar a ~* die vorgeschriebenen Formen beachten; **~ista** [prɐ'ʃiʃtɐ] *m* Kenner *m* der Vorschriften; Formenmensch *m*.
praz|enteiro [prɐzɐ̃n'teiru] vergnüglich, heiter; nett, gefällig; **~er** [~'zer] **1.** *v/i*. (2s—D3) gefallen; **2.** *m* Vergnügen *n*; Freude *f*; Genuß *m*; Belieben *n*, Wille *m*; *a seu ~* wie es Ihnen beliebt; *com* (*muito*) *~* (sehr) gern; *dar-se ao ~ de inf*. sich das Vergnügen m. zu *inf*.; *ter o ~ de* sich freuen zu; *ter ~ em fazer a/c*. et. gern tun; *muito ~ em conhecê-lo!* sehr erfreut, Sie kennenzulernen!; **~eroso** *bras*. [~e'rozu (-ɔ-)] = *~enteiro*.
prazo ['prazu] *m* Frist *f*; Zeit *f* (*a* auf); *pagamento m a ~* Zahlungsaufschub *m*; *a ~s* in Raten; *a breve* (*od. curto*) *~* kurzfristig; *a longo ~* langfristig; *dar ~* Zeit l.; Zahlungsaufschub gewähren; *pôr ~ a* e-e Frist setzen (*dat*.); *et*. befristen.
pré ⚔ [prɛ] *m* tägliche Löhnung *f*, Sold *m*.
pre..., pré... [prə..., prɛ...] *in Zssgn* vor...; voraus...
preamar *bras*. [prjɐ'mar] *m* Hochflut *f*.
preambular [prjɐ̃mbu'lar] **1.** *adj*. einleitend, Vor...; **2.** *v/t*. (1a) bevorworten; einleiten.
preâmbulo ['prjɐ̃mbulu] *m* Vorrede *f*; Einleitung *f*, Präambel *f*.
pré-aviso(s) [prɛɐ'vizu] *m*(*pl*.) Vorbescheid *m*; Voranzeige *f*.
prebenda [prə'βɐ̃ndɐ] *f* Pfründe *f*.
precário [prə'karju] unsicher,

schwankend; bedenklich, heikel; mißlich; *a título* ~ ⚖ widerruflich.
preçário [~'sarju] *m* Preis-liste *f*, -verzeichnis *n*; „Bezugspreise" *m/pl. e-r Zeitung.*
precat|ado [prəkɐ'taðu] vorsichtig; **~ar** [~ar] (1b) warnen; **~ar-se** sich vorsehen; **~ório** [~ɔrju] Bitt...
precau|ção [~kau'sɐ̃u] *f* Vorsicht(s-maßnahme) *f*; *a título de* ~ vorsichtshalber; **~cionar, ~telar** [~sju'nar, ~tə'lar] (1f, 1c) = *precaver.*
precav|er [~kɐ'ver] (2b—D2) *e-m Unglück* vorbeugen; verhüten; ~ *de* warnen vor (*dat.*); aufmerksam m. auf (*ac.*); **~er-se** *contra* sich vorsehen (*od.* hüten) vor (*dat.*); **~ido** [~iðu] vorsichtig; auf der Hut.
prece ['prɛsə] *f* Gebet *n*; Bitte *f*.
preced|ência [prəsə'ðẽsjɐ] *f* Vorrang *m*; Vortritt *m*; **~ente** [~ẽntə] **1.** *adj.* vorhergehend; vorig, früher; **2.** *m* Präzedenzfall *m*; *sem* ~ beispiellos; **~er** [~er] (2c) vorher-, vorangehen (*dat.*); kommen vor (*dat.*); (her-)gehen, (-)fahren, (-)reiten vor (*dat.*); *v/i.* vorhergehen; *fig.* vorgehen; **~ido** [~iðu]: ~ *de* mit vorhergehendem (-er, -en); geführt von; angekündigt (*od.* eingeleitet) durch; *sou* ~ *de* = *precede-me.*
preceit|o [~'seitu] *m* Vorschrift *f*; Gebot *n*; Regel *f*; *a* ~ vorschriftsmäßig; regelrecht; sorgfältig; **~uar** [~sei'twar] (1g) vorschreiben; befehlen; **~uário** [~sei'twarju] *m* Vorschriften(sammlung *f*) *f/pl.*
preceptor [~sɛ'tor] *m* Lehrmeister *m*, Lehrer *m*; Erzieher *m*.
preciário [~'sjarju] *m* = *preçario.*
precinta [~'sĩntɐ] *f* Gurt *m*; *eisernes Band n.*
precios|idade [~sjuzi'ðaðə] *f* Kostbarkeit *f*; **~o** [~'sjozu (-ɔ-)] kostbar; wertvoll; *fig.* geziert; *lit.* preziös; Edel... (*Metall, Stein*).
precip|ício [~sə'pisju] *m* Abgrund *m*; Abhang *m*; **~itação** [~pitɐ'sɐ̃u] *f* Über-eilung *f*, -stürzung *f*; Hast *f*; ⚗ Ausfällung *f*; *com* ~ = **~itado** [~pi'taðu] **1.** *adj.* hastig, vorschnell; **2.** *m* ⚗ Niederschlag *m*; **~itar** [~pi'tar] (1a) (hinab)stürzen; überstürzen, -eilen; *Entscheidung* gewaltsam herbeiführen; ⚗ ausfällen; *v/i.* ⚗ e-n Niederschlag bilden, ausfallen; **~itar-se**: ~ *após* nachstürzen (*dat.*); ~ *no solo* ✈ abstürzen.
precípuo [~'sipwu] hauptsächlich, Haupt...; zuständig (*Kommission*).
precis|ado [~si'zaðu]: *andar* (*od. estar*) ~ *de* = *~ar v/i.*; **~amente** [~ˌsizɐ'mẽntə] gerade, eben; ~! richtig!; eben das meine ich!; **~ão** [~ɐ̃u] *f* Bedürfnis *n*; Mangel *m*; Genauigkeit *f*; Deutlichkeit *f*; Bündigkeit *f*; ⊕ Präzision *f*; *com* ~ genau; präzis; *ter* ~ *de* = **~ar** [~ar] (1a) genau (*od.* im einzelnen) angeben, präzisieren; = *v/i.* ~ (*de*) brauchen (*ac.*); müssen *inf.*; *não* ~ (*de*) *inf.* nicht brauchen zu *inf.*; *preciso que V. me diga* Sie müssen mir sagen; „*precisa-se*" *Zeitung*: „gesucht"; **~o** [~'sizu] nötig, notwendig; genau; deutlich, bestimmt; bündig; *neste* ~ *momento* eben in diesem Augenblick; *é* ~ *inf.* man muß; *mit folgender Verneinung* man darf (nicht).
preclaro [~'klaru] berühmt; herrlich.
preço ['presu] *m* Preis *m*; Wert *m*; ~ *corrente*, ~ *do mercado* Markt- (*od.* Tages-), ~ *de compra* (*venda*) Ein- (Ver-)kaufs-, ~ *de custo* Selbstkosten-, ~ *único* Einheits-preis *m*; *de* ~ wertvoll; *descer* (*subir*) *de* ~ im Preise fallen (steigen); *pôr* ~ *a* (ab-, ein-)schätzen (*ac.*); den Preis festsetzen für; *pôr a* ~ e-n Preis (aus)setzen auf (*ac.*); *ser* (*muito*) *a* ~ (sehr) preiswert sn; *ter em* (*muito*) ~ hochschätzen; *não ter* ~ a) wertlos sn; b) unbezahlbar sn.
precoc|e [prə'kɔsə] frühreif; vorzeitig; verfrüht; **~idade** [~kusi'ðaðə] *f* Frühreife *f*; Vorzeitigkeit *f*.
preconc|eber [~kõsə'βer] (2c) voraus-, vorher-bedenken; **~ebido** [~ə'βiðu] vorgefaßt (*Meinung*); **~eito** [~'seitu] *m* Vorurteil *n*.
preconizar [~kuni'zar] (1a) anpreisen; verkünden; eintreten (*od.* sich einsetzen) für; hinweisen auf (*ac.*); empfehlen; *rel.* präkonisieren.
precursor [~kur'sor] *m* Vorläufer *m*; Vorbote *m*.
predecessor [~ðəsə'sor] *m* Vorgänger *m*.
predestin|ação [~ðiʃtinɐ'sɐ̃u] *f* Vorherbestimmung *f*; *rel.* Gnadenwahl *f*; **~ado** [~'naðu] geschaffen (für *para*); **~ar** [~'nar] (1a) vorausbestimmen, prädestinieren.
predial [~'ðjał] Grund- und Ge-

bäude...; *registo m* ~ Grundbuchamt *n.*

prédica [ˈprɛðikɐ] *f* Predigt *f.*

predic|ado [prəðiˈkaðu] *m* Eigenschaft *f*; *fig. u. gram.* Prädikat *n*; **~ador** [~kɐˈðor] *m* Prediger *m.*

predição [~ðiˈsɐ̃u] *f* Vorhersage *f.*

predicar [~kar] (1n) predigen.

predicativo *gram.* [~ðikɐˈtivu] prädikativ; *nome m* ~ Prädikatsnomen *n.*

predilec|ção [~ðilɛˈsɐ̃u] *f* Vorliebe *f*; *da* ~ *de alg.* von j-m bevorzugt; **~to** [~ˈlɛtu] Lieblings...; bevorzugt.

prédio [ˈprɛðju] *m* Grundstück *n*; Gebäude *n*, Haus *n.*

predisp|or [~ðiʃˈpor] (2zd) vorbereiten; empfänglich m.; **~osição** [~puziˈsɐ̃u] *f* Anlage *f*; Empfänglichkeit *f*; Anfälligkeit *f*; **~osto** [~oʃtu (-ɔ-)] veranlagt; empfänglich; anfällig.

predizer [~ðiˈzer] (2x) voraussagen.

predom|inar [~ðumiˈnar] (1a) vorherrschen, überwiegen; **~ínio** [~ˈminju] *m* Vorherrschaft *f*; Übergewicht *n.*

preemin|ência [prəimiˈnẽsjɐ] *f* Vorzug *m*; Rang *m*; Überlegenheit *f*; **~ente** [~ẽntə] hervorragend.

preempção [prjẽ(mp)ˈsɐ̃u] *f* Vorkauf(srecht *n*) *m.*

preench|er [prjẽˈʃer] (2a) ausfüllen; *Pflicht* erfüllen; *Befehl* ausführen; *Stelle* (neu) besetzen; **~imento** [~ʃiˈmẽntu] *m* Ausfüllen *n*; Erfüllung *f*; Besetzung *f.*

preestabelecer [preiʃtɐβələˈser] (2g) im voraus bestimmen; *fig.* prästabilieren.

pré-fabricado [~fɐβriˈkaðu]: *casa f -a* Fertighaus *n.*

pref|acial [prəfɐˈsjał] vorbereitend, einleitend; **~aciar** [~fɐˈsjar] (1g) mit Vorwort versehen; einleiten; **~ácio** [~ˈfasju] *m* Vorwort *n.*

prefeit|o [~ˈfeitu] *m* Präfekt *m*; **~ura** [~feiˈturɐ] *f* Präfektur *f.*

prefer|ência [~fəˈrẽsjɐ] *f* Vorzug *m*; Vorliebe *f*; Vorrang *m*, Vorrecht *n*; Bevorzugung *f*; Vorhand *f*; Vorkaufsrecht *n*; *auto.* Vorfahrt *f*; *com* ~ vorzugsweise; *de* ~ am liebsten; *dar a* ~ *a* = **~ir**; **~encial** *bras.* [~rẽˈsjał] **1.** *adj.* Vorzugs...; **2.** *f* Vorfahrtsstraße *f*; **~ido** [~iðu] Lieblings...; **~ir** [~ir] (3c) vorziehen; bevorzugen; *prefiro* ich habe (*od.* esse, trinke) lieber; es ist mir lieber, *daß*; *v/i.* vorgehen; **~ível** [~ivɛł] vorzuziehen(d).

prefix|ar [~fikˈsar] (1a) (vorher) festsetzen; vorschreiben; **~o** [~ˈfiksu] **1.** *adj.* festgesetzt; vorgeschrieben; *às 10 horas -as* um punkt 10 Uhr; **2.** *m gram.* Präfix *n.*

prega [ˈprɛɣɐ] *f* Falte *f.*

pregação [prɛɣɐˈsɐ̃u] *f* Predigt *f*; *fig. a.* schöne Worte *n/pl.*; F Gardinenpredigt *f.*

pregad|eira [prəɣɐˈðeirɐ] *f* Nadelkissen *n*; **~o** [~ˈɣaðu] *m* Steinbutt *m*; **~or**[1] [~or] *m* Hefter *m*; Knöpfer *m.*

pregador[2] [prɛɣɐˈðor] *m* Prediger *m.*

preg|ão [prəˈɣɐ̃u] *m* öffentliche Ausrufung *f*; Straßenruf *m*; Ruf *m*; *pregões pl.* Aufgebot *n*; **~ar**[1] [prɛˈɣar] (1o) predigen; verkünden; (öffentlich) ausrufen; F ausposaunen; ~ *contra* schimpfen auf (*ac.*).

preg|ar[2] [prəˈɣar] (1o; *Stv.* 1c) (an-)nageln; (ein)schlagen; an-, fest-, zs.-stecken, -heften, -kleben; *Knopf* annähen; *Auge* heften (auf [*ac.*] em); *j-m et.* versetzen, zufügen; *Streich* spielen; *Lüge* aufbinden; *não* ~ *olho* kein Auge zutun; *v/i.* ~ *com* werfen (*ac.*); ~ *consigo* fallen; *fig.* sich begeben (nach em); **~o** [ˈprɛɣu] *m* Nagel *m*; Hutnadel *f*; *fig.* F Pfandhaus *n*; *cul.* „Hamburger" *m* (*mit Rindersteak*); *carta f de* ~ versiegelte Order *f*; *como um* ~ wie e-e bleierne Ente; *pôr no* ~ versetzen.

prego|ar [prəˈɣwar] (1f) = *apregoar*; **~eiro** [~eiru] *m* Ausrufer *m*; Verkünder *m*; Auktionator *m.*

preguear [preˈɣjar] (1l) fälteln; *bras.* schlappmachen.

pregu|iça [prəˈɣisɐ] *f* Faulheit *f*; Trägheit *f*; *zo.* Faultier *n*; **~içar** [~ɣiˈsar] (1p) faulenzen; **~iceira** [~ɣiˈseirɐ] *f* Faulenzerdasein *n*; Lehnstuhl *m*; = **~iceiro** [~ɣiˈseiru] **1.** *m* Faul-, Ruhe-bett *n*; Ofenbank *f*; **2.** *adj.* bequem; = **~içoso** [~ɣiˈsozu] **1.** *adj.* faul; träge (*a. fig.*); **2.** *m* Faulpelz *m*; *zo.* = ~*iça.*

pregunta *usw.* [~ˈɣũntɐ] *s. pergunta.*

pré-histór|ia [prɛiʃˈtɔrjɐ] *f* Vorgeschichte *f*; **~ico** [~iku] vorgeschichtlich.

preia-mar [prejɐˈmar] *f* Hochflut *f.*

preito [ˈpreitu] *m* Pakt *m*; Lehnseid *m*, Gefolgschaft *f* (leisten *render* ~).

prejudi|car [prəʒuðiˈkar] (1n) schaden (*dat.*); schädigen, benachteiligen; beeinträchtigen; **~cial** [~'sjał] schädlich; nachteilig.

prejuízo [~'ʒwizu] *m* Schaden *m* (*em* zu); Verlust *m*; Nachteil *m* (*em* zu); Vorurteil *n*; *causar ~ a* = *prejudicar*; *sem ~ de* unbeschadet (*gen.*).

prelado [~'laðu] *m* Prälat *m*.

prelec|ção [~lɛ'sɐ̃u] *f* (belehrender) Vortrag *m*; **~cionar** [~sju'nar] (1f) sprechen über (*ac.*).

preliminar [~ləmi'nar] **1.** *adj.* vorläufig; Vor...; einleitend; präliminar; **2.** *m* Einleitung *f*; Vorbedingung *f*; *~es pl.* Vorverhandlungen *f/pl.*, Präliminarien *pl.*

prélio ['prɛlju] *m* Kampf *m*.

prelo ['prɛlu] *m* Druckstock *m*; *estar no ~* im Druck sn.

prel|udiar [prəlu'ðjar] (1g) einleiten; vorbereiten; ankündigen; beginnen; ♪ präludieren; **~údio** [~'luðju] *m* Vorspiel *n*, Präludium *n*; Einleitung *f*; Vorzeichen *n*.

prematuro [~mɐ'turu] frühreif, Früh...; verfrüht, vorzeitig.

premedit|ação [~məðitɐ'sɐ̃u] *f* Vorbedacht *m*; Vorsätzlichkeit *f*; *com ~* = **~ado** [~'taðu] vorsätzlich; **~ar** [~'tar] (1a) vorher überlegen; sinnen auf (*ac.*), planen.

prem|ente [~'mẽntə] drückend; dringend; **~er** [~er] (2c) (aus-, zs.-)drücken; *fig.* be-, unter-drükken; *j-m* zusetzen.

premi|ado [~'mjaðu] **1.** *adj.* preisgekrönt; *números m/pl. ~s* Gewinnzahlen *f/pl.*; **2.** *m* Preisträger *m*; **~ar** [~ar] (1g *u.* 1h) mit e-m Preis auszeichnen; belohnen.

prémio ['prɛmju] *m* Preis *m* (*levar* davontragen); Belohnung *f*; ✝ Prämie *f*; Aufgeld *n*; (Lotterie-) Gewinn *m*.

premir [prə'mir] (3d) = *premer*.

premissa [~'misɐ] *f* Prämisse *f*, Voraussetzung *f*.

premun|ição [~muni'sɐ̃u] *f* Vorgeschmack *m*; **~ir** [~'nir] (3a) *et.* verhüten; *j-n* bewahren; **~ir-se** *contra* sich vorsehen vor (*dat.*).

prend|a ['prẽndɐ] *f* Gabe *f*; Geschenk *n*; Talent *n*; *boa ~ iron.* nette(s) Pflänzchen *n*; *jogo m de ~s* Pfänderspiel *n*; **~ado** [prẽn'daðu] begabt; **~ar** [prẽn'dar] (1a) beschenken.

prender [prẽn'der] (2a; *p.p. preso*) befestigen; festhalten (*por* an [*dat.*]); an-, fest-binden; *Dieb usw.* festnehmen, ergreifen; *Feind* gefangennehmen; *in die Arme* nehmen; *ans Kleid, ins Haar* stecken; *fig.* fesseln; zurück-, auf-halten; *v/i.* haften; Wurzel fassen; klemmen; Feuer fangen; **~-se** hängenbleiben; sich klammern; sich aufhalten mit (*od.* aufregen über [*ac.*] *com, por*); sich binden.

prenh|e ['prɛɲə] trächtig; schwanger (*a. fig.*); voll; *~ de consequências* folgen-reich, -schwer; **~ez** [prɛ'ɲeʃ] *f* Trächtigkeit *f*; Schwangerschaft *f*.

prenome [prə'nomə] *m* Vorname(n) *m*.

prens|a ['prẽsɐ] *f* Presse *f*; *fot.* Kopierrahmen *m*; *tip.* Druckerpresse *f*; *vin.* Kelter(presse) *f*; *Schreiner*-Zwinge *f*; **~ar** [prẽ'sar] (1a) pressen.

pren|unciar [prənũ'sjar] (1g) ankündigen; **~úncio** [~'nũsju] *m* Ankündigung *f*; Anzeichen *n*.

preocup|ação [prjukupɐ'sɐ̃u] *f* Besorgnis *f*, Sorge *f*; *ter a ~ de* = *estar ~ado com*; **~ado** [~'paðu] besorgt, sorgenvoll; *estar ~* Sorgen h.; sich sorgen; *estar ~ com* (*od. de*) an nichts anderes denken als an (*ac.*); **~ante** [~'pẽntə] besorgniserregend; **~ar** [~'par] (1a) (ausschließlich) beschäftigen; beunruhigen; **~ar-se** *com* sich Gedanken (Sorgen) m. über (um); = *estar ~ado*.

preopinante [~pi'nẽntə] *m parl.* Vorredner *m*.

prepar|ação [prəpɐrɐ'sɐ̃u] *f* Vorbereitung *f*; *cul.* Zubereitung *f*; ⊕ Behandlung *f*; ⚗ Darstellung *f*; 🕮 Präparat *n*; (*não*) *ter ~ para* (keine) Vorbildung h. *od.* (nicht) geschult sn für; **~ado** [~'raðu] *m* Präparat *n*; **~ador** [~ɐ'ðor] *m* Präparant *m*, Präparator *m*; **~ar** [~'rar] (1b) vorbereiten (auf [*ac.*] *para*); (zu)richten, (-)rüsten; *Speise* zubereiten; *j-m e-e Überraschung usw., den Weg* bereiten; *j-n* ausbilden, schulen (für *para*); ⊕ *Leder, Stoffe usw.* behandeln; ⚗ darstellen; *farm.* bereiten, anfertigen; *anat.* präparieren; ⚘ *Land* bestellen; **~ar-se** sich anschicken (zu *para*); im Anzug sn, bevorstehen; **~ativo** [~ɐ'tivu] *m* Vorbereitung *f*; ~*s pl.* Anstalten *f/pl.*; **~atório** [~ɐ'tɔrju] **1.** *adj.* vorbereitend; Vor...; **2.** *m*: ~*s pl.* Vorstudium *n*; vorbereitende Fächer *n/pl.*; **~o** [~'paru] *m* Vorbereitung *f*, Zurüstung *f*; (Prozeßkosten-)Vorschuß *m*; *bras.* Ausbildung *f*; ~*s pl.* Zutaten *f/pl.*

preponder|ância [~põndə'rẽsjɐ] *f* Übergewicht *n*; **~ante** [~ẽntə] vorwiegend; entscheidend; *papel m* ~ führende Rolle *f*; **~ar** [~ar] (1c) überwiegen, vorwalten.

prep|or [~'por] (2zd) voranstellen; *fig.* vorziehen; an die Spitze (*gen.*) stellen; **~osição** [~puzi'sɐ̃u] *f gram.* Vorwort *n*, Präposition *f*.

prepot|ência [~pu'tẽsjɐ] *f* Übermacht *f*; Gewalt *f*; Übergriff *m*; **~ente** [~ẽntə] übermächtig; selbstgefällig, eigenmächtig.

prepúcio *anat.* [~'pusju] *m* Vorhaut *f*.

prerrogativa [~ʀuɣɐ'tivɐ] *f* Vorrecht *n*.

presa ['prezɐ] *f* Wegnahme *f*; Gefangennahme *f*; *bsd.* Beute *f*, Fang *m*; ⚓ Prise *f*; *zo.* Fang(zahn) *m*; Kralle *f*; ⊕ Stauwehr *n*; *fazer* ~ *de* (*od. em*) erbeuten; ergreifen.

presbita ⚕ [priʒ'βitɐ] weitsichtig.

presb|itério [~βi'tɛrju] *m* Pfarrhaus *n*; Pfarrkirche *f*; **~ítero** [~'βitəru] *m* Priester *m*; Pfarrer *m*.

presbi|tia *f*, **~tismo** *m* [~βi'tiɐ, ~'tiʒmu] Weitsichtigkeit *f*.

prescind|ir [priʃsĩn'dir] (3a): ~ *de* absehen von; verzichten auf (*ac.*); entbehren (*ac.*); brauchen (*ac.*); **~ível** [~'divɛɫ] entbehrlich.

prescr|ever [~krə'ver] (2c; *p.p. prescrito*) vorschreiben; *v/i.* ⚖ verjähren; **~ição** [~i'sɐ̃u] *f* Vorschrift *f*; ⚖ Verjährung *f*.

prescrutar [~kru'tar] (1a) untersuchen, durchforschen.

presença [prə'zẽsɐ] *f* Gegenwart *f*; Anwesenheit *f*; Aussehen *n*; Gestalt *f*; ~ *de espírito* (*od. ânimo*) Geistesgegenwart *f*; *à* ~ *de* vor; = *na* ~ *de* in Gegenwart (*gen.*); *em* ~ *de* angesichts (*gen.*).

presenci|al [~zẽ'sjaɫ] persönlich; **~ar** [~ar] (1g *u.* 1h) zugegen sn bei; beiwohnen (*dat.*); sehen (*ac.*); erleben (*ac.*).

present|âneo [~zẽn'tɐnju] rasch (wirkend); wirksam; **~e** [~'zẽntə] **1.** *adj.* gegenwärtig; anwesend (*Person*); jetzig; vorhanden (*Sache*); vorliegend (*Fall usw.*); *in Urkunden*: vor- (*od.* nach-)stehend, diese(r, s); *tempo m* ~ Gegenwart *f*; *ofício m de corpo* ~ Totenmesse *f*; *estar* ~ anwesend (*od.* da, zugegen) sn; *fazer* ~ mitteilen; *ser* ~ beistehen; *ter* ~ gegenwärtig h., sich erinnern an (*ac.*); **2.** *m* Gegenwart *f*; Anwesende(r) *m* (*Person*); Geschenk *n* (*dar* m.); *gram.* Präsens *n*; *ao* ~, *de* ~ gegenwärtig, heutzutage; **3.** *f*: *pela* ~, *serve a* ~ *para* hierdurch; **~ear** [~'tjar] (1l) beschenken; ~ *com j-m et.* schenken; **~tificar** [~təfi'kar] (1n) vergegenwärtigen.

presépio [~'zɛpju] *m* Stall *m*; *bsd* (Weihnachts-)Krippe *f*.

preserv|ação [~zərvɐ'sɐ̃u] *f* Bewahrung *f*; Schutz *m*; **~ar** [~'var] (1c) bewahren, (be)schützen (vor [*dat.*] *de*); **~ativo** [~ɐ'tivu] **1.** *adj.* schützend, Schutz...; **2.** *m* Präservativ *n*, Kondom *n*.

presid|ência [~zi'δẽsjɐ] *f* Präsidentschaft *f*; Präsidium *n*; Vorsitz *m*; **~encial** [~δẽ'sjaɫ] Präsident(en)...; *regime m* ~ = **~encialismo** [~δẽsjɐ'liʒmu] *m* Präsidialsystem *n*; **~ente** [~ẽntə] **1.** *adj.* präsidierend; **2.** *m*, **-a** *f* Präsident(in *f*) *m*; Vorsitzende(r) *m*, Vorsitzer *m*.

presidiário [~zi'δjarju] **1.** *adj.* Straf...; Sträflings...; **2.** *m* Sträfling *m*.

presídio [~'ziδju] *m* Zuchthaus *n*; *hist.* ⚔ Festung *f*; Besatzung *f*.

presidir [~zi'δir] (3a): ~ *a* den Vorsitz führen bei (*od.* in [*dat.*], *a.* em); leiten (*ac.*); vorstehen (*dat.*), an der Spitze (*gen.*) stehen; *fig.* den Ausschlag geben bei.

presilha [~'ziʎɐ] *f* Strippe *f*, Schlinge *f*; Halter *m*.

pré-sinalização [prɛsinɐlizɐ'sɐ̃u]: *triângulo m de* ~ *auto.* Warndreieck *n*.

preso ['prezu] **1.** *p.p. v. prender*; *estar* ~ *a* gebunden sn an (*ac.*); *ficar* ~ hängenbleiben; **2.** *m* Gefangene(r) *m*; Häftling *m*.

pressa ['prɛsɐ] *f* Eile *f*; Geschwindigkeit *f*; Hast *f*; dringender (*od.* Not-)Fall *m*; Bedrängnis *f*, Not *f*; *de* ~ eilig; *à* ~ eilig; schnell; hastig; *a toda a* ~ in aller Eile; mit Höchstgeschwindigkeit; *andar* (*od. ir*) *com*

~ schnell gehen (*od.* fahren *usw.*); sich eilen; *dar-se* ~ sich beeilen; *estar com (muita)* ~ in (höchster) Eile sn, es (sehr) eilig h.

press|agiar [prəsɐ'ʒjar] (1g) vorhersagen; (hin)deuten auf (*ac.*), ankündigen; **~ágio** [~'saʒju] *m* Vorhersage *f*; An-, Vor-zeichen *n*; Vorgefühl *n*.

pressão [~'sɐ̃u] *f* Druck *m* (*fazer* ausüben); Druckknopf *m*; *alta* (*baixa*) ~ Hoch- (⊕ Nieder-, *met.* Tief-)druck *m*; ~ *arterial* (*atmosférica*) Blut- (Luft-)druck *m*; *zona f de alta* (*baixa*) ~ Hoch *n* (Tief *n*).

pressent|ido [~sẽn'tiðu] hellhörig; ahnungsvoll; mißtrauisch; **~imento** [~ti'mẽntu] *m* Vorgefühl *n*; Ahnung *f*; Verdacht *m*; **~ir** [~ir] (3e) ahnen; (voraus)fühlen; merken.

pressionar [~sju'nar] (1f) e-n Druck ausüben auf (*ac.*), bedrängen; *a. allg.* drücken.

pressup|or [~su'por] (2zd) voraussetzen; annehmen; vermuten; schließen l. auf (*ac.*); **~osto** [~oʃtu (-ɔ-)] *m* Voraussetzung *f*; Annahme *f*; Absicht *f*; Vorwand *m*.

pressuroso [~su'rozu (-ɔ-)] eilig; eifrig; unruhig.

prest|ação [prɨʃtɐ'sɐ̃u] *f* Leistung *f*; Teilzahlung *f*; *pagamento m em -ões* Teilzahlung *f*; *a -ões* auf Raten; *pagar em -ões* abbezahlen; **~adio, ~ador** [~ɐ'ðiu, ~ɐ'ðor] brauchbar; nützlich; gefällig; **~amista** [~ɐ'miʃtɐ] *su.* Geldverleiher(in *f*) *m*; **~ância** [~'tɐ̃sjɐ] *f* Tauglichkeit *f*; Vortrefflichkeit *f*; **~ante** [~'tẽntə] tauglich, hilfsbereit; vortrefflich, **~ar** [~'tar] (1c) angedeihen l.; (ver)leihen; *Hilfe, Dienst, Eid usw.* leisten; *Auskunft* erteilen; *Ehre, Wohltat* erweisen; *Erklärung usw.* abgeben; *Gehör* schenken; *Rechenschaft* ablegen; *v/i.* taugen; brauchbar sn; *não ~ para nada* nichts taugen; *que lhe preste! iron.* wohl bekomm's!; **~ar-se** *a* sich eignen für (*od.* zu); sich hergeben *od.* erbieten zu; **~ativo** [~ɐ'tivu] hilfsbereit, gefällig; **~ável** [~'tavɛł] brauchbar; dienstfertig; **~es** ['prɛʃtɨʃ] fertig; schnell; unverzüglich; ~ *a* bereit zu; im Begriff zu; *estar ~ a* gerade *et. tun* wollen; **~eza** [~'tezɐ] *f* Schnelligkeit *f*; Fertigkeit *f*; Dienstbeflissenheit *f*; Gefälligkeit *f*; *com ~* rasch; unverzüglich.

prestidigita|ção [~tiðəʒitɐ'sɐ̃u] *f* Taschenspielerkunst *f*; Fingerfertigkeit *f*; *artifício m de ~* Zauberkunststück *n*; **~dor** [~'ðor] *m* Zauberkünstler *m*, Taschenspieler *m*.

prest|igiar [~ti'ʒjar] (1g) berühmt m.; Achtung verschaffen; **~ígio** [~'tiʒju] *m* Zauberei *f*; Wunder *n*; *fig.* Ansehen *n*, Ruf *m*; Einfluß *m*; *ter ~* angesehen sn; **~igioso** [~i'ʒjozu (-ɔ-)] wunderbar; angesehen; einflußreich.

préstimo ['prɛʃtimu] *m* Brauchbarkeit *f*; Gefälligkeit *f*; Dienst *m*; *sem ~* unbrauchbar; wertlos.

prestimoso [prɨʃti'mozu (-ɔ-)] brauchbar; dienstbeflissen; gefällig.

préstito ['prɛʃtitu] *m* Zug *m*; Gefolge *n*; ~ *fúnebre* Leichenzug *m*.

presum|ido [prəzu'miðu] eingebildet; *estar ~ de* sich etwas einbilden auf (*ac.*); **~ir** [~ir] (3a) annehmen, vermuten; *v/i.* = *estar ~ido*; **~ível** [~ivɛł] vermutlich.

presun|ção [~zũ'sɐ̃u] *f* Vermutung *f*; Dünkel *m*, Eingebildetheit *f*; **~çoso** [~'sozu (-ɔ-)] dünkelhaft, eingebildet; **~tivo** [~ũn'tivu] mutmaßlich, vermutlich; vermeintlich.

presunto [~'zũntu] *m* Schinken *m*.

prete|ndente [prətẽn'dẽntə] *m* Bewerber *m*; Anwärter *m*; Freier *m*; Prätendent *m*; **~nder** [~n'der] (2a) beanspruchen; fordern, verlangen; streben nach; beabsichtigen, vorhaben; sich um *ein Amt* bewerben; werben um *e-e Frau*; behaupten; = *v/i.* ~ *de* suchen *od.* sich bemühen zu *inf.*; *pretende-se in Zeitungsanzeigen* gesucht; **~ndida** [~n'diðɐ] *f* Verlobte *f*; **~ndido** [~n'diðu] umworben; **~nsão** [~'sɐ̃u] *f* Anspruch *m*; Forderung *f*; Bewerbung *f*; Bestrebung *f*; Wunsch *m*; Bitte *f*; Geltungsbedürfnis *n*; Überheblichkeit *f*; (*pessoa*) *com -ões a a/c.* (Mensch), der et. h. (sn, w. *od.* für et. gelten) möchte; *com -ões* anspruchsvoll; ehrgeizig; überheblich; *sem -ões* anspruchslos; *ter -ões a* beanspruchen (*ac.*); et. h. (sn, w. *od.* für *et.* gelten) wollen; **~nsioso** [~'sjozu (-ɔ-)] anmaßend, überheblich; eingebildet; geschraubt, geziert; **~nso** [~'tẽsu] vermeintlich; angeblich.

preterir [~tə'rir] (3c) über-gehen, -springen; vernachlässigen.
pretérito [~'tɛritu] **1.** *adj.* vergangen; **2.** *m gram.* Vergangenheit *f*; ~ *(im)perfeito* (Im-)Perfekt *n.*
pretext|ar [~teiʃ'tar] (1a) vor-geben, -schützen; **~o** [~'teiʃtu] *m* Vorwand *m*, Ausrede *f*; Anlaß *m.*
pret|idão [~ti'ðẽu] *f* Schwärze *f*; **~o** ['pretu] schwarz; *o ~ no branco* schwarz auf weiß; *pôr o ~ no branco* es schriftlich m.
preval|ecer [~vɐlə'ser] (2g) überwiegen; den Ausschlag geben; ~ *sobre* sich durchsetzen gegen; siegen über (*ac.*); **~ecer-se** *de* sich zunutze m. (*ac.*); sich etwas zugute tun auf (*ac.*); **~ência** [~'lẽsjɐ] *f* Übergewicht *n*, Überlegenheit *f.*
prevaric|ação[~vɐrikɐ'sẽu]*f*Pflichtverletzung *f*; **~ador** [~ɐ'ðor] pflichtvergessen; **~ar** [~'kar] (1n) s-e Pflicht verletzen, pflichtwidrig handeln, *v/t.* verderben.
prev|enção [~vẽ'sẽu] *f* Vorkehrung *f*, Vorsorge *f*; Vorbeugung *f*; Verhütung *f*; Warnung *f*; ⚔ Bereitschaft(sdienst *m*) *f*; *de ~* vorsichtshalber; auf Vorrat; *estar de ~* ⚔ in Alarmbereitschaft sn; *fig.* auf der Hut sn (vor [*dat.*] *com*); **~enido** [~ə'niðu] vorsichtig; mißtrauisch; **~enir** [~ə'nir] (3d) vorbereiten; Vorkehrungen treffen (*od.* vorsorgen) für; vorbeugen (*dat.*); zuvorkommen (*dat.*); verhüten; *j-n* warnen (vor [*dat.*] *de*); benachrichtigen; *~ em favor de (contra)* für (gegen) *j-n* einnehmen; **~enir-se** sich vorsehen; sich anschicken; **~entivo** [~ẽn'tivu] **1.** *adj.* vorbeugend; Abwehr...; Schutz...; *prisão f -a* Untersuchungs-, Schutz-haft *f*; **2.** *m* vorbeugende(s) Mittel *n.*
prever [~'ver] (2m) voraussehen; vorsehen, vorsorgen für; *prevê-se que conj.* voraussichtlich *ind.*
previamente [ˌprɛvjɐ'mẽntə] *adv.* zuvor; im voraus; von vornherein.
previd|ência [prəvi'ðẽsjɐ] *f* Voraussicht *f*; Weitblick *m*; Vorsorge *f*; ≗ *(social)* Sozialversicherung *f.* **~ente** [~'ðẽntə] vorausschauend; weitblickend; vorsichtig.
prévio ['prɛvju] vorherig; Vor...
previs|ão [prəvi'zẽu] *f* Voraussicht *f*; Erwartung *f*; *Wetter*-Vorhersage *f*; *-ões pl. desportivas* Sportvorschau *f*; **~ível** [~ivɛɫ] voraussichtlich; **~or** *bras.* [~or] = *prevídente*; **~to** [~'viʃtu] *p.p. v. prever.*
prez|ado [prə'zaðu] wert(voll); **~ar** [~ar] (1c) wert-halten, -schätzen; achten; lieben; **~ar-se** auf sich halten; *~ de* sich rühmen zu *inf.*; sn wollen *adj. od. su.*
prima ['primɐ] *f* **a)** Kusine *f*, Base *f*; **b)** ♪ Prime *f*; E-Saite *f der Geige.*
prim|acial [primɐ'sjaɫ] überlegen; Haupt...; **~ado** [~'maðu] *m* Primat *n*; **~ar** [~'mar] (1a) den Vorrang h. vor (*dat.*); *v/i.* sich hervortun, sich auszeichnen (in [*dat.*] *em*, durch *por*); **~ário** [~'marju] ursprünglich, anfänglich; Ur...; primär (*a. geol.*); Grund...; Elementar...; *ensino m ~*, *instrução f -a* Volksschul-wesen *n*, -bildung *f*; *escola f -a* Grund-, Volks-schule *f*; *professor m ~* Oberlehrer *m*; *eleições f/pl. -as* Vorwahlen *f/pl.*; **~arista** [~ɐ'riʃtɐ] schülerhaft, primitiv; **~avera** [~ɐ'vɛrɐ] *f* Frühling *m*; ⚘ Primel *f*, Schlüsselblume *f*; **~averil** [~ɐvə'riɫ] Frühlings...; **~az** [~'maʃ] **1.** *adj. cardeal m ~* = **2.** *m* Primas *m*; **~azia** [~ɐ'ziɐ] *f* Vorrang *m*; Primat *m*; *apostar (od. pleitear) ~s com* den Rang streitig m. (*dat.*).
primeir|a [~'meirɐ]: *à ~* auf den ersten Blick; auf Anhieb; anfangs, zunächst; *da (od. de) ~* erstklassig, prima; **~amente** [~ˌmeirɐ'mẽntə] erstens; zu-erst, -nächst; **~anista** [~meirɐ'niʃtɐ] *su.* Student(in *f*) *m od.* Schüler(in *f*) *m* des ersten Jahres; **~o** [~u] **1.** *adj.* erst; *em ~ lugar* vor allem; = **2.** *adv.* = *~amente*; *~ do que* früher als; *~ que* eher als, bevor; **~o-...** [~u...] *in Zssgn*: Ober-...; *~ ministro* Premier(minister) *m*, Ministerpräsident *m.*
primevo [~'mɛvu] frühest; Ur...
primícias [~'misjɐʃ] *f/pl.* Erstlinge *m/pl.*; Anfänge *m/pl.*
primitiv|idade [~mətivi'ðaðə] *f* Ursprünglichkeit *f*; **~ismo** [~'viʒmu] *m* Urzustand *m*; Primitivität *f*; **~o** [~'tivu] ursprünglich; Ur...; Grund...; primitiv; einfach; *povos m/pl. ~s* Naturvölker *n/pl.*, *die* Primitiven *pl.*
primo ['primu] **1.** *m* Vetter *m*; **2.** *adj.* erst; *matéria f -a* Rohstoff *m*; *número m ~* Primzahl *f*; *obra f -a* Meisterwerk *n*; **~génito** [primu-

ˈʒɛnitu] erstgeboren.

primor [priˈmor] *m* Vollkommenheit *f*; Vorzug *m*, Schönheit *f*; Meisterwerk *n*; *com (ser um)* ~ ganz vorzüglich (sn); *que é um* ~ daß es e-e wahre Freude ist; **~dial** [~murˈdjał] ursprünglich, Ur...; erst; wichtigst, Haupt...; erstrangig; **~oso** [~muˈrozu (-ɔ-)] vorzüglich; prachtvoll.

prímula ⚘ [ˈprimulɐ] *f* Primel *f*.

princ|esa [prĩˈsezɐ] *f* Prinzessin *f*; Fürstin *f*; **~ipado** [~siˈpaðu] *m* Fürstentum *n*; Fürstentitel *m*; **~ipal** [~siˈpał] **1.** *adj*. Haupt...; hauptsächlich(st); **2.** *m* Hauptsache *f*; *rel*. Prior *m*; *fig*. Magnat *m*.

príncipe [ˈprĩsipə] *m* Prinz *m*; Fürst *m* (*a. fig.*); ~ *herdeiro* Erb-, Kronprinz *m*; *como* ~ fürstlich.

princip|esco [prĩsiˈpeʃku] fürstlich; **~iante** [~ˈpjẽntə] *su*. Anfänger(in *f*) *m*; **~iar** [~ˈpjar] (1g) anfangen.

princípio [~ˈsipju] *m* Anfang *m*; Grundsatz *m*, Prinzip *n*; Grundlage *f*; ⚗ Bestandteil *m*; *de* ~ grundsätzlich; *~s pl*. Anfänge *m/pl.*; Anfangsgründe *m/pl.*; *a* ~ anfangs; *ao* ~, *no* ~ im Anfang; *em* ~ grundsätzlich; *pôr* ~ *a* in Angriff nehmen; beginnen (l.); *ter por* ~ den Grundsatz h.

prior *m*, **~esa** *f* [prjor, prjuˈrezɐ] Prior(in *f*) *m*; **~idade** [prjuriˈðaðə] *f* Vorrang *m*; Priorität *f*; *auto*. Vorfahrt *f*; *ceda a* ~! Vorfahrt achten!; **~itário** [prjuriˈtarju] Prioritäts...; vordringlich.

pris|ão [priˈzɐ̃u] *f* Gefangennahme *f*; Verhaftung *f* (*fazer, proceder a* vornehmen); Haft *f*; Gefängnis *n*; Fessel *f* (*a. fig.*); ~ *de ventre* ⚕ Verstopfung *f*; *ordem f de* ~ Haftbefehl *m*; **~e** [ˈprizə] *f* vierte(r) Gang *m*; **~ional** [~zjuˈnał] Gefängnis...; *estabelecimento m* ~ Strafvollzugsanstalt *f*, Gefängnis *n*; **~ioneiro** [~zjuˈneiru] *m* Gefangene(r) *m*; Häftling *m*.

prisma [ˈpriʒmɐ] *m* Prisma *n*; *fig*. Gesichts-, Stand-punkt *m*; *por este* ~ von dieser Seite, so.

priv|ação [privɐˈsɐ̃u] *f* Entzug *m*; Entbehrung *f*; **~ada** [~ˈvaðɐ] *f* Abort *m*; ~ (*pública*) Bedürfnisanstalt *f*; *ir à* ~ austreten; **~ado** [~ˈvaðu] privat; persönlich; **~ança** [~ˈvɐ̃sɐ] *f* vertrauliche(r) Umgang *m*; Vertraulichkeit *f*; **~ar** [~ˈvar] (1a): ~ *alg. de* j-n berauben (*gen.*); j-m entziehen (*ac.*); *v/i*. ~ *com* in Gunst stehen bei; verkehren (*od*. befreundet sn) mit; umgehen mit; **~ar-se** *de* verzichten auf (*ac.*); **~ativo** [~ɐˈtivu] ⚖ ausschließlich; persönlich; *gram*. verneinend (*Partikel*); ~ *de* ausschließlich bestimmt für; vorbehalten (*dat.*); eigentümlich (*dat.*).

privil|egiado [prəviliˈʒjaðu] einzigartig; begnadet; **~egiar** [~iˈʒjar] (1g) privilegieren; bevorzugen; auszeichnen; **~égio** [~ˈlɛʒju] *m* Vorrecht *n*; Sonderrecht *n*; *fig*. Vorzug *m*; Privileg *n*; ~ *de fabricação* alleinige(s) Herstellungs-, ~ *de invento* Erfinder-, ~ *de venda* Alleinverkaufs-recht *n*.

pró [prɔ] **1.** *adv*. dafür; **2.** *m* Vorteil *m*; *~s e contras s. contra*; **3.** *in Zssgn* ...freundlich, *z.B.* *~-britânico* englandfreundlich; Freund *m*, *z.B.* *~-pecepê* Freund *m* des Pecepê, Kommunistenfreund *m*.

prò(s) P [prɔ(ʃ)] *Zssg v. para u. o(s)*.

proa [ˈproɐ] *f* ⚓ Bug *m*; Vorschiff *n*; *allg*. Vorderteil *n*; *fig*. Anmaßung *f*; Dünkel *m*; *abaixar a* ~ klein beigeben; *pela* ~ von vorn.

probabil|idade [pruβɐβəliˈðaðə] *f* Wahrscheinlichkeit *f*; *fig*. Aussicht *f*.

prob|ante [~ˈβɐ̃ntə] schlagend (*Beweis*); glaubwürdig; **~atório** [~βɐˈtɔrju] beweisend, Beweis...

probidade [~βiˈðaðə] *f* Rechtschaffenheit *f*.

probl|ema [~ˈβlemɐ] *m* (Rechen-) Aufgabe *f*; Frage *f*; Schwierigkeit *f*; Problem *n*; **~emático** [~βləˈmatiku] fraglich; fragwürdig, zweifelhaft; problematisch.

probo [ˈprɔβu] rechtschaffen.

proced|ência [prusəˈðẽsjɐ] *f* Herkunft *f*; Ursprung *m*; Logik *f*; **~ente** [~ẽntə] folgerichtig, logisch; ~ *de* stammend (*od*. kommend) von, aus; **~er** [~er] (2c) **1.** *v/i*. fortschreiten; verlaufen; schlüssig sn (*Beweis usw.*); vorgehen, handeln; sich verhalten; ~ *a* schreiten zu; vornehmen (*ac.*); ~ *contra* vorgehen gegen, verklagen (*ac.*); ~ *de* (ab)stammen (*od*. kommen) aus, von; herrühren von; **2.** *m* = **~imento** [~ðiˈmẽntu] *m* Verhalten *n*; Handlungsweise *f*, Vorgehen *n*; Verfahren *n*.

procel|a [~ˈsɛlɐ] *f* Sturm *m*; **~ária**

[~sə'larjɐ] *f* Sturmvogel *m*; **~oso** [~sə'lozu (-ɔ-)] stürmisch.

process|ar [~sə'sar] (1c) den Prozeß m. (*dat.*), verklagen; *fig.* nachprüfen; **~ar-se** verlaufen, sich abspielen; sich gestalten; **~ional** [~sju'nał] Prozessions...; **~ionária** *zo.* [~sju'narjɐ] *f* Prozessionsspinner *m*; **~o** [~'sɛsu] *m* Prozeß *m*; Fortgang *m*; ⊕ *u.* ⚖ *a.* Verfahren *n*; *fis. u.* ⚗ *a.* Vorgang *m*; 🕮 Methode *f*; *fazer ~ a fig.* bekämpfen (*ac.*); *meter em ~* den Prozeß m. (*dat.*); **~ual** [~'swał] Prozeß... [Umzug *m.*]

procissão [~si'sɐ̃u] *f* Prozession *f*;

proclam|a(s) [~'klɐmɐ(ʃ)] *m*(*pl.*) (Ehe-)Aufgebot *n*; **~ação** [~klɐmɐ'sɐ̃u] *f* Verkündigung *f*; Ausrufung *f*; Proklamation *f*; **~ar** [~klɐ'mar] (1a) verkündigen; ausrufen zu; erklären für; **~ar-se** sich aufwerfen zu.

procrastinar [~krɐʃti'nar] (1a) aufschieben; hinauszögern; *v/i.* zögern.

procri|ador [~krjɐ'ðor] *m* Erzeuger *m*; Schöpfer *m*; **~ar** [~'krjar] (1g) erzeugen.

procura [prɔ-, pru'kurɐ] *f* Suche *f*; ⚚ Nachfrage *f*; *à ~ de* auf der Suche nach; *andar* (*od.* *estar, ir*) *à* (*od.* *em*) *~ de* suchen nach.

procur|ação [prɔ-, prukurɐ'sɐ̃u] *f* Vollmacht *f*; ⚚ Prokura *f*; *por ~* per procura; **~ador** [~ɐ'ðor] *m* Bevollmächtigte(r) *m*; Sachwalter *m*, Prokurator *m*; ⚚ Prokurist *m*; ♀ *da República* Staatsanwalt *m*; *~-geral* Generalstaatsanwalt *m*; *in der BRD* Bundesanwalt *m*; **~adoria** [~ɐðu'riɐ] *f* Prokuratur *f*; Staatsanwaltschaft *f*; **~ar** [~'rar] (1a) suchen; *j-n* aufsuchen.

prodig|alidade [pruðiɣɐli'ðaðə] *f* Verschwendung *f*; Überfluß *m*; **~alizar** [~ɐli'zar] (1a) = **~ar** [~'ɣar] (1o) verschwenden; *j-n mit et.* überschütten.

prod|ígio [~'ðiʒju] *m* Wunder *n*; Ausbund *m*; *menino m ~* Wunderkind *n*; **~igioso** [~ði'ʒjozu (-ɔ-)] wunderbar.

pródigo ['prɔðiɣu] **1.** *adj.* verschwenderisch; *o filho ~* der verlorene Sohn; **2.** *m* Verschwender *m*.

pródromo ['prɔðrumu] *m* Vor-rede *f*, -spiel *n*; *~s* erste(n) Anzeichen *n/pl.*

produ|ção [pruðu'sɐ̃u] *f* Erzeugung *f*, Herstellung *f*, Produktion *f*; *lit. usw.* Schöpfung *f*; Erzeugnis *n*; Leistung *f*; **~cente** [~'sẽntə] schlüssig (*Beweis*); schlagend (*Argument*); = *~tor*; **~tividade** [~tivi'ðaðə] *f* Leistungsfähigkeit *f*; Ergiebigkeit *f*; Produktivität *f*; **~tivo** [~'tivu] leistungsfähig; ergiebig (*Boden usw.*); einträglich (*Geschäft*); schöpferisch (*Künstler, Werk*); **~to** [~'ðutu] *m* Produkt *n*; Erzeugnis *n*; Ertrag *m*; **~tor** [~'tor] **1.** *adj.* erzeugend; Hersteller...; Produktions...; **2.** *m* Produzent *m*, Hersteller *m*; Schöpfer *m*; Urheber *m*; Werktätige(r) *m*; **~zir** [~'zir] (3m) erzeugen, herstellen, produzieren; hervorbringen; *Kunstwerk* schaffen; *Wirkung* hervorrufen; *Ergebnis* zeitigen, h.; *Gewinn* abwerfen; *Zeugen* beibringen; *Gründe* vorbringen; **~zir-se** sich ereignen; eintreten.

proemin|ência [prwimi'nẽsjɐ] *f* Vorsprung *m*; Erhöhung *f*; Anhöhe *f*; ⚕ Auswuchs *m*; **~ente** [~ẽntə] vorspringend; erhöht; hervorragend.

proémio ['prwɛmju] *m* Vorrede *f*.

proeza ['prwezɐ] *f* Heldentat *f*.

profan|ação [prufɐnɐ'sɐ̃u] *f* Entweihung *f*; Profanierung *f*; **~ar** [~'nar] (1a) entweihen; herabwürdigen; **~o** [~'fɐnu] **1.** *adj.* profan; weltlich; unheilig; **2.** *m* Weltkind *n*; Laie *m*.

profecia [~fə'siɐ] *f* Prophezeiung *f*.

proferir [~fə'rir] (3c) aussprechen; äußern; *Schimpfwort* ausstoßen; *Wort, Urteil* sprechen; *Rede, Vortrag* halten; *Gesetz* verkünden.

profess|ar [~fə'sar] (1c) *Lehre* verkündigen; sich zu *e-r Lehre, e-m Glauben* bekennen; *Lehrstuhl* versehen; *Lehrfach* lehren; *Beruf* ausüben; *e-e Kunst* (be)treiben, sich *e-r Kunst* widmen; *Gefühl* bekunden; *Bewunderung* zollen; *Freundschaft* schenken; **~or** *m*, **-a** *f* [~or, -ɐ] Lehrer(in *f*) *m*; *uni.* Professor(in *f*) *m*; *Glaubens*-Bekenner (-in *f*) *m*; *~ do magistério primário* Volksschullehrer(in *f*) *m*; *~ de liceu* Studien-rat *m*, -rätin *f*; **~orado** [~su'raðu] *m* Lehramt *n*; *uni.* Professur *f*; Lehrer-, Dozenten-schaft *f*; **~oral** [~su'rał] Lehramts...; Lehrer(-innen)...; Professoren...; professoral; **~orando** *bras.* [~so'rẽndu]

m Lehramtskandidat *m*.
profeta [ˌ'fɛtɐ] *m* Prophet *m*.
profético [ˌ'fɛtiku] prophetisch.
profeti|sa [ˌfə'tizɐ] *f* Prophetin *f*; **ˌzar** [ˌti'zar] (1a) prophezeien.
prof|iciente [ˌfi'sjẽntə] tüchtig; **ˌicuidade** [ˌikwi'ðaðə] *f* Nutzen *m*, Vorteil *m*; **ˌícuo** [ˌ'fikwu] nützlich.
profil|áctico [ˌfi'latiku] vorbeugend; **ˌaxia** [ˌlak'siɐ] *f* Vorbeugung *f*; ⚕ Prophylaxe *f*.
profiss|ão [ˌfi'sɐ̃u] *f* Beruf *m*; Bekenntnis *n*; **ˌional** [ˌsju'nał] **1.** *adj.* beruflich; professionell; Berufs...; gewerbsmäßig; Gewerbe...; Fach...; *ensino m* ˌ Berufsschulwesen *n*; Fachunterricht *m*; *escola f* ˌ Fachschule *f*; *imposto m* ˌ Gewerbesteuer *f*; **2.** *m* Fachmann *m*; *Sport*: Berufs-sportler *m*, -spieler *m*, -fahrer *m*; **ˌionalismo** [ˌsjunɐ'liʒmu] *m* Professionalismus *m*, berufliche Ausübung *f*; **ˌionalizar** [ˌsjunɐli'zar] (1a) professionalisieren; *eine Tätigkeit* zum Beruf m.; *j-n* zum Berufs(*-soldaten*, *-sportler usw.*) m.
prófugo ['prɔfuɣu] (landes)flüchtig; unstet.
profund|ar [prufũn'dar] (1a) vertiefen; ergründen; *v/i.* eindringen; **ˌas** [ˌ'fũndɐʃ] *f/pl. die* Tiefen (der Hölle); **ˌeza, ˌidade** [ˌ'dezɐ, ˌdi'ðaðə] *f* Tiefe *f*; *fig. a.* Größe *f*; **ˌo** [ˌ'fũndu] tief; abgründig.
profus|ão [ˌfu'zɐ̃u] *f* Verschwendung *f*; Überfluß *m*; **ˌo** [ˌ'fuzu] verschwenderisch; reichlich.
prog|énie [pru'ʒɛnjə] *f* Geschlecht *n*; Nachkommenschaft *f*; **ˌenitor** [ˌʒəni'tor] *m* (Stamm-)Vater *m*; ˌ*es pl.* Vorfahren *m/pl.*, Ahnen *m/pl.*; **ˌenitura** [ˌʒəni'turɐ] *f* = ˌ*énie*.
progn|ose [prɔɣ'nɔzə] *f* Prognose *f*; **ˌosticar** [ˌnuʃti'kar] (1n) vorhersagen; ankündigen; *v/i.* e-e Prognose stellen; **ˌóstico** [ˌ'nɔʃtiku] *m* Vorhersage *f*; Ankündigung *f*, Anzeichen *n*; ⚕ = ˌ*ose*.
program|a [pru'ɣrɐmɐ] *m* Programm *n*; Lehrplan *m e-r Schule*; Vorlesungsverzeichnis *n e-r Univ.*; *Prüfungs*-Ordnung *f*; *allg. a.* Plan *m*; ˌ *infantil e juvenil tel.* Kinder- u. Jugendfunk *m*; **ˌar** [ˌɣrɐ'mar] (1a) programmieren; im Programm vorsehen; *estar -ado* im Programm stehen; **ˌático** [ˌɣrɐ'matiku] programmatisch; Programm...; vorgesehen.
progre|dimento [ˌɣrəði'mẽntu] *m* Fortschreiten *n*; Fortgang *m*; **ˌdir** [ˌ'ðir] (3d) Fortschritte m., fortschreiten; weitergehen; vorrücken; **ˌssão** [ˌ'sɐ̃u] *f* ⩘ Progression *f*; = ˌ*dimento*; **ˌssismo** [ˌ'siʒmu] *m* Fortschrittsgläubigkeit *f*; **ˌssista** [ˌ'siʃtɐ] **1.** *adj.* fortschrittlich; **2.** *su.* Progressist(in *f*) *m*; **ˌssivo** [ˌ'sivu] fortschreitend; 🕮 progressiv; **ˌsso** [ˌ'ɣrɛsu] *m* Fortschritt *m*.
proib|ição [prwiβi'sɐ̃u] *f* Verbot *n*; Prohibition *f*; **ˌido** [ˌ'βiðu]: *ele está* ˌ *de* es ist ihm verboten zu *inf.*; **ˌir** [ˌ'βir] (3s) verbieten; ˌ *alg. de* j-m verbieten zu; **ˌitivo, ˌitório** [ˌi'tivu, ˌi'tɔrju] verbietend, Verbots...; vorbeugend; unerschwinglich (*Preis*); † prohibitiv; *sistema m* ˌ Protektionismus *m*.
proj|ecção [pruʒɛ'sɐ̃u] *f* Wurf *m*; *bsd.* Projektion *f*; *fig.* Bedeutung *f*; Wirkung *f*; ˌ *vertical* Aufriß *m*; **ˌectar** [ˌɛ'tar] (1a) schleudern; *Schatten* werfen; ⩘ *u. fot.* projizieren; *fig.* planen, vorhaben; **ˌectar-se** fallen (*Schatten*); sich erstrecken; sich abzeichnen; **ˌéctil** [ˌ'ʒɛtił] *m* Geschoß *n*; *chuva f de -eis* Geschoßhagel *m*; **ˌecto** [ˌ'ʒɛtu] *m* Plan *m*, Projekt *n*; Vorhaben *n*; ˌ *de lei* Gesetzentwurf *m*; **ˌector** [ˌɛ'tor] *m* Scheinwerfer *m*; Projektionsgerät *n*, Diaskop *n*.
prol [prɔł]: *em* ˌ *de* zum Besten (*gen.*); für (*ac.*).
prolapso ⚕ [ˌ'lapsu] *m* Vorfall *m*, Prolaps *m*.
prole ['prɔlə] *f* Nachkommenschaft *f*.
prolet|ariado [prulətɐ'rjaðu] *m* Proletariat *n*; **ˌário** [ˌ'tarju] **1.** *adj.* proletarisch; **2.** *m* Proletarier *m*; **ˌarizar** [ˌrizar] (1a) proletarisieren.
prolif|eração [ˌlifərɐ'sɐ̃u] *f* Vermehrung *f*, Proliferation *f*; Verbreitung *f*; **ˌerar** [ˌə'rar] (1c) sich vermehren; wuchern; **ˌicação** [ˌikɐ'sɐ̃u] *f* Vermehrung *f*; ⚘ Durchwachsung *f*; **ˌicar** [ˌi'kar] (1n) = ˌ*erar*.
prolífico [ˌ'lifiku] fruchtbar.
prolixo [ˌ'liksu] weitschweifig; langatmig; umständlich.
prólogo ['prɔluɣu] *m* Prolog *m*.
prolonga [pru'lõŋgɐ] *f* Verzögerung *f*; Aufschub *m*.
prolong|ação *f*, **ˌamento** *m* [ˌlõŋ-

gɐ'sɐ̃u, ~ɐ'mẽntu] Verlängerung *f*; = *prolonga*; *fig.* Ausweitung *f*; **~ado** [~'gaδu] langanhaltend; lang; **~ar** [~'gar] (1o) verlängern, in die Länge ziehen; (aus)dehnen; ~ *com* entlangfahren an (*dat.*); **~ar-se** sich hinziehen; dauern.

prolóquio [~'lɔkju] *m* Sprichwort *n*.

promessa [~'mɛsɐ] *f* Versprechen *n*; Gelübde *n*; Verheißung *f Gottes*; *fazer* ~ Versprechen (ab)geben; Gelübde (*od.* Gelöbnis) ablegen.

promet|edor [~mətə'δor] vielversprechend; aussichts-reich, -voll; **~er** [~'ter] (2c) versprechen; *rel.* geloben; *Zukünftiges* verheißen; erwarten l.; *ele promete viver pouco* er dürfte nicht lange leben; *v/i.* ~ *muito* (*pouco*) gut (schlecht) stehen; sich gut (schlecht) anlassen; *este rapaz promete muito* aus dem Jungen wird etwas; **~er-se** erwarten (von *de*); sich verloben; **~ido** [~'tiδu] **1.** *adj.* verlobt; **2.** *m*, **-a** *f* Verlobte(r *m*) *m*, *f*; **~imento** [~i'mẽntu] *m* Versprechen *n*, Zusage *f*.

prom|iscuamente [~ˌmiʃkwɐ'mẽntə] unterschiedslos; durchea.; **~iscuidade** [~miʃkwi'δaδə] *f* Durchea. *n*, Mischung *f*; Gemeinsamkeit *f*; Zs.-leben *n*, -wohnen *n*; *em* ~ *com* zs. mit; **~iscuir-se** [~miʃ'kwirsə] (3i) sich ver-mischen, -wischen; **~íscuo** [~'miʃkwu] gemischt; undeutlich.

promiss|ão [~mi'sɐ̃u] *f* Verheißung *f*; *terra f da* ~ *das* Gelobte Land; **~or** [~or] verheißungsvoll; = *prometedor*; **~ória** ✝ [~ɔrjɐ] *f* Schuldverschreibung *f*; **~ório** [~ɔrju] ✝ Schuld...

promoção [~mu'sɐ̃u] *f* Beförderung *f*; Veranstaltung *f*; ⚖ Antrag *m*.

promontório [~mõn'tɔrju] *m* Vorgebirge *n*.

promo|tor [~mu'tor] *m* Förderer *m*; Urheber *m*; Anstifter *m*; ⚖ Anklagevertreter *m*; ~ *público bras.* Staatsanwalt *m*; **~toria** *bras.* [~to'riɐ] *f* Staatsanwaltschaft *f*; **~ver** [~'ver] (2d) fördern; veranlassen, auslösen; verursachen; *Fest usw.* veranstalten; *Beamten* befördern; ⚖ beantragen.

promulg|ação [~mulγɐ'sɐ̃u] *f* Verkündigung *f*, Bekanntgabe *f*; **~ar** [~'γar] (1o) *Gesetz* verkündigen, bekanntgeben; erlassen.

pronome [~'nomə] *m* Fürwort *n*.

pront|amente [prõntɐ'mẽntə] anstandslos, bereitwillig; sofort; **~idão** [~i'δɐ̃u] *f* Schnelligkeit *f*; Bereitwilligkeit *f*; *estar de* ~ bereit (*od.* zur Verfügung) stehen; **~ificar** [~əfi'kar] (1n) fertigmachen; anbieten, geben; **~ificar-se** [bereit sn; sich erbieten; **~o** ['prõntu] rasch; sofortig; umgehend; bereitwillig, eifrig; behend; F fix; schlagfertig (*Antwort*); zuverlässig (*Maschine*); *bsd.* fertig; bereit; *a* ~ gegen bar; *num* ~ augenblicklich, im Nu; **pagamento** *m* Barzahlung *f*; **~-socorro** *m* Erste Hilfe *f*; Sanitätswagen *m*; **~uário** [~'twarju] *m* Handbuch *n*; *bras.* Steckbrief *m*.

pronúncia [~'nũsjɐ] *f* Aussprache *f*; ⚖ Anklage(erhebung) *f*; *não* ~ Aufhebung *f* der Anklage; (*não*) *dar* ~ (keine) Anklage erheben.

pronunci|ação [~nũsjɐ'sɐ̃u] *f* Aussprache *f*; **~ado** [~'sjaδu] ausgeprägt; ⚖ unter Anklage stehend; **~amento** [~ɐ'mẽntu] *m* Stellungnahme *f*; *ministerielle* Erklärung *f*; *bsd.* (Militär-)Putsch *m*; **~ar** [~'sjar] (1g) aussprechen; hervorheben; *Rede* halten; *Urteil* sprechen; ~ *alg.* ⚖ j-n unter Anklage stellen; **~ar-se** sich äußern; Stellung nehmen; sich auflehnen, putschen.

propag|ação [prupɐγɐ'sɐ̃u] *f* Verbreitung *f*; Ausbreitung *f*; Fortpflanzung *f*; **~ador** [~ɐ'δor] **1.** *adj.*: ~ *de* verbreitend; verkündend; **2.** *m* Verbreiter *m*; Verkünder *m*; **~anda** [~'γɐ̃ndɐ] *f* Propaganda *f*; Werbung *f*; **~andear** [~ɐ̃n'djar] (1l) Propaganda m. (*od.* werben) für; propagieren; **~andista** [~ɐ̃n'diʃtɐ] *su.* Propagandist(in *f*) *m*; Werbefachmann *m*; **~andístico** [~ɐ̃n'diʃtiku] propagandistisch; **~ar** [~'γar] (1o; *Stv.* 1b) fortpflanzen; aus-, verbreiten; **~ar-se** um sich greifen.

propalar [~pɐ'lar] (1b) aussprengen, verbreiten.

prope|nder [~pẽn'der] (2a) geneigt sn; *fig.* sich (hin)neigen (zu *para*); neigen (zu *a*); **~nsão** [~ẽ'sɐ̃u] *f* Neigung *f*; Hang *m*; **~nso** [~'pẽsu] neigend (zu *a*); günstig (gesinnt); geneigt, zugetan; *ser* ~ *a* neigen zu.

propiciar [~pi'sjar] (1g) günstig stimmen; geben, schenken.

propício [~'pisju] günstig; gnädig.

propina [~'pinɐ] *f* (Prüfungs-, Unterrichts-)Gebühr *f*; Schulgeld *n*; Aufnahmegebühr *f*; Gratifikation *f*.

propínquo [~'pĩŋkwu] **1.** *adj.* nahe; **2.** *~s m/pl.* Verwandte(n) *pl.*

prop|onente [~pu'nẽntə] *su.* Antragsteller(in *f*) *m*; **~or** [~'por] (2zd) vorschlagen; beantragen; vorbringen; *Aufgabe* stellen; *Kandidaten* aufstellen; **~or-se** sich vornehmen; ins Auge fassen; *~ a, ~ para* sich erbieten zu; sich bewerben um.

propor|ção [~pur'sɐ̃u] *f* Verhältnis *n*, Proportion *f*; Ebenmaß *n*; *-ões pl.* Ausmaße *n/pl.*; **~cionado** [~sju'naðu] angemessen; *bem (mal) ~* gut (schlecht) gebaut (*od.* proportioniert); **~cional** [~sju'nal] verhältnismäßig; Verhältnis...; ⅍ proportional; **~cionar** [~sju'nar] (1f) verschaffen; ermöglichen; *Gelegenheit usw.* geben; *Unterricht usw.* angedeihen l.; *~ a, ~ com* (*dat. od.* an [*ac.*]).

proposi|ção [~puzi'sɐ̃u] *f* Vorschlag *m*; Antrag *m*; *fil.* Satz *m*; ⅍ Behauptung *f*; **~tado** [~'taðu] absichtlich, vorsätzlich.

propósito [~'pɔzitu] *m* Absicht *f*; Vorsatz *m*; Zweck *m*; *a ~* gelegen, erwünscht; im rechten Augenblick; an der rechten Stelle; *a ~!* übrigens!; *a ~ de* anläßlich; hinsichtlich; *a ~ disso* dabei; dazu; *a que ~* wozu; *de ~* absichtlich; *fora de ~*, *mal a ~* ungelegen; *está fora de ~* das gehört nicht hierher; *isto vem mesmo a ~* das kommt wie gerufen.

proposta [~'pɔʃtɐ] *f* Vorschlag *m*; Antrag *m*; *Gesetz-*Entwurf *m*; ⚖ Angebot *n*.

propriamente [ˌprɔprjɐ'mẽntə] eigentlich; *~ dito* wirklich, eigentlich.

proprie|dade [pruprje'ðaðə] *f* Eigentum *n*; Grundbesitz *m*, Besitzung *f*; Grundstück *n*, Anwesen *n*; *fig.* Eigenart *f*; Genauigkeit *f*; *Repartição f da ♀ Industrial* Patentamt *n*; **~tário** *m*, **-a** *f* [~'tarju, -ɐ] Eigentümer(in *f*) *m*; Haus-, Grund-besitzer(in *f*) *m*.

próprio ['prɔprju] eigen; eigentümlich; genau; eigentlich, Grund-... (*Bedeutung*); *por ~* ✉ Eilzustellung; *~ para* geeignet für (*od.* zu); *eu (nós) ~(s)* ich (wir) selbst (*unv.*); *o ~ bem (a -a arte etc.)* selbst (*od.* sogar) das Gute (die Kunst *usw.*); *amor (nome) m ~* Eigen-liebe *f* (-name *m*); *palavra f -a das* treffende *od.* passende Wort.

propugn|ador [prupuɣnɐ'ðor] *m* Vorkämpfer *m*; **~ar** [~'nar] (1a) verteidigen; = *~ por* kämpfen für.

propuls|ão [~pul'sɐ̃u] *f* ⊕ Antrieb *m*; *~ por jacto* Düsen-, Raketenantrieb *m*; *caça f de ~ (por jacto)* Düsenjäger *m*; **~ar** [~ar] (1a) = **~ionar** [~sju'nar] (1f) antreiben; **~ivo** [~'sivu] *adj.* = **~or** [~or] **1.** *adj.* treibend; Antriebs...; Trieb...; **2.** *m* Antrieb(smittel *n*) *m*; Treibsatz *m*; ✈ Propeller *m*.

prorrog|ação [~ʀuɣɐ'sɐ̃u] *f* Verlängerung *f*; **~ar** [~'ɣar] (1o; *Stv.* 1e) verlängern; stunden.

prorromper [~ʀõm'per] (2a) ausbrechen.

prosa ['prɔzɐ] *f* Prosa *f*; F Geschwätz(igkeit *f*) *n*.

pros|ador [pruzɐ'ðor] *m* Prosaschriftsteller *m*; **~aico** [~'zaiku] prosaisch; alltäglich, nüchtern; **~aísta** *bras.* [~zɐ'iʃtɐ] = *~ador.*

prosápia [~'zapjɐ] *f* Herkunft *f*; Stamm *m*; Hochmut *m*.

proscénio [pruʃ'sɛnju] *m* Proszenium *n*.

proscr|ever [~krə'ver] (2c; *p.p.* *~ito*) ächten; verbannen; ausstoßen; ausschalten; **~ição** [~i'sɐ̃u] *f* Ächtung *f*; Verbannung *f*.

prosear *bras.* [pro'zjar] (1l) schwatzen.

pros|elitismo [pruzəli'tiʒmu] *m* Bekehrungseifer *m*; Proselytenmacherei *f*; **~élito** [~'zɛlitu] *m* Proselyt *m*, Anhänger *m*.

prosista [~'ziʃtɐ] *su.* Prosaschriftsteller(in *f*) *m*; *bras.* Schwätzer (-in *f*) *m*.

prospec|ção [pruʃpɛ'sɐ̃u] *f* Prospektion *f*; *fig.* Einsicht *f*; **~tivo** [~'tivu] vorausschauend, Voraus...; **~to** [~'pɛtu] *m* Prospekt *m*.

prosper|ar [~pə'rar] (1c) gedeihen, blühen; Erfolg h.; **~idade** [~ri'ðaðə] *f* Gedeihen *n*; Wohlstand *m*; Glück *n*; Blüte *f der Kunst usw.*

próspero ['prɔʃpəru] gedeihlich; günstig; blühend; glücklich.

prossegu|imento [prusəɣi'mẽntu] *m* Verfolgung *f e-r Absicht*; Verfolg *m*, Fortgang *m*; **~ir** [~'ɣir] (3o; *Stv.* 3c) *Absicht* verfolgen; betreiben; fortsetzen; *v/i.* fortfahren; verharren.

próstata *anat.* [ˈprɔʃtɐtɐ] *f* Vorsteherdrüse *f*.
prosternar [pruʃtərˈnar] (1c) = [*prostrar*.]
prostíbulo [~ˈtiβulu] *m* Bordell *n*.
prostit|uição [~titwiˈsɐ̃u] *f* Prostitution *f*; *fig.* Schändung *f*; **~uir** [~ˈtwir] (3i) prostituieren; entehren, schänden; **~uir-se** *fig.* sich wegwerfen; sich verkaufen; **~uta** [~ˈtutɐ] *f* Prostituierte *f*, Dirne *f*.
prostr|ação [~trɐˈsɐ̃u] *f* Niederwerfung *f*; Kniefall *m*; ⚕ Schwäche *f*, Entkräftung *f*; **~ar** [~ˈtrar] (1e) nieder-werfen, -schlagen; demütigen; entkräften, schwächen; **~ar-se** niederfallen; ~ *aos pés de alg.* j-m zu Füßen fallen.
protagonista [pruteɣuˈniʃtɐ] *su.* Protagonist(in *f*) *m*; Hauptdarsteller(in *f*) *m*, Held(in *f*) *m*.
protec|ção [~tɛˈsɐ̃u] *f* Schutz *m*; Gönnerschaft *f*, Protektion *f*; **~cionismo** [~sjuˈniʒmu] *m* Protektionismus *m*; **~cionista** [~sjuˈniʃtɐ] protektionistisch; **~tor** [~ˈtor] **1.** *adj.* Schutz...; **2.** *m*, **-a** *f* Beschützer (-in *f*) *m*; Schirmherr(in *f*) *m*; Gönner(in *f*) *m*; **~torado** [~tuˈraðu] *m* Schirmherrschaft *f*; *pol.* Protektorat *n*.
proteg|er [~tiˈʒer] (2h; *Stv.* 2c) (be)schützen (vor [*dat.*] *de, contra*); begünstigen; **~ido** *m*, **-a** *f* [~iðu, -ɐ] Schützling *m*; Günstling *m*.
protel|ação [~təlɐˈsɐ̃u] *f* Verzögerung *f*; Vertagung *f*; Aufschub *m*; **~ar** [~ˈlar] (1c) hinaus-, ver-zögern; vertagen; aufschieben.
protervo [~ˈtɛrvu] unverschämt.
prótese [ˈprɔtəzə] *f cir. u. gram.* Prothese *f*.
protest|ação [prutiʃtɐˈsɐ̃u] *f* Beteuerung *f*; Protest *m*; **~ante** [~ˈtɐ̃ntə] *su.* Protestant(in *f*) *m*; **~antismo** [~ɐ̃nˈtiʒmu] *m* Protestantismus *m*; **~ar** [~ˈtar] (1c) beteuern; zusichern; *Treue usw.* schwören; *Ehre usw.* erweisen; *Wechsel* protestieren; *v/i.* widersprechen; ~ *contra* Einspruch erheben (*od.* protestieren) gegen; anfechten (*ac.*); **~o** [~ˈtɛʃtu] *m* Einspruch *m*, Protest *m*; Beteuerung *f*; † Wechselprotest *m*; *fazer o* ~ *de* zu Protest gehen l. (*ac.*); *com os* ~*s de im Brief*: mit dem Ausdruck (*gen.*).
protocol|ar [~tukuˈlar] protokollarisch; Protokoll...; förmlich; **~o** [~ˈkɔlu] *m* Protokoll *n*; Sitzungsbericht *m*.
protótipo [~ˈtɔtipu] *m* Urbild *n*, Muster *n*.
protuber|ância [~tuβəˈrɐ̃sjɐ] *f* Protuberanz *f*; *anat. a.* Auswuchs *m*, Höcker *m*; **~ante** [~ɐ̃ntə] vorspringend; höckerig.
prova [ˈprɔvɐ] *f* Beweis *m*; Prüfung(sarbeit) *f*; Probe *f*; Versuch *m*; Anprobe *f* (*Kleid*); *fot.* Abzug *m* (*tirar* m.); *tip.* Korrektur-bogen *m*, -abzug *m*; *Sport*: Kampf *m*, Spiel *n*; *à* ~ *de* gefeit (*od.* widerstandsfähig) gegen; gewachsen (*dat.*); *bsd.* ...fest, ...sicher; *à* ~ *de água* (*ar, ruídos*) wasser- (luft-, schall-)dicht; *a toda a* ~ erprobt, bewährt; *acima de toda a* ~ über jeden Zweifel erhaben; *dar* ~*s de* beweisen (*ac.*); *pôr à* ~ auf die Probe stellen; *tirar a* ~ *a* (nach-) prüfen (*ac.*).
prov|ação [pruvɐˈsɐ̃u] *f* Prüfung *f*, Heimsuchung *f*; **~adamente** [~ˌvaðɐˈmẽntə] unstreitig, zweifellos; **~ado** [~ˈvaðu] erprobt, bewährt; **~ador** [~ɐˈðor] *m* Weinprüfer *m*, Koster *m*; **~adura** [~ɐˈðurɐ] *f* Kostprobe *f*; **~ar** [~ˈvar] (1e) beweisen; erproben, prüfen; auf die Probe stellen; *Speise* kosten, F probieren; *Kleid* anprobieren; ~ *forças com* sich messen mit; **~ável** [~ˈvavɛɫ] wahrscheinlich.
provecto [~ˈvɛktu] fortgeschritten; hervorragend.
provedor [~vəˈðor] *m* Lieferant *m*; Vorsteher *m e-s Armenhauses usw.*
proveit|o [~ˈveitu] *m* Nutzen *m*; *em* ~ *de* zugunsten (*gen.*); *dar* ~, *fazer* ~ nützen; gut tun; *tirar* ~ *de* Nutzen ziehen aus, F profitieren von (*od.* bei); *bom* ~! wohl bekomm's!, guten Appetit!; **~oso** [~veiˈtozu (-ɔ-)] nützlich; vorteilhaft; zuträglich.
provençal [~vẽˈsaɫ] **1.** *adj.* provenzalisch; **2.** *m* Provenzale *m*.
proveni|ência [~vəˈnjẽsjɐ] *f* Herkunft *f*; Ursprung *m*; Quelle *f*; **~ente** [~ẽntə] (her)kommend, stammend; herrührend; ~ *de a.* aus.
provento [~ˈvẽntu] *m* Ertrag *m*.
prover [~ˈver] (2n) (vor)sorgen für; besorgen, wahrnehmen; versehen (mit *de*); ~ *em j-n* für *ein Amt* ernennen; *Amt* besetzen mit; *v/i.*

~ *a* sorgen für; abhelfen (*dat.*).

proverbial [~vər'βjał] sprichwörtlich. [wort *n.*

provérbio [~'vɛrβju] *m* Sprich-

proveta [~'vetɐ] *f* Reagenzglas *n.*

provid|ência [~vi'δẽsjɐ] *f rel.* Vorsehung *f*; *fig.* glückliche Fügung *f*; *allg.* Vorkehrung *f*; (Vorsichts-) Maßregel *f*; *dar* (*od. tomar*) ~*s* Vorkehrungen (*od.* Maßregeln) treffen; **~encial** [~δẽ'sjał] von der Vorsehung gesandt; glücklich; willkommen; **~enciar** [~δẽ'sjar] (1g u. 1h) Vorkehrungen treffen (*od.* sorgen) für; sich kümmern um; **~ente** [~ẽntə] (*a.* **próvido** ['prɔviδu]) vorsorglich; umsichtig.

provimento [~vi'mẽntu] *m* Versorgung *f*; Ausrüstung *f*; Bestallung *f mit e-m Amt*; Besetzung *f*; *dar ~ a* ⚖ stattgeben (*ac.*).

província [~'vĩsjɐ] *f* Provinz *f*; Landschaft *f*; *fig.* Gebiet *n.*

provinci|al [~vĩ'sjał] **1.** *adj.* provinziell; Provinzial...; Landes...; **2.** *m* Ordensprovinzial *m*; **~alismo** [~sjɐ'liʒmu] *m* mundartliche(r) Ausdruck *m*; **~ano** [~'sjɐnu] **1.** *adj.* Provinz...; provinzlerisch, kleinstädtisch; **2.** *m* Provinzler *m.*

prov|indo [~'vĩndu]: *ser* ~ = **~ir** [~ir] (3x) (her)kommen; (ab-) stammen; herrühren.

provis|ão [~vi'zɐ̃u] *f* Vorrat *m*; Versorgung *f*; *pol.* Verfügung *f*; *-ões pl.* Mundvorrat *m*; **~ório** [~ɔrju] vorläufig, einstweilig; provisorisch.

provoc|ação [~vukɐ'sɐ̃u] *f* Provokation *f*; *fig.* Verursachung *f*; **~ador** [~ɐ'δor] **1.** *adj.* aufreizend; = *~ativo*; **2.** *m* Provokateur *m*; **~ante** [~'kɐ̃ntə] provozierend; **~ar** [~'kar] (1n; *Stv.* 1e) provozieren, reizen; hervorrufen; verursachen; *Ärgernis usw.* erregen; **~ativo, ~atório** [~ɐ'tivu, ~ɐ'tɔrju] provokatorisch.

proximamente [ˌprɔsimɐ'mẽntə] nächstens.

proximidade [prɔsəmi'δaδə] *f* Nähe *f*; nahe Verwandtschaft *f*; ~*s pl.* Nachbarschaft *f*; Umgebung *f.*

próximo ['prɔsimu] **1.** *adj.* nah; nächst; ~ *futuro* kommend; ~ *passado* letzt, vorig; **2.** *prp.*: ~ *de*, ~ *a* = *perto de*; **3.** *m* Nächste(r) *m*; Mitmensch *m.*

prud|ência [pru'δẽsjɐ] *f* (Lebens-) Klugheit *f*; Vorsicht *f*; **~ente** [~ẽntə] klug *im Handeln*; vorsichtig.

prum|ada [pru'maδɐ] *f* Lotrechte *f*; **~agem** [~aʒɐ̃i] *f* Lotung *f*; **~o** ['prumu] *m* Lot *n*; *fig.* Klugheit *f*; Haltung *f*; *a* ~ lot-, senk-recht.

prur|ido [pru'riδu] *m* Juckreiz *m*; *fig.* Kitzel *m*, Gelüst *n*; Ungeduld *f*; **~ir** [~ir] (3a—D1) jucken (*a. fig.*).

prussiano [pru'sjɐnu] **1.** *adj.* preußisch; **2.** *m* Preuße *m.*

pseudo... [pseuδɔ...] *in Zssgn* falsch; Schein...; Pseudo...

pseudónimo [pseu'δɔnimu] **1.** *m* Deckname(n) *m*; **2.** *adj.* pseudonym.

psican|álise [psikɐ'nalizə] *f* Psychoanalyse *f*; **~alista** [~nɐ'liʃtɐ] *m* Psychoanalytiker *m*, Seelenarzt *m.*

psico... [psiku...] *in Zssgn* Psycho...; **~logia** [~lu'ʒiɐ] *f* Seelenkunde *f*; Seelenleben *n*; Menschenkenntnis *f*; **~lógico** [~'lɔʒiku] psychologisch; seelisch; *acção f -a* psychologische Kriegführung *f*; *momento m ~ der* richtige Augenblick; **~logista** [~lu'ʒiʃtɐ] (*a.* **psicólogo** [psi'kɔluγu]) *m* Psychologe *m*; Menschenkenner *m*; **~pata** [~ɔ'patɐ] *m* Geisteskranke(r) *m*; **~patia** [~ɔpɐ'tiɐ] *f* Geisteskrankheit *f*; **~pático** [~ɔ'patiku] psychopathisch.

psiqui|atra [psi'kjatrɐ] *m* Irrenarzt *m*, Psychiater *m*; **~atria** [~kjɐ'triɐ] *f* Psychiatrie *f*; **~átrico** [~atriku] psychiatrisch.

psíquico ['psikiku] seelisch, psychisch.

psitacose ⚕ [psitɐ'kɔzə] *f* Papageienkrankheit *f.*

psiu! [psju] pst!

pua ['puɐ] *f* Stachel *m*; (Bohr-) Spitze *f*; *Kamm*-Zahn *m*; Bohrkurbel *f*; *arco m de* ~ Brust-, Faustleier *f*, Drillbohrer *m.*

pube *anat.* ['puβə] *m* Schambein *n.*

puberdade [puβər'δaδə] *f* Entwicklungsjahre *n/pl.*; Mannbarkeit *f.*

púbere ['puβərə] mannbar.

púbis (*pl. unv.*) ['puβiʃ] *m* = *pube.*

publicação [puβlikɐ'sɐ̃u] *f* Veröffentlichung *f*, Publikation *f.*

pública-forma [ˌpuβlikɐ'fɔrmɐ] *f* beglaubigte Abschrift *f.*

publicano [puβli'kɐnu] *m pej.* Zöllner *m.*

publi|car [puβli'kar] (1n) bekanntm.; *Buch usw.* veröffentlichen; **~cidade** [~si'δaδə] *f* Öffentlichkeit *f*,

Publizität *f*; Reklame *f*, Werbung *f*; *tel.* Werbefunk *m*; *dar ~ a* die Aufmerksamkeit der Öffentlichkeit lenken auf (*ac.*); Reklame m. für; *ter larga ~* groß angekündigt (*od.* eingehend erörtert) w.; **~cismo** [~'siʒmu] *m* Publizistik *f*; **~cista** [~'siʃtɐ] *m* Publizist *m*; **~citário** [~si'tarju] **1.** *adj.* Werbungs..., Werbe...; werbewirksam; **2.** *m* Werbefachmann *m*.

público ['puβliku] **1.** *adj.* öffentlich; staatlich, Staats...; offenkundig; publik; *relações f/pl. -as* Öffentlichkeitsarbeit *f*, PR *f*; *pôr em ~, tornar ~, trazer* (*od. tirar*) *a ~* = *publicar*; *tornar-se ~* bekanntw.; **2.** *m* Publikum *n*; Leserschaft *f*; Zuhörer *m/pl.*; Zuschauer *m/pl.*; *o grande ~* die Öffentlichkeit; *em ~* öffentlich.

púcaro ['pukɐru] *m* Becher *m*, Krug *m*.

pude ['puδə] *s. poder*.

puden|do [pu'δẽndu] schamerregend; *partes f/pl. -as* Schamteile *m/pl.*; **~te** [~tə] = *pudico*.

pudera [~'δɛrɐ] **1.** *s. poder*; **2.** *int.* kein Wunder!

pudi|bundo [~δi'βũndu] schamhaft; verschämt; **~cícia** [~'sisjɐ] *f* Schamhaftigkeit *f*.

pudico [pu'δiku] züchtig; schamhaft.

pudim [pu'δĩ] *m* Pudding *m*.

pudor [~'δor] *m* Scham(gefühl *n*) *f*; *atentado m ao ~* Sittlichkeitsverbrechen *n*; *sem ~* schamlos.

puer|ícia [puə'risjɐ] *f* Knabenalter *n*; Kindheit *f*; **~icultora** [~rikuł'torɐ] *f* Kinderpflegerin *f*; **~il** [~ił] kindlich; Kindes...; kindisch; **~ilidade** [~rili'δaδə] *f* Kinderei *f*; Kindlichkeit *f*.

puerp|eral [puərpə'rał]: *febre f ~* Kindbettfieber *n*; **~ério** [~'pɛrju] *m* Wochenbett *n*.

puf! [puf] *int.* uff!

pugil|ato [puʒi'latu] *m* Box-, Faustkampf *m*; **~ismo** [~'liʒmu] *m* Boxsport *m*; **~ista** [~'liʃtɐ] *m* Boxer *m*.

pugn|a ['puɣnɐ] *f* Kampf *m*; **~ar** [puɣ'nar] (1a) kämpfen; streiten.

pu|ideira [pwi'δeirɐ] *f* Schleifmittel *n*; **~ído** ['pwiδu] fadenscheinig; **~ir** [pwir] (3i) abschleifen; polieren; *fig.* ab-nutzen, -schaben.

puj|ança [pu'ʒɐ̃sɐ] *f* Macht(fülle) *f*; (strotzende) Kraft *f*; Mächtigkeit *f*; **~ante** [~ɐ̃ntə] mächtig; strotzend; gewaltig; **~ar** [~ar] (1a) übertreffen; besiegen; *v/i.* sich anstrengen.

pular [pu'lar] (1a) hüpfen, springen.

pulg|a ['pułɣɐ] *f* Floh *m*; Sandfloh *m*; **~ão** [puł'ɣɐ̃u] *m* Blattlaus *f*.

pulh|a ['puʎɐ] **1.** *f* Witz *m*; Streich *m*; Zote *f*; **2.** *m* Lump *m*; **3.** *adj.* schäbig; verlottert; **~ice** [pu'ʎisə] *f* Lumperei *f*; Luderleben *n*.

pulm|ão [puł'mɐ̃u] *m* Lunge(nflügel *m*) *f*; *pulmões pl.* Lunge *f*; **~onar** [~mu'nar] Lungen...

pulo ['pulu] *m* Sprung *m*; Satz *m*; *aos ~s* hüpfend, springend; *de um ~, num ~* mit e-m Satz; = *em dois ~s* im Nu; *dar ~s* = *pular*.

pulôver *bras.* [pu'lovɛr] *m* Pullover *m*, Pulli *m*.

púlpito ['pułpitu] *m* Kanzel(beredsamkeit) *f*.

puls|ação [pułsɐ'sɐ̃u] *f* Pulsschlag *m*; **~ar** [~'sar] (1a) pulsieren; wogen (*Meer, Brust*); schlagen (*Herz*); *v/t.* schlagen; **~ear** [~'sjar] (1l) hakeln (*Spiel*); **~eira** [~'seirɐ] *f* Armband *n*; **~o** ['pułsu] *m* Puls *m* (*tomar* fühlen); Handgelenk *n*; *fig.* Kraft *f*, Stärke *f*; *a ~* mit der Hand; *de ~ fig.* stark; energisch.

pulular [pulu'lar] (1a) wuchern; emporschießen; wimmeln.

pulver|ização [pułvərizɐ'sɐ̃u] *f* Zerstäubung *f*; *fig.* Vernichtung *f*; **~izado** [~i'zaδu] pulverförmig; gemahlen; ...pulver *n*; **~izador** [~izɐ'δor] *m* Zerstäuber *m*; *fig.* Vernichter *m*; **~izar** [~i'zar] (1a) pulverisieren; zerstäuben; zertrümmern; *fig.* vernichten; **~izar-se** (zu Staub) zerfallen; **~ulento** [~u'lẽntu] staubig.

pum! [pũ] *int.* bum!

puma *zo.* ['pumɐ] *m* Silberlöwe *m*.

pumba! ['pũmbɐ] *int.* bums!

pun|ção [pũ'sɐ̃u] *f* Einstich *m*; ⚕ Punktion *f*; Punktiernadel *f*; ⊕ Punze *f*; Locheisen *n*; **~ç(o)ar** [~'s(w)ar] (1p [1f]) = **~cionar** [~sju'nar] (1f) aufstechen; ⚕ punktieren; ⊕ punzieren; lochen; stanzen; *máquina f de ~* Stanze *f*.

pundonor [pũndu'nor] *m* Ehrgefühl *n*; **~oso** [~nu'rozu (-ɔ-)] ehrliebend.

punga *bras.* ['pũŋgɐ] **1.** *adj.* kümmerlich, mies **2.** *m* Klepper *m*.

pung|ente [pũ'ʒẽntə] stechend; schmerzlich; **~ir** [~ir] (3n) stechen;

an-stacheln, -treiben; verwunden; schmerzen; quälen.

punguista *bras.* [pũŋ'gistɐ] *m* Taschendieb *m*.

punh|ada [pu'ɲaδɐ] *f* Faustschlag *m*; **~ado** [~aδu] *m* Handvoll *f*; **~al** [~ał] *m* Dolch *m*; **~alada** [~ɲɐ'laδɐ] *f* Dolch-stich *m*, -stoß *m*; **~o** ['puɲu] *m* Faust *f*; Manschette *f*; Heft *n*, Griff *m*; *~ cerrado*, *~ fechado* geballte Faust *f*; *pelo próprio ~* eigenhändig.

pun|ibilidade [punißəli'δaδə] *f* Strafbarkeit *f*; **~ição** [~i'sɐ̃u] *f* Bestrafung *f*; **~ir** [~'nir] (3a) (be-)strafen; **~ível** [~'nivɛł] strafbar.

pupil|a [pu'pilɐ] *f* Mündel *n*; Zögling *m*; *anat.* Pupille *f*; **~o** [~u] *m* Mündel *n*; Zögling *m*.

puramente [purɐ'mẽntə] nur, bloß.

puré *m*, **-eia** *f* [pu'rɛ, -ejɐ] Püree *n*, Brei *m*.

pureza [~'rezɐ] *f* Reinheit *f*; [Lauterkeit *f*.]

purga ['purɣɐ] *f* Abführmittel *n*.

purg|ação [purɣɐ'sɐ̃u] *f* Reinigung *f*; ⚕ Purganz *f*; *fig.* Tripper *m*; **~ante** [~'ɣẽntə] **1.** *adj.* abführend; **2.** *m* Abführmittel *n*; *fig.* Ekel *n*; **~ar** [~'ɣar] (1o) reinigen; abbüßen; ⚕ purgieren; **~ar-se** ein Abführmittel nehmen; **~ativo** [~ɐ'tivu] reinigend; ⚕ abführend; **~atório** [~ɐ'tɔrju] *m* Fegefeuer *n*.

puridade [puri'δaδə] *f* = pureza; *à ~* insgeheim.

purific|ação [~rəfikɐ'sɐ̃u] *f* Reinigung *f*; Läuterung *f*; Klärung *f*; ♀ *cat.* Lichtmeß *f*; **~ador** [~ɐ'δor] **1.** *adj.* Reinigungs...; Läuterungs-...; Klär...; *~ do sangue* blutreinigend; **2.** *m* Fingerschale *f*; *cat.* Kelchtuch *n*; **~ante** [~'kẽntə] (blut)reinigend; **~ar** [~'kar] (1n) reinigen; *Metall* läutern; *Wein usw.* klären; **~ativo**, **~atório** [~ɐ'tivu, ~ɐ'tɔrju] reinigend, Reinigungs...

puris|mo [~'riʒmu] *m* Purismus *m*; **~sta** [~ʃtɐ] *su.* Purist(in *f*) *m*.

puro ['puru] rein, lauter; unverfälscht, echt; keusch; glatt, aufgelegt (*Schwindel usw.*); bloß, einfach; *-a e simplesmente* ganz einfach; bedingungslos; unverblümt; F sang- und klanglos; *~-sangue m* Vollblut *n*.

púrpura ['purpurɐ] *f* Purpur *m*.

purp|urado [purpu'raδu] *m* Kardinal *m*; **~úreo**, **~urino** [~'purju, ~u'rinu] purpurn.

purulento [puru'lẽntu] eitrig.

pus [puʃ] **1.** *m* Eiter *m*; **2.** *s. pôr*.

pusil|ânime [puzi'lɐnimə] kleinmütig; **~animidade** [~lɐnəmi'δaδə] *f* Kleinmut *m*.

pústula ⚕ ['puʃtulɐ] *f* Pustel *f*.

pustulento, **-loso** [puʃtu'lẽntu, -'lozu (-ɔ-)] voller Pusteln; *erupção f -a* Pustelausschlag *m*.

puta V ['putɐ] *f* Hure *f*.

putativo [putɐ'tivu] angeblich.

putrefa|cção [putrəfa'sɐ̃u] *f* Verwesung *f*; Fäulnis *f*; **~ciente**, **~ctivo** [~fɐ'sjẽntə, ~fa'tivu] Fäulnis...; schädlich; **~cto** [~'faktu] verwest; verfault; verdorben; **~zer** [~fɐ'zer] (2v) zum Faulen bringen, verderben; *v/i.* (ver)faulen.

putres|cência [putrɨʃ'sẽsjɐ] *f* Verwesungszustand *m*; **~cente** [~'sẽntə] verwesend, faulend; **~cível** [~'sivɛł] verweslich, faulend.

pútrido ['putriδu] verfault; faulig.

puxa! *bras.* ['puʃa] nein, so was!

pux|ada [pu'ʃaδɐ] *f* angespielte Karte *f*; *bras.* lange(r) Marsch *m*; lange Reise *f*; *fazer uma ~* anspielen; **~adeira** [~ʃɐ'δeirɐ] *f* Strippe *f*; **~adinho** [~ʃɐ'δiɲu] **1.** *adj.* geschniegelt; reichlich teuer; **2.** *m* Stutzer *m*; **~ado** [~aδu] F geschniegelt; erstklassig; gehaltreich (*Speise*); teuer (*Preis*); schwierig, verwickelt (*Problem*); an den Haaren herbeigezogen; *três horas bem -as* drei gute Stunden; **~ador** [~ʃɐ'δor] *m Tür*-Drücker *m*, Griff *m*; **~ão** [~ɐ̃u] *m* Zug *m*, Ruck *m*; *puxões pl.* Zerren *n*; *dar um ~ (a)* ziehen *od.* zerren (*ac. od.* an [*dat.*]); **~a-~a** *bras.* [ˌpuʃa'puʃa] *f* Zuckerkand *m*; **~ar** [~ar] (1a) **1.** *v/t.* ziehen; zerren; zupfen (*alle mit ac. od.* an [*dat.*]); herausziehen; (heraus-, ent-)reißen; *Schnur usw.* spannen; *Wäsche* recken; *Schlag* versetzen; *Karte* ausspielen; einsaugen; verschlingen; *fig.* nach sich ziehen; (mit sich) bringen; erfordern, zwingen zu; anspornen; drängen; reizen; *Gespräch* anknüpfen; *~ o lustre*, *~ o brilho* glänzend reiben (*od.* bürsten); polieren; *Boden* bohnern; **2.** *v/i.* ausschlagen (*Pflanze*); reifen (*Geschwür*); stark eitern; schmerzen; F drücken *zwecks Darmentleerung*; *~ para* neigen (*od.* Talent h.) zu; ~ *por* (*a. de*) ziehen (*od.* zerren, zupfen) an (*dat.*); (heraus-) ziehen (*ac.*); greifen nach; *in die Tasche* greifen; *fig.* anstrengen (*ac.*); alles herausholen aus; ~ *por alg.* j-n anspornen (*od.* drängen; *fig.* reizen); viel von j-m verlangen; j-m zusetzen; ~ *por si*, F ~ *por quantas tem* sich ins Zeug legen; **3. ~ar-se** F sich schniegeln; **~o** [ˈpuʃu] *m* Stuhlzwang *m*; P Haar-Knoten *m*.

Q

Q, q [ke] *m* Q, q *n*.

quadra ['kwaδrɐ] *f viereckiger* Raum *m*, Zimmer *n*; *lit.* Vierzeiler *m*; *Spiel*: Vier(erpasch *m*) *f*; *fig.* Zeit *f*; *bras.* Häuserblock *m*; Quadra *f* (= *1,7 od. 4,8 ha*).

quadr|ado [kwɐ'δraδu] **1.** *adj.* quadratisch; Quadrat...; viereckig; *fig.* vierschrötig; F ausgemacht; **2.** *m* Quadrat(zahl *f*) *n*; ⚔ Karree *n*; **~agesimal** [~δrɐʒəzi'mał] vierzigtägig; *rel.* Fasten...; **~agésimo** [~δrɐ'ʒɛzimu] vierzigst; **~angulado, -lar** [~δrẽŋgu'laδu, -'lar] viereckig; **~ângulo** [~ẽŋgulu] *m* Viereck *n*; **~ante** [~ẽntə] *m* Quadrant *m*; Zifferblatt *n*; **~ar** [~ar] (1b) viereckig m.; zum Quadrat erheben; *v/i.* passen (*dat. od.* zu *a*, *com*); übereinstimmen; **~ático** [~atiku] quadratisch; **~ícula** [~ikulɐ] *f* Karree *n*; Zeichennetz *n*; **~icular** [~δriku'lar] **1.** *v/t.* (1a) karieren; **2.** *adj.* kariert; **~ienal** [~δriə'nał] vierjährig; Vierjahres...; **~iénio** [~'δrjɛnju] *m* vier Jahre *n/pl.*; **~iga** [~iγɐ] *f* Viergespann *n*; **~il** [~ił] *m* Hüfte *f*; **~ilátero** [~δri'latəru] **1.** *adj.* vierseitig; **2.** *m* Viereck *n*; **~ilha** [~iʎɐ] *f* ♪ Quadrille *f*; *Diebes-, Räuber-*Bande *f*; *bras. Pferde-*Koppel *f*; **~ilhado** *bras.* [~dri'ʎadu] kariert; **~ilongo** [~dri'lõgu] = *rectângulo*; **~imestral** [~δrimiʃ'trał] viermonatlich, Viermonats...; **~imestre** [~δri'mɛʃtrə] *m* Dritteljahr *n*; **~imotor** [~δrimu'tor] (*m*) viermotorig(es Flugzeug *n*); **~ingentésimo** [~δrĩʒẽn'tɛzimu] vierhundertst; **~ipartido** [~δripɐr'tiδu] Vierer..., Viermächte...; **~issílabo** [~δri'silɐβu] viersilbig.

quadro ['kwaδru] *m gerahmtes* Bild *n* (*a. fig.*), Gemälde *n*; Übersicht *f*; Karte *f*; Aufstellung *f*, Liste *f*; Tabelle *f*; Stellenplan *m*; Belegschaft *f*; ⚔ Kader *m*; *Fahrrad-*Rahmen *m*; ⚡ Schalttafel *f*; ~ *preto* (Wand-)Tafel *f*; ~ *sinóptico* Übersicht(s-tabelle) *f*; *lugar m do* ~ Planstelle *f*; *pessoal m do* ~ Stammpersonal *n*; (*não*) *ser do* ~ (außer-) planmäßig sn; *~s pl.* Führungskräfte *f/pl.*

quadr|úpede [kwɐ'δrupəδə] **1.** *adj.* vierfüßig; **2.** *m* Vierfüßler *m*; **~uplicar** [~δrupli'kar] (1n) vervierfachen.

quádruplo ['kwaδruplu] vierfach.

quais(quer) [kwaiʃ('kɛr)] *pl. v. qual(quer)* (irgend)welche.

qual [kwał] **1.** *pron. interr.* welche(r, -s); **2.** *pron. relat. o, a* ~, *os, as quais* welche(r, s); *do, da* ~, *dos, das quais* dessen, deren; **3.** *adj.* wie ein(e); (der, die, das gleiche) wie; *quais* wie; *s. a. tal*; **4.** *int.* ~!; ~, *o quê?* ei was!; ~ *su. od. adj.! fragende Wiederholung, z.B.* ~ *bonito!* schön?; ~ (*su. od. adj.*) *nem meio* überhaupt nicht (*od.* kein); kein bißchen.

qualidade [kwɐli'δaδə] *f* Eigenschaft *f*; Qualität *f*; Wert *m*; Vorzug *m*; Rang *m*; ~ *de vida* Lebensqualität *f*; *na* ~ *de* als.

qualific|ação [~ləfikɐ'sɐ̃u] *f* Bezeichnung *f*; Eignung *f*, Qualifikation *f*; Kennzeichnung *f*; **~ado** [~'kaδu] erprobt; geeignet; zuständig; vornehm; **~ar** [~'kar] (1n) benennen; bezeichnen (als *de*); qualifizieren; *gram.* näher bestimmen; ~ *de* nennen (*dopp. ac.*); **~ativo** [~ɐ'tivu] bezeichnend; *gram.* näher bestimmend; **~ável** [~'kavɛł] **1.** *adj.* qualifizierbar; näher bestimmbar; **2.** *m* Beiwort *n*.

qualitativo [~litɐ'tivu] qualitativ.

qualquer [kwał'kɛr] irgendein; jeder (beliebige); *nach Verneinung*: keinerlei; *em* (*od. a*) ~ *altura* irgendwann; *em* (*de*; *a* [*od. para*]) ~ *parte* irgendwo(-her; -hin); ~ *pessoa* irgendwer, irgend jemand; ~ *coisa*, *uma coisa* ~ irgend etwas; ~ *dia* irgendwann.

quando ['kwẽndu] **1.** *adv. interr.* wann; *de* ~ *em* ~, *de vez em* ~ dann und wann; ~ *menos* wenigstens; ~ *menos se espera(va)* ganz unverhofft; ~ *muito* höchstens; bestenfalls; wenn es hoch kommt; **2.** *cj.* a) *im abhängigen Satz*: wann; b) *zeitl. od. bedingend*: wenn; c) *zeitl., zur Bezeichnung e-r einmaligen vergangenen Handlung*: als; **3.** *prp.*: ~ de bei (*dat.*); als (*od.* wenn) *ind.*

quant|ia [kwɐ̃n'tiɐ] *f* Summe *f*, Betrag *m*; **~idade** [~ti'ðaðə] *f* Menge *f*; Anzahl *f*; 🕮 Quantität *f*; ⚖ Größe *f*; *em grande* ~ massenhaft; **~ioso** [~'tjozu (-ɔ-)] beträchtlich; reich; **~itativo** [~titɐ'tivu] **1.** *adj.* quantitativ; mengenmäßig, Mengen...; **2.** *m* Menge(nangabe) *f*; Betrag *m*.

quanto ['kwɐ̃ntu] **1.** *adj.* wieviel; (*tanto*) *su.* ~ soviel *su.*, wie; ~*s relativisch*: alle, die; (*tudo*) ~ alles, was; *a ~s (do mês) estamos?* den wievielten haben wir heute?; ~*s são?* der wievielte ist heute?; *não saber a -as anda* nicht wissen, wo e-m der Kopf steht; *por -as tem* F was das Zeug hält; **2.** *adv.* wie sehr; so viel, so sehr; *nach tanto mais*: als; *tanto ~ s. tanto*; **3.** *não ...tanto* ~ nicht so sehr (*od.* viel) wie; ~ *comp.* ... (*tanto*) je *comp.* ... desto; ~ *mais* um so mehr; *nach Verneinung*: um so weniger; ~ *a* was ... anbetrifft (*od.* angeht), so; ~ *antes* möglichst bald, umgehend.

quão [kwɐ̃u] wie.

quarço ['kwarsu] *m* = *quartzo*.

quarenta [kwɐ'rẽntɐ] vierzig.

quarent|ão [~rẽn'tɐ̃u] **1.** *adj.* vierzigjährig; **2.** *m*, **~ona** *f* Vierziger(in *f*) *m*; **~ena** [~enɐ] *f* Quarantäne *f*.

quaresm|a [~'rɛʒmɐ] *f rel.* Fastenzeit *f*; **~al** [~rɨʒ'mał] Fasten...; der Fastenzeit; **~ar** [~rɨʒ'mar] (1c) fasten.

quarta ['kwartɐ] *f* Viertel *n*; ♪ Quart *f*; Mittwoch *m*.

quartã [kwar'tɐ̃] **1.** *adj. febre f* ~ = **2.** *f* viertägiges Fieber *n*.

quarta-feira [kwartɐ'feirɐ] *f* Mittwoch *m* (*na* am); *às ~s* mittwochs.

quart|anista [~tɐ'niʃtɐ] *su.* Student(in *f*) *m od.* Schüler(in *f*) *m* des vierten Jahres; **~ear** [~'tjar] (1l) vierteilen; **~eio** *taur.* [~'teju] *m* Quartwendung *f*; **~eirão** [~ei'rɐ̃u] *m* Viertelhundert *n*; Häuserblock *m*; **~el** [~'tɛł] *m* Kaserne *f*; Quartier *n*; Viertel *n*; Quartal *n* (*3 Monate*); ⚓ *Luken*-Deckel *m*; *não dar* ~ keinen Pardon geben; *sem* ~ erbarmungslos; **~eleiro** [~ə'leiru] *m* Kammerunteroffizier *m*; **~eto** [~'tetu] *m* Quartett *n*; **~ilho** [~'tiʎu] *m ehm. etwa*: Seidel *n*; *heute*: halbe(s) Liter *n*; *dois ~s* ein Liter.

quarto ['kwartu] **1.** *adj.* viert; **2.** *m der* Vierte; *ein* Viertel *n*; (Schlaf-) Zimmer *n*; *Rücken-*, *Vorder*-Teil *m e-r Jacke*; ⚔, ⚓ Wache *f*; *tip.* Quart *n*; ~ *de quilo* (*hora*) Viertelkilo *n* (-stunde *f*); *formato m em* ~ Quartformat *n*; *às três* (*horas*) *e* (*menos*) *um* ~ um viertel nach (vor) drei (Uhr).

quartz|ífero [kwɐr'tsifəru] quarzhaltig; **~o** ['kwartsu] *m* Quarz *m*.

quase ['kwazə] *adv.* fast, beinahe, nahezu; ~ *que* sozusagen; quasi.

quat|ernário [kwɐtər'narju] vierteilig, -seitig; *geol.* Quartär...; ♪ Vierviertel...; **~orze** *bras.* [~'torzə] vierzehn.

quatro ['kwatru] **1.** *adj.* vier; **2.** *m* Vier *f*; Nummer *f* Vier; ~ *de espadas* Pikvier *f*.

quatrocent|ista [kwɐtrusẽn'tiʃtɐ] *adj.* (*od. m*) (*pintor, poeta*) ~ (Maler, Dichter) des 15. Jahrhunderts; **~os** [~'sẽntuʃ] **1.** *adj.* vierhundert; **2.** *m* 15. Jahrhundert *n*.

que [kə] **1.** *pron.* a) *relativ*: der, die, das; welche(r, -s); *do* ~ als (*beim Komparativ*); *no* ~ *bras.* indem, sowie, sobald; *pelo* ~, *por* ~ weshalb; ~ *inf.* zu *inf.*; b) *interr. u. int.*: was für ein(e), was für; welch; welche(r, -s); ~ *adj.* wie *adj.*; ~ de wieviel, was für eine Menge; c) *interr. u. relativ*: was; o ~ was; *mit vorhergehender prp.* wo(r)..., *z.B. em* ~ wor-in, -an, -auf; *de* (*com*) ~ wo-von (-mit); **2.** *cj.* a) *in abhängigen Sätzen*: daß; *mit folgend. conj. vielfach* damit; *nach dem Komparativ*: als; *não* ~ *conj.* nicht als ob *conj.*; ~ *não* und (*od.* aber) nicht (kein); b) *oft kausal*: denn (*od.* da, weil); *in dieser Bedeutung oft unübersetzt z.B. não grites,* ~ *parece mal* schrei nicht!, das gehört sich nicht!; c) *in selbständigen Wunschsätzen*: *durch Umschreibung mit mögen, sollen od. wollen, z.B.* ~ *entre!* er soll hereinkommen!; ~ *queira* ~ *não queira* mag er wollen (*od.* ob er will) oder nicht; ~ *eu morra, se tal disse!* ich will sterben, wenn ich das gesagt habe!; ~ se *conj. impf.*: *durch Umschreibung mit wäre doch, könnte doch, hätte doch, usw.*; d) é ~ *satzeinleitend*: denn, nämlich; *zur Hervorhebung*: *bleibt unübersetzt!*; e) *zur verstärkenden Wiederholung*: *corre ~ corre* er läuft und läuft (*od.* was er kann).

quê [ke] **1.** *pron.* a) *interr.* was?, *oft verstärkt*: *o ~?* was, wie?; *ele disse o ~?* WAS hat er gesagt?; b) *relat. u. interr., mit vorhergehender prp.*: wo(r)... (*vgl.. que* 1. c); *não tem de ~ als höfliche Zurückweisung*: nichts zu danken; Sie brauchen sich nicht zu entschuldigen; *sonst*: da gibt's nichts (*od.* was gibt's da) zu *inf.*; **2.** *m* (irgend) etwas; Schwierigkeit *f*, F Haken *m*; *um não sei ~* ein gewisses Etwas.

quebra ['kɛβrɐ] *f* Bruch *m*; Verletzung *f*; Unterbrechung *f*; Knick *m*, Kniff *m*; Riß *m*; ✝ Bankrott *m*; (Gewichts-)Verlust *m*; Gewichtsausgleich *m*; *Produktions*-Ausfall *m*; *geol.* = *quebrada*; *sem ~* ununterbrochen; vollkommen (*z.B. Stille*); *dar ~ a* unterbrechen (*ac.*); *Wort* brechen; *dar ~, sofrer ~* verlieren; nachlassen; Bankrott m.; **~-cabeça** (**-s**) [~kɐ'βesɐ] *m(pl.)* Denkaufgabe *f*; harte Nuß *f*; *fig.* Rätsel *n*.

quebr|ada [kə'βraδɐ] *f* Hang *m*; *Gelände*-Spalte *f*; Klamm *f*; **~adeira** [~βrɐ'δeirɐ] *f bras.* Geldmangel *m*; = *quebra-cabeça*; = *quebreira*; **~adiço** [~βrɐ'δisu] brüchig, spröde; zerbrechlich; **~ado** [~aδu] **1.** *adj.* bankrott; überschlagen (*Temperatur*); matt, zart (*Farbe*); *verso m ~* Halbvers *m*; **2.** *m* ⅍ Bruch *m*; *soar a ~* gesprungen klingen; *~s pl.* Kleingeld *n*; **~adura** [~βrɐ'δurɐ] *f* ⚕ Bruch *m*; = *quebra*.

quebra|-gelo(**s**) ⚓ [kɛβrɐ'ʒelu] *m(pl.)* Eisbrecher *m*; **~-luz** (**-es**) [~'luʃ] *m(pl.)* Lampenschirm *m*; **~-mar** (**-es**) [~'mar] *m(pl.)* Wellenbrecher *m*; **~mento** [~'mẽntu] *m* Bruch *m*; = *quebreira*; **~-nozes** (*pl. unv.*) [~'nɔzəʃ] *m* Nußknacker *m*.

quebrant|amento [kəβrɐ̃ntɐ'mẽntu] *m* Bruch *m* (*a. fig.*); Übertretung *f*; Verrat *m*; Schwäche *f*; = *~o*; **~ar** [~'tar] (1a) (zer)brechen; zerschmettern; *fig.* zermürben; niederdrücken; entkräften; (ab)schwächen, beschwichtigen; *Gesetz* übertreten; *Glauben* verraten; *Wort, Schwur* brechen; **~ar-se** ermatten; abflauen; schwach (*od.* mutlos) w.; **~o** [~'βrɐ̃ntu] *m* Gebrochenheit *f*; Mattigkeit *f*, Erschlaffung *f*; *dar ~ a* behexen (*ac.*).

quebr|ar [kə'βrar] (1c) brechen (*a. fig.*); zer-brechen, -schlagen, -trümmern; knicken; abbrechen; ab-, zer-reißen; *fig.* = *quebrantar*; *v/i.* (zer)brechen; (ab-, zer-)reißen; einknicken; e-n Knick m.; branden (*Meer*); ✝ Bankrott m.; (an Gewicht) verlieren; ⚕ sich e-n Bruch zuziehen; **~eira** P [~eirɐ] *f* Abgekämpftheit *f*; Schwäche *f*; **~o** ['kɛβru] *m* Biegung *f*; Biegsamkeit *f*; Ausweichbewegung *f*; Tonfall *m*.

queda ['kɛδɐ] *f* Fall *m* (*a. fig.*); Sturz *m* (*a. Preis usw.*); Gefälle *n*; *Haar*-Ausfall *m*; ✈ Absturz *m*; *fig.* Verfall *m*; Hang *m*, Neigung *f*; Geschick *n*; *~ da produção* Absinken *n* der Produktion; *dar uma ~* e-n Sturz tun; fallen; stürzen; (ab)sinken.

qued|ar(**-se**) [kə'δar(sə)] (1c) (still-) stehen; (stehen)bleiben; (sich) verweilen; **~o** ['keδu] still; ruhig; langsam, träge; leise; *a pé ~* stehenden Fußes.

quefazeres [kəfɐ'zeriʃ]: *ter muitos ~* viel zu tun haben.

queij|ada [kei'ʒaδɐ] *f* Käsekuchen *m*; **~aria** [~ʒɐ'riɐ] *f* Käserei *f*; **~eira** [~eirɐ] *f* Käse-form *f*, -glocke *f*; = *~aria*; *s.* **~eiro** *m*, **-a** *f* [~eiru, -ɐ] Käse-macher(in *f*) *m*, -händler(in *f*) *m*; **~o** ['keiʒu] *m* Käse *m*; *~ flamengo, bras. ~ do reino* Holländer *m*; *ter (estar com) a faca e o ~ na mão (para)* das Heft (es) in der Hand h. (zu).

queima ['keimɐ] *f* Verbrennung *f*; Brand *m*; *fig.* (Saison-)Ausverkauf *m*; *~ das fitas* „Verbrennung *f* der Bänder" (*port. Universitätsfest*).

queim|ação [keimɐ'sɐ̃u] *f* Frechheit *f*; Belästigung *f*; Plackerei *f*; **~ada** [~'maδɐ] *f* Waldbrand *m*; Brandrodung *f*; niedergebrannte Stelle *f*; Kalkerde *f*; **~adela** [~ɐ'δɛlɐ] *f* = *~adura*; **~ado** [~'maδu] **1.** *adj.* glühend heiß (*Landschaft*); *bras.* böse (auf [*ac.*] em); **2.** *m* Brandgeruch *m*; *a ~* brenzlich, angebrannt; **~adura** [~ɐ'δurɐ] *f* Brandwunde *f*; Verbrennung *f*; **~ar** [~'mar] (1a) verbrennen; versengen; *fig.* verschleudern; *v/i.* brennen; brennend heiß sn; **~ar-se** (sich) verbrennen; ⚡ aus-, durch-brennen; *bras.* böse w.; **~a-roupa** [~ɐ'ʀopɐ]: *à* ~ aus nächster Nähe; unvermittelt.

queira ['keirɐ] *s. querer.*

queixa ['keiʃɐ] *f* Klage *f*; Beschwerde *f*; *razão f de* ~ Grund *m* zum Klagen; *ter* ~*(s) de* sich zu beklagen h. über; *fazer* ~ *de* = *queixar-se*; = *apresentar* ~ *contra* Klage erheben gegen, verklagen (*ac.*).

queix|ada [kei'ʃaðɐ] *f* Kinnlade *f*; **~al** [~ał]: *dente m* ~ Backenzahn *m*.

queixar-se [~'ʃarsə] (1a) sich beklagen (*od.* beschweren) (bei *a*, über [*ac.*] *de*); jammern; klagen (*a.* ⚖).

queixo ['keiʃu] *m* Kinn *n*.

queix|oso [kei'ʃozu (-ɔ-)] **1.** *adj.* klagend; kläglich; ~ *de* sich beklagend über (*ac.*), unzufrieden mit; **2.** *m*, **-a** *f* ⚖ Kläger(in *f*) *m*; **~ume** [~uma] *m* Klage *f*.

quejando [kɨ'ʒɐ̃ndu]: *e (outros)* ~*s* und dergleichen.

quelha ['keʎɐ] *f* Rinne *f*; Gasse *f*; Rüttelschuh *m der Mühle*.

quem [kɐ̃i] *pron.* **a**) *interr.* wer? (*ac.* wen?); *de* ~ wessen; von wem; *a* ~ wem; an wen; zu wem *usw.*; **b**) *relat.* 1. *mit vorhergehendem Bezugswort* (*nur zs. mit prp.*): dem (*od.* der, denen); den (*od.* das, die); *a* ~ dem (der, denen); *de* ~ dessen (deren); 2. *ohne vorhergehendes Bezugswort*: wer; jemand (*od.* einer) der; der(jenige), welcher (*od.* der); die(jenigen), welche (*od.* die); *mit vorhergehender prp., z.B. não estava com* ~ *eu queria falar* der(jenige), mit dem ich sprechen wollte, war nicht da; *há* ~ *diga (afirme etc.)* es wird gesagt (behauptet *usw.*); *como* ~ *diz* wie man zu sagen pflegt; *não há* ~ *conj.* niemand *ind.*; 3. *in umschreibender Hervorhebung*: *mst unübersetzt!, z.B. fui eu* ~ *o disse* ICH hab's gesagt; **c**) *Redensarten*: *por* ~ *é! bittend*: ich beschwöre Sie!; um Himmels willen!; *höflich abwehrend*: aber ich bitte Sie!; *falar como* ~ *é* sprechen wie e-m ums Herz ist.

quent|ão *bras.* [kẽn'tɐ̃u] *m* Ingwerschnaps *m*; **~e** ['kẽntə] warm; heiß; scharf (*Gewürz*); feurig, lebhaft; **~ura** [~urɐ] *f* Wärme *f*; Hitze *f*.

quépi ['kɛpi] *m* Käppi *n*.

queque ['kɛkə] *m* Königskuchen *m*.

quer [kɛr] **1.** *3. P. sg. prs. v. querer*; **2.** *Redensarten*: ~ ... ~ (gleichviel) ob ... oder; sowohl ... wie; sei es (daß) ... oder (daß); *como* ~ *que conj.* wie immer *ind.*, wie ... auch *ind.*; *como* ~ *que seja* wie dem auch sn mag; *o que (quem)* ~ *que* was (wer) immer, was (wer) ... auch; *o que (quem)* ~ *que é (foi, fora usw. od. conj. seja, fosse) oft*: irgend etwas (jemand); *onde* ~ *que* wo immer, wo ... auch; überall wo.

querela [kə'rɛlɐ] *f* ⚖ schwere Strafsache *f*; Anklage *f*; *fig.* Streitigkeit *f*; Klage *f*; *dar* ~ *contra* = *querelar*.

querel|ado [kərə'laðu] *m* Beklagte(r) *m*; **~ante** [~ɐ̃ntə] *su.* Kläger (-in *f*) *m*; **~ar** [~ar] (1c) ⚖ klagen; ~ *contra* Anklage erheben gegen; **~ar-se** *de* klagen (*od.* sich beklagen) über (*ac.*).

querena ⚓ [kə'renɐ] *f* Kiel *m*; Tiefgang *m*; *virar de* ~ kielholen.

quer|ença [~'rẽsɐ] *f* Zuneigung *f*; Standort *m des Wildes, Wild-*Wechsel *m*; **~ência** *bras.* [~ẽsjɐ] *f* Lieblingsplatz *m*; Stall-, Nest-trieb *m*; *fig. a.* Heimstätte *f*, Heimat *f*; **~er** [~er] (2t) wollen; verlangen; brauchen; ~ (*a*) liebh., gernh.; mögen; ~ *que* sollen, *z.B. que quer V. que eu faça?* was soll ich tun?; ~ *bem (mal)* wohl- (übel-)wollen; j-n lieben (hassen); ~ *dizer* heißen, bedeuten; *quero dizer* ich meine; *queira inf.* wollen Sie, bitte *inf.*; bitte *imp.*; *Deus queira!* gebe Gott!; *Deus quis* es hat Gott gefallen; *eu queria* ich möchte (*jetzt*); ich wollte (*damals*); *(não) quer(em) ver?* stellen Sie sich doch vor!; sehen Sie nur!; *sem* ~ unversehens; unwillkürlich; unabsichtlich; **~ido** [~iðu] **1.** *adj.* lieb; **2.** *m*, **-a** *f* Geliebte(r *m*) *m*, *f*; F Schatz *m*.

quermesse [kɛr'mɛsə] *m* Kirmes *f*.

querosene *bras.* [kero'zɛnə] *m* (Leucht-)Petroleum *n*.

quesito [kə'zitu] *m* (Streit-)Frage *f*.

quest|ão [kɨʃ'tɐ̃u] *f* Frage *f*; Problem *n*; Zwist(igkeit *f*) *m*; *Rechts- usw.* Sache *f*; *em* ~ fraglich; *fazer* ~ *de* Wert legen auf (*ac.*); bestehen auf (*ac.*); wichtig nehmen (*ac.*); sich aufregen über (*ac.*); *entrar em* ~ in Frage (*od.* Betracht) kommen;

estar (pôr) em ~ zur Debatte stehen (stellen); *ser* ~ *de* sich handeln um, e-e Sache sn von; *pôr uma* ~ e-e Frage stellen; ein Problem aufwerfen; *pôr fora de* ~ ausschließen; **~ionar** [~tju'nar] (1f) (be)fragen; erörtern; in Frage stellen; bestreiten; *v/i.* streiten; **~ionário** [~tju'narju] *m* Fragebogen *m*; Fragebuch *n*; **~ionável** [~tju'navɛł] fraglich; **~iúncula** [~'tjũŋkulɐ] *f* unerhebliche Frage *f*; kleinliche Streitigkeit *f*; Streit *m* um des Kaisers Bart; **~or** [~'tor] *m* Quästor *m*.
quez|ília [kə'ziljɐ] *f* = *quizília*; **~ilento** [~zi'lẽntu] zänkisch.
quibebe *bras.* [ki'bebə, -'bɛbə] *m* Kürbismus *n*.
quiçá [ki'sɐ] vielleicht, etwa.
quiçaça *bras.* [~'sasɐ] *f* Ödland *n*.
quicé, -cê *bras.* [ki'sɛ, -'se] *m* Messer *n*, F Plempe *f*.
quício ['kisju] *m* Tür-Angel *f*.
quiet|ação [kjɛtɐ'sɐ̃u] *f* Beruhigung *f*; Ruhe *f*; **~ar** [~'tar] (1a) beruhigen; **~ismo** [~'tiʒmu] *m rel.* Quietismus *m*; *fig.* (Seelen-)Frieden *m*; **~o** ['kjɛtu] ruhig; still; friedlich; friedfertig; **~ude** [~'tuðə] *f* (Seelen-)Ruhe *f*; Stille *f*; Frieden *m*.
quilat|ação [kilɐtɐ'sɐ̃u] *f* Bestimmung *f* des Feingehaltes; Prüfung *f*; **~ar** [~'tar] (1b) den Feingehalt (*od.* das Karatgewicht) *gen.* bestimmen; prüfen (*ac.*); = *aquilatar*; **~e** [~'latə] *m* Karat *n*; Feingehalt *m*; *fig.* Wert *m*; Rang *m*; Vollendung *f*.
quilha ⚓ ['kiʎɐ] *f* Kiel *m*.
quiliare [ki'ljarə] *m* 1000 Ar *pl.*
quilo ['kilu] *m* **a**) Kilo *n*; **b**) Milchsaft *m*, Chylus *m*.
quilo|grama [kilu'ɣrɐmɐ] *m* Kilogramm *n*; **~grâmetro** *fis.* [~'ɣrɐmətru] *m* Meterkilogramm *n*; **~metragem** [~mə'traʒɐ̃i] *f* Kilometerzahl *f*; **~metrar** [~mə'trar] (1c) kilometrieren; **~métrico** [~'mɛtriku] Kilometer...; in Kilometer(n).
quilómetro [~'lɔmətru] *m* Kilometer *m*.
quilovátio [~lu'vatju] *m* Kilowatt *n*.
quimb|anda, -de *bras.* [kĩm'bɐ̃ndɐ, -ə] *m* Medizinmann *m*; **~embe** *bras.* [~ẽmbə] *m* (armselige) Hütte *f*; **~embé** *bras.* [~bẽm'bɛ] *m* Maiswasser *n* (*Getränk*); **~embeques** *bras.* [~bẽm'bɛkɨs] *m/pl.* Anhänger *m/pl.*
quim|era [ki'mɛrɐ] *f* Schimäre *f*, Hirngespinst *n*; **~érico** [~ɛriku] phantastisch.
químic|a ['kimikɐ] *f* Chemie *f*; **~o** [~u] **1.** *adj.* chemisch; **2.** *m* Chemiker *m*.
quimo ['kimu] *m* Speisebrei *m*, Chymus *m*.
quin|a ['kinɐ] *f* **a**) Schild *m im port. Wappen*; *Spiel*: Fünf(erpasch *m*) *f*; **b**) Ecke *f*; **c**) ⚘ *u. farm.* Chinarinde *f*; **~ado** [ki'naðu] **a**) fünfgeteilt; ⚘ fünfständig; **b**) Chinin...
quinau [ki'nau] *m* Verbesserung *f*; Strafe *f*; Lehre *f*; rote(r) Strich *m in Schülerarbeiten*; *dar um* ~ e-s Besseren belehren, verbessern.
quincha *bras.* ['kĩʃɐ] *f* Stroh-dach *n*, -decke *f*.
quindim [kĩn'dĩ] *m* Getue *n*; Putz *m*; *fig.* Haken *m*; *bras. cul.* Kokosstern *m*.
quingentésimo [kwĩʒẽn'tɛzimu] [fünfhundertst.]
quinhão [ki'ɲɐ̃u] *m* Anteil *m*.
quinhent|ista [~ɲẽn'tiʃtɐ] *adj.* (*od. m*) (*pintor, poeta*) ~ (Dichter, Maler) des 16. Jahrhunderts; **~os** [~'ɲẽntuʃ] fünfhundert.
quinhoeiro [~'ɲweiru] *m* Beteiligte(-r) *m*; Teilhaber *m*.
quinina [ki'ninɐ] *f* Chinin *n*.
quinquag|enário [kwĩŋkwɐʒə'narju] **1.** *adj.* fünfzigjährig; **2.** *m*, **-a** *f* Fünfziger(in *f*) *m*; **~ésimo** [~'ʒɛzimu] fünfzigst.
quinqu|enal [~kwɛ'nał] fünfjährig; **~énio** [~'kwɛnju] *m* Jahrfünft *n*.
quinquilh|arias [kĩŋkiʎɐ'riɐʃ] *f/pl.* Kurzwaren *f/pl.*; Spielzeug *n*; Trödel *m*; Tand *m*; **~eiro** [~'ʎeiru] *m* Kurzwarenhändler *m*; Trödler *m*.
quinta ['kĩntɐ] *f* (Land-)Gut *n*, Landbesitz *m*; ♪ Quint(e) *f*; *estar nas suas sete* ~*s* sich wohl fühlen; **~-essência(s)** [~i'sẽsjɐ] *f(pl.)* Inbegriff *m*; **~-feira** [~'feirɐ] *f* Donnerstag *m* (*na* am); *às* ~*s* donnerstags.
quint|al [kĩn'tał] *m* **a**) Garten *m*; **b**) Quintal *m* (= *4 Arroben od. 60 kg*); ~ *métrico* Doppelzentner *m*; **~anista** [~tɐ'niʃtɐ] *su.* Student(in *f*) *m od.* Schüler(in *f*) *m* des 5. Jahres; **~ar** [~ar] (1a) durch fünf teilen; den fünften Teil (*od.* von fünf einen) wegnehmen; **~arola** [~tɐ'rɔlɐ] *f* Gütchen *n*; **~eiro** [~eiru] *m* Gutsverwalter *m*; **~eto** [~etu] *m* ♪ Quintett *n*.

quint|o [ˈkĩntu] **1.** *adj.* fünft; **2.** *m der* Fünfte; *ein* Fünftel *n*; **~uplicar** [kĩntupliˈkar] (1n) verfünffachen.
quíntuplo [ˈkĩntuplu] fünffach.
quinze [ˈkĩzə] fünfzehn; *~ dias* vierzehn Tage.
quinz|ena [kĩˈzenɐ] *f* vierzehn Tage *m/pl.*; Zweiwochenlohn *m*; *uma ~ de* etwa fünfzehn; eine Mandel; **~enal** [~zəˈnał] vierzehntägig; Zweiwochen...; **~enário** [~zəˈnarju] *m* Halbmonatsschrift *f*.
quiosque [ˈkjɔʃkə] *m* Kiosk *m*.
quirom|ancia [kirumɐ̃ˈsiɐ] *f* Handlesen *n*; **~ante** [~ˈmɐ̃ntə] *su.* Handleser(in *f*) *m*.
quis [kiʃ] *s. querer.*
quisto ⚕ [ˈkiʃtu] *m = cisto.*
quit|ação *f*, **~amento** *m*, **~ança** *f* [kitɐˈsɐ̃u, ~ɐˈmẽntu, ~ˈtɐ̃sɐ] Befreiung *f*; Erlassung *f*; Empfangsbestätigung *f*; **~anda** [~ˈtɐ̃ndɐ] *f* Verkaufsstand *m*; Laden *m*; *bras.* Bauchladen *m*; P Kram *m*; **~andeiro** [~ɐ̃nˈdeiru] *m* fliegende(r) Händler *m*; Hausierer *m*; **~anga** P [~ˈtɐ̃ŋgɐ] *f* Kram *m*; **~ar** [~ˈtar] (1a) vermeiden; (ver)hindern; wegnehmen; aufgeben, sich lösen von; *~ alg. de a/c.* j-n von et. befreien; j-m et. erlassen; *v/i.* nicht brauchen; **~e** [ˈkitə] quitt; nichts mehr schuldig; los und ledig; frei; *dar ~ de a/c. j-m* et. erlassen; *estamos ~s fig.* wir sind geschiedene Leute.
quitute *bras.* [kiˈtutə] *m* Leckerbissen *m*.
quixot|ada [kiʃuˈtaðɐ] *f* Donquichotterie *f*; F tolle(s) Stück *n*; Verstiegenheit *f*; **~esco** [~eʃku] verstiegen, toll; **~ice** [~isə] *f = ~ada.*
quizília *bras.* [kiˈziljɐ] *f* Widerwille(n) *m*; Ärger *m*; Streit *m*; *~s pl.* Gezänk *n*; *ter ~ a alg.* j-n nicht mögen; j-m böse sn; *ter ~s com* verzankt sn mit; *fazer ~ a* ärgern (*ac.*).
quociente ⚗ [kwɔˈsjẽntə] *m* Quotient *m*.
quórum [ˈkwɔrũ] *m* Quorum *n*, Beschlußfähigkeit *f*.
quota [ˈkwɔtɐ] *f* Quote *f*; Anteil *m*; Rate *f*; *s. a. cota*; *sociedade f por ~s* offene Handelsgesellschaft *f*; **~-parte** [~ˈpartə] *f* Anteil *m*; Einlage *f*.
quotidiano [kwutiˈðjɐnu] (all)täglich; Tages...; *o ~* der Alltag.
quotiliquê [~liˈke] *m* Lappalie *f*; *de ~* läppisch.
quotiz|ação [kwɔtizɐˈsɐ̃u] *f Börsen*-Notierung *f*; *= cotização*; **~ar** [~ˈzar] (1a) *Kurs* notieren; *= cotizar.*

R

R, r [ˈɛʀə] *m* R, r *n*.
rã [ʀɐ̃] *f* Frosch *m*.
raba|da [ʀɐˈβaδɐ] *f* Zopf *m*, Haarbeutel *m*; = **~dela, ~dilha** [~βɐˈδɛlɐ, ~βɐˈδiʎɐ] *f anat.* Steißbein *n*; Sterz *m* (*Vogel*); Schwanz(stück *n*) *m*; **~do** [~ˈβaδu] geschwänzt; **~nada** [~βɐˈnaδɐ] *f* **a**) Schlag *m* mit dem Schwanz; *met.* Bö *f*; **b**) *cul.* arme Ritter *m/pl.*; **~nete** [~βɐˈnetə] *m* Radieschen *n*.
ráb|ano, ~ão(s) [ˈʀaβɐnu, ~βɐ̃u] *m*(*pl.*) Rettich *m*.
rabear [ʀɐˈßjar] (1l) (schweif-) wedeln; schwänzeln (*Hund*); *fig.* zappeln; *v/t. Pflug* führen.
rabec|a [~ˈβɛkɐ] *f* Fiedel *f*; *tocar ~* fiedeln; **~ão** [~βəˈkɐ̃u] *m*: *~ (grande)* Baßgeige *f*; *~ pequeno* Kniegeige *f*.
rab|ejar [~βiˈʒar] (1d) *Stier* beim Schwanz packen; *v/i.* das Kleid schleppen l.; **~elo** [~ˈßelu] *m* (Pflug)Sterz *m*; (*barco*) *~* Douroschiff *n*.
rabequista [~βəˈkiʃtɐ] *m* Fiedler *m*.
rábia [ˈʀaβjɐ] *f* = *raiva*.
rabiar F [ʀɐˈβjar] (1g) wüten, toben.
rabi|ça [ʀɐˈβisɐ] *f* (Pflug-)Sterz *m*; **~cho** [~ʃu] *m* Zopf *m*, Haarbeutel *m*; Schweifriemen *m*.
rabicó *bras.* [ʀaβiˈkɔ] schwanzlos; stummelschwänzig.
rábi|co [ˈʀaβiku] Tollwut...; **~do** [~δu] wütend, rasend.
rabino [ʀɐˈβinu] **1.** *m* Rabbiner *m*; **2.** *adj.* unruhig, ungezogen (*Kind*).
rabisc|a [~ˈβiʃkɐ] *f* Kringel *m*; *~s* Gekritzel *n*; **~ar** [~βiʃˈkar] (1n) (be)kritzeln; **~o** [~u] = *~a*.
rabo [ˈʀaβu] *m* Schwanz *m*; *Vogel-, Pflug-*Sterz *m*; Griff *m*; V Hintern *m*; *com o ~ dos olhos* verstohlen.
rabona F [ʀɐˈβonɐ] *f* (kurze) Joppe *f*.
rabote ⊕ [~ˈβɔtə] *m* Rauhbank *f*.
rabudo [~ˈβuδu] langschwänzig; geschwänzt; *iron.* mit langer Schleppe.
rabuge, -em [~ˈβuʒə, -ɐ̃i] *f vet.* Räude *f*; *fig.* Kratzbürstigkeit *f*; *bras.* knorrige(s) Holz *n*.
rabu|gento [~βuˈʒẽntu] räudig; *fig.* kratzbürstig; mürrisch; ungezogen; **~gice** [~ˈʒisə] *f* Kratzbürstigkeit *f*; **~jar** [~ˈʒar] (1a) nörgeln, zanken; quengeln; ungezogen sn.
rábula [ˈʀaβulɐ] *m* Rechtsverdreher *m*; Zungendrescher *m*.
rabulice [ʀɐβuˈlisə] *f* Rechtsverdrehung *f*; Zungendrescherei *f*.
raça [ˈʀasɐ] *f* Geschlecht *n*; Rasse *f*; Volk *n*; Stamm *m*; Art *f*; *de má ~* bösartig, böse; schlecht.
ração [ʀɐˈsɐ̃u] *f* Ration *f*, *im Gasthaus* Portion *f*.
rach|a, ~adela [ˈʀaʃɐ, ʀɐʃɐˈδɛlɐ] *f* Riß *m*; Splitter *m*; **~ar** [ʀɐˈʃar] (1b) spalten; *Holz* hacken; sprengen; aufreißen; teilen; *v/i.* bersten; *de ~* zum Umkommen (*Hitze*), Hunde (*-kälte*); schneidend (*Wind*).
racial [ʀɐˈsjał] Rassen...
racimo [ʀɐˈsimu] *m* Traube *f*.
racio|cinar [ʀɐsjusiˈnar] (1a) (nach-) denken; überlegen; folgern; ⚘ den Ansatz m.; **~cínio** [~ˈsinju] *m* Denkfähigkeit *f*; Überlegung *f*; Folgerung *f*; ⚘ Ansatz *m*; **~nal** [~ˈnał] **1.** *adj.* vernünftig; vernunftgemäß; rational; wissenschaftlich; zweckmäßig; rationell; **2.** *m* Vernunftwesen *n*; **~nalidade** [~nɐliˈδaδə] *f* Vernünftigkeit *f*; Zweckmäßigkeit *f*; Wissenschaftlichkeit *f*; **~nalismo** [~nɐˈliʒmu] *m* Vernunftsgläubigkeit *f*; Rationalismus *m*; **~nalista** [~nɐˈliʃtɐ] **1.** *adj.* verstandesmäßig; **2.** *su.* Verstandesmensch *m*; Rationalist(in *f*) *m*; **~nalizar** [~nɐliˈzar] (1a) rationalisieren; durchdenken; klug verbinden; zum Nachdenken bringen; **~namento** [~nɐˈmẽntu] *m* Rationierung *f*; **~nar** [~ˈnar] (1f) rationieren.
raci|smo [~ˈsiʒmu] *m* Rassentheorie *f*; Rassismus *m*; **~sta** [~ʃtɐ] **1.** *adj.* Rassen...; rassistisch; **2.** *su.* Rassenfanatiker(in *f*) *m*.
radi|ação [ʀɐδjɐˈsɐ̃u] *f* (Aus-) Strahlung *f*; **~activo** [~aˈtivu] radioaktiv; radiumhaltig; **~ado** [~ˈδjaδu] strahlig; Strahlen...; **~ador** [~ɐˈδor] *m* Heizkörper *m*;

Kühlschlange *f*; *auto.* Kühler *m*; **~al** [~'ðjał] radial; **~ante** [~'ðjẽntə] strahlend; *fís.* Strahlungs...; **~ar** [~'ðjar] (1g) strahlen; *v/t.* aus-, umstrahlen; **~ativo** *bras.* = *~activo.*
radic|al [~ði'kał] **1.** *adj.* Wurzel...; Stamm...; grundlegend; gründlich, durchgreifend; radikal; **2.** *m gram.* Stamm *m*; ⚗ Radikal *n*; ⚗ Wurzelzeichen *n*; *pol.* Radikale(r) *m*; **~alismo** [~kɐ'liʒmu] *m* Radikalismus *m*; **~ar** [~ar] (1n) ein-, ver-wurzeln; *v/i.* wurzeln; Wurzel fassen (*od.* schlagen); sich festsetzen.
radícula [~'ðikulɐ] *f* Wurzelfaser *f.*
rádio ['Raðju] *m* **a)** *anat.* Speiche *f*; **b)** ⚗ Radium *n*; **c)** = *radiograma*; **d)** Radioapparat *m*, Rundfunkgerät *n*; **e)** (*a. f*) Rund-, Hör-funk *m*, Radio *n*; *programa m de ~* Sendefolge *f.*
radio|activo [Raðjua'tivu] = *radiactivo*; **~difundido** [~ðifũn'diðu] Rundfunk...; **~difundir** [~ðifũn'dir] (3a) (durch Rundfunk) übertragen; **~difusão** [~ðifu'zɐ̃u] *f* Rundfunk-übertragung *f*, -sendung *f*; **~fónico** [~'fɔniku] Rundfunk...; **~fotografia** [~futuɣrɐ'fiɐ] *f* Funkbild *n*; **~grafar** [~ɣrɐ'far] (1b) röntgen; **~grafia** [~ɣrɐ'fiɐ] *f* Röntgen-aufnahme *f*, -bild *n*; **~grama** [~'ɣrɐmɐ] *m* Funkspruch *m*; **~jornal** [~ʒur'nał] *m* Zeitfunk *m*; **~la** [Rɐ'ðjɔlɐ] *f* Musiktruhe *f*; **~lários** [Rɐðju'larjuʃ] *m/pl.* Strahlentierchen *n/pl.*; **~logia** [~lu'ʒiɐ] *f* Röntgenologie *f*; **~lógico** [~'lɔʒiku] Röntgen...; **~logista** [~lu'ʒiʃtɐ] *m* Röntgenspezialist *m*; **~patrulha** *bras.* [~pɐ'truʎɐ] *f* (*a. m*) Streifen-, Peterwagen *m*; **~scopia** [~ʃku'piɐ] *f* Röntgenuntersuchung *f*, Durchleuchtung *f*; **~scópico** [~ʃ'kɔpiku]: *exame m ~* = *~scopia*; **~so** [Rɐ'ðjozu (-ɔ-)] strahlend; **~teatro** [~'tjatru] *m bras.* Hörspiel *n*; **~telefonia** [~tələfu'niɐ] *f* Rundfunk *m*; Radio *n*; **~telegrafar** [~tələɣrɐ'far] (1b) funken; **~telegrafia** [~tələɣrɐ'fiɐ] *f* drahtlose Telegraphie *f*; **~telegrafista** [~tələɣrɐ'fiʃtɐ] *m* Funker *m*; **~terapia** [~tərɐ'piɐ] *f* Röntgentherapie *f*; Radiumtherapie *f.*
radiouvinte [Raðjo'vĩntə] *su.* Rundfunkhörer(in *f*) *m.*
radiovitrola [Raðjuvi'trɔlɐ] *f* Musiktruhe *f.*
raf|ado [Rɐ'faðu] fadenscheinig; schäbig; **~ar** [~ar] (1b) abnutzen; **~eiro** [~eiru] *m* Schäferhund *m.*
ragu *bras.* [Ra'gu] *m* Ragout *n.*
râguebi ['Rɐɣəβi] *m* Rugby *n.*
rai|a ['Rajɐ] *f* **a)** Linie *f*; Streifen *m*; Strich *m*; Grenze *f*; ⚔ Drall *m*; *passar das ~s* zu weit gehen; *tocar as ~s de* grenzen an (*ac.*); **b)** *zo.* Rochen *m*; **~ano** [Ra'jɐnu] angrenzend, Nachbar...; **~ar** [Rɐ'jar] (1i) *v/i.* **a)** strahlen; aufgehen (*Sonne*); anbrechen (*Tag*); **b)** *~ por* grenzen an (*ac.*); streifen (*ac.*); *~ pelos 20 anos* etwa 20 Jahre alt sn.
raineta [Rai'netɐ] *f* Renette *f* (*Apfelsorte*); Laubfrosch *m.*
rainha [Rɐ'iɲɐ] *f* Königin *f*; **~-cláudia** [~'klauðjɐ] *f* Reineclaude *f.*
rainúnculo ⚘ [Rai'nũŋkulu] *m* Ranunkel *f.*
raio ['Raju] *m* Strahl *m* (*a. fig.*); ⚗ Radius *m*; Umkreis *m*; *Rad*-Speiche *f*; ⚡ Blitz *m* (*a. fig.*); *fig. a.* Schimmer *m*; *~ de acção* Aktionsradius *m*; Reichweite *f*; *~ visual* Sehlinie *f*; *~s pl.* X Röntgenstrahlen *m/pl.*; (*maus*) *~s te partam* (*od. te comam*)! *etwa*: der Schlag soll dich rühren!; *~ de su.* verwünschte(r, s) *su.*; *que ~ se passa!* Was zum Teufel ist denn los?; *com mil ~s!* zum Kuckuck!
raiva ['Raivɐ] *f vet.* Tollwut *f*; *fig.* Wut *f*; *estar com* (*od. ter*) *~ a* wütend sn auf (*ac.*); hassen (*ac.*); *morder-se de ~* schäumen vor Wut.
raiv|ar [Rai'var] (1a) wüten, schäumen; **~oso** [~ozu (-ɔ-)] toll(wütig); *fig.* wütend; wild.
raiz [Rɐ'iʃ] *f* Wurzel *f* (*lançar* schlagen); Wurzelholz *n*; *cortar pela ~* bei der Wurzel fassen; ausrotten; *pôr as raízes ao sol a et.* ausreißen; *saber de ~* gründlich wissen.
rajada [Rɐ'ʒaðɐ] *f* Windstoß *m*; Bö *f*; *fig. Wut*-Anfall *m*; Schwung *m*; ⚔ Feuerstoß *m.*
ral|ação [Rɐlɐ'sɐ̃u] *f* Ärger *m*; Plage *f*; Plackerei *f*; **~ador** [~ɐ'ðor] *m* Reibeisen *n*, Reibe *f*; Raffel *f*; **~adura** [~ɐ'ðurɐ] *f* Reibsel *n*; = *~ação*; **~ar** [~'lar] (1b) (zer)reiben; *fig.* ärgern; plagen; nagen an (*dat.*); **~ar-se** sich scheren um (*com*).
ralé [Rɐ'lɛ] *f* Gelichter *n*, Gesindel *n*; Abschaum *m.*
ral|ear [Rɐ'ljar] (1l) lichten; **~eira** *f*, **-o** *m* [~'leirɐ, -u] *Saat*-Lücke *f*; *fig.* Mangel *m.*
ralh|ar [Rɐ'ʎar] (1b) zanken; *~ com*

alg. j-*n* schelten; mit j-m schimpfen; **~o** ['ʀaʎu] *m* Schelte *f*; Zank *m*.
ralo ['ʀalu] **1.** *m* a) *zo.* Maulwurfsgrille *f*; b) Reibe *f*; Sieb(boden *m*) *n*; Brausekopf *m*; *Metall*-Filter *n*; Guckloch *n*; c) Rasseln *n des Atems*; Röcheln *n*; **2.** *adj.* spärlich.
rama ['ʀɐmɐ] *f* Blattwerk *n*; *tip.* Schließrahmen *m*; *bras.* ⊕ = *râmola*; *em* ~ roh; Roh...; *pela* ~ oberflächlich, obenhin.
ram|ada [ʀɐ'maðɐ] *f* Laub(werk) *n*; Laube(ngang *m*) *f*; Laubdach *n*; **~ado** [~aðu] belaubt; blätterreich; **~agem** [~aʒɐ̃i] *f* Astwerk *n*; Gezweig *n*; Blumenmuster *n*; *de* ~ geblümt; **~al** [~aɫ] *m* Strang *m*; Schnur *f*; Troddel *f*; Abzweigung *f*; 🚂 Nebenstrecke *f*, Zweigbahn *f*; ⚔ *u.* ⚒ Nebenstollen *m*, Querschlag *m*; **~alhar** [~mɐ'ʎar] (1b) rauschen (*Zweige*); **~alhete** [~mɐ'ʎetə] *m* (Blumen-)Strauß *m*; **~alho** [~aʎu] *m* (abgehauener) Zweig (*od.* Ast) *m*; **~alhudo** [~mɐ'ʎuðu] dicht belaubt; ästig; dichtbewimpert (*Auge*); rauschend; *fig.* geblümt (*Tapete*); hochtrabend (*Rede*).
ramerrão [~mə'ʀɐ̃u] *m* eintönige(s) Geräusch *n*; *fig.* Eintönigkeit *f*; Schlendrian *m*; *das* ewig Gleiche.
ramific|ação [~məfikɐ'sɐ̃u] *f* Verzweigung *f*, Verästelung *f*; Abzweigung *f*; Zweig(organisation *f*) *m*; **~ar** [~'kar] (1n) abzweigen; (ab-, auf-)spalten; (auf)teilen; **~ar-se** sich verzweigen; sich verbreiten.
ramo ['ʀɐmu] *m* Zweig *m* (*a. fig.*); Ast *m*; *Blumen*-Strauß *m*; Abzweigung *f*; Verzweigung *f*; Abteilung *f*; *Wissens*-Gebiet *n*; *Berufs*-Fach *n*; ⚕ Branche *f*; *Stoff*-Bahn *f*; *Versteigerung*: Posten *m*, Satz *m*; *Krankheits*-Anfall *m*; *Fluß*-Arm *m*; *rel.* Palm(zweig) *m*; *não pôr pé em ~ verde* auf keinen grünen Zweig kommen; *ter ~ à porta* e-n Weinausschank h.; **~s** *pl.*, ⚠ *lavores m/pl. em* ~ Rankenwerk *n*; ~ *de arcos* Pfeilerbündel *n*; *rel. Domingo m de* ♀ Palmsonntag *m*; **~so** [ʀɐ'mozu] verästelt; belaubt; dicht.
rampa ['ʀɐ̃mpɐ] *f* Auffahrt *f*; Rampe *f*; schiefe Ebene *f*.
rançar [ʀɐ̃'sar] (1p) ranzig w.
ranch|aria *bras.* [ʀɐ̃ʃɐ'riɐ] *f* (Hütten-)Siedlung *f*; **~eiro** [~'ʃeiru] **1.** *m* (Militär-)Koch *m*; *bras.* Siedler *m*, Hüttner *m*; **~s** *pl.* Tischgemeinschaft *f*; **~o** ['ʀɐ̃ʃu] *m* Schar *f*; Gruppe *f*; Gesellschaft *f*; ⚓ Back *f*; ⚔ Mannschaftsessen *n*; *allg.* Gemeinschaftsessen *n*, Eintopf *m*; *bras.* Hütte *f*; *de* ~ gemeinschaftlich, zs.; geschart; *fazer* ~ sich zs.-tun; *fazer um* (*od. o*) ~ abkochen.
ranço ['ʀɐ̃su] *m* ranzige(r) Geruch *m*; *fig.* Abgedroschenheit *f*; *cheirar a* ~ ranzig riechen; *fig.* = *ter* ~ ranzig sn; *fig.* abgedroschen (*od.* altmodisch) sn; **~so** [ʀɐ̃'sozu] ranzig; *fig.* abgestanden; abgedroschen.
rancor [ʀɐ̃ŋ'kor] *m* Groll *m*; Gehässigkeit *f*; **~oso** [~ko'rozu (-ɔ-)] nachtragend; gehässig.
ranger [ʀɐ̃'ʒer] (2h) *mit den Zähnen* knirschen; knarren.
rangífer(o) [ʀɐ̃'ʒifɛr (-fəru)] *m* Ren *n*, Rentier *n*.
ranho V ['ʀɐɲu] *m* Rotz *m*; **~so** [ʀɐ'ɲozu (-ɔ-)] rotzig.
ranhura [ʀɐ'ɲurɐ] *f* Fuge *f*, Nut *f*.
ranúnculo ⚘ [ʀɐ'nũŋkulu] *m* Ranunkel *f*.
ranzinza *bras.* [ʀɐ̃'zĩzɐ] griesgrämig, brummig.
rapac|e [ʀɐ'pasə] räuberisch; **~idade** [~pɐsi'ðaðə] *f* Raubgier *f*.
rapad|eira [~pɐ'ðeirɐ] *f* Kratzer *m*; Schaber *m*; **~ela** [~ɛlɐ] *f*: *dar uma* ~ *a* = *rapar*; **~o** [~'paðu] glatt rasiert (*Gesicht*); (kahl) geschoren (*Kopf*); kahl; **~ura** [~urɐ] *f* Abgeschabte(s) *n*; Ausgekratzte(s) *n*; *bras.* Lompenzucker *m*; Kandiszucker *m*; Zuckerstange *f*.
rapagão [~pɐ'ɣɐ̃u] *m* kräftige(r) Junge *m*, stämmige(r) Bursche *m*.
rapapé [~pɐ'pɛ] *m* Kratzfuß *m*.
rapar [~'par] (1b) kratzen, schaben; scheren; (ab)rasieren; kurz schneiden; *Topf* auskratzen; *fig.* P abluchsen; *j-n* prellen um; rauben; dahinraffen (*Tod*).
rapariga [~pɐ'riɣɐ] *f* (junges) Mädchen *n*; *bras.* leichte(s) Mädchen *n*, Dirne *f*.
rapa-tachos (*pl. unv.*) [~'taʃuʃ] *su.* Nimmersatt *m*.
rapaz [ʀɐ'paʃ] *m* junge(r) Mann *m*; Bursche *m*; Junge *m*; *fig.* Geselle *m*; *bom* ~ guter Kerl *m*.
rapaz|elho [~pɐ'zeʎu] *m* Lauser *m*, Lausejunge *m*; **~iada** [~'zjaðɐ] *f die* jungen Leute; *die* Jugend; Laus-

bubenstreich *m*; Kinderei *f*; **~inho** [~iɲu] *m* Knäblein *n*; F Jüngelchen *n*; **~io** [~iu] *m die* männliche Jugend; **~ola** [~ɔlɐ] *m* Gelbschnabel *m*; **~ote** [~ɔtə] *m* Bürschlein *n*.

rapé [ʀɐ'pɛ] *m* Schnupftabak *m*; *tomar* ~ schnupfen.

rapidez [~pi'ðeʃ] *f* Schnelligkeit *f*; *com* ~ rasch, schnell.

rápido ['ʀapiðu] **1.** *adj.* rasch, schnell; reißend (*Strom*); flüchtig; **2.** *m* Stromschnelle *f*; 🚂 Schnellzug *m*; *num* ~ im Handumdrehen.

rapina [ʀɐ'pinɐ] *f* Raub(zug) *m*; Räuberei *f*; *ave f de* ~ Raubvogel *m*.

raponço [~'põsu] *m* Rapunzel *f*.

raposa [~'pozɐ] *f* Fuchs *m* (*Artname*; *a. fig.*); Füchsin *f*; *apanhar* (*pregar*) *uma* ~ F durchfallen (lassen).

raposǀeira [~pu'zeirɐ] *f* wohlige Wärme *f*; F Schlaf *m* des Gerechten; Rausch *m*; Fuchsbau *m*; **~eiro** [~eiru] gerissen, schlau; **~ino** [~inu] Fuchs...; **~o** [~'pozu] *m* Fuchs *m* (*männl. Tier*; *a. fig.*).

rapsǀódia [ʀɐp'sɔðjɐ] *f* Rhapsodie *f*; **~ódico** [~ɔðiku] lose, unzs.-hängend; **~odo** [~ɔðu] *m* Rhapsode *m*.

raptǀar [ʀɐp'tar] (1a) entführen; rauben; hinreißen; **~o** ['ʀaptu] *m* Entführung *f*; Raub *m*; Aufschwung *m*; Verzückung *f*; **~or** [~or] *m* Entführer *m*.

raqueta [ʀɐ'ketɐ] *f* Schläger *m*.

raquǀítico [~'kitiku] rachitisch; *fig.* schmächtig; verkümmert; kümmerlich; **~itismo** [~ki'tiʒmu] *m* englische Krankheit *f*.

rarear [ʀɐ'rjar] (1l) (sich) lichten; selten w. (*od.* sn).

rarefǀacção [~rəfa'sɐ̃u] *f* Verdünnung *f*; Lichterwerden *n*; **~azer** [~ɐ'zer] (2v) aus-, ver-dünnen; lichten; **~eito** [~'feitu] **1.** *p.p. v.* *~azer*; **2.** *adj.* dünn; licht.

raridade [~ri'ðaðə] *f* Seltenheit *f*; Sehenswürdigkeit *f*.

raro ['ʀaru] **1.** *adj.* selten; wenig; dünn; licht; *-as vezes* = **2.** *adv.* selten.

rasa ['ʀazɐ] *f* Scheffel *m* (*heute mst* = *20 l*); Mindestpreis *m*; vorgeschriebene Zeilenzahl *f*; *pôr à* (*od. pela*) ~ in Verruf bringen.

rasǀante [ʀɐ'zɐ̃ntə] ⚔ rasant; **~ão** [~ɐ̃u] *m prov.* = *rasa*; **~ar** [~ar] (1b) abstreichen; (bis an den Rand) füllen; streifen; = *arrasar*.

rasca ['ʀaʃkɐ] *f* Schleppnetz *n*; Fischerboot *n*; *estar* (*od. ver-se*) *à* ~ P in der Tinte sitzen; nicht zurechtkommen (mit *com*).

rascǀadeira *bras.* [ʀaska'deirɐ] *f* Striegel *m*; *limpar com* ~ striegeln; **~ador** [ʀɐʃkɐ'ðor] *m* Schabeisen *n*, Schaber *m*; **~adura** [~ɐ'ðurɐ] *f* Schramme *f*; **~ante** [~'kɐ̃ntə] scharf; herb (*Wein*); **~ar** [~'kar] (1n; *Stv.* 1b) (ab)kratzen, (-)schaben; schrammen.

rascunhǀar [~ku'ɲar] (1a) skizzieren; entwerfen; **~o** [~'kuɲu] *m* Entwurf *m*; Skizze *f*; Konzept *n*.

rasgǀadela [ʀɐʒɣɐ'ðɛlɐ] *f* = *~adura*; **~ado** [~'ɣaðu] breit; weit; mandelförmig (*Auge*); offen, freimütig; großzügig; gewagt; gestreckt (*Galopp usw.*); **~adura** *f*, **~ão** *m* [~ɐ'ðurɐ, ~'ɣɐ̃u] Riß *m*; Schlitz *m*; Spalt *m*; Öffnung *f*; **~ar** [~'ɣar] (1o; *Stv.* 1b) zerreißen (*a. fig.*); aufreißen; (auf-) schlitzen; *Tür, Bahn* brechen; *Weg* bahnen; *Wellen* durchschneiden; *Widerstand* durchbrechen; (ab-) trennen; gewaltsam entfernen; heraus-, weg-reißen; *Brett* nuten; *v/i. u.* **~ar-se** zerreißen; sich spalten; sich lüften (*Geheimnis*); anbrechen (*Tag*); **~o** ['ʀaʒɣu] *m Feder-*, *Pinsel-*Strich *m*; *Charakter-*Zug *m*; *Helden-*Tat *f*; Schwung *m*; geistreiche(r) Einfall *m*; geniale(r) Griff *m*; *Geistes-*Blitz *m*; = *~adura*; ~ *de valor* kühne Tat *f*; *de um* ~ mit e-m Federstrich; mit e-m Male; ein für allemal.

raso ['ʀazu] flach; platt; glatt (*a. fig.*); leer; kahl; gestrichen voll (*Maß*); kurzgeschoren (*Haar*); gestreckt (*Winkel*); gemein (*Soldat*); *campo m* ~ freies Feld *n*; ~ *de* voll (von), voller; *vai tudo* ~ da bleibt kein Auge trocken.

rasoira, -oura [ʀɐ'zoirɐ, -orɐ] *f* Abstreichholz *n*; Schaber *m*; Polierstahl *m*; *fig.* Gleichmacher(in *f*) *m*.

raspǀadeira [ʀɐʃpɐ'ðeirɐ] *f* Radiermesser *n*; Hautschieber *m*; Schaber *m*; Kratze *f*; **~adela** [~ɐ'ðɛlɐ] *f* = *~agem*; **~adura** [~ɐ'ðurɐ] *f* Schabsel *n*; Raspelspäne *m/pl.*; Ausgekratzte(s) *n*; = **~agem** [~'paʒɐ̃i] *f* Abkratzen *n*; Raspeln *n*; Radieren *n*; Rasur *f*; ⚕ Auskratzung *f*; **~ão** [~'pɐ̃u] *m* Schramme *f*; *de* ~ schräg (*adj.*); *passar de* ~ streifen; *de* ~ barsch; **~ar** [~'par] (1b) schaben; ab-, aus-kratzen; (aus)radieren; schrammen; *fig.* austilgen; **~ar-se** P ausreißen; **~as** ['ʀaʃpɐʃ] *f/pl.* Späne *m/pl.*

rast|ear [ʀɐʃ'tjar] (1l) = *~ejar*; **~eiro** [~'teiru] kriechend, Kriech...; schleppend; *fig.* armselig; kriecherisch; *cão m* ~ Spürhund *m*; **~ejar** [~tɨ'ʒar] (1d) nachspüren (*dat.*); auf-, aus-spüren; *v/i.* (am Boden hin)kriechen; sich hinschleppen; **~ejo** [~'teʒu] *m* Kriechen *n.*

rastel|ar [~tə'lar] (1c) hecheln; **~o** [~'telu] *m* Hechel *f*; ⚒ Egge *f.*

rastilho [~'tiʎu] *m* Zündschnur *f.*

rasto ['ʀaʃtu] *m* Spur *f*; *andar de ~s* (dahin)kriechen; sich hinschleppen; sich mühsam fortschleppen; *ficar de ~s* herunterkommen; *levar* (*od. trazer*) *de ~s* (an-, fort-, nach-) schleppen; *seguir o ~ de alg.* in j-s Fußstapfen treten; = *ir no ~ a alg.* j-m (nach)folgen; j-m nachspüren.

rastr|ear [ʀɐʃ'trjar] (1l) überschlagen; *bras.* harken, rechen; = *rastejar*; **~ilho** [~'triʎu] *m bras.* Rechen *m*; **~o** ['ʀaʃtru] *m* = *rasto.*

rasur|a [ʀɐ'zurɐ] *f* Rasur *f*, radierte Stelle *f*; Schabsel *n*; **~ar** [~zu'rar] (1a) schaben; radieren.

rat|a ['ʀatɐ] *f* Maus *f* (*weibl. Tier*); *bras. fig.* Blamage *f*; *cometer* (*od. dar*) *uma* ~ sich blamieren; **~ão** [ʀɐ'tɐ̃u] **1.** *m* Ratte *f* (*männl. Tier*); *fig.* Spaßvogel *m*; **2.** *adj.* spaßig.

ratazana [ʀɐtɐ'zɐnɐ] *f* Ratte *f*; *fig.* F ulkige(s) Huhn *n.*

rat|ear [~'tjar] (1l) nach Verhältnis verteilen; umlegen; **~eio** [~'teju] *m* Verteilung *f*; *fazer um* ~ = *~ear.*

rateiro [~'teiru] mäusefangend.

ratific|ação [~təfikɐ'sɐ̃u] *f* Bestätigung *f*; Ratifikation *f*; **~ar** [~'kar] (1n) bestätigen; *pol.* ratifizieren.

ratinh|ar [~ti'ɲar] (1a) feilschen um; *v/i.* knausern; **~eiro** [~eiru] knauserig; Mäuse...; **~o** [~'tiɲu] **1.** *m* Mäuschen *n*; Milchzahn *m*; **2.** *adj.*: *boi m* ~ Mausochse *m* (*kleine port. Ochsenrasse*).

rato ['ʀatu] **1.** *m* Maus *f*; *Auto-, Hotel-*Dieb *m*; ~ *de água* Wasserratte *f*; ~ *de biblioteca* Bücherwurm *m*; *fome f de* ~ Mordshunger *m*; **2.** *adj.* mausgrau; *fig.* ulkig; **~eira** [ʀɐ'tweirɐ] *f* Mausefalle *f*; *fig.* Falle *f*; **~na** [ʀɐ'tonɐ] *f* ulkige(s) Huhn *n*; ulkige Sache *f.*

raton|ear [ʀɐtu'njar] (1l) mausen; **~eiro** [~'neiru] *m* Spitzbube *m*; **~ice** [~'nisə] *f* Dieberei *f.*

raunde *angl. bras.* ['ʀaundə] *m Box-*Runde *f.*

ravina [ʀɐ'vinɐ] *f* Gießbach *m*; Schlucht *f.*

razão [ʀɐ'zɐ̃u] **1.** *f* Vernunft *f*; Verstand *m*; *Beweg-*Grund *m*; Rücksicht *f*; Recht *n*; Erklärung *f*; Rechenschaft *f*; Auskunft *f*; ⩓ Verhältnis *n*; ~ *de Estado* Staatsräson *f*; ~ *pública* öffentliche Meinung *f*; ~ *social* Geschäftsname(n) *m*; ~ *de ser* Daseinsberechtigung *f*; *razões pl. de família* Familienrücksichten *f/pl.*; *à* ~ *de* zum Zinssatz von; zu (je); mit e-r Geschwindigkeit von; *com* ~ mit Recht; ganz richtig; *em* ~ *de* wegen (*gen.*); in Anbetracht (*gen.*); *chamar à* ~ zur Vernunft bringen; zurechtweisen; *dar* ~ *a alg.* j-m recht geben; *estar fora da* ~ unrecht h.; *estar na* ~ *directa* (*inversa*) *de* im direkten (umgekehrten) Verhältnis stehen zu; *meter na* ~, *trazer à* ~ zur Vernunft bringen; (*não*) *ter* ~ (un)recht h.; *travar-se de razões* sich streiten; **2.** *m* ✝ (*livro de*) ~ Hauptbuch *n.*

razia [~'ziɐ] *f* Raubüberfall m.

razoável [~'zwavɛɫ] vernünftig; mäßig (*Preis*); ziemlich (groß *od.* gut).

re... *in Zssgn* wieder; noch einmal; zurück...; *oft zur verstärkenden Wiederholung, z.B. contou e recontou* er (er)zählte wieder und wieder; *gasto e regasto* ganz und gar verbraucht; *falso e refalso* durch und durch falsch.

ré [ʀɛ] **1.** *f* a) ⚖ Angeklagte *f*; b) ⚓ Heck *n*; Hinterschiff *n*; *pôr de* ~ beiseite setzen; **2.** *m* ♪ D *n.*

reabastec|er [ʀiɐβɐʃtə'ser] (2g; *Stv.* 2c) versorgen; **~imento** [~si'mẽntu] *m* Nachschub *m*; Versorgung *f.*

reabilit|ação [~βəlitɐ'sɐ̃u] *f* Ehrenrettung *f*; Rehabilitation *f*; **~ar** [~'tar] (1a) *j-s* Ehre (*od.* Kredit) wiederherstellen; rehabilitieren.

reac|ção [ʀja'sɐ̃u] *f* Gegen-, Rückwirkung *f*; Reaktion *f*; *Radio*: Rückkopplung *f*; *aparelho m* (*avião m*) *de* ~ Düsen-maschine *f* (-flugzeug *n*); **~cional** [~sju'naɫ] Reaktions...; **~cionário** [~sju'narju] reaktionär.

react|ância [~'tɐ̃sjɐ] *f* ⚡ Drosselung *f*; **~ivar** [~ti'var] (1a) wieder in Gang bringen; wieder aufleben l.; reaktivieren; **~ivo** [~'tivu] rückwirkend; Reaktions...; **~or** [~'tor] *m* Reaktor *m*.

reafirmar [ʀiɐfir'mar] (1a) von neuem (*od.* nochmals) versichern.

reag|ente [~'ʒẽntə] *m* Reagens *n*; **~ir** [~ir] (3n) reagieren (auf [*ac.*] *a, contra*); sich widersetzen, sich zur Wehr setzen.

reajust|amento [~ʒuʃtɐ'mẽntu] *m* = ~e; **~ar** [~'tar] (1a) angleichen; **~e** [~'ʒuʃtə] *m* Angleichung *f*.

real [ʀjaɫ] **a**) wirklich; tatsächlich; real; ⚖ Sach(en)...; *encargos m/pl. reais* Realsteuern *f/pl.*; *valor m real* Sachwert *m*; **b**) 1. *adj.* königlich, Königs...; 2. *m* Real *m* (*ehm. port. u. bras. Münzeinheit, pl. réis*).

real|çar [ʀjaɫ'sar] (1p) hervorheben; rühmen; betonen; erhöhen; verschönern, beleben; **~çar-se** sich abheben, hervor-treten, -stechen; **~ce** ['ʀjaɫsə] *m* Hervorhebung *f*; Betonung *f*; Glanz *m*; Ansehen *n*; Bedeutung *f*; *partícula f de* ~ Flick-, Füll-wort *n*; *dar* ~ *a* hervortreten l.; erhöhten Glanz (*od.* besondere Bedeutung) verleihen; = *~çar*.

realej|ar [ʀjɐlɨ'ʒar] (1d) (herunter-) leiern; **~o** [~'leʒu] *m* Leierkasten *m*, Drehorgel *f*; Mundharmonika *f*.

realengo [ʀjɐ'lẽngu] königlich.

realeza [~'lezɐ] *f* königliche Würde *f*; Königtum *n*; Prunk *m*.

reali|dade [~li'ðaðə] *f* Wirklichkeit *f* (*na* in); **~smo** [~'liʒmu] *m* **a**) Wirklichkeitstreue *f*, Lebensnähe *f*; Realismus *m*; **b**) Königtum *n*; Königspartei *f*; **~sta** [~'liʃtɐ] **1.** *adj.* a) wirklichkeitsnah, realistisch; b) königstreu; **2.** *m* a) Realist *m*; b) Royalist *m*; **~zação** [~zɐ'sɐ̃u] *f* Verwirklichung *f*; Erfüllung *f*; Aus-, Durch-führung *f*; ✝ Verkauf *m*; Einzahlung *f*; *kultur.* Veranstaltung *f*; *Film-*, *Mode-*Schöpfung *f*; Inszenierung *f*; Drehbuch *n*; *espírito m de* ~ Unternehmungsgeist *m*; **~zador** [~zɐ'ðor] *m* Ausführende(r) *m*; Veranstalter *m*; Schöpfer *m*; *Film-*Regisseur *m*; **~zar** [~'zar] (1a) verwirklichen; aus-, durch-führen; *Vertrag* schließen; *Wunsch* erfüllen; ✝ zu Geld m., verkaufen; *Kapitalien* flüssigmachen; *Aktie* einzahlen; *Konzert usw.* veranstalten; *Kleidermodell* schaffen; *tea.* inszenieren; *Film* drehen; **~zar-se** stattfinden (*Konzert, usw.*); **~zável** [~'zavɛɫ] aus-, durch-führbar; erfüllbar.

realmente [ʀjaɫ'mẽntə] wirklich; tatsächlich, in der Tat.

reanimar [ʀiɐni'mar] (1a) wieder beleben; aufrütteln; **~-se** wieder Mut fassen.

reapetrechamento [~pətrɨʃɐ'mẽntu] *m* Neuausstattung *f*, Modernisierung *f*.

rearmamento [ʀjɐrmɐ'mẽntu] *m* Wiederbewaffnung *f*; Aufrüstung *f*.

reatar [ʀiɐ'tar] (1b) wieder anknüpfen; neu binden; *Bruchstelle* absteifen; fortfahren in (*dat.*).

reaver [~'ver] (2z—D4) wiederbekommen.

reavivar [~vi'var] (1a) auffrischen; beleben; **~-se** aufleben.

rebaixa [ʀə'βaiʃɐ] *f Preis-*Rückgang *m*; *Preis-*Nachlaß *m*.

rebaix|amento [ʀəβaiʃɐ'mẽntu] *m* Senkung *f*; Vertiefung *f*; *fig. Preis-*Herabsetzung *f*; Herabwürdigung *f*; Würdelosigkeit *f*; Nichtswürdigkeit *f*; **~ar** [~'ʃar] (1a) senken; niedriger m. (*od.* hängen, setzen, stellen); vertiefen; abhobeln; *Preis, Wert* herabsetzen; entwürdigen; herunterm.; **~ar-se** sich herabwürdigen; herunterkommen; **~o** [~'βaiʃu] *m* Senkung *f*; Vertiefung *f*; Falz *m*, Einschnitt *m*; Verschlag *m*.

rebalsar(**-se**) [ʀəβaɫ'sar(sə)] (1a) sich stauen; versumpfen.

rebanho [ʀə'βɐɲu] *m* Herde *f*.

rebarb|a [ʀə'βarβɐ] *f* Vorsprung *m*; ⊕ *Guß-*Naht *f*; *our.* Kasten *m od.* Krappel *f*; *tip.* Zeilenzwischenraum *m*; **~ar** [~βɐr'βar] (1b) *Gußstücke* putzen; *Nähte* abschleifen.

rebarbariz|ação [ʀəβɐrβɐrizɐ'sɐ̃u] *f* Rückfall *m* in die Barbarei; **~ar** [~'zar] (1a) verrohen.

rebarbativo [~βɐ'tivu] doppelkinnig; feist; roh; grob.

rebat|e [ʀə'βatə] *m* Alarm(-zeichen *n*, -signal *n*) *m*; Sturmläuten *n*; Aufruf *m*; Warnung *f*; Ahnung *f*; *Gewissens-*Bisse *m/pl.*; Zs.-stoß *m*; ✝ Diskont *m*, Rabatt *m*; Abzug *m*; Aufgeld *n*; ~ *falso* blinde(r) Alarm *m*; *dar ~ a* alarmieren (*ac.*); warnen (*ac.*); *dar ~, tocar a ~* Lärm schlagen; Sturm läuten; **~er** [~βɐ'ter] (2b) *Angriff* zurückschlagen, abwehren; *Vorwurf* zurückweisen; *Gründe* widerlegen; *Mißstände* geißeln; *Nagel* um-klopfen, -nieten; ⚕ diskontieren; rabattieren; (mit Abzug) wiederverkaufen; *Gehalt* vorschießen; **~o** [~u] *m Tür-*Schwelle *f*.

rebel|ão [rəβə'lɐ̃u] störrisch; **~ar** [~ar] (1c) aufwiegeln; **~ar-se** sich empören; **~de** [~'βɛłdə] **1.** *adj.* aufrührerisch, rebellisch; widerspenstig; heikel; störrisch; verstockt; **2.** *m* Aufrührer *m*, Rebell *m*; **~dia** [~βɛł'diɐ] *f* Widerspenstigkeit *f*; Störrigkeit *f*; Verstocktheit *f*; = **~ião** [~'ljɐ̃u] *f* Aufstand *m*.

rebenque *bras.* [re'bẽŋkə] *m* Reitpeitsche *f*.

rebent|ação [rəβẽntɐ'sɐ̃u] *f bsd.* Brandung *f*; **~ão** [~'tɐ̃u] *m* Wurzelschößling *m*; *fig.* = **~o**; **~ar** [~'tar] (1a) platzen, bersten (*de* vor [*dat.*]); brechen (*Deich*); sich brechen (*Welle*); ausbrechen (*Krieg*); hereinbrechen (*Unglück*); losbrechen (*Lärm, Unwetter*); aufbrechen (*Knospe, Geschwür*); sprießen (*Pflanze*); hervorquellen (*Wasser, Tränen*); auftauchen; *~ de fig.* umkommen vor (*dat.*); *v/t.* auf-, zerbrechen; **~ina** [~'tinɐ] *f* Wut(anfall *m*) *f*; **~o** [~'βẽntu] *m* Trieb *m* (*a. fig.*), Schößling *m*; *fig.* Sprößling *m*.

rebit|ar [~βi'tar] (1a) vernieten; = *arrebitar*; **~e** [~'βitə] *m* Niet(nagel) *m*, Niete *f*; Vernietung *f* (*Hufnagel*).

reboar [rə'βwar] (1f) widerhallen.

reboc|ador [rəβukɐ'ðor] **1.** *m* a) Schleppdampfer *m*; Schlepper *m*; b) Tüncher *m*; **2.** *adj.* Schlepp..., Abschlepp...; **~ar** [~'kar] (1n; *Stv.* 1e) **a**) (ab)schleppen; ziehen; **b**) *Wand* verputzen; **~ável** [~'kavɛł] Schlepp...; fahrbar; *carro m ~* Anhänger *m*; **~o** [~'βoku] *m* Verputz *m*.

rebojo *bras.* [re'boʒu] *m* Wogenschwall *m*; Strudel *m*; Wirbel *m*.

rebol|ar [rəβu'lar] (1e) wälzen, rollen; drehen; **~ar-se** rollen; sich (in den Hüften) wiegen, schwänzeln; **~car** [~oł'kar] (1n) wälzen; rollen l.; **~ear** [~'ljar] (1l) *bras. Lasso* schwingen; **~ear-se** sich wiegen; tanzen; **~eira** [~eirɐ] *f* **a**) Dickicht *n*; **b**) Abschleifsel *n*; **~iço** [~isu] rund; sich drehend; unruhig; **~o** [~'βolu] *m* Schleifstein *m*; P Rolle *f*; Walze *f*; *aos ~s, de ~* sich wälzend.

reboque [~'βɔkə] *m* (Ab-, Ein-, Aus-) Schleppen *n*; Schlepptau *n*; Anhänger *m*; *carro m de ~* Abschleppwagen *m*; Schlepper *m*; *levar a ~* (ab)schleppen; = *colocar od. pôr a ~* ins Schlepptau nehmen.

rebord|agem [~βur'ðaʒɐ̃i] *f* ⚓ Kollisions-schaden *m*, -entschädigung *f*; **~ão** [~ɐ̃u] ⚘ Hecken...; **~ar** [~ar] (1e) abkanten; **~o** [~'βorðu (-ɔ-)] *m vorspringender* Rand *m*; Falz *m*; *Becher-, Glocken-*Kranz *m*; Auskragung *f*; *~ de roda* Spurkranz *m*; **~osa** *bras.* [~'dɔzɐ] *f* Tadel *m*, Verweis *m*; ⚕ schwere Krankheit *f*.

rebotalho [~βu'taʎu] *m* Ausschuß *m*.

rebrilhar [~βri'ʎar] (1a) erglänzen.

rebuç|ado [~βu'saðu] *m* Bonbon *n*; **~ar** [~ar] (1p) verhüllen; **~o** [~'βusu] *m* Verhüllung *f*; Maske *f*; *fig.* Verstellung *f*; *sem ~s* unumwunden.

rebul|içar *bras.* [rebuli'sar] (1p) herumrennen; sich tummeln; **~ício, ~iço** [rəβu'lisju, ~'lisu] *m* Auflauf *m*; Getümmel *n*; **~ir** [~ir] (3h) überarbeiten; schwenken; **~ir-se** = *~içar*.

rebusc|a [~'βuʃkɐ] *f* Nachlese *f*; Ährenlese *f*; Nachforschung *f*; **~ado** [~βuʃ'kaðu] gesucht (*Stil*); **~ar** [~βuʃ'kar] (1n) heraus-, zs.-klauben; nachspüren (*dat.*); sammeln; *Ähren* lesen; *Stil* feilen; **~o** [~u] *m* = *~a*.

reca ['rɛkɐ] *f prov.* Sau *f*.

recad|eira [rəkɐ'ðeirɐ] *f* Botengängerin *f*; **~ista** [~iʃtɐ] *su.* Bote *m*, Botin *f*; **~o** [~'kaðu] *m* Bestellung *f*; Bescheid *m*; Auftrag *m*; *~s pl.* Grüße *m/pl.*; *moço m de ~s* Laufjunge *m*, Bote *m*; *dar* (*od. transmitir*) *o ~* es bestellen, es ausrichten; *dar ~ de a/c.* sich gewachsen zeigen (*dat.*), fertigbringen (*ac.*); *ele* (*não*) *dá conta do ~* das kann er (nicht); *deixar ~ com alg. bras.* j-n verständigen.

recaída [~kɐ'iðɐ] *f* Rückfall *m*.

recaidiço [~kai'ðisu] rückfällig.

recair [~kɐ'ir] (3l) zurückfallen (*em* in [*ac.*]); rückfällig w.; ⚕ e-n Rückfall bekommen; *~ sobre* fallen auf (*ac.*) (*Verdacht*); zufallen (*dat.*) (*Erbschaft*); sich beziehen auf (*ac.*), sich drehen um (*a. em*).

recalc|ado [~kaɫ'kaðu] gehemmt, unfrei; argwöhnisch; unlustig (*zur Arbeit*); **~amento** [~kɐ'mẽntu] *m* Verdrängung *f*; Hemmung *f*; Argwohn *m*; *bras.* ⚕ Verstauchung *f*; **~ar** [~ar] (1n) (zs.-)stauchen; *fig.* *Gefühle* zurück-drängen, -stauen; 🕮 verdrängen; *bras. Fuß* verstauchen.

recalcitr|ante [~si'trẽntə] widerspenstig, störrisch; verstockt; **~ar** [~ar] (1a) bocken; sich sträuben, widerstreben; trotzen.

recalque [~'kaɫkə] *m* = *recalcamento.*

recamar [~kɐ'mar] (1a) besticken; schmücken; bedecken, verkleiden.

recambiar [~kẽm'bjar] (1g) zurückschicken, -geben; nachfüllen; umtauschen; *Wechsel* retournieren.

recâmbio [~'kẽmbju] *m* Rückgabe *f*; Umtausch *m*; Retour-, Rück-spesen *pl.*; *conta f de* ~ Retourrechnung *f*; *letra f de* ~ Rückwechsel *m*; *bolsa f de* ~ Nachfüllbeutel *m*; *motor m de* ~ Austauschmotor *m*.

recamo [~'kɐmu] *m* Reliefstickerei *f*; *fig.* Verzierung *f*.

recanto [~'kẽntu] *m* Winkel *m*.

recapitul|ação [~kɐpitulɐ'sɐ̃u] *f* Wiederholung *f*; Zs.-fassung *f*; **~ar** [~'lar] (1a) wiederholen; zs.-fassen, rekapitulieren.

recaptur|a [~kap'turɐ] *f* Festnahme *f*; **~ar** [~tu'rar] (1a) (wieder) festnehmen.

recat|ado [~kɐ'taðu] zurückhaltend; vorsichtig; ehrbar; **~ar** [~ar] (1b) bewahren; ver-, aufbe-wahren; verheimlichen; verstecken; **~ar-se** sich zurück-halten, -ziehen; vorsichtig sn; **~o** [~'katu] *m* Zurückhaltung *f*; Vorsicht *f*; Ehrbarkeit *f*; Zurückgezogenheit *f*; Versteck *n*; *a bom* ~ gut versteckt; sicher verwahrt.

recauch(ut)|agem [~kauʃ(ut)'aʒɐ̃i] *f* Runderneuerung *f*; **~ar** [~ar] (1a) runderneuern.

rece|ar [Rə'sjar] (1l) (be)fürchten; *v/i.* ~ *de* sich fürchten vor (*dat.*), fürchten (*ac.*); **~ável** [~'sjavɐɫ] zu befürchten(d).

receb|edor [Rəsəβə'ðor] *m* Empfänger *m*; Steuereinnehmer *m*; **~edoria** [~əðu'riɐ] *f* Steueramt *n*; **~er** [~'βer] (2c) *j-n od. et.* empfangen; *et.* erhalten, bekommen; *Rechnung usw.* einkassieren; annehmen; anerkennen; zulassen; *Unangenehmes* hinnehmen; *Schaden* erleiden; besucht sn (*Ort*); ~ (*em casamento*) heiraten; **~ido** [~'βiðu] ✝ (Betrag) erhalten; **~imento** [~i'mẽntu] *m* Empfang *m*; Abgabe *f*.

receio [Rə'seju] *m* Furcht *f*; Befürchtung *f*; *sem* ~ unbedenklich.

receit|a [Rə'seitɐ] *f* **a**) Einnahme(n *pl.*) *f*; **b**) Rezept *n*; **~ar** [~sei'tar] (1a) ver-ordnen, -schreiben; **~uário** [~sei'twarju] *m* Rezept-buch *n*, -formular *n*.

recém-... [Rə'sɐ̃i...] neu...; kürzlich; soeben; **~casado** [~kɐ'zaðu] neuvermählt; **~chegado** [~ʃə'ɣaðu] neuangekommen; soeben eingetroffen; **~falecido** [~fɐlə'siðu] kürzlich verstorben; **~nascido** [~nɐʃ'siðu] neugeboren.

recender [Rəsẽn'der] (2a) *Duft* ausströmen; *v/i.* (stark) duften.

recense|amento [Rəsẽsjɐ'mẽntu] *m* *Volks- usw.* Zählung *f*; Eintragung *f*; ~ *dos eleitores* Aufstellung *f* der Wählerlisten; **~ar** [~'sjar] (1l) eintragen; zählen; karteimäßig erfassen; ~ *a população* e-e Volkszählung durchführen.

recente [Rə'sẽntə] neu; letzt; **~mente** [~'mẽntə] kürzlich, vor kurzem; neuerdings.

receoso [~'sjozu (-ɔ-)] ängstlich; furchtsam.

recep|ção [Rəsɛ-, *bras.* Resɛp'sɐ̃u] *f* Empfang *m*; Aufnahme *f*; Annahme(stelle) *f*; **~cionista** *bras.* [~sjo'nistɐ] *m* Empfangschef *m*; **~tação** [~ptɐ'sɐ̃u] *f* Hehlerei *f*; **~táculo** [~(p)'takulu] *m* Behälter *m*; Sammelbecken *n* (*a. fig.*); ⚘ Fruchtboden *m*; **~tador** [~ptɐ'ðor] *m* Hehler *m*; **~tar** [~p'tar] (1a) *Diebesgut* ver-bergen, -hehlen; *Diebstahl* begünstigen; *v/i.* hehlen; **~tividade** [~(p)tivi'ðaðə] *f* Aufnahme(bereitschaft) *f*; **~tivo** [~(p)'tivu] empfänglich; **~tor** [~(p)'tor] **1.** *adj.* Empfangs...; **2.** *m* Empfänger *m* (*a.* ⚡); Empfangsgerät *n*; *tel.* Hörer *m*; ⚖ Hehler *m*; = *~táculo*.

recessão [Rəsə'sɐ̃u] *f* Rezession *f*.

recesso [Rə'sɛsu] *m* Zuflucht(sort *m*) *f*; *das* Innere; *fig.* Ferien *pl.*

rechaçar [Rəʃɐ'sar] (1p; *Stv.* 1b) ab-, zurück-schlagen; verjagen; verstoßen; zurückweisen.

rechap|agem *f*, **~ar** *bras.* [Rəʃa-

'paʒẽi, ~ar] = *recauch(ut)|agem, ~ar.*

reche|ado [~'ʃjaδu] *m* Füllung *f*; **~ar** [~ar] (1l) füllen; (voll)stopfen.

rechego [~'ʃeɣu] *m mont.* Anstand *m*.

recheio [~'ʃeju] *m* Füllung *f*, Füllsel *n*; Einrichtung *f*, Ausstattung *f*; Inventar *n*; ~ *de casa* Hausrat *m*.

rechinar [~ʃi'nar] (1a) zischen.

rechonchudo [~ʃõ'ʃuδu] rundlich; pausbackig.

recibo [~'siβu] *m* Quittung *f*.

reciclagem *angl.* [~si'klaʒẽi] *f* „Recycling" *n*.

recidiv|a [~si'δivɐ] *f* Rückfall *m*; **~o** [~u] rückfällig.

recife [ʀə'sifə] *m* Riff *n*.

recinto [ʀə'sĩntu] *m* Bereich *m*; Raum *m*; Halle *f*; Ausstellungshalle *f*; -gelände *n*.

recipiente [ʀəsi'pjẽntə] *m* Gefäß *n*, Behälter *m*; *fís.* Rezipient *m*.

recipro|car [ʀəsipru'kar] (1n; *Stv.* 1e) austauschen; umkehren; **~car-se** ea. entsprechen; **~cidade** [~si'δaδə] *f* Gegenseitigkeit *f*.

recíproco [~'sipruku] gegen-, wechsel-seitig; Gegen...; Wechsel...; 🕮 reziprok.

récita ['ʀɛsitɐ] *f* Vortragsabend *m*; Opernabend *m*.

recit|ação [ʀəsitɐ'sɐ̃u] *f Gedicht*-Vortrag *m*; **~ador** [~ɐ'δor] *m* Vortragskünstler *m*, Rezitator *m*; **~al** [~'tał] *m* Konzert-, Vortrags-abend *m*; (Solo-)Konzert *n*; ~ *de piano (violino)* Klavier- (Violin-)Abend *m*; **~ar** [~'tar] (1a) vortragen, rezitieren; **~ativo** [~ɐ'tivu] *m* Rezitativ *n*.

reclam|ação [ʀəklɐmɐ'sɐ̃u] *f* Einspruch *m*; Beschwerde *f*; Rückforderung *f*; Beanspruchung *f*; Forderung *f*; ✝ Reklamation *f*; Beanstandung *f*; ~ *de perdas e danos* Schadenersatzforderung *f*; *apresentar -ões contra* = *~ar* 2.; *fazer -ões de* = **~ar** [~'mar] (1a) **1.** *v/t.* (zurück)fordern; reklamieren; beanspruchen; *mont.* (an)locken; **2.** *v/i.*: ~ *de alg. por* + *inf. j-n* beschuldigen zu + *inf.*; ~ *contra* Einspruch erheben gegen; = ~-*se de* sich beschweren über (*ac.*); **~e** [~'klɐmə] *m gal.* Reklame *f*; **~o** [~'klɐmu] *m* Lock-ruf *m*, -pfeife *f*, -vogel *m*; Forderung *f*; Ruf *m* (nach *de*); ✝ Reklame *f*; *tea.* Stichwort *n*.

reclinar [ʀəkli'nar] (1a) (an-, zurück-)lehnen; legen.

reclus|ão [~klu'zɐ̃u] *f* Einschließung *f*; ⚖ Einzelhaft *f*; *fig.* Abgeschlossenheit *f*; **~o** [~'kluzu] **1.** *adj.* eingeschlossen; in Haft; **2.** *m* Häftling *m*.

reco ['ʀɛku] *m prov.* Schwein *n*.

recobrar [ʀəku'βrar] (1e) wiederbekommen, -erlangen; wieder einbringen; auf-, nach-holen.

recolha [~'koʎɐ] *f* Sammeln *n*; Einbringung *f*; Einholen *n*; Sammlung *f*; Einziehung *f v. Geldsorten*; Zurückziehung *f*; Heimkehr *f*; Rückkehr *f*; Unter-bringung *f*, -stellung *f*; Unterkunft *f*; *Wagen*-Schuppen *m*.

recolh|er [~ko'ʎer] (2d) (ein)sammeln; ein-bringen, -holen; ernten; aufbewahren; *j-m et.* abnehmen; *j-n* aufnehmen; *j-n* bringen in (*ac.*) *od.* nach; unterbringen; unterstellen; (zs.-)ziehen; folgern; *v/i.* eingeliefert w.; = **~er-se** heim-, zurück-kehren; sich zur Ruhe begeben; sich zurückziehen; sich flüchten (vor [*dat.*] *de*); sich *innerlich* sammeln; zurückgehen (*Geschwulst*); *tocar a* ~ den Zapfenstreich blasen; **~ida** [~iδɐ] *f* Rückzug *m*; *bras.* Eintreibung *f des Viehs*; **~ido** [~iδu] zurückgezogen, einsam; zurückhaltend, abweisend; *estar* ~ sich (schon) zurückgezogen h., (schon) zur Ruhe gegangen sn; (noch) nicht zum Vorschein gekommen (*od.* zu sprechen) sn, noch ruhen; **~imento** [~ʎi'mẽntu] *m* Zurückgezogenheit *f*; *geistige* Sammlung *f*; *rel.* Andacht *f*; Unterkunft *f*; Heim *n*, Asyl *n*; = *recolha, ~ida*.

recomeç|ar [~kumə'sar] (1p, *Stv.* 1c) *Arbeit* wiederaufnehmen; **~o** [~'mesu] *m* Wiederaufnahme *f*.

recomend|ação [~kumẽndɐ'sɐ̃u] *f* Empfehlung *f*; Ermahnung *f*; *dê-lhe -ões minhas* empfehlen Sie mich ihm; *fazer a ~ de* = **~ar** [~'dar] (1a) empfehlen; anraten, nahelegen; an-empfehlen, -vertrauen; auftragen; **~ável** [~'davɛł] empfehlenswert, ratsam.

recompens|a [~kõm'pẽsɐ] *f* Belohnung *f*, Lohn *m*; Entschädigung *f*; **~ar** [~pẽ'sar] (1a) belohnen (*de* für); aufwiegen, entschädigen für; ~ *alg. de a.* j-m *et.* vergelten.

recomp|or [~kõm'por] (2zd) umbilden, -besetzen; **~osição** [~puzi-

'sɐ̃u] *f Regierungs*-Umbildung *f*.
recôncavo *bras.* [ʀeˈkõŋkavu] *m* Bucht *f*; *fig.* Umkreis *m*.
reconcentrar [ʀəkõsẽnˈtrar] (1a) vereinigen, sammeln; *Truppen* zs.-ziehen; *Gefühl* unterdrücken; *Interesse usw.* zuwenden (*dat. em*).
reconcili|ação [~kõsiljɐˈsɐ̃u] *f* Versöhnung *f*; **~ar** [~ˈljar] (1g) versöhnen; **~atório** [~ɐˈtɔrju] versöhnlich.
recôndito [~ˈkõnditu] **1.** *adj.* verborgen; abgründig; **2.** *m* Versteck *n*.
recondu|ção [~kõnduˈsɐ̃u] *f* Rückführung *f*; Wieder-ernennung *f*, -wahl *f*; **~zir** [~ˈzir] (3m) zurückbringen, -führen; wieder-ernennen, -wählen; *Frist* verlängern.
reconfort|ante [~kõfurˈtẽntə] *m* Stärkungsmittel *n*; **~ar** [~ar] (1e) stärken; trösten.
reconhec|er [~kuɲəˈser] (2g) (wieder) erkennen (an [*dat.*] *por*); einsehen; anerkennen (als *por, como*); zugeben; *Weg* erkunden; *Dienste* dankbar anerkennen; sich erkenntlich zeigen (*od.* danken) für; ⚖ beglaubigen; **~ido** [~iðu] dankbar; **~imento** [~siˈmẽntu] *m* (Wieder-) Erkennen *n*; Anerkennung *f*; Beglaubigung *f*; Erkenntnis *f*; Erkenntlichkeit *f*, Dankbarkeit *f*; ⚔ Erkundung *f*, Aufklärung *f*; *sinais m/pl. de* ~ Erkennungszeichen *n/pl.*; **~ível** [~ivɛɫ] kenntlich.
reconquist|a [~kõŋˈkiʃtɐ] *f* Wiedereroberung *f*; Rückgewinnung *f*; **~ar** [~kiʃˈtar] (1a) wiedererobern; zurückgewinnen; wiedererlangen.
reconsiderar [~kõsiðəˈrar] (1c) nochmals überprüfen; sich *et.* noch einmal überlegen; *v/i.* es sich anders überlegen; ~ *em* nachdenken über (*ac.*); bereuen (*ac.*).
reconstitu|ição [~kõʃtitwiˈsɐ̃u] *f* Wiederherstellung *f*; **~inte** [~ˈtwĩntə] *m* Kräftigungsmittel *n*; **~ir** [~ˈtwir] (3i) wiederherstellen; wieder einsetzen.
reconstru|ção [~kõʃtruˈsɐ̃u] *f* Wiederaufbau *m*; Rekonstruktion *f*; **~ir** [~ˈtrwir] (3k) wieder aufbauen; wiederherstellen; ergänzen; rekonstruieren.
recontar [~kõnˈtar] (1a) (nach)erzählen; überzählen.
recontro [~ˈkõntru] *m* ⚔ Treffen *n*, *pol.* Zs.-stoß *m*; *fig.* zufällige(s) Zs.-treffen *n*; *de* ~ zufällig.
reconversão [~kõvərˈsɐ̃u] *f* Umstellung *f*.
recopil|ação [~kupilɐˈsɐ̃u] *f* Auszug *m*; *Gesetzes*-Sammlung *f*; **~ar** [~ˈlar] (1a) ausziehen; zs.-stellen.
record|ação [~kurðɐˈsɐ̃u] *f* Erinnerung *f*; Andenken *n*; **~ar** [~ˈðar] (1e) sich *et.* ins Gedächtnis zurückrufen; *j-m et.* in Erinnerung bringen; erinnern an (*ac.*); **~ar-se** *de* sich erinnern an.
recorde [~ˈkɔrðə] *m* Rekord *m*, Best-, Höchst-leistung *f*.
recorr|ente [~kuˈʀẽntə] *su.* ⚖ Berufungskläger(in *f*) *m*; **~er** [~er] (2d) durch-laufen, -blättern, -suchen; durchsehen; *v/i.* ~ *a* s-e Zuflucht nehmen zu, sich wenden an (*ac.*); zurückgreifen auf (*ac.*); greifen zu; anwenden (*ac.*); ~ *de* anfechten (*ac.*); ~ *aos tribunais* den Rechtsweg beschreiten; **~ível** [~ivɛɫ] anfechtbar.
recort|ar [~kurˈtar] (1e) ausschneiden; auswählen; ~ *de* durchsetzen mit; **~ar-se** sich abzeichnen; **~e** [~ˈkɔrtə] *m* Ausschnitt *m*; Ausschneidearbeit *f*; *Baum*-Beschnitt *m*; Umriß *m*, Silhouette *f*.
recostar [~kuʃˈtar] (1e) (an-, zurück-)lehnen; legen; (zur Seite) neigen.
recov|agem [~kuˈvaʒɐ̃i] *f* Spedition *f*; Beförderung *f*, Transport *m*; **~ar** [~ar] (1e) befördern, transportieren; **~eiro** [~eiru] *m* Spediteur *m*.
recoz|er [ʀəkuˈzer] (2d) wieder aufkochen; gut durchkochen; zerkochen lassen; ⊕ (aus)glühen.
recr|ear [~ˈkrjar] (1l) ergötzen, erquicken; erfrischen; **~ear-se** sich erholen (bei *com*); **~eativo** [~krjɐˈtivu] F amüsant; erholsam; gesellig; Unterhaltungs...; Vergnügungs...; **~eio** [~ˈkreju] *m* Unterhaltung *f*; Erholung *f*; (Schul-, Arbeits-)Pause *f*; *viagem f de* ~ Vergnügungsreise *f*.
recresc|er [~krɨʃˈser] (2g) *fig.* anwachsen, zunehmen; übrigbleiben; ~ *sobre* (*od. a*) *alg. von allen Seiten* über j-n herfallen; j-n überkommen; **~imento** [~siˈmẽntu] *m* Anwachsen *n*, Zunahme *f*.
recri|a [~ˈkriɐ] *f* Nachzucht *f*; Nachwuchs *m an Schlachtvieh*; **~ar** [~ˈkrjar] (1g): ~ (*porcos*) den Bestand an (Schweinen) ergänzen.

recrimin|ação [~krimine'sẽu] *f* Vorwurf *m*; **~ar** [~'nar] (1a) Gegenbeschuldigungen erheben *od.* gegenklagen gegen; beschuldigen; **~ar-se** sich gegenseitig beschuldigen.

recrudesc|ência [~kruδɨʃ'sẽsjɐ] *f* Wiederaufflackern *n*; Verschlimmerung *f*; Verschärfung *f*; Zunahme *f*, Ansteigen *n*; **~er** [~'ser] (2g) wieder aufflackern; *bsd.* ansteigen, zunehmen; sich verschlimmern; sich verschärfen.

recrut|a [~'krutɐ] *m* Rekrut *m*; **~amento** [~krutɐ'mẽntu] *m* Aushebung *f*; Einstellung *f*; Werbung *f*; **~ar** [~'tar] (1a) ausheben; *Lehrer usw.* einstellen; *Mitglieder* werben.

recta ⩘ ['ʀɛtɐ] *f* Gerade *f*.

rectal [ʀɛ'taɫ] Mastdarm..., rektal.

rect|angular [ʀɛtẽŋgu'lar] rechteckig; **~ângulo** [~'tẽŋgulu] **1.** *adj.* rechtwinklig; **2.** *m* Rechteck *n*; **~idão** [~ti'δẽu] *f* Geradheit *f*; Rechtschaffenheit *f*.

rectific|ação [~tifikɐ'sẽu] *f* Begradigung *f*; Berichtigung *f*, Richtigstellung *f*; Rektifizierung *f*; **~ador** [~ɐ'δor] *m* Rektifiziergerät *n*; **~ar** [~'kar] (1n) begradigen; berichtigen, verbessern; ⚗ rektifizieren.

rectilíneo [~ti'linju] geradlinig.

recto ['ʀɛtu] **1.** *adj.* gerade (*Linie*); recht (*Winkel*); aufrecht (*Stellung*, *a. fig.*); *fig.* redlich; rechtlich; *escritura f recta* Steilschrift *f*; **2.** *m* Mastdarm *m*.

rectriz [ʀɛ'triʃ] *f* Steuerfeder *f*.

récua ['ʀɛkwɐ] *f* Koppel *f* Last- (*od.* Reit-)tiere; *fig.* Bande *f*.

recu|ada [ʀə'kwaδɐ] *f Sport*: Anlauf *m*; = **~o**; *às ~s* rückwärts; **~ar** [~'kwar] (1g) zurückgehen; zurücktreten, -weichen, -prallen, -schrekken; *v/t.* zurück-setzen, -treiben, -werfen; **~o** [ʀə'kuu] *m* Rückgang *m*; Zurück-treten *n*, -weichen *n*; ⚔ Rückzug *m*; Rückstoß *m der Feuerwaffe*.

recuper|ação [ʀəkupərɐ'sẽu] *f* Wieder-erlangung *f*, -gewinnung *f*; Wiederaufbau *m*; Erholung *f*; Verwertung *f*; ⚕ *a.* Genesung *f*; **~ar** [~'rar] (1c) wieder-erlangen, -gewinnen, -bekommen; sicherstellen; *Versäumtes* ein-, nach-holen; verwerten, wieder verwenden; **~ar-se** sich erholen; **~ável** [~'ravɛɫ] verwertbar; wieder verwendbar.

recurso [~'kursu] *m* (Hilfs-)Mittel *n*; Möglichkeit *f*; Auskunft(smittel *n*) *f*, Ausweg *m*; Zuflucht *f*; Rückgriff *m*, -gang *m*; Inanspruchnahme *f*; ⚖ Berufung *f*; Rekurs *m*; *~s pl.* (Geld-)Mittel *n/pl.*; Ressourcen *f/pl.*; Reserven *f/pl.*; *sem ~s* mittellos; *em último ~* äußerstenfalls.

recurv|ado [~kur'vaδu] gebogen, krumm; **~ar** [~ar] (1a) biegen; krümmen; **~o** [~'kurvu] = *~ado*.

recus|a [~'kuzɐ] *f* Ablehnung *f*; Verweigerung *f*; Weigerung *f*; abschlägige Antwort *f*; *fazer ~ de* = **~ar** [~ku'zar] (1a) ablehnen; ausschlagen; *j-m et.* verweigern, abschlagen; *~ inf.* = **~ar-se** *a* sich weigern zu *inf.*; sich wehren gegen (*ac.*); ablehnen (*ac.*).

redac|ção [~δa'sẽu] *f* Redaktion *f*; Niederschrift *f*; *Schul-*Aufsatz *m*; *Zeitung a.* Schriftleitung *f*; *chefe m de ~* = *~tor-chefe*; **~tor** [~'tor] *m* Schriftleiter *m*, Redakteur *m*; *~-chefe m* Hauptschriftleiter *m*, Chefredakteur *m*; **~torial** [~tu'rjaɫ] redaktionell.

redarguir [~δɐr'ɣwir] (3p) erwidern, versetzen.

rede ['ʀeδə] *f* Netz(gewebe) *n*; Hängematte *f*; *cair na ~* ins Netz (*od.* Garn) gehen.

rédea ['ʀɛδjɐ] *f* Zügel *m*; *dar ~s (largas)* freien Lauf (*od.* die Zügel schießen) l.; *soltar a ~* die Zügel locker l.; *tomar as ~s fig.* die Leitung (*od.* Herrschaft) übernehmen; *à ~ solta* mit verhängten Zügeln; *fig.* zügellos; unge-zügelt, -bunden.

redemoinho [ʀəδə'mwiɲu] = *remoinho*.

reden|ção [~δẽ'sẽu] *f* Rettung *f*; † Loskauf *m*; ✝ Einlösung *f*; *rel.* Erlösung *f*; *sem ~* rettungslos; **~tor** [~n'tor] *m* Retter *m*; ♀ Erlöser *m*.

redescontar ✝ [~δɨʃkõn'tar] (1a) rediskontieren.

redib|ição [~δəβi'sẽu] *f* Rückgabe *f* (*od.* Zurücknahme *f*); **~ir** [~'βir] (3a) *Kauf* rückgängig m.; *fehlerhafte Ware* zurückgeben; **~itório** [~i'tɔrju] zur Rückgabe berechtigen(d).

redigir [~δi'ʒir] (3n) ab-, ver-fassen; niederschreiben; *Zeitung* redigieren,

redil [~'ðił] *m Schaf*-Stall *m*; *fig.* Gemeinschaft *f*, *poét.* Schoß *m*.
redimir [~ðə'mir] (3a) = *remir*.
redistribu|ição [~ðiʃtrißwi'sɐ̃u] *f* Neuverteilung *f*; **~ir** [~'ßwir] (3i) neu (*od.* um-)verteilen.
rédito ['ʀɛðitu] *m* ⚕ Ertrag *m*; **~s** *pl.* Gewinn *m*; Zinsen *m/pl.*
redivivo [~ði'vivu] wiedererstanden.
redobr|amento [~ðußrɐ'mẽntu] *m* Verdoppelung *f*; Zunahme *f*; **~ar** [~'ßrar] (1e) **1.** *v/t.* verdoppeln; erhöhen; immerzu wiederholen; **2.** *v/i.* ansteigen; zunehmen; *~ de bras.* = 1.
redoma [~'ðomɐ] *f* Glasglocke *f*.
redond|amente [~ðõndɐ'mẽntə] rund-heraus, -weg; *cair ~* der Länge nach hinfallen; **~el** [~'dɛł] *m* Rund *n*; Arena *f*; **~eza** [~'dezɐ] *f* Rundung *f*; runde Gestalt *f*; Runde *f*; Erdenrund *n*; *em toda a ~* ringsumher, weit und breit; **~o** [~'ðõndu] **1.** *adj.* rund; *fig.* rundlich; glatt; *em ~* in der Runde; **2.** *adv.* = *~amente*.
redor [~'ðɔr] *m* Umkreis *m*; *em ~, de ~, ao ~* in der Runde; ringsumher; *em (od. ao) ~ de um* ... her(um); *ao ~ de* etwa, ungefähr.
redrar [ʀə'ðrar] (1c) jäten.
redução [ʀəðu'sɐ̃u] *f* Reduktion *f*; Verminderung *f*; Verkleinerung *f*; Herabsetzung *f*; Ermäßigung *f*; Kürzung *f*; *Personal*-Abbau *m*; *cir.* Einrichtung *f*; *~ para piano* ♪ Klavierauszug *m*; *~ à miséria, à escravidão, etc.* Verelendung *f*, Versklavung *f usw.*
redund|ância [~dũn'dɐ̃sjɐ] *f* Redundanz *f*; Wortschwall *m*; **~ante** [~ɐ̃ntə] redundant, überflüssig; wortreich; **~ar** [~ar] (1a) überfließen, -laufen; überflüssig sn; *fig.* erfolgen; *~ em* zur Folge h. (*ac.*); gereichen zu; *~ adj.* sich erweisen als *adj.*
reduplicar [~ðupli'kar] (1n) verdoppeln; wiederholen.
redut|ível [~ðu'tivɛł] 🕮 reduzibel; *allg.* reduzierbar; ⚠ kürzbar (*Bruch*); **~o** [~'ðutu] *m* Bollwerk *n*.
reduz|ir [~ðu'zir] (3m) reduzieren; zurückführen (auf [*ac.*] *a*); vermindern; herabsetzen *od.* senken (auf [*ac.*] *a, para*; unter [*ac.*] *abaixo de*); be-, ein-schränken; ermäßigen; *Personal, Preise* abbauen; verkleinern; zs.-fassen; *Feind* bezwingen, unterwerfen; *Widerspenstige* zum Gehorsam zwingen, bändigen; *cir. Bruch* ein-renken, -richten; ♪ e-n Auszug m. aus; setzen (für *para*); ⚠ *Brüche* kürzen; gleichnamig m.; ⚗ *Lösung* einkochen; *~ a* in *e-n Zustand* versetzen; bringen auf (*z.B. auf die einfachste Formel*) *od.* in (*z.B. ins Elend*) *od.* zu (*z.B. zum Schweigen*); umwandeln in (*ac.*); umrechnen in (*ac.*); verarbeiten zu; *~ à fome* verhungern l.; **~ir-se** sich beschränken (auf [*ac.*] *a*); zurückgehen; **~ível** [~'zivɛł] = *redutível*.
reedição [ʀəiði'sɐ̃u] *f* Neuauflage *f*.
reedific|ação [~ðəfikɐ'sɐ̃u] *f* Wiedererrichtung *f*; Erneuerung *f*, Neubau *m*; **~ar** [~'kar] (1n) wiedererrichten, wieder aufbauen; wieder herstellen; erneuern; neu bauen.
reeditar [~ði'tar] (1a) neu auflegen.
reeduc|ação [~ðukɐ'sɐ̃u] *f* Umschulung *f*; **~ar** [~'kar] (1n) umschulen, -erziehen.
reembar|car [ʀjẽmbɐr'kar] (1n; *Stv.* 1b) (sich) wieder einschiffen; *Ware* zurückschicken; *v/i.* wieder ab- (*od.* zurück-)fahren, -fliegen; ⚔ den Rückzug (auf die Schiffe) antreten; **~que** [~'barkə] *m* Rückfahrt *f*, -flug *m*; Rückzug *m*.
reembols|ar [~boł'sar] (1e) zurückzahlen; einlösen; *~ alg.* s-e Schulden bei j-m abtragen, j-n auszahlen; **~ar-se** sein Geld zurückerhalten; *~ de* sich *et.* zurückzahlen l., zurückerhalten (*ac.*); **~o** [~'bołsu] *m* Rückzahlung *f*; Einlösung *f*; 📯 Nachnahme *f*.
reencher [ʀjẽ'ʃer] (2a) auf-, nachfüllen.
reenquadra|mento [~kwɐðrɐ'mẽntu] *m* Wiedereinstellung *f*; **~r** [~'ðrar] (1b) wieder-einstellen, -aufnehmen.
reentrante [ʀjẽn'trɐ̃ntə] zurückspringend, nach innen gehend.
reenvidar [ʀjẽvi'ðar] (1a) überbieten.
reestruturar [riʃtrutu'rar] (1a) umstrukturieren.
reexp|edir [ʀjeiʃpə'ðir] (3r) weiterbefördern; nachsenden; **~ortação** [~urtɐ'sɐ̃u] *f* Wiederausfuhr *f*.
refals|ado [ʀəfał'saðu] falsch; treulos; **~amento** [~sɐ'mẽntu] *m* Falschheit *f*; Verrat *m*.

refastelar [~fɐʃtə'lar] (1c) = *refestelar.*

refaz|er [~fɐ'zer] (2v) noch einmal (*od.* neu) m.; umarbeiten; wiederherstellen; ausbessern, flicken; neu ordnen, reorganisieren; *Bestände* auffüllen; *Verlust* wettmachen; *j-n* stärken; ~ *de* (wieder) versehen mit; entschädigen für; **~er-se** sich erholen; **~imento** [~zi'mẽntu] *m* Umarbeitung *f*; Wiederherstellung *f*; Ausbesserung *f*; Neuordnung *f*; Entschädigung *f*; Erholung *f.*

refece [ʀə'fɛsə] niedrig, gemein; schändlich; *adv.* billig.

refego [~'feɣu] *m* Falte *f.*

refei|ção [~fei'sɐ̃u] *f* Mahlzeit *f*; Imbiß *m*; **~to** [~'feitu] **1.** *p.p. v. refazer*; **2.** *adj.* kräftig, stark; **~tório** [~'tɔrju] *m* Speisesaal *m.*

refém [~'fɐ̃i] *m* Geisel *f.*

refer|ência [~fə'rẽsjɐ] *f* Bericht *m*; Bezug *m*; Erwähnung *f*; Anspielung *f*; ✝ Referenz *f*; *Sua* ♀: Ihr Schreiben:; *com ~ a* bezüglich (*gen.*); unter Bezugnahme (*od.* Bezug nehmend) auf (*ac.*); *dar ~s* Referenzen (*od.* Empfehlungen) beibringen (können); *fazer ~ a* Bezug nehmen auf (*ac.*); = *~ir*; **~enciar** [~rẽ'sjar] (1g) = *~ir*; **~endar** [~rẽn'dar] (1a) gegenzeichnen; **~endo** [~ẽndu] *m* Volksentscheid *m*; **~ente** [~ẽntə]: ~ *a* betreffend (*ac.*); bezüglich auf (*ac.*); **~ido** [~iðu] betreffend, besagt; **~ir** [~ir] (3c) berichten; erwähnen; ~ *a* beziehen auf (*ac.*); in Zs.-hang bringen mit; zuschreiben (*dat.*); **~ir-se** *a* betreffen; anspielen auf (*ac.*), meinen (*ac.*); erwähnen (*ac.*); sprechen von; *no que se refere a* in bezug auf (*ac.*), hinsichtlich (*gen.*)

referver [~fər'ver] (2c) (auf)wallen; (auf)brausen; sieden; gären.

refestelar-se [~fiʃtə'larsə] (1c) sich gütlich tun; sich (herum)rekeln.

refil|ão [~fi'lɐ̃u] **1.** *adj.* bissig (*Hund*); *fig.* trotzig; ungemütlich; widerborstig; **2.** *m*, **~ona** *f* F Trotzkopf *m*, Kratzbürste *f*; **~ar** [~ar] (1a) bissig sn (*a. fig.*); wiederbeißen; *fig.* sich sträuben; widersprechen.

refin|ação [~finɐ'sɐ̃u] *f* Läuterung *f*; Raffinerie *f*, Zuckersiederei *f*; **~ado** [~'naðu] *fig. a.* ausgesucht; durchtrieben, gerissen; schlau; Erz...; **~amento** [~ɐ'mẽntu] *m* Ver-, Über-feinerung *f*; Gewähltheit *f*; Raffinement *n*; **~ar** [~'nar] (1a) raffinieren, *Zucker* sieden; *fig.* ver-, über-feinern; **~ar-se** raffinierter (*od.* feiner, gesuchter) w., sich verfeinern; **~aria** [~ɐ'riɐ] *f* Raffinerie *f.*

reflect|ido [~flɛ'tiðu] denkend; überlegt; **~ir** [~ir] (3c) reflektieren, widerspiegeln; *fig. a.* zeigen; *v/i.* zurück-strahlen (*Licht*), -prallen (*Körper*); zurückfallen (auf [*ac.*] *em, sobre*); ~ *em* nachdenken über (*ac.*), überlegen (*ac.*); = **~ir-se** *em* zurückwirken auf (*ac.*), sich fühlbar m. in (*dat.*); sich (ab)spiegeln in (*od.* auf) (*dat.*); **~ivo** [~ivu] reflektierend (*Denken*); nachdenklich, bedächtig; **~or** [~or] *m* Reflektor *m*; Scheinwerfer *m.*

reflex|ão [~flɛ(k)'sɐ̃u] *f* Reflexion *f*; Rückprall *m*; Überlegung *f*; Nachdenken *n*; Betrachtung *f*; Bemerkung *f*; *fazer -ões* Betrachtungen anstellen; nachdenken; *não admitir -ões* keine Widerrede dulden; **~ionar** [~sju'nar] (1f) nachdenken; einwenden; **~ivo** [~ivu] zurückwirkend; ansteckend; nachdenklich; *gram.* rückbezüglich, reflexiv; **~o** [~'flɛksu] **1.** *adj.* zurückgeworfen; Reflex...; indirekt; *gram.* = *~ivo*; **2.** *m* Reflex *m* (*bsd.* ⚕); Abglanz *m*, Widerschein *m*; (Rück)Wirkung *f.*

reflorest|amento *bras.* [~florɛstɐ'mẽntu] *m* Aufforstung *f*; **~ar** [~'tar] (1a) aufforsten.

reflu|ir [~'flwir] (3i) zurück-fließen, -fluten, -strömen; **~xo** [~'fluksu] *m* Rück-fluß *m*, -strom *m*; Ebbe *f.*

refocil|ar [~fusi'lar] (1a) gut tun (*dat.*), stärken; *v/i.* = **~ar-se** sich gütlich tun.

refog|ado [~fu'ɣaðu] *m* Mehlschwitze *f*; **~ar** [~ar] (1o; *Stv.* 1e) anbraten; schmoren.

reforç|ar [~fur'sar] (1p; *Stv.* 1e) verstärken; **~o** [~'forsu (-ɔ-)] *m* Verstärkung *f*; Versteifung *f.*

reforma [~'fɔrmɐ] *f* Reform *f*; Umgestaltung *f*; Verbesserung *f*; *bsd.* ⊕ Überholung *f*; Abstellung *f v. Übeln*; Versetzung *f* in den Ruhestand; Ruhestand *m*; Ruhegehalt *n*; ⚔ Abschied *m*; ♀ Reformation *f*; *dar a ~ a j-n* in den Ruhestand versetzen; *pedir a* ~ s-n Abschied nehmen; sich pensionieren l.

reform|ação [ʀəfurmɐ'sɐ̃u] *f* Verbesserung *f*; Umgestaltung *f*; **~ado** [~'maδu] **1.** *adj.* außer Dienst (*Abk.* a. D.); im Ruhestand (*Abk.* i. R.); *rel.* reformiert; **2.** *m* Ruheständler *m*, Pensionär *m*; **~ador** [~ɐ'δor] *m* Reformator *m*; **~ar** [~'mar] (1e) reformieren; umgestalten; umarbeiten; verbessern; *Mißbrauch* abstellen; *Offizier* verabschieden; *Beamten* in den Ruhestand versetzen, pensionieren; ~ *de* versorgen mit; **~ar-se** sich bessern; pensioniert w.; = *pedir a reforma*; **~atório** [~ɐ'tɔrju] **1.** *adj.* reformatorisch; **2.** *m* Reformvorschrift *f*; Besserungsanstalt *f*, Fürsorge(heim *n*) *f*; **~ável** [~'mavɛɫ] verbesserungsfähig; **~ista** [~'miʃtɐ] **1.** *adj.* reformistisch; **2.** *m* Reformer *m*; Reformist *m*.

reformul|ação [~mulɐ'sɐ̃u] *f* Umgestaltung *f*; **~ar** [~'lar] (1a) umformulieren; umgestalten.

refrac|ção [ʀəfra'sɐ̃u] *f* *Strahlen*-Brechung *f*; **~tar** [~'tar] (1a) brechen; **~tário** [~'tarju] **1.** *adj.* wider-spenstig, -strebend; abgeneigt; feuerfest (*Stein*); *barro m* ~, *argila f -a* Schamotte *f*; *ser* ~ *a* widerstreben (*dat.*); **2.** *m* Wehrdienstverweigerer *m*; **~tivo** [~'tivu] Brechungs...; brechend; **~to** [~'fratu] gebrochen.

refrang|er [~frɐ̃'ʒer] (2h) brechen; **~ibilidade** [~ʒiβəli'δaδə] *f* Brechbarkeit *f*; *aberração f de* ~ chromatische Abweichung *f*; **~ível** [~ivɛɫ] brechbar.

refrão(s, -ães) [ʀə'frɐ̃u(ʃ, -ɐ̃iʃ)] *m*(*pl.*) Kehrreim *m*; Sprichwort *n*; Schlagwort *n*.

refrear [ʀə'frjar] (1l) zügeln; zurückhalten.

refrega [~'frɛγɐ] *f* Kampf *m*; Mühe *f*, Mühsal *f*; *Wind*-Stoß *m*.

refreio [~'freju] *m* Zügel *m*.

refresc|ante [~friʃ'kɐ̃ntə] frisch; **~ar** [~ar] (1n; *Stv.* 1c) erfrischen; abkühlen; *Abgenutztes* auffrischen; ~ *a memória de* ins Gedächtnis rufen (*ac.*), erinnern an (*ac.*); *v/i.* kühl w.; auffrischen (*Wind*); **~o** [~'freʃku] *m* Erfrischung *f*; Frische *f*.

refriger|ação [~friʒərɐ'sɐ̃u] *f* Abkühlung *f*; Kühlung *f*; Wärmeentzug *m*; *água f* (*tubo m*) *de* ~Kühlwasser *n* (-rohr *n*); **~ador** [~ɐ'δor] *m* Kühlschrank *m*; **~ante** [~'rɐ̃ntə] **1.** *adj.* Kühl...; kühlend; **2.** *m* Kühlvorrichtung *f*; erfrischende(s) Getränk *n*, Erfrischung *f*; **~ar** [~'rar] (1c) (ab)kühlen; erfrischen, erquicken.

refrigério [~'ʒɛrju] *m* Erquickung *f*; Trost *m*.

refug|ado [ʀəfu'γaδu] wertlos, unbrauchbar; ✉ unbestellbar; **~ar** [~ar] (1o) aus-sondern, -sortieren; zurückweisen; *bras.* absondern, trennen; *v/i. bras.* entwischen.

refugi|ado [~fu'ʒjaδu] **1.** *adj.* flüchtig; **2.** *m* Flüchtling *m*; **~ar-se** [~arsə] (1g) flüchten.

refúgio [~'fuʒju] *m* Zuflucht(sort *m*) *f*; Freistatt *f*; Ausweg *m*.

refugo [~'fuγu] *m* Ausschuß *m*; (Über-)Rest *m*; *de* ~ ✉ unbestellbar.

refulg|ência [~fuɫ'ʒɐ̃sjɐ] *f* Glanz *m*; Schimmer *m*; **~ir** [~ir] (3n) glänzen; leuchten.

refund|ição [~fũndi'sɐ̃u] *f* Umschmelzung *f*; Neuguß *m*; **~ir** [~'dir] (3a) um-schmelzen, -gießen; einschmelzen; umarbeiten.

refut|ação [~futɐ'sɐ̃u] *f* Widerlegung *f*; Ablehnung *f*; **~ar** [~'tar] (1a) widerlegen; ablehnen.

rega ['ʀɛγɐ] *f* Bewässerung *f*; Berieselung *f*; Begießen *n*; P (Regen-) Guß *m*; *dar uma* ~ = *regar*; *precisar de uma* ~ bewässert (*od.* begossen, gesprengt) w. müssen, P Regen brauchen; **~-bofe**(s) F [~'βɔfə] *m*(*pl.*) Gaudi *n*; *de* ~ lustig.

regaço [ʀə'γasu] *m* Schoß *m* (*a. fig.*).

regad|io [~γɐ'δiu] **1.** *adj.* bewässert; **2.** *m* Bewässerung *f*; *campo m* (*terras f/pl.*) *de* ~ Riesel-feld *n* (-boden *m*); *de* ~ auf Rieselfeldern (angebaut); *meter em* ~ bewässern; **~or** [~or] *m* Gießkanne *f*; **~ura** [~urɐ] *f* = *rega*.

regal|ada [~γɐ'laδɐ]: *à* ~ = **~adamente** [~ˌlaδɐ'mẽntə] nach Herzenslust; **~ado** [~aδu] köstlich; lecker; behaglich (*Leben*); verwöhnt (*Mensch*); **~ão** [~ɐ̃u] **1.** *adj.* verwöhnt; **2.** *m* feine Sache *f*; *foi um* ~ es war herrlich; **3.** *m*, **~ona** *f* Genießer(in *f*) *m*; **~ar** [~ar] (1b) erfreuen, ergötzen; erquicken; beschenken; bewirten; verwöhnen; **~ar-se** sich gütlich tun (an [*dat.*] *com*); **~ia** [~iɐ] *f* Hoheitsrecht *n*;

allg. Vergünstigung *f*; Vorrecht *n*; **~o** [~'ɣalu] *m* Vergnügen *n*, Freude *f*; Aufmerksamkeit *f*; Geschenk *n*; Wohlleben *n*, Behaglichkeit *f*; Muff *m*; *é um* ~ das ist herrlich.

regar [~'ɣar] (1o; *Stv.* 1c) (be-)wässern; (be)gießen; anfeuchten; *Straße* sprengen.

regata [ʀə'ɣatɐ] *f* Regatta *f*.

regat|ar [~ɣɐ'tar] (1b) vertreiben, handeln mit; **~eador** [~tjɐ'ðor] *m* Knauser *m*; **~ear** [~'tjar] (1l) feilschen um; geizen mit; *Verdienst* herunterm.; *v/i.* keifen; ~ *a/c. a alg.* j-m et. versagen; **~eio** [~eju] *m* Feilschen *n*; *pol.* Kuhhandel *m*; **~eira** [~eirɐ] *f* Marktweib *n*; **~eiro** [~eiru] *bras.* eitel.

regato [ʀə'ɣatu] *m* Bach *m*.

reged|or [ʀɨʒə'ðor] *m* Gemeindevorsteher *m*; **~oria** [~ðu'riɐ] *f* Gemeindeamt *n*.

regel|ado [~ʒə'laðu] erfroren, starr; **~ador, ~ante** [~lɐ'ðor, ~'lẽntə] eisig; **~ar** [~ar] (1e) zum Gefrieren (*od.* Erstarren) bringen; *v/i.* an-, ein-, ge-frieren; erstarren; **~o** [~'ʒelu] *m* An-, Ein-, Ge-frieren *n*; Glatteis *n*; *fig.* *Gefühls*-Kälte *f*.

regência [~'ʒẽsjɐ] *f* Regentschaft *f*; *gram.* Rektion *f*; ♪ Leitung *f*.

regener|ação [~ʒənərɐ'sɐ̃u] *f* Erneuerung *f*; Wiederherstellung *f*; *mor.* Wiedergeburt *f*; **~ador** [~ɐ'ðor] **1.** *adj.* erneuernd; Erneuerung bringend; **2.** *m* Erneuerer *m*; ⊕ Regenerator *m*; **~ar** [~'rar] (1c) erneuern; neu bilden; (ver)bessern.

regente [~'ʒẽntə] *su.* Regent(in *f*) *m*; ♪ Dirigent(in *f*) *m*; *Schul*-Vorsteher(in *f*) *m*; Inhaber(in *f*) *m e-s Lehrstuhls*; ⚘ Verwalter *m*.

reger [~'ʒer] (2h; *Stv.* 2c) regieren (*a. gram.*); lenken; *Pflug, Steuer usw.* führen; leiten; *Orchester* dirigieren; *Lehrstuhl* innehaben; lehren, lesen; **~-se** *por* sich lenken l. von, sich richten nach.

reger|ação, ~ar [~ʒərɐ'sɐ̃u, ~'rar] = *regener|ação, ~ar*.

região [~'ʒjɐ̃u] *f* Gegend *f*; Landschaft *f*; Gebiet *n*; Region *f*.

regicida [~ʒi'siðɐ] *su.* Königsmörder(in *f*) *m*.

regime [~'ʒimə] *m* Regierung(s-form) *f*; Herrschaft *f*; Regelung *f*; Ordnung *f*; Lebensweise *f*; Arbeitsweise *f*; ⚕ Diät *f*; *gram.* Rektion *f*; *oft* ...wesen, *z. B.* ~ *sanitário* Gesundheitswesen *n*; *oft* ...weise, *z. B.* ~ *alimentar* Ernährungsweise *f*.

regiment|al [~ʒimẽn'tał] Regiments...; Geschäftsordnungs..., der Geschäftsordnung; **~ar** [~ar] **1.** *adj.* behördlich; **2.** *v/t.* (1a) behördlich regeln; **~o** [~'mẽntu] *m* ⚔ *u. pol.* Regiment *n*; Vorschrift *f*; Verwaltung *f*; ~ (*interno*) Geschäftsordnung *f*.

régio ['ʀɛʒju] königlich, Königs...

region|al [ʀɨʒju'nał] regional; Heimat...; mundartlich; ~ *de* aus (*od.* in) der Gegend von; **~alismo** [~nɐ'liʒmu] *m* Regionalismus *m*; mundartlicher Ausdruck *m*; **~alizar** [~nɐli'zar] (1a) nach Landschaften gliedern, dezentralisieren.

regist|ado [~ʒiʃ'taðu] ⚘ eingetragen; Marken...; ✉ „Einschreiben", *carta f -a* Einschreibebrief *m*; **~ador** [~tɐ'ðor] **1.** *adj.* Registrier...; Kontroll...; Schreib...; **2.** *m* Registrator *m*; ~ *de oft* ...messer *m*, ...uhr *f*; **~ar** [~'tar] (1a) eintragen; aufnehmen; auf-, ver-zeichnen; feststellen; registrieren, kontrollieren; ✉ einschreiben l.; **~ar-se** sich ereignen; **~o** [~'ʒiʃtu] *m* Register *n*; Verzeichnis *n*; Eintragung *f*; Aufzeichnung *f*; (*Zoll-, Hafen-*)Kontrolle *f*; Lesezeichen *n*; ⊕ Schieber *m*; Ablesung *f*; Anzeige *f*; Schreibvorrichtung *f an Meßgeräten*; ♪ Register *n*; Stimmlage *f*; ✉ Einschreibesendung *f*; ~ *civil* Standesamt *n*; ~ *predial* Grundbuch(amt) *n*; *certificado m do* ~ *criminal* polizeiliche(s) Führungszeugnis *n*; *digno de* ~ denkwürdig.

registrado *bras.* [~ʒis'tradu] *usw. s. registado usw.*

rego ['ʀeɣu] *m* (Wasser-)Rinne *f*; Furche *f*; Falte *f*; Gleis *n*; Scheitel *m*. [Stau(ung *f*) *m*.]

regolfo [ʀə'ɣołfu] *m* Turbine *f*;

regougar [ʀəɣo'ɣar] (1o) bellen (*Fuchs*); *fig.* knurren, brummen.

regozij|ar [~ɣuzi'ʒar] (1a) (er-)freuen; **~o** [~'ziʒu] *m* Freude *f*; Lustbarkeit *f*, Vergnügen *n*.

regra ['ʀɛɣrɐ] *f* Regel *f*; Richtschnur *f*; Ordnung *f*; *Noten*-Linie *f*; *Schrift*-Zeile *f*; Lineal *n*; ℞ Rechnung(sart) *f*; *as quatro ~s* die vier Spezies; ~ *das três* Dreisatz-

rechnung *f*; *com* ~ in Ordnung; vorschriftsmäßig, regelrecht; ~ *geral*, *em* ~, *por via de* ~ in der Regel.
regr|adeira [ʀəɣrɐ'ðeirɐ] *f* Rastral *n* (*Liniergerät*); Leserost *m*; **~ado** [~'ɣraðu] mäßig; vernünftig; **~ador** [~ɐ'ðor] *m* = *~adeira*; **~ar** [~'ɣrar] (1c) regeln; *Papier* linieren; mäßigen; **~ar-se** sich verhalten.
regress|ão [~ɣrə'sɐ̃u] *f* Rück-bildung *f*, -gang *m*; ⚕ Regression *f*; **~ar** [~ar] (1c) zurück-kehren, -kommen; zurück-gehen (*a. fig.*), -fahren; **~ivo** [~ivu] regressiv; rückgängig, Rück-...; rückwirkend; **~o** [~'ɣrɛsu] *m* Rück-, Wieder-kehr *f*; Rückgang *m*; ⚖ Regreß *m*.
régua ['ʀɛɣwɐ] *f* Lineal *n*; ~ *de calcular* Rechenschieber *m*; **~-tê** [~'te] *f* Reißschiene *f*.
regueifa [ʀə'ɣeifɐ] *f* Brezelbrot *n*.
regueir|a *f*, **~o** *m* [ʀə'ɣeirɐ, -u] Rinnsal *n*; Bewässerungsgraben *m*.
regul|ação [~ɣulɐ'sɐ̃u] *f* Regulierung *f*; Einstellung *f*; Regelung *f*; **~ador** [~ɐ'ðor] **1.** *adj.* Regulier...; **2.** *m* Regulator *m*; Regler *m*; **~agem** *bras.* [~'laʒẽ] *f* Einstellung *f*; **~amentação** [~ɐmẽntɐ'sɐ̃u] *f* Regelung *f*; Ordnung *f*; **~amentar** [~ɐmẽn'tar] **1.** *v/t.* (1a) (behördlich) regeln; ordnen; **2.** *adj.* vorschriftsmäßig; dienstlich; behördlich; **~amento** [~ɐ'mẽntu] *m* Regelung *f*; gesetzliche Vorschrift *f*; Betriebs-, Geschäfts-, Haus-ordnung *f*; Dienstvorschrift *f*; (Ausführungs-) Bestimmungen *f/pl.*; Satzung *f*; **~ar** [~'lar] **1.** *v/t.* (1a) regeln; ordnen; regulieren; richten (nach *por*); *v/i.* arbeiten, funktionieren; F richtig im Kopf sn; ~ *por* sich etwa belaufen auf (*ac.*), etwa kosten (*ac.*); **2.** *adj.* regelmäßig; pünktlich; ordnungs-mäßig, -gemäß; gesetzmäßig; regulär (*Truppen*); *fig.* leidlich; **~aridade** [~ɐri'ðaðə] *f* Regelmäßigkeit *f*; Gesetzmäßigkeit *f*; Ordnung *f*; **~arização** [~ɐrizɐ'sɐ̃u] *f* Regulierung *f*; **~arizar** [~ɐri'zar] (1a) regulieren; = *~ar* 1.; **~ativo** [~ɐ'tivu] regulativ.
régulo ['ʀɛɣulu] *m* Häuptling *m*.
regurgitar [ʀəɣurʒi'tar] (1a) auswerfen; erbrechen; *v/i.* über-laufen, -sprudeln; brodeln.
rei [ʀei] *m* König *m*; *dia dos Reis* Dreikönigstag *m*.
reide *angl. bras.* ['ʀeidə] *m* Raid *m*; *Luft*-Angriff *m*; *lange*(*r*) Marsch *m*, Ritt *m*, Flug *m*, Fahrt *f*.
reimpr|essão [ʀeĩmprə'sɐ̃u] *f* Neudruck *m*; Nachdruck *m*; **~imir** [~i'mir] (3a) nachdrucken.
rein|ado [ʀei'naðu] *m* Regierung(s-zeit) *f*; Herrschaft *f*; **~ar** [~ar] (1a) regieren; *fig.* herrschen.
reincid|ência [ʀeĩsi'ðẽsjɐ] *f* Rückfall *m*; Rückfälligkeit *f*; **~ente** [~ẽntə] rückfällig; **~ir** [~ir] (3a) rückfällig w.; zurückfallen (in *em*).
reineta [ʀei'netɐ] *f* = *raineta*.
reino ['ʀeinu] *m* Reich *n*; *pol.* Königreich *n*.
reintegrar [ʀeĩntə'ɣrar] (1c) wieder-einsetzen, -einstellen, -eingliedern; zurückerstatten; **~-se** sich wieder ein-gliedern, -fügen.
réis [ʀɛiʃ] *pl. v. real* b) 2.; *conto m de* ~ *s. conto*; *500* ~ P 50 Centavo; *2 mil e 500* ~ P 2 $ 50 Escudo.
reiter|ado [ʀeitə'raðu] mehr-fach, -malig; **~ar** [~ar] (1c) wiederholen.
reit|or *m*, **-a** *f* [ʀei'tor, -ɐ] Rektor *m*, Rektorin *f*; **~orado** [~u'raðu] *m* Rektorat *n*; **~oria** [~u'riɐ] *f* Rektorat *n* (*Dienststelle*).
reiúno *bras.* [ʀei'unu] staatlich; *depr.* wertlos; *fig.* herrenlos.
reivindic|ação [ʀeivĩndikɐ'sɐ̃u] *f* Zurückforderung *f*; Wiedererlangung *f*; *allg.* Beanspruchung *f*; Forderung *f* (nach *de*); **~ar** [~'kar] (1n) zurückfordern; wiedererlangen; *allg.* beanspruchen; fordern; ~*-se de* sich berufen auf (*ac.*); **~ativo** [~ɐ'tivu]: *caderno m* ~ Liste *f* der Forderungen; *greve f* (*luta f*) *-a* Lohn-streik (-kampf) *m*; *movimento m* ~ Protestbewegung *f*.
reixa ['ʀeiʃɐ] *f* Latte *f*; Fenstergitter *n*.
rejei|ção [ʀɨʒei'sɐ̃u] *f* Ablehnung *f*; **~tar** [~'tar] (1a) (zurück)werfen; *fig.* ablehnen; ab-, zurück-weisen; verweigern; **~tável** [~'tavɛɫ] unannehmbar; verwerflich.
rejubilar [~ʒuβi'lar] (1a) (er)freuen; *v/i. u.* **~-se** jubeln; sich freuen.
rejúbilo [~'ʒuβilu] *m* Jubel *m*, Freude *f*.
rejuvenescer [~ʒuvəniʃ'ser] (2g) (sich) verjüngen.
rela ['ʀɛlɐ] *f* Laubfrosch *m*; Vogelfalle *f*.
rela|ção [ʀəlɐ'sɐ̃u] *f* Beziehung *f*;

Verhältnis *n*; Zs.-hang *m*; Bericht *m*; Beschreibung *f*; Aufstellung *f*, Verzeichnis *n*; (*Tribunal m da*) ♀ *entspr. dtsch.* Landgericht *n*; *sistema m de -ões* Bezugssystem *n*; *em ~ a* im Verhältnis zu, verglichen mit; = *com ~ a* hinsichtlich (*gen*); *estar de relações cortadas com* entzweit sn mit; **~cionação** [~sjunɐ'sɐ̃u] *f* Verknüpfung *f*; **~cionado** [~sju'naðu]: *bem ~* mit guten Beziehungen; *estar ~ com* in Beziehung stehen mit; *fig.* kennen (*ac.*); **~cionamento** [~sjunɐ'mẽntu] *m* Verhältnis *n*; Beziehungen *f/pl.*; **~cionar** [~sju'nar] (1f) berichten, beschreiben; e-e Aufstellung m. von; *~ com* verknüpfen mit; zs.-bringen mit (*a. fig.*); in Beziehung setzen zu; beziehen auf (*ac.*); *fig.* bekanntm. mit; **~cionar-se** zs.-hängen; Beziehungen (*od.* ein Verhältnis) anknüpfen; Bekanntschaft schließen.

relâmpago [~'lẽmpɐɣu] *m* Blitz *m*.

relamp(agu)ear [~lẽmp(ɐɣ)'jar] (1l) = **~ejar** [~ɨ'ʒar] (1d) (auf-)blitzen; wetterleuchten.

relançamento *gal.* [~lẽsɐ'mẽntu] *m* (Wieder-)Belebung *f*, Ankurbelung *f*; Aufschwung *m*.

relanc|e [~'lẽsə] *m*: *~ de olhos*, *~ de vista* (rascher) Blick *m*; *de ~* im Augenblick, im Nu; **~ear** [~lẽ'sjar] **1.** *v/t.* (1l): *~ os olhos*, *~ a vista* e-n raschen Blick werfen (auf [*ac.*] *a*); **2.** *m* Blick *m*.

relapso [~'lapsu] rückfällig; verstockt.

relar [~'lar] (1c) **a)** = *ralar*; **b)** *bras.* streifen.

relat|ar [~lɐ'tar] (1b) berichten; referieren; **~ividade** [~tivi'ðaðə] *f* Relativität *f*; **~ivismo** [~ti'viʒmu] *m* Relativismus *m*; **~ivizar** [~tivi'zar] (1a) relativieren; **~ivamente** [~ˌtivɐ'mẽntə]: *~ a* hinsichtlich, bezüglich; **~ivo** [~'tivu] relativ; **~o** [~'latu] *m* Bericht *m*; Aufstellung *f*; **~or** [~or] *m* Referent *m*; Berichterstatter *m*; **~ório** [~ɔrju] *m* Bericht *m*; Referat *n*.

relax|ação [~laʃɐ'sɐ̃u] *f* Erschlaffung *f*; Nachlässigkeit *f*; Zügellosigkeit *f*; **~ado** [~'ʃaðu] schlaff; locker; nachlässig; liederlich; **~amento** [~ɐ'mẽntu] *m* = *~ação*; **~ar** [~'ʃar] (1a) lockern; schlaff m.; vernachlässigen; *v/i.* entspannen; **~ar-se** erschlaffen; nachlassen; liederlich w.; **~e** [~'laʃə] *m* ⚖ Zwangseintreibung *f*.

relegar [~lə'ɣar] (1o; *Stv.* 1c) verbannen; entfernen; *~ para* verschicken nach; über-, ver-weisen an (*ac.*).

relembrar [~lẽm'brar] (1a) ins Gedächtnis rufen; erinnern an (*ac.*).

relento [~'lẽntu] *m* feuchte Nachtluft *f*; Tau *m*.

reler [~'ler] (2l) wieder (*od.* noch einmal) lesen.

reles P ['ʀɛlɨʃ] gewöhnlich; schäbig.

relev|ação [ʀələvɐ'sɐ̃u] *f* Vergebung *f*; Hervorhebung *f*; Erleichterung *f*; **~ado** [~'vaðu] erhaben; **~ância** [~'vɐ̃sjɐ] *f* Wichtigkeit *f*, Bedeutung *f*; **~ante** [~'vɐ̃ntə] wichtig, bedeutend; **~ar** [~'var] (1c) vergeben; erlauben; hervortreten l.; hervorheben; auszeichnen; *Schmerz* erleichtern; *releva inf.* man muß (*od.* es ist zu) *inf.*; **~o** [~'levu] *m* Relief *n*; *auto.* Reifenprofil *n*; *dar ~ a* unterstreichen; hochspielen; *pôr em ~* hervortreten lassen; *fig.* hervorheben; dartun.

relh|a ['ʀeʎɐ] *f* Pflugschar *f*; Radreifen *m*; **~o** [~u] *m* Lederpeitsche *f*.

relicário [ʀəli'karju] *m* Reliquienschrein *m*.

religi|ão [~li'ʒjɐ̃u] *f* Religion *f*; **~osa** [~ɔzɐ] *f* Nonne *f*; **~osidade** [~ʒjuzi'ðaðə] *f* Frömmigkeit *f*; **~oso** [~ozu (-ɔ-)] **1.** *adj.* fromm; religiös; kirchlich (*Feiertag*); *fig.* gewissenhaft; andächtig; **2.** *m* Mönch *m*.

relinch|ar [~lĩ'ʃar] (1a) wiehern; **~o** [~'lĩʃu] *m* Wiehern *n*.

relíquia [~'likjɐ] *f* Reliquie *f*; *~s pl.* Überreste *m/pl.*

relógio [~'lɔʒju] *m* Uhr *f*; *bomba f de ~* Höllenmaschine *f*; *~ de pulso* = **~-pulseira** *bras.* [~puł'seirɐ] *m* Armbanduhr *f*.

relojo|aria [~luʒwɐ'riɐ] *f* Uhrmacher-kunst *f*, -werkstatt *f*; Uhrenladen *m*; Uhrwerk *n*; **~eiro** [~'ʒweiru] *m* Uhrmacher *m*.

relut|ância [~lu'tɐ̃sjɐ] *f* Widerstreben *n*, -wille(n) *m*; Widerstand *m*; **~ante** [~ɐ̃ntə] widerwillig; **~ar** [~ar] (1a) widerstreben; nicht mögen (*ac.*); Widerstand leisten.

reluzir [~lu'zir] (3m) glänzen; blinken.

relva ['ʀɛlvɐ] *f* Rasen *m*.

relv|ado [ʀɛɫ'vaðu] *m* Rasen *m*; Wiese *f*; **~oso** [~ozu (-ɔ-)] rasig; Rasen...; grasig, Gras...
remad|a [ʀə'maðɐ] *f* Ruderschlag *m*; **~or** [~mɐ'ðor] *m* Ruderer *m*.
remandar *bras.* [ʀemɐ̃n'dar] (1a) aufschieben.
remanesc|ente [ʀəmɐniʃ'sẽntə] übrig; **~er** [~er] (2g) übrigbleiben.
remans|ado [~mɐ̃'saðu] still; träge; müßig; **~ear(-se)** [~'sjar(sə)] (1l) sich beruhigen; ruhen; stillstehen; **~o** [~'mɐ̃su] *m* Stille *f*; Ruhe *f*; Muße *f*; stehende(s) (*od.* Stau-) Wasser *n*; **~oso** [~ozu (-ɔ-)] = *~ado*.
remar [~'mar] (1d) rudern.
remat|ado [~mɐ'taðu] vollendet, ausgemacht; **~ar** [~ar] (1b) beenden; abschließen; krönen; *Spiel* entscheiden; *v/i.* enden; **~e** [~'matə] *m* Ende *n*, Schluß *m*; Abschluß *m*, Krönung *f*; *Sport*: Torschuß *m*; *dar* (*od. pôr*) *~ em* (*od. a*) = *~ar*; *em ~* zum Schluß; als Abschluß.
remed|eio P [~mə'ðeju] *m* Aushilfe *f*; Ausweg *m*; Mittel *n*; Pflaster *n*; **~iado** [~'ðjaðu] nicht unbemittelt; auskömmlich; *estar ~* sein Auskommen h.; *com isto estou ~* damit ist mir geholfen; **~iar** [~'ðjar] (1h) (ab)helfen (*dat.*); hinweghelfen über; abstellen; beheben; heilen; verhindern; *para ~* zur Aushilfe; als (vorläufiger) Ausweg; *isto remedeia* das hilft für den Augenblick; das ist ein Ausweg; **~iar-se** sich (*dat.*) durchhelfen, durchkommen; **~iável** [~'ðjavɛɫ] abstellbar; behebbar; heilbar.
remédio [~'mɛðju] *m* Arznei *f*; (Heil-, Hilfs-, Rechts-)Mittel *n*; Hilfe *f*; Abhilfe *f*; Ausweg *m*; *pôr ~ a* = *remediar*; *que ~!* was soll(te) man m.?; *não há* (*ter*) *outro ~ senão* es bleibt nichts anderes übrig (nichts anderes tun können) als; *não há ~!* da kann man nichts m.; = *isso não tem ~* daran (*od.* dagegen) ist nichts zu m.; das ist hoffnungs- (*od.* aussichts-)los.
remeiro [~'meiru] **1.** *adj.* leicht (zu rudern[d]); **2.** *m* Ruderer *m*.
rememorar [~məmu'rar] (1e) ins Gedächtnis zurückrufen; erinnern an (*ac.*); gedenken (*gen.*).
remend|ão [~mẽn'dɐ̃u] *m* Flickschuster *m*, -schneider *m*; *fig.* Pfuscher *m*, Stümper *m*; **~ar** [~ar] (1a) (an)flicken, ausbessern; *Wort* einflicken; *Satz* zs.-flicken; **~eira** [~eirɐ] *f* Flickschneiderin *f*; **~o** [~'mẽndu] *m* Flicken *m*; Fleck *m*; (an-)geflickte Stelle *f*; Zusatz *m*; *deitar ~s em* = *~ar*.
remessa [~'mɛsɐ] *f* *Geld-*, *Waren-*Sendung *f*; Lieferung *f*; ✝ Rimesse *f*.
remet|ente [~mə'tẽntə] *su.* Absender(in *f*) *m*; *Wechsel*-Remittent(in *f*) *m*; **~er** [~er] (2c) (zu)senden; zustellen; aus-, ein-händigen; anvertrauen; verschieben *od. fig.* schieben (auf [*ac.*] *para*); verweisen (an *od.* auf [*ac.*] *a*, *para*); **~er-se** *a* sich anvertrauen (*dat.*); sich beziehen (*od.* berufen) auf (*ac.*); sich zurückziehen auf *od.* in (*ac.*).
remex|er [~mɨ'ʃer] (2c) **1.** *v/t.* durch-wühlen, -stöbern; umrühren; schütteln; **2.** *v/i.* a) *~ em* = 1.; b) = **~er-se** sich rühren; sich (unruhig hin und her) bewegen.
remição [~mi'sɐ̃u] *f* Ab-, Aus-, Einlösung *f*; Wiedergutmachung *f*.
remígio [~'miʒju] *m* Schwungfeder *f*.
remigr|ação [~miɣrɐ'sɐ̃u] *f* Rückwanderung *f*; Rückkehr *f*; **~ar** [~'ɣrar] (1a) zurückkehren.
reminiscência [~məniʃ'sẽsjɐ] *f* Erinnerung *f*; Nach-, An-klang *m*.
remir [~'mir] (3a; *stammbetonte Formen* = *redimir*) ablösen; *Pfand* einlösen; *Gefangenen* auslösen, loskaufen; *allg.* wieder-erlangen, -erwerben; befreien; *Schuld* büßen; *Schaden* wiedergutmachen; *rel. u. fig.* erlösen; **~-se** sich loskaufen.
remirar [~mi'rar] (1a) betrachten.
remiss|ão [~mi'sɐ̃u] *f* Erlaß *m*; Nachlaß *m*; *lit.* Verweis *m*; **~ível** [~ivɛɫ] verzeihlich; läßlich (*Sünde*); ab-, aus-lösbar; **~ivo** [~ivu] verweisend; *nota f -a* Verweis *m*; *índice m ~* Stellennachweis *m*; Sachregister *n*; **~o** [~'misu] lässig; säumig.
remit|ência [~mi'tẽsjɐ] *f* ⚕ Nachlassen *n*; Aussetzen *n*; **~ente** [~ẽntə] ⚕ zeitweilig nachlassend (*od.* aussetzend); **~ir** [~ir] (3a) erlassen; ablassen; zurückerstatten; lockern, mildern; *v/i.* nachlassen.
remível [~'mivɛɫ] ab-, ein-lösbar.
remo ['ʀemu] *m* Ruder *n*; *puxar pelo ~* sich ins Ruder legen.

remoção [ˌmu'sɐ̃u] *f* Entfernung *f*; Beseitigung *f*; *Amts*-Versetzung *f*.
remoçar [ˌmu'sar] (1p; *Stv.* 1e) verjüngen.
remodel|ação [ˌmuðəlɐ'sɐ̃u] *f* Umgestaltung *f*; Umbildung *f*; **ˌar** [ˌ'lar] (1c) umgestalten; *pol.* umbilden.
remoer [ˌ'mwer] (2f) nochmals mahlen; nachpressen; wiederkäuen; sich nochmals durch den Kopf gehen l.; nicht loskommen von; immer wieder zurückkommen (*od.* F herumreiten) auf (*dat.*).
remoinh|ar [ˌmwi'ɲar] (1q) (umher)wirbeln; strudeln; sich drehen; *fig.* sich drängen; **ˌo** [ˌ'mwiɲu] *m* Wirbel(wind) *m*; Strudel *m*.
remolh|ar [ˌmu'ʎar] (1e) durchtränken; einweichen; **ˌo** [ˌ'moʎu] *m* Einweichen *n*; Wässern *n*.
remont|a [ˌ'mõntɐ] *f* ⚔ Remonte *f*; **ˌado** [ˌmõn'taðu] hoch(fliegend), erhaben; weit zurückliegend; **ˌar** [ˌmõn'tar] (1a) erheben; erhöhen; ausbessern; *Schuh* vorschuhen; ⚔ remontieren; ˌ o voo höher fliegen; *v/i. u.* **ˌar-se** aufsteigen; sich emporschwingen; zurück-gehen, -greifen (auf *od.* bis in [*ac.*] a).
remoqu|e [ˌ'mɔkə] *m* Stichelei *f*; Anzüglichkeit *f*; **ˌear** [ˌmu'kjar] (1l) anzüglich w., sticheln; *v/t.* sticheln auf (*ac.*); sich mokieren über (*ac.*).
remor|der [ˌmur'ðer] (2d) *fig.* peinigen, quälen; *v/i.* ˌ em verleumden (*ac.*), klatschen über (*ac.*); herumreiten auf (*dat.*); **ˌder-se** de außer sich sn vor (*dat.*); **ˌso** [ˌ'mɔrsu] *m* Gewissensbiß *m*.
remoto [ˌ'mɔtu] entfernt; entlegen; fern; weit zurückliegend.
remov|er [ˌmu'ver] (2d) verrücken, verschieben; entfernen; (weg)schaffen (nach *od.* in [*ac.*] para); verscheuchen; *Beamten* versetzen; *Hindernis* beseitigen; *Mängel* abstellen; **ˌível** [ˌivɛɫ] verrückbar; entfernbar; versetzbar; abstellbar.
remuner|ação [ˌmunərɐ'sɐ̃u] *f* Vergütung *f*; Belohnung *f*; **ˌador** [ˌɐ'ðor] lohnend; **ˌar** [ˌ'rar] (1c) vergüten; belohnen; bezahlen; **ˌativo, ˌatório** [ˌɐ'tivu, ˌɐ'tɔrju] Gehalts-...; Lohn...; als Belohnung (geltend).
rena ['ʀenɐ] *f* Ren *n*.
renal [ʀə'naɫ] Nieren...
renano [ˌ'nɐnu] **1.** *adj.* rheinisch; **2.** *m* Rheinländer *m*.
renasc|ença [ˌnɐʃ'sẽsɐ] *f* Wiedergeburt *f*; Wiederaufleben *n*; ♀ Renaissance *f*; **ˌer** [ˌer] (2g; *Stv.* 2b) wiedergeboren w.; wieder aufleben, zu neuem Leben erwachen; fazer ˌ wieder ins Leben rufen; **ˌentista** [ˌsẽn'tiʃtɐ] Renaissance...; **ˌimento** [ˌsi'mẽntu] *m* = ˌença.
renda ['ʀẽndɐ] *f* **a)** Spitze *f*; **b)** Ertrag *m*; *Haus*-Miete *f*; *Land*-Pacht *f*; *allg.* Einkommen *n*; Einnahme *f*.
rend|ado [ʀẽn'daðu] **1.** *adj.* spitzenbesetzt; durchbrochen; **2.** *m* Spitzen(-besatz *m*, -werk *n*) *f/pl.*; **ˌedoiro, -ouro** [ˌdə'ðoiru, -oru] einträglich; **ˌeiro** *m*, **-a** *f* [ˌeiru, -ɐ] **a)** Pächter(in *f*) *m*; **b)** Spitzenklöppler (-in *f*) *m*; **ˌer** [ˌer] (2a) zur Übergabe (*od.* zum Nachgeben) zwingen; bezwingen; überanstrengen, ermüden; ⚔ übergeben; ausliefern; zurück-erstatten, -geben; *Gehorsam, Dienst, Ehre* erweisen; *Dank* abstatten; *Geist* aufgeben; *Seele* aushauchen; *Wache* ablösen; *Gewinn* abwerfen, einbringen; verleiten (zu a); *v/i.* nachgeben; brechen; ⚕ sich lohnen, (sich) rentieren; **ˌer-se** sich ergeben; sich unterwerfen; nachgeben; **ˌibilidade** [ˌdiβəli'ðaðə] *f* Rentabilität *f*; **ˌibilizar** [ˌdiβəli'zar] (1a) rentabel m.; **ˌição** [ˌdi'sɐ̃u] *f* Übergabe *f*; Unterwerfung *f*; Nachgeben *n*; Ablösung *f der Wache*; **ˌido** [ˌiðu] unterwürfig; willfährig; hingebend; **ˌilha** [ˌiʎɐ] *f* feine Spitze *f*; Zacke *f*; **ˌilhado** [ˌdi'ʎaðu] **1.** *adj.* spitzenbesetzt; ausgezackt; durchbrochen; **2.** *m* Spitzenbesatz *m*; Zackenwerk *n*; **ˌimento** [ˌdi'mẽntu] *m* Ertrag *m*; Gewinn *m*; *allg.* Einkommen *n*; ⚕ *bsd.* Rendite *f*; *sportliche od. Arbeits*-Leistung *f*; Leistung(sfähigkeit) *f e-r Maschine usw.*; Ergiebigkeit *f*; Wirtschaftlichkeit *f*; ⚕ Verrenkung *f*; = ˌição; casa *f od.* prédio *m* de ˌ Mietshaus *n*; ˌs *pl.* Einkommen *n*, Einkünfte *pl.*; **ˌível** [ˌivɛɫ] rentabel; **ˌoso** [ˌozu (-ɔ-)] einträglich; lohnend; ergiebig.
reneg|ado [ʀənə'ɣaðu] **1.** *adj.* abtrünnig; **2.** *m* Renegat *m*; F schlechte(r) Kerl *m*; **ˌar** [ˌar] (1o; *Stv.* 1c) **1.** *v/t.* verleugnen; verabscheuen; verfluchen; = **2.** *v/i.* ˌ de

sich lossagen von; schimpfen auf (*ac.*).

ren|go *bras.* ['ʀẽŋgu] lahm; **~guear** *bras.* [ʀẽŋ'gjar] (1l) lahmen.

renh|ido [ʀɨ'ɲiδu] heiß; blutig; **~ir** [~ir] (3c—D4) streitig m.; streiten um; aus-, be-kämpfen; *Schlacht* schlagen; *v/i.* streiten, sich schlagen.

renit|ência [ʀəni'tẽsjɐ] *f* Widerspenstigkeit *f*, Widerstreben *n*; Widerstand *m*; **~ente** [~ẽntə] widerspenstig; **~ir** [~ir] (3a) widerstreben, sich widersetzen.

renome [~'nomə] *m* Ruf *m*; Ruhm *m.*

renov|ação [~nuvɐ'sɐ̃u] *f* Erneuerung *f*; Auffrischung *f*; Nachwuchs *m* (an [*dat.*] de); **~ador** [~ɐ'δor] **1.** *adj.* erneuernd; **2.** *m* (Er-)Neuerer *m*; **~ar** [~'var] (1e) erneuern; auffrischen; wiederholen; *v/i.* wiederkehren; (wieder) ausschlagen (*Pflanze*); **~o** [~'novu (-ɔ-)] *m* Schößling *m*, Trieb *m*; *fig.* neue(r) Zweig *m e-r Familie*; Sproß *m.*

renque ['ʀẽŋkə] *m* Reihe *f.*

rent|abilidade [ʀẽntɐβəli'δaδə] *f* Rentabilität *f*; **~ável** [~'tavɛɫ] rentabel.

rente ['ʀẽntə] **1.** *adv.* glatt; *cortar ~* glatt ab- (*od.* kurz-)schneiden; **2.** *prp.* ~ *a*, ~ *de*, ~ *com* dicht (*od.* hart) an (*dat.*).

renúncia [ʀə'nũsjɐ] *f* Verzicht *m*; Entsagung *f.*

renunciar [~nũ'sjar] (1g): ~ *a* verzichten auf (*ac.*); entsagen (*dat.*); ablehnen (*ac.*); *ein Amt* niederlegen; *e-n Vorsatz* aufgeben.

reorden|ação *f*, **~amento** *m* [rjurdənɐ'sɐ̃u, ~ɐ'mẽntu] Neuordnung *f*; **~ar** [~'nar] (1d) neu ordnen.

reorganiz|ação [ʀjurɣɐnizɐ'sɐ̃u] *f* Umgestaltung *f*; Reorganisation *f*; **~ar** [~'zar] (1a) umgestalten; reorganisieren; **~ativo** [~ɐ'tivu] Reorganisations...

repa P ['ʀepɐ] *f Haar*-Strähne *f.*

repar|ação [ʀəpɐrɐ'sɐ̃u] *f* Ausbesserung *f*, Reparatur *f*; Instandsetzung *f*; Wiedergutmachung *f*; (Schaden-) Ersatz *m*; *pol.* Reparation *f*; **~ador** [~ɐ'δor] kräftigend; erholsam; **~ar** [~'rar] (1b) ausbessern, reparieren; instand setzen; wiedergutmachen; *Ehre* wiederherstellen; *Verlust* ersetzen; *Schlag* parieren; *Kräfte* stärken; *v/i.* ~ *em* (be)merken (*ac.*); achten auf (*ac.*); berücksichtigen (*ac.*); *repare!* sehen Sie mal!; **~ável** [~'ravɛɫ] reparierbar; wiedergutzumachen(d); ersetzbar; **~o** [~'paru] *m* Beobachtung *f*; Bemerkung *f*; Einwand *m*; Ermahnung *f*; Schutz *m*, Abwehr *f*; ⚔ Schanze *f*; Lafette *f*; = *~ação*; *fazer ~ em* = *~ar em.*

repart|ição [~pɐrti'sɐ̃u] *f* Verteilung *f*; Abteilung *f*; Dienststelle *f*, Amt *n*; **~idor** [~i'δor] *m* Verteiler *m*; Teiler *m*; **~ir** [~'tir] (3b) (ab-, ein-, aus-, ver-, zu-) teilen; **~ível** [~'tivɛɫ] (ver)teilbar.

repassar [~pɐ'sar] (1b) durchdringen; tränken; füllen; nochmals durch-gehen, -lesen.

repast|ar [~pɐʃ'tar] (1b) weiden; bewirten; *v/i. u.* **~ar-se** sich gütlich tun, schmausen; **~o** [~'paʃtu] *m fig.* Mahlzeit *f*; Schmaus *m.*

repatri|ação *f*, **~amento** *m* [~pɐtrjɐ'sɐ̃u, -'mẽntu] Repatriierung *f*; Rückkehr *f*; **~ar** [~'trjar] (1g) repatriieren; **~ar-se** zurückkehren.

repel|ão [~pə'lɐ̃u] *m* Ruck *m*; Stoß *m*; *de ~* heftig; **~ente** [~ẽntə] abstoßend; **~ir** [~ir] (3c) ab-, hinaus-, weg-, zurück- (*a.* von sich) weisen; weg-, zurück-stoßen; sich ekeln vor (*dat.*); *Schmuck* ablegen; **~o** [~'pelu]: *a ~* gewaltsam; ungestüm.

repenic|ado [~pəni'kaδu] schrill; **~ar** [~ar] (1n) gellen, schrillen.

repensar [~pẽ'sar] (1a) *fremde Gedanken* nachdenken; (nochmals) über-denken, -legen.

repent|e [~'pẽntə] *m* plötzliche Bewegung *f*; plötzlicher Einfall *m*; unüberlegte Handlung *f*; Anfall *m*, Ausbruch *m*; *ter ~s* aufbrausend sn; *ter bons ~s* geistreich sn; *de ~* = **~inamente** [~pẽnˌtinɐ'mẽntə] unversehens; **~ino** [~pẽn'tinu] plötzlich, unerwartet.

repercu|ssão [~pərku'sɐ̃u] *f* Rückstoß *m*, -prall *m*; Widerhall *m* (*a. fig.*); *fig.* Wirkung *f*; *-ões pl.* Auswirkungen *f/pl.*; **~tir** [~'tir] (3a) zurück-werfen, -treiben; *v/i.* zurückprallen; widerhallen (*Ton*); *fig.* Widerhall finden; wirken.

repertório [~pər'tɔrju] *m* Sachregister *n*; Nachschlagewerk *n*; *bsd.* Repertoire *n*; *tea. a.* Spielplan *m.*

repesar [ʀəpə'zar] (1c) nachwiegen.

repet|ente [~pə'tẽntə] durchgefallen; sitzengeblieben; **~ição** [~ti'sɐ̃u] *f* Wiederholung *f*; *de ~* Repetier...,

⚔ Selbstlade...; **~idamente** [~ˌtiðɐ'mẽntə] mehrmals, wiederholt; **~idor** [~ti'ðor] *m* Repetitor *m*, F Einpauker *m*; **~ir** [~ir] (3c) wiederholen; zum zweiten Mal nehmen von, nochmals zulangen; **~itivo** [~ti'tivu] Wiederholungs...

repicar [~pi'kar] (1n) (an)schlagen; läuten.

repimpar [~pĩm'par] (1a) sich *den Bauch* vollschlagen; *j-n* mästen; **~-se** sich vollfressen; sich breitmachen.

repinch|ar [~pĩ'ʃar] (1a) spritzen (*Schmutz*); **~o** [~'pĩʃu] *m* Spritzer *m*.

repintar [~pĩn'tar] (1a) abmalen; nach-, über-malen; *v/i.* abfärben.

repique [~'pikə] *m* Läuten *n*; (Fest-)Geläut *n*; Sturmläuten *n*, Alarm *m*; *Billard*: Zs.-stoß *m*.

repis|a [~'pizɐ] *f* Nachkeltern *n*; *vinho m de ~* Tresterwein *m*; **~ado** [~pi'zaðu] *fig.* abgedroschen; **~ar** [~pi'zar] (1a) nochmals keltern; *fig.* wiederholen; herumreiten auf (*dat.*).

replantar [~plɐ̃n'tar] (1a) wieder anbauen; nach-, um-pflanzen.

repleto [~'plɛtu] ganz voll, überfüllt; überladen (*Magen*); übersättigt.

réplica ['ʀɛplikɐ] *f* Entgegnung *f*.

replicar [ʀəpli'kar] (1n) entgegnen; entgegenhalten; widersprechen.

repois-, repous|ado [ʀəpoi-, ʀəpo-'zaðu] ruhig, gelassen; **~ar** [~ar] (1a) ruhen l.; beruhigen; *v/i.* (sich) ausruhen; ruhen; schlafen; ablagern (*Wein*); sich setzen (*Flüssigkeit*); brach liegen (*Feld*); **~o** [~'poi-, ~'pozu] *m* Ruhe(pause) *f*; Ruhestätte *f*; *em ~* brach, Brach...

repolh|o [~'poʎu] *m* Weißkohl *m*; *~ roxo* Rotkohl *m*; **~udo** [~pu'ʎuðu] Kopf...; rundlich, dick.

repoltrear-se [~poł'trjarsə] (1l) sich breitmachen; sich rekeln.

repont|ão [~põn'tɐ̃u] **1.** *adj.* bockig; flegelhaft; **2.** *m* Querkopf *m*; **~ar** [~ar] (1a) *v/i.* (wieder) erscheinen; anbrechen (*Tag*); stoßen (nach *para*); *fig.* widersprechen.

repor [~'por] (2zd) wieder hin-legen, -setzen, -stellen; zurückgeben; ersetzen; wiederherstellen; wieder einsetzen; **~-se** sich erholen.

report|agem [~pur'taʒɐ̃i] *f* Berichterstattung *f*, Reportage *f*; **~ar** [~ar] (1e) zurückhalten; mäßigen; *Nutzen* bringen; *~ a* beziehen auf (*ac.*); zuschreiben (*dat.*); **~ar-se** *a* sich berufen auf (*ac.*); anknüpfen an (*ac.*).

repórter [~'pɔrtɛr] *m* Berichterstatter *m*, Reporter *m*.

reposi|ção [~puzi'sɐ̃u] *f* Rückgabe *f*; Erstattung *f*; Wieder-einsetzung *f*, -herstellung *f*; Erholung *f*; *tea.* Neuinszenierung *f*; *Film* Wiederholung *f*; **~tório** [~'tɔrju] *m* Sammlung *f*, Archiv *n*; Depot *n*.

repost|ada [~puʃ'taðɐ] *f* freche Antwort *f*; **~ar** [~ar] (1e) frech antworten; entgegnen.

reposteiro [~'teiru] *m Tür*-Vorhang *m*.

reposto [~'poʃtu (-ɔ-)] *p.p. v. repor.*

repous... *s. repois...*

repreen|der [ʀəprjẽn'der] (2a) tadeln; *j-m et.* verweisen; **~são** [~ẽ'sɐ̃u] *f* Tadel *m*, Verweis *m*; **~sível** [~ẽ'sivɛł] tadelnswert; **~sivo** [~ẽ'sivu] tadelnd.

represa [~'prezɐ] *f* Stauung *f*; Staudamm *m*, -wehr *n*; Sockel *m*, Konsole *f*; *fig.* Zurückdrängung *f*; Abwehr *f*; Damm *m*; *~ de ódio* aufgestauter Haß *m*.

repres|ado [~prə'zaðu] Stau...; aufgestaut (*Haß usw.*); **~ália** [~aljɐ] *f* Vergeltung *f*; *usar de ~s, exercer ~s* Repressalien ergreifen; **~amento** [~zɐ'mẽntu] *m* Ab-, Anstauung *f*; Eindämmung *f*; **~ar** [~ar] (1c) (ab-, an-)stauen; eindämmen; zurück-drängen, -halten.

represent|ação [~zẽntɐ'sɐ̃u] *f* Vorstellung *f* (*a. tea.*); *bildl.* Darstellung *f*; Eingabe *f*; Vertretung *f*; Repräsentation *f*; *despesas f/pl. de ~* Aufwandsgelder *n/pl.*; *homem m de ~* gewichtige (*od.* repräsentative) Persönlichkeit *f*; **~ante** [~'tẽntə] *su.* Vertreter(in *f*) *m*; **~ar** [~'tar] (1a) vorstellen; darstellen; verkörpern; darlegen, schildern; *Rolle* spielen; *Drama* aufführen; *pol. u.* ⚖ vertreten; *v/i.* auftreten (als *de*); repräsentieren; Theater spielen; *~ para alg.* j-m etwas vorspielen; **~atividade** [~ɐtivi'ðaðə] *f* Vertretungsanspruch *m*; repräsentative(r) Charakter *m*; **~ativo** [~ɐ'tivu] repräsentativ; markant, gewichtig; *~ de* vorstellend (*ac.*), schildernd (*ac.*); vertretend (*ac.*); *Governo m ~* parlamentarische Regierung *f*.

repress|ão [~'sɐ̃u] *f* Repression *f*;

Bekämpfung *f*; Verfolgung *f*; Unterbindung *f*; Abwehr *f*; Unterdrückung *f*; **~ivo** [~ivu] Abwehr...; ⚖ Straf...; ~ *de* zur Verfolgung (*gen.*), zum Schutz gegen.

reprim|enda [ʀəpri'mẽndɐ] *f* scharfe(r) Verweis *m*, Tadel *m*; **~ir** [~ir] (3a) unterdrücken; unterbinden, abstellen; *Verbrechen* bekämpfen; *Aufruhr* niederschlagen; **~ir-se** an sich (*od.* sich zurück-)halten.

reprise *fr.* [~'prizə] *f tea.* = *reposição*.

réprobo ['ʀɛpruβu] verworfen.

reprodu|ção [ʀəpruδu'sɐ̃u] *f* Fortpflanzung *f*; Neubildung *f*; Nachbildung *f*; Nachdruck *m*; Wiedergabe *f*; **~tível** [~'tivɛɫ] = *~zível*; **~tivo** [~'tivu] nach-bildend, -schaffend; reproduktiv; = **~tor** [~'tor] **1.** *adj.* Fortpflanzungs...; Zucht...; **2.** *m* Zucht-hengst *m*, -stier *m usw.*; **~zir** [~'zir] (3m) nachbilden; nachdrucken; wiedergeben; schildern; vervielfältigen; **~zir-se** sich fortpflanzen; sich wiederholen; **~zível** [~'zivɛɫ] vermehrbar; nachzubilden(d); nachdruckbar; wiederzugeben(d); zu vervielfältigen(d).

reprov|ação [~pruvɐ'sɐ̃u] *f* Ablehnung *f*; Verdammung(surteil *n*) *f*; Durchfall *m* (*Prüfung*); Mißerfolg *m*; **~ado** [~'vaδu]: *ser ~ im Examen* durchfallen; **~ar** [~'var] (1e) verdammen; ablehnen, verwerfen; durchfallen (l.); **~ável** [~'vavɛɫ] verwerflich; tadelnswert.

reptar [ʀɛp'tar] (1a) herausfordern; anklagen; brechen (mit *com*).

réptil ['ʀɛptiɫ] *m* Reptil *n*.

repto ['ʀɛptu] *m* Herausforderung *f*.

república [ʀɛ'puβlikɐ] *f* Republik *f*; Gemeinwesen *n*, Staat *m*; *uni.* Kameradschaft *f*, Verbindung *f*.

republicano [~puβli'kɐnu] **1.** *adj.* republikanisch; **2.** *m*, **-a** *f* Republikaner(in *f*) *m*.

rep|udiar [ʀəpu'δjar] (1g) verstoßen; *Angebot* ablehnen; *Handlung* mißbilligen; **~údio** [~'puδju] *m* Verstoßung *f*; Ablehnung *f*; Mißbilligung *f*.

repugn|ância [~puɣ'nɐ̃sjɐ] *f* Widerwille(n) *m*; Abscheu *m*, Ekel *m*; **~ante** [~ɐ̃ntə] widerlich; **~ar** [~ar] (1a) widerstreiten (*dat.*); ablehnen; *v/i.* ~ *a* abstoßen (*ac.*), zuwider sn (*dat.*); anekeln (*ac.*).

repulsa, repuls|ão [~'puɫsɐ, ~puɫ'sɐ̃u] *f* Abstoßung *f*; Zurückweisung *f*; Widerwille(n) *m*; *causar ~ a* abstoßen (*ac.*); **~ar** [~'sar] (1a) ab-, zurück-stoßen, -weisen; *Joch usw.* abwerfen; *Unglück* abwenden; **~ivo** [~'sivu] abstoßend, repulsiv.

reput|ação [~putɐ'sɐ̃u] *f* Ruf *m*; Name *m*; **~ado** [~'taδu] beleumundet; *bem ~* angesehen; **~ar** [~'tar] (1a) halten für; ~ *de* schätzen auf (*ac.*); nennen (*dopp. ac.*).

repux|ão [~pu'ʃɐ̃u] *m* Ruck *m*; **~ar** [~ar] (1a) zurückziehen; zerren; recken; *v/i.* (hervor)sprudeln; **~o** [~'puʃu] *m* Wasserstrahl *m*, Fontäne *f*; ⚠ Auf-, Wider-lager *n*; ⊕ Stütz-, Trag-werk *n*.

requebr|ado [ʀəkə'βraδu] schmachtend; gefühlvoll; verliebt; **~ar** [~ar] (1c) anschmachten, schöntun (*dat.*); ~ *o canto* gefühlvoll singen; ~ *os olhos* schmachtende Augen m.; ~ *a voz* e-n schmachtenden Ton annehmen; ~ *o corpo* = **~ar-se** sich geziert benehmen; verliebt tun; tänzeln; **~o** [~'keβru] *m* Schmachten *n*; (verliebtes) Getue *n*; Geziere *n*; ♪ Verzierung *f*, Triller *m*.

requeijão [~kei'ʒɐ̃u] *m* Quark *m*, Weichkäse *m*.

requeim|ado [~kei'maδu] schwärzlich; verbrannt; **~ar** [~ar] (1a) schwarz brennen; rösten; dörren; brennen auf (*od.* in) (*dat.*); *v/i.* brennen; **~e** [~'keimə] *m* Brennen *n*.

requentar [~kẽn'tar] (1a) aufwärmen; **~-se** anbrennen.

requer|ente [~kə'rẽntə] *m* Antrag-, Gesuch-steller *m*; **~er** [~er] (2u) beantragen; nachsuchen um; verlangen; begehren; erfordern, erheischen; **~ido** [~iδu] erforderlich; **~imento** [~ri'mẽntu] *m* Antrag *m*; Gesuch *n*; Forderung *f*.

request|ado [~kɨʃ'taδu] umworben; **~ador** [~tɐ'δor] *m* Bewerber *m*; **~ar** [~ar] (1c) *j-n* ersuchen; werben um.

réquiem ['ʀɛkjẽi] *m* Requiem *n*; *missa f de ~* Totenmesse *f*.

requint|ado [ʀəkĩn'taδu] fein; ausgesucht; gewählt; vornehm; vollendet; erhaben; **~ar** [~ar] (1a) verfeinern, veredeln, vervollkommnen; **~e** [~'kĩntə] *m* Feinheit *f*; Gewähltheit *f*; Vollendung *f*.

requisi|ção [~kəzi'sɐ̃u] *f* Anforderung *f*; Beschlagnahme *f*; **~tar** [~'tar] (1a) anfordern; beschlagnahmen; requirieren; **~to** [~'zitu] *m* Voraussetzung *f*, Erfordernis *n*.

rês [ʀeʃ] *f* Stück *n* (Schlacht-)Vieh *n*; *ser fraca ~* nicht viel taugen.

rés [ʀɛʃ] glatt(weg); *(ao) ~ de* dicht (*od.* hart) an (*dat.*).

rescald|ar [ʀɨʃkał'dar] (1a) nochmals überbrühen; wieder erhitzen; überhitzen; **~eiro** [~eiru] *m* Wärmeplatte *f*; **~o** [~'kałdu] *m* Gluthitze *f*; glühende Asche *f*; letzte Glut *f*; Löscharbeiten *f/pl.*; Tellerwärmer *m*; *fig.* Nach-wehen *f/pl.*, -wirkungen *f/pl.*

rescender [~sẽn'der] (2a) = *recender.*

rescind|ir [~sĩn'dir] (3a) aufheben; umstoßen; **~ível** [~ivɛł] aufhebbar.

rescisão [~si'zɐ̃u] *f* Aufhebung *f*; *Vertrags-*Kündigung *f*.

rescr|ever [~krə'ver] (2c; *p.p.* *~ito*) wieder (*od.* neu)schreiben; **~ição** [~i'sɐ̃u] *f* Zahlungsanweisung *f*; **~ito** [~'kritu] *m* Reskript *n*; amtliche(r) Bescheid *m*.

rés-do-chão(s) [ʀɛʒdu'ʃɐ̃u] *m(pl.)* Erdgeschoß *n*.

resenh|a [ʀə'zeɲɐ] *f* Übersicht *f*; Aufstellung *f*; Bericht *m*; **~ar** [~zɨ'ɲar] (1d) berichten über (*ac.*); zs.-stellen; durchsehen.

reserva [~'zɛrvɐ] *f* Rücklage *f*; Vorrat *m*; Vorbehalt *m*; Zurückhaltung *f*; Reserve *f* (*bsd.* ⚔); Reservierung *f*; *Sport*: Ersatz (-mannschaft *f*) *m*; *à ~ de* vorbehaltlich (*gen.*); mit Ausnahme (*gen.*); *de ~* als (*od.* in) Reserve; als Ersatz(mann); reserviert; *fig.* zurückhaltend; *sem ~* vorbehalt- (*od.* rückhalt-)los; *ficar de ~ fig.* sich zurück- (*od.* reserviert ver-)halten; *passar à ~* zur Reserve kommen.

reserv|ado [~zər'vaðu] zurückhaltend; behutsam; heimlich; reserviert (*Platz usw.*); **~ar** [~ar] (1c) zurückbehalten; aufsparen; bereithalten; vorbehalten; verheimlichen, verhehlen; *Geld* zurücklegen; *Karten* vorbestellen; *Platz usw.* belegen; **~ar-se** sich zurückhalten, sich schonen; **~atório** [~vɐ'tɔrju] *m* Reservoir *n*; Behälter *m*; Speicher *m*; **~ista** [~iʃtɐ] *m* Reservist *m*.

res|fol(e)gar [ʀɨʃfulə'ɣar, -foł'ɣar] (1o; *Stv.* [1c] 1e) atmen, schnaufen; *fig.* verschnaufen; **~fôlego, ~folgo** [~'foləɣu, ~'fołɣu] *m* Atmen *n*; Schnaufen *n*.

resfri|ado [ʀɨʃ'frjaðu] **1.** *adj.* erkältet; **2.** *m* Erkältung *f*; **~adoiro, -ouro** [~frjɐ'ðoiru, -oru] *m* Kühlraum *m*; = **~ador** [~frjɐ'ðor] **1.** *m* Kühlgefäß *n*; Kühler *m*; **2.** *adj.* kühlend, Kühl...; **~amento** [~frjɐ'mẽntu] *m* (Ab-)Kühlung *f*; ⚕ Erkältung *f*; **~ar** [~ar] (1g) abkühlen, erkälten; *v/i. u.* **~ar-se** erkalten; ⚕ sich erkälten.

resgat|ar [ʀɨʒɣɐ'tar] (1b) loskaufen, einlösen; erlösen, befreien; *der Vergessenheit* entreißen; *Pfand* einlösen; *Schuld* büßen; *~ a/c. com* et. erkaufen durch; **~e** [~'ɣatə] *m* Loskauf *m*; Lösegeld *n*; Befreiung *f*; Einlösung *f*.

resguard|ar [~ɣwɐr'ðar] (1b) schützen; verwahren; bewahren; verschonen; beobachten; = *v/i. ~ a* blicken nach; achten auf (*ac.*); **~ar-se** sich hüten; **~o** [~'ɣwarðu] *m* Schutz(maßnahme *f*) *m*; Vorsicht(smaßregel) *f*; Schutzvorrichtung *f*; *de ~* zum Schutz; in Vorrat; als Reserve; *sem ~* rückhaltlos.

resid|ência [ʀəzi'ðẽsjɐ] *f* Wohnsitz *m*; Wohnung *f*; Residenz *f*; *liberdade f de ~* Freizügigkeit *f*; **~encial** [~ðẽ'sjał] Wohn...; **~ente** [~ẽntə] **1.** *adj.* wohnhaft; ansässig; **2.** *m* Resident *m*; **~ir** [~ir] (3a) wohnen; ansässig sn; residieren; *~ em fig.* s-n Sitz h. (*od.* sitzen) in (*dat.*); beruhen auf (*dat.*); stecken in (*dat.*); **~ual** [~'ðwał]: *águas f/pl. -ais* Abwässer *n/pl.*

resíduo [~'ziðwu] *m* Rest *m*; Rückstand *m*; *~s pl.* Abfälle *m/pl.*, Müll *m*.

resign|ação [~ziɣnɐ'sɐ̃u] *f* Verzicht *m*; *Amts-*Niederlegung *f*; Ergebung *f*; **~ado** [~'naðu] *fig.* gefaßt; **~ar** [~'nar] (1a) verzichten auf (*ac.*); abtreten; *Amt* niederlegen; **~ar-se** *a* sich ergeben in (*ac.*); sich abfinden mit.

resina [ʀə'zinɐ] *f* Harz *n*.

resin|agem [~zi'naʒɐ̃i] *f* Harzgewinnung *f*; **~ar** [~ar] (1a) *Baum* anzapfen; mit Harz bestreichen (*od.* vermischen); **~eiro** [~eiru] Harz...; **~ificar-se** [~nəfi'karsə] (1n) verharzen; **~oso** [~ozu] harzig.

resist|ência [~ziʃ'tẽsjɐ] *f* Widerstand(skraft *f*) *m*; Ausdauer *f*; Haltbarkeit *f*; **~ente** [~ẽntə] **1.** *adj.*

zäh; dauerhaft, haltbar; **2.** *m* Widerständler *m*; **~ir** [~ir] (3a) sich halten, (aus)dauern; ~ *a* widerstehen (*dat.*), Widerstand leisten (*dat.*); widerstreben (*dat.*); = *v/t.* aushalten, ertragen.

resma ['ʀeʒmɐ] *f* 1/2 Ries *n*.

resm|elengo *bras.* [ʀɨʒme'lẽŋgu] = **~ungão** [~ũŋ'gɐ̃u] **1.** *adj.* knurrig, brummig; **2.** *m* Brummbär *m*; **~ungar** [~ũŋ'gar] (1o) brummen.

resol|ução [ʀəzulu'sɐ̃u] *f* Entschluß *m*; Entschließung *f*; Entschlossenheit *f*; Lösung *f e-s Problems*; **~uto** [~'lutu] entschlossen, herzhaft; **~ver** [~zoł'ver] (2e) auflösen, zerteilen; *Angelegenheit* erledigen; *Zweifel* lösen; beschließen; ~ *consigo* mit sich selbst (*od.* unter sich) ab-, aus-machen; **~ver-se** *a* sich entschließen zu.

respaldar [ʀɨʃpał'dar] (1a) ebnen; (glatt)walzen.

respectiv|amente [~pɛˌtivɐ'mẽntə] je (nachdem); *às 3 e 4 horas* ~ um 3, beziehungsweise (*Abk.* bzw.) 4 Uhr; **~o** [~'tivu] betreffend; jeweilig; entsprechend.

respeit|ado [~pei'taðu] angesehen; *fazer-se* ~ sich Achtung verschaffen; **~ante** [~ɐ̃ntə]: ~ *a* betreffend (*ac.*); angehend (*ac.*); **~ar** [~ar] (1a) (ver)ehren; achten; Rücksicht nehmen auf (*ac.*); berücksichtigen; (ver)schonen; *v/i.* ~ *a* angehen (*ac.*); betreffen (*ac.*); *no* (*od.* *pelo*) *que respeita a* = *a* ~*o*, *s.* ~*o*; **~ável** [~avɛł] achtbar; ehrwürdig; ansehnlich; **~o** [~'peitu] *m* **a**) Achtung *f*; Ehrerbietung *f*, Ehrfurcht *f*; Rücksicht *f*; *falta f de* ~ Respektlosigkeit *f*; Unhöflichkeit *f*; ~*s pl.* Empfehlungen *f/pl.*; *de* ~ achtbar, ehrbar; ansehnlich; **b**) Beziehung *f*, Hinsicht *f*; *a* ~ *de*, *com* ~ *a*, *no que diz* ~ *a* was (*ac.*) an-betrifft, -geht; im Hinblick auf (*ac.*); *a* (*este*) ~ in dieser Beziehung; darüber, davon; *a meu* ~ was mich betrifft; über mich, von mir; *dizer* ~ *a* = ~*ar a*; **~oso** [~ozu (-ɔ-)] ehrerbietig; ehrfürchtig; = ~*ável*.

respig|a [~'piɣɐ] *f* Ährenlese *f*; Nachlese *f*; **~ão** [~pi'ɣɐ̃u] *m* Niednagel *m*; **~ar** [~pi'ɣar] (1o) Ähren lesen; *v/t. fig.* auf-, zs.-lesen; sammeln.

resping|ão [~pĩŋ'gɐ̃u] mürrisch; bissig; störrisch; **~ar** [~ar] (1o) **a**) aufbegehren; frech antworten; F meckern; ausschlagen (*Pferd*); **b**) (ver)sprühen; **~o** [~'pĩŋgu] *m* **a**) freche Antwort *f*; **b**) Spritzer *m*.

respir|ação [~pirɐ'sɐ̃u] *f* Atmung *f*; Atem *m*; *fazer perder a* ~ den Atem verschlagen; **~adoiro**, **-ouro** [~ɐ'ðoiru, -oru] *m* Luftloch *n*; **~ador** [~ɐ'ðor] *m* Atemapparat *m*; Respirator *m*; **~ar** [~'rar] (1a) atmen; aufatmen; ausruhen; F verschnaufen; wehen; herrschen; *v/t.* (ein- *od.* aus-)atmen; in sich aufnehmen; ausströmen; trachten nach; **~atório** [~ɐ'tɔrju] Atmungs..., Atem...; **~ável** [~'ravɛł] erträglich; **~o** [~'piru] *m* Atemzug *m*; *fig.* Atem-, Ruhepause *f*; Aufschub *m*; Abzug *m*.

resplandec|ência [~plɐ̃ndə'sẽsjɐ] *f* Glanz *m*; **~er** [~er] (2g) glänzen, strahlen; *fig. a.* hervorstechen.

resplend|ência [~plẽn'dẽsjɐ] *f* Glanz *m*; **~er** [~er] (2a) = *resplandecer*; **~or** [~or] *m* Glanz *m*; Ruhm *m*.

respond|ão [~põn'dɐ̃u] patzig; **~er** [~er] (2a) antworten, erwidern; ~ *a a/c.* auf et. (*od.* et. be-)antworten; *fig.* entsprechen (*dat.*); ~ *por* bürgen (*od.* haften, verantwortlich sn) für.

respons|abilidade [~põsɐβəli'ðaðə] *f* Verantwortung *f*; Verantwortlichkeit *f*; Haftung *f*; ~ *civil* Haftpflicht *f*; *sem* ~ ohne Gewähr; *pedir* ~*s j-n* zur Verantwortung ziehen; **~abilizar** [~ɐβəli'zar] (1a) verantwortlich m.; **~abilizar-se** *por* einstehen (*od.* bürgen, haften) für; **~ar** [~'sar] (1a) beten (für); **~ável** [~'savɛł] verantwortlich; haftbar; **~o** [~'põsu] *m rel.* Responsorium *n*; F Gardinenpredigt *f*; ~*s fúnebres* Totengebete *n/pl.*; kirchliche Totenfeier *f*.

respost|a [~'pɔʃtɐ] *f* Antwort *f*; **~ada** [~puʃ'taðɐ] *f* grobe Antwort *f*.

resquício [~'kisju] *m* Überbleibsel *n*; Spur *f*.

ressabi|ado [ʀəsɐ'βjaðu] schlecht schmeckend; *fig.* gewitzigt; scheu (*Pferd*); **~ar** [~ar] (1g) e-n Nachgeschmack bekommen; schreckhaft (*od.* scheu) w.; ~ *de* übelnehmen (*ac.*); nachtragen (*ac.*).

ressabido [~sɐ'βiðu] grund-gelehrt, -gescheit; F neunmalklug; *isto é sabido e* ~ das pfeifen die Spatzen

von den Dächern.
ressaca [~'sakɐ] *f* Brandung *f*; Fluthafen *m*; *fig. bras.* Katzenjammer *m*.
ressacar [~sɐ'kar] (1n; *Stv.* 1b) e-n Rückwechsel ziehen über (*ac.*).
ressaibo [~'saiβu] *m* Beigeschmack *m*; *fig. a.* Spur *f*; Groll *m*; *conservar ~ de* nachtragen (*ac.*); *tomar ~ de* den Geschmack *e-r Sache* annehmen; *fig.* übelnehmen (*ac.*).
ressair [~sɐ'ir] (3l) vorspringen; hervortreten.
ressalt|ar [~sał'tar] (1a) hervorheben; *v/i.* hüpfen; abprallen; ⚠ vorspringen; *fig.* hervorragen; hervorgehen; sich ergeben; **~e, ~o** [~'sałtə, -u] *m* Abprall *m*; Sprung *m*; Vorsprung *m*; *Mauer*-Absatz *m*.
ressalv|a [~'sałvɐ] *f* Richtigstellung *f*; Vorbehalt *m*; Einschränkung *f*; Revers *m*; Schutzbrief *m*; ⚔ Befreiungsschein *m*; **~ar** [~sał'var] (1a) richtigstellen; einschränken; sicherstellen, sichern; befreien; e-n Revers (*od.* Schutzbrief) ausstellen (*dat.*); *-ando su.* vorbehaltlich *gen.*; **~ar-se** *de* sich drücken vor (*dat.*).
ressaque [~'sakə] *m* Rückwechsel *m*.
ressarcir [~sɐr'sir] (3b—D4) *j-n für et.* entschädigen; ersetzen.
ressecar [~sə'kar] (1n; *Stv.* 1c) austrocknen; dörren.
resseguro [~'ɣuru] *m* Rückversicherung *f*.
ressent|ido [ʀəsẽn'tiðu] gekränkt; empfindlich; **~imento** [~sẽnti'mẽntu] *m* Groll *m*; Empfindlichkeit *f*; Argwohn *m*; **~ir** [~ir] (3e) lebhaft empfinden; **~ir-se** *de* leiden unter *od.* an (*dat.*); gekränkt (*od.* ungehalten) sn über (*ac.*); übelnehmen (*ac.*); zu spüren bekommen (*ac.*); (noch) spüren (*ac.*); *ele ressente-se disso* man merkt ihm das an.
ressequ|ido [~sə'kiðu] dürr; verdorrt; **~imento** [~ki'mẽntu] *m* = *ressicação*; **~ir** [~ir] (3o—D4) = *ressecar*.
ressic|ação [~sikɐ'sɐ̃u] *f* Dörren *n*; Austrocknung *f*; Verdorren *n*; Dürre *f*; **~ar** [~'kar] (1n) = *ressecar*.
ressoar [~'swar] (1f) widerhallen; (er)schallen; ertönen; *zu Ohren* kommen; *v/t.* erklingen lassen.
resson|ância [~su'nɐ̃sjɐ] *f* Resonanz *f*; Nach-, Wider-hall *m*; *caixa f de ~* Resonanzboden *m*; Schalldose *f*; *ter ~* Aufsehen erregen; Widerhall finden; **~ante** [~ɐ̃ntə] hallend, schallend; klingend; nachhaltig; **~ar** [~ar] (1f) *v/i.* schnarchen.
ressudar [~su'ðar] (1a) ausschwitzen; ausdünsten; ab-, aus-scheiden; *v/i.* schwitzen; (durch)sickern.
ressumar, -umbrar [~su'mar, ~ũm'brar] (1a) = *ressudar*; *fig.* durchschimmern; sich verraten.
ressurg|imento [~surʒi'mẽntu] *m* Wieder-erstehen *n*, -aufleben *n*, -erscheinen *n*; **~ir** [~'ʒir] (3n) wieder-(auf)erstehen; wieder aufleben; wiedererscheinen.
ressurr|ecto [~su'ʀɛtu] auferstanden; wiedererstanden; **~eição** [~ʀei'sɐ̃u] *f* Auferstehung *f*.
ressurtir [~sur'tir] (3a) hoch-springen, -schnellen; auftauchen.
ressuscit|ação [~suʃsitɐ'sɐ̃u] *f* Auferweckung *f*; Wiedererweckung *f*; Auferstehung *f*; **~ar** [~'tar] (1a) (vom Tode) auferwecken; wiedererwecken; *v/i.* auferstehen; dem Leben wiedergeschenkt w.; = *ressurgir*.
restabelec|er [ʀɨʃtɐβələ'ser] (2g) wiederherstellen; wieder einsetzen; **~er-se** genesen; **~imento** [~si'mẽntu] *m* Wiederherstellung *f*; Genesung *f*.
rest|ante [~'tẽntə] übrig; **~ar** [~ar] (1c) (übrig)bleiben; übrig sein.
restaur|ação [~taurɐ'sɐ̃u] *f* Wiederherstellung *f*; Instandsetzung *f*; Wiedereinsetzung *f*; *pol.* Restauration *f*; **~ador** [~ɐ'ðor] **1.** *adj.* stärkend; **2.** *m* Wiederhersteller *m*, Neubegründer *m*; **~ante** [~'rẽntə] *m* Gaststätte *f*, Restaurant *n*; **~ar** [~'rar] (1a) wieder-herstellen, -einsetzen; instand setzen; *Gemälde* restaurieren; **~ar-se** sich stärken; sich erholen; **~o** [~'tauru] *m* Restaurierung *f*.
réstia ['ʀɛʃtjɐ] *f geflochtenes* Binsen-, Stroh-seil *n*; *Zwiebel*-Zopf *m*; *Licht*-Strahl *m*, Streifen *m*.
restinga [ʀɨʃ'tĩŋgɐ] *f* Riff *n*; Sandbank *f*; *bras.* (Ufer-)Dickicht *n*.
restitu|ição [~titwi'sɐ̃u] *f* Rückerstattung *f*, -gabe *f*; *Schaden*-Ersatz *m*; Wiederherstellung *f*; Wiedereinsetzung *f*; **~ir** [~'twir] (3i) zurück-erstatten, -geben; herausgeben; *Schaden* ersetzen; wiederherstellen; wieder einsetzen.

resto ['ʀɛʃtu] *m* Rest *m*; Überrest *m*; Überbleibsel *n*; *de* ~ im übrigen.
restolh|al [ʀɨʃtu'ʎal] *m* Stoppelfeld *n*; **~o** [~'toʎu (-ɔ-)] *m* Stoppel *f*.
restr|ição [ʀɨʃtri'sɐ̃u] *f* Einschränkung *f*; Beschränkung *f*; ~ *mental* Hintergedanke(n) *m*; **~ingente** [~ĩ'ʒẽntə] *adj.* (*u. m*) zs.-ziehend(es Mittel *n*); **~ingir** [~ĩ'ʒir] (3n) ein-, be-schränken; einengen; zs.-ziehen; **~itivo** [~i'tivu] restriktiv; **~ito** [~'tritu] *p.p. irr. v.* ~*ingir*; enger; klein.
result|ado [ʀəzuł'taðu] *m* Ergebnis *n*; Erfolg *m*; *dar* ~ Erfolg *od.* Zweck h.; zum Ziel führen; *dar* (*bom*) ~ sich bewähren; helfen; (gut)gehen; *não dar* ~ keinen Zweck h.; = *não* ~*ar*; **~ante** [~ẽntə] **1.** *adj.*: ~ *de* sich ergebend aus; **2.** *f* Resultante *f*; **~ar** [~ar] (1a) sich erweisen (*od.* herausstellen) als; *não* ~ schief- *od.* daneben-gehen; ~ *de* sich ergeben aus; hervorgehen (*od.* folgen) aus; herrühren von; ~ *em* ergeben; zur Folge h., führen zu; ~ *em pleno* vollen Erfolg h.; *resulta que* demnach, folglich.
resum|ido [~zu'miðu] gedrängt; kurz; **~ir** [~ir] (3a) zs.-fassen, -drängen; **~ir-se** sich kurz fassen; **~o** [~'zumu] *m* Zs.-fassung *f*; Nacherzählung *f*; Überblick *m*; Abriß *m*; ~ *de notícias* Kurznachrichten *f/pl.*; ~ *de programa* Programmvorschau *f*; *em* ~ in gedrängter Form, im Abriß; kurz, in einem Wort.
resval|adiço [ʀɨʒvɐlɐ'ðisu] glitschig, schlüpfrig (*a. fig.*); **~adoiro, -ouro** [~ɐ'ðoiru, -oru] *m* schlüpfrige(r) Boden *m* (*a. fig.*); Gleitbahn *f*; **~ar** [~'lar] (1b) *v/i.* (ab-, aus-)gleiten, (-)rutschen (*a. fig.*); entgleiten.
resvés P [ʀɛʒ'vɛʃ] glatt; P ratzekahl.
reta *bras. s. recta.*
retábulo [ʀə'taβulu] *m* Altaraufsatz *m*; Altar(bild *n*) *m*.
retaco *bras.* [ʀe'taku] untersetzt.
retaguarda [ʀɛtɐ'ɣwarðɐ] *f* Nachhut *f*; Etappe *f*; (hinteres) Ende *n*; 🚋 hintere Plattform *f*; *ficar para a* (*od. na*) ~ zurückbleiben; *à* ~ im Rücken; *pela* ~ von hinten.
retal *bras. s. rectal.*
retalh|ar [ʀətɐ'ʎar] (1b) zerschneiden; auf-, zer-reißen; zerfetzen; verletzen; **~ista** [~iʃtɐ] *m* Einzelhändler *m*; **~o** [~'taʎu] *m* Stück *n*; Fetzen *m*; (Stoff-)Rest *m*; *a* ~ im kleinen; en détail; *venda f a* ~ Kleinverkauf *m*, Einzelhandel *m*.
retalia|ção [~ljɐ'sɐ̃u] *f* Vergeltung (-smaßnahme) *f*; **~r** [~'ljar] (1g) Vergeltung üben für, vergelten.
retangular *bras. s. rectangular.*
retard|ação [~tɐrðɐ'sɐ̃u] *f* Verzögerung *f*; Verspätung *f*; Aufschub *m*; *de* ~ Zeit...; **~ado** [~'ðaðu] Spät...; **~ador** [~ɐ'ðor] *m*: ~ (*automático*) *Film*: Zeitlupe *f*; **~amento** [~ɐ'mẽntu] *m* = ~*ação*; **~ar** [~'ðar] (1b) ver-zögern, -langsamen; aufhalten; verschieben; *Uhr* zurückstellen; **~ar-se** sich verspäten; **~atário** [~ɐ'tarju] **1.** *adj.* zu spät kommend, unpünktlich; **2.** *m* Nachzügler *m*; **~e** *bras.* [ʀe'tardə] *m* = ~*ação*.
retém [~'tɐ̃i] *m* Vorrat *m*; Rest *m*; [Ersatz *m*.]
retemperar [~tẽmpə'rar] (1c) stärken.
ret|enção [~tẽ'sɐ̃u] *f* Zurück(be)haltung *f*; Einbehaltung *f*; *fig.* Festhalten *n*; ⚖ Haft *f*; ⚕ *Harn*-Verhaltung *f*; **~entor** [~ẽn'tor] *m* Inhaber *m*, Besitzer *m*; **~er** [~'ter] (2zb) festhalten; (in Händen) haben; *Gelesenes usw.* behalten; *Tränen* zurückhalten; *Atem* anhalten; ⚖ in Haft nehmen; ⚕ *Harn usw.* verhalten; **~er-se** innehalten; an sich halten.
retes|ado [~tə'zaðu] stramm; straff; steif; *fig. a.* hölzern; **~ar** [~ar] (1c) straffen; spannen; (ver)steifen.
reticência [~ti'sẽsjɐ] *f* Verschweigung *f*; Auslassung *f*; (Rede-) Pause *f*; ~*s pl.* Andeutungen *f/pl.*; *gram.* Pünktchen *n/pl.* (...).
ret|iculado, -lar [~tiku'laðu, -'lar] netzförmig; Netz...; **~ículo** [~'tikulu] *m* Fadenkreuz *n*; Raster *m*.
retidão *bras. s. rectidão.*
retido [~'tiðu] *p.p. v. reter*; *encontrar-se* ~, *estar* ~ zurückgehalten w.; sich in Haft befinden; bleiben müssen (in [*dat.*] *em*); nicht zu sprechen sn; sich vertieft h. in (*ac.*), beschäftigt sn (mit *em*).
retific... *bras. s. rectific...*
retilíneo *bras. s. rectilíneo.*
retina [~'tinɐ] *f* Netzhaut *f im Auge.*
retingir [~tĩ'ʒir] (3n) auf-, nachfärben.
ret|inir [~ti'nir] (3a) klirren; (nach-) klingen; ertönen; **~intim** [~tĩn'tĩ]

m Klirren *n*; Geklingel *n*.
retinto [\~'tĩntu] schwarzbraun; pechschwarz (*Neger*).
retir|ada [\~ti'raδɐ] *f* Rückzug *m*; Zurück-ziehung *f*, -nahme *f*; Wegnahme *f*; Entfernung *f*; Rettung *f*; Bergung *f*; = \~*o*; *bater em* \~ den Rückzug antreten; **\~ado** [\~aδu] entlegen (*Ort*); **\~ar** [\~ar] (1a) zurückziehen; *Wort* zurücknehmen; (weg-, heraus-)nehmen; (weg)bringen, entfernen; (heraus)ziehen; retten; herausbekommen aus; verdienen (*od.* ernten) (bei *de*); \~ *a/c. a alg.* j-m et. entziehen; **\~o** [\~'tiru] *m* Zurückgezogenheit *f*; Einsamkeit *f*; Ruhesitz *m*; Versteck *n*; *rel.* Exerzitien *n/pl.*
reto *bras. s. recto.*
retoc|ador [\~tukɐ'δor] *m* Retuscheur *m*; **\~ar** [\~'kar] (1n; *Stv.* 1e) überarbeiten; ausbessern; retuschieren.
retoiç... *s. retouç...*
retomar [\~tu'mar] (1e) wiederaufnehmen; *Platz* wieder einnehmen.
retoque [\~'tɔkə] *m* Überarbeitung *f*; Ausbesserung *f*; Retusche *f*; *dar os ultimos* \~*s* letzte Hand anlegen.
retorc|edeira [\~tursə'δeirɐ] *f* Zwirnmaschine *f*; **\~er** [\~'ser] (2g; *Stv.* 2d) verdrehen; umkehren; zwirnen; **\~er-se** *fig.* sich winden; **\~ido** [\~'siδu] gewunden; krumm.
retóric|a [ʀɛ'tɔrikɐ] *f* Redekunst *f*, Rhetorik *f*; **\~o** [\~u] rednerisch; rhetorisch; phrasenhaft.
retorn|ado [ʀətur'naδu] *m* Heimkehrer *m*; *Angola*-Flüchtling *m*; **\~ar** [\~tur'nar] (1e) zurück-geben, -bringen, -schicken; entgegnen; *v/i.* zurückkehren; **\~elo** [\~ɛlu] *m* Kehrreim *m*; **\~o** [\~'tornu] *m* Rückkehr *f*; Rückgabe *f*; Rücksendung *f*; Tauschware *f*; Gegengeschenk *n*; *bras. auto.* Ausfahrt *f*.
retorquir [\~tur'kir] (3o—D1) entgegnen; widersprechen; *v/t.* entgegen-, vor-halten.
retorsão [\~tur'sɐ̃u] *f* **a**) Verdrehung *f*; Krümmung *f*; Zwirnung *f*; **b**) Entgegnung *f*; Vergeltung *f*.
retort|a [\~'tɔrtɐ] *f* ⚗ Retorte *f*; **\~o** [\~'tortu (-ɔ-)] = *retorcido.*
retouç-, retoiç|a [\~'tosɐ, \~'toisɐ] *f* (Strick-)Schaukel *f*; **\~ar(-se)** [\~to-, toi'sar(sə)] (1p) herumtollen; (sich) schaukeln.
retracção [ʀətra'sɐ̃u] *f* Zug *m*; Ein-, Zurück-ziehung *f*; Schwund *m*; ⚕ Verkürzung *f*.
retraço [\~'trasu] *m* Häcksel *m*; Spreu *f*.
retract|ação [\~tratɐ'sɐ̃u] *f* Widerruf *m*; Zurücknahme *f*; **\~ar** [\~'tar] (1a) *v/t.* = **\~ar-se** *de* widerrufen (*ac.*); zurücknehmen (*ac.*).
retr|áctil, \~activo [\~'tratił, \~tra'tivu] einziehbar; ziehend, Zug...
retra|ído [\~trɐ'iδu] verschlossen; schüchtern; eingezogen (*lebend*); **\~imento** [\~i'mẽntu] *m* Verschlossenheit *f*; Einsamkeit *f*; *fig.* Zurückhaltung *f*; *fis.* Zs.-Ziehung *f*; Schrumpfung *f*; **\~ir** [\~'ir] (3l) zurückziehen; *Fühler* einziehen; entreißen; zurückhalten; hinterziehen; abbringen; abschrecken; **\~ir-se** sich flüchten; *fis.* sich zs.-ziehen.
retransmi|ssão [\~trẽʒmi'sɐ̃u] *f* Übertragung *f*, Übernahme *f*; Weitergabe *f*; **\~tir** [\~'tir] (3a) *Radio*: übertragen; *Telegramm* weitergeben.
retratar[1] *bras. s. retractar.*
retrat|ar[2] [\~trɐ'tar] (1b) porträtieren, malen; photographieren; *allg.* abbilden; schildern; spiegeln; **\~ista** [\~iʃtɐ] *su.* Porträt-maler(in *f*) *m*, -photograph(in *f*) *m*; **\~o** [\~'tratu] *m* Porträt *n*, Bildnis *n*; Lichtbild *n*; Abbild *n*; Schilderung *f*; \~ *a meio corpo*, \~ *a corpo inteiro* Knie-, Vollbild *n*; \~ *em pé* stehende(s) Bild *n*; *tirar o* \~ sich malen (*od.* photographieren) l.; *tirar o* \~ *a* malen (*ac.*); photographieren (*ac.*).
retret|a [\~'tretɐ] *f* ⚔ Appell *m*; = **\~e** [\~'trɛtə] *f* Abort *m*.
retribu|ição [\~triβwi'sɐ̃u] *f* Vergütung *f*; Belohnung *f*; Erwiderung *f*; **\~ir** [\~'βwir] (3i) vergüten; belohnen; bezahlen; *Gruß usw.* erwidern.
retrincar [\~trĩŋ'kar] (1n) *fig.* übel auslegen.
retroactivo [ʀɛtrɔa'tivu] rückwirkend.
retroc|eder [ʀətrusə'δer] (2c) zurückweichen; sich zurückziehen; rückwärts (*od.* zurück-) gehen; sich rückwärts entwickeln; \~ *em* verzichten auf (*ac.*), Abstand nehmen von; *v/t.* wieder abtreten; **\~essão** [\~ə'sɐ̃u] *f* ⚖ Wiederabtretung *f*; Rückgabe *f*; ⚕ Rückschlag *m*; = **\~esso** [\~'sɛsu] *m* Zurückweichen *n*; Rückwärtsbewegung *f*; Rückgang *m*; Rücktransport *m* (*Schreibmaschine*); *bsd. fig.* Rück-

schritt *m*; *tecla f de* ~ Rücktaste *f*.
retrógrado [Rə'trɔɣrɐðu] rückschreitend; rückwärtig, Rückwärts-...; rückläufig (*Planet*); *fig.* rückschrittlich; rückständig.
retrós [~'trɔʃ] *m* (Seiden-)Zwirn *m*.
retros|aria [Rətruzɐ'riɐ] *f* Kurzwarenhandlung *f*; **~eiro** [~'zeiru] *m* Kurzwarenhändler *m*.
retrospec|ção [Rɛtrɔʃpɛ(k)'sɐ̃u] *f* Rückblick *m*; = **~tiva** [~'tivɐ] *f* Rück-schau *f*, -blende *f*; **~tivo** [~'tivu] rückschauend; nachträglich; *olhar m* ~ = **~to** [~'pɛ(k)tu] *m* Rückblick *m*.
retrover|são [Rətruvər'sɐ̃u] *f* Rückübersetzung *f*; **~ter** [~'ter] (2c) (rück)übersetzen. [*m*.]
retrovisor [~vi'zor] *m* Rückspiegel
retrucar [Rətru'kar] (1n) einwenden; = *retorquir*.
retumb|ante [Rətũm'bɐ̃ntə] dröhnend; **~ar** [~ar] (1a) dröhnen; *v/t.* widerhallen von.
réu [Rɛu] *m* Angeklagte(r) *m*; *cara f de* ~ Armsündergesicht *n*.
reum|ático [Reu'matiku] **1.** *adj.* rheumatisch; **2.** *m* Rheumatiker *m*; P = **~atismo** [~mɐ'tiʒmu] *m* Rheumatismus *m*, P Reißen *n*.
reun|ião [Rju'njɐ̃u] *f* Versammlung *f*; Vereinigung *f*; Zs.-kunft *f*, Treffen *n*; Sitzung *f*; *Jahres*-Tagung *f*; **~ir** [~'nir] (3t) (ver)sammeln; zs.-legen, -stellen, -rufen, -treiben; (mitea.) vereinigen; verbinden (mit *a*); *v/i. u.* **~ir-se** zs.-kommen, sich treffen; zs.-treten; sich zs.-schließen.
reval|idar [Rəvɐli'ðar] (1a) bestätigen; **~orizar** [~uri'zar] (1a) aufwerten.
revel|ação [~vəlɐ'sɐ̃u] *f* Enthüllung *f*; Offenbarung *f*; *fot.* Entwicklung *f*; **~ador** [~ɐ'ðor] **1.** *adj.* aufschlußreich; *banho m* ~ = **2.** *m fot.* Entwickler *m*; **~ar** [~'lar] (1c) enthüllen, aufdecken; offenbaren; *fot.* entwickeln.
revelia [~'liɐ] *f* Nichterscheinen *n* vor Gericht; *à* ~ in Abwesenheit; *fig.* unter Ausschluß, unter Umgehung; *deixar correr à* ~ vernachlässigen.
revend|a [Rə'vẽndɐ] *f* Wiederverkauf *m*; **~edor** [~vẽndə'ðor] *m* Wiederverkäufer *m*; **~er** [~vẽn'der] (2a) wieder- (*od.* weiter-)verkaufen.
rever [~'ver] (2m) **1.** wiedersehen; *bsd.* durchsehen; über-prüfen; -arbeiten; ⚖ revidieren; *auto.* überholen; ~ *provas tipográficas* Korrektur lesen; **2.** durchsickern; *v/t.* durchlassen.
reverber|ação [~vərβərɐ'sɐ̃u] *f* Rückstrahlung *f*; **~ar** [~'rar] (1c) zurück-strahlen, -werfen.
revérbero [~'vɛrβəru] *m* Widerschein *m*, Abglanz *m*; Reflektor *m*; *forno m de* ~ Flammofen *m*.
reverdecer [~vərðə'ser] (2g) wieder grün m.; *fig.* auffrischen; *v/i.* wieder grün werden; sich erneuern.
rever|ência [~və'rẽsjɐ] *f* Ehrfurcht *f*; Ehrerbietung *f*; Verbeugung *f*; **~enciar** [~rẽ'sjar] (1g) (ver)ehren; sich verbeugen vor (*dat.*); **~encioso** [~rẽ'sjozu (-ɔ-)] ehrfürchtig; ehrerbietig; **~endíssima** [~rẽn'disimɐ]: *Vossa* ♀ Euer Hochwürden; **~endíssimo** [~rẽn'disimu] hochwürdig; F Riesen...; **~endo** [~ẽndu] **1.** *adj.* hochwürdig; **2.** *m* Hochwürden *m*; **~ente** [~ẽntə] ehrerbietig.
rever|são [~vər'sɐ̃u] *f* Heimfall *m*; Rückkehr *f*; Umkehr(ung) *f*; **~sível**, **~sivo** [~'sivɛɫ, ~'sivu] heim-, rück-fällig; wiederkehrend; *fis. u.* ⚗ umkehrbar; **~so** [~'vɛrsu] **1.** *m* Rückseite *f*; Kehrseite *f*; **2.** *adj.* = *revesso*; **~ter** [~'ter] (2c) zurückkehren; heim-, zurück-fallen; ~ *em proveito* (*od. a favor*) *de*, ~ *para* zugute kommen (*dat.*); fallen an (*ac.*); **~tível** [~'tivɛɫ] bestimmt für; = ~*sível*.
rev|és [~'vɛʃ] *m* Rückschlag *m*, Mißgeschick *n*; Rückhandschlag *m* (*Tennis*); = *reverso*; *ao* ~ umgekehrt; verkehrt; im Gegensatz (zu *de*); *de* ~ von der Seite, schief; **~esso** [~'vesu] umgekehrt; verkehrt; verdreht; verwickelt; ungezogen, bösartig.
revest|imento [~vɨʃti'mẽntu] *m* *Wand*-Verkleidung *f*; *Fußboden*-Belag *m*; Überzug *m*; ⚓ Beplankung *f*; **~ir** [~'tir] (3c) (be)kleiden; *Tracht* anlegen; *Wand usw.* verkleiden; *Boden* belegen; überstreichen, -ziehen; *fig.* annehmen; zeigen; ausstatten *od.* umgeben (mit *de*); **~ir-se** *de* anlegen (*ac.*); *fig.* sich wappnen mit; annehmen.
revez|adamente [~vəˌzaðɐ'mẽntə] abwechselnd; umschichtig; **~ado**

[~'zaδu] wiederholt; **~amento** [~zɐ'mẽntu] *m* Ablösung *f*; Auswechslung *f*; Schichtwechsel *m*; *Sport*: Staffel-lauf *m*, -schwimmen *n*; **~ar** [~'zar] (1c) ablösen; auswechseln; *v/i. u.* **~ar-se** (ea.) abwechseln; **~es** [~'vezɨʃ]: *a ~* zeitweilig, ab und zu; hier und da; = *~adamente*; **~o** [~'vezu] *m* Wechselweide *f*.

revid|ar [~vi'δar] (1a) vergelten; entgegnen; = *reenvidar*; **~e** [~'viδə] *m* Vergeltung *f*, Revanche *f*.

revigor|amento [~viγurɐ'mẽntu] *m* Kräftigung *f*, Stärkung *f*; **~ar(-se)** [~'rar(sə)] (1e) wieder zu Kräften bringen (kommen); kräftigen (erstarken).

revir [~'vir] **a**) (3x) wieder-, zurückkommen; **b**) (3c) *bras.* durchsickern; lecken, rinnen; schwitzen.

revir|ar [~vi'rar] (1a) (wieder) umdrehen; wenden; zurücktreiben; *Augen* rollen; *~ o caminho* (*od. a carreira, os passos*) umkehren; *~ o dente* die Zähne zeigen; *v/i. u.* **~ar-se** umkehren; zurückkehren; herfallen (über [*ac.*] *sobre*); *~ contra* sich wenden gegen (*ac.*), trotzen (*dat.*); **~avolta** [~rɐ'vɔłtɐ] *f* Wendung *f*; *fig. a.* Umschwung *m*.

revis|ão [~vi'zɐ̃u] *f* Revision *f*; Überprüfung *f*, Kontrolle *f*; Durchsicht *f*; Überarbeitung *f*; *auto.* Wartung *f*, Inspektion *f*; *~ de provas* Korrektur *f*; **~ar** [~ar] (1a) kontrollieren, nachprüfen; **~ionismo** [~zju'niʒmu] *m* Revisionismus *m*; **~or** [~or] **1.** *adj.* Kontroll..., Prüfungs...; **2.** *m* Kontrolleur *m*; *tip.* Korrektor *m*; *allg.* Revisor *m*.

revist|a [~'viʃtɐ] *f* Inspektion *f*; Kontrolle *f*; Durchsuchung *f*; *lit.* Zeitschrift *f*, Rundschau *f*; = *tea.* Revue *f*; ⚔ Parade *f*; ⚖ Nachprüfung *f*; *passar em ~* die Parade abnehmen; *passar ~ a* = **~ar** [~viʃ'tar] (1a) durchsuchen; ⚔ inspizieren; ⚖ *Prozeß* nachprüfen.

reviv|er [~vi'ver] (2a) ins Leben zurückkehren; wieder aufleben; *v/t.* noch einmal (er)leben; **~escência** [~vɨʃ'sẽsjɐ] *f* Wiederaufleben *n*; Wiederbelebung *f*; **~escer(-se)** [~vɨʃ'ser(sə)] (2g) = *~er*; **~ificar** [~vəfi'kar] (1n) wieder beleben.

revoada [~'vwaδɐ] *f Vogel*-Schwarm *m*.

revo|cação [~vukɐ'sɐ̃u] *f* Abberufung *f*; = *~gação*; **~car** [~'kar] (1n; *Stv.* 1e) zurückrufen; *Diplomaten* abberufen; = *~gar*; **~catória** [~kɐ'tɔrjɐ]: (*carta*) *~ f* Abberufungsschreiben *n*; **~gação** [~γɐ'sɐ̃u] *f* Widerruf *m*; Aufhebung *f*; **~gar** [~'γar] (1o; *Stv.* 1e) widerrufen; aufheben; abbestellen; absagen; **~gatório** [~γɐ'tɔrju] Widerrufs...; Aufhebungs...; **~gável** [~'γavɛł] widerruflich.

revolta [~'vɔłtɐ] *f* Aufruhr *m*; Empörung *f*.

revolt|ado [~voł'taδu] = *~oso*; **~ante** [~'tẽntə] *fig.* empörend; **~ar** [~'tar] (1e) aufwiegeln; *fig.* empören, entrüsten; **~o** [~'vołtu] **1.** *p.p. v. revolver*; **2.** *adj.* unruhig, aufgeregt; = **~oso** [~'tozu (-ɔ-)] aufrührerisch; aufständisch.

revolu|ção [~vulu'sɐ̃u] *f* Umdrehung *f*; Drehung *f*; *ast.* Umlauf(szeit *f*) *m*; *fig.* Umwälzung *f*, Revolution *f*; Empörung *f*; **~cionar** [~sju'nar] (1f) aufwiegeln; (von Grund aus) umgestalten; umstürzen; revolutionieren; **~cionar-se** sich empören; in Gärung kommen (*od.* sn); e-e Revolution durchm.; **~cionário** [~sju'narju] revolutionär.

revolver [~voł'ver] (2e) (um-) drehen, (-)wälzen (*a. fig.*); umrühren; durch-wühlen; -stöbern; aufwühlen (*a. fig.*); *Augen* rollen; **~-se** sich wälzen; vergehen (*Zeit*).

revólver [~'vɔłvɛr] *m* Revolver *m*.

revoo [ʀə'vo-u] *m* Rückflug *m*.

rez|a ['ʀɛzɐ] *f* Gebet *n*; **~ar** [ʀə'zar] (1c) beten; *Messe* lesen; *fig.* lauten; besagen; *~ de* handeln von.

rezin|gão P [ʀəzĩŋ'gɐ̃u] **1.** *adj.* zänkisch; **2.** *m* Meckerer *m*; **~gar** [~'gar] (1o) zanken; meckern; *v/t.* zuflüstern; **~gueiro** [~'geiru] = *~gão*.

ria ['ʀiɐ] *f* Haff *n*, Fjord *m*; **~cho** ['ʀjaʃu] *m* Flüßchen *n*, Bach *m*.

riba ['ʀiβɐ] *f* Steilufer *n*; Anhöhe *f*; *em ~* P oben; außerdem.

ribaldo [ʀi'βałdu] *m* Halunke *m*.

ribalta [~'βałtɐ] *f* Rampenlicht *n*.

ribanceira [~βɐ̃'seirɐ] *f* (Ufer-) Felsen *m*; Steilufer *n*.

ribeira [~'βeirɐ] *f* Aue *f*; Fluß *m*.

ribeir|ada [~βei'raδɐ] *f* Strömung *f*; *fig.* Strom *m*; **~inhas** [~iɲɐʃ] *f/pl.* Strandläufer *m/pl.*; **~inho** [~iɲu] Ufer...; Strand...; **~o** [~'βeiru] *m* Flüßchen *n*, Bach *m*.

ribomb|ar [~βõm'bar] (1a) dröhnen; **~o** [~'βõmbu] *m* Dröhnen *n*.
ricaço [~'kasu] **1.** *adj*. steinreich; **2.** *m* reiche(r) Protz *m*.
riçar [ʀi'sar] (1p) kräuseln; locken.
rícino ['ʀisinu] *m* Rizinus *m*.
rico ['ʀiku] **1.** *adj*. reich; reichlich; reichhaltig; fruchtbar; prächtig; köstlich, lecker; F herzig, lieb; **2.** *m fig*. Herzchen *n*; *novo ~* Neureiche(r) *m*.
riço ['ʀisu] **1.** *adj*. kraus; **2.** *m* Dutt *m*, „Chignon" *m*; Wollplüsch *m*.
ricochet|e [ʀiku'ʃetə] *m* Abprall *m*; *fig*. F Hieb *m*, Pflaume *f*; *tiro m de ~* Prellschuß *m*; *de ~* indirekt; *mandar uma de ~ j-n* abblitzen l.; **~ear** [~ʃə'tjar] (1l) abprallen; *fig*. abblitzen.
ridente [~'δẽntə] lachend, lächelnd.
ridicul|aria [~δikulɐ'riɐ] *f* Lächerlichkeit *f*; Kleinigkeit *f*; **~(ar)izar** [~(ɐr)i'zar] (1a) lächerlich machen.
ridículo [~'δikulu] lächerlich, lachhaft; *cair no ~* sich lächerlich m.; *meter a ~* lächerlich m.; *prestar-se ao ~* zum Lachen sein.
rif|a ['ʀifɐ] *f* Verlosung *f*; **~aneiro** [ʀifɐ'neiru] sprichwörtlich; **~ão** (**-ães, -ões**) [ʀi'fɐ̃u] *m(pl.)* Sprichwort *n*; *andar em ~* in aller Mund sn; **~ar** [ʀi'far] (1a) aus-, ver-losen.
rigidez [ʀiʒi'δeʃ] *f* Starrheit *f*; Steifheit *f*; *Leichen*-Starre *f*; *fig*. Strenge *f*; Härte *f*.
rígido ['ʀiʒiδu] starr, steif; hart; streng.
rigor [ʀi'γor] *m* Härte *f*; Strenge *f*; *bsd*. Genauigkeit *f*; *o ~ do frio* (*do calor, da chuva*) die strenge Kälte (die große Hitze, der starke Regen); *no ~ de* mitten in (*dat*.); *no ~ da palavra* genaugenommen; *a ~* vorschriftsmäßig; *de ~* unerläßlich; = *em ~* strenggenommen; im Grunde.
rigor|ismo [ʀiγu'riʒmu] *m* übertriebene Strenge *f*; peinliche Genauigkeit *f*; **~ista** [~iʃtɐ] **1.** *m* strenge(r) Wächter *m*; Eiferer *m*; Pedant *m*; **2.** *adj*. überstreng, unerbittlich; peinlich genau; **~osamente** [~ˌrɔzɐ'mẽntə] strenggenommen; **~oso** [~ozu (-ɔ-)] streng; hart; unerbittlich; genau.
rij|eza [ʀi'ʒezɐ] *f* Härte *f*; Kraft *f*; Strenge *f*; Straffheit *f*; = *rigidez*; **~o** ['ʀiʒu] hart; zäh; stark; straff (*Brust*); *fig*. streng; = *rígido*; *falar ~* kein Blatt vor den Mund nehmen; ein ernstes Wort reden (mit *com*).
rilhar [~'ʎar] (1a) nagen.
rim [ʀĩ] *m* Niere *f*; *rins pl*. Kreuz *n*.
rim|a ['ʀimɐ] *f* **a**) Reim *m*; *~ assonante* Assonanz *f*; *~ consoante* Vollreim *m*; **b**) Ritz *m*; **c**) Stapel *m*, Stoß *m*; **~ar** [ʀi'mar] (1a) in Reime bringen, reimen; *v/i*. (sich) reimen; sich zs.-reimen, zueinander passen; **~oso** [ʀi'mozu (-ɔ-)] rissig.
rincão [ʀĩŋ'kɐ̃u] *m* Winkel *m*.
rinch|ada, ~avelhada [ʀĩ'ʃaδɐ, ~ʃɐvɨ'ʎaδɐ] *f* Gewieher *n*, *wieherndes* Gelächter *n*; **~ar** [~'ʃar] (1a) wiehern; **~o** ['ʀĩʃu] *m* Wiehern *n*.
rinha *bras*. ['ʀiɲɐ] *f* Hahnenkampf *m*.
rin|ite ⚕ [ʀi'nitə] *f* Nasenschleimhautentzündung *f*; **~oceronte** [~nusə'rõntə] *m* Nashorn *n*, Rhinozeros *n*.
rio ['ʀiu] *m* Fluß *m*; Strom *m* (*a. fig*.); **~-grandense(s)** [~γrẽn'dẽsə] aus Rio-Grande; Rio-Grandenser.
ripa ['ʀipɐ] *f* Latte *f*; Rippe *f* (*a. anat*.); **~do** [ʀi'paδu] *m* Lattenwerk *n*; **~l** [ʀi'pał] Latten...
ripanço [ʀi'pɐ̃su] *m* Hechel *f*; Harke *f*; Faulbett *n*; *fig*. Trägheit *f*; Faulpelz *m*; *estar de* (*od. com o seu*) *~* faulenzen.
ripar [ʀi'par] (1a) **a**) mit Latten beschlagen; zu Latten schneiden; **b**) *Flachs* hecheln; *Erde* harken; *Blätter* abstreifen; *bras*. *Pferd* stutzen.
rípio ['ʀipju] *m* Füllsteine *m/pl*.; Schotter *m*; *fig*. Flickwort *n*.
ripostar [ʀipuʃ'tar] (1e) parieren; nachstoßen; zurückschlagen; schlagfertig antworten, erwidern.
riqueza [ʀi'kezɐ] *f* Reichtum *m*.
rir(**-se**) ['ʀir(sə)] (3v): *~ com, ~ de* lachen über (*ac*.); auslachen (*ac*.); *~ para* anlachen (*ac*.); *a ~* lachend; = *para ~* zum Spaß; *~ às gargalhadas* (*cachinadas, casquinadas*) laut (höhnisch) lachen; *~ a bandeiras despregadas, ~ até rebentarem as ilhargas, ~ à tripa forra* sich halb totlachen; *~ na cara, ~ nas barbas de alg*. j-m ins Gesicht lachen *od*. auf der Nase herumtanzen.
risada [ʀi'zaδɐ] *f* Gelächter *n*.
risc|a ['ʀiʃkɐ] *f* Strich *m*; *bsd*. Scheitel *m*; *à ~* genau; sorgfältig; **~ado** [ʀiʃ'kaδu] *m* gestreifte(r) Stoff *m*; **~ar** [ʀiʃ'kar] (1n) linieren; vollstricheln; *bsd*. (aus)streichen; ausschließen; anstreichen; bezeich-

nen; *Figur* zeichnen; *Gewebe* streifen; **~ar-se** ausscheiden; **~o** [~u] *m* **a**) Strich *m*; Riß *m*; Skizze *f*; **b**) Wagnis *n*; Gefahr *f*; *a todo o ~* auf jede Gefahr; *correr ~, estar em ~* in Gefahr schweben, gefährdet sn; Gefahr laufen (zu *de*); *pôr em ~* aufs Spiel setzen.

ris|ível [ʀi'zivɛł] lachhaft; **~o** ['ʀizu] *m* Lachen *n*; Gelächter *n*; *com a boca cheia de ~* lachenden Mundes; *causar ~, fazer ~* zum Lachen sn; = *ser* (*coisa de*) *~* lachhaft (*od.* komisch) sn; *meter a ~* lächerlich m.; **~onho** [~oɲu] lächelnd; heiter; **~ota** [~ɔtɐ] *f* Gelächter *n*; Gespött *n*.

rispidez [ʀiʃpi'ðeʃ] *f* Rauheit *f*; Sprödigkeit *f*; Unfreundlichkeit *f*.

ríspido ['ʀiʃpiðu] rauh; spröde; kurz angebunden; schnippisch.

rítmico ['ʀitmiku] rhythmisch.

ritmo ['ʀitmu] *m* Rhythmus *m*; Takt *m*; Versmaß *n*; Tempo *n*.

rit|o ['ʀitu] *m* Ritus *m*; **~ual** [ʀi'twał] **1.** *adj.* rituell; **2.** *m* Ritual *n*; *fig.* Zeremoniell *n*.

rival [ʀi'vał] **1.** *adj.* rivalisierend; nebenbuhlerisch; eifersüchtig; **2.** *m* Nebenbuhler *m*, Rivale *m*; **~idade** [~vɐli'ðaðə] *f* Wetteifer *m*; Eifersucht *f*; Rivalität *f*; **~izar** [~vɐli'zar] (1a) wetteifern.

rixa ['ʀiʃɐ] *f* Streit *m*; Händel *pl.*

rix|ador [ʀiʃɐ'ðor] **1.** *adj.* händelsüchtig; **2.** *m* Raufbold *m*; **~ar** [~'ʃar] (1a) sich streiten; Händel suchen; **~oso** [~'ʃozu (-ɔ-)] = *~ador.*

rizoma ⚘ [ʀi'zomɐ] *m* Wurzelstock *m*.

robalo [ʀu'βalu] *m* Seebarsch *m*.

robô *bras.* [ʀo'bo] *m* Roboter *m*.

robor|ar [ʀuβu'rar] (1e) (be)stärken; (be)kräftigen; bestätigen; **~ativo** [~rɐ'tivu] stärkend; bestätigend; **~izar** [~ri'zar] (1a) = *~ar.*

robust|ecer [~βuʃtə'ser] (2g) stärken, kräftigen; **~ecer-se** stark w., erstarken; **~ecimento** [~əsi'mẽntu] *m* Stärkung *f*; Erstarkung *f*; Ertüchtigung *f*; **~ez** [~'teʃ] *f* Kraft *f*; Widerstandsfähigkeit *f*; **~o** [~'βuʃtu] kräftig, stark; widerstandsfähig.

roca ['ʀɔkɐ] *f* **a**) *Spinn*-Rocken *m*, Kunkel *f*; **b**) Fels *m*.

roça ['ʀɔsɐ] *f* Rodung *f*; Rod-land *n*, -acker *m*; *bras.* Acker *m*, Feld *n*; Land *n*; Landgut *n*.

roçad|a [ʀu'saðɐ] *f* Rodung *f*; **~o** [~u] *m* Kahlschlag *m*; *bras. a.* Maniokpflanzung *f*; **~oira, ~oura** [~sɐ'ðoirɐ, -orɐ] *f* Rodehacke *f*.

roca|l [ʀu'kał] **1.** *adj.* steinhart; **2.** *m* (Glas-)Perlenkette *f*; **~lha** [~ʎɐ] *f* Glasperlen *f/pl.*; ⚠ Muschelstil *m*. [(*Schachspiel*).]

rocar [~'kar] (1n; *Stv.* 1e) rochieren

roçar [ʀu'sar] (1p; *Stv.* 1e) (aus-)roden; *Wald* abholzen; abschaben, abscheuern; *Stoff* durchscheuern; *Anzug* abtragen; (leicht) berühren; streifen; gleiten über (*ac.*); = *v/i.* schleppen; scharren; *~ por* streifen (*ac.*); vorbeikommen an (*dat.*); *fig. a.* grenzen an (*ac.*).

roch|a ['ʀɔʃɐ] *f* Fels *m*; **~edo** [ʀu'ʃeðu] *m* Felsen *m*; Klippe *f*; **~oso** [ʀu'ʃozu (-ɔ-)] felsig.

rociar [ʀu'sjar] (1g) besprengen; betauen; bestreuen; *v/i.* tauen.

roc|im [~'sĩ] *m* Gaul *m*; **~inante** [~si'nẽntə] *m* Klepper *m*, Rosinante [*f.*]

rocio [ʀu'siu] *m* Tau *m*.

rococó [ʀɔkɔ'kɔ] *m* Rokoko *n*.

roda ['ʀɔðɐ] *f* Rad *n*; Kreis *m*; Runde *f*; *Wurst- usw.* Scheibe *f*; *Rock*-Weite *f*; Glücksrad *n*; Lotterie *f*; Drehkasten *m*; Findelhaus *n*; ⚓ Steven *m*; *fig.* Drehung *f*; (Kreis-, Um-)Lauf *m*; Umgang *m*; Bekanntenkreis *m*; Gesellschaft *f*; *~ livre* Freilauf(rad *n*) *m*; *uma ~ de* e-e Menge; *a alta ~* die besseren Kreise, die vornehme Gesellschaft; *~ fatal* Rad *n* des Schicksals; *dança f de ~* Ringel-reihen *m*, -tanz *m*; *suplício m da ~* Rädern *n*; *à* (*od. de, em*) *~* ringsumher; in der Runde; *à* (*od. em*) *~ de* (rings) um (*ac.*); ungefähr (*ac.*); *andar à ~* sich drehen; kreisen; im Kreise (herum)gehen (*od.* fahren, laufen); *andar numa ~ viva* rastlos tätig sn; sich abhetzen; *fazer ~* e-n Kreis bilden; *meter na ~ Kind* ins Findelhaus bringen; *amanhã anda a ~* morgen ist Ziehung; *a ~ desandou* das Blatt hat sich gewendet.

roda|do [ʀu'ðaðu] auf (*od.* mit) Rädern; fahrbar; weit (*Rock*); *disco m muito ~* abgespielte Platte *f*; *cavalo m ~ bras.* Apfelschimmel *m*; **~gem** [~ʒɐ̃i] *f* Räderwerk *n e-r Maschine*; *caminho m* (*faixa f*) *de ~ bras.* Fahr-weg *m* (-bahn *f*); *estrada f de ~* Autostraße *f*; *em ~ auto.*

plombiert; **~nte** [~'ðẽntə] rollend, Roll...; **~pé** [ʀɔðɐ'pɛ] *m* Fußleiste *f*; Fußkranz *m*; Feuilleton *n*; *no ~* unter dem Strich; **~r** [~'ðar] (1e) rollen; drehen (*a. Film*); *Zeitung* drucken; ♪ *Platte* auflegen, spielen; herum-gehen, -fahren um; bereisen; ⚖ rädern; *v/i.* kreisen; rollen; fahren; vergehen (*Zeit*); **~viva** [ʀɔðɐ'vivɐ] *f* Trubel *m*; Betrieb *m*; Hetze *f*.

rode|ar [ʀu'ðjar] (1l) umgeben; umringen; umgehen (*a. fig.*), herumgehen um; umkreisen, sich drehen um; um-fahren, -segeln; bereisen; durchstreifen; *~ com os olhos* (*od. a vista*) sich umsehen in (*dat.*); mustern; **~io** [ʀu'ðeju] *m* Umweg *m*; Ausflucht *f*; Umschweif *m*; *bras.* Hürde *f*; *sem ~s* geradeheraus.

rod|eira [ʀu'ðeirɐ] *f* Radspur *f*; Fahrweg *m*; **~eiro** [~eiru] *m* Radsatz *m*; *Rad*-Achse *f*; **~ela** [~ɛlɐ] *f* Scheibe *f*; *bras.* Schwindel *m*; *contar ~s* angeben.

rodi|lha [~'ðiʎɐ] *f* Putzlappen *m*; Tragpolster *n für Kopflasten*; *fig.* Mädchen *n* für alles; **~lhão** [~ði'ʎɐ̃u] *m* Scheuerlappen *m*; Rolle *f*; **~lho** [~ʎu] *m* = *~lha*.

rodízio [~'ðizju] *m* Mühlrad *n*; *Möbel*-Rolle *f*; *bras.* Turnus *m*; (geheime) Abrede *f*; *por ~* der Reihe nach, im Turnus.

rodo ['ʀoðu] *m* Schieber *m*; Harke *f des Croupiers*; *a ~* massenhaft.

rodop|elo [ʀuðu'pelu] *m* Wirbel *m im Fell*; **~iar** [~'pjar] (1g) wirbeln; kreisen; **~io** [~'piu] *m* Wirbel *m*; Wirbeln *n*, Kreisen *n*; *andar num ~* (herum)wirbeln; *fig.* sich abhetzen.

rodovalho [~'vaʎu] *m* Steinbutt *m*.

rodovi|a [ʀodo'viɐ] *f* Autostraße *f*; **~ário** [~'vjarju] ... per Achse; *empresa f -a* Transportunternehmen *n*.

roed|or [ʀwə'ðor] *m* Nagetier *n*; **~ura** [~urɐ] *f* ⚒ Schürfung *f*.

roer [ʀwer] (2f) **1.** *v/t.* (ab-, an-, zer-)nagen; an-, zer-fressen; nagen an (*dat.*) (*a. fig.*); *fig.* wühlen in (*dat.*); zermürben; untergraben; *~ a corda* F kneifen; *j-n* aufsitzen l., *j-m* den Hahn abdrehen; *dar um osso a ~ fig.* e-e Nuß zu knacken geben; **2.** *v/i.*: *~ em* nagen an (*dat.*); sich herumschlagen mit, *Problem* wälzen; herziehen über (*ac.*).

rog|ado [ʀu'ɣaðu]: *fazer-se ~* sich bitten l.; **~ador** [~ɣɐ'ðor] *m* Fürbitter *m*; **~ar** [~ar] (1o; *Stv.* 1e): *~ a/c. a alg.* j-n um et. bitten, et. von j-m erbitten; *fazer-se ~ s. ~ado*; *v/i.* beten (zu *a*); **~o** ['ʀoɣu (-ɔ-)] *m* Bitte *f*; *a ~* auf Verlangen.

rojão [ʀo'ʒɐ̃u] *m bras.* Rakete *f*; *fig.* Gewaltmarsch *m*; Gang *m*; Vorgehen *n*, Haltung *f*.

roj|ar [ʀu'ʒar] (1e) (fort)schleppen; werfen; *v/i.* kriechen; *auf dem Boden* schleifen; **~o** ['ʀoʒu] *m* Kriechen *n*; Schleifen *n*; *andar de ~* kriechen.

rol [ʀɔɫ] *m* Verzeichnis *n*, Liste *f*; *Wäsche- usw.* Zettel *m*.

rola ['ʀolɐ] *f* Turteltaube *f*.

rol|ador [ʀulɐ'ðor] *m* Stromabnehmer *m der Straßenbahn*; **~amento** [~ɐ'mẽntu] *m* Rollen *n*; *faixa f de ~* Roll-, Fahr-bahn *f*; *~ de esferas* Kugellager *n*; **~ante** [~'lẽntə] rollend; Roll...; **~ão** [~'lɐ̃u] *m* Kleie *f*; Rundholz *n*, Rolle *f*; **~ar** [~'lar] (1e) **a)** rollen; **b)** girren (*Taube*).

rold|ana [ʀoɫ'dɐnɐ] *f* Flaschenzug *m*; **~ão** [~ɐ̃u] *m* Trubel *m*; *de ~* ungestüm, Hals über Kopf; unversehens.

rolet|a [ʀu'letɐ] *f* Roulett *n*; *fig.* F Ente *f*; **~e** [~ə] *m* Rolle *f*.

rolh|a ['ʀoʎɐ] *f* Kork *m*, Pfropfen *m*; F gemeiner Kerl *m*; *meter uma ~ na boca* den Mund halten; *j-m* den Mund stopfen (*od.* verbieten); *tirar a ~ da boca* loslegen.

roliço [ʀu'lisu] rund(lich); dick.

rolo ['ʀolu] *m* Rolle *f*; Walze *f*; *cul.* Nudel-, Well-holz *n*; Woge *f*; *Rauch*-Wolke *f*; Priem *m*; Wachsstock *m*; Locke *f*; Dutt *m*; *bras.* Auflauf *m*; Rauferei *f*.

romã [ʀu'mɐ̃] *f* Granatapfel *m*.

romana [~'mɐnɐ] *f* Schnellwaage *f*.

roman|ça [ʀu'mɐ̃sɐ] *f* Romanze *f*; **~ce** [~sə] *m* Roman *m*; **~ceado** [~mɐ̃'sjaðu] romanhaft; **~cear** [~mɐ̃'sjar] (1l) e-n Roman machen aus; aufbauschen; **~cista** [~mɐ̃'siʃtɐ] *su.* Romanschriftsteller(in *f*) *m*.

romanesco [~mɐ'neʃku] romanhaft.

românic|as [~'mɐnikɐʃ] *f/pl.* Romanistik *f*, romanische Sprachen und Literaturen *f/pl.*; **~o** [~u] romanisch.

romano [~'mɐnu] **1.** *adj.* römisch; **2.** *m* Römer *m.*

romanticismo [~mɐ̃nti'siʒmu] *m*

romantische Schwärmerei *f*; = *romantismo*.
romântico [~'mẽntiku] **1.** *adj.* romantisch; **2.** *m* Romantiker *m*.
romantismo [~mẽn'tiʒmu] *m* Romantik *f*.
romaria [~mɐ'riɐ] *f* Wallfahrt *f*; Kirchweih *f*; Gedränge *n*; Zug *m*.
romãzeira [~mɐ̃'zeirɐ] *f* Granatapfelbaum *m*.
rombo ['ʀõmbu] **1.** *m* **a**) Rhombus *m*, Raute *f*; **b**) Leck *n*; Loch *n*; **2.** *adj.* stumpf(sinnig).
romeiro [ʀu'meiru] *m* Wallfahrer *m*, Pilger *m*; *fig.* Vorkämpfer *m*.
romeno [~'menu] **1.** *adj.* rumänisch; **2.** *m*, **-a** *f* Rumäne *m*, Rumänin *f*.
romp|ante [ʀõm'pẽntə] **1.** *adj.* heftig; anmaßend; **2.** *m* Heftigkeit *f*; *Zornes*-Ausbruch *m*; Ruck *m*; **~ente** [~ẽntə] angriffslustig; heftig; reißend (*Tier*); **~er** [~er] (2a) **1.** *v/t.* durch-, entzwei-, zer-brechen; abbrechen (*a. fig.*); *Kleidung* zerreißen, verschleißen; *Schweigen usw.* brechen; *Geheimnis* verraten; *feindl. Stellung usw.* durchbrechen; durchdringen; *Weg* bahnen; *Meer*, *Land* durchqueren; *Feindseligkeiten* eröffnen; **2.** *v/i.* aus-, los-brechen; beginnen; anbrechen (*Tag*); aufgehen (*Gestirn*); auftauchen, erscheinen; (ent)quellen; losstürmen (auf [*ac.*] *contra*); brechen (mit *com*, durch *por*); ausbrechen (in *em*); ~ *a inf.* anfangen zu *inf.*; *v/i. a.* = **3.** **~er-se** zerbrechen, zerreißen; entzweigehen; platzen; **4.** *m*: *ao ~ do dia* (*do sol*) bei Tagesanbruch (Sonnenaufgang); **~imento** [~pi'mẽntu] *m* Auf-, Zer-brechen *n usw.*; *Damm*-Bruch *m*; *Kanal*-Durchstich *m*; Durchbruch *m*; Riß *m*; Lücke *f*; *fig. Vertrags*-Bruch *m*; Abbruch *m der Beziehungen*.
ronc|a ['ʀõŋkɐ] *f* Schnarchen *n*; Grunzen *n*; Schnarren *n*; Schnarrlaut *m*; Brausen *n*; *fig.* Prahlerei *f*; ⚓ Nebelhorn *n*; **~ar** [ʀõŋ'kar] (1n) schnarchen; grunzen (*Schwein*); schnarren (*z.B. Dudelsack*); brausen (*Meer*); rollen (*Donner*); *fig.* das Maul aufreißen; prahlen.
ron|çaria [ʀõsɐ'riɐ] *f* Trödelei *f*; Gemächlichkeit *f*; **~cear** [~'sjar] (1l) bummeln, trödeln; (dahin-)schlendern; **~ceirismo** [~sei'riʒmu] *m* Schlendrian *m*; = *~çaria*; **~ceiro** [~'seiru] langsam; gemächlich.
ronco ['ʀõŋku] *m* = *ronca*.
rond|a ['ʀõndɐ] *f* Runde *f*, Rundgang *m*; Ronde *f*, Nachtwache *f*; Streife *f*; Rundtanz *m*; *de ~* wachhabend (*Offizier*); *andar de ~* = **~ar** [ʀõn'dar] (1a) die Runde m. durch (*od.* in [*dat.*], um); bewachen; umkreisen; (herum)schleichen um; *fig.* sich etwa belaufen auf (*ac.*); **~ó** ♪ [ʀõn'dɔ] *m* Rondo *n*.
ronh|a ['ʀoɲɐ] *f vet.* Räude *f*; *fig.* Durchtriebenheit *f*; *ter ~* gerissen sn; **~ento**, **~oso** [ʀu'ɲẽntu, -ozu (-ɔ-)] räudig; *fig.* durchtrieben.
ronqu|eira [ʀõŋ'keirɐ] *f* Rasseln *n*; Röcheln *n*; **~ejar** [~kɨ'ʒar] (1d) rasseln (*Atem*); röcheln.
ronr|om [ʀõ'ʀõ] *m* Schnurren *n*; **~onar** [~ʀu'nar] (1f) schnurren.
roqu|e ['ʀɔkə]: *fazer ~ Schachspiel*: rochieren; *sem rei nem ~* blind drauflos; **~eiro** [ʀu'keiru]: *castelo m ~* Bergschloß *n*.
roquete [ʀu'ketə] *m* **a**) Chorhemd *n*; **b**) Bohr-winde *f*, -knarre *f*.
ror P [ʀoʀ] *m* Haufen *m*, Masse *f*.
rosa ['ʀɔzɐ] **1.** *f* Rose *f*; Rosette *f*; *cor de ~* rosig; rosa; *~-dos-ventos* Windrose *f*; **2.** *adj.* rosa; **3.** *m* Rosa *n*.
ros|ácea [ʀu'zasjɐ] **1.** *f Fenster*-Rosette *f*; **2.** *~s pl.* Rosenblütler *m/pl.*; **~áceo** [~asju] rosenartig, Rosen...; **~ado** [~aðu] rosig; Rosen-...; **~al** [~ał] *m* = *roseiral*; **~ário** [~arju] *m* Rosenkranz *m*; ⊕ Paternosterwerk *n*.
rosbife [ʀɔʒ'βifə] *m* Rumpsteak *n*.
rosc|a ['ʀoʃkɐ] **1.** *f* Gewinde *n* (*abrir* schneiden); Flügelmutter *f*; *cul.* Kringel *m*; Schnecke *f*; **2.** *su.* Schlauberger(in *f*) *m*; **~ar** [ʀuʃ'kar] (1n; *Stv.* 1e) mit Gewinde versehen; an-, ein-schrauben.
roseir|a [ʀu'zeirɐ] *f* Rosen-busch *m*, -stock *m*, -strauch *m*; **~al** [~zei'rał] *m* Rosengarten *m*.
róseo ['ʀɔzju] rosenfarben, Rosen...
roseta [ʀu'zetɐ] *f* Rosette *f*; Rädchen *n*.
rosmaninho [ʀuʒmɐ'niɲu] *m* Rosmarin *m*.
rosnar [ʀuʒ'nar] (1e) knurren.
rosquilha, **-inha** [ʀuʃ'kiʎɐ, -iɲɐ] *f* Kringel *m*, Brezel *f*.
rossio [ʀu'siu] *m* große(r) Platz *m*.
rost|o ['ʀoʃtu] *m* Gesicht *n*; An-

gesicht *n*, Antlitz *n*; Bildseite *f e-r Münze*; Titelblatt *n*; *allg*. Vorderseite *f*; (de) ~ *a* ~ von Angesicht zu Angesicht; von Mann zu Mann; *no* ~ *de* in Gegenwart (*gen*.); *dar de* ~ *com* stoßen auf (*ac*.), plötzlich gegenüberstehen (*dat*.); *dar a alg. de* ~ *com, lançar a alg. em* ~ j-m ins Gesicht sagen (*ac*.); j-m vorhalten (*ac*.); *dar no* ~ ins Gesicht blasen (*Wind*), scheinen (*Sonne*), schlagen (*Regen*); *fazer* ~ *a* a) gegenüberliegen (*dat*.); b) die Stirn bieten, trotzen (*dat*.); **~ral** [ʀuʃ'trał]: *página f* ~ Titelseite *f*; **~ro** ['ʀɔʃtru] *m* Schnabel *m* (*a*. ⚓); ⚘ Sporn *m*; Saugrüssel *m* (*Insekt*).

rota ['ʀɔtɐ] *f* Route *f*; ⚓ Kurs *m*; *Tribunal m da* ♀ *cat*. Rota *f*; *de* ~ *batida fig*. Hals über Kopf.

rot|ação [ʀutɐ'sɐ̃u] *f* Umdrehung *f*, Rotation *f*; ✓ Wechselwirtschaft *f*; *fig*. Wechsel *m*; Wiederkehr *f*; **~ador** [~ɐ'ðor] **1.** *m zo*. Rädertier *n*; **2.** *adj*. = *~atório*; **~ar** [~'tar] (1e) sich drehen, rotieren; **~ariano, ~ário** [~ɐ'rjɐnu, ~'tarju] *m* Mitglied *n* des Rotaryklubs; **~ativo** [~ɐ'tivu]: *máquina f -a* Rotationsmaschine *f*; **~atório** [~ɐ'tɔrju] rotierend; Rotations...; Dreh(ungs)...

rote|ar [~'tjar] (1l) *Schiff* steuern; *v/i*. zur See fahren; **~iro** [~'teiru] *m* Reise(beschreibung) *f*; Reise-führer *m*; -verlauf *m*; *bsd*. Stadtplan *m*; *fig*. Leitfaden *m*; *bras*. Drehbuch *n*.

rotin|a [~'tinɐ] *f fig*. Fertigkeit *f*; Routine *f*; Schlendrian *m*; **~eiro** [~ti'neiru] **1.** *adj*. gewohnheitsmäßig; eingefahren; routiniert; *fig*. *a*. konservativ; **2.** *m* Gewohnheitsmensch *m*; Könner *m*.

roto ['ʀotu] **1.** *p.p. irr. v. romper*; **2.** *adj*. zerlumpt; verschlissen; durchlöchert, löchrig; entzwei.

rótula ['ʀɔtulɐ] *f anat*. Kniescheibe *f*.

rotul|agem [ʀutu'laʒɐ̃i] *f* Etikettierung *f*, Beschriftung *f*; **~ar** [~ar] (1a) *Waren* auszeichnen; etikettieren, beschriften; bezeichnen (als de).

rótulo ['ʀɔtulu] *m* Etikett *n*, Schild *n*; Aufschrift *f*; Preiszettel *m*.

rotunda [ʀu'tũndɐ] *f* Rundbau *m*, Rotunde *f*; runde(r) Platz *m*.

rotura [ʀu'turɐ] *f* Bruch *m*.

roub|alheira F [ʀoβɐ'ʎeirɐ] *f* Raubüberfall *m*; Plünderung *f*; Betrug *m*, Prellerei *f*; **~ar** [~'βar] (1a) rauben; stehlen; entführen; ~ *alg*. j-n berauben, bestehlen; **~o** ['ʀoβu] *m* Raub *m*; Diebstahl *m*.

rouco ['ʀoku] heiser. [rauh.]

roufenho [ʀo'feɲu] näselnd; hohl;

roulote *gal*. [ʀu'lɔtə] *f* Wohnwagen *m*.

roupa ['ʀopɐ] *f* Kleidung *f*; Wäsche *f*; Stoff *m*; ~ *branca* (*da cama*) Leib-(Bett-)Wäsche *f*; ~ *interior*, ~*s pl. menores* Unterwäsche *f*; *chegar a* ~ *ao corpo a* verprügeln (*ac*.).

roup|agem [ʀo'paʒɐ̃i] *f* Kleidung *f*; Gewand *n*; *pint*. Gewandung *f*, Faltenwurf *m*; *fig*. Drapierung *f*; **~ão** [~ɐ̃u] *m* Morgenrock *m*; **~avelha** [~pɐ'vɛʎɐ] *f* Reste(essen *n*) *m/pl*., F Wochenübersicht *f*; **~avelheiro** [~pɐvɨ'ʎeiru] *m* Kleidertrödler *m*; **~eiro** [~'peiru] *m* Wäscheschrank *m*.

rouqu|ejar [ʀokɨ'ʒar] (1d) krächzen; *fig*. dröhnen; **~enho** [~'keɲu] heiser; belegt (*Stimme*); **~idão** [~i'ðɐ̃u] *f* Heiserkeit *f*.

rouxinol [ʀoʃi'nɔł] *m* Nachtigall *f*.

rox|ear [ʀu'ʃjar] (1l) ins Violette spielen; **~idão** [~ʃi'ðɐ̃u] *f* violette Farbe *f*; **~o** ['ʀoʃu] blaurot; violett; *bras*. riesig, toll; *couve f -a* Rotkohl *m*; ~ *por* begierig auf (*ac*.).

rua ['ʀuɐ] *f* Straße *f*; *Garten*-Weg *m*; *mulher f da* ~ Straßendirne *f*; *pôr na* (*od. no olho da*) ~ rauswerfen; *ir para* ~ (raus)fliegen; ~! 'raus!

rub|efacção ⚕ [ʀuβəfa'sɐ̃u] *f* Rötung *f*, (Haut-)Entzündung *f*; **~(esc)ente** [~'βẽntə (~βɨʃ'sẽntə)] rot(glühend); **~i** [~'βi] *m* Rubin *m*; **~iácea** *bras*. [~'bjasjɐ] *f* Kaffeestrauch *m*; **~ificar** [~əfi'kar] (1n) röten; **~im** [~'βĩ] *m* Rubin *m*.

rublo ['ʀuβlu] *m* Rubel *m*.

rubor [ʀu'βor] *m* (Scham-)Röte *f*; Scham(gefühl *n*) *f*; **~escer** [~βurɨʃ'ser] (2g) sich röten; **~izar** [~βuri'zar] (1a) röten; **~izar-se** schamrot werden, erröten.

rubr|ica (**rúbrica**) [ʀu'βrikɐ ('ʀuβrikɐ)] *f* Rötel *m*; Rubrik *f* (*a. rel*.); Überschrift *f*; *Ausführungs*-Vorschrift *f*; *bsd*. Handzeichen *n*, Namenszug *m*; **~icar** [~βri'kar] (1n) abzeichnen. [glühend(rot).]

rubro ['ʀuβru] (blut-, hoch-)rot;

ru|çar-se [ʀu'sarsə] (1p) **a**) ergrauen; **b**) sich freuen (auf [*ac*.] com);

~cilho [~'siʎu]: *cavalo m* ~ Fuchs *m*; **~ço** ['ʀusu] grau (*Tier*); graumeliert; verfärbt, ausgeblichen.
rud|e ['ʀuδə] rauh; hart; grob; plump; roh; **~eza** [ʀu'δezɐ] *f* Grobheit *f*; Roheit *f*; ~ *primitiva* Urwüchsigkeit *f*.
rudiment|ar [ʀuδimẽn'tar] Elementar...; unausgebildet; verkümmert; F kümmerlich; **~o** [~'mẽntu] *m* Rest *m*, Rudiment *n*; *~s pl. fig.* Anfangsgründe *m/pl.*
ruela ['ʀwɛlɐ] *f* Gasse *f*.
rufar [ʀu'far] (1a) **1.** *v/t.* **a)** *Trommel* schlagen; **b)** rüschen; **2.** *v/i.* wirbeln, trommeln.
rufia, -ião [ʀu'fiɐ, -'fjɐ̃u] *m* Zuhälter *m*.
rufo ['ʀufu] *m* **a)** Trommelwirbel *m*; *num* ~ im Nu; *fazer ~s* trommeln; **b)** Rüsche *f*.
ruga ['ʀuγɐ] *f* Runzel *f*, Furche *f*; Falte *f*.
rug|ido [ʀu'ʒiδu] *m* Brüllen *n*; ⚕ Kollern *n*; **~ir** [~ir] (3n) brüllen; tosen; rauschen (*Blätter*).
rugoso [ʀu'γozu (-ɔ-)] runzlig; gefurcht.
ruibarbo ⚘ [ʀwi'βarβu] *m* Rhabarber *m*.
ruído ['ʀwiδu] *m* Geräusch *n*; Lärm *m*; *fig.* Gerücht *n*; *Radio*: Störung *f*; *com* ~ geräuschvoll; auffallend; *fazer* ~ *fig.* Aufsehen erregen.
ruidoso [ʀwi'δozu (-ɔ-)] geräuschvoll, lärmend; aufsehenerregend.
ruim [ʀwĩ] schlecht; minderwertig; wertlos; verdorben; schädlich; bös (-artig); *bras.* F lausig, mies.
ruína ['ʀwinɐ] *f* Einsturz *m*; Zs.-bruch *m*, Ruin *m*; Ruine *f*; *~s pl.* Ruinen *f/pl.*; Trümmer *pl.*
ruindade [ʀwĩn'daδə] *f* Schlechtigkeit *f*.
ruinoso [ʀwi'nozu (-ɔ-)] baufällig; zerfallen; verderblich; ✝ ruinös.
ruir [ʀwir] (3i—D1) (ein-, herunter-, um-, zs.-)stürzen; zs.-brechen.
ruiv|a ['ʀuivɐ] *f* ⚘ Krapp *m*; **~o** [~u] **1.** *adj.* (fuchs)rot; rothaarig; **2.** *m* Knurrhahn *m* (*Fisch*).
rum [ʀũ] *m* Rum *m*.
rumar ⚓ [ʀu'mar] (1a) in Kurs bringen, steuern.
rume, rúmen ['ʀumə, -en] *m* Pansen *m*.
rumin|ação [ʀuminɐ'sɐ̃u] *f* Wiederkäuen *n*; **~adoiro, -ouro** [~ɐ'δoiru, -oru] *m* Wiederkäuermagen *m*; **~ante** [~'nẽntə] *m* Wiederkäuer *m*; **~ar** [~'nar] (1a) wiederkäuen; *fig. a.* durchdenken; überlegen.
rumo ['ʀumu] *m* Wind-, Himmelsrichtung *f*; ⚓ Fahrtrichtung *f*; Kurs *m*; *fig.* Richtung *f*, Weg *m*; Ziel *n*; Gang *m der Ereignisse usw.*; Wendung *f*; *sem* ~ ziellos; *meter* (*od. pôr*) *a* ~ *fig.* auf den rechten Weg bringen; e-e Richtung (*od.* ein Ziel) geben (*dat.*); *mudar de* ~ den Kurs (*od.* die Richtung) ändern; *seguir* ~ *a* Richtung (*od.* Kurs) nehmen auf; *tomar* ~ e-n Beruf ergreifen; e-e Stelle annehmen; *tomar* ~ *para* Kurs nehmen auf (*ac.*); den Weg einschlagen nach; sich *et.* zum Ziel setzen.
rumor [ʀu'mor] *m* Gepolter *n*; Brausen *n*, Rauschen *n*; Stimmengewirr *n*; *fig.* Gerücht *n*.
rumor|ejar [~murɨ'ʒar] (1d) rauschen; brausen; poltern, rumoren; *fig.* verlauten; *rumoreja-se* man munkelt; **~ejo** [~'reʒu] *m* Summen *n*; Gemunkel *n*; **~oso** [~'rozu (-ɔ-)] polternd; laut; brausend; heftig.
runa ['ʀunɐ] *f* Rune *f*.
rupestre [ʀu'pɛʃtrə] auf Felsen wachsend; Berg...; Höhlen...
rúpia ⚕ ['ʀupjɐ] *f Art* Flechte *f*.
ruptura [ʀup'turɐ] *f* Bruch *m*; *fig.* Abbruch *m*; *ponto m* (*od. limite m*) *de* ~ Bruch-, Zerreiß-grenze *f*.
rural [ʀu'ral] ländlich; Land...; landwirtschaftlich; Bauern...; *guarda m* ~ Feldhüter *m*; *polícia* ~ **1.** *f* Feldpolizei *f*; **2.** *m* Landjäger *m*.
rusga ['ʀuʒγɐ] *f* Händel *pl.*; Razzia *f*.
russo ['ʀusu] **1.** *adj.* russisch; **2.** *m*, **-a** *f* Russe *m*, Russin *f*.
rusticidade [ʀuʃtəsi'δaδə] *f* Ländlichkeit *f*; bäurische(s) Wesen *n*.
rústico ['ʀuʃtiku] **1.** *adj.* ländlich, Land...; bäuerlich, Bauern...; kunstlos; roh, grob; **2.** *m* Bauer *m*.
rutabaga ⚘ [ʀutɐ'βaγɐ] *f* Kohlrübe *f*.
rutil|ante [ʀuti'lẽntə] funkelnd; **~ar** [~ar] (1a) funkeln, schimmern.

S

S, s ['ɛsə] *m* S, s *n.*
sã [sɐ̃] *adj. f v. são.*
sábado ['saβɐðu] *m* Samstag *m*, Sonnabend *m* (*no* am); *aos* ~*s* samstags.
sabão [sɐ'βɐ̃u] *m* (Stück *n*) *Wasch*-Seife *f*; F Rüffel *m*; Denkzettel *m*.
sabedor [~βə'ðor] gelehrt; tüchtig; ~ *de* beschlagen in (*dat.*); unterrichtet von; **~ia** [~ðu'riɐ] *f* Weisheit *f*; Wissen *n*, Gelehrsamkeit *f.*
saber [sɐ'βer] (2r) **1.** *v/t.* wissen; *Kunst* verstehen, können; (*vir a*) ~ erfahren; *dar a* ~, *fazer* ~ bekannt m.; *j-n et.* wissen l., *j-m et.* mitteilen; *ficar a* ~ (*od. sabendo*) erfahren; lernen; *fique sabendo* Sie müssen wissen; merken Sie sich; (*eu*) *sei lá* (*od. cá*) was weiß ich?; *sabe-se lá, Deus sabe* Gott weiß; *sabe que mais?* wissen Sie was?; (*não*) *que eu saiba* soviel ich weiß (nicht daß ich wüßte); *a* ~ nämlich; das heißt; **2.** *v/i.* sich auskennen; beschlagen sn; ~ *de* etwas verstehen von; hören von; ~ *bem* (*mal*) gut (schlecht) schmecken; ~ *a* schmekken nach; **3.** *m* Wissen *n*; Kenntnis *f*; Können *n*.
sabiá [sa'βja] *m bras.* Singdrossel *f.*
sabiamente [ˌsaβjɐ'mẽntə] weislich, klüglich; vorsorglich.
sabi|chão [sɐβi'ʃɐ̃u] **1.** *adj.* hochgelehrt; **2.** *m*, **-ona** *f* gelehrte(s) Haus *n*; Blaustrumpf *m* (*v. Frauen*); **~das** [~'βiðɐʃ]: *às* (*não*) ~ offen (heimlich); mit (ohne) *j-s* Wissen; **~do** [~'βiðu] bekannt; beschlagen; tüchtig; ~ *e ressabido* sattsam bekannt.
sábio ['saβju] weise; gelehrt.
sabo|aria [sɐβwɐ'riɐ] *f* Seifensiederei *f*; **~eiro** [~'βweiru] *m* **a)** ♀ Seifenkraut *n*; **b)** Seifensieder *m.*
sabon|eira *bras.* [~βu'neirɐ] *f* = ~*eteira*; **~ete** [~etə] *m* (Stück *n*) *Toiletten*-Seife *f*; F Zwiebel *f* (*Taschenuhr*); Rüffel *m*; **~eteira** [~nə'teirɐ] *f* Seifen-schale *f*, -dose *f.*
sabor [~'βor] *m* Geschmack *m*; *ao* ~ *de* je nach; in (*dat.*); **~ear** [~βu'rjar] (1l) kosten; schlürfen; genießen; **~oso** [~βu'rozu (-ɔ-)] schmackhaft.
sabot|ador [~βutɐ'ðor] *m* Saboteur *m*; **~agem** [~'taʒɐ̃i] *f* Sabotage *f*; **~ar** [~'tar] (1e) sabotieren.
sabre ['saβrə] *m* Säbel *m.*
sabu|go [sɐ'βuɣu] *m* Holunder (-mark *n*) *m*; Mark *n*; *Schwanz*-Bürzel *m*; *Nagel*-Wurzel *f*; **~gueiro** [~βu'ɣeiru] *m* Holunderstrauch *m.*
sabuj|ar [~βu'ʒar] (1a) beweihräuchern (*dat.*); **~ice** [~isə] *f* Speichelleckerei *f*; **~o** [~'βuʒu] *m* Spürhund *m*; *fig.* Speichellecker *m.*
saburr|a [~'βuʀɐ] *f Zungen*-Belag *m*; **~ento, ~oso** [~βu'ʀẽntu, -ozu(-ɔ-)] belegt (*Zunge*).
sacã *bras.* [sa'kɐ̃] *f* = *sacaí.*
saca ['sakɐ] *f großer* Sack *m*; (Einkaufs-)Tasche *f.*
sàcad|a [sɐ'kaðɐ] *f* Erker *m*; Balkon *m*; (Schlepp-, Hänge-)Seil *n*; Ruck *m am Zügel*; = *sacão*; **~ela** [~kɐ'ðɛlɐ] *f* Ruck *m*; **~o** [~u] *m* ✝ Bezogene(r) *m*, Trassat *m*; **~or** [~kɐ'ðor] *m* ✝ *Wechsel*-Aussteller *m*, Trassant *m.*
sacaí *bras.* [sakɐ'i] *m* trockene(r) Zweig *m*; *Holz*-Span *m*; ~*s pl.* Reisig *n.*
saca-molas (*pl. unv.*) [ˌsakɐ'mɔlɐʃ] *m* Zahnzange *f*; *depr.* Zahnklempner *m.*
sacan|a V [sɐ'kɐnɐ] *m* verfluchte(s) Schwein *n*; **~ice** [~kɐ'nisə] *f* Schweinerei *f.*
sacanga *bras.* [sa'kɐ̃ŋgɐ] *f* = *sacaí.*
sac|ão [sɐ'kɐ̃u] *m* Bocksprung *m des Pferdes*; Ruck *m*; **~ar** [~ar] (1n; *Stv.* 1b) heraus-, zurück-ziehen, -zerren; ab-, aus-pressen; *fig. Nutzen* ziehen; *Gewinn* erzielen, ernten; *bsd.* ✝ *Wechsel* ziehen.
saca-pregos (*pl. unv.*) [ˌsakɐ'prɛɣuʃ] *m* Nagel-eisen *n*, -heber *m.*
sacar|ificar [~kɐrəfi'kar] (1n) in Zucker verwandeln; **~ina** [~'rinɐ] *f* Süßstoff *m*; Saccharin *n*; **~ino** [~'rinu] Zucker...; zuckerhaltig; süß.
saca-rolhas (*pl. unv.*) [ˌsakɐ'ʀoʎɐʃ] *m* Korkenzieher *m.*

sacerd|ócio [sɐsər'ðɔsju] *m* Priesteramt *n*; **~otal** [~ðu'taɫ] priesterlich; **~ote** *m*, **~otisa** *f* [~'ðɔtə, ~ðu'tizɐ] Priester(in *f*) *m*.
sach|a, ~adura ['saʃɐ, sɐʃɐ'ðurɐ] *f* Hacken *n*, Jäten *n*; **~ar** [sɐ'ʃar] (1b) (um)hacken; **~o** ['saʃu] *m* Jätehacke *f*; **~ola** [sɐ'ʃɔlɐ] *f* Breithacke *f*.
Saci(-pererê) *bras*. [sa'si(pere're)] *m* Negerkobold *m*.
saci|ado [sɐ'sjaðu] satt; **~ar** [~ar] (1g) sättigen; *Hunger* stillen; befriedigen; **~edade** [~sjə'ðaðə] *f* (Über-)Sättigung *f*; Überdruß *m*.
saco ['saku] *m* Sack *m*; Reisetasche *f*; Beutel *m*; *bras*. Bucht *f*; *despejar o ~* F auspacken; **~la** [sɐ'kɔlɐ] *f* Quersack *m*; Tasche *f*; **~lejar** [sɐkuli'ʒar] (1d) schütteln; **~-roto** [~'ʀotu] *m* Plaudertasche *f*.
sacral [sɐ'kraɫ] = *sacro*; **~izar** [~rɐli'zar] (1a) heiligen.
sacrament|al [sɐkrɐmẽn'taɫ] sakramental; feierlich; vorgeschrieben, üblich; **~ar** [~ar] (1a) die Sakramente reichen (*dat*.) (*~-se* empfangen); weihen, heiligen; **~o** [~'mẽntu] *m* Sakrament *n*; *últimos ~s pl. die* Sterbesakramente *n/pl*.
sacrário [sɐ'krarju] *m* Allerheiligste(s) *n*; Sakramentshäuschen *n*; *fig*. Heiligtum *n*, Tempel *m*.
sacrif|ical [~krəfi'kaɫ] Opfer...; **~icar** [~i'kar] (1n) opfern; **~ício** [~'fisju] *m* Opfer *n* (*fazer* bringen).
sacr|ilégio [~kri'lɛʒju] *m* Sakrileg *n*; Frevel *m*; **~ílego** [~'krilәɣu] gotteslästerlich; frevelhaft, ruchlos.
sacrist|ã [~kriʃ'tɐ̃] *f* Mesnerin *f in Klöstern*; Küstersfrau *f*; **~ão(s, -ães)** [~ɐ̃u] *m(pl.)* Küster *m*; **~ia** [~iɐ] *f* Sakristei *f*.
sacro ['sakru] **1.** *adj*. heilig; sakral; *fig. a*. ehrwürdig; *música f -a* Kirchenmusik *f*; *osso m ~* = **2.** *m* Kreuzbein *n*; **~ssanto** [sɐkru'sɐ̃ntu] hochheilig; unantastbar.
sacud|idela [sɐkuði'ðɛlɐ] *f* Ruck *m*; Stoß *m*; *leichte* Erschütterung *f*; F Klaps *m*; *dar uma ~* = *~ir*; **~ido** [~'ðiðu] *fig*. keck, dreist; **~ir** [~'ðir] (3h) (ab-, aus-)schütteln; rütteln an (*dat*.); erschüttern.
sádico ['saðiku] *m* (*u. adj*.) Sadist *m* (sadistisch).
sadio [sa'ðiu] gesund.
safa! ['safɐ] alle Wetter!; pfui!
saf|adeza [sɐfɐ'ðezɐ] *f* Gemeinheit *f*; **~ado** [~'faðu] abgegriffen, abgenutzt; *fig*. P schamlos; ausgekocht; **~anão** [~ɐ'nɐ̃u] *m* Ruck *m*; Puff *m*, Stoß *m*; **~ar** [~'far] (1b) ab-, heraus-, herunter-, weg-ziehen; frei-, *Schiff* klar-machen; abnutzen; entwenden, stehlen; **~ar-se** F sich dünnmachen, abhauen; *~ de* entwischen (*dat. od* aus).
sáfar|a ['safɐrɐ] *f* Wüstenei *f*; **~o** [~u] wüst; fern; fremd.
safio [sɐ'fiu] *m* Meer-, See-aal *m*.
safira [sɐ'firɐ] *f* Saphir *m*.
safo ['safu] entwischt, frei; flott (*Schiff*); klar *zum Gefecht*.
safra ['safrɐ] *f* **a)** Ernte *f*; Ertrag *m*; *bras*. (Verkaufs-)Saison *f für Vieh* (*-produkte*); *colheita f de ~* gute(s) Ernte(jahr *n*) *f*; **b)** *großer einhorniger* Amboß *m*; **c)** Kobaltoxyd *n*; **~deira** [sɐfrɐ'ðeirɐ] *f* Locheisen *n*.
saga|cidade [sɐɣɐsi'ðaðə] *f* Scharf-, Spür-sinn *m*; Scharfblick *m*; **~z** [~'ɣaʃ] scharfsinnig; schlau.
sagit|al [~ʒi'taɫ] pfeilförmig, Pfeil-...; **~ário** [~arju] *m ast*. Schütze *m*.
sagr|ado [sɐ'ɣraðu] heilig; ehrwürdig; unantastbar; **~ar** [~ar] (1b) weihen; heiligen.
sagu [sa'ɣu] *m* Sago *m*; **~eiro** [~'ɣweiru] *m* Sagopalme *f*; **~i, ~im** [~'ɣwi, ~'ɣwĩ] *m* Seidenaffe *m*.
saguão [~'ɣwɐ̃u] *m* Innenhof *m*; Licht-, Luft-schacht *m*.
saia ['sajɐ] *f* (Frauen-)Rock *m*; *~-balão bras*. Reifrock *m*; *~-casaco* Jackenkleid *n*.
saibr|eira [sai'βreirɐ] *f* Kiesgrube *f*; **~o** ['saiβru] *m* (Lehm-)Kies *m*; **~oso** [~ozu (-ɔ-)] kiesig, lehmig.
saíd|a [sɐ'iðɐ] **1.** *f* Ausgang *m*; Ausfahrt *f*; Abfahrt *f*; Ab-, Ausmarsch *m*; Ausreise *f*; Austritt *m*; Anspiel *n*; *Jahres*-Ende *n*; ⚔ Ausfall *m*; *tea*. Abgang *m*; ✝ Absatz *m*; Ablieferung *f*; Ausfuhr *f*; *Gold*-Abfluß *m*; *fig*. Ausweg *m*; Ausrede *f*; witzige Bemerkung *f*; *dar ~ a* e-e Ausrede finden für; *ter boas ~s* schlagfertig sn; **2.** *adj*.: *andar ~* brünstig (*od*. läufig) sn; **~o** [~u] vorstehend (*Auge*, *Zahn*); *andar muito ~* nie zu Hause sn.
saimento [sai'mẽntu] *m* Leichenzug *m*.
saiote [sɐ'jɔtə] *m* Unterrock *m*.
sair [sɐ'ir] (3l) ausgehen (*Ggs*.: *zu Hause bleiben*); hinaus-, fort-, weg-

gehen; aufbrechen; ab-, aus-marschieren; ausziehen; herauskommen (*a. Buch, Los usw.*); herausgehen (*Fleck*); aufgehen (*Gestirn*); erscheinen; ⚠ vorspringen; *tea.* abgehen; ✝ abgehen (*Waren*); abfließen (*Goldreserven usw.*); verkauft (*od.* ausgeführt) w.; *fig.* werden; geschehen; sich ergeben; ~ *bem* (*mal*) (miß)glücken; gut (schlecht) ablaufen; ~ *torto* (*od. debalde, em vão*) schiefgehen; ~ *vencedor*, ~ *vitorioso* als Sieger hervorgehen (aus *de*); ~ *de* gehen (*od.* kommen) aus; ⚓ auslaufen aus; 🚂 (ab)fahren, (ab)gehen von; ✈ abfliegen, starten von; aus *e-m Land* ausreisen; verlassen (*ac.*); abkommen, -schweifen, -weichen von; aus *den Schienen usw.* springen; *dem Kindesalter usw.* entwachsen; entkommen (*dat.*); *e-r Gefahr* entrinnen (*dat.*); aus *e-r Schwierigkeit* herauskommen; aus *e-m Verein* austreten; aus *e-r Stellung* ausscheiden; ausschlüpfen aus (*Vogel*); entfahren, entschlüpfen (*dat.*) (*Wort, Seufzer*); fließen aus; entspringen (*dat.*); hervorgehen (*od.* folgen) aus; *als Gewinn* herausspringen bei; herrühren von (*Wirkung*); stammen von (*Werk*); ~ *da ideia* (*od. memória*), ~ *do pensamento* (*od. do sentido*) entfallen; ~ *do leito*, ~ *da madre* austreten (*Fluß*); ~ (*fora*) *de si* außer sich geraten; ~ *a* entgegengehen, -fahren, -ziehen (*dat.*); *j-m* nachschlagen; *j-m* zufallen (*Gewinn*); zu stehen kommen auf (*ac.*); *an das Fenster* (*die Tür*) treten; ~ *à luz* (*do mundo*), ~ *a lume*, ~ *a público* herauskommen, erscheinen; bekannt w.; ~ *além* (*od. fora*) *de* überschreiten (*ac.*); ~ *com a sua* Weisheiten zum besten geben; ~ *em* werden zu; sich verwandeln in (*ac.*); hinauslaufen auf (*ac.*); ~ *por*, ~ *em defesa de* eintreten für; **~-se** *com* erringen (*ac.*); erreichen (*ac.*); heraus-kommen, -rücken mit; zum besten geben (*ac.*); ~ *de* herauskommen aus; abweichen von, sich nicht halten an (*ac.*); verlassen; ~ *bem* (*mal*) *de* gut (schlecht) abschneiden bei.

sal [saɫ] *m* Salz *n*; *fig.* Witz *m*; Reiz *m*.

sala [ˈsalɐ] *f* Saal *m*; *allg.* Zimmer *n*; ~ *de estar* (*visitas*) Wohn- (Besuchs-)Zimmer *n*; ~ *de jantar* Eßzimmer *n*, Speisesaal *m*.

salad|a [sɐˈlaðɐ] *f* Salat *m* (*a. fig.*); **~eira** [~lɐˈðeirɐ] *f* Salatschüssel *f*.

salamaleque [~lɐmɐˈlɛkə] *m* Salem aleikum *n* (*türkischer Gruß*); *fig.* Kratzfuß *m*, Verbeugung *f*.

salamandra [~lɐˈmɐ̃ndrɐ] *f* Salamander *m*.

salame [~ˈlɐmə] *m* Salami *f*.

salão [~ˈlɐ̃u] *m* Saal *m*; Salon *m*; *Tanz*-Lokal *n*; ~ *nobre* Festsaal *m*; *uni.* Aula *f*; *música f de* ~ Unterhaltungsmusik *f*.

sal|ariado [~lɐˈrjaðu] *m* Lohnempfänger *m*; **~arial** [~ˈrjaɫ] Lohn-...; **~ário** [~ˈlarju] *m* Lohn *m*; ~ *por peça* (*od. tarefa*) Stück-, ~ *por ajuste* Akkord-lohn *m*.

salaz [~ˈlaʃ] geil.

salazarista [~lɐzɐˈriʃtɐ] *m* Anhänger *m* Salazars, Faschist *m*.

sald|ar [saɫˈdar] (1a) begleichen; auflösen, (aus)verkaufen; ~ *contas* abrechnen (*a. fig.*); **~ar-se** *teuer usw.* zu stehen kommen; ~ *por* enden in (*dat.*) *od.* mit; **~o** [ˈsaɫdu] **1.** *m* Saldo *m*; *Waren*-Rest *m*; Ausverkauf *m*; Abrechnung *f* (*a. fig.*); ~ *a favor* Restforderung *f*; ~ *positivo* Überschuß *m*; ~ *negativo* Fehlbetrag *m*; **2.** *adj.* beglichen; quitt.

saleir|a [sɐˈleirɐ] *f* Salz-boot *n*, -schiff *n*; **~o** [~u] **1.** *m* Salzfaß *n*; Salzhändler *m*; **2.** *adj.* Salz...

saleta [~ˈletɐ] *f* kleine(r) Saal *m*; Näh-, Vor-, Warte-zimmer *n*.

salga [ˈsaɫɣɐ] *f* Einsalzen *n*; *bras.* = *salgadeira*.

salg|ação [saɫɣɐˈsɐ̃u] *f* = *salga*; *fig.* Hexerei *f*; **~adeira** [~ɐˈðeirɐ] *f* Pökelfaß *n*; Einsalzerei *f*; ♀ Meerportulak *m*; **~adinhos** *bras.* [~ɐˈdiɲus] *m* Salzgebäck *n*; **~ado** [~ˈɣaðu] **1.** *adj.* salzig; Salz...; *fig.* witzig; gepfeffert; teuer bezahlt; **2.** *m* salzhaltige(r) Boden *m*; **~ar** [~ˈɣar] (1o) (ein)salzen; pökeln; *fig.* behexen.

sal-gema [saɫˈʒemɐ] *m* Steinsalz *n*.

salgueir|al [~ɣeiˈraɫ] *m* Weidengebüsch *n*; **~o** [~ˈɣeiru] *m* Weide *f*.

sali|cílico [sɐliˈsiliku]: *ácido m* ~ Salizyl(säure *f*) *n*; **~cultura** [~kuɫˈturɐ] *f* Salzgewinnung *f*.

sali|ência [~ˈljẽsjɐ] *f* Vorsprung *m*; Auskragung *f*; **~entar** [~ljẽnˈtar]

(1a) hervorheben, unterstreichen; **~entar-se** hervortreten; deutlich w.; auffallen; hervorragen; abstechen; sich hervortun; **~ente** [~ẽntə] vor-springend, -stehend; *fig.* hervorragend; hervorstechend, auffallend; *tornar-se ~ = ~entar-se.*
sal|ificar [~ləfi'kar] (1n) in Salz verwandeln; Salz gewinnen aus; **~ina** [~'linɐ] *f* Salzwerk *n*, Saline *f*.
salin|ação, ~agem [~linɐ'sɐ̃u, ~'naʒɐ̃i] *f* Salzbildung *f*; **~ar** [~'nar] (1a) ausfallen, kristallisieren (*Salz*); **~eiro** [~'neiru] **1.** *adj.* Salz...; Salinen...; **2.** *m*, *-a f* Salz-fabrikant (-in *f*) *m*, -händler(in *f*) *m*; Salinenarbeiter(in *f*) *m*; **~idade** [~ni'ðaðə] *f* Salzgehalt *m*; **~o** [~'linu] salzhaltig.
salitr|e [~'litrə] *m* Salpeter *m*; **~oso** [~li'trozu (-ɔ-)] salpeterhaltig; salpetrig.
saliva [~'livɐ] *f* Speichel *m*; *engolir a ~* sich still verhalten.
saliv|ação [~livɐ'sɐ̃u] *f* Speichel-bildung *f*, -fluß *m*; **~ar** [~'var] **1.** *v/t.* (1a) geifern; spucken; **2.** *adj.* Speichel...; **~oso** [~'vozu (-ɔ-)] voll Speichel; verschleimt; speichelartig.
salmão [sał'mɐ̃u] *m* Lachs *m*, Salm *m*.
salm|ear [~'mjar] (1l) (Psalmen) singen, psalmodieren; *fig.* (herunter)leiern; **~ista** [~'miʃtɐ] *m* Psalmist *m*; **~o** ['sałmu] *m* Psalm *m*; **~odia** [~mu'ðiɐ] *f* Singsang *m*; F Geleier *n*; **~odiar** [~mu'ðjar] (1g) = *~ear.*
salmoeir|a [~'mweirɐ] *f* = *salmoura*; **~o** [~u] *m* Pökelfaß *n*.
salmoir... *s. salmour...*
salmonete [~mu'netə] *m* Meerbarbe *f*.
salm|oura, ~oira [~'morɐ, -oirɐ] *f* Lake *f*, Pökel *m*; Pökelfaß *n*; *pôr em ~* = **~ourar, ~oirar** [~mo-, ~moi'rar] (1a) einpökeln.
salobre, -o [sɐ'loβrə, -u] brackig; *água f -e* (*od. -a*) Brackwasser *n*.
saloio [~'lɔju] **1.** *m* Bauer *m*; Schlaufuchs *m*; **2.** *adj.* bäurisch; Bauern...; bauernschlau.
salpic|ão [sałpi'kɐ̃u] *m* Bauernwurst *f*; **~ar** [~ar] (1n) (ein)salzen; mit Salzwasser besprengen; *bsd.* bespritzen; sprenkeln; tüpfeln; verstreuen; *fig.* verunglimpfen; **~o** [~'piku] *m* Spritzer *m*; Fleck *m*; Tupfen *m*; *grobes* Salzkorn *n*.
salpiment|a [~pi'mẽntɐ] *f* Pfeffer *m* und Salz *n*; **~ar** [~mẽn'tar] (1a) pfeffern und salzen; *fig.* schelten.
salpres|ar [~prə'zar] (1c) schwach salzen; **~o** [~'prezu] *p.p. v. ~ar.*
salsa ['sałsɐ] *f* ♀ Petersilie *f*.
salsicha [~'siʃɐ] *f* Würstchen *n*; Bock-, Knack-wurst *f*; *allg.* Streichwurst *f*; *~ defumada* Mettwurst *f*; *~ fresca* Bratwurst *f*.
salsich|ão [~si'ʃɐ̃u] *m* Grobwurst *f*; **~aria** [~ʃɐ'riɐ] *f* Wurst-fabrik *f*, -laden *m*; Feinkostgeschäft *n*; **~eiro** [~'ʃeiru] *m* Wurstfabrikant *m*; Feinkosthändler *m*.
salt|ada [sał'taðɐ] *f* Sprung *m*, Satz *m*; *fig.* Überfall *m*; *dar uma ~ a* (*od. até, a casa de*) vorbeispringen bei; auf e-n Sprung gehen (*od.* kommen) zu; **~ado** [~aðu] vorspringend; **~ão** [~ɐ̃u] **1.** *adj.* springend, hüpfend; Spring...; **2.** *m* P Grashüpfer *m*; **~ar** [~ar] (1a) springen; hüpfen; aufspringen; umspringen (*Wind*); *~ aos olhos, ~ à vista* in die Augen springen; auffallen; *v/t.* überspringen; (*fazer*) *~* (in die Luft) sprengen; einschlagen.
salte|ado [~'tjaðu]: *de cor e ~* in- und auswendig; *vento m ~* Bö *f*, Windstoß *m*; **~ador** [~tjɐ'ðor] *m* Straßenräuber *m*; **~amento** [~tjɐ'mẽntu] *m* Raubüberfall *m*; Straßenraub *m*; **~ar** [~'tjar] (1l) an-, über-fallen; **~ar-se** erschrecken.
saltério [~'tɛrju] *m* Psalter *m*.
saltimbanco [~tĩm'bɐ̃ŋku] *m* Gaukler *m*; Hanswurst *m*.
saltitar [~ti'tar] (1a) (herum-)hüpfen; (-)springen; sprunghaft sn.
salto ['sałtu] *m* Sprung *m*; Absturz *m*; (Wasser-)Fall *m*; *Stiefel*-Absatz *m*; Überfall *m*; Auslassung *f*; *~ com* (*od. à*) *vara* Stab(hoch)-, *~ em comprimento* Weit-, *~ em altura* Hochsprung *m*; *aos ~s* springend; hüpfend; sprunghaft; *de ~* mit e-m Sprung; plötzlich; Spring...; *dar ~s* = *saltar*; *~-mortal* Salto mortale *m*.
salu|bérrimo [sɐlu'βɛʀimu] *sup. v.* **~bre** [~'luβrə] **1.** *adj.* gesund; zuträglich; **2.** *m* ⊕ Krempel *m*; **~bridade** [~βri'ðaðə] *f* Zuträglichkeit *f*; **~brificação** [~βrəfikɐ'sɐ̃u] *f* hygienische Verbesserung *f*; **~brificar** [~βrəfi'kar] (1n) gesunde Lebensbedingungen schaffen in (*dat.*); hygienisch verbessern; **~tar** [~'tar]

heilsam.

salva ['sałvɐ] *f* **a)** *Geschütz*-Salve *f*; *Beifalls*-Sturm *m*; *fig.* Vorbehalt *m*; **b)** Tablett *n*; **c)** ⚘ Salbei *m* (*od. f*).

salv|ação [sałvɐ'sɐ̃u] *f* Rettung *f*; Erlösung *f*; (Seelen-)Heil *n*; Gruß *m*; *exército m de* ~ Heilsarmee *f*; **~ador** [~ɐ'ðor] *m* Retter *m*; Erlöser *m*; Heiland *m*; **~ados** [~'vaðuʃ] *m/pl.* gerettete(s) Gut *n*; **~aguarda** [~ɐ'ɣwarðɐ] *f* Schutzwache *f*; sichere(s) Geleit *n*; Schutzbrief *m*; Schutz *m*; Gewähr *f*; Schutzmaßnahme *f*; **~aguardar** [~ɐɣwɐr'ðar] (1b) (be)schützen; *Recht* sicherstellen, vorbehalten; **~amento** [~ɐ'mẽntu] *m* Rettung *f*; Sicherheit *f*; Zuflucht(sort *m*) *f*; *a* ~ wohlbehalten; **~ante** [~'vẽntə] *prp.* außer; **~ar** [~'var] (1a) retten; erlösen; schützen; sichern; *Hindernis* überspringen, nehmen; *Strecke* zurücklegen; *v/i.* e-e Salve abfeuern; **~ar-se** *rel.* selig w.; **~a-vidas** (*pl. unv.*) [~ɐ'viðɐʃ] *m* Rettungs-boot *n*, -gürtel *m*, -boje *f*; Rettungsgerät *n*; Strandwächter *m*.

salve ['sałve] sei(d) gegrüßt; *Deus te (vos)* ~! grüß Gott!; **~-rainha**(s) [~ʀɐ'iɲɐ] *f* (*pl.*) Ave-Maria *n*.

salvo ['sałvu] **1.** *p.p. irr. v. salvar*; **2.** *adj.* unversehrt, heil; unbehelligt; heilsam; *a* ~, *em* ~ außer Gefahr, in Sicherheit; = *a são e* ~ wohlbehalten; gefahrlos; glücklich; *a seu* ~ un-behelligt, -gefährdet; *pôr a* (*od. em*) ~ in Sicherheit bringen; ~ *seja!* unberufen!; **3.** *prp.* außer; vorbehaltlich; ~ *erro* wenn ich nicht irre; ~ *erro* (*ou omissão*) Irrtum (und Auslassung) vorbehalten; **~-conduto** [~kõn'dutu] *m* Geleitbrief *m*; Freibrief *m*.

samambaia *bras.* [sɐmẽm'bajɐ] *f* Farnkraut *n*.

samango *bras.* [sa'mɐ̃ŋgu] *m* Faulpelz *m*; Taugenichts *m*.

samaritano [~mɐri'tɐnu] *m*: (*o bom*) ~ (der barmherzige) Samariter.

samb|a *bras.* ['sẽmbɐ] *m* Samba *m* (*Volkstanz*); **~ar** [sẽm'bar] (1a) Samba tanzen; **~ista** [sẽm'bistɐ] *su.* Sambatänzer(in *f*) *m*.

samo ['sɐmu] *m* Splint(holz *n*) *m*.

san|ar [sɐ'nar] (1a) heilen; wieder gesund m.; beheben; beilegen; sanieren; **~atório** [~nɐ'tɔrju] *m* Heilstätte *f*, Sanatorium *n*; **~ável** [~avɛł] heilbar; sanierbar.

san|ção [sɐ̃'sɐ̃u] *f* Bestätigung *f e-s Gesetzes usw.*; Anerkennung *f*; Genehmigung *f*; Strafe *f*; *receber* ~ bestätigt w.; *sanções pl.* Strafmaßnahmen *f/pl.*, Sanktionen *f/pl.*; **~cionar** [~sju'nar] (1f) bestätigen; anerkennen; gutheißen.

sandália [sẽn'daljɐ] *f* Sandale *f*.

sândalo ['sẽndɐlu] *m* Sandelholz *n*.

sand|eu [sẽn'deu] **1.** *adj.* närrisch; **2.** *m*, **-ia** *f* Narr *m*, Närrin *f*; Schafskopf *m*; **~ice** [~isə] *f* Narrheit *f*; ~*s pl.* Unsinn *m*.

sanduíche [~'dwiʃə] *f* belegte(s) Brot *n*; ~ *de queijo* Käsebrot *n*.

sane|amento [sɐnjɐ'mẽntu] *m* Sanierung *f*; Urbarmachung *f*; Behebung *f*; Beilegung *f*; *städtische* Kanalisation(sanlage) *f*; *pol.* Säuberung(saktion) *f*; Amtsenthebung *f*, Entlassung *f*; **~ar** [~'njar] (1l) sanieren; bewohnbar *od.* anbaufähig m.; kanalisieren; = *sanar*; *pol.* säubern; *j-n* ent-fernen, -lassen; **~ável** [~'njavɛł] = *sanável*.

sanefa [~'nɛfɐ] *f* Fallblatt *n*; Querleiste *f*.

sanfona [sɐ̃'fonɐ] *f* Drehleier *f*; *bras.* Ziehharmonika *f*; *fot.*, 🚂 Balg *m*.

sangra ['sɐ̃ŋgrɐ] *f* = *água-ruça*.

sangr|ado [sɐ̃ŋ'graðu] *fig.* blutend; **~adoiro, -ouro** [~grɐ'ðoiru, -oru] *m* Ableitungs-, Entwässerungs-graben *m*; ⚒ Anschlag *m*; *bras.* Einstich *m*; **~ador** [~grɐ'ðor] *m* Bader *m*; **~adura** [~grɐ'ðurɐ] *f* Aderlaß *m*; **~ar** [~'grar] (1a) zur Ader l.; Blut entnehmen (*dat.*); *Tier* ausbluten l.; *allg.* anzapfen; *Fluß* abzweigen; *Wasser* ablassen; *fig.* verletzen; *fig.* schröpfen; *v/i.* bluten; *fig.* tropfen; **~ar-se** verbluten; **~ento** [~'grẽntu] blutig; **~ia** [~'griɐ] *f* Aderlaß *m* (*a. fig.*); Anzapfung *f*; Ableitung *f*; „Sangria" *f* (*e-e Rotweinbowle*).

sangue ['sɐ̃ŋgə] *m* Blut *n*; *fig. a.* Geblüt *n*, Geschlecht *n*; Leben *n*; Saft *m*; *de* ~ von Geblüt; rassig (*Tier*); = *sanguento*; *cor de* ~ *vivo* blutrot; *deitar* ~ bluten; **~-frio** [~'friu] *m* Kaltblütigkeit *f*; *a* ~ kaltblütig; ⚕ ohne Betäubung.

sanguento [sɐ̃ŋ'g(w)ẽntu] blutig; blut-dürstig, -rünstig.

sanguessuga [~gə'suɣɐ] *f* Blutegel

m; *fig.* Blutsauger *m*, Ausbeuter *m*.

sangu|ina [~'ginɐ] *f* Rötel(zeichnung *f*) *m*; **~inário** [~g(w)i'narju] blut-gierig, -dürstig; **~íneo** [~'g(w)inju] Blut...; blutrot; blutreich; vollblütig; *psicol.* sanguinisch; **~inho** [~'giɲu] *m rel.* Kelchtuch *n*; ⚘ ~ (*de água*) Faulbaum *m*; **~inolento**, **~inoso** [~ginu'lẽntu, ~g(w)i'nozu (-ɔ-)] blutbefleckt, blutig; blutrünstig.

sanh|a ['sɐɲɐ] *f* Grimm *m*; Wut *f*; **~oso**, **~udo** [sɐ'ɲozu (-ɔ-), -uðu] grimmig, wütend.

sani|dade [sɐni'ðaðə] *f* Gesundheit(s-zustand *m*, -wesen *n*) *f*; **~ficação** [~fikɐ'sɐ̃u] *f* Desinfektion *f*; Gesundung *f*; **~ficar** [~fi'kar] (1n) reinigen, desinfizieren; = *salubrificar*; **~tária** [~'tarjɐ] *f* Toilette *f*; **~tário** [~'tarju] sanitär, gesundheitlich; Gesundheits...

sanja ['sɐ̃ʒɐ] *f* Abzug *m*; Graben *m*.

santa ['sɐ̃ntɐ] *f* Heilige *f*.

sant|antoninho [sɐ̃ntɐ̃ntu'niɲu] *m* Pflänzchen *n* Rührmichnichtan; **~(arr)ão** [~t(ɐʀ)'ɐ̃u] scheinheilig; **~eiro** [~'teiru] **1.** *m* Heiligenbildmaler *m*, -schnitzer *m*, -verkäufer *m*; **2.** *adj.* fromm; **~elmo** [~'tɛɫmu] *m*: *fogo de* ~ Elmsfeuer *n*; **~iámen** [~'tjɐmen] *m*: *num* ~ im Nu, im Handumdrehen; **~idade** [~i'ðaðə] *f* Heiligkeit *f*; **~ificar** [~əfi'kar] (1n) heiligen; heiligsprechen; **~ig(u)ar-se** [~i'ɣ(w)arsə] (1o [1m]) sich bekreuzigen; **~imónia** [~i'mɔnjɐ] *f* fromme Lebensführung *f*; Frömmelei *f*; **~inho** [~'tiɲu] *m* Heiligenbild *n*; heilige(r) Mann *m*, Heilige(r) *m*; **~íssimo** [~'tisimu] **1.** *adj.* hochheilig; heiligst; **2.** *m das* Allerheiligste; **~o** ['sɐ̃ntu] **1.** *adj.* heilig, fromm; lieb, gütig; einfältig; P todsicher (*Mittel*); *todo o* ~ *dia* den lieben langen Tag; **2.** *m* Heilige(r) *m*; F Heiligenbild *n*; *Todos os* ♀*s* Allerheiligen *n*; **~o-e-senha** [ˌsɐ̃ntwi'seɲɐ] *m* Losung *f*; *fig.* Geheimzeichen *n*; **~uário** [~'twarju] *m* Heiligtum *n*; Hausaltar *m*.

são(s) [sɐ̃u(ʃ)] **a**) gesund; heil; ganz; **b**) *Abk. v. santo vor Konsonant, z.B.* ♀ *João der* Heilige Johannes; ~*-bernardo m* Bernhardiner *m*.

sap|a ['sapɐ] *f* Schaufel *f*; ⚔ Sappe *f*; *fig.* Wühltätigkeit *f*; **~ador** [sɐpɐ'ðor] *m* Pionier *m*; **~ar** [sɐ'par] (1b) (auf-, weg-, zs.-)schaufeln; ⚔ schanzen; *fig.* wühlen.

sapata [sɐ'patɐ] *f* Lederpantoffel *m*, Hausschuh *m*; ⊕ Hemmschuh *m*; Brems-klotz *m*, -schuh *m*; ♪ *Klappen*-Dichtung *f*; ⚠ Bankette *f der Grundmauer*; Auflager *n*; Kragstein *m*; *allg.* Unterlage *f*.

sapat|ada [~pɐ'taðɐ] *f* Schlag *m* mit dem Schuh (*od.* P mit der Tatze); **~aria** [~tɐ'riɐ] *f* Schuhmacher-handwerk *n*, -werkstatt *f*; Schuhgeschäft *n*; **~eada** [~'tjaðɐ] *f* Getrampel *n*; Klappern *n der Absätze*; **~eado** [~'tjaðu] *m Art* Steptanz *m* (*Volkstanz*); **~eador** *bras.* [~tja'dor] *m* Steptänzer *m*; **~ear** [~'tjar] (1l) trampeln; aufstampfen; steppen; **~eira** [~'teirɐ] *f* Schustersfrau *f*; Schuh-kasten *m*, -schrank *m*; **~eiro** [~'teiru] *m* Schuhmacher *m*, Schuster *m*; Schuhhändler *m*; **~ilha** [~'tiʎɐ] *f* Hausschuh *m*; ♪ = *sapata*; **~o** [~'patu] *m* Schuh *m*; *esperar por ~s de defuntos* Unmögliches erwarten.

sapé *bras.* [sa'pɛ] *m Name mehrerer Gräser*; *Dach*-Stroh *n*.

sapear [~'pjar] (1l) (be)lauern.

sapec|a [~'pɛkɐ] **1.** *f bras.* Dörren *n*; *fig.* Hiebe *m/pl.* **2.** *adj. u. f* keck(es Mädchen *n*); **~ar** [~pe'kar] (1n; *Stv.* 1c) dörren, rösten.

sapi|ência [sɐ'pjẽsjɐ] *f* Weisheit *f*; *oração f de* ~ Schuljahreröffnungsrede *f*; **~ente** [~ẽntə] weise.

sapinhos *bras.* [sa'piɲos] *m/pl.* Mundfäule *f*.

sapiranga ⚕ *bras.* [sapi'rẽŋgɐ] *f* Entzündung *f* der Augenlider.

sapo ['sapu] *m* Kröte *f*.

sapon|áceo [sɐpu'nasju] *m* Waschmittel *n*; **~ária** ⚘ [~arjɐ] *f* Seifenkraut *n*; **~ário** [~arju] seifig, Seifen...; **~ífero** [~ifəru]: *indústria f -a* Waschmittelindustrie *f*; **~ificação** [~nəfikɐ'sɐ̃u] *f* Seifenherstellung *f*; Verarbeitung *f* zu Seife; Verseifung *f*; **~ificar** [~nəfi'kar] (1n) zu Seife verarbeiten; **~ificar-se** verseifen; **~ificável** [~nəfi'kavɛɫ] zur Seifenherstellung geeignet.

sapota *bras.* ⚘ [sa'potɐ] *f* Sapote *f*.

saque ['sakə] *m* **a**) ✝ Wechselziehung *f*; gezogene(r) Wechsel *m*; **b**) Plünderung *f*; *meter* (*od. pôr*) *a* ~ plündern.

saqu|eador [sɐkjɐ'ðor] *m* Plünderer *m*; **~ear** [~'kjar] (1l) plündern; **~eio** [~'keju] *m* Plünderung *f*; **~inho** [~'kiɲu] *m* Tüte *f*; ⚔ Kartusche *f*; = **~itel** [~i'tɛɫ] *m* Beutel *m*.

sarabanda [sɐrɐ'βɐ̃ndɐ] *f* Sarabande *f* (*Tanz*); P Moralpauke *f*; *fig.* Auflauf *m*; Aufregung *f*.

sarabatana [~βɐ'tɐnɐ] *f* Sprachrohr *n*; Horn *n*; Blasrohr *n*.

sarabulh|ento [~βu'ʎẽntu] fehlerhaft, rauh; P finnig; **~o** [~'βuʎu] *m* Fehler *m*; P Finne *f*, Pickel *m*.

saracot|ear [~ku'tjar] (1l) *v/i.* herumschwärmen; = *~ os quadris* sich in den Hüften wiegen; **~ear-se** sich wiegen; tänzeln; **~eio** [~'teju] *m* Wiegen *n*; wiegende Bewegung *f*.

sarado [sɐ'raδu] **1.** *p.p. v. sarar*; **2.** *adj. bras.* gewitzt, gewieft.

saraiv|a [~'raivɐ] *f* Hagel(korn *n*) *m*; **~ada** [~rai'vaδɐ] *f* Hagel(-schlag) *m*; **~ar** [~rai'var] (1a) (ver)hageln.

sarampo ⚕ [~'rẽmpu] *m* Masern *pl.*; *~ alemão bras.* Röteln *pl.*

sarandalhas [~rẽn'daʎɐʃ] *f/pl.* Abfälle *m/pl.*; *fig.* Pack *n*, Gesindel *n*.

sarandear *bras.* [sarẽn'djar] (1l) sich wiegen; tänzeln.

sarapantar [sɐrɐpẽn'tar] (1a) erschrecken; verblüffen.

sarapatel [~pɐ'tɛɫ] *m* Hammel-, Schweine-klein *n*; *bras. fig.* Durcheinander *n*.

sarapint|ado [~rɐpĩn'taδu] (bunt-)scheckig; sommersprossig; **~ar** [~ar] (1a) tüpfeln; sprenkeln.

sarar [~'rar] (1b) heilen; gesund m. (*od.* w.).

sarau [sɐ'rau] *m* bunte(r) Abend *m*; Tanzabend *m*; *~ de arte (musical)* künstlerischer (musikalischer) Abend *m*; *~ de gala* Galaabend *m*.

sarç|a ['sarsɐ] *f* Dornbusch *m*; Brombeerstrauch *m*; = **~al** [sɐr'saɫ] *m* Gestrüpp *n*.

sarc|asmo [sɐr'kaʒmu] *m* schneidende(r) Hohn *m*; bissige Bemerkung *f*; Sarkasmus *m*; **~ástico** [~aʃtiku] höhnisch; bissig; sarkastisch.

sarcófago [~'kɔfɐγu] *m* Sarkophag *m*.

sard|a ['sarδɐ] *f* **a**) Sommersprosse *f*; **b**) *zo.* Makrele *f*; **~ento** [sɐr'δẽntu] sommersprossig.

sardinh|a [sɐr'δiɲɐ] *f* Sardine *f*; *~ de conserva* Ölsardine *f*; *~ fumada* Sprotte *f*; *como ~ em lata* wie die Heringe; *chegar a brasa à sua ~* sich selbst der Nächste sn; **~eira** [~δi'ɲeirɐ] *f* Sardinen-netz *n*, -fang *m*; ⚘ Pelargonie *f*; *s.* **~eiro** [~δi'ɲeiru] **1.** *adj.* Sardinen...; **2.** *m*, **-a** *f* Sardinenhändler(in *f*) *m*.

sardónico [~'δɔniku]: *riso m ~* hämische(s) Gelächter *n*.

sardoso [~'δozu (-ɔ-)] = *sardento.*

sargaço [~'γasu] *m* Seetang *m*; Seegras *n*; *mar m dos ~s* Sargassomeer *n*.

sargent|ear [~ʒẽn'tjar] (1l) P herum-kommandieren, -schnauzen; **~o** [~'ʒẽntu] *m* Unteroffizier *m*; *primeiro ~* Feldwebel *m*.

sargo ['sarγu] *m zo.* Rotauge *n*, Plötze *f*.

sariguê, -eia [sari'γwe, -'γwejɐ] *f* Beutel-tier *n*, -ratte *f*.

sarilho [~'riʎu] *m* Haspel *f*; ⊕ Winde *f*; *Sport*: Welle *f*; ⚔ Kreuzlatte *f*; *Gewehr*-Pyramide *f*; *fig.* Drehung *f*; Krach *m*; Patsche *f*; Pech *n*; Ärger *m*; *fazer ~ com* kreisen l. (*ac.*); *pôr em ~ Gewehre* zs.-stellen; *que ~!* F wie ärgerlich!; *andar num ~* sich abhetzen.

sarja ['sarʒɐ] *f* **a**) Serge *f*; **b**) *cir.* Einschnitt *m*.

sarj|adeira [sɐrʒa'deirɐ] *f bras. cir.* Schnäpper *m*; **~ado** [~'ʒaδu]: *ventosa f -a* Schröpfkopf *m*; **~ador** [~ɐ'δor] *m* = *~adeira*; **~ar** [~'ʒar] (1b) auf-, ein-schneiden, -stechen; schröpfen; **~eta** [~'ʒetɐ] *f* **a**) Gully *m*, Senkloch *n*; **b**) leichte Serge *f*.

sarmento [~'mẽntu] *m* Weinrebe *f*; Ranke *f*; Rebholz *n*.

sarn|a ['sarnɐ] **1.** *f* ⚕ Krätze *f*; *vet.* Räude *f*; ⚘ Krebs *m*; **2.** *su.* Quälgeist *m*; Plage *f*; **~ento, ~oso** [sɐr'nẽntu, -ozu (-ɔ-)] krätzig; räudig.

sarrabulho [sɐʀɐ'βuʎu] *m* Schweineblut *n*; Schweineschwarzsauer *n*.

sarrafo [sɐ'ʀafu] *m* Latte *f*.

sarr|ento [~'ʀẽntu] verschmutzt; belegt; gelb (*Zahn*); **~o** ['saʀu] *m* Weinstein *m*; Tabaksaft *m*; Zahn-, Zungen-belag *m*; Zahnstein *m*.

sasonal [~zu'naɫ] saison-bedingt, -weise; Saison...

Satanás [sɐtɐ'naʃ] *m* Satan *m*.

satânico [~'tɐniku] satanisch.

satélite [~'tɛlitə] *m* Satellit *m*; Trabant *m*; Satellitenstaat *m*.

sátira ['satirɐ] *f* Satire *f*; Spottgedicht *n*, -schrift *f*.

sat|írico [sɐ'tiriku] **1.** *adj.* satirisch; spöttisch; beißend; **2.** *m* Satiriker *m*; Spötter *m*; **~irizar** [~tiri'zar] (1a) verspotten.

sátiro ['satiru] *m* Satyr *m*, Waldteufel *m*.

satisf|ação [sɐtiʃfɐ'sɐ̃u] *f* Befriedigung *f*; Freude *f*; Zufriedenheit *f*; Genugtuung *f*; Entschuldigung *f*, Erklärung *f*; *Pflicht*-Erfüllung *f*; Zahlung *f*; Buße *f*; Entschädigung *f*; *dar* ~ sich entschuldigen (für *de*); *pedir* ~ Rechenschaft fordern; *tomar* ~ sich Genugtuung verschaffen; *à* ~ zur Zufriedenheit; = **~atório** [~ɐ'tɔrju] befriedigend, zufriedenstellend; **~azer** [~ɐ'zer] (2v) (~ *a*) befriedigen (*ac.*); genügen (*dat.*); Genüge leisten, genugtun (*dat.*); zufriedenstellen (*ac.*) (*inteiramente* vollauf); *Schuld* zahlen; *Bedingung usw.* erfüllen; *Durst* stillen; *Zweifel* lösen; ~ *todas as exigências* allen Anforderungen gerecht w.; **~azer-se** sich sättigen; sich zufriedengeben; sich Genugtuung verschaffen; **~eito** [~'feitu] **1.** *prp. v.* *~azer*; **2.** *adj.* zufrieden; satt.

satur|ação [~turɐ'sɐ̃u] *f* Sättigung *f*; **~ar** [~'rar] (1a) sättigen; saturieren.

saturn|al [~tur'nał] **1.** *f fig.* Orgie *f*; *-ais pl.* Saturnalien *pl.*; **2.** *adj.* = **~ino** [~inu] saturnisch; bleifarben; Blei...; **~ismo** [~iʒmu] *m* Bleivergiftung *f*; **♀o** [~'turnu] *m ast.* Saturn *m*; *bras.* P Hitze *f*, Schwüle *f*.

saud|ação [sauðɐ'sɐ̃u] *f* Begrüßung *f*; Gruß *m*; **~ade** [~'ðaðə] *f* Sehnsucht *f*; wehmütige Erinnerung *f*; *~s pl.* liebe Grüße *m/pl.*; *ter* (*od.* *sentir*) *~s de* sich sehnen nach; trauern um; *causar* (*od.* *fazer*) *~s* wehmütig stimmen; *matar ~s* ein Wiedersehen feiern (mit *de*); **~ar** [~'ðar] (1q) (be)grüßen; willkommen heißen; zujauchzen; beglückwünschen; **~ável** [~'ðaveł] gesund; zuträglich; *pouco* ~ ungesund.

saúde [sɐ'uðə] *f* Gesundheit *f*; Trinkspruch *m* (*fazer* ausbringen); *casa f de* ~ Krankenhaus *n*; *direcção* (*junta*) *de* ~ Gesundheitsamt *n* (-polizei *f*); *à sua* ~! auf Ihr Wohl!, prost!; *beber à* ~ *de alg.* auf j-n *od.* auf j-s Wohl trinken; *estar de* (*boa*) ~ gesund, wohlauf sn.

saudos|ismo [sauðu'ziʒmu] *m* Erinnerungskult *m*; Nostalgie *f*; **~ista** [~iʃtɐ] **1.** *adj.* nostalgisch; **2.** *m* Nostalgiker *m*; **~o** [~'ðozu (-ɔ-)] sehnsuchtsvoll; unvergeßlich; *-as lágrimas f/pl.* heiße Tränen *f/pl.*

saúva *bras.* [sa'uvɐ] *f* Blattschneideameise *f*.

saveiro [sa'veiru] *m* **a**) Fähre *f*; Fischerboot *n*; *bras.* Lastensegler *m*; **b**) Fährmann *m*; Bootsführer *m*.

sável ['saveł] *m* Alse *f*, Maifisch *m*.

savelha [sɐ'veʎɐ] *f* Finte *f* (*Fisch*).

sax|ão [sak'sɐ̃u] **1.** *adj.* sächsisch; **2.** *m*, **~ona** *f* Sachse *m*, Sächsin *f*.

saxofone [sɐksɔ'fɔnə] *m* Saxophon *n*.

saxónio [~'sɔnju] = *saxão*.

sazão [sɐ'zɐ̃u] *f* Jahreszeit *f*; rechte Zeit *f od.* Gelegenheit *f*.

sazon|ado [~zu'naðu] reif; *fig.* erfahren; wohldurchdacht; reiflich; **~al** [~ał] = *sasonal*; **~ar** [~ar] (1f) reifen l.; *Speise* abschmecken, würzen (*a. fig.*); *v/i. u.* **~ar-se** reifen.

se [sə] **1.** *pron.* sich; man; **2.** *cj.* **a**) *bedingend*: wenn, falls; ~ *é que* wenn ... wirklich; ~ *assim for* wenn dem so ist; *se bem que conj.* obgleich *ind.*; **b**) *indirekte Frage*: ob; *se* (*o conheço*)?! und ob (ich ihn kenne)!

sé [sɛ] *f* Kathedrale *f*; Bistum *n*; *a Santa* ♀ der Heilige Stuhl.

sear|a ['sjarɐ] *f* Saat *f* (*a. fig.*); (Saat-, Getreide-)Feld *n*; **~eiro** [sjɐ'reiru] *m* Kleinbauer *m*.

seba ['seβɐ] *f* Algen(dünger *m*) *f/pl.*

seb|áceo [sə'βasju] Talg...; talgig; schmierig; *cisto m* ~ ⚕ Grützbeutel *m*; **~ácico** [~asiku]: *ácido m* ~ = **~acina** [~βɐ'sinɐ] *f* Fettsäure *f*.

sebe ['sɛβə] *f* Hecke *f*; Zaun *m*; *Wagen*-Leiter *f*.

sebent|a [sə'βẽntɐ] *f hektographierte* Vorlesungsnachschrift *f*, Skriptum *n*; **~o** [~u] *fig.* schmierig, dreckig.

sebo ['seβu] *m* Talg *m*; *bras.* Antiquariat *n*; (*ora*) ~! Blödsinn!; **~rreia** [səβu'ʀejɐ] *f* Talgabsonderung *f*; **~so** [sə'βozu (-ɔ-)] talgig; schmierig.

seca[1] ['sɛkɐ] **1.** *f* **a**) Plackerei *f*, Schererei *f*; Umstände *m/pl.*; **b**) Trocknen *n*; Dörren *n*; **2.** *m* Quälgeist *m*, lästige(r) Kerl *m*.

seca[2] ['sekɐ] *f* Dürre *f*.

sec|adoiro, -ouro [səkɐ'ðoiru, -oru] *m* Trocken-anlage *f*; -boden *m*;

-gestell *n*, -ständer *m*; -platz *m*; **~ador** [~ɐ'ðor] **1.** *adj.* Trocken...; **2.** *m* Trockenapparat *m*; *Wäsche-, Haar-*Trockner *m*, „Fön" *m*; ⚒ Darre *f*; **~agem** [~'kaʒɐ̃i] *f das* Trocknen und Dörren *des Malzes*; **~ante** [~'kɐ̃ntə] **1.** *adj.* **a)** Trocken...; **b)** lästig; aufdringlich; **2.** *su.* aufdringliche Person *f*; **3.** *m* Sikkativ *n*; **4.** *f* (*a. m*) Ⓐ Sekante *f*; **~ar** [~'kar] (1n; *Stv.* 1c) **1.** *v/t.* a) (ab-, aus-)trocknen; trockenlegen; *Obst* dörren; b) belästigen, F sekkieren; sich aufdrängen (*dat.*); **2.** *v/i.* trocknen; ver-, aus-, ein-trocknen; verdorren; versiegen (*Quelle*); **~ativo** ⚕ [~ɐ'tivu] **1.** *adj.* Trocken...; **2.** *m* Sikkativ *n*.

se(c)ç|ão [sɛ(k)'sɐ̃u] *f* Abteilung *f*, Sektion *f*; Teil *m*; Abschnitt *m*; Schnitt *m*; Teilung *f*; Ⓐ Querschnitt *m*; ⚔ Zug *m*; ~ *plana* Längsschnitt *m*; **~ional** [~sju'nał] Abteilungs...; **~ionar** [~sju'nar] (1f) teilen.

secessão [səsə'sɐ̃u] *f* Sezession *f*; Loslösung *f*, Trennung *f*.

séci|a ['sɛsjɐ] *f* ⚘ Aster *f*; **~o** [~u] **1.** *adj.* geziert; eingebildet; **2.** *m*, **~a** *f* Geck *m*, Zierpuppe *f*.

seco ['seku] **1.** *adj.* trocken (*a. Wein*); getrocknet; Dörr...; dürr (*Blatt usw.*); hager; *fig.* frostig; *ama f -a* Kinderfrau *f*; *a* ~ ohne Beköstigung; *às -as* trocken; *em* ~ auf dem (*od.* im) Trocknen; *dar* (*od. ficar*) *em* ~ ⚓ auflaufen; *fig.* F schiefgehen; **2.** *p.p. irr. v. secar*; **3.** *m bras.* Sandbank *f*; ~*s pl.* Trockenwaren *f/pl.*; *vgl. molhados.*

secre|ção [səkrə'sɐ̃u] *f* Absonderung *f*, Ausscheidung *f*; **~ta** [~'krɛtɐ] **1.** *f* P Örtchen *n*; *bras.* Geheimpolizei *f*; **2.** *m* Geheimpolizist *m*.

secreta [sə'krɛtɐ] **1.** *f* stille(s) Gebet *n*; P Abtritt *m*; **2.** *m* Geheimpolizist *m*.

secret|aria [~tɐ'riɐ] *f* Sekretariat *n*; ♀ *de Estado* „Staatssekretariat" *n* (*in Bras. Name der Verwaltungsressorts e-s Bundeslandes, entspr. in Dtschl. den Landesministerien*); **~ária** [~'tarjɐ] *f* Sekretärin *f*; Schreibtisch *m*, Sekretär *m*; **~ariado** [~ɐ'rjaðu] *m* Sekretariat *n*; **~ariar** [~ɐ'rjar] (1g) *v/t.* Sekretär(in) sn bei; das Protokoll führen über (*ac.*); als Sekretär(in) begleiten; **~ário** [~'tarju] *m* Sekretär *m*; ~ *de Estado* „Staatssekretär" *m* (*in Bras. Amtsbezeichnung der Ressortchefs e-r Landesregierung, entspr. in d. BRD den Landesministern*); ~*-geral pol.* Parteivorsitzende(r) *m*; **~ismo** [~'tiʒmu] *m* Geheimnistuerei *f*; **~o** [~'krɛtu] geheim; Geheim...; heimlich; verborgen; verschwiegen.

sect|ário [sɛk'tarju] *m* Sektierer *m*; *fig.* Anhänger *m*; **~arismo** [~ɐ'riʒmu] *m* Sektierertum *n*; **~or** [sɛ'tor] *m* Ⓐ Sektor *m*; *fig.* Abschnitt *m*; Ausschnitt *m*; Bereich *m*; Kreis *m*; Gruppe *f*; ☤ Branche *f*; **~orial** [sɛtu'rjał] teil-, abschnitts-weise.

secular [səku'lar] **1.** *adj.* a) hundertjährig; jahrhundertealt; b) weltlich, Welt...; Laien...; **2.** *m* Laie *m*; Weltliche(r) *m*.

seculari|dade [~lɐri'ðaðə] *f* Weltlichkeit *f*; ~*s pl.* weltliche Dinge *n/pl.*; **~zação** [~zɐ'sɐ̃u] *f* Säkularisation *f*; **~zar** [~'zar] (1a) säkularisieren; **~zar-se** weltlich werden.

século ['sɛkulu] *m* **a)** Jahrhundert *n*; Zeit(alter *n*) *f*; F Ewigkeit *f*; *o* ~ *doze* (*quinze, etc.*) das zwölfte (fünfzehnte *usw.*) Jahrhundert; *por todos os* ~*s e* ~*s* von Ewigkeit zu Ewigkeit; **b)** *die* (zeitliche) Welt.

secund|ar [səkũn'dar] (1a) **a)** unterstützen; beistehen (*dat.*); *bras. a.* antworten (*dat.*); **b)** wiederholen; zum zweiten Mal nehmen von; **~ário** [~arju] nebensächlich, untergeordnet; zweitrangig; Neben...; nachträglich, Nach...; Sekundär...; *o ensino* ~ das höhere Schulwesen; *escola f -a* Gymnasium *n*; **~inas** [~inɐʃ] *f/pl.* Nachgeburt *f*.

secura [~'kurɐ] *f* Trockenheit *f*; *fig.* Frostigkeit *f*.

seda ['seðɐ] *f* Seide *f*; ⊕ Sprung *m*; ⚘ Granne *f*; ~*s pl.* Borsten *f/pl.*; Seidenwaren *f/pl.*; ~ *artificial*, ~ *vegetal* Kunst-, ~ *crua*, ~ *em rama* Roh-seide *f*; **~ço** [sə'ðasu] *m* Siebseide *f*; Einsatznetz *n für Siebe*; Milchsieb *n*.

sed|ar [sə'ðar] (1c) beruhigen; **~ativo** [~ðɐ'tivu] **1.** *adj.* beruhigend; **2.** *m* Beruhigungsmittel *n*.

sede[1] ['seðə] *f* Durst *m*; *Geld-*Gier *f*; *estar com* ~, *ter* ~ durstig sn; *fig.* dürsten (*od.* lechzen) (nach *de*).

sede[2] ['sɛðə] *f* Sitz *m* (*a. fig.*);

Bischofssitz *m*; Bistum *n*; ♀ *Apostólica der* Heilige Stuhl.
sedeiro [sə'ðeiru] *m* Hechel *f*.
sedentário [~ðẽn'tarju] sitzend; seßhaft; häuslich; *vida f -a* sitzende Lebensweise *f*.
sedento [~'ðẽntu] durstig; ~ *de* dürstend nach; begierig auf (*ac.*); ~ *de prazer* (*glória, vingança*) vergnügungs- (ruhm-, rach-)süchtig; ~ *de dinheiro* geldgierig.
sedi|ção [~ði'sɐ̃u] *f* Aufruhr *m*; Aufstand *m*; Meuterei *f*; **~cioso** [~'sjozu (-ɔ-)] **1.** *adj.* aufrührerisch; Hetz...; aufständisch; **2.** *m* Aufrührer *m*; Meuterer *m*.
sediment|ação [~ðimẽntɐ'sɐ̃u] *f* Ablagerung *f*; Niederschlag *m*; *velocidade f de* ~ ⚕ Blutsenkungsgeschwindigkeit *f*; **~ar** [~'tar] **1.** *v/i.* (1a) e-n Niederschlag bilden; sich ablagern; **2.** *adj.* = **~ário** [~'tarju] abgelagert; sedimentär; **~o** [~'mẽntu] *m* Ablagerung *f*; Bodensatz *m*, Niederschlag *m*.
sedoso [~'ðozu (-ɔ-)] seidig.
sedu|ção [~ðu'sɐ̃u] *f* Verführung *f*; Versuchung *f*; Zauber *m*; **~tor** [~'tor] **1.** *adj.* verführerisch; bezaubernd; **2.** *m* Verführer *m*; **~zir** [~'zir] (3m) verführen; bestechen; bezaubern.
sega ['sɛɣɐ] *f* Schnitt *m*, Mahd *f*; Ernte(zeit) *f*.
seg|ada [sə'ɣaðɐ] *f* Mähen *n*; **~adoiro, -ouro** [~ɣɐ'ðoiru, -oru] Mäh...; schnittreif (*Getreide*); **~ador** [~ɣɐ'ðor] *m* Schnitter *m*; **~ar** [~ar] (1o; *Stv.* 1c) mähen; abschneiden.
segmento [səɣ'mẽntu] *m* (Kreis-, Kugel-)Abschnitt *m*, Segment *n*.
segred|ar [səɣrə'ðar] (1c) zuflüstern; *v/i.* tuscheln, raunen; **~o** [~'ɣreðu] *m* Geheimnis *n*; Verschwiegenheit *f*; Geheimfach *n im Schrank*; Geheimverlies *n*; Einzelhaft *f*; *em* ~ insgeheim, heimlich; *ter em* ~ geheimhalten.
segregar [~ɣrə'ɣar] (1o; *Stv.* 1c) absondern; ausscheiden.
segu|ida [sə'ɣiðɐ]: *em* ~ = **~idamente** [~ˌɣiðɐ'mẽntə] im Anschluß daran; danach, darauf, dann; **~ido** [~'ɣiðu] aufea.-folgend; ununterbrochen; *três horas -as* drei Stunden hinterea. (*od.* lang); **~idor** [~ɣi'ðor] *m* Anhänger *m*; **~imento** [~ɣi'mẽntu] *m* Gefolge *n* (*a. fig.*); Verfolgung *f*; Befolgung *f*; Fortsetzung *f*; (Fort-)Gang *m*; Folge *f*; *dar* ~ *a* weiterleiten; fortsetzen; *ir em* ~ *de* folgen (*dat.*); verfolgen (*ac.*); *ter* ~ weitergehen; Folgen h.; **~inte** [~'ɣĩntə] folgend; nächst; **~intemente** [~ˌɣĩntə'mẽntə] folglich; = **~idamente**; **~ir** [~'ɣir] (3o; *Stv.* 3c) **1.** *v/t. j-m, e-m Beispiel, e-r Richtung* folgen; *zeitl.* folgen auf (*ac.*); *Rat* befolgen; *Spur, Gang e-r Sache* verfolgen; sich zu *e-m Glauben* bekennen; *Weg* nehmen, einschlagen, gehen; *Weg* fortsetzen; *Kursus* besuchen; *Vorlesung* hören; *Fach* studieren; ~ *as armas* (*a medicina*) Soldat (Arzt) w. wollen; **2.** *v/i.* fortfahren; (weiter-)gehen, (-)fahren, (-)reisen *usw.*; weiterbefördert w.; ~ *fazendo a/c.* fortfahren et. zu tun, et. weiter tun; darauf (*od.* dann) et. tun; *fazer* ~ weiterbefördern; weiterfahren l.; weitergehen heißen; ~ *a direito* (*à direita*) geradeaus (rechts) gehen (*od.* fahren *usw.*); ~ *de* folgen aus; ~ *para* (ab-)gehen, (-)fahren, (-)reisen *usw.* nach; *a* ~ = **~idamente**; *Film*: demnächst; *a* ~ *a* nach; *horas a* ~ stundenlang; **3. ~ir-se** (ea.) folgen; erfolgen; ~ *a* folgen auf (*ac.*); ~ *de* folgen aus; *segue-se inf. od. que ind.* danach (*od.* dann) *ind.*
segund|a [~'ɣũndɐ] *f* ♪ Sekunde *f*; *pão m de* ~ Mischbrot *n*; *bilhete m de* ~ Fahrkarte *f* zweiter Klasse; **~a-feira** [~'feirɐ] *f* Montag *m* (*na* am); *às* ~*s* montags; **~amente** [~'mẽntə] zweitens; **~anista** [~ɣũndɐ'niʃtɐ] *su.* Student(in *f*) *m* im zweiten Jahr; **~o** [~u] **1.** *adj.* zweit; Neben...; *sem* ~ ohnegleichen; *não ter* ~ nicht seinesgleichen h.; **2.** *m* Sekunde *f* (*Zeit*); **3.** *adv.* zweitens; **4.** *prp.* nach, gemäß (*dat.*); laut (*gen.*); ~ *o costume* wie üblich; **~ogénito** [~u'ʒɛnitu] zweitgeboren.
segur|ado [~ɣu'raðu] *m* Versicherungsnehmer *m*; **~ador** [~rɐ'ðor] **1.** *adj.*: *empresa f -a* Versicherungsgesellschaft *f*; **2.** *m* Versicherer *m*, Versicherungsgeber *m*; **~ança** [~ɐ̃sɐ] *f* Sicherheit *f* (*a.* ✝ *u.* ⊕) (*para* zur *od.* als); Festigkeit *f*; Gewißheit *f*; Gewähr *f*; Schutz *m*; *com* ~ sicher; ungefährdet; **~ar**

[~ar] (1a) sichern; festmachen; *bes.* (fest)halten (*por* an [*dat.*]); stützen; j-n bestärken; sicherstellen; ⚕ versichern; **~elha** [~'reʎɐ] *f* Bohnenkraut *n*; **~o** [~'γuru] **1.** *adj.* sicher; gewiß; fest; zuverlässig; trächtig (*Stute*); **2.** *m* ⚕ Versicherung *f*; *sonst*: Schutz(vorrichtung *f*) *m*; Sicherheit *f*; Geleit(brief *m*) *n*; *ao* ~ sicher, zweifellos; *a seu* ~ un-behelligt; -gefährdet; sicher; *em* ~, *sobre* ~ ohne Gefahr, sicher; *ir pelo* (*od. sobre o*) ~ sichergehen (wollen); *pôr no* ~ versichern.

seio ['seju] *m* Krümmung *f*; Windung *f*; Meerbusen *m*, Bucht *f*; *Segel*-Schwellung *f*; *Lasso*-Schlinge *f*; *allg.* Brust *f*; *fig.* Busen *m*; Schoß *m*; ~ *aéreo* (*frontal*, *maxilar*) Neben- (Stirn-, Kiefern-)höhle *f*.

seira ['seirɐ] *f* Stroh-tasche *f*, -korb *m*.

seis [seiʃ] **1.** *adj.* sechs; **2.** *m* Sechs *f*; Nummer *f* Sechs; **~avo** [sei'zavu] *m* Sechstel *n*; **~centésimo** [~sẽn'tɛzimu] sechshundertste(r); **~centista** [~sẽn'tiʃtɐ] *adj.* (*od. m*) (Dichter *usw.*) des 17. Jahrhunderts; **~centos** [~'sẽntuʃ] sechshundert.

seita ['seitɐ] *f* Sekte *f*.

seiv|a ['seivɐ] *f* (Lebens-)Saft *m*; **~oso** [sei'vozu (-ɔ-)] saftig; kräftig.

seix|o ['seiʃu] *m* Kiesel(stein) *m*; **~oso** [sei'ʃozu (-ɔ-)] kiesig, Kies...; steinig.

seja *usw.* ['seʒɐ] *s. ser.*

sela ['sɛlɐ] *f Reit*-Sattel *m*; *cavalo m de* ~ Reitpferd *n*; Sattelpferd *n*.

sel|ada [sə'laðɐ] *f Berg*-Sattel *m*; **~ado** [~aðu] **1.** *m Fuß-*, *Hüft-*Beuge *f*; **2.** *adj.* **a**) durchgebogen (*Rücken*); krumm; **b**) *papel m* ~ Stempelpapier *n*; **~adura** [~lɐ'ðurɐ] *f* Sattelung *f*; Sattelrücken *m*; **~agem** [~aʒɐ̃i] *f* Stempelung *f*; Siegelung *f*; Plombierung *f*; **~ar** [~ar] (1c) **a**) satteln; **b**) (ver)siegeln; (ab)stempeln; plombieren; *fig.* besiegeln; *Vertrag* schließen; **~aria** [~lɐ'riɐ] *f* Sattlerei *f*; Sattelzeug *n*; Geschirr(kammer *f*) *n*.

selec|ção [səlɛ'sɐ̃u] *f* Auswahl *f*; Auslese *f*; *Sport*: Auswahlmannschaft *f*; ~ *nacional* Ländermannschaft *f*; *provas f/pl. de* ~ Ausscheidungskämpfe *m/pl.*; *fazer* ~ wählerisch sn; = **~cionar** [~sju'nar] (1f) auswählen; aussortieren; **~ta** [~'lɛtɐ] *f* Auswahl *f*; Lesebuch *n*; Sammelband *m*; **~tividade** [~tivi'ðaðə] *f Radio*: Trennschärfe *f*; **~tivo** [~'tivu] trennscharf; 🕮 selektiv; **~to** [~'lɛtu] ausgewählt; auserlesen.

seleiro [sə'leiru] **1.** *m* Sattler *m*; **2.** *adj.* sattelfest; eingeritten.

selet... *bras. s. select...*

selha ['seʎɐ] *f* Holzkübel *m*.

selim [sə'lĩ] *m Fahrrad*-Sattel *m*.

selo ['selu] *m* Siegel *n* (*a. fig.*); Stempel *m*; Plombe *f*; Steuermarke *f*; Stempelstelle *f*; *fig. a.* Gepräge *n*; ~ *postal* Briefmarke *f*; *pôr* ~*s a* versiegeln (*ac.*), plombieren (*ac.*); frankieren (*ac.*).

selva ['sɛɫvɐ] *f* (Ur-)Wald *m*.

selv|agem [sɛɫ'vaʒɐ̃i] wild; wüst, öde; roh; **~agíneo** [~vɐ'ʒinju] Wild..., wild; **~ajaria** [~ɐʒɐ'riɐ] *f* Wildheit *f*; Roheit *f*; **~ático** [~atiku] waldig; Wald...; waldliebend; wild; rauh, ungeschlacht; **~oso** [~ozu (-ɔ-)] waldreich.

sem [sɐ̃i] *prp.* ohne (*ac.*); ...los; ~ *mais nada*, ~ *mais aquelas* ohne weiteres; ~ *inf.* ohne ... zu *inf.*; ~ *que* ohne daß; *e ele* ~ *vir!* F und er kommt immer noch nicht!

semáforo [sə'mafuru] *m* Signalmast *m*; Verkehrsampel *f*; ⚓ Küstentelegraph *m*.

seman|a [~'mɐnɐ] *f* Woche *f*; ♀ *Santa* Karwoche *f*; *à* ~ in der Woche; wöchentlich; **~ada** [~mɐ'naðɐ] *f* Wochenlohn *m*; **~al** [~mɐ'naɫ] wöchentlich; Wochen...; **~ário** [~mɐ'narju] **1.** *m* Wochenschrift *f*; **2.** *adj.* = ~*al*.

semântic|a [~'mɐ̃ntikɐ] *f* (Wort-) Bedeutungslehre *f*; **~o** [~u] Bedeutungs...; semantisch.

semblante [sẽm'blɐ̃ntə] *m* Antlitz *n*, Gesicht *n*; Aussehen *n*.

sem-cerim|ónia [sɐ̃isəri'mɔnjɐ] *f* Ungezwungenheit *f*; **~onioso** [~mu'njozu (-ɔ-)] ungezwungen.

sêmea ['semjɐ] *f* Kleie *f*; (*pão m de*) ~ Graubrot *n*.

seme|ação [səmjɐ'sɐ̃u] *f* (Aus-) Saat *f*; **~ada** [~'mjaðɐ] *f* Saatfeld *n*; Saat(gut *n*) *f*; **~ador** [~ɐ'ðor] **1.** *adj.* Sä...; **2.** *m* Sämann *m*; Sämaschine *f*; **~adoiro, -ouro** [~ɐ'ðoiru, -oru] säfertig; **~adura** [~ɐ'ðurɐ] *f* Säen *n*; = ~*ação*, ~*ada*; **~ar** [~'mjar] (1l) (aus)säen; ausstreuen; verbreiten.

semelh|ança [~mɨ'ʎɐ̃sɐ] *f* Ähnlichkeit *f*; *à* ~ *de* (gleich) wie; **~ante** [~ẽntə] **1.** *adj.* ähnlich; solch (*od.* so) ein(e); *~s pl.* solche; **2.** *m*: *o* (*od. um*) *meu* ~, *meus ~s* meinesgleichen; **~ar** [~ar] (1d) ähneln (*dat.*); aussehen wie; erinnern an (*ac.*).

sement|al [səmẽn'tał] Saat...; Zucht... (*Tier*); **~e** [~'mẽntə] *f* Same(n) *m*; Samenkorn *n*; *fig. a.* Keim *m*; *de* ~ = *~al*; **~eira** [~eirɐ] *f* Saat-gut *n*, -korn *n*; Saat-feld *n*, -beet *n*; Aussaat *f*; *fig.* Verbreitung *f*; Keim(zelle *f*) *m*; Ursprung *m*; **~eiro** [~eiru] **1.** *adj.* Sä...; Saat...; **2.** *m* Sämann *m*; Saatsack *m*.

semestr|al [~miʃ'trał] halbjährlich; Halbjahres...; **~e** [~'mɛʃtrə] *m* Halbjahr *n*, Semester *n*; Hälfte *f*.

sem-fim [sẽi'fĩ] *m* Unmenge *f*; End-, Grenzen-lose *n*.

semi... [səmi] *in Zssgn* Halb..., halb...; **~breve** ♩ [~'βrɛvə] *f* ganze Note *f*; **~colcheia** ♩ [~koł'ʃejɐ] *f* Sechzehntel(note *f*) *n*; **~cúpio** [~'kupju] *m* Sitzbad *n*; **~cúpula** [~'kupulɐ] *f* Kugelkuppel *f*; **~fusa** ♩ [~'fuzɐ] *f* Vierundsechzigstel (-note *f*) *n*; **~lunar** [~lu'nar] halbmondförmig.

semin|ação [~nɐ'sɐ̃u] *f* Aussaat *f*, natürliche Verbreitung *f*; **~al** [~'nał] Samen...; **~ário** [~'narju] *m* Pflanzschule *f*; (Priester-)Seminar *n*; *fig.* Pflanzstätte *f*; **~arista** [~ɐ'riʃtɐ] *m* Seminarist *m*.

semínima ♩ [sə'minimɐ] *f* Achtel (-note *f*) *n*.

seminu [səmi'nu] zerlumpt.

semita [sə'mitɐ] *su.* Semit(in *f*) *m*.

semítico [sə'mitiku] semitisch.

sem-|justiça(s) [sẽiʒuʃ'tisɐ] *f*(*pl.*) Ungerechtigkeit *f*; **~nome** [~'nomə] namenlos; **~número** [~'numəru] *m* Unzahl *f*.

sêmola ['semulɐ] *f* Grieß *m*.

semolina [səmulinɐ] *f* Grießmehl *n*.

sem-par [sẽi'par] ohnegleichen; unvergleichlich.

sempiterno [sẽmpi'tɛrnu] immerwährend; ewig.

sempre ['sẽmprə] immer, stets; fortwährend, ununterbrochen; immer noch; immerhin; doch, tatsächlich; *até ~!* stets zu Ihren Diensten!; lassen Sie sich bald wieder sehen!; *desde* (*todo o*) ~ von jeher; *para* (*todo o*) ~ für immer; *o de* ~ das- (*od.* der-)selbe; ~ *que* immer wenn; sooft; *~-noiva* (*~-verde*, *~-viva*) *f* Immergrün *n*.

sem-|razão (**-ões**) [sẽiʀɐ'zɐ̃u] *f*(*pl.*) Unrecht *n*; Unsinn *m*; **~sal** [~'sał] salzlos; fade (*a. fig.*); **~segundo** [~sə'ɣũndu] *s. segundo* 1.; **~trabalho** (*pl. unv.*) [~trɐ'βaʎu] *su.* Arbeitslose(r *m*) *f*; **~vergonha** (*pl. unv.*) [~vər'ɣoɲɐ] **1.** *f* Unverschämtheit *f*, Frechheit *f*; **2.** *su.* Flegel *m*; **3.** *adj.* unverschämt, frech.

sena ['senɐ] *f* Sechs *f* (*Karte, Würfel*); *~s pl.* Sechserpasch *m*.

senad|o [sə'naðu] *m* Senat *m*; **~or** [~nɐ'ðor] *m* Senator *m*; Ratsherr *m*.

senão [sə'nɐ̃u] **1.** *cj.* sonst; wo nicht; *nach Verneinung* sondern; ~ *que* vielmehr; *eis* ~ *quando* da ... plötzlich; **2.** *prp.* außer (*dat.*); *não* ... ~ nur, bloß; *nach comp.*: als; **3.** *m* Aber *n*; F Haken *m*.

senat|oria *bras.* [senato'riɐ] *f* Senatorenwürde *f*; **~orial**, **~ório** [~to'rjał, ~'tɔrju] Senats...

send|a ['sẽndɐ] *f* Fußweg *m*; Pfad *m* (*a. fig.*); **~eiro** [sẽn'deiru] *m* Klepper *m*; (Karren-)Gaul *m*; *fig.* Taugenichts *m*; Schwächling *m*.

sene ⚘ ['sɛnə] *m*: *folhas f/pl. de* ~ Sennesblätter *n/pl.*

senh|a ['seɲɐ] *f* Zeichen *n*; Losungswort *n*; Quittung(sabschnitt *m*) *f*; *Kontroll*-Marke *f*; *Platz-*, *Los-*Nummer *f*.

senhor [si'ɲor] *m* Herr *m*; Gebieter *m*; Besitzer *m*; *o* ~ *Lima* Herr Lima; *Anrede beim Verb*: *que disse o ~?* was haben Sie gesagt?; *falo com o* ~ ich spreche mit Ihnen; **~a** [~orɐ, ~ɔrɐ] *f* Dame *f*; Herrin *f*; Gebieterin *f*; Besitzerin *f*; *Anrede vor Personennamen*: Frau; *Anrede beim Verb*: *que disse a ~?* was haben Sie gesagt?; *falo com a* ~ ich spreche mit Ihnen; *minha* ~ gnädige Frau; *Nossa* ♀ die Mutter Gottes; *sua* ~ *bras.* Ihre Frau Gemahlin.

senhor|ear [siɲu'rjar] (1l) beherrschen; überragen; *v/i.* herrschen; **~ear-se** *de* sich bemächtigen (*gen.*); **~ia** [~'riɐ] *f* Herrschaft *f*; Eigentümerin *f*; Hauswirtin *f*; *Vossa* ♀ *Anrede beim Verb wie senhor*(*a*); **~ial** [~jał] herrschaftlich; **~il** [~ił] vornehm; würdevoll; **~inha** [~iɲɐ] *f* Dämchen *n*; *bras.* Fräulein *n*; **~io**

[~iu] *m* Herrschaft *f*; Beherrschung *f*; Besitzrecht *n*; Eigentümer *m*; Hauswirt *m*; **~ita** [~itɐ] *f* Frauchen *n*; *bras.* Fräulein *n*.

senil [sə'niɫ] Alters...; altersschwach, senil; **~idade** [sənəli'ðaðə] *f* Altersschwäche *f*.

sénior (**seniores**) ['sɛnjɔr (-iʃ)] **1.** *adj.* älter; *nachgestellt*: der Ältere, senior; **2.** *m(pl.) Sport*: Senior *m*.

seno ['senu] *m* Sinus *m*.

sensab|or [sẽsɐ'βor] **1.** *adj.* geschmacklos; fade; langweilig, öde; unangenehm, ärgerlich; **2.** *su.* = **~orão** *m*, **-ona** *f* [~βu'rɐ̃u, -onɐ] langweilige(r Kerl *m*) Person *f*; **~oria** [~βu'riɐ] *f* Geschmacklosigkeit *f*; Fadheit *f*; Langeweile *f*; Unannehmlichkeit *f*, Ärger *m*.

sensa|ção [~sɐ'sɐ̃u] *f Sinnes*-Empfindung *f* (*a. fig.*); Sensation *f*; Gefühl *n*; de ~ aufsehenerregend; *fazer* ~ Aufsehen erregen; großen Eindruck m.; **~cional** [~sju'naɫ] aufsehenerregend, sensationell; **~cionalismo** [~sjunɐ'liʒmu] *m* Sensations-sucht *f*, -lust *f*; **~cionalista** [~sjunɐ'liʃtɐ] sensationslüstern; Sensations...

sensat|ez [~sɐ'teʃ] *f* Besonnenheit *f*; **~o** [~'satu] besonnen; vernünftig.

sens|ibilidade [~siβəli'ðaðə] *f* Empfindlichkeit *f*; Empfindungsvermögen *n*, *die* Empfindungen *f/pl.*; **~ibilizar** [~iβəli'zar] (1a) beeindrucken; rühren; **~ibilizar-se** beeindruckt *od.* gerührt w.; **~itiva** [~i'tivɐ] *f* Mimose *f*; *fig. a.* Pflänzlein *n* Rührmichnichtan; **~itivo** [~i'tivu] sinnlich, Sinnes...; empfindungsfähig, Empfindungs...; empfindlich; **~ível** [~'sivɛɫ] empfindlich; sinnlich, wahrnehmbar; fühlbar, schmerzlich; *fig.* empfindsam, gefühlvoll; empfänglich; **~o** ['sẽsu] *m* Verstand *m*; Sinn *m*, Empfinden *n*; *bom* ~ gesunde(r) Menschenverstand *m*; **~orial** [~u'rjaɫ] Sinnes..., sinnlich; **~ual** [~'swaɫ] sinnlich; lüstern.

sensual|idade [~swɐli'ðaðə] *f* Sinnlichkeit *f*; **~ista** [~'liʃtɐ] *m fig.* Sinnenmensch *m*.

sent|ado [sẽn'taðu] sitzend; im Sitzen; *estar* (*ficar*) ~ sitzen (bleiben); **~ar** [~ar] (1a) = *assentar*; **~ar-se** sich setzen; sich niederlassen.

senten|ça [~'tẽsɐ] *f* Spruch *m*; Satz *m*; ⚖ Urteil *n* (*proferir*, *proclamar* sprechen, verkünden); Beschluß *m*; **~ciar** [~tẽ'sjar] (1g) urteilen; *v/t.* aburteilen; verurteilen (zu *a*); *Prozeß* entscheiden; **~cioso** [~tẽ'sjozu (-ɔ-)] sentenziös; lehrhaft.

sentido [~'tiðu] **1.** *adj.* empfindlich; tiefempfunden; schmerzlich; angegangen (*Fleisch*, *Obst*); *estar* ~ *de* (*od. com*) betrübt (*od.* gekränkt) sn über; *ficar* ~ *de* übelnehmen (*ac.*); **2.** *m* Sinn *m*; Bedeutung *f*; Absicht *f*, Zweck *m*; *Bewegungs*-Richtung *f*; Seite *f e-s Problems*; Gesichtspunkt *m*; *rua f de* ~ *único* Einbahnstraße *f*; *neste* ~ in diesem Sinne; in dieser Beziehung; *no* ~ *de inf.* mit dem Ziel ... zu *inf.*; *estar com o* ~ *em*, *trazer no* ~ (nur) denken an (*ac.*); *ficar sem* ~*s*, *perder os* ~*s* das Bewußtsein verlieren, ohnmächtig w.; *pôr-se em* ~ stramme Haltung annehmen; *tomar* ~ *em* achten auf (*ac.*); *tome* ~! passen Sie auf!; ~! Achtung!; stillgestanden!

sentiment|al [~timẽn'taɫ] empfindsam, gefühlvoll; **~alidade** [~tɐli'ðaðə] *f* Empfindsamkeit *f*; **~alismo** [~tɐ'liʒmu] *m* Sentimentalität *f*, F Gefühlsduselei *f*; **~alista** [~tɐ'liʃtɐ] **1.** *adj.* sentimental; **2.** *su.* Gefühlsmensch *m*; **~o** [~'mẽntu] *m* Gefühl *n*, Empfindung *f*; ~*s pl.* Gesinnung *f*; Beileid *n*; *de* ~*s* charaktervoll; *sem* ~ gesinnungslos.

sentinela [~ti'nɛlɐ] *f* Schildwache *f*; Posten *m*; *fig.* Wächter *m*; *estar de* ~ Posten stehen.

sentir [~'tir] **1.** *v/t.* (3e) fühlen, empfinden; spüren, merken; hören; riechen; bedauern, beklagen; übelnehmen; *sinto muito* es tut mir sehr leid; ~ *a falta de* vermissen (*ac.*); *dar a* (*od. fazer*) ~ zu verstehen geben; **2.** **~-se** sich vorkommen (wie); ~ *de* gekränkt sn über (*ac.*); *et.* spüren, zu spüren bekommen; **3.** *m* Gefühl *n*; Ansicht *f*.

senzala *bras.* [sẽ'zalɐ] *f* Negersiedlung *f*, -wohnungen *f/pl.*

separ|ação [səpɐrɐ'sɐ̃u] *f* Trennung *f* (*de pessoas e bens* ⚖ von Tisch und Bett); Absonderung *f*; Loslösung *f*; Scheide(wand) *f*; ~ *de bens* Gütertrennung *f*; **~adamente** [~ˌraðɐ'mẽntə] besonders; abseits;

für sich; mit getrennter Post; extra; **~ado** [~'raðu] einzeln; Extra...; *em ~* = *~adamente*; getrennt (von *de*); **~ador** [~ɐ'ðor] **1.** *m* Schleuder *f*; **2.** *adj.* Trenn...; Scheide...; *máquina f -a* = **~adora** [~ɐ'ðorɐ] *f* ⚒ Aufbereitungsanlage *f*; **~ar** [~'rar] (1b) trennen; (ab)sondern; scheiden; **~ar-se** sich zurückziehen; sich (los)lösen; **~ata** [~'ratɐ] *f* Sonderdruck *m*; (Sonder-) Beilage *f*; **~ável** [~'ravɛł] trennbar; (los)lösbar; **~atismo** [~ɐ'tiʒmu] *m* Separatismus *m*; **~atista** [~ɐ'tiʃtɐ] **1.** *adj.* separatistisch; **2.** *su.* Separatist(in *f*) *m*.

sépia ['sɛpjɐ] *f* Sepia *f*.

sépsia [~sjɐ] *f* Sepsis *f*.

septénio [sɛp'tɛnju] *m* Jahrsiebt *n*.

septicémia ⚕ [~ti'sɛmjɐ] *f* Blutvergiftung *f*, Sepsis *f*.

septingentésimo [~tĩʒẽn'tɛzimu] siebenhundertst.

septuag|enário [~twɐʒə'narju] **1.** *adj.* siebzigjährig; **2.** *m*, *-a f* Siebziger(in *f*) *m*; **~ésimo** [~'ʒɛzimu] siebzigst.

séptu|or ♪ ['sɛptwɔr] *m* Septett *n*; **~plo** [~tuplu] siebenfach.

sepul|cral [səpuł'krał] Grab...; *fig.* Grabes..., Toten...; **~cro** [~'pułkru] *m* Grab *n*; **~tar** [~'tar] (1a) begraben (*a. fig.*); bestatten; **~to** [~'pułtu] *p.p. irr. v. ~ar*; **~tura** [~'turɐ] *f* Bestattung *f*; Grab *n*; *dar ~* = *~tar*; *deixar à ~* begraben sn l.

sequaz [sə'kwaʃ] *m* Gefolgsmann *m*.

sequeiro [sə'keiru] **1.** *adj.* unbewässert; wasserlos; **2.** *m* trockene(s) Land *n*; Trocken-boden *m*, -platz *m*; *de ~* unbewässert.

sequ|ela [sə'kwɛlɐ] *f* Folge *f*; F Sippschaft *f*; **~ência** [~ẽsjɐ] *f* Folge *f*; Fortsetzung *f*; ♪ *u. Kartenspiel*: Sequenz *f*; *na ~ de* infolge (*gen.*), als Folge (*gen.*); nach; auf Grund (*gen.*); **~ente** [~ẽntə] (daraus) folgend; entsprechend.

sequer [sə'ker] wenigstens; *nem ~* nicht einmal.

sequestr|ação [sək(w)ɨʃtrɐ'sɐ̃u] *f* Beschlagnahme *f*; Einziehung *f*; widerrechtliche Verhaftung *f*; Verschleppung *f*; **~ar** [~'trar] (1c) beschlagnahmen; widerrechtlich verhaften; wegführen; verschleppen; *Kranken* isolieren; **~o** [~'k(w)ɛʃtru] *m* = *~ação*.

sequioso [sə'kjozu (-ɔ-)] durstig; trocken; = *sedento*; *estar ~ de* lechzen nach.

séquito ['sɛkitu] *m* Gefolge *n*; Gefolgschaft *f*.

ser [ser] **1.** *v/i.* (2zc) sein (*Kopula*; *zur Bezeichnung von wesentlichen, dauernden Eigenschaften, Herkunft, Beruf, Alter usw.*; *bei Zeitangaben, unpers. Ausdrücken*); werden (beim *Passiv*); *vir a ~* werden; *~ a* kosten; *~ com fig. j-n* etwas angehen; *s. com*; *~ de* gehören (zu) (*dat.*); sein (*od.* bestehen) aus; sich gehören für, *j-s* würdig sn; *j-m* ergeben sn, halten zu; *é de inf.* es ist zu *inf.*; *é de vê-* (*ouvi-*, *senti-*) *lo* man muß es (*od.* ihn) gesehen (gehört, gefühlt) h.; *~ para* (gut *od.* bestimmt) sn für (*ac.*); geeignet sn (*od.* sich eignen) für (*ac.*); sn (*od.* taugen) zu (*dat.*); *é para inf.* es ist zu *inf.*; *como há-de ~?* wie wollen Sie es h.?; wie ist das möglich?; *como havia de ~?* wie sollte es anders sein?; haben Sie etwas anderes erwartet?; *como é isso?* was sagen Sie da?; was soll das heißen!; *que é* (*od. foi*) *dele?* was ist mit ihm (los)?; *isto é* das heißt; nämlich; *é isso?* ist's so recht?; haben Sie das gemeint?; *é isso!* ganz recht!; stimmt!; *a ~* (*od. sendo*) *assim* wenn dem so ist; *a não ~ que* es sei denn daß; wofern ... nicht; *seja!* meinetwegen!; *ou seja* das heißt; vielmehr; *seja o que for* was es auch sn mag; was auch geschehen mag; *seja como for* wie dem auch sei; *seja qual for* irgendein; *seja ... seja* sowohl ... als auch; ob ... ob; *nach Verneinung*: weder ... noch; *seja que ... seja que* sei es, daß ... oder daß; *fui usw.*, *fora usw. s. a. ir*; **2.** *m* Sein *n*; *Lebe*-Wesen *n*; *os ~es* das Seiende.

ser|áfico [sə'rafiku] engelhaft; **~afim** [~rɐ'fĩ] *m* Seraph *m*.

serão [sə'rɐ̃u] *m* Nacht-arbeit *f*, -schicht *f*; *allg.* Überstunden *f/pl.*; (geselliger) Abend *m*; = *sarau*; *fazer ~* = die Nacht durcharbeiten; Nachtschicht (*od.* Überstunden) m.

serapilheira [~rɐpi'ʎeirɐ] *f* Sackleinen *n*; Scheuerlappen *m*.

sereia [~'rejɐ] *f* Sirene *f*; ⚓ Nebelhorn *n*.

seren|ar [~rə'nar] (1d) (sich) aufheitern; (sich) beruhigen; *bras.* sich (im Tanz) wiegen; **~ata** [~'natɐ] *f* Nachtmusik *f*, Serenade *f*; Ständchen *n*; **~idade** [~ni'δaδə] *f* Heiterkeit *f*; Gelassenheit *f*; Ruhe *f*; **~íssimo** [~'nisimu] durchlaucht; *sup. v.* **~o** [~'renu] **1.** *adj.* heiter; gelassen; ruhig, still; **2.** *m* **a)** Abendtau *m*; **b)** Nachtwächter *m*.

seriação [sərjɐ'sɐ̃u] *f* Zs.-stellung *f*; (Anea.-)Reihung *f*.

seriamente [ˌsɛrjɐ'mẽntə] ernstlich.

seri|ar [sə'rjar] (1g) anea.-reihen; zs.-stellen; **~ário** [~arju] serienmäßig, Serien...

série ['sɛrjə] *f* Reihe *f*; Folge *f*, Serie *f*; *em ~* serienmäßig; ⊕ am laufenden Band; *fora de ~* außergewöhnlich; *et.* Besonderes.

seriedade [sərje'δaδə] *f* Ernst(haftigkeit *f*) *m*; gesetzte(s) Wesen *n*.

seringa [sə'rĩŋgɐ] *f* Spritze *f*; *~ para lavagem* Klistierspritze *f*.

serin|gação [sərĩŋgɐ'sɐ̃u] *f* (Aus-, Be-)Spritzen *n*; *fig.* P Schererei *f*; **~gada** [~'gaδɐ] *f* Spritze *f* (voll); *Spritzen*-Ladung *f*; *fig.* = *~gação*; **~gador** [~gɐ'δor] *m* Schädlingsbekämpfer *m*, Spritzenmann *m*; **~gal** [~'gał] *m* Gummipflanzung *f*; **~gar** [~'gar] (1o) *Flüssigkeit* (ein-)spritzen; *Feld usw.* (be)spritzen; *Ohren* ausspritzen; P plagen; **~gueira** [~'geirɐ] *f* Gummibaum *m*; **~gueiro** [~'geiru] *m* Gummizapfer *m*.

sério ['sɛrju] **1.** *adj.* ernst(haft); gesetzt; ehrbar; zuverlässig; ⚕ reell; *pôr-se ~* ernst w.; **2.** *adv.* ernstlich; im Ernst; **3.** *m* Ernst (-haftigkeit *f*) *m*; = *seriedade*; *a ~* = 2.; *levar* (*od.* *tomar*) *a ~* ernst nehmen; *fala* (*a*) *~?* ist das Ihr Ernst?

sermão [sər'mɐ̃u] *m* Predigt *f*.

serôdio [sə'roδju] spät(reif).

sero|logia [~rulu'ʒiɐ] *f* Serologie *f*; **~so** [~'rozu (-ɔ-)] serös; **~terapia** [~tərɐ'piɐ] *f* Serumbehandlung *f*.

serpão ⚘ [sər'pɐ̃u] *m* Quendel *m*.

serp|ear [sər'pjar] (1l) = **~ejar** [~pɨ'ʒar] (1d) = **~entar** [~pẽn'tar] (1a) sich schlängeln; **~entária** [~pẽn'tarjɐ] *f* ⚘ Drachenwurz *m*; *ast.* Schlangenträger *m*; **~entário** [~pẽn'tarju] *m* Sekretär *m* (*Vogel*); *bras.* Schlangenkäfig *m*; *ast.* = *~entária*; **~ente** [~'pẽntə] *f* Schlange *f* (*a. fig.*); **~entear** [~pẽn'tjar] (1l) = *~ear*; **~entina** [~pẽn'tinɐ] *f* (dreiarmiger) Leuchter *m*; (Kühl-, Heiz-)Schlange *f*; *Karneval*: Luftschlange *f*; *min.* Serpentin *m*; ⚘ = *~entária*; *zo.* = *~entário*; *bras. geschlossene* Hängematte *f*; **~entino** [~pẽn'tinu] schlangenförmig; geschlängelt; Schlangen...

serra ['sɛʀɐ] *f* Säge *f*; *fig.* Gebirge *n*; Berg *m*; *zo.* Sägefisch *m*; *~ contínua*, *~ de fita* Band-, *~ circular* Kreissäge *f*.

serradura [~'δurɐ] *f* Sägemehl *n*.

serralh|aria [~ʀɐʎɐ'riɐ] *f* Schlosserei *f*; **~eiro** [~'ʎeiru] *m* Schlosser *m*.

serralho [~'ʀaʎu] *m* Serail *m*, Harem *m*; *fig.* Bordell *n*.

serran|ia [səʀɐ'niɐ] *f* Gebirgs-kette *f*, -land *n*; **~o** [~'ʀɐnu] **1.** *adj.* Gebirgs..., Berg...; **2.** *m*, **-a** *f* Gebirgsbewohner(in *f*) *m*.

serr|ar [sə'ʀar] (1c) (ab-, zer-)sägen; **~aria** [~ʀɐ'riɐ] *f* Sägewerk *n*; Sägebock *m*; **~eado** [~'ʀjaδu] gezahnt, gezackt; **~ilha** [~'ʀiʎɐ] *f* Zacken-besatz *m*, -rand *m*; Münzrand *m*; Stachelkandare *f*; **~im** [~'ʀĩ] *m* ⚘ Ackerdistel *f*; = **~inho** *bras.* [~'ʀiɲu] *m* Sägemehl *n*; **~otar** [~ʀu'tar] (1e) (ab-, zer-)sägen; **~ote** [~'ʀɔtə] *m* Fuchsschwanz *m*.

sertã [sər'tɐ̃] *f* *Metall*-Pfanne *f*.

sert|anejo [~tɐ'neʒu] **1.** *adj.* im Landesinnern lebend; Wald...; **2.** *m* Hinterwäldler *m*; = **~anista** [~ɐ'niʃtɐ] *m* Waldläufer *m*; **~ão** [~'tɐ̃u] *m* Landesinnere *n*; Wildnis *f*.

serva ['sɛrvɐ] *f* Magd *f*; Dienerin *f*; Hörige *f*.

serv|ente [sər'vẽntə] **1.** *m* Handlanger *m*, Gehilfe *m*; Knecht *m*; **2.** *f* Aufwartefrau *f*; Magd *f*; **~entia** [~vẽn'tiɐ] *f* Brauchbarkeit *f*; Durchgang *m*, -laß *m*, -fahrt *f*; Dienstleistung *f*; Vertretung *f*; Dienstbarkeit *f*; *dar ~* Zugang gewähren (zu *para*); Handlanger sn (bei *a*); **~entuário** [~ẽn'twarju] *m* Gehilfe *m*; *bras.* Justizbeamte(r) *m*; **~içal** [~vi'sał] **1.** *adj.* dienstfertig, gefällig; Dienstboten...; **2.** *su.* Dienstbote *m*, Hausangestellte *f*; **~iço** [~'visu] *m* Dienst(leistung *f*) *m*; Arbeit *f*; Bedienung *f*; ⊕ Betrieb *m*; *Eß-*, *Kaffee*-Service *n*; *~ doméstico* Hausarbeit *f*; *~ militar obriga-*

tório Wehr(dienst)pflicht *f*; ~ *grande* (*pequeno*) *fig.* F großes (kleines) Geschäft *n*; *lindo* ~! e-e nette Bescherung!; *de* ~ diensthabend; *dar* ~ *j-n* beschäftigen; *fazer* (*bom*) ~ (gute) Dienste tun; *ter* ~ zu tun h.; **~idão** [~vi'ðɐ̃u] *f* Knechtschaft *f*, Hörigkeit *f*; Dienstbarkeit *f*; *hist.* Leibeigenschaft *f*; ~ *militar* Wehrdienst *m*; **~ido** [~'viðu] gebraucht; abgenutzt; angebrochen (*Flasche, Schachtel*); versehen (*od.* verziert); *ser* ~ geruhen; *foi Deus* ~ es hat Gott gefallen; é ~? *Höflichkeitsformel*: wollen Sie nicht mithalten?; *estamos bem* ~*s*! da haben wir die Bescherung!; **~idor** [~vi'ðor] **1.** *adj.* diensteifrig, pünktlich; **2.** *m* Diener *m*; Bedienstete(r) *m* (*público* des öffentlichen Dienstes); **~il** [~'viɫ] knechtisch, Knechts...; unterwürfig, wortgetreu; **~ilismo** [~vi'liʒmu] *m* Unterwürfigkeit *f*.

sérvio ['sɛrvju] **1.** *adj.* serbisch; **2.** *m*, **-a** *f* Serbe *m*, Serbin *f*.

serv|ir [sər'vir] (3c) **1.** *v/t.* dienen (*dat.*); bedienen; helfen (*dat.*); *Speisen* auftragen, bringen; vorlegen; *Trank* einschenken; *Amt* versehen; *para o* ~! zu dienen!; **2.** *v/i. beim Heer* dienen; Dienste leisten; nützen; passen, sich eignen; zu gebrauchen sn; günstig sn (*Wetter*); ~ *de* dienen als; *j-m od. für j-n* sn; = ~ *para* taugen (*od.* dienen) zu; *não* ~ *para nada* nichts taugen; *não me serve* das kann ich nicht gebrauchen; **3. ~ir-se** *de* sich bedienen (*gen.*), benutzen (*ac.*); *von e-r Speise usw.* nehmen; ~ *de inf.* die Güte h. zu *inf.*; **~ível** [~ivɛɫ] brauchbar; **~o** ['sɛrvu] **1.** *m* Knecht *m*; Diener *m*; Leibeigene(r) *m*, Hörige(r) *m*; **2.** *adj.* unfrei, hörig; leibeigen; dienstbar.

sesquicentenário *bras.* [seskisẽntə'nariu] *adj.* (*u. m*) hundertfünfzigjährig (-ste[r] Jahrestag *m*).

sessão [sə'sɐ̃u] *f* Sitzung *f*; Verhandlung *f*; Sitzungszeit *f*, Session *f*; *Kino*-Vorführung *f*, Vorstellung *f*; *Box*-Veranstaltung *f*.

sessar *bras.* [se'sar] (1c) sieben.

sessent|a [sə'sẽntɐ] sechzig; **~ão** [~sẽn'tɐ̃u] **1.** *adj.* sechzigjährig; **2.** *m* Sechziger *m*.

sest|a ['sɛʃtɐ] *f* Mittagsruhe *f*; *dormir a* ~ = **~ear** [sɨʃ'tjar] (1l) Mittagsruhe (*od.* F sein Mittagsschläfchen) halten.

sesteiro [sɨʃ'teiru] *m* Sester *m* (*Trockenmaß* = 3 *alqueires*).

sestro ['sɛʃtru] **1.** *adj.* link; *fig.* unheilvoll; **2.** *m* Schicksal *n*, Los *n*; *schlechte* Angewohnheit *f*, Hang *m*; *mau* ~ Unglück *n*.

set... *bras. s. a. sept...*

set|a ['sɛtɐ] *f* Pfeil *m*; **~ada** [sə'taðɐ] *f* Pfeil-schuß *m*, -wunde *f*.

sete ['sɛtə] **1.** sieben; **2.** *m* Sieben *f*; Nummer *f* Sieben.

setear [sə'tjar] (1l) *mit Pfeilen* verwunden.

sete|centista [sɛtəsẽn'tiʃtɐ] des 18. Jahrhunderts; **~centos** [~'sẽntuʃ] siebenhundert.

seteira [sə'teirɐ] *f* Schießscharte *f*.

setembr|ino [sətẽm'brinu] September...; **♀o** [sə'tẽmbru] *m* September *m*.

sete-|mês *bras.* [sɛtə'mes] *adj.* (*u. su.*) = **~mesinho** [~mə'ziɲu] *adj.* (*u. m*) Siebenmonats(kind *n*).

setenta [sə'tẽntɐ] siebzig.

setentrional [sətẽntrju'naɫ] **1.** *adj.* nördlich, Nord...; **2.** *su.* Nordländer(in *f*) *m*.

sétim|a ♪ ['sɛtimɐ] *f* Septime *f*; **~o** [~u] **1.** *adj.* siebt; **2.** *m* Siebtel *n*.

setor *bras.* = *sector.*

seu, sua [seu, 'suɐ] sein(e) (= *von ihm*); ihr(e) (= *von ihr od. ihnen*); Ihr(e) (= *von Ihnen*); *seu burro!* Sie (*od.* du) Esel!; *sua estúpida!* Sie (*od.* du) Dummkopf!; (*im übrigen Anwendung wie meu, minha*).

seu *bras.* [seu] Herr *in der Anrede.*

seva *bras.* ['sɛvɐ] *f* Trockenleine *f*.

sevandija [səvẽn'diʒɐ] *f* Ungeziefer *n*; *fig.* F Parasit *m*.

sevar *bras.* [sɛ'var] (1a) *Maniok* reiben.

sever|idade [səvəri'ðaðə] *f* Strenge *f*; Härte *f*; Genauigkeit *f*; **~o** [~'vɛru] streng; genau.

sevícia [sə'visjɐ] *f* Mißhandlung *f*.

sex|agenário [sɛksɐʒə'narju] **1.** *adj.* sechzigjährig; **2.** *m*, **-a** *f* Sechziger (-in *f*) *m*; **~agésimo** [~ɐ'ʒɛzimu] sechzigst; **~centésimo** [sɛksẽn'tɛzimu] sechshundertst; **~enal** [~ɛ'naɫ] sechsjährig, Sechsjahres...; **~énio** [sɛk'sɛnju] *m* Jahrsechst *n*.

sexo ['sɛksu] *m* Geschlecht *n*.

sexta ['seiʃtɐ] *f* ♪ Sext *f*; = **~-feira** [~'feirɐ] *f* Freitag *m* (*na* am); *às* ~*s*

freitags; ♀ *Santa* Karfreitag *m*.
sext|anista [seiʃtɐ'niʃtɐ] *m* Schüler *m* der sechsten Klasse; **~ante** [~'tẽntə] *m* Sextant *m*; **~eto** ♪ [~'tetu] *m* Sextett *n*; **~ilha, ~ina** *lit*. [~'tiʎɐ, ~'tinɐ] *f* Sechszeiler *m*, Sextine *f*; **~o** ['seiʃtu] **1.** *adj*. sechst; **2.** *m* Sechstel *n*.
sêxtuplo ['seiʃtuplu] sechsfach.
sexual [sɛk'swaɫ] geschlechtlich, sexuell; Geschlechts...; **~idade** [~swɐli'ðaðə] *f* Geschlechts-leben *n*, -trieb *m*.
sez|ão [sə'zɐ̃u] *f* Wechselfieber *n*; *sezões pl*. Fieberanfall *m*; **~onismo** [~zu'niʒmu] *m* Sumpffieber *n*.
si [si] **1.** *pron. nach prp*. sich; Sie, Ihnen; *a* ~ a) sich; b) Sie; Ihnen; c) an sich (Sie); zu sich (Ihnen); *de* ~ a) seiner; Ihrer; b) von (*od*. vor) sich (Ihnen); über sich (Sie); c) = *por* ~ von selbst; für sich; *de* ~ *para* ~ bei sich selbst; *de per* ~ (an und) für sich; von sich aus; = *em* ~ an sich; **2.** *m* ♪ H *n*.
siá *bras*. [sja] *f* = *sinhá*.
siamês [sjɐ'meʃ] siamesisch.
siba ['siβɐ] *f* Tintenfisch *m*.
siberiano [siβə'rjɐnu] sibirisch.
sibil|ante [~βi'lẽntə] **1.** *adj*. zischend; pfeifend (*Wind*); **2.** *f* Zischlaut *m*; **~ar** [~ar] (1a) zischen; pfeifen.
sicativo [sikɐ'tivu] **1.** *adj*. (aus-) trocknend; **2.** *m* ⚕ Wundheilsalbe *f*; *pint*. Sikkativ *n*.
siciliano [səsi'ljɐnu] sizilianisch.
sicose ⚕ [si'kɔzə] *f* Bartflechte *f*.
sicrano [si'krɐnu] *m s. fulano*; *fulano ..., beltrano ...,* ~ *...* der eine ..., der andere ..., der dritte ...
sid|eral, ~éreo [siðə'raɫ, ~'ðɛrju] Stern(en)...; **~érico** [~'ðɛriku] Eisen...; = *~eral*; **~erite** [~ə'ritə] *f* Eisenspat *m*; **~erurgia** [~ərur'ʒiɐ] *f* Eisenhüttenkunde *f*; Eisen- und Stahlindustrie *f*; **~erúrgico** [~ə'rurʒiku] Eisenhütten ...; Eisen- und Stahl...; *fundição f* (*bras. usina f*) *-a* Hüttenwerk *n*.
sidra ['siðrɐ] *f* Apfelwein *m*.
sifão [si'fɐ̃u] *m* Heber *m*; Siphon *m*.
sífilis ⚕ ['sifəliʃ] *f* Syphilis *f*.
sifilítico [sifə'litiku] **1.** *adj*. syphilitisch; **2.** *m* Syphilitiker *m*.
sigilo [si'ʒilu] *m* Geheimnis *n*; Verschwiegenheit *f*; ~ *de confissão* (*od. sacramental*) Beicht-, ~ *profissional* Berufs-geheimnis *n*; *guardar* ~ *acerca* (*od. em volta*) *de* geheimhalten (*ac*.); *in Zeitungsanzeigen*: *guarda-se* ~ Diskretion zugesichert; **~so** [siʒi'lozu (-ɔ-)] geheim.
sigla ['siɣlɐ] *f* Sigel *n*; Kürzel *n*.
signatário [siɣnɐ'tarju] **1.** *adj*. unterzeichnend; Signatur...; **2.** *m* Unterzeichner *m*.
signific|ação [~nəfikɐ'sɐ̃u] *f* = *~ado*; *graus m/pl. de* ~ *gram*. Steigerungsstufen *f/pl*.; **~ado** [~'kaðu] *m* Bedeutung *f*; Sinn *m*; Wert *m*; *tirar ~s* Wörter nachschlagen; **~ar** [~'kar] (1n) bedeuten; darstellen; zu verstehen geben, andeuten; *isto significa em alemão* das heißt auf deutsch; **~ativo** [~ɐ'tivu] bedeutsam; bezeichnend; ~ *de* bedeutend (*ac*.).
signo ['siɣnu] *m* Zeichen *n* (*a. fig*.), Sternbild *n*.
sílaba ['silɐβɐ] *f* Silbe *f*.
sil|enciar [silẽ'sjar] (1g) (ver-) schweigen; zum Schweigen bringen; **~êncio** [~'lẽsju] *m* Schweigen *n* (*impor* gebieten); Stille *f*; Ruhe *f*; *em* ~, *com* ~ stillschweigend; leise, geräuschlos; *deixar* (*od. passar*) *em* ~ mit Stillschweigen übergehen; *guardar* ~ schweigen (können); *pôr* ~ *a, reduzir a* ~ ~ zum Schweigen bringen; *fez-se* ~ es wurde still; ~! Ruhe!; **~encioso** [~ẽ'sjozu (-ɔ-)] **1.** *adj*. schweigend; still, schweigsam; geräuschlos; leise; ruhig; **2.** *m auto*. Auspufftopf *m*.
silesiano [silə'sjɐnu] **1.** *adj*. schlesisch; **2.** *m* Schlesier *m*.
sílex (*pl. unv*.) ['silɛks] *m* Kiesel *m*, Flint *m*.
sílfide ['siɫfiðə] *f* Elfe *f*.
silfo ['siɫfu] *m* Elf *m*, Luftgeist *m*.
silhueta [si'ʎwetɐ] *f* Schattenriß *m*; Umriß *m*.
sílica ['silikɐ] *f* Kieselgur *f*.
silicato [sili'katu] *m* Silikat *n*.
sílice ['silisə] *m* = *sílex*.
silício [si'lisju] *m* Silizium *n*.
silo ['silu] *m* Silo *m*; *Kartoffel-*, *Rüben-*Miete *f*.
silv|a ['siɫvɐ] *f* ⚘ Brombeerstrauch *m*; *allg*. Dorn(strauch) *m*; *lit*. Vermischte(s) *n*; **~ado** [siɫ'vaðu] *m* Brombeer-gestrüpp *n*, -hecke *f*; **~ar** [siɫ'var] (1a) zischen; pfeifen; **~eira** [siɫ'veirɐ] *f* = *~a(do)*;

~estre [siɫ'vɛʃtrə] wild(wachsend); Feld...; *maçã f* ~ Holzapfel *m*.
silvicultura [siɫvikuɫ'turɐ] *f* Forstwesen *n*, -wirtschaft *f*.
silvo ['siɫvu] *m* Zischen *n*; Pfiff *m*.
sim [sĩ] **1.** *adv*. ja; jawohl; allerdings, wirklich; *oft*: nein (*z.B. Não vem? — Sim, fico em casa* ... Nein, ich bleibe zu Hause); *oft*: doch (*z.B. Não vem? — Sim, venho* ... Doch, ich komme); ~ ... *mas* (*od. contudo*) zwar ... aber; (*ah*) ~? so?; *isso* ~! a) das läßt sich hören!; b) so siehste (*od.* sehen Sie) aus!, von wegen!; *pelo* ~, *pelo não* im Zweifelsfall; für alle Fälle; *pois* ~! ach, ja!, so!; *pois* ~! a) na ja!; b) von wegen!; ... ~ ... *não* jede(r, s) zweite; alle zwei; **2.** *m* Ja(wort) *n*.
simb|ólico [sĩm'bɔliku] (sinn)bildlich, symbolisch; Zeichen...; **~olizar** [~buli'zar] (1a) versinnbildlichen, symbolisieren; **~ologia** [~bulu'ʒiɐ] *f* Symbolik *f*.
símbolo ['sĩmbulu] *m* Sinnbild *n*; Zeichen *n*; Symbol *n*.
simetria [simə'triɐ] *f* Symmetrie *f*.
simétrico [~'mɛtriku] symmetrisch.
simiesco [~'mjeʃku] affenartig; Affen...
similar [~mi'lar] gleichartig.
símile ['similə] ähnlich.
similitude [siməli'tuδə] *f* Ähnlichkeit *f*.
símio ['simju] *m* Affe *m*.
simp|atia [sĩmpɐ'tiɐ] *f* Sympathie *f*; Mitgefühl *n*; Zuneigung *f*; *ser uma* ~ F sehr nett sn; **~ático** [~'patiku] sympathisch; angenehm, F nett; mitfühlend; *o* (*sistema nervoso*) *grande* ~ das sympathische Nervensystem; **~atizante** [~ɐti'zẽntə] *m* Sympathisant *m*; **~atizar** [~ɐti'zar] (1a): ~ *com* sympathisieren mit; nett finden (*ac.*).
simples ['sĩmpliʃ] einfach; bloß, rein; schlicht; einfältig; **~mente** [ˌsĩmpliʒ'mẽntə]: *pura e* ~ ganz einfach; schlechtweg.
simpl|icidade [sĩmpləsi'δaδə] *f* Einfachheit *f*; Schlichtheit *f*; Einfalt *f*; Naivität *f*; **~icíssimo** [~ə'sisimu] *sup. v. simples*; **~ificação** [~əfikɐ'sɐ̃u] *f* Vereinfachung *f*; Kürzen *n*; **~ificar** [~əfi'kar] (1n) vereinfachen; *Bruch* kürzen; *para* ~ der Einfachheit halber; **~ismo** [~'pliʒmu] *m* vereinfachende Denkweise *f*; Vereinfachung *f*; **~ista** [~'pliʃtɐ] **1.** *m* Vereinfacher *m*; **2.** *adj.* = **~ístico** [~'pliʃtiku] (gewaltsam) vereinfachend; problemlos; **~ório** [~'plɔrju] **1.** *adj.* einfältig; beschränkt; **2.** *m* Simpel *m*.
simul|ação [simulɐ'sɐ̃u] *f* Verstellung *f*; Vortäuschung *f*; **~acro** [~'lakru] *m* Trugbild *n*; Vortäuschung *f*; (schlechte) Nachahmung *f*; ~ de Schein...; **~ado** [~'laδu] Schein...; falsch; **~ador** [~ɐ'δor] *m* Simulant *m*; **~ar** [~'lar] (1a) simulieren; vortäuschen, vorspiegeln; **~atório** [~ɐ'tɔrju] Täuschungs...; Schein...
simult|aneidade [simuɫtɐnei'δaδə] *f* Gleichzeitigkeit *f*; *em* ~ zugleich; = **~âneo** [~'tɐnju] gleichzeitig.
sina ['sinɐ] *f* Schicksal *n*, Los *n*; *má* ~ Unstern *m*; *ler a* ~ de wahrsagen.
sinagoga [sinɐ'γɔγɐ] *f* Synagoge *f*.
sinal [si'naɫ] **1.** *m* Zeichen *n*; Signal *n*; Kennzeichen *n*, Merkmal *n*; Mal *n*, Narbe *f*; Firmen-, Wäschezeichen *n*; ⚕ Anzahlung *f*; ⚖ notarielle Beglaubigung *f*; *allg.* Unterschrift *f*; ~ *horário* Zeitzeichen *n*; *em* ~ *de* zum (*od.* als) Zeichen (*gen.*); *por* ~ übrigens; zufällig; *abrir* ~ s-e Unterschrift hinterlegen (*beim Notar*); *dar* ~ das Zeichen geben (zu *de*); (ab)klingeln; *dar* ~ *de* Anzeichen geben von; merken l. (*ac.*); schließen l. auf (*ac.*); *dar* ~ *de si* sich bemerkbar m.; von sich hören l. (*od.* reden m.); *não dar* ~ *de vida* kein Lebenszeichen von sich geben; **2.** *sinais pl.* Personenbeschreibung *f*; Aussehen *n*; *sinais particulares* besondere Kennzeichen *n/pl.*
sinal|eiro [~nɐ'leiru] **1.** *m* ⚓ Winker *m*; 🚂 Bahn-, Signal-wärter *m*; (*polícia m*) ~ Verkehrspolizist *m*; **2.** *adj.* Signal...; Verkehrs...; **~ização** [~lizɐ'sɐ̃u] *f die* Verkehrszeichen *n/pl.*; *placa f de* ~ Verkehrsschild *n*; **~izar** [~li'zar] (1a) signalisieren; an-kündigen, -zeigen; ausschildern; *v/i.* den Verkehr regeln.
sinapismo [~nɐ'piʒmu] *m* Senfpflaster *n*.
sincelo [sĩ'selu] *m* Eiszapfen *m*.
sincer|idade [~səri'δaδə] *f* Aufrichtigkeit *f*; **~o** [~'sɛru] aufrichtig; ehrlich.

sincopar [sĩŋku'par] (1e) synkopieren; F abgehackt spielen (*od.* singen, sprechen).

síncope ['sĩŋkupə] *f* ♪ *u. gram.* Synkope *f*; ⚕ Herzversagen *n*, Infarkt *m*.

sincr|ónico [sĩŋ'krɔniku] gleichzeitig; **~onização** [~krunizɐ'sɐ̃u] *f* Gleichschaltung *f*; Synchronisierung *f*; **~onizar** [~kruni'zar] (1a) ⊕ gleichschalten; (aufea.) abstimmen; *Film*: synchronisieren.

sindic|al [sĩndi'kał] gewerkschaftlich, Gewerkschafts...; **~alismo** [~kɐ'liʒmu] *m* Gewerkschafts-bewegung *f*, -wesen *n*; **~alista** [~kɐ'liʃtɐ] **1.** *adj.* = *~al*; **2.** *m* Gewerkschaftler *m*; **~alizar** [~kɐli'zar] (1a) *gewerkschaftlich* zs.-schließen, organisieren; **~ância** [~'kɐ̃sjɐ] *f* Untersuchung *f*; **~ar** [~'kar] (1n) untersuchen; *v/i.* ~ de Ermittlungen anstellen über (*ac.*); **~ato** [~'katu] *m* Syndikat *n*, Kartell *n*; *Arbeiter-*Gewerkschaft *f*.

síndico ['sĩndiku] *m* Syndikus *m*; *~ de falência* Konkursverwalter *m*.

sinecura [sinə'kurɐ] *f* Pfründe *f*; F Druckposten *m*.

sineir|a [~'neirɐ] *f* Schalloch *n*; Glöcknersfrau *f*; **~o** [~u] **1.** *m* Glockengießer *m*; Glöckner *m*; **2.** *adj.* Glocken...

sinet|a [~'netɐ] *f* Glöckchen *n*; Klingel *f*; **~e** [~ə] *m* Petschaft *n*.

sinf|onia [sĩfu'niɐ] *f* Sinfonie *f*, Symphonie *f*; **~ónico** [~'fɔniku] sinfonisch, Sinfonie...

singel|eza [~ʒə'lezɐ] *f* Schlichtheit *f*; Natürlichkeit *f*; **~o** [~'ʒɛlu] schlicht; einfach; natürlich; harmlos.

singrar [sĩŋ'grar] (1a) segeln.

singular [~gu'lar] **1.** *adj.* einzeln, Einzel...; einmalig; einzigartig; sonderbar; *número m ~* = **2.** *m* Einzahl *f*, Singular *m*; **~idade** [~lɐri'δaδə] *f* Einmaligkeit *f*; Eigenart *f*; **~izar** [~lɐri'zar] (1a) auszeichnen; spezifizieren; absondern.

sinh|á *bras.* P [si'ɲa] *f* (gnä') Frau *f*; = *senhora*; **~azinha** [~ɲa'ziɲɐ] *f* Frollein *n*; **-ô** [~o] *m* = *senhor*.

sinistra [si'niʃtrɐ] *f die* Linke.

sinistr|ado [~niʃ'traδu] **1.** *adj.* beschädigt; geschädigt; **2.** *m* Verunglückte(r) *m*; *Feuer-*, *Unfall-*Geschädigte(r) *m*; **~alidade** [~trɐli'δaδə] *f* Unfallhäufigkeit *f*; **~ar** [~ar] (1a) verunglücken; Schaden (er)leiden; **~o** [~'niʃtru] **1.** *adj.* link; unheilvoll; unheimlich; finster; **2.** *m* Unglück(sfall *m*) *n*; *~ marítimo* Seeschaden *m*.

sino ['sinu] *m* Glocke *f*.

sino- [sinɔ...] *in Zssgn* chinesisch.

sínodo ['sinuδu] *m* Synode *f*.

sinónimo [si'nɔnimu] **1.** *adj.* sinnverwandt; **2.** *m* Synonym *n*.

sinóvia ⚕ [~'nɔvjɐ] *f* Gelenkwasser *n*.

sint|áctico [sĩn'tatiku] Satz...; syntaktisch; **~axe** [~asə] *f* Satzlehre *f*, Syntax *f*.

síntese ['sĩntəzə] *f* Synthese *f*; Zs.-fassung *f*; Verbindung *f*.

sint|ético [sĩn'tɛtiku] synthetisch; ⊕ Kunst..., künstlich; **~etizar** [~təti'zar] (1a) zs.-fassen; (zu e-m Ganzen) verbinden.

sintom|a [~'tomɐ] *m* Zeichen *n*, Anzeichen *n*; Symptom *n*; **~ático** [~tu'matiku] kennzeichnend, symptomatisch.

sintoniz|ação [~tunizɐ'sɐ̃u] *f* Feineinstellung *f*, Abstimmung *f*; **~ar** [~'zar] (1a) abstimmen; einstellen (auf [*ac.*] em).

sinu|osidade [sinwuzi'δaδə] *f* Krümmung *f*, Windung *f*; Ausbuchtung *f*; **~oso** [~'nwozu (-ɔ-)] gekrümmt; gewunden; **~site** ⚕ [~nu'zitə] *f* Nebenhöhlenentzündung *f*.

sionismo [sju'niʒmu] *m* Zionismus *m*.

sirg|a ['sirɣɐ] *f* Treidel-, Schlepptau *n*; Treideln *n*; *puxar à ~* = **~ar** [sir'ɣar] (1o) treideln.

sirgo ['sirɣu] *m* Seidenraupe *f*.

sírio ['sirju] **1.** *adj.* syrisch; **2.** *m* a) Syrer *m*; b) *ast.* Sirius *m*; Hundsstern *m*; c) *bras.* Manioksack *m*.

sisa ['sizɐ] *f* Grunderwerbsteuer *f*.

sisal [si'zał] *m* Sisal(hanf) *m*.

sisão [~'zɐ̃u] *m* Zwergtrappe *f*.

sismal, sísmico [siʒ'mał, 'siʒmiku] Erdbeben..., seismisch.

sismo ['siʒmu] *m* Erdbeben *n*.

sism|ógrafo [siʒ'mɔɣrɐfu] *m* Seismograph *m*; **~ologia** [~mulu'ʒiɐ] *f* Erdbebenkunde *f*.

siso ['sizu] *m* (gesunder Menschen-)Verstand *m*; (*dente m do*) *~* Weisheitszahn *m*; *de ~* vernünftig, verständig.

sistem|a [siʃ'temɐ] *m* System *n*; Ordnung *f*; *por ~* absichtlich; **~áti-**

co [~tə'matiku] systematisch; planmäßig; ordentlich; **~atizar** [~tə-mɐti'zar] (1a) systematisch ordnen; in ein System bringen.

sisud|ez [sizu'ðeʃ] *f* Verständigkeit *f*; Ernst(haftigkeit *f*) *m*; **~o** [~'zuðu] verständig, klug; ernst; bedächtig.

siti|ante [si'tjẽntə] *m bras.* Kleinbauer *m*; **~ar** [~ar] (1g) belagern.

sítio ['sitju] *m* Ort *m*; Platz *m*; Stelle *f*; Lage *f*; ⚔ Belagerung *f*; *bras.* (Bauern-, Pacht-)Hof *m*; Landgut *n*; *pôr ~ a* belagern.

sito ['situ] gelegen, befindlich.

situ|ação [sitwɐ'sɐ̃u] *f* Lage *f*; *soziale* Stellung *f*; Zustand *m*; *pol.* Regierungskurs *m*; *lit.* Situation *f*; *ser da ~* (den Regierungskurs) mitmachen; **~acionismo** *bras.* [~ɐsju-'niʒmu] *m* Regierungskurs *m*; **~acionista** [~ɐsju'niʃtɐ] *m* Regierungstreue(r) *m*; **~ado** [~'twaðu] liegend, gelegen; *estar ~* liegen; **~ar** [~'twar] (1g) setzen; legen; stellen; *Haus* erbauen; **~ável** [~'twavɛł] lokalisierbar.

só [sɔ] **1.** *adj.* allein; einsam; einzig; *a ~s* allein; **2.** *adv.* nur; *zeitl.* erst.

sô P [so] = *senhor.*

so|ada ['swaðɐ] *f* Singen und Klingen *n*; Klang *m*; Lärm *m*; Geräusch *n*; *fig.* Gerücht *n*; Ruf *m*; **~ado** ['swaðu] aufsehenerregend; berühmt; berüchtigt; **~alha** ['swaʎɐ] *f* Schelle *f am Tamburin.*

soalheir|a [swɐ'ʎeirɐ] *f* Sonnenglut *f*; Mittagshitze *f*; Sonnenseite *f*; **~o** [~u] **1.** *adj.* sonnig; **2.** *m* sonnige(r) Platz *m*; Sonnenseite *f.*

soalho ['swaʎu] *m* Fußboden *m.*

so|ante ['swẽntə] klingend, tönend; *mal ~* mißtönend; *bem ~* wohlklingend; **~ar** [~ar] (1f) **1.** *v/i.* klingen; (er)tönen; läuten; klingeln; schlagen (*Stunde*); *fig.* verlauten, ruchbar w.; *~ a* anklingen an (*ac.*); klingen nach; *~ aos* (*od.* *nos*) *ouvidos de alg. fig.* j-m zu Ohren kommen; *não me soa* F das ist mir nicht geheuer; *dez horas soam* es schlägt zehn Uhr; **2.** *v/t.* spielen; blasen; läuten; rühmen.

sob [soβə] unter; *~ pena* bei Strafe; *~ color, ~ cor* unter dem Vorwand; mit dem Anschein; *~ emenda* Änderung vorbehalten.

soba ['sɔβɐ] *m Neger*-Häuptling *m.*

sobej|amente [suβeʒɐ'mẽntə] mehr als genug; bis zum Überdruß; **~ar** [~ɨ'ʒar] (1d) übrigbleiben; reichlich da sn; überflüssig sn; *sobeja-lhe* er hat (mehr als) genug; **~o** [~'βeʒu] **1.** *adj.* überflüssig; übrig; übermäßig; unzählig; riesig; **2.** *adv.* = *~amente*; **3.** *m*: *de ~* im Überfluß; *~s pl.* Über-bleibsel *n/pl.*, -reste *m/pl.*

sober|ana [~βə'rɐnɐ] *f* Fürstin *f*; Landesherrin *f*; Königin *f* (*a. fig.*); **~ania** [~rɐ'niɐ] *f* Souveränität *f*, Staatsgewalt *f*; Hoheitsrechte *n/pl.*; *Finanz-*, *Gerichts*-Hoheit *f*; *nationale* Unabhängigkeit *f*; *fig.* Überlegenheit *f*; *órgão m de ~* Hoheitsträger *m*; **~ano** [~ɐnu] **1.** *adj.* oberst, höchst; souverän; *fig. a.* überlegen; **2.** *m* Herrscher *m*, Souverän *m*; Landesherr *m*; Fürst *m.*

soberb|a [su'βerβɐ] *f* Erhabenheit *f*; *fig.* Hochmut *m*; Stolz *m*; **~o** [~u] hochmütig; stolz (auf [*ac.*] *de*).

sobernal [~βər'nał] *m* Überlastung *f*; Überarbeitung *f.*

sobra ['sɔβrɐ] *f* Rest *m*, Überbleibsel *n*; Überschuß *m*; Überfluß *m*; *de ~* mehr als genug; überflüssig; nur zu gut.

sobraç|ado [suβrɐ'saðu] unter dem Arm; untergefaßt; Arm in Arm; **~ar** [~ar] (1p; *Stv.* 1b) unter den (dem) Arm nehmen (tragen); *j-n* unterfassen, stützen; *Amt* innehaben; **~ar-se** *com* sich einhängen bei; umarmen (*ac.*).

sobrad|amente [~ˌβraðɐ'mẽntə] = *de sobra*; **~o** [~'βraðu] **1.** *adj.* übermäßig; übrig; *~ de* überreich an (*dat.*); übersättigt mit; **2.** *m* (Dielen-)Fußboden *m*; Stockwerk *n*; *bras.* Stadthaus *n*, *prov. a.* Gutshaus *n.*

sobral [~'βrał] *m* Korkeichenpflanzung *f.*

sobran|cear [~βrẽ'sjar] (1l) (über-)ragen; **~ceiro** [~'seiru] **1.** *adj.* überragend (*a. fig.*); beherrschend; hochgelegen; *fig.* überlegen; **2.** *adv.* von oben (herab); **~celha** [~'seʎɐ] *f* Augenbraue *f*; *carregar* (*od.* *franzir*) *as ~s* die Stirn runzeln; **~ceria** [~sə'riɐ] *f* Dünkel *m.*

sobrar [su'βrar] (1e) über-ragen, -steigen; *fig.* = *sobejar*; *basta e sobra* das ist mehr als genug.

sobre ['soβrə] auf; über; abgesehen von, außer; *zeitl.* gegen; *~ o comer* nach dem Essen; *julgar ~* beurteilen nach; ~ *a sua honra* bei s-r Ehre; ~ *adj.* **a**) ziemlich + *adj.* (*z. B. um vestido verde* ~ *o escuro* ein grünes, ziemlich dunkles Kleid); **b**) ~ *incapazes, são corruptos* sie sind nicht nur unfähig, sondern auch bestechlich; *girar* (*od. rodar, voltar*) ~ *si* sich um sich selbst drehen; *voltar* ~ *os seus passos* umkehren.

sobre|aviso [soβr(ə)ɐ'vizu] *m* Vorsicht *f*; Warnung *f*; *de* ~ auf der Hut, in Alarmbereitschaft; **~capa** [~'kapɐ] *f* Schutzumschlag *m*; **~carga** [~'karɣɐ] **1.** *f* Überladung *f*; Über-last *f*, -gewicht *n*; ✉ Aufdruck *m*; Packriemen *m*; *ter* (*od. estar com*) ~ überladen sn; **2.** *m* ⚓ Ladeoffizier *m*; **~carregar** [~kɐʀə'ɣar] (1o; *Stv.* 1c) überladen; *mit Arbeit usw.* überlasten; *fig.* (be-) drücken, placken; **~casaca** [~kɐ'zakɐ] *f* Gehrock *m*; **~cenho** [~'seɲu] *m* Stirnrunzeln *n*; **~dito** [~'δitu] (oben)erwähnt; **~doirar**, **~dourar** [~δoi'rar, ~δo'rar] (1a) über-, vergolden; *fig. a.* übertünchen; **~eminente** [~imi'nẽntə] (über alles Lob) erhaben; prachtvoll; hervorragend; **~erguer** [~ir'ɣer] (2i) hoch emporheben, -halten (über [*ac.*] *a*); **~exaltar** [~izał'tar] (1a) über den grünen Klee loben; **~exceder** [~ɨʃsə'δer] (2c) hinausgehen über (*ac.*); übertreffen; **~excelente** [~ɨʃsə'lẽntə] unübertrefflich, beispiellos; **~excitação** [~ɨʃsitɐ'sɐ̃u] *f* Überreiztheit *f*; ~ *nervosa* Nervenüberreizung *f*; **~excitar** [~ɨʃsitar] (1a) überreizen; **~-humano** [~u'mɐnu] übermenschlich.

sobreir|al [suβrei'rał] *m* = *sobral*; **~o** [~'βreiru] *m* Korkeiche *f*.

sobre|lanço [soβr(ə)'lɐ̃su] *m* Mehrgebot *n*; **~levar** [~lə'var] (1c) überragen; in die Höhe (*od.* auf-)heben; übertreffen; **~levar-se** hervorstechen; sich auszeichnen (durch *em*); ~ *sobre* über-fliegen, -tönen, -ragen, -treffen (*alle ac.*); überlegen sn (*dat.*); **~loja** [~'lɔʒɐ] *f* Hochparterre *n*, Zwischenstock *m*; **~lotação** [~lutɐ'sɐ̃u] *f* Überfüllung *f*; Kartenmehrverkauf *m*; ⚓ Überfracht *f*; **~maneira** [~mɐ'neirɐ] überaus; **~manhã** [~mɐ'ɲɐ̃] *f* späte(r) Morgen *m*; **~mão** [~'mɐ̃u]: (*de*) ~ angelegentlich; eingehend; ausgiebig; hingebend; **~mesa** [~'mezɐ] *f* Nachtisch *m*; **~modo** [~'mɔδu] überaus, äußerst; **~nadar** [~nɐ'δar] (1b) (obenauf) schwimmen; **~natural** [~nɐtu'rał] übernatürlich; **~nome** [~'nomə] *m* Beiname(n) *m*; **~nomeado** [~nu'mjaδu] mit dem Beinamen; **~nomear** [~nu'mjar] (1l) den Beinamen geben (*dat.*), nennen; **~olhar** [~u'ʎar] (1e) von oben herab ansehen; **~osso** [~'osu (-ɔ-)] *m* Überbein *n*; **~paga** [~'paɣɐ] *f* Zulage *f*; **~parto** [~'partu] *m* Kindbettfieber *n*; *morrer* ~ im Kindbett sterben; **~peliz** [~pə'liʃ] *f* Chorhemd *n*; **~pensar** [~pẽ'sar] (1a) wohl überlegen; nachdenken über (*ac.*); **~peso** [~'pezu] *m* Übergewicht *n*; **~por** [~'por] (2zd): ~ *a* legen (*od.* stapeln) auf (*ac.*); dazutun; *Schuld* häufen auf (*ac.*); *fig.* stellen über (*ac.*); **~por-se** (auf)ea. folgen; ~ *a fig.* in den Hintergrund drängen; überlagern (*ac.*); sich hinwegsetzen über (*ac.*); **~posição** [~puzi'sɐ̃u] *f* Überlagerung *f*; *zona f de* ~ Ballungsgebiet *n*; **~posse** [~'pɔsə] über Vermögen; übermäßig; widerwillig; **~posto** [~'poʃtu (-ɔ-)] **1.** *p.p. v.* ~*por*; **2.** *adj.* auf-gesetzt, -gelegt; **3.** *m* Besatz *m*; **~povoado** [~pu'vwaδu] übervölkert; **~-preço** [~'presu] *m* Überpreis *m*; Aufschlag *m*; **~pujante** [~pu'ʒẽntə] überlegen; über-mäßig, -quellend; **~pujar** [~pu'ʒar] (1a) übertreffen (an [*dat.*] *em*); überwinden, besiegen; den Vorrang h. vor (*dat.*); *Grenzen* überschreiten; hervor-, hinaus-ragen über (*ac.*); ~ *com a voz* über-schreien, -tönen; **~screver** [~ɨʃkrə'ver] (2c) überschreiben; = **~scritar** [~ɨʃkri'tar] (1a) mit Aufschrift versehen, adressieren; richten; **~scrito** [~ɨʃ'kritu] **1.** *p.p. v.* ~*screver*; **2.** *m* Briefumschlag *m*; Aufschrift *f*; **~ssair** [~sɐ'ir] (3l) hervortreten; hervorragen; abstechen, sich abheben; bemerkbar *od.* sichtbar sn (*od.* w.); zu hören sn; auffallen; **~ssalente** [~sɐ'lẽntə] **1.** *adj.* vor-tretend, -springend; überragend; hervortretend; auffallend; überzählig; Ersatz...; **2.** *m* Überschuß *m*; **~ssaltar** [~sał'tar] (1a) erschrecken; überraschen; überspringen; **~ssaltar-se** auf-, zs.-fahren; erschrekken; **~ssalto** [~'sałtu] *m* Schreck *m*;

Überraschung *f*; Aufregung *f*; *de* ~ überraschend; plötzlich; *em* ~ schreckerfüllt; aufgeregt; *sem* ~ ruhig; **~ssaturar** [~sɐtu'rar] (1a) übersättigen; **~sselente** [~sə'lẽntə] **1.** *adj.* über-schüssig, -zählig; übrig(geblieben); **2.** *m* Überschuß *m*; **~star** [~ɨʃ'tar] (1s) (ein)halten; drohen; **~tarde** [~'tardə] *m* Spätnachmittag *m*; **~taxa** [~'taʃɐ] *f* Zuschlag *m*; 📯 Nachporto *n*; **~toalha** [~'twaʎɐ] *f* Schondecke *f*; Tischläufer *m*; Wachstuch *n*; **~tudo** [~'tuðu] **1.** *m* Überzieher *m*, Wintermantel *m*; **2.** *adv.* vor allem; besonders; **~vento** [~'vẽntu] *m* Bö *f*; *fig.* unangenehme Überraschung *f*; **~vir** [~'vir] (3x) dazukommen; unvermutet eintreten; **~vivência** [~vi'vẽsjɐ] *f* Überleben *n*; Fort-, Weiter-leben *n*; **~vivente** [~vi'vẽntə] überlebend; **~viver** [~vi'ver] (2a): ~ *a* überleben (*ac.*), überstehen (*ac.*); **~voar** [~'vwar] (1f) überfliegen; **~voo** [~'vo-u] *m* Überfliegung *f*.

sobriedade [suβrje'ðaðə] *f* Genügsamkeit *f*; Nüchternheit *f des Stils.*

sobrinh|a [~'βriɲɐ] *f* Nichte *f*; **~o** [~u] *m* Neffe *m*; *~s pl.* Neffen und Nichten *pl.*

sóbrio ['sɔβrju] genügsam; mäßig; nüchtern; sparsam, karg.

sobrolho [so'βroʎu (-ɔ-)] *m* = *sobrancelha.*

socalco [su'kałku] *m* Terrasse *f*; Berme *f*.

socapa [~'kapɐ]: *à* ~, *de* ~ heimlich, verstohlen.

socar [~'kar] (1n; *Stv.* 1e) **a)** *v/t.* mit den Fäusten bearbeiten; prügeln; *Teig usw.* kneten; (hinein-, fest-) stoßen; *Knoten* festziehen; **b)** *v/i. bras.* wieder ausschlagen.

socav|a [~'kavɐ] *f* unterirdische Höhle *f*; Keller *m*; **~ão** [~kɐ'vɐ̃u] *m* unterirdische(r) Gang *m*, Stollen *m*; große (unterirdische) Höhle *f*; **~ar** [~kɐ'var] (1b) unter-höhlen, -waschen; untergraben.

soci|abilidade [susjɐβəli'ðaðə] *f* Geselligkeit *f*; **~abilizar** [~ɐβəli'zar] (1a) zur Geselligkeit erziehen, sozialisieren; **~al** [~'sjał] gesellschaftlich; Gesellschafts...; sozial; *firma f* ~ Geschäftsname *m*; *~-democrata su.* Sozialdemokrat(in *f*) *m*; **~alismo** [~ɐ'liʒmu] *m* Sozialismus *m*; **~alista** [~ɐ'liʃtɐ] **1.** *adj.* sozialistisch; **2.** *su.* Sozialist(in *f*) *m*; **~alização** [~ɐlizɐ'sɐ̃u] *f* Sozialisierung *f*, Vergesellschaftung *f*; **~alizante** [~ɐli'zɐ̃ntə] sozialistenfreundlich; sozialistisch gefärbt; **~alizar** [~ɐli'zar] (1a) sozialisieren, vergesellschaften; **~ável** [~'sjavɛł] gesellig; umgänglich; höflich; **~edade** [~e'ðaðə] *f* Gesellschaft *f*; Umgang *m*; *Ehe-*, *Familien-*Gemeinschaft *f*; *Konsum-*Genossenschaft *f*; *Wohltätigkeits-*Verein *m*; ~ *de responsabilidade (i)limitada* Gesellschaft *f* mit (un)beschränkter Haftung; ♀ *das Nações* Völkerbund *m*; ~ *secreta* Geheimbund *m*.

sócio ['sɔsju] *m Vereins- usw.* Mitglied *n*; Genosse *m*, Gefährte *m*; Helfershelfer *m*; ✝ Teilhaber *m*.

soci|ologia [susjulu'ʒiɐ] *f* Gesellschaftswissenschaft *f*; **~ológico** [~u'lɔʒiku] soziologisch; gesellschaftlich; **~ólogo** [~'sjɔluγu] *m* Soziologe *m*.

soco¹ ['sɔku] *m* Sockel *m*; Holzschuh *m*.

soco² ['soku] **1.** *m* Faustschlag *m*, Puff *m*; **2.** *int. bras.* pfui!

soçobr|ar [susu'βrar] (1e) umkehren, auf den Kopf stellen; versenken; zum Scheitern bringen, verderben; *bsd. v/i.* scheitern; untergehen; sinken, erlahmen (*Mut*, *Kraft*); **~o** [~'soβru] *m* Scheitern *n*; Not *f*, Gefahr *f*; Aufregung *f*.

socorr|er [suku'ʀer] (2d) helfen (*dat.*); unterstützen; zu Hilfe kommen (*dat.*); **~er-se** *a* sich halten an (*ac.*); ~ *de* sich helfen mit; sich stützen auf (*ac.*); **~o** [~'koʀu] *m* Hilfe *f*; Unterstützung *f* (*em* zur); Beistand *m*; ⚔ Entsatz *m*; *pedir* ~, *clamar por* ~ um Hilfe rufen.

soda ['sɔðɐ] *f* Soda *n* (*a. f*); Sodawasser *n*; ~ *cáustica* Ätznatron *n*.

sód|ico ['sɔðiku] Soda...; **~io** [~ðju] *m* Natrium *n*; *sulfato m de* ~ Glaubersalz *n*.

soer [swer] (2f—D1) pflegen.

soerguer [swir'γer] (2i) halb hochheben; anheben; **~-se** sich halb aufrichten.

sofá [su'fa] *m* Sofa *n*; *~-cama m* Bettcouch *f*.

sof|isma [su'fiʒmɐ] *m* Trugschluß *m*, Sophisma *n*, -us *m*; **~ismadamente** [~fiʒˌmaðɐ'mẽntə] fälschlich; **~ismar** [~fiʒ'mar] (1a) verdrehen; (ver)fälschen; einwickeln; **~ista** [~iʃtɐ] *su.* Sophist(in *f*) *m*; **~isticação** [~fiʃtikɐ'sɐ̃u] *f* Sophisterei *f*; Fälschung *f*; Tarnung *f*; **~isticado** [~fisti'kaðu] überfeinert, -züchtet; hochentwickelt; **~isticar** [~fiʃti'kar] (1n) tarnen; = *~ismar*; **~ístico** [~iʃtiku] trügerisch, Schein...; spitzfindig.

sofrear [su'frjar] (1l) zügeln.

sofredor [sufrə'ðor] **1.** *adj.* duldsam, geduldig; **2.** *m* Dulder *m*.

sôfrego ['sofrəɣu] gierig; ungeduldig; begierig (auf [*ac.*] *de*).

sofreguidão [sufrəɣi'ðɐ̃u] *f* Gier *f*; Ungeduld *f*; Begierde *f*.

sofr|er [~'frer] (2d) (er)leiden; (er-)dulden; ertragen; *v/i.* leiden (an [*dat.*] *de*; unter [*dat.*] *com*, *de*); **~ido** [~iðu]: (*mal*) ~ (un)geduldig; (un)duldsam; **~imento** [~fri'mẽntu] *m* Leiden *n*, Schmerz *m*; Geduld *f*; **~ível** [~ivɛɫ] leidlich, erträglich; *als Examensnote*: ausreichend.

soga ['sɔɣɐ] *f* Strick *m*; Seil *n*.

sogro *m*, **-a** *f* ['soɣru, 'sɔɣrɐ] Schwieger-vater *m*, -mutter *f*; **~s** ['sɔɣruʃ] *m/pl.* Schwiegereltern *pl.*

soja ['sɔʒɐ] *f* Soja(bohne) *f*.

sol [sɔɫ] *m* **a)** Sonne *f*; Sonnenschein *m*; Tageslicht *n*; *taur.* Sonnenseite *f*; *está ~*, *faz ~* die Sonne scheint; es ist sonnig; *tomar o ~* sich sonnen; *apanhar ~* zuviel Sonne abbekommen; **b)** ♪ G *n*.

sola ['sɔlɐ] *f* Sohle(nleder *n*) *f*; Zugstange *f*; *bras.* Tapiokakuchen *m*; *dar à ~* F ausreißen; *deitar* (*od. pôr*) *~ a* besohlen (*ac.*); *não chegar às ~s dos sapatos de alg.* j-m nicht das Wasser reichen können.

solama *bras.* [so'lɐmɐ] *f* Sonnenhitze *f*; grelle(s) Licht *n*.

solanáceas ⚘ [sulɐ'nasjɐʃ] *f/pl.* Nachtschattengewächse *n/pl.*

solapa [~'lapɐ] *f* (Fall-)Grube *f*; *fig.* Falle *f*; *à ~* verstohlen; hinterrücks.

solap|ado [~lɐ'paðu] *fig.* heimlich; hinterlistig; falsch; **~ão** *bras.* [~ɐ̃u] *m* *Ufer*-Höhle *f*; **~ar** [~ar] (1b) unterhöhlen, aus-höhlen, -waschen; *fig.* unter-graben, -wühlen; verbergen; **~o** [~'lapu] *m* = *~ão*.

solar [~'lar] **1.** *adj.* a) Sonnen...; b) Sohlen...; **2.** *v/t.* (1e) besohlen; **3.** *m* Stammsitz *m*; Palast *m*; **~engo** [~lɐ'rẽŋgu] herrschaftlich.

solavanco [~lɐ'vɐ̃ŋku] *m* Stoß *m*, Erschütterung *f*; *andar aos ~s* durchgerüttelt (*od.* -geschüttelt) w.

solda ['sɔɫdɐ] *f* Löt-, Schweißmittel *n*; = *soldadura*.

soldad|a [soɫ'daðɐ] *f* Lohn *m*; **~esca** [~dɐ'ðeʃkɐ] *f* Soldateska *f*; **~o** [~u] *m* Soldat *m*.

sold|ador [~dɐ'ðor] *m* Lötkolben *m*; Schweißapparat *m*; **~adura** [~ɐ'ðurɐ] *f* Löten *n*; Schweißen *n*; Löt-, Schweiß-stelle *f*; Naht *f*; ⚕ Verwachsung *f*; *~ eléctrica* Elektroschweißen *n*; **~agem** [~'daʒɐ̃i] *f* Lötung *f*; (Ver-)Schweißung *f*; *fig.* Verschmelzung *f*, Zs.-schluß *m*; **~ar** [~'dar] (1e) (an-, auf-, ver-) löten *od.* (-)schweißen; **~ar-se** ⚕ sich schließen, verwachsen.

soldo ['soɫdu] *m* Sold *m*, Löhnung *f*; ⚓ Heuer *f*; Sou *m* (*Münze*).

soledade [sulə'ðaðə] *f* = *solidão*.

soleira [~'leirɐ] *f* Schwelle *f*; *Wagen*-Tritt *m*; *Sporen*-Riemen *m*.

solen|e [~'lɛnə] feierlich; festlich, Fest...; förmlich; **~idade** [~ləni'ðaðə] *f* Feierlichkeit *f*; Förmlichkeit *f*; **~izar** [~ləni'zar] (1a) feiern.

solerte [~'lɛrtə] verschlagen, schlau.

soleta [~'letɐ] *f* Schuh-, Einlegesohle *f*.

soletrar [~lə'trar] (1c) buchstabieren.

solev|antar (1a), **~ar** (1c) [suləvɐ̃n'tar, ~'var] anheben; halb aufrichten.

solfej|ar [soɫfɨ'ʒar] (1d) Noten lesen; **~o** [~'feʒu] *m* Notenlesen *n*.

solferino *bras.* [~fe'rinu] *m* Scharlach *m* (*Farbe*).

solh|a ['soʎɐ] *f* Flunder *f*; = **~o** [~u] *m* **a)** Scholle *f*; *~-rei m* Stör *m*; **b)** Fußboden *m*.

solicit|ação [suləsitɐ'sɐ̃u] *f* Gesuch *n*; Bitte *f*; Bewerbung *f*; Betreibung *f e-s Rechtshandels*; Aufforderung *f*; ⊕ Beanspruchung *f*; -ões *pl.* ✝ Nachfrage *f*; **~ador** [~ɐ'ðor] *m* Bittsteller *m*; Bewerber *m*; ⚖ Rechtsbeistand *m*; **~ar** [~'tar] (1a) (an)treiben; auffordern; *Angelegenheit* betreiben; *~ a/c.* sich um et. bemühen (*od.* bewerben); et. beantragen, um et. nachsuchen (bei *a*); *j-n* um et. ersuchen (*od.* bitten); *et.* verlangen; *estar* (*od. ser*) *solicitado* begehrt sn.

solícito [~'lisitu] eifrig; (dienst-)beflissen; hilfsbereit; besorgt.

solicitude [~ləsi'tuðə] *f* Eifer *m*;

Hilfsbereitschaft *f*; Sorge *f*.
solidão [~li'δɐ̃u] *f* Einsamkeit *f*; Einöde *f*.
solid|ariedade [~liδɐrje'δaδə] *f* Solidarität *f*, Gemeinschaftsgeist *m*; ⚖ Gesamthaftung *f*; **~ário** [~'δarju] solidarisch; mitverantwortlich; zs.-gehörig; **~arizar** [~δɐri'zar] (1a) zs.-schließen; **~arizar-se** sich solidarisieren; **~éu** [~'δεu] *m* Käppchen *n*; **~ez** [~'δeʃ] *f* Festigkeit *f*; Zuverlässigkeit *f*; Gediegenheit *f*; **~ificação** [~δəfikɐ'sɐ̃u] *f* Solidierung *f*; **~ificar** [~δəfi'kar] (1n) zum Gefrieren bringen; *fig.* festigen; **~ificar-se** gefrieren.
sólido ['sɔliδu] **1.** *adj.* fest; gediegen; zuverlässig; sicher; stichhaltig (*Grund*); nahrhaft (*Speise*); dauerhaft; **2.** *m* (fester) Körper *m*; *fig.* feste Grundlage *f*; Kern *m*.
solilóquio [suli'lɔkju] *m* Selbstgespräch *n*.
sólio ['sɔlju] *m* Thron *Petri m*.
solípede [su'lipəδə] *m* Einhufer *m*.
solista [~'liʃtɐ] *su.* Solist(in *f*) *m*.
solitári|a [~li'tarjɐ] *f* Bandwurm *m*; **~o** [~u] **1.** *adj.* einsam; einsiedlerisch; **2.** *m* Einsiedler *m*.
solo ['sɔlu] *m* **a**) *Erd*-Boden *m*; Grund *m*; **b**) ♪ *u. Spiel*: Solo *n*.
sol-posto [sɔł'poʃtu (-ɔ-)] *m* Sonnenuntergang *m*.
solstício [sɔłʃ'tisju] *m* Sonnenwende *f*.
solt|a ['sołtɐ] *f* Spannstrick *m*; *bras.* (Winter-)Weide *f*; ~*s pl.* Vorspann *m*; *à* ~ frei; zügellos, ungebunden; *andar à* ~ los sn; frei herumlaufen; **~ar** [sɔł'tar] (1e) *v/t.* lösen; losmachen; lockern; los- (*od.* fahren-) l.; aufgeben; *Zügel* locker l.; *Fessel* abwerfen; *Gefangenen* freilassen, befreien; *Ton usw.* von sich geben; *Meinung* äußern; *Seufzer* ausstoßen; in *Gelächter usw.* ausbrechen; *Funken* sprühen; *Schleuse* öffnen; *Schuld* erlassen; ~ *a voz* F loslegen; **~ar-se** aufgehen (*Knoten*); ausbrechen (*Gefangener*); ~ *em* ausbrechen in (*ac.*); sich auflösen in (*ac.*).
solteir|ão [sołtei'rɐ̃u] *m* eingefleischte(r) Junggeselle *m*, Hagestolz *m*; **~o** [~'teiru] **1.** *adj.* ledig, unverheiratet; **2.** *m*, **-a** *f* Junggeselle *m*; ledige(s) Mädchen *n*; **~ona** [~'ronɐ] *f* alte Jungfer *f*.
solt|o ['sołtu] **1.** *p.p. irr. v. soltar*; **2.** *adj.* los(gelöst); frei; lose; locker (*a. Zunge, Leben*); flüssig; unbeherrscht, haltlos; ungebunden; zügellos; reimlos (*Vers*); ohne festen Standort (*Schiff*); *folha f -a* Flugblatt *n*; *dormir a sono* ~ fest schlafen; *serviço m* ~ P Durchfall *m*; **~ura** [sɔł'turɐ] *f* Freilassung *f*; Lösung *f*; Lockerung *f*; Lockerheit *f*; Dreistigkeit *f*; Zügellosigkeit *f*; ~ (*de ventre*) Durchfall *m*.
solu|bilidade [sulußəli'δaδə] *f* Löslichkeit *f*; Lösbarkeit *f*; **~ção** [~'sɐ̃u] *f* Lösung *f*; Ablösung *f e-r Schuld.*
soluçar [sulu'sar] (1p) schluchzen; aufstoßen; brausen (*Meer usw.*); stampfen (*Schiff*).
solucionar [~sju'nar] (1f) lösen.
soluço [~'lusu] *m* Rülpser *m*; Schluchzer *m*; ~*s* Schluchzen *n*; Brausen *n*; Stampfen *n*; *ter* ~*s* den Schluckauf haben.
solut|ivo [~lu'tivu] lösend; ⚕ abführend; **~o** [~'lutu] *m* ⚗ Lösung *f*.
solúvel [~'luvεł] lösbar; ⚗ löslich.
solv|ência [sɔł'vẽsjɐ] *f* Zahlungsfähigkeit *f*; **~ente** [~ẽntə] zahlungsfähig, solvent; **~er** [~er] (2e) *Schuld* bezahlen, *Rechnung* begleichen; **~ível** [~ivεł] begleichbar (*Rechnung*), bezahlbar; = ~*ente*.
som [sõ] *m* Ton *m*; Klang *m*; Laut *m*; *volume m de* ~ Lautstärke *f*; Klangfülle *f*; *ao* ~ *de* beim Klang (*gen.*); mit, unter (*dat.*); nach, gemäß; *ao* ~ *do piano* mit Klavierbegleitung; *ao* ~ *de água* mit der Strömung; *alto e bom* ~ laut und vernehmlich; *sem tom nem* ~ ohne Sinn und Verstand.
som|a ['somɐ] **1.** *f* Summe *f*; Addition *f*; *fig.* Zs.-fassung *f*; *das* Wesentliche; *grande* ~ *de* viel; **2.** *m* Häuptling *m* (*in Angola*); **~ar** [su'mar] (1f) zs.-zählen, addieren; hinzuzählen (zu *a*); *fig.* zs.-fassen; = *v/i.* ~ *em* sich belaufen auf (*ac.*), betragen (*ac.*); **~ar-se** sich summieren; ~ *a* hinzukommen zu.
somatório [~mɐ'tɔrju] *m* Gesamtsumme *f*; *fig.* Gesamtheit *f*; *por* ~ im großen und ganzen.
sombra ['sõmbrɐ] *f* Schatten *m* (*a. fig.*); Dunkel *n*; Miene *f*; (An-)Schein *m*; Spur *f*; *Hoffnungs- usw.* Schimmer *m*; *taur.* Schattenseite *f*; *fig. a.* Schutz *m*; *à* ~ im Schatten, *fig.* im Schutz; dank (*dat.*); *de boa*

(*má*) ~ (un)sympathisch; *fazer* ~ *a fig.* a) beschützen, protegieren; b) in den Schatten stellen; *tudo lhe faz* ~ alles ängstigt ihn; alles macht ihn neidisch; *nem por* ~*s* keine Spur; nicht im geringsten.
sombr|al [sõm'brał] *m* schattige(r) Ort *m*; **~eado** [~'brjaðu] **1.** *adj.* schattig; **2.** *m pint.* Schattierung *f*; **~ear** [~'brjar] (1l) beschatten; verdunkeln; ärgern; *pint.* schattieren, schraffieren; **~eira** [~eirɐ] *f* Lichtschirm *m*; **~eiro** [~eiru] **1.** *m* Sonnen-schutz *m*, -hut *m*; **2.** *adj.* schattig; **~inha** [~iɲɐ] *f* Sonnenschirm *m*; ~*s pl.* Schatten-bilder *n/pl.*, -spiel *n*; **~io** [~iu] schattig; *fig.* düster, finster.
somenos [su'menuʃ] minderwertig.
somente [sɔ'mẽntə] = *só* 2.; *tão* ~ lediglich.
somítico [su'mitiku] knauserig.
sonâmbulo [su'nẽmbulu] **1.** *adj.* mondsüchtig; schlafwandlerisch; *fig.* schläfrig; **2.** *m* Schlafwandler *m*.
son|ância [su'nẽsjɐ] *f* Klang *m*; **~ante** [~ẽntə] **1.** *adj.* klingend; *metal m* ~ = **2.** *m* Hartgeld *n*; *poét.* klingende Münze *f*; **~ata** ♪ [~atɐ] *f* Sonate *f*.
sond|a ['sõndɐ] *f* ⚕ *u.* ⚒ Sonde *f*; ⚓ Senkblei *n*, Lot *n*; *Meeres*-Tiefe *f*; ~ *acústica* Echolot *n*; **~agem** [sõn'daʒẽi] *f* Sondierung *f*; Lotung *f*; Untersuchung *f*; **~ar** [sõn'dar] (1a) sondieren; loten; untersuchen; *fig.* ausforschen, F ausholen.
soneca [su'nɛkɐ] *f* Schläfchen *n*.
soneg|ação [~nəɣɐ'sɐ̃u] *f* Unterschlagung *f*; *Steuer*-Hinterziehung *f*; **~adamente** [~ˌɣaðɐ'mẽnte] insgeheim, verstohlen; **~ador** [~'ðor] *m Steuer*-Hinterzieher *m*; **~ar** [~'ɣar] (1o; *Stv.* 1c) verhehlen; nicht angeben, unterschlagen; *Steuer* hinterziehen; **~ar-se** sich drücken.
sonet|ista [~nə'tiʃtɐ] *su.* Sonettdichter(in *f*) *m*; **~o** [~'netu] *m* Sonett *n*.
sonh|ador [suɲɐ'ðor] **1.** *adj.* träumerisch; **2.** *m* Träumer *m*; **~ar** [~'ɲar] (1f) träumen (von *com*, *em*); *v/t.* (er)träumen; ahnen, vermuten; **~o** ['soɲu] *m* Traum *m*; *cul.* Windbeutel *m*.
sonido [su'niðu] *m* Laut *m*; Klang *m*; Geräusch *n*; Getöse *n*.
sono ['sonu] *m* Schlaf *m*; Schläfrigkeit *f*; *cair* (*od.* *pegar*) *no* ~ einschlafen; *cair de* ~ vor Müdigkeit umfallen; *estar com* ~, *ter* ~ müde (*od.* schläfrig) sn; *dormir dum* ~ durchschlafen.
sonol|ência [sunu'lẽsjɐ] *f* Schläfrigkeit *f*; **~ento** [~ẽntu] schlaftrunken; schläfrig (*a. fig.*).
sonor|idade [~nuri'ðaðə] *f* Klang (-fülle *f*) *m*; Lautstärke *f*; Akustik *f*; **~izar** [~i'zar] (1a) *Film* vertonen; *Kino* mit Tonanlage versehen; *Konsonanten* stimmhaft m. (*od.* sprechen); **~o** [~'nɔru] klangvoll, wohlklingend; voll (*Klang*); (laut-) stark; Ton...; stimmhaft (*Konsonant*); mit guter Akustik (*Saal*); *filme* (*od. cinema*) *m* ~ Tonfilm *m*.
sons|a ['sõsɐ] *f* Verschlagenheit *f*; Schläue *f*; *pela* ~ hintenherum; **~o** [~u] verschlagen.
sopa ['sopɐ] **1.** *f* Suppe *f*; eingeweichte(s) Stück *n* Brot; *molhado como uma* ~ bis auf die Haut durchnäßt; *estar feito* (*ficar*) *numa* ~ platschnaß sn (w.); **2.** ~*s pl.* Brotspeise *f*; ~*s de leite* Milchbrotsuppe *f*; *ou sim ou* ~*s* ja oder nein.
sopapo [su'papu] *m* Kinnhaken *m*; Maulschelle *f*.
sopé [su'pɛ] *m Berg*-Fuß *m*.
sopeir|a [~'peirɐ] *f* Suppenschüssel *f*; F Köchin *f*; **~o** [~u] **1.** *adj.* Suppen...; **2.** *m* Schmarotzer *m*.
sopesar [~pə'zar] (1c) (in der Hand) wiegen; tragen; zumessen.
sopit|ado [~pi'taðu] schläfrig; **~ar** [~ar] (1a) einschläfern.
sopor [~'por] *m* Tiefschlaf *m*; Betäubung *f*; **~ativo**, **~ífero**, **~ífico** [~purɐ'tivu, ~'rifəru, -iku] **1.** *adj.* Schlaf...; einschläfernd; *fig. a.* langweilig; **2.** *m* Schlafmittel *n*.
soprano ♪ [su'prɐnu] *m* Sopran *m*.
sopr|ar [~'prar] (1e) anblasen; blasen in (*ac.*); *Licht* ausblasen; *Ball* aufblasen; *Staub* wegblasen; *Geheimnis* zuflüstern; *Lektion* vorsagen; *Gedanken* ein-blasen, -flüstern; *Leidenschaften* schüren; begünstigen; *Schachspiel*: *Figur* schlagen, wegnehmen; *v/i.* blasen, F pusten; wehen (*Wind*); **~o** ['sopru] *m* Hauch *m*; Atem *m*; Wehen *n*; Wind *m*; Ton *m*; *de* ~ Blas...
sor [sor] **1.** *m* = *senhor*; **2.** *f* = *sóror*.
sora ['sorɐ] *f* = *senhora*.
sord|ícia, **~ície**, **~idez** [sur'ðisjɐ,

˷isjə, ˷δi'δeʃ] *f* Schmutz *m*; Niedertracht *f*; schmutzige(r) Geiz *m*.
sórdido ['sɔrδiδu] schmutzig; widerlich; gemein, geizig.
sorn|a ['sornɐ] **1.** *f* Trägheit *f*; Schläfrigkeit *f*; **2.** *adj.* langsam; träge; **3.** *su.* Schlafmütze *f*; **˷ar** [sur'nar] (1e) trödeln; schlafen.
soro ['soru] *m* Molken *f/pl.*; ⚕ Serum *n*.
soror [su'ror] *f* Schwester *f* (*Nonne*).
sorrat|e [su'ʀatə]: *de* ˷ heimlich, verstohlen; **˷eiro** [˷ʀɐ'teiru] heimlich; hinterhältig; tückisch.
sorrelfa [˷'ʀɛɫfɐ] **1.** *f* Durchtriebenheit *f*; Verstellung *f*; **2.** *adj.* durchtrieben; **3.** *su.* Fuchs *m* (*fig.*).
sorr|idente [˷ʀi'δẽntə] lächelnd, heiter; **˷ir** [˷'ʀir] (3v) (zu)lächeln; gefallen; begehrenswert erscheinen; **˷iso** [˷'ʀizu] *m* Lächeln *n*; *desfazer-se em* (*od.* *num*) ˷ übers ganze Gesicht lächeln; *ter um* ˷ *amarelo* gezwungen lächeln.
sorte ['sɔrtə] *f* Schicksal *n*; Los *n*; Glück *n*; Zufall *m*; Wagnis *n*; Glücksfall *m*; Gewinn *m*, Anteil *m*; *Lebens*-Lage *f*, *Vermögens*-Verhältnisse *pl.*; Art *f*; Sorte *f*; *Waren*-Auswahl *f*, Posten *m*; *taur.* Gang *m*; Wendung *f des Stiers*; *pouca* ˷ Unglück *n*, F Pech *n*; *à* ˷ auf gut Glück; durchs Los; *desta* ˷ auf diese Weise, so; *de* ˷ *que* so daß; *caber* (*od.* *cair*, *tocar*) *em* ˷ zufallen; sich treffen; *estar com* (*od.* *ter*) ˷ Glück h.; *lançar* (*od.* *deitar*) ˷*s* das Los werfen; losen (um *de*); *tirar à* ˷ auslosen; *saiu-lhe a* ˷ *grande* er hat das große Los gewonnen.
sort|eado [sur'tjaδu] (militärdienst-)tauglich; = ˷*ido* 1.; **˷ear** [˷'tjar] (1l) aus-, ver-losen; zuteilen; vermischen; zs.-stellen; auswählen; **˷eio** [˷'teju] *m* Verlosung *f*; Ziehung *f*; **˷ido** [˷'tiδu] **1.** *adj.* assortiert (*Geschäft*); verschieden, gemischt (*Waren*); Misch...; *bem* ˷ reichhaltig; **2.** *m* Sortiment *n*; **˷ilégio** [˷ti'lɛʒju] *m* Kunst(stück *n*) *f*; **˷imento** [˷ti'mẽntu] *m* = ˷*ido* 2.; **˷ir** [˷'tir] (3g) *Geschäft* assortieren; zs.-stellen; mischen.
sorumbático [surũm'batiku] finster; grämlich.
sorva ⚘ ['sorvɐ] *f* Vogelbeere *f*; **˷do** [sur'vaδu] angefault.
sorvedoiro, -ouro [survə'δoiru, -oru] *m* Strudel *m*; *fig.* Abgrund *m*.
sorveira ⚘ [˷'veirɐ] *f* Eberesche *f*.
sorver [˷'ver] (2d) schlürfen; einsaugen; verschlingen.
sorvet|aria *bras.* [˷veta'riɐ] *f* Eisdiele *f*; **˷e** [˷'vetə] *m* (Speise-)Eis *n*; **˷eira** [˷və'teirɐ] *f* Eismaschine *f*.
sorvo ['sorvu] *m* Schluck *m*.
sósia ['sɔzjɐ] *m* Doppelgänger *m*.
soslaio [suʒ'laju]: *de* ˷ schief, von der Seite.
sosseg|ado [susə'ɣaδu] ruhig; **˷ar** [˷ar] (1o; *Stv.* 1c) (sich) beruhigen; ruhen; sich ruhig verhalten; **˷o** [˷'seɣu] *m* Ruhe *f*; Beruhigung *f*; *pôr em* ˷ = ˷*ar*.
sota ['sɔtɐ] **1.** *f Kartenspiel*: Dame *f*; *fig.* Atem-, Ruhe-pause *f*; ˷*s pl.* Vorspann *m*; **2.** *m* Vorreiter *m*; Postillon *m*; Spritzenmeister *m*.
sotaina [su'tainɐ] *f* Soutane *f*.
sótão(s) ['sɔtɐ̃u(ʃ)] *m*(*pl.*) Söller *m*, Boden *m*; *ter macacos no* ˷ e-n Vogel h.
sotaque [su'takə] *m* Stichelei *f*; *bsd.* Tonfall *m*, Akzent *m*.
sotavento ⚓ [sɔtɐ'vẽntu] *m* Lee(-seite) *f*.
soterrar [sutə'ʀar] (1c) vergraben, verscharren; *fig.* begraben.
sotopor [sɔtu'por] (2zd) unter-stellen, -legen, -schieben.
soturno [su'turnu] finster; schwermütig; unheimlich.
souto ['sotu] *m* Gehölz *n*.
sova ['sɔvɐ] *f* Tracht *f* Prügel; *dar uma* ˷ *a* verprügeln (*ac.*).
sova|co [su'vaku] *m anat.* Achselhöhle *f*; Schweißblatt *n im Kleid*; **˷quinho** [˷vɐ'kiɲu] *m Achsel*-Schweißgeruch *m*.
sovar [˷'var] (1e) *Teig* (durch-)kneten; *Trauben* pressen, stampfen; *j-n* verprügeln.
sovel|a [˷'vɛlɐ] *f* Ahle *f*, Pfriem *m*; **˷ar** [˷və'lar] (1c) *mit der Ahle* vorstechen; *fig.* durchstechen, durchlöchern.
soviético [su'vjɛtiku] sowjetisch, Sowjet...
sovin|a [su'vinɐ] **1.** *f* Pflock *m*; Stechfeile *f*; **2.** *adj.* geizig; **3.** *su.* Geiz-hals *m*, -kragen *m*; **˷ice** [˷vi'nisə] *f* Geiz *m*.
sozinho [sɔ'ziɲu] allein.
sua ['suɐ] *s.* *seu*; *uma das* ˷*s* typisch für ihn; *na* ˷ in s-r bekannten Art; *dizer das* ˷*s* s-e üblichen Witze m.; *fazer das* ˷*s* die (*od.* e-e s-r) üblichen Dummheiten (*od.* Streiche)

m.; *ficar na* ~ *s. ficar.*
suã [swẽ] *f* Schwanzstück *n des Schweins.*
suaçu *bras.* [suɐ'su] *m* Rotwild *n*; [Hirsch *m.*]
su|ado ['swaδu] schweißig; in Schweiß gebadet; *fig.* sauer verdient; **~adoiro, -ouro** [swɐ'δoiru, -oru] *m* Schwitzbad *n*; Heißspülung *f von Gefäßen*; Widerrist *m des Pferdes*; Sattelkissen *n*; **~ão** [swɐ̃u]: (*vento*) ~ *m* heiße(r) Südwind *m*; **~ar** [swar] (1g) schwitzen; *fazer* ~ (*a bom* ~) zum Schwitzen bringen; Schweiß kosten; *v/t.* ausschwitzen; **~arento** [swɐ'rẽntu] schweißbedeckt.
suave ['swavə] sanft, mild; weich; zart; mühelos; ⊕ stoßfrei.
suavi|dade [swɐvi'δaδə] *f* Sanftheit *f*; Milde *f*; Zartheit *f*; **~zar** [~'zar] (1a) mildern; besänftigen, lindern; erleichtern.
subagudo ⚕ [suβɐ'γuδu] ver-[schleppt.]
subaltern|izar [~ałtərni'zar] (1a) unterordnen; **~o** [~ał'tɛrnu] **1.** *adj.* untergeordnet; niedrig; **2.** *m* Unterbeamte(r) *m*; Untergebene(r) *m*.
sub|alugar [~ɐlu'γar] (1o) = *sublocar*; **~aquático** [~ɐ'kwatiku] Unterwasser...
sub-aproveit|amento [~pruveitɐ'mẽntu] *m* ungenügende Nutzung *f od.* Bewirtschaftung *f*; **~ar** [~'tar] (1a) zu wenig (aus)nutzen.
subarrend|amento [~ɐʀẽndɐ'mẽntu] *m* Weiterverpachtung *f*; Unterpacht *f*; **~ar** [~'dar] (1a) weiterverpachten; **~atário** [~ɐ'tarju] *m* Unterpächter *m*.
sub... [suβ...] *in Zssgn* Unter...; **~chefe** [~'ʃɛfə] *m* Abteilungsleiter *m*; Unterbefehlshaber *m*; **~comissão** [~kumi'sɐ̃u] *f* Unterausschuß *m*; **~consciente** [~kõʃ'sjẽntə] **1.** *adj.* unter- (*a.* un-)bewußt; **2.** *m* Unterbewußtsein *n*.
subdeleg|ação [~δələγɐ'sɐ̃u] *f* Weitergabe *f* von Vollmachten (an [*ac.*] *de*); Unter-abordnung *f*, -vertretung *f*; Nebenstelle *f*; **~ado** [~'γaδu] *m* Beigeordnete(r) *m*; Untervertreter *m*; Unterstaatsanwalt *m*; **~ar** [~'γar] (1o; *Stv.* 1c) weitergeben (an [*ac.*] *a*); zum Untervertreter ernennen.
subdirec|ção [~δirɛ'sɐ̃u] *f* stellvertretende Leitung *f*; Zweigdirektion *f*; **~tor** [~'tor] stellvertretende(r) Direktor *m*; Unterdirektor *m*.
súbdito ['suβδitu] *m* Untertan *m*; Staatsangehörige(r) *m*.
subdivi|dir [suβδəvi'δir] (3a) unterteilen; **~são** [~'zɐ̃u] *f* Unterteilung *f*; Unterabteilung *f*; **~sível** [~'zivɛł] unterteilbar.
subentend|er [~ĩntẽn'der] (2a) herausfühlen; annehmen; **~er-se** mitgemeint sn; sich von selbst verstehen; **~ido** [~iδu] mitgemeint; unausgesprochen.
subes|pécie [~iʃ'pɛsjə] *f* Abart *f*; **~timar** *bras.* [subesti'mar] (1a) unterschätzen; mißachten.
subi|da [su'βiδɐ] *f* Steigen *n*; Aufstieg *m*; Steigung *f im Gelände*; Ansteigen *n*; *Preis*-Steigerung *f*; **~damente** [~δɐ'mẽntə] in hohem Grade; **~do** [~δu] hoch; erhaben; **~mento** [~βi'mẽntu] *m* Erhöhung *f*; Vermehrung *f*; Zuwachs *m*; = *~da*.
subin|spector [~ĩʃpɛ'tor] *m* Unterinspektor *m*; **~tendência** [~ĩntẽn'dẽsjɐ] *f* (untere) Verwaltungsstelle *f*; **~tendente** [~ĩntẽn'dẽntə] *m* Unterverwalter *m*; Unteraufseher *m*.
subintitul|ado [~ĩntitu'laδu] mit dem Untertitel; **~ar** [~ar] (1a) den Untertitel geben (*dat.*).
subir [su'βir] (3h) **1.** *v/t. u. v/i.* heraufkommen; hinauf-steigen, -fahren, -gehen, -klettern; **2.** *v/t.* Berg *usw.* be-, er-steigen; steigen auf (*ac.*); her-, hin-aufbringen; *Vorhang usw.* hochziehen; hochschieben; *Kragen* hochschlagen; höher-hängen, -stellen; hinaufsetzen; *Preis, Mauer usw.* erhöhen; *j-n* befördern; höher einstufen; *fig.* rühmen, preisen; *Instrument* höher stimmen; *Kräfte* steigern; **3.** *v/i.* steigen (auf, in [*ac.*] *od.* zu *para, a, em*); nach oben gehen; auf-, empor-steigen (zu *a*); sich steigern (*Kräfte usw.*); sich belaufen (auf [*ac.*] *a*); einsteigen (in [*ac.*] *para*); ~ (*de posto*) aufrücken; ~ *de preço* aufschlagen; ~ *a* besteigen (*ac.*); ~ *ao poder* zur Macht kommen; ~ *por* hinaufklettern (*ac.*).
súbito ['suβitu] plötzlich; unerwartet; jäh, rasch; *de* ~ auf einmal.
subjacente [suβʒɐ'sẽntə] unten (*od.* darunter-)liegend; *fig.* zugrundeliegend; ~ *de* unterhalb.
subjectiv|ar [~ʒɛti'var] (1a) subjektivieren; persönlich nehmen; **~i-**

dade [~vi'δaδə] *f* Subjektivität *f*; **~ismo** [~'viʒmu] *m* Subjektivismus *m*; **~o** [~'tivu] subjektiv; persönlich; ichbezogen.

subjugar [~ʒu'ɣar] (1o) unterjochen; bezwingen; *Tier* zähmen.

sublev|ação [~ləvɐ'sɐ̃u] *f* Aufstand *m*; **~ar** [~'var] (1c) aufwiegeln; **~ar-se** sich empören.

sublim|ado [suβli'maδu] *m* ⚗ Sublimat *n*; **~ar** [~ar] (1a) ⚗ *u. fig.* sublimieren; *fig. a.* erheben; veredeln; verwandeln; **~e** [~'βlimə] erhaben, hehr; edel; hoch; **~idade** [~mi'δaδə] *f* Erhabenheit *f*; Adel *m*.

sublinhar [~li'ɲar] (1a) unterstreichen, hervorheben.

subloc|ação [~lukɐ'sɐ̃u] *f* Weitervermietung *f*; Untermiete *f*; **~ar** [~'kar] (1n; *Stv.* 1e) unter-, weitervermieten; **~atário** [~ɐ'tarju] *m* Untermieter *m*.

submarino [~mɐ'rinu] **1.** *adj.* unterseeisch, Untersee...; **2.** *m* Unterseeboot *n*, F U-Boot *n*.

submer|gir [~mər'ʒir] (3n; *Stv.* 2c) untertauchen; unter Wasser drükken; überschwemmen (*a. fig.*); **~gir-se** tauchen; untergehen; **~gível** [~'ʒivɛɫ] = *~sível*; **~são** [~'sɐ̃u] *f* Untertauchen *n*; Überschwemmung *f*; **~sível** [~'sivɛɫ] *m* Tauchboot *n*; **~so** [~'mɛrsu] Unterwasser...; *p.p. irr. v. ~gir*.

subm|eter [~mə'ter] (2c) unterwerfen; unterstellen; vorführen, zeigen; **~issão** [~mi'sɐ̃u] *f* Unterwerfung *f*; Unterwürfigkeit *f*; **~isso** [~'misu] unterwürfig.

subordin|ação [suβurδinɐ'sɐ̃u] *f* Unterordnung *f*; Gehorsam *m*; **~ada** [~'naδɐ] *f gram.* Nebensatz *m*; **~ado** [~'naδu] **1.** *adj.* untergeordnet; untergeben; abhängig; zweitrangig; *oração f -a = ~ada*; **2.** *m* Untergebene(r) *m*; **~ar** [~'nar] (1a) unterordnen; unterstellen.

suborn|ar [~ur'nar] (1e) bestechen; **~ável** [~avɛɫ] bestechlich; **~o** [~'ornu] *m* Bestechung *f*.

sub-rep|ção [suβʀɛp'sɐ̃u] *f* Erschleichung *f*; **~tício** [~'tisju] erschlichen; betrügerisch, falsch.

subscr|ever [~ɨʃkrə'ver] (2c) unterschreiben; *v/i.* ~ *para* abonnieren (*ac.*); *Buchlieferung* subskribieren; *Anleihe* zeichnen; ~ *com* zeichnen *od.* spenden (*ac.*); **~ever-se** zeichnen (*im Brief*); unterschreiben; **~ição** [~i'sɐ̃u] *f* Unterzeichnung *f*; Subskription *f*; Sammlung *f*; *Anleihe*-Zeichnung *f*; **~ito** [~'kritu] *p.p. v. ~ever*; **~itor** [~i'tor] *m* Subskribent *m*.

subse|cretário [~səkrə'tarju] *m* (Unter-)Staatssekretär *m*; **~quente** [~'kwẽntə] nachfolgend; anschließend.

subserv|iência [~sər'vjẽsjɐ] *f* Unterwürfigkeit *f*; **~iente** [~jẽntə] hörig; kriecherisch; knechtisch.

subsidi|ado [~si'δjaδu] **1.** *adj.* (staatlich) unterstützt; mit (staatlicher) Beihilfe arbeitend (*od.* entstanden); **2.** *m* Subsidienempfänger *m*; **~ar** [~ar] (1g) e-e Beihilfe gewähren (*dat.*), unterstützen; beisteuern zu; **~ário** [~arju] Hilfs...; Unterstützungs...

subsídio [~'siδju] *m* Beihilfe *f*; ~*s pl.* Hilfsgelder *n/pl.*, Subsidien *pl.*

subsist|ência [~siʃ'tẽsjɐ] *f* (Fort-)Bestand *m*; (Fort-)Dauer *f*; (Lebens-)Unterhalt *m*; **~ente** [~ẽntə] (noch) bestehend; **~ir** [~ir] (3a) (noch *od.* fort-)bestehen.

subsolo [~'sɔlu] *m* Untergrund *m*; *no* ~ unter der Erde, ⚒ unter Tage; *riquezas f/pl. do* ~ Bodenschätze *m/pl.*; *do* ~ Untertage...

substabelecer [~ɨʃtɐβlə'ser] (2g) vertretungsweise einsetzen; zum Vertreter ernennen; *Vollmacht* übertragen; vertreten.

substância [~ɨʃ'tɐ̃sjɐ] *f* Substanz *f*; Stoff *m*; Wesen *n*; Gehalt *m*; *em* ~ im wesentlichen.

substan|cial [~ɨʃtɐ̃'sjaɫ] substantiell; wesentlich; gehaltvoll; gediegen; gründlich; wirksam; **~cializar** [~sjɐli'zar] (1a) verstofflichen; **~ciar** [~'sjar] (1g) (kräftig) ernähren; stärken; *fig.* zs.-fassen; **~cioso** [~'sjozu (-ɔ-)] gehalt-reich, -voll; nahrhaft; **~tificar** [~tẽntəfi'kar] (1n) konkretisieren; **~tivar** [~tẽnti'var] (1a) substantivieren; = *~tificar*; **~tivo** [~tẽn'tivu] *m* Hauptwort *n*, Substantiv *n*.

substim|ação [~ɨʃtimɐ'sɐ̃u] *f* Unterschätzung *f*; **~ar** [~'mar] (1a) unterschätzen.

substitu|ição [~ɨʃtitwi'sɐ̃u] *f* (Stell-)Vertretung *f*; Ersetzung *f*; Ersatz *m*; *produto m de* ~ Ersatz(stoff) *m*; *em* ~ *de* in Vertretung (*od.* an

Stelle) von; **~inte** [~'twĩntə] **1.** *adj.* Ersatz...; **2.** *m* = *~to*; **~ir** [~'twir] (3i) vertreten; ersetzen; unterschieben; substituieren; **~ível** [~'twivɛł] ersetzbar; **~to** [~'tutu] **1.** *adj.* stellvertretend; Ersatz...; **2.** *m* Vertreter *m*; Ersatzmann *m*.

substrato [~iʃ'tratu] *m* Grundlage *f*, Substrat *n*.

subten|dente ⚠ [suβtẽn'dẽntə] *f* *Bogen*-Sehne *f*; **~so** [~'tẽsu]: *linha f -a* Sehne *f*.

subterfúgio [~tər'fuʒju] *m* Ausflucht *f*, Ausrede *f*.

subt|errâneo [~tə'ʀɐnju] **1.** *adj.* unterirdisch; *água f -a* Grundwasser *n*; **2.** *m* Keller(geschoß *n*) *m*; unterirdische(r) Gang *m*; Höhle *f*; **~érreo** [~'tɛrju] = *~errâneo* 1.

subtil [~'tił] fein; dünn; zart; leise; scharfsinnig; spitzfindig.

subtil|eza, ~idade [~ti'lezɐ, ~li'ðaðə] *f* Feinheit *f*; Dünne *f*; Zartheit *f*; Scharfsinn *m*; Spitzfindigkeit *f*; **~izar** [~li'zar] (1a) verfeinern; fein ausarbeiten; ausklügeln; *v/i.* klügeln, deuteln.

subtr|acção [~tra'sɐ̃u] *f* ⚠ Abziehen *n*, Subtraktion *f*; *fig.* Entziehung *f*; Unterschlagung *f*; **~air** [~ɐ'ir] (3l) ⚠ abziehen; *fig.* entziehen; unterschlagen, entwenden; **~air-se** sich entziehen.

subtropical [~trupi'kał] subtropisch.

sub|urbano [~ur'βɐnu] vorstädtisch; Vorort...; **~úrbio** [~'urβju] *m* Vorort *m*; *~-dormitório m* Schlafgemeinde *f*.

subven|ção [~vẽ'sɐ̃u] *f* (staatliche) Unterstützung *f*, Zuschuß *m*; Beihilfe *f*; **~cional** [~sju'nał] Unterstützungs...; **~cionar** [~sju'nar] (1f) (mit Geld) unterstützen; e-n Zuschuß gewähren zu.

subver|são [~vər'sɐ̃u] *f* Umsturz *m*; **~sivo** [~'sivu] umstürzlerisch; *guerra f -a* Guerillakrieg *m*; **~sor** [~'sor] **1.** *m* Umstürzler *m*; **2.** *adj.* Umsturz...; **~ter** [~'ter] (2c) umstürzen.

sucata [su'katɐ] *f* Schrott *m*; *bsd.* Alteisen *n*.

sucção [su(k)'sɐ̃u] *f* Saug- (*fig.* Anziehungs-)kraft *f*.

sucedâneo [susə'ðɐnju] *m* Ersatz (-mittel *n*, -stoff *m*) *m*, Surrogat *n*.

suce|der [susə'ðer] (2c) folgen (*dat.* od. auf [*ac.*] *a*); erfolgen; geschehen; zustoßen (j-m *a alg.*); **~dido** [~'ðiðu] **1.** *ser bem (mal)* ~ guten (keinen) Erfolg h.; gut (schlecht) abschneiden; **2.** *m* = *~sso*; **~ssão** [~'sɐ̃u] *f* (Aufea.-)Folge *f*; Erbfolge *f*; Nachfolge *f*; Erbschaft *f*; Erben *m/pl.*, Nachkommenschaft *f*; ~ *do reino* Thronfolge *f*; **~ssivamente** [~ˌsivɐ'mẽntə] nach-ea., der Reihe nach; nach und nach; **~ssivo** [~'sivu] (aufea.-)folgend; allmählich; ununterbrochen; = *~ssorial*; **~sso** [~'sɛsu] *m* Ereignis *n*; Verlauf *m*; Ausgang *m*; Erfolg *m*; *fazer* ~ Eindruck m.; **~ssor** [~'sor] *m* Nachfolger *m*; gesetzliche(r) Erbe *m*; **~ssorial** *bras.* [~so'rjał] Nachfolge..., Erb...; = **~ssório** [~'sɔrju] Erbschafts...

súcia ['susjɐ] *f* Clique *f*; Sippschaft *f*; Bande *f*.

sucinto [su'sĩntu] kurz; gedrängt.

suc|o ['suku] *m* Saft *m*; *fig.* Kern *m*, Mark *n*; **~ulento** [suku'lẽntu] saftig; fleischig.

sucumbir [sukũm'bir] (3a) er-, unter-liegen; sterben; zs.-brechen.

sucursal [~kur'sał] **1.** *adj.* Zweig...; *casa f* ~ = **2.** *f* Zweiggeschäft *n*, Niederlassung *f*.

sud|ação [suðɐ'sɐ̃u] *f* Schwitzen *n*; Schwitzbad *n*; **~ário** [~'ðarju] *m* Schweißtuch *n*; *fig.* *Sünden*-Register *n*, Liste *f*.

súdito *bras.* ['suditu] *m* = *súbdito*.

sudoeste [~'ðwɛʃtə] *m* Südwest(en) *m*.

sudorí|fero, ~fico [~ðu'rifəru, ~fiku] *adj.* (*u. m*) schweißtreibend(es Mittel *n*); **~paro** [~pɐru] Schweiß...

sueco ['swɛku] **1.** *adj.* schwedisch; **2.** *m, -a f* Schwede *m*, Schwedin *f*.

sueste ['swɛʃtə] *m* Südost(en) *m*.

sufici|ência [sufi'sjẽsjɐ] *f* Hinlänglichkeit *f*; ausreichende Versorgung *f* (*z.B. des Marktes*); Brauchbarkeit *f*; *ar m de* ~ Selbstgefälligkeit *f*; *à* ~ zur Genüge; **~ente** [~ẽntə] **1.** *adj.* genügend; befriedigend (*Examensnote*); *ser* ~ genug sn, reichen; **2.** *m*: *o* ~ das Nötig(st)e; genug.

sufoc|ação [~fukɐ'sɐ̃u] *f* Erstickung *f*; Unterdrückung *f*; ⚕ Atemnot *f*; **~ar** [~'kar] (1n; *Stv.* 1e) ersticken; unterdrücken, niederschlagen; *v/i.* *u.* **~ar-se** ersticken.

sufrag|âneo [~frɐ'ɣɐnju]: (*bispo*) ~

m Weihbischof m; **~ar** [~ar] (1o; *Stv.* 1b) stimmen für; beten für; ~ *a/c. a alg.* zu j-m flehen um.
sufrágio [~'fraʒju] m *Wahl*-Stimme f; Abstimmung f; Wahlrecht n; *rel.* Seelenamt n, Totenmesse f.
sug|ação [suɣɐ'sɐ̃u] f Aussaugung f; **~adoiro, -ouro** [~ɐ'ðoiru, -oru] m Saugrüssel m; **~ar** [~'ɣar] (1o) (ein-) saugen; aussaugen (*a. fig.*).
suge|rir [suʒə'rir] (3c) einflüstern; nahelegen; *et.* an-regen, -stiften; *j-n* auf *e-n Gedanken* bringen; **~stão** [~ɨʃ'tɐ̃u] f Einflüsterung f; Anregung f; Einfall m; Beeinflussung f; Suggestion f; **~stionar** [~ɨʃtju'nar] (1f) einflüstern, suggerieren; beeinflussen; betören; **~stionável** [~ɨʃtju'navɛɫ] beeinflußbar; **~stivo** [~ɨʃ'tivu] anregend; eindrucksvoll; einleuchtend; verführerisch; suggestiv.
suíças ['swisɐʃ] *f/pl.* Koteletten *pl.*, Backenbart m.
suic|ida [swi'siðɐ] **1.** *su.* Selbstmörder(in f) m; **2.** *adj.* selbstmörderisch; Selbstmord...; **~idar-se** [~si'ðarsə] (1a) Selbstmord begehen; **~ídio** [~'siðju] m Selbstmord m.
suíço ['swisu] **1.** *adj.* schweizerisch; **2.** m, **-a** f Schweizer(in f) m.
suíno ['swinu] **1.** *adj.* Schweine...; *gado m* ~ Schweine *n/pl.*; **2.** m Schwein n.
suinocultura *bras.* [swinokuɫ'turɐ] f Schweinezucht f.
sujar [su'ʒar] (1a) beschmutzen, schmutzig m.; *v/i.* schmutzen.
sujeição [~ʒei'sɐ̃u] f Unterwerfung f; Abhängigkeit f.
sujeira *bras.* [~'ʒeirɐ] f Schmutz m.
sujeit|ar [~ʒei'tar] (1a) unterwerfen; bändigen; festhalten; *e-r Gefahr usw.* aussetzen; **~ar-se** *a fig.* sich abfinden (*od.* zufrieden sn) mit; **~o** [~'ʒeitu] **1.** *adj.* unterworfen; *fig.* ergeben; ~ *a* gebunden an (*ac.*); verpflichtet zu; *steuer- usw.* pflichtig; verbunden mit (*z.B. Risiko*); *der Kritik usw.* ausgesetzt; ⚕ anfällig gegen; *estar ~ a* unterliegen (*dat.*); unterstehen (*dat.*), abhängen von; *Instanzenweg* durchlaufen müssen; **2.** m Mensch m, Mann m; Thema n; *gram.* Subjekt n.
suj|idade [~ʒi'ðaðə] f Schmutz m; Kot m; **~o** ['suʒu] schmutzig.
sul [suɫ] m Süden m; Süd(wind) m; **~-americano** [sulɐmɔri'kɐnu] südamerikanisch.
sulc|ar [suɫ'kar] (1n) furchen; *Wellen usw.* durchschneiden; *Meer* befahren; **~o** ['suɫku] m Furche f; ⚓ Kielwasser n.
sulf|atador [suɫfɐtɐ'ðor] m Rückenspritze f; **~atagem** [~ɐ'taʒɐ̃i] f Spritzen *n der Reben*; **~atar** [~ɐ'tar] (1b) (mit Kupfervitriol) spritzen; **~ato** ⚗ [~'fatu] m Sulfat n; Vitriol n; **~ito** ⚗ [~'fitu] m Sulfit n; **~uração** [~urɐ'sɐ̃u] f (*Aus-*)Schwefelung f; Behandlung f mit Schwefelkohlenstoff; Schwefelgehalt m *des Wassers*; **~urador** [~urɐ'ðor] m Schwefelkohlenstoffspritze f; **~urar** [~u'rar] (1a) (aus)schwefeln; *Weinstöcke* mit Schwefelkohlenstoff behandeln; **~úreo** [~'furju] schweflig; schwefelgelb; **~ureto** ⚗ [~u'retu] m Sulfid n; ~ *de carbono* Schwefelkohlenstoff m; **~úrico** [~'furiku] Schwefel...; **~urino** [~u'rinu] schwefelgelb; **~uroso** [~u'rozu (-ɔ-)] schwefelhaltig; Schwefel...
sulista *bras.* [su'liʃtɐ] **1.** *su.* Südbrasilianer(in f) m; **2.** *adj.* südbrasilianisch.
sult|anina [suɫtɐ'ninɐ] f Rosine f; **~ão** [~'tɐ̃u] m Sultan m.
suma ['sumɐ] f Summe f; Hauptinhalt m, Kern m; Abriß m; *em* ~ kurz; mit e-m Wort; **~mente** [~'mẽntə] überaus, höchst.
sumarento [sumɐ'rẽntu] saftig.
sum|ariamente [~ˌmarjɐ'mẽntə] im wesentlichen; in gedrängter Form; mir nichts dir nichts; **~ariar** [~mɐ'rjar] (1g) zs.-fassen; *Verfahren* abkürzen; **~ário** [~'marju] **1.** *adj.* kurz; abgekürzt, summarisch **2.** m Zs.-fassung f; Inhaltsübersicht f.
sumaúma [~mɐ'umɐ] f Kapok m.
sumição f, **-ço** m [~mi'sɐ̃u, ~'misu] Verschwinden n; *levar* ~ verschwinden.
sumidade [~mi'ðaðə] f höchste(r) Punkt m; Gipfel m; *fig.* überragende(r) Mensch m; Größe f.
sumid|iço [~mi'ðisu] leicht verschwindend; **~o** [~'miðu] kaum wahrnehmbar; erloschen (*Schrift*); eingesunken; tiefliegend (*Augen*); eingefallen (*Gesicht*); **~oiro, ~ouro** [~oiru, ~oru] m Abzug(s-graben m, -loch n) m; Senkgrube f; *fig.* Grab n.

sumir [su'mir] (3h) zum Verschwinden bringen; verstecken; verschlingen; auslöschen; *v/i.* = **~-se** verschwinden; vergehen; erlöschen.
sum|o ['sumo] **1.** *adj.* höchst, größt; sehr hoch (*od.* groß); **2.** *m Frucht-*Saft *m*; **~oso** [su'mozu (-ɔ-)] saftig.
sumptu|ário [sũm(p)'twarju] = *~oso*; *imposto m ~* Luxussteuer *f*; **~osidade** [~twuzi'ðaðə] *f* Verschwendung *f*, Aufwand *m*; Pracht *f*, Luxus *m*; **~oso** [~'twozu (-ɔ-)] verschwenderisch; prunkvoll; luxuriös.
súmula ['sumulɐ] *f* kurze(r) Abriß *[m.]*
sung|a *bras.* ['sũŋgɐ] *f Bade-*Hose *f*; **~ar** [sũŋ'gar] (1o) hochziehen.
sunt|... [sũnt...] *bras.* = *sumpt|...*
suor [swɔr] *m* Schweiß *m*; *com o ~ do rosto* im Schweiße s-s Angesichtes; *encharcado em ~* schweißtriefend.
superabund|ância [supɛrɐβũn'dẽsjɐ] *f* Überfülle *f*; **~ante** [~ẽntə] überreichlich; **~ar** [~ar] (1a) im Überfluß vorhanden (*od.* zu finden) sn; überquellen von; gespickt sn mit.
super|ar [~pə'rar] (1c) überwinden; übertreffen; hinausgehen über (*ac.*); **~ável** [~avɛɫ] überwindbar.
superavit [ˌsupɛr'avit] *m* Überschuß *m*.
super|eminente [supərimi'nẽntə] = *sobreem...*; **~estrutura** [~ɨʃtru'turɐ] *f* = *superstrutura*; **~exaltado** [~izaɫ'taðu] stark überreizt; sehr über-spannt, -trieben; **~excitação** [~ɨʃsitɐ'sɐ̃u] *f* = *sobreexc...*; **~ficial** [~fi'sjaɫ] oberflächlich (*a. fig.*); äußerlich; Oberflächen...; oberirdisch; **~ficialidade** [~fisjɐli'ðaðə] *f* Oberflächlichkeit *f*; Äußerlichkeit *f*; **~fície** [~'fisjə] *f* Oberfläche *f*; *pessoal m da ~* ⚒ Übertagepersonal *n*; **~fino** [~'finu] äußerst fein; ✝ extrafein.
sup|erfluamente [~ˌpɛrflwɐ'mẽntə] überflüssigerweise; **~erfluidade** [~pɛrflwi'ðaðə] *f* Überflüssigkeit *f*; Entbehrlichkeit *f*; (etwas) Überflüssiges *n*; **~érfluo** [~'pɛrflwu] überflüssig; unnütz; zwecklos.
superintend|ência [~pərĩntẽn'dẽsjɐ] *f* Oberaufsicht *f*; Leitung *f*; *bras.* Bundeskontrollamt *n*; **~ente** [~ẽntə] *m* Oberaufseher *m*; Leiter *m*; **~er** [~er] (2a) leiten; *v/i.* die **Oberaufsicht haben.**

superior [~pə'rjor] **1.** *adj. comp.* höher *od.* größer (*ao, à* als); *sup.* höchst, größt; am höchsten (*od.* größten); ober, Ober...; *fig.* überlegen; vortrefflich; *instituto m* (*od. escola f*) *~* Hochschule *f*; *~ em 500 toneladas* (*em 4 vezes*) *a* um 500 Tonnen (viermal) höher als; *ser ~ a* überlegen sn (*dat.*); hinausgehen über (*ac.*); **2.** *m*, **-a** *f* Vorgesetzte(r *m*) *m,f*; Vorsteher(in *f*) *m*; Superior (-in *f*) *m* (*Kloster*); **~idade** [~rjuri'ðaðə] *f* Überlegenheit *f*; Vorrang *m*; höhere Autorität *f*; Vortrefflichkeit *f*; **~mente** [~'mẽntə] von der vorgesetzten Dienststelle; F von oben; behördlicherseits.
superlativo [~pərlɐ'tivu] **1.** *adj.* superlativisch; höchst, äußerst; *grau m ~* = **2.** Superlativ *m*.
superlotado *bras.* [~pɛrlo'tadu] überfüllt.
supermercado *bras.* [~mer'kadu] *m* Supermarkt *m*.
superno [~'pɛrnu] ober; hoch; *fig.* vortrefflich.
súpero ['supəru] ober, Ober...; *~-anterior* (*-exterior, -interior, -posterior*) obere Vorder... (Außen..., Innen..., Hinter...).
super|povoado [supɛrpu'vwaðu] überbevölkert; **~produção** [~pruðu'sɐ̃u] *f* Überproduktion *f*; **~realismo** [~ʀjɐ'liʒmu] *m* Surrealismus *m*; **~sensível** [~sẽ'sivɛɫ] übersinnlich; **~sónico** [~'sɔniku] Überschall...
supersti|ção [supərʃti'sɐ̃u] *f* Aberglaube *m*; **~cioso** [~'sjozu (-ɔ-)] abergläubisch.
super|strutura [~pərʃtru'turɐ] *f* Oberbau *m*; ⚓ Aufbau *m*; *fig.* Überbau *m*; **~valorizar** [~vɐluri'zar] (1a) überbewerten; **~visão** [~vi'zɐ̃u] *f* Leitung *f*; **~visionar** *bras.* [~visjo'nar] (1f) überwachen, leiten; **~visor** [~vi'zor] *m Produktions- usw.* Leiter *m*.
supetão [supə'tɐ̃u]: *de ~* auf einmal.
suplantar [~plɐ̃n'tar] (1a) ausstechen; verdrängen; überwinden.
suplement|ação *bras.* [~pləmẽntɐ'sɐ̃u] *f* Ergänzung *f*, Zusatz *m*; **~ar** [~'tar] **1.** *adj.* Ergänzungs...; zusätzlich, Zusatz...; Extra...; *horas f/pl. ~es* Überstunden *f/pl.*; **2.** *v/t. bras.* ergänzen, vervollständigen; **~o** [~'mẽntu] *m* Nachtrag *m*, Ergänzung(sband *m*) *f*; Mehrforde-

rung *f*; *Zeitungs*-Beilage *f*; ✈ Supplement(-winkel *m*, -bogen *m*) *n*.
suplente [~'plẽntə] **1.** *adj.* stellvertretend; Ersatz...; Hilfs...; **2.** *m* Stellvertreter *m*; *Sport*: Ersatzmann *m*.
súplica ['suplikɐ] *f* (Bitt-)Gesuch *n*; inständige Bitte *f*, Flehen *n*.
suplic|ante [supli'kẽntə] *su.* Antragsteller(in *f*) *m*; Bittsteller(in *f*) *m*; **~ar** [~ar] (1n) *j-n* anflehen; um *et.* flehen (*od.* bitten).
supl|iciar [~i'sjar] (1g) hinrichten; foltern (*a. fig.*); **~ício** [~'plisju] *m* *Leibes*-Strafe *f*; Folter *f*; Hinrichtung *f*; *fig.* Qual *f*; *~ extremo* Todesstrafe *f*; *~s pl.* Geißel *f*.
supor [su'por] (2zd) voraussetzen; annehmen, vermuten.
suport|ar [~pur'tar] (1e) (er)tragen; aushalten; dulden; **~ável** [~avɛl] erträglich; **~e** [~'pɔrtə] *m* Gestell *n*; Stütze *f* (*a. fig.*); ⚠ Träger *m*; ⊕, ⚠ Lager *n*; ⚡ Fassung *f*; *fig. a.* Grundlage *f*.
suposi|ção [~puzi'sɐ̃u] *f* Voraussetzung *f*; Annahme *f*; Vermutung *f*; ⚖ Unterschiebung *f*; **~tivo** [~'tivu] = *suposto*; **~tório** [~'tɔrju] *m* Zäpfchen *n*, Suppositorium *n*.
suposto [~'poʃtu (-ɔ-)] **1.** *p.p. v. supor*; **2.** *adj.* vermeintlich; angeblich; *~ isto* unter dieser Voraussetzung; *~ que* vorausgesetzt daß; **3.** *m* Voraussetzung *f*; Annahme *f*.
supra... [suprɐ] *in Zssgn* oben...; über...; *z.B.* *~citado* oben angeführt; *~classista* klassenübergreifend, über den Klassen stehend; *~-dito* (*~mencionado*) oben-genannt (-erwähnt); *~mundano* überweltlich; *~natural* übernatürlich; *~partidário* überparteilich.
suprem|acia [suprəmɐ'siɐ] *f* Überlegenheit *f*; Oberhoheit *f*; **~o** [~'premu] höchst; oberst; letzt.
supress|ão [~prə'sɐ̃u] *f* Unterdrückung *f*; Aufhebung *f*; Verbot *n*; Streichung *f*; **~ivo, ~ório** [~ivu, ~ɔrju] Unterdrückungs...
suprimento [~pri'mẽntu] *m* Ergänzung *f*; Ersatz *m*; Ausgleich *m*; Befriedigung *f*; Nachschub *m*.
suprimir [~pri'mir] (3a) unterdrücken; abschaffen; streichen; nicht erwähnen; beseitigen.
suprir [~'prir] (3a) ergänzen; ersetzen; ausgleichen; *Fehlendes* liefern; versorgen; *Bedürfnis* befriedigen; *j-n* vertreten; *v/i.* (aus)helfen; als Ersatz dienen; einspringen.
supur|ação [~purɐ'sɐ̃u] *f* Eiterung *f*; **~ante** [~'rẽntə] eitrig; **~ar** [~'rar] (1a) (ver)eitern; **~ento** [~'rẽntu] eitrig; *matéria f -a* Eiter *m*.
surd|ez [sur'ðeʃ] *f* Taubheit *f*; *aparelho m de ~* Hörgerät *n*; **~ina** ♪ [~inɐ] *f* Dämpfer *m*; *à ~, pela ~* heimlich, leise; insgeheim; *em ~* gedämpft, leise; **~o** ['surðu] taub; dumpf (*Ton*); geräuschlos; heimlich; stumpf (*Farbe*); *~ como uma porta* stocktaub; *ficar ~ a* sich verschließen (*dat.*); **~o-mudo** [~u'muðu] taubstumm.
surg|idoiro, -ouro [~ʒi'ðoiru, -oru] *m* Ankerplatz *m*; **~imento** [~'mẽntu] *m* Entstehen *n*; Erscheinen *n*; Auftreten *n*; **~ir** [~'ʒir] (3n) auftauchen, erscheinen; entstehen; ♂ sprießen; ⚓ ankern; *fazer ~* hervorbringen.
suro ['suru] schwanzlos.
surpre|endente [surprjẽn'dẽntə] überraschend; erstaunlich; **~ender** [~ẽn'der] (2a) überraschen, ertappen; überrumpeln; be-, über-fallen (*Gefühl*); **~sa** [~'prezɐ] *f* Überraschung *f*; Überrumpelung *f*; **~so** [~'prezu] überrascht; bestürzt.
surra P ['suʀɐ] *f* Tracht *f* Prügel.
surr|ado [su'ʀaðu] fadenscheinig; schäbig; F abgedroschen (*Wort usw.*); **~ar** [~'ʀar] (1a) gerben; abschaben; *Kleid* strapazieren; *j-m* das Fell gerben; **~ar-se** verschleißen (*Kleid*), sich abnutzen.
surribar [~ʀi'βar] (1a) *Erde* auflockern; die Erde aufhacken um.
surripiar P [~'pjar] (1g) stibitzen.
surro ['suʀu] *m* Schmutz(schicht *f*) *m*.
surt|ida ⚔ [sur'tiðɐ] *f* Ausfall(spforte *f*) *m*; **~ir** [~ir] (3a) zur Folge h., bewirken; *~ efeito* s-e Wirkung tun; *v/i. gut, schlecht* ausgehen; Erfolg bringen (*od.* h. mit *com*); **~o** ['surtu] **1.** *adj.* verankert; *estar ~* vor Anker liegen; **2.** *m* Aufschwung *m*; Auftrieb *m*; Anstoß *m*; Ausbruch *m*.
suru *bras.* [su'ru] *m* = *suro*.
sus! [suʃ] *int.* frisch!, auf!, los!
susce(p)t|ibilidade [suʃsetiβəli'ðaðə] *f* Empfänglichkeit *f*; Empfindlichkeit *f*; **~ibilizar** [~iβəli'zar]

(1a) kränken; ~-se gekränkt sn; **~ível** [~'tivɛł] empfänglich (für *de*); empfindlich; ~ *de* fähig (*gen.*); *ser* ~ *de* erlauben (*ac.*).

suscitar [~si'tar] (1a) hervorrufen; anstiften; *Befürchtung* erwecken, erregen; *Gedanken* anregen; *j-n* bringen auf (*ac.*).

suseran|ia [suzɔrɐ'niɐ] *f* Lehnsherrschaft *f*; Oberhoheit *f*; **~o** [~'rɐnu] **1.** *adj.* oberherrlich; **2.** *m* oberste(r) Herr *m*; Lehnsherr *m*; = *soberano*.

suspei|ção [suʃpei'sɐ̃u] *f* Verdächtigung *f*; **~ta** [~'peitɐ] *f* Verdacht(smoment *n*) *m*; Argwohn *m*, Mißtrauen *n*; Vermutung *f*; *lançar ~s sobre* verdächtigen (*ac.*); **~tar** [~'tar] (1a) argwöhnen; vermuten; *j-n* verdächtigen (als *de*); *v/i.* ~ *de* im Verdacht h. (*ac.*); **~to** [~'peitu] verdächtig; befangen; *andar* ~ *de* Verdacht h. auf (*ac.*); **~toso** [~'tozu (-ɔ-)] verdächtig; argwöhnisch.

suspen|der [~pẽn'der] (2a) (auf-)hängen; aufschieben; *den Gang e-r Sache* aussetzen, unterbrechen; *Zahlung*, *Lieferung* (vorläufig) einstellen; *Gesetz* (zeitweilig) außer Kraft setzen; *Beamten* suspendieren; *Zeitung* (vorübergehend) verbieten; **~der-se** sich hängen; hängen(bleiben); = *ficar ~so*; **~são** [~pẽ'sɐ̃u] *f* Aufhängung *f*; Schwebe (-zustand *m*) *f*; Aufschub *m*; Unterbrechung *f*; Pause *f*; Einstellung *f*; (zeitweilige) Aufhebung *f*; Suspension *f*; Verbot *n*; *auto.* Federung *f*; ♪ Fermate *f*; *Waffen*-Stillstand *m*; ~ *condicional* (*da pena*) Bewährungsfrist *f*; *candeeiro m de* ~ Hängelampe *f*; **~se** *fr.* [~'pẽsə] *m* Spannung *f*; Ungewißheit *f*; **~sivo** [~pẽ'sivo] aufschiebend; **~so** [~'pẽsu] **1.** *p.p. irr. v.* ~*der*; **2.** *adj.* hängend; schwebend; *fig.* unschlüssig; unvollendet (*Satz*); *estar* ~ hängen; schweben (*a.fig.*); *ficar* ~ innehalten; verstummen; *ter* ~ *j-n* hinhalten; **~ório** [~pẽ'sɔrju] *m* ⚕ Suspensorium *n*; ~*s pl.* Hosenträger *m*.

suspic|ácia [~pi'kasjɐ] *f* Argwohn *m*; **~az** [~aʃ] argwöhnisch.

suspir|ado [~pi'raðu] ersehnt; **~ar** [~ar] (1a) beklagen; ersehnen; *v/i.* seufzen; säuseln (*Wind*); ~ *por* sich sehnen nach (*dat.*); verliebt sn in (*ac.*); **~o** [~'piru] *m* Seufzer *m*; *cul. Art* Windbeutel *m*; ⚘ Skabiose *f*; **~oso** [~'rozu (-ɔ-)] seufzend; klagend.

sussurr|ar [susu'ʀar] (1a) säuseln (*Wind*); murmeln (*Quelle*); rauschen (*Blätter*, *Wasser usw.*); summen (*Insekt*); *v/t.* flüstern; **~o** [~'suʀu] Säuseln *n*; Murmeln *n*; Rauschen *n*; Summen *n*; Flüstern *n*.

sust|ância *bras.* [sus'tɐ̃sjɐ] *f* = *substância*; **~ar** [suʃ'tar] (1a) an-, auf-halten; einstellen.

sustenido ♪ [suʃtə'niðu] **1.** *m* Kreuz *n*; **2.** *adj.* erhöht; *dó m* ~ Cis *n*.

sustent|ação [~tẽntɐ'sɐ̃u] *f* Unterhalt *m*; Tragkraft *f*; Auftrieb *m*; **~áculo** [~'takulu] *m* Stütze *f*; **~ar** [~'tar] (1a) tragen; (ab)stützen; unterhalten; (er)nähren; unterstützen; *Anstrengung*, *Note* aushalten; *Kampf* bestehen; (be)schützen; verteidigen; *Stellung* behaupten; aufrechterhalten, vertreten; **~ar-se** sich halten; **~ável** [~'tavɛł] haltbar; annehmbar; tragbar; **~o** [~'tẽntu] *m* Nahrung *f*; (Lebens-)Unterhalt *m*; Halt *m*, Stütze *f*.

suster [~'ter] (2zb) stützen, tragen; aus-, unter-halten; an-, auf-, zurück-halten; Einhalt gebieten (*dat.*); zügeln; **~-se** sich (aufrecht) halten; an-, inne-halten; an sich halten.

susto ['suʃtu] *m* Schreck(en) *m* (*pregar* einjagen).

sutiã *gal. bras.* [su'tjɐ̃] *m* Büstenhalter *m*.

sutil *bras.* [su'tił] = *subtil*.

sutur|a [su'turɐ] *f* Naht *f*; *das* Nähen *e-r Wunde*; *agulha f de* ~ chirurgische (*od.* Heft-)Nadel *f*; **~ar** [~tu'rar] (1a) *Wunde* nähen.

T

T, t [te] *m* T, t *n*.

taba|cal [tɐβɐ'kał] *m* Tabakpflanzung *f*; **~caria** [~kɐ'riɐ] *f* Tabakladen *m*; **~co** [~'βaku] *m* Tabak *m*; **~queira** [~'keirɐ] *f* Tabaks-dose *f*, -beutel *m*; **~queiro** [~'keiru] Tabak...

tabefe [~'ßɛfə] *m* F Ohrfeige *f*.

tabela [~'βɛlɐ] *f* Verzeichnis *n*, Liste *f*; Tabelle *f*; *Billard*-Bande *f*; ~ *de preços* Preis-liste *f*, -tafel *f*; *preço m da* ~ Listenpreis *m*; *à* ~ pünktlich, fahrplanmäßig.

tabel|ado [~βə'laδu] amtlich festgesetzt (*Preis*); preisgebunden (*Ware*); **~amento** [~lɐ'mẽntu] *m* Preisbindung *f* (für *de*); *decretar o* ~ *de* = **~ar** [~'lar] **1.** *v/t.* (1c) den (die) Preis(e) festsetzen für; **2.** *adj.* tabellarisch; Listen...; **~ião** (-ães) [~'ljɐ̃u (-ɐ̃iʃ)] *m(pl.)* Notar *m*.

tabern|a [~'βɛrnɐ] *f* Wirtshaus *n*; **~áculo** [~βər'nakulu] *m* Tabernakel *n*; *festa f dos* ~*s* Laubhüttenfest *n*; **~al, ~ário** [~βər'nał, -'narju] Wirtshaus...; *fig.* schmutzig; **~eiro** *m*, **-a** *f* [~βər'neiru, -ɐ] Wirt(in *f*) *m*.

tabique [tɐ'βikə] *m* Zwischenwand *f*; ~ *ripado* Lattenverschlag *m*; *parede f de* ~ Zwischenwand *f*.

tabla ['taβlɐ] *f* Tafel *f*; **~do** [tɐ'βlaδu] *m* Bühne *f*; *Brücken*-Bahn *f*, -Belag *m*.

tabo ['taβu] **1.** *adj.* tabu; **2.** *m* Tabu *n*.

taboca *bras.* [ta'bɔkɐ] *f* **a)** Bambus *m*; **b)** Betrug *m*; Täuschung *f*; *passar (a)* ~ *a* sitzenlassen (*ac.*).

tabua [tɐ'βuɐ] *f* ♀ Rohrkolben *m*.

tábua ['taβwɐ] *f* Brett *n*; *Schiffs*-Planke *f*; *Marmor*-Platte *f*; Tafel (-bild *n*) *f*; Verzeichnis *n*; *Spiel*-, *Eß*-Tisch *m*; *geogr.* Karte *f*; *Hals*-Seite *f des Pferdes*; *bras. fig.* Korb *m*; ~ *de salvação* Rettungsanker *m*.

tabu|ada [tɐ'βwaδɐ] *f* Register *n* (*a. fig.*); Rechenbuch *n*; ~ *de multiplicar* Einmaleins *n*; **~ado** [~aδu] *m* Stapel *m* Bretter; Bretterwand *f*; (Bretter-)Boden *m*; **~ão** [~ɐ̃u] *m* Bohle *f*, Planke *f*; **~inha** [~iɲɐ] *f* Latte *f*; ~*s pl.* Jalousie *f*.

tábula ['taβulɐ] *f Brettspiel*: Stein *m*.

tabul|ado [tɐβu'laδu] *m* Bretterzaun *m*; Verschlag *m*; (Bretter-)Boden *m*; **~ador** [~lɐ'δor] *m* Tabulator *m*; **~ar** [~'lar] Tafel...; Tabellen...; *ensino m* ~ Kartenkunde *f*; **~eiro** [~eiru] *m* Tablett *n*; Platte *f*; *Spiel*-Brett *n*; Kuchenblech *n*; *Garten*-Beet *n*; *Treppen*-Absatz *m*; Podest *m*; Brücken-, Fahr-bahn *f*; *bras. Verkaufs*-Stand *m*; Plateau *n*; **~eta** [~etɐ] *f* (Aushänge-)Schild *n*; Schaukasten *m*.

taburno [tɐ'βurnu] *m* Schemel *m*; Tritt *m*; Grabplatte *f*; *Art* Reff *n*.

taça ['tasɐ] *f Sekt*-Glas *n*; Pokal *m*; Schale *f*; *astr.* Becher *m*.

tacanh|aria [tɐkɐɲɐ'riɐ] *f* Knauserei *f*; **~ear** [~'ɲjar] (1l) knausern, knickern; **~ez, ~ice** [~'ɲeʃ, ~'ɲisə] *f* = ~*aria*; **~o** [~'kɐɲu] knauserig.

tacão [tɐ'kɐ̃u] *m Stiefel*-Absatz *m*.

tach|a ['taʃɐ] *f* **a)** *kleiner* Nagel *m*; Polster-, Zier-nagel *m*; Schuhzwecke *f*; **b)** Fleck *m*; *fig.* Fehler *m*; Makel *m*; *pôr* ~ *a* etwas auszusetzen h. an (*dat.*); **c)** *bras. Zuckersiede*-Kessel *m*; **~ão** [tɐ'ʃɐ̃u] *m* **a)** Ziernagel *m*; **b)** Kessel *m*; **~ar** [tɐ'ʃar] (1b) beanstanden; tadeln; ~ *de* bezeichnen als, nennen; **~o** [~u] *m Koch*-Topf *m*.

tácito ['tasitu] stillschweigend.

taciturno [tɐsi'turnu] schweigsam, einsilbig; trübsinnig.

taco ['taku] *m* **a)** Billardstock *m*, Queue *f*; *Golf*- *usw.* Schläger *m*; Pfropf *m*; **b)** *bras.* Stück *n*.

tactear [ta'tjar] (1l) (ab-, be-) fühlen; betasten; *v/i.* tasten.

táctic|a ['tatikɐ] *f* Taktik *f*; **~o** [~u] **1.** *adj.* taktisch; **2.** *m* Taktiker *m*.

tacto ['tatu] *m* Tastsinn *m*; *fig.* Takt (-gefühl *n*) *m*; *pelo* ~ nach dem Gefühl; durch Berührung; *ser (duro) ao* ~ sich (hart *usw.*) anfühlen.

tafetá [tɐfə'ta] *m* Taft *m*.

taful [tɐ'fuł] **1.** *m* Geck *m*, Stutzer *m*; **2.** *adj.* geckenhaft.

tafulh|ar [~fu'ʎar] (1a) zustopfen; **~o** [~'fuʎu] *m* Stopfen *n*, Pfropfen *n*.

tagar|ela [tɐɣɐ'rɛlɐ] **1.** *adj.* geschwätzig; schwatzhaft; **2.** *su.* Schwätzer(in *f*) *m*; Klatschbase *f*; **3.** *f* Geschwätz *n*; Lärm *m*; Geschrei *n*; **~elar** [~rə'lar] (1c) schwätzen; **~elice** [~rə'lisə] *f* Geschwätzigkeit *f*; Schwatzhaftigkeit; Geschwätz *n*.

taiaçu *bras.* [taja'su] *m Art* Wildschwein *n*.

tainha [tɐ'iɲɐ] *f* Quappe *f* (*Fisch*).

taip|a ['taipɐ] *f* Lehmwand *f*; Bretterzaun *m*; **~al** [tai'pał] *m* Fach-, Sparren-werk *n*; *Karren*-Wand *f*; *Fenster*-Laden *m*; *carro m de taipais* Kippkarren *m*; **~ar** [tai'par] (1a) kleiben; Wände einziehen in (*dat.*); zumauern.

tal [tał] so (*od.* solch) ein(e), ein solcher (-s), eine solche; das; jemand; *o* ~ besagter (-s); *um* ~ ein gewisser; *José de* ~ Josef Soundso; *como* ~ als solche(r, -s); ~ *qual*, ~ *como* so, wie; ~ (e) *qual* genau(so); unverändert; ganz (*z.B.* ~ *qual o pai* ganz der Vater); ~ ..., ~ ... wie ..., so ... (*z.B.* ~ *pai*, ~ *filho* wie der Vater, so der Sohn); ~ *que* so groß (stark *usw.*), daß; *outro que* ~ noch (*od.* auch) so einer (-s); *não há* ~ das stimmt nicht; e ~ über *20 Jahre*; kurz nach *2 Uhr*; (*então*) *que* ~? nun, wie war's?; wie steht's?; was gibt's?; *que* ~ *acha?* wie finden Sie das?

tala ['talɐ] *f cir.* Schiene *f*; ⊕ Lasche *f*; *pôr* ~*s em* schienen (*ac.*).

talagarça [tɐlɐ'ɣarsɐ] *f* Stramin *m*.

tálamo ['talɐmu] *m* Brautbett *n*; *fig.* Hochzeit *f*; ⚘ Fruchtboden *m*.

talante [tɐ'lɐ̃ntə] *m* Wille *m*; *a seu* (*belo*) ~ (ganz) nach Belieben; nach Kräften; *de seu* ~ aus eigenem Antrieb; willkürlich.

talão [~'lɐ̃u] *m* Ferse *f*; ✝ Talon *m*; (Kontroll-)Abschnitt *m*; Schein *m*.

talar [~'lar] **1.** *v/t.* (1b) *Feld* umbrechen, pflügen; *Baum* fällen, schlagen; *Welle* durchschneiden; *fig.* verwüsten, verheeren; **2.** *adj.*: *hábito m* ~ Talar *m*; Ornat *m*.

talco ['tałku] *m* Talk(um *n*) *m*; Körperpuder *m*.

talent|aço, ~ão F [tɐlẽn'tasu, ~ɐ̃u] *m* Riesentalent *n*; Mordsgenie *n*; **~o** [~'lẽntu] *m* Talent *n* (*a. fig.*); Begabung *f*; **~oso** [~'tozu (-ɔ-)] talentvoll, talentiert; begabt.

talha ['taʎɐ] *f* **a)** (Be-, Zu-)Schneiden *n*; Schnitzen *n*; (Aus-)Stechen *n*; *ausgestochene* Metallspäne *m/pl.*; Schnitzerei *f*; *Kupfer*-Stich *m*; Einschnitt *m*; Kerbholz *n*; Viertelfuder *n* (*Holz*); *cir.* Blasenschnitt *m*; ⚓ Talje *f*; Steuertau *n*; ~ *estomacal* (*intestinal*) Magen-(Darm-)schnitt *m*; *obra f de* ~ Schnitzerei *f*; **b)** Krug *m*.

talh|ada [tɐ'ʎaðɐ] *f* Schnitte *f*; Stück *n*; **~adeira** [~ʎɐ'ðeirɐ] *f* Hackmesser *n*; Meißel *m*; Beitel *m*; **~ado** [~'ʎaðu] **1.** *adj.* bestimmt *od.* geschaffen (für *para*); *bem* ~ wohlgeformt; schnittig; gut sitzend (*Kleid*); ~ *a pique* steil abfallend; **2.** *m bras.* Klamm *f*, Schlucht *f*; **~ador** [~ʎɐ'ðor] *m* Schlächtergeselle *m*; Tranchier-messer *n*, -platte *f*; Häckselmesser *n*; Gemüseschneider *m*; **~a-mar** (**-es**) [ˌtaʎɐ'mar] *m*(*pl.*) ⚓ Schiffsschnabel *m*; Wellenbrecher *m*; **~ão** [~'ʎɐ̃u] *m* Streifen *m* Land; Feld *n*; **~ar** [~'ʎar] (1b) ab-, aus-, ein-, zerschneiden; *Kleid, Schuh* zuschneiden; *Stein* (be)hauen; *in Holz* schnitzen; *in Kupfer* stechen; ab-, ver-, zer-teilen; *Fleisch* zerlegen; *j-m et.* zuteilen; *Los* bereiten; *Schaden* zufügen; *Preis* festsetzen (auf [*ac.*] *em*); ~ *para* zurechtschneiden, -stutzen für; anpassen (*dat.*); bereit (*od.* fähig) m. zu; ~ *pelo* (*od. ao*) *largo* nicht knausern; den geraden Weg nehmen; **~ar-se** bersten; gerinnen (*Milch*); **~arim** [~ʎɐ'rĩ] *m* Bandnudel *f*; **~e** ['taʎə] *m* Schnitt *m*; *Körper*-Wuchs *m*; Form *f*, Gestalt *f*; = *talha* a); **~er** [~'ʎɛr] *m Eß*-Besteck *n*; Gedeck *n*; **~o** ['taʎu] *m* Schnitt *m*; Zerlegen *n des Fleisches*; Beschneiden *n der Bäume*; *fig.* Hackklotz *m*; Fleischerei *f*, Metzgerei *f*, Schlachterei *f*; = ~e; *vir a* ~ (*de foice*) wie gerufen kommen.

talião [tɐ'ljɐ̃u] *m* Vergeltung *f*.

talim [tɐ'lĩ] *m Degen*-Gehenk *n*.

taling|a ⚓ [~'lĩŋgɐ] *f* Tau *n*; **~ar** [~lĩŋ'gar] (1o) an-, ver-täuen.

talisca [~'liʃkɐ] *f* Spalte *f*; Splitter *m*.

tal|o ['talu] *m* Stengel *m*; Stiel *m*; *Säulen*-Schaft *m*; *Blatt*-Rippe *f*; **~oso** [tɐ'lozu (-ɔ-)] gestielt.

tal-qualmente [tałkwał'mẽntə] ebenso (wie).

taluda P [tɐ'luðɐ] *f das* große Los.

talud|ar [~lu'ðar] (1a) abböschen; abdachen; **~e** [~'luðə] *m* Böschung *f*.
taludo [~'luðu] dickstengelig; grobrippig; *fig.* hochgeschossen; kräftig.
talvegue [tał'vεγə] *m* Talsohle *f*.
talvez [tał'veʃ] vielleicht.
tamanc|a [tɐ'mẽŋkɐ] *f* Holz-schuh *m*, -pantoffel *m*; *bras.* Bremsklotz *m*; **~o** [~u] *m* = *~a*.
tamanduá *bras.* [~mẽn'dwa] *m* **a**) Ameisenbär *m*; **b**) Gewissensfrage *f*.
tamanho [~'mɐɲu] **1.** *adj.* so groß; so hoch; **2.** *m* Größe *f*.
tamanqueiro [~mẽŋ'keiru] *m* Holzschuhmacher *m*.
tâmara ['tɐmɐrɐ] *f* Dattel *f*.
tamareira [tɐmɐ'reirɐ] *f* Dattelpalme *f*.
tamar|gueira ⚘ [~mɐr'γeirɐ] *f* = **~iz** [~'riʃ] *m* Tamariske *f*.
também [tẽm'bẽi] auch.
tambo *bras.* ['tẽmbu] *m* (Meier-)Hof *m*; ~ (*de leite*) Molkerei *f*.
tambor [tẽm'bor] *m* Trommel *f* (*a.* ⊕); Trommelschläger *m*; *anat.* Trommelfell *n*; **~-mor** [~'mɔr] *m* Tamburmajor *m*.
tambor|il [~bu'rił] *m* = *~im*; **~ilada** [~ri'laðɐ] *f* (Trommel-)Wirbel *m*; **~ilar** [~ri'lar] (1a) trommeln; **~ileiro** [~ri'leiru] *m* Tamburinspieler *m*; **~im** [~'rĩ] *m* Handtrommel *f*, Tamburin *n*.
tamiça [tɐ'misɐ] *f* Hanfschnur *f*.
tamis [~'miʃ] *m* Haarsieb *n*; **~ar** [~mi'zar] (1a) fein sieben.
tamp|a ['tẽmpɐ] *f* Deckel *m*; Stöpsel *m*; *Ventil*-Haube *f*; Kappe *f*; **~ão** [tẽm'pẽu] *m* Spund *m*; Bausch *m*; Stöpsel *m*; *zona f* ~ Pufferzone *f*; **~o** [~u] *m* Faßboden *m*; *Abort*-Deckel *m*; ♪ Resonanzboden *m*; *meter os ~s dentro* P den Schädel einschlagen; **~ouco** = *tão-pouco*.
tanado [tɐ'naðu] lohfarben.
tanch|ão ✓ [tẽ'ʃẽu] *m* Steckling *m*; **~ar** [~ar] (1a) einpflanzen.
tanga ['tẽŋgɐ] *f* (Lenden-)Schurz *m*.
tang|edor [tẽʒə'ðor] *m* ♪ Spieler *m*; **~e-fole(s)** [~ə'fɔlə(ʃ)] *m*(*pl.*) Bälgetreter *m*, -zieher *m*; **~ência** [~'ʒẽsjɐ] *f* Berührung *f*; Tangens *m*; **~ente** [~'ʒẽntə] **1.** *adj.* berührend; Tangential...; **2.** *f* ⩕ Tangente *f*; *fig.* F einzige(r) Ausweg *m*, Rettung(sanker *m*) *f*; *na ~ com* dicht an (*od* vor) (*dat.*); *escapar pela ~* mit e-m blauen Auge davonkommen; **~er** [~'ʒer] (2h) spielen; *Saiten* schlagen; *Glocke* läuten; *Bälge* treten, ziehen; *Tier* antreiben; *v/i.* läuten, klingen; Musik m., spielen; ~ *a* betreffen (*ac.*); gehören zu.
tangerin|a ⚘ [~ʒə'rinɐ] *f* Mandarine *f*; **~eira** [~ri'neirɐ] *f* Mandarinenbaum *m*.
tangível [~'ʒivɛł] greifbar; fühlbar.
tânico ['tɐniku]: *ácido m* ~ = **tanino** [tɐ'ninu] *m* Gerbsäure *f*, Lohe *f*.
tano|aria [tɐnwɐ'riɐ] *f* Böttcherei *f*; **~eiro** [~'nweiru] *m* Böttcher *m*, Küfer *m*, Faßbinder *m*.
tanque ['tẽŋkə] *m* Tank *m* (*a.* ⚔); Behälter *m*; Teich *m*; Waschtrog *m*.
tantã [tẽn'tẽ] *m* Gong *m*.
tantalizar [~tɐli'zar] (1a) quälen.
tanto ['tẽntu] **1.** *adj.* so viel; so groß; so manche(r, -s); soundsoviel; = *-as vezes* so oft; *e ~s* (*od.* *-as*) über (*z.B.* *mil e ~s homens* über tausend Mann); *a ~s do mês* am soundsovielten; *às -as* auf einmal; schließlich; **2.** *pron.* soviel; e ~ über (*z.B.* *uma libra e ~* über ein Pfund); *a ~* so weit; *para ~* dazu; *não é para ~* so schlimm ist's (nun doch) nicht; *por ~* dafür; *vgl. portanto*; **3.** *m*: *um ~* soundsoviel; = *algum ~* ein wenig, etwas; *outro ~* ebensoviel; noch einmal soviel; *se ~* wenn überhaupt, höchstens; *três ~s de* dreimal soviel wie; **4.** *adv.* so (sehr); derartig; so schnell; so viel; so lange; ebenso sehr (*od.* schnell, viel, lange); *em ~* um soviel; so sehr; *~ por ~* im Zweifelsfalle; *~ mais* um so mehr; *~ melhor* (*pior*) um so besser (schlimmer); *~ quanto* soviel (*od.* so sehr, so lange, so schnell) wie; *~... quanto* (*od.* *como*) sowohl ... als auch (*od.* wie); *não ~ como isso*, *não ~ assim* so (*od.* das) nun auch wieder nicht; *fazer ~ que* es soweit treiben, daß; **5.** *cj.* *~ que* sobald; *~ assim que* und deshalb; (e) *~ mais que* (*od.* *quanto*) um so mehr (*nach Verneinungen*: um so weniger) als.
tão [tẽu] so; so sehr; ebenso; **~-pouco** [~'poku] ebensowenig; auch nicht; **~-só**, **~-somente** [~'sɔ, ~sɔ'mẽntə] lediglich; *não ~, mas* nicht allein, sondern.
tapa ['tapɐ] *f* Hornschuh *m* (*Huf*);

✕ Mündungsdeckel *m*; *fig.* schlagende Antwort *f*, F Deckel *m*; P Klaps *m*; **~-boca(s)** P [~'βokɐ] *m*(*pl.*) Maulschelle *f*.
tap|ada [tɐ'paδɐ] *f* (Wild-)Park *m*; Einfriedigung *f*; **~ado** [~'paδu] *fig.* beschränkt; **~adura** [~pɐ'δurɐ] *f* Einfriedigung *f*, Zaun *m*; = *tampa*; **~ar** [~'par] (1b) zudecken; (zu-)stopfen; verschließen; ver-decken, -hüllen; (sich) *die Ohren, den Mund* zuhalten; *die Augen* verbinden; *Gelände* einfriedigen; *~ a boca, ~ os lábios* den Mund verbieten (F stopfen); *tapa essa boca!* halt den Mund!
tape|ação *bras.* [tapja'sɐ̃u] *f* Täuschung *f*; Streich *m*; **~ar** [~'pjar] (1l) täuschen; bemänteln; *j-m* e-n Streich spielen, *j-n* hereinlegen.
tape|çaria [tɐpəsɐ'riɐ] *f* Gobelin *m*, Wandteppich *m*; Tapisserie *f*; *Blumen-*, *Rasen-*Teppich *m*; **~ceiro** [~'seiru] *m* Teppichknüpfer *m*.
tapera *bras.* [ta'pɛrɐ] **1.** *f* Brachland *n*; verwilderte Pflanzung *f*; verfallende(s) Haus *n*; **2.** *adj.* unbewohnt; verlassen; verwahrlost; F nicht richtig (*im Kopf*); *ser ~ de* schielen auf (*dat.*).
tapet|e [tɐ'petə] *m* Teppich *m*; Brücke *f*; *Bett-*Vorleger *m*; *Treppen-*Läufer *m*; *~ de verdura* Rasenteppich *m*; **~eiro** [~pə'teiru] *m* Teppich-händler *m*, -wirker *m*.
tapicuri *bras.* [tapiku'ri] *m* Maniokwein *m*.
tapioca [tɐ'pjɔkɐ] *f* Tapioka *f*.
tapona [~'ponɐ] *f* Ohrfeige *f*.
tapu|lho [~'puʎu] *m* Pfropf(en) *m*; **~me** [~'pumə] *m* (Bretter-)Zaun *m*.
taquar|a *bras.* [ta'kwarɐ] *f* Bambus *m*; **~al** [~kwa'rał] *m* Bambusdikkicht *n*.
taqu|icardia [tɐkikɐr'δiɐ] *f* beschleunigte(r) Herzschlag *m*, Tachykardie *f*; **~igrafar** [~kiγrɐ'far] (1b) stenographieren; **~igrafia** [~kiγrɐ'fiɐ] *f* Kurzschrift *f*; **~ígrafo** [~'kiγrɐfu] *m* Stenograph *m*; **~ímetro** [~'kimətru] *m* Tachometer *m*.
tara ['tarɐ] *f* ⚕ Tara *f*, Leergewicht *n*; *fig.* (Erb-)Fehler *m*; Erbkrankheit *f*; **~do** [tɐ'raδu] *fig.* erbkrank; erblich belastet.
tarambola [tɐrɐ̃m'bɔlɐ] *f* Regenpfeifer *m*.
taramel|a [tɐrɐ'mɛlɐ] **1.** *f* Klinke *f*; Rüttelschuh *m*, Mühlklapper *f*; *fig.* Gewäsch *n*; *dar à ~* quasseln; **2.** *su.* Quasselstrippe *f*; **~ar** [~mə'lar] (1c) quasseln, F quatschen; **~ice** [~mə'lisə] *f* = *tagarelice*.
tarântula [~'rɐ̃ntulɐ] *f* Tarantel *f*.
tarar [tɐ'rar] (1b) (aus)tarieren; mit Gewichtsangabe versehen.
tard|ança [tɐr'δɐ̃sɐ] *f* Verzögerung *f*; Verspätung *f*; Ausbleiben *n*; Saumseligkeit *f*; *sem ~* unverzüglich; **~ar** [~'δar] (1b) aufschieben; hinaus-, ver-zögern; *v/i.* zögern (*zu em*); verweilen; sich Zeit l.; auf sich warten l.; sich verzögern; (lange) dauern; *não ~* bald kommen; *não ~ com alg.* j-n nicht warten l.; *não tarda quem vem* er kommt bald; *não ~ em* (*od. a*) *fazer a/c.* bald et. tun; *o mais ~* spätestens; **~e** ['tarδə] **1.** *adv.* spät; *ou cedo ou ~* früher oder später; *é ~* (*para*) es ist zu spät (zu); *faz-se ~* es wird spät; es ist höchste Zeit; *mais vale ~ do que nunca* besser spät als nie; **2.** *f* Nachmittag *m*; *à ~*, *de ~* am Nachmittag, nachmittags; *boa(s) ~(s)* guten Tag!; *ao fim da ~* gegen Abend; **3.** *m*: *no ~* verspätet, spät; **~eza** [~'δezɐ] *f* Saumseligkeit *f*; **~ígrado** [~'δiγrɐδu] *m zo.* Faultier *n*; **~inha** [~'δiɲɐ] *f* Spätnachmittag *m*; **~io** [~'δiu] spät(reif); Spät...; **~o** ['tarδu] säumig; langsam; saumselig; schwerfällig; verspätet; nachträglich; *ser ~ em fazer a/c.* nur langsam et. tun.
tareco [tɐ'rɛku] **1.** *adj.* unruhig, übermütig; **2.** *m* Nichtsnutz *m*; *~s pl.* Gerümpel *n*, Plunder *m*.
taref|a [~'rɛfɐ] *f* (Akkord-)Arbeit *f*, Gedinge *n*; *fig.* Aufgabe *f*; Pensum *n*; *Ölbau*: Klärbottich *m*; *bras.* ⚒ Morgen *m*; **~eiro** [~rə'feiru] *m* Akkordarbeiter *m*.
tareia [~'rejɐ] *f* Tracht *f* Prügel; *dar uma valente ~* tüchtig verprügeln (*ac.*); *levar uma ~* Prügel kriegen.
tarif|a [~'rifɐ] *f* Tarif *m*; **~ação** [~ri'fɐsɐ̃u] *f* Tarifordnung *f*; **~ar** [~ri'far] (1a) den Tarif festsetzen für; **~ário** [~ri'farju] Tarif...
tarimba [~'rĩmbɐ] *f* Pritsche *f*.
tarj|a ['tarʒɐ] *f* Umrandung *f*; Trauerrand *m*; **~ado** [tɐr'ʒaδu]: *~ (de preto)* schwarz gerändert; **~eta**

[tɐrʒetɐ] *f* Kärtchen *n*, Zettel *m*.
tarou|co [tɐ'roku] kindisch; **~quice** [~ro'kisə] *f* Kinderei *f*.
tarraxa [tɐ'ʀaʃɐ] *f* Schraube *f*; Bolzen *m*; Keil *m*.
tarro ['taʀu] *m* Melkeimer *m*.
tarso *anat.* ['tarsu] *m* Fußwurzel *f*.
tartamud|ear [tɐrtɐmu'ðjar] (1l) stottern, stammeln; **~o** [~'muðu] **1.** *adj.* stotternd; **2.** *m* Stotterer *m*.
tartárico [~'tariku] ⚗ Weinstein...
tártaro ['tartɐru] **1.** *m* **a)** ⚗ Weinstein *m*; Zahnstein *m*; **b)** ♀ *poét.* Unterwelt *f*; **c)** Tatar *m*; **2.** *adj.* tatarisch.
tartaruga [tɐrtɐ'ruɣɐ] *f* Schildkröte *f*; Schildpatt *n*.
tarugo [tɐ'ruɣu] *m* Dübel *m*.
tasc|a ['taʃkɐ] *f* Kneipe *f*, Schenke *f*; **~ar** [tɐʃ'kar] (1n; *Stv.* 1b) *Flachs* brechen; beißen; *Zähne* fletschen; ~ *o freio* in den Zügel knirschen; **~o** [~u] *m* **a)** = *~a*; **b)** Werg *n*.
tasquinh|a [tɐʃ'kiɲɐ] **1.** *f* Flachsbreche *f*; **2.** *su.* schlechte(r) Esser *m*; **~ar** [~ki'ɲar] (1a) **a)** = *tascar*; **b)** knabbern.
tat|alar *bras.* [tata'lar] (1a) klappern; rasseln; **~amba** *bras.* [~'tɐ̃mbɐ] *su.* Stammler *m*.
tataranh|a [tɐtɐ'rɐɲɐ] unbeholfen; **~ar** [~rɐ'ɲar] (1a) stammeln; sich unbeholfen anstellen.
tat|ear, ~o *usw. bras. s. tact|ear, ~o.*
tatu [tɐ'tu] *m zo.* Gürteltier *n*.
tatu|agem [tɐ'twaʒɐ̃i] *f* Tätowierung *f*; **~ar** [~ar] (1g) tätowieren.
tau [tau] *int.* patsch!; schwapp!; *apanhar* ~ ~ Haue kriegen.
taumaturgo [~mɐ'turɣu] *m* Wundertäter *m*.
taur|ino [~'rinu] Stier...; **~o** ['tauru] *m astr.* Stier *m*.
taurom|aquia [~rumɐ'kiɐ] *f* Stierkampf *m*; **~áquico** [~'makiku] Stierkampf...; *espectáculo m* ~ Stierkampf *m*.
tautologia [~tulu'ʒiɐ] *f* Tautologie *f*.
tavão [tɐ'vɐ̃u] *m* Bremse *f* (*Fliege*).
tavern|a, ~eiro [~'vɛrnɐ, ~vər'neiru] *m* = *tabern|a, ~eiro.*
taxa ['taʃɐ] *f* Taxe *f*; Gebühr *f*; Abgabe *f*; *Zins*-Satz *m*; *Inflations*-Rate *f*; *Luxus*-Steuer *f*; *bras.* Strafporto *n*; ~ *acumulada* Lebenshaltungskosten *pl.*
tax|ação [tɐʃɐ'sɐ̃u] *f* Schätzung *f*; Besteuerung *f*; *Preis*-Festsetzung *f*; **~ador** [~ɐ'ðor] *m* Taxator *m*; **~ar** [~'ʃar] (1b) einschätzen, taxieren; schätzen (auf [*ac.*] *em*); *Preis usw.* festsetzen (für *de*); *Ware* besteuern; *Ausgaben* ein-, be-schränken; ~ *de* betrachten als, halten für; nennen; **~ativo** [~ɐ'tivu] eindeutig; *preço m* ~ Festpreis *m*.
táxi ['taksi] *m* Taxi *n*, Taxe *f*.
taxímetro [tɐk'simətru] *m* Taxameter *m*; Fahrpreisanzeiger *m*.
tcheco(-eslovaco) *bras.* ['tʃɛkɔ-(ɨzlo'vaku)] = *checo(-eslovaco).*
te [tə] dir; dich.
té [tɛ] = *até*.
tê [te] *m Name des Buchstabens* t.
te|ada ['tjaðɐ] *f* Gewebe *n*; Gespinst *n*; **~agem** [~aʒɐ̃i] *f* Zellgewebe *n*; = *~ada*; **~ar** [~ar] *m* Webstuhl *m*; *tip.* Heftlade *f*; Uhrwerk *n*; ~ *de malha* Strickmaschine *f*.
teatr|al [tjɐ'traɫ] theatralisch; Theater...; **~alização** [~trɐlizɐ'sɐ̃u] *f* Dramatisierung *f*; **~alizar** [~trɐli'zar] (1a) dramatisieren, aufbauschen; **~o** ['tjatru] *m* Theater *n*; Schauspielhaus *n*; Lichtspieltheater *n*; *fig.* Schauplatz *m*; ~ *anatómico* Seziersaal *m*, Anatomie *f*; ~ *declamado* Sprechtheater *n*; *lance m de* ~ Theatercoup *m*.
tec|edor *m*, **-eira** *f* [təsə'ðor, -eirɐ] Weber(in *f*) *m*; *fig.* Urheber(in *f*) *m*; ~ *de enredos*, ~ *de intrigas* Intrigant(in *f*) *m*; **~edura** [~ə'ðurɐ] *f* Gewebe *n* (*a. fig.*); Einschlag *m*; = **~elagem** [~ə'laʒɐ̃i] *f* Weben *n*; Weberei *f*; *fábrica f de* ~ Weberei *f*; **~elão** *m*, **-oa** *f* [~ə'lɐ̃u, -oɐ] Weber (-in *f*) *m*; **~er** [~'ser] (2g) (ver)weben; durch-weben, -flechten; *fig.* ersinnen; *Kritik* üben; *Betrachtung* anstellen; *Plan* einfädeln, anzetteln; *Ränke* schmieden; ~ *louvores* (*od.* *hinos de louvor*) *a alg.*, ~ *o elogio de alg.* j-s Lob (*od.* j-m ein Loblied) singen; **~ido** [~'siðu] *m* Gewebe *n* (*a. fig.*); *Kleider*-Stoff *m*.
tecl|a ['tɛklɐ] *f* Taste *f*; **~ado** [tə'klaðu] *m* Tastatur *f*; Klaviatur *f*.
técnic|a ['tɛknikɐ] *f* Technik *f*; **~o** [~u] **1.** *adj.* technisch; **2.** *m* Techniker *m*, Fachmann *m*; Ingenieur *m*.
tecnicolor [tɛkniku'lor] *m*: *em* ~ farbig (*Film*); **~ido** [~lu'riðu] *nachträglich* gefärbt (*a. fig.*); F frisiert.
tecnol|ogia [~nulu'ʒiɐ] *f* Technolo-

gie *f*; **~ógico** [~'lɔʒiku] technologisch.
tecto ['tɛtu] *m* Decke *f*; *fig.* Dach *n*; ✝ Plafond *m*.
tectónic|a [tɛ'tɔnikɐ] *f geol.* Tektonik *f*; ⚠ Architektonik *f*; *fig.* Bau *m*, Struktur *f*; **~o** [~u] (archi)tektonisch; Bau...; strukturell.
tédio ['tɛδju] *m* Langeweile *f*; Überdruß *m*; *encher-se de ~* sich langweilen.
tegumento [təγu'mẽntu] *m* Hülle *f*.
teia ['tejɐ] *f* **a**) Gewebe *n*; Gespinst *n*; Kahm *m*; *Spinn*-Webe *f*, Netz *n*; Chorgitter *n* (*Kirche*); *Gerichts- usw.* Schranken *f/pl.*; *Lebens*-Faden *m*; **b**) *poét.* Fackel *f*.
teima ['teimɐ] *f* Eigen-, Starr-sinn *m*; Unnachgiebigkeit *f*; Marotte *f*.
teim|ar [tei'mar] (1a) nicht nachgeben; drängen; beharren, bestehen (auf [*dat.*] em); **~osia** [~mu'siɐ] *f* Halsstarrigkeit *f*; = *teima*; **~oso** [~'mozu (-ɔ-)] eigensinnig; halsstarrig.
teixo ⚘ ['teiʃu] *m* Eibe *f*, Taxus *m*.
tejadilho [tɨʒɐ'δiʎu] *m* Verdeck *n*; *~ de correr* Schiebedach *n*.
tel|a ['tɛlɐ] *f* Gewebe *n*, Stoff *m*; *Maler*-Leinwand *f*; Gemälde *n*; *vir à ~* zur Sprache kommen; *estar na ~* Gesprächsgegenstand sn; *em ~* betreffend; **~ão** [tə'lɐ̃u] *tea. m* Reklamevorhang *m*.
tele|comunicação [tələkumunikɐ'sɐ̃u] *f* Fern(-sprech, -seh)verbindung *f*; *-ões pl.* Fernmeldewesen *n*; **~cinema** [~si'nemɐ] *m* Fernsehkino *n*; **~comando** [~ku'mɐ̃ndu] *m* Fernsteuerung *f*.
teleférico [tələ'fɛriku] *m* Draht-seil-, Schwebe-bahn *f*.
telefon|ar [~'nar] (1f) telefonieren; *~ a alg.* j-n anrufen; **~e** [~'fɔnə] *m* Fernsprecher *m*, Telefon *n*; *~ automático* Selbstanschluß *m*; **~ema** [~'nemɐ] *m* Telefongespräch *n*; Anruf *m*; *dar um ~ a* anrufen (*ac.*); **~ia** [~'niɐ] *f* Fernsprechwesen *n*; *~ sem fios* Rundfunk *m*.
telef|ónico [~'fɔniku] telefonisch, fernmündlich; *chamada f* (*conversa f*) *-a* Anruf *m* (Telefongespräch *n*); *estação* (*rede*) *f -a* Fernsprech-amt (-netz) *n*; *lista f -a* Telefonbuch *n*; **~onista** [~fu'niʃtɐ] **1.** *su.* Telefonist (-in *f*) *m*; **2.** *f* F *das* Fräulein vom Amt.
telefotogr|afia [telefutuγrɐ'fiɐ] *f* Bildtelegraphie *f*; Fernbild *n*; **~áfico** [~'γrafiku] Fernbild...
telegr|afar [tələγrɐ'far] (1b) telegraphieren, drahten; **~afia** [~ɐ'fiɐ] *f* (*sem fio*) (drahtlose) Telegraphie *f*; **~áfico** [~'γrafiku] telegraphisch, drahtlich; Telegramm...; *informação* (*resposta*) *f -a* Draht-bericht *m* (-antwort *f*); *estação f -a* Telegraphenamt *n*; **~afista** [~ɐ'fiʃtɐ] *su.* Telegraphist(in *f*) *m*.
telégrafo [tə'lɛγrɐfu] *m* Telegraph [*m*.]
tele|grama [~lə'γrɐmɐ] *m* Telegramm *n*, Depesche *f* (*expedir od.* P *botar* aufgeben); **~guiado** [~'γjaδu] fern-gelenkt, -gesteuert; **~jornal** [~ʒur'nał] *m* Tagesschau *f*.
telémetro [~'lɛmətru] *m* Entfernungsmesser *m*.
telep|atia [~ləpɐ'tiɐ] *f* Hellsehen *n*; **~ático** [~'patiku] hellseherisch.
tele|scópio [~lɨʃ'kɔpju] *m* Teleskop *n*; **~scritor** [~ʃkri'tor] *m* Fernschreiber *m*; **~spectador** [telɨʃpɛkta'δor] **1.** *adj.* Fernseh...; **2.** *m* Fernsehteilnehmer *m*; **~tipo** *bras.* [tele'tipu] *m* = *~scritor*; **~ver** *bras.* [tele'ver] (2m) fernsehen; **~visão** [~ləvi'zɐ̃u] *f* Fernsehen *n*; = *~visor*; **~vis(ion)ar** [~vi'zar (-zju'nar)] (1a [1f]) *durch das Fernsehen* übertragen, ausstrahlen; *publicidade f -ada* Werbefunk *m*; **~visivo** [~vizi'vu] durch das Fernsehen übertragen, Fernseh...; **~visor** [~vi'zor] *m* Fernsehgerät *n*, F Fernsehen *m*.
telex *bras.* [te'lɛks] *m* Fernschreiben *n*; **~ar** *bras.* [~lɛk'sar] (1a) durch Fernschreiber übermitteln.
telha ['teʎɐ] *f* Dachziegel *m*; F Rappel *m*; *debaixo de ~* unter Dach und Fach; *dar (n)a ~* einfallen; *estar com a ~* e-n Rappel haben.
telh|ado [tɨ'ʎaδu] *m* Dach *n*; *água f de ~* Dachfläche *f*; **~ador** [~ʎɐ'δor] *m* Dachdecker *m*; Tondeckel *m*; **~al** [~'ʎał] *m* Ziegelofen *m*; **~ão** [~'ʎɐ̃u] *m* Preßziegel *m*; **~ar** [~'ʎar] (1d) mit Ziegeln decken; **~eira** [~'ʎeirɐ] *f* Ziegelei *f*; **~eiro** [~'ʎeiru] *m* Ziegelbrenner *m*; Schuppen *m*; Überdach *n*; **~o** ['teʎu] *m* (Ton-) Deckel *m*; **~udo** F [~'ʎuδu] verschroben.
telúr|ico [tə'luriku] tellurisch, Erd-...; *águas f/pl. -as* Grundwasser *n*.
tem|a ['temɐ] *m* Thema *n*; *Wort-*

Stamm *m*; *Schul*-Aufsatz *m*; *fazer* (*dar*) *um* ~ e-n Aufsatz schreiben (aufgeben); **~ário** [tə'marju] *m* Themenkreis *m*, Programm *n*; **~ático** [tə'matiku] thematisch; *gram.* Stamm...

tem|ente [tə'mẽntə]: ~ *a Deus* gottesfürchtig; **~er** [~'mer] (2c) fürchten; *fazer-se* ~ Schrecken verbreiten; gefürchtet w.; **~erário** [~mə'rarju] verwegen, tollkühn; **~eridade** [~məri'δaδə] *f* Verwegenheit *f*; **~eroso** [~mə'rozu (-ɔ-)] fürchterlich; furchtsam; **~ido** [~'miδu] **a**) gefürchtet; **b**) ängstlich, schüchtern; **~ível** [~'mivɛł] furchtbar, furchterregend; **~or** [~'mor] *m* Furcht *f*; Schrecken *m* (*a. fig.*); Scheu *f*.

têmpera ['tẽmpərɐ] *f Metall*-Härtung *f*; Härte(grad *m*) *f*; Härtebad *n*; Keil *m*; *fig.* Art *f*; Schlag *m*; Charakter(anlage *f*) *m*; *pintura f a* ~ Temperamalerei *f*.

temper|ado [tẽmpə'raδu] gemäßigt (*a. geogr.*); maßvoll; mild; zart; ♪ temperiert; **~amento** [~rɐ'mẽntu] *m* Temperament *n*; = **~ança** [~'rɐ̃sɐ] *f* Mäßigkeit *f*; Enthaltsamkeit *f*; *ter* ~ Maß halten; **~ante** [~'rẽntə] mäßig; beruhigend; **~ar** [~'rar] (1c) *Metall* härten; *Speise* würzen, abschmecken; *Wein* verdünnen; *fig.* stählen; besänftigen; mildern; ♪ stimmen; *v/i.* ~ *com* zs.-stimmen mit, passen zu; **~atura** [~rɐ'turɐ] *f* Temperatur *f*; Witterung *f*; *fig.* Lage *f*.

tempero [~'peru] *m* Gewürz *n*; Zubereitung *f*; *fig.* Mittel *n*; Ausweg *m*.

tempest|ade [~pɨʃ'taδə] *f* Unwetter *n*; Sturm *m*; **~ear** [~jar] (1l) toben; *v/t.* zausen; **~ivo** [~ivu] passend, gelegen; **~uoso** [~wozu (-ɔ-)] stürmisch.

templário [~'plarju] *m* Templer *m*.

templo ['tẽmplu] *m* Tempel *m*; Kirche *f*; *Freimaurer*-Loge *f*.

tempo ['tẽmpu] *m* Zeit *f* (*matar* totschlagen); *met.* Wetter *n*; ♪ Zeitmaß *n*, Tempo *n*; Takt *m*; *gram.* Zeitform *f*, Tempus *n*; ~ *forte* (*fraco*) ♪ starker (schwacher) Taktteil *m*; *compasso a dois* (*três*, *quatro*) ~*s* Zwei- (Drei-, Vier-) Vierteltakt *m*; *ao* ~ *que* (zu der Zeit) als; *a* ~ rechtzeitig; *a seu* ~ zu gegebener Zeit; *a um* ~, *ao mesmo* ~ gleichzeitig; *com* ~ in (aller) Ruhe; *de* ~(*s*) *a* ~(*s*) von Zeit zu Zeit; *em* ~*s* seinerzeit; *fora de* ~ zur Unzeit; *há* ~(*s*) vor langer Zeit; *há* ~! wir haben Zeit; l. Sie sich Zeit!; *há que* ~*s*! wie lange schon!; schon lange!; *há mais que* ~*s*! ewig lange!; *há quanto* ~ wie lange; *nesse meio* ~ mittlerweile, unterdessen; (*por*) *largo* (*od. longo, muito*) ~ lange; *dar* ~ Zeit l.; *dar* ~ *ao* ~ abwarten, sich in Geduld fassen; *estar em* (*od. ser*) ~ *de inf.* Zeit sn zu *inf.*; *não está o* ~ *para* es ist nicht die Zeit (*od.* kein Wetter) für; *meter* ~ *em meio* Zeit verstreichen l., abwarten; *ser do seu* ~ ein Mensch s-r Zeit sn; *ter concluído o seu* ~ s-e Zeit abgedient (*od.* abgesessen) h.; sein Leben zu Ende gelebt h.; ausgedient h. (*Gegenstand*); *tomar* (*od. roubar*) *o* ~ *a alg.* j-s Zeit in Anspruch nehmen, j-m die Zeit stehlen; *os* ~*s que correm* die heutige Zeit; *atrás de* ~ ~ *vêm*! kommt Zeit, kommt Rat!; *todo o* ~ *é* ~ aufgeschoben ist nicht aufgehoben; *a mau* ~ *boa cara* gute Miene zum bösen Spiel.

tempor|ada [tẽmpu'raδɐ] *f* Zeitlang *f*; Saison *f*; *tea.* Spielzeit *f*; **~al** [~'rał] **1.** *adj.* zeitlich; weltlich; *gram.* temporal; *anat.* Schläfen...; **2.** *m* Sturm *m*, Unwetter *n*; *anat.* Schläfenbein *n*; **~alidade** [~rɐli'δaδə] *f* Zeitlichkeit *f*; Vorläufigkeit *f*; begrenzte Dauer *f*; **~alizar** [~rɐli'zar] (1a) verweltlichen; **~ão** [~'rɐ̃u] frühreif; frühzeitig; verfrüht; ♂ Früh...; **~ário** [~'rarju] vorübergehend; zeitweilig.

têmporas ['tẽmpurɐʃ] *f/pl. anat.* Schläfen *f/pl.*

temporiz|ação [tẽmpurizɐ'sɐ̃u] *f* abwartende Haltung *f*; Zögern *n*; kluges Hinhalten *n*; **~ar** [~'zar] (1a) hinauszögern; hinhalten; *v/i.* abwarten; ~ *com* hinhalten (*ac.*); sich anpassen (*dat.*).

ten|acidade [tənɐsi'δaδə] *f* Zähigkeit *f*; Starrsinn *m*; **~az** [~'naʃ] **1.** *adj.* zäh; hartnäckig; eisern (*Griff*); unlösbar (*Fessel*); **2.** ~(es) *f*(*pl.*) (Kneif-, Beiß-)Zange *f*.

tenca ['tẽŋkɐ] *f* Schleie *f* (*Fisch*).

ten|ção [tẽ'sɐ̃u] *f* Absicht *f*; Gesinnung *f*; Wahlspruch *m*; ⚖ *richterliches* Gutachten *n*; *segunda* ~

Hintergedanke(n) *m*; *santo m de ~ particular* Wahlheilige(r) *m*; *por ~ de* zum Besten (*gen.*); *fazer ~* = **~cionar** [~sju'nar] (1f) beabsichtigen; sich vorgenommen haben.

tenda ['tẽndɐ] *f* Zelt *n*; *Markt-*Bude *f*; Stand *m*; Bauchladen *m*.

tend|al [tẽn'dał] *m* **a)** ⚓ Sonnenzelt *n*; **b)** *bras. Fleisch-*, *Fisch-*Darre *f*; **~ão** *anat.* [~'dɐ̃u] *m* Sehne *f*; **~eiro** *m*, **-a** *f* [~'deiru, -ɐ] Budeninhaber(in *f*) *m*; **~ência** [~'dẽsjɐ] *f* Neigung *f*; Hang *m*; Streben *n*; Tendenz *f*; Richtung *f*; *~ para subir (descer)* steigende (fallende) Tendenz *f*; **~encioso** [~dẽ'sjozu (-ɔ-)] tendenziös; **~ente** [~ẽntə]: *~ a inf.* mit dem Ziel zu *inf.*; **~er** [~'der] (2a) = *estender*; *v/i. ~ a*, *~ para* streben nach; neigen zu; abzielen auf (*ac.*), bezwecken (*ac.*); hinauslaufen auf (*ac.*), führen zu.

tênder 🚂 ['tẽndɛr] *m* Tender *m*.

tenebroso [tənə'βrozu (-ɔ-)] finster.

tenência [tə'nẽsjɐ] *f bras.* Festigkeit *f*; Tatkraft *f*; Gewohnheit *f*; *tomar ~ de* prüfen (*ac.*).

tenente [~'nẽntə] *m* Leutnant *m*; *à mão ~ s. mão-tenente*; *~-coronel m* Oberstleutnant *m*.

tenesmo ⚕ [tə'neʒmu] *m* Stuhlzwang *m*; *~ vesical* Harnzwang *m*.

ténia ['tɛnjɐ] *f* Bandwurm *m*.

ténis ['tɛniʃ] *m* Tennis *n*.

tenista [tɛ'niʃtɐ] *su.* Tennisspieler (-in *f*) *m*.

tenor ♪ [tə'nor] *m* Tenor *m*.

tenr|eiro, ~o [tẽ'ʀeiru, 'tẽʀu] zart; mürbe; jung.

tens|ão [tẽ'sɐ̃u] *f* Spannung *f*; Spannkraft *f des Gases*; *alta ~* Hochspannung *f*; *~ arterial* Blutdruck *m*; **~o** ['tẽsu] gespannt, straff; **~or** [~or]: *(músculo) ~ m* Spannmuskel *m*.

tent|a ['tẽntɐ] *f* ⚕ Sonde *f*; *taur.* Versuchskampf *m mit Jungstieren*; **~ação** [tẽntɐ'sɐ̃u] *f* Versuchung *f*.

tent|acular [tẽntɐku'lar] *fig.* alles an sich reißend; sich festsaugend; **~áculo** [~'takulu] *m* Fangarm *m* (*a. fig.*); Fühler *m* (*Insekt*).

tent|ado [~'taδu]: *~ com* angetan von; *estou ~ com isso* das reizt mich sehr; **~ador** [~tɐ'δor] **1.** *adj.* verführerisch; **2.** *m* Versucher *m*; **~ame, ~âmen** [~ɐmə, ~ɐmen] *m* Versuch *m*; **~ar** [~ar] (1a) versuchen; wagen; in Versuchung führen; ausprobieren; auf die Probe stellen; verleiten; ver-führen, -locken; *não ter que ~* reizlos sn; **~ativa** [~tɐ'tivɐ] *f* Versuch *m*; Probe *f*; **~ear** [~'tjar] (1l) **a)** ab-, be-tasten, sondieren; prüfen; versuchen; **b)** genau berechnen; *Punkte* anrechnen.

tentilhão [tẽnti'ʎɐ̃u] *m* (Buch-)Fink [*m*; Schroll *m* (*Fisch*).]

tento ['tẽntu] *m* Behutsamkeit *f*; Um-, Vor-sicht *f*; Spielmarke *f*; *Gewinn-*Punkt *m*; *Fußball*: Tor *n*; *pint.* Malstock *m*; *bras.* Lassoriemen *m*; *a ~* behutsam; *sem ~* unüberlegt; überstürzt; *dar ~* aufmerken; aufmerksam w.; *ter (od. pôr) ~ em* aufpassen auf (*ac.*); *marcar ~s* Punkte m.; *Fußball*: Tore schießen.

ténue ['tɛnwə] dünn; zart; fein.

tenuidade [tənwi'δaδə] *f* Dünne *f*; Zartheit *f*; Schwäche *f*.

teocracia [tjukrɐ'siɐ] *f* Priesterherrschaft *f*.

teol|ogia [~lu'ʒiɐ] *f* Theologie *f*; **~ógico** [~'lɔʒiku] theologisch.

teólogo ['tjɔluγu] *m* Theologe *m*.

teor [tjor] *m* Wortlaut *m*, Inhalt *m*; Tenor *m*; Art *f*; Norm *f*; ⚗ Gehalt *m*; *~ em ferro* Eisengehalt *m*; *ter o seguinte ~* (folgendermaßen) lauten.

teor|ema [tju'remɐ] *m* Lehrsatz *m*; **~ia** [~iɐ] *f* Theorie *f*.

teórico ['tjɔriku] **1.** *adj.* theoretisch; **2.** *m* Theoretiker *m*.

teoriz|ação [tjurizɐ'sɐ̃u] *f* Theoriebildung *f*; theoretische Begründung *f*; **~ar** [~'zar] (1a) *v/i.* theoretisieren; *v/t.* theoretisch begründen (*od.* untermauern); die Theorie liefern zu.

tepidez [təpi'δeʃ] *f* Lauheit *f* (*a. fig.*).

tépido ['tɛpiδu] lau(warm).

ter [ter] (2za) **1.** *Hilfsverb zur Bildung v. Perfekt u. Plusquamperfekt*: haben, sein; **2.** *v/t.* haben; bekommen; halten; besitzen; innehaben; *Kleidung* anhaben; enthalten; an-, zurück-halten; *Sonderbedeutungen mit Substantiven*: *s. dort*; *~ a/c. com* et. zu tun h. mit; *~ consigo fig.* an sich (*od.* die Eigentümlichkeit) h.; *~ de seu* Vermögen h.; *~ em si* in sich schließen, umfassen; *~ em muito (tanto, pouco)* hoch (so hoch, gering-)schätzen; *~ em nada* für nichts (*od.* ver-)achten; *~ por* (*dito*) halten für (ausgemacht); ~ *por si* auf s-r Seite h.; ~ *por lei* (*uso*) sich zum Gesetz (zur Gewohnheit) gemacht h.; ~ *por missão* (*incumbência*) die Aufgabe (den Auftrag) h.; ~ *por teatro* zum Schauplatz h.; ~ *que ind.* dafürhalten (*od.* glauben), daß; ~ *que inf.* haben zu *inf.* (*vgl. ter de, unter* 3.); ~ *que ver com* zu tun h. mit; ~ *alg.* (*adj.*) zwingen zu (*dat.*) (*z.B.* ~ *alg. obediente* j-n zum Gehorsam zwingen); *temos ...!* es gibt ...!; *que tem* (*isso*)? was ist denn dabei?; *que* (*od. quem*) *Deus tenha* Gott hab' ihn selig; *tem bras.* es gibt; *não tem de quê!* keine Ursache!; **3.** *v/i.* ~ *de* (*od. que*) *inf.* müssen *inf.*; *não* ~ *de inf.* nicht brauchen zu *inf.*; *ir* ~ *a* führen zu, stoßen auf (*ac.*); münden (*od.* fließen) in (*ac.*); *ir* (*vir*) ~ *com alg.* zu j-m gehen (kommen), j-n aufsuchen; *mandar* ~ *com* schicken zu; **4.** **~-se** sich halten (an [*ac.*] *a*, für *por*); durch-, stand-halten; ~ *com* es aufnehmen mit; ~ *em* bleiben, sich aufhalten in (*dat.*); ~ *em si* an sich halten; *não poder* ~ (*em pé*) sich nicht (aufrecht) halten können (vor [*dat.*] de).

terapêutic|a [tərɐ'peutikɐ] *f* Therapeutik *f*; Behandlung *f*, Therapie *f*; **~o** [~u] Behandlungs...; therapeutisch; *efeito m* ~ Heilwirkung *f*.

terça ['tersɐ] **1.** *adj.*: ~ *parte der* dritte Teil *m*; Drittel *n*; **2.** *f esgr. u.* ♪ Terz *f*; = *terça-feira*.

terç|ã [tər'sɐ̃]: *febre f* ~ dreitägige(s) Fieber *n*; **~ado** [~aðu]: *pão m* ~ Dreikornbrot *n*; **~a-feira** [ˌtersɐ'feirɐ] *f* Dienstag *m* (*na* am); *às* ~*s* dienstags; **~ar** [~ar] (1p; *Stv.* 1c) dritteln; mischen; (durch)kreuzen; ~ *armas* sich schlagen; *v/i.* ~ *por* eintreten *od.* kämpfen für.

terc|eira [~'seirɐ] *f* ♪ Terz *f*; **~eiramente** [~'mẽntə] drittens; **~eiranista** [~seirɐ'niʃtɐ] *su.* Student(in *f*) *m* des dritten Jahres; **~eiro** [~'seiru] dritt; ~*eiro-mundista adj.* der Dritten Welt; **~eto** [~'setu] *m* ♪ Terzett *n*; = ~*ina*; **~iário** [~'sjarju]: *período m* ~ Tertiär *n*; **~ina** [~'sinɐ] *f lit.* Terzine *f*.

terço ['tersu] *m* Drittel *n*; *rezar o* ~ den Rosenkranz beten.

terçol ⚕ [tər'sɔł] *m* Gerstenkorn *n*.

terebint|ina [tərəβĩn'tinɐ] *f* Terpentin *n*; **~o** ♀ [~'βĩntu] *m* Terpentinbaum *m*.

terebr|ante [~'βrẽntə] bohrend (*Schmerz*); **~ar** [~ar] (1c) durch-, an-bohren.

teres ['teɨʃ] *m/pl.*: ~ *e haveres* Hab und Gut *n*; Vermögen *n*.

tergivers|ação [tərʒivərsɐ'sɐ̃u] *f* Ausflucht *f*; Winkelzug *m*; Zaudern *n*; **~ar** [~'sar] (1c) Winkelzüge m., Ausflüchte suchen; zaudern.

term|al [~'mał] Thermal...; warm; **~as** ['tɛrmɐʃ] *f/pl.* warme Bäder *n/pl.*; Thermalbad *n*; *Hotel das* ♀ Kurhotel *n*; **~eléctrico** [~ɨlɛtriku]: *central f* (*bras. usina f*) *-a* Wärmekraftwerk *n*.

térmico ['tɛrmiku] thermisch; Wärme...

termin|ação [tərminɐ'sɐ̃u] *f* Beendigung *f*, Abschluß *m*; Ende *n*; *gram.* Endung *f*; **~al** [~ał]: *estação f* ~ *bras.* Endstation *f*; **~ante** [~'nɐ̃ntə] *fig.* bündig; aus-, nach-drücklich; **~ar** [~'nar] (1a) beenden; (ab-) schließen; ein Ende setzen (*dat.*); ab-, be-grenzen; *v/i.* aufhören; enden (*em gram.* auf [*ac.*]); schließen; fertig w.; *terminado* fertig, zu Ende.

término ['tɛrminu] *m* Endstation *f*; = *termo*².

terminologia [tərminulu'ʒiɐ] *f* Ausdrucksweise *f*.

térmite ['tɛrmitə] *f* Termite *f*.

termo¹ ['tɛrmu] *m* Thermosflasche *f*.

termo² ['termu] *m* Grenze *f*; Grenzstein *m*; Ende *n*, Schluß *m*; Ziel *n*; Termin *m*, Frist *f*; Bezirk *m*; Ausdruck *m*, Begriff *m*; Wort *n*; ⅋ Glied *n e-r Gleichung usw.*; ⚖ Erklärung *f*; ~ *de comparação* Vergleichspunkt *m*; ~ *médio, meio* ~ Mittel(-wert *m*, -ding) *n*; Durchschnitt *m*; Mitte *f*; (goldener) Mittelweg *m*; *meios* ~*s pl.* Andeutungen *f/pl.*; Ausflüchte *f/pl.*; ~ *técnico* Fachausdruck *m*; *em* ~*s* in Ordnung; vorschriftsmäßig; *os* ~*s de* der Wortlaut (*gen.*); *nos* ~*s de im* Sinne (*gen.*), gemäß (*dat.*); *em* ~*s de* hinsichtlich (*gen.*) = *em* ~*s adj.* in *adj. dat.* Weise; *em breves* ~*s* in kurzen Worten; *em* ~*s hábeis* geschickt; *pôr* ~ *a* ein Ende setzen (*dat.*).

termo... [tɛrmɔ...] *in Zssgn* Thermo..., Wärme...; **~dinâmica** *fís.* [~ði'nɐmikɐ] *f* Wärmelehre *f*, Thermodynamik *f*.

term|ómetro [tər'mɔmətru] *m* Thermometer *n*; ~ *clínico* Fieberthermometer *n*; **~onuclear** [tɛrmɔnu'kljar] thermonuklear; **~óstato** [~'mɔʃtɐtu] *m* Thermostat *m*.

ternário [~'narju]: *compasso m* ~ Drei(viertel)takt *m*.

terneiro *bras.* [təʀ'neiru] *m* Kälbchen *n*.

tern|o ['tɛrnu] **1.** *m* Dreizahl *f*; Dreiheit *f*; Drei *f* (*Würfel, Spielkarte*); Terne *f* (*Lotterie*); *fig.* Trio *n*; Kleeblatt *n*; *bras.* *Herren*-Anzug *m*; Trupp *m*, Grüppchen *n*; **2.** *adj.* zärtlich; rührend; zart (*Farbe*); **~ura** [tər'nurɐ] *f* Zärtlichkeit *f*; Rührung *f*.

terra ['tɛʀɐ] *f* Erde *f*; Boden *m*; Land *n*; Ort(schaft *f*) *m*; Heimat *f*; Landbesitz *m*; Feld *n*; Gebiet *n*; Staub *m*; (Modellier-)Ton *m*; *Radio*: Erdanschluß *m*; ~*s pl.* Ländereien *f/pl.*; ~ *firme* Festland *n*; ~ (*a*) ~ *fig.* alltäglich, platt, abgeschmackt; *a* ~! nieder!; *da* ~ einheimisch; *de fora da* ~ auswärtig; *fora da* ~ auswärts; außer Landes; *por* ~ auf dem Landwege; *chegar a* ~ landen; *correr* ~*s* herumreisen; sich in der Fremde herumtreiben; *dar em* ~ ein-, herunter-stürzen; hinfallen; *fig.* sich zerschlagen; mißlingen; scheitern; *dar em* ~ *com* fallen auf (*z. B. die Nase*); = *deitar* (*od. lançar, pôr*) *por* ~ auf den (*od.* zu) Boden werfen; niederwerfen; einreißen; zunichte m.; stürzen; *ligar à* ~ *Radio*: erden; *pôr pé* (*od. os pés*) *em* ~ an Land gehen (kommen); ab-, aus-steigen; *sair a* (*od. em*) ~ landen.

terr|aço [tə'ʀasu] *m* Terrasse *f*; = **~ado** [~aðu] *m* (Dach-)Terrasse *f*; flache(s) Dach *n*; **~al** [~ał]: (*vento*) ~ *m* Landwind *m*; **~amoto** [~ʀɐ'mɔtu] *m* Erdbeben *n*; **~a-nova** [ˌtɛʀɐ'nɔvɐ] *m* Neufundländer *m*.

terraplen|agem [təʀɐplə'naʒẽi] *f* Planierung *f*; = ~*o*; **~ar** [~ar] (1d) (mit Erde) auffüllen, planieren; *Damm* aufschütten; **~o** [~'plenu] *m* Erdaufschüttung *f*; (Bahn-)Damm *m*.

terreal [tə'ʀjał] irdisch.

terreiro [tə'ʀeiru] *m* Gelände *n*; (freier) Platz *m*; Hof *m*; Auslauf *m für Vieh*; *chamar a* ~ herausfordern.

terre|moto [təʀə'mɔtu] *m* Erdbeben *n*; **~no** [~'ʀenu] **1.** *adj.* irdisch; weltlich; Erd...; erdig; erdfarben; **2.** *m* Boden *m* (*a. fig.*); Erdreich *n*; Grundstück *n*; Gelände *n*; Gebiet *n*; ~ *para construir* Bauplatz *m*.

térreo ['tɛʀju] Erd..., erdig; zu ebener Erde (liegend); irdisch; *andar m* ~ Erdgeschoß *n*.

terrestre [tə'ʀɛʃtrə] Erd...; irdisch; weltlich.

terr|ificante [təʀifi'kɐ̃ntə] = ~*ífico*; **~ificar** [~ifi'kar] (1n) in Schrecken setzen; schrecken; **~ífico** [~'ʀifiku] schreckenerregend.

terrina [~'ʀinɐ] *f* Suppenschüssel *f*.

terriola [tə'ʀjɔlɐ] *f* kleine(r) Ort *m*, Flecken *m*.

territ|orial [təʀitu'rjał] territorial; Gebiets...; *águas f/pl. -ais pol.* Hoheitsgewässer *n/pl.*; **~ório** [~'tɔrju] *m* Gebiet *n*, Territorium *n*.

terr|ível [~'ʀivɛł] schrecklich; furchtbar; **~or** [~or] *m* Schrecken *m*; Terror *m*; = **~orismo** [~u'riʒmu] *m* Terrorismus *m*; **~orista** [təʀu'riʃtɐ] **1.** *m* Terrorist *m*; **2.** *adj.* terroristisch, Terror...; **~orizar** [~ri'zar] (1a) = *aterrorizar*.

terroso [~'ʀozu (-ɔ-)] erdig; erdfarben.

terso ['tɛrsu] sauber, rein; (blitz-)blank; fehlerfrei.

tertúlia [tər'tuljɐ] *f* (Familien-)Kränzchen *n*; (literarischer) Stammtisch *m*; Gesellschaft *f*.

tesão [tə'zɐ̃u] *m* Unbeugsamkeit *f*; Heftigkeit *f*; = *tesura*.

tese ['tɛzə] *f* These *f*; Dissertation *f*; *em* ~ im Prinzip.

teso ['tezu] **1.** *adj. u. adv.* steif (*a. Wind*); starr (*a. fís.*); straff; stramm; hart (*a. fig.*); schroff (*Berg*); *fig.* unbeugsam, fest; **2.** *m* Schroffen *m* (*Berg*); Gipfel *m*; *bras.* *Überschwemmungs*-Insel *f*.

tesoira, -oura [tə'zoirɐ, -orɐ] *f* Schere *f*; *fig.* Lästerzunge *f*.

tesoir-, tesour|ada [təzoi-, təzo'raðɐ] *f* Schnitt *m*; *fig.* boshafte Bemerkung *f*, Hieb *m*; **~ar** [~ar] (1a) (zer-, zu-)schneiden; *fig.* lästern über (*ac.*); **~aria** [~rɐ'riɐ] *f* Schatzamt *n*; Kassenraum *m e-r Bank*; ♀ *da Fazenda Pública* Finanzkasse *f*;

~eiro [~'reiru] *m* Schatzmeister *m*; Kassen-leiter *m*, -wart *m*; **~o** [~'zoiru, -oru] *m* Schatz *m*; *lit.* Sammlung *f*, Thesaurus *m*; ~ *público* Staatskasse *f*, Fiskus *m*.
tessitura [tɘsi'turɐ] *f* ♪ Lage *f*; *fig.* Aufbau *m*, Struktur *f*.
test|a ['tɛʃtɐ] *f* Stirn *f*; *fig.* Kopf *m*; Spitze *f e-s Zuges usw.*; ~ *coroada* gekrönte(s) Haupt *n*; ~ *de ferro fig.* Strohmann *m*; **~áceo** [tɨʃ'tasju] *m* Muschel-, Schal-tier *n*; **~ada** [tɨʃ'taðɐ] *f e-m Grundstück* vorgelagerte(r) Straßenabschnitt *m*; *bras.* Unsinn *m*; *varrer a sua* ~ s-e Hände in Unschuld waschen.
testador [tɨʃtɐ'ðor] *m* Erblasser *m*.
testament|aria [~tɐmẽntɐ'riɐ] *f* Testamentsvollstreckung *f*; **~ário** [~'tarju] letztwillig, testamentarisch; **~eiro** [~'teiru] *m* Testamentsvollstrecker *m*; **~o** [~ɐ'mẽntu] *m* Testament *n*, letzte(r) Wille *m*.
testar[1] [~'tar] (1c) vermachen; ~ *de* letztwillig verfügen über (*ac.*); Zeugnis ablegen von, bezeugen (*ac.*).
test|ar[2] *bras.* [tɛs'tar] (1a) testen; **~e** *angl.* ['tɛʃtɘ] *m* Test *m*; Intelligenz-, Eignungs-prüfung *f*.
testeira [tɨʃ'teirɐ] *f* Vorder-seite *f*, -teil *m*; Giebel *m*; Kopf-ende *n*, -leiste *f*, -teil *m*; Stirnbinde *f*; Stirnriemen *m des Pferdegeschirrs*.
testem|unha [~tɘ'muɲɐ] *f* Zeuge *m*; Zeugin *f*; ~*s pl.* Marksteine *m/pl.*; Merkbäume *m/pl.*; ~*s de defesa* (*acusação*) Ent- (Be-)lastungszeugen *m/pl.*; **~unhal** [~mu'ɲaɫ] Zeugen...; **~unhar** [~mu'ɲar] (1a) bezeugen; bekunden, Zeuge *e-r Sache* sn; *v/i.* zeugen; **~unho** [~'muɲu] *m* Zeugnis *n*; Zeugenaussage *f*; Beweis *m*.
testículo [~'tikulu] *m* Hode *f*.
testificar [~tɘfi'kar] (1n) bezeugen; versichern; beweisen.
testilho [~'tiʎu] *m Kisten*-Giebel *m*.
testo ['teʃtu] *m* Topf *m*.
testudo [tɨʃ'tuðu] breitstirnig; dickköpfig (*a. fig.*).
tesura [tɘ'zurɐ] *f* Steifheit *f* (*a. fig.*); Starre *f*; Straffheit *f*; Schroffheit *f*.
teta ['tetɐ] *f* Zitze *f*; Euter *n*.
tétano ⚕ ['tɛtɐnu] *m* Starrkrampf *m*.
teto *bras.* ['tɛtu] = *tecto*.
tetra... [tetrɐ] *in Zssgn* Vier..., *z.B.* **~edro** [~'ɛðru] *m* Vierflächner *m*.
tétrico ['tɛtriku] trübselig; finster; unheimlich, gräßlich.
teu, tua [teu, 'tuɐ] dein(e) (*Anwendung wie meu, minha*).
teut|o ['teutu] deutsch; **~ónico** [teu'tɔniku] teutonisch; = ~*o*.
têxtil ['teiʃtiɫ] Textil...
text|o ['teiʃtu] *m* Text *m*; Bibelstelle *f*; **~ual** [teiʃ'twaɫ] wörtlich; *palavras f/pl. -ais* Wortlaut *m*; **~ura** [teiʃ'turɐ] *f* Gewebe *n*; Struktur *f*.
texugo [tɨ'ʃuɣu] *m* Dachs *m*; *fig.* Fettwanst *m*.
tez [teʃ] *f* (Gesichts-)Haut *f*; Hautfarbe *f*.
ti [ti] *nach prp.* dir; dich; *a* ~ a) dir; dich; b) an dich; zu dir; *de* ~ a) deiner; b) von (*od.* vor) dir; über dich.
tia ['tiɐ] *f* Tante *f*; P Mütterchen *n* (*Anrede*); *casa f de* ~*s* Bordell *n*.
tiara ['tjarɐ] *f* Tiara *f* (*Papstkrone*).
tíbia ['tiβjɐ] *f anat.* Schienbein *n*; ♪ (Hirten-)Flöte *f*.
tibieza [ti'βjezɐ] *f* Lauheit *f*; Lässigkeit *f*; Schwäche *f*.
tíbio ['tiβju] lau; lässig; schwach.
tiç|ão [ti'sɐ̃u] *m* Feuerbrand *m*; **~oeiro** [~'sweiru] *m* Schüreisen *n*.
ticotico *bras.* [tiko'tiko] *m* Piepmatz *m*.
tido ['tiðu] *p.p. v. ter*; *ser* ~ *como* gelten für (*od.* als).
tifo ⚕ ['tifu] *m* Typhus *m*.
tifóide [ti'fɔiðɘ] typhös.
tigela [ti'ʒɛlɐ] *f* Napf *m*; Tiegel *m*; Schüssel *f*; *de meia* ~ mittlerer Güte, mittelmäßig; kitschig.
tigr|ado [ti'ɣraðu] getigert; **~e** ['tiɣrɘ] *m* Tiger *m*; **~ino** [~inu] Tiger...; *fig.* blutrünstig.
tijol|eiro [tiʒu'leiru] *m* Ziegelbrenner *m*; **~inho** *bras.* [~ʒo'liɲu] *m Marmeladen*-Würfel *m*; **~o** [ti'ʒolu] Ziegel(stein) *m*; *doce de* ~ *bras.* (Guaven-)Marmelade *f*.
tijuca *f*, **-al** *m*, **-o** *m bras.* [ti'ʒukɐ, ~ʒu'kaɫ, ~u] Sumpf *m*; Schlamm *m*.
tijupá *bras.* [~ʒu'pa] *m* (Schutz-)Hütte *f*.
til [tiɫ] *m* Tilde *f*.
tília ['tilja] *f* Linde *f*; *chá m de* ~ Lindenblütentee *m*.
tilintar [tilĩn'tar] (1a) klinge(l)n.
timão [ti'mɐ̃u] *m* Deichsel *f*; ⚓ *Ruder*-Pinne *f*; Ruder *n*, Steuer *n*; *fig.* Leitung *f*.
timbal|e [tĩm'balɘ] *m* (Kessel-)Pauke *f*; **~eiro** [~bɐ'leiru] *m* Paukenschläger *m*.

timbó *bras.* [~'bɔ] *m* Timbo *m* (*giftige Lianenart*).

timbr|ado [~'braðu] mit Wappen; mit Wasserzeichen; mit Firmen- (*od.* Namen-)aufdruck; *escudo m* ~ Wappenschild *m*; *papel m* ~ eigene (-s) Briefpapier *n*; ☩ Geschäftspapier *n*, Firmenbogen *m*; *bem* ~ wohlklingend (*Stimme*); **~ar** [~ar] (1a) sein Wappen anbringen l. auf (*dat.*); s-n (Firmen-)Namen drucken l. auf (*dat.*); ~ *de fig.* stempeln zu, abstempeln als; erklären für; *v/i.* ~ *de* sich aufspielen als; ~ *em inf.* s-n Stolz darein setzen (*od.* es darauf anlegen) zu *inf.*; **~e** ['tĩmbrə] *m* Wappen *n*; aufgedruckte(r) Name *m*; Firmenaufdruck *m*; (Wasser-) Zeichen *n*; Stempel *m*; Klang (-farbe *f*) *m*; Tat *f*; Unternehmen *n*; Krönung *f*, Gipfel *m*; *fazer* ~ *em* s-e Ehre darein setzen zu *inf.*

time *angl.* ['timə] *m* Team *n*, Mannschaft *f*.

timidez [timi'ðeʃ] *f* Schüchternheit *f*.

tímido ['timiðu] schüchtern, scheu.

timo ['timu] *m* ⚘ = *tomilho*.

timoneiro [timu'neiru] *m* Steuermann *m*; *fig. a.* Führer *m*.

timorato [~'ratu] (über)ängstlich.

tímpano ['tĩmpɐnu] *m* △ Giebelfeld *n*; *tip.* Drucktiegel *m*; ⊕ Schöpfrad *n*; ♪ Pauke *f*; *anat.* Paukenhöhle *f*; (*membrana f do*) ~ Trommelfell *n*; **~s** *pl.* F *die* Ohren.

tin|a ['tinɐ] *f* Wanne *f*; Bütte *f*, Bottich *m*; **~alha** [ti'naʎɐ] *f* Kufe *f*.

tineta F [ti'netɐ] *f* Fimmel *m*.

tingir [tĩ'ʒir] (3n) färben; ~ *ligeiramente* tönen.

tingui *bras.* [tĩŋ'gi] *m* Tingui *m* (*zum Fischfang benutzte Stinkliane*).

tinh|a ['tiɲɐ] *f* Grind *m*; *vet.* Räude *f*; **~oso** [ti'ɲozu (-ɔ-)] **1.** *adj.* grindig; räudig; **2.** *m der* Leibhaftige.

tin|ido [ti'niðu] *m* Klirren *n*; **~ir** [~ir] (3a—D4) klirren; klingen (*Glocke, Ohren*); zittern; *andar* (*od. estar, ficar*) *a* ~ F abgebrannt sn.

tino ['tinu] *m* gesunde(r) Menschenverstand *m*; Klugheit *f*; Takt *m*; Fingerspitzengefühl *n*; Spürsinn *m*; Ortssinn *m*; *a* ~ nach dem Augenmaß; ungefähr, obenhin; *sem* ~ ohne Sinn und Verstand; *dar* ~ *de* merken (*ac.*); *não dar* ~ *de* nicht kommen auf (*ac.*); *não dar* ~ *de si* von Sinnen (*od.* außer sich) sn; *perder o* ~ den Kopf verlieren.

tint|a ['tĩntɐ] *f Schreib*-Tinte *f*; *allg.* Farbe *f*; Anstrich *m* (*a. fig.*); Farbton *m*; *fig.* Spur *f*, Anflug *m*; ~ *de impressão* Druckerschwärze *f*; *meia* ~ Halbschatten *m*; *estar-se nas* **~s** sich taub stellen; **~eiro** [tĩn'teiru] *m* Tintenfaß *n*.

tint|im [tĩn'tĩ]: ~ *por* ~ haargenau, Punkt für Punkt; **~inar** [~ti'nar] (1a) klingeln, bimmeln.

tinto ['tĩntu] gefärbt; befleckt, beschmutzt; rot; *vinho m* ~ Rotwein *m*.

tint|ura [tĩn'turɐ] *f* Färben *n*; Tinktur *f*; Farblösung *f*; *uma(s)* ~*(s) de* e-e kleine Ahnung von; ein Anflug von; **~uraria** [~turɐ'riɐ] *f* Färberei *f*; **~ureiro** [~tu'reiru] **1.** *adj.* Färbe...; Färber...; Färberei...; **2.** *m*, **-a** *f* Färber(in *f*) *m*.

tio ['tiu] *m* Onkel *m*; P Gevatter *m*, Väterchen *n* (*Anrede*); **~-avô** [~ɐ'vo] *m* Großonkel *m*.

tipa P ['tipɐ] *f* Weibsbild *n*.

típico ['tipiku] typisch; Muster...

tipiti *bras.* [tipi'ti] *m* Maniokpresse *f*; F Klemme *f*.

tipitinga *bras.* [~'tĩŋgɐ] lehmig (*Wasser*).

tipo ['tipu] *m* Urbild *n*; Typ(us) *m*; Muster *n*; Sinnbild *n*; *Waren*-Sorte *f*; *tip.* Type *f*; *fig.* Original *n*, Type *f*; P Kerl *m*, Kunde *m*.

tipogr|afia [tipuɣrɐ'fiɐ] *f* Buchdruckerkunst *f*; Druckerei *f*; **~áfico** [~'ɣrafiku] Buchdrucker...; Druck...

tipógrafo [ti'pɔɣrɐfu] *m* Buchdrucker *m*.

tipóia [ti'pɔjɐ] *f* **a**) Tragnetz *n*; P Klapperkasten *m*; *bras.* Arm-Binde *f*; **b**) P Weibsbild *n*.

tique ['tikə] *m* ⚕ Gesichtszucken *n*; *allg.* Tick *m*; *um* (*od. o seu*) ~ *de bras.* ein bißchen, etwas.

tiquetaque [tikə'takə] *m* Ticktack *n*; Klippklapp *n*; Klappern *n*; *fazer* ~ ticken (*Uhr*); klappern (*Mühle, Schuhe*); klopfen (*Herz*).

tiquinho *bras.* [ti'kiɲu]: *um* ~ ein bißchen, etwas.

tira ['tirɐ] **a**) *f* Streifen *m*; Binde *f*; *fazer em* **~s** zerfetzen; **b**) *m bras.* P Bulle *m*.

tir|acolo [tirɐ'kɔlu] *m* Schulterriemen *m*; *a* ~ über die Achsel gehängt; **~ada** [~'raðɐ] *f* lange(r) Weg (*od.* Marsch) *m*; (Weg-)Strecke *f*; Zeitlang *f*; Tirade *f*, Erguß *m*; de *uma* ~ in e-m Zuge; **~adeira** [~ɐ'ðeirɐ] *f* = *tirante* 2.; **~ado** [~'raðu]: ~ *de* aus; ~ *a* nach; **~agem** [~'raʒɐ̃i] *f* Zug *m im Kamin*; Drahtziehen *n*; *tip.* Druck *m*; Abzug *m*; Auflage *f*; ✉ Leerung *f*; **~a-linhas** (*pl. unv.*) [ˌtirɐ'liɲɐʃ] *m* Reißfeder *f*.

tiran|ete [tirɐ'netə] *m* Leuteschinder *m*; **~ia** [~iɐ] *f* Tyrannei *f*; *fig.* Grausamkeit *f*; Gewalt *f*; **~icida** [~ni'siðɐ] *su.* Tyrannenmörder(in *f*) *m*; **~icídio** [~ni'siðju] *m* Tyrannenmord *m*.

tirânico [ti'rɐniku] tyrannisch.

tiran|izar [tirɐni'zar] (1a) tyrannisieren; **~o** [~'rɐnu] *m* Tyrann *m*.

tira-nódoas (*pl. unv.*) [ˌtirɐ'nɔðwɐʃ] *m* Flecken(entfernungs)mittel *n*.

tirante [ti'rɐ̃ntə] **1.** *adj.* ausgenommen; abgesehen von; ~ *a verde* (*vermelho*) ins Grüne (Rote *usw.*) spielend, grünlich (rötlich *usw.*); **2.** *m* Zug-riemen *m*, -leine *f*, Strang *m*; Bindebalken *m*; ⚙ Pleuelstange *f*.

tirar [ti'rar] (1a) **1.** *v/t.* (heraus-, hervor-)ziehen; (ab-, heraus-)nehmen; ~ *de* entnehmen (*dat.*); wegnehmen; (heraus)holen; heraus-, weg-bringen; (heraus)reißen; ~ *a*, *de* entreißen (*dat.*); j-n befreien (von *od.* aus *de*); ✉ leeren; *Flecken* entfernen; *j-m et.* abgewöhnen; *j-n von e-r Meinung usw.* abbringen; *Blick usw.* losreißen; *Träne usw.* entlocken; *Sprache usw.* rauben; *Kleid, Schuh* ausziehen; *Essen* auftragen, ausschöpfen; *Hut usw.* abnehmen; *Zunge* herausstrecken; *Wort usw.* weglassen, streichen; *Schriftstelle usw.* herausschreiben; *aus e-r Sprache* übertragen; *Geld* verdienen (*od. Gewinn* erzielen) (bei *de*); *Führerschein* m.; *Lizenz* erwerben; *Mut* schöpfen; *Schulden usw.* einkassieren; *Ursprung* herleiten; schließen, folgern; *Summe* abziehen; *univ.*: *Fach* ~ studieren; *tip.* abziehen, drucken; *pint.* abbilden, malen; *fot.* aufnehmen; *Billett* lösen; *Bescheinigung* ausstellen (l.); *Abschrift, Liste* anfertigen *od.* m. (l.); ~ *a/c. da cabeça* (*do sentido*) sich et. aus dem Kopf (dem Sinn) schlagen; *j-m et.* ausreden; *tirando* abzüglich; ausgenommen; außer; **2.** *v/i.* ziehen; schießen; ~ *a* es abgesehen haben auf (*ac.*); streben nach; *ins Grüne usw.* spielen; ~ *por* ziehen (*ac.*); ziehen (*od.* zerren) an (*dat.*); sich wenden nach; = ~ *de Schwert usw.* ziehen; *não* ~ (*nem pôr*) nicht ins Gewicht fallen, nichts ändern; *sem* ~ *nem pôr* ganz genau (so); *tira que tira* unablässig.

tireóide [ti'rjɔiðə] *f* (*a. glândula f* ~) Schilddrüse *f*.

tiririca *bras.* [tiri'rikɐ] **1.** *f* Zyperngras *n*; **2.** *adj.* wütend, böse.

tiritar [tiri'tar] (1a) *vor Kälte* zittern.

tiro ['tiru] *m* Schuß *m*; Knall *m*; Schießen *n*; Wurf *m*; Zug *m*; Zugriemen *m*; *Pferde- usw.* Gespann *n*; *fig.* Hieb *m*; F Anpumper *m*; ~ *cego* blindlings abgegebene(r) Schuß *m*; ~ *sensacional* Bombenerfolg *m*; *animal m de* ~ Zugtier *n*; *carreira f de* ~ Schießstand *m*; *apoio m de* ~ Schießbock *m*; *abater* (*od. matar*) *a* ~ niederschießen; *alvejar a* ~ schießen auf (*ac.*); *dar um* ~ e-n Schuß abgeben, (einmal) schießen; *disparar* ~*s* schießen; *levar um* ~ angeschossen w.; etwas abbekommen (*a. fig.*).

tirocínio [tiru'sinju] *m* Lehre *f*, Lehrzeit *f*; ⚔ Lehrgang *m*.

tirolês *m*, **-esa** *f* [tiru'leʃ, -ezɐ] Tiroler(in *f*) *m*.

tiroteio [~'teju] *m* Schießerei *f*, Geplänkel *n*.

tir-te ['tirtə]: *sem* ~ *nem guar-te* unversehens, überraschend.

tisana [ti'zɐnɐ] *f* Arzneitrank *m*.

tísic|a ⚕ ['tizikɐ] *f* Schwindsucht *f*; **~o** [~u] schwindsüchtig.

tisn|a ['tiʒnɐ] *f* Schwärze *f*; **~ado** [tiʒ'naðu] schwärzlich; angebrannt (*Speise*); **~ar** [tiʒ'nar] (1a) schwärzen, schwarz m.; *fig.* anschwärzen; *Speise* anbrennen l.; **~ar-se** schwarz (*od.* rußig) w.; **~e** ['tiʒnə] *m* Schwärze *f*; Ruß *m*.

tit|ã [ti'tɐ̃] *m* Titan *m*; **~ânico** [~ɐniku] titanisch, riesenhaft.

títere ['titərə] *m* Hampelmann *m*.

titi *infan.* [ti'ti] **1.** *m* Onkel *m*; **2.** *f* = **~a** [~ɐ] *f* Tante *f*.

titilar [~ti'lar] (1a) kitzeln; *fig. a.* schmeicheln (*dat.*); *v/i.* beben.

titio *bras.* [~'tiu] *m* Onkelchen *n*.

titubear [~tu'βjar] (1l) wanken; schwanken; stammeln.

titul|agem [~tu'laʒɐ̃i] *f* Anrede *f*; *Zeitungs-*Überschrift(en) *f* (*pl.*); **~ar** [~tu'lar] **1.** *v/t.* (1a) titulieren; urkundlich m.; **2.** *adj.* Titular...; titel-

führend; **3.** *m* Titular *m*; Inhaber *m*; ~ *da pasta da Justiça* Justizminister *m*.
título [ˈtitulu] *m* Titel *m*; Auf-, Über-schrift *f*; Würde *f*; Name(n) *m*; Benennung *f*; Wertpapier *n*; Urkunde *f*; *Wahl*-Schein *m*; Rechts-anspruch *m*, -grund *m*; Feingehalt *m e-r Münze*; Gewicht *n*, Titer *m der Seide*; *fig.* Grund *m*; Recht *n*, Anspruch *m* (auf [*ac.*] *a*); ~ *do Tesouro* Schatzanweisung *f*; *a* ~ *de su.* als *su.*; *a* ~ *pessoal* (*provisório*) persönlich (vorläufig); *a* ~ *especial* ausnahmsweise; *a justo* ~ mit vollem Recht; *por muitos* (*todos os*) ~*s* in mancher (jeder) Hinsicht.
to [tu] *Zssg der pron.* te *u.* o.
toa [ˈtoɐ] *f* Schlepptau *n*; *à* ~ aufs Geratewohl; gedankenlos; drauflos.
toad|a [ˈtwaδɐ] *f* Ton *m*; Klang *m*; ♪ *u. fig.* Weise *f*; *fig.* Gerücht *n*; Sage *f*; **~ilha** [twɐˈδiʎɐ] *f* Volksweise *f*, Liedchen *n*.
toalh|a [ˈtwaʎɐ] *f* Tisch-, Hand-, Küchen-tuch *n*; Altartuch *n*; ~ *de água* (*verdura*) Wasserspiegel *m* (Rasenteppich *m*); **~eiro** [twɐˈʎeiru] *m* Handtuchhalter *m*.
toar [twar] (1f) tönen; klingen (*a* nach); *fig.* passen; gefallen.
toca [ˈtɔkɐ] *f* Höhle *f*, Bau *m*.
toca|-discos (*pl. unv.*) [ˌtɔkɐˈδiʃkuʃ] *m* Plattenspieler *m*; **~do** [tuˈkaδu] ange-fault, -gangen; F angeheitert; **~dor** [tukɐˈδor] *m* ♪ Spieler *m*; *bras.* Lasttiertreiber *m*; **~-fitas** *bras.* (*pl. unv.*) [~ˈfitɐs] *m* Bandspielgerät *n*, Recorder *m*.
tocai|a *bras.* [toˈkajɐ] *f* Hinterhalt *m*; Versteck *n*; **~ar** [~kɐˈjar] (1a) (auf)lauern; **~o** [~u] **1.** *adj.* gleichen Namens; **2.** *m* Namensvetter *m*.
toc|ante [tuˈkɐ̃ntə] rührend; ~ *a* betreffend (*ac.*), bezüglich auf (*ac.*); *no* ~ *a* in bezug auf (*ac.*), hinsichtlich (*gen.*); **~ar** [~ar] (1n; *Stv.* 1e) **1.** *v/t.* berühren (*a. fig.*); streifen; treffen; grenzen an (*ac.*); gehen bis an (*ac.*) (*od.* bis zu); *Ziel* erreichen; *Gold, Silber* prüfen; ♪ spielen; blasen; *Trommel, Stunde* schlagen; *Glocke* läuten; ⚓ anlaufen; *fig.* rühren; erschüttern; ergreifen (*Liebe*); betreffen; **2.** *v/i.* klingeln; *bras.* (los-, weiter-) gehen, fahren; ~ *em* berühren (*ac.*); rühren an (*ac.*); grenzen an (*ac.*); an-greifen, -tasten (*ac.*); ⚓ anlaufen (*ac.*); ~ *a* angehen (*ac.*), betreffen (*ac.*); gehören (*dat.*); zufallen (*dat.*) (*Erbschaft*); fallen auf (*ac.*) (*Los*); entfallen auf (*ac.*) (*Anteil*); nahestehen (*dat.*) (*Verwandter*); *quando me toca* wenn ich an der Reihe (*od.* F dran) bin; *pelo que me toca* was mich an-geht, -betrifft; *toca a inf.* los!; *toca para cama!* marsch, ins Bett!; **~ar-se** zu faulen beginnen, verderben; F sich benebeln; ~ *para bras.* gehen (*od.* fahren) nach.
tocha [ˈtɔʃɐ] *f* (Pech-, Wachs-) Fackel *f*; *fig.* Brandfackel *f*; Licht *n*.
toco [ˈtoku] *m Baum-, Kerzen-, Mast*-Stumpf *m*.
todavia [toδɐˈviɐ] (je)doch; dennoch; indessen.
todo [ˈtoδu] **1.** *adj.* a) ganz (*pl.* alle); b) jede(r, -s); ~*s os dias* jeden Tag; *-as as manhãs* (*vezes*) jeden Morgen (jedesmal); c) all, *z.B. de -a a espécie* aller Art; *em* (*od. por*) *-a a parte* überall; ~ *o mundo fig.* alle Welt, jedermann; **2.** *m* Ganze(s) *n*; *ao* ~ im ganzen; *de* ~ gänzlich; *de* ~ *em* ~ ganz und gar; **~-poderoso** [~puδəˈrozu (-ɔ-)] allmächtig.
tofo [ˈtofu] *m* Tuff(stein) *m*; ⚕ Kalkablagerung *f*.
toga [ˈtɔɣɐ] *f* Toga *f*; Talar *m*; **~do** [tuˈɣaδu] *m* Richter *m*.
toic... *s. touc...*
toir... *s. tour...*
tojo ⚘ [ˈtoʒu] *m* Stechginster *m*.
told|a [ˈtɔldɐ] *f* **a**) ⚓ Oberdeck *n*; ⛏ Maisspeicher *m*; = **~o**; **b**) Trübung *f des Weins*; **~ado** [toɫˈdaδu] trüb; *fig.* benommen; **~ar** [toɫˈdar] (1e) (mit e-r Plane) überspannen; trüben (*a. fig.*); verdecken; **~o** [ˈtoɫdu] *m* Plane *f*; Markise *f*; Sonnensegel *n*.
tolei|ma [tuˈleimɐ] *f* = *tolice*; **~rão** [~leiˈrɐ̃u] **1.** *adj.* strohdumm; **2.** *m*, **~rona** *f* F Rindvieh *n*, Kuh *f*.
toler|ada [~ləˈraδɐ] *f polizeilich eingetragene* Dirne *f*; **~ância** [~ɐ̃sjɐ] *f* Duldsamkeit *f*, Toleranz *f*; Nachsicht *f*; *casa f de* ~ Absteigequartier *n*; **~ante** [~ɐ̃ntə] duldsam; nachsichtig; **~ar** [~ar] (1c) dulden; zulassen; nachsichtig beurteilen, durchgehen l.; ⚕ vertragen; **~ável** [~avɛɫ] erträglich; ⚕ verträglich.
tolh|er [tuˈʎer] (2d) (ver)hindern; hemmen; untersagen; *Glied* lähmen

(*a. fig.*); *Atem* benehmen; *Sprache* rauben; ~ *alg. de a/c.* j-m et. nehmen *od.* rauben; ~ *o caminho* sich *j-m* in den Weg stellen, *j-m* den Weg versperren; **~er-se** lahm (*od.* steif) w.; erlahmen; ~ *de* vor *Schreck usw.* erstarren; **~ido** [~iðu] lahm; starr; behindert.

tol|ice [tu'lisə] *f* Dummheit *f*; dumme(r) Streich *m*; Torheit *f*; **~o** ['tolu] **1.** *adj.* dumm; töricht; närrisch; **2.** *m* Dummkopf *m*; Narr *m*.

tom [tõ] *m* Ton *m*; Tonart *f*; Tonfall *m der Stimme*; ⚕ Tonus *m*, Spannkraft *f*; *dar o ~ fig.* den Ton angeben; *mudar de ~ fig.* e-n andern Ton anschlagen.

tom|ada [tu'maðɐ] *f* Einnahme *f*; Erbeutung *f*; Gefangennahme *f*; *pol. Macht*-Übernahme *f*; ⚡ Steckdose *f*; **~ado** [~aðu] *adj.* benommen; ⚕ angegriffen; belegt (*Stimme*); ~ *de sono* (*alegria*) schlaf- (freude-)trunken; ~ *de medo* (*susto*) angst- (schreck-)erfüllt; ~ *de pavor* entsetzt; **~ar** [~ar] (1f) **1.** *v/t.* nehmen; *Ausmaß, Ansehen, Titel* annehmen; *Arznei, Stadt* einnehmen; *Mahlzeit* zu sich nehmen; *Kaffee, Tee usw.* trinken; *Arbeit* übernehmen; *Zügel, Steuer* in die Hand nehmen; *Gewicht, Anzahl* feststellen; *Temperatur, Höhe* messen; *Stimmen* zählen; *Maßnahmen* ergreifen; *Entschluß, Mut* fassen; *Luft, Kraft, Atem* schöpfen; *Zeit, Raum usw.* beanspruchen; *fremdes Eigentum* wegnehmen; *Feind, Verbrecher* gefangennehmen, fangen; ergreifen (*Gefühl*); ~ *a mal* (*bem*) übel- (gut auf-)nehmen; ~ *a sério* (*ao trágico*) ernst (tragisch) nehmen; ~ *amor* (*od. afeições*) *a* liebgewinnen (*ac.*); ~ *como* auffassen als; ~ *de bras.* ergreifen, fassen; ~ *por* halten für; *toma!* Glück zu!; *toma lá!* da!; *toma lá que te dou eu!* dir will ich's geben!; *tomara eu* (*ele*) (*que assim fosse*)! das wär' mir (ihm) gerade recht!; *tomara eu saber* wüßte ich nur; **2.** *v/i.*: ~ *por*, ~ *para* gehen (*od.* fahren) nach; **3. ~ar-se** *de* sich zu Herzen nehmen (*ac.*); ergriffen w. von; ~ *de vinho* sich berauschen; 4. **~es**: *dares e ~ pl.* Händel *m/pl.*

tomat|ada [~mɐ'taðɐ] *f* Tomatenmark *n*; **~e** [~'matə] *m* Tomate *f*; **~eiro** [~eiru] *m* Tomatenstrauch *m*.

tomb|ada *bras.* [tõm'baðɐ] *f Berg*-Hang *m*; **~adilho** ⚓ [~bɐ'ðiʎu] *m* Oberdeck *n*; **~ador** *bras.* [~ba'ðor] *m* Abhang *m*; Schlucht *f*; **~ar** [~'bar] (1a) **1.** *v/t.* a) umwerfen; niederwerfen; (um)stürzen; b) katalogisieren; *Gelände* aufnehmen; **2.** *v/i.* (um)fallen; hin-, her-unterrollen, -purzeln; = **3. ~ar-se** sich überschlagen; um-kippen, -schlagen; **~o** ['tõmbu] *m* **a)** Fall *m*; Sturz *m*; *andar aos ~s* zum Umfallen müde sn; herumgestoßen w.; *levar um ~ bras.* hinfallen, stürzen; **b)** Grundbuch *n*; Archiv *n*.

tômbola ['tõmbulɐ] *f* Tombola *f*.

tomilho ⚘ [tu'miʎu] *m* Thymian *m*.

tomo ['tomu] *m* Band *m*; Buch *n*; *fig.* Abschnitt *m*; Bedeutung *f*.

tona ['tonɐ] *f* Bast *m*; (Außen-) Haut *f*; *fig.* Oberfläche *f*; *vir à ~* sich zeigen.

tonal [tu'nał] tonal; Ton...; **~idade** [~nɐli'ðaðə] *f* ♪ Tonart *f*; Tonalität *f*; *fig.* Abtönung *f*, Nuance *f*.

tonante [tu'nẽntə] donnernd, dröhnend; *Júpiter m ~* Donnerer *m*.

tonel [~'nɛł] *m* Tonne *f*.

tonel|ada [~nə'laðɐ] *f* Tonne *f*; **~agem** [~aʒẽi] *f* Tonnage *f*.

tónica ♪ ['tɔnikɐ] *f* Grundton *m*; *fig.* Haupt-akzent *m*, -punkt *m*.

tonicidade [tunəsi'ðaðə] *f* Spannungszustand *m*; Wortakzent *m*.

tónico ['tɔniku] **1.** *adj.* **a)** Ton...; *nota f -a* Grundton *m*; *acento m ~* Wortakzent *m*, Hauptton *m*; *vogal f -a* Tonvokal *m*; **b)** ⚕ tonisch, stärkend; *água f -a* Tonicwater *n*; **2.** *m* ⚕ Stärkungsmittel *n*.

tonificar [tunəfi'kar] (1n) stärken.

toninha [tu'niɲɐ] *f* junge(r) Thunfisch *m*; Delphin *m*.

tonitruante [toni'trwẽntə] dröhnend; hochtrabend.

tono ['tonu] *m* Ton(fall) *m*; Weise *f*; ⚕ Tonus *m*.

tonsura [tõ'surɐ] *f* Tonsur *f*; **~do** [~su'raðu] **1.** *adj.* geschoren; **2.** *m* katholische(r) Geistliche(r) *m*.

tont|ear [tõn'tjar] (1l) albern; faseln; *a cabeça tonteia-lhe* ihm schwindelt der Kopf; er nickt schläfrig mit dem Kopf; **~ice** [~'tisə] *f* Albernheit *f*; Dummheit *f*; Narrheit *f*; **~o** ['tõntu] **1.** *adj.* schwindlig; benommen, betäubt;

albern, närrisch; kindisch; ~ *com* (*od. de*) *sono* schlaftrunken; **2.** *m* Kindskopf *m*, Narr *m*; **~ura** [~'turɐ] *f* Schwindel(anfall) *m*.

topar [tu'par] (1e) finden; *Spiel* halten; ~ *a banca*, ~ *o monte* va banque spielen; *topo!* topp!; *v/i.* ~ *em* stoßen an (*ac.*) *od.* gegen; ~ *com* stoßen auf (*ac.*), treffen (*ac.*).

topázio [tu'pazju] *m* Topas *m*.

tope ['tɔpə] *m* Zs.-prall *m*, -stoß *m*; ⚓ Topp *m*; Spitze *f*; Gipfel *m* (*a. fig.*).

topet|ada [tupə'taðɐ] *f* Stoß *m*; *dar uma* ~ (mit dem Kopf) (an)stoßen; **~ar** [~'tar] (1c) *v/t.* = *v/i.* ~ *com*, ~ *em* stoßen an (*ac.*) *od.* gegen; sich erheben (bis) zu; **~e** [~'petə] *m Haar*-Schopf *m*; Toupet *n*; *fig.* Frechheit *f*; **~udo** [tope'tuðu] *bras. fig.* frech.

tópico ['tɔpiku] **1.** *adj.* örtlich; zutreffend (*Argument*); *lugar m* ~ Gemeinplatz *m*, Topos *m* (*pl.* Topoi); Hauptpunkt *m e-r Rede*; *bras.* „Streiflicht" *n*.

topo ['topu] *m* ⚓ *u. fig.* = *tope*; *topo!* *s. topar*.

topogr|afia [tupuɣrɐ'fiɐ] *f* Geländebeschreibung *f*; **~áfico** [~'ɣrafiku] topographisch; *levantamento m* ~ Geländeaufnahme *f*.

toponímia [~'nimjɐ] *f* Ortsnamenkunde *f*.

toque ['tɔkə] *m* Berührung *f*; *Trommel*-Schlag *m* (*a. fig.*); *Hörner*-Klang *m*; *Glocken*-Geläut *n*; *Klingel*-Zeichen *n*; (Horn-)Signal *n*; *Hände*-Druck *m*; Pinselstrich *m*; ♪ Anschlag *m*; *fig.* Spur *f*; Anschein *m*; Manier *f*; angefaulte (*od.* beschädigte) Stelle *f*; Stich *m*; *pedra f de* ~ Probier-, Prüf-stein *m*.

torar [tu'rar] (1e) zersägen.

tórax ['tɔraks] *m* Brustkorb *m*.

torç|al [tur'sal] *m* Knopflochseide *f*; Seidenschnur *f*; *bras.* Kappzaum *m*; **~ão** [~ɐ̃u] *f* Drehung *f*; Torsion *f*; *vet.* Kolik *f*.

torc|edela [tursə'ðɛlɐ] *f* = **~edura**; **~edoira, -oura** [~ə'ðoirɐ, -orɐ] *f* Zwirnmaschine *f*; **~edor** *bras.* [torse'dor] *m Sport*: Schlachtenbummler *m*; **~edura** [~ə'ðurɐ] *f* Drehung *f*; Zwirnung *f*; Drall *m*; Krümmung *f*; ⚕ Verstauchung *f*; *fig.* Verrenkung *f*; Wortklauberei *f*; Winkelzug *m*; **~er** [~'ser] (2g; *Stv.* 2d) drehen; krümmen; biegen; *Faden* zwirnen; *Arm* verstauchen; *vom Wege usw.* abbringen; *Richtung* ändern; *Wäsche* auswringen; *Lippen* verziehen; *Nase* rümpfen; *Hände* ringen; *Augen* verdrehen; *Ohren* hängen l.; *Hals* umdrehen; *fig.* bezwingen; knebeln; *Wort, Sinn* verdrehen; *Recht* beugen; ~ *e re*~ hin und her drehen; ~ *o passo* umkehren; *dar o braço a* ~ nachgeben; ~ *por bras.* eintreten für; *v/i. u.* **~er-se** sich winden; nachgeben; sich (ver-) locken l.; **~icolo** [~si'kɔlu] *m* Windung *f*; steife(r) Hals *m*; *zo.* Wendehals *m*; *fig.* Ausflucht *f*; **~ida** [~'siðɐ] *f* Docht *m*; *bras.* Anhängerschaft *f*; **~ido** [~'siðu] krumm; schief; *fig.* falsch; *olhos m/pl.* ~*s* schielende (*fig.* neidische) Augen *n/pl.*; *ter a vista -a* schielen.

tordo ['torðu] *m* Drossel *f*; Krammetsvogel *m*.

toré *bras.* [to'rɛ] *m* Rohrflöte *f*.

torment|a [tur'mẽntɐ] *f* Sturm *m*; Seenot *f*; **~o** [~u] *m* Folter *f*; Qual *f*; Marter *f*; Leiden *n*; Not *f*; *meter a* ~ auf die Folter spannen; **~oso** [~mẽn'tozu (-ɔ-)] stürmisch.

torna ['tɔrnɐ] *f* Draufgeld *n*; Ausgleich(szahlung *f*) *m*.

torn|ada [tur'naðɐ] *f* Rück-, Wieder-kehr *f*; **~adiço** [~nɐ'ðisu] wetterwendisch; abtrünnig; **~ado** [~'naðu] *m* Wirbelsturm *m*, Tornado *m*; **~adura** [~nɐ'ðurɐ] *f* Reifzieher *m*, Bandhaken *m*; **~ar** [~'nar] (1e) **1.** *v/t.* (um)wenden; um-drehen, -kehren; zurück-geben, -bringen, -führen, -schicken; *aus e-r Sprache* übertragen; *Reifen* ziehen; ~ *adj.* m. *adj.*; ~ *su.* machen zu (*dat.*); **2.** *v/i.* zurück-, um-kehren; ~ *a fig.* zurückkommen auf (*ac.*); ~ *a fazer a/c.* et. wieder tun; ~ *de* zurücknehmen (*ac.*), ändern (*ac.*); ~ *por* eintreten für; **3. ~ar-se** werden; = 2.; ~ *a fig.* sich halten (*od.* wenden) an (*ac.*); zurückgreifen auf (*ac.*); ~ *em* sich verwandeln in (*ac.*); **~assol** [~nɐ'sɔł] *m* Sonnenblume *f*; ⚗ Lackmus *n*; **~eador** [~njɐ'ðor] *m* Drechsler *m*; Dreher *m*; **~ear** [~'njar] (1l) **a**) drechseln; drehen; runden; *fig.* umgeben; umfließen; gehen (*od.* fahren) um; **b**) turnieren; **~earia** [~njɐ'riɐ] *f*

Drechslerei *f*; **~eio** [~'neju] *m* **a**) Rundung *f*; *fig*. Formvollendung *f*; **b**) Turnier *n*; **~eira** [~'neirɐ] *f* *Faß-*, *Wasser-*Hahn *m* (*abrir* [*fechar*] auf-[zu-]drehen); **~eiro** [~'neiru] *m* Drechsler *m*; **~ejar** [~nɨ'ʒar] (1d) krümmen; gehen um; umfahren; **~el** [~'nɛɫ] *m* Wirbel *m*; Handgriff *m der Spannsäge*; **~ilho** [~'niʎu] *m* Zwinge *f*; **~inho** [~'niɲu] *m* Schraubstock *m*; **~iquete** [~ni'ketə] *m* Drehkreuz *n*; *cir*. Aderpresse *f*; **~o** ['tornu] *m* Drechsel-, Dreh-bank *f*; *Holz-*Pflock *m* (*abrir* einlassen); *Faß-*Zapfen *m*; *feito ao* ~ gedrechselt; *em* ~ rings umher; *em* ~ *de um* ... (herum); **~ozelo** [~nu'zelu] *m* (Fuß-)Knöchel *m*.

toro ['tɔru] *m* *Baum-*Stamm *m*; Stumpf *m*; *Holz-*Klotz *m*; Rumpf *m*; △ Wulst *m*; ⚘ Fruchtknoten *m*.

toronja ⚘ [tu'rõʒɐ] *f* Pampelmuse *f*.

torpe ['torpə] **a**) schändlich; abstoßend; schmutzig; unzüchtig; **b**) starr, taub (*Glieder*); benommen.

torped|eamento [turpəðjɐ'mẽntu] *m* Torpedierung *f*; **~ear** [~'ðjar] (1l) torpedieren; **~eiro** [~'ðeiru] *m* Torpedoboot *n*; **~o** [~'peðu] *m zo*. Zitterrochen *m*; ⚔ Torpedo *m*.

torpeza [~'pezɐ] *f* Schändlichkeit *f*; Widerlichkeit *f*; Unanständigkeit *f*.

tórpido ['tɔrpiðu] erstarrt; betäubt.

torpor [tur'por] *m* Starre *f*; Erstarrung *f*; Benommenheit *f*.

torquês *bras*. [tor'kes] *f* Beiß-, Kneif-zange *f*.

torr|ada [tu'ʀaðɐ] *f* (Scheibe) Röstbrot *n*; Toast *m*; **~adeira** [~ʀɐ'ðeirɐ] *f* Toaströster *m*; **~ado** [~aðu] Röst...; schwarzbraun; welk (*Pflanze*); heiß (*Zone*).

torrão [~'ʀɐ̃u] *m* Scholle *f* (*a. fig*.); (Klumpen *m*) Erde *f*; Stück *n* (*Zucker*); *torrões pl*. Landbesitz *m*.

torrar [~'ʀar] (1e) rösten; versengen; *bras*. verschleudern.

torre ['toʀə] *f* Turm *m*; **~ão** [tu'ʀjɐ̃u] *m* (Festungs-)Turm *m*; Erker *m*.

torrefac|ção [toʀəfa'sɐ̃u] *f* Rösten *n*; (*fábrica f de*) ~ Rösterei *f*; **~to** [~'fatu] geröstet, Röst...

torreira [tu'ʀeirɐ] *f* Gluthitze *f*.

torren|cial [~ʀẽ'sjaɫ] strömend; reißend; **~cialmente** [~sjaɫ'mẽntə] in Strömen; **~te** [~'ʀẽntə] *f* Sturz-, Gieß-bach *m*; *fig*. Flut *f*, Strom *m*; Strudel *m*; *Wort-*Schwall *m*; *a* ~*s*, *em* ~*s* in Strömen.

torresmo [~'ʀeʒmu] *m* Griebe *f*.

tórrido ['tɔʀiðu] heiß.

torrificar [tuʀəfi'kar] (1n) rösten.

torrinha [~'ʀiɲɐ] *f tea*. Galerie *f*.

tort|a ['tɔrtɐ] *f* Torte *f*; **~eira** [tur'teirɐ] *f* Torten-, Spring-form *f*.

torto ['tortu] **1.** *adj*. schief; krumm; *fig*. verkehrt; schielend; hinterhältig, falsch; unehrlich; schuftig; ~ *dos olhos*, ~ *da vista* schieläugig; ~ *das pernas* krummbeinig; *dar para o* ~ schiefgehen; **2.** *adv*. verkehrt; *a* ~ *e a direito* drauflos; kreuz und quer; recht und schlecht.

tortulho [tur'tuʎu] *m* Pilz *m*; Bündel *n* getrocknete Därme; *fig*. stämmige(r) Bursche *m*.

tortuos|idade [~twuzi'ðaðə] *f* Krümmung *f*; Gewundenheit *f*; **~o** [~'twozu (-ɔ-)] krumm (*a. fig*.); gewunden; schief.

tortur|a [~'turɐ] *f* Folter *f*; Qual *f*, Marter *f*; *aplicar a* ~ *a* foltern (*ac*.); *pôr em* ~*s* martern; **~ar** [~tu'rar] (1a) foltern; martern, quälen.

torv|ação *f*, **~amento** *m* [turvɐ'sɐ̃u, ~ɐ'mẽntu] Bestürzung *f*; Verwirrung *f*; Unruhe *f*; **~ar** [~'var] (1e) bestürzen; verwirren; ~ *de medo* ängstigen; ~ *de susto* erschrecken; **~elinhar** [~əli'ɲar] (1a) wirbeln; wimmeln; **~elinho** [~ə'liɲu] *m* Wirbel *m*; Gewimmel *n*, Gewoge *n*.

torvo ['torvu] furchterregend.

tosa ['tɔzɐ] *f* **a**) *Schaf-*Schur *f*; **b**) Tracht *f* Prügel.

tos|ão [tu'zɐ̃u] *m* Vlies *n*; **~ar** [~ar] (1e) **a**) *Schaf*, *Tuch* scheren; *fig*. abweiden; **b**) durchprügeln.

tosco ['toʃku] roh, unbearbeitet; unbehauen (*Stein*); ungehobelt.

tosqu|ia [tuʃ'kiɐ] *f* (Schaf-)Schur *f*; Schurzeit *f*; *fig*. Maßregelung *f*; **~iar** [~'kjar] (1g) scheren; *Pflanzen* beschneiden; *fig*. schröpfen.

tosse ['tɔsə] *f* Husten *m*; ~ *convulsa* (*od. bras. comprida*) Keuchhusten *m*.

toss|icar [tusi'kar] (1n) hüsteln; **~idela** [~i'ðɛlɐ] *f* Huster *m*; **~ido** [~'siðu] *m* Hüsteln *n*, Räuspern *n*; **~ir** [~'sir] (3f) husten.

tosta ['tɔʃtɐ] *f* Zwieback *m*.

tostão [tuʃ'tɐ̃u] *m ehm. port. Münze, heute = 10 Centavo, entspr. dtsch.* Groschen *m*; *fig*. Pfifferling *m*.

tostar [tuʃ'tar] (1e) rösten; bräunen.

total [tu'tał] **1.** *adj.* ganz, völlig; Gesamt...; total; **2.** *m* Gesamtbetrag *m*, -summe *f*; Gesamtheit *f*.

totali|dade [~tɐli'δaδə] *f* Gesamtheit *f*; Ganzheit *f*; *na* ~ insgesamt; im ganzen; gänzlich; **~tário** [~-'tarju] totalitär; **~zador** [~zɐ'δor] *m* Totalisator *m*; **~zar** [~'zar] (1a) zs.-zählen; zs.-fassen; im ganzen (aus)machen (*od.* sich belaufen auf) (*ac.*); ganz verwirklichen (*od.* durchführen); ganz verkaufen.

touca ['tokɐ] *f* Haube *f*; (Nonnen-) Schleier *m*; P Rausch *m*.

touc|ado [to'kaδu] *m* Kopfputz *m*, Frisur *f*; **~ador** [~kɐ'δor] *m* Toiletten-tisch *m*, -zimmer *n*; *objectos m/pl.* de ~ Toilettenartikel *m/pl.*; **~ar** [~ar] (1n) *Haar* frisieren; *fig.* schmücken; umhüllen, krönen.

tou-, toicinho [to-, toi'siɲu] *m* Speck *m*; *manta f de* ~ Speck *m* vom halben Schwein.

toupeira [to'peirɐ] *f* Maulwurf *m*.

tour-, toir|ada [to-, toi'raδɐ] *f* Stierkampf *m*; Stierherde *f*; **~ão** [~'rɐ̃u] *m* Iltis *m*; *fig.* Wiesel *n*; **~eador** [~rjɐ'δor] *m* Stierkämpfer *m*; **~ear** [~'rjar] (1l) kämpfen mit *e-m Stier*; *fig.* hänseln; quälen; verfolgen; *v/i.* Stierkämpfer sn; **~eio** [~-'reju] *m* Stierkampf *m*; **~eiro** [~'reiru] **1.** *m* = *~eador*; **2.** *adj.* Stier...; **~il** [~'ril] *m* Rinderstall *m*; Stierzwinger *m*; **~inha** [~'riɲɐ] *f* Amateurstierkampf *m*; Stierkampf *m* (*als Spiel*); **~o** ['to-, 'toiru] *m* Stier *m*, Bulle *m* (*a. fig.*); *corrida f de ~s* Stierkampf *m*; *correr ~s* Stierkämpfe abhalten.

touti|ço [to'tisu] *m* Hinterkopf *m*; **~negra** [~ti'neɣrɐ] *f* Grasmücke *f*.

tóxico ['tɔksiku] **1.** *adj.* giftig; **2.** *m* Gift *n*.

toxina [tɔk'sinɐ] *f* Giftstoff *m*.

trabalh|adeira [trɐβɐʎɐ'δeirɐ] arbeitsam; **~ado** [~'ʎaδu] sorgfältig (gearbeitet); abgearbeitet; arbeitsreich; mühsam; **~ador** [~ɐ'δor] **1.** *adj.* werktätig; arbeitsam; **2.** *m* Arbeiter *m*; *bsd.* Landarbeiter *m*; *allg.* Werktätige(r) *m*; Beschäftigte (-r) *m*; **~ão** [~'ʎɐ̃u] *m* Heidenarbeit *f*; **~ar** [~'ʎar] (1b) bearbeiten; ausarbeiten; *Rohstoff* verarbeiten; zu schaffen m. (*dat.*); plagen; *Pferd* zureiten; *v/i.* arbeiten (*à hora [ao dia]* stunden- [tage-]weise); ~ *por inf.* sich bemühen zu *inf.*; **~eira** [~'ʎeirɐ] *f* Plackerei *f*, Schinderei *f*; **~ismo** [~'ʎiʒmu] *m* Arbeiterbewegung *f*; **~ista** [~'ʎiʃtɐ] Arbeiter...; **~o** [~'βaʎu] *m* Arbeit *f* (*dar* m.); *biol.* Vorgang *m*; *fig.* Mühe *f*; Schwierigkeit *f*; Plage *f*; ~ *à hora* (*ao dia*) Arbeit pro Stunde (Tag); **~oso** [~'ʎozu (-ɔ-)] mühsam; mühselig; arbeitsreich.

traça ['trasɐ] *f* **a**) Bauriß *m*; Plan *m*; *fig.* Kniff *m*, List *f*; Schiebung *f*; *bras.* Aussehen *n*; **b**) *zo.* Motte *f*; *fig. a.* Klette *f*.

traç|ado [trɐ'saδu] *m* Linienführung *f*; graphische(s) Bild *n*; Vorzeichnung *f*; Riß *m*; Entwurf *m*; 🚂 Trasse *f*; **~ador** [~sɐ'δor] *m* (Plan-) Zeichner *m*; Planer *m*; ⊕ Schrotsäge *f*; **~amento** [~sɐ'mẽntu] *m* Zeichnung *f*; Planung *f*; Entwurf *m*; **~ante** [~'sẽntə]: *bala f* ~ Rauchspurgeschoß *n*; **~ar** [~'sar] (1p; *Stv.* 1b) **a**) (auf)zeichnen; *Linie, Grenze* ziehen; *Kreis* beschreiben; *Weg, Bahn* abstecken, trassieren; Linien ziehen (*od.* Striche m.) auf (*dat.*); stricheln; (durch)kreuzen; zer-schneiden, -stückeln; *Zeichnung* anlegen; *Plan, Bild* entwerfen; *fig. a.* planen; *Mittel* ersinnen; *Überraschung* bereiten; *Ausführung* anordnen; *Mantel usw.* überwerfen; **b**) zerfressen; *fig.* untergraben.

tracção [tra'sɐ̃u] *f* Zug *m*; Ziehen *n*; Zugkraft *f*; ~ *animal* Tierkraft-, Pferde-betrieb *m*; ~ *eléctrica* (*a vapor*) elektrische(r) (Dampf-)Betrieb *m*; *prova f de* ~ Zerreißprobe *f*; *resistência f à* ~ Zerreiß-, Zugfestigkeit *f*; *animal m de* ~ Zugtier *n*.

tracejar [trɐsɨ'ʒar] (1d) stricheln; skizzieren.

traço ['trasu] *m* Strich *m*; *Gesichts-, Charakter-*Zug *m*; Merkmal *n*; Spur *f*; Stelle *f aus e-m Buch*; *nos seus ~s gerais* im großen und ganzen.

tracoma ⚕ [trɐ'komɐ] *m* Augenlidentzündung *f*, Trachom *n*.

tracto ['tratu] *m* Trakt *m*; Abschnitt *m*; Strecke *f*.

tractor [tra'tor] *m* Traktor *m*, Schlepper *m*, Trecker *m*; **~ista** [~tu-'riʃtɐ] *m* Traktorfahrer *m*, Traktorist *m*.

tradi|ção [trɐδi'sɐ̃u] *f* Überlieferung *f*; Herkommen *n*; **~cional** [~sju'nał] überliefert; herkömmlich; traditionell; **~cionalismo** [~sjunɐ'liʒmu] *m* Traditionalismus *m*; **~cionalista** [~sjunɐ'liʃtɐ] **1.** *adj.* traditionsbewußt; **2.** *su.* Traditionalist(in *f*) *m*; **~cionalmente** [~sjunał'mẽntə] traditionell.

tradu|ção [trɐδu'sɐ̃u] *f* Übersetzung *f*; Wiedergabe *f*; Ausdruck *m*; **~tor** [~'tor] *m* Übersetzer *m*; *fig.* Dolmetsch *m*; **~zir** [~'zir] (3m) übersetzen; wiedergeben; zum Ausdruck bringen, ausdrükken; verdolmetschen; ~ *em factos* (*od. obras*) in die Tat umsetzen; **~zir-se** *por* zum Ausdruck kommen in (*dat.*); **~zível** [~'zivɛł] übersetzbar.

trafegar [~fə'ɣar] (1o; *Stv.* 1c) Handel treiben, handeln; tätig sn; sich plagen; *auto.* fahren, verkehren.

tráfego ['trafəɣu] *m* Verkehr *m*; Handel *m*; 🚂 Güter-abfertigung *f*, -verkehr *m*; Arbeit(slast) *f*; Mühe *f*.

trafic|ância [trɐfi'kɐ̃sjɐ] *f* P Schiebung *f*; Kuhhandel *m*; **~ante** [~ɐ̃ntə] *m* Händler *m*; P Schieber *m*; **~ar** [~ar] (1n) Handel treiben; *bsd.* F Schiebungen m.

tráfico ['trafiku] *m* Handel *m*; Verkehr *m*; F Schiebung *f*.

trag|ada *bras.* [tra'gadɐ] *f* Zug *m*; **~adoiro, -ouro** [trɐɣɐ'δoïru, -oru] *m* Schlund *m*; Abgrund *m*; **~ar** [trɐ'ɣar] (1o; *Stv.* 1b) verschlingen (*a. fig.*); (ver)schlucken; *Getränk* hinunterstürzen; *Rauch* einatmen; *fig.* geduldig ertragen; F einstecken; schlucken; *não poder* ~ nicht ausstehen können.

tragédia [~'ʒɛδjɐ] *f* Trauerspiel *n*, Tragödie *f*; Tragik *f*.

tragicamente [ˌtraʒikɐ'mẽntə]: *morrer* ~ auf erschütternde (*od.* entsetzliche) Weise ums Leben kommen; verunglücken.

trágico ['traʒiku] **1.** *adj.* tragisch; erschütternd; schrecklich; **2.** *m*, **-a** *f* Tragödiendichter(in *f*) *m*; Tragöde *m*; Tragödin *f*.

tragicomédia [ˌtraʒiku'mɛδjɐ] *f* Tragikomödie *f*.

trago ['traɣu] *m* Schluck *m*; Zug *m*; *fig. Schicksals*-Schlag *m*; F bittere Pille *f*.

trai|ção [trai'sɐ̃u] *f* Verrat *m* (*alta* Hoch...); *à* ~ = **~çoeiramente** [~ˌsweirɐ'mẽntə] hinterrücks; meuchlings; **~çoeiro** [~'sweiru] verräterisch; falsch, hinterlistig; (heim)tückisch; irreführend; **~dor** [~'δor] **1.** *adj.* verräterisch; treulos; tückisch; **2.** *m*, **-a** *f* Verräter(in *f*) *m*.

train|a ['trainɐ] *f* Schleppnetz *n* *für den Sardinenfang*; **~eira** [trai'neirɐ] *f* Fischerboot *n* *mit Schleppnetz*; *peixe m da* ~ Frischfisch *m*.

trair [trɐ'ir] (3l) verraten; untreu w. (*dat.*); *Gott* verleugnen; (ver-)fälschen, entstellen; *Pflicht usw.* nicht erfüllen.

traj|ando [trɐ'ʒɐ̃ndu] gekleidet in (*ac.*); ~ *modestamente* einfach gekleidet; **~ar** [~ar] (1b) **1.** *v/t.* tragen; **2.** *v/i.* sich kleiden (als *de*); ~ *de festa* sich festlich kleiden; **3.** *m* = **~e** ['traʒə] *m* Tracht *f*; Anzug *m*; Kleid *n*; Kostüm *n*; ~ *de cerimónia*, ~ *de rigor* Gesellschafts-, Abendanzug *m*; Abendkleid *n*; ~(*s*) *menor*(*es*) *pl.* Unterwäsche *f*.

traject|o [trɐ'ʒɛtu] *m* Strecke *f*; (Über-)Fahrt *f*; Flug *m*; Weg *m*; Verlauf *m*; **~ória** [~ʒɛ'tɔrjɐ] *f* Flugbahn *f*; *fig.* Bahn *f*, Weg *m*; Entwicklung *f*.

trajo ['traʒu] *m* = *traje*.

tralha ['traʎɐ] *f* Netz *n*; *fig.* Kram *m*.

trama ['trɐmɐ] *f* Schuß(faden) *m*; Gewebe *n*; *fig.* Intrige *f* (*urdir* spinnen); Knoten *m e-s Dramas usw.*; *bras.* Abmachung *f*; *Tausch*-Geschäft *n*.

tramar [trɐ'mar] (1a) *Weberei*: einschlagen, -schießen; *fig.* anzetteln; spinnen; aushecken; abkarten.

trambolh|ão P [trɐ̃mbu'ʎɐ̃u] *m* Fall *m*; Purzelbaum *m*; *fig.* Reinfall *m*; *dar um* ~ hinschlagen; *fig.* reinfallen; *andar aos -ões* = **~ar** [~ar] (1e) (hin-, durchea.-)purzeln; **~o** [~'boʎu] *m* Klotz *m*; Hindernis *n*.

tramit|ação *bras.* [trɐmita'sɐ̃u] *f* Bearbeitung *f*; = *trâmite*; *seguir* (*estar sujeito*) *a* ~ den Instanzenweg durchlaufen (müssen); **~ar** [~'tar] (1a) bearbeiten.

trâmite ['trɐmitə] *m* Richtweg *m*; Richtung *f*; *fig.* (Dienst-)Weg *m*; (Geschäfts-)Gang *m*; Instanz(enweg *m*) *f*.

tramóia [trɐ'mɔjɐ] *f* Machenschaft *f*, Kniff *m*; Falle *f*.

tramontana [~mõn'tɐnɐ] *f* Polarstern *m*; Nordwind *m*; Norden *m*;

perder a ~ den Kopf verlieren.
trampol|im [trẽmpu'lĩ] *m* Sprungbrett *n*; **~ina** P [~inɐ] *f* Schwindel *m*; Gaunerei *f*; **~inar** [~li'nar] (1a) (sich durch)schwindeln; gaunern; **~ineiro** [~li'neiru] *m* Schwindler *m*; **~inice** [~li'nisə] *f* = *~ina*.
trâmuei ['trɐmwei] *m* Straßen- (*od. a.* Klein-)bahn *f*.
tranca ['trẽŋkɐ] *f* Vorlege-riegel *m*, -stange *f*; Sperrbalken *m*; *fig.* Knüppel *m*; Hindernis *n*; F Rindvieh *n*; *dar às ~s* F ausreißen.
trança ['trẽsɐ] *f* Flechte *f*, Zopf *m*; Trense *f*, Tresse *f*.
trancar [trẽŋ'kar] (1n) ver-sperren, -riegeln; *fig.* ein Ende m. (*dat.*); streichen; *Klage* abweisen.
trançar [trẽ'sar] (1p) flechten.
tranc|elim [trẽsə'lĩ] *m* Goldschnur *f*; = **~inha** [~'siɲɐ] *f* Litze *f*; Borte *f*; *bras. fig.* Intrige *f*.
tranco ['trẽŋku] *m Reitkunst*: Kapriole *f*; Sprung *m*; Stoß *m*; *a ~s e barrancos* über Stock und Stein; mit Ach und Krach; *aos ~s fig.* holterdiepolter.
tranqu|eira [trẽŋ'keirɐ] *f* Verschanzung *f*; *fig.* Deckung *f*; *levantar ~* sich verschanzen; **~eiro** [~eiru] *m Säge*-Bock *m*; **~eta** [~etɐ] *f* Riegel *m*; Klinke *f*; **~ilha** [~iʎɐ] *f fig.* Fallstrick *m*; *por ~s* hintenherum.
tranquil|idade [~kwili'ðaðə] *f* Ruhe *f*; Stille *f*; **~izar** [~i'zar] (1a) beruhigen; **~o** [~'kwilu] ruhig; gelassen.
trans... [trẽʃ..., trẽʒ..., trẽz...] *in Zssgn* jenseit; Über...; Trans...; über ... hinaus.
trans|acção [trẽza'sẽu] *f* Übereinkunft *f*; ✝ Geschäft *n*, Transaktion *f*; Abwicklung *f e-s Geschäfts*; *ter -ões com* in Geschäftsverbindung stehen mit; **~accionar** [~asju'nar] (1f) verhandeln; übereinkommen; ✝ Geschäfte m.; **~acto** [~'zatu] vergangen; vorig; **~atlântico** [~ɐt'lẽntiku] **1.** *adj.* überseeisch, Übersee...; **2.** *m* Überseedampfer *m*.
transbord|ar, ~o [trẽʒβur'ðar, ~'βorðu] = *trasbord|ar, ~o*.
transcend|ência [trẽʃsẽn'dẽsjɐ] *f* Überlegenheit *f*; Bedeutung *f*; Tragweite *f*; *fil.* Transzendenz *f*; **~ente** [~ẽntə] überlegen; außergewöhnlich; hoch; bedeutend, wichtig; weitreichend (*Wirkung*); *fil.* übersinnlich, transzendent; **~er** [~er] (2a) überschreiten; übertreffen; *v/i.* sich auszeichnen, hervorragen; *~ de* hinausgehen über.
transcorrer [~ku'ʀer] (2d) vergehen, verstreichen.
trans|crever [~krə'ver] (2c; *p.p. ~crito*) abschreiben; wiedergeben; übertragen; ♪ bearbeiten (für *para*); **~crição** [~kri'sẽu] *f* Abschnitt *f*; Wiedergabe *f*; Transkription *f*; ♪ Bearbeitung *f*; *~ fonética* Lautschrift *f*; **~curso** [~'kursu] *m* Verlauf *m*.
transe ['trẽzə] *m* kritische(r) Augenblick *m*; Not *f*; Gefahr *f*; *~ de morte* Todeskampf *m*; *a todo o ~* koste es, was es wolle; auf jeden Fall.
trans|epto [trẽ'sɛptu] *m* Querschiff *n*; **~eunte** [trẽ'zjũntə] *su.* Passant(in *f*) *m*, Fußgänger(in *f*) *m*.
trans|ferência [trẽʃfə'rẽsjɐ] *f* Übertragung *f*; Überweisung *f* (*a.* ✝); Versetzung *f*; Verlegung *f*; Transfer *m*; **~feridor** [~fəri'ðor] *m* ⩓ Winkelmesser *m*; **~ferir** [~fə'rir] (3c) *Recht* übertragen; *Geld usw.* überweisen; transferieren; *Beamten* versetzen; *Sitz*, *Truppen*, *Termin* verlegen; **~ferível** [~fə'rivɛɫ] übertragbar; girierbar (*Wechsel*); verlegbar (*Termin*); **~figuração** [~fiɣurɐ'sẽu] *f* Verwandlung *f*; ♀ Verklärung *f Christi*; **~figurar** [~fiɣu'rar] (1a) verwandeln; entstellen; *rel.* verklären; **~formação** [~furmɐ'sẽu] *f* Verwandlung *f*; Veränderung *f*; Umwandlung *f*; Transformation *f*; **~formador** [~furmɐ'ðor] *m* ⚡ Umformer *m*, Transformator *m*; **~formar** [~fur'mar] (1e) verwandeln; umwandeln, transformieren; verändern; *Regierung* umbilden; *Rohstoff* verarbeiten (zu *em*); **~formar-se** sich verändern; werden (zu *em*).
trânsfuga ['trẽʃfuɣɐ] *m* Überläufer *m*; *fig.* Apostat *m*; Pflicht-, Ehrvergessene(r) *m*.
transfundir [~fũn'dir] (3a) übertragen; umfüllen; *fig.* verbreiten.
transfus|ão [trẽʃfu'zẽu] *f Blut*-Übertragung *f*; **~ionar** [~zju'nar] (1f) = *transfundir*.
transgre|dir [trẽʒɣrə'ðir] (3d) überschreiten; *fig. Gesetz* übertreten; verstoßen gegen; *Pflicht* verletzen;

~ssão [~'sẽu] *f* Übertretung *f*; Verstoß *m*; Pflichtverletzung *f*; **~ssor** [~'sor] *m Gesetzes*-Übertreter *m*.

trans|ição [trẽzi'sẽu] *f* Übergang *m*; **~ido** [~'ziδu] *schreck-*, *scham*-erfüllt; erstarrt (vor *de*); **~igência** [~i'ʒẽsjɐ] *f* Nachgiebigkeit *f*; **~igente** [~i'ʒẽntə] nachgiebig; versöhnlich; **~igir** [~i'ʒir] (3n): ~ *com in e-r Sache* nachgeben; *j-s Wünschen* willfahren; sich mit *j-m* ver-gleichen, -ständigen; **~ir** [~'zir] (3a) durchdringen; erfüllen; **~itado** [~i'taδu] begangen (*Weg*); befahren (*Strecke*); verkehrsreich; **~itar** [~i'tar] (1a) sich auf die Straße begeben; verkehren; ~ *em*, ~ *por* gehen (*od.* fahren, reisen) durch; ~ *para* übergehen zu; überwechseln nach; **~itável** [~i'tavɛɫ] gangbar; befahrbar; benutzbar; **~itivo** [~i'tivu] *gram.* transitiv.

trânsito ['trẽzitu] *m* (Durchgangs-) Verkehr *m*; Durch-fahrt *f*, -reise *f*; (Waren-)Durchfuhr *f*, Transit *m*; Reise *f*; Durchgang *m*; Übergang *m*; Tod *m*; *em* ~ auf der Durchfahrt; im Transit; unterwegs.

transitório [trẽzi'tɔrju] vorübergehend; Übergangs...; vergänglich.

trans|lação [trẽʒlɐ'sẽu] *f* Überführung *f*; *Termin*-Verlegung *f*; Übertragung *f*; Versetzung *f*; *movimento m de* ~ *astr.* Umlaufsbewegung *f*; **~ladar** [~lɐ'δar] (1b) = *trasladar*; **~lúcido** [~'lusiδu] durchscheinend; **~luzir** [~lu'zir] (3m) durchscheinen; schimmern; hervorgehen; = **~luzir-se** durchschimmern; **~migração** [~miγrɐ'sẽu] *f* Umsiedlung *f*; Abwanderung *f*; ~ *das almas* Seelenwanderung *f*; **~migrar** [~mi'γrar] (1a) *v/i.* übersiedeln; abwandern; **~missão** [~mi'sẽu] *f* Übertragung *f* (*a. Radio*); Übermittlung *f*; ⊕ Transmission *f*; ~ *hereditária* Vererbung *f*; *linha f de* ~ Überlandleitung *f*; **~missível** [~mi'sivɛɫ] übertragbar; **~missor** [~mi'sor] **1.** *adj.*: *agente* (*od. meio*) *m* ~ = **2.** *m* Übertrager *m*; Übermittler *m*; Auslöser *m*; Taste *f*; ⚓ Maschinentelegraph *m*; **~mitir** [~mi'tir] (3a) übertragen; *Nachricht* übermitteln; weitergeben; **~mitir-se** *fís.* sich fortpflanzen; sich ausbreiten; **~mudação** [~muδɐ'sẽu] *f* = *~mutação*; **~mudar** [~mu'δar] (1a) um-, ver-wandeln; übertragen; überführen; *Sitz* verlegen; **~mutação** [~mutɐ'sẽu] *f* Umwandlung *f*; Verwandlung *f*; **~mutar** [~mu'tar] (1a) = *~mudar*; **~mutável** [~mu'tavɛɫ] umwandelbar.

transoceânico [trẽzu'sjɐniku] überseeisch, Übersee...; Ozean...

trans|parecer [trɐ̃ʃpɐrə'ser] (2g) (durch)schimmern; zum Vorschein kommen; sich abzeichnen; **~parência** [~pɐ'rẽsjɐ] *f* Durchsichtigkeit *f*; **~parente** [~pɐ'rẽntə] **1.** *adj.* durchsichtig (*a. fig.*); **2.** *m* Transparent *n*; **~piração** [~pirɐ'sẽu] *f* Ausdünstung *f*; Schweiß *m*; **~pirar** [~pi'rar] (1a) ausdünsten; schwitzen; *fig.* durchsickern; durchschimmern.

transplant|ação [~plẽntɐ'sẽu] *f* Transplantation *f*; Umpflanzen *n*; Verpflanzung *f*; **~ar** [~'tar] (1a) ♀ umpflanzen; *cir.* transplantieren; *allg.* verpflanzen; *fig.* umsiedeln; übertragen; **~ar-se** übersiedeln; **~e** [~'plẽntə] *m* = *~ação*; *bsd. a.* Umsiedlung *f*.

trans|por [~'por] (2zd) versetzen; überschreiten; ♪ transponieren; *auto.* überholen; **~portador** [~purtɐ'δor] **1.** *adj.* Förder...; *cinta f* (*od. esteira f*, *tela f*) *~a* Förderband *n*; *companhia f ~a* Verkehrsunternehmen *n*, Fluggesellschaft *f*; *aparelho m* ~ = **2.** *m* Fördereinrichtung *f*; Förderer *m*; ~ *aéreo* Seilbahn *f*; **~portar** [~pur'tar] (1e) befördern; fortschaffen; fortbewegen; bringen; tragen; ♪ = *~por*; *fig.* übertragen; hinreißen; **~portar-se** außer sich geraten; ~ *a* sich versetzen in (*ac.*); **~portável** [~pur'tavɛɫ] transportfähig; fahrbar; beweglich; tragbar; **~porte** [~'pɔrtə] *m* Beförderung *f*; Transport *m*; Transportmittel *n*; ♪ Transposition *f*; *fig.* Übertragung *f*; *Rechnungs*-Übertrag *m*; Begeisterung(srausch *m*) *f*; *Zornes*-Ausbruch *m*; *Freuden*-Taumel *m*; Verzückung *f*; *~s pl.* Verkehr *m* (öffentliche[r] *colectivos*); *Ministério m dos* ≈*s* Verkehrsministerium *n*; *com ~s próximos* (*od. à porta*) verkehrsgünstig; **~posição** [~puzi'sẽu] *f* Versetzung *f*; Umstellung *f*; ♪ = *~porte*; **~tornar** [~tur'nar] (1e) durchea.-bringen; umstürzen; umwerfen; stören; verwirren; entstellen; verstören (*Schreck usw.*); **~tornar-se** die Fassung verlieren; verstört (*od.* geistesgestört) w.; **~torno** [~'tornu] *m* Umkehrung *f*; Umsturz *m*; Verwirrung *f*; Verstörtheit *f*, Fassungslosigkeit *f*; *bsd.* Störung *f*; Unannehmlichkeit *f*; ~ *da razão* (*od. cabeça*) Geistesstörung *f*; *causar* ~ *a alg.* j-n stören.

transud|ação [trẽsuðɐ'sẽu] *f* Schweiß *m*; Ausscheidung *f*; **~ar** [~'ðar] (1a) schwitzen; sickern (aus, durch *de*); zu lesen sn (auf *od.* in [*dat.*] *de*); *v/t.* ausschwitzen; ausscheiden.

transunto [~'sũntu] *m* Abschrift *f*; Abbild *n*; *fig.* Vorbild *n*.

trans|vasar [trẽʒvɐ'zar] (1b) umfüllen; **~vazar** [~vɐ'zar] (1b) vergießen; *Glas* umwerfen; *fig.* leeren; **~vazar-se** ausfließen; **~verberar** [~vərβə'rar] (1c) durchschimmern l.; widerspiegeln; *v/i.* durchschimmern; sich spiegeln; **~versal** [~vər'sał] schräg; seitlich; Quer...; *linha f* ~ Seitenlinie *f*; *rua f* ~ Quer-, Seiten-straße *f*; **~viar** [~'vjar] (1g) irre-führen, -leiten; = *extraviar*; **~viar-se** fehl-gehen, -fahren; irregehen; sich verirren; **~vio** [~'viu] *m* Irrweg *m* (*a. fig.*), Irrfahrt *f*; Verwirrung *f*; = *extravio*.

tranvia [trẽ'viɐ] *f* = *trâmuei*.

trap|aça, ~açaria [trɐ'pasɐ, ~pəsɐ'riɐ] *f* Schwindel *m*; *fazer* ~ = **~acear** [~pɐ'sjar] (1l) schwindeln, mogeln (bei); beschwindeln; **~aceiro** [~pɐ'seiru] *m* Schwindler *m*.

trapalh|ada [~pɐ'ʎaðɐ] *f fig.* Verwirrung *f*, (heilloses) Durchea. *n*; F nette Bescherung *f*; **~ão** [~ẽu] *m* Tolpatsch *m*; **~ice** [~isə] *f* = *~ada*.

trapeir|a [~'peirɐ] *f* Dachluke *f*; *mont.* Falle *f*; **~o** *m*, **~a** *f* [~u, ~ɐ] Lumpensammler(in *f*) *m*.

trap|ézio [~'pɛzju] *m* Trapez *n*; Schwebereck *n*; **~ezista** [~pə'ziʃtɐ] *m* Luftakrobat *m*, Trapezkünstler *m*.

trapiche ⚓ [~'piʃə] *m* Lagerschuppen *m*.

trapo ['trapu] *m* Lumpen *m*; Lappen *m*; Fetzen *m*.

traqu|eal [trɐ'kjał] Luftröhren...; **~eia** [~'kejɐ] *f* Luftröhre *f*.

traquej|ar [~kɨ'ʒar] (1d) verfolgen; **~o** *bras.* [~'keʒu] *m* Sachkenntnis *f*.

traqueotomia *cir.* [trɐkjutu'miɐ] *f* Luftröhrenschnitt *m*.

traquete ⚓ [~'ketə] *m* Fock *f*.

traquin|ada [~ki'naðɐ] *f* Heidenlärm *m*; mutwillige(r) Streich *m*; **~ar** [~'nar] (1a) Mutwillen treiben; lärmen; **~as** [~'kinɐʃ] ausgelassen; mutwillig; **~ice** [~'nisə] *f* Ausgelassenheit *f*; Mutwillen *m*.

trás [traʃ] **1.** *prp. u. adv.* = *atrás*; *de* ~ = *detrás*; **2.** *int.* klatsch!

tras... [trɐʃ..., trɐʒ..., trɐz...] *in Zssgn* = *trans*; **~bordar** [trɐʒβur'ðar] (1e) *v/t.* treten über (*ac.*); *fig.* umladen; umsteigen l.; ~ *o copo, a panela, etc.* = *v/i.* über-fließen (*a. fig.*), -laufen, -treten; (aus)fließen; sich ergießen; *fig.* überschäumen (vor [*dat.*] *de*); ⚓, 🚃 umsteigen; **~bordo** [~'βorðu] *m* 🚃, ⚓ Umladung *f*; Umsteigen *n*.

traseir|a(s) [trɐ'zeirɐ(ʃ)] *f* (*pl.*) Rückseite *f*; *der* rückwärtige (*od.* hintere) Teil; **~o** [~u] **1.** *adj.* hinter; Hinter...; rückwärtig; **2.** *m der* Hintere; Keule *f*, Schlegel *m*.

tras|fegar [trɐʃfə'ɣar] (1o; *Stv.* 1c) umfüllen; **~foliar** [~fu'ljar] (1g) durchpausen.

trasla|ção, ~dação [trɐʒlɐ'sẽu, ~ðɐ'sẽu] *f* = *translação*; **~dar** [~'ðar] (1b) *an e-n andern Ort* überführen, bringen; versetzen; *Termin* verlegen; *in e-e Sprache, auf j-n* übertragen; abschreiben; **~dar-se** sich begeben; übergehen (auf [*ac.*] *a, para*); sich abzeichnen (auf [*dat.*] *em*); **~do** [~'laðu] *m* Abschrift *f*; Abbild *n*; *pint.* Kopie *f*; *Schreib-*Vorlage *f*; Vorbild *n*.

trasmontano [~mõn'tɐnu] **1.** *adj.* aus Trás-os-Montes; **2.** *m* Trasmontaner *m*.

trasorelho ⚕ [trɐzu'reʎu] *m* Mumps *m*.

trasp|assar [trɐʃpɐ'sar] (1b) *Fluß* überschreiten (*a. fig.*); *mit e-r Waffe* durchbohren (*a. fig.*); durchdringen (*z.B. Kälte*), ergreifen; *Gesetz* übertreten; *Termin* verschieben; *in e-e Sprache, auf j-n* übertragen (*a.* ✝); *v/i.* sich *anderswohin* begeben, übergehen; = **~assar-se** durchdrungen (*od.* ergriffen) w. (von *de*); dahinsiechen; sterben; „*traspassa-se*" ✝ wird abgegeben; **~asse** [~'pasə] *m Geschäfts-*Übertragung *f*; *fig.* Hingang *m*, Tod *m*; *de* ~ zweireihig; **~asso** [~'pasu] *m* Übergang *m*; Aufschub *m*; = *~asse*.

traste ['traʃtə] *m* Möbel *n*; Gerät *n*; *fig.* P Gauner *m*; *~s pl.* Hausrat *m*;

~(s) *velho(s)* alte Klamotten *f/pl.*
trat|ado [trɐ'taδu] *m* Abhandlung *f*; Vertrag *m*; **~amento** [~tɐ'mẽntu] *m* Behandlung *f* (*a.* ⚕); ⊕ Verarbeitung *f*; Anrede *f*, Titel *m*; Umgang(sformen *f/pl.*) *m*; *de* ~ vornehm; **~ante** [~'tẽntə] *su.* Gauner (-in *f*) *m*; **~ar** [~'tar] (1b) behandeln; verarbeiten; *j-n* pflegen; verhandeln über (*ac.*); ~ *alg. por* (*od. de*) j-n anreden mit; ~ *por tu* (*você*) duzen (siezen); ~ *mal de palavras* be- (*od.* aus-)schimpfen; *v/i.* ~ *de* (*od. acerca de, sobre*) handeln von (*Buch*); sprechen über (*ac.*); sich beschäftigen mit; sich kümmern um; behandeln (*ac.*); ~ *de inf.* (ver)suchen (*od.* sich bemühen) zu *inf.*; beschließen zu *inf.*; ~ *com* verhandeln mit; *fig.* verkehren (*od.* umgehen) mit; **~ar-se** *de* sich handeln um; **~ável** [~'tavεɫ] umgänglich; **~o** ['tratu] *m* Umgang *m*; Verkehr *m*; Benehmen *n*; Unterhalt *m*; *negociante m de grosso* ~ Großhändler *m*; *pôr a ~s, dar ~s* quälen, martern.
trator, ~ista *bras. s. tractor, ~ista.*
traum|ático [trau'matiku]: *choque m* ~ Nervenschock *m*; *febre f -a* Wundfieber *n*; **~atismo** [~mɐ'tiʒmu] *m* Trauma *n*; **~atizar** [~mɐti'zar] (1a) verletzen; *Nerven* zerrütten.
trautear [~'tjar] (1l) trällern; P belästigen; übers Ohr hauen.
trava ['travɐ] *f* (Fuß-)Fessel *f*; Bremse *f*; Querriegel *m*.
trav|ação [trɐvɐ'sɐ̃u] *f* ⚠ Gebälkbindung *f*; = *~amento*; **~ado** [~'vaδu] schwer (*Zunge*); sprachbehindert; hitzig, erbittert (*Kampf*); innig, eng (*Freundschaft usw.*); **~adoira, -oura** [~ɐ'δoirɐ, -orɐ] *f* ⊕ Schränkeisen *n*; **~amento** [~ɐ'mẽntu] *m* Bindung *f*; Fessel *f*; Sperrung *f*, Verriegelung *f*, Sicherung *f*; **~anca** [~'vɐ̃ŋkɐ] *f* Hindernis *n*; *Lade*-Hemmung *f*; **~ão** [~'vɐ̃u] *m* Bremse *f*; Spannstrick *m*; ~ *às quatro rodas* Vierradbremse *f*; **~ar** [~'var] (1b) verbinden, zs.-fügen; *Fäden* verschlingen; fesseln; (ver)koppeln; *Wagen, Maschine* (ab)bremsen; *Pferd, Schritt* zügeln; hemmen, hindern; *Gespräch* anknüpfen, führen; *Bekanntschaft* schließen; *Degen* kreuzen; *Schlacht* liefern; *Säge* schränken; *fig.* verbittern; *v/i.* bitter schmecken; *auto.* bremsen; ~ *de* greifen nach; *j-n* fassen an (*dat.*) *od.* bei; **~ar-se** anea.-geraten; sich entspinnen, beginnen (*Kampf*); **~e** ['travə] *f* Balken *m*; **~ejamento** [~ɨʒɐ'mẽntu] *m* Balkenwerk *n*; Zimmerung *f*; **~ejar** [~ɨ'ʒar] (1d) *Haus* richten.
través [~'vεʃ]: *de* ~ schief.
travessa [~'vεsɐ] *f* Querbalken *m*; 🚂 Schwelle *f*; ⚒ Querschlag *m*; Querstraße *f*, Gasse *f*; *Braten*-Platte *f*; Einsteckkamm *m*.
travess|ão [~və'sɐ̃u] **1.** *adj.* quer; widrig; Gegen...; **2.** *m* starke(r) Gegenwind *m*; Querbalken *m*; Waagebalken *m*; ♪ Taktstrich *m*; *gram.* Gedankenstrich *m*; **~eira** [~eirɐ] *f* Kopfkissen *n*; **~eiro** [~eiru] *m* Kopfrolle *f in Betten*; Kissenbezug *m*; *consultar o* ~ sich die Sache beschlafen; **~ia** [~iɐ] *f* Über- (*od.* Durch-)querung *f*; Überfahrt *f*; Durch-fahrt *f*, -reise *f*; *fazer a* ~ *de* über- (*od.* durch-)queren; fahren (*od.* reisen) durch; **~o¹** [~'vεsu] quer; schräg; Seiten...; widrig (*Wind usw.*); **~o²** [~'vesu] mutwillig, boshaft; ausgelassen; *mão f -a* Handbreite *f*; **~ura** [~urɐ] *f* Mutwillen *m*; Lausbubenstreich *m*; Bosheit *f*.
travo ['travu] *m* herbe(r) Geschmack *m*; Nachgeschmack *m* (*a. fig.*).
trazer [trɐ'zer] (2w) (her[bei]-) bringen; mitbringen; mitführen; *Absicht* haben; *in Schrecken* halten; *Kleid* tragen; *Geschäft* betreiben; *Schriftstelle* anführen; *et. im Munde* führen; zur Folge h.; *de* ~ *por casa* Null-acht-fünfzehn.
trecent|ésimo [trəsẽn'tεzimu] **1.** *adj.* dreihundertst; **2.** *m* Dreihundertstel *n*; **~ista** [~iʃtɐ] *m* Dichter *m* (*od.* Maler *m*) des 14. Jahrhunderts.
trecho ['treʃu] *m Weg-, Zeit*-Strecke *f*; *Lese-, Musik*-Stück *n*; Abschnitt *m*; *a* ~(s) zeitweilig, dann und wann; *a pouco* ~, *a breve* ~ alsbald; ~ *por* ~ abschnitt(s)weise.
tredo ['treδu] verräterisch; falsch.
trêfego ['trefəɣu] „clever".
trégua(s) ['trεɣwɐ(ʃ)] *f(pl.)* Waffenstillstand *m*; *fig.* Ruhe *f*; *não dar ~s* keine Ruhe l.; *pôr ~s a* unterbrechen (*ac.*); *sem ~s* erbittert.
trein|ador [treinɐ'δor] *m Sport*: Trainer *m*; **~ar** [~'nar] (1a) *Vögel*

abrichten; *Sport*: trainieren; ⚔ ausbilden; *pol.* schulen; **~o** ['treinu] *m* Dressur *f*; Training *n*; Ausbildung *f*; Schulung *f*.

treita ['treitɐ] *f* Fährte *f*; Spur *f*.

trejeito [trɨ'ʒeitu] *m* Grimasse *f* (*fazer* schneiden); Gebärde *f*.

trel|a ['trɛlɐ] *f Hunde*-Leine *f*; *soltar a ~ a* loskoppeln (*ac.*); = *largar a ~ a* freilassen (*ac.*); = *dar ~* die Zügel schießen l.; erlauben; = **~er** *bras.* [tre'ler] (2l) schwätzen; klatschen.

treliça *bras.* [tre'lisɐ] *f* Fachwerk *n*.

trem [trẽi] *m* Gepäck *n*; ⚔ Troß *m*, Train *m*; Mobiliar *n*; *~(-de-ferro) bras.* (Eisenbahn-)Zug *m*; *~ de aterragem* ✈ Fahrgestell *n*; *~ de cozinha* Küchengerät *n*; *viagem f de ~ bras.* Bahnfahrt *f*.

trem|a ['tremɐ] *m* Trema *n*; **~ado** [trə'maðu] mit Trema (versehen).

trem|ebundo [trəmə'βũndu] schrecklich; zitternd; zaghaft; **~edal** [~ə'ðał] *m* Sumpf(boden) *m*; **~elicar** [~əli'kar] (1n) zittern, schaudern; **~eluzir** [~əlu'zir] (3m) flimmern; glitzern; **~endo** [~'mẽndu] fürchterlich; gewaltig; **~er** [~'mer] (2c) *v/i.* zittern (*como varas verdes* wie Espenlaub), (er)beben; = *~eluzir*; *v/t.* fürchten; erzittern lassen.

trem|ês, ~esinho [trə'meʃ, ~mə'ziɲu]: *trigo m ~* Sommerkorn *n*.

tremido [~'miðu] **1.** *adj.* zittrig; F riskant; ✓ überreif; **2.** *m*: *~ da escrita* zittrige Schrift *f*.

tremo|ceiro ⚘ [~mu'seiru] *m* Lupine *f*; **~ço** [~'mosu (-ɔ-)] *m* Lupinenkern *m*.

tremonha [~'moɲɐ] *f* Einlauftrichter *m*.

tremor [~'mor] *m* Zittern *n*, Beben *n*; Zuckung *f*; *~ de terra* Erdbeben *n*.

trempe ['trẽmpə] *f* Dreifuß *m*; *fig.* F Kleeblatt *n*.

tremul|ar [trəmu'lar] (1a) schwingen; schütteln; *v/i.* flattern; schwanken; flackern; flimmern; ♪ tremulieren; **~ina** [~inɐ] *f* Glitzern *n*.

trémulo ['trɛmulu] **1.** *adj.* zitternd, bebend; zaghaft; glitzernd; **2.** *m* ♪ Tremolo *n*.

trena ['trenɐ] *f* Haarband *n*; *Kreisel*-Schnur *f*; *bras.* Bandmaß *n*.

trenó [trə'nɔ] *m* Schlitten *m*; *~ dirigível* Bob(schlitten) *m*.

trepad|eira [trəpɐ'ðeirɐ] *f*: (*planta*) *~* Kletter-, Schling-pflanze *f*; (*ave*) *~* Specht *m*; **~or** [~or] *m* Klettervogel *m*; *bras.* Lästermaul *n*.

trepanar *cir.* [~pɐ'nar] (1a) Schädel aufmeißeln, trepanieren.

trepar [~'par] (1c) erklettern; *~ a pulso* sich hochziehen an (*dat.*); *v/i.* (hinauf)klettern.

trepid|ação [~piðɐ'sɐ̃u] *f* Beben *n*; Erschütterung *f*; **~ar** [~'ðar] (1a) beben; schwanken.

trépido ['trɛpiðu] bebend.

três [treʃ] **1.** drei; **2.** *m* Drei *f*; Nummer *f* Drei.

tres... [trɨʃ..., trɨʒ..., trəz...] **a)** = *trans..., tras...* **b)** = *tris...*

tresandar [trəzɐ̃n'dar] (1a) zurückdrängen; zurückdrehen; verändern; durchea.-bringen; verpesten; *Gestank* ausströmen; *v/i.* stinken.

tres|loucar [trɨʒlo'kar] (1n) verrückt m. (*od.* w.); **~malhar** [~mɐ'ʎar] (1b) *fig.* entwischen l.; verscheuchen; *v/i. u.* **~malhar-se** entwischen; fliehen; **~noitado** [~noi'taðu] übernächtigt; **~noitar** [~noi'tar] (1a) *v/i.* die Nacht durchwachen.

trespano [trɨʃ'pɐnu] *m* Drillich *m*.

trespass|ar, ~e = *traspass|ar, ~e*.

tresquiáltera ♪ [~'kjałtərɐ] *f* Triole *f*.

tressuar [trə'swar] (1g) stark schwitzen.

treta ['tretɐ] *f esgr.* Finte *f*; *~s pl.* Geschwätz *n*; F Quatsch *m*.

trevas ['trɛvɐʃ] *f/pl.* Finsternis *f*, Dunkel *n*; *Quarta-feira f de ♀* Mittwoch *m* vor Ostern.

trevo ⚘ ['trevu] *m* Klee *m*.

trez|e ['trezə] **1.** dreizehn; **2.** *m* Dreizehn *f*; Nummer *f* Dreizehn; **~entos** [trə'zẽntuʃ] dreihundert.

triangular [triɐ̃ŋgu'lar] drei-eckig, -kantig; Dreieck(s)..., Dreikant...

triângulo [tri'ɐ̃ŋgulu] *m* Dreieck *n*; ♪ Triangel *m*.

trib|al [~'βał] Stammes...; **~o** ['triβu] *f* Stamm *m*.

tribulação [triβulɐ'sɐ̃u] *f* Drangsal *f*, Not *f*; Widerwärtigkeit *f*.

tribuna [~'βunɐ] *f* Tribüne *f*; Rednerbühne *f*; Empore *f*; *tea.* Rang *m*.

tribunal [~βu'nał] *m* Richterstuhl *m* (*a. fig.*); Gericht(shof *m*) *n*; *~ de comarca* Amts-, *~ da Relação* Landgericht *n*; *~ de contas* Rechnungshof *m*; ~ *marítimo* Seeamt *n*; *Supremo* 2 Oberste(r) Gerichtshof *m*, *BRD* Bundesgericht(shof *m*) *n*.

tribuno [~'βunu] *m* Tribun *m*; Volksredner *m*.

tribut|ar [~βu'tar] (1a) besteuern; *fig. Huldigung* darbringen; *Lob* zollen; *Ehre* erweisen; **~ário** [~arju] **1.** *adj.* tributpflichtig; **2.** *m* Steuerzahler *m*; **~o** [~'βutu] *m* Tribut *m*; Steuer *f*; *fig.* Zoll *m*.

trica ['trikɐ] *f* Trick *m*; *~s pl.* (nichtige[s]) Zeug *n*.

tri|centenário [trisẽntə'narju] *m* Dreihundertjahrfeier *f*; dreihundertste(r) Geburts- (*od.* Todes-)tag *m*; **~ciclo** [~'siklu] *m* Dreirad *n*.

tricó, -ô [~'kɔ, ~'ko] *m* Trikot(stoff *m*) *n*; Strickarbeit *f*; *agulha f de* ~ Stricknadel *f*; *artigos m/pl. de* ~ Strickwaren *f/pl.*, Trikotagen *f/pl.*; *vestido m de* ~ Strickkleid *n*; *fazer* ~ stricken.

tri|color [~ku'lor] dreifarbig; **~corne** [~'kɔrnə]: *chapeu m* ~ = **~córnio** [~'kɔrnju] *m* Dreispitz *m*; **~cotadeira** [~kutɐ'δeirɐ] *f* Strickerin *f*; **~cot(e)ar** [~ku't(j)ar] (1e [1l]) strikken; **~dente** [~'δẽntə] *m* Dreizack *m*.

tri|enal [triɛ'nał] dreijährig; **~énio** [~'ɛnju] *m* Zeitraum *m* von drei Jahren; dreijährige Amtszeit *f*.

tri|fásico ⚡ [tri'faziku]: *corrente f -a* Drehstrom *m*; **~fólio** [~'fɔlju] *m dreiblättriges* Kleeblatt *n*.

trigal [~'ɣał] *m* Weizenfeld *n*.

trigésimo [~'ʒɛzimu] **1.** *adj.* dreißigst; **2.** *m* Dreißigstel *n*.

trigo ['triɣu] **1.** *m* Weizen *m*; *prov.* Korn *n*; ~ *sarraceno* Buchweizen *m*; **2.** *adj.* Weizen...

trigonometria 𝔄 [triɣunumə'triɐ] *f* Trigonometrie *f*.

trigueiro [tri'ɣeiru] dunkel(farbig), braun.

trilar [tri'lar] (1a) trillern.

trilátero [~'latəru] dreiseitig.

trilha ['triʎɐ] *f* Drusch *m*; *fig.* Weg *m*; Spur *f*; *seguir a* ~ *de fig. j-s* Beispiel folgen.

trilh|adeira [triʎɐ'δeirɐ] *f* Dreschmaschine *f*; **~ado** [~'ʎaδu] ausgetreten (*Stufe usw.*); bearbeitet (*Thema*); erprobt; abgedroschen (*Schlager usw.*); **~ador** [~ɐ'δor] **1.** *m* Drescher *m*; **2.** *adj.*: *máquina f ~a* = *~adeira*; **~ar** [~'ʎar] (1a) (aus-) dreschen; (zer)stampfen; zertreten; betreten, begehen, befahren; *Weg* bahnen (*od.* gehen); *Spur* hinterlassen in (*dat.*); **~o** ['triʎu] *m* Dreschflegel *m*; Dreschwalze *f*; Käseschlegel *m*; *fig.* Weg *m*; *bras.* Schiene *f*.

tri|lhão, ~lião [~'ʎɐ̃u, ~'ljɐ̃u] *m* Billion *f*.

trilingue, -língue [tri'lĩŋgə, -gwə] dreisprachig.

trilo ['trilu] *m* Triller *m*.

trimestr|al [trimɨʃ'trał] vierteljährlich; **~e** [~'mɛʃtrə] *m* Vierteljahr *n*, Quartal *n*.

trin|ado [tri'naδu] *m* Gezwitscher *n*; ♪ Triller *m*; **~ar** [~ar] (1a) zwitschern, schlagen; ♪ trillern.

trinca ['trĩŋkɐ] *f* Dreiergruppe *f*; drei gleichwertige Karten *f/pl.*; *uma* ~ *de reis* drei Könige *m/pl.*; *~-nozes, ~-pinhas m* Kreuzschnabel *m*.

trincar [trĩŋ'kar] (1n) (ab-, zer-) beißen; (auf)knacken; knabbern an (*dat.*); sich beißen auf (*ac.*); ⚓ festmachen; *v/i.* knacken; klirren.

trincha ['trĩʃɐ] *f Art* Dechsel *m*; Flachpinsel *m*; Nagelheber *m*; Schnitz *m*; Scheibe *f*.

trinch|ante [trĩ'ʃẽntə] *m* Tranchiermesser *n*; *hist.* Truchseß *m*; **~ar** [~ar] (1a) tranchieren, vorschneiden; **~eira** [~eirɐ] *f* (Lauf-, Schanz-)Graben *m*; Schützengraben *m*; *taur.* Schutzwand *f um die Arena*; *dahinter liegender* Laufgang *m*; Parterre(plätze *m/pl.*) *n*; ⊕ Meßleine *f*; **~ete** [~etə] *m* Kneif *m*; **~o** ['trĩʃu] *m* Tranchierbrett *n*; Tranchieren *n*; Schnittseite *f des Fleisches*; Käsebrett *n*; *fig. das* (*die*) einfachste Mittel (Lösung).

trinco ['trĩŋku] *m* Klinke *f*; *fig.* Knack(en *n*) *m*; *dar ~s* mit den Fingern knacken; *fechar no* ~ einklinken.

trindade [trĩn'daδə] *f* Dreifaltigkeit *f*, Trinität *f* (*a. fig.*); *~s pl.* Vesper(läuten *n*) *f*.

trino ['trinu] **1.** *adj.* drei-fach, -faltig; **2.** *m* = *trinado*.

trinómio 𝔄 [tri'nɔmju] *m* dreigliedrige Größe *f*.

trinque ['trĩŋkə] *m* Kleiderbügel *m*; *fig.* Eleganz *f*; de ~ hochfein; funkelnagelneu; *andar no* ~ sich schniegeln.

trinta ['trĩntɐ] dreißig.

trint|ão [~'tɐ̃u] *m* = *~enário*; **~ena** [~enɐ] *f* etwa dreißig; Dreißigstel *n*; **~enário** [~tə'narju] **1.** *adj.* dreißigjährig; **2.** *m*, **-a** *f* Dreißiger(in *f*) *m*.
trio ['triu] *m* Trio *n*.
tripa ['tripɐ] *f* Darm *m*; *à ~-forra* was das Zeug hält; *~s pl.* Kaldaunen *f/pl.*, Kutteln *f/pl.*; *fazer das ~s coração* sich ein Herz fassen; sich zs.-nehmen.
tri|partir [tripɐr'tir] (3b) dreiteilen; **~pé** [~'pɛ] *m* Dreifuß *m*; *fot.* Stativ *n*; **~peça** [~'pɛsɐ] *f* (Schuster-) Schemel *m*; *fig.* Schusterhandwerk *n*; *iron.* Kleeblatt *n*.
tripeiro [~'peiru] *m* Kaldaunenhändler *m*; *fig.* Portuenser *m*.
triplic|ado [~pli'kaðu]: *em ~* in dreifacher Ausfertigung; **~ar** [~ar] (1n) (sich) verdreifachen.
tríplice, triplo ['triplisə, 'triplu] dreifach; Drei...
tríptico ['triptiku] *m* dreiteilige(s) (Altar-)Bild *n*; *auto.* Triptyk *n*.
tripudiar [tripu'ðjar] (1g) hopsen; herumtollen; *~ em* sich *dem Laster usw.* ergeben (h.).
tripul|ação [~pulɐ'sɐ̃u] *f* Besatzung *f*; **~ante** [~'lɐ̃ntə] *m* Mann *m der Besatzung*; *os ~s* = *~ação*; **~ar** [~'lar] (1a) bemannen; steuern.
triquina [~'kinɐ] *f* Trichine *f*.
tris... [triʃ..., triʒ..., triz...] *in Zssgn* dreifach; Drei...
trisavô *m*, **-ó** *f* [trizɐ'vo, -ɔ] Urur-groß-vater *m*, -mutter *f*.
trissar [tri'sar] (1a) zirpen.
trist|e ['triʃtə] traurig; lächerlich *gering*; **~eza** [triʃ'tezɐ] *f* Traurigkeit *f*; Trauer *f*; *~s* Kümmernisse *f/pl.*; *sofrer ~s* Kummer h.; **~onho** [triʃ'toɲu] trübselig; finster.
tritur|ador [triturɐ'ðor] *m* Zerkleinerungsmaschine *f*; Steinbrecher *m*; *Pulver*-Mühle *f*; **~ar** [~'rar] (1a) zer-kleinern, -mahlen, -malmen, -reiben, -stoßen.
triunf|ador [trjũfɐ'ðor] **1.** *adj.* siegreich; **2.** *m* Triumphator *m*, Sieger *m*; **~al** [~'fał] Triumph...; = **~ante** [~'fɐ̃ntə] siegreich; sieghaft; **~ar** [~'far] (1a) triumphieren (über [*ac.*] *de*); frohlocken; **~o** ['trjũfu] *m* Triumph *m*; Sieg *m*.
trivial [tri'vjał] platt, abgedroschen, trivial; **~idade** [~vjɐli'ðaðə] *f* Trivialität *f*; Gemeinplatz *m*.
triz [triʃ]: *nem um ~* keinen Deut; *por um ~* mit genauer Not, um ein Haar; *estar por um ~* an e-m Faden hängen; nahe daran sn (zu *a*); *escapar* (*od. livrar-se*) *por um ~* mit e-m blauen Auge davonkommen.
troar [trwar] (1f) donnern; dröhnen.
troca ['trɔkɐ] *f* Tausch *m*; Austausch *m*; Wechsel *m*; *em ~* dafür; als Gegenleistung; *em ~ de* für.
troça ['trɔsɐ] *f* Spott *m*, Spötterei *f*; *fazer ~ de s. troçar.*
trocadilho [trukɐ'ðiʎu] *m* Wortspiel *n*.
trocar [~'kar] (1n; *Stv.* 1e) (aus-, ein-, um-, ver-)tauschen, (-)wechseln; *Worte* verdrehen; *~ os olhos, ~ a vista* schielen.
troçar [~'sar] (1p; *Stv.* 1e) verspotten, hänseln; *v/i. ~ de* spotten über (*ac.*), zum besten haben (*ac.*).
trocista [tru'siʃtɐ] **1.** *adj.* spöttisch; **2.** *su.* Spötter(in *f*) *m*.
troco ['troku (-ɔ-)] *m* Kleingeld *n*; Wechselgeld *n*; *dar ~ de* herausgeben auf (*ac.*); *dar o ~* es *j-m* heimzahlen.
troço ['trosu (-ɔ-)] *m Baum*-Stumpf *m*; Klotz *m*; Knüttel *m*; Strunk *m*; *fig.* Teil *m*; Stück *n*; Trupp *m*, Schar *f*.
troféu [tru'fɛu] *m* Trophäe *f*; *fig.* Sieg *m*.
troglodita [~ɣlu'ðitɐ] *su.* Höhlenbewohner(in *f*) *m*.
troix... *s. troux...*
trol|e *angl.* ['trɔlə] *m bras.* Draisine *f*; Lore *f*; ⚒ Hunt *m*; *port.* = *~er*; **~eibus** [trɔlei'βuʃ] *m* Trolleybus *m*, Obus *m*; **~er** *bras.* [~'lɛr] *m* Stromabnehmer *m*.
trolha ['troʎɐ] **1.** *f Maurer*-Kelle *f*; **2.** *m* Maurer *m*; Gipser *m*, Tüncher *m*; P Lump *m*.
tromba ['trõmbɐ] *f* Rüssel *m*; *~ de água* Wasserhose *f*.
tromb|eta [trõm'betɐ] *f* Trompete *f*; *hist.* Posaune *f* (*final* des Jüngsten Gerichts); **~etão** [~bə'tɐ̃u] *m* Trompetenblume *f*; **~etear** [~bə'tjar] (1l) trompeten; **~eteiro** [~bə'teiru] *m* Trompeter *m*; **~one** [~'bɔnə] *m* Posaune(nbläser *m*) *f*; **~udo** [~'buðu] Rüssel...; rüsselartig; *fig.* mürrisch, finster.
trompa ['trõmpɐ] *f* ♪ Horn *n*; *fís.* Saugröhrchen *n*, Luftpumpe *f*; *anat.* Röhre *f*.
tromp|ar *bras.* [trõm'par] (1a) zs.-

stoßen; anrennen gegen; **~ázio** [~azju] *m* Schlag *m*, (Zs.-)Stoß *m*.
tronch|ar [trõ'ʃar] (1a) stutzen; verstümmeln; **~o** ['trõʃu] *m Arm- usw.* Stumpf *m*; **~udo** [~uδu] dickstengelig; *fig.* stämmig.
tronc|o ['trõŋku] *m* Stamm *m*; Klotz *m* (*a. fig.*); *anat.* Rumpf *m*; *Nerven*-Strang *m*; ⚠ *Säulen*-Stumpf *m*; *hist.* ⚖ Block *m*, Stock *m*; ~ *de geração* Stammbaum *m*; **~udo** [trõŋ'kuδu] stämmig.
trono ['tronu] *m* Thron *m*.
tropa ['trɔpɐ] *f* Haufen *m*, Trupp *m*; ⚔ Truppe *f*; *bras. a.* Herde *f*.
trope|ada [tru'pjadɐ] *f* Getrappel *n*; **~ar** [~ar] (1l) trappeln.
trope|çar [~pə'sar] (1p; *Stv.* 1c) stolpern (über [*ac.*] em, com); *auf e-e Schwierigkeit* stoßen; straucheln (*a. fig.*); schwanken; **~ço** [~'pesu] *m* Hindernis *n*; *pedra f de* ~ Stein *m* des Anstoßes; Hauptschwierigkeit *f*.
trôpego ['tropəɣu] schwer(fällig); lahm.
trop|eiro *bras.* [tro'peru] *m* (Lasttier- *od.* Vieh-)Treiber *m*; Viehhändler *m*; **~el** [tru'pɛł] *m* Trappeln *n*; *fig.* Haufen *m*; Durchea. *n*; *de* ~, *em* ~ haufenweise; in wilder Hast; **~elia** [trupə'liɐ] *f* Ausschreitung *f*; Ungehörigkeit *f*.
tropical [trupi'kał] tropisch.
trópico ['trɔpiku] *m* Wendekreis *m*; *~s pl.* Tropen *pl*.
trot|ão [tru'tɐ̃u] *m* Traber *m*; **~ar** [~ar] (1e) traben; **~e** ['trɔtə] *m* Trab *m*; **~ear** [~jar] (1l) = *~ar*.
troux-, troix|a ['tro-, 'troiʃɐ] **1.** *f* Bündel *n*; *fig.* liederliche Person *f*; **2.** *m* Dussel *m*; **3.** *adj.* dußlig; **~e-mouxe, ~e-moixe** [~ə'moʃə, ~ə'moiʃə]: *a* ~ drunter und drüber; aufs Geratewohl.
trov|a ['trɔvɐ] *f* Liedchen *n*; **~ador** *hist.* [truvɐ'δor] *m* Troubadour *m*; *in Dtschl.* Minnesänger *m*.
trov|ão [tru'vɐ̃u] *m* Donner(schlag) *m*; *fig.* Hagel *m*; **~ejar** [~vɨ'ʒar] (1d) donnern; gewittern; *fig.* wettern; **~iscada** [~viʃ'kaδɐ] *f* Fischgift *n aus Seidelbast*; **~iscar** [~viʃ'kar] (1n) leise donnern; **~isco** [~'viʃku] *m* **a)** leichte(r) Donner *m*; **b)** ⚘ Seidelbast *m*; **~oada** [~'vwaδɐ] *f* Gewitter *n*.
tru|anice [trwɐ'nisə] *f* Possen *m*, Narretei *f*; **~ão** ['trwɐ̃u] *m* Narr *m*, Clown *m*; *hist.* Hofnarr *m*.
trucidar [trusi'δar] (1a) niedermetzeln.
truculento [~ku'lẽntu] grausam.
truf|a ⚘ ['trufɐ] *f* Trüffel *f* (*Pilz*); **~ar** [tru'far] (1a) mit Trüffeln füllen.
truncar [trũŋ'kar] (1n) ab-schneiden, -schlagen; verstümmeln.
trunf|ar [trũ'far] (1a) Trumpf spielen; *fig.* auftrumpfen(können); **~o** ['trũfu] *m* Trumpf *m*; *fig.* F große(s) Tier *n*.
truque ['trukə] *m* **a)** Kegelbillard *n*; *fig.* Trick *m*, Kniff *m*; **b)** *angl.* Rollwagen *m*; 🚂 Gepäckkarren *m*.
trust *engl.* ['traʃtə] *m* = *bras.*
truste ['trustə] *m* Trust *m*.
truta ['trutɐ] *f* Forelle *f*.
tu [tu] du; *tratar por* ~ duzen.
tua ['tuɐ] *s. teu*.
tuba ♪ ['tuβɐ] *f* Tuba *f*.
tubagem [tu'βaʒɐ̃i] *f* Röhren-werk *n*, -system *n*, Rohrleitung *f*.
tubarão [tuβɐ'rɐ̃u] *m* Hai *m*.
túbera ⚘ ['tuβərɐ] *f* Trüffel *f*.
tubérculo [tu'βɛrkulu] *m* ⚘ Knolle(nfrucht) *f*; ⚕ Tuberkel *f*.
tubercul|ose ⚕ [tuβərku'lɔzə] *f* Tuberkulose *f*; **~oso** [~ozu (-ɔ-)] tuberkulös; ⚘ = *tuberoso*.
tuberos|idade [tuβəruzi'δaδə] *f* Auswuchs *m*; Höcker *m*; **~o** [~'rozu (-ɔ-)] knollig, Knollen...
tubo ['tuβu] *m* Rohr *n*, Röhre *f*; *anat.* Kanal *m*; *Harn*-Leiter *m*; 🕮 Tubus *m*; ~ *de gás néon* Neonröhre *f*.
tubular [tuβu'lar] röhrenförmig, Röhren...
tudo ['tuδu] alles; ~ *o que*, ~ *quanto* alles, was; *o seu* ~ sein ein und alles; ~ *o mais* alles andere; *em* ~ *e por* ~ in allem und jedem; unter allen Umständen; *estar por* ~ mit allem einverstanden sn; *ser* ~ *um* alles eins (*od.* ein und dasselbe) sn; **~-nada** [ˌtuδu'naδɐ]: *um* ~ ein ganz klein wenig.
tufão [tu'fɐ̃u] *m* Taifun *m*.
tuf|ar [tu'far] (1a) bauschen; blähen; *v/i. u.* **~ar-se** aufgehen (*Brot*); schwellen; **~o** ['tufu] *m* **a)** Büschel *n*; Bausch *m*; **b)** Tuffstein *m*.
tule ['tulə] *m* Tüll *m*.
tulha ['tuʎɐ] *f* Olivenmiete *f*; *Getreide*-Speicher *m*; Vorrat *m*.
tulip|a [tu'lipɐ] *f* Tulpe *f*; **~eiro** [~li'peiru] *m* Tulpenbaum *m*.

tumba [ˈtũmbɐ] **1.** *f* Grab(stein *m*) *n*; Bahre *f*; **2.** *su.* Pechvogel *m*; **3.** *int.* bums!; klatsch!

tume|facção ⚕ [tuməfaˈsɐ̃u] *f* Schwellung *f*; **~facto** [~ˈfaktu] geschwollen; **~fazer** [~fɐˈzer] (2v) = **~ficar** [~fiˈkar] (1n) aufschwellen; **~ficar-se** (an)schwellen.

tumidez [tumiˈδeʃ] *f* Geschwulst *f*; Geschwollenheit *f* (*a. fig.*).

túmido [ˈtumiδu] gedunsen; geschwollen (*a. fig.*).

tumor ⚕ [tuˈmor] *m* Geschwulst *f*.

tumular [tumuˈlar] Grab...

túmulo [ˈtumulu] *m* Grab(mal) *n*.

tumult|o [tuˈmułtu] *m* Tumult *m*; Lärm *m*; Aufruhr *m*; Getümmel *n*; Gewühl *n*; **~uar** [~mułˈtwar] (1g) in Aufruhr versetzen, beunruhigen; **~uário**, **~uoso** [~mułˈtwarju, ~ˈtwozu (-ɔ-)] lärmend; wild, stürmisch; aufrührerisch.

tuna [ˈtunɐ] *f* Faulenzerdasein *n*; Studentenkapelle *f*; *andar* (*od. ir*) *à* ~ ein Lotterleben führen.

tunda [ˈtũndɐ] *f* Tracht *f* Prügel; *dar uma* ~ *fig.* verreißen.

túnel [ˈtunɛł] *m* Tunnel *m*.

tungsténio [tũʃˈtɛnju] *m* Wolfram *n*.

túnica [ˈtunikɐ] *f* Tunika *f*; Waffenrock *m*; 🕮 Häutchen *n*.

turb|a [ˈturβɐ] *f* Menschenschwarm *m*; Menge *f*; Chor *m*; *em* ~ in hellen Haufen; **~ação, ~ar** [turβɐˈsɐ̃u, ~ˈβar] = *turv|ação, ~ar*.

turbante [turˈβɐ̃ntə] *m* Turban *m*.

túrbido [ˈturβiδu] verwirrend; wirr; trüb, dunkel.

turbilhão [turβiˈʎɐ̃u] *m* Wirbel (-wind) *m*; Strudel *m*.

turbina [~ˈβinɐ] *f* Turbine *f*.

turbul|ência [~βuˈlẽsjɐ] *f* Ungestüm *n*; Aufregung *f*; Turbulenz *f*; **~ento** [~ẽntu] ungestüm; ausgelassen (*Kind*); lärmend; turbulent.

turco [ˈturku] **1.** *adj.* türkisch; **2.** *m*, **-a** *f* Türke *m*, Türkin *f*; ⚓ Davit *n*.

turdídeos *zo.* [turˈδiδjuʃ] *m/pl.* Drosseln *f/pl*.

turf|a [ˈturfɐ] *f* Torf *m*; **~eira** [turˈfeirɐ] *f* Torfmoor *n*.

túrgido [ˈturʒiδu] strotzend; aufgequollen; schwülstig.

turíbulo [tuˈriβulu] *m* Weihrauchfaß *n*.

turi|smo [tuˈriʒmu] *m* Tourismus *m*, Fremdenverkehr *m*; (*agência f de*) ~ Reisebüro *n*; *Junta f* (*od. Comissão f*) *de* ♀ Verkehrsverein *m*; **~sta** [~ʃtɐ] *su.* Tourist(in *f*) *m*; **turístico** [~ˈriʃtiku] touristisch.

turma [ˈturmɐ] *f* Abteilung *f*; = *turno*.

turno [ˈturnu] *m* Abteilung *f*, Gruppe *f*; *parl.* Lesung *f*; *Industrie*: Schicht *f*; Arbeiter *m/pl. e-r Schicht*; *mudança f de* ~ Schichtwechsel *m*; *por* ~*s* abteilungs-, gruppen-weise; in (verschiedenen) Schichten; abwechselnd; *por seu* ~ seinerseits.

turqu|esa *min.* [turˈkezɐ] *f* Türkis *m*; **~i** [~i] türkisblau.

turra [ˈtuʀɐ] *f* Stoß *m* mit dem Kopf; *fig.* Zank *m*, Händel *m/pl.*; Eigensinn *m*; *andar às* ~*s* sich (herum)zanken.

turturinar *bras.* [turturiˈnar] (1a) gurren.

turv|ação [turvɐˈsɐ̃u] *f* Trübung *f*; Bestürzung *f*; **~ar** [~ˈvar] (1a) trüben; **~o** [ˈturvu] trüb; wirr.

tuss|ilagem ♀ [tusiˈlaʒɐ̃i] *f* Huflattich *m*; **~ol** [tuˈsɔł] *m* Keuchhustenmittel *n*.

tutano [tuˈtɐnu] *m* (Knochen-) Mark *n*; *fig.* Kern *m*.

tutear [tuˈtjar] (1l) duzen.

tutel|a [~ˈtɛlɐ] *f* Vormundschaft *f*; *fig.* Schutz *m*; **~ado** [~təˈlaδu] *m* Mündel *n*; **~ar** [~təˈlar] **1.** *adj.* Vormundschafts...; *fig.* Schutz...; **2.** *v/t.* (1c) *als Vormund* sorgen für; *fig.* (be)schützen; *depr.* bevormunden, am Gängelband führen.

tutor *m*, **-a** *f* [tuˈtor, -ɐ] Vormund *m*; Beschützer(in *f*) *m*; Stütze *f* (*a.* ✓); **~ia** [~tuˈriɐ] *f* Vormundschaft(sgericht *n*) *f*; Besserungsanstalt *f für unmündige Waisen*.

tutu *bras.* [tuˈtu] *m* Bumann *m*; *fig.* Ortsgewaltige(r) *m*; große(s) Tier *n*; *cul.* Bohnenbrei *m*.

tuxaua *bras.* [tuˈʃauɐ] *m* (Indianer-) Häuptling *m*.

U

U, u [u] *m* U, u *n*.
uariquena, -ina *bras.* [wari'kenɐ, -inɐ] *f* rote(r) Pfeffer *m*.
uarubé *bras.* [waru'bɛ] *m* Maniokbrühe *f*.
uauaçu *bras.* [wawa'su] *m* = *baçu.*
ubá [u'ba] *f bras.* Einbaum *m*.
úbere ['uβərə] **1.** *adj.* fruchtbar; üppig; **2.** *m* Euter *n*.
ub|icação [uβikɐ'sɐ̃u] *f* Lage *f*; **~icar** [~i'kar] (1n) legen, plazieren; *~-se* liegen; **~iquidade** [~ikwi'δaδə] *f* Allgegenwart *f*; **~íquo** [u'βikwu] allgegenwärtig.
ucharia [uʃɐ'riɐ] *f* Speisekammer *f*; Vorrat(shaus *n*) *m*; Kornkammer *f*; *fig.* einträgliche Sache *f*.
ucraniano [ukrɐ'njɐnu] **1.** *adj.* ukrainisch; **2.** *m*, **-a** *f* Ukrainer(in *f*) *m*.
ué *bras.* [wɛ] *int.* nanu!
ufa ['ufɐ] **1.** *int.* uff!; **2.** *à ~* reichlich.
ufan|ar [ufɐ'nar] (1a) schmeicheln (*dat.*); freuen; **~ar-se** sich brüsten; prahlen; **~ia** [~iɐ] *f* Stolz *m*; Dünkel *m*; **~o** [u'fɐnu] stolz (auf [*ac.*] *com, de*); dünkelhaft, eitel.
uh! [u] hu!
ui! [wi] hui!; hu!
uísque *engl.* ['wiskə] *m* Whisky *m*.
uiv|ar [wi'var] (1a) heulen; **~o** ['wivu] *m* Geheul *n*.
úlcera ['ułsərɐ] *f* Geschwür *n*.
ulcer|ação [ułsərɐ'sɐ̃u] *f* Geschwürbildung *f*; *fig.* Eiterherd *m*; **~ado** [~'raδu] *fig.* vergrämt; **~ar** [~'rar] *v/i.* = **~ar-se** schwären, vereitern; zum Geschwür w.; *fig.* sich grämen; **~oso** [~'rozu (-ɔ-)] schwärend; Geschwür...
ulm(eir)o ⚘ ['ułmu (uł'meiru)] *m* Ulme *f*
ulterior [ułtə'rjor] später; weiter; jüngst, letzt; *geogr.* jenseitig; Hinter...; **~mente** [~rjor'mẽntə] weiterhin; letzthin.
última ['ułtimɐ]: *até à ~* bis zuletzt.
ultim|ação [~imɐ'sɐ̃u] *f* Fertigstellung *f*; Abschluß *m*; **~ado** [~'maδu] fertig.
ultimamente [ˌułtimɐ'mẽntə] zuletzt; letzthin, in letzter Zeit.
ultimar [ułti'mar] (1a) fertigstellen; abschließen.
últimas ['ułtimɐʃ] *f/pl.* äußerste Not *f*; letzte(s) Stündlein *n*; P *die* schlimmsten Grobheiten *f/pl.*; *estar nas ~s, dar as ~s* im Sterben liegen; *fig.* auf dem letzten Loch pfeifen.
ultimato [ułti'matu] *m* Ultimatum *n*.
último ['ułtimu] letzt; äußerst; unterst; *por ~* zuletzt.
ultra... [ułtrɐ...] *in Zssgn*: Über..., Ultra...
ultraj|ar [~ɐ'ʒar] (1b) beschimpfen; beleidigen; **~e** [~'traʒə] *m* Beschimpfung *f*; Schimpf *m*.
ultra|mar [~'mar] *m* Übersee *f*; Ultramarin *n*; **~marino** [~mɐ'rinu] **a**) überseeisch, Übersee...; **b**) ultramarin; **~passagem** [~pɐ'saʒɐ̃i] *f* Überholen *n*; *fig.* Überwindung *f*; *fazer uma ~* überholen; **~passar** [~pɐ'sar] (1b) überschreiten; *fig.* über-treffen; -winden; *auto.* überholen; **~-som** [~'sõ] *m* Ultraschall *m*; **~violeta** [~vju'letɐ] ultraviolett.
ulular [ulu'lar] (1a) heulen.
um *m*, **uma** *f* [ũ, 'umɐ] **1.** *art.* ein, eine; **2.** *pron.* einer, eine, eines; *~ por ~* einzeln; = *~ a ~* nachea.; *s. a. outro*; **3.** *pl. uns, umas* etliche, einige; etwa; **4.** *m* Eins *f* (*Zahlwort*); **5. uma** *f*: *~ assim* so etwas; *~ dos diabos* e-e verteufelte Sache; *é ~ das tuas* (*suas*) das sieht dir (ihm *od.* Ihnen) ähnlich; *sempre me meti n~!* da hab' ich mir etwas Schönes eingebrockt!; *à ~* gleichzeitig; plötzlich; einerseits.
umbela [ũm'bɛlɐ] *f Sonnen*-Schirm *m*; ⚘ Dolde *f*.
umbi|go *anat.* [ũm'biγu] *m* Nabel *m*; **~lical** [~bəli'kał] Nabel...
umbral [ũm'brał] *m* Schwelle *f*.
umbroso [~'brozu (-ɔ-)] schattig.
ume ['umə] *adj.* Alaun...
um|edecer, ~idade *etc. s. hum...*
úmero ['uməru] *m* Oberarmknochen *m*.
unânime [u'nɐnimə] ein-mütig, -stimmig.

unanimi|dade [unɐnəmi'ðaðə] *f* Einmütigkeit *f*, Einstimmigkeit *f*; *por* ~ einstimmig; **~zar** [~'zar] (1a) in Übereinstimmung bringen.
unção [ũ'sɐ̃u] *f* Salbung *f*; *fig.* Inbrunst *f*; *extrema* ~ letzte Ölung *f*; *com* ~ salbungsvoll.
undé|cimo [ũn'dɛsimu] elft; **~cuplo** [~kuplu] elffach.
ungir [ũ'ʒir] (3n—D1) salben.
unguento [ũŋ'gwẽntu] *m* Salböl *n*; Salbe *f*.
ungulados [~gu'laðuʃ] *m/pl.* Huftiere *n/pl.*
unha ['uɲɐ] **1.** *f Fuß-, Finger-*Nagel *m*; *Tier-*Kralle *f*, Klaue *f*; Huf *m*; ⊕ Kerbe *f*; Spitze *f*; ~ *de cavalo* ⚘ Huflattich *m*; *uma* ~ (*negra*) Haarbreit *n*; Nu *m*; ~ *com carne* ein Herz und e-e Seele; *a* ~*s de cavalo* schleunigst; *por uma* ~ *negra* um ein Haar; *enterrar* (*od.* *meter*) *a* ~ (*em*) sich (widerrechtlich) bereichern (an [*dat.*]); *ter na*(*s*) ~(*s*) in Besitz (*od.* in der Gewalt) haben; *à* ~*!* los!; drauf!
unh|ada [u'ɲaðɐ] *f* Kratzer *m*; Kratzwunde *f*; **~ar** [~ar] (1a) (zer-)kratzen; *Anker* festhaken; ⚒ *Rebe* absenken; *bras.* klauen; **~as-de--fome** (*pl. unv.*) ['uɲɐʒðə'fɔmə] *su.* Geizhals *m*; **~eiro** ⚕ [~eiru] *m* Nagelgeschwür *n*.
uni... *in Zssgn* Ein..., ein...
união [u'njɐ̃u] *f* Vereinigung *f*; Einigkeit *f*; Verbindung *f*; Verband *m*; Bund *m*, Union *f*; *traço m de* ~ Bindestrich *m*.
unicidade [unəsi'ðaðə] *f* Einmaligkeit *f*; Unität *f*; ~ *sindical* Einheitsgewerkschaft *f*.
único ['uniku] einzig; einmalig, einzigartig; Einzel...; Einheits...
unid|ade [uni'ðaðə] *f* Einheit *f*; ⚔ Einer *m*; ⊕ Anlage *f*; ~(*s*) *de* Stück *n*; **~o** [u'niðu] vereinigt; einig; ~ *com* zs. mit.
unific|ação [unəfikɐ'sɐ̃u] *f* Vereinheitlichung *f*; Vereinigung *f*; Zs.-legung *f*; Zs.-schluß *m*; **~ar** [~'kar] (1n) vereinheitlichen; einigen; (ver)einen; zs.-legen, -schließen.
uniforme [uni'fɔrmə] **1.** *adj.* einförmig; gleichmäßig; einheitlich; **2.** *m* Uniform *f*.
uniformi|dade [~furmi'ðaðə] *f* Ein-, Gleich-förmigkeit *f*; Einheitlichkeit *f*; **~zação** [~zɐ'sɐ̃u] *f* Vereinheitlichung *f*; Gleichmacherei *f*; **~zar** [~'zar] (1a) uniformieren; vereinheitlichen; gleichmachen.
uni|génito [~'ʒɛnitu] einzig; *rel.* eingeboren; **~lateral** [~lɐtə'rał] einseitig; parteiisch; **~r** [u'nir] (3a) vereinigen; verbinden; zs.-legen, -fügen, -schließen.
uníssono [u'nisunu] **1.** *adj.* ein-(*od.* gleich-)stimmig; **2.** *m* ♪ Unisono *n*; *em* ~ einstimmig.
unitário [uni'tarju] Einheits..., Gesamt...
univers|al [~vər'sał] universal, universell; (all)umfassend; allgemein; weltweit; Welt...; **~alidade** [~sɐli'ðaðə] *f* Universalität *f*; Gesamtheit *f*; Weltbedeutung *f*; Vielseitigkeit *f*; **~alismo** [~sɐ'liʒmu] *m*; Universalismus *m*; Weltgeltung *f*; Weltbürgertum *n*; **~alista** [~sɐ'liʃtɐ] allumfassend; weltumspannend; **~alizar** [~sɐli'zar] (1a) verallgemeinern; (über die ganze Welt) verbreiten; **~idade** [~si'ðaðə] *f* Universität *f*; **~itário** [~si'tarju] **1.** *adj.* Universitäts...; **2.** *m* Dozent *m*; **~o** [~'vɛrsu] *m* Welt(all *n*) *f*.
unívoco [u'nivuku] eindeutig; gleichlautend.
uno ['unu] einer, einzig.
unt|ar [ũn'tar] (1a) (be-, ein-)schmieren; einreiben; salben; ~ *as mãos* (*od. unhas*) *j-n* schmieren; **~o** ['ũntu] *m* Schmer *m* (*a. n*); Schmiere *f*; Schmieröl *n*; Fett *n*; **~uoso** [~'twozu (-ɔ-)] schmierig; fettig; *fig.* salbungsvoll; **~ura** [~urɐ] *f* Einreibung *f*; Einreibe-mittel *n*, -öl *n*; *uma*(*s*) ~(*s*) *fig.* eine Ahnung.
upa ['upɐ] *int.* hopp!; hoppla!
urânio [u'rɐnju] *m* Uran *n*.
urato ⚕ [u'ratu] *m* Harnsalz *n*.
urban|idade [urβɐni'ðaðə] *f* Höflichkeit *f*; **~ismo** [~'niʒmu] *m* Städtebau *m*; städtische Ausdrucksweise *f*; = **~ização** [~izɐ'sɐ̃u] *f* Urbanisierung *f*, Verstädterung *f*; Bebauung *f*; **~izar** [~i'zar] (1a) urbanisieren, verstädtern; bebauen; *Sitten* verfeinern; *j-n* zur Höflichkeit erziehen; **~o** [~'βɐnu] städtisch; Stadt...; *fig.* höflich.
urbe ['urβə] *f* Weltstadt *f*.
urd|ideira [urði'ðeirɐ] *f* Schär-, Zettel-rahmen *m*; Schärerin *f*; *fig.* Urheberin *f*; **~idor** [~i'ðor] *m*

Schärer *m*; *fig.* Anstifter *m*, Urheber *m*; **~idura** [~i'ðurɐ] *f* Zetteln *n*; Zettel *m*, Kette *f*; *fig.* Machenschaft *f*; **~ir** [~'ðir] (3a) zetteln, scheren; *fig.* anzetteln; aushecken.
ur|eia [u'rejɐ] *f* Harnstoff *m*; **~emia** ⚕ [urə'miɐ] *f* Urämie *f*; **~éter, ~eter** *anat.* [u'rɛtɛr, ~e'tɛr] *m* Harnleiter *m*; **~etra** *anat.* [u'rɛtrɐ] *f* Harnröhre *f*.
urg|ência [ur'ʒẽsjɐ] *f* Dringlichkeit *f*; ~s *pl. tel.* Fernsprechdienst *m*; *caso m de* ~ Notfall *m*; (*estação f de*) ~ Unfallstation *f*; *de* ~ dringend; **~ente** [~ẽntə] dringend; eilig; **~ir** [~ir] (3n) dringend (erforderlich) sn; drängen (*Zeit*); *urge inf.* man muß unverzüglich *inf.*
urina [u'rinɐ] *f* Harn *m*, Urin *m*.
urin|ar [uri'nar] (1a) urinieren; austreten; *v/t.* ausscheiden; mit Urin beschmutzen; **~ário** [~arju] Harn....
urna ['urnɐ] *f* Urne *f* (*a. pol.*).
urolog|ia [urulu'ʒiɐ] *f* Urologie *f*; **~ista** [~iʃtɐ] *m* Facharzt *m* für Blasen- und Nierenleiden.
urr|ar [u'ʀar] (1a) brüllen; **~ador** [uʀɐ'ðor] Brüll...; **~o(s)** ['uʀu(ʃ)] *m*(*pl.*) Gebrüll *n*.
urs|a ['ursɐ] *f* Bärin *f*; ♀ *Maior* (*Menor*) *ast. der* große (kleine) Bär *m* (*od.* Wagen *m*); **~o** [~u] *m* Bär *m*.
urti|cáceas ⚘ [urti'kasjɐʃ] *f/pl.* Nesselgewächse *n/pl.*; **~cária** ⚕ [~'karjɐ] *f* Nesselsucht *f*; **~ga** ⚘ [~'tiɣɐ] *f* Brennessel *f*.
urubu [uru'βu] *m* Aasgeier *m*.
uruguai|ano *bras.* [urugwa'jɐnu] *m* Uruguaianer *m* (*aus d. bras. Stadt Urugaiana*); **~o** [~'gwaju] **1.** *adj.* uruguayisch; **2.** *m* Uruguayer *m*.
usado [u'zaðu] gebräuchlich (*Wort*); *muito* ~ abgenutzt, abgetragen.
us|ança [u'zẽsɐ] *f* Brauch *m*, Sitte *f*; ✝ = ~o; **~ar** [~ar] (1a) (ge-) brauchen; anwenden; sich befleißigen (*gen.*); *Kleidung* tragen; verschleißen; *antes de* ~ vor Gebrauch; *v/i.* ~ *de* Gebrauch m. von; **~ar-se** in Gebrauch (*od.* Mode) sn; gebräuchlich sn; **~eiro** [~'zeiru] *s. vezeiro*; **~ina** *bras.* [~inɐ] *f* Fabrik *f*; Werk *n*; **~ineiro** [uzi'neiru] *adj.* (*u. m*) Fabrik... (-besitzer *m*); **~o** ['uzu] *m* Gebrauch *m*; Benutzung *f*; Anwendung *f*; Tragen *n*; Abnutzung *f*; Verschleiß *m*; Brauch *m*; Gewohnheit *f*; *mau* ~ Mißbrauch *m*; *ao* ~ *de* (zum Gebrauch) für; *fazer* ~ *de* gebrauchen (*ac.*); *das Wort* ergreifen; *meter* (*od. pôr, botar*) *a* ~ in Gebrauch nehmen; *perder o* ~ *da razão* (*fala, etc.*) den Verstand (die Sprache *usw.*) verlieren; *ter muito* ~ abgenutzt (*od.* verschlissen) sn; *ter por* ~ pflegen zu *inf.*
usu|al [u'zwał] gewöhnlich, üblich; **~ário** [~arju] *m* Nutznießer *m*.
usu|capir [uzukɐ'pir] (3b) *Eigentum* ersitzen; **~fruir** [~'frwir] (3i) aus-, be-nutzen; genießen; **~fruto** [~'frutu] *m* Nutzungsrecht *n*; Nutznießung *f*; Genuß *m*; **~frutuário** [~fru'twarju] *m* Nutznießer *m*.
usur|a [u'zurɐ] *f* Wucher *m*; Zins *m*; **~ário** [uzu'rarju] **1.** *adj.* wucherisch; Wucher...; **2.** *m* Wucherer *m*.
usurp|ação [uzurpɐ'sɐ̃u] *f* widerrechtliche Besitz- (*od.* Macht-) ergreifung *f*; Usurpation *f*; **~ador** [~ɐ'ðor] *m* Usurpator *m*; **~ar** [~'par] (1a) an sich reißen, usurpieren.
uten|sílio [utẽ'silju] *m* Gerät *n*; Werkzeug *n*; ~s *pl.* Utensilien *pl.*; **~te** [u'tẽntə] *m* Verbraucher *m*, Benutzer *m*; Besitzer *m*, Bewohner *m*.
uterino [utə'rinu] Gebärmutter...; *irmão m* ~ Halbbruder *m*.
útero ['utəru] *m* Gebärmutter *f*.
útil ['utił] nützlich; brauchbar; zweckmäßig; *dia m* ~ Werktag *m*.
utili|dade [utəli'ðaðə] *f* Nützlichkeit *f*; Nutzen *m*; Brauchbarkeit *f*; Zweckmäßigkeit *f*; ~s *pl.* Gebrauchsgegenstände *m/pl.*, Hausrat *m*; **~tário** [~'tarju] **1.** *adj.* Nutz..., Gebrauchs...; **2.** *m* = ~*tarista*; **3.** *-a f auto.* Kombiwagen *m*; **~tarismo** [~tɐ'riʒmu] *m* Utilitarismus *m*; **~tarista** [~tɐ'riʃtɐ] *m* Utilitarist *m*; **~zação** [~zɐ'sɐ̃u] *f* Benutzung *f*, Verwertung *f*; Verwendung *f*; Nutzung *f*; **~zar** [~'zar] (1a) benutzen; nutzbar m., verwerten; verwenden; nutzen; **~zar-se** *de* sich bedienen (*gen.*); greifen zu; benutzen (*ac.*); **~zável** [~'zavɛł] benutzbar; verwertbar.
utopia [utu'piɐ] *f* Utopie *f*.
utópico [u'tɔpiku] utopisch.
utopista [utu'piʃtɐ] *su.* Schwärmer (-in *f*) *m*.
uva ['uvɐ] *f Wein-*Traube *f*, Weinbeere *f*; ~ *do norte* ⚘ Stachelbeere *f*.
úvula *anat.* ['uvulɐ] *f* Zäpfchen *n*.

V

V, v [ve] *m* V, v *n*.
vá [va] *s. ir.*
vã [vɐ̃] *f v. vão.*
vaca ['vakɐ] *f* Kuh *f*; Rindfleisch *n*; *voltar à ~ fria* darauf zurückkommen; **~da** [vɐ'kaδɐ] *f* Kuhherde *f*; **~l** *bras.* [va'kał] ungehörig; **~-leiteira** *bras.* [~lei'teirɐ] *f* Milchwagen *m*; **~-loira, -loura** [~'loi-, ~'lorɐ] *f* Hirschkäfer *m*.
vac|ância [vɐ'kɐ̃sjɐ] *f* offene Stelle *f*; Vakanz *f*; **~ante** [~ɐ̃ntə] unbesetzt, vakant; **~ar** [~ar] (1n; *Stv.* 1b) vakant sn; Ferien haben.
vacaria [~kɐ'riɐ] *f* Kuhstall *m*; Molkerei *f*; Rindvieh *n*; = *vacada*.
vacatura [~'turɐ] *f* Vakanz *f*.
vacil|ação [vɐsilɐ'sɐ̃u] *f* Schwankung *f*; Unentschlossenheit *f*; **~ante** [~'lɐ̃ntə] wankelmütig; unbeständig; **~ar** [~'lar] (1a) schwanken; wanken; zögern.
vacin|a [vɐ'sinɐ] *f* Kuhpocke *f*; Impfstoff *m*; *bsd.* Lymphe *f*; **~ação** [~sinɐ'sɐ̃u] *f* (Schutz-)Impfung *f*; **~ar** [~si'nar] (1a) impfen.
vacuidade [vɐkwi'δaδə] *f* Leere *f*; *fig.* Hohlheit *f*.
vacum ['vakũ] Rind...
vácuo ['vakwu] **1.** *adj.* leer; **2.** *m* Vakuum *n*; ✈ Luftloch *n*; *fig.* Leere *f*.
vadear [vɐ'δjar] (1l) durch-waten, -schreiten.
vad|iagem [~'δjaʒɐ̃i] *f* Landstreicherei *f*; **~iar** [~'δjar] (1g) (herum-)bummeln, (-)schlendern, (-)strolchen; umherschweifen; **~io** [~'δiu] **1.** *m* Müßiggänger *m*; Strolch *m*, Landstreicher *m*; **2.** *adj.* müßig (-gängerisch); herrenlos (*Hund*).
vaga ['vaɣɐ] *f* **a)** Woge *f*, Welle *f*; **b)** freie Stelle *f*; Ausfall *m*; Muße *f*.
vagabund|ear [vɐɣɐβũn'djar] (1l) umherstreichen, sich herumtreiben; **~o** [~'βũndu] **1.** *adj.* wandernd; unstet; **2.** *m* Landstreicher *m*.
vagalhão [~'ʎɐ̃u] *m* Sturzwelle *f*, Brecher *m*.
vaga-lume(s) [ˌvaɣɐ'lumə] *m(pl.)* Glühwürmchen *n*; *bras.* Platzanweiserin *f*.
vagamund... *s. vagabund...*
vagão [vɐ'ɣɐ̃u] *m* Eisenbahnwagen *m*; *~-restaurante* Speise-, *~-cama* (*od. -leito*) Schlaf-, *~-cisterna* (*od. reservatório*) Kessel-, Tank-wagen *m*.
vagar [~'ɣar] **1.** *v/i.* (1o; *Stv.* 1b) vakant sn; fehlen; sich kümmern (um *a*); = *vaguear* b); *fig.* sich verbreiten; *auf dem Wasser* treiben; **2.** *m* Muße *f*; Zeit *f*; Langsamkeit *f*; *de ~ = devagar*; **~ento** *bras.* [vaga'rẽntu] = **~oso** [~ɣɐ'rozu (-ɔ-)] langsam; langwierig.
vagem ['vaʒɐ̃i] *f* Schote *f*; grüne Bohne *f*.
vagido [vɐ'ʒiδu] *m* Wimmern *n*.
vagin|a *anat.* [vɐ'ʒinɐ] *f* Scheide *f*; **~al** [~ʒi'nał] Scheiden...
vagir [vɐ'ʒir] (3n, *Stb.* 3b) wimmern.
vago ['vaɣu] **a)** leer(stehend); frei (*Zeit*); unbesetzt, erledigt (*Amt*); herrenlos; **b)** unstet; wandernd (*Schmerz*); unbestimmt; verschwommen; *nervo m ~* Vagus *m*.
vagoneta [vɐɣu'netɐ] *f* Kippwagen *m*, Lore *f*; ⚒ Hunt *m*.
vagu|ear [~'ɣjar] (1l) **a)** (umher-)schweifen, (-)irren, müßig gehen; bummeln; abschweifen; unbeständig sn; **b)** wogen, treiben; **~ejar** [~ɣi'ʒar] (1d) = *~ear* a).
vai [vai] *s. ir.*
vaia(s) ['vajɐ(ʃ)] *f(pl.)* Spott *m*, Hohn *m*; Pfiffe *m/pl.*; *levar ~* ausgepfiffen w.; *dar ~* = **vaiar** [vɐ'jar] (1i) auspfeifen.
vaid|ade [vai'δaδə] *f* Eitelkeit *f*; Nichtigkeit *f*; **~oso** [~ozu] eitel.
vai|-não-vai [~nɐ̃u'vai] **1.** *m* Nu *m*; **2.** *adv.* ums Haar; **~vém** [~'vɐ̃i] (*mst pl. -ns*) *hist.* Sturmbock *m*, Widder *m*; *fig.* Hin- und Her(bewegung *f*) *n*; Auf und Ab *n*; Gelaufen, Verkehr *m*.
val|a ['valɐ] *f* (Wasser-)Graben *m*; *~ comum* Massengrab *n*; **~ado** [vɐ'laδu] *m* Wall und Graben *m*; **~ar** [vɐ'lar] (1b) befestigen.
valdevinos (*pl. unv.*) [vałdə'vinuʃ] *m*

Tagedieb *m*; Strolch *m*; Gauner *m*.
vale ['valə] *m* **a**) Gutschein *m*; ~ *do correio* Postanweisung *f*; **b**) Tal *n*.
valência ⚗ [vɐ'lẽsjɐ] *f* Wertigkeit *f*.
valent|ão [~lẽn'tɐ̃u] *m* Eisenfresser *m*; **~e** [~'lẽntə] tapfer; kräftig; tüchtig; **~ia** [~'tiɐ] *f* Tapferkeit *f*; mutige Tat *f*; Kraft *f*; Tüchtigkeit *f*; **~ona** [~'tonɐ] *f* tapferes (*od.* tüchtiges) Weib *n*; *à* ~ gewaltsam.
valer [vɐ'ler] (2p) **1.** *v/i.* gelten; wert sn; kosten; taugen; nützen; helfen; *a* ~ tüchtig; F toll; *fazer* ~ geltend m.; herausstreichen; zur Geltung bringen; zeigen; *fazer-se* ~ auftrumpfen; sich durchsetzen; *fazer-se* ~ *de* = ~*-se*; ~ *mais que tudo para j-m* über alles gehen; *tanto vale* das kommt auf dasselbe heraus; *ou coisa que o valha* oder etwas Ähnliches; *valha-me Deus!* Gott steh' mir bei!; um Himmels willen!; *valha-te a breca* (*od. o diabo, não sei quê*) zum Kuckuck mit dir!; *mais vale* (*valia*) es ist (wäre) besser; **2.** *v/t. j-m et.* eintragen; zuziehen; **3.** **~-se** *de* sich bedienen (*gen.*), benutzen (*ac.*); greifen zu; zurückgreifen auf (*ac.*); sich zunutze m. (*ac.*); s-e Zuflucht nehmen zu.
valeriana [~lə'rjɐnɐ] *f* Baldrian *m*.
valeta [~'letɐ] *f* Straßengraben *m*.
valete [~'lɛtə] *m* Bube *m*, Wenzel *m*.
valetudinário [~lətuði'narju] siech.
valha *usw.* ['vaʎɐ] *s. valer*; *ou coisa que o* ~ oder so etwas ähnliches; **~-couto** [vɐʎɐ'kotu] *m* Asyl *n*, Zuflucht *f*; Ausflucht *f*.
valia [vɐ'liɐ] *f* Wert *m*.
valid|ade [~li'ðaðə] *f* Gültigkeit *f*; Rechtskraft *f*; **~ar** [~ar] (1a) gültig (*od.* rechtskräftig) m.; **~ez** [~eʃ] = ~*ade*; **~o** [~'liðu] **1.** *adj.* Lieblings...; **2.** *m* Günstling *m*.
válido ['validu] gültig; rechtskräftig; kräftig; wirksam.
vali|mento [vɐli'mẽntu] *m* Wert *m*; Geltung *f*; Ansehen *n*; Gunst *f*; Rückhalt *m*; **~oso** [~'ljozu (-ɔ-)] wertvoll; verdienstvoll; bedeutend.
valor [vɐ'lor] *m* Wert *m*; Tauglichkeit *f*; Wirksamkeit *f*; Tapferkeit *f*; Verdienst *n*; *Wort*-Bedeutung *f*; *Noten*-Dauer *f*; ⚕ Valuta *f*; Wertpapier *n*; ~ *estimativo* Liebhaber-, ~ *nominal* Nenn-, ~ *real* Real-wert *m*; ~*es* Bewertung *f e-s Examens*; *12* ~*es* die Note 12; *de* ~ wertvoll.
valor|ização [~lurizɐ'sɐ̃u] *f* Bewertung *f*; Auswertung *f*; Wertsteigerung *f*; **~izar** [~i'zar] (1a) bewerten; Wert verleihen *od.* beimessen; auswerten; aufwerten; steigern; **~izar-se** im Wert steigen; **~oso** [~'rozu (-ɔ-)] tapfer; kräftig; wertvoll.
valquíria [vaɫ'kirjɐ] *f* Walküre *f*.
vals|a ['vaɫsɐ] *f* Walzer *m*; **~ar** [vaɫ'sar] (1a) (Walzer) tanzen.
valva ['vaɫvɐ] *f* ⚘ Fruchtklappe *f*; *zo. Muschel*-Schale *f*.
válvula ['vaɫvulɐ] *f* (Herz-)Klappe *f*; Ventil *n*; *Radio*: Röhre *f*; ~ *detectora* (*amplificadora*) Gleichrichter-(Verstärker-)röhre *f*; ~ *de segurança* Sicherheitsventil *n*.
vampiro [vɐ̃m'piru] *m* Vampir *m*; *fig.* Vamp *m* (*Frau*); Blutsauger *m*.
vãmente [vɐ̃'mẽntə] = *em vão*.
vand|álico [vɐ̃n'daliku] wandalisch; **~alismo** [~dɐ'liʒmu] *m* Zerstörungswut *f*.
vândalo ['vɐ̃ndɐlu] *m* Wandale *m*.
vangl|ória [vɐ̃ŋ'glɔrjɐ] *f* Ruhmsucht *f*; Eitelkeit *f*; **~oriar** [~glu'rjar] (1g) schmeicheln (*dat.*); **~oriar-se** prahlen (mit *de*); **~orioso** [~glu'rjozu (-ɔ-)] prahlerisch, eitel.
vanguard|a [~'gwarðɐ] *f* Vorhut *f*; *ir na* ~ an der Spitze liegen, führen; **~ista** [~gwɐr'ðiʃtɐ] **1.** *adj.* avantgardistisch; **2.** *m* Vorkämpfer *m*.
vanta|gem [vɐ̃n'taʒɐ̃i] *f* Vorteil *m*; **~joso** [~tɐ'ʒozu (-ɔ-)] vorteilhaft.
vante ⚓ ['vɐ̃ntə] *f* Vorderschiff *n*.
vão(s) [vɐ̃u(ʃ)] **1.** *adj.* eitel; leer; hohl; grundlos; vergeblich; *em* ~ vergebens, umsonst; **2.** *m*(*pl.*) Hohlraum *m*; Fach *n*; *Fenster*-Höhle *f*; ⚠ lichte Weite *f*.
vapor [vɐ'por] *m* Dampf *m*, Dunst *m*; ⚓ Dampfer *m*, Dampfschiff *n*; *a* ~ schleunigst; *cozer ao* ~ dämpfen; ~*es pl.* Schwaden *m*; *fig.* Nebel *m*.
vapor|ar [~pu'rar] (1e) dampfen; *v/t.* ausströmen; **~ização** [~rizɐ'sɐ̃u] *f* Ver-dampfung *f*, -dunstung *f*; Zerstäubung *f*; **~izador** [~rizɐ'ðor] *m* Zerstäuber *m*; **~izar** [~ri'zar] (1a) zum Verdampfen bringen; zerstäuben; *v/i.* ver-dampfen, -dunsten; **~oso** [~'rozu (-ɔ-)] dampfend; dunstig; leicht; duftig (*Kleid*); *fig.* nebelhaft.
vaqu|eiro [vɐ'keiru] **1.** *m* Rinderhirt *m*; Senn(er) *m*; **2.** *adj.* Rind(er)...; **~eta** [~etɐ] *f* **a**) Rindleder *n*;

b) *Schirm*-Stock *m*.

vara ['varɐ] *f* Rute *f*; Gerte *f*; *Ruder- usw.* Stange *f*; Stock *m*; Richterstab *m*; *allg.* Amtsstab *m*; *Amtsgerichts*-Bezirk *m*; Elle *f* (= 1,10 m); ~ *de porcos* Schweineherde *f*.

var|ado [vɐ'raδu]: *ficar* ~ *fig.* verblüfft (*od.* entsetzt, F platt) sn; **~adoiro, -ouro** [~rɐ'δoiru, -oru] *m* Stapelstrand *m*; *bras.* Verbindungsweg *m*, -kanal *m*; **~al** [~'raɫ] *m* Deichselstange *f*; Tragstange *f*; *Schlitten*-Kufe *f*; *varais pl.* Gabeldeichsel *f*.

varanda [~'rɐ̃ndɐ] *f* Balkon *m*; Veranda *f*; ~*s pl. tea.* Galerie *f*.

varão [vɐ'rɐ̃u] *m* **a**) männliche(s) Wesen *n*; Mann *m* (*a. fig.*); *filho m* ~ Sohn *m*; **b**) Stange *f*.

varapau [~rɐ'pau] *m* (lange) Stange *f*; Knüttel *m*, Knüppel *m*.

varar [vɐ'rar] (1b) verprügeln; (ver-) jagen; durchbohren; *Schiff* auf Strand setzen; vorbeifahren an (*dat.*); *fig.* verblüffen; entsetzen; *v/i.* auflaufen; stranden.

varej|ar [~rɨ'ʒar] (1d) *Oliven* abschlagen; *Teppich* ausklopfen; durchsuchen; angreifen, beschießen; peitschen, heimsuchen (*Sturm*); *bras.* (weg)werfen; **~eira** [~'ʒeirɐ] *f* Schmeißfliege *f*; **~ista** *bras.* [~'ʒiʃtɐ] **1.** *m* Einzelhändler *m*; **2.** *adj.* Einzel(handels)...; **~o** [~'reʒu] *m* Abschlagen *n der Oliven usw.*; Kontrolle *f*, Durchsuchung *f*; *fig.* Rüffel *m*; *bras.* = *comércio m a* ~ Einzelhandel *m*; *venda f de* ~ Einzelverkauf *m*.

vareta [~'retɐ] *f* Stäbchen *n*; ⚔ Ladestock *m*; ♣ Schenkel *m*.

vargem ['varʒɐ̃i] *f* = *várzea*.

vari|abilidade [vɐrjɐβəli'δaδə] *f* Veränderlichkeit *f*; Unbeständigkeit *f*; **~ação** [~ɐ'sɐ̃u] *f* Veränderung *f*; Wechsel *m*; Abwechslung *f*; ♪ Variation *f*; **~ado** [~'rjaδu] mannigfach; bunt; reichhaltig; abwechslungsreich; wechselnd, unbeständig; **~ante** [~'rjɐ̃ntə] *f* Abweichung *f*; Abänderung *f*; (abweichende) Lesart *f*; Abart *f*; **~ar** [~'rjar] (1g) (ab-, ver-)ändern; wechseln; Abwechslung hineinbringen in (*ac.*); variieren; *v/i.* wechseln; sich (ver)ändern; verschieden sn; abweichen; phantasieren; *para* ~ zur Abwechslung; *isso varia* je nachdem; (das) kommt drauf an; **~ável** [~'rjavɛɫ] veränderlich; wankelmütig; ungleichförmig; Vario...

varicela ⚕ [~ri'sɛlɐ] *f* Windpocken *f/pl.*

varie|dade [~rje'δaδə] *f* Mannigfaltigkeit *f*, Vielfalt *f*; Verschiedenartigkeit *f*; Wechsel *m*; *zo. u.* ⚘ Ab-, Spiel-art *f*; ~ de Auswahl *f* an (*dat.*); *teatro m de* ~*s* Varieté *n*; **~gado** [~'γaδu] bunt, Bunt...; **~gar** [~'γar] (1o; *Stv.* 1c) bunt färben; sprenkeln; abwechseln; = *variar*.

varina [~'rinɐ] *f* Fischfrau *f*.

vário ['varju] verschieden(artig); bunt, farbig; unbeständig; launisch; schwankend; widersprechend; ~*s pl.* mehrere; allerlei.

varíola ⚕ [vɐ'riulɐ] *f* Blattern *pl.*

variz ⚕ [~'riʃ] *f* Krampfader *f*.

varon|ia [~ru'niɐ] *f* Mannestum *n*; männliche Geschlechtslinie *f*; **~il** [~iɫ] männlich; mannhaft.

varrão [vɐ'ʀɐ̃u] *m* Zuchteber *m*.

varr|edeira ⚓ [~ʀə'δeirɐ] *f* Beisegel *n*; **~edoira, -oura** [~ə'δoirɐ, -orɐ] *f bras.* Kehrmaschine *f*; *rede f* ~ Schleppnetz *n*; **~edor** [~ə'δor] *m* Straßenkehrer *m*; **~edura** [~ə'δurɐ] *f* Kehren *n*; ~(*s*) (*pl.*) Kehricht *m*; Überbleibsel *n/pl.*; **~er** [~'ʀer] (2b) (aus-, weg-, zs.-)kehren; fegen; *fig.* (leer-, weg-)fegen; auslöschen; ⚔ bestreichen, beschießen; **~ição** *bras.* [~i'sɐ̃u] *f* Kehren *n*; **~ido** [~'ʀiδu] **1.** *adj. fig.* ausgemacht, Erz...; total; **2.** *m* Kehricht *m*.

várzea ['varʒjɐ] *f* Flur *m*; Grund *m*; *bras.* (Fluß-)Niederung *f*.

vasa ['vazɐ] *f* Schlick *m*, Schlamm *m*; Mahltrog *m der Ölmühle*.

vascas ['vaʃkɐʃ] *f/pl.* Übelkeit *f*, Brechreiz *m*; ~ *da morte* Todeskampf *m*.

vasco ['vaʃku] **1.** *adj.* baskisch; **2.** *m* Baske *m*.

vascolejar [vɐʃkuli'ʒar] (1d) schütteln; *fig.* beunruhigen.

vas|conço [~'kõsu] *m* Baskisch *n*; *fig.* Kauderwelsch *n*; **~congado** [~kõŋ'gaδu] = *vasco*.

vascular *anat.* [~ku'lar] Gefäß...

vasculh|ar [~ku'ʎar] (1a) fegen; *fig.* durchsuchen; durchkämmen (*Gelände*); **~o** [~'kuʎu] *m* langstielige(r) Besen *m*, Feger *m*.

vaselina [vɐzə'linɐ] *f* Vaselin *n*.

vasilh|a [~'ziʎɐ] *f* Gefäß *n*; Flasche *f*; Faß *n*; **~ame** [~zi'ʎɐmə] *m* Ge-

fäße *n/pl.*; Flaschen *f/pl.*; Fässer *n/pl.*
vaso ['vazu] *m* Gefäß *n* (*a. anat.*); *Blumen-*Topf *m*; *Nacht-*Geschirr *n*; *Klosett-*Becken *n*; ⚓ Schiff *n*.
vassal|agem [vɐsɐ'laʒɐ̃i] *f* Lehnspflicht *f*; *fig.* Hörigkeit *f*; **~o** [~'salu] *m* Lehnsmann *m*; Vasall *m* (*a. fig.*).
vassoi-, vassou|ra [~'soi-, ~'sorɐ] *f* Besen *m*; ~ *metálica* Jazz-, Stahlbesen *m*; *pau m de* ~ *fig.* Hopfenstange *f*; **~rinha** [~soi-, ~so'riɲɐ] *f* Handfeger *m*; *bras.* ⚘ Besenkraut *n*; **~ro** [~ru] *m* Ofenwischer *m*.
vast|idão [vɐʃti'δɐ̃u] *f* Weite *f*; Ausdehnung *f*; Bedeutung *f*; Umfang *m*; **~o** ['vaʃtu] weit; ausgedehnt; bedeutend; umfangreich.
vate ['vatə] *m* Seher *m*.
Vaticano [vɐti'kɐnu] *m* Vatikan *m*.
vatic|inar [~tisi'nar] (1a) wahrsagen, prophezeien; **~ínio** [~'sinju] *m* Wahrsagung *f*; Voraussage *f*.
vátio ⚡ ['vatju] *m* Watt *n*.
vau [vau] *m* Furt *f*; Untiefe *f*; *fig. günstige* Gelegenheit *f*; *passar a* ~ durchwaten.
vaza ['vazɐ] *f Kartenspiel*: Stich *m*; **~-barris** (*pl. unv.*) [~βɐ'ʀiʃ] *m* gefährliche Küste *f*; *fig.* Ort *m* verborgener Schätze; *dar em* ~ scheitern.
vaz|ador [vɐzɐ'δor] *m* Locheisen *n*; **~adouro, -oiro** [~ɐ'δoru, -oiru] *m* Ausguß *m*; Kloake *f*; **~adura** [~ɐ'δurɐ] *f* Entleerung *f*; Abwasser *n*; **~amento** [~ɐ'mẽntu] *m Metall-*Guß *m*; = *~adura*; **~ante** [~'zɐ̃ntə] **1.** *adj.*: *maré f* ~ = **2.** *f* Ebbe *f*; **~ão** [~'zɐ̃u] *m* Abfluß *m*; *dar* ~ *a* abfließen *od.* ausströmen l. (*ac.*); *fig.* freien Lauf l. (*dat.*); *Arbeiten* erledigen; *e-m Impuls* folgen; **~ar** [~'zar] (1b) (ent)leeren; aus-, vergießen; aushöhlen; *Loch* m.; *our. Metall* gießen; *Auge* ausreißen; *v/i.* ausfließen; undicht sn; zurückgehen (*Flut*); sich ergießen; **~io** [~'ziu] **1.** *adj.* leer; unbewohnt; inhaltlos, albern; **2.** *m* Leere *f*; Lücke *f*; *anat.* Weiche *f*; *Fleischerei*: Schoß *m*; *marchar od. trabalhar* (*marcha f*) *em* ~ leerlaufen (Leerlauf *m*).
vê [ve] **1.** *m Name des Buchstabens* v; **2.** *s. ver.*
vea|ção [vjɐ'sɐ̃u] *f* Wildbret *n*; **~do** ['vjaδu] *m* Hirsch *m*.

ved|a ['vεδɐ] *f* Schonzeit *f*; **~ação** [vəδɐ'sɐ̃u] *f* Absperrung *f*; Einfried(ig)ung *f*; Zaun *m*; **~ar** [və'δar] (1c) verbieten; (ab-, ver-)sperren; *Blut* stauen; ⊕ abdichten; *v/i.* versiegen; stocken.
vedet|a [və'δetɐ] *f* Vorposten *m*; ⚓ Schnellboot *n*; *tea.* Star *m*; **~ismo** [~δə'tiʒmu] *m* Starwesen *n*.
vedo *bras.* ['veδu] *m* Einzäunung *f*, Zaun *m*.
vedor [vε'δor] *m* Aufseher *m*; Inspektor *m*; *bsd.* Wassersucher *m*.
veem|ência [vjə'mẽsjɐ] *f* Heftigkeit *f*; Ungestüm *n*; **~ente** [~ẽntə] heftig, ungestüm.
vêem ['ve-ɐ̃i] *s. ver.*
veget|ação [viʒətɐ'sɐ̃u] *f* Pflanzenwuchs *m*; ⚕ Wucherung *f*; **~al** [~'tał] **1.** *adj.* Pflanzen…, pflanzlich; *seda f* ~ Kunstseide *f*; *papel m* ~ Pergamentpapier *n*; **2.** *m* Pflanze *f*; **~ar** [~'tar] (1c) wachsen; wuchern; *fig.* vegetieren; **~ariano, ~arista** [~ɐ'rjɐnu, ~ɐ'riʃtɐ] *m* Vegetarier *m*; **~ativo** [~ɐ'tivu] vegetativ; pflanzlich; pflanzenhaft.
veia ['vejɐ] *f* Ader *f*; *anat.* Vene *f*; *fig. a.* Anlage *f*, Talent *n*.
veicular [veiku'lar] **1.** *adj.* Fahrzeug…; **2.** *v/t.* (1a) befördern; in Umlauf bringen, aussprengen.
veículo [ve'ikulu] *m* Fahrzeug *n*; *fig.* Träger *m*; *ser* ~ *de* übertragen (*ac.*).
veiga ['veiγɐ] *f* Flur *f*, Gefilde *n*.
veio ['veju] **1.** *m Erz-*Gang *m*; *Gesteins-*Ader *f*; ⊕ Welle *f*; *fig.* springende(r) Punkt *m*, Kern *m*; ~ *de água* Rinnsal *n*; **2.** *s. vir.*
vejo *usw.* ['veʒu] *s. ver.*
vela ['vεlɐ] *f* **a**) Wachen *n*; (Nacht-)Wache *f*; Kerze *f*, *auto.* Zündkerze *f*; *estar de* ~ wachen; **b**) Segel *n*; *fig.* Schiff *n*; *andar* (*od. navegar*) *à* ~ segeln; *dar à* ~, *fazer-se de* (*od. à*) ~ unter Segel gehen; absegeln.
vel|acho ⚓ [və'laʃu] *m* Vor-Marssegel *n*; *bras.* Bei-, Spitz-name(n) *m*; **~ador** [~lɐ'δor] **1.** *m* Wächter *m*; Leuchter *m*; **2.** *adj.* wachsam; **~ame** [~'lɐmə] *m* Segel-riß *m*, -werk *n*; *fig.* Hülle *f*; **~ar** [~ar] (1c) **1.** *v/t.* **a**) bewachen; wachen bei; behüten; *Nacht* durchwachen; **b**) verschleiern; verhüllen; verdunkeln; *pint.* übermalen; **2.** *v/i.* wachen; *fig.* brennen (*Licht*).

veleidade [~lei'ðaðə] *f* Anwandlung *f*; Laune *f*; Gelüst *n*.
veleiro [~'leiru] **1.** *adj.* schnellsegelnd; *fig.* leicht; hurtig; *navio m* ~ Schnellsegler *m*, Klipper *m*; **2.** *m* Segelmacher *m*; Segelboot *n*.
velejar [~lɨ'ʒar] (1d) segeln.
veleta [~'letɐ] *f* = *cata-vento*.
velha ['vɛʎɐ] *f* alte Frau *f*, F Alte *f*; *conto m da* ~ Ammenmärchen *n*.
velha|caria [vɨʎɐkɐ'riɐ] *f* Gaunerei *f*; Schurkenstreich *m*; Gerissenheit *f*; **~co** [~'ʎaku] **1.** *adj.* durchtrieben, gerieben; schurkisch; tückisch; **2.** *m* geriebene(r) Bursche *m*, Halunke *m*; *grande* ~ Erzgauner *m*; *cara f de* ~ Galgengesicht *n*.
velh|ice [vɨ-, vɛ'ʎisə] *f* Alter *n*; **~inho** [vɛ'ʎiɲu] **1.** *adj.* ältlich; **2.** *m*, **-a** *f* alte(s) Männchen *n od.* Mütterchen *n*; **~o** ['vɛʎu] **1.** *adj.* alt; *chegar a* ~ alt w.; **2.** *m* alte(r) Mann *m*; = **~ote** [vɛ'ʎɔtə] *m*, **-a** *f* F Alte(r *m*) *f*.
velo ['vɛlu] *m Schaf*-Fell *n*; Vlies *n*; ~ *de oiro das* Goldene Vlies.
veloc|idade [vəlusi'ðaðə] *f* Geschwindigkeit *f*; *primeira* (*segunda*) ~ *auto.* erster (zweiter) Gang *m*; *alavanca f de* ~*s* Gangschaltung *f*; *por grande* (*pequena*) ~ 🚂 als Eil-(Fracht-)gut *n*; *a* ~ *máxima* mit Höchstgeschwindigkeit; *a toda a* ~ mit Voll-dampf, -gas; **~ímetro** [~'simətru] *m* Geschwindigkeitsmesser *m*; **~ípede** † [~'sipəðə] *m* Veloziped *n*.
velódromo [və'lɔðrumu] *m* Radrennbahn *f*.
velório *bras.* [~'lɔrju] *m* Totenwache *f*.
veloso [~'lozu (-ɔ-)] haarig; wollig; zottig.
veloz [~'lɔʃ] schnell, rasch; flink.
velud|ilho [~lu'ðiʎu] *m* ⚘ Halbsamt *m*; **~o** [~'luðu] *m* Samt *m*.
vem, vêm [vẽi, vẽ] *s. vir.*
venado [və'naðu] geadert, gemasert.
venal [~'naɫ] käuflich; *fig. a.* bestechlich; **~idade** [~nɐli'ðaðə] *f* Bestechlichkeit *f*.
venatório [~nɐ'tɔrju] Jagd...
venc|edor [vẽsə'ðor] **1.** *adj.* siegreich; **2.** *m*, **-a** *f* Sieger(in *f*) *m*; **~er** [~'ser] (2g, *Stv.* 2a) besiegen; schlagen; *Prozeß* gewinnen; *Aufgabe* (be)meistern; über-winden, -treffen; *Gehalt* beziehen; *v/i.* siegen; fällig w. (*Zinsen*); **~er-se** sich beherrschen; ablaufen (*Termin*); verfallen (*Wechsel*); fällig w.; **~ida** [~'siðɐ]: *ir de* ~ besiegt w.; *levar de* ~ besiegen; **~ido** [~'siðu] besiegt; ⚘ fällig; **~ilho** [~'siʎu] *m* Strohseil *n*; **~imento** [~i'mẽntu] *m* Besiegung *f*; ⚘ Fälligkeit *f*; Verfall *m*; Ablauf *m e-r Frist*; ~*s pl.* Bezüge *m/pl.*; *folhas f/pl. de* ~*s* Lohn- und Gehalts-listen *f/pl.*; *dar* ~ *a* meistern.
vend|a ['vẽndɐ] *f* **a**) Verkauf *m*; Laden *m*; *Wein usw.* Ausschank *m*; ~*s pl.* ⚘ Umsatz *m*; *à* ~ *em* zu kaufen (*od.* erhältlich) bei; *pôr à* ~ feilbieten, auf den Markt bringen; **b**) (Augen-)Binde *f*; **~ar** [vẽn'dar] (1a) *Augen* verbinden; *fig.* blenden.
vendaval [vẽndɐ'vaɫ] *m* Sturm *m*.
vend|ável [~'davɛɫ] = ~*ível*; **~edor** [~də'ðor] **1.** *adj.* Verkaufs...; **2.** *m*, **-a** (*od.* ~*edeira*) *f* Verkäufer(in *f*) *m*; **~edoiro, -ouro** [~də'ðoiru, -oru] *m* öffentliche Verkaufsstelle *f*; **~eiro** *m*, **-a** *f* [~'deiru, -ɐ] Schankwirt(in *f*) *m*; **~er** [~'der] (2a) verkaufen; *fig. a.* verraten; **~ido** [~'diðu] *estar* ~, *ficar* ~ *fig.* verraten und verkauft sn; **~ilhão** [~di'ʎɐ̃u] *m* (Straßen-)Händler *m*; Hausierer *m*; *fig.* Schacherer *m*; **~ível** [~'divɛɫ] (gut) verkäuflich; gangbar, gängig.
vene|fício [vənə'fisju] *m* Giftmischerei *f*; **~no** [~'nenu] *m* Gift *n*; *fig. a.* gefährliche(r) Mensch *m*; *deitar* ~ *em* vergiften (*ac.*); **~noso** [~'nozu (-ɔ-)] giftig.
vener|ação [~nərɐ'sɐ̃u] *f* Verehrung *f*; **~ador** [~rɐ'ðor] *m* Verehrer *m*; *im Brief*: *de V. Ex.a* ~ Ihr ergebener; **~ando** [~'rɐ̃ndu] verehrungs-, ehrwürdig; **~ar** [~'rar] (1c) (ver-)ehren; **~ável** [~'ravɛɫ] **1.** *adj.* ehrwürdig; **2.** *m* Meister *m* vom Stuhl.
venéreo [~'nɛrju] geschlechtlich, Geschlechts...
veneta [~'netɐ] *f* Wahnsinnsanfall *m*; *allg.* komische(r) Einfall *m*, Laune *f*; *dar na* ~ einfallen.
venezian|a [~nə'zjɐnɐ] *f* Jalousie *f*; **~o** [~u] venezianisch.
venezuelano [~nəzwə'lɐnu] **1.** *adj.* venezolanisch; **2.** *m* Venezolaner *m*.
venho *usw.* ['veɲu] *s. vir.*
vénia ['vɛnjɐ] *f* Erlaubnis *f*; Verzeihung *f*; *bsd.* Verneigung *f*.
venial [və'njaɫ] verzeihlich; *rel.* läßlich.
venoso [~'nozu (-ɔ-)] geadert; Venen...

venta ['vẽntɐ] *f* Nasenloch *n*; Nüster *f*; *~s pl.* Nase *f*; *nas ~s de alg.* j-m ins Gesicht hinein; in j-s Beisein; *ter cabelinho* (*od. pêlo, cabelo*) *na*(*s*) *~*(*s*) Haare auf den Zähnen haben; *de cabelinho na ~* kratzbürstig.

vent|ania [vẽntɐ'niɐ] *f* heftige(r) Dauerwind *m*; **~ar** [~'tar] (1a) windig sn, wehen; *fig.* erwachen (*Mut*); lächeln (*Glück*); **~arola** [~ɐ'rɔlɐ] *f* Wedel *m*; Fächer *m*.

ventil|ação [~tilɐ'sɐ̃u] *f* Lüftung *f*; **~ador** [~ɐ'δor] *m* Ventilator *m*; Entlüftungsanlage *f*; **~ar** [~'lar] (1a) (aus-, ent-)lüften; *Korn* schwingen; *fig.* erörtern.

vento ['vẽntu] *m* Wind *m*; Luftzug *m*; *mont.* Witterung *f*; *cabeça f de ~* Hitzkopf *m*; *aos quatro ~s* in alle Winde; *pé m de ~* Wirbelsturm *m*; *estar* (*od. fazer*) *~* windig sn; *andar com todos os ~s* sein Mäntelchen nach dem Winde hängen; *beber os ~s por* durchs Feuer gehen für; *furtar o ~* den Wind aus den Segeln nehmen; **~inha** [vẽn'twiɲɐ] *f* Windrad *n*; = *cata-vento*.

ventos|a [vẽn'tɔzɐ] *f cir.* Schröpfkopf *m*; *zo.* Saugnapf *m*; **~idade** [~tuzi'δaδə] *f* Blähung *f*; **~o** [~'tozu (-ɔ-)] windig; blähend; *fig.* eitel, nichtig.

ventr|al [vẽn'trał] Bauch...; **~e** ['vẽntrə] *m* Bauch *m*, Leib *m*; Schoß *m*; Ausbauchung *f*; *fig.* Innere(s) *n*, Kern *m*; *dar de ~* Stuhlgang h.; **~ículo** [~'trikulu] *m anat.* Herzkammer *f*; *Hirn*-Ventrikel *m*; **~íloquo** [~'trilukwu] *m* Bauchredner *m*; **~udo** [~'truδu] dickbäuchig.

ventur|a [vẽn'turɐ] *f* Glück *n*; Schicksal *n*; Wagnis *n*; *à ~* aufs Geratewohl; *por ~* vielleicht, etwa; **~oso** [~tu'rozu (-ɔ-)] glücklich.

ver [ver] **1.** *v/t.* (2m) sehen; erleben; *intentional*: ansehen; durchsehen; nachsehen (*a. ir ~*), prüfen; ersehen (aus *de*); *~ se* (zu)sehen (*od.* aufpassen), daß; *fazer ~* zeigen; klarmachen; = *deixar ~* zeigen; erkennen l.; *ir ~*, *vir ~* auf-, be-suchen; *ter que ~* a) kaum glauben; b) noch etwas erleben; c) = *ser de* (*od. para*) *~* sehens- (*od.* bemerkens-)wert sn; (*não*) *ter* (*nada*) *que ~ com* (nichts) zu tun h. mit; *vamos a ~* mal sehen; = *a ~, vamos!* wir werden ja sehen!; = *veremos!* abwarten!; *até ~* bis auf weiteres; *até mais ~* auf Wiedersehen; *vai ~!* also, hören Sie zu!; *veja lá!* sieh da!; sieh (*od.* sehen Sie) mal an!; *já se vê!* versteht sich!; selbstverständlich; *estou a ~* a) ich verstehe!; b) ich sehe schon, mir scheint; *não há* (*od. tem*) *que ~!* kein Zweifel!; da gibt's gar nichts!; *maneira f de ~* Standpunkt *m*; *segundo a minha maneira de ~* wie ich die Dinge sehe; **2. ~-se** sich treffen; sich fühlen; sich wissen; *~ doido* nicht wissen, wo e-m der Kopf steht; *~ e desejar-se* nicht ein noch aus wissen; *~ em* sitzen (*od.* stecken) in (*dat.*); **3.** *m*: *a meu ~* m-s Erachtens.

veracidade [vərɐsi'δaδə] *f* Wahrhaftigkeit *f*; Glaubwürdigkeit *f*.

veran|eante [~rɐ'njẽntə] *m* Sommerfrischler *m*; **~ear** [~'njar] (1l) den Sommer(urlaub) verbringen; **~eio** [~'neju] *m* Sommerfrische *f*; **~ista** [~'niʃtɐ] *m* = *~eante*.

verão [və'rɐ̃u] *m* Sommer *m*; ♀ *de São Martinho* Nach-, Altweibersommer *m*.

veraz [~'raʃ] wahrheitsliebend; wahr.

verba ['vɛrβɐ] *f Vertrags*-Punkt *m*, Klausel *f*; Sparte *f*; Haushaltsmittel *n/pl.*; Betrag *m*.

verbal [vər'βał] mündlich; *gram.* verbal; **~ismo** [~βɐ'liʒmu] *m* Wortemacherei *f*; **~ista** [~βɐ'liʃtɐ] **1.** *adj.* wortreich; **2.** *m* Wortemacher *m*.

verbena ⚘ [~'βenɐ] *f* Eisenkraut *n*.

verberar [~βə'rar] (1c) geißeln; *fig. a.* verurteilen.

verbete [~'βetə] *m* Aufzeichnung *f*; Notiz-, Kartei-zettel *m*, Stichwort *n*.

verbo ['vɛrβu] *m* Wort *n*; *gram.* Zeitwort *n*, Verb *n*.

verbo|rreia [vərβu'ʀejɐ] *f* Redseligkeit *f*; Wortschwall *m*; **~sidade** [~zi'δaδə] *f* Zungenfertigkeit *f*; Geschwätz *n*; **~so** [~'βozu (-ɔ-)] wortreich; redselig; redegewandt.

verdad|e [~'δaδə] *f* Wahrheit *f*; *em ~* wahrhaftig; = *em boa ~*, *na ~* in der Tat; *a dizer* (*od. falar*) *~* eigentlich; = *para dizer* (*od. falar*) *a ~* offen gestanden; *cair na ~ de* einsehen, begreifen; *ser ~* stimmen; *é ~!* richtig!; (*não é*) *~?* nicht wahr?; *~ é que* zwar; **~eiro** [~δɐ'δeiru] wahr; wahrhaftig; echt.

verdasc|a [~'δaʃkɐ] *f* Reitgerte *f*; Rute *f*; **~o** [~u] jung (*Wein*).

verde ['verδə] **1.** *adj.* grün; unreif; frisch (*Holz, Fleisch*); jung; zart; rüstig; *anos m/pl.* ~*s* junge Jahre *n/pl.*; *caldo m* ~ Kohlsuppe *f*; *idade f* ~ zarte(s) Alter *n*; *moço m* ~ grüne(r) Junge *m*; *vinho m* ~ *Art* Heurige(r) *m*; **2.** *m* Grün(futter) *n*; *atirar um* ~ *a bras.* auf den Busch klopfen bei; **~al** [vər'δjał] **1.** *adj.* grünlich; **2.** *m* uniformierte(r) Universitätsdiener *m in Coimbra*; **~-claro (-escuro)** [~'klaru(~iʃ'kuru)] hell- (dunkel-)grün; **~-cré** [~'krɛ] grüngolden; **~-gaio** [~'γaju] hellgrün; **~jar** [vərδɨ'ʒar] (1d) grünen; **~lhão** [vərδɨ'ʎɐ̃u] *m* Zeisig *m* (*Vogel*); **~-mar** [~'mar] meergrün; **~-montanha** [~mõn'tɐɲɐ] **1.** *adj.* blaugrün; **2.** *m* Grünerde *f*; **~te** [vər'δetə] *m* Grünspan *m*.

verdo|engo [vər'dwẽŋgu] grünlich; unreif; **~r** [~'δor] *m* Grün *n*; *fig.* Jugendkraft *f*; **~so** [~'δozu (-ɔ-)] grün(lich).

verdugo [~'δuγu] *m* Henker *m*; 🚃 Spurkranz *m*; ⚓ Rüste *f*.

verdur|a [~'δurɐ] *f* Grün *n*; Pflanze *f*; Gemüse *n*; *fig.* Unreife *f*; Unerfahrenheit *f*; ~*s pl. da mocidade* Jugendsünden *f/pl.*; **~eiro** *bras.* [~du'reiru] *m* Gemüsehändler *m*.

verea|ção [vərjɐ'sɐ̃u] *f* Stadt-, Gemeinde-rat *m*; = ~*nça*; **~dor** [~'δor] *m* Stadt-rat *m*, -verordnete(r) *m*; **~nça** *bras.* [~'rjẽsɐ] *f* Stadtratsamt *n*.

vereda [və'reδɐ] *f* Fußpfad *m*, Steig *m*; *fig.* Weg *m*, Pfad *m*.

veredicto [vərə'δiktu] *m* Spruch *m*.

verga ['verγɐ] *f* Gerte *f*, Rute *f*; *Eisen*-Stange *f*; *Tür*-Sturz *m*; ⚓ Rahe *f*; *cadeira f de* ~ Rohrstuhl *m*.

verg|alho [vər'γaʎu] *m* Ochsenziemer *m*; P Halunke *m*; **~ame** ⚓ [~ɐmə] *m* Rahenwerk *n*; **~ão** [~ɐ̃u] *m* Strieme *f*; **~ar** [~ar] (1o; *Stv.* 1c) (sich) biegen; *fig.* (sich) beugen; **~asta** [~aʃtɐ] *f* (Reit-)Gerte *f*; Peitsche *f*; **~astar** [~γɐʃ'tar] (1b) peitschen.

vergonh|a [~'γoɲɐ] *f* Schande *f*; Scham(gefühl *n*) *f*; *ter* ~ sich schämen; **~oso** [~γu'ɲozu (-ɔ-)] schamhaft; verschämt; schändlich; *partes f/pl. -as* Schamteile *m/pl.*

vergôntea [~'γõntjɐ] *f* Sprößling *m*.

verídico [və'riδiku] wahr, wahrheitsgetreu; wahrheitsliebend.

verific|ação [~rəfikɐ'sɐ̃u] *f* Feststellung *f der Richtigkeit*; Nachprüfung *f*; Erfüllung *f e-r Voraussage*; **~ador** [~ɐ'δor] *m* Zollprüfer *m*; **~ar** [~'kar] (1n) feststellen; nachprüfen; **~ar-se** sich herausstellen; sich erfüllen; stattfinden; **~ável** [~'kavɛł] feststellbar.

veris... *s. veros...*

verme ['vɛrmə] *m* Wurm *m*.

vermelh|ão [vərmɨ'ʎɐ̃u] *m* Zinnoberrot *n*; Mennige *f*; Rot *n*, Rouge *n*; **~ar, ~ejar** [~ar, ~ɨ'ʒar] (1d) sich röten; rot schimmern; **~idão** [~ʎi'δɐ̃u] *m* (Scham-)Röte *f*; **~o** [~'mɛʎu (~'meʎu)] **1.** *adj.* rot; **2.** *m* Rot *n*; Röte *f*; *pol.* Rote(r) *m*; **~usco** [~'ʎuʃku] rötlich.

verm|icida [vərmi'siδɐ] *m* Wurmmittel *n*; **~icular** [~iku'lar] wurmförmig; **~ífugo** [~'mifuγu] *m* = ~*icida*; **~inose** ⚕ [~i'nɔzə] *f* Würmer *m/pl.*

vermute [vɛr'mutə] *m* Wermut *m*.

vern|aculista [vərnɐku'liʃtɐ] *m* Sprachreiniger *m*, Purist *m*; **~áculo** [~'nakulu] **1.** *adj.* unverfälscht, rein (*Sprache*); **2.** *m* Sprachreinheit *f*.

verniz [~'niʃ] *m* Firnis *m*, Lack *m*.

vero ['vɛru] wahr, echt.

verónica [və'rɔnikɐ] *f* Schweißtuch *n* Christi; Christuskopf *m*; ⚘ Ehrenpreis *m*.

veros|ímil, ~imilhante [vəru'zimił, ~zəmi'ʎɐ̃ntə] wahrscheinlich; **~imilitude, ~imilhança** [~zəmili'tuδə, -'ʎɐ̃sɐ] *f* Wahrscheinlichkeit *f*.

veross|~ímil, -imelhante *bras.* [vero'simił, -simi'ʎɐ̃ntə] wahrscheinlich.

verrug|a [və'ʀuγɐ] *f* Warze *f*; **~oso, ~uento** [~ʀu'γozu (-ɔ-), ~'γẽntu] voller Warzen, warzig.

verrum|a [~'ʀumɐ] *f* Bohrer *m*; **~ar** [~ʀu'mar] (1a) (an-, durch-, vor-)bohren; *v/i. fig.* grübeln.

vers|ado [vər'saδu] bewandert, geschickt; **~al** [~'sał] **1.** *adj.*: *letra f* ~ = **2.** *f* große(r) Buchstabe *m*; **~alete** [~sɐ'letə] *m tip.* Kapitälchen *n*; **~ão** [~'sɐ̃u] *f* Übersetzung *f*; Fassung *f*; Lesart *f*, Version *f*; **~ar** [~'sar] (1c) handhaben; (aus-)üben; *Bücher* wälzen; *Fach* studieren; *Thema* behandeln; *v/i.*: ~ *sobre* sich drehen um (*Gespräch*); handeln von; sprechen über (*ac.*); **~átil** [~'satił] wetterwendisch; vielseitig; **~atilidade** [~sɐtəli'ðaðə] *f* Wankelmut *m*; **~ejador** [~sɨʒɐ'ðor] *m* Reimschmied *m*, Dichterling *m*; **~ejar** [~sɨ'ʒar] (1d) Reime schmieden; *v/t.* in Reime bringen; **~ículo** [~'sikulu] *m* (Bibel-)Vers *m*; Absatz *m*; **~ificação** [~səfikɐ'sɐ̃u] *f* Versform *f*; Verskunst *f*; **~ificar** [~səfi'kar] (1n) in Verse bringen; **~ista** [~'siʃtɐ] *m* = *~ejador*; **~o** ['vɛrsu] *m* **a)** Vers *m*; **b)** Rück-, Unter-seite *f*; = *reverso*.

vértebra ['vɛrtəβrɐ] *f* Wirbel *m*.

vertebr|ado [vərtə'βraðu] *m* Wirbeltier *n*; **~al** [~ał] Wirbel...

vert|edoiro, -ouro [~tə'ðoiru, -oru] *m* Schöpfkelle *f*; **~ente** [~'tẽntə] *f* *Berg-*Hang *m*; Abdachung *f*; Dachfläche *f*; **~er** [~'ter] (2c) (aus)gießen; *Tränen* vergießen; verschütten; ablassen, ausleeren; *Glas* umwerfen; *in e-e Sprache* übersetzen; *v/i.* sich ergießen; überlaufen; undicht sn.

vertical [~ti'kał] senkrecht; *fig.* aufrecht; **~izar** [~kɐli'zar] (1a) aufrechterhalten.

vértice ['vɛrtisə] *m* Scheitel (-punkt) *m*.

vertig|em [vər'tiʒɐ̃i] *f* Schwindel *m*; *fig.* Taumel *m*; **~inoso** [~tiʒi'nozu (-ɔ-)] schwindelerregend; schwindelig; *fig.* betörend.

vertimento [~ti'mẽntu] *m das* Ablassen, Ausleeren *usw.*, *s. verter*.

verve ['vɛrvə] *f* Schwung *m*.

ves|go ['veʒγu] schielend; *ficar ~* die Augen verdrehen; *ser ~* = **~guear** [vɨʒ'γjar] (1l) schielen.

vesicatório [vəzikɐ'tɔrju]: (*emplastro*) *~ m* Blasenpflaster *n*.

vesícula [~'zikulɐ] *f* Bläschen *n*; *zo.* Schwimmblase *f*; *anat.* ~ (*biliar*) Gallenblase *f*.

vesp|a ['veʃpɐ] *f* Wespe *f*; *fig.* Kratzbürste *f*; **~eiro** [vɨʃ'peiru] *m* Wespennest *n*.

véspera ['vɛʃpərɐ] *f* Vorabend *m*; Tag *m* vorher; *~s pl.* Vesper *f*; *estar em ~s de* davor stehen *od.* im Begriff sein zu.

vesper|al [vɨʃpə'rał] **1.** *m bras.* Nachmittags-veranstaltung *f*, -vorstellung *f*; **2.** *adj.* = **~tino** [~pər'tinu] **1.** *adj.* Nachmittags...; **2.** *m* Abendblatt *n*.

veste ['vɛʃtə] *f* Kleid *n*; *Priester-*Gewand *n*.

véstia ['vɛʃtjɐ] *f* Joppe *f*.

vestiári|a [vɨʃ'tjarjɐ] *f* Kleiderkammer *f*; **~o** [~u] *m* Kleiderwart *m*; *tea.* Kleiderablage *f*, Garderobe *f*.

vestibular [~tiβu'lar]: *exame m ~ bras.* Aufnahmeprüfung *f*.

vestíbulo [~'tiβulu] *m* Vorhalle *f*; Diele *f*; *tea.* Foyer *n*; *anat.* Vorhof *m*.

vestid|o [~'tiðu] *m* Kleid *n*; **~ura** [~ti'ðurɐ] *f* Kleidung *f*, Gewand *n*; *rel.* Einkleidung *f*.

vestígio [~'tiʒju] *m* Spur *f*.

vest|imenta [~ti'mẽntɐ] *f* Gewandung *f*; *~s pl.* Meßgewand *n*; **~ir** [~'tir] (3c) (be)kleiden; bedecken; *Kleid* anziehen *od.* anhaben, tragen; bemänteln; *v/i.* sich kleiden; **~uário** [~'twarju] *m* Kleidung *f*, Anzug *m*.

vetar [və'tar] (1c) stimmen *od.* Einspruch erheben gegen; verbieten.

veterano [vətə'rɐnu] **1.** *adj.* altgedient; **2.** *m* Veteran *m*.

veterinári|a [~ri'narjɐ] *f* Tierheilkunde *f*; **~o** [~u] **1.** *adj.* tierärztlich; Tierheil...; **2.** *m* Tierarzt *m*.

veto ['vɛtu] *m* Einspruch *m*, Veto *n*; *opor o ~* = *vetar*.

vetust|ez [vətuʃ'teʃ] *f* hohe(s) Alter *n*; **~o** [~'tuʃtu] uralt; sehr alt.

véu [vɛu] *m* Schleier *m*.

vex|ação [vɛʃɐ'sɐ̃u] *f* Belästigung *f*, Quälerei *f*; = **~ame** [~'ʃɐmə] *m* Plage *f*; Verdruß *m*; Schimpf *m*; **~ar** [~'ʃar] (1a) belästigen; quälen; ärgern; **~ativo, ~atório** [~ɐ'tivu, ~ɐ'tɔrju] lästig; ärgerlich; quälend.

vez [veʃ] *f* Mal *n*; *uma* (*duas*) *~*(*es*) ein- (zwei-)mal; *uma ~ por outra* hin und wieder; *às ~es, por ~es* manchmal; *cada ~* jedesmal; *cada ~ mais* immer mehr; *três ~es mais* (*maior*) dreimal so viel (so groß); *desta ~* diesmal; *de ~* auf einmal; endgültig; = *de uma ~ para sempre* (*od. por todas*) ein für allemal; *de ~ em quando* bisweilen; dann und wann; *em ~ de* anstatt (*gen.*); *outra ~* ein andermal; noch einmal, nochmals; *da outra ~* das letzte Mal, neulich; *a maior parte* (*od. as mais*) *das ~es* meistens; *muita(s) ~(es)* oft; *raras ~es* selten; *pela primeira* (*última*) *~* zum ersten (letzten) Mal; *por sua ~* seinerseits; *uma* (*od.* de) *~ que* = *já que*; *apanhar de ~* überrumpeln (*ac.*); *chega* (*chegou od. é*) *a minha ~* ich komme (bin) an die (der) Reihe; *esperar a* (*sua*) *~* warten, bis man an die Reihe kommt; *fazer as* ~*es de alg.* j-s Stelle (*od.* j-n) vertreten; *perder a* ~ die Gelegenheit (*od.* den Anschluß) verpassen; *tomar as* ~*es de alg.* an j-s Stelle treten.

vez|eiro [vəˈzeiru]: (*ser*) *useiro e* ~ *em* gewöhnt (sn) an (*ac.*); vertraut (sn) mit; **~o** [ˈvezu] *m* Angewohnheit *f.*

via [ˈviɐ] *f* Weg *m*, Bahn *f*; Straße *f*; *anat.* Weg *m*; 🚂 Spurweite *f*; Gleis *n*; *fig.* Mittel *n*; Ausfertigung *f*, Kopie *f*; *primeira* (*segunda, terceira*) ~ ✝ Prima- (Sekunda-, Tertia-) wechsel *m*; ~ *larga* Breit-, ~ *reduzida* Schmal-spur *f*; ~ *permanente* Bahnkörper *m*; (*por*) ~ *aérea* (*marítima, terrestre*) auf dem Luft- (See-, Land-)weg; ~ *aérea* durch Luftpost; ~ *satélite* über Satellit; *em* ~(*s*) *de* auf dem Weg zu; im Begriff, dabei; *por* ~ *de* mittels (*gen.*), durch; *por* ~ *de regra* durchweg; *pôr em* ~ in Gang bringen, einleiten.

via|bilidade [vjɐβəliˈðaðə] *f* Benutz-, Befahr-barkeit *f*; Angängigkeit *f*; Möglichkeit *f*; *fig.* Lebensfähigkeit *f*; Aussichten *f/pl.*; **~ção** [~ˈsɐ̃u] *f* Straßen(fern)verkehr *m*; Straßennetz *n*; Verkehrs-mittel *n/pl.*, -verbindung *f*; *empresa f de* ~ Omnibus-, Reise-unternehmen *n* (-dienst *m*); *acidente m de* ~ Verkehrsunfall *m*; **~duto** [~ˈðutu] *m* Überführung *f*; **~gem** [ˈvjaʒɐ̃i] *f* Reise *f*; Fahrt *f*; *Güter-*Transport *m*; *em* ~ unterwegs; *estar de* ~ verreisen wollen; = *estar em* ~ verreist sn.

viaj|ado [vjɐˈʒaðu]: *muito* (*bastante*) ~ (ziemlich) weit gereist; **~ante** [~ɐ̃ntə] **1.** *adj. caixeiro m* ~ = **2.** *m* Reisende(r) *m* (*bsd.* ✝); **~ar** [~ar] (1b) reisen; *v/t.* bereisen.

vianda [ˈvjɐ̃ndɐ] *f* Fleisch *n*; Essen *n*, etwas zu essen.

viandante [vjɐ̃nˈdɐ̃ntə] *m* Wanderer *m.*

viático [ˈvjatiku] *m* Reisegeld *n*; Wegzehrung *f* (*a. rel.*).

viatura [vjɐˈturɐ] *f* Transportmittel *n*; Fahrzeug *n*; ~ *de incêndios* Feuerwehrwagen *m.*

viável [ˈvjavɛɫ] gangbar (*a. fig.*); (be)fahrbar; *fig.* angängig; möglich.

víbora [ˈviβurɐ] *f* Viper *f.*

vibordo ⚓ [viˈβɔrðu] *m* Reling *f.*

vibr|ação [viβrɐˈsɐ̃u] *f* Schwingung *f*; Beben *n*; Erschütterung *f*; *fig.* Erregung *f*; Eifer *m*; **~ador** [~ɐˈðor] *m* ⚡ Summer *m*; ~ *para betão* Betonmischmaschine *f*; ~ *para massagens* Massierapparat *m*; **~ante** [~ˈβrɐ̃ntə] *fig.* schwungvoll, mitreißend; begeistert; **~ar** [~ˈβrar] (1a) schwingen; schleudern; *Saiten* schlagen; erschüttern; *Wort* (hinaus)schleudern; *Schlag* versetzen; *v/i.* schwingen, beben; vibrieren; tönen; hallen; **~átil** [~ˈβratiɫ] Zitter...; erregbar; **~atório** [~ɐˈtɔrju] schwingend, Schwingungs...

viçar [viˈsar] (1p) = *vicejar.*

vicariato [vikɐˈrjatu] *m* Vikariat *n.*

vice... [ˈvisə...] *in Zssgn* Vize...

vicejar [visɨˈʒar] (1d) wuchern (*a. fig.*); strotzen; *v/t.* hervortreiben; bewirken, herbeiführen.

vice-reitor (**-es**) [ˌvisəʀeiˈtor] *m*(*pl.*) Prorektor *m.*

vice-versa [~ˈvɛrsɐ] umgekehrt.

vici|ado [viˈsjaðu] angesteckt; fehlerhaft; *drogen*-süchtig; **~ar** [~ar] (1g) verderben; (ver)fälschen; **~ar-se** dem Laster verfallen; *Karten* zinken; verderben; verdorben werden (durch *com, por*).

vício [ˈvisju] *m* Laster *n*; Fehler *m*; schlechte Angewohnheit *f*; *por* ~ aus bloßer Gewohnheit; ohne besonderen Grund; *ter* ~ ⚘ wuchern.

vicioso [viˈsjozu (-ɔ-)] fehlerhaft; lasterhaft; *círculo m* ~Circulus vitiosus *m*, Zirkelschluß *m.*

vicissitude [visəsiˈtuðə] *f* Wechsel *m*; Zufall *m*; *fig.* Mißgeschick *n*; ~*s* Schicksalsschläge *m/pl.*

viço [ˈvisu] *m* (strotzende) Kraft *f*; Saft *m*; Üppigkeit *f*; Feuer *n*; Übermut *m des Kindes*; **~so** [viˈsozu] kräftig; strotzend; üppig (grünend); feurig (*Tier*); ausgelassen (*Kind*).

vida [ˈviðɐ] *f* Leben *n*; Lebhaftigkeit *f*; Lebensunterhalt *m*; *à boa* ~ müßig; *com* ~, *em* ~ lebendig, bei lebendigem Leibe; *em* ~, *durante a* ~ bei Lebzeiten; *por* (*od. pela*) *minha* ~ so wahr ich lebe; *conceder* (*od. poupar*) *a* ~ das Leben schenken; *dar* ~ *a* beleben (*ac.*); glaubhaft m.; *dar a* ~ *j-m* das Leben geben; sein Leben hingeben (*od.* l.) (für *por*); *estar entre a* ~ *e a morte* zwischen Tod und Leben schweben; *fazer* ~ *com* zs.-leben mit;

fazer (*od. levar*) ~ *de* leben wie; *ganhar a* ~ s-n Lebensunterhalt verdienen; *levar boa* ~ (*od. a* ~ *direita*), *viver* ~ *folgada* es sich wohl sn l.; das Leben genießen; *passar desta* ~ *para a outra* (*od. a melhor* ~) sterben; *tirar a* ~ *fig.* zugrunde richten; *ser a* ~ *de alg. fig.* j-s ein und alles sn; *tratar da sua* ~ s-n Geschäften nachgehen; sich um s-e Angelegenheiten kümmern; *voltar da morte à* ~ dem Leben wiedergeschenkt w. (*od.* sn); *ter* ~ leben; lebhaft sn.
vid|e ['viðə] *m* Rebe *f*; **~eira** [vi'ðeirɐ] *f* Weinstock *m*.
vidente [vi'ðẽntə] *su.* (Hell-)Seher (-in *f*) *m*.
vidoeiro [vi'ðweiru] *m* Birke *f*.
vidr|aça [vi'ðrasɐ] *f* Fensterscheibe *f*; Glasfenster *n*; **~aceiro** [~ðrɐ'seiru] *m* Glaser *m*; **~ado** [~'ðraðu] glasig (*Auge*); **~agem** [~'ðraʒɐ̃i] *f* Glasierung *f*; **~ar** [~'ðrar] (1a) glasieren; trüben; **~aria** [~ðrɐ'riɐ] *f* Glaserei *f*; Glashütte *f*; **~eiro** [~'ðreiru] **1.** *adj.* Glas...; *operário m* ~ = **2.** *m* Glasbläser *m*; **~ilho** [~'ðriʎu] *m* Glasröhrchen *n*; **~o** ['viðru] *m* Glas *n*; Glasscheibe *f*; *auto.* Fenster *n*; **~s** *pl.* Glaswaren *f/pl*.
viela ['vjɛlɐ] *f* Gäßchen *n*.
viemos *s. vir.*
vienense [vje'nẽsə] **1.** *adj.* wienerisch; **2.** *su.* Wiener(in *f*) *m*.
viés [vjɛʃ] *m* Schrägstreifen *m*; *ao* ~, *de* ~ schräg; schief; von der Seite; gezwungen (*Lächeln*).
vig|a ['viɣɐ] *f Trag*-Balken *m*; *Eisen*-Träger *m*; ~ *mestra* Dachbalken *m*; **~amento** [viɣɐ'mẽntu] *m* Balkenwerk *n*.
vigarice [viɣɐ'risə] *f* Betrug *m*.
vigário [vi'ɣarju] *m* Stellvertreter *m*; *rel.* Vikar *m*; *conto m do* ~ Schwindel *m*.
vigarista [~ɣɐ'riʃtɐ] *m* Betrüger *m*.
vig|ência [vi'ʒẽsjɐ] *f* (Rechts-) Gültigkeit *f*; Bestehen *n*; **~ente** [~ẽntə] gültig; bestehend, in Kraft.
vigésimo [~'ʒɛzimu] **1.** *adj.* zwanzigst; **2.** *m* Zwanzigstel *n*.
vigi|a [vi'ʒiɐ] **1.** *f* Wache *f*; Warte *f*, Ausguck *m*; Guckloch *n*; ⚓ Bullauge *n*; **2.** *m* Wächter *m*; **~ar** [~'ʒjar] (1g) wachen (über [*ac.*] *em*); wachsam sn; *v/t.* bewachen; beobachten.
vigil|ância [viʒi'lɐ̃sjɐ] *f* Wachsamkeit *f*; Fürsorge *f*; **~ante** [~ɐ̃ntə] wachsam; fürsorglich; vorsichtig; **~ar** [~ar] (1a) = *vigiar*.
vigília [vi'ʒiljɐ] *f* Nachtwache *f*.
vigor [vi'ɣor] *m* Kraft *f*; Nachdruck *m*; ⚖ Gültigkeit *f*; *com* ~ nachdrücklich; *estar* (*entrar, pôr*) *em* ~ in Kraft sn (treten, setzen); *em* ~ geltend.
vigor|ar [~ɣu'rar] (1e) **1.** *v/t.* kräftigen, stärken; **2.** *v/i.* ⚖ in Kraft sn, gelten; *começar a* (*deixar de*) ~ in (außer) Kraft treten; **~izar** [~ri'zar] (1a) = ~*ar* 1.; **~oso** [~'rozu (-ɔ-)] kräftig; rüstig; nachdrücklich.
vil [viɫ] niedrig; niederträchtig.
vila ['vilɐ] *f* Kleinstadt *f*; Villa *f*; **~-diogo** [ˌvilɐ'ðjoɣu]: *dar às de* ~ Reißaus nehmen.
vil|ania [vilɐ'niɐ] *f* Niedrigkeit *f*; Niedertracht *f*, Gemeinheit *f*; **~ão** (-**s**, -**ães**, -**ões**) [~'lɐ̃u(ʃ, -ɐ̃iʃ, -õiʃ)] **1.** *adj.* **a**) kleinstädtisch; ländlich; grob; **b**) niederträchtig, gemein; schäbig; **2.** *m*(*pl.*), **-ã** *f* Kleinstädter(in *f*) *m*; Bauer *m* (*fig.*); gemeine(r) Kerl *m*, niederträchtige Person *f*; Filz *m*; **~arejo**, **~arinho** [~ɐ'reʒu, ~ɐ'riɲu] *m* Flecken *m*; **~egiatura** [~ɨʒjɐ'turɐ] *f* Sommerfrische *f*; **~eza** [~'lezɐ] *f* = ~*ania*.
vilip|endiar [~ləpẽn'djar] (1g) verächtlich behandeln; verachten; verunglimpfen; **~êndio** [~'pẽndju] *m* Verachtung *f*; Verunglimpfung *f*; **~endioso** [~ẽn'djozu (-ɔ-)] verächtlich.
vimaranense [vimɐrɐ'nẽsə] aus (*od.* von) Guimarães.
vim|e ['vimə] *m* (Weiden-)Rute *f*; *cesto m de* ~ Weidenkorb *m*; **~eiro** [vi'meiru] *m* Weide *f*; **~ieiro** [vi'mjeiru] *m* Weidengebüsch *n*.
vimos ['vimuʃ] *s.* **a**) *ver*; **b**) *vir*.
vinagr|e [vi'naɣrə] *m* Essig *m*; *fig.* Griesgram *m*; *bras.* Wucherer *m*; **~eira** [~nɐ'ɣreirɐ] *f* Essig-faß *n*, -flasche *f*; **~eiro** [~nɐ'ɣreiru] *m* Essighändler *m*.
vinário [vi'narju] Wein...
vinc|ar [vĩŋ'kar] (1n) kniffen, falten; falzen; furchen; *fig.* hervorheben; **~o** ['vĩŋku] *m* Kniff *m*, Falte *f*; Falz *m*; Knick *m*; Furche *f*; Strieme *f*.
vincilho [vĩ'siʎu] *m* Stroh(seil) *n*.
vincul|ado [vĩŋku'laðu] unver-

äußerlich, festliegend; ✝ Kompensations...; **~ar** [~ar] (1a) verbinden (mit *a*); knüpfen (an [*dat.*] *a*); festlegen; verpflichten (zu *a*); *fig.* verewigen.
vínculo ['vĩŋkulu] *m* Band *n* (*pl. Bande*); unveräußerliche(s) Gut *n*.
vinda ['vĩndɐ] *f* Kommen *n*; Ankunft *f*; *na* ~ auf dem Herweg.
vindic|ação [vĩndikɐ'sɐ̃u] *f* Rechtsanspruch *m*; Forderung *f* auf Anerkennung; **~ar** [~'kar] (1a) s-n Anspruch geltend m. auf (*ac.*); (zurück)fordern; verteidigen; rächen; **~ativo** [~ɐ'tivu] zustehend; Verteidigungs...; rachsüchtig.
vindicta [~'ditɐ] *f* Sühne *f*, Ahndung *f*; Rache *f*.
vindima [~'dimɐ] *f* Weinlese *f*; *allg.* Ernte *f*.
vindim|ador *m*, **-eira** *f* [~dimɐ'ðor, ~mɐ'ðeirɐ] Rebenarbeiter(in *f*) *m*, Weinleser(in *f*) *m*; **~ar** [~'mar] (1a) *Trauben* lesen, ernten; *fig.* dahinraffen; *v/i.* Weinlese halten; **~o** [~'dimu] Weinlese...; spätreif; *cesto m* ~ Kiepe *f*.
vind|o ['vĩndu] *s. vir*; *bem* ~ willkommen; **~oiro, ~ouro** [vĩn'doiru, -oru] **1.** *adj.* kommend, künftig; **2.** *m bras.* Neuankömmling *m*; ~*s pl.* Nachwelt *f*.
víneo ['vinju] Wein...
ving|ança [vĩŋ'gɐ̃sɐ] *f* Rache *f*; **~ar** [~ar] (1o) rächen; verteidigen; befreien; *Ziel* erreichen; *v/i.* gelingen; sich durchsetzen; Erfolg h.; gedeihen; **~ativo** [~gɐ'tivu] rachsüchtig; Rache...
vinha ['viɲɐ] *f* Weinberg *m*; ~ *de alhos* Knoblauchbeize *f*.
vinh|aço [vi'ɲasu] *m* Treber *m*; **~ateiro** [~ɲɐ'teiru] **1.** *adj.* Wein(-bau)...; **2.** *m* Winzer *m*; **~edo** [~eðu] *m* Wein-berg *m*, -garten *m*.
vinheta [~'ɲetɐ] *f tip.* Vignette *f*.
vinho ['viɲu] *m* Wein *m*; ~ *branco* Weiß-, ~ *tinto* Rot-, ~ *de consumo* (*od. mesa, pasto*) Tafelwein *m*.
vínico ['viniku] Wein...
vin|ícola [vi'nikulɐ] Wein...; **~icultor** [~nikuł'tor] *m* Kellereibesitzer *m*; **~cultura** [~nikuł'turɐ] *f* Weinkellerei *f*; = **~ificação** [~nəfikɐ'sɐ̃u] *f* Weinbereitung *f*; **~ificar** [~nəfi'kar] (1n) zu Wein verarbeiten; **~oso** [~'nozu (-ɔ-)] Wein...; wein-artig, -rot.
vint|avo [vĩn'tavu] *m* Zwanzigstel *n*; **~e** ['vĩntə] **1.** zwanzig; **2.** *m* Zwanzig *f*; Nummer *f* Zwanzig; *dar no* ~ treffen, es erraten; **~ém** [~'tɐ̃i] *m* Zwanziger *m* (*ehm. Kupfermünze*); *fig.* Heller *m*; **~ena** [~'tenɐ] *f* etwa zwanzig, Stiege *f*.
viol|a ['vjɔlɐ] *f* = **~ão**; ~ (*de arco*) Bratsche *f*; *meter a* ~ *no saco* den Mund halten; klein beigeben; **~ão** [vju'lɐ̃u] *m* Gitarre *f*, Klampfe *f*.
viol|ação [vjulɐ'sɐ̃u] *f* Verletzung *f*; Schändung *f*; Vergewaltigung *f*; **~ar** [~'lar] (1e) *Gesetz, Geheimnis* verletzen; *Recht, Frau* vergewaltigen; schänden; entweihen; **~ência** [~'lẽsjɐ] *f* Gewalt *f*; Heftigkeit *f*; Gewaltakt *m*; ⚖ Nötigung *f*; **~entar** [~ẽn'tar] (1a) vergewaltigen; Gewalt antun (*dat.*); nötigen; *Tür* (auf)sprengen; **~ento** [~'lẽntu] heftig; gewaltsam; gewalttätig.
violáceo [~'lasju] violett.
violeta [~'letɐ] **1.** *f* **a)** ♀ Veilchen *n*; *cor de* ~ veilchenblau, violett; **b)** ♪ Viola *f*; **2.** *adj.* violett.
viol|inista [~li'niʃtɐ] *su.* Geiger(in *f*) *m*; **~ino** [~'linu] *m* Geige *f*; *tocar* ~ geigen; **~oncelista** [~õsə'liʃtɐ] *su.* Cellist(in *f*) *m*; **~oncelo** [~õ'sɛlu] *m* (Violon-)Cello *n*.
viperino [vipə'rinu] vipernartig; *fig.* giftig; bösartig.
vir [vir] (3w) kommen; zurückkehren; her-kommen, -rühren; stehen (*in der Zeitung*); ~ *a* a) zustoßen; kommen über (*ac., a. sobre*); b) kommen auf (*ac.*); hinauslaufen auf (*ac.*); gelangen zu; ~ *bem* (*mal*) gut (nicht) stehen; ~ *inf.* kommen und *ind.*; ~ *ter com* aufsuchen (*ac.*); sich wenden an (*ac.*); ~ *a fazer a/c.* (schließlich) et. tun; ~ *a ser* (schließlich) w.; ~ *a ser o mesmo* auf dasselbe hinauslaufen; *ir e* ~ hin- und hergehen, -laufen, -fahren; *ser coisa* (*od. estar*) *para* ~ erst noch kommen; *veio-me esta carta* ich habe diesen Brief bekommen; *que vem* kommend, nächst; *quem vem lá?* wer da?; *donde vem isto? fig.* wieso?; *venha daí um abraço!* in meine Arme!
vir|ação [virɐ'sɐ̃u] *f* Brise *f*; **~a-casaca** [ˌvirɐkɐ'zakɐ] *m* unzuverlässige(r) Mensch *m*; **~ada** [~'raðɐ] *f* Wendung *f*; *Straßen*-Kehre *f*;

~agem [~'raʒẽi] *f auto.* Wenden *n*; ~ *à direita* (*esquerda*) *pol.* Rechts-(Links-)ruck *m.*
virago [vi'raɣu] *f* Mannweib *n.*
viral [~'rał]: *doença f* ~ Viruserkrankung *f.*
vira-lata(**s**) *bras.* [ˌvira'latɐ] *m*(*pl.*) Köter *m.*
vir|ar [vi'rar] (1a) um-drehen, -wenden, -werfen; *Seite* umblättern; *Gesicht* abwenden; *den Rücken* kehren; *bras.* werden; ~ *do avesso* umkrempeln; *Kleid* wenden; *v/i.* wenden; ~ *à direita* (*esquerda*) *auto.* rechts (links) abbiegen; ~ (*de casaca*) F umfallen; = **~ar-se** sich um-drehen, -sehen; umkippen; sich überschlagen; kentern (*Schiff*); **~avolta** [~rɐ'vɔłtɐ] *f* (Kehrt-)Wendung *f*; Umschwung *m*; Umkehr *f*; *dar uma* ~ kehrtm.; e-e andere Wendung nehmen; = *~ar-se.*
virgem ['virʒẽi] **1.** *f* Jungfrau *f*; **2.** *adj.* jungfräulich; rein; *floresta f* ~ Urwald *m*; *terra f* ~ Neuland *n.*
virg|inal [virʒi'nał] jungfräulich; **~indade** [~ĩn'daδə] *f* Jungfräulichkeit *f*; **~íneo** [~'ʒinju] = *virginal.*
virgo *ast.* ['virɣu] *m* Jungfrau *f.*
vírgula ['virɣulɐ] *f* Komma *n.*
viril [və'ril] männlich; mannhaft; *idade f* ~ Mannesalter *n*; **~idade** [~rili'δaδə] *f* Mannbarkeit *f*; *fig.* Mannhaftigkeit *f.*
virilha *anat.* [və'riʎɐ] *f* Leiste *f.*
virola [vi'rɔlɐ] *f* Zwinge *f.*
virose [~'rɔzə] *f* Viruserkrankung *f.*
virtual [vir'twał] schlummernd; virtuell; **~mente** [~twał'mẽntə] der Möglichkeit nach.
virtu|de [vir'tuδə] *f* Tugend *f*; Vorzug *m*; Heilkraft *f*; Kraft *f*; *em* ~ *de* vermöge; kraft (*gen.*); auf Grund (*gen.*); **~osidade** [~twuzi'δaδə] *f* Virtuosentum *n*; Virtuosität *f*; **~oso** [~'twozu (-ɔ-)] **1.** *adj.* tugendhaft; mutig; kräftig (*Mittel usw.*); virtuos (*Künstler*); **2.** *m* Virtuose *m.*
virul|ência [viru'lẽsjɐ] *f* Ansteckungsgefahr *f*, Virulenz *f*; vergiftende Wirkung *f*; **~ento** [~ẽntu] ansteckungsfähig, virulent; *fig.* giftig, vergiftend.
vírus ['viruʃ] *m* Virus *n* (*a. m*).
vis|ão [vi'zɐ̃u] *f* Sehen *n*; Gesicht *n* (*pl.* Gesichte), Vision *f*; *fig.* Blick *m*; Anblick *m*; ~ *do mundo* Weltanschauung *f*; *campo m de* ~ Gesichtsfeld *n*; *erro m de* ~ Augentäuschung *f*; *fig.* Kurzsichtigkeit *f*; **~ar** [~ar] (1a) *v/t.* **a**) an-peilen, -visieren; zielen auf (*ac.*) *od.* nach; **b**) *Paß* visieren; *v/i.* ~ *a* abzielen auf (*ac.*), bezwecken; zum Ziel (*od.* im Auge) h. (*ac.*); ~ *inf.* beabsichtigen zu *inf.*; darauf abzielen (*od.* den Zweck h.) zu *inf.*; *~ando inf.* mit dem Ziel zu *inf.*
víscera ['viʃsərɐ] *f* innere(s) Organ *n*; *~s pl.* Eingeweide *n/pl.*
visceral [viʃsə'rał] Eingeweide...; *fig.* tief.
visco ['viʃku] *m* Mistel *f*; Vogelleim *m.*
viscond|e *m*, **~essa** *f* [~'kõndə, ~kõn'desɐ] Vicomte *m*, Vicomtesse *f.*
viscos|idade [viʃkuzi'δaδə] *f* Zähflüssigkeit *f*; **~o** [~'kozu (-ɔ-)] zähflüssig, schleimig; klebrig; *vara -a* Leimrute *f*; **~e** [~'kɔzə] *f* Viskose *f.*
viseira [vi'zeirɐ] *f* (Mützen-, Augen-)Schirm *m*; *Helm*-Visier *n*; *fig.* Maske *f*; P Aussehen *n.*
visibilidade [viziβəli'δaδə] *f* Sichtbarkeit *f*; *met.* Sicht *f.*
visigodos [~'ɣoδuʃ] *m/pl.* Westgoten *m/pl.*
vision|ar [vizju'nar] (1f) (er)schauen; *v/i.* Gesichte h.; **~ário** [~arju] **1.** *adj.* seherisch; phantastisch; **2.** *m* Geisterseher *m*; Phantast *m.*
visita [vi'zitɐ] *f* Besuch *m* (*de* zu); Besichtigung *f*; Inspektion *f*; *estar com* (*od. ter*) *~s* Besuch h.; *pagar* (*od. retribuir*) *uma* ~ e-n Gegenbesuch m.
visit|ação [vizitɐ'sɐ̃u] *f* Visitation *f*; *bras. a.* Besuch *m*; *rel.* ♀ Mariä Heimsuchung *f*; **~ador** [~ɐ'δor] *m* Inspektor *m*, Untersuchungsbeamte(r) *m*; **~ante** [~'tẽntə] *m* Besucher *m*; **~ar** [~'tar] (1a) besuchen; besichtigen; inspizieren; *fig. a.* heimsuchen.
visível [~'zivɛł] sichtbar; offenkundig, sichtlich; zu sprechen.
vislumbr|ar [viʒlũm'brar] (1a) matt erleuchten; schwach erkennen; *fig.* ahnen; *v/i.* (er)glimmen; (durch)schimmern; **~e** [~'lũmbrə] *m* Schimmer *m*; *fig.* Ahnung *f.*
viso ['vizu] *m* *Berg*-Spitze *f*; Hügel *m*; *~s pl.* Anschein *m*; Anzeichen *n/pl.*; Ahnung *f.*
visor [vi'zor] *m fot.* Sucher *m.*
vista ['viʃtɐ] **1.** *f* Gesicht *n*, Sehen *n*;

Augenlicht *n*, Sehkraft *f*; Auge *n*; Blick *m*; Anblick *m*; Ansicht *f* (*Bild, Meinung*); Aussicht *f*; *fig.* Absicht *f*; ⚕ Sicht *f*; ~ *curta* Kurzsichtigkeit *f* (*a. fig.*); ~ *de olhos* Blick *m* (*dar od. passar a* werfen auf [*ac.*]); *ponto m de* ~ Gesichtspunkt *m*; *à* ~ ⚕ auf Sicht; gegen bar, Bar...; *à* ~ *de, em* ~ *de* angesichts (*gen.*); in Anbetracht (*gen.*); verglichen mit; vor *j-s* Augen; *à primeira* ~ auf den ersten Blick; *até à* ~ auf wiedersehen; *com* ~ *a* im Hinblick auf (*ac.*); zum Zweck (*gen.*); *de* ~ vom Sehen; *vinte dias de* ~ ⚕ zwanzig Tage nach Sicht; *estar à* ~ in Sicht (*od.* zu sehen) sn; *fig.* auf der Hand liegen; *dar na(s)* ~*(s)* auffallen; Aufsehen erregen; *fazer* ~ sich gut ausnehmen; nach etwas aussehen; *fazer* ~ *grossa* (*od. gorda*) ein Auge zudrücken; *perder de* ~ aus den Augen verlieren; *a perder de* ~ endlos, soweit das Auge reicht; *pôr a* ~ *em* die Augen heften auf (*ac.*); *pôr à* ~ offenbar m.; aufdecken; *não pôr* ~ *em cima de* nicht zu sehen bekommen; *ter em* ~ im Auge h.; **2.** ~*s f/pl.* Absichetn *f/pl.*; *tea. Bühnen*-Prospekt *m*; *ter* ~*s sobre, ter debaixo das* ~*s* ein Auge (*od.* Absichten) haben auf (*ac.*).

visto [ˈviʃtu] **1.** *p.p. v. ver*; **2.** *adj. bem (mal)* ~ (un)beliebt; *a olhos* ~*s* zusehends; *está* ~ selbstverständlich; ~ *su.* angesichts (*gen.*); in Anbetracht (*gen.*); ~ *inf.*, ~ *que ind.* da *ind.*; **3.** *m* Sichtvermerk *m*, Visum *n*; *pelo(s)* ~*(s)* offenbar, augenscheinlich; **~ria** [viʃtuˈriɐ] *f* Inspektion *f*; **~riar** [viʃtuˈrjar] (1g) besichtigen, inspizieren; **~so** [viʃˈtozu (-ɔ-)] ansehnlich; auffällig; prächtig.

visual [viˈzwał] Gesichts...; Seh...; **~izar** [~zwɐliˈzar] (1a) (vor sich) sehen.

vit|al [viˈtał] Lebens...; lebenswichtig; *ponto m* ~ springende(r) Punkt *m*; **~alício** [~tɐˈlisju] lebenslänglich; **~alidade** [~tɐliˈδaδə] *f* Lebenskraft *f*, Vitalität *f*; **~alizar** [~tɐliˈzar] (1a) (wieder) beleben.

vitam|ina [~tɐˈminɐ] *f* Vitamin *n*; **~inar** [~miˈnar] (1a) mit Vitaminen anreichern, vitaminieren; **~ínico** [~iniku] Vitamin...

vitel|a [~ˈtɛlɐ] *f* Kalb(-fleisch, -sleder) *n*; **~o** [~u] *m* Kalb *n*.

vitícola [~ˈtikulɐ] weinbauend; Wein...; *indústria f* ~ Weinbau *m*.

viticult|or [~tikułˈtor] *m* Weinbauer *m*, Winzer *m*; **~ura** [~urɐ] *f* Weinbau *m*.

vítima [ˈvitimɐ] *f* Opfer *n*; *ser* ~ *de* zum Opfer fallen (*dat.*).

vitimar [vitiˈmar] (1a) opfern; zum Opfer machen; schädigen.

vitivinicultura [~vinikułˈturɐ] *f* Weinbau *m*, Weinkellerei *f*.

vitória [~ˈtɔrjɐ] *f* Sieg *m*; *cantar* ~ Siegeshymnen anstimmen.

vitori|ar [~tuˈrjar] (1g) zujubeln (*dat.*); **~oso** [~ozu (-ɔ-)] siegreich.

vitral [viˈtrał] *m* buntes (Kirchen-) Fenster *n*.

vítreo [ˈvitrju] gläsern, Glas...

vitr|ificar [vitrəfiˈkar] (1n) verglasen; **~ina** [~ˈtrinɐ] *f* Schaufenster *n*, -kasten *m*; Glasschrank *m*.

vitríolo [~ˈtriulu] *m* Vitriol *n*.

vitrola [~ˈtrɔlɐ] *f* Plattenspieler *m*.

vitualha(s) [~ˈtwaʎɐ(ʃ)] *f(/pl.)* Lebensmittel *n/pl.*; ⚔ Proviant *m*.

vitup|erar [~tupəˈrar] (1c) scharf tadeln; schmähen; **~erável** [~əˈravɛł] tadelnswert; verwerflich; **~ério** [~ˈpɛrju] *m* scharfe(r) Tadel *m*; Schmähung *f*; Schmach *f*; Schandtat *f*; **~erioso** [~əˈrjozu (-ɔ-)] schmählich; schändlich.

viuvez [vjuˈveʃ] *f* Witwen-, Witwerstand *m*; *fig.* Vereinsamung *f*.

viúvo [viˈuvu] **1.** *adj.* verwitwet; *fig.* verlassen; **2.** *m*, **-a** *f* Witwe(r *m*) *f*.

viva [ˈvivɐ] **1.** *int.* hurra!, hoch!; Gesundheit!; es lebe ...!; (*ora*) ~! sei gegrüßt!; **2.** *m* Hoch(ruf *m*) *n*; *dar* ~*s a* hochleben l. (*ac.*).

vivacidade [vivɐsiˈδaδə] *f* Lebhaftigkeit *f*.

vivalma [viˈvałmɐ]: *nem* ~ keine Menschenseele *f*.

vivandeiro *m*, **-a** *f* [~vɐ̃nˈdeiru, -ɐ] Marketender(in *f*) *m*.

viv|az [~ˈvaʃ] lebhaft; widerstandsfähig; zäh; **~edoiro, -ouro** [~vəˈδoiru, -oru] langlebig; **~eiro** [~ˈveiru] *m* Baumschule *f*; Fischweiher *m*, -kasten *m*; *fig.* Brutstätte *f*; **~ência** [~ˈvẽsjɐ] *f* Erlebnis *n*; **~enda** [~ˈvẽndɐ] *f* Wohnung *f*, Behausung *f*; *Wohn*-Haus *n*; **~ente** [~ˈvẽntə]: *ser m* ~ Lebewesen *n*; **~er** [~ˈver] (2a) leben; wohnen; ~ *com* zs.-leben mit; wohnen bei; *ter de* *que* ~ sein Auskommen haben; *v/t.* (er-, durch-)leben.

víveres ['vivərɨʃ] *m/pl.* Lebens-[mittel *n/pl.*]

viveza [vi'vezɐ] *f* Lebhaftigkeit *f.*

vivido [~'viðu] lebenserfahren; *experiência f -a* eigene Erfahrung *f.*

vívido [vi'viðu] lebhaft; feurig.

vivificar [vivəfi'kar] (1n) beleben; anfeuern; beseelen.

vivo ['vivu] **1.** *adj.* lebend; lebendig; lebhaft; aufgeweckt; heftig; hitzig; scharf (*Kante*); *água f -a* Quellwasser *n*; *peso m* ~ Lebendgewicht *n*; *rocha f -a* nackte(r) Fels *m*; *à -a força* gewaltsam; *à -a voz* mündlich; persönlich; **2.** *m* Lebende(r) *m*; Lebewesen *n*; lebende(s) Fleisch *n*; Innere(s) *n*; Kern *m*; *ao* ~ naturgetreu; = *do* ~ nach der Natur.

viz|indário, ~inhada, -ança [vizĩn'darju, ~i'ɲaðɐ, -ɐ̃sɐ] *f* Nachbarschaft *f*; Nähe *f*; *fig.* Verwandtschaft *f*; **~inho** [~'ziɲu] **1.** *adj.* benachbart; angrenzend; Neben...; nah; verwandt; **2.** *m* Nachbar *m*; Mieter *m*, Partei *f*; *casa f de dois ~s* Zweifamilienhaus *n.*

vo|adoiros, -ouros [vwɐ'ðoiruʃ, -oruʃ] *m/pl.* Schwungfedern *f/pl.*; **~ador** [~ɐ'ðor] **1.** *adj.* fliegend; *fig.* flüchtig; **2.** *m* fliegende(r) Fisch *m*; **~ar** [vwar] (1f) fliegen; eilen; aufsteigen; sich wie im Fluge verbreiten (*Gerücht*); ~ (*pelos ares*) sich verlieren, verfliegen; in die Luft fliegen (*Bombe usw.*); *fazer* ~ (*pelos ares*) in die Luft sprengen.

voc|abulário [vukɐβu'larju] *m* Wörterverzeichnis *n*; Wortschatz *m*; **~ábulo** [~'kaβulu] *m* Wort *n* (*pl.* Wörter).

voca|ção [~kɐ'sɐ̃u] *f* Berufung *f*, Beruf *m* (*errar* verfehlen); Bestimmung *f*; Neigung *f*; **~cional** [~sju'nał]: *carácter m* ~ Bestimmung *f*, Eignung *f.*

vocal [~'kał] Stimm...; Gesangs..., Vokal...; mündlich.

vocal|ismo [~kɐ'liʒmu] *m* Vokalbildung *f*; **~izar** [~li'zar] (1a) auf e-m Vokal singen, üben; *gram.* vokalisieren; **~izo** [~'lizu] *m* Stimmübung *f.*

vocativo [~kɐ'tivu] *m* Vokativ *m.*

Você [vɔ'se] *Anrede für Niedriggestellte od. vertrauliche Anrede zwischen Gleichgestellten, dtsch.* Sie; *bras. a. Anrede zwischen Ehegatten und Verwandten, dtsch.* du; *~s pl.* Sie; ihr.

vocifer|ação [vusifərɐ'sɐ̃u] *f, mst -ões pl.* laute(s) Schelten *n*, Keifen *n*; **~ar** [~'rar] (1c) schreien; *v/i.* schelten, keifen; Gift und Galle speien.

voejar [vwɨ'ʒar] (1d) flattern.

voga ['vɔɣɐ] *f* Ruderschlag *m*; *fig.* Ruf *m*; Beliebtheit *f*; Verbreitung *f*; Mode *f* (*pôr* bringen).

vogal [vu'ɣał] **1.** *f* Selbstlaut *m*, Vokal *m*; **2.** stimmfähige(s) Mitglied *n*; Beisitzer *m*; ~ *da Câmara* Stadtverordnete(r *m*) *m*, *f.*

vogar [~'ɣar] (1o; *Stv.* 1e) rudern; dahingleiten; fahren (*Schiff*); treiben; *fig.* umlaufen (*Gerücht*); im Schwange (*od.* in Mode) sn; *v/t.* rudern; befahren.

vol|ante [vu'lɐ̃ntə] **1.** *adj.* fliegend; flüchtig; unstet; beweglich; **2.** *m* Voile *m* (*Gewebe*); Federball *m*; ⊕ Schwungrad *n*; Unruhe *f* (*Uhr*); *auto.* Steuer *n*, Lenkrad *n*; **3.** *su.* Auto-, Renn-fahrer(in *f*) *m*; **~átil** [~atił] **1.** *adj.* ⚗ flüchtig; *fig.* flatterhaft; **2.** *m* Federvieh *n*; **~atilizar** [~lɐtəli'zar] (1a) verflüchtigen.

volfrâmio [vɔł'frɐmju] *m* Wolfram *n.*

voli|ção [vuli'sɐ̃u] *f* Wollen *n*, Entschluß *m*; **~tar** [~'tar] (1a) flattern; **~tivo** [~'tivu] willentlich, Willens...

volta ['vɔłtɐ] *f* Drehung *f*; Wendung *f*; Umschwung *m*; Umkehr *f*; Rückkehr *f*; Umweg *m*; Windung *f*; Rund-gang *m*, -reise *f*; *Sport*: Runde *f*; ✈ Schleife *f*; ~ *a*, ~ *de Sport*: *Rad*-Rennen *n* durch; ~ *ao mundo* Reise *f* um die Welt; *meia* ~ Kehrtwendung *f*; ~ *e meia* immer wieder, andauernd; *segunda* ~ *pol.* zweite(r) Wahlgang *m*; *~s pl.* Besorgungen *f/pl.*; *as ~s* (*de*) die Unbeständigkeit *des Glücks*, der Lauf *der Zeit*; ⊕ das Gewinde; *número m de ~s* Drehzahl *f*; *à* (*od. por*) ~ *de* ungefähr, etwa; gegen; *de* ~ *com* zs. (*od.* vermischt) mit; *em* ~ *de um* ... herum; rings um; *na* ~, *à* ~ bei der Rückkehr; *na* ~ *do correio* postwendend; *numa* ~ *de olhos* (*mão*) im Augenblick (Handumdrehen); *andar à* ~ *dos 30* (*anos*) etwa 30 Jahre alt an; *andar às ~s* (*od. estar de* ~[*s*]) *com* sich herumschlagen *od.* im Streit liegen mit; *dar meia* ~ kehrtmachen; *dar* ~ *a* umdrehen (*ac.*); herumfahren, -fließen, -gehen um; *fig.* F hinkriegen, schaukeln; *não há* ~ *a dar-lhe*, *não se lhe dá* ~ da ist nichts zu m.; *dar* ~ *aos miolos* (*od. ao juízo*) verrückt m.; *o miolo dá-lhe* ~ er schnappt über; *dar uma* ~ e-n Umweg m.; e-n Bummel m.; *dar uma* ~ *a* e-e andere Wendung geben (*dat.*); anders anfassen (*ac.*); *dar* ~*s* sich drehen; sichherumwälzen; *dar muitas* ~*s* F sich die Hacken ablaufen; *dar a* ~ *auto.* wenden; *dar* (*receber*) *de* ~ zurück-geben (-bekommen); *estar de* ~ zurück sn; *furtar as* ~*s* ausweichen; *fig.* ein Schnippchen schlagen.

volt|agem ⚡ [voɫ'taʒẽi] *f* Spannung *f*; **~aico** [~aiku]: *arco m* ~ Lichtbogen *m*; **~âmetro** [~ɐmətru] *m* Voltmesser *n*.

voltar [~'tar] (1e) **1.** *v/t.* wenden; um-, zu-wenden; (um)drehen; um *die Ecke* biegen; verwandeln; umstimmen; ~ *a cabeça*, ~ *o miolo j-m* den Kopf verdrehen, *j-n* verrückt m.; ~ *a cara*, ~ *a face*, ~ *o rosto* sich um-drehen, -sehen; **2.** *v/i.* umkehren; zurückkehren; wiederkommen; sich drehen; *fig.* zurückkommen (auf [*ac.*] *a*); ~ *a fazer a/c.* et. wieder (*od.* noch einmal) tun; ~ *a si* (wieder) zu sich kommen; ~ *sobre si* (*od. os seus passos*) in sich gehen; umkehren; **~-se** sich um-drehen, -sehen; sich überschlagen; umkippen; kentern; ~ *a*, ~ *para* sich zuwenden.

volt|ear [~'tjar] (1l) **1.** *v/t.* herumgehen, -fahren *usw.* um; umkreisen; kreisen l.; schwingen; **2.** *v/i.* wirbeln; kreisen; (herum)flattern; **~eio** [~'teju] *m* Drehung *f*; Luftsprung *m*; *Sport*: Welle *f*; *Reitkunst*: Volte *f*; **~ejar** [~tɨ'ʒar] (1d) = ~*ear*.

voltímetro ⚡ [~'timətru] *m* Voltmesser *m*.

vóltio ⚡ ['vɔɫtju] *m* Volt *n*.

volubilidade [vuluβəli'ðaðə] *f fig.* Flatterhaftigkeit *f*; Unbeständigkeit *f*.

volum|e [~'lumə] *m* Umfang *m*; Rauminhalt *m*; Band *m* (*Buch*); Paket *n*; **~oso** [~lu'mozu (-ɔ-)] umfangreich, dick.

volunt|ário [~lũn'tarju] **1.** *adj.* freiwillig; eigenwillig; willkürlich; nicht zum Schul- (*od.* Vorlesungs-) besuch verpflichtet; **2.** *m* Externe(r) *m*; ⚔ Freiwillige(r) *m*; **~arioso** [~tɐ'rjozu (-ɔ-)] eigenwillig.

volúpia [~'lupjɐ] *f* Wollust *f*.

voluptu|osidade [~luptwozi'ðaðə] *f* Wollust *f*; **~oso** [~'twozu (-ɔ-)] wollüstig.

voluta △ [~'lutɐ] *f* Schnecke *f*.

volúvel [~'luvɛɫ] flatterhaft; unbeständig; ⚘ Ranken...; *haste f* ~ Ranke *f*.

volver [voɫ'ver] **1.** *v/t. u. v/i.* (2c) = *voltar*, *tornar*; *außerdem* a) *v/t.* wälzen, rollen; auf-, um-rühren; umwälzen; b) *v/i.* vergehen (*Zeit*); abrollen (*Ereignis*); *direita*, ~! ⚔ rechts schwenkt marsch!; *frente*, ~! ⚔ geradeaus!; **2.** *m* Ab-, Ver-lauf *m*; Kreislauf *m*; Entwicklung *f*; *um* ~ *de olhos* ein rascher Blick.

volvo, vólvulo ['voɫvu, 'vɔɫvulu] *m* Darmverschlingung *f*.

vómer *anat.* ['vɔmɛr] *m* Nasenbein *n*.

vómica ['vɔmikɐ] *f* Vereiterung *f*; eitrige(r) Auswurf *m*; *noz* ~ *f* Brechnuß *f*.

vomit|ar [vumi'tar] (1a) ausbrechen; *fig.* (aus)speien; *Fluch*, *Dampf* ausstoßen; *v/i.* sich erbrechen; *isto faz* ~ das ist ekelhaft; **~ivo** [~ivu] = *vomitório*.

vómito ['vɔmitu] *m* Erbrechen *n*; ~*-negro* Gelbfieber *n*.

vomitório [vumi'tɔrju] **1.** *adj.* Brech...; **2.** *m* Brechmittel *n*.

vontade [võn'taðə] *f* Wille(n) *m*; Belieben *n*; Wunsch *m*; Lust *f*; *má* ~ Unlust *f*; Widerwillen *m*; Übelwollen *n*; *à* ~ nach Belieben; ungezwungen; wie's beliebt; ⚔ rührt euch!; ohne Tritt!; *s. à-vontade*; *com* ~ mit Lust; willens *od.* begierig (zu *de*); = *de* (*boa*) ~ gern; *contra* ~ gegen m-n (d-n, s-n *usw.*) Willen; *de má* ~ ungern, widerwillig; *por minha* ~ wenn's nach mir ginge, meinetwegen; *estar à* ~ sich behaglich (*od.* wie zu Hause) fühlen; unbefangen sn; es sich bequem m.; *não estar à* ~ sich unbehaglich (*od.* unfrei) fühlen; gehemmt (*od.* befangen) sn; *estar com* ~ *de* Lust (*od.* das Bedürfnis) h. zu; *fazer as* ~*s* den Willen tun.

voo ['vo-u] *m* Flug *m*; *fig. a.* (Auf-) Schwung *m*; *levantar* ~ auffliegen (*Vogel*); (auf)steigen (*Ballon*); ✈ abfliegen.

vor|acidade [vurɐsi'ðaðə] *f* Gefräßigkeit *f*; **~agem** [~'raʒɐ̃i] *f* Strudel *m*; Schlund *m*; **~aginoso** [~ɐʒi'nozu (-ɔ-)] strudelnd; gähnend; alles verschlingend; **~az** [~'raʃ] gefräßig, gierig.

vórtice ['vɔrtisə] *m* Wirbel *m*.

vos [vuʃ] Euch, Ihnen.

vós [vɔʃ] Ihr, Sie.

vosmecê *bras.*, **vossemecê** [vɔzme'se, vɔsəmə'se] Sie.

Vossência [vɔ'sẽsjɐ] = *Vossa Excelência, s. excelência.*

vosso, -a ['vɔsu, -ɐ] Ihr(e); euer, eure; *Anwendung vgl. meu, minha.*

vot|ação [vutɐ'sɐ̃u] *f* Abstimmung *f*; **~ado** [~'taðu]: *ser muito (o mais)* ~ viele (die meisten) Stimmen erhalten; **~ar** [~'tar] (1e) abstimmen über (*ac.*); *j-n* wählen; *fig.* geloben; weihen; verleihen; *v/i.* abstimmen; ~ *a favor (contra)* dafür (dagegen) stimmen; **~ivo** [~'tivu] angelobt; Votiv ...; **~o** ['vɔtu] *m* Gelübde *n*; *parl.* Stimme *f* (*lançar* abgeben); *fig.* Wunsch *m*; ~ *de confiança* Vertrauensvotum *n*; *fazer* ~ *de inf.* geloben zu *inf.*; *fazer ~s por (que)* wünschen, hoffen (daß); *ter* ~ Stimmrecht haben; *ter* ~ *na matéria* zuständig sein.

vovô *m*, **-ó** *f infan.* [vo'vo, vɔ'vɔ] Groß-papa *m*, -mama *f*.

voz [vɔʃ] *f* Stimme *f*; Sprache *f*; Wort *n*; Ton *m*; Schrei *m*; Ruf *m*; Befehl *m*; Gerücht *n*; ~ *activa (passiva)* Aktiv (Passiv) *n*; *a (od.* de) *uma* ~ einstimmig; *a meia* ~ halblaut; *ao alcance da* ~ in Rufweite; *tomar a* ~ *por j-s* Partei ergreifen, sich erklären für; *ter* ~ (*activa*) beratende Stimme (Mitspracherecht) h.

voz|eador [vuzjɐ'ðor] *m* Schreier *m*; Schreihals *m*; **~ear** [~'zjar] (1l) schreien; *v/t.* laut herausschreien; *j-m et.* zuschreien; **~earia** [~jɐ'riɐ] *f* Geschrei *n*; **~eirão** [~ei'rɐ̃u] *m* laute Stimme *f*, F Organ *n*; Schreihals *m*; **~eria** [~ə'riɐ] *f* = *~earia.*

vulc|ânico [vuł'kɐniku] vulkanisch; *fig.* ungestüm, heftig; gärend; **~anite** [~kɐ'nitə] *f* Hartgummi *m*; **~anizar** [~kɐni'zar] (1a) vulkanisieren; **~ão** [~'kɐ̃u] *m* Vulkan *m*.

vulg|ar [vuł'γar] gewöhnlich; alltäglich; üblich; niedrig; Volks...; **~aridade** [~γɐri'ðaðə] *f* Alltäglichkeit *f*; Gewöhnlichkeit *f*; Plattheit *f*; *uma* ~ etwas Gewöhnliches; *~s pl.* plattes Zeug *n*; **~arismo** [~γɐ'riʒmu] *m* pöbelhafte(r) Ausdruck *m*; Pöbelhaftigkeit *f*; **~arização** [~γɐrizɐ'sɐ̃u] *f* Verbreitung *f*; **~arizador** [~γɐrizɐ'ðor] *m* Verbreiter *m*; **~arizar** [~γɐri'zar] (1a) gemein m.; *Kenntnisse, Sitten* verbreiten; zum Gemeingut m.; **~armente** [~γar'mẽntə] gemeinhin; **~o** ['vułγu] *m* gemeine(s) Volk *n*, Pöbel *m*.

vulner|ar [~nə'rar] (1c) verletzen; **~ável** [~avɛł] verwundbar, verletzlich; empfindlich; anfällig.

vulpino [~'pinu] Fuchs...; *fig.* verschlagen.

vult|o ['vułtu] *m* Gesicht *n*; Gestalt *f* (*a. fig.*); Umfang *m*, Ausdehnung *f*; Bedeutung *f*, Wichtigkeit *f*; *de* ~ bedeutend; *dar* ~ Gestalt verleihen; Bedeutung beimessen; aufbauschen (*ac.*); *tomar* ~ Gestalt annehmen; *fig.* Bedeutung gewinnen; **~oso** [vuł'tozu (-ɔ-)] umfangreich; bedeutend.

vulva *anat.* ['vułvɐ] *f* weibliche Scham *f*.

X

X, x [ʃiʃ] *m* X, x *n*; *raios X m/pl.* Röntgenstrahlen *m/pl.*
xá [ʃa] *m* Schah *m.*
xácara ['ʃakɐrɐ] *f* Romanze *f.*
xadrez [ʃɐ'ðreʃ] *m* Schach(brett) *n*; Schachbrettmuster *n*; *bras.* (Polizei-)Gefängnis *n*; *em* ~ = **~ado** [ʃɐðrə'zaðu] gewürfelt, kariert.
xaile ['ʃailə] *m* = *chaile.*
xairel [ʃai'rɛɫ] *m* Schabracke *f.*
xale ['ʃalə] *m* = *chale.*
xalmas ['ʃaɫmɐʃ] *f/pl. Wagen*-Leitern *f/pl.*
xamã [ʃɐ'mɐ̃] *m* Schamane *m.*
xamate [ʃa'matə] schachmatt.
xará *bras.* [ʃa'ra] **1.** *adj.* gleichnamig; **2.** *su.* Namens-bruder *m*, -schwester *f.*
xarife [ʃɐ'rifə] *m* = *xerife.*
xarop|ada [ʃɐru'paðɐ] *f* Erfrischung(strank *m*) *f*; P Hustensaft *m*; **~e** [~'rɔpə] **1.** *m* Sirup *m*; Fruchtsaft *m*; **2.** *adj. bras.* fade, öde.
xaveco *depr.* [ʃɐ'vɛku] *m* Kahn *m.*
xelim [ʃə'lĩ] *m* Schilling *m* (*Münze*).
xen|ofobia [ʃənufu'βiɐ] *f* Fremdenhaß *m*; **~ófobo** [~'nɔfuβu] fremdenfeindlich.
xepa *bras.* ['ʃepɐ] *f* P Kasernenfraß *m.*
xeque ['ʃɛkə] *m* **a)** Scheich *m*; **b)** Schach *n*; *fig.* (Minister-)Krise *f*; *pôr em* ~ Schach bieten; *fig.* gefährden; erschüttern; **~-mate** [~-'matə] schachmatt.
xerez [ʃə'reʃ] *m* Sherry *m.*
xerga ['ʃerɣɐ] *f bras.* Strohsack *m*; *Sattel*-Unterlage *f.*
xerife [ʃə'rifə] *m* **1.** Scherif *m*; **2.** Sheriff *m.*
xerimbabo *bras* [ʃerĩm'babu] *m* Haustier *n.*
xeta *bras.* ['ʃetɐ] *f* Kußhändchen *n.*
xícara ['ʃikɐrɐ] *f* Tasse *f.*
xilo ⚘ ['ʃilu] *m* Baumwollstaude *f.*
xilo... ['ʃilu] *in Zssgn* Holz...; **~fone** ♪ [~'fɔnə] *m* Xylophon *n*; **~grafia** [~ɣrɐ'fiɐ] *f* Holzschnitt *m.*
xilógrafo [~'lɔɣrɐfu] *m* Holzschneider *m*, Xylograph *m.*
xing|ação *f*, **~amento** *m* [ʃĩŋga'sɐ̃u, ~a'mẽntu] Beschimpfung *f*; Hohn *m*; **~ar** *bras.* [~'gar] (1o) beschimpfen; verhöhnen; *v/i.* schimpfen; spotten; **~o** ['ʃĩŋgu] *m* Spott *m.*
xiró *bras.* [ʃi'rɔ] *m* Reissuppe *f.*
xis [ʃiʃ] *m Name des Buchstabens x.*
xisto *min.* ['ʃiʃtu] *m* Schiefer *m*; **~so** [ʃiʃ'tozu (-ɔ-)] schiefrig.
xixi [ʃi'ʃi] *m infan.* Pipi *n.*
xixica *bras.* [ʃi'ʃikɐ] *f* Trinkgeld *n.*
xurumbambo(s) *bras.* [ʃurũm'bɐ̃mbu(s)] *m*(*pl.*) Plunder *m.*

Z

Z, z [ze] *m* Z, z *n*.
zabumb|a [zɐ'βũmbɐ] *f* = *bombo*; **~ar** [~βũm'bar] (1a) (aus)trommeln; dröhnen.
zagal [zɐ'γał] *m* Hirtenjunge *m*.
zaguncho [~'γũʃu] *m* Spieß *m*.
zãibo ['zɐ̃imbu] schief; schielend; = *zambro*.
zambeta *bras.* [zɐ̃m'betɐ] krummbeinig.
zambo ['zɐ̃mbu] *m* Zambo *m* (*Mischling von Neger u. Indianer*).
zamboa *bras.* [zɐ̃m'boɐ] *f* *Art* Pampelmuse *f*; *fig.* Dummkopf *m*.
zambro ['zɐ̃mbru] krumm(beinig).
zambujeiro [zɐ̃mbu'ʒeiru] *m* wilde(r) Ölbaum *m*.
zampar [zɐ̃m'par] (1a) (sich voll-) fressen; (ver)schlingen.
zang|a ['zɐ̃ŋgɐ] *f* Ärger *m*; Zorn *m*; Zank *m*, Streitigkeit *f*; **~ado** [zɐ̃ŋ'gaδu] ärgerlich, böse.
zangalhão, -o [zɐ̃ŋgɐ'ʎɐ̃u, -'gaʎu] *m* lange(r) Laban *m*, Schlaks *m*.
zângano ['zɐ̃ŋgɐnu] *m* Winkeladvokat *m*; Makler *m*; Trödler *m*.
zangão, zângão(s) [zɐ̃ŋ'gɐ̃u, 'zɐ̃ŋgɐ̃u(ʃ)] *m* Drohne *f*(*pl.*) (*a. fig.*); = *zângano*.
zangar [zɐ̃ŋ'gar] (1o) (ver)ärgern; *estar -ado com j-m* böse sein; nicht mehr mitea. reden; **~-se** sich ärgern; sich (ver)krachen; **~alhão** [~gɐrɐ'ʎɐ̃u] = *zangalhão*.
zangarr|ear [~gɐ'ʀjar] (1l) klimpern; **~eio(s)** [~'ʀeju(ʃ)] *m*(*pl.*) Geklimper *n*.
zanguizarr|a [~gi'zaʀɐ] *f* Lärm *m*; Kreischen *n*; **~ear** [~zɐ'ʀjar] (1l) kreischen.
zanzar *bras.* [zɐ̃'zar] (1a) (ziellos) herumlaufen.
zape! ['zapə] *int.* klatsch!
zarabatana [zɐrɐβɐ'tɐnɐ] *f* Blasrohr *n*.
zaragat|a [zɐrɐ'γatɐ] *f* Lärm *m*; Rauferei *f*; Streit *m*, F Krach *m*; **~eiro** [~γɐ'teiru] **1.** *adj.* streitsüchtig; **2.** *m* Unruhestifter *m*.
zaragatoa [~γɐ'toɐ] *f* Hals- und Nasen-pinsel *m*, -schwämmchen *n*; Tinktur *f* zum Pinseln.
zarcão [zɐr'kɐ̃u] *m* Mennige *f*.
zarco ['zarku] helläugig.
zarolho [zɐ'roʎu] schielend; einäugig.
zarpar [zɐr'par] (1b) *Anker* lichten; *v/i.* die Anker lichten; absegeln.
zarzuela [~'zwɛlɐ] *f* Singspiel *n*.
zás! [zaʃ] klatsch!, patsch!
zê [ze] *m* *Name des Buchstabens z.*
zebr|a ['zeβrɐ] *f* Zebra *n*; **~ado** [zə'βraδu] gestreift.
zebu [zə'ßu] *m* Zebu *m*, Buckelrind *n*.
zefir(e) [zə'fir(ə)] *m* Zephir *m* (*Gewebe*).
zéfiro ['zɛfiru] *m* Zephir *m* (*Wind*).
zel|ação *bras.* [zela'sɐ̃u] *f* Sternschnuppe *f*; **~ador** [zəlɐ'δor] *m* Wächter *m*; städtische(r) Steueraufseher *m*; *hist.* Zelot *m*; ~ *de casa bras.* Hausmeister *m*; **~ar** [zə'lar] (1c) eifern für; wachen über (*ac.*); eifersüchtig sn auf (*ac.*); **~o** ['zelu] *m* Eifer *m*; Hingabe *f*; ~*s pl.* Eifersucht *f*; **~oso** [~'lozu (-ɔ-)] eifrig; eifersüchtig; sorgfältig; bedacht (auf [*ac.*] *de*).
zénite ['zɛnitə] *m* Zenit *m*; *fig.* Gipfel *m*.
zepelim [zəpə'lĩ] *m* Zeppelin *m*.
zé-povinho [zɛpu'viɲu] *m* *das* einfache Volk.
zero ['zɛru] *m* Null *f*.
zibelina [ziβə'linɐ] *f*: (*marta*) ~ Zobel *m*.
zigoma [zi'γomɐ] *m* Jochbein *n*.
ziguez|ague [ziγə'zaγə] *m* Zickzack *m*; **~aguear** [~zɐ'γjar] (1l) hin und her taumeln; sich schlängeln.
zimbório ⌂ [zĩm'bɔrju] *m* Kuppel *f*.
zimbrar [~'brar] (1a) peitschen; *v/i.* ⚓ stampfen.
zimbro ['zĩmbru] *m* **a**) ⚘ Wacholder(busch) *m*; **b**) Tau *m*; Nieselregen *m*.
zímico ['zimiku] Gärungs...; *ácido m* ~ Milchsäure *f*.
zina(s) ['zinɐ(ʃ)] *f*(*pl.*) Höhepunkt *m*.
zinc|ar [zĩŋ'kar] (1n) verzinken; **~o** ['zĩŋku] *m* Zink *n*; **~ogravura** [~kuγrɐ'vurɐ] *f* Zinkdruck *m*.

zing|a *bras.* ['zĩŋgɐ] *f* Staken *m*; **~ar** [zĩŋ'gar] (1o) staken.
zíngaro ['zĩŋgɐru] *m* Zigeuner *m*.
zingrar [zĩŋ'grar] (1a) (ver)spotten.
zínia ['zinjɐ] *f* Zinnie *f*.
zinir [zi'nir] (3a) = *zunir*.
zíper *angl. bras.* ['zipɛr] *m* Reißverschluß *m*.
ziziar *bras.* [zi'zjar] (1g) zirpen; zischen; pfeifen (*Wind*).
zo|ada ['zwaðɐ] *f* Tosen *n*; Summen *n*; **~ar** [~ar] (1f) tosen; summen.
zodíaco *ast.* [zu'ðiɐku] *m* Tierkreis *m*.
zomb|ador [zõmbɐ'ðor] **1.** *adj.* spöttisch; **2.** *m*, **-eira** *f* Spötter(in *f*) *m*; **~ar** [~'bar] (1a): ~ *de* spotten (*gen.*); spotten (*od.* scherzen) über (*ac.*); verspotten (*ac.*); **~aria** [~ɐ'riɐ] *f* Spott *m*; Spötterei *f*, Neckerei *f*; **~etear** [~ə'tjar] (1l) = *~ar*; **~eteiro** [~ə'teiru] = *~ador*.
zona ['zonɐ] *f* Zone *f*; Streifen *m*; Gegend *f*; *Straßenbahn*-Teilstrecke *f*; ~*(-zoster) f* ⚕ Gürtelrose *f*.
zone|amento *bras.* [zonjɐ'mẽntu] *m* Zoneneinteilung *f*; **~ar** [~'njar] (1l) aufteilen, (in Zonen) einteilen.
zonch|ar [zõ'ʃar] (1a) pumpen; **~o** ['zõʃu] *m* Pumpenschwengel *m*.
zonz|ear [zõ'zjar] (1l) betäuben; **~o** ['zõzu] betäubt, schwindlig.
zoo... [zuo...] *in Zssgn* Tier...; **~logia** [~lu'ʒiɐ] *f* Tierkunde *f*, Zoologie *f*; **~lógico** [~'lɔʒiku] zoologisch, *jardim m* ~ F Zoo *m*.
zoólogo [zu'ɔluɣu] *m* Zoologe *m*.
zorra ['zoʀɐ] *f* **a)** Rollkarren *m*; Lore *f*; Schleife *f* (*zum Abfahren von Baumstämmen*); *fig.* Schnecke *f*; **b)** Füchsin *f*.
zorr|eiro [zu'ʀeiru] **1.** *adj.* langsam, träge; **2.** *m* Zauderer *m*; Faulpelz *m*; **~ilho** *bras.* [~iʎu] *m* Stinktier *n*; **~o** ['zoʀu] **1.** *m* Fuchs *m*; *fig. bras.* Schlaufuchs *m*; *de* ~ kriechend; rutschend; *pegar de* ~ *mit gebremsten Rädern* weitergleiten; **2.** *adj.* schlau.
zot|e ['zɔtə] **1.** *adj.* dämlich, blöd; **2.** *m* Blödian *m*; **~ismo** [zu'tiʒmu] *m* Dämlichkeit *f*, Stumpfsinn *m*.
zumba! ['zũmbɐ] plumps!
zumb|aia [zũm'bajɐ] *f* Kratzfuß *m*; *fazer ~s a* = **~aiar** [~bɐ'jar] (1i) *fig.* katzbuckeln vor (*dat.*); lobhudeln.
zumb|ido [~'biðu] *m* Summen *n*; Ohrensausen *n*; **~ir** [~ir] (3a) summen; brausen.
zun|ideira [zuni'ðeirɐ] *f* Polierstein *m*; = **~ido** [~'niðu] *m* Pfeifen *n*; Sausen *n*; Summen *n*; **~ir** [~'nir] (3a) pfeifen (*Wind*); sausen (*a. fig.*), brausen; summen, brummen.
zunz|um [zũ'zũ] *m* Surren *n*; *fig.* Gerücht *n*; *ter ~s de* Wind bekommen von; **~unar** [~zu'nar] (1a) rascheln, rauschen; *fig.* tuscheln.
zupa! ['zupɐ] puff!; klatsch!
zurrapa [zu'ʀapɐ] *f* Gesöff *n*.
zurr|ar [~'ʀar] (1a) iahen, schreien (*Esel*); **~o** ['zuʀu] *m* Iah *n* (*Eselsruf*); *~s* Eselsgeschrei *n*.
zurzir [zur'zir] (3a) geißeln (*a. fig.*); (aus)peitschen; züchtigen.

Eigennamen — Nomes próprios

A

Abissínia [ɐβə'siɲjɐ] *f* Abessinien *n*.
Abr(a)ão [ɐβr(ɐ)'ɐ̃u] *m* Abraham.
Açores [ɐ'sorɨʃ]; *os* ~ *m/pl.* die Azoren.
Acre ['akrə] *m bras. Bundesstaat.*
Adão [ɐ'ðɐ̃u] *m* Adam.
Adelaide [ɐðə'laiðə] *f* Adelheid; = **Adélia, Adelina** [ɐðə'linɐ] Adele.
Adolfo [ɐ'ðoɫfu] *m* Adolf.
Adriático [ɐ'ðrjatiku] *m* Adria *f*.
Afonso [ɐ'fõsu] *m* Alfons; ~ *Henriques erster port. König.*
África ['afrikɐ] *f* Afrika *n*.
Agostinho [ɐγuʃ'tiɲu] *m* Augustin(us); Augustiner(mönch) *m*.
Alagoas [ala'γoɐs] *bras. Bundesstaat (Abk. AL).*
Albânia [aɫ'βɐnjɐ] *f* Albanien *n*.
Alberto [aɫ'βɛrtu] *m* Albert, Albrecht.
Alcobaça [aɫku'βasɐ] 1. *port. Gemeinde mit berühmtem Kloster.*
Aleijadinho [aleiʒa'dʒiɲu] *o* ~ *bras. Bildhauer (1730—1814).*
Alemanha [ɐlə'mɐɲɐ] *f* Deutschland *n*.
Alencar [alẽŋ'kar]: *José de* ~ *bras. Romanschriftsteller (1829—1877).*
Alentejo [ɐlẽn'teʒu] *m port. Provinz.*
Alexandre [ɐlɨ'ʃɐ̃ndrə] *m* Alex(-ander).
Alfredo [aɫ'freðu] *m* Alfred, Fred.
Aljubarrota [aɫʒuβɐ'ʀɔtɐ] *Ort der berühmten Schlacht v. 1385.*
Almeida Garrett [aɫˌmeiðɐγɐ'ʀɛt] *port. Dichter u. Politiker (1799 bis 1854).*
Alpes ['aɫpɨʃ]: *os* ~ *m/pl.* die Alpen.
Alsácia [aɫ'zasjɐ] *f* Elsaß *n*.
Amado [a'maðu] *Jorge* ~ *bras. Romanschriftsteller (*1912).*
Amapá [ama'pa] *m bras. Territorium.*
Amazonas [ama'zonɐs] *m* a) Amazonas *m*, Amazonenstrom *m*; b) *bras. Bundesstaat (Abk. AM).*
América [ɐ'mɛrikɐ] *f* Amerika *n*; ~ *Central* Mittel-, ~ *Latina* Ibero- (*od.* Latein-), ~ *do Norte* Nord-, ~ *do Sul* Süd-amerika *n*.
Amsterdão [ɐmɨʃtər'ðɐ̃u] Amsterdam.
Ana ['ɐnɐ] *f* Anna.
Andes ['ɐ̃ndɨʃ] *os* ~ *m/pl.* die Anden.
André [ɐ̃n'drɛ] *m* Andreas.
Angora [ɐ̃ŋ'gɔrɐ] Ankara.
Angra do Heroismo [ˌɐ̃ŋgrɐðwi'rwiʒmu] *Hauptstadt der Azoren.*
Anhangabaú [aɲɐ̃ŋgaba'u] *m früheres Flußtal, heute Hauptverkehrsstraße in S. Paulo, Stadt.*
Antão [ɐ̃n'tɐ̃u] *m* Anton.
Antero de Quental [ɐn'tɛruðəkẽn'taɫ] *port. Dichter (1842—1891).*
Antilhas [ɐ̃n'tiʎaʃ] *f/pl.* Antillen; ~ *Maiores die* Großen A.; ~ *Menores die* Kleinen A.
Ant|oninho [ɐ̃ntu'niɲu] *m* Toni; **~ónio** [~'tɔnju] *m* Anton.
Antuérpia [ɐ̃n'twɛrpjɐ] Antwerpen.
Apenino(s) [ɐpə'ninu(ʃ)] *m(pl.)* Apennin(en) *m(pl.)*
Aquisgrana [ɐkiʒ'γrɐnɐ] Aachen.
Arábia [ɐ'raβjɐ] *f* Arabien *n*; ~ *Saudita* Saudi-Arabien.
Araguaia [ara'gwajɐ] *m bras. Fluß.*
Argel [ɐr'ʒɛɫ] Algier.
Argélia [ɐr'ʒɛljɐ] *f* Algerien *n*.
Argentina [ɐrʒẽn'tinɐ] *f* Argentinien *n*.
Ásia ['azjɐ] *f* Asien *n*; ~ *Menor* Klein-, Vorder-asien *n*; ~ *oriental* Ostasien *n*, der Ferne Osten.
Atenas [ɐ'tenɐʃ] Athen.
Atlântico [ɐt'lɐ̃ntiku] *m* Atlantik *m*.
Augusto [au'γuʃtu] *m* August(us).
Australásia [auʃtrɐ'lazjɐ] *f* Südseeländer *n/pl.*
Austrália [auʃ'traljɐ] *f* Australien *n*.
Áustria ['auʃtrjɐ] *f* Österreich *n*.

B

Bahia, Baía [ba'iɐ] *f bras. Bundesstaat (Abk. BA).*

Balcãs [bał'kɐ̃ʃ] *m/pl.* Balkan *m.*
Báltico ['bałtiku] *m* Ostsee *f*; *países m/pl.* ♀s Baltikum *n.*
Basileia [bɐzi'lejɐ] Basel.
Batalha [bɐ'taʎɐ]: (*mosteiro m da*) ~ *berühmtes port. Kloster zur Erinnerung an die Schlacht v. 1385.*
Baviera [bɐ'vjɛrɐ] *f* Bayern *n.*
Beira ['beirɐ] *f port. Provinz*; *Hafen in ehm. Port.-Ostafrika.*
Belém [bə'lɐ̃i] Bethlehem.
Bélgica ['bɛłʒikɐ] *f* Belgien *n.*
Belgrado [bɛł'ɣraðu] Belgrad.
Benjamim [bẽʒɐ'mĩ] *m* Benjamin.
Bento ['bẽntu] *m* Benedikt.
Berlim [bər'lĩ] Berlin; ~ *Ocidental*, ~*-Oeste* West-, ~ *Oriental*, ~*-Este*, ~*-Leste* Ost-Berlin.
Berna ['bɛrnɐ] Bern.
Bernardo [bər'narðu] *m* Bernhard.
Bilac [bi'lak]: *Olavo* ~ *bras. Dichter (1865—1918).*
Biscaia [biʃ'kajɐ] *f* Biskaya *f.*
Bocage [bu'kaʒə] *port. Dichter (1765—1805).*
Boémia ['bwɛmjɐ] *f* Böhmen *n.*
Bolívia [bu'livjɐ] *f* Bolivien *n.*
Bona ['bonɐ] Bonn.
Bordéus [bur'ðɛuʃ] Bordeaux.
Borgonha [bur'ɣoɲɐ] *f* Burgund *n.*
Bósforo ['bɔʃfuru] *m* Bosporus *m.*
Brás [braʃ] *m*: *São* ~ Sankt Blasius.
Brasil [bra'ziu] *m* Brasilien *n.*
Bretanha [brə'tɐɲɐ] *f* a) Bretagne *f*; b) Britannien *n.*
Brígida, Brízida ['briʒiðɐ, 'briziðɐ] *f* Brigitte.
Bruges ['bruʒɨʃ] Brügge.
Brunsvique [brũʒ'vikə] Braunschweig.
Bruxelas [bru'ʃɛlɐʃ] Brüssel.
Bucareste [bukɐ'rɛʃtə] Bukarest.
Budapeste [buðɐ'pɛʃtə] Budapest.
Bulgária [buł'ɣarjɐ] *f* Bulgarien *n.*

C

Cabo *m* **da Boa Esperança** ['kaβuðɐˌβoɐiʃpə'rɐ̃sɐ] Kap *n* der Guten Hoffnung; ~ **Verde** Kap Verde; *Ilhas do* ~ *f/pl.* Kapverdische Inseln *f/pl.*
Camarão, Camarões [kɐmɐ'rɐ̃u, -õiʃ] *m* (*pl.*) Kamerun *n.*
Camilo Castelo Branco [kɐ'milukɐʃ'tɛlu'βrɐ̃ŋku] *port. Romanschriftsteller (1825—1890).*
Camões [ka'mõiʃ] *größter port. Dichter (1524—1580).*
Canadá [kɐnɐ'ða] *m* Kanada *n.*
Canal da Mancha [kɐ'nałdɐ'mɐ̃ʃa] *m* Ärmelkanal *m.*
Canárias [kɐ'narjɐʃ] *f/pl.* Kanarische Inseln *pl.*
Carlos (Magno) ['karluʃ (~luʒ'maɣnu)] *m* Karl (der Große).
Carlota [kɐr'lɔtɐ] *f* Charlotte.
Carmona [kɐr'monɐ] *ehm. port. Marschall u. erster Präsident des sog. „Estado Novo" (1869—1951).*
Carris [kɐ'ʀiʃ] *f*: ~ *de Ferro Name der Lissaboner* Straßenbahngesellschaft.
Cáspio ['kaʃpju]: (*Mar*) ~ *m* Kaspische(s) Meer *n.*
Castela [kɐʃ'tɛlɐ] *f* Kastilien *n.*
Catalunha [kɐtɐ'luɲɐ] *f* Katalonien *n.*
Catarina [kɐtɐ'rinɐ] *f* Katharina, Käthe.
Catete [ka'tɛtʃi] *m Stadtteil u. Palast in Rio de Janeiro, früher Residenz d. Staatspräsidenten.*
Cáucaso ['kaukɐzu] *m* Kaukasus *m.*
Ceará [sja'ra] *m bras. Bundesstaat (Abk. CE).*
Cecília [sə'siljɐ] *f* Cäcilie.
César ['sɛzar] *m* Cäsar.
Checoslováquia [ʃɛkɔʒlu'vakjɐ] *f* Tschechoslowakei *f.*
Chico ['ʃiku] *m* Franz.
Chile ['ʃilə] *m* Chile *n.*
China ['ʃinɐ] *f* China *n.*
Chipre ['ʃiprə] *m* Zypern *n.*
Colares [ku'larɨʃ] *m port. Fluß und Weinmarke.*
Colómbia [ku'lõmbjɐ] *f* Kolumbien *n.*
Colombo [ku'lõmbu] *m* Kolumbus.
Colónia [ku'lɔnjɐ] Köln.
Conrado [kõ'ʀaðu] *m* Konrad, Kurt.
Constança [kõʃ'tɐ̃sɐ] a) Konstanz; *Lago m de* ~ Bodensee; b) ~ *f* Konstanze.
Copenague, Copenhaga [kopə'naɣə, ~'ɲaɣɐ] Kopenhagen.
Corcovado [korko'vadu] *m das Stadtbild von Rio beherrschender Berg mit Christusstatue.*
Coreia [ku'rejɐ] *f* Korea *n.*
Córsega ['kɔrsəɣɐ] *f* Korsika *n.*
Crimeia [kri'mejɐ] *f* Krim *f.*
Cristo ['kriʃtu] *m* Christus.
Cristóvão [kriʃ'tɔvɐ̃u] *m* Christoph.

D

Damião de Góis [dɐ'mjɐ̃uðə'ɣɔiʃ] *port. Humanist (1502—1574).*
Dantas ['dɐ̃ntɐʃ]: *Júlio ~ port. Dramatiker (1876—1962).*
Danúbio [dɐ'nuβju] *m* Donau *f.*
Dão [dɐ̃u] *m port. Fluß u. Weinmarke.*
Dardanelos [dɐrðɐ'nɛluʃ] *m/pl.* Dardanellen *pl.*
Dinamarca [dinɐ'markɐ] *f* Dänemark *n.*
Dinis [də'niʃ] *m* Dionysius; *D. ~ port. König (1261—1325); Júlio ~ port. Romanschriftsteller (1839 bis 1871).*
Distrito Federal [dis'tritufede'rau] *m* Bundesdistrikt *(Abk. DF).*
Doroteia [duru'tejɐ] *f* Dorothea.
Douro ['doru] *m port. Fluß (= span. Duero); ~ Litoral, Alto ~ port. Provinzen.*
Duarte ['dwartə] *m* Eduard; *D. ~ port. König (1391—1438).*
Dunquerque [dũŋ'kɛrkə] Dünkirchen.
Dutra ['dutrɐ] *erster bras. Staatspräsident nach dem Sturz der Diktatur 1945 (1885—1952).*

E

Eanes ['jɐniʃ]: *General Ramalhão ~ erster verfassungsmäßig gewählter port. Staatspräsident nach der Revolution der Streitkräfte vom 25. 4. 1974.*
Eça de Queirós [ˌɛsɐðəkei'rɔʃ] *port. Romanschriftsteller (1845—1900).*
Egas Moniz [ˌɛɣɐʒmu'niʃ] *port. Chirurg u. Nobelpreisträger (1949).*
Egeu [i'ʒeu] *m* Ägäisches Meer *n.*
Egipto [i'ʒitu] *m* Ägypten *n.*
Elba ['ɛłβɐ] *m* Elbe *f*; *a ilha de ~* Elba *n.*
Emílio [i'milju] *m* Emil.
Entre Minho e Douro [ẽntrəˌmiɲwi'ðoru] *port. Provinz.*
Equador [ikwɐ'ðor] *m* **1.** Äquator *m*; **2.** Ekuador *n.*
Erico [i'riku] *m* Erich.
Érico Veríssimo ['ɛriku ve'risimu] *bras. Romancier (*1905).*
Ernesto [ir'nɛʃtu] *m* Ernst.
Escandinávia [iʃkɐ̃ndi'navjɐ] *f* Skandinavien *n.*
Escócia [iʃ'kɔsjɐ] *f* Schottland *n.*
Eslováquia [iʒlu'vakjɐ] *f* Slowakei *f.*
Espanha [iʃ'pɐɲɐ] *f* Spanien *n.*
Espírito Santo [iʃ'piritu'sɐ̃ntu] *m bras. Bundesstaat (Abk. ES).*
Estados Unidos [iʃˌtaðuzu'niðuʃ] *m/pl.* Vereinigte Staaten *m/pl.*
Estêvão [iʃ'tevɐ̃u] *m* Stephan.
Estocolmo [iʃtu'kɔłmu] Stockholm.
Estónia [iʃ'tɔnjɐ] *f* Estland *n.*
Estrasburgo [iʃtrɐʒ'βurɣu] Straßburg.
Estrela [iʃ'trelɐ]: *Serra da ~ höchstes port. Gebirge.*
Estremadura [iʃtrəmɐ'ðurɐ] *f port. Provinz.*
Estugarda [iʃtu'ɣarðɐ] Stuttgart.
Etiópia [i'tjɔpjɐ] *f* Äthiopien *n.*
Eugénio [eu'ʒɛnju] *m* Eugen; *~ de Castro port. Dichter (1869—1944).*
Europa [eu'rɔpɐ] *f* Europa *n.*

F

Fátima ['fatimɐ] *f berühmter port. Wallfahrtsort.*
Fernando, Fernão [fər'nɐ̃ndu, fər'nɐ̃u] *m* Ferdinand.
Fernando de Noronha [ferˌnɐ̃ndodʃino'roɲa] *bras. Territorium.*
Fernão Lopes [fərnɐ̃u'lɔpiʃ] *port. Chronist (etwa 1380 bis etwa 1460).*
Ferreira de Castro [fəˌʀeirɐðə'kaʃtru] *port. Romancier (*1898).*
Filipe [fə'lipə] *m* Philipp.
Filipinas [fəli'pinɐʃ] *f/pl.* Philippinen *pl.*
Finlândia [fĩ'lɐ̃ndjɐ] *f* Finnland *n.*
Flandres ['flɐ̃ndriʃ] Flandern *n.*
Floresta Negra [fluˌrɛʃtɐ'nɛɣrɐ] *f* Schwarzwald *m.*
França ['frɐ̃sɐ] *f* Frankreich *n.*
Francisca [frɐ̃'siʃkɐ] *f* Franziska.
Francisco [frɐ̃'siʃku] *m* Franz.
Francoforte [frɐ̃ŋku'fɔrtə] Frankfurt.
Frederico [frəðə'riku] *m* Friedrich.
Friburgo [fri'βurɣu] Freiburg.
Frísia ['frizjɐ] *f* Friesland *n.*

G

Galícia [gɐ'lisjɐ] *f* Galizien *n.*
Galiza [gɐ'lizɐ] *f* Galicien *n (span. Provinz).*

Gama *s. Vasco.*
Garrett *s. Almeida.*
Genebra [ʒəˈnɛβrɐ] Genf.
Génova [ˈʒɛnuvɐ] Genua.
Gerardo [ʒəˈrarδu] *m* Gerhard.
Germânia [ʒərˈmɐnjɐ] *f* Germanien *n*; Deutschland *n*.
Getúlio Vargas [ʒeˌtuljuˈvargɐs] *bras. Diktator v. 1934—1945 und Staatspräsident v. 1950—1954.*
Gil [ʒiɫ] *m* Ägidius; ~ *Vicente* [~viˈsẽntə] *port. Dramatiker (15./16. Jahrhundert).*
Gilberto Freyre [ʒiuˌbɛrtuˈfreirə] *Begründer der bras. Soziologie (*1900).*
Goiás [goˈjas] *bras. Bundesstaat (Abk. GO).*
Gonçalves [gõˈsaɫvɨʃ]: *Nuno* ~ *bedeutendster port. Maler (15. Jh.).*
Goulart [guˈlar] *s. Jango.*
Grã-Bretanha [grɐ̃βrəˈtɐɲɐ] *f* Großbritannien *n*.
Graciliano Ramos [grasiˈljɐnu ˈʀamus] *bras. Prosaist (1892 bis 1953).*
Grécia [ˈgrɛsjɐ] *f* Griechenland *n*.
Gronelândia [gronəˈlɐ̃ndjɐ] *f* Grönland *n*.
Guadiana [gwɐˈδjɐnɐ] *m Grenzfluß in Südportugal.*
Gualtério [gwaɫˈtɛrju] *m* Walt(h)er.
Guanabara [gwanaˈβarɐ] *f Bucht v. Rio de Janeiro.*
Guerra Junqueiro [ˈgɛʀɐʒũŋˈkeiru] *port. Dichter (1850—1923).*
Guido [ˈgiδu] *m* Veit.
Guilherm|e *m*, **~ina** *f* [giˈʎɛrmə, giʎərˈminɐ] Wilhelm(ine).
Guimarães [gimɐˈrɐ̃iʃ] *erste Hauptstadt Portugals*; ~ **Rosa**: *João* ~ *bras. Erzähler (1908—1967).*
Guiné [giˈnɛ] *f*: *~-Bissau ehm. Port.-Guinea.*
Gustavo [guʃˈtavu] *m* Gustav.

H

Haia [ˈajɐ] Den Haag.
Hamburgo [ɐ̃mˈburɣu] Hamburg.
Heitor [eiˈtor] *m* Hektor.
Helena [iˈlenɐ] *f* Helene.
Henrique [ẽˈʀikə] *m* Heinrich; *D.* ~, *o Navegador* Heinrich der Seefahrer (*1394—1460*).
Herculano [ɨrkuˈlɐnu] *m port. Dichter u. Historiker (1810—1878).*
Holanda [uˈlɐ̃ndɐ] *f* Holland *n*.
Hungria [ũŋˈgriɐ] *f* Ungarn *n*.

I

Ibéria [iˈβɛrja] *f* Iberien *n*.
Iguaçu [igwaˈsu] *m bras. Fluß.*
India [ˈĩndjɐ] *f* Indien *n*; *as ~s Ocidentais* Westindien *n* (= *Süd- u. Mittelamerika*).
Indochina [ĩnduˈʃinɐ] *f* Indochina *n*.
Indonésia [ĩnduˈnɛzjɐ] *f* Indonesien *n*.
Inês [iˈneʃ] *f* Agnes.
Inglaterra [ĩŋglɐˈtɛʀɐ] *f* England *n*.
Ipiranga [ipiˈrɐ̃ŋgɐ] *m Flüßchen im Staat S. Paulo, Ort der bras. Unabhängigkeitserklärung.*
Irão [iˈrɐ̃u] *m* Iran *m*.
Iraque [iˈrakə] *m* Irak *m*.
Irlanda [irˈlɐ̃ndɐ] *f* Irland *n*.
Isabel [izɐˈβɛɫ] *f* Isabella; Elisabeth.
Islândia [iʒˈlɐ̃ndjɐ] *f* Island *n*.
Israel [iʒʀɐˈɛl] Israel *n*.
Itália [iˈtaljɐ] *f* Italien *n*.
Itamarati [itamarɐtʃi] *m Palast in Rio, ehm. Sitz, heute Name des bras. Außenministeriums.*
Iugoslávia *bras.* [jugozˈlavjɐ] *f* Jugoslawien *n*.

J

Jacó [ʒɐˈkɔ] *m* Jakob.
Jaime [ˈʒaimə] *m* Jakob.
Jango [ˈʒɐ̃ŋgo] = **João Goulart** [ʒwɐ̃uguˈlar] *bras. Staatspräsident v. 1961—1964.*
Jânio Quadros [ˈʒɐnjuˈkwadrus] *bras. Staatspräsident 1961.*
Japão [ʒɐˈpɐ̃u] *m* Japan *n*.
Jerónimo [ʒəˈrɔnimu] *m* Hieronymus.
Jesus [ʒəˈzuʃ] *m* Jesus.
Jó [ʒɔ] *m* Hiob.
Joana [ˈʒwɐnɐ] *f* Johanna.
João [ʒwɐ̃u] *m* Johann(es), Hans; *D.* ~ *I erster port. König aus dem Hause Avis (1357—1433).*
João Pessoa [ʒwɐ̃upeˈsoɐ] *Hauptstadt des bras. Bundesstaates Paraiba.*
Joaquim [ʒwɐˈkĩ] *m* Joachim.
Job [ʒɔβə] *m* Hiob.

Jorge [ˈʒɔrʒə] *m* Georg.
José [ʒuˈzɛ] *m* Josef, Joseph.
Jugoslávia [ʒuɣɔˈʒlavjɐ] *f* Jugoslawien *n.*
Júlio [ˈʒulju] *m* Julius.
Juscelino Kubitschek [ʒuseˈlinu kubiˈtʃɛk] *bras. Staatspräsident v. 1956—1961, Gründer Brasilias.*

L

Lapónia [lɐˈpɔnjɐ] *f* Lappland *n.*
Leão [ljɐ̃u] *m* a) Leo (*Vorname*); b) León *n* (*span. Stadt*).
Leonardo [ljuˈnarδu] *m* Leonhard.
Leonor [ljuˈnor] *f* Eleonore, Leonore.
Letónia [ləˈtɔnjɐ] *f* Lettland *n.*
Levante [ləˈvẽntə] *m* **1.** *die* Levante; **2.** *Name d. span. Ostküste.*
Libéria [liˈβɛrjɐ] *f* Liberien *n.*
Líbia [ˈliβjɐ] *f* Libyen *n.*
Lídia [ˈliδjɐ] *f* Lydia.
Lins do Rego [lĩzdoˈʀegu] *bras. Romanschriftsteller (1901—1957).*
Lípsia [ˈlipsjɐ] Leipzig.
Lisboa [liʒˈβoɐ] Lissabon.
Lituânia [liˈtwɐnjɐ] *f* Litauen *n.*
Londres [ˈlõndrɨʃ] London.
Lopes *s. Fernão.*
Lorena [loˈrenɐ] *f* Lothringen *n.*
Lourenço [loˈrẽsu] *m* Lorenz.
Lourenço Marques [~ˈmarkɨʃ] *ehm. Name d. Hauptstadt v. Moçambique, heute: Maputo.*
Luís [lwiʃ] *m* Ludwig.
Luísa [ˈlwizɐ] *f* Luise.
Lusíadas [luˈziɐδɐʃ]: *os* ~ die Luˈsiaden (*Epos v. Camões*).
Lusitánia [luziˈtɐnjɐ] *f* Lusitanien *n.*
Lutero [luˈtɛru] *m* Luther.

M

Macau [mɐˈkau] *port. Provinz in China.*
Machado de Assis [maˌʃadudʃiˈasis] *bras. Erzähler (1839—1909).*
Madalena [mɐδɐˈlenɐ] *f* Magdalena.
Magalhães [mɐɣɐˈʎɐ̃iʃ] *port. Weltumsegler in span. Diensten; Estreito m de* ~ Magellanstraße *f.*
Manchúria [mɐ̃ˈʃurjɐ] *f* Mandschurei *f.*
Manuel [mɐˈnwɛł] *m* Emanuel, Immanuel.
Maomet [mɐuˈmɛ] *m* Mohammed.
Maputo [mɐˈputu] *s. Lourenço Marques.*
Maranhão [maraˈɲɐ̃u] *m bras. Bundesstaat (Abk. MA).*
Marco [ˈmarku] *m* Markus.
Margarida [mɐrɣɐˈriδɐ] *f* Margarete, Grete.
Maria [mɐˈriɐ] *f* Maria, Marie.
Mariana [mɐˈrjɐnɐ] *f* Marianne.
Marrocos [mɐˈʀɔkuʃ] *m/pl.* Marokko *n.*
Marselha [mɐrˈseʎɐ] Marseille.
Marte [ˈmartə] *m* Mars.
Mart|im, ~inho [mɐrˈtĩ, ~ˈtiɲu] *m* Martin.
Mateus [mɐˈteuʃ] *m* Matthäus.
Matias [mɐˈtiɐʃ] *m* Matthias.
Mato Grosso [matuˈɣrosu] *bras. Bundesstaat (Abk. MT).*
Maurício [mauˈrisju] *m* Moritz.
Maximiliano [mɐsəmiˈljɐnu] *m* Maximilian, Max.
Mediterrâneo [məδitəˈʀɐnju] *m* Mittelmeer *n.*
Meireles [meiˈrɛlis]: *Cecília* ~ *bras. Dichterin (1901—1964).*
Meno [ˈmenu] *m* Main.
México [ˈmɛʃiku] *m* Mexiko *n.*
Miguel [miˈɣɛł] *m* Michael.
Milão [miˈlɐ̃u] Mailand.
Minas Gerais [ˌminazeˈrais] *bras. Bundesstaat (Abk. MG).*
Minho [ˈmiɲu] *m port.-span. Grenzfluß u. port. Provinz.*
Moçambique [musɐ̃mˈbikə] *f ehm. Port. Ostafrika.*
Mogúncia [muˈɣũsjɐ] Mainz.
Moisés [moiˈzɛʃ] *m* Moses.
Moldava [mołˈdavɐ] *m* Moldau *f* (*Fluß*).
Moldávia [mołˈdavjɐ] *f* Moldau *f* (*Landschaft*).
Mondego [mõnˈdeɣu] *m port. Fluß.*
Mongólia [mõŋˈgɔljɐ] *f* Mongolei *f.*
Morávia [muˈravjɐ] *f* Mähren *n.*
Moscou *bras.*, **Moscovo** [mosˈku, muʃˈkovu] Moskau.
Mosela [muˈzɛlɐ] *m* Mosel *f.*
Munique [muˈnikə] München.

N

Napoleão [nɐpulˈjɐ̃u] *m* Napoleon.
Nápoles [ˈnapulɨʃ] Neapel.
Nicolau [nikuˈlau] *m* Nikolaus.
Niemeyer [niˈmejɛr] *bras. Architekt, Erbauer Brasilias.*

Nilo ['nilu] *m* Nil *m*.
Nobre ['nɔβrə]: *António ~ port. Dichter (1867 bis 1900).*
Noé [nwɛ] *m* Noah.
Noruega [nɔ'rwɛɣɐ] *f* Norwegen *n*.
Nova-Iorque [nɔvɐ'jɔrkə] New York.
Nova Zelândia [nɔvɐzə'lẽndjɐ] *f* Neuseeland *n*.
Nuremberga [nurẽm'bɛrɣɐ] Nürnberg.

O

Oceânia [u'sjɐnjɐ] *f* Ozeanien *n*.
Oliveira Martins [uliˌveirɐmɐr'tĩʃ] *port. Historiker (1845—1894).*
Oriente [u'rjẽntə] *m* Orient *m*; *Próximo (Médio, Extremo) ~* Nahe(r) (Mittlere[r], Ferne[r]) Osten *m*.
Orlando [ur'lẽndu] *m* Roland.
Otão [u'tɐ̃u] *m* Otto.
Ouro Preto [oru'pretu] *frühere Hauptstadt von Minas Gerais.*

P

Pacífico [pɐ'sifiku] *m* Stille(r) Ozean *m*, Südsee *f*.
Países-Baixos [pɐˌiziʒ'βaiʃuʃ] *m/pl.* *die* Niederlande *n/pl.*
Palatinado [pɐlɐti'naðu] *m* Pfalz *f*.
Palestina [pɐliʃ'tinɐ] *f* Palästina *n*.
Paquistão [pɐkiʃ'tɐ̃u] *m* Pakistan *n*.
Pará [pa'ra] *m bras. Bundesstaat (Abk. PA).*
Paraguai [para'gwai] *m bras. Fluß.*
Paraíba [para'ibɐ] *f bras. Bundesstaat (Abk. PB).*
Paraná [para'na] *m bras. Fluß u. Bundesstaat (Abk. PR).*
Paris [pɐ'riʃ] Paris.
Parnaíba [parna'ibɐ] *m bras. Fluß.*
Paulo ['paulu] *m* Paul.
Paulo Afonso [ˌpaulua'fõsu]: *Cachoeira f de ~* Paulo-Afonso-Fälle *m/pl. im São Francisco.*
Pedro ['peðru] *m* Petrus; Peter; *D. ~ I, D. ~ II Kaiser von Brasilien.*
Pequim [pə'kĩ] Peking.
Pernambuco [pernɐ̃m'buku] *bras. Bundesstaat.*
Pérsia ['pɛrsjɐ] *f* Persien *n*.
Pessoa [pə'soɐ]: *Fernando ~ port. Lyriker (1888—1935).*
Piauí [pjau'i] *bras. Bundesstaat (Abk. PI).*
Pireneus [pirə'nɛuʃ] *m/pl.* Pyrenäen *pl.*
Polónia [pu'lɔnjɐ] *f* Polen *n*.
Pombal [põm'bał]: *Marquês m de ~ port. Staatsmann (1699—1782).*
Porto ['portu] *m* Porto, Oporto.
Portugal [purtu'ɣał] Portugal *n*.
Príncipe ['prĩsipə] *s. São Tomé.*

R

Ramalho Ortigão [ʀɐˌmaʎwurti'ɣɐ̃u] *port. Schriftsteller (1836 bis 1915).*
Ratisbona [ʀɐtiʒ'βonɐ] Regensburg.
Régio ['ʀɛʒju]: *José ~ port. Erzähler (1901—1969).*
Reinaldo [ʀei'nałdu] *m* Reinhard.
Renánia [ʀə'nɐnjɐ] *f* Rheinland *n*.
Reno ['ʀenu] *m* Rhein *m*.
Ribatejo [ʀiβɐ'teʒu] *m port. Provinz.*
Ribeiro [ʀi'βeiru]: *Aquilino ~ port. Romanschriftsteller (1885—1963).*
Ricardo [ʀi'karðu] *m* Richard.
Rio Branco [ˌʀiu'brẽŋku] *m bras. Territorium (Abk. RBr).*
Rio de Janeiro [ˌʀiudʒiʒɐ'neiru] *m Hauptstadt des gleichnamigen bras. Bundesstaates (Abk. RJ).*
Rio Grande [ˌʀiu'grẽndʒi] *m: ~ do Norte u. ~ do Sul bras. Bundesstaaten (Abk. RN u. RS).*
Rita ['ʀitɐ] *f* Grete.
Roberto [ʀu'βɛrtɐ] *m* Robert.
Ródano ['ʀɔðɐnu] *m* Rhone *f*.
Rodrigo [ʀu'ðriɣu] *m* Roderich.
Roma ['ʀomɐ] Rom.
Roménia [ʀu'mɛnjɐ] *f* Rumänien *n*.
Rondônia [ʀõn'donjɐ] *f bras. Territorium.*
Roraima [ʀo'raimɐ] *bras. Territorium.*
Roterdão [ʀutər'dɐ̃u] Rotterdam.
Ruperto [ʀu'pɛrtu] *m* Ruprecht.
Rússia ['ʀusjɐ] *f* Rußland *n*.

S

Salazar [sɐlɐ'zar]: *António de Oliveira ~ port. Ministerpräsident und Diktator v. 1932—1968, Begründer des sog. „Estado Novo" (1889 bis 1970).*
Santa Catarina [ˌsẽntakata'rinɐ] *bras. Bundesstaat (Abk. SC).*
Sant' Iago [sẽn'tjaɣu] *m* der Heilige Jakobus.
São Francisco [sɐ̃ufrẽ'sisku] *m bras. Fluß.*
São Paulo [sɐ̃u'paulu] *Hauptstadt*

des gleichnamigen bras. Bundesstaates (Abk. SP).
São Tomé [sẽutu'mɛ]: ~ e Príncipe *westafrik. Inseln, ehm. port. Provinz.*
Sarre ['saʀə] *m* Saar *f.*
Saxónia [sɐk'sɔnjɐ] *f* Sachsen *n.*
Sebastião [səβɐʃ'tjẽu] *m* Sebastian; D. ~ *nach s-m Verschwinden in d. Schlacht v. Alcácer Quibir zur Sagengestalt gewordener port. König (1557—1578).*
Sergipe [ser'ʒipə] *bras. Bundesstaat (Abk. SE).*
Sérvia ['sɛrvjɐ] *f* Serbien *n.*
Sete Quedas [ˌsɛtʃi'kɛdɐs] *f/pl. die Iguaçu-Fälle in Parana.*
Silésia [si'lɛzjɐ] *f* Schlesien *n.*
Sintra ['sĩntrɐ] *ehm. Königsresidenz bei Lissabon.*
Síria ['sirjɐ] *f* Syrien *n.*
Sofia [su'fiɐ] *f* Sophie.
Suábia ['swaβjɐ] *f* Schwaben *n.*
Sudão [su'ðẽu] *m* Sudan *m.*
Suécia ['swɛsjɐ] *f* Schweden *n.*
Suíça ['swisɐ] *f* Schweiz *f.*
Susana [su'zɐnɐ] *f* Susanne.

T

Tamisa [tɐ'mizɐ] *m* Themse *f.*
Tânger ['tẽʒɛr] Tanger.
Tcheco-Eslováquia *bras.* [tʃɛkɔizlo'vakjɐ] *f* Tschechoslowakei *f.*
Teerão [tiə'rẽu] Teheran.
Tejo ['teʒu] *m* Tajo.
Teodorico [tjuðu'riku] *m* Dietrich.
Teodoro [tju'ðoru] *m* Theodor.
Teófilo Braga [ˌtjɔfilu'βraγɐ] *port. Schriftsteller u. Politiker (1843 bis 1924).*
Teresa [tə'rezɐ] *f* Therese.
Terra Nova [ˌtɛʀɐ'nɔvɐ] *f* Neufundland *n.*
Tiradentes [tʃira'dẽntʃis] *m bras. Freiheitsheld (1746—1792.*
Tomás, Tomé [tu'maʃ, tu'mɛ] *m* Thomas.
Torga ['tɔrγɐ]: *Miguel ~ port. Dichter (*1907).*
Trás-os-Montes [trɐzuʒ'mõntɨʃ] *port. Provinz.*
Tunísia [tu'nizjɐ] *f* Tunesien *n.*
Tunes ['tunɨʃ] Tunis.
Turíngia [tu'rĩʒjɐ] *f* Thüringen *n.*
Turquia [tur'kiɐ] *f* Türkei *f.*

U

Ucrânia [u'krɐnjɐ] *f* Ukraine *f.*
Ulisses [u'lisɨʃ] *m* Odysseus.

V

Varsóvia [vɐr'sɔvjɐ] Warschau.
Vasco da Gama [ˌvaʃkuðɐ'γɐmɐ] *Entdecker des Seewegs nach Indien (1469 bis 1524).*
Veneza [və'nezɐ] Venedig.
Veríssimo [ve'risimu]: Érico ~ *bras. Schriftsteller (* 1905–1975).*
Vicente [vi'sẽtə] *m* Vinzenz; *s. Gil.*
Vieira ['vjeirɐ]: Padre António ~ *berühmter port. Kanzelredner, Schriftsteller u. Diplomat (1608 bis 1697).*
Viena ['vjɛnɐ] Wien.
Vila Lobos [ˌvila'lobus] *bras. Tondichter (1890—1960).*
Vístula ['viʃtulɐ] *m* Weichsel *f.*
Vosgos ['vɔʒγuʃ] *m/pl. die* Vogesen.

X

Xangai [ʃẽŋ'gai] Schanghai.

Z

Zaire ['zairə] *m seit 1484 port. Name des Flusses Kongo.*
Zé [zɛ] *m* Abk. v. José; ~ *Povinho scherzhafte Bezeichnung des portugiesischen Volkes ähnlich wie dtsch. „der deutsche Michel".*
Zurique [zu'rikə] Zürich.

Anmerkung: [1]) Genusbezeichnungen sind nur angegeben, wenn der betreffende Eigenname im Satzzusammenhang mit Artikel (bzw. Demonstrativ- oder Possessivpronomen) aufzutreten pflegt, z.B. **José** *m*: ~ (*fam. o* ~), o livro de (*fam. do*) ~; **Alemanha** *f*: *a* ~, *na* ~; **Brasil** *m*: *o* ~, *no* ~; **Bahia, Baía** *f*: *a* ~, *na* ~, o Estado *da* ~; **Atlântico** *m*: *o* ~, *no* ~; **Reno** *m*: *o* ~, *no* ~; **Porto** *m*: *o* ~, *no* ~. — Aber: **Portugal**: *em* ~; **Berlim**: *em* ~, a cidade *de* ~; **Santa Catarina**: o Estado *de* ~, *em* ~.

[2]) Allgemein bekannte Namen von Städten, die portugiesisch und deutsch gleich geschrieben werden, wurden in dieser Aufstellung meistens nicht berücksichtigt.

Gebräuchliche portugiesische Abkürzungen

Abreviaturas portuguesas usuais

A

(a) assinado *gezeichnet* (gez.).
A. (AA) autor(es) *Verfasser* (Verf., Vf.).
Ab.e abade *Abt.*
Abr. (*bras.* 2) Abril *April.*
a.C. antes de Cristo *vor Christus* (v. Chr.).
a/c. ao cuidado de *bei* (b.), *per Adresse* (p. Adr.), „*care of*" (c/o).
admin. administrador *Verwalter.*
adm.or admirador *Verehrer* (in Höflichkeitsformeln).
adv.º advogado *Rechtsanwalt.*
af.º afeiçoado *gewogen.*
Ag.to (*bras.* 2) Agosto *August* (Aug.).
agr.º agradecido *dankbar.*
AL Alagaos (*bras. Bundesstaat*).
Al. alameda *Allee.*
alf. alferes *Fähnrich.*
alm. a) almirante *Admiral*; b) almude(s) *20* od. *25 l.*
alq. alqueire(s) *20 l*; *2,5 ha.*
AM Amazonas (*bras. Bundesstaat*).
am.º, ~ª amigo(-a) *Freund(in).*
ang. angolar(es) *Angolar* (Münzeinheit).
ant. antigo *früher* (ehm.).
Ant.º António.
A.P. a protestar *zu Protest.*
apr. aprovado *genehmigt* (gen.).
apart., Ap.to apartamento *Appartement.*
ARENA Aliança Renovadora Nacional (*bras. Regierungspartei*).
arr. arroba *Arroba.*
art. artilharia *Artillerie.*
art.º artigo *Artikel* (Art.).
a.s. a saber *das heißt* (d. h.).
at.mo atentíssimo *ergebenst.*
at.º atento *ergeben* (erg.).
Aug.º Augusto *August.*
Av. avenida *Allee*; 2 aviador *Flieger.*
a.v. à vista *bei Sicht*; *Sicht...*

B

B., B.º beco *Gasse.*
BA Bahia (*bras. Bundesstaat*).
B.el bacharel *Bakkalaureus.*
B.F. boas-festas *Frohes Fest.*
Bibl. a) bibliografia *Bibliographie*; b) biblioteca *Bibliothek.*
bilh.e bilhete *Schein.*
br. brochado *broschiert* (br.).
bras. brasileiro *brasilianisch*; *Brasilianer*; 2 Brasil *Brasilien.*

C

c. a) canto *Gesang* (Ges.); b) capítulo *Kapitel* (Kap.); c) cena *Auftritt, Szene*; d) cento *Hundert*; e) conto (de réis) = 1000 escudos *bzw.* 1000 cruzeiros.
c/ a) caixa *Kasse*; b) com *mit* (m.); c) conta *Rechnung.*
C., Calç. calçada *Straße* (Str.).
C.ª companhia *Gesellschaft* (Ges.).
caç. caçador(es) *Jäger.*
cap. a) capítulo *Kapitel* (Kap.); b) capitão *Hauptmann*; *Kapitän*; c) 2 Capital *Hauptstadt*; **~ frag.** capitão-de-fragata *Fregattenkapitän*; **~ m.g.** capitão-de-mar-e-guerra *Kapitän zur See*; **~-ten.** capitão--tenente *Kapitänleutnant.*
card. cardeal *Kardinal.*
cart. cartonado *kartoniert* (kart.).
cat. catálogo *Katalog.*
cav. cavalaria *Kavallerie.*
c/c conta corrente *Konto.*
CDS Centro Democrático Social (*port. Mitte-Rechts-Partei*).
CE Ceará (*bras. Bundesstaat*).
CEE Comunidade Económica Europeia *EWG.*
c.el coronel *Oberst.*
cent. centavo *Centavo.*

cf. confira *vergleiche* (*vgl.*).
chancel. chancelaria *Kanzlei.*
C.^{ia}, Cia. Companhia † *Kompanie* (*Co.*); = *C.^{a} u.* comp.
cit. citaçao *Zitat* (*Zit.*).
cl. a) centilitro(s) *Zentiliter*; b) classe *Klasse* (*Kl.*).
cm. centímetro(s) *Zentimeter* (*cm*).
cód. a) códice *Handschrift, Kodex* (*Hs.*); b) ♀ Código *Gesetzbuch.*
col. coluna *Spalte.*
Col.º Colégio *Schule.*
com. comandante *Kommandant.*
com.º comércio *Handel.*
comp. companhia *Kompanie* (*Ko., Komp.*).
cor. a) coroa(s) *Krone(n)*; b) = c.^{el}.
cp. compare *vergleiche* (*vgl.*).
C.P. Companhia Portuguesa de Caminhos de Ferro *Portugiesische Eisenbahngesellschaft.*
Cr$ cruzeiro.
C.^{ta} Comandita *Kommanditgesellschaft* (*KG.*).
c.^{te} corrente *laufend.*
ctv. centavo *Centavo.*
cump.^{to} cumprimento *Gruß.*
cv. centavo *Centavo.*
C.V. cavalo-vapor *Pferdestärke* (*PS*).
Cx. caixa *Kasse.*

D

d/ dia(s) *Tag(e).*
D. a) Dom, Dona; b) Digno *würdig*; c) direito *rechts* (*r.*); d) Deve *Soll* (*S.*).
DASP *bras.* Departamento Administrativo do Serviço Público (*Amt für öffentliche Ordnung*).
d.C. depois de Cristo *nach Christus* (*n. Chr.*).
d/d dias de data *Tage vom Rechnungsdatum an.*
DD. = *Dig.^{mo}.*
déb. débito *Soll.*
ded.º, ddc.º dedicado *ergeben.*
desc. desconto *Skonto, Rabatt.*
desp. despesa(s) *Spesen.*
Dez.º (*bras.* ♀) Dezembro *Dezember* (*Dez.*).
DF Distrito Federal *Bundesdistrikt.*
Dig.^{mo} Digníssimo *sehr würdig* (*Beiwort zu Titeln*).
dipl. diploma *Diplom* (*Dipl.*).
div. divisão *Division.*
dl. decilitro(s) *Deziliter* (*Dl*).
d.º dito *besagt, genannt.*
doc. documento *Dokument, Papier.*
DOPS Departamento de Ordem Política e Social (*bras. politische Polizei*).
Dr$^{(a)}$ Doutor(a) *Doktor* (*Dr.*).
d.^{to} direito *rechts* (*r.*).
dz. dúzia(s) *Dutzend* (*Dtzd.*).

E

E. a) editor *Herausgeber, Verleger*; b) esquerda, esquerdo *links*; c) este *Osten* (*O*).
ed. edição *Auflage* (*Aufl.*), *Ausgabe* (*Ausg.*).
E.D. espera deferimento (*Schlußformel in Gesuchen*).
E.M. Estado Maior *Generalstab.*
enc. encadernado *gebunden* (*geb[d].*).
End.Tel. endereço telegráfico *Telegrammadresse.*
E.N.E. és-nordeste *Ostnordost* (*ONO*).
enf. enfermeiro *Krankenwärter.*
eng.º engenheiro *Diplomingenieur* (*Dipl.-Ing.*).
E.R. espera resposta *um Antwort wird gebeten* (*u.A.w.g.*).
ES Espírito Santo (*bras. Bundesstaat*).
esc. a) escudo(s) *Escudo*; b) ♀ Escola *Schule.*
esq. esquerdo *links.*
Est. a) estação *Bahnhof*; b) Estado *Staat*; c) estrada *Landstraße.*
etc. lat. et cetera *und so weiter* (*usw.*).
E.U.A. Estados Unidos da América *Vereinigte Staaten von Amerika* (*USA*).
ex. a) exemplar *Exemplar* (*Expl.*); b) exemplo *Beispiel* (*B.*).
Ex.ª Excelência *Exzellenz* (*Exz.*).
Ex.^{ma}(s), Ex.^{mo}(s) Excelentíssima(s), Excelentíssimo(s) *Sehr geehrte(r).*

F

f. folha *Blatt* (*Bl.*).
F. fulano (*s. Wörterverzeichnis*).
Fac. Faculdade *Fakultät.*
farm. farmácia, farmacêutico *Apotheke, Apotheker.*
fasc. fascículo *Faszikel, Lieferung.*

FC futebol-clube *Fußballklub* (FC).
Fev.º (*bras.* ♀) Fevereiro *Februar* (Febr.).
fig. figura *Abbildung* (Abb.).
fl. a) florim, florins *Gulden*; b) **~, fls.** folha(s) *Blatt* (Bl.).
f.º a) fólio *Folio*; *Foliant*; b) ♀ Filho *Sohn*, *Junior* (jr., jun.).
fol., fols. folha, folhas *Blatt* (Bl.).
folh. folh. *Broschüre*.
fr. a) franco(s) *Frank(en)* (Fr.); b) *Fracht*; c) ♀ frei *Bruder* (Br.).
Franc.º Francisco *Franz*.

G

g. a) grama(s) *Gramm* (g); b) grau *Grad*.
g.de grande *groß*.
gen. general *General*.
G.N.R. Guarda Nacional Republicana (*port. Bereitschaftspolizei*).
GO Goiás (*bras. Bundesstaat*).
Gov. governo *Regierung*.
G/P ganhos e perdas *Gewinn und Verlust*.
gr. a) grátis *gratis*; b) grau(s) *Grad*; c) grosa(s) *Gros*.

H

h. hora(s) *Uhr* (h); *Stunde(n)* (Std.).
H. haver *Haben*.
ha hectare(s) *Hektar* (ha).
h.c. lat. honoris causa *ehrenhalber*.
hl. hectolitro(s) *Hektoliter*.

I

IAA Instituto do Alcool e do Açucar.
ib. lat. ibidem *ebenda* (ebd.).
IBC Instituto Brasileiro do Café.
id. lat. idem *derselbe* (ders.).
Il.mo Ilustríssimo *erlaucht*.
incl. a) incluso *beiliegend* (beil.); b) inclusive *inklusive* (inkl.), *einschließlich* (einschl.).
índ. índice *Inhaltsverzeichnis*; *Index*.
inf. inferior *Unter...*
ingl. inglês *Engländer*, *englisch*.
insp. inspector *Inspektor*.
it. *tip.* itálico *kursiv*.

J

Jan.º (*bras.* ♀) Janeiro *Januar* (Jan.).
J.C. Jesus Cristo *Jesus Christus*.
J.é José *Josef*.
J.º João *Johannes*, *Hans*.
J.or júnior *junior* (jr., jun.).
Jul. (*bras.* ♀) Julho *Juli*.
Jun. (*bras.* ♀) Junho *Juni*.

K

kg. quilograma(s) *Kilogramm* (kg.).
km. quilómetro(s) *Kilometer* (km).
km./h. quilómetro(s)-hora *Stundenkilometer* (km/h).
kw. quilovátio(s) *Kilowatt* (kw).

L

l. a) letra *Wechsel*; b) linha *Linie*, *Zeile*; c) livro *Buch*; d) litro *Liter* (l).
L. largo *Platz* (Pl.).
larg. largura *Breite* (Br.).
lat. latitude *geographische Breite*.
lb. libra *englisches Pfund*.
L.da Sociedade de Responsabilidade Limitada *Gesellschaft mit beschränkter Haftung* (GmbH).
L.do Licençiado *Referendar* (Ref.).
líq. líquido *netto*.
Lit. Literatura *Literatur*.
l.º, liv. livro *Buch*.
long. longitude *geogr. Länge*.
lr. lira *Lira* (L).
Lt.da = **L.da**.
L/P lucros e perdas *Gewinn und Verlust*.
Lx.[a] Lisboa *Lissabon*.

M

m. a) mês *Monat*; b) metro *Meter* (m); c) minuto *Minute* (Min.); d) morto *gestorben* (gest.).
m/ meu(s), minha(s) *mein(e)*.
MA Maranhão (*bras. Bundesstaat*).
M.a Maria *Marie*.
maj. major *Major*.
Man. Manuel *Emanuel*.
maq. maquinista *Lok(omotiv)führer*.
m/c a) minha carta *mein Schreiben*; b) minha conta *meine Rechnung*.
M.ço (*bras.* ♀)Março *März*.
M.D. muito digno *sehr würdig*.
MDB Movimento Democrático Brasileiro (*bras. Oppositionspartei*).
MEC Mercado Comun Europeu *Gemeinsamer Markt* (*EWG*).
méd. (vet.) médico (veterinário) (*Tier-*)*Arzt*.

merc. mercadoria *Ware.*
met. metralhadora *Maschinengewehr.*
mg. miligrama *Milligramm* (mg).
MG Minas Gerais (*bras. Bundesstaat*).
mil. milha *Meile.*
min. minuto(s) *Minute(n).*
Min.º Ministro *Minister.*
mm. milímetro(s) *Millimeter* (mm).
m.º a) mesmo *der-, das-selbe*; b) ♀ (*bras.* ~) Maio *Mai.*
m.ºr morador *wohnhaft.*
ms. manuscrito *Handschrift, Manuskript* (Ms.).
m.s mais *mehr.*
MT Mato Grosso (*bras. Bundesstaat*).
m.ta, m.to muita, muito *viel.*

N

n. a) nascido *geboren* (geb.); b) nome *Name.*
N. a) nota *Anmerkung* (Anm.); b) norte *Norden* (N).
nac. nacional *national.*
N.B. note bem *merken Sie!* (NB).
n/c a) nossa carta *unser Schreiben*; b) nossa casa *unsere Firma*; c) nossa conta *unsere Rechnung.*
N. da R. (**do A., E., T.**) nota da redacção (do autor, editor, tradutor) *Anmerkung der Redaktion* (*des Verfassers, Herausgebers, Übersetzers*).
N.E. nordeste *Nordosten* (NO).
n/l nossa letra *unser Wechsel.*
n.º número *Nummer* (Nr.).
n/o nossa ordem *unser Auftrag.*
N.O. noroeste *Nordwesten* (NW).
Nov.º (*bras.* ♀) Novembro *November.*

O

O. oeste *Westen* (W).
o/ ordem *Auftrag.*
obg.do, obg.º obrigado *verbunden; danke.*
obs. observação *Bemerkung* (Bem.).
O.D.C. oferece(m), dedica(m), e consagra(m) (Zueignungsformel).
of. oferece(m) (Zueignungsformel).
OEA Organização dos Estados Americanos *Organisation der Amerikanischen Staaten* (*OAS*).
OIT Organização Internacional do Trabalho *Internationales Arbeitsamt.*
ONU Organização das Nações Unidas *Vereinte Nationen* (*UNO*).
OTAN Organização do Tratado de Atlântico Norte *Nordatlantikpakt* (NATO).
Out.º (*bras.* ♀) Outubro *Oktober* (Okt.).

P

p. a) página *Seite* (S.); *pl.* pp.; b) parte *Teil* (Tl.); c) pé(s) *Fuß*; d) por *für* (f.); *per*; e) próximo *nächst.*
P. Praça *Platz* (Pl.).
P., P.e Padre *Pfarrer* (Pf.).
PA Paraíba (*bras. Bundesstaat*).
p.a para *für* (f.); *nach.*
pag. página *Seite, pl.* págs.
pag.to pagamento *Zahlung.*
Part. particular *privat.*
PB Paraíba (*bras. Bundesstaat*).
P.B. peso bruto *Bruttogewicht.*
p/c por conta *für Rechnung.*
PCP Partido Comunista Português *Kommunistische Partei Portugals.*
P.D. Pede Deferimento (Schlußformel in Gesuchen).
PE Pernambuco (*bras. Bundesstaat*).
P.E.F. (od. **O.**) por especial favor (od. obséquio) (Höflichkeitsformel).
p.ex. por exemplo *zum Beispiel* (z. B.).
p.ext. por extenso *in Worten.*
p.f. próximo futuro *nächst.*
P.F. por favor *bitte.*
p.f.v. por favor, volte *bitte, wenden.*
pg. pagou *bezahlt* (bez.).
PI piauí (*bras. Bundesstaat*).
P.I.C. Polícia de Investigação Criminal *Kriminalpolizei* (Kripo).
P.I.D.E. Polícia Internacional e de Defesa do Estado (*ehm. port. Geh. Staatspolizei*).
P.L. peso líquido *Nettogewicht.*
P.M.P. por mão própria *durch Boten.*
p.o. por ordem *im Auftrag* (i.A.).
pol. polegada(s) *Zoll.*
port. a) português *portugiesisch, Portugiese*; b) ♀ Portugal *Portugal.*
p.p. a) por poder *im Auftrag* (i. A.); b) por procuração *per Prokura* (p.p., p.pa., ppa.); c) próximo passado *letzt* (*vergangen*).
PR Paraná (*bras. Bundesstaat*).

Pr. praça *Platz* (Pl.).
pref. prefeito *Präfekt.*
pres. presidente *Vorsitzender* (Vors.).
proc. a) processo *Akte, Vorgang*; b) procuração, procurador *Prokura, Prokurist.*
prof. a) professor *Lehrer, Professor*; b) profissão *Beruf.*
ps. peso *Peso* (Münze).
PS Partido Socialista *Sozialistische Partei* (*in Portugal*).
P.S. lat. postscriptum *Nachschrift* (P.S.).
PSD Partido Social Democrático (*Sozialdemokratische Partei*).
PSP Polícia de Segurança Pública *Sicherheits-* (*od. Schutz-*)*polizei.*
pt. peseta *Pesete* (Münze).

Q

q. quintal *60 kg.*
q que *daß*; *der, die, das* (relat.).
q.do quando *wann*; *als, wenn.*
Q.G. Quartel-General *Hauptquartier.*
ql. quilate *Karat.*
qto. quanto *wieviel.*
qual. qualidade *Qualität, Sorte.*
quant. quantidade *Menge.*
quart. quarteirão *25 Stück.*
q.v. queira ver *siehe* (s.).

R

R. a) rei *König*; b) reprovado *nicht bestanden*; c) réu *Angeklagter*; d) rua *Straße* (Str.).
R.Br. Rio Branco (*bras. Territorium*).
r/c rés-do-chão *Erdgeschoß* (part.).
RDA República Democrática Alemã *Deutsche Demokratische Republik* (DDR).
R.d.J. Rio de Janeiro (*Stadt*).
rec. receita *Rezept* (Rp[t].).
rec.o recebido *erhalten.*
ref. a) referência *Betreff* (Betr.); b) reformado *außer Dienst* (a. D.).
reg. regimento *Regiment.*
reg.o a) registado *Einschreiben*; *eingetragen*; b) regulamento *Vorschrift.*
Rem.[te] remetente *Absender* (Abs.).
Rep. Repartição *Amt, Dienststelle, Abteilung.*
Rev. a) Revista *Zeitschrift* (Ztschr.); b) Reverendo *Hochwürden.*
RFA República Federal Alemã (*od.* da Alemanha) *Bundesrepublik Deutschland* (BRD).
RFB República Federativa do Brasil (*neue offizielle Bezeichnung des bras. Staates*).
RJ Rio de Janeiro (*bras. Bundesstaat*).
RN Rio Grande do Norte (*bras. Bundesstaat*).
R.P. República Portuguesa *Republik Portugal.*
RS Rio Grande do Sul (*bras. Bundesstaat*).

S

S. a) São *Heilige(r)* (Hl., hl.); b) sul *Süden* (S).
s/ a) sem *ohne* (o.); b) seu(s), sua(s) *Ihr(e)*; c) sobre *auf.*
S.A. Sociedade Anónima *Aktiengesellschaft* (AG).
sarg. sargento *Feldwebel.*
S.A.R.L. Sociedade Anónima de Responsabilidade Limitada *Gesellschaft mit beschränkter Haftung* (GmbH).
sc., scs. saco, sacos *Sack.*
s/c a) sua carta *Ihr Schreiben*; b) sua conta *Ihre Rechnung.*
SC Santa Catarina (*bras. Bundesstaat*).
S.C. sentidas condolências *herzliches Beileid.*
s.d. sem data *ohne Datum* (o. D.).
s.e. salvo erro *Irrtum vorbehalten.*
SE Sergipe (*bras. Bundesstaat*).
S.E. a) Sua Eminência *Seine Eminenz*; b) Sueste *Südosten* (SO).
séc. século *Jahrhundert* (Jahrh.).
secr. secretário *Sekretär.*
seg. seguinte *folgende* (f.).
S.E.O. salvo erro ou omissão *Irrtum und Auslassung vorbehalten.*
Set.o (*bras.* ♀) Setembro *September* (Sept.).
S.Ex.a Sua Excelência *Seine Exzellenz.*
s/f. seu favor *Ihr Schreiben.*
s.f.f. se faz favor *bitte.*
s/o. sua ordem *Ihr Auftrag.*
S.O. Sudoeste *Südwesten* (SW).
Soc. Sociedade *Gesellschaft* (Ges.); ~ **L.da** = **L.da.**
S.or sénior *senior* (sen.).
SP São Paulo (*bras. Bundesstaat*).

S.P. a) sentidos pêsames *herzliches Beileid*; b) Serviço Público *Öffentl. Dienst* (*Kennzeichen d. Fahrzeuge d. Transport- u. Beförderungswesens*).
Sr. Senhor *Herr(n)*.
S.R. Serviço da República (*auf offiziellen Schreiben staatlicher Dienststellen*).
Sr.ª Senhora *Frau* (*Fr.*); *in Port. a.* = **Sr.ªnha**, **Sr.ªta** Senhorinha, Senhorita *bras. Fräulein* (*Frl.*).
ss. seguintes *folgende* (*ff.*).
S.S. Sua Santidade *Seine Heiligkeit*.
S.ta, **S.to** Santa, Santo *Heilige(r)* (*Hl.*, *hl.*).
S.T.F. Supremo Tribunal Federal *Oberstes Bundesgericht*.
Suc. a) successor(es) *Nachfolger* (*Nachf.*); b) sucursal *Filiale*.
supl. suplemento *Beiblatt* (*Beibl.*); *Nachtrag*.

T

t. a) tomo(s) *Band* (*Bände*) (*Bd*[e].); b) tonelada(s) *Tonne(n)* (*t*).
T. a) tara *Tara* (*T*); b) = *Trav*.
TAP Transportes Aéreos Portugueses (*Name der port. Luftverkehrsgesellschaft*).
te(l). a) telefone *Telefon* (*Tel.*); b) telegrama *Telegramm*.
ten. tenente *Leutnant* (*Ltn.*); **~-cor.** tenente-coronel *Oberstleutnant*.
tes. tesoureiro *Schatzmeister*, *Kassenwart*.
test. testemunha *Zeuge*.
tip. tipografia *Buchdruckerei*.
ton. tonel, -éis *Faß*.
trad. tradução, traduzido *Übersetzung*, *übersetzt* (*Übers.*, *übers.*).
Trav. Travessa *Gasse*.
Trib. tribunal *Gericht*.
T.S.F. telegrafia sem fios *Rundfunk*.
Tte. = ten.
TV televisão *Fernsehen*.

U

U.R.S.S. União das Repúblicas Socialistas Soviéticas *Union der Sozialistischen Sowjetrepubliken* (*UdSSR*).
U.T. Universidade Técnica *Technische Universität* (*T.U.*).

V

v. a) vapor *Dampfer* (*D.*); b) veja *siehe* (*s.*); c) verso *Rückseite* (*V.*).
v/ vosso(s), vossa(s) *Ihr(e)*.
V. a) Você *Sie*; b) visto *gesehen, geprüft*.
V.ª viúva *Witwe* (*Wwe.*).
v.alm. vice-almirante *Vizeadmiral*.
VARIG Viagens Aéreas do Rio Grande do Sul (*Name der intern. bras. Luftfahrtgesellschaft*).
v/c a) vossa carta *Ihr Schreiben*; b) vossa casa *Ihr Haus*; c) vossa conta *Ihre Rechnung*.
V.Ex.ª Vossa Excelência *Ew. Exzellenz*; *allg. Sie*.
v.g. lat. verbi gratia *zum Beispiel* (*z. B.*).
v.º verso *Rückseite* (*V.*).
v/o vossa ordem *Ihr Auftrag*.
vol., vols. volume(s) *Band, Bände* (*Bd.*, *Bde.*).
v.or venerador *verehrungsvoll* (*in Höflichkeitsformeln*).
V.S.ª, VV.S.as Vossa(s) Senhoria(s) *Sie*.
v.s.f.f. volte, se faz favor *bitte, wenden*.

W

W. = O. oueste *Westen* (*W*).
w. vátio(s) *Watt* (*W*).

Konjugation der portugiesischen Verben

In den folgenden Konjugationsmustern sind die Stämme mit gewöhnlicher, die Endungen mit *kursiver* Schrift gedruckt. Unregelmäßigkeiten sind durch **fette** Schrift kenntlich gemacht.

Anweisung für die Bildung der Zeiten

Aus den nachstehenden Stammformen lassen sich folgende Ableitungen[1]) bilden:

Stammformen	Ableitungen
I. Aus dem **Presente do indicativo** 3. Pers. *sg.* (louva, vende, admite)	der **Imperativ** 2. Pers. *sg.* (louva!, vende!, admite!)
2. Pers. *pl.* (louvais, vendeis, admitis)	der **Imperativ** 2. Pers. *pl.* durch Abtrennung des **-s** (louvai, vendei, admiti)
1. Pers. *sg.* (louvo, vendo, admito)	der **Presente do conjuntivo** durch Verwandlung des **o** in **e** oder **a** (louve, venda, admita)
I. Aus dem **Presente do conjuntivo** 2. u. 3. Pers. *sg.* und 1.-3. Pers. *pl.* (louves, louve, louvemos, louveis, louvem — vendas, venda, vendamos, vendais, vendam — admitas, admita, admitamos, admitais, admitam)	der **Imperativ** 1. Pers. *pl.* und 3. Pers. *sg.* u. *pl.*, sowie die **verneinte** 2. Pers. *sg.* u. *pl.* (não louves, louve, louvemos, não louveis, louvem — não vendas, venda, vendamos, não vendais, vendam — não admitas usw.)
III. Aus dem **Pretérito perfeito 3. Pers.** *pl.* (louvaram, venderam, admitiram)	a) der **Futuro do conjuntivo** durch Abtrennung der Endsilbe **-am** (louvar, vender, admitir)[2]) b) der **Mais-que-perfeito** durch Abtrennung des auslautenden **-m** (louvara, vendera, admitira) c) der **Pretérito imperfeito do conjuntivo** durch Verwandlung der Endung **-ram** in **-sse** (louvasse, vendesse, admitisse)
IV. Aus dem **Infinito** (louvar, vender, admitir)	a) der **Gerúndio** durch Verwandlung des **-r** in **-ndo** (louvando, vendendo, admitindo) b) der **Particípio** durch Verwandlung von **-ar** in **-ado**, **-er** u. **-ir** in **-ido** (louvado, vendido, admitido) c) der **Futuro do indicativo** durch Anhängen der Präsensendung von **haver** (louvarei, venderei, admitirei)

---

1) Diese Ableitungen entsprechen nur teilweise den sprachgeschichtlichen Zusammenhängen; sie sind als praktische Hinweise für die Bildung der Zeiten zu verstehen.

2) Die Endungen des **Futuro do conjuntivo** sind die gleichen wie die des **Infinito pessoal**. Beide Formen unterscheiden sich also nur, wenn sich der Perfektstamm des betr. Verbs von dem des Infinitivs unterscheidet, z. B.: **fazer** (inf.) — **fizer** (fut. do conj.).

	d) der **Conditional** durch Anhängen der Imperfektendung von **haver** (louvaria, venderia, admitiria)
V. Aus dem **Particípio** (louvado, vendido, admitido)	Alle **zusammengesetzten Zeiten**

Erste Konjugation

[1a] **louvar** Der Stamm bleibt unverändert

Einfache Zeiten

Indicativo

Presente	*Pretérito imperfeito*	*Pret. perfeito simples*
sg. louv*o*	*sg.* louv*ava*	*sg.* louv*ei*
louv*as*	louv*avas*	louv*aste*
louv*a*	louv*ava*	louv*ou*
pl. louv*amos*	*pl.* louv*ávamos*	*pl.* louv*ámos*
louv*ais*	louv*áveis*	louv*astes*
louv*am*	louv*avam*	louv*aram*

Futuro imperfeito	*Condicional imperfeito*	*Pret. mais-que-perfeito simples*
sg. louv*arei*	*sg.* louv*aria*	*sg.* louv*ara*
louv*arás*	louv*arias*	louv*aras*
louv*ará*	louv*aria*	louv*ara*
pl. louv*aremos*	*pl.* louv*aríamos*	*pl.* louv*áramos*
louv*areis*	louv*aríeis*	louv*áreis*
louv*arão*	louv*ariam*	louv*aram*

Conjuntivo

Presente	*Pretérito imperfeito*	*Futuro imperfeito*
sg. louv*e*	*sg.* louv*asse*	*sg.* louv*ar*
louv*es*	louv*asses*	louv*ares*
louv*e*	louv*asse*	louv*ar*
pl. louv*emos*	*pl.* louv*ássemos*	*pl.* louv*armos*
louv*eis*	louv*ásseis*	louv*ardes*
louv*em*	louv*assem*	louv*arem*

Imperativo	**Infinito**	**Infinito pessoal**
sg. —	louv*ar*	*sg.* louv*ar*
louv*a* (não louv*es*)	**Particípio**	louv*ares*
louv*e*	louv*ado*	louv*ar*
pl. louv*emos*		*pl.* louv*armos*
louv*ai* (não louv*eis*)	**Gerúndio**	louv*ardes*
louv*em*	louv*ando*	louv*arem*

Zusammengesetzte Zeiten

1. Im Aktiv

(Hilfsverb **ter**, selten **haver** vor unveränderlichem Partizip)

Infinito

perfeito: ter (haver) louv*ado*

Gerúndio

perfeito: tendo (havendo) louv*ado*

Indicativo

pret. perf. comp.: tenho (hei) louv*ado*

mais-que-perf. composto: tinha (havia) louv*ado*

fut. perf. terei (haverei) louv*ado*

cond. perf.: teria (haveria) louv*ado*

Conjuntivo

pret. perf.: tenha (haja) louv*ado*
pret. mais-que-perf.: tivesse (houvesse) louv*ado*
fut. perf.: tiver (houver) louv*ado*

2. Im Passiv

(Hilfsverb **ser** [u. **ter** od. selten **haver**] vor veränderlich. Partizip)

Infinito

pres.: ser louv*ado*
perf.: ter (haver) sido louv*ado*

Gerúndio

pres.: sendo louv*ado*
perf.: tendo (havendo) sido louv*ado*

Indicativo

pres.: sou louv*ado*
imperf.: era louv*ado*
perf.: fui louv*ado*
perf. comp.: tenho (hei) sido louv*ado*
mais-que-perf. simples: fora louv*ado*
mais-que-perf. composto: tinha (havia) sido louv*ado*
futuro imperf. serei louv*ado*
fut. perf.: terei (haverei) sido louv*ado*
condic. imperf.: seria louv*ado*
cond. perf.: teria (haveria) sido louv*ado*

Conjuntivo

pres.: seja louv*ado*
imperf.: fosse louv*ado*
perfeito: tenha (haja) sido louv*ado*
mais-que-perf.: tivesse (houvesse) sido louv*ado*
futuro: for louv*ado*
fut. perf.: tiver (houver) sido louv*ado*

		Presente do indicativo	Presente do conjuntivo	Pret. Perfeito do indicat.
1b	Unbetontes *a* [ɐ], dem kein *m, n* od. *nh* folgt, wird in den stammbetonten Formen zu betontem offenen *a* [a]. Entsprechend öffnet sich der Diphthong [ɐi] in diesen Formen zu [ai]. *lavar* [lɐ'var]	lav*o* ['a] lav*as* lav*a* lav*amos* lav*ais* lav*am*	lav*e* lav*es* lav*e* lav*emos* lav*eis* lav*em*	lav*ei* usw.
1c	Tonloses *e* [ə] wird mit Ausnahme der in 1d genannten Fälle in den stammbetonten Formen zu offenem *e* [ɛ]: *levar* [lə'var]	lev*o* ['ɛ] lev*as* lev*a* lev*amos* lev*ais* lev*am*	lev*e* lev*es* lev*e* lev*emos* lev*eis* lev*em*	lev*ei* usw.
1d	Tonloses *e* [ɨ] vor *m, n, nh, ch, lh* od. *j* wird mit einigen Ausnahmen, die wie *levar* (1c) gehen, in den stammbetonten Formen zu geschlossenem *e* [e]: *desejar* [dəzɨ'ʒar]	desej*o* ['e] desej*as* desej*a* desej*amos* desej*ais* desej*am*	desej*e* desej*es* desej*e* desej*emos* desej*eis* desej*em*	desej*ei* usw.
1e	Tonloses u. geschlossenes *o* (u od. o) werden außer den in 1f. genannten Fällen in den stammbetonten Formen zu offenem *o* (ɔ): *aprovar* [ɐpru'var]	aprov*o* ['ɔ] aprov*as* aprov*a* aprov*amos* aprov*ais* aprov*am*	aprov*e* aprov*es* aprov*e* aprov*emos* aprov*eis* aprov*em*	aprov*ei* usw.

		Presente do		Pret.Perfeito
		indicativo	conjuntivo	do indicat.
1f	Tonloses *o* vor *n* od. *nh* oder im Stammauslaut, mit wenigen Ausnahmen auch vor *m*, wird in den stammbetonten Formen zu geschlossenem *o* [o]: *perdoar* [pər'ðwar]	perdo*o* ['o] perdo*as* perdo*a* perdo*amos* perdo*ais* perdo*am*	perdo*e* perdo*es* perdo*e* perdo*emos* perdo*eis* perdo*em*	perdo*ei* usw.
1g	Verben auf *-iar*[1]) und *-uar*. In den stammbetonten Formen wird das *i* (od. *u*) betont: *adiar* [ɐ'ðjar]	adi*o* ['i] adi*as* adi*a* adi*amos* adi*ais* adi*am*	adi*e* adi*es* adi*e* adi*emos* adi*eis* adi*em*	adi*ei* usw.
1h	Verben auf *-iar*[2]). In den stammbetonten Formen verwandelt sich das *i* in betontes *ei* [ei]: *odiar* [u'ðjar]	odei*o* ['ei] odei*as* odei*a* odi*amos* odi*ais* odei*am*	odei*e* odei*es* odei*e* odi*emos* odi*eis* odei*em*	odi*ei* usw.
1i	Verben auf *-iar*[3]). Das *i* bildet mit dem vorangehenden Vokal einen Diphthong; in den stammbetonten Formen bleibt deshalb das *i* unbetont: *conluiar* [kõlu'jar]	conlui*o* ['uj] conlui*as* conlui*a* conlui*amos* conlui*ais* conlui*am*	conlui*e* conlui*es* conlui*e* conlui*emos* conlui*eis* conlui*em*	conlui*ei* usw.
1k	Verben auf *-oiar*. Das *o* erhält, sofern es ursprünglich offen ist, in den stammbetonten Formen den Akut. Die übrigen gehen wie *conluiar* [1i]: *boiar* [bɔ'jar]	bói*o* ['ɔj] bói*as* bói*a* boi*amos* boi*ais* bói*am*	bói*e* bói*es* bói*e* boi*emos* boi*eis* bói*em*	boi*ei* usw.
1l	Verben auf *-ear*. In den stammbetonten Formen verwandelt sich das *e* in betontes *ei*: *recear* [ʀə'sjar]	recei*o* ['ej] recei*as* recei*a* rece*amos* rece*ais* recei*am*	recei*e* recei*es* recei*e* rece*emos* rece*eis* recei*em*	rece*ei* usw.
1m	Verben auf *-guar* und *-quar*. In den stammbetonten Formen wird das *u* betont und erhält in einigen den Akzent: *averiguar* [ɐvəri'ɣwar] (In Brasilien erhält in den endungsbetonten Formen unbetontes *u* das Trema vor *e*: averigüei[s] usw.)	averi- gu*o* ['u] averigu*as* averigu*a* averi- gu*amos* averigu*ais* averigu*am*	averigú*e* averigú*es* averigú*e* averi- gu*emos* averigu*eis* averigú*em*	averigu*ei* usw.

		Presente do indicativo	Presente do conjuntivo	Pret. Perfeito do indicat.
1n	Verben auf *-car*. Der Stammauslaut *c* wird zu *qu* vor *e*: *ficar* [fi'kar]	fic*o* fic*as* fic*a* fic*amos* fic*ais* fic*am*	**fiqu***e* (k) **fiqu***es* **fiqu***e* **fiqu***emos* **fiqu***eis* **fiqu***em*	**fiqu***ei* fic*aste* fic*ou* fic*amos* fic*astes* fic*aram*
1o	Verben auf *-gar*. Der Stammauslaut *g* wird zu *gu* vor *e*: *ligar* [li'ɣar]	lig*o* lig*as* lig*a* lig*amos* lig*ais* lig*am*	**ligu***e* [ɣ] **ligu***es* **ligu***e* **ligu***emos* **ligu***eis* **ligu***em*	**ligu***ei* lig*aste* lig*ou* lig*ámos* lig*astes* lig*aram*
1p	Verben auf *-çar*. Der Stammauslaut *ç* wird zu *c* vor *e*: *dançar* [dɐ̃'sar]	danç*o* danç*as* danç*a* danç*amos* danç*ais* danç*am*	**danc***e* [s] **danc***es* **danc***e* **danc***emos* **danc***eis* **danc***em*	**danc***ei* danç*aste* danç*ou* danç*ámos* danç*astes* danç*aram*
1q	*Die Stammvokale i oder u*, **denen ein anderer Vokal vorangeht, ohne mit jenen einen Diphthong zu bilden, erhalten in den stammbetonten Formen den Akzent:** *saudar* [sɐu'ðar]	**saúd***o* ['u] **saúd***as* **saúd***a* saud*amos* saud*ais* **saúd***am*	**saúd***e* **saúd***es* **saúd***e* saud*emos* saud*eis* **saúd***em*	saud*ei* usw.
1r	**dar.** Unregelmäßigkeiten im *Pres. do ind.* und *Pres. do conj.*, insbesondere durch den Akzentgebrauch; *Pret. perf.* außer 1. Pers. *sg.* nach der zweiten regelm. Konjugation. Sonst regelmäßig	**dou** **dás** **dá** d*amos* d*ais* **dão**	**dê** **dê***s* **dê** **dê***mos* d*eis* **dê***em*	d*ei* **deste** **deu** **demos** **destes** **deram**
1s	**estar.** Unregelmäßig einige Formen des *pres. do ind.* und der ganze *pres. do conj.*; ferner *pret. perf.* (vgl. 2v). Sonst regelmäßig	**estou** **estás** **está** est*amos* est*ais* **estão**	**estej***a* **estej***as* **estej***a* **estej***amos* **estej***ais* **estej***am*	**estiv***e* **estiv***este* **estev***e* **estiv***emos* **estiv***estes* **estiv***eram*
1t	Zu den Verben auf *-guar*, *-quar* (*vgl.* 1m)! **Bei einigen dieser Verben wird in Brasilien in den stammbetonten Formen nicht das *u*, sondern der diesem vorausgehende Vokal betont. Sowohl in den stammbetonten wie in den endungsbetonten Formen erhält dann das *u* das Trema (keinen Akut) vor *e*:** ***enxaguar*** **[ĩʃa'gwar]**	**enxágu***o* **enxágu***as* **enxágu***a* **enxagu***amos* **enxagu***ais* **enxáguam**	**enxágüe** **enxágües** **enxágüe** **enxagüemos** **enxagüeis** **enxágüem**	**enxagüei** **usw.**

Zweite Konjugation

[2a] vender Der Stamm bleibt unverändert

Einfache Zeiten

Indicativo

Presente	*Pretérito imperfeito*	*Pret. perfeito simples*
sg. vend*o*	*sg.* vend*ia*	*sg.* vend*i*
vend*es*	vend*ias*	vend*este*
vend*e*	vned*ia*	vend*eu*
pl. vend*emos*	*pl.* vend*íamos*	*pl.* vend*emos*
vend*eis*	vend*íeis*	vend*estes*
vend*em*	vend*iam*	vend*eram*

Futuro imperfeito	*Condicional imperfeito*	*Pret. mais-que-perfeito simples*
sg. vender*ei*	*sg.* vender*ia*	*sg.* vend*era*
vender*ás*	vender*ias*	vend*eras*
vender*á*	vender*ia*	vend*era*
pl. vender*emos*	*pl.* vender*íamos*	*pl.* vend*êramos*
vender*eis*	vender*íeis*	vend*êreis*
vender*ão*	vender*iam*	vend*eram*

Conjuntivo

Presente	*Pretérito imperfeito*	*Futuro imperfeito*
sg. vend*a*	*sg.* vend*esse*	*sg.* vend*er*
vend*as*	vend*esses*	vend*eres*
vend*a*	vend*esse*	vend*er*
pl. vend*amos*	*pl.* vend*êssemos*	*pl.* vend*ermos*
vend*ais*	vend*êsseis*	vend*erdes*
vend*am*	vend*essem*	vend*erem*

Imperativo	**Infinito**	**Infinito pessoal**
sg. —	vend*er*	*sg.* vend*er*
vend*e* (não vend*as*)	**Particípio**	vend*eres*
vend*a*	vend*ido*	vend*er*
pl. vend*amos*	**Gerúndio**	*pl.* vend*ermos*
vend*ei* (não vend*ais*)	vend*endo*	vend*erdes*
vend*am*		vend*erem*

Zusammengesetzte Zeiten: wie 1. Konjugation

		Presente do indicativo	Presente do conjuntivo	Pret. Perfeito do indicat.
2b	Geschlossenes *a* [ɐ] wird in den stammbetonten Formen zu offenem *a* (a): *abater* [ɐβɐ'ter]	abat*o* ['a] abat*es* abat*e* abat*emos* abat*eis* abat*em*	abat*a* abat*as* abat*a* abat*amos* abat*ais* abat*am*	abat*i* usw.
2c	Tonloses *e* [ə] wird zu offenem *e* [ɛ] in der 2. u. 3. Pers. *sg.* u. der 3. Pers. *pl.* des *Pres. do. indic.*, zu geschlossenem *e* (e) in den anderen stammbetonten Formen: *beber* [bə'βer]	beb*o* ['e] beb*es* ['ɛ] beb*e* ['ɛ] beb*emos* beb*eis* beb*em* ['ɛ]	beb*a* ['e] beb*as* beb*a* beb*amos* beb*eis* beb*am*	beb*i* usw.

		Presente do indicativo	Presente do conjuntivo	Pret. Perfeito do indicat.
2d	Tonloses *o* (u) wird zu offenem *o* (ɔ) in der 2. u. 3. Pers. *sg.* u. der 3. Pers. *pl.* des *Pres. do indic.*, zu geschlossenem *o* (o) in den übrigen stammbetonten Formen: *comer* [ku'mer]	**com*o*** ['o] **com*es*** ['ɔ] **com*e*** ['ɔ] **com*emos*** **com*eis*** **com*em*** ['ɔ]	**com*a*** ['o] **com*as*** **com*a*** **com*amos*** **com*ais*** **com*am***	**com*i*** usw.
2e	Geschlossenes *o* (o) wird zu offenem *o* (ɔ) in der 2. u. 3. Pers. *sg.* u. der 3. Pers. *pl.* des *Pres. do indic.*: *volver* [voɫ'ver]	**volv*o*** **volv*es*** ['ɔ] **volv*e*** **volv*emos*** **volv*eis*** **volv*em***	**volv*a*** **volv*as*** **volv*a*** **volv*amos*** **volv*ais*** **volv*am***	**volv*i*** usw.
2f	Verben mit stammauslautendem, tonlosem *o* (u) haben in der 2. u. 3. Pers. *sg.* des *Pres. do indic. oi* [ɔi], in den übrigen stammbetonten Formen geschlossenes *o* (o) und verlangen in mehreren anderen Formen den Akut: *moer* ['mwer]	**mo*o*** ['o] **mó*is*** [ɔi] **mó*i*** [ɔi] **mo*emos*** **mo*eis*** **mo*em*** ['o]	**mo*a*** ['o] **mo*as*** **mo*a*** **mo*amos*** **mo*ais*** **mo*am***	**moí** **mo*este*** **mo*eu*** **mo*emos*** **mo*estes*** **mo*eram***

Pret. imperf.: moí*a*, moí*as*, moí*a*, mo*íamos*, mo*íeis*, moí*am*
Particípio: moí*do*

		Presente do indicativo	Presente do conjuntivo	Pret. Perfeito do indicat.
2g	Verben auf *-cer*. Der Stammauslaut *c* wird *ç* vor *o* und *a* (Stamm wie 2c, falls nicht anders angegeben): *tecer* [tə'ser]	**teç*o*** [s] **tec*es*** **tec*e*** **tec*emos*** **tec*eis*** **tec*em***	**teç*a*** **teç*as*** **teç*a*** **teç*amos*** **teç*ais*** **teç*am***	**tec*i*** usw.
2h	Verben auf *-ger*. Der Stammauslaut *g* wird zu *j* vor *a* u. *o* (Stamm wie 2c, falls nicht anders angegeben): *reger* [ʀi'ʒėr]	**rej*o*** [ʒ] **reg*es*** **reg*e*** **reg*emos*** **reg*eis*** **reg*em***	**rej*a*** **rej*as*** **rej*a*** **rej*amos*** **rej*ais*** **rej*am***	**reg*i*** usw.
2i	Verben auf *-guer*. Der Stammauslaut *gu* wird zu *g* vor *a* u. *o* (Stamm wie 2c, falls nicht anders angegeben): *erguer* [ir'ɣer]	**erg*o*** [ɣ] **ergu*es*** **ergu*e*** **ergu*emos*** **ergu*eis*** **ergu*em***	**erg*a*** **erg*as*** **erg*a*** **erg*amos*** **erg*ais*** **erg*am***	**ergu*i*** usw.
2k	**crer.** Unregelmäßigkeiten durch Einschub von *i* oder Anwendung des Zirkumflex im Präsens; 2. Pers. *pl.* des *Pres. do ind.* auf *-edes*. Sonst regelmäßig	**crei*o*** **crê*s*** **crê** **cr*emos*** **credes** **crê*em***	**crei*a*** **crei*as*** **crei*a*** **crei*amos*** **crei*ais*** **crei*am***	**cr*i*** usw.

		Presente do indicativo	Presente do conjuntivo	Pret. Perfeito do indicat.
2l	**ler.** Die gleichen Unregelmäßigkeiten wie *crer* (2k)	lei*o*	lei*a*	l*i*
		lê*s*	lei*as*	usw.
		lê	lei*a*	
		le*mos*	lei*amos*	
		ledes	lei*ais*	
		lê*em*	lei*am*	
2m	**ver.** Die gleichen Unregelmäßigkeiten wie *crer* (2k), nur Einschub von *j* statt *i*. Ferner *Pret. perfeito* nach der 3. Konjugation und unregelmäßiges Partizip	vej*o*	vej*a*	vi
		vê*s*	vej*as*	vi*ste*
		vê	vej*a*	vi*u*
		ve*mos*	vej*amos*	vi*mos*
		vedes	vej*ais*	vi*stes*
		vê*em*	vej*am*	vi*ram*
	Particípio: **visto**			
2n	**prover.** Wie *ver* (2m), jedoch sind im Unterschied zu den übrigen Komposita von *ver Pret. perfeito* u. die davon abgeleiteten Formen sowie das Partizip regelmäßig	provej*o*	provej*a*	prov*i*
		provê*s*	provej*as*	prov*este*
		provê	provej*a*	prov*eu*
		prov*emos*	pro-vej*amos*	prov*emos*
		prove*des*	provej*ais*	prov*estes*
		provê*em*	pro-vej*am*	prov*eram*
	Particípio: **provido**			
2o	**perder.** Verwandelt in der 1. Pers. *sg.* des *Pres. do ind.* u. im ganzen *Pres. do conj.* das *d* in *c*; sonst regelmäßig	perc*o*	perc*a*	perd*i*
		perd*es*	perc*as*	usw.
		perd*e*	perc*a*	
		perd*emos*	perc*amos*	
		perd*eis*	perc*ais*	
		perd*em*	perc*am*	
2p	**valer.** Verwandelt in denselben Formen wie *perder* (2o): *l* in *lh*; sonst regelmäßig	valh*o*	valh*a*	val*i*
		val*es*	valh*as*	usw.
		val*e*	valh*a*	
		val*emos*	valh*amos*	
		val*eis*	valh*ais*	
		val*em*	valh*am*	
2q	**caber.** Unregelmäßiger Stammvokal im Präsens und *Pret. perfeito*	caib*o*	caib*a*	coub*e*
		cab*es*	caib*as*	coub*este*
		cab*e*	caib*a*	coub*e*
		cab*emos*	caib*amos*	cou-b*emos*
		cab*eis*	caib*ais*	coub*estes*
		cab*em*	caib*am*	coub*eram*
2r	**saber.** Wie *caber* (2q) mit Ausnahme der unterschiedlichen 1. Pers. *sg.* im *Pres. do indicativo*	sei	saib*a*	soub*e*
		sab*es*	saib*as*	soub*este*
		sab*e*	saib*a*	soub*e*
		sab*emos*	saib*amos*	soub*emos*
		sab*eis*	saib*ais*	soub*estes*
		sab*em*	saib*am*	soub*eram*

		Presente do indicativo	Presente do conjuntivo	Pret. Perfeito do indicat.
2s	**aprazer.** 3. Pers. *sg.* des *Pres. do ind.* ohne *e*, unregelmäßiges *Pret. perfeito*	aprazo aprazes apraz aprazemos aprazeis aprazem	apraza usw.	aprouve aprouveste aprouve aprouvemos aprouvestes aprouveram
2t	**querer.** Ausfall des *-e* in der 3. *P. sg. do Pres. do ind.*; Konjunktivstamm: *queir-*; unregelmäßiges *Pret. perfeito*	quero queres quer usw.	queira queiras queira queiramos queirais queiram	quis quiseste quis quisemos quisestes quiseram
2u	**requerer.** Stamm der 1. P. *sg. do Pres. do indic.* u. des *Pres. do conj. requeir-*, aber im Unterschied zu *querer* (2t) regelmäßiges *Pres. perfeito*	requeiro requeres requer requeremos requereis requerem	requeira requeiras requeira requeiramos requeirais requeiram	requeri usw.
2v	**fazer.** Ersetzt *z* vor *a* u. *o* durch *ç*; unregelm. *Pret. perfeito.* Ausfall von *ze* in Fut. u. Cond. und des *e* in 3. P. *sg.* des *Pres. do ind.*	faço fazes faz fazemos fazeis fazem	faça faças faça façamos façais façam	fiz fizeste fez fizemos fizestes fizeram

Futuro: **farei, farás, fará, faremos, fareis, farão**
Particípio: **feito**

		Presente do indicativo	Presente do conjuntivo	Pret. Perfeito do indicat.
2w	**trazer.** Ähnliche Unregelmäßigkeiten wie *fazer* (2v). Partizip regelmäßig	trago trazes traz trazemos trazeis trazem	traga tragas traga tragamos tragais tragam	trouxe trouxeste trouxe trouxemos trouxestes trouxeram

Futuro: **trarei, trarás, trará, traremos, trareis, trarão**

		Presente do indicativo	Presente do conjuntivo	Pret. Perfeito do indicat.
2x	**dizer.** Ähnliche Unregelmäßigkeiten wie *fazer* (2v)	digo dizes diz dizemos dizeis dizem	diga digas diga digamos digais digam	disse disseste disse dissemos dissestes disseram

Futuro: **direi, dirás, dirá, diremos, direis, dirão**
Particípio: **dito**

		Presente do indicativo	Presente do conjuntivo	Pret. Perfeito do indicat.
2y	**poder.** Ersetzt in 1. Pers. *sg.* des *Pres. do ind.* und im ganzen *Pres. do conj. d* durch *ss*; regelm. *Pret. perfeito*	poss*o*	poss*a*	pud*e*
		pod*es*	poss*as*	pud*este*
		pod*e*	poss*a*	pôd*e*
		pod*emos*	poss*amos*	pud*emos*
		pod*eis*	poss*ais*	pud*estes*
		pod*em*	poss*am*	pud*eram*
2z	**haver.** Unregelmäßigkeiten im Präsens u. unregelm. *Pret. perfeito*	**hei**	**haj***a*	**houv***e*
		hás	**haj***as*	**houv***este*
		há	**haj***a*	**houv***e*
		hav*emos*	**haj***amos*	**houv***emos*
		hav*eis*	**haj***ais*	**houv***estes*
		hão	**haj***am*	**houv***eram*
2za	**ter.** Unregelmäßigkeiten im Präsens u. Präteritum	**tenh***o*	**tenh***a*	**tiv***e*
		tens	**tenh***as*	**tiv***este*
		tem	**tenh***a*	**tev***e*
		temos	**tenh***amos*	**tiv***emos*
		tendes	**tenh***ais*	**tiv***estes*
		têm	**tenh***am*	**tiv***eram*

Pret. imperf.: **tinh***a*, **tinh***as*, **tinh***a*, **tính***amos* **tính***eis*, **tinh***am*

2zb	**reter.** Die Komposita von *ter* haben außer den Unregelmäßigkeiten dieses Verbs (2za) den Akut in 2. u. 3. P. *sg.* des *Pres. do indic.* u. 2. P. *sg.* des Imper.	**retenh***o*	rete**nh***a*	**retiv***e*
		reténs	usw.	usw.
		retém		
		ret*emos*		
		retendes		
		retêm		

Pret. imperf.: ret**inh***a*, ret**inh***as*, ret**inh***a*, ret**ính***amos*, ret**ính***eis*, ret**inh***am*

2zc	**ser.** Unregelmäßig in den meisten Formen	**sou**	**sej***a*	**fui**
		és	**sej***as*	**foste**
		é	**sej***a*	**foi**
		somos	**sej***amos*	**fomos**
		sois	**sej***ais*	**fostes**
		são	**sej***am*	**foram**

Pret. imperf.: *rea*, *eras*, *era*, **é***ramos*, **é***reis*, **er***am*
Imperativo: 2. Pers. *sg.* **sê**; 2. Pers. *pl.* **sede**

2zd	**pôr.** Unregelmäßig in den meisten Formen	**ponh***o*	**ponh***a*	**pus**
		pões	**ponh***as*	**pus***este*
		põe	**ponh***a*	**pôs**
		pomos	**ponh***amos*	**pus***emos*
		pondes	**ponh***ais*	**pus***estes*
		põem	**ponh***am*	**pus***eram*

Pret. imperf.: pu**nh***a*, pu**nh***as*, pu**nh***a*, pú**nh***amos*, pú**nh***eis* pu**nh***am*
Particípio: p**osto**

Dritte Konjugation

[3a] admitir Der Stamm bleibt unverändert

Einfache Zeiten

Indicativo

Presente	*Pretérito imperfeito*	*Pret. perfeito simples*
sg. admit*o*	*sg.* admit*ia*	*sg.* admit*i*
admit*es*	admit*ias*	admit*iste*
admit*e*	admit*ia*	admit*iu*
pl. admit*imos*	*pl.* admit*íamos*	*pl.* admit*imos*
admit*is*	admit*íeis*	admit*istes*
admit*em*	admit*iam*	admit*iram*
Futuro imperfeito	*Condicional imperfeito*	*Pret. mais-que--perfeito simples*
sg. admit*irei*	*sg.* admit*iria*	*sg.* admit*ira*
admit*irás*	admit*irias*	admit*iras*
admit*irá*	admit*iria*	admit*ira*
pl. admit*iremos*	*pl.* admit*iríamos*	*pl.* admit*íramos*
admit*ireis*	admit*iríeis*	admit*íreis*
admit*irão*	admit*iriam*	admit*iram*

Conjuntivo

Presente	*Pretérito imperfeito*	*Futuro imperfeito*
sg. admit*a*	*sg.* admit*isse*	*sg.* admit*ir*
admit*as*	admit*isses*	admit*ires*
admit*a*	admit*isse*	admit*ir*
pl. admit*amos*	*pl.* admit*íssemos*	*pl.* admit*irmos*
admit*ais*	admit*ísseis*	admit*irdes*
admit*am*	admit*issem*	admit*irem*

Imperativo	**Infinito**	**Infinito pessoal**
sg. —	admit*ir*	*sg.* admit*ir*
admit*e* (não admit*as*)	**Particípio**	admit*ires*
admit*a*	admit*ido*	admit*ir*
pl. admit*amos*		*pl.* admit*irmos*
admit*i* (não admit*ais*)	**Gerúndio**	admit*irdes*
admit*am*	admit*indo*	admit*irem*

Zusammengesetzte Zeiten: wie 1. Konjugation

		Presente do indicativo	Presente do conjuntivo	Pret.Perfeito do indicat.
3b	Geschlossenes *a* [ɐ], dem kein *m*, *n* oder *nh* folgt, wird in den stammbetonten Formen zu offenem **a** (a): *invadir* [ĩvɐ'ðir]	**invad***o* ['a] **invad***es* **invad***e* invad*imos* invad*is* **invad***em*	**invad***a* **invad***as* **invad***a* invad*amos* invad*ais* **invad***am*	invad*i* usw.
3c	Tonloses *e* [ə, ɨ] wird zu offenem *e* [ɛ] in der 2. u. 3. Pers. *sg.* sowie 3. Pers. *pl.* des *Pres. do ind.*, aber zu *i* (i) in der 1. Pers. *sg.* und im ganzen *Pres. do conj.*: *despir* [diʃ'pir]	**disp***o* ['i] **desp***es* ['ɛ] **desp***e* ['ɛ] desp*imos* desp*is* **desp***em* ['ɛ]	**disp***a* **disp***as* **disp***a* **disp***amos* **disp***ais* **disp***am*	**desp***i* usw.

		Presente do		Pret. Perfeito
		indicativo	conjuntivo	do indicat.
3d	In einigen Verben wird tonloses *e* [ə] zu *i* in allen stammbetonten Formen des *Pres. do ind.* u. ganzen *Pres. do conj.*: *agredir* [ɐɣrə'ðir]	agrid*o* ['i] agrid*es* agrid*e* agre- d*imos* agred*is* agrid*em*	agrid*a* agrid*as* agrid*a* agri- d*amos* agrid*ais* agrid*am*	agred*i* usw.
3e	Nasaliertes *e* [ẽ] wird zu nasaliertem *i* [ĩ] in der 1. Pers. *sg.* des *Pres. do ind.* u. im ganzen *Pres. do conj.*: *sentir* [sẽn'tir]	sint*o* ['ĩ] sent*es* sent*e* sent*imos* sent*is* sent*em*	sint*a* sint*as* sint*a* sint*amos* sint*ais* sint*am*	sent*i* usw.
3f	Tonloses *o* (u) wird zu offenem *o* (ɔ) in der 2. u. 3. Pers. *sg.* sowie 3. Pers. des *Pres. do ind.*, aber zu *u* (u) in der 1. Pers. *sg.* und im ganzen *Pres. do conj.*: *dormir* [dur'mir]	durm*o* ['u] dorm*es* ['ɔ] dorm*e* ['ɔ] dorm*imos* dorm*is* dorm*em* ['ɔ]	durm*a* ['u] durm*as* durm*a* dur- m*amos* durm*ais* durm*am*	dorm*i* usw.
3g	**polir. Das tonlose *o* wird in den stammbetonten Formen des *Pres. do ind.* und im ganzen *Pres. do conj.* zu *u***	pul*o* pul*es* pul*e* pol*imos* pol*is* pul*em*	pul*a* pul*as* pul*a* pul*amos* pul*ais* pul*am*	pol*i* usw.
3h	Der Stammvokal *u* wird zu offenem *o* (ɔ) in der 2. u. 3. Pers. *sg.* sowie 3. Pers. *pl.* des *Pres. do ind.*: *subir* [su'βir]	sub*o* sob*es* ['ɔ] sob*e* ['ɔ] sub*imos* sub*is* sob*em* ['ɔ]	sub*a* usw.	sub*i* usw.
3i	Verben mit stammauslautendem *u* haben in der 2. u. 3. Pers. *sg.* des *Pres. do ind.* *i* statt *e* und verwenden den Akut in einer Anzahl von Formen: *fruir* [frwir]	fru*o* fru*is* [ui] fru*i* [ui] fruí*mos* fruí*s* fru*em*	fru*a* usw.	fruí fruí*ste* fruí*u* fruí*mos* fruí*stes* fruí*ram*

Pret. imperf.: fruí*a*, fruí*as*, fruí*a*, fruí*amos*, fruí*eis*, fruí*am*

Futuro do conj. u. Infinito pess.: 2. Pers. *sg.* fruí*res*, 3. Pers. *pl.* fruí*rem*

Imperativo: 2. Pres. *pl.* fruí

***Akut* auch im ganzen Mais-que-perfeito und im Pret. imperf. do conj., sowie im Particípio.**

		Presente do indicativo	Presente do conjuntivo	Pret. Perfeito do indicat.
3k	Einige Verben mit stammauslautendem *u* bilden neben *-uis*, *-ui* u. *-uem* im *Pres. do ind.*: *-óis*, *-ói* u. *oem*; im übrigen wie 3i. *destruir* [diʃ'trwir]	destru*o* destrói*s* (od. -ui*s*) destrói (od. -ui) destruí*mos* destruí*s* destroe*m* (od. -ue*m*)	destru*a* usw.	destruí vgl. *fruir*, 3i
	(Akzentgebrauch in anderen Formen wie *fruir*, 3i)			
3l	Verben mit stammauslautendem *a* konjugieren wie *fruir* (3i). Eine weitere Unregelmäßigkeit ist der Einschub des *i* in 1. Pers. *sg.* des *Pres. do ind.* u. im ganzen *Pres. do conj.*: *cair* [kɐ'ir]	cai*o* ['kaju] cai*s* ['kaiʃ] cai ['kai] caí*mos* caí*s* ca*em* ['kajẽu]	cai*a* ['kajɐ] cai*as* cai*a* cai*amos* cai*ais* cai*am*	caí vgl. *fruir*, 3i
	(Akzentgebrauch in anderen Formen wie *fruir*, 3i)			
3m	Verben mit dem Stammauslaut *z*, dem ein Vokal vorausgeht, haben kein *e* in der 3. Pers. *sg.* des *Pres. do ind.*: *aduzir* [ɐðu'zir]	aduz*o* aduz*es* aduz aduz*imos* aduz*is* aduz*em*	aduz*a* usw.	aduz*i* usw.
3n	Verben auf *-gir*. Der Stammauslaut *g* wird vor *a* u. *o* zu *j*: *surgir* [sur'ʒir]	surj*o* [ʒ] surg*es* surg*e* surg*imos* surg*is* surg*em*	surj*a* surj*as* surj*a* surj*amos* surj*ais* surj*am*	surg*i* usw.
3na	Verben auf *-cir* verwandeln vor *a* u. *o* das *c* in *ç*: *ressarcir* [ʀəsɐr'sir]	ressarç*o* [s] ressarc*es* ressarc*e* usw.	ressarç*a* ressarç*as* usw.	ressarc*i* usw.
3o	Verben auf *-guir* u. *-quir* (das *u* wird nicht gesprochen). Der Stammauslaut *gu*, *qu* wird vor *a* u. *o* zu *g*, *q*: *distinguir* [diʃtĩŋ'gir]	disting*o* [g] distingu*es* distingu*e* distin- gu*imos* distingu*is* distingu*em*	disting*a* disting*as* disting*a* distin- g*amos* disting*ais* disting*am*	distingu*i* usw.
3p	Verben auf *-guir* u. *-quir* (das *u* wird in allen Formen gesprochen). In den stammbetonten Formen wird das *u* betont und erhält in einigen den Akut: *arguir* [ɐr'ɣwir]	argu*o* ['ɣu] argú*is* argú*i* argu*imos* argu*is* argú*em*	argu*a* argu*as* argu*a* argu*amos* argu*ais* argu*am*	argu*i* usw.

(Anmerkung: In Brasilien erhält in den endungsbetonten Formen das **u** das Trema: **argüir, argüimos, argüi** usw.)

Unregelmäßige Verben

		Presente do indicativo	Presente do conjuntivo	Pret. Perfeito do indicat.
3q	**frigir.** Verwandlung des *g* in *j* vor *a* und *o*, und des *i* in *e* in der 2. u. 3. Pers. *sg.* sowie 3. Pers. *pl.* des *Pres. do ind.*	frij*o* freg*es* freg*e* frig*imos* frig*is* freg*em*	frij*a* frij*as* frij*a* frij*amos* frij*ais* frij*am*	frig*i* usw.
	Particípio: mst irr. frit*o*			
3r	**pedir.** Verwandlung des *d* in *ç* in der 1. Pers. *sg.* des *Pres. do ind.* u. im ganzen *Pres. do conj.* Öffnung des tonlosen *e* [ə] in den stammbetonten Formen. Ebenso: *medir*	peç*o* ['ɛs] ped*es* ['ɛ] ped*e* ['ɛ] ped*imos* ped*is* ped*em* ['ɛ]	peç*a* ['ɛ] peç*as* peç*a* peç*amos* peç*ais* peç*am*	ped*i* usw.
3s	**proibir.** In den stammbetonten Formen erhält *i* den Akut. Ebenso: *coibir*	proíb*o* proíb*es* proíb*e* proib*imos* proib*is* proíb*em*	proíb*a* proíb*as* proíb*a* proib*amos* proib*ais* proíb*am*	proib*i* usw.
3t	**reunir.** In den stammbetonten Formen erhält *u* den Akut	reún*o* reún*es* reún*e* reun*imos* reun*is* reún*em*	reún*a* reún*as* reún*a* reun*amos* reun*ais* reún*am*	reun*i* usw.
3u	**ouvir.** In der 1. Pers. *sg.* des *Pres. do ind.* u. im ganzen *Pres. do conj.* wird der Stamm *ouv-* zu *oiç-* ['ois] oder *ouç-* ['os]	oiç*o*, ouç*o* ouv*es* ouv*e* ouv*imos* ouv*is* ouv*em*	oiç*a*, ouç*a* usw. usw.	ouv*i* usw.
3v	**rir.** Kontraktionsformen im *Pres. do ind.*; sonst regelm.	ri*o* ri*s* ri r*imos* rides ri*em*	ri*a* ri*as* ri*a* ri*amos* ri*ais* ri*am*	ri ri*ste* ri*u* ri*mos* ri*stes* ri*ram*
3w	**vir.** Unregelmäßig in den meisten Formen	venh*o* ven*s* vem vi*mos* vindes vêm	venh*a* venh*as* venh*a* venh*amos* venh*ais* venh*am*	vim vie*ste* veio vie*mos* vie*stes* vie*ram*

Pret. imperf.: vinh*a*, vinh*as*, vinh*a*, vính*amos*, vính*ais*, vinh*am*
Particípio = Gerúndio: vind*o*

	Presente do indicativo	Presente do conjuntivo	Pret. Perfeito do indicat.
3x **provir** usw.	Die Komposita von *vir* haben in der 2. u. 3. Pers. *sg.* den Akut (*provéns, provém*); im übrigen gehen sie wie *vir*		
3y **ir.** Fast ganz unregelmäßig, da von verschiedenen Stämmen abgeleitet	**vou** **vais** **vai** **vamos** **ides** **vão**	**vá** **vás** **vá** **vamos** **vades** **vão**	**fui** **fo***ste* **foi** **fo***mos* **fo***stes* **fo***ram*
Pret. imperf.: *ia, ias,* usw. Futuro: ir*ei*, ir*ás* usw. Particípio: *ido*			
3z **parir** = 3b; 1. u. 3. Pers. Pres. do conj.; *pára*; **bras.** nach nebenstehenden Paradigma	**pairo** **par***es* **par***e* **par***imos* **par***is* **par***em*	**paira** usw.	par*i* usw.

Zahlwörter — Numerais

Numerais cardinais
Grundzahlen

0 zero *null*
1 um, uma *eins*
2 dois, duas *zwei*
3 três *drei*
4 quatro *vier*
5 cinco *fünf*
6 seis *sechs*
7 sete *sieben*
8 oito *acht*
9 nove *neun*
10 dez *zehn*
11 onze *elf*
12 doze *zwölf*
13 treze *dreizehn* [*zehn*
14 catorze, *bras.* quatorze *vier-*
15 quinze *fünfzehn*
16 dezasseis *sechzehn*
17 dezassete *siebzehn*
18 dezoito *achtzehn*
19 dezanove *neunzehn*
20 vinte *zwanzig* [*zwanzig*
21 vinte e um (uma) *einund-*
22 vinte e dois (duas) *zweiundzwanzig*
30 trinta *dreißig* [*dreißig*
31 trinta e um (uma) *einund-*
40 quarenta *vierzig*
50 cinquenta *fünfzig*
60 sessenta *sechzig*
70 setenta *siebzig*
80 oitenta *achtzig*
90 noventa *neunzig*
100 cem, cento *hundert*
101 cento e um (uma) *hunderteins*
200 duzentos, -as *zweihundert*
300 trezentos, -as *dreihundert*
400 quatrocentos, -as *vierhundert*
500 quinhentos, -as *fünfhundert*
600 seiscentos, -as *sechshundert*
700 setecentos, -as *siebenhundert*
800 oitocentos, -as *achthundert*
900 novecentos, -as *neunhundert*
1000 mil *tausend*
1875 mil oitocentos e setenta e cinco *eintausendachthundertfünfundsiebzig; als Jahreszahl: achtzehnhundertfünfundsiebzig*
2000 dois (duas) mil *zweitausend*
3000 três mil *dreitausend*
100 000 cem mil *hunderttausend*

500000 quinhentos mil *fünfhunderttausend*
1000000 um milhão (de) *eine Million*
2000000 dois milhões (de) *zwei Millionen*
1000000000 um bilhão (de) *eine Milliarde*
2000000000 dois bilhões (de) *zwei Milliarden*
1000000000000 mil bilhões (de) *eine Billion*

Numerais ordinais
Ordnungszahlen

1.º, 1.ª primeiro, -a *erste*
2.º, 2.ª segundo, -a *zweite*
3.º, 3.ª terceiro, -a *dritte*
4.º, 4.ª quarto, -a *vierte*
5.º, 5.ª quinto, -a *fünfte*
6.º, 6.ª sexto, -a *sechste*
7.º, 7.ª sétimo, -a *sieb(en)te*
8.º, 8.ª oitavo, -a *achte*
9.º, 9.ª nono, -a *neunte*
10.º, 10.ª décimo, -a *zehnte*
11.º undécimo, décimo primeiro *elfte*
12.º duodécimo, décimo segundo *zwölfte*
13.º décimo terceiro *dreizehnte*
14.º décimo quarto *vierzehnte*
15.º décimo quinto *fünfzehnte*
16.º décimo sexto *sechzehnte*
17.º décimo sétimo *siebzehnte*
18.º décimo oitavo *achtzehnte*
19.º décimo nono *neunzehnte*
20.º vigésimo *zwanzigste*
21.º vigésimo primeiro *einundzwanzigste*
22.º vigésimo segundo *zweiundzwanzigste*
30.º trigésimo *dreißigste*
31.º trigésimo primeiro *einunddreißigste*
40.º quadragésimo *vierzigste*
50.º quinquagésimo *fünfzigste*
60.º sexagésimo *sechzigste*
70.º septuagésimo *siebzigste*
80.º octagésimo *achtzigste*
90.º nonagésimo *neunzigste*
100.º centésimo *hundertste*
101.º centésimo primeiro *hundert-erste*
200.º ducentésimo *zweihundertste*
300.º trecentésimo *dreihundertste*
400.º quadringentésimo *vierhundertste*
500.º quingentésimo *fünfhundertste*
600.º sexcentésimo *sechshundertste*
700.º septingentésimo *siebenhundertste*
800.º octingentésimo *achthundertste*
900.º non(in)gentésimo *neunhundertste*
1000.º milésimo *tausendste*
1875.º milésimo octingésimo septuagésimo quinto *eintausendachthundertfünfundsiebzigste*
3000.º trimilésimo *dreitausendste*
10000.º décimo milésimo *zehntausendste*
100000.º centésimo milésimo *hunderttausendste*
500000.º quingentésimo milésimo *fünfhunderttausendste*
1000000.º milionésimo *einmillionste*
2000000.º segundo milionésimo *zweimillionste*

Números fraccionários
Bruchzahlen

$^1/_2$ meio, meia
$^1/_3$ um terço, uma terça parte
$^1/_4$ um quarto, uma quarta parte
$^3/_4$ três quartos, três quartas partes
$^2/_5$ dois quintos, duas quintas partes
$^5/_6$ cinco sextos
$^4/_7$ quatro sétimos
$^7/_8$ sete oitavos
$^4/_9$ quatro nonos
$^9/_{10}$ nove décimos

Für die Bruchzahlen, die kleiner sind als ein Zehntel, bedient man sich der Ordnungszahlen, oder man fügt das Substantiv *avo* zu der Grundzahl, z. B.: $^2/_{11}$ *dois undécimos, dois onze avos*; $^5/_{12}$ *cinco duodécimos, cinco doze avos*; $^7/_{13}$ *sete treze avos*; $^3/_{20}$ *três vigésimos, três vinte avos*; $^7/_{31}$ *sete trinta-e-um avos* usw.

Multiplicadores
Vervielfältigungszahlen

Simples einfach, *duplo* zweifach, doppelt; *triplo* dreifach; *quádruplo* vierfach; *quíntuplo* fünffach; *sêxtuplo* sechsfach; *séptuplo* siebenfach; *óctuplo* achtfach; *nónuplo* neunfach; *décuplo* zehnfach; *cêntuplo* hundertfach; *mílimo* tausendfach; *múltiplo* vielfach.

Uma vez einmal; *duas, três, quatro vezes etc.* zwei-, drei-, viermal usw.; *duas vezes tanto* zweimal so viel; *outra vez* noch einmal.

Primeiro, *segundo, terceiro* (1.º, 2.º, 3.º) *etc.*; *em primeiro (segundo, terceiro) lugar*; *primeiramente* erstens, zweitens, drittens usw.

7+8 = 15 *sete e* (od. *mais*) *oito são* (od. *fazem*) *quinze* sieben und acht ist (od. sind) fünfzehn.

10—3 = 7 *dez menos três são sete* zehn weniger drei ist sieben.

2×3 = 6 *duas vezes três são seis* zwei mal drei ist sechs.

20:4 = 5 *vinte (divididos) por quatro são cinco* zwanzig (geteilt) durch vier ist fünf.

Portugiesische Maße und Gewichte

Medidas e pesos portugueses

a) Längenmaße

1 mm. milímetro *Millimeter*
1 cm. centímetro *Zentimeter*
1 dm. decímetro *Dezimeter*
1 m. metro *Meter*
1 km. quilómetro *Kilometer*
1 polegada *Zoll* (= 25,5 *mm*)
1 palmo *Spanne* (= 22 *cm*)
1 pé *Fuß* (= 30,5 *cm*)
1 vara *Elle* (= 1,10 *m*)
1 lég. légua *Wegstunde* (= 5 *km*)
1 mi. milha marítima *Seemeile* (1852 *m*)

b) Hohlmaße

1 dl. decilitro *Deziliter*
1 l. litro *Liter*
1 hl. hectolitro *Hektoliter*
1 quartilho 0,5 *l*
1 almude 20 *od.* 25 *l*
1 alqueire *jetzt mst.* 20 *l*
1 rasa = alqueire
1 pipa *Faß* (= 500—600 *l*)

c) Flächenmaße

1 mm.² milímetro quadrado *Quadratmillimeter*
1 cm.² centímetro quadrado *Quadratzentimeter*
1 dm.² decímetro quadrado *Quadratdezimeter*
1 m.² metro quadrado *Quadratmeter*
1 are *Ar*
1 ha. hectare *Hektar*
1 km.² quilómetro quadrado *Quadratkilometer*
1 jeira *Joch, Morgen*
1 alqueire *in Bras.* = *etwa* 2,5 *od.* 4,8 *ha*

d) Raummaße

1 mm.³ milímetro cúbico *Kubikmillimeter*
1 cm.³ centímetro cúbico *Kubikzentimeter*
1 dm.³ decímetro cúbico *Kubikdezimeter*
1 m.³ metro cúbico *Kubikmeter, Raummeter*
1 estere *Festmeter, Ster*

e) Gewichte

1 mg. miligrama *Milligramm*
1 g. grama *Gramm*
1 kg. quilo(grama) *Kilo(gramm)*
1 t. tonelada *Tonne*
1 quilate *Karat* (= 0,200 *g*)
1 onça *Unze* (= 28,35 *g*)
1 arroba 15 *kg*
1 q. quintal = 4 arrobas
1 qm. quintal métrico *Doppelzentner*
1 arrátel *Pfund* (429 *g*)

f) Mengenbezeichnungen

1 dz. dúzia *Dutzend*
1 quart. quarteirão (25 *Stück*)
1 gr. grosa *Gros*
1 mão *Buch* (25 *Bogen*)
1 resma $^1/_2$ *Ries* (500 *Bogen*)

LANGENSCHEIDTS
TASCHENWÖRTERBÜCHER

LANGENSCHEIDT

DICIONÁRIO DE BOLSO

DAS LÍNGUAS PORTUGUESA E ALEMÃ

Tomo Segundo

Alemão-Português

pelo

PROF. DR. ALBIN EDUARD BEAU

LANGENSCHEIDT

BERLIM · MUNIQUE · VIENA · ZURIQUE

LANGENSCHEIDTS TASCHENWÖRTERBUCH

DER PORTUGIESISCHEN UND DEUTSCHEN SPRACHE

Zweiter Teil

Deutsch-Portugiesisch

von

PROF. DR. ALBIN EDUARD BEAU

LANGENSCHEIDT

BERLIN · MÜNCHEN · WIEN · ZÜRICH

Die Nennung von Waren erfolgt in diesem Werk, wie in Nachschlagewerken üblich, ohne Erwähnung etwa bestehender Patente, Gebrauchsmuster oder Warenzeichen. Das Fehlen eines solchen Hinweises begründet also nicht die Annahme, eine Ware oder ein Warenname sei frei.

Auflage: 18. 17. | *Letzte Zahlen*
Jahr: 1986 | *maßgeblich*

Druck: Graph. Betriebe Langenscheidt, Berchtesgaden/Obb.
Printed in Germany · ISBN 3-468-10275-5

Vorwort

Die vorliegende Neubearbeitung des deutsch-portugiesischen Taschenwörterbuches soll der im Laufe der letzten Jahre eingetretenen erheblichen Erweiterung des Wortschatzes soweit gerecht werden, wie es der Umfang eines Taschenwörterbuches zuläßt. Sie enthält den Wortschatz der lebenden Sprache, wobei entsprechend ihrer heutigen Bedeutung die Bereiche der Wirtschaft, des Verkehrs und der Technik, des Rechtswesens und der Verwaltung, der Naturwissenschaften und des Sports bei gleichzeitiger Aufnahme zahlreicher Neologismen besonders eingehend dargestellt sind. Um nur einige wenige Beispiele zu nennen:

Geburtenregelung (*controle da natalidade*), *Planwirtschaft* (*economia dirigida*), *Eigentumswohnung* (*propriedade horizontal*), *Gefrierfleisch* (*carne congelada*) u. a. m.

Angesichts der ständig wachsenden Bedeutung der wirtschaftlichen und kulturellen Beziehungen zwischen Brasilien und den deutschsprachigen Ländern hat der brasilianische Wortschatz — so beispielsweise *terno* (*Anzug*), *musicista* (*Musikfreund*), *tocaio* (*Namensvetter*), *garoa* (*Nieselregen*) — entsprechende Berücksichtigung erfahren.

Die Aussprachebezeichnung der deutschen Stichwörter ist in der Lautschrift der Association Phonétique Internationale gegeben. Die Rechtschreibung der portugiesischen Wörter steht im Einklang mit den portugiesisch-brasilianischen Vereinbarungen über die Vereinheitlichung der portugiesischen Orthographie nach den Richtlinien, die von den Akademien der Wissenschaften zu Lissabon und Rio de Janeiro gemeinsam ausgearbeitet, aber nur in Portugal selbst durch Regierungserlaß vom 8. Dezember 1945 rechtskräftig geworden sind, während in Brasilien — mit einigen Ausnahmen — weiterhin die Bestimmungen des Abkommens vom 30. April 1931 gelten.

Im Anhang sind in besonderen Verzeichnissen zusammengestellt: die wichtigsten in Deutschland gebrauchten Abkürzungen und Eigennamen, Regeln zur deutschen Konjugation und Deklination, Listen der deutschen starken und unregelmäßigen Verben, Tabellen der deutschen Zahlwörter, Maße und Gewichte.

Verfasser und Verlag

Prefácio

A presente edição refundida do Dicionário de bolso alemão--português toma em consideração — dentro dos limites de um dicionário de bolso — o incremento considerável do vocabulário que se manifestava no decurso dos últimos anos. Apresenta o vocabulário da língua actual e, além de numerosos neologismos, abrange — de acordo com a sua importância na vida de hoje — os campos da economia, do trânsito e da técnica, do direito e da administração pública, das ciências naturais e dos desportos. Alguns exemplos:

Geburtenregelung (*controle da natalidade*), *Planwirtschaft* (*economia dirigida*), *Eigentumswohnung* (*propriedade horizontal*), *Gefrierfleisch* (*carne congelada*), etc.

Dada a crescente importância das relações económicas e culturais entre o Brasil e os países de língua alemã, prestou-se especial atenção ao léxico brasileiro, incluindo palavras de uso exclusivo ou preferido no Brasil, como p. ex. *terno* (*Anzug*), *musicista* (*Musikfreund*), *tocaio* (*Namensvetter*), *garoa* (*Nieselregen*).

As indicações fonéticas, que seguem as normas da «Association Phonétique Internationale», procuram transcrever a pronúncia oficial alemã. A ortografia das palavras portuguesas está em harmonia com o estipulado nas Convenções luso-brasileiras para a unificação da ortografia da Língua portuguesa segundo os princípios estabelecidos pelas Academias das Ciências de Lisboa e de Rio de Janeiro, adoptados, porém, só em Portugal por decreto de 8 de Dezembro de 1945, enquanto que no Brasil continuam a vigorar em princípio as determinações do acordo ortográfico de 30 de Abril de 1931.

A título de suplemento abrange a presente edição listas dos nomes próprios e abreviaturas de uso corrente na Alemanha, regras da conjugação e da declinação alemãs, listas dos verbos alemães fortes e irregulares, quadros dos numerais e dos pesos e medidas alemães.

O AUTOR E A EDITORA

Inhaltsverzeichnis

Índice

Seite
página

Bemerkungen über die Einrichtung des Wörterbuches — *Notas referentes à organização do Dicionário* .. 648

O Alfabeto alemão 650

Erklärung der Zeichen und Abkürzungen — *Explicação dos sinais e das abreviaturas* 651

A Pronúncia alemã — Explicação das transcrições fonéticas 654

Alphabetisches Wörterverzeichnis — *Vocabulário alfabético* 659

Eigennamen — *Nomes próprios* 1215

Gebräuchliche deutsche Abkürzungen — *Abreviaturas alemãs usuais* 1221

Regras da declinação dos substantivos alemães 1227

Regras da conjugação dos verbos alemães 1234

Lista dos Verbos fortes e irregulares 1240

Zahlwörter — *Numerais* 1245

Deutsche Maße und Gewichte — *Medidas e Pesos alemães* 1247

Sorgfältige Beachtung des Inhaltes der Seiten 648–650 erschließt erst den vollen Wert des Wörterbuches

---

A leitura cuidadosa das páginas 648–650 é imprescindível para a valorização e o aproveitamento integral do Dicionário

Bemerkungen über die Einrichtung des Wörterbuches

Notas referentes à organização do Dicionário

1. **Die alphabetische Reihenfolge** ist durchgehend beachtet worden. Die Umlaute ä, ö, ü wurden hierbei den Buchstaben a, o, u gleichgestellt. Die gebräuchlichsten Eigennamen sind am Schluß des Bandes in einem besonderen Verzeichnis zusammengestellt.

2. **Rechtschreibung.** Maßgebend sind für das Deutsche der *Große Duden*, für das Portugiesische der *Tratado de Ortografia da Língua Portuguesa* von Rebelo Gonçalves (Coimbra 1947) und das *Vocabulário Ortográfico Resumido da Língua Portuguesa* der Akademie der Wissenschaften in Lissabon (1947).

3. **Zusammengesetzte Substantive,** die seltener sind und deren Sinn sich aus der Bedeutung der einzelnen Bestandteile leicht ergibt, sind aus Raummangel oft weggelassen worden. Manchmal ist nur eine Übersetzung des Bestimmungswortes gegeben, die für den größten Teil der Gruppe paßt, z. B. '**Jahres...**: *in Zssg(n) oft* anual; es werden dann in der Gruppe nur solche Zusammensetzungen angeführt, die abweichend zu übersetzen sind, z. B. **~tag** aniversário.

4. **Geschlecht und Zahl** der deutschen Substantive sind stets angegeben (*m*, *f*, *n*; *sg.*, *pl.*), ebenso bei den portugiesischen Übersetzungen.

1. **A ordem alfabética** foi rigorosamente observada. As metafonias ä, ö, ü foram tratadas como as vogais simples a, o, u. Os nomes próprios mais frequentes são reunidos numa lista especial, no fim do volume.

2. **Ortografia.** A ortografia alemã segue a do *Grande Duden*, a portuguesa é a do *Tratado de Ortografia da Língua Portuguesa* do Prof. Rebelo Gonçalves (Coimbra 1947), e do *Vocabulário Ortográfico Resumido da Língua Portuguesa* (1947), organizado pela Academia das Ciências de Lisboa.

3. **Palavras compostas.** Por falta de espaço deixamos de traduzir os substantivos compostos pouco frequentes e cujo significado fàcilmente se deduz dos elementos que os compõem. Muitas vezes indica-se apenas uma tradução da palavra determinativa que serve para traduzir a maior parte das respectivas composições, v. gr. '**Jahres...**: *in Zssg(n) oft* (= em palavras compostas muitas vezes traduzido por) anual; das restantes composições respectivas mencionam-se sòmente aquelas que têm tradução diferente, como p. ex. **~tag** aniversário.

4. **O género e o número** dos substantivos alemães são sempre indicados (por *m*, *f*, *n* ou *sg.* e *pl.*) assim como os dos substantivos portugueses.

5. Flexion (Beugung). Bei flektierbaren Wörtern steht in runden Klammern ein Hinweis auf die Regeln der Deklination und Konjugation (S. 1227—1239).

v/i. (*sn*) bedeutet, daß das betr. intransitive Verb das Perfekt usw. mit *sein* bildet. Die übrigen Verben werden mit *haben* konjugiert.

6. Partizipien werden nur dann besonders aufgeführt, wenn sie eine eigene Bedeutung haben.

7. Die Verkleinerungsformen auf -chen und -lein (oft mit Umlaut; portugiesisch meist -inho, -inha) werden aus Raummangel nur dann gebracht, wenn sie eine Sonderbedeutung haben.

8. Die Rektion ist angegeben, wenn sie in beiden Sprachen verschieden ist. — Bei den Präpositionen wird der Kasus nur für diejenigen bezeichnet, die zwei Fälle regieren können, z. B. **lachen** *über* (*ac.*).

9. Reflexive Verben. Das reflexive **sich** ohne Bezeichnung ist Akkusativ; ist es Dativ, so wird (*dat.*) hinzugefügt. Wo der reflexive Gebrauch im Deutschen und Portugiesischen übereinstimmt, wird er nicht besonders erwähnt.

10. Der kurze Strich in Wörtern wie **Ab-art** oder **Donners-tag** deutet die Trennung der Sprechsilben an.

11. Übersetzung und Bedeutung. Die Bedeutungsunterschiede sind gekennzeichnet:

a) durch Synonyme in runden Klammern, z. B. **recht** direito; (*gerecht*) justo; (*richtig*) certo; (*echt*) verdadeiro;

b) durch vorgesetzte deutsche Ergänzungen oder Erklärungen, z. B. **Riß,** *Stoff*: rasgão; *Mauer*: fenda; *Haut*: arranhadura;

5. Flexão. As palavras que se declinam ou conjugam são acompanhadas por uma indicação entre parênteses curvas que se refere às regras da declinação e conjugação (pags. 1227—1239).

v/i. (*sn*) significa que o perfeito composto, etc. do respectivo verbo neutro ou intransitivo é formado pelo verbo auxiliar *sein*. Os restantes verbos conjugam-se com *haben*.

6. Dos **particípios** indicam-se apenas aqueles que têm a função de adjectivos com significado especial.

7. Suprimiram-se ainda os **diminutivos** em -chen e -lein (que implicam em geral a metafonia da vogal radical, e aos quais corresponde o diminutivo português -inho, -inha), a não ser que tenham significado especial.

8. Os casos que os verbos pedem, apenas se indicam quando não se correspondem nas duas Línguas. — As preposições só levam a indicação do respectivo caso quando podem reger dois casos, p. ex. **lachen** *über* (*ac.*).

9. Verbos reflexivos. O pronome reflexivo **sich** só por si está no acusativo; no dativo é seguido pela abreviatura (*dat.*). Se o emprego reflexivo de um verbo alemão corresponde inteiramente ao do mesmo verbo em português, o facto não tem menção especial, no Dicionário.

10. O traço curto que se encontre em palavras como **Ab-art** ou **Donners-tag** indica a separação das sílabas na pronúncia.

11. Tradução e significado das palavras. As diferenças de significado indicam-se:

a) por sinónimos que precedem a tradução entre parênteses curvas, v. gr. **recht** direito; (*gerecht*) justo; (*richtig*) certo; (*echt*) verdadeiro;

b) por complementos instrutivos ou explicaçoes que precedem a tradução, v.gr. **Riß,** *Stoff*: rasgão; *Mauer*: fenda; *Haut*: arranhadura;

c) durch vorgesetzte bildliche Zeichen und Abkürzungen, s. S. 651 ff.

Die Reihenfolge richtet sich grundsätzlich nach der Gebräuchlichkeit und Häufigkeit des entsprechenden Wortes. Im übrigen wird auch hier die alphabetische Folge beibehalten.

Das Semikolon trennt eine gegebene Bedeutung von einer neuen, wesentlich verschiedenen.

c) por sinais e abreviaturas, cf. págs. 651 e sgs.

Em princípio, a ordem das palavras segue a frequência do seu emprego, de forma que a palavra mais corrente precede a menos usada. De resto, observa-se a ordem alfabética.

O ponto e vírgula separa uma tradução de outra, essencialmente distinta.

O Alfabeto alemão

Letra		Pronúncia
alemã	romana	
𝔄, 𝔞	A, a	aː
𝔅, 𝔟	B, b	beː
ℭ, 𝔠	C, c	tseː
𝔇, 𝔡	D, d	deː
𝔈, 𝔢	E, e	eː
𝔉, 𝔣	F, f	ɛf
𝔊, 𝔤	G, g	geː
ℌ, 𝔥	H, h	haː
ℑ, 𝔦	I, i	iː
ℑ, 𝔧	J, j	jɔt
𝔎, 𝔨	K, k	kaː
𝔏, 𝔩	L, l	ɛl
𝔐, 𝔪	M, m	ɛm
𝔑, 𝔫	N, n	ɛn
𝔒, 𝔬	O, o	oː
𝔓, 𝔭	P, p	peː
𝔔, 𝔮	Q, q	kuː
ℜ, 𝔯	R, r	ɛr
𝔖, ſ	S, s	ɛs
𝔗, 𝔱	T, t	teː
𝔘, 𝔲	U, u	uː
𝔙, 𝔳	V, v	faʊ
𝔚, 𝔴	W, w	veː
𝔛, 𝔵	X, x	iks
𝔜, 𝔶	Y, y	'ypsilɔn
ℨ, 𝔷	Z, z	tsɛt

Erklärung der im Wörterbuch angewendeten Zeichen und Abkürzungen

Explicação dos Sinais e das Abreviaturas empregados no Dicionário

1. Zeichen — Sinais

~, ♀, ~, ♀ **Tilde oder Wiederholungszeichen.** Zusammensetzungen und Ableitungen sind zwecks Raumersparnis oft zu Gruppen vereinigt.

Der senkrechte Strich (|) beim ersten Titelkopf einer solchen Gruppe trennt den Teil ab, der allen folgenden Titelköpfen dieser Gruppe gemeinsam ist.

Die fette Tilde (~) vertritt dabei entweder das ganze Stichwort oder den vor dem senkrechten Strich (|) stehenden Teil des Stichwortes. Die einfache Tilde (~) vertritt das unmittelbar voraufgegangene Stichwort, das selbst schon vermittels der Tilde gebildet sein kann.

Wenn sich der Anfangsbuchstabe ändert (groß in klein od. umgekehrt), steht statt der Tilde die Tilde mit Kreis ♀, ♀.

Beispiele: **Me'tall, ~geld** = Metallgeld, **♀isch** = metallisch. — **'Eis...: ~brecher** = Eisbrecher. — **'Spend|e, ♀en** = spenden, **~er(in)** = Spender(in). — **'abweis|en, ♀ung** = Abweisung.

Über Betonungswechsel *vgl.* S. 658.

Die Buchstaben *c* und *p*, die in der brasilianischen Rechtschreibung fehlen können, sind durch ( ) oder [ ] eingeklammert; * **Stern** bezeichnet Besonderheiten der Rechtschreibung und des Wortschatzes im Brasilianischen.

Beispiele: **Akt** a(c)to; **Be'stechung** corru(p)ção; **Kon'takt** conta[c]to; **kor'rupt** corru[p]to; **Band** tomo (*'ô); **'Anzug** fato; *terno.

~, ♀, ~, ♀ **til ou sinais de repetição.** A falta de espaço impõe a reunião num só parágrafo de muitas das palavras compostas e das derivações.

A parte que precede o traço vertical (|) no título é comum a todas as palavras reunidas no respectivo parágrafo.

O til carregado (~) substitui o título inteiro ou a parte dele que precede o traço vertical. O til simples (~) substitui o título que imediatamente o precede e que, ele próprio, pode ser formado por til.

A alternação entre maiúsculos e minúsculos é indicada pelo sinal ♀, ♀.

Exemplos: **Me'tall, ~geld** = Metallgeld, **♀isch** = metallisch. — **'Eis...: ~brecher** = Eisbrecher. — **'Spend|e, ♀en** = spenden; **~er(in)** = Spender(in). — **'abweis|en, ♀ung** = Abweisung.

Para as mudanças de acentuação *cf.* pág. 658.

As letras *c* e *p* que a ortografia brasileira eliminou das palavras portuguesas, são marcadas por ( ) ou [ ]; * **asterisco** indica as particularidades ortográficas e lexicais brasileiras.

Exemplos: **Akt** a(c)to; **Be'stechung** corru(p)ção; **Kon'takt** conta[c]to; **kor'rupt** corru[p]to; **Band** tomo (*'ô); **'Anzug** fato; *terno.

† veraltet, *arcaismo.*
☤ Handel, *comércio.*
⚓ Schiffahrt, *navegação.*
⚔ militärisch, *militar.*
⊕ Technik, *técnica.*
⚒ Bergbau, *indústria mineira.*
🚂 Eisenbahn, *caminhos de ferro.*
✈ Flugwesen, *aviação.*
📯 Post, *correios.*
♪ Musik, *música.*
⚘ Ackerbau, Gartenbau, *agricultura, horticultura.*
⚘ Pflanzenkunde, *botânica.*
⌂ Baukunst, *arquitectura.*
∡ Mathematik, *matemática.*
⚗ Chemie, *química.*
⚡ Elektrotechnik, *electrotécnica.*
⚕ Medizin, *medicina.*
⚖ Rechtswissenschaft, *jurisprudência.*
= gleich, *igual a.*

2. Abkürzungen — Abreviaturas

a. auch, *também.*
Abk. Abkürzung, *abreviatura.*
abstr. abstrakt, *abstracto.*
a.c. *alguma coisa,* etwas.
ac. Akkusativ, *acusativo.*
adj. Adjektiv, *adjectivo.*
adv. Adverb, *advérbio.*
alg. *alguém,* jemand.
Anat. Anatomie, *anatomia.*
Arith. Arithmetik, *aritmética.*
art. Artikel, *artigo.*
Astr. Astronomie, *astronomia.*
atr. attributiv, *atributivo.*
bsd. besonders, *especialmente.*
cf. vergleiche, *confere.*
cj. Konjunktion, *conjunção.*
comp. Komparativ, *comparativo.*
concr. konkret, *concreto.*
dat. Dativ, *dativo.*
d.h. das heißt, *quer dizer.*
dim. Diminutiv, *diminutivo.*
ea. einander, *mutualmente.*
e-e eine, *uma.*
ehm. ehemals, *antigamente.*
e-m, e-n einem, einen, *a um, um.*
e-r einer, *de uma, a uma.*
e-s eines, *de um.*
Erdk. Erdkunde, *geografia.*
et. etwas, *alguma coisa.*
f Femininum, *feminino.*
F familiär, *familiar.*
Fechtk. Fechtkunst, *esgrima.*
Fernspr. Fernsprecher, *telefone.*
fig. figürlich, *em sentido figurado.*
f/pl. Femininum im Plural, *plural do feminino.*
fut. Futurum, *futuro.*
gen. Genitiv, *genitivo.*
Geol. Geologie, *geologia.*
ger. Gerundium, *gerúndio.*
Ggs. Gegensatz, *contrário.*
gr. Grammatik, *gramática.*
h. haben, *ter, haver.*
hist. historisch, *histórico.*
imp. Imperativ, *imperativo.*
impf. Imperfekt, *pretérito imperfeito.*
ind. Indikativ, *indicativo.*
inf. Infinitiv, *infinitivo.*
int. Interjektion, *interjecção.*
interr. Interrogativum, *interrogativo.*
iron. ironisch, *irónico.*
j. jemand, *alguém.*
Jgdw. Jagdwesen, *caça.*
j-m jemandem, *a alguém* (*dat.*).
j-n jemanden, (*a*) *alguém* (*ac.*).
j-s jemandes, *de alguém.*
k. können, *poder, saber.*
kath. katholisch, *católico.*
Kchk. Kochkunst, *arte culinária.*
Kdspr. Kindersprache, *linguagem infantil.*
l. lassen, *fazer, mandar, deixar.*
Lit. Literatur, *literatura.*
m Maskulinum, *masculino.*
m. machen, *fazer.*
Mal. Malerei, *pintura.*
m-e meine, *a*(*s*) *minha*(*s*), *os meus.*
m-m meinem, *a*(*o*) *meu* (*dat.*).
m-n meinen, (*a*) *meu* (*ac.*).
m/pl. Maskulinum im Plural, *plural do masculino.*
m-r meiner, *da*(*s*) *minha*(*s*), *dos meus*; *à minha.*
m-s meines, *de* (*od. do*) *meu.*
Min. Mineralogie, *mineralogia.*
Mot. Motor, *motor.*
Myth. Mythologie, *mitologia.*
n Neutrum, *neutro.*
nd. norddeutsch, niederdeutsch, *regionalismo da Alemanha setentrional, baixo-alemão.*
nom. Nominativ, *nominativo.*
n/pl. Neutrum im Plural, *plural do neutro.*

o. ohne, *sem.*
od. oder, *ou.*
Opt. Optik, *óptica.*
örtl. örtlich, *local.*
öst. österreichisch, *austríaco.*
P populär, *popular.*
Parl. Parlament, *parlamento.*
part. Partizip, *particípio.*
p.pt. Partizip des Perfekts, *particípio passado.*
Pers. Person, *pessoa.*
pers. persönlich, *pessoal.*
Phil. Philosophie, *filosofia.*
Phot. Photographie, *fotografia.*
Phys. Physik, *física.*
pl. Plural, *plural.*
poet. poetisch, *poético.*
Pol. Politik, *política.*
port. portugiesisch, *português.*
pred. prädikativ, *empregado como predicado nominal.*
pron. Pronomen (Fürwort), *pronome.*
prot. protestantisch, *protestante.*
prov. provinziell, *regional(ismo).*
prp. Präposition, *preposição.*
prs. Präsens, *presente.*
pt. Präteritum, *pretérito perfeito.*
räuml. räumlich, *referente ao espaço.*
refl. reflexiv, *reflexivo.*
Rel. Religion, *religião.*
s. siehe, *vidé.*
S. Seite, *página.*
sbj. Subjekt, *sujeito.*
sdd. süddeutsch, *regionalismo da Alemanha do Sul.*
s-e seine *sg. f u. pl., m/pl., a(s) sua(s), os seus.*
sg. Singular, *singular.*
s-m seinem, *a(o) seu (dat.).*
sn sein, *ser, estar*; *(o) seu (nom. u. n ac.).*
s-n seinen, *(o) seu, aos seus.*
s-r seiner, *(d)a sua.*
s-s seines, *do seu.*
su. Substantiv (*m u. f*), *substantivo (m e f).*
subj. Subjunktiv *od.* Konjunktiv (Möglichkeitsform), *subjuntivo, conjuntivo.*
sup. Superlativ, *superlativo.*
Thea. Theater, *teatro.*
Typ. Buchdruck, *tipografia.*
u. und, *e.*
übers. übersetzt, *traduz-se.*
unprs. unpersönlich, *impessoal.*
untr. untrennbar, *inseparável.*
usw. und so weiter, *etcétera.*
uv. unveränderlich, *invariável.*
v. von, vom, *de.*
V vulgär *od.* unanständig, *indecente.*
vb. Verb, *verbo.*
vet. *veterinária*, Tierheilkunde.
vgl. vergleiche, *confere.*
v/i. *verbo intransitivo*, intransitives Verb.
v/r. *verbo reflexivo*, reflexives Verb.
v/t. *verbo transitivo*, transitives Verb.
w. werden, *(chegar a) ser, tornar-se, ficar.*
Zahnhlk. Zahnheilkunde, *odontologia.*
z.B. zum Beispiel, *p.ex.* = *por exemplo.*
zeitl. zeitlich, *temporal.*
Zool. Zoologie, *zoologia.*
zs. zusammen, *juntos.*
Zssgn, Zssg(n) Zusammensetzungen, *composições, compostos.*

A Pronúncia alemã

Para a acentuação veja-se pág. 658.

As transcrições fonéticas inserem-se sòmente depois das palavras simples ou quando é preciso marcar, dentro de um grupo de palavras reunidas em parágrafo, determinadas diferenças de pronúncia, p. ex. **Glas** [gla:s], '**~er** ['-zər], '**2ig** ['-ziç]. Nas palavras compostas, a pronúncia é fácil de reconstruir através dos elementos simples da sua composição, separados nos títulos por traço pequeno (-), p. ex.: '**ab-lösen**.

A seguir da tabela fonética insere-se outra da pronúncia dos prefixos, das desinências e dos sufixos mais frequentes em Alemão, que a falta de espaço nem sempre permite incluir no próprio vocabulário.

Explicação das transcrições fonéticas

Letra	Transcrição	Pronúncia	como em	Exemplos
		A) VOGAIS		
a	a:	longa	mar	'Abend ['a:bənt], kam [ka:m], Paar [pa:r], laden ['la:dən]
	a	breve	armar	Ast [ast], Markt [markt], Kamm [kam], 'Ratte ['ratə]
ä	ɛ:	aberta, longa	sério	'ähnlich ['ɛ:nliç], 'Käse ['kɛ:zə], 'Mähne ['mɛ:nə], 'Träger ['trɛ:gər]
	ɛ	aberta, breve	pèzinho	'Wärme ['vɛrmə], 'Teller ['tɛlər], Herr [hɛr]
e	e:	fechada, longa	lê	'Esel ['e:zəl], 'leben ['le:bən], 'nehmen ['ne:mən]
	e	fechada, breve	dèbilmente	De'batte [de'batə], 'Tele'phon ['te:le-'fo:n]
	ə	átono, breve, muito superficial	rude	'Tinte ['tintə], 'Rose ['ro:zə], ge'geben [gə'ge:bən]

Letra	Transcrição	Pronúncia	como em	Exemplos
i	iː	fechada, longa	ru**í**do	ˈBibel [ˈbiːbəl], Dieb [diːp], ˈihnen [ˈiːnən]
	i	fechada, breve	bo**i**	in [in], ˈbinden [ˈbindən], Wind [vint]
o	oː	fechada, longa	av**ô**	ˈoben [ˈoːbən], ˈBote [ˈboːtə], Moor [moːr], ˈRose [ˈroːzə], Sohn [zoːn], ˈOfen [ˈoːfən]
	o	fechada, breve	t**o**davia	Toˈmate [toˈmaːtə], Geoˈloge [geoˈloːgə], monoton [monoˈtoːn]
	ɔ	aberto, breve	av**ó**	Form [fɔrm], ˈoffen [ˈɔfən], ˈlocken [ˈlɔkən], Rock [rɔk]
ö	øː	fechada, longa; desconhecida em Português, produz-se tentando-se pronunciar [eː] com a boca disposta para pronunciar [oː], e sem modificar a posição indicada da boca		ˈÖse [ˈøːzə], ˈTöne [ˈtøːnə], ˈGoethe [ˈgøːtə]
	œ	fechada, breve; desconhecida em Português, produz-se tentando-se pronunciar [ɛ] com a boca disposta para pronunciar [o], e sem modificar a posição indicada da boca		ˈöffnen [ˈœfnən], ˈLöffel [ˈlœfəl]
u	uː	fechada, longa	cr**u**	Mut [muːt], ˈBude [ˈbuːdə], ˈFuhre [ˈfuːrə], Uhr [uːr]
	u	aberta, breve	língu**a**	und [unt], ˈunten [ˈuntən], ˈMutter [ˈmutər]
ü	yː	fechada, longa; desconhecida em Português, produz-se tentando-se pronunciar [iː] com a boca disposta para pronunciar [uː], e sem modificar a disposição indicada da boca		Tür [tyːr], ˈÜbel [ˈyːbəl], ˈMühle [ˈmyːlə]
	y	fechada, breve; desconhecida em Português, produz-se tentando-se pronunciar [i] com a boca disposta para pronunciar [u], e sem modificar a disposição indicada da boca		ˈMüller [ˈmylər], dünn [dyn], ˈRücken [ˈrykən]

Letra	Trans-crição	Pronúncia	como em	Exemplos
		B) DIFTONGOS		
ai ei ey	aɪ	aberto, breve	ra**i**va	Mai [maɪ], 'Reise ['raɪzə], Weib [vaɪp]
au	aʊ	aberto, breve	**ao**	'Aufbau ['aʊfbaʊ], Maus [maʊs], 'Brause ['braʊzə]
äu eu	ɔy	aberto, breve	destr**ói**	'läuten ['lɔytən], 'räumen ['rɔymən], 'Beute ['bɔytə], euch [ɔyç]
		C) CONSOANTES		
-b	-p		aptidão	ab [ap], Kalb [kalp], Abt [apt]
c	ts		czar	'Celsius ['tsɛlzius]
ch	ç	desconhecida em Português; produz-se aproximando a língua do palato, com a ponta da língua a encostar-se contra os dentes inferiores. Aparece ao começo das palavras, seguida por **e** ou **i**, precedida por **e, i, ei, äu, eu, ä, ö, ü**, e pelas consoantes		Che'mie [çe'mi:], 'China ['çi:na], ich [iç], 'rechnen ['rɛçnən], Teich [taɪç], 'leuchten ['lɔyçtən], 'räuchern ['rɔyçərn], 'Bücher ['by:çər], 'Löcher ['lœçər], 'Fläche ['flɛçə], Milch [milç], horch [hɔrç], 'mancher ['mançər]
	x	desconhecida em Português, som gutural semelhante ao **j** ou **x** espanhol; obtém-se procurando-se pronunciar um **r** gutural com a ponta da língua encostada contra a gengiva inferior. Encontra-se precedida por **a, u, au, o**		Dach [dax], Loch [lɔx], Buch [bu:x], auch [aʊx], 'machen ['maxən], acht [axt]
chs	ks	como o **x** em maxila		'Achse ['aksə], Lachs [laks]
-d	-t		atar	Kind [kint], und [unt]
g	g		**g**ordo, **g**uerra	'geben ['ge:bən], 'Lage ['la:gə]

Letra	Transcrição	Pronúncia	como em	Exemplos
g	ʒ		génio	Ge'nie [ʒe'ni:], Re'gie [re'ʒi:]
	ŋ	como o **m** em be**m**		lang [laŋ], 'Reibung ['raɪbuŋ]
h	h	desconhecida em Português, som fortemente aspirado		'haben ['ha:bən], er'holen [ɛr'ho:lən], 'Uhu ['u:hu]
-h-, -h	-	não se pronuncia		'nahe ['na:ə], 'nähen ['nɛ:ən], 'sehen ['ze:ən]
j	j	como o **i** em Ma**i**o		'jeder ['je:dər], ja [ja:], ge'jagt [gə'ja:kt]
-ll(-)	l		e**l**iminar	hell [hɛl], 'Teller ['tɛlər]
-m(-)	m		a**m**or	Kamm [kam], lahm [la:m], 'Lampe ['lampə]
-n(-)	n		**n**ada, a**n**o	Sohn [zo:n], Kind [kint], 'finden ['findən]
ph	f			Photo'graph [foto-gra:f]
qu	kv			Qual [kva:l], 'Quelle ['kvɛlə]
s	z		**z**elo	'Sonne ['zɔnə], 'Base ['ba:zə]
	s		a**ss**ar	'Aster ['astər], 'lispeln ['lispəln], Haus [haʊs], Skan'dal [skan'da:l], naß [nas]
sch	ʃ		**ch**á, a**ch**ar	Schein [ʃaɪn], 'Asche ['aʃə], Mensch [mɛnʃ]
sp-, st-	ʃp, ʃt			Spiel [ʃpi:l], Stein [ʃtaɪn], ge'stehen [gə'ʃte:ən]

Letra	Transcrição	Pronúncia	como em	Exemplos
v	f		**forte**	'Vater ['fa:tər], ver'gessen [fɛr'gɛsən], 'passiv ['pasi:f]
	v		**vale**	Van'dale [van'da:lə], No'vember [no'vɛmbər]
w	v		**vale**	Wahl [va:l]
x	ks		**maxila**	Xan'thippe [ksan'tipə], Kux [kuks]
z	ts	como o **cz** em **cz**ar		'Zange ['tsaŋə], er'zählen [ɛr'tsɛ:lən], kurz [kurts], 'sitzen ['zitsən], Platz [plats], Arzt [artst]

b- e **-b-**, **d-** e **-d-**, **f**, **k**, **l-**, **p**, **r**, **t** como em Português, mas pronunciados com mais força.

Acentuação. A sílaba acentuada em Alemão é precedida pelo acento [']. Dois acentos indicam acentuação ambígua. Nas palavras reunidas em parágrafo é preciso observar as eventuais transferências de acento, v.gr. **Fa'brik, ~'ant.**

O traço substitui uma parte fàcilmente de reconstruir da palavra que precede.

Por falta de espaço, estas transcrições não se inseriram.

1.º depois das palavras compostas, como Brief-kasten, Hand-buch, visto que a pronúncia de cada um dos seus elementos (Brief, Kasten, Hand, Buch) se indica no respectivo lugar alfabético;

2.º depois das palavras cujo prefixo representa uma palavra independente, de forma que tanto a sua pronúncia como a da palavra básica se indicam no respectivo lugar alfabético, v.gr. Ab-sicht (vejam-se ab e Sicht), Vor-sicht, unter-schreiben, Unter-schrift, auf-gehen, etc.;

3.º para designar prefixos, desinências e sufixos frequentes e fàcilmente de distinguir, como se encontram reunidas na tabela seguinte.

'ab-	['ap-]
be-	[bə-]
'ein-	['aɪn-]
ent-	[ɛnt-]
er-	[ɛr-]
'un-	['un-]
ver-	[fɛr-]
zer-	[tsɛr-]
'-bar	['-ba:r]
-'ei	[-'aɪ]
'-eln(d)	['-əln(t)]
'-end	['-ənt]
'-er(n)	['-ər(n)]
'-haft	['-haft]
'-heit	['-haɪt]
-'ieren	[-'i:rən]
'-ich, '-ig	['-iç]
'-in	['-in]
'-isch	['-iʃ]
-'ismus	[-'ismus]
-'ist(isch)	[-'ist(iʃ)]
'-keit	['-kaɪt]
'-lich	['-liç]
'-ling	['-liŋ]
'-nis	['-nis]
'-sal	['-za:l]
'-sam	['-za:m]
'-schaft	['-ʃaft]
'-sel	['-zəl]
'-ung	['-uŋ]

A

A, a [aː] *n uv.* A, a *m*; ♪ lá *m*; *von A bis Z* de cabo a rabo, de ponta a ponta, desde o princípio até ao fim.

Aal [aːl] *m* (*-és*; *-e*) enguia *f*; **'⁀en**: *sich* ~ espreguiçar-se; **'⁀glatt** (*0*) *fig.* habilíssimo; fino.

Aar [aːr] *m* (*-és*; *-e*) águia *f*.

Aas [aːs] *n* (*-es*; *-e*, *Äser*) **1.** carne *f* morta; cadáver *m* em decomposição; **2.** *Schimpfwort*: P canalha *f*, malandro *m*, patife *m*; **'⁀en** ['-zən] (*-t*): F *mit et.* ~ desperdiçar a.c.; **'~geier** *m* abutre *m*; **'⁀ig** ['-ziç] podre; *fig.* vil.

ab [ap] *räuml.*: de, desde; 🚂 partida *f* (de); *auf und* ~ de cima para baixo; *auf und* ~ *gehen* passear; *Gewehr* ~! descansar armas!; *Hut* ~! tira(r) o chapéu!; *Thea.* sai; *zeitl.*: desde, a partir de, de ... em diante; ~ *und zu* de vez em quando; ✝ (*abzüglich*) menos.

'ab-änder|lich alterável, remediável; *a. gr.* variável; ⚖ comutável; **~n** (*-re*) alterar, mudar; (*berichtigen*) corrigir, emendar; **⁀ung** *f* alteração *f*, modificação *f* (*a.* **⁀ungs-antrag** *m* [*-és*; *⁼e*]) emenda *f*.

'ab-arbeiten (*-e-*) *Schuld*: pagar pelo seu trabalho; *sich* ~ cansar-se, maçar-se, estafar-se, esfalfar-se.

'Ab-art *f* variedade *f*; *unechte*: espécie *f* bastarda; (*Spielart*) forma *f*; **⁀en** (*-e-*; *sn*) variar; **~ung** *f* variação *f*; anomalia *f*.

'Ab-bau *m* (*-és*; *-ten*) ⚒ exploração *f*; extra(c)ção *f*; △ demolição *f*, desmontagem *f*; ⊕ *a.* desmantelamento *m*; ⚗ degradação *f*; ⚕ reabsorção *f*, catabolismo *m*; dissolução *f*; *fig. Ausgaben*: restrição *f*; *Löhne*: redução *f*; *Personal*: *a.* demissão *f*; *Preise*: baixa *f*; **⁀en 1.** *v/t.* ⚒ explorar; extrair; (*entlassen*) despedir; (*herabsetzen*) reduzir, baixar; △ demolir; *Zelt u.* ⊕ desmontar; ⚗ degradar; **2.** *v/i. fig.* enfraquecer; estar cansado; **~hammer** *m* (*-s*; *⁼*) picareta *f*.

'ab|beißen (*L*) trincar; **~beizen** (*-t*) tirar (com cáustico); ⚕ cauterizar; ⊕ decapar, desoxidar; **~bekommen** (*L*;*-*) receber, ter a sua parte (*od.* o seu quinhão) de; *Schläge*: apanhar.

'ab-beruf|en (*L*; *-*) chamar; **⁀ung** *f* chamada *f*.

'ab-bestell|en (*-*) ✝ *Auftrag*: anular; **⁀ung** *f* anulação *f*, contra-ordem *f*.

'ab|bezahlen (*-*) pagar em prestações; amortizar; **~biegen** (*L*) **1.** *v/t.* torcer, desviar; **2.** *v/i.* (*sn*): *nach links* ~ cortar à (*od. Weg*: seguir pela) esquerda.

'Ab-bild *n* (*-és*; *-er*) imagem *f*; *j-s*: retrato *m*; **⁀en** (*-e-*) reproduzir, copiar; (*darstellen*) representar; *j-n*: *a.* retratar; *plastisch*: moldar; **~ung** *f* (*Bild*) gravura *f*, ilustração *f*; estampa *f*; (*Bildnis*) retrato *m*; (*Darstellung*) representação *f*; ⚖ diagrama *m*, gráfico *m*; *mit* ~*en versehen* ilustrar.

'ab-binden (*L*) desatar, tirar; ⚕ ligar, estrangular; *Faß*: arcar.

'Ab-bitt|e *f* desculpa *f*, perdão *m*; ~ *tun*, **⁀en** (*L*): (*j-m et.*) ~ pedir desculpa (a alg. por a.c.).

'ab-blasen (*L*) soprar; ⊕ *Dampf*: descarregar; ⚔ tocar a retirar; dar contra-ordem; *fig.* F anular.

'ab|blättern (*-re*) **1.** *v/t.* (d)esfolhar, tirar as folhas a; **2.** *v/i.* desfolhar-se, perder as folhas; esfoliar-se; **~blenden** (*-e-*) *Phot.* diafragmar; *Auto*: baixar as luzes; **⁀blend-licht** *n* (*-és*; *0*) luz *f* reduzida; iluminação-código *f*; **~blitzen** (*-t*): F *j-n* ~ *l.* mandar alg. passear; **~blühen** *v/i.* (*sn*) murchar, *a. fig.* desflorecer; **~brausen** (*-t*) **1.** *v/t.* duchar; *sich* ~ tomar um duche; **2.** *v/i.* F abalar; **~brechen** (*L*) **1.** *v/t.* romper, quebrar, partir; △ demolir; deitar abaixo; ⚘ colher; *Rede*: interromper; *Verhandlungen*: suspender; *Beziehungen*: cortar; *Belagerung*: levantar; *s-e Zelte* ~ retirar(-se); fazer as malas; *Streik*: terminar; *e-r Sache die Spitze* ~ despontar a.c.; **2.** *v/i.* (*sn*) partir; *fig.* (*aufhören*) parar; não continuar; *j.*: interromper-se; **~bremsen** (*-t*) travar; *Phys.* retardar; **~brennen** (*L*) **1.** *v/t.* queimar; ⊕ revenir; *Stahl*: temperar; **2.** *v/i.* (*sn*) ficar reduzido a cinzas; *schnell* ~ deflagrar; *s. a. abgebrannt*; **~bringen** (*L*) desviar; (*abraten*) dissuadir; F *sich von et.* ~ *l.* mudar de ideias; **~bröckeln** (*-le*; *sn*) *v/i.* esmigalhar-se; despedaçar-se, desfazer-se, desmoronar-se; *fig. Kurse*: ir baixando.

'**Abbruch** *m* (*-ės*; *⸗e*) demolição *f*; *geol.* desprendimento *m*; *fig. Beziehungen*: corte *m*; *Verhandlungen*: interrupção *f*, suspensão *f*; (*Schaden*) prejuízo *m*; *auf* ~ *verkaufen* vender para sucata; (*dat.*) ~ *tun* prejudicar (*ac.*).

'**ab|brühen** escaldar; *s. a. abgebrüht*; **~buchen** riscar; **~bürsten** (*-e-*) escovar; **~büßen** (*-t*) expiar, ⚖ cumprir.

Ab'c [a:be:'tse:] *n* (*-;-*) alfabeto *m*; *nach dem* ~ por ordem alfabética; **~-Buch** *n* (*-ės*; *⸗er*) abecedário *m*, cartilha *f*; **~-Schütze** *m* (*-n*) menino *m* das primeiras letras.

'**ab-dach|en** ['-daxən] dar uma leve inclinação a; **2ung** *f* descida *f*, inclinação *f*.

'**abdämm|en** represar, açudar, barrar; *a. fig.* deter; ~ *gegen* defender de; **2ung** *f* represa *f*, dique *m*.

'**Abdampf** *m* (*-ės*; *⸗e*) vapor *m* perdido (*od.* de escape); **2en** (*l.*) evaporar; F partir.

'**abdämpfen** amortecer; *Licht, Ton*: *a.* abafar.

'**abdank|en** *v/i.* abdicar, renunciar ao trono (*zugunsten gen.* em); (*zurücktreten*) demitir-se; **2ung** *f* abdicação *f*, renúncia *f* ao trono; demissão *f*.

'**abdeck|en** abrir, desta(m)par, tirar a tampa; descobrir; *Haus*: destelhar; *Mauer*: tapar; *Tier*: esfolar; *Tisch*: levantar; ⊕ resguardar; *Schuld*: pagar, amortizar, liquidar; **2er** *m* esfolador *m*, magarefe *m*; **2ung** *f* amortização *f*, liquidação *f*; ⊕ cobertura *f*.

'**ab|dichten** (*-e-*) vedar; calafetar (*a.* ⚓), abetumar; ⚡ isolar (*a.* ⊕); **2dichtung** *f* vedação *f*; calafetagem *f*; isolação *f*; **~dienen** servir; *Schuld*: pagar pelo seu trabalho; **~drängen** desviar; empurrar para o lado; **~drehen 1.** *v/t.* destorcer; *Gas, Wasser*: fechar; ⊕ tornear; *j-m den Hals* ~ estrangular alg.; **2.** *v/i.* ⚓ *u.* ✈ mudar de rumo; afastar-se; retirar; **~drosseln** (*-le*) estrangular.

'**Abdruck** *m* (*-ės*; *⸗e*) impressão *f*, (*Abguß*) molde *m*; (*Abzug*) cópia *f*, (*Nachdruck*) reimpressão *f*, reprodução *f*; (*Probe2*) prova *f*; *e-s Petschafts usw.*: sinal *m*; marca *f*; **2en** imprimir, publicar; *wieder* ~ reproduzir, reimprimir.

'**ab|drücken** (*abformen*) moldar; ⚔ disparar; **~dunkeln** (*-le*) escurecer; ocultar as luzes; *Farben*: carregar; **~-ebben** *v/i.* ⚓ vazar; *a. fig.* diminuir.

'**Abend** ['a:bənt] *m* (*-s*; *-e*) (*Spätnachmittag*) tarde *f*; *bei Dunkelwerden*: tardinha *f*; *nach Dunkelwerden*: noite *f*; (*Westen*) oeste *m*, ocidente *m*; *am* ~ de (*od.* à) tarde *usw.*; *gegen* ~ pela parte da tarde, à tardinha; *am* ~ *vor(her)* na véspera; *gestern* 2 ontem à tarde *usw.*; *heute* 2 esta tarde, esta noite; *guten* ~! boa tarde!; boa noite!; ~ *werden* anoitecer; *zu* ~ *essen* jantar; **~-andacht** *f* ofício *m* da tarde, vésperas *f/pl.*; **~-anzug** *m* (*-ės*; *⸗e*) traje *m* de cerimónia; **~brot** *n* (*-ės*; *0*), **~-essen** *n* jantar *m*; **~dämmerung** *f* crepúsculo *m*; **~gesellschaft** *f* serão *m*; **~gottesdienst** *m* (*-es*; *-e*) = **~-***andacht*; **~kurs** *m* (*-es*; *-e*) curso *m* no(c)turno; **~land** *n* (*-ės*; *0*) Ocidente *m*; **2ländisch** [-lɛndiʃ] ocidental; **2lich** no(c)turno; **~mahl** *n* (*-ės*; *0*) ceia *f*; *das heilige* ~ a Ceia do Senhor, a Eucaristia *f*, a comunhão *f*, o sacramento do altar; o viático (*nehmen* receber; *reichen* administrar); **~rot** *n* (*-ės*; *0*), **~röte** *f* (*0*) arrebol *m*; **2s** de (*od.* à) tarde, de (*od.* à) tardinha, de (*od.* à) noite; **~segen** *m* ave-maria *f*; **~-sonne** *f* (*0*) sol *m* poente; **~schule** *f* curso(s *pl.*) *m* no(c)turno(s); **~stern** *m* (*-ės*; *0*) estrela (*ê) *f* da noite; **~veranstaltung** *f* sarau *m*; **~wind** *m* (*-ės*; *-e*) vento *m* (*od.* brisa *f*) da noite; **~zeit** *f* (*0*) tarde *f*, noite *f*; **~zug** *m* (*-ės*; *⸗e*) comboio *m* da noite.

'**Abenteuer** ['a:bəntɔyər] *n* aventura *f* (*erleben* ter); **2lich** aventuroso; excêntrico.

'**Abenteurer** ['a:bəntɔyrər] *m* aventureiro *m*; **~in** *f* aventureira *f*.

'**aber** ['a:bər] mas, porém; *oder* ~ ou então; ~ ~! ora, ora!; ♀ *n* senão *m*.

'**Aber|glaube** *m* (*-ns*; *0*) superstição *f*; ♀**gläubisch** [~glɔybiʃ] supersticioso.

'**ab·erkenn|en** (*L*; -) *j-m et.* ~ negar a.c. a alg.; ⚖ abjudicar a.c. a alg.; desapossar (*od.* privar) alg. de a.c.; ♀**ung** *f* negação *f*; ⚖ abjudicação *f*; privação *f*.

'**abermal|ig** ['-ma:liç] novo, repetido, reiterado; **~s** de novo, outra vez, novamente; ~ *tun* voltar a fazer.

'**ab·ernten** (*-e-*) colher.

Abes'sin|ier(in *f*) *m* [abe'si:niɛr-] abıssínio *m* (-ia *f*); etíope *m*/*f*; *pl. a.* abexins; ♀**isch** abissínico, abexim, etiópico.

'**abfahren** (*L*) **1.** *v*/*t*. *Last*: levar, acarretar; *Strecke*: percorrer; (*abnutzen*) gastar; **2.** *v*/*i*. (*sn*) partir, sair; ⚓ *a.* levantar ferro; *fig.* ~ *lassen* mandar passear.

'**Abfahrt** *f* partida *f* (*nach* para); *Bergsport*: descida *f*; **~(s)bahnsteig** *m* (*-es*; *-e*) cais *m* de partida; ♀**(s)-bereit** pronto para a partida (*od.* para partir); **~(s)zeit** *f* hora *f* de partida.

'**Abfall** *m* (*-es*; *⸚e*) descida *f*; (*Böschung*) declive *m*; (*Müll*) lixo *m*, despojos *m*/*pl.*; (*Rest*) restos *m*/*pl.*; detritos *m*/*pl.*; ⊕ (*Schrott*) sucata *f*; (*Schutt*) entulho *m*; *Abfälle pl.* aparas *f*/*pl.*; (*Speisereste*) lavagem *f*/*sg.*; *fig.* (*Rebellion*) sublevação *f*, levantamento *m*, revolta *f*, rebelião *f*; (*Trennung*) abandono *m*, dissidência *f*; (*Verrat*) traição *f*; ⚔ deserção *f*; *Rel.* apostasia *f*; ♀**en** (*L*; *sn*) *v*/*i*. cair; *fig.* (*abnehmen*) diminuir, descair; *Gelände* descer; (*verlassen*) abandonar, deixar; renegar; ~ *zu* passar-se (*od.* ⚔ desertar) para; *Gewinn*: render; (*übrig sn*) sobejar; *dabei fällt nichts ab* não se lucra nada com isto; ~ *gegen* (*schlechter sn*) ser inferior a; *Sport*: perder terreno.

'**ab|fällig** inclinado; *Urteil*: desfavorável, depreciativo, negativo; **~fangen** (*L*) apanhar, *j-n* ~ *a.* surpreender alg.; 🚂, ✈ interceptar; ⚔ deter; *Stoß*: amortecer, atenuar; **~färben** largar tinta; *fig.* ~ *auf* (*ac.*) influenciar; **~fasen** ['~fa:zən] (*-t*) ⊕ chanfrar, biselar; destingir.

'**abfass|en** (*-ßt*) apanhar; *Text*: redigir, compor; ♀**ung** *f* reda(c)ção *f*.

'**abfertig|en** ['~fɛrtigən] despachar (*a. fig.* F); *Kunden*: atender, aviar; (*abweisen*) mandar embora; ♀**ung(s-stelle)** *f* despacho *m*, expedição *f*; ♀**ungs-schein** *m* (*-es*; *-e*) guia *f*.

'**abfeuern** (*-re*) disparar, ⚔ *a.* descarregar.

'**abfind|en** (*L*) pagar, satisfazer; indemnizar; *sich* ~ contentar-se, conformar-se; acomodar-se, resignar-se; ♀**ung(s-summe)** *f* indemnização *f*.

'**abflach|en** ['-flaxən] apla(i)nar, nivelar; ⊕ achatar; ♀**ung** *f* nivelamento *m*, apla(i)namento *m*; ⊕ achatamento *m*.

'**ab|flauen** ['-flauən] diminuir; **~fliegen** (*L*; *sn*) **1.** *v*/*i*. voar, levantar voo; ✈ *a.* partir (de avião); descolar; **2.** *v*/*t*. voar sobre; **~fließen** (*L*; *sn*) escorrer, escoar-se; ♀**flug** *m* (*-es*; *⸚e*) partida *f* (do avião), descolagem *f*; ♀**fluß** *m* (*-sses*; *⸚sse*) escoamento *m*; *a.* ⚕ derramamento *m*, descarga *f*; (*Gosse*) sarjeta *f*; ⚡ emanação *f*; ♀**flußrohr** *n* (*-es*; *-e*) cano *m* de esgoto; bueiro *m*; = ♀**flußstelle** *f* esgoto *m*; **~fordern** (*-re*) pedir, exigir; **~formen** moldar (*a.* ⊕); modelar; (*kopieren*) copiar; **~fragen** perguntar, ouvir, interrogar; *im Unterricht*: chamar; ♀**fuhr** ['-fu:r] *f* transporte *m*; (*Roll*♀) carretagem *f*; *Sport*: derrota *f*; *fig.* repulsa *f*; *j-m e-e* ~ *erteilen Sport*: derrotar alg.; *fig.* mandar alg. passear.

'**abführ|en** **1.** *v*/*t*. transportar; levar; acarretar; *Geld*: pagar, entregar; *Häftling*: prender; *vom Thema, vom Wege*: afastar, desviar; **2.** *v*/*i*. ⚕ evacuar, obrar, purgar; **~end** ⚕ purgativo; ♀**mittel** *n* purgante *m*, laxativo *m*.

'**abfüllen** tirar; *auf Fässer*: envasilhar; *auf Flaschen*: engarrafar.

'**abfüttern** (*-re*) dar de comer a; *Stoff*: forrar.

'**Abgab|e** *f* entrega *f*; (*Steuer*) imposto (*'ô) *m*; direito *m*; contribuição *f*; taxa *f*; (*Tribut*) tributo *m*; (*Verkauf*) venda *f*; *Wechsel*: saque *m*; ~ *e-r Erklärung* declaração *f*; ♀**en-frei** isento de direitos; ♀**en-**

pflichtig sujeito a direitos *usw.*, cativo de impostos.

ˈ**Abgang** *m* (-*ẹs*; ⸗*e*) saída *f*, (*Abfahrt*) *a.* partida *f*; *Pol. a.* demissão *f*; (*Abnahme*) diminuição *f*, míngua *f*; (*Ausschuß*) aparas *f/pl.*; (*Verbrauch*) consumo *m*; (*Verkauf*) venda *f*; (*Verlust*) perda *f*; (*Versand*) despacho *m*; **~s-prüfung** *f* exame *m* final; **~s-zeit** *f* hora *f* da partida (*od.* saída *od. e-r Sendung*: do despacho); **~s-zeugnis** *n* (-*ses*; -*se*) diploma *m* (do curso).

ˈ**Abgas** *n* (-*es*; -*e*) gases *m/pl.* de escape.

ˈ**abgeben** (*L*) entregar; dar; (*abtreten*) ceder; renunciar a; (*dienen als*) dar, ser; (*loswerden*) largar; (*zurückgeben*) restituir; *Erklärung*: fazer; *Gepäck*: depositar; *Laden, Raum*: trespassar; *Meinung*: dizer; *Schuß*: disparar; *Visitenkarte*: deixar; *s-e Stimme* ~ votar (für em); *e-n Wechsel auf j-n* ~ sacar sobre alg.; *e-n guten Arzt usw.* ~ (vir a) ser um ...; *sich* ~ *mit* ocupar-se de, dedicar-se a, tratar de; (*verkehren*) dar-se com; *sich nicht* ~ *wollen mit* não querer saber de.

ˈ**ab|gebrannt** [ˈ-gəbrant] *p.pt. v. abbrennen*; *fig.* ~ *sn* estar sem nada; **~gebrochen** [ˈ-gəbrɔxən] *p.pt. v. abbrechen*; *fig.* abrupto; **~gebrüht** [ˈ-gəbryːt] *p.pt. v. abbrühen*; *fig.* sabido; **~gedroschen** [ˈ-gədrɔʃən] *fig.* trivial, banal; ~*e Redewendung* lugar *m* comum; **~gefeimt** [ˈ-gəfaımt] consumado; (*hinterhältig*) pérfido; ~*er Gauner* patife *m*; **~gegriffen** [ˈ-gəgrifən] gasto; *fig.* = ~*gedroschen*; **~gehärtet** [ˈ-gəhɛrtət] *p.pt. v. abhärten*; robusto; ~ *sn* (*gegen*) resistir (a); *fig.* estar habituado a.

ˈ**abgehen** (*L*; *sn*) ir-se (embora), sair; (*abfahren*) partir; (*fehlen*) faltar; (*sich loslösen*) cair, sair; (*zurücktreten*) demitir-se; (*abgezogen w.*) deduzir-se, descontar-se; (*verkauft w.*) vender-se; (*verschickt w.*) seguir; *das ist noch einmal gut für Sie* (*mich*) *abgegangen* ainda teve (tive) sorte; *mit* (*dem*) *Tod* ~ falecer; *von e-r Meinung* ~ mudar de opinião (*od.* de ideias); *nicht* ~ *von* não desistir de; *sich nichts* ~ *l.* aproveitar tudo; *Genuß*: não deixar passar nada.

ˈ**ab|gehetzt** [ˈ-gəhɛtst] estafado; exausto; **~gekämpft** [ˈ-gəkɛmpft] esgotado, cansado; **~geklärt** [ˈ-gəklɛːrt] sereno; **~gelebt** [ˈ-gəleːpt] decrépito, gasto; ˈ**~gelegen** afastado, distante, longe.

ˈ**abgelten** (*L*) pagar.

ˈ**ab|gemessen** *p.pt. v. abmessen*; comedido, moderado; ♪, *Rede*: compassado, pausado; *genau* ~ certo, exa(c)to, preciso; **~geneigt** pouco inclinado, desfavorável, avesso; *j-m* ~ *sn* não simpatizar com alg.; **⁀geneigtheit** *f* (*0*) aversão *f*, antipatia *f*; **~genutzt** [ˈ-genutst] gasto; puído.

ˈ**Abgeordnete**(**r** *m*) *m*, *f* [ˈ-gəɔrdnɛtə(r)] deputado *m*, -a *f*; (*Vertreter*[*in*]) delegado *m*, -a *f*; **~n-haus** *n* (-*es*; ⸗*er*) Câmara *f* dos Deputados; Assembleia *f* Nacional.

ˈ**ab|gerissen** *p.pt. v. abreißen*; *adj. a.* roto, esfarrapado; *fig.* incoerente; abrupto; **~gerundet** [ˈ-gərundət] arrondado; redondo; *fig.* rematado; **~gesagt** [ˈ-gəzaːkt] **1.** *p.pt. v. absagen*; **2.** (*erklärt, geschworen*) declarado, decidido.

ˈ**Abgesandte**(**r**) *m* delegado *m*, emissário *m*.

ˈ**abgeschieden** [ˈ-gəʃiːdən] *p.pt. v. abscheiden*; *adj.* recolhido; (*tot*) defunto; saudoso; **⁀-heit** *f* (*0*) solidão *f*; refúgio *m*; isolamento *m*.

ˈ**abgeschlossen** [ˈ-gəʃlɔsən] *p.pt. v. abschließen*; (*fertig, beendet*) pronto, findo; completo, perfeito; (*allein, zurückgezogen*) isolado, recolhido; (*in sich*) ~ independente; acabado; ~ *h. mit* não se importar mais com; já não fazer caso de; **⁀-heit** *f* (*0*) isolamento *m*, recolhimento *m*; (*Einheit*) integridade *f*; (*Vollkommenheit*) perfeição *f*.

ˈ**abgeschmackt** [ˈ-gəʃmakt] insípido, (*alltäglich*) banal; (*geschmacklos*) de mau gosto; (*töricht*) absurdo; **⁀-heit** *f* (*0*) sensaboria *f*; falta *f* de gosto; despropósito *m*, banalidade *f*; absurdidade *f*.

ˈ**abgesehen** [ˈ-gəzeːən] *p.pt. v. absehen*; ~ *von* excepto; abstraindo de; a não ser (que *subj.*); *es auf* (*ac.*) ~ *h.* ter em mira, visar.

ˈ**abgespannt** *p.pt. v. abspannen*; cansado, fatigado, exausto; **⁀-heit** *f* (*0*) cansaço *m*, fadiga *f*.

ˈ**ab|gestanden** [ˈ-gəʃtandən] choco;

insípido; **~gestumpft** chato, embotado; *fig.* ~ (gegen) insensível (a); **~getan** ['-gəta:n] *p.pt. v. abtun*; consumado; sem importância, sem interesse; **~gewinnen** ganhar; (*dat.*) *Geschmack* ~ tomar gosto a *a.c.*; *j-m e-n Vorsprung* ~ tomar a dianteira (*od.* adiantar-se) a alg.; **~gewirtschaftet** ['-gəvirtʃaftət] arruinado; ~ *h. a.* estar liquidado; **~gewöhnen** (-): *j-m et.* ~ desacostumar (*od.* desabituar) alg. de a.c.; fazer perder o costume (*od.* o hábito) a alg.; *sich* (*dat.*) (*das Rauchen*) ~ deixar (de fumar); **~gezählt** ['-gətsɛ:lt] *p.pt. v. abzählen*; certo; **~gezehrt** ['-gətse:rt] consumido; magro.

'**abgießen** (*L*) tirar, deitar fora; *Gemüse*: escorrer; ⚗ decantar; ⊕ fundir; *in Gips usw.*: moldar.

'**Abglanz** *m* (-*es*; *0*) reflexo *m*.

'**ab|gleiten** (*L*; *sn*), **~glitschen** (*sn*) escorregar (para baixo); *Auto*: resvalar; *Riemen*: separar-se, cair; ✝ *Kurse usw.* descer, baixar.

'**Abgott** *m* (-*es*; ⸚*er*) ídolo *m*.

'**Abgött|e'rei** ['-gœtə'raɪ] *f* (*0*) idolatria *f*; **ⓢisch** idólatra, idolátrico.

'**ab|graben** (*L*) cavar; sangrar; *Wasser*: desviar; *fig. j-m das Wasser* ~ minar o terreno a alg.; **~grasen** (-*t*) *v/t. Vieh*: pastar, pascer; (*mähen*) ceifar, segar; *fig.* explorar; **~greifen** (*L*) enxovalhar, manusear; *Buch*: *a.* folhear; ⅍ compassar, abranger com o compasso; **~grenzen** (-*t*) delimitar, demarcar; *fig.* determinar, *Begriff*: definir; **ⓢgrenzung** ['-grɛntsuŋ] *f* delimitação *f*, demarcação *f*; *begriffliche*: definição *f*.

'**Ab|grund** *m* (-*es*; ⸚*e*) abismo *m* (*a. fig.*); (*steiler* ~) precipício *m*; (*Schlund*) garganta *f*; **ⓢgründig** ['-gryndiç], **ⓢgrund·tief** (*0*) abismal, insondável; **ⓢgucken** F: (*sich dat.*) ~ copiar, imitar; **ⓢgünstig** invejoso; **~guß** *m* (-*sses*; ⸚*sse*) (*Ausguß*) esgoto *m*; *Figur*: moldagem *f*; ⊕ fundição *f*, cópia *f*; (*Gips*ⓢ) gesso *m*; ⚗ decantação *f*.

'**ab|haben** (*L*): F ~ *wollen* querer também; **~hacken** cortar; **~haken** tirar; desenganchar, soltar.

'**ab·halt|en** (*L*) reter, deter; (*hindern*) impedir; *Kind*: pôr a urinar, F pôr a fazer chichi; *fig. Feier*: celebrar; *Prüfung*, *Sitzung*: ter; *Versammlung*: realizar; *abgehalten w.* realizar-se, ter lugar; **ⓢung** *f* impedimento *m*; *e-r Veranstaltung*: organização *f*, realização *f*.

'**ab|handeln** (-*le*) (*behandeln*, *erörtern*) tratar de, dissertar sobre; ✝ *j-m et.* ~ comprar a.c. a alg.; *vom Preise* ~ regatear; *3% von et.* ~ arranjar (*od.* pedir) um desconto de 3% sobre a.c.; **~'handen** [-'handən]: ~ *kommen* perder-se, desaparecer; **ⓢhandlung** *f* tratado *m*, *lit. a.* ensaio *m*; 📖 *a.* dissertação *f*, tese *f*.

'**Abhang** *m* (-*es*; ⸚*e*) encosta *f*, declive *m*, vertente *f*, talude *m*; (*Weg*) ladeira *f*; *steiler* ~ escarpa *f*, precipício *m*.

'**ab·häng|en 1.** *v/t.* tirar; *Wagen*: desatrelar, 🚃 desajoujar; F *fig. Sport*: deixar atrás; **2.** *v/i. Fernspr.* pousar o auscultador, deixar de falar; **3.** *fig.* (*L*) ~ *von* depender de; **~ig** dependente; *Rede*: indire(c)to; *Satz*: subordinado; **ⓢigkeit** *f* (*0*) dependência *f*; *gegenseitige* ~ interdependência *f*.

'**abhärt|en** (-*e*-) robustecer, enrijar, tornar resistente, dar resistência a; imunizar; **ⓢung** *f* (*0*) enrijamento *m*.

'**ab|hauen 1.** *v/t.* cortar, abater; **2.** *v/i.* (*sn*) F safar-se, abalar; **~heben** (*L*) levantar, tirar; *Karten*: partir; cortar (o naipe); (*sich*) ~ realçar(-se); marcar, distinguir(-se), ressaltar, (fazer) sobressair; *sich* (*vom Boden*) ~ ✈ descolar; **~heilen** *v/i.* (*sn*) sarar; **~helfen** (*L*) (*dat.*) remediar; *dem ist nicht abzuhelfen* não tem remédio; paciência!; **~hetzen** (-*t*) cansar; (*sich*) ~ maçar (-se), estafar(-se), afadigar(-se).

'**Abhilfe** *f* (*0*) remédio *m*; ~ *schaffen* remediar.

'**ab|hobeln** (-*le*) aplainar, acepilhar; **~hold** pouco inclinado a; adverso a; *j-m*: desfavorável a; **~holen** (v)ir buscar; ~ *l.* mandar buscar; **~holzen** (-*t*) roçar, arrotear, desmoitar, desarborizar; **~horchen** escutar; interceptar; ⚕ auscultar; **~hören** *Ferngespräche*, *Funksendungen*: ouvir, interceptar; (estar a) escutar; (*überwachen*) fiscalizar; (*verhören*) interrogar; *j-n* ~, *j-m et.* ~ ouvir a.c. a alg.; **~irren** (*sn*): *vom Wege* ~ errar o caminho, desviar-se do caminho; perder-se; *fig.* aberrar; *in der Rede* ~ divagar; afastar-se do assunto; **≈irrung** *f* aberração *f* (*a. Astr.*), desvio *m.*

Abi'tur [abi'tu:r] *n* (-*s*; -*e*), **~ium** [-ium] *n* (-*s*; -*rien*) exame *m* final (do liceu); *das* ~ *m.* tirar o curso liceal; **~ri'ent** [-i'ɛnt] *m* (-*en*) finalista *m* (do liceu); **~ri'entenzeugnis** *n* (-*ses*; -*se*) carta *f* do curso liceal.

'ab|kämmen pentear; limpar; *Wolle*: cardar; **~kanten** (-*e*-) biselar, chanfrar; *Blech*: rebordar; **~kanzeln** ['-kantsəln] (-*le*) F censurar, repreender; F dar uma ensaboadela a; **~karten** (-*e*-) combinar, tramar; **~kaufen** comprar.

'Abkehr [e:] *f* (*0*): ~ (*von*) abandono *m* (de), renegação *f* (de), renúncia *f* (a); **≈en:** *sich* ~ *von* afastar-se de; voltar (*od.* virar) as costas a; *fig. a.* renegar (*ac.*); (*aufgeben, verzichten*) abandonar (*ac.*); renunciar a.

'ab|ketten (-*e*-) soltar, desencadear; **~klappen** F ter um chilique; **~klappern** (-*re*) F correr; **~klären** clarificar; ⚗ filtrar, decantar; *fig.* esclarecer; **≈klärung** *f* (*0*) clarificação *f*; ⚗ filtração *f*, decantação *f*; *fig.* esclarecimento *m.*

'Abklatsch *m* (-*es*; -*e*) (*Abdruck*) decalque *m*, cópia *f* (*a. fig.*); (*Nachahmung*) imitação *f*; decalque *m*; **≈en** decalcar; *Typ.* estereotipar.

'ab|klingen (*L*; *sn*) diminuir, acabar; extinguir-se; **~klopfen** bater; *Staub*: sacudir; ♪ interromper; (*beklopfen*) apalpar; ⚕ auscultar; F correr; **~knabbern** (-*re*) roer; **~knallen** disparar; *Rakete*: deitar; F (*erschießen*) abater; **~knappen** ['-knapən], **~knapsen** ['-knapsən] (-*t*) F cortar; arrancar; *sich* (*dat.*) *et.* ~ fazer sacrifício de a.c.; **~kneifen** (*L*) cortar *od.* arrancar (com tenaz *od.* com alicate); **~knicken** quebrar, arrancar; (*verbiegen*) torcer, dobrar; **~knipsen** (-*t*) F *Draht*: cortar; **~knöpfen** desabotoar; *fig.* F *j-m et.* ~ extorquir a.c. a alg.; **~knutschen** F beijocar; **~kochen** **1.** *v/t.* cozer, escaldar; *Milch*: deixar levantar fervura; *Wasser*, ⚗ ferver; **2.** *v/i.* cozer; ⚔ preparar o rancho; **3.** ≈ ⚗ *n* deco(c)ção *f*; **~kommandieren** (-) ⚔ destacar; transferir.

'Abkomm|e ['-kɔmə] *m* (-*n*) descendente *m*; **≈en**[1] (*L*; *sn*) *v/i.* afastar-se, apartar-se; *vom Wege* ~ perder (*a.* ⚓ desviar-se d)o caminho; *fig.* = *abirren*; *von e-r Absicht* ~ desistir (de); mudar de ideias; *von e-r Meinung* ~ mudar de opinião; *Brauch usw.*: cair em desuso, passar de moda, deixar de ser usado; ⚔ (*zielen*) apontar, acertar; *vom Thema* ~ desviar (*od.* afastar)-se do assunto; ~ *k.* ter tempo, estar livre; **~en**[2] *n* convénio *m*, convenção *f*, acordo (*'ô) *m*, pa(c)to *m*; **~en-schaft** *f* (*0*) descendência *f.*

'abkömm|lich ['-kœmliç] disponível; ~ *sn a.* ter tempo; **≈ling** *m* (-*s*; -*e*) descendente *m*; ⚗ derivado *m.*

'ab|koppeln (-*le*) desengatar, desligar; *Hund*: soltar; *Pferd*: desatrelar; **~kratzen** (-*t*) **1.** *v/t.* raspar; alimpar; **2.** *v/i.* P (*fliehen*) safar-se; (*sterben*) esticar a perna; **~kriegen** = *abbekommen.*

'Abkühl...: *in Zssgn* resfriador, refrigerativo, refrigeratório, de refrigeração; **≈en** arrefecer; *phys.* refrigerar; refrescar; resfriar; **~ung** *f* (*0*) resfriamento *m* (*a. fig.*); arrefecimento *m*; ⊕ refrigeração *f.*

'Abkunft *f* (-; ¨*e*) ascendência *f*; linhagem *f*; *von guter* ~ de boa família; *deutscher* ~ de origem alemã.

'abkürz|en (-*t*) cortar; ⚕ reduzir; *Verhandlung, Weg, Wort*: abreviar; **≈ung** *f* abreviação *f*; *Wort, Typ.* abreviatura *f.*

'abküssen (-*ßt*) beijocar.

'ab-lad|en (*L*) descarregar; **≈e-platz** *m* (-*es*; ¨*e*) descarregadouro *m*; **≈er** *m* descarregador *m*; **≈ung** *f* descarga *f.*

'Ab-lage *f* depósito *m*; (*Akten≈*) arquivo *m*; (*Kleider≈*) vestuário *m.*

'ab-lager|n (-*re*) **1.** *v/t.* depositar; **2.** *v/i. Wein*: repousar; *sich* ~ *Geol.* sedimentar; **≈ung** *f* depósito *m* (*a.* ⚗), *Geol.* sedimento *m*; ⚗ *Prozeß*, ⚕ sedimentação *f.*

'Ab-laß *m* (-*sses*; ¨*sse*) ⊕ *Dampf, Wasser*: saída *f*, escape *m*; ✝ *Preis*: desconto *m*; ⚕ *Blut*: sangradura *f*; *Rel.* indulgência *f*, indulto *m*, perdão *m*; **~brief** *m* (-*es*; -*e*) breve *m* de indulgência.

'ab-lassen (*L*) largar, soltar; ⊕ *Dampf, Luft*: deixar escapar (*od.* sair); *Teich*: sangrar (*a.* ⚕ *Blut* ~); *Wasser*: deixar escorrer; *Wein usw.*:

trasfegar; *Preis*: descontar; fazer um desconto (*od.* abatimento); 🚂 fazer partir; dar (o sinal d)a partida; *von et.* ~ desistir de a.c.; *von j-m* ~ deixar alg. (em paz).

'Ab·lauf *m* (-*es*; ⸚*e*) decurso *m*, decorrer *m*; evolução *f*; (*Abfluß*) esgoto *m*; (*Ausgang*) fim *m*; *Frist*: cabo *m*, expiração *f*; ⚕ *Wechsel*: vencimento *m*; *Sport*: partida *f*; *nach* ~ *von* ao cabo de; *vor* ~ (*gen.*) antes do fim de; **2en** (*L*) **1.** *v/i.* (*sn*) decorrer; *Sport*: partir; *Uhr*: parar, *abgelaufen sn* não ter corda; *Wasser*: (es-) correr; *fig.* (*enden*) acabar; *Frist*: *a.* vencer, caducar (*a. Paß*); terminar; expirar; **2.** *v/t.* *Gegend*: correr; *Schuhe*: gastar; *fig.* *j-m den Rang* ~ vencer alg., exceder alg.; F *sich* (*dat.*) *nach et. die Beine* (*od.* *Hacken*) ~ andar atrás de a.c.

'Ab·laut *m* (-*es*; -*e*) *gr.* apofonia *f*; **2en** (-*e*-) sofrer apofonia.

'ab|leben *v/i.* morrer, falecer; **2leben** *n* morte *f*, falecimento *m*.

'ab·lecken lamber.

'ab·lege|n depor; *Akten, Briefe*: arquivar; *Kleider*: tirar, despir; já não vestir; *abgelegte Kleidung* roupa usada; *Trauer usw.*: deixar; *fig.* *Bekenntnis, Geständnis, Prüfung*: fazer, *Eid*: *a.* prestar (*a. Rechenschaft*); *Gewohnheit*: perder; *Probe, Zeugnis*: dar; **2r** ⚘ *m* estaca *f*, tanchão *m*.

'ab·lehn|en recusar; *Einladung*: declinar; *Erbschaft*: renunciar a; *Gesuch*: indeferir; *Verantwortung*: não tomar; *Vorschlag*: rejeitar; **~end** negativo; ~ *gegenüberstehen* (*dat.*) desaprovar (*ac.*), não simpatizar com; **2ung** *f* recusa *f*, negação *f*; *Einladung*: declinação *f*; *Erbschaft*: renúncia *f* a; *Gesuch*: indeferimento *m*; *Vorschlag*: rejeição *f*.

'ab·leiern (-*re*) psalmodiar; *sich* ~ gastar-se.

'ab·leit|bar derivável; **~en** (-*e*-) *Fluß*: desviar; *Wasser*: desaguar; *fig.*, ⅌, *gr.* derivar; deduzir; **2er** ⚡ *m* condutor *m*; *desviador *m*; **2ung** *f* desvio *m*; derivação *f*; dedução *f*; desaguamento *m*; *gr.* derivação *f*; ⅌ derivada *f*, quociente *m* diferencial; **2ungs...**: *in Zssgn* *gr.* derivativo *m*.

'ab·lenk|en desviar, apartar; *a.* ⚔ divertir; *fig.* distrair; **2ung** *f* desvio *m*; diversão *f*; *Astr.* digressão *f*; *Phys.* difra(c)ção *f*; ⚡ difusão *f*; (*Unterhaltung*) distra(c)ção *f*; **2ungs...**: *in Zssgn* de diversão *usw.*

'ab·les|en (*L*) ler; *Obst*: (re)colher; *j-m e-n Wunsch an den Augen* ~ adivinhar os desejos a alg.; **2ung** *f* (*0*) leitura *f*.

'ab·leugn|en (-*e*-) negar, desmentir; **2ung** *f* (*0*) negação *f*; desmentido *m*.

'ab·liefer|n (-*re*) entregar; remeter; **2ung** *f* entrega *f*; **2ungs-termin** *m* (-*s*; -*e*) data *f* da entrega.

'ab|listen ['-listen] (-*e*-): *j-m et.* ~ surripiar a.c. a alg.; **~locken**: *j-m et.* ~ sacar a.c. a alg.; **~lösbar** separável; ⚖ redimível; **~löschen** apagar; *Tinte*: secar (com mata--borrão).

'ab·lös|en (-*t*) desligar, descolar, tirar; ⚖ *u.* ⚕ re(di)mir; ⚔ render; *j-n*: substituir; *sich* ~ *Farbe usw.* descolar; *ea.* ~ alternar-se, revezar--se; **2ung** *f* desligamento *m*; *im Amt*: substituição *f*; ⚔ render *m* (da guarda); ⚖, ⚕ remissão *f*; *gegenseitige* ~ revezamento *m*.

'abmach|en (*lösen*) tirar; (*verabreden*) combinar, arranjar, entender--se; *Arbeit, Preis*: ajustar; *vertraglich*: estipular, determinar; *abgemacht!* está dito!, está combinado!, está entendido!; F *das ist ein* 2 já que se está com as mãos na massa; **2ung** *f* arranjo *m* (*treffen* fazer); (*Vertrag*) acordo (*'ô) *m*; *pol.* *a.* pacto *m*; (*Klausel*) estipulação *f*; convénio *m*, convenção *f*, *Personal*: ajuste *m*.

'abmager|n (-*re*; *sn*) emagrecer; abater; **2ung** *f* (*0*) emagrecimento *m*.

'ab|mähen ceifar; **~malen** pintar; copiar; *j-n*: retratar.

'Abmarsch *m* (-*es*; ⸚*e*) partida *f*; **2bereit** pronto para a partida; **2ieren** (-; *sn*) marchar, partir, sair; pôr-se em marcha.

'abmeld|en (-*e*-): *j-n* (*bei* ...) ~ avisar (*ac.*) da saída de alg.; participar a partida de alg. (a); riscar alg. da matrícula (*od.* do registo); *sich* ~ despedir-se; *polizeilich*: participar a mudança de residência (*od.* a saída) à polícia; **2ung** *f* despedida *f*; *polizeilich*: participação *f* de saída.

'ab|messen (*L*) medir (*a. fig.*); ⊕

regular; *s. a. abgemessen*; **2messung** *f* medição *f*; ⊕ dimensão *f*; regulamento *m*; **~mieten** (*-e-*) alugar; **~montieren** (-) desmontar; **~mühen:** *sich ~* dar-se muito trabalho; **~mustern** (*-re*) ⚔ *u.* ⚓ licenciar; despedir(-se); **~nagen** roer; **2nagung** ['-na:guŋ] *f* roedura *f*; **~nähen** fazer uma pinça; **2näher** ['-nɛ:ər] *m* pinça *f*.

'**Abnahme** *f* (*0*) ✝ (*Annahme*) aceitação *f*; (*Kauf*) compra *f*; (*Verkauf*) venda *f* (*finden* ter); ⚕ amputação *f*; *Verband*: desligadura *f*; (*technische Prüfung*) vistoria *f*; (*Verminderung*) diminuição *f*, perda *f*; *~ e-s Eides* ajuramentação *f*; *~ e-r Prüfung* exame *m*.

'**abnehm|bar** ['-ne:m-] desmontável; **~en** (*L*) **1.** *v/t.* tirar; (*a.* ⊕) desmontar; *Hörer*: levantar; *Karten*: cortar (o naipe); *Obst*: colher; *Parade*: passar em revista; ✝ receber, ☏ aceitar; (*kaufen*) comprar; ⚕ *Glied*: amputar; *Verband*: tirar; ⊕ (*prüfen*) vistoriar; *j-m et. ~* (*helfen*) ajudar alg. em (*od.* a fazer) a.c.; F (*glauben*) acreditar a.c. a alg.; *j-m e-n Eid ~* ajuramentar alg.; *e-e Prüfung ~* examinar; **2.** *v/i.* diminuir; *a. Tage*: decrescer; *Gewicht*: baixar; *Temperatur, Wasser*: *a.* descer; *Mond*: minguar; *fig.* ir abaixo, decair; **2er** *m* comprador *m*, freguês *m*.

'**Abneigung** *f* aversão *f*, antipatia *f*.

ab'norm anormal; irregular; **2i'tät** [-i'tɛ:t] *f* anormalidade *f*, anomalia *f*; monstruosidade *f*.

'**abnötigen** extorquir; arrancar; *Bewunderung*: causar.

'**abnutz|en** (*-t*), '**abnütz|en** (*-t*) gastar, usar; deteriorar; *abgenutzt* usado; **2ung** *f* uso *m*, gasto *m*, desgaste *m* (*a. fig.*); (*Wertverminderung*) deterioração *f*, detrimento *m*; *a.* ⚕ usura *f*, abrasão *f*.

Abonn|e'ment [abɔnə'maŋ] *n* (*-s*; *-s*) assinatura *f*; **2'ieren** (-) assinar; subscrever; **~ent(in** *f*) *m* (*-en*) [-'ɛnt-] assinante *m/f*.

'**ab-ordn|en** (*-e-*) delegar, deputar; **2ung** *f* delegação *f*, deputação *f*; ⚔ missão *f*.

'**Ab-ort**[1] *m* (*-ɇs*; *-e*) retrete *f*.

A'bort[2] [a'bɔrt] ⚕ *m* (*-ɇs*; *-e*) aborto (*'ô) *m*.

'**ab|packen** tirar, descarregar; **~passen** (*-ßt*) medir; ajustar; *Gelegenheit*: aguardar, *a. j-n*: esperar (por), espreitar; **~pellen** descascar; **~pfeifen** (*L*): (*das Spiel*) *~* apitar para interromper (*od.* terminar) o jogo; **2pfiff** *m* (*-ɇs*; *-e*) *Sport*: apito *m* de interrupção; apito *m* final; **~pflücken** colher; arrancar; **~placken**, **~plagen:** *sich ~* cansar-se, maçar-se; esfalfar-se.

'**abplatt|en** (*-e-*) achatar; **2ung** *f* achatamento *m*.

'**Abprall** *m* (*-ɇs*; *-e*) ressalto *m*, recuo *m*, retrocesso *m*; *Geschoß*: ricochete *m*; **2en** *v/i.* (*sn*) ressaltar, recuar; ricochetear; *fig.* malograr-se; *an j-m ~* deixar alg. impassível; **2er** *m* ricochete *m*.

'**ab|pressen** (*-ßt*) espremer; *j-m et. ~* extorquir a.c. a alg.; **~protzen** (*-t*) ⚔ desmontar.

'**Abputz** *m* (*-es*; *0*) ⚠ reboco *m*; **2en** (*-t*) (a)limpar; *Licht*: espevitar, aparar o morrão, repuxar a torcida; ⚠ *Haus*: branquear; *Mauer*: rebocar, revestir de reboco.

'**ab|quälen**: *sich ~* maçar-se; *seelisch*: atormentar-se; **~rackern** ['-rakərn] F (*-re*): *sich ~* maçar-se; **~rahmen** desnatar; **~rasieren** (-) rapar; arrasar; **~raspeln** (*-le*) ra(s)par; **~raten** (*L*) desaconselhar; *j-m ~ von* dissuadir alg. de (*inf.*); **2raum** *m* (*-ɇs*; *0*) ⚒ (des)entulho *m*; escombros *m/pl.*; desaterro *m*; **~räumen** arrumar; tirar; *Tisch*: levantar; *den Schutt ~ von* desentulhar (*ac.*).

'**abrechn|en** (*-e-*) **1.** *v/t.* (*abziehen*) deduzir, descontar; subtrair; ✝ *Konto*: saldar; liquidar; **2.** *v/i.* fazer (as) contas, *a. fig.* ajustar contas; **2ung** *f* (*Abzug*) desconto *m*; *Konto*: liquidação *f*, balanço *m*, *a. fig.* ajuste *m* de contas; *in ~ bringen* descontar; **2ungs-stelle** *f* contabilidade *f*; **2ungs-verkehr** *m* (*-s*; *0*) «clearing» *m* (*engl.*).

'**Abrede** *f* acordo (*'ô) *m*; *in ~ stellen* negar, desmentir; **2n** (*-e-*) = *abraten*; (*ver2*) combinar.

'**abreib|en** (*L*) esfregar; (*reinigen*) *a.* limpar; ⚕ *a.* fri(c)cionar; **2ung** *f* esfregadura *f*; ⚕ fri(c)ção *f*; *fig.* descompostura *f*.

'**Abreise** *f* partida *f*; **2n** (*-t*; *sn*) partir, sair.

'**ab-reiß|en** (*L*) **1.** *v/t.* arrancar, tirar; ⚠ distar abaixo, demolir, derribar; **2.** *v/i.* (*sn*) *Faden*: partir(-se); *fig. nicht* ~ não ter fim; nunca mais acabar; *plötzlich* ~ acabar de um momento para o outro; *s. a. abgerissen*; 2**kalender** *m* calendário *m*.

ˈ**abrennen** (*L*): *sich* (*dat.*) *die Beine* ~ correr para trás e para diante.

ˈ**abricht|en** (*-e-*) adestrar; ⊕ re(c)tificar, aplanar; 2**maschine** *f* re(c)tificador *m*; aplanador *m*; 2**ung** *f* adestramento *m*; ⊕ re(c)tificação *f*; aplanamento *m*.

ˈ**abriegel|n** (*-le*) trancar, aferrolhar, fechar com ferrolho; *a. fig.* bloquear; *polizeilich*: cercar; *Verkehr*: vedar; ⚔ *Graben*: cortar; 2**ung** *f* bloqueio *m*; ⚔ *a.* cerco (*ê) *m*; *polizeiliche*: cordão *m*; *Verkehr*: vedação *f*.

ˈ**Ab|riß** *m* (*-sses*; *-sse*) esboço *m*; *schematischer*: diagrama *m*; *fig.* resumo *m*; (*Buch*) compêndio *m*; ⚠ demolição *f*; 2**rollen 1.** *v/t.* desenrolar; (*befördern*) levar, transportar; **2.** *v/i.* desenrolar-se; *Programm*: correr; 2**rücken 1.** *v/t.* afastar, remover, tirar; **2.** *v/i.* (*sn*) ⚔ partir, retirar; *fig.* ~ *von* distanciar-se de; ~**ruf** *m* (*-es*; *-e*) revocação *f*; *auf* ~ às ordens *f/pl.*, à disposição *f*; 2**rufen** (*L*) chamar; *Geld, Ware*: levantar; 🚆 anunciar a partida de; 2**runden** (*-e-*) (ar)redondar (*nach oben* por excesso; *nach unten* por defeito); 2**rupfen** depenar; arrancar; 2**rüsten** (*-e-*) desarmar; ~**rüstung** *f* desarmamento *m*; 2**rutschen** escorregar; 2**sacken** [ˈ-zakən] (*sn*) cair, baixar(-se); (*nachgeben*) ceder; ⚠ descer; ⚓ afundar-se, ir a pique; *mot.* ir-se abaixo.

ˈ**Absage** *f* recusa *f*; (~*brief*) resposta *f* negativa; 2**n 1.** *v/t.* (*ablehnen*) declinar; não aceitar, recusar; (*widerrufen*) anular; *Fest*: *a.* anular; **2.** *v/i. j-m* ~ declinar (*od.* não aceitar) o convite de alg.; *fig.* (*abschwören*) renegar (*ac.*), abjurar (*ac.*); (*entsagen*) renunciar a; *s. a. abgesagt.*

ˈ**ab|sägen** serrar; cortar (com a serra); F *fig. j-n* ~ correr com alg.; ~**satteln** (*-le*) tirar a sela, tirar a albarda.

ˈ**Absatz** *m* (*-es*; *⸗e*) (*Abschnitt*) parágrafo *m*, alínea *f*; *Rede*: período *m*; ⚠ ressalto *m*; (*Schuh*2) salto *m*, tacão *m*; (*Treppen*2) patamar *m*; (*Unterbrechung*) intervalo *m*, pausa *f*; (*Verkauf*) venda *f*; 2**fähig:** ~ *sn* ter venda; ~**gebiet** *n* (*-es*; *-e*) mercado *m*.

ˈ**absaug|en** aspirar, chupar; 2**pumpe** *f* bomba *f* aspirante.

ˈ**abschaben** ra(s)par; (*abnutzen*) gastar; *Stoff*: *a.* puir.

ˈ**abschaff|en** abolir, *Einrichtung*: *a.* suprimir, *Gesetz*: *a.* revogar, anular; (*entlassen*) despedir; 2**ung** *f* supressão *f*, abolição *f*, revogação *f*, anulação *f*.

ˈ**abschätz|bar** avaliável; ~**en** (*-t*) avaliar, estimar, apreciar; taxar; ~**ig** depreciativo; 2**ung** *f* avaliação *f*; taxação *f*; 2**ungs...**: *in Zssgn* estimativo.

ˈ**Ab|schaum** *m* (*-es*; *0*) espuma *f*; escuma *f*; *Metall*: escória *f*, *fig.* ralé *f*; 2**schäumen** escumar; 2**scheiden** (*L*) **1.** *v/t.* separar; ⚕ *u.* ⚗ segregar; ⚗ *sich* ~ precipitar; **2.** *v/i.* (*sn*) falecer; partir; ~**scheu** *m* (*-es*; *0*): ~ (*vor dat.*) horror *m* (de), aversão *f* (contra); abominação *f*; abje(c)ção *f*; 2**scheuern** (*-re*) esfregar; limpar; (*abnutzen*) (des)gastar; 2**scheulich** [-ˈʃɔyliç] abominável, detestável, horrível, abje(c)to; ~ˈ**scheulichkeit** *f* (*0*) horror *m*; monstruosidade *f*; (*Untat*) atrocidade *f*; 2**schicken** enviar, mandar, remeter, despachar, expedir; 2**schieben** (*L*) **1.** *v/t.* afastar, remover; empurrar; *fig. Ausländer*: expulsar; **2.** *v/i.* (*sn*) P abalar.

ˈ**Abschied** [ˈ-ʃiːt] *m* (*-es*; *0*) despedida *f*; (*Entlassung*) demissão *f*, ⚔ *a.* reforma *f*; baixa *f*; (*s-n*) ~ *nehmen* despedir-se; demitir-se, ⚔ *a.* pedir a reforma; *j-m den* ~ *geben* demitir alg., despedir alg.; *den* ~ *bekommen* ser demitido; ⚔ passar à reforma; ~**s-besuch** *m* (*-es*; *-e*): (*s-n* ~ *machen* apresentar cumprimentos de) despedida *f*; ~**s-gesuch** *n* (*-es*; *-e*) demissão *f* (*einreichen* dar).

ˈ**abschießen** (*L*) *Schuß*: disparar; descarregar; *Pfeil*: atirar; *Rakete, Torpedo*: lançar; *Flugzeug*: abater (*a. Tier*), derrubar; *Panzer*: destruir, aniquilar.

ˈ**abschinden** (*L*) esfolar; *fig. a.* vexar; *sich* ~ esfalfar-se, maçar-se.

ˈ**abschirm|en** proteger; cobrir; ⚔

u. ⊕ blindar; ≈**ung** *f* prote(c)ção *f*, cobertura *f*; ⚔ *u.* ⊕ blindagem *f*.

ˈ**abschirren** desarrear, tirar os arreios (a); desatrelar.

ˈ**abschlacht|en** (*-e-*) matar; *Vieh*: *a.* abater; *fig.* chacinar, assassinar; ≈**ung** *f* matança *f*, *fig. a.* chacina *f*, carnificina *f*.

ˈ**Ab|schlag** *m* (*-es*; *"e*) *Preis*: desconto *m*; *auf* ~ a prestações *f/pl.*; ≈**schlagen** (*L*) cortar, derribar, abater; ⚒ *a.* desbastar; ⚔ *u. Sport*, *Angriff*, *Stoß*: repelir; *fig. Bitte*: declinar, recusar, negar; *Gesuch*: indeferir; ≈**schlägig** [ˈ-ʃlɛːgiç] negativo; ~ *bescheiden* indeferir; ~**schlagszahlung** *f* pagamento *m* a prazo; prestação *f*.

ˈ**abschleif|en** (*L*) ⊕ amolar; afiar; polir; limpar; (*abnutzen*) desgastar; ≈**en** *n*, ≈**ung** *f* amolação *f*, afiação *f*, limpeza *f*; ⚠ (*Abnutzung*) desgaste *m*; ⚕ abrasão *f*.

ˈ**ab|schleppen** levar a reboque; *sich mit et.* ~ arrastar a.c., maçar-se com a.c.; ~**schließen** (*L*) **1.** *v/t.* fechar à chave; (*abdichten*, *absondern*) isolar; (*beenden*) terminar; *Anleihe*: negociar, contrair; *Handel*: fechar; *Kauf*: efe(c)tuar; *Rechnung*: ajustar, liquidar; *Vertrag*: concluir; **2.** *v/i.* acabar; *mit j-m* ~ chegar a acordo (*ˈô) com alg.; *sich* ~ isolar-se; *innerlich*: ensimesmar-se; ~**schließend** definitivo, final; *adv. a.* terminando.

ˈ**Abschluß** *m* (*-sses*; *"sse*) (*Beendigung*) conclusão *f*; (*Ende*) fim *m*, termo *m*; *Anleihe*: contra(c)ção *f*; *Geschäft*: transa(c)ção *f*; (*Geschäfts*≈, *Rechnungs*≈) saldo *m*, balanço *m*; *Vertrag*: conclusão *f*, assinatura *f*; *zum* ~ *bringen* levar a cabo; terminar; ~**kabel** *n* cabo *m* isolado; ~**prüfung** *f* exame *m* final.

ˈ**ab|schmecken** provar; ~**schmieren** ⊕ lubrificar; untar; P *fig.* copiar; ~**schminken** lavar; *Thea.* descaracterizar; ~**schmirgeln** (*-le*) esmerilar; ~**schnallen** desafivelar, tirar; ~**schneiden** (*L*) **1.** *v/t.* cortar (*a. fig.*), ⚔ *a.* isolar; *j-m die Ehre* ~ difamar alg.; *Möglichkeit*: privar alg. de; **2.** *v/i.*: *gut* ~ sair-se bem; fazer boa figura.

ˈ**Abschnitt** *m* (*-es*; *-e*) secção *f*; parte *f*; trecho *m*; ⩘ segmento *m*; ⚔ sector *m*; *Rechnung*, *Schein*: senha *f*; *Scheckbuch*: talão *m*; *Text*: parágrafo *m*, alínea *f*; passo *m*, trecho *m*; (*Zeit*≈) época *f*, fase *f*, período *m*; ≈(**s-**)**weise** por secções *usw.*

ˈ**ab|schnüren** desligar; *Blut*, *Kehle*: estrangular, ⚕ *a.* ligar; *fig. u.* ⚔ isolar; cortar as comunicações a; ~**schöpfen** escumar; tirar de acima (dum líquido); *Fett* ~ *von* desengordurar (*ac.*), *Rahm* ~ *von* desnatar (*ac.*); ~**schrägen** [ˈ-ʃrɛːgən] enviesar; ⊕ *a.* chanfrar; ≈**schrägung** *f* enviesado *m*; chanfradura *f*; ~**schrauben** desaparafusar, desandar, desatarraxar.

ˈ**abschreck|en** intimidar; escarmentar, (fazer) desanimar; desalentar; *Ei usw.*: passar por água fria; ⊕ temperar; ~**end** desanimador; ~**es** *Beispiel* lição *f*, escarmento *m*; ~**e** *Strafe* castigo *m* exemplar; ≈**ung** *f* (*0*) intimidação *f*; escarmento *m*; ⊕ têmpera *f*.

ˈ**abschreib|en** (*L*) **1.** *v/t.* copiar, transcrever; *betrügerisch*: plagiar, cometer plágio; (*abrechnen*) deduzir, descontar; *Wert*: depreciar; *auf Konto*: abonar; (*tilgen*) amortizar; **2.** *v/i.* (*absagen*) dar uma resposta negativa; escrever a desculpar-se; ≈**ung** *f* ✝ amortização *f*.

ˈ**abschreiten** (*L*) medir com passos; *die Front* ~ passar revista (às tropas).

ˈ**Abschrift** *f* cópia *f* (*nehmen* fazer); (*Doppel*) duplicado *m*; traslado *m*; ~ *e-r Urkunde* pública-forma *f*; ≈**lich** por cópia, copiado; em duplicado.

ˈ**ab|schroten** (*-e-*) talhar; ~**schuppen** **1.** *v/t.* escamar; **2.** *v/i.* cair; ~**schürfen**: (*sich dat. et.*) ~ escoriar (*a.c.*); ≈**schürfung** *f* escoriação *f*.

ˈ**Abschuß** *m* (*-sses*; *"sse*) tiro *m*; *Rakete*, *Torpedo*: lançamento *m*, ✈ derrubamento *m*, abatido *m*; *Panzer*: destruição *f*; *zum* ~ *bringen* abater; destruir; ~**rampe** *f* plataforma *f* de lançamento.

ˈ**abschüssig** [ˈ-ʃysiç] íngreme; escarpado; ≈**keit** *f* (*0*) declive *m*.

ˈ**ab|schütteln** (*-le*) sacudir; deitar fora; *fig.* livrar-se de; ~**schwächen** abrandar, diminuir, moderar; *Ausdruck*, *Schuld*: atenuar; *Schall*: abafar; *Stoß*: amortecer; ~**schwe-**

feln (*-le*) ⊕ (*entschwefeln* des)enxofrar, (des)sulfurar.

'**abschweif|en** (*sn*) desviar-se, afastar-se; *vom Thema* ~ perder-se em divagações; *nicht* ~ *von* cingir-se a; **2ung** *f* divagação *f*, digressão *f*.

'**ab|schwellen** (*L*; *sn*) diminuir; ⚕ desinchar; ~**schwenken** *v/i.* (*sn*) mudar de rumo; ~ (*nach*) virar (para).

'**abseh|bar** ['-ze:ba:r] determinável; *in* ~*er Zeit* em tempo determinado; (*bald*) em breve; *nicht* ~ não de prever; ~**en** (*L*) **1.** *v/t.* abranger com a vista; (*voraussehen*) prever; *es ist kein Ende abzusehen* parece que nunca mais acaba; não se vê, onde isto vai acabar; *j-m et.* ~ aprender a.c. de alg. por observação; *j-m e-n Wunsch an den Augen* ~ fazer (*od.* adivinhar) todas as vontades a alg.; (*sich dat.*) *et.* ~ observar; imitar; *es abgesehen haben auf* (*ac.*) ter em mira, ter em vista, ambicionar; *es auf j-n abgesehen haben* F entrar com alg.; **2.** *v/i. von et.* ~ abstrair de a.c.; *Plan*: desistir de; (*unbeachtet l.*) não contar com; *abgesehen von fig.* abstraindo de, a não ser (que *subj.*), não contando com.

'**ab|seifen** ensaboar, lavar com água e sabão; ~**seilen** ['-zaɪlən]: (*sich*) ~ (*losbinden*) desatar(-se); (*herunterklettern*) descer pela corda.

'**abseit|ig** ['-zaɪtɪç] afastado, desviado; *fig.* anormal; ~**s** fora, desviado, afastado; *Sport*: «off-side» (*engl.*).

'**absend|en** (*L*) mandar, enviar, despachar; **2er(in** *f*) *m* remetente *m/f* (*Abk.* Abs. Rem.); **2ung** *f* envio *m*, despacho *m*, remessa *f*, expedição *f*.

'**absengen** chamuscar.

'**absenk|en** ⊕ afundar, rebaixar; ⚒ mergulhar, enterrar; ⚘ *Reben*: abacelar; **2er** ⚘ *m* mergulhão *m*, estaca *f*, tanchão *m*; **2ung** *f* ⊕ abaixamento *m*.

'**absetz|bar:** ~ *sn* poder ser demitido (*od.* destituído); ✝ *Ware*: ter venda, vender-se; ~**en** (*-t*) **1.** *v/t.* pôr no chão; (*entlassen*) depor, demitir; (*entthronen*) destituir, destronar; (*lassen*) deixar, desembarcar; (*unterscheiden*) fazer contrastar (gegen com); (*streichen*) riscar; dar baixa a; ✝ *a.* deduzir; (*unterbringen*) colocar; (*verkaufen*) vender; ⚗ depositar, formar um depósito; *Typ.*, *Wort*: separar; **2.** *v/i.* fazer uma pausa, interromper(-se); **2ung** *f* deposição *f*, demissão *f*; destituição *f*.

'**Absicht** *f* intenção *f*, intuito *m*; (*Plan*) desígnio *m*, intento *m*; (*Ziel*) fim *m*; obje(c)tivo *m*; (*Zweck*) propósito *m*; *mit* ~ = **2lich** propositado, intencional, deliberado; *adv. a.* de propósito; **2s-los** sem intenção, sem querer.

'**ab|singen** (*L*) cantar; ~**sinken** (*L*) descer; ir(-se) abaixo.

Ab'sinth [ap'zint] *m* (*-es*; *-e*) absinto *m*.

'**absitzen** (*L*) **1.** *v/t.*: *e-e Strafe* ~ expiar uma pena na cadeia; **2.** *v/i.* (*sn*): *vom Pferde* ~ apear-se, desmontar.

abso'lut [apzo'lu:t] absoluto; ~ *nicht* de maneira nenhuma; **2i'on** [-tsi'o:n] *f* absolvição *f*; *j-m* ~ *erteilen* absolver alg.; **2'ismus** *m* (-; *0*) absolutismo *m*.

absol'vieren [apzɔl'vi:rən] (-) absolver; (*abschließen*) acabar, terminar; *Schule* frequentar; *Studium*: tirar, cursar.

ab'sonderlich extravagante, estranho, esquisito; **2keit** *f* extravagância *f*, esquisitice *f*.

'**absonder|n** (*-re*) separar; desagregar; ⚕ segregar; (*sich*) ~ isolar(-se); *e-n Gefangenen*: pôr alg. incomunicável; **2ung** *f* separação *f*; secreção *f*; isolação *f*; incomunicabilidade *f*.

absor'bier|en [apzɔr'bi:rən] (-) absorver; ~**end** absorvedor; **2ung** *f* absorção *f*.

'**abspalt|en** (*-e-*) separar; ⚗ cindir (*a. fig.*); **2ung** *f* separação *f*; *fig. a.* cisão *f*, dissidência *f*.

'**abspann|en** desatrelar, soltar; (*Spannung vermindern*) diminuir a força (*od.* a tensão) de; *vgl. abgespannt*; **2seil** *n* (*-es*; *-e*) espia *f*; **2ung** *f fig.* cansaço *m*, abatimento *m*.

'**abspeisen** (*-t*) dar de comer a; *fig.* contentar, alimentar; *j-n mit leeren Worten* ~ despachar alg. com palavras.

'**abspenstig** ['-ʃpɛnstɪç]: ~ *machen* alienar; ~ *werden* abandonar.

'**absperr|en** (*abriegeln*) fechar, trancar; (*blockieren*) bloquear; (*isolieren*) isolar; *Zugang*: fechar (*od.* vedar) ao trânsito; *Zuleitung*: cortar; ⊕ travar; *sich* ~ isolar-se; ♀-**hahn** *m* (-*ės*; ⸗*e*) torneira *f* de vedação; ♀**ung** *f* encerramento *m*; barricada *f*; bloqueio *m*; *polizeiliche*: cordão *m*; *Zugang*: interdição *f*; *Zuleitung*: corte *m*; ⊕ vedação *f*; ♀**ventil** *n* (-*s*; -*e*) válvula *f* corrediça.

'**ab|spiegeln** (-*le*) reflectir; espelhar; ~**spielen 1.** ♪ *v/t. Tonband*: rodar; *vom Blatt* ~ tocar à primeira vista; *abgespielt Platte usw.*: gasto; **2.** *sich* ~ passar-se; ~**splittern** (-*re*) lascar; ♀**sprache** *f* acordo (*'ô) *m*, ajuste *m*; ~**sprechen** (*L*) negar, disputar; ⚖ abjudicar; *j-m et.* ~ desapossar (*od.* privar) alg. de a.c.; (*vereinbaren*) combinar, ajustar; ~**sprechend** negativo, depreciativo; ~**springen** (*L*; *sn*) saltar; partir-se; (*sich ablösen*) despegar-se; (*abprallen*) ricochetear; ✈ descer em pára-quedas; ~ *von fig.* abandonar (*ac.*), afastar-se de; *Kunden*: retirar-se, deixar de comprar (*od.* frequentar); F *dabei springt et. für j-n ab* alg. ganha a.c. com isso.

'**abspritzen** (-*t*) lavar.

'**Absprung** *m* (-*ės*; ⸗*e*) salto *m*; descida *f* (✈ em pára-quedas).

'**ab|spulen** dobar, ensarilhar; ~**spülen** lavar, enxaguar; ~**stammen** descender; proceder; *gr. u.* ⚗ derivar; ♀**stammung** *f* origem *f*; ascendência *f*; filiação *f*; *gr.* derivação *f*; etimologia *f*.

'**Abstand** *m* (-*ės*; ⸗*e*) distância *f* (*halten, wahren* guardar); intervalo *m*; (*Spielraum*) margem *f*; *fig.* diferença *f*; ~ *nehmen von* desistir de, renunciar a, desinteressar-se de; (*Abfindung*) indemnização *f*; trespasse *m*.

'**ab|statten** ['-ʃtatən] (-*e*-) *Besuch*: fazer; *Dank*: apresentar; *Glückwunsch*: dar; ~**stauben** desempo(eir)ar, tirar o pó de, limpar do pó.

'**abstech|en** (*L*) **1.** *v/t.* cortar; *Tier*: matar; ⊕ *Hochofen*: abrir; **2.** *v/i.*: ~ *gegen*, ~ *von* contrastar com, destacar-se de; ♀**er** *m* (*Arbeiter*) cortador *m*; (*Ausflug*) saltada *f*.

'**absteck|en** marcar; delimitar; *Kleid*: acertar (com alfinetes); ♀**pfahl** *m* (-*ės*; ⸗*e*) posto (*'ô) *m* de demarcação (*od.* para alinhar *od.* para alinhamento).

'**abstehen** (*L*) *Flüssigkeit*: estragar-se; perder o sabor; *fig.* ~ *von* (*aufgeben*) desistir de; ~**d**: ~*e Ohren haben* ter as orelhas muito despegadas.

'**absteif|en** suster; (*verstreben*) escorar; ♀**ung** *f* escora(mento *m*) *f*.

'**absteige|n** (*L*; *sn*) *v/i.* descer; apear-se; *im Gasthof*: hospedar-se; pernoitar; ♀**quartier** *n* (-*s*; -*e*) pousada *f*.

'**abstell|en** (*lassen*) deixar; *Auto*: estacionar; *Licht, Wasser*: cortar; *Mot.* parar; *Radio*: desligar; *fig.* acabar com; ⚔ destacar; ♀**raum** *m* (-*ės*; ⸗*e*) arrecadação *f*.

'**ab|stempeln** (-*le*) carimbar; *a. fig.* marcar; *j-n* ~ *als* classificar alg. de; ~**steppen** pespontar; ~**sterben** (*L*; *sn*) morrer; ⚕ atrofiar; ♀ murchar; *fig.* esmorecer, extinguir-se.

'**Abstich** ⊕ *m* (-*ės*; -*e*) sangria *f*.

'**Abstieg** *m* (-*ės*; -*e*) descida *f*; *fig.* decadência *f*.

'**abstimm|en 1.** *v/t.* ♪ afinar; *Radio*: sintonizar (*a. aufeinander* ~); *fig.* conjugar, conciliar; coordenar; *zeitl.*: sincronizar; **2.** *v/i.*: ~ *über* (*ac.*) votar (*ac.*); ♀**schärfe** *f* (*0*) sele(c)tividade *f*; ♀**spule** *f* bobina *f* de sintonização; ♀**ung** *f* ♪ afinação *f*; (*Wahl*) voto *m*, votação *f*; (*Volks*♀) plebiscito *m*; *Radio*: sintonização *f*; *fig.* coordinação *f*; *zeitl.*: sincronização *f*; ♀**ungs-gebiet** *n* (-*ės*; -*e*) região *f* plebiscitária; ♀**ungs-vorrichtung** *f* dispositivo *m* de afinação (*od.* de sintonização).

Absti'nenz [apsti'nɛnts] *f* (*0*) abstinência *f*; ~**ler** *m* abstémio *m*.

'**abstoß|en** (*L*) **1.** *v/t.* empurrar; repelir; ♪ cortar; *Besitz*: largar, desfazer-se de; *Waren*: vender; *Stein*: chanfrar; (*abnutzen*) desgastar; *fig.* repugnar; **2.** *v/i.* ⚓ fazer-se ao largo; ~**end** repugnante, repulsivo; ♀**ung** *f* repulsa *f*.

abstra'hieren [apstra'hi:rən] abstrair.

ab'strakt [ap'strakt] abstra(c)to; ♀**ion** [-tsi'o:n] *f* abstra(c)ção *f*.

'**ab|streichen** (*L*) tirar; (*abziehen*) deduzir, substrair; (*ausstreichen*) riscar, dar baixa a; (*säubern*) limpar; *Maß*: arrasar; *Messer*: dar fio a; ~**streifen** tirar; *Kleider*: despir; *Handschuhe*: descalçar; *Fell*: desfolar; *Gegend*: percorrer; *fig.* deixar; desfazer-se de; **~streiten** (*L*) negar; disputar; contestar; (*leugnen*) desmentir.

'**Abstrich** *m* (-*es*; -*e*) desconto *m*; (*Kürzung*) corte *m*; ~e machen cortar, suprimir; ⚘ colheita *f*.

'**abstuf|en** ['-ʃtu:fən] graduar; *Farben*: matizar (*a. fig.*); *Ton*: modular; **Sung** *f* grad(u)ação *f*; matiz *m*; ♪ modulação *f*.

'**abstumpfen** ['-ʃtumpfən] embotar(-se); despontar; (*stutzen*) truncar; *fig.* deixar de reagir.

'**Ab|sturz** *m* (-*es*; ⸗*e*) queda *f*; despenh(ament)o *m*; (*Abhang*) precipício *m*; zum ~ bringen abater, derrubar; **Sstürzen** (-*t*) cair, precipitar-se; *Bergsport u.* ✈ despenhar-se; **Sstützen** (-*t*) escorar, apoiar; **Ssuchen** dar busca a; revistar; *Gelände*: *a.* percorrer; *Ungeziefer*: catar.

Ab'sud [ap'zu:t] *m* (-*es*; -*e*) deco(c)to *m*, deco(c)ção *f*.

Abs'zeß [aps'tsɛs] *m* (-*sses*; -*sse*) abcesso *m*.

Abs'zisse [aps'tsisə] *f* ab(s)cissa *f*.

Abt [apt] *m* (-*es*; ⸗*e*) abade *m*; prior *m*.

'**abtakeln** (-*le*) ⚓ desarmar.

'**abtasten** (-*e*-) tatear, apalpar.

Ab'tei [ap'taɪ] *f* abadia *f*.

Ab'teil *n* (-*es*; -*e*) compartimento *m*; **Sbar** ['ap-] divisível; **Sen** ['ap-] dividir, repartir; (*absondern*) separar.

'**Abteilung**[1] *f* divisão *f*; separação *f*; repartição *f*.

Ab'teilung[2] *f*: ~ (*für*) secção *f* (de), repartição *f* (de), serviços *m/pl.* (de); (*Truppe*) destacamento *m*, ⚔ *a.* pelotão *m*; **~s-leiter** *m* chefe *m* de secção *usw.*

'**abteufen** ['-tɔyfən] ⚒ abrir, carar.

Äb'tissin [ɛp'tisin] *f* abadessa *f*.

'**abtön|en** matizar; **Sung** *f* matiz *m*.

'**abtöt|en** (-*e*-) matar; *fig.* mortificar; *Gefühl*: dominar, suprimir; **Sung** *f* mortificação *f*.

'**Ab|trag** ['-tra:k] *m* (-*es*; ⸗*e*) dano *m*, prejuízo *m* (*tun* causar); **Stragen** (*L*) levar, tirar; *Berg*: abaixar; *Erde*: escavar; *Geol.* desgastar; *Gebäude*: demolir, derrubar; *Kleidung*: gastar; *Schuld*: pagar; *Tisch*: levantar; **Sträglich** ['-trɛ:kliç] prejudicial, nocivo; *Kritik*: desfavorável; **~tragung** ['-tra:guŋ] *f* ⚠ demolição *f*; ⛏ desaterro *m*; *Geol.* desgaste *m*, erosão *f*; *Schuld*: liquidação *f*, amortização *f*; **~transport** *m* (-*es*; -*e*) transporte *m*, transferência *f*; **Stransportieren** (-) transportar, transferir, levar.

'**abtreib|en** (*L*) **1.** *v/t.* desviar, afastar; ⚓ abater; ⚘ fazer abortar; ⊕ separar, refinar; **2.** *v/i.* ✈ *u.* ⚓ derivar, abater; **~end** ⚘ abortivo; **Sung** *f* ⚘ aborto *m*; ⊕ separação *f*, refinação *f*.

abtrenn|en separar (*a.* ⊕); *Genähtes*: descoser; *Scheine*: cortar; ⊕ truncar; **Sung** *f* separação *f*, ⊕ *a.* truncamento *m*.

'**abtret|en** (*L*) **1.** *v/t.* (*abnutzen*) gastar; (*reinigen*) sich (*dat.*) die Schuhe ~ limpar os sapatos; *fig.* (*überlassen*) ceder; passar; *Geschäft*: traspassar; **2.** *v/i.* partir, sair (*a. Thea.*); (*zurücktreten*) demitir-se; ir-se, retirar-se; **Ser** *m* capacho *m*; **Sung** *f* cessão *f*, cedência *f*; trespasse *m*.

'**Ab|trift** *f* ⛏ pastagem *f*; ✈ deriva *f*, ⚓ *a.* abatimento *m*; **~tritt** *m* (-*es*; -*e*) saída *f* (*a. Thea.*), partida *f*; (*Rücktritt*) *a.* demissão *f*; (*Abort*) retrete *f*; **Strocknen** (-*e*-) secar, enxugar; **Stropfen** (*sn*) gotejar, pingar, escorrer; **Strotzen** (-*t*) arrancar.

'**abtrünnig** ['-tryniç] rebelde; renegado, *Rel. a.* apóstata; (*dat.*) ~ werden abandonar (*ac.*), desertar (de), atraiçoar (*ac.*), renegar (*ac.*); **Skeit** *f* deslealdade *f*, traição *f*, deserção *f*; apostasia *f*.

'**abtun** (*L*) (*abnehmen*) tirar; (*erledigen, kurz* ~) despachar; (*töten*) matar; *Gewohnheit*: acabar com, deixar; não se importar com; *s.a.* abgetan; (*geringschätzen*) menosprezar.

'**ab-urteil|en** julgar, sentenciar; *a. fig.* condenar; **Sung** *f* julgamento *m*, condenação *f*.

'**ab|verlangen** (-) pedir, exigir; **~vermieten** (-*e*-; -) subarrendar, sublocar; trespassar; **~wägen** pesar; *fig.* ponderar, considerar; **~wälzen** (-*t*) rolar, levantar, tirar; *fig.* auf j-n ~ *Arbeit*: descarregar em alg.; *Schuld*: atribuir a alg.; von sich ~ livrar-se de; e-e Schuld von sich ~ desculpar-se; defender-se, justificar-se; **~wandeln** (*-le*) variar; *gr.* declinar, conjugar; **~wandern** (*-re*; *sn*) emigrar; *in e-n anderen Beruf ~* mudar de profissão; **2wanderung** *f* (e)migração *f*; êxodo *m* (*a.* ⚕ *Kapital*); **2wandlung** *f* variação *f*; **2wärme** ⊕ *f* calor *m* perdido; **~warten** (*-e-*) aguardar, esperar (por); *e-e Zeit ~ a.* temporizar; *~d* temporizador; *sich ~d verhalten* ficar na espectativa.

'**abwärts** ['-vɛrts] para baixo; abaixo; **2bewegung** *f* descida *f*.

'**Abwasch** ['-vaʃ] **1.** *m* (*-s*; *0*) (*Geschirr*) louça *f*; (*Säuberung*) lavagem *f*; **2.** *f* (*Schüssel*) alguidar *m*; **2bar** lavável; **2en** (*L*) lavar; **~ung** *f* lavagem *f*; ⚕ loção *f*; *Rel.* ablução *f*; **~wasser** *n* (*-s*; *=*) lavadura *f*.

'**Abwässer** *n/pl.* água *f* de esgoto; despejos *m/pl.*

'**abwassern** (*-re*; *sn*) ✈ descolar (da água), desamarrar.

'**abwechs|eln** (*-le*) alternar, mudar, variar; *sich ~ bei* revezar-se a; **~elnd** alterno; alternativo; variado; periódico; **2(e)lung** *f* mudança *f*; alternação *f*; variedade *f*; variação *f*; (*Zerstreuung*) distra(c)ção *f*; *zur ~* para variar.

'**Abweg** *m* (*-es*; *-e*) desvio *m*; (*Irrweg*) caminho *m* errado; (*Umweg*) volta *f*; *auf ~e führen (geraten)* desencaminhar(-se), afastar(-se) do bom caminho; **2ig** [-giç] errado; despropositado, inoportuno.

'**Abwehr** *f* (*0*) defesa *f*; = **~dienst** ⚔ *m* (*-es*; *-e*) contra-espionagem *f*; **2en** repelir; defender-se (de); (*verscheuchen*) afugentar; *fig.* rejeitar; **2end** defensivo; **~kraft** *f* (*-*; *=e*) (poder *m* de) resistência *f*; **~mittel** *n* meio *m* defensivo; ⚕ profilá(c)tico *m*; **~stoff** *m* (*-es*; *-e*) anticorpo *m*.

'**abweich|en** (*L*; *sn*) **1.** *v/i.* desviar-se, afastar-se; *a. fig.* divergir; (*anders sein*) diferir; *Phys.* aberrar; declinar; **2.** *v/t.* descolar; **~end** divergente, diferente; *a. gr.* irregular; ⚘, *Geol.*, *Phys.* aberrante; **2ung** *f* desvio *m*; divergência *f*; diferença *f*; *Phys.* aberração *f*; declinação *f*; *von e-r Regel*: anomalia *f*, excepção *f*.

'**abweis|en** (*L*) recusar; rejeitar; não aceitar; *Angriff*: repelir; *Gesuch*: indeferir; *j-n ~* não receber alg.; (*fortschicken*) mandar alg. embora; **~end** frio, reservado, pouco amável; **2ung** *f* recusa *f*; rejeição *f*; indeferimento *m*.

'**abwend|bar** evitável; **~en** (*-e- u.L*) desviar; *fig. Gefahr*: afastar; *von j-m ~* proteger (*od.* defender) alg. contra; *Nachteil*: evitar; *sich ~ von* virar as costas a; *fig. a.* abandonar (*ac.*); **2ung** *f* desvio *m*, afastamento *m*; evitação *f*; abandono *m*; alienação *f*.

'**abwerfen** (*L*) tirar; deixar cair; ✈ *Bomben*: lançar; ⚕ *Gewinn*: render, dar; *Joch*: sacudir; *Reiter*: deitar abaixo; ⚓ *Tau*: desamarrar.

'**abwert|en** (*-e-*) depreciar, desvalorizar; **2ung** *f* depreciação *f*, desvalorização *f*.

'**abwesen|d** ausente; *fig.* distraído; **2de(r** *m*) *m*, *f* ausente *m/f*; **2-heit** *f* ausência *f*; ⚖ contumácia *f*.

'**abwick|eln** (*-le*) *Garn*: dobar; desnovelar; *Geschäft*: fazer; *Zahlungen*: liquidar; (*durchführen*) efe(c)tuar; *sich ~* desenvolver-se, desenrolar-se; **2lung** *f* desenvolvimento *m*; transa(c)ção *f*, execução *f*; liquidação *f*.

'**ab|wiegen** (*L*) pesar; **~wimmeln** (*-le*) F livrar-se de; *j-n*: *a.* mandar passear; **2wind** *m* (*-es*; *-e*) ✈ vento *m* descendente; **~winden** (*L*) dobar; **~winkeln** (*-le*) dar desvio angular a; **~winken** fazer sinal (*fig.* dar a entender) que não; ♪ interromper; **~wischen** limpar; enxugar; **~wracken** ['-vrakən] desmantelar a carcassa (*od.* o casco); **2wurf** *m* (*-es*; *=e*) lançamento *m*; **~würgen** estrangular; **~zahlen** pagar por conta, pagar em prestações; *völlig ~* liquidar; **~zählen** contar (*an den Fingern* pelos dedos); (*abziehen*) descontar; ⚔ *u. Sport*: numerar; **2zahlung** *f* pagamento *m* em prestações; liquidação *f*; *auf ~* a prestações; **~zapfen** tirar; vasar; trasfegar; pungir; *j-m Blut ~*, *fig.* P *j-m Geld ~* sangrar alg.; **~zäumen** desenfrear, tirar o freio a.

'**abzäun|en** ['-tsɔynən] cercar com estacada; **2ung** *f* estacada *f*.

'**abzehr|en** consumir; (*sich*) ~ emagrecer; *s. a. abgezehrt*; **2ung** *f* emagrecimento *m*; ⚕ consumpção *f*.

'**Abzeich|en** *n* emblema *m*, distintivo *m* (*a.* ⚔); *e-r Würde*: insígnia *f*; **2nen** (*-e-*) copiar, desenhar; *Plan*,

Skizze usw.: tirar; *Schriftstück*: rubricar; *sich* ~ marcar; distinguir-se, sobressair, ressaltar; *Entwicklung, Gefahr*: esboçar-se.

'**Abzieh|bild** ['-tsi:-] *n* (-*es*; -*er*) decalcomania *f*; **2en** (*L*) **1.** *v/t.* tirar; *Arith.* subtrair; *Betrag*: deduzir, descontar; *Aufmerksamkeit*: distrair; *Phot. u. Typ.* tirar uma prova (de); (*vervielfältigen*) tirar cópias (de); *Tier*: esfolar; *Wein, auf Flaschen*: engarrafar; *Messer*: afiar; ⚕ *Geld u.* ⚔ *Truppen*: retirar; (*abdrücken*) disparar; **2.** *v/i.* (*sn*) ir-se embora, retirar(-se); sair; abalar; *Gewitter*: afastar-se; *Rauch*: dispersar-se.

'**ab|zielen:** *auf* (*ac.*) ~ mirar; tender para, ter em vista; *mit Worten*: aludir a; referir-se a; **~zirkeln** (-*le*) compassar, medir a compasso; calcular; *Begriff*: precisar.

'**Abzug** *m* (-*es*; ⸗*e*) ⚔ partida *f*, retirada *f*, saída *f* (*a.* ⊕); *am Gewehr*: gatilho *m*; ⚕ *Betrag*: dedução *f*, desconto *m*; *Phot.* cópia *f*, prova *f* (*a. Typ.*); *in* ~ *bringen* descontar, deduzir.

'**abzüglich** ['-tsy:kliç] menos; descontando; ~ *der Unkosten* despesas a descontar.

'**Abzugs|graben** *m* (-*s*; ⸗) sangradouro *m*; **~-hahn** *m* (-*es*; ⸗*e*) gatilho *m*; **~kanal** *m* (-*s*; ⸗*e*) cano *m* de esgoto, cloaca *f*; desaguadouro *m*.

'**abzwacken** *fig.* extorquir.

'**abzweig|en** ['-tsvaɪgən] **1.** *v/t.* separar; ramificar; *Geld*: transferir; **2.** *v/i.* sair, partir, ramificar-se; **2ung** *f* bifurcação *f*; *Strecke*: ramal *m*; ⚡ derivação *f*.

ach! [ax] ah!, *Klage*: ai (de mim)!; *Erstaunen*: parece impossível!; será verdade?; ~ *Gott!* ai meu Deus!; ~ *ja!* (pois) é verdade!; ~ *je* ai Jesus!; ~ *so!* ah, é isso?; ah, já percebo; ~ *was!* qual (*su.*)!; ~ *wo!* nada disso!; ~ *daß* (*doch*) ... oxalá que (*subj.*); *mit* 2 *und Krach* por um triz, a custo.

A'chat [a'xa:t] *m* (-*es*; -*e*) ágata *f*.

'**Achse** ['aksə] *f* eixo *m*; ⊕ *a.* árvore *f*; *Lieferung per* ~ transporte *m* rodoviário.

'**Achsel** ['aksəl] *f* (-; -*n*) ombro *m* (*zucken* encolher); espádua *f*; *fig.* *über die* ~ *ansehen* menosprezar; *auf die leichte* ~ *nehmen* importar-se pouco com, ligar pouca importância a; **~höhle** *f* axila *f*, cava *f*; **~klappe** *f*, **~stück** *n* (-*es*; -*e*) ⚔ dragona *f*, galão *m*.

acht [axt] oito; *alle* ~ *Tage* de oito em oito dias; *heute über* ~ *Tage, in* ~ *Tagen* de hoje a oito dias.

Acht *f* **1.** oito *m*; **2.** (*0*) (*Bann*) expulsão *f*, proscrição *f*, desterro (*'ê) *m*, exílio *m*; *in* ~ *und Bann tun, in die* ~ *erklären, die* ~ *verhängen über* (*ac.*) = *ächten*; **3.** (*0*) (*Aufmerksamkeit*) atenção *f*; cuidado *m*; *außer* 2 *lassen* descuidar de, deixar de tomar em conta; (*sich*) *in* 2 *nehmen* (*vor*) ter cautela (com), ter cuidado (com); = 2*geben*; '**2bar** respeitável; de respeito, honrado; '**~barkeit** *f* (*0*) respeito *m*, honra *f*; respeitabilidade *f*; honorabilidade *f*.

'**acht|e** ['axtə] oitavo; *am* (*od. den*) ~*n Mai* no dia (*od.* em) oito de Maio; **2-eck** *n* (-*es*; -*e*) (**~-eckig**) octógono *m* (*a.* octogonal); **2el** *n* oitavo *m*, oitava parte *f*; **2el...:** *in Zssgn* ♪ de colcheia; **2el-note** *f* colcheia *f*.

'**achten** ['axtən] (-*e*-) estimar; considerar; *Gesetz*: respeitar; *auf* (*ac.*) ~ reparar em.

'**ächten** ['ɛçtən] (-*e*-) proscrever; (*verbannen*) desterrar.

'**achtens** ['axtəns] (em) oitavo (lugar).

'**Achter** ['axtər] ⚓ *m* barco *m* de oito remos; **~...** *in Zssgn* atrás, traseiro; ⚓ da popa; **~bahn** *f* montanha *f* russa; **2lei** [-laɪ] de oito espécies, de oito... diferentes; **2n** ⚓ a ré.

'**acht|fach, ~fältig** ['-fɛltiç] óctuplo, oito vezes tanto; **~geben** (*L*), **~haben** (*L*): ~ (*auf ac.*) reparar (em), atender (a), cuidar (de); **~-hundert** oitocentos; **2-hundertjahrfeier** *f* (-; -*n*) oitavo centenário *m*; **~jährig** de oito anos; **~los** descuidado, desatento, distraído; **2losigkeit** ['-lo:-ziç-] *f* (*0*) falta *f* de atenção, distra(c)ção *f*; descuido *m*; **~mal**(**ig**) oito vezes (repetido); **~sam** atento, cuidadoso; **2samkeit** *f* (*0*) atenção *f*, cuidado *m*; vigilância *f*; **~seitig** ['-zaɪtiç] de oito páginas; *s. a.* ~*eckig*; **2stundentag** *m* (-*es*; -*e*) dia *m* de oito horas de trabalho; **~stündig** ['-ʃtyndiç] de oito horas; **~tägig** ['-tɛ:giç] de oito dias, semanal; **~tausend** oito mil; **~undzwanzig** *usw.* vinte-e-oito.

'**Achtung** ['axtuŋ] *f* (*0*) (*Hoch*≈) estima(ção) *f*, consideração *f*, respeito *m* (*hegen für* ter por); (*Vorsicht*) atenção *f*, cautela *f*; (*dat.*) *~ erweisen* respeitar (*ac.*); *in ~ stehen* ser respeitado; *~ einflößen*, *~ gebieten* impor respeito.

'**Ächtung** ['ɛçtuŋ] *f* proscrição *f*.

'**achtung|gebietend** imponente, impressionante; **~s-voll** respeitoso, atencioso, com respeito.

'**acht|zehn** dezoito; **~zehntel, ~zehnte(r)** décimo oitavo; **~zig** ['-tsiç] oitenta; *in den ~er Jahren* entre oitenta e noventa, no nono decénio; ≈**ziger(in** *f*) *m* ['-tsigər-] o(c)togenário(-a) *m/f*; *in den ~n* (*sn* andar) na casa dos oitenta; **~zigjährig** [-jɛ:riç] de oitenta anos, o(c)togenário; **~zigste(r),** (≈**zigstel** *n*) o(c)togésimo (*m*).

'**ächzen** ['ɛçtsən] (-*t*) **1.** gemer; *Räder usw.*: ranger, chiar (*vor* com, de); **2.** ≈ *n* gemido *m*; ranger *m*, chiar *m*.

'**Acker** ['akər] *m* (-*s*; ≈) campo *m*; *Maß*: acre *m*; **~bau** *m* (-*ẹs*; *0*) agricultura *f*; lavoura *f*; **~baukunde** *f* (*0*) agronomia *f*; ≈**bau-treibend** agrícola; **~boden** *m* (-*s*; ≈) terra *f* lavradia, terreno *m* arável; **~gerät** *n* (-*ẹs*; -*e*) instrumentos (*od.* utensílios) *m/pl.* de lavoura; **~gesetz** *n* (-*es*; -*e*) lei *f* agrária; **~land** *n* (-*ẹs*; *0*) = *~boden*; ≈**n** (-*re*) lavrar, arar; **~scholle** *f* gleba *f*.

'**Adams-apfel** ['a:dams-] *m* (-*s*; ≈) nó *m* da garganta, maçã *f* de Adão.

ad'dier|en [a'di:rən] (-) somar, adicionar; ≈**maschine** *f* máquina *f* de somar.

a'de [a'de:] *poet.* (= *leb wohl*) adeus.

'**Adel** ['a:dəl] *m* (-*s*; *0*) nobreza *f*, fidalguia *f*; aristocracia *f*; ≈**ig** aristocrático; (*a.* **~ige[r** *m*] *m*, *f*) nobre, fidalgo, aristocrata; ≈**n** (-*le*) enobrecer; conceder título de nobreza a; **~s-herrschaft** *f* aristocracia *f*; **~s-kalender** *m* nobiliário *m*; **~s-prädikat** *n* (-*ẹs*; -*e*) título *m* nobiliárquico; **~s-stand** *m* (-*ẹs*; ≈*e*) = *Adel*; *in den ~ erheben* = *adeln*; **~ung** *f*, **~s-verleihung** *f* enobrecimento *m*.

'**Ader** ['a:dər] *f* (-; -*n*) veia *f*; (*Schlag*≈) artéria *f*; ♀ nervura *f*; *Geol.* filão *m*; *zur ~ lassen* sangrar; *e-e leichte ~ haben fig.* ser leviano; **~haut** *f* (-; ≈*e*) túnica *f*; **~laß** [-las] *m* (-*sses*; ≈*sse*) sangria *f*.

äder|n ['ɛ:dərn] (-*re*) veiar, marmorar; ≈**ung** *f* veias *f/pl.*; ♀ nervação *f*.

a'dieu [a'djø:] adeus; *j-m ~ sagen a.* despedir-se de alg.

'**Adjektiv** ['atjɛkti:f] *n* (-*s*; -*e*), ≈**isch** [-viʃ] adje[c]tivo (*m*); *adv.* como adje[c]tivo.

Adju'tant [atju'tant] *m* (-*en*) ajudante *m* (⚔ de campo).

'**Adler** ['a:dlər] *m* águia *f*; **~-auge** *n* (-*s*; -*n*) olho *m* aquilino; **~blick** *m* (-*ẹs*; -*e*) olhar *m* aquilino (*od.* penetrante); **~horst** *m* (-*ẹs*; -*e*) ninho *m* de águias; **~nase** *f* nariz *m* aquilino.

'**adlig** ['a:dliç], ≈**er** [-gər] *m s. adelig*.

Admi'ral [atmi'ra:l] *m* (-*s*; -*e*) almirante *m*; **~i'tät** [-i'tɛ:t] *f* almirantado *m*; **~stab** *m* (-*ẹs*; ≈*e*) estado *m* maior da armada.

adop't|ieren [adɔp'ti:rən] (-) ado(p)tar, perfilhar; ≈**i'on** [-tsi'o:n] *f* ado(p)ção *f*, perfilhação *f*; **~iv...:** *in Zssgn* ado(p)tivo.

Adres'sat [adrɛ'sa:t] *m* (-*en*) (**~in** *f*) destinatário (-a) *m/f*.

A'dreßbuch [a'drɛs-] *n* (-*ẹs*; ≈*er*) anuário *m* comercial.

A'dress|e [a'drɛsə] *f* endereço *m*, dire(c)ção *f*, destino *m*; *feierliche*: mensagem *f*; *per ~* a/c de (ao cuidado de); *fig. an die falsche ~ kommen* enganar-se; ≈'**ieren** (-) endereçar, dirigir.

adri'atisch [adri'a:tiʃ] adriático.

A-Dur ['a:du:r] *n* (-; *0*) lá *m* maior.

Ad'vent [at'vɛnt] *m* (-*ẹs*; -*e*), **~s-zeit** *f* advento *m*.

Ad'verb *n* (-*s*; -*ien*) advérbio *m*; ≈**i'al** adverbial.

Advo'kat *m* (-*en*) advogado *m*; *sich als ~ niederlassen* abrir banca de advogado.

A-ero|dy'namik [a'ɛ:ro:-] *f* (*0*) aerodinámica *f*; ≈**dy'namisch** aerodinámico; **~'lith** [i:] *m* (-*en*, -*s*; -*e*[*n*]) aerólito *m*; ≈'**lithisch** aerolítico; **~me'chanik** *f* (*0*) aeromecânica *f*; **~'stat** [-'sta:t] *m* (-*ẹs*; -*e*) aeróstato *m*; **~'statik** *f* (*0*) aerostática *f*; ≈'**statisch** aerostático.

Af'färe [a'fɛ:rə] *f* assunto *m*, caso *m*; escândalo *m*; *sich aus der ~ ziehen* safar-se, *gut*, *geschickt*: dominar a situação.

'**Affe** ['afə] *m* (-*n*) macaco *m*; mono

m; F *j.*: pantomineiro *m*, ridículo *m*; (*Tornister*) mochila *f*; F e-n ~*n* (= *Rausch*) *haben* estar bêbedo (*od.* borracho *od.* com mona); F *sich* e-n ~*n kaufen* apanhar um bico; F *ich denke, mich laust der* ~ fico (*od.* fiquei) todo pasmado.

Af'fekt [a'fɛkt] *m* (-*es*; -*e*) afe(c)to *m*; afeição *f*; paixão *f*; **2'ieren** (-) afe(c)tar, fingir; **~'iert-heit** *f* (*0*) afe(c)tação *f*, presunção *f*; **~...:** *in Zssgn* emocional, impulsivo.

'äffen ['ɛfən] imitar, mofar; fazer troça de; (*täuschen*) burlar.

'affen|artig simiesco; **2liebe** *f* (*0*) amor *m* louco; **2schande** *f* (*0*) grande vergonha *f*; **2theater** *n* farsa *f*; macaquice *f*.

Afferei [afə'raɪ] *f* macaquice *f*.

Äffe'rei [ɛfə'raɪ] *f* burla *f*; mofa *f*.

'affig ['afiç] P afe(c)tado, ridículo.

Afri'kan|er(in *f*) *m* [afri'ka:nər-], **2isch** africano (*m*) (-a *f*), da África.

'After ['aftər] *m* re(c)to *m*, ânus *m*.

ä'gäisch [ɛ'gɛ:iʃ] egeu.

'Agens ['a:gɛns] ⚗ *n* (-; -*zien*) agente *m*.

A'gen|t [a'gɛnt] *m* (-*en*) agente *m*; **~'tur** [u:] *f* agência *f*.

Agglome'r|at [aglome'ra:t] *n* (-*es*; -*e*) aglomeração *f*, ajuntamento *m*; **2'ieren** (-) aglomerar.

Agglutin|ati'on [aglutinatsi'o:n] *f* aglutinação *f*, aglutinamento *m*; **2'ieren** (-) aglutinar.

Aggre'gat [agre'ga:t] *n* (-*es*; -*e*) (**~-zustand** *m* estado *m* de) agregado *m*.

aggres'siv [agrɛ'si:f] agressivo, belicoso.

'Agio ['a:ʒio] *n* (-*s*; *0*) ágio *m*.

Agit|ati'on [agitatsi'o:n] *f* agitação *f*, propaganda *f*; **~'ator** [-'ta:to:r] *m* (-*s*; -*en*) agitador *m*; **2a'torisch** [-a'to:riʃ] demagógico; subversivo.

A'graffe [a'grafə] *f* alfinete *m*, broche *m*.

A'grar|...: *in Zssgn meist* agrícola, *Pol.* agrário; **~ier** *m* agricultor *m*, lavrador *m*; **~preise** *m/pl.* preços *m/pl.* de produtos agrícolas; **~reform** *f* reforma *f* agrária; **~wirtschaft** *f* indústria *f* agrícola.

Ä'gypt|er(in *f*) *m* [ɛ'gyptər], **2isch** egípcio(-a) *m* (*f*); do Egi(p)to.

'Ahle ['a:lə] *f* sovela *f*.

Ahn [a:n] *m* (-*en*) avô *m*; **'~e** [-ə] *f* avó *f*; **~en** *pl.* antepassados *m/pl.*

'ahnd|en ['a:ndən] (-*e*-) castigar; (*rächen*) vingar; **2ung** *f* pena *f*; castigo *m*; vingança *f*.

'ähneln ['ɛ:nəln] (-*le*): *dat.* ~ parecer-se com, *eo.* ~ assemelhar-se.

'ahnen ['a:nən] pressentir; prever; suspeitar; *mir ahnt* palpita-me.

'Ahnen|forschung, ~reihe *f* genealogia *f*; **2tafel** *f* (-; -*n*) árvore *f* genealógica.

'ähnlich ['ɛ:nliç] parecido (com); semelhante (a); análogo (a); (*dat.*) ~ *sehen* parecer-se com; **2keit** *f* semelhança *f*; *fig. a.* analogia *f*; *viel* ~ *haben mit* parecer-se muito com.

'Ahnung ['a:nuŋ] *f* pressentimento *m*; (*Argwohn*) suspeita *f*; (*Vorstellung*) ideia *f* (*haben a.* fazer), noção *f*; **2slos** (-*est*) ignorante; **~slosigkeit** *f* (*0*) ignorância *f*; **2svoll** apreensivo. [bordo *m*.]

'Ahorn ['a:hɔrn] *m* (-*s*; -*e*) ácer *m*,

'Ähre ['ɛ:rə] *f* espiga *f*; **~***n lesen* respigar; **~nlese** *f* respiga *f*; **~nleser(in** *f*) *m* respigadeiro (-a *f*) *m*; ⊕ respigador *m*.

'ais ['a:is] ♪ *n* (-; -) lá *m* sustenido.

Akade'mie [akade'mi:] *f* academia *f*.

Aka'demi|ker [aka'de:mikər] *m*, **2sch** académico (*m*).

Akazie [a'ka:tsiə] *f* acácia *f*.

akklimati'sier|en [aklimati'zi:rən] (-) aclimat(iz)ar; **2ung** *f* aclima(tiza)ção *f*.

Akkord [a'kɔrt] *m* (-*es*; -*e*) ♪ acorde *m*; (*a. Einigung*) acordo (*'ô) *m*; **~-arbeit(er** *m*) *f* trabalho *m* (trabalhador *m*) de empreitada; **~lohn** *m* (-*es*; ⸚*e*) salário *m* por ajuste.

akkredi|'tieren [akredi'ti:rən] (-) acreditar; **2'tiv** [-'ti:f] *n* (-*s*; -*e*) carta *f* credencial (*od.* de crédito); credenciais *f/pl.*

Akkumu|'lator [akumu'la:tor] *m* (-*s*; -*en*) (F *Abk.* **'Akku** *m* [-*s*; -*s*]) acumulador *m* (*laden* carregar); **2'lieren** (-) acumular.

akkura|t [aku'ra:t] exa(c)to; justo; **2'tesse** [-'tɛsə] *f* (*0*) exa(c)tidão *f*.

'Akkusativ ['akuzati:f] *m* (-*s*; -*e*) acusativo *m*; **~-objekt** *n* (-*es*; -*e*) complemento *m* dire(c)to.

A'kontozahlung *f* pagamento *m* a prazo.

Akro'bat [akro'ba:t] *m* (-*en*), **~in** *f* acrobata *m/f*; **~ik** *f* (*0*) acrobatismo *m*; **2isch** acrobático.

Akt *m* (-*es*; -*e*) a(c)to *m*; a(c)ção *f*; *Mal.* nu *m*; '**~e** ['-ə] *f* a(c)ta *f*, documento *m*, auto *m* (*anlegen* lavrar, redigir); *~n pl. a.* processo *m/sg.*; *zu den ~n legen* arquivar; juntar ao processo.

'**Akten|bündel** *n* maço *m*; **~deckel** *m* pasta *f*; **~-hefter** *m* classificador *m*; **2kundig** notório; *~ sn* constar do(s) registo(s) *usw.*; **~mappe** *f* pasta *f*, mala *f*; **2mäßig** documentado; *~ festlegen* assentar na (*od.* ditar para a) a(c)ta; **~schrank** *m* (-*es*; ¨*e*) arquivo *m*; **~stoß** *m* (-*es*; ¨*e*) maço *m*; **~stück** *n* (-*es*; -*e*) = *Akte*; **~tasche** *f* = *~mappe*; **~zeichen** *n* número *m* de registo.

'**Aktie** ['aktsiə] *f* a(c)ção *f*, título *m*; *fig. s-e ~n sind gestiegen* a sua situação melhorou; **~n-ausgabe** (**~n-bank**) *f* emissão *f* de (banco *m* por) a(c)ções; **~nbesitzer(in** *f*) *m* a(c)cionista *m/f*; **~ngesellschaft** *f* sociedade *f* anónima, sociedade *f* por a(c)ções; **~n-inhaber** *m* = *~nbesitzer*; **~nschein** *m* (-*es*; -*e*) título *m*.

Akti'on [aktsi'o:n] *f* a(c)ção *f*; **~'är(in** *f*) [-'ɛ:-] *m* (-*s*; -*e*) a(c)cionista *m/f*; **~s-bereich** *m* (-*es*; -*e*), **~sradius** *m* (-; -*radien*) raio *m* (*od.* âmbito *m*) de a(c)ção.

ak'tiv 1. [ak'ti:f] a(c)tivo; ⚗ a(c)tivado; *~es Wahlrecht* direito *m* ao voto; **2.** 2 ['a] *n* (-*s*; -*e*), **2um** [-vum] *n* (-*s*; *Aktiva*) (voz *f*) a(c)tiva *f*; **2bestand** *m* (-*es*; ¨*e*) a(c)tivo *m*, fundos *m/pl.*; **~'ieren** (-) a(c)tivar; **2i'tät** [-vi'tɛ:t] *f* (*0*) a(c)tividade *f*; eficiência *f*; **2kapital** *n* (-*s*; -*e*), **2-vermögen** *n* capital *m* efe(c)tivo.

aktu'ell [aktu'ɛl] a(c)tual, de (grande) a(c)tualidade.

A'kust|ik [a'kustik] *f* (*0*) acústica *f*; **2isch** acústico.

a'kut [a'ku:t] ⚕ agudo; *fig.* urgente.

Ak'zent [ak'tsɛnt] *m* (-*es*; -*e*) acento *m*; *mit ~ versehen* = **2u'ieren** (-) acentuar.

Ak'zept [ak'tsɛpt] *n* (-*es*; -*e*) aceite *m* (*rein* incondicional); aceitação *f*; *mit ~ versehen* = **2'ieren** (-) aceitar; honrar; **~'ant** *m* (-*en*) aceitador *m*.

Ak'zise [ak'tsi:zə] *f* sisa *f*; ac(c)isa *f*.

Ala'baster [ala'bastər] *m* (-*s*; *0*) alabastro *m*; **2n** alabastrino.

A'larm [a'larm] *m* (-*es*; -*e*) alarme *m* (*blinder* falso); rebate *m* (*blasen, schlagen* tocar a); **2bereit** alerta; = *in* **~bereitschaft** *f* de prevenção (*versetzen* pôr); **2'ieren** (-) alarmar; alvoroçar; dar o alerta; **~signal** *n* (-*s*; -*e*) sinal *m* de alarme.

A'laun [a'laun] *m* (-*es*; -*e*) alume *m*, alúmen *m*; **~-erde** *f* alumina *f*; **2-haltig** ['-haltiç] aluminoso; **~-hütte** *f* fábrica *f* de pedra-ume; **~stein** *m* pedra-ume *f*.

'**albern** ['albərn] parvo, tolo, ridículo; **2heit** *f* tolice *f*, parvoíce *f*.

'**Album** ['album] *n* (-*s*; *Alben*) álbum *m*.

Alchi|'mie [alçi'mi:] *f* (*0*) alquimia *f*; **~'mist** *m* (-*en*) alquimista *m*; **2'mistisch** alquímico.

Alexan'drin|er [alɛksan'dri:nər] *m*, **2isch** alexandrino (*m*).

'**Alg|e** ['algə] *f* alga *f*; **2en-artig** algáceo.

'**Algebra** ['algebra:] *f* (*0*) álgebra *f*; **2isch** algébrico.

al'gerisch [al'ge:riʃ] argelino.

Ali'mente [ali'mɛntə] *n/pl.* alimentos *m/pl.*

Al'kali [al'ka:li] *n* (-*s*; -*en*) alcali *m*; **2sch** alcalino, alcálico.

'**Alkohol** ['alkoho:l] *m* (-*s*; -*e*) álcool *m*; (*Getränk*) bebida *f* alcoólica; **2frei** sem álcool, não alcoólico; **~gehalt** *m* (-*es*; -*e*) graduação *f* alcoólica, percentagem *f* de álcool; **2-haltig** [-haltiç], **~iker** [-'ho:-] *m*, **2isch** [-'ho:-] alcoólico.

Al'koven [al'ko:vən] *m* alcova *f*.

all [al] **1.** *pron.* todo, toda; '*~e* todos os, todas as; *~e beide* os dois, as duas; ambos, ambas; **2.** *adj.*: todo o, toda a; (*jeder*) todos os; (*jeder beliebige*) qualquer; '*~e Augenblicke* a cada instante; '*~e 2 Tage* dia sim, dia não; *~e 3 Tage* de três em três dias; *~es andere als* tudo menos; *~e möglichen ...* toda a espécie de..., todos os... imagináveis; *~e Welt* toda a gente; *auf '~e Fälle* em todo o caso; *in '~er Form* devidamente; *ohne ~en Zweifel* sem a menor dúvida; '*~es Gute!* boa sorte!, felicidades!; '*~es in '~em* em resumo; *bei ~em* em tudo; *vor ~em* sobretudo, antes de mais nada; *~es was* tudo quanto; **3.** 2 *n* (-*s*; *0*) universo *m*; **4. ~e** F *adv.*: *~ sn et.*: ter-se acabado; *j.*: *ganz ~ sn* estar estafado; **~'abendlich** todas as tardes (*od.* noites); '**~bekannt** conhecido; notório; famoso; '~e ['-ə] F: ~ *machen* acabar com; ~ *sn et.*: ter-se acabado; *j.*: *ganz* ~ *sn* estar estafado; ~ *werden* acabar.

Al'lee [a'le:] *f* avenida *f*, alameda *f*.

al'lein [a'laın] **1.** só, sòzinho; (*nur*) *a.* sòmente, apenas; (*einsam*) solitário; (*einzeln*) desacompanhado, isolado; *mit j-m* ~ a sós com alg.; *schon der Gedanke* ~ a própria ideia; **2.** *cj.* mas, porém, contudo, todavia, no entanto; **2besitz** *m* (-*es*; *0*) posse *f* exclusiva; **2-herrschaft** *f* monarquia *f*; **2-herrscher** *m* monarca *m*; **2-hersteller** *m* (**2-herstellung** *f*) fabricante *m* (produção *f*) exclusivo (-a); **~ig** único, exclusivo; **2recht** *n* (-*es*; -*e*) direito *m* exclusivo; monopólio *m*; **2sein** *n* solidão *f*; **~seligmachend** santo, verdadeiro, exclusivo; **~stehend** = *allein*; **2verkauf** *m* (-*es*; =*e*) monopólio *m*; **2vertreter** *m*, **~vertretungsberechtigt** representante *m* (*od.* distribuidor *m*) exclusivo; **2vertrieb** *m* (-*es*; -*e*) distribuição *f* exclusiva (*für* de).

'alle|mal todas a vezes, sempre; *ein für* ~ de uma vez para sempre, de vez; F ~! com certeza!; **~nfalls** (*höchstens*) quando muito; (*notfalls*) se preciso for; (*vielleicht*) talvez; **~nthalben** ['-halbən] por toda a parte.

'aller|'äußerst extremo; *Preis*: máximo; **~best** melhor de todos; *aufs* ~*e* da melhor maneira; **~'dings** *zustimmend*: pois!, com certeza!, sem dúvida!; *einschränkend*: na verdade, certamente, no entanto, porém, contudo; **~-erst** primeiro (de todos); *zu* ~ em primeiro lugar, antes de mais nada.

All|er'gie [alɛr'gi:] *f* alergia *f*; **2'ergisch** alérgico.

'aller|'hand vários, muitos; F *das ist* ~! parece impossível!; não há direito!; **2'heiligen(fest)** *n* (dia *m* de) Todos os Santos *m/pl.*; **~'heiligst** santíssimo; *das* 2*e* Santuário *m*; **~höchst** altíssimo; supremo; ~*ens* quando muito, ao máximo; **~lei** = ~*hand*; **2'lei** *n* (-*s*; -*s*) mistura *f*, sortido *m*; **~'letzt** último (de todos), derradeiro; *zu* ~ por fim; em último lugar; **~'liebst 1.** muito lindo, lindinho, engraçad(íssim)o, encantador; **2.** *adv.* primorosamente; **~'meist** máximo; *das* ~*e a.* a maior parte; *am* ~*en* (o) mais; **~'nächst** mais próximo; *in* ~*er Zeit* num futuro muito próximo; **~'neu(e)st** o mais moderno (*od.* recente), ~*e Mode* última moda; *das* 2*e Nachricht*: últimas notícias; *Mode*, *Neuigkeit*: a última novidade; **~'orten** por toda a parte; **2'seelen** *n* dia *m* dos finados (*od.* defuntos); **~'seits** de (*od.* por) toda a parte, de (*od.* por) todos os lados, F a todos; **2'welts-kerl** *m* (-*s*; -*e*) F faz-tudo *m*; **~'wenigst** mínimo; *am* ~*en* menos.

'alles ['aləs] **1.** *attr.* todo o; **2.** *alleinstehend*: tudo; *Mädchen für* ~ criada *f* para todo o serviço; ~ *in allem* em resumo; *bei allem* em tudo; *vor allem* antes de mais nada, sobretudo; ~ *was* tudo quanto; *da hört doch* ~ *auf!* parece impossível!

'alle|samt todos juntos; **~zeit** sempre.

'All|gegenwart *f* (*0*) o(m)nipresença *f*, ubiquidade *f*; **2gegenwärtig** o(m)nipresente.

allge'mein geral, genérico, universal; ~*e Redensart* lugar comum; ~ *verbreitet* muito frequente, vulgar; **2befinden** *n* (-*s*; *0*) estado *m* geral; **2bildung** *f* (*0*) cultura *f* geral; **~gültig** universal, absoluto; sem excepção; **2gut** *n* património *m* comum; **2heit** *f* (*0*) generalidade *f*, universalidade *f*; público *m*; **~verständlich** ao alcance de todos; simples, popular.

'All|gewalt *f* o(m)nipotência *f*; **2gewaltig** o(m)nipotente, todo poderoso; **2gütig** de infinita bondade; **~'heilmittel** *n* remédio *m* universal.

Alli'anz [ali'ants] *f* aliança *f*.

Alli'ierte(r) [ali'i:rtə(r)] *m* aliado *m*.

'all|'jährlich anual; todos os anos; **2macht** *f* (*0*) o(m)nipotência *f*; **~'mächtig** o(m)nipotente; todo poderoso; *der* 2*e a.* Nosso Senhor; **~'mählich** [-'mɛ:liç] gradual; sucessivo; *adv. a.* pouco a pouco; **~'monatlich** mensal; *adv. a.* todos os meses.

Al'lotria [a'lo:tria] *n/pl.* F disparates *m/pl.*

'all|seitig ['-zaıtiç] universal; **2strom...**: *in Zssgn* para todas as correntes; **2tag** *m* (-*es*; -*e*) dia *m* útil; **~'täglich** cotidiano, quotidiano, diário, de todos os dias; *fig.* trivial; **~tags** nos dias úteis; **♀tags...**: *in Zssgn* de todos os dias; **~-umfassend** universal; **~'wissend** o(m)nisciente; **♀'wissen-heit** *f (0)* o(m)nisciência *f*; **~'wöchentlich** semanal; hebdomadário; **~zeit** sempre; **~zu(sehr)** demasiado, demais; **~zuviel** demasiado, demais.

Alm *f* pastagem *f* (alpina).

'Almanach ['almanax] *m* (*-s*; *-e*) almanaque *m*.

'Almosen ['almo:zən] *n* esmola *f*; **~wesen** *n* (*-s*; *0*) esmolaria *f*, caridade *f*.

Alp 1. *m* (*-ẹs*; *-e*) = **'~drücken** *n* (*-s*; *0*) ⚕ pesadelo *m*; **2.** *f*, **'~e** *f* pastagem *f* (alpina).

'Alpen ['alpən] *f/pl.* Alpes *m/pl.*; **~...**: *in Zssgn* dos Alpes, alpino, alpestre; **~glühen** *n* arrebol *m* alpino; **~rose** *f* rododendro *m*; **~veilchen** *n* ciclame *m*, pão-de-porco *m*; **~verein** *m* (*-ẹs*; *-e*) clube *m* alpino.

Alpha'bet [alfa'be:t] *n* (*-ẹs*; *-e*) alfabeto *m*; **♀isch** alfabético; *adv.* por ordem alfabética; *~ ordnen* alfabetar.

al'pin [al'pi:n], **~isch** alpino, alpinista.

Al'raun [al'raun] *m* (*-ẹs*; *-e*), **~e** *f*, **~wurzel** *f* (*-*; *-n*) mandrágora *f*.

als *cj.* (*wie*) como; na sua qualidade de; *~ Junggeselle* em solteiro; *~ da sind* como; *zeitl.* quando; ao (*inf.*); *in dem Augenblick, als* no momento em que; *~ ob*, *~ wenn* como se; *sowohl ... ~ auch* tanto ... como também; **~'bald** imediatamente, logo a seguir; **~'dann** (de)pois, então, a seguir.

'als|o ['alzo:] **1.** *cj.* portanto, pois, por conseguinte; **2.** *adv.* assim; **~'bald** imediatamente.

alt 1. (*=er*; *=est*) velho, *j.*: *a.* idoso, ancião; (*ehemalig*) antigo, ex-...; (*abgenutzt*) gasto; (*gebraucht*) usado; *Brot*: duro, rijo; *für ~ kaufen* comprar em segunda mão; *wie ~ ist er?* quantos anos tem?, que idade tem?; *er ist* (*doppelt*) *so ~ wie ich* tem (o dobro d)a minha idade; *ein ~er Bekannter von mir* um meu conhecido de há muito; F *~er Freund!* meu velho!; seu maroto!; *♀ und Jung* velhos e novos; **2.** ♀, ♪ *m* (*-ẹs*; *-e*) contralto *m*.

'Alt...: *in Zssgn meist* ex-, antigo.

Al'tar [al'ta:r] *m* (*-s*; *=e*) altar *m*; ara *f*; **~bild** *n* (*-ẹs*; *-er*) retábulo *m*; **~gerät** *n* (*-ẹs*; *-e*) vaso *m* sagrado; *pl. a.* baixela *f/sg.* sagrada.

'alt|backen duro; **~bekannt** já há muito conhecido; **~bewährt** provado; **~deutsch** alemão antigo (*Sprache*: *a.* arcaico).

'Alte ['altə] *m u. f* velho *m*, -a *f*, ancião *m*, anciã *f*, velhote *m*, -a *f*; *die ~n hist. m/pl.* os antigos *m/pl.*

'Alt-eisen *n* (*-s*; *0*) ferros-velhos *m/pl.*; sucata *f*; **~händler** *m* ferro-velho *m*.

'Alter ['altər] **1.** *m* velho(te) *m*, ancião *m*; **2.** *n* idade *f*; (*Dienst♀*) *u. hist.* antiguidade *f*; (*Greisen♀*) velhice *f*; *im ~ von 5 Jahren* com (*od.* aos) cinco anos de idade; *von ♀s her* desde sempre; *von mittlerem ~* de meia idade.

'älter ['ɛltər] (*comp. v. alt*) mais velho *usw.*; *2 Jahre ~ sn als ...* ter mais dois anos do que ...; *ein ~er Herr* um senhor de idade.

'altern ['altərn] (*-re*) *v/i.* (*h. u. sn*) envelhecer.

'Alters|erscheinung *f*: e-e *~ sn* ser da idade (avançada); **~genosse** *m* (*-n*) (**~genossin** *f*) contemporâneo *m* (-a *f*), da mesma idade; **~grenze** *f* limite *m* de idade; **~-heim** *n* (*-ẹs*; *-e*) asilo *m* de velhos; **~klasse** *f* geração *f*; ⚔ ano *m*; **~rente** *f* pensão *f*, reforma *f*; **♀schwach** (*0*) decrépito, senil; **~schwäche** *f* (*0*) senilidade *f*, caducidade *f*; **~stufe** *f* idade *f*; **~versicherung** *f* seguro *m* contra a velhice; **~versorgung** *f* pensão *f* vitalícia; reforma *f*; **~zulage** *f* diuturnidade *f*.

'Alter|tum *n* (*-s*; *0 u. =er*) antiguidade *f*; **~tümler** ['-ty:mlər] *m* antiquário *m*; cole(c)cionador *m* de antiguidades; **♀tümlich** [-ty:mliç] antigo; arcaico; **~tums-forscher** *m* arqueólogo *m*; **~tums-kunde** *f* (*0*) arqueologia *f*.

'ältest ['ɛltəst] (*sup. v. alt*) o mais velho *usw.*; *Sohn*: primogénito (*a. su.*); **♀e(r)** *m* decano *m*; *Sohn*: filho *m* mais velho.

'alt|fränkisch fora da moda; **~gewohnt** habitual, tradicional, inveterado; **~hergebracht** [-gəbraxt] tradicional; **~hochdeutsch** velho alto-alemão.

'**alt|jüngferlich** de solteirona; **~klug** (*0*) precoce; **Ωklugheit** *f* (*0*) precocidade *f*.

'**ältlich** ['ɛltliç] de idade, idoso; avelhado.

'**Alt|material** *n* (-*s*; *0*) sucata *f*; **~meister** *m* decano *m*; *Sport*: ex-campião *m*; **~metall** *n* (-*es*; -*e*) sucata *f*; **Ωmodisch** fora da moda; **~papier** *n* (-*s*; *0*) papéis *m/pl.* velhos; **~philologe** *m* (-*n*), **~sprachler** [-ʃpra:xlər] *m* filólogo *m* clássico; **Ωsprachlich** de línguas clássicas; **~stadt** *f* (-; ⸗*e*) bairro *m* antigo; **~stimme** *f* contralto *m*; **Ωväterlich** patriarcal; **~warenhändler** *m* antiquário *m*; **~'weibersommer** *m* verão *m* de São Martinho.

Alu'minium [alu'mi:nium] *n* (-*s*; *0*) alumínio *m*.

am = *an dem*; ~ *besten* (da) melhor (maneira).

Amal'gam [amal'ga:m] *n* (-*s*; -*e*) amálgama *m*; **Ω'ieren** (-) amalgamar.

Ama'teur [ama'tø:r] *m* (-*s*; -*e*) amador *m*.

Ama'zone [ama'tso:nə] *f* amazona *f*.

'**Amber** ['ambər] *m* (-*s*; -*n*) âmbar *m*.

'**Amboß** ['ambɔs] *m* (-*sses*; -*sse*) [bigorna *f*.]

ambu'lan|t [ambu'lant] ambulante, ambulatório; **Ωz** *f* (*Klinik*) banco *m*; (*Krankenwagen*) ambulância *f*.

'**Ameis|e** ['a:maɪzə] *f* formiga *f* (*fliegende* de asas); *weiße* ~ termite *m*; **~en-bär** *m* (-*en*) papa-formigas *m*; **~en-haufen** *m* formigueiro *m*; **~en-säure** *f* (*0*) ácido *m* fórmico.

Ameri'kan|er(in *f*) *m* [ameri'ka:-nər-], **Ωisch** americano (-a), da América.

'**Amm|e** ['amə] *f* ama *f* (de leite); aia *f*; **~en-märchen** *n* história *f* da carochinha.

'**Ammer** ['amər] *f* (-; -*n*) verdelha *f*, verdelhão *m*.

Ammoni'ak [amoni'ak] *n* (-*s*; *0*) amoníaco *m*; **Ω-haltig** [-haltiç] amoniacal.

Amne'stie [amnɛ'sti:] *f* a(m)nistia *f*; **Ωren** (-) a(m)nistiar.

A'möbe [a'mø:bə] *f* amiba *f*, ameba *f*; **~nruhr** *f* (*0*) disenteria *f* amibiana.

a-'Moll [a:'mɔl] *n* (-*s*; *0*) ♪ lá *m* minor.

a'morph [a'mɔrf] amorfo.

Amortisati'on [amɔrtizatsi'o:n] *f* amortização *f*; **~s-wert** *m* (-*es*; -*e*) valor *m* amortizado.

amorti'sier|bar [amɔrti'zi:r-] amortizável; **~en** (-) amortizar.

'**Ampel** ['ampəl] *f* (-; -*n*) lanterna *f*, lampião *m*.

Am'pere [am'pɛ:r] *n* ampério *m*, ampere *m*; **~meter** *n* amperómetro *m*, amperímetro *m*; **~stunde** *f* ampere-hora *m*, ampério-hora *m*; **~zahl** *f* amperagem *f*.

'**Ampfer** ['ampfər] *m* (-*s*; *0*) azedas *f/pl.*

Am'phib|ie [am'fi:biə] *f*, **Ωisch** anfíbio (*m*).

Am'phithea|ter [am'fi:-] *n* anfiteatro *m*; **Ω'tralisch** anfiteatral, *adv.* em anfiteatro.

'**Amsel** ['amzəl] *f* (-; -*n*) melro *m*.

Amt *n* (-*es*; ⸗*er*) ofício *m*; (*Aufgabe*) função *f*, missão *f*; (*Posten*, *Tätigkeit*) emprego (* 'ê) *m*; (*Behörde*) serviços *m/pl.*; repartição *f*; Instituto *m* (*für* de); *Auswärtiges* ~ Ministério *m* dos Negócios Estrangeiros (* das Relações Exteriores); (*Fernsprech*Ω) central *f*; *städtisches* ~ pelouro *m*; = *~sbezirk*; *ein* ~ *antreten* tomar posse; *j-n in ein* ~ *einführen* dar posse a alg.; *von* ~*s wegen* de ofício, ex ofício; *das ist nicht meines* ~*es* não é da minha competência, não me compete; **Ω'ieren** (-): ~ *als* exercer o ofício de, exercer (*od.* desempenhar) a função de; *~d* em exercício; '**Ωlich** oficial; ~*e Mitteilung* ofício *m*; ~*e Verlautbarung* comunicado *m*, nota *f* oficiosa; '**~mann** *m* (-*es*; ⸗*er od.* -*leute*) magistrado *m*; bailio *m*.

'**Amts|anmaßung** *f* usurpação *f* de autoridade; **~antritt** *m* (-*es*; -*e*) (tomada *f* de) posse *f*; **~arzt** *m* (-*es*; ⸗*e*) delegado *m* de saúde; **~befugnis** *f* (-; -*se*) autoridade *f*, competência *f*, atribuições *f/pl.*; **~bereich** *m* (-*es*; -*e*) *fig.* competência *f*, incumbência *f*; **~bezirk** *m* (-*es*; -*e*) distrito *m*; ⚖ jurisdição *f*, vara *f*; **~blatt** *n* (-*es*; ⸗*er*) diário *m* do governo; **~dauer** *f* (*0*) período *m* do mandato; **~diener** *m* contínuo *m*; **~eid** *m* (-*es*; *0*) juramento *m*; **~einführung** *f* posse *f*; **~enthebung** *f* deposição *f*, exoneração *f*; *vorläufige*: suspensão *f*; **~geheimnis** *n*

(*-ses*; *-se*) segredo *m* oficial; **~gehilfe** *m* (*-n*) adjunto *m*; **~gericht** *n* (*-es*; *-e*) tribunal *m* de comarca; **~geschäfte** *n/pl.* funções *f/pl.*, despacho *m/sg.*; **~gewalt** *f* (*0*) autoridade *f*, jurisdição *f*, competência *f*; poder *m*; **~handlung** *f* desempenho *m* de uma função; a(c)to *m* oficial; **~miene** *f* ar *m* grave; e-e ~ *aufsetzen* dar-se ares de autoridade; **~mißbrauch** *m* (*-es*; *¨e*) abuso *m* de autoridade; **~person** *f* entidade *f* oficial, autoridade *f*; **~pflicht** *f* obrigação *f* (*od.* dever *m*) oficial; **~richter** *m* juiz *m* de comarca; **~schimmel** F *m* (*-s*; *0*) burocracia *f*; **~schreiber** *m* escrivão *m*; **~siegel** *n* selo (*ê) *m* oficial; **~sprache** *f* linguagem *f* burocrática; **~stunden** *f/pl.* horas *f/pl.* de serviço; **~tracht** *f* hábito *m* talar; ⚖ toga *f*; **~träger** *m* funcionário *m*; **~verrichtung** *f* = *~handlung f*; **~weg** *m* (*-es*; *-e*) via *f* oficial (*auf dem* por); **~wohnung** *f* residência *f* oficial; **~zeit** *f* (*0*) = *~dauer f*; **~zimmer** *n* gabinete *m*.

Amu'lett [amu'lɛt] *n* (*-es*; *-e*) amuleto *m*.

amü's|ant [amy:'zant] divertido; ~ *sn* ter graça; **~ieren** (-) divertir.

an 1. *prp.* **a)** *örtl.* (*Lage, wo?*) *dat.* em; ~ *Bord* a, *am Tische, Schalter* à; (*neben*) ao pé de, junto a; (*nahe bei*) perto de; ~ *e-m Flusse, am Rhein usw.* do, sobre (*ô) o; *am Meer* à beira-mar; ~ *der Hand usw. fassen* por; **b)** *örtl.* (*Richtung, wohin?*) *ac.*: a; *bis* ~ até a; *fig. s. die betr. vb.*; **c)** (*in bezug auf*) *dat.*: *reich usw.* ~ em; *Auswahl, Vorrat, Zweifel* ~ de, em; *leiden, sterben* ~ (*Ursache*) de; *s. die betr. vb.*; ~ *und für sich* em princípio, a rigor; **d)** *zeitl.* (*wann?*) *dat.*: *am Abend* à (*od.* de *od.* pela) tarde; *am Abend* (*gen.*) na tarde de; *am heutigen Tage* no dia de hoje; *am Tage* (*tags*) de dia; *am 2. Mai* no dia (*od.* em *od.* a) 2 de Maio; *es ist* ~ *ihm zu reden* toca-lhe a ele falar; **e)** (*ungefähr*) *ac.* ~ (*die*) *100 Mark* coisa de ...; ir lá para os ..., ir à volta de ...; **f)** *vor sup.* (*dat.*) *am schnellsten* o mais depressa; **2.** *adv.* 🚂 chegada a; *von* ... ~ desde; de ... em diante; a partir de; ~ *sn Licht*: estar aceso; ⚡ estar ligado; *gegen* ... ~ contra.

ana'lo|g [ana'lo:k] análogo; **2'gie** [-'gi:] *f* analogia *f*.

Analpha'bet *m* (*-en*) analfabeto *m*; **~en-tum** *n* (*-s*; *0*) analfabetismo *m*.

Ana'ly|se [ana'ly:zə] *f* análise *f*; **2'sieren** (-) analisar; **~tiker** *m* analisador *m*, analista *m*; **2tisch** analítico.

'Ananas ['ananas] *f* (*-*; *- u. -se*) ananás *m*; *süße* ~ abacaxi *m*, *ábeiras *m*.

An|ar'chie [anar'çi:] *f* anarquia *f*; **2'archisch** anárquico; **~ar'chist** (**-in** *f*) *m* (*-en*) anarquista *m/f*.

Ana'tom [ana'to:m] *m* (*-en*) anatomista *m*; **~'ie** *f* (*0*) anatomia *f*; **2isch** anatómico.

anbahn|en preparar, abrir; iniciar; *sich* ~ ir-se preparando; **2ung** *f* preparação *f*.

'anbändeln ['-bɛndəln] (*-le*): *mit j-m* ~ namoricar alg., fazer namoro a alg.; (*Streit suchen*) meter-se com alg.

'Anbau *m* (*-es*; *-ten*) ⚘ cultura *f*, cultivo *m*; ⌂ anexo *m*; **2en** ⚘ cultivar; ⌂ anexar (*an ac.* a); construir um anexo; *sich* ~ estabelecer-se; **2fähig** cultivável; **~fläche** *f* área *f* cultivável (*od.* arável *od.* lavradia *od.* cultivada).

'Anbeginn *m* (*-es*; *0*) início *m*, princípio *m*, começo (*ê) *m* (*von* desde o).

'an|behalten (*L*; -) guardar; ficar com; **~bei** junto, anexo, incluso; **~beißen** (*L*) **1.** *v/t.* trincar um bocado, mordiscar; **2.** *v/i. Fisch*: cair no anzol; *a. fig.* morder a isca, deixar-se apanhar; *zum* 2 muito apetitoso; **~belangen** (-) dizer respeito a; *was* (*ac.*) *anbelangt* quanto a, no que diz respeito a; *was mich anbelangt* cá por mim, no que me toca a mim; **~bellen** ladrar contra; *fig.* berrar contra; **~beraumen** ['-bəraumən] (-) *Termin*: fixar, marcar; *Sitzung*: convocar; **~beten** (*-e-*) adorar; **2beter** *m* adorador *m*, venerador *m*; *fig. a.* admirador *m*; **2betracht**: *in* ~ (*gen.*) considerando (*ac.*); *in* ~, *daß* visto que; **~betreffen** = *anbelangen*; **~betteln** (*-le*) *v/t.* pedir esmola a, pedinchar a.

'Anbetung ['-be:tuŋ] *f* (*0*) adoração *f*; **2s-würdig** adorável.

'anbieder|n (*-re*): *sich mit* (*od. bei*) *j-m* ~ insinuar-se na intimidade de alg.; F dar graxa a alg.; ≈ung *f* aproximação *f*.

'**an|bieten** (*L*) oferecer; ~**binden** (*L*) **1.** *v/t.* atar, ligar; *fest* ~ amarrar (*an* a); **2.** *v/i. mit j-m* ~ meter-se com alg.; *s. a. angebunden*; ~**blasen** *v/t.* soprar; atiçar; ⊕ acender.

'**Anblick** *m* (-*es*; -*e*) vista *f*; (*Aussehen*) aspecto *m*; (*Betrachtung*) contemplação *f*; (*Bild*) espectáculo *m*; ≈**en** olhar, mirar, contemplar; (*mustern*) observar, examinar.

'**an|blinzeln** (-*le*) *v/t.* piscar o olho a; ~**bohren** *v/t.* furar (*a. Zahn*); *Faß*: espichar; espetar; ~**braten** (*L*) alourar; ~**brechen** (*L*) **1.** *v/t.* romper; *Brot*: partir, encetar; *Flasche*: abrir; **2.** *v/i.* (*sn*) romper, despontar, começar, surgir; iniciar-se; ~**brennen** (*L*) **1.** *v/t.* acender; **2.** *v/i.* (*sn*) pegar fogo; *Speise*: queimar-se; ~**bringen** (*L*) (*her*~) trazer; (*befestigen, unterbringen*) colocar; △ construir; *Gesuch, Gründe, Klage*: apresentar; *Verbesserung*: introduzir; *Wort*: dizer; *s. a. angebracht*; ≈**bringung** ['-briŋuŋ] *f* colocação *f*; construção *f*; ≈**bruch** *m* (-*es*; ⸚*e*) princípio *m*, começo (*ê) *m*, início *m*; ~ *des Tages* alvorada *f*; amanhecer *m*; despontar (*od.* romper) *m* do dia; ~ *der Nacht* anoitecer *m* (*bei* ao); ~**brüllen** *v/t.* gritar a, berrar a; ~**brüten** (-*e*-) começar a chocar; *angebrütet* meio choco.

'**Andacht** ['-daxt] *f* devoção *f*; *kirchliche*: serviço *m* religioso; (*Gebet*) oração *f*; ≈**dächtig** ['-dɛçtiç] devoto, pio; *fig.* atento; ~**dachtsübung** *f* exercício *m* espiritual.

'**andauern** (-*re*) continuar, (per-) durar; persistir; ~**d** contínuo, permanente; persistente.

'**Andenken** *n* memória *f*; (*Gegenstand*) recordação *f*, lembrança *f* (*zum* em, como; *an ac.* de).

'**ander** ['andər] outro; *ein* ~*er* (um) outro (*als* do que); *e-r um den* ~*n*, *eins um das* ~*e* alternadamente; *e-n Tag um den* ~*n* (*Tag*) dia sim dia não; *am* ~*n Tag* no dia seguinte; *ein* ~*es Hemd anziehen* mudar de camisa; (*das übrige*) o resto, o mais; *alles* ~*e als* tudo menos; et. ~*es* outra coisa; *nichts* ~*es* nada mais; *nichts* ~*es sn als* não ser senão; *unter* ~*em* entre outras coisas; ~**erseits** ['-ərzaɪts] por outro lado, em contrapartida; *ein* ~**mal** outra vez.

'**ändern** ['ɛndərn] (-*re*) mudar, alterar; *teilweise*: modificar; (*berichtigen*) emendar; *s-e Meinung* (*s-n Sinn*) ~ mudar de parecer (de ideias); *nicht zu* ~ *sn* não ter remédio.

'**andern|falls** de contrário; ~**teils** por outra parte, por outro.

'**anders** outro, diferente; *adv.* de outra forma, de maneira (*od.* modo) diferente; *jemand* ~ outrem, outra pessoa; alguém outro; *niemand* ~ *als er* ele mesmo; *wer* ~? quem mais?; ~ *denken* divergir (*als* de); *sich* ~ *besinnen* mudar de ideias; ~ *kommen* ser diferente; ~ *werden* mudar; *nicht* ~ *können* não poder deixar (*als* de); *es* ~ *wissen* saber melhor, conhecer outra versão; *falls nicht* ~ *bestimmt* salvo outra determinação; ~-**artig** diferente; ~**denkend** de opinião diferente (*od.* divergente); de mentalidade diferente (*od.* divergente); ~**farbig** de outra cor; ~**gläubig** de outra religião; heterodoxo; ~**wo** noutra parte; ~**woher** de outra parte; ~**wohin** para outra parte, para outro sítio.

'**anderthalb**: ~ *Meter* metro e meio; ~**jährig** [-jɛ:riç] de ano e meio.

'**Änderung** ['ɛndəruŋ] *f* mudança *f*; modificação *f*; alteração *f* (*a.* ✝ *der Preise*); ~**s-vorschlag** *m* (-*es*; ⸚*e*) emenda *f*.

'**ander|wärts** [-vɛrts] noutra parte; ~**weitig** [-vaɪtiç] outro; *adv.* de outra forma, de outro modo; *örtl.* noutra parte.

'**andeut|en** (-*e*-) indicar; (*anspielen*) aludir a; (*zu bedenken geben*) sugerir, insinuar; (*zu verstehen geben*) dar a entender; (*skizzieren*) esboçar; ≈**ung** *f* indício *m*; insinuação *f*, alusão *f*, sugestão *f*; ~**ungs-weise** vagamente.

'**andichten** (-*e*-) *j-n*: celebrar (em versos); *j-m et.*: atribuir, imputar.

'**An|drang** *m* (-*es*; *0*) afluência *f*, (*Menge*) aglomeração *f*; (*Zulauf*) *a.* concorrência *f*; ✝ procura *f* (*nach* de); *Verkehr*: aperto (*ê) *m*; ⚕ (*Blut*≈) congestão *f*; ≈**drängen** afluir; ~ *gegen* apertar contra.

'**andrehen** ligar; ⚡ *Licht*: *a.* acender; *Motor*: *a.* pôr a trabalhar;

Wasser: abrir; = *anschrauben*; *fig.* *j-m et.* ~ impingir a.c. a alg.

ˈ**andre(r)** *s. ander.*

ˈ**androh|en:** *j-m et.* ~ ameaçar alg. de (*od.* com) a.c.; ⚖ *durch Gesetz*: prever; 2**ung** *f* ameaça *f*; *unter* ~ *von* (*od. gen.*) sob pena de.

ˈ**an-eign|en** (*-e-*): *sich* (*dat.*) ~ apropriar-se; *Gedanken*: ado(p)tar; *Gewohnheit*: tomar, *a. Wissen*: adquirir; *widerrechtlich*: usurpar; 2**ung** *f* apropriação *f*; ado(p)ção *f*; aquisição *f*; usurpação *f*.

an-einˈander juntos (*od.* anexos, pegados) um ao outro (*dicht* muito); ~**binden** (*L*) ligar; ~**fügen** juntar; ~**geraten** (*L*; -; *sn*) abalroar; *mit j-m*: pegar-se, chegar a vias de fa(c)to; ~**grenzen** (*-t*) confinar; ~*d adj.* contíguo; *Land*: limítrofe; ~**hängen** (*L*) **1.** *v/t.* pendurar um no outro; **2.** *v/i.* aderir um ao outro; ~*d* aderente; ~**reihen** enfi(leir)ar, alinhar; ~**rücken** aproximar um do outro; ~**stoßen** (*L*; *sn*) embater; = ~*grenzen*.

Anekˈdot|e [anɛkˈdoːtə] *f* anedota *f*; 2**en-haft** anedótico.

ˈ**an-ekeln** (*-le*) *v/t.* desgostar, repugnar; meter nojo a.

Aneˈmone [aneˈmoːnə] *f* anémona *f*.

ˈ**an-empfehlen** (*L*; -; *sn*) recomendar.

ˈ**An-erbieten** *n* oferecimento *m*; oferta *f* (*a.* ✝), proposta *f*.

ˈ**an-erkannt** *p.pt. v. anerkennen*; *adj. a.* indiscutível; *staatlich* ~ oficializado; *j.*: diplomado, encartado; ~**erˈmaßen** como é geralmente aceito; indiscutìvelmente.

ˈ**an-erkenn|en** (*L*; *sn*) reconhecer; (*gelten lassen*) aceitar; (*zulassen*) admitir; (*billigen*) aprovar; (*loben*) apreciar; *nicht* ~ *a.* desaprovar; repudiar; *s. a. anerkannt*; ~**end** reconhecido; elogioso; ~**ens-wert** louvável, apreciável; 2**ung** *f* reconhecimento *m*; (*Lob*) elogio *m*, louvor *m*; ⚖ *Kind*: legitimação *f*; *Urkunde*: legalização *f*; ✝ *Wechsel*: aceite *m*.

Aneroˈid [aneroˈiːt] *n* (*-es*; *-e*) aneróide *m*.

ˈ**an|erziehen** (*L*; -) inculcar; ~**fachen** [ˈ-faxən] atiçar; ~**fahren** (*L*) **1.** *v/t.* trazer; acarretar; (*rammen*) atropelar; *j-n a.* colher; ⚓ fazer escala em; *fig.* descompor; **2.** *v/i.* (*sn*) *Auto*: arrancar; *Zug*: partir; (*angefahren kommen* vir a) chegar; ~ *gegen* dar contra; 2**fahrt** *f* chegada *f*; entrada *f*; rampa *f*, cais *m*.

ˈ**Anfall** *m* (*-es*; ⸗*e*) ataque *m*, ⚕ *a.* acesso *m*; (*Erbschafts*2) sucessão *f*; (*Ertrag*) rendimento *m*; *Gewinn*: lucro *m*; (*Häufung*) acumulação *f*; 2**en** (*L*) **1.** *v/t.* atacar, agredir, acometer, (*a. fig.*) assaltar; **2.** *v/i.* vender, dar; *Arbeit*: haver.

ˈ**anfällig** fraco, de delicada saúde; ~ *für* susceptível de.

ˈ**Anfang** *m* (*-es*; ⸗*e*) princípio *m*, começo (*ê) *m* (*am*, *im*, *zu* a, ao); *von* ~ *an* desde o (*od.* logo no) princípio; *den* ~ *machen* (*mit*), *s-n* ~ *nehmen* = 2**en** (*L*) principiar, começar (*zu inf.* a, de, por; *mit* por); (*plötzlich*) ~ *zu inf.* desatar a; (*einleiten*) iniciar; fazer; *mit ... ist nichts anzufangen* não serve (*od.* presta) para nada.

ˈ**Anfäng|er(in** *f*) *m* [ˈ-fɛŋər-] principiante *m/f*; *Streit*: autor(a *f*) *m*; 2**lich** inicial; *adv.* = *anfangs*.

ˈ**anfangs** [ˈ-faŋs] primeiro, a(o) princípio; começar por (*inf.*); *gleich* ~ desde o princípio.

ˈ**Anfangs...**: *in Zssgn oft* inicial; ~**buchstabe** *m* (*-n*) inicial *f*; ~**gehalt** *n* (*-es*; ⸗*er*) ordenado *m* inicial; ~**geschwindig-keit** *f* velocidade *f* inicial; ~**gründe** *m/pl.* elementos *m/pl.*; rudimentos *m/pl.*; ~**-unterricht** *m* (*-es*; *0*) ensino *m* elementar; curso *m* para principiantes.

ˈ**anfassen** (*-ßt*) pegar; (*berühren*) *a.* tocar, (*packen*) *a.* agarrar; *fig. j-n*: tratar; *Arbeit*: começar; meter-se a; *mit* ~ ajudar.

ˈ**anfecht|bar** [ˈ-fɛçt-] discutível; contestável; ⚖ improcedente; ~**en** (*L*) *Meinung usw.*: combater; ⚖ impugnar; *Geltung*: contestar; *Urteil*: protestar contra, recorrer de; *j-n*: incomodar, acometer; *Rel.* tentar; 2**ung** *f* contestação *f*; protesto *m*; ⚖ impugnação *f*; apelação *f*; recurso *m*; ⚕ acesso *m*; *Rel.* tentação *f*.

ˈ**anfeind|en** [ˈ-faɪndən] (*-e-*) hostilizar, perseguir; *stark angefeindet werden* ter muitos inimigos; 2**ung** *f* inimizade *f*, ódio *m* (*gen.* contra).

ˈ**anfertig|en** [ˈ-fɛrtigən] fazer, fabricar, produzir; (*abfassen*) redigir; 2**ung** *f* fabricação *f*, fabrico *m*, produção *f*; *Kleidung*: confe(c)ção *f*; *Schriftstück*: reda(c)ção *f*.

'**an|feuchten** ['-fɔyçtən] (*-e-*) molhar, humedecer; **~feuern** (*-re*) acender; *fig.* animar, exortar; **~finden** (*L*): *sich* ~ aparecer; **~flehen** implorar, suplicar (*j-n um et.* a.c. a alg.); **~flicken** acrescentar; **~fliegen** (*L*) **1.** *v/t.* fazer escala em; **2.** *v/i.* (*sn*): *angeflogen kommen* chegar a voar.

'**Anflug** *m* (*-es*; *⸗e*) chegada *f*; *fig.* acesso *m*; laivo *m*; tintura *f*; (*Beigeschmack*) ressaibo *m*.

'**anforder|n** (*-re*) pedir, requerer, exigir; ⚔ requisitar; **⁓ung** *f* exigência *f*; pedido *m*; *hohe ~en stellen* exigir muito; ser muito exigente.

'**Anfrage** *f* pergunta *f*; pedido *m* de informação; *pol. a.* interpelação *f*; **⁓n** perguntar (*bei* a); *bei j-m um et.* ~ pedir a alg. informações sobre a.c.

'**an|fressen** (*L*) picar, roer; ⚗ corroer, carcomer; *Zahn*: cariar; **~freunden** ['-frɔyndən] (*-e-*): *sich* ~ ficar (*od.* tornar-se) amigo (*mit* de); confraternizar; **~frieren** (*L*; *sn*) gelar; **~fügen** juntar; **~fühlen** tocar, apalpar; *sich hart* ~ parecer duro, dar a impressão de (ser) duro.

'**Anfuhr** [u:] *f* carretagem *f*; *An- und Abfuhr f* transporte *m*.

'**anführ|en** *v/t.* dirigir, conduzir, chefiar; (*erwähnen*) citar, mencionar, referir-se a; *Beweis*: alegar; *j-s Zeugnis*: invocar; *einzeln* ~ especificar; (*täuschen*) enganar, entrujar; **⁓er** *m* chefe *m*; ⚔ comandante *m*; (*Rädelsführer*) cabecilha *m*; **⁓ungs-striche** *m/pl.*, **⁓ungs-zeichen** *n/pl.* aspas *f/pl.*, comas *f/pl.*

'**anfüllen** encher (*mit* de).

'**Angab|e** *f* indicação *f*; (*Aussage*) declaração *f* (*a. Zoll*); informação *f*; depoimento *m*; (*Anweisung*) instrução *f*; (*Anzeige*) denúncia *f*; (*Beschreibung*) descrição *f*; *von Einzelheiten*: especificação *f*; F (*Prahlerei*) gabarolice *f*; **~en** *f/pl.* dados *m/pl.*, elementos *m/pl.*; *genauere* ~, *nähere* ~ pormenores *m/pl.*

'**an|gaffen** fitar embasbacado; **~gängig** possível, admissível; **~geben** (*L*) **1.** *v/t.* indicar; *Namen*: *a.* dizer; *Ton*: dar; (*aussagen*), *Wert*: declarar; (*behaupten*) alegar; (*melden*) denunciar; (*vorgeben*) pretender; *zu hoch* ~ exagerar; **2.** *v/i.* *Spiel*, *Sport*: servir; F (*prahlen*) exagerar, gabar-se; **⁓geber** *m* denunciante *m*; F (*Großtuer*) gabarola *m*; **⁓gebe'rei** [-'raɪ] *f* denúncia *f*; (*Prahlerei*) gabarolice *f*.

'**an|geblich** ['-ge:pliç] pretenso; *Wert*: nominal; *adv.* segundo se diz; **~geboren** inato; natural; ⚕ congénito; hereditário.

'**Angebot** *n* (*-es*; *-e*) oferta *f*; *Auktion*: primeiro lanço *m*; (*Preis⁓*) cotação *f*.

'**an|gebracht** ['-gəbraxt] *p.pt. v. anbringen*; *adj.* oportuno; indicado; *gut* ~ apropriado; *schlecht* ~ inoportuno, despropositado; **~gebraust** ['-gəbraust]: ~ *kommen* chegar a toda a pressa (*od. Auto*: velocidade); **~gebunden** *p.pt. v. anbinden*; *kurz* ~ brusco; de poucas palavras; **~gedeihen** (*L*; -): ~ *lassen* dispensar; conceder; outorgar; **~gegossen** ['-gəgɔsən]: *wie* ~ *sitzen* assentar como uma luva; **~geheiratet** ['-gəhaɪratət] por casamento, por afinidade; **~geheitert** ['-gəhaɪtərt] alegre; ~ *sn* F ter um bico; **~gehen** (*L*) **1.** *v/t.* (*angreifen*) atacar, assaltar; (*bitten*) pedir, solicitar (*j-n um et.* a.c. a alg.); (*betreffen*) dizer respeito a, interessar, ser com; *was ... angeht* quanto a; *was geht ... dich an?* o que tens tu com ...?; *alle, die es angeht* todos os interessados; **2.** *v/i.* (*sn*) começar, principiar; *Feuer u.* ✔ pegar; (*noch*) ~ passar; escapar; *nicht* ~ *können* não poder ser; **~d** *Anfänger*: principiante; (*künftig*) futuro.

'**angehör|en** (-) *dat.* pertencer a, *als Mitglied*: *a.* ser sócio de, fazer parte de; *e-r Partei*: estar filiado em; **~end, ~ig** *dat.* pertencente a; (a)filiado de (*od.* em); **⁓ige(r** *m*) [-igə(r)] *m u. f* membro *m*, (*Verwandte*[*r*]) familiar *m*, parente *m/f*; *pl. a.* família *f/sg.*

'**Angeklagte(r** *m*) ['-gəkla:ktə(r)] *m u. f* réu *m*, ré *f*; acusado *m*, -a *f*; (*schuldlos*) ~ (falso) culpado *m*.

'**Angel** ['aŋəl] *f* (-; *-n*) (*Fisch⁓*) anzol *m*; (*Tür⁓*) gonzos *m/pl.*; *aus den ~n heben* desengonçar; *fig.* modificar fundamentalmente; *zwischen Tür und* ~ já a sair, no último momento.

'**angelangen** (-) chegar (*in dat.*, *bei* a).

ˈ**angelegen:** *sich* (*dat.*) *et.* ~ *sn lassen* cuidar de a.c., tomar a.c. a peito, interessar-se por a.c.; ꝰ**-heit** *f* assunto *m*, questão *f*; *das ist s-e* ~ isto é com ele; ~**tlich** insistente; (*herzlich*) afectuoso.

ˈ**Angel**|**-haken** *m* anzol *m*; ~**leine** *f* linha *f*; ꝰ**n**[1] (*-le*) pescar à linha (*od.* ao anzol); *fig.* F ~ *nach, sich* (*dat.*) *et.* ~ apanhar a.c., arranjar a.c., conseguir a.c.; ~**n**[2] *n* (*0*) pesca *f*.

ˈ**Angel**|**punkt** *m* (*-es*; *-e*) eixo *m*; *Astr.* pólo *m*; *fig.* ponto *m* crucial; ~**rute** *f* cana *f* de pesca, vara *f*; ~**sachse** *m* (*-n*) anglo-saxónio *m*; ꝰ**sächsisch** anglo-saxão, anglo-saxónico; ~**schnur** *f* (*-*; *⸚e*) linha *f*; ꝰ**weit:** ~ *offen* escancarado; aberto de par em par.

ˈ**an**|**gemessen 1.** *p.pt. v. anmessen*; **2.** *adj.* apropriado, adequado; conveniente; correspondente; ✝ módico; ~**genehm** agradável; simpático; ~**genommen** [ˈ-gənɔmən] **1.** *p.pt. v. annehmen*; **2.** *adj.* (*eingebildet*) fictício; (*gedacht*) ⚖ considerado; (*unnatürlich*) afe(c)tado.

ˈ**Anger** [ˈaŋər] *m* devesa *f*, prado *m*.

ˈ**an**|**geregt** [ˈ-gəreːkt] *p.pt. v. anregen*; *adj.*: *a.* vivo, animado; ~**geschlossen** *p.pt. v. anschließen*; *adj. a.* anexo; ~**gesehen** [ˈ-gəzeːhən] *p.pt. v. ansehen*; *adj. a.* (*geachtet*) estimado; ilustre; *bsd.* ✝ conceituado.

ˈ**Angesicht** *n* (*-es*; *-e*) *poet.* cara *f*, rosto (*ˈô) *m*; *von* ~ *zu* ~ cara a cara; *ins* ~ *sehen* encarar (*ac.*); ꝰ**s** (*gen.*) perante; em presença de, em vista de.

ˈ**an**|**gespannt** *p.pt. v. anspannen*; *adj.* (in)tenso; ~**gestammt** [ˈ-gəʃtamt] natural; nacional, tradicional; *Herrscher*: *a.* legítimo; (*angeboren*) inato, hereditário; *Besitz*: ancestral.

ˈ**Angestellt**|**e**(**r** *m*) [ˈ-gəʃtɛltə(r)] *m u. f* empregado *m*, -a *f*; ~**en-verhältnis** *n* (*-ses*; *0*): *im* ~ contratado; ~**en-versicherung** *f* seguro *m* social.

ˈ**an**|**gestrengt** [ˈ-gəʃtrɛŋt] *p.pt. v. anstrengen*; *adv.* muito; ~**getan** [ˈ-gətaːn] *p.pt. v. antun*; *dazu* (*od. danach*) ~, *daß od. zu* (*inf.*) próprio para; ~ *mit* vestido de; ~ *sn von* ficar bem impressionado com; *wenig* ~ *sn von* gostar pouco de; ~**getrunken** [ˈ-gətrunkən] ébrio, F tocado; ~**gewiesen** [ˈ-gəviːsən] *p.pt. v. anweisen*; ~ *sn auf* (*ac.*) precisar de, não poder prescindir de; depender de; *ganz auf sich selbst* ~ *sn* contar apenas com si próprio; ~**gewöhnen** (-): *j-m et.* ~ acostumar (*od.* habituar) alg. a a.c.; *sich* (*dat.*) *et.* ~ habituar-se a a.c.; ꝰ**gewohnheit** *f* costume *m*, hábito *m* (*aus* por); *schlechte* ~ vício *m*; ~**gewurzelt** [ˈ-gəvurtsəlt] *p.pt. v. anwurzeln*; *fig. wie* ~ imóvel; ~**gezeigt** [ˈ-gətsaɪkt] *p.pt. v. anzeigen*; *adj. a.* oportuno.

ˈ**angleich**|**en** (*L*) assimilar; adaptar; ⊕ ajustar; *ea.* ~ abarbar; ꝰ**ung** *f* assimilação *f*; adaptação *f*; ⊕ ajustamento *m*.

ˈ**Angler** [ˈaŋlər] *m* pescador *m* (à linha).

ˈ**anglieder**|**n** (*-re*) juntar (a), reunir com, associar (a); agregar (a); ꝰ**ung** *f*: ~ (*an ac.*) reunião *f* (com), associação *f* (a), incorporação *f* (em).

ˈ**anglotzen** (*-t*) *v/t.* arregalar os olhos a, fitar embasbacado.

ˈ**angreif**|**bar** atacável; *fig.* discutível; vulnerável; ~**en** (*L*) (*anfassen*) pegar (em); *Gegner*: atacar (*a.* ⚗), ⚔ *a.* agredir, assaltar; (*abnutzen*) gastar; *Gesundheit*: prejudicar; ⚕ *Organe*: afe(c)tar; enfraquecer; cansar; *Kapital, Vorrat*: tocar em; ~**end** ⚔ ofensivo; agressivo; ⚕ abalador; fatigante; ⚗ corrosivo; ꝰ**er** *m* agressor *m*.

ˈ**angrenzen** (*-t*): ~ *an* (*ac.*) confinar com; ~**d** *adj.* adjacente, *Land a.*: vizinho; *Raum*: contíguo.

ˈ**Angriff** *m* (*-es*; *-e*) ataque *m*; (*Friedensbruch u.* ⚖ *tätlicher* ~) agressão *f*; ⚔ (*Sturm*ꝰ) assalto *m*; *strategisch*: ofensiva *f*; ⚗ corrosão *f*; *in* ~ *nehmen* começar, empreender; *zum* ~ *übergehen* tomar a (*od.* passar à) ofensiva; ~**s...:** *in Zssgn* ofensivo; *pol.* de agressão; ꝰ**s-lustig** agressivo.

Angst [aŋst] **1.** *f* (-; *⸚e*) medo *m*, receio *m*; angústia *f*; (*Schreck*) pavor *m*; (*Sorge*) ansiedade *f*; **2.** ꝰ *adj.*: *mir ist* ~ (*und bange*) tenho medo (*vor dat.* de); *j-m* ~ *machen* = *j-n ängstigen*; ˈꝰ**beklommen** angustiado; ˈꝰ**erfüllt** [ˈ-ɛrfylt] aflito; ˈ~**geschrei** *n* (*-es*; *0*) gritos *m/pl.* de pavor; ˈ~**hase** *m* (*-n*) F poltrão *m*.

ˈ**ängst**|**igen** [ˈɛŋstigən] inquietar,

assustar, meter medo a; *sich* ~ (*vor dat.*) recear (*ac.*); **~lich** (*beunruhigt*) inquieto, nervoso; (*furchtsam*) medroso, receoso; (*behutsam*) cuidadoso; (*schüchtern*) tímido; **2lichkeit** *f* (*0*) nervosismo *m*; timidez *f*; escrupulosidade *f*.

'**Angst|schweiß** *m* (*-es*; *0*) suor(es *pl.*) *m* frio(s); **2voll** cheio de medo (*od.* de angústia), muito angustioso.

'**angucken** F olhar, mirar; *sich* (*dat.*) et. ~ ir ver a.c.

'**an-haben** (*L*) *Kleidung*: trazer, vestir, usar; *fig. j-m nichts* ~ *können* não poder fazer mal algum a alg.

'**an-haften** (*-e-*) *v/i.* aderir (a), estar pegado (a); *fig.* et. *haftet j-m an* (*dat.*) (*nom.*) tem a.c.

'**an-haken** pendurar, enganchar (*an ac.* em); (*bezeichnen*) marcar.

'**An-halt** *m* (*-es*; *-e*) (*Anzeichen*) indício *m*; (*Stütze*) apoio *m*; base *f*, fundamento *m* (*gewähren* oferecer); **2en** (*L*) **1.** *v/t.* fazer parar, *a. polizeilich*: deter; *Atem, Ton*: suspender; *Feuer*: conservar; *Verkehr*: interromper; (*ermahnen*) exortar; (*gewöhnen*) habituar; **2.** *v/i.* parar, deter-se; (*dauern*) continuar; persistir; *um* et. ~ solicitar a.c.; *um j-n* ~ pedir alg. em casamento; **2end** contínuo, continuado; persistente; *Beifall*: prolongado; **~er** *m*: *per* ~ de boleia *f*; **~e-vorrichtung** *f* dispositivo *m* de parada; **~s-punkt** *m* (*-es*; *-e*) fundamento *m*; ponto *m* de referência; *fig.* prova *f*; indício *m*.

'**An-hang** *m* (*-es*; *=e*) (*Beilage, Nachtrag*) apêndice *m*, anexo *m*, suplemento *m*; (*Gefolge*) séquito *m*; (*Gefolgschaft*) sequazes *m/pl.*; (*Verwandtschaft*) família *f*; **2en** (*L*; *sn*) aderir a; seguir (*ac.*).

'**an-häng|en 1.** *v/t.* pendurar, suspender (*an ac.* em); enganchar; (*hinzufügen*) juntar; 🚃 atrelar; *fig. j-m* et. ~ difamar alg.; imputar a.c. a alg.; *j-m e-n Prozeß* ~ envolver alg. num processo; **2.** *v/i.* (*L*) não largar; *fig. j-m* ~ seguir o partido de alg., ser partidário de alg.; **2er** *m* **a)** (*Wagen*) carro *m* atrelado (*od.* de reboque), (carro-)reboque *m*; (*Schmuck*) pingente *m*; **b)** **2er(in** *f*) *m* (*Parteigänger*) partidário (-a *f*) *m*; (*Jünger*) discípulo (-a *f*) *m*; **2erschaft** *f* (*0*) sequazes *m/pl.*, partidários *m/pl.*; fiéis *m/pl.*; **~ig** ⚖: ~ *sn* estar pendente; *e-e Klage* ~ *machen* intentar um processo; **~lich** fiel; ~ *an* (*ac.*) afeiçoado a; **2lichkeit** *f* (*0*) afeição *f*, lealdade *f*; **2sel** *n* apêndice *m*; (*Schild*) rótulo *m*; (*Schmuck*) penduricalho *m*.

'**an-hauchen** (as)soprar; bafejar; F *fig.* (*rüffeln*) berrar com; *rosig angehaucht* roseado; *poetisch angehaucht sn* ter veia poética.

'**an-häuf|en** acumular, juntar; *Phys.* agregar; **2ung** *f* acumulação *f*; *Phys.* agregação *f*.

'**an|heben** (*L*) levantar um pouco; alçar; (*anfangen*) começar; ♪ entoar; **~heften** (*-e-*) p(r)egar; (*nähen*) alinhavar; (*beifügen*) juntar; **~heilen** (*sn*) sarar, sanar, curar; aglutinar; **~heimeln** ['-haɪməln] *v/t.* (*-le*): *j-n* ~ recordar o lar a alg.; atrair alg.; **~d** aconchegado, lembrando o próprio lar.

an'heim|fallen *v/i.* (*L*; *sn*) caber a; reverter para; *der Vergessenheit* ~ cair no esquecimento; **~geben** (*L*), **~stellen:** *j-m* ~ deixar com (*od.* ao parecer de) alg.

'**an|heischig** ['-haɪʃiç]: *sich* ~ *machen zu* comprometer-se a; oferecer-se para; empenhar-se em; **~heizen** (*-t*) *v/t.* acender, aquecer; **~heuern** ['-hɔyərn] ⚓ (*-re*) *v/t.* (*v/i.*) alistar(-se); **2hieb** *m* (*-es*; *0*): *auf* ~ de um golpe, logo à primeira; **~himmeln** (*-le*) adorar, idolatrar; **2höhe** *f* alto *m*, outeiro *m*; **~hören** ouvir, *aufmerksam*: escutar; *sich gut* ~ soar bem; *j-m* et. ~ notar a.c. a alg.

Ani'lin [ani'li:n] *n* (*-s*; *0*), **~farbstoff** *m* (*-es*; *-e*) anilina *f*.

A'nis [a'ni:s] *m* (*-es*; *-e*) anis(eira *f*) *m*.

'**ankämpfen:** ~ *gegen* lutar com; combater; resistir a.

'**Ankauf** *m* (*-es*; *=e*) compra *f*, aquisição *f*; **2en** comprar, adquirir; *sich* ~ comprar um terreno; estabelecer-se.

'**Anker** ['aŋkər] *m* ⚓, ⊕ âncora *f*; *Mot.* induzido *m*; ⚡ armatura *f*; *Uhr*: escapo *m*; *vor* ~ *gehen* ancorar; fundear; *vor* ~ *liegen* estar ancorado; *die* ~ *lichten* levantar ferro; **~boje** *f* baliza *f*; bóia *f*; **~gang** *m* (*-es*; *0*) escapo *m*; **~geld** *n* (*-es*; *-er*) ancoragem *f*; **~grund** *m*

(-*ęs*; *ˮe*) ancoradouro *m*; **~kette** *f* cabo *m*, amarra *f*; **~mast** *m* (-*es*; -*en*) poste *m* de amarração; mastro *m* de ancoragem; **2n** (-*re*) ancorar, lançar ferro; **~platz** *m* (-*es*; *ˮe*) ancoradouro *m*; **~schaft** *m* (-*ęs*; *ˮe*) haste *m*; **~spitze** *f* pata *f*; **~stock** *m* (-*ęs*; *ˮe*) cepo *m*; **~tau** *n* (-*ęs*; -*e*) = *~kette*; **~winde** *f* cabrestante *m*.

'**an|ketten** (-*e*-): *~ (an ac.)* encadear (em); acorrentar (em); *Hund*: prender (em); ⚓ amarrar (a); **~kitten** (-*e*-) betumar, argamassar.

'**Anklage** *f* acusação *f*; *~ erheben* fazer queixa; instaurar processo; *unter ~ stehen* ser processado, ser autuado; *unter ~ stellen* pronunciar; autuar, arguir; **~bank** *f* (-; *ˮe*) banco *m* dos acusados (*od.* dos réus); **2n** acusar (*gen. od. wegen* de); **2nd** acusatório; **~punkt** *m* (-*ęs*; -*e*) capítulo *m*.

'**Ankläger** *m* acusador *m*; queixoso *m*; ⚖ (*öffentlicher*) ~ delegado *m* do procurador da República; ⚔ promotor *m*.

'**Anklage|rede** *f* requisitório *m*; **~schrift** *f* libelo *m* acusatório; **~zustand** *m* (-*ęs*; *0*): *in den ~ versetzen* autuar, arguir, pronunciar.

'**anklammern** (-*re*) engatar (*an ac.* em); prender com gancho (*od. Wäsche*: com molas); *sich ~* agarrar-se (*an ac.* a).

'**Anklang** *m* (-*ęs*; *ˮe*) ressonância *f*; eco *m*; *fig.* sabor *m*; (*Ähnlichkeit*) reminiscência *f*(*an ac.* de); *~ finden bei* agradar a; ser bem acolhido por.

'**ankleben 1.** *v/t.* colar, pegar (*an ac.* em); **2.** *v/i. a.* aderir, estar colado.

'**ankleide|n** (-*e*-) vestir; **2raum** *m* (-*ęs*; *ˮe*), **2zimmer** *n* quarto *m* de vestir.

'**an|klingen** (*L*): *~ an (ac.)* (fazer) lembrar (*ac.*); *~ lassen* recordar; evocar; **~klopfen** bater (à porta); *bei j-m ~* F *fig.* sondar alg.; **~knipsen** (-*t*) ⚡ ligar; *Licht*: acender; **~knöpfen:** *~ (an ac.)* abotoar (a); segurar com botões.

'**anknüpf|en 1.** *v/t.* ligar, atar; *fig.* travar; *Beziehungen ~ mit (od. zu)* entrar em relações com, pôr-se em contacto com; *Verhandlungen*: entabular, entrar em; *wieder ~* reatar; **2.** *v/i.*: *~ an (ac.)* partir de; *Rede*: referir-se a; *Tradition*: continuar; **2ungs-punkt** *m* (-*ęs*; -*e*) *fig.* ponto *m* de partida (*od.* de contacto *od.* de referência).

'**ankommen** (*L*) **1.** *v/i.* (*sn*) chegar (*in dat.* a); (*angestellt werden*) encontrar emprego (*od.* colocação) (*bei* em); *fig. gut ~* ser bem recebido (*od.* acolhido); F (*verstanden werden*) pegar; *es kommt mir schwer an (zu)* custa-me (*inf.*); *~ auf (ac.) fig.* depender de; F *das kommt drauf an!* depende!, conforme!; (*nicht*) *darauf ~* (não) importar, (não) interessar; *es kommt darauf an, ob* trata-se de saber se; *es ~ lassen auf (ac.)* arriscar (*ac.*); *~ gegen* impor-se; **2.** *v/t.* acometer; *es kommt ihn die Lust an* dá-lhe vontade (zu de).

'**Ankömmling** ['-kœmliŋ] *m* (-*s*; -*e*) recém-chegado *m*.

'**an|koppeln** (-*le*) atrelar; 🚂 engatar; **~krallen:** *sich ~ an (ac.)* agarrar-se a; **~kreiden** ['-kraɪden] (-*e*-) marcar (com giz); F *j-m et. ~* levar a.c. a mal a alg., não se esquecer de a.c.; **~kreuzen** (-*t*) marcar (por uma cruz).

'**ankünd|(ig)en:** (*j-m et.*) *~* anunciar (a.c. a alg.), avisar (alg. de a.c.); notificar (a.c. a alg.); **2igung** *f* anúncio *m*, aviso *m*.

'**Ankunft** *f* (*0*) chegada *f* (*in dat.* a); **~s...**: *in Zssgn* de (*od.* da) chegada.

'**ankuppeln** (-*le*) engatar.

'**ankurbel|n** (-*le*) dar à manivela; *Mot.* pôr a trabalhar; *fig.* fomentar, estimular; **2ung** *f fig.* fomento *m*.

'**an|lächeln** (-*le*) *v/t.* sorrir(-se par)a; **~lachen** *v/t.* rir-se para.

'**Anlage** *f* disposição *f*; (*Bau*) construção *f*; (*Beilage*) anexo *m*, *in der ~* junto; (*Einrichtung*) instalação *f*; ⚒ (*Pflanzung*) plantação *f*; *~n f/pl.* parque *m/sg.*, jardim (*od.* passeio) *m/sg.* público; ⚕ investimento *m*; (*Kapitals2*) fundos *m/pl.* investidos (*od.* colocados); *Liste, Sammlung*: organização *f*; △ (*Plan*) plano *m*; *fig.* estrutura(ção) *f*; (*Verwendung*) aplicação *f*, colocação *f*; *fig.* (*Fähigkeit*) jeito *m*; (*Neigung*) tendência *f*, *a.* ⚕ predisposição *f*; **~kapital** *n* (-*s*; -*ien*) capital *m* investido.

'**anlangen 1.** *v/i.* (*ankommen*) chegar; **2.** *v/t.* (*betreffen*) respeitar a, dizer respeito a.

'**Anlaß** *m* (-*sses*; *ˮsse*) motivo *m*,

ocasião *f* (*aus* por); oportunidade *f*; ensejo *m* (*nehmen* aproveitar); ~ *geben zu* dar lugar a, dar pretexto para; *kein* ~! não tem de que!; ~...: *in Zssgn* ⊕ de arranque, *Metall* de revenimento.

ˈ**anlass|en** (*L*) *Kleidung*: deixar ficar, não tirar; (*brennen lassen*) deixar aceso; (*eingeschaltet lassen*) deixar ligado; ⊕ (*anstellen*) *Mot.* pôr a trabalhar; arrancar; *Stahl*: temperar; *revenir; *fig. j-n hart* ~ tratar alg. rudemente; *sich* ~ apresentar-se; *sich gut* ~ *a.* prometer; ℒ**er** ⊕ *m* arranque *m*, arrancador *m*.

ˈ**anläßlich** [ˈ-lɛsliç] (*gen.*) por motivo de, por ocasião de.

ˈ**Anlauf** *m* (-*es*; ⸚*e*) arranque *m* (*a.* ⊕); *Sport*: *e-n* ~ *nehmen* tomar balanço; ⚔ assalto *m*; ℒ**en** (*L*) **1.** *v/t.* ⚓ fazer escala em; **2.** *v/i.* (*sn*) começar a correr (*od.* ⊕ a trabalhar); *Glas*: embaciar; ~ *gegen* chocar com; abalroar; ⚔ atacar; ~ *lassen* pôr em marcha, pôr a trabalhar; *angelaufen kommen* vir a correr; *rot* ~ corar; *übel* ~ F ficar arranjado; ~**-hafen** *m* (-*s*; ⸚) porto *m* de escala; ~**zeit** *f* período *m* inicial.

ˈ**Anlaut** *m* (-*es*; -*e*) som *m* inicial; início *m* (da palavra); ℒ**en** (-*e*-): ~ *mit* começar por; ~*d* inicial; ~**s...**: *in Zssgn* inicial.

ˈ**Anlege|brücke** [ˈ-le:gə-] *f* cais *m* de embarque; ~**gebühr** *f* ancoragem *f*; ℒ**n 1.** *v/t.* (*anketten*) prender; *Fesseln, Feuer*: pôr; *Geld*: colocar, investir; *Kartei, Liste*: organizar; *Kleider*: vestir; *Konto*: abrir; *Maßstab*: ado(p)tar; ⊕ instalar, montar; △ construir; ⸙ plantar; ⚕ aplicar; *Hand* ~ *an* (*ac.*) ajudar; *das Gewehr* ~ *auf* (*ac.*) ⚔ apontar para; *es darauf* ~ *zu* (*inf.*) pretender (*inf.*), fazer a.c. de propósito para (*inf.*); *sich mit j-m* ~ meter-se com alg.; **2.** *v/i.* ⚔ apontar (*auf ac.* para); ⚓ acostar; atracar; fazer escala; ~**platz** *m* (-*es*; ⸚*e*), ~**stelle** *f* ⚓ embarcadouro *m*, cais *m* de embarque; ponto *m* encostável.

ˈ**Anlegung** [ˈ-le:guŋ] *f* △ construção *f*; ⚕, ⚕ aplicação *f*; *Schmuck*: ostentação *f*.

ˈ**anlehn|en:** ~ *an* (*ac.*) encostar a; *sich* ~ *an* (*ac.*) apoiar-se em; *fig.* seguir; imitar; orientar-se por; ℒ**ung** *f* (*0*) apoio *m*; *fig.* imitação *f*; *in* ~ *an* (*ac.*) apoiando-se em; imitando (*ac.*).

ˈ**Anleihe** [ˈ-laɪə] *f* empréstimo *m* (*aufnehmen* fazer, contrair; *machen* pedir).

ˈ**anleimen** colar (*an ac.* em).

ˈ**anleit|en** (-*e*-) ensinar; instruir, orientar; iniciar (*zu* em); ℒ**ung** *f* instrução *f*; (*Lehrbuch*) método *m*.

ˈ**an|lernen** ensinar; *sich* (*dat.*) *et.* ~ aprender a.c.; ~**liegen** (*L*) (*angrenzen*) confinar (*an dat.* com); *Kleid*: estar justo; *gut* ~ ajustar bem; *zu eng* ~ estar apertado; ~*d adj.* adjacente, contíguo; ⚕ junto; *Kleid*: justo; apertado; ℒ**liegen** *n* desejo *m*; (*Bitte*) pedido *m*; *inneres* ~ preocupação *f*; interesse (*ˈê) *m*; (*Ziel*) obje(c)tivo *m*; *ein* ~ *an j-n haben* (vir) pedir um favor a alg.; ℒ**lieger** [ˈ-li:gər] *m* morador *m*; vizinho *m*; ~**locken** atrair; (*ködern*) engodar; (*werben*) angariar; ~**löten** (-*e*-) soldar; ~**lügen** (*L*) enganar, entrujar; mentir a; ~**machen** (*befestigen*) pôr; (*mischen*) misturar, preparar; *Feuer*: acender; *Salat*: temperar; ~**malen** pintar; *bunt* ~ colorir; ℒ**marsch** ⚔ *m* (-*es*; ⸚*e*) chegada *f*; ~ *gegen* marcha *f* contra, avanço *m* sobre; marcha *f*; (*Strecke*) caminho *m*; *im* ~ *sn* (*auf ac.*) estar a caminho (de), avançar (sobre); ~**marschieren** (-) aproximar-se, avançar.

ˈ**anmaß|en** (-*ßt*): *sich* (*dat.*) *et.* ~ arrogar-se a.c.; *mit Gewalt*: usurpar a.c.; *sich* (*dat.*) ~ *zu* (*inf.*) atrever-se a; pretender; ~**end** arrogante; petulante; presunçoso, presumido; ℒ**ung** *f* arrogância *f*; presunção *f*; petulância *f*; usurpação *f*.

ˈ**Anmelde|formular** *n* (-*s*; -*e*) boletim *m* de inscrição (*od. polizeiliche*: de alojamento); ~**frist** *f* prazo *m* de inscrição (*od. polizeiliche*: de participação); ~**gebühr** *f* propina *f*; ~**liste** *f* registo *m*; matrícula *f*; ℒ**n** (-*e*-) *v/t.* anunciar; *Devisen, Zoll*: declarar; *Berufung*: interpor; *Forderung, Kandidatur*: apresentar; *Konkurs*: abrir; *Patent*: fazer registar; *Schüler*: inscrever; *Sendung*: avisar; *sich* (*j-n*) *polizeilich* ~ participar a chegada (de alg.) à polícia; *sich* ~ inscrever-se; *sich zum Besuch* ~ anunciar a sua visita; *beim Arzt usw.* marcar uma hora (para ir ao ...); ~**pflicht** *f* (*0*) registo *m* obrigatório; declaração *f* obrigatória; **~schein** *m* (-ęs; -e) = *~formular*; **~stelle** *f* secretaria *f*; **~termin** *m* (-s; -e) = *~frist*.

'**Anmeldung** *f* participação *f*; *Devisen*: declaração *f*; *Patent*: registo *m*; *Schüler*: inscrição *f*; (*Büro*) recepção *f*.

'**anmerk|en** (*notieren*) apontar; (*sagen*) observar; fazer um comentário; *als Fußnote*: anotar; fazer uma anotação; *j-m ~* notar a alg.; **2ung** *f* anotação *f*, nota *f*; *mit ~en versehen* anotar; anotado.

'**anmessen** (*L*) adaptar; *j-m et. ~* tomar a medida de a.c. a alg.; *vgl. angemessen*.

'**anmuster|n** (-re) *v/t.* (*v/i.*) ⚓ matricular(-se); ⚔ alistar(-se); **2ung** *f* ⚓ matrícula *f*; ⚔ alistamento *m*.

'**Anmut** *f* (0) graça *f*; garbo *m*, encanto *m*; **2en** (-e-) *v/t.* dar a impressão de (*j-n* a alg.); *j-n heimatlich ~* lembrar a sua terra a alg.; **2ig** gracioso, gentil; *Ort*: lindo, ameno.

'**an|nageln** (-le) pregar; **~nagen** corroer; **~nähen** coser, pregar (*an ac.* a); **~nähern** (-re) aproximar; *~d* aproximativo, *adv.* aproximadamente; *nicht ~d* nem de longe.

'**Annäherung** ['anɛ:əruŋ] *f* aproximação *f*; **~s-wert** *m* (-ęs; -e) valor *m* aproximativo.

'**Annahme** ['ana:mə] *f* aceitação *f*; recebimento *m*, recepção *f*; *Antrag*: aprovação *f*; *Kind*, *Plan*: ado(p)ção *f*; (*Vermutung*) suposição *f*, hipótese *f*; *in der ~, daß a.* supondo que; (*Zulassung*) admissão *f*; **~stelle** *f* recepção *f*.

An'nalen [a'na:lən] *pl.* anais *m/pl.*

'**annehm|bar** ['ane:m-] aceitável; (*zulässig*) admissível; *Bedingung*: razoável; *Preis*: *a.* módico; *~ (leidlich) sn* passar; **~en** (*L*) *v/t.* aceitar; *Besuch*: *a.* receber; *Glauben*: abraçar; *Vorschlag*: aprovar; *Kind*, *Titel*: ado(p)tar; *Gestalt*, *Gewohnheit*, *Haltung*, *Vernunft*: tomar; (*vermuten*) supor; (*zulassen*) admitir; *sich j-s ~* interessar-se por alg., intervir a favor de alg., cuidar de alg.; *sich e-r Sache ~* encarregar-se de a.c., tratar de a.c.; **2lichkeit** *f* agrado *m*; comodidade *f*; (*Vorteil*) vantagem *f*.

annek|'tieren [anɛk'ti:rən] (-) anexar; **2ti'on** [-tsi'o:n] *f* anexação *f*.

'**annieten** (-e-) ⊕ rebitar.

An'nonc|e [a'nɔŋsə] *f* anúncio *m* (*aufgeben*, *einsetzen* pôr); **2'ieren** (-) anunciar.

annu'lieren [anu'li:rən] (-) anular; cancelar.

A'nod|e [a'no:də] *f* ânodo *m*, anódio *m*; **~en...**: *in Zssgn* de ânodo, de placa.

'**an-öden** ['-ø:dən] F *v/t.* (-e-) aborrecer, maçar.

'**anomal** ['anoma:l] anómalo; **2'ie** [-'li:] *f* anomalia *f*.

ano'nym [ano'ny:m] anónimo; **2i'tät** [-i'tɛ:t] *f* (0) anonimato *m*, anonímia *f*.

'**an-ordn|en** (-e-) ordenar, dar ordens para; (*a.* ⊕) dispor, arranjar; **2ung** *f* arranjo *m*; (*a. Befehl*) ordem *f*; (*a. Maßnahme*) disposição *f* (*treffen* tomar).

'**an-organisch** anorgânico, inorgânico.

'**anpacken** apanhar; *fig.* atacar; (*anfangen*) começar; *j-n hart ~* apertar alg. muito; *mit ~* ajudar.

'**anpassen** (-ßt) ajustar; adaptar (*a. fig.*); *sich ~ a.* acomodar-se, avir-se.

'**Anpassung** *f* (0) adaptação *f*; acomodação *f*, acomodamento *m*; **2s-fähig** adaptável; acomodável; *j.*: acomodadiço, acomodatício; *~ sn* adaptar-se (fàcilmente); **~s-fähigkeit** *f* (0) faculdade *f* de adaptação.

'**anpeilen** ⚓ marcar a posição de.

'**an|pfeifen** (*L*) *Sport*; *das Spiel ~* dar o sinal para começar; *fig.* F *j-n*: descompor; **2pfiff** *m* (-ęs; -e) *Sport*: sinal *m* (para começar); F *fig.* descompostura *f*; **~pflanzen** (-t) plantar; cultivar, criar; **2pflanzung** *f* plantação *f*; cultura *f*; plantio *m*; **~pflaumen** F entrar com; **~pinseln** (-le) pintar; **~pöbeln** (-le) insultar; **~pochen** bater (à porta); *bei j-m ~* F *fig.* sondar alg.

'**Anprall** *m* (-ęs; -e) choque *m*, embate *m*; **2en** dar contra; embater (*gegen* em).

'**anpranger|n** (-re) *fig.* denunciar ao público; **2ung** *f* denunciação *f*.

'**anpreis|en** (*L*) recomendar; *laut*: apregoar; *öffentlich*: fazer a propaganda de; **2ung** *f* recomendação *f*; elogio *m*; propaganda *f*.

'**Anprob|e** *f* prova *f*; **2(ier)en** (-) provar.

'**anpumpen:** F *j-n ~* cravar alg.

'**Anrainer** ['-raɪnər] *m* vizinho *m*; **~staat** *m* Estado *m* limítrofe.

'**anraten** (*L*) **1.** aconselhar, recomendar; **2.** ꝰ *n*: *auf* ~ (*gen.*) seguindo o conselho de.

'**anrechn|en** (*-e-*) *v/t.* pôr em (*od. Schuld*: na) conta; (*abziehen*) deduzir, descontar; (*gutschreiben*) abonar, creditar; *hoch* ~ estimar muito; *sich* (*dat.*) *zur Ehre* ~ considerar uma honra; *angerechnet werden Jahre*: contar; ꝰ**ung** *f* (*0*): *in* ~ *bringen* = *anrechnen*; *unter* ~ (*gen.*) (des)contando (*ac.*).

'**Anrecht** *n* (*-ęs*; *-e*) direito *m*; título *m* (*auf ac.* a).

'**Anrede** *f* tratamento *m* (*mit* por); (*Ansprache*) alocução *f*; ꝰ**n** (*-e-*) *v/t.* dirigir a palavra a; *mit Sie usw.* ~ tratar por ...

'**anreg|en** (*anspornen*) incitar, (*a.* ⚕) estimular; *Appetit*: abrir; (*beleben*) animar; (*vorschlagen*) sugerir (*bei* a); **~end** animador; ⚕ estimulante; *geistig*: sugestivo; ꝰ**ung** *f* estímulo *m*; (*Vorschlag*) (*auf j-s*) ~ (por) sugestão (*od.* iniciativa) *f* de alg.

'**anreicher|n** ['-raɪçərn] (*-re*) ⚗ enriquecer (*hoch* fortemente); (*sättigen*) concentrar; ꝰ**ung** *f* enriquecimento *m*, concentração *f* (*an dat.* de).

'**an|reißen** (*L*) rasgar; ⚠, ⊕ traçar; ꝰ**reiz** *m* (*-es*; *-e*) estímulo *m*; **~reizen** (*-t*) estimular, incitar; **~rempeln** ['-rɛmpəln] (*-le*) *v/t.* empeçar em; *fig.* meter-se com, implicar com; **~rennen** (*L*; *sn*) *v/i.*: ~ *gegen* dar (*od.* bater *od.* correr) contra; ⚔ assaltar *ac.*; *angerannt kommen* vir a correr.

'**Anricht|e** ['-riçtə] *f* aparador *m*; (*Raum*) copa *f*; ꝰ**en** (*-e-*) preparar; (*auftragen*) servir; *es ist angerichtet* (os senhores) estão servidos; (*verursachen*) causar, fazer, provocar; *da hast du was Schönes angerichtet!* arranjaste-a boa!

'**an|rollen** *v/t.* trazer; *v/i.* (*sn*) chegar; **~rosten** (*-e-*) criar ferrugem; **~rüchig** ['-ryçiç] suspeito; **~rükken** *v/i.* (*sn*) aproximar-se; ⚔ *a.* avançar.

'**Anruf** *m* (*-ęs*; *-e*) chamada *f*; ꝰ**en** (*L*) chamar; telefonar (*j-n*, *bei j-m* a alg.); *Rel.* invocar, ⚖ *a.* apelar para; **~ung** *f* invocação *f*, ⚖ *a.* apelo (*ê) *m* (*gen.* a).

'**anrühren** *v/t.* tocar (em), mexer em; apalpar; (*mischen*) misturar; *Farben*: temperar; *Teig*: fazer.

ans = *an das.*

'**Ansag|e** *f* anúncio *m*; ꝰ**en** anunciar; *Karten*: declarar; *j-m den Kampf* ~ desafiar alg.; *sich bei j-m* ~ prevenir alg. da sua visita; **~er**(**in** *f*) *m* locutor(a) *m/f*.

'**ansamm|eln** (*-le*) reunir; *Sachen a.*: acumular, amontoar; ⚔ *Truppen*: concentrar; ꝰ**lung** *f* cole(c)ção *f*; acumulação *f*, monte *m*; *von Menschen*: aglomeração *f*, multidão *f*, grupos *m/pl.*; ⚔ *Truppen*: concentração *f*.

'**ansässig** ['-zɛsiç] residente; domiciliado, morador; (*seßhaft*) estabelecido; *sich* ~ *machen*, ~ *werden* fixar residência; estabelecer-se.

'**Ansatz** *m* (*-es*; *ⁿe*) (*Anfang*) começo *m*, princípio *m* (*zu* de); *Anat.* inserção *f*; *Geol.*, ⚗ depósito *m*; ℞ indicação *f*; *Zool. u. fig.* rudimento *m*; (*Ergänzung*) peça *f* anexa; (*Mundstück*) embocadura *f*; *in* ~ *bringen* pôr em conta; **~punkt** *m* (*-ęs*; *-e*) ponto *m* de partida; **~stück** *n* (*-ęs*; *-e*) embocadura *f*; ⊕ extensão *f*.

'**ansaugen** aspirar; ~ *lassen* ⊕ abeberar.

'**anschaff|en**: (*sich dat.*) ~ comprar, adquirir; arranjar; ꝰ**ung** *f* compra *f*; aquisição *f*.

'**anschalten** (*-e-*) ligar.

'**anschau|en** contemplar, mirar; **~lich** explícito; claro; vivo; plástico; concreto; gráfico; ~ *machen* demonstrar, ilustrar, concretizar; ~ *schildern* fazer uma descrição plástica de; ꝰ**lich-keit** *f* (*0*) plasticidade *f*; clareza *f*.

'**Anschauung** ['anʃauuŋ] *f* contemplação *f*; (*Auffassung*) concepção *f*; (*Erkenntnis*) intuição *f*; (*Meinung*) opinião *f*, parecer *m*; (*Vorstellung*) conceito *m*, ideia *f*, noção *f*; visão *f*; *aus eigener* ~ por experiência própria; **~s-material** *n* (*-s*; *-ien*) material *m* ilustrativo; **~s-unterricht** *m* (*-ęs*; *0*) ensino *m* visual; **~s-vermögen** *n* (*-s*; *0*) faculdade *f* intuitiva; **~s-weise** *f* modo *m* de ver; mentalidade *f*.

'**Anschein** *m* (*-ęs*; *0*) aparência *f*; (*Wahrscheinlichkeit*) probabilidade *f*; *allem* ~ *nach* aparentemente; *den*

~ *haben, als ob* parecer que; *sich* (*dat.*) *den* ~ (*gen.*) *geben* dar-se ares *m/pl.* de; ♀**end** aparentemente; ao que parece, pelo visto.

'**an|schicken:** *sich* ~ *zu* preparar-se para, dispor-se a; *sich gerade* ~ *zu* estar mesmo para; ~**schirren** aparelhar.

'**Anschlag** *m* (-*es*; *ᵘe*) **1.** golpe *m*; (*Anprall*) embate *m*; ⊕ espera *f*; batente *m*; *Schreibmaschine*, ♪ toque *m*; **2.** (*Bekanntmachung*) edital *m*; (*Plakat*) cartaz *m*; **3.** (*Gewehrkolben*) coronha *f*, culatra *f*; *im* ~ pronto para disparar; **4.** (*Attentat*) atentado *m* (*auf ac.* contra); *e-n* ~ *verüben auf* (*ac.*) atentar contra; (*Komplott*) conjura *f*; **5.** (*Kosten*♀) orçamento *m*; *in* ~ *bringen* avaliar (*mit* em); (*berücksichtigen*) ter em conta; ♀**en** (*L*) **1.** *v/t.* bater; *Geschirr*: estragar; *Gewehr*: apontar (*auf ac.* para); *Masche*: montar; *Plakat*: pôr, afixar; *Saite*, *Taste*: tocar; *Ton*: dar; *e-n anderen Ton* ~ mudar de tom; (*schätzen*) avaliar, apreciar (*hoch* muito); **2.** *v/i.* (*a. sn*) dar contra; (*bellen*) ladrar; (*wirken*) dar (bom) resultado; *Tennis*: servir; ~**säule** *f* coluna *f* Morisse; cartaz *m*; ~**vorrichtung** *f* batente *m*; espera *f*; ~**winkel** *m* esquadro *m*.

'**anschließen** (*L*) **1.** *v/t.* ligar; encadear; (*anfügen*) juntar; anexar; (*angliedern*) *a.* associar; *sich* (*j-m od. an ac.*) ~ unir-se a, juntar-se com, acompanhar; associar-se a; aderir a; *Beispiel*: seguir; *Urteil*: concordar com; **2.** *v/i.* (*folgen*) seguir(-se); *Kleid*: estar justo; *zu eng* ~ estar apertado; ~**d** contíguo; adjacente; vizinho; *zeitl.* subsequente; *adv.* a(c)to contínuo, logo a seguir.

'**Anschluß** *m* (-*sses*; *ᵘsse*) conta(c)to *m*; ⚡ ligação *f*, *a.* 🚂 (*verpassen* perder); *Fernspr. a.* comunicação *f*; (*Gesellschaft*) companhia *f*; *an e-e Gruppe usw.* adesão *f*, afiliação *f*; *Pol.* anexação *f*, união *f*, integração *f*; *im* ~ *an* (*ac.*) a seguir a; *Brief*: *a.* com referência a.

'**anschmieg|en** ajustar, adaptar; (a)conchegar; *sich* ~ *Kind*: estar com mimo; ~**sam** insinuante, meigo.

'**anschmieren** untar, engraxar; *fig.* F (*betrügen*) enganar, entrujar.

'**anschnall|en** (a)fivelar; *am Fuß*: calçar; *Degen*: cingir; *sich* ~ ✈ segurar-se na cinta; ♀**gurt** *m* cinta *f od.* cinto *m* (de segurança).

'**anschnauz|en** (-*t*) F: *j-n* ~ berrar com alg.; descompor alg.; ♀**er** F *m* descompostura *f*.

'**anschneiden** (*L*) encetar; ⊕ entalhar; *fig. e-e Frage* ~ abordar um assunto.

'**Anschnitt** *m* (-*es*; -*e*) primeiro corte *m*; ⊕ entalha *f*.

An'schovis [an'ʃoːvis] *f* (-; -) anchova *f*.

'**an|schrauben** (a)parafusar, atarraxar; *Schraube*: *a.* apertar, segurar; ~**schreiben** (*L*) escrever; notar, tomar nota; *Schuld*: pôr na conta; ~ *lassen a.* comprar a crédito; *fig. bei j-m gut angeschrieben sn* ser persona grata de alg.; ~**schreien** (*L*): *j-n* ~ gritar a alg., berrar com alg., vociferar contra alg.

'**Anschrift** *f* endereço *m*, dire(c)ção *f*.

'**anschuldig|en** ['-ʃuldigən] acusar; ♀**ung** *f* acusação *f*.

'**an|schwärmen** *v/t.* estar louco por; ~**schwärzen** (-*t*) pôr negro; denegrir; *fig. a.* difamar, denunciar (*bei* diante de); ~**schweißen** (-*t*) soldar (*an ac.* com).

'**anschwell|en** (*L*; *sn*) *v/i.* inchar; *Fluß a.*: crescer (*a. fig.*); ♀**ung** *f* inchação *f*, inchaço *m*; enchente *m*; ⚕ tumor *m*; tumefa(c)ção *f*; *fig.* incremento *m*.

'**anschwemm|en** arrojar à terra; *Land*: depositar; ♀**ung** *f* aluvião *m*; enxurrada *f*; (*Schlamm*) enxurro *m*.

'**an|sehen**[1] (*L*) *v/t.* ver, olhar, mirar; * *a.* enxergar; *aufmerksam*: observar; *prüfend*: *sich* (*dat.*) ~ examinar (*genau* de perto); *sich* (*dat.*) *et. im Buch* ~ ver a.c. no livro; *sich* (*dat.*) *et. mit* ~ assistir a; (*ertragen*) aguentar; *j-m et.* ~ notar a.c. a alg.; *man sieht ihm sein Alter nicht an* não parece ter a idade que tem; *fig.* ~ *für*, ~ *als* considerar (como); *fälschlich* tomar por; confundir com; (*behandeln*) tratar como; F *sieh mal einer an!* essa agora!; *s. a. angesehen*; ♀**sehen**[2] *n* (-*s*; *0*) (*Achtung*) consideração *f*; (*Anschein*) aparência *f*; (*Geltung*) autoridade *f*, prestígio *m*; (*Ruf*) reputação *f*; *von* ~ *kennen* de vista; *in hohem* ~ *stehen* ser muito considerado; *sich* (*dat.*) *das* ~ (*gen.*) *geben* dar-se ares de; *sich* (*dat.*) *ein* ~ *geben* dar-se muita importância; *ohne* ~ *der Person* sem considerações pessoais, com imparcialidade; **~sehnlich** considerável; *Gestalt*: vistoso; **~seilen** ['-zaılən] atar à corda; **~sengen** chamuscar; **~setzen** (*-t*) **1.** *v/t.* (*anfügen*) juntar; (*annähen*) coser; (*anstücken*) meter; (*berechnen*) contar; (*entwikkeln*) dar; produzir; ♀ vingar; (*schätzen*) avaliar; *Becher*: levar aos lábios; *Blutegel*: aplicar; *Getränk*: preparar, fazer; *Feder*: pegar em; *Preis*: cotar; *Rost, Schimmel*: criar; *Stunde, Tag*: marcar; *Fett* ~ engordar; **2.** *v/i.*: *zu et.* ~ querer começar a, preparar-se para; (*versuchen*) tentar; **3.** *v/r.*: *sich* ~ ⚗ formar depósito; *Kochk.* pegar-se; *Min.* cristalizar.

'**Ansicht** *f* (*Blick*) vista *f*, aspe(c)to *m*; (*Meinung*) opinião *f*, parecer *m*, ver *m*; *anderer* ~ *werden* mudar de ideias; ✝ *zur* ~ de amostra; ⊕ proje(c)ção *f*; planta *f*; *schematische* ~ diagrama *m*; **2ig:** ~ *werden* (*gen.*) avistar (*ac.*); **~s-(post)karte** *f* (bilhete *m*) postal *m* ilustrado; **~s-sache** *f* questão *f* de gosto.

'**ansied|eln** (*-le*) domiciliar, estabelecer; *fig.* localizar; **2ler** *m* colono *m*; **2lung** *f* colónia *f*; colonização *f*.

'**Ansinnen** *n* exigência *f*; (*Zumutung*) impertinência *f*; *j-m ein* ~ *stellen* propor a.c. a alg.; *unberechtigt*: abusar de alg.

'**anspann|en** (*dehnen*) estirar, *a. Muskel*: esticar; *Pferd*: atrelar; *fig.* intensificar (os esforços); utilizar, empregar; F *j-n* ~ pôr alg. a trabalhar; *angespannt fig.* (in)tenso; **2ung** *f fig.* esforço *m*; tensão *f*; intensidade *f*.

'**anspiel|en** **1.** *v/t. Karte* jogar; **2.** *v/i.* começar; *Kartenspiel*: ter a mão; *fig.* ~ *auf* (*ac.*) aludir a; **2ung** *f* alusão *f*.

'**an|spinnen** (*L*) juntar; *fig.* urdir, tramar; começar; *sich* ~ preparar-se, estar a surgir; **~spitzen** (*-t*) apontar, aguçar.

'**Ansporn** *m* (*-es*; *0*) estímulo *m*; **2en** espor(e)ar; *fig.* estimular.

'**Ansprache** *f* alocução *f*; palestra *f* (*halten* fazer, proferir).

'**ansprech|bar** acessível; **~en** (*L*) **1.** *v/t.* dirigir-se a; (*gefallen*) agradar a; *j-n um et.* ~ solicitar a.c. a alg.; **2.** *v/i.* agradar; ~ *auf* (*ac.*) responder a; **~end** *et.* atra(c)tivo; *j.*: simpático; *Leistung*: impressionante.

'**an|springen**[1] (*L*) **1.** *v/t. Hund*: saltar para; atacar; **2.** *v/i.* (*sn*) ⊕ começar a trabalhar; *Mot.* pegar; **2-springen**[2] *n* ⊕ arranque *m*; **~-spritzen** (*-t*) salpicar.

'**Anspruch** *m* (*-es*; *⸚e*): ~ *auf* (*ac.*) direito *m* a, título *m* a; (*Forderung*) pretensão *f* a, reivindicação *f* de; (*hohe*) *Ansprüche stellen an ac.* ser (muito) exigente para com; exigir (muito) de; *auf* (*ac.*) ~ *machen* (*od. erheben*) exigir (*ac.*), reclamar (*ac.*), reivindicar (*ac.*), pretender (*ac.*) (para si); *in* ~ *nehmen* recorrer a; *j-s Geduld in* ~ *nehmen* incomodar alg.; *Kraft*: exigir; absorver; *Zeit*: levar; *ganz für sich in* ~ *nehmen* monopolizar; **2s-los** (*-est*) modesto, sem pretensões, despretensioso; **~s-losigkeit** [-slo:ziçkaıt] *f* (*0*) modéstia *f*; **2s-voll** exigente.

'**an|spucken** *v/t.* cuspir a; **~spülen** arrojar à terra; **~stacheln** (*-le*) aguilhoar; espicaçar; *fig. a.* incitar, instigar.

'**Anstalt** ['-ʃtalt] *f* instituto *m*, instituição *f*, estabelecimento *m*; (*Heil2*) sanatório *m*; (*Heim*) asilo *m*; (*Internat*) internato *m*; *pl.* ~*en a.* (*Vorbereitungen*) medidas *f/pl.* (*treffen* tomar); (*keine*) ~*en machen zu* preparar-se para (não fazer menção de).

'**An|stand** *m* (*-es*; *0*) (*Benehmen*) boas maneiras *f/pl.*; (*Haltung*) decoro (*'ô) *m*; dignidade *f*; (*Schicklichkeit*) decência *f*; *Jagd*: espera *f*; **2ständig** decente, decoroso; honesto; (*genügend*) suficiente; (*tüchtig*) a valer; **~ständigkeit** *f* (*0*) decência *f*; honestidade *f*; **~stands-besuch** *m* (*-es*; *-e*) visita *f* de cerimónia; **~stands-dame** *f* dama *f* de companhia; **~stands-gefühl** *n* delicadeza *f*; ta(c)to *m*; **2stands-halber** por delicadeza, por conveniência; para ser amável; **2stands-los** sem hesitação; (*frei*) livremente; **~stands-regel** *f* (*-*; *-n*) etiqueta *f*; **2stands-widrig** indecente, impróprio.

'**anstarren** fitar os olhos em, arregalar os olhos para.

an'statt 1. *prp.* (*gen.*) em vez de, em lugar de, em substituição de; ~ *meiner* em meu lugar; **2.** *cj.* ~ *daß*, ~ *zu* em vez de (*inf.*).

'**an|staunen** admirar, olhar pasmado para; **~stechen** (*L*) picar; furar; abrir furo em; *Faß*: espichar.

'**ansteck|en 1.** *v/t.* pôr, meter; (*anzünden*) acender; deitar (*od.* pôr) fogo a; ⚕ infe(c)tar, contagiar; *a. fig.* contaminar; **2.** *v/i.* ⚕ = **~end** *sn* ser contagioso; ser infe(c)tuoso; **2ung** *f* contágio *m*, infe(c)ção *f*, contaminação *f*.

'**anstehen** (*L*; *a. sn*) (*warten*) fazer bicha; *Gestein*: aflorar; *Schuld*: acumular-se; *j-m* ~ (*passen*) ficar bem a alg.; *nicht* ~ *zu* (*inf.*) não ter dúvidas de; ~ *lassen Arbeit*: deixar para outra oportunidade; *Zahlung*: pagar mais tarde.

'**ansteigen** (*L*; *sn*) subir.

'**anstell|en** *v/t.* (*anlehnen*) encostar; (*arbeiten lassen*) *j-n*: empregar, *a.* ⊕ pôr a trabalhar; (*einstellen*) *j-n*: contratar; ⊕ pôr a funcionar; *Heizung*: abrir; ⚡ ligar; *Versuch usw.*, (*tun*) fazer; *sich* ~ ser melindroso; *in e-r Reihe*: pôr-se na bicha; *als ob*: fingir *inf.*; *sich* (*un*)*geschickt* ~ (não) ter jeito; **~ig** hábil, destro, jeitoso; dócil; **2ung** *f* emprego *m*, colocação *f*; **2ungs-vertrag** *m* (*-es*; *⸗e*) contrato *m*.

'**ansteuern** (*-re*) *v/t.* tomar o rumo de, ⚓ *a.* demandar, arrumar, abordar.

'**Anstich** *m* (*-es*; *-e*) furagem *f*; *Faß*: espichadela *f*.

'**Anstieg** ['-ʃti:k] *m* (*-es*; *-e*) subida *f*; *fig. a.* progresso *m*.

'**anstieren** fitar os olhos em.

'**anstift|en** (*-e-*) *et.* causar, provocar; ⊕ pregar; *j-n*: instigar, incitar; **2er** *m* (f)autor *m*; instigador *m*; ⚖ subornador *m*; (*Rädelsführer*) cabecilha *m*; **2ung** *f* instigação *f*, incitamento *m*; ⚖ suborno *m*.

'**anstimmen** entoar; dar o tom.

'**Anstoß** *m* (*-es*; *⸗e*) (*Anprall*) embate *m*, choque *m*; (*Fußball*) primeiro pontapé *m*; bola *f* de saída; *fig.* (*Antrieb*) impulso *m*; ímpeto *m*; (*Ärgernis*) escândalo *m* (*geben*, *erregen* causar), ~ *nehmen* ofender-se, escandalizar-se (*an dat.* com); *ohne* ~ correntemente; **2en** (*L*) **1.** *v/t.* (*a. gegen*) empurrar; (*beschädigen*) estragar; *Fußball*: dar o primeiro pontapé; **2.** *v/i.* (em)bater, esbarrar; ~ *an* (*ac.*) dar contra; (*angrenzen*) estar contíguo, tocar-se; *auf* (*ac.*) ~ brindar por; *mit der Zunge* ~ ser gago; *fig.* causar escândalo; escandalizar; **2end** contíguo; *Land*: vizinho.

'**anstößig** ['-ʃtø:siç] escandaloso, indecente.

'**anstreben** *v/t.* aspirar a, ambicionar.

'**anstreich|en** (*L*) pintar; △ caiar; (*bezeichnen*) marcar; *fig. j-m et.* ~ levar a.c. a mal a alg.; **2er** *m* caiador *m*, pintor *m*.

'**anstreng|en** ['-ʃtrɛŋən] (*ermüden*) cansar, fatigar; *Kräfte*: empregar; *Prozeß*: intentar; *fig. den Kopf* ~ puxar pela cabeça; *angestrengt arbeiten usw.* muito; *sich* ~ esforçar-se (*um ... zu* por); **~end** fatigante; ~ *sn a.* cansar; **2ung** *f* esforço *m*; (*Erschöpfung*) cansaço *m*.

'**Anstrich** *m* (*-es*; *-e*) pintura *f*; (*Farbe*) tintura *f*; △ caiadura *f*; (*Überzug*) demão *f*; camada *f*; *fig.* aspe(c)to *m*, aparência *f*; *sich e-n* ~ *geben von fig.* dar-se ares de, afe(c)tar.

'**anstücken** ['-ʃtykən] acrescentar; (*flicken*) (r)emendar; ⊕ juntar, encabeçar.

'**An|sturm** *m* (*-es*; *⸗e*) assalto *m*; (*Andrang*) afluência *f*; **2stürmen** (*sn*): ~ *gegen*, ~ *auf* (*ac.*) assaltar; atacar, arremeter; *angestürmt kommen* adiantar-se impetuosamente; **~suchen** *n* pedido *m*, requerimento *m* (*um* de); **2tasten** (*-e-*) tocar em (*a. fig.*); apalpar; *Ehre*: ofender; *Leben usw.*: atentar contra; (*verletzen*) violar.

'**Anteil** *m* (*-es*; *-e*) parte *f*; quota *f*, cota *f*; (*Gewinn*2) participação *f*; interesse *m* (*a. fig.*); (*Summe*) quota (*od.* cota)-parte *f*; (*Mitgefühl*) simpatia *f*; ~ *haben an* ter quinhão em; ~ *nehmen an* (*dat.*) participar em; interessar-se por; simpatizar com; **2mäßig** por quotas (*od.* cotas); **~nahme** ['-na:mə] *f* (*0*) interesse *m*; simpatia *f*; **~schein** *m* (*-es*; *-e*) a(c)ção *f*.

An'tenne [an'tɛnə] *f* antena *f*.

Anthropo|'loge [antropo'lo:gə] *m*

(-*n*) antropólogo *m*; ~**lo'gie** [-lo-'gi:] *f* antropologia *f*; 2'**logisch** antropológico.

'**Anti|alkoholiker** *m* abstémio *m*; ~**biotikum** *n* (-*s*; *Antibiotika*) antibiótico *m*.

an'tik [an'ti:k] antigo; 2**e** [-ə] *f* antiguidade *f*; (*Kunstwerk*) peça *f* antiga.

Anti'lope [anti'lo:pə] *f* antílope *m*.

Anti'mon [anti'mo:n] *n* (-*s*; *0*) antimónio *m*, estíbio *m*; ~**blende** *f* (*0*) quermes *m*.

Anti'pode [anti'po:də] *m* (-*n*) antípoda *m*.

An'tiqua [an'ti:kva] *f* (*0*) *Typ.* letra *f* redonda.

Anti'quar [anti'kva:r] *m* (-*s*; -*e*) antiquário *m*; (*Buchhändler*) alfarrabista *m*; ~**i'at** [a:] *n* (-*es*; -*e*) antiquariato *m*; antiguidades *f/pl.*; *Bücher a.*: em segunda mão; 2**isch** antigo; *adv.* em segunda mão.

Antiqui'täten [antikvi'tɛ:tən] *f/pl.* antiguidades *f/pl.*; velharias *f/pl.*, antiqualhas *f/pl.*; ~**-händler** *m* antiquário *m*.

Antise'mit *m* (-*en*), 2**isch** anti-semita *m*; ~**entum** *n* (-*s*; *0*), ~'**ismus** *m* (-; *0*) anti-semitismo *m*.

Anti'the|se *f* antítese *f*; 2**tisch** antitético.

'**Antlitz** ['antlits] *n* (-*es*; -*e*) rosto *m*, cara *f*; semblante *m*; fisionomia *f*.

'**antraben** (*sn*) pôr-se a trote; *angetrabt kommen* vir ao trote.

'**Antrag** ['-tra:k] *m* (-*es*; *¨e*) proposta *f*; (*Gesuch*) requerimento *m*; (*Heirats*2) pedido *m* de mão; *Parl.* moção *f*, (*Abänderungs*2) emenda *f* (*stellen* apresentar); 2**en** (*L*) propor, requerer; ~**steller** ['-ʃtɛlər] *m* requerente *m*; *Parl.* proponente *m*.

'**an|treffen** (*L*) encontrar (em casa); ~**treiben** (*L*) impelir; estimular, incitar (*a. fig.*); ⊕ a(c)cionar; *Mot.* ✶ propulsionar; *ans Land*: arrojar à terra; ~**treten** (*L*) **1.** *v/t. Reise*: partir para, sair para; *Beweis*: dar, apresentar; *ein Amt* ~ tomar posse; *Erbe*: entrar na posse; *den Rückzug* ~ retirar(-se); *Strafe*: começar a cumprir; **2.** *v/i.* (*sn*) ⚔ alinhar; *bei j-m* ~ apresentar-se a alg.; *gegenea.* ~ enfrentar-se; *zum Kampf* ~ entrar em combate.

'**Antrieb** *m* (-*es*; -*e*) ✈ *u.* ⚓ propulsão *f*; *Phys.* ímpeto *m*; ⊕ impulso *m*; a(c)cionamento *m*; comando *m*; *fig.* impulso *m*; motivo *m*; *aus eigenem* ~ motu-próprio; espontâneamente; ~**s...**: *in Zssgn oft* propulsor; motor (*f*: motriz); a(c)cionador; de comando.

'**antrinken** (*L*): *sich* (*dat.*) *e-n* (*Rausch*) ~ apanhar uma bebedeira, F emborrachar-se; *vgl. angetrunken.*

'**Antritt** *m* (-*es*; -*e*) (*Amts*2) posse *f*; (*Beginn*) começo *m*, início *m*; ~ *e-r Erbschaft* sucessão *f*; ~ *e-r Reise* partida *f*; ~**s-besuch** *m* (-*es*; -*e*) primeira visita *f*; *j-m e-n* ~ *machen* apresentar-se a alg.; ~**s-rede** *f* discurso *m* inaugural (*bei Aufnahme*: de recepção); ~**s-vorlesung** *f* lição *f* inaugural.

'**antun** (*L*) *j. et.*: fazer; *Ehre*: prestar; *Gewalt* ~ violar, fazer violência a; *Leid*: causar; *sich* (*dat.*) *ein Leid* ~ suicidar-se; *sich* (*dat.*) *Zwang* ~ fazer cerimónia(s).

'**Antwort** *f* resposta *f*; (*Gegen*2) réplica *f* (*auf ac.* a); *fig. a.* rea(c)ção *f*, eco *m*; (*zur*) ~ *geben* responder, replicar; *um* ~ *wird gebeten* roga-se o favor de responder; 2**en** (-*e*-) responder; replicar (*auf ac.* a); reagir; ~**karte** *f* bilhete *m* postal com resposta paga; ~**schreiben** *n* resposta *f*.

'**an|vertrauen** (-) confiar; *dem Schutze j-s* ~ encomendar a alg.; ~**verwandt** parente; aparentado.

'**an|wachsen**[1] (*L*; *sn*) pegar; lançar raízes, arraigar; *fig.* aumentar; crescer; *Betrag*: ~ *auf* (*ac.*) montar a; 2**wachsen**[2] *n* incremento *m*, aumento *m*.

'**Anwalt** ['-valt] *m* (-*es*; *¨e*) advogado *m*; (*Sachwalter*) procurador *m*, solicitador *m*; *sich als* ~ *niederlassen* abrir cartório de advogado; ~**schaft** *f* (= ~**s-beruf** *m* [-*es*; -*e*]) advocacia *f*; (= ~**s-kammer** *f* [-; -*n*]) ordem *f* dos advogados.

'**anwand|eln** (-*le*) *Lust*: dar na vontade (*j-n* de *od.* a alg.); 2**lung** *f* capricho *m*; veleidade *f*; impulso *m*; *a.* ⚕ acesso *m*, ataque *m*.

'**anwärmen** (pôr a) aquecer, esquentar.

'**An|wärter** *m* aspirante *m*, candidato *m*; pretendente *m* (*auf ac.* a); ~**wartschaft** ['-vart-] *f* candidatura *f*; (*Recht*) direito *m* (*auf ac.* a).

'**anweis|en** (*L*) (*anleiten*) ensinar;

instruir, *a.* (*beauftragen*) encarregar; *Geld*: mandar; *Platz*: indicar; *fig. vgl. angewiesen*; **2ung** *f* instrução *f*, ordem *f*; (*Gutschein*) bónus *m*; ✝ ordem *f* de pagamento, cheque *m*; *a.* ✉ vale *m*.

'**anwendbar** ['-vɛnt-] aplicável (*auf ac.* a); (*brauchbar*) útil, utilizável; *allgemein* ~ de aplicação universal; **2keit** *f* (*0*) aplicação *f*, aplicabilidade *f*.

'**anwenden** (*-e- od. L*) empregar (*falsch* mal); usar; ~ *auf* (*ac.*) aplicar a; *nützlich* ~ fazer bom uso de; *Gewalt, Mittel*: recorrer a; *sich* ~ *lassen* aplicar-se.

'**Anwendung** *f* emprego (*'ê) *m*, uso *m*, utilização *f*; ~ *finden* empregar-se; ter uso; *zur* ~ *kommen* chegar a ser empregado *usw.*; aplicação *f*; **~s-bereich** *m* (*-ẹs*; *-e*) campo *m* de aplicação; **~s-möglichkeit** *f* aplicabilidade *f*, uso *m*; **~s-weise** *f* modo *m* de emprego.

'**anwerb|en** (*L*) ⚔ *u.* ⚓ alistar, aliciar, angariar; recrutar (*sich* ~ *lassen* alistar-se, assentar praça); **2ung** *f* aliciamento *m*, angariação *f*, alistamento *m*, leva *f*, recrutamento *m*.

'**anwerfen** (*L*) ⊕ pôr a trabalhar.

'**Anwesen** *n* propriedade *f*; prédio *m*; ⚘ terreno *m*; fazenda *f*; **2d** presente (*bei* em); *die* **2en** *pl. a.* os assistentes, a assistência *f*/*sg.*; **~heit** *f* (*0*) presença *f*; assistência *f* (*in* na, com a); **~heitsliste** *f* lista *f* da assistência; *Arbeiter*: ponto *m*.

'**anwidern** (*-re*) ['-vi:dərn] repugnar.

'**Anwohner** *m* vizinho *m*; *e-s Flusses*: ribeirinho *m*; *e-r Straße*: morador *m*.

'**Anwurf** *m* (*-ẹs*; *⸚e*) △ reboco (*'ô) *m*; (*Anschwemmung*) nateiro *m*; ⊕ arranque *m*; *Spiel*: primeiro lance *m*; *fig.* (*Vorwurf*) acusação *f*, imputação *f*.

'**anwurzeln** (*-le*; *sn*) arraigar, enraizar, lançar raízes; *s. a. angewurzelt*.

'**Anzahl** *f* (*0*) número *m*, quantidade *f*; e-e ~ *a.* alguns; **2en** pagar de sinal, dar à conta; **~ung** *f* sinal *m*, pagamento *m* à conta; (*Vorschuß*) adiantamento *m*.

'**anzapfen** *Faß*: furar, espichar; *Baum*: resinar; *Teich*: sangrar (*a. fig.* F).

'**Anzeichen** *n* sinal *m*, indício *m*; ⚕ sintoma *m*; (*Vorbedeutung*) presságio *m*.

'**anzeichnen** (*-e-*) marcar, anotar; desenhar.

'**Anzeig|e** ['-tsaɪgə] *f* anúncio *m* (*aufgeben* pôr, inserir), aviso *m*; (*Familien*2) participação *f*; (*Mitteilung*) *a.* informação *f*; ⚖ notificação *f*; *bei Gericht*: denúncia *f* (*erstatten* fazer); ⊕ indicação *f*, marcação *f*; **2en** *v/t.* indicar; (*mitteilen*) anunciar (*a. in der Zeitung*); participar, dar parte de; informar (*j-m et.* alg. de a.c.); ⚖ notificar; (*a.* ✝) avisar (*j-m et.* alg. de a.c.); *j-n*: denunciar; *den Empfang* ~ acusar a recepção; **~en-annahme** *f*, **~en-büro** *n* (*-s*; *-s*) agência *f* de publicidade; **~enteil** *m* (*-ẹs*; *-e*) anúncios *m*/*pl.*; **~epflicht** *f* (**2epflichtig** sujeito a) declaração *f od.* participação *f* obrigatória; **~er** *m* ⚖ denunciante *m*; ⚔, *Sport*: marcador *m*; ⊕ indicador *m*; (*Zeitung*) diário *m*.

'**anzetteln** ['-tsɛtəln] (*-le*) urdir; *fig.* tramar.

'**anziehen** (*L*) **1.** *v/t.* puxar; *Kleid*: vestir; *Fußbekleidung, Handschuh*: calçar; *Schraube*: apertar; *sich warm* ~ agasalhar-se; *fig.* atrair; **2.** *v/i.* *Brettspiel*: jogar primeiro; ser mão; *Mot.* arrancar; *Pferd*: puxar; *Preise*: subir; **3.** 2 *n der Preise*: subida *f*; **~d** atra(c)tivo; interessante.

'**Anziehung** *f* atra(c)ção *f*; **~s-kraft** *f* (*-*; *⸚e*) atra(c)ção *f*; *Phys.* magnetismo *m*; *der Erde*: gravitação *f*; *fig.* encanto *m*.

'**Anzug** *m* (*-ẹs*; *⸚e*) **a**) fato *m*; *terno *m*; (*Tracht*) traje *m*; **b**): *im* ~*e sn* estar iminente, estar a chegar, *Gewitter a.* estar a aproximar-se; *Spiel*: ser mão.

'**anzüglich** ['-tsy:kliç] alusivo; insinuador; (*persönlich*) atrevido; malicioso; ~*e Redensart* = **2keit** *f* alusão *f*; remoque *m*; *indire(c)ta *f*.

'**anzünd|en** (*-e-*) acender; *Haus usw.*: incendiar, deitar (*od.* pegar *od.* pôr) fogo a; **2er** *m* acendedor *m*, isqueiro *m*.

'**anzweifeln** (*-le*) pôr em dúvida.

a'part [a'part] singular; esquisito.

'**Apfel** ['apfəl] *m* (*-s*; *⸚*) maçã *f*; **~baum** *m* (*-ẹs*; *⸚e*) macieira *f*; **~most** *m* (*-es*; *0*) cidra *f*; **~mus** *n* (*-es*; *0*) puré *m* de maçãs; **~säure** ⚗ *f* (*0*) ácido *m* málico; **~schimmel** *m* cavalo *m* ruço-rodado.

Apfel'sine [-'zi:nə] *f* laranja *f*; **~n-baum** *m* (-*ės*; "*e*) laranjeira *f*; **~n-limonade** *f* laranjada *f*; **~n-saft** *m* (-*ės*; "*e*) sumo *m* de laranja.

'Apfelwein *m* (-*ės*; -*e*) cidra *f*.

Apho'ris|mus [afo'rismus] *m* (-; *Aphorismen*) aforismo *m*; **²tisch** aforístico.

A'postel [a'pɔstəl] *m* apóstolo *m*; **~-amt** *n* (-*ės*; "*er*) apostolado *m*; **~-geschichte** *f* (*0*) Actos *m/pl.* dos Apóstolos.

Apo'stroph [apɔ'stro:f] *m* (-*s*; -*e*) apóstrofo *m*; **²'ieren** (-) apostrofar.

Apo'thek|e [apo'te:kə] *f* farmácia *f*; F botica *f*; **~er** *m* farmacéutico *m*, F boticário *m*; **~erbuch** *n* (-*ės*; "*er*) simpósio *m*.

Appa'rat *m* (-*ės*; -*e*) aparelho *m*; (*Aufwand*) aparato *m*; máquina *f* (*a. Phot.*); (*Fernsprecher*) telefone *m*; *wer ist am ~?* quem fala?; *am ~ bleiben* não desligar; **~'ur** [u:] *f* aparelhagem *f*, equipamento *m*.

Ap'pell [a'pɛl] *m* (-*s*; -*e*) ⚔ chamada *f*; revista *f* (*abhalten* passar); *fig.* apelo (*ê) *m*, proclamação *f*.

Appel|'lant [apɛ'lant] *m* (-*en*) apelante *m*, apelador *m*; **~lati'on** [-latsi'o:n] *f* apelação *f*, recurso *m*; **~lati'onsgericht**(**srat** *m* [-*ės*; "*e*]) *n* (-*ės*; -*e*) tribunal *m* de relação (desembargador *m*); **²'lieren** (-) apelar, recorrer.

Appe'tit [ape'ti:t] *m* (-*ės*; *0*) apetite *m* (*machen* abrir o), vontade *f* de comer (*machen* dar); *guten ~!* bom proveito!; **²lich** apetitoso; **~losigkeit** [-lo:ziç-] *f* (*0*) falta *f* de apetite.

applau'dieren [aplau'di:rən] (-): *~* (*dat.*) aplaudir (*ac.*), dar palmas (a).

Ap'plaus [a'plaus] *m* (-*es*; -*e*) aplauso *m*.

apportieren [apɔr'ti:rən] (-) trazer [à mão.

Apri'kose [apri'ko:zə] *f* damasco *m*; **~n-baum** *m* (-*ės*; "*e*) damasqueiro *m*.

A'pril [a'pril] *m* (-*s od.* -; -*e*) Abril *m*; *in den ~ schicken* entrujar; **~-scherz** *m* (-*es*; -*e*) partida *f* do dia um de Abril.

Aqua'rell [akva'rɛl] *n* (-*s*; -*e*), **~bild** *n* (-*ės*; -*er*) aguarela *f*; **~maler** *m* aguarelista *m*.

Ä'quator [ɛ'kva:tɔ:r] *m* (-*s*; *0*) equador *m*.

Ar [a:r] *n* (-*s*; -*e*) ar *m*.

'Ära ['ɛ:ra:] *f* (-; *Ären*) era *f*, época *f*.

'Araber ['a:rabər] *m* (**~in** *f* mulher *f*) árabe *m*.

Ara'beske [ara'bɛskə] *f* arabesco *m*.

a'rabisch [a'ra:biʃ] árabe.

'Arbeit ['arbaɪt] *f* trabalho *m*; *häusliche a.* afazeres *m/pl.*; (*Aufgabe*) tarefa *f*; (*Feld²*) lavoura *f*; (*Schul²*) exercício *m*, dever *m*; *schwere*: labor *m*, labuta *f*; *Werk*: obra *f*; fabrico *m*; *in ~ geben* mandar fazer; *die ~ einstellen* suspender o trabalho; (*streiken*) declarar-se em greve; *sich* (*dat.*) *die ~ machen* (*zu*) dar-se ao trabalho de; **²en** (-*e*-) trabalhar (*an dat.* em); ⊕ *Maschine*: *a.* operar, funcionar; *~ lassen*: *bei welchem Schneider lassen Sie ~?* quem é seu alfaiate?; **²end** trabalhador.

'Arbeiter *m* trabalhador *m*, operário *m* (*gelernter* qualificado, especializado); **~bewegung** *f* movimento *m* operário; **~frage** *f* (*0*) problema *m* operário; **~gewerkschaft** *f* sindicato *m* operário; **~klasse** *f* (*0*) classe *f* operária; **~mangel** *m* (-*s*; *0*) falta *f* de braços (*od.* de mão de obra); **~partei** *f* partido *m* trabalhista; **~schaft** *f* (*0*), **~stand** *m* (-*ės*; *0*) operariado *m*; **~viertel** *n* bairro *m* operário.

'Arbeitgeber *m* patrão *m*; **~schaft** *f* (*0*) patronato *m*; **~verband** *m* (-*ės*; "*e*) sindicato *m* patronal.

'Arbeitnehmer ['-ne:mər] *m* operário *m*; empregado *m*; **~schaft** *f* (*0*) operariado *m*; empregados *m/pl.*; **~verband** *m* (-*ės*; "*e*) sindicato *m* operário (*od.* dos empregados).

'arbeitsam trabalhador.

'Arbeits|amt *n* (-*ės*; "*er*) repartição *f* de trabalho; **~aufnahme** *f* (*0*) início *m* do(s) trabalho(s); regresso *m* ao trabalho; **~ausweis** *m* (-*es*; -*e*) cartão *m* profissional; **~beschaffung** *f* (*0*) emprego *m*, colocação *f*; fomento *m*; **~buch** *n* (-*ės*; "*er*) carteira *f* profissional; **~dienst**(**pflicht** *f* [*0*]) *m* (-*es*; *0*) serviço *m* de trabalho (obrigatório); **~einsatz** *m* (-*es*; "*e*) emprego *m*; **~einstellung** *f* suspensão *f* dos trabalhos, greve *f*; **²fähig** válido; **~gang** *m* (-*ės*; "*e*) processo *m*; operação *f*; **~gebiet** *n* (-*ės*; -*e*) campo *m* de a(c)ção; **~gemein-**

schaft *f* centro *m* de estudos; grémio *m*; **~gericht** *n* (*-es*; *-e*) tribunal *m* de trabalho; **~invalide** *m* (*-n*) inválido *m* do trabalho (*od.* ✝ do comércio); **~kraft** *f* (-; *⸚e*) energia *f*; *j.*: e-e *gute ~ sn* ter boas capacidades *f/pl.* de trabalho; **~kräfte** *f/pl.* (*Arbeiter*) mão-de-obra *f/sg.*; **~leistung** *f* rendimento *m*, capacidade *f*; **~lohn** *m* (*-es*; *⸚e*) salário *m*; **2los** desempregado; **~losen-unterstützung** *f* (*0*) subvenção *f* de desemprego; fundo *m* de desemprego; **~losigkeit** *f* (*0*) desemprego *m*; **~markt** *m* (*-es*; *⸚e*) ofertas *f/pl.* e pedidos *m/pl.* de emprego; **~minister(ium** *n* [*-s*; *-rien*]) *m* ministro *m* (ministério *m*) de trabalho; **~nachweis** *m* (*-es*; *-e*) = *~amt*; **~paß** *m* (*-sses*; *⸚sse*) = *~buch*; **~pferd** *n* (*-es*; *-e*) cavalo *m* de carga; *fig. j.*: marrão *m*; **~platz** *m* (*-es*; *⸚e*) lugar *m* de trabalho; emprego *m*; **~raum** *m* (*-es*; *⸚e*) = *~stätte*, *~zimmer*; **~recht** *n* (*-es*; *0*) direito *m* de trabalho; **~scheu**[1] *f* (*0*) preguiça *f*; **2scheu**[2] preguiçoso; **~stätte** *f* oficina *f*; lugar *m* de trabalho; **~tag** *m* (*-es*; *-e*) dia *m* útil, dia *m* de trabalho; **~teilung** *f* (*0*) divisão *f* de trabalho; **2unfähig** inválido; **~unfähigkeit** *f* (*0*) inabilidade *f*; **~weise** *f* método *m*; **~zeit** *f* horas *f/pl.* (*od.* horário *m od.* tempo *m*) de trabalho; **~zimmer** *n* gabinete *m*, escritório *m*.

ar'chaisch [ar'ça:iʃ] arcaico.

Archäo'lo|ge [arçεo'lo:gə] *m* (*-n*) arqueólogo *m*; **~'gie** [-'gi:] *f* (*0*) arqueologia *f*.

'Arche ['arçə] *f* arca *f*.

Archi'pel [arçi'pe:l] *m* (*-s*; *-e*) arquipélago *m*.

Archi'tekt [arçi'tεkt] *m* (*-en*) arquite(c)to *m*; **~'ur** [u:] *f* arquite(c)tura *f*.

Ar'chi|v [ar'çi:f] *n* (*-s*; *-e*) arquivo *m*; *Staats2 in Lissabon*: Arquivo da Torre do Tombo; **~'var** [-'va:r] *m* (*-s*; *-e*) arquivista *m*.

arg [ark] **1.** (*⸚er*; *⸚st*) mau, *adv.* mal; (*bösartig*) malvado, ruim, maligno; *Lärm usw.*: grande, terrível; *Fehler*: grave; *das ist zu ~* é (forte) demais; *es zu ~ treiben* abusar; *nichts 2es finden bei* não ver mal nenhum em; *im argen liegen* ir de mal em pior; **2.** 2 *n* (*-s*; *0*) = *2list*, *2wohn*.

Argen'tin|ier(in *f*) [argεn'ti:niər-] *m*, **2isch** argentino (-a) *m/f*, da Argentina.

'Ärger ['εrgər] **1.** *m* (*-s*; *0*) desgosto (*'ô) *m*, aborrecimento *m*, dissabor *m*, arrelia *f*; **2.** 2 *comp. zu arg*; **2lich** aborrecido; *j.*: *a.* zangado (*auf*, *über ac.* com); **2n** (*-re*) aborrecer, irritar, zangar; *sich ~*: *a.* ter um desgosto (*über ac.* com); **~nis** *n* (*-ses*; *-se*) escândalo *m*; *~ erregen* (*~ nehmen*) escandalizar(-se) (*bei ac.*; *an dat.* com).

'Arg|list *f* (*0*) astúcia *f*, malícia *f*, manha *f*; **2listig** malicioso, manhoso, astuto; **2los** ingénuo, sem desconfiar; (*ohne böse Absicht*) sem malícia; **~losigkeit** [-o:z-] *f* (*0*) ingenuidade *f*; **~wohn** ['-vo:n] *m* (*-s*; *0*) suspeita *f* (gegen de), *~ hegen* = **2wöhnen** ['-vø:nən] desconfiar; **2wöhnisch** ['-vø:niʃ] desconfiado.

'Arie ['a:riə] *f* ária *f*.

Aristo'krat [aristo'kra:t] *m* (*-en*), **~in** *f* aristocrata *m/f*; **~'ie** [-'ti:] *f* aristocracia *f*; **2isch** aristocrático.

Arith'meti|k [arit'me:tik] *f* (*0*) aritmética *f*; **~ker** *m*, **2sch** aritmético (*m*).

'arktisch ['arktiʃ] ár(c)tico.

arm[1] (*⸚er*; *⸚st*) pobre; *~ machen*, *~ werden* empobrecer.

Arm[2] *m* (*-es*; *-e*) braço *m* (*reichen* dar); *~ in ~* de braços dados; *auf dem ~*, *im ~* ao colo.

Arma'tur [arma'tu:r] ⊕ *f* armatura *f*; **~en-brett** *n* (*-es*; *-er*) *Auto*: «tablier» *fr.*, quadro *m* de instrumentos.

'Arm|band *n* (*-es*; *⸚er*) pulseira *f*; **~band-uhr** *f* relógio *m* de pulso; **~binde** *f* braçadeira *f*; ⚕ ligadura *f*.

Ar'mee [ar'me:] *f* exército *m*.

'Ärmel ['εrməl] *m* manga *f*; et. *aus dem ~ schütteln* improvisar; **~aufschlag** *m* (*-es*; *⸚e*) canhão *m*; **~ausschnitt** *m* (*-es*; *-e*) cava *f*; **~kanal** *m* canal *m* da Mancha; **~loch** *n* (*-es*; *⸚er*) cava *f*; **2los** sem mangas.

'Armen|anstalt ['armən-] *f* (casa *f* de) misericórdia *f*; **~fürsorge** *f* (*0*) auxílio *m* social (*od.* aos pobres), assistência *f* social (*od.* aos pobres); **~-haus** *n* (*-es*; *⸚er*) casa *f* dos pobres; asilo *m* de mendicidade; **~pflege** *f* (*0*) assistência *f* pública.

'ärmer ['εrmər] (*comp. zu arm*[1]) mais pobre.

Arme'sünder|glocke *f* toque *m* da agonia; **~miene** *f* cara *f* de condenado.
ar'mier|en [ar'mi:rən] (-) armar, equipar (*mit* de); **2ung** *f* armamento *m*, equipamento *m*.
'Arm|lehne *f* encosto *m*; **~leuchter** *m* candelabro *m*.
'ärmlich ['ɛrmliç] pobre.
'arm|los sem braços; **2reif(en)** *m* (*-es*; *-e*), **2ring** *m* (*-es*; *-e*) pulseira *f*; **2schiene** *f* braçal *m*; **~selig** mesquinho, miserável; **2sessel** *m*, **2-stuhl** *m* (*-es*; *⸚e*) poltrona *f*; cadeira *f* de braços.
ärmst [ɛ] (*sup. zu arm*[1]) mais pobre.
'Armut [u:] *f* (*0*) pobreza *f*; miséria *f*, indigência *f*; **~s-zeugnis** *n* (*-ses*; *-se*) atestado *m* de pobreza (*ausstellen* passar); *fig. sich* (*dat.*) *ein ~ ausstellen* provar a sua incapacidade.
'Arm-voll *m* (-; -) braçada *f*.
aro'matisch [aro'ma:tiʃ] aromático.
Ar'rest [a'rɛst] *m* (*-es*; *-e*) detenção *f*, prisão *f*; ⚖ embargo *m*; **~'ant** [-'tant] *m* (*-en*) preso *m*; **~zelle** *f* calabouço *m*.
arre'tieren [are'ti:rən] (-) prender.
arro'gan|t [aro'gant] arrogante, petulante; **2z** [ts] *f* (*0*) arrogância *f*, petulância *f*.
Arsch [arʃ] V *m* (*-es*; *⸚e*) cu *m*.
Ar'sen [ar'se:n] *n* (*-s*; *0*) arsénio *m*; **2-haltig** [-haltiç], **2ig** arseni(at)ado; **~ik** *n* (*-s*; *0*) arsénico *m*.
Art *f*: (*~ u. Weise*) modo *m*; maneira *f* (*nach, in der* à; *auf die* de); ⚠ *in, nach der ~* (*gen.*) nos moldes de, à laia de; (*Eigen2*) índole *f*; (*Gattung*) espécie *f*; género *m*; (*Sorte*) qualidade *f*; (*Rasse*) raça *f*; *aus der ~ schlagen* degenerar; abastardar; **'2-eigen** próprio da raça, castiço; **'2en** (*-e-*): *~ nach* sair a.
Ar'teri|e [ar'te:riə] *f* artéria *f*; **~enverkalkung** *f* arteriosclerose *f*.
'artfremd exótico.
'artig ['artiç] gentil, cortês; *Kind*: bom, bem criado; **2keit** *f* gentileza *f*, graça *f*; amabilidade *f*; delicadeza *f*.
Ar'tikel [ar'ti:kəl] *m* artigo *m* (⚖ *führen* ter, vender); **~schreiber** *m* articulista *m*.
Artille'r|ie [artilə'ri:] *f* artilharia *f*; **~ist** *m* (*-en*) artilhero *m*.
Arti'schocke [arti'ʃɔkə] *f* alcachofra *f*.
Ar'tist *m* (*-en*), **~in** *f* acrobata *m/f*; **2isch** acrobático; *fig.* virtuoso.
Arz(e)'nei [arts(ə)'naɪ] *f* remédio *m*; **~kunde** *f* farmacologia *f*; **~mittel** *n* medicamento *m*.
Arzt [artst] *m* (*-es*; *⸚e*) médico *m*, doutor *m*.
'Ärzt|ekammer ['ɛrtstə-] *f* (-; *-n*) ordem *f* dos médicos; **~eschaft** *f* (*0*) corpo *m* médico, classe *f* médica; **~in** *f* médica *f*, doutora *f*; **2lich** médico.
As *n* (*-ses*; *-se*) (*Karte*) ás *m*; **2** ♩ *n* (-; -) lá-bemol *m*.
As'best [as'bɛst] *m* (*-es*; *0*) amianto *m*, asbesto *m*.
'Asch|becher ['aʃ-] *m* cinzeiro *m*; **2blond** loiro acinzentado; **~e** *f* cinza(s *f/pl.*) *f*; *in ~ legen* reduzir a cinzas; **~eimer** *m* caixote *m* de lixo; **~en-brödel** [-brø:dəl] *n*, **~en-puttel** [-putəl] *n* gata *f* borralheira; **~en-krug** *m* (*-es*; *⸚e*), **~en-urne** *f* urna *f* cinerária; **~en-salz** *n* (*-es*; *0*) sal *m* alcalino; **~er-mittwoch** *m* (*-s*; *0*) quarta-feira *f* de cinzas; **2fahl**, **2-farben**, **2grau** acinzentado; **~-kasten** *m* (*-s*; *⸚*) cinzeiro *m*.
'äsen ['ɛzən] (*-t*) pascer, pastar.
Asi'at [azi'a:t] *m* (*-en*), **~e** [ə] *m* (*-n*), (**~in** *f*), **2isch** asiático (-a) *m/f*, da Ásia.
As'ke|se [as'ke:zə] *f* (*0*) ascese *f*, ascetismo *m*; **~t** *m* (*-en*) asceta *m*; **2tisch** ascético.
'Asphalt ['asfalt] *m* (*-es*; *-e*) asfalto *m*; **~arbeiter** *m* asfaltador *m*; **2'ieren** (-) asfaltar.
'Assel ['asəl] *f* (-; *-n*) bicho-de--conta *m*; sapateiro *m*.
As'sessor [a'sɛso:r] *m* (*-s*; *-en*) adjunto *m*, auxiliar *m*; estagiário *m*.
Assi'sten|t(in *f*) *m* (*-en*) [asi'stɛnt-] assistente *m/f*; **~z-arzt** [-ts-] *m* (*-es*; *⸚e*) médico *m* assistente; ⚔ tenente-médico *m*.
Ast *m* (*-es*; *⸚e*) ramo *m*; *im Holz*: nó *m*; F *sich e-n ~ lachen* fartar-se de rir.
'Aster ['astər] ⚘ *f* (-; *-n*) sécia *f*.
Ä'sthet [ɛ'ste:t] *m* (*-en*) esteta *m*; **~ik** *f* (*0*) estética *f*; **2isch** estético.
'Asthm|a ['astma:] *n* (*-s*; *0*) asma *f*; **2'atisch** [-'ma:tiʃ] asmático.
'Ast-loch *n* (*-es*; *⸚er*) galho *m*.
Astro'lo|ge [astro'lo:gə] *m* (*-n*)

astrólogo *m*; ~'**gie** [-'giː] *f* (*0*) astrologia *f*; ♀**gisch** [-giʃ] astrológico.

Astro'nom [astro'noːm] *m* (-*en*) astrónomo *m*; ~'**ie** [iː] *f* (*0*) astronomia *f*; ♀**isch** astronómico.

Astrophy'sik [astro-] *f* (*0*) astrofísica *f*.

'**Ast·werk** *n* (-*es*; *0*) ramagem *f*.

A'syl [a'zyːl] *n* (-*s*; -*e*) asilo *m*; *fig*. refúgio *m*; ~**recht** *n* (-*es*; *0*) direito *m* de asilo.

Asym|me'trie [azyme'triː] *f* assimetria *f*; ♀'**metrisch** assimétrico.

Atel'ier [atɛl'jeː] *n* (-*s*; -*s*) estúdio *m*.

'**Atem** ['aːtəm] *m* (-*s*; *0*) álito *m*, sopro *m*; (~*zug*) fôlego *m* (*in e-m* de um); (*Atmung*) respiração *f*; ~ *holen*, ~ *schöpfen* respirar; *außer* ~ sem respirar, ofegante; *j-n in* ~ *halten* dar que fazer a alg.; *wieder zu* ~ *kommen fig*. cobrar ânimo; ♀**beraubend** sensacional, empolgante; ~**beschwerden** *f*/*pl*. dificuldade *f*/*sg*. de respirar; ~**gymnastik** *f* (*0*) = ~*übung*; ~-**holen** *n* (-*s*; *0*) respiração *f*; ♀**los** sem fôlego; *fig*. *Spannung*: febril; ~**not** *f* (*0*) dispneia *f*, apneia *f*; ~**pause** *f* (momento *m* de) folga *f*; ~-**übung** *f* exercício *m* respiratório; ~**zug** *m* (-*es*; ⸚*e*) aspiração *f*, fôlego *m* (*in e-m* de um).

Athe'is|mus [ate'ismus] *m* (-; *0*) ateísmo *m*; ~**t** *m* (-*en*) ateu *m*; ♀**tisch** ateu, ateísta, ateístico.

A'then|er(in *f*) *m* [a'teːnər-], ♀**isch** ateniense *m*/*f*; de Atenas.

'**Äther** ['ɛːtər] *m* (-*s*; *0*) éter *m*.

ä'therisch [ɛ'teːriʃ] etéreo.

Ath'let [at'leːt] *m* (-*en*) atleta *m*; ~**ik** *f* (*0*) atletismo *m*; ♀**isch** atlético.

At'lant [at'lant] *m* (-*en*) atlante *m*; atlas *m*; ~**ik(...)** *m* (do) Atlântico *m*; ♀**isch** atlântico.

'**Atlas** ['atlas] *m* **1.** *Riese*, *Gebirge*: Atlante *m*, Atlas *m*; **2.** (- *od*. -*ses*; -*se od*. *Atlanten*) (*Landkarte*) atlas *m* (*a*. *Anat*.); **3.** (- *od*. -*ses*; -*se*) (*Stoff*) cetim *m*; ♀**artig** acetinado.

'**atmen** ['aːtmən] (-*e*-) **1.** *v*/*i*. (*v*/*t*.) respirar; **2.** ♀ *n* respiração *f*.

Atmo'sphär|e [atmo'sfɛːrə] *f* atmosfera *f*; *fig*. ambiente *m*; ♀**isch** atmosférico.

'**Atmung** ['aːtmuŋ] *f* respiração *f*; ~**s...**: *in Zssgn* respiratório, de respiração; ~**s-organ(e** *pl*.) *n* órgão (aparelho *sg*.) *m* respiratório.

A'tom [a'toːm] *n* (-*s*; -*e*) átomo *m*; ~...: *in Zssgn* atómico; nuclear; ~-**antrieb** *m* (-*es*; -*e*) propulsão *f* atómica; ~**bombe** *f* bomba *f* atómica; ~-**energie** *f* energia *f* atómica (*od*. nuclear); ~**forschung** *f* (*0*) investigação *f* nuclear; ~**gewicht** *n* (-*es*; -*e*) peso *m* atómico; ~**kern** *m* (-*es*; -*e*) núcleo *m* atómico; ~**kraft** *f* (*0*) = ~*energie*; ~**krieg** *m* (-*es*; -*e*) guerra *f* atómica; ~**meiler** *m* rea(c)tor *m* de energia nuclear; ~**müll** *m* (-*s*; *0*) lixo *m* atómico; ~**physik** *f* (*0*) física *f* nuclear; ~-**spaltung** *f* cisão *f* nuclear; ~**theorie** *f* teoria *f* atómica; ~**versuch** *m* (-*es*; -*e*) experiência *f* atómica; ~-**waffe** *f* arma *f* nuclear; ~**wissenschaftler** *m* atomista *m*; ~**zeitalter** *n* (-*s*; *0*) era *f* atómica; ~**zerfall** *m* (-*es*; *0*) desintegração *f* atómica.

Atta'ché [ata'ʃeː] *m* (-*s*; -*s*) adido *m*.

Atten|'tat [atən'taːt] *n* (-*es*; -*e*) atentado *m*; ~'**täter** *m* autor *m* de um atentado.

At'test [a'tɛst] *n* (-*es*; -*e*) atestado *m* (*ärztliches* médico); ♀'**ieren** (-) atestar.

'**ätz|en** ['ɛtsən] (-*t*) corroer; *Platte*: gravar à água forte; ⚕ cauterizar; ~**end** (♀**mittel** *n*) corrosivo (*m*), cáustico (*m*); ♀**natron** *n* (-*s*; *0*) soda *f* cáustica; ♀**ung** *f* gravura *f* à água-forte; ⚕ cauterização *f*; ♀**wasser** *n* água-forte *f*.

au![1] [aʊ] ai!

Au[2] [aʊ] *f* = *Aue*.

auch [aʊx] também; (*dazu*) ainda, além disso; outrossim; (*ebenso*) do mesmo modo; *es* ~ *tun* fazer o mesmo; ~ *nicht adj*. (nem ...) tão-pouco; (*nicht einmal*) nem (sequer); *das* ~ *noch* mais isso, mais isto; *oder* ~ ou seja; *sowohl* ... *als* ~ tanto ... como; *wenn* ~ se bem que, ainda que, embora (*subj*.); *wer*, *wo*(*hin*), *wie* ~ (*immer*) ... quer que (*subj*.); *wie dem* ~ *sei* seja como for, como quer que seja.

Audi'enz [aʊdi'ɛnts] *f* audiência *f* (*erteilen* dar).

'**Aue** ['aʊə] *f* campina *f*, veiga *f*, várzea *f*; (*Wiese*) prado *m*.

'**Auer|hahn** ['aʊər-] *m* (-*es*; ⸚*e*) (~**henne** *f*) galo *m* (galinha *f*) silvestre; ~**ochse** *m* (-*n*) auroque *m*.

auf [aʊf] **1.** *prp*. **a)** *örtl*. (*obendrauf*,

Lage, wo? dat., Richtung, wohin? ac.) sobre (*a.* ⚔, *Scheck,* ✝); (*nur Lage dat.*) encima de; *fig. Steuer*: sobre; (= in [*Lage, wo?*] *dat.*) em; (*unbestimmter*) por; *Richtung, wohin? (ac.)*: a; para; ~... zu sobre, em direcção a; ~ *dieser Seite* de, por; in bezug ~ com respeito a; **b**) *zeitl.* (= *während*) *dat.* durante; (*ungefähre Zeit*) *ac.*: ~ *den Abend* por; (*für*) para; **c**) *fig.* ~ *Besuch usw.*: de (*s. die su.*); (*gemäß*) *Bitte usw.*: a, *Befehl a.*: por; *Art u. Weise*: ~ *deutsch* em; *beim sup.*: ~s schnellste o mais depressa possível; ~ folgende Art à (*od.* da) maneira seguinte; **2.** *adv.* ~ und ab (= ~ und nieder) de cima para baixo; (*hin u. her*) de um lado para o outro, de cá para lá; ~ und davon sn ter-se safado; ~ (*offen*) sn (*Tür usw.*) estar aberto; ~(*gestanden*) sn estar levantado, estar em pé, estar a pé; **3.** *int.* ~! vamos!; *imper. v.* levantar-se; **4.** *cj.* ~ daß para que.

ˈ**auf|arbeiten** (*-e-*) acabar, despachar; pôr em dia; *Kleidung*: renovar; **~atmen** (*-e-*) respirar; *fig.* sentir-se aliviado; **~bahren** [ˈ-baːrən] depositar em câmara ardente; pôr no ataúde.

ˈ**Aufbau** *m* (*-es*; *-ten*) construção *f*; (*Gliederung*) disposição *f*; estrutura *f*; ⚗, *Geol.* formação *f*; ⚕ síntese *f*, anabolismo *m*; *pl.* ⌂, ⚓ acastelamento *m*/*sg.*, superstrutura *f*/*sg.*; *Möbel*: mit ~ de alçado; *fig.* organização *f*; **2en** construir; (*errichten*) erguer; ⊕ montar; *fig.* organizar; **2end** construtivo (*a. fig.*); ⚕ reconstituinte, anabólico.

ˈ**auf|bäumen**: sich ~ empinar-se; *fig.* revoltar-se; **~bauschen** exagerar; **2bau-wille** *m* (*-ns*; *0*) vontade *f* construtiva; **~begehren** protestar (contra), irritar-se (com); **~behalten** (*L*; -) guardar; *Augen usw.*: ter aberto; den Hut ~ ficar coberto; **~beißen** (*L*) trincar; **~bekommen** (*L*; -) *Tür*: conseguir abrir; *Aufgabe*: ter de fazer.

ˈ**aufbereit|en** (*-e-*; -) ⚒ preparar; *naß*: lavar; **2ung** *f* preparação *f*; *nasse*: lavagem *f*.

ˈ**aufbesser|n** (*-re*) melhorar; *Gehalt*: aumentar; **2ung** *f* melhoramento *m*; (*Gehalts*2) aumento *m*.

ˈ**aufbewahr|en** (-) guardar; *für später*: *a.* reservar; conservar; **2ung(s-ort** *m* [*-es*; *-e*], **-raum** *m* [*-es*; *⸗e*]) *f* (*0*) depósito *m*; arrecadação *f*; *Speisen*: dispensa *f*.

ˈ**auf|bieten** (*L*) *Brautpaar*: publicar (*Kirche*: ler) os banhos; (*zs.-rufen*) convocar; ⚔ chamar às armas; alles ~ empregar todos os meios; **~binden** (*L*) ligar, atar; (*lösen*) desligar, desatar; *fig.* F j-m e-n Bären ~ entrujar alg.; **~blähen** abalofar; **2blähung** *f* insuflação *f*; **~blasen** (*L*) soprar, inchar; sich ~ *fig.* abalofar-se; *s. a.* aufgeblasen; **~blättern** (*-re*) folhear; **~bleiben** (*L*; *sn*) (*offen-*) ficar aberto; (*wachen*) ficar levantado; *nachts*: *a.* fazer serão; **~blenden** (*-e-*) *Lichter*: comutar para máximos; **~blicken** levantar os olhos; *fig.* admirar (*ac.*); **~blitzen** (*-t*; *a. sn*) relampejar; *Reflex*: cintilar; **~blühen** (*sn*) abrir-se, desabrochar; *fig.* prosperar; *j.*: animar-se; **~bohren** furar; ⚕ trepanar; **2bohrung** *f* abertura *f* de buracos; ⚕ trepanação *f*; **~braten** (*L*) fritar; aquecer (na sertã *od.* no forno); **~brauchen** gastar, consumir; **~brausen**[1] (*-t*; *a. sn*) ferver, efervescer; borbulhar; *fig.* irritar-se, encolerizar-se; ~d efervescente; *fig.* arrebatado, irascível, impetuoso, colérico; **2brausen**[2] *n* ⚗ ebulição *f*; efervescência *f*; *fig. a.* irritação *f*, cólera *f*; **~brechen** (*L*) **1.** *v*/*t.* abrir; *gewaltsam*: arrombar; **2.** *v*/*i.* (*sn*) (*sich öffnen*) abrir, ⚘ *a.* rebentar; (*fortgehen*) partir, abalar; **~bringen** (*L*) *Geld*: conseguir, obter; *Gerücht*: inventar; *Kosten*: cobrar; ⚔ *Truppen*: levantar; *Schiff*: apresar; (*einführen*) introduzir; criar; implantar; *j-n*: irritar; **2bruch** *m* (*-es*; *⸗e*) partida *f*; abalada *f*; *fig.* advento *m*, levantamento *m*; **~brühen**: Tee ~ fazer o chá; **~bügeln** (*-le*) passar a ferro; **~bürden** [ˈ-byrdən] (*-e-*): j-m et. ~ carregar alg. com a.c.; *Schuld*: imputar a alg.; **~decken** destapar, descobrir (*a. fig.*); *Tischtuch usw.*: pôr; **~drängen**: j-m et. ~ impingir a.c. a alg.; importunar alg. com a.c.; sich ~ *et.*: impor-se, *j.*: importunar (*ac.*); **~drehen** abrir; *Strick*: destorcer; *Gewinde*: desatarraxar, desaparafusar.

ˈ**aufdringlich** importuno; maçador;

≈keit *f* importunação *f*; *importunância *f*.

ˈ**Aufdruck** *m* (-*ẹs*; -*e*) título *m*, letreiro *m*; *Marke*: sobrecarga *f*; *als* ~ *haben* levar impresso; **≈en** imprimir, estampar.

ˈ**aufdrücken** imprimir; *Siegel*: pôr; (*öffnen*) abrir (apertando).

auf-einˈander um sobre o outro; *hinter*: um atrás outro; **≈folge** *f* ordem *f*, sucessão *f*; sequência *f*; **~folgen** seguir-se um ao outro; **~folgend** *adj*. consecutivo; sucessivo, seguido; **~häufen** acumular, amontoar; **~legen** juntar; meter um em cima do outro; **~platzen** (-*t*), **~prallen**, **~stoßen** (*L*) embater um no outro, entrechocar-se; **~türmen** acastelar.

ˈ**Aufenthalt** [ˈ-ɛnthalt] *m* (-*ẹs*; -*e*) estância *f*, estadia *f*; (*Unterbrechung*) demora *f*, 🚂 *a*. paragem *f*; (*Wohnung*) morada *f*, *ständiger*: domicílio *m*; *vorübergehender*: residência *f*; **~s-erlaubnis** *f* (*0*) autorização *f* de residência; **~s-ort** *m* (-*ẹs*; -*e*) paradeiro *m*; (*Wohnort*) domicílio *m*.

ˈ**auf-erlegen** (-) impor, *Strafe*: *a*. infligir.

ˈ**auf-ersteh|en** (*L*; -; *sn*) ressuscitar, ressurgir; **≈ung** *f* (*0*) ressureição *f*, ressurgimento *m*.

ˈ**auf|erwecken** (-) ressuscitar; **≈erweckung** *f* ressureição *f*; **~essen** (*L*) comer; **~fädeln** [ˈ-fɛːdəln] (-*le*) enfiar; (*trennen*) desfiar; **~fahren** (*L*) **1.** *v/t*. ⚔ pôr em posição; F *Speisen*: servir, ~ *lassen* mandar vir; **2.** *v/i*. (*sn*) (*hinauffahren*) subir; (*vorfahren*) chegar; entrar; 🚂 embater; ⚓ encalhar; *fig*. *ärgerlich*: irritar-se; *im Bett*: acordar sobressaltado; **~fahrend** sobressaltado; (*jähzornig*) irascível; **≈fahrt** *f* (*Rampe*) rampa *f*; (*Autobahn≈*) acesso *m* rodoviário; *in die Höhe*: subida *f*, ascensão *f*; *feierliche*: desfile *m*, entrada *f* solene; **~fallen** (*L*; *sn*): *auf* (*ac*.) ~ atingir; *fig*. sobressair; dar na vista (*j-m* de alg.); (*befremden*) *j-m fällt et. auf* alg. estranha a.c.; *das ist mir nicht aufgefallen* não reparei, não dei por isto; **~fallend** *adj*., **~fällig** saliente, acentuado; estranho; que dá na vista.

ˈ**auffang|en** (*L*) apanhar; *Flüssigkeit*: receber, *Gruppen*: *a*. acolher; *Sendung*, *Signal*: captar; *Stoß*: amortecer; *Hieb*: parar; *Strahlen*: absorver; **≈lager** *n* centro *m* de acolhimento.

ˈ**auffärben** retingir.

ˈ**auffassen** (-*ßt*) compreender; conceber; entender, considerar.

ˈ**Auffassung** *f* concepção *f*; (*Deutung*) interpretação *f*; (*Meinung*) opinião *f*; **~s-gabe** *f*, **~s-vermögen** *n* (-*s*; *0*) inteligência *f*, compreensão *f*; *leichte(s)* ~ facilidade *f* de compreender.

ˈ**auf|finden** (*L*) descobrir; encontrar, achar; **~fischen** pescar; *fig*. apanhar; **~flackern** (-*re*; *sn*), **~flammen** (*sn*) arder; *wieder* ~ *fig*. recrudescer; **~fliegen** (*L*; *sn*) levantar voo; subir (a voar); *Mine*: explodir; *Tür usw*.: abrir-se de repente; *fig*. acabar, dissolver-se; **≈flug** *m* (-*ẹs*; ⸚*e*) voo *m*; subida *f*; ascensão *f*.

ˈ**aufforder|n** (-*re*): ~ (*zu*) convidar (para; a *inf*.); *stärker*: intimar (a *inf*.); (*ermahnen*) exortar (a); *zum Kampf*: desafiar (para); **≈ung** *f* convite *m*; *amtliche*: intimação *f*, contrafé *f*; (*Ermahnung*) exortação *f*; (*Herausforderung*) desafio *m*.

ˈ**aufforst|en** (-*e*-) arborizar, repovoar; **≈ung** *f* arborização *f*, repovoamento *m* florestal.

ˈ**auffressen** (*L*) devorar.

ˈ**auffrisch|en** refrescar; *Anstrich*: renovar; **≈ung** *f* refresco *m*, refrescamento *m*; renovação *f*.

ˈ**aufführ|en** ⚠ construir; (*nennen*) citar, alegar; ✝ pôr na conta; *Zahlen*: enumerar; *Zeugen*: apresentar; ♪ executar; *Thea*. representar; *sich* ~ comportar-se; **≈ung** *f* ♪ audição *f*; récita *f*, apresentação *f* (*a*. ⚖ *Zeugen*); *Thea*. *a*. representação *f*; (*Benehmen*) conduta *f*.

ˈ**auffüllen**: ~ (*mit*) encher (de); abastecer (de); ⚔ completar (por).

ˈ**Aufgabe** *f* tarefa *f*, trabalho *m*, dever *m*; (*Auftrag*) missão *f*; (*Schul≈*) lição *f*, exercício *m*; 𝔄 problema *m*; 📯 envio *m*; expedição *f*; (*Gepäck≈*) despacho *m*; (*Verzicht*) (*gen*.) renúncia *f* a; abandono *m* de; *e-s Geschäftes*: liquidação *f*.

ˈ**aufgabeln** (-*le*) F apanhar, pescar.

ˈ**Aufgabe|nbereich** *m* (-*ẹs*; -*e*) funções *f/pl*.; **~ort** 📯 *m* (-*ẹs*; -*e*) estação *f* de origem.

ˈ**Aufgang** *m* (-*ẹs*; ⸚*e*) subida *f*; (*Trep-*

pe) escada *f*; *Gestirne*: nascimento *m*, levantar *m*.

ˈ**aufgeben** (*L*) *Anzeige*: pôr, inserir; *Arbeit*: dar, *Schularbeit*: *a.* marcar; *Namen*, *Anschrift*: *a.* indicar; 📯 mandar; *Gepäck*: despachar; *Geschäft*: liquidar; ⚕ *Kranke*: não ter esperanças; *Rätsel*: propor; (*verzichten*) renunciar (a); *Plan*, *Spiel*, ⚔ *Stellung*: abandonar; *Recht*: abdicar; es ~ desistir; den Geist ~ entregar a alma a Deus.

ˈ**aufgeblasen** [ˈ-gəbla:zən] *p.pt. v.* aufblasen; *fig.* presunçoso; ≗**heit** *f* (*0*) presunção *f*.

ˈ**Aufgebot** *n* (-*es*; -*e*) *Ehe*: banhos *m*/*pl.*; *Regierung*: proclamação *f*; ⚔ leva *f*; chamamento *m* (às fileiras); *Kräfte*: emprego (*ˈê) *m*.

ˈ**auf|gebracht** [ˈ-gəbraxt] *p.pt. v.* aufbringen; *adj.* furioso; ~ werden abespinhar-se; ~**gedunsen** [ˈ-gədunzən] inchado; tufado; ~**gehen** (*L*; *sn*) (*sich öffnen*) abrir(-se); *Geschwür*: rebentar; *Gestirn*: nascer, levantar-se; *Naht*: descoser-se; *Haar*, *Knoten*: desfazer-se; *Teig*: levedar, abalofar-se; *Vorhang*: subir; ℞ não deixar resto; bater certo (*a. fig.*); ~ in (*dat.*) ficar absorvido por; in Flammen ~ ser consumido pelas chamas; ~**gehoben** [ˈ-gəho:bən] *p.pt. v.* aufheben; gut ~ sn estar em boas mãos; ~**geklärt** [ˈ-gəklɛ:rt] *p.pt. v.* aufklären; *adj. fig. a.* sem preconceitos; ~**geknöpft** [ˈ-gəknœpft] *p.pt. v.* aufknöpfen; *adj.* F *fig.* bem disposto, alegre, expansivo; ~**gekratzt** [ˈ-gəkratst] *p.pt. v.* aufkratzen; *adj.* F *fig.* alegre; ≗**geld** *n* (-*es*; -*er*) ágio *m*; (*Anzahlung*) sinal *m*; (*Zuschlag*) suplemento *m*; ~**gelegt** [ˈ-gəle:kt] *p.pt. v.* auflegen; *adj. fig.* disposto (zu a, para); *Schwindel*: evidente; ~**gepaßt!** [ˈ-gəpast] atenção!; ~**geräumt** [ˈ-gərɔymt] *p.pt. v.* aufräumen; *adj. fig.* de bom humor, alegre.

ˈ**aufgeregt** [ˈ-gəre:kt] *p.pt. v.* aufregen; *adj.* nervoso; ≗**heit** *f* (*0*) excitação *f*, nervosismo *m*.

ˈ**auf|geweckt** [ˈ-gəvɛkt] *p.pt. v.* aufwecken; *adj. fig.* esperto, vivo; ~**geworfen** [ˈ-gəvɔrfən] *p.pt. v.* aufwerfen; *adj.*: *Lippe*: grosso; ~**gewulstet** [ˈ-gəvulstət] com protuberâncias; ~**gießen** (*L*) deitar; *Tee*: fazer; ~**gliedern** (-*re*) dividir; classificar; ≗**gliederung** *f* divisão *f*; classificação *f*; arranjo *m*; ~**graben** (*L*) surribar; ~**greifen** (*L*) apanhar, *Dieb*: *a.* prender; *Gedanken*: aproveitar; et. wieder ~ voltar a a.c.

ˈ**Aufguß** *m* (-*sses*; ⸚*sse*) infusão *f*; ~**tierchen** *n* infusório *m*.

ˈ**auf|haben** (*L*) *Hut*: ter na cabeça; (*offen haben*) ter aberto; *Aufgaben*: ter de fazer (*od.* estudar); ~**hacken** abrir com picareta; ⚘ ablaquear; ~**haken** desabrochar; ~**halsen** [ˈ-halzən] (-*t*): j-m et. ~ maçar alg. com a.c.; ~**halten** (*L*) (*offenhalten*) ter aberto, segurar; *Hand*: estender; (*hemmen*) parar, *j-n*: deter; (*verzögern*) atrasar; sich ~ deter-se; *länger*: demorar-se; sich über (*ac.*) ~ queixar-se de; fazer troça de.

ˈ**auf-häng|en** pendurar (an *dat.* em); *Wäsche*: estender; *am Galgen*, (*sich* ~): enforcar(-se); ≗**er** *m* presilha *f*.

ˈ**auf-häuf|en** amontoar, acumular; ≗**ung** *f* acumulação *f*.

ˈ**auf-heb|en**[1] (*L*) levantar (*a. fig. Tafel*, *Sitzung*, *Belagerung*); *vom Boden*: apanhar; (*abschaffen*) abolir, suprimir, *Gesetz a.*: revogar (*a. Urteil*); *Vertrag*: anular; (*aufbewahren*) guardar; *s. a.* aufgehoben; sich ~ compensar-se; ≗**en**[2] *n*: viel ~s machen von fazer um grande barulho (*od.* alarido) por causa de; ≗**ung** *f* (*Abschaffung*) abolição *f*, anulação *f*, supressão *f*; *Sitzung*: encerramento *m*, *a. Belagerung*, *Tafel*: levantamento *m*.

ˈ**auf|heitern** (-*re*) animar, alegrar; sich ~ (*Himmel*) desanuviar-se; ~**hellen** [ˈ-hɛlən] aclarar; esclarecer; sich ~ clarear; ≗**hellung** *f Met.* aberta *f*; ~**hetzen** (-*t*) incitar, instigar; *Menge*: sublevar, amotinar; ~**holen** 1. *v*/*t.* ⚓ içar; 2. *v*/*i.* recuperar; ~**horchen** escutar; ~**hören** terminar, acabar; ~ zu cessar de, deixar de; da hört doch alles auf! parece impossível!; não há direito!; ohne ≗ sem cessar; ~**jauchzen** (-*t*) (re)jubilar.

ˈ**Auf|kauf** *m* (-*es*; ⸚*e*) compra *f*; (*Hortung*) açambarcamento *m*; ≗**kaufen** comprar; açambarcar; ~**käufer** *m* comprador *m*; açambarcador *m*; monopolista *m*.

ˈ**aufklapp|bar** articulado, de abrir; *Verdeck*: descapotável; ~ sn *a.* = ~**en** abrir.

'**aufklär|en** aclarar; *Irrtum, Zweifel*: esclarecer, *j-n*: *a.* elucidar; (*bilden*) instruir; *Gelände*, ⚔: reconhecer; **2er** *m* iluminista *m*, racionalista *m*; ✈ avião *m* de reconhecimento; **2ung** *f* esclarecimento *m*; (*~sbewegung*) Iluminismo *m*; *Zeit*: século *m* das Luzes; ⚔ reconhecimento *m*; *sexuelle* ~ iniciação *f* na vida sexual; *Verbrechen*: descobrimento *m*.

'**auf|kleben** colar; **~knacken** quebrar; F arrombar; **~knöpfen** desabotoar; **~knoten** (*-e-*), **~knüpfen** desatar, desligar; (*hängen*) enforcar; **~kochen** *v/i.* (*sn*) (*v/t.* deixar) levantar fervura; ~ *lassen* aferventar; **~kommen**[1] (*L*; *sn*) levantar-se, surgir, (*entstehen*) *a.* nascer; (*sich verbreiten*) divulgar-se, estar em voga; ⚓ aproximar-se; *Kranker*: restabelecer-se; *Steuern*: receber--se; ~ *für* responsabilizar-se por; ~ *gegen* concorrer com; ~ *lassen* tolerar; **2kommen**[2] *n* (*Entstehung*) advento *m*; (*Genesung*) convalescença *f*; *Steuern*: receitas *f/pl.*; **~kratzen** (*-t*) arranhar; *Wolle*: cardar; **~kreischen** gritar; **~krempeln** (*-le*) arregaçar; **~krempen** abar.

'**aufkündig|en**: *j-m* (*den Dienst*) ~ despedir alg.; *Vertrag*: rescindir; denunciar; **2ung** *f* despedida *f*.

'**auf-lachen** dar uma gargalhada, desatar a rir.

'**auf-lade|n** (*L*) carregar; **2r** *m* carregador *m*.

'**Auf-lage** *f* (*Steuer*) imposto *m*; taxa *f*; direito *m*; (*Erhebung*) imposição *f*; *Typ.* tiragem *f*; edição *f*; **~ziffer** *f* (*-*; *-n*) tiragem *f*.

'**auf-lass|en** (*L*) (*offenlassen*) deixar aberto; ⚖ *Grundstück*: transferir; **2ung** *f* ⚖ transferência *f*.

'**auf-lauern** (*-re*): *j-m* ~ esperar alg., espiar alg.; estar à espreita de alg.

'**Auf-lauf** *m* (*-es*; *⸗e*) ajuntamento *m*; *mit Lärm*: motim *m*, tumulto *m*; *Speise*: empadão *m*, «soufflé» *m* (*fr.*); **2en** (*L*; *sn*) ⚓ encalhar; *auf e-e Mine* ~ dar contra; ✝ acumular--se.

'**auf-leben** (*sn*): *wieder* ~ reviver; *fig.* renascer, revigorar; *Kämpfe*: ⚔ reacender-se.

'**Auf-lege|matratze** ['-le:gə-] *f* colchão *m*; **2n** pôr (em), colocar, meter; ⚕ aplicar; *Fernspr.*: desligar; *Hörer*: pousar; *Anleihe*: emitir; *Buch*: imprimir, publicar; *neu* ~ reimprimir; *Steuer*: impor; ⚓ começar a construção de; *vgl. aufgelegt fig.*

'**auf-lehn|en**: *sich* ~ sublevar-se, insurgir-se; **2ung** *f* rebelião *f*, insurreição *f*, sublevação *f*.

'**auf-|lesen** (*L*) (re)colher; *Ähren*: respigar; **~leuchten** (*-e-*) reluzir; brilhar; **~liefern** (*-re*) despachar; **2lieferung** *f* entrega *f*, despacho *m*; **~liegen** (*L*; *sn*) ⚠ descansar; *Buch, Liste*: estar aberto; ⚕ *sich* ~ escoriar-se; **~lockern** (*-re*) afofar; revolver, sacudir; *Erde*: cavar, surribar; *Sitten*: *sich* ~ relaxar; **2lockerung** *f* relaxação *f*; *Erde*: escavação *f*; **~lodern** (*-re*; *sn*) chamejar, deitar chamas; *Flamme*: levantar-se; *fig.* arder.

'**auf-lös|bar** (dis)solúvel; ⚗ resolúvel; **2barkeit** *f* (*0*) dissolubilidade *f*; ⚗ resolubilidade *f*; **~en** *Knoten usw.*: desligar, soltar, desfazer; ⚗ *Bruch*: reduzir; *Gleichung, Rätsel*: resolver; *Ehe, Versammlung*, ⚗ dissolver, *Flüssigkeit*: *a.* diluir; *Phys.* desagregar; *Geschäft*: liquidar; ⚔ *sich* ~ *fluchtartig*: debandar; *sich in Wohlgefallen* ~ acabar bem para todos; **2ung** *f* desenlace *m* (*a. fig.*); (dis)solução *f*; de(s)composição *f*; ⚗ *Bruch*: redução *f*; *Gleichung, Rätsel*: solução *f*; ✝ liquidação *f*; ⚔ *in voller* ~ em debandadas; **2ungs-zeichen** *n* ♪ bequadro *m*.

'**aufmach|en** ([*er*]*öffnen*) abrir; *Knoten*: desfazer, desatar, desligar; (*darbieten*) apresentar; *sich* ~ partir, abalar (*nach* para); **2ung** *f* apresentação *f*.

'**Aufmarsch** *m* (*-es*; *⸗e*) ⚔ desfile *m*; concentração *f*; **2ieren** (*-*; *sn*) desfilar; concentrar-se.

'**aufmeißeln** (*-le*) abrir com escopro; ⚕ trepanar.

'**aufmerk|en**: ~ *auf* (*ac.*) reparar em; *s. aufpassen*; **~sam** atento (*auf ac.* a); atencioso (*gegen j-n* para com alg.); *j-n auf* (*ac.*) ~ *machen* chamar a atenção de alg. para; **2samkeit** *f* atenção *f* (*erweisen* prestar; *lenken* chamar); deferência *f*.

'**auf|montieren** (-) montar; **~mukken** F arrebitar-se.

'**aufmunter|n** (*-re*) animar; **2ung** *f* animação *f*.

'**auf|nageln** (*-le*): ~ *auf* (*ac.*) pregar em; **~nähen**: ~ *auf* (*ac.*) coser a, pregar em.

'**Aufnahme** ['-na:mə] *f* recepção *f*; acolhimento *m*; (*Eintragung*) registo *m*; (*Zulassung*) admissão *f*; *Anleihe*: emissão *f*; *topographische*: levantamento *m*; *Phot.* fotografia *f* (*machen* tirar); (*Film*2) filmagem *f*; (*Röntgen*2) radiografia *f*; (*Ton*2) gravação *f*; *Phys.* absorção *f*; (*Wieder*2) readmissão *f*, *Arbeit*: retomada *f*, regresso *m* a; **~-apparat** *m* (*-es*; *-e*) *Film*: máquina *f* cinematográfica; *Ton*: gravador *m* de som; **~bedingung** *f* condição *f* de admissão (*od. Film*: de filmagem, *od. Ton*: de gravação); **2fähig** admissível; *Geist*: inteligente; sensível (*für* a); ~ *sn* ⚕ *Markt*: ter capacidade consumidora (*od.* de absorção); **~fähigkeit** *f* (*0*) capacidade *f* (⚕ consumidora); *geistige*: inteligência *f*.

'**aufnehmen** (*L*) *v/t.* (*aufheben*) apanhar; (*empfangen*) receber, acolher, *Gast a.* hospedar; (*eintragen*) registar, incluir; (*fassen*) compreender (*a. fig.*); (*zulassen*) *Gesellschaft*: admitir; *Anleihe*: fazer, contrair; *Arbeit*: começar; *Gedanken*: retomar; *Gelände*: levantar; *Geld*: tomar de empréstimo; *Hypothek*, *Kampf*: aceitar; *Phot.*, *Film*: tirar; *Protokoll*: lavrar; *Ton*: gravar; *Verbindung*: estabelecer; *Waren*: consumir; absorver; *gut* (*übel*) ~ *a.* levar *od.* tomar a bem (a mal); (des)aprovar; *es* ~ *mit* poder concorrer com; não ser inferior a; *in sich* ~ absorver; *wieder* ~ reatar, retomar; *in ein Krankenhaus aufgenommen werden* dar entrada em.

'**aufnötigen** impor; obrigar a aceitar; impingir.

'**aufopfer|n** (*-re*) sacrificar; **~nd** *adj.* abnegado; **2ung** *f* sacrifício *m*.

'**aufpass|en** (*-ßt*) *v/i.* prestar atenção; (*vorsichtig sn*) tomar cuidado; *auf* (*ac.*) ~ atender a; tomar conta de; vigiar; *aufgepaßt!* cuidado!, atenção!; (*auflauern*) espiar (*ac.*); **2er**(**in** *f*) *m* guarda *m/f*; *verächtlich*: espia *m/f*.

'**auf|peitschen** *fig.* excitar, instigar; **~pflanzen** (*-t*) plantar; *Seitengewehr*: calar; **~pfropfen** enxertar (*auf ac.* sobre); **~platzen** (*-t*; *sn*) rebentar; romper; **~plustern** ['-plu:stərn] (*-re*) abalofar; **~polieren** (-) dar novo lustro a; **~prägen** imprimir (*auf ac.* em).

'**Aufprall** *m* (*-es*; *-e*) embate *m*, choque *m*; **2en** (*sn*) embater; ~ *auf* (*ac.*) dar contra.

'**auf|probieren** (-) provar; **~pumpen** dar à bomba; encher com ar; **~putschen** excitar.

'**Aufputz** *m* (*-es*; *0*) enfeite *m*, adorno *m*; **2en** (*-t*) enfeitar, adornar; arranjar; (*polieren*) dar lustro a.

'**auf|quellen** (*L*) inchar, brotar; **~raffen** apanhar; *sich* ~ levantar-se, *fig.* cobrar ânimo.

'**aufrauh|en** ⊕ frisar; cardar; tornar áspero; **2ung** *f* aspereza *f*.

'**aufräum|en** arrumar, pôr em ordem, limpar, arranjar; *mit et.* ~ acabar com a.c.; *vgl. aufgeräumt*; **2ung**(**s-arbeiten** *f/pl.*) *f* (obras *f/pl.* de) limpeza *f od.* desentulho *m*.

'**aufrechn|en** (*-e-*) contar; ~ *gegen* compensar(-se) com; **2ung** *f* compensação *f*; ⚕ balanço *m*.

'**aufrecht** direito, ao alto, em pé; ere(c)to; *Haltung*: aprumado; *fig.* honesto, sincero, íntegro; **~erhalten** (*L*) manter; **2erhaltung** *f* manutenção *f*.

'**aufreg|en** agitar, excitar, afligir; *sich* ~ *a.* alterar-se (*über ac.* com); **~end** *adj.* emocionante; **2ung** *f* agitação *f*, excitação *f*, aflição *f*, alteração *f*, *freudige*: alvoroço *m*.

'**aufreiben** (*L*) *Wunde*: escoriar; *Kräfte*: gastar, cansar; ⚔ destruir, aniquilar; *sich* ~ consumir-se, extenuar-se; **~d** *adj.* extenuante.

'**auf|reihen** enfiar; ensartar; **~reißen** (*L*) **1.** *v/t.* (*öffnen*) abrir com violência; *weit* ~ escancarar; *Augen*: arregalar; *Mund und Nase* ~ F ficar embasbacado; *Boden*: abarrancar; *Haut*, *Kleid*: rasgar; *Pflaster*, *Schienen*: arrancar; *Plan*: traçar; **2.** *v/i.* (*sn*) *Naht*: descoser-se; fender; **~reizen** (*-t*) provocar, incitar; irritar; **~d** *adj.* provocante; irritante; **2reizung** *f* provocação *f*, incitamento *m*.

'**aufricht|bar** móvel; **~en** (*-e-*) (*geradmachen*) endireitar; Δ elevar, erigir, levantar; endireitar; *fig.* erguer; *Herrschaft a.*: estabelecer; (*trösten*) consolar, animar; **~ig** sincero, leal, franco; **2igkeit** *f* (*0*) sinceridade *f*, franqueza *f*; 2**ung** *f* ere(c)ção *f*.

'**auf|riegeln** (*-le*) desaferrolhar, destrancar; 2**riß** *m* (*-sses*; *-sse*) alçado *m*; ~**ritzen** (*-t*) arranhar; ~**rollen** (des)enrolar; *Frage*: pôr, levantar; ⚔ *Front*: desorganizar; ~**rücken** ⚔ (*sn*) cerrar filas; ~ *zu* ascender a, ser promovido a.

'**Aufruf** *m* (*-es*; *-e*) (*Namens*2) chamada *f*; *öffentlicher*: manifesto *m*, proclamação *f*; ~ *zu* apelo *m* a, exortação *f* a; 2**en** (*L*) chamar; *die Namen* ~ fazer a chamada; ~ *zu* convidar a, exortar a.

'**Aufruhr** [u:] *m* (*-es*; *-e*) tumulto *m*; motim *m*; (*Aufstand*) revolta *f*, insurreição *f*.

'**aufrühre|n** revolver, agitar (*a. fig.*); *Volk*: revolucionar; amotinar; *Leidenschaften*: atiçar; *Streit*: excitar; 2**r** *m*, ~**risch** rebelde (*m*), revolucionário (*m*), revoltoso (*m*), subversivo (*m*).

'**auf|runden** (*-e-*) arredondar por excesso; ~**rüsten** (*-e-*) armar; 2**rüstung** *f* (re)armamento *m*; ~**rütteln** (*-le*) sacudir; *fig.* despertar, animar; ~**s** = *auf das*; ~**sagen** recitar, dizer; *vgl. aufkündigen*.

'**aufsässig** ['-zɛsiç] rebelde; 2**keit** *f* rebeldia *f*, insubordinação *f*.

'**Aufsatz** *m* (*-es*; *⸗e*) remate *m*; ⚔ alça *f*; (*Schul*2) (exercício *m* de) reda(c)ção *f*; (*Tafel*2) centro *m*; (*Zeitungs*2) artigo *m*; *Lit.* estudo *m*, ensaio *m*.

'**auf|saugen** chupar; absorver (*a. fig.*); ~**scharren** desenterrar; esgaravatar; ~**schauen** levantar os olhos; ~**schäumen** (*sn*) espumar; ~**scheuchen** espantar; afugentar; ~**schichten** (*-e-*) empilhar; ~**schieben** (*L*) adiar; ~**schießen** (*L*; *sn*) brotar, desabrochar, espigar; crescer ràpidamente; *Strahl*: jorrar.

'**Aufschlag** *m* (*-es*; *⸗e*) golpe *m*; *Wasser*: queda *m*; ⚔ ricochete *m*; (*Ärmel*2) canhão *m*; *Tasche*: pala *f*; (*Zuschlag*) suplemento *m*, excesso *m*; (*Preis*2) aumento *m*; (*Steuer*2) direito *m* adicional; ♪ levantamento *m*; *Auktion*: lanço *m*; 2**en** (*L*) **1.** *v/t.* abrir; *stärker*: arrombar; *Augen*: levantar; *Bett*: armar; *Decke*: tirar; *Lager*: assentar, estabelecer; *Wohnsitz*: fixar; *Karte*: virar; *Zelt*: erguer; *auf e-n Preis* ~ aumentar um preço por; **2.** *v/i.* (*sn*) dar contra; embater.

'**aufschließen** (*L*) **1.** *v/t.* abrir (à chave); **2.** *v/i.* cerrar filas.

'**aufschlitzen** (*-t*) rasgar; fender; abrir.

'**Aufschluß** *m* (*-sses*; *⸗sse*) explicação *f*; esclarecimento *m*; *Geol.* afloração *f*; 2**reich** instrutivo, elucidativo.

'**aufschnallen** atar; (*öffnen*) desafivelar.

'**aufschnappen** apanhar; *fig.*: *a.* ouvir dizer.

'**aufschneide|n** (*L*) **1.** *v/t.* cortar, talhar; *Wurst*: partir; **2.** *v/i.* exagerar; gabar-se, dizer petas; 2**r** *m* fanfarrão *m*, gabarola *m*; 2'**rei** *f* fanfarronice *f*, gabarolice *f*; peta *f*.

'**Aufschnitt** *m* (*-es*; *0*) *Chir.*: incisão *f*; *kalter* ~ carnes *f/pl.* frias.

'**auf|schnüren** (*befestigen*) atar; (*öffnen*) desatar, desligar; desenlaçar; ~**schrauben** (*befestigen*) aparafusar; (*öffnen*) desaparafusar, desataraxar; (*lockern*) soltar; ~**schrekken** *v/t.* (*v/i.* [*sn*]) assustar(-se), sobressaltar(-se); 2**schrei** *m* (*-es*; *-e*) grito *m*; ~**schreiben** (*L*) escrever; assentar; (*sich dat.*) ~ notar; tomar nota (*od.* apontamento) de; *j-n* ~ (*polizeilich*) autuar; ~**schreien** (*L*) soltar um grito; 2**schrift** *f* sobrescrito *m*; título *m*; letreiro *m*; dístico *m*; (*Brief*2) endereço *m*, dire(c)ção *f*; (*Etikett*) rótulo *m*; *Stein*: inscrição *f*, epígrafe *f*; 2**schub** *m* (*-es*; *⸗e*) prorrogação *f*, adiamento *m*, dilação *f*; *ohne* ~ sem delongas *f/pl.*; ~**schürfen** escoriar; ~**schütteln** (*-le*) sacudir; afofar.

'**aufschütt|en** (*-e-*) deitar (*auf ac.* em); (*anhäufen*) amontoar, armazenar; *Damm*: levantar; 2**ung** *f* aterro (*ê) *m*.

'**auf|schwatzen** (*-t*) F impingir; *sich* (*dat.*) *et.* ~ *lassen a.* deixar-se entrujar; ~**schwemmen** inchar; ~**schwingen** (*L*): *sich* ~ levantar voo; subir, *a. fig.* elevar-se (*zu* a); *zu e-r Tat*: resolver-se a; 2**schwung** *m* (*-es*; *⸗e*) *fig.* desenvolvimento *m*; prosperidade *f*; *a. Turnübung*: elevação *f*; *e-n guten* ~ *nehmen* prosperar.

'**aufsehen** (*L*) **1.** levantar os olhos; olhar para cima; **2.** 2 *n*: ~ *erregen* causar sensação (*od. unliebsames*: celeuma) *f*; **~-erregend** sensacional.

ˈ**Aufseher** *m* guarda *m*; *Personal*: apontador *m*; ⚒ abegão *m*; ✝ (*Lager*♀) fiel *m*.

ˈ**aufsein** (*L*; *sn*) estar aberto; *j.*: estar levantado, estar a pé.

ˈ**aufsetzen** pôr; *schriftlich*: redigir; escrever; *Miene*: tomar.

ˈ**Aufsicht** *f* inspe(c)ção *f*; fiscalização *f*; intendência *f* (führen ter); **~s-beamte(r)** *m* fiscal *m*; inspe(c)tor *m*; **~s-behörde** *f* inspe(c)ção *f*; intendência *f*; **~s-rat** *m* conselho *m* fiscal; **~s-stelle** *f* = ~sbehörde.

ˈ**auf|sitzen** (*L*; *sn*) montar (a cavalo); (*wachen*) velar; passar em branco; ⊕ sobressair; ~d sobressaliente; **~spalten** (*-e-*) fender; ⚗ *Phys.* cindir; **~spannen** estender; *Schirm*: abrir; **~sparen** guardar, poupar.

ˈ**aufspeicher|n** (*-re*) armazenar; ⚡ *u. fig.* acumular; **♀ung** *f* armazenagem *f*; ⚡ acumulação *f*.

ˈ**auf|sperren** escancarar; abrir de par em par; Mund und Nase ~ F ficar embasbacado; **~spielen** ♪ tocar; sich ~ F dar-se importância; sich ~ als arvorar-se em; **~spießen** espetar; **~splittern** (*-re*) (**♀splitterung** *f*) estilhaçar (*m*); **~sprießen** (*L*) brotar, rebentar, germinar; **~springen** (*L*; *sn*) saltar; levantar-se num pulo; (*sich öffnen*) abrir(-se); (*platzen*) rebentar; *Haut*: gretar; **~spulen** dobar, (en)sarilhar; **~spüren** *v/t.* descobrir; seguir a pista (*od.* o rasto) de, *Hund*: *a.* rastejar; **~stacheln** (*-le*) aguilhoar; incitar, instigar; **~stampfen** bater com o(s) pé(s); **♀stand** *m* (*-es*; *⸚e*) tumulto *m*; (*Empörung*) insurreição *f*, rebelião *f*, revolta *f*; **~ständisch** insurre(c)to, sedicioso.

ˈ**aufstapel|n** (*-le*) amontoar; empilhar; ✝ armazenar; **♀ung** *f* armazenagem *f*; açambarcamento *m*.

ˈ**auf|stechen** (*L*) picar; furar, *a.* ⚕ abrir; **~stecken** segurar com alfinete; *fig. v/i.* desistir; **~stehen** (*L*; *sn*) levantar-se; *fig. a.* surgir; gegen j-n: *a.* sublevar-se, insurgir-se; (offen sn) estar aberto; durch ♀ abstimmen votar por sentados e levantados; **~steigen** (*L*; *sn*) subir, elevar-se, *fig. a.* ascender; ✈ descolar; *Strahl*: jorrar; **~steigend** *adj.* ascendente.

ˈ**aufstell|en** colocar, pôr; ⊕ montar; ⚔ (sich) ~ formar; *Sport*, *Mannschaft*: *a.* compor; *Denkmal*: erguer; *Grundsatz*, *Rekord*: estabelecer; *Falle*: armar; *Liste*: organizar; *Behauptung*, *Rechnung*: fazer; *Kandidatur*: apresentar; *Zeugen a.* produzir; **♀ung** *f* colocação *f*; ⊕ montagem *f*; ⚔ formação *f*, disposição *f*; apresentação *f*; (*Darstellung*) exposição *f*; relação *f*; (*Übersicht*) lista *f*, mapa *m*, quadro *m*; ~ der Kosten orçamento *m*.

ˈ**auf|stemmen** fincar; (*stützen*) apoiar (*auf dat.* em); **♀stieg** *m* (*-es*; *-e*) subida *f*; ascensão *f*; ✈ partida *f*; *fig.* progresso *m*; elevação *f*; ✝ prosperidade *f*; **~stöbern** (*-re*) desaninhar; *fig.* descobrir; **~stoßen** (*L*) **1.** *v/t.* arrombar; **2.** *v/i.* **a)** (*sn*) dar contra; **b)** *Magen*: arrotar; **~streben** erguer-se; ~ zu aspirar a, ambicionar (*ac.*); **~strebend** *adj.* ascendente, progressivo; **~streichen** (*L*) *Butter*: pôr, barrar; *Farbe*: aplicar; **~streifen** arregaçar; **~streuen** deitar, espalhar; **~stülpen** armar; tapar; *Hut*: pôr; **~stützen** (*-t*) apoiar (em); **~suchen** procurar; **~summen**: sich ~ acumular-se; **~takeln** (*-le*) ⚓ aparelhar; *fig.* F (sich) ~ vestir(-se) sem gosto; **♀takt** *m* (*-es*; *-e*) ♪ ársis *f*; (*Zeichen*) sinal *m*; *fig.* prelúdio *m*, princípio *m*; **~tauchen** (*sn*) surgir, emergir, aflorar; aparecer, assomar; **~tauen 1.** *v/t.* derreter; **2.** *v/i.* (*sn*) *a.* degelar; *fig. j.*: começar a sentir-se mais à vontade.

ˈ**aufteil|en** repartir; distribuir; ⚒ parcelar; **♀ung** *f* repartição *f*, ⚒ *a.* parcelamento *m*; distribuição *f*.

ˈ**auftischen** servir; pôr na mesa; *fig. Geschichte*: contar.

ˈ**Auftrag** [ˈ-tra:k] *m* (*-es*; *⸚e*) encargo *m*; ✝ ordem *f*, encomenda *f*; pedido *m* (auf *ac.* de); (*Aufgabe*) missão *f*, tarefa *f*; comissão *f*; *Farbe*: demão *f*; im ~e von por incumbência *f* de; da parte de; ✝ (*Abk.* i. A.) por poder (p.p.), *j-s*: por ordem (p.o.) de; por, pelo, pela; **♀en** (*L*) *Speisen*: servir, trazer; *Farbe*: aplicar; dick, stark ~ carregar; (*befehlen*) dar ordem de; *Kleidung*: gastar; *fig.* exagerar; **~geber** *m* ⚖

comitente *m*; ⚕ cliente *m*; **~nehmer** [ˈ-ne:mər] *m* mandatário *m*; **⁲s-gemäß** conforme ao seu pedido *usw.*

ˈ**auf|treiben** (*L*) (*aufwirbeln*) levantar; (*blähen*) inchar; F (*finden*) descobrir, encontrar; *Geld*: arranjar; **~trennen** descoser, desmanchar, desfazer; **~treten** (*L*) **1.** *v/t.* (*öffnen*) arrombar com os pés; **2.** *v/i.* pôr o pé no chão; *fig.* (*sn*) (*sich benehmen*) comportar-se, proceder; (*erscheinen*) apresentar-se; aparecer; ⚕ *a.* surgir, declarar-se, produzir-se; *Thea.* representar; (*auf die Bühne kommen*) entrar (em cena), *zum erstenmal* ~ estrear-se, ~ *als* fazer o papel de; ~ *gegen* combater; opor-se a; **⁲treten** *n* (*Benehmen*) comportamento *m*; maneiras *f/pl.*, conduta *f*; (*Erscheinen*) aparição *f*; *Thea.* entrada *f* (em cena); *erstes* ~ estreia *f*; (*Vorgehen*) procedimento *m*; **⁲trieb** *m* (-*es*; -*e*) movimento *m* ascensional; impulsão *f*; *fig.* impulso *m*; **⁲tritt** *m* (-*es*; -*e*) cena *f*; *j-s*: entrada *f* (em cena); **~trumpfen** teimar; querer impor-se; **~tun** (*L*) abrir; *Speisen*: servir; F (*finden*) encontrar, arranjar; **~wachen** (*sn*) acordar, despertar; **~wachsen** (*L*; *sn*) crescer, criar-se.

ˈ**aufwall|en** (*sn*) ferve(sce)r, borbulhar; *fig.* exaltar-se; **⁲en** *n*, **⁲ung** *f* ebulição *f*; *fig.* exaltação *f*; impulso *m*.

ˈ**Aufwand** *m* (-*es*; *0*) (*Kosten*) despesas *f/pl.*; (*Luxus*) luxo *m*; (*Verbrauch*) gasto *m*; ~ *an Kraft* esforço *m*; *großen* ~ *treiben* gastar muito, levar uma vida dispendiosa; **~s-entschädigung** *f* verba *f* destinada para despesas de representação.

ˈ**aufwärmen** (tornar a) aquecer; (*wieder*) ~ *fig.* F voltar a falar de.

ˈ**Aufwarte|frau** *f* mulher *f* a dias; **⁲n** (-*e*-) (*dat.*) servir; *j-m* ~ atender alg.; *mit et.* ~ *können* saber fazer a.c., ter a.c.

ˈ**aufwärts** [ˈ-vɛrts] para cima; **⁲-bewegung** *f* movimento *m* ascensional; subida *f*, ⚕ *a.* alta *f*.

ˈ**Aufwartung** *f* serviço *m*; *j-m s-e* ~ *machen* apresentar cumprimentos a alg.

ˈ**Aufwasch** [ˈ-vaʃ] *m* (-*es*; *0*) louça *f*; lavagem *f*; **⁲en** (*L*) lavar; *das ist ein* ⁲ *fig.* já que se está com as mãos na massa.

ˈ**auf|wecken** despertar, acordar; *s. a. aufgeweckt*; **~weichen** *v/t.* (*v/i.* [*sn*]) amolecer; diluir(-se); *Weg*: encharcar; **~weisen** (*L*) mostrar, acusar; ⚕ *e-n Saldo*: apresentar.

ˈ**aufwend|en** (-*e*- *od. L*) gastar; empregar; **⁲ung** *f* gasto *m*; dispêndio *m*, emprego (*ˈê) *m*.

ˈ**aufwerfen** (*L*) levantar; *Graben*: cavar; *sich* ~ *zu*, *sich* ~ *als* arvorar-se em; *s. a. aufgeworfen*.

ˈ**aufwert|en** (-*e*-) revalorizar; **⁲ung** *f* revalorização *f*; deflação *f*.

ˈ**aufwickeln** (-*le*) enrolar; enovelar, dobar.

ˈ**aufwiegel|n** [ˈ-vi:gəln] (-*le*) sublevar, amotinar; **⁲ung** *f* amotinação *f*.

ˈ**aufwieg|en** (*L*) contrapesar; *fig.* compensar; *mit Gold* ~ pagar a peso de ouro; *nicht mit Gold aufzuwiegen* impagável; **⁲ler** *m*, **~lerisch** sedicioso (*m*), agitador (*m*), rebelde (*m*), revoltoso (*m*), subversivo (*m*).

ˈ**Auf|wind** *m* (-*es*; -*e*) vento *m* ascendente; **⁲winden** (*L*) retorcer, destorcer; (*hoch-*) guindar; **⁲wirbeln** (-*le*) **1.** *v/t.* levantar; **2.** *v/i.* (*sn*) levantar-se, remoinhar; **⁲wischen** limpar; (*trocknen*) enxugar; **⁲wühlen** revolver, remexer; *fig. wieder* ~ voltar a provocar.

ˈ**aufzähl|en** enumerar; *Geld*: contar; *im einzelnen* ~ especificar; **⁲ung** *f* enumeração *f*; contagem *f*.

ˈ**auf|zäumen** enfrear; **~zehren** consumir.

ˈ**aufzeichn|en** (-*e*-) desenhar, esboçar; (*notieren*) notar, apontar; **⁲ung** *f* desenho *m*; nota *f*, apontamento *m*; memorial *m*.

ˈ**aufzeigen** indicar; ⚕ apresentar.

ˈ**aufzieh|en** (*L*) **1.** *v/t.* puxar para cima; *Vorhang*: correr, *Thea.* levantar; *Perlen*: enfiar; *Schublade*: abrir; *Segel, Flagge*: içar; *Uhr*: dar corda a; *Saiten*: pôr, *fig. andere* (*stärkere*) *Saiten* ~ mudar de tom (ser mais exigente); *auf Leinwand*: colar; (*ausstatten*) armar; *Kinder*: criar (*a. Vieh*), educar; *fig. et.*: organizar; *j-n*: entrar com, fazer troça de; **2.** *v/i.* (*sn*) *Gewitter*: levantar-se.

ˈ**Auf|zucht** *f* (*0*) criação *f*; ⚘ cultura *f*; **~zug** *m* (-*es*; ⁼*e*) (*Aufmarsch*) desfile *m*; (*Festzug*) cortejo *m*, *Rel.* procissão *f*; *Thea.* a(c)to *m*; (*Fahr-*

stuhl) elevador *m*, *Lasten*: monta-cargas *m*; (*Drahtseilbahn*) teleférico *m*; (*Kleidung*) traje *m*; 2**zwingen** (*L*) impor; impingir.

'**Aug-apfel** *m* (*-s*; *=*) globo *m* do olho (*'ô).

'**Auge** ['augə] *n* (*-s*; *-n*) olho (*'ô) *m* (*blau* negro); vista *f*; ♀ gomo *m*; *Spiel*: ponto *m*; *mit bloßem* ~ a olho nu; ~ *in* ~ cara a cara; *ein* ~ *auf* (*ac.*) *haben* trazer de olho (*'ô), (*bewachen*) olhar por; *ein* ~ *auf* (*ac.*) *werfen* lançar os olhos para, *fig.* interessar-se por; *ein* ~ *für et. haben* ter olhos para a.c.; *ein* ~ *zudrücken* fechar os olhos; *aus dem* ~, *aus dem Sinn* longe da vista, longe do coração; *im* ~ *behalten* não perder de vista; *ins* ~ *fallen* dar na vista; *j-m fest ins* ~ *sehen* fixar a vista em; *e-r Gefahr*: enfrentar (*ac.*), encarar (*ac.*); *ins* ~ *springen* saltar aos olhos; *mit e-m blauen* ~ *davonkommen* escapar por uma unha negra; *das paßt wie die Faust aufs* ~ falo em alhos e tu respondes em bugalhos; *pl. große* ~*n machen* arregalar os olhos; *j-m die* ~*n zudrücken* fechar os olhos a alg.; *j-m Sand in die* ~*n streuen* deitar poeira nos olhos de alg.; *sich* (*dat.*) *keinen Sand in die* ~*n streuen lassen* ter os olhos abertos; *um j-s schöner* ~*n willen* pelos belos olhos de alg.; *unter vier* ~*n* a sós; *unter* (*od. vor*) *die* ~*n kommen* aparecer; *nicht die Hand vor* ~*n sehen* não ver absolutamente nada, não ver um palmo diante do nariz; *j-m wird schwarz vor den* ~*n* alg. tem obscurecimento da visão.

'**äuge(l)n** ['ɔygə(l)n] (*-le*) **1.** *v/i.*: ~ *nach* olhar para, piscar o olho (*'ô) a; **2.** *v/t.* ✓ enxertar.

'**Augen|arzt** *m* (*-es*; *=e*) oftalmologista *m*; ~**blick** *m* (*-es*; *-e*) momento *m*, instante *m*; *im* ~ neste momento, (*schnell*) num instante, (*sofort*) já; *alle* ~*e* a cada momento, a cada passo; *jeden* ~ de um momento para outro; 2**blicklich** momentâneo, instantâneo; (*gegenwärtig*) a[c]tual; *adv. a.* num instante; ~**braue(nstift** *m* [*-es*; *-e*]) *f* (lápis *m* para) sobrancelha *f*; ~**entzündung** *f* inflamação *f* dos olhos, oftalmia *f*; 2**fällig** evidente, manifesto; ~**glas** *n* (*-es*; *=er*) (*Brille*) óculos *m/pl.*; (*Einglas*) monóculo *m*; (*Fernglas*) binóculo *m*; (*Kneifer*) luneta *f*; ~**-heilkunde** *f* (*0*) oftalmologia *f*; ~**-höhle** *f* órbita *f* do olho; ~**klinik** *f* clínica *f* oftalmológica; ~**licht** *n* (*-es*; *0*) vista *f*; ~**lid** *n* (*-es*; *-er*) pálpebra *f*; ~**linse** *f* cristalino *m*; ~**maß** *n* (*-es*; *0*) medida *f* ocular; *nach* ~ a olho (*'ô); *gutes* ~ *haben* ter a vista acertada; ~**merk** *n* (*-es*; *0*) atenção *f*; *sn* ~ *auf* (*ac.*) *richten* alvejar (*ac.*); ter (*ac.*) em mira (*a. fig.*); ~**mittel** *n* ⚕ colírio *m*; ~**nerv** *m* (*-s*; *-en*) nervo *m* ó(p)tico; ~**salbe** *f* pomada *f* oftálmica (*od.* para os olhos); ~**schein** *m* (*-es*; *0*) aparência *f*, vista *f*; *in* ~ *nehmen* observar, *näher*: examinar; 2**scheinlich** evidente; *adv. a.* aparentemente; pelos vistos; ~**spiegel** *m* oftalmoscópio *m*; ~**stern** *m* (*-es*; *-e*) menina *f* do olho; ~**täuschung** *f* ilusão *f* ó(p)tica; ~**ntropfen** *m* gota *f* oftálmica; *pl.* = ~*wasser*; ~**trost** ♀ *m* (*-es*; *0*) eufrásia *f*; ~**wasser** ⚕ *n* (*-s*; *0*) soluto *m* oftálmico; colírio *m* líquido; ~**weh** *n* dor *f* dos olhos; ~**weide** *f* deleite *m* dos olhos; ~**wimper** *f* (*-*; *-n*) pestana *f*; ~**zahn** *m* (*-es*; *=e*) dente *m* canino; ~**zeuge** *m* (*-n*) testemunha *f* ocular.

Au'gust [au'gust] *m* Agosto *m*; ~**'iner** [-'i:nər] *m* agostinho *m*.

Aukti'on [auktsi'o:n] *f* leilão *m*; ~**'ator** [-'a:to:r] *m* (*-s*; *-en*) leiloeiro *m*.

'**Aula** ['aula:] *f* (*-*; *Aulen u. -s*) sala *f* de a(c)tos, salão *m* nobre.

aus [aus] **1.** *prp.* (*dat.*) **a**) *örtl.*, *Herkunft*, (*heraus*): de; *Stoff*: feito de, feito com; em; (*hinaus*) por; ~ *e-r Anzahl* (*heraus* de) entre; ~ *e-m Abstand von* a uma distância de; ~ *et. heraus sn* estar fora de a.c.; **b**) *zeitl.* de; **c**) *Ursache*: por; **d**) *Mittel*, *Art*: a; ~ *allen Kräften*, ~ *vollem Halse* a toda a força; **2.** *adv. von* ... ~ de, desde; *nicht* (*od. weder*) ~ *noch ein wissen* não saber que fazer; *s. a. aussein*; **3.** 2 *n* (*-*; *0*) *Sport*: saída *f* em falso.

'**aus-arbeit|en** (*-e-*) elaborar; *Schriftstück*: *a.* redigir; (*vervollkommnen*) aperfeiçoar; 2**ung** *f* elaboração *f*; reda(c)ção *f*; aperfeiçoamento *m*.

'**aus-art|en** (*-e-*; *sn*) degenerar, acabar (*zu* em); 2**ung** *f* degeneração *f*.

'**aus-atm|en**[1] (-*e*-) expirar; *Duft*: exalar; **2en**[2] *n*, **2ung** *f* expiração *f*.
'**ausbaden** (-*e*-) *fig*. F pagar o pato (*od*. as favas).
'**ausbagger|n** (-*re*) dragar, desassorear; **2ung** *f* dragagem *f*, desassoreamento *m*.
'**Ausbau** *m* (-*ẹs*; -*ten*) ⚠ acabamento *m* (*od*. amplificação *f*) de uma construção; (*Erker*) sacada *f*; (*Erweiterung*) extensão *f*; (*Nutzung*) exploração *f*; *fig*. *Beziehungen*: intensificação *f*.
'**ausbau|en** *v*/*t*. completar; (*erweitern*) alargar, ampli(fic)ar; (*nutzen*) explorar; *fig*. estender; desenvolver; intensificar; **~fähig** explorável; **2fähigkeit** *f* (*0*) explorabilidade *f*.
'**aus|bedingen** (*L*; -): *sich* (*dat*.) ~ estipular; reservar-se; **~beißen** (*L*) arrancar com os dentes; *sich* (*dat*.) *e-n Zahn* ~ quebrar; **~bessern** (-*re*) reparar, consertar, compor; *Bild*: restaurar; (*flicken*) remendar; **2besserung** *f* conserto *m*, reparação *f*, emenda *f*; *Bild*: restauração *f*; **~beulen** desamolgar; abaular.
'**Ausbeut|e** *f* produto *m*, *a*. ⚚ lucro *m*; **2en** (-*e*-) explorar; *fig*. *a*. F depenar; **~er** *m* explorador *m*; **~ung** *f* exploração *f*.
'**ausbezahl|en** (-) pagar; **2ung** *f* pagamento *m*.
'**ausbiegen** (*L*; *sn*) *v*/*i*. desviar-se, afastar-se; *rechts* ~ virar (*od*. voltar) para a direita; *j-m* ~ deixar passar alg.
'**ausbild|en** (-*e*-) preparar, instruir; (*sich*) ~ formar(-se) (*zu ac*.; *in dat*. em); *Fähigkeit*: desenvolver; **2er** *m* instrutor *m*; **2ung** *f* preparação *f*, instrução *f*, *besondere*: especialização *f*; **2ungslager** *n* (**2ungslehrgang** *m* [-*ẹs*; ⸗*e*] curso *m*) campo *m* de instrução.
'**aus|bitten** (*L*): *sich* (*dat*.) *et*. *von j-m* ~ pedir a.c. a alg.; **~blasen** (*L*) soprar, apagar; extinguir; **~bleiben**[1] (*L*; *sn*) *v*/*i*. não vir, deixar de vir; faltar; *lange*: *a*. tardar a vir, demorar(-se); **2bleiben**[2] *n* falta *f*, não comparecência *f*, ausência *f*; demora *f*; **2blick** *m* (-*ẹs*; -*e*) vista *f*, panorama *m*; *a*. *fig*. perspectiva *f* (*auf*, *in ac*. de); **~bohren** furar, esburacar, brocar, escarear.
'**ausboot|en** ['-bo:tən] (-*e*-) desembarcar; *fig*. afastar; eliminar; **2ung** *f* desembarque *m*; *fig*. afastamento *m*, eliminação *f*.
'**ausbrechen** (*L*) **1.** *v*/*t*. arrancar; *Speise*: vomitar; (*sich dat*.) *e-n Zahn* ~ quebrar; **2.** *v*/*i*. (*sn*) (*fliehen*) evadir-se (*aus* de); *Feuer*, *Krankheit*: declarar-se, *Krieg*: rebentar; ~ *in* (*ac*.) romper em; *in ein Gelächter* ~ desatar a rir.
'**ausbreit|en** (-*e*-) estender, propagar, *fig*. *a*. divulgar, espalhar, propalar; **2ung** *f* extensão *f*, divulgação *f*, propagação *f*, difusão *f*.
'**ausbrennen** (*L*) **1.** *v*/*t*. consumir pelo fogo; ⚕ cauterizar; **2.** *v*/*i*. (*sn*) *Feuer*: extinguir-se, apagar-se; *Gebäude*: ficar com o interior destruído (*od*. consumido) pelo fogo.
'**Ausbruch** *m* (-*ẹs*; ⸗*e*) erupção *f*; (*Flucht*) evasão *f*; *Gefühl*: ímpeto *m*, arrebatamento *m*, transporte *m*; *Krankheit*: princípio *m*; *Krieg*: eclosão *f*.
'**aus|brüten** (-*e*-) chocar; **2buchtung** ['-buxtuŋ] *f* baía *f*; sinuosidade *f*; **~bügeln** (-*le*) passar a ferro; *Naht*: abrir; *fig*. F arranjar; **2bund** *m* (-*ẹs*; *0*) modelo *m*; *ein* ~ *an* ... *sn* ser de um(a) ... exemplar.
'**ausbürger|n** *v*/*t*. (-*re*) expatriar; retirar a nacionalidade a; **2ung** *f* expulsão *f*; perda *f* da nacionalidade.
'**ausbürsten** (-*e*-) escovar.
'**Ausdauer** *f* (*0*) resistência *f*; *geistige*: perseverança *f*; **2n** (-*re*) resistir, durar; perseverar; **2nd** *adj*. resistente; perseverante; *a*. ⚘ persistente, perene.
'**ausdehn|bar** elástico; *Phys*. dilatável; *fig*. ~ *auf* (*ac*.) extensível a; **2barkeit** *f* (*0*) elasticidade *f*; dilatabilidade *f*; extensibilidade *f*; **~en** dilatar; *fig*. estender; (*weiten*) alargar; *s*. *a*. *ausgedehnt*; **2ung** *f* (*Ausmaß*) extensão *f*; dimensão *f*, tamanho *m*; *Phys*. dilatação *f*; *Pol*. expansão *f*; **2ungs...**: *in Zssg*(*n*) expansivo.
'**aus|denken** (*L*) idear; *sich* (*dat*.) ~ imaginar; inventar; *sich* ~ *können* calcular, fazer ideia; **~deuten** (-*e*-) interpretar, explicar; **~dörren** (des)secar; **~drehen** *Licht*: apagar; **~dreschen** (*L*) *Getreide*: de(s)bulhar; **2druck** *m* (-*ẹs*; ⸗*e*) expressão *f*, (*Wort*) *a*. termo *m*; (*Satz*) frase *f*; (*Sprechweise*) di(c)ção *f*; (*ac*.)

zum ~ bringen, (*dat.*) ~ geben exprimir (*ac.*), manifestar (*ac.*).
'**ausdrück|en** espremer; *fig.* exprimir, manifestar; **~lich** expresso; (*ernst*) formal.
'**Ausdrucks|kunst** *f* (*0*) expressionismo *m*; **2los** sem expressão; **2voll** expressivo; **~weise** *f* estilo *m*; modo *m* de exprimir-se.
'**aus|dünsten** (*-e-*) evaporar; exalar; *Haut*: transpirar; ~ lassen pôr ao ar, ventilar; **2dünstung** *f* exalação *f*, transpiração *f*.
aus-ein'ander separados; **~breiten** (*-e-*) desfraldar; **~bringen** (*L*) (conseguir) separar; *Personen*: *a.* desunir; **~fallen** (*L*; *sn*) despedaçar-se; cair em pedaços; desfazer-se; **~falten** (*-e-*) desfraldar; desdobrar; **~fliegen** (*L*; *sn*) dispersar-se pelo ar; (*explodieren*) ir pelos ares; **~gehen** (*L*; *sn*) *et.*: desmanchar-se; *Linien*, *Personen*: separar-se, *a. Meinungen*: divergir; *Versammlung*: dispersar-se; **~halten** (*L*) manter separados; *fig.* distinguir, não confundir; **~kommen** (*L*; *sn*) (chegar a) separar-se; *fig.* divergir; **~laufen** (*L*; *sn*) dispersar-se; *Phys.* divergir; **~nehmbar** ['-ne:m-] desmontável; **~nehmen** (*L*) desfazer, descompor, desmanchar; ⊕ desmontar; **~rollen** desenrolar; **~rücken** *v/t.* (*v/i.* [*sn*]) separar(-se) *od.* afastar(-se) um do outro; **~setzen** (*-t*) (*trennen*) separar; (*erklären*) explicar; sich ~ mit arranjar-se com; sich mit j-m über (*ac.*) ~ discutir a.c. com alg.; **2setzung** *f* (*Erklärung*) explicação *f*; (*Streit*) discussão *f*; disputa *f*; *bewaffnete*: conflito *m*, guerra *f*; **~ziehen** (*L*) esticar, estirar.
'**aus|erkoren** ['-ɛrko:rən], **~erlesen** escolhido, eleito; **~ersehen** (*L*; -), **~erwählen** (-) escolher, eleger; destinar (*zu* para); **~erwählt** escolhido, eleito; (*vorzüglich*) sele(c)to, excelente; primoroso.
'**ausfahr|en** (*L*) **1.** *v/t.* *et.*: gastar; *j-n*: levar para um passeio (de carro); *Kurve*: seguir na (*od.* pela sua) mão, seguir na curva; ausgefahren *adj. Weg*: gasto; **2.** *v/i.* (*sn*) sair (de carro); ⚓ largar; **2t** *f* saída *f*; (*Spazierfahrt*) passeio *m* (no carro).
'**Ausfall** *m* (*-es*; ⁼*e*) queda *f*; (*Angriff*) invectiva *f*; ⚔ surtida *f*; (*Ausbleiben*) falta *f*; (*Verlust*) perda *f*; ⚕ défice *m*; ⚔ baixa *f*; (*Ergebnis*) resultado *m*; (*Nichtstattfinden*) não-realização *f*, *des Unterrichts*: feriado *m*; **2en** *Haare*: cair; *gut*, *schlecht*: sair; (*wegfallen*) faltar; não entrar; (*nicht stattfinden*) não se realizar; ~ lassen *Stunde*: não dar; 🚗 não circular; *vorübergehend* (*a. Dienst*): ficar suspenso; ⚔ fazer uma surtida; *Fechtkunst*: cair a fundo; *s. a.* ausgefallen; **2end** *adj. fig.* agressivo; injurioso.
'**ausfällig** insolente; inve(c)tivo; gegen j-n ~ werden insultar alg.
'**Ausfall|straße** *f*, **~tor** *n* (*-es*; *-e*) saída *f*; **~winkel** *m* ângulo *m* de reflexão.
'**aus|fasern** (*-re*) *v/t.* (*v/i.*) desfiar(-se); esgarçar; **~fechten** (*L*) *v/t.* decidir pelas armas; *fig.* conseguir; **~feilen** limar; *fig. a.* dar o último retoque em.
'**ausfertig|en** lavrar, exarar; *Quittung*: passar; **2ung** *f* reda(c)ção *f*, exaração *f*; despacho *m*; in doppelter ~ em duplicado.
'**aus|findig**: ~ machen descobrir; averiguar; **~flicken** remendar; consertar; **~fliegen** (*L*; *sn*) levantar voo; sair do ninho; voar; *fig.* F sair; **~fließen** (*L*; *sn*) sair, escorrer; emanar; **2flucht** *f* (-; ⁼*e*) pretexto *m*, subterfúgio *m*; **2flug** *m* voo *m*, saída *f*; *fig.* excursão *f*, passeio *m*; **2flügler** ['-fly:glər] *m* excursionista *m*; turista *m*; **2fluß** *m* (*-sses*; ⁼*sse*) escoadouro *m*; (*Abfluß*) esgoto *m*; (*Mündung*) embocadura *f*; ⚕ segregação *f*, fluxo *m*; *Phys.* emanação *f*; *fig. a.* resultado *m*, produto *m*; **~forschen** *et.*: indagar; *j-n*: sondar; **2forschung** *f* indagação *f*; sondagem *f*; **~fragen** interrogar; **~fransen** ['-franzən] (*-t*) desfiar; **~fräsen** (*-t*) fresar; **~fressen** (*L*) comer tudo; F *fig.* et. ~ fazer (das suas).
'**Ausfuhr** [u:] *f* exportação *f*; **~...**: *in Zssg(n) meist* de exportação; (*exportierend*) exportador.
'**ausführ|bar** [y:] realizável, exequível; *schwer usw.*: de realizar, de executar; ⚕ exportável; **2barkeit** *f* possibilidade *f* de realização (*od.* ⚕ de exportação); **~en** *j-n*: levar para um passeio; ⚕ *Waren*: exportar; *Auftrag*: executar, *Plan*: realizar;

(*darlegen*) expor; falar sobre; estender-se sobre.
aus'führlich [y:] pormenorizado, minucioso; **2keit** *f* minuciosidade *f*.
'Ausfuhr-ort *m* (*-es*; *-e*) lugar *m* de origem.
'Ausführung *f* *Auftrag*: execução *f*; *Bau*: construção *f*; *Plan*: realização *f*; *Ware*: exportação *f*; (*Darlegung*) exposição *f*; (*Aufmachung*) apresentação *f*; **~sbestimmung** *f* regulamento *m*.
'ausfüllen (pre)encher; *Amt*: desempenhar; *Lücke*: suprir; *Stelle, Zeit*: ocupar.
'Ausgabe *f* despesa *f*; (*Aushändigung*) entrega *f*; *Aktien, Banknoten, Marken*: emissão *f*; *Briefe, Lebensmittel*: distribuição *f*; *Bücher, Zeitungen*: edição *f* (*neueste* última); **~schalter** *m*, **~stelle** *f* entrega *f*, despacho *m*.
'Ausgang *m* (*-es*; *⸗e*) saída *f*; *fig.* desenlace *m*, fim *m*, desfecho *m*; (*Erfolg*) resultado *m*, éxito *m*; **~spunkt** *m* (*-es*; *-e*) ponto *m* de partida; **~s-stellung** *f* posição *f* inicial.
'ausgeben (*L*) gastar; (*aushändigen*) entregar; (*verteilen*) distribuir; *Aktien, Banknoten, Marken*: emitir; *Fahrkarten*: vender; *sich ~* esgotar-se; *sich für ... ~* fazer-se passar por, pretender ser.
aus|gebombt ['-gəbɔmpt]: *~ sn* ter perdido os haveres num bombardeamento; **2geburt** *f* produto *m*, fruto *m*, filho *m*; *~ der Hölle* coisa *f* infernal, coisa *f* diabólica; **~gedehnt** ['-gəde:nt] *p.pt. v. ausdehnen*; *adj. fig.* extenso; **~gedient** ['-gədi:nt] gasto; ⚔ inválido, veterano, *Offizier*: reformado; **~gefahren** ['-gəfa:rən] *p.pt. v. ausfahren*; *adj.* gasto; **~gefallen** *p.pt. v. ausfallen*; *adj.* extravagante; **~geglichen** ['-gəgliçən] *p.pt. v. ausgleichen*; *adj.* equilibrado.
'ausgehen (*L*; *sn*) *v/i.* sair (*a. fig. gut usw.*); (*alle w.*) esgotar-se, acabar-se; *Atem, Kräfte*: faltar; *Farbe*: desbotar; *Feuer, Licht*: apagar-se; *Haar*: cair; *frei ~* ser absolvido; *leer ~* ficar sem nada; *~ von fig.* partir de; *auf* (*ac.*) *~* pretender (obter); ter em mira; **~d** *adj.*: *im ~en 18. Jahrhundert* em fins do século XVIII.
'aus|gekämpft ['-gəkɛmpft]: *~ haben* ter acabado de lutar; **~gekocht** ['-gəkɔxt] *p.pt. v. auskochen*; *fig.* F sabido; consumado; **~gelassen** *p.pt. v. auslassen*; *adj. Kind*: endiabrado; *Stimmung*: divertido, animado; **2gelassenheit** *f* alegria *f*, animação *f*; **~geleiert** ['-gəlaɪərt] gasto; **~gelernt**: *~ haben* ter terminado o curso (*od.* a preparação); **~gemacht** ['-gəmaxt] *p.pt. v. ausmachen*; (*sicher*) certo; manifesto; *Schwindler usw.*: notório, consumado; *~e Sache* coisa *f* decidida; **~gemergelt** ['-gəmɛrgəlt] *fig.* macilento; **~genommen** ['-gənɔmən] **1.** *p.pt. v. ausnehmen*; **2.** (*ohne*) exce(p)to, menos, salvo; **3.** *cj. ~, daß* a não ser que *subj.*; **~geprägt** ['-gəprɛ:kt] *p.pt. v. ausprägen*; *adj.* marcado; cara(c)terístico; **~gerechnet** ['-gərɛçnət] *p.pt. v. ausrechnen*; F *adv.* precisamente; **~geschlossen** ['-gəʃlɔsən] *p.pt. v. ausschließen*; *~!* de modo algum!, de maneira nenhuma!, nunca!; *~ sein* ser impossível; **~gestalten** (*-e-*) *v/t.* (in-)formar; aperfeiçoar, acabar; **~gesucht** ['-gəzu:xt] *p.pt. v. aussuchen*; *adj. a.* sele(c)to; **~gewachsen** ['-gəvaksən] *p.pt. v. auswachsen*; *adj. j.*: adulto, feito; *Zool. u.* ⚘ desenvolvido; **~gezeichnet** ['-gətsaɪçnət] *p.pt. v. auszeichnen*; *adj.* excelente, distinto, assinalado, insigne; *et.*: *a.* primoroso; **~giebig** ['-gi:biç] abundante.
'ausgießen (*L*) verter, deitar; *Gefäß*: vazar, esvaziar.
'Ausgleich *m* (*-es*; *-e*) compensação *f*; (*Einigung*) compromisso *m*, acordo *m*; ✝ saldo *m*; *Budget*: equilíbrio *m*; *Sport*: empate *m*; **2en** (*L*) compensar, equilibrar, ajustar; (*ebnen*) aplanar; ✝ saldar, liquidar; **~sgetriebe** *n* diferencial *m*; **~sventil** *n* válvula *f* de compensação.
'ausgleiten (*L*; *sn*) escorregar.
'ausglieder|n (*-re*) eliminar; **2ung** *f* eliminação *f*.
'ausgrab|en (*L*) desenterrar, *Leiche*: *a.* exumar; *Ruinen*: escavar; **2ung** *f* escavação *f*; *Leiche*: exumacão *f*.
'Aus|guck *m* (*-es*; *-e*) mirante *m*; ⚓ gávea *f*; **2en**: *~ nach* F olhar por.
'Ausguß *m Kanne*: bico *m*; (*Abfluß*) cano *m*, *Küche*: *a.* pia *f*.
'aus|hacken cavar; *Auge*: picar; **~-**

haken desenganchar, desabrochar; **~halten** (*L*) **1.** *v/t.* resistir a; (*ertragen*) suportar, aguentar, aturar; (*erleiden*) sofrer; (*bezahlen für*) suster, entreter; **2.** *v/i.* perseverar, resistir; *nicht auszuhalten* insuportável.

'**aus-händig|en** ['-hɛndigən] entregar; **2ung** *f* entrega *f*.

'**Aus-hang** *m* (-*ės*; ⸚*e*) edital *m*; cartaz *m*; *Standesamt*: banhos *m/pl*.

'**Aus-hänge|bogen** ['-hɛŋə-] *m Typ.* branco *m*; **2n 1.** *v/t.* expor; *Tür*: desengonçar; **2.** *v/i.* estar exposto, estar pendurado; (*aufgeboten sn*) estar nos banhos; **~schild** *n* (-*ės*; -*er*) tabuleta *f*; *Ware*: rótulo *m*.

'**aus|harren** perseverar, resistir; **~hauchen** expirar, exalar (*a. Dünste*).

'**aus-heb|en** (*L*) tirar; *Graben*: cavar; *Tür*: desengonçar; ⚔ *Truppen*: recrutar, chamar (às armas); *Verbrecher*: prender; **2ung** *f* recrutamento *m*; *polizeiliche*: prisão *f*.

'**aus|hecken** chocar, *fig. a.* tramar; **~heilen** *v/t.* (*v/i.* [*sn*]) curar; *Wunde*: sarar; **~helfen** (*L*) (*dat.*) ajudar; socorrer.

'**Aus-hilf|e** *f* auxílio *m*; (*Bedienung*) auxiliar *m*; **2sweise** provisòriamente.

'**aus-höhl|en** ['-hø:lən] (es)cavar; [**2ung** *f* escavação *f*.]

'**aus|holen** *v/i. zum Schlage*: levantar o braço (para bater); *zum Sprunge*: tomar balanço; *weit ~ fig.* começar ab-ovo; **~horchen** sondar, examinar; ⚕ auscultar; **~hungern** (-*re*) esfomear; *s. a. ausgehungert*; **~jäten** (-*e*-) escardear; **~kämmen** pentear; *Wolle*: cardar; (*reinigen*) limpar (*a. fig.*); **~kaufen** comprar tudo; **~kehlen** ['-ke:lən] ⊕ acanelar, encanelar; **2kehlung** *f* estria *f*; **~kehren** varrer; **~keltern** (-*re*) espremer no lagar; **~kennen** (*L*): *sich in* (*dat.*) ~ conhecer bem, ser versado em; **~kernen** ['-kɛrnən] *v/t.* descaroçoar; tirar os caroços (*Äpfel*: as pevides, *Nüsse*: o miolo) a; **~kitten** (-*e*-) betumar; **2klang** *m* (-*ės*; ⸚*e*) fim *m*, final *m*, desfecho *m*; **~kleben** forrar.

'**auskleide|n** (-*e*-) despir; ⚠ ~ *mit* forrar de, revestir de; **2raum** *m* (-*ės*; ⸚*e*) guarda-roupa *m*, vestiário *m*.

'**ausklingen** (*L*) perder-se, extinguir-se; *fig.* ~ *in* (*ac.*) terminar em.

'**ausklopf|en** bater; **2er** *m* batedor *m*.

'**aus|klügeln** (-*le*) subtilizar; *sich* (*dat.*) *et.* ~ inventar a.c.; **~kneifen** F (*L*; *sn*) safar-se; **~kneten** (-*e*-) amassar; **~knobeln** (-*le*) F *v/t.* deitar sortes; *fig.* descobrir; **~kochen** extrair a cozer; ferver; *s. a. ausgekocht*; **~kommen** (*L*; *sn*) (*her*-) sair; *mit et.* ~ ter bastante com a.c., poder viver com a.c.; *mit j-m* ~ entender-se com alg., dar-se bem com alg.; **2kommen** *n* meios *m/pl.*; *sn* ~ *haben a.* ter o suficiente; *es ist kein* ~ *mit* não se pode (viver) com; **~kömmlich** ['-kœmliç] suficiente; *Gehalt a.*: que dá para viver; *Leben*: cómodo; **~koppeln** (-*le*) desengatar, desaparelhar; *Hund*: soltar; **~kosten** (-*e*-) *fig.* gozar; *Leiden*: sofrer; **~kramen** tirar; desenterrar, desentulhar, *fig.*: *a.* desabafar; *Kasten*: esvaziar; **~kratzen** (-*t*) **1.** *v/t.* ra(s)par; *Ofen*: limpar; *Augen*: rasgar; **2.** *v/i.* F safar-se; **~kriechen** (*L*; *sn*) sair do ovo; **~kugeln** (-*le*) sortear por esferas; ⚕ deslocar(-se); luxar; **~kundschaften** (-*e*-) espiar, procurar saber; *Land*: explorar; ⚔ reconhecer, devassar.

'**Auskunft** *f* (-; ⸚*e*) informação *f* (*erteilen* dar); = **~'ei** [-'taɪ] *f*, **~s-büro** *n* (-*s*; -*s*), **~s-stelle** *f* (agência *f* de) informações *f/pl.*; **~s-mittel** *n* recurso *m*, expediente *m*.

'**auskuppel|n** (-*le*) desengatar; *Auto*: desembraiar; **2ung** *f* desembraiagem *f*.

'**auskurieren** (-) curar (por completo).

'**auslachen** *v/t.* rir-se de.

'**auslad|en** (*L*) descarregar, ⚓ *a.* desembarcar; *Gast*: desconvidar; ⚠ sobressair, fazer sacada; **2eplatz** *m* (-*es*; ⸚*e*), **2e-stelle** *f* descarregadouro *m*; **2ung** *f* descarga *f*, ⚓ *a.* desembarque *m*; ⚠ sacada *f*; ⊕ (*Bereich*) alcance *m*; (*Weite*) abertura *f*.

'**Auslage** *f* despesas *f/pl.*; *Waren*: exposição *f* (na montra), mostrador *m*; *Fechtkunst*: guarda *f*.

'**Ausland** *n* (-*ės*; *0*) estrangeiro *m*.

'**Ausländ|er(in** *f*) *m* ['-lɛndər-] estrangeiro(-a *f*) *m*; **2erfeindlich** xenófobo; **2isch** estrangeiro; ♀ exótico.

'**Auslands...**: *in Zssg(n) oft* (do) estrangeiro; no estrangeiro; para (*od.* ✝ *~wechsel* sobre) o estrangeiro; **~handel** *m* comércio *m* externo; **~schuld** *f*, **~verschuldung** *f* dívida *f* externa.

'**auslass|en** (*L*) (*weglassen*) omitir; deixar (em branco); (*schmelzen*) derreter; *Kleid*: alargar, ensanchar; *Ärger*: desabafar, desafogar (*an dat.* com, contra); *Freude*: dar largas a; *sich* ~ manifestar-se; estender-se; **2ung** *f* omissão *f*; *Gram. a.* elisão *f*; *amtliche*: nota *f* oficiosa; (*Äußerung*) declaração *f*; exteriorização *f*; **2ungs-zeichen** *n* apóstrofo *m*.

'**Auslauf** *m* (*-ẹs*; *⸗e*) saída *f*; *Sport*: *a.* carreira *f* de aterragem; (*Mündung*) foz *f*; **2en** (*L*; *sn*) sair, ⚓ *a.* partir; *Farben*: desbotar, alastrar; (*enden*) acabar (*in ac.* em), *Linien*: vir a morrer, perder-se.

'**Ausläufer** *m* ⚘ estolho *m*; ramificação *f*; *Gebirge*: prolongamento *m*.

'**auslaug|en** *v/t.* ⚗ lixiviar; meter na barrela; **2ung** *f* lixiviação *f*.

'**Auslaut** *m* (*-ẹs*; *-e*) som *m* final; *im* ~ no fim (da palavra); **2en** (*-e-*): ~ *auf* (*ac.*) terminar em.

'**aus|leben**: *sich* ~ gozar bem a vida; esgotar-se; **~lecken** **1.** *v/t.* lamber; **2.** *v/i.* vazar gota por gota.

'**ausleer|en** vazar, esvaziar; ✉ fazer a tiragem; ⚕ evacuar; **2ung** *f* esvaziamento *m*; ✉ tiragem *f*; ⚕ evacuação *f*.

'**ausleg|en** expor; *Geld*: emprestar; pagar; *Minen*: colocar; *Text*: interpretar; ~ *mit* guarnecer; incrustar (*A mit B* = B em A); **2er** *m* intérprete *m*; ⚓ guiga *f*; **2ung** *f* interpretação *f*; exegese *f*.

'**ausleiern** (*-re*) ⊕ gastar.

'**aus|leihen** (*L*) emprestar; *sich* (*dat.*) *et. von j-m* ~ pedir a.c. emprestado a alg.; *aus e-r Bibliothek*: requisitar; **~lernen** terminar a sua preparação (profissional).

'**Auslese** *f* escolha *f*; sele(c)ta *f*; *edle*: *a.* escol *m*; **2n** (*L*) escolher, sele(c)cionar; (*zu Ende lesen*) terminar (a leitura); ler até ao fim.

'**ausliefer|n** (*-re*) entregar; ⚖ extraditar; **2ung** *f* entrega *f*; ⚖ extradição *f*; **2ungs...**: *in Zssg(n)* ✝ de fornecimento, de entrega; ⚖ de extradição.

'**aus|liegen** (*L*) estar exposto (à venda); estar na montra; *Fechtkunst*: estar em guarda; **~löffeln** (*-le*) comer com a colher; *fig.* pagar o pato; **~löschen** extinguir; apagar; *Wörter*: *a.* riscar; **~losen** (*-t*) deitar sortes; sortear; rifar.

'**auslös|en** (*-t*) desatar, soltar; *Gefangene*: resgatar; *Pfand*: desempenhar; *Schuß*: disparar; *Wirkung*: provocar; *die Kuppelung* ~ *Auto*: desembraiar; **2er** *m Phot.* disparador *m*, ⚡ *a.* propulsor *m*; ⊕ alavanca *f* de desengate.

'**Aus|losung** *f* sorteio *m*; rifa *f*; **~lösung** *f* resgate *m*; *Phot.*, *Schuß*: disparo *m*; ⊕ desengate *m*; *Wirkung*: provocação *f*; **2lüften** (*-e-*) arejar, ventilar; **2machen** (*betragen*) ser; (*bilden*) formar; constituir; (*entdecken*) descobrir; (*löschen*) apagar; ⚡ fechar, desligar; (*vereinbaren*) combinar; ajustar; *nichts* ~ não ter importância; *s. a. ausgemacht*; **2malen** pintar, colorir, ilustrar; *fig. sich* (*dat.*) ~ imaginar; **~marsch** *m* (*-es*; *⸗e*) saída *f*; **2marschieren** (-) marchar, sair; **~maß** *n* (*-es*; *-e*) extensão *f*; (*Format*) tamanho *m*, *in großem* ~ em grande escala; **2mauern** (*-re*) revestir de pedras; empedrar; emparedar; **2meißeln** (*-le*) esculpir; **2merzen** ['-mɛrtsən] (*-t*) exterminar, eliminar; **2messen** (*L*) medir; mensurar; **~messung** *f* medição *f*; **2misten** (*-e-*) *v/t.* tirar o esterco, *a.* F *fig.* limpar.

'**ausmuster|n** (*-re*) eliminar; ⚔ dispensar; reformar; **2ung** *f* eliminação *f*; ⚔ isenção *f* (do serviço militar); reforma *f*.

'**Ausnahm|e** ['-na:mə] *f* exce(p)ção *f* (*machen a.* abrir); *mit* ~ *von a.* exce(p)to; **~e...**: *in Zssg(n) meist* exce(p)cional; **~e-zustand** *m* (*-ẹs*; *⸗e*) *Pol. a.* estado *m* de emergência; **2s-los** sem exce(p)ção; **2s-weise** por exce(p)ção, exce(p)cionalmente.

'**ausnehmen** (*L*) *Eingeweide*: tirar, amanhar, (d)estripar; *Nest*: desaninhar; (*ausschließen*) exce(p)tuar; *sich gut usw.* ~ ficar, apresentar-se; *s. a. ausgenommen*; **~d** *adv.* particularmente.

'**ausnutz|en, ausnütz|en** (*-t*) aproveitar(-se de); *stärker*: explorar; **2ung** *f* (*0*) aproveitamento *m*; exploração *f*.

'**aus|packen** desempacotar, desembrulhar; *Koffer*: desfazer; *fig.* F desabafar, ter que contar; **~peitschen** açoitar, fustigar; **~pfeifen** (*L*) apupar, assobiar; **~pichen** empesgar; **~plaudern** (*-re*) divulgar; revelar; **~plündern** (*-re*) saquear, pilhar, despojar; *fig.* roubar; **~polstern** (*-re*) estofar, acolchoar; **~posaunen** (-) divulgar, contar a toda a gente; **~prägen** cunhar, estampar; *sich* ~ exprimir-se, manifestar--se; *s. a. ausgeprägt*; **~pressen** (*-ßt*) espremer; *fig.* extorquir, roubar; **~prob(ier)en** (-) provar; experimentar.

'**Aus-puff** ⊕ *m* (*-es*; *-e*) escape *m*.

'**aus|pumpen** tirar com a bomba; **~pusten** (*-e-*) apagar (soprando); **~quartieren** ['-kvartiːrən] (-) desalojar; **~quetschen** espremer (*a. fig.*); **~radieren** (-) apagar; **~rangieren** (-) eliminar; ⚔ reformar; **~rasieren** (-) cortar, rapar; **~rauben** despojar, roubar; **~räuchern** (*-re*) (de)fumar; *mit Pech*: empezar; *mit Schwefel*: enxofrar; ⚕ fumigar; **~raufen** arrancar; (*dat.*) *Federn* ~ depenar (*ac.*); (*dat.*) *die Haare* ~ arrepelar (*ac.*); *Unkraut*: sachar, mondar; **~räumen** despejar; tirar (as coisas de); arrumar.

'**ausrechn|en** (*-e-*): (*sich dat.*) ~ calcular, fazer o cálculo; computar; *ausgerechnet adv.* precisamente; **2ung** *f* cálculo *m*; cômputo *m*.

'**Ausrede** *f* desculpa *f*, escusa *f*, pretexto *m*; **2n** (*-e-*) **1.** *v/t.*: *j-m et.* ~ dissuadir alg. de a.c.; *sich* ~ escusar-se, arranjar um pretexto; **2.** *v/i.* dizer tudo, terminar; ~ *lassen* deixar falar.

'**ausreichen** bastar, chegar (*j.*: *mit et.* para alg.); **~d** bastante, suficiente.

'**ausreifen** (*sn*) amadurar; maturar.

'**Ausreise** *f* saída *f*; **~erlaubnis** *f* autorização *f* de sair; **2n** (*-t*) sair, partir; **~visum** *n* (*-s*; *-visa*) visto *m* de saída.

'**ausreiß|en** (*L*) **1.** *v/t.* arrancar; **2.** *v/i.* (*sn*) *Naht usw.*: rasgar-se; F (*weglaufen*) safar-se, *Gefängnis*: evadir-se; ⚔ desertar; **2er** *m* fugitivo *m*; evadido *m*; ⚔ desertor *m*.

'**aus|reiten** (*L*) sair a cavalo; **~renken** ['-rɛŋkən] deslocar; **~richten** (*-e-*) *Auftrag*: executar; *Botschaft*: dar; *Grüße*: dizer; *Reihe*: acertar; ⚔ alinhar; (*aufrichten*) endireitar; (*erreichen*) conseguir; ~ *auf* (*ac.*), ~ *nach* (*dat.*) orientar por; **2richtung** *f* (*Ausführung*) execução *f*; (*Übermittlung*) transmissão *f*; ⚔ alinhamento *m*; *fig.* orientação *f*; **~ringen** (*L*) *Wäsche*: torcer; *s. a. ausgerungen*; **2ritt** *m* (*-es*; *-e*) passeio *m* a cavalo; **~rollen** desenrolar; *Teig*: estender; ⊕ *Wäsche*: calandrar; **~rotten** ['-rɔtən] (*-e-*) exterminar; **2rottung** *f* exterminação *f*, extermínio *m*; **~rücken 1.** *v/t.* ⊕ desengatar; **2.** *v/i.* (*sn*) sair; F safar-se.

'**Ausruf** *m* (*-es*; *-e*) exclamação *f*; *Straßenhandel*: pregão *f*; **2en** (*L*) exclamar; *Staatsform, j-n*: proclamar (*zum* a.c.); *Zeitungen*: apregoar; **~er** *m* apregoador *m*; pregoeiro *m*; *von Zeitungen*: vendedor *m*; **~ung** *f* proclamação *f*, aclamação *f*; **~ungs-zeichen** *n* ponto *m* de exclamação.

'**ausruhen**: (*sich*) ~ descansar.

'**ausrupfen**: *Federn* ~ depenar; *Unkraut*: sachar, mondar; arrancar.

'**ausrüst|en** (*-e-*) fornecer; ⚓ *u.* ⚔ equipar, armar; ⚓ (*bemannen*) tripular; ⊕ apetrechar; *fig.* dotar; **2ung** *f* armamento *m*; equipamento *m*; apetrechamento *m*; *fig.* preparação *f*.

'**ausrutschen** escorregar; *Auto*: derrapar.

'**Aus-saat** *f* sementeira *f*.

'**aus-säen** semear.

'**Aus-sage** *f* declaração *f*, afirmação *f*; depoimento *m*; ⚖ *a.* testemunho *m*; *gr.* predicado *m*; **2n** declarar, afirmar, depor; **~satz** *m* (*-es*; *⸚e*) oração *f* afirmativa.

'**Aus|satz** ⚕ *m* (*-es*; *0*) lepra *f*; **2sätzig** ['-zɛtsiç] leproso.

'**aus-saugen** chupar; *fig.* explorar.

'**aus-schacht|en** ['-ʃaxtən] (*-e-*) escavar; ⚒ abrir; **2ung** *f* escavação *f*.

'**aus-schalt|en** (*-e-*) ⚡ interromper, desligar (*a.* ⊕); *Licht*: apagar, fechar; ⚖ *u. fig.* eliminar; **2ung** *f* ⚡ interrupção *f*; *fig.* eliminação *f*.

'**Aus-schank** *m* (*-es*; *⸚e*) venda *f* de bebidas (a retalho); taberna *f*.

'**Aus-schau** *f* (*0*): ~ *halten nach* = **2en** *nach* procurar (com os olhos); ⚔ espreitar (*ac.*); *sdd.* = *aussehen*; **2end**: *weit* ~ *fig.* de vistas largas.

'**aus-scheid|en** (*L*) **1.** *v/t.* separar;

⚕ u. ⚗ segregar; ⚔ u. *Sport*: eliminar; **2.** *v/i.* (*sn*) retirar-se; sair; ser eliminado; **2ung** *f* secreção *f*, segregação *f*; eliminação *f*; **2ungs...**: *in Zssg(n) Sport*: eliminatório.
'**aus|schelten** (*L*) *v/t.* censurar; ralhar com; **~schenken** deitar, verter; (*verkaufen*) vender bebidas (a retalho); **~scheren** guinar; **~schikken** enviar; *nach j-m* ~ mandar procurar alg., mandar por alg.
'**aus-schiff|en**: (*sich*) ~ desembarcar; **2ung** *f* desembarque *m*.
'**aus|schimpfen** ralhar com; **~schlachten** (*-e-*) preparar, talhar; *fig.* explorar; **~schlafen** (*L*) dormir bastante; *ausgeschlafen haben* já não ter sono; *noch nicht ausgeschlafen haben* estar ainda com sono; *e-n Rausch* ~ cozer a mona.
'**Aus-schlag** *m* (*-es*; *⸗e*) ⚕ eczema *f*, erupção *f* (cutânea); *Phys.* oscilação *f*, *Waage*: elongação *f*; *den* ~ *geben bei od. in* (*dat.*) decidir (de); **2en** (*L*) **1.** *v/t.* partir; *Teppich*: sacudir; (*ablehnen*) recusar; (*bekleiden*) revestir (*mit* de); **2.** *v/i.* rebentar; *Pferd*: dar um coice; *Pendel*: oscilar, *Waage*: ~ *nach* inclinar-se para; (*feucht w.*) suar, transpirar; *zum Guten* ~ (*sn*) dar bom resultado; **2gebend** decisivo.
'**aus-schließ|en** (*L*) *v/t.* fechar a porta a; *fig.* excluir, *j-n*: *a.* expulsar, *Sport*: desqualificar; *sich* ~ *von* não tomar parte em; *s. a. ausgeschlossen*; **~lich** exclusivo; *prp.* (*gen.*) com exce(p)ção (*od.* exclusão) de; *nachgestellt*: exclusivo; **2ung** *f* exclusão *f*.
'**aus-schlüpfen** (*sn*) sair do ovo.
'**Aus-schluß** *m* (*-sses*; *⸗sse*) exclusão *f*, *j-s*: *a.* expulsão *f*, *Sport*: desqualificação *f*; *unter* ~ *der Öffentlichkeit* à porta fechada.
'**aus-schmück|en** enfeitar, adornar; ⚠ decorar; **2ung** *f* enfeite *m*, adorno (*'ô) *m*; decoração *f*.
'**aus|schneiden** (*L*) (re)cortar; (en-)talhar; *Kleid*: decotar (*tief* muito); **2schnitt** *m* (*-es*; *-e*) corte *m*; *Kleid*: decote *m*; ⚔ sector *m*; (*Zeitungs2*) recorte *m*; *fig.* aspe(c)to *m*; **~schöpfen** tirar água; esgotar.
'**aus-schreib|en** (*L*) (*abschreiben*) transcrever (de), copiar (de); (*ganz schreiben*) escrever por extenso; *Stelle*, *Wettbewerb*: abrir concurso para; *Preis*: instituir; *Wahlen*: anunciar; *Steuern*: impor; ⚜ *Rechnung*, *Scheck*: passar; **2en** *n*, **2ung** *f* concurso *m* aberto; *Wahlen*: anunciação *f*.
'**aus-schreien** (*L*) clamar; apregoar.
'**aus-schreit|en** (*L*) *v/i.* caminhar a passos largos; acelerar o passo; *fig.* ~ *gegen* agredir; **2ung** *f* desordem *f*, excesso *m*.
'**Aus-schuß** *m* (*-sses*; *⸗sse*) (*Gruppe*): comissão *f*, junta *f*; (*Prüfungs2*) júri *m*; **~ware** *f* rebotalho *m*, refugo *m*.
'**aus|schütteln** (*-le*) sacudir; **~schütten** (*-e-*) despejar; *Gewinne*: distribuir; *fig. j-m sn Herz* ~ desabafar com alg.; *sich vor Lachen* ~ fartar-se de rir; **~schwärmen** (*sn*) *Bienen*: enxamear; ⚔ desdobrar-se; **~schwatzen** (*-t*) divulgar; F chocalhar; **~schwefeln** (*-le*) enxofrar; **~schweifen** **1.** *v/t.* chanfrar, curvar; **2.** *v/i.* (*a. sn*) desvairar; (*~d leben*) levar uma vida dissoluta; *~d adj.* dissoluto, devasso; *Phantasie*: *a.* extravagante; **2schweifung** *f* ⊕ chanfradura *f*, curva *f*; (*Abschweifung*) digressão *f*; *moralisch*: desordem *f*; excesso *m*; **~schweigen** (*L*): *sich* ~ não dizer nada; ficar calado; **~schwitzen** (*-t*) transpirar, exsudar; **~sehen** (*L*): *nach j-m* ~ olhar por; ~ *wie*, ~ *nach* parecer (*adj. od. nom.*; *als ob* que); *es sieht nach Regen aus* parece que vai chover; *gut* ~ ter boa cara (*od.* aparência), ter bom aspe(c)to; ~ *nach* ter aspe(c)to de; (*ähneln*) parecer-se com; *sich* (*dat.*) *die Augen* ~ *nach* procurar a toda a força; F *so sieht er aus!* tem mesmo cara disso!; **2sehen** *n* (*-s*; *0*) aspe(c)to *m*, aparência *f*, (*Gesicht a.*) ar *m*, semblante *m*; **~sein** (*L*; *sn*) (*zu Ende sn*) ter terminado, ter acabado; *es ist* (*alles*) *aus* acabou-se (tudo); *fig. auf et.* (*ac.*) ~ ter a.c. em vista.
'**außen** ['ausən] fora; *von* ~ (*gesehen*) de fora, por fora; *nach* ~ para fora; **2-amt** *n* (*-es*; *⸗er*) = *2ministerium*; **2-antenne** *f* antena *f* exterior; **2-bezirk** *m* (*-es*; *-e*) subúrbio *m*; **2-bordmotor** *m* (*-s*; *-en*) motor *m* exterior.
'**aus-senden** (*-e- od. L*) enviar; *Strahlen*: emitir; *nach j-m* ~ mandar por alg.

'**Außen|hafen** *m* (-*s*; =) anteporto *m*; **~linie** *f* contorno (*'ô) *m*; **~minister(ium** *n* [-*s*; -*rien*]) *m* Ministro *m* (Ministério *m*) dos Negócios Estrangeiros (*od.* das Relações Exteriores); **~politik** *f* (*0*) política *f* externa; **~seite** *f* exterior *m*, fachada *f*; *Kleid*: parte *f* de fora; **~seiter** ['-zaɪtər] *m* estranho *m*; individualista *m*; independente *m*; *Sport*: «outsider» *m* (*engl.*); **~stände** ['-ʃtɛndə] *m/pl.* ✝ créditos *m/pl.*, dinheiro *m/sg.* a receber; **~stürmer** *m* *Sport*: extremo *m*, ponta *m*; **~welt** *f* (*0*) mundo *m* (externo); **~werk** *n* (-*es*; -*e*) antemuralha *f*, ⚔ fortificação *f*; **~winkel** *m* ângulo *m* externo.

'**außer** ['ausər] **1.** *prp.* (*dat.*) fora (de); (*neben*) além de; a parte (*ac.*); (*ohne*) menos, exce(p)to; salvo; *niemand* ~ senão; ~ *Dienst* (*Abk. a. D.*) jubilado, aposentado, *bes.* ⚔ reformado; ~ *Atem* ofegante; ~ *sich bringen* (*geraten*) indignar(-se); **2.** *cj.* ~, *daß*; ~ *wenn* a não ser que *subj.*; **~-amtlich** não-oficial; particular; **~'dem** além disso; de mais a mais; **~dienstlich** fora (das horas) do serviço; **2dienststellung** *f* (*0*) desligação *f* do serviço.

'**äußere** ['ɔysərə] **1.** *adj.* exterior; ~*r Schein m* aparências *f/pl.*; **2.** 2 *n* exterior *m*; (*Aussehen*) aparência *f*, físico *m*; *Pol.* negócios *m/pl.* estrangeiros; * relações *f/pl.* exteriores; *des* ~*n s. Außen-*.

'**außer|-ehelich** extra-matrimonial; *Kind*: ilegítimo, natural; **~gerichtlich** extrajudicial; **~gewöhnlich** extraordinário, excepcional; **~halb** **1.** *prp.* (*gen.*) fora de; **2.** *adv.* (por) fora; **2kurs-setzung** *f* retirada *f* da circulação.

'**äußerlich** ['ɔysərliç] exterior, *a.* ⚕ externo; *fig.* superficial; *adv. a.* por fora; **2keit** *f* formalidade *f*.

'**äußern** ['ɔysərn] (-*re*): (*sich*) ~ manifestar(-se) (*in dat.* por); (*sagen*) *a.* dizer, exprimir; *sich* ~ *über* (*ac.*) pronunciar-se sobre.

'**außer|-ordentlich** extraordinário; **~planmäßig** além do quadro.

'**äußerst** ['ɔysərst] extremo; sumo; *Preis*: último; mínimo.

außer'stande [-'ʃtandə] incapaz (*zu* de).

Äußer|ste ['ɔysərstə] *n* extremo *m*; *sein* ~*s tun* fazer os possíveis; *zum* ~*n treiben* levar ao extremo; **~ung** *f* expressão *f*, declaração *f*, palavras *f/pl.*; exteriorização *f*.

'**aus-setz|en** (-*t*) **1.** *v/t.* expor; ⚓ *Boot*: lançar à água, *Fahrgäste*: desembarcar; *Kind*: enjeitar; *Belohnung*: prometer; *Preis*: instituir; *Rente*: pagar; (*unterbrechen*) interromper, suspender; (*tadeln*) (*an dat.*) obje(c)tar (a), criticar (em); *et. auszusetzen haben a.* achar que dizer; (*vermachen*) legar; **2.** *v/i.* interromper-se; ⊕ parar; *Puls*: *manchmal* ~ estar intermitente, ter intercadências; **2ung** *f* exposição *f*; *Boot*: lançamento *m* à água; *Fahrgäste*: desembarque *m*; *Kind*: enjeitamento *m*; *Belohnung*: promessa *f*; *Preis*: instituição *f*; *Rente*: pagamento *m*; (*Unterbrechung*) interrupção *f*, suspensão *f*.

'**Aus-sicht** *f* vista *f*; panorama *m*; *fig.* perspe(c)tiva *f*, esperança *f* (*auf ac.* de); *in* ~ *nehmen* proje(c)tar; *in* ~ *stehen* estar iminente; *in* ~ *stellen* prometer; **2s-los** inútil; desesperado; **~s-losigkeit** [-lo:ziç-] *f* (*0*) inutilidade *f*; **~s-punkt** *m* (-*es*; -*e*), **~s-turm** *m* (-*es*; =*e*) miradouro *m*; **2s-reich**, **2s-voll** prometedor, auspicioso.

'**aus-sieben** coar, peneirar; *fig.* sele(c)cionar.

'**aus-söhn|en** ['-zø:nən] (re)conciliar; **2ung** *f* (re)conciliação *f*.

'**aus|sondern** (-*re*) apartar, sele(c)cionar; eliminar; ⚔ destacar; (*ab-*) segregar; **2sonderung** *f* apartamento *m*, sele(c)ção *f*; eliminação *f*; ⚔ destacamento *m*; (*Ab-*) segregação *f*, ⚕ secreção *f*; **~spähen**: ~ *nach* olhar por, espiar (*ac.*), espreitar (*ac.*); **~spannen** **1.** *v/t.* estirar; *Pferd*: desatrelar; *Ochsen*: descangar; F (*wegnehmen*) tirar; **2.** *v/i. fig.* descansar; **2spannung** *f* *fig.* descanso *m*; **~sparen** deixar livre; **~speien** (*L*) cuspir; *Lava*, *Speise*: vomitar; **~sperren** *v/t.* fechar a porta a; *Arbeiter*: despedir, pôr na rua; **2sperrung** *f* exclusão *f*; **~spielen** **1.** *v/t.* jogar, *Karte*: *a.* ser mão; *Preis*: disputar-se; *fig.* *Gegner*: ~ *gegen* aproveitar(-se d)a rivalidade entre; **2.** *v/i.* ♪ tocar até ao fim; *ausgespielt haben* ter terminado, *fig.* ter perdido todo o seu prestígio, F estar arranjado; **~spinnen** (*L*) *fig.* tramar; imaginar (*weiter* o resto); **~spionieren** (-) espiar.

ˈ**Aus-sprache** *f* pronúncia *f*; (*Gespräch*) discussão *f*, troca *f* de impressões; entrevista *f*; **~bezeichnung** *f* pronúncia *f*; transcrição *f* fonética.

ˈ**aus-sprechen** (*L*) **1.** *v/t.* *Laut, Urteil*: pronunciar; *Wort*: *a.* proferir; (*ausdrücken*) pronunciar; exprimir, manifestar; *sich mit j-m über* (*ac.*) ~ trocar impressões com alg. sobre, discutir a.c. com alg.; *sich ~ für* declarar-se por; *sich offen ~* desabafar; *s. a. ausgesprochen*; **2.** *v/i.* terminar, acabar.

ˈ**aus|spritzen** (*-t*) **1.** *v/t.* espargir; lançar; (*löschen*) apagar (à bomba), extinguir; ⚕ seringar; **2.** *v/i.* emitir; **2spruch** *m* (*-es*; *⸗e*) palavra *f*, dito *m*; *feierlicher*: sentença *f*; **~spucken** cuspir; escarrar; vomitar; **~spülen** lavar, ⚕ *a.* irrigar; **2spülung** *f* lavagem *f*, ⚕ *a.* irrigação *f*; **~spüren** descobrir.

ˈ**aus-staffier|en** [ˈ-ʃtafiːrən] (-) equipar; *Kleid, Raum*: guarnecer; *Wand*: revestir (*mit* com, de); F *j-n*: endomingar; **2ung** *f* aparelho *m*, equipação *f*; guarnição *f*.

ˈ**Aus-stand** *m* (*-es*; *⸗e*) greve *f*; *in den ~ treten* declarar-se em greve; *pl.* ✝ créditos *m/pl.*, dinheiro *m* a receber.

ˈ**aus-ständig** em greve; ✝ devido, atrasado; **2e(r)** *m* [-gə(r)] grevista *m*.

ˈ**aus-statt|en** [ˈ-ʃtatən] (*-e-*) equipar; fornecer; ▲ *u. Thea.* decorar; *Tochter*: dotar, dar enxoval a; **2ung** ⊕ *f* equipamento *m*; (*Braut2*) enxoval *m*; ▲ *u. Thea.* decoração *f*; (*Aufmachung*) apresentação *f*; **2ungs-stück** *n* (*-es*; *-e*) peça *f* aparatosa; revista *f*.

ˈ**aus|stauben, ~stäuben** desempo(eir)ar; **~stechen** (*L*) abrir; (*gravieren*) gravar; *Augen*: cavar, arrancar; *Rasen, Teig*: cortar; *Flasche*: beber; *fig. j-n*: suplantar, F desbancar; **~stehen** (*L*) **1.** *v/t.* aturar, (*erleiden*) *a.* sofrer, *Schmerzen, Schreck*: *a.* passar; *nicht ~ können a.* não poder com, não aguentar; **2.** *v/i.* *noch ~* ainda não ter chegado, ficar por vir, ficar por pagar; *~d* ✝ devido, a(c)tivo, atrasado, pendente; **~steigen** (*L*; *sn*) apear-se, descer, sair; ⚓, ✈ desembarcar.

ˈ**aus-stell|en** expor; *Quittung, Schein*: passar; *Urkunde*: *a.* exarar, lavrar; *Wechsel*: sacar (*auf ac.* sobre); (*tadeln*) (*an dat.*) censurar (em), obje(c)tar (a); **~end, 2er(in** *f*) *m* expositor(a *f*) *m*; ✝ sacador(a *f*) *m*; **2ung** *f* exposição *f*; *e-r Urkunde*: passagem *f*, exaração *f*; ✝ saque *m* (de letra); (*Kritik*): crítica *f*, obje(c)ção *f*; **2ungs-gelände** *n* recinto *m*; **2ungs-raum** *m* (*-es*; *⸗e*) sala *f* de exposição.

ˈ**aus-sterben** (*L*; *sn*) extinguir-se, desaparecer; *Land*: despovoar-se.

ˈ**Aus-steuer** *f* (-; *-n*) enxoval *m*; (*Mitgift*) dote *m*; **2n** (*-re*) = *ausstatten*.

ˈ**aus-stopfen** encher (*mit* de); *Tier*: empalhar.

ˈ**aus-stoß|en** (*L*) deitar fora; *Auge*: cavar; *Dampf*: expelir; *Schrei*: soltar; *Worte*: proferir; *j-n*: expulsar; **2rohr** ⚓ *n* (*-es*; *-e*) tubo *m* de lança-torpedos; **2ung** *f* expulsão *f*.

ˈ**aus-strahl|en** irradiar, emitir; **2ung** *f* irradiação *f*, difusão *f*.

ˈ**aus|strecken** estender (*a. Hand*); estirar, esticar; **~streichen** (*L*) riscar; apagar; ⊕ *Fugen*: betumar, encher; (*einfetten*) untar; (*glätten*) alisar; **~streuen** disseminar, espargir; lançar; *a. fig.* espalhar; **~strömen** **1.** *v/t.* *Duft*: exalar; difundir; **2.** *v/i.* (*sn*) sair; *Gas*: fugir; **2strömen** *n*, **2strömung** *f* escoamento *m*; difusão *f*; *Dampf*: saída *f*; *Duft*: exalação *f*; *Gas*: fuga *f*; **~suchen** escolher; *s. a. ausgesucht*.

ˈ**Aus-tausch** *m* (*-es*; *0*) intercâmbio *m*; *Noten, Gedanken, Gefangene*: troca *f*, *Publikationen*: *a.* permuta *f*; **~dienst** *m* (*-es*; *-e*) serviço *m* de intercâmbio (*od. Bücher*: de trocas *od.* de permuta); **2en** trocar; permutar; **~lehrer** *m*, **~professor** *m* (*-s*; *-en*) professor *m* de intercâmbio; **~student** *m* (*-en*) bolseiro *m* do Serviço de Intercâmbio Académico (*od. in Portugal*: do Instituto de Alta Cultura).

ˈ**aus-teil|en** distribuir; *Befehle*: dar, emitir; *Essen*: servir; *Sakrament*: administrar; **2ung** *f* distribuição *f*; administração *f*.

ˈ**Auster** [ˈaustər] *f* (-; *-n*) ostra *f*; **~nbank** *f* (-; *⸗e*) ostreira *f*; **~n-**

-**händler** *m* ostreiro *m*; **~nzucht** *f* (*0*) ostr(e)icultura *f*.

'**aus|tilgen** riscar; (*ausrotten*) exterminar; **~toben** desabafar (*an dat.* em); *sich* ~ calmar-se; *Jugend*: gozar; *Sturm*: (*sich*) *ausgetobt haben* abonançar; **2trag** ['-tra:k] *m* (-*es*; *0*) ajuste *m*; (*Ausgang*) fim *m*; (*Lösung*) solução *f*; *zum* ~ *bringen* = **~tragen** *Streit*: resolver, decidir; ☏ *u. Waren*: levar ao domicílio; distribuir; **2träger** *m* portador *m*; distribuidor *m*.

Au'stral|ier(in *f*) *m* [au'stra:liər-], **2isch** australiano (-a *f*) (*m*), da Austrália.

'**aus-treib|en** (*L*) expulsar; *Vieh*: levar ao pasto; *fig. Geister*: exorcismar; *j-m ein Laster*: fazer perder; **2ung** *f* expulsão *f*; exorcismo *m*.

'**aus|treten** (*L*) **1.** *v/t.* pisar, acalcanhar; *Schuh*: gastar; *Weg*: trilhar; **2.** *v/i.* (*sn*) sair, retirar-se (*a.* ✝); *Fluß*: trasbordar; F fazer as suas necessidades; **~trinken** (*L*) beber tudo, esvaziar o copo; **2tritt** *m* (-*es*; -*e*) saída *f*; *Fluß*: trasbordo (*'ô) *m*; **~trocknen** (-*e*-) (des)secar; enxugar; *Land*: *a.* desaguar; **~trommeln** (-*le*), **~trompeten** (-*e*-; -) *fig.* F chocalhar; **~tüfteln** (-*le*) F subtilizar.

'**aus-üb|en** exercer, *Amt*: *a.* desempenhar; **2ung** *f* (*0*) exercício *m*; desempenho *m*; prática *f*.

'**Ausverkauf** *m* (-*es*; ⸗*e*) liquidação *f*, saldo *m*; **2t** esgotado, vendido.

'**aus|wachsen** (*L*): *sich* ~ *zu fig.* redundar em; *s. a. ausgewachsen*; **2wahl** *f* escolha *f*, sele(c)ção *f* (*treffen* fazer); escol *m*; ✝ sortido *m*, variedade *f*; *zur* ~ de amostra; *Lit.* antologia *f*; crestomatia *f*; sele(c)ta *f*; **~wählen** escolher; **2wahlmannschaft** *f Sport*: equipa *f* (*od.* grupo *m od. Fußball*: onze *m*) de sele(c)ção; **2wahlsendung** *f* ✝ amostra *f*, sortido *m*; **~walzen** (-*t*) ⊕ laminar; **2wanderer** *m* emigrante *m*; *Pol. a.* emigrado *m*; **~wandern** (-*re*; *sn*) emigrar; **2wanderung** *f* emigração *f*; **~wärtig** ['-vɛrtiç] forasteiro; estranho; *Pol. a.* estrangeiro; *2es Amt* Ministério *m* dos Negócios Estrangeiros (*od.* * das Relações Exteriores); **~wärts** ['-vɛrts] fora; **~waschen** (*L*) lavar; **2waschung** *f* lavagem *f*; *Geol.* erosão *f*; **~wässern** (-*re*) pôr de molho (*'ô); **~wattieren** (-) acolchoar; estofar.

'**auswechsel|bar** móvel, substituível; ~ *sn a.* poder ser substituído; **2n** (-*le*) mudar, trocar (*a. Gefangene*), substituir (*gegen* por); **2ung** *f* troca *f*.

'**Ausweg** *m* (-*es*; -*e*) saída *f*, *fig. a.* remédio *m*.

'**ausweich|en**[1] (*L*; *sn*) (*dat.*) afastar-se de; deixar passar; *rechts* ~! desviar pela direita!; *fig.* esquivar-se de; evitar (*ac.*); **2en**[2] *n* desvio *m*; *fig.* evasão *f*, evasiva *f*; **~end** evasivo; **2g(e)leis(e)** *n* (-*es*; -*e*), **2stelle** *f*, **2straße** *f* desvio *m*.

'**aus|weiden** (-*e*-) *Wild*: (d)estripar; **~weinen**: *sich* (*dat.*) *die Augen* ~ desfazer-se em lágrimas; *ausgeweint haben* ter acabado de chorar; **2weis** ['-vais] *m* (-*es*; -*e*) legitimação *f*; (*Personal2*) *a.* bilhete *m* (*od.* cartão *f*) de identidade; **~weisen** (*L*) expulsar, desterrar; *sich* ~ legitimar-se (*als* como); **2weisung** *f* expulsão *f*, desterro (*'ê) *m*.

'**ausweit|en** (-*e*-) alargar, estender; *sich* ~ alastrar; **2ung** *f* extensão *f*; alargamento *m*; alastramento *m*.

'**aus|wendig** de fora, por fora; *fig.* de cor; ~ *lernen* decorar; **~werfen** (*L*) lançar; deitar (fora); ⚕ expectorar; *Graben*: cavar, abrir; *Summe*: despender, gastar; **~werten** (-*e*-) valorizar; explorar; **2wertung** *f* valorização *f*; exploração *f*; **~wickeln** (-*le*) desembrulhar; desenrolar; desenvolver; **~wirken** conseguir (*j-m* para); *sich* ~ agir, a(c)tuar (*auf ac.* sobre), dar efeito; **2wirkung** *f* consequência *f*, efeito *m*; **~wischen** limpar; *Schrift*: apagar; *j-m eins* ~ F fazer uma partida a alg.; **~wringen** (*L*) torcer; **2wuchs** *m* (-*es*; ⸗*e*) excrescência *f*; *Buckel*: corcova *f*; *Anat.* apofise *f*; ⚕ *u.* ⚘ tumor *m*; protuberância *f*; *fig.* abuso *m*; **2wurf** *m* (-*es*; ⸗*e*) ⚕ expectoração *f*; *fig.* ralé *f*, escória *f*; **~zacken** dentear, chanfrar; **~zahlbar** pagável; **~zahlen** pagar; **~zählen** contar, fazer a conta; **2zahlung** *f* pagamento *m*; **2zählung** *f* contagem *f*; **~zanken** *v/t.* ralhar com.

'**aus-zehr|en** ⚕ consumir; **2ung** *f* consumpção *f*; tuberculose *f*.

'**aus-zeichn|en** (-*e*-) marcar; *j-n*:

distinguir, *mit Orden*: condecorar, agraciar; ⚕ rotular; *sich* ~ distinguir-se (*vor dat.* entre); *s. a. ausgezeichnet*; 2**ung** *f* distinção *f*, (*Orden*) condecoração *f*; ⚕ rótulo *m*.
'**aus-zieh|en** (*L*) **1.** *v/t.* tirar; ⚘, ⚗ *u.* ⚕ extrair; *j-n*, *Kleid*: despir; *Handschuh*, *Schuh*, *Strumpf*: descalçar; *Schriften*: excertar; (*dehnen*) distender; **2.** *v/i.* (*sn*) deixar a casa, sair; 2**tisch** *m* (*-es*; *-e*) mesa *f* elástica; 2**tusche** *f* tinta *f* de China.
'**aus-zischen** assobiar, apupar.
'**Aus-zug** *m* (*-es*; *⁼e*) extra(c)to *m*; resumo *m*; excerto *m*; (*Ausmarsch*) saída *f*, partida *f*; êxodo *m*; (*Umzug*) mudança *f* (de casa); ~**s-mehl** *n* (*-es*; *0*) farinha-flor *f*; 2**s-weise** por extra(c)to; resumido; epitomado.
'**aus-zupfen** arrancar.
au'tark [au'tark] autárquico; 2'**ie** [-'i:] *f* autarquia *f*.
au'thentisch [au'tɛntiʃ] autêntico.
'**Auto** ['auto] *n* (*-s*; *-s*) automóvel *m*, carro *m* (*fahren* guiar, *fahren im* andar de); ~**bahn** *f* auto-estrada *f*; ~**bus** *m* (*-ses*; *-se*) *Stadt*: autocarro *m*; (*Überland*2) camioneta *f*; ~**dienst** *m* (*-es*; *-e*) estação *f* de serviço; ~**droschke** *f* táxi *m*; ~**fahrer** *m* automobilista *m*; 2'**gen** [-'ge:n] autogéneo; ~'**gramm** *n* (*-s*; *-e*) autógrafo *m*; ~**heber** *m* macaco *m*; ~**hilfsdienst** *m* (*-es*; *-e*) pronto-socorro *m*; ~**-industrie** *f* indústria *f* de automóveis; ~**kolonne** *f* cortejo *m* de automóveis; ~'**krat** ['a:] *m* (*-en*) autócrata *m*; ~**kra'tie** [-kra:'ti:] *f* autocracia *f*; ~'**mat** [a:] *m* (*-en*) autómato *m*; ~'**maten...** *in Zssg(n)*, 2'**matisch** automático; ~**mo'bil** [-mo:'bi:l] *n* (*-s*; *-e*) automóvel *m*; 2'**nom** [-'no:m] autónomo; ~**no'mie** [-no-'mi:] *f* autonomia *f*; ~**nummer** *f* (*-*; *-n*) matrícula *f*; ~**parkplatz** *m* (*-es*; *⁼e*) estacionamento *m*; ~**paß** *m* (*-sses*; *⁼sse*) tríptico *m*.
'**Autor** ['autɔ:r] *m* (*-s*; *-en*) autor *m*.
'**Auto|reifen** *m* pneu *m*; ~**rennbahn** *f* pista *f* de automóveis; ~**rennen** *n* corrida *f* de automóveis; ~**reparaturwerkstatt** *f* (*-*; *⁼en*) oficina *f* de automóveis.
Au'torin [au'to:rin] *f* autora *f*.
autori'tä|r [autori'tɛ:r] autoritário; 2**t** *f* autoridade *f*.
'**Auto|ruf** *m* (*-es*; *-e*) telefone *m* de táxis; ~**schlosser** *m* mecânico *m*; ~**sport** *m* (*-es*; *0*) automobilismo *m*; ~**straße** *f* = ~*bahn*; ~**tankstelle** *f* posto (*'ô) *m* de abastecimento; ~**unfall** *m* (*-es*; *⁼e*), ~**unglück** *n* (*-es*; *-e*) acidente *m* de automóvel.
Axt [akst] *f* (*-*; *⁼e*) machado *m*.
Aze|'tat [atse'ta:t] *n* (*-es*; *-e*) acetato *m*; ~**ty'len** [-ty'le:n] *n* (*-s*; *0*) acetilene *f*, acetileno *m*.
a'zur-blau [a'tsu:r] (2 *n*) azul-celeste (*m*).

B

B, b [be:] *n* B, b *m*; ♪ si-bemol *m*; (*Vorzeichen*) bemol *m*.
'Baby ['be:bi:] *n* (*-s*; *-s*) bebé *m*.
Bach [bax] *m* (*-es*; *⸚e*) ribeiro *m*, regato *m*, arroio *m*; **'~e** ['-ə] *f* javalina *f*; **'~stelze** *f* lavandisca *f*, alvéloa *f*.
'Backbord [a] ⚓ *n* (*-es*; *-e*) bombordo *m*.
'Backe ['bakə] *f* face *f*, bochecha *f*.
'backen ['bakən] (*L*) *v/t*. cozer (no forno); *in der Pfanne*: fritar; *nd. v/i*. F pegar, estar pegado.
'Backen|bart *m* (*-es*; *⸚e*) suiças *f/pl*.; **~bremse** *f* travão *m* de calço; **~knochen** *m* maçã *f* do rosto; **~zahn** *m* (*-es*; *⸚e*) (dente *m*) molar *m*.
'Bäcker ['bɛkər] *m* padeiro *m*; **~'ei** *f* padaria *f*.
'Back|fisch [a] *m* (*-es*; *-e*) peixe *m* frito, peixe *m* para fritar; *fig*. raparigota *f*, moça *f*; adolescente *f*; **~form** *f* forma *f*; **~hähnchen** *n* frango *m* assado; **~obst** *n* (*-es*; *0*) fruta *f* seca (*od*. assada no forno); **~ofen** *m* (*-s*; *⸚*) forno *m*; **~pfeife** *f* bofetada *f*; **~pflaume** *f* ameixa *f* seca; **~pulver** *n* fermento *m* em pó; **~stein** *m* (*-es*; *-e*) tijolo *m*, ladrilho *m*; **~stube** *f* amassaria *f*; **~trog** *m* (*-es*; *⸚e*) masseira *f*; **~ware** *f*, **~werk** *n* (*-es*; *0*) bolos *m/pl*.
Bad [ba:t] *n* (*-es*; *⸚er*) banho *m*; = *~eanstalt*, *~eort*; *ins ~ reisen* ir às águas; *ins ~ steigen* tomar um banho.
'Bade|anstalt ['ba:də-] *f* balneário *m*; banhos *m/pl*.; **~anzug** *m* (*-es*; *⸚e*) fato *m* de banho; **~arzt** *m* (*-es*; *⸚e*) médico *m* balneário (*od*. das termas); **~frau** *f* banheira *f*; **~gast** *m* (*-es*; *⸚e*) banhista *m*, aquista *m*; **~hose** *f* calção *m* de banho; **~kappe** *f* touca *f* de banho; **~kur** *f* cura *f* de águas; **~mantel** *m* (*-s*; *⸚*) roupão *m*; **~meister** *m* banheiro *m*.
'baden ['ba:dən] (*-e-*) **1.** *v/t*. banhar; *sich ~ a*. tomar banho; **2.** *v/i*. (*kalt*) ~ tomar banho(s frios); *beim* ꝏ ao tomar banho.
'Bade|ofen *m* (*-s*; *⸚*) esquentador *m*; **~ort** *m* (*-es*; *-e*) caldas *f/pl*., termas *f/pl*.; estação *f* termal; (*See*ꝏ) praia *f*; **~reise** *f* viagem *f* às águas (*od*. à praia); vilegiatura *f*; **~saison** *f* (*-*; *-s*) época (*od*. quadra) *f* balnear; **~strand** *m* (*-es*; *-e*) praia *f*; **~stube** *f* casa *f* (*od*. quarto *m*) de banho; banheiro *m*; **~tuch** *n* (*-es*; *⸚er*) lençol *m* de banho, toalha *f* turca; **~wanne** *f* banheira *f*; **~zeit** *f* = *~saison*; horas *f/pl*. de serviço (no balneário); **~zelle** *f* barraca *f*, cabine *f*; **~zimmer** *n* = *~stube*.
baff [a] F pasmado, abananado (*sn* ficar).
Baga'telle [baga'tɛlə] *f* bagatela *f*.
'Bagger ['bagər] *m* draga *f*; ꝏ**n** (*-re*) dragar.
Bahn [a:] *f* via *f* (*a. fig*.), caminho *m*; 🚂 caminho *m* de ferro; ⚡ carro *m* eléctrico, *bonde *m* (*mit der* de); ⚓ rumo *m* (*a. fig*.); *Astr*. órbita *f*; *freie*: carreira *f*; (*Flug*ꝏ) trajectória *f*; *Sport*: pista *f*; (*Eis*ꝏ, *Rollschuh*ꝏ) rinque *m* de patinagem; (*Kampf*ꝏ) arena *f*; (*Strecke*) percurso *m*; (*Zeug*) pano *m*; (*Rock*) altura *f*; *sich* (*dat*.) *~ brechen* abrir caminho; **'~angestellter** *m* ferroviário *m*, empregado *m* dos caminhos de ferro; **'~anschluß** *m* (*-sses*; *⸚sse*) ligação *f* ferroviária; **~arbeiter** *m* operário *m* dos caminhos de ferro; **'~aufseher** *m* guarda-linha *m*; **'~beamte(r)** *m* funcionário *m* dos caminhos de ferro; **'ꝏbrechend** revolucionário; **'~brecher** ['-brɛçər] *m* pioneiro *m*; **'~brücke** *f* viaduto *m*; **'~damm** *m* (*-es*; *⸚e*) via *f* em aterro; **'ꝏen** abrir; (*ebnen*) aplanar, preparar, facilitar; **'~fahrt** *f* viagem *f* de caminho de ferro; **'~hof** *m* (*-es*; *⸚e*) estação *f* (de caminho de ferro); (*Omnibus*ꝏ) estação *f* rodoviária; **'~hofsvorsteher** *m* chefe *m* de estação; **'~körper** *m* via *f*; = *~damm*; **'~linie** *f* linha *f* férrea; **'~post** *f* ambulância *f* dos correios; *mit ~* por caminho de ferro; **'~schranke** *f* barreira *f*; **'~schwelle** *f* chulipa *f*, travessa *f*; dormente

m; '**~steig** *m* (-*ẹs*; -*e*) (plataforma *f* da) gare *f*; '**~steigkarte** *f* bilhete *m* de gare; '**~strecke** *f* = *~linie*; '**~überführung** *f* passagem *f* superior; '**~übergang** *m* (-*ẹs*; ⸚*e*) passagem *f* de nível; '**~unterführung** *f* túnel *m*; '**~verbindung** *f* ligação *f* ferroviária; '**~verkehr** *m* (-*ẹs*; *0*) comunicações *f/pl.* ferroviárias; (*Straßenbahn*⁀) circulação *f* de carros eléctricos; '**~wärter** *m* guarda *m* de passagem de nível.

'**Bahre** ['ba:rə] *f* maca *f*; (*Toten*⁀) ataúde *m*, féretro *m*, esquife *m*.

Bai *f* baía *f*.

Bai'ser [be'ze:] *n* (-*s*; -*s*) suspiro *m*.

'**Baisse** ['bɛ:s(ə)] ⚕ *f* baixa *f*.

Bajo'nett [bajo'nɛt] *n* (-*ẹs*; -*e*) baioneta *f*.

'**Bake** ['ba:kə] ⚓ *f* baliza *f*; bóia *f*; **~ngeld** *n* (-*ẹs*; -*er*) balizagem *f*.

Bake'lit [bakə'li:t] *n* (-*s*; *0*) baquelite *f*.

Bak'teri|e [bak'te:riə] *f* bactéria *f*; micróbio *m*; **~o'loge** [-o'lo:gə] *m* (-*n*) bacteriólogo *m*; **~olo'gie** [-olo'gi:] *f* (*0*) bacteriologia *f*; ⁀**o'logisch** [-o'lo:giʃ] bacteriológico.

Ba'lanc|e [ba'laŋsə] *f* equilíbrio *m*, balança *f*; ⁀'**ieren** (-) balançar; **~'ier-stange** *f* maromba *f*; ⊕ balanceiro *m*.

bald [balt] logo, (dentro) em breve; *für* ~ para breve; *möglichst* ~ quanto antes; ~ *darauf* pouco depois; ~ ..., ~ ... ora, ... ora; já ..., já...; quer..., quer...; (*fast*) quase.

'**Baldachin** ['baldaxi:n] *m* (-*s*; -*e*) baldaquim *m*, dossel *m*, pálio *m*.

'**baldig** ['baldiç] próximo; iminente; *auf* ~*es Wiedersehen* até breve; **~st** quanto antes.

'**baldmöglichst** quanto mais antes.

'**Baldrian** ['baldria:n] *m* (-*s*; -*e*) valeriana *f*; **~tinktur** *f* valeriânico *m*.

Bal|g [balk] *m* (-*ẹs*; ⸚*e*) pele *f*; despojo (*'ô) *m*; (*Puppe*) manequim *m*; (*Blase*⁀) *u. Phot.* fole *m*; (*Kind*) F traquinas *m* (*a. f*); '⁀**gen** ['-gən]: *sich* ~ brigar; **~ge'rei** [-gə'raɪ] *f* briga *f*, rixa *f*.

'**Balkan** ['balka:n] *m* (-*s*; *0*) os Balcãs *m/pl.*; **~...**: *in Zssg(n)* balcânico, dos Balcãs.

'**Balken** ['balkən] *m* trave *f*, viga *f*; *kleiner*: trava *f*; ⚕ trabécula *f*; **~lage** *f* ⚠ abarrotamento *m*; **~träger** *m* escora *f*, dormente *m*; **~waage** *f* balança *f* romana; **~werk** *n* (-*ẹs*; *0*) vigamento *m*.

Bal'kon [bal'kõ:, -'ko:n] *m* (-*s*; -*s*, -*e*) balcão *m* (*a. Thea.*); varanda *f*.

Ball *m* (-*ẹs*; ⸚*e*) **a**) (*Spiel*⁀) bola *f* (*spielen* jogar à), (*Gummi*⁀) *a.* péla *f*; *Billard*: e-*n* ~ *m.* meter a bola na ventanilha; **b**) (*Tanzfest*) baile *m* (*auf ac.* ao, *dat.* no).

Bal'lade [ba'la:də] *f* balada *f*; *port. a.* romance *m*.

'**Ballast** ['balast] *m* (-*es*; -*e*) lastro *m*; peso (*ê) *m* morto.

'**ballen**[1] ['balən] *Faust*: cerrar; *sich* ~ aglomerar-se, concentrar-se; *Wolken*: acastelar-se.

'**Ballen**[2] *m* bala *f*, fardo *m*; *Stoff*: peça *f*; (*Hand*⁀) ténar *m*, (*Fuß*⁀) joanete *m*.

Bal'lett [ba'lɛt] *n* (-*ẹs*; -*e*) bailado *m*; **~kunst** *f* (*0*) coreografia *f*; **~meister** *m* coreógrafo *m*; **~tänzer(in** *f*) *m* bailarino (-a *f*) *m*.

'**Ballkleid** *n* (-*ẹs*; -*er*) vestido *m* de baile.

Bal'lon [ba'lõ:, -'lo:n] *m* (-*s*; -*s*, -*e*) balão *m*; aeróstato *m*; (*Korbflasche*) garrafão *m*, bomba *f*.

'**Ball|saal** *m* (-*ẹs*; -*säle*) sala *f* de baile; **~spiel** *n* (-*ẹs*; -*e*) jogo *m* da bola (*od.* péla).

'**Balsam** ['balza:m] *m* (-*s*; -*e*) bálsamo *m*; ⁀**isch** [-'za:miʃ] balsâmico.

'**Balt|e** ['baltə] *m* (-*n*), ⁀**isch** báltico.

Balu'strade [balus'tra:də] *f* balaustrada *f*.

'**Bambus** ['bambus] *m* (-*ses*; -*se*) bambu *m*; **~rohr** *n* (-*ẹs*; -*e*) cana-da-índia *f*.

'**Bammel** ['baməl] F *m* (-*s*; *0*): e-*n* ~ *haben* estar com medo.

ba'nal [ba'na:l] banal, trivial.

Ba'nane [ba'na:nə] *f* banana *f*; **~nstecker** *m* ficha *f* de banana.

Band [bant] **a**) *m* (-*ẹs*; ⸚*e*) tomo (*'ô) *m*, volume *m*; **b**) *n* (-*ẹs*; ⸚*er*) fita *f*; (*Schnur*) corda *f*; (*Faß*⁀) arco *m*; *breites* ~ faixa *f*; *Anat.* ligamento *m*; *am laufenden* ~ a fio, ⊕ em série; **c**) *n* (-*ẹs*; -*e*) *fig.* laço *m*, vínculo *m*.

Ban'dag|e [ban'da:ʒə] *f* ligadura *f*; ⁀'**ieren** (-) fazer uma ligadura.

'**Bande** ['bandə] **1.** *f* banda *f*, bando *m*, quadrilha *f*; (*Pack*) canalha *f*; **2.** *n/pl. fig.* laços *m/pl.*, vínculos *m/pl.*

ˈ**Band-eisen** *n* fita *f* de ferro.
Bandeˈrole [bandəˈroːlə] *f* cinta *f*.
ˈ**bandförmig** [ˈ-fœrmiç] em forma de fita; ♀ ligulado.
ˈ**bändig|en** [ˈbɛndigən] domar; reprimir; ♀**ung** *f* domesticação *f*; sujeição *f*.
Banˈdit [banˈdiːt] *m* (-*en*) bandido *m*.
ˈ**Band|maß** *n* (-*es*; -*e*) fita *f* métrica; ⁓**säge** *f* serra *f* de fita; ⁓**scheibe** *f* disco *m* vertebral; ⁓**stahl** *m* (-*ęs*; ⁼*e*) fita *f* de aço; ⁓**wurm** *m* (-*ęs*; ⁼*er*) ténia *f*, P bicha *f* solitária; ⁓**wurmsatz** *m* (-*es*; ⁼*e*) período *m* excessivamente extenso.
ˈ**bang|e** [ˈbaŋə] receoso, medroso, inquieto; *mir ist* ⁓ *vor* (*dat.*) tenho (*od.* estou com) medo de; *mir ist* ⁓ *um* temo por; ⁓ *m.* assustar, meter medo a; ⁓**en**: ⁓ *vor* (*dat.*) temer (*ac.*); (*sich*) ⁓ *um* estar inquieto por causa de, afligir-se com; ♀**igkeit** *f* angústia *f*, receio *m*, medo *m*.
Bank [baŋk] *f* **a**) (-; ⁼*e*) banco *m*; 🚃 assento *m*; (*Schul*♀) carteira *f*; *fig. auf die lange* ⁓ *schieben* demorar; F *durch die* ⁓ sem distinção; **b**) (-; -*en*) banco *m*; (*Spiel*♀) banca *f* (*sprengen* levar à glória); ˈ⁓**abschluß** *m* (-*sses*; ⁼*sse*) balanço *m* bancário; ˈ⁓**aktie** *f* a(c)ção *f* de Banco; ˈ⁓**anweisung** *f* cheque *m*; ˈ⁓**beamte(r)** *m* empregado *m* bancário.
Banˈkett [baŋˈkɛt] *n* (-*ęs*; -*e*) banquete *m*, festim *m*.
ˈ**bank|fähig** negociável; ♀**filiale** *f* sucursal *f* (de Banco); ♀**geschäft** *n* (-*ęs*; -*e*) casa *f* bancária; *pl. a.* operações *f*/*pl.* bancárias; ♀**guthaben** *n* crédito *m* bancário, conta-depósito *f*; ♀**halter** *m* banqueiro *m*; ♀**haus** *n* (-*es*; ⁼*er*) banco *m*, casa *f* bancária, estabelecimento *m* bancário.
Bankiˈer [baŋkiˈeː] *m* (-*s*; -*s*) banqueiro *m*.
ˈ**Bank|konto** *n* (-*s*; -*konten*) conta *f* corrente, conta *f* aberta; ⁓**krach** *m* (-*ęs*; -*e*, -*s*) escândalo *m* financeiro; ⁓**note** *f* nota *f* (bancária); ⁓**notenumlauf** *m* (-*ęs*; ⁼*e*) circulação *f* fiduciária; ⁓ˈ**rott** [baŋkˈrɔt] **1.** *m* (-*ęs*; -*e*) bancarrota *f*, quebra *f*, falência *f* (*betrügerischer* fraudulenta); ⁓ *machen* falir; **2.** ♀ insolvente; (*sich*) ⁓ *machen* arruinar-se, quebrar; ⁓**schuld** *f* dívida *f* bancária; ⁓**überweisung** *f* lançamento *m*, transferência *f*; ⁓**verkehr** *m* (-*s*; *0*) operações *f*/*pl.* bancárias.
Bann *m* (-*ęs*; -*e*) proscrição *f*; *Rel.* excomunhão *f*; (*Zauber*) encanto *m*; *in den* ⁓ *tun* = ♀*en*; *im* ⁓ (*gen.*) encantado de, fascinado por; ˈ⁓**bulle** *f* bula *f* de excomunhão; ˈ♀**en** proscrever, desterrar; *Rel.* excomungar; anatemizar; *Geister*: exorcismar; *Gefahr*: conjurar; *fig.* encantar, cativar, fascinar; ˈ⁓**er** *n* bandeira *f*, estandarte *m*; pendão *m*; ˈ⁓**er-träger** *m* porta-estandarte *m*; ˈ⁓**fluch** *m* (-*ęs*; ⁼*e*) anátema *m*; ˈ⁓**kreis** *m* (-*es*; -*e*) área *f*, zona *f*; ˈ⁓**meile** *f* arredores *m*/*pl.*; termo *m* da cidade; ˈ⁓**strahl** *m* (-*ęs*; -*en*) anátema *m*; ˈ⁓**ware** *f* contrabando *m*.
bar[1] [aː] **a**) *Geld*: decontado, efe(c)tivo; *in* ⁓ em dinheiro; *fig. für* ⁓*e Münze nehmen* tomar a sério; **b**) (*wirklich*) puro, verdadeiro; *mit gen.* (*ohne*) sem, destituído de.
Bar[2] *f* (-; -*s*) bar *m*.
Bär [ɛː] *m* (-*en*) urso *m*; *Astr. der Große* (*Kleine*) ⁓ a Ursa *f* Maior (Menor); *j-m e-n* ⁓*en aufbinden fig.* entrujar alg.
Baˈracke [baˈrakə] *f* barraca *f*; ⁓*n aufschlagen*, *in* ⁓*n unterbringen* (*hausen*) abarracar(-se); ⁓**nbau** *m* (-*ęs*; -*ten*), ⁓**nlager** *n* abarracamento *m*.
Barˈbar [barˈbaːr] *m* (-*en*), ♀**isch** bárbaro (*m*); ⁓ˈ**ei** *f* barbaridade *f*.
ˈ**Barbe** [ˈbarbə] *f* barbo *m*.
ˈ**bärbeißig** [ˈbɛːrbaɪsiç] rabugento.
ˈ**Barbestand** *m* (-*ęs*; ⁼*e*) efe(c)tivos *m*/*pl.*; fundos *m*/*pl.*
ˈ**Bardame** *f* menina *f* do bar.
ˈ**Barde** [ˈbardə] *m* (-*n*) bardo *m*.
ˈ**Bären|haut** *f* (-; ⁼*e*): *fig. auf der* ⁓ *liegen* preguiçar, mandriar; ⁓**hunger** *m* (-*s*; *0*) *fig.* F fome *f* canina; ⁓**klau** ♀ *f* (*0*) acanto *m*; ⁓**zwinger** *m* jaula *f* de ursos.
Baˈrett [baˈrɛt] *n* (-*ęs*; -*e*) barrete *m*.
ˈ**bar|fuß**, ⁓**füßig** [ˈ-fysiç] descalço; ♀**füßer** [ˈ-fysər] *m* carmelita (*od.* franciscano) *m* descalço; ♀**geld** *n* (-*ęs*; -*er*) dinheiro *m* contado; moeda *f* corrente; efe(c)tivo *m*; ⁓**geldlos** por cheque; ♀**geschäft** *n* (-*ęs*; -*e*) negócio *m* de contado; ⁓**haupt**, ⁓**häuptig** [ˈ-hɔyptiç] em cabelo.

'**Bärin** ['bɛ:rin] *f* ursa *f.*
'**Bariton** ['ba:riton] *m* (-*s*; -*e*) barítono *m.*
Bar'kasse ⚓ *f* lancha *f.*
'**Barkauf** *m* (-*ẹs*; ⸗*e*) compra *f* de contado.
'**Barke** ['barkə] *f* barca *f*; barco *m.*
'**Bärlapp** ⚘ *m* (-*s*; -*e*) licopódio *m.*
barm'herzig [barm'hɛrtsiç] caritativo, misericordioso; ≗**keit** *f* (*0*) caridade *f*, misericórdia *f.*
ba'rock [ba'rɔk] barroco; ≗(...) *m u. n* (-*s*; *0*) (do) barroco *m*, (no) estilo *m* barroco.
Baro'meter [baro-] *n u. m* barómetro *m*; **~stand** *m* (-*ẹs*; ⸗*e*) situação *f* barométrica.
Ba'ron [ba'ro:n] *m* (-*s*; -*e*) barão *m*; **~in** *f* baronesa *f.*
'**Barren** ['barən] *m* barra *f*; *Gold usw.*: lingote *m*; *Turngerät*: paralelas *f/pl.*
Barri'ere [bari'ɛ:rə] *f* barreira *f.*
Barri'kad|e [bari'ka:də] *f* barricada *f*; ≗'**ieren** (-) barricar.
Barsch¹ [barʃ] *m* (-*es*; -*e*) *Zool.* perca *f.*
barsch² brusco, rude.
'**Bar|schaft** *f* dinheiro *m*; efe(c)tivos *m/pl.*; pecúlio *m*; **~scheck** *m* (-*s*; -*s*) cheque *m* aberto.
Bart [a:] *m* (-*ẹs*; ⸗*e*) barba(s *pl.*) *f*; (*Schnurr*≗) bigode *m*; (*Schlüssel*≗) palhetão *m*; *j-m um den ~ gehen* lisonjear alg., F dar manteiga a alg.; *in den ~ murmeln* entre dentes; '**~flechte** *f* ⚕ sicose *f*; líquen *m*; ⚘ úsnea *f.*
'**bärtig** ['bɛ:rtiç] barbudo.
'**bartlos** sem barba; (*jung*) imberbe.
'**Bar-zahlung** *f* pagamento *m* à vista; *gegen ~* a pronto, a dinheiro.
Ba'salt [ba'zalt] *m* (-*ẹs*; -*e*) basalto *m.*
Ba'sar [ba'za:r] *m* (-*s*; -*e*) bazar *m.*
'**Bas|e** ['ba:zə] *f* prima *f*; ⚗ base *f*; ≗'**ieren** *v/t.* (*v/i.*) (-) basear(-se) (*auf dat.* em); **~is** *f* (-; *Basen*) base *f.*
'**Bask|e** ['baskə] *m* (-*n*), (**~in** *f*), ≗**isch**¹ basco *m* (-a *f*), vascão *m*; **~isch**² *n* (-*s*; *0*) *Sprache*: vasconço *m.*
'**Bas-relief** ['ba-] *n* (-*s*; -*s*, -*e*) baixo-relevo (*'ê) *m.*
Baß [a] *m* (-*sses*; ⸗*sse*) baixo *m*; *zweiter ~*, *tiefer ~* contrabaixo *m*; '**~geige** *f* viola *f*, violão *m*; *große*: contrabaixo *m*; '**~horn** *n* (-*ẹs*; ⸗*er*) baixão *m.*
Bas'sist [ba'sist] *m* (-*en*) (contra-) baixo *m.*
'**Baß|klarinette** *f* bombardão *m*; **~posaune** *f* tromba *f*; **~schlüssel** *m* clave *f* de fá; **~stimme** *f* (voz *f* de) baixo *m.*
Bast *m* (-*es*; -*e*) ráfia *f*; líber *m*, entrecasca *f*; '**~ard** ['-art] *m* (-*ẹs*; -*e*) bastardo *m*; *Zool.* híbrido *m*; **~'ei** [-'aɪ] *f* bastião *m*; '≗**eln** (-*le*) construir, fazer; '**~ler** *m* curioso *m.*
Batai'llon [batali'o:n] *n* (-*s*; -*e*) batalhão *m.*
Ba'tist [ba'tist] *m* (-*es*; -*e*) cambraia *f.*
Batte'rie [batə'ri:] *f* bateria *f*, ⚡ *a.* pilha *f.*
Bau [bau] *m* (-*ẹs*; -*ten*) construção *f*; *im ~ a.* em obras; (*Gebäude*) *a.* edifício *m*; (*Neu*≗, *meist pl.*) obras *f/pl.*; (*Struktur*) estrutura *f* (*a. fig.*); ✓ (*nur sg.*) cultura *f*; (*Höhle*) covil *m*, toca *f*; (*Körper*≗) estatura *f*; = *~art*, *~platz*; *im ~ sn a.* estar em obras; *vom ~ sn fig.* ser versado (em ...); '**~arbeiten** *f/pl.* obras *f/pl.*; *Verkehr*: trabalhos *m/pl.* na estrada; '**~arbeiter** *m* operário *m* de construções; '**~art** *f* estilo *m*; estrutura *f*; ✈ tipo *m*; '**~behörde** *f* repartição *f* de obras.
Bauch [baux] *m* (-*ẹs*; ⸗*e*) ventre *m*; barriga *f*; *Anat.* abdome *m*, abdómen *m*; '**~binde** *f* faixa *f*; '**~fell** *n* (-*ẹs*; -*e*) peritónio *m*, peritoneu *m*; '**~fell-entzündung** *f* peritonite *f*; '**~fett** *n* (-*ẹs*; *0*) *Schwein*: banha *f*; '**~grimmen** ['-grimən] *n* (-*s*; *0*) cólica *f*; '**~höhle** *f* cavidade *f* abdominal; '≗**ig** barrigudo; *et. a.* abaulado; '**~landung** ✈ *f* aterragem *f* de barriga; '**~muskel** *m* (-*s*; -*n*) músculo *m* abdominal; '**~nabel** *m* umbigo *m*; '**~redner** *m* ventríloquo *m*; '**~schmerzen** *m/pl.* = *~weh*; '**~speicheldrüse** *f* pâncreas *m*; '**~weh** *n* (-*s*; *0*) dores *f/pl.* de barriga.
'**Baude** ['baudə] *f* casa-abrigo *f.*
'**bauen** ['bauən] **1.** *v/t.* construir; ⚠ *a.* edificar; ✓ cultivar; **2.** *v/i.*: *~ auf* (*ac.*) *fig.* contar com, confiar em.
'**Bauer** ['bauər]: **a)** *m* (-*n*) camponês *m*, *a. Besitzer*: lavrador *m*; *grober ~* vilão *m*; (*Karte*) valete *m*; *Schach*: pião *m*; **b)** *n* (*a. m*) gaiola *f.*

'Bäuer|in ['bɔyərin] *f* camponesa *f*, mulher *f* do lavrador; **&isch, &lich** rústico, aldeão, campestre; (*grob*) vilão, vilanesco.

'Bau-erlaubnis *f* (-; -*se*) licença *f* de construção.

'Bauern|bursche *m* (-*n*) moço camponês; **~fang** *m* (-*ės*; *=e*) trapaceria *f*, entrujice *f*; **~fänger** ['-fɛŋər] *m* trapaceiro *m*, batoteiro *m*; entrujão *m*; **~gut** *n* (-*ės*; *=er*) quinta *f*, *bras.* fazenda *f*; **~-haus** *n* (-*es*; *=er*) casa *f* rural; **~-hochzeit** *f* bodas *f/pl.* de aldeia; **~-hof** *m* (-*ės*; *=e*) = *~gut*; **~mädchen** *n* moça *f* aldeã; **~volk** *n* (-*ės*; *0*) (classe *f* d)os lavradores *m/pl.*

'Bau|fach *n* arquite(c)tura *f*; engenharia *f* civil; **&fällig** ruinoso; caduco; **~fälligkeit** *f* caducidade *f*; **~führer** *m* mestre *m* de obras; **~gelände** *n* terreno *m* para construções; **~gerüst** *n* (-*ės*; -*e*) andaime *m*; **~geschäft** *n* (-*ės*; -*e*) empresa *f* de construções civis; **~gewerbe** *n* (indústria *f* de) construções *f/pl.* civis; **~-herr** *m* (-*n od.* -*en*; -*en*) patrão *m*; **~-hof** *m* (-*ės*; *=e*) estância *f* (de madeira); = *~platz*; **~-holz** *n* (-*es*; *=er*) madeira *f* de construção; **~-hütte** *f* oficina *f*; *fig.* loja *f* maçónica; **~ingenieur** *m* (-*s*; -*e*) engenheiro *m* civil; **~kasten** *m* (-*s*; *=*) caixa *f* de construções; mecânico *m*; **~kunst** *f* (*0*) arquite(c)tura *f*; **~leitung** *f* dire(c)ção *f* das obras.

'baulich ['bauliç] arquite(c)tónico; **&keit** *f* construção *f*, edifício *m*.

Baum [baum] *m* (-*ės*; *=e*) árvore *f*; **'&arm** pouco arborizado; **'&artig** arbóreo; **'~bestand** *m* (-*ės*; *=e*) arvoredo *m*; vegetação *f* arbórea; **'~blüte** *f* florescência *f*.

'Bau-meister *m* construtor *m* civil, arquite(c)to *m*; mestre *m* de obras.

'baumeln ['bauməln] F (-*le*) bambolear.

'bäumen ['bɔymən]: *sich ~* levantar-se; *Pferd*: empinar-se.

'Baum|frevel *m* delito *m* florestal; **~grenze** *f* limite *m* de altitude.

'Bauminister(ium *n* [-*s*; -*ministerien*]) *m* Ministro *m* (Ministério *m*) das Obras Públicas.

'baum|lang *fig.* muito alto; **~los** sem árvores; desarborizado; **&marder** *m* marta *f*; **&pfahl** *m* (-*ės*; *=e*) tanchão *m*; **&rinde** *f* cortiça *f*; **&schlag** *m* (-*ės*; *0*) *Mal.* ramagem *f*, folhagem *f*; **&schule** *f* tanchoal *m*, viveiro *m* de plantas; **&stamm** *m* (-*ės*; *=e*) tronco *m*; **~stark** robusto; **&stumpf** *m* (-*ės*; *=e*) cepo *m*.

'Baumwoll|e *f* algodão *m*; **&en** de algodão; **~-händler, ~pflanzer** *m*, **~staude** *f* algodoeiro *m*; **~-industrie** *f* indústria *f* algodoeira.

'Baum|wuchs *m* (-*es*; *0*) vegetação *f* arbórea; **~zucht** *f* arboricultura *f*.

'Bau|ordnung *f* regulamento *m* de construções; **~plan** *m* planta *f*; *städtische Planung*: plano *m* de urbanização; **~platz** *m* (-*es*; *=e*) terreno *m*; **~polizei** *f* (*0*) inspe(c)ção *f* de obras públicas; **~rat** *m* (-*ės*; *=e*) engenheiro *m* de obras públicas.

'bäurisch ['bɔyriʃ] rústico; vilão.

Bausch [bauʃ] *m* (-*es*; *=e*) tufo *m*; *in ~ und Bogen* em globo, totalmente, por completo; **'&en** inchar; *Kleidung*: *sich ~* afofar; **'&ig** fofo (*'ô).

'Bau|schlosser *m* serralheiro *m* de construções; **~schutt** *m* (-*ės*; *0*) entulho *m*; **~stein** *m* (-*ės*; -*e*) pedra *f*; *fig.* elemento *m* (construtivo); **~stelle** *f* = *~platz*; **~stil** *m* (-*ės*; -*e*) estilo *m* (arquite[c]tónico); **~stoff** *m* (-*ės*; -*e*) matéria *f* (*od.* material *m*) de construção; **~tätigkeit** *f* (realização *f* de) obras *f/pl.*; *städtische*: urbanização *f*; **~unternehmen** *n* empresa *f* de construções; *öffentliches*: obras *f/pl.* públicas; **~unternehmer** *m* empreiteiro *m*; mestre *m* de obras; **~vorhaben** *n* proje(c)to *m* de construção (*od. öffentliches*: de obras públicas); **~werk** *n* (-*ės*; -*e*) edifício *m*, construção *f*; obra(s *f/pl.*) *f*; **~wesen** *n* (-*s*; *0*) arquite(c)tura *f*; obras *f/pl.* públicas.

'Bayer ['baiər] *m* (-*n*), (**~in** *f*), **&isch** bávaro (-a *f*) *m*, da Baviera.

Ba'zillus [ba'tsilus] *m* (-; *Bazillen*) bacilo *m*.

be'absichtigen [bə'apziçtigən] (-) tencionar; propor-se.

be'acht|en (-*e*-; -) *v/t.* atender; dar por, reparar em; observar; (*berücksichtigen*) ter em boa conta, considerar; atentar a; **~ens-wert, ~lich** considerável, notável; **&ung** *f* (*gen.*) atenção *f* a, consideração *f*; reparo *m*; observação *f*; *~ finden* ser considerado, ser observado; *~ schenken* (*dat.*) = *beachten*.

be'ackern (*-re*; -) lavrar.
Be'amte(r) [bə'amtə(r)] *m* empregado *m*, funcionário *m* (*staatlicher* público).
be'ängstigend alarmante, inquietante.
be'anspruch|en [bə'anʃpruxən] exigir, pretender, reclamar; *alte Rechte*: reivindicar; *fig. Zeit*: levar; ⊕ (des)gastar; **2ung** *f* exigência *f*; pretensão *f*; reivindicação *f*; ⊕ desgaste *m*.
be'anstand|en [bə'anʃtandən] (*-e-*; -) *v/t.* fazer reparo(s); reclamar contra; **2ung** *f* (*gen.*) obje(c)ção *f*, reclamação *f* contra.
be'antragen (-) propor; *durch Gesuch*: requerer, solicitar.
be'antwort|en (*-e-*; -) *v/t.* responder a; **2ung** *f*: *in* ~ (*gen.*) em resposta a.
be'arbeit|en (*-e-*; -) *v/t.* trabalhar; ⚠ *Steine*: aparelhar; ↗ cultivar, lavrar; ♪ arranjar; *Buch*: refundir; fazer uma nova edição de; *Text*: redigir; *für den Film usw.* adaptar a; *Thema*: tratar, versar sobre; *j-n* ~ procurar persuadir alg.; ✝ trabalhar alg.; **2er** *m* organizador *m*; *Text*: reda(c)tor *m*; **2ung** *f* trabalho *m*; ⚠ aparelhamento *m*; ↗ cultivo *m*; ♪ arranjo *m*; *Buch*: refundição *f*, reedição *f*; *Text*: reda(c)ção *f*; *Thea.*, *Film*: adaptação *f*; *in* ~ em preparação.
be'argwöhnen (-) suspeitar (de).
be'aufsichtig|en [bə'aufziçtigən] (-) vigiar, fiscalizar; **2ung** *f* vigia *f*, fiscalização *f*; intendência *f*; inspe(c)ção *f*.
be'auftrag|en (-) encarregar, incumbir (*mit* de); **2te(r)** [ə] *m* encarregado *m*, delegado *m*, comissário *m*; ⚖ mandatário *m*.
be'bau|en (-) construir edifício(s) em; fazer obras em; *Stadtgelände*: urbanizar; ↗ cultivar; **2ung** *f* urbanização *f*; ↗ cultura *f*.
'beben ['be:bən] **1.** *v/t.* tremer, estremecer; **2.** 2 *n* tremor *m*.
be'bildern [bə'bildərn] (*-re*; -) ilustrar.
'Becher ['bɛçər] *m* copo *m*, taça *f*; ⚘ cálice *m*; ⊕ alcatruz *m*.
'Becken ['bɛkən] *n* bacia *f*, *Anat.*: *a.* pelve *f*; (*Wasch2*) *a.* alguidar *m*; (*Brunnen2*, *Tauf2*) pia *f*; ♪ ~ *pl.* pratos *m/pl.*; **~...**: *in Zssg(n) Anat.* ilíaco; **~knochen** *m a.* osso *m* inominado.
Be'dacht [bə'daxt] **1.** *m* (*-ẹs, 0*) cuidado *m*; ~ *nehmen auf* (*ac.*) tomar a.c. em consideração, ter a.c. em conta; **2.** 2 *p.pt. v. bedenken*; *adj.* ponderado; ~ *sn auf* (*ac.*) pensar em; *auf s-n Vorteil* ~ interesseiro.
be'dächtig [bə'dɛçtiç] prudente, circunspe(c)to, ponderado, cauteloso; pensativo; (*langsam*) vagaroso; **2keit** *f* (*0*) circunspe(c)ção *f*, cautela *f*, ponderação *f*.
Be'dachung ['bədaxuŋ] *f* (construção *f* do) telhado *m*.
be'danken (-): *sich bei j-m für et.* ~ agradecer a.c. a alg.
Be'darf [bə'darf] *m* (*-ẹs*; *0*) necessidade *f*; falta *f*; *mein* ~ o que preciso (*an dat.* de); **~s-artikel** *m/pl.* utilidades *f/pl.*; **~s-fall** *m* (*-ẹs*; ⸚*e*) caso *m* de necessidade.
be'dauer|lich [bə'dauərliç] lamentável, deplorável; **~n** (*-re*; -) lamentar; *j-n* ~ *a.* ter pena de alg.; et. ~ *a.* sentir a.c.; **2n** *n* pesar *m*, pena *f*; *zu m-m* ~ a meu pesar, com pena minha; **~nswert, ~nswürdig** *j.*: digno de compaixão, desgraçado; *et.*: lastimável.
be'deck|en (-) cobrir (*mit* de), *Öffnung*: *a.* tapar; *Wand*: *a.* revestir; *sich* ~ *a.* abafar-se, *Himmel*: *a.* anuviar-se; **2ung** *f* cobertura *f*; ⚔ escolta *f*.
be'denk|en (*L*; -) *v/t.* considerar, pensar em, refle(c)tir sobre; *vorher* ~ premeditar; *j-n mit et.* ~ contemplar (*od.* beneficiar) alg. com a.c.; legar a.c. a alg.; *sich* ~ deliberar, refle(c)tir, ponderar; (*schwanken*) hesitar; **2en** *n* dúvida *f*, escrúpulo *m*; (*Schwierigkeit*) inconveniente *m*; *ohne* ~ sem reparo, sem escrúpulo, sem hesitar; (*kein*) ~ *tragen zu* (*inf.*) (não) ter dúvida de (*od.* em); (não) ver inconveniente em; **~lich** crítico; grave; precário; **2lichkeit** *f* escrupulosidade *f*; hesitação *f*; **2zeit** *f* tempo (*od.* prazo) *m* para deliberar.
be'deut|en (*-e-*; -) significar, querer dizer; *j-m* ~ (*sagen*) dar a entender a alg.; *j-m* ~ *zu* intimar alg. a; *zu* ~ *haben* importar; **~end** importante, considerável; **~sam** significativo.
Be'deutung *f* significado *m*, signifi-

cação *f*, (*Sinn*) *a.* sentido *m*; (*Wichtigkeit*) importância *f*; *weittragende* ~ transcendência *f*; *von* ~ de tomo (*'ô); **2slos** sem importância, insignificante; **2svoll** significativo; importante; transcendente; **~swandel** *m* (-*s*; *0*) semântica *f*.

be'dien|en (-) servir, ✝ *a.* atender, aviar; ⚔ *u.* ⊕ manejar, tratar de; *sich* ~ (*gen.*) servir-se (de); **~stet** [ə]: ~ *sn bei* servir (*od.* ser criado) em casa de; *su. a.* empregado; **2te** [ə] *m u. f*, **2ter** *m* criado *m*, servente *m*; lacaio *m*; **2ung** *f* serviço *m*; (*Personal*) pessoal *m*, *häusliche a.* criadagem *f*; ⚔ *u.* ⊕ manejo *m*.

be'ding|en (-) condicionar; (*erfordern*) exigir, reclamar, requerer; **~t** *adj.* condicional, limitado; ~ *werden*, ~ *sn durch* depender de, ser devido a; **2t-heit** *f* condicionalismo *m*.

Be'dingung [bə'diŋuŋ] *f* condição *f* (*unter dat. a.* com); **2s-los** incondicional, sem condições; **~s-satz** *m* (-*es*; =*e*) oração *f* condicional; **2s-weise** condicionalmente; (*probeweise*) a título de experiência.

be'dräng|en (-) importunar; (*verfolgen*) acossar; (*bekümmern*) afligir; **2nis** *f* (-; -*se*) dificuldade(s *f/pl.*) *f*; aflição *f*; aperto *m*, apuros *m/pl.*

be'droh|en (-) ameaçar; **~lich** ameaçador; crítico; **2ung** *f* ameaça *f*.

be'drucken (-) imprimir, estampar.

be'drück|en (-) oprimir; afligir; **~end** opressivo, aflitivo; acabrunhante; **~t** deprimido, aflito, triste; **2t-heit** *f* depressão *f*, aflição *f*, tristeza *f*; **2ung** *f* opressão *f*.

Bedu'in|e [bedu'ʔi:nə] *m* (-*n*), **2isch** beduíno (*m*).

be'dürf|en (*L*; -) (*gen. od. ac.*) precisar (de); carecer (de); necessitar; **2nis** *n* (-*ses*; -*se*) necessidade *f*; **2nis-anstalt** *f* retrete *f* pública; **~nis-los** modesto, simples; **~tig** necessitado, precisado, carecido; indigente, pobre; **2tigkeit** *f* necessidade *f*, indigência *f*, pobreza *f*, penúria *f*.

'Beefsteak ['bi:fste:k] *n* (-*s*; -*s*) bife *m*.

be'ehren (-) honrar (*mit* de), distinguir; *sich* ~ *zu* (*inf.*) ter a honra de.

be'eid(ig)en [bə'ʔaɪd(ig)ən] (-*e*-; - [-]) (fazer) jurar; ajuramentar; afirmar por juramento.

be'eilen (-) apressar.

be'ein|drucken (-) impressionar; **~flussen** ['-flusən] (-*ßt*; -) *v/t.* influenciar, exercer influência sobre (*ô); **2flussung** *f* (*gen.*) influência *f* (sobre [*ô], em), influenciação *f* (de), a(c)tuação *f* (sobre [*ô]); **~trächtigen** [-trɛçtigən] (-) afe(c)tar; (*schaden*) *a.* prejudicar; (*stören*) *a.* estorvar; **2trächtigung** *f* prejuízo *m*, dano *m*; estorvo (*'ô) *m*; lesão *f*.

be'end(ig)|en (-*e*-; - [-]) acabar; terminar; **2ung** *f* fim *m*; acabamento *m*.

be'eng|en [bə'ʔɛŋən] (-) apertar; **2t-heit** *f* estreiteza *f*, aperto (*ê) *m*.

be'erben (-) *v/t.* herdar de, ser herdeiro de.

be'erdig|en [bə'ʔɛrdigən] (-) enterrar, sepultar; **2ung** *f* enterro (*'ê) *m*; **2ungs-institut** *n* (-*es*; -*e*) agência *f* funerária; **2ungs-unternehmer** *m* cangalheiro *m*.

'Beere ['be:rə] *f* baga *f*, bago *m*.

Beet [e:] *n* (-*es*; -*e*) canteiro *m*, alegrete *m*, quadro *m*; **'~e** ['-ə] *f* (*rote*) ~ beterraba *f*.

be'fähig|en [bə'fɛ:higən] (-) habilitar; **~t** *adj.*: ~ (*zu*) capaz (de), habilitado (para), qualificado (para); (*begabt*) talentoso, de talento; **2ung** *f Eigenschaft*: capacidade *f*, aptidão *f*; habilitações *f/pl.*; *Handlung*: qualificação *f*; **2ungsnachweis** *m* certificado *m* de aptidão.

be'fahr|bar ['a:] transitável; ⚓ navegável; **~en 1.** *v/t.* (*L*; -) passar por; ⚓ navegar em, navegar por; ⚒ descer a; **2.** *adj. Weg*: trilhado; *Wasser*: navegado.

be'fallen (*L*; -) **1.** *v/t.* acometer; colher; ⚕ atacar; **2.** *adj.* cheio de; *vom Frost* ~ queimado.

be'fangen (*scheu*) acanhado, tímido; (*verwirrt*) atrapalhado, perturbado, confuso; (*voreingenommen*) suspeito, parcial; **2-heit** *f* acanhamento *m*, timidez *f*; parcialidade *f*.

be'fassen (-*ßt*; -): *sich* ~ *mit* ocupar-se de, tratar de; debruçar-se sobre.

be'fehden [bə'fe:dən] (-*e*-; -) *v/t.* fazer guerra a; combater.

Be'fehl [bə'fe:l] *m* (-*es*; -*e*) ordem *f*; (*~sgewalt*) (co)mando *m* (*führen* ter); ⚔ *zu* ~! às ordens!; **2en** (*L*; -)

ordenar, mandar; *poet.* ('*an*~) encomendar a; 2**igen** [-igən] (-) comandar, chefiar, dirigir.
Be'fehls|form *f* imperativo *m*; ~**haber** [-ha:bər] *m* comandante *m*; 2**-haberisch** imperioso; ~**verweigerung** *f* insubordinação *f*; 2**widrig** contrário às ordens.
be'festig|en (-) segurar, pôr, prender; ⚔ fortificar; abalnartar; ⚓ amarrar; *fig.* consolidar, estreitar; 2**ung** *f* ⚔ fortificação *f*; ⚓ amarração *f*; 2**ungs-winkel** *m* cantoneira *f* de fixação.
be'feuchten [bə'fɔyçtən] (-*e*-; -) molhar; humedecer.
Be'feuerung *f* ⚓ *u.* ✈ sinalização *f* luminosa.
be'find|en (*L*; -) **1.** *v/t.*: *für gut* ~ julgar bem, haver por bem; aprovar; entender; *sich* ~ estar, ficar, achar-se, encontrar-se; **2.** *v/i.*: ~ *über* (*ac.*) decidir (*ac.*); 2**en** *n* (*Ansicht*) parecer *m*, entender *m*, opinião *f*; (*Gesundheit*) (estado *m* de) saúde *f*; ~**lich** situado; *in* (*dat.*) ~ sito em, que se encontra em.
be'flagg|en (-) embandeirar, abandeirar; 2**ung** *f* embandeiramento *m*.
be'fleck|en (-) manchar, sujar; *fig.* desonrar; 2**ung** *f* desonra *f*; infamação *f*; contaminação *f*; polução *f*.
be'fleißigen [bə'flaɪsigən] (-): *sich* (*gen.*) ~ aplicar-se a, dedicar-se a, esforçar-se por.
be'flissen [bə'flisən] (*gen.*) dado a; assíduo, estudioso; obsequioso; 2**-heit** *f* aplicação *f*; zelo *m*; assiduidade *f*; solicitude *f*.
be'flügel|n [bə'fly:gəln] *v/t.* (-) dar asas a; *Schritt*: acelerar; ~**t** *adj.* alado.
be'folg|en (-) *v/t.* seguir; *Befehl, Gesetz*: obedecer a, cumprir; *Regel*: observar; 2**ung** *f* cumprimento *m*, execução *f*; observância *f*.
be'förder|n (-*re*; -) transportar; despachar; *im Rang*: promover; 2**ung** *f* transporte *m*; despacho *m*; expedição *f*; *j-s*: promoção *f*; 2**ungs-mittel** *n* meio *m* de transporte.
be'fracht|en [bə'fraxtən] (-*e*-; -) fretar; (*beladen*) carregar; 2**er** *m* fretador *m*; 2**ung** *f* fretamento *m*, carga *f*.
be'frackt [a] de casaca.
be'fragen (-) *v/t.* interrogar, perguntar (a; *wegen* por); *um Rat* ~ consultar.
be'frei|en *v/t.* (-) livrar, libertar, dar liberdade a; emancipar; *von Hemmnissen*: desembaraçar; *von Abgaben*: isentar; *vom Dienst*: dispensar; 2**er** *m* libertador *m*; 2**ung** *f* libertação *f*; emancipação *f*; isenção *f*; dispensação *f*; 2**ungskrieg** *m* (-*ẹs*; -*e*) guerra *f* de independência (*od.* libertação).
be'fremd|en[1] [bə'frɛmdən] (-*e*-; -) estranhar; 2**en**[2] *n* surpresa *f*; estranheza *f*, estranhamento *m*; ~**end**, ~**lich** estranho.
be'freunde|n [bə'frɔyndən]: *sich* ~ estreitar amizade; *a. mit et.*: familiarizar-se; ~**t** amigo (*mit* de).
be'fried|en [bə'fri:dən] (-*e*-; -) pacificar, apaziguar; ~**igen** [-igən] (-) satisfazer (*a.* ♀ *u. fig.*), contentar; ~**igend** satisfatório; ~**igt** [-içt] satisfeito, contento; 2**igung** *f* satisfação *f*; contentamento *m*; 2**ung** *f* pacificação *f*, apaziguamento *m*.
be'friste|n (-*e*-; -) *v/t.* limitar, estabelecer prazo a; ~**t** limitado, a prazo.
be'frucht|en (-*e*-; -) *v/t.* fecundar, fertilizar; 2**ung** *f* fecundação *f*; ⚕ inseminação *f*.
Be'fug|nis [bə'fu:knis] *f* (-; -*se*) autorização *f*; competência *f*; 2**t** autorizado.
be'fühlen (-) apalpar.
Be'fund *m* (-*ẹs*; -*e*) (*Ergebnis*) resultado *m*; (*Feststellung*) averiguação *f*; ⚕ diagnóstico *m*.
be'fürcht|en (-*e*-; -) recear, temer; 2**ung** *f* receio *m*.
be'fürwort|en *v/t.* (-*e*-; -) recomendar, apoiar, interessar-se por; 2**ung** *f* recomendação *f*; apoio *m*.
be'ga|bt [bə'ga:pt] inteligente; talentoso, de talento; ~ *mit* dotado de; ~ *sn für* ter jeito para; 2**bung** *f* talento *m*, vocação *f*; inteligência *f*.
be'gaffen (-) olhar embasbacado.
be'gatt|en (-*e*-; -): *sich* ~ acasalar-se; ter cópula: 2**ung** *f* cópula *f*; coito *m*.
be'gaunern [bə'gaunərn] (-*re*; -) F entrujar, lograr.
be'geb|en (*L*; -) ♀ negociar; *sich* ~ *nach* deslocar-se (par)a, dirigir-se (par)a; *sich* ~ *zu* ir ter com; *sich auf e-e Reise* ~ partir (*nach* para);

in Gefahr: expor-se a; *in j-s Schutz*: pôr-se sob; (*sich ereignen*) acontecer, suceder, passar-se; *sich e-s Rechtes usw.* ~ renunciar a; **2enheit** *f*, **2nis** *n* (*-ses*; *-se*) acontecimento *m*; **2ung** ⚕ *f* endosso (*'ô) *m*.

be'gegn|en [bə'ge:gnən] (*-e-*; *-*; *sn*) (*dat.*): *j-m* ~ encontrar alg.; *Wagen*: cruzar-se com; (*zustoßen*) acontecer, ocorrer; *höflich usw.*: tratar (*ac.*); (*sich entgegenstellen*) opor-se; combater (*ac.*); (*vorbeugen*) prevenir (*ac.*); (*vorkommen*) encontrar-se; **2ung** *f* encontro *m*.

be'gehen (*L*; -) percorrer; *Fehler*: cometer, *Verbrechen*: *a.* praticar, perpetrar; *Fest*: festejar, celebrar.

Be'gehr [bə'ge:r] *m* (*n*) (*-s*; *0*), **~en**[1] *n* desejo *m*; **2en**[2] (-) desejar; cobiçar, ambicionar; (*verlangen*) pretender; ⚕ *sehr begehrt sn* ser muito procurado, ter muita procura; **2enswert** desejável; **2lich** cobiçoso; **~lich-keit** *f* cobiça *f*, avidez *f*.

be'geister|n [bə'gaɪstərn] (*-re*; -) entusiasmar (*für* por); **~t** *adj.* entusiástico; **2ung** *f* entusiasmo *m*.

Be'gier *f* (*0*), **~de** [-də] *f* apetite *m*; desejo *m*; cobiça *f*, avidez *f*; *geistig*: ânsia *f*; **2ig** ávido, cobiçoso; ansioso (*nach*, *auf ac.* de).

be'gießen (*L*; -) regar.

Be'ginn [bə'gin] *m* (*-es*; *0*) começo *m*, princípio *m*, início *m* (*bei* ao); **~en**[1] *n* empresa (*'ê) *f*, tentativa *f*; **2en**[2] (*L*; -) começar, principiar, iniciar.

be'glaubig|en [bə'glaubigən] (-) atestar; ⚖ legalizar, autenticar, reconhecer, abonar; *Diplomaten*: acreditar; *beglaubigte Abschrift* pública-forma *f*; **2ung** *f* atestado *m*, certificado *m*; reconhecimento *m*, legalização *f*; autorização *f*; certificado *m*; **2ungsschreiben** *n* credenciais *f/pl.*

be'gleich|en (*L*; -) pagar; **2ung** *f* pagamento *m*.

Be'gleit|adresse *f* guia *f*; **2en** (*-e-*; -) acompanhar; ⚓, ⚔ escoltar; **~er(in** *f*) *m* companheiro (-a *f*) *m*; ♪ acompanhador(a *f*) *m*; **~erscheinung** *f* fenómeno (*od.* sintoma) *m* concomitante; consequência *f*; **~flugzeug** *n* (*-es*; *-e*) avião *m* de escolta; **~mannschaft** ⚔ *f* escolta *f*; **~schein** *m* (*-es*; *-e*) guia *f*; **~schiff** *n* navio *m* de escolta; **~schreiben** *n* aviso *m*; **~ung** *f* acompanhamento *m* (*a.* ♪), (*in j-s*) ~ (em) companhia (de), acompanhado (por); *Gefolge*: comitiva *f*; ⚔ escolta *f*.

be'glück|en (-) tornar feliz; ~ *mit* agraciar com; F visitar; **~wünschen** (-) *v/t.* felicitar; dar os parabéns a; congratular (*zu*, *wegen* por); *zu* ~ *sn* estar de parabéns.

be'gnadig|en [bə'gna:digən] (-) indultar, perdoar; *Pol.* a(m)nistiar; **2ung** *f* indulto *m*, perdão *m*; a(m)nistia *f*.

be'gnügen [bə'gny:gən] (-): *sich* ~ contentar-se.

be'graben (*L*; -) enterrar, sepultar.

Be'gräbnis [bə'grɛ:pnis] *n* (*-ses*; *-se*) enterro (*'ê) *m*, funeral *m*, sepultura *f* (*a. Gruft*); **~feier(lichkeiten** *pl.*) *f* funerais *m/pl.*; *Rel.* exéquias *f/pl.*

be'gradig|en [bə'gra:digən] (*-e-*; -) re(c)tificar; **2ung** *f* re(c)tificação *f*.

be'greif|en (*L*; -) compreender, (*verstehen*) *a.* perceber, entender, conceber; *in sich* ~ conter; **~lich** compreensível; ~ *machen* fazer compreender; **~licherweise** como era de supor, naturalmente.

be'grenz|en (*-t*; -) limitar; confinar; *fig. a.* reduzir, restringir (*auf ac.* a); **2ung** *f* limitação *f*; restrição *f*; (*Grenzen*) limites *m/pl.*, confins *m/pl.*

Be'griff *m* (*-es*; *-e*) ideia *f*, noção *f*, conceito *m*; *im* ~ *sn zu*, *im* ~ *stehen zu* estar para, estar a ponto de; ir (*inf.*); *e-n* ~ *haben*, *sich e-n* ~ *machen* fazer ideia; *schwer von* ~ lento; **2en** *p.pt. v. begreifen*; *im Gehen* ~ *sn* estar para sair; *im Bau* ~ *sn* estar em (vias de) construção, estar a ser construido; **2lich** abstra(c)to; abstra(c)tivo.

Be'griffs|bestimmung *f* definição *f*; **2stutzig** parado, lento; **~vermögen** *n* (*-s*; *0*) inteligência *f*, capacidade *f* de compreensão, intele(c)to *m*; **~verwirrung** *f* confusão *f* de ideias.

be'gründ|en (*-e-*; -) fundar, estabelecer; (*beweisen*) dar as suas razões; *fest* ~ fundamentar; consolidar; *Antrag*: defender; motivar (*mit* por); *Tat*: justificar; **2er(in** *f*) *m* fundador(a *f*) *m*; **2ung** *f* (*Erklärung*) razão *f*, motivação *f*; fun-

damento *m*; (*Gründung*) estabelecimento *m*, instituição *f*, fundação *f*.
be'grüß|en (*-ßt*; -) *j-n*: cumprimentar, saudar, dar as boas-vindas a; *et.* aclamar; receber bem, acolher bem, simpatizar com; **2ung** *f* cumprimento *m*, saudação *f*; acolhimento *m*; **2ungs-ansprache** *f* saudação *f*; alocução *f*.
be'günstig|en [bə'gynstigən] (-) favorecer; proteger; ⚖ encobrir; **2ung** *f* prote(c)ção *f*; ⚓ bonificação *f*; ⚖ encobrimento *m*.
be'gut-achten (*-e-*; -) *v/t.* apreciar; pronunciar-se (*od.* dar a sua opinião) sobre (*ô); (*prüfen*) examinar.
be'gütert [bə'gy:tərt] abastado, rico; ~ *sn a.* ter propriedades.
be'haar|t peludo, cabeludo; **2ung** *f* pêlo *m*, pelugem *f*; *Tier*: pelagem *f*.
be'häbig [bə'hɛ:biç] cómodo, lento, pacato; *adv.* com à-vontade; **2keit** *f* (*0*) comodidade *f*, à-vontade *m*.
be'hacken (-) cavar, sachar.
be'haftet [bə'haftət]: ~ *sn mit* estar com (*od.* cheio de); ser acometido de.
be'hag|en [bə'ha:gən] *v/i.* (-) agradar; **2en** *n* agrado *m*, satisfação *f*, prazer *m*; = *2lichkeit*; **~lich** (*angenehm*) agradável; (*bequem*) confortável, cómodo; (*gemütlich*) aconchegado, cómodo; *Leben*: sossegado, pacato; **2lichkeit** *f* comodidade *f*; conforto (*'ô) *m*, bem-estar *m*.
be'halten (*L*; -) guardar, ficar com; (*im Kopfe*) ~ fixar; *im Auge* ~ não perder de vista.
Be'hält|er [bə'hɛltər] *m* recipiente *m*; *großer*: depósito *m*; **~nis** *n* (*-ses*; *-se*) receptáculo *m*.
be'hand|eln (*-le*; -) tratar (*a.* ⚕); *Thema*: *a.* versar sobre (*ô); (*handhaben*) manejar; **2lung** *f* tratamento *m* (*a.* ⚕); manejo *m*.
Be'hang *m* (*-es*; *⸗e*) colgadura *f*.
be'hängen (-) colgar; guarnecer.
be'harr|en (-) perseverar, persistir, insistir, teimar (*bei*, *auf dat.* em); **~lich** pertinaz; assíduo; teimoso; persistente; **2lichkeit** *f* (*0*) perseverança *f*, persistência *f*, constância *f*; **2ung(s-vermögen** *n*) *f* inércia *f*; **2ungs-zustand** *m* (*-es*; *0*) estado *m* (de) permanente, permanência *f*.
be'hauen (*L*; -) talhar; *Stein*: aparelhar.
be'haupt|en [bə'hauptən] (*-e-*; -) (*sagen*) afirmar, asseverar; *Stellung*: defender, manter; *sich* ~ *a.* vingar, impor-se; **2ung** *f* afirmação *f*; alegação *f*; asserção *f*; manutenção *f*; defesa *f*.
Be'hausung [bə'hauzuŋ] *f* morada *f*, alojamento *m*.
be'heben (*L*; -) remediar.
be'heimatet [bə'haɪma:tət]: ~ *in* (*dat.*) natural de; *ansässig*: domiciliado em.
Be'helf [bə'hɛlf] *m* (*-es*; *-e*) recurso *m*, auxílio *m*; expediente *m*; **2en** (*L*; -): *sich* ~ arranjar-se; *sich* ~ *mit a.* contentar-se com; **~s...**: *in Zssg(n)* = **2smäßig** provisório.
be'hellig|en [bə'hɛligən] (-) importunar, incomodar; **2ung** *f* importunação *f*, *importunância *f*.
be'hend|(e) [bə'hɛnd(ə)] ágil, ligeiro, hábil; **2igkeit** *f* (*0*) ligeireza *f*, agilidade *f*.
be'herberg|en [bə'hɛrbɛrgən] (-) hospedar, alojar; **2ung** *f* hospedagem *f*, alojamento *m*.
be'herrsch|en (-) dominar (*a. fig. u. refl.*); *Wissen*: saber a fundo, ser versado em; **2er** *m* soberano *m*, senhor *m*; **2ung** *f* (*0*) domínio *m*.
be'herzig|en [bə'hɛrtsigən] (-) tomar a peito; **~enswert** digno de consideração; **2ung** *f* (*0*) tomada *f* em consideração.
be'herzt [bə'hɛrtst] corajoso; resoluto; **2heit** *f* (*0*) coragem *f*.
be'hexen (*-t*; -) enfeitiçar.
be'hilflich [bə'hilfliç] prestimoso, solícito; *j-m* ~ *sn* ajudar alg.
be'hinder|n (*-re*; -) estorvar; *fig.* abarrancar; **~t**: *körperlich* ~ incapacitado; aleijado; **2ung** *f*: *bei* ~ = *im* **2ungs-falle** *m* em caso *m* de impedimento.
Be'hörd|e [bə'hø:rdə] *f* serviços *m/pl.* públicos; *städtische*: serviços *m/pl.* municipalizados; ~ *für* repartição de; **~en(vertreter** *m*) *f/pl.* autoridades *f/pl.*; **2lich** oficial; da parte das autoridades (*od.* dos serviços públicos).
be'hüten (*-e-*; -): ~ (*vor dat.*) guardar (de), preservar (de), proteger (contra); *Gott behüte!* F Deus me livre!
be'hutsam [bə'hu:tza:m] cuidadoso, cauteloso, prudente; **2keit** *f* (*0*) cuidado *m*, cautela *f*, precaução *f*.

bei [baɪ] **a**) *örtl.*: (*neben*) ao lado de, ao pé de, junto de; (*nahe* ~) perto de; ~ *j-m* com alg.; em casa de alg.; ~ *mir* (*dir usw.*) comigo (contigo, consigo, con[n]osco, convosco, com eles), em minha (tua *usw.*) casa; *die Schlacht* ~ de; ~ ... *siegen*, ~ *e-r Truppe*, ~ *Goethe* em; ~ *den Deutschen* entre; **b**) *zeitl.*: (*während*) durante; *Zeitpunkt*: quando do; ~ *s-r Abreise*, ~ *jedem Schritt* a; *beim* + *inf.* ao; ~ *dieser Gelegenheit* em; ~ *Tage*, ~ *Nacht* de; **c**) *übertragen*: ~ *der Arbeit sn* estar a trabalhar; ~ *e-r Lampe*, ~ *s-m Charakter*, (*trotz*) com; ~ *offenem Fenster*, ~ *dem Regen* com a; ~ *Gefahr*, ~ *Regen* em caso de; ~ *Gott!* por Deus!; ~ *Todesstrafe* sob; *es steht* ~ *mir* está na minha mão; *nicht ganz* ~ *sich sn* F não regular bem.

ˈ**bei|behalten** (*L*; -) guardar, conservar; manter; ꝰ**blatt** *n* (-*es*; ⸗*er*) suplemento *m*; ꝰ**boot** *n* (-*es*; -*e*) bote *m*; ~**bringen** (*L*) dar; *Beweise*: trazer, apresentar; *Gründe*: *a.* alegar, aduzir; (*lehren*) ensinar; *Wunde*: causar; *j-m e-e Niederlage* ~ derrotar alg.

ˈ**Beicht|e** [ˈbaɪçtə] *f* confissão *f*; *zur* ~ *gehen* ir confessar-se; *j-m die* ~ *abnehmen* confessar alg.; ꝰ**en** (-*e*-) *v/t.* (*v/i.*) confessar(-se) (*j-m* com alg.); ~**geheimnis** *n* (-*ses*; -*se*) segredo (*ˈê) *m* de confissão; ~**kind** *n* (-*es*; -*er*) confessado *m*, -a *f*; ~**stuhl** *m* (-*es*; ⸗*e*) confessionário *m*; ~**vater** *m* (-*s*; ⸗) confessor *m*.

ˈ**beide** [ˈbaɪdə] *pl.* (*alle* ~) ambos, um e outro; *die* ~*n* (*anderen*) os dois (outros); *keiner von* ~*n* nem um nem outro.

ˈ**beider|lei** [ˈbaɪdərlaɪ] + *gen.*, *auf* ~ de ambos os; ~**seitig** [-zaɪtiç] (*adv.* ~**seits**) dos dois (*od.* de ambos os) lados; (*gegenseitig*) mútuo, recíproco; *adv. a.* de uma parte e de outra.

ˈ**beides** [ˈbaɪdəs] as duas coisas, uma coisa e outra.

ˈ**beidrehen** ⚓ pôr à capa, meter de capa.

bei·einˈ**ander** juntos; um com outro, um ao pé de outro.

ˈ**Bei|fall** *m* (-*es*; *0*) aplauso *m*; (*Billigung*) aprovação *f*; ~ *klatschen* aplaudir, aclamar; ~ *finden* ser aplaudido; *et.*: *a.* ser bem recebido; ꝰ**fällig** aprobativo, aprobatório; ~ *aufnehmen* aplaudir, receber com aplauso.

ˈ**Beifalls|bezeigung** *f*, ~**klatschen** *n* aplauso(s *pl.*) *m*, palmas *f/pl.*; ~**ruf** *m* (-*es*; -*e*) aclamação *f*; ~**sturm** *m* (-*es*; ⸗*e*) aplausos *m/pl.* frenéticos.

ˈ**beifüg|en** juntar; *e-m Schreiben*: *a.* fazer (*ac.*) acompanhar por; ꝰ**ung** *f* anexo *m*, suplemento *m*; *Gram.*: atributo *m*; *unter* ~ (*gen.*) juntando (*ac.*).

ˈ**Bei|fuß** *m* ⚘ (-*es*; *0*) artemísia *f*; ~**gabe** *f* suplemento *m*; ꝰ**geben** (*L*) (a)juntar, dar; associar, agregar; *klein* ~ F desistir, ceder; ~**geordnete**(**r** *m*) [ˈ-gəɔrdnətə(r)] *m*, *f* adjunto *m*, -a *f*, vogal *m*; ~**geschmack** *m* (-*es*; ⸗*e*) ressaibo *m*, sabor *m*; ꝰ**gesellen** (-) juntar; associar; ꝰ**heften** (-*e*-) juntar; ~**hilfe** *f* subsídio *m*, (*bsd. Staats*ꝰ) subvenção *f*, (*bsd. Studien*ꝰ) bolsa *f*; ⚖ cumplicidade *f*; auxílio *m*; ~**klang** *m* (-*es*; ⸗*e*) ressonância *f*; ꝰ**kommen** (*L*; *sn*): (*dat.*) ~ apanhar (*ac.*), *j-m*: *a.* competir com.

Beil [baɪl] *n* (-*es*; -*e*) machado *m*; (*Hand*ꝰ) machada *f*; *ehm. Waffe*: acha *f*.

ˈ**Bei|lage** *f* suplemento *m*; *Brief*: peça *f* anexa; *mit* ~ (*Gemüse*) com hortaliça *f*, (*Fleisch*) com carnes *f/pl.* frias; ꝰ**läufig** incidente, acidental, acessório; *adv. a.* de passagem.

ˈ**beileg|en** (a)juntar; *Bedeutung*, (*zuschreiben*) atribuir; *Namen*: dar; (*schlichten*) apaziguar, conciliar; ⚓ capear, estar de capa; ꝰ**ung** *f* atribuição *f*; *Streit*: apaziguamento *m*; ⚓ capa *f*.

beiˈ**leibe** [-ˈlaɪbə]: ~ *nicht!* de modo algum!; *et.* ~ *nicht sn* estar longe de ser a.c.

ˈ**Beileid** *n* (-*es*; *0*) condolência *f*; pêsames *m/pl.* (*aussprechen* dar); ~**s...**: *in Zssg(n)* de pêsames; ~**sbezeigung** *f* pêsames *m/pl.*

ˈ**bei|liegen** (*L*) ir junto, estar junto; ~**liegend** junto, anexo; ~**m** = *bei dem*; ~**mengen** = ~*mischen*; ~**messen** (*L*): (*dat.*) *et.* ~ atribuir a.c. a; *Glaube*, *Wert*: dar; *Schuld*: imputar; ~**mischen**: (*dat.*) *et.* ~ misturar a.c. (com), juntar a.c. (a), acrescentar a.c. (a).

Bein [baın] *n* (-*ęs*; -*e*) perna *f*; (*Tisch*ᴤ) pé *m*; (*Knochen*) osso *m*; *auf den* ~*en sn* estar em pé; *auf die* ~*e bringen* (*kommen*) pôr(-se) em pé; *sich auf die* ~*e machen* pôr-se a caminho; *j-m* ~*e machen* fazer alg. andar; *j-m auf die* ~*e helfen* ajudar alg.; *ein* ~ *stellen* armar um cambapé (*od. fig.* uma armadilha); *die* ~*e in die Hand nehmen* F pôr-se a correr, safar-se; *nicht fest auf den* ~*en stehen* andar a abanar.

ˈ**beinah(e)** quase; *bei Zahlen*: *a.* cerca (*ê) de; *bei vb.* por um triz, falta(va) pouco que ...

ˈ**Bei-name** *m* (-*ns*; -*n*) apelido *m*, sobrenome (*sô-) *m*, cognome *m*; (*Spitzname*) alcunha *f*.

ˈ**Bein|amputierte(r)** *m* amputado *m* de uma perna; ~**bruch** *m* (-*ęs*; *⸚e*) fra(c)tura *f* de uma perna; ᴤ**ern** ósseo, de osso.

beˈ**inhalten** [bəˈinhaltən] (-*e*-; -) conter.

ˈ**bei|ordnen** (-*e*-) (a)juntar, agregar; *bsd. Gram.* coordinar; *s. a. Beigeordnete(r)*; ~**pflichten** [ˈ-pfliçtən] (-*e*-) (*dat.*) aplaudir, aprovar (*ac.*); aderir a; ᴤ**rat** *m* (-*ęs*; *⸚e*) junta *f* consultiva; *j.*: vogal *m*.

beˈ**irren** (-) desconcertar.

beiˈ**sammen** [-ˈzamən] junto(s), reunido(s); ᴤ**sein** *n* (-*s*; *0*) reunião *f*.

ˈ**Bei|satz** *m* (-*es*; *⸚e*) adição *f*; *Gram.* aposto (*ˈô) *m*; ~**schlaf** *m* (-*ęs*; *0*) coito *m*; ᴤ**schließen** (*L*) juntar; ~**sein** *n* (-*s*; *0*) presença *f*.

beiˈ**seite** à parte; ~ *bringen* salva-(guarda)r; (*entfernen*) eliminar; (*stehlen*) roubar; (*töten*) matar; ~ *gehen* afastar-se; ~ *lassen* deixar, pôr de parte; ~ *schaffen* = ~ *bringen*; ☨ desfalcar; ~ *schieben* afastar; *fig.* pôr de parte; ᴤ**setzung** *f* desconsideração *f*, desprezo (*ˈê) *m*; omissão *f*; ~ *stehen* manter-se afastado.

ˈ**bei-setz|en** (-*t*) *v/t.* enterrar, sepultar; ⚓ *Segel*: dar pano; ᴤ**ung** *f* enterro (*ˈê) *m*, funeral *m*; ᴤ**ungsfeier** *f* (-; -*n*) funerais *m/pl.*; *Rel.* exéquias *f/pl.*

ˈ**Bei-sitzer** *m* vogal *m*; ⚖ juiz *m* adjunto.

ˈ**Bei-spiel** *n* (-*ęs*; -*e*) exemplo *m* (*zum* por; *Abk.* z. B. = p. ex.; v. gr.); *mit gutem* ~ *vorangehen* dar um exemplo; ᴤ-**haft** exemplar, modelar; ᴤ**los** inaudito; sem exemplo, sem igual; ᴤ**s-weise** por exemplo.

ˈ**bei-springen** (*L*; *sn*) (*dat.*) socorrer, vir ao socorro de.

ˈ**beiß|en** [ˈbaısən] (*L*) morder; *Insekten*, *Pfeffer*: picar; *fig. ins Gras* ~ morder o pó; *in den sauren Apfel* ~ fazer de necessidade virtude; ~**end** *adj.* mordaz, *fig. j.*: *a.* sarcástico; (*ätzend*) cáustico (*a. Stil*); *Speise*: picante; ᴤ-**zahn** *m* (-*ęs*; *⸚e*) incisivo *m*.

ˈ**Bei|stand** *m* (-*ęs*; *⸚e*) assistência *f*; auxílio *m*; ⚖ advogado *m*; ~ *leisten* (*dat.*) = ᴤ**stehen** (*L*) socorrer, ajudar, auxiliar (*j-m* alg.); *Gott steh mir bei!* valha-me Deus!

ˈ**bei-steuern** (-*re*) contribuir com (*zu* para).

ˈ**bei-stimmen** concordar, estar de acordo (*ˈô) (*dat.* com), aprovar (*ac.*).

ˈ**Bei-strich** *m* (-*ęs*; -*e*) *gr.* vírgula *f*.

ˈ**Bei|trag** [ˈ-traːk] *m* (-*es*; *⸚e*) contribuição *f*, (*Anteil*) quota-parte *f*; *Zeitung*: artigo *m*; colaboração *f*; ᴤ**tragen** (*L*): ~ *zu* contribuir para, colaborar em.

ˈ**bei-treib|en** (*L*) cobrar; exigir; reclamar; ⚔ requisitar; ᴤ**ung** *f* cobrança *f*; ⚔ requisição *f*.

ˈ**bei|treten** (*L*) aderir (a); entrar (em); alistar-se, inscrever-se; associar-se a; ᴤ**tritt** *m* (-*ęs*; -*e*) adesão *f* (a); entrada *f* (em); ingresso *m* (em).

ˈ**Bei|wagen** *m Motorrad*: carro *m* lateral; *Straßenbahn*: carro *m* atrelado; *reboque *m*; ~**werk** *n* obra *f* acessória; ornamento *m*; ᴤ**wohnen** *e-r Sache*: assistir a; presenciar (*ac.*); *j-m*: ter cópula com; ~**wort** *n* (-*ęs*; *⸚er*) epíteto *m*; *gr.* adje(c)tivo *m*.

ˈ**Beize** [ˈbaıtsə] *f* corrosão *f*; *Jagd*: altanaria *f* = *Beizmittel*.

beiˈ**zeiten** a tempo; (*frühzeitig*) a boa hora, em boa hora.

ˈ**beiz|en** [ˈbaıtsən] (-*t*) (*ätzen*) corroer; ⊕ decapar; ⚕ cauterizar; *Jagd*: caçar com falcão; *Möbel*: dar infusão a; ᴤ**mittel** *n* corrosivo *m*, ⚕ cáustico *m*; *Möbel*: infusão *f*.

beˈ**jahen** [bəˈjaːhən] (-) afirmar, dizer que sim; *Frage*: responder afirmativamente (*od.* pela afirmativa); ~**d** *adj.* afirmativo; ~**denfalls** [-dən-] no caso afirmativo.

be'jahrt [bə'ja:rt] idoso; velho.
Be'jahung [bə'ja:huŋ] *f* afirmação *f*; resposta *f* afirmativa.
be'jammern (*-re*; -) lastimar, deplorar, lamentar; **~s-wert, ~s-würdig** lastimoso, deplorável, lamentável.
be'jubeln (*-le*; -) receber com [júbilo.
be'kämpf|en (-) combater; lutar contra; **2ung** *f* (*gen.*) luta *f* contra, campanha *f* contra.
be'kannt [bə'kant] **1.** *p.pt. v. bekennen*; **2.** *adj. j-m*: conhecido de; *et.*: *a.* sabido; *allgemein* ~ notório, público; ~ *sn mit* conhecer (*ac.*); ~ *werden mit* chegar a conhecer (*ac.*); *j-n mit et.* ~ *machen* familiarizar com, *mit j-m*: apresentar a; *mir ist* ~ (, *daß*) conheço (sei que); **2e** *m*, *f* conhecido *m*, -a *f*; pessoa *f* amiga; *ein* ~*r von mir* um meu conhecido; *guter* ~*r* amigo *m*; **2enkreis** *m* (*-es*; *-e*) relações *f/pl.*; **2e(r)** *m* = 2e; **~er'maßen** [-'ma:sən], **~lich** como se sabe; **2gabe, 2machung** [-maxuŋ] *f* publicação *f*, proclamação *f*; anúncio *m*, aviso *m*, edital *m*; **~geben** (*L*), **~machen** publicar, anunciar; dar publicidade a; **2schaft** *f* conhecimento *m*; (*Bekannte*) relações *f/pl.*; *j-s* ~ *machen* (chegar a) conhecer alg.; **~werden** (*L*) divulgar-se.
be'kehr|en (-) converter (*zu* a); **2er** *m* missionário *m*; **~t** convertido (*a. su.*); **2ung** *f* conversão *f*; **2ungseifer** *m* (*-s*; *0*) proselitismo *m*.
be'kenn|en (*L*; -) confessar; *Rel.*: professar; *sich* ~ *zu* declarar-se partidário de; *Farbe* ~ servir; *fig.* definir a sua posição; **2er** *m* confessor *m*; **2tnis** *n* (*-ses*; *-se*) confissão *f*; (*Glaubens2*) credo *m*, profissão *f* de fé; **2tnis-schule** *f* escola *f* confessional.
be'klag|en (-) lastimar, lamentar; *sich bei j-m über* (*ac.*) ~ queixar-se a alg. de; **~ens-wert** lastimável, deplorável; **2te(r** *m*) *m*, *f* acusado *m*, -a *f*; réu *m*, ré *f*; arguido *m*, -a *f*.
be|'klatschen (-) *v/t.* aplaudir; *j-n*: *a.* dar palmas a; (*verleumden*) falar mal de; **~'kleben** (-): (*mit et.*) ~ colar *od.* pôr (a.c. em); **~'kleckern** (*-re*; -), **~'klecksen** (*-t-*; -) manchar, sujar; *mit Tinte*: borrar; F *sich* (*nicht gerade*) *mit Ruhm* ~ fazer má figura.
be'kleid|en (*-e-*; -): ~ (*mit*) vestir (de), cobrir (de); *Wand*: forrar (de), revestir (de); *fig. Amt*: exercer, desempenhar; **2ung** *f* vestuário *m*, vestidos *m/pl.*; *e-r Wand*: forro (*'ô) *m*, revestimento *m*; *fig. e-s Amtes*: exercício *m*, desempenho *m*; *mit e-m Amt*: investidura *f* em.
be'klemm|en (-) apertar; afligir, oprimir; **2ung** *f* angústia *f*, ânsia(s *pl.*) *f*; opressão *f*.
be'klommen [-'klɔmən] angustiado, aflito, opresso; **2-heit** *f* (*0*) opressão *f*, angústia *f*.
be'klopfen (-) apalpar; ⚕ auscultar, percutir.
be'kommen (*L*; -) **1.** *v/t.* receber; (*erlangen*) obter, arranjar, (*a. fertig*~) conseguir (acabar); *Durst, Krankheit*: ter (*a. Kind*), ficar com, apanhar (*a.* 🚂 *Zug*); *das Kind bekommt Zähne* nascem dentes a; *wieviel* ~ *Sie?* quanto lhe devo?; *zu* ~ (*käuflich*) *sn* vender-se; **2.** *v/i.*: *gut* ~ fazer bem; *es bekommt j-m* alg. dá-se bem com a.c.; *wohl bekomm's!* bom proveito!
be'kömmlich [bə'kœmliç] bom, ⚕ *a.* bem assimilável; ~ *sn a.* fazer bem; ~ *finden* dar-se bem com.
be'köstig|en [bə'kœstigən] (-) alimentar, sustentar; **2ung** *f* comida *f*; sustento *m*, alimentação *f*; *mit* ~ com pensão.
be'kräftig|en (-) afirmar, confirmar; corroborar; **2ung** *f* afirmação *f*; confirmação *f*; corroboração *f*.
be|'kränzen [-'krɛntsən] (*-t*; -) coroar (*mit* de); **~'kreuz(ig)en** (*-t*; - [-]): *sich* ~ benzer-se; fazer o sinal da cruz; persignar-se; **~'kriegen** (-) *v/t.* guerrear, fazer guerra a, combater; **~'kritteln** (*-le*; -) criticar; **~'kritzeln** (*-le*; -) cobrir de rabiscas.
be'kümmer|n (*-re*; -) afligir; *sich* ~ *um* cuidar de, tratar de; *et. bekümmert j-n* alg. aflije-se com a.c.; a.c. preocupa alg.; **2nis** *f* (*-*; *-se*) aflição *f*; preocupação *f*; **~t** *adj.* aflito, preocupado.
be|'kunden [-'kundən] (*-e-*; -) manifestar, exprimir; **~'lächeln** (*-le*; -) *v/t.* sorrir-se de; **~'lachen** (-) *v/t.* rir-se de; **~'laden** (*L*; -) carregar (*mit* de).
Be'lag [bə'la:k] *m* (*-es*; *⸚e*) coberta *f*; ⊕ revestimento *m*; (*Brot2*) carne *f* fria; ⚕ saburra *f*; (*Zahn2*) sarro *m*.

Be'lager|er [bə'la:gərər] *m* sitiador *m*; **2n** (*-re*; -) sitiar, cercar; bloquear; *a. fig.* assediar; **~ung** *f* cerco (*ê) *m*, sítio *m*; bloqueio *m*; **~ungszustand** *m* (*-es*; *0*) estado *m* de sítio (*verhängen* proclamar; *aufheben* levantar).

Be'lang [bə'laŋ] *m* (*-es*; *-e*) importância *f*, interesse (*'ê) *m*; **2en** (-) acusar, arguir; autuar; intimar, citar; **2los** insignificante; **~losigkeit** [-lo:ziç-] *f* insignificância *f*, bagatela *f*.

be'lassen (*L*; -): *j-m et.* ~ deixar alg. ficar com a.c.

be'laste|n (*-e-*; -) *v/t.* carregar (*mit* de), (*lasten auf*) *a.* pesar sobre (*ô); ⚖ culpar, incriminar (*mit* de); ⚚ debitar; **~nd** *adj.* agravante; **~t**: *erblich* ~ *sn* ter uma tara hereditária.

be'lästig|en [bə'lɛstigən] (-) importunar, molestar, incomodar, F maçar; **2ung** *f* moléstia *f*; F maçada *f*.

Be'lastung [bə'lastuŋ] *f* carga *f*; ⊕ peso (*ê) *m*; *Steuer*: encargo *m*; ⚖ incriminação *f*; ⚚ débito *m*; *Haus usw.*: hipoteca *f*; *erbliche* ~ tara *f* hereditária; **~sgrenze** *f* peso (*ê) *m* máximo; **~s-probe** *f* prova *f* de resistência; *fig.* prova(ção) *f*; **~s-zeuge** *m* (*-n*) testemunha *f* da acusação.

be'laub|en [bə'laubən] (-): *sich* ~ cobrir-se de folhas; **~t** *adj.* frondoso.

be'laufen (*L*; -): *sich* ~ *auf* (*ac.*) importar em, montar a, elevar-se a, somar em; *sich etwa* ~ *auf* regular por; *insgesamt*: totalizar (*ac.*).

be'lauschen (-) espreitar; escutar.

be'leb|en (-) animar; vivificar; movimentar; a(c)tivar; *fig.* intensificar; **~end** *adj.* animador; **~t** *adj.* animado; *Ort*: movimentado, frequentado; **2t-heit** *f* (*0*) animação *f*, movimento *m*; **2ung** *f* (*0*) animação *f*.

be'lecken (-) lamber.

Be'leg [bə'le:k] *m* (*-es*; *-e*) prova *f*, documento *m*; **~e** *pl. a.* documentação *f*/*sg.*; (*Rechnungs2*) recibo *m*; **2en** (-) cobrir (*mit* com, de); *Ausgabe*, (*beweisen*): provar, justificar; documentar; *Brot*: pôr fiambre (*od.* queijo) em; *Haus*: ocupar; *Platz*: marcar, reservar; ⚓ abitar; *mit Abgaben usw.* ~ impor ... a; *mit Bomben* ~ bombardear; *Kolleg, Vorlesungen*: matricular-se em; *mit Beschlag* ~ sequestrar; *j-n mit e-r Strafe* ~ infligir uma pena a alg.; *mit Truppen* ~ acantonar tropas em; **~exemplar** *n* (*-es*; *-e*) exemplar *m* justificativo; **~schaft** *f* pessoal *m*; **~stelle** *f* referência *f*; **2t** *adj.* sujo, saburroso; *~es Brot n* sanduíche *m*.

be'lehn|en (-) investir (*mit* de); **2ung** *f* investidura *f*.

be'lehr|en (-) instruir; informar; ensinar; dar uma lição a; *j-n e-s Besseren* ~ abrir os olhos a alg.; **~end** *adj.* instrutivo; **2ung** *f* instrução *f*; lição *f*.

be'leibt [bə'laɪpt] gordo; barrigudo; obeso, corpulento; ~ *werden a.* engordar; **2-heit** *f* (*0*) corpulência *f*; obesidade *f*.

be'leidig|en [bə'laɪdigən] (-) ofender, insultar, injuriar; **~end** *adj.* ofensivo, injurioso, insultuoso, afrontoso; **2er** *m* ofensor *m*; **2ung** *f* insulto *m*, ofensa *f*.

be'leih|en (*L*; -): *et. mit e-r Summe* ~ emprestar dinheiro sobre (*ô) a.c.; **2ung** *f* empréstimo *m*; avanço *m*.

be'lesen lido; versado; erudito; **2-heit** *f* (*0*) erudição *f*.

be'leucht|en (*-e-*; -) alumiar; iluminar; *fig.* elucidar; focar; **2ung** *f* luz *f*; iluminação *f*; *fig.* elucidação *f*; exame *m*.

Be'leuchtungs|-anlage *f* (instalação *f* de) luz *f*; **~körper** *m* candeeiro *m*; lâmpada *f*; **~technik** *f* (*0*) técnica *f* de iluminação; **~zentrale** *f* central *f* (de luz) elé(c)trica.

be'leum(un)det [bə'lɔym(un)dət] afamado.

'Belg|ier(in *f*) *m* ['bɛlgiər], **2isch** belga *su.*, da Bélgica.

be'licht|en (*-e-*; -) *v/t.* iluminar, expor (à luz); *zu lange* ~ dar demasiada exposição a; **2ung** *f Phot.*: exposição *f*.

Be'lichtungs|dauer *f* tempo *m* de exposição; **~messer** *m* fotómetro *m*; **~tabelle** *f* tabela *f* de tempo de exposição; **~zeit** *f* = *~dauer*.

be'lieb|en (-) **1.** querer; estar disposto a; *j-m*: agradar; *wenn's beliebt* se quiser; *wie es beliebt* como quiser; *wie beliebt?* Senhor?; minha Senhora?; V(ossa) E(xcelência) que diz?; **2. ⁀en** *n* prazer *m*, vontade *f*, agrado *m*, gosto *m*; *nach* ~ à vontade; à discrição; *nach Ihrem* ~ a seu bel-prazer; **~ig** qualquer; **~t** *adj.* querido; popular; em voga; **⁀t-heit** *f* (*0*) popularidade *f*; voga *f*.

be'liefer|n (*-re*; -): *j-n mit et.* ~ fornecer a.c. a alg.; **⁀ung** *f*: ~ (*gen.*) *mit* fornecimento *m* de a.c. para.

'bellen ['bɛlən] ladrar, latir.

Belle'tristik [bɛlə'tristik] *f* (*0*) boas-letras *f/pl.*, belas-letras *f/pl.*

be'lohn|en (-) recompensar; gratificar, remunerar; **⁀ung** *f* recompensa *f*; gratificação *f*, remuneração *f*.

be'lügen (*L*; -): *j-n* ~ mentir a alg.

be'lustig|en [bə'lustigən] (-) divertir, distrair, entreter; **~end** *adj.* divertido, alegre; **⁀ung** *f* divertimento *m*, distra(c)ção *f*; recreio *m*.

be|'mächtigen [bə'mɛçtigən] (-): *sich* (*gen.*) ~ apoderar-se de; **~'mäkeln** (*-le*; -) criticar, censurar; **~'malen** (-) pintar; **~'mängeln** [-'mɛŋəln] (*-le*; -) censurar.

be'mann|en [bə'manən] (-) tripular; **⁀ung** *f* tripulação *f*.

be'mänteln [bə'mɛntəln] (*-le*; -) encobrir, procurar ocultar; disfarçar; paliar.

be'merk|bar ['ɛ] perceptível; visível; ~ *werden, sich* ~ *machen* fazer-se notar, *et.*: *a.* manifestar-se; **~en** (-) dar por, reparar (em); (*a. sagen*) notar, observar; (*feststellen*) assinalar; **~ens-wert** notável; **⁀ung** *f* observação *f*; reparo *m*; nota *f*.

be'messen (*L*; -) limitar (*kurz* muito).

be'mit-leiden (*-e-*; -) *v/t.* compadecer(-se de); ter pena de; **~s-wert** digno de compaixão; deplorável.

be|'mittelt [bə'mitəlt] abastado, rico; **~'mogeln** (*-le*; -) F enganar, entrujar; **~'moost** ['o:] musgoso; *fig.* F ~*es Haupt n* veterano *m*.

be'müh|en (-) (*belästigen*) incomodar, *sich* ~ *a.* esforçar-se, fazer esforços (*um* para conseguir); dar-se ao trabalho de; *sich um et.* ~ solicitar a.c.; tentar obter a.c.; *sich zu j-m* ~ (v)ir procurar alg., ir ter com alg.; **~t**: *um et.* ~ *sn* fazer esforços para conseguir a.c.; *um j-n* ~ *sn* cuidar de alg.; procurar convencer alg.; **⁀ung** *f* trabalho *m*, esforço *m*, empenho *m*.

be|'müßigt [bə'my:siçt]: *sich* ~ *fühlen zu* julgar oportuno fazer; **~'muttern** F (*-re*; -) *v/t.* cuidar (com carinho); **~'nachbart** vizinho (*dat.* de, a).

be'nachrichtig|en [bə'naxriçtigən] (-) avisar, informar; participar (a); *im voraus*: prevenir; **⁀ung** *f* informação *f*, aviso *m*, comunicação *f*, participação *f*.

be'nachteilig|en [bə'naxtaɪligən] (-) prejudicar; **⁀ung** *f* prejuízo *m* (*unter dat.* com).

be|'nagen (-) roer; **~'nebeln** (*-le*; -) enevoar; *fig.* ofuscar; F *sich* ~ emborrachar-se.

Benedik'tiner [benedik'ti:nər] *m*, **~in** *f* beneditino *m*, -a *f*.

be'nehm|en (*L*; -) *v/t.* (*rauben*) tirar; *j-m die Hoffnung* ~ desenganar alg.; *j-m die Sinne* ~ aturdir alg.; *sich* ~ comportar-se; **⁀en** *n* conduta *f*, comportamento *m*, procedimento *m*; *sich mit j-m ins* ~ *setzen* entender-se com alg.

be'neiden (*-e-*; -): *j-n um et.* ~ envejar a.c. a alg.; **~s-wert** envejável.

be'nenn|en (*L*; -) *v/t.* denominar, designar, dar nome a; *j-m Zeit u. Ort*: marcar ... a alg.; **⁀ung** *f* denominação *f*, nome *m*, designação *f*.

be'netzen (*-t*; -) molhar, regar, rociar.

ben'galisch [bɛŋ'ga:liʃ] bengalí, de Bengala.

'Bengel ['bɛŋəl] *m* garoto (*'ô) *m*; **⁀-haft** brejeiro, malcriado.

be'nommen [bə'nɔmən] *p.pt. v. benehmen*; *adj.* perturbado, tonto; **⁀-heit** *f* (*0*) atordoamento *m*, tontura *f*.

be'nötigen (-) *v/t.* precisar de.

be'nutz|bar utilizável, aproveitável; *Weg*: transitável; **~en** (*-t*; -) usar, utilizar, empregar, aproveitar; **⁀er** (**-in** *f*) *m* utente *su.*; **⁀ung** *f* (*0*) utilização *f*, emprego (*'ê) *m*, uso *m*, aproveitamento *m*; *e-s Buches*: consulta *f*; *e-r Bibliothek*: leitura *f* (em); **⁀ungsrecht** *n* (*-és*; *-e*) direito *m* ao uso (*od.* à utilização).

Ben'zin [bɛn'tsi:n] *n* (*-s*; *-e*) benzina *f*; ⊕ gasolina *f*; **~behälter** (**~kanister**) *m* depósito *m* (bidão *m*) de gasolina; **~pumpe** *f* bomba *f* de gasolina; **~tank** *m* (*-és*; *-s*) = ~*behälter*.

Ben'zol [bɛn'tso:l] *n* (*-s*; *-e*) benzol *m*.
be'ob-acht|en [-'ob-] (*-e-*; *-*) observar, *Schweigen*: *a.* guardar; **≈er(in** *f*) *m* observador(a *f*) *m*; **≈ung** *f* observação *f*; *Regel*: observância *f*; *polizeiliche*: vigilância *f*; **≈ungsgabe** *f* (*0*) espírito *m* de observação; **≈ungs-station** *f* observatório *m*.
be|'ordern [bə'ʔɔrdərn] mandar; *j-n zu sich* ~ (mandar) chamar alg.; **~'packen** (-) carregar (*mit* de); **~'pflanzen** (*-t*; *-*) plantar; *mit Bäumen* ~ arborizar; **≈'pflanzung** *f* plantação *f*; ~ *mit Bäumen* arborização *f*; **≈'pflasterung** *f* pavimentação *f*; **~'pinseln** (*-le*; *-*) pincelar; **≈'plattung** *f* chapeamento *m*.
be'quem [bə'kve:m] cómodo; confortável; *Kleid*: ~ *sn* não incomodar; (*leicht*) fácil; (*träge*) comodista; *es sich* ~ *machen* estar à vontade; **~en** (-): *sich* ~ *zu* acomodar-se a; (*geruhen*) dignar-se; **≈lich-keit** *f* comodidade *f*, conforto (*'ô) *m*; comodismo *m*.
be'rat|en (*L*; *-*) **1.** *v/t.* aconselhar; **2.** *v/i.* conferenciar, deliberar, estar em reunião, estar em conferência; (*sich*) *mit j-m über et.* ~ consultar alg., conferenciar com alg.; **~end** *adj.* consultivo; **≈er(in** *f*) *m* conselheiro (-a *f*) *m*; (*Fach-*) perito *m*; consultor *m*; **≈ung** *f* conferência *f*, deliberação *f*, conselho *m*, reunião *f*; *Arzt*: consulta *f*; **≈ungs-stelle** *f* consultório *m*, ⚕ dispensário *m*; **≈ungs-zimmer** *n* sala *f* de conselhos.
be'raub|en (-): (*j-n gen.*) ~ roubar (a.c. a alg.); despojar (alg. de a.c.); *fig.* privar (alg. de a.c.); **≈ung** *f* despojamento *m*; privação *f*.
be'rausch|en (-) embriagar; *fig.* extasiar; **~end** *adj.* embriagador, embriagante; *fig.* arrebatador; **~t** *adj.* ébrio, bêbedo; *fig.* extático.
'Berber ['bɛrbər] *m*, **≈isch** bérbere (*m*).
be'rechn|en (*-e-*; *-*) calcular, contar, computar; ✝ pôr na conta; (*schätzen*) avaliar; **~end** *adj.* interesseiro, egoísta; **≈ung** *f* cálculo *m*; cômputo *m*; avaliação *f*.
be'rechtig|en [bə'rɛçtigən] (-): ~ *zu* autorizar para; dar direito a; **~t** *adj.* *et.*: legítimo, justo; *j.*: ~ *zu* com direito a; autorizado para; **≈ung** *f* autorização *f*; direito *m*; **≈ungsnachweis** *m* (*-es*; *-e*) habilitação *f*.
be'red|en (*-e-*; *-*) *v/t.* discutir; *j-n*: persuadir (*zu* a); **~sam** eloquente; **≈samkeit** *f* (*0*) eloquência *f*; **~t** eloquente.
Be'reich *m* (*n*) (*-es*; *-e*) âmbito *m*, domínio *m*; esfera *f*; zona *f*; alcance *m*; *das gehört nicht zu meinem* ~ não é da minha competência; *im* ~ *der Möglichkeit liegen* ser possível; **≈ern** (*-re*; *-*): (*sich*) ~ enriquecer; locupletar(-se) (*an dat.* com); **~erung** [-əruŋ] *f* enriquecimento *m*.
be'reif|en (-) *v/t.* **a)** *Auto*: pôr pneus (em); *Faß*: arcar; **b)** *Frost*: cobrir de geada (*od.* escarcha); **≈ung** *f* *Auto*: montagem *f* de pneus; *Faß*: arqueamento *m*; (*Gummireifen*) pneus *m/pl*.
be'reinig|en (-) liquidar; **≈ung** *f* liquidação *f*.
be'reisen (*-t*; *-*) *v/t.* viajar em; percorrer, visitar; ✝ fazer praça em.
be'reit [bə'raɪt] pronto; disposto (*zu* a); ~ *sn a.* estar a postos; **~en** **a)** (*-e-*; *-*) preparar; *Freude*: causar, dar; **b)** (*L*; *-*) *Pferd*: adestrar, domar; *zu Pferd*: percorrer a cavalo; **≈er** *m* picador *m*; **~halten** (*L*) ter à disposição; **~legen, ~machen** preparar; **~s** já; **≈schaft** *f* disposição *f*; *Polizei*: estado *m* de prevenção; *in* ~ *halten* = *bereithalten*; **≈schaftsdienst** *m* (*-es*; *-e*): ~ *haben* estar de serviço; **~stellen** preparar; pôr à disposição (*j-m* de alg.); **≈ung** *f* preparação *f*; **~willig** pronto; solícito; **≈willigkeit** *f* (*0*) solicitude *f*, boa vontade *f*.
be'reuen (-) *v/t.* arrepender-se de.
Berg [bɛrk] *m* (*-es*; *-e*) montanha *f*; *einzelner mit Namen*: monte *m*; *mit et. hinter dem* ~*e halten* esconder a.c., dissimular a.c.; *über alle* ~*e sn* ter fugido; ter-se safado; *über den* ~ *sn* ter passado as dificuldades (*od.* o perigo); *goldene* ~*e versprechen* prometer mundos e fundos; *zu* ~*e stehen Haare*: arripiar-se; **≈'ab** descendo, monte abaixo; **'~akademie** *f* academia *f* mineira, escola *f* superior de engenharia mineira; **≈'an** subindo, monte acima; **'~arbeiter** *m* mineiro *m*; **'~assessor** *m* (*-s*; *-en*) engenheiro *m* assistente (*od.* adjunto) das minas; **'~bau**

m (-*ẹs*; *0*) indústria *f* mineira; exploração *f* das minas; '**~bau-industrie** *f* indústria *f* mineira; '**~baukunde** *f* (*0*) engenharia *f* mineira; '**~besteigung** *f* excursão *f* alpinista; '**~bewohner** *m* montanhês *m*, serrano *m*.

'**bergen** ['bɛrgən] (*L*) salvar; abrigar; *et.*: recolher, pôr a salvo; *in sich* ~ encerrar, conter; abranger.

'**Berg|fahrt** *f* excursão *f* na serra; subida *f*; **~führer** *m* guia *m*; **~geist** *m* (-*es*; -*er*) gnomo (*'ô) *m*; **~grat** *m* (-*ẹs*; -*e*) cumeada *f*; **~gut** *n* (-*ẹs*; *0*) mineral *m*; **~-huhn** *n* (-*ẹs*; ⸚*er*) francolim *m*; **≈ig** [-giç] montanhoso, acidentado; **~kamm** *m* (-*ẹs*; ⸚*e*) cumeada *f*; **~kette** *f* serra *f*; **~knappe** *m* mineiro *m*; **~kristall** *m* (-*ẹs*; *0*) cristal *m* de rocha; **~land** *n* (-*ẹs*; *0*) país *m* montanhoso; **~mann** *m* (-*ẹs*; -*leute*) mineiro *m*; **~predigt** *f* sermão *m* da Montanha; **~recht** *n* (-*ẹs*; *0*) código *m* mineiro; **~rücken** *m* cumeada *f*; **~rutsch** (-*es*; -*e*), **~sturz** *m* (-*es*; ⸚*e*) desabamento *m* de terras; **~spitze** *f* pico *m*; **~sport** *m* (-*ẹs*; *0*) alpinismo *m*; **~steiger(in** *f*) *m* alpinista *m*/*f*; **~stiefel** *m*/*pl.* botas *f*/*pl.* de alpinista; **~ung** [-guŋ] *f* salvamento *m*; recolhimento *m*; **~volk** *n* (-*ẹs*; ⸚*er*) povo *m* montanhês; **~wand** *f* (-; ⸚*e*) rochedo *m*; **~werk** *n* (-*ẹs*; -*e*) mina *f*.

Be'richt [bə'riçt] *m* (-*ẹs*; -*e*) relatório *m*, relação *f*; *amtlicher*: boletim *m*; (*Zeitungs≈*) reportagem *f*; (*Erzählung*) relato *m*; *laut* ~ segundo aviso; ~ *erstatten* = **≈en** (-*e*-; -) (*j-m ac.*, *über ac.*) informar (alg. de a.c.); referir (a.c. a alg.), relatar (a.c. a alg.); **~-erstatter** [-ɛrʃtatər] *m* relator *m*, informador *m*; (*Zeitungs≈*) *lokaler*: repórter *m*, *auswärtiger*: correspondente *m*; **~-erstattung** *f* informação *f*; (*Zeitungs≈*) reportagem *f*; **≈igen** [-igən] (-) corrigir; re(c)tificar; **~igung** [-iguŋ] *f* re(c)tificação *f*.

be'riechen (*L*; -) cheirar; farejar.

be'riesel|n (-*le*; -) regar, irrigar; **≈ung(sfeld** *n* [-*ẹs*; -*er*]) *f* (campo *m* de) rega *f*, irrigação *f*.

be'ritten montado (a cavalo).

Ber'lin|er(in *f*) *m* [bɛr'li:nər-], **~er** *adj.*, **≈(er)isch** berlinês *m*, berlinesa *f*, de Berlim.

'**Bernstein** ['bɛrn-] *m* (-*ẹs*; -*e*) âmbar *m*.

'**bersten** ['bɛrstən] (*L*; *sn*) rebentar; estalar, rachar.

be'rüchtigt [be'ryçtiçt] mal-afamado, famigerado.

be'rückend *adj.* encantador, fascinante; sedutor.

be'rücksichtig|en [bə'ryksiçtigən] (-) considerar, tomar em consideração; atender; **≈ung** *f* consideração *f*.

Be'ruf *m* (-*ẹs*; -*e*) profissão *f*; emprego (*'ê) *m*, ofício *m*; *innerer*: vocação *f*; **≈en** (*L*; -) **1.** *v*/*t.* chamar; (*tadeln*) *a.* censurar; *zu e-m Amte*: nomear para; *auf e-n Lehrstuhl*: convidar para (reger); *Versammlung*: convocar; *sich* ~ *auf* (*ac.*) referir-se a, reportar-se a, invocar (*ac.*), *a.* ⚖ recorrer (par)a; **2.** *adj.* destinado, categorizado, competente, indigitado (*zu* para); **≈lich** profissional.

Be'rufs|arbeit *f* trabalho *m* profissional; **~ausbildung** *f* formação *f* profissional; **~ausweis** *m* (-*es*; -*e*) carteira *f* profissional; **~beamtentum** *n* (-*ẹs*; *0*) funcionários *m*/*pl.* de carreira; **~beratung(s-stelle)** *f* (centro *m* de) orientação *f* profissional; **~genosse** *m* (-*n*) colega *m*; **~genossenschaft** *f* corporação *f* profissional; *der Arbeiter*: sindicato *m*; **≈mäßig** profissional; **~leben** *n* (-*s*; *0*) vida *f* profissional; **~soldat** *m* (-*en*) militar *m* de carreira; **~spieler** *m Sport*: profissional *m*; **≈tätig**: ~ *sn* exercer uma profissão.

Be'rufung [bə'ru:fuŋ] *f* (*Ernennung*) nomeação *f*; *innere*: vocação *f*; *Versammlung*: convocação *f*; ⚖ apelação *f*; ~ *einlegen* interpor recurso; recorrer, apelar (*bei* a; *gegen* de); protestar; **~sgericht** *n* (-*ẹs*; -*e*), **~s-instanz** *f*, **~skammer** *f* (-; -*n*) tribunal *m* de relação; **~sverfahren** *n* revisão *f* do processo.

be'ruhen (-): ~ *auf* (*dat.*) depender de, basear-se em; partir de; *auf sich* ~ *lassen* (*ac.*) deixar.

be'ruhig|en [bə'ru:igən] (-) tranquilizar; acalmar, aquietar, (*a. sich* ~) sossegar; serenar; *sich* ~ *bei* conformar-se com, contentar-se com; **≈ung** *f* sossego (*ê) *m*; *zu Ihrer* ~ para seu descanso; **≈ungsmittel** *n* ⚕ calmante *m*.

be'rühmt [bə'ry:mt] célebre, fa-

moso, afamado, ilustre; ~ *werden* celebrizar-se; adquirir fama; **2heit** *f* celebridade *f* (*erlangen* ganhar).
be'rühr|en (-) *v/t.* tocar (*a. fig.*); *im Gespräch*: aludir a, referir-se a; *Gemüt*: afe(c)tar, comover; **2ung** *f* conta(c)to *m*; **2ungs...**: *in Zssg(n)* de conta(c)to.
be'säen (-) semear; ~ *mit fig.* salpicar de.
be'sag|en (-) (querer) dizer, significar; (*lauten*) rezar; **~t** *adj.* mencionado, referido, o tal...
be'saite|n [bə'zaɪtən] (-*e*-; -) pôr cordas em, encordoar; **~t** *adj.*: *zart* ~ sensível.
be'sänftig|en [bə'zɛnftigən] (-) aplacar, apaziguar; (*lindern*) mitigar, atenuar; **2ung** *f* quietação *f*.
Be'satz *m* (-*es*; ⸚*e*) guarnição *f*; fímbria *f*, debrum *m*; **~ung** *f* ⚔ guarnição *f* (militar), *fremde*: tropas *f/pl.* de ocupação; ⚓ *u.* ✈ tripulação *f*; **~ungs...**: *in Zssg(n)* de ocupação; **~ungs-macht** *f* (-; ⸚*e*) potência *f* ocupante.
be'saufen P (*L*; -): *sich* ~ embriagar-se.
be'schädig|en (-) danificar; estragar; ⚓, ⊕, ✈ avariar; **2ung** *f* dano *m*, danificação *f*; estrago *m*; avaria *f*.
be'schaff|en (-) **1.** arranjar; (*liefern*) fornecer; **2.** *adj.*: *gut* ~ em bom estado *m*, em boas condições *f/pl.*; *wie ist es damit* ~? como é?; **2enheit** *f* (*0*) qualidade *f*, natureza *f*, condição *f*; **2ung** *f* fornecimento *m*.
be'schäftig|en [bə'ʃɛftigən] (-) ocupar; empregar; *sich* ~ ocupar-se de (*mit a.* de, em); andar a (*inf.*); **2ung** *f* ocupação *f*; emprego (*'ê) *m*; afazeres *m/pl.*; **~ungslos** desempregado; **2ungs-therapie** *f* terapia *f* (*od.* terapêutica *f*) ocupacional.
be'schäm|en (-) envergonhar; (*übertreffen*) exceder; (*verwirren*) confundir; **~end** *adj.* vergonhoso; **2ung** *f* vergonha *f*; humilhação *f*; confusão *f*.
be'schatten (-*e*-; -) *v/t.* dar sombra(s) a; sombrear; *fig.* seguir.
be'schau|en (-) contemplar; (*prüfen*) examinar; **2er** *m* fiscal *m*; (*Zuschauer*) espe(c)tador *m*; **~lich** contemplativo.
Be'scheid [bə'ʃaɪt] *m* (-*ẹs*; -*e*) (*Antwort*) resposta *f*; (*Auskunft*) informação *f*; (*Entscheidung*) decisão *f*; ordem *f*; ~ *geben* participar; ~ *sagen* informar; *j-m tüchtig* ~ *sagen* dizer as últimas a alg.; ~ *wissen* saber, estar informado.
be'scheiden 1. *v/t.* (*L*; -): *j-n dahin* ~, *daß* responder a alg. que, informar alg. de que; *abschlägig* ~ indeferir; *sich* ~ resignar-se, conformar-se; **2.** *adj.* modesto; **2heit** *f* (*0*) modéstia *f*.
be'schein|en (*L*; -) iluminar; **~igen** [-igən] (-) atestar, certificar; *Empfang*: acusar; **2igung** *f* atestado *m*, certificado *m*; (*Empfangs2*) recibo *m*, aviso *m* de recepção.
be'schenken (-) presentear, contemplar.
be'scher|en (-): *j-m et.* ~ presentear alg. com a.c.; *fig.* arranjar; **2ung** *f* distribuição *f* de presentes; *fig.* e-e *schöne* ~! lindo serviço!; *da haben wir die* ~! estamos arranjados!
be'schick|en (-) *v/t.* *Versammlung*: enviar delegado(s) a; e-e *Ausstellung* ~ expor; *Hochofen*: encher; *Haus*: cuidar de; et. ~ adiantar o trabalho; **2ung** *f* *Hochofen*: carga *f*.
be'schieden [bə'ʃi:dən] *p.pt. v. bescheiden*; *adj.* destinado, dado.
be'schienen (-) **1.** *v/t.* calçar (uma roda); meter carris; **2.** *p.pt. v. bescheinen*; *adj.* batido (*von* por).
be'schieß|en (*L*; -) disparar contra; metralhar; bombardear; **2ung** *f* bombardeamento *m*.
be'schilder|n (-*re*; -) sinalizar; **2ung** *f* sinalização *f*.
be'schimpf|en (-) insultar, injuriar; **2ung** *f* insulto *m*, afronta *f*.
be'schirm|en (-) abrigar, proteger, *fig. a.* amparar; **2ung** *f* prote(c)ção *f*.
be'schlafen (*L*; -) *fig.* et. ~ dormir sobre (*ô) a.c.
Be'schlag *m* (-*ẹs*; ⸚*e*) ferradura *f*; guarnição *f*; (*Hauch*) bafo *m*; *mit* ~ *belegen*, *in* ~ *nehmen* apreender; embargar; *fig.* querer só para si; ⚔ requisitar; **2en** (*L*; -) **1.** *v/t.* ferrar, guarnecer; *Rad*: calçar; **2.** *v/i.* embaciar(-se); **3.** *adj.* baço; (*kundig*) versado; **~nahme** [-na:mə] *f* (*0*) apreensão *f*; embargo *m*; sequestro *m*; confiscação *f*; **2nahmen** (-) apreender; sequestrar; confiscar.
be'schleichen (*L*; -) espiar, surpreender; *fig. Furcht*: constranger.

be'schleunig|en [bə'ʃlɔynigən] (-) acelerar, apressar; **2ung** *f* aceleração *f*.
be'schließen (*L*; -) (*beenden*) terminar, concluir, acabar; (*entscheiden*) resolver, decidir, deliberar; *gemeinsam*: acordar.
Be'schluß *m* (*-sses*; *⸚sse*) conclusão *f*; resolução *f* (*fassen* tomar), decisão *f*; determinação *f*; *den* ~ *fassen* resolver (*zu ac. od. inf.*); **2fähig** em número (para votar); **~fähigkeit** *f* (*0*) quórum *m*; **~fassung** *f* votação *f*, resolução *f*; decisão *f*; deliberação *f*.
be'schmieren (-) (bes)untar; borrar.
be'schmutzen (*-t*; -) sujar.
be'schneid|en (*L*; -) cortar; ⚘ *a.* podar, decotar; (*schmälern*) reduzir; ⚕ circuncisar; **2ung** *f* ⚘ poda *f*; ⚕ circuncisão *f*; *fig.* redução *f*.
be|'schnüffeln (*-le*; -), **~'schnuppern** (*-re*; -) afocinhar, farejar; *fig.* *alles* ~ meter o nariz em tudo.
be'schönig|en [bə'ʃø:nigən] (-) embelezar; paliar, atenuar; **2ung** *f* paliação *f*.
be'schränk|en [bə'ʃrɛnkən] (-) limitar; restringir; reduzir; *Verbrauch*: *a.* racionar; **~t** *adj. Zeit*: escasso; *fig. j.*: tapado; **2t-heit** *f* (*0*) escassez *f*; *fig.* pouca inteligência *f*; **2ung** *f* limitação *f*, restrição *f*, redução *f*; racionamento *m*.
be'schreib|en (*L*; -) *v/t.* descrever; *Blatt*: escrever em; ⨺ traçar; **~end** descritivo; **2ung** *f* descrição *f*; *e-r Person*: (indicação *f* dos) sinais *m/pl.*
be'schrift|en [bə'ʃriftən] (*-e-*; -) *v/t.* pôr títulos (a, em), pôr legendas (em); explicar; rotular; **2ung** *f* legenda *f*, inscrição *f*; ✝ letreiro *m*.
be'schuldig|en [bə'ʃuldigən] (-): *j-n* (*e-r Sache*) ~ acusar alg. (de a.c.; imputar a.c. a alg.); *j-n e-s Verbrechens* ~ incriminar alg.; **2ung** *f* acusação *f*; incriminação *f*.
be'schummeln F (*-le*; -) enganar.
be'schütze|n (*-t*; -) proteger, amparar (*vor dat.* de); **2r(in** *f*) *m* prote(c)tor(a) *m/f*, defensor(a) *m/f*.
be'schwatzen F (*-t*; -) falar de; *j-n*: seduzir; *j-n zu et.* ~ *a.* impingir a.c. a alg.
Be'schwerde [bə'ʃve:rdə] *f* a) (*Mühe, Last*) fadiga *f*, trabalho *m*; *pl.* ⚕ dores *f/pl.*, (*Gebrechen*) achaques *m/pl.*; b) (*Klage*) queixa *f*, reclamação *f* (*erheben, führen* fazer); **~buch** *n* (*-es*; *⸚er*) livro *m* das reclamações; **~führer** *m* queixoso *m*, reclamante *m*; **~schrift** *f* queixa *f*.
be'schwer|en [bə'ʃve:rən] *v/t.* (-) carregar, pesar em; (*belästigen*) incomodar; *sich über* (*ac.*) ~ queixar-se de, fazer queixa de (*bei j-m* a alg., junto de alg.); **~lich** penoso; incómodo; fatigante; ~ *fallen* (*dat.*) molestar (*ac.*), custar a; **2lichkeit** *f* incómodo *m*, fadiga *f*, dificuldade *f*.
be|'schwichtigen [bə'ʃviçtigən] (-) sossegar; acalentar; **~'schwindeln** (*-le*; -) F entrujar; **~'schwingt** [-'ʃviŋt] *fig.* alado, vivo; **~'schwipst** [-'ʃvipst] borracho; *präd. a.* alegre.
be'schwör|en (*L*; -) jurar; (*bitten*) suplicar, implorar; *Geister*: evocar; (*austreiben*) exorcismar; *Unheil*: conjurar; **2ung** *f* juramento *m*; súplica *f*; evocação *f*; exorcismo *m*; conjuração *f*. [**~t** *adj.* vivo.]
be'seel|en [bə'ze:lən] (-) animar;
be'sehen (*L*; -) contemplar, (*a. sich* ~) examinar, ver.
be'seitig|en [bə'zaıtigən] (-) remover; eliminar; *j-n*: afastar; assassinar; **2ung** *f* eliminação *f*.
'Besen ['be:zən] *m* vassoura *f*; espanador *m*; **~binder** *m* vassoureiro *m*; **~stiel** *m* (*-es*; *-e*) cabo *m* de (*od.* da) vassoura.
be'sessen [bə'zɛsən] **1.** *p.pt. v.* besitzen; **2.** *adj.* possesso; **2e(r** *m*) *m, f* possesso *m*, -a *f*, energúmeno *m*, -a *f*; obsesso *m*, -a *f*; **2-heit** *f* (*0*) obsessão *f*.
be'setz|en (*-t*; -) (*schmücken*) guarnecer (*mit* de); *Amt, Stelle*: nomear para; *Platz*, ⚔ ocupar; ⚓ tripular; *Thea. Rollen*: distribuir; **~t** *adj.* ~ *mit* coberto de; 🚌 completo, (*a. Thea.*) com a lotação esgotada; *Abort*: ocupado, *Fernspr.*: ~ *sn a.* estar a falar; **2t-zeichen** *n* sinal *m* de impedido; **2ung** *f Amt, Posten*: provimento *m*; ⚔ ocupação *f*; *Thea.*: distribuição *f*.
be'sichtig|en [bə'ziçtigən] (-) visitar; inspe(c)cionar; ⚔ passar revista a; **2ung** *f* visita(ção) *f*, inspe(c)ção *f*, vistoria *f*; revista *f*.
be'siedel|n (*-le*; -) povoar; **2ung** *f* povoação *f*, colonização *f*.
be'siegeln (*-le*; -) selar; *fig. a.* confirmar; *Schicksal*: decidir.

be'siegen (-) vencer; triunfar de.
be'singen (*L*; -) cantar; *fig. a.* celebrar.
be'sinn|en (*L*; -): *sich* ~ lembrar-se, recordar-se (*auf ac.* de); refle(c)tir (sobre); (*zu sich kommen*) voltar a si; (*zögern*) hesitar; *sich anders* ~, *sich e-s Besseren* ~ mudar de opinião (*od.* de ideias); **2en** *n* reflexão *f*; hesitação *f*; **~lich** pensativo; **2ung** *f* (*0*) sentidos *m/pl.*; consciência *f*; *wieder zur* ~ *kommen* recuperar sentidos, *a. fig.* voltar a si; **~ungslos** sem sentidos.
Be'sitz *m* (*-es*; *-e*) posse(s) *f*(*pl.*), bens *m/pl.*, haveres *m/pl.*; propriedade *f*; *im* ~ *sn von* estar de posse de; **2anzeigend** possessivo; **2en** (*L*; -) possuir, ter; **~er**(**in** *f*) *m* possuidor(a *f*) *m*; *Geschäft*: dono (-a *f*) *m*, patrão *m* (patroa *f*); (*bsd. Grund*2) proprietário (-a *f*) *m*; **~-ergreifung** [-ɛrgraɪfuŋ] *f*, **~nahme** [-na:mə] *f* a(c)to *m* de tomar posse; *widerrechtliche*: usurpação *f*; **2los** sem fortuna; *Pol.* proletário; **~recht** *n* (*-es*; *-e*) título *m* de propriedade; **~tum** *n* (*-s*; *ᵘer*), **~ung** *f* propriedade *f*; (*Landgut*) quinta *f*.
be'soffen [bə'zɔfən] P *p.pt. v. besaufen*; *adj.* borracho.
be'sohlen [bə'zo:lən] (-) *v/t.* pôr solas em, solar.
be'sold|en [bə'zɔldən] (*-e-*; -) pagar o salário a, pagar o soldo (*'ô) a; assalariar; **2ung** *f* soldo (*'ô) *m*, salário *m*.
be'sonder particular, peculiar, especial; (*seltsam, ausgezeichnet*) singular; *im* ~*en* particularmente, especialmente; **2heit** *f* particularidade *f*, especialidade *f*; singularidade *f*; **~s** particularmente, em particular, especialmente; sobretudo; (*getrennt*) separadamente; *nicht* ~ F assim, assim; regular; *adj.* pouco.
be'sonnen 1. *v/t.* (-) expor ao sol; **2.** *p.pt. v. besinnen*; **3.** *adj.* refle(c)tido, prudente; **2-heit** *f* (*0*) reflexão *f*, circunspe(c)ção *f*, prudência *f*.
be'sorg|en (-) *v/t.* arranjar, (*erledigen*) *a.* cuidar de, tratar de; (*kaufen*) comprar; (*befürchten*) recear; **2nis** *f* (-; *-se*) receio *m*, apreensão *f*, cuidado *m*; **~nis-erregend** inquietador, alarmante; que inspira cuidados; **~t** *adj.* inquieto, apreensivo, preocupado; **2t-heit** *f* (*0*) cuidado *m*, inquietação *f*; **2ung** *f* compra *f*, aquisição *f*; (*Auftrag*) recado *m*; (*Erledigung*) execução *f*.
be'spann|en (-): *mit Pferden* ~ atrelar; *mit Saiten* ~ pôr cordas em; *mit Stoff* ~ forrar, revestir; **2ung** *f* forro (*'ô) *m*, revestimento *m*; (*Gespann*) parelha *f*.
be'spitzel|n [bə'ʃpitsəln] (*-le*; -) vigiar, espiar; **2ung** *f* espi(on)agem *f*.
be'spötteln (*-le*; -) *v/t.* troçar de, fazer troça de.
be'sprech|en (*L*; -) *v/t.* falar de, discutir; tratar de; *Lit.*: criticar, fazer a crítica de; recensear; (*beschwören*) conjurar; *Krankheiten*: ensalmar; *Schallplatte*: gravar; *sich* ~ conferenciar (*über ac.* sobre); **2raum** *m* (*-es*; *ᵘe*) *Radio*: estúdio *m*; **2ung** *f* entrevista *f*, conferência *f*; discussão *f* (*abhalten* ter); *Lit.*: resenha *f*, crítica *f*, recensão *f*.
be'sprengen (-) regar; borrifar; rociar; ⚕ abluir.
be'springen (*L*; -) *Zool.* acavalar.
be'spritzen (*-t*; -) regar; *mit Schmutz* ~ manchar, salpicar.
be'spucken (-) cuspir a.
be'spülen (-) banhar.
'besser ['bɛsər] (*comp. v. gut u. wohl*) melhor (*desto, um so* tanto); *die* ~*e Gesellschaft* a sociedade; et. **2es** a.c. de melhor, a.c. de superior; ~ *werden* melhorar; **~n** (*-re*) *et.*: melhorar; *j-n*: corrigir; *Sitten*: reformar; *sich* ~ *j.*: emendar-se, corrigir-se; melhorar (*a. et.*); **2ung** *f* melhoramento *m*; ⚕ melhoras *f/pl.*; *j-m gute* ~ *wünschen* estimar as melhoras de alg.; **2ungs-anstalt** *f* casa *f* de corre(c)ção; **2wisser** [-visər] *m* que julga saber tudo melhor.
best [bɛst] (*sup. v. gut u. wohl*); **1.** *adj.* melhor; *der erste* ~*e* qualquer; **2.** *adv. am* ~*en* o melhor; ~*ens, aufs* ~*e* da melhor maneira, o melhor possível; pelo melhor; *man tut am* ~*en zu* (*inf.*) o melhor será; não há como; **'2e**(**s**) *n* o melhor; *zum* ~*n* (*gen.*) em benifício de, em proveito de; em prol de; *zu j-s* ~*n* para o bem de alg.; *et. zum* 2*n geben* entreter os seus amigos com, *Geschichte*: contar, *Lied*: cantar; *j-n zum* 2*n haben* fazer troça (*od.* pouco) de alg.

be'stall|en [bə'ʃtalən] (-) nomear; **&ung** *f* nomeação *f*.

Be'stand *m* (-*ės*; ⸚*e*) existência *f* (*pl.* ✝ *an dat.* de); (*Inhalt*) recheio *m*; (*Dauer*) duração *f*, estabilidade *f*, resistência *f*; ⚔ efe(c)tivos *m*/*pl.*; *Wald*: revestimento *m*; *von* ~ estável, constante, seguro; **&en** [-dən] *p.pt. v. bestehen*; *adj.* revestido (*mit* de).

be'ständig constante; estável; contínuo; seguro, duradouro; **&keit** *f* (*0*) estabilidade *f*, constância *f*.

Be'stands|aufnahme *f* inventário *m*, inventariação *f*; **~buch** *n* (-*ės*; ⸚*er*), **~liste** *f* rol *m*, inventário *m*.

Be'standteil *m* (-*ės*; -*e*) elemento *m*, parte *f* integrante, componente *f*; ⚗ ingrediente *m*; *e-n ~ bilden von* ser parte integrante de; entrar em, pertencer a.

be'stärken (-) confirmar, corroborar.

be'stätig|en [bə'ʃtɛ:tigən] (-) confirmar; *Empfang*: acusar; *Urkunde*: autenticar; *Vertrag*: ratificar; **&ung** *f* confirmação *f*, autenticação *f*; ratificação *f*; (*Empfangs&*) aviso *m* de recepção; (*Quittung*) recibo *m*.

be'statt|en [bə'ʃtatən] (-*e*-; -) sepultar, enterrar; **&ung** *f* enterro (*'ê) *m*.

be'stäub|en (-) cobrir de pó, empoeirar; ⚘ polinizar; **&ung** *f* ⚘ polinização *f*.

be'stech|en (*L*; -) subornar; corromper; *fig.* = **~end** *sn* ser sugestivo, ser sedutor; **~lich** corru(p)to, venal; **&lichkeit** *f* (*0*) corru(p)ção *f*, venalidade *f*; **&ung** *f* corru(p)ção *f*, suborno (*'ô) *m*.

Be'steck [bə'ʃtɛk] *n* (-*ės*; -*e*) (*Tisch&*) talher *m*; ⚕ estojo (*'ô) *m*; ⚓ ponto *m* (*nehmen* tirar); **&en** (-) picar, guarnecer (*mit* de).

be'stehen (*L*; -) **1.** *v*/*t. Gefahr*: sair vitorioso de; *Prüfung*: fazer, passar em; *nicht* ~ ficar reprovado (em), F ficar chumbado (em); **2.** *v*/*i.* existir, haver; (*fort~*) (per)durar, continuar; (*leben*) subsistir; *vor* (*dat.*) ~ fazer boa figura perante, sair bem, sair justificado; ~ *aus*, ~ *in* (*dat.*) consistir em; compor-se de; ser constituído por; ~ *auf* (*dat.*) insistir em; **3.** & *n* existência *f*; **~d** *adj.* existente; (*noch*) ~ subsistente; ~ *aus* composto de.

be'stehlen (*L*; -) roubar.

be'steig|en (*L*; -) *v*/*t.* subir a; *Pferd*: montar; **&ung** *f* escalada *f*, subida *f*; ascensão *f* (*gen.* a).

be'stell|bar ⚒ cultivável, arável; **&bezirk** *m* (-*ės*; -*e*) ✉ distrito *m* postal; **~en** (-) *Auftrag*: dar; ⚒ cultivar, lavrar; *Grüße*: dizer; *Haus*: governar; *Platz*: marcar; *Ware*: encomendar, mandar vir; *Zeitung*: assinar; (*ernennen*) nomear (*zum*: *ac.*); **&er(in** *f*) *m* (*Käufer*) comprador(a *f*) *m*, cliente *m*/*f*; *Bibliothek*: requisitante *m*/*f*; **&schein** *m* (-*ės*; -*e*) (boletim *m* de) requisição *f*; **~t**: *gut* ~ *sn um* ir bem, andar bem; **&ung** *f* encomenda *f*; pedido *m*; ⚒ cultura *f*; ✉ entrega *f*; **&zettel** *m* = *&schein*.

'besten|falls no melhor dos casos; quando muito; **~s** da melhor maneira, o melhor possível; *danke* ~ muitíssimo obrigado.

be'steuern (-*re*; -) lançar impostos sobre, estabelecer taxas sobre.

besti'al|isch [bɛsti'a:liʃ] bestial, feroz; **&i'tät** [-i'tɛ:t] *f* bestialidade *f*, ferocidade *f*.

'Bestie ['bɛstiə] *f* fera *f*.

be'stimm|bar [bə'ʃtim-] determinável; *j.*: *leicht* ~ *sn* deixar-se influenciar; **~en** (-) determinar, ~ *zu a.* destinar, *Datum*: *a.* fixar, marcar; *Begriff*: definir; ⚘ classificar; *vertraglich*: estipular; (*anordnen*) dispor; ~ *über* (*ac.*) dispor de; *j-n* ~ *et. zu tun* levar alg. a fazer a.c.; **~t** *adj.*: determinado, certo, categórico; *gr.* definido; ~ *für* destinado para; relativo a; *adv.* com certeza; **&t-heit** *f* certeza *f*; **&ung** *f* determinação *f*; *gr. adverbiale* ~ complemento *m* invariável; **&ungsort** *m* (-*ės*; -*e*) (lugar *m* de) destino *m*.

'Best|leistung *f* melhor resultado *m*; ⊕ rendimento *m* máximo; **&möglich** o melhor possível.

be'straf|en (-) castigar; *mit Geld*: multar; **&ung** *f* castigo *m*, pena *f*.

be'strahl|en (-) irradiar, iluminar; ⚕ (*a. sich ~ lassen*) fazer um tratamento radioterapêutico (*od.* de raios); **&ung** *f* irradiação *f*; radioterapia *f*.

be'streb|en (-) **1.** *sich* ~, **~t** *sn zu* (*inf.*) esforçar-se por; pretender; **2.** **&en** *n* esforço *m*; empenho *m*, ânsia *f*; *es wird mein* ~ *sn* farei tudo quanto puder.

be'streichen (*L*; -) untar; *Brot*: barrar; ⚔ varrer.

be'streit|bar contestável; **~en** (*L*; -) contestar; negar; impugnar; *Gebiet*: disputar; *die Kosten* (*gen.*) ~ custear (*ac.*); **2ung** *f* contestação *f*; ~ *der Kosten* custeamento *m*.

be'streuen (-) *v/t*. deitar sobre, polvilhar; ~ *mit* juncar de.

be'stricken (-) *fig*. encantar, cativar; **~d** *adj*. cativante; encantador.

be'stück|en [bə'ʃtykən] ⚔ (-) artilhar; **2ung** *f* ⚔ artilhamento *m*.

be'stürmen (-) assaltar; *fig*. assediar.

be'stürz|en (-*t*; -) consternar; **~t** consternado; atónito; **2ung** *f* sobressalto *m*, alteração *f*, consternação *f*.

Be'such [bə'zu:x] *m* (-*es*; -*e*) visita *f* (*auf, zu* ~ de; ~ *abstatten* fazer); (*Gäste*) visitas *f/pl*. (*haben a*. estar com); *Benutzung, Besucherzahl*: frequência *f*, *Schule usw.*: *a*. frequentação *f*; **2en** (-) *v/t*. visitar, ir ver; *Schule*: ir a, (*a. häufig* ~) frequentar; *Versammlung*: assistir a, *zahlreich*: concorrer a; **~er(in** *f*) *m* visitante *su*., visita *f*; *Thea*. espe(c)tador(a *f*) *m*; *pl*. público *m*, assistência *f/sg*.; **~s-karte** *f* cartão *m* de visita; **~s-zeit** *f* horas *f/pl*. de visita; **~s-zimmer** *n* sala *f* (de visitas).

be|'sudeln (-*le*; -) manchar, sujar; *mit Blut* ~ ensanguentar; **~'tagt** [-'ta:kt] idoso, de idade; **~'tasten** (-*e*-; -) apalpar; **2'tasten** *n* palpação *f*.

be'tätig|en [bə'tɛ:tigən] (-) provar por a(c)ções; ⊕ manejar, a(c)cionar; *sich* ~ ser a(c)tivo; *sich* ~ *als* fazer de, trabalhar como; a(c)tuar de; *sich als Arzt* ~ ser médico; *sich bei et.* ~ tomar parte (*od.* participar) em a.c.; *sich* ~ *in* (*dat.*) exercer (*ac.*); **2ung** *f* a(c)tividade *f*; (*Teilnahme*) participação *f*; ⊕ manejo *m*, a(c)cionamento *m*.

be'täub|en [bə'tɔybən] (-) atordoar; ⚕ anestesiar, fazer uma anestesia; **~end** *adj*. *Lärm*: atordoante; ⚕ anestésico, narcótico; **2ung** *f* atordoamento *m*; ⚕ anestesia *f*, narcose *f*; insensibilidade *f*; **2ungsmittel** *n* narcótico *m*, anestésico *m*; (*Rauschgift*) estupefaciente *m*.

be'teilig|en [bə'taɪligən] (-) interessar (*an dat., bei* em); *sich* ~ (*an dat.*) tomar parte (em), participar (em, de); ✝ estar interessado (em); **~t** *adj*. participante; *bsd*. ✝ interessado; *bsd*. ⚖ implicado, envolvido (*an dat*. em); **2ung** *f* participação *f*; interesses *m/pl*.; (*Mitwirkung*) concorrência *f*, colaboração *f*.

'beten ['be:tən] (-*e*-) orar, fazer preces; *Text*: rezar.

be'teuer|n [bə'tɔyərn] (-*re*; -) (re-) afirmar, reiterar; **2ung** *f* protesto *m*.

be'titel|n [bə'ti:təln] (-*le*; -) intitular; *j-n* ~ tratar alg. de, dar o título de ... a alg.; **~t** *a*. com o título de.

Be'ton [bə'tɔŋ] *m* (-*s*; -*s*) betão *m*, cimento *m* (* *a*. concreto *m*) armado.

be'ton|en [bə'to:nən] (-) *v/t*. acentuar; carregar em; *fig*. insistir em, sublinhar; frisar, realçar; **2ung** *f* acentuação *f*.

beto'nieren [bəto'ni:rən] (-) *v/t*. cimentar.

Be'tonmisch|er *m*, **~maschine** *f* betoneira *f*.

be'tören [bə'tø:rən] (-) seduzir; enganar; engodar.

Be'tracht [bə'traxt] *m* (-*es*; *0*): *in* ~ *kommen* interessar; *in* ~ *ziehen* tomar em consideração, ter em conta; *außer* ~ *lassen* prescindir de; **2en** (-*e*-; -) contemplar, mirar; encarar; *fig*. considerar (*als* como *od. unübersetzt*); **~er** *m* observador *m*.

be'trächtlich [bə'trɛçtliç] considerável; de certa monta.

Be'trachtung [bə'traxtuŋ] *f* observação *f*; contemplação *f*, consideração *f*; *pl*. reflexões *f/pl*.; *~en anstellen über* (*ac.*) pôr-se a refle(c)tir sobre.

Be'trag [bə'tra:k] *m* (-*es*; ⁼*e*) importância *f*, quantia *f*; verba *f*; (*Gesamt*2) montante *m*; ~ *erhalten* recebi a quantia supra.

be'tragen **1.** *v/t*. (*L*; -) importar (em), montar a; ser; *sich* ~ comportar-se; **2.** 2 *n* conduta *f*, comportamento *m*.

be'trau|en (-): *j-n mit et.* ~ confiar a.c. a alg.; **~ern** (-*re*; -) *v/t*. chorar; estar de luto por.

Be'treff *m* (-*es*; -*e*): *in* ~ = 2*s*; **2en** (*L*; -) *v/t*. dizer respeito a; atingir; afe(c)tar; (*überraschen*) surpreender (*bei* a); *Verlust*: sofrer; *was* (*ac.*) *betrifft* quanto a; **2end**

p.prs. (*ac.*) relativo a; *adj.* respe(c)tivo, em questão, em causa; ≈s (*gen.*) com respeito a, em relação a; relativo a, quanto a.

be'treiben (*L*; -) *v/t. Gewerbe*: exercer; *Studien*: fazer; mover; ⚒ explorar; ⊕ a(c)cionar (*mit* a); *Angelegenheit*: tratar de; (*fördern*) a(c)tivar, intensificar; *auf* ≈ *von* por iniciativa de.

be'treten 1. *v/t.* (*L*; -) entrar em, andar sobre, pôr o pé em, trilhar, pisar; **2.** *adj. fig.* perplexo, confuso, embaraçado.

be'treu|en [bə'trɔyən] (-) *v/t.* cuidar de; tomar à sua guarda; *j-n*: *a.* acompanhar; **≈ung** *f* cuidado *m*; acompanhamento *m*, companhia *f*.

Be'trieb *m* (-*es*; -*e*) (*Arbeit*) laboração *f*; serviço *m*; (*Fabrik*) estabelecimento *m*, empresa *f*; fábrica *f*; ⚒ exploração *f*; *fig.* (*haben*) *viel* ~ grande movimento *m*; *in* ~ *sn* estar em laboração; trabalhar, estar a funcionar, estar em serviço, ⚒ estar em exploração; *außer* ~ *sn* não funcionar (*usw.*); *in* ~ *setzen* pôr em marcha, pôr a trabalhar, pôr a andar; *in* ~ *nehmen* fazer entrar em funcionamento; *billig* (*teuer*) *im* ~ *sn* gastar pouco (muito); **≈sam** a(c)tivo, mexido; **~samkeit** *f* (*0*) a(c)tividade *f*.

Be'triebs|angehörige(r) *m* empregado *m*; *pl.* pessoal *m*; **~anlage** *f* instalação *f*; **~appell** *m* (-*s*; -*e*) chamada *f* do pessoal; **~assistent** *m* (-*en*) assistente *m* técnico; **~ausschuß** *m* (-*sses*; ⸚*sse*) representação *f* do pessoal; **≈fähig, ≈fertig** em condições (de funcionar); **~führer** *m* chefe *m*, gerente *m*; patrão *m*; **~führung** *f* (*0*) gerência *f*; **~gemeinschaft** *f* pessoal *m*; **~ingenieur** *m* (-*s*; -*e*) engenheiro *m* de serviço; **~kapital** *n* (-*s*; *0*) capital *m* de exploração; **~leiter** *m* dire(c)tor *m* técnico; gerente *m*; **~leitung** *f* dire(c)ção *f*, gerência *f*; **~material** *n* (-*s*; -*ien*) 🚃 material *m* rolante; **~rat** *m* (-*es*; ⸚*e*) conselho *m* (*Person*: conselheiro *m*) técnico; *der Arbeitnehmer*: (membro *m* do) conselho *m* dos operários; **~schutz** *m* (-*es*; *0*) prote(c)ção *f* contra os riscos do trabalho; **~sicherheit** *f* (*0*) segurança *f* no trabalho; **~spannung** *f* tensão *f* de serviço; **~stockung**, **~störung** *f* avaria *f*; **~stoff** *m* (-*es*; -*e*) combustível *m*, carburante *m*; **~unfall** *m* (-*es*; ⸚*e*) acidente *m* no trabalho; **~verhältnisse** *n/pl.* condições *f/pl.* de trabalho; **~versammlung** *f* reunião *f* do pessoal; **~wirtschaft(slehre)** *f* (*0*) economia *f* industrial; **~zelle** *f Pol.* célula *f* operária.

be'trinken (*L*; -): *sich* ~ emborrachar-se, embriagar-se.

be'troffen [bə'trɔfən] *p.pt. v. betreffen*; *adj.* (*verlegen*) confuso, perplexo; (*erstaunt*) surpreendido, admirado.

be'trüb|en (-) afligir; *tief* ~ desolar; **~end, ~lich** triste; aflitivo; **≈nis** *f* (-; -*se*) tristeza *f*, aflição *f*; **~t** *adj.* triste, aflito.

Be'trug *m* (-*es*; *0*) engano *m*, entrujice *f*; ⚖ fraude *f*; *Spiel*: batota *f*.

be'trüge|n (*L*; -) enganar, entrujar; lograr, burlar; *j-n um et.* ~ defraudar a.c. a alg.; *Spiel*: fazer batota; **≈r(in** *f*) *m* impostor(a *f*) *m*; defraudador(a *f*) *m*, embusteiro (-a *f*) *m*, entrujão *m* (entrujona *f*); batoteiro (-a *f*) *m*; **≈'rei** *f* entrujice *f*; **~risch** fraudulento.

be'trunken *p.pt. v. betrinken*; *adj.* borracho, bêbedo, ébrio; **≈heit** *f* (*0*) embriaguez *f*, bebedeira *f*; borracheira *f*.

Bett [ɛ] *n* (-*es*; -*en*) cama *f* (*zusammenklappbares* articulada, de encartar, de campanha); (*a. Fluß*≈) leito *m*; *im* ~, *zu* ~ na cama (*liegen estar*); *zu* ~ *bringen* deitar; *zu* ~ *gehen, sich ins* ~ *legen* ir para a cama, ir deitar-se; *das* ~ *hüten müssen* guardar a cama, estar de cama; **'~couch** *f* (-; -*es*) cama-divã *f*; **'~decke** *f* coberta *f* da cama; *seidene* ~ colcha *f*.

'Bettel ['bɛtəl] *m* (-*s*; *0*) miséria *f*, *fig. a.* bagatela *f*; **≈-arm** (*0*) pobríssimo; **~brief** *m* (-*es*; -*e*) carta *f* de pedinte; **~'ei** [-'laɪ] *f* mendicidade *f*; *lästige*: pedinchice *f*; **~geld** *n* (-*es*; -*er*) esmola *f*; *fig.* miséria *f*; **~mönch** *m* (-*es*; -*e*) frade *m* mendigo, frade *m* mendicante; **≈n** (-*le*) mendigar, (andar a) pedir; **~-orden** *m* ordem *f* mendicante; **~stab** *m* (-*es*; *0*) bastão *m* de mendigo; *an den* ~ *bringen* reduzir à miséria; **~volk** *n* (-*es*; *0*) mendigos *m/pl.*; canalha *f*.

'**bett|lägerig** ['-lɛgəriç]: ~ *sn* estar de cama; **2laken** *n* lençol *m*.
'**Bettler** ['bɛtlər] *m* mendigo *m*, pobre *m*; *zum ~ machen* reduzir à miséria; **~in** *f* mendiga *f*; pobre *f*.
'**Bett|sack** *m* (-*ės*; =*e*) enxergão *m*; **~stelle** *f* (armação *f* de) cama *f*; **~tuch** (*bei Trennung*; *sonst*: *Bettuch*) *n* (-*ės*; =*er*) lençol *m*; **~vorleger** *m* tapete *m* de cama; **~wäsche** *f* (*0*), **~zeug** *n* (-*ės*; *0*) roupa *f* de cama.
be'tupfen (-) tocar ligeiramente; *mit Punkten*: salpicar.
'**beug|en** ['bɔygən] dobrar; curvar; flectir; *fig*. humilhar; *Recht*: violar; *sich ~ a*. abaixar-se; **2ung** *f* flexão *f*.
'**Beul|e** ['bɔylə] *f* mossa *f*, amolgadura *f*; inchaço *m*; bossa *f*, abaulamento *m*; *Stirn*: galo *m*; *eitrige*: bubão *m*; **~enpest** *f* (*0*) peste *f* bubónica.
be'unruhig|en [bə'unru:igən] (-) inquietar, perturbar, preocupar; **~end** *adj*. inquietador, inquietante; **2ung** *f* inquietação *f*, perturbação *f*, preocupação *f*.
be'urkunden [bə'u:rkundən] (-*e*-; -) documentar; *Unterschrift*: reconhecer, legalizar, abonar.
be'urlaub|en [bə'u:rlaubən] *v/t*. (-) dar licença a; ⚔ licenciar; (*suspendieren*) suspender; (*sich*) despedir (-se); **~t** *adj*. de licença; **2ung** *f* licença *f*, licenciamento *m*.
be'urteil|en (-) julgar; apreciar; **2er** *m* crítico *m*; **2ung** *f* juízo *m*; apreciação *f*; crítica *f*.
'**Beute** ['bɔytə] *f* (*0*) presa *f*; despojo *m*; (*Jagd2*) caçada *f*; *fig*. vítima *f*.
'**Beutel** ['bɔytəl] *m* bolsa (*ô) *f*, saca *f*; (*Mehl2*) saco *m*; **2n** (-*le*) *Mehl*: peneirar; *sich ~* fazer bolsos; **~ratte** *f* didelfo *m*; **~tier** *n* (-*ės*; -*e*) canguru *m*; marsupial *m*.
be'völker|n [bə'fœlkərn] (-*re*; -) povoar; **2ung** *f* população *f*; povoação *f*; **2ungsdichte** *f* (*0*) densidade *f* populacional; **2ungs-zunahme** *f* acréscimo *m* populacional, evolução *f* demográfica.
be'vollmächtig|en [bə'fɔlmɛçtigən] *v/t*. (-) autorizar; dar plenos poderes a; ⚖ constituir alg. seu procurador; **2te(r)** *m Pol*. plenipotenciário *m*; ⚖ mandatário *m*, (*a*. ✝) procurador *m*; **2ung** *f* autorização *f*; procuração *f*.
be'vor antes (de) que (*subj*.); antes de (*inf*.); **~munden** (-*e*-; -) tutelar; **2mundung** [-munduŋ] *f* tutela *f*; **~rechten** (-*e*-; -) privilegiar; **~stehen** (*L*) ser iminente; **~d** iminente; **~worten** [-vɔrtən] (-*e*-; -) prefaciar; **~zugen** [-tsu:gən] (-) preferir; (*begünstigen*) favorecer; **~zugt** [-tsukt] *adj*. privilegiado; predile(c)to; **2zugung** [-tsu:guŋ] *f* preferência *f* (*gen*. dada a).
be'wach|en (-) vigiar; guardar; **2ung** *f* guarda *f*, vigilância *f*; detenção *f*.
be'wachsen: ~ *mit* coberto de; *mit Bäumen ~* arborizado.
be'waffn|en (-*e*-; -) armar; **~et**: *a*. à mão armada; **2ung** *f* armamento *m*.
be'wahren (-) guardar; conservar; *~ vor* (*dat*.) livrar de, preservar de; (F *i*) *bewahre!* Deus me livre!
be'währen (-) (com)provar; dar provas de; confirmar; *sich ~* afirmar-se, satisfazer; dar bom resultado; *s. a. bewährt*.
be'wahrheit|en [bə'va:rhaitən] (-*e*-; -): *sich ~* confirmar-se; **2ung** *f* confirmação *f*.
be'währ|t [bə'vɛ:rt] *p.pt. v. bewähren*; *adj*. comprovado; experimentado; **2ung** *f* prova *f*; **2ungsfrist** *f* tempo *m* de prova; *Strafe mit ~* pena *f* condicional.
be'walde|n [bə'valdən] (-*e*-; -) arborizar; **~t** *adj*. *a*. revestido de florestas.
be'wältig|en [bə'vɛltigən] (-) vencer, dominar; *Arbeit*: levar a cabo; **2ung** *f* domínio *m*; realização *f*.
be'wandert [bə'vandərt] versado.
Be'wandtnis [bə'vantnis] *f* (-; -*se*) condição *f*; *damit hat es e-e* (*eigene usw*.) *~* é um caso (particular *usw*.); *was für e-e ~ hat es mit ...?* o que há com ...?
be'wässer|n (-*re*; -) regar; irrigar; **2ung** *f* rega *f*; irrigação *f*; regadio *m*; **2ungs-anlage** *f* obra *f* de rega; **2ungsgraben** *m* (-*s*; =) rego *m*.
be'weg|en [bə've:gən] (-) mover, *hin und her*: agitar, mexer; *Gemüt*: comover, abalar; impressionar; (*veranlassen*) induzir, determinar, levar; **2grund** *m* (-*ės*; =*e*) motivo *m*; **~lich** móvel; ágil; vivaz; *~e Habe f* bens *m/pl*. móveis; **2lichkeit** *f* (*0*) mobilidade *f*; agilidade *f*; elastici-

dade *f*; ≗**theit** *f* (*0*) agitação *f*; (*Rührung*) emoção *f*; ≗**ung** *f* movimento *m*; agitação *f*; (*Dreh*≗) rotação *f*; *körperliche*: exercício *m*; (*Rührung*) emoção *f*, comoção *f*.
Be'wegungs|freiheit *f* liberdade *f* de movimentos (*od.* de acção); margem *f*; ≗**los** imóvel; **~losigkeit** [-lo:ziç-] *f* (*0*) imobilidade *f*.
be'weinen (-) chorar, deplorar.
Be'weis [bə'vaɪs] *m* (*-es*; *-e*) prova *f*; documentação *f*; (*~grund*) argumento *m*; ⩚ demonstração *f* (*antreten* dar, fazer); *unter ~ stellen* evidenciar; **~-aufnahme** *f* ⚖ provas *f/pl.*; ≗**bar** demonstrável.
be'weisen (*L*; -) provar; evidenciar; ⩚ demonstrar; (*feststellen*) comprovar; *Mut usw.*: dar provas de, manifestar.
Be'weis|führung *f* demonstração *f*; argumentação *f*; **~grund** *m* (*-es*; *⸗e*) argumento *m*; **~kraft** *f* (*0*) força *f* comprobatória; **~mittel** *n* prova *f*; **~stück** *n* (*-es*; *-e*) prova *f*, documento *m*.
be'wenden: *es dabei ~ lassen* dar-se por satisfeito; deixar ficar; não insistir mais; *dabei mag es sein ≗ haben* chega, basta.
be'werb|en (*L*; -): *sich ~ um* solicitar (*ac.*), requerer (*ac.*), concorrer (para); (*freien*) pedir a mão de; ≗**er(in** *f*) *m* concorrente *m*, candidato (-a *f*) *m*; (*a. Freier*) pretendente *m*; ≗**ung** *f* concurso *m*; pedido *m* de mão; ≗**ungs-schreiben** *n* requerimento *m*.
be'werfen (*L*; -): *mit et. ~* atirar a.c. a; ⚠ *mit Kalk*: rebocar.
be'werkstellig|en [bə'vɛrkʃtɛligən] (-) realizar, efe(c)tuar; *a. es ~, daß* conseguir que; ≗**ung** *f* realização *f*.
be'wert|en (*-e-*; -) avaliar, valorizar; ≗**ung** *f* valorização *f*, avaliação *f*.
be'willig|en [bə'viligən] (-) conceder; outorgar; *durch Mehrheitsbeschluß*: votar; ≗**ung** *f* concessão *f*.
be'willkommnen [bə'vilkɔmnən] (*-e-*; -) *v/t.* dar as boas-vindas a.
be'wirken (-) efe(c)tuar; realizar; (*erregen*) causar; (*erreichen*) conseguir.
be'wirten [bə'virtən] (*-e-*; -) *v/t.* receber, hospedar; *mit Essen*: tratar, servir.
be'wirtschaft|en (*-e-*; -) administrar; explorar; racionar; ≗**ung** *f* administração *f*; exploração *f*; racionamento *m*.
Be'wirtung [bə'virtuŋ] *f* hospedagem *f*; *mit Essen*: trato *m*, serviço *m*.
be'witzeln (*-le*; -) fazer troça de.
be'wohn|bar [bə'vo:n-] habitável; **~en** (-) habitar; ≗**er(in** *f*) *m* habitante *m/f*; *e-r Straße*: *a.* morador(a *f*) *m*.
be'wölk|en [bə'vœlkən] (-) anuviar; ≗**ung** *f* (*0*) nuvens *f/pl.*
Be'wund|(e)rer(in *f*) *m* [bə'vund(ə)rər-] admirador(a *f*) *m*; ≗**ern** (*-re*; -) admirar; ≗**ernswert**, ≗**ernswürdig** admirável; **~erung** *f* admiração *f*.
Be'wurf *m* (*-es*; *⸗e*) reboque *m*.
be'wußt [bə'vust] consciente; cônscio; (*bekannt*) conhecido, o tal ...; *sich ~ sn, sich ~ werden* (*gen.*) ter a consciência de; **~los** sem sentidos; ≗**losigkeit** [-lo:ziç-] *f* (*0*) desmaio *m*; ≗**sein** *n* (*-s*; *0*) consciência *f* (*bei* em); *das ~ verlieren* (*wieder zu ~ kommen*) perder os (recuperar) sentidos; ≗**seins-spaltung** *f* desdobramento *m* de personalidade.
be'zahl|en (-) pagar; remunerar; *was habe ich zu ~?* quanto é?; *sich bezahlt machen fig.* valer a pena; ≗**ung** *f* pagamento *m*; remuneração *f*.
be'zähmen (-) domar; *fig.* (*sich*) ~ dominar(-se).
be'zaubern (*-re*; -) encantar, enfeitiçar; **~d** *adj.* encantador.
be'zeichn|en (*-e-*; -) marcar, designar, indicar; (*bedeuten*) significar; *~ als* qualificar de; **~end** *adj.* característico; significativo; *~ für a.* típico de; ≗**ung** *f* designação *f*; marca *f*; nome *m*; classificação *f*.
be'zeig|en (-) demo(n)strar, manifestar; *Ehren*: prestar; ≗**ung** *f* manifestação *f*.
be'zeug|en (-) atestar; testemunhar; *Ehren*: prestar; ≗**ung** *f* testemunho *m*; (*Ehren*≗) continência *f*.
be'zichtig|en [bə'tsiçtigən] (-) acusar, incriminar; ≗**ung** *f* acusação *f*; incriminação *f* (*gen.* por).
be'zieh|bar [bə'tsi:-] *Wohnung*: habitável; *Ware*: *~ sn* estar à venda; **~en** (*L*; -) receber; *Haus*: ir habitar; ⚔ *Quartier ~* aquartelar-se; alojar-se; *Stellung*: ir ocupar; *Waren*: comprar (*aus* em); *Wechsel*: sacar; *Zeitung*: assinar; *mit Saiten ~*

pôr cordas em; (*überziehen*) cobrir (*mit* de); *Bett*: *a.* pôr roupa limpa em; *zu* ~ *durch* à venda em (casa de); ~ *auf* (*ac.*) aplicar a, relacionar com; *sich* ~ *Himmel*: anuviar-se; *sich* ~ *auf* (*ac.*) dizer respeito a; relacionar-se com; referir-se a; **2er(in** *f*) *m* assinante *m/f*; freguês *m* (freguesa *f*); cliente *m/f*; ✝ *Wechsel*: sacador(a *f*) *m*; **2ung** *f* relação *f*; ~ *nehmen auf* (*ac.*) referir-se a; *in* ~ *setzen zu* relacionar com; *in* ~ *stehen zu* relacionar-se com; (*Hinsicht*) respeito *m* (*in dat.* com, *auf ac.* a); *in jeder* ~ sob todos os aspe(c)tos; **~ungsweise** (*Abk. bzw.*) respe(c)tivamente; ou seja...; **2ungswort** *n* (-*es*; ⸚*er*) pronome *m* relativo.

be'ziffern [bə'tsifərn] (-*re*; -) numerar, cifrar; ~ *auf* (*ac.*) calcular em; *sich* ~ *auf* (*ac.*) montar a.

Be'zirk [bə'tsirk] *m* (-*es*; -*e*) distrito *m*; circunscrição *f*; termo (*ê) *m*; comarca *f*; ⚖ vara *f*; (*Stadt*2) bairro *m*; freguesia *f*; área *f*; **~s...**: *in Zssg(n)* distrital, do distrito; **~samt** *n* (-*es*; ⸚*er*) junta *f* da freguesia.

Be'zug *m* (-*es*; ⸚*e*) (*Überzug*) cobert(ur)a *f*; (*Kissen*2) fronha *f*; (*Waren*2) compra *f*; *e-r Zeitung*: assinatura *f*; *m/pl.* *Bezüge* (*Gehalt*) vencimentos *m/pl.*; *in* 2 *auf* (*ac.*), *mit* ~ *auf* (*ac.*) com respeito a, com referência a; ~ *nehmen auf* (*ac.*) referir-se a.

be'züglich [bə'tsy:kliç] relativo, com respeito (*gen.* a).

Be'zugnahme [-na:mə] *f*: *unter* ~ *auf* (*ac.*) com referência a.

Be'zugs|bedingungen *f/pl.* condições *f/pl.* (de fornecimento *od.* de compra); **~ebene** *f* plano *m* relativo; **~preis** *m* (-*es*; -*e*) preço *m* de compra; **~quelle** *f* casa *f* fornecedora; **~recht** *n* (-*es*; -*e*) assinatura *f*.

be'zwecken [bə'tsvɛkən] (-) visar a, ter em vista, ter em mira, ter por fim; pretender (conseguir).

be'zweifeln (-*le*; -) *v/t.* duvidar de, pôr em dúvida.

be'zwingen (*L*; -) dominar (*a. fig.*), subjugar; *Festung*: tomar; *Tier*: domar.

'Bibel ['bi:bəl] *f* (-; -*n*) Bíblia *f*; **~spruch** *m* (-*es*; ⸚*e*) versículo *m*; **~stelle** *f* texto *m*; **~stunde** *f* leitura e exegese *f* de textos bíblicos.

'Biber ['bi:bər] *m* castor *m*; **~bau** *m* (-*es*; -*e*) toca *f* de castor.

Biblio|gra'phie [bi:bliogra'fi:] *f* bibliografia *f*; **2'graphisch** bibliográfico.

Biblio'thek [bi:blio'te:k] *f* biblioteca *f*; **~'ar(in** *f*) *m* (-*s*; -*e*) bibliotecário (-a *f*) *m*.

'biblisch ['bi:bliʃ] bíblico.

'bieder ['bi:dər] leal; probo; honesto; **2keit** *f* (*0*) probidade *f*, re(c)tidão *f*; **2mann** *m* (-*es*; ⸚*er*) homem *m* de bem; **2meier** *n* (-*s*; *0*) estilo *m* burguês da primeira metade do século XIX.

'bieg|en ['bi:gən] (*L*) **1.** *v/t.* dobrar, torcer, curvar; *auf* 2 *oder Brechen* a todo o transe; ou vai ou racha; **2.** *v/i.* *um die Ecke* ~ dobrar (*ac.*); **~sam** flexível, elástico; **2samkeit** *f* (*0*) flexibilidade *f*, elasticidade *f*; **2ung** *f* curva *f*; ⊕ flexão *f*.

'Biene ['bi:nə] *f* abelha *f*.

'Bienen|haus *n* (-*es*; ⸚*er*) colmeal *m*; **~königin** *f* abelha-mestra *f*; **~korb** *m* (-*es*; ⸚*e*) colmeia *f*, cortiço *m*; bobina *f* em ninho de abelha; **~nest** *n* (-*es*; -*er*) abelheira *f*; **~schwarm** *m* (-*es*; ⸚*e*) abelhal *m*; **~stich** *m* (-*es*; -*e*) ⚕ ferroada *f*; **~stock** *m* (-*es*; ⸚*e*) = **~korb**; **~zucht** *f* (*0*) apicultura *f*; **~züchter** *m* apicultor *m*, colmieiro *m*, abelheiro *m*.

Bier [bi:r] *n* (-*es*; -*e*) cerveja *f* (*dunkles* preta; *helles* branca); **'~brauer** *m* cervejeiro *m*, fabricante *m* de cerveja; **~braue'rei** *f* cervejaria *f*, fábrica *f* de cerveja.

'Biese ['bi:zə] *f* nervura *f*.

Biest [bi:st] P *n* (-*es*; -*er*) fera *f*.

'bieten (*L*) oferecer (*dat.* a); *j-m die Tageszeit* ~ dar os bons dias *usw.* a alg., cumprimentar alg.; *Hand*: estender; *die Stirn* ~ fazer frente a; *Trotz* ~ (*dat.*) desafiar (*ac.*); resistir (a); *sich* (*dat.*) *et.* ~ *lassen* tolerar a.c., admitir a.c.

Biga'mie [biga'mi:] *f* bigamia *f*.

bi'gott [bi'gɔt] beato.

Bi'lanz [bi'lants] *f* balanço *m* (*ziehen* fazer); saldo *m*; **~verschleierung** *f* balanço *m* desfigurado.

Bild [bilt] *n* (-*es*; -*er*) imagem *f*; figura *f*; (*Gemälde*) quadro *m*, pintura *f*; (*Abbildung*) gravura *f*; estampa *f*; *j-s*: retrato *m*; (*Licht*2) fotografia *f*; *auf Münzen*: efígie *f*; *fig.* ideia *f*, noção *f*, imagem *f*; (*Sinn*2) símbolo *m*; *im* ~*e sn* estar informado, estar ao corrente (*über ac.* de); '~**bericht** *m* (-*ės*; -*e*) reportagem *f* (foto)gráfica; '~**berichterstatter** *m* repórter *m* fotográfico.

'**bilden** ['bildən] (-*e*-) formar; *geistig*: *a.* informar; instruir; civilizar, educar; (*zs.-setzen*) constituir; *gebildet j.*: culto; ~**d** *adj.* instrutivo; (in)formativo; civilizador; *Kunst, Künstler*: plástico.

'**Bilder|bogen** ['bildər-] *m* (-*s*; - *od.* ⸗) folha (*ô) *f* com figuras; ~**buch** *n* (-*ės*; ⸗*er*) livro *m* ilustrado (*od.* com estampas, com gravuras); ~**galerie** *f* galeria *f* (*od.* museu *m*) de pintura; ~**rahmen** *m* moldura *f*, caixilho *m*; ~**rätsel** *n* enigma *m* figurado; ♀**reich** *Stil*: figurado; metafórico; ~**sprache** *f* linguagem *f* figurada (*od.* metafórica); ~**stürmer** *m* iconoclasta *m*.

'**Bild|fläche** *f* tela *f*; *fig. auf der* ~ *erscheinen* aparecer, surgir; *von der* ~ *verschwinden* desaparecer; ~**funk** *m* (-*ės*; *0*) radiofotografia *f*, telefotografia *f*; (*Fernsehen*) televisão *f*; ♀**haft** gráfico; *fig.* plástico; ~**hauer(in** *f*) *m* escultor(a *f*) *m*; ~**hauerarbeit** *f*, ~**hauerkunst** *f* (*0*) escultura *f*; ♀**hübsch** (*0*) F formos(íssim)o; ♀**lich** figurado, metafórico; = ♀*haft*; ~**nis** *n* (-*ses*; -*se*) retrato *m*; *Münze*: efígie *f*; ~**säule** *f* estátua *f*; ~**schirm** *m* (-*ės*; -*e*) tela *f*; ~**seite** *f* anverso *m*; ~**telegramm** *n* (-*s*; -*e*) fotograma *m*; ~**telegraphie** *f* telefotografia *f*.

'**Bildung** ['bilduŋ] *f* formação *f*; constituição *f*; (*Gestalt*) forma *f*; *geistige*: cultura *f* (intelectual); (*a. Schul*♀) educação *f*, instrução *f*.

'**bildungs|bedürftig** inculto; ♀**gang** *m* (-*ės*; *0*) preparação *f*.

'**Bildwerfer** ['-vεrfər] *m* proje(c)tor *m*; máquina *f* de proje(c)ções.

'**Billard** ['biljart] *n* (-*s*; -*e*) bilhar *m*; ~**stock** *m* (-*ės*; ⸗*e*) taco *m*.

'**Billett** [bi'ljεt] *n* (-*ės*; -*e od.* -*s*) bilhete *m*.

'**billig** ['biliç] barato (*a. fig.*); *Preis*: *a.* módico; ~ *im Betrieb* (*od. Verbrauch*) *sn* ser económico, gastar pouco; *fig.* (*recht u.* ~) justo; ~**en** [-gən] aprovar; ♀**keit** *f* (*0*) justiça *f*, equidade *f*; ⚕ barateza *f*, preço *m* baixo; ♀**ung** [-guŋ] *f* aprovação *f*.

Bil'lion [bili'o:n] *f* bilhão *m*; e-e ~ mil bilhões *m/pl.*

'**bimmeln** (-*le*) F tocar; ♀ *n* repique *m*.

'**Bims-stein** *m* (-*ės*; -*e*) pedra-pomes *f*.

'**Binde** ['bində] *f* (*Arm*♀) braçadeira *f*; (*Band*) cinta *f*; (*Leib*♀) faixa *f*, (*Schärpe*) *a.* banda *f*; (*Schlips*) gravata *f*; ⚕ ligadura *f*, (*a. Stirn*♀) venda *f*; ~**gewebe** *n* tecido *m* conjuntivo; ~**glied** *n* (-*ės*; -*er*) vínculo *m*, conjunção *f*; ~**haut** *f* (*0*) conjuntiva *f*; ~**haut-entzündung** *f* conjuntivite *f*; ~**maschine** *f* enfardadeira *f*; ~**mittel** *n* conglutinante *m*; (*Mörtel*) argamassa *f*; (*Zement*) cimento *m*; ♀**n** (*L*) atar; (*a.* ♪ *u. fig.*) ligar; *Besen*: fazer; *Buch*: encadernar; empastar; *Faß*: arcar; *sich* (ver)~ *fig.* comprometer-se; *nicht gebunden sn* estar à vontade; (*kleben*) pegar; *fig. j-m et. auf die Nase* ~ fazer acreditar a.c. a alg.; ~**n** *n Buch*: encadernação *f*; empaste *m*; *Faß*: guarnição *f* com arcas; ♀**nd** *adj. fig.* obrigatório; ~**strich** *m* (-*ės*; -*e*) traço *m* de união, hífen *m*; ~**wort** *n* (-*ės*; ⸗*er*) conjunção *f*.

'**Bindfaden** ['bint-] *m* (-*s*; ⸗) guita *f*, cordel *m*, fio *m*.

'**Bindung** ['binduŋ] *f* ligação *f*; ⚗ *a.* liga *f*; combinação *f*; (*Verpflichtung*) compromisso *m*; e-e ~ *eingehen* comprometer-se; ⚗ ligar.

'**binnen** ['binən] (*gen. u. dat.*) dentro de; no prazo de.

'**Binnen...**: *in Zssg*(*n*) *meist* interior, interno; ~**fischerei** *f* (*0*) pesca *f* em águas doces; ~**gewässer** *n/pl.* águas *f/pl.* continentais; ~**hafen** *m* (-*s*; ⸗) porto *m* (*'ô) fluvial; ~**klima** *n* (-*s*; *0*) clima *m* continental; ~**land** *n* (-*ės*; ⸗*er*) interior *m*; ♀**ländisch** [-lεndiʃ] interno; continental; ~**meer** *n* (-*ės*; -*e*) mar *m* interior; ~**schiffahrt** *f* (*0*) navegação *f* fluvial; ~**währung** *f* moeda *f* nacional; cotação *f* interna.

'**Bins|e** ['binzə] *f* junco *m*; ~**enwahrheit** F *f* lugar *m* comum; trivialidade *f*.

Bio|che'mie *f* (*0*) bioquímica *f*; ~'**graph** [-'gra:f] *m* (-*en*) biógrafo *m*; ~**gra'phie** [-gra'fi:] *f* biografia *f*; ♀'**graphisch** biográfico; ~'**loge** [-'lo:gə] *m* (-*n*) biólogo *m*, bióloga *m*; ~**lo'gie** [-lo'gi:] *f* (*0*) biologia *f*; ♀'**logisch** biológico.

ˈ**Birk|e** [ˈbirkə] *f* bétula *f*, vido *m*, vidoeiro *m*; **2en**, *aus* **~en-holz** *n* de bétula *f*, betuláceu; **~hahn** *m* (*-es*; *⸗e*) galo *m* silvestre.

ˈ**Birn|baum** *m* (*-es*; *⸗e*) pereira *f*; **~e** *f* pêra *f*; ⚡ lâmpada *f* elé(c)trica; ⊕ convertedor *m*.

bis [bis] **1.** *prp.* ~ (*zu, nach; auf, in ac.*) a, até; ~ *auf ac.* (= *außer*) menos; **2.** *cj.* ~ (*daß*) até que (*subj.*), até que (*subj.* + *inf.*).

ˈ**Bisam** [ˈbi:zam] *m* (*-s*; *-e*) almíscar *m*.

ˈ**Bisch|of** [ˈbiʃɔf] *m* (*-s*; *⸗e*) bispo *m*; **2öflich** [-øfliç] episcopal.

ˈ**Bischofs...**: *in Zssg(n) meist* episcopal; **~-amt** *n* (*-es*; *⸗er*) episcopado *m*; **~-hut** *m* (*-es*; *⸗e*), **~mütze** *f* mitra *f*; **~mantel** *m* (*-s*; *⸗*) pálio *m*; **~-stab** *m* (*-es*; *⸗e*) báculo *m*; **~würde** *f* (*0*) = *~amt*.

bisˈher até agora; **~ig** que + *vb.* (*im Perf.*) até agora.

Bisˈkuit [bisˈkvi:t] *m* (*-es*; *-e*) biscoito *m*.

ˈ**Bison** [ˈbi:zɔn] *m* (*-s*; *-s*) bisonte *m*.

Biß [bis] *m* (*-sses*; *-sse*) mordedura *f*; dentada *f*; ˈ**2chen** [ˈ-çən] pouco, bocadinho; F *ein* ~ um migalho.

ˈ**Biss|en** [ˈbisən] *m* bocado *m*; **2ig** mordaz (*a. fig.*); mordedor.

ˈ**Bißwunde** *f* mordedura *f*.

ˈ**Bistum** [ˈbistu:m] *n* (*-s*; *⸗er*) bispado *m*.

bisˈweilen às vezes, de vez em quando.

ˈ**Bitt|e** [ˈbitə] *f* pedido *m*; (*Gesuch*) requerimento *m*; *e-e* ~ *an j-n haben* ir pedir um favor a alg.; **2en** (*L*) pedir (*j-n um et.* a.c. a alg.); *zu sich* ~, *zu Tisch* ~ convidar; ~ *zu* (*inf.*), ~, *daß* rogar que (*subj.*); *aber ich bitte Sie!* mas por amor de Deus!; por quem é!; *ich lasse* ~! que entre; *bitte, wenn ich* ~ *darf* faz favor, faça-me o favor (*od.* o obséquio); tenha a bondade; *nachgestellt*: se faz favor; com licença!, perdão!; *bitte schön!* à vontade; *bitte (sehr)!* (*Antwort auf Dank*) não há de quê, não tem de quê; de nada!

ˈ**bitter** [ˈbitər] amargo, *fig. a.* duro; *~er Ernst* a pura verdade; ~ *kalt sn* estar um frio a valer; **~böse** (*0*) muito zangado; furioso; **2-erde** *f* magnésia *f*; **2keit** *f* amargor *m*; *fig.* amargura *f*, azedume *m*; **~lich** amargamente; **2salz** *n* (*-es*; *-e*) sulfato *m* de magnésia; **2wasser** *n* (*-s*; *⸗*) água *f* purgativa.

ˈ**Bitt|gang** *m* (*-es*; *⸗e*) procissão *f*; **~gesuch** *n* (*-es*; *-e*), **~schrift** *f* súplica *f*, requerimento *m*, petição *f*; **~steller(in** *f*) *m* [ˈ-ʃtɛlər] peticionário (-a *f*) *m*, requerente *m*, solicitante *m*.

ˈ**Biwak** [ˈbi:vak] *n* (*-s*; *-s od. -e*) bivaque *m*; **2ˈieren** (-) bivacar.

biˈzarr [biˈtsar] esquisito, excêntrico.

ˈ**Bizeps** [ˈbi:tsɛps] *m* (*-es*; *-e*) biceps *m*, bicípete *m*.

ˈ**bläh|en** [ˈblɛ:ən] inchar; ⚕ causar flatos; *sich* ~ *fig.* inchar-se; **~end** ⚕ flatoso, flatulento; **2ung** *f* ⚕ flato *m*, flatulência *f*, ventosidade *f*.

Blaˈm|age [blaˈma:ʒə] *f* situação *f* ridícula; **2ieren** (-) ridicularizar; desacreditar; colocar mal; *sich* ~ fazer má figura; ficar mal colocado.

blank [blaŋk] liso, brilhante; *Waffe*: branco; F (*abgebrannt*) abanado.

ˈ**blanko** [ˈblaŋko:]: *in* ~ = ˈ**Blanko...**: *in Zssg(n)* em branco; **2-kredit** *m* (*-es*; *-e*) crédito *m* aberto; **2vollmacht** *f* carta *f* branca.

ˈ**Bläs-chen** [ˈblɛ:s-çən] *n* borbulha *f*, empola *f*.

ˈ**Blase** [ˈbla:zə] *f* (*Wasser2*) borbulha *f*, bolha *f*, empola *f* (*a. Haut2*); *Anat.* (*Harn2*) bexiga *f*, (*Gallen2*) vesícula *f*; ⚗ abóbora *f*; alambique *m*, cucúrbita *f*; *Geol.* geode *m*; *pl.* *~n werfen* borbulhar; **~balg** *m* (*-es*; *⸗e*) fole *m*; *den* ~ *ziehen* tanger os foles.

ˈ**blasen** [ˈbla:zən] (*L*) soprar; ♪ (*a. auf dat.*) tocar (*ac.*); **2...**: *in Zssg(n)* ⚕ vesical; **2entzündung** *f* cistite *f*; **2pflaster** *n* vesicatório *m*, vesicante *m*; **2stein** *m* (*-es*; *-e*) cálculo *m* vesical.

ˈ**Bläser** [ˈblɛ:zər] *m* soprador *m*; ♪ tocador *m* (de um instrumento de sopro [*ˈô]); ♪ sopro (*ˈô) *m*.

blaˈsiert [blaˈzi:rt] snobe; **2heit** *f* (*0*) snobismo *m*.

ˈ**blasig** [ˈbla:ziç] bolhoso.

ˈ**Blas|instrument** [ˈbla:s-] *n* (*-es*; *-e*) instrumento *m* de sopro (*ˈô); **~rohr** *n* (*-es*; *-e*) zarabatena *f*, maçarico *m*.

blaß [blas] pálido; ~ *werden* empalidecer.

ˈ**Blässe** [ˈblɛsə] *f* (*0*) palidez *f*.

Blatt *n* (-*ės*; ⸗*er*, *als Maß im pl. uv.*) folha (*ô) *f*; (*Zeitung*) jornal *m*, periódico *m*; (*Ruder*♀) leme *f*; *fig.* *kein* ~ *vor den Mund nehmen* não ter papas na língua; ♪ *vom* ~ à primeira vista; *das* ~ *hat sich gewendet* as coisas mudaram; *auf e-m anderen* ~ *stehen* ser outra coisa; '~**ansatz** *m* (-*es*; ⸗*e*) estípula *f*.

'**Blatter** ['blatər] ⚕ *f* (-; -*n*) bexiga *f*; *pl. a.* varíola *f*/*sg*.

'**Blätter**|**magen** ['blɛtər-] *m* folhoso *m*; ♀**n** (-*re*) folhear (*in* et. a.c.).

'**Blatternarb**|**e** *f* sinal *m* de bexiga, varíola *f*; ♀**ig** bexigoso.

'**Blätterteig** *m* (-*ės*; -*e*) massa *f* folhada.

'**Blatt**|**gold** *n* (-*ės*; *0*) ouro *m* em folhas; ~**grün** *n* (-*s*; *0*) clorofila *f*; ~**laus** *f* (-; ⸗*e*) pulgão *m*; ♀**los** desfolhado; ~**pflanze** *f* planta *f*; ~**stiel** *m* (-*ės*; -*e*) pé *m*, pecíolo *m*; ♀**weise** por folha (*ô).

blau [blau] **1.** *adj.* azul; *Auge* (*geschwollen*): negro; F (*betrunken*) borracho; ~*er Fleck m* negra *f*; ~ *machen* não trabalhar; *j-m* ~*en Dunst vormachen* pregar uma peta a alg.; *mit e-m* ~*en Auge davonkommen* escapar por um triz; **2.** ♀ *n* (-*s*; *0*) azul *m*; *ins* ~*e hinein* à toa; *das* ~*e vom Himmel herunterlügen* mentir que é uma beleza; '~**äugig** ['-ɔygiç] zarco, de olhos azuis; '♀**bart** *m* (-*ės*; ⸗*e*) barba-azul *m*; ♀**beere** *f* aixela *f*; ♀**buch** *n* (-*ės*; ⸗*er*) livro *m* azul.

'**Bläue** ['blɔyə] *f* (*0*) azul *m*.

'**Blau**|**fuchs** *m* (-*es*; ⸗*e*) raposa *f* azul; ♀**gefroren** roxo de frio; ♀**grau** azul acinzentado; ♀**grün** verde azulado; ~**kehlchen** ['-ke:lçən] *n* pisco *m* de peito azul.

'**bläulich** ['blɔyliç] azulado; ⚕ lívido.

'**Blau**|**meise** *f* chapim *m* azulado; ~**pause** *f* cianotipia *f*; ~**säure** *f* (*0*) ácido *m* prússico; ~**stift** *m* (-*ės*; -*e*) lápis *m* de tinta; ~**strumpf** *m* (-*ės*; ⸗*e*) sabichona *f*; pedante *f*; ~**sucht** *f* (*0*) cianose *f*.

Blech [blɛç] *n* (-*ės*; -*e*) lata *f*; chapa *f* de ferro; (*Weiß*♀) folha-de-flandres (*ô) *f*; *fig.* F disparate(s *pl.*) *m*; '~**büchse** *f*, '~**dose** *f* lata *f*; '♀**en** F pagar (o pato *od.* a patente); '♀**ern** de lata; '~**geschirr** *n* (-*ės*; -*e*) louça *f* de (folha de) lata; '~**instrument** *n* (-*ės*; -*e*) instrumento *m* de metal; '~**musik** *f* (*0*) charanga *f*; '~**schmied** *m* (-*ės*; -*e*) latoeiro *m*, funileiro *m*; '~**walzwerk** *n* (-*ės*; -*e*) laminador *m* de folhas.

'**blecken** ['blɛkən] mostrar os dentes.

Blei [blaɪ] **a)** *n* (-*ės*; -*e*) chumbo *m*; **b)** *m* (-*ės*; -*e*) *Zool.* brema *f*; (~*stift*) lápis *m*.

'**Bleib**|**e** ['blaɪbə] F *f* alojamento *m*; ♀**en** (*L*; *sn*) *v*/*i.* ficar; (*a. übrig*~) restar; (*sich aufhalten, aus*~) demorar(-se), (*weiter*~) permanecer, continuar; *poet.* (*sterben*) não voltar; (*beharren*) insistir (*bei* em; *dabei, daß* em que); *bei der Sache, der Wahrheit* ~ não se afastar de; *j-m vom Halse* ~ deixar alg. em paz; *am Leben* ~ sobreviver; *es bleibt dabei* fica combinado, fica assente, ficamos nisso; *wo* ~ *Sie denn so lange?* então, nunca mais vem?; ♀**end** *adj.* permanente, constante, duradouro.

bleich [blaɪç] pálido; '♀**e** *f* coradouro *m*; (*Prozeß*) cora *f*; '~**en** *v*/*t.* (*v*/*i.* [*L*; *sn*]) corar, branquear; *Farben*: desbotar; *Haare*: aclarar, embranquecer; ♀**e'rei** [-ə'raɪ] *f* branquearia *f*; '♀**mittel** *n* corante *m*; '♀**prozeß** *m* (-*sses*; -*sse*) cora *f*; '♀**sucht** *f* (*0*) anemia *f*, clorose *f*; '~**süchtig** anémico; '♀**verfahren** *n* cora *f*.

'**blei**|**ern** de chumbo; ~**farben**, ~**farbig** plúmbeo; ♀**gießer** *m* chumbeiro *m*; ♀**glanz** *m* (-*es*; *0*) galena *f*; ~**haltig** ['-haltiç] plumífero; ♀**stift** *m* (-*ės*; -*e*) lápis *m*; ♀**vergiftung** *f* saturnismo *m*; ♀**weiß** *n* (-; *0*) alvaiade *m*, cerusa *f*; ♀**zucker** *m* (-*s*; *0*) açúcar *m* de chumbo, acetato *m*.

'**Blend**|**e** ['blɛndə] *f* mira *f*; ⚒ blenda *f*; *Phot.*: diafragma *m*; ♀**en** (-*e*-) cegar; *vorübergehend*: encandear; assombrar; ofuscar; deslumbrar, *fig. a.* deitar poeira nos olhos dos outros; ♀**end** *adj.* brilhante, deslumbrante; ~**ling** *m* (-*s*; -*e*) bastardo *m*; ~**ung** *f* privação *f* da vista; deslumbramento *m* (*a. fig.*); ~**werk** *n* (-*ės*; -*e*) ilusão *f*, fantasmagoria *f*; poeira *f* (deitada aos olhos dos outros).

Blick *m* (-*ės*; -*e*) olhar *m* (*werfen* lançar); (*Aussicht*) vista *f*; *auf den ersten* ~ à primeira vista; *so weit* *der ~ reicht* a perder de vista; '**2en** olhar; mirar; *sich ~ lassen* aparecer; *tief ~ lassen* dar muito que pensar; *zu Boden ~* pôr os olhos no chão; '**~feld** *n* (*-es*; *-er*) campo *m* visual; '**~punkt** *m* (*-es*; *-e*) ponto *m* de mira.

blind [blint] cego (*auf dat.* de); *Glas*: baço; (*schmutzig*) sujo; ⚠ postiço; *Alarm*: falso; *Passagier*: clandestino; '**2darm**(**entzündung** *f*) *m* (*-es*; *"e*) apêndice *m* (apendicite *f*).

'**Blinde**(**r** *m*) *m u. f* cego *m*, mulher *f* cega; **~-kuh**(**spiel** *n* [*-es*; *-e*]) *f* (*0*) jogo (*'ô) *m* da cabra cega.

'**Blinden**|**anstalt** *f*, **~heim** *n* (*-es*; *-e*) asilo *m* de cegos; **~schrift** *f* (*0*) escrita *f* em relevo.

'**Blind**|**flug** *m* (*-es*; *"e*) voo *m* sem visibilidade, voo *m* às cegas; **~gänger** ['-gɛŋər] *m* ⚔ (bomba *f*) não deflagrada; **2geboren** cego de nascimento; **~heit** *f* (*0*) cegueira *f*; *mit ~ schlagen* cegar; **2lings** ['-liŋks] às cegas; **~schleiche** ['-ʃlaɪçə] *f* cobrelo *m*, licranço *m*.

'**blink**|**en** ['bliŋkən] reluzir; cintilar; fazer sinais luminosos; *Auto*: piscar; **2feuer** *n* fogos *m*/*pl*. falsos; farol *m* de luz intermitente; **2-zeichen** *n* sinal *m* luminoso.

'**blinzeln** ['blintsəln] (*-le*) pestanejar; piscar os olhos.

Blitz [blits] *m* (*-es*; *-e*) relâmpago *m*; (*~strahl*) raio *m*; '**~-ableiter** *m* pára-raios *m*; '**2-artig** fulminante; como um raio; '**2blank** (*0*) resplandescente; muito limpo; '**2en** (*-t*) relampejar; *fig.* fulminar; '**~krieg** *m* (*-es*; *-e*) guerra-relâmpago *f*; '**~licht** *n* (*-es*; *-er*) «flash» *m* (*engl.*); '**~-licht-aufnahme** *f* «flash» *m*; '**~schlag** *m* (*-es*; *"e*) raio *m*; '**2-schnell** (*0*) como um raio; '**~schutz** *m* (*-es*; *0*) pára-raios *m*; '**~strahl** *m* (*-es*; *-en*) raio *m*.

Block [ɔ] *m* (*-es*; *"e u. -s*) bloco *m*; (*Holz2*) cepo *m*; (*Häuser2*) bairro *m*; (*Straf2*) canga *f*; **~'ade** [-'a:də] *f* bloqueio *m*; '**~-haus** *n* (*-es*; *"er*) casa *f* de madeira; ⚔ fortim *m*; **2'ieren** (-) bloquear; '**~kondensator** *m* (*-s*; *-en*) condensador *m* fixo; '**~konstruktion** *f*: *in ~* feito de uma peça única; '**~rolle** *f* polé *f*; ⚓ moitão *m*; '**~s-berg** *m* (*-es*; *0*) monte *m* das bruxas; '**~stelle** *f* 🚂 posto (*'ô) *m* de sinais.

'**blöd**|**e** ['blø:də] imbecil; estúpido; (*schüchtern*) tímido; **2igkeit** *f* (*0*) estupidez *f*, imbecilidade *f*; timidez *f*; **2sinn** *m* (*-s*; *0*) idiotice *f*; estupidez *f*; imbecilidade *f*; F disparate(s *m*/*pl.*) *m*; **~sinnig** idiota, imbecil, parvo; F disparatado.

'**blöken** ['blø:kən] *v*/*i*. *Kalb*: berrar; *Rind*: mugir; *Schaf*: balar.

blond [blɔnt], '**~-haarig** louro; **2'ine** [-'di:nə] *f* loura *f*.

bloß [o:] **1.** *adj.* nu, despido; (*nur*) mero; *mit ~en Füßen* descalço; *mit ~em Auge* a olho nu, à vista desarmada; *mit ~em Kopfe* descoberto; **2.** *adv.* meramente, sòmente; apenas.

'**Blöße** ['bløsə] *f* nudez *f*; *fig.* ponto *m* fraco; *sich e-e ~ geben* descobrir--se; *sich keine ~ geben* não dar o braço a torcer.

'**bloß**|**legen** descobrir; **~liegen** (*L*) estar descoberto; **~stellen** *fig.* expor; comprometer.

Bluff [blœf] *m* (*-s*; *-s*) atoarda *f*; logro *m*; *blefe *m*; '**2en** *v*/*t*. entrujar, lograr, **a.* blefar.

'**blühen** ['bly:ən] **1.** *v*/*i*. estar em flor, florescer, *fig. a.* prosperar; **2.** 2 *n* florescência *f*; prosperidade *f*; **~d** *adj.* florescente, próspero; em flor.

'**Blume** ['blu:mə] *f* flor *f*; *Wein*: aroma *m*, *Bier*: espuma *f*; *fig. durch die ~* discretamente, veladamente.

'**Blumen**|**beet** *n* (*-es*; *-e*) canteiro *m*; **~blatt** *n* (*-es*; *"er*) pétala *f*; **~brett** *n* (*-es*; *-er*) jardineira *f*; **~gewinde** *n* grinalda *f*, festão *m*; **~händler**(**in** *f*) *m* florista *m*/*f*; **~kohl** *m* (*-es*; *0*) couve-flor *f*; **~mädchen** *n* florista *f*; **~ständer** *m* = *~brett*; **~stengel** *m* pé *m*, talo *m*; **~strauß** *m* (*-es*; *"e*) ramalhete *m*; ramo *m* de flores; **~topf** *m* (*-es*; *"e*) vaso *m* para flores; **~vase** *f* floreira *f*; **~zucht** *f* (*0*) floricultura *f*; **~züchter** *m* floricultor *m*; **~zwiebel** *f* (*-*; *-n*) bolbo *m*.

'**blumig** ['blu:miç] florido; *Wein*: aromático.

'**Bluse** ['blu:zə] *f* blusa *f*.

Blut [u:] *n* (*-es*; *0*) sangue *m* (*auswerfen, spucken* deitar, expe(c)torar; *zum Stocken bringen* estancar); *böses ~ machen* causar grande irritação; '**~ader** *f* veia *f*; '**~andrang** *m* (*-es*; *0*) congestão *f*; '**2arm** (*0*) anémico; *fig.* pobríssimo; '**~armut**

f (*0*) anemia *f*; '**~-ausstrich** ⚕ *m* (*-es*; *0*) esfregaço *m*; '**~bad** *n* (*-es*; *0*) carnificina *f*, matança *f* (*anrichten* fazer); '**~bahn** *f* circulação *f* de sangue; '**2befleckt** ['-bəflɛkt] ensanguentado; '**~bild** *n* (*-es*; *-er*) fórmula *f* do sangue; '**2bildend** regenerador do sangue; tónico; '**~druck** *m* (*-es*; *0*) tensão *f* arterial; '**2dürstig** ['-dyrstiç] sanguinário, feroz.

'**Blüte** ['bly:tə] *f* flor(escência) *f*; *in ~ stehen* estar em flor(escência).

'**Blut|egel** *m* sanguessuga *f*, P ventosa *f*; **~eiweiß** *n* (*-es*; *0*) albumina *f* do sangue.

'**bluten** ['blu:tən] (*-e-*) deitar sangue; sangrar.

'**Blüten|blatt** *n* (*-es*; *⸗er*) ['bly:tən-] pétala *f*; **~knospe** *f* gomo *m* floral, botão *m*; **~stand** *m* (*-es*; *⸗e*) inflorescência *f*; **~staub** *m* (*-es*; *0*) pólen *m*.

'**Blut|er** *m* hemófilo *m*; **~-erguß** *m* (*-sses*; *⸗sse*) efusão *f* de sangue; **~erkrankheit** *f* (*0*) hemofilia *f*.

'**Blütezeit** *f* florescência *f*; *fig.* apogeu *m*; século *m* de ouro.

'**Blut|fluß** *m* (*-sses*; *⸗sse*) hemorragia *f*; **~gefäß** *n* (*-es*; *-e*) vaso *m* sanguíneo; **~gericht** *n* (*-es*; *-e*) tribunal *m* de morte; **~gerinnsel** *n* embolia *f*; **~gerinnung** *f* (*0*) coagulação *f* de sangue; **~hochzeit** *f* (*0*): *Pariser ~* matança *f* da noite de S. Bartolomeu; **~hund** *m* (*-es*; *-e*) braço *m*; **~husten** *m* (*-s*; *0*) hemoptisa *f*; **2ig** sangrento; ensanguentado; **2jung** (*0*) novíssimo; **~körperchen** [-çən] *n* glóbulo *m* de sangue; *rotes ~* hemoglobina *f*; *weißes ~* leucócito *m*; **~kreislauf** *m* (*-es*; *0*) circulação *f* de sangue; **~kuchen** *m* grumo *m*, posta *f* de sangue; **2leer** exangue; **~leere** *f* (*0*), **~mangel** *m* (*-s*; *0*) anemia *f*; **~probe** *f* análise *f* de sangue; ⚖ prova *f* de sangue; **~rache** *f* (*0*) vingança *f* de morte; **2reinigend** (*~es Mittel*) depurativo (*m*); **~reinigung** *f* (*0*) depuração *f* de sangue; **2rot** (*0*) encarnado; **2rünstig** ['-rynstiç] sangrento; *fig.* sanguinário; **~sauger** *m* sanguessuga *m*; *fig.* vampiro *m*; **~schande** *f* (*0*) incesto *m*; **~schänder** *m* ['-ʃɛndər], **2schänderisch** incestuoso; **~schuld** *f* (*0*) homicídio *m*; **~senkung** *f* sedimentação *f* do sangue; **~spender** *m* dador *m* de sangue; **2stillend** (*~es Mittel*) hemostático (*m*); **~sturz** *m* (*-es*; *0*) hemorragia *f*, hemoptise *f*; **2s-verwandt** consanguíneo; **~s-verwandtschaft** *f* consanguineidade *f*; **~tat** *f* assassínio *m*; **~übertragung** *f* transfusão *f* de sangue; **~ung** *f* perda *f* de sangue; hemorragia *f*; **2unterlaufen** vermelho; **~vergießen** *n* derramamento *m* de sangue; **~vergiftung** *f* septicémia *f*; **~wasser** *n* (*-s*; *0*) linfa *f*, soro *m*; serosidade *f*; **~wurst** *f* (*-*; *⸗e*) morcela *f*; **~zeuge** *m* (*-n*) mártir *m*.

b-Moll *n* (*-*; *0*) si *m* bémol minor.

Bö [øː] *f* rajada *f*, golpe *m* de vento.

'**Boa** ['bo:a] *f* (*-*; *-s*) boa *f*.

'**Bobschlitten** ['bɔp-] *m* «tobogan» *m*.

Bock [ɔ] *m* (*-es*; *⸗e*) bode *m*, carneiro *m*; (*Holz2*) cavalete *m*; (*Kutscher2*) boleia *m*; *fig.* (*Fehler*) estenderete *m* (*schießen* fazer, dar); (*Trotz*) teimosia *f*; '**2(bein)ig** teimoso; '**2en** *Zool.* estar com o cio; *fig.* ser teimoso; '**~s-horn** *n* (*-es*; *⸗er*) corno (*'ô) *m* de bode; *ins ~ jagen* intimidar; meter medo a; '**~springen** *n* (jogo [*'ô] *m* do) eixo *m*; '**~sprung** *m* (*-es*; *⸗e*) capriola *f*, pulo *m*; *Turnen*: (salto *m* do) eixo *m*; '**~wurst** *f* (*-*; *⸗e*) salchicha *f*.

'**Boden** ['bo:dən] *m* (*-s*; *⸗*) solo *m*, terra *f*; chão *m*, (*Fuß2*) *a.* soalho *m*, sobrado *m*; (*~art*) terreno *m*; (*Dach2*) sótão *m*, desvão *m*; águas-furtadas *f/pl.*; (*Grund*) fundo *m*; ⚠ pavimento *m*; (*Grundlage*) base *f*; *zu ~ blicken* pôr os olhos no chão; *zu ~ werfen* deitar abaixo, derrubar; *zu ~ gehen Boxer*, (*den*) *~* (*unter den Füßen*) *verlieren* perder pé, perder terreno; (*an*) *~ gewinnen* ganhar terreno; ✈ *sich vom ~ heben* descolar-se; *in Grund und ~* radicalmente; *sich in Grund und ~ schämen* ter muita vergonha; **~-abwehr** ⚔ *f* (*0*) defesa *f* antiaérea; **~beschaffenheit** *f* (*0*) natureza *f* do solo; **~-erhebung** *f* elevação *f* do terreno; eminência *f*; **~-ertrag** *m* (*-es*; *⸗e*) (**~-erzeugnis** *n* [*-ses*; *-se*]) produção *f* (produto *m*) agrícola; **~fenster** *n* trapeira *f*; **~kammer** *f* sótão *m*, desvão *m*; **~kredit** *m* (*-es*; *-e*) crédito *m* hipotecário; **~kredit-anstalt** *f*, **~kredit-bank** *f* Banco *m* hipotecário; 2**los** sem fundo; (*tief*) *a.* insondável; *fig.* espantoso; ~**reform** *f* reforma *f* agrária; ~**satz** *m* (-*es*; *0*) borra *f*, pé *m*; ~**schätze** [-ʃɛtsə] *m/pl.* riquezas *f/pl.* do solo; ~**senke** *f* depressão *f* (do terreno); ~**senkung** *f* abatimento *m*; ~**spekulation** *f* especulação *f* em terrenos; 2**ständig** autóctono; popular; regional; nacional; ~**ventil** *n* (-*s*; -*e*) válvula *f* de pé (*od.* de fundo).

'**Bogen** ['bo:gən] *m* (-*s*; - *od.* ¨) arco *m*; (*Biegung*) curva *f*; (*Krümmung*) contorno (*'ô) *m*; (*Brücken*2) vão *m*; (*Papier*) folha (*'ô) *f*; (*Spitz*2) ogiva *f*; (*Sattel*2) arção *m*; ~**brücke** *f* ponte *f* de arcos; 2**förmig** arqueado; abobadado; (*spitz*~) ogival; ~**dach** *n* (-*ɇs*; ¨*er*) abóbada *f*; ~**gang** *m* (-*ɇs*; ¨*e*) arcada *f*; *im Ohr*: conduto *m* auditivo; ~**gewölbe** *n* abóbada *f* arqueada; ~**halle** *f* pórtico *m*; ~**lampe** *f* lâmpada *f* de arco; ~**licht** *n* (-*ɇs*; *0*) luz *f* de arco; ~**schießen** *n* tiro *m* de arco, setada *f*; ~**schluß** *m* (-*sses*; ¨*sse*) chave *f* de abóbada; ~**schütze** *m* (-*n*) besterro *m*.

'**Bohl|e** ['bo:lə] *f* pranchão *m*, madeiro *m*; 2**en** solhar, forrar de tábuas.

'**Böhm|e** ['bø:mə] *m* (-*n*), (~**in** *f*), 2**isch** boémio *m* (-a *f*); *das sind ihm böhmische Dörfer* para ele é grego.

'**Bohne** ['bo:nə] *f* feijão *m*; *grüne* ~*n pl.* feijão *sg.* verde; (*Kaffee*2) grão *m* de café; (*Pferde*2, *Sau*2) fava *f*; *blaue* ~ ⚔ P bala *f*; ~**nkaffee** *m* (-*s*; *0*) café *m* puro; ~**nkraut** *n* (-*ɇs*; *0*) segurelha *f*; ~**nstange** *f* vara *f*, rama *f*; *fig.* trangalhadanças *su.*; ~**nstroh** *n* (-*s*; *0*) palha *f* de favas; *fig. dumm wie* ~ estúpido.

'**Bohner|maschine** *f* enceradora *f*; 2**n** (-*re*) encerar; ~**wachs** *n* (-*es*; -*e*) cera *f*.

'**Bohr|arbeit** [o:] *f* furagem *f*; 2**en** furar, brocar; *in* (*ac.*) *hinein*~ cravar; *in den Grund* ~ ⚓ meter a pique; ⚒ sondar; ~**er** *m* verruma *f*, broca *f*; (*Arbeiter*) furador *m*; ~**lehre** *f* calibre *m* de perfuração; ~**loch** *n* (-*ɇs*; ¨*er*) furo *m*, buraco *m*; ⚒ barreno *m*; *Petroleum*: poço *m* petrolífero; ~**maschine** *f* máquina *f* de furar (*od. zum Ausbohren*: de escarear; *zum Durchbohren*: de perfurar); ~**turm** *m* (-*ɇs*; ¨*e*) torre (*ô) *f* de perfuração; poço *m* petrolífero; ~**ung** *f* furagem *f*; brocagem *f*; perfuração *f*; (*Erd*2) sondagem *f*; ~**werk** *n* (-*ɇs*; -*e*) máquina *f* de furar; ~**winde** *f* arco *m* de pua; ~**wurm** *m* (-*ɇs*; ¨*er*) broma *f*.

'**böig** ['bø:iç] às rajadas, forte e violento.

'**Boje** ['bo:jə] *f* bóia *f*, baliza *f*.

'**Böller** ['bœlər] *m* morteiro *m*.

'**Bollwerk** [ɔ] *n* (-*ɇs*; -*e*) baluarte *m*, bastião *m*.

Bolsche'wis|mus [bɔlʃə'vismus] *m* (-; *0*) bolchevismo *m*; ~**t**(**in** *f*) *m* (-*en*), 2**tisch** bolchevista.

'**Bolzen** ['bɔltsən] *m* frecha *f*, dardo *m*, perno *m*, pino *m*, cavilha *f*, seta *f*.

Bombard|e'ment [bɔmbardə'maŋ] *n* (-*s*; -*s*) bombardeamento *m*; 2'**ieren** (-) bombardear.

bom'bastisch [bɔm'bastiʃ] bombástico.

'**Bombe** ['bɔmbə] *f* bomba *f* (*abwerfen* lançar); *pl. mit* ~*n belegen, bewerfen* bombardear.

'**Bomben|abwurf** *m* (-*ɇs*; ¨*e*) lançamento *m* de bombas; ~**anschlag** *m* (-*ɇs*; ¨*e*), ~**attentat** *n* (-*ɇs*; -*e*) atentado *m* terrorista; ~**erfolg** F *m* (-*ɇs*; -*e*) êxito *m* retumbante; 2**sicher** (*0*) à prova de bomba; F *adv.* absolutamente; ~**flugzeug** *n* (-*ɇs*; -*e*) = *Bomber*.

'**Bomber** ['bɔmbər] *m* bombardeiro *m*, avião *m* de bombardeamento.

Bon [bɔŋ] *m* (-*s*; -*s*) bónus *m*; ~'**bon** *m u. n* (-*s*; -*s*) rebuçado *m*.

'**Bonze** ['bɔntsə] *m* (-*n*) bonzo *m*.

Boot [o:] *n* (-*ɇs*; -*e*) barco *m*; batel *m*; (*Motor*2) (lancha *f* de) gasolina *f*.

'**Boots|fahrt** *f* passeio *m* de barco; ~**führer** *m*, ~**mann** *m* (-*ɇs*; -*leute*) barqueiro *m*; contra-mestre *m*; ~**rennen** *n* regata *f*; ~**verleih** *m* (-*ɇs*; -*e*) aluguer *m* de barcos.

'**Borax** ['bo:raks] *m* (-*es*; *0*) borato *m* de sódio.

Bord [bɔrt]: **a**) *m* (-*ɇs*; -*e*) ⚓ bordo *m* (*an* a); (*Reling*) balustrada *f*; *an* ~ *gehen* embarcar; *von* ~ *gehen* desembarcar; *Mann über* ~! homem à água!; *fig. über* ~ *werfen* desembaraçar-se de; **b**) *n* (-*ɇs*; -*e*) (*Bücherbrett*) estante *f*; (*Küchenbrett*) prateleira *f*.

Bor'dell [bɔr'dɛl] *n* (-*s*; -*e*) bordel *m*, lupanar *m*.

'**Bord|funker** *m* (radio)telegrafista

m; **~monteur** *m* (-*s*; -*e*) mecânico *m*; **~schwelle** *f* limiar *m*, soleira *f*; **~wand** *f* (-; *⸚e*) costado *m*, *Wagen*: taipal *m*.

Borg [bɔrk] *m* (-*es*; *0*): *auf* ~ a crédito; emprestado *m*; '**2en** ['-gən] *j-m*: emprestar a; *sich* (*dat.*) et. ~ pedir a.c. emprestado a.

'**Borke** ['bɔrkə] *f* cortiça *f*, casca *f*.

Born [ɔ] *m* (-*es*; -*e*) fonte *f*.

bor'niert [bɔr'ni:rt] tapado; **2heit** *f* (*0*) pouca inteligência *f*.

'**Borretsch** ['bɔrɛtʃ] *m* (-*es*; *0*) borragem *f*.

'**Bor|salbe** [o:] *f* (*0*) pomada *f* bórica; **~säure** *f* (*0*) ácido *m* bórico.

'**Börs|e** ['bœrsə] *f* bolsa *f*; **~en...**: *in Zssg(n) meist* de Bolsa, da Bolsa; **~enbericht** *m* (-*es*; -*e*) *a.* notícias *f/pl.* financeiras; **2enfähig, 2engängig** cotizável; **~enmakler** *m a.* agente *m* de câmbio; **~enspekulant** *m* (-*en*) agiota *m*; **~enwucher** *m* (-*s*; *0*) agiotagem *f*.

'**Borst|e** ['bɔrstə] *f* cerda *f*; **~enbesen** *m* vassoura *f* de sedas; **~enpinsel** *m* brocha *f*; **2ig** cerdoso, hirsuto, eriçado; *fig.* arisco.

Bort [ɔ] *n* (-*es*; -*e*) (*Bücher2*) estante *f*; (*Küchen2*) prateleira *f*; '**~e** ['-ə] *f* debrum *m*; (*Tresse*) galão *m*; (*Franse*) franja *f*.

'**Borwasser** [o:] *n* (-*s*; *0*) água *f* bórica.

'**bösartig** ['bø:s-] maligno (*a.* ⚕), mau; **2keit** *f* maldade *f*, malignidade *f* (*a.* ⚕).

'**Böschung** ['bœʃuŋ] *f* declive *m*; *steile*: talude *m*; escarpa *f*.

'**böse** ['bø:zə] **1.** *adj.* mau; (*ärgerlich*) zangado (*auf ac.* com); ~ *machen* zangar; **2.** *adv.* mal; *ich habe es nicht* ~ *gemeint* não foi por mal; *es ist nicht* ~ *gemeint* não é por mal; 2 *m* (-*n*) *fig.* diabo *m*; = **2wicht** *m* (-*es*; -*e od.* -*er*) malvado *m*.

'**bos|haft** ['bo:s-] malicioso, mau; **2h(aftigk)eit** *f* maldade *f*, malícia *f*.

'**böswillig** ['bø:s-] malévolo; **2keit** *f* má fé *f*, perfídia *f*.

Botan|ik [bo'ta:nik] *f* (*0*) botânica *f*; **~iker** *m*, **2isch** botânico (*m*).

'**Bot|e** ['bo:tə] *m* (-*n*) mensageiro *m*, emissário *m*; *für Gänge*: moço *m* de recados, recadista *m*; **~enfrau** *f* recadeira *f*; **~engang** *m* (-*es*; *⸚e*) recado *m*; **~enlohn** *m* (-*es*; *0*) gratificação *f*; **2mäßig** tributário; **~mäßigkeit** *f* tutela *f*; *unter s-e* ~ *bringen* sujeitar; avassalar; **~schaft** *f* mensagem *f*; recado *m*; *Pol.* embaixada *f* (*deutsche* da Alemanha); **~schafter(in** *f*) *m* mensageiro(-a*f*) *m*; *Pol.* embaixador *m* (embaixatriz *f*); **~schafts...**: *in Zssg(n)* de embaixada.

'**Böttcher** ['bœtçər] *m* tanoeiro *m*; **~'ei** *f* tanoaria *f*.

'**Bottich** ['bɔtiç] *m* (-*es*; -*e*) cuba *f*, tina *f*.

Bouil'lon [bul'jɔŋ] *f* (-; -*s*) caldo *m*; (*Hühner2*) canja *f*; **~würfel** *m* cubo *m* de caldo.

'**Bowle** ['bo:lə] *f* «cup» *m* (*engl.*).

'**box|en** ['bɔksən] **1.** *v/i.* (-*t*) jogar o «box»; **2.** **2en** *n* pugilismo *m*; **2er** *m* pugilista *m*; **2handschuh** *m* (-*es*; -*e*) cesto *m*; **2kampf** *m* (-*es*; *⸚e*) pugilato *m*; **2sport** *m* (-*es*; *0*) pugilismo *m*; «box» *m* (*engl.*).

Boy'kott [bɔy'kɔt] *m* (-*es*; -*e*) boicotagem *f*; **2'ieren** (-) boicotear.

brach [bra:x] inculto, baldio; '**2e** ['-ə] *f*, '**2feld** *n* (-*es*; -*er*), '**2land** *n* (-*es*; *0*) baldio *m*, terra *f* de alqueive, pousio *m*; '**~liegen** (*L*) alqueivar, barbechar; *dauernd*: estar ermo; *a. fig.* ficar improdutivo; '**2vogel** *m* (-*s*; *⸚*) tarambola *f*.

'**brack|ig** ['brakiç] salobre; **2wasser** *n* água *f* salobre.

'**Bramsegel** ['bra:m-] *n* vela *f* de joanete.

'**Branche** ['bra:ŋʃə] *f* ramo *m*.

Brand [brant] *m* (-*es*; *⸚e*) incêndio *m*; ⚕ gangrena *f*; ⚘ alforra *f*, mela *f*, mangra *f*; F (*Durst*) sede *f* ardente; *in* ~ *geraten* incendiar-se; *in* ~ *stekken* incendiar, deitar (*od.* pôr *od.* lançar) fogo a; '**~blase** *f* empola *f* (de queimadura); '**~bombe** *f* bomba *f* incendiária; '**2en** ['brandən] (-*e*-) bater contra, quebrar-se; '**~fackel** *f* brandão *m*; '**~fleck** *m* (-*es*; -*e*) queimadura *f*; '**~geruch** *m* (-*es*; *⸚e*) chamusco *m*; '**2ig** ['brandiç] ⚘ mangrado; ⚕ gangrenoso; '**~mal** *n* (-*es*; -*e od.* *⸚er*) queimadura *f*; *a. fig.* estigma *m*; ferrete *m*; '**~malerei** *f* pirogravura *f*; '**2marken** estigmatizar; '**~mauer** *f* parede *f* mestra; '**~-opfer** *n* holocausto *m*; vítima *f* de um incêndio; '**~rodung** *f* queimada *f*; '**~schaden** *m* (-*s*; *⸚*) prejuízo *m* causado por incêndio; '**2schatzen** ['-ʃatsən] (-*t*) impor contribuições a; (*plündern*) saquear; '**~schatzung** ['-ʃatsuŋ] *f* saque *m*; '**~sohle** *f* segunda sola *f*; '**~stätte** *f* lugar *m* do incêndio; '**~stifter** *m* incendiário *m*; *krankhafter*: pirómano *m*; '**~stiftung** *f* fogo *m* posto; '**~ung** ['branduŋ] *f* rebentação *f*; '**~wache** *f* guarda *f* de bombeiros; '**~wunde** *f* queimadura *f*.

'**Branntwein** ['brant-] *m* (-*ẹs*; -*e*) aguardente *f*; **~brennerei** *f* fábrica *f* de aguardente.

Brasili'an|er(in *f*) *m* [brazili'a:-nər], **2isch** brasileiro (-a *f*) *m*, do Brasil.

Brat... [a:] *in Zssg(n)*: *im Ofen*: assado; *in der Pfanne*: frito.

'**brat|en** ['bra:tən] **1.** (*L*) *v/t. im Ofen*: assar; *in der Pfanne*: fritar; **2. 2en** *m* assado *m*; **2ofen** *m* (-*s*; ¨) forno *m*; **2pfanne** *f* sertã *f*, frigideira *f*; **2rost** *m* (-*ẹs*; -*e*) grelha *f*.

'**Bratsche** ['bra:tʃə] *f* viola *f*.

'**Brat|spieß** *m* (-*es*; -*e*) espeto *m*; **~wurst** *f* (-; ¨*e*) salsicha *f* fresca.

Brauch [braux] *m* (-*ẹs*; ¨*e*) costume *m*, uso *m*; prática *f*; '**2bar** útil; ~ *sn a.* servir; '**~barkeit** *f* (*0*) utilidade *f*; '**2en** *v/t.* (*a. ge~*) (*nötig haben*) precisar de; necessitar (de); carecer de; *man braucht nur zu* (*inf.*) basta (*inf. od.* que *subj.*), é só (*inf.*); '**~tum** *n* (-*s*; ¨*er*) costumes *m/pl.* (populares), tradições*f/pl.*

'**Brau|e** ['brauə] *f* sobrancelha *f*; **2en** *Bier*: fabricar, fazer; *Unheil*: tramar; *Nebel*: formar-se; **~er** *m* fabricante *m* de cerveja; **~e'rei** [-ə'raɪ] *f*, **~haus** *n* (-*es*; ¨*er*) cervejaria *f*; **~meister** *m* mestre *m* cervejeiro.

braun [braun] castanho; pardo; *Butter*: derretida; *Haut*: moreno, *~gebrannt*: queimado; *Pferd*: baio; '**~äugig** ['-ɔygiç] de olhos castanhos.

'**Bräun|e** ['brɔynə] *f* (*0*) cor *f* queimada, cor *f* castanha; ⚕ angina *f*; crupe *m*, garrotilho *m*; **2en** torrar; *Sonne*: queimar; *Kuchen usw.*, *leicht* ~ aloirar; crestar; tostar.

'**Braun|kohle** *f* lignite *f*; **~stein** *m* (-*ẹs*; *0*) manganés *m*.

'**bräunlich** ['brɔynliç] pardaço, pardacento.

Braus [braus] *m nur in*: *in Saus und* ~ *leben* levar boa vida; ser estroina.

'**Brause** ['brauzə] *f*, **~bad** *n* (-*ẹs*; ¨*er*) duche *m*, chuveiro *m*; **~limonade** *f* gasosa *f*; **2n** (-*t*) *v/i. Wind*: soprar; *Meer*, *Sturm*: bramar, rugir; *Ohren*: zunir; ⚗ fermentar, estar em efervescência; **~n** *n* rugido *m*, bramido *m*, zunido *m*; **~pulver** *n* magnésia *f* efervescente.

Braut [braut] *f* (-; ¨*e*) noiva *f*; desposada *f*; '**~bett** *n* (-*ẹs*; -*en*) leito *m* nupcial, tálamo *m*; '**~führer(in** *f*) *m* paraninfo *m* (dama *f* de honor); '**~gemach** *n* (-*ẹs*; ¨*er*) câmara *f* nupcial.

'**Bräutigam** ['brɔytigam] *m* (-*s*; -*e*) noivo *m*; desposado *m*.

'**Braut|jungfer** *f* dama *f* de honor; **~kranz** *m* (-*es*; ¨*e*) coroa *f* nupcial; **~leute** *pl.* noivos *m/pl.*

'**Braut|nacht** *f* (*0*) noite *f* de núpcias; **~paar** *n* (-*ẹs*; -*e*) noivos *m/pl.*; **~schau** *f* (*0*): *auf* ~ *gehen* andar à procura de uma noiva; **~schleier** *m* véu *m* de noivado; **~stand** *m* (-*ẹs*; *0*) noivado *m*; **~werbung** *f* pedido *m* de casamento.

bra|v [bra:f] valente; (*artig*) bom; (*bieder*) honesto; **2'vour** [-'vu:r] *f* (*0*) brio *m*.

'**Brech|bohne** ['brɛç-] *f* feijão *m* verde; **~durchfall** *m* (-*ẹs*; ¨*e*) colerina *f*; **~eisen** *n* alavanca *f*; **2en** (*L*) **1.** *v/t.* romper, quebrar; ⚕ fra(c)turar; *sich* (*dat.*) *ein Bein* ~ partir; *die Ehe* ~ cometer adultério; *Flachs*: trilhar; *Gesetz*: violar, infringir; *Herz*: destroçar; *Papier*: dobrar; *Strahlen*: refle(c)tir, refra(c)tar; *Vertrag*, *Wort*: faltar a; *Widerstand*: vencer; *et. vom Zaune* ~ romper com a.c.; *auf Biegen und* 2 ou vai ou racha; **2.** *v/i.* (*sn*) partir; romper-se; *a. Augen*: quebrar(-se), *Stimme*: *a.* mudar; *Herz*: destroçar-se; *mit j-m* ~ cortar relações com alg., romper com alg.; (*sich er~*) (*haben*) vomitar; **~mittel** *n* vomitivo *m*, vomitório *m*; **~reiz** *m* (-*es*; *0*) enjoo *m*, náusea *f*; **~stange** *f* alavanca *f*; **~ung** *f Phot.* refra(c)ção *f*.

Brei [braɪ] *m* (-*ẹs*; -*e*) papa(s *f/pl.*) *f*; puré *m*; '**2artig**, '**2ig** pastoso.

breit [braɪt] *m* largo, amplo; *Nase*: chato; *weit und* ~ por toda (*ô) a parte; '**~beinig** ['-baɪniç] com as pernas abertas; '**2e** ['-ə] *f* largura *f*, largo *m*; amplitude *f*; *geogr.* =

'2en·grad *m* (-*és*; -*e*) latitude *f*; '**~krempig** ['-krɛmpiç] abado; '**~machen**: *sich* ~ estender-se; *fig. a.* divulgar-se; '**~schlagen** (*L*) achatar; *fig.* persuadir; '**~schult(e)rig** ['-ʃult(ə)riç] de ombros largos; '**2seite** *f* ⚓ costado *m*; '**~spurig** ['-ʃpu:riç] 🚂 de via larga; *sich* ~ *hinstellen* ostentar-se; '**~treten** (*L*) pisar; *fig.* não largar.

'**Brei-umschlag** *m* (-*és*; "*e*) cataplasma *f*; papas *f/pl.*

'**Bremsbelag** ['brɛms-] *m* (-*és*; "*e*) calço *m* (de travão).

'**Brems|e** ['brɛmzə] *f* freio *m*, travão *m*; *Zool.* moscardo *m*; **2en** (-*t*) travar; **~er** *m* guarda-freio *m*; **~pedal** *n* (-*s*; -*e*) travão *m* de pé; maxila *f* de freio; **~rakete** *f* fogetão *m* de travagem; retrofogetão *m*; **~schuh** *m* (-*és*; -*e*) calço *m* (*od.* pé *m*) de roda; **~stange** *f* alavanca *f* do travão.

'**brenn|bar** [ɛ] combustível; **2eisen** *n* ferro *m* de frisar; cautério *m*; ferrete *m*; **~en** (*L*) **1.** *v/t.* queimar; *Branntwein*: destilar; *Haare*: frisar; *Kaffee*: torrar; *schwarz* ~ esturrar; *Kalk, Ziegel*: cozer; *Kohlen*: fazer, carbonizar; *Wunden*: cauterizar; **2.** *v/i.* (estar a) arder, (*a. heizen*) estar a queimar; pegar fogo; *darauf* ~ zu (*inf.*) estar morto por; **3.** 2 *n a. Brennessel*: ferrões *m/pl.*; *Porzellan*: cozedura *f*; **~end** ardente; *fig. a.* palpitante; **2er** *m Gas*: bico *m*; *Branntwein*: destilador *m*; ⊕ incendiário *m*; **2e'rei** [-ə'raɪ] *f* destilação *f*; **2glas** *n* (-*es*; "*er*) lente *f* ustória; **2holz** *n* (-*es*; "*er*) lenha *f*; **2material** *n* (-*s*; -*ien*) combustível *m*, combustíveis *m/pl.*; **2(n)essel** *f* urtiga *f*; **2öl** *n* (-*és*; -*e*) óleo *m* de queimar; **2punkt** *m* (-*és*; -*e*) foco *m*; **~punktlos** astigmático; **2spiegel** *m* espelho *m* ustório; **2spiritus** *m* (-; *0*) álcool *m* desnaturado; **2stoff** *m* (-*és*; -*e*) *Auto*: gasolina *f*; = *2material*; **2weite** *f Phot.* distância *f* focal.

'**brenzlig** ['brɛntsliç] chamusco; *fig.* melindroso; F bicudo.

'**Bresche** ['brɛʃə] *f* abertura *f*, brecha *f* (*schlagen* fazer, abrir, rachar).

Brett [ɛ] *n* (-*és*; -*er*) tábua *f*, prancha *f*; *im Schrank*: prateleira *f*; (*Schach2*) tabuleiro *m*; (*Tablett*) bandeja *f*; *Schwarzes* ~ quadro *m*; *ein* ~ *vor dem Kopf haben* ser tapado, ser parvo; *bei j-m e-n Stein im* ~ *haben* estar nas boas graças de alg.; '**~er** *n/pl. Schisport*: esquís *m/pl.*; *Thea.*: palco *m/sg.*; '**~ergerüst** *n* (-*és*; -*e*) andaime *m*; '**~spiel** *n* (-*és*; -*e*) jogo *m* de taboleiro.

Bre'vier [bre'vi:r] *n* (-*s*; -*e*) breviário *m*.

'**Brezel** ['bre:tsəl] *f* rosquilha *f*.

Brief [bri:f] *m* (-*és*; -*e*) carta *f*; epístola *f*; *Börse* (*Angebot*): papel *m*; '**~aufschrift** *f* endereço *m*, dire(c)ção *f*; '**~ausgabe** *f* distribuição *f* (das cartas); '**~beschwerer** ['-bəʃve:rər] *m* pesa-papel *m*; '**~bogen** *m* folha *f* (de papel de carta); '**~form** *f* forma *f* epistolar; '**~geheimnis** *n* (-*ses*; -*se*) segredo (*'ê) *m* postal; '**~kasten** *m* (-*s*; ") marco *m* (postal); *privat*: receptáculo *m* postal; '**2lich** por carta; '**~mappe** *f* carteira *f*, pasta *f*; '**~marke** *f* selo *m* postal; estampilha *f*; '**~marken-sammler** *m* filatelista *m*; '**~öffner** ['-œfnər] *m* corta-papel *m*, marcador *m*; '**~ordner** *m* classificador *m* (de correspondência); '**~papier** *n* (-*s*; *0*) papel *m* de carta; '**~post** *f* (*0*) correio *m*; '**~schaften** ['-ʃaftən] *f/pl.* correspondência *f/sg.*; '**~schreiber(in** *f*) *m* autor(a *f*) *m* da carta; remetente *m/f*; *Lit.* epistológrafo (-a *f*) *m*; '**~steller** ['-ʃtɛlər] *m* epistolário *m*, epistoleiro *m*; '**~stil** *m* (-*és*; -*e*) estilo *m* epistolar; '**~tasche** *f* carteira *f*; '**~taube** *f* pombo-correio *m*; '**~träger** *m* carteiro *m*; distribuidor *m* dos correios; '**~umschlag** *m* (-*és*; "*e*) sobrescrito *m*, envelope *m*; '**~verkehr** *m* (-*s*; *0*), '**~wechsel** *m* correspondência *f*; *in* ~ *stehen* corresponder-se; '**~waage** *f* pesa-cartas *m*.

Bri'gade [bri'ga:də] *f* brigada *f*; **~general** *m* (-*s*; -*e od.* "*e*) brigadeiro *m*.

Brigg [brik] *f* (-; -*s*) brigue *m*.

Bri'kett [bri'kɛt] *n* (-*és*; -*e od.* -*s*) briquete *m*.

Bril'lant [bril'jant] **1.** *m* (-*en*), **2.** 2 *adj.* brilhante (*m*).

'**Brille** ['brilə] *f* óculos *m/pl.*

'**Brillen|futteral** *n* (-*s*; -*e*) estojo *m* (*od.* caixa *f*) de óculos; **~glas** *n* (-*es*; "*er*) vidro *m* de óculos; **~schlange** *f* cobra *f* (de) capelo; *fig.*

caixa *f* de óculos; **~träger** *m*: *~ sn* usar óculos.

'**bringen** ['briŋən] (*L*) (*her~*) trazer; (*hin~*, *weg~*) levar; (*begleiten*) acompanhar; (*ein~*) render, dar; (*hervor~*) produzir; *Opfer*: fazer; (*fertig~*) conseguir; *es weit ~* chegar longe; *j-n dahin* (*od. dazu*) *~*, *daß* (*od. zu inf.*) conseguir que alg. (*subj.*); abalançar alg. a; levar alg. a; obrigar alg. a; *an den Tag ~* trazer à luz; *j-n auf et.* (*ac.*) *~* sugerir a.c. a alg.; *auf die Seite ~* desviar, pôr de lado; *es auf 70 Jahre ~* chegar à idade de ...; *in Erfahrung ~* chegar a saber; *in Gang ~* pôr a trabalhar; *in Ordnung ~* arranjar; *mit sich ~* trazer consigo, *fig. a.* implicar; *über sich ~ fig.* resolver-se; *j-n um et. ~* fazer perder a.c. a alg.; privar alg. de a.c.; *ums Leben ~* matar; *von der Stelle ~* (re)mover; *fig.* adiantar; *j-n zum Lachen ~* fazer rir a alg.; *es zu et. ~* fazer fortuna, fazer carreira; chegar a ser alg.; fazer-se gente.

'**Brise** ['bri:zə] *f* brisa *f*, viração *f*.

'**Brit|e** ['britə] *m* (*-n*), (**~in** *f*), **♀isch** inglês (-esa *f*) *m*; britânico (-a *f*) *m*.

'**bröck|(e)lig** ['brœk(ə)liç] inconsistente; *Mauer*: desmoronadiço; *Gestein*: friável; **~eln** (*-le*) desmoronar-se.

'**Brocken** ['brɔkən] **1.** *m* pedaço *m*; bocado *m*; (*Krume*) migalha *f*; (*Stein*) naco *m*; **2.** ♀: *in* (*ac.*) *~* migar em; **♀weise** aos pedaços.

'**brodeln** ['bro:dəln] **1.** *v/i.* (*-le*) borbulhar; fervilhar; **2.** ♀ *n* efervescência *f*.

'**Brodem** ['bro:dəm] *m* vapor *m*, fumo *m*; bruma *f*.

Bro'kat [bro'ka:t] *m* (*-es*; *-e*) brocado *m*.

Brom [o:] *n* (*-s*; *0*) bromo *m*.

'**Brom-beer|e** [ɔ] *f* amora *f* (de silva); **~strauch** *m* (*-es*; *⸚er*) amoreira *f*.

'**brom|haltig** ['-haltiç] brómico ('ô); **♀säure** *f* (*0*) ácido *m* brómico ('ô).

Bronch|i'al-katarrh [brɔnçi'a:l-] *m* (*-s*; *-e*) bronquite *f*; '**~ien** ['-iən] *f/pl.* brônquios *m/pl.*

'**Bronz|e** ['brɔŋsə] *f* bronze *m*; **♀efarben** bronzeado; **♀'ieren** (-) bronzear.

'**Brosame** ['bro:za:mə] *f* migalha *f*.

'**Brosch|e** ['brɔʃə] *f* broche *m*; **♀'ieren** (-) brochar; **~'üre** [-'ʃy:rə] *f* folheto *m*.

Brot [o:] *n* (*-es*; *-e*) pão *m*; '**~baum** *m* (*-es*; *⸚e*) jaqueira *f*; '**~beutel** *m* saco *m* para pão; '**~brei** *m* (*-es*; *-e*) açorda *f*.

'**Brötchen** ['brø:tçən] *n* pãozinho *m*; *belegtes ~* sanduíche *f*.

'**Brot|erwerb** *m* (*-es*; *0*) ganha-pão *m*; **~frucht** *f* (-; *⸚e*) jaca *f*; **~getreide** *n* trigo *m*; **~herr** *m* (*-en*) patrão *m*; **~karte** *f* senha *f* de pão, carta *f* de racionamento de pão; **♀los** sem pão; *fig.* desempregado; *Kunst*: improdutivo; **~neid** *m* (*-es*; *0*) inveja *f* professional; **~rinde** *f* côdea *f* de pão; **~schneide-maschine** *f* máquina *f* para cortar pão; **~schnitte** *f* fatia *f* de pão; **~suppe** *f* sopa *f* de pão; açorda *f*; **~teig** *m* (*-es*; *-e*) massa *f* de pão.

Bruch [brux] **a)** *m* (*-es*; *⸚e*) rotura *f*; avaria *f*; *Geol.* fra(c)tura *f*; ⚕ (*Knochen♀*) fra(c)tura *f*, (*Unterleibs♀*) hérnia *f*; *Papier*: dobra *f*; *Zahl*: fra[c]ção *f*; *fig.* ruptura *f*; corte *m*; *e-s Vertrags*: violação *f*; *in die Brüche gehen fig.* partir-se; perder-se; **b)** *m u. n* (*-es*; *⸚e*) (*Sumpf*) sapal *m*; (*Stein♀*) canteira *f*, pedreira *f*; '**~band** *n* (*-es*; *⸚er*) cinto *m* para hérnias; bragueiro *m*; suspensório *m*.

'**brüchig** ['bryçiç] frágil, quebradiço.

'**Bruch|rechnung** *f* cálculo *m* de fra(c)ções; **~schaden** *m* (*-s*; *⸚*) estragos *m/pl.*; ⚓ avaria *f*; **~stein** *m* (*-es*; *-e*) pedra *f* bruta, cantaria *f*; **~stück** *n* (*-es*; *-e*) fragmento *m*; **~teil** *m* (*-es*; *-e*) fra(c)ção *f*; *im ~ e-r Sekunde* em menos de um segundo.

'**Brücke** ['brykə] *f* ponte *f* (*schlagen* lançar).

'**Brücken|bau** *m* (*-es*; *-ten*) construção *f* de pontes; **~bogen** *m* arco *m* (*od.* arcada *f*) de ponte; **~geländer** *n* peitoril *m*, parapeito *m*; **~kopf** *m* (*-es*; *⸚e*) testa *f* de ponte; **~waage** *f* báscula *f*; **~zoll** *m* (*-es*; *⸚e*) portagem *f*.

'**Bruder** ['bru:dər] *m* (*-s*; *⸚*) irmão *m*; (*bsd.* *) mano *m*; *fig.* confrade *m*; (*Kloster♀*) frade *m*; **~krieg** *m* (*-es*; *-e*) guerra *f* civil (*od.* fratricida).

'**brüderlich** ['bry:dərliç] fraternal; **♀keit** *f* (*0*) fraternidade *f*.

'**Bruder|liebe** *f* amor *m* fraternal; **~mord** *m* (-*es*; -*e*) fratricídio *m*; **~mörder(in** *f*) *m*, **2mörderisch** fratricida (*m/f*).

'**Brüderschaft** ['bry:dərʃaft] *f* irmandade *f*; *Rel.*: *a.* congregação *f*, confraria *f*.

'**Bruder|volk** *n* (-*es*; *"er*) povo *m* irmão; **~zwist** *m* (-*es*; -*e*) querela *f* entre irmãos.

'**Brüh|e** ['bry:ə] *f* caldo *m*; **2en** escaldar; **2-heiß** (*0*) a ferver; a escaldar; **~kartoffeln** *f/pl.* batatas *f/pl.* fervidas; **2warm** (*0*) *fig.* como novidade recente; *adv. a.* logo.

'**brüllen** ['brylən] *v/i.* gritar; bramir; *Kalb*: berrar, *Kind*: *a.* chorar; *Löwe*: rugir; *Rind*: mugir; *Stier*: bramar; *fig. a.* vociferar.

'**Brumm|bär** *m* (-*en*), **~bart** *m* (-*es*; *"e*) resmungão *m*; **~baß** *m* (-*sses*; *"sse*) bordão *m*, contrabaixo *m*; **2eln** (-*le*) murmurar entre (os) dentes; **2en** zunir; zumbir; zumbar; *fig.* resmungar; F (*im Gefängnis sn*) estar preso; *in den Bart* ~ = *2eln*; **~er** *m* *Zool.* moscão *m*, vareja *f*; ♪ bordão *m*; **2ig** resmungão; **~kreisel** *m* pião *m*.

brü'nett [bry'nɛt] moreno; **2e** ['-ə] *f* morena *f*.

Brunft *f* (-; *"e*), '**~zeit** *f* brama *f*; cio *m*; '**2en** (-*e*-) estar no cio.

'**Brunnen** ['brunən] *m* poço *m*; fonte *f*; ⚕ termas *f/pl.*, águas *f/pl.* (medicinais) (*trinken* tomar as ...); (*Spring2*) repuxo *m*; **~bauer** *m*, **~gräber** *m* poceiro *m*; **~kresse** *f* agrião *m*; **~kur** *f* cura *f* de águas; **~röhre** *f* bica *f*; **~schwengel** *m* cegonha *f*; **~wasser** *n* água *f* de pé (*od.* de fonte); **~winde** *f* cegonha *f*.

Brust *f* (-; *"e*) peito *m*; *weibl.*: *a.* mamas *f/pl.*; *fig.* alma *f*, coração *m*; *die* ~ *geben* dar o peito, dar a mamar; *sich in die* ~ *werfen* ufanar-se; '**~bein** *n* (-*es*; *0*) esterno *m*; '**~beklemmung** *f*, '**~beschwerden** *f/pl.* asma *f/sg.*; angústia *f/sg.*; '**~bild** *n* (-*es*; -*er*) meio-corpo *m*; busto *m*; '**~drüse** *f* glândula *f* mamária.

'**brüsten** ['brystən] (-*e*-): *sich* ~ ufanar-se, vangloriar-se (*mit* de).

'**Brust|fell** *n* (-*es*; -*e*) pleura *f*; **~fell-entzündung** *f* pleurisia *f*; **~harnisch** *m* (-*es*; -*e*) couraça *f*; **~höhle** *f* cavidade *f* torácica, cavidade *f* do peito; **~kasten** *m* (-*s*; *"*), **~korb** *m* (-*es*; *"e*) tórax *m*; **2krank**, **2leidend** doente do peito; tísico; **~schwimmen** *n* (-*s*; *0*) natação *f* de bruços; **~stück** *n* (-*es*; -*e*) peito *m*; **~tasche** *f* bolso (*'ô) *m* interior (*od. äußere*: sobre [*ô] o peito); **~tee** *m* (-*s*; -*s*) chá *m* peitoral; **~umfang** *m* (-*es*; *0*) medida *f* de peito; ⚕ perímetro torácico.

'**Brüstung** ['brystuŋ] *f* parapeito *m*.

'**Brust|warze** *f* bico *m* do peito; mamilo *m*; **~wehr** *f* parapeito *m*; **~weite** *f* (*0*) = *~umfang*.

Brut [u:] *f* ninhada *f*; *Insekten, Würmer*: sementes *m/pl.*; *fig.* raça *f*; (*Brüten*) incubação *f*, choco (*'ô) *m*; '**~-apparat** *m* (-*es*; -*e*) incubador *m*, chocadeira *f*.

'**brüten** ['bry:tən] (-*e*-) (estar a) chocar; *fig.* meditar, (andar a) cogitar (*über dat.* em), cismar; aboborar (*ac.*); *v/t. Rache*: tramar.

'**Brut|henne** *f* galinha *f* choca; **~-hitze** *f* (*0*) calor *m* infernal; **~-ofen** *m* (-*s*; *"*) incubador *m*, chocadeira *f*; **~schrank** *m* (-*es*; *"e*) estufa *f*; **~stätte** *f* lugar *m* para chocar; ⚕ *u. fig.* foco *m*.

'**brutto** ['bruto:] bruto; **2gewicht** *n* (-*es*; -*e*) peso (*ê) *m* bruto; **2register-tonne** *f* tonelada *f* de registro bruto.

'**Brut-zeit** *f* (tempo *m* de) incubação *f*.

'**Bube** ['bu:bə] *m* (-*n*) rapaz *m*, menino *m*; garoto *m*, maroto *m*; (*Schurke*) patife *m*; (*Karte*) valete *m*; **~nstreich** *m* (-*es*; -*e*) velhacaria *f*, patifaria *f*; **~nstück** *n* (-*es*; -*e*) felonia *f*, perfídia *f*.

'**Bubikopf** ['bu:bi:-] *m* (-*es*; *"e*) cabelo *m* cortado curto.

'**bübisch** ['by:biʃ] velhaco.

Buch [bu:x] *n* (-*es*; *"er*) livro *m*; *uv.* ~ *Papier* mão *f* de; ~ *führen über* (*ac.*) registar, escriturar; *wie ein* ~ *reden* falar como um livro aberto, falar que nem um missal; '**~binder** ['-bindər] *m* encadernador *m*; **~binde'rei** *f* encadernação *f*; '**~deckel** *m* capa *f*.

'**Buchdruck** *m* (-*es*; -*e*) impressão *f*; tipografia *f*; **~er** *m* impressor *m*, tipógrafo *m*; **~e'rei** *f* imprensa *f*, tipografia *f*; **~erkunst** *f* (*0*) arte *f* de imprimir, arte *f* da impressão; **~farbe** *f* tinta *f* de impressão; **~presse** *f* prensa *f* tipográfica.

ˈ**Buch|e** [ˈbu:xə] *f* faia *f*; **~-ecker** [ˈ-ɛkər] *f* (-; -*n*) fruto *m* da faia; **~-einband** *m* (-*és*; ⸚*e*) encadernação *f*.

ˈ**buchen** [ˈbu:xən] **1.** assentar, registar; escriturar; lançar, fazer lançamento; **2.** *adj.* de faia; **2wald** *m* (-*és*; ⸚*er*) faial *m*.

ˈ**Bücher|-abschluß** [ˈby:çər-] *m* (-*sses*; ⸚*sse*) balanço *m*; **~brett** *n* (-*és*; -*er*) estante *f*; **~ˈei** *f* biblioteca *f*; livraria *f*; **~freund** *m* (-*és*; -*e*) bibliófilo *m*; **~gestell** *n* (-*és*; -*e*) estante *f*; **~liebhaber** *m* bibliófilo *m*; **~narr** *m* (-*en*) bibliómano *m*; **~schrank** *m* (-*és*; ⸚*e*) estante *f*, biblioteca *f*; **~trödler** *m* alfarrabista *m*; **~verzeichnis** *n* (-*ses*; -*se*) catálogo *m*; **~wart** [-vart] *m* (-*és*; -*e*) bibliotecário *m*; **~weisheit** *f* (*0*) saber *m* teórico; **~wurm** *m* (-*és*; ⸚*er*) traça *f*; *fig.* bibliómano *m*.

ˈ**Buch|fink** *m* (-*en*) tentilhão *m*; **~führer** *m*, **~-halter** *m* guarda-livros *m*; contabilista *m*; **~führung** *f*, **~-haltung** *f* contabilidade *f*, escrituração *f* mercantil (*einfache* por partidas simples, *doppelte* por partidas dobradas); **~-handel** *m* (-*s*; *0*) comércio *m* de livros; **~-händler** *m* livreiro *m*; **~-handlung** *f*, **~laden** *m* (-*s*; ⸚) livraria *f*; **~macher** *m* *Sport*: totalizador *m*; **2mäßig** livresco; **~rücken** *m* lombada *f*.

ˈ**Buchsbaum** [ˈbuks-] *m* (-*és*; ⸚*e*) buxo *m*.

ˈ**Büchse** [ˈbyksə] *f* caixa *f*; (*Blech2*) lata *f*; (*Gewehr*) espingarda *f*; F (*Hose*) calças *f*/*pl.*; **~nfleisch** *n* (-*es*; *0*) carne *f* de conserva; **~n-öffner** [ˈ-œfnər] *m* abre-latas *m*.

ˈ**Buchstab|e** [ˈ-ʃta:bə] *m* (-*ns* *od.* -*n*; -*n*) letra *f*, cará(c)ter *m*; tipo *m*; *großer* ~ maiúscula *f*, *kleiner* ~ minúscula *f*; **~en-rechnung** *f* álgebra *f*; **2ˈieren** (-) soletrar.

ˈ**buchstäblich** [ˈ-ʃtɛ:pliç] literal; *adv. a.* à letra, pé-a-pé.

ˈ**Buchstütze** *f* segura-livros *m*.

Bucht [buxt] *f* baía *f*, golfo (*ˈô) *m*; enseio *m*.

ˈ**Buch|-umschlag** *m* (-*és*; ⸚*e*) capa *f*; **~ung** *f* escrituração *f*, registo *m*; lançamento *m*; **~ungszeichen** *n* número (*od.* sinal) *m* do registo (*od.* do lançamento); **~verleih** *m* (-*és*; -*e*) serviço *m* de empréstimo; **~weizen** *m* (-*s*; *0*) fagopiro *m*; **~wert** *m* (-*és*; -*e*) valor *m* normal; **~wissen** *n* (-*s*; *0*) saber *m* teórico.

ˈ**Buck|el** [ˈbukəl] *m* corcunda *f*, corcova *f*; **2(e)lig** corcovado.

ˈ**bück|en** [ˈbykən]: *sich* ~ curvar-se, inclinar-se; abaixar-se; **2ling** *m* (-*s*; -*e*) vénia *f*, cortesia *f*, mesura *f*; *agachado *m*; *Zool.* arenque *m* defumado.

ˈ**buddeln** [ˈbudəln] F (-*le*) cavar; *Kinder*: brincar na areia.

ˈ**Bude** [ˈbu:də] *f* quiosque *m*; (*Markt2*) barraca *f*, tenda *f*; F (*Studenten2*) quarto *m*; **~nstadt** *f* (-; ⸚*e*) abarracamento *m*.

Buˈdget [byˈdʒe:] *n* (-*s*; -*s*) orçamento *m*.

Büˈfett [byˈfe:] *n* (-*és*; -*e*) aparador *m*, bufete *m*.

ˈ**Büffel** [ˈbyfəl] *m* búfalo *m*; **~ˈei** F *f* trabalho *m* estúpido; **2n** F (-*le*) meter na cabeça.

Bug [bu:k] ⚓ *m* (-*és*; ⸚*e* *od.* -*e*) proa *f*.

ˈ**Bügel** [ˈby:gəl] *m* arco *m*; asa *f*; (*Brillen2*) haste *f*; (*Kleider2*) cruzeta *f*; ⊕ abraçadeira *f*; (*Gewehr2*) guarda-mato *m*; (*Steig2*) estribo *m*; **~brett** *n* (-*és*; -*er*) tábua *f* de engomar; **~-eisen** *n* ferro *m* (de engomar); **~falte** *f* dobra *f*; **2n** (-*le*) engomar; passar a ferro.

bugˈsieren [bugˈzi:rən] ⚓ (-) *v*/*t.* rebocar; F levar.

ˈ**Bühne** [ˈby:nə] *f* palco *m*, cena *f*; *allg.*: teatro *m*; *über die* ~ *gehen fig.* subir à cena; *auf die* ~ *bringen* pôr em cena.

ˈ**Bühnen|anweisung** *f* rubrica *f*, nota *f* cénica; **~arbeiter** *m* operário *m* do palco; **~bearbeitung** *f* ada(p)tação *f* (cénica); **~bild** *n* (-*és*; -*er*) cena *f*; **~bildner** *m* cenógrafo *m*; **~dichter** *m* dramaturgo *m*; **~künstler(in** *f*) *m* a(c)tor *m* (a[c]triz *f*); **~maler** *m* cenógrafo *m*; **2mäßig** teatral; **~stück** *n* (-*és*; -*e*) peça *f* de teatro.

Buˈkett [buˈkɛt] *n* (-*és*; -*e*) ramalhete *m*; *Wein*: aroma *m*.

Bulˈgar|e [bulˈga:rə] *m* (-*n*), (**~in** *f*), **2isch** búlgaro *m* (-a *f*), da Bulgária.

ˈ**Bull|auge** ⚓ *n* (-*s*; -*n*) vigia *f*; **~dogge** *f* buldogue *m*; **~e** [-ə] **a)** *m* (-*n*) *Zool.* touro *m*; **b)** *f* *Rel.* bula *f*.

ˈ**Bummel** [ˈbuməl] F *m* passeio *m*; **~ˈant** *m* (-*en*) pândego *m*; *ein* ~ *sn a.* chegar sempre atrasado; **~ˈei** *f* vadiagem *f*; falta *f* de cuidado (*od.* de pontualidade); demora *f*; **2ig** lento; demorado; **2n** (*-le*) andar na pândega; atrasar-se; **~leben** *n* (*-s*; *0*) pândega *f*; **~zug** *m* (*-es*; *ᵘe*) comboio *m* misto, ó(m)nibus *m*.

'**Bummler** ['bumlər] *m* vadio *m*; (*Straßen*2) quebra-esquinas *m*; *s.a.* *Bummelant*.

bums *int.* pumba!

'**Buna** ['bu:na] *m u. n* (*- od. -s*; *0*) borracha *f* sintética.

Bund [bunt] **1.** *m* (*-es*; *ᵘe*) união *f*; (co)liga(ção) *f*; = *~esstaat*; *Rel. Alte(r) usw.*: Testamento *m*; *im ~e mit* aliado com, aliado de; **2.** *n* (*-es*; *-e*; *nach Zahlen ohne Plural*) (*Schlüssel*2), *~ Gemüse* molho *m*; feixe *m*, faixa *f*.

'**Bündel** ['byndəl] *n* feixe *m*; trouxa *f* (*schnüren* fazer, emalar); embrulho *m*; *Banknoten*: maço *m*; **2n** (*-le*) embrulhar.

'**Bundes|arbeitsgericht** ['bundəs-] *n* (*-es*; *0*) tribunal *m* federal de trabalho; **~behörde** *f* autoridade *f* federal; **~gebiet** *n* (*-es*; *0*) território *m* federal; **~genosse** *m* (*-n*) aliado *m*; **~genossenschaft** *f* aliança *f*; **~gericht** *n* (*-es*; *0*) tribunal *m* federal; **~gesetz** *n* (*-es*; *-e*) lei *f* federal; **~gesetzblatt** *n* (*-es*; *ᵘer*) diário *m* do governo (*ê) federal; **~kanzler(amt** *n* [*-es*; *0*]) *m* chanceler *m* (chancelaria *f*) federal; **~lade** *f* (*0*) *Rel.* Arca *f* da Aliança; **~minister(ium** *n* [*-s*; *-rien*]) *m* ministro *m* (ministério *m*) federal; **~präsident** *m* (*-en*) presidente *m* da República federal; **~rat** *m* (*-es*; *0*) conselho *m* federal; **~regierung** *f* governo (*ê) *m* federal; **~republik** *f*: *Deutsche ~* República *f* Federal da Alemanha; **~-staat** *m* (*-es*; *-en*) confederação *f*, Estado *m* confederado; **2-staatlich** federal; **~tag** *m* (*-es*; *0*) parlamento *m* federal; dieta *f* federal; congresso *m*; **~verfassung** *f* (*0*) constituição *f* federal; **~verfassungsgericht** *n* (*-es*; *0*) tribunal *m* constitucional da República Federal; **~wehr** *f* (*0*) exército *m* federal.

'**bündig** ['byndiç] terminante, concludente; (*knapp*) conciso; *kurz und ~* sem rodeios; **2keit** *f* (*0*) concisão *f*.

'**Bündnis** ['byntnis] *n* (*-ses*; *-se*) aliança *f*, liga *f*; pacto *m*.

'**Bunker** ['buŋkər] *m* ⚔ fortim *m*; *zum Schutz*: abrigo *m*; ⚓ carvoeira *f*; **2n** (*-re*) carregar carvão.

'**Bunsenbrenner** ['bunzən-] *m* bico *m* de Bunsen.

bunt variegado; multicolor, policromo; garrido; *~er Abend* sarau *m*; *~e Reihe* senhores e senhoras a alternar; *~es Durcheinander* grande confusão *f*; *das wird mir zu ~* é demais; '**2druck** *m* (*-es*; *-e*) cromotipografia *f*, impressão *f* em várias cores, «ofset» *m* (*engl.*); '**2-heit** *f* variedade *f*; policromia *f*; '**2stift** *m* (*-es*; *-e*) lápis *m* de cor.

'**Bürde** ['byrdə] *f* carga *f*, fardo *m*.

Burg [burk] *f* castelo *m*.

'**Bürg|e** ['byrgə] *m* (*-n*), (**~in** *f*) fiador(a *f*) *m*; abonador(a *f*) *m*; garante *m*/*f*; **2en** responder, responsabilizar-se (*für* por); abonar (*ac.*); afiançar (*ac.*).

'**Bürger** ['byrgər] *m* burguês *m*; *Pol.* cidadão *m*; (*Nichtsoldat*) civil *m*, paisano *m*; **~in** *f* burguesa *f*; *Pol.* cidadã *f*; **~krieg** *m* (*-es*; *-e*) guerra *f* civil; **~kunde** *f* (*0*) instrução *f* cívica; **2lich** civil (*a.* ⚖); burguês; **~meister** *m* burgomestre *m*; presidente *m* do município (*od.* da Câmara Municipal); **~recht** *n* (*-es*; *-e*) direito *m* de cidadão; *cidadania *f*; *das ~ verleihen* (*erwerben*) naturalizar(-se); **~schaft** *f* município *m*, municipalidade *f*; **~sinn** *m* (*-es*; *0*) civismo *m*; **~stand** *m* (*-es*; *0*) = *~tum*; **~steig** *m* (*-es*; *-e*) passeio *m*; **~tum** *n* (*-es*; *0*) burguesia *f*; classe *f* média; **~wehr** *f* milícia *f*; guarda *f* nacional.

'**Burg|friede** *m* (*-ns*; *0*) trégua *f*; **~graben** *m* (*-s*; *ᵘ*) fosso (*'ô) *m*; **~herr** *m* (*-n*; *-en*) senhor *m* do castelo, castelão *m*; **~herrin** *f* castelã *f*.

'**Bürgschaft** ['byrkʃaft] *f* fiança *f*, garantia *f* (*leisten* dar, prestar; *für* por).

Bur'gund|er [bur'gundər] *m*, **2isch** borgonhês (*m*), de Borgonha.

bur'lesk [bur'lɛsk] burlesco; **2e** [-ə] *f* burleta *f*.

Bü'ro [by'ro:] *n* (*-s*; *-s*) escritório *m*; **~-angestellte(r)** *m* empregado *m* de escritório; **~bedarf** *m* (*-es*; *0*) artigos *m*/*pl.* de escritório; **~heftmaschine** *f* agrafador *m*; **~klammer** *f* (*-*; *-n*) gancho *m*.

Büro'krat [byro'kra:t] *m* (*-en*) burocrata *m*; **~entum** *n* (-*s*; *0*), **~'ie** [-'i:] *f* burocracia *f*; **ꝸisch** burocrático.

Bü'ro|stunden *f/pl.* horas *f/pl.* de serviço; **~vorsteher** *m* chefe *m* de escritório (*od.* de secretaria).

'Bursch|e ['burʃə] *m* (-*n*) rapaz *m*, moço *m*; criado *m*; estudante *m*; ⚔ impedido *m*; *iron. sauberer* ~ grande maroto *m*; **~en-schaft(ler** *m*) *f ehm.* (membro *m* da) liga *f* patriótica dos estudantes alemães; **ꝸi'kos** [-i'ko:s]: ~ *sn* ser rapaz.

'Bürste ['byrstə] *f* escova (*ô) *f*.

'bürsten (-*e*-) escovar; **~artig** com aspe(c)to de escova (*ô); **ꝸabzug** *m* (-*ês*; ⸗*e*) prova *f* tipográfica; **ꝸbinder** [-bindər] *m* escoveiro *m*; **ꝸbinde'rei** *f* fábrica *f* (*od.* fabrico *m*) de escovas.

'Bürzel ['byrtsəl] *m* rabadilha *f*.

'Busch [buʃ] *m* (-*es*; ⸗*e*) arbusto *m*; (*Gebüsch*) bosque *m*, moita *f*; (*Gestrüpp*) brenha(s) *f*(*pl.*); (*Urwald*) selva *f*; *auf den* ~ *klopfen fig.* tentar o vau, examinar, estudar o terreno.

'Büschel ['byʃəl] *m u. n* crista *f*, tufo *m*; penache *m*, molho *m*; **ꝸig** fasciculado, capilar.

'buschig ['buʃiç] espesso; *Gelände*: matoso; *Haar*: tufado.

'Busch|klepper *m* salteador *m*; **~mann** *m* (-*ês*; ⸗*er*) bosquímano *m*; **~werk** *n* (-*ês*; *0*) moita *f*.

'Busen ['bu:zən] *m* peito *m*; colo *m*; *poet.* seio *m*; *fig.* coração *f*; (*Meer*ꝸ) golfo (*'ô) *m*; **~freund** *m* (-*ês*; -*e*) amigo *m* íntimo.

'Bussard ['busart] *m* (-*ês*; -*e*) busardo *m*.

'Buße ['bu:sə] *f* penitência *f*; (*Geld*ꝸ) multa *f*.

'büß|en ['by:sən] (-*ßt*): (*für*) et. ~ expiar (a.c.), ser castigado (por a.c.); *Rel.* fazer penitência (de a.c.); *das soll er mir* ~ lá irei para onde o pague; **ꝸer(in** *f*) *m* penitente *m/f*.

'buß|fertig [u:] penitente, arrependido; **ꝸ(- und 'Bet)tag** [e:] *m* dia *m* da penitência; **ꝸübung** *f* penitência *f*.

'Büste ['bystə] *f* busto *m*; **~n-halter** [-haltər] *m* «soutien» *m* (*fr.*).

'Büttel ['bytəl] *m* beleguim *m*.

'Büttenpapier ['bytən-] *n* (-*s*; -*e*) papel *m* farpado.

'Butter ['butər] *f* (*0*) manteiga *f*; **~blume** *f* taraxo *m*; dente-de-leão *m*; **~brot** *n* (-*ês*; -*e*) pão *m* com manteiga; **~brotpapier** *n* (-*s*; -*e*) papel *m* vegetal; **~dose** *f* manteigueira *f*; **~faß** *n* (-*sses*; ⸗*sser*) batedeira *f*; **~milch** *f* (*0*) soro (*'ô) *m* de manteiga; **ꝸn** *v/i.* (-*re*) fazer manteiga; F *fig. Uhr*: andar atrasado; *Studentenspr.* ⚘ deitar pus.

'Butzenscheibe ['butsən-] *f* vidro *m* redondo.

C

C, c [tse:] *n uv.* C, c *m*; ♪ dó *m* (*hohes* agudo).

Café [ka'fe:] *n* (-*s*; -*s*) café *m*; *s.* [*Kaffee.*]

'Cape [ke:p] *n* (-*s*; -*s*) capa *f*.

C-'Dur *n* (-; *0*) dó *m* maior.

Cel'list [tʃɛ'list] *m* (-*en*) violoncelista [*m.*]

'Cello ['tsɛlo] *n* (-*s*; -*s od. Celli*) violoncelo *m*.

'Celsius ['tselzius]: *Grad m* ~ grau *m* [centígrado.]

'Cembalo ['tʃɛmbalo] *n* (-*s*; -*s*) cravo [*m.*]

ces [tsɛs] ♪ *n* (-; -) dó-bemol *m*.

Cha'mäleon [ka'mɛ:leɔn] *n* (-*s*; -*s*) camaleão *m*.

Cham'pagner [ʃam'panjər] *m* [champanhe *m.*]

'Chaos ['ka:ɔs] *n* (-; *0*) caos *m*.

cha'otisch [ka'o:tiʃ] caótico.

Cha'rakter [ka'raktər] *m* (-*s*; -*e*) (*pl. Charaktere* [-'te:rə]) cará(c)ter *m*, índole *f*; (*Rang*) categoria *f*; **~bild** *n* (-*es*; -*er*) retrato *m* moral, perfil *m* moral; **≈fest** íntegro; **~festigkeit** *f* (*0*) integridade *f* (moral); **≈'istisch** cara(c)terístico; **≈los** sem cará(c)ter; **~losigkeit** [-o:z-] *f* (*0*) falta *f* de cará(c)ter; **~zug** *m* (-*es*; ⸚*e*) feição *f*, feitio *m*.

'charter|n ['ʃartərn] ⚓ (-*re*) fretar; **≈ung** *f* fretamento *m*.

Chauf'f|eur [ʃɔ'før] *m* (-*s*; -*e*) motorista *m*; * volante *m*; **≈'ieren** (-) guiar.

Chaus'see [ʃɔ'se:] *f* estrada *f*, calçada *f*.

Chef [ʃɛf] *m* (-*s*; -*s*) chefe; *m*; dire(c)tor *m*; **'~arzt** *m* (-*es*; ⸚*e*) médico *m* chefe; **'~redakteur** *m* (-*s*; -*e*) reda(c)tor-chefe *m*, chefe *m* da reda(c)ção.

Che'mie [çe'mi:] *f* (*0*) química *f*.

Chemi'kalien [çemi'ka:liən] *f/pl.* produtos *m/pl.* químicos.

'Chem|iker ['çemikər] *m* químico *m*; *praktischer* ~ analista *m*; **≈isch** químico; ~*e Fabrik* fábrica *f* de produtos químicos; et. ~ *untersuchen* fazer a análise química de a.c.

'Chiffr|e ['ʃifər] *f* cifra *f*; **~e...** *in Zssg(n)* em cifra, cifrado; **≈'ieren** (-) cifrar; **≈'iert** *adj.* em código.

Chi'len|e [tʃi'le:nə] *m* (-*n*) (**~in** *f*), **≈isch** chileno *m* (-a *f*), do Chile.

'Chinarinde ['çi:na-] *f* (*0*) quina *f*.

Chi'nes|e [çi'ne:zə] *m* (-*n*) (**~in** *f*), **≈isch** chinês *m* (-esa *f*), da China.

Chi'nin [çi'ni:n] ⚕ *n* (-*s*; *0*) quinina *f*.

Chi'rur|g [çi'rurk] *m* (-*en*) cirurgião *m*; **~'gie** [-'gi:] *f* (*0*) cirurgia *f* (*plastische* estética); **≈gisch** [-giʃ] cirúrgico; de cirurgia.

Chlor [klo:r] *n* (-*s*; *0*) cloro *m*; **~'at** [-'ra:t] *n* (-*es*; -*e*) clorato *m*; **~'kali** *n* (-*s*; *0*) cloro *m* de potassa; **'~kalk** *m* (-*es*; *0*) clorato *m* (de cal); **~o'form** [kloro-] *n* (-*s*; *0*) clorofórmio *m*; **≈ofor'mieren** (-) cloroformizar; **'≈sauer** clorato.

'Cholera ['ko:lərа] *f* (*0*) cólera *f*; **≈krank** (*0*) colérico.

Cho'ler|iker [ko'le:rikər] *m*, **≈isch** [colérico *m.*]

Chor [ko:r] *m* (⚠ *a. n*) (-*es*; ⸚*e*) coro (*'ô) *m*; **~'al** [ko'ra:l] *m* (-*s*; ⸚*e*) canto *m*, coral *m*; **'~gesang** *m* (-*es*; ⸚*e*) canto *m* coral; **'~herr** *m* (-*n*; -*en*) cónego *m*; **~'ist(in** *f*) *m* (-*en*), **'~sänger(in** *f*) *m* corista *m u. f*.

Christ [krist] *m* **a)** (-*en*) cristão *m*; **b)** (-*s*; *0*) Cristo *m*; **'~en-heit** *f* (*0*) Cristandade *f*; **'~entum** *n* (-*es*; *0*) cristianismo *m*; **'~fest** *n* (-*es*; *0*) (festa *f* de) Natal *m*; **'~in** *f* cristã *f*; **'~kind** *n* (-*es*; *0*) menino *m* Jesus; **'≈lich** cristão; **'~messe** *f* missa *f* do galo; **'~nacht** *f* (*0*) noite *f* de Natal.

Chrom [kro:m] *n* (-*s*; *0*) cromo *m*, crómio *m*; **≈'atisch** [-'a:tiʃ] cromático.

'Chron|ik ['kro:nik] *f* crónica *f*; **≈isch** crónico; **~'ist** *m* (-*en*) cronista *m*; **~olo'gie** [-olo'gi:] *f* cronologia *f*; **≈o'logisch** cronológico; **~o'meter** *n* cronómetro *m*.

Chrysan'theme [krysan'te:mə] *f* crisántemo *m*.

cis ♪ [tsis] *n* (-; -) dó *m* sostenido.

Clown [klaun] *m* (-*s*; -*s*) palhaço *m*.

c-'Moll *n* (-; *0*) dó *m* minor.

'Code ['ko:də] *m* (-*s*; -*s*) código *m*; chave *f*.

Couch [kautʃ] *f* (-; -*es*) divã *m*, [cama-sofá *f.*]

Cou'pé [ku'pe:] *n* (-*s*; -*s*) compartimento *m*; (*Kutsche*) cupé *m*.

'Cut(away) ['kat(əve:)] *m* (-*s*; -*s*) fraque *m*.

D

D, d [de:] *n uv.* D, d *m*; ♪ ré *m*.
da [da:] **1.** *adv.* a) *örtl.* (*dort*) lá, ali, acolá; (*hier*) aí, aqui; cá; (*dabei*) neste caso; ~ *bin ich* aqui estou, cá estou, eis-me (aqui); ~ *haben wir's!* lá está! *hier und* ~ cá e lá; *wer* ~? ⚔ quem vive?; ~ *sn* estar; b) *zeitl.* então; c) *Füllwort* (*oft unübersetzt*): *nichts* ~! nada disso!; **2.** *cj.* (~ *ja, weil*) como, visto que, já que, porque, porquanto, pois que, que.
da'bei: (*nahe*) ~ ao pé; perto; junto; (*außerdem*) de mais a mais; (*zugleich*) ao mesmo tempo, nessa altura; nisso, com isso; nisto, com isto; (*in diesem Fall*) neste caso; (*trotzdem*) apesar disso; ~ *sn, et. zu tun* estar a *inf.*; *es ist nichts* ~ não há inconveniente, não faz *od.* não tem mal (nenhum); ~ *bleiben* persistir em; continuar a; *es bleibt* ~ ficamos nisso; **~bleiben** (*L*) (*anwesend*) ficar; **~sein** (*L*), **~sitzen** (*L*) assistir (a), estar presente.
'da-bleiben (*L*) ficar.
Dach [dax] *n* (*-es*; *"er*) telhado *m*, te(c)to *m*; *unter* ~ *und Fach* salvo; *j-m aufs* ~ *steigen fig.* F dizer a sua a alg.; **'~antenne** *f* antena *f* exterior; **'~boden** *m* (*-s*; *"*) sótão *m*; desvão *m*; **'~decker** *m* telhador *m*; **'~fenster** *n* trapeira *f*; **'~first** *m* (*-es*; *-e*) cume *m*; **'~kammer** *f* (*-*; *-n*) águas-furtadas *f/pl.*; **'~luke** *f* trapeira *f*; **'~pappe** *f* cartão *m* alcatroado; **'~rinne** *f* caleira *f*, goteira *f*, algeroz *m*.
Dachs [daks] *m* (*-es*; *-e*) te(i)xugo *m*; **'~bau** *m* (*-es*; *-e*) toca *f* de te(i)xugo; **'~hund** *m* (*-es*; *-e*) cão *m* rasteiro.
'Dach|sparren *m* caibro *m*; **~stein** *m* (*-es*; *-e*) telha *f*; **~stuhl** *m* (*-es*; *"e*) espigão *m*; **~werk** *n* (*-es*; *0*) cobertura *f*, telhado *m*; **~ziegel** *m* telha *f*.
'da'durch 1. ['a:] por isso, assim, com isto; ~, *daß* por (*inf. perf.*); **2.** ['u] por ali, através daquilo.
'da'für 1. ['a:] para isso, para isto; em compensação, em contrapartida, em troca; ~, *daß Zweck*: para que (*subj.*), *Grund*: por (*inf.*); se se considera que; **2.** ['y:]: ~ *sn* aprovar, estar conforme; *ich kann* (*doch*) *nichts* ~ que culpa tenho eu?; a culpa não é minha; **~halten a)** (*L*) achar, julgar; **b)** ♀ *n* parecer *m*, opinião *f*.
'da'gegen 1. ['a:] **a)** *adv.* contra isso (*od.* isto), em comparação com isso (*od.* isto); **b)** ['e:]: ~ *sn* ser contra; ser de opinião contrária; *nichts* ~ *haben* estar de acordo (*'ô); não ter nada que dizer (*od.* que obje[c]tar); **2.** *cj.* ['e:] ao (*od.* pelo) contrário; em compensação, em contrapartida; por outro lado; **~halten** ['e:] (*L*) (*vergleichen*) comparar com, opor a; (*einwenden*) obje(c)tar.
da'heim 1. *adv.* em casa; na (minha *usw.*) terra; **2.** ♀ *n* (*-s*; *0*) casa *f*, lar *m*; terra *f*, pátria *f*.
'da'her ['a:] **1.** daí, dali, de lá; **2.** por isso; assim; por conseguinte; eis porque; *das kommt* ~, *daß* isto é porque ...; **3.** ['e:]: ~(*gelaufen*) *kommen* aparecer.
'da'hin 1. *meist*: ['a:] (para) ali, (até) ali; *zeitl.* então; **2.** ['i]: ~ *sn* estar perdido; (*vergangen*) ter passado; *et. ist* ~ *a.* perdeu-se, foi-se; passou--se; (*tot*) morreu; **~'ab** por ali abaixo.
da'hin|eilen (*sn*) correr, fugir; ir de abalada; **~'ein** lá para dentro; **~fahren** (*L*; *sn*), **~gehen** (*L*; *sn*) ir-se; **~gehören** *fig.*: *nicht* ~ não vir ao caso; **~gestellt** [-gəʃtɛlt]: ~ *sn lassen* deixar em suspenso, deixar indeciso; **~jagen** (*sn*) passar como um raio; **~leben** vegetar; **~raffen** arrebatar; **~schwinden** (*L*; *sn*) desvanecer(-se); **~sein** (*L*; *sn*) *s. dahin* 2; **~siechen** definhar-se, languescer.
da'hinten lá atrás.
da'hinter atrás, detrás; ~ *steckt et.* aí há coisa; *sich* ~*machen* meter-se a (*inf.*) a.c.; **~kommen** (*L*; *sn*) descobrir.
'dahin'unter por aí abaixo.
'Dahlie ['da:liə] *f* dália *f*.
'damal|ig [-ma:liç] de então; *der*

(*die*) ~e o (a) então + *su.*; ~s então; naquele tempo.

Da'mast [da'mast] *m* (*-es*; *-e*) damasco *m*.

'Dame ['da:mə] *f* senhora *f*; *bsd.* (*Ehren*≈) dama *f* (*a. Karte*), *Spiel*: damas *f/pl.* (*spielen* jogar às); **~brett** *n* (*-es*; *-er*) tabuleiro *m* das damas.

'Damen|binde *f* pano *m* higiénico; paninho *m*; **~hut** *m* (*-es*; *⸚e*) chapéu *m* de senhora; **~schneider(in** *f*) *m* costureiro *m* (-a *f*); **~welt** *f* (*0*): *die* ~ as senhoras *f/pl.*

'Dame|spiel *n* (*-es*; *-e*) jogo (*'ô) *m* das damas; **~stein** *m* (*-es*; *-e*) peão *m*.

'Damhirsch ['dam-] *m* (*-es*; *-e*) gamo *m*.

'da'mit 1. *adv.* ['a:] com isso, com isto; **2.** *cj.* ['i] para que, afim que, para (+ *pers. inf.*), afim de.

'dämlich ['dɛ:mliç] parvo; imbecil; **≈keit** *f* tolice *f*.

Damm *m* (*-es*; *⸚e*) dique *m*, barreira *f* (*a. fig.*); mota *f*; (*Fahr*≈) calçada *f*; (*Hafen*≈) molhe *m*, cais *m*; ⚕ períneo *m*; *auf dem* ~ *sn fig.* sentir-se bem; **'~bruch** *m* (*-es*; *⸚e*) rotura *f* de um dique.

'dämmer|ig ['dɛməriç] crepuscular; **≈licht** *n* (*-es*; *0*) meia-luz *f*; **~n** (*-re*) *morgens*: amanhecer; alvorecer; *abends*: anoitecer; *es dämmert mir fig.* começo a compreender; **≈schein** *m* (*-es*; *0*) luz *f* crepuscular; **≈ung** *f* crepúsculo *m*; (*Morgen*≈) alvorada *f*; (*Abend*≈) noitinha *f*, entardecer *m*; **≈zustand** ⚕ *m* (*-es*; *⸚e*) sonolência *f*.

'Dämon ['dɛ:mɔn] *m* (*-s*; *-en*) demónio *m*; **≈isch** ['o:] demoníaco; *fig.* sobrenatural, fatídico.

Dampf *m* (*-es*; *⸚e*) vapor *m*; (*Rauch*) fumo *m*; (*Dunst*) bafo *m*; *unter* ~ ⚓ sob pressão; **~boot** *n* (*-es*; *-e*) vapor *m*; **'~druck** *m* (*-es*; *0*) pressão *f* do vapor; **'~druckmesser** *m* manómetro *m*; **'≈en** fumegar, evaporar (-se).

'dämpfen ['dɛmpfən] reprimir, amortecer; *fig. a.* abater; *Fleisch*: estufar; *Schall*: abafar; *Stimme*: baixar; *Ton*: *a.* abemolar.

'Dampfer ['dampfər] *m* vapor *m*.

'Dämpfer ['dɛmpfər] *m* amortecedor *m*; abafador *m*; *Schall a.*: surdina *f*; *Stoß*: pára-choque *m*; *fig.* abafarete *m*; *j-m e-n* ~ *geben fig.* reprimir alg.

'Dampfer|linie, **~verbindung** *f* carreira *f* de vapores.

'Dampf|hammer *m* (*-s*; *⸚*) martinete *m*; martelo-pilão *m* a vapor; **~heizung** *f* aquecimento *m* a vapor; **~kessel** *m* caldeira *f*; **~kraft** *f* (*0*): *mit* ~ a vapor; **~leitung** *f* tubagem *f*; **~maschine** *f* máquina *f* a vapor; **~pfeife** *f* sereia *f*; **~ramme** *f* = *~hammer*; **~schiff** *n* (*-es*; *-e*) vapor *m*; **~schiffahrt** *f* (*0*) navegação *f* a vapor; **~schiffahrtsgesellschaft** *f* companhia *f* de navegação; **~turbine** *f* turbina *f* a vapor; **~walze** *f*, **~zylinder** *m* cilindro *m* a vapor.

'Dämpfung ['dɛmpfuŋ] *f* amortecimento *m*, abafamento *m*, abafação *f*, abafadela *f*, repressão *f*; ⚡ estabilização *f*; **~s...**: *in Zssg(n)* ⚡, *Radio*: amortecedor.

'Damwild ['da:m-] *n* (*-es*; *0*) caça *f* de gamo.

'da'nach 1. *zeitl.* depois (disto); logo; **2.** örtl. atrás (disto); **3.** ['da:-] (*demnach*) segundo isto; conforme isso.

'Däne ['dɛ:nə] *m* (*-n*) dinamarquês *m*.

da'neben ao lado, junto; (*außerdem*) além disso, e mais; **~hauen** (*L*) falhar.

da'niederliegen [da'ni:dər-] (*L*) estar por baixo; ✝ estar paralizado; ⚕ estar de cama.

'Dän|in ['dɛ:nin] *f* dinamarquesa *f*; **≈isch** dinamarquês, da Dinamarca.

Dank [daŋk] **1.** *m* (*-es*; *0*) agradecimento *m* (*für* por), *Rel.* graças *f/pl.*; *besten* ~, *vielen* ~ muito obrigado; *Gott sei* ~! graças a Deus!; *j-m* ~ *sagen* (*od. wissen*) *für* agradecer a.c. a alg.; **2.** ≈ *prp.* (*dat.*) graças a, devido a; **≈bar** agradecido, grato; **'~barkeit** *f* (*0*) gratidão *f*; **'≈en 1.** *v/i.*: *j-m für et.* ~ agradecer a.c. a alg.; *danke* obrigado, agradecido (*bestens, schön, sehr* muito); **2.** *v/t.* (*ver~*) dever; **'≈end**: ~ *erhalten* recebi; **'≈ens-wert** louvável; **'~gebet** *n* (*-es*; *-e*) oração *f* de graças; **'~gottesdienst** *m* (*-es*; *-e*) a(c)ção *f* de graças; **'~sagung** ['-za:guŋ] *f*, **'~schreiben** *n* agradecimento *m*.

dann então, depois, a seguir, em seguida, seguidamente; ~ *und wann* de vez em quando; '~en: *von* ~ *gehen* ir-se (embora).

'**da'ran 1.** ['da:-] a isto, a isso, nisto, nisso; **2.** [-'ran]: *nahe* ~ muito perto de, *dicht* ~ pegado, anexo; *der Reifen ist schon* ~ já está posto; *ich bin* ~ é a minha vez; *gut* ~ *sn* ter sorte; *übel* ~ *sn* ter pouca sorte; *es ist et.* ~ há lá qualquer coisa; *es ist nichts* ~ não tem importância; *man weiß nicht, wie man mit ihm* ~ *ist* não se sabe que fazer dele.

da'ran|gehen (*L*; *sn*), **~machen**: (*sich*) pôr mãos à obra, meter-se ao trabalho, meter-se a *inf.*; **~setzen** (*-t*), **~wenden** (*-e- od. L*) gastar, arriscar, sacrificar.

'**da'rauf** ['da'rauf] **1.** *zeitl.* depois (disso *od.* disto); a seguir, em seguida, seguidamente; logo; *ein Jahr* ~ um ano depois; *am Tage* ~ no dia seguinte; **2.** *örtl.* em cima (disto *od.* disso); **~'hin** então; por conseguinte, em consequência disto (*od.* disso); **~'los** à toa; *gehen*: *a.* dire(c)tamente para.

'**da'raus** ['da:'raus] daqui, dali, daí, disto, disso.

'**darben** ['darbən] passar fome, viver na indigência.

'**darbiet|en** ['da:r-] (*L*) oferecer; apresentar; *Thea.* representar; **2ung** *f* apresentação *f*; representação *f*; *pl. a.* programa *m/sg.*

'**darbring|en** (*L*) oferecer; **2ung** *f* oferta *f*, apresentação *f*.

'**da'rein** ['da:'raın] **1.** *bei vb.*: em a.c.; **2.** *örtl.* lá dentro.

da'reinreden (*-e-*) intrometer-se na conversa; *j-m* ~ criticar alg.

'**da'rin** ['da:'rin] nisto; lá dentro.

'**darleg|en** expor; *fig. a.* mostrar, demonstrar; **2ung(en** *pl.*) *f* exposição *f/sg.*

'**Darlehen** *n* empréstimo *m*; **~s-empfänger** *m* mutuário *m*; **~s-kasse** *f* caixa *f* de empréstimo.

Darm *m* (*-es*; *"e*) intestino *m* (*a.* ⚕); tripa *f*; **~...** *in Zssg(n)* ⚕ *meist* intestinal; '**~entzündung** *f*, '**~katarrh** *m* (*-s*; *-e*) enterite *f*, colite *f*; '**~saite** *f* corda *f* (de tripa); '**~verschlingung** *f* íleo *m*, vólvulo *m*; '**~verschluß** *m* (*-sses*; *0*) oclusão *f* intestinal, volvo *m*.

'**Darre** ['darə] *f* secadouro *m*; ⚕ consumpção *f*, consunção *f*.

'**darreichen** apresentar, oferecer.

'**darstell|bar** ['da:rʃtɛlba:r] visível; *Thea.* representável; **~en** representar (*a. Thea.*); constituir; (*beschreiben*) descrever; ⚗ preparar; obter; **2er(in** *f*) *m* a(c)tor *m* (a[c]triz *f*); **2ung** *f Thea. u. bildl.* representação *f*; *Rolle*: interpretação *f*: cara(c)terização *f*; (*Beschreibung*) descrição *f*, exposição *f*; (*Stil*) estilo *m*; ⚗ produção *f*, preparação *f*.

'**dartun** (*L*) demonstrar, provar; pôr em evidência.

'**da'rüber** ['da:'ry:bər] **1.** *örtl.*: em cima, por cima, acima (disto *od.* disso); ~ *hinaus*, ~ *hinweg* mais além; **2.** *zeitl.*: entretanto; com isso; *10 Jahre und* ~ e mais; *fig.* a esse respeito, sobre isto; **~legen** ['y:] pôr em cima; **~stehen** ['y:] (*L*) estar por cima.

'**da'r|um** ['da:'rum] **1.** *örtl.*: ~ (*herum*) em volta (de); **2.** *Grund*: por (causa d)isso, por (causa d)isto; eis porque; **~'unter** debaixo; por baixo de; (*weiter unten*) mais abaixo; *Preis*: a um preço mais baixo; *aus e-r Anzahl*: entre, em meio de; *10 Jahre und* ~ e menos.

das *n art.*, *hinweisendes pron.*, *relatives pron.*: *s.* der; (*dies*) isto, isso, aquilo; ~ *was* (aquil)o que.

'**dasein 1.** *v/t.* (*L*; *sn*) estar (presente); ter vindo; (*bestehen*) existir; (*vorhanden sn*) haver; *nie dagewesen* sem precedentes; **2.** 2 *n* (*-s*; *0*) existência *f*, vida *f*; *Kampf m ums* ~ luta *f* pela vida; **2s-berechtigung** *f* (*0*) razão *f* de ser.

'**dasitzen** (*L*) estar (sentado) ali.

'**dasjenige** *s. derjenige.*

daß [das] que; = *auf* ~ (*subj.*) para que, afim que.

'**dastehen** (*L*) estar ali; *müßig* ~ estar sem fazer nada; *fig. gut* ~ prosperar; ficar bem; fazer boa figura; *schlecht* ~ não ficar bem; fazer má figura; *mit leeren Händen* ~ ficar de (*od.* com as) mãos a abanar.

'**Daten** ['da:tən] *n/pl.* (*Gegebenheit*) dados *m/pl.*; elementos *m/pl.*; (*Angaben*) indicações *f/pl.*

da'tier|en [da'ti:rən] (-) datar; pôr a data; **2ung** *f* datação *f*.

'**Dativ** ['da:ti:f] *m* (*-s*; *-e*) dativo *m*; **~-objekt** *n* (*-es*; *-e*) complemento *m* indire(c)to.

'**Dattel** ['datəl] *f* (-; -*n*) tâmara *f*; **~palme** *f* tamareira *f*.

'**Datum** ['da:tum] *n* (-*s*; *Daten*) data *f*.

'**Daube** ['daubə] ⊕ *f* aduela *f*.

'**Dauer** ['dauər] *f* (*0*) duração *f*, continuidade *f*; *von kurzer ~ sn* durar pouco; *auf die ~* por muito tempo; **~gast** *m* (-*es*; ⁼*e*) hóspede *m* permanente; **⚬haft** (-*est*) duradouro, durável, resistente; **~haftigkeit** *f* (*0*) resistência *f*; estabilidade *f*; duração *f*, durabilidade *f*; **~karte** *f* passe *m*; **~lauf** *m* (-*es*; ⁼*e*) corrida *f* ginástica, corrida *f* de resistência; **⚬n** (-*re*) **a**) (per)durar (*lange* muito; *kurze Zeit* pouco); (*andauern*) prolongar-se; (*Zeit brauchen*) levar; **b**) *j-n ~* fazer pena a alg.; *sie dauert mich* tenho pena dela; **⚬nd** *adj.* contínuo, permanente; perpétuo; **~stellung** *f* emprego *m* fixo; **~welle** *f* (ondulação *f*) permanente *f*; **~wurst** *f* (-; ⁼*e*) salchicha *f* defumada.

'**Daumen** ['daumən] *m* polegar *m*; **~schrauben** *f/pl.* algemas *f/pl.*; *j-m ~ anlegen* algemar alg.; *fig.* coagir alg.

'**Däumling** ['dɔymliŋ] *m* (-*s*; -*e*) dedeira *f*; (*Märchenfigur*) anão *m*, João *m* pequenito.

'**Daun|e** ['daunə] *f* frouxel *m*; penugem *f*; **~enbett** *n* (-*es*; -*en*) edredão *m*.

'**da'von** disso, disto, daí; *auf und ~ sn* ['ɔ] ter-se fugido; *nichts ~ haben* não levar a melhor; *das kommt ~,* *daß* é porque; *~ lassen* desistir de; *die Hände ~ lassen* não tocar em.

da'von|eilen (*sn*), **~fliegen** (*L*; *sn*) ir-se (*od.* partir) a toda a pressa; ir de abalada; **~kommen** (*L*; *sn*) escapar; **~laufen** (*L*; *sn*), *sich* (*auf und*) **~machen** fugir; **~schleichen** (*L*), **~stehlen** (*L*): *sich ~* esquivar-se; esgueirar-se; **~tragen** (*L*) levar; *Sieg*: ganhar.

'**da'vor 1.** *örtl.*: diante, em frente; **2.** *zeitl.*: antes; primeiro.

'**da'zu** a isso, a isto, além disso, além disto, com isso, com isto; *Zweck*: com esse fim, para esse fim; para isso, para isto; (*noch*) *~* de mais a mais; tanto mais que; *~ ist er da* é esta a sua obrigação.

da'zu|gehören (-) pertencer a a.c., fazer parte (de a.c.); (*nötig sn*) ser preciso; **~gehörig** correspondente, respe(c)tivo; **~kommen** (*L*; *sn*) sobrevir, juntar-se a, acrescer.

'**dazumal** então, outrora.

da'zu|nehmen (*L*), **~tun** (*L*) juntar, acrescentar.

da'zwischen entre, no meio de; **~fahren** (*L*), **~kommen** (*L*) intervir, imiscuir-se; **~legen** interpor; **~liegen** (*L*) estar de permeio; **~d** *adj.* intermédio, intermediário; **~reden** (-*e*-) interromper; **~treten 1.** (*L*; *sn*) intrometer-se, intervir; **2.** ⚬ *n* intervenção *f*.

D-'Dur *n* (-; *0*) ré *m* maior.

De'batt|e [de'batə] *f* debate *m*; discussão *f*; disputa *f*; *zur ~ stellen* levar à discussão; **⚬'ieren** (-) discutir.

'**Debet** ['de:bət] *n* (-*s*; -*s*), **~seite** *f* deve *m*; débito *m*.

debi'tieren [de:bi'ti:rən] (-) debitar.

dechif'frieren [deʃi'fri:rən] (-) decifrar.

Deck [ɛ] *n* (-*es*; -*e od.* -*s*) ⚓ convés *m*; ponte *f*; '**~-adresse** *f* dire(c)ção *f* fingida; '**~bett** *n* (-*es*; -*en*) edredão *m*; (*Decke*) colcha *f*; '**~blatt** *n* (-*es*; ⁼*er*) capa *f*; ⚘ bráctea *f*; '**~e** *f* coberta *f*, cobertor *m*; manta *f*; (*Bett⚬*) colcha *f*; (*Belag*) revestimento *m*; (*Hülle*) envólucro *m*; (*Tisch⚬*) toalha *f*; (*Zimmer⚬*) te(c)to *m*; *mit j-m unter e-r ~ stekken fig.* ser cúmplice de alg.; '**~el** *m* tampa *f*; (*Buch⚬*) capa *f*; (*Eisen⚬*, *Ton⚬*) testo *m*; '**⚬en**[1] cobrir (*a. Bedarf*, *Kosten*, ⚒, *Tiere*); *Tisch*: pôr; *j-n ~* responder por alg.; defender alg., proteger alg.; *sich ~* corresponder-se; ⩘ ser congruente; '**~en**[2]**...**: *in Zssg(n)* do te(c)to; '**~farbe** *f* cor *f* opaca; '**~mantel** *m* (-*s*; ⁼) *fig.* pretexto *m*; '**~name** *m* (-*ns*; -*n*) pseudónimo *m*; '**~platte** *f* plataforma *f*; '**~ung** *f* **a**) cobertura *f*; ✝ fundos *m/pl.*, garantia *f*; segurança *f*; *Auslagen*: reembolso *m*; *ohne ~* a descoberto; *zur ~* (*gen.*) para cobrir (*ac.*); **b**) ⚔ abrigo *m*; escolta *f*; *~ nehmen*, *in ~ gehen* abrigar-se.

De'fekt [de'fɛkt] **1.** *m* (-*es*; -*e*) defeito *m*; falha *f*; **2.** ⚬ *adj.* defeituoso.

'**Defizit** ['de:fitsit] *n* (-*s*; -*e*) défice *m*.

Deflati'on [deflatsi'o:n] *f* deflação *f*.

'**Degen** ['de:gən] *m* espada *f*; *j.*: † guerreiro *m*.
Degener|ati'on [degeneratsi'o:n] *f* degeneração *f*; **2'ieren** (-) degenerar.
'**Degenstoß** *m* (-*es*; ⸚*e*) estocada *f*.
'**dehn|bar** ['de:nba:r] elástico; *Metall*: dúctil; flexível (*a. fig*); **2barkeit** *f* (*0*) elasticidade *f*; estensibilidade *f*; ductilidade *f*; **~en** estender; dilatar; esticar; ♪ alongar; **2ung** *f* dilatação *f*; distensão *f*; extensão *f*, prolongação *f* (*a. zeitl.*).
Deich [daɪç] *m* (-*ẹs*; -*e*) dique *m*; mota *f*.
'**Deichsel** ['daɪksəl] *f* (-; -*n*) lança *f*; temão *m*; **~gabel** *f* (-; -*n*) varais *m*/*pl*. do carro.
dein [daɪn] *in Briefen*: **2** (o) teu; '**~e** tua(s), a(s) tua(s), (os) teus; '**~er 1.** de teu(s), de tua(s); **2.** (*gen. v. du*) de ti; '**~erseits** [-zaɪts] por teu lado, por tua parte; '**~es-gleichen** teu (*od.* tua) igual, teus (*od.* tuas) iguais; '**~ethalben** ['-əthalbən], '**~et-wegen**, *um* '**~et-willen** por amor de ti, por tua causa; '**~ige** ['-igə]: *der* ~, *das* ~ o teu, *die* ~ a tua.
De'kade [de'ka:də] *f* década *f*.
De'kan [de'ka:n] *m* (-*s*; -*e*) dire(c)tor *m*; *Ältester, Geistlicher*: decano *m*; **~'at** [-'a:t] *n* (-*ẹs*; -*e*) dire(c)ção *f*.
dekla|'mieren (-) declamar; (*vortragen*) recitar; **~'rieren** (-) declarar.
Dekolle|'té [de'kɔl(ə)'te:] *n* (-*s*; -*s*) decote *m*; **2'tiert** [-'ti:rt] decotado.
De'kor [de'ko:r] *m* (-*s*; -*s*) decoração *f*; **~a'teur** [-ora'tø:r] *m* (-*s*; -*e*) decorador *m*; **~ati'on** [-atsi'o:n] *f* decoração *f*; *Thea.* cena *f*; **~ati'onsmaler** *m* decorador *m*; *Thea.* cenógrafo *m*; **2a'tiv** [-a'ti:f] decorativo; **2'ieren** (-) decorar; **~um** *n* (-*s*; *0*) decoro (*'ô) *m*.
De'kret *n* (-*ẹs*; -*e*) decreto *m*; **2'ieren** (-) decretar.
Dele|gati'on *f* delegação *f*; **2'gieren** (-) delegar; **~'gierte(r)** *m* delegado *m*.
deli'kat [deli'ka:t] (-*est*) delicado; *Speise*: delicioso; **2'esse** [-a'tɛsə] *f* delicadeza *f*; *Speise*: petisco *m*; **2'essen-handlung** *f* salchicharia *f*.
De'likt *n* (-*ẹs*; -*e*) delito *m*.
De'lirium [de'li:rium] *n* (-*s*; *Delirien*) delírio *m*.
Del'phin [dɛl'fi:n] *m* (-*s*; -*e*) toninha *f*, golfinho *m*.
dem [de:m] *dat. sg. v. der*; *wie* ~ *auch sei* seja como for; *wenn* ~ *so ist* se assim é.
Dema'gog|e [dema'go:gə] *m* (-*n*) demagogo *m*; **~'ie** [-o'gi:] *f* demagogia *f*; **2isch** demagógico.
demas'kieren (-) desmascarar.
De'ment|i [de'mɛnti] *n* (-*s*; -*s*) desmentido *m*; **2'ieren** (-) desmentir.
'**dem|-entsprechend** ['de:m-] em conformidade com isto, em consequência disto; **~gegenüber** pelo contrário; em contrapartida; **~gemäß** = *~entsprechend*; **~nach** logo, assim, portanto; **~nächst** logo, brevemente, em breve.
demobil|i'sieren (-) desmobilizar; **2machung** *f* desmobilização *f*.
Demo'krat [demo'kra:t] *m* (-*en*) democrata *m*; **~'ie** [-a'ti:] *f* democracia *f*; **2isch** democrático.
Demon'str|ant *m* (-*en*) manifestante *m*; **~ati'on** [-atsi'o:n] *f* demonstração *f* (*a.* ⚔); *Pol.* manifestação *f*; **2'ieren** (-) demonstrar; manifestar-se.
Demon'tage *f* desmantelamento *m*.
demorali'sieren (-) desmoralizar.
'**Demut** ['de:mu:t] *f* (*0*) humildade *f*.
'**demütig** ['de:my:tiç] humilde; **~en** [-gɛn] humilhar; **2ung** [-guŋ] *f* humilhação *f*.
'**demzufolge** por conseguinte; em consequência disso.
'**dengeln** ['dɛŋəln] (-*le*) afiar, aguçar.
'**Denk|art** ['dɛŋk-] *f* mentalidade *f*, maneira *f* de pensar; **2bar** imaginável; **2en 1.** (*L*) pensar (*an ac.* em; *zu* ~ *geben* dar que ...; *bei sich dat.* para consigo); *sich* (*dat.*) ~ imaginar; *sich* ~ *lassen* compreender-se; **2.** **2** *n* pensamento *m*, raciocínio *m*; **~er** *m* pensador *m*; **~fähigkeit** *f* (*0*) faculdade *f* de pensar; inteligência *f*; **~mal** *n* (-*ẹs*; ⸚*er od.* -*e*) monumento *m*; **~schrift** *f* memorial *m*; **~spruch** *m* (-*ẹs*; ⸚*e*) sentença *f*; **~übung** *f* exercício *m* intelectual; **~vermögen** *n* (-*s*; *0*) = *~fähigkeit*; **~weise** *f* modo *m* de pensar; **2würdig** memorável; **~würdigkeiten** *f*/*pl*. *geschehene*: feitos *m*/*pl*. memoráveis; *geschriebene*: memórias *f*/*pl*.; **~zettel** *m* lembrete *m*; *fig. a.* lição *f*.

denn [dɛn] pois (que); (por)que; *wo ist er* ~? onde é que está?; (*als*) do que, de; '**~och** contudo, todavia, não obstante; sempre.
Den'tist [dɛn'tist] *m* (*-en*), **~in** *f* dentista *m u. f.*
De'pesch|e [de'pɛʃə] *f* telegrama *m*; *a. diplomatische*: despacho *m*; **2'ieren** (-) telegrafar.
depo'nieren [depo'ni:rən] (-) depositar.
Depo'siten|bank [depo'zi:tən-] *f* banco *m* de depósitos; **~konto** *n* (*-s*; *-konten*) conta-depósito *f*; **~schein** *m* (*-es*; *-e*) senha *f* de depósito.
De'pot [de'po:] *n* (*-s*; *-s*) depósito *m*.
Depu'tierte [depu'ti:rtə] *m u. f*, **~r** *m* deputado *m*; -a *f*.
der [dɛr] *m*, **die** [di:] *f*, **das** *n* **1.** *art.* o *m*, a *f*; **2.** *pron.* **a**) *relativ*: que *m u. f*, o qual *m*, a qual *f*; **b**) *hinweisend*: aquele *m*, -a *f*, este *m*, -a *f*.
'**der-art** ['de:r-] de tal maneira; **~ig** tal; et. ~es (a.)c. semelhante, a.c. neste género.
derb [dɛrp] (*hart*) duro; (*kräftig*) forte; *Stoff*: resistente; (*grob*) rude, grosseiro; '**2heit** *f* vigor *m*; rudeza *f*, grossaria *f*.
der'einst um dia.
'**deren** ['de:rən] **1.** *relativ*: cuja(s) *f*(*pl.*), cujos *m*/*pl.*, *nachgestellt*: de quem, da qual *f*, dos (das) quais *m* (*f*)/*pl.*; **2.** *hinweisend* (*nachgestellt*): desta(s) *f* (*pl.*), daquela(s) *f*(*pl.*), destes *m*/*pl.*, daqueles *m*/*pl.*
'**dere(n)t|halben** [-halbən], **~wegen,** (*um*) **~willen 1.** *hinweisend*: por (causa d)eles *m*/*pl.*, por (causa d)ela *f*, por (causa d)elas *f*/*pl.*; **2.** *relativ*: por causa de quem, por causa da qual *f*, pela qual *f*, por causa dos (das) quais *m*(*f*)/*pl.*, pelos (pelas) quais *m*(*f*)/*pl.*
'**der|gestalt** de tal maneira; ~ *daß a.* de jeito que; **~'gleichen** tal; (coisa) semelhante; *nichts* ~ nada disto.
Deri'vat [deri'va:t] *n* (*-es*; *-e*) derivado *m*.
'**der-** *m*, '**das-** *n*, ('**die-** *f*)**jenige** ['-jenigə] aquele *m* (-a *f*); o *m* (a *f*).
'**dermaßen** [-ma:sən] tanto; *bei adj. u. adv.* tão.
der- *m*, **das-** *n*, (**die-** *f*)'**selbe** [-'zɛlbə] o mesmo (a mesma) (*wie* que).
'**der-zeitig** a(c)tual.
des [dɛs] *gen. v. der* do; **2** ♪ *n* (-; -) ré-bemol *m*.
Deser't|eur [dezɛr'tø:r] *m* (*-s*; *-e*) desertor *m*; **2ieren** (-) desertar.
des'gleichen igualmente, também, do mesmo modo.
'**des-halb** por isso; ~, *weil* porque.
Desinfekti'on [dɛs-] desinfe(c)ção *f*; **~s-mittel** *n* desinfe(c)tante *m*.
desinfi'zieren (-) desinfe(c)tar.
Des'pot [dɛs'po:t] *m* (*-en*) déspota *m*; **2isch** despótico.
'**dessen** ['dɛsən] *relativ*: cujo; *nachgestellt*: de quem, do qual; *hinweisend, nachgestellt*: daquele; **~-ungeachtet** todavia, ainda assim.
Des'sert [dɛ'ser] *n* (*-s*; *-s*) sobremesa *f*; **~wein** *m* (*-es*; *-e*) vinho *m* de sobremesa.
Destil'lier|-apparat [dɛsti'li:r-] *m* (*-es*; *-e*) alambique *m*; **2en** (-) destilar; **~kolben** *m* cucúrbita *f*.
'**desto** ['dɛsto] tanto; *je mehr,* ~ *besser* quanto mais, melhor.
'**des'wegen** por isso; ~ *weil* porque.
De'tail [de'taɪ] *n* (*-s*; *-s*) pormenor *m* (*im* ao); *im* ~ ✝ *u. oft in Zssg*(*n*) **~...** a retalho; **~-händler** *m* retalheiro *m*; **2'lieren** (-) pormenorizar; especificar.
Detek'tiv [detɛk'ti:f] *m* (*-s*; *-e*) agente *m* da polícia; **~-film** *m* (*-es*; *-e*) filme *m* policial; **~roman** *m* (*-es*; *-e*) romance *m* policial.
'**deut|eln** ['dɔytəln] (*-le*) sofismar; '**~en** (*-e-*) **1.** *v/t.* interpretar; **2.** *v/i.*: ~ *auf* (*ac.*) indicar; *fig. a.* deixar prever; pressagiar; '**~lich** distinto, claro, nítido; '**2lichkeit** *f* nitidez *f*, clareza *f*.
deutsch [dɔytʃ] alemão *m* (*auf* em), alemã *f*; da Alemanha; germânico *m*, -a *f*; ~ *mit j-m reden fig.* falar sem rodeios; '**~feindlich** germanófobo; anti-alemão; '**~freundlich,** '**~gesinnt** germanófilo; '**2kunde** *f* (*0*) história *f* da cultura alemã; '**~-portugiesisch** luso-alemão; '**2tum** *n* (*-es*; *0*) nacionalidade *f* alemã; germanismo *m*.
'**Deutung** ['dɔytuŋ] *f* interpretação *f*; *Rel.* exegese *f*.
De'vise [de'vi:zə] *f* divisa *f*, ✝ *a.* cambial *m*; **~n...**: *in Zssg*(*n*) de cambiais, de divisas.
de'vot [de'vo:t] (*-est*) submisso; (*fromm*) devoto.

De'zember [de'tsɛmbər] *m* dezembro *m*.
Dezer'nat [detsɛr'na:t] *n* (-*ẹs*; -*e*) secção *f*, repartição *f*.
'Dezi|gramm ['detsi-] *n* (-*s*; -*e*) decigrama *m*; **~liter** *n* decilitro *m*; **~'mal...**: *in Zssg(n)* decimal; **~meter** *n* decímetro *m*; **2'mieren** [-'mi:rən] (-) dizimar.
Dia|'dem [dia'de:m] *n* (-*s*; -*e*) diadema *m*; **~'gnose** [-'gno:zə] *f* diagnóstico *m*; **2go'nal** [-go'na:l] diagonal; **~'gramm** *n* (-*s*; -*e*) diagrama *m*; gráfico *m*; **~ko'nisse** [-ko'nisə] *f* diaconisa *f*; **~'lekt** [-'lɛkt] *m* (-*ẹs*; -*e*) diale(c)to *m*; **~'lektik** *f* (*0*) dialé(c)tica *f*; **2'lektisch** dialé(c)tico; **~log** [-'lo:k] *m* (-*ẹs*; -*e*) diálogo *m*.
Dia'mant *m* (-*en*) diamante *m*; **2en** diamantino; **~enschleiferei** *f* lapidagem *f* de diamantes.
Diar'rhöe [dia'rø:] *f* diarreia *f*.
Di'ät [di'ɛ:t] ⚕ *f* dieta *f*, regime(n) *m* (*halten* fazer); **~en** *f/pl. Geld*: gratificações *f/pl.*
dich [diç] (*ac. v. du*) te, a ti.
dicht [diçt] (-*est*) denso; espesso; cerrado; (*undurchlässig*) impermeável; ~ *machen* = **~en²**; ~ *sn*, ~ *halten Fenster*: fechar bem; ~ *bei* perto de; justo de (*od.* a), cerca de; **'~belaubt** frondoso; **'2e** *f* (*0*) densidade *f*; *Phys.* massa *f* específica; **'~en¹** **1.** (-*e*-) poetar, fazer versos, compor versos; trovar; **2.** 2 *n* composição *f* (de versos); ~ *und Trachten* pensamento *m*, interesse (*'ê) *m*; **'~en²** ⊕ (-*e*-) compor; *Rohr*: empangar; *Ritze usw.*: calafatear, calafetar; **'2er(in** *f*) *m* poeta *m* (poetisa *f*); autor(a *f*) *m*; **'~erisch** poético; **'2erling** *m* (-*s*; -*e*) versejador *m*; **'~halten** (*L*) (*schweigen*) calar-se; **'2igkeit** *f* (*0*) densidade *f*; espessura *f*; **'2kunst** *f* (*0*) arte *f* poética; poesia *f*; **'2ung** *f* poesia *f*; poema *m*; versos *m/pl.*; ⊕ calafetagem *f*; *Rohr*: empanque *m*.
dick [dik] grosso; *j.*: gordo, forte, F gorducho; ⚕ (*geschwollen*) inchado; ~ *werden j.*: engordar; ⚕ inchar; *Milch*: coalhar; *fig. Freund*: muito íntimo; **'~e** *Luft fig.* F situação *f* crítica; *durch* ~ *und dünn* por paus e pedras; **'~bändig** ['-bɛndiç] volumoso; **'~bäuchig** ['-bɔyçiç] barrigudo, ventrudo; **'2darm** *m* (-*ẹs*; ⸚*e*) intestino *m* grosso; **'2e** *f* (*0*) grossura *f*; gordura *f*; **'~fellig** ['-fɛliç] *fig.* teimoso; **'~flüssig** consistente, pastoso; **'2häuter** ['-hɔytər] *m*, **'~häutig** ['-hɔytiç] paquiderme *m*; **'2icht** ['-içt] *n* (-*ẹs*; -*e*) espessura *f* (de um bosque), mata *f* espessa; **'2kopf** *m* (-*ẹs*; ⸚*e*), **'~köpfig** ['-kœpfiç] cabeçudo *m*; *fig.* teimoso *m*; **'2köpfigkeit** *f* (*0*) teimosia *f*; **'~leibig** ['-laɪbiç] gordo, obeso; abdominoso; **'2leibigkeit** *f* (*0*) obesidade *f*; **'~tun** (*L*): *sich* ~ gabar-se, pavonear-se.
die [di:] *s. der.*
Dieb [di:p] *m* (-*ẹs*; -*e*) ladrão *m*, gatuno *m*; **~e'rei** [-bə'raɪ] *f* ladroíce *f*, gatunice *f*.
'Diebes|bande ['di:bəs-] *f* quadrilha *f* (*od.* bando *m*) de ladrões; **~gut** *n* (-*ẹs*; *0*) roubo *m*; **~höhle** *f* ladroeira *f*; **2sicher** bem seguro; à prova de ladrões; **~sprache** *f* geringonça *f*, gíria *f*.
'Dieb|in ['di:bin] *f* ladra *f*, gatuna *f*; **2isch** ladro; *fig.* F imenso; **~stahl** *m* (-*ẹs*; ⸚*e*) roubo *m*, furto *m*.
'diejenige ['-je:nigə] *s. derjenige.*
'Diel|e ['di:lə] *f* (*Brett*) tábua *f*; pranchão *m*; (*Fußboden*) soalho *m*, chão *m*; (*Vorraum*) vestíbulo *m*; (*Tanz*2) bar *m*; **2en** entaboar, assoalhar.
'dien|en ['di:nən] servir (*als* de; *zu* para; *womit?* ✝ em quê?); **2er** *m* **a**) criado *m*; **b**) (*Verbeugung*) reverência *f*, vénia *f*; **2erin** *f* criada *f*; **2erschaft** *f* criadagem *f*; pessoal *m*; **~lich** útil; oportuno.
Dienst [di:nst] *m* (-*es*; -*e*) serviço *m* (*haben* estar de; *erweisen* prestar); (*Gefälligkeit*) *a.* favor *m*; *außer* ~ (*Abk. a. D.*) na ina(c)tividade, aposentado, jubilado, *bsd.* ⚔ reformado; *zu* ~*en pl.* às ordens, *was steht zu* ~*en?* ✝ em quê posso servir?; ~*e nehmen* ⚔ assentar praça; *in* ~ *nehmen* contratar.
'Dienstag ['di:nsta:k] *m* (-*ẹs*; -*e*) terça-feira *f*; **2s** às terças-feiras.
'Dienst|alter *n* (-*s*; *0*) antiguidade *f*; tempo *m* de serviço; **~älteste(r)** *m* decano *m*; **~antritt** *m* (-*ẹs*; -*e*) entrada *f* em serviço (*od.* em funções); **~anweisung** *f* regulamento *m*; **2bar** tributário; **~barkeit** *f* servidão *f*; **2beflissen** serviçal, solícito; **~bote** *m* (-*n*) criado *m*; **~eid** *m* (-*ẹs*; -*e*): *den* ~ *leisten* prestar

juramento; **~eifer** *m* (*-s*; *0*) solicitude *f*, zelo *m*; **ﾕeifrig** solícito; **~entlassung** *f* demissão *f*; **ﾕfähig** apto para o serviço; **ﾕfrei** feriado; **ﾕhabend** de serviço; **~herr(in** *f*) *m* (*-n od. -en*; *-en*) patrão *m* (patroa *f*); amo *m* (-a *f*); **~leistung** *f* serviço *m*; **ﾕlich** oficial, de ofício; **~mädchen** *n* criada *f*; **~mann** *m* **a**) (*-es*; *¨er od. -leute*) moço *m* (de fretes), carregador *m*, carrejão *m*; **b**) (*-es*; *-en*) vassalo *m*; **~ordnung** *f* regulamento *m*; **~pflicht** *f* dever *m*, ofício *m*; ⚔ serviço *m* militar obrigatório; **~sache** *f* correspondência *f* oficial; **~stelle** *f* repartição *f*; (*Büro*) escritório *m*; **ﾕtauglich** válido; **ﾕtuend** ['-tu:ɛnt] de serviço; **ﾕunfähig, ﾕuntauglich** inválido; incapaz (de prestar serviço); **~weg** *m* (*-es*; *-e*) via *f* oficial; **ﾕwillig** obsequioso; **~wohnung** *f* residência *f* oficial; **~zeit** *f* horas *f/pl.* de serviço.

dies [di:s] *s. dieser*; **'~bezüglich** respe(c)tivo; *adv.* com respeito a isto.

'die|se ['di:zə] *f s. dieser*; **~'selbe** *f s. derselbe*.

'dieser ['di:zər] *m*, **'diese** *f*, **'die(se)s** *n* este (*'ê) *m*, esta *f*; *beim Angeredeten*: esse (*'ê) *m*, essa *f*; *su.* este (*'ê) *m*, esta *f*; *am 5. dieses Monats* (*Abk. d.M.*) ⚕ corrente (*Abk.* cte).

'diesig ['di:ziç] fusco.

'dies|jährig deste ano; **~mal(ig** d)esta vez; **~seitig** ['-zaɪtiç] deste lado; do lado de cá; citerior; **~seits** ['-zaɪts] **1.** (*gen.*) aquém (de); **2.** ﾕ *n* (*-*; *0*) este mundo *m*.

'Dietrich ['di:triç] *m* (*-es*; *-e*) gazua *f*; chave *f* falsa.

Differenti'al [diferɛntsi'a:l] *n* (*-s*; *-e*), **~...**: *in Zssg(n)* diferencial *f*.

Diffe'renz [difə'rɛnts] *f* diferença *f*.

Dikta'phon [dikta'fo:n] *n* (*-s*; *-e*) ditafone *m*.

Dik'tat [dik'ta:t] *n* (*-es*; *-e*) ditado *m* (*nach* ao); **~or** *m* (*-s*; *-en*) ditador *m*; **ﾕ'orisch** ['o:] ditatorial; **~'ur** ['u:] *f* ditadura *f*.

dik'tieren [dik'ti:rən] (-) ditar.

Dilet'tant [dilɛ'tant] *m* (*-en*) diletante *m*; amador *m*; **ﾕisch** diletante, superficial.

Dill ⚘ *m* (*-es*; *-e*) aneto *m*.

Ding [diŋ] **a**) *n* (*-es*; *-e*) coisa *f*; obje(c)to *m*; (*Angelegenheit*) assunto *m*; *guter ~e* bem disposto; optimista; *vor allen ~en* sobretudo, antes de mais nada; *das geht nicht mit rechten ~en zu* não é natural; ali há coisa; *ein ~ der Unmöglichkeit* impossível; **b**) *n* (*-es*; *-er*) F (*Mädchen*) cachopa *f*; **'ﾕen** alugar; contratar; **'ﾕfest**: *~ machen* prender; **'ﾕlich** real, efe(c)tivo; concreto; **'~wort** *n* (*-es*; *¨er*) substantivo *m*.

Diö'zese [diœ'tse:zə] *f* diocese *f*.

Diphther'ie [diftə'ri:] *f* (*0*) difteria *f*.

Diph'thong [dif'tɔŋ] *m* (*-es*; *-e*) ditongo *m*.

Di'plom [di'plo:m] *n* (*-es*; *-e*) diploma *m*; **~...**: *in Zssg(n) oft* diplomado; licenciado (em).

Diplo'mat [diplo:'ma:t] *m* (*-en*) diplomata *m*; **~'ie** *f* (*0*) diplomacia *f*; **ﾕisch** diplomático; *j.*: diplomata.

Di'plom|forstwirt *m* (*-es*; *-e*) engenheiro *m* silvicultor; **~-ingenieur** *m* (*-s*; *-e*) engenheiro *m*; **~landwirt** *m* (*-es*; *-e*) engenheiro *m* agrónomo.

dir [i:] (*dat. v. du*) (par)a ti; *tonlos*: te; *mit ~* contigo.

di'rekt [di'rɛkt] dire(c)to; *adv. a.* direito; ⚕ *~e Annahme* aceite *m* incondicional; **ﾕi'on** [-tsi'o:n] *f* dire(c)ção *f*; **ﾕor** [o:] *m* (*-s*; *-en*) (**ﾕ'orin** *f*) dire(c)tor(a *f*) *m*; ⚕ *a.* gerente *su.*: *Schule*: *a.* reitor(a *f*) *m*; **ﾕ'orium** [-'o:rium] *n* (*-s*; *Direktorien*) dire(c)ção *f*; junta *f*; *Pol.* dire(c)tório *m*; **ﾕ'rice** [-'ri:sə] *f* modista *f* chefe; **ﾕsendung** *f* emissão *f* dire(c)ta.

Diri'g|ent [diri'gɛnt] *m* (*-en*) dire(c)tor *m* (substituto); ♪ regente *m*, chefe *m* de orquestra; **ﾕieren** [-'gi:rən] (-) reger, dirigir.

'Dirne ['dirnə] *f* prostituta *f*; V puta *f*.

dis [dis] ♪ *n* (*-*; *-*) ré-sustenido *m*.

Dis|harmo'nie [dis-] *f* desarmonia *f*; dissonância *f*; **ﾕhar'monisch** desarmónico, desarmonioso; dissonante.

Dis'kant [dis'kant] ♪ *m* (*-es*; *-e*) tiple *m*.

Dis'kont [dis'kɔnt] *m* (*-es*; *-e*) desconto *m*; **ﾕ'ieren** (-) descontar; **~satz** *m* (*-es*; *¨e*) taxa *f* de desconto.

diskredi'tieren [dis-] (-) desacreditar; difamar.
'Diskus ['diskus] *m* (-; *Disken od. -se*) disco *m*.
Diskussi'on [diskusi'o:n] *f* discussão *f*.
'Diskus|werfen *n* lançamento *m* de disco; **~werfer(in** *f*) *m* discóbolo *m* (-a *f*); **~wurf** *m* (-*ės*; *ⁿe*) = *~werfen*.
disku't|abel [disku'ta:bəl] discutível; ponderável; **~ieren** (-) discutir.
Dis'pens [dis'pɛns] *m* (-*es*; -*e*) dispensa *f*; **~'ieren** [-'zi:rən] (-) dispensar, eximir.
dispo'nier|en [dispo'ni:rən] (-) dispor (*über ac.* de); **2t** *adj.*: *nicht ~* indisposto.
Dispositi'on [dis-] *f* disposição *f*.
Dis'put [dis'pu:t] *m* (-*ės*; -*e*) disputa *f*.
Dissertati'on [disɛrtatsi'o:n] *f* tese *f*; dissertação *f*.
Disso'nanz [diso'nants] *f* dissonância *f*.
'Distel ['distəl] *f* (-; -*n*) cardo *m*; **~fink** *m* (-*ės*; -*e*) pintassilgo *m*.
Di'strikt [dis-'trikt] *m* (-*ės*; -*e*) distrito *m*.
Diszi'plin [distsi'pli:n] *f* disciplina *f*; **~'ar...**: *in Zssg(n)*, **2'ar(isch)** disciplinar; **2'ieren** (-) disciplinar.
'Diva ['di:va:] *f* (-; -*s od. Diven*) estrela (*'ê) *f*.
Divi'den|d [divi'dɛnt] ♂ *m* (-*en*), **~de** *f* ✝ dividendo *m*.
'Diwan ['di:va:n] *m* (-*s*; -*e*) divã *m*.
doch [dɔx] **1.** *betont*: sempre; *auf verneinte Fragen*: *~! übers. durch Wiederholung des vb.* (+ pois!), *als Gegenbehauptung übers. durch* isso é que + *vb.*; *wenn ... auch, so ... ~* embora (*subj.*) ..., sempre ...; **2.** *unbetont*: (*aber*) porém; *nach Aufforderungen*: então; porque (é que) não...?; *Wunsch*: oxalá que (*subj.*); *'ja ~!* sim!; tenha paciência!; *'nicht ~!* não!; por favor, não!; *Sie wissen ~, daß* sabe muito bem que; então não sabe que ...?
Docht [dɔxt] *m* (-*ės*; -*e*) torcida *f*, mecha *f*.
Dock [dɔk] *n* (-*ės*; -*e od.* -*s*) doca *f*, estaleiro *m*; **'~e** *f Garn*: meada *f*.
'Dogge ['dɔgə] *f* cão *m* de fila; dogue *m*.
'Dohle ['do:lə] *f* gralha *f*, -o *m*.
'Doktor ['dɔktɔr] *m* (-*s*; -*en*): **a)** doutor *m* (*der Medizin, med.* em medicina; *jur.* em direito; *phil.* em letras); *s-n ~ machen* doutorar-se; **b)** F médico *m*; **~-examen** *n* (-*s*; -*examina*) doutoramento *m*; **~-hut** *m* (-*ės*; *ⁿe*) borla *f*; **~-insignien** *f/pl.* insígnias *f/pl.* doutorais.
Doku'ment [doku'mɛnt] *n* (-*ės*; -*e*) documento *m*; (*Bescheinigung*) certificado *m*; *pl. a.* documentação *f/sg.*; **2'arisch** [-'ta:riʃ] documental; **2'ieren** (-) documentar.
Dolch [dɔlç] *m* (-*ės*; -*e*) punhal *m*; **'~stich** *m* (-*ės*; -*e*), **'~stoß** *m* (-*es*; *ⁿe*) punhalada *f*.
'Dolde ['dɔldə] *f* umbela *f*.
'dolmetsch|en ['dɔlmɛtʃən] *v/t.* interpretar; traduzir; *v/i.* servir de intérprete; **2er(in** *f*) *m* intérprete *m u. f*.
Dom [do:m] *m* (-*ės*; -*e*) catedral *f*, sé *f*; **~'äne** *f* domínio *m*; senhorio *m* real; **'~herr** *m* (-*n od.* -*en*; -*en*) cónego *m*; **'~herren-würde** *f* (*0*) canonicato *m*; **'~kapitel** *n* capítulo *m*; **'~pfaff** *m* (-*en*) *Zool.* pisco *m* (chilreiro).
'Donner ['dɔnər] *m* trovão *m*; **~keil** *m* (-*ės*; -*e*) *Geol.* belemnita *f*; **2n** (-*re*) trovejar; **~schlag** *m* (-*ės*; *ⁿe*) detonação *f*; **~s-tag** *m* (-*ės*; -*e*) quinta-feira *f* (*Grün2* ... Santa); **~wetter** *n* trovoada *f*; (*zum*) *~!* com mil raios!
'Doppel ['dɔpəl] *n* duplicado *m*.
'Doppel...: *in Zssg(n) oft* de dois..., de duas...; *mit ~-a* com dois aa; **~-adler** *m* águia *f* imperial austro-húngara; **~bett** *n* (-*ės*; -*en*) cama *f* de casal; **~decker** *m* biplano *m*; **~-ehe** *f* bigamia *f*; **~fenster** *n* janela *f* dupla; **~gänger** [-gɛŋər] *m* sósia *m*; **2gleisig** [-glaɪziç] de via dupla; **~kinn** *n* (-*ės*; -*e*) papada *f*; **~konsonant** *m* (-*en*) duas consoantes *f/pl.*; **~punkt** *m* (-*ės*; -*e*) dois pontos *m/pl.*; **2reihig** [-raɪiç] de (*od.* em) duas filas *f/pl.*; *~er Rock* jaquetão *m*; **2seitig** [-zaɪtiç] duplo; bilateral; *adv. a.* por ambos os lados; **~sinn** *m* (-*ės*; *0*) duplo sentido *m*, ambiguidade *f*; **2sinnig** ambíguo, equívoco; **~sohle** *f* sola *f* dupla; **~spiel** *n* (-*ės*; -*e*) *Tennis*: «double» *m* (*fr.*); quadrado *m*; *ein ~ treiben fig.* ser ambíguo; **2spra-**

chig [-ʃpra:xiç] bilingue; ~staatlichkeit *f* (*0*) dupla nacionalidade *f*; ~stecker ⚡ *m* ficha *f* dupla; 2t dobre, duplo; et. ~ *haben* ter a.c. repetido; *Buchführung*: por partidas dobradas; ~ *soviel, das* ~e o duplo; 2t-kohlen-sauer: ~es *Natron* bicarbonato *m* de sódio; ~tür *f* porta *f* dupla; ~verdienst *m* (-es; -e) acumulação *f*; ~zimmer *n* quarto *m* com duas camas; 2züngig [-tsyŋiç] falso, ambíguo; ~züngigkeit *f* (*0*) ambiguidade *f*.

Dorf [ɔ] *n* (-es; ¨er) aldeia *f*; *größeres*: povoação *f*; '~bewohner(in *f*) *m* aldeão *m*, aldeã *f*; '~gemeinde *f* freguesia *f*, comarca *f*.

Dorn [ɔ] *m* (-es; -en, ⊕ *a.* -e) espinho *m*; ⊕ espigão *m*; *j-m ein* ~ *im Auge sn fig.* ser antipático a alg.; '~busch *m* (-es; ¨e) sarça(l *m*) *f*, espinheiro *m*; '2en-voll, '2ig espinhoso.

'**dörr|en** ['dœrən] secar, torrar; 2...: *in Zssg(n)* seco (*ê).

Dorsch [dɔrʃ] *m* (-es; -e) (a)badejo *m*.

dort [ɔ] ali, (aco)lá; *beim Angeredeten*: aí; '~-her dali, de lá; '~-hin (para) lá; '~ig dali.

'**Dos|e** ['do:zə] *f* caixa *f*; (*Blech*2) lata *f*; (*Tabak*2) tabaqueira *f*; = ~is; ~en-öffner [-œfnər] *m* abre-latas *m*; 2'ieren (-) dos(e)ar, dosificar; ~is *f* (-; *Dosen*) dose *f*.

'**Dotter** ['dɔtər] *m* gema *f* (de ovo); ~blume *f* taraxaco *m*, pamposto *m*; 2gelb (da) cor da gema de ovo.

Do'z|ent [do'tsɛnt] *m* (-en) docente *m*; professor *m* agregado; 2ieren (-) ensinar.

'**Drachen** ['draxən] *m* dragão *m*; (*Papier*2) papagaio *m*; ~baum *m* (-es; ¨e) dragoeiro *m*.

Draht [a:] *m* (-es; ¨e) arame *m*; fio *m* metálico; (*Eisen*2) fio *m* de ferro; ⚡ (*Leitungs*2) fio *m* elé(c)trico; ☏ telégrafo *m*; F (*Geld*) massa *f*; *auf* ~ *sn* F *fig.* estar esplêndido; '~-antwort *f* resposta *f* telegráfica; '~bericht *m* (-es; -e) informação *f* telegráfica; '~...: *in Zssg(n)* ☏ telegráfico; '~bürste *f* escova *f* de arame; ⊕ carda *f*; '2en (-e-) telegrafar; '~fenster *n* rede *f*; '~funk *m* (-es; *0*) radiotelegrafia *f*; '~geflecht *n* (-es; -e), '~gitter *n* rede *f*; '~-hindernis *n* (-ses; -se) ⚔ arame *m* farpado; '2los sem fios; ~es *Telegramm* radiograma *m*; '~nachricht *f* telegrama *m*; '~nagel *m* (-s; ¨) prego *m* de arame; '~seil *n* (-es; -e) cabo *m*; '~seilbahn *f* teleférico *m*; '~verhau *n* (-es; -e) arame *m* farpado; '~zange *f* alicate *m*; '~zaun *m* (-es; ¨e) rede *f*; '~zieher ['-tsi:ər] *m fig.* tramador *m*; maquinador *m*.

Drall 1. ⊕ *m* (-es; -e) estria *f*; torcedura *f*; 2. 2 *adj. j.*: rijo.

'**Drama** ['dra:ma] *n* (-s; *Dramen*) drama *m*; ~tiker [dra'ma:tikər] *m* dramaturgo *m*; autor *m* dramático; 2tisch [-'a:tiʃ] dramático; 2ti'sieren [-ti'zi:rən] (-) dramatizar; ~'turg *m* (-en) dire(c)tor *m* artístico; ~tur'gie [-tur'gi:] *f* dramaturgia *f*.

Drang [draŋ] *m* (-es; *0*) (*Gedränge, Bedrängnis*) aperto *m*; pressão *f*; aflição *f*; ⚕ puxo *m*; (*Trieb*) impulso *m*, ímpeto *m*; *Sturm und* ~ *Lit.* Titanismo *m*, Impetuosismo *m*.

'**drängeln** ['drɛŋəln] (-*le*) F empurrar.

'**drängen** ['drɛŋən] 1. *v/t.* empurrar; *fig.* impelir, estimular; *zur Eile* ~ urgir; *es drängt mich zu* (*inf.*) impõe-se me (*inf.*); *sich* ~ *Volk*: aglomerar-se; *Ereignisse*: seguir-se com muita pressa; *sich durch* ... ~ romper por entre; 2. *v/i.* urgir; *auf* (*ac.*) ~ insistir em; 3. 2 *n* impulso *m*; (*Bitte*) instâncias *f/pl.*

'**Drangsal** ['draŋza:l] *f* (-; -e) *u. n* (-es; -e) aperto *m*; apuro *m*; tormento *m*, aflição *f*; 2'ieren (-) vexar, atormentar.

'**drastisch** ['drastiʃ] drástico; forte, enérgico.

drauf [drauf] F *s. darauf*; ~ *und dran sn zu* (*inf.*) estar para (*od.* a ponto de); '2gänger ['-gɛŋər] *m* valente *m*; homem *m* corajoso; '~gehen (*L*; *sn*) F gastar-se; P *j.*: morrer.

'**draußen** ['drausən] fora; (*im Freien*) ao ar livre.

'**Drechsel|bank** ['drɛksəl-] *f* (-; ¨e) torno (*'ô) *m*; 2n (-*le*) tornear.

'**Drechsler** ['drɛkslər] *m* torneiro *m*; ~'ei [-'raɪ] *f* tornearia *f*.

Dreck [ɛ] *m* (-es; *0*) porcaria *f*; (*Müll*) lixo *m*; (*Schlamm*) lama *f*; *Schmutz, a. fig.* imundícia *f*; V merda *f*; '~fink *m* (-en) porcalhão *m*; '2ig sujo; '~loch *n* lodaçal *m*, lamaçal *m*.

Dreh [e:] F *m* (-*ės*; -*e od.* -*s*) jeito *m*; *den* ~ *heraus haben* conhecer o segredo (de a.c.); '~**achse** *f* eixo *m* de rotação; '~**bank** *f* (-; ⸚*e*) torno (*'ô) *m*; '2**bar** giratório; '~**bleistift** *m* (-*ės*; -*e*) lapiseira *f*; '~**brücke** *f* ponte *f* giratória; '~**buch** *n* (-*ės*; ⸚*er*) *Film*: argumento *m*; '~**buch-autor** *m* (-*s*; -*en*) argumentista *m*; '~**bühne** *f* palco *m* giratório; '2**en** *v/t.* (*v/i.*) virar; voltar (*a.* rodar); ⊕ dar volta a; torcer; *j-m e-n Strick* ~ *fig.* arranjar uma carrapata a alg.; *Film*: realizar; rodar (*a. Knopf*); *Tüten*: fazer; *im Kreise* ~ fazer girar; *sich* ~ girar (*um* em volta de); *fig. a.* tratar-se de, *Unterhaltung*: versar sobre; *alles dreht sich um ihn* ele é o centro; ~ *und wenden* virar e revirar; '~**er** *m* torneiro *m*; '~**kondensator** ⚡ *m* (-*s*; -*en*) condensador *m* variável; '~**krankheit** *f* vertigem *f*; modorra *f*; '~**kreuz** *n* (-*es*; -*e*) torniquete *m*, molinate *m*; '~-**orgel** *f* (-; -*n*) realejo *m*; '~**punkt** *m* (-*ės*; -*e*) centro *m* de rotação; '~**schalter** *m* interruptor *m* rotativo; '~**scheibe** *f* torno (*'ô) *m*; falca *f*; 🚂 placa *f* giratória; '~**strom** ⚡ *m* (-*ės*; *0*) corrente *f* trifásica; '~**tür** *f* porta *f* giratória; F parasita *m*; '~**ung** *f* volta *f* (*a.* ⚔), rotação *f*; '~**zahl** *f* número *m* de rotações.

drei [aɪ] **1.** três; **2.** 2 *f* três *m*; *Karte*: terno *m*; '2-**akter** ['-aktər] *m* peça *f* em três a(c)tos; '~-**armig** ['-armiç] de três braços (*od.* bicos); '2**bund** *m* (-*ės*; *0*) tríplice aliança *f*; '2-**eck** *n* (-*ės*; -*e*) triângulo *m*; '~-**eckig** triangular; 2'**einigkeit** *f* (*0*) Trindade *f*; 2-**elek'trodenröhre** *f* tríodo *m*; '~**erlei** ['-ɛrlaɪ] de três espécies; três ... diferentes; *auf* ~ *Arten* de três modos; '~**fach,** '~**fältig** ['-fɛltiç] triplo, tríplice; 2'**faltigkeit** *f* (*0*) Trindade *f*; 2'**farbendruck** *m* (-*ės*; -*e*) tricromia *f*; '~-**farbig** trícolor; '2**fuß** *m* (-*es*; ⸚*e*) tripeça *f*, tripó *m*; trípode *f*; '2**gespann** *n* (-*ės*; -*e*) parelha *f* de três cavalos; '~**hundert** trezentos; '2-**hundertjahrfeier** *f* (-; -*n*) tricentenário *m*; '~**hundertste**(**r**), ~**hundertstel** ˌtrecentésimo; '~**jährig** ['-jɛ:riç] de três anos, trienal; 2'**käse-hoch** F *m* (-*s*; - *od.* -*s*) três reis de gente *m*; '2**klang** *m* (-*ės*; ⸚*e*) trítono *m*; 2'**königs-tag** *m* (-*ės*; *0*) Dia *m* dos Reis; '~**mal**(**ig**) três vezes (repetido); '2**master** ['-mastər] ⚓ *m* náu *f* de três mastros; (*Hut*) tricórnio *m*; '~**monatig** trimestral; *a.* '~**monatlich** *adv.* de três em três meses; '~**motorig** trimotor.

drein [draɪn] F *s. darein.*

'**Drei**|**phasen-motor** *m* (-*s*; -*en*) motor *m* trifásico; ~**rad** *n* (-*ės*; ⸚*er*) triciclo *m*; 2**räd**(**e**)**rig** ['-rɛd(ə)riç] a três rodas, de três rodas; ~**röhrengerät** *n* (-*ės*; -*e*) *Radio*: receptor *m* de três válvulas; 2**seitig** ['-zaɪtiç] ⩓ trilateral, trilato; ~**sitzer** ['-zitsər] *m*, 2**sitzig** ['-zitsiç] de três assentos; 2**sprachig** ['-ʃpra:xiç] trilíngue; ~**sprung** *m* (-*ės*; ⸚*e*) triplo-salto *m*.

'**dreißig** ['draɪsiç] trinta; 2**er**(**in** *f*) *m* [-gər-] homem *m* (mulher *f*) de trinta anos; *in den* ~*n* (*sn* andar) na casa dos trinta; ~**jährig** [-jɛ:riç] de trinta anos; ~**ste**(**r**) [-stə(r)], 2**stel** [-stəl] *n* trigésimo *m*.

dreist [draɪst] atrevido; ousado.

'**dreistellig** ['-ʃtɛliç] de três algarismos.

'**Dreistigkeit** [st] *f* atrevimento *m*, ousadia *f*.

'**drei**|**stimmig** ['-ʃtimiç] de (*adv.* a) três vozes; ~**stöckig** ['-ʃtœkiç] de três andares (*od.* pisos); ~**stündig** ['-ʃtyndiç] de três horas; ~**tägig** ['-tɛgiç] de três dias; ~**tausend** três mil; ~(2)**tausendste**(**l**) (*n*) terceira milésima parte *f*; ~**teilig** ['-taɪliç] de três partes, tripartido; 2**teilung** *f* tripartição *f*; divisão *f* em três partes; ~**viertel** três quartos; 2'**vierteltakt** *m* (-*ės*; -*e*) compasso *m* ternário, compasso *m* de valsa; ~**wöchentlich** trissemanal; *adv.* de três em três semanas; 2**zack** ['-tsak] *m* (-*ės*; -*e*) tridente *m*; ~**zehn** treze; ~**zehnte**(**r**) décimo terceiro; 2**zehntel** *n* décimo *m* terço; ~**ziffrig** ['-tsifriç] de três algarismos.

'**Dresch**|**e** ['drɛʃə] F *f* (*0*; *o. art.*) pancada *f*; 2**en** ⸝ **1.** (*L*) malhar; **2.** 2 *n* malhada *f*; ~**er** *m* malhador *m*; ~**flegel** *m* malho *m*; ~**maschine** *f* malhadeiro *m*, debulhadora *f*.

dres's|**ieren** [drɛ'si:rən] (-) adestrar; 2**ur** [u:] *f* adestramento *m*.

Drift ⚓ *f* corrente *f*.

Drill ⚔ *m* (-*ės*; *0*) exercício *m*, disciplina *f*; '~**bohrer** ⊕ *m* berbequim *m*, broca *f*; '≈en fazer girar, verrumar; adestrar; ⚔ *a.* disciplinar, exercer; '**~ich** *m* (-*es*; -*e*) trespano *m*; '**~ing** ['-iŋ] *m* (-*s*; -*e*) trigémeo *m*; ⊕ carrete *m*, rodinha *f*; (*Gewehr*) espingarda *f* de três canos; '**~ings...**: *in Zssg(n)* de três, triplo, tri...

drin F *s. darin, drinnen.*

'**dring|en** ['driŋən] (*L*) **a**) (*sn*): ~ *aus* sair de; ~ *durch* trespassar; ⊕ traspassar, perfurar; (com)penetrar; *in* (*ac.*) ~ penetrar em; ~ *bis zu* chegar até; **b**) (*h.*): (*drängen*) urgir; *auf* (*ac.*) ~ insistir em; *in j-n* ~ instar com alg., solicitar de alg.; *gedrungen Wuchs*: baixo(te); *Stil*: conciso; (*gezwungen*) constrangido; **~end** *adj.*, **~lich** urgente; *Gefahr*: iminente; *adv. bitten*: com insistência; ~*e Bitte* instância *f*; ≈**lichkeit** *f* (*0*) urgência *f*.

'**drinnen** ['drinən] por dentro, lá dentro, no interior.

dritt: *zu* ~ aos três; '≈**el** *n* terço *m*; '**~eln** (-*le*) dividir em três partes, tripartir; '**~en**: *zum* ~, '**~ens** (em) terceiro (lugar); '**~e(r)** terceiro; '**~letzte(r)** antepenúltimo.

'**droben** ['dro:bən]: (*da*) ~ (lá) em cima.

'**Drog|e** ['dro:gə] *f* droga *f*; **~e'rie** [-ə'ri:] *f* drogaria *f*; **~'ist** *m* (-*en*) droguista *m*.

'**Droh|brief** [o:] *m* (-*es*; -*e*) carta *f* de ameaça; ≈**en** (*dat.*) ameaçar (*ac.*); *Unheil*: *a.* estar iminente; ≈**end** *adj.* ameaçador; iminente.

'**Drohne** ['dro:nə] *f* abelhão *m*, zangão *m*.

'**dröhnen** ['drø:nən] ribombar, *a. fig.* retumbar.

'**Drohung** ['dro:uŋ] *f* ameaça *f*.

'**drollig** ['drɔliç] engraçado.

Drome'dar [drome'da:r] *n* (-*s*; -*e*) dromedário *m*.

'**Droschke** ['drɔʃkə] *f* coche *m*, carro *m* (de praça).

'**Drossel** ['drɔsəl] *f* (-; -*n*) tordo *m*; (*Schwarz*≈) melro *m*; **~klappe** *f* válvula *f* estranguladora (*od.* de estrangulação); **~knopf** *m* (-*es*; ⸗*e*) punho *m*; ≈**n** (-*le*) estrangular; **~spule** *f* bobina *f* de choque; **~ung** *f* estrangulação *f*, estrangulamento *m*; **~ventil** *n* (-*s*; -*e*) = ~*klappe*.

'**drübe|n** ['dry:bən] além; acolá; no outro lado; (*a. von* ~) do outro lado, da outra banda; *nach* ~ para o outro lado; **~r** F *s. darüber*; *s. drunter.*

Druck *m* (-*es*; ⸗*e*) pressão *f* (*a. fig.*); *Last*: peso (*ê) *m*; ⚕ (*u. Bedrükkung*) opressão *f*, *Typ.* (*pl.* -*e*) impressão *f*, edição *f*, (*Bild*) estampa *f*; *im* ~ no prelo, em impressão, a imprimir-se; *fig.* aflito; '**~bogen** *m* folha (*ô) *f*; prova *f*.

'**Drückeberger** ['drykəbɛrgər] F *m* cobarde *m*, poltrão *m*.

drucken ['drukən] *Typ.* imprimir; *Exemplar*: tirar; ⊕ estampar; *lügen wie gedruckt* mentir como um livro.

'**drücken** ['drykən] apertar, *Hand*: *a.* estender; (*schieben*) empurrar; *Preise*: (fazer) baixar; (*zusammen*~) comprimir; ~ *auf* (*ac.*) oprimir (*ac.*), (*lasten*) pesar sobre; *fig.* deprimir; *sich* ~ (*vor dat.*) esquivar-se (a), subtrair-se (a); safar-se (de); *vgl. gedrückt fig.*; **~d** *adj.* pesado; *Luft*: abafado(r), abafante; *Hitze*: sufocante.

'**Drucker** ['drukər] *m* impressor *m*, tipógrafo *m*.

'**Drücker** ['drykər] *m* (*Schlüssel*) gazua *f*; (*Tür*≈) tranqueta *f*; puxador *m*; *Gewehr*: gatilho *m*; disparador *m*.

Drucker|'ei [drukə'raɪ] *f* tipografia *f*; '**~presse** *f* prelo *m*; '**~schwärze** *f* (*0*) tinta *f*.

'**Druck|fehler** *m* errata *f*, gralha *f*; **~fleck** *m* (-*es*; -*e*) negra *f*; **~höhe** *f* altura *f* de elevação; **~kessel** *m* autoclave *f*; **~knopf** *m* (-*es*; ⸗*e*) (botão *m* de) mola *f*; ⊕ botão *m* de pressão, * *a.* pulsador *m*; **~legung** [-le:guŋ] *f* impressão *f*; **~luft** *f* (*0*) ar *m* comprimido; **~messer** ⊕ *m* manómetro *m*; **~papier** *n* (-*s*; -*e*) papel *m* de imprimir; **~probe** *f* prova *f* (tipográfica); **~pumpe** *f* bomba *f* de pressão; **~sache** *f* impresso *m*; **~schrift** *f* impresso *m*; *in* ~ em cara(c)teres de imprensa; em letra *f* redonda; **~stock** *m* (-*es*; ⸗*e*) cliché *m*, matriz *f*.

drum F *s. darum*; ≈ *und Dran n uv.* pormenores *m/pl.*; *mit allem* ≈ *und Dran a.* com todos os pertences (*od.* matadores).

'**drunte|n** ['druntən]: (*da*) ~ (lá) em baixo; **~r** *s. darunter*; ~ *und drüber gehen* estar numa grande confusão.

Drusch ⚒ [druʃ] *m* (*-es*; *-e*) malhada *f*.
'**Drüs|e** ['dry:zə] *f* glândula *f*; **~en...**: *in Zssg(n)* glandular; **~en-entzündung** *f* adenite *f*.
'**Dschungel** ['dʒuŋəl] *m*, *f* (*-*; *-n*), *n* selva *f*.
'**Dschunke** ['dʒuŋkə] *f* junco *m*.
du [u:] tu; ~ + *su.* seu..., sua...; *auf ~ und ~ stehen* dar-se por tu; ser muito íntimo; *mit ~ anreden* tratar por tu.
Du'blee [du'ble:] *n* (*-s*; *-s*) plaqué *m*.
'**duck|en** ['dukən] (a)baixar (a proa), *fig. a.* humilhar; *ins Wasser*: mergulhar; **2mäuser** [-moyzər] F *m* hipócrita *m*.
'**dudel|n** ['du:dəln] (*-le*) sanfoninar; **2sack** *m* (*-es*; *⸗e*) gaita *f* (de foles); **2sack-pfeifer** *m* gaiteiro *m*.
Du'ell [du'ɛl] *n* (*-s*; *-e*) duelo *m*; **~'ant** *m* (*-en*) duelista *m*; **2'ieren** (-): *sich ~* bater-se (em duelo).
Du'ett [du'ɛt] ♪ *n* (*-es*; *-e*) du(et)o *m*.
Duft *m* (*-es*; *⸗e*) perfume *m*, cheiro *m*, aroma *m*, odor *m*; '**2en** (*-e-*) cheirar (*nach* a); '**2end** *adj.* aromático, vaporoso; *stark ~* re(s)cendente; *poet.* oloroso; '**2ig** perfumado; vaporoso; (*leicht*) airoso.
Du'katen [du'ka:tən] *m* ducado *m*.
'**duld|en** ['duldən] (*-e-*) (*ertragen*) sofrer, padecer, aguentar; (*gestatten*) tolerar; **2er(in** *f*) *m* mártir *m/f*; **~sam** tolerante; **2samkeit** *f* (*0*), **2ung** *f* tolerância *f*.
dumm (*⸗er*; *⸗st*) parvo, tolo; *~e Geschichte fig.* coisa *f* aborrecida; *~es Zeug* disparate(s *pl.*) *m*; *sich ~ stellen* abobar-se; '**~dreist** impertinente; '**2heit** *f* parvoíce *f*, tolice *f*; '**2kopf** *m* (*-es*; *⸗e*) imbecil *m*; F parvo *m*.
dumpf *Klang*: surdo, abafado, *a. Luft*: pesado; *Raum*: húmido; (*gefühllos*) apático; '**2heit** *f* (*0*) *fig.* apatia *f*; '**~ig** húmido; mofento.
'**Düne** ['dy:nə] *f* duna *f*.
Dung [duŋ] *m* (*-es*; *0*) estrume *m*.
'**Dünge|mittel** ['dyŋə-] *n* adubo *m*; **2n** adubar, estrumar; **~r** *m* estrume *m*.
'**Dung|grube** *f*, **~haufen** *m* esterqueira *f*, estrumeira *f*.
'**Düngung** ['dyŋuŋ] *f* adubação *f*, adubamento *m*, estrumação *f*.
'**dunkel** ['duŋkəl] **1.** *adj.* (*-kl-*) escuro; sombrio; obscuro; (*geheim*) oculto; misterioso; (*undurchsichtig*) nebuloso; *~ werden* escurecer(-se), *abends*: anoitecer; **2.** **2** *n* (*-s*; *0*) escuridão *f*; *im ~n* às escuras.
'**Dünkel** ['dyŋkəl] *m* (*-s*; *0*) presunção *f*; petulância *f*.
'**dunkelbraun** castanho escuro; moreno.
'**dünkel-haft** petulante.
'**Dunkel|heit** *f* escuridão *f*; obscuridade *f*; *bei einbrechender ~* ao anoitecer; **~kammer** *Phot.* *f* (*-*; *-n*) câmara *f* escura; **2n** (*-le*) escurecer (-se), *abends*: anoitecer; **2rot** encarnado.
'**dünken** ['dyŋkən]: *mich* (*a. mir*) *dünkt* parece-me; *sich ~* crer-se, julgar-se.
dünn [y] delgado; magro; franzino; *Kaffee*: fraco; *Haar*: raro; '**2darm** *m* (*-es*; *⸗e*) intestino *m* delgado; '**~(e-)machen**: F *sich ~* safar-se, pôr-se ao largo; '**~flüssig** fluido.
Dunst *m* (*-es*; *⸗e*) vapor *m*; *fig.* fumo *m*; *blauer ~* fantasmagorias *f/pl.*; *sich keinen blauen ~ vormachen lassen* F não se deixar entrujar; *keinen* (*blassen*) *~ haben* F não ter a mínima ideia; não saber patavina; '**2en** (*-e-*) exalar.
'**dünsten** ['dynstən] (*-e-*) estufar.
'**dunst|ig** vaporoso, húmido; '**2kreis** *m* (*-es*; *-e*) atmosfera *f*.
'**Dünung** ['dy:nuŋ] *f* ressaca *f*, movimento *m* das ondas; *an der afrikanischen Küste*: calema *f*.
Dupli'kat [dupli'ka:t] *n* (*-es*; *-e*) duplicado *m*.
Dur [u:] ♪ *n* (*-*; *-*) (tom *m*) maior *m*.
durch [durç] **1.** *prp.* (*ac.*) por (meio de), mediante, através de (*a. quer ~*) por entre; (*geteilt*) dividido por; *~ vieles + inf.* devido a ...; **2.** *adv.*: *~ und ~* completamente; de cima a baixo; *die Nacht ~* pela noite fora; *~ sn j.*: ter passado, *Examen*: *a.* ter sido aprovado; ⚕ estar fora do perigo; *et.*: estar partido; '**~-arbeiten** (*-e-*) estudar; *Körper*: exercer, treinar; *v/i.* não interromper o trabalho; **~'aus** inteiramente; *~ nicht* (não ...) de modo nenhum; *~ nicht leicht* nada fácil; '**~backen** (*L*) cozer bem; '**~beißen** (*L*) partir com os dentes, trincar; **2'biegung** *f* flexão *f*; '**~blasen** (*L*) insuflar; '**~blättern** (*-re*) folhear; '**2blick** *m* (*-es*; *-e*) vista *f*; '**~blicken** *v/i.* ver;

~ *lassen fig.* deixar entrever, dar a entender, dar a perceber; ~'**bohren** (-) perfurar; traspassar; '~**braten** (*L*) (p)assar bem; '~**brechen** (*L*) **1.** *v/t.* quebrar, abrir (*a. Straße*), romper; perfurar; **2.** *v/i.* (*sn*) (ir-)romper; ~'**brechen** (*L*; -) *v/t.* romper (*a.* ⚔); '~**brennen** *v/i.* (*L*; *sn*) ⚡ fundir-se; ir(-se) abaixo, vir abaixo; *Sicherung*: (ar)rebentar; *fig.* fugir, evadir-se; '~**bringen** (*L*) *Geld*: dissipar; ~'**brochen** [-'brɔxən] **1.** *p.pt. v.* ~*brechen*; **2.** *adj.* aberto; ~*e Arbeit* bordado *m* a crivo; '**Ɛbruch** *m* (-*es*; ⸗*e*) ru(p)tura *f*, rompimento *m* (*a.* ⚔); *Wasser*: trasbordamento *m*; perfuração *f*; abertura *f*, brecha *f*; *zum* ~ *kommen* manifestar-se; '~**denken** (*L*) (*ac.*) meditar sobre; pensar em; examinar a fundo; '~**drängen** romper por; *sich* ~ abrir caminho (por); '~**dringen** *v/i.* (*L*; *sn*) penetrar; *fig.* prevalecer, triunfar, acabar por impor-se; ~'**dringen** *v/t.* (*L*; -) (com)penetrar; '~**dringend** *adj.* penetrante; Ɛ'**dringung** [-'driŋuŋ] *f* (*0*) (com)penetração *f*; *wechselseitige* ~ interpenetração *f*; '~**drücken** romper; *fig.* conseguir; *Knie*: tender; ~'**eilen** (-) percorrer.

durch-ein'ander 1. *adv.* confundido, misturado; sem distinção; **2.** Ɛ *n* confusão *f*, trapalhada *f*; ⋆ afobação *f*; ~**bringen** (*L*), ~**mengen,** ~**werfen** (*L*) confundir, misturar; atrapalhar, barafundar.

'**durch|'fahren** (*L*) *v/t.* ['a:] (-), *v/i.* ['u] (*sn*) atravessar, passar por; Ɛ**fahrt** *f* passagem *f*; ⚓ *a.* travessia *f*; Ɛ**fall** *m* (-*es*; ⸗*e*) ⚕ diarreia *f*, soltura *f*; *Thea.* fracasso *m*; *Examen*: reprovação *f*, F chumbo *m*, raposa *f*; ~**fallen** (*L*; *sn*) cair mal, fracassar; *Prüfung*: ficar mal (*od.* reprovado *od.* F chumbado); *j-n* ~ *lassen* reprovar alg.; P chumbar alg.; ~**fechten** (*L*) defender (até vencer); *sich* ~ abrir caminho com a espada em punho; ~**feilen** limar; ~**finden** (*L*): (*sich*) ~ orientar-se; ~'**flechten** (*L*; -) entrelaçar; ~'**fliegen** (*L*) **1.** *v/t.* ['i:] (-) voar por; ✈ atravessar; *fig.* folhear; **2.** *v/i.* ['u] (*sn*) passar; ✈ não fazer escala; ~'**fließen** (*L*) *v/t.* ['i:] (-), *v/i.* ['u] (*sn*) atravessar, correr através; ~'**forschen** (-) investigar; *Land*: explorar; Ɛ'**forschung** *f* exploração *f*; ~**frieren** (*L*) gelar de frio; Ɛ**fuhr** [u:] *f* trânsito *m*; ~**führbar** ['-fy:r-ba:r] realizável; exequível; ~**führen** conduzir; *fig.* realizar; levar a efeito; efe(c)tuar; Ɛ**führung** *f* realização *f*, execução *f*; efe(c)tivação *f*; ⊕ travessia *f*; Ɛ**führungsbestimmungen** *f/pl.* decreto *m/sg.* (*od.* modalidades *f/pl.*) de execução (*od.* de aplicação); ~'**furchen** (-) sulcar; ~**füttern** (-*re*) sustentar; Ɛ**gang** *m* (-*es*; ⸗*e*) passagem *f*; abertura *f*; *Zug*: corredor *m*; *Verkehr*: trânsito *m*; ~**gängig** geral, universal; corrente; *adv.* sem excepção.

'**Durchgangs|bahnhof** *m* (-*es*; ⸗*e*) estação *f* de trânsito; ~**gut** *n* (-*es*; ⸗*er*) mercadoria *f* de trânsito; ~**handel** *m* (-*s*; *0*) comércio *m* de trânsito; ~**verkehr** *m* (-*s*; *0*) trânsito *m*; ~**wagen** *m* carruagem *f* de corredor; ~ *nach* carruagem *f* dire(c)ta para; ~**zoll** *m* (-*es*; ⸗*e*) direitos *m/pl.* de trânsito; ~**zug** *m* (-*es*; ⸗*e*) rápido *m*.

'**durchgehen** (*L*) **1.** *v/i.* (*sn*) passar; atravessar; (*weglaufen*) evadir-se; *Pferd*: tomar o freio nos dentes; **2.** *v/t.* (*h. u. sn*): *noch einmal et.* ~ rever; *j-m et.* ~ *lassen* deixar passar a.c. a alg.; ~**d** *adj.* contínuo; 🚂 dire(c)to; ✝ de trânsito; (*allgemein*) geralmente, sem excepção; de ponta a ponta.

'**durch|greifen** (*L*) *fig.* tomar medidas eficientes; impor-se; ~*d adj.* radical; enérgico; '~**halten** (*L*) perseverar, resistir, manter-se firme; *nicht* ~ ir(-se) abaixo, vir abaixo; '~**hauen** (*L*) partir, cortar; (*prügeln*) espancar; '~**hecheln** (-*le*) ⊕ cardar, rastelar; *fig.* falar mal de; '~**helfen** (*L*) tirar duma dificuldade; *sich* ~ ir-se vivendo; '~**kämmen** pentear; *fig. a.* ⚔ limpar; '~**kämpfen**: (*sich*) ~ lutar (até vencer); '~**kauen** mastigar bem; F *fig.* repetir, repassar; '~**kneten** (-*e*-) amassar bem; '~**kommen** (*L*; *sn*) passar; *Prüfung*: *a.* ficar aprovado; ⚕ ser curado; '~**können** (*L*) poder passar; '~'**kreuzen** (-*t*) **1.** ['u] riscar; cortar; **2.** ['ɔy] (-) cruzar; *fig.* contrariar; 'Ɛ**laß** *m* (-*sses*; ⸗*sse*) abertura *f*, passagem *f*; '~**lassen** (*L*) deixar passar; '~**lässig** permeável, poroso; 'Ɛ**lässigkeit** *f* (*0*) permeabilidade *f*; porosidade *f*; '2-**laucht** ['-lauxt] *f* Alteza *f*; '**~laufen** (*L*) **1.** *v/i.* (*sn*) *Wasser*: passar; **2.** *v/t. Sohlen*: gastar; *sich die Füße* ~ ficar com os pés a doer; ~'**laufen** (*L*; -) *v/t.* percorrer; ~'**leben** (-) passar (por), atravessar; '**~legen** *Straße*: abrir; '**~lesen** (*L*) percorrer; (acabar de) ler; ~'**leuchten** (*-e-*; -) ⚕ fazer uma radioscopia; 2-'**leuchtung** [-'lɔyçtuŋ] *f* ⚕ radioscopia *f*; '**~liegen** (*L*) escoriar-se; ~'**lochen** (-), ~'**löchern** [-'lœçərn] (*-re*; -) perfurar; esburacar; '**~lüften** (*-e-*) arejar; '**~machen** *v/t.* passar por; (*dulden*) aguentar, sofrer; '2**marsch** *m* (*-es*; *"e*) passagem *f*; '**~marschieren** (-) passar (por), atravessar; ~'**messen** (*L*; -) atravessar; '2**messer** *m* diâmetro *m*; ~'**nässen** (*-ßt*; -) molhar, encharcar; '**~nehmen** (*L*) ensinar; '**~pausen** (*-t*) calcar; '**~probieren** (-) provar um atrás outro; ~'**queren** [-'kve:rən] (-) atravessar; 2'**querung** *f* travessia *f*; '**~rasseln** (*-le*) F *Prüfung*: ficar chumbado; '**~rechnen** (*-e-*) *v/t.* calcular; *noch einmal* ~ rever; '**~regnen** (*-e-*) chover para dentro; '2**reise** *f* passagem *f* (*auf der* de); '**~reisen** (*-t*; *sn*) passar, atravessar; '2**reisende(r** *m*) *m u. f* passante *m u. f*; turista *m u. f*; '**~reißen** (*L*) *v/t.* (*v/i.* [*sn*]) romper(-se); *Papier usw.*: rasgar; '**~ringen** (*L*): *sich* ~ vencer (os obstáculos); impor-se; *sich zu et.* ~ conseguir a.c.; '**~rühren** passar (pelo passador); **~s** = *durch das*; '**~sagen** *Fernspr.* telefonar; '**~schauen** *v/i.* ver; ler; ~'**schauen** (-) *v/t. fig.* descobrir; ~'**schauern** (*-re*; -) fazer estremecer; '**~scheinen** (*L*) transparecer, transluzir, passar; **~d** *adj.* transparente; '**~scheuern** (*-re*): ⚕ *sich die Haut* ~ escoriar-se; ~'**schiffen** (-) *v/t.* navegar por; *poet.* sulcar; '**~schimmern** (*-re*) = *~scheinen*; '**~schlafen** (*L*) dormir (sem despertar); '2**schlag** *m* (*-es*; *"e*) *Schreibmaschine*: cópia *f*; (*Sieb*) passador *m*, coador *m*; '**~schlagen** (*L*) **1.** *v/t.* passar; copiar; *Band*: percutir, atravessar; *Sicherung*: fundir; *sich* ~ ir(-se) vivendo; ⚔ abrir-se caminho (por), conseguir atravessar (*ac.*); **2.** *v/i.* (*Erfolg haben*) ter êxito, ser eficaz; **~d** *adj. Erfolg*: completo; retumbante; ~'**schlagen** (*L*; -) *v/t.* atravessar, percutir; romper; '2**schlagpapier** *n* (*-s*; *-e*) papel *m* para cópias; '2**schlagskraft** *f* (*0*) (força [*ô] *f* de) penetração *f* (*od.* [de] percussão *f*); efeito *m*; '~-**schleusen** (*-t*) fazer passar (por uma represa); '**~schmelzen** (*L*; *sn*) *v/i.* ⚡ fundir-se; '**~schmuggeln** (*-le*) passar (de) contrabando; '**~schneiden** (*L*) cortar, partir; ~'**schneiden** (*L*; -) cruzar, atravessar, sulcar; '2**schnitt** *m* (*-es*; *-e*) ⚒ *u.* ⚠ corte *m*; (*Mittelwert*) média *f*; *über dem* ~ acima da craveira; '2**schnitts...**: *in Zssg(n)*, '**~schnittlich** *adj.* médio; (*mittelmäßig*) medíocre; *adv.* em média; '~'**schnüffeln** (*-le*) espiar; '**~schreiten** *v/i.* (*L*; *sn*), ~'**schreiten** *v/t.* (*L*; -) atravessar; '2**schuß** *m* (*-sses*; *"sse*) ⊕ trama *m*; *Typ.* entrelinha *f*; ~'**schweifen** (-) *v/t.* vaguear por; '**~schwimmen** *v/i.* (*L*; *sn*), ~'**schwimmen** *v/t.* (*L*; -) atravessar a nadar (*od.* a nado); '**~schwitzen** (*-t*) transpirar, suar; '**~sehen** (*L*) examinar, ler, rever; '**~seihen** passar, coar; '~'**setzen** (*-t*) **a)** ['u] conseguir; (*sich* ~) impor(-se); **b)** ['ɛ] (-) impregnar; ~'**setzt** *a.* disseminado; '2**sicht** *f* golpe *m* de vista; leitura *f*, revisão *f*; '**~sichtig** transparente, diáfano; '2**sichtigkeit** *f* (*0*) transparência *f*; translucidez *f*; '**~sickern** (*-re*) passar; *a. fig.* ressumar; '**~sieben** coar, crivar, passar; '**~sprechen** (*L*) discutir; telefonar; ~'**stechen** (*L*; -) cortar, perfurar, (*suchen*) espicaçar; 2**steche'rei** [-ʃtɛçə'raɪ] *f* manejo *m* ilícito; '**~stecken** passar; '**~stehen** (*L*) aguentar; '2**stich** *m* (*-es*; *-e*) abertura *f*, furo *m*; '**~stöbern** (*-re*) (ver e) rever, revistar; '~'**streichen** (*L*) **a)** ['u] riscar; **b)** ['aɪ] (-) *Wind*: (per)passar; ~'**streifen** (-) percorrer, ⚔ reconhecer; '**~strömen** atravessar; ~'**suchen** (-) revistar, rebuscar; 2'**suchung** [-'zu:xuŋ] *f* busca *f*; '~'**tanzen** (*-t*) **a)** ['u] *Schuhe*: gastar; **b)** ['a] (-): *die Nacht* ~ dançar por toda a noite; ~'**tränken** (-) impregnar; ~'**trieben** [-'tri:bən] manhoso; abelha; ~'**wachen** (-): *die Nacht* ~ passar a noite em branco; ~'**wachsen** *adj. Speck*: entremeado; ~'**wandern** (*-re*; -) atravessar (a pé); '**~wärmen** aquecer bem; '2**weg** *m* (-*ẹs*; -*e*) travessa *f*; ~'**weg** geralmente, sem excepção, (quase) sempre; ~'**weichen** (-) *v/t.* embeber, molhar; '~**weichen** (*sn*) *v/i.* molhar-se; '~**winden** (*L*): *sich* ~ *et.*: serpentear; *j.*: abrir caminho; ~'**wirken** (-) entrelaçar, entretecer; *mit Gold*: bordar de; ~'**wühlen** (-) revolver; '~**zählen** contar; ~'**zechen** (-): (*die Nacht*) ~ passar (a noite) a beber; '~**zeichnen** (-*e*-) calcar; ~'**ziehen** (*L*; -) *v/t.* atravessar; (per)passar (*a. v/i.*); ~'**zukken** (-) fazer estremecer; *Schmerz*: sacudir; '2**zug** *m* (-*ẹs*; ⸗*e*) passagem *f*; *Luft*: corrente *f* (de ar); '~**zwängen** fazer passar com força; *sich* ~ passar com força; *sich* ~ passar a custo.

'**dürf|en** ['dyrfən] (*L*) poder; ter licença (de); *darf ich?* posso?; dá (*od. pl.* dão) licença que (*subj.*)?; *darf ich Sie um das Glas bitten?* fazia-me (V.E.) o favor de me passar o copo?; *das dürfte nicht sn* não devia ser; ~**tig** ['-tiç] escasso; pobre; mesquinho; 2**tigkeit** *f* (*0*) escassez *f*; pobreza *f*; mesquinhez *f*.

dürr [dyr] árido; seco (*ê); '2**e** *f* aridez *f*; sec(ur)a *f*.

Durst *m* (-*es*; *0*) sede (*'ê) *f* (*a. fig.*; *nach* de); '2**en** (-*e*-), **dürsten** ['dyrstən] (-*e*-), '2**ig** *sn* ter sede (*'ê).

'**Dusche** ['duʃə] *f* duche *m*; chuveiro *m*; (*Regen*) molha(dela) *f*; 2**n** tomar um duche.

'**Düse** ['dy:zə] *f* bico *m*; tubeira *f*; * bocal *m*.

'**Dusel** ['du:zəl] F *m* (-*s*; *0*) (*Glück*) sorte *f*; *im* ~ (*Rausch*), 2**ig** borracho; (*schläfrig*) quase a dormir.

'**Düsen|antrieb** *m* (-*ẹs*; -*e*) propulsão *f* a jacto; ~**flugzeug** *n* (-*ẹs*; -*e*) avião *m* a jacto.

'**Dussel** ['dusəl] *m*, 2**ig** parvo *m*.

'**düster** ['dy:stər] sombrio, escuro.

'**Dutzend** ['dutsənt] *n* (-*s*; -*e*) dúzia *f*; ~**ware** *f* mercadoria *f* ordinária; 2**weise** às dúzias.

'**duz|en** ['du:tsən] (-*t*) *v/t.* tratar por tu; 2**freund** *m* (-*ẹs*; -*e*) amigo *m* íntimo.

Dy'nam|ik [dy'na:mik] *f* (*0*) dinâmica *f*; *fig.* dinamismo *m*; 2**isch** dinâmico; ~'**it** *n* (-*ẹs*; *0*) dinamite *f*; *mit* ~ *in die Luft sprengen* dinamitar; 2**o**(**maschine** *f*) *m* (-*s*; -*s*) dínamo *m*.

Dyna'stie [dyna'sti:] *f* dinastia *f*.

dy'nastisch dinástico.

D-Zug *m* (-*ẹs*; ⸗*e*) rápido *m*.

E

E, e [e:] *n* E, e *m*; ♪ mi *m*.

'Ebbe ['ɛbə] *f* baixa-mar *f*, maré *f* vazia; refluxo *m*, vazante *f*; ~ *und Flut* maré *f*.

'eben ['e:bən] **1.** *adj.* plano; chão; (*glatt*) liso; *zu ~er Erde* no rés-do--chão; **2.** *adv. Zeit*: agora mesmo; (*a. Zustimmung*) justamente, precisamente; *er ist ~ angekommen* acaba de chegar; (*na*) *~!* (ora) pois!; pois é!; *erklärend*: é que ...; (*nur so*) ~ um tanto; **2bild** *n* (*-es*; *-er*) retrato *m*; imagem *f* (*Gottes* de Deus); **~bürtig** [-byrtiç] igual; **~'da('her** d)ali mesmo; **~da'hin** lá mesmo; **~das-**, **~derselbe** o mesmo; **~'deshalb** por isso mesmo; **~dieselbe** a mesma; **2e** [-ə] *f* planície *f*; ⚒ plano *m*; *fig. a.* nível *m*; **~erdig** térreo; **~falls** também, igualmente; **2-holz** *n* (*-es*; *0*) ébano *m*; **2maß** *n* (*-es*; *-e*) simetria *f*; **~mäßig** simétrico; bem proporcionado; **~so** do mesmo modo; (bem) assim; ~ *groß* (*wie*) do mesmo tamanho (que, tão grande como); **~so'sehr** tanto; **~so'viel** outro tanto; **~so'wenig** tão-pouco; ~ *wie* tão pouco como.

'Eber ['e:bər] *m* javali *m*; **~-esche** *f* sorveira *f*.

'ebnen ['e:bnən] (*-e-*) aplanar, nivelar.

'Echo ['ɛço] *n* (*-s*; *-s*) eco *m*; **~lot** *n* (*-es*; *-e*) sonda *f*, ecómetro *m*.

echt [ɛçt] autêntico (*a. Dokument*), puro, genuino; (*recht*) legítimo (*a.* ⊕); *Gold*: de lei; *Rasse usw.*: castiço; **'2heit** *f* (*0*) autenticidade *f*; genuinidade *f*; legitimidade *f*.

'Eck|e ['ɛkə] *f äußere*: esquina *f*; *innere*: canto *m*; (*Ende*) ponta *f*; *an allen ~n und Enden* por toda a parte; *um die ~ biegen* dobrar a esquina; *um die ~ bringen fig.* levar, F matar; **~...**: *in Zssg(n)* ⚠, ⚒ de gaveto; **~fenster** *n* janela *f* da esquina; **~haus** *n* (*-es*; *⸗er*) casa *f* de esquina; prédio *m* de gaveto; **2ig** angular, esquinado; *fig.* rude; *~e Klammer* re(c)ta *f*; **~pfeiler** *m* pilastra *f* angular; *Brücke*: estribo *m*; *fig.* garante *m*; **~platz** *m* (*-es*; *⸗e*) (lugar *m* de) canto *m*; **~schrank** *m* (*-es*; *⸗e*) cantoneira *f*; **~stein** *m* (*-es*; *-e*) pedra *f* angular; **~zahn** *m* (*-es*; *⸗e*) dente *m* canino.

'edel ['e:dəl] fidalgo, nobre; *fig. a. Wein*: generoso; *Stein*: precioso; **2gas** *n* (*-es*; *-e*) gás *m* raro; **~gesinnt** [-gəzint] generoso; **2leute** *pl.* fidalgos *m/pl.*; **2mann** *m* (*-es*; *-leute*) fidalgo *m*; **2metall** *n* (*-s*; *-e*) metal *m* precioso; **2mut** *m* (*-es*; *0*) generosidade *f*; nobreza *f* (moral); **~mütig** [-my:tiç] nobre, generoso; **2sinn** *m* (*-es*;*0*) fidalguia *f*; **2sitz** *m* (*-es*; *-e*) solar *m*; **2stahl** *m* (*-es*; *⸗e*) aço *m* fino; **2stein** *m* (*-es*; *-e*) pedra *f* preciosa, jóia *f*; **2tanne** *f* abeto *m* branco; **2wild** *n* (*-es*; *0*) caça *f* brava, veação *f*.

E'dikt [e'dikt] *n* (*-es*; *-e*) edito *m*; edital *m*.

'Efeu ['e:fɔy] *m* (*-s*; *0*) hera *f*.

Ef'fekt *m* (*-es*; *-e*) efeito *m*, resultado *m*; **~en** *pl.* efe(c)tivo *m/sg.*; valores *m/pl.*; papéis *m/pl.* de crédito; **~-hasche'rei** [-haʃə'raɪ] *f* caça *f* ao efeito; **2'iv, ~'iv...** [-'ti:f]: *in Zssg(n)* efe(c)tivo; **2voll** que faz efeito.

e'gal [e'ga:l] F igual; *das ist ~* tanto faz.

'Egel ['e:gəl] *m* sanguessuga *f*.

'Egge ['ɛgə] *f* grade *f* (de desterroar), rastelo *m*; **2n** gradar, (d)esterroar.

Ego|'ismus [ego'ismus] *m* (*-*; *0*) egoísmo *m*; **~'ist(in** *f*) *m* (*-en*), **2'istisch** egoísta (*su.*); **2'zentrisch** [-'tsɛntriʃ] egocêntrico, egotista.

'ehe[1] ['e:ə] antes de (*inf.*), antes (de) que (*subj.*), primeiro que (*subj.*).

'Ehe[2] *f* matrimónio *m*, consórcio *m*; *wilde ~* concubinato *m*; *zweite ~* segundas núpcias *f/pl.*; *Kind*: *erster ~* do primeiro leito; *e-e ~ eingehen* consorciar-se (*schließen a.*: casar); *die ~ brechen* cometer adultério.

'Ehe...: *in Zssg(n) oft* matrimonial; conjugal; **~bett** *n* (*-es*; *-en*) cama *f* de casal; ℒbrechen (*nur im inf.*) cometer adultério; ~brecher(in *f*) *m* [-brɛçər-], ℒbrecherisch adúltero *m* (-a *f*); ~bruch *m* (-*es*; ⸚e) adultério *m*; ~bund *m* (-*es*; ⸚e) união *f* conjugal.

'**ehe·dem** antigamente, outrora.

'**Ehe|frau** *f* esposa (*ô) *f*; mulher *f* (casada); **~gatte** *m* (-*n*) marido *m*; consorte *m*; **~gattin** *f* esposa (*ô) *f*; consorte *f*; **~hälfte** *f* (cara) metade *f*; **~leute** *pl.* cónjuges *m/pl.*; *junge* ~ recém-casados *m/pl.*; **ℒlich** conjugal; *Kind*: legítimo; **ℒlichen** [-liçən] *v/t.* casar (com); desposar; **ℒlos** solteiro; *Mann*: *a.* celibatário; **~losigkeit** [-lo:ziç-] *f* (*0*) celibato *m*.

'**ehemal|ig** [-ma:liç] antigo; **~s** antigamente, outrora.

'**Ehe|mann** *m* (-*es*; ⸚er) marido *m*; **~paar** *n* (-*es*; -*e*) casal *m*; **~partner** *m* cônjuge *m*.

'**eher** ['e:ər]: ~ (*als*) antes (de); mais cedo (do que); (*schneller*) mais depressa (do que); (*lieber*) antes (de); *je* ~, *je* (*comp.*), *je* ~ *desto* (*comp.*) quanto antes melhor.

'**Ehe|recht** *n* (-*es*; *0*) direito *m* matrimonial; **~ring** *m* (-*es*; -*e*) aliança *f*.

'**ehern** ['e:ərn] de bronze, brônzeo.

'**Ehe|scheidung** *f* divórcio *m*; **~schließung** *f* casamento *m*; consórcio *m*; (*Trauung*) enlace *m* matrimonial; **~stand** *m* (-*es*; *0*) matrimónio *m*; *in den* ~ *treten* casar; **~stands...**: *in Zssg*(*n*) matrimonial, conjugal.

'**ehesten** ['e:əstən]: *am* ~ o mais fàcilmente; (*am frühesten*) o mais cedo; **~s** quanto antes.

'**Ehe-versprechen** *n* promessa *f* de casamento.

'**Ehr|abschneider** ['e:r-] *m* caluniador *m*, detra(c)tor *m*; **~abschneide'rei** *f* calúnia *f*, difamação *f*; **ℒbar** honesto, honrado, probo, respeitável; **~barkeit** *f* (*0*) honestidade *f*, probidade *f*.

'**Ehre** ['e:rə] *f* honra *f* (*erweisen* prestar); ~ *einlegen* distinguir-se; *auf* ~! palavra (de honra)!; *pl. in* ~*n bestehen* ficar bem; *in* ~*n halten* = ℒ*n*; *zu j-s* ~*n* em honra de alg.; *sich* (*dat.*) *et. zur* ~ *anrechnen* considerar a.c. uma honra; **ℒn** honrar, respeitar; prestar homenagem a, homenagear; *sehr geehrter Herr! Brief*: Excelentíssimo (*Abk.* Exmo) Senhor!; *Ilustríssimo (*Abk.* Il.^{mo}) Senhor!

'**Ehren|amt** *n* (-*es*; ⸚er) cargo *m* honorífico; **ℒamtlich** honorário; **~bezeigung** ⚔ *f* continência *f*; honras *f/pl.* (*erweisen* prestar); **~bürger** *m* cidadão *m* honorário; **~dame** *f* dama *f* de honor; **~erklärung** *f* satisfação *f*; reabilitação *f*; **ℒfest** digníssimo; **~gast** *m* (-*es*; ⸚e) convidado *m* de honra; **~geleit** *n* (-*es*; -*e*) escolta *f* (de honra); cortejo *m*; *j-m das* ~ *geben* escoltar alg., acompanhar alg.; **ℒhaft** honroso; **~haftigkeit** *f* (*0*) honestidade *f*, honradez *f*; **ℒhalber** por honra; honoris causa; **~handel** *m* (-*s*; ⸚) questão *f* de honra; **~kränkung** *f* agravo *m*, ultraje *m*; **~mal** *n* (-*es*; -*e*) monumento *m* comemorativo; **~mann** *m* (-*es*; ⸚er) homem *m* de bem; **~mitglied** *n* (-*es*; -*er*) sócio *m* honorário; **~pforte** *f* arco *m* triunfal; **~platz** *m* (-*es*; ⸚e) lugar *m* de honra; **~preis** ⚘ *m* (-*es*; -*e*) verónica *f*; **~rechte** *n/pl.*: *bürgerliche* ~ direitos *m/pl.* cívicos (e políticos); **~rettung** *f* reabilitação *f*; **ℒrührig** desonroso, infamante; **~sache** *f* questão *f* de honra; **~strafe** *f* pena *f* infamante; **~tag** *m* (-*es*; -*e*) aniversário *m*; dia *m* solene; dia *m* festivo; **~titel** *m* título *m* honorífico; **ℒvoll** honroso, decoroso; glorioso; **ℒwert** honesto; digno; **~wort** *n* (-*es*; -*e*) palavra *f* de honra; **~zeichen** *n* insígnia *f*; (*Orden*) condecoração *f*.

'**ehr|erbietig** ['-ɛrbi:tiç] respeitoso; **ℒerbietung** *f* respeito *m*; **ℒfurcht** *f* (*0*): ~ (*vor dat.*) veneração *f* (por, perante); respeito *m* (de); *j-m s-e* ~ *bezeigen* apresentar os seus respeitos a alg.; ~ *gebieten* impor respeito; **~furchtgebietend** imponente; *j.*: venerável; **~fürchtig** [-fyrçtiç], **~furchtsvoll** respeitoso; **ℒgefühl** *n* (-*es*; *0*) sentimento *m* de honra; **ℒgeiz** *m* (-*es*; *0*) ambição *f*; **~geizig** ambicioso; **~lich** honrado, honesto, leal; **ℒlichkeit** *f* (*0*) honradez *f*, honestidade *f*, lealdade *f*; **~liebend** pundonoroso; **~los** desonrado; *a. et.*: infame; **ℒlosigkeit** [-lo:ziç-] *f* (*0*) desonra *f*; **~sam** honesto; **ℒung** *f j-s*: homenagem *f* a; **ℒverlust** *m* (-*es*; *0*) degradação *f*; perda *f* dos direitos cívicos e políticos; **~würdig** venerável; *Geistlicher*: reverendo.

Ei *n* (-es; -er) ovo (*'ô) *m*.

'**Eib|e** ['aɪbə] *f* teixo *m*; **~isch** *m* (-es; -e) malva *f* silvestre.

'**Eich|amt** ['aɪç-] *n* (-es; ¨er) posto (*'ô) *m* de aferição; **~baum** *m* (-es; ¨e), **~e** *f* carvalho *m*; **~el** *f* (-; -n) bolota *f*; *Anat.* glande *f*; **~en** *n* aferição *f*; **2en 1.** *v/t.* aferir; **2.** *adj.* de carvalho; **~en-holz** *n* (-es; ¨er) carvalho *m*; **~enlaub** *n* (-es; 0) folhas *f/pl.* de carvalho; **~enwald** *m* (-es; ¨er) carvalhal *m*; **~horn** *n* (-es; ¨er), **~hörnchen** *n*, **~katze** *f*, **~kätzchen** *n* esquilo *m*; **~maß** *n* (-es; -e) padrão *m*.

Eid [aɪt] *m* (-es; -e) juramento *m* (*leisten*, *schwören* [*abnehmen* fazer] prestar; ajuramentar; *brechen* violar); *an ~es Statt* a título de juramento; pela sua honra; '**~bruch** *m* (-es; ¨e) quebra *f* de juramento, perjúrio *m*; '**2brüchig** perjuro.

'**Eidechse** ['aɪdɛksə] *f* lagarto *m*.

'**Eiderdaune(n** *pl.*) ['aɪdər-] *f* edredão *m*.

'**Eides|formel** ['aɪdəs-] *f* (-; -n) fórmula *f* de juramento; **~leistung** *f* prestação *f* de juramento; **2stattlich** sob palavra de honra; **~verweigerung** *f* recusa *f* de prestar juramento.

'**Eid|genosse** *m* confederado *m*; **~genossenschaft** *f* confederação *f*; **2genössisch** [-gənœsiʃ] federal; sob juramento.

'**Eidotter** *m* gema *f* de ovo (*'ô).

'**Eier|händler(in** *f*) *m* ['aɪər-] vendedor *m* (vendedeira *f*) de ovos; **~kuchen** *m* crepe *m*; **~pflanze** *f* beringela *f*; **~schale** *f* casca *f* (do ovo); **~stock** *m* (-es; ¨e) *Anat.* ovário *m*.

'**Eifer** ['aɪfər] *m* (-s; 0) zelo (*ê) *m*; fervor *m*; *in ~ geraten für*: entusiasmar-se, *gegen*: encolerizar-se; **~er** *m* fanático *m*; **2n** (-re) zelar; *~ gegen* bradar contra, clamar contra; **~sucht** *f* (0) ciúme *m*; inveja *f*; **2süchtig** ciumento; invejoso (*auf ac.* de); **~suchts...**: *in Zssg(n)* passional, de ciúmes.

'**eiförmig** ['aɪfœrmiç] oval.

'**eifrig** [aɪfriç] solícito; zeloso.

'**Ei-gelb** *n* (-es; -e) gema *f* do ovo (*'ô).

'**eigen** ['aɪgən] próprio; particular; especial; específico; (*seltsam*) singular; estranho; (*gepflegt*) cuidadoso; *mein ~, mir zu ~* o meu; *sein ~er Herr sn* ser senhor de si, ser independente; *auf ~e Faust, auf ~e Rechnung* por conta própria; *sich* (*dat.*) *et. zu ~ machen* apropriar-se a.c.; *fig.* fazer seu a.c., adoptar a.c.; **2-art** *f* particularidade *f*; **~-artig** particular, singular; **2bedarf** *m* (-es; 0) consumo *m* próprio; necessidades *f/pl.* pessoais (*od. e-s Volkes*: nacionais); **2brötler** [-brøːtlər] *m* homem *m* esquisito; original *m*; F maduro *m*; **2dünkel** *m* presunção *f*; **~-händig** [-hɛndiç] do (meu, seu *usw.*) próprio punho; *~ (geschrieben)* autógrafo; **2-heim** *n* (-es; -e) moradia *f*; **2-heit** *f* particularidade *f*, singularidade *f*; **2lob** *n* (-es; 0) jactância *f*; **~mächtig** arbitrário; **2name** *m* (-ns; -n) nome *m* próprio; **2nutz** *m* (-es; 0) interesse (*'ê) *m* pessoal, egoísmo *m*; **~nützig** [-nytsiç] interesseiro, egoísta; **~s** expressamente, de propósito; **2schaft** *f* qualidade *f*; *wirksame*: virtude *f*; **2schaftswort** *n* (-es; ¨er) adje(c)tivo *m*; **2sinn** *m* (-es; 0) teimosia *f*; **~sinnig** teimoso; **~tlich** [-tliç] **1.** *adj.* verdadeiro, próprio; **2.** *adv. a.* no fundo, a dizer a verdade; com efeito; pràticamente; *nicht ~* não pròpriamente; *recht ~* (muito) particularmente, especìficamente; **2tum** *n* (-s; 0) propriedade *f*; pertença *f*; **2tümer(in** *f*) *m* [-tyːmər-] proprietário *m* (-a *f*); dono *m* (-a *f*); **~'tümlich** [-'tyːmliç] particular, cara(c)terístico; singular; **2tümlichkeit** *f* particularidade *f*, cara(c)terística *f*; singularidade *f*; **2tums-wohnung** *f* propriedade *f* horizontal; **2wille** *m* (-ns; 0) teimosia *f*; **~willig** teimoso.

'**eign|en** ['aɪgnən] (-e-): *sich ~ zu* prestar-se a; **2ung** *f* aptidão *f*; **2ung-sprüfung** *f* exame *m* de aptidão.

'**Ei-land** *n* (-es; -e) *poet.* ilha *f*.

'**Eil|bote** ['aɪl-] *m* (-n) correio *m* expresso; *durch ~n* por próprio; **~brief** *m* (-es; -e) carta *f* expressa (*od.* por próprio).

'**Eile** ['aɪlə] *f* (0) pressa *f* (*in aller* a toda a); *~ haben et.*: ter pressa, *j.*: *a.* estar com pressa.

'**Ei-leiter** *m Anat.* oviduto *m.*

'**eil|en** ['aɪlən] **1.** (*sn*) correr; **2.** (*h.*): (*sich*) ~ apressar(-se); **~ends** de pressa, apressadamente; **~fertig** apressado; solícito; **2fertigkeit** *f* pressa *f*; solicitude *f*; **2fracht** *f*, **2gut** *n* (*-ẹs*; *"er*): *als* ~ por grande velocidade; **~ig** apressado; (*dringlich*) urgente; es ~ *haben* estar com pressa; **2marsch** *m* (*-es*; *"e*) marcha *f* forçada; **2zug** *m* (*-ẹs*; *"e*) (comboio *m*) semi-dire(c)to *m.*

'**Eimer** ['aɪmər] *m* balde *m*; **2weise** por cântaros (*a. fig.*).

ein [aɪn] **1.** um; ~ *für allemal* de (uma) vez; ~ *und derselbe* o mesmo (mesmíssimo); **2.** *Zahlw.*: *um* ~ *Uhr* à uma (hora); **3.** *weder* (*od. nicht*) ~ *noch aus wissen* não saber que fazer; '**2-akter** ['-aktər] *m* peça *f* de um só a(c)to; **~'ander** um ao outro; uns aos outros; uma(s) à(s) outra(s); mùtuamente; recìprocamente; '**~-arbeiten** (*-e-*): (*in ac.*) ~ iniciar (em); familiarizar (com); '**~-armig** ['-armiç] manco; '**~-äschern** ['-ɛʃərn] (*-re*) reduzir a cinzas; incinerar; *Leiche*: cremar; '**2-äscherung** *f* incineração *f*; cremação *f*; '**~atmen** (*-e-*) aspirar; ⚕ inalar; '**2-atmung** *f* (*0*) aspiração *f*, respiração *f*; ⚕ inalação *f*; '**~äugig** ['-ɔygiç] cego de um olho (*'ô).

'**Einbahn|straße** *f* (rua *f* de) dire(c)ção *f* única; **~verkehr** *m* (*-s*; *0*) trânsito *m* de via única.

'**einbalsamier|en** ['-balzami:rən] (*-*) embalsamar; **2ung** *f* embalsamento *m.*

'**Ein|band** *m* (*-ẹs*; *"e*) encadernação *f*; **2bändig** ['-bɛndiç] num só volume; **~bau** *m* (*-ẹs*; *-ten*) ⊕ encaixe *m*, encaixamento *m*; instalação *f*, montagem *f*; *fig.* integração *f*, incorporação *f*; **2bauen** ⊕ encaixar; instalar, montar; *fig.* integrar, incorporar; **~baum** ⚓ *m* (*-ẹs*; *"e*) piroga *f*; **2begreifen** (*L*; *-*) incluir, abranger; **2begriffen** inclusive; **2behalten** (*L*; *-*) reter; **2berufen** (*L*; *-*) convocar; ⚔ chamar; **~berufung** *f* convocação *f*, (*schriftliche*) convocatória *f*; ⚔ alistamento *m*; **2betten** (*-e-*) enterrar; meter; deitar; **2beulen** [-bɔylən] amolgar; **2beziehen** (*L*; *-*) incluir; abranger, compreender; **2biegen** (*L*) **1.** *v/t.* dobrar; **2.** *v/i.* (*sn*): ~ *in* (*ac.*) entrar em, tomar; *nach rechts* ~ cortar à direita.

'**einbild|en** (*-e-*): *sich* (*dat.*) ~ imaginar(-se); fazer ideia; *sich et.* ~ *auf* (*ac.*) gabar-se de; *s. a. eingebildet*; **2ung** *f* imaginação *f*; ilusão *f*; *eitle*: presunção *f*; **2ungskraft** *f*, **2ungsvermögen** *n* (*-s*; *0*) fantasia *f*; faculdade *f* imaginativa.

'**ein|binden** (*L*) encadernar; empastar; **~blasen** (*L*) soprar; insuflar; *fig.* sugerir; **~bleuen** ['-blɔyən] *fig.* inculcar; **2blick** *m* (*-ẹs*; *-e*) olhadela *f*, lance *m* de olhos; *fig.* conhecimento *m*; ideia *f*; ~ *haben* estar informado; ~ *gewähren* (*gewinnen*, *tun*) informar(-se) (*in ac.* sobre, de).

'**einbrech|en** (*L*) **1.** *v/t.* romper; derrocar; aluir; **2.** *v/i. Dieb*: arrombar; *in ein Land* ~ invadir (*ac.*), penetrar em; *auf dem Eise* ~ cair na água; *Nacht*: romper, cair, anoitecer; **2er** *m* gatuno *m*, ladrão *m*, larápio *m.*

'**ein|brennen** (*L*) marcar, queimar; **~bringen** (*L*) *Ernte*: recolher; *Nutzen*: render, produzir, dar; *Geld*: trazer; e-*n Antrag* ~ propor; apresentar uma proposta (*od.* uma moção); *Verlust*: *wieder* ~ reparar, recuperar; **~brocken** ensopar; *fig.* *j-m et.* ~ pregar uma partida a alg.

'**Einbruch** *m* (*-ẹs*; *"e*) *in ein Land*: invasão *f* (de); *Deich*: rompimento *m*; *bei* ~ *der Nacht* ao cair da noite; **~s-diebstahl** *m* (*-ẹs*; *"e*) furto *m*, roubo *m*; **~s-versicherung** *f* seguro *m* contra roubos.

'**Einbuchtung** ['-buxtuŋ] *f* sinuosidade *f.*

'**einbürger|n** (*-re*) naturalizar; *sich* ~ *fig. Wort, Sitte*: ganhar foros de cidade; **2ung** *f* naturalização *f.*

'**Ein|buße** *f* perda *f*, dano *m*, prejuízo *m*, míngua *f*; ~ *erleiden* = **2büßen** (*-ßt*) perder; **2dämmen** ['-dɛmən] construir um dique; reprimir, represar; **2dämpfen** espessar; **2decken**: *sich* ~ *mit* abastecer-se de; **~decker** ['-dɛkər] *m* monoplano *m*; **2deichen** ['-daɪçən] construir um dique; reprimir, represar; **2deutig** ['-dɔytiç] inequívoco; **2deutschen** ['-dɔytʃən] germanizar.

'**eindring|en** (*L*; *sn*) introduzir-se; penetrar; infiltrar-se; *in ein Land* ~ invadir (*ac.*); *in einen Wald* ~

embrenhar-se por; 2**en** *n* invasão *f*; penetração *f*; infiltração *f*; ~**lich** penetrante; (*drängend*) insistente, *adv. a.* com insistência; (*ergreifend*) comovente, emocionante; 2**ling** *m* (*-s; -e*) intruso *m*; ⚔ invasor *m*.

'**Ein|druck** *m* (*-es; ⸚e*) impressão *f*; *auf j-n ~ machen a.* impressionar alg.; 2**drucken,** 2**drücken 1.** imprimir, estampar; **2.** romper; *Tür*: arrombar; 2**drucks-voll** impressionante; 2**e** uma; 2**-ebnen** (*-e-*) aplanar; nivelar; ~**-ebnung** ['-e:bnuŋ] *f* terraplanagem *f*; *geol.* aplanação *f*; ~**-ehe** *f* monogamia *f*; 2**eiig** ['-aiiç] homozigótico; 2**en** unir; 2**-engen** ['-ɛŋən] apertar; estreitar; *fig.* coa(c)tar.

'**einer** ['aɪnər] **1.** *nom.* um; *gen.* de uma, *dat.* a uma; (*man*) a gente, se; **2.** 2 *m* unidade *f*; ~'**lei** *uv. präd.* o mesmo, igual; indiferente; 2'**lei** *n* (*-s; 0*) monotonia *f*; ~**seits** [-zaɪts], '**eines-teils** por um lado; por uma parte.

'**einfach** simples; ~*e Fahrt* ida *f* (só); 2**heit** *f* (*0*) simplicidade *f*.

'**einfädeln** ['-fɛ:dəln] (*-le*) enfiar; *fig.* tramar; entabular.

'**einfahr|en** (*L*) **1.** *v/t.* fazer entrar; levar para dentro; *Getreide*: acarretar; recolher; *Wagen*: provar; *Auto*: *eingefahren werden* estar em rodagem; **2.** *v/i.* (*sn*): ~ *in* (*ac.*) entrar em; ⚒ descer a; 2**t** *f* entrada *f*; ⚒ descida *f*; ⚓ (*Hafen*2) barra *f*.

'**Einfall** *m* (*-es; ⸚e*) ⚠ queda *f*, desabamento *m*, *Mauer*: *a.* desmoronamento *m*; ⚔ invasão *f* (*in ac.* de); *Phys. e-s Strahles*: incidência *f*; *fig.* ideia *f*; lembrança *f*; *auf den ~ kommen, zu* lembrar-se de; 2**en** (*L; sn*) ⚠ cair, desmoronar-se; (*abmagern*) emagrecer; ~ *in* (*ac.*) ⚔ invadir (*ac.*); ♪ entrar; *fig.* lembrar-se de; ocorrer; vir à mente; *sich ~ lassen zu* (*inf.*) atrever-se a; *was fällt Ihnen ein?* que ideia!; *s. a.* *eingefallen*; 2**s-reich** engenhoso; ~**s-winkel** *m* ângulo *m* incidente.

'**Ein|falt** *f* (*0*) simplicidade *f*; ingenuidade *f*; 2**fältig** ['-fɛltiç] simples; simplório; ~**fältigkeit** *f* (*0*) = ~*falt*; ~**falts-pinsel** *m* simplório *m*; ~**familien-haus** *n* (*-es; ⸚er*) moradia *f*; 2**fangen** (*L*) apanhar.

'**einfarbig** unicolor; monocrom(ático)o; *Stoff*: liso; 2**keit** *f* (*0*) monocromia *f*.

'**einfass|en** (*-ßt*) *Kleid*: guarnecer, debruar; *Stein*: engastar; *in e-n Rahmen ~* encaixilhar; *Zahnrad*: ~ *in* (*ac.*) encaixar em, engrenar (*ac.*); 2**ung** *f* guarnição *f*; debrum *m*; engaste *m*; *a.* ⊕ cercadura *f*; *Brille*: aro *m*.

'**ein|fetten** ['-fɛtən] (*-e-*) untar; engraxar; ~**finden** (*L*): *sich ~* aparecer, vir; ~**flechten** (*L*) entretecer (*a. fig.*); entrelaçar (*in ac.* com); ~**fließen** (*L; sn*) entrar; ~**flößen** ['-flø:sən] (*-ßt*) meter (*a. Furcht*); instilar; infundir; *fig.* insinuar, sugerir, inspirar.

'**Einfluß** *m* (*-sses; ⸚sse*) influxo *m*; (*Mündung*) foz *f*; *fig.*: ~ *auf* (*ac.*) influência *f* em (*od.* sobre); *stärker*: *großen ~ haben auf* (*ac.*) exercer grande ascendente *m* em; 2**reich** influente; ~**sphäre** *f* esfera *f* de influência.

'**einflüster|n** (*-re*) *fig.* insinuar; 2**ung** *f* insinuação *f*.

'**einfordern** (*-re*) *v/t.* reclamar; *Geld*: cobrar.

'**einförmig** ['-fœrmiç] uniforme; 2**keit** *f* uniformidade *f*.

'**einfried(ig)|en** ['-fri:d(ig)ən] cercar; 2**ung** *f* cerca (*ê) *f*; recinto *m*.

'**einfrieren** (*L; sn*) gelar; ⚓ *Schiff*: ficar preso no gelo; ⚚ *Kredite*: congelar.

'**einfügen** inserir; incluir; ⊕ encaixar; *sich ~ in* (*ac.*) acomodar-se a, adaptar-se a.

'**einfühl|en**: *sich ~ in* (*ac.*) tratar de compreender, penetrar (em); *sich in j-n ~* saber ver com os olhos de alg.; 2**ung** *f* (*0*), 2**ungs-vermögen** *n* (*-s; 0*) intuição *f*.

'**Einfuhr** [u:] *f* importação *f*; *am Zoll*: *a.* entrada *f*; ~**beschränkung** *f* importação *f* restrita, restrição *f* de importação.

'**einführen** introduzir; ⚚ importar; *Lehrbuch*: adoptar; *Sitte, System*: implantar; *in e-e Kunst ~* iniciar em; *in ein Amt ~* empossar.

'**Einfuhr|erlaubnis** *f* (*-; -se*) licença (*od.* autorização) *f* de importação (*od.* de importar); ~**handel** *m* (*-s; 0*) (comércio *m* de) importação *f*; ~**überschuß** *m* (*-sses; ⸚sse*) excedente *m* de importação.

'**Einführung** *f* introdução *f*; ⚚

importação *f*; *fig.* iniciação *f*; (*Amts*≗) empposse *f*; (*Errichtung*) implantação *f*; **~s-übung** *f* exercício *m* de iniciação.

'**Einfuhr|verbot** *n* (-*es*; -*e*) importação *f* proibida, proibição *f* de importação; **~zoll** *m* (-*es*; ⸗*e*) direitos *m/pl.* de entrada.

'**einfüllen** deitar; encher.

'**Eingabe** *f* petição *f*; requerimento *m*; abaixo-assinado *m*; memorial *m* (*machen* apresentar).

'**Eingang** *m* (-*es*; ⸗*e*) entrada *f*; ingresso *m*; *Waren*: chegada *f*; *pl.* Eingänge (*Briefe*) ✝ correio *m* do dia; (*Beträge*) entradas *f/pl.*; ≗**s** ao princípio; de entrada; acima; **~sbuch** ✝ *n* (-*es*; ⸗*er*) livro *m* de entradas; **~sformel** *f* (-; -*n*) preâmbulo *m*.

'**ein|gearbeitet** ['-gəarbaɪtət] *p.pt.* *v.* einarbeiten; *adj. a.* experto, versado; **~geben** (*L*) dar; *fig.* inspirar; **~gebildet** *p.pt. v.* einbilden; *adj.* imaginário; *fig. j.*: presunçoso; F peneirento; **~geboren** indígena; (*angeboren*) inato; *Rel.* Unigénito; ≗**gebung** ['-ge:buŋ] *f* inspiração *f*; **~gedenk**: ~ *sn* (*gen.*) recordar-se de; ter presente (*ac.*), ter em vista (*ac.*); **~gefallen** *p.pt. v.* einfallen; *adj.* ⚕ magro; **~gefleischt** ['-gəflaɪʃt] encarniçado; *fig.* incorrigível, notório; *~er* Junggeselle solteirão; **~gehen** (*L*) **1.** *v/t.* (*sn*) *Ehe, Verpflichtung*: contrair; e-e Wette ~ apostar; **2.** *v/i.* (*sn*) entrar; *Briefe*: chegar, receber-se; (*aufhören*) extinguir-se, deixar de existir, *Zeitung*: *a.* deixar de aparecer; *Gesellschaft*: dissolver-se; *Zool. u.* ♀ morrer; *Stoff*: encolher; *auf* (*ac.*) ~ entrar em; consentir em; aceitar (*ac.*); *näher auf* (*ac.*) ~ aprofundar a.c., pormenorizar a.c.; ~ *lassen* acabar com; **~gehend** *fig. adj.* pormenorizado; ~ *behandeln* aprofundar; **~gekeilt** ['-gəkaɪlt] encalhado; **~gelegt** ['-gəle:kt] *p.pt. v.* einlegen; *adj.*: *~e Arbeit* embutido *m*; ≗**gemachte**(**s**) ['-gəmaxtə(s)] *n* doce *m* de conserva; **~gemeinden** ['-gəmaɪndən] (-*e*-; -): *in* (*ac.*) ~ incorporar em; **~genommen** ['-gənɔmən] *p.pt. v.* einnehmen; ~ *sn für* simpatizar com; ~ *sn gegen* antipatizar com, ter (uma) antipatia contra; *von sich* ~ presunçoso; arrogante; **~geschlossen** *p.pt. v.* einschließen; *adj. a.* inclusive; **~gesessen** ['-gəzɛsən] residente, domiciliado; *Bevölkerung*: do país, indígena; ≗**geständnis** *n* (-*ses*; -*se*) confissão *f*; ⚖ *a.* declaração *f*; **~gestehen** (*L*) confessar; *sich* (*dat.*) et. ~ convencer-se de a.c., reconhecer a.c.; ≗**geweide** ['-gəvaɪdə] *n/pl.* vísceras *f/pl.*; (*Gedärme*) intestinos *m/pl.*; entranhas *f/pl.*; **~gewöhnen** (-): *sich* ~ habituar-se; aclima(ta)r-se; **~gießen** (*L*) deitar; **~gipsen** engessar; *Nagel*: segurar com gesso; ≗**glas** *n* (-*es*; ⸗*er*) monóculo *m*; **~gleisig** ['-glaɪziç] em via única; **~gliedern** (-*re*) encorporar; ≗**gliederung** *f* incorporação *f*; **~graben** (*L*) enterrar; gravar (*a.* ⊕ *u. fig.*); *sich* ~ ⚔ entrincheirar-se; **~gravieren** (-) gravar; **~greifen** (*L*) *v/i.*: *in* (*ac.*) ~ engrenar (*ac.*); *j.*: intervir em; ≗**greifen** *n* intervenção *f*; ≗**griff** *m* (-*es*; -*e*) ⊕ engrenagem *f*; *Rechte*: usurpação *f* (*in ac.* de); ⚕ operação *f*, intervenção *f* cirúrgica; **~haken** enganchar.

'**Ein·halt** *m* (-*es*; *0*): ~ *gebieten*, ~ *tun* (*dat.*) pôr termo a; ≗**en** (*L*) **1.** *v/t.* (*aufhalten*) deter; *Frist*: observar; **2.** *v/i.* deter-se.

'**ein·hämmern** (-*re*) cravar; *fig.* gravar na memória.

'**ein·handeln** (-*le*): ~ *gegen* trocar por.

'**ein·händig** ['-hɛndiç] manco; ≗**ung** [-guŋ] *f* entrega *f*.

'**ein|hängen** enganchar; ⊕ *u.* 🚂 engatar; **~hauen** (*L*) *Nagel*: pregar; cravar; *Tür*: arrombar; *v/i.* F *beim Essen*: ser comilão; *auf* (*ac.*) ~ dar tareia a, ⚔ cair sobre; **~heften** (-*e*-) coser; alinhavar; *Buch*: brochar; **~heimisch** nacional, natural, indígena, do país, da terra; **~heimsen** ['-haɪmzən] (-*t*) recolher; *fig.* embolsar; ficar com; **~heiraten** (-*e*-): *in* (*ac.*) ~ afiliar-se por casamento com; adquirir (*ac.*) por casamento.

'**Ein·heit** ['aɪnhaɪt] *f* unidade *f*; (*Ganzes*) conjunto *m*; (*Zusammenhang*) coesão *f*; continuidade *f*; ≗**lich** uniforme; homogéneo; *Vorgehen*: comum; **~lichkeit** *f* (*0*) unidade *f*; homogeneidade *f*; uniformidade *f*; **~s...**: *in Zssg*(*n*): unitário, único; **~s-zeit** *f* hora *f* universal.

'**ein·heizen** (-*t*) aquecer; *fig. j-m* ~

apertar alg.; dar uma boa ensaboadela a alg.

ˈ**ein-hellig** [ˈ-hɛliç] unânime; ≈**keit** *f* (*0*) unanimidade *f*.

einˈher|gehen (*L*; *sn*) andar por aí; **~stolzieren** (-; *sn*) pavonear-se.

ˈ**ein-holen** *v/t. Anweisungen*: pedir; *Auskünfte*, ✈ *Ballon usw.*: recolher; *Fahne, Segel*: arrear; (*empfangen*) receber solenemente; (*erreichen*) alcançar, F apanhar; *Zeit*: recuperar; (*kaufen*) comprar; ir às compras.

ˈ**Ein-horn** *n* (-*ɇs*; ⸗*er*) unicórnio *m*, licorne *m*.

ˈ**Ein-huf|er** [ˈ-hu:fər] *m*, ≈**ig** solípede *m*, equídeo *m*.

ˈ**ein-hüllen** embrulhar; (*warm*) ~ abafar.

ˈ**ein-hundert** cem; ~ (*und*) ... cento e ...

ˈ**einig** [ˈaɪniç] de acordo (*ˈô); (*geeint*) unido.

ˈ**einige** [ˈaɪnigə] (alg)uns, (alg)umas; *Zeit*: algum; **~n** unir; unificar; *sich dahin* ~, *daß* acordar em que (*subj.*); **~rmaßen** [-ma:sən] em algum modo; razoàvelmente; F regular; **~s** algo (de).

ˈ**Einig|keit** *f* (*0*) unidade *f*; concórdia *f*; **~ung** [-iguŋ] *f* uni(ficaç)ão *f*; acordo (*ˈô) *m*.

ˈ**ein|impfen** inocular; *fig. a.* inculcar; **~jagen**: *j-m e-n Schrecken* ~ meter medo a alg.; **~jährig** de um ano; anual; **~kalkulieren** (-) pôr em conta.

ˈ**einkapsel|n** (-*le*): *sich* ~ ⚕ enquistar; *fig.* isolar-se; ≈**ung** *f* ⚕ enquistamento *m*.

ˈ**einkassier|en** (-) cobrar; ≈**ung** *f* cobrança *f*.

ˈ**Einkauf** *m* (-*ɇs*; ⸗*e*) compra *f*; ≈**en** comprar, fazer compras.

ˈ**Einkäufer** *m* comprador *m*; ecónomo *m*.

ˈ**Einkaufs|abteilung** *f* se(c)ção *f* de compras; **~preis** *m* (-*es*; -*e*) preço *m* de compra; custo *m*.

ˈ**einkehlen** [ˈ-ke:lən] acanalar, estriar, canelar.

ˈ**Einkehr** [e:] *f* descanso *m*, recolhimento *m*; *fig. innere* ~ exame *m* de consciência (*halten* fazer); ≈**en** entrar (num restaurante *od.* numa pousada); hospedar-se.

ˈ**einkeil|en** encravar; entravar; ≈**ung** *f* encravamento *m*; entravamento *m*.

ˈ**einkerker|n** (-*re*) encarcerar; ≈**ung** *f* encarceramento *m*.

ˈ**einkessel|n** (-*le*) cercar; ≈**ung** *f* cerco (*ê) *m*.

ˈ**ein|klagen** reclamar em justiça o pagamento de; **~klammern** (-*re*) pôr entre parênteses; ≈**klang** *m* (-*ɇs*; ⸗*e*) ♪ unissonância *f*; acordo (*ˈô) *m*, *fig. a.* harmonia *f* (*im* de); *im* ~ *mit a.* consentâneo com; **~kleben** colar; **~kleiden** (-*e*-) (re-)vestir; ≈**kleidung** *f* investidura *f*; *poet.* (con)figuração *f*; **~kochen** *v/t.* (*v/i.* [*sn*]) reduzir(-se); *Obst*: fazer conserva de.

ˈ**einkommen** **1.** *v/i.* (*L*; *sn*) *Geld*: chegar; receber-se; ~ *um* requerer (*ac.*), solicitar (*ac.*); ~ *wegen* (*gen.*) protestar contra; **2.** ≈ *n* rendimento *m*; ≈**steuer** *f* (-; -*n*) imposto *m* complementar.

ˈ**einkreis|en** (-*t*) ⚔ envolver, cercar; *Pol.* isolar; ≈**ung** *f* ⚔ cerco (*ê) *m*; *Pol.* isolamento *m*; ≈**ungspolitik** *f* (*0*) política *f* de isolamento.

ˈ**Einkünfte** [ˈ-kynftə] *f/pl.* rendimentos *m/pl.*

ˈ**einlad|en** (*L*) *et.*: carregar; *j-n*: convidar; **~end** *adj.* convidativo; sedutor; ≈**ung** *f* convite *m*.

ˈ**Ein|lage** *f* carta *f* inclusa; *Geld*: depósito *m*; entrada *f*; fundos *m/pl.*; *Kleider*: entretela *f*; *Möbel*: incrustação *f*; *Schuh*: palmilha *f*; *Thea.* intermédio *m*; *a.* ♪ fora *m* do programa; *Zahn*: penso *m*; ≈**lagern** (-*re*) armazenar; **~laß** *m* (-*sses*; ⸗*sse*) entrada *f*; admissão *f*; (*dat.*) ~ *gewähren*, ≈**lassen** (*L*) deixar entrar; admitir; ⊕ encaixar; ⚠ embeber; *sich auf* (*ac.*) ~, *sich in* (*ac.*) ~ meter-se em; *sich mit j-m* (*in ein Gespräch*) ~ travar relações (conversa) com alg.; meter-se com alg.

ˈ**Einlauf** *m* (-*ɇs*; ⸗*e*) *Briefe*: correio *m* (do dia); ⚕ clister *m*, lavagem *f* (intestinal); ≈**en** (*L*; *sn*) ⚓ entrar; 🚂 chegar; *Stoff*: encolher; **~trichter** *m* ⊕ tremonha *f*.

ˈ**einläuten** (-*e*-) anunciar (*od.* iniciar) por repiques.

ˈ**einleben**: *sich* ~ (*in ac.*) acostumar-se (a); aclima(ta)r-se (a).

ˈ**Einlege-arbeit** *f* embutido *m*; incrustação *f*.

ˈ**einlege|n** pôr (de sal, de conserva, de escabeche, de molho); (*beifügen*) incluir, juntar; *Geld*: depositar; *Holz*: embutir; *Zug*: desdobrar; *Ehre* ~ distinguir-se; *ein gutes Wort* ~ *für* intervir em favor de; 2**r** ⚕ *m* depositante *m*; 2**sohle** *f* palmilha *f*.

'**einleit|en** (-*e*-) introduzir; iniciar; *Verhandlungen*: entabular; *Prozeß*: instruir; *Scheidung*: solicitar; ~**end** *adj*. preliminar; 2**ung** *f* introdução *f*; ⚖ instrução *f*; (*Vorbereitung*) preparação *f*; ♪ prelúdio *m*.

'**ein|lenken**: ~ *in* (*ac*.) (fazer) entrar em; *fig*. transigir; ~**lesen** (*L*): *sich* ~ *in* (*ac*.) familiarizar-se com; ~**leuchten** (-*e*-) parecer evidente; ~*d* óbvio, evidente; ~**liefern** (-*re*) entregar; 2**lieferung** *f* entrega *f*; 2**lieferungs-schein** *m* (-*es*; -*e*) senha *f* da entrega; ~**liegend** ⚕ incluso, junto; ~**lösbar** ⚕ conversível, convertível; ~**lösen** (-*t*) desempenhar; pagar; remir; resgatar; *Wechsel*: sacar; *Wertpapier*: converter; 2**lösung** *f* pagamento *m*; desempenho *m*; resgate *m*; *Wechsel*: saque *m*; *Wertpapier*: conversão *f*; ~**lullen** arrulhar.

'**einmach|en** pôr de conserva; 2**glas** *n* (-*es*; ¨*er*) frasco *m* para conservas.

'**einmal** uma vez, *Zeit*: *a*. um dia; (*einst*) antes, outrora; *auf* ~ de vez; (*plötzlich*) de repente; *noch* ~ outra vez; *nicht* ~ nem sequer; *gib mir doch* ~ deixa-lá ver; 2'**eins** *n* (-; -) tabuada *f*; ~**ig** único.

'**Ein|marsch** *m* (-*es*; ¨*e*) entrada *f*; 2**marschieren** (-; *sn*) entrar; 2**mauern** (-*re*) emparedar; enclausurar; 2**meißeln** (-*le*) cinzelar, gravar; 2**mengen** = *einmischen*.

'**einmieten** (-*e*-): *sich* ~ alugar uma habitação, alojar-se.

'**einmisch|en** misturar; *sich* ~ interferir; imiscuir-se; 2**ung** *f* ingerência *f*, interferência *f*.

'**ein|motorig** ['-motoriç] de um só motor, monomotor; ~**mumme(l)n** ['-mumə(l)n] (-*le*) F: *sich* ~ agasalhar-se bem; ~**münden** (-*e*-) desembocar.

'**einmütig** ['-my:tiç] unânime; 2**keit** *f* (*0*) unanimidade *f*.

'**einnähen** coser.

'**Einnahme** ['-na:mə] *f* *Geld*: entradas *f*/*pl*., receitas *f*/*pl*., rendimento *m*; *Steuern*: cobrança *f*; ⚔ tomada *f*, ocupação *f*; ~**buch** *n* (-*es*; ¨*er*) livro *m* de receitas; ~**quelle** *f* fonte *f* de receitas.

'**einnebeln** ['-ne:bəln] (-*le*) enevoar.

'**einnehm|en** (*L*) tomar (*a*. ⚔), ⚕ *a*. ingerir; *Platz*: abranger, *a*. *Raum*, *Stelle*: ocupar; ⚕ cobrar, receber; *fig*. *für*: ganhar, fazer simpatizar com; *gegen*: fazer antipatizar com; *für sich* ~ ser simpático; *gegen sich* ~ ser antipático; *vgl*. *eingenommen*; ~**end** *adj*. *fig*. simpático.

'**ein|nicken** (*sn*) adormecer; ~**nisten** (-*e*-): *sich* ~ aninhar-se; *fig*. estabelecer-se; instalar-se; 2-**öde** *f* deserto *m*, solidão *f*; ermo (*ê) *m*; ~-**ölen** lubrificar; engraxar; ~-**ordnen** (-*e*-) registar; classificar; 2-**ordnung** *f* classificação *f*; ~-**packen** embalar, embrulhar; encaix(ot)ar; *v*/*i*. (*Koffer packen*) fazer a(s) mala(s); emalar; ~**passen** (-*ßt*) ajustar, adaptar; ~**pauken** inculcar; ~**pferchen** amalhar; meter no aprisco; ~**pflanzen** (-*t*) (im)plantar; ~**phasig** ['-fa:ziç] monofásico; ~**pökeln** (-*le*) pôr em salmoura; ~**polig** ['-po:liç] unipolar; ~**prägen** gravar; *sich* (*dat*.) ~ fixar.

'**einquartier|en** (-) alojar; aquartelar; 2**ung** *f* alojamento *m*; ⚔ aquartelamento *m*; *Personen*: alojados *m*/*pl*.

'**ein|rahmen** encaixilhar, emoldurar; ~**rammen** fincar; ~**räumen** *Sachen*: arrumar; *Wohnung*: mobilar, instalar; *fig*. *Recht usw*.: (con)ceder; ~**rechnen** (-*e*-): ~ *in* (*ac*.) pôr em conta; incluir.

'**Einrede** *f* obje(c)ção *f*; réplica *f*; 2**n** (-*e*-): *j*-*m* ~ fazer crer a alg., insinuar a alg.; meter na cabeça de alg.

'**einregnen** (-*e*-; *sn*) apanhar chuva.

'**einreib|en** (*L*) fri(c)cionar; esfregar; *mit Fett*: untar; 2**ung** *f* fri(c)ção *f*.

'**einreichen** apresentar.

'**einreih|en**: ~ *in* (*ac*.) incorporar a; ⚔ pôr em fila; alistar em; ~**ig**: ~*er Rock* paletó *m*.

'**Einreise** *f* entrada *f*; 2**n** (-*t*; *sn*) entrar.

'**ein|reißen** (*L*) **1.** *v*/*t*. rasgar; lacerar; ⚠ demolir; **2.** *v*/*i*. (*sn*) rasgar-se; *fig*. *Sitte*: vulgarizar-se; 2**reißen** *n* laceração *f*; ~**renken** ['-rɛŋkən] destorcer; encaixar; *a*.

fig. endireitar; **~rennen** (*L*) *Tür*: arrombar; *sich* (*dat.*) *den Schädel* ~ quebrar a cabeça.
'**einricht|en** (-*e*-) dispor; organizar; arranjar; (*errichten*) instituir; *Wohnung*: mobilar; *sich* ~ pôr casa; instalar-se; *fig.* arranjar-se; *sich* ~ *auf* (*ac.*) preparar-se para; **2ung** *f* organização *f*; disposição *f*; instituição *f*; (*Wohnungs*2) instalação *f*; mobília *f*.
'**ein|ritzen** (-*t*) gravar; **~rollen** enrolar; **~rosten** (-*e*-) enferrujar--se; **~rücken** *v/t.* inserir; *in j-s Stelle* ~ substituir alg.; *Typ.* abrir parágrafo; *v/i.* (*sn*) ⚔ entrar.
eins [aɪns] **1.** um(a); uma coisa; *um* ~ à uma (hora); *fig.* ~ *ums andere* um depois do outro; alternadamente; **2.** 2 *f* um *m*; *Zeugnis*: nota *f* de muito bom.
'**einsacken** ['-zakən] ensacar.
'**einsalzen** (-*t*) salgar; pôr em sal.
'**einsam** solitário; só; **2keit** *f* (*0*) solidão *f*.
'**einsamm|eln** (-*le*) recolher, *Geld*: *a.* cobrar; **2ler** *m* colector *m*; **2lung** *f* recolha *f*.
'**einsargen** ['-zargən] amortalhar; meter no ataúde.
'**Einsatz** *m* (-*es*; ⸚*e*) *Geld*: abonos *m/pl.*; ♩ entrada *f* (⚔ em a(c)ção); *des Lebens*: risco *m*; sacrifício *m*; *der Kräfte*: emprego (*'ê) *m*; mobilização *f*; (*Brust*2) peitilho *m*; (*Spitzen*2) entremeio *m*; *der Gasmaske*: cartucho *m*; filtro *m*; *im* ~ ⚔ em a(c)ção; **2bereit** disposto a entrar em a(c)ção; *fig.* disposto a sacrificar-se; arrojado; **~bereitschaft** *f* arrojo *m*; espírito *m* de sacrifício; **~wagen** *m* carro *m* de reserva.
'**einsäumen** abainhar.
'**einschalt|en** (-*e*-) intercalar; ⚡ ligar; *Auto*: *e-n Gang*: meter, *Kupplung*: embraiar; *fig.* *sich* ~ intervir; **2en** *n*, **2ung** *f* intercalação *f*; ⚡ ligação *f*; (*Kupplung*) embraiagem *f*; *fig.* intervenção *f*.
'**ein|schärfen** inculcar; **~scharren** enterrar; **~schätzen** (-*t*) calcular; avaliar; taxar; *richtig* ~ apreciar bem; **2schätzung** *f* taxação *f*; avaliação *f*; **~schenken** deitar; **~schieben** (*L*) introduzir, intercalar, inserir; *Lit.* interpolar; **~schienig** ['-ʃiːniç] de via única; **~schießen** (*L*) (*zerstören*) demolir (a canhonaços); ⊕ tramar, entretecer; *Geld*: contribuir com; *Waffe*: ensaiar; *sich* ~ ⚔ corrigir o tiro.
'**einschiff|en** embarcar (*a. refl.*); **2ung** *f* embarque *m*.
'**einschlafen** (*L*; *sn*) adormecer.
'**einschläfern** (-*re*) ['-ʃlɛːfərn] adormentar; **~d** *adj.* sonolento.
'**Einschlag** *m* (-*es*; ⸚*e*) ⚔ empa(c)to *m*; *rassischer*: sangue *m*; ⊕ *Weberei*: trama *f*; **2en** (*L*) **1.** *v/t.* *Nagel*: pregar, cravar; *Paket*: embrulhar; *Stoff*: refegar; *Tür*: arrombar; *Weg*: seguir, tomar; (*zerstören*) partir; **2.** *v/i.* **a**) (*h.*) apertar a mão de (*od.* a); aceitar com um aperto (*ê) de mão; *Blitz*: cair; *Schuß*: acertar; *es hat eingeschlagen Blitz*: caíu um raio; *Schuß*: acertou; **b**) (*sn*) *fig.* *gut* ~ dar bom resultado, ter bom êxito; *Ware*: ter boa venda.
'**ein|schlägig** ['-ʃlɛːgiç] correspondente, respe(c)tivo; **~schleichen** (*L*): *sich* ~ introduzir-se furtivamente, insinuar-se; **~schleppen** ⚓ rebocar; ⚕ importar, trazer.
'**einschließ|en** (*L*) fechar; encerrar; ⚔ cercar; (*beifügen*) incluir; *fig.* conter, compreender; **~lich** (*gen.*) *adv.* inclusive, inclusivamente; incluido, compreendido; **2ung** *f* ⚔ cerco (*ê) *m*.
'**ein|schlummern** (-*re*) adormecer, adormentar; **2schluß** *m* (-*sses*; ⸚*sse*) inclusão *f*; **~schmeicheln**: *sich* ~ insinuar-se; abemolar-se; *sich bei j-m* ~ cativar as simpatias de alg.; **~d** *adj.* insinuante; **~schmelzen** (*L*) fundir, derreter; **2schmelzen** *n*, **2schmelzung** ['-ʃmɛltsuŋ] *f* fundição *f*; fusão *f*; **~schmieren** untar, engraxar; F sujar; **~schmuggeln** (-*le*) introduzir por contrabando; *sich* ~ infiltrar-se; **~schmutzen** (-*t*) sujar; **~schnappen a**) (*h.*) fechar bem; **b**) *fig.* (*sn*) melindrar-se, ofender-se (*über* com).
'**einschneiden** (*L*) cortar, (en)talhar; incisar; **~d** *adj.* incisivo; *fig. a.* radical.
'**einschneien** (*sn*) ficar por baixo da neve; 🚂 ser detido pela neve.
'**Einschnitt** *m* (-*es*; -*e*) incisão *f* (*a. Vers u.* ⚕); corte *m*; (*Erd*2, *Kerbe*) entalho *m*.
'**einschnür|en** estrangular; **2ung** *f* estrangulamento *m*.
'**einschränk|en** ['-ʃrɛŋkən] limitar,

reduzir, restringir; *sich* ~ arranjar--se; *s. a. eingeschränkt*; **2ung** *f* restrição *f*.
ˈ**einschrauben** parafusar.
ˈ**Einschreibe|brief** [ˈ-ʃraɪbə-] *m* (*-es; -e*) carta *f* registada; **~gebühr** ✉ *f* (prémio *m* de) registo *m*; *Schule usw.*: matrícula *f*, propina *f*; **~n** *n* registo *m*; **2n** (*L*): ~ (*lassen* mandar) registar; (*sich*) ~ (*lassen*) inscrever (-se); *Schule usw.*: matricular (-se).
ˈ**einschreiten** (*L*) **1.** *v/i.* (*sn*) intervir; **2.** 2 *n* intervenção *f*.
ˈ**ein|schrumpfen** (*sn*) encolher; enrugar; **~schüchtern** intimidar; **~schulen** matricular (numa escola); **2schuß** *m* (*-sses; ⸚sse*) ⚔ entrada *f*; ⊕ trama *f*; **~schwenken** (*sn*) ⚔ fazer uma evolução; **~segnen** (*-e-*) abençoar; *Kind*: comungar; **2segnung** *f* (primeira) comunhão *f*; confirmação *f*; bênção *f*.
ˈ**einsehen** (*L*) **1.** *v/t.* consultar; (*begreifen*) compreender; entender; *Irrtum*: reconhecer; **2.** 2 *n*: *ein* ~ *haben* ter juízo, ser razoável.
ˈ**einseifen** ensaboar.
ˈ**einseitig** [ˈ-zaɪtiç] unilateral, parcial (*a. Urteil*); ⚕ simples; ~ *bedrucken* de um lado só; **2keit** *f* unilateralidade *f*; parcialidade *f*, doutrinarismo *m*.
ˈ**einsend|en** (*L*) remeter, enviar; escrever; **2er** *m* remetente *m*; **2ung** *f* envio *m*; (*Eingesandt*) carta *f*.
ˈ**Einsenkung** *f* depressão *f*; abaixamento *m*.
ˈ**einsetz|en** (*-t*) **1.** *v/t.* pôr, colocar; *Anzeige*: inserir; ⸙ plantar; ⛌ substituir; ✝ (*buchen*) assentar; (*errichten*) instituir, estabelecer; *in ein Amt*: investir de; ⚔ pôr em combate, levar ao combate; *fig.* pôr em jogo; *Kraft*: empregar; *Leben*: arriscar, sacrificar; *sich* ~ *für* lutar por, defender (*ac.*), intervir a favor de; **2.** *v/i.* começar; ♪ entrar; **2ung** *f* (*Ernennung*) nomeação *f*; (*Errichtung*), *Erben*: instituição *f*; *Kraft*: emprego (*ˈê) *m*; *Leben*: sacrifício *m*; ⸙ plantação *f*; *Typ.* inserção *f*; *in ein Amt*: instalação *f*; ⛌ substituição *f*; ⚔ entrada *f* em combate.
ˈ**Einsicht** *f* (*Kenntnis*) conhecimento *m*; (*Verstand*) juízo *m*, inteligência *f*; ~ *nehmen in* (*ac.*) examinar (*ac.*); ver (*ac.*); *zur gefälligen* ~ para a sua informação; **2ig**, **2svoll** inteligente; compreensivo.
ˈ**einsickern** (*-re*) infiltrar-se.
ˈ**Einsied|eˈlei** [ˈ-ziːdəˈlaɪ] *f* ermida *f*, ermo *m*; **~ler** *m* ermitão *m*, eremita *m*; **~lerkrebs** *m* (*-es; -e*) caranguejo *m* eremita.
ˈ**ein|silbig** [ˈ-zilbiç] monossílabo, monossilábico; *fig. j.*: taciturno, lacónico; **~sinken** (*L*) enterrar-se; afundar-se; **2sitzer** [ˈ-zitsər] *m* carro *m* de um lugar só; **~spannen** *Pferd*: atrelar; aparelhar; ⊕ engatar; *fig.* empregar.
ˈ**einspar|en** economizar; **2ung** *f* economia *f*.
ˈ**ein|sperren** encarcerar, prender; *Kind*: fechar; **~spielen** *Waage*: equilibrar-se; *sich* ~ ♪ fazer alguns exercícios; *Sport*: treinar-se; **~spinnen** (*L*): *sich* ~ fazer o casulo; *fig.* recolher-se, ensimesmar-se; **~sprengen** aspergir; **~springen** (*L; sn*): *für j-n* ~ substituir alg.
ˈ**einspritz|en** (*-t*) ⚕ inje(c)tar; **2ung** *f* ⚕ inje(c)ção *f*.
ˈ**Einspruch** *m* (*-es; ⸚e*) reclamação *f*; protesto *m*; ~ *erheben* protestar.
ˈ**einspurig** [ˈ-ʃpuːriç] de via única.
einst [aɪnst] um dia; *Vergangenheit*: *a.* (*von* ~ de) outrora.
ˈ**ein|stampfen** *Papier*: amassar; **~stauben** (*sn*) cobrir-se de pó; **~stechen** (*L*) furar; **~stecken** pôr (*od.* meter) dentro; meter no bolso, *Geld*: *a.* arrecadar; ✉ pôr no correio; *Schwert*: embainhar; F (*einsperren*) meter na prisão; F *fig.* (*behalten*) ficar com; *Beleidigung usw.*: engulir; **~stehen** (*L*): ~ *für* responder por; **~steigen** (*L; sn*): ~ *in* (*ac.*) subir para, entrar em; 🚂 ~! partida!
ˈ**einstell|en** meter (em), colocar (em); *Personal*: contratar, ⚔ alistar, incorporar; *Arbeit*, *Kampf*: suspender; ⚖ *Prozeß*: arquivar; *Apparat*: regular, ajustar, graduar; *Phot.* focar (*scharf* bem; *unscharf* mal); *Radio*: afinar, sintonizar; *in e-e Richtung*: orientar; *sich* ~ (*kommen*) comparecer; aparecer, *Schmerzen*: *a.* fazer-se sentir; *sich* ~ *auf* (*ac.*) preparar-se para, adaptar-se a, contar com; **~ig** dígito, simples; **2ung** *f* colocação *f*; ⚔ alistamento *m*; *Arbeit*, *Kampf*: suspensão *f*; ⚖ arquivação *f*; *Phot.* focagem *f*;

Radio: sintonização *f*, afinação *f*; ⊕ acerto *m*; *fig.* orientação *f*, (*Haltung*) atitude *f*.

'**einstig** ['aınstiç] antigo; (*künftig*) futuro.

'**einstimm|en** acompanhar; ~ *in* (*ac.*) juntar a sua voz a; ~**ig** unânime; *adv.* por unanimidade; ♪ a uma só voz; uníssono; ♀**igkeit** *f* unanimidade *f*; ♪ unissonância *f*.

'**ein|stöckig** ['-ʃtœkiç] de um andar só, de um piso só; ~**stoßen** (*L*) romper, derribar; ~**streichen** (*L*) *Geld*: ficar com; ~**streuen** entremeter, entremear; ~**strömen** (*sn*) afluir; ~**studieren** (-) ensinar; *Thea.* ensaiar (*ac.*); ~**stündig** ['-ʃtyndiç] de uma hora; ~**stürmen**: ~ *auf* (*ac.*) arrojar-se (*od.* abalaçar-se) contra; precipitar-se sobre; *fig.* assaltar (*ac.*); ♀**sturz** *m* (-*es*; ⁻*e*) queda *f*; ⚠ *a.* desabamento *m*; derrocada *f*; desmoronamento *m*; ~**stürzen** (-*t*) cair; desabar, abater, ir-se (*od.* vir) abaixo; ruir; desmoronar-se.

'**einstweil|en** por enquanto; entretanto; ~**ig** interino, provisório.

'**ein|tägig** ['-tɛ:giç] de um só dia; *fig.* efémero; ♀**tags-fliege** *f* efémera *f*; ♀**tänzer** *m* dançarino *m* (profissional); ~**tauchen** molhar, mergulhar; submergir; ~**tauschen** trocar (*gegen* por).

'**einteil|en** dividir (*in ac.* em); distribuir, repartir; classificar (por); ♀**ung** *f* divisão *f*, distribuição *f*; classificação *f*.

'**eintönig** ['-tø:niç] monótono; ♀**keit** *f* monotonia *f*.

'**Ein|tracht** *f* (*0*) concórdia *f*; união *f*; ♀**trächtig** de acordo (*'ô); unânime.

'**Ein|trag** ['-tra:k] *m* (-*es*; ⁻*e*) registo *m*; ♀**tragen** (*L*) inscrever, registar; averbar; ✝ assentar; escriturar; (*verursachen*) causar; *Nutzen*: render, produzir; ♀**träglich** ['-trɛ:kliç] lucrativo, rendoso; F chorudo; ~**tragung** ['-tra:guŋ] *f* inscrição *f*; registo *m*; ✝ lançamento *m*.

'**ein|träufeln** (-*le*) instilar; ~**treffen** (*L*; *sn*) *v/i.* chegar; (*geschehen*) acontecer; ♀**treffen** *n* chegada *f*; ~**treiben** (*L*) cravar; *Geld, Vieh*: recolher; ~**treten** (*L*) **1.** *v/t.* arrombar (por pontapés); **2.** *v/i.* (*sn*) entrar; (*geschehen*) suceder, realizar-se; *Kälte usw.*: começar; sobrevir; *für j-n* ~ substituir alg.; *fig.* ~ *für* intervir em favor de, defender (*ac.*); ~**trichtern** ['-triçtərn] (-*re*) F inculcar.

'**Eintritt** *m* (-*es*; -*e*), ~**s-geld** *n* (-*es*; -*er*) entrada *f*; ~**s-karte** *f* bilhete *m* (de entrada).

'**ein|trocknen** (-*e*-; *sn*) secar; enxugar; ~**tröpfeln** (-*le*) instilar; ~**tunken** ['-tuŋkən] molhar, ensopar; ~**üben** ensaiar; estudar.

'**einverleib|en** ['-fɛrlaıbən] (-) encorporar (*dat.* a, em); *sich* (*dat.*) et. ~ ficar com a.c.; ♀**ung** *f* encorporação *f*, anexação *f*.

'**Ein|vernehmen** *n* (-*s*; *0*) acordo (*'ô) *m* (*im* de, *ins* ao); ♀**verstanden** ['-fɛrʃtandən] de acordo (*'ô) (*sn* estar); ~**verständnis** *n* (-*ses*; -*se*) acordo (*'ô) *m*; consentimento *m*; ♀**wachsen** (*L*) penetrar; ~**wand** *m* (-*es*; ⁻*e*) obje(c)ção *f*; reparo *m*; réplica *f*; ~**wanderer** *m* imigrante *m*; ♀**wandern** (-*re*) imigrar; ~**wanderung** *f* imigração *f*; ♀**wand-frei** corre(c)to, inta(c)to; incontestável; ♀**wärts** ['-vɛrts] para dentro; ♀**wechseln** (-*le*) trocar, ✝ *a.* cambiar (*gegen* por); ♀**wecken**: et. ~ fazer conserva de a.c.; ♀**weichen** pôr de molho (*'ô); ensopar; aboborar.

'**einweih|en** inaugurar; consagrar; F estrear; *fig. in* (*ac.*) ~ iniciar em; confiar um segredo a; *eingeweiht sn a.* estar no segredo; ♀**ung** *f* inauguração *f*; consagração *f*.

'**einweis|en** (*L*): *j-n* ~ conferir posse a alg.; *j-n in ein Krankenhaus usw.* ~ internar alg.; ♀**ung** *f* posse *f*; *in ein Krankenhaus usw.*: internamento *m*.

'**einwend|en** (*L*) obje(c)tar, reparar, retorquir; ♀**ung** *f* = *Einwand*.

'**ein|werfen** (*L*) romper, partir; *fig.* obje(c)tar; ~**wickeln** (-*le*) embrulhar; enrolar; *fig.* apanhar.

'**einwillig|en** ['-viligən] consentir; ♀**ung** *f* consentimento *m*; *stille*: aquiescência *f*.

'**einwirk|en** a(c)tuar, operar (*auf ac.* em), *a. geistig*: influir (sobre); *sittlich*: morigerar (*ac.*); ♀**ung** *f* a(c)ção *f*, a(c)tuação *f*, influência *f*; morigeração *f*.

'**einwöchentlich** semanal, hebdomadário.

'**Einwohner**(**in** *f*) ['-vo:nər] *m* habitante *m u. f*, morador(a *f*) *m*;

~schaft *f* (*0*) população *f*; habitantes *m/pl.*
'**Ein|wurf** *m* (-*ės*; ⸗*e*) ✆ abertura *f*; *fig.* obje(c)ção *f*, réplica *f*; ♀**wurzeln** (-*le*) arraigar, enraizar; *eingewurzelt fig. adj. a.* inveterado, notório.
'**Einzahl** *f* singular *m*; ♀**en** pagar; depositar; **~er(in** *f*) *m* depositante *m, f*; **~ung** *f* pagamento *m*; depósito *m*; *pl.* (*Eingänge*) entradas *f/pl.*
'**einzäun|en** ['-tsɔynən] cercar; vedar; ♀**ung** *f* *Zaun*: grades *f/pl.*; *Gebiet*: cercado *m*, tapada *f*.
'**einzeichn|en** (-*e*-) marcar; *sich* ~ inscrever-se; ♀**ung** *f* inscrição *f*.
'**Einzel|ausgabe** ['aɪntsəl-] *f* edição *f* avulso; **~fall** *m* (-*ės*; ⸗*e*) caso *m* isolado; **~-haft** *f* (*0*) incomunicabilidade *f*; **~-handel** *m* (-*s*; *0*) comércio *m* a retalho; **~-händler** *m* retalhista *m*; **~-haus** *n* (-*es*; ⸗*er*) moradia *f*; **~-heit** *f* pormenor *m*; *besondere*: particularidade *f*.
'**einzellig** ['-tsɛliç] unicelular.
'**einzel|n** só; isolado; singular; *jeder* ~*e* cada um por si; *im* ~*en* nos seus pormenores; *verkaufen*: a retalho, por miúdo; avulso; *adv.* um a um; *ins* ~*e gehen* pormenorizar; ♀**spiel** *n* (-*ės*; -*e*) *Tennis*: «single» *m* (*engl.*); ♀**stück** *n* (-*ės*; -*e*), ♀**teil** *m* (-*ės*; -*e*) peça *f* avulso; ♀**verkauf** *m* (-*ės*; ⸗*e*) venda *f* a retalho; ♀**wesen** *n* indivíduo *m*; ♀**zimmer** *n* quarto *m* de uma cama.
'**einzieh|bar** ['-tsi:ba:r] *Zool.* retrá(c)til (*a.* ✈), retra(c)tivo; **~en** (*L*) **1.** *v/t.* retrair; ⚓ *Segel*: arrear (*a. Flagge*); amainar; *Ruder u.* ✈ (*Fahrgestell*): recolher; ⚔ chamar às fileiras, mobilizar; *Geld*: retirar da circulação, recolher; *Steuern*: arrecadar; ⚖ confiscar; *Erkundigungen*: colher; *Luft*: aspirar; **2.** *v/i.* (*sn*) entrar; *in e-e Wohnung* ~ mudar(-se) para, ir instalar-se em; ♀**ung** *f* ✝ cobrança *f*; ⚖ confiscação *f*; ⚕ estreitamento *m*, incisura *f*.
'**einzig** ['aɪntsiç] único; ~ (*und allein*) *adv.* ùnicamente; **~-artig** *a.* singular, sem par; **~er** [-gər] único.
'**Einzug** *m* (-*ės*; ⸗*e*): ~ *in* (*ac.*) entrada *f* em, ingresso *m* em; *Wohnung*: mudança *f* para.
'**einzwängen** apertar; fazer entrar à força (*ô).

'**Ei|pulver** *n* ovos *m/pl.* em pó; ♀**rund** oval.
Eis [aɪs] *n* (-*es*; *0*) gelo (*ê) *m*; (*Frucht*♀, *Speise*♀) gelado *m*; sorvete *m*.
'**Eis...**: *in Zssg(n) meist* de gelo (*ê); **~bahn** *f* pista *f* de patinagem (no gelo); **~bär** *m* (-*en*) urso *m* branco; **~bein** *n* (-*ės*; -*e*) mão *f* de porco (em salmoura); **~berg** *m* (-*ės*; -*e*) icebergue *m*; **~brecher** ['-brɛxər] *m* (navio *m*) quebra-gelo *m*.
'**Eisen** ['aɪzən] *n* ferro *m* (*a. Plätt*♀); (*Huf*♀) ferradura *f*.
'**Eisenbahn** *f* caminho *m* de ferro; **~...**: *in Zssg(n) oft* ferroviário; **~beamte(r)** *m* (-*n*) funcionário *m* dos caminhos de ferro; **~er** *m* ferroviário *m*; **~fahrplan** *m* (-*ės*; ⸗*e*) horário *m* de comboios; **~fahrt** *f* viagem *f* de caminho de ferro; **~knotenpunkt** *m* (-*ės*; -*e*) entroncamento *m*; **~linie** *f* via *f* férrea; **~netz** *n* (-*es*; -*e*) rede (*'ê) *f* ferroviária; **~schiene** *f* carril *m*; **~-unglück** *n* (-*ės*; -*e*) desastre *m* ferroviário; **~verbindung** *f* ligação *f* ferroviária; **~wagen** *m* carruagem *f*; **~zug** *m* (-*ės*; ⸗*e*) comboio *m*.
'**Eisen|bau** *m* (-*ės*; -*ten*) construção *f* em ferro; **~bergwerk** *n* (-*ės*; -*e*) mina *f* de ferro; **~beschlag** *m* (-*ės*; ⸗*e*) ferragem *f*; ♀**beschlagen** blindado; **~beton** *m* (-*s*; -*s*) cimento (* concreto) *m* armado; **~blech** *n* (-*ės*; -*e*) ferro *m* em folha (*ô); chapa *f* de ferro; **~-erz** *n* (-*es*; -*e*) minério *m* de ferro; **~gießerei** *f*, **~guß** *m* (-*sses*; *0*) fundição *f* de ferro; ♀**haltig** ['-haltiç] ferruginoso; **~hut** ⚘ *m* (-*ės*; ⸗*e*) acónito *m*; **~hütte** *f* ferraria *f*; *usina *f* siderúrgica; **~-industrie** *f* indústria *f* siderúrgica; siderurgia *f*; **~kraut** ⚘ *n* (-*ės*; ⸗*er*) verbena *f*; **~verhüttung** *f* (*0*) tratamento *m* siderúrgico; **~waren** *f/pl.* ferragens *f/pl.*; **~waren-handlung** *f* loja *f* de ferragens; **~zeit** *f* (*0*) idade *f* de ferro.
'**eisern** ['aɪzərn] de ferro; férreo; ~*er Bestand* últimas reservas *f/pl.*; ~*e Ration* ⚔ ração *f* de reserva.
'**Eis|fläche** *f* pista *f* de gelo (*ê); ♀**frei** desembaraçado de gelo (*ê); **~gang** *m* (-*ės*; ⸗*e*) rompimento *m* de gelo (*ê); ♀**gekühlt** ['-gəky:lt] gelado; ♀**grau** encanecido; **~hockey**

n (-s; 0) «hockey» (*engl.*) *m* em patins (no gelo).

'**eisig** ['aɪzɪç] gelado; glacial; *fig.* impassível.

'**eis|kalt** = *eisig*; ♀**keller** *m* geleira *f*; ♀**lauf** *m* (-*ės*; ⁼*e*) patinagem *f*; ♀**läufer**(**in** *f*) *m* patinador(a *f*) *m*; ♀**maschine** *f* sorveteira *f*; ♀**meer** *n* (-*ės*; -*e*) mar *m* glacial; ♀**scholle** *f* pedaço *m* de gelo; ♀**schrank** *m* (-*ės*; ⁼*e*) frigorífico *m*, frigorífero *m*; ♀**vogel** *m* (-*s*; ⁼) alcião *m*; ♀**waffel** *f* (-; -*n*) bolacha *f* baunilha; ♀**zapfen** *m* caramelo; ♀**zeit** *f* época *f* glaciária; período *m* glaciário; ♀**zone** *f* região *f* glacial, zona *f* (ant)ár(c)tica.

'**eitel** ['aɪtəl] (-*tl*-) *j.*: vaidoso; *et.*: vão; fútil; (*nichts als* [*oft uv.*]) mero, puro; ♀**keit** *f* vaidade *f*.

'**Eiter** ['aɪtər] *m* (-*s*; *0*) pus *m*; ⁓**beule** *f* abscesso *m*; ⁓**pustel** *f* (-; -*n*) pústula *f*; ⁓**geschwür** *n* furúnculo *m*; ⁓**herd** *m* (-*ės*; -*e*) foco *m* purulento; ♀**ig** purulento; ♀**n** (-*re*) criar pus, supurar; ab(s)ceder; ⁓**ung** *f* supuração *f*.

'**Eiweiß** *n* (-*es*; -*e*) clara *f* do ovo; ⚗ albumina *f*; ♀-**haltig** [-haltɪç] albuminoso.

'**Ekel** ['e:kəl] **1.** *m* asco *m*, *mit Übelkeit*: nojo *m*, náusea *f*; (*Widerwille*) repugnância *f* (*vor dat.* de); F *j.* (*n*): tipo *m* antipático; **2.** ♀ = ♀-**haft** nojento, repugnante; ♀**ig** (-*kl*-) fastidioso; aborrecido; antipático; ♀**n**: *j-n* ⁓, *j-m* ⁓ causar nojo (*od.* repugnância) a alg.; repugnar a alg. [evidente.]

ekla'tant [ekla'tant] retumbante;

Ek'sta|se [ɛk'sta:zə] *f* êxtase *m*; ♀**tisch** extático.

e'lasti|sch [e'lastiʃ] elástico; ♀**zi'tät** [-tsi'tɛ:t] *f* elasticidade *f*.

Elch [ɛlç] *m* (-*ės*; -*e*) alce *m*.

Ele'fant [ele'fant] *m* (-*en*) elefante *m*.

Ele'gie [ele'gi:] *f* elegia *f*.

e'legisch [e'le:giʃ] elegíaco.

elektrifi'zier|en (-) [elɛktrifi'tsi:rən] ele(c)trificar; ♀**ung** *f* ele(c)trificação *f*.

E'lektr|iker [e'lɛktrikər] *m* ele(c)tricista *m*; ♀**isch** elé(c)trico.

elektri'sier|en (-) [elɛktri'zi:rən] ele(c)trizar; ♀**maschine** *f* ele(c)trizador *m*.

Elektrizi'tät [elɛktritsi'tɛ:t] *f* ele(c)tricidade *f*, corrente *f* elé(c)trica, energia *f*; ⁓**swerk** *n* (-*ės*; -*e*) central *f* elé(c)trica.

Elek'trode [elɛk'tro:də] *f* elé(c)trodo *m*.

E'lektro|dy'namik [e'lɛktro-] *f* (*0*) ele(c)trodinámica *f*; ⁓'**lyse** [-'ly:zə] *f* ele(c)trólise *f*; ⁓**motor** *m* (-*s*; -*en*) ele(c)tromotor *m*.

Elek'tron [elɛk'tro:n] *n* (-*s*; -*en*) elé(c)trão *m*; ⁓**en...**: *in Zssg*(*n*) ele(c)trónico; de ele(c)trões; ⁓**enhülle** *f* camada *f* de electrões.

Elektro'techni|k *f* (*0*) ele(c)trotécnica *f*; ⁓**ker** *m* ele(c)tricista *m*; ♀**sch** ele(c)trotécnico.

Ele'ment [ele'mɛnt] *n* (-*ės*; -*e*) elemento *m*.

elemen'tar [elemɛn'ta:r], ♀...: *in Zssg*(*n*) elementar; ♀**schule** *f* escola *f* primária.

'**Elend** ['e:lənt] **1.** *n* (-*ės*; *0*) miséria *f*; (*Unglück*) desgraça *f*, desdita *f*; **2.** ♀ *adj.* mísero, miserável, desgraçado, desditoso; (*kränklich*) muito fraco; ⁓ *aussehen* ter mau aspe(c)to; *fig.* mesquinho.

elf [ɛlf] onze.

Elf 1. *f* onze *m*; **2.** *m* (-*en*) silfo *m*; '⁓**e** ['-ə] *f* sílfide *f*; ⁓**enbein** *n* (-*ės*; *0*) marfim *m*; ♀**fach** onze vezes; ♀**te** undécimo; *Regent, Tag, Jahrhundert*: *der* ⁓, *das* ⁓ onze; *a.* ⁓**tel** *n*, ♀**tens** undécimo (*m*).

E'lite [e'li:tə] *f* escol *m*; ⁓...: *in Zssg*(*n*) sele(c)to, de sele(c)ção.

'**Ell|e** ['ɛlə] *f* vara *f*, côvado *m*; *Anat.* cúbito *m*; ⁓(**en**)**bogen** *m* cotovelo *m*; ⁓(**en**)**bogenfreiheit** *f* *fig.* liberdade *f* de a(c)ção; ♀**enlang** do comprimento de uma vara; *fig.* sem fim.

El'lipse [e'lipsə] *f* elipse *f*.

'**Elsässer** ['ɛlzɛsər] *m*, (⁓**in** *f*) Alsaciano *m* (-a *f*), da Alsácia.

'**Elster** ['ɛlstər] *f* (-; -*n*) pega *f*.

'**elterlich** ['ɛltərliç] dos pais; paterno e materno; patrimonial.

'**Eltern** ['ɛltərn] *pl. uv.* pais *m/pl.*; ⁓**liebe** *f* (*0*) amor *m* paterno; ♀**los** orfão (de pai e mãe).

E'mail [e'maɪ(l)] *n* (-*s*; -*s*), ⁓**le** [e'maljə] *f* esmalte *m*; ♀'**lieren** [-'ji:rən] (-) esmaltar.

Emanzi|pati'on [emantsipatsi'o:n] *f* emancipação *f*; ♀'**pieren** (-) emancipar.

'**Embryo** ['ɛmbryo] *m* (-*s*; -*s*) embrião *m*.

emeri'tier|en [emeri'ti:rən] (-) aposentar; **~t** aposentado, jubilado; **2ung** *f* jubilação *f*, aposentação *f*.
Emi'gr|ant [emi'grant] *m* (-*en*) emigrado *m*; **2ieren** emigrar.
Emi'nenz [emi'nɛnts] *f* Eminência *f*.
Emissi'on [emis'jo:n] *f* emissão *f*.
Em'pfang [ɛm'pfaŋ] *m* (-*es*; ⸚*e*) recepção *f*; *a.* (*Aufnahme*) acolhimento *m*; **2en** (*L*; -) receber; acolher; *Frau*: conceber.
Em'pfäng|er [ɛm'pfɛŋər] *m*: **a**) **~er(in** *f*) *m* ✉ destinatário *m* (-a *f*); ⚓ consignatário *m* (-a *f*); **b**) *Radio*: receptor *m*; **2lich**: ~ *für* susceptível de; predisposto para; *Gemüt*: sensível a; **~lichkeit** *f* susceptibilidade *f*; sensibilidade *f*; ⚕ predisposição *f*; **~nis** *f* (-; -*se*) *Frau*: concepção *f*; *Rel.*: Conceição *f*.
Em'pfangs|-anlage *f* posto *m* de recepção; **~bescheinigung** *f* recibo *m*; **~bestätigung** *f* aviso *m* de recepção; **~gerät** *n* (-*es*; -*e*) receptor *m*; **~station** *f* estação *f* receptora; **~-zimmer** *n* sala *f* (de recepção); salão *m* (nobre).
em'pfehl|en [ɛm'pfe:lən] (*L*; -) recomendar; *et.*: *a.* aconselhar; ~ *Sie mich* (*dat.*) apresente os meus respeitos a; *sich* ~ (*verabschieden*) despedir-se; *Briefschluß*: apresentar cumprimentos; (*ratsam sn*) convir; **~enswert** recomendável, de recomendar; aconselhável; **2ung** *f* recomendação *f*; *pl.* (*Grüße*) cumprimentos *m/pl.*
empfind|en (*L*; -) *v/t.* sentir; **~lich** sensível; (*fein*) delicado; **2lichkeit** *f* sensibilidade *f*; delicadeza *f*; **~sam** sentimental; **2samkeit** *f* sensibilidade *f*; sentimentalidade *f*, sentimentalismo *m*.
Em'pfindung [ɛm'pfinduŋ] *f* sentimento *m*, sensação *f*; **2slos** insensível; **~slosigkeit** [-lo:ziç-] *f* insensibilidade *f*; **~svermögen** *n* (-*s*; *0*) sensibilidade *f*.
Em'phase [ɛm'fa:zə] *f* ênfase *f*.
Em'pire [ã'pi:r] *n* (-*s*; *0*), **~stil** *m* (-*es*; *0*) estilo *m* Império.
em'por [ɛm'po:r] (para) acima, para o ar; **~-arbeiten** (-*e*-): *sich* ~ *fig.* vencer pelo seu trabalho; **~blicken** levantar os olhos.
Em'pore [ɛm'po:rə] ⚠ *f* tribuna *f*, coro (*'ô) *m*.
em'pör|en [ɛm'pø:rən] (-) indignar, revoltar; **~end** revoltante, escandaloso.
em'por|fahren (*L*; *sn*) subir; *fig.* levantar-se (de sobressalto); **~-kommen** (*L*; *sn*) subir, prosperar; **2kömmling** [-kœmliŋ] *m* (-*s*; -*e*) novo rico *m*; arrivista *m*; **~lodern** subir; **~ragen** (*sn*) sobressair; ~ *über* erguer-se por cima de; dominar (*ac.*); **~recken, ~richten** (-*e*-): *sich* ~ erguer-se; **~schnellen** (*sn*) levantar-se de um salto; **~-schwingen** (*L*): *sich* ~ levantar voo (*'ô); **~steigen** (*L*; *sn*) subir; ascender.
Em'pörung [ɛm'pø:ruŋ] *f* sublevação *f*, insurreição *f*; *fig.* indignação *f*.
em'porwachsen (*L*; *sn*) crescer.
'emsig ['ɛmziç] assíduo, a(c)tivo; **2keit** *f* assiduidade *f*.
'End|e ['ɛndə] *n* (-*s*; -*n*) *örtl.* extremo *m*, extremidade *f*; topo (*'ô) *m*; *von e-m* ~ *zum anderen* de lés *m* a lés; *zeitl.* fim *m*; termo (*ê) *m* (*machen* pôr); (*letzter Teil*) final *m*; *örtl. u. zeitl.* cabo *m* (*zu* ... *führen* levar a); (*am, gegen*) ~ *des Monats*, ~ *Mai usw.*: em fins de; *am* ~ por fim; (*vielleicht*) porventura; *von Anfang bis* ~ de cabo a rabo *m*; *letzten* ~*s* afinal de contas; *zu* ~ *gehen* estar a acabar, estar a findar; aproximar-se do seu fim; *zu* ~ *lesen usw.* terminar a leitura de; *ein* ~ *machen mit* pôr cobro a; *ein* ~ *nehmen* acabar(-se); F *das dicke* ~ *kommt noch nach* ainda não acabou; aquilo traz água no bico; **2en** (-*e*-) *v/t. u. v/i.* acabar(-se) (*mit* por, *auf ac.* em), (*a. aufhören*) terminar, (*sterben*) *u. Frist*: expirar; **~-ergebnis** *n* (-*ses*; -*se*) resultado *m* final; **~es-unterzeichnete** ⚖ *m u. f*, **~es-unterzeichneter** *m* (o [a *f*]) abaixoassinado(-a *f*) *m*; **~glied** *n* (-*es*; -*er*) falangeta *f*; **2gültig** definitivo; *adv. a.* de vez.
En'divie [ɛn'di:viə] *f* endívia *f*, chicória *f*.
'End|kampf ['ɛnt-] *m* (-*es*; ⸚*e*) *Sport*: (encontro *m*) final *m*; **2lich** 𝔄 finito; final; *adv.* finalmente, enfim, por fim; ~ *et. tun* acabar por fazer a.c.; *na* ~*!* até que enfim!; **2los** ilimitado; sem fim; infinito; **~punkt** *m* (-*es*; -*e*) termo (*ê) *m*; extremo *m*; **~silbe** *f* sílaba *f* final; **~spiel** *n* (-*es*; -*e*) *Sport*: final *m*;

~station *f* estação-términus *f*; **~summe** *f* total *m*; **~ung** [-duŋ] *f Gram.* desinência *f*; **~ziel** *n* (-*es*; -*e*), **~zweck** *m* (-*es*; -*e*) fim *m*, finalidade *f*.
Ener'gie [enɛr'gi:] *f* energia *f*; **2los** sem energia.
e'nergisch [e'nɛrgiʃ] enérgico.
eng [ɛŋ] estreito; apertado; *Gewebe*: tapado; *Rock*: travado; *Freundschaft*: íntimo; *~er machen* apertar; *~ere Wahl* sele(c)ção *f*; opção *f*; *Pol.* (*Stichwahl*) escrutínio *m* decisivo; *aufs ~ste* ìntimamente; **'~anliegend, ~anschließend** estreito; *Kleid*: (muito) justo; apertado; (*geschlossen*) abafado; **'2e** ['~ə] *f* estreiteza *f*, aperto *m*; = *Engpaß*; *in die ~ treiben* apertar muito.
'Engel ['ɛŋəl] *m* anjo *m*; **2haft, ~s...** *in Zssg(n)* angélico.
'Engerling ['ɛŋərliŋ] *m* (-*s*; -*e*) larva *f*.
'engherzig mesquinho; **2keit** *f* (*0*) mesquinhice *f*; falta *f* de generosidade.
'Engländer ['ɛŋlɛndər] *m* inglês *m*; ⊕ chave *f* inglesa; **~in** *f* inglesa *f*.
'englisch ['ɛŋliʃ] inglês (*auf* em); *Kirche*: anglicano; *~e Krankheit* raquitismo *m*.
'eng|maschig ['~maʃiç] com malhas espessas; **2paß** *m* (-*sses*; ⸚*sse*) desfiladeiro *m*, garganta *f*; passagem *f* estreita.
en'gros [ã'gro:], **2...** *in Zssg(n)* por junto.
'engstirnig ['-ʃtirniç] pouco inteligente, tapado.
'Enkel ['ɛŋkəl] *m*, (**~in** *f*), **~kind** *n* (-*es*; -*er*) neto (-a *f*) *m*.
En'semble [ã'sãbəl] *n* (-*s*; -*s*) elenco *m*.
ent'art|en [ɛnt'artən] (-*e*-; -; *sn*) degenerar; abastardar-se; **2ung** *f* degeneração *f*; abastardamento *m*.
ent'äußern [ɛnt-] (-*re*; -): *sich ~* (*gen.*) desfazer-se de, renunciar a.
ent'behr|en [ɛnt'be:rən] (-) *v/t.* não ter; passar sem; carecer de; sentir a falta de; **~lich** dispensável; prescindível; **2ung** *f* privação *f*.
ent|'binden (*L*; -) desatar; *fig.* dispensar; *vom Amt*: exonerar; *vom Eide*: desligar; ⚕ partejar; *entbunden werden von* ⚕ dar à luz (*ac.*); **2'bindung** *f* exoneração *f*; ⚕ parto *m*; **2'bindungs-anstalt** *f* maternidade *f*; **~'blättern** (-*re*; -) desfolhar; **~'blößen** [-'blø:sən] (-*t*; -) desnudar; *fig.* despojar; **2'blößung** [-'blø:suŋ] *f* desnudação *f*, desnudamento *m*; **~'brennen** (*L*; -; *sn*) inflamar-se; *fig. in Liebe ~ zu* apaixonar-se de; *Kampf*: travar-se; *von neuem ~* reacender-se; **~'decken** (-) descobrir; (*enthüllen*) revelar; **2'decker** [-'dɛkər] *m* descobridor *m*; **2'deckung** *f* descobrimento *m*; descoberta *f*.
'Ente ['ɛntə] *f* pato *m*, pata *f*; *fig.* peta *f*; (*Zeitungs2*) atoarda *f*.
ent'ehr|en [ɛnt-] (-) desonrar, difamar; **~end** *adj.* desonroso, difamante; **2ung** *f* desonra *f*; difamação *f*.
ent'eign|en [ɛnt-] (-*e*-; -) expropriar; **2ung** *f* expropriação *f*; **2ungsverfahren** *n* (processo *m* de) expropriação *f*.
ent|'eilen [ɛnt-] (-) fugir; **~'erben** (-) deserdar; **2'erbung** [-'ɛrbuŋ] *f* deserdação *f*.
'Enter|haken ['ɛntər-] ⚓ *m* (a)balroa *f*; arpão *m* (de abordagem); **~ich** *m* (-*s*; -*e*) pato *m* macho; **2n**[1] ⚓ abalroar, abordar; **~n**[2] ⚓ *n*, **~ung** *f* abalroação *f*, abalroamento *m*.
ent|'fachen [ɛnt'faxən] (-) atiçar; **~'fahren** (*L*; -; *sn*) *Wort*: escapar; **~'fallen** (*L*; -; *sn*) *den Händen*: cair de; *Wort*: escapar; *dem Gedächtnis*: passar (da memória), esquecer (*j-m* a alg.); *auf* (*ac.*) *~* recair em; (*wegfallen*) deixar de existir; **~'falten** (-*e*-; -) desdobrar; (*zeigen*) ostentar; *Fahne*: despregar; **2'faltung** *f* desdobramento *m*; ostentação *f*; **~'färben** (-) descorar.
ent'fern|en (-) afastar; tirar; ⚕ extirpar; **~t** *adj.* distante, remoto; *Verwandter*: afastado; *10 km ~ von* a dez km de; **2ung** *f* distância *f* (*in dat.*, *auf ac.* a); *durch Eingriff*: afastamento *m*; ⚕ ablação *f*, extirpação *f*; **2ungsmesser** *m* telémetro *m*.
ent|'fesseln [ɛnt-] (-*le*; -) desatar, *fig. a.* desencadear; **2'fesselung** *f* desencadeamento *m*; **~'fetten** (-*e*-; -) desengordurar; **2'fettungskur** [-'fɛtuŋs-] *f* tratamento *m* para emagrecer; **~'flammen** (-) *v/t.* (*v/i.* [*sn*]) inflamar(-se); *fig.* entusiasmar (-se); **~'fliehen** (*L*; -) fugir, esca-

par; ~'**fremden** (-*e*-; -) alhear, desviar; 2**fremdung** [-'frɛmduŋ] *f* alheamento *m*; ~'**führen** (-) raptar, levar, arrebatar; 2'**führer** *m* raptor *m*; 2'**führung** *f* rapto *m*; ~'**gasen** [-'ga:zən] (-*t*; -) *v/t*. tirar os gases de.

ent'gegen [ɛnt-] (*dat.*) ao encontro de; *Gegensatz*: contra, contrário a; ao contrário de; ~-**arbeiten** (-*e*-) (*dat.*) contrariar; ~**bringen** (*L*) *fig.* manifestar; ~**gehen** (*L*; *sn*) (*dat.*) ir ao encontro de; *s-r Vollendung* ~ estar a terminar; ~**gesetzt** oposto; inverso; *fig. a.* contrário; ~-**halten** (*L*) opor, confrontar; (*einwenden*) obje(c)tar; (*reichen*) estender; ~-**handeln** (-*le*) (*dat.*): *j-m* ~ contrariar alg.; *Gesetz*: transgredir (*ac.*); ~**kommen** (*L*) *v/i.* (*sn*) vir ao encontro de; *fig.* ceder; mostrar boa vontade; transigir; 2**kommen** *n* amabilidade *f*, boa vontade *f*; 2**nahme** [-na:mə] *f* recepção *f*; ~-**nehmen** (*L*) receber; aceitar; ~**sehen** (*L*) (*dat.*) esperar, aguardar (*ac.*); ~**setzen** (-*t*), ~**stellen** opor; ~**stehen** (*L*; *haben u. sn*) opor-se a, ser contrário a; ~**strecken** estender; ~**treten** (*L*; *sn*) (*dat.*) *fig.* opor-se (a), fazer frente a; ~**wirken** (*dat.*) reagir (contra).

ent'gegn|en [ɛnt'ge:gnən] (-*e*-; -) (*dat.*) responder, replicar; 2**ung** *f* resposta *f*, réplica *f*.

ent|'gehen [ɛnt-] (*L*; *sn*) (*dat.*) escapar a; *sich* (*dat.*) ~ *lassen* não aproveitar, deixar de aproveitar; privar-se de; ~'**geistert** [-'gaɪstərt] pasmado; 2'**gelt** [-'gɛlt] *n u. m* (-*ẹs*; *0*) remuneração *f*; *ohne* ~ de graça; gratuitamente; ~'**gelten** (*L*; -) pagar; remunerar; *j-n et.* ~ *lassen* fazer pagar a.c. a alg.; vingar-se de alg.; ~'**giften** [-'giftən] (-*e*-; -) *v/t*. desintoxicar.

ent'gleis|en [ɛnt'glaɪzən] (-*t*; -) descarrilar; *fig.* disparatar; 2**ung** *f* descarrilamento *m*; *fig.* disparate *m*.

ent|'gleiten [ɛnt-] (*L*; *sn*) (*dat.*) escapar, fugir a (*od.* de); ~'**haaren** (-) pelar; ⚕ despilar; ~'**halten** (*L*; -) conter; *sich* ~ abster-se (*gen.* de); ~'**haltsam** sóbrio; abstinente; *geschlechtlich*: continente; 2'**haltsamkeit** *f* (*0*) sobriedade *f*; abstinência *f*; temperança *f*; *geschlechtliche*: continência *f*; 2'**haltung** *f* (*0*) abstenção *f*; ~'**haupten** [-'hauptən] (-*e*-; -) decapitar, degolar; 2'**hauptung** [-'hauptuŋ] *f* decapitação *f*, degolação *f*; ~'**heben** (*L*; -) dispensar; desobrigar (de); *des Amtes*: exonerar (de); ~'**heiligen** (-) profanar; ~'**hüllen** (-) descobrir; *Denkmal*: inaugurar; *fig. a.* revelar; 2'**hüllung** [-'hyluŋ] *f* descoberta *f*; revelação *f*; (*Einweihung*) inauguração *f*; ~'**hülsen** [-'hylzən] (-*t*; -) descascar; ~'**jungfern** (-*re*; -) de(s)florar; ~'**keimen** (-) esterilizar; ~'**kernen** [-'kɛrnən] (-) descaroçar, tirar o(s) caroço(s) a; ~'**kleiden** (-*e*-; -) despir; ~'**kommen**[1] (*L*; *sn*) escapar(-se), salvar-se; 2'**kommen**[2] *n* (-*s*; *0*) saída *f*; ~'**korken** (-) des(ar)rolhar; destapar; ~'**kräften** (-*e*-; -) enfraquecer; *fig.* invalidar; desvirtuar; 2'**kräftung** [-'krɛftuŋ] *f* (*0*) enfraquecimento *m*, extenuação *f*; invalidação *f*; ~'**laden** (*L*; -) descarregar; 2'**lader** [-'la:dər] *m* excitador *m*; 2'**ladung** *f* descarga *f*; ~'**lang** (*adv. u. prp. mit vorangehendem ac. od. an dat.*) ao longo de; ~'**larven** (-) desmascarar; ~'**lassen** (*L*; -) despedir, demitir; *aus dem Gefängnis* ~ pôr em liberdade; *aus dem Krankenhaus* ~ dar alta a; *als geheilt* ~ *werden* ⚕ sair curado; 2'**lassung** [-'lasuŋ] *f* demissão *f*; ⚕ alta *f*; ~'**lasten** (-*e*-; -) aliviar; descarregar; *von Pflichten*: dispensar, exonerar; *für e-e Summe*: abonar em favor de; 2'**lastung** [-'lastuŋ] *f* descarga *f*; *fig.* descargo *m*; 2'**lastungszeuge** *m* (-*n*) testemunha *f* de defesa; ~'**lauben** [-'laubən] (-) desfolhar; ~'**laufen** (*L*; -; *sn*) fugir, evadir-se (*dat.* de); ⚔ desertar; ~'**lausen** (-*t*; -) despiolhar; ~'**ledigen** [-'le:digən] (-): *sich* ~ libertar-se (*gen.* de); *sich e-s Auftrages* ~ desempenhar-se de; ~'**leeren** esvaziar; *den Briefkasten* ~ tirar o correio; ⚕ *die Blase* ~ urinar; *den Darm* ~ evacuar; 2'**leerung** *f* despejo *m*; *des Briefkastens*: tiragem *f*; ⊕, ⚕ evacuação *f*; ~'**legen** remoto; afastado; distante; ~'**lehnen** (-) = ~*leihen*; *fig.* plagiar; 2'**lehnung** [-'le:nuŋ] *f* = 2*leihung*; (*Zitat*) citação *f*; plágio *m*; ~'**leiben** [-'laɪbən] (-): *sich* ~ suicidar-se; ~'**leihen** (*L*; -) pedir emprestado; *Bibliothek*: requisitar; 2**leiher(in** *f*) *m* requisitante *m*, *f*; 2'**leihung**

[-ˈlaɪuŋ] *f* requisição *f*; **2ˈleihzettel** *m* (boletim *m* de) requisição *f*; **~ˈloben** (-): *sich* ~ desfazer o noivado; **~ˈlocken** (-) tirar com manha; *Geheimnis*: arrancar; *Töne*: tirar; desencantar; **~ˈlohnen** (-) remunerar; assalariar; pagar; **2ˈlohnung** [-ˈlo:nuŋ] *f* remuneração *f*; pagamento *m*; **~ˈlüften** (-*e*-; -) ventilar; **2ˈlüfter** [-ˈlyftər] *m* ventilador *m*; ⊕ exaustor *m*; **2ˈlüftung** *f* ventilação *f*; **~ˈmannen** [-ˈmanən] (-) castrar; *fig.* enervar; **2ˈmannung** [-ˈmanuŋ] *f* castração *f*; **~ˈmenscht** [-ˈmɛnʃt] desumano, bárbaro; **~militariˈsieren** [-militariˈzi:rən] (-) desmilitarizar; **~ˈmündigen** [-ˈmyndigən] (-) pôr sob tutela; **2ˈmündigung** [-ˈmyndiguŋ] *f* interdição *f*; **~ˈmutigen** [-ˈmu:tigən] (-) desanimar; descoroçoar; **2ˈmutigung** [-ˈmu:tiguŋ] *f* desânimo *m*; desanimação *f*; **2ˈnahme** [-ˈna:mə] *f* tiragem *f*; ⚘ colheita *f*; ✝ compra *f*; livrança *f*; *bei* ~ *von* ao comprar (*ac.*); **~ˈnehmen** (*L*; -) (re)tirar; *fig.* deduzir de; **~ˈnerven** [-ˈnɛrfən] (-) enervar; ~*d adj.* enervante; **~ˈpuppen** [-ˈpupən] (-): *sich* ~ sair do casulo; *fig. sich* ~ *als* revelar-se (*nom.*); **~ˈrahmen** (-) desnatar; **~ˈraten** (*L*; -) (*gen.*) passar sem, prescindir de; **~ˈrätseln** [-ˈrɛ:tsəln] (-*le*; -) decifrar; **~ˈrechten** (-*e*-; -) privar dos seus direitos; desapossar; **~ˈreißen** (*L*; -) arrancar; **~ˈrichten** (-*e*-; -) pagar; contribuir; **~ˈrinnen** (*L*; -; *sn*) (*dat.*) escapar a; **~ˈrollen** (-) desenrolar; *fig.* desenvolver; **~ˈrosten** (-*e*-; -) desenferrujar; **~ˈrücken** (-): (*den Augen*) ~ ocultar; *fig.* enlevar; *den Sorgen entrückt* livre de; **~ˈrümpeln** [-ˈrympəln] (-*le*; -) arrumar; **2ˈrümpelung** [-ˈrympəluŋ] *f* arrumação *f*; **~ˈrüsten** (-*e*-; -): *sich* ~ indignar-se; **2ˈrüstung** *f* indignação *f*; **~ˈsagen** (-) (*dat.*) renunciar (a); desistir (de); resignar (*ac.*); **2ˈsagung** [-ˈza:guŋ] *f* renúncia *f*; resignação *f*; abnegação *f*; **2ˈsatz** *m* (-*es*; *0*) socorro *m*; **~ˈschädigen** (-) indemnizar; **2ˈschädigung** *f* indemnização *f*; **2ˈscheid** [-ˈʃaɪt] *m* (-*es*; -*e*) decisão *f*; **~ˈscheiden** (*L*; -) decidir (*über ac.*, *für* de); resolver; ~*d adj.* decisivo; **2ˈscheidung** *f* decisão *f*; **~ˈschieden** [-ˈʃi:dən] *p.pt. v.* ~*scheiden*; *adj. a.* resoluto, firme; **2ˈschiedenheit** *f* (*0*) decisão *f*; firmeza *f*; **~ˈschlafen** (*L*; -; *sn*) adormecer; *fig.* falecer; **~ˈschleiern** [-ˈʃlaɪərn] (-*re*; -) *v/t.* tirar o véu a; desvelar (*a. fig.*); **~ˈschließen** (*L*; -): *sich* ~ decidir-se, resolver(-se); **2ˈschließung** *f* resolução *f*; **~ˈschlossen** [-ˈʃlɔsən] *p.pt. v.* ~*schließen*; *adj.* resoluto, determinado; **2ˈschlossenheit** *f* (*0*) determinação *f*, firmeza *f*; **~ˈschlüpfen** (-; *sn*) escapar; esgueirar-se; sair; **2ˈschluß** *m* (-*sses*; *‥sse*) resolução *f*, determinação *f* (*fassen* tomar); **~ˈschuldbar** desculpável; **~ˈschuldigen** [-ˈʃuldigən] (-) perdoar; (*sich*) ~ desculpar(-se), escusar(-se); *sich bei j-m* ~ pedir desculpa a alg.; *nicht zu* ~ *sn* não ter desculpa; **2ˈschuldigung** [-ˈʃuldiguŋ] *f* desculpa *f*; perdão *m*; **~ˈschweben** (-; *sn*), **~ˈschwinden** (*L*; -; *sn*) desaparecer, desvanecer-se; **~ˈseelt** [-ˈze:lt] exânime; morto; **~ˈsenden** (*L*; -) enviar, *j-n*: *a.* delegar; ablegar; **2ˈsendung** *f* envio *m*, *j-s*: *a.* delegação *f*; ablegação *f*; **~ˈsetzen**[1] (-*t*; -) *v/t.*: *e-s Amtes*: destituir; exonerar; ⚔ fazer levantar o sítio (a, de); (*sich*) ~ espantar(-se), horrorizar(-se), abismar-se (*über ac.* com); **2ˈsetzen**[2] *n* (-*s*; *0*) horror *m*, espanto *m*; **~ˈsetzlich** [-ˈzɛtsliç] horrível, terrível; **~ˈseuchen** [-ˈzɔyçən] (-) desinfe(c)tar; sanear; **~ˈsichern** (-*re*; -) *v/t.* tirar o fecho a; desfechar; destrancar; ⚔ engatilhar; **~ˈsiegeln** (-*le*; -) abrir, desselar; **~ˈsinnen** (*L*; -): *sich* ~ recordar-se (*gen.* de); **~ˈspannen** (-) afrouxar; *fig.* (*sich*) ~ *j.*: descansar; *pol. Beziehungen*: normalizar(-se); **2ˈspannung** *f* descanso *m*; *pol.* normalização *f*; **~ˈspinnen** (*L*; -): *sich* ~ começar; travar-se; **~ˈsprechen** (*L*; -) corresponder; ~*d adj.* correspondente, respe(c)tivo; relativo; análogo; **~ˈspringen** (*L*; -; *sn*) (*fliehen*) evadir-se (*dat.*, *aus* de); *Fluß*: nascer; **~ˈstammen** (-; *sn*) (*dat.*) provir de; *j.*: descender de; **~stehen** (*L*; -; *sn*) nascer; *fig. a.* resultar (*aus* de); **2ˈstehung** [-ˈʃte:uŋ] *f* nascimento *m*, formação *f*; origem *f*, génese *f*; **~ˈsteigen** (*L*; -; *sn*) (*dat.*) sair de; surgir de; **~ˈsteinen** [-ˈʃtaɪnən] (-) *v/t.* descaroçar, tirar os caroços a; ~'**stellen** (-) desfigurar; (*häßlich machen*) afear; *Text*: deturpar; 2'**stellung** *f* desfiguração *f*; deturpação *f*; ~'**strömen** (-; *sn*) (*dat.*) sair de; ~'**täuschen** (-) desenganar, desiludir; desapontar; *Hoffnung*: frustrar; 2'**täuschung** *f* desengano *m*; desilusão *f*; decepção *f*; desapontamento *m* (über *ac.* com); ~'**thronen** (-) destron(iz)ar; ~'**völkern** [-'fœlkərn] (-*re*; -) despovoar; 2'**völkerung** [-'fœlkəruŋ] *f* despovoamento *m*; ~'**waffnen** (-*e*-; -) desarmar; 2'**waffnung** [-'vafnuŋ] *f* desarmamento *m*; ~'**warnen** (-) ⚔ dar o sinal de «fim de alerta»; 2'**warnung** ⚔ *f* fim *m* de alerta; ~'**wässern** (-*re*; -) enxugar; drainar; desaguar; 2'**wässerung(s-anlage)** [-'vɛsəruŋ(s-)] *f* drainagem *f*; enxugo *m*; 2'**wässerungsgraben** *m* (-*s*; ⸗) desaguadouro *m*; ~'**weder**: ~ ... oder ou ... ou; quer ... quer; seja ... ou seja; ~'**weichen**[1] (*L*; -; *sn*) *v/i. j.*: evadir-se; *a. et.*: escapar, sair; (*j-m* a alg., *aus* de); 2'**weichen**[2] *n* fuga *f*, evasão *f*; escape *m*; ~'**weihen** (-) profanar; 2'**weihung** [-'vaɪuŋ] *f* profanação *f*; ~'**wenden** (-*e*-; -) extraviar, furtar, roubar; 2'**wendung** *f* extravio *m*, furto *m*, roubo *m*; ~'**werfen** (*L*; -) traçar, esboçar; proje(c)tar; *fig.* delinear; ~'**werten** (-*e*-; -) depreciar; desvalorizar; *Marken*: inutilizar; 2'**wertung** *f* depreciação *f*, desvalorização *f*; ~'**wickeln** (-*le*; -) desenvolver; *Phot.* revelar; ⚔ desdobrar; *Geschwindigkeit*: alcançar; 2'**wickler** [-'viklər] *m Phot.* revelador *m*; 2'**wicklung** [-'vikluŋ] *f* desenvolvimento *m*, evolução *f*; ⚔ desdobramento *m*; *Phot.* revelação *f*; 2'**wicklungshilfe** *f* assistência *f* a países subdesenvolvidos; 2'**wicklungsjahre** *n/pl.* período *m* da puberdade; 2'**wicklungslehre** *f* evolucionismo *m*; 2'**wicklungszeit** *f* ⚕ (período *m* de) incubação *f*; ~'**winden** (*L*; -): *j-m* ~ arrancar a (*od.* às mãos de) alg.; ~'**wirren** [-'virən] (-) desenredar; destrinçar; des(e)maranhar; 2'**wirrung** [-'viruŋ] *f* desenredo *m*; destrinça *f*; *Lit.* desfecho *m*; desenlace *m*; ~'**wischen** (-) escapar-se; ~'**wöhnen** [-'vø:nən] (-) desacostumar; desabituar; *Kind*: desmamar; ableitar; abla(c)tar; 2'**wöhnung** *f* abla(c)tação *f*; ~'**würdigen** (-) degradar, aviltar; ~*d adj.* degradante, humilhante; 2'**wurf** *m* (-*es*; ⸗*e*) proje(c)to *m*; (*Konzept*) rascunho *m*; minuta *f*; ~'**wurzeln** (-*le*; -) desenraizar; desarraigar; ~'**zaubern** desencantar; 2'**zauberung** *f* desencanto *m*; 2'**zerrer** [-'tsɛrər] *m Radio*: restituidor *m*; ~'**ziehen** subtrair; *Vertrauen, Wort*: retirar; (*dat.*) et. ~ privar (*ac.*) de a.c.; 2'**ziehung** *f* subtra(c)ção *f*; privação *f*; ~'**ziffern** decifrar; 2'**zifferung** [-'tsifəruŋ] *f* decifração *f*; ~'**zücken**[1] *v/t.* encantar; 2'**zücken**[2] *n* (-*s*; *0*) encanto *m*; 2'**zückend** *adj.* encantador; 2'**zug** *m* (-*es*; *0*) subtra(c)ção *f*; ~'**zündbar** [-'tsyndba:r] inflamável; ~'**zünden** (-*e*-; -) inflamar; *sich* ~ acender-se; *a.* ⚕ inflamar-se; 2'**zündung** *f* inflamação *f*; ~'**zwei** roto, partido, quebrado; ~'**zwei-brechen** (*L*) *v/t.* (*v/i.* [*sn*]) romper(-se); partir(-se) em dois; ~'**zweien** [-'tsvaɪən] (-): *sich* ~ desavir-se; cortar (relações); ~'**zwei-gehen** (*L*; *sn*) partir-se; ~'**zwei-machen**, ~'**zwei-schlagen** (*L*) partir; ~'**zwei-reißen** (*L*) *v/t.* (*v/i.* [*sn*]) rasgar(-se); 2'**zweiung** [-'tsvaɪuŋ] *f* desavença *f*; desunião *f*; corte *m* de relações.

'**Enzian** ['ɛntsɪa:n] *m* (-*s*; -*e*) genciana *f*.

Enzyklopä|'die [ɛntsyklopɛ'di:] *f* enciclopédia *f*; 2**disch** [-'pɛ:diʃ] enciclopédico.

Epide|'mie [epide'mi:] *f* epidemia *f*; 2**misch** [-'de:miʃ] epidémico.

Epi'gone [epi'go:nə] *m* (-*n*) epígono *m*; 2**n-haft** sem originalidade.

Epi'gramm [epi'gram] *n* (-*s*; -*e*) epigrama *m*.

'**Epik** ['e:pik] *f* (*0*) (poesia *f*) épica *f*; ~**er** *m* (poeta *m*) épico *m*.

Epile'psie [epilɛ'psi:] *f* (*0*) epilepsia *f*.

Epi'lept|iker [epi'lɛptikər] *m*, 2**isch** epiléptico *m*.

Epi'log [epi'lo:k] *m* (-*s*; -*e*) epílogo *m*.

'**episch** ['e:piʃ] épico.

Epi'sod|e [epi'zo:də] *f* episódio *m*; 2**isch** episódico.

E'poche [e'pɔxə] *f* época *f*; ~ *machen* marcar uma época.

ˈ**Epos** [ˈeːpɔs] *n* (-; *Epen*) epopeia *f*, poema *m* épico.

er [eːr] ele (*ˈê); ♀ † tu, você.

erˈachten [ɛr-] (-*e*-; -) **1.** julgar, considerar; **2.** ♀ *n*: *m-s* ~*s* ao meu parecer, ao meu ver, ao meu entender.

er-ˈarbeiten (-*e*-; -): *sich* ~ alcançar (*od.* conseguir) pelo seu trabalho.

ˈ**Erb|anlage** [ˈɛrp-] *f* predisposição *f* hereditária; **~anspruch** *m* (-*es*; ⸚*e*) pretensão *f* à herança (*pol.* ao trono); **~anteil** *m* (-*es*; -*e*) parte *f* da herança.

erˈbarmen [ɛrˈbarmən] **1.** (-): *sich j-s* ~ compadecer-se de alg.; *daß Gott erbarm!* valha-me Deus!; **2.** ♀ *n* compaixão *f*; misericórdia *f*; *zum* ~ = **~s-wert, ~s-würdig** lastimável; ~ *sn* ser uma desgraça, ser uma miséria.

erˈbärmlich [ɛrˈbɛrmliç] deplorável; (*armselig*) mesquinho; ♀**keit** *f* miséria *f*; mesquinhez *f*.

erˈbarmungslos [ɛrˈbarmuŋsloːs] despiedado; *adv.* sem piedade, sem remissão.

erˈbau|en [ɛr-] (-) construir, levantar, erguer, *a. fig.* (*sich*) ~ edificar (-se) (*an dat.* com); ♀**er** *m* construtor *m*, arquite(c)to *m*; **~lich** edificante; ♀**ung** *f* construção *f*; *a. fig.* edificação *f*.

ˈ**erb|bedingt** hereditário; ♀**begräbnis** *n* (-*ses*; -*se*) jazigo *m* de família; **~berechtigt** legítimo; com direitos legítimos à sucessão; ~ *sn* suceder na herança, ter direitos legítimos à sucessão; **~biologisch** biogenético.

ˈ**Erbe** [ˈɛrbə] **a**) *m* (-*n*) herdeiro *m*; **b**) *n* (-*s*; *0*) herança *f*.

erˈbeben (-) tremer; *j.*: *a.* estremecer.

ˈ**erben** [ˈɛrbən] *v/t.* herdar.

erˈbeuten [ɛrˈbɔytən] (-*e*-; -) capturar, apreender; ganhar.

ˈ**erbfähig** hábil para suceder, habilitado à sucessão; ♀**keit** *f* (*0*) idoneidade (*od.* habilidade) *f* para suceder.

ˈ**Erb|fall** *m* (-*es*; ⸚*e*) sucessão *f*; **~fehler** *m* defeito *m* hereditário; **~feind** *m* (-*es*; -*e*) inimigo *m* hereditário; **~folge** *f* sucessão *f*; **~forschung** *f* ciências *f/pl.* genéticas; **~gut** *n* (-*es*; *0*) património *m*.

erˈbieten (*L*; -): *sich* ~ *zu* oferecer-se para.

ˈ**Erbin** [ˈɛrbin] *f* herdeira *f*.

erˈbitten (*L*; -): (*sich dat.*) et. ~ solicitar a.c.; *sich* ~ *lassen* condescender.

erˈbitter|n (-*re*; -) irritar, exasperar; **~t** *adj.* encarniçado; cerrado; ♀**ung** *f* irritação *f*, exasperação *f*; (*Wut*) sanha *f*.

ˈ**erbkrank** acometido de doença hereditária; ~ *sn a.* ter uma doença hereditária; ♀**heit** *f* doença *f* hereditária.

erˈblassen [ɛrˈblasən] (-*ßt*; -; *sn*) empalidecer.

ˈ**Erblasser** [ˈɛrplasər] *m*, (**~in** *f*) testador(a *f*) *m*.

erˈbleichen (*L*; -; *sn*) empalidecer.

ˈ**erblich** [ˈɛrpliç] hereditário; ~ *belastet sn* ter uma tara hereditária; ♀**keit** *f* (*0*) hereditariedade *f*.

er|ˈblicken (-) avistar, ver; *das Licht der Welt* ~ vir à luz; **~ˈblinden** [-ˈblindən] (-*e*-; -; *sn*) cegar; ♀**ˈblindung** [-ˈblinduŋ] *f* perda *f* da vista; cegueira *f*; **~ˈblühen** (-) abrir-se, desabrochar, florescer.

ˈ**Erbmasse** [ˈɛrp-] *f* sangue *m*.

er|ˈbosen [ɛrˈboːzən] (-) irritar; **~ˈbötig** [-ˈbøːtiç] disposto (*zu* a).

ˈ**Erb|pacht** *f* enfiteuse *f*; **~prinz** *m* (-*en*) príncipe *m* herdeiro.

erˈbrechen 1. (*L*; -) *v/t.* (*öffnen*) arrombar; *sich* ~ ⚕ vomitar; **2.** ♀ *n* ⚕ vómito(s *pl.*) *m*.

ˈ**Erb|recht** *n* (-*es*; *0*) direito *m* hereditário (*od.* de sucessão); **~reich** *n* (-*es*; -*e*) monarquia *f* hereditária.

erˈbringen (*L*; -) *Beweise*: apresentar, alegar.

ˈ**Erbschaft** *f* herança *f*; sucessão *f*; **~s-steuer** *f* (-; -*n*) imposto *m* de transmissão.

ˈ**Erbschleicher** *m* captador *m*; **~ˈei** *f* captação *f*.

ˈ**Erbse** [ˈɛrpsə] *f* ervilha *f*; (*Kicher*♀) grão-de-bico *m*.

ˈ**Erb|stück** *n* (-*es*; -*e*) peça *f* herdada; **~sünde** *f* (*0*) pecado *m* original; **~teil** *n* (-*es*; -*e*) herança *f*, legado *m*; quinhão *m*; **~teilung** *f* partilha *f*; **~vertrag** *m* (-*es*; ⸚*e*) pacto *m* de sucessão.

ˈ**Erd|-achse** [ˈeːrt-] *f* (*0*) eixo *m* da Terra; **~-anschluß** *m* (-*sses*; ⸚*sse*) *Radio*: (tomada *f* de) terra *f*; **~-antenne** *f* antena-terra *f*; **~-arbeiten** *f/pl.* obras *f/pl.* de aterro (*ê); **~arbeiter** *m* cavador *m*; **~bahn** *f*

(*0*) órbita *f* da Terra; **~ball** *m* (*-es*; *0*) globo *m*; **~beben** *n* terramoto *m*, tremor (*od.* abalo) *m* de terra; sismo *m*; **~bebenmesser** *m* sismógrafo *m*; **~beere** *f* morango *m*; **~beschreibung** *f* geografia *f*; **~bewegung** *f* movimento *m* telúrico; **~boden** *m* (*-s*, *0*) solo *m*, terra *f*; *dem ~ gleichmachen* arrasar.

'Erde ['e:rdə] *f* terra *f*; (*Boden*) solo *m*, chão *m*; *zu ebener ~* no rés-do-chão; (*Welt*): (*auf ~n* na) Terra *f*; ⚡ (tomada *f* de) terra *f*; **2n** (*-e-*) ⚡ *Radio*: ligar à terra; **~nbürger** *m* (ser *m*) mortal *m*.

er'denk|en (*L*; -) imaginar; **~lich** imaginável.

'Erden|leben *n* (*-s*; *0*) vida *f* (na Terra); **~rund** *n* (*-es*; *0*) orbe *m*.

'Erd|erschütterung *f* abalo *m*; movimento *m* telúrico; **~geist** *m* (*-es*; *-er*) génio *m* da terra; (*Zwerg*) gnomo *m*; **~geschichte** *f* (*0*) geologia *f*; **~geschoß** △ *n* (*-sses*; *-sse*) rés-do-chão *m*; piso *m* térreo; **~gürtel** *m* zona *f*; **~hälfte** *f* hemisfério *m*.

er'dicht|en (*-e-*; -) imaginar, fingir, inventar; **~et** *adj. a.* fictício; **2ung** *f* invenção *f*; ficção *f*.

'erdig ['e:rdiç] terroso.

'Erd|induktor *m* (*-s*; *-en*) indutor *m* terrestre; **~innere** *n* (*-n*; *0*) interior *m* da Terra; **~kabel** *n* cabo *m* subterrâneo; **~karte** *f* mapa *m* (mundi); planisfério *m*; **~klumpen** *m* torrão *m*; **~kreis** *m* (*-es*; *0*) orbe *m*, universo *m*; **~kugel** *f* (-; *-n*) globo *m* (terrestre); **~kunde** *f* (*0*) geografia *f*; **~leitung** *f* fio *m* de terra; **~nuß** *f* (-; *¨sse*) amendoim *m*; **~oberfläche** *f* (*0*) superfície *f* da Terra; **~öl** *n* (*-es*; *0*) petróleo *m*; **~ölvorkommen** *n* jazigo(s *pl.*) *m* petrolífero(s).

er'dolchen [ɛr'dɔlçən] (-) apunhalar.

'Erd|pol *m* (*-s*; *-e*) pólo *m*; **~reich** *n* (*-es*; *0*) terra *f*; subsolo *m*.

er'dreisten [ɛr'draɪstən] (*-e-*; -): *sich ~ zu* atrever-se a.

'Erd-rinde *f* (*0*) crosta *f* da Terra.

er|'dröhnen (-) retumbar; **~'drosseln** (*-le*; -) estrangular; **~'drücken** (-) esmagar; **~d** *adj.* esmagador, *Beweis*: concludente.

'Erd|rutsch *m* (*-es*; *-e*) desabamento *m* de terra; **~schicht** *f* camada *f*; **~scholle** *f* leiva *f*; **~spalte** *f* greta *f*, racha *f*; **~stoß** *m* (*-es*; *¨e*) abalo *m*, desabamento *m* de terra; **~strich** *m* (*-es*; *-e*) região *f*, zona *f*; **~teil** *m* (*-es*; *-e*) continente *m*.

er'dulden (*-e-*; -) sofrer, passar, padecer.

'Erd|umfang *m* (*-es*; *0*) circunferência *f* da Terra; **~ung** ['-duŋ] *f*, **~verbindung** *f* ligação *f* à terra; **~wall** *m* (*-es*; *¨e*) aterro (*ê) *m*; trincheira *f*.

er'eifern (*-re*; -): *sich ~* exaltar-se.

er'eig|nen (*-e-*; -): *sich ~* suceder, acontecer; dar-se; **2nis** *n* (*-ses*; *-se*) acontecimento *m*.

er'eilen (-) alcançar; *Tod*: surpreender. [*m*; ermitão *m*.]

Ere'mit [ere'mi:t] *m* (*-en*) eremita

er'erben (-) herdar.

er'fahr|en 1. *v/t.* (*L*; -) (chegar a) saber; *Leid*: sofrer; **2.** *adj.* versado; experto; experimentado; **2ung** *f* experiência *f* (*aus* por); *in ~ bringen* (*ac.*) saber; averiguar; ouvir; **2ungs-...**: *in Zssg(n)* empírico; **~ungsgemäß** como a experiência ensina; **~ungsmäßig** empírico.

er|faßbar apreensível; **~'fassen** (*-ßt*; -) agarrar; atingir; *fig.* compreender, abranger, alcançar.

er'find|en (*L*; -) inventar; **2er** *m* inventor *m*; **~erisch** engenhoso; **2ung** *f* invenção *f*; **2ungsgabe** *f* (*0*) génio *m* inventivo; engenho *m*; **~ungsreich** engenhoso.

er'flehen (-) implorar.

Er'folg [ɛr'fɔlk] *m* (*-es*; *-e*) êxito *m*; resultado *m*; *guten ~!* boa sorte!; *~ haben a.* ter sorte; **2en** [-gən] (-; *sn*) resultar, suceder; ter lugar; efe(c)tuar-se (*a.* ⚔), realizar-se; **2los** ineficaz, infrutífero; frustrado, sem resultado; **2reich** eficaz; coroado de êxito; *j.*: feliz, *~ sn a.* ter sorte; ser bem sucedido; *adv.* com êxito.

er'forderlich [ɛr'fɔrdərliç] preciso, necessário; **~enfalls** se for preciso, em caso de necessidade.

er'forder|n (*-re*; -) requerer, exigir; **2nis** *n* (*-ses*; *-se*) necessidade *f*; exigência *f*.

er'forsch|en (-) investigar, estudar; *genau*: perscrutar; *Land*: explorar; *j-s Absichten ~* sondar alg.; **2er** *m* explorador *m*; investigador *m*; **2ung** *f* exploração *f*; investigação *f*; estudo *m*; sondagem *f*.

er|'fragen (-): *et. bei j-m* ~ perguntar a.c. a alg.; **~'frechen** [-'frɛçən] (-): *sich* ~ *zu* atrever-se a; **~'freuen** (-) alegrar, regozijar (*an dat.* com); *sich* ~ (*gen.*) *a.* gozar de; **~'freulich** [-'frɔyliç] agradável, satisfatório; **~'freulicher'weise** felizmente; **~'freut** [-'frɔyt] contente, satisfeito (*über ac.* com); *sehr* ~, *Sie kennenzulernen* muito prazer em conhecer V.E.; **~'frieren** (*L*; -) gelar, morrer de frio.

er'frisch|en (-) refrescar; **~end** *adj.* refrescante; **2ung** *f* refresco *m*; (*Getränk*) refrigerante *m*; **2ungs-raum** *m* (*-ęs*; *=e*) restaurante *m*, cantina *f*.

er'füll|en (-) cumprir; desempenhar; *Zweck*: *a.* satisfazer; *sich* ~, *erfüllt werden* realizar-se, cumprir-se; **2ung** *f* cumprimento *m*; realizaçaõ *f*; *in* ~ *gehen* realizar-se, cumprir-se; **2ungs-ort** *m* (*-ęs*; *-e*) lugar *m* de pagamento.

er'gänz|en [ɛr'gɛntsən] (*-t*; -) completar; **~end** *adj.*: complementar, suplementar; **2ung** *f* complemento *m*, suplemento *m*; **2ungs...**: *in Zssg(n)* complementar, suplementar.

er|'gattern [ɛr'gatərn] F (*-re*; -) apanhar; abichar; **~'gaunern** [-'gaunərn] F (*-re*; -) surripiar.

er'geb|en 1. *v/t.* (*L*; -) *Summe usw.*: dar (*a.* como resultado); *Nutzen*: render, produzir; *sich* ~ *Folge*: resultar (*aus dat.* de); ⚔ render-se, capitular; (*widmen*) dedicar-se; *e-m Laster*: dar-se a, entregar-se a; abandonar-se a; (*sich fügen*) resignar-se (*in ac.* com); **2.** *p.pt. v.* 1.; **3.** *adj.* dedicado; *Brief*: atencioso e obrigado (*Ihr* de Vossa Excelência, *Abk.* de V.E. atº. e obg.dº); **~sten** *Dank* muit(íssim)o reconhecido; **2en-heit** *f* afe(c)to *m*, devoção *f*, dedicação *f*; **2nis** *n* (*-ses*; *-se*) resultado *m*; **~nislos** sem resultado, infrutífero; **2ung** *f* (*0*): ~ *in* (*ac.*) submissão *f* (a), resignação *f* (com); ⚔ rendição *f*, capitulação *f*.

er'gehen (*L*; -; *sn*) *v/i.* publicar-se; *e-n Ruf* ~ *lassen an* (*ac.*) apelar para; *Gnade vor Recht* ~ *lassen* usar indulgência; *über sich* ~ *lassen* sofrer; aguentar, suportar; *j-m* (*unpers.*): estar, passar; *sich* ~ passear; *sich in Worten usw.* ~ fazer (*ac.*); 2 *n* (estado *m* de) saúde *f*.

er'giebig [ɛr'gi:biç] produtivo; rendoso, lucrativo; **2keit** *f* (*0*) rendimento *m*; produtividade *f*.

er|'gießen (*L*; -): (*sich*) ~ derramar (-se); *sich* ~ (*münden*) desembocar, desaguar; **~'glänzen** (*-t*; -; *sn*) resplandecer; brilhar; **~'glühen** (-; *sn*) abrasar; *fig.* exaltar-se, entusiasmar-se, apaixonar-se; (*erröten*) corar.

er'götz|en [-'gœtsən] (*-t*; -) deleitar (*an dat.* com); **2en** *n* deleite *m*; **~lich** divertido, engraçado.

er|'grauen (-; *sn*) encanecer, *j.*: *a.* envelhecer; **~'greifen** (*L*; -) *v/t.* apanhar, agarrar; * agaturrar; *Schwert*: pegar em; (*festnehmen*) prender; capturar; *Beruf*: escolher; *Gelegenheit*: aproveitar; *Partei*: seguir; *Wort*: tomar, usar de; *Gemüt*: comover; *die Flucht* ~ pôr-se em fuga; **~'greifend** *adj.* comovedor, emocionante; **2'griffenheit** [-'grifənhaɪt] *f* (*0*) comoção *f*, emoção *f*; **~'grimmen** [-'grimən] (-; *sn*) irritar-se, embirrar (*über ac.* com); **~'gründen** (*-e-*; -) saber; indagar; sondar; penetrar; **2guß** *m* (*-sses*; *=sse*) derramamento *m*; derrame *m*; ⚕ (*Blut2*) hemorragia *f*; (*Gefühls2*) efusão *f*; (*Herzens2*) desabafo *m*; *lyrischer* ~ lirismo *m*; **~'haben** elevado; alto; *fig. a.* sublime; augusto; ⊕ saliente; em relevo; ~ *über* (*ac.*) superior a; acima de; **2'haben-heit** *f* (*0*) elevação *f*; **2'halt** ✝ *m* (*-ęs*; *0*): *bei* ~ ao receber; **~'halten** (*L*; -) (*bekommen*) receber; (*erlangen*) obter, conseguir; (*bewahren*) conservar; guardar; manter; (*ernähren*) suster; *dankend* ~ ✝ recebi; **2'halter** *m* conservador *m*; (*Ernährer*) sustentador *m*; **~'hältlich** [-'hɛltliç]: ~ *sn* estar a venda; vender-se; **2'haltung** *f* (*0*) conservação *f*; manutenção *f*; sustento *m*; **~'hängen** (-): *sich* ~ enforcar-se; **~'härten** (*-e-*; -) **1.** *v/i.* endurecer; *fig. u.* **2.** *v/t.* corroborar, provar(-se), justificar(-se); **~'haschen** (-) apanhar.

er'heb|en (*L*; -) levantar; alçar; *meist fig.* elevar (*a.* *A*); *Geld*: recolher; *Steuern*: impor; arrecadar; (*preisen*) enaltecer; *sich* ~ levantar-se; (*sich empören*) *a.* sublevar-se; *über andere*: elevar-se; destacar-se; *Schwierigkeiten*: surgir; **~end** *adj.*

sublime; **⁓lich** considerável; **²ung** *f* saliência *f*; *a. fig.* elevação *f*; sublevação *f*; levantamento *m*; *Steuern*: imposição *f*.

er|'heischen (-) requerer, reclamar; **⁓'heitern** [-'haɪtərn] (*-re*; -) divertir; **⁓'hellen** [-'hɛlən] (-) *v/t.* aclarar, iluminar; **⁓'hitzen** [-'hitsən] (*-t*; -) aquecer; *sich ⁓ fig.* exaltar-se; **⁓'höhen** [-'hø:ən] (-) levantar; (*steigern*) elevar, aumentar (*um* por); **²höhung** [-'hø:uŋ] *f* elevação *f*, *Erdk. a.* montículo *m*; aumento *m*; **²höhungszeichen** *n* sustenido *m*; **⁓'holen** (-): *sich ⁓* restabelecer-se; descansar; **²'holung** [-'ho:luŋ] *f* repouso *m*; recreio *m*; descanso *m*; **²'holungs-heim** *n* (*-es*; *-e*) casa *f* de repouso; **⁓'hören** (-) atender.

er'inner|lich: *et. ist mir ⁓* recordo (-me de) a.c.; **⁓n** (*-re*; -): *an* (*ac.*) *⁓* recordar, lembrar (*j-n* a alg.); *sich an* (*ac.*) *⁓* lembrar-se de, recordar-se de; **²ung** *f* recordação *f*, lembrança *f*; (*Gedächtnis*) memória *f* (*zur ⁓ an ac.* em ... de); (*Mahnung*) advertência *f*; **²ungsvermögen** *n* (*-s*; *0*) memória *f*.

er'jagen (-) alcançar; **⁓'kalten** [-'kaltən] (*-e-*; -; *sn*) arrefecer; esfriar, *fig. a.* afrouxar; **⁓'kälten** [-'kɛltən] (*-e-*; -): *sich ⁓* constipar-se; **²'kältung** [-'kɛltuŋ] *f* resfriamento *m*; constipação *f*; **⁓'kämpfen** (-): *sich* (*dat.*) *⁓* lutar por; **⁓'kaufen** (-) comprar, adquirir; ganhar.

er'kenn|bar [ɛ]: *⁓ sn* distinguir-se, conhecer-se (*an dat.* por); **⁓en** (*L*; -) (re)conhecer (*an dat.* por); ⚕ diagnosticar; ⚖ sentenciar; *j-n als ... ⁓ a.* ⚖ identificar alg.; *gegen j-n ⁓ auf* (*ac.*) condenar alg. a; ✝ *j-n ⁓ für, j-s Konto ⁓ mit* lançar no crédito de alg.; *⁓ lassen* dar a perceber.

er'kennt|lich: = *erkennbar*; *fig.* reconhecido; **²lichkeit** *f* reconhecimento *m*; **²nis a)** *f* (-; *-se*) inteligência *f*; conhecimento *m*; intuição *f*; cognição *f*; *zur ⁓* (*gen.*) *kommen* reconhecer (*ac.*); **b)** *n* (*-ses*; *-se*) ⚖ sentença *f*; **²nisvermögen** *n* (*-s*; *0*) inteligência *f*.

Er'kennung [ɛr'kɛnuŋ] *f* reconhecimento *m*; **⁓s-dienst** *m* (*-es*; *0*) serviço *m* de identificação; **⁓s-marke** *f* chapa *f* de identidade; **⁓s-zeichen** *n* (sinal *m*) distintivo *m*.

'Erker ['ɛrkər] *m* balcão *m*, sacada *f* (de janela).

er'klär|bar ['ɛ:] explicável; *⁓ sn* explicar-se; **⁓en** (-) explicar; interpretar; (*sagen*) declarar (*a. Krieg*); *⁓ für, ⁓ als* qualificar de; *sich für besiegt usw. ⁓* dar-se por ...; **⁓end** *adj.* explicativo; **⁓lich** = *⁓bar*; **²ung** *f*: (e-e) *⁓* (*abgeben* dar uma) explicação *f*; (fazer uma) declaração *f*; (*Deutung*) interpretação *f*; (*Erläuterung*) comentário *m*.

er|'klecklich F [ɛr'klɛkliç] considerável; **⁓'klettern** (*-re*; -), **⁓'klimmen** (*L*; -) *v/t.* galgar, trepar a, subir a; **⁓'klingen** (*L*; -; *sn*) (res-)soar; fazer-se ouvir; **⁓'kranken** (-; *sn*) adoecer (*an dat.* de, com); **²'krankung** [-'kraŋkuŋ] *f* adoecimento *m*; doença *f* (súbita); **⁓'kühnen** [-'ky:nən] (-): *sich ⁓ zu* atrever-se a, ousar (*inf.*).

er'kund|en [ɛr'kundən] (*-e-*; -) reconhecer, sondar; **⁓igen** [-igən] (-): *sich ⁓* informar-se (*nach* de; *über ac.* sobre); **²igung** [-iguŋ] *f* informação *f* (*einziehen* colher); **²ung**(**s-...** *in Zssgn*: de) *f* reconhecimento *m*.

er|'lahmen (-; *sn*) enfraquecer, afrouxar; tolher-se; **⁓'langen** (-) obter; conseguir; **²'laß** ['a] *m* (*-sses*; *⸗sse*) (*Regierungs²*) decreto *m*; edital *m*; (*Ministerial²*) portaria *f*; despacho *m*; *e-s Gesetzes*: promulgação *f*; (*Rund²*) circular *f*; *Steuer, Dienst*: isenção *f*; *Strafe*: dispensa *f*; *Schuld*: diminuição *f*; **⁓'lassen** (*L*; -) *v/t.* dispensar de, isentar de; *Strafe a.*: perdoar; *j-m e-e Schuld ⁓* renunciar ao pagamento de uma dívida de alg.; *Befehl*: dar; *Gesetz*: promulgar; decretar; **⁓'lauben** [-'laubən] (-) permitir, dar licença; **²'laubnis**(**-schein** *m* [*-es*; *-e*]) [-'laupnis-] *f* (*0*) licença *f*, **⁓'laubt** [-'laupt] *adj.* lícito; **⁓'laucht** [-'lauxt] ilustre, augusto; **⁓'läutern** (*-re*; -) esclarecer, explicar, comentar; **²'läuterung** *f* esclarecimento *m*, explicação *f*, comentário *m*.

'Erle ['ɛrlə] *f* amieiro *m*; (*Schwarz²*) choupo *m*.

er'leb|en (-) viver (*a. Phil.*); presenciar; assistir a; (*erfahren*) experimentar, sofrer; *noch et. ⁓ können* ir ter ainda surpresas; **²nis** *n* (*-ses*;

-se) aventura *f*; experiência *f*; *inneres*, *Phil.* emoção *f* (*gen.* causada por), vivência *f*; *zum* ~ *werden* causar profunda emoção.
er'ledig|en [ɛr'le:digən] (-) despachar; *Auftrag*: executar; ~**t** [-çt] *adj. Stelle*: vago; (*fertig*) pronto; F (*müde*) moído; **2ung** *f* despacho *m*; execução *f*.
er'legen (-) *Wild*: abater.
er'leichter|n [ɛr'laɪçtərn] (-*re*; -) aliviar (*a.* ⚕); alijar; *fig. a.* facilitar; **2ung** *f* alívio *m*; facilitação *f*; *pl.* facilidades *f*/*pl.*
er|'leiden (*L*; -) sofrer, padecer; ~**'lernen** (-) aprender; ~**'lesen** (*L*; -) escolher; *adj. a.* sele(c)to.
er'leucht|en (-*e*-; -) iluminar, *fig. a.* inspirar; **2ung** *f* iluminação *f*; *fig.* inspiração *f*; revelação *f*.
er'liegen (*L*; -) sucumbir.
er|'logen [ɛr'lo:gən] falso, mentiroso; **2'lös** [-'lø:s] *m* (-*es*; -*e*) produto *m*; ~**'löschen** (*L*; -; *sn*) apagar-se; *a. fig.*: extinguir-se; *Vollmacht usw.*: caducar.
er'lös|en (-) salvar; *Rel. a.* redimir; (*befreien*) libertar; **2er** *m Rel.* Redentor *m*, Salvador *m*; *Pol.*: libertador *m*; **2ung** *f* redenção *f*, salvação *f*.
er'mächtig|en [ɛr'mɛçtigən] (-) autorizar; **2ung** *f* autorização *f*; procuração *f*.
er'mahn|en (-) advertir; ~ *zu et.* exortar a (fazer) a.c.; **2ung** *f* advertência *f*; exortação *f*.
er'mangel|n (-*le*; -) (*gen.*) carecer de; **2ung** *f*: *in* ~ (*gen.*) por falta *f* de.
er'mannen [ɛr'manən] (-): *sich* ~ afoitar-se, animar-se.
er'mäßig|en (-) reduzir; **2ung** *f* redução *f*.
er'matt|en [ɛr'matən] (-*e*-; -) *v*/*t.* (*v*/*i.* [*sn*]) cansar; esmorecer; **2ung** *f* (*0*) cansaço *m*, extenuação *f*, fadiga *f*.
er'messen 1. *v*/*t.* (*L*; -) medir; *fig.* julgar, avaliar; (*erwägen*) considerar; **2.** **2** *n* discrição *f*, parecer *m*; *et. in j-s* ~ *stellen* deixar a.c. com alg.; ~**s...**: *in Zssgn* discricionário.
er'mitt|eln [ɛr'mitəln] (-*le*; -) averiguar, verificar; (*nachforschen*) indagar; **2lung** *f* averiguação *f*, pesquisa *f* (*anstellen* fazer); indagação *f*, apuramento *m*.
er'möglichen [ɛr'mø:kliçən] (-) facilitar, possibilitar; proporcionar.
er'mord|en (-*e*-; -) assassinar; **2ung** *f* assassínio *m*.
er'müd|en [ɛr'my:dən] (-*e*-; -) *v*/*t.* (*v*/*i.* [*sn*]) cansar; fatigar(-se); ~**end** *adj.* fatigante; **2ung** *f* cansaço *m*, fadiga *f*.
er'munter|n (-*re*; -) acordar, animar; estimular; **2ung** *f* animação *f*; estímulo *m*.
er'mutig|en [ɛr'mutigən] (-) instigar, encorajar; ~**end** *adj.* animador; **2ung** *f* instigação *f*, estímulo *m*.
er'nähr|en (-) alimentar; (*erhalten*) suste(nta)r; **2er** *m* quem sustenta; **2ung** *f* alimentação *f*, nutrição *f*; sustento *m*; *Pol.* abastecimento *m*.
er'nenn|en (*L*; -): ~ (*zu*) nomear (*ac.*); **2ung** *f* nomeação *f*.
er'neu|e(r)n [ɛr'nɔyə(r)n] (-*re*; -) renovar; *Dank usw.*: reiterar; **2(er)ung** *f* renovação *f*; reiteração *f*.
er'niedrig|en [ɛr'ni:drigən] (-) abaixar; *fig. a.* humilhar, degradar; ~**end** *adj.* abaixador; humilhante; **2ung** *f* abaixamento *m*, redução *f*, abate *m*; *fig.* humilhação *f*, degradação *f*.
Ernst [ɛ] **1.** *m* (-*es*; *0*) seriedade *f*; (*Schwere*) gravidade *f*; *im* ~ a sério; *das ist mein* ~ falo sério; *allen* ~*es* sèriamente; ~ *machen mit* começar a sério; **2.** **'2(haft)**, **'2lich** sério; grave; *adv. a.* deveras; *et.* ~ *nehmen* levar a.c. a sério.
'Ernte ['ɛrntə] *f* colheita *f*; ~**-arbeiter** *m* ceifador *m*; ~**dankfest** *n* festa *f* da colheita; **2n** (-*e*-) fazer a colheita, (*fig. a.* re)colher; ~**zeit** *f* ceifa *f*.
er'nüchter|n (-*re*; -) entibiar, afrouxar; *fig. a.* desiludir; **2ung** *f* afrouxamento *m*; desilusão *f*.
Er'ober|er [ɛr'o:bərər] *m* conquistador *m*; **2n** (-*re*; -) conquistar; *Stadt*: tomar; ~**ung** *f* conquista *f*, tomada *f*.
er'öffn|en (-*e*-; -) abrir; *feierlich*: inaugurar; *Feindseligkeiten*: romper; (*beginnen*) iniciar; (*mitteilen*) fazer saber, notificar, participar; **2ung** *f* abertura *f*; inauguração *f*; (*Beginn*) início *m*; (*Mitteilung*) participação *f*.
er'örter|n [ɛr'œrtərn] (-*re*; -) discutir; **2ung** *f* discussão *f*.
E'rot|ik [e'ro:tik] *f* (*0*) erotismo *m*; **2isch** erótico.

er'picht [ɛr'piçt]: *auf* (*ac.*) ~ *sn* estar ansioso por a.c.
er'press|en (-*ßt*; -) extorquir; fazer chantagem; **2er** *m* exa(c)tor *m*; extorsionário *m*; **2ung** *f* extorsão *f*; **2ungsversuch** *m* (-*ẹs*; -*e*) chantagem *f*.
er'proben (-) provar, experimentar.
er'quick|en [ɛr'kvikən] (-) refrescar, (*stärken*) recrear; **~end** *adj.* refrescante; **~lich** recreativo; *fig.* agradável; **2ung** *f* refresco *m*, alívio *m*, recreio *m*; *poet.* refrigério *m*.
er|'raten (*L*; -) adivinhar, acertar; es ~ F dar no vinte; **~'rechnen** (-*e*-; -) calcular.
er'regbar [ɛr're:k-] excitável, irritável; susceptível; **2keit** *f* (*0*) irritabilidade *f*; susceptibilidade *f*.
er'reg|en (-) excitar, *Gemüt a.*: comover; (*reizen*) irritar; *Volk*: agitar; (*verursachen*) suscitar, causar; *Streit*: provocar; ⚗ *u.* ⚕ produzir; **2er** *m* bacilo *m*; agente *m* provocador (*od.* patológico); micróbio *m* patogénico; ⚡, **2ermaschine** *f* excitatriz *f*; **2ung** *f* excitação *f*, agitação *f*; alvoroço *m*.
er'reich|bar [ɛr'raɪç-] acessível, *a.* realizável; *j-m*: ao alcance de; **~en** (-) *v/t.* alcançar, apanhar; *fig. a.* conseguir; *Ort*: *a.* chegar a.
er'rett|en (-*e*-; -) salvar; **2ung** *f* (*0*) salvação *f*.
er'richt|en (-*e*-; -) erguer, levantar, construir; (*gründen*) fundar, estabelecer, instituir; **2ung** *f* levantamento *m*, construção *f*, △ *a.* elevação *f*, implantação *f*; (*Gründung*) estabelecimento *m*, instituição *f*.
er|'ringen (*L*; -) ganhar, conquistar; **~'röten** (-*e*-; -; *sn*) *v/i.* corar; **2'röten** *n* rubor *m*; **2'rungenschaft** [-'ruŋən-] *f* aquisição *f*; *fig.* progresso *m*; realização *f*.
Er'satz *m* (-*es*; *0*) substituto *m*; substituição *f*; (*Schaden*2) indemnização *f*; *der Kosten*: compensação *f*; ⚕ prótese *f*; ~ *leisten* reparar, indemnizar.
Er'satz|anspruch *m* (-*ẹs*; ⸗*e*) recurso *m*; **~batterie** *f* pilha *f* de reserva; **~glied** *n* (-*ẹs*; -*er*) prótese *f*; **~mann** *m* (-*ẹs*; ⸗*er*) suplente *m*; **~mittel** *n* substituto *m*; sucedâneo *m*; **~pflicht** *f* responsabilidade *f*; **~rad** *n* (-*ẹs*; ⸗*er*) (**~reifen** *m*) roda *f* (pneu *m*) de reserva; **~spieler** *m* suplente *m*; **~stoff** *m* (-*ẹs*; -*e*) substituto *m*; **~stück** *n* (-*ẹs*; -*e*) peça *f* de reserva; **~wahl** *f* eleição *f* complementar.
er|'saufen (*L*; -) afogar-se; **~'säufen** [-'zɔyfən] (-) afogar; **~'schaffen** (*L*; -) criar; **2'schaffung** *f* criação *f*; **~'schallen** (-) (res)soar; *Glocken*: repicar.
er'schein|en (*L*; -; *sn*) *v/i.* aparecer, *Buch*: *a.* publicar-se, sair; (*kommen*) vir, apresentar-se; *offiziell*: comparecer; (*scheinen*) parecer; ~ *lassen* publicar; **2en** *n* aparecimento *m*, publicação *f*; *j-s*: presença *f*; comparecimento *m*; **2ung** *f* aparição *f*; fenómeno *m*; visão *f*; ⚕ sintoma *m*; (*Auftreten*) manifestação *f*, aparecimento *m*; (*Aussehen*) aspecto *m*, *j-s*: *a.* figura *f*; **2ungsform** *f* manifestação *f*.
er'schieß|en (*L*; -) fuzilar; *sich* ~ suicidar-se; **2ung** *f* fuzilamento *m*.
er'schlaff|en (-; *sn*) afrouxar; *fig. a.* relaxar-se; **2ung** *f* (*0*) afrouxamento *m*; relaxação *f*; abatimento *m*.
er'schlagen (*L*; -) abater; assassinar; *Blitz*: fulminar.
er'schleich|en (*L*; -) captar; **2ung** *f* captação *f*.
er'schließ|en (*L*; -) abrir; *der Bebauung* ~ urbanizar; *fig.* deduzir (*aus* de); **2ung** *f* exploração *f*.
er'schöpf|en (-) esgotar; **~end** *adj.* extenuante; (*vollkommen*) completo; *adv. a.* a fundo; **2ung** *f* esgotamento *m*.
er'schrecken **1.** *v/t.* (-) assustar, meter medo a; espantar; espavore(ce)r; abismar; **2.** *v/i.* (*L*; -; *sn*) assustar-se, ter medo (*vor dat.* de); atemorizar-se; **~d** *adj.* assustador.
er'schütter|n [ɛr'ʃytərn] (-*re*; -) abalar, sacudir; *fig. a.* comover; **~nd** *adj.* abalador, comovente; **2ung** *f* abalo *m*; comoção *f*.
er'schweren [-'ʃve:rən] (-) dificultar; abarancar; (*verschlimmern*) agravar; **~d** *adj.* agravante.
er'schwindeln (-*le*; -): *sich* ~ captar, conseguir por entrujices.
er'schwing|en (*L*; -): ~ *können* ter dinheiro (bastante) para; *zu* ~ = **~lich** acessível; ~ *sn* vender-se a um preço razoável.
er'sehen (*L*; -) deduzir, concluir (*aus* de).
er'sehnen (-) ansiar.

er'setz|bar [ɛr'zɛts-] reparável; substituível; ~ *sn* substituir-se; **~en** (*-t*; -) substituir; suprir; *Verlust*: reparar, restituir; restabelecer; *j-m e-n Schaden* ~ indemnizar alg.; *j-m s-e Kosten* ~ reembolsar alg.

er|'sichtlich evidente, manifesto; ~ *sn a.* depreender-se (*aus* de); **~'sinnen** (*L*; -) idear; engenhar; inventar; **~'spähen** (-) espiar; avistar; lobrigar.

er'spar|en (-) economizar; *a. fig.* poupar; **2nis** *f* (-; *-se*) economia(s *pl.*) *f*.

er'sprießlich [ɛr'ʃpri:sliç] vantajoso; (*heilsam*) salutar; benéfico.

erst [e:rst] primeiro; (*einstweilen*) por agora, por enquanto; ~ *morgen usw.* só, sòmente; não ... senão; *eben* ~, *jetzt* ~ só agora, agora mesmo; ~ *recht* com maior razão; ~ *recht nicht* muito menos ainda; *nun* ~ *recht nicht!* menos do que nunca!

er'starken [ɛr'ʃtarkən] (-; *sn*) robustecer.

er'starr|en (-; *sn*) entorpecer, inteiriçar; *Flüssigkeit*: coalhar, ⚗ coagular; *Phys.* solidificar-se; *durch Kälte u. fig.* (con)gelar; **2ung** *f* (*0*) entorpecimento *m*; *Phys.* solidificação *f*; ⚗ coagulação *f*; congelação *f*.

er'statt|en (*-e-*; -) restituir, devolver; *Kosten*: reembolsar; *Bericht* ~ fazer um relatório; relatar, informar; *Anzeige* ~ (*gegen*) denunciar (*ac.*); **2ung** *f e-s Berichts*: apresentação *f*; ~ *e-r Anzeige* denúncia *f*; ~ *der Unkosten* reembolso (*'ô) *m*.

'Erst-aufführung *f* estreia *f*.

er'staun|en (-; *sn*) *v/i.* admirar-se, ficar pasmado (*über ac.* de); **2en** *n* assombro *m*; admiração *f*, espanto *m*; *in* ~ *setzen* assombrar; estranhar; **~lich** assombroso, admirável.

'Erst-ausgabe *f* primeira edição *f*; *älteste*: edição *f* príncipe.

'erstbeste: *der, die, das* ~ qualquer.

'erste, 2 *su.* ['e:rstə] primeiro *m*, -a *f*; *der (die, das)* ~ *beste* qualquer; *zum* ~*n Mal* pela primeira vez; *fürs* ~ primeiro, (*einstweilen*) por enquanto; *als* ~*r ankommen* ser o primeiro a chegar; *an* ~*r Stelle* em primeiro lugar.

er|'stechen (*L*; -) apunhalar, esfaquear; **~'stehen** (*L*; -) **1.** *v/i.* (*sn*) nascer; ressurgir; **2.** *v/t.* adquirir, comprar; **~'steigen** (*L*; -) *v/t.* subir a; montar.

'erstens ['e:rstəns] (em) primeiro (lugar); primeiramente.

'erstere ['e:rstərə]: *der*, (*die*), *das* ~ o (a) primeiro(-a); aquele(-a).

'erst|geboren primogénito; **2geburt(s-recht** *n* [*-es, 0*]) *f* primogenitura *f*; **~genannt** ['-gənant] primeiro citado.

er'stick|en (-) *v/t.* (*v/i.* [*sn*]) sufocar (*a. fig.*); abafar; *durch Gas*: asfixiar (-se); **2en** *n* = **2ung**; **~end** *adj.* asfixiante; *Hitze*: sufocante, abafador; **2ung** *f* (*0*) sufocação *f*; asfixia *f*; abafação *f*, abafamento *m*; **2ungsgefahr** *f* perigo *m* de morrer asfixiado.

'erstklassig ['-klasiç] de primeira ordem; primoroso.

er|'streben (-) *v/t.* aspirar a, pretender; *stärker*: ambicionar; **~'strebens-wert** desejável; **~'strecken** (-): *sich* ~ estender-se (*auf ac.* a); *sich* ~ *über* (*ac.*), *sich* ... *lang* ~ ter ... de extensão; **~'stürmen** (-) tomar de assalto; **~'suchen** (-) *v/t.*: *j-n um et.* ~ solicitar a.c. de (*od.* a) alg., pedir a.c. a alg.; **2'suchen** *n* solicitação *f*; **~'tappen** (-) apanhar, surpreender; **~'teilen** (-) dar; *Vollmacht*: conferir; *Segen*: lançar; **~'tönen** (-) ressoar; *Glocke*: repicar.

Er'trag [ɛr'tra:k] *m* (*-es*; ⁼*e*) rendimento *m*, produto *m*, receita *f*; *Baum*: carga *f*; **2en** (*L*; -) suportar, aguentar, aturar; **2fähig** produtivo.

er'träglich [ɛr'trɛ:kliç] suportável; (*leidlich*) sofrível, tolerável.

er|'tränken (-) afogar; **~'träumen** (-) *v/t.*: (*sich dat.*) ~ imaginar; sonhar (para si); **~'trinken** (*L*; -; *sn*) afogar-se; **2'trinken** *n* afogamento *m*.

er'tüchtig|en [ɛr'tyçtigən] (-) educar, exercer; *Sport*: *a.* treinar; **2ung** *f* (*0*): *körperliche* ~ educação *f* física; exercício(s *pl.*) *m* físico(s), treino *m*.

er|'übrigen [-'y:brigən] (-) economizar; dispensar; *sich* ~ já não ser preciso; ser escusado; **~'wachen** (-; *sn*), (**2'wachen** *n*) despertar (*m*), acordar (*m*); **~'wachsen 1.** *v/i.* (*L*; -; *sn*) resultar (*aus* de); **2.** *adj.* adulto (*a. su.*); **~'wägen** (*L*; -) considerar, ponderar; **2'wägung** [-'vɛ:-guŋ] *f* consideração *f* (*in* ~ *ziehen* tomar em ...); **~'wählen** (-) escolher, eleger.

er'wähn|en (-) mencionar, citar; **~enswert** digno de ser mencionado; **2ung** *f* menção *f*.

er'wärmen (-) aquecer; *fig.* entusiasmar (*für* por).

er'wart|en (*-e-*; -) aguardar, esperar (*es steht zu* é de); prever; *wider* (*alles*) 2 contra todas as previsões; **2ung** *f* espera *f*; expe(c)tativa *f*; (*Hoffnung*) esperança *f*; **~ungsvoll** *adv.* ansioso, impaciente.

er|'wecken (-) despertar; *vom Tode* ~ ressuscitar; *fig.* provocar; **~'wehren** (-): *sich* ~ defender-se (*gen.* de); *des Lachens usw.*: conter (*ac.*); **~'weichen** (-) *v/t.* (*v/i.* [*sn*]) abrandar; amolecer; *fig.* enternecer(-se), comover(-se); *sich* ~ *lassen* (acabar por) ceder; **~'weisen** (*L*; -) provar dar provas de; *Dienst, Ehre*: prestar; *Gerechtigkeit*: fazer; *Dankbarkeit*: manifestar; *j-m Wohltaten* ~ fazer bem a alg.; *sich* ~ *als* mostrar--se; *sich würdig* ~ saber corresponder (*gen.* a); **~'weitern** [-'vaɪtərn] (*-re*; -) alargar; estender; *bsd.* ⚕ dilatar; **2'weiterung** *f* alargamento *m*, extensão *f*; ⚕ dilatação *f*.

Er'werb [ɛr'vɛrp] *m* (*-es*; *-e*) aquisição *f*; (*Gewinn*) lucro *m*, ganho *m*; (*Beruf*) ganha-vida *m*; trabalho *m*; **2en** [-bən] (*L*; -) (*sich dat.*) ~ adquirir; *durch Arbeit*: ganhar; *sich* (*dat.*) *Verdienste* ~ merecer bem (*um* de).

er'werbs|fähig válido; **~los** desempregado; **2mittel** *n/pl.* meios *m/pl.* de subsistência; **2quelle** *f* recurso(s *pl.*) *m*; **2sinn** *m* (*-es*; *0*) espírito *m* mercantil; **~unfähig** inválido; **2zweig** *m* (*-es*; *-e*) ramo *m* de indústria.

Er'werbung *f* aquisição *f*.

er'wider|n [ɛr'vi:dərn] (*-re*; -) *v/t.* responder, replicar; (*vergelten*) (cor)responder a; *Besuch, Glückwunsch*: retribuir; **2ung** *f* réplica *f*, resposta *f*.

er|'wirken (-) obter, conseguir; **~'wischen** (-) apanhar; **~'wünscht** [-'vynʃt] desejado; oportuno; ~ *kommen* vir a propósito; **~'würgen** (-) estrangular.

Erz [ɛrts] *n* (*-es*; *-e*) minério *m*; (*Metall*) bronze *m* (*a. fig.*); **'~-ader** *f* (-; *-n*) veio *m*, filão *m*.

er'zähl|en (-) contar; **~end** *adj.* narrativo; **2er(in** *f*) *m* narrador(a *f*) *m*; contista *m, f*; *Lit.*: *a.* novelista *m, f*; **2ung** *f* narrativa *f*; narração *f*; *Lit.*: conto *m*; novela *f*.

'Erz|bischof *m* (*-s*; *⸗e*) arcebispo *m*; **2bischöflich** arcebispal; **~bösewicht** *m* (*-es*; *-e*) grande malvado *m*; velhaco *m*; **~-engel** *m* arcanjo *m*.

er'zeug|en (-) gerar; (*hervorbringen*) produzir; (*hervorrufen*) provocar; **2er** *m* procriador *m*, pai *m*; ✝ produtor *m*; **2nis** *n* (*-ses*; *-se*) produto *m*; **2ung** *f* produção *f*; fabricação *f*, fabrico *m*, manufa(c)tura *f*; **2ungs...**: *in Zssg(n)* de produção, produtor.

'erz|faul (*0*) muito preguiçoso; **2feind** *m* (*-es*; *-e*) inimigo *m* mortal, êmulo *m*; **2gang** *m* (*-es*; *⸗e*) filão *m*; **2gauner** *m* grande malandro *m*; **2grube** *f* mina *f*; **~haltig** ['-haltiç] metalífero; **2herzog(in** *f*) *m* (*-es*; *⸗e*) arquiduque(sa *f*) *m*.

er'zieh|en (*L*; -) educar; (*aufziehen*) criar; **2er(in** *f*) *m* pedagogo *m* (-a *f*); mestre *m* (-a *f*); professor(a *f*) *m*; preceptor(a *f*) *m*; **2ung** *f* educação *f*.

Erziehungs...: *in Zssg(n) meist* pedagógico, educativo; **~anstalt** *f* casa *f* de corre(c)ção; **~beihilfe** *f* subsídio *m* escolar; **~kunst** *f* (*0*), **~lehre** *f* pedagogia *f*; **~minister(ium** *n* [*-s*; *-rien*]) *m* Ministro (Ministério) *m* de Educação Nacional; **~wesen** *n* (*-s*; *0*) ensino *m*, instrução *f* pública, educação *f* (nacional).

er'zielen (-) conseguir, obter.

er'zittern (*-re*; -; *sn*) estremecer; tremer.

'Erzpriester *m* arcipreste *m*.

er'zürnen (-) irritar, zangar; *mit j-m erzürnt sn* estar zangado com alg.

'Erzvater *m* (*-s*; *⸗er*) patriarca *m*.

er'zwingen (*L*; -) forçar.

es [ɛs] *pron. n* ele (*'ê) *m*, ela *f*; *tonloser ac.* o, a; *auf das Folgende bezogen und als Subjekt meist nicht übersetzt*: *ich bin* ~ sou eu; ~ *regnet* chove; ~ *fertig bringen*, *zu* conseguir (*inf.*).

Es ♪ *n uv.* mi-bemol *m*.

'Esche ['ɛʃə] *f* freixo *m*.

'Esel ['e:zəl] *m* burro *m* (*a. fig.*);

jumento *m*; *bsd. fig.* asno *m*; **~'ei** *f* asneira *f*; **~in** *f* burra *f*; asna *f*; **~sbrücke** *f* F *fig.* burro *m*; **~sfüllen** *n* burrico *m*; **~s-ohr** *n* (-*ės*; -*en*) *fig.* dobra *f*; **~s-treiber** *m* arriero *m*.

'Eskimo ['ɛskimo] *m* (-*s*; -*s*) esquimó *m*.

Es'kort|e [ɛs'kɔrtə] *f* escolta *f*; **2'ieren** (-) escoltar.

'Espe ['ɛspə] *f* álamo *m*.

Es'say [ɛ'se:] *m* (-*s*; -*s*) ensaio *m*.

'eß|bar [ɛ] comestível; ~ *sn a.* comer-se; **2besteck** *n* (-*ės*; -*e*) talher *m*.

'Esse ['ɛsə] *f* forja *f*; chaminé *f*; (*Feuerstelle*) fogão *m*.

'ess|en ['ɛsən] (*L*) comer; *zu Abend* ~ jantar; *zu Mittag* ~ almoçar; *zur Nacht* ~ cear; **2en** *n* comida *f*, refeição *f*; (*Abend2*) jantar *m*; (*Mittag2*) almoço *m*; **2enszeit** *f* hora *f* de comer (*od.* das refeições); **2er** *m* comedor *m*; *starker* ~ comilão *m*.

'Essig ['ɛsiç] *m* (-*s*; -*e*) vinagre *m*.

'Essig...: *in Zssg(n) meist* de vinagre, ⚗ acético; **~flasche** *f* vinagreira *f*; **~gurke** *f* pepino *m* em vinagre; **~- und Ölgestell** *n* galheteiro *m*; **~säure** *f* (*0*) ácido *m* acético.

'Eß|löffel *m* colher *f* de sopa; **~lust** *f* (*0*) apetite *m*, vontade *f* de comer; **~waren** *f/pl.* comestíveis *m/pl.*, géneros *m/pl.* alimentícios; **~zimmer** *n* sala *f* de jantar.

'Est|e ['ɛstə] *m* (-*n*), (**~in** *f*), **2ländisch** ['-lɛndiʃ], **2nisch** estónio *m*, (-a *f*), da Estónia.

E'tage [e'ta:ʒə] *f* andar *m*, piso *m*; **~nwohnung** *f* habitação *f*; (meio-) andar *m*.

E'tappe [e'tapə] *f* fase *f*, ⚔ (zona *f* da) retaguarda *f*; *pl. in* ~*n* sucessivamente, um após outro.

E'tat [e'ta] *m* (-*s*; -*s*) orçamento *m*; verba *f*; **~(s)jahr** *n* (-*ės*; -*e*) ano *m* económico; **2mäßig** *Ausgabe*: ordinário; *j.*: do quadro.

'Eth|ik ['e:tik] *f* (*0*) ética *f*; **~iker** *m*, **2isch** ético *m*.

Ethno|'loge [ɛtno'lo:gə] *m* (-*n*) etnólogo *m*; **~lo'gie** [-lo'gi:] *f* (*0*) etnologia *f*; **2'logisch** etnológico.

Eti'kett [eti'kɛt] *n* (-*ės*; -*e*) rótulo *m*; **~e** *f* protocolo *m*, ceremonial *m*.

'etliche ['ɛtliçə] *pl.* (alg)uns *m/pl.*; (alg)umas *f/pl.*

E'tüde ♪ [e'ty:də] *f* estudo *m* (musical).

E'tui [ɛt'vi:] *n* (-*s*; -*s*) estojo (*'ô) *m*.

'etwa ['ɛtva] aproximadamente, cerca (*ê) de; ~ *hundert* uns ...; **~ig** eventual; **~s** alguma coisa; *adv. a.* um pouco; algo (de); ~ *Großes usw.* alguma coisa de, algo de; ~ *anderes* outra coisa; *so* ~ tal coisa.

euch [ɔyç] vos, a vós.

'euer ['ɔyər] **1.** de vós; **2.** ~, *der*, (*die*) *das* ~e o vosso (a vossa).

'Eule ['ɔylə] *f* coruja *f*; mocho (*'ô) *m*.

'Eulenspiegel *m* maganão *m*; **~'ei** *f* travessura *f*.

Eu'nuch [ɔy'nu:x] *m* (-*en*) eunuco *m*.

'eure ['ɔyrə] (o) vosso, (a) vossa, (os) vossos, (as) vossas; **~r** da(s) vossa(s), dos vossos; **~r-seits** [-zaɪts] por vosso lado, da vossa parte; **~sgleichen** vosso igual; **~t-halben, ~t-wegen,** *um* **~t-willen** por vossa causa.

'eurige ['ɔyrigə] *s. euer* 2.

Euro'pä|er(in *f*) *m* [ɔyro'pɛ:ər-], **2isch** europeu *m* (europeia *f*); da Europa.

'Euter ['ɔytər] *n* úbere *m*, teta *f*.

evaku'ier|en [evaku'i:rən] (-) evacuar; **2ung** *f* evacuação *f*.

evangel|isch [evaŋ'ge:liʃ] evangélico; protestante; **2ium** *n* (-*s*; -*lien*) evangelho *m*.

eventu'ell [evɛntu'ɛl] eventual; *adv. a.* talvez.

'ewig ['e:viç] eterno, perpétuo; **2keit** *f* eternidade *f*; **~lich** eternamente.

e'xakt [ɛ'ksakt] exa(c)to; **2heit** *f* exa(c)tidão *f*.

E'xam|en [ɛ'ksa:mən] *n* (-*s*; *Examina*) exame *m*; **2i'nieren** (-) examinar.

Exekut|i'on [ɛksəkutsi'o:n] *f* execução *f*; **2'iv...** [-'ti:f...] executivo; **~'ive** [-'ti:və] *f* poder *m* executivo.

E'xempel [ɛ'ksɛmpəl] *n* problema *m*; (*Beispiel*) exemplo *m*.

Exem'plar [ɛksɛm'pla:r] *n* (-*s*; -*e*) exemplar *m*; **2isch** exemplar.

exer'zier|en[1] [ɛksɛr'tsi:rən] (-) exercer, exercitar, fazer exercícios; **2en**[2] *n* exercício *m*; instrução *f*; **2platz** *m* (-*es*; ⸚*e*) campo *m* de manobras.

E'xil [ɛ'ksi:l] *n* (-*s*; -*e*) desterro (*'ê) *m*, exílio *m*.

Exis'tenz [ɛksis'tɛnts] *f* existência *f*; ✝ posição *f*; **~berechtigung** *f* (*0*) direito *m* à existência; **~minimum** *n* (*-s*; *-minima*) mínimo *m* para viver; **~mittel** *n/pl.* meios *m/pl.* de subsistência.

exis'tieren [ɛksis'ti:rən] (-) existir.

exklu'siv [ɛksklu'zi:f] exclusivo.

Exkommuni|kati'on [ɛkskomunikatsi'o:n] *f* excomunhão *f*; **2'zieren** [-'tsi:rən] (-) excomungar.

exmatriku'lieren [ɛksmatriku'li:rən] (-) riscar da matrícula; *sich ~ lassen* pedir para ser riscado da matrícula.

e'xotisch [ɛ'kso:tiʃ] exótico.

Exped|i'ent [ɛkspedi'ɛnt] *m* (*-en*) despachante *m*; expedidor *m*; expedicionário *m*; **2'ieren** (-) expedir, despachar; **~iti'on** [-itsi'o:n] *f* ✝ despacho *m*; expedição (*a.* ⚔) *f*; **~iti'ons...**: *in Zssg(n)*, **~iti'onsteilnehmer** *m* expedicionário *m*.

Experi'ment [ɛksperi'mɛnt] *n* (*-ęs*; *-e*) experiência *f*; **2'ieren** (-) experimentar.

Ex'perte [ɛks'pɛrtə] *m* (*-n*) perito *m*, experto *m*.

explo|'dieren [ɛksplo'di:rən] (-; *sn*) explodir, deflagar; **2si'on** [-zi'o:n] *f* explosão *f*, deflagração *f*; **~'siv** [-'zi:f], **2'sivstoff** *m* explosivo *m*.

Expo'n|ent [ɛkspo'nɛnt] *m* (*-en*) expoente *m*; *fig.* representante *m*; **2ieren** (-) expor.

Ex'port [ɛks'pɔrt] *m* (*-ęs*; *-e*) exportação *f*; **~'eur** [-'tø:r] *m* (*-s*; *-e*) exportador *m*; **~handel** *m* (*-s*; *0*) comércio *m* de exportação; **2'ieren** (-) exportar.

Expreß *m* = **2-zug** *m* (*-ęs*; *⸗e*) (comboio) expresso *m*.

'extra ['ɛkstra] extra; **2...**: *in Zssg(n)* especial; (*zusätzlich*) suplementar, acessório; **~fein** extrafino.

Ex'trakt [ɛks'trakt] *m u. n* (*-ęs*; *-e*) extra(c)to *m*.

ex'trem [ɛks'tre:m], (**2** *n*) extremo (*m*); **2i'täten** [-i'tɛ:tən] *f/pl.* extremidades *f/pl.*

Exzel'lenz [ɛktsɛ'lɛnts] *f* (-; *-en*) Excelência *f*.

ex'zentrisch [ɛk'tsɛntriʃ] excêntrico.

Ex'zeß [ɛk'tsɛs] *m* (*-sses*; *-sse*) excesso *m*.

F

F, f [ɛf] *n uv.* F, f *m*; ♪ fa *m*.

'Fabel [fa:bəl] *f* (-; -*n*) fábula *f*; *Drama*: argumento *m*; **~dichter** *m* fabulista *m*; **2-haft** fabuloso; *fig.* estupendo; **~land** *n* Utopia *f*.

Fa'brik [fa'bri:k] *f* fábrica *f*; **~...**: *in Zssg(n) oft* fabril; **~'ant** [-i'kant] *m* (-*en*) fabricante *m*, industrial *m*; **~-arbeit** *f* trabalho *m* na(s) fábrica(s); **~-arbeiter** *m* operário (*od.* trabalhador) *m* de fábrica; **~'at** [-'ka:t] *n* (-*es*; -*e*) produto *m*; fabrico *m*; **~ati'on(s...)** [-atsi'o:n(s)] *f* (de) fabricação *f*; (de) produção *f*; (de) manufactura *f*; **2mäßig** fabril; **~marke** *f* marca *f* da fábrica; **2neu** recém-fabricado; **~stadt** *f* (-; ⸗*e*) cidade *f* industrial; **~ware** *f* artigos *m/pl.* manufacturados; **~zeichen** *n* = *~marke*.

fabri'zieren [fabri'tsi:rən] (-) fabricar.

Fach [fax] *n* (-*es*; ⸗*er*) divisão *f*; (*Schub2*) gaveta *f*; (*Lehr2*) matéria *f*, disciplina *f*; (*Tätigkeit*) ramo *m*; especialidade *f*; profissão *f*; (*Bord*) prateleira *f*; *vom ~* especialista; profissional, especializado; **'~-arbeiter** *m* operário *m* especializado; **'~-arzt** *m* (-*es*; ⸗*e*) (médico *m*) especialista *m*; **'~(-aus)bildung** *f* preparação *f* profissional; **~-ausdruck** *m* (-*es*; ⸗*e*) termo (*ê) *m* técnico.

'fäch|eln ['fɛçəln] (-*le*) abanar; abanicar; **2eln** *n* abanação *f*; **2er** *m* leque *m*; abanador *m*, abano *m*.

'Fach|gelehrte(r) *m* (-*n*) especialista *m*; **~genosse** *m* (-*n*) colega *m*; **~kenntnisse** *f/pl.*: *~ haben* saber da sua especialidade; ser especializado, ser versado; **2kundig** perito, competente; versado; **~leute** *pl.* = *pl. v.* **~mann** *m* (-*es*; ⸗*er*) especialista *m*, perito *m*, técnico *m*; **2männisch** ['-mɛniʃ] competente; especial(ista); **~schule** *f* escola *f* profissional; **2simpeln** ['-zimpəln] (-*le*) F não falar senão da sua especialidade; **~studium** *n* (-*s*; -*studien*) estudos *m/pl.* de especialização; **~werk** ⚠ *n* (-*es*; -*e*) madeiramento *m*; **~wissenschaft** *f* especialidade *f*; **~zeitschrift** *f* revista *f* de especialidade.

'Fackel ['fakəl] *f* (-; -*n*) archote *m*, facho *m*; **2n** F vacilar; perder tempo; **~träger** *m* porta-facho *m*; **~zug** *m* (-*es*; ⸗*e*) marcha *f* luminosa.

'fade ['fa:də] insípido, insosso.

'Faden ['fa:dən] *m* (-*s*; ⸗) fio *m* (*a. fig.*); (*Näh2*) linha *f*; ⚓ *Maß*: braça *f*; *~ ziehen Flüssigkeit*: estar em ponto de fio; *an e-m (seidenen) ~ hängen* estar por um fio; **2förmig** filiforme; em forma de fio; **~kreuz** *n* (-*es*; -*e*) *Optik*: retículo *m*; **~nudeln** *f/pl.* aletria *f/sg.*; **2scheinig** [-ʃaɪnɪç] gasto; puído; *fig. ~ sn* não convencer ninguém; **2weise** aos fios; fio por fio.

'Fadheit ['fa:t-] *f* (*0*) insipidez *f*.

Fa'gott [fa'gɔt] *n* (-*es*; -*e*) fagote *m*; **~bläser** *m* fagotista *m*.

'fähig ['fɛ:iç] capaz; apto; idóneo; **2keit** *f* capacidade *f*; idoneidade *f*; aptidão *f*.

fahl [a:] pálido, descorado, lívido.

'fahnd|en ['fa:ndən] (-*e*-): *~ nach* (*dat.*), *~ auf* (*ac.*) andar atrás de, andar à busca de; procurar, buscar; perseguir; **2ung** *f* pesquisa *f*, busca *f* (*nach* de).

'Fahne ['fa:nə] *f* bandeira *f*; *Typ.* granel *m*.

'Fahnen|abzug *m* (-*es*; ⸗*e*) (prova *f* de) granel *m*; **~eid** *m* (-*es*; -*e*) juramento *m* de bandeira; **~flucht** *f* (*0*) deserção *f*; **2flüchtig** desertor; *~ werden* desertar, abandonar a bandeira; **~stange** *f*, **~stock** *m* (-*es*; ⸗*e*) pau *m* de (*od.* da) bandeira; **~träger** *m* porta-bandeira *m*; **~weihe** *f* (*0*) consagração *f* da bandeira.

'Fähnrich ['fɛ:nriç] *m* (-*es*; -*e*) alferes *m*; *~ zur See* guarda-marinha *m*.

'Fahr|bahn [a:] *f* rodovia *f*, pista *f*; = *~damm*; **2bar** móvel, ⊕ *a.* com rodas; *Weg*: transitável, viável, ⚓ navegável; **2bereit** disposto para sair; pronto para a partida.

'Fährboot [ɛ:] *n* (-*es*; -*e*) = *Fähre*.

'Fahr|damm *m* (-*es*; ⸗*e*) calçada *f*;

faixa *f* de rodagem; meio *m* da rua, leito *m* de estrada; * rodagem *f*; **~dienst** 🚂 *m* (-*es*; -*e*) serviço *m* ferroviário; **~dienstleiter** *m* chefe *m* de serviço.

'**Fähre** [fɛ:rə] *f* barca *f*, batelão *m*.

'**fahr|en** ['fa:rən] (*L*) **1.** *v/t.* conduzir; *Wagen*: *a.* guiar; *j-n*: *a.* levar; *Last*: acarretar; **2.** *v/i.* (*sn*) andar *od.* ir (de carro, comboio, barco); ~ *durch*, ~ *über* (*ac.*) atravessar (*ac.*), passar por; *auf dem Meer*: *a.* cruzar; *zur Hölle* ~ descender ao inferno; *gut* ~ *bei* ganhar com, ficar bem servido com; ~ *lassen* largar; abandonar; *fig. a.* desistir de; **~end** ✝ ambulante; ⚔ motorizado; *Ritter*: errante; andante; ~*er Schüler* escolar vagante; ~*es Volk* vagabundos *m/pl.*, *Thea.* comparsaria *f* ambulante; **2er** *m* condutor *m*; *Auto*: motorista *m*, condutor *m*, *volante *m*; *Straßenbahn*: guarda-freio *m*, *motoreiro *m*; **2gast** *m* (-*es*; ⸚*e*) passageiro *m*; viajante *m*; **2geld** *n* (-*es*; *0*) preço *m* do bilhete; ⚓ passagem *f*; **2gelegenheit** *f* possibilidade *f* de ir (de carro *usw.*); ⚓ carreira *f*; *unentgeltliche*: F boleia *f*; **2geschwindigkeit** *f* velocidade *f*; marcha *f*; **2gestell** *n* (-*es*; -*e*) *Auto*: «chassis» (*fr.*) *m*; ✈ trem *m* de aterragem; **~ig** distraído, descuidado, nervoso; **2igkeit** *f* (*0*) distra(c)ção *f*, descuido *m*, nervosismo *m*; **2karte** *f* bilhete *m*, ⚓ passagem *f*; **2karten-ausgabe** *f*, **2karten-schalter** *m* bilheteira *f*; **~lässig** descuidado, desleixado; ⚖ involuntário; ~*e Tötung* homicídio por imprudência; **2lässigkeit** *f* descuido *m*, desleixo *m*, imprudência *f*; **2lehrer** *m* instrutor *m*.

'**Fährmann** [ɛ:] *m* (-*es*; -*männer*, -*leute*) barqueiro *m*.

'**Fahr|plan** *m* (-*es*; ⸚*e*) horário *m*; **2planmäßig** ordinário; à tabela; **~preis** *m* (-*es*; -*e*) preço *m* do bilhete; **~rad** *n* (-*es*; ⸚*er*) bicicleta *f*; **~rinne** *f* corredor *m*; **~schein** *m* (-*es*; -*e*) bilhete *m*; **~schein-heft** *n* (-*es*; -*e*) caderneta *f* (de bilhetes); **~schule** *f* escola *f* de condução; **~straße** *f* estrada *f*; **~strecke** *f* traje(c)to *m*; **~stuhl** *m* (-*es*; ⸚*e*) elevador *m*.

Fahrt [a:] *f* viagem *f*; (*Strecke*) caminho *m*, traje(c)to *m*; (*Wander2*) excursão *f*; (*Wett2*) corrida *f*; (*Geschwindigkeit*) velocidade *f*, marcha *f*; *halbe* ~ meia força (*ô) *f*; meio vapor *m*; ~ *durch* passagem *f* por; ~ *über* (*ac.*) travessia *f* de; *auf der* ~ *nach* a caminho *m* de; *in* ~ *kommen* começar a andar; *fig.* ficar furioso.

'**Fährte** ['fɛ:rtə] *f* pista *f*, rasto *m*, trilha *f*.

'**Fahrtrichtung** *f* dire(c)ção *f*; ⚓ rumo *m*.

'**Fahr|vorschrift** *f* regulamento *m* de trânsito; guia *f* de automobilista; **~wasser** *n* (-*s*; *0*) água *f* navegável; canal *m*; *fig.* elemento *m*; **~weg** *m* (-*es*; -*e*) = ~*damm*; **~werk** *n* (-*es*; -*e*) = ~*gestell*; **~zeit** *f* horário *m*, tabela *f*; tempo *m* da viagem; **~zeug** *n* (-*es*; -*e*) veículo *m*, viatura *f*; ⚓ embarcação *f*.

'**fakt|isch** ['faktiʃ] efe(c)tivo; *adv.* de fa(c)to; **2or** *m* (-*s*; -*en*) fa(c)tor *m* (*a.* ℞); feitor *m*, gerente *m*; *Typ. a.* dire(c)tor *m* de imprensa; **2o'rei** [-o'raı] *f* feitoria *f*; **~'otum** [-'o-tum] *n* (-*s*; -*s*) faz-tudo *m*; **2um** *n* (-*s*; *Fakta, Fakten*) fa(c)to *m*.

Fakul'tät [fakul'tɛ:t] *f* faculdade *f*; *Juristische* (*Mathematische, Naturwissenschaftliche, Medizinische, Philosophische, Theologische*) ~ Faculdade *f* de Direito (Ciências, Medicina, Letras, Teologia).

falb [falp] (d)escorado; *Pferd*: fulvo.

'**Falk|e** ['falkə] *m* falcão *m*; **~enbeize, ~enjagd** *f* falcoaria *f*.

Fall [fal] *m* (-*es*; ⸚*e*) queda *f* (*a. fig.*); *der Preise*: baixa *f*; ⚖ (*Ereignis*) *u. Gram.* caso *m*; *auf jeden* ~ em todo o caso; a todo o transe; *im* ~*e, daß* = *falls*; *erforderlichenfalls* em caso de necessidade; *gesetzt den* ~, *daß* suposto que (*subj.*); *zu* ~ *bringen* fazer cair, derribar; *zu* ~ *kommen* cair; '**~baum** *m* (-*es*; ⸚*e*) barreira *f*; '**~beil** *n* (-*es*; -*e*) guilhotina *f*; '**~brücke** *f* ponte *f* levadiça; '**~e** ['-ə] *f* armadilha *f*; trápola *f*; laço *m*; cilada *f*; insídia *f*; *fig.* (*Mause2*) ratoeira *f* (*stellen* armar, *in die* ~ *gehen* cair); (*Gardinen2*) sanefa *f*; (*Vorhang*) bambolim *m*; '**2en** (*L*; *sn*) *v/i.* cair; (*sinken*) baixar (✝ *um* por); *Schuß*: disparar-se; ⚔ morrer em combate; *Anteil*: *auf j-n fällt* ... alg. fica com ...; *in e-e Kategorie* ~ entrar em; *j-m in den Rücken* ~ ⚔ atacar alg. pelas costas; ~ *lassen* deixar cair; *Vorhang*: baixar; descer; *fig. Thema*: desistir de; deixar; *j-n*: desinteressar-se de; *j-m ins Wort* ~ cortar (*od.* atalhar) a palavra a alg.; *auf die Nerven*: dar a; *leicht*~ dar pouco trabalho; *schwer*~ custar; '~**en** *n* = *Fall*.

'**fällen** abater; ⅍ abaixar; ⚖ *Urteil*: pronunciar.

'**Fall|gatter** *n* rastrilho *m*; ~**grube** *f* fojo *m*; trápola *f*; ♀'**ieren** ✝ falir.

'**fällig** ['fɛliç] vencível; ~ *sn a.* vencer-se, ser pagável; ♀**keit** *f* (*0*) vencimento *m*; ♀**keitstermin** *m* (*-s*; *-e*) prazo *m* de vencimento.

'**Fall|obst** *n* (*-es*; *0*) fruta *f* do chão; ~**reep** [e:] *n* (*-ęs*; *-e*) escada *f* de portaló; ♀**s** caso que, no caso de (*subj. u. inf.*); se; ~ *es so ist* a ser assim; ~ *es nicht* ... a menos que (*subj.*); ~**schirm**(**-absprung** *m* [*-ęs*; *⸗e*]) *m* (*-ęs*; *-e*) (descida *f* em) pára-quedas *m*; ~**schirmjäger,** ~**schirmspringer** *m*, (~**schirmtruppen** *f|pl.* tropas *f|pl.*) pára-quedista(s) *m|*(*pl.*); ~**strick** *m* (*-ęs*; *-e*) cilada *f*, trama *f* (*a. fig.*); ~**sucht** *f* (*0*) epilepsia *f*; ♀**süchtig** ['-zyçtiç] epiléptico; ~**tür** *f* alçapão *m*; porta *f* levadiça.

falsch [falʃ] **1.** *adj.* falso; (*unrichtig*) errado; *Bewegung*: em falso; ~*es Gerücht a.* balela *f*; *Haar, Gebiß*: postiço; (*treulos*) *a.* desleal, traidor; *verstehen*: mal; ~ *fahren Auto*: errar, enganar-se; ~ *gehen Uhr*: andar mal; ~ *rechnen usw.* enganar-se; ~ *spielen* fazer batota; ♪ desafinar (*a.* ~ *singen*); **2.** ♀ *m* (*-s*; *0*) = ♀*heit*; *ohne* ~ leal; '♀**eid** *m* (*-ęs*; *-e*) perjúrio *m*.

'**fälsch|en** ['fɛlʃən] falsear, falsificar; ♀**er**(**in** *f*) *m* falsificador(a *f*) *m*, falsário *m*, -a *f*. [perfídia *f*.]

'**Falschheit** *f* (*0*) falsidade *f*; *fig. a.*

'**fälschlich** ['fɛlʃliç], ~**erweise** falsamente, erròneamente; por equívoco, sem razão.

'**Falschmünzer** ['-myntsər] *m* moedeiro *m* falso, falsário (*od.* falsificador) *m* de moedas; ~'**ei** *f* (~**werkstatt** *f* [-; *⸗en*]) fabricação (fábrica) *f* de moedas falsas.

'**Falschspieler** *m* batoteiro *m*.

'**Fälschung** ['fɛlʃuŋ] *f* falsificação *f*.

Fal'sett [fal'sɛt] *n* (*-ęs*; *-e*) falsete *m*.

'**Falt|boot** *n* (*-ęs*; *-e*) barco *m* desmontável; ~**e** *f* prega *f*; *Haut*: ruga *f*; *in* ~*en legen* = ♀**en** (*-e-*) dobrar; fazer pregas; *Hände*: juntar, pôr; *Stirn*: franzir; ~**enrock** *m* (*-ęs*; *⸗e*) saia *f* com pregas; ~**enwurf** *m* (*-ęs*; *⸗e*) pregueado *m*; ~**er** *m* borboleta *f*; ♀**ig** amarrotado; *Haut*: enrugado; ~**tür** *f* porta *f* dobradiça; ~**ung** *f Geol.* dobra *f*.

Falz [falts] *m* (*-es*; *-e*) corrediça *f*, entalhe *m*; vinco *m*; '~**bein** ⊕ *n* (*-ęs*; *-e*) dobradeira *f*; '♀**en** dobrar (as folhas); descarnar; '~**hobel** *m* guilherme *m*.

famili'är [famili'ɛ:r] familiar.

Fa'milie [fa'mi:liə] *f* família *f*.

Fa'milien|-anschluß *m* (*-sses*; *⸗sse*): ~ *haben* ser tratado como pessoa de família; ~**begräbnis** *n* (*-ses*; *-se*) jazigo *m* de família; ~**glück** *n* (*-ęs*; *0*) felicidade *f* doméstica; ~**kreis** *m* (*-es*; *-e*) família *f*; ~**leben** *n* (*-s*; *0*) vida *f* familiar (*od.* doméstica); ~**mitglied** *n* (*-ęs*; *-er*) pessoa *f* de família; ~**name** *m* (*-ns*; *-n*) apelido *m*; ~**-unterstützung,** ~**zulage** *f* abono *m* de família.

fa'mos [fa'mo:s] F esplêndido, magnífico, *iron.* extraordinário.

Fa'nat|iker [fa'na:tikər] *m*, ♀**isch** fanático *m*; ~'**ismus** *m* (-; *0*) fanatismo *m*.

Fan'far|e [fan'fa:rə] *f* (~**en-stoß** *m* [*-es*; *⸗e*] toque *m* de) fanfarra *f*.

Fang [faŋ] *m* (*-ęs*; *⸗e*) captura *f*; (*Fisch*♀) pesca *f*; (*Beute*) presa (*ê) *f*; (*Kralle*) garra *f*; '~**arm** *m* (*-ęs*; *-e*) tentáculo *m*; '~**ball** *m* (*-ęs*; *0*) péla *f*; '~**eisen** *n* venábulo *m*; '♀**en** (*L*) apanhar; (*festnehmen*) prender; *Feuer* ~ pegar fogo; *fig.* apaixonar-se, entusiasmar-se; *sich* ~ embrulhar-se, *Wind*: enfunar-se; *sich gefangen geben* render-se; '~**leine** ⚓ *f* boça *f*; '~**netz** *n* (*-es*; *-e*) rede (*'ê) *f*; '~**zahn** *m* (*-ęs*; *⸗e*) colmilho *m*; navalha *f* (do javali *usw.*).

'**Farb|-abzug** [farp-] *m* (*-ęs*; *⸗e*) cópia *f* a cores; ~**band** *n* (*-ęs*; *⸗er*) fita *f* (para máquina de escrever).

'**Farbe** ['farbə] *f* cor (*ô) *f*; tinta *f*; *Mal. a.* pintura *f*; (*Färbung*) colorido *m*; *Kartenspiel*: naipe *m*; ~ *bekennen* servir; *fig.* definir a sua posição.

'**farb-echt** de cor (*ô) *f* garantida; ♀**heit** *f* (*0*) garantido *m* (*od.* qualidade *f* garantida) da cor (*ô).

'**Färb|e-mittel** ['fɛrbə-] *n* tinta *f*; ♀**en** tingir; *Lebensmittel*: corar.

'**farben|blind** daltónico; ²**blindheit** *f (0)* daltonismo *m*; ²**brechung** *f (0)* difra(c)ção *f*; ²**druck** *m (-es; -e)* cromo-litografia *f*; ~**empfindlich** ortocromático; ~**freudig** multicolor, garrido, variegado, vistoso; ²**gebung** [-ge:buŋ] *f (0)* colorido *m*; ²**lehre** *f (0)* teoria *f* das cores; ²**spiel** *n (-es; 0)* matizes *m/pl.*; irisação *f*.

'**Färber** ['fɛrbər] *m* tintureiro *m*; tintor *m*; ~'**ei** *f* tinturaria *f*.

'**Farb|film** *m (-es; -e)* filme *m* colorido (*od.* a cores); ~**holz** *n (-es; ⸚er)* campeche *m*.

'**farbig** ['farbiç] colorido, de cor (*ô), a cores.

'**farb|los** sem cor (*ô); incolor; descorado; ²**photographie** *f* fotografia *f* a cores; ²**stift** *m (-es; -e)* lápis *m* de cor (*ô); ²**stoff** *m (-es; -e)* tinta *f*; ²**ton** *m (-es; ⸚e)* matiz *f*.

'**Färbung** ['fɛrbuŋ] *f* coloração *f*; tintura *f*, cor (*ô) *f*, colorido *m*; *fig.* tendência *f*.

'**Farce** ['farsə] *f* farsa *f*.

Farm *f* quinta *f*, fazenda *f*; '~**er** *m* feitor *m*, colono *m*.

Farn *m (-es; -e)*, '~**kraut** *n (-es; ⸚er)* feto *m*.

'**Färse** ['fɛrzə] *f* bezerra *f*.

Fa'san [fa'za:n] *m (-es; -e, -en)* faisão *m*.

'**Fasching** ['faʃiŋ] *m (-s; -e, -s)* carnaval *m*; entrudo *m*.

Fase'l|ei [fazə'laɪ] *f* palavrório *m*, palavreado *m*; disparate *m*; '²**n** *(-le)* palavrear, disparatar; *a.* ⚕ delirar.

'**Faser** ['fa:zər] *f (-; -n)* fibra *f*; filamento *m*; (*Tuch*²) fio *m*; ²**ig** fibroso; ²**n** *(-re)* desfiar(-se); esgarçar.

Faß [fas] *n (-sses; ⸚sser)* pipa *f*; barril *m*; tonel *m*; cuba *f*; barrica *f*; casco *m*.

Fas'sade [fa'sa:də] *f* fachada *f*.

'**faß|bar** palpável, apreensível, *fig. a.* compreensível; ²**binder** *m* tanoeiro *m*; ²**daube** *f* aduela *f*.

'**fassen** ['fasən] *(-ßt)* **1.** *v/t.* tomar; agarrar; segurar (*bei* por); *j-n (fangen)*: apanhar, prender; filar; *Stein*: engastar; ⚔ *Essen*: ir buscar, ir receber; (*aufnehmen können*) comportar; ter lugar para; *fig.* compreender; *Gedanken*: conceber; *Mut*: cobrar; *Neigung*: sentir; *Entschluß*: tomar; *in Worte* ~ exprimir por; *sich* ~ acalmar-se; *sich in Geduld* ~ resignar-se, ter paciência; *sich kurz* ~ ser breve; **2.** *v/i.* ⊕ ligar; endentar.

'**Faß|hahn** *m (-es; ⸚e)* torneira *f*; ²**lich** compreensível; ~**reif** *m (-es; -e)* arco *m*.

'**Fassung** ['fasuŋ] *f (Ein*²*)* guarnição *f*; engaste *m*; *Brille*: armação *f*, aro *m*; ⚡ suporte *m*; *schriftliche*: reda(c)ção *f*; (*Wortlaut*) texto *m*; *deutsche usw., erste usw.*: versão *f*; *seelische*: disposição *f*; calma *f*; sangue-frio *m*; resignação *f*; *aus der* ~ *bringen* desconcertar; *aus der* ~ *geraten, die* ~ *verlieren* desconcertar-se.

'**fassungs|los** desconcertado, perplexo; (*untröstlich*) desconsolado; ²**losigkeit** [-lo:ziç-] *f (0)* desconsolo *m*; perplexidade *f*; ²**vermögen** *n (-s; 0)* capacidade *f*; ⚓ tonelagem *f*; *geistiges*: compreensão *f*; inteligência *f*.

fast quase; (*nahe an*) cerca (*ê) de; ~ *nur* quase que só, quase que apenas; '~**en** *(-e-)* jejuar; ²**en** *n* jejum *m*; ⚕ dieta *f*; *pl.* = ~*enzeit*; '²**enspeise** *f* comida *f* quaresmal; '²**enzeit** *f* quaresma *f*; '²**nacht** *f (0)* terça-feira *f* gorda, carnaval *m*, entrudo *m*; '²**nachts...**: *in Zssg(n)* carnavalesco, do carnaval; '²**tag** *m (-es; -e)* dia *m* de jejum.

fa'tal [fa'ta:l] (*unangenehm*) desagradável; (*unheilvoll*) fatídico, funesto.

'**Fatum** ['fa:tum] *n (-s; Fata)* fado *m*, destino *m*; fatalidade *f*.

'**Fatzke** F ['fatskə] *m (-n)* janota *m*, pantomineiro *m*.

'**fauchen** ['faʊxən] bufar; ⊕ deitar vapor, deitar fumo.

faul [faʊl]: **a)** podre; choco; (*Obst*) estragado; **b)** *fig. Kunde*: de pouca confiança; incerto; ✝ *Firma*: insolvente; *Witz*: estúpido; ~ *sn* ter pouca graça, ser de mau gosto; *hier ist et.* ~ cheira mal; aqui parece que há coisa; *Staat*: corru(p)to; **c)** (*träge*) preguiçoso; cábula; '²**baum** *m* frangulina *f*; amieiro *m* preto.

'**Fäule** ['fɔylə] *f (0)* = *Fäulnis*.

'**faul|en** ['faʊlən] (*sn u. h.*) apodrecer; estragar-se; ficar choco; ~**enzen** ['-lɛntsən] *(-t)* preguiçar, mandriar; ²**enzer** ['-lɛntsər] *m* mandrião *m*; **2enze'rei** [-lɛntsə'raɪ], **2heit** *f* (*0*) preguiça *f*, mandrice *f*; **~ig** podre, choco.

'**Fäulnis** ['fɔylnis] *f* (*0*) podridão *f*, ⚕ cárie *f*; *fig.* corrupção *f*.

'**Faul|pelz** F *m* (*-es*; *-e*) cábula *m*; **~tier** *n* (*-es*; *-e*) *Zool.* preguiça *f*; ai *m*; *fig.* = *Faulenzer*.

Faun [faʊn] *m* (*-es*; *-e*) fauno *m*; '**~a** *f* (*-*; *Faunen*) fauna *f*.

Faust [faʊst] *f* (*-*; *⸚e*) punho *m*; *auf eigene ~ fig.* por conta própria; '**~ball(spieler)** *m* (*-es*; *⸚e*) (jogador *m* de) voleibol *m* (voleibolista *m*).

'**Fäustchen** ['fɔystçən] *n* pequeno punho *m*; *sich (eins) ins ~ lachen* rir-se.

'**faust|dick**: *fig.* es *~ hinter den Ohren haben* ser finório; **2handschuh** *m* (*-es*; *-e*) manopla *f* de atleta; **2kampf** *m* (*-es*; *⸚e*) pugilato *m*; **2kämpfer** *m* pugilista *m*; **2recht** *n* (*-es*; *0*) direito *m* do mais forte; **2schlag** *m* (*-es*; *⸚e*) punhada *f*, murro *m*.

Favo'rit [favo'ri:t] *m* (*-en*) (**~in** *f*) favorito *m* (-a *f*).

'**Faxen** F ['faksən] *f*/*pl.* *uv.* macaquices *f*/*pl.*, momices *f*/*pl.*, pantominices *f*/*pl.* (*mach keine* deixa-te de); **~macher** [-maxər] *m* pantomineiro *m*.

'**Fazit** ['fa:tsit] *n* (*-s*; *-e*, *-s*) resultado *m*.

'**F-Dur** *n* (*-*; *0*) fa *m* maior.

'**Februar** ['fe:bruar] *m* (*-s*, *-*; *0*) fevereiro *m*.

'**Fecht|boden** ['fɛçt-] *m* (*-s*; *⸚*) sala *f* de esgrima; **2en** (*L*) esgrimir; (*kämpfen*) lutar; **~er** *m* esgrimista *m*; gladiador *m*; **~kunst** *f* (*0*) esgrima *f*.

'**Feder** ['fe:dər] *f* (*-*; *-n*) pena *f*; (*Flaum*) pluma *f*; (*Uhr2*) corda *f*; ⊕ mola *f*; *pl.* *in den ~n* F na cama; **~ball** *m* (*-es*; *⸚e*) volante *m*; **~besen** *m* espanador *m*; **~bett** *n* (*-es*; *-en*) cama *f* de plumas; edredão *m*; **~busch** *m* (*-es*; *⸚e*) penacho *m*; *Vogel*: poupa *f*; **~deckbett** *n* (*-es*; *-en*) edredão *m*; **~fuchser** [-fuksər] F *m* escrevinhador *m*; rabiscador *m*; **2führend** representativo; **~gewicht** *n* (*-es*; *-e*) *Sport*: peso-pluma (*ê) *m*; **~halter** *m* caneta *f*; **~kasten** *m* (*-s*; *⸚*) estojo (*'ô) *m* (escolar); **~kleid** *n* (*-es*; *-er*) plumagem *f*; **~krieg** *m* (*-es*; *-e*) polémica *f*; **2leicht** muito leve; **~lesen** *n*: *nicht viel ~s machen* não fazer cerimónias, não perder tempo; **~matratze** *f* colchão *m* elástico (*od.* de molas); **~messer** *n* canivete *m*; **2n** (*-re*) ⊕ ser elástico; ter (boas) molas; (*a. sich ~*), *Vögel*: mudar; estar na muda; **~d** *adj.* ⊕ elástico; **~strich** *m* (*-es*; *-e*) rasgo *m*; **~ung** ⊕ *f* elasticidade *f*; *Wagen*: molas *f*/*pl.*; **~waage** *f* balança *f* de molas; **~vieh** *n* (*-es*; *0*) aves *f*/*pl.* (da capoeira); **~wolke** *f* cirro *m*; **~zeichnung** *f* desenho *m* à pena; **~zug** *m* (*-es*; *⸚e*) rasgo *m*.

Fee [fe:] *f* fada *f*; **2n-haft** mágico; encantador.

'**Fegefeuer** ['fe:gə-] *n* (*-s*; *0*) *Rel.* Purgatório *m*.

'**fegen** ['fe:gən] varrer (*a. v/i.*, *sn*), limpar.

'**Fehde** ['fe:də] *f* conflito *m*, contenda *f*; **~brief** *m* (*-es*; *-e*) cartel *m*, (carta *f* de) desafio *m*; **~handschuh** *m* (*-es*; *-e*): *j-m den ~ hinwerfen* lançar a luva a alg.

fehl [e:] **1.**: *~ am Platz* despropositado, inoportuno; **2.** **2** *m*: *ohne ~* impecável; '**~...**, '**2...** *in Zssg(n)*: em falso; '**2anzeige** *f* resposta *f* negativa; ⊕ indicação *f* negativa; '**2betrag** *m* (*-es*; *⸚e*) défice *m*, déficit *m*; '**2bildung** *f* deformação *f*, deformidade *f*; '**2bitte** *f* pedido *m* inútil; e-e *~ tun* rogar em vão; '**~en** *v/i.*: *~ (an dat.)* faltar (*nom.*), *et. a.*: fazer falta (*nom.*); (*abwesend sn*) *a.* estar ausente; *poet.* (*sündigen*) pecar; *was fehlt Ihnen?* que tem?; *an mir soll es nicht ~* não será culpa minha; *das fehlte gerade noch iron.* não faltava mais nada; *es an nichts ~ lassen* fazer todos os possíveis; *weit gefehlt* está muito enganado; errado; **2en** *n* falta *f*, ausência *f*; '**2er** *m* erro (*ê) *m*; falta *f*; falha *f*; *a. dauernder*: defeito *m*; *moralisch*: vício *m*; '**~erfrei** sem defeito; sem erros, corre(c)to; perfeito, inta(c)to; '**~erhaft** defeituoso; com erros; errado; '**~erlos** = *~erfrei*; '**2farbe** *f* = *2karte*; '**2geburt** *f* aborto (*'ô) *m*, F desmancho *m*; '**~gehen** (*L*) errar caminho; *fig.* estar enganado; '**2gewicht** *n* (*-es*; *0*) falta *f* de peso (*ê); '**~greifen** (*L*) errar, enganar-se; '**2griff** *m* (*-es*; *-e*) erro (*ê) *m*, engano *m*; '⁓karte *f* descarte *m*; '⁓schießen (*L*) desacertar; *fehlgeschossen!* está enganado!; não acertou!; '⁓schlag *m* (-*es*; ⸗*e*) *fig.* malogro (*'ô) *m*, fracasso *m*; '⁓schlagen (*L*; *sn*) frustrar-se, fracassar, malograr-se; '⁓schluß *m* (-*sses*; ⸗*sse*) sofisma *m*; '⁓schuß *m* (-*sses*; ⸗*sse*) tiro *m* errado; '⁓spruch *m* (-*es*; ⸗*e*) = ⁓*urteil*; '⁓treten (*L*) tropeçar, dar um passo em falso; '⁓tritt *m* (-*es*; -*e*) passo *m* em falso, tropeção *m* (*tun* dar); *fig.* falta *f*, pecado *m*; '⁓urteil *n* (-*es*; -*e*) erro (*ê) *m* judiciário; '⁓zündung ⊕ *f* falha *f* (na ignição).

'**Feier** ['faɪər] *f* (-; -*n*) festa *f*; celebração *f*; cerimónia *f*; **⁓-abend** *m* (-*s*; -*e*) fim *m* do trabalho diário; ⁓ *machen* parar com o trabalho; **⁓lich** solene; **⁓lichkeit** *f* solenidade *f*, cerimónia *f*; **⁓n** (-*re*) **1.** festejar, celebrar, solenizar; *j-n*: *a.* homenagear; **2.** descansar, fazer feriado; **⁓schicht** *f*: e-e ⁓ *einlegen* suprimir um turno; **⁓stunde** *f* hora *f* de descanso; *ernste*: a(c)to *m* solene; cerimónia *f*; **⁓tag** *m* (-*es*; -*e*) dia *m* feriado, dia *m* de festa; *allgemeiner* ⁓ feriado *m* nacional; *Rel.* dia *m* santo.

'**feige** ['faɪgə] cobarde.

'**Feige** ⚘ *f* figo *m*; **⁓nbaum** *m* (-*es*; ⸗*e*) figueira *f*; **⁓nblatt** *n* (-*es*; ⸗*er*) folha *f* de figueira; **⁓nkaktus** *m* (-; -*teen*) nopal *m*, opúncia *f*.

'**Feig|heit** *f* (*0*) cobardia *f*; pusilanimidade *f*; **⁓ling** *m* (-*s*; -*e*) cobarde *m*, poltrão *m*.

feil [faɪl]: ⁓ *sn* vender-se; *fig. j.*: venal; '**⁓bieten** (*L*) oferecer, ter à venda; '**⁓e** [ə] *f* lima *f*; '**⁓en** limar; *Stil*: rematar, dar o último retoque em; '**⁓schen** ['-ʃən]: ⁓ *um* regatear (*ac.*); '**⁓späne** ['-ʃpɛːnə] *m*/*pl.* limalha *f*/*sg*.

fein [faɪn] fino (*a. fig.*); (*dünn*) delgado; (⁓*sinnig*) subtil; (*schön*) belo; (*erlesen*) delicado; (*vornehm*) distinto, elegante; *Regen usw.*: miúdo; *sich* ⁓ *machen* F fazer-se elegante; '**⁓bäcker** *m* pasteleiro *m*; '**⁓bäckerei** *f* pastelaria *f*.

Feind [faɪnt] *m* (-*es*; -*e*), '**⁓...**, '**⁓es...** ['-dəs...] *in Zssg*(*n*) inimigo; '**⁓fahrt** ⚓ *f* cruzeiro *m*; *auf* ⁓ *a.* em a(c)ção contra o inimigo; '**⁓flug** ✈ *m* (-*es*; ⸗*e*) incursão *f* aérea (em território inimigo); *auf* ⁓ *a.* em a(c)ção contra o inimigo; '**⁓in** ['-dɪn] *f* inimiga *f*; '**⁓lich** inimigo, hostil; *Geschick*: adverso; '**⁓schaft** *f* inimizade *f*; '**⁓selig** hostil; '**⁓seligkeit** *f* hostilidade *f*.

'**Fein|-einstellung** *f* ⊕ precisão *f*; *Radio*: sintonização *f*; **⁓fühlend, ⁓fühlig** ['-fyːlɪç] delicado, sensível; **⁓gebäck** *n* (-*es*; *0*) pastéis *m*/*pl.*; **⁓gefühl** *n* (-*s*; *0*) delicadeza *f*, sensibilidade *f*; **⁓gehalt** *m* (-*es*; -*e*) título *m*, toque *m*; quilate *m*, lei *f*; **⁓gewinde** *n* filete *m* fino; **⁓-heit** *f* fineza *f*; delicadeza *f*; subtileza *f*; **⁓kost-handlung** *f* salsicharia *f*; **⁓maß-schraube** *f* micrómetro *m*; **⁓mechanik**(**er** *m*) *f* (*0*) mecânica *f* (-o *m*) de precisão; **⁓schmecker** ['-ʃmɛkər] *m* guloso *m*; **⁓sinnig** subtil; **⁓s'liebchen** F *n* amor *m*.

feist [faɪst] gordo; ⁓*es Gesicht* cara *f* de abade; **⁓heit** *f* (*0*) obesidade *f*.

'**Felbel** ['fɛlbəl] *m od. f* (-; -*n*) felpa *f*.

Feld [fɛlt] *n* (-*es*; -*er*) campo *m* (*frei* raso); *im Spiel*: quadrado *m*; △ entre-pano *m*; ⚔ campanha *f*, frente *f*, guerra *f*, *ins* ⁓ *rücken*, *ins* ⁓ *ziehen* (part)ir para a frente *usw.*; *aus dem* ⁓*e schlagen* derrotar; '**⁓arbeit** *f* lavoura *f*; '**⁓arbeiter** *m* lavrador *m*; **⁓'-aus, ⁓'-ein** através dos campos; '**⁓bau** *m* (-*es*; *0*) lavoura *f*, agricultura *f*; '**⁓bett**(**stelle** *f*) *n* (-*es*; -*en*) cama *f* de campanha; catre *m*; '**⁓blume** *f* flor *f* de campo, flor *f* silvestre; '**⁓diebstahl** *m* (-*es*; ⸗*e*) furto *m* campestre; '**⁓flasche** *f* cantil *m*; '**⁓grau** *fig.* militar; '**⁓-herr** *m* (-*n*; -*en*) general *m*; *großer*: *a.* capitão *m*; '**⁓-huhn** *n* (-*es*; ⸗*er*) perdiz *f*; '**⁓-hüter** *m* guarda *m*; '**⁓jäger** *m* correio *m* real; caçador *m*; '**⁓küche** *f* cozinha *f* ambulante (*od.* de campanha); '**⁓lager** *n* acampamento *m*; '**⁓lazarett** *n* (-*es*; -*e*) ambulância *f*; '**⁓lerche** *f* laverca *f*, calhandra *f*; '**⁓marschall** *m* (-*s*; ⸗*e*) marechal *m* (do campo); '**⁓maus** *f* (-; ⸗*e*) ratinho *m* campestre; '**⁓messer** *m* agrimensor *m*, abalizador *m*; '**⁓messung** *f* agrimensura *f*; '**⁓post** *f* (*0*) correio *m* militar, correspondência *f* militar; '**⁓schlacht** *f* batalha *f* (campal); '**⁓spat** *m* (-*es*; -*e*) feldspato *m*; '**⁓stecher** ['-ʃtɛçər] *m* binóculo *m*; '**⁓stein** *m* (-*es*; -*e*) marco *m*; '**⁓webel** ['-veːbəl] *m* segundo-

-sargento *m*; '~**weg** *m* (-*ẹs*; -*e*) atalho *m*, travessa *f*; '~**zug** *m* (-*ẹs*; ⸗*e*) campanha *f*.

'**Felge** ['fɛlgə] *f* jante *f*; pina *f*; camba *f*; * *a.*: aro *m* (de roda), cambota *f*.

Fell [ɛ] *n* (-*ẹs*; -*e*) pele *f*; *j-m das ~ über die Ohren ziehen fig.* explorar alg. escandalosamente, esfolar alg.; *ein dickes ~ haben* F *fig.* ser da pele do diabo; não se importar nada; '~**eisen** *n* alforge *m*.

Fels [fɛls] *m* (-*en*) rochedo *m*, penedo *m*, penha(sco) *f* (*m*); *im Meer*: escolho *m*; '~**abhang** *m* (-*ẹs*; ⸗*e*) escarpa *f*, barranco *m*; '~**block** *m* (*ẹs*; ⸗*e*) rocha *f*; '~**brocken** *m* naco *m* de rocha.

'**Felsen** ['fɛlzən] *m* = *Fels*; ~**bein** *Anat. n* (-*ẹs*; -*e*) rochedo *m*; ♀**fest** firme como uma rocha; *fig.* inabalável; *~ glauben* ter a certeza absoluta; ~**gebirge** *n* montanha *f* rochosa; ~-**höhle** *f*, ~**keller** *m* caverna *f*; ~**klippe** *f* escolho *m*; ~**küste** *f* costa *f* rochosa; ~**riff** *n* (-*ẹs*; -*e*) recife *m*.

'**felsig** ['fɛlziç] rochoso, penhascoso.

'**Fels**|**massiv** *n* (-*s*; -*e*) maciço *m* rochoso; ~**wand** *f* (-; ⸗*e*) penha *f* escarpada; rochedo *m* a pique.

'**Fenchel** ['fɛnçəl] *m* funcho *m*.

'**Fenster** *n* janela *f*; (*Laden*♀, *Schau*♀) montra *f*, vitrina *f*; (*Kirchen*♀) vitral *m*; ~**brett** *n* (-*ẹs*; -*er*), ~**brüstung** *f* peitoril *m*; ~**flügel** *m* batente *m* da janela; ~**glas** *n* (-*es*; *0*) vidraça *f*; ~**giebel** *m* frontão *m* de janela; ~**laden** *m* (-*s*; ⸗) porta *f*; *äußerer*: adufa *f*; ~**nische** *f* vão *m* de janela; ~**rahmen** *m* caixilho *m*; ~**riegel** *m* ferrolho (*'ô) *m*; ~**scheibe** *f* vidro *m*.

'**Ferien** ['fe:riən] *pl.* férias *f*/*pl.*; ~...: *in Zssg(n)* de férias; ~**aufenthalt** *m* (-*ẹs*; -*e*), ~**reise** *f* vilegiatura *f*.

'**Ferkel** ['fɛrkəl] *n* porquinho *m*, leitão *m*; *fig.* porcalhão *m*.

Fer'ment [fɛr'mɛnt] *n* (-*s*; -*e*) fermento *m*.

fern [ɛ] longe, distante; (*sehr ~*) remoto; *der* ♀*e Osten* o Extremo Oriente; '♀**amt** ☏ *n* (-*ẹs*; ⸗*er*) linhas *f*/*pl.*, troncas *f*/*pl.*; serviço *m* interurbano; (central *f* de comunicações) interurbana(s) *f* (/*pl.*); '♀-**anruf** *m* (-*ẹs*; -*e*) chamada *f* (de fora); '♀**aufnahme** *f* telefotografia *f*; '♀**betrieb** *m* serviço *m* interurbano; '♀**bild-übertragung** *f* televisão *f*; '~**bleiben** (*L*) abster-se (de), manter-se afastado (de); '♀**blick** *m* (-*ẹs*; -*e*) panorama *m*; '♀**e** [-ə] *f* distância *f*; *aus der ~* de longe; *in der ~* ao longe; '~**er** *adj.* ulterior; seguinte; *adv.* depois, além disso, mais; '~**er-hin** para o futuro, de futuro; '♀**flug** ✈ *m* (-*ẹs*; ⸗*e*) voo (*ô) *m* a grande distância; '♀**g(e)leis** *n* (-*es*; -*e*) via *f* geral; '~**gelenkt** teleguiado; '♀**gespräch** *n* (-*ẹs*; -*e*) chamada *f*, telefonema *m* (*nach, von auswärts* para, de fora, interurbano); '~**gesteuert** teleguiado; '♀**glas** *n* (-*es*; ⸗*er*) binóculo *m*; '~**halten** (*L*) manter afastado; '♀**heizung** *f* aquecimento *m* a distância; '♀**kabel** *n* cabo *m* subterrâneo (*od.* ⚓ submarino); '♀**leitung** *f* cabo *m*; '♀**lenkung** *f* telecomando *m*; '♀**licht** *n* (-*ẹs*; -*er*) *Auto*: máximos *m*/*pl.*; '~**liegen** (*L*) *fig.*: *j-m ~* estar longe de alg., ser de pouco interesse para alg.; *~d adj.* remoto; '~**mündlich** telefónico; *adv. a.* por telefone; '♀**photographie** *f* telefotografia *f*; '♀**rohr** *n* (-*ẹs*; -*e*) telescópio *m*; '♀**schreiben** *n* telex *m*; '♀**schreiber** *m* teleimpressor *m*, teletipo *m*.

'**Fernseh**|**apparat** *m* (-*ẹs*; -*e*), ~**empfänger** *m* aparelho *m* de televisão; ~**en**[1] *n* televisão *f*; ♀**en**[2] (*L*) ver televisão; ~**gerät** *n* (-*ẹs*; -*e*) = *~apparat*; ~**sender** *m* emissora *f* de televisão; ~**sendung** *f* emissão *f* de televisão; ~**teilnehmer** *m*, ~**zuschauer** *m* teleespe(c)tador *m*.

'**Fernsicht** *f* panorama *m*, vista *f*.

'**Fernsprech**|**amt** [-ʃprɛç-] *n* (-*ẹs*; ⸗*er*) central *f* telefónica; ~-**anschluß** *m* (-*sses*; ⸗*sse*): *~ haben* ter telefone; ~-**automat** *m* (-*en*) posto (*'ô) *m* público; telefone *m* com mealheiro; ~**buch** *n* (-*ẹs*; ⸗*er*) lista *f* telefónica; ~**er** *m* telefone *m*; ~**leitung** *f* linha *f* telefónica; ~**stelle** *f* posto (*'ô) *m* telefónico (*öffentliche* público); ~-**teilnehmer** *m* assinante *m* (da rede telefónica); ~**verbindung** *f* ligação *f* (*herstellen* fazer); comunicação *f*; ~**wesen** *n* (-*s*; *0*) telefonia *f*; serviços *m*/*pl.* telefónicos; ~**zelle** *f* cabine *f* telefónica.

'**fern**|**stehen** (*L*) (*dat.*) *fig.* ser estranho a; *j-m ~* não ter relações com alg.; ♀**steuerung** *f* telecomando *m*; ≗**verkehr** *m* (*-s*; *0*) serviços (*od.* transportes) *m/pl.* a grande distância; serviços *m/pl.* (*od.* comunicações *f/pl.*) interurbanos (-as); ≗**zug** *m* (*-es*; *⸗e*) expresso *m*.

ˈ**Ferse** [ˈfɛrzə] *f* calcanhar *m*, talão *m*; *pl. j-m auf den* ~*n sn* (*od. folgen*) seguir no encalço de alg.; perseguir alg. de perto; ~**nbein** *n* (*-es*; *-e*) calcâneo *m*; ~**ngeld** *n* (*-es*; *0*): ~ *geben fig.* dar aos calcanhares; fugir.

ˈ**fertig** [ˈfɛrtiç] pronto; ~ *werden* acabar; *mit et.* ~ *werden* (*können*) ser capaz de fazer a.c.; conseguir fazer a.c., levar a.c. a cabo; *mit j-m* ~ *werden* (*können*) dar-se com alg.; ~ *sn* ter terminado (*a. fig.*); ter acabado; ~**bekommen** (*L*; -), ~**bringen** (*L*) conseguir (fazer); *iron.* ser capaz de; ≗**fabrikat** *n* (*-es*; *-e*) produto *m* manufa(c)turado (*od.* pronto); ≗**keit** *f* habilidade *f*, jeito *m*; prática *f*; ~**machen** acabar, terminar; *sich* ~ preparar-se; ~**stellen** fabricar; ≗**ung** [-guŋ] *f* fabrico *m*, fabricação *f*, produção *f*, manufa(c)tura *f*; ≗**ware** *f* = ≗*fabrikat*.

Fes [fɛs] ♪ *n* (-; *0*) fá-bemol *m*.

fesch [fɛʃ] elegante, chique; F giro.

ˈ**Fessel** [ˈfɛsəl] *f* (-; *-n*) cadeia *f*; ferros *m/pl.* (*a. fig.*), prisão *f*; (*Hand*≗) algemas *f/pl.*; (*Gelenk*) artelho *m*; *in* ~*n legen, in* ~*n schlagen* = ≗*n*; ~**ballon** *m* balão *m* cativo; ≗**n** (*-le*) encadear, atar, *an den Füßen*: agrilhoar; *fig.* interessar, cativar; ≗**nd** interessante.

fest[1] [fɛst] firme (*a. Land u. fig.*); sólido (*a. Phys.*); *Punkt, Preis*: fixo, constante; ⚔ forte; *Schlaf*: profundo; *adv.* a valer; *nicht* ~ *auf den Beinen stehen fig.* andar a abanar.

Fest[2] *n* (*-es*; *-e*) festa *f*, festividade *f*; *bsd.* ♪ festival *m*; *frohes* ~! boas festas *f/pl.*; ˈ~**abend** *m* (*-s*; *-e*) sarau *m* solene; ˈ~**beleuchtung** *f* iluminação *f*; ˈ≗**binden** (*L*) atar; ˈ≗**bleiben** (*L*; *sn*) ficar firme; ˈ~**e** [ˈ-ə] *f* ⚔ fortaleza *f*; (*Himmels*≗) firmamento *m*; ˈ~**-essen** *n* banquete *m*; festim *m*; ˈ≗**fahren** (*L*; *sn*) *v/i.* encalhar; ˈ≗**gelage** *n* festim *m*; ˈ≗**gesetzt** *p.pt. v.* ≗*setzen*; *adj.*: *Stunde*: *a.* certo; ˈ≗**halten** (*L*) **1.** *v/t.* segurar; não largar; *sich an* (*dat.*) ~ segurar-se em, agarrar-se a; **2.** *v/i. fig. an* (*dat.*) ~ não desistir de, insistir em, perseverar em; ˈ≗**igen** [ˈ-igən] consolidar, firmar; *Gesundheit*: fortalecer; *Währung*: estabilizar; ˈ~**igkeit** *f* firmeza *f*, solidez *f* (*a.* ⊕); estabilidade *f*; *j-s*: integridade *f*; inteireza *f*; ˈ≗**klammern** (*-re*) segurar (com gancho); ˈ≗**kleben** *v/t. u. v/i.* (*sn*) pegar; ˈ~**land** *n* (*-es*; *⸗er*) continente *m*, terra *f* firme; ˈ≗**ländisch** [ˈ-lɛndiʃ] continental; ˈ≗**legen** fixar; *schriftlich*: assentar; ⚕ imobilizar; *j-n* ~ comprometer alg.; *sich auf* (*ac.*) ~ comprometer-se a (*inf.*); ˈ≗**lich** festivo; solene; ˈ~**lichkeit** *f* festividade *f*; solenidade *f*, cerimónia *f*; ˈ≗**liegen** (*L*) estar detido; *Termin*: estar determinado; ⚓ estar amarrado; ⚕ *Kapital*: ser imóvel; ˈ≗**machen** segurar; ⚓ amarrar; *Datum*: combinar, fixar; *v/i.* atracar; ˈ~**mahl** *n* (*-es*; *⸗er*, *-e*) = ~*essen*; ˈ~**meter** *m u. n* estere *m*; ˈ≗**nageln** (*-le*) pregar; *fig.*: *j-n* = ≗*legen*; ˈ~**nahme** [ˈ-naːmə] *f* detenção *f*, prisão *f*; captura *f*; ˈ≗**nehmen** (*L*) prender, deter; ˈ~**rede** *f* discurso *m* solene, *akademische*: oração *f* de sapiência; ˈ≗**schnallen** afivelar; ˈ≗**schnüren** atar; ˈ~**schrift** *f* publicação *f* comemorativa; *für j-n*: homenagem *f* a; ˈ≗**setzen** (*-t*) fixar; estabelecer; *Preis*: tabelar; *Stunde*: marcar; *vertraglich*: *a.* estipular; *gesetzlich*: *a.* decretar; *sich* ~ estabelecer-se; ˈ~**setzung** *f der Preise*: tabelamento *m*; ˈ~**spiel** *n* (*-es*; *-e*) festival *m*; ˈ≗**stampfen** (a)piscar; ˈ≗**stehen** (*L*) manter-se firme; *fig.* ser certo; ~*d adj.* positivo; ˈ≗**stellen** ver(ificar), averiguar; assinalar; (*beweisen*) comprovar; (*sagen, bemerken*) registar, afirmar, observar; *j-n*: identificar; ⊕ parar; *den Standort* (*gen.*) ~ localizar (*ac.*); ˈ~**stellung** *f* verificação *f*; identificação *f*; (*Bemerkung*) observação *f*, afirmação *f* (*treffen* fazer); registo *m*; ~ *des Wahlergebnisses* escrutínio *m*; ˈ~**tag** *m* (*-es*; *-e*) dia *m* de festa, (dia *m*) feriado *m*; ˈ≗**treten** (*L*) apiscar.

ˈ**Festung** [ˈfɛstuŋ] *f* fortaleza *f*; praça *f* forte.

ˈ**Festungs**|**bau** *m* (*-es*; *-ten*) fortificação *f*; ~**haft** *f* (*0*) presídio *m*; prisão *f* militar; ~**werke** *n/pl.* fortificações *f/pl.*

ˈ**fest**|**verzinslich** a juro fixo; ≗**vorstellung** *f* representação *f* (*od.* espectáculo *m*) de gala; ≈**zug** *m* (-és; ¨e) cortejo *m*.

'**Fetisch** ['fe:tiʃ] *m* (-es; -e) fetiche *m*, feitiço *m*.

fett[1] [fɛt] gordo; ♀ viçoso; ~ *machen*, ~ *werden* engordar.

Fett[2] *n* (-és; -e) gordura *f*; (*Tier*≈) *a.* banha *f*; pingue *m*; '~**auge** *n* olho *m*; '~**druck** *m* (-és; -e) cara(c)teres *m/pl.* negros; '~**fleck** *m* (-és; -e) mancha *f* (de gordura); '~**kohle** *f* hulha *f* betuminosa; '≈**leibig** ['-laɪbiç] pançudo, obeso; '~**leibigkeit** *f* (*0*) obesidade *f*; '~**papier** *n* (-s; -e) papel *m* vegetal; '≈**schmieren** lubrificar; '~**sucht** ⚕ *f* (*0*) polisarcia *f*, hipertrofia *f* do tecido adiposo; '~**wanst** F *m* (-és; ¨e) pança *f*.

'**Fetzen** ['fɛtsən] *m Papier*: pedaço *m*; *Stoff*: farrapo *m*, trapo *m*; *in* ~ *reißen* rasgar, despedaçar, dilacerar.

feucht [fɔyçt] húmido; *im* ≈*en* ao relento; '≈**igkeit** *f* (*0*) humidade *f*; '≈**igkeitsmesser** *m* higrómetro *m*.

'**Feuer** ['fɔyər] *n* fogo *m* (*fangen* pegar, *geben* ⚔ fazer, *heftiges*: *a.* nutrido); (*Herd*≈, *Zigarren*≈) lume *m*; *fig.* ardor *m*, brio *m*; *unter* ~ *nehmen* ⚔ abrir fogo sobre; alvejar; *fig.* ~ *und Flamme sn für* entusiasmar-se por; ~**-alarm** *m* (-és; -e) rebate *m*; ≈**beständig** = ≈*fest*; ~**bestattung** *f* cremação *f*, incineração *f*; ~**brand** *m* (-és; ¨e) tição *f*; ~**-eifer** *m* (-s; *0*) fervor *m*; ≈**fest** incombustível; à prova de fogo; ≈**gefährlich** inflamável; ~**gefecht** ⚔ *n* (-és; -e) tiroteio *m*; ~**-haken** *m* gancho *m* de fogão, esgaravatador *m*; ~**-herd** *m* (-és; -e) fogão *m*; lareira *f*; ~**kugel** *f* (-; -*n*) *Astron.* bólide *f*; ~**leiter** *f* (-; -*n*) escada *f* de incêndio; ~**loch** *n* (-és; ¨er) fornalha *f*; ~**lösch-apparat** *m* (-és; -e), ~**löscher** *m* extintor *m* de incêndios; ~**melder** *m* campainha *f* de incêndios; ≈**n** ⚔ (-*re*) fazer fogo; *mit Holz usw.*: aquecer com; ~**probe** *f* prova *f* de fogo; (*Probealarm*) simulacro *m* de um incêndio; ~**rad** *n* (-és; ¨er) girandola *f*; ≈**rot** rubro; ~**s-brunst** *f* (-; ¨e) incêndio *m*; ~**schaden** *m* (-s; ¨) prejuízo *m* causado por incêndio; ~**schiff** *n* (-és; -e) barco-farol *m*; ~**s-glut** *f* brasa(s *pl.*) *f*; ≈**sicher** = ≈*fest*; ≈**speiend** [-ʃpaɪənt] vulcânico; ~*er Berg* vulcão *m*; ~**spritze** *f* bomba *f* de incêndios; ~**stahl** *m* (-és; *0*) fuzil *m*; ~**stein** *m* (-és; -e) pederneira *f*; silex *m* pirómaco; ~**stelle** *f* fogão *m*; lareira *f*; ~**taufe** *f* ba(p)tismo *m* de fogo; ~**tod** *m* (-és; *0*): *den* ~ *erleiden* morrer na fogueira; ~**-überfall** *m* (-és; ¨e) assalto *m*; ~**ung** *f* combustível *m*; = ~*stelle*; ~**versicherung** *f* seguro *m* contra incêndios; ~**wache** *f* posto *m* de bombeiros; (*Brand-*) guarda *f* de bombeiros; ~**waffe** *f* arma *f* de fogo; ~**wehr** *f* bombeiros *m/pl.*; ~**wehrmann** *m* bombeiro *m*; ~**werk** *n* (-és; -e) fogo *m* de artifício; ~**werker** *m* pirotécnico *m*; ~**zange** *f* tenaz *f*; ~**zeichen** *n* toque *m* de fogo; ~**zeug** *n* (-és; -e) isqueiro *m*, acendedor *m*.

Feuille'ton [fœj(ə)'tõ] *n* (-s; -s) folhetim *m*.

'**feurig** ['fɔyriç] ardente; *fig.* fogoso.

'**Fibel** ['fi:bəl] *f* (-; -*n*) cartilha *f*; abecedário *m*; (*Spange*) fíbula *f*.

'**Fiber** ['fi:bər] *f* (-; -*n*) fibra *f*.

'**Fichte** ['fiçtə] *f* abeto *m*, pinheiro *m*; ~**n-holz** *n* (-es; ¨er) pinho *m*; ~**n-nadel** *f* (-; -*n*) agulha *f* de pinheiro, carum(b)a *f*; ~**nwald** *m* (-és; ¨er) pinhal *m*.

fi'del [fi'de:l] alegre.

'**Fieber** ['fi:bər] *n* febre *f*; ≈**-artig** febril; ≈**frei** sem febre; ~**frost** *m* (-es; ¨e) calafrios *m/pl.*; ≈**haft**, ≈**ig** febril; ≈**krank**: ~ *sn* estar com febre; ~**kurve** *f* curva *f* de febre; ~**mittel** *n* febrífugo *m*; ≈**n** (-*re*) ter febre, estar com febre; ~**rinde** *f* quina *f*; ~**thermometer** *n* termómetro *m* clínico.

'**Fied|el** ['fi:dəl] *f* (-; -*n*) rabeca *f*, violino *m*; ≈**eln** (-*le*) tocar a rabeca; ≈**ern** (-*re*) emplumar.

Fi'gur [fi'gu:r] *f* figura *f*; *j-s*: *a.* estatura *f*; forma *f*; *im Spiel*: peça *f*; ≈'**ieren** (-) figurar.

fi'gürlich [fi'gy:rliç] (em sentido) figurado.

Fi'let [fi'le:] *n* (-s; -s) filete *m*; = ~**-arbeit** *f* filé *m*; ~**braten** *m* lombo *m*.

Fili'ale [fili'a:lə] *f* sucursal *f*.

Fili'gran [fili'gra:n] *n* (-s; -e), ~**-arbeit** *f* filigrana *f*.

Film *m* (-és; -e) película *f*; filme *m*; *vorgeführter*: *a.* fita *f* (cinematográfica) (*drehen* fazer, *laufen lassen*, *vorführen* passar, exibir); cinema *m*; '~**-archiv** *n* (-s; -e) filmoteca *f*;

'~-atelier *n* (-*s*; -*s*) estúdio *m*; '~-aufnahme *f* filmagem *f*, rodagem *f* de um filme; '~-apparat *m* (-*es*; -*e*) aparelho *m* (cinematográfico), máquina *f* (cinematográfica), (*Vorführ*≈) *a.* cinematógrafo *m*; '~-bearbeitung *f* adaptação *f* cinematográfica; '≈en filmar; '~-industrie *f* indústria *f* cinematográfica; '~pack *m* (-*es*; -*e*) «film-pack» *m*; '~regisseur *m* (-*s*; -*e*) realizador *m*; '~-schauspieler(in *f*) *m* artista *m*/*f* de cinema, actor *m* (actriz *f*) de cinema; '~star *m* (-*s*; -*s*), '~stern *m* (-*es*; -*e*) estrela *f* de cinema; '~streifen *m* fita *f*; '~vorführung *f* proje(c)ção (*od.* exibição) *f* de um filme; '~vorstellung *f* sessão *f* de cinema; *nachmittags*: matiné *f*.

'Filt|er ['filtər] *m* filtro *m*; ≈ern (-*re*) filtrar.

fil'trier|en [fil'tri:rən] (-) filtrar; ≈papier *n* (-*s*; -*e*) papel *m* de filtrar.

Filz [filts] *m* (-*es*; -*e*) feltro *m*; '~hut *m* (-*es*; ⸚*e*) chapéu *m* de feltro; '≈ig felpudo, felpado; '~laus *f* (-; ⸚*e*) chato *m*, ladilha *f*.

Fi'nanz [fi'nants] *f* (*meist pl.* ~en) fazenda *f*, finanças *f*/*pl.*; ~-amt *n* (-*es*; ⸚*er*) repartição *f* de finanças; fazenda *f*; ≈i'ell [-i'ɛl] financeiro; pecuniário; ≈'ieren (-) *v*/*t.* financiar; et. ~ *a.* dar (o) dinheiro para a.c.; ~'ierung [-'i:ruŋ] *f* financiamento *m*; ~mann *m* (-*es*; -*leute*) financeiro *m*; ~minister(ium *n* [-*s*; -*ministerien*]) *m* Ministro (Ministério) *m* das Finanças; ~wesen *n* (-*s*; *0*), ~wirtschaft *f* fazenda *f* (pública); finanças *f*/*pl.*

'Findel|haus ['findəl-] *n* (-*es*; ⸚*er*) hospício *m*, asilo *m*; ~kind *n* (-*es*; -*er*) enjeitado *m*; criança *f* exposta.

'find|en ['findən] (*L*) achar; encontrar; *wie* ~ *Sie ...? a.* que lhe parece?; *sich* ~: *das wird sich* ~ ver-se-há; veremos; *sich in* (*ac.*) ~ conformar-se com; ≈er *m* achador *m*; ≈erlohn *m* (-*es*; ⸚*e*) alvíssaras *f*/*pl.*; ~ig engenhoso; ≈ling *m* (-*s*; -*e*) = *Findelkind*; *Stein*: bloco *m* erático, rocha *f* erática.

'Finger ['fiŋər] *m* dedo *m*; *kleiner* ~ auricular *m*; *sich aus den* ~*n saugen* inventar; *j-m auf die* ~ *sehen* vigiar alg.; *j-m auf die* ~ *klopfen* chamar alg. à ordem; *j-n um den kleinen* ~ *wickeln können* fazer de alg. o que se quere; *an den* ~*n abzählen* contar pelos dedos; *sich* (*dat.*) *an den* ~*n abzählen können* ver-se, ser evidente; ~abdruck *m* impressão *f* digital; dedada *f*; ≈breit, ≈dick da largura de um dedo; ≈fertig ágil, destro; manipresto, prestímano; ~fertigkeit *f* destreza *f*, agilidade *f*; prestidigitação *f*; ~hut *m* (-*es*; ⸚*e*) dedal *m*; ⚘ digital *m*; ~kuppe *f* polpa *f* do dedo; ~ling *m* (-*s*; -*e*) dedeira *f*; ≈n (-*re*) F manejar; dedilhar; ~nagel *m* (-*s*; ⸚) unha *f*; ~ring *m* (-*es*; -*e*) anel *m*; ~satz *m* (-*es*; ⸚*e*) dedilhação *f*; ~spitze *f* ponta *f* do dedo; ~spitzengefühl *n* (-*es*; *0*) ta(c)to *m*, sensibilidade *f*; ~sprache *f* (*0*) da(c)tilologia *f*; ~zeig [-tsaɪk] *m* (-*es*; -*e*) indicação *f*, indício *m*; aviso *m*.

fin'gier|en [fiŋ'gi:rən] (-) fingir; ~t *adj.* fictício.

Fink [fiŋk] *m* (-*en*) tentilhão *m*.

'Finn|e ['finə] **1.** *f Zool.* sarna *f*; (*Pustel*) pústula *f*; **2.** *m* (-*en*) (~in *f*), ≈isch finlandês *m* (-esa *f*), da Finlândia.

'finster ['finstər] escuro; obscuro; tenebroso; *fig.* sombrio; lúgubre; *im* ≈*n* às escuras; ≈nis *f* (-; -*se*) escuridão *f*, escuridade *f*; trevas *f*/*pl.*; eclipse *f*.

'Finte ['fintə] *f* peta (*ê) *f*; pretexto *m*.

'Firlefanz ['firləfants] *m* (-*es*; -*e*) futilidade *f*; *j.*: néscio *m*.

'Firma ['firma] *f* (-; *Firmen*) firma *f*, casa *f* (comercial); *unter der* ~ sob a razão de; ~'ment [-'mɛnt] *n* (-*es*; -*e*) firmamento *m*.

'firm|en ['firmən] crismar, confirmar; ≈ung *f* crisma *f*; confirmação *f*.

'Firmen|bezeichnung ['firmən-] *f*, ~name *m* (-*ns*; -*n*) nome *m* da firma; ~register, ~verzeichnis *n* (-*ses*; -*se*) anuário *m* comercial.

Fir|n *m* (-*es*; -*e*) neve *f* gelada; '~nis *m* (-*ses*; -*se*) verniz *m*; '≈nissen ['-nisən] (-*ßt*) envernizar.

First *m* (-*es*; -*e*) cume *m*; remate *m*; '~ziegel *m* espigão *m*.

Fis ♪ *n* (-; -) fá *m* sustenido.

Fisch [fiʃ] *m* (-*es*; -*e*) peixe *m*; '~-adler *m* águia *f* pesqueira (*od.* do mar); '~behälter *m* viveiro *m*; '~bein *n* (-*es*; *0*) (barba *f* de) baleia *f*; '~besteck *n* (-*es*; -*e*) talher *m* para peixe; '~blase *f* bexiga *f* de peixe; '~**brut** *f* peixe *m* miúdo; '~**dampfer** *m* vapor *m* de pesca; *kleiner*: traineira *f*; '2**en**[1] pescar; '~**en**[2] *n* pesca *f*; '~**er** *m* pescador *m*; '~**erboot** *n* (-*es*; -*e*) barco *m* de pesca; ~**e'rei** *f* pesca *f*; ~**e'rei-fahrzeug** *n* (-*es*; -*e*) arrastão *m* de pesca; ~**e'rei-gewerbe** *n* (-*s*; *0*), '~**fang** *m* (-*es*; ¨*e*) pesca *f*; '~**flosse** *f* barbatana *f*; '~**gericht** *n* (-*es*; -*e*) prato *m* de peixe; '~-**händler(in** *f*) *m* peixeiro (-a *f*) *m*; '~**laich** *m* (-*es*; -*e*) desova *f*; '~**leim** *m* (-*es*; *0*) cola *f* de peixe, ictiocola *f*; '~**markt** *m* (-*es*; ¨*e*) mercado *m* de peixe; '~**netz** *n* (-*es*; -*e*) rede (*'ê) *f* (de pescar); *mit Bleigewichten*: chumbeira *f*; '~**otter** *f u. m* (-; -*n*) lontra *f*; '2**reich** abundante em peixe; '~**reiher** *m* garça *f* cinzenta; '~**teich** *m* (-*es*; -*e*) viveiro *m*; '~**zucht** *f* (*0*) piscicultura *f*; '~**zug** *m* (-*es*; ¨*e*) pesca *f*, lanço *m*.

'**Fistel** ['fistəl] *f* (-; -*n*) ⚕ fístula *f*; ♪ = ~**stimme** *f* falsete *m* (*mit* de).

'**Fittich** ['fitiç] *m* (-*es*; -*e*) asa *f*.

fix [fiks] ágil; *adv.* depressa; ~ *und fertig* F prontinho; pronto e direito; ~*e Idee* ideia *f* fixa.

Fi'xier|bad [fi'ksi:r-] *n* (-*es*; ¨*er*) *Phot.* banho *m* fixador; 2**en** (-) fixar.

'**Fix|stern** *m* (-*es*; -*e*) estrela *f* fixa; 2**um** *n* (-*s*; *Fixa*) quantidade *f* fixa; *Gehalt*: ordenado *m* fixo.

flach [flax] chato, plano; (*seicht*) pouco profundo; *a. Ufer*: baixo; *Absatz, Dach, Flugbahn*: raso; *fig.* trivial, banal; ~*e Hand* palma; ~ *ausbreiten* espalmar; ~ *verlaufend* arrasador.

'**Fläch|e** ['flɛçə] *f* plano *m*; (*Ober*2) superfície *f*; *e-s Würfels*: face *f*; (*Land*) planície *f*; = ~*eninhalt*; 2**en-haft** bidimensional; ~**en-inhalt** *m* (-*es*; -*e*) superfície *f*, área *f*; ~**enmaß** *n* (-*es*; -*e*) medida *f* de superfície.

'**Flach|heit** *f fig.* trivialidade *f*; banalidade *f*; ~**land** *n* (-*es*; ¨*er*) terra *f* plana; planície *f*; 2**nasig** ['-na:ziç] de nariz chato; ~**relief** *n* (-*s*; -*s*, -*e*) baixo-relevo (*'ê) *m*; ~**zange** *f* alicate *m* de bico chato.

Flachs [flaks] *m* (-*es*; *0*) linho *m* (*brechen* gramar); '~**bau** *m* (-*es*; *0*) cultura *f* do linho; '2**blond** loiro como o trigo; '~**kopf** *m* (-*es*; ¨*e*) loiro *m*, -a *f*.

'**flackern** ['flakərn] (-*re*) chamejar, bruxulear; ~**d** *adj.* trémulo.

'**Fladen** ['fla:dən] *m* bolo (*'ô) *m* folhado; (*Kuh*2) bosta *f*.

'**Flagg|e** ['flagə] *f* bandeira *f*; ⚓ *a.* pavilhão *m*; ~ *einziehen* arrear a bandeira; ~ *hissen* = 2**en** içar a bandeira; embandeirar; ~**en-stange** *f* haste *f*, pau *m* de (*od.* da) bandeira; ~**schiff** *n* navio-almirante *m*.

Flak *f* (-; -, -*s*) *Abk. für Fliegerabwehr(kanone)* DCA; '~...: *in Zssg(n)* antiaéreo, de defesa antiaérea.

'**Flam|e** ['fla:mə] *m* (-*n*), (~**in** *f*), '**flämisch** ['flɛ:miʃ] flamengo (-a), de Flandres.

'**Flamm|e** ['flamə] *f* chama *f*, labareda *f*; *Brenner*: queimador *m*; *fig.* amor *m*; *in* ~*en aufgehen* ser consumido pelas chamas; 2**en** (estar a) chamejar, (estar a) arder; *Stoff*: fulgurar; 2**end** *adj.* chamejante; ardente; *fig. Protest*: veemente, violento; ~**en-werfer** *m* lança--chamas *m*; 2**ig**: *drei*~ com três queimadores.

'**flandrisch** ['flandriʃ] flamengo.

Fla'nell [fla'nɛl] *m* (-*s*; -*e*) flanela *f*.

fla'nieren [fla'ni:rən] (-) flanar; passear.

'**Flank|e** ['flaŋkə] *f* lado *m*; costas *f/pl.*; (*Weiche*) ilharga *f*; ⚔ flanco *m*; *j-m in die* ~ *fallen* atacar alg. pelo flanco; 2'**ieren** (-) flanquear; ladear.

'**Fläschchen** ['flɛʃ-çən] *n* frasquinho *m*.

'**Flasche** ['flaʃə] *f* garrafa *f*; frasco *m*; (*Kinder*2) biberão *m*; *pl. auf* ~*n ziehen* engarrafar; *einschließlich* ~*n* com vasilhame *m*; ~**nbier** *n* (-*es*; -*e*) cerveja *f* engarrafada (*od.* em garrafas); ~**n-hals** *m* (-*es*; ¨*e*) gargalo *m* de garrafa; ~**nkind** *n* (-*es*; -*er*) criança *f* criada a biberão; ~**n-kürbis** ♀ *m* (-*ses*; -*se*) cabaça *f*; ~**nzug** *m* (-*es*; ¨*e*) polé *f*, roldana *f*.

'**flatter|haft** ['flatər-] volúvel; 2-**haftigkeit** *f* volubilidade *f*, inconstância *f*; ~**n** (-*re*, *haben u. sn*) esvoaçar, adejar; *Fahne*: *a.* flutuar; *Tiere*: *a.* revolutear.

flau [flau] fraco; *mir ist* ~ sinto-me fraco.

Flaum [flaum] *m* (-*es*; *0*) froixel *m*; penugem *f*; '~**bart** *m* (-*es*; ¨*e*) buço *m*; '~**feder** *f* (-; -*n*) penugem *f*; '2**ig** plumoso, veloso, felpudo.

Flaus [flaus] *m* (*-es*; *-e*), **Flausch** [flauʃ] *m* (*-es*; *-e*) frisa *f*, pelo (*ê) *m*.
'**Flause** ['flauzə] *f* peta (*ê) *f*; mentirola *f* (*machen* dizer).
'**Flecht|e** ['flɛçtə] *f* trança *f*; ⚕ impigem *f*; ⚘ líquen *m*; 2**en** (*L*) entrançar; tecer; ~**weide** *f* vime *m*, vimeiro *m*; ~**werk** *n* (*-es*; *0*) entrançadura *f*, grade *f*, rede (*'ê) *f*.
Fleck [ɛ] *m* (*-es*; *-e*) mancha *f*, nódoa *f* (*a. fig.*); (*Ort*) sítio *m*, lugar *m*; *blauer* ~ negra *f*; *nicht vom* ~ *kommen* estar parado, não avançar; '~**en**[1] *m* povoação *f*; (*Markt*2) vila *f*; '2**en**[2] manchar; '2**enlos** sem mancha, imaculado (*a. fig.*); '2**fieber** *n* (*-s*; *0*) febre *f* exantemática; '2**ig** manchado, malhado; com manchas; '~**typhus** *m* (*-*; *0*) tifo *m* exantemático; '~**wasser** *n* tira-nódoas *m*.
'**Fleder|maus** ['fle:dər-] *f* (*-*; *=e*) morcego *m*; ~**wisch** *m* (*-es*; *-e*) espanador *m*.
'**Flegel** ['fle:gəl] *m* mangual *m*, malho *m*; *fig. j.*: malcriado *m*; ~'**ei** *f* má-criação *f*; 2**haft,** 2**ig** malcriado; ~**jahre** *n/pl.* mocidade *f/sg.*, adolescência *f/sg.*; 2**n** (*-le*): *sich* ~ espreguiçar-se.
'**flehen** ['fle:ən] **1.** suplicar, implorar (*um et.* a.c.); **2.** 2 *n* súplica *f*, rogo *m*; ~**d** *adj.*, ~**tlich** suplicante, fervoroso, instante; *adv. a.* com instância.
Fleisch [flaɪʃ] *n* (*-es*; *0*) carne *f*; ⚘ polpa *f*; *mein* (*eigen*) ~ *und Blut* sangue do meu sangue; *in* ~ *und Blut übergehen* entranhar-se; entrar na massa do sangue; ~ *werden* encarnar-se; '~**beschauer** *m* inspe(c)tor *m* de carnes; '~**brühe** *f* caldo *m*; '~**er** *m* carniceiro *m*, talhante *m*, cortador *m*; ~e'**rei** [-ə'raɪ] *f*, '~**erladen** *m* (*-s*; *=*) talho *m*; '2**farben** cor (*ô) de carne; '2**fressend** carnívoro, carniceiro; '~**hackmaschine** *f* máquina *f* para passar (a carne); '2**ig** carnoso, carnudo; '~**klößchen** ['-klø:sçən] *n* almôndega *f*; '~**kost** *f* (*0*) comida *f* de carne; '2**lich** carnal; '2**los** sem carne; ~*e Kost f* regime *m* vegetariano; '~**speise** *f* prato *m* de carne; '~**topf** *m* (*-es*; *=e*) panela *f*; '~**vergiftung** *f* intoxicação *f* por ingestão de carne; '~**werdung** ['-verduŋ] *f* (*0*) encarnação *f*.
Fleiß [flaɪs] *m* (*-es*; *0*) aplicação *f*, diligência *f*; *mit* ~ *a.* de propósito; '2**ig** diligente; a(c)tivo; assíduo; aplicado; estudioso.
'**flennen** ['flɛnən] chorami(n)gar.
'**fletschen** ['flɛtʃən]: *die Zähne* ~ mostrar os dentes.
'**flick|en** ['flikən] remendar; consertar; 2**en** *m u. n* remendo *m*; 2**erin** ['-ərin] *f* remendona *f*; 2-**schneider** (2**schuster**) *m* alfaiate (sapateiro) *m* remendão; 2**werk** *n* (*-es*, *0*) remendo *m*; *fig.* má compilação *f*; 2**wort** *n* (*-es*; *=er*) palavra *f* expletiva; partícula *f* de realce; 2**zeug** *n* (*-es*; *0*) (*Nähzeug*) costura *f*; ⊕ ferramentas *f/pl.*
'**Flieder** ['fli:dər] *m* lilás *m*; (*Holunder*) sabugo *m*; ~**baum** *m* (*-es*; *=e*) sabugueiro *m*; ~(**blüten**)**tee** *m* (*-s*; *0*) chá *m* de flor de sabugueiro.
'**Fliege** ['fli:gə] *f Zool.* mosca *f*; *spanische* ~ cantárida *f*; (*Schleife*) laço *m*; *pl.* ~*n fangen* F *fig.* (andar a) abanar moscas, ser um abana-moscas; *zwei* ~*n mit einer Klappe schlagen* matar de uma cajadada dois coelhos.
'**fliegen** ['fli:gən] (*L*; *sn*, *selten haben*) voar; *im Flugzeug*: ir de avião; ~ *lassen* soltar; *in die Höhe* ~ elevar-se; levantar voo (*'ô); *in die Luft* ~ explodir; ir pelos ares; ~**d** *adj.* volante; *Ameise*: de asas; *Händler*: ambulante; „*Der* 2*e Holländer*" *a.* «O Navio Fantasma».
'**Fliegen|fänger** [-fɛŋər] *m* apanha-moscas *m*; ~**fenster** *n* rede (*'ê) *f*; ~**gewicht** *n* (*-es*; *-e*) *Sport*: peso-mosca (*ê, ô) *m*; ~**klappe** *f* moscadeiro *m*; ⚘ dioneia *f*; ~**schrank** *m* (*-es*; *=e*) mosqueiro *m*; ~**wedel** *m* abana-moscas *m*.
'**Flieger** ['fli:gər] *m* aviador *m*, piloto (*'ô) *m*; ~-**abwehr** *f* (*0*) defesa *f* antiaérea; ~-**alarm** *m* (*-es*; *-e*) rebate *m*; ~-**angriff** *m* (*-es*; *-e*) ataque *m* aéreo; ~-**aufnahme** *f* fotografia *f* aérea; ~**in** *f* aviadora *f*; ~**sicht** *f* (*0*): *gegen* ~ contra reconhecimentos *m/pl.* aéreos; ~**staffel** *f* (*-*; *-n*) esquadrilha *f* de aviões; ~**truppe** *f* (corpo *m* de) aviação *f*, (corpo *m* de) aviadores *m/pl.*; ~**warnung** *f* = ~*alarm*.
'**flieh|en** ['fli:ən] (*L*; *sn*) fugir (*vor dat.* de); abalar; 2**kraft** *f* (*-*; *=e*) *Phys.* força (*ô) *f* centrífuga.

'**Fliese** ['fli:zə] *f* ladrilho *m*, laje *f*.
'**Fließ|band** *n* (-*es*; *=er*) tela *f* condutora (*od.* transportadora); **2en** (*L*; *sn*, *selten haben*) correr; *durch*: atravessar; ~ *in* (*ac.*) desaguar em, desembocar em; **2end** *adj. Sprache*: corrente; *Stil*: fluente; *Wasser*: encanada; ~ *sprechen* falar correntemente; **~papier** *n* (-*s*; -*e*) mata-borrão *m*.
'**flimmern** ['flimərn] **1.** *v/i.* (-*re*) cintilar; vibrar; *es flimmert mir vor den Augen* foge-me a vista; **2.** 2 *n* cintilação *f*, vibração *f*.
flink [fliŋk] ligeiro, desembaraçado, lesto.
'**Flinte** ['flintə] *f* espingarda *f*; *die* ~ *ins Korn werfen* desanimar, desistir; **~nlauf** *m* (-*es*; *=e*) cano *m*; **~nschuß** *m* (-*sses*; *=sse*) tiro *m* de espingarda.
Flirt [flœrt] *m* (-*es*; -*e*) namorico *m*; '**2en** (-*e*-) namoricar.
'**Flitter** ['flitər] *m* lantejoula *f*; palhetas *f/pl.*; = **~gold** *n* (-*es*; *0*) ouropel *m*; = **~kram** *m* (-*es*; *0*) ninharias *f/pl.*; = **~staat** *m* penduricalho *m*; **~wochen** *f/pl.* lua-de-mel *f/sg.*
'**Flitz|bogen** ['flits-] *m* (-*s*; *=*) arco *m*; **2en** (-*t*) voar, correr.
'**Flock|e** ['flɔkə] *f* floco *m*; **2ig** flocoso, flocado.
Floh [flo:] *m* (-*es*; *=e*) pulga *f*.
'**flöhen** ['flø:ən] espulgar.
Flor [flo:r] *m* (-*s*; -*e*) ⚘ flor(escência) *f*, *fig. a.* prosperidade *f*; (*Fülle*) profusão *f*; *Stoff*: (*Trauer2*) crepe *m* (de luto); **~'ett** [-'rɛt] *n* (-*es*; -*e*) florete *m*; **~'ett-fechter** *m* floretista *m*; **2'ieren** (-) florescer, *fig. a.* prosperar.
'**Floskel** ['floskəl] *f* (-; -*n*) flor *f* de retórica.
Floß [flo:s] *n* jangada *f*; *Fähre*: balsa *f*.
'**Flosse** ['flɔsə] *f* barbatana *f*.
'**flöß|en** ['fløsən] levar em jangada; **2er** *m* jangadeiro *m*; **2e'rei** [-ə'raɪ] *f* transporte *m* por jangadas.
'**Flöt|e** ['flø:tə] *f* flauta *f*; **2en** (-*e*-) tocar flauta; **2engehen** (*L*) F ir-se embora; perder-se; **~enspiel** *n* (-*es*; -*e*) música *f* de flauta; **~enspieler** *m* flautista *m*.
flott [flɔt] ligeiro; descuidado; desembaraçado; ~ *gehen* ir de vento em popa; F ⚓ *Geschäft*: andar bem; ~ *leben* F viver vida alegre; viver na pândega.
'**Flott|e** ['flɔtə] *f* frota *f*; marinha *f*; (*Kriegs2*) armada *f*; **~en...**: *in Zssg(n)* naval; **~'ille** *f* flotilha *f*; **2machen** ⚓ pôr a nado, desencalhar, safar.
Flöz [flø:ts] *n* (-*es*; -*e*) estrato *m*; veio *m*.
Fluch [flu:x] *m* (-*es*; *=e*) maldição *f*; praga *f*; '**2beladen** amaldiçoado, maldito; '**2en** praguejar (*über ac.*, *auf ac.* contra); (*dat.*) ~ amaldiçoar (*ac.*), renegar (*ac.*).
Flucht [fluxt] *f* fuga *f*; evasão *f*; abalada *f*; ⚠ série *f*; alinhamento *m*; *in e-r* ~ numa linha; a fio; *die* ~ *ergreifen* pôr-se em fuga; *in die* ~ *schlagen* pôr em fuga, derrotar; *in wilder* ~ = '**2-artig** em debandada.
'**flücht|en** ['flyçtən] (-*e*-; *sn*) fugir (*vor dat.* de); *sich* ~ refugiar-se; **2ig** fugitivo; ⚖ prófugo, ~ *sn* andar à monte; ⚗ volátil; *fig.* (*kurz*) fugaz; passageiro; (*oberflächlich*) ligeiro; descuidado; feito a pressa; *j.*: destraído; **2igkeit** *f* descuido *m*; ligeireza *f*; volatilidade *f*; inconstância *f*; **2igkeitsfehler** *m* lapso *m*; **2ling** *m* (-*s*; -*e*) fugitivo *m*; *Pol.* refugiado *m*; ⚔ desertor *m*.
'**Flucht|linie** ⚠ *f* alinhamento *m*; **~versuch** *m* (-*es*; -*e*) tentativa *f* de evasão.
'**fluchwürdig** execrável, nefasto.
Flug [flu:k] *m* (-*es*; *=e*) voo (*'ô) *m*; (*Schwarm*) bandada *f*; *im* **~e** *fig.* de abalada; '**~-abwehr** ⚔ *f* (*0*) defesa *f* antiaérea; '**~bahn** *f* traje(c)tória *f*; '**~blatt** *n* (-*es*; *=er*) folheto *m*; folha (*ô) *f* volante; '**~boot** *n* (-*es*; -*e*) hidro-avião *m*; '**~dauer** *f* (*0*) duração *f* do voo (*'ô); '**~dienst** *m* serviço *m* aéreo.
'**Flügel** ['fly:gəl] *m* asa *f* (*a.* ⚘); (*Fenster2*) batente *m*, (*Tür2*) *a.* meia-porta *f*; ⚔ ala *f*; ♪ piano *m* de cauda; **~-adjutant** *m* (-*en*) ajudante *m* de campo; **2lahm** de asas quebradas (*od.* fracas); **~mann** *m* (-*es*; *=er*) cabo *m*; **~mutter** *f* (-; -*n*) porca *f* de borboleta; **~schlag** *m* (-*es*; *=e*) adejo *m*; **~schraube** *f* parafuso *m* de orelhas; **~stürmer** *m* *Sport*: extremo-direito *m*; **~tür** *f* porta *f* de dois batentes.
'**Flug|fahrplan** *m* (-*es*; *=e*) horário *m* (do serviço) aéreo; **~feuer** *n*

chispa *f*; **~gast** *m* (*-es*; *⸚e*) passageiro *m* (de avião); **~gewicht** *n* (*-es*; *-e*) peso (*ê) *m* no voo (*'ô).

'**flügge** ['flygə] emplumado; *fig.* F núbil, casadeiro; ~ *werden* tomar o voo (*'ô); *noch nicht* ~ *sn* estar ainda no ninho.

'**Flug|geschwindigkeit** *f* (*0*) velocidade *f*; **~hafen** *m* aeroporto (*'ô) *m*; **~halle** *f* hangar *m*, alpendre *m*; **~haut** *f* (-; *⸚e*) *Zool.* asa *f* membranosa; **~kapitän** *m* (*-s*; *-e*) capitão *m* aviador (*od.* da aviação); piloto (*'ô) *m* civil; **~lehrer** *m* instrutor *m* de pilotagem; **~linie** ✈ *f* linha (*od.* carreira) *f* aérea; **~maschine** *f* aparelho *m*; **~motor** *m* (*-s*; *-en*) motor *m* de aviação (*od.* do avião); **~netz** *n* (*-es*; *-e*) rede (*'ê) *f* aérea; **~platz** *m* (*-es*; *⸚e*) campo *m* de aviação; **~post** *f* (*0*) correio *m* aéreo; *mit* ~ por avião, por via aérea.

flugs [flu:ks] logo, depressa.

'**Flug|sand** *m* (*-es*; *0*) areia *f* movediça; **~schrift** *f* panfleto *m*, libelo *m*, folheto *m*; **~schüler** *m* aluno *m* da escola de aviação; **~strecke** *f* carreira *f* aérea; **~stützpunkt** *m* (*-ẹs*; *-e*) base *f* aérea; **~technik** *f* (*0*) aeronáutica *f*; **~warndienst** *m* serviço *m* de vigilância aérea; **~weite** ✈ *f* alcance *m*; **~wesen** *n* (*-s*; *0*) aviação *f*; **~zeit** *f* tempo *m* do voo (*'ô).

'**Flugzeug** *n* (*-ẹs*; *-e*) avião *m*; aeroplano *m*; **~führer** *m* piloto (*'ô) *m*; **~geschwader** *n* esquadra *f* de aviões; **~halle** *f* hangar *m*; **~kabine** *f* cabine *f* do avião; **~modell** *n* (*-s*; *-e*) aviominiatura *f*; **~mutterschiff** *n* (*-ẹs*; *-e*) = *~träger*; **~schuppen** *m* hangar *m*; **~rumpf** *m* (*-es*; *⸚e*) fuselagem *f*; **~staffel** *f* (-; *-n*) esquadrilha *f* de aviões; **~träger** *m* porta-aviões *m*.

'**Flunder** ['flundər] *f* (-; *-n*) solha (*ô) *f*.

'**flunkern** ['fluŋkərn] F (*-re*) mentir.

Flur [flu:r] **a)** *f* campo(s *pl.*) *m*; campina *f*; **b)** *m* (*-ẹs*; *-e*) vestíbulo *m*; corredor *m*; entrada *f*; '**~hüter** *m* guarda *m* das searas; '**~schaden** *m* (*-s*; *⸚*) danos (*od.* prejuízos) *m/pl.* causados no campo; '**~schütze** *m* (*-n*) = *~hüter*.

Fluß [flus] *m* (*-sses*; *⸚sse*) rio *m*; (*Fließen*) fluxo *m*; (*a.* ⊕, ⚕); *in* ~ *bringen*, *in* ~ *kommen* adiantar; ⁀'**abwärts** rio abaixo; ~ *von* a jusante de; ⁀'**aufwärts** rio acima; ~ *von* a montante de; '**~bett** *n* (*-ẹs*; *-en*) álveo *m*, leito *m* (*cama *f*) do rio; '**~fisch** *m* (*-es*; *-e*) peixe *m* de água doce.

'**flüssig** ['flysiç] líquido; ✝ *a.* disponível; *Stil*: fluente; ~ *machen* (*werden*) liquidar(-se); ✝ realizar; ⁀**keit** *f* líquido *m*; ⁀**machung** [-maxuŋ] *f von Kapitalien*: realização *f*.

'**Fluß|-insel** *f* (-; *-n*) ínsula *f*; **~netz** *n* (*-es*; *-e*) rede (*'ê) *f* fluvial; **~pferd** *n* (*-ẹs*; *-e*) hipopótamo *m*; **~schiffahrt** *f* navegação *f* fluvial; **~schiffer** *m* barqueiro *m*; **~spat** *m* (*-ẹs*; *-e*) espato *m* fluor; **~stahl** *m* (*-ẹs*; *0*) aço *m* macio; **~ufer** *n* beira--rio *f*.

'**flüster|n** ['flystərn] (*-re*) *v/i.* segredar, cochichar; *fig.* sussurrar; **~nd** [-t] *adj.* sussurrante; *adv.* = *mit* ⁀**stimme** *f* em voz baixa.

Flut [flu:t] *f* ⚓ maré *f* cheia, preia--mar *f*; *steigende*: maré enchente (*Fließen*) *a. fig.* torrente; *pl.* águas *f/pl.*, ondas *f/pl.*; (*Fülle*) plenitude *f*; '⁀**en** (*-e-*; *haben u. sn*) correr; (*wogen*) ondear; flutuar; agitar-se; ⚓ *über* (*ac.*) ~, *fig. durch die Straßen* ~ inundar (*ac.*); '**~zeit** *f* maré *f* enchente.

'**Fock|mast** [fɔk-] *m* (*-ẹs*; *-en*) mastro *m* de (*od.* do) traquete; **~segel** *n* traquete *m*.

'**Fohlen** ['fo:lən] **1.** *n* poldro *m*, potro *m*; **2.** ⁀ parir.

Föhn [fø:n] *m* (*-ẹs*; *-e*) vento *m* quente das montanhas.

'**Föhre** ['fø:rə] *f* pinheiro *m*.

'**Folge** ['fɔlgə] *f* (*Reihe*) série *f*; *a.* ♪ sequência *f*; *a.* (*Nach*⁀) sucessão *f*; (*Fortsetzung*) continuação *f*; (*Ergebnis*) resultado *m*, consequência *f*, efeito *m*; *zur* ~ *haben* ter como consequência; (*dat.*) ~ *leisten* obedecer (a); *e-r Einladung*: aceitar (*ac.*); *in der* ~ a seguir, em seguida; **~erscheinung** *f* consequência *f*.

'**folgen** ['fɔlgən] (*sn*) (*dat.*) seguir (*ac.*); (*Nachfolger sn*) suceder a; (*gehorchen*) obedecer; (*sich ergeben*) resultar; *es folgt* segue-se; **~d** *adj.* seguinte; *im* ~*en* a seguir, em seguida; **~dermaßen** [-dərma:sən]

da seguinte maneira; **~reich, ~schwer** grave, transcendente.
'**folge-richtig** consequente, lógico; **keit** *f (0)* consequência *f* lógica *f*.
'**folger|n** ['fɔlgərn] *(-re)* concluir, deduzir; **ung** *f* conclusão *f*; dedução *f*.
'**Folge|satz** *m (-es; ⁼e)* oração *f* consecutiva; **~zeit** *f* (tempo *m*) futuro *m*; *in der ~* a seguir; depois.
'**folg|lich** ['fɔlkliç] por conseguinte; por consequência; **~sam** obediente; dócil; **samkeit** *f (0)* obediência *f*; docilidade *f*.
Foli'ant [foli'ant] *m (-en)* (livro *m* in-) fólio *m*.
'**Folie** ['fo:liə] *f* folha (*ô) *f*, folheta *f*; *fig. zur ~ dienen (dat.)* fazer ressaltar, dar relevo (*'ê) a.
'**Folter** ['fɔltər] *f (-; -n)* tortura *f* (*a. fig.*); *auf die ~ spannen* = **n**; **~bank** *f (-; ⁼e)* potro *m*; **~kammer** *f (-; -n)* câmara *f* de tortura; **n** *(-re)* torturar; atormentar; **~qual** *f* tortura *f*, tormento *m*.
Fön [fø:n] *m (-es; -e)* secador *m* elé[c]trico.
Fonds [fõ] *m uv.* fundo(s *pl.*) *m*, ✝ *a.* capital *m*.
Fon'täne [fɔn'tɛ:nə] *f* (fonte *f* de) repuxo *m*.
Fonta'nelle [fɔnta'nɛlə] *f* fonta- [nela *f*.]
'**foppe|n** ['fɔpən] *v/t.* troçar de, fazer troça de, fazer pouco de; **'rei** *f* troça *f*.
'**Förder|-anlage** ⚒ *f* ['fœrdər-] instalação *f* de extra[c]ção; **~band** *n (-es; ⁼er)* fita *f* transportadora; **~er** *m* promotor *m*, bemfeitor *m*, prote[c]tor *m*; **~gut** ⚒ *n (-es; ⁼er)* produto *m* de extra[c]ção; **~haspel** *f (-; -n)* sarilho *m*; **lich** profícuo, útil; **~mittel** *n* meio *m* de transporte.
'**fordern** ['fɔrdərn] *(-re)* exigir, requerer, *Recht*: *a.* reclamar; (*heraus~*) desafiar; *Opfer*: causar.
'**förder|n** ['fœrdərn] *(-re)* promover; (fazer) adiantar; fomentar, *j-n*: proteger; ⚒ extrair; *zu Tage ~ fig.* trazer à luz; **rinne** *f* calha *f* de transportes; **schacht** ⚒ *m (-es; ⁼e)* poço *m* de extra[c]ção; **seil** ⚒ *n (-es; -e)* cabo *m* de extra[c]ção.
'**Forderung** ['fɔrdəruŋ] *f* exigência *f*; demanda *f*; reclamação *f*; (*Heraus*) desafio *m*; ✝ dívida *f* a[c]tiva; crédito *m*.
'**Förderung** ['fœrdəruŋ] *f* adiantamento *m*; promoção *f*; fomento *m*; ⚒ extra[c]ção *f*.
Fo'relle [fo'rɛlə] *f* truta *f*.
'**Forke** ['fɔrkə] *f* forcado *m*; garfo *m*; forquilha *f*.
Form [ɔ] *f* forma *f*; (*Guß*) molde *m*; (*Machart*) feitio *m*; (*Umgangs*) maneira *f*; (*gut*) *in ~ sn Sport*: estar em boa disposição.
for'mal [fɔr'ma:l] formal; **i'tät** [-ali'tɛ:t] *f* formalidade *f*.
For'mat [fɔr'ma:t] *n (-es; -e)* formato *m*, tamanho *m*; **~i'on** [-atsi'o:n] *f Geol.* formação *f*; ⚔ unidade *f*.
'**Formblatt** *n (-es; ⁼er)* impresso *m*; formulário *m*.
'**Formel** ['fɔrməl] *f (-; -n)* fórmula *f*; **~buch** *n (-es; ⁼er)* formulário *m*; **haft** formalista.
for'mell [fɔr'mɛl] formal, cerimonioso.
'**form|en** ['fɔrmən] formar, moldar (*a.* ⊕); **en** *n* formação *f*; moldagem *f*; **enlehre** *f* morfologia *f*; **enmensch** *m (-en)* formalista *m*; **er** ⊕ *m* formador *m*, moldador *m*; **fehler** *m* falta *f* formal; incorre(c)ção *f*; '**gebung** ['-ge:buŋ] *f (0)* moldagem *f*; *fig.* informação *f*.
'**förmlich** ['fœrmliç] formal, cerimonioso; em forma, protocolar; **keit** *f* formalidade *f*; cerimónia *f*.
'**form|los** amorfo, informe; *fig. Benehmen*: rude, grosseiro; sem cerimónia; **sache** *f* formalidade *f*.
Formu'l|ar [fɔrmu'la:r] *n (-s; -e)* impresso *m*; **ieren** (-) formular; **~ierung** [-'li:ruŋ] *f* reda[c]ção *f*.
forsch [fɔrʃ] enérgico.
'**forsch|en** ['fɔrʃən] investigar; **er** *m* investigador *m*.
'**Forschung** ['fɔrʃuŋ] *f* investigação *f*; **~s-gebiet** *n (-es; -e)* campo *m* de investigação; **~s-gemeinschaft** *f* junta *f* de investigações; **~s-reise** *f* viagem *f* de estudo; expedição *f*; **~s-reisende(r)** *m* explorador *m*.
Forst [fɔrst] *m (-es; -e)* floresta *f*; mata *f*; '**~-akademie** *f* escola *f* florestal; '**~-amt** *n (-es; ⁼er)* administração *f* das águas e florestas; '**~-aufseher** *m* guarda *m* florestal; '**~beamte(r)** *m (-n)* funcionário *m* florestal.
'**Förster** ['fœrstər] *m* regente *m*

florestal; **~'ei** *f* casa *f* (do regente) florestal.
'Forst|meister *m* inspe[c]tor *m* das matas; **~revier** *n* (*-s*; *-e*) distrito *m* florestal; **~wesen** *n* (*-s*; *0*), **~wirtschaft** *f* (*0*) silvicultura *f*.
Fort[1] [fo:r] *n* (*-s*; *-s*) forte *m*, castelo *m*; *kleines*: fortim *m*.
fort[2] [fɔrt]: *~!* vamos!; *~ (damit)!* fora!; *~ sn j.*: ter-se ido; *et.*: ter-se perdido, ter desaparecido; (*abwesend*) ausente; *in e-m ~* sem descanso; *und so ~* e assim por diante; **~'an** de aqui em diante; desde então; **'~begeben** (*L*; -): *sich ~* ir-se (embora); partir; **'≈bestand** *m* (*-es*; *⸚e*) continuação *f*; estabilidade *f*; subsistência *f*; **'~bestehen** (*L*; -) continuar; (per)durar; subsistir; **'~bewegen** (-): *sich ~* mover-se; andar; **'≈bewegung** *f* movimento *m*; locomoção *f*; **'~bilden** (*-e-*): *sich ~* aperfeiçoar-se; **'≈bildung** *f* aperfeiçoamento *m*; **'≈bildungsschule** *f* escola *f* complementar; **'~bleiben** (*L*) não vir; *lange ~* demorar-se; **'~bringen** (*L*) levar; **'≈dauer** *f* (*0*) continuação *f*; **'~dauern** (*-re*) continuar, (per)durar; *~d adj.* contínuo; **'~fahren** (*L*) **a)** (*sn*) (*abfahren*) partir; **b)** (*haben*) continuar, prosseguir; **'~fallen** (*L*) faltar, suprimir-se; **'~fliegen** (*L*) (partir a) voar; **'~führen** continuar; (*wegführen*) levar; **'≈gang** *m* continuação *f*; progresso *m*; *j-s*: saída *f*, partida *f*; **'~gehen** (*L*) sair; (*dauern*) continuar; **'~gesetzt** [-gəzɛtst] **1.** *pt. v. ~setzen*; **2.** *adj.* contínuo; ininterrupto; **'≈jagen** despedir; afugentar; **'~kommen** (*L*; *sn*) *v/i.* sair; (*gedeihen*) progredir; **'≈kommen** *n* carreira *f*; progresso *m*; subsistência *f*; *sn ~ finden* ganhar a vida; **'~lassen** (*L*) deixar sair; (*auslassen*) omitir, suprimir; **'~laufen** (*L*) fugir, seguir; *~d adj.* seguido, contínuo; ininterrupto; **'~leben** continuar a viver; **'~machen**: *sich ~* ir-se (embora); **'~nehmen** (*L*) levar; **'~pflanzen** (*-t*) propagar; reproduzir; **'≈pflanzung** *f* propagação *f*, reprodução *f*; **'~reißen** (*L*) arrastar; arrebatar; **'≈satz** *m* (*-es*; *⸚e*) prolongamento *m*; *Anat.* apófise *f*; **'~schaffen** tirar; **'~schicken** despedir, mandar embora; *et.*: despachar; **'~schreiten** (*L*) progredir; *~d adj.* progressivo; **'≈schritt** *m* (*-es*; *-e*) progresso *m*; **'≈schrittler** *m* progressista *m*; **'~schrittlich** progressivo; **'~sehnen**: *sich ~* estar com saudades (*od.* com vontade) de se ir embora; **'~setzen** (*-t*) continuar; **'≈setzung** *f* continuação *f*; *~ folgt* continua; **'~stürmen** *v/i.* (*sn*) *j.*: sair precipitadamente; *unpers.*: continuar a tempestuar; **'~treiben** (*L*) expulsar; (*fortsetzen*) continuar; **'~während** contínuo; constante; **'~werfen** (*L*) deitar fora; **'~wirken** continuar a[c]tuando (*od.* a a[c]tuar); **'~ziehen** (*L*) retirar, *v/i. a.* sair, partir, mudar (*nach* para).
'Foto... *s. Photo...*
Fracht [fraxt] *f* transporte *m*; frete *m*; ⚓ carregamento *m*, carga *f*; *Geld*: porte *m*; *per ~* por (*od.* com) pequena velocidade; **'~brief** *m* (*-es*; *-e*) guia *f* (de transporte); ⚓ conhecimento *m*; **'~(dampf)er** *m* cargueiro *m*; navio *m* de carga; **'~flugzeug** *n* (*-es*; *-e*) avião *m* de carga; **'~fuhrwesen** *n* (*-s*; *0*) carretagem *f*; **'~geld** *n* (*-es*; *-er*) porte *m*; **'~geschäft** *n* (*-es*; *-e*) negócio *m* (*Firma*: casa *f*, agência *f*) de transportes; **'~gut** 🚂 *n* (*-es*; *⸚er*) (mercadoria *f* a) pequena velocidade *f*; ⚓ cargo *f*; **'~kosten** *pl.* portes *m/pl.*; **'~satz** *m* (*-es*; *⸚e*) tarifa *f* ferroviária; ⚓ tarifa *f* de frete; **'~stück** (*-es*; *⸚e*) *n* fardo *m*, volume *m*; **'~tarif** *m* (*-s*; *-e*) = *~satz*; **'~verkehr** *m* (*-s*; *0*) transporte *m* de mercadorias; **'~zuschlag** *m* (*-es*; *⸚e*) suplemento *m*, excesso *m*.
Frack *m* (*-es*; *⸚e*, *-s*) casaca *f* (*im* de).
'Frage ['fra:gə] *f* pergunta *f* (*stellen* fazer); *gr.* interrogação *f*; (*Streit≈*, *Problem*) questão *f*; problema *m*; *in ~ stehend* em questão; *in ~ gestellt sn*, *noch die ~ sn* ser duvidoso; *keine ~ sn* não haver dúvida, não caber dúvida; *in ~ kommen* interessar; *ohne ~* sem dúvida; **~bogen** *m* questionário *m*; **~fürwort** *n* pronome *m* interrogativo; **≈n** perguntar (*j-n* a alg.; *nach* por); (*ausfragen*) interrogar; *nichts ~ nach* não se importar com; *es fragt sich* importa saber; *gefragt* ✝ procurado; **≈nd** interrogativo; **~r(in** *f*) *m* interrogador(a *f*) *m*; **~satz** *m* (*-es*; *⸚e*) oração *f* inter-

rogativa; ~steller(in *f*) [-ʃtɛlər] *m* interrogador(a *f*) *m*; ~stellung *f* *gr.* construção *f* interrogativa; *Philos. usw.*: posição *f* do problema, maneira *f* de pôr o problema; ~wort *n* (-*ẹs*; ⸗*er*) partícula *f* interrogativa; ~zeichen *n* ponto *m* de interrogação.

ˈ**frag|lich** [ˈfra:kliç] em questão; em causa; (*unsicher*) duvidoso, incerto; ~**los** indiscutível; sem dúvida; ~**würdig** discutível, duvidoso, problemático.

Frakti'on [fraktsiˈo:n] *f* fra[c]ção *f*; *Pol.* grupo *m*.

Frak'tur [frakˈtu:r] *f* *Typ.* letra *f* gótica; *fig.* ~ *reden* falar sem papas na língua.

frank [fraŋk] **1.** *adj.* (*frei*), **2.** ♀ *m* ✝, ˈ♀**e** [ˈ-ə] *m* (-*n*) franco *m*; ˈ♀**en** *m* franco *m*; ˈ~**ieren** (-) pôr (os) selos, franquear; ˈ♀**ierung** [ˈ-i:ruŋ] *f* franquia *f*.

ˈ**fränkisch** [ˈfrɛŋkiʃ] franco, da Francónia.

ˈ**franko** [ˈfraŋko] ✝ franco.

ˈ**Franse** [ˈfranzə] *f* franja *f*.

ˈ**Franz|band** [ˈfrants-] *m* (-*ẹs*; ⸗*e*) encadernação *f* em bezerro; ˈ~**branntwein** *m* (-*ẹs*; *0*) aguardente *f* de França (*od.* de cana).

Fran'zose [franˈtso:zə] *m* (-*n*) francês *m*; ♀**nfeindlich** francófobo; ♀**nfreundlich** francófilo.

Fran'zös|in [franˈtsø:zin] *f* francesa *f*; ♀**isch** francês, da França.

ˈ**Fräs|e** [ˈfrɛ:zə] *f* frese *m*; ♀**en** *v/t.* fresar; ~**en** *n* fresagem *f*; ~**maschine** *f* fresadora *f*.

Fraß [fra:s] *m* (-*es*; -*e*) comida *f*; pasto *m*.

Fratz [frats] F *m* (-*es*; -*e od.* -*en*) janota *m*; boneco *m*; ˈ~**e** [ˈ-ə] *f* careta *f* (*schneiden* fazer); ˈ♀**en-haft** grotesco.

Frau [frau] *f* mulher *f*; (*Ehe*♀) *a.* esposa (*ô); ~ *X* (a) senhora de X, (a) senhora Dona (*Vorname*) X; ~ *Professor usw. X* a esposa (*ô) do professor X; ~ *Maria X* (a) senhora Dona Maria (X); (*Dame*) senhora; *gnädige* ~ minha senhora; *Brief*: *an* ~ ... Ex.ma (*Abk. für* Excelentíssima) Senhora D. (*Abk. für* Dona)...; *Ihre* ~ *Gemahlin* sua senhora, sua esposa (*ô); (*Haus*♀) dona da casa; *zur* ~ *nehmen*: casar com.

ˈ**Frauen|arzt** *m* (-*es*; ⸗*e*) médico *m* para (doenças de) senhoras; ginecólogo *m*; ~**bewegung** (*0*), ~**frage** *f* feminismo *m*; ~**-haar** ♀ *n* (-*ẹs*; *0*) avenca *f*; ~**kloster** *n* (-*s*; ⸗) convento *m* de freiras; ~**krankheit** *f*, ~**leiden** *n* doença *f* de senhoras (*od.* de mulheres); ~**rechtlerin** [-rɛçtlərin] *f* feminista *f*, sufragista *f*; ~**rock** *m* (-*ẹs*; ⸗*e*) saia *f*; ~**stimmrecht** *n* (-*ẹs*; *0*), ~**wahlrecht** *n* (-*ẹs*; *0*) sufrágio *m* feminino; ~**zimmer** *n* mulher *f*; *ehm. a.* cachopa *f*.

ˈ**Fräulein** [ˈfrɔylaın] *n* (-*s*; - *od.* -*s*) menina *f*; senhora *f* (solteira); *senhorita *f*; *gnädiges* ~ minha senhora; ~ *X* (a) senhora Dona *od.* (a) menina (*Vorname*); *Brief*: *an* ~ ... Ex.ma (*Abk. für* Excelentíssima) Senhora D. (*Abk. für* Dona) (*Vorname*) ..., Ex.ma Menina (*Vorname*) ...

frech [frɛç] atrevido, impertinente; fresco, insolente; ˈ♀**dachs** F *m* (-*es*; -*e*) atrevido *m*; ˈ♀**heit** *f* atrevimento *m*, impertinência *f*.

Fre'gatt|e [freˈgatə] *f* fragata *f*; ~**en...**: *in Zssgn* de fragata.

frei [fraı] livre (*werden* ficar), *von e-r Verpflichtung usw.*: *a.* isento de; (*offen*) aberto; (*unbesetzt*) vago; *Beruf*: liberal; (*ungehemmt*) licencioso; (*aufrichtig*) franco, *a.* ✝ (*kostenlos*) gratuito; ~ *Haus* ao domicílio; *aus* ~*en Stücken* espontâneamente, voluntàriamente, mótu-próprio; *j-m* ~*e Hand lassen* dar carta branca a alg.; ~*er Tag* feriado *m*; ~ *haben Schule*: ter feriado; ~ *machen* libertar; ✉ franquear; pôr (os) selos; *so* ~ *sn zu* (*inf.*) tomar a liberdade de; *ich bin so* ~! com licença!; *im* ♀*en* ao ar livre; *auf* ~*em Felde* em campo aberto; ˈ♀**antenne** *f* antena *f* exterior; ˈ♀**bad** *n* (-*ẹs*; ⸗*er*) piscina *f*; ˈ♀**ballon** *m* (-*s*; -*s*) balão *m*, aeróstato *m*; ˈ♀**beuter** [ˈ-bɔytər] *m* corsário *m*, pirata *m*; ˈ♀**billet** *n* (-*s*; -*e*) bilhete *m* gratuito (*od.* de graça); ˈ~**bleibend** ✝ sem compromisso; ˈ♀**brief** *m* (-*ẹs*; -*e*) *ehm.* foral *m*; carta *f* branca; *fig.* privilégio *m*; ˈ♀**denker** *m*, ˈ~**denkerisch** livre-pensador *m*; ˈ♀**denkertum** *n* (-*s*; *0*) livre-pensamento *m*; ˈ♀**e** [ˈ-ə] *n* campo *m*, ar *m* livre; ˈ~**en** pedir em casamento; ˈ♀**er** *m* pretendente *m*; noivo *m*; ˈ♀**exemplar** *n* (-*s*; -*e*) exemplar *m* gratuito; '2**fläche** *f* espaço *m* livre; '2**frau** *f* baronesa *f*; '2**gabe** *f* restituição *f*, entrega *f*; ⚖ desembargo *m*; *j-s*: = 2*lassung*; '~**geben** (*L*) libertar, soltar; (*erlauben*) permitir; ⚖ pôr desembargo a; *Schule*: dar feriado; '~**gebig** ['-ge:biç] generoso; '2**gebigkeit** *f* (*0*) generosidade *f*; '2**geist(e'rei** *f*) *m* (*-es*; *-er*) = 2*denker(tum)*; '2**gepäck** *n* (*-es*; *0*) bagagem *f* gratuita; '2**hafen** *m* (*-s*; ⸚) porto-franco (*'ô) *m*; '2**hafenzone** *f* zona *f* franca do porto (*'ô); '~**halten** (*L*) *Straße*, *Platz*: deixar livre; *j-n* ~ pagar por alg.; '2**handel** *m* (*-s*; *0*) comércio *m* livre; '~**händig** ['-hɛndiç] *zeichnen*, *zielen*: à mão livre; ✝ no mercado livre; em leilão; '2**hand-zeichnen** *n* desenho *m* à mão livre; '2**heit** *f* liberdade *f*; independência *f*; autonomia *f*; *von Lasten*: isenção *f*; der ~ (*gen.*) berauben privar de ..., ⚖ sequestrar; '~**heitlich** liberal.

'**Freiheits|beraubung** *f* sequestração *f*; ~**drang** *m* (*-es*; *0*) ânsia *f* da liberdade; ~**krieg** *m* (*-es*; *-e*) guerra *f* da (*od.* de) independência; ~**strafe** *f* pena *f* de prisão.

'**frei|heraus** com franqueza, francamente; 2**herr** *m* (*-n*; *-en*) barão *m*; 2**karte** *f* bilhete *m* (*od.* entrada *f*) gratuito (-a) *od.* de graça; 2**korps** *n* = 2*schar*; ~**lassen** (*L*) deixar livre; soltar; pôr em (*od.* restituir à) liberdade; 2**lassung** ['-lasuŋ] *f* libertação *f*; 2**lauf** *m* (*-es*; ⸚*e*) *Rad*: roda *f* livre; ~**legen** pôr a descoberto; ⚒ *a.* descobrir; *Weg*: abrir; desentulhar; ~**lich** *bekräftigend*: com certeza, decerto; sem dúvida; *einschränkend*: todavia; 2**licht...**: *in Zssgn* ao ar livre; 2**los** *n* (*-es*; *-e*) reintegro *m*; ~**machen** libertar, livrar; ✉ pôr selos; *sich* ~ alijar-se; 2**marke** *f* estampilha *f*, selo (*ê) *m*; 2**maurer** *m* pedreiro-livre *m*, (franco-)maçāo *m*; 2**maurer...**: *in Zssgn* maçónico; 2**maure'rei** *f* (*0*) (franco-)maçonaria *f*; ~**maurerisch** maçónico; 2**mut** *m* (*-es*; *0*) franqueza *f*; ~**mütig** ['-my:tiç] franco, sincero; 2**schar** *f* corpo *m* de voluntários; 2**schärler** ['-ʃɛ:rlər] *m* guerrilha *f*; guerrilheiro *m*; voluntário *m*; 2**schütz(e)** *m* (*-en*) franco-atirador *m*; 2**sinn** *m* (*-es*; *0*) espírito *m* liberal; *Pol.* liberalismo *m*; ~**sinnig** liberal; ~**sprechen** (*L*) absolver; 2**sprechung** ['-ʃprɛçuŋ] *f* absolvição *f*; ilibação *f*; 2**spruch** *m* (*-es*; ⸚*e*) sentença *f* absolutória; 2**staat** *m* (*-es*; *-en*) Estado *m* livre; república *f*; 2**statt** (-; ⸚*en*), 2**stätte** *f* asilo *m*; ~**stehen** (*L*) *Wohnung*: não estar ocupado; es steht *j-m* frei zu (*inf.*) alg. tem a liberdade de; 2**stelle** *f* lugar *m* gratuito (numa escola); bolsa *f*; ~**stellen**: *j-m* et. ~ deixar a.c. com (*od.* à) escolha de alg.; 2**stoß** *m* (*-es*; ⸚*e*) *Sport*: pontapé *m* livre; 2**stunde** *f* hora *f* de recreio; 2**tag** *m* (*-es*; *-e*) sexta-feira *f*; 2**tisch** *m* (*-es*; *-e*) mesa *f* franca; 2**tod** *m* (*-es*; *0*) suicídio *m*; 2**treppe** *f* escadaria *f*; 2**übung** *f* exercício *m* de ginástica (sueca); ~**willig** voluntário; 2**willigkeit** *f* (*0*) espontaneidade *f*; 2**zeit** *f* tempo *m* livre, horas *f/pl.* vagas; 2**zügigkeit** ['-tsy:giçkaɪt] *f* (*0*) liberdade *f* de residência.

fremd [frɛmt] alheio; (*unbekannt*) desconhecido; (*orts*~) forasteiro; (*ausländisch*) estrangeiro; (*seltsam*) estranho; '~**artig** heterogéneo; (*seltsam*) estranho; '2**artigkeit** *f* (*0*) heterogeneidade *f*; (*Seltsamkeit*) estranheza *f*.

'**Fremde** ['frɛmdə] **1.** *f* (*0*) estrangeiro *m*; terra *f* alheia; **2.** *m u. f*, (*-n*), ~**r** *m* estrangeiro *m*, -a *f*; (*Orts*2) forasteiro *m*, -a *f*; (*Unbekannte*[*r*]) desconhecido *m*, -a *f*.

'**Fremden|buch** *n* (*-es*; ⸚*er*) livro (*od.* registo) *m* de visitantes; ~**führer** *m* guia *m*; ~**industrie** *f* indústria *f* de turismo; ~**legion** *f* legião *f* estrangeira; ~**legionär** *m* (*-s*; *-e*) legionário *m*; ~**liste** *f* = ~*buch*; ~**verkehr** *m* (*-s*; *0*) turismo *m*; ~**zimmer** *n* quarto *m* de hóspedes.

'**Fremd|herrschaft** *f* domínio *m* estrangeiro, dominação *f* estrangeira; ~**körper** *m* corpo *m* estranho; 2**ländisch** ['-lɛndiʃ] estrangeiro; exótico; ~**ling** *m* (*-s*; *-e*) estranho *m*; estrangeiro *m*; forasteiro *m*; ~**sprache** *f* língua *f* estrangeira; 2**sprachig** ['-ʃpraxiç], 2**sprachlich** de língua(s) estrangeira(s); ~**wort** *n* (*-es*; ⸚*er*) palavra *f* estrangeira.

Fre'quenz [fre'kvɛnts] *f* frequência *f*; **~band** *n* (*-es*; *⸗er*) *Radio*: zona *f* de frequência; **~umfang** *m* (*-es*; *⸗e*) faixa *f* de frequências.

'**Fresko** ['frɛsko] *n* (*-s*; *Fresken*) fresco *m*; **~gemälde** *n* pintura *f* a fresco.

'**Fress|e** ['frɛsə] P *f* boca (*ô) *f*, cara *f*; *in die ~ schlagen* partir a cara a; **2en** (*L*) comer; *Raubtiere*: *a.* devorar; P tragar, engolir; *Rost, Eisen*: corroer; *fig. um sich ~* estender-se, propalar-se; *j-n gefressen haben* ter alg. travessado na garganta; *e-n Narren an j-m gefressen haben* estar doido por alg.; **~en** *n* = *Fraß*; *fig. ein gefundenes ~* uma pechincha; **~er** *m* comilão *m*, glutão *m*.

'**Freß|gier** ['frɛs-] *f* (*0*) gula *f*; **2gierig** guloso, voraz; **~napf** *m* (*-es*; *⸗e*) comedoiro *m*; **~sucht** *f* (*0*) gula *f*.

'**Frettchen** ['frɛtçən] *n* furão *m*, doninha *f*.

'**Freude** ['frɔydə] *f* alegria *f*; prazer *m*; regozijo *m*; alvoroço *m*; *innere*: *a.* satisfação; *s-e ~ haben an* (*dat.*) gostar de, ter prazer em; *j-s ~ sn* ser o encanto de alg.

'**Freuden|bezeigung**(**en** *pl.*) *f* júbilo *m*; **~botschaft** *f* boa notícia *f*; **~fest** *n* (*-es*; *-e*) festa *f*; festejo *m*; **~haus** *n* (*-es*; *⸗er*) lupanar *m*; **~mädchen** *n* prostituta *f*; **~tag** *m* (*-es*; *-e*) dia *m* de festa; **~taumel** *m* transporte *m* de alegria.

'**freude|strahlend** radiante de alegria; **~trunken** ébrio de alegria.

'**freud|ig** ['frɔydiç] alegre, contente, satisfeito; **~los** triste; **~voll** alegre, cheio de alegria.

'**freuen** ['frɔyən] *v/t.* alegrar, causar alegria (a); *sich ~ a.* ficar satisfeito, folgar (*über, auf ac.* com).

Freund [frɔynt] *m* (*-es*; *-e*) amigo *m*; **~in** *f* amiga *f*; '**2lich** am(ig)ável; cordial; *seien Sie bitte so ~ zu* (*inf.*) tenha a bondade de, faça o obséquio (*od.* o favor) de; '**~lichkeit** *f* amabilidade *f*; '**~schaft** *f* amizade *f*; *~ schließen* (*mit*) ficar amigo (de); '**2schaftlich** amistoso, amigável, de amigo.

'**Frevel** ['fre:fəl] *m* injúria *f*; delito *m*; *Rel.* sacrilégio *m*; *~ gegen* atentado a; **2haft** injurioso, criminoso; **~mut** *m* (*-es*; *0*) temeridade *f*; **2n** *Rel.* pecar; *~ gegen* atentar contra, violar (*ac.*); **~sinn** *m* (*-es*; *0*) = *~mut*; **~tat** *f* crime *m*.

'**frev|entlich** ['fre:fɛntliç], **2ler** ['-lər] *m* malfeitor *m*; criminoso *m*; *Rel.* sacrílego *m*.

'**Friede** ['fri:də] *m* (*-ns*; *-n*), **~n** *m* paz *f* (*im* em tempos de; *stiften* restabelecer); *~ schließen* fazer as pazes.

'**Friedens|bewegung** *f* movimento *m* pacifista; **~bruch** *m* (*-es*; *⸗e*) agressão *f*; **~konferenz** *f* conferência *f* de paz; **~miete** *f* renda *f* de antes da guerra; **~richter** *m* juiz *m* de paz; **~schluß** *m* (*-sses*; *⸗sse*) conclusão *f* da paz; **~störer** [-ʃtø:rər] *m* perturbador *m* da paz; **~verhandlung** *f* negociação *f* de paz; **~vertrag** *m* (*-es*; *⸗e*) tratado *m* de paz; **~wille** *m* (*-ns*; *0*) pacifismo *m*; intenções *f/pl.* pacíficas; **~zeit** *f* (tempo[s *pl.*] *m* de) paz.

'**fried|fertig** ['fri:t-] pacífico; tranquilo; **2fertigkeit** *f* (*0*) pacifismo *m*; *j-s*: índole *f* pacífica; tranquilidade *f*; **2hof** *m* (*-es*; *⸗e*) cemitério *m*; **~lich** pacífico; *fig. a.* tranquilo; *Vergleich*: amigável, amistoso; **~liebend** pacífico.

'**frieren** ['fri:rən] (*L*) gelar; *j.*: ter frio.

Fries [fri:s] *m* (*-es*; *-e*) ⩓ friso *m*; *Stoff*: frisa *f*.

'**Fries|e** ['fri:zə] *m* (*-n*) frísio *m*; **~eln** ⚕ *pl.* febre *f/sg.* miliar; **~in** *f* frísia *f*; **2isch** frísio, da Frísia.

frisch [friʃ] fresco; (*neu*) novo, recente, *vor p.pt.* recém-; (*rein*) limpo; (*gesund*) vivo; (*fröhlich*) alegre, radiante; *~ gestrichen* pintado de fresco; *noch ~* bem conservado; *von ~em* de novo; *auf ~er Tat* em flagrante delito; '**2e** ['-ə] *f* frescura *f*, fresco *m*; ⚕ vigor *m*; *fig. a.* brio *m*; '**2fleisch** *n* (*-es*; *0*) carne *f* fresca; '**2gemüse** *n* hortaliça *f* fresca; '**2ling** *m* (*-s*; *-e*) *Zool.* javardo *m*; **~'weg** sem hesitar.

Fri'seu|r [fri'zø:r] *m* (*-s*; *-e*) (**~rladen** *m* (*-s*; *⸗*) salão *m* de) cabeleireiro *m*; *für Herren*: *a.* barbeiro *m*; **~se** [-zə] *f* cabeleireira *f*.

fri'sier|en [fri'zi:rən] (-) pentear; frisar (*a. fig.*); **2mantel** *m* (*-s*; *⸗*) penteador *m*; **2salon** *m* (*-s*; *-s*) salão *m* de cabeleireiro; **2tisch** *m*

(-*es*; -*e*) toucador *m*; penteadeira *f*; **∾umhang** *m* (-*es*; *=e*) penteador *m*.

Frist *f* prazo *m*; termo (*ê) *m*; (*Aufschub*) ⚕ moratória *f*; (*Zeitraum*) período *m*, tempo *m*; *nach kurzer* ~ pouco depois; '**~ablauf** *m* vencimento *m* (*od.* expiração *f*) do prazo; '**∾en** (-*e*-) prorrogar; prolongar; *sn Leben* ~ levar uma vida miserável; ir-se vivendo; **∾los** sem (pre)aviso; '**~verlängerung** *f* prorrogação *f* do prazo.

Fri'sur [fri'zu:r] *f* penteado *m*.

fri'vol [fri'vo:l] frívolo.

froh [fro:] contente, alegre, satisfeito; '**~e** *Ostern usw.* feliz.

'**fröhlich** ['frø:liç] alegre; **~e** *Ostern usw.*: feliz; **∾keit** *f* (*0*) alegria *f*.

froh|'locken (-) jubilar; exultar; ~ *über* (*ac.*) regozijar-se com; '**∾sinn** *m* (-*es*; *0*) alegria *f*; jovialidade *f*; '**~sinnig** alegre.

fromm [ɔ] piedoso; religioso; devoto.

Frömm|e'lei [frœmə'laɪ] *f* beatice *f*; '**∾eln** (-*le*) ser beato, fazer-se beato; afe[c]tar devoção; '**∾elnd** beato.

'**Frömm|igkeit** ['frœmiç-] *f* (*0*) devoção *f*; religiosidade *f*; **~ler(in** *f*) *m* beato *m* (-a *f*).

Fron [fro:n] *f*, '**~arbeit** *f*, '**~dienst** *m* (-*es*; -*e*) geira *f*; *fig.* escravidão *f*; '**∾en** fazer o serviço de geira.

'**frönen** ['frø:nən]: (*dat.*) ~ ser escravo de; entregar-se a.

Fron'leichnam(sfest *n* [-*es*; *0*]) *m* (-*es*; *0*) festa *f* do Corpo de Deus; **~s-spiel** *n* (-*es*; -*e*) auto *m* sacramental.

Front [frɔnt] *f* ⌂ fachada *f*; frontispício *m*; *a.* ⚔ frente *f*; ~ *machen gegen* fazer frente a; '**~angriff** *m* (-*es*; -*e*) ataque *m* de frente; '**~dienst** *m* (-*es*; -*e*) serviço *m* na frente; '**~kämpfer** *m* combatente (*alter* antigo, ex-).

Frosch [frɔʃ] *m* (-*es*; *=e*) rã *f*; *Feuerwerk*: petardo *m*, bicha *f*; '**~laich** *m* (-*es*; -*e*) ovas *f*/*pl.* de rã.

Frost [frɔst] *m* (-*es*; *=e*) gelo (*ê) *m*; geada *f*; (*Kälte*) frio *m*; *vom* ~ *zerstört* queimado pela geada; '**~beule** *f* frieira *f*.

'**frösteln** ['frœstəln] (-*le*) ter frio, ter calafrios; **~d** *adj.* friorento.

'**frost|ig** gelado; *a. fig.* frio; **∾igkeit** *f* (*0*) frieza *f*; **∾schaden** *m* (-*s*; *=*) prejuízos *m*/*pl.* causados pela geada; **∾wetter** *n* (-*s*; *0*) tempo *m* de frio (*od.* de geada).

frot'tier|en [frɔ'ti:rən] (-) fri[c]cionar; **∾tuch** *n* (-*es*; *=er*) toalha *f* turca, pano *m* turco.

Frucht [fruxt] *f* (-; *=e*) fruto *m*; (*Obst*) fruta *f*; (*Ergebnis*) resultado *m*; ⚕ feto *m*; '**∾bar** fecundo; ✓ fértil; *Mensch*, *Tier*: prolífico; ~ *machen* fecundar, fertilizar; '**~barkeit** *f* (*0*) fecundidade *f*; fertilidade *f*; '**~boden** ⚘ *m* (-*s*; *=*) receptáculo *m*; '**∾bringend** frutífero; frutuoso, *fig. a.* produtivo, proveitoso; '**~eis** *n* sorvete *m*; '**∾en** (-*e*-) render; dar; servir para; '**~folge** *f* afolhamento *m*; '**~knoten** *m* ovário *m*; '**∾los** infrutífero, estéril; '**~losigkeit** ['~lo:ziç-] *f* (*0*) inutilidade *f*; '**~saft** *m* (-*es*; *=e*) sumo *m*; '**~schale** ⚘ *f* casca *f*; *Gefäß*: fruteira *f*; '**∾tragend** frutífero; '**~wechsel** *m* (-*s*; *0*) afolhamento *m*.

früh [fry:] **1.** *adj.* temporão; (*zu*) ~ prematuro; *am* ~*en Morgen* de manhã cedo, de madrugada; *ein* ~*er Dürer usw.* um ... da primeira fase; **2.** *adv.* cedo; (*zu*) ~ prematuramente; *heute* ~ esta manhã; *morgen* ~ amanhã de manhã; *von* ~ *bis spät* da manhã até à noite; ~ *aufstehen* madrugar; '**∾aufsteher** (-**in** *f*) *m* [-ʃte:ər] madrugador(a *f*) *m*; '**∾e** ['-ə] *f* (*0*) madrugada *f*; (*in aller* muito de); '**~er** **1.** *comp. v. früh*; **2.** *adj.* (*ehemalig*) antigo, ex-; (*vorhergehend*) anterior; **3.** *adv.* mais cedo; (*vorher*) antes, anteriormente; (*einst*) outrora; ~ *oder später* mais dia, menos dia; '**~est** *sup. v. früh*; (*erst*) primeiro; (*ältest*) mais antigo; '**~estens** ['-əstɛns] o mais cedo; não (...) antes de; '**∾geburt** *f* parto *m* prematuro; '**∾jahr** *n* primavera *f*; '**∾konzert** *n* (-*es*; -*e*) concerto *m* matinal; '**∾ling** *m* (-*s*; -*e*) primavera *f*; '**∾lings...**: *in Zssgn* primaveril, de primavera; '**∾messe**, '**∾mette** *f* matinas *f*/*pl.*; '**∾nebel** *m* nevoeiro *m* matinal; '**~reif** precoce; *Obst*: temporão; '**∾reife** *f* precocidade *f*; '**∾stück** *n* (-*es*; -*e*) (*morgens*: pequeno) almoço (*'ô) *m*; '**~stükken** tomar o (pequeno) almoço (*'ô), almoçar; '**~zeitig** cedo; prematuro; '**∾zug** *m* (-*es*; *=e*) comboio *m* de manhã; '2zündung f avanço m à (od. da) inflamação (od. ignição); inflamação f prematura; auf ~ einstellen avançar a ignição.

Fuchs [fuks] m (-es; ⸚e) raposa f; (Pferd) alazão m; (Student) caloiro m; fig. manhoso m; '**~bau** m (-es; -e) toca f; covil m; '**2en** (-t) F intrigar; '**~falle** f trápola f.

'**Fuchsie** ['fuksiə] f fúcsia f.

'**Fuchs|jagd** f caça à raposa; **~loch** n (-es; ⸚er) = ~bau; **~schwanz** m (-es; ⸚e) rabo m de raposa; ⊕ serrote m; ⚘ amaranto m; **2(teufels)'wild** fora de si; furiosíssimo.

'**Fuchtel** ['fuçtəl] f (-; -n) férula f; **2n** (-le): ~ mit agitar (ac.).

'**Fuder** ['fu:dər] n carr(et)ada f.

Fug [fu:k] m (-es; 0): mit ~ (und Recht) com (toda a) razão.

'**Fug|e** ['fu:gə] f junta f; (Naht) entrelinha f; (Rille) ranhura f; ♪ fuga f; aus den ~n gehen escangalhar-se; '**2en** ensamblar.

'**füg|en** ['fy:gən] juntar; encaixar; = fugen; (bestimmen) dispor; sich ~ (in ac.) submeter-se (a); sujeitar-se (a); conformar-se (com); sich gut ~ fig. vir a propósito; **~lich** com (toda a) razão; (wohl) bem; **~sam** dócil; **2samkeit** f docilidade f; **2ung** ⊕ f = Fuge; (Schicksals2) destino m; Gottes: vontade f; desígnios m/pl.

'**fühl|bar** ['fy:lba:r] sensível; (greifbar) palpável; sich ~ machen fazer-se sentir; **~en** sentir; (tasten) apalpar; Puls: tomar; **2er** m Zool. antena f; pl. die ~ ausstrecken fig. sondar (o terreno); **2erfaden** m (-s; ⸚), **2-horn** n (-es; ⸚er) tentáculo m; = 2er; **~los** insensível; **2ung** f conta[c]to m; ~ nehmen mit fig. pôr-se em conta[c]to com; **2ungnahme** [-na:mə] f conta[c]to m; troca f de impressões.

'**Fuhre** ['fu:rə] f carrada f.

'**führen** ['fy:rən] conduzir; levar; (lenken) guiar; ⚔ (leiten) dirigir; tomar a dianteira; ir à frente (a. Sport); ✈ pilotar; Amt: exercer, desempenhar; Aufsicht: ter; Beweis: apresentar; dar; Bücher: ✝ fazer escrituração; Degen: manejar; Feder: escrever; Beschwerde ~, Klage ~ queixar-se (über ac. de; bei a); Krieg: fazer conduzir; Leben: levar; Prozeß ~ pleitear; in Versuchung ~ tentar; Waren: vender; ter (à venda); weiter ~ continuar; adiantar; zu weit ~ levar (muito) longe; bei sich ~ trazer; sich gut usw. ~ (com)portar-se; **~d** adj. dirigente; mais importante; representativo.

'**Führer** ['fy:rər] m condutor m; Auto: motorista m, * volante m; ✈ piloto (*'ô) m; (Fremden2) guia m; Pol. chefe m, dirigente m; ✝ dire[c]tor m; **~in** f dire[c]tora f; **~prinzip** n (-s; 0) princípio m autoritário; **~raum** ✈ m (-es; ⸚e) cabine f do piloto (*'ô); **~schaft** f dire[c]ção f; **~schein** m carta f de condução (od. ✈ de piloto [*'ô]); **~sitz** m (-es; -e) lugar m do motorista (od. ✈ do piloto [*'ô]); **~stand** 🚂 m (-es; ⸚e) posto (*'ô) m do maquinista.

'**Fuhr|leute** pl. carroceiros m/pl.; carreteiros m/pl.; **~lohn** m (-es; ⸚e) carreto (*ê) m, frete m; **~mann** m (-es; -leute) carroceiro m, carreteiro m; **~park** ⚔ m (-es; -s) parque m.

'**Führung** ['fy:ruŋ] f conduta f; (Benehmen) a. comportamento m; (Leitung) dire[c]ção f, chefia f; (Geschäfts2) gerência f; administração f; ⚔ u. ⚓ comando m; e-s Amtes: exercício m; ⊕ guia f; condução f; ~ der Bücher ✝ escrituração f; ~ durch visita f a; **~s-anspruch** m (-es; 0): den ~ erheben auf reclamar a chefia (od. a dire[c]ção) de; **~s-bahn** f guia f; **~s-nute** ⊕ f ranhura f em T; **~s-zeugnis** n (-ses; -se) certificado m de conduta.

'**Fuhr|-unternehmen** ['u:] n empresa (*'ê) f de transportes; **~unternehmer** m dono m de uma empresa (*'ê) de transportes; **~werk** n (-es; -e) veículo m; für Fracht: carro m, carroça f; **~wesen** n (-s; 0) transportes m/pl.; ⚔ trem m.

'**Füll|bleistift** ['fyl-] m (-es; -e) lapiseira f; **~e** ['-ə] f abundância f; plenitude f; **2en**[1] encher; (aus~) preencher; Geflügel: rechear; Zahn: chumbar, obturar; auf (od. in) Flaschen ~ engarrafar; in ein Faß ~ embarricar; ~ aus tirar de; bis an den Rand ~ abarrotar; **~en**[2] n Zool. poldro m; **~er** m **~feder-**

halter *m* caneta *f* de tinta permanente; **~federhaltertinte** *f* tinta *f* permanente; **~-horn** *n* (-*es*; ⸗*er*) cornucópia *f*; **~maschine** *f* máquina *f* de enchimento; **~sel** *n*, **~ung** *f* enchimento *m*, recheio *m*; (*Zahn*2) chumbo *m*; (*Tür*2) almofada *f* (da porta); ⊕ carga *f*; **~wort** *n* (-*es*; ⸗*er*) palavra *f* expletiva; partícula *f* de realce.

Fund [funt] *m* (-*es*; -*e*) achado *m*; descoberta *f*.

Funda'ment ⚠ [funda'mɛnt] *n* (-*es*; -*e*) alicerces *m/pl.*; fundamento *m*; **2'al** [-'ta:l] fundamental; **~anker** ⊕ *m* parafuso *m* de fundação.

'Fund|büro *n* (-*s*; -*s*) depósito *m* de obje[c]tos achados; **~grube** *f fig.* mina *f*; ~ für fonte *f* de.

fun'dieren [fun'di:rən] (-) fundamentar; assegurar; ⚕ *Schuld*: consolidar; *gut fundiert* sólido.

'Fund|-ort *m* (-*es*; -*e*) achadeiro *m*; lugar *m* do achado; **~sache** *f* (obje[c]to *m*) achado *m*; **~stelle** *f* = ~*ort*.

fünf [fynf] **1.** cinco; ~ *gerade sn lassen* não se importar muito; fechar os olhos; **2.** 2 *f* cinco *m*; **'~armig** ['-armiç] de cinco braços; **'~blättrig** ['-blɛtriç] de cinco folhas (*ô); **'2eck** *n* (-*es*; -*e*) pentágono *m*; **'~eckig** pentágono, pentagonal; **'~erlei** ['-ərlaı] cinco espécies de; **'~fach** quíntuplo; *adv.* cinco vezes; **'~hundert(st...)** quinhentos (quingentésimo); **2'jahresplan** *m* (-*es*; ⸗*e*) plano *m* quinquenal; **'~jährig** de cinco anos; **'~jährlich** quinquenal; de cinco em cinco anos; **'2kampf** *m* (-*es*; ⸗*e*) *Sport*: pentalto *m*; **'~mal(ig** de) cinco vezes; **2'markstück** *n* (-*es*; -*e*) moeda *f* de cinco marcos; **'~seitig** ['-zaıtiç] pentagonal; **'2silber** *m*, **'2silbig** ['zilbiç] pentassílabo; **'~tausend** cinco mil; **'~te** ['-tə] quinto; *der* (*den, am* 5. *März* (a, em, no dia) cinco (5) de Março; *Karl der* 2 Carlos-Quinto; **'2tel** *n* quinto *m*; **'~tens** (em) quinto (lugar); **'~-undzwanzig** vinte e cinco; **'~zehn** quinze; *etwa* ~ uma quinzena; **'~zehntel** *n* décimo quinto *m*; **'~zig** ['-tsiç] cinquenta; *in den* 2*ern sn* andar na casa dos cinquenta anos; **'2ziger(in** *f*) *m* quinquagenário *m* (-a *f*); F cinco tostões *pl.*; **'~zigjährig** *s.* ...*jährig*; **'2zigstel** ['-tsiçstəl] *n*, **'2zigste(r)** quinquagésimo (*m*).

fun'gieren [fuŋ'gi:rən] (-) a[c]tuar; trabalhar.

Funk [fuŋk] F *m*; (-*s*; *0*) (*Rund*~) rádio *m*, *f*, radiotelefonia *f*; **'~anlage** *f* instalação *f* radiotelefónica; estação *f* de rádio; **'~apparat** *m* (-*es*; -*e*) aparelho *m* de rádio; posto (*'ô) *m* emissor; **'~bericht** *m* (-*es*; -*e*) radiograma *m*; **'~bild** *n* (-*es*; -*er*) rádio-fotografia *f*; **'~e** ['-ə] *m* = ~*en* 1.; **'2eln** (-*le*) cintilar, brilhar; ~*d adj.* resplandecente (*a. fig.*); **'2el-nagel-neu** novinho em folha (*ô); **'~en 1.** *m* centelha *f*, faísca *f*, chispa *f*; **2. '2en** telegrafar; F funcionar; **'~en-induktor** ⚡ *m* (-*s*; -*en*) carrete *m* de indução; **'~(en-)telegraphie** *f* (*0*) telegrafia *f* sem fios (*Abk.* T.S.F.); radiotelegrafia *f*; **'~er** *m* (radio-) telegrafista *m*; **'~mast** *m* (-*es*; -*e*, -*en*) antena *f*; **'~peiler** ['-paılər] *m* radiogoniómetro *m*; **'~peilung** *f* marcação *f* por radiogoniometria (*od.* por T.S.F.); **'~raum** *m* (-*es*; ⸗*e*) ⚓ *u.* ✈ cabine *f* de T.S.F.; câmara *f* de radiotelegrafia; **'~spruch** *m* (-*es*; ⸗*e*) radiograma *m*; **'~station** *f* emissora *f*; estação *f* radiofónica, posto (*'ô) *m* de rádio.

Funkti'on [fuŋktsi'o:n] *f* função *f*; **~'är** [-'nɛr] *m* (-*s*; -*e*) funcionário *m*; **2'ieren** (-) funcionar.

'Funk|turm *m* (-*es*; ⸗*e*) (torre *f*) emissora *f*; **~verbindung** *f* comunicação *f* radiofónica.

für [fy:r] **1.** *prp. Zweck, Bestimmung*: para, destinado a; *Verhältnis* (*z. B. groß* ~ *sein Alter*), *Zeit*: para; *Interesse, Gunst, Stellvertretung, Wort* ~ *Wort, Tag* ~ *Tag*: por; *Preis*: por, a; *Schritt* ~ *Schritt, Blatt* ~ *Blatt*: a; *Vorteil*: a favor de; *es hat et.* ~ *sich* não parece mal; ~'*sich* por si; diferente; *ich* ~ *meine Person* (*od. meinen Teil*) cá por mim; ~*s erste* por enquanto; por agora; *was* ~ *ein(er)* que; **2.** *adv.*: ~ *und* ~ (para) sempre; **3.** 2 *n uv.*: *das* ~ *und Wider* o pró e o contra.

'Fürbitt|e *f* intercessão *f*; *Rel.* prece *f*; **~er** *m* advogado *m*, intercessor *m*.

'**Furch|e** ['furçə] *f* sulco *m*; (*Runzel*) ruga *f*; ⚠ canelura *f*; **2en** sulcar, enrugar; **2ig** enrugado.
Furcht [furçt] *f* (*0*) medo (*ê) *m*, receio *m* (*aus* por, *vor dat* de); *in* ~ *versetzen* meter medo (*ê) a; atemorizar; '**2bar** terrível, formidável, medonho.
'**fürcht|en** ['fyrçtən] (-*e*-) temer, recear; cuidar; *sich* ~ ter medo (*ê) (*vor dat.* de); **~erlich** terrível, formidável, medonho.
'**furcht|los** intrépido; **2losigkeit** ['-lo:ziç-] *f* (*0*) intrepidez *f*; **~sam** medroso; **2samkeit** *f* (*0*) pusilanimidade *f*; timidez *f*.
für'liebnehmen (*L*) contentar-se.
Fur'nier ⊕ [fur'ni:r] *n* (-*s*; -*e*) chapa *f*; **2en** (-) chap(e)ar; **~holz** *n* madeira *f* de folheado; contraplacado *m*.
fürs [fy:rs] = *für das*.
'**Fürsorge** *f* (*0*) assistência *f* (*für* a); **~amt** *n* (-*ės*; ⸚*er*) repartição *f* de assistência; **~anstalt** *f* tutoria *f*; **~erziehung** *f* (*0*) educação *f* corre[c]cional; **~r(in** *f*) *m* funcionário *m* (-a *f*) *od.* delegado *m* (-a *f*) da assistência social; **~staat** *m* (-*es*; -*en*) Estado *m* tutelar; **~wesen** *n* (-*s*; *0*) assistência *f* social.
'**für|sorglich** cuidadoso; **2sprache** *f* intercessão *f*; ~ *einlegen* F meter uma cunha; **2sprecher** *m* advogado *m*; intercessor *m*.
Fürst [fyrst] *m* (-*en*) príncipe *m*; '**~engeschlecht** *n* (-*ės*; -*er*), '**~enhaus** *n* (-*es*; ⸚*er*) dinastia *f*; '**~entum** *n* (-*s*; ⸚*er*) principado *m*; '**~in** *f* princesa *f*; '**2lich** principesco; '**~lichkeit** *f* príncipe *m*.
Furt [furt] *f* vau *m*.
Fu'runkel [fu'runkəl] *m* furúnculo *m*.
für|'wahr deveras; '**2wort** *n* pronome *m*.
Furz V [furts] *m* (-*es*; ⸚*e*) traque *m*.
'**Fusel** ['fu:zəl] *m* aguardente *f* ordinária.
Fusi'on [fuzi'o:n] *f* fusão *f*.
Fuß [fu:s] *m* (-*es*; ⸚*e*) pé *m* (*zu* a; *am* ao); (*Tier2*) *a.* pata *f*; *Gebirge*: sopé *m*, *a. Säule*: base *f*; *Denkmal*: pedestal *m*; peanha *f* (*a.* ⊕); *j-m auf den* ~ *treten* pisar alg.; *fig.* magoar alg.; *gut zu* ~ *sn* ser bom andarilho; ter boas pernas; andar bem; (*festen*) ~ *fassen* (*a. fig.*) tomar pé; (*hart*) *auf dem* ~*e* de perto; mesmo a seguir; *auf großem* ~*e leben* viver à larga (*od.* à grande); *auf gleichem* ~*e* de igual a igual; *pl. j-m zu Füßen* aos pés de alg.; *j-m zu Füßen fallen a.* prostrar-se diante de alg.; *mit geschlossenen Füßen* os pés juntos; *auf eigenen Füßen stehen* ser independente; *mit Füßen treten* dar pontapés a; '**~angel** *f* (-; -*n*) armadilha *f*, ratoeira *f*; '**~anlasser** *m Auto*: pedal *m* de arranque; '**~bad** *n* (-*ės*; ⸚*er*) banho *m* aos pés; '**~ball** (-**spiel** *n* [-*ės*; -*e*]) *m* (-*ės*; ⸚*e*) futebol *m* (*spielen* jogar o); '**~ballen** *m* joanete *m*; '**ballmannschaft** *f* equipa *f*, onze *m*; '**~ballplatz** *m* (-*es*; ⸚*e*) campo *m* de futebol; '**~ballspieler** *m* futebolista *m*, jogador *m* de futebol; '**~bank** *f* (-; ⸚*e*) escabelo *m*; '**~bekleidung** *f* calçado *m*; '**~boden** *m* (-*s*; ⸚) chão *m*, soalho *m*, sobrado *m* (*auf dem* no); '**~bremse** *f* travão *m* de pé; '**2en** *fig.* basear-se, fundar-se (*auf dat.* em); '**~ende** *n*: *am* ~ aos pés; '**~fall** *m* (-*ės*; ⸚*e*) genuflexão *f*; *fig.* prostração *f*; e-*n* ~ *tun* prostrar-se, prosternar-se (*vor dat.* diante de); '**2fällig** de joelhos; prostrado; '**~fesseln** *f/pl.* peias *f/pl.*; grilhões *m/pl.*; '**~gänger** ['-gɛŋər] *m* peão *m*; **~gänger-übergang** *m* (-*ės*; ⸚*e*) passagem *f* para a travessia de peões; '**~gängerweg** *m* (-*ės*; -*e*) passeio *m*; '**~gas-hebel** *m Auto*: acelerador *m*; '**~gicht** *f* (*0*) podagra *f*; '**2hoch** da altura de um pé; '**~knöchel** *m* tornozelo *m*; '**2krank** doente dos pés; '**~lappen** *m* pano *m* para (cobrir) os pés; '**~leiste** rodapé *m*.
'**Füßling** ['fy:sliŋ] *m* (-*s*; -*e*) pé *m* (de uma meia).
'**Fuß|matte** *f* capacho *m*; **~note** *f* anotação *f*; **~pfad** *m* (-*ės*; -*e*) atalho *m*; **~sack** *m* (-*ės*; ⸚*e*) saco *m* para meter os pés; **~schemel** *m* banquinho *m*; **~sohle** *f* planta *f* do pé; **~spitze** *f* ponta *f* do pé; **~spur** *f*, **~stapfe** *f* pegada *f*, rasto *m*; *in j-s* ~*n treten* seguir o exemplo de alg.; **~ste(i)g** *m* atalho *m*; **~tritt** *m* (-*ės*; -*e*) pontapé *m*; **~truppe** *f* infantaria *f*; **~ventil** *n* (-*s*; -*e*) válvula *f* de pé (*od.* de fundo); **~volk**

n (*-ęs*; *0*) infantaria *f*; **~wanderung** *f* passeio *m*; **~weg** *m* (*-ęs*; *-e*) passeio *m*; atalho *m*; **~wurzel** *f* (*-*; *-n*) tarso *m*.

futsch F [futʃ]: es *ist* ~ foi-se; lá vai!

'Futter ['futər] *n* (*-s*; *0*) (*Essen*) comida *f*; (*Grün*♀) pasto *m*; forragem *f*; (*Stoff*♀) forro (*'ô) *m*; *Werkzeugmaschine*: bucha *f*; **~'al** [-'ra:l] *n* (*-s*; *-e*) estojo (*'ô) *m*; **~beutel** *m* farnel *m*; **~krippe** *f* comedoiro *m*; **~mittel** *n*/*pl.* forragem *f*/*sg*.

'füttern ['fytərn] (*-re*) *v*/*t*. alimentar; dar de comer a, dar que comer a; *Kleid*: forrar (*mit* de).

'Futter|napf *m* (*-ęs*; *⸚e*) comedoiro *m*; **~pflanze** *f* planta *f* forrageira; **~stück** *n* (*-ęs*; *-e*) ⊕ peça *f* de enchimento; **~trog** *m* (*-ęs*; *⸚e*) = *~napf*.

'Fütterung ['fytəruŋ] *f Tiere*: pasto *m*, forragem *f*; *Kleid*: forro (*'ô) *m*, forramento *m*.

Fu'tur [fu'tu:r] *n* (*-s*; *-e*) futuro *m*; **~'ismus** *m* (*-*; *0*) futurismo *m*; **~'ist** *m* (*-en*), **♀'istisch** futurista *m*.

G

G, g [geː] *n uv.* G, g *m*; ♪ sol *m.*

ˈ**Gabe** [ˈgaːbə] *f* dom *m*, prenda *f* (*a. fig.*); dádiva *f*; presente *m*; ⚕ dose *f*; *milde* ~ esmola *f.*

ˈ**Gabel** [ˈgaːbəl] *f* (-; -*n*) garfo *m* (*a.* ⊕); ↙ forcado *m*; **~-arm** *m* (-*es*; -*e*) lança *f*, timão *m*; **~deichsel** *f* (-; -*n*) varais *m/pl.*; **2förmig** [-fœrmiç] bifurcado; **~frühstück** *n* (-*es*; -*e*) almoço (*ˈô) *m*; **2n** (-*le*) (a)forquilhar; *sich* ~ bifurcar-se; **~schlinge** ⊕ *f* mangote *m*; **~ung** *f* bifurcação *f*; **~voll** *f* (-; -) garfada *f*; **~zinke** *f* ponta *f* do garfo.

ˈ**gackern** [ˈgakərn] **1.** (-*re*) cacarejar; **2.** 2 *n* cacarejo *m.*

ˈ**gaff|en** [ˈgafən] olhar embasbacado; F papar moscas; **2er** *m* papa--moscas *m.* [(*ˈô) *m.*]

ˈ**Gage** [ˈgaːʒə] *f* paga *f*, ⚔ soldo

ˈ**gähnen** [ˈgɛːnən] bocejar.

gaˈlant [gaˈlant] galante; (*höflich*) cortês.

Galanteˈrie [galantəˈriː] *f* galantaria *f*, garbo *m*, galanteio *m*; **~waren** *f/pl.* quinquilharias *f/pl.*, miudezas *f/pl.*; artigos *m/pl.* de luxo.

Gaˈleere [gaˈleːrə] *f* galera *f*, galé *m*; **~nsträfling** *m* (-*s*; -*e*) galeote *m.*

Galeˈrie [galəˈriː] *f* galeria *f*; tribuna *f*; *Thea.* Geral *f.*

ˈ**Galgen** [ˈgalgən] *m* forca (*ˈô) *f*; patíbulo *m*; *an den* ~ *kommen* ser enforcado; **~frist** *f* muito pouco tempo; quarto *m* de hora de graça; **~gesicht** *n* (-*es*; -*er*) cara *f* patibular; **~-humor** *m* (-*s*; *0*) alegria *f* macabra; **~strick** *m* (-*es*; -*e*), **~vogel** *m* (-*s*; ⸚) pícaro *m*, patife *m.*

Galic|ier(in *f*) *m* [gaˈliːtsiər-], **2isch** galego *m* (-a *f*), da Galiza.

Gaˈliz|ier(in *f*) *m* [gaˈliːtsiər-], **2isch** galício *m* (-a *f*), da Galícia.

ˈ**Gall|-apfel** *m* (-*s*; ⸚) bugalho *m*; **~e** [ˈ-ə] *f* bílis *f*; fel *m*; *fig.*: *j-m läuft die* ~ *über* alg. exalta-se, alg. irrita-se; **2en-bitter** amargo como fel; muito amargo; **~en-blase** *f* vesícula *f* biliar; **~enfieber** *n* (-*s*; *0*) febre *f* biliosa; **~enstein** *m* (-*es*; -*e*) cálculo *m* biliar.

ˈ**Gallert** [ˈgalərt] *n* (-*es*; -*e*) gelatina *f*; geleia *f*; **2-artig** gelatinoso; **~e** [gaˈlɛrtə] *f* = *Gallert.*

ˈ**Gall|ier(in** *f*) *m* [ˈgaliər-], **2isch** gaulês *m* (-esa *f*), da Gália.

ˈ**gallig** [ˈgaliç] bilioso, amargo.

Gaˈlopp [gaˈlɔp] *m* (-*s*; -*e od.* -*s*) galope *m* (*im* ao; *gestreckter* largo), galopada *f*; **2ˈieren** galopar; **~d** *adj.* galopante (*a.* ⚕).

Gaˈlosche [gaˈlɔʃə] *f* galocha *f.*

galˈvan|isch [galˈvaːniʃ] galvânico; **~isieren** [-iˈziːrən] (-) galvanizar; **2oˈmeter** *n* galvanómetro *m*; **2oˈplastik** *f* galvanoplástica *f.*

Gaˈmasche [gaˈmaʃə] *f* polaina *f.*

Gang [gaŋ] *m* (-*es*; ⸚*e*) (*Weg*) caminho *m*, (*Durch*2) passeio *m*; via *f*; passagem *f*, travessa *f*; ⚠ corredor *m* (*a.* 🚂), passadiço *m*; *unterirdischer*: galeria *f*; *Anat.* conduto *m*; *geschäftlicher*: comissão *f*, serviço *m*; (*Spazier*2) passeio *m*; volta *f* (*machen* dar); *Gestirn*: curso *m*; (*Bewegung*) andamento *m*; movimento *m*; *Zool. vgl.* ~*art*; *Ereignisse u.* ⚕ marcha *f*; ⊕ arranque *m*; *Auto*: velocidade *f* (*einschalten* meter); *Essen*: prato *m*; *als erster* ~ de entrada *f*; *Fechtk.* assalto *m*; *Lit.* entrecho *m*, enredo *m*; ⚒ galeria *f*, corredor *m*; (*Erz*2) veio *m*, filão *m*; *im* (*vollen*) ~*e sn* estar em (plena) marcha, estar em (pleno) curso; *in* ~ *bringen*, *in* ~ *setzen* pôr a andar, pôr em andamento; *fig.* a(c)tivar; ˈ**~art** *f* andamento *m*; ⚒ *Erz*: ganga *f*; *Zool.* andadura *f*, passo *m*; ˈ**2bar** praticável, viável; *fig.* corrente; ⚕ ~ *sn* ter venda.

ˈ**Gängel|band** [ˈgɛŋəl-] *n* (-*es*; ⸚*er*) andadeiras *f/pl.*; *am* ~ *führen* = **2n** (-*le*) conduzir em andadeiras.

ˈ**Gang|hebel** *m*, **~schaltung** *f* ⊕ mudança *f* de velocidade.

ˈ**gängig** [ˈgɛŋiç] corrente; ⚕ ~ *sn* ter venda.

Gans [gans] *f* (-; ⸚*e*) ganso *m*; (*wilde*) lavanco *m*; *fig.* (*dumme*) ~ parva *f.*

ˈ**Gänse|blümchen** [ˈgɛnzəblymçən] *n* margarida *f*, malmequer *m*, bonina *f*; **~braten** *m* ganso *m* assado; **~füßchen** [-fysçən] *n/pl. Typ.* aspas *f/pl.*; comas *f/pl.*; **~haut** *f (0) fig.* pele *f* arripiada; F pele *f* de galinha; *mich überläuft e-e ~* arripia-se-me a pele; **~klein** *n (-s; 0)* cabidela *f* de ganso; **~leberpastete** *f* «foie-gras» *(fr.) m*; fígado *m* de ganso; **~marsch** *m (-es; 0)* fila *f* indiana; **~rich** [-riç] *m (-es; -e)* ganso *m* macho; **~schmalz** *n (-es; 0)* gordura *(od.* enxúndia) *f* de ganso; **~wein** F *m (-es; 0)* água *f*.

ganz [gants] **1.** *adj.* todo; *(ungeteilt)* inteiro; *(heil)* inta(c)to; *(vollständig)* completo; *die ~e Stadt* toda a cidade; a cidade inteira; *von ~em Herzen* de todo o coração; *~e Note* ♩ semibreve *f*; *wieder ~ machen* reparar, consertar; **2.** *adv.* inteiramente, completamente, de todo; *vor adj. u. adv. a.*: muito, bem; *ein ~ bißchen* muito pouco; *(ziemlich)* bastante; *~ und gar* completamente, totalmente; *~ und gar nicht* nada, de modo algum; *~ recht* exa(c)tamente; *~ recht haben* ter toda a razão; **3.** '**2e(s)** *n* todo *m*, conjunto *m*; *(Summe)* total *m*; *(~e Zahl)* inteiro *m*; *im 2en* ao total, ao todo; em resumo; em conjunto; '**2fabrikat** *n (-es; -e)* produto *m* acabado; '**2heit** *f (0)* totalidade *f*; '**2heitsmethode** *f (0)* método *m* global *(od.* integral); '**2leder** *n (-s; 0)*: *in ~* em couro.

gänzlich ['gɛntsliç] total, completo; *adv. a.* inteiramente.

'**Ganzmetall** *n (-s; 0)*: *aus ~* metálico.

gar [ga:r] **1.** *adj.* pronto; bem cozido; *~ machen Leder*: curtir; **2.** *adv.* bem, muito; *(sogar)* até; *(vielleicht)* porventura; *~ nicht* nada; de modo algum; *~ nichts* absolutamente nada; *~ keiner* absolutamente ninguém; *~ zu (sehr)* demasiado; *warum nicht ~!* não faltava mais nada!; ora essa!

Ga'rage [ga'ra:ʒə] *f* garage *(m) f*.

Ga'rage [ga'ra:ʒə] *f* garage(m) *f*.

Garant [ga'rant] *m (-en)* garante *m*; **~ie** [-'ti:] *f* garantia *f*; **2'ieren** (-) garantir.

'**Gar-aus** *m uv.*: *(dat.) den ~ machen* acabar com; aniquilar *(ac.)*.

'**Garbe** ['garbə] *f* feixe *m (binden* fazer).

'**Garde** ['gardə] *f* guarda *f*.

Garde'robe [gardə'ro:bə] *f* guarda-roupa *m*; vestuário *m*; *Thea. a.* roupagem *f*.

Garde'roben|frau *f* mulher *f* do vestiário; **~-halter** *m* cabide *m*; **~-marke** *f* ficha *f* (do vestiário); **~-raum** *m (-es; ⸚e)*, **~schrank** *m (-es; ⸚e)* = *Garderobe*; **~ständer** *m* bengaleiro *m*.

Gar'dine [gar'di:nə] *f* cortina *f*; *~n pl.* cortinado *m/sg.*; *hinter schwedischen ~n* F na prisão; **~npredigt** *f* sermão *m*; F esfola-gato *m*.

'**gär|en** ['gɛrən] fermentar; *Teig*: levedar; *fig.* ferver; **~ig** refervido.

Garn [garn] *n (-es; -e)* fio *m*; *(Netz)* rede (*'ê) *f*; *j-m ins ~ gehen* deixar-se apanhar por alg.; '**~-haspel** *f (-; -n)* bobina *f*.

gar'nier|en [gar'ni:rən] (-) guarnecer; *(einfassen)* orlar; **2ung** *f* guarnição *f*; enfeite *m*.

Garni'son [garni'zo:n] *f* guarnição *f*.

Garni'tur [garni'tu:r] *f* guarnição *f*; jogo (*'ô) *m*; *(Kleidung)* conjunto *m* (de).

'**Garn|knäuel** *n* novelo (*'ê) *m*; **~spule** *f* bobina *f*; **~winde** *f* dobadoura *f*, sarilho *m*.

'**garstig** ['garstiç] feio, antipático.

'**Garten** ['gartən] *m (-s; ⸚)* jardim *m*; *(Nutz2)* quintal *m*; *(Gemüse2)* horta *f*; *(Obst2)* pomar *m*; **~-anlagen** *f/pl.* parque *m/sg.*; jardim *m/sg.* público; **~-arbeit** *f* jardinagem *f*; **~bau** *m (-es; 0)* horticultura *f*; **~-erde** *f (0)* terra *f* vegetal; **~fest** *n (-es; -e)* festa *f* no jardim *(od.* no parque); **~gerät** *n (-es; -e)* utensílio *m* de jardineiro; **~gewächs** *n (-es; -e)* hortaliça *f*; planta *f* do jardim; **~-haus** *n (-es; ⸚er)* traseiras *f/pl.* da casa; = **~-häus-chen** *n* chalé *m*; casa *f* de campo; casa *f* com quintal; pavilhão *m*; **~kunst** *f (0)* jardinagem *f*, horticultura *f*; **~laube** *f* caramanchão *m*, cabana *f*; **~lokal** *n (-s; -e)* restaurante *m* ao ar livre *(od.* do parque); **~schlauch** *m (-es; ⸚e)* mang(ueir)a *f*; **~stadt** *f (-; ⸚e)* cidade-jardim *f*.

'**Gärtner** ['gɛrtnər] *m* jardineiro *m*, hortelão *m*; **~'ei** *f* jardinagem *f*; horta *f*; (estabelecimento *m* de) horticultura *f*; **~in** *f* jardineira *f*.

'**Gärung** ['gɛ:ruŋ] *f* fermentação *f*;

fig. efervescência *f*; agitação *f*; **~s-erreger** *m* fermento *m*; **~s-verfahren** *n* processo *m* de fermentação.

Gas [ga:s] *n* (-*es*; -*e*) gás *m*; '**~-angriff** ⚔ *m* (-*ės*; -*e*) ataque *m* de gases; '**~-anstalt** *f* fábrica *f* de gás; '**~-austausch** *m* (-*es*; *0*) troca *f* gasosa; '**~behälter** *m* gasómetro *m*; '**~beleuchtung** *f* (*0*) iluminação *f* a gás; '**~bildung** *f* gaseificação *f*; '**~brenner** *m* bico *m* de gás; queimador *m*; '**2dicht** hermético, impermeável para gás; '**~druck** *m* (-*ės*; *0*) pressão *f* do gás; '**~flamme** *f* chama *f* do gás; bico *m* de gás; '**2förmig** ['-fœrmiç] gaseiforme; '**2gekühlt** ['-gəky:lt] arrefecido a gás; '**~glühlicht** *n* (-*ės*; *0*) luz *f od.* lâmpada *f* (de gás) incandescente; '**2-haltig** ['-haltiç] gasoso; '**~-hahn** *m* (-*ės*; ⸚*e*) torneira *f* de gás; '**~-hebel** *m Auto*: acelerador *m*; '**~-herd** *m* (-*ės*; -*e*), '**~kocher** *m* fogão *m* a (*od.* de) gás; '**~kammer** *f* (-; -*n*) câmara *f* de gás; '**2krank** (*0*) intoxicado (por gases); '**~kühlung** *f* (*0*) arrefecimento *m* a gás; '**~leitung** *f* canos *m/pl.* do gás, canalização *f* do gás; '**~maske** *f* máscara *f* anti-gás; '**~messer** *m* contador *m* de gás; gasómetro *m*; '**~schutz** *m* (-*es*; *0*) defesa *f* contra gases; '**~schutzraum** *m* (-*ės*; ⸚*e*) abrigo *m* contra gases.

'**Gasse** ['gasə] *f* viela *f*, travessa *f*, beco *m*; *hohle* ~ desfiladeiro *m*; **~n-hauer** *m* modinha *f*; **~njunge** *m* (-*n*) garoto (*'ô) *m*.

Gast [gast] *m* (-*es*; ⸚*e*) (*Logier*2) hóspede *m*; (*eingeladener* ~, *Tisch*2) convidado *m*; (*Besuch*) visita *f*; (*Bade*2) banhista *m*; (*Fremder*) forasteiro *m*; (*Tischgenosse*) comensal *m*; conviva *m*; *Restaurant*: (*Stamm*2) freguês *m*; (*Hotel*2) cliente *m*; *zu* ~ *sn bei* estar (hospedado) em casa de; *zu* ~*e laden* convidar.

'**Gästebuch** ['gɛstə-] *n* (-*ės*; ⸚*er*) livro *m* de honra; *Hotel*: livro *m* de hóspedes.

'**gast|frei,** '**~freundlich** hospitaleiro; '**2freundschaft** *f* (*0*) hospitalidade *f*; '**2geber(in** *f*) *m* anfitrião *m*, dono *m* (-a *f*) da casa; '**2haus** *n* (-*es*; ⸚*er*) hospedaria *f*; pousada *f*; estalagem *f*; restaurante *m*; '**2hof** *m* (-*ės*; ⸚*e*) hotel *m*; **~'ieren** (-) representar (num outro teatro); '**~lich** hospitaleiro; '**2mahl** *n* (-*ės*; ⸚*er od.* -*e*) banquete *m*, festim *m*; '**2recht** *n* (-*ės*; *0*) direito *m* de hospitalidade; '**2rolle** *f Thea.*: e-e ~ *geben* = 2*ieren*; '**2spiel** *n* (-*ės*; -*e*) representação *f* (de actor estranho *od.* num outro teatro); '**2stätte** *f* restaurante *m*; '**2stättengewerbe** *n* (-*s*; *0*) indústria *f* hoteleira; '**2stube** *f* sala *f* (de hóspedes); '**2vorstellung** *f* = ~*spiel*; '**2wirt** *m* (-*ės*; -*e*) hospedeiro *m*, hoteleiro *m*; estalajadeiro *m*; '**2wirtschaft** *f* restaurante *m*; '**2zimmer** *n* quarto *m* (de hóspedes).

'**Gas|-uhr** *f* = ~*messer*; **~vergiftung** *f* intoxicação *f* por gases; **~versorgung** *f* (*0*) serviço *m* de gás; **~werk** *n* (-*ės*; -*e*) = ~*anstalt*; **~-zelle** *f* câmara *f* de gás.

'**Gatt|e** ['gatə] *m* (-*n*) marido *m*; **~en** *m/pl.* casal *m/sg.*; **~er** *n* grade *f*; **~in** *f* mulher *f*, esposa (*ô) *f*; **~ung** *f Zool. u.* ⚘ espécie *f*; classe *f*; género *m* (*a. Lit.*); **~ungs...**: *in Zssg(n)* genérico.

Gau [gau] *m* (-*ės*; -*e*) distrito *m*; comarca *f*; cantão *m*.

'**Gaukel|bild** ['gaukəl-] *n* (-*ės*; -*er*) fantasma *m*, fantasmagoria *f*; **~'ei** [-'laɪ] *f* prestidigitação *f*; *fig.* ilusão *f*; charlatanaria *f*; **2n** (-*le*) fazer jogos de passe-passe (*od.* de prestidigitação); **~spiel, ~werk** *n* (-*ės*; -*e*) = ~*ei*.

'**Gaukler** ['gauklər] *m* saltimbanco *m*; *fig.* charlatão *m*.

Gaul [gaul] *m* (-*ės*; ⸚*e*) cavalo *m*.

'**Gaumen** ['gaumən] *m* palato *m*, palatino *m*, céu *m* da boca; paladar *m*; **~laut** *m* (-*ės*; -*e*) letra *f* palat(in)al; **~segel** *n* vela *f* palatina.

'**Gauner** ['gaunər] *m* gatuno *m*, ladrão *m*; trapaceiro *m*, vigarista *m*; **~'ei** [-'raɪ] *f* vigarice *f*; **2n** (-*re*) gatunar; **~sprache** *f* gíria *f*.

'**Gaze** ['ga:zə] *f* gaza *f*.

Ga'zelle [ga'tsɛlə] gazela *f*.

'**G-Dur** *n* sol *m* maior.

ge'ächtet [gə'ɛçtət] proscrito.

Ge'äder [gə'ɛ:dər] *n* (-*s*; *0*) veias *f/pl.*; ⚘, ⚒ filamento *m*.

Ge'äst [gə'ɛst] *n* (-*es*; *0*) ramada *f*.

Ge'bäck [gə'bɛk] *n* (-*ės*; -*e*) pastéis *m/pl.*

Ge'bälk [gə'bɛlk] *n* (-*ės*; *0*) vigamento *m*, travejamento *m*.

Ge'bärde [gə'bɛːrdə] *f* gesto *m*; trejeito *m*; *pl. heftige* ~*n machen* gesticular; ♀**n** (-*e*-): *sich* ~ portar-se; dar mostras de; dar-se ares de; *sich ernst* ~ assumir um ar sério; ~**nspiel** *n* (-*ɇs*; *0*) mímica *f*; ~**n-sprache** *f* pantomima *f*.

ge'baren [gə'baːrən] **1.** (-): *sich* ~ (com)portar-se; proceder (de certa forma); **2.** ♀ *n* conduta *f*, procedimento *m*; porte *m*.

ge'bär|en [gə'bɛːrən] (*L*; -) parir; *j.*: *a.* dar à luz; ♀**mutter** *f* (-; ¨) *Anat.* útero *m*, matriz *f*.

Ge'bäude [gə'bɔydə] *n* edifício *m*; construção *f*.

Ge'bein [gə'bain] *n* (-*ɇs*; -*e*), ~**e** *pl.* ossada *f/sg.*, ossos *m/pl.*

Ge'bell [gə'bɛl] *n* (-*ɇs*; *0*) latido *m*; ladrar *m*.

'geb|en ['geːbən] **1.** (*L*) dar (*verloren*: por ...; *zu verstehen*: a entender); (*über*~) entregar; ✝ *Rabatt*, *Kredit*: conceder; *Thea. Stück*: representar, levar à cena; *in Verwahrung* ~ depositar; (*vorhanden sn*) haver (*nicht mehr* deixar de); *es gibt* há; *auf die Post* ~ levar ao ...; *in Pension* ~ alojar, hospedar, *Schule*: pôr interno; *es j-m tüchtig* ~ dar uma tareia a alg.; *viel (wenig)* ~ *auf* (*ac.*) fazer (pouco) caso de; ligar muita (pouca) importância a; *von sich* ~ proferir; dar; *Speisen*: vomitar, lançar; *sich* ~ passar; *sich freundlich* ~ apresentar-se ...; **2.** ♀**en** *n*: *auf* ~ *und Nehmen* a compra *f* e venda *f*; ♀**er**(**in** *f*) *m* dador(a *f*) *m*, doador(a *f*) *m*.

Ge'bet [gə'beːt] *n* (-*ɇs*; -*e*) oração *f*; *ins* ~ *nehmen fig.* chamar; ~**buch** *n* (-*ɇs*; ¨*er*) breviário *m*, livro *m* de orações.

Ge'biet [gə'biːt] *n* (-*ɇs*; -*e*) região *f*; área *f*; território *m*; terreno *m*; *j-s*: domínio *m*; *fig.* ramo *m*, campo *m*, esfera *f*; ♀**en** (*L*; -) dar ordens; *j-m*: mandar (*ac.*); ~ *über* (*ac.*) dominar (*ac.*), comandar (*ac.*); *fig.* dispor de; *j-m Schweigen* ~ impor ... a alg.; ~**er**(**in** *f*) *m* senhor(a *f*) *m*, soberano *m* (-a *f*); ♀**erisch** imperioso, *fig. a.* urgente, absoluto; ~**s-abschnitt** *m* (-*ɇs*; -*e*) sector *m*; área *f*; ~**s-abtretung** *f* cessão *f* de território; ~**s-anspruch** *m* (-*ɇs*; ¨*e*) reivindicação *f* territorial; ~**s-erweiterung** *f* alargamento *m* (*od.* anexação *f*) territorial; ~**sstreifen** *m* zona *f*.

Ge'bilde [gə'bildə] *n* forma(ção) *f*; (*Erzeugnis*) produto *m*, criação *f*; composição *f*; complexo *m*; ♀**t** **1.** *p.pt. v. bilden*; **2.** *adj. fig. j.*: culto, instruído.

Ge'bimmel [gə'biməl] *n* (-*s*; *0*) repiques *m/pl.*

Ge'binde [gə'bində] *n* madeixa *f*; (*Blumen*♀) grinalda *f*.

Ge'birg|e [gə'birgə] *n* serra *f*; montanha *f*; ♀**ig** montanhoso.

Ge'birgs|bewohner *m* serrano *m*; montanhês *m*; ~**kamm** *m* (-*ɇs*; ¨*e*) cumeada *f*; ~**kette** *f* serra *f*; cordilheira *f*; ~**paß** *m* (-*sses*; ¨*sse*) desfiladeiro *f*; ~**pflanze** *f* planta *f* serrana (*od.* montesina); ~**stock** *m* (-*ɇs*; ¨*e*) maciço *m*; ~**zug** *m* (-*ɇs*; ¨*e*) cordilheira *f*.

Ge'biß [gə'bis] *n* (-*sses*; -*sse*) dentadura *f* (*künstliches* artificial, postiça); *Pferd*: freio *m*.

Ge'bläse [gə'blɛːzə] *n* foles *m/pl.*; ventilador *m*.

ge'blümt [gə'blyːmt] florido, com ramagem.

Ge'blüt [gə'blyːt] *n* (-*ɇs*; *0*) sangue *m*, linhagem *f*, raça *f*.

ge'bogen [gə'boːgən] **1.** *p.pt. v. biegen*; **2.** *adj. Nase*: aquilino.

ge'boren [gə'boːrən] *p.pt. v. gebären*; nascido; ~ *in* (*dat.*) *a.* natural de; ~ *sn*, ~ *werden* nascer; *blind* ~, ~*e*(*r*) *Deutsche*(*r*) ... de nascimento.

ge'borgen [gə'bɔrgən] **1.** *p.pt. v. bergen*; **2.** *adj.* salvo.

Ge'bot [gə'boːt] *n* (-*ɇs*; -*e*) mandamento *m* (*a. Rel.*), ordem *f*; *zu* ~*e stehen* estar à disposição; *die zehn* ~*e* o decálogo; ♀**en** **1.** *p.pt. v.* (*ge-*)*bieten*; **2.** *adj.* indicado, necessário.

ge'brannt [gə'brant] **1.** *p.pt. v. brennen*; **2.** *adj. Kaffee*: torrado.

Ge'bräu [gə'brɔy] *n* (-*ɇs*; -*e*) bebida *f*, beberagem *f*.

Ge'brauch [gə'braux] *m* (-*ɇs*; ¨*e*) uso *m*; (*Anwendung*) *a.* emprego (*'ê) *m*; *pl. Gebräuche Rel.* ritual *m/sg.*; *außer* ~ (*kommen* cair) em desuso; *in* ~ *nehmen* = ♀**en** *v/t.* (-) usar, empregar, servir-se de; *zu* ~ *sn* servir para; ♀**t** *adj.* usado, servido.

ge'bräuchlich [gə'brɔyçliç] usual, em uso, de uso, vulgar.

Ge'brauchs|-anweisung *f* modo *m*

de emprego (*'ê) (*od.* de usar); **~artikel** *m* artigo *m* de consumo; **2fähig, 2fertig** pronto; **~gegenstand** *m* (-*ẹs*; =*e*) = *~artikel*; **~graphik** *f* (*0*) gráfica *f* aplicada; **~muster** *n* modelo (*'ê) *m* registado; **~musterschutz** *m* (-*es*; *0*) prote(c)ção *f* legal para modelos registados.

ge'brech|en [gə'brɛçən] (*L*; -): es *gebricht mir an* (*dat.*) falta(m)-me, faz(em)-me falta (*nom.*); preciso de; **2en** *n* defeito *m*; enfermidade *f*; achaque *m*; **~lich** débil, doente, achacoso; *Greis*: *a.* caduco; **2lichkeit** *f* fragilidade *f*, fraqueza *f*; decrepidez *f*.

ge'brochen [gə'brɔxən] **1.** *p.pt. v. brechen*; **2.** *adj. fig. j.*: abalado; **3.** *adv.*: ~ *Deutsch sprechen* arranhar o alemão.

Ge'brüder [gə'bry:dər] *pl.* irmãos *m/pl.*

Ge'brüll [gə'bryl] *n* (-*ẹs*; *0*) urro *m*; *Stier*: bramido *m*; *Rind*: mugido *m*; *Löwe*: rugido *m*; *a. fig.* vozearia *f*.

Ge'bühr [gə'by:r] *f* (*Abgabe*) taxa *f*, direito *m*; ✉ porte *m*; (*Kosten*) emolumento *m*; (*Zahlung*) propina *f*; *nach* ~ devidamente; *über* ~ mais do que era preciso, sobremaneira.

ge'bühren [gə'by:rən] (-) dever-se, ser devido; *sich* ~ ser justo; convir; **~d** devidamente; **2-erlaß** *m* (-*sses*; =*sse*) isenção *f* de propinas; **2-ordnung** *f* tarifa *f*, tabela *f*, pauta *f*; **~pflichtig** [-pfliçtiç] sujeito a direitos *usw.*; **2rechnung** *f* ⚖ minuta *f*.

ge'bunden [gə'bundən] *p.pt. v. binden*; *adj. fig.* comprometido; **2heit** *f* (*0*) vinculação *f*; falta *f* de liberdade.

Ge'burt [gə'burt] *f* nascimento *m*; (*Herkunft*) *a.* origem *f*; (*Gebären*) parto *m*; *vor* (*nach*) *Christi* ~ antes (depois) de Cristo; **~enbeschränkung** *f* limitação *f* de nascimentos; **~enregelung** *f* controle (*'ô) *m* da natalidade; **~enrückgang** *m* (-*ẹs*; =*e*) baixa *f* de natalidade; **~enüberschuß** *m* (-*sses*; =*sse*) excedente *m* de nascimentos; **~enziffer** *f* (-; -*n*) natalidade *f*; **~enzuwachs** *m* (-*es*; *0*) aumento *m* de natalidade.

ge'bürtig [gə'byrtiç] natural (*aus* de).

Ge'burts|-adel *m* (-*s*; *0*) nobreza *f* de sangue, nobreza *f* hereditária; **~-anzeige** *f* participação *f* de nascimento; **~fehler** *m* defeito *m* natural; **~-helfer** *m* médico *m* parteiro; **~-helferin** *f* parteira *f*; **~-hilfe** *f* (*0*) obstetrícia *f*; **~jahr** *n* (-*ẹs*; -*e*) ano *m* de nascimento; **~land** *n* (-*ẹs*; =*er*) terra *f* natal, país *m* natal; **~-ort** *m* (-*ẹs*; -*e*) lugar *m* do nascimento; **~schein** *m* (-*ẹs*; -*e*) certidão *f* de idade; **~tag** *m* (-*ẹs*; -*e*) dia *m* de anos, aniversário *m* (natalício); ~ *haben* fazer anos; **~-urkunde** *f* = *~schein*; **~zange** ⚕ *f* fórcipe *m*, fórceps *m*.

Ge'büsch [gə'byʃ] *n* (-*es*; -*e*) mata *f*, bosque *m*.

Geck [gɛk] *m* (-*en*) janota *m*; peralta *m*.

ge'dacht [gə'daxt] *p.pt. v. denken*; *adj.* imaginário.

Ge'dächtnis [gə'dɛçtnis] *n* (-*ses*; -*se*) memória *f* (*aus dem, nach dem* de, da); *zum* ~ em comemoração *f* de; *ins* ~ *zurückrufen* recordar, lembrar; **~feier** *f* (-; -*n*) comemoração *f*, festa *f* comemorativa; **~kunst** *f* (*0*) mnemotecnia *f*, mnemónica *f*; **~schwäche** *f* falta *f* de memória; **~schwund** ⚕ *m* (-*ẹs*; *0*) amnesia *f*.

ge'dämpft [gə'dɛmpft] *p.pt. v. dämpfen*; *adj. a. Stimme*: baixo.

Ge'danke [gə'daŋkə] *m* (-*ns*; -*n*) pensamento *m*, ideia *f* (*kommen, verfallen auf ac., haben* ter, *mir kommt der* ~ lembra-me, ocorre-me); *pl. in* ~*n* mentalmente; *in* ~*n sn* pensativo, (*zerstreut*) distraído; *in* ~*n tun* por distra(c)ção; *in* ~*n versunken* preocupado, ensimesmado; *auf andere* ~*n bringen* (*kommen*) distrair(-se); *sich* ~*n machen über* (*ac.*) preocupar-se com; *kein* ~! nem se pensa nisso!

Ge'danken|-austausch *m* (-*es*; *0*) troca *f* de impressões; **~folge** *f*, **~gang** *m* (-*ẹs*; =*e*) ordem *f* de ideias (*é); **~freiheit** *f* (*0*) liberdade *f* de pensamento; **~gut** *n* (-*ẹs*; *0*) ideário *m*; ideologia *f*; **2los** (-*est*) distraído; descuidado; irrefle(c)tido; **~losigkeit** [-lo:ziç-] *f* descuido *m*, inadvertência *f*; **2reich** profundo; **~splitter** *m* aforismo *m*; **~strich** *m* (-*ẹs*; -*e*) travessão *m*; **2voll** pensativo; **~welt** *f* (*0*) pensamento(s) *m*(*pl.*).

Ge'därm(e) [gə'dɛrm(ə)] *n* (-*es*; -*e*) intestinos *m/pl.*; F tripas *f/pl.*
Ge'deck [gə'dɛk] *n* (-*es*; -*e*) talher *m*; (*Mahlzeit*) refeição *f*.
Ge'deih [gə'daɪ] *m uv.*: *auf* ~ *und Verderb* a todo o risco, para a vida e para a morte; **2en** (*L*; -; *sn*) prosperar; ⚘ medrar, crescer, dar-se; *gut* ~ *a.* atingir grande porte; *fig.* dar bons resultados; *so weit gediehen sn, daß* ter chegado a tal ponto que; **~en** *n* prosperidade *f*; ⚘ medra(nça) *f*; **2lich** próspero, propício.
ge'denk|en [gə'dɛŋkən] (*L*; -) (*gen. od. an ac.*) pensar (em); (*sich erinnern*) lembrar-se (de), recordar-se (de); (*erwähnen*) fazer menção de; *feierlich*: comemorar (*ac.*); *zu* (*inf.*) ~ (*beabsichtigen*) tencionar (*inf.*); **2en** *n* memória *f*; *feierliches*: comemoração *f* (*an ac.* de); **2feier** *f* (-; -*n*) festa *f* comemorativa; comemoração *f*; **2stein** *m* (-*es*; -*e*) monumento *m* (comemorativo); **2tafel** *f* (-; -*n*) placa *f* comemorativa; **2tag** *m* (-*es*; -*e*) aniversário *m*.
Ge'dicht [gə'diçt] *n* (-*es*; -*e*) poesia *f*; poema *m*; **~sammlung** *f* cole(c)ção *f* de poesias, antologia *f*, crestomatia *f*.
ge'diegen [gə'di:gən] sólido; puro; *Holz*: maciço; F curioso.
Ge'dräng|e [gə'drɛŋə] *n* (-*s*; *0*) aperto (*ê) *m*; *ins* ~ *kommen* abarrancar-se; **2t** *adj.* apinhado; ~ *voll* à cunha; *fig. Stil*: conciso.
ge'drückt [gə'drykt] *p.pt. v. drükken*; *adj. fig. j.*: deprimido; **2-heit** *f* (*0*) depressão *f*, tristeza *f*.
ge'drungen [gə'drʊŋən] *p.pt. v. dringen* b; *adj. Wuchs*: baixo(te); *Stil*: conciso; (*gezwungen*) constrangido.
Ge'duld [gə'dʊlt] *f* (*0*) paciência *f* (*mir reißt* acaba-se me); pachorra *f*; **2en** [-dən] (-*e*-; -): *sich* ~ ter paciência; **2ig** paciente; **~s-faden** F *m* (-*s*; ⁼) = *Geduld*; **2spiel** *n* (-*es*; -*e*) jogo (*'ô) *m* de paciência, quebra-cabeças *m*.
ge'dunsen [gə'dʊnzən] inchado; tufado.
ge'ehrt [gə'e:rt] *p.pt. v. ehren*; *adj.* (*sehr*) **~er** *Herr* Excelentíssimo (*Abk.* Ex.mo) Senhor; * Ilustríssimo (*Abk.* Il.mo) Senhor; (*sehr*) **~e** *Hörer* estimados ouvintes; *Ihr* **~es** *Schreiben* a sua estimada (carta).
ge'eignet [gə'aɪgnət] *p.pt. v. eignen*; *adj. et.*: próprio, apropriado; adequado; (*passend*) conveniente; *Zeit*: oportuno; *j.*: apto, idóneo.
Geest [ge:st] *f*, '**~land** *n* (-*es*; *0*) terreno *m* estéril.
Ge'fahr [gə'fa:r] *f* perigo *m*; (*Risiko*) risco *m* (*bringen* pôr, *laufen* correr, *schweben* estar); *auf die* ~ *hin zu* (*inf.*) a risco de; **~en-herd** *m* (-*es*; -*e*) *Pol.* fonte *f* (*od.* foco *m*) de conflitos.
ge'fähr|den [gə'fɛ:rdən] (-*e*-; -) pôr em perigo, arriscar; **~lich** perigoso; (*riskant*) arriscado; *Krankheit*: grave.
ge'fahrlos (-*est*) seguro, sem perigo.
Ge'fährt [gə'fɛ:rt] *n* (-*es*; -*e*) veículo *m*, carruagem *f*; **~e** *m* (-*n*) (**~in** *f*) companheiro *m* (-a *f*).
ge'fahrvoll muito perigoso.
Ge'fälle [gə'fɛlə] *n* declive *m*, pendente *f*; *Fluß*: queda *f*, *starkes* ~ corrente *f* rápida; *pl.* (*Abgaben*) direitos *m/pl.*; (*Einnahmen*) emolumentos *m/pl.*
ge'fallen [gə-] **1.** (*L*; -) agradar; *j-m gefällt* alg. gosta de; *sich* (*dat.*) ~ *lassen* admitir, aturar, tolerar; *sich* (*dat.*) *nichts* ~ *lassen* não dar o braço a torcer; *sich* (*dat.*) ~ *in* comprazer-se em; **2.** 2 *n* gosto (*'ô) *m*, agrado *m*, prazer *m*; aprazimento *m*; **3.** 2 *m* (*Gefälligkeit*) favor *m*; *j-m zu* ~ para obsequiar alg., para ser agradável a alg.; **4.** *p.pt. v. fallen*; **5.** *adj.* ⚔ morto em combate.
ge'fällig [gə'fɛliç] *et.*: agradável; *j.*: amável, obsequioso, solícito; *Brief*: ✝ estimado; *j-m* ~ *sn* obsequiar alg.; *was ist Ihnen* ~? em que posso servir?; **2keit** *f* favor *m*, obséquio *m* (*erweisen* fazer); **~st** *adv.* se faz favor.
Ge'fall|sucht [gə'fal-] *f* (*0*) afe(c)tação *f*; coquetismo *m*; **2süchtig** coquete, afe(c)tado.
ge'fangen [gə-] **1.** *p.pt. v. fangen*; **2.** *adj.* (**3.** **2e[r]** *m*) ⚖ preso (*ê) (*m*); *in Haft*: detido (*m*), ⚔ prisioneiro (*m*); **2enwärter** *m* guarda *m* de prisão, carcereiro *m*; **~-halten** (*L*) deter; **2nahme** [-na:mə] *f* (*0*) prisão *f*; detenção *f*; **~nehmen** (*L*) aprisionar, prender; ⚔ fazer prisioneiro; **2schaft** *f* (*0*) prisão *f*; cativeiro *m*; *in* ~ *geraten* ser feito

prisioneiro; **~setzen** (-*t*) meter na prisão.

Ge'fängnis [gə'fɛŋnis] *n* (-*ses*; -*se*) prisão *f*, cadeia *f*; presídio *m*; **~-insasse** *m* (-*n*) presidiário *m*, recluso *m*; **~strafe** *f* (pena *f* de) prisão *f*; **~wärter** *m* carcereiro *m*, guarda *m* de prisão; **~-zelle** *f* cárcere *m*, cela *f*; calabouço *m*.

Ge'fasel [gə'fa:zəl] *n* (-*s*; *0*) disparates *m/pl*.

Ge'fäß [gə'fɛ:s] *n* (-*es*; -*e*) vaso *m*; (*Degen*2) punho *m*.

ge'faßt [gə'fast] **1.** *p.pt. v. fassen*; **2.** *adj.* (*ruhig*) sereno; senhor de si; *~ sn auf* (*ac.*) estar preparado para, contar com; *sich ~ machen auf* (*ac.*) preparar-se para; **2-heit** *f* (*0*) serenidade *f*, sangue-frio *m*.

Ge'fecht [gə'fɛçt] *n* (-*ẹs*; -*e*) combate *m*, luta *f*; *außer ~ setzen* pôr fora de combate; **~s-stärke** *f* efe(c)tivo *m* de combatentes; **~s-übung** *f* manobra *f*, simulacro *m* de combate.

ge'feit [gə'faɪt] imune.

ge'festigt [gə'fɛstiçt] **1.** *p.pt. v. festigen*; **2.** *adj.* (*fest*) firme.

Ge'fieder [gə'fi:dər] *n* plumagem *f*; **2t** emplumado.

Ge'filde [gə'fildə] *n* campo *m*, campina *f*.

Ge'flecht [gə'flɛçt] *n* (-*ẹs*; -*e*) (*Flechtwerk*) entrançadura *f*; (*Draht*2) rede (*'ê) *f*; *Anat.* plexo *m*.

ge'fleckt [gə'flɛkt] manchado, malhado, salpicado.

Ge'fluche [gə'flu:xə] *n* (-*s*; *0*) praguejar *m*.

Ge'flügel [gə-] *n* (-*s*; *0*) criação *f*, aves *f/pl.* de capoeira; **~farm** *f* aviário *m*; **~-händler(in** *f*) *m* vendedor *m* (vendedeira *f*) de galinhas, galinheiro *m* (-a *f*); **~klein** *n* (-*s*; *0*) cabidela *f*; * abatis *m*; **2t** alado (*a. fig.*), com asas; *~e Worte fig.* sentenças *f/pl.*, ditos *m/pl.* proverbiais; **~zucht** *f* avicultura *f*; **~züchter(...)** *m* avicultor *m*, (... avícola).

Ge'flüster [gə'flystər] *n* (-*s*; *0*) murmúrio *m*; sussurro *m*; segredos (*'ê) *m/pl.*; conversa *f* em voz baixa; F cochichar *m*.

Ge'folg|e [gə-] *n* (-*s*; *0*) comitiva *f*, séquito *m*; cortejo *m*; *im ~ haben* ter por consequência; **~schaft** *f* (*Anhänger*) sequazes *m/pl.*; (*Personal*) pessoal *m*.

ge'fragt [gə'fra:kt] *p.pt. v. fragen*; *adj.* ✝ procurado.

ge'fräßig [gə'frɛ:siç] voraz, guloso; glutão; **2keit** *f* (*0*) voracidade *f*; gula *f*.

Ge'freite(r) [gə'fraɪtə(r)] *m* (segundo) cabo *m*.

Ge'frier|-anlage [gə'fri:r-] *f* instalação *f* frigorífera; **2en** (*L*; -; *sn*) (con)gelar(-se); **~fleisch** *n* (-*es*; *0*) carne *f* congelada; **~kammer** *f* (-; -*n*) frigorífero *m*; **~punkt** *m* (-*ẹs*; -*e*) ponto (*od.* termo [*ê]) *m* de congelação; *auf dem ~ stehen* estar a zero.

Ge'frorene(s) [gə'fro:rənə(s)] *n* gelado *m*; sorvete *m*.

Gefüg|e [gə'fy:gə] *n* estrutura *f* (*a. fig.*), encaixe *m*; ⊕ ajoujamento *m*; **2ig** dócil; brando.

Ge'fühl [gə'fy:l] *n* (-*ẹs*; -*e*) sentimento *m*; (*Eindruck*) impressão *f*; (*Sinneseindruck*) sensação *f*; = *~s-sinn*; *~ haben für* ser sensível a; **2los** insensível (*für, gegen* a); **~-losigkeit** [-lo:ziç-] *f* (*0*) insensibilidade *f*, falta *f* de sensibilidade; **~s-duselei** [-duzəlaɪ] *f* sentimentalismo *m*; **~s-leben** *n* (-*s*; *0*) vida *f* sentimental; **~s-mensch** *m* (-*en*) sentimental *m*; **~s-sache** *f* questão *f* de sentimento; **~s-sinn** *m* (-*ẹs*; *0*) (sentido *m* do) ta(c)to *m*; **2voll** sentimental.

ge'geben [gə-] *p.pt. v. geben*; **~enfalls** em caso afirmativo, dado o caso; eventualmente; **2-heit** *f* realidade *f*; dado *m*.

'gegen ['ge:gən] (*ac.*) *Richtung, Zeit*: para, a; *Uhrzeit*: *~ 3* pelas três; *~ Abend* ao anoitecer; (*ungefähr*) cerca (*ê) de; *freundlich*: para com; *feindlich*: contra; *Tausch*: contra, em troca de; *Vergleich*: em contraposição a, em comparação com; **2-angriff** *m* (-*ẹs*; -*e*) contra-ataque *m*; **2-antwort** *f* tréplica *f*; **2befehl** *m* (-*ẹs*; -*e*) contra-ordem *f*; **2besuch** *m* (-*ẹs*; -*e*): *e-n ~ machen* retribuir uma visita; **2beweis** *m* (-*es*; -*e*) contra-prova *f*; **2bild** *n* (-*ẹs*; -*er*) par *m*.

'Gegend ['ge:gənt] *f* região *f*; paisagem *f*; terra *f*.

'Gegen|dienst *m* (-*es*; -*e*) serviço (*od.* favor) *m* recíproco; **~druck** *m*

(-ęs; ⸗e) contra-pressão *f*; rea(c)ção *f*; ♀-**einander** um contra *usw.* outro; ~ *antreten* enfrentar-se; ~**forderung** *f* pedido *m* de compensação; ⚖ reconvenção *f*; ~**geschenk** *n* (-ęs; -e) prenda *f* dada em troca de outra; ~**gewicht** *n* (-ęs; -e) contrapeso (*ê) *m*; (*dat.*) *das* ~ *halten* contrabalançar (*ac.*), contrapesar (*ac.*); ~**gift** *n* (-ęs; -e) contra-veneno *m*, antídoto *m*; ~**grund** *m* (-ęs; ⸗e) argumento *m* contrário; ~**kandidat** *m* (-*en*) oponente *m*; concorrente *m*; ~**klage** *f* reconvenção *f* (*anstrengen, erheben* intentar uma a(c)ção de); reconvir; ~**kurve** *f* contracurva *f*; ~**leistung** *f* equivalente *m*, compensação *f*; ~**licht** *n* (-ęs; 0) contraluz *f*; ~**liebe** *f* (0) amor *m* correspondido; *j-m* ~ *erweisen* corresponder ao amor de alg.; ~ *finden, auf* ~ *stoßen* ser correspondido no seu amor; ~**maßnahme** *f* contramedida *f*; represália *f*; ~**mittel** ⚕ *n* antídoto *m*; ~**partei** *f* oposição *f*; ⚖ partido *m* adverso; ~**rechnung** *f* verificação *f* de contas; contra-prova *f*; = ~*forderung*; ~**rede** *f* réplica *f*; (*Einwand*) obje(c)ção *f*; ~**reformation** *f* Contra-Reforma *f*; ~**revolution** *f* contra-revolução *f*; ~**satz** *m* (-*es*; ⸗e) contraste *m*; oposição *f*; antagonismo *m*; *im* ~ *zu* em contraposição *f* a; *im* ~ *dazu* em contrapartida *f*; *im* ~ *stehen zu* contrastar com; ♀**sätzlich** [-zɛtsliç] oposto, contrário; ~**schlag** *m* (-ęs; ⸗e) resposta *f*; ~**schrift** *f* réplica *f*; ~**seite** *f* lado *m* oposto; adversário *m*, inimigo *m*; (*Umseite*) reverso *m*; ♀**seitig** [-zaɪtiç] mútuo, recíproco; ~**seitigkeit** *f* (0) reciprocidade *f*, mutualismo *m*; *auf* ~ = ♀*seitig*; ~**spieler** *m* adversário *m*, rival *m*; ~**stand** *m* (-ęs; ⸗e) obje(c)to *m*; assunto *m*; ♀**ständig** ⚘ oposto; ♀**ständlich** [-ʃtɛntliç] obje(c)tivo, concreto; ♀**standslos** sem interesse (*ˈê); supérfluo; ~**stoß** *m* (-*es*; ⸗e) rechaço *m*; ricochete *m*; ⚔: *e-n* ~ *führen* fazer um contra-ataque; responder; reagir; ~**stück** *n* (-ęs; -e) equivalente *m*, contrapartida *f* (*zu* de); *ein* ~ *bilden zu* corresponder a; fazer jogo com; ~**teil** *n* (-ęs; -e) contrário *m* (*im* ao); ♀**teilig** = ♀*sätzlich*.

gegen-ˈüber 1. *adv.* em frente (*ea.* um do outro); **2.** *prp.* (*dat.*) em frente de, defronte de; *fig.* perante; *j-m* (= *gegen j-n*): para com; (*verglichen mit*) em comparação (com); **3.** ♀ *n j.*: vizinho *m*; *et.*: vizinhança *f*; ~**liegend** oposto; (situado) em frente; ~**stehen** (*L*; *a. sn*) (*dat.*) defrontar; estar defronte de, estar em frente de; *ea.* ~, *sich* ~ estar face a face; abarbar-se; ~**stellen** (*dat.*) opor a; *ea.* ~ confrontar; ⚖ *a.* acarear (*ac.*; *j-m* com); ♀**stellung** *f* confronto *m*, acareação *f*; ~**treten** (*L*; *sn*) (*dat.*) defrontar; pôr-se defronte de; *fig.* fazer frente a.

ˈ**Gegen|vorschlag** *m* (-ęs; ⸗e) contraproposta *f*; ~**wart** [-vart] *f* (0) *j-s*: presença *f*; *Zeit*: a(c)tualidade *f*, época *f* a(c)tual; *Gram.* presente *m*; ♀**wärtig** [-vɛrtiç] presente, *Zeit*: *a.* a(c)tual; *adv.* a(c)tualmente; ♀**wartsnah** a(c)tual; ~**wehr** *f* defesa *f*, resistência *f*; ~**wert** *m* (-ęs; -e) equivalente *m*; ~**wind** *m* (-ęs; -e) vento *m* ponteiro; ~**winkel** *m* ângulo *m* oposto; ~**wirkung** *f* rea(c)ção *f*; ♀**zeichnen** (-e-) contra-rubricar; ~**zeichnung** *f* contra-rubrica *f*; ~**zeuge** *m* (-*n*) testemunha *f* de defesa; ~**zug** *m* (-ęs; ⸗e) *Spiel*: lance *m* (*od.* mudança *f*) do adversário; 🚂 comboio *m* correspondente.

ˈ**Gegner** [ˈgeːgnər] *m*, ~**in** *f* adversário *m*, -a *f*, contrário *m*, -a *f*; *Meinung*: antagonista *m*, *f*; ⚔ *a.* inimigo *m*, -a *f*; *a. Sport*: rival *m*, *f*; ♀**isch** adversário, contrário, inimigo; rival; ~**schaft** *f* inimizade *f*; oposição *f*; antagonismo *m*; rivalidade *f*; = *Gegner pl.*

Geˈhackte(s) [gəˈhaktə(s)] *n* (-*n*; 0) carne *f* picada.

Geˈhalt [gəˈhalt] **1.** *m* (-ęs; -e) conteúdo *m*; substância *f*; ⚗ percentagem *f* (*an dat.* de); *fig.* (*innerer*) ~ (*Wert*) valor *m* (intrínseco); **2.** *n* (-ęs; ⸗er) ordenado *m*; salário *m*; ♀**los** sem substância; *fig.* sem valor; fútil; ♀**reich** de grande valor; substancioso; ~**s-empfänger** *m* assalariado *m*; empregado *m*; ~**s-erhöhung** *f* aumento *m* do ordenado; ~**s-zulage** *f* gratificação *f*; ♀**voll** = ♀*reich*.

Geˈhämmer [gəˈhɛmər] *n* (-*s*; 0) martelada(s *pl.*) *f*.

Ge'hänge [gə'hɛŋə] *n* pendente *m*, penduricalho *m*.
ge'harnischt [gə'harniʃt] em arnês; *fig.* enérgico.
ge'hässig [gə'hɛsiç] hostil; odioso; **2keit** *f* hostilidade *f*; ódio *m*.
Ge'häuse [gə'hɔyzə] *n* caixa *f* (*a. Uhr2*); cápsula *f*; (*Etui*) estojo (*'ô) *m*; *Zool.* concha *f*; ♀ casa *f*, (*Kern2*) coração *m*.
Geh|bahn ['ge:-] *f* passeio *m*; **2bar** viável.
Ge'hege [gə'he:gə] *n* cerca (*ê) *f*, recinto *m*; couto *m*; *j-m ins* ~ *kommen fig.* incomodar alg., molestar alg., estorvar alg., meter-se com alg.
ge'heim [gə'haɪm] secreto; (*verborgen*) clandestino; **2bericht** *m* (-*ẹs*; -*e*) relatório *m* confidencial; **2fach** *n* (-*ẹs*; ⸗*er*) gaveta *f* secreta; **~-halten** (*L*) *v/t.* ocultar; guardar segredo (*'ê) sobre (*ô); **2lehre** *f* doutrina *f* mística (*od.* esotérica *od.* oculta), arcano *m*; **2mittel** *n* meio *m* secreto, arcano *m*; **2nis** *n* (-*ses*; -*se*) segredo (*'ê) *m*; mistério *m*; **2nis-krämer** *m* segredeiro *m*, segredista *m*; **2nis-krämerei** *f* (*0*) mania *f* dos segredos; **~nis-voll** misterioso; ~ *tun* andar com segredos; **2polizei** *f* (*0*) (**2polizist** *m* [-*en*] agente *m* da) polícia *f* secreta; **2rat** *m* (-*ẹs*; ⸗*e*) conselheiro *m* titular; **2schreiber** *m* escrivão *m* da puridade; **2schrift** *f* cifra *f*; *in* ~ cifrado; **2tue'rei** [-tuə'raɪ] *f* (*0*) mania *f* dos segredos; **~tun** (*L*) fazer segredo (*'ê) (*mit* de).
Ge'heiß [gə'haɪs] *n* (-*es*; *0*) ordem *f*.
'gehen ['ge:ən] **1.** *v/i.* (*L*; -; *sn*) ir (*nach*, *zu* [par]a, *zu j-m* à casa de alg.); (*sich bewegen*) andar; *zu Fuß*: *a.* caminhar; *Art*: marchar; ⊕ *a.* funcionar, trabalhar; (*möglich sn*) ser possível, poder-se fazer; (*weg~*) ir-se (embora); *Zug*: partir, sair; *Teig*: levedar; *Gerücht*: correr; *gut* ~ *Ware*: vender-se bem; *es geht mir gut* estou bem; *falsch* ~ *Uhr*: não estar certo; *hoch~ j.*: exaltar-se, irritar-se; *See*: estar bravo, estar encapelado; *wie geht es Ihnen?* como está?, como vai?; *wie geht's?* que tal?; *es geht* lá vai indo; assim, assim; menos mal; *es geht ein scharfer Wind* está, faz; *es* ~ *6 Personen hinein* cabem; *sich* ~*lassen* abandonar-se, descuidar-se; *mit prp.*: *an die Arbeit* ~ pôr-se a trabalhar, meter mãos à obra; *auf die Straße* ~, *Fenster*: dar para; ~ *aus* sair de; ~ *durch* passar por, ~ *in* (*ac.*) entrar em, *hinein*: caber em; *Krankenhaus*: dar entrada em; *in See* ~ fazer-se ao mar; *ins Theater* ~ ir ao; *in sich* ~ arrepender-se; fazer um exame de consciência; *nach mir geht es nicht* não está no meu poder; ~ *über* (*ac.*) atravessar, cruzar, passar por; *über die Kräfte j-s* ~ ser superior a alg.; *es geht nichts über* (*ac.*) não há como, não há nada melhor do que; *es geht um* trata-se de; está em jogo (*nom.*); *vor sich* ~ suceder, acontecer; passar-se; *zu weit* ~ *fig.* exagerar; abusar; **2.** 2 *n*: *das* ~ *fällt ihm schwer* custa-lhe andar; *Kommen und* ~ vaivem *m*.
Ge'henkte(r) [gə'hɛŋktə(r)] *m* enforcado *m*.
ge'heuer [gə'hɔyər]: *nicht ganz* ~ suspeito; *da ist es nicht* ~ ali anda coisa.
Ge'heul [gə'hɔyl] *n* (-*ẹs*; *0*) uivo(s *pl.*) *m*; gritaria *f*; choradeira *f*.
Ge'hilf|e [gə'hilfə] *m* (-*n*), (**~in** *f*) ajudante *m*, *f*; servente *m*, *f*; (*Handlungs2*) caixeiro *m* (-a *f*); (*Geselle*) oficial *m*.
Ge'hirn [gə'hirn] *n* (-*ẹs*; -*e*) cérebro *m*; **~-entzündung** *f* encefalite *f*; **~-erschütterung** *f* comoção *f* cerebral; **~-erweichung** *f* amolecimento *m* cerebral; **~-haut** *f* (-; ⸗*e*), **~rinde** *f* meninge *f*; **~-haut-entzündung** *f* meningite *f*; **~schlag** *m* (-*ẹs*; ⸗*e*) apoplexia *f* cerebral; **~tätigkeit** *f* funções *f/pl.* cerebrais.
ge'hoben [gə'ho:bən] *p.pt. v. heben*; *adj. fig.* elevado, sublime; *in* ~*er Stimmung* alegre, entusiasmado.
Ge'höft [gə'hø:ft] *n* (-*ẹs*; -*e*) casal *m*; quinta *f*.
Ge'hölz [gə'hœlts] *n* (-*es*; -*e*) mata *f*, bosque *m*.
Ge'hör [gə'hø:r] *n* (-*ẹs*; *0*) ouvido *m* (*nach dem* ♪ de); ~ *schenken* (*dat.*) atender (*ac.*), (*nachgeben*) ceder; ~ *finden* ser escutado, ser atendido.
ge'horchen [gə-] (-) (*dat.*) obedecer a.
ge'hören [gə-] (-) *j-m*: ser de, (*a. j-m zukommen*, *zu et.* ~) pertencer a; fazer parte de; *mit dazu*~ entrar em;

et. gehört mir é meu; *fig.* (*nicht*) *hierher* ~ (não) vir a propósito; (não ter nada com o assunto); (*nötig sn*) ser preciso, precisar-se; *sich* ~ ser próprio; fazer-se.
Ge'hör|gang *m* (-*es*; ⸗*e*) canal *m* auditivo; **2ig** *j-m, zu et.*: pertencente a; próprio de, relacionado com; afe(c)to a; (*zukommend*) conveniente, devido; (*tüchtig*) a valer; *iron. a.*: que é uma beleza; **~leiden** *n* doença *f* dos ouvidos; **2los** surdo; **~losigkeit** [-lo:ziç-] *f* (*0*) surdez *f*.
Ge'hörn [gə'hœrn] *n* (-*es*; -*e*) armação *f*; chavelho *m*; pontas *f/pl.*; chifre *m*.
Ge'hörnerv *m* (-*s*; -*en*) nervo *m* auditivo.
ge'hörnt [gə'hœrnt] cornudo; *fig.* F corneado.
ge'horsam [gə'ho:rsa:m] **1.** *adj.* obediente; **2.** 2 *m* (-*es*; *0*) obediência *f*; *den* ~ *verweigern* desobedecer; **2s-pflicht** *f* dever *m* de obediência.
Ge'hörsinn *m* (-*es*; *0*) (sentido *m* do) ouvido *m*.
'Geh|sport *m* (-*es*; *0*) pedestrianismo *m*; **~steig** *m* (-*es*; -*e*) passeio *m* lateral da rua; **~weg** *m* (-*es*; -*e*) passeio *m*; **~werk** ⊕ *n* (-*es*; -*e*) mecanismo *m*, rodagem *f*.
'Geier ['gaɪər] *m* abutre *m*.
'Geifer ['gaɪfər] *m* (-*s*; *0*) baba *f*, escuma *f*; **2n** (-*re*) babar, escumar; *fig.* raivar.
'Geig|e ['gaɪgə] *f* violino *m*, rabeca *f*; ~ *spielen* = **2en** tocar violino; **~enbauer** *m* violeiro *m*, fabricante *m* de violinos; **~enspieler(in** *f*) *m* = **~er(in** *f*) *m* violinista *m/f*, rabequista *m/f*.
geil [gaɪl] ♀ viçoso, exuberante; *j.*: lascivo; **'2-heit** *f* (*0*) viço *m*, exuberância *f*; luxúria *f*, lascividade *f*.
'Geisel ['gaɪzəl] *f* (-; -*n*) refém *m*.
Geiß [gaɪs] *f* cabra *f*; **'~blatt** *n* (-*es*; *0*) madressilva *f*; **'~bock** *m* (-*es*; ⸗*e*) bode *m*.
'Geißel ['gaɪsəl] *f* (-; -*n*) açoute *m*; flagelo *m* (*a. fig.*); **2n** (-*le*) açoutar, flagelar; fustigar, *fig. a.* censurar; **~ung** *f* flagelação *f*.
Geist [gaɪst] *m* (-*es*; -*er*) espírito *m*, mente *f*; (*Seele*) alma *f*; (*Verstand*) inteligência *f*, intele(c)to *m*; (*Begabung*) engenho *m*; (*Genius*) génio *m*; (*Gespenst*) fantasma *m*, espe(c)tro *m*; *e-s Toten*: *a.* aparição *f*; *im* ~*e* em mente, mentalmente; *s-n* ~ *aufgeben* entregar a alma a Deus.
'Geister|banner ['gaɪstər-] *m*, **~beschwörer** [-bəʃvø:rər] *m* nigromante *m*; **~beschwörung** *f* nigromancia *f*, conjuro *m*, exorcismo *m*; **~-erscheinung** *f* aparição *f*; **2haft** fantástico.
'Geistes... ['gaɪstəs-]: *in Zssgn oft* mental, (*Verstandes...*) intele(c)tual; **2-abwesend** distraído; abstra(c)to; **~-abwesenheit** *f* (*0*) distra(c)ção *f*; **~-arbeiter** *m* (trabalhador *m*) intele(c)tual *m*; **~gabe** *f* talento *m*; **~gegenwart** *f* (*0*) presença *f* de espírito; **2gestört** [-gəʃtø:rt] alienado, demente; **~gestörtheit** *f* (*0*) alienação *f* mental, demência *f*; **~größe** *f* génio *m*; **2krank** alienado, demente; **~krankheit** *f* doença *f* mental; **2schwach** imbecil; **~schwäche** *f* imbecilidade *f*; **~verfassung** *f* (*0*) mentalidade *f*; ⚔ moral *f*; **2verwandt** congenial; **~verwandtschaft** *f* afinidade *f* intele(c)tual; **2verwirrt** tresloucado; **~verwirrung** *f* perturbação *f* mental; **~wissenschaft** (-**en** *pl.*) *f* Letras *f/pl.*, ciências *f/pl.* do espírito, ciências *f/pl.* morais.
'geist|ig ['gaɪstiç] espiritual, intele(c)tual; mental (*a.* ⚕); moral; *Getränk*: espirituoso, alcoólico; **2igkeit** *f* (*0*) espiritualidade *f*; **~lich** espiritual; (*kirchlich*) eclesiástico; clerical; *Orden*: religioso; ~*e Musik* música *f* sacra; ~*er Stand* clero *m*; **2liche(r)** *m* sacerdote *m*, padre *m*; *prot.* pastor *m*; **2lichkeit** *f* (*0*) clero *m*; **~los** insípido; sem graça; **~reich** espirituoso, engenhoso; brilhante; ~ *sn* ter muita graça; **~tötend** monótono, maçador; **~voll** = ~*reich*.
Geiz [gaɪts] *m* (-*es*; *0*) avareza *f*; **'2en** (-*t*): ~ *mit* ser avaro de; **'~-hals** *m* (-*es*; ⸗*e*), **'2ig**, **'~kragen** *m* avar(ent)o *m*.
Ge'jammer [gə-] *n* (-*s*; *0*) lamúrias *f/pl.*
Ge'johle [gə'jo:lə] *n* (-*s*; *0*) gritaria *f*.
Ge'keife [gə'kaɪfə] *n* (-*s*; *0*) berros *m/pl.*
Ge'kicher [gə'kiçər] *n* (-*s*; *0*) risos *m/pl.* suprimidos.
Ge'kläff(e) [gə'klɛf(ə)] *n* (-*es*; *0*) latidos *m/pl.*, ganido *m*.

Ge'klapper [gə'klapər] *n* (*-s*; *0*) estrépido *m*; retintim *m*; taramelar *m*; (*Zähne*≈) tremor *m*.
Ge'klatsch(e) [gə'klatʃ(ə)] *n* (*-es*; *0*) *n* palmas *f*/*pl*.; *fig*. bisbilhotice *f*; mexerico *m*; mexeriquice *f*.
Ge'klimper [gə'klimpər] *n* (*-s*; *0*) piano *m* mal tocado.
Ge'klingel [gə-] *n* (*-s*; *0*) tilintar *m*.
Ge'klirr [gə'klir] *n* (*-es*; *0*) tinido *m*; *beim Zerbrechen*: estrépido *m*.
Ge'knatter [gə'knatər] *n* (*-s*; *0*) estalos *m*/*pl*. [crepitação *f*.]
Ge'knister [gə'knistər] *n* (*-s*; *0*)}
Ge'krächze [gə'krɛçtsə] *n* (*-s*; *0*) gralhada *f*.
Ge'kreisch [gə'kraɪʃ] *n* (*-es*; *0*) gritaria *f*.
Ge'kritzel [gə'kritsəl] *n* (*-s*; *0*) gatafunhos *m*/*pl*., rabiscos *m*/*pl*., garatujas *f*/*pl*.
Ge'kröse [gə'krø:zə] *n* dobrada *f*; miudezas *f*/*pl*.; **~lava** *f* (*-*; *~laven*) lava *f* encordoada.
ge'künstelt [gə'kynstəlt] artificial, artificioso; *Stil*: afe(c)tado.
Ge'lächter [gə'lɛçtər] *n* risada *f*; gargalhada *f*; (*Hohn*≈) galhofa *f*, F risota *f*; in (ein) ~ ausbrechen desatar a rir.
ge'lackmeiert [gə'lakmaɪərt] F: (der) ≈e *sn* ser o logrado.
Ge'lage [gə'la:gə] *n* banquete *m*, festim *m*; F patuscada *f*.
ge'lähmt [gə'lɛ:mt] *p.pt. v.* lähmen; *adj*. entrevado; ⚕ paralítico.
Ge'lände [gə'lɛndə] *n* terreno *m*; *abgeschlossenes* (*Ausstellungs*≈) recinto *m*; **~-abschnitt** *m* (*-es*; *-e*) sector *m*, área *f*; **~-aufnahme** *f* triangulação *f*; **≈gängig** *Auto*: do tipo (*od*. de) todo o terreno; **~gewinn** *m* (*-es*; *-e*) conquista *f* de terreno; **~lauf** *m* (*-es*; *⸗e*) pedestrianismo *m*; **~r** *n* corrimão *m*; guardas *f*/*pl*.; (*Säulen*≈) balustrada *f*; **~ritt** *m* (*-es*; *-e*) passeio *m* a cavalo (através dos campos); **~verhältnisse** *n*/*pl*. condições *f*/*pl*. topográficas (*od*. de terreno).
ge'langen [gə-] (*-*; *sn*) chegar; zu Reichtum ~ chegar a ser rico; zum Verkauf ~ ser posto à venda.
Ge'laß [gə'las] *n* (*-sses*; *-sse*) lugar *m*, aposento *m*.
ge'lassen [gə-] *p.pt v.* lassen; *adj*. calmo, sereno; **≈heit** *f* (*0*) calma *f*, serenidade *f*, sangue-frio *m*.
Gela'tin|e [ʒela'ti:nə] (*0*) gelatina *f*; **≈'ieren** (-) gelatinizar.
ge'läufig [gə-] corrente; (*vertraut*) familiar; **≈keit** *f* (*0*) facilidade *f*, agilidade *f*; ♪ técnica *f*, virtuosidade *f*.
ge'launt [gə'launt] disposto.
Ge'läut [gə'lɔyt] *n* (*-es*; *-e*), **~e** *n* toque *m* de sinos; repique *m*; dobre *m*; (*Glockenspiel*) carrilhão *m*; (*Schellen*≈) toque *m* de guizos.
gelb [gɛlp] amarelo; **'~braun** amarelo torrado; **'≈filter** *m* filtro *m* amarelo; **'~lich** amarelado; **'≈schnabel** *m* (*-s*; *⸗*) fedelho *m*; **'≈sucht** *f* (*0*) icterícia *f*; **'~süchtig** ictérico.
Geld [gɛlt] *n* (*-es*; *-er*) dinheiro *m* (*kleines* miúdo); (*Wechsel*≈) troco *m*; (*Münze, Währung*) moeda *f*; *pl* ~er fundos *m*/*pl*.; e-e Menge ~ um dinheirão *m*; zu ~ machen vender; **'~-angelegenheit** *f* negócio *m* financeiro; **'~-anweisung** *f* vale *m* postal, vale *m* do correio; **'~-aufwertung** *f* revalorização *f*; **'~beutel** *m* bolsa *f*; **'~brief** *m* (*-es*; *-e*) carta *f* de valor declarado; **'~buße** *f* multa *f*; **'~-entschädigung** *f* indemnização *f* pecuniária; **'~-entwertung** *f* depreciação (*od*. desvalorização) *f* da moeda; **'~forderung** *f* dívida *f* a(c)tiva; **'~geber** *m* capitalista *m*; **'~geschäft** *n* (*-es*; *-e*) transa(c)ção *f* financeira; **'~geschenk** (*-es*; *-e*) *n* donativo *m*; **'~gier** *f* (*0*) cubiça *f*; **'~heirat** *f* casamento *m* por dinheiro; **'~klemme** *f* apuro *m*; **'~knappheit** *f* (*0*) falta (*od*. escassez) *f* de dinheiro; **'~kurs** *m* (*-es*; *-e*) câmbio *m*; cotação *f*; **'~mangel** *m* (*-s*; *0*) = *~knappheit*; **'~markt** *m* (*-es*; *⸗e*) mercado *m* monetário; **'~mittel** *n*/*pl*. meios *m*/*pl*. (de fortuna); recursos *m*/*pl*.; **'~rolle** *f* rolo *m* de dinheiro; **'~schrank** *m* (*-es*; *⸗e*) cofre *m*; **'~strafe** *f* multa *f*; **'~stück** *n* (*-es*; *-e*) peça *f*, moeda *f*; **'~summe** *f* quantidade *f*, soma *f*; **'~tasche** *f* bolsa *f*; **'~-umlauf** *m* (*-es*; *0*), **'~-umsatz** *m* (*-es*; *⸗e*) circulação *f* monetária; **'~verlegenheit** *f* apuros *m*/*pl*.; **'~wechsel** *m* câmbio *m*; **'~wechsler** *m* cambista *m*; **'~wert** *m* (*-es*; *-e*) valor *m* em dinheiro; **'~wucher** *m* (*-s*; *0*) agiotagem *f*.
Ge'lee [ʒe'le:] *n* geleia *f*.

ge'legen [gəˈleːgən] **1.** *p.pt. v. liegen*, **2.** *adj. örtl.* situado; sito; (*passend*) oportuno; *adv.* a propósito; ~ *kommen* fazer arranjo; *j-m ist an* (*dat.*) ~ alg. importa-se com, alg. tem empenho em; **2-heit** *f* ocasião *f* (*bei* em); *günstige*: *a.* oportunidade *f*; aberta *f*; ~ *macht Diebe* a ocasião faz o ladrão; *bei* ~ = ~*tlich*; **2-heitskauf** *m* (-*es*; "*e*) compra *f* ocasional; **~tlich** ocasional, casual; *adv. a.* em tempo oportuno; acidentalmente; (*beiläufig*) de passagem; *prp.* (*gen.*) a propósito de, na altura de, por motivo de, aquando de.

gelehr|ig [gəˈleːriç] dócil; **2igkeit** *f* (*0*) docilidade *f*; **2samkeit** *f* (*0*) erudição *f*; **~t** *p.pt. v. lehren*; *adj.* (**2te[r]** *m*) sábio (*m*), erudito (*m*).

Ge'leise [gəˈlaɪzə] *n* carril *m* (carris *pl.*); 🚂 via *f* férrea; *aus dem* ~ *kommen* descarrilar, *fig. a.* sair do bom caminho; *wieder ins* ~ *bringen fig.* endireitar, repor.

Ge'leit [gəˈlaɪt] *n* (-*es*; -*e*) escolta *f*; ⚓ = ~*zug*; (*Trauer2*) acompanhamento *m*, préstito *m*; *das* ~ *geben* = *2en*; *im* ~ *fahren* ⚓ ser comboiado; *freies* ~ = **~brief** *m* (-*es*; -*e*) salvo-conduto *m*; **2en** (-*e*-; -) acompanhar; ⚔ escoltar, ⚓ *a.* comboiar; **~wort** *n* (-*es*; -*e*) prefácio *m*; *mit e-m* ~ *versehen* prefaciar; **~zug** ⚓ *m* (-*es*; "*e*) comboio *m*.

Ge'lenk [gəˈlɛŋk] *n* (-*es*; -*e*) articulação *f*; **~-entzündung** *f* artrite *f*; **2ig** flexível, elástico; (*flink*) ágil; **~igkeit** *f* (*0*) flexibilidade *f*, elasticidade *f*; agilidade *f*; **~pfanne** *f Anat.* acetábulo *m*; **~rheumatismus** *m* (-; *0*) artrite *f*; **~versteifung** *f* artrose *f*.

Ge'lichter [gəˈliçtər] *n* (-*s*; *0*) ralé *f*; canalha *f*.

Ge'liebte [gəˈliːptə] *m u. f*, **~r** *m* querido *m*, -a *f*; amante *m*, *f*.

ge'lind(e) [gəˈlind(ə)] suave, benigno; *adv. fig.* com indulgência; *gelindere Saiten aufziehen* não ser assim tão severo (*od.* tão exigente).

ge'ling|en [gəˈliŋən] (*L*; -; *sn*) sair bem; dar bom resultado; *es gelingt j-m zu* (*inf.*) alg. consegue (*inf.*); *nicht* ~ frustrar-se, fracassar; **2en** *n* êxito *m*; sucesso *m*.

Ge'lispel [gəˈlispəl] *n* (-*s*; *0*) cício *m*; (*Geflüster*) murmúrio *m*.

'gellen [ˈgɛlən] ressoar, zunir; **~d** *adj.* estridente.

ge'loben [gə-] (-) prometer, fazer voto.

Ge'löbnis [gəˈløpnis] *n* (-*ses*; -*se*) promessa *f*; voto *m*; *ein* ~ *ablegen* = *geloben*.

'gelt|en [ˈgɛltən] (*L*) valer; *et. bei j-m* ~ ser muito estimado por alg.; (*gültig sn*) ser válido; *Gesetz*: estar em vigor; *für et.* ~ passar por; ~ *von* (*dat.*) poder-se dizer de; *das gilt mir* isto é comigo, isto é para mim; ~ *lassen* deixar passar, admitir; *es gilt* (*ac. od. zu inf.*) trata-se de; está em jogo; *was gilt die Wette?* quere apostar?; *jetzt gilt's!* chegou o momento!; **'~end** *adj.* vigente; em vigor; ~ *machen* fazer valer; **'2ung** *f* valor *m*; (*Gültigkeit*) validez *f*; ⚖ vigência *f*; (*Ansehen*) crédito *m*, prestígio *m*; ~ *haben* valer; ser válido; *Gesetz usw.*: estar em vigor; *zur* ~ *bringen* fazer valer; *zur* ~ *kommen, sich* (*dat.*) ~ *verschaffen* impor-se; (*dat.*) ~ *verschaffen* fazer respeitar (*ac.*); **'2ungs-bedürfnis** *n* (-*ses*; *0*) vaidade *f*; **'2ungs-bereich** *m* (-*es*; -*e*) domínio *m*; âmbito *m*; *e-s Gesetzes*: (zona *f* de) vigência *f*.

Ge'lübde [gəˈlypdə] *n* voto *m*.

ge'lungen [gəˈluŋən] **1.** *p.pt. v. gelingen*; **2.** *adj.* F (*seltsam*) estranho, esquisito; (*gut*) bem feito; *das ist* ~! é boa!; tem graça!

Ge'lüst [gəˈlyst] *n* (-*es*; -*e*), **~e** *n* apetite *m*, desejo *m*; **2en** (-*e*-; -): *j-n gelüstet* (*es*) *nach et.* alg. deseja a.c., alg. cubiça a.c.; a.c. apetece a alg.

Ge'mach [gəˈmaːx] **1.** *n* (-*es*; "*er*, *poet.* -*e*) aposento *m*; **2.** 2 *adv.* devagar, lentamente.

ge'mächlich [gəˈmɛːçliç] cómodo; vagoroso; calmo; *adv.* = *gemach* 2; **2keit** *f* (*0*) comodidade *f*; paciência *f*.

Ge'mahl [gəˈmaːl] *m* (-*es*; -*e*) marido *m*; esposo (*ˈô) *m*; **~in** *f* esposa (*ˈô) *f*, senhora *f*.

ge'mahnen [gə-] (-): *j-n an* (*ac.*) ~ recordar (*ac.*) a alg., lembrar (*ac.*) a alg.

Ge'mälde [gəˈmɛːldə] *n* painel *m*, quadro *m*, pintura *f*; **~-ausstellung** *f* (**~galerie** *f*) exposição *f* (museu *m*, galeria *f*) de pintura.

Ge'markung [gə'markuŋ] *f* término *m*.
ge'masert [gə'ma:zərt] com veias.
ge'mäß [gə'mɛ:s] (*dat.*) segundo (*ac.*), conforme a; de acordo (*'ô) com; *adj.* adequado; **2heit** *f* (*0*) conformidade *f*; **~igt** [-içt] moderado; *Klima*: temperado.
Ge'mäuer [gə'mɔyər] *n*: *altes ~* ruínas *f/pl.*; pardeeiro *m*.
Ge'mecker [gə'mɛkər] *n* (*-s*; *0*) berros *m/pl.*; *fig.* F (*Lachen*) risadas *f/pl.*; (*Nörgelei*) critiquice *f*.
ge'mein [gə'maɪn] comum; (*öffentlich*) *a.* público; (*gewöhnlich*) ordinário, vulgar; (*niedrig*) baixo; indecente; (*bösartig*) infame; *das ~e Volk* o vulgo, o povo; *der ~e Mann* o homem na rua; *sich ~ machen* baixar-se; *~er Soldat* = **2e(r)** ⚔ *m* soldado *m* raso; praça *m*; ⚓ marinheiro *m*.
Ge'meinde [gə'maɪndə] *f* comuna *f*, comunidade *f*; *städtische*: *a.* município *m*; (*Pfarr2*) paróquia *f*; freguesia *f*; *christliche*: comunhão *f*; **~...**: *in Zssgn oft* comunal, (*städtisch*) municipal; *Rel.* parroquial; **~bezirk** *m* (*-es*; *-e*) concelho *m*; **~haus** *n* (*-es*; *=er*) junta *f* da freguesia; *Rel.* casa *f* paroquial; **~mitglied** *n* (*-es*; *-er*) paroquiano *m*; **~rat** *m* (*-es*; *=e*) (*Person*: membro *m* do) conselho *m* municipal (*od. Rel.* paroquial), junta *f* da freguesia; **~schule** *f* escola *f* primária municipal; **~verwaltung** *f* administração *f* municipal; **~vorsteher** *m* regedor *m*; presidente *m* da (junta da) freguesia.
ge'mein|gefährlich: *~ sn* constituir um perigo para o público; *j.*: ser inimigo público; **2geist** *m* (*-es*; *0*) civismo *m*; solidariedade *f*; espírito *m* de camaradagem; **~gültig** geralmente aceito; **2gut** *n* (*-es*; *0*) bens *m/pl.* públicos; *fig.* património *m* comum geralmente admitido; **2-heit** *f* baixeza *f*; vilania *f*; infâmia *f*; **~-hin** geralmente, **~nützig** [-nytsiç] de utilidade pública; de interesse (*'ê) geral; **2platz** *m* (*-es*; *=e*) *fig.* lugar-comum *m*; banalidade *f*; **~sam** comum; cole(c)tivo; *~e Sache machen* fazer causa comum; mancomunar-se; *der 2e Markt* o Mercado Comum; *adv.* em comum; **~schädlich** prejudicial ao interesse (*'ê) geral.
Ge'meinschaft *f* comunidade *f*; cole(c)tividade *f*; sociedade *f*; *Rel.* comunhão *f*; (*Beziehungen*) relações *f/pl.*; *in ~* (*mit*) junto (com); **2lich** em comum; **~s-erziehung** *f* (*0*) coeducação *f*; **~s-gefühl** *n* (*-es*; *0*), **~s-geist** *m* (*-es*; *0*) = *Gemeingeist*; **~s-leben** *n* (*-s*; *0*) vida *f* em comum; **~s-sinn** *m* (*-es*; *0*) = *Gemeingeist*.
Ge'mein|sinn *m* (*-es*; *0*) = *~geist*; **2verständlich** ao alcance de todos; popular; *~ machen* vulgarizar; **~wesen** *n* cole(c)tividade *f*; Estado *m*; república *f*; **~wohl** *n* (*-s*; *0*) bem *m* público, bem *m* comum.
Ge'menge [gə'mɛŋə] *n* mistura *f*; (*Hand2*) desordem *f*; briga *f*.
ge'messen [gə-] **1.** *p.pt. v. messen*; **2.** *adj. Schritt*: pausado; *Befehl*: categórico; (*ernsthaft*) formal; (*ruhig, gemäßigt*) sensato; comedido; **2-heit** *f* (*0*) mesura *f*; (*Ernst*) gravidade *f*.
Ge'metzel [gə'mɛtsəl] *n* matança *f*; carnificina *f*.
Ge'misch [gə'miʃ] *n* (*-es*; *-e*) mistura *f*.
'Gemme ['gɛmə] *f* camafeu *m*.
'Gems|bock ['gɛms-] *m* (*-es*; *=e*) macho *m* da camurça; **~e** ['-zə] *f*, **~leder** *n* (*-s*; *0*) camurça *f*.
Ge'murmel [gə'murməl] *n* (*-s*; *0*) murmurinho *m*; murmúrios *m/pl.*
Ge'müse [gə'my:zə] *n* legumes *m/pl.*; hortaliça *f*; **~bau** *m* (*-es*; *0*) horticultura *f*; **~garten** *m* (*-s*; *=*) horta *f*; **~gärtner** *m* hortelão *m*; **~händler** *m* vendedor *m* de hortaliças; **~handlung** *f*, **~laden** *m* (*-s*; *=*) loja *f* de hortaliças, F lugar *m*; **~konserven** *f/pl.* legumes *m/pl.* em conserva; **~reibe** *f* passa-legumes *m*.
Ge'müt [gə'my:t] *n* (*-es*; *-er*) ânimo *m*; alma *f*; coração *m*; mente *f*; faculdades *f/pl.* afe(c)tivas; *j-m et. zu ~e führen* fazer sentir (vivamente) a.c. a alg., *sich* (*dat.*) *et. zu ~e führen* F gozar de a.c., *iron.* ficar sabendo a.c.; **2lich** *et.*: aconchegado; confortável, cómodo; agradável; *hier ist es ~* aqui está-se muito bem; *j.*: jovial; bem disposto; **~lichkeit** *f* (*0*) comodidade *f*, conforto (*'ô) *m*; *des Heims*: intimidade *f*; *j-s*: jovialidade *f*.

Ge'müts|-art *f* cará(c)ter *m*, mentalidade *f*; índole *f*; temperamento *m*; **~bewegung** *f* afe(c)to *m*; comoção *f*; **~-erregung** *f* emoção *f*; **2krank** hipocondríaco, melancólico; **~krankheit** *f* hipocondria *f*; depressão *f*; melancolia *f*; **~mensch** *m* (*-en*) homem *m* sensível; *ironisch* F bruto *m*; **~ruhe** *f* (*0*) serenidade *f*; **~verfassung** *f*, **~zustand** *m* (*-es*; *"e*) disposição *f* mental; estado *m* de ânimo; humor *m*.

ge'mütvoll afe(c)tuoso, sensível.

ge'nau [gə'nau] exa(c)to; preciso; justo; estri(c)to; (*streng*) escrupuloso, rigoroso; *wissen*: com certeza; (*pünktlich*) pontual; *adv. Uhrzeit*: em ponto; (*sparsam*) económico; *~est Preis* ✝ mínimo; *~ wie* tal qual, tal como; *~ nehmen* ser meticuloso (com); *~ genommen* em rigor; *~ angeben* especificar; *so ~ wie möglich* sensìvelmente; *mit ~er Not* por um triz, **2igkeit** *f* (*0*) exa(c)tidão *f*, precisão *f*, justeza *f*; economia *f*; meticulosidade *f*; (*Strenge*) *a.* rigor *m*.

Gen'darm [ʒan'darm] *m* (*-en*) guarda *m*; **~e'rie** *f* guarda *f* nacional.

ge'nehm [gə'ne:m]: *~ sn* agradar, convir; **~igen** [-igən] (-) (*annehmen*) aceitar; *Gesuch*: deferir; anuir a; (*billigen*) aprovar; *Vertrag*: ratificar; (*erlauben*) permitir, autorizar, **2igung** [-iguŋ] *f* aprovação *f*; beneplácito *m*; *Gesuch*: deferimento *m*, *Vertrag*: ratificação *f*; (*Erlaubnis*) licença *f*, autorização *f* (*erteilen* dar, = *~igen*); **~igungspflichtig** [-pfliçtiç] sujeito a autorização.

ge'neigt [gə'naɪkt] **1.** *p.pt. v. neigen*, **2.** *adj.* inclinado; disposto (*zu* a); (*zu~*) afeiçoado; **2heit** *f* (*0*) inclinação *f*; afeição *f*.

Gene'ral [genə'ra:l] *m* (*-s*; *-e od. "e*) general *m*; **~-agent** *m* (*-en*) agente *m* geral; **~baß** *m* (*-sses*; *"sse*) baixo *m* contínuo; **~direktor** *m* (*-s*; *-en*) dire(c)tor-geral *m*; **~'feldmarschall** *m* (*-s*; *"e*) marechal *m* (do campo); **~i'tät** [-ali'tɛ:t] *f* os generais *m/pl.*; **~kommando** *n* (*-s*; *-s*) comando-geral *m*; **~leutnant** *m* (*-s*; *-s*) tenente-general *m*; **~major** *m* (*-s*; *-e*) brigadeiro *m*; **~nenner** *m* denominador *m* comum; *auf den ~ bringen* reduzir ao mesmo denominador; **~-oberst** *m* (*-en*) major-general *m*; **~probe** *f* ensaio *m* geral; **~stab** *m* (*-es*; *"e*) estado-maior *m*; **~streik** *m* (*-es*; *-s*) greve *f* geral; **~versammlung** *f* assembleia *f* geral; **~vollmacht** *f* plenos poderes *m/pl.*; ✝ procuração *f* geral.

Generati'on [generatsi'on] *f* geração *f*.

Gene'rator [gene'ra:tor] *m* (*-s*; *-en*) gerador *m*; **~gas** *n* gás *m* de gasogénio.

gene'rell [gene'rɛl] geral.

ge'nes|en [gə'ne:zən] (*L*; -; *sn*) convalescer, restabelecer-se; *e-s Kindes ~* dar à luz uma criança; **2ung** *f* convalescença *f*; restabelecimento *m*; **2ungs-heim** *n* (*-es*; *-e*) sanatório *m*.

'Genfer ['gɛnfər] *m* genebrês *m*; *adj. a.* genebrino, de Genebra; **~in** *f* genebresa *f*.

geni'al [geni'a:l] genial.

Ge'nick [gə'nik] *n* (*-es*; *-e*) nuca *f*; pescoço *m*; colo *m*; **~fang** *m* (*-es*; *0*): *den ~ geben* jarretar; **~starre** *f* meningite *f* cérebro-espin(h)al.

Ge'nie [ʒe'ni:] *n* (*-s*; *-s*) génio *m*.

ge'nieren [ʒə'ni:rən] (-) incomodar; *sich ~* ter vergonha; fazer cerimónia.

ge'nieß|bar [gə'ni:sba:r] comestível; *~ sn a.* poder-se comer; (*trinkbar*) potável; *fig.* tolerável, suportável; **~en** *v/t.* (*L*; -) comer, beber; saborear; *fig.* gozar de; **2er** *m* folgazão *m*; *ein ~ sn a.* saber gozar.

Geni'talien [geni'ta:liən] *pl.* orgãos *m/pl.* genitais.

'Genitiv ['ge:niti:f] *m* (*-s*; *-e*) genitivo *m.*

'Genius ['ge:nius] *m* (-; *Genien*) génio *m*; *guter ~* anjo *m* custódio.

Ge'noss|e [gə'nɔsə] *m* (*-n*) companheiro *m*; camarada *m* (*a. pol.*); ✝ sócio *m*; *~n pl.* consortes *m/pl.*; **~enschaft** *f* (sociedade *f*) cooperativa *f*; sindicato *m*; **~enschaftswesen** *n* (*-s*; *0*) cooperativismo *m*; sindicalismo *m*; **~in** *f* companheira *f*, camarada *f*.

Genu'es|e(r) [genu'e:zə(r)] *m* (*~in f*) genovês *m* (-esa *f*); **2isch** genovês.

ge'nug [gə'nu:k] bastante, suficiente; *~!* basta!; chega!; (*kurzum*) enfim; *~ zu leben* o suficiente para ...; *~ haben von fig.* estar farto de; *nicht ~, daß* não só que.

Ge'nüg|e [gə'ny:gə] *f (0)* suficiência *f*; (*Befriedigung*) satisfação *f*; *zur* ~ o suficiente; (*dat.*) ~ *tun*, ~ *leisten* satisfazer (*ac.*), *e-r Pflicht*: cumprir (*ac.*); **2en** (-) bastar, chegar; = *Genüge tun*; *sich* (*dat.*) ~ *lassen an* (*dat.*) contentar-se com; **2end** bastante; suficiente; (*befriedigend*) *a.* satisfatório; **2sam** modesto; (*mäßig*) sóbrio, moderado; frugal; **~samkeit** *f (0)* modéstia *f*; moderação *f*; sobriedade *f*.

ge'nug-tu|n (*L*) (*dat.*) satisfazer (*ac.*); **2ung** *f (0)* satisfação *f*; *für e-e Kränkung*: *a.* desagravo *m*; ~ *geben* (*dat.*) desagravar (*ac.*), desafrontar (*ac.*); *sich* (*dat.*) ~ *verschaffen* desagravar-se, desafrontar-se; vingar-se.

'Genus ['genus] *n* (-; *Genera*) *Gram.* género *m*; *des Verbs*: voz *f*.

Ge'nuß [gə'nus] *m* (*-sses*; *⸗sse*) gozo (*'ô) *m*; prazer *m*; (*a. Besitz*, *Nutzen*) usufruto *m*; *nach* ~ *von* depois de ter comido (*od.* bebido *od.* ingerido); **~mittel** *n* estimulante *m*; **~sucht** *f (0)* sensualidade *f*; sibaritismo *m*; **2süchtig** sibarítico.

Geo'graph [geo'gra:f] *m* (*-en*) geógrafo *m*; **~ie** [-a'fi:] *f (0)* geografia *f*; **2isch** geográfico.

Geo'lo|ge [geo'lo:gə] *m* (*-n*) geólogo *m*; **~'gie** [-o'gi:] *f (0)* geologia *f*; **2gisch** [-giʃ] geológico.

Geomet|er [geo-] *m* agrimensor *m*; **~rie** [-me'tri:] *f (0)* geometria *f*; **2risch** geométrico.

Geor'gine [geɔr'gi:nə] *f* dália *f*.

Ge'päck [gə'pɛk] *n* (*-ės*; *0*) bagagem *f*; **~-abfertigung** *f* despacho *m*; **~-annahme** *f* recepção *f* de bagagens; **~-aufbewahrung** *f* depósito *m* de bagagens; **~-aufgabe** *f (0)* despacho *m*; **~-ausgabe** *f* entrega *f* de bagagens; **~halter** *m* porta-bagagens *m*; **~netz** *n* (*-es*; *-e*) rede (*'ê) *f* das bagagens; **~raum** *m* (*-ės*; *⸗e*) depósito *m*; *Auto*: porta-mala *m*; **~schein** *m* (*-ės*; *-e*) guia *f*; senha *f*; **~stück** *n* (*-ės*; *-e*) volume *m*; mala *f*; **~träger** *m* moço (*'ô) *m* de fretes, carregador *m*; *e-s Hotels*: corre(c)tor *m*; **~versicherung** *f* seguro *m* de bagagens; **~wagen** *m* vagão *m* bagageiro (*od.* das bagagens).

ge'panzert [gə'pantsərt] *j.*: couraçado; *et. a.*: blindado.

Ge'pfeife [gə-] *n* (*-s*; *0*) assobios *m/pl.*

Ge'pflogenheit [gə'pflo:gənhaɪt] *f* costume *m*, hábito *m*.

Ge'plänkel [gə'plɛŋkəl] *n* escaramuça *f*, tiroteio *m*.

Ge'plapper [gə'plapər] *n* (*-s*; *0*) tagarelice *f*.

Ge'plärr(e) [gə'plɛr(ə)] *n* (*-ės*; *0*) berros *m/pl.*, choros (*'ô) *m/pl.*

Ge'plätscher [gə'plɛtʃər] *n* (*-s*; *0*) murmurinho *m*, chapinada *f*.

Ge'plauder [gə'plaudər] *n* (*-s*; *0*) cavaco *m*.

Ge'polter [gə'pɔltər] *n* (*-s*; *0*) barulho *m*.

Ge'präge [gə'prɛ:gə] *n* cunho *m*, cará(c)ter *m*.

Ge'pränge [gə'prɛŋə] *n* (*-s*; *0*) pompa *f*, fausto *m*.

Ge'prassel [gə'prasəl] *n* (*-s*; *0*) estrépito *m*, fragôr *m*; *Feuer*: crepitar *m*, crepitação *f*.

ge'prüft [gə'pry:ft] *p.pt. v. prüfen*; *adj. staatlich*: diplomado.

Ge'quake [gə'kva:kə] *n* (*-s*; *0*) grasnar *m* (das rãs).

Ge'quengel [gə'kvɛŋəl] *n* (*-s*; *0*) quezília *f*.

ge'rade [gə'ra:də] **1.** *adj.* direito (*a. fig.*); re(c)to (*a. fig.*); *Zahl*: par; **2.** *adv.* direito; (*eben*) justamente, (*a. genau*) precisamente; (*soeben*) acabar de (*inf.*); ~ *dabei sn zu* estar a; ~ (*inf.*) *wollen* estar para (*inf.*); **3.** 2 *f* (linha *f*) re(c)ta *f*; **~-'aus** a direito; **~-he'raus** francamente, com franqueza, redondamente; **~machen, ~richten** (*-e-*) endireitar; **~setzen** (*-t*): *sich* ~, **~sitzen** endireitar-se; **~so** assim mesmo; **~stehen** (*L*) endireitar-se; *fig.* ~ *für* tomar a responsabilidade de; **~n-wegs** [-nve:ks], **~'zu** dire(c)tamente; *fig.* francamente.

Ge'rad|heit [gə'ra:thaɪt] *f (0)* re(c)tidão *f*; *fig. a.* franqueza *f*, sinceridade *f*; **2linig** [-li:niç] re(c)tilíneo.

Ge'rassel [gə'rasəl] *n* (*-s*; *0*) fragor *m*; estrépito *m*; crepitação *f*.

Ge'rät [gə'rɛ:t] *n* (*-ės*; *-e*) aparelho *m* (*a. Turn2*, *Radio2*), utensílio *m*; instrumento *m*; (*Eisen2*) ferramentas *f/pl.*

ge'raten [gə-] **1.** (*L*; *-*; *sn*) ~ *nach* chegar a; ~ *in* (*ac.*) cair em; *in Brand* ~ pegar fogo; *in Schwierigkeiten* ~, *an* (*ac.*) ~ encontrar; *in*

Streit ~ zangar-se; *in Wut* ~ enraivecer; *außer sich* (*dat.*) ~ ficar fora de si (*vor* com); *in Schulden* ~ contrair (*ac.*); *aneinander* ~ chegar-se; envolver-se em desordem; *gut* ~ sair bem; **2.** *p.pt. v. raten*; **3.** *adj.* (*ratsam*) conveniente.

Ge'räteturnen [gə'rɛ:tə-] *n* (*-s*; *0*) ginástica *f* aplicada.

Gerate'wohl [gə'ra:tə'vo:l] *n uv.*: *aufs* ~ ao acaso; à toa; a esmo.

ge'raum [gə'raʊm]: ~*e Zeit* longo espaço *m* de tempo; (por) largo tempo; *vor* ~*er Zeit* há tempos.

ge'räumig [gə'rɔymiç] espaçoso; *sehr* ~ vasto; 2**keit** *f* (*0*) amplidão *f*.

Ge'räusch [gə'rɔyʃ] *n* (*-es*; *-e*) ruído *m*, barulho *m*; ~**filter** *m Radio*: filtro *m* antiparasita; 2**los** silencioso, sem ruído; 2**voll** ruidoso; barulhento.

'gerb|en ['gɛrbən] **1.** curtir, surrar; *fig. j-m das Fell* ~ chegar a alg.; **2.** 2**en** *n* curtimento *m*; 2**er** *m* curtidor *m*; 2**e'rei** [-ə'raɪ] *f* (fábrica *f* de) curtume(s) *m*; 2**er-lohe** *f* curtume *m*, tanino *m*; 2**säure** *f* (*0*), 2**stoff** *m* tanino *m*, curtim *m*.

ge'recht [gə'rɛçt] justo; *j.*: *a.* justiceiro; ~ *werden j-m*: fazer justiça a; *e-r Forderung*: satisfazer (*ac.*); *in allen Sätteln* ~ *fig.* desembaraçado; 2**igkeit** *f* (*0*) justiça *f* (*widerfahren lassen* fazer).

Ge'rede [gə-] *n* (*-s*; *0*) boato *m*; rumor *m*; *leeres*: palavreado *m*; *dummes*: disparates *f/pl.*; *ins* ~ *bringen* comprometer.

ge'reichen [gə-] (-): *zu et.* ~ causar (*ac.*); *j-m zum Nutzen* ~ ser em proveito de alg.; (*dat.*) *zur Ehre* ~ fazer honra a, honrar (*ac.*).

ge'reizt [gə'raɪtst] *p.pt. v. reizen*; *adj. a.* nervoso; abespinhado; 2**heit** *f* (*0*) irritação *f*.

ge'reuen [gə-] (-): *es gereut mich* arrependo-me de, tenho pena de; *sich et. nicht* ~ *lassen* não se arrepender de a.c.

Ge'richt [gə'riçt] *n* (*-es*; *-e*) **a)** ⚖ juízo *m*; julgamento *m*; (~*shof*) tribunal *m* (de justiça); (*Justiz*) justiça *f*; ~ *halten* julgar; *vor* ~ *ziehen* citar; *zu* ~ *sitzen* constituir-se em tribunal; *über j-n zu* ~ *sitzen* julgar alg., processar alg.; **b)** (*Speise*) prato *m*; 2**lich** ⚖ judicial, judiciário; ~ *belangen* acusar; intimar.

Ge'richts|-akte *f* auto *m*; ~**-arzt** *m* (*-es*; ⁼*e*) médico *m* judicial; ~**-assessor** *m* (*-s*; *-en*) auxiliar *m*, adjunto *m*; ~**barkeit** *f* jurisdição *f*; ~**beamte(r)** *m* empregado *m* forense; ~**beschluß** *m* (*-sses*; ⁼*sse*) disposição (*od.* decisão) *f* do tribunal; ~**bezirk** *m* (*-es*; *-e*) vara *f*; julgado *m*; ~**diener** *m* oficial *m* de diligências; ~**ferien** *pl.* férias *f/pl.* judiciais; ~**gebäude** *n* Palácio *m* de Justiça; ~**-hof** *m* (*-es*; ⁼*e*) tribunal *m*; ~**kosten** *pl.* custas *f/pl.* (judiciais); ~**saal** *m* (*-es*; *-säle*) sala *f* de audiências; ~**medizin** *f* (*0*) medicina *f* legal; ~**ordnung** *f* regulamento *m* judiciário; ~**schreiber** *m*, ~**sekretär** *m* (*-s*; *-e*) escrivão *m*; ~**sitzung** *f* reunião *f* do tribunal; (*Verhör*) audiência *f*; ~**tag** *m* (*-es*; *-e*) dia *m* de audiência(s); *poet.* dia *m* de juízo; ~**verfahren** *n* processo *m*; ~**verhandlung** *f* (audiências *f/pl.* de um) processo *m*; ~**vollzieher** *f* [-fɔltsi:ər] *m* meirinho *m*, oficial *m* de diligências; ~**wesen** *n* (*-s*; *0*) justiça *f*; foro (*'ô) *m*.

ge'rieben [gə'ri:bən] *p.pt. v. reiben*; *adj. fig.* F finório, astuto, sabido.

ge'ring [gə'riŋ] pequeno; diminuto; *Wert, Umfang*: pouco; (*niedrig*) baixo; = ~*fügig*; *um ein* ~*es* por pouco; ~*er comp.* (~*st superl.*) menor (*a.* mínimo); *Qualität*: ~*er* inferior; ~*st* ínfimo; *kein* 2*erer als* o próprio; *nicht im* ~*sten* de modo nenhum; ~**-achten** (*-e-*) = ~*schätzen*; ~**fügig** [-fy:giç] insignificante; de pouca monta; 2**fügigkeit** *f* insignificância *f*; ~**schätzen** (*-t*) desprezar, menosprezar; ter em pouca conta, fazer pouco de; ~**schätzig** [-ʃɛtsiç] desdenhoso, depreciativo; 2**schätzung** *f* (*0*) desdém *m*, menosprezo (*'ê) *m*, desprezo (*'ê) *m*.

ge'rinn|en [gə-] (*L*; *-*; *sn*) coalhar, coagular-se; *Milch*: F estragar-se; 2**sel** *n* (*Rinnsal*) regueira *f*, regueiro *m*; (*Blut*2) derramamento *m*; ⚕ coágulo *m*.

Ge'ripp|e [gə-] *n* esqueleto *m*; ⊕ *u.* ⚓ carcaça *f*, casco *m*; 2**t** ⚠ canelado; estriado; ⚘ nervado.

ge'rissen [gə'risən] **1.** *p.pt. v. reißen*; **2.** *adj. fig.* sabido.

Ger'man|e [gɛr'ma:nə] *m* (*-n*) (~**in** *f*) germano *m* (-a *f*); 2**isch**

germânico; **~'ist** *m* (*-en*) germanista *m*; **~'istik** *f* (*0*) filologia *f* germânica.

'gern|(**e**) ['gɛrn(ə)] com muito gosto (*'ô), de boa vontade, de bom grado; ~ *haben., mögen, tun usw.* gostar de ...; ~ *gesehen* bem visto, bem acolhido; *j.*: *a.* bemquisto; *das glaube ich* ~ creio bem; **𝔖egroß** *m* (*-; -e*) vaidoso *m*, fanfarrão *m*.

Ge'röchel [gə'rœçəl] *n* (*-s; 0*) estertor *m*.

Ge'röll [gə'rœl] *n* (*-ės; -e*) cascalho *m*; detritos *m/pl.*

'Gerste ['gɛrstə] *f* (*0*) cevada *f*.

'Gersten...: *in Zssgn oft* de cevada; **~feld** *n* (*-ės; -er*) cevadal *m*; **~korn** ⚕ *n* (*-ės; ¨er*) terçol *m*.

'Gerte ['gɛrtə] vara *f*; chibata *f*; chicote *m*; (*Reit*𝔖) vergasta *f*.

Ge'ruch [gə'rux] *m* (*-ės; ¨e*) cheiro *m*; = *~ssinn*; **𝔖los** inodoro; sem cheiro; **~s-nerv** *m* (*-s; -en*) nervo *m* olfa(c)tivo; **~s-sinn** *m* (*-ės; 0*) olfa(c)to *m*; faro *m*.

Ge'rücht [gə'ryçt] *n* (*-ės; -e*) boato *m*, rumor *m*; atoarda *f*; *es geht das* ~ = **𝔖weise** *verlautet* corre o boato; dizem; consta.

ge'ruh|en [gə-] (-) dignar-se; haver por bem; **~sam** pacatamente.

Ge'rümpel [gə'rympəl] *n* (*-s; 0*) coisas *f/pl.* velhas; ferros-velhos *m/pl.*; trapalhada *f*; tralha *f*.

Ge'rüst [gə'ryst] *n* (*-ės; -e*) retículo *m*; suporte *m*; esqueleto *m*; ⚠ andaime *m*; (*Aufbau*) cadafalso *m*.

ges ♪ [gɛs] *n* (*-; -*) sol-bemol *m*.

ge'samt [gə'zamt] global, inteiro, total.

Ge'samt...: *in Zssgn oft* total, global, integral; **~-ansicht** *f* panorama *m*; vista *f* global; **~-ausgabe** *f* edição *f* completa; **~betrag** *m* (*-ės; ¨e*) montante *m*; **~bild** *n* (*-ės; -er*) conjunto *m*; panorama *m*; **𝔖deutsch** de toda a Alemanha; **~-eigentum** *n* (*-s; 0*) propriedade *f* cole(c)tiva; bens *m/pl.* cole(c)tivos; **~-eindruck** *m* (*-ės; ¨e*) impressão *f* geral; **~-heit** *f* (*0*) totalidade *f*, conjunto *m*; cole(c)tividade *f*; **~note** *f* nota *f* final; **~wille** *m* (*-ns; 0*) vontade *f* geral.

Ge'sandt|e(r) [gə'zantə(r)] *m* ministro *m* (plenipotenciário) (*deutsche*[*r*] da Alemanha); enviado *m*; *päpstlicher* ~ núncio *m* apostólico; **~schaft** *f* legação *f* (*deutsche* da Alemanha); *päpstliche* ~ nunciatura *f*; **~schafts...**: *in Zssgn* de legação, da legação.

Ge'sang [gə'zaŋ] *m* (*-ės; ¨e*) canto *m*; *Rel.* (*Lied*) cântico *m*, hino *m*; **~buch** *n* (*-ės; ¨er*) cancioneiro *m*; **~lehrer**(**in** *f*) *m* professor(a *f*) *m* de canto; **~-unterricht** *m* (*-ės; 0*) lições *f/pl.* de canto; **~verein** *m* orfeão *m*; **~**(**s-**)**vortrag** *m* (*-ės; ¨e*) recital *m* de canto.

Ge'säß [gə'zɛ:s] *n* (*-es; -e*) assento *m*; nádega(s) *f*(*pl.*).

Ge'säusel [gə'zɔyzəl] *n* (*-s; 0*) murmúrio *m*, sussurro *m*; aragem *f*.

Ge'schäft [gə'ʃɛft] *n* (*-ės; -e*) negócio *m*, ⚓ *a.* transa(c)ção *f*; (*Geld*𝔖) *a.* operação *f*; (*Handel*) comércio *m*; (*Laden*) loja *f*; (*Firma*) casa *f* comercial; (*Kontor*) escritório *m*; (*Tätigkeit*) ocupação *f*; (*häusliche* ~*e*) afazeres *m/pl.*; *sn* ~ *verrichten* F fazer as suas necessidades; **𝔖ig** a(c)tivo; (*eifrig*) solícito; **~igkeit** *f* (*0*) a(c)tividade *f*; **𝔖lich** comercial; de negócios; *adv.* em negócios.

Ge'schäfts...: *in Zssgn oft* de negócio(s), comercial; **~-abschluß** *m* (*-sses; ¨sse*) conclusão *f* de um negócio; balanço *m*; **~-anteil** *m* (*-ės; -e*) quota *f*, cota *f*; **~-aufgabe** *f* liquidação *f*; **~-aufsicht** *f* (*0*) fiscalização *f*; **~-auto** *n* (*-s; -s*) furgoneta *f*; **~bereich** *m* (*-ės; -e*) campo *m* de a(c)ção; competência *f*; *Minister ohne* ~ sem pasta *f*; **~bericht** *m* (*-ės; -e*) relatório (*od.* balanço) *m* de negócios; **~brief** *m* (*-ės; -e*) carta *f* comercial; **~buch** *n* (*-ės; ¨er*) livro *m* de comércio; **~-eröffnung** *f* inauguração *f* da casa; **~freund** *m* (*-ės; -e*) correspondente *m*; **𝔖führend** dirigente; técnico; **~führer** *m* gerente *m*, administrador *m*; dire(c)tor *m* técnico; **~führung** *f* gerência *f*; dire(c)ção *f* (técnica); **~gang** *m* (*-ės; ¨e*) marcha *f* dos negócios; **~gegend** *f* bairro *m* comercial; **~haus** *n* (*-es; ¨er*) casa *f* comercial, casa *f* de comércio; **~-inhaber** *m* patrão *m*; **~jahr** *n* (*-ės; -e*) ano *m* económico; **~kreis** *m* (*-es; -e*) = *~bereich*; *in ~en* nos círculos comerciais; **~leben** *n* (*-s; 0*) comércio *m*; negócios *m/pl.*; **~leitung** *f* dire(c)ção *f*; **~leute** *pl.* comerciantes *m/pl.*; comércio *m/sg.*; **~mann** *m* (*-ės; ¨er* *od.* ~*leute*) homem *m* de negócios; comerciante *m*; ꝰ**mäßig** regular; ~**-ordnung** *f* regulamento *m*; lei *f* orgânica; ~**papiere** *n/pl.* documentos *m/pl.*, documentação *f/sg.*; ~**raum** *m* (-*es*; ⸚*e*) estabelecimento *m*; ~**reise** *f* viagem *f* de negócios; ~**reisende(r)** *m* caixeiro *m* viajante; ~**schluß** *m* (-*sses*; *0*): ~ *haben, machen* fechar; ~**-stelle** *f* escritório *m*; administração *f*; repartição *f*; ~**-stil** *m* (-*es*; *0*) estilo *m* comercial; ~**-stille** *f* (*0*), ~**-stockung** *f* estagnação *f* de negócios; ~**-stunden** *f/pl.* horas *f/pl.* de trabalho (*od.* de serviço); ~**träger** *m* encarregado *m* de negócios (*deutscher* da Alemanha); ~**-unkosten** *pl.* despesas *f/pl.* (gerais); ~**verbindung** *f*, ~**verkehr** *m* (-*s*; *0*) relações *f/pl.* comerciais; ~**viertel** *n* = ~*gegend*; ~**wagen** *m* furgoneta *f*; ~**zweig** *m* (-*es*; -*e*) ramo *m* do comércio.

ge'scheh|en [gə'ʃe:ən] **1.** *v/i.* (*L*; -; *sn*) acontecer; suceder; dar-se; *es ist um* (*ac.*) ~ (*nom.*) está perdido; ~ *lassen* deixar fazer; *j-m geschieht recht* alg. bem o merece; **2.** ꝰ**en** *n* história *f*; sucessos *m/pl.*, acontecimentos *m/pl.*; ꝰ**nis** *n* (-*ses*; -*se*) acontecimento *m*, sucesso *m*; evento *m*.

ge'scheit [gə'ʃaɪt] (-*est*) inteligente; sensato.

Ge'schenk [gə'ʃɛŋk] *n* (-*es*; -*e*) presente *m*; prenda *f*; dádiva *f*; lembrança *f*; ~**-artikel** *m* artigo *m* de luxo; lembrança *f*.

Ge'schicht|e [gə'ʃiçtə] *f* história *f*, (*Erzählung*) *a.*: conto *m*; *immer die alte* ~ sempre a mesma cantiga; *das ist e-e schöne* ~! *iron.* bem feito!; estamos arranjados!; ꝰ**lich** histórico; ~**sforscher** *m* historiador *m*; ~**sforschung** *f* estudos *m/pl.* históricos; ~**(s)schreiber** *m* historiador *m*, historiógrafo *m*; ~**(s)schreibung** *f* (*0*) historiografia *f*, historiação *f*; ~**swissenschaft** *f* (*0*) ciências *f/pl.* históricas; história *f*.

Ge'schick [gə'ʃik] *n* (-*es*; -*e*) **a)** destino *m*, sorte *f*; (*Fatum*) fado *m*; **b)** = ~**lichkeit** *f* habilidade *f*; jeito *m*; ꝰ**t 1.** *p.pt. v. schicken*; **2.** *adj.* hábil, jeitoso; *sich* ~ *anstellen bei* ter jeito para.

Ge'schimpfe [gə'ʃimpfə] *n* (-*s*; *0*) ralhar *m*; *fig.* inve(c)tivas *f/pl.*

Ge'schirr [gə'ʃir] *n* (-*es*; -*e*) (*Tisch*ꝰ) baixela *f*; louça *f*; (*Pferde*ꝰ) arreios *m/pl.*; *Küche*: trem *m* de cozinha; *ins* ~ *gehen, sich ins* ~ *legen* fazer todos os esforços.

Ge'schlecht [gə'ʃlɛçt] *n* (-*es*; -*er*) sexo *m*; *Gram.* género *m*; (*Sippe*) família *f*, estirpe *f*, raça *f*, linhagem *f*; (*Generation*) geração *f*; ꝰ**lich** sexual; (*gattungsmäßig*) genérico; ~**-lichkeit** *f* (*0*) sexualidade *f*.

Ge'schlechts|-akt *m* (-*es*; -*e*) cópula *f*, coito *m*; ꝰ**krank**: ~ *sn* = e-e ~**krankheit** *f haben* ter uma doença venérea; ~**leben** *n* (-*s*; *0*) vida *f* sexual; ꝰ**los** *Zool.* neutro; ⚘ ágamo; ~**name** *m* (-*ns*; -*n*) apelido *m*; ~**reife** *f* puberdade *f*; ~**teile** *m/pl.* orgãos *m/pl.* genitais (*od.* sexuais); ~**trieb** *m* (-*es*; *0*) instinto *m* sexual; ~**verkehr** *m* (-*s*; *0*) cópula *f*; relações *f/pl.* sexuais; ~**wort** *n* (-*es*; ⸚*er*) *Gram.* artigo *m*.

Ge'schlinge [gə'ʃliŋə] *n* confusão *f*; entrelaçado *m*; *Tiere*: fressura *f*; miudezas *f/pl.*

ge'schlossen [gə'ʃlɔsən] *p.pt. v. schließen*; *adj.*: ~*e Gesellschaft* reunião *f* particular; *in sich* ~ coerente; ꝰ**heit** *f* (*0*) unidade *f*; coesão *f*; coerência *f*.

Ge'schluchze [gə'ʃluxtsə] *n* (-*s*; *0*) soluços *m/pl.*

Ge'schmack [gə'ʃmak] *m* (-*es*; ⸚*e*) sabor *m*; (*a.* ~*ssinn u. fig.*) gosto (*'ô) *m*; ~ *finden an* (*dat.*), (*dat.*) ~ *abgewinnen* tomar gosto (*'ô) em; ꝰ**los** insípido, sensabor, sem gosto (*'ô); *fig.* de mau gosto (*'ô); ~**losigkeit** [-lo:ziç-] *f* sensaboria *f*, falta *f* de gosto (*'ô); *fig.* mau gosto (*'ô) *m*; ~**sache** *f* questão *f* de gosto (*'ô); ~**s-sinn** *m* (-*es*; *0*) gosto (*'ô) *m*; ꝰ**voll** de bom gosto (*'ô).

Ge'schmeid|e [gə'ʃmaɪdə] *n* jóias *f/pl.*; adereço *m*; ꝰ**ig** flexível; elástico; dúctil; *fig.* insinuante.

Ge'schmeiß [gə'ʃmaɪs] *n* (-*es*; *0*) bicharia *f*; canalha *f* (*a. fig.*).

Ge'schmetter [gə'ʃmɛtər] *n* (-*s*; *0*) fanfarra *f*, charanga *f*.

Ge'schmiere [gə'ʃmi:rə] *n* (-*s*; *0*) garatuja *f*; garafunhos *m/pl.*

Ge'schnatter [gə'ʃnatər] *n* (-*s*; *0*) grasnada *f*; *fig.* palavreado *m*.

Ge'schöpf [gə'ʃœpf] *n* (-*es*; -*e*) criatura *f*.

Ge'schoß [gə'ʃɔs] *n* (-*sses*; -*sse*) projé(c)til *m*; bala *f*; △ andar *m*, piso *m*; **~bahn** *f* traje(c)tória *f*.

ge'schraubt [gə'ʃraupt] *p.pt. v. schrauben*; *adj. fig.* afe(c)tado, amaneirado; retorcido.

Ge'schrei [gə-] *n* (-*es*; *0*) gritos *m/pl.*; gritaria *f*; *ein ~ erheben* (*od. machen*) fazer alarido.

Ge'schütz [gə'ʃyts] *n* (-*es*; -*e*) canhão *m*; peça *f* de artilharia; *schweres ~* peça *f* pesada (*auffahren* instalar, pôr em posição); **~feuer** *n* fogo *m* de artilharia; **~rohr** *n* (-*es*; -*e*) tubo *m* de canhão; **~turm** ⚔ *u.* ⚓ *m* (-*es*; ⸗*e*) torre (*ô) *f* couraçada.

Ge'schwader [gə'ʃva:dər] *n* ⚓ *u.* ⚔ esquadra *f*; *von kleinen Schiffen*: esquadrilha *f*.

Ge'schwätz [gə'ʃvɛts] *n* (-*es*; *0*) palavrório *m*; **⁀ig** falador, loquaz; **~igkeit** *f* (*0*) verbosidade *f*; indiscreção *f*.

ge'schweige [gə'ʃvaɪgə]: *~ denn* quanto menos, ainda menos, muito menos; para já não falar de.

ge'schwind [gə'ʃvint] veloz; rápido; depressa.

Ge'schwindigkeit [gə'ʃvindiçkaɪt] *f* velocidade *f*; rapidez *f*; *mit einer ~ von* à razão de; **~sbegrenzung** *f* limitação *f* de velocidade; **~smesser** *m* taquímetro *m*; **~s-zunahme** *f* aceleração *f*.

Ge'schwister [gə'ʃvistər] *pl.* irmãos *m/pl.*, irmãs *f/pl.*; irmão *m/sg.* e irmã *f/sg.*; **~kind** *n* (-*es*; -*er*) sobrinho *m*, -a *f*; **⁀lich** fraterno, fraternal.

ge'schworen [gə'ʃvo:rən] jurado; **⁀e(r)** *m* jurado *m*; *pl.* júri *m/sg.*

Ge'schwulst [gə'ʃvulst] *f* (-; ⸗*e*) tumor *m*; abscesso *m*; * *a.* calombo *m*.

Ge'schwür [gə'ʃvy:r] *n* (-*es*; -*e*) [úlcera *f*; abscesso *m*.]

Ge'sell|e [gə'zɛlə] (-*n*) companheiro *m*; (*Handwerks⁀*) oficial *m*; **⁀en** (-): *sich ~ zu* juntar-se a, associar-se a; **⁀ig** *j.*: sociável; bom companheiro; *et.*: social; **~igkeit** *f* (*0*) vida *f* da (*od.* na) sociedade; *j-s*: sociabilidade *f*.

Ge'sellschaft *f* companhia *f* (*leisten* fazer); sociedade *f* (*mit beschränkter Haftung* anónima [de responsabilidade] limitada); (*Verband*) associação *f*; (*Fest⁀*) sarau *m*; banquete *m* (*geben* oferecer); (*Verein*) clube *m*; círculo *m*; *gute, feine*: *a.* alta roda *f*; *in ~* em grupo *m*; (*gemeinsam*) em comum; **~er** *m* ✝ sócio *m*; *guter ~* bom companheiro *m*; **~erin** *f* dama *f* de companhia; ✝ sócia *f*; *gute ~* boa companheira *f*; **⁀lich** social; da sociedade; (*umgänglich*) sociável, tratável.

Ge'sellschafts|-abend *m* (-*s*; -*e*) sarau *m*; **~-anzug** *m* (-*es*; ⸗*e*) fato *m* de cerimónia; **~dame** *f* dama *f* de companhia; **~kapital** *n* (-*s*; -*ien*) capital *m* social; **~kleid** *n* (-*es*; -*er*) traje *m* de cerimónia; **~lehre** *f* sociologia *f*; **~raum** *m* (-*es*; ⸗*e*) sala *f*; **~reise** *f* viagem *f* cole(c)tiva; **~schicht** *f* camada (*od.* classe) *f* social; **~-spiel** *n* (-*es*; -*e*) jogo *m* de roda; **~vertrag** *m* contrato *m* social; **~-zimmer** *n* sala *f*.

Ge'setz [gə'zɛts] *n* (-*es*; -*e*) lei *f*; *zum ~ erheben* (*werden*) dar (ter) força (*ô) de lei; **~blatt** *n* (-*es*; ⸗*er*) Diário *m* do Governo (*ê); **~buch** *n* (-*es*; ⸗*er*) código *m*; **~-entwurf** *m* (-*es*; ⸗*e*) proje(c)to *m* de lei; **~esbestimmung** *f* determinação (*od.* disposição) *f* legal; **~eskraft** *f* (*0*) força (*ô) *f* de lei; **~es-übertretung** *f* transgressão (*od.* violação) *f* da lei; **~esvorlage** *f* proje(c)to *m* de lei; **⁀gebend** legislativo; **~geber** *m* legislador *m*; **~gebung** [-ge:buŋ] *f* legislação *f*; **⁀lich** legal; legítimo; *~ geschützt* registado; **~lichkeit** *f* (*0*) legalidade *f*; legitimidade *f*; **⁀los** anárquico; **~losigkeit** [-lo:ziç-] *f* (*0*) anarquia *f*; **⁀mäßig** = *⁀lich*; nos termos da lei; normal; regular; **~mäßigkeit** *f* regularidade *f*; normalidade *f*; **⁀t 1.** *p.pt. v. setzen*; **2.** *adj. fig.* sério, grave; *~* (*den Fall*), *daß* (suposto o) caso que (*subj.*); *~es Wesen* seriedade *f*, gravidade *f*; formalismo *m*; **⁀widrig** ilegal; (*unrechtmäßig*) ilegítimo; **~widrigkeit** *f* ilegalidade *f*; (*Unrechtmäßigkeit*) ilegitimidade *f*.

Ge'sicht [gə'ziçt] **1.** *n* (-*es*; -*er*) cara *f*; face *f*; rosto *m*; (*~ssinn, ~sfeld*) vista *f* (*aus dem* de); (*Grimasse*) careta *f* (*schneiden* fazer); *zu ~ bekommen* (chegar a) ver; **2.** *n* (-*es*; -*e*) *poet. u. zweites ~* visão *f*; (*Erscheinung*) aparição *f*.

Ge'sichts|-ausdruck *m* (-*es*; ⸗*e*) cara *f*; fisionomia *f*; **~farbe** *f* cor *f*; tez *f*; **~feld** *n* (-*es*; -*er*) visão *f*, vista *f*; **~kreis** *m* (*-es*; *-e*) horizonte *m*; **~massage** *f* maçagem *f* facial; **~muskel** *m* (*-s*; *-n*) músculo *m* facial; **~punkt** *m* (*-es*; *-e*) ponto *m* de vista; aspe(c)to *m*; **~winkel** *m* ângulo *m* facial (*optischer*: ó(p)tico, visual); *fig.* aspe(c)to *m*; **~-zug** *m* (*-es*; *⸗e*) feição *f*.

Ge'sims [gəzims] *n* (*-es*; *-e*) friso *m*; cornija *f*; moldura *f*.

Ge'sinde [gə'zində] *n* criadagem *f*; **~l** *n* (*-s*; *0*) corja *f*, canalha *f*, gentalha *f*; **~-ordnung** *f* regulamento *m* para os criados.

ge'sinnt [gə'zint] intencionado; *~ sn a.* pensar; (*dat.*) *freundlich ~ sn* simpatizar com.

Ge'sinnung [gə'zinuŋ] *f* modo *m* de pensar; mentalidade *f*; sentimentos *m/pl.*; cará(c)ter *m*; atitude *f* moral; (*Bau*⁓) orientação *f*; *Pol.* opinião *f*, credo *m*, atitude *f* política; *niedrige ~* mesquinhez *f*; **~s-genosse** *m* (*-n*) correligionário *m*; **⁓s-los** sem cará(c)ter, sem dignidade; **~s-losigkeit** [-lo:ziç-] *f* (*0*) falta *f* de dignidade (*od.* de cará(c)ter); **⁓s-treu** leal; **~swechsel** *m* mudança *f* de opinião.

ge'sitt|et [gə'zitət] civilizado; urbano; *~ machen* civilizar; **⁓ung** *f* (*0*) civilização *f*, cultura *f*; urbanidade *f*.

Ge'söff P [gə'zœf] *n* (*-es*; *-e*) droga *f*, beberagem *f*.

ge'sonnen [gə'zɔnən] **1.** *p.pt. v. sinnen*; **2.** *adj.* = *gesinnt*; *~ sn zu* (*inf.*) estar disposto a (*inf.*).

Ge'spann [gə'ʃpan] *n* (*-es*; *-e*) *Pferde*: parelha *f*; *Ochsen*: junta *f*; **⁓t** **1.** *p.pt. v. spannen*; **2.** *adj. Lage usw.*: tenso, crítico; *Aufmerksamkeit*: vivo; *adv.* com interesse (*'ê); *~ auf* (*ac.*) curioso (*od.* morto) por saber; **~t-heit** *f* (*0*) tensão *f*; (*Neugier*) curiosidade *f*.

Ge'spenst [gə'ʃpɛnst] *n* (*-es*; *-er*) espe(c)tro *m*; fantasma *m*; **⁓er-haft**, **⁓isch** fantástico.

Ge'spiel|e [gə'ʃpi:lə] *m* (*-n*) companheiro *m*; **~in** *f* companheira *f*.

Ge'spinst [gə'ʃpinst] *n* (*-es*; *-e*) teia *f*; tecido *m*; **~faser** *f* (*-*; *n-*) fibra *f* têxtil.

Ge'spött [gə'ʃpœt] *n* (*-es*; *0*) escárnio *m*, zombaria *f*; *zum ~ machen* (*werden*) meter a (cair no) ridículo.

Ge'spräch [gə'ʃprɛ:ç] *n* (*-es*; *-e*) conversa(ção) *f*; diálogo *m*; colóquio *m*; *Fernspr.*: telefonema *m*; *Zeitung*: entrevista *f* (*führen* ter); *das ~ auf* (*ac.*) *bringen* levar a conversa para, começar (*od.* chegar) a falar de; **⁓ig** loquaz; falador; expansivo; **~igkeit** *f* (*0*) loquacidade *f*; expansividade *f*; **~sform** *f*: *in ~* dialogado, em forma *f* de diálogo; **~sgegenstand** *m* (*-es*; *⸗e*) assunto *m* de (*od.* da) conversa; **~s-partner** *m* interlocutor *m*; **~s-stoff** *m* (*-es*; *-e*) assunto *m* de (*od.* da) conversa; **⁓sweise** em conversa.

ge'sprenkelt [gə'ʃprɛŋkəlt] mosqueado.

ge'spreizt [gə'ʃpraɪtst] *p.pt. v. spreizen*; *adj.* afe(c)tado; **⁓heit** *f* afe(c)tação *f*.

Ge'stade [gə'ʃta:də] *n* praia *f*; costa *f*.

Ge'stalt [gə'ʃtalt] *f* forma *f*; feição *f*; figura *f*; vulto *m*; *Lit.* personagem *f*; *Erde*: configuração *f*; *~ annehmen* tomar forma, tomar corpo; *~ geben* = **⁓en** (*-e-*; *-*) (in)formar; afeiçoar; dar forma a; *künstlerisch*: plasmar; *fig.* realizar; *sich schwierig usw. ~ fig.* ser; **~lehre** *f* (*0*) morfologia *f*; somatologia *f*; **⁓los** amorfo; **~ung** *f* formação *f*, realização *f*, configuração *f*; *künstlerische*: plasmação *f*; **~ungskraft** *f* (*0*) força (*ô) *f* criadora (*od.* [in]formativa *od.* de realização).

Ge'stammel [gə'ʃtaməl] *n* (*-s*; *0*) balbuciar *m*, balbuciações *f/pl.*

ge'ständ|ig [gə'ʃtɛndiç] confesso; **⁓nis** *n* (*-ses*; *-se*) confissão *f*, ⚖ *a.* declaração *f* (*ablegen* fazer).

Ge'stank [gə'ʃtaŋk] *m* (*-es*; *0*) fedor *m*; mau cheiro *m*; *aca *m*.

ge'statten [gə'ʃtatən] (*-e-*; *-*) permitir, dar licença.

'Geste ['gɛstə] *f* gesto *m*.

ge'stehen [gə-] (*L*; *-*) confessar; declarar as próprias culpas; *offen gestanden* francamente, com franqueza.

Ge'stein [gə-] *n* (*-es*; *-e*) pedra(s *pl.*) *f*, rocha *f*; mineral *m*; **~skunde** *f* (*0*) petrografia *f*, mineralogia *f*.

Ge'stell [gə'ʃtɛl] *n* (*-es*; *-e*) cavalete *m*; (*Bücher*⁓ *usw.*) estante *f*; ⊕ armação *f*; (*Wagen*⁓) «chassis» *m* (*fr.*); **~ung** *f*, **~ungs-befehl** ⚔ *m* (*-es*; *-e*) chamada *f* às fileiras (⚔ *a.* ordem *f* de mobilização).

'gestern ['gɛstərn] ontem (*morgen*

de manhã; *abend* à tarde; *nacht* à noite).

ge'stiefelt [gə'ʃti:fəlt] calçado; ~ *und gespornt* pronto para sair.

ge'stielt [gə'ʃti:lt] pedunculado, peciolado.

gestiku'lieren [gɛstiku'li:rən] (-) gesticular; fazer gestos.

Ge'stirn [gə'ʃtirn] *n* (*-es*; *-e*) astro *m*; (*Sternbild*) constelação *f*; **2t** estrelado.

Ge'stöber [gə'ʃtø:bər] *n* turbilhão [*m* de neve.]

Ge'stöhne [gə'ʃtø:nə] *n* (*-s*; *0*) gemer *m*, gemidos *m/pl.*; *fig.* queixas *f/pl.*

Ge'sträuch [gə'ʃtrɔyç] *n* (*-es*; *-e*) arbustos *m/pl.*; mato *m*.

ge'streift [gə'ʃtraɪft] *p.pt. v. streifen*; *adj.* (*streifig*) riscado, listrado, de riscas.

ge'streng [gə-] severo.

'gestrig ['gɛstriç] de ontem.

Ge'strüpp [gə'ʃtryp] *n* (*-es*; *-e*) brenha(s *pl.*) *f*.

Ge'stühl [gə'ʃty:l] *n* (*-es*; *-e*) cadeirado *m*, cadeiral *m*; ⚓ cruzeiro *m*.

Ge'stüt [gə'ʃty:t] *n* (*-es*; *-e*) coudelaria *f*.

Ge'such [gə'zu:x] *n* (*-es*; *-e*) requerimento *m* (*um* de); **2t 1.** *p.pt. v. suchen*; **2.** *adj.* raro; † *a.* precisa-se; *fig.* afe(c)tado; rebuscado.

Ge'sudel [gə'zu:dəl] *n* (*-s*; *0*) porcaria *f*; gatafunhos *m/pl.*; garatujas *f/pl.*

Ge'summe [gə'zumə] *n* (*-s*; *0*) zumbido *m*.

ge'sund [gə'zunt] (*=er*; *=est*) são, de boa saúde; (*heilsam*) saudável, salutar; sadio; higiénico; (*wieder*) ~ *machen* curar; restabelecer; (*wieder*) ~ *werden* curar-se, restabelecer-se; **2beter(in** *f*) *m* abençoador *m* (-deira *f*); **~en** [-dən] (*-e-*; -) restabelecer-se, recobrar saúde; sarar; **2heit** *f* (*0*) saúde *f*; higiene *f*; (*Heilsamkeit*) salubridade *f*; ~! *beim Niesen*: F viva!; santinha!; *bei guter* ~ de boa saúde; **~heitlich** sanitário, higiénico; *wie geht's Ihnen* ~? como vai essa saúde?

Ge'sundheits|-amt *n* (*-es*; *=er*) Dire(c)ção *f* de Saúde; **~dienst** *m* (*-es*; *0*) serviço(s *pl.*) higiénico(s) *od.* sanitário(s); **2halber** [-halbər] por motivos de saúde; **~lehre** *f* (*0*) higiene *f*; **~pflege** *f* (*0*) higiene *f*; *öffentliche*: *a.* serviço(s) *m* (*pl.*) sanitário(s *od.* de higiene); **~polizei** *f* (*0*) junta *f* de saúde; polícia *f* sanitária; **~rücksichten** *f/pl.*: *aus* ~ por razões (*od.* motivos) de saúde; **2schädlich** nocivo; ~ *sn* fazer mal à saúde; **~wesen** *n* (*-s*; *0*) sanidade *f*; serviços *m/pl.* sanitários (*od.* higiénicos); **~zustand** *m* (*-es*; *=e*) estado *m* de saúde; *der Gesamtheit*: estado *m* sanitário.

Ge'sundung [gə'zundʊŋ] *f* (*0*) convalescença *f*, restabelecimento *m*; (*Sanierung*) saneamento *m*.

Ge'täfel [gə'tɛ:fəl] *n* (*-s*; *0*) painéis *m/pl.*; alizares *m/pl.*; **2t** *Decke*: artesoado; *Wand*: apainelado; embutido.

Ge'tändel [gə'tɛndəl] *n* (*-s*; *0*) brincadeira *f*.

Ge'tier [gə-] *n* (*-es*; *0*) bichos *m/pl.*; animais *m/pl.*

Ge'töse [gə'tø:zə] *n* (*-s*; *0*) estrondo *m*, bulha *f*.

Ge'trampel [gə'trampəl] *n* (*-s*; *0*) pateada *f*.

Get'ränk [gə'trɛŋk] *n* (*-es*; *-e*) bebida *f*; **~esteuer** *f* imposto *m* sobre bebidas.

Ge'trappel [gə'trapəl] *n* (*-s*; *0*) tropel *m*, (es)tropeada *f*; trote *m*.

ge'trauen [gə-] (-): *sich* ~ *zu* (*inf.*) atrever-se a.

Ge'treide [gə'traɪdə] *n* cereais *m/pl.*; (*Korn*) grão(s *pl.*) *m*; (*Weizen u. allgemein*) trigo *m*; ~ *auf dem Halm* seara *f* de pé; **~bau** *m* (*-es*; *0*) cultura *f* dos cereais; **~boden** *m* (*-s*; *=*) terra *f* lavradia; (*Speicher*) celeiro *m*; **~brand** ⚘ *m* (*-es*; *0*) alforra *f*; **~feld** *n* (*-es*; *-er*) seara *f*, trigal *m*; **~händler** *m* negociante *m* de cereais; **~speicher** *m* celeiro *m*.

ge'treu [gə'trɔy], **~lich** fiel, leal; verídico; *adv.* fielmente.

Ge'triebe ⊕ [gə'tri:bə] *n* mecanismo *m*, mola *f*; (*Räderwerk*) rodas *f/pl.*; engrenagem *f*; (*Treibrad*) volante *m*, tambor *m*; *fig.* movimento *m*, agitação *f*; = **~kasten** *m* (*-s*; *=*) caixa *f* de engrenagem; *Auto*: caixa *f* de velocidades; **~motor** *m* (*-s*; *-en*) motor *m* redutor de velocidade; **2n 1.** *p.pt. v. treiben*; **2.** *adj.* ~(*e Arbeit* obra *f*) lavrada (*od.* de cinzel); **~schaltung** *f Auto*: embraiagem *f*.

ge'trost [gə'tro:st] confiadamente, descansadamente.

Ge'tue [gə'tu:ə] *n* (-*s*; *0*) afe(c)tação *f*; espalhafato *m*.
Ge'tümmel [gə'tyməl] *n* tumulto *m*, barulho *m*; assuada *f*; ⚔ peleia *f*.
ge'übt [gə'y:pt] **1.** *p.pt. v. üben*; **2.** *adj.* hábil, destro; **2heit** *f* (*0*) habilidade *f*, prática *f*.
Ge'vatter [gə'fatər] *m* (-*s od.* -*n*; -*n*), (**~in** *f*) padrinho *m* (madrinha *f*); *fig.* compadre *m* (comadre *f*).
Ge'wächs [gə'vεks] *n* (-*es*; -*e*) planta *f*; ⚕ excrescência *f*, tumor *m*.
ge'wachsen [gə-]: *p.pt. v. wachsen*; *adj. fig.* (*dat.*) ~ *sn* estar à altura de; *j-m*: *a.* poder rivalizar com; *e-r Sache*: *a.* ser capaz de fazer a.c.
Ge'wächshaus *n* (-*es*; *=er*) estufa *f*.
ge'wagt [gə'va:kt] arriscado, ousado; *frisch* ~ *ist halb gewonnen* quem acomete vence; coisa bem acometida, meia vencida.
ge'wahr [gə'va:r] ~ *werden* avistar; descobrir; (a)perceber(-se de).
Ge'währ [gə'vε:r] *f* (*0*) garantia *f*; *ohne* ~ *a.* sem compromisso.
ge'währ|en [gə-] (-) *v/t.* conceder (a. ✝), outorgar; *Bitte*: consentir em; *Gesuch*: deferir; (*bieten*) oferecer; ~ *lassen* deixar fazer; **~leisten** (-*e*-; -) *v/t.* (*untr.*) garantir.
Ge'wahrsam [gə'va:rza:m] *m* (-*es*; -*e*) (*Aufbewahrung*) custódia *f* (*in* sob); depósito *m*; (*Haft*) detenção *f*, prisão *f*; *in* ~ *nehmen* guardar; deter.
Ge'währsmann *m* (-*es*; *=er od.* *~leute*) fiador *m*; abonador *m*; (*Quelle, Zeuge*) informador *m*.
Ge'währung [gə'vε:ruŋ] *f Bitte*: aprovação *f*; *Gesuch*: deferimento *m*; *Gunst, Recht*: outorga *f*; *Kredit*: concessão *f*; (*Ermächtigung*) autorização *f*.
Ge'walt [gə'valt] *f* (*Macht*) poder *m* (*ausübende* executivo, *gesetzgebende* legislativo; *geraten in ac.* cair em); domínio *m*; *moralische*: autoridade *f*; (*Stärke*) força (*ô) *f* (*höhere* maior; *mit a*, com; *anwenden, brauchen* recorrer à); potência *f*; *verletzende* (*a. Ungestüm*): violência *f* (*antun* fazer); *in s-e* ~ *bringen* apoderar-se de; *in der* ~ *haben* (saber) dominar; *rohe* ~ brutalidade *f*; **~-akt** *m* (-*es*; -*e*) a(c)to *m* de violência; **~haber** *m* [-ha:bər] *m* detentor *m* do poder; **~herrschaft** *f* despotismo *m*, tirania *f*; **~herrscher** *m* déspota *m*, tirano *m*; **2ig** poderoso; (*stark*) forte; *bes.* ⊕ potente; (*groß*) imenso; *fig.* enorme; *sich irren*: redondamente, completamente; **~maßnahme** *f* medida *f* arbitrária; **2sam** violento; *adv.* com violência, à força (*ô); **~streich** *m* (-*es*; -*e*), **~tat** *f* (a[c]to *m* de) violência *f*; **2tätig** violento, brutal; **~tätigkeit** *f* brutalidade *f*, violência *f*.
Ge'wand [gə'vant] *n* (-*es*; *=er*, *poet.* -*e*) vestido *m*, hábito *m*, roupagem *f*; **2t** *adj.* hábil, ágil; *Stil*: elegante; **~theit** *f* (*0*) habilidade *f*, agilidade *f*; *Stil*: elegância *f*.
ge'wärti|g [gə'vεrtiç]: ~ *sn* = *sich* **~gen** [-gən] (-) (*gen.*), et. *zu* ~ *haben* contar com a.c.; aguardar a.c.
Ge'wässer [gə'vεsər] *n* água(s *pl.*) *f* (*stehendes* estofa[s]).
Ge'web|e [gə've:bə] *n* tecido *m*; **~e...**: *in Zssgn*, **2lich** tissular.
Ge'wehr [gə've:r] *n* (-*es*; -*e*) espingarda *f*; arma *f*; armas!; **~feuer** *n* fusilaria *f*; **~kolben** *m* coronha *f*; **~lauf** *m* (-*es*; *=e*) cano *m* (de espingarda). [*f*; cornadura *f*.]
Ge'weih [gə'vaı] *n* (-*es*; -*e*) armação
Ge'werbe [gə'vεrbə] *n* indústria *f*; (*Handwerk*) ofício *m*; (*Geschäft*) profissão *f*, negócio *m* (*betreiben* exercer); **~-aufsicht** *f* inspe(c)ção *f* de indústrias; **~freiheit** *f* liberdade *f* industrial; **~kammer** *f* (-; -*n*) câmara *f* de indústria; **~-ordnung** *f* regulamento *m* de trabalho; código *m* industrial; **~schein** *m* (-*es*; -*e*) cartão *m* profissional; **~schule** *f* (**~schullehrer** *m* professor *m* de) escola *f* profissional; **~steuer** *f* (-; -*n*) imposto (*'ô) *m* profissional; **2treibend** industrial, profissional.
ge'werb|lich [gə'vεrpliç] industrial; **~smäßig** profissional, de profissão.
Ge'werkschaft [gə'vεrkʃaft] *f* sindicato *m*; ⚒ sociedade *f* de exploração; **~ler** *m*, **2lich**, **~s...** sindicalista (*m*); **~sbewegung** *f* sindicalismo *m*; **~s-haus** *n* (-*es*; *=er*) sede *f* do(s) sindicato(s).
Ge'wicht [gə'viçt] *n* (-*es*; -*e*) peso (*ê) *m* (✝ *nach* ao); ~ *haben* pesar (*a. fig.*); *fig.* autoridade *f*; importância *f*; *schwer ins* ~ *fallen* ter

grande importância; ~ *legen auf* (*ac.*) dar (*od.* atribuir) importância a; **~-heben** *n* (*-s*; *0*) *Sport*: levantamento *m* de pesos; **2ig** pesado; de peso (*ê); *fig.* importante, grave; **~s...**: *in Zssgn* de peso (*ê).
ge'wiegt [gə'vi:kt] *fig.* esperto.
Ge'wieher [gə'vi:ər] *n* (*-s*; *0*) relincho *m*, rincho *m*. [(zu a).]
ge'willt [gə'vilt] disposto, resolvido
Ge'wimm|el [gə'viməl] *n* (*-s*; *0*) bulício *m*, formigueiro *m*; **~er** *n* (*-s*; *0*) choradeira *f*, lamentações *f/pl.*, lamúria(s *pl.*) *f*.
Ge'winde [gə'vində] *n* (*Blumen2*) grinalda *f*; ⚠ festão *m*; (*Schrauben2*) rosca (*ô) *f*, filete (*'ê) *m*; **~-ansatz** *m* (*-es*; *-̈e*) entrada *f* roscada; **~bohrer** *m* (macho *m* de) tarraxa *f*; **~steigung** *f* passo *m*.
Ge'winn [gə'vin] *m* (*-es*; *-e*) ganho *m*; ✝ *a.* lucro *m*; (*Vorteil*) proveito *m*; (*Lotterie2*) prémio *m*; **~-anteil** *m* (*-es*; *-e*) lucro *m*, dividendo *m*; **~beteiligung** *f* participação *f* nos lucros; **2bringend** lucrativo, vantajoso; **2en** (*L*; -) ganhar (*an dat.*, *bei* em, com); *Sport*: *a.* vencer (*2 zu 0* por 2 a 0), ✝ *a.* lucrar; ⚒ extrair; ⚗ obter (*aus* de); (*besser w.*) melhorar; *es über sich ~ zu* (*inf.*) poder decidir-se a; *die Überzeugung ~* (chegar a) convencer-se *od.* persuadir-se; **2end** *adj. fig.* simpático; **~er** *m* vencedor *m*; o que ganha; premiado *m*; **~liste** *f* lista *f* dos prémios; **~los** *n* (*-es*; *-e*) número *m* premiado; **~spanne** *f* margem *f* de lucro; **~sucht** *f* (*0*) cubiça *f*, ganância *f*; **2süchtig** cubiçoso, ganancioso; interesseiro; **~ung** *f* ⚗ obtenção *f*; ⚒ extra(c)ção *f*.
Ge'winsel [gə'vinzəl] *n* (*-s*; *0*) ganidos *m/pl.*
Ge'wirr [gə'vir] *n* (*-es*; *-e*) enredo (*'ê) *m*, embrulhada *f*, confusão *f*.
ge'wiß [gə'vis] **1.** *adj.* (*-sser*; *-ssest*) a) certo; (*sicher*) *a.* seguro; b) *ein gewisser* ... um tal...; *ein gewisses Etwas* um não sei quê; **2.** *adv.* com certeza, certamente (*nicht* que não).
Ge'wissen [gə'visən] *n* consciência *f*; *sich* (*dat.*) *kein ~ machen aus* não ter escrúpulo de (*od.* em) *inf.*; *j-m ins ~ reden* apelar à consciência de alg.; **2-haft** escrupuloso, consciencioso; **~-haftigkeit** *f* (*0*) escrupulosidade *f*; **2los** (*-est*) sem escrúpulo; **~losigkeit** [-lo:ziç-] *f* (*0*) falta *f* de consciência, falta *f* de escrúpulo.
Ge'wissens|-angst *f* (-; *-̈e*) angústia *f*; **~biß** *m* (*-sses*; *-sse*) remorso *m*; **~frage** *f* caso *m* de consciência; **~freiheit** *f* (*0*) liberdade *f* de consciência; **~konflikt** *m* (*-es*; *-e*) conflito *m* de consciência; **~skrupel**, **~zweifel** *m* escrúpulo *m*; **~zwang** *m* (*-es*; *0*) coa(c)ção *f* moral.
gewisser'maßen [gəvisər'ma:sən] de certo modo.
Ge'wiß|heit *f* certeza *f*; *sich ~ verschaffen über* (*ac.*) certificar-se de.
Ge'witter [gə'vitər] *n* trovoada *f*; **~luft** *f* (*0*) ar *m* de trovoada; **~regen**, **~schauer** *m* aguaceiro *m*; **~schwüle** *f* (*0*) ar *m* abafado, ar *m* de trovoada; **~sturm** *m* (*-es*; *-̈e*) temporal *m*; **~wolke** *f* nuvem *f* de trovoada.
ge'witz(ig)t [gə'vits(iç)t] fino, finório; escaldado.
ge'wogen [gə'vo:gən] **1.** *p.pt. v. wägen, wiegen*; **2.** *adj.* (*dat.*) afeiçoado, favorável; *j-m ~ sn* ser amigo de alg.; **2-heit** *f* (*0*) simpatia *f*, afe(c)to *m*, interesse (*'ê) *m*.
ge'wöhnen [gə'vø:nən] (-) habituar, acostumar; *sich ~* ✶ *a.* adomar-se.
Ge'wohnheit [gə'vo:nhaɪt] *f* costume *m*, hábito *m*; (*Brauch*) uso *m*, prática *f*; **2smäßig** habitual; rotineiro; **~smensch** *m* (*-en*) homem *m* de hábitos; rotineiro *m*; **~srecht** *n* (*-es*; *-e*) direito *m* consuetudinário; **~s-trinker** *m* alcoólico *m*.
ge'wöhnlich ordinário; corrente (*a.* ✝); banal; (*üblich*) usual; (*normal*) regular; (*gemein*) vulgar; *adv.* (*für*) ~ em geral, geralmente; *wie ~* como sempre, como de costume.
ge'wohnt **1.** *p.pt. v. wohnen*; **2.** *adj.* habitual; de costume; (et.) ~ (*sn* estar) acostumado (a a.c.).
Ge'wöhnung [gə'vø:nuŋ] *f* habitude *f*.
Ge'wölbe [gə'vœlbə] *n* abóbada *f*; abobadilha *f*; (*Grab2*) cova *f*.
Ge'wölk [gə'vœlk] *n* (*-es*; *0*) nuvens *f/pl.*
Ge'wühl [gə'vy:l] *n* (*-es*; *0*) turba *f*, multidão *f*, tumulto *m*.
ge'wunden [gə'vundən] **1.** *p.pt. v. winden*; **2.** *adj.* sinuoso.
ge'würfelt [gə'vyrfəlt] **1.** *p.pt. v. würfeln*; **2.** *adj.* quadriculado.
Ge'würm [gə'vyrm] *n* (*-es*; *-e*) bicharia *f*.

Ge'würz [gə'vyrts] *n* (*-es*; *-e*) condimento *m*; ⚘ especiaria *f*; **~händler** *m* especieiro *m*; **~handlung** *f* especiaria *f*; **~nelke** *f* cravinho *m*; **~ware** *f* especiaria *f*.

ge|'zackt [gə'tsakt], **~zahnt** [-'tsa:nt], **~'zähnt** [-'tsɛ:nt] dentado.

Ge'zänk [gə'tsɛŋk] *n* (*-es*; *0*) disputa *f*, discussão *f*.

Ge'zeiten [gə'tsaɪtən] *pl.* maré *f/sg*.

Ge'zeter [gə'tse:tər] *n* (*-s*; *0*) berreiro *m*; *ein ~ erheben* clamar.

ge'ziemen [gə'tsi:mən] (-) (*dat.*) *sich ~* convir; **~d** conveniente; decente; (*schuldig*) devido.

Ge'zier|e [gə'tsi:rə] *n* (*-s*; *0*) afe(c)tação *f*, cerimónias *f/pl.*; **≈t 1.** *p.pt. v. zieren*; **2.** *adj. j.*: afe(c)tado; abemolado; **~theit** *f* afe(c)tação *f*.

Ge'zisch [gə'tsiʃ] *n* (*-es*; *0*) assobios *m/pl.*; apupada *f*; **~el** *n* (*-s*; *0*) cochichar *m*.

Ge'zwitscher [gə'tsvitʃər] *n* (*-s*; *0*) gorjeio *m*, trinado *m*.

ge'zwungen [gə'tsvuŋən] **1.** *p.pt. v. zwingen*; **2.** *adj.* afe(c)tado; *Lachen*: amarelo; **~ermaßen** [-ma:sən] sem querer; coa(c)to; sob pressão.

Gicht [giçt] *f* **a)** *Hochofen*: carga *f*; boca *f*; **b)** ⚕ (*0*) gota (*ô) *f*; **'≈brüchig, '≈isch** gotoso; **'~knoten** *m* nodosidade *f* gotosa; **'≈krank, '≈leidend** gotoso.

'Giebel ['gi:bəl] *m* frontão *m*; empena *f*; cumeeira *f*; **~dach** *n* (*-es*; *¨er*) telhado *m* de duas águas; **~seite** *f* frontispício *m*, frente *f*.

Gier [gi:r] *f* (*0*) cubiça *f*; avidez *f*; **'≈ig** ávido, cubiçoso (*nach* de).

'Gieß|bach ['gi:s-] *m* (*-es*; *¨e*) torrente *f*; enxurrada *f*; **≈en** (*L*) verter, deitar, vazar; ⊕ fundir, *in Form*: moldar; ✓ regar; *es gießt* (*in Strömen*) F chove a cântaros; **~en** *n* fundição *f*; ✓ regadia *f*; **~er** *m* fundidor *m*; **~e'rei** *f* fundição *f*; **~form** *f* molde *m*; **~kanne** *f* regador *m*.

Gift [gift] *n* (*-es*; *-e*) veneno *m*; tóxico *m*; peçonha *f*; *fig.* *~ und Galle spucken* F estar danado; *darauf ~ nehmen können, daß* poder ter a certeza absoluta de que; **'~gas** *n* (*-es*; *-e*) gás *m* asfixiante, gás *m* tóxico; **'≈ig** venenoso; ⚕ tóxico; *Haß*: envenenado; **'~igkeit** *f* (*0*) toxidicade *f*; ⚕ virulência *f*; *fig.* malícia *f*; **'~mischer** [-miʃər] *m* envenenador *m*; **'~mord** *m* (*-es*; *-e*) envenenamento *m*; **'~pflanze** *f* planta *f* venenosa; **'~schein** *m* (*-es*; *-e*) licença *f* para a compra (*od.* venda) de drogas tóxicas; **'~schlange** *f* serpente *f* venenosa; **'~stoff** *m* (*-es*; *-e*) toxina *f*.

Gi'gant [gi'gant] *m* (*-en*) gigante *m*; **≈isch** gigantesco.

'Gilde ['gildə] *f* corporação *f*.

'Gimpel ['gimpəl] *m* *Zool.* pisco *m*; *fig.* simplório *m*, piegas *m*, *f*; tolo *m*.

'Ginster ['ginstər] *m* giesta *f*; (*Stech≈*) tojo *m*.

'Gipfel ['gipfəl] *m* alto *m*; cume *m*, cimo *m*, cima *f*; píncaro *m*; (*höchster Berg, Spitze*) pico *m*; *fig.* cume *m*, cúmulo *m*, auge *m*; **~konferenz** *f* conferência (*od.* reunião) *f* de alto nível; **≈n** (*-le*) culminar; **~punkt** *m* (*-es*; *-e*) ponto *m* culminante.

Gips [gips] *m* (*-es*; *-e*), **'~-abguß** *m* (*-sses*; *¨sse*) gesso (*ê) *m*; **'≈en** (*-t*) (en)gessar; **'~figur** *f* (figura *f* de) gesso (*ê) *m*; **'~stein** *m* (*-es*; *-e*) **'~verband** *m* (*-es*; *¨e*) gesso (*ê) *m*.

Gi'raffe [gi'rafə] *f* girafa *f*.

Gi'r|ant [ʒi'rant] *m* (*-en*) endossante *m*; **~at** [-a:t] *m* (*-en*) endossatário *m*; **≈ieren** (-) endossar; lançar.

Gir'lande [gir'landə] *f* grinalda *f*; △ festão *m*.

'Giro ['ʒi:ro] *n* (*-s*; *-s*) giro *m*, endosso (*'ô) *m*; transferência *f* de fundos; *mit dem ~ versehen* endossar.

'Giro...: *in Zssgn* de transferências.

'girren ['girən] arrul(h)ar.

gis ♪ [gis] *n* (-; -) sol-sustenido *m*.

Gischt [giʃt] *m* (*-es*; *-e*) espuma *f*, escuma *f*.

Gi'tarre [gi'tarə] *f* guitarra *f*; **~nspieler(in** *f*) *m* guitarrista *m*, *f*.

'Gitter ['gitər] *n* grade *f*; (*Eisen≈*) gradeamento *m*; (*Netz*) *Radio*: grelha *f*; **~fenster** *n* janela *f* de grades; **~spannung** *f* (*Radio*) tensão *f* de grelha; **~tür** *f* grade *f*; *aus Holz*: cancela *f*; **~werk** *n* (*-es*; *-e*), **~zaun** *m* (*-es*; *¨e*) caniçada *f*.

Gla'cé|handschuh [gla'se:-] *m* (*-es*; *-e*) luva *f* de pelica; **~leder** *n* (*-s*; *0*) pelica *f*.

Gladi|'ator [gladi'a:tor] *m* (*-s*; *-en*) gladiador *m*; **~'ole** [-'o:lə] *f* gladíolo *m*, espadana *f*.

Glanz [glants] *m* (*-es*; *0*) brilho *m*, lustre *m* (*verleihen* dar); *fig. a.* pompa *f*, esplendor *m*; **'~bürste** *f* escova *f* macia.

'**glänzen** ['glɛntsən] (-*t*) brilhar; (*a. fig.*) (re)luzir, resplandecer; **~d** brilhante; reluzente; *Leder*: *usw.* lustroso; *fig. a.* esplêndido; *adv.* maravilhosamente, admiràvelmente.
'**Glanz|leder** *n* (-*s*; *0*) pelica *f* de verniz; **2los** sem brilho; mate; **~papier** *n* (-*s*; -*e*) papel *m* setim (*od.* assetinado); **~punkt** *m* (-*ės*; -*e*) ponto *m* mais brilhante; cume *m*; **2voll** brilhante, lustroso, faustoso; **~zeit** *f* época *f* áurea; século *m* de ouro; *j-s*: auge *m*.
Glas [gla:s] *n* (-*es*; *-̈er*; *als Maß im pl. uv.*) vidro *m*; cristal *m*; (*~gefäß*) frasco *m*; (*Trink2*) copo *m*; (*Brille*) óculos *m/pl.* (*geschliffene* graduados); '**2-artig** vítreo; cristalino; '**~-auge** *n* (-*s*; -*n*) olho (*'ô) *m* de vidro; '**~bläser** *m* vidreiro *m*; '**~dach** *n* (-*ės*; *-̈er*) telhado *m* de vidro; '**~er** [-zər] *m* vidraceiro *m*; **~e'rei** [-zə'raɪ] *f* vidra(ça)ria *f*.
'**gläsern** ['glɛ:zərn] vítreo.
'**Glas|fabrik** *f* fábrica *f* de vidros; **~glocke** *f* redoma *f*; campânula *f*; **2grün** verde-gaio; **~-haus** *n* (-*es*; *-̈er*) estufa *f*; **~-hütte** *f* = *~fabrik*; **2ieren** [gla'zi:rən] (-) vidrar; envernizar; **2ig** [-ziç] vítreo; vidroso; **~kasten** *m* (-*s*; *-̈*) vitrina *f*; **~kirsche** *f* cereja *f* garrafal; **~körper** *m* corpo *m* vítreo; **~malerei** *f* pintura *f* em vidros; **~perle** *f* vidrilho *m*, missanga *f*; **~scheibe** *f* vidraça *f*; **~scherbe** *f* caco *m* de vidro; **~schleifer** [-ʃlaɪfər] *m* talhador *m* de vidro; **~schrank** *m* (-*ės*; *-̈e*) vitrina *f*; **~splitter** *m* = *~scherbe*; **~tür** *f* porta *f* envidraçada, porta *f* de vidros; **~'ur** [-'zu:r] *f* verniz *m*; esmalte *m*; vidrado *m*; **~waren** *f/pl.* cristais *m/pl.*; **2weise** ao(s) copo(s).
glatt [glat] **1.** *adj.* (-*er od.* *-̈er*; -*est od.* *-̈est*) liso; escorregadiço; *Weg*: plano, livre; (*gewandt*) diplomático; elegante, hábil; *See*: calmo; **2.** *adv.* sem dificuldade; (*durchaus*) absolutamente; *~ heraus* redondamente; *~ rasiert* de barba rapada; sem barba nem bigode.
'**Glätte** ['glɛtə] *f* lisura *f*, lustro *m*, polimento *m*; *fig.* elegância *f*.
'**Glatt-eis** *n* (-*es*; *0*) regelo (*'ê) *m*; *j-n aufs ~ führen fig.* armar um laço a alg., lograr alg.
'**glätt|en** ['glɛtən] (-*e*-) alisar; raspar; (*ebnen*) apla(i)nar; ⚠, ⊕ afagar; (*polieren*) polir, brumir; **2-hobel** *m* garlopa *f*, cepilho *m*.
'**glatt|streichen** (*L*) alisar; **~weg** redondamente.
'**Glatz|e** ['glatsə] *f*, **~kopf** *m* (-*ės*; *-̈e*) calva *f*, careca *f*; *e-e ~ bekommen* ficar calvo; **2köpfig** [-kœpfiç] calvo, careca; **~köpfigkeit** *f* (*0*) calvície *f*.
'**Glaub|e** ['glaubə] (-*ns*; *0*), **~en**[1] (-*s*; *0*) *m* crença *f*; (*a. Vertrauen*) fé *f* (*an ac.* em); (*dat.*) *~n schenken*, *~n beimessen* dar crédito a; *auf Treu und ~n* de boa fé; **2en**[2] crer, acreditar (*an ac.* em; *daran* o); *es ist kaum zu ~* parece impossível, parece mentira; *dran ~ müssen* ter de sofrer as consequências; (*sterben*) morrer.
'**Glaubens|-artikel** *m* artigo *m* de fé; **~bekenntnis** *n* (-*ses*; -*se*) credo *m*; **~freiheit** *f* liberdade *f* de cultos; **~genosse** *m* (-*n*) correligionário *m*; **~lehre** *f*, **~satz** *m* (-*es*; *-̈e*) doutrina *f*, dogma *m*; **~spaltung** *f* cisma *m*; **~zwang** *m* (-*ės*; *0*) coa(c)ção *f* religiosa.
'**Glaubersalz** ['glaubər-] *n* (-*es*; *0*) sulfato *m* de sódio.
'**glaubhaft** ['glaup-] crível; fidedigno; **2igkeit** *f* (*0*) credibilidade *f*.
'**gläubi|g** ['glɔybiç] crente; *pl. Rel. a.* fiéis; **2ger** [-gər] *m* credor *m*.
'**glaub|lich** ['glaup-] crível; **~würdig** fidedigno; autêntico; **2würdigkeit** *f* (*0*) autenticidade *f*; *j-s ~* confiança *f* (*od.* crédito *m*) que alg. merece.
gleich [glaɪç] **1.** *adj.* igual (⩘ [=] a); idêntico; uniforme; *das ist mir ~* é-me indiferente; *der ~e* o mesmo; *in ~er Weise* sem distinção; *mit ~er Post* pelo mesmo correio; **2.** *adv.* *~ groß* do mesmo tamanho, de igual volume; *~ hoch* da mesma altura; *~ hoch machen* (*od. stellen*) abarbar; *zeitlich*: não tardar em (*inf.*); já, logo; *ich komme ~!* já vou!; *~ darauf* logo depois, logo a seguir; *~ heute* hoje mesmo; *~ anfangs* desde o princípio; **3.** *cj. wenn ... ~, ob ... ~* se bem que (*subj.*), ainda que (*subj.*); '**~alt(e)rig** ['-alt(ə)riç] da mesma idade; '**~-artig** idêntico, homogéneo; igual; '**2-artigkeit** *f* identidade *f*, homogeneidade *f*; igualdade *f*; '**~bedeutend** equivalente; sinónimo; '**~berechtigt**: *~ sn* (*mit*) ter

os mesmos direitos (que); '2berechtigung *f* (0) igualdade *f* de direitos; '~bleiben (*L*; *sn*) *sich* (*dat.*) ~ não mudar, não variar; *et.*: *a.* ser indiferente; '~bleibend constante, invariável; '2e(s) *n* mesmo *m*; ~*s mit* ~*m vergelten* pagar na mesma moeda; '~en (*L*) (*dat.*) parecer-se com; igualar (*ac.*); '~ermaßen [-ma:sən], '~erweise igualmente; do mesmo modo; '~falls também; igualmente; '~förmig uniforme; monótono; '2förmigkeit *f* (0) uniformidade *f*; monotonia *f*; '~gesinnt correligionário; '~gestellt ['-gəʃtɛlt] (de categoria) igual; '~gestimmt ['-gəʃtimt] unissonante, uníssono; '2gewicht *n* (-*es*; 0) equilíbrio *m*; balança *f*; ⚓ estiva *f*; *im* ~ *Waage*: horizontal; *a. fig.* equilibrado; *aus dem* ~ *bringen* desequilibrar; '~gültig indiferente; '2gültigkeit *f* indiferença *f*; '2heit *f* igualdade *f*; equidade *f*; '2heitszeichen *n* ⩘ igual *m*; '2klang *m* (-*es*; ⸗*e*) acordo (*'ô) *m*; uníssono *m*; '~kommen (*L*; *sn*) (*dat.*) igualar (*ac.*); '~laufend paralelo; '~lautend idêntico; ✝ conforme; '~machen igualar; nivelar; 2macherei [-maxə'raɪ] *f* (mania *f* da) uniformização *f*; '2maß *n* (-*es*; 0) simetria *f*; justa proporção *f*; '~mäßig bem proporcionado; simétrico; uniforme; constante; ~ *verlieren* empatar; '2mäßigkeit *f* uniformidade *f*; simetria *f*; '2mut *m* (-*es*; 0) serenidade *f*, equanimidade *f*; sangue-frio *m*; '~mütig ['-my:tiç] sereno, impassível; '~namig ['-na:miç] homónimo; do mesmo nome; ⩘ do mesmo denominador; '2nis *n* (-*ses*; -*se*) parábola *f*; alegoria *f*; símbolo *m*; metáfora *f*; '2richter ⚡ *m Radio*: re(c)tificador *m*; '~sam como que; '~schalten (-*e*-) coordenar; ⊕ sincronizar; '2schaltung *f* coordenação *f*; sincronização *f*; '~schenk(e)lig ['-ʃɛnk(ə)liç] ⩘ isósceles; '2schritt *m* (-*es*; 0) passo *m* militar; *im* ~ a passo; '~seitig ['-zaɪtiç] ⩘ equilátero; '~setzen (-*t*) equiparar; 2stand *m* (-*es*; 0) paridade *f*; empate *m*; '~stellen equiparar; '2stellung *f* paridade *f*; equiparação *f*; '2strom ⚡ *m* (-*es*; ⸗*e*) corrente *f* contínua; '~tun (*L*): es *j-m* ~ imitar alg.; = ~*kommen*; '2ung *f* equação *f*; '~'viel outro tanto; o mesmo; *adv.* tanto faz; '~wertig ['-ve:rtiç] equivalente; '2wertigkeit *f* (0) equivalência *f*; '~wink(e)lig ⩘ equiângulo; ~'wohl não obstante; '~zeitig simultâneo, contemporâneo; *adv. a.* ao mesmo tempo (*mit* que); '2zeitigkeit *f* (0) simultaneidade *f*.

Gleis 🚂 [glaɪs] *n* (-*es*; -*e*) via *f* (férrea); carril *m*; *ins* ~ *kommen fig.* entrar nos eixos; '~-anlage *f* linha *f* ferroviária.

'**gleißen** ['glaɪsən] (-*t*) *poet.* brilhar.

'**Gleis-übergang** *m* (-*es*; ⸗*e*) passagem *f* de nível.

'**Gleit|bahn** ['glaɪt-] *f* resvaladouro *m*; 2en (*L*; *sn*) deslizar; (*aus*~) escorregar, resvalar; ✈ pairar; 2end *adj.* resvalante; móvel; variável; ~flug *m* (-*es*; ⸗*e*) voo (*'ô) *m* planado; ~lager *n* chamuceira *f* (*od.* casquilho *m*) deslizante; ~platte *f* placa *f* de escorregamento; ~schiene ⊕ *f* guia *f*; ~schutz *m* (-*es*; 0) antideslizante *m*; ~winkel ✈ *m* ângulo *m* de deslizamento.

'**Gletscher** ['glɛtʃər] *m* glaciar *m*, geleira *f*; ~brand *m* (-*es*; 0) insolação *f*; ~spalte *f* fenda *f* de glaciar.

Glied [gli:t] (-*es*; -*er*) membro *m*; articulação *f*; *Kette*: elo *m*; ⚔ fil(eir)a *f*; *Stammbaum*: geração *f*.

'**Glieder|bau** ['gli:dər-] *m* (-*es*; 0) estrutura *f*; articulação *f*; 2n (-*re*) dividir; classificar; dispor; coordenar; organizar; *a. Anat.* articular; ~puppe *f* bonifrate *m*; títere *m*; ~reißen *n* (-*s*; 0) dores *f/pl.* reumáticas; ~tier *n* (-*es*; -*e*) (animal *m*) articulado *m*; ~ung *f* articulação *f*; estrutura(ção) *f*; disposição *f*; classificação *f*; organização *f*; (*Abteilung*) se(c)ção *f*; corpo *m*; ⚔ destacamento *m*.

'**Gliedmaßen** [-ma:sən] *pl.* membros *m/pl.*; extremidades *f/pl.*

'**glimm|en** ['glimən] arder (sem chama); 2er *m Min.* mica *f*; 2erschiefer *m* (-*s*; 0) xisto *m* micáceo.

'**glimpflich** ['glimpfliç] *Strafe*: leve; *adv. behandeln*: com indulgência; *davonkommen*: sem grande prejuízo.

'**glitsch|en** ['glitʃən] (*sn*) escorregar; ~ig escorregadiço.

'**glitzern** ['glitsərn] (-*re*) cintilar.

'**Globus** ['glo:bus] *m* (- *od.* -*ses*; *Globen od.* -*se*) globo *m*.

'**Glocke** ['glɔkə] *f* sino *m*; campainha *f* (*läuten* tocar); (*Glas*≗) redoma *f*; (*Kuh*≗) chocalho *m*; (*Pferde*≗) guizo(s *pl.*) *m*; *an die große ~ hängen fig.* espalhar por toda a parte.
'**Glocken|blume** ['glɔkən-] *f* campainha *f*, campânula *f*; ≗**förmig** campanudo; ~**geläut(e)** *n* (-*ẹs*; -*e*) toque (*od.* repique) *m* de sinos; ~**gießer** *m* sineiro *m*; ≗**-hell** (*0*) ♪ argênteo; ~**schlag** *m* (-*ẹs*; ⸗*e*) badalada *f*; *auf den ~, mit dem ~* em ponto; ~**schwengel** *m* badalo *m*; ~**spiel** *n* (-*ẹs*; -*e*) carrilhão *m*; ~**stuhl** *m* (-*ẹs*; ⸗*e*) armação *f* do sino; ~**turm** *m* (-*ẹs*; ⸗*e*) campanário *m*.
'**Glöck|lein** ['glœklaɪn] *n* sineta *f*; ~**ner** [-nər] *m* sineiro *m*.
'**Glor|ie** ['glo:riə] *f* glória *f*; ~**ienschein** *m* (-*ẹs*; -*e*) auréola *f*, nimbo *m*; ≗**reich** glorioso.
Gloss|ar [glɔ'sa:r] *n* (-*s*; -*e*) glossário *m*; '~**e** *f* glosa *f*; ~*n machen über* (*ac.*) = ≗'**ieren** (-) *v/t.* glosar (*ac.*), comentar (*ac.*), criticar (*ac.*).
'**Glotz|-auge** ['glɔts-] *n* (-*s*; -*n*) olho (*'ô) *m* arregalado; ≗**en** (-*t*) arregalar os olhos.
Glück [glyk] *n* (-*ẹs*; *0*) felicidade *f*; fortuna *f*; *zufälliges*: sorte *f*; *ein ~, daß* ... ainda bem que (*subj.*); *auf gut ~* ao acaso; *j-m ~ wünschen* felicitar alg., dar os parabéns a alg., cumprimentar alg., desejar boa sorte a alg.; *sein ~ machen* fazer fortuna; '≗**bringend**: *~ sn* trazer fortuna.
'**Gluck|e** ['glukə] *f* galinha *f* (choca); [≗**en** chocar.]
'**glück|en** ['glykən] (*sn*) sair bem; ser bem sucedido; ~**lich** feliz; ditoso; propício; ~**licher'weise** felizmente; afortunadamente; ~**selig** bem-aventurado; ≗**seligkeit** *f* (*0*) bem-aventurança *f*.
'**Glücks|fall** *m* (-*ẹs*; ⸗*e*) sorte *f*; feliz acaso *m*; ~**göttin** *f* Fortuna *f*; ~**güter** *n/pl.* riquezas *f/pl.*; ~**kind** *n* (-*ẹs*; -*er*), ~**pilz** *m* (-*es*; -*e*) felizão *m*, felizardo *m*; ~**rad** *n* (-*ẹs*; ⸗*er*) roda *f* da fortuna; ~**sache** *f* (*0*) (questão *f* de) sorte *f*; ~**spiel** *n* (-*ẹs*; -*e*) jogo *m* (de azar); ~**stern** *m* (-*ẹs*; *0*) boa estrela (*'ê) *f* (*unter e-m* em); ~**zufall** *m* (-*ẹs*; ⸗*e*) acaso *m* feliz.
'**glück|verheißend** de bom agouro; ≗**wunsch** *m* (-*es*; ⸗*e*) felicitação *f*; *pl. a.* felicidades *f/pl.*; parabéns *m/pl.* (*aussprechen, darbringen* apresentar; *herzlich* sincero, cordial, afe[c]tuoso).
'**Glüh|birne** ['gly:-] ⚡ *f* lâmpada *f* elé(c)trica; ≗**en 1.** *v/t.* pôr em brasa; = ≗*end machen*; **2.** *v/i.* arder (*a. fig. vor dat.* de); estar em brasa; ≗**end** *adj.* ardente; *fig. a.* fervoroso, apaixonado, entusiástico; *Metall*: candente; *~ machen* recozer; ~**faden** *m* (-*s*; ⸗) fio *m* incandescente; ~**lampe** *f* lâmpada *f* incandescente; ~**licht** *n* (-*ẹs*; *0*) luz *f* incandescente; ~**strumpf** *m* (-*ẹs*; ⸗*e*) meia *f* incandescente; ~**wein** *m* (-*ẹs*; -*e*) vinho *m* quente; ~**wurm** *m* (-*ẹs*; ⸗*er*), ~**würmchen** [-vyrmçən] *n* pirilampo *m*.
Glut [glu:t] *f* ardor *m*, *fig. a.* fervor *m*, paixão *f*; (*Kohlen*≗) brasa *f*; (*Herd*≗, *Zigarren*≗) lume *m*; '≗**flüssig** *geol.* incandescente; '~**hitze** *f* (*0*) calor *m* intenso.
Glyze'rin [glytsə'ri:n] *n* (-*s*; *0*) gli-[cerina *f*.]
'**Gnade** ['gna:də] *f* graça *f* (*a. Rel.*); (*Barmherzigkeit*) misericórdia *f*; (*Gunst*) favor *m*, mercê *f*; (*Milde*) clemência *f*; *um ~ bitten* pedir perdão *od.* clemência *od.* ⚔ quartel; *~ für Recht ergehen lassen* deixar passar; *auf ~ und 'Un*≗ à mercê; *Euer ~n* Vossa Senhoria.
'**Gnaden|-akt** *m* (-*ẹs*; -*e*) a(c)to *m* de graça (*od.* de clemência); ~**bezeigung** *f* mercê *f*; ~**bild** *n* (-*ẹs*; -*er*) imagem *f* milagrosa; ~**brot** *n* (-*ẹs*; *0*) pão *m* de caridade; ~**gesuch** *n* (-*ẹs*; -*e*) pedido *m* de clemência; ~**stoß** *m* (-*es*; ⸗*e*) golpe *m* de misericórdia (*versetzen* dar).
'**gnädig** ['gnɛ:diç] clemente, misericordioso; magnânimo; *~ sn* ter misericórdia; *Gott sei uns ~!* valha-nos Deus!; *~e Frau* minha Senhora, Senhora Dona (*Vorname*); *~er Herr* Senhor.
Gold [gɔlt] *n* (-*ẹs*; *0*) ouro *m*; '~**ader** *f* (-; -*n*) ⚒ filão *m* de ouro; '~**ammer** *f* (-; -*n*) verdelhão *m*; '~**bestand** *m* (-*ẹs*; ⸗*e*) reserva *f* de ouro; '~**brasse** *f* dourada *f*; '~**deckung** *f* = *~bestand*; '≗**en** [-dən] dourado; de ouro (*a. Hochzeit*); ≗*er Schnitt* Ꭿ se(c)ção *f* áurea; '~**fasan** *m* (-*ẹs*; -*e*) faisão *m* dourado; '~**fisch** *m* (-*es*; -*e*) peixe *m* dourado; '~**füllung** *f* aurificação *f*; '~**gehalt** *m* (-*ẹs*; -*e*) quilate *m*; '≗**gelb** áureo

amarelo, dourado, louro; '~**gräber** [-grɛ:bər] *m* pesquisador *m* de ouro; '~**grube** *f* mina *f* de ouro; *fig.* manancial *m* de riquezas; '2**haltig** [-haltiç] aurífero; '2**ig** [-diç] dourado; *fig.* rico, ~ *sn a.* ser um amor; '~**käfer** *m* escaravelho *m* dourado; '~**kind** F *n* (-*ës*; -*er*) *in Anrede*: rico ...; '~**klausel** *f* (-; -*n*) obrigação *f* de pagar em ouro; cláusula-ouro *f*; '~**klumpen** *m* pepita *f* de ouro; '~**lack** ⚘ *m* (-*ës*; -*e*) goivo *m* amarelo; '~**mark** *f* (-; -) marco-ouro *m*; '~**münze** *f* moeda *f* de ouro; ~**plombe** *f* = ~*füllung*; ~**regen** ⚘ *m* codesso-dos-alpes *m*; cítiso *m*; '~**schmied** *m* (-*ës*; -*e*) ourives *m*; '~**schmiede-arbeit** *f*, '~**schmiede-kunst** *f* (*0*) ourivesaria *f*; '~**schnitt** *m* (-*ës*; *0*) corte *m* dourado; '~**staub** *m* (-*ës*; *0*) ouro *m* em pó; '~**stickerei** *f* bordado *m* em ouro; '~**stoff** *m* (-*ës*; -*e*) brocado *m* de ouro; ~**stück** *n* (-*ës*; -*e*) moeda *f* de ouro; '~**waage** *f* balança *f* de ouro; *auf die ~ legen fig.* pesar; '~**währung** *f* padrão-ouro *m*.

Golf [gɔlf] *m* (-*ës*; -*e*) golfo (*'ô) *m*; *Sport*: (-*s*; *0*) «golf» (*engl.*) *m*.

Gondel ['gɔndəl] *f* (-; -*n*) gôndola *f*; barca *f*; ✈ carlinga *f*; *Drahtseilbahn*: cabina *f*; ~**führer** *m* gondoleiro *m*; barqueiro *m*; 2**n** (-*le*; *sn*) ir na (*od.* de) gôndola; F passar, ir.

Gong [gɔŋ] *m* (-*s*; -*s*) tantã *m*; '2**en** tocar o tantã.

'**gönn|en** ['gœnən] não envejar; *nicht ~* envejar; 2**er**(**in** *f*) *m* prote(c)tor(a *f*) *m*; ~**erhaft** altaneiro; 2**ermiene** *f* ar *m* de prote(c)tor.

'**Göpel** ['gø:pəl] *m*, ~**werk** *n* (-*ës*; -*e*) nora *f*.

Gör [gø:r] *n* (-*ës*; -*en*) garoto (*'ô) *m*; '~**e** *f* F garota *f*. [m.]

Go'rilla [go'rila] *m* (-*s*; -*s*) goril(h)a

'**Gosse** ['gɔsə] *f* cano *m* de esgoto (*'ô); (*Abfluß*) sarjeta *f*.

'**Got|e** ['go:tə] *m* (-*n*) (~**in** *f*) godo *m* (-a *f*); ~**ik** ⚠ *f* (*0*) (estilo *m*) gótico *m*; 2**isch** godo; *Sprache, Stil*: gótico, ⚠ *a.* ogival.

Gott [gɔt] *m* (-*es*; ⸚*er*) deus *m*; Deus *m*; *um ~es willen!* por amor de Deus!; *~ befohlen!* va(i) com Deus!; *~ bewahre!* Deus me livre!; *~ gebe, daß* Deus queira que (*subj.*); *~ sei Dank* graças a Deus!; *~ vergelt's* Deus lhe pague; *so ~ will* se Deus quiser.

'**Götterdämmerung** *f* (*0*) crepúsculo *m* dos deuses.

'**gott-ergeben** religioso, devoto; '2**heit** *f* (*0*) devoção *f*.

'**Götter|speise** *f* ambrósia *f*; ~**trank** *m* (-*ës*; ⸚*e*) néctar *m*.

'**Gottes|dienst** *m* (-*es*; -*e*) culto *m*; serviço *m* religioso; missa *f*; ~**furcht** *f* (*0*) temor *m* de Deus; devoção *f*; 2**fürchtig** [-fyrçtiç] devoto; ~**gericht** *n* (-*ës*; -*e*) ordálio *m*; juízo *m* de Deus; ~**haus** *n* (-*es*; ⸚*er*) igreja *f*; templo *m*; ~**lästerer** *m* blasfemo *m*; ~**lästerung** *f* blasfémia *f*.

'**gott|gefällig** grato a Deus; *leben*: como Deus manda; 2**heit** *f* divindade *f*. [divino.]

'**Gött|in** ['gœtin] *f* deusa *f*; 2**lich**

gott|'lob graças a Deus, Deus louvado!, '~**los** ateu, ateísta; '2**losigkeit** ['-lo:ziç-] *f* ateísmo *m*; ~'**selig** pio, devoto; '~**vergessen** impio; '~**verlassen** abandonado por Deus; '2**vertrauen** *n* (-*s*; *0*) confiança *f* em Deus; '~**voll** *fig.* F delicioso, impagável.

'**Götze** ['gœtsə] *m* (-*n*), ~**nbild** *n* (-*ës*; -*er*) ídolo *m*; ~**ndiener** *m* idólatra *m*; ~**ndienst** *m* (-*es*; -*e*) idolatria *f*; ~**ntempel** *m* templo *m* pagão.

Gouver'n|ante [guvɛr'nantə] *f* professora *f*; preceptora *f*; ~**eur** [-'nø:r] *m* (-*s*; -*e*) governador *m*.

Grab [gra:p] *n* (-*ës*; ⸚*er*) túmulo *m*; sepultura *f*; campa *f*; cova *f*; *das Heilige ~* o Santo Sepulcro; *zu ~e tragen* sepultar; assistir ao enterro (*'ê) de; '~**denkmal** *n* (-*ës*; ⸚*er*) monumento *m* sepulcral; cenotáfio *m*.

'**Grab|en** ['gra:bən] *m* (-*s*; ⸚) fosso *m*; cova *f*; *a.* ⚔ trincheira *f*; (*Bewässerungs*2) canal *m*; (*Wasser*2) vala *f*; 2**en** (*L*) (es)cavar; abrir a terra; ⊕ gravar.

'**Grabes...** ['gra:bəs...]: *in Zssgn meist* sepulcral; = *Grab...*

'**Grab|geläute** *n* dobre *m* dos sinos; ~**gewölbe** *n* cripta *f*; ~**hügel** *m* túmulo *m*; ~**kapelle** *f* mausoléu *m*; ~**legung** [-le:guŋ] *f* sepultura *f*; enterro (*'ê) *m*; ~**mal** *n* (-*ës*; ⸚*er*) = ~*denkmal*; ~**rede** *f* oração *f* fúnebre; ~**schändung** *f* profanação *f* de sepulcro; **~schrift** *f* epitáfio *m*; **~stätte** *f* jazigo *m*; **~stein** *m* (*-es*; *-e*) pedra *f* sepulcral; campa *f*; lousa *f*; **~stichel** ⊕ *m* buril *m*, cinzel *m*.

Grad [gra:t] *m* (*-es*; *-e*; *als Maß im pl. uv.*) grau *m*; *höchster ~* máximo *m*; (*Dienst*2) *a.* categoria *f*; *wir haben 2 ~* estamos a 2 graus; *fig. a.* escala *f*; ordem *f*; intensidade *f* (*hoher* grande); *in solchem ~e* a tal ponto; *~ Celsius* grau centígrado; '**~-abzeichen** *n* insígnia *f*; '**2e** [-də] *usw. s. gerade*; '**~-einteilung** *f* graduação *f*; escala *f*; '**~messer** *m* escala *f*; **2u'ieren** (-) graduar; '**2weise** graduado; *adv.* gradualmente.

Graf [gra:f] *m* (*-en*) conde *m*; '**~en-stand** *m* (*-es*; *0*) condado *m*.

'**Gräf|in** ['grɛ:fin] *f* condessa *f*; **2lich** condal; de conde.

'**Grafschaft** *f* condado *m*.

Gram [gra:m] **1.** *m* (*-es*; *0*) desgosto (*'ô) *m*; tristeza *f*; aflição *f*; **2.** 2: *j-m ~ sn* estar zangado com alg., ter rancor contra alg.

'**gräm|en** ['grɛ:mən]: *sich ~* (*über ac.*) afligir-se (com); *sich zu Tode ~* morrer de desgosto (*'ô); **~lich** rabugento.

Gramm [gram] *n* (*-s*; *-e*, *als Maß im pl. uv.*) grama *m*.

Gram'mat|ik [gra'matik] *f* gramática *f*; **~iker** *m* gramático *m*; **2isch** gramático, *adj. a.* gramatical, de gramática.

Grammo'phon [gramo'fo:n] *n* (*-s*; *-e*) gramofone *m*; **~-aufnahme** *f* gravação *f* em disco; **~platte** *f* disco *m*.

Gran [gra:n] *n* (*-es*; *-e*, *-*) grão *m*.

Gra'nat [gra'na:t] *m* (*-es*; *-e*) *Min.* granate *m*, granada *f*; **~-apfel** *m* (*-s*; *¨*) romã *f*; **~-apfelbaum** *m* (*-es*; *¨e*) romãzeira *f*; **~e** ⚔ *f* [-ə] granada *f*; **~splitter** *m* estilhaço *m* de granada; **~trichter** *m* cratera *f* de granada; **~werfer** [-vɛrfər] *m* lança-granadas *m*.

Gra'nit [gra'ni:t] *m* (*-s*; *-e*) granito *m*.

'**Granne** ['granə] *f* aresta *f*; pragana *f*, barba *f*.

'**Graphi|k** ['gra:fik] *f* (artes *f/pl.*) gráfica(s) *f/*(*pl.*); (*Zeichnung*) desenho *m*; **~ker** *m* gravador *m*; **2sch** gráfico.

Gra'phit [gra'fi:t] *m* (*-s*; *-e*) grafite *f*.

Grapho'log|e [grafo'lo:gə] *m* (*-n*) grafólogo *m*; **~ie** [-o'gi:] *f* (*0*) grafologia *f*; **2isch** grafológico.

Gras [gra:s] *n* (*-es*; *¨er*) erva *f*; *Gräser pl. a.* gramíneas *f/pl.*; *fig. das ~ wachsen hören* ouvir tossir as moscas; ser muito finório; *ins ~ beißen* (*müssen*) *fig.* morder o pó; morrer; **2en** ['gra:zən] (*-t*) pastar; '**~fläche** *f* relva *f*, prado *m*; '**2fressend** herbívoro; '**2grün** verde-gaio; '**~halm** *m* (*-es*; *-e*) vergôntea *f*; '**~hüpfer** ['-hypfər] *m* gafanhoto *m*; '**~land** *n* (*-es*; *0*) ervaçal *m*; '**~mähmaschine** *f* ceifeira *f*; '**~mücke** *f* t(o)utinegra *f*; '**~platz** *m* (*-es*; *¨e*) = *~fläche*.

gras'sieren [gra'si:rən] (-) reinar, grassar.

'**gräßlich** ['grɛsliç] horrível.

Grat [gra:t] *m* (*-es*; *-e*) cumeada *f*; crista *f*; espinhaço *m*; ⊕ rebarba *f*.

'**Gräte** ['grɛ:tə] *f* espinha *f*.

'**gratis** ['gra:tis] grátis, de graça, gratuitamente.

'**Grätsche** ['grɛ:tʃə] *f* salto *m* de pernas afastadas; **2n**: *die Beine ~* afastar as pernas.

Gratu|'lant [gratu'lant] *m* (*-en*) felicitante *m*, congratulante *m*; **~lati'on** [-latsi'o:n] *f* felicitação *f*; parabéns *m/pl.*; **2'lieren** [-'li:rən] (-): *j-m ~* felicitar alg.; dar os parabéns a alg.

grau [grau] **1.** *adj.* (**2.** 2 *n* [*-s*; *0*]) cinzento (*m*); pardo (*m*); *Haar*: grisalho (*m*); *~ werden*, *~e Haare bekommen* encanecer; '**2bart** *m* (*-es*; *¨e*) barba *f* grisalha; velhote *m*; '**~blau** azul acinzentado; '**~en** a) *Tag*: amanhecer, alvorecer; b) *sich ~* ter medo (*ê) (*vor dat.* de); **2en** *n* (*-s*; *0*) *Tag*: alvorada *f*; (*Schreck*) horror *m*, medo (*ê) *m*; '**~en-erregend,** '**~en-haft,** '**~en-voll** horrível, medonho; '**~haarig** grisalho; '**2kopf** *m* (*-es*; *¨e*) velhote *m*; '**~len**: *sich ~* ter medo (*ê) (*vor dat.* de).

'**gräulich** ['grɔyliç] (*Farbe*) grisalho.

'**Graupe** ['graupə] *f* cevadinha *f*; **~ln** *f/pl.* granizo *m/sg.*; **2ln** (*-le*) granizar.

Graus [graus] *m* (*-es*; *0*) horror *m*, espanto *m*.

'**grausam** ['grauza:m] cruel; atroz; bárbaro; **2keit** *f* crueldade *f*; atrocidade *f*; barbaridade *f*.

'**Grau-schimmel** *m* cavalo *m* rodado.

'**graus|en** ['grauzən] (*-t*): *mir graust*

tenho horror (*vor dat.* a); ≗**en** *n* = *Graus*; ~**en-erregend,** ~**ig** horrível, espantoso.

Gra'v|eur [gra'vø:r] *m* (*-s*; *-e*) gravador *m*; ≗**ieren** (-) gravar; *fig.* agravar; ~**ier-nadel** *f* (-; *-n*) buril *m*; ~**ierung** *f*, ~**itati'on(skraft)** [-itatsi'o:n-] *f* (*0*) gravitação *f*; ≗**i'tätisch** [-i'tɛ:tiʃ] grave, solene.

'Grazi|e ['gra:tsiə] *f* graça *f*, donaire *m*; ≗**ös** [-'ø:s] (*-est*) gracioso, donairoso.

Greif [graɪf] *m* (*-es od. -en*; *-e od. -en*) grifo *m*; condor *m*; '≗**bar** palpável; *fig. a.* concreto, positivo; ✝ disponível; '≗**en** (*L*) *v/t.* agarrar, apanhar; pegar em; ♪ tocar; *in die Saiten*: dedilhar; ~ *nach* lançar (a) mão a; *in die Tasche* ~ meter a mão no bolso (*'ô); *um sich* ~ propagar-se, propalar-se, espalhar-se; *zu e-m Mittel* ~ recorrer a; *zu hoch* ~ exagerar; *j-m unter die Arme* ~ fazer costas a alg.; *fig.* ajudar alg.; '~**zirkel** *m* compasso *m* simples (*od. Dicke*: de espessura).

Greis [graɪs] **1.** *m* (*-es*; *-e*) ancião *m*; **2.** ≗ *adj.* (*-est*) velho, encanecido.

'Greis|en-alter ['graɪzən-] *n* (*-s*; *0*) velhice *f*; ≗**en-haft** senil; ~**in** *f* anciã *f*.

grell [grɛl] *Licht*: forte, deslumbrante, cru; *Farbe*: vivo, garrido; *Ton*: agudo, penetrante.

Grena'dier [grəna'di:r] *m* (*-s*; *-e*) granadeiro *m*, soldado *m* da infantaria.

'Grenz|-abkommen ['grɛnts-] *n* acordo (*'ô) *m* de demarcação; ~**-anwohner** *m* raiano *m*; ~**-aufseher** *m* guarda-fronteira *m*, guarda-fiscal *m*; ~**bahnhof** *m* (*-es*; *⸚e*) estação *f* da fronteira; ~**bewohner** *m* raiano *m*, habitante *m* das fronteiras; ~**e** [-ə] *f* limite *m* (*a. fig.*); (*Landes*≗) fronteira *f*, *pl. a.* confins *m/pl.*; ≗**en** (*-t*): ~ *an* (*ac.*) confinar com; avizinhar-se de; (*hart*) ~ *an* (*ac.*) *fig.* chegar a (ser), ser quase, aproximar-se de; ≗**enlos** ilimitado, imenso; infinito; ~**er** *m* = ~*wächter*; ~**fall** *m* (*-es*; *⸚e*) caso-limite *m*; ≗**flächen-aktiv(er Stoff** *m*) detergente (*m*); ~**gebiet** *n* (*-es*; *-e*), ~**land** *n* (*-es*; *⸚er*) região (*od.* zona) *f* fronteiriça; ~**linie** *f* linha *f* divisória (*od.* de demarcação); ~**mark** *f* = ~*gebiet*; ~**pfahl** *m* (*-es*; *⸚e*) marco *m*, baliza *f*; ~**schutz** *m* (*-es*; *0*) defesa *f* da fronteira; ~**situation** *f* situação-limite *f*; ~**sperre** *f* encerramento *m* da fronteira; ~**stadt** *f* (-; *⸚e*) cidade *f* na fronteira; ~**station** *f* = ~*bahnhof*; ~**stein** *m* (*-es*; *-e*) = ~*pfahl*; ~**streit** *m* (*-es*; *-e*) litígio *m* de fronteiras; ~**-übertritt** *m* (*-es*; *-e*) passagem *f* da fronteira; ~**verkehr** *m* (*-s*; *0*) trânsito *m* na fronteira; ~**verletzung** *f* violação *f* da fronteira; ~**wache** *f* guarda-fronteira *m*; ~**wächter** *m* guarda-fiscal *m*; ~**wert** *m* (*-es*; *-e*) valor-limite *m*; ~**-zoll** *m* (*-es*; *⸚e*) alfândega *f*; direitos *m/pl.* alfandegários; ~**-zwischenfall** *m* (*-es*; *⸚e*) incidente *m* na fronteira.

'Greu|el ['grɔyəl] *m* horror *m*; *ein* ~ *sn* causar horror; ~**el-tat** *f* atrocidade *f*; ≗**lich** horrível, atroz.

'Griebe ['gri:bə] *f* torresmo *m*.

'Griech|e ['gri:çə] *m* (*-n*) grego *m*; ~**en-tum** *n* (*-s*; *0*) helenismo *m*; ~**in** *f* grega *f*; ≗**isch** grego, da Grécia; ≗**isch-ka'tholisch** greco-ortodoxo; ≗**isch-'römisch** greco-romano.

'Gries|gram ['gri:s-] *m* (*-es*; *-e*) rabugice *f*; *j.* = ≗**grämig** [-grɛ:miç] rabugento; abetumado; macambúzio. [areias *f/pl.*]

Grieß [gri:s] *m* (*-es*; *-e*) sémola *f*; ⚕

Griff [grif] *m* (*-es*; *-e*) (*Greifen*) jeito *m*; (*Tatze*) garra *f*; (*Henkel*) asa *f*; (*Degen*≗, *Messer*≗, *Stock*≗) cabo *m*; punho *m*; (*Stiel*) pega *f*; *Schublade*: puxador *m*; ⊕ manípulo *m*; *zum Drehen*: manivela *f*; ♪ (*Töne*) acordo *m*; *pl.* ~*e mit dem Gewehr*: ⚔ manejo *m/sg.*; *e-n guten* ~ *tun fig.* ter sorte (*f*); '≗**bereit** à mão; '~**brett** *n* (*-es*; *-er*) ♪ braço *m*; '~**el** *m* lápis *m* (de lousa); ⊕ buril *m*; ⚘ estilete *m*, pistilo *m*.

'Grille ['grilə] *f* grilo *m*; *fig.* capricho *m*, mania *f*; ~*n fangen* estar hipocondríaco; ≗**n** grelhar.

Gri'masse [gri'masə] *f* careta *f*, trejeito *m* (*schneiden* fazer); ~**n-schneider** *m* pantomineiro *m*.

Grimm [grim] *m* (*-es*; *0*) raiva *f*; ira *f*; '≗**ig** furioso; irado; feroz; *Kälte*: penetrante, a rachar; *Schmerz*: agudo.

Grind [grint] *m* (*-es*; *-e*) tinha *f*; '≗**ig** ['-diç] tinhoso.

'grinsen ['grinzən] **1.** (*-t*) sorrir-se

irònicamente; arreganhar os dentes; **2.** ♀ *n* sorriso *m* irónico.
ˈ**Grippe** [ˈgripə] *f* gripe *f*; ♀**krank** engripado.
grob [gro:p] (*"er*; *"st*) grosso; *fig.* grosseiro, rude (*werden* ser; *gegen* para com); (*in großen Zügen*) rudimentar; *Einstellung*: ⊕ aproximativo; *Fehler*: grave; *Lüge*: manifesto; ˈ♀**-heit** *f* grossaria *f*; grosseria *f*; rudez(a) *f*; brutalidade *f*.
ˈ**Grobian** [ˈgro:bia:n] *m* (*-es*; *-e*) homem *m* grosseiro; labrego *m*.
ˈ**grob-körnig** grosso.
ˈ**gröblich** [ˈgrø:pliç] grosseiramente; gravemente.
ˈ**grob|schlächtig** [ˈ-ʃlɛçtiç] grosseiro; ♀**schmied** *m* (*-es*; *-e*) ferreiro *m*.
Grog [grɔk] *m* grogue *m*.
ˈ**grölen** [ˈgrø:lən] P berrar.
Groll [grɔl] *m* (*-es*; *0*) rancor *m*; ˈ♀**en** guardar rancor (*gegen* a); *Donner*: trovejar.
Gros *n* **1.** ⚔ [gro:] (-; -) grosso *m*; **2.** [grɔs] (*-ses*; *-se*, -) (*12 Dutzend*) grosa *f*.
groß [gro:s] (*"er*; *"t*) grande; (*hochgewachsen*) *u. Einsatz*: alto; *Buchstabe*: grande, maiúsculo; *Maßstab*: largo; (*erwachsen*) adulto; *gleich* ~ de igual tamanho (*od.* volume); *so* ~ tamanho; *wie* ~? de que tamanho (*od.* volume *od.* capacidade)?; *die* ~*e Zehe* o polegar do pé; ~ *ansehen*, ~*e Augen machen* arregalar os olhos (para); *im* ~*en* em grande escala, ⚕ por atacado; *im* ~*en* (*und*) *ganzen* em geral grosso modo; ~ (*od. größer*) *werden* crescer, aumentar; ˈ♀**-abnehmer** *m* comprador *m* por grosso; ˈ♀**-admiral** *m* (*-s*; *-e*) grande-almirante *m*, almirante-mor *m*; ˈ~**-artig** grandioso; ˈ♀**-aufnahme** *f Film*: primeiro plano *m*; ˈ♀**bauer** *m* (*-n*; *-n*) lavrador *m* rico; ˈ♀**-Berlin** *n* Berlim *f* e arredores; ˈ♀**betrieb** *m* (*-es*; *-e*) exploração *f* em grande escala; grande fábrica *f*.
ˈ**Größe** [ˈgrø:sə] *f* grandeza *f* (*a. fig.*); (*Umfang*) tamanho *m*; *Person*: estatura *f*; *Phys.* (*Weite*) amplitude *f*; (*Rauminhalt*) volume *m*; magnitude *f* (*a. Großartigkeit*); (*Ausdehnung*) extensão *f*; 𝔄 (*Menge*) quantidade *f*; ⚔ calibre *m*; (*Berühmtheit*) celebridade *f*.
ˈ**Groß|-eltern** *pl.* avôs *m/pl.*; ~**-enkel**(**in** *f*) *m* bisneto *m* (-a *f*); ♀**enteils** em grande parte.
ˈ**Größen|verhältnis** [ˈgrø:sən-] *n* (*-ses*; *-se*) proporção *f*; ~**wahn** *m* (*-es*; *0*) megalomania *f*; ♀**wahnsinnig** megalómano.
ˈ**größer** [ˈgrø:sər] *comp. v. groß* maior; superior.
ˈ**Groß|flugzeug** *n* (*-es*; *-e*) avião *m* gigante; ~**fürst**(**in** *f*) *m* (*-en*) *s.* ~*herzog*; ~**grundbesitz** *m* (*-es*; *0*) grande propriedade *f*, latifúndio *m*; ~**grundbesitzer** *m* grande proprietário *m*, latifundiário *m*, ~**handel** *m* (*-s*; *0*) comércio *m* por junto; ~**händler** *m* negociante *m* por grosso; ♀**herzig** magnânimo; ~**herzog**(**in** *f*) *m* (*-es*; *-e od. "e*) grão-duque *m* (grã-duquesa *f*); ~**hirn** *n* (*-es*; *-e*) cérebro *m*; ~**hirn...**: *in Zssgn* cerebral; ~**herzogtum** *n* (*-s*; *"er*) grão-ducado *m*; ~**industrie** *f* grande indústria *f*; ~**industrielle**(**r**) *m* grande industrial *m*.
Grossist [grɔˈsist] *m* (*-en*) = *Großhändler*.
ˈ**groß|jährig** [ˈ-jɛ:riç] maior; ♀**jährigkeit** *f* (*0*) maioridade *f*; ♀**kapital** *n* (*-s*; *-ien*) grandes capitais *m/pl.*; alta finança *f*; ♀**kaufmann** *m* (*-es*; *-leute*) = ♀*händler*; ♀**macht** *f* (-; *"e*) grande potência *f*; ~**mächtig** muito poderoso; ♀**mama** *f* (-; *-s*) avòzinha *f*; ♀**maul** *n* (*-es*; *"er*), ~**mäulig** [ˈ-mɔyliç] fanfarrão *m*; ♀**mut** *f* (*0*) generosidade *f*; ~**mütig** [ˈ-my:tiç] generoso; ♀**-mutter** *f* (-; *"*) avó *f*; ♀**neffe** *m* (*-n*) sobrinho-neto *m*; ♀**nichte** *f* sobrinha-neta *f*; ♀**-onkel** *m* tio-avô *m*; ♀**-oktav** *n* oitavo *m* maior; ♀**papa** *m* (*-s*; *-s*) avôzinho *m*; ♀ˈ**rein**(**e**)**machen** *n* limpeza *f* geral; ♀**sprecher**(ˈ**ei** *f*) *m*, ~**sprecherisch** fanfarrão *m* (fanfarrice *f*, fanfarronada *f*); ~**spurig** [ˈ-ʃpu:riç] de via larga; *fig.* jactancioso; ~**stadt** *f* (-; *"e*) grande cidade *f*; grande centro *m*, capital *f*; ♀**städter**(**in** *f*) *m* habitante *m/f* duma grande cidade; ~**städtisch** das grandes cidades, dos grandes centros.
größt [grø:st] *sup. v. groß* maior; superior; (*höchst*) máximo.
ˈ**Groß|tante** *f* tia-avó *f*; ~**tat** *f* façanha *f*.
ˈ**größtenteils** [ˈgrø:stəntaɪls] pela maior parte.
ˈ**Groß|tuer** [ˈ-tu:ər] *m* valentão *m*;

gabarola *m*; **~tuerei** *f* gabarolice *f*; **2tun** (*L*) gabar-se (*mit* de); **~-unternehmer** *m* grande industrial *m*; **~vater** *m* (-*s*; ⸗) avô *m*; **~vaterstuhl** *m* (-*ẹs*; ⸗*e*) poltrona *f*; **~vieh** *n* (-*ẹs*; *0*) gado *m* grosso; **2ziehen** (*L*) criar; **2zügig** ['-tsy:giç] generoso, liberal; **~zügigkeit** *f* (*0*) generosidade *f*, liberalidade *f*.

gro'tesk [gro'tɛsk] grotesco; **2e** *f* farsa *f*.

'**Grotte** ['grɔtə] *f* gruta *f*.

'**Grübchen** ['gry:pçən] *n* covinha *f*.

'**Grube** ['gru:bə] *f* cova *f*, fossa *f*; ⚒ mina *f*.

Grübe|'lei [gry:bə'laɪ] *f* reflexão *f*, meditação *f*; '**2ln** (-*le*) cismar, meditar.

'**Gruben|-arbeiter** *m* mineiro *m*; **~gas** *n* (-*es*; -*e*) grisu *m*; **~-holz** *n* (-*es*; ⸗*er*) madeira *f* para minas; **~lampe** *f*, **~licht** *n* (-*ẹs*; -*er*) lanterna *f* de mineiro.

'**Grübler** ['gryplər] *m* cismador *m*; **2isch** pensativo.

Gruft [gruft] *f* (-; ⸗*e*) sepultura *f*, cova *f*; túmulo *m*; jazigo *m*; cripta *f*.

'**Grum(me)t** ['grum(ə)t] *n* (-*ẹs*; *0*) feno *m* seródio.

grün [gry:n] **1.** *adj.* verde (*a. fig.* = *unerfahren*); *~er Junge* fedelho *m*; (*gewogen*) afeiçoado a, amigo de; *~ werden* verdejar; **2.** 2 *n* (-*s*; *0*) (cor *f*) verde *m*; (*Pflanzen*2) verdura *f*; *ins ~e* ao campo.

Grund [grunt] *m* (-*ẹs*; ⸗*e*) (*tiefste Stelle*) fundo *m*; (*Erdboden*) solo *m*; terreno *m*; terra *f*; (*Tal*) vale *m*; (*Niederschlag*) sedimentos *m/pl.*; precipitação *f*; (*~lage*) fundamento *m*, base *f*; (*Vernunft*2) razão *f*; argumento *m*; (*Beweg*2) motivo *m*; (*Ursache*) causa *f*; *~ und Boden* terras *f/pl.*; bens *m/pl.* de raiz; *auf eigenem ~* em terra *f* própria; no próprio solo; *in ~ und Boden fig.* a fundo; profundamente; *den ~ verlieren* perder pé; *den ~ legen für* fundamentar (*ac.*); *auf ~ von* (*od. gen.*) na base de, com base em; (*kraft*) em virtude de; *e-r Sache auf den ~ gehen* examinar a.c. a fundo; ⚓ *auf ~ geraten* encalhar; *in den ~ bohren* meter a pique; *von ~ aus* radicalmente; desde o princípio; *im ~e genommen* no fundo; *zu ~e* = *zugrunde*; '**~bedeutung** *f* sentido (*od.* significado) *m* primitivo; '**~bedingung** *f* condição *f* fundamental; '**~begriff** *m* (-*ẹs*; -*e*) noção *f* (*od.* conceito *m*) fundamental; elemento *m*; '**~besitz** *m* (-*es*; *0*) bens *m/pl.* de raiz; *einzelner*: propriedade *f*, terreno *m*; '**~besitzer(in** *f*) *m* proprietário *m* (-a *f*); '**~buch** *n* (-*ẹs*; ⸗*er*) cadastro *m*; '**~buch...**: *in Zssgn* cadastral; **2'-ehrlich** (*0*) absolutamente honesto; '**~-eigentum** *n* (-*s*; *0*) = *~besitz*; '**~-eigentümer(in** *f*) *m* = *~besitzer(in)*; '**~eis** *n* (-*es*; *0*) gelo (*ê) *m* de fundo.

'**gründ|en** ['gryndən] (-*e*-) fundar; (*einrichten*) *a.* estabelecer, instituir; (*sich*) *~ auf* (*ac.*) basear(-se) em; **2er(in** *f*) *m* fundador(a *f*) *m*.

'**grund|'falsch** (*0*) completamente falso (*od.* errado); **2farbe** *f* cor (*ô) *f* primitiva, cor (*ô) *f* fundamental; **2fehler** *m* erro (*ê) *m* fundamental; **2feste** *f* alicerce *m*; **2fläche** *f* base *f*; **2form** *f* forma *f* primitiva; *gr. Verb*: infinit(iv)o *m*; *Substantiv*: nominativo *m*; **2gedanke** *m* (-*ns*; -*n*) ideia (*é) *f* fundamental; **2gehalt** *m* (-*ẹs*; -*e*) teor-base *m*; **2gesetz** *n* (-*es*; -*e*) lei *f* básica; estatuto *m*; (*Verfassung*) constituição *f*; **~'ieren** [-'di:rən] (-) *Mal.* imprimar; **2kapital** *n* (-*s*; -*ien*) capital *m* nominal; **2lage** *f* base *f*, fundamento *m*; **~legend** fundamental.

'**gründlich** ['gryntliç] (*tiefgehend*) profundo; sólido; metódico; (*eingehend*) pormenorizado; (*erschöpfend*) exaustivo; (*v. Grund aus*) radical; *adv. a. bom*; a fundo, fundamentalmente; **2keit** *f* (*0*) solidez *f*; profundidade *f*.

'**Gründling** ['gryntliŋ] *m* (-*s*; -*e*) *Zool.* gobião *m*; *im Fluß*: cadoz *m*.

'**Grund|linie** *f* base *f*, princípio *m*; linha *f* geral; *topographische*: distância *f*; * caminhamento *m*; **2los** (*tief*) sem fundo; *Weg*: intransitável; *fig.* infundado, sem fundamento, sem razão; gratuito; **~losigkeit** ['-lo:ziç-] *f* (*0*) gratui(ti)dade *f*; **~mauer** *f* (-; -*n*) fundamento *m*, alicerce *m*, * baldrame *m*.

Grün'donnerstag *m* (-*ẹs*; -*e*) Quinta-feira *f* Santa.

'**Grund|pfeiler** *m* pilar *m*; **~regel** *f* (-; -*n*) regra *f* fundamental; **~rente** *f* renda *f*, rendimento *m*; **~riß** *m* (-*sses*; -*sse*) plano *m*; ⚠ planta *f*;

(*Buch*) compêndio *m*; **~satz** *m* (*-es*; *⸗e*) princípio *m*; ♆ axioma *m*; **~satz-entscheidung** *f* ⚖ acórdão *m* doutrinário; **²sätzlich** ['-zɛtsliç] em (*od.* por) princípio; **~satz-urteil** *n* (*-s*; *-e*) ⚖ acórdão *m* doutrinário; **~schuld** *f* dívida *f* hipotecária; **~schule** *f* escola *f* primária; **~stein** *m* (*-ės*; *-e*): *den ~ legen* lançar (*od.* colocar) a primeira pedra; **~stein-legung** [-le:guŋ] *f* lançamento *m* da primeira pedra; **~steuer** *f* (*-*; *-n*) contribuição *f* predial; **~stock** *m* (*-ės*; *⸗e*) base *f*; **~stoff** *m* (*-ės*; *-e*) matéria *f* prima; ⚗ corpo *m* simples, elemento *m*; **~strich** *m* (*-ės*; *-e*) perna *f* de letra; **~stück** *n* (*-ės*; *-e*) (lote *m* de) terreno *m*; (*Gebäude*) imóvel *m*, prédio *m*; **~stufe** *f* ensino *m* primário; **~ton** ♪ *m* (*-ės*; *⸗e*) (nota *f*) tónica *f*; **~-übel** *n* mal *m* fundamental, causa *f*; **~-umsatz** *m* (*-es*; *⸗e*) metabolismo *m* basal.

'**Gründung** ['grynduŋ] *f* fundação *f*, estabelecimento *m*, instituição *f*.

'**grund|verschieden**: ~ (*von*) essencialmente diferente (de); inconfundível (com); **²wasser(-stand** *m*) *n* (nível *m* das) águas *f/pl.* subterrâneas; **²wissenschaft** *f* ciência *f* fundamental; **²zahl** *f* número *m* cardinal; **²zins** *m* (*-es*; *-en*) contribuição *f* predial; **²zug** *m* (*-ės*; *⸗e*) rasgo *m* essencial; cara(c)terística *f*; *Grundzüge pl. Wissenschaft*: elementos *m/pl.*

'**grün|en** ['gry:nən] verdejar; reverdescer; **²futter** *n* (*-s*; *0*) forragem *f*; **²kohl** *m* (*-ės*; *0*) couve *f* verde (*od.* galega); **~lich** esverdeado, verdoengo; **²schnabel** F *m* (*-s*; *⸗*) fedelho *m*; **²span** *m* (*-ės*; *0*) verdete *m*; **²specht** *m* (*-ės*; *-e*) pianço (*od.* peto) *m* verde.

'**grunzen** ['gruntsən] **1.** (*-t*) grunhir; **2.** ² *n* grunhido *m*.

'**Grupp|e** ['grupə] *f* grupo *m*; agrupamento *m*; turma *f*, turno *m*; ⚔ pelotão *m*; **~en-aufnahme** *f*, **~en-bild** *n* (*-ės*; *-er*) fotografia *f* de um grupo; **²enweise** em grupos; **²'ieren** (-) agrupar; '**~ierung** *f* agrupamento *m*.

Grus [gru:s] *m* (*-es*; *-e*) cascalho *m*.

'**grusel|ig** ['gru:zəliç] medonho, horripilante; **~n** (*-le*): *j-n* (*od. j-m*) *gruselt vor* (*dat.*) (*nom.*) faz medo (*ê) a alg.; *j-n ~ machen* meter medo (*ê) a alg.

Gruß [gru:s] *m* (*-es*; *⸗e*) saudação *f*; cumprimento *m*, ⚔ continência *f*; *Grüße pl. bsd. im Brief*: lembranças *f/pl.*, saudades *f/pl.* (*bestellen* dar, dizer).

'**grüßen** ['gry:sən] *v/t.* (*-t*) saudar; cumprimentar; *j-n ~ lassen* mandar (dizer) saudades *od.* cumprimentos a alg. [*Kopf* miolos *m/pl.*, jeito *m.*]

'**Grütze** ['grytsə] *f* papa *f*; *fig.* ~ *im*

'**guck|en** ['gukən] F olhar; **²fenster** *n* postigo *m*; **²kasten** *m* (*-s*; *⸗*) câmara *f* ó(p)tica; **²loch** *n* (*-ės*; *⸗er*) postigo *m*; ralo *m*.

'**Gulasch** [gu:laʃ] *n* (*-ės*; *0*) guisado *m* de vaca; **~kanone** F *f* cozinha *f* ambulante.

'**Gulden** ['guldən] *m* florim *m*.

'**gültig** ['gyltiç] válido; *Gesetz*: em vigor, vigente; (*echt*) legítimo; **²keit** *f* (*0*) validade *f*, vigor *m*.

'**Gummi** ['gumi] *n u. m* (*-s*; *- od. -s*) borracha *f*; goma *f*; **~-absatz** *m* (*-es*; *⸗e*) salto *m* de borracha; **~ball** *m* (*-ės*; *⸗e*) bola *f* de borracha; **~band** *n* (*-ės*; *⸗er*) elástico *m*; **~baum** *m* (*-ės*; *⸗e*) árvore *f* gomífera (*od.* da borracha); * *a.* cauchu *m*, seringueira *f*.

gum'mieren [gu'mi:rən] (-) engomar, colar, deitar cola.

'**Gummi|handschuh** *m* (*-ės*; *-e*) luva *f* de borracha; **~knüppel** *m* cacete *m*, cacheira *f*; **~mantel** *m* (*-s*; *⸗*) impermeável *m*, casaco *m* de borracha; **~reifen** *m* pneu(mático) *m*; **~scheibe** *f* disco *m* de borracha; **~schlauch** *m* (*-ės*; *⸗e*) tubo *m* de borracha; *Auto*: câmara *f* de ar; **~schuh** *m* (*-ės*; *-e*) galocha *f*; **~sohle** *f* sola *f* de borracha; **~-strumpf** *m* (*-ės*; *⸗e*) meia *f* elástica (*od.* de borracha); **~zug** *m* (*-ės*; *⸗e*) elástico *m*.

Gunst [gunst] *f* (*0*) favor *m*; graça *f*; *bei j-m in ~ stehen, in j-s ~ stehen* ser grato a alg.; *sich bei j-m in ~ setzen* procurar agradar a alg.; *pl. zu j-s ~en* a favor de alg.

'**günst|ig** ['gynstiç] favorável, propício; oportuno; *j-m ~ gesinnt sn* ter simpatias para com alg.; ser amigo de alg.; **²ling** *m* (*-s*; *-e*) favorito *m*; *e-s Fürsten*: *a.* valido *m*; **²lingswirtschaft** *f* (*0*) favoritismo *m*.

'**Gurgel** ['gurgəl] *f* (-; -*n*) garganta *f*; goela *f*; j-m die ~ abschneiden degolar alg.; 𝔖**n** (-*le*) gargarejar; ~**wasser** *n* (-*s*; =) gargarejo *m*.
'**Gurke** ['gurkə] *f* pepino *m*.
'**gurren** ['gurən] arrul(h)ar.
Gurt [gurt] *m* (-*es*; -*e*) cinto *m*; (*Sattel*𝔖) cilha *f*; (*Patronen*𝔖) cartucheira *f*; ~**band** *n* (-*es*; =*er*) precinta *f*.
'**Gürtel** ['gyrtəl] *m* cinto *m*; cinta *f*; *fig. u.* ⚕ ~**flechte,** ~**rose** *f* zona *f*; ~**tier** *n* (-*es*; -*e*) armadilho *m*, tatu *m*. [cilhar.]
'**gürten** ['gyrtən] (-*e*-) cingir; *Pferd*:
Guß [gus] *m* (-*sses*; =*sse*) ⊕ fusão *f*; fundição *f*; *Wasser*: pancada (*od.* bátega) *f* de água; (*Regen*𝔖) aguaceiro *m*; (*Zucker*𝔖 *usw.*) cobertura *f*; aus e-m ~ *fig.* perfeito; '~-**abdruck** *m* (-*es*; =*e*) clichê *m*; '~-**eisen** *n* (-*s*; *0*) ferro *m* fundido; '~**form** *f* molde *m*; '~**stahl** *m* (-*es*; *0*) aço *m* fundido; '~**stahlwerk** *n* (-*es*; -*e*) fundição *f*.
Gut[1] *n* (-*es*; =*er*) bem *m*; ⚚ mercadoria *f*; (*Land*𝔖) quinta *f*, herdade *f*.
gut[2] (*besser*; *best*) *adj.* bom, *f* boa; *adv.* bem; es ist ~, (schon) ~! está bem!; seien Sie so ~ tenha a bondade, faça(-me) o favor *od.* o obséquio (zu *inf.*, und de); zu et. ~ sn servir para a.c., prestar para a.c.; es ~ sn lassen deixar; não insistir; es ~ haben ter sorte; es ~ meinen mit ser amigo de; Sie haben ~ reden V. pode falar; zu ~er Letzt por fim, por último; ~, daß ainda bem que (*subj.*); ~ denn! pois bem!; ~ 2 *Monate* pelo menos ...; so ~ wie sicher quase; sich ~ stehen ganhar bem; sich mit j-m ~ stehen dar-se bem com alg.; '𝔖-**achten** *n* parecer *m*; '𝔖-**achter** [-axtər] *m* perito *m*; '~-**artig** bom, de boa índole; ⚕ benigno; '𝔖**dünken** *n* (-*s*; *0*) critério *m*, arbítrio *m*; nach ~ à vontade; a bel-prazer, '𝔖**e**(**s**) *n* bem *m*; ~s tun fazer bem; des ~n zuviel tun exagerar; comer (*od.* beber) demasiado; alles ~! boa sorte!; felicidades!; im 𝔖n amigàvelmente; em bons termos; = gutwillig.
'**Güte** ['gy:tə] *f* (*0*) bondade *f*; (*Beschaffenheit*, *Wert*) qualidade *f*; in ~ amigàvelmente; du meine ~! F valha-me Deus!; (tenha) paciência!
'**Güter**|-**abfertigung** *f* expedição *f* de mercadorias (*od.* de volumes); despacho *m*; ~-**annahme** *f* recepção *f* de mercadorias (*od.* de volumes); ~**bahnhof** *m* (-*es*; =*e*) estação *f* de mercadorias; ~**gemeinschaft** *f* comunhão *f* de bens; ~**trennung** *f* separação *f* de bens; ~**verkehr** *m* (-*s*; *0*) tráfego *m*; ~**wagen** *m* carruagem *f* de mercadorias; ~**zug** *m* (-*es*; =*e*) comboio *m* de mercadorias.
'**gut**|**gelaunt** ['-gəlaunt] bem disposto; ~**gemeint** ['-gəmaɪnt], ~**gesinnt** bem intencionado; ~**gläubig** de boa fé; ~**haben** (*L*) ⚚ *v/t.* ser credor de; 𝔖**haben** *n* haver *m*; saldo *m* a(c)tivo; crédito *m*; ~**heißen** (*L*) aprovar; ~**herzig** bondoso, benévolo.
'**güt**|**ig** ['gy:tiç] bondoso; (*wohlwollend*) benévolo; Sie sind sehr ~ é muito amável; wollen Sie ~st *inf.* tenha a bondade de; ~**lich** amigável, amistoso; sich ~ tun regalar-se (an *dat.* com).
'**gut**|**machen**: (wieder) ~ remediar, emendar, reparar; nicht wieder gutzumachen irreparável, irremediável; ~**mütig** ['-my:tiç] bondoso, benévolo; bonacheirão; 𝔖**mütigkeit** *f* (*0*) bondade *f*, benevolência *f*; ~**sagen**: für et. ~ garantir a.c.; 𝔖**s-besitzer** *m* lavrador *m*; proprietário *m*; 𝔖**schein** *m* (-*es*; -*e*) abono *m*, abonação *f*; ~**schreiben** (*L*) ⚚ abonar, levar a crédito; 𝔖**schrift**(-**anzeige**) *f* (nota *f* de) crédito *m*; 𝔖**s-herr** *m* (-*n*; -*en*) lavrador *m*; proprietário *m*; senhor *m*; 𝔖**s-hof** *m* (-*es*; =*e*) herdade *f*; quinta *f*; casal *m*; ~**situiert** ['-zitui:rt] afortunado; ~**stehen** (*L*) = ~sagen; 𝔖**s-verwalter** *m* administrador *m*; 𝔖**s-verwaltung** *f* administração *f*; ~**tun** (*L*) fazer bem; ~**willig** de boa (*od.* de livre) vontade; *Zögling*: dócil, obediente; 𝔖**willigkeit** *f* (*0*) complacência *f*; boa vontade *f*.
Gymnasi'al|**bildung** [gymnazi'a:l-] *f* (*0*) curso *m* liceal; ~**direktor** *m* reitor *m* de liceu.
Gymn|**asi'ast** [gymnazi'ast] *m* (-*en*) estudante *m* do liceu; ~**asium** [-'na:zium] *n* (*s*; *Gymnasien*) escola *f* secundária, liceu *m*.
Gym'nast|**ik** [gym'nastik] *f* (*0*) ginástica *f*; 𝔖**isch** ginástico.
Gynäko|'**loge** [gynɛko'lo:gə] *m* (-*n*) ginecólogo *m*; ~**lo'gie** [-lo'gi:] *f* (*0*) ginecologia *f*.

H

H, h [ha:] *n* (-; -) H, h *m*; ♪ si *m*.
ha! [ha:] ah!
Haar [ha:r] *n* (-*es*; -*e*) pêlo *m*; (*Kopf*♀) cabelo *m*; *bsd. langes* (*kollektiv*) cabeleira *f*; *weißes* ~ cãs *f/pl.*; (*Ross*♀) crina *f*; *auf ein* ~, *aufs* ~ exa(c)tamente, = ♀*klein adv.*; *um ein* ~ por um cabelo (*od.* triz); *kein gutes* ~ *an* (*dat.*) *lassen* dizer cobras e lagartas de; *pl.* ~*e lassen müssen* ficar depenado; ~*e auf den Zähnen haben* não ter papas na língua; *sich in die* ~*e geraten, sich in den* ~*en liegen* pegar-se; '**~-ausfall** *m* (-*es*; ≃*e*) queda *f* dos cabelos; ⚕ alopecia *f*; '**~bürste** *f* escova (*ô) *f* de cabelo; '**~-busch** *m* (-*es*; ≃*e*) penacho *m*; '**~büschel** *m*, *n* madeixa *f* de cabelo; '♀**en** *v/t.* (*v/i.*) pelar(-se), mudar; '**~-entferner** *m* depilatório *m*; '**~-ersatz** *m* (-*es*; *0*) cabelo *m* postiço; '**~esbreite** *f*: *um* ~ por um triz; '**~färbemittel** *n* tinta *f* para o cabelo; '♀**fein** delgado como um cabelo, capilar; *fig.* subtil; '**~festiger** ['-fɛstigər] *m* fixador *m* (para cabelos); '♀**ig** cabeludo, peludo; *fig.* F escandaloso; '♀**klein** subtil; *adv.* com todos os pormenores; '**~knoten** *m* chinó *m*, monho *m*; '♀**los** calvo; '**~nadel** (**-kurve**) *f* (-; -*n*) (curva *f* de) gancho *m*; grampo *m*; '**~netz** *n* (-*es*; -*e*) rede (*'ê) *f* para o cabelo; '♀**scharf** afiadíssimo; *fig.* muito certo; ~ *vorbei an* (*dat.*) passando mesmo por; '**~schneiden** *n* corte *m* de cabelo; '**~schnitt** *m* (-*es*; -*e*) = ~*schneiden*; (*Frisur*) penteado *m*; '**~schopf** *m* (-*es*; ≃*e*) topete *m*, F poupa *f*; '**~sieb** *n* (-*es*; -*e*) tamis *m*; **~spalte'rei** [-ʃpaltə'raɪ] *f* subtilezas *f/pl.*; '♀**sträubend** horripilante; '**~strich** *m* (-*es*; -*e*) linha *f* delgada; '**~tracht** *f* penteado *m*; '**~trockner** *m* secador *m* elé(c)trico; '**~waschmittel**, '**~wasser** *n* loção *f* para o cabelo; '**~wickel** *m* «bigoudi» *m* (*fr.*); papelote *m*; '**~wuchs** *m* (-*es*; *0*) crescimento *m* do cabelo; (*Haar*) cabeleira *f*.

Hab [ha:p]: ~ *und Gut n* (-*es*; *0*) = ~**e** ['ha:bə] *f* (*0*) haveres *m/pl.*
haben ['ha:bən] **1.** (*L*) ter (*zu inf.* que); (*besitzen a.*) possuir; *et. bei sich* ~ levar, trazer; *was* ~ *wir davon?* que ganhamos com isto?, para que nos serve isto?; *nichts davon* ~ não levar a melhor; *da* ~ *wir's!* ora aí está!; ~ *wollen* querer; *zu* ~ (*kaufen*) *sn* estar à venda; *nicht mehr zu* ~ *sn* estar esgotado; *Mädchen*: *noch zu* ~ por casar; *nichts auf sich* ~, *nichts zu sagen* ~ não ser nada, não ter importância; *sich* ~ F fazer-se esquisito; *wir* ~ *den 1. März* estamos em um de Março; *wir* ~ *Winter* estamos no inverno; **2.** ♀ ✝ *n* haver *m*.
'**Habenichts** *m* (-, -*es*; -*e*) pobretão *m*, pobre diabo *m*.
'**Hab|gier** *f* (*0*) avidez *f*, cubiça *f*; ♀**gierig** ávido (*nach* de); ♀**haft**: ~ *werden* (*gen.*) (conseguir) apoderar-se de; *j-s* ~ *werden* apanhar alg.
Habicht ['ha:biçt] *m* (-*es*; -*e*) açor *m*; **~snase** *f* nariz *m* aquilino.
Habilit|ati'on [habilitatsi'o:n] *f* doutoramento *m*; concurso *m* para professor agregado; ♀'**ieren** (-): *sich* ~ doutorar-se, fazer o seu doutoramento; fazer concurso para professor agregado.
'**Hab|seligkeiten** *f/pl.* haveres *m/pl.*, coisas *f/pl.*; **~sucht** *f* (*0*), ♀**süchtig** = ~*gier*, ♀*gierig*.
'**Hack|beil** ['hak-] *n* (-*es*; -*e*) machadinha *f*; **~block** *m* (-*es*; ≃*e*) cepo *m*; talho *m*, *a.* **~brett** ♪ *n* (-*es*; -*er*) tímpano *m*; **~e** ['-ə] *f* enxada *f*; picareta *f*; sacho *m*; (*Ferse*) = **~en**[1] *m* calcanhar *m* (*zusammenschlagen* ⚔ bater); *Schuh*: tacão *m*, salto *m*; ♀**en**[2] picar; *Holz*: partir, rachar; ⛏ cavar, sachar; **~fleisch** *n* carne *f* picada; **~klotz** *m* (-*es*; ≃*e*) talho *m*; **~messer** *n* cutelo *m* para picar carne; talhador *m*.
'**Häcksel** ['hɛkzəl] *m u. n* palhiço *m*; **~maschine** *f* talhadeira *f*.
'**Hader** ['ha:dər] *m* contenda *f*, briga *f*; querela *f*; zanga *f*; ♀**n** (-*re*): ~

mit estar zangado com; *mit j-m*: *a.* querelar (*od.* discutir) com.

'**Hafen** ['ha:fən] *m* (-*s*; =) porto (*'ô) *m*; (*Gefäß*) pote *m*, jarro *m*; aquário *m*; ~**-abgaben** *f/pl.* direitos *m/pl.* de porto (*'ô); ~**-anlage** *f* instalação *f* do porto (*'ô); ~**behörde** *f* capitania *f*; ~**damm** *m* (-*es*; =*e*) molhe *f*; ~**-einfahrt** *f* entrada *f* do porto (*'ô); ~**kommandantur** *f* capitania *f*; ~**platz** *m* (-*es*; =*e*) porto (*'ô) *m* do mar; ~**sperre** *f* embargo *m*; ~**stadt** *f* (-; =*e*) cidade *f* marítima, porto (*'ô) *m*.

'**Hafer** ['ha:fər] *m* (-*s*; -) aveia *f*; ~**flocke** *f* floco *m* de aveia; ~**grütze** *f*, ~**schleim** *m* (-*es*; -*e*) sopa (*od.* papa) *f* de flocos de aveia.

Haff [haf] *n* (-*es*; -*s*, -*e*) ria *f*; baía *f*.

Haft [haft] *f* (*0*) prisão *f*; (*Polizei*2) *a.* detenção *f*; *in* ~ *nehmen* prender, deter; *aus der* ~ *entlassen* pôr em liberdade; '2**bar** responsável; '~**befehl** *m* (-*es*; -*e*) mandato *m* de captura, ordem *f* de prisão; '2**en** (-*e*-) estar preso; ~ *an* (*dat.*) estar pegado (*od.* agarrado) a; *fig.* ficar com; ~ *für* ficar responsável por; responder por.

'**Häftling** ['hɛftlɪŋ] *m* (-*s*; -*e*) recluso *m*, detido *m*.

'**Haft-pflicht** *f* (*0*) responsabilidade *f*; 2**ig** responsável; ~**versicherung** *f* seguro *m* de responsabilidade civil.

'**Haftung** ['haftuŋ] *f* = *Haftpflicht*.

Hag [ha:k] *m* (-*es*; -*e*) mata *f*; bosque *m*; tapada *f*.

'**Hage|buche** ♀ ['ha:gə-] *f* carpa *f*; ~**butte** [-butə] *f* fruto *m* da roseira brava; ~**dorn** *m* (-*es*; -*en*) espinheiro *m* alvar.

'**Hagel** ['ha:gəl] *m* (-*s*; *0*) saraiva *f*; granizo *m*; *Jgdw.*: escumilha *f*; *fig.* granizada *f*; ~**korn** *n* (-*es*; =*er*) (grão *m* de) granizo *m*; pedrisco *m*; *Jgdw.*: grão *m* de escumilha; 2**n** granizar; ~**schaden** *m* (-*s*; =) prejuízo *m* causado pelo granizo; ~**schauer** *m* granizada *f*; saraivada *f*; ~**schlag** *m* (-*es*; =*e*) granizo *m*; ~**wetter** *n* pedrisco *m*.

'**hager** ['ha:gər] magro; seco (*ê); 2**keit** *f* (*0*) magreza *f*.

'**Hage-stolz** ['ha:gə-] *m* (-*es*; -*e*) celibatário *m*; solteirão *m*.

'**Häher** ['hɛ:ər] *m Zool.* gaio *m*.

Hahn [ha:n] *m* (-*es*; =*e*) galo *m*; (*Wasser*2 *usw.*) torneira *f*; ⚔ cão *m*, gatilho *m*; F ~ *im Korbe fig.* o menino bonito; *es kräht kein* ~ *danach fig.* ninguém se importa com isto.

'**Hähnchen** ['hɛ:nçən] *n* frango *m*.

'**Hahnen|fuß** ['ha:nən-] ♀ *m* (-*es*; *0*) ra(i)núnculo *m*; ~**kamm** *m* (-*es*; =*e*) crista *f* de galo; ~**kampf** *m* (-*es*; =*e*) combate *m* de galos; ~**schrei** *m* (-*es*; -*e*) canto *m* do galo; ~**tritt** *m* (-*es*; -*e*) galadura *f*.

'**Hahnrei** [-raɪ] *m* (-*es*; -*e*) corn(ud)o *m*.

Hai [haɪ] (-*es*; -*e*), '~**fisch** *m* (-*es*; -*e*) tubarão *m*.

Hain [haɪn] *m* (-*es*; -*e*) mata *f*; bosque *m*.

'**Häkchen** ['hɛ:kçən] *n* colchete *m*, ganchinho *m*; *Typ.* apóstrofo *m*.

'**Häkel|-arbeit** ['hɛ:kəl-] *f* «crochet» *m* (*fr.*); 2**n** (-*le*) fazer «crochet»; ~**nadel** (-; -*n*) *f* agulha *f* de «crochet».

'**Haken** ['ha:kən] **1.** *m* gancho *m*; (*Nagel*) escápula *f*, (*Kleider*2) cabide *m*; *für Öse*: colchete *m*; *Häkelnadel*: barbela *f*; *e-n* ~ *haben fig.* ter um defeito; trazer água no bico; **2.** 2 enganchar; 2**förmig** gancheado, ganchoso, adunco; ~**schraube** *f* grampo *m* de parafuso.

halb [halp] meio, metade (de); *ein* ~*es Kilo n* meio quilo *m*; *drei und ein* ~*es Kilo* três quilos e meio; *um* ~ *3* (*Uhr*) às duas (horas) e meia; ~*e Fahrt* ⚓ meia força, meio vapor; ~*e Note* ♩ mínima *f*; semítono *m*; *auf* ~*er Höhe* a meia altura; *ein* ~*es Jahr* seis meses, meio ano; *zum* ~*en Preis* por metade do preço; *nur* ~ *so viel* só metade; *er ist nicht* ~ *so fleißig wie* ... não trabalha metade daquilo que ...; ~ *öffnen* entreabrir; *erst* ~ *fertig sn* faltar ainda metade para acabar; ~ *und* ~ meio por meio; ~ ..., ~ ... entre ... e ...; '~**amtlich** oficioso; '2**bildung** *f* (*0*) pseudo-cultura *f*; '2**bruder** *m* (-*s*; =) meio-irmão *m*; '2**dunkel** *n* (-*s*; *0*) penumbra *f*; luso-fusco *m*; *Mal.* claro-escuro *m*; meia-tinta *f*; '~**er** [-bər] *nachgestellte prp.* (*gen.*) por (causa de); para (efeitos de); '2**fabrikat** *n* (-*es*; -*e*) produto *m* semi-manufa(c)turado; '~**fertig**: *erst* ~ *sn* estar ainda por acabar; *schon* ~ *sn* faltar apenas a metade para acabar; '2**franz(band** [-*es*; =*e*]) *m* (-; *0*) meia encadernação *f*; '~**gar** mal cozido; '~**gebildet** pseudo-intele(c)tual; '≗**gefrorene**(s) *n* (-*n*) sorvete *m*; '≗**geschwister** *pl.* meios-irmãos *m/pl.*; '≗**gott** *m* (-*es*; ⸗*er*), ('≗**göttin** *f*) semi-deus(a *f*) *m*; '≗**heit** *f* imperfeição *f*, insuficiência *f*; medida *f* insuficiente; ~'**ieren** [-'bi:rən] (-) dividir em duas partes iguais; ≗'**ierung** [-'bi:ruŋ] *f* bisse(c)ção *f*; ≗'**ierungslinie** *f* bisse(c)triz *f*; '≗**insel** *f* península *f*; '≗**jahr** *n* (-*ės*; -*e*) semestre *m*; '~**jährig** ['-jɛ:riç] de seis meses; semestral; '~**jährlich** semestral; *adv. a.* de seis em seis meses; '≗**kreis** *m* (-*es*; -*e*) semi-círculo *m*; '≗**kugel** *f* hemisfério *m*; '~**lang** a (*od.* de) meio comprimento; '~**laut** a meia voz; '≗**leinen** *n* meio linho *m*; '≗**mast** *m* (-*es*; -*e od.* -*en*): *auf* ~ a meia haste (*od.* adriça); '≗**messer** *m* raio *m*; '~**monatlich** bimensal, quinzenal; '≗**mond** *m* (-*ės*; -*e*) meia-lua *f*; '~**offen** entreaberto; '~**part** ['-part] de (*od.* a) meias (*machen* dividir); '~**rund** semi-circular; '≗**schatten** *m* penumbra *f*; '≗**schlaf** *m* (-*ės*; *0*) sonolência *f*; '≗**schuh** *m* (-*ės*; -*e*) sapato *m*; '≗**schwergewicht** *n* (-*ės*; *0*) *Sport*: peso (*ê) *m* médio; '≗**schwester** *f* meia-irmã *f*; '≗**seide** *f* meia-seda *f*; '~**seitig** ['-zaɪtiç] parcial; de um lado; '≗**starke**(**r**) *m* garoto (*'ô) *m*; '~**starr** ✈ semi-rígido; '~**steif** *Kragen*: meio mole; '~**stündig** ['-ʃtyndiç] de meia hora; '~**stündlich** de meia em meia hora; '≗**stürmer** *m* *Sport*: meio-avançado *m*; '~**tägig** ['-tɛ:giç] de (*od.* para) metade de um dia; '≗**ton** *m* (-*ės*; ⸗*e*) meio-tom *m*; semítono *m*; '~**tot** meio-morto; '≗**vers** *m* (-*es*; -*e*) hemistíquio *m*; '~**voll** cheio até metade; '≗**waise** *f* orfão *m* do pai (*od.* da mãe); '~**wegs** ['-ve:ks] a meio caminho; *fig.* sofrìvelmente; '≗**welt** *f* (-; *0*) «demi-monde» *m* (*fr.*); meio-mundo *m*; '≗**wolle** *f* (*0*) lã *f* mesclada; '~**wollen** de meia-lã; '~**wüchsig** ['-vy:ksiç] *j.*: adolescente; *m a.* imberbe; '≗**zeit** *f* *Sport*: meio-tempo *m*.

'**Halde** ['haldə] *f* ladeira *f*, encosta *f*; ⚒ vazadouro *m*; montão *m* de minerais; (*Schlacken*≗) escorial *m*.

'**Hälfte** ['hɛlftə] *f* metade *f* (*zur* por, a); *meine bessere* ~ (*Ehefrau*) F minha cara metade.

'**Halfter** ['halftər] *f*, *a. m od. n*, ~**band** *n* (-*ės*; ⸗*er*), ~**riemen** *m*, ~**strick** *m* (-*ės*; -*e*) cabresto *m*; (*Pistolenhalfter*) coldre *m*.

'**Halle** ['halə] *f* átrio *m*, «hall» *m* (*engl.*); (*Vor*≗) vestíbulo *m*; (*Säulen*≗) pórtico *m*, galeria *f*; (*Markt*≗) mercado *m*; (*Turn*≗) ginásio *m*; ⊕ sala *f*; ✈ hangar *m*; 🚗 recolha *f*; ≗**n** ressoar, retumbar; ~**nbad** *n* (-*ės*; ⸗*er*) piscina *f* coberta; ~**ntennis** *n* (-; *0*) ténis *m* em pista coberta.

hal'lo [ha'lo:] **1.** ~! olé!, alto lá!, *Fernspr.* está lá?; **2.** ≗ *n* (-*s*; -*s*) gritaria *f*, alvoroço *m*.

Halluzinati'on [halutsinatsi'o:n] *f* halucinação *f*.

Halm [halm] *m* (-*ės*; -*e*) pé *m*, talo *m*, cálamo *m*; '~**früchte** *f/pl.* cereais *m/pl.*

Hals [hals] *m* (-*es*; ⸗*e*) colo *m*, pescoço *m*; (*Gurgel*) garganta *f*; *Geige*: braço *m*; *j-m um den* ~ *fallen* abraçar alg.; ~ *über Kopf* precipitadamente; *auf dem* ~*e haben* ter às costas; *j-m auf dem* ~*e liegen* importunar alg.; *aus vollem* ~*e* a toda (*ô) a força (*ô); *lachen*: às gargalhadas; F *j. hat es im* ~*e* dói a garganta a alg.; *sich* (*dat.*) *vom* ~*e schaffen* desembaraçar-se de; '~-**abschneider** *m fig.* usurário *m*; '~-**ausschnitt** *m* (-*ės*; -*e*) decote *m*; '~**band** *n* (-*ės*; ⸗*er*) colar *m*; (*Hunde*≗) coleira *f*; '~**binde** *f* gravata *f*; '≗**brecherisch** ['-brɛçəriʃ] arriscado; '~**entzündung** *f* inflamação *f* da garganta; '~**kette** *f* colar *m*; '~**kragen** *m* colarinho *m*; '~**krause** *f* gargantilha *f*; volta *f*; '~-, '**Nasen**-, '**Ohren-Arzt** *m* (-*es*; ⸗*e*) otorrinolaringologista *m*; '~**schlag-ader** *f* (-; -*n*) carótida *f*; '~**schmerz** *m* (-*es*; -*en*) dor *f* de garganta; '≗**starrig** ['-ʃtariç] teimoso; '~**tuch** *n* (-*ės*; ⸗*er*) lenço *m*; cachecol *m*; '~**weh** *n* (-*ės*; *0*) = ~*schmerz*; '~**weite** *f* medida *f* do colarinho; '~**wirbel** *m* *Anat.* vértebra *f* cervical.

Halt [halt] **1.** *m* (-*ės*; -*e*) paragem *f*; ⚔ alto *m*; (*Stütze*) apoio *m* (*innerer* ~) consistência *f*; força (*ô) *f* moral; **2.** ≗! alto (lá); **3.** *adv. sdd.* pois; *da kann man* ~ *nichts machen* paciência!; '≗**bar** sólido; *Stoff*: resistente; *Speise*: *unbegrenzt* ~ imputrescível; ~ *sn* conservar-se; '**~barkeit** *f* (*0*) durabilidade *f*; '**2en** (*L*) **1.** *v/t.* segurar; *in der Hand* ~ *a.* empunhar; (*zurück~*) deter; *sich* (*dat.*) *e-n Diener, Wagen*: ter (o. *art.*); (*stützen, aufrecht~*) manter; *Gebote*: observar; *Mahlzeit*: tomar; *maß~* moderar-se; *Messe*: dizer; ⚔ defender; *Rede*: fazer, pronunciar; *Versprechen, Wort*: cumprir, *nicht* ~ faltar a; *Zeitung*: assinar; *gegen-ea.* ~ comparar; *gut* ~ tratar bem; *Hochzeit* ~ casar; *Schule* ~ dar aula; *Takt* ~ ir ao compasso; ~ *für* crer, julgar, considerar; tomar por; ~ *von* pensar de; *viel von j-m* ~, *große Stücke auf j-n* ~ ser muito amigo de alg., ter grande estima por alg.; *es mit j-m* ~ simpatizar com alg.; ~ *Sie es, wie Sie wollen* faça como quiser; **2.** *v/i.* parar; resistir; ~ (*dauerhaft sn*) durar, continuar; *schwer* ~ ser difícil; *an sich* ~ *fig.* conter-se; *auf* (*ac.*) ~ dar importância a; preocupar-se com; **3.** *refl. sich* ~ manter-se; *Obst.*: conservar-se; ⚔ resistir; *sich an* (*ac.*) ~ ater-se a; *sich* (*da*)'*ran* ~, *sich da'zu* ~ não descansar; *sich bereit halten* estar pronto.

'**Halte|platz** ['haltə-] *m* (*-es*; *⸗e*) paragem *f*; 🚂 estação *f*; apeadeiro *m*; **~r** *m* suporte *m*; **~signal** *n* (*-s*; *-e*) sinal *m* de parar; **~stelle** *f* paragem *f*; **~tau** *n* (*-es*; *-e*) ⚓, ✈ amarra *f*; **~vorrichtung** *f* dispositivo *m* de fixação; **~zeichen** *n* = *~signal*.

'**halt|los** inconsistente: *fig.* inconstante; *adv. a.* abandonadamente; *Behauptung*: infundado; '**2losigkeit** [-lo:ziç-] *f* (*0*) inconsistência *f*; *fig.* inconstância *f*; **~machen** parar; ⚔ fazer alto; **2ung** *f* porte *m*; atitude *f*; *aufrechte* ~ aprumo *m* (*a. fig.*); ⚔ continência *f*; ~ *bewahren* manter-se firme; ter a linha; *die* ~ *verlieren* perder a linha.

Ha'lunke [ha'lunkə] *m* (*-n*) patife *m*; velhaco *m*.

'**Hamburg|er(in** *f*) *m* ['hamburgər-], **2isch** hamburguês(a *f*) *m*; de Hamburgo.

'**hämisch** ['hɛ:miʃ] malicioso.

'**Hammel** ['haməl] *m* (*-s*; *- od.* *⸗*) (**~braten**) carneiro *m* (assado); **~fleisch** *n* (*-es*; *0*) (**~keule** *f*, **~kotelett** *n* [*-es*; *-e od. -s*]) carne *f* (perna *f*, costeleta *f*) de carneiro.

'**Hammer** ['hamər] *m* (*-s*; *⸗*) martelo *m*; *unter den* ~ *bringen* pôr em leilão, leiloar; arrematar em hasta pública; *unter den* ~ *kommen* ser posto em leilão, ser leiloado, ser arrematado em hasta pública.

'**hämmer|bar** ['hɛmər-] maleável; **~n** (*-re*) martelar, bater.

'**Hammer|schlag** *m* (*-es*; *⸗e*) martelada *f*; **~werk** *n* (*-es*; *-e*) forja *f*.

Hämorrho'iden [hɛ:mɔro'i:dən] ⚕ *pl.* hemorróides *f*/pl.

'**Hampelmann** ['hampəl-] *m* (*-es*; *⸗er*) boneco *m* de engonços; títere *m*; *fig.* manequim *m*.

'**Hamster** ['hamstər] *m Zool.* «hamster» *m*; **~'ei** *f* a(çam)barcamento *m*; **~er** *m* a(çam)barcador *m*; **2n** (*-re*) a(çam)barcar; **~ung** *f* = *~ei*.

Hand [hant] *f* (*-*; *⸗e*) mão *f* (*an der* debaixo de; *bei der, zur* ~ *haben, sn, führen, nehmen, mit der* ~ *gestickt usw.* à); (*Schrift*) letra *f*; *flache* ~ palma *f*; *die* ~ *lassen von* não se meter em; *weder* ~ *noch Fuß haben* não ter pés nem cabeça; *an* ~ *von, an* ~ (*gen.*) baseado em, com base em; *an die* ~ *geben* sugerir; fornecer; *j-m an die* ~ *gehen* ajudar alg.; ~ *anlegen* meter ombro (*an, bei* a); *mit* ~ *anlegen* ajudar; *die letzte* ~ (*an*)*legen an* (*ac.*) dar a última demão a, dar o último remate a; ~ *an sich legen* suicidar-se; *auf der* ~ *liegen fig.* ser evidente; *aus der* ~ *in den Mund leben* viver ao Deus dará; *aus der* ~ *geben* largar; ~ *in* ~ de mãos dadas; *unter der* ~ (*ver*)*kaufen* à socapa; *von langer* ~ *fig.* de há muito; *et. geht j-m leicht von der* ~ alg. tem jeito para a.c.; *von der* ~ *weisen* refutar, não admitir; *nicht die* ~ *vor Augen sehen* não ver um palmo adiante do nariz, não ver absolutamente nada; *vorder2* por enquanto; *zur* ~ *gehen* ajudar; *pl. alle Hände voll zu tun haben* não ter mãos a medir; *die Hände in den Schoß legen* não fazer nada; não reagir; *j-m in die Hände arbeiten* fazer o jogo de alg.; *j-m et. in die Hände spielen* fazer passar a.c. para as mãos de alg.; *j-n auf Händen tragen fig.* trazer alg. nas palmas da mão; *mit gefalteten Händen* de mãos postas; *mit leeren Händen dastehen* ficar com as (*od.* de) mãos a abanar; *unter den Händen haben fig.* ter entre mãos; *zu Händen von* aos cuidados de; *zu eigenen Händen* ao próprio; '**~-arbeit** *f* trabalho *m* manual; *weibliche*: costura *f*; lavores *m/pl.*; '**~-arbeiter(in** *f*) *m* trabalhador(a *f*) *m* manual; '**~ball** (**-spiel** *n* [-*es*; -*e*]) *m* (-*es*; *¨e*) handebol *m*; '**~bewegung** *f* gesto *m* (de mão); '**~breit** *f* (*0*) palmo *m*; e-e ~ *a.* da largura de uma mão; '**~bremse** *f* travão *m* de mão; '**~buch** *n* (-*es*; *¨er*) (**~bücherei** *f* biblioteca *f*) manual *m*.

'**Hände|druck** ['hɛndə-] *m* (-*es*; *¨e*) aperto (*ê) *m* de mãos; **~klatschen** *n* (-*s*; *0*) palmas *f/pl.*; aplauso(s *pl.*) *m*.

'**Handel** ['handəl] *m* (-*s*; *0*) ⚓ comércio *m*; (*Verkehr*) movimento *m* comercial, tráfico *m*, tráfego *m*; (*Geschäft*) negócio *m*; ⚖ pleito *m*; (*Vereinbarung*) compromisso *m*; ~ *treiben* = ♀*n*.

'**Händel** ['hɛndəl] *m/pl.* querela *f/sg.*, contenda *f/sg.*; briga *f/sg.*; ~ *anfangen* querelar; ~ *suchen* andar de brigas.

'**handeln** ['handəln] (-*le*) comerciar; fazer negócio(s *pl.*) *m*; ~ *mit* negociar em; (*feilschen*) ajustar; regatear; (*tun*) agir; ~ *von* tratar de; *sich* ~ *um* tratar-se de; *mit sich* ~ *lassen* ser tratável.

'**Handels|-abkommen** *n* acordo (*'ô) *m* comercial; **~-adreßbuch** *n* (-*es*; *¨er*) anuário *m* comercial; **~-agent** *m* (-*en*) agente *m* comercial; **~-artikel** *m* artigo *m* de comércio; **~beziehung** *f* relação *f* comercial; **~bilanz** *f* balanço *m*; ♀**-einig**, ♀**-eins**: ~ *sn* (*werden*) estar (pôr-se) de acordo (*'ô); **~flagge** *f* pavilhão *m* da marinha mercante; **~flotte** *f* marinha *f* mercante; **~freiheit** *f* (*0*) liberdade *f* de comércio; ♀**gerichtlich**: ~ *eingetragen* devidamente registado; **~gesellschaft** *f* sociedade *f* comercial; companhia *f*; **~gesetzbuch** *n* (-*es*; *¨er*) Código *m* Comercial; **~haus** *n* (-*es*; *¨er*) casa *f* comercial; **~hochschule** *f* escola *f* superior de comércio (*od.* de ciências económicas e financeiras); **~kammer** *f* (-; -*n*) Câmara *f* de Comércio; **~korrespondenz** *f* correspondência *f* comercial; **~marine** *f* = ~*flotte*; **~minister(ium** *n* [-*s*; -*rien*]) *m* Ministro *m* (Ministério *m*) de Comércio; **~niederlassung** *f* feitoria *f*; **~recht** *n* (-*es*; *0*) direito *m* comercial; **~register** *n* registo *m* comercial; **~reisende(r)** *m* caixeiro *m* viajante; **~schiff** *n* (-*es*; -*e*) navio *m* mercante; **~schule** *f* escola *f* comercial; **~sperre** *f* embargo *m*; bloqueio *m*; **~stadt** *f* (-; *¨e*) cidade *f* mercantil; **~-teil** *m* (-*es*; -*e*) secção *f* comercial (*od.* económica e financeira); ♀**üblich** corrente.

'**Händel|sucht** *f* (*0*) mania *f* de provocar; ♀**süchtig** provocador; provocante.

'**Handels|-unternehmen** *n* empresa (*'ê) *f* comercial; **~verbindung** *f*, **~verkehr** *m* (-*s*; *0*) comércio *m*, relações *f/pl.* comerciais; tráfico *m*, tráfego *m*; **~vertrag** *m* (-*es*; *¨e*) tratado *m* comercial; **~vertreter** *m* agente *m* comercial; **~volk** *n* (-*es*; *¨er*) povo *m* mercantil; **~ware** *f* artigo *m* de comércio; **~zeichen** *n* marca *f*; **~zweig** *m* (-*es*; -*e*) ramo *m* do comércio.

'**handel-treibend** mercantil.

'**hände-ringend** ['hɛndə-] *fig.* desesperado; suplicando.

'**Hand|feger** ['-fe:gər] *m* espanador *m*; **~fertigkeit** *f* destreza *f* manual, jeito *m* manual; **~fessel** *f* (-; -*n*) algema *f*; ♀**fest** robusto; **~feuerwaffe** *f* arma *f* portátil; **~fläche** *f* palma *f* (da mão); **~geld** *n* (-*es*; -*er*) sinal *m*, penhor *m*; **~gelenk** *n* (-*es*; -*e*) pulso *m*; ♀**gemein**: ~ *werden* vir às mãos; engalfinhar-se; **~gemenge** *n* peleja *f*; briga *f*; **~gepäck** *n* (-*es*; *0*) volumes *m/pl.* de mão; **~gepäck-abgabe** *f* depósito *m* de volumes de mão; **~granate** *f* granada *f* de mão; ♀**greiflich** ['-graɪfliç] palpável; evidente; ~ *werden* passar a vias de fa(c)to; **~griff** *m* (-*es*; -*e*) *Bewegung*: manejo *m*; jeito *m*; *zum Anfassen*: cabo *m*; punho *m*; asa *f*; **~habe** *f fig.* motivo *m*, pretexto *m*; ♀**haben** manejar, manipular; *Gesetz usw.*: aplicar; **~habung** ['-ha:buŋ] *f* manejo *m*; *fig.* administração *f*; ⚖ aplicação *f*; **~hebel** *m* manivela *f*; alavanca *f* manual; **~karre** *f* carrinho *m* de mão; **~koffer** *m* mala *f* de mão;

~korb *m* (*-es*; *⸗e*) cesta *f*; **~kuß** *m* (*-sses*; *⸗sse*) beija-mão *m*; **~langer** ['-laŋər] *m* ajudante *m*; criado *m*; cúmplice *m*; ⚠ servente *m*; **~laterne** *f* lanterna *f* portátil.

'**Händler** ['hɛntlər] *m* comerciante *m*; (*Hausierer*) vendedor *m* ambulante; **~in** *f* vendedeira *f*; **~preis** *m* (*-es*; *-e*) preço para revendedores; (* por grosso).

'**Hand|lesekunst** *f* (*0*) quiromância *f*; **~leuchter** *m* palmatória *f*; **~lexikon** *n* (*-s*; *-lexika*) manual *m*; **2lich** manejável; portátil; **~lung** *f* (*Tat*) a(c)ção *f*; a(c)to *m*; feito *m*; ⚕ comércio *m*; loja *f*; negócio *m*.

'**Handlungs|freiheit** *f* liberdade *f* de a(c)ção; **~gehilfe** ⚕ *m* (*-n*) empregado *m* de comércio; **~reisende(r)** *m* caixeiro *m* viajante; **~vollmacht** *f* procuração *f*; **~weise** *f* procedimento *m*, proceder *m*.

'**Hand|pflege** *f* (*0*) higiene *f* das mãos; **~presse** *f* imprensa *f* manual; **~reichung** ['-raıçuŋ] *f* serviço *m*; **~schelle** *f* algema *f*; **~schlag** *m* (*-es*; *0*) palmada *f*; aperto (*ê) *m* de mão; **~schreiben** *n* carta *f* autógrafa.

'**Handschrift** *f* letra *f*, escrita *f*; manuscrito *m*; **~endeuter** *m* grafólogo *m*; **~endeutung** *f* grafologia *f*; **~enkunde** *f* (*0*) paleologia *f*; **2lich** manuscrito; por escrito; autógrafo.

'**Handschuh** *m* (*-es*; *-e*) luva *f* (*anziehen* calçar); **~laden** *m* (*-s*; *⸗*) luvaria *f*; **~macher** [-maxər] *m* luveiro *m*; **~weite** *f* número *m* da luva.

'**Hand|stand** *m* (*-es*; *⸗e*) *Turnen*: pino *m*; **~streich** *m* (*-es*; *-e*) golpe *m* de mão; **~tasche** *f* malinha *f* de mão; bolsa *f*; carteira *f*; **~teller** *m* palma *f* da mão; **~tuch** *n* (*-es*; *⸗er*) toalha *f*; **~tuch-halter** *m* toalheiro *m*; **~-umdrehen**: *im ~* num instante; **~voll** *f* (*0*) punhado *m*; mão-cheia *f*; **~wagen** *m* carroça *f* (*od.* carrinho *m*) de mão.

'**Handwerk** *n* (*-es*; *-e*) ofício *m*; (*Stand*) = *die ~er*; *j-m das ~ legen* acabar com os manejos de alg.; *j-m ins ~ pfuschen* intrometer-se nos negócios de alg.; **~er** *m* artífice *m*; artista *m*; operário *m*; **~sbursche** (*-n*), **~sgeselle** *m* (*-n*) oficial *m*; **2smäßig** mecânico; **~s-zeug** *n* (*-es*; *0*) utensílios *m/pl.*; *eisernes*: ferramentas *f/pl.*

'**Hand|wörterbuch** *n* (*-es*- *⸗er*) dicionário *m* portátil; **~wurzel** *f* (*-*; *-n*) carpo *m*; **~zeichnen** *n*, **~zeichnung** *f* desenho *m* à mão; debuxo *m*; **~zettel** *m* talão *m*.

Hanf [hanf] *m* (*-es*; *0*) cânhamo *m*; '**~breche** ['-brɛçə] *f* gramadeira *f*; '**2en** de cânhamo; '**~korn** *n* (*-es*; *⸗er*) grão *m* de cânhamo.

'**Hänfling** ['hɛnfliŋ] *m* (*-es*; *-e*) pintarroxo *m*, milheiro *m*.

Hang [haŋ] *m* (*-es*; *⸗e*) (*Ab2*) encosta *f*, declive *m*, talude *m*; *fig.* inclinação *f*, tendência *f*.

'**Hänge|boden** ['hɛŋə-] *m* (*-s*; *⸗*) sótão *m*; **~brücke** *f* ponte *f* suspensa (*od.* de suspensão); **~lampe** *f* candeeiro *m* de suspensão; **~lippe** *f* beiço *m*; **~matte** *f* rede (*ê) *f* (de descanso); ⚓ maca *f* (de bordo).

'**hängen** ['hɛŋən] **1.** *v/i.* (*L*) pender; estar pendurado; *fig. an* (*ac.*) *~* ser afeiçoado a; (*ab~ von*) depender de; *an j-s Lippen ~* estar suspenso das palavras de alg.; **2.** *v/t.* pendurar, (sus)pender; *Menschen*: enforcar; *fig. den Kopf ~ lassen* andar cabisbaixo, estar desanimado; **3.** 2 F: *mit ~ und Würgen* a muito custo; **~bleiben** (*L*; *sn*) ficar pendurado, *a. fig.* ficar preso; **~d** *adj.* pendente, suspenso.

'**Hängeschloß** *n* (*-sses*; *⸗sser*) cadeado *m*.

'**Hans|a** ['hanza], **~e** [-ə] *f* (*0*) Hansa *f*; Liga *f* hanseática; **~a...**, **~e...**: *in Zssgn.*, **~e'at** [-e'a:t] *m* (*-en*), **2e'atisch** hanseático *m*.

Häns|e'lei [henzə'laı] *f* troça *f*; '**2eln** *v/t.* (*-le*) fazer troça *f* de.

Hans|'narr [hans'-] *m* (*-en*) palerma *m u. f*; **~'wurst** *m* (*-es*; *-e*) palhaço *m*; arlequim *m*.

'**Hantel** ['hantəl] *f* (*-*; *-n*) haltere *m*; **2n** (*-le*) fazer ginástica com halteres.

han'tieren [han'ti:rən] (*-*): *~ mit* manejar (*ac.*); 2 *n* manejo *m* (*mit* de).

'**hapern** ['ha:pərn] (*-re*) haver dificuldades; *es hapert mit et.* a.c. não adianta; *da hapert es* é ali onde dói.

'**Happ|en** ['hapən] *m* bocado *m*; **2ig** F *j.*: ávido; *et.*: forte.

'**Harf|e** ['harfə] *f* harpa *f*; **~e'nist** *m* (*-en*), **~ner(in** *f*) *m* harpista *m*, *f*;

~en-spiel *n* (*-es*; *0*) música *f* de harpa.
'Hark|e ['harkə] *f* ancinho *m*; engaço *m*; **2en** engaçar; limpar com o ancinho.
'Harlekin ['harləki:n] *m* (*-s*; *-e*) arlequim *m*.
Harm [harm] *m* (*-es*; *0*) aflição *f*; (*Kränkung*) ofensa *f*; (*Schaden*) dano *m*.
'härmen ['hɛrmən]: *sich über* (*ac.*) ~ afligir-se com.
'harmlos inofensivo; *j.*: *a.* inocente; **2igkeit** [-lo:ziç-] *f* (*0*) inocuidade *f*; inofensivo *m*; *j-s*: inocência *f*; candura *f*.
Harmo'n|ie [harmo'ni:] *f* harmonia *f*; **2ieren** (-) harmonizar; concordar; condizer.
Har'moni|ka [har'mo:nika:] *f* (-; *-ken od. -s*) acordeão *m*; gaita *f*; **2sch** harmonioso; **~um** *n* (*-s*; *-ien*) harmónio *m*, pequeno órgão *m*.
Harn [harn] *m* (*-es*; *0*) urina *f*; **'~blase** *f* bexiga *f*; **'~drang** *m* (*-es*; *0*) necessidade *f* de urinar; = *~zwang*; **'2en** urinar; F mijar; **'~-entleerung** *f* urinação *f*, mi(c)ção *f*; **'~grieß** ⚕ *m* (*-es*; *0*) areias *f/pl*.
'Harn|röhre *f* uretra *f*; **~ruhr** *f* (*0*) diabetes *m u. f*; **'~säure** *f* (*0*) ácido *m* úrico; **'~stoff** *m* (*-es*; *-e*) ureia *f*; **'~-untersuchung** *f* análise *f* da(s) urina(s); **'~verhaltung** *f* retenção *f* da urina; **'~zwang** *m* (*-es*; *0*) estrangúria *f*.
Har'pun|e [har'pu:nə] *f* arpão *m*; **2'ieren** (-) arp(o)ar.
'harren ['harən]: *j-s* ~, ~ *auf j-n*: esperar (*ac.*), *et.*: aguardar (*ac.*).
harsch [harʃ] áspero, duro, rude.
hart [hart] duro; (*streng*) rigoroso; *Ei*: cozido; *Kampf*: cerrado; renhido; *e-n ~en Stand haben* estar numa situação difícil; ~ *werden* endurecer, *Phys.* solidificar-se; ~ *an* (*dat.*) pegado a, mesmo ao pé de; ~ *ankommen* custar; ~ *auf* ~ impiedoso; encarniçado.
'Härt|e ['hɛrtə] *f* dureza *f*; *Stahl*: têmpera *f*; (*Strenge*) rigor(ismo) *m*, severidade *f*; **2en** (*-e-*) endurecer; *Stahl*: temperar; **~ung** *f* têmpera *f*.
'Hart|flügler ['-fly:klər] *m Zool.* coleóptero *m*; **~futter** *n* (*-s*; *0*) grãos *m/pl.*; **2gekocht** ['-gəkɔxt], **2gesotten** ['gəzɔtən] duro (*a. fig.*); **~geld** *n* (*-es*; *0*) moeda *f* metálica; miúdos *m/pl.*; **~gummi** *n* (*-s*; *0*) ebonite *f*; **2herzig** desapiedado; **~herzigkeit** *f* (*0*) dureza *f* (de coração); **2hörig** mouco; **2leibig** ['laɪbiç]: ~ *sn* ter prisão de ventre; **~leibigkeit** *f* (*0*) prisão *f* de ventre; **~meißel** *m* corta-frio *m*; **2näckig** ['nɛkiç] tenaz, pertinaz, *j.*: *a.* obstinado, teimoso; ~ *darauf bestehen zu* ... teimar em; **~näckigkeit** *f* (*0*) teim(osi)a *f*, afinco *m*; obstinação *f*; tenacidade *f*.
Harz *n* (*-es*; *-e*) resina *f*; **'~gewinnung** *f* (*0*) resinagem *f*; **'2ig** resinoso.
'haschen *f* **1.** apanhar; *nach et.* ~ andar atrás de a.c., *fig.* ambicionar a.c.; **2.** 2 *n fig.* ambição *f* (*nach* de).
'Häscher ['hɛʃər] *m* esbirro *m*.
'Hase ['ha:zə] *m* (*-n*) lebre *f*; coelho *m*.
'Hasel ['ha:zəl] *f* aveleira *f*; **~nuß** *f* (-; *⸚sse*) avelã *f*; (**~rute** *f*), **~strauch** *m* (*-es*; *⸚er*) (varinha *f* de) aveleira *f*.
'Hasen|braten: *m* lebre *f* assada; **~fuß** *m* (*-es*; *⸚e*), **~herz** *n* (*-ens*; *-en*) *fig.* medrica(s) *m/f*, poltrão *m*; **~jagd** *f* caça *f* à lebre; **~klein** *n* (*-s*; *0*) cabidela *f* (de lebre); **~panier** *n* (*-s*; *0*): *das* ~ *ergreifen* dar às de vila-diogo; **~scharte** ⚕ *f* bico-de--lebre *m*.
'Haspe ['haspə] *f* dobradiça *f*; gonzo *m*; **~l** *f* (-; *-n*) dobadoura *f*; **2ln** (*-le*) dobar; guindar.
Haß [has] *m* (*-sses*; *0*) ódio *m* (*gegen* a).
'hassen ['hasən] (*-ßt*) odiar; **~swert, ~swürdig** odioso.
'häßlich ['hɛsliç] feio; **2keit** *f* fealdade *f*.
Hast [hast] *f* (*0*) pressa *f*; (*in* de, *in der* na); *stärker*: precipitação *f* (*in* com); **'2en** (*-e-*) apressar-se, precipitar-se; **'2ig** apressado, precipitado.
'hätscheln ['hɛtʃəln] (*-le*) acariciar; (*ver~*) amimar.
'Haube ['haʊbə] *f* touca *f*; *Auto*: capota *f*; *unter die* ~ *bringen* (*kommen*) casar(-se); **~nlerche** *f* cotovia *f*.
Hau'bitze [haʊ'bitsə] *f* obus *m*.
Hauch [haʊx] *m* (*-es*; *-e*) (*Atem*) hálito *m*; (*Wind2*) sopro (*'ô) *m*; *Gram.* aspiração *f*; **'2dünn** (muito) fininho; **'2en** soprar; **'~laut** *m* (*-es*; *-e*) letra *f* aspirada.

'**Hau|degen** ['haʊ-] *m* espadão *m*; **~e** [-ə] *f* ⚒ picareto *m*, enxadão *m*; F pancada *f*; **2en** *j-n*: bater; *Holz*: cortar; rachar; *Loch*: fazer; *Stein*: talhar; *um sich ~* dar golpes; F *j-n übers Ohr ~* lograr alg.; **~er** *m Zool.* presa *f*; ⚒ mineiro *m*; **~e'rei** [-ə'raɪ] *f* pancadaria *f*.

'**Hauf|e** ['haʊfə] *m*, (-*n*) **~en** *m* montão *m*; *geschichteter*: *a.* pilha *f*; (*Volk*) multidão *f*, turba *f*; *der große ~en* o vulgo; *in hellen ~en pl.* em bandadas; *über den ~en werfen od. rennen* atropelar; *fig.* deitar abaixo, desfazer; *über den ~en schießen* matar a tiros.

'**häuf|eln** ['hɔyfəln] ⚒ (-*le*) amontoar; *Rebe*: abacelar; **~en** acumular.

'**haufen|weise** em (*od.* aos) montões; *a. Leute*: em massa, em bandadas; **2wolke** *f* cúmulo *m*.

'**häuf|ig** ['hɔyfiç] frequente; amiúde; muitas vezes; **2igkeit** *f* frequência *f*; **2ung** *f* frequência *f*.

Haupt [haʊpt] *n* (-*ės*; ⸚*er*) cabeça *f*, *fig. a.* chefe *m*; '**~-abschnitt** ⚔ *m* (-*ės*; -*e*) se(c)tor *m* principal; '**~-altar** *m* (-*ės*; ⸚*e*) altar-mor *m*; '**~-amt** *n* (-*ės*; ⸚*er*) central *f*; '**2-amtlich** principal, oficial; '**~-augenmerk** *n* (-*ės*; -*e*): *sn ~ auf* (*ac.*) *richten* olhar (*od.* interessar-se) principalmente para (por); '**~bahnhof** *m* (-*ės*; ⸚*e*) estação *f* central; '**~bestandteil** *m* (-*ės*; -*e*) elemento *m* principal; '**~buch** *n* (-*ės*; ⸚*er*) livro-razão *m*; livro-mestre *m*; '**~darsteller(in** *f*) *m* a(c)tor *m* (a[c]triz *f*) principal; protagonista *m*/*f*; '**~eingang** *m* (-*ės*; ⸚*e*) entrada *f* principal; '**~-erbe** *m* ('**~-erbin** *f*) (-*n*) herdeiro *m* (-a *f*) principal; '**~fach** *n* (-*ės*; ⸚*er*) *Studium*: cadeira (*od.* disciplina) *f* nuclear; '**~fernsprechamt** *n* (-*ės*; ⸚*er*) central *f* telefónica; '**~geschäft** *n* (-*ės*; -*e*) sede *f*; '**~geschäftsstunden** *f*/*pl.*, '**~geschäftszeit** *f* horas *f*/*pl.* de serviço (*od.* ⚕ *a.* de comércio); '**~gewinn** *m* (-*ės*; -*e*) primeiro prémio *m*; '**~gleis** *n* (-*ės*; -*e*) via *f* geral; '**~glied** *n* (-*ės*; -*er*) *Gram.* sujeito *m*; '**~haar** *n* (-*ės*; -*e*) cabelo(s *pl.*) *m*; '**~-inhalt** *m* (-*ės*; *0*) sumário *m*, resumo *m*; substância *f*; '**~kasse** *f* caixa *f* central.

'**Häuptling** ['hɔyptlɪŋ] *m* (-*s*; -*e*) chefe *m*; (*Anführer*) cabo *m*; cabecilha *m*; (*Neger2*) soba *m*.

'**Haupt|linie** *f* linha *f* principal; **~mann** ⚔ *m* (-*ės*; -*leute*) capitão *m*; **~merkmal** *n* (-*s*; -*e*) cara(c)terística *f* principal; **~nenner** ⚗ *m* denominador *m* geral; **~person** *f* personagem *f* principal; **~post** (**-amt** *n* [-*ės*; ⸚*er*]) *f* estação *f* central dos Correios; **~punkt** *m* ponto *m* capital; **~quartier** *n* (-*s*; -*e*) quartel *m* general; **~sache** *f* essencial *m*, principal *m*; **2sächlich** principal; *adv. a.* mormente; **~satz** *m* (-*es*; ⸚*e*) oração *f* principal; **~schlag-ader** *f* (-; -*n*) aorta *f*; **~schlüssel** *m* chave-mestra *f*; chave *f* principal; **~schriftleiter** *m* reda(c)tor-chefe *m*; **~schwierigkeit** *f* dificuldade *f* principal; **~segel** *n* vela *f* maior; **~sitz** *m* (-*es*; -*e*) sede *f*; **~stadt** *f* (-; ⸚*e*) capital *f*; **2städtisch** da capital; **~straße** *f* estrada *f* (*od.* rua *f*) principal; **~teil** *m* (-*ės*; -*e*) parte *f* principal; **~treffer** *m* = *~gewinn*; **~verfahren** *n* processo *m* principal; **~verhandlung** *f* ⚖ audiência *f* principal; **~verkehr** *m* (-*s*; *0*) maior movimento *m*; **~verkehrs-zeit** *f* horas *f*/*pl.* do maior movimento; 🚗 *a.* horas *f*/*pl.* de ponta; **~versammlung** *f* assembleia *f* geral; **~wort** *n* (-*ės*; ⸚*er*) substantivo *m*.

Haus [haʊs] *n* (-*es*; ⸚*er*) casa *f* (*nach* a, para; *zu* em), *Pol.* câmara *f*; *fig.* casa *f*; família *f*; linhagem *f*; dinastia *f*; F *altes*, *fideles*, *gelehrtes* (*j.*): tipo *m*; *~ und Hof*, *~ und Herd* lar *m*; *ins ~ liefern* ⚕ ao domicílio; *bei mir zu ~e* na minha casa, (*in meiner Heimat*) na minha terra; *zu ~e* em casa; (*wohnhaft*) domiciliado, residente, (*stammend aus*) natural de; *fig. in* (*dat.*) *zu ~e sn* (*wissen*) ser versado em; *von ~ aus fig.* por si, por natureza; '**~angestellte(r** *m*) *m u. f* criado *m*, -a *f*; empregado *m* (-a *f*) doméstico (-a); **~apotheke** *f* pequena farmácia *f* (de família); farmácia *f* portátil; '**~arbeit** *f* trabalho *m* doméstico; = *~aufgabe*; '**~arzt** *m* (-*es*; ⸚*e*) médico *m* da casa; médico *m* assistente; '**~aufgabe** *f* exercício *m* em casa; '**2backen** *fig.* caseiro, prosaico; trivial; '**~ball** *m* (-*ės*; ⸚*e*) baile *m* em casa particular; '**~bedarf** *m* (-*ės*; *0*) uso da casa, consumo *m* doméstico; '~**besitzer(in** *f*) *m* proprietário *m* (-a *f*); '~**bewohner(in** *f*) *m* inquilino *m* (-a *f*); '~**brand** *m* (-*es*; ⸚*e*) combustível *m* de uso doméstico; '~**briefkasten** *m* (-*s*; ⸚) receptáculo *m* postal domiciliário.

'**Häuschen** ['hɔysçən] *n* casinha *f*; *fig. aus dem ~ sn (bringen)* estar (fazer sair) fora de si (*vor Freude* de contente).

'**Haus|dame** *f* governanta *f*; ~**diebstahl** *m* (-*es*; ⸚*e*) furto *m* doméstico; ~**diener** *m* criado *m*; ~**drache** *m* (-*n*) *fig.* virago *f*.

'**hausen** ['hauzən] morar, viver; *übel ~* devastar.

'**Häuser|block** ['hɔyzər-] *m* (-*es*; ⸚*e*) quarteirão *m* de casas; ~**makler** *m* agente *m* predial.

'**Haus|flur** *m* (-*es*; -*e*) vestíbulo *m*; entrada *f*; ~**frau** *f* dona *f* de casa; ~**freund** *m* (-*es*; -*e*) íntimo *m*; ~**friedensbruch** *m* (-*es*; ⸚*e*) violação *f* do lar; ~**gebrauch** *m* (-*es*; *0*) = ~*bedarf*; ~**gehilfin** *f* empregada *f* doméstica; ~**gerät** *n* (-*es*; -*e*) mobília *f*; utensílio(s) *m* (*pl.*) doméstico(s); ~**gesetz** *n* (-*es*; -*e*) lei *f* de família; ~**halt** *m* (-*es*; -*e*) governo (*ê) da casa; família *f*; *e-n ~ gründen* casar; montar casa; *den ~ führen* = ♀**halten** (*L*) governar a casa (*j-m* de alg.).

'**Haus-hälter|in** ['-hɛltər-] *f* governanta *f*; ♀**isch** económico; *~ umgehen mit* economizar (*ac.*).

'**Haushalts|-ausschuß** *m* (-*sses*; ⸚*sse*) comissão *f* orçamental (*od.* de contas); ~**jahr** *m* (-*es*; -*e*) ano *m* económico; ~**plan** *m* (-*es*; ⸚*e*) orçamento *m*.

'**Haus-haltung** *f* = *Haushalt*; ~**s-kosten** *pl.* despesas *f* da casa; ~**s-vorstand** *m* (-*es*; ⸚*e*) chefe *m* de família.

'**Haus|herr(in** *f*) *m* (-*en*) dono *m* (-a *f*) da casa; ♀**hoch** da altura de uma casa; *fig.* enorme; ~**hofmeister** *m* mordomo *m*; ~**hund** *m* (-*es*; -*e*) cão *m* caseiro, cão *m* doméstico.

hau'sier|en [hau'ziːrən] (-) vender pelas ruas; ♀**er** *m* vendedor *m* ambulante.

'**Haus|-industrie** *f* indústria *f* caseira; ~**jacke** *f*, ~**joppe** *f* casaco *m* caseiro; ~**lehrer(in** *f*) *m* professor(a *f*) *m* particular; explicador *m*.

'**Häus|ler** ['hɔyslər] *m* caseiro *m*; ♀**lich** caseiro (*a. j.*), doméstico; *sich ~ niederlassen* instalar-se; ~**lichkeit** *f* casa *f*; vida *f* doméstica; afeição *f* à vida caseira.

'**Haus|macher...**: *in Zssgn* feito em casa; caseiro; ~**macht** *f* (-; ⸚*e*) domínios *m/pl.* dinásticos; ~**mädchen** *n* criada *f*; ~**mannskost** *f* (*0*) comida *f* caseira; ~**marder** *m* fuinha *f*; ~**meister** *m* porteiro *m*; administrador; *königlicher*: almoxarife *m*; ~-**miete** *f* renda *f*; ~**mittel** *n* remédio *m* caseiro; ~**musik** *f* (*0*) música *f* caseira; ~**mutter** *f* (-; ⸚) mãe *f* de família; ~**personal** *n* (-*s*; *0*) pessoal *m* da casa *f*; ~**putz** *m* (-*es*; *0*) limpeza *f* da casa; ~**rat** *m* (-*es*; *0*) recheio *m* da casa; = ~*gerät*; ~**recht** *n* (-*es*; *0*) direito *m* doméstico; autoridade *f* doméstica; ~**schlüssel** *m* chave *f* da casa; ~**schneiderin** *f* costureira *f* a dias; ~**schuh** *m* chinela *f*.

'**Hausse** ['hoːs] ♰ *f* alta *f*; ~**spekulant** *m* (-*en*) altista *m*; ~**spekulation** *f* especulação *f* na alta (do câmbio).

'**Haus|stand** *m* (-*es*; ⸚*e*) = ~*halt*; ~**suchung** ['-zuːxuŋ] *f* busca *f*; *e-e ~ vornehmen* passar revista *f* à casa; ~**telefon** *n*, ~**telephon** *n* (-*es*; -*e*) telefone *m* interno (*od.* privativo); ~**tier** *n* (-*es*; -*e*) animal *m* doméstico; ~**tor** *m* (-*es*; -*e*) portão *m*; ~**tür** *f* porta *f* da rua; ~**vater** *m* pai *m* de família; ~**verwalter** *m* administrador *m* (da casa); ~**wart** ['-vart] *m* (-*es*; -*e*) porteiro *m*; *Schloß*: castelão *m*; ~**wirt(in** *f*) *m* (-*es*; -*e*) senhorio *m/f*; ~**wirtschaft** *f* (*0*) = ~*halt*.

Haut [haut] *f* (-; ⸚*e*) pele *f*; (*Ober*♀) *a.* cútis *f*; epiderme *f*; *Milch*: nata *f*; *ehrliche ~ fig.* pessoa *f* honrada (*od.* de bem); *mit heiler ~ davonkommen* escapar; *aus der ~ fahren* enfurecer; embirrar; *sich s-r ~ wehren* defender-se; '~-**abschürfung** *f* esfoladela *f*, esfolamento *m*; '~-**arzt** *m* dermatólogo *m*; '~-**ausschlag** *m* (-*es*; ⸚*e*) erupção *f* cutânea, eczema *m*.

'**Häut|chen** ['hɔytçən] *n* película *f*; membrana *f*, ⚕ *a.* túnica *f* (*a.* ⚘); *Ei*: vitelina *f*; *Zwiebel*: camisa *f*; ♀**en** despelar, tirar a pele a (*od.* de); *sich ~* mudar a pele; pelar-se.

'**Haut|entzündung** *f* inflamação *f* da pele; dermatite *f*; **~farbe** *f* cor (*ô) *f* da pele; tez; **~flügler** [-fly:klər] *m* himenóptero *m*; **~gefäß** *m* (*-es*; *-e*) vaso *m* cutâneo.
'**häutig** ['hɔytiç] membranoso.
'**Haut|jucken** *n* (*-s*; *0*) comichão *f*; prurido *m*; **~krankheit** *f* dermatose *f*, doença *f* da pele; **~pflege** *f* (*0*) higiene *f* da pele; **~salbe** pomada *f* para a pele.
'**Häutung** ['hɔytuŋ] *f* muda *f*.
Ha'vanna-zigarre [ha'vana-] *f* havano *m*.
Hava'rie [hava'ri:] *f* avaria *f*.
he! [he:] olé!
'**Hebamme** ['he:p-] *f* parteira *f*.
'**Hebe|baum** ['he:bə] *m* (*-es*; *⸚e*) alavanca *f*; **~bock** *m* (*-es*; *⸚e*) cabra *f*, cábrea *f*; **~l** *m* alavanca *f*; *alle ~ in Bewegung setzen* empregar todos os meios.
'**heb|en** ['he:bən] (*L*) levantar; alçar; içar; *fig.* elevar; (*vergrößern*) aumentar; ♈ reduzir; *Schatz*: desenterrar; (*be~*) remediar, eliminar; *e-n ~* F (*trinken*) matar o bicho; *gehoben adj. fig. Stil*: elevado, sublime; *in gehobener Stimmung* alegre, entusiasmado; **2er** *m* sifão *m*; (*Stech2*) argal *m*; *Auto*: macaco *m*.
'**Hebe|stelle** *f* portagem *f*; **~vorrichtung** *f*, **~werk** *n* (*-es*; *-e*) elevador *m*, dispositivo *m* de elevação; **~winde** *f* cábrea *f*, guindaste *m*.
He'brä|er(in *f*) *m* [he'bre:ər-] hebreu *m* (hebreia *f*); **2isch** hebraico.
'**Hebung** ['he:buŋ] *f* elevação *f*; levantamento *m*, aumento *m*; *Vers*: sílaba *f* tónica, ársis *f*.
'**Hechel** ['hɛçəl] *f* (*-*; *-n*) rastelo (*ê) *m*, sedeiro *m*; **2n** cardar, rastelar.
Hecht [hɛçt] *m* (*-es*; *-e*) lúcio *m*.
Heck [hɛk] ⚓ *n* (*-es*; *-e*, *-s*) popa (*ô) *f*; '**~bauer** *n*, '**~e** ['-ə] *f Vögel*: (gaiola) chocadeira *f*, postura *f*, ⚘ sebe *f*; '**2en** pôr ovos; chocar; '**~enrose** *f* rosa-dos-valados *f*; **~enschütze** *m* franco-atirador *m*, guerrilheiro *m*; '**~motor** *m* (*-s*; *-en*) motor *m* à retaguarda.
Heer [he:r] *n* (*-es*; *-e*) exército *m*; tropa *f*; (*Menge*) multidão *f*; '**~esbericht** *m* (*-es*; *-e*) comunicado (oficial de guerra); '**~esleitung** *f* Alto Comando *m*; '**~führer** *m* general(íssimo) *m*; comandante *m*; '**~schau** *f* revista *f*; '**~straße** *f* estrada *f* nacional.
'**Hef|e** ['he:fə] *f* fermento *m*; (*Back2*) levedura *f*; *fig.* fezes *f/pl.*, escória *f*; ralé *f*; **2ig** borrento.
Heft [hɛft] *n* (*-es*; *-e*) (*Schreib2*) caderno *m*, caderneta *f*; (*Broschüre*) folheto *m*; *Zeitschrift*: fascículo *m*; (*Griff*) punho *m*; (*Stiel*) cabo *m*; *das ~ in der Hand haben fig.* F ter a faca e o queijo na mão; '**2en** (*-e-*) atar; (*nähen*) alinhavar; *Typ.* brochar; *den Blick auf* (*ac.*) ~ fitar (*ac.*); '**~faden** *m* (*-s*; *⸚*), '**~garn** *n* (*-es*; *-e*) linha *f* de alinhavar.
'**heftig** ['hɛftiç] violento; (*stürmisch*) impetuoso; *et.*: *a.* veemente; *Wind usw.*: *a.* forte; *~ sn j.*: ter mau génio, ser irascível; *~ werden* irritar-se; **2keit** *f* violência *f*; veemência *f*.
'**Heft|klammer** *f* (*-*; *-n*) «clip» *m* (*engl.*), gancho *m*; **~mappe** *f* classificador *m*; **~maschine** *f* (*Büro2*) agrafador *m*; *Bücher*: brochadeira *f*; **~naht** *f* (*-*; *⸚e*) costura *f* alinhavada; **~pflaster** *n* adesivo *m*; **~stich** *m* (*-es*; *-e*) alinhavo *m*; **~zwecke** *f* percevejo *m*.
'**hegen** ['he:gən] *v/t.* cuidar de; guardar; criar; *fig.* nutrir.
Hehl [he:l] *n* dissimulação *f*; *kein ~ aus et. machen* não dissimular a.c., não ocultar a.c.; '**2en** ocultar, encobrir; '**~er(in** *f*) *m* receptador(a *f*) *m*; encobridor(a *f*) *m*, (encobrideira *f*)); **~e'rei** [-ə'raɪ] *f* encobrimento *m*, dissimulação *f*.
hehr [he:r] augusto, sublime.
'**Heide** ['haɪdə] **1.** *m* (*-n*) pagão; *pl. a.* gentios *m/pl.*; **2.** *f*, **~land** *n* (*-es*; *0*) charneca *f*, landa *f*; **~kraut** *n* (*-es*; *0*) urze *f*; **~l-beere** *f* arando *m*.
'**Heiden|-angst** *f* (*0*) medo (*ê) *m* terrível, grande horror *m* (*vor dat.* de); **~geld** *n* (*-es*; *0*) dinheirão *m*; **~lärm** *m* (*-es*; *0*) barulho *m* infernal; **~tum** [-tu:m] *n* (*-s*; *0*) paganismo *m*.
'**Heide(n)rös|chen** [-røsçən] *n* rosinha *f* brava.
'**Heid|in** ['haɪdin] *f* pagã *f*; **2nisch** [-niʃ] pagão; **~schnucke** ['-ʃnukə] *f* ovelha *f* de charneca.
'**heik|el** ['haɪkəl] espinhoso, melindroso, delicado; F bicudo; *Lage usw.*: precário.
Heil [haɪl] **1.** *n* (*-es*; *0*) salvação *f*, felicidade *f*; bem *m*; *~!* viva!; **2.** 2

adj. inteiro, inta(c)to; (*gesund*) são (e salvo); (*geheilt*) curado; '**~and** ['-ant] *m* (*-s; 0*) Salvador *m*; '**~anstalt** *f* sanatório *m*, casa *f* de saúde; '**~bad** *n* (*-es; ⸗er*) banhos *m/pl.* medicinais; termas *f/pl.*; estação *f* termal; '**2bar** curável; *~ sn* curar-se; '**~barkeit** *f* (*0*) curabilidade *f*; '**2en** curar; *v/i. a.* sarar; '**~-erfolg** *m* (*-es; -e*) efeito *m* terapêutico; '**~-gymnastik** *f* (*0*) ginástica *f* terapêutica.

'**heilig** ['haılıç] santo; *die 2e Schrift* a Bíblia Sagrada; *das 2e Land* a Terra Santa; *die ~en drei Könige* os três reis magos; **2'abend** *m* (*-es; -e*) Véspera *f* do Natal.

'**heiligen** ['haılıgən] santificar; (con-)sagrar; **2bild** *n* (*-es; -er*) imagem *f* (de um santo); **2leben** *n* lenda *f* de um santo; **2literatur** *f* literatura *f* hagiológica, hagiologia *f*; hagiografia *f*; **2schein** *m* (*-es; -e*) nimbo *m*; auréola *f*; **2schrein** *m* (*-es; -e*) relicário *m*.

'**Heilig|keit** *f* santidade *f*; **2sprechen** (*L*) canonizar; **~sprechung** [-ʃprɛçuŋ] *f* canonização *f*; **~tum** [-tu:m] *n* (*-s; ⸗er*) santuário *m*; templo *m*; coisa *f* sagrada.

'**Heil|kraft** *f* (*-; ⸗e*) virtude *f* curativa; **2kräftig** curativo, salutar; **~kraut** *n* (*-es; ⸗er*) planta (*od.* erva) *f* medicinal; **~kunde** *f* (*0*) medicina *f*; **~kunst** *f* (*0*) terapêutica *f*; **2los** *et.*: desesperado, monstruoso; **~-magnetismus** *m* (*-; 0*) mesmerismo *m*; **~massage** *f* massagem *f* terapêutica; **~methode** *f* terapêutica *f*; terapia *f*; **~mittel** *n* remédio *m*; **~pflanze** *f* planta *f* medicinal; **~praktiker** *m* médico-naturalista *m*; **~quelle** *f* fonte *f* de água medicinal; **2sam** salutar; **~s-armee** *f* (*0*) exército *m* de salvação; **~serum** *n* (*-s; -seren, -sera*) soro *m* antitóxico; **~stätte** *f* sanatório *m*; **~ung** *f* cura *f*; *Wunde*: cicatrização *f*; **~verfahren** *n* tratamento *m*; = *~methode*; **~wirkung** *f* efeito *m* terapêutico.

Heim [haım] **1.** *n* (*-es; -e*) lar *m*, casa *f*; asilo *m*; sede *f*; (*Herberge*) hospício *m*, pousada *f*; **2.** 2 *adv.* para casa; '**~-arbeit** *f* indústria *f* caseira (*od.* doméstica).

'**Heimat** ['haıma:t] *f* (*0*) pátria *f*; país *m* (natal), terra *f* (natal); *in die ~ entlassen* ⚔ licenciar; **2berechtigt** domiciliado; **~dichter** *m*, **~dichtung** *f* (*0*) poeta *m* (poesia *f*) regionalista; **~hafen** ⚓ *m* (*-s; ⸗*) porto (*'ô) *m* de matrícula; porto (*ô)-sede (*od.* -base) *m*; **~kunde** *f* (*0*) geografia *f* local (*od.* regional); **~kunst** *f* (*0*) arte regional; regionalismo *m* (na arte); **~land** *n* (*-es; ⸗er*) terra *f*; **2lich** natal, pátrio; **2los** sem pátria; apátrida; desterrado; vagabundo; **~recht** *n* (*-es; 0*) direito *m* de domicílio; (*Bürgerrecht*) direito *m* de cidadão; * cidadania *f*; **~staat** *m* (*-es; -en*) país *m* de origem.

'**heim|begeben** (*L*; -): *sich ~* regressar; **2chen** ['-çən] *n Zool.* grilo *m*; **2fahrt** *f* regresso *m*, volta *f*; **2fall** ⚖ *m* (*-es; ⸗e*) devolução *f*; **~fallen** (*L*; *sn*) ⚖ reverter (*an a.* para); **~führen** *v/t.* levar (*od.* acompanhar *od.* reconduzir) à casa; *Braut*: casar com; **2gang** *m* (*-es; ⸗e*) = *2kehr*; *fig.* falecimento *m*, óbito *m*; trespasse *m*; **~gehen** (*L*; *sn*) = *~kehren*; *fig.* falecer; **~isch** domiciliado; (*eingeboren*) indígena (*a.* ⚘); natal; pátrio; local; *a.* ✝ nacional; *Gefühl*: à vontade, como em casa; aclimado; *~ in* (*dat.*) *fig.* versado em; *~ werden* aclimatar-se; **2kehr** *f* (*0*) volta *f*; regresso *m* (*nach, in ac.* a); **~kehren, ~kommen** (*L*; *sn*) voltar, regressar; **~leuchten** (-e-): *j-m ~ fig.* F dar uma ensinadela a alg., mandar alg. passear; **~lich** secreto; clandestino; oculto; *a. j.*: dissimulado; (*traulich*) íntimo, familiar; *adv.* em segredo; à socapa; *vor j-m*: às escondidas de; **2lichkeit** *f* segredo *m*, mistério *m*; **2reise** *f* = *2fahrt*; **~senden** (*L*) mandar à casa *f* (*od.* à terra); repatriar; **2stätte** *f* casa *f*; domicílio *m*, lar *m*; **~suchen** visitar; castigar; **2suchung** ['-zu:xuŋ] *f* visitação *f*; prova *f*, tribulação *f*; **2tücke** *f* perfídia *f*; **~tückisch** pérfido; **~wärts** ['vɛrts] para casa; **2weg** *m* (*-es; -e*) regresso *m*; **2weh** *n* (*-s; 0*) nostalgia *f*; saudades *f/pl.* da terra; **~zahlen** *fig.* pagar na mesma (moeda).

'**Heinzelmännchen** ['-tsəlmɛnçən] *n* duende *m*.

'**Heirat** ['haıra:t] *f* casamento *m*; (*Ehe*) matrimónio *m*; **2en** (-e-) casar(-se) (*j-n* com alg.).

'**Heirats|-antrag** *m* (*-es; ⸗e*) pedido

m de casamento; **~-anzeige** *f* participação *f* de casamento; (*Ehewunsch*) anúncio *m* (para casamento); **2fähig** casadouro; núbil; **~gut** *n* (-*ės*; ⁼*er*) dote *m*; **~kandidat** *m* (-*en*) pretendente *m*; **2lustig** casadouro; **~schwindler** *m* burlão (*od.* vigarista) *m* casamenteiro; **~-urkunde** *f* certificado *m* de casamento; **~vermittler(in** *f*) *m* agente *m*,*f* de matrimónios; casamenteiro *m* (-a *f*); **~vermittlung** *f* agência *f* de matrimónios.

'**heischen** ['haɪʃən] exigir, pedir.

'**heiser** ['haɪzər] rouco; ~ *machen*, ~ *werden* enrouquecer; **2keit** *f* (*0*) rouquidão *f*.

heiß [haɪs] quente; a ferver; ardente; *Zeit*: calmoso; *Zone*: tórrido; *es ist* ~ está calor, há calor; *mir ist* ~ tenho calor; '**~blütig** ['-bly:tiç] ardente, fogoso.

'**heißen** ['haɪsən] (*L*) **1.** *v/t.* chamar; (*befehlen*) mandar; *j-n willkommen* ~ dar as boas vindas a alg.; ⚓ içar; **2.** *v/i.* chamar-se; (*bedeuten*) significar; querer dizer; *das heißt* isto é; *es heißt* dizem, diz-se, consta; *wie heißt* ... *auf deutsch?* como se diz ... em alemão?

'**Heiß|hunger** *m* (-*s*; *0*) fome *f* canina; apetite *m* irresistível (*auf* de); **2hungrig** faminto, esfomeado; **~laufen** (*L*): ⊕ *sich* ~ aquecer; **~luftheizung** *f* aquecimento por ar quente; **~sporn** *m* (-*ės*; -*e*) homem *m* fogoso, exaltado; **~wasser...** *s. Warm~*.

'**heiter** ['haɪtər] sereno; (*lustig*) alegre; *iron.* bonito; **2keit** *f* (*0*) serenidade *f*, alegria *f*; (*Gelächter*) hilaridade *f*; risos *m/pl*.

'**Heiz|-apparat** ['haɪts-] *m* (-*ės*; -*e*) calorífero *m*; **2bar** aquecível; que se pode aquecer; **~batterie** *f Radio*: acumulador *m*; **2en** aquecer; (*Ofen*) acender; **~er** ⊕ *m* fogueiro *m*; **~faden** *m* (-*s*; ⁼) filamento *m*; **~fläche** *f* superfície *f* de calefa(c)ção; **~kissen** ⚡ *n* almofada *f* elé(c)trica; **~körper** *m* aquecimento *m*; calorífero *m*; ⚡ radiador *m*; **~kraft** *f* (*0*) potência *f* calorífica; **~material** *n* (-*s*; -*materialien*) combustíveis *m/pl.*; **~raum** *m* (-*ės*; ⁼*e*) ⊕ fornalha *f*, fornilha *f*; câmara *f* de aquecimento; ⚓ casa *f* das caldeiras (*od.* das máquinas); **~schlange** *f* serpentina *f* aquecedora; **~sonne** ⚡ *f* radiador *m*; **~strom** ⚡ *m* (-*ės*; ⁼*e*) energia *f* industrial; **~ung** *f* aquecimento *m*; calefa(c)ção *m*; **~wert** *m* (-*ės*; -*e*) efeito *m* calorífero; **~widerstand** *m* (-*ės*; ⁼*e*) reóstato *m*, resistência *f*.

'**Hek|tar** *m u. n* ['hɛkta:r] (-*s*; -*e*) hectare *m*; **~to-liter** [-to:-] *n* hectolitro *m*.

Held [hɛlt] *m* (-*en*) herói *m*; *Lit. a.* protagonista *m*.

'**Helden|dichtung** ['hɛldən-] *f* (*0*) poesia *f* épica; **~gedicht** *n* (-*ės*; -*e*) poema *m* épico; epopeia *f*; **2haft, 2mütig** [-my:tiç] heróico; **~mut** *m* (-*es*; *0*) heroismo *m*; **~sage** *f* lenda *f* heróica; **~tat** *f* a(c)ção *f* heróica; façanha *f*; proeza *f*; **~tenor** *m* (-*s*; ⁼*e*) tenor *m* dramático; **~tod** *m* (-*ės*; *0*) morte *f* heróica; *den* ~ *sterben* morrer pela pátria; **~tum** [-tu:m] *n* (-*s*; *0*) heroismo.

'**Heldin** ['hɛldin] *f* heroína *f*; *Lit. a.* protagonista *f*.

'**helf|en** ['hɛlfən] (*L*) ajudar, auxiliar, socorrer, assistir, valer; (*j-m* a alg. *j-m bei* et. alg. em a.c. *od.* a *inf.*); ~ *aus* tirar de; ~ *gegen* ⚕ ser bom para; ~ *zu* servir para; *nichts* ~ não valer nada; *es hilft* (*alles*) *nichts* não há remédio; *sich nicht zu* ~ *wissen* não saber que fazer; *so wahr mir Gott helfe!* assim Deus me ajude!; **2er(in** *f*) *m* ajudante *m*, *f*; assistente *m*, *f*; coadjutor(a *f*) *m*; acólito *m* (-a *f*); **2ers-helfer** *m* cúmplice *m* (*bei* em).

Helio|gra'vüre [heliogra'vy:rə] *f* heliogravura *f*; **~'trop** [-'tro:p] ⚘ *n* heliotrópio *m*.

'**Helium** ['he:lium] *n* (-*s*; *0*) hélio *m*.

hell [hɛl] claro; (*erleuchtet*) alumiado; iluminado; ~ *sn* haver luz; ser dia; *j.*: (*geweckt*) esperto; *Freude usw.*: grande; ~(*er*) *werden* aclarar-se; desanuviar-se; ~ *werden* (*morgens*) amanhecer, alvorecer; *am ~en* (*lichten*) *Tage* em pleno dia; *in ~er Verzweiflung* desesperado; '**~blau** azul claro, *Auge*: *a.* zarco; '**~blond** louro; '**2dunkel** *n* penumbra *f*, *Mal.* claro-escuro *m*; '**2e** ['-ə] *f* (*0*) claridade *f*.

Helle'barde [hɛlə'bardə] *f* alabarda *f*.

'**Heller** ['hɛlər] *m* óbulo *m*, real *m*; *auf* ~ *und Pfennig* até ao último

tostão; *keinen roten* ~ *haben* não ter um tostão; ser pobre.
'hell|gelb amarelo claro; **~glänzend** luminoso; brilhante; **~grün** verde-gaio; **~hörig**: ~ *sn j.*: ter o ouvido apurado; ~ *werden* aguçar o ouvido; **2igkeit** *f* (*0*) claridade *f*; **2sehen** *n* telepatia *f*; **2seher(in** *f*) *m* visionário *m* (-a *f*); **~seherisch** telepático; **~sichtig** [-ziçtiç] clarividente; lúcido; **2sichtigkeit** *f* (*0*) clarividência *f*; lucidez *f*; **~tönend** sonoro.
Helm [hɛlm] *m* (-*ẹs*; -*e*) elmo *m*; (*Stahl2*) capacete *m*; ⚠ zimbório *m*; **'~busch** *m* penacho *m*; **'~dach** *n* (-*ẹs*; *"er*) cúpula *f*.
Hemd [hɛmt] *n* (-*ẹs*; -*en*) camisa *f*; **'~-ärmel** *m* manga *f* de camisa; **'~bluse** *f* camisola *f*.
'Hemden|-einsatz ['hɛmdən-] *m* (-*es*; *"e*) peitilho *m*; **~fabrikant** *m* (-*en*) camiseiro *m*; **~geschäft** *n* camisaria *f*; **~knopf** *m* (-*ẹs*; *"e*) botão *m* da camisa; **~matz** F *m* (-*ẹs*; *"e*) menino *m* em camisa.
'Hemd|hose *f* combinação *f*; **~kragen** *m* colarinho *m*.
Hemi'sphäre [hemi'sfɛ:rə] *f* hemisfério *m*.
'hemm|en ['hɛmən] impedir, deter; obstruir; (*bremsen*) travar; (*lähmen*) tolher; **~end** *adj.* inibitivo; obstrutivo; **2nis** *n* (-*ses*; -*se*) obstáculo *m*; estorvo (*'ô) *m*; entrave *m*; **2schuh** ⊕ *m* (-*ẹs*; -*e*) travão *m*; *a. fig.* peia *f*; **2ung** *f* retardação *f*; travação *f*; ⚔ travanca *f*; ⊕ *Uhr usw.*: escapo *m*; *Psych.* inibição; *pl.* ~*en haben* sentir-se embaraçado; ter dúvidas; *Psych.* ter inibições; **~ungslos** desenfreado; **2vorrichtung** *f* freio *m*.
Hengst [hɛŋst] *m* (-*es*; -*e*) garanhão *m*.
'Henkel ['hɛŋkəl] *m* asa *f*; **~...**: *in Zssgn* com asa(s); asado.
'henk|en ['hɛŋkən] enforcar; **2er** *m* carrasco *m*; verdugo *m*; **2ersknecht** *m* (-*ẹs*; -*e*) moço (*'ô) *m* do verdugo; **2ersmahl(zeit** *f*) *n* (-*ẹs*; *"er*) última refeição *f*.
'Henne ['hɛnə] *f* galinha *f*; *junge* ~ franga *f*.
her [he:r] cá; aqui; ~ *mit* ..., ~ *damit!*, *nur immer* ~*!* que venha(m); *von* ... ~ de; *von da* ~ daí, dali; (*von*) *wo* ... ~*?* donde?; *hinter et.* ~ *sn* andar atrás de a.c.; *Hin und* 2 *n* vaivém *m*; (*so*) *neben*~ (de passagem), ao lado de, a acompanhar; *fig. nicht weit* ~ *sn* não ser grande coisa; *ein Jahr* ~ *sn* fazer; *von je*~ desde sempre; *s.* ~*kommen usw.*
he'rab [hɛ'rap] para baixo; abaixo; *von oben* ~ de cima; *fig.* sobranceiro; **~blicken** = ~*sehen*; **~drücken** carregar em; ✝ rebaixar; **~fahren** descer; *Blitz*: cair; **~fallen** (*sn*) cair; **~fliegen** (*L*; *sn*) descer; **~hängen** (*L*) pender, estar pendurado; (*bis*) *auf den Boden* ~ bater no chão; ~*d adj.* suspenso; *Ohr*: caído; **~klettern** (-*re*; *sn*) descer a trepar; **~kommen** (*L*; *sn*) descer; vir para baixo; *fig.* decair; **~lassen** (*L*) baixar; *sich* ~ descer; *fig.* condescender; dignar-se (*zu inf.* de); abaixar-se; **~lassend** condescendente; (*geringschätzig*) desdenhoso; com ar de desprezo; **2lassung** [-lasuŋ] *f* condescendência *f*; **~mindern** (-*re*) diminuir, reduzir; **~nehmen** tirar; **~rutschen** (-*t*) resvalar; **~schießen** *v/i.* (*L*; *sn*) = ~*stoßen*; **~schweben** (*sn*) vir a descer lentamente; **~schwingen** (*L*): *sich* ~ = ~*springen*; **~sehen** olhar para baixo, olhar de cima; *fig. auf* (*ac.*) ~ olhar com desprezo para; **~setzen** (-*t*) baixar, reduzir; ✝ *a.* abater; *Geschwindigkeit*: diminuir; *fig.* desfazer; *j-n*: *a.* desacreditar, difamar; **2setzung** [-zɛtsuŋ] *f* redução *f*, abatimento *m*, abate *m*; abaixamento *m* (*a. fig.*); *Wert*: depreciação *f*; **~sinken** (*L*; *sn*) vir a descer vagarosamente; **~springen** (*L*; *sn*) saltar para baixo; **~steigen** (*L*; *sn*) descer; **~stoßen** *v/i.* (*L*; *sn*) *Vogel*: cair, precipitar-se (*auf ac.* sobre); ✈ descer em voo (*'ô) picado; **~stürzen** (-*t*; *sn*) cair; precipitar-se; (*ab*-) despenhar-se; **~würdigen** degradar; **2würdigung** *f* degradação *f*; abaixamento *m*; **~ziehen** (*L*) tirar (*od.* puxar) para baixo; *fig.* degradar.
he'ran [hɛ'ran] para cá; *an* (*ac.*) ~ para junto de; *nur* ~*!* venha(m) cá; chegue(m)-se! **~-arbeiten** (-*e*-): *sich an* (*ac.*) ~ ⚔ conseguir aproximar-se de; **~bilden** (-*e*-) criar; **~blühen** (*sn*) *fig.* entrar na adolescência; **~bringen** (*L*) trazer; *fig.* apresentar; **~drängen**: *sich an* (*ac.*)

~ acercar-se (aos empurrões) de; **~gehen** (*L*; *sn*): *an* (*ac.*) ~ aproximar-se de; abeirar-se de; *fig.* meter-se a; **~holen** apanhar; **~kommen** (*L*; *sn*) aproximar-se; *an sich* ~ *lassen* ficar na espe(c)tativa; **~machen**: *sich an* (*ac.*) ~ = *~gehen*; *sich an j-n* ~ *fig.* insinuar-se na confiança de alg.; **~nahen** (*sn*) aproximar-se; **2nahen** *n* aproximação *f*, chegada *f*; **~reichen**: *an* (*ac.*) ~ alcançar (*ac.*); abarbar (*ac.*); **~rücken** *v/t.* [*v/i.* (*sn*)] aproximar (-se), abeirar(-se) (*an ac.* de); **~schaffen** arranjar, trazer; **~schleichen** (*L*; *sn*): (*sich*) ~ aproximar-se cautelosamente (*an ac.* de); **~tragen** (*L*) = *~bringen*; **~treten** (*L*; *sn*) = *~gehen*; *an j-n* ~ dirigir-se a alg.; **~wachsen** (*L*; *sn*) crescer; ir crescendo; *das ~de Geschlecht* a nova geração; **~wagen**: *sich an* (*ac.*) ~ ousar aproximar-se de; *fig.* ter coragem para; **~wälzen** (*-t*): *sich* ~ chegar em vagas; **~winken**: *j-n* ~ fazer sinal para que alg. se aproxime; **~ziehen** (*L*) **1.** *v/t.* atrair; *fig.* recorrer a; ~ *zu* chamar para, empregar em; fazer contribuir para; ⚔ *zum Heeresdienst* ~ chamar, alistar; **2.** *v/i.* aproximar-se (*an ac.* de).

he'rauf [hɛ'rauf] acima, (cá) para cima; **~beschwören** evocar; *Gefahr, Unheil, Streit*: provocar; **~bitten** (*L*) pedir para subir; **~bringen** (*L*) trazer (*od.* levar) para cima; **~führen** acompanhar para cima; *fig. et.*: iniciar; **~helfen** (*L*) ajudar a subir; **~holen** fazer subir; **~kommen** (*L*) (vir a) subir; **~schrauben, ~setzen** (*-t*) *Preis*: aumentar, fazer subir; **2setzung** ['-zetsuŋ] *f* aumento *m*; **~steigen** (*L*; *sn*) = *~kommen*; **~ziehen** (*L*) **1.** *v/t.* içar, alçar; **2.** *v/i.* (*sn*) *Gewitter*: aproximar-se.

he'raus [hɛ'raus] (para) fora! (*meist raus!*) *a.* rua!; ⚔ às armas; *aus et.* ~ de dentro de a.c.; *frei* ~, *offen* ~ francamente, com franqueza; *~damit!* diga-lá!; **~arbeiten** (*-e-*) destacar; *sich* ~ *aus* conseguir livrar-se de; **~bekommen** (*L*; -) *v/t.* conseguir arrancar (*od.* tirar) (*aus* de; *aus j-m* a alg.); *Geld*: ter que receber; *Geheimnis* (chegar a) descobrir; *Rätsel*: adivinhar; ⚗ resolver; *Wort*: dizer, proferir; **~bitten** (*L*) convidar para sair; **~brechen** (*L*) arrancar (*aus* de); *Zahn*: romper, partir; **~bringen** (*L*) levar para fora; *Buch*: publicar; *Wort*: dizer, proferir; *Thea.* estreiar; **~drehen** des(a)parafusar, desatarraxar; **~fallen** (*L*; *sn*) cair para fora; **~finden** (*L*) distinguir (*aus, zwischen dat.* entre); descobrir; divisar; (*klären*) apurar; (*sich*) ~ encontrar a saída; **~fliegen** (*L*), **~fließen** (*L*; *sn*) sair; **~fordern** (*-re*) provocar; *zum Duell*: desafiar; **2forderer** [-fɔrdərər] *m* desafiador *m*; **2forderung** *f* provocação *f*, desafio *m*; **~fühlen** ter a impressão de; sentir; **2gabe** *f* entrega *f*; ⚖ restituição *f*; *Buch*: publicação *f*; edição *f*; **~geben** (*L*) devolver, restituir; *Buch*: publicar, editar, organizar a edição; **2geber** *m* editor *m*; *e-s Textes* organizador *m*; *e-r Sammlung, e-r Zeitschrift*: dire(c)tor *m*; **~geh(e)n** (*L*) sair (*aus* de); **~greifen** (*L*) escolher; **~gucken** olhar para fora; **~haben** *v/t.* (*L*) ter a solução de; **~hängen** pendurar para fora; **~heben** (*L*) tirar; *fig.* acentuar, salientar; **~helfen** (*L*): *j-m* ~ tirar alg. de dificuldades; *beim Aussteigen*: ajudar alg. a sair; **~holen**: ~ *aus* tirar de (*a. fig.*); ir buscar em; **~hören** *j-n*: distinguir a voz de (*aus* entre); *et.*: perceber (*aus* de); **~kehren**: *fig. den ...* ~ dar-se ares de ...; **~kennen** (*L*) (*aus*) saber distinguir (de); reconhecer (entre); **~klauben** apanhar; ~ *aus* (es)colher de entre; **~klingeln** (*-le*), **~klopfen**: *j-n* ~ chamar alg.; **~kommen** (*L*; *sn*) sair, aparecer; *Geheimnis*: descobrir-se; vir à luz; vir a saber-se; *dabei kommt nichts heraus* não dá (nenhum) resultado; não se lucra nada com isto; *auf eins* ~ ser o mesmo; *mit der Wahrheit* ~ confessar (*ac.*); **~können** (*L*) poder sair; **~kriechen** (*L*; *sn*) sair de rastos; **~lassen** (*L*) deixar sair; *Auto*: *die Luft aus den Reifen* ~ esvaziar os pneus; **~laufen** (*L*; *sn*) sair; **~legen** pôr aparte; **~lehnen**: *sich zum Fenster* ~ debruçar-se pela janela; **~lesen** (*L*) = *~klauben*; ~ *aus Text*: ler; entender; **~locken** fazer sair; *Geheimnis*: fazer descerrar; **~lügen** (*L*): *sich* ~ sair-se com mentiras; **~machen** *Fleck*: tirar; *sich* ~ desenvolver-se (bem); ⚕ melhorar; **~nehmen** (*L*) (re)tirar; extrair; *sich* (*dat.*) et. ~ tomar liberdades, ser atrevido; permitir-se (*zu inf.*); **~platzen** (*-t*) (*sn*): ~ *mit* desatar a (*inf.*); **~pressen** (*-ßt*) espremer; sacar; **~putzen** (*-t*) enfeitar; **~quellen** (*L*; *sn*) brotar, emanar; **~ragen**: ~ (*aus*), ~ (*über ac.*) distinguir-se (de), destacar-se (de), sobressair (entre); **~reden** (*-e-*): *frei* ~ falar com franqueza; *sich* ~ desculpar-se, arranjar pretextos; **~reißen** (*L*) arrancar; *sich* ~ tirar-se de apuros; **~rücken** (*sn*) dar; *mit dem Gelde* ~ dar o dinheiro; *mit der Sprache* ~ falar, explicar-se; **~rufen** (*L*) chamar (para fora); ⚔ *die Wache*: chamar às armas; **~schaffen** tirar, levar para fora; **~schälen** tirar; **~schauen** olhar para fora; **~schlagen** (*L*) *Geld*: lucrar (*aus* com); **~schleudern** (*-re*) ejectar; **~schneiden** (*L*) (re)cortar; **2schneiden** *n* recorte *m*; ⚕ abcisão *f*; **~sehen** (*L*) olhar para fora; **~sein** (*L*; *sn*) ter saído; **~springen** (*L*; *sn*): ~ (*aus*) sair a saltar; saltar para fora (de); *fig.* ganhar-se (*bei* com); **~spritzen** (*-t*) (*sn*) espirrar; **~sprudeln** (*-le*) (*sn*) borbotar; **~stecken** mostrar; ostentar; *den Kopf zum Fenster* ~ assomar à janela, debruçar-se pela janela; **~stellen** *Stiefel*: pôr à porta; *sich* ~ (*als*) provar-se, evidenciar-se, verificar-se; dar-se o caso (de); *fig.* salientar; focar; pôr em relevo (*'ê), destacar; **~strecken** mostrar; **~streichen** (*L*) riscar; *fig.* = *~stellen fig.*; **~strömen** (*sn*) efundir-se; ~ *lassen* derramar; deixar sair; **~stürmen** sair arrebatado; **~stürzen** (*-t*) precipitar(-se) para fora; **~suchen** escolher; sele(c)cionar; **~treten** (*L*; *sn*): ~ (*aus*) sair (de); sobressair (entre); **~wachsen** (*L*; *sn*) brotar, sair; (*aus e-m Kleid*) ~ já não caber (em); **~winden** (*L*): *sich* ~ *fig.* (conseguir) desembaraçar-se; **~wollen** querer sair; *nicht mit der Sprache* ~ não querer falar; teimar em calar-se; **~ziehen** (*L*): ~ (*aus*) sacar (de); extrair (de); = *~reißen*.

herb [hɛrp], '**~e**[1] ['-bə] acerbo, acre, áspero; *Wein*: seco (*ê); '**2e**[2] *f* acrimónia *f*; aspereza *f*.

her'bei [hɛr'baɪ] para aqui; *~! a.* venham!; **~bringen** (*L*) trazer; **~eilen** (*sn*) acorrer, acudir; vir de abalada; **~führen** trazer; *fig.* causar, produzir, levar a; **~holen** trazer; ir buscar; **~lassen**: *sich* ~ *zu* consentir em, anuir a, aceder a, prestar-se a; **~laufen** (*sn*) acorrer; **~locken** atrair; **~rufen** (*L*) chamar; **~schaffen** trazer; arranjar; procurar; **~schleppen** trazer (arrastado); **~sehnen** ansiar (a chegada de); **~strömen** (*sn*) afluir; **~winken**: *j-n* ~ fazer sinal a alg. para vir; **~wünschen** = *~sehnen*; **~ziehen** (*L*): *an* (*dat.*) ~ puxar por; trazer por.

'**her|bekommen** (*L*; -) conseguir trazer; **~bemühen**: *j-n* ~ pedir que alg. venha; mandar vir alg.; *sich* ~ dar-se ao incómodo de vir.

'**Herberge** ['hɛrbɛrgə] *f* albergue *m*; hospedaria *f*; pousada *f*; (*Zuflucht*) abrigo *m*.

'**her|bestellen** mandar vir; chamar; **~beten** (*-e-*) rezar; *fig.* recitar màquinalmente.

'**Herbheit** ['hɛrp-haɪt] *f* (*0*) acrimónia *f*, aspereza *f*.

'**her|bitten** (*L*) convidar; chamar; **~bringen** (*L*) trazer; *s. a.* *~gebracht*.

Herbst ['hɛrpst] *m* (*-es*; *-e*) outono *m*; '**2lich** outonal, do outono; '**~zeitlose** ⚘ *f* cólquico *m*.

Herd [he:rt] *m* (*-es*; *-e*) fogão *m*; *offener*: lareira *f*; fornalha *f*; *Krankheit, Seuche, Erdbeben*: foco *m*.

'**Herde** ['he:rdə] *f* rebanho *m*, tropel *m*; *fig.* grei *f*; **~ntrieb** *m* instinto *m* gregário; **2nweise** em (*od.* aos) rebanhos.

he'rein [hɛ'raɪn] para (aqui) dentro; cà para dentro; *~!* entre! **~...**: *in Zssgn oft übers. durch* entrar (a *inf.*); **~begeben** (*L*; -): *sich* ~ entrar; **~bekommen** (*L*; -) ⚚ receber; *Sender*: apanhar; **~bemühen**: *sich* ~ ter o incómodo de entrar; **~bitten** (*L*): *j-n* ~ pedir que alg. entre; **~brechen** (*L*; *sn*) irromper; sobrevir; *Nacht*, ~ *über* (*ac.*) *a.* cair; **~bringen** (*L*) trazer (para dentro); fazer entrar; ⚚ importar; **~drängen**: *sich* ~ forçar a entrada; **~fahren** (*L*) **1.** *v/i.* entrar (de carro); **2.** *v/t.* trazer (no carro); **2fall** *m* (*-es*; *⸗e*) fiasco *m*;

fracasso *m*; **~fallen** (*L*; *sn*) deixar-se apanhar, deixar-se enganar; **~führen** introduzir; trazer (para dentro); *j-n*: *a.* acompanhar para dentro; **~geh(e)n** (*L*; *sn*) entrar; (*Platz h.*) caber; **~-holen** *j-n*: fazer entrar; *et.*: = *~bringen*; **~kommen** (*L*; *sn*) entrar; **~lassen** (*L*) deixar entrar; **~legen** *fig.* enganar; apanhar; **~locken** atrair (*in ac.* para); **~platzen** F (*-t*; *sn*) aparecer (de repente); irromper; **~regnen** (*-e-*) chover para dentro; **~reißen** (*L*) comprometer; **~rufen** (*L*) chamar (para dentro); **~schleichen** (*L*): *sich* ~ entrar (*od.* introduzir-se) furtivamente; *fig.* insinuar-se; **~-schneien 1.** (*h.*) nevar para dentro; **2.** (*sn*) *fig.* aparecer; **~stürmen, ~stürzen** (*-t*) irromper, entrar de arremesso; **~tragen** (*L*) trazer (para dentro); **~wagen**: *sich* ~ ousar entrar; **~winken**: *j-n* ~ fazer sinal a alg. para entrar; **~ziehen** (*L*): puxar para dentro; *fig. j-n*: comprometer.

'**her|fahren** (*L*) **1.** *v/t.* trazer (no carro); *et.*: *a.* acarretar; **2.** *v/i.* (*sn*) vir de carro; *vor usw. j-m* ~ = *~gehen*; **~fallen** (*L*; *sn*): *über* (*ac.*) ~ cair sobre, lançar-se sobre; **~finden** (*L*) encontrar o caminho (para cá); **~-führen** trazer; levar para aqui; **2gang** *m* (*-és*; *⸚e*) acontecimento *m*; desenrolar *m*; (*Verlauf*) marcha *f*; *die Sache hatte folgenden* ~ eis como o caso se passou; ⊕ *u.* ⚕ processo *m*; **~geben** (*L*) dar (cá); *fig. a.* render; *sich* ~ *zu* prestar-se a; **~gebracht** [-gəbraxt] **1.** *p. pt. v. ~bringen*; **2.** *adj.* tradicional; F da praxe; **2gebrachte** *n* tradição *f*; **~geh(e)n** (*L*; *sn*): *hinter* (*dat.*) ~ seguir (*ac.*); ir atrás de; *neben* (*dat.*) ~ acompanhar (*ac.*), ir ao lado de; *vor* (*dat.*) ~ preceder (*ac.*), ir diante de; *fig. hoch* ~ haver grande alvoroço (*'ô); *es geht bei j-m hoch her* alg. vive à grande; *es geht im Kampf scharf* (*od. hart*) *her* há renhido combate; **~halten** apresentar; ~ *müssen* ter que sofrer; ter que servir (*als* de); **~holen** *v/t.* ir buscar; **~hören** ouvir, escutar.

'**Hering** ['he:riŋ] *m* (*-s*; *-e*) arenque *m*; *wie die ~e fig.* apinhados como as sardinhas na lata.

'**her|jagen**: *vor sich* ~ perseguir; **~kommen** (*L*) vir (cá); *fig.* derivar, provir; **2kommen** *n* tradição *f*; costume *m*; **~kömmlich** ['-kœmliç] tradicional.

her'kulisch [her'ku:liʃ] hercúleo.

'**Her|kunft** ['he:rkunft] *f* (*0*) origem *f*; proveniência (*a.* ⚘); (*Abstammung*) filiação *f*; ascendência *f*; linhagem *f*; **2laufen** (*L*; *sn*) correr (*hinter dat.* atrás de); *hergelaufener Kerl fig.* vagabundo; **2leiern** (*-re*) salmodiar; recitar màquinalmente; **2leiten** (*-e-*) aduzir; *fig.* derivar; deduzir; **2machen**: *sich über* (*ac.*) ~ lançar-se sobre; *Arbeit*: meter-se a; *Speise*: pôr-se a comer.

Herme'lin [hɛrmə'li:n] (*-s*; *-e*) *Zool. n*, *Pelz m* arminho *m*.

her'metisch [hɛr'me:tiʃ] hermético.

her'nach [her'-] depois, a seguir; mais tarde.

'**hernehmen** ['he:r-] (*L*) tomar, tirar.

her'nieder [her'-] para baixo; abaixo; *von* ... ~ do alto de; ~...: *in Zssgn.* = *herab..., herunter...*

he'ro|isch [he'ro:iʃ] heróico; **2'ismus** *m* heroismo *m*.

'**Herold** ['he:rɔlt] *m* (*-és*; *-e*) arauto *m*; rei *m* de armas.

Herr [hɛr] *m* (*-en*) senhor *m*; cavalheiro *m*; (*Besitzer*) dono *m*; patrão *m*; *des Dieners*: *a.* amo *m*; ~ (*und Frau*) X o(s) senhor(es) X, (*Anrede o. art.*; ⚔ ~ *Oberst*: meu ...); (*Gott*) *der* ~ o (nosso) Senhor *m*; *alte(r)* ~ *studentisch*: antigo estudante *m*, veterano *m*; *mein usw. alter* ~ pai *m*; *mein* ~ senhor; *gnädiger* ~ *a.* meu amo *m*; *Brief*: *sehr geehrter* ~, (*an*) *~n* X Excelentíssimo (*abgek.* Ex.mo; * Ilustríssimo, Il.mo) Senhor X; *sein eigener* ~ *sn* ser independente; ~ *über sich* senhor de si; *pl. aus aller* '*~en Länder* de todo o mundo; de toda a parte.

'**her|reichen** ['he:r-] passar; chegar; **2reise** *f* (viagem *f* da) ida *f*.

'**Herren|artikel** *m* artigo *m* para senhores; **~doppelspiel** *n* (*-és*; *-e*) *Tennis*: quadrado *m* de cavalheiros; **~einzelspiel** *n* (*-és*; *-e*) *Tennis*: «single» (*engl.*) *m* de cavalheiros; **~geschäft** *n* (*-és*; *-e*) camisaria *f*; **~haus** *n* (*-és*; *⸚er*) solar *m*; casa *f* senhorial; *Pol.* Senado *m*; Câmara *f* Alta; **~kleidung** *f* (*0*) vestuário *m* de cavalheiro; **~leben** *n* (-*s*; *0*): *ein ~ führen* viver à grande, viver à larga; **2los** sem dono; vago; abandonado; *Tier*: vadio; ⚖ jacente; **~mode** *f* moda *f* masculina; **~sitz** *m* solar; *im ~ reiten* montar a cavaleiro; **~zimmer** *n* escritório *m*.

'**Herrgott** *m* (-*es*; *0*): *der ~* Deus *m*; Nosso Senhor *m*.

'**herrichten** ['he:r-] (-*e*-) preparar, arranjar.

'**Herr|in** *f* senhora *f*; ama *f*; *des Hauses*: dona *f*; (*Besitzerin*) *a.* patroa *f*; **2isch** imperioso, autoritário; **2'je(mine)** [-'je:(mine:)] F meu Deus!; **2lich** magnífico; esplêndido; *~ und in Freuden leben* viver de grande, viver à grande, viver à larga; **~lichkeit** *f* magnificência *f*; *Rel.* glória *f*; **~schaft** *f* senhorio *m*; domínio *m* (*a. Gebiet*), dominação *f*; *stärker*: império *m*; soberania *f*; (*Brotherren*) amos *m/pl.*; *meine ~en!* minhas senhoras e meus senhores!; **2schaftlich** senhoril; **~schafts...**: *in Zssgn* senhorial; *stärker*: imperial(ista).

'**Herrsch|begierde** ['hɛrʃ-] *f* (*0*) = *~sucht*; **2en** mandar; *Monarch*: reinar (*a. fig.*); *über* (*ac.*) *~ a.* dominar (*ac.*); **2end** *adj.* reinante (*a. fig.*); **~er(in** *f*) *m* soberano *m* (-a *f*); regente *m*, *f*; **~erhaus** *n* (-*es*; *⸗er*) casa *f* reinante, dinastia *f*; **~sucht** *f* (*0*) despotismo *m*; ambição *f* do poder; **2süchtig** despótico.

'**her|rufen** ['he:r-] (*L*) chamar; **~rühren** (pro)vir, derivar, emanar; **~sagen** recitar; enunciar; **~schaffen** trazer; arranjar; **~schreiben** (*L*): *sich ~* = *~rühren*; **~stammen** *j.*: descender; *aus e-m Ort*: ser natural de; *et.*: = *~rühren*.

'**herstell|en** ['he:r-] fazer; fabricar; produzir; *Verbindung*: estabelecer; **2er** *m* fabricante *m*; ⚘ produtor *m*; **~ung** *f* fabricação *f*; produção *f*; preparação *f*.

he'rüber [hɛ'ry:bər] para este lado; para aqui, para cá; *a. in Zssgn* (*vgl. hinüber...*); **~geben** (*L*), **~reichen** passar.

he'rum [hɛ'rum]: *rings ~* em redor, em volta; *um ... ~* em volta de; *dort ~* por ali; *hier ~* por aqui; *um j-n ~ sn* estar com alg., acompanhar alg.; **~balgen**: *sich ~* andar a brigar; **~bringen** (*L*) *fig. Nachricht*: divulgar; espalhar; **~bummeln** (-*le*; *sn*) andar na pândega; **~drehen** virar, voltar; *sich ~* girar; volver-se; **~fahren** (*L*) **1.** *v/t.* dar um passeio (no carro); **2.** *v/i.* (*sn*): *~ in* (*dat.*) remexer (*ac.*); *~ um* dar a volta de; *Ecke, Kap*: dobrar (*ac.*); **~fliegen** (*L*) andar a voar; **~fuchteln** (-*le*): *~ mit* agitar (*ac.*); **~führen**: *in* (*dat.*) *~* levar por; *um et. e-e Mauer ~* cercar a.c. dum muro; **~geben** (*L*) = *~reichen*; **~gehen** (*L*; *sn*) *et.*: circular; *a. j.*: *~ um* dar a volta de; *in* (*dat.*) *~* andar por; **~greifen** (*L*) apanhar (*od.* atingir) em torno; circundar; **~horchen** procurar informar-se; **~irren** (*sn*) errar, vadiar (*in dat.* por); *~d adj.* vadio; **~kommen** (*L*; *sn*): *um die Ecke ~* dobrar (*ac.*); *nicht ~ um* não poder evitar (*ac.*); *weit herumgekommen sn* ser muito viajado, ter corrido mundo; **~kramen**: *in* (*dat.*) *~* andar a remexer (*od.* a revolver) (*ac.*); **~laufen** (*L*; *sn*) dar voltas (*um* a); F andar a abanar moscas; *frei ~* andar à solta; **~liegen** (*L*) *et.*: estar espalhado; **~lungern** (-*re*) fazer cera; **~reichen** fazer circular; *bei Tisch*: passar; **~reisen** (-*t*; *sn*) andar (viajando) (*in dat.* por); **~reiten** (*L*; *sn*): *fig. auf* (*dat.*) *~* não largar (*ac.*) **~schleppen**: *mit sich ~* arrastar consigo; **~schnüffeln** (-*le*) *fig.* andar a espiar; **~schwänzeln** (-*le*; *sn*): *~ um* cortejar (*ac.*); **~schwenken 1.** *v/t.* fazer girar; **2.** *v/i.* (*sn*) girar; *Fahrzeuge u.* ⚓: virar; **~segeln** (-*le*; *sn*): *~ um* dobrar (*ac.*); **~sprechen** (*L*): *sich ~* divulgar-se; espalhar-se; **~springen** (*sn*) *Kind*: andar aos saltos, andar aos pulos; **~stechen** (*L*): *in* (*dat.*) *~*: (andar a) espicaçar a.c.; **~stehen** (*L*; *h. u. sn*) estar em volta (*um* de); *j.*: (*müßig*) *~* estar a mandriar; *et.*: estar em desordem; **~stöbern** (-*re*): *in* (*dat.*) *~* andar a remexer (*ac.*); **~streichen** (*L*), **~streifen** (*sn*): *~ in* (*dat.*), *~ durch* andar a vag(ue)ar por; **~streiten** (*L*): (*sich*) *~* andar a discutir (*od.* a disputar); **~tanzen** (-*t*) andar a dançar; *fig.* F *j-m auf der Nase ~* fazer pouco de alg.; **~tappen** (*sn*) andar às apalpadelas; **~treiben** (*L*): *sich ~* andar a vag(ue)ar; andar a estroinar; **2treiber** *m* vagabundo *m*; pândego *m*; estróina *m*; **⁓wälzen** (*-t*): *sich* ⁓ revolver-se; **⁓werfen** (*L*) (fazer) virar; **⁓wühlen** = ⁓*kramen*; **⁓zanken** = ⁓*streiten*; andar às turras; **⁓ziehen** (*L*) **1.** *v/t.*: *e-n Graben um et.* ⁓ rodear (*od.* cercar) a.c. de ...; **2.** *v/i.* (*sn*): *in* (*dat.*) ⁓ andar por; ⁓*d adj.* ambulante.

he'runter [hɛ'runtər] (cá) para baixo; *die Treppen* ⁓ as escadas abaixo; ⁓ (*da*)*mit* ...! abaixo ...!; = ⁓*sein*; **⁓bringen** trazer para baixo; *fig.* reduzir; *j-n*: arruinar; **⁓handeln** (*-le*) ✝ regatear; conseguir mais barato; **⁓hauen**: *j-m e-e* ⁓ F chegar a alg.; **⁓holen** ir buscar em cima; *Flagge*: arrear; ✈ derrubar; **⁓klappen** fechar; *v/i. a.* vir abaixo; **⁓kommen** (*L*; *sn*) descer; vir para baixo; *a. fig.* vir (*od.* ir-se) abaixo; *fig.* abaixar; arruinar-se; *moralisch*: acanalhar-se; **⁓lassen** (*L*) baixar; *sich mit dem Fallschirm* ⁓ descer em pára-quedas; **⁓leiern** (*-re*) dizer a sua lengalenga; **⁓machen** *fig.* falar mal de; *j-n*: *a.* descompor; **⁓nehmen** (*L*) tirar; **⁓purzeln** (*-le*) dar cambalhotas cá para baixo; **⁓putzen** (*-t*) F descompor; **⁓reichen** chegar, passar; **⁓reißen** (*L*) arrancar; ⚠ demolir; *fig.* criticar; **⁓schießen** (*L*) ⚔ *u.* ✈ derrubar; **⁓schlagen** (*L*) *Kragen, Verdeck*: baixar; **⁓schlucken** engulir; **⁓schrauben** baixar; *fig.* reduzir; **⁓sein** (*L*; *sn*) andar mal, estar abatido; **⁓werfen** (*L*) deitar abaixo; **⁓ziehen** (*L*) tirar para baixo.

her'vor [hɛr'-] para fora; para diante; *hinter* ... ⁓ (por) detrás de; *zwischen* ... ⁓ de entre; **⁓blicken** aparecer, ver-se (*aus* em); **⁓brechen** (*L*; *sn*) rebentar, irromper; **⁓bringen** (*L*) produzir; *Worte*: proferir; **⁓drängen**: *sich* ⁓ aflorar, brotar; *fig.* pôr-se à frente; **⁓dringen** (*L*) brotar; **⁓gehen** (*L*; *sn*) sair, nascer, provir; *fig. a.* ⁓ *aus* (*dat.*) resultar de; depreender-se de; **⁓heben** (*L*) acentuar; salientar; **⁓holen** tirar (*aus* de); **⁓kommen** (*L*; *sn*) sair; aparecer; **⁓leuchten** (*-e-*) reluzir; *fig.* distinguir-se (*aus* entre); **⁓locken** chamar (para fora); fazer sair; **⁓quellen** (*L*; *sn*) brotar; **⁓ragen** (*a. fig.*) sobressair, distinguir-se (*aus* entre); abalizar-se; ⁓*d adj.* saliente; *fig.* eminente; excelente, distinto; abalizado; **²ruf** *m* (*-es*; *-e*) *Thea.* chamada *f*; **⁓rufen** (*L*) chamar; *fig.* provocar, causar; **⁓schauen, ⁓stechen** (*L*), **⁓stehen** (*L*) sobressair; destacar-se; salientar-se; **⁓treten** (*L*; *sn*) adiantar-se; *fig.* ressaltar; *j.*: distinguir-se; pôr-se em evidência; **⁓tun** (*L*): *sich* ⁓ distinguir-se; abalizar-se; **⁓zaubern** (*-re*) produzir; **⁓ziehen** tirar.

'her|wagen ['heːr-]: *sich* ⁓ ousar vir; **⁓wärts** ['-vɛrts] na ida; **²weg** *m* (*-es*; *-e*) ida *f*, caminho *m* para cá.

Herz [hɛrts] *n* (*-ens*; *-en*) coração *m*; (*gebrochenes* destroçado); (*Mut*) *a.* ânimo *m*; *Kartenspiel*: copas *f/pl.*: *von* ⁓*en gern* com todo o gosto (*'ô); *j-m zu* ⁓*en gehen* sensibilizar alg., afligir alg.; *sich zu* ⁓*en nehmen* afligir-se com; *ein* ⁓ *und e-e Seele sn* ser unha com carne; *das* ⁓ *auf der Zunge* com o coração nas mãos; *et. übers* ⁓ *bringen* ser capaz de; *es tut mir von* ⁓*en leid* sinto muito; *sich ein* ⁓ *fassen* cobrar ânimo; F fazer das tripas coração; *mir fällt ein Stein vom* ⁓*en* sinto um grande alívio.

'herzählen ['heːr-] enumerar.

'Herz|-anfall *m* (*-es*; *⁼e*) ataque *m* cardíaco; **⁓beklemmung** *f* angústia *f*; **⁓beschwerde** *f* perturbação *f* cardíaca; **⁓beutel** *m* pericárdio *m*; **⁓blatt** *n* (*-es*; *⁼er*) ♀ folha (*ô) *f* central; *fig.* amor; **²brechend** pungente; **⁓'bube** *m* (*-n*) (*Karte*) valete *m* de copas; **⁓'dame** *f* (*Karte*) dama *f* de copas; **⁓e-leid** *n* (*-es*; *0*) aflição *f*; **²en** (*-t*) acariciar.

'Herzens|-angst *f* (*-*; *⁼e*) angústia *f*; **⁓freude** *f* sincera satisfação *f*; **²gut** muito bondoso; *ein* ⁓*er Kerl* muito bom rapaz; **⁓lust** *f* (*0*): *nach* ⁓ à vontade; **⁓wunsch** *m* (*-es*; *⁼e*) desejo *m* ardente.

'herz|ergreifend comovente; **⁓erquickend** que causa íntima satisfação; **²-erweiterung** *f* (*0*) hipertrofia (*od.* dilatação) *f* cardíaca; **²fehler** *m* afe(c)ção *f* cardíaca; **⁓förmig** cordiforme, em forma de coração; **⁓haft** corajoso; resoluto; *Schluck*: grande; *Kuß*: efusivo; **²haftigkeit** *f* (*0*) ânimo *m*, valentia *f*, coragem *f*.

'herziehen ['heːr-] (*L*) mudar para cá; *über* (*ac.*) ⁓ ⚔ *Land*: invadir (*ac.*); *fig.* falar mal de.

ˈ**herz|ig** caro; **2-infarkt** *m* (*-ẹs*; *-e*) infar(c)to *m* cardíaco; **2kammer** *f* (*-*; *-n*) ventrículo *m* do coração, cavidade *f* do coração; **2kirsche** *f* cereja *f* garrafal; **2klappe** *f* válvula *f* do coração; **2klopfen** *n* (*-s*; *0*) palpitações *f/pl.* (do coração); **~krank, ~leidend** doente de coração, cardíaco; **2krankheit** *f*, **2leiden** *n* doença *f* do coração, afe(c)ção *f* cardíaca; **~lich** cordial, efusivo, afe(c)tuoso; *adv. a.* do coração; *~ gern* com muito gosto (*ˈô); **~los** desalmado; insensível; sem coração; desumano; **2losigkeit** [ˈ-loː-ziç-] *f* (*0*) crueldade *f*; falta *f* de sensibilidade; desumanidade *f*.

ˈ**Herzog** [ˈhɛrtsoːk] *m* (*-ẹs*; *-e*, *⸗e*) duque *m*; **~in** [-gin] *f* duquesa *f*; **2lich** ducal; **~tum** [-tuːm] *n* (*-s*; *⸗er*) ducado *m*.

ˈ**Herz|schlag** *m* (*-ẹs*; *⸗e*) palpitação *f*; ⚕ ataque *m* cardíaco, apoplexia *f*; **~spezialist** *m* (*-en*) cardiólogo *m*; **2stärkend** cordial; *fig.* reconfortante; *~es Mittel* = **~stärkung** *f* cordial *m*, tónico *m* cardíaco.

herˈzu [hɛrˈ-] = *herbei, heran.*

ˈ**Herz|verfettung** *f* adiposidade *f* do coração; **~verpflanzung** *f* enxerto *m* cardíaco (*od.* de um coração); **2zerreißend** lacerante, pungente.

ˈ**hessisch** [ˈhɛsiʃ] de Hesse.

heteroˈgen [heteroˈgeːn] heterogéneo.

ˈ**Hetz|-artikel** [ˈhɛts-] *m* artigo *m* provocador (*od.* demagógico); **~blatt** *n* (*-ẹs*; *⸗er*) panfleto *m*; **~e** [ˈ-ə] *f* (*Eile*) pressa *f*; (*Jagd*) caçada *f*; (*Verfolgung*) perseguição *f*; *fig.* campanha *f* difamatória; *Pol.* demagogia *f*; **2en** (*-t*) **1.** *v/t.* acossar; dar caça a; correr; *Hunde*: açular; *mit allen Hunden gehetzt fig.* sabido, matreiro; **2.** *v/i.* (*sn*) agitar; fazer propaganda (subversiva); provocar; **~er** *m fig.* agitador *m*; arruaceiro *m*; procovador *m*; demagogo *m*; **~jagd** *f* = *~e*; **~rede** *f* discurso *m* demagógico; **~schrift** *f* panfleto *m*.

Heu [hɔy] *n* (*-s*; *0*) feno *m*; *Geld wie ~ haben* ser podre de rico; ˈ**~boden** *m* (*-s*; *⸗*) palheiro *m*.

Heuch|eˈlei [hɔyçəˈlaɪ] *f* hipocrisia *f*; (*Verstellung*) dissimulação *f*; ˈ**2eln** (*-le*) ser hipócrita; fingir.

ˈ**Heuchler** [ˈhɔyçlər] *m*, **~in** *f*, **2isch** hipócrita *m*, *f*.

ˈ**heuen** [ˈhɔyən] segar feno; fenar.

ˈ**heuer**[1] [ˈhɔyər] *sdd.* este ano.

ˈ**Heuer**[2] ⚓ *f* paga *f* (dos marinheiros); **2n** alistar; *Schiff*: fretar.

ˈ**Heu|-ernte** *f* sega *f* do feno, ceifa *f* do feno; * fenação *f*; **~fieber** *n* ⚕ febre *f* dos fenos; **~gabel** *f* (*-*; *-n*) forcado *m*; **~haufen** *m* meda *f* de feno.

ˈ**heulen** [ˈhɔylən] **1.** uivar; *Hund*: ganir, * ganicar; F chorar; **2.** 2 *n* uivo *m*.

ˈ**heurig** [ˈhɔyriç] *sdd. Wein*: novo; deste ano.

ˈ**Heu|schnupfen** ⚕ *m* (*-s*; *0*) febre *f* dos fenos; **~schober** *m* meda *f* de feno; **~schrecke** *f* locusta *f*, gafanhoto *m*.

ˈ**heut|**(**e**) [ˈhɔyt(ə)] hoje; *~ morgen* esta manhã; *~ vor 8 Tagen* (*ist*) faz (*od.* há) oito dias (que...); *in 8 Tagen* de hoje a ..., aqui a...; **~ig** de hoje; a(c)tual; *~en Tages* (*jetzig*) = **~zutage** hoje em dia.

Heˈxameter [hɛkˈsaː-] *m* hexâmetro *m*.

ˈ**Hex|e** [ˈhɛksə] *f* bruxa *f*; feiticeira *f*; **2en** (*-t*) fazer bruxarias; **~enmeister** *m* bruxo *m*; feiticeiro *m*; **~ensabbat** *m* (*-ẹs*; *-e*) festa *f* das bruxas; *fig.* barulho *m* terrível; **~enschuß** ⚕ *m* (*-sses*; *⸗sse*) lumbago *m*; **~er** *m* bruxo *m*; feiticeiro *m*; **~eˈrei** [-əˈraɪ] *f* bruxaria *f*, bruxedo *m*.

Hieb [hiːp] *m* (*-ẹs*; *-e*) golpe *m*; (*a. fig. auf e-n ~* de um), pancada *f*; *pl. es setzt ~e* apanha(s); apanham; ˈ**2- und** ˈ**stichfest** invulnerável; ˈ**~waffe** *f* arma *f* branca.

hier [hiːr] aqui, cá; (*am Ort*) nesta; *~!* (*anwesend*) presente!; ˈ*der ~* este; *~ ist*, *~ sind* eis (aqui); *~ ist er!* ei-lo!; *~ herum* por aqui; *von ~ ab*, *von ~ an* de aqui em diante; *~ und da örtl.* aqui e ali; *zeitl.* às vezes; ˈ**~an** para aqui; *bei vb.*, nisto, disto.

Hierarˈch|ie [hierarˈçiː] *f* hierarquia *f*; jerarquia *f*; **2isch** [-ˈrarçiʃ] hierárquico, jerárquico.

ˈ**hier|auf** *örtl.* nisto, em cima; *zeitl.* em seguida; **~aus** disto; daqui; **~bei** com isto, nisto; (*anbei* aqui) junto; **~bleiben** (*sn*) ficar aqui; **~durch** por aqui; *fig.* por este meio;

assim; deste modo; ✝ *Brief*: pela presente; = ~*mit*; **~für** para isso; em compensação, em troca; **~gegen** contra isto; ao contrário; **~her** (para) cá; *bis* ~ até aqui; ~ *gehören* pertencer a isto; fazer parte disto; *fig.* vir a propósito; **~herum** por aqui; aqui em volta; **~hin** (para) cá; ~ *und dorthin* de um lado para o outro; **~in** aqui dentro; nisto; **~mit** com isto; *Brief*: por este meio; **~nach** *zeitl.* depois (disto); logo, (*demnach*) *a.* segundo isto; (*folglich*) portanto; **~neben** aqui ao lado; ao lado disto.

Hiero'glyph|e [hiero'gly:fə] *f* hieróglifo *m*, jeróglifo *m*; **$\sim$isch** hieroglífico, jeroglífico.

'**hier|orts** por aqui; ✝ nesta; **~sein** (*L*; *sn*) estar presente; **$\sim$sein** *n* presença *f*; **~selbst** aqui mesmo; **~über** sobre isto; a este respeito; *Richtung*: para este lado; **~unter** *örtl.* cá abaixo; (*unter diesen*) entre estes; *verstehen*: sob isto; **~von** disto; daqui; **~zu** a(lém d)isto; **~zulande** neste país; **~zwischen** entre estas coisas.

'**hiesig** ['hi:ziç] deste país, nacional; de aqui; local.

'**Hift-horn** ['hift-] *n* (-*ës*; ⸚*er*) corneta *f*.

'**Hilfe** ['hilfə] *f* ajuda *f*; auxílio *m* (*zu* em, para; *leisten* prestar); socorro *m* (*a.* [zu] ~!); = ~*leistung*; *um* (*od.* *zu*) ~ *rufen* pedir socorro (*j-n* a alg.); **$\sim$flehend** suplicante; **~leistung** *f* assistência *f*; **~ruf** *m* (-*ës*; -*e*) grito *m* de socorro.

'**hilf|los** ['hilf-] desamparado; abandonado; sem forças; **$\sim$losigkeit** [-lo:ziç-] *f* (*0*) desamparo *m*; abandono; fraqueza *f*; **~reich** solícito; prestimoso.

'**Hilfs|-arbeiter** *m* auxiliar *m*; assistente *m*; **$\sim$bedürftig** necessitado, indigente; **$\sim$bedürftigkeit** *f* (*0*) indigência *f*; desamparo *m*; **$\sim$bereit** solícito; **~bereitschaft** *f* (*0*) solicitude *f*; *Rel.* caridade *f*; **~gelder** [-gɛldər] *n/pl.* subsídios *m/pl.*; **~kasse** *f* caixa *f* de socorros; **~kraft** *f* (-; ⸚*e*) *j.*: auxiliar *m/f*; assistente *m/f*; **~lehrer(in** *f*) *m* professor(a *f*) *m* agregado (-a); **~linie** ⩘ *f* linha *f* auxiliar; **~mittel** *n* remédio *m*, expediente *m*; meio *m*, recurso *m*; **~motor** *m* (-*en*) motor *m* auxiliar; **~quelle** *f* recurso(s *pl.*) *m*; **~verb** *n* (-*s*; -*en*) (verbo *m*) auxiliar *m*; **~werk** *n* (-*ës*; -*e*) obra *f* de assistência; **~zeitwort** *n* (-*ës*; ⸚*er*) = ~*verb*; **~zug** *m* (-*es*; ⸚*e*) comboio *m* de socorro.

'**Himbeer|e** ['himbe:rə] *f* framboesa *f*; **~strauch** *m* (-*ës*; ⸚*er*) framboeseiro *m*; **~saft** *m* (-*ës*; ⸚*e*), **~wasser** *n* sumo *m* de framboesas.

'**Himmel** ['himəl] *m* (-*s*; *0*) céu *m*; (*Bett$\sim$*) sobrecéu *m*; (*Thron$\sim$*) dossel *m*; *unter freiem* ~ ao ar livre; *um* ~*s willen!* por amor de Deus!; *fig. in den* ~ *heben* enaltecer; **$\sim$'an** para o céu; **~bett** *n* (-*ës*; -*en*) cama *f* com sobrecéu; **$\sim$blau** azul celeste; **~fahrt** *f Christi*: Ascensão *f*; *Mariä*: Assunção *f*; **$\sim$hoch** altíssimo; *bitten*: por todos os santos; **~reich** *n* (-*ës*; *0*) reino *m* dos céus; paraíso *m*; **$\sim$schreiend** que clama ao céu, inaudito.

'**Himmels|-erscheinung** *f* meteoro *m*; *Rel.* visão *f* celeste; **~gegend** *f* região *f*; zona *f*; = ~*richtung*; **~gewölbe** *n* (-*s*; *0*) abóbada *f* celeste; **~karte** *f* planisfério *m*; **~körper** *m Astr.* corpo *m* celeste; **~kugel** *f* (-; *0*) esfera *f* celeste; **~kunde** *f* (*0*) astronomia *f*; **~richtung** *f* ponto *m* cardial; **~schlüssel** ⚘ *m* primavera *f*, prímula *f*; **~strich** *m* zona *f*; clima *m*; **~zelt** *n* (-*ës*; *0*) firmamento *m*.

'**himmel|wärts** [-vɛrts] = ~*an*; **~weit** enorme, *adv.* longe.

'**himmlisch** ['himliʃ] celeste; divino (*a. fig.*).

hin [hin] (para) lá, ali; *zeitl. lange* ~ *sn bis* faltar muito para; ~ *und her* para cá e para lá; de trás para diante; *das* $\sim$ *und Her* o vaivém; ~ *und zurück* 🚂 ida e volta; ~ *und wieder* de vez em quando; de quando em quando; uma vez por outra; *vor sich* ~ *reden* para si; ~ *sn* (*verloren*) estar perdido, (*verschwunden*) ter desaparecido; ~ *ist* ~ o que lá vai, lá vai.

hi'nab [hi'nap] para baixo; **~gehen** (*L*), **~steigen** (*L*) descer; **~rutschen** (-*t*) resvalar; **~stürzen** (-*t*) abismar, precipitar.

hi'nan [hi'nan] para cima; **~steigen** (*L*) subir.

'**hin-arbeiten** (-*e*-): *auf* (*ac.*) ~ procurar conseguir; *darauf* ~ *zu* (*inf.*) propor-se (*inf.*).

hi'nauf [hi'naʊf] (lá) para cima; a subir; *den Fluß usw.* ~ rio acima; **~-arbeiten** (*-e-*): *sich* ~ fazer o seu caminho; **~begeben** (*L*; -): *sich* ~ = ~*gehen*; **~begleiten** (*-e-* ;-) acompanhar a subir; **~bringen** levar (*od.* trazer) para cima; fazer subir; **~-fahren** (*L*) *v/t.* (*h*), *v/i.* (*sn*) subir; *v/t. a.* levar (no carro); **~gehen** (*L*) subir; **~klettern** (*-re*), **~klimmen** (*L*) subir a trepar; **~lassen** (*L*) deixar subir; **~laufen** (*L*) correr para cima; subir a correr; **~reichen** *v/i.* chegar; *v/t.* passar para cima; **~schaffen** = ~*bringen*; **~schrauben** *fig. Preise*: fazer subir; **~steigen** (*L*; *sn*) subir (a); **~tragen** (*L*) = ~*bringen*; **~treiben** (*L*) fazer subir.

hi'naus [hi'naʊs] para fora; *über* ... ~ mais além de ...; *über et.* ~ *sn* ter passado de a.c.; *zu* ... ~ por, *auf Jahre* ~ por alguns anos; **~begeben** (*L*; -) *sich* ~ sair; **~begleiten** (*-e-*; -) acompanhar até à porta; **~beugen**: *sich* ~ debruçar-se (*zu* por); **~blicken** = ~*sehen*; **~bringen** (*L*) levar para fora; fazer sortir; *j-n*: acompanhar até à saída; **~drängen** fazer sair, obrigar a sair; **~fahren** (*L*) **1.** *v/i.* (*sn*) sair; **2.** *v/t.* levar (ao campo *od.* para fora); **~fliegen** (*L*; *sn*) sair (a voar); *fig.* ser despedido, ser posto na rua; **~führen** = ~*begleiten*; **~gehen** (*L*) sair; *auf* (*ac.*) ~ *Fenster*: dar para, deitar para; *fig.* = ~*laufen auf*; *über* (*ac.*) ~ ultrapassar (*ac.*); exceder (*ac.*); **~greifen** (*L*): *über et.* ~ ultrapassar a.c.; **~horchen** estar à espreita; **~jagen** expulsar; **~können** (*L*) poder sair; **~laufen** (*L*; *sn*) sair a correr; *auf* (*ac.*) ~ acabar em, chegar a ser; *auf eins* ~, *auf dasselbe* ~ ser o mesmo; **~lehnen**: *sich* ~ debruçar--se (*zu* por); **~ragen**: *über et.* ~ estender-se para além de a.c.; **~schaffen** tirar, levar para fora; **~scheren**: *sich* ~ sair; *scher dich hinaus!* tira-te daqui!; **~schicken** mandar sair; **~schieben** (*L*) puxar para fora; *fig.* adiar, protelar; demorar; **~schleichen** (*L*) sair furtivamente, sair às furtadelas; **~schmeißen** (*L*) F = ~*werfen*; **~sehen** (*L*) olhar para fora; **~sein** (*L*; *sn*): *über* (*ac.*) ~ *zeitl.* ter (ultra)passado (*ac.*); *fig.* ser superior a; estar acima de; **~sollen** estar para ser mandado para fora; *fig.* ir acabar; **~stürzen** (*-t*) precipitar(-se) para fora (*zum Fenster* pela janela); **~tragen** (*L*) ~*schaffen*; **~wagen**: *sich* ~ ousar sair; **~weisen** (*L*) *fig.* mandar sair; **~werfen** (*L*) lançar para fora; *aus dem Fenster* ~ atirar pela janela; *fig. j-n* ~ pôr alg. na rua; **~wollen** querer sair; *fig.* = ~*sollen*; = *hinarbeiten*; *hoch* ~ mirar bem alto; **~ziehen** (*L*) **1.** *v/i.* (*sn*) sair; **2.** *v/t.* puxar para fora; *fig.* = **~zögern** (*-re*) demorar; protelar; contemporizar; **2zögerung** *f* contemporização *f.*

'hin|begeben (*L*; -): *sich* ~ dirigir-se, deslocar-se (*nach* [par]a); **~bestellen** chamar; **2blick** *m* (*-es*; *0*): *im* ~ *auf* (*ac.*) considerando (*ac.*); com vista a; **~bringen** (*L*) levar; *die Zeit* ~ passar o tempo (*mit* a).

'hinder|lich ['hindər-] embaraçoso; impeditivo, contrário; **~n** (*-re*) impedir; estorvar, obstar a; **2nis** *n* (*-ses*; *-se*) obstáculo *m*; impedimento *m*; entrave *m*; estorvo (*'ô) *m*; **2nisrennen** *n* corrida *f* de obstáculos.

'hindeuten (*-e-*): *auf* (*ac.*) ~ indicar (*ac.*), assinalar (*ac.*), apontar (*ac.*); aludir a; referir-se a.

'Hindin ['hindin] *f* cerva *f.*

'hindrängen: ~ *zu* impelir (par)a; *fig.* afluir a.

hin'durch (*prp. mit ac., nachgestellt*): *örtl. durch* ... ~ através de; *zeitl.* por, durante; ao longo de; **~...**: *in Zssgn* = *durch...*; **~gehen** (*L*; *sn*) passar (por), atravessar.

'hineilen acudir; acorrer.

hi'nein [hi'naɪn] (para) dentro; em; *durch* ... ~ entrado por; *ins Land* (*Meer*) ~ terra (mar) dentro; *bis in die Nacht* ~ até alta noite; **~-arbeiten** (*-e-*): *sich in* (*ac.*) ~ familiarizar-se com; **~begeben** (*L*): *sich* ~ entrar; **~denken** (*L*): *sich in et.* (*ac.*) ~ imaginar a.c.; *sich in j-n* ~ pôr-se na situação de alg.; **~drängen** empurrar para dentro; **~drükken** introduzir; **~fahren** (*L*) *v/i.* (*sn*) entrar; **~fallen** (*L*; *sn*) cair; *fig.* deixar-se apanhar, deixar-se enganar; **~finden** (*L*): *sich in* (*ac.*) ~ conformar-se com; resignar-se com; (chegar a) compreender; **~flechten** (*L*) entretecer, entrelaçar; **~fließen** (*L*; *sn*) entrar; *Fluß*: desaguar, desembocar; **~führen** acompanhar para dentro; **~gehen** (*L*; *sn*) entrar; = *~passen*; **~geraten** (*L*; *sn*) cair; **~gießen** (*L*) deitar; **~greifen** (*L*) meter as mãos; **~klettern** (*-re*; *sn*) = *~steigen*; **~kommen** (*L*; *sn*) entrar, penetrar, **~können** (*L*) poder entrar; **~kriechen** (*L*; *sn*) entrar de rastos; **~lassen** (*L*) deixar entrar; **~leben**: *in den Tag ~* viver ao Deus dará; **~legen** meter; *fig. j-n* enganar; entrujar; **~lesen** (*L*): *sich in* (*ac.*) *~* familiarizar-se com; **~mischen** intrometer; **~passen** (*-ßt*) caber; **~reden** (*-e-*) interromper; intrometer-se; **~reißen** (*L*) comprometer; **~reiten** (*L*; *sn*) entrar a cavalo; *fig.* comprometer; **~schaffen** levar para dentro; **~schieben** (*L*) empurrar (*od.* meter) para dentro; introduzir; **~schlüpfen** (*-t*): *in et. ~* deslizar para dentro de a.c.; *in ein Kleidungsstück ~*: enfiar (*ac.*); **~schreiben** (*L*) escrever; assentar, inscrever; (*notieren*) apontar; **~springen** (*L*; *sn*): *in* (*ac.*) *~* entrar a saltar, saltar para dentro (de); **~stecken** introduzir, meter; *Kapital*: investir; **~steigen** (*L*; *sn*) entrar; **~stoßen** (*L*): *in* (*ac.*) *~* empurrar para dentro; **~strömen** acorrer; **~tragen** (*L*) = *~schaffen*; **~treiben** (*L*) *Nagel*: introduzir; cravar; **~tun** (*L*) meter; *e-n Blick*: deitar; **~wagen**: *sich ~* ousar entrar; **~ziehen** (*L*) **1.** *v/t.* puxar para dentro; *fig.* comprometer, intrometer; **2.** *v/i.* (*sn*) *in e-e Wohnung*: mudar para; entrar; (v)ir habitar (*ac.*); **~zwängen** introduzir à força (*ô); encaixar.

'**hin|fahren** (*L*; *sn*) **1.** *v/t.* levar (no carro); **2.** *v/i.* ir (lá); ir-se; *mit der Hand über* (*ac.*) *~* passar a mão por; **2fahrt** *f* ida *f*; **~fallen** (*L*; *sn*) cair (ao chão); **~fällig** caduco (*a.* ⚖); débil; (*zwecklos*) ilusório; nulo; *~ werden* caducar; **2fälligkeit** *f* (*0*) debilidade *f*; caducidade *f*; **~finden** (*L*): encontrar o caminho; **~fliegen** (*L*; *sn*) voar para lá; F (*fallen*) cair; escorregar; **~'fort** de aqui em diante, de hoje em diante; de futuro; **2fracht** ✈ *f* carga *f* de ida, frete *m* de ida; **~führen** levar (para) lá; **2gabe** *f* (*0*) abandono *m*; *körperliche a.* entrega *f*; (*Selbstverleugnung*) abnegação *f*; (*Eifer*) dedicação *f*; fervor *m* (*an ac.* por); **2gang** *m* (*-es*; *0*) ida *f*; *fig.* falecimento *m*; **~geben** (*L*) dar, entregar; (*preisgeben*) abandonar; (*widmen*) dedicar; *~d adj.* fervoroso, abnegado; **2gebung** ['-ge:buŋ] *f* (*0*) = *~gabe*; **~'gegen** pelo contrário; porém; em contrapartida; **~gehen** (*L*; *sn*) ir (lá); *Zeit*: passar, correr; *über* (*ac.*) *~* passar por; (*ac.*) *~ lassen* deixar passar; não reparar (em); **~gehören** estar no seu lugar; *fig.* vir ao acaso, vir a propósito; **~gelangen, ~geraten** (*sn*): *~* (*nach*) chegar (a); ir parar (a); **~-halten** (*L*) *v/t.* estender; apresentar; oferecer; *fig.* demorar; fazer esperar; *mit Versprechungen*: entreter; *~d adj.* dilatório; **~-hören** escutar, ouvir, prestar atenção.

'**hinken** ['hiŋkən] coxear; andar coxo; claudicar; **~d** *adj.* coxo.

'**hin|knien** (*sn*) ajoelhar; **~kommen** (*L*; *sn*) = *~gelangen*; (*zutreffen*) estar certo; bater certo; **~kritzeln** (*-le*) = *~schmieren*; **~langen** alcançar; chegar; **~länglich** suficiente; *a. adv.* bastante; **~lassen** (*L*) deixar ir; **~laufen** (*L*) acorrer; *~ zu* correr (par)a; **~legen** pôr, deitar; pousar; *flach ~* espalmar; *~!* ⚔ depor!; **~leiten** (*-e-*), **~lenken** conduzir, guiar; dirigir; *Gespräch*: levar; **2marsch** *m* (*-es*; *⸗e*) ida *f*; **~nehmen** (*L*) tomar, aceitar; *fig.* aguentar, suportar; *Beleidigung*: engulir; **~neigen**: *~ zu* propender a; *sich ~ zu* inclinar(-se) para; **2neigung** *f* propensão *f*; inclinação *f*.

'**hinnen** ['hinən]: *von ~ poet.* daqui.

'**hin|-opfern** (*-re*) imolar, sacrificar; **~passen** (*-ßt*) estar no seu lugar; **~pflanzen** (*-t*): *sich ~* F colocar-se; **~raffen** arrebatar; **~reichen** **1.** *v/t.* passar; oferecer; *Hand*: estender; **2.** *v/i.* alcançar; chegar; *~d adj.* bastante; **2reise** *f* ida *f*; **~reisen** (*-t*; *sn*) ir lá; **~reißen** (*L*) arrebatar; enlevar, abalançar; entusiasmar; *sich ~ lassen* deixar-se levar (*von* por; *zu* a); *~d adj.* irresistível; arrebatador; **~richten** (*-e-*) executar; **2-richtung** *f* execução *f*; **~schaffen** levar (para lá); **~schau-**

en = *~sehen*; **~scheiden** (*L*) falecer; **2scheiden** *n* falecimento *m*; desenlace *m*; **~schicken** enviar, delegar; **~schlachten** degolar; assassinar; **2schlachtung** *f* matança *f*; morticínio *m*; **~schlagen** (*L*; *sn*) cair; **~schleppen** arrastar; *fig.* (*dauern*, *verzögern*) demorar; **~schmieren** escrevinhar; escrever à pressa; **~schreiben** (*L*) escrever; assentar; **~schwinden** (*L*; *sn*) desvanecer-se; **~sehen** (*L*) olhar (*nach* para); *genau ~* fixar bem; **~setzen** (*-t*) pôr, colocar; *sich ~* sentar-se; **2sicht** *f* respeito *m*; *in ~ auf* (*ac.*) = **~sichtlich** (*gen.*) a respeito de, com respeito a; **~siechen** (*sn*) definhar-se, languescer; **~sinken** (*L*; *sn*) desfalecer; *tot*: cair; **~stellen** colocar; *~ als* apresentar como; **~sterben** (*L*; *sn*) agonizar; morrer; **~strecken** estender; (*niederwerfen*) derrubar; **~strömen** (*sn*) afluir; *Blut*: derramar-se; correr; **~stürzen** (*-t*; *sn*) (*fallen*) cair; (*eilen*) precipitar-se (para ali).

hint'an|halten [hint'-] (*L*) deter; demorar; **~setzen** (*-t*), **~stellen** pôr de lado; postergar; descuidar.

'hinten ['hintən] atrás; detrás; (*im Hintergrunde*) no fundo; *nach ~* para atrás (*liegen* dar, deitar); *weiter ~* mais atrás; **~'an** detrás, no fim; **~'über** de costas, às avessas.

'hinter ['hintər] **1.** *prp.* (*Lage dat.*, *Richtung ac.*) detrás; atrás de; *~ et.* (*ac.*) *kommen fig.* descobrir *a.c.*; *2 Jahre Dienst ~ sich haben* ter passado por dois anos de serviço; *~ sich* (*dat.*) *lassen* ultrapassar, adiantar-se a; **2.** *adj.* posterior; traseiro; derradeiro; **2achse** *f* eixo *m* traseiro; **2backe** *f* nádega *f*; anca *f*; **2bein** *n* (*-es*; *-e*) pé *m* traseiro; *sich auf die ~e stellen* levantar-se; *Pferd*: empoleirar-se; *fig.* ser teimoso; **2'bliebenen** [-'bli:bənən] *pl.*: *die ~* a família do falecido; **2'bliebenenbeihilfe** *f* subsídio *m* por morte; **2'bliebenenpension** *f* pensão de sobrevivência *f*; **~'bringen** (*L*; *-*) denunciar; **2deck** *n* (*-es*; *-s*, *-e*) tombadilho *m*; convés *m* da popa; **~'drein** depois; a seguir; posteriormente; *~ laufen* correr atrás; seguir; **~ei'nander** um atrás do outro; em linha; em fila indiana; *drei Tage ~* seguidos; **2e(r)** *m* traseiro *m*; assento *m*; V cu *m*; **2flosse** *f* barbatana *f* traseira; **2front** *f* traseiras *f/pl.*; **2gedanke** *m* intenção *f* reservada; *e-n ~n haben* levar água *f* no bico; **~'gehen** (*L*) enganar, iludir; **2gestell** ⊕ *n* (*-es*; *-e*) jogo (*'ô) *m* traseiro; **2grund** *m* (*-es*; *¨e*) fundo; *in den ~ treten fig.* passar para o segundo plano; **2halt** *m* (*-es*; *¨e*) cilada *f*, emboscada *f*; *aus dem ~ fig.* nas costas; **~hältig** [-hɛltiç] pérfido; manhoso; **2hand** *f* (*-*; *¨e*) *des Pferdes*: patas *f/pl.* traseiras; *Spiel*: pé *m*; *die ~ haben* ser pé; **2haupt** *Anat.* *n* (*-es*; *¨er*) occiput *m*; **2haus** *n* (*-es*; *¨er*) traseiras *f/pl.* da casa; **~her** = *~drein*; **2hof** *m* (*-es*; *¨e*) saguão *m*; **2kopf** *m* (*-es*; *¨e*) occipício *m*; occipital *m*; **2land** *n* (*-es*; *¨er*) «hinterland» *m*; interior *m* do país; ♱ mercado *m* consumidor; **~'lassen** (*L*) deixar, (*vererben*) *a.* legar; *~, daß* deixar o recado de que ...; *~e Werke n/pl.* obras *f/pl.* póstumas; **2'lassenschaft** *f* herança *f*; sucessão *f*; espólio *m*; **2lauf** *m* (*-es*; *¨e*) pata *f* traseira; **~'legen** depositar; ⚖ consignar; **2'legung** [-'le:guŋ] *f* depósito *m*; consignação *f*; **2leib** *m* (*-es*; *-er*) *Zool.* abdómen *m*; abdome *m*; **2list** *f* perfídia *f*, insídia *f*; **~listig** pérfido; insidioso; **2mann** ⚔ *m* (*-es*; *¨er*) soldado *m* (da fila) posterior; ♱ endossante *m* subsequente (*od.* prévio); vendedor *m*; comprador *m*; (*Auftraggeber*) comitente *m*; *fig.* responsável *m*; **2pfote** *f* = *2lauf*; **2rad** *n* (*-es*; *¨er*) roda *f* traseira; **~rücks** [-ryks] por detrás; pelas costas; *fig. a.* traiçoeiramente; **2seite** *f* (re)verso *m*; costas *f/pl.*; **~st** (*sup. v. hinten*) extremo; (*letzter*) último; **2stich** *m* (*-es*; *-e*) ponto *m* atrás; **2stube** *f* = *~zimmer*; **2teil** *n* (*-es*; *-e*) parte *f* posterior ⚓ popa *f*; F = *2e(r)*; **2treffen** ⚔ *n* retaguarda *f*; *ins ~ geraten fig.* perder terreno *m*; ficar atrás; **~'treiben** (*L*; *-*) impedir; contra-minar; frustrar; **~treppe** *f* escada *f* traseira (*od.* de serviço); **2treppen-roman** *m* (*-s*; *-e*) romance *m* barato; **2tür** *f* porta *f* traseira; *fig.* saída *f*; escapatória *f*; **2wäldler** [-vɛltlər] *m* homem *m* primitivo; **2wand** *f* (*-*; *¨e*) parede *f* traseira; **~'ziehen** (*L*; *-*) defraudar;

Steuern: subtrair; ≈ˈ**ziehung** *f* defraudação *f*; ≈**zimmer** *n* quarto *m* traseiro.

ˈ**hin|tragen** (*L*) levar (para lá); ~**treten** (*L*; *sn*): *vor j-n* ~ apresentar-se a alg.; ~**tun** (*L*) pôr, meter.

hiˈnüber [hiˈny:bər] para lá; para aquêle lado; para o outro lado, para a outra banda; *über* ... (*ac.*) ~ por cima de; ~**blicken** olhar para o outro lado; *zu j-m* ~ olhar para (o lado de) alg.; ~**bringen** (*L*) levar para o outro lado; ~**fahren** (*L*) **1.** *v/t.* = ~*bringen*; **2.** *v/i.* (*sn*), ~**gehen** (*L*) passar para o outro lado; *über* (*ac.*) ~ atravessar; ~**helfen** (*L*): *über* (*ac.*) ~ ajudar a passar; ~**reichen 1.** *v/t.* passar; **2.** *v/i.* ~ *bis* chegar até; ~**schaffen** = ~*bringen*; ~**schwimmen** (*L*): *über den Fluß* ~ atravessar o rio a nadar; ~**springen** (*L*): *über* (*ac.*) ~ saltar para o outro lado de; ~**setzen** (-*t*) = ~*fahren*; ~**steigen** (*L*): *über* (*ac.*) ~ passar por cima de; ~**ziehen** (*L*) *Gram.* ligar; *zu sich* ~ atrair.

ˈ**hin- und** ˈ**her|bewegen** agitar; ~**gehen** (*L*), ~**laufen** (*L*; *sn*) andar de trás para diante; ~**schwanken** oscilar; (*taumeln*) cambalear; *fig.* vacilar; ~**schwenken**, ~**schwingen** (*L*) = ~*bewegen*; *Tuch*: abanicar.

Hin- und ˈ**Rückfahrt** *f* ida *f* e volta *f*.

hiˈnunter [hiˈnuntər] para baixo; *den Fluß* (*die Treppe*) ~ rio (as escadas) abaixo; ~... *in Zssgn* para baixo; *vgl. herab*..., *herunter*...; ~**begleiten** (-*e*-) acompanhar (até à porta da casa); ~**bringen** (*L*) *et.*: levar para baixo; *j-n*: = ~*begleiten*; ~**fahren** (*L*) **1.** *v/t.* = ~*bringen*; **2.** *v/i.* (*L*; *sn*) descer; ~**fallen** (*L*) cair (*e-n Abhang* por); ~**führen** conduzir para baixo; = ~*bringen*; ~**lassen** (*L*) (a)baixar, descer; ~**schaffen** = ~*bringen*; ~**steigen** (*L*) descer; ~**tragen** (*L*) levar para baixo; ~**schlingen** (*L*), ~**schlucken** tragar; engolir; ~**werfen** (*L*) deitar abaixo, arremessar para baixo; ~**würgen** tragar.

ˈ**Hinweg** *m* (-*es*; -*e*) ida *f*.

hinˈweg [-ˈvɛk]: ~! vamos!; ~ (*damit*)! fora!; tire(m) isto daqui!; *über* (*ac.*) ~ por cima de; ~...: *in Zssgn s. a. weg*...; ~**gehen** (*L*): *über* (*ac.*) ~ passar por cima de; ~**raffen** arrebatar; ~**schreiten** (*L*): = ~*gehen*; ~**sehen** (*L*): *über* (*ac.*) ~ não fazer caso de; ~**setzen** (-*t*): *sich über* (*ac.*) ~ não se importar com; ~**springen** (*L*): *über* (*ac.*) ~ saltar por cima de; ~**täuschen**: *j-n über* (*ac.*) ~ enganar alg. acerca de; ocultar a.c. a alg.

ˈ**Hin|weis** [-vaɪs] *m* (-*es*; -*e*) indicação *f*; (*unter*) ~ *auf* (*ac.*) (com) referência *f* a; ≈**weisen** (*L*): *auf* (*ac.*) ~ indicar (*ac.*); apontar para; referir-se a; (*anspielen*) aludir a; *j-n auf* (*ac.*) ~ chamar a atenção de alg. para; remeter alg. para; ≈**weisend** *adj. Gram.* demonstrativo; ≈**welken** (*sn*) murchar; *fig.* definhar-se; ≈**werfen** (*L*) deitar *od.* atirar (ao chão); (*skizzieren*) esboçar; ≈ˈ**wieder**(**um**) em contrapartida; *zeitlich*: de novo.

Hinz [hints] *m* (-; *0*): ~ *und Kunz m* Fulano *m* e Sicrano *m*.

ˈ**hin|zeigen**: *auf* (*ac.*) ~ apontar para; ~**ziehen** (*L*) **1.** *v/t.* puxar para ...; *fig.* (*erstrecken*) estender; *zeitlich*: demorar; **2.** *v/i.* (*sn*) ir-se; passar; **3.** *v/r. sich* ~ estender-se, alongar-se; (*dauern*) demorar; *sich über 2 km* ~ ter dois quilómetros de extensão; ~**zielen**: *auf* (*ac.*) ~ ter em vista; *mit Worten*: aludir a; ~**zögern** (-*re*) *v/t.* demorar.

hinˈzu para; além de; a isso, a mais; além disso; por cima; ~**bekommen** (*L*; -) receber a mais (*od.* além disso); ~**denken** (*L*) acrescentar em pensamento; ~**fügen** acrescentar; ~**gesellen**: *sich* ~ zu juntar-se a; ~**kommen** (*L*; *sn*) acrescer; (*erscheinen*) aparecer; ~**rechnen** (-*e*-) ♃ acrescentar; *fig.* ter em conta; ~**setzen** (-*t*), ~**tun** (*L*) acrescentar; ~**treten** (*L*) juntar-se (*zu* a); ~**ziehen** (*L*) chamar; *Arzt*: *a.* consultar; ≈**ziehung** *f Arzt*: consultação *f*.

ˈ**Hiobs|botschaft** [ˈhi:ops-] *f* (*0*), ~**post** *f* (*0*) má nova *f*.

ˈ**Hippe** [ˈhipə] *f* podadeira *f*; (*Sense*) foicinha *f*.

Hirn [hirn] *n* (-*es*; *0*) cérebro *m*; ˈ~**gespinst** *n* (*es*; -*e*) quimera *f*; fantasma *m*; ˈ~-**haut** *f* (-; ⸚*e*) meninge *f*; ˈ~-**haut-entzündung** *f* meningite *f*; ~**schädel** *m*, ˈ~**schale** *f* crânio *m*; F cachola *f*; ˈ≈**verbrannt** [ˈ-ferbrant] louco, doido.

Hirsch [hirʃ] *m* (*-es*; *-e*) veado *m*; ˈ**~fänger** [ˈ-fɛŋər] *m* faca *f* de mato; ˈ**~geweih** *n* (*-es*; *-e*) chifre *m* (*od.* armação *f*) do veado; ˈ**~hornsalz** *n* (*-es*; *0*) carbonato *m* de amónio; ˈ**~käfer** *m* vaca-loura *f*; ˈ**~kalb** *n* (*-es*; *⸗er*) enho *m*; ˈ**~kuh** *f* (*-*; *⸗e*) cerva *f*.

ˈ**Hirse** [ˈhirzə] *f* (*0*) milho-miúdo *m*, painço *m*; **~brei** *m* (*-es*; *-e*) papas *f/pl.* de milho-miúdo.

Hirt [hirt] *m* (*-en*) pastor *m*; (*Rinder*~) vaqueiro *m*.

ˈ**Hirten...**: *in Zssgn meist* pastoril, *Lit. a.* bucólico; **~brief** *m* (*-es*; *-e*) pastoral *f*; **~flöte** *f* charamela *f*; gaita *f*; **~junge** *m* (*n*) pastorinho *m*; **~mädchen** *n* pastorinha *f*; **~pfeife** *f* = *~flöte*; **~stab** *m* (*-es*; *⸗e*) cajado *m*; *Rel.* báculo *m*; **~tasche** *f* surrão *m*.

ˈ**Hirtin** [ˈhirtin] *f* pastora *f*.

His [his] ♪ *n* (*-*; *0*) *uv.* si *m* sustenido.

ˈ**hiss|en** [ˈhisən] (*-ßt*) ⚓ içar; arvorar.

Hisˈtor|ie [hisˈtoːriə] *f* história *f*; **~iker** [-ikər] *m* historiador *m*; historiógrafo *m*; **~isch** histórico.

ˈ**Hitz|e** [ˈhitsə] *f* (*0*) calor *m* (*vor dat.* de); (*Glut*) *a. fig.* ardor *m*; *fig.* ímpeto *m*; *in ~ geraten fig.* alterar-se; **~e-ausschlag** *m* (*-es*; *⸗e*), **~ebläschen** *n/pl.* erupção *f/sg.* de calor; **~epickel** *m/pl.* empolas *f/pl.*; fogagem *f/sg.*; **~ewelle** *f* onda (*od.* vaga) *f* de calor; **~ig** *Fieber*: agudo; *fig.* fogoso, veemente; **~kopf** *m* (*-es*; *⸗e*) homem *m* colérico; F bota-fogo *m*; espirra-canivetes *m*; **~köpfig** [ˈ-kœpfiç] fogoso; **~schlag** ⚕ *m* (*-es*; *⸗e*) insolação *f*; congestão *f* (por excesso de calor).

ˈ**Hobel** [ˈhoːbəl] *m* plaina *f*; cepilho *m*; **~bank** *f* (*-*; *⸗e*) banco *m* de carpinteiro; **~maschine** *f* aplainador *m*; **~n** (*-le*) aplainar, acepilhar; **~span** *m* (*-es*; *⸗e*) apara *f*; *pl. ~späne a.* acepilhadura *f/sg.*

hoch [hoːx] (*höher*; *⸗st*) (*ch vor* e > *h*: *hohe, hoher, hohes*); **1.** alto (*a. adv.*); *Alter*: avançado; *Ehre, Spiel*: grande; *Fest*: solene; *Rang*: elevado; (*erhaben*) sublime; *~ oben* muito alto; *~ oben in*, *~ oben auf* muito em cima de; *~ über* muito por cima de; *fig.* muito superior a; *3 Meter ~* de (*od. Lage*: a) três metros de altura; *3 Treppen ~* no terceiro andar; *3 ~ 5* três (elevado) à quinta; (*er lebe*) *~!* viva!; *~ und niedrig* grandes e pequenos; *~ in den Dreißigern sn* ter quase quarenta anos; *fig. ~ hinaus wollen* querer abarcar o céu com as mãos; *wenn es ~ kommt* quando muito; *das ist mir zu ~* não compreendo; *~ und heilig* solenemente; **2.** ~ *n* viva *m*; brinde *m*, *ein ~ auf* (*ac.*) *ausbringen* dar vivas a; brindar por; *Luftdruck*: alta pressão *f* = *~druckgebiet*.

ˈ**hoch|-achten** (*-e-*) ter em grande estima; apreciar muito; **~-achtung** *f* grande estima *f*; alta consideração *f*; *mit* (*od. in*) *vorzüglicher ~* = **~-achtungsvoll** *im Brief*: com a maior consideração de Vossa Excelência atento venerador e obrigado (*Abk.* de V. Exa. atto. ven.dor e obgdo.); **~-altar** *m* (*-es*; *⸗e*) altar-mor *m*; **~-amt** *n* (*-es*; *⸗er*) missa *f* solene; **~-antenne** *f* antena *f* exterior (*od.* aérea); **~-arbeiten** (*-e-*): *sich ~ fig.* vencer pelo seu trabalho; **~bahn** *f* metropolitano *m*; **~bau** *m* (*-es*; *-ten*) arquite(c)tura *f*; (*Oberbau*) superstrutura *f*; = *~haus*; *s. ~- und Tiefbau*; **~bedeutsam** transcendente; **~begabt** extremamente prendado (*od.* talentoso); de grandes qualidades; **~beglückt** muito contente; **~bejahrt** muito idoso; **~berühmt** muito ilustre, celebérrimo; **~betagt** = *~bejahrt*; **~betrieb** *m* (*-es*; *0*) grande a(c)tividade *f*, grande movimento *m*; (*Andrang*) grande afluência *f*; *Zeiten des ~s* 🚃 horas *f/pl.* de ponta; **~bringen** (*L*) *fig.* desenvolver, fazer prosperar; *j-n*: elevar; (*reizen*) irritar; **~burg** *f* cidadela *f*; *fig.* centro *m*, foco *m*; **~deutsch** alto alemão; **~druck** *m* (*-es*; *0*) alta pressão *f* (*mit* a); *Typ.* (*pl. -e*) impressão *f* em relevo (*ˈê); **~druckgebiet** *n* (*-es*; *-e*) anticiclone *m*; **~ebene** *f* planalto *m*; **~-empfindlich** ultra-sensível; **~-erfreut** encantado; **~fahren** (*L*): *aus dem Schlaf ~* acordar de sobressalto; **~fahrend** altivo; arrogante; **~fein** superfino; **~finanz** *f* alta finança *f*; **~fläche** *f* planalto *m*; **~fliegend** altaneiro; *fig. a.* ambicioso; *Plan*: vasto; **~flut** *f* preia-mar; maré *f* cheia; *fig.* invasão *f*; avalanche *f*;

2**frequenz** ↯ *f* (*0*) alta frequência *f*; 2**gebirge** *n* altas montanhas *f/pl.*; ~**geboren** ilustre; 2**gefühl** *n* (-*ẹs*; -*e*) entusiasmo *m*, exaltação *f*; ~**gehen** (*L*; *sn*) subir; explodir; *See*: estar encapelado, estar agitado; *fig.* irritar-se; indignar-se; abespinhar-se; ~**gelegen** elevado; ~**gelehrt** douto; 2**genuß** *m* (-*sses*; ⸚*sse*) delícia *f*, alto prazer *m*; 2**gericht** *n* (-*ẹs*; -*e*) patíbulo *m*; ~**geschossen** [ˈ-gəʃɔsən] crescido, alto; ~**geschürzt** [ˈ-gəʃyrtst] arregaçado; ~**gesinnt** [ˈ-gəzint] magnânimo; ~**gespannt** ↯ de alta tensão; ⊕ *Dampf*: de alta pressão; *fig.* alto; exagerado; ~**gestellt** [ˈ-gəʃtelt] de (alta) categoria; ~**gewachsen** [ˈ-gəvaksən] crescido, alto; 2**glanz** *m* (-*es*; *0*) lustre *m*; ~**gradig** [ˈ-gra:diç] altamente, em alto grau; ~**halten** (*L*) levantar; *fig.* = ~*achten*; 2**haus** *n* (-*es*; ⸚*er*) arranha-céus *m*; ~**heben** (*L*) levantar; ~**herrschaftlich**: *Familie*: ilustre; *Wohnung*: de luxo; ~**herzig** magnânimo; 2**herzigkeit** *f* (*0*) magnanimidade *f*; 2**kirche** *f* (*0*) Igreja *f* anglicana, Igreja *f* episcopal; ~**klappen** levantar; ~**kommen** (*L*; *sn*) subir; *fig. a.* prosperar; 2**konjunktur** *f* período *m* de grande prosperidade; 2**land** *n* (-*ẹs*; ⸚*er*) país *m* montanhoso; 2**länder** [ˈ-lɛndər] *m* montanhês *m*, serrano *m*; ~**leben**: ~ *lassen* dar vivas a, brindar por; ... *lebe hoch!* viva ...!

ˈ**Hoch|meister** *m* grão-mestre *m*; ~**mut** *m* (-*ẹs*; *0*) altivez *f*; soberba *f*; 2**mütig** [ˈ-my:tiç] altivo; soberbo; 2**näsig** [ˈ-nɛ:ziç] arrogante, sobranceiro; ~**-ofen** ⊕ *m* (-*s*; ⸚) alto-forno; ~**parterre** *n* (-*s*; -*s*) sobreloja *f*; 2**prozentig** de alta percentagem; 2**ragend** elevado, alto; ~**relief** *n* (-*ẹs*; -*e*) alto-relevo (*ˈê) *m*; ~**ruf** *m* (-*ẹs*; -*e*) viva *m*; ~**saison** *f* plena estação *f*; 2**schätzen** (-*t*) = 2*achten*; 2**schlagen** (*L*) *Kragen*: levantar; 2**schnellen** subir de repente; 2**schrauben** fazer subir; ~**schul...**: *in Zssgn meist* universitário, académico; ~**schule** *f* escola *f* superior; universidade *f*; academia *f*; ~**schüler** *m* estudante *m*; ~**schulreife** *f* (*0*) curso *m* liceal; 2**schwanger** em estado avançado de gravidez; ~**seefischer**(**ei** *f* [*0*]) *m* pescador *m* (pesca *f*) do alto; ~**seeflotte** *f* esquadra *f* do alto (mar); 2**selig** santo, defunto; saudoso; 2**sinnig** magnânimo; ~**sommer** *m* alto verão *m*; pino *m* do verão; estio *m*; ~**spannung** *f* alta tensão *f*; *fig. a.* ânsia *f*; ~**spannungsleitung** *f* fio *m* de alta tensão; 2**springen** (*L*) saltar para cima; ~**sprung** *m* (-*ẹs*; ⸚*e*) salto *m* em altura.

höchst [hø:çst] *sup. von hoch*; (o) mais alto; *fig.* supremo; sumo; magno; (*größt*) maior; *Phys.*, ⊕ *u.* ✝ máximo; (*vornehmst*) da mais alta categoria; (*äußerst*) extremo; *am* ~*en* (o) mais alto; *es ist* ~*e Zeit* são horas; não há tempo a perder.

ˈ**hoch|stämmig** de alto tronco; 2**stapeˈlei** [ˈ-ʃta:pəˈlaɪ] *f* entrujice *f*; vigarice *f*; aldrabice *f*; 2**stapler** [ˈ-ʃta:plər] *m* vigarista *m*; cavalheiro *m* de indústria, aldrabão *m*.

ˈ**Höchst|belastung** *f* carga *f* máxima; ~**betrag** *m* (-*ẹs*; ⸚*e*) máximo *m*; ~**dauer** *f* (*0*) tempo *m* máximo.

ˈ**hoch-stehend** elevado, de categoria, grado.

ˈ**höchst|ens** [ˈhø:çstəns] quando muito; ao mais; 2**gehalt** **1.** *m* percentagem *f* máxima; **2.** *n* ordenado *m* máximo; 2**geschwindigkeit** *f* velocidade *f* máxima; 2**kommandierende**(**r**) *m* supremo comandante *m*; generalíssimo *m*; 2**leistung** *f* record(e) *m*; 2**maß** *n* (-*es*; -*e*) máximo *m*; 2**preis** *m* (-*es*; -*e*) preço *m* máximo; 2**tarif** *m* (-*s*; -*e*) tarifa *f* máxima.

ˈ**Hoch|strom** ↯ *m* (-*ẹs*; *0*) corrente *f* elevada (*od.* de alta intensidade); 2**tönend** altissonante; ~**tourist** *m* (-*en*) alpinista *m*; 2**trabend** *fig.* patético; 2**treiben** (*L*) impelir para cima; fazer subir; 2**verdient** benemérito; ~**- und Tiefbau** *m* engenharia *f* civil; ~**verehrt** [ˈ-fɛre:rt] muito venerado; ~**verrat** *m* (-*ẹs*; *0*) alta traição *f*; ~**verräter** *m* réu *m* de alta traição; 2**verzinslich** de altos juros; ~**wald** *m* (-*ẹs*; ⸚*er*) floresta *f*; ~**wasser** *n* enchente *f*; crescente *f*; cheia *f*; ~**wasserkatastrophe** *f* grandes inundações *f/pl.*; 2**wertig** [ˈ-ve:rtiç] de alto valor; ⚒ rico; 2**wild** *n* (-*ẹs*; *0*) caça *f* grossa; 2**wohl-geboren** ilustríssimo; ~**würden** [ˈ-vyrdən] (*0*):

Euer (Seine) ~ Vossa (Sua) Reverendíssima *f*; **＿würdig** reverend(íssim)o.

'**Hochzeit** ['hɔxtsaɪt] *f* casamento *m*; núpcias *f/pl.*; *silberne* ~ bodas *f/pl.* de prata; *goldene* ~ bodas *f/pl.* de ouro; ~ *halten* celebrar as bodas; **＿lich** nupcial; **~sfeier** *f* (-; -*n*) núpcias *f/pl.*; **~sgast** *m* (-*es*; ⁼*e*) convidado *m* ao casamento; **~sgedicht** *n* (-*es*; -*e*) epitalámio *m*; **~smarsch** *m* (-*es*; ⁼*e*) marcha *f* nupcial; **~sreise** *f* viagem *f* de núpcias.

'**hochziehen** (*L*) levantar; ⚓ içar.

'**Hock|e** ['hɔkə] *f* cócoras *f/pl.*; (*Getreide*＿) gavela *f* de trigo; *Turnen*: salto *m* de pernas encolhidas; **＿en** estar (*od.* pôr-se) de cócoras; acocorar-se; **~er** *m* banquinho *m*.

'**Höcker** ['hœkər] *m* carcunda *f*, corcova *f*, giba *f*; ⚕ bossa *f*, protuberância *f*; (*Erd*＿) eminência *f*; **＿ig** corcovado, carcunda, giboso; *Boden*: acidentado.

'**Hockey** ['hɔkɛ] *n* (-*s*; *0*) hóquei *m*; **~spieler** *m* hoquista *m*.

'**Hod|e** ['ho:də] *f*, **~e(n)** *m* testículo *m*; **~ensack** *m* (-*es*; ⁼*e*) escroto *m*.

Hof [ho:f] *m* (-*es*; ⁼*e*) (*Innen*＿) pátio *m*; (*Hühner*＿ *usw.*) curral *m*; (*Gut*) quinta *f*, casal *m*; *e-s Fürsten*: corte (*ô) *f* (*bei, zu* na, à); (*Mond*＿) aréola *f*, halo *m*; *j-m den* ~ *machen* cortejar alg.; '**~-amt** *n* (-*es*; ⁼*er*) cargo *m* áulico (*od.* na corte [*ô]); '**~dame** *f* dama *f* de honor; '**＿fähig** admitido à corte (*ô).

'**Hof|fart** ['hɔfart] *f* (*0*) altivez *f*; desvanecimento *m*; soberba; **＿färtig** ['-fɛrtiç] altivo, soberbo.

'**hoffen** ['hɔfən] esperar; **~tlich** oxalá que, espero que.

'**Hoffnung** ['hɔfnuŋ] *f* esperança *f* (*aufgeben* perder; *machen* dar); *sich* ~*en machen auf* ter esperanças em, estar esperançado em; *guter* ~ *sn fig.* estar no seu estado interessante; **＿slos** desesperado; sem esperança; **~slosigkeit** [-lo:ziç-] *f* (*0*) desesperança *f*; **＿svoll** esperançoso; cheio de esperança; o[p]timista.

'**Hof|haltung** *f* corte (*ô) *f*; **~hund** *m* (-*es*; -*e*) mastim *m*.

'**höf|isch** ['hø:fiʃ] cortesão, palaciano, áulico; **~lich** cortês, delicado; **＿lichkeit** *f* (*0*) cortesia *f*, delicadeza *f*.

'**Hoflieferant** *m* (-*en*) fornecedor *m* da casa real.

'**Höfling** ['hø:fliŋ] *m* (-*s*; -*e*) cortesão *m*.

'**Hof|marschall** *m* (-*s*; ⁼*e*) mordomo-mor *m*; **~marschall-amt** *n* superintendência *f* da casa real; **~meister** *m* mordomo *m*; (*Erzieher*) aio *m*, preceptor *m*; **＿meistern** (-*re*) morigerar, censurar; **~narr** *m* (-*en*) bobo (*'ô) *m*; **~prediger** *m* pregador *m* da corte (*'ô); **~rat** *m* (-*es*; ⁼*e*) conselho *m* áulico; *j.*: conselheiro *m* áulico; **~staat** *m* (-*es*; -*en*) corte (*ô) *f*; **~tor** *n* (-*es*; -*e*) portão *m*; **~wohnung** *f* habitação *f* interior.

'**Höhe** ['hø:ə] *f* altura *f* (*a.* ⚓ *u. fig.*; *in, auf der* à); (*Erhebung*) elevação *f*; *über dem Meere*: altitude *f*; *in gleicher* ~ no mesmo nível, ao nível; *in die* ~ ao alto, para o ar; *bei vb.* = *hoch...*; *in die* ~ *schießen* espigar; *in* ~ *von* ✝ numa quantidade de, que monta a; *fig. das ist die* ~! é o cúmulo!

'**Hoheit** ['ho:haɪt] *f* grandeza *f*; nobreza *f*; (*Ober*＿) suserania *f*; *Titel*: Alteza *f*; **~sgewässer** *n/pl.* águas *f/pl.* territoriais; **~s-recht** *n* direito *m* de soberania; prerrogativa *f*, regalia *f*; **~s-träger** *m* representante *m*, autoridade *f*; **~s-zeichen** *n* emblema *m*, insígnia *f*.

Hohe'lied *n* (-*es*; *0*): *das* ~ o Cântico dos Cânticos.

'**Höhen|flug** ✈ *m* (-*es*; ⁼*e*) voo (*ô) *m* de grandes alturas; **~linie** *f* curva *f* de nível; **~luft** *f* (*0*) ar *m* das montanhas; **~messer** *m* altímetro *m*; **~rekord** *m* (-*es*; -*e*) recorde(e) *m* de altura; **~sonne** *f* (*0*) sol *m* de altitude; ⚕ sol *m* artificial; **~steuer** ✈ *n* leme *m* da profundidade; **~zahl** *f* cota *f* de altitude; **~zug** *m* (-*es*; ⁼*e*) cumeada *f*.

Hohe'priester *m* pontífice *m*.

'**Höhepunkt** *m* (-*es*; -*e*) ponto *m* culminante, cume *m*, cúmulo *m*, auge *m*, *fig. a.* apogeu *m*.

'**höher** ['hø:ər] (*comp. v. hoch*) mais alto *usw.*, *fig.* superior; *Gewalt*: maior; ~*e Schule* escola *f* secundária; instituto *m* de ensino secundário; *bei vb.* = *hoch...*; ~ *machen* altear.

hohl [ho:l] oco (*a. fig.*); vazio; côncavo; *Auge, Wange*: encovado; *Schall*: surdo; *Zahn*: furado; *aus* *der ~en Hand trinken* beber na mão; ~ *gehen* ⚓ estar cavado; **'~-äugig** ['-ɔygiç] de olhos cavados, com olheiras.

'Höhle ['hø:lə] *f* caverna *f* (*a.* ⚕), cova *f*, covil *m*, gruta *f*; **~nbewohner** *m* troglodita *m*; **~nforscher** *m* espeleólogo *m*; **~nforschung** *f* espeleologia *f*; **~nwohnung** *f* gruta *f*.

'Hohl|fläche *f* concavidade *f*; **2geschliffen** côncavo; **~heit** *f* cavidade *f*; *fig.* nulidade *f*; insignificância *f*; **~kopf** *m* (-*es*; ⸗*e*) *fig.*, **2köpfig** ['-kœpfiç] imbecil *m*; **~maß** *n* (-*es*; -*e*) medida *f* de capacidade; **~meißel** ⊕ *m* goiva *f*; **~raum** *m* (-*es*; ⸗*e*) cavidade *f*; **~reifen** ⊕ *m* pneumático *m*; **~saum** *m* (-*es*; ⸗*e*) bainha *f* aberta; **~spiegel** *m* espelho *m* côncavo.

'Höhlung ['hø:luŋ] *f* (con)cavidade *f*.

'Hohlweg *m* (-*es*; -*e*) desfiladeiro *m*; azinhaga *f*.

Hohn [ho:n] *m* (-*es*; *0*) escárnio *m* ironia *f*; (*dat.*) *zum* ~ em desprezo (*'ê) *m* de.

'höhnen ['hø:nən] *v/t.* escarnecer, fazer troça de.

'Hohngelächter *n* riso *m* sardónico, riso *m* mofador.

'höhnisch ['hø:niʃ] irónico, sardónico.

'Hohn|lächeln *n* sorriso *m* irónico; **2lachend** com riso irónico; **2sprechen** (*dat.*) ser incompatível com, desmentir (*ac.*).

Hokus'pokus [ho:kus'po:kus] *m* (-; *0*) *uv.* charlatanaria *f*, peloticas *f/pl.*

hold [hɔlt] *Glück*: propício; (*dat.*) ~ *sn* ser afeiçoado a; **'~selig** gracioso, encantador.

'holen ['ho:lən] *v/t.* (v)ir buscar; (v)ir procurar; ~ *lassen* mandar buscar; *sich* (*dat.*) *e-e Krankheit usw.* ~ apanhar; *Atem* ~ tomar ar; respirar; *da ist nichts zu* ~ não há nada para ganhar; *der Teufel* (*od.* *Kuckuck*) *soll ihn* ~! os diabos o levem!; raios o partem!

'Holländ|er(in *f*) *m* ['hɔlɛndər-], **2isch** holandês *m* (-esa *f*), de Holanda.

'Hölle ['hœlə] *f* (*0*) inferno *m*; *j-m die* ~ *heiß machen* dar que fazer a alg.; apertar alg.

Höllen...: *in Zssgn meist* infernal; **~-angst** *f* (-; ⸗*e*) angústias *f/pl.* mortais; *in* ~ *a.* com o credo na boca; **~fahrt** *f* descida *f* aos infernos; **~qual** *f* suplício *m*; **~schlund** *m* (-*es*; ⸗*e*) abismo *m*; **~stein** *m* (-*es*; -*e*) ⚗ nitrato *m* de prata; pedra *f* infernal.

'höllisch ['hœliʃ] infernal.

Holm [hɔlm] *m* (-*es*; -*e*) *Leiter*: banzos *m/pl.*; *Turnen*: barra *f*; *poet.* ilha *f*.

'holp|(e)rig ['hɔlp(ə)riç] escabroso, desigual; acidentado; **~ern** (-*re*; *sn*) dar solavancos.

Ho'lunder [ho'lundər] *m* sabugueiro *m*; (*Flieder*) lilás *m*.

Holz [hɔlts] *n* (-*es*; ⸗*er*) madeira *f*; pau *m*; (*Brenn2*) lenha *f*; (*Gehölz*) mata *f*, bosque *m*; *Stück* ~ cavaca *f*; **'~-apfel** *m* (-*s*; ⸗) maçã *f* silvestre; **'~-arbeit** *f* obra *f* de madeira *f* (*od.* de talha); **'2-artig** lenhoso, ligniforme; **'~block** *m* (-*es*; ⸗*e*) talho *m*, cepo *m*; **'~bock** *m* cavalete *m*; (*Käfer*) capricórnio *m*, carraça *f*, carrapato *m*; **'2en** (-*t*) cortar lenha no bosque; F *v/i.* sovar; **~e'rei** [-ə'raɪ] F *f* pancadaria *f*.

'hölzern ['hœltsərn] de madeira; de pau; *fig.* acanhado.

'Holz|-essig *m* (-*s*; *0*) ácido *m* pirolenhoso; **~fäller** ['-fɛlər] *m* lenhador *m*; **~faser** *f* (-; -*n*) fibra *f* lenhosa; **2frei** *Papier*: sem celulose; **~feuerung** *f* combustão *f* de lenha; **~fußboden** *m* (-*s*; ⸗) soalho *m*, sobrado *m*; **~gas** *n* (-*es*; -*e*) gasogénio *m*; **~hammer** *m* maço *m*; **~handel** *m* (-*s*; *0*) negócio *m* de madeiras; **~händler** *m* negociante *m* de madeiras; **~handlung** *f* estância *f* (de madeiras); **~haus** *n* (-*es*; ⸗*er*) isba *f*; **~hütte** *f* isba *f*; **2ig** lenhoso; **~-industrie** *f* indústria *f* de madeiras; **~käfer** *m* = *~bock*; **~klotz** *m* (-*es*; ⸗*e*) = *~block*; **~kohle** *f* sobro *m*; carvão *m* vegetal; **~papier** *n* (-*s*; *0*) papel *m* de celulose; **~pflock** *m* (-*es*; ⸗*e*) estaca *f*; tarugo *m*; **~scheit** *n* (-*es*; -*e*) cavaca *f*; **~schlag** *m* (-*es*; ⸗*e*) talho *m* de mato; **~schnitt** *m* (-*es*; -*e*) gravura *f* em madeira; **~schnitzerei** *f* obra *f* de talha; escultura *f* em madeira; **~schuh** *m* (-*es*; -*e*) tamanco *m*, soco *m*; **~schuhmacher** *m* tamanqueiro *m*; **~span** (-*es*; ⸗*e*), **~splitter** *m* cavaco *m*, lasca *f*; **~stoß** *m* (-*es*; ⸗*e*) pilha *f* de lenha; (*Scheiterhaufen*) fogueira *f*; **~taube** *m* pombo *m* bravo; torcaz *m*; **~weg** *m* (-*es*; -*e*) beco (na floresta); *auf dem ~ sn fig.* estar enganado; **~wolle** *f* (*0*) raspas *f/pl.* de carpinteiro; **~wurm** *m* (-*es*; *=er*) bicho-carpinteiro *m*; caruncho *m.*

homo'gen [homo'ge:n] homogéneo; **2i'tät** [-i'tɛ:t] *f* homogeneidade *f.*

Homöo'path [homøo'pa:t] *m* (-*en*) homeopata *m*; **~ie** [-'ti:] *f* homeopatia *f*; **2isch** homeopático.

Homosexu|ali'tät [homozɛksuali'tɛ:t] *f* (*0*) homossexualidade *f*; **2'ell** homossexual; F panasco.

'Honig ['ho:niç] *m* (-*s*; *0*) mel *m*; *j-m ~ um den Bart schmieren* dar manteiga *f* a alg.; **~biene** *f* abelha *f*; **~kuchen** *m* bolo (*'ô) *m* de mel; **~mond** *m* (-*es*; -*e*) lua-de-mel *f*; **2süß** melífluo; **~wabe** *f* favo *m.*

Hono'r|ar [-a:r] *n* (-*s*; -*e*) honorário *m*; **2ieren** (-) pagar.

'Hopfen ['hɔpfən] *m* (-*s*; *0*) lúpulo *m*; *fig. an j-m ist ~ und Malz verloren* alg. é incorrigível; *an et.* (*dat.*) *ist ~ und Malz verloren* a.c. não tem remédio; **~stange** *f* estaca *f* de lúpulo; *fig.* espinhaço *m.*

hop|p! [hɔp] **'~s(a)!** ['-s(a)] catrapus!; upa!; **'~sen** ['-sən] (-*t*; *sn*) = *hüpfen*; **'2ser** ['-sər] *m* pulo *m.*

'Hör|-apparat ['hø:r-] *m* (-*es*; -*e*) receptor *m*; *für Schwerhörige*: aparelho *m* acústico; ⚕ fonendoscópio *m*; **2bar** audível, perceptível.

'horch|en ['hɔrçən] escutar; *auf et.* (*ac.*) *~* estar à espreita de; **2er(in** *f*) *m* escutador(a *f*) *m*; curioso *m* (-a *f*); espia *m, f*; *der ~ an der Wand hört seine eigne Schand* quem escuta de si ouve; **2gerät** ⚔ *n* (-*es*; -*e*) aparelho *m* de escuta; **2posten** ⚔ *m* esculca *m*; guarda *f* avançada.

'Horde ['hɔrdə] *f* horda *f*; bando *m.*

'hör|en ['hø:rən] **1.** ouvir (*von et.* falar de); *zu~, auf* (*ac.*) *~* escutar (*ac.*); (*sagen*) *~* ouvir dizer; *ein Kolleg ~* assistir a; *sich ~ lassen* fazer-se ouvir, (*annehmbar sn*) poder ser; *et. von sich ~ lassen* dar notícias suas; *er läßt nichts von sich ~* estamos sem notícias dele; *auf den Namen … ~* dar pelo nome de …; **2.** **2en** *n* audição *f*; *j-m vergeht ~ und Sehen* alg. está tonto; **2ensagen** *n*: *vom ~, von ~* de tradição, de ouvir dizer; **2er**[1](**in** *f*) *m* ouvinte *m, f*; *e-s Professors* aluno *m* (-a *f*), estudante *m, f*; **2er**[2] *m Gerät*: auscultador *m*; **2erschaft** *f* auditório *m*; **2fehler** *m* erro (*ê) *m* de audição; ⚕ defeito *m* do ouvido; *e-n ~ haben* ouvir mal; **2folge** *f* programa *m* de audições; **~ig** sujeito a; dependente de; servo de; **2igkeit** *f* (*0*) servidão *f.*

Hori'zont [hori'tsɔnt] *m* (-*es*; -*e*) horizonte *m.*

Hor'mon [hɔr'mo:n] *n* (-*s*; -*e*) hormona *f.*

'Hörmuschel *f* (-; -*n*) orelha *f*; concha *f*; ⊕ auscultador *m.*

Horn [hɔrn] *n* (-*es*; *=er*) corno (*'ô) *m* (*a. Stoff*), *Tiere*: *a.* chifre *m*, ponta *f*; ⚕ *u.* ♪, *bsd.* ⚔ corneta *f*; (*Jagd2*) trompa *f*; (*Bergspitze*) pico *m*; *sich* (*dat.*) *die Hörner ablaufen* ficar escarmentado; *j-n auf die Hörner nehmen Stier*: colher alg.; **'~blende** *f* (*0*) anfíbolo *m.*

'Hörn|chen ['hœrnçən] *n* cornucho *m*; **2en** **1.** *adj.* córneo; cornífero; **2.** *v/i.* estar na muda do chifre *m*; **3.** *v/t.* F cornear; **~erklang** (-*es*; *0*), **~erstoß** *m* (-*es*; *=e*) ♪ som *m* da corneta.

'Hörnerv *m* (-*s*; -*en*) nervo *m* auditivo.

'Horn|haut *f* (*0*) calo(sidade *f*) *m*; *im Auge*: córnea *f*; **~'isse** [-'nisə] *f* vespão *m*, moscardo *m*; **~'ist** *m* (-*en*) corneta *f*, corneteiro *m*; trompa *f*; **~signal** *n* (-*s*; -*e*) sinal *m* da corneta; **~vieh** *n* (-*es*; *0*) gado *m* cornífero; *fig.* F (grande) burro *m.*

'Hör-organ *n* (-*s*; -*e*) ouvido *m*, órgão *m* auditivo.

Horo'skop [horɔ'sko:p] *n* (-*s*; -*e*) horoscópio *m*, horóscopo *m.*

'Hör|rohr ⚕ *n* (-*es*; -*e*) estetoscópio *m*; *für Taube*: corneta *f* acústica; **~saal** *m* (-*es*; -*säle*) sala *f* de aula; auditório *m*; *großer*: anfiteatro *m*; **~schärfe** *f* (*0*) sensibilidade *f* auditiva; **~spiel** *n* (-*s*; -*e*) peça *f* radiofónica.

Horst [hɔrst] *m* (-*es*; -*e*) ninho *m*; *geol.* horst *m*; **'2en** (-*e*-) fazer o ninho.

'Hörstärke *f* (*0*) potência *f* auditiva, intensidade *f* auditiva.

Hort [hɔrt] *m* (-*es*; -*e*) (*Schatz*) tesouro *m*; (*Schutz*) refúgio *m*;

(*Kinder*∼) infantário *m*, asilo *m* de infância; '∼**en** (-*e*-) açambarcar.

'**Hörweite** *f* (*0*) alcance *m* da voz.

'**Hose** ['ho:zə] *f* (*meist* ∼*n pl.*) calças *f*/*pl.*; (*Knie*∼) calções *m*/*pl.*

'**Hosen**|**band** *n* (-*es*; ⸗*er*) jarreteira *f*; ∼**bein** *n* (-*es*; -*e*) perna *f*, cano *m* das calças; ∼**boden** *m* (-*s*; ⸗) fundilho(s *pl.*) *m*; ∼**schlitz** *m* (-*es*; -*e*) barguilha *f*; ∼**spanner**, ∼**strecker** *m* esticador *m*; ∼**träger** *m* (*meist pl.*) suspensórios *m*/*pl.*, alças *f*/*pl.*

Hospi't|**ant**(**in** *f*) *m* [hɔspi'tant-] ouvinte *m*, *f*; voluntário *m* (-a *f*); ∼**ieren** (-) assistir (como ouvinte *od.* como voluntário).

Hos'piz [hɔs'pi:ts] *n* (-*es*; -*e*) hospício *m*.

'**Hostie** ['hɔstiə] *f* hóstia *f*.

Ho'tel *n* [ho'tɛl] hotel *m*; ∼**besitzer** *m* hoteleiro *m*; ∼**diener** *m* corretor *m*; ∼**gewerbe** *n* (-*s*; *0*) indústria *f* hoteleira.

hott! [hɔt] arre!

hü! [hy:] arre!

Hub [hu:p] *m* (-*es*; ⸗*e*) elevação *f*; levantamento; ⊕ curso *m*.

'**hüben** ['hy:bən] aquém; ∼ *und drüben* por ambos os lados.

'**Hubraum** *m* (-*es*; ⸗*e*) cilindrada *f*.

hübsch bonito, lindo, gentil; *adv.* F bem, muito; *oft übersetzt durch Diminutiv* -inho.

'**Hub**|**schrauber** ['-ʃraubər] *m* helicóptero *m*; ∼**seil** *n* (-*es*; -*e*) cabo *m* de elevação.

'**huckepack** ['hukəpak] às cavaleiras, às cavalinhas.

Huf [hu:f] *m* (-*es*; -*e*) pé *m*; (*Pferde*∼) casco *m*; '∼**beschlag** *m* (-*es*; ⸗*e*), '∼**-eisen** *n* ferradura *f*; '∼**lattich** *m* (-*es*; *0*) tussilagem; F unha-de--cavalo *f*; '∼**nagel** *m* (-*s*; ⸗) cravo *m* de ferradura; '∼**schlag** *m* (-*es*; ⸗*e*) tropel *m*; coice *m*; '∼**schmied** *m* (-*es*; -*e*) ferrador *m*.

'**Hüft**|**bein** ['hyft-] *n* (-*es*; -*e*) osso *m* ilíaco, osso *m* da anca; ∼**e** [-ə] *f* anca *f*; quadril *m*; ∼**gelenk** *n* (-*es*; -*e*) articulação *f* coxo-femural; ∼**gürtel**, ∼**halter** *m* cinta *f*.

'**Huftier** *n* (-*es*; -*e*) ungulado *m*.

'**Hüft**|**knochen** *m* = ∼*bein*; ∼**lahm** derreado; ∼**weh** *n* (-*s*; *0*) ciática *f*.

'**Hügel** ['hy:gəl] *m* colina *f*; outeiro *m*; cabeço *m*; (*Grab*∼) túmulo *m*; ∼**land** *n* (-*es*; ⸗*er*) terreno *m* acidentado (*od.* ondulado); ∼**ig** acidentado, ondulado.

Huhn [hu:n] *n* (-*es*; ⸗*er*) galinha *f*; *junges*: franga *f*.

'**Hühn**|**chen** ['hy:nçən] *n* frango *m*, -a *f*; *mit j-m ein* ∼ *zu rupfen haben fig.* ter que ajustar contas com alg.

'**Hühner**|**-auge** ['hy:nər-] *n* calo *m*; ∼**-augen-operateur** *m* (-*s*; -*e*) calista *m*; ∼**brühe** *f* canja *f*; ∼**farm** *f* aviário *m*; criação *f* de galinhas; ∼**geier** *m* milhafre *m*; ∼**hof** *m* (-*es*; ⸗*e*) capoeira *f*; galinheiro *m*; ∼**hund** *m* (-*es*; -*e*) perdigueiro *m*, podengo *m*; ∼**leiter** *f* poleiro *m*; ∼**mist** *m* galinhaça *f*; ∼**pastete** *f* empa(na)da *f* de frangos; ∼**pest** *f* peste *f* aviária (*od.* de galinhas); ∼**stall** *m* (-*es*; ⸗*e*) = ∼*hof*; ∼**stange**, ∼**stiege** *f* poleiro *m*; ∼**suppe** *f* canja *f*; ∼**zucht** *f* criação *f*.

Huld [hult] *f* graça *f*, benevolência *f*.

'**huldig**|**en** ['huldigən] prestar homenagem; *e-r Ansicht*: ser de; *e-m Brauch*: cultivar (*ac.*), ter o culto de; *e-r Sache*: ser afeiçoado a; ∼**ung** *f* homenagem *f*.

'**huld**|**reich**, ∼**voll** clemente, afável, benévolo.

'**Hüll**|**e** ['hylə] *f* invólucro *m* (*a.* ⚘); envoltório *m*; (*Schutz*∼) capa *f*; *sterbliche* ∼ restos *m*/*pl.* mortais, despojos *m*/*pl.* mortais; *in* ∼ *und Fülle* em grande abundância *f*; à farta; ∼**en** envolver; (en)cobrir; *sich in Schweigen* ∼ guardar silêncio *m*.

'**Hüls**|**e** ['hylzə] *f* estojo (*'ô) *m*, caixa *f*; ⚘ vagem *f*, folhelho *m*, casca *f*; ⚔ cartucho *m*; (*Bleistift*∼) lapiseiro *m*; ∼**enfrucht** *f* (-; ⸗*e*) leguminosa *f*.

hu'man [hu'ma:n] humano; ∼'**ismus** *m* (-*s*; *0*) humanismo *m*; ∼'**ist** *m* (-*en*) humanista *m*; ∼'**istisch** humanístico; *Schule*, *Studium*: *a.* clássico.

'**Humbug** ['humbuk] *m* (-*s*; *0*) disparate(s) *m* (*pl.*).

'**Hummel** ['huməl] *f* (-; -*n*) abelhão *m*, zangão *m*; *fig. wilde* ∼ menina *f* traquinas.

'**Hummer** ['humər] *m* lavagante *m*; lagosta *f*.

Hu'mor [hu'mo:r] *m* (-*s*; *0*) humor *m*; graça *f*; *Lit.* humorismo *m*; ∼'**eske** [-'eskə] *f* peça *f* humorística, farça *f*; ∼'**ist** *m* (-*en*) humorista *m*; ∼'**istisch**, ∼**voll** humorístico.

ˈ**humpeln** [ˈhumpəln] (*-le, h. u. sn*) coxear.

ˈ**Humpen** [ˈhumpən] *m* caneca *f*.

ˈ**Humus** [ˈhu:mus] *m* (-; *0*) humo *m*; **~boden** *m* (-*s*; ¨) terra *f* vegetal.

Hund [hunt] *m* (-*ęs*; -*e*) cão *m*; ✠ vagonete *m*, vagoneta *f*; *fig. auf den ~ kommen* cair na miséria; *pl. mit allen ~en gehetzt* sabido, matreiro.

ˈ**Hunde|ausstellung** *f* exposição *f* canina; **~hütte** *f* canil *m*; **~kälte** *f* (*0*) frio *m* de rachar (pedras); **~kuchen** *m* biscoito *m* para cães; **~leben** *n* (-*s*; *0*) vida *f* miserável (*od.* de cão); **~leine** *f* trela *f*; **~marke** *f* chapa *f* (de cão); **≈müde** estafado; **~rasse** *f* raça *f* canina.

ˈ**hundert** [ˈhundərt] (≈ *n u. f*) cem; ~ + *Zahl*: cento (*m*); *3 von* ≈ três por cento; *etwa* ~ uma centena; *pl.* **≈e** centenas; *zu* **≈***en* às centenas; **≈er** *m* número *m* centenário; F nota *f* de cem; **~erlei** [-ərlaɪ] centenas de; **~fach, ~fältig** [-fɛltiç] cêntuplo; **~gradig** [-gra:diç] centígrado; **≈ˈjahr-feier** *f* centenário *m*; **~jährig** [-jɛ:riç] centenário; *fig.* secular; **~mal** cem vezes; **~prozentig** [-pro:tsɛntiç] cem por cem; *fig.* perfeito, *adv.* absolutamente; **≈satz** *m* percentagem *f*; **~st** (**≈stel** *n*) centésimo (*m*); **~tausend** cem mil.

ˈ**Hunde|sperre** *f* proibição *f* de deixar andar os cães à solta; **~steuer** *f* (-; -*n*) imposto *m* sobre os cães; **~wetter** *n* (-*s*; *0*) tempo *m* dos diabos; **~zwinger** *m* canil *m*.

ˈ**Hünd|in** [ˈhyndin] *f* cadela *f*; **≈isch** canino; *fig.* servil.

ˈ**hunds|gemein** infame; **≈stern** *m* (-*ęs*; *0*) *Astr.* Sírio *m*; Canícula *f*; **≈tage** *m/pl.* canícula(s *pl.*) *f*.

ˈ**Hün|e** [ˈhy:nə] *m* (-*n*) gigante *m*; **~en-grab** *n* (-*ęs*; ¨*er*) dólmen *m*, anta *f*; **≈en-haft** gigantesco.

ˈ**Hunger** [ˈhuŋər] *m* (-*s*; *0*) fome *f* (*~s, vor* de, com; *bekommen* ficar com; *stillen* matar); **~künstler** *m* jejuador *m*, jejuadeiro *m*; **~kur** *f* dieta *f* absoluta; **~leider** *m* pobre diabo *m*; pobretão *m*; **~lohn** *m* (-*ęs*; ¨*e*) salário *m* miserável; **≈n** (-*re*) ter fome (*mich* ≈*t*, *es* ≈*t mich* tenho ...); (*fasten*) jejuar; ♯ guardar dieta; **≈nd** *adj.* faminto; **~s-not** *f* (-; ¨*e*) fome *f*; carestia *f*; **~streik** *m* (-*ęs*; -*s*) greve *f* de fome; **~tod** *m* (-*ęs*; *0*): *den ~ sterben* morrer de fome; **~tuch** *n* (-*ęs*; ¨*er*): *am ~e nagen fig.* viver na miséria.

ˈ**hungrig** [ˈhuŋriç] faminto; ~ *sn* estar com fome, ter fome.

ˈ**Hunne** [ˈhunə] *m* (-*n*) huno *m*.

ˈ**Hup|e** [ˈhu:pə] *f* buzina *f*; **≈en** buzinar, tocar a buzina.

ˈ**hüpfen** [ˈhypfən] (*h. u. sn*) saltar, dar pulos.

ˈ**Hürde** [ˈhyrdə] *f* barreira *f*; sebe *f*; **~en-lauf** *m* (-*ęs*; ¨*e*) **~en-rennen** *n* corrida *f* de barreiras.

ˈ**Hure** [ˈhu:rə] *f* prostituta *f*; puta *f*; meretriz *f*; **≈n** fornicar, *Frau*: prostituir-se; **~ˈrei** [-ˈraɪ] *f* prostituição *f*; luxúria *f*.

hurˈra! [huˈra:] hurra!, viva!; **≈patriot** *m* (-*en*) patrioteiro *m*; **≈patriotismus** *m* (-; *0*) patrioteirismo *m*.

ˈ**hurtig** [ˈhurtiç] *adj.* ágil, ligeiro; *adv.* depressa.

Huˈsar [huˈza:r] *m* (-*en*) hússar *m*.

ˈ**huschen** [ˈhuʃən] deslizar.

ˈ**hüsteln** [ˈhy:stəln] (-*le*) tossicar.

ˈ**husten** [ˈhu:stən] **1.** (-*e*-) tossir, ter tosse; **2.** ≈ *m* (-*s*; *0*) tosse *f*; **≈mittel** *n* peitoral *m*.

Hut[1] [hu:t] *m* (-*ęs*; ¨*e*) chapéu *m*.

Hut[2] *f* (*Schutz*) prote(c)ção *f*; (*Aufsicht*) custódia *f*; (*Wache*) guarda *f*; *auf der ~ sn* estar com cautela; estar de vigilância; abarreirar-se.

ˈ**hüt|en** [ˈhy:tən] (-*e*-) guardar, vigiar; *das Bett ~* guardar o leito, estar de cama; *das Zimmer ~* (*müssen*) não (poder) sair de casa; *sich vor* (*dat.*) ~ guardar-se de, ter cautela com; **≈er**(**in** *f*) *m* guarda *m*, *f*; (*Hirt*[*in*]) pastor(a *f*) *m*.

ˈ**Hut|geschäft** *n* (-*ęs*; -*e*), **~laden** *m* (-*s*; ¨) chapelaria *f*; **~krempe** *f*, **~rand** *m* (-*ęs*; ¨*er*) aba *f*; **~macher**(**in** *f*) *m* chapeleiro *m* (modista *f* de chapéus); **~schachtel** *f* (-; -*n*) chapeleira *f*; **~schnur** *f* (*0*): *über die ~ gehen fig.* F ser demais.

ˈ**Hütt|e** [ˈhytə] *f* cabana *f*; ⊕ fundição *f*; ✠ mina *f*; **~en-industrie** *f* (*0*) indústria *f* siderúrgica; **~enkunde** *f* (*0*) metalurgia *f*; (*Eisen*≈) siderurgia *f*; **~en-werk** *n* (-*ęs*; -*e*) ferraria *f*; fundição *f*; **~en-wesen** *n* (-*s*; *0*) metalurgia *f*; siderurgia *f*.

ˈ**hutzelig** [ˈhutsəliç] giboso.

Hyˈäne [hyˈɛ:nə] *f* hiena *f*.

Hyaˈzinthe [hyaˈtsintə] *f* jacinto *m*.

Hy'drant [hy'drant] *m* (*-en*) boca (*ô) *f* de incêndio.

Hy'draul|ik [hy'draulik] *f* (*0*) hidráulica *f*; **2isch** hidráulico.

Hygi'en|e [hygi'e:nə] *f* (*0*) higiene *f*; **2isch** higiénico.

'Hymn|e ['hymnə] *f* hino *m*; **2isch** hínico; **~us** *m* hino *m*.

Hy'perbel [hy'pɛrbəl] *f* (-; *-n*) hipérbole *f*.

Hyp'nose [hyp'no:zə] *f* hipnose *f*.

Hypnoti's|eur [hypno:ti'zø:r] *m* (*-s*; *-e*) hipnotizador *m*; **2ieren** (-) hipnotizar.

Hypo'chond|er [hypo'xɔndər] *m*, **2risch** hipocondríaco *m*.

Hypote'nuse [hypote'nu:zə] *f* hipotenusa *f*.

Hypo'thek [hypo'te:k] *f* hipoteca *f*; *mit e-r ~ belasten*, e-e *~ auf* (*ac.*) *aufnehmen* hipotecar (*ac.*); **2'arisch** [-'ka:riʃ], **~en...**: *in Zssgn* hipotecário.

Hypo'the|se [hypo'te:zə] *f* hipótese *f*; **2tisch** [-tiʃ] hipotético.

Hyste'rie [hyste'ri:] *f* histerismo *m*.

hy'sterisch [hy'ste:riʃ] histérico.

I

I, i [i:] *n uv.* I, i *m.*

I'amb|e [i'ambə] *m* (*-n*) iambo *m*; **2isch** iâmbico; **~us** *m* (-; *Iamben*) iambo *m*.

I'ber|er [i'be:rər] *m* ibero *m*; **2isch** ibérico; **2o-amerikanisch** ibero-americano.

ich [iç] **1.** eu; '~ *bin* es sou eu; *hier 'bin* ~ aqui estou, eis-me aqui; **2.** 2 *n* (*-s*; *-s*) eu *m*; '**2sucht** *f* (*0*) egoísmo *m*.

Ide'al [ide'a:l] **1.** *n* (*-s*; *-e*) ideal *m*; **2.** 2 *adj.* ideal; **2i'sieren** [-i'zi:rən] (-) idealizar; **~'ismus** *m* (-; *0*) idealismo *m*; **~'ist(in** *f*) *m*, **2'istisch** idealista *m, f.*

I'dee [i'de:] *f* ideia (*'é) *f.*

ide'ell [ide'ɛl] ideado, ideal.

I'deen|gut [i'de:ən-] *n* (*-ẹs*; *0*) ideário *m*, ideologia *f*; **~verbindung** *f* associação *f* de ideias (*é); **~welt** *f* (*0*) mundo *m* ideal; *j-s*: = *~gut.*

identi|fi'zieren [idɛntifi'tsi:rən] (-) identificar; **~sch** [i'dɛntiʃ] idêntico; **2'tät** [~'tɛ:t] *f* identidade *f.*

Idi'om [idi'o:m] *n* (*-s*; *-e*) idioma *m*; **2'atisch** [-'ma:tiʃ] idiomático.

Idi'ot [idi'o:t] *m* (*-en*), **2isch** idiota *m*; **~'ie** [-'ti:] *f* idiotia *f.*

I'dol [i'do:l] *n* (*-s*; *-e*) ídolo *m.*

I'dyll [i'dyl] *n* (*-s*; *-e*), **~e** [-ə] *f* idílio *m*; **2isch** idílico.

'Igel ['i:gəl] *m* ouriço *m.*

igno'rieren [igno'ri:rən] (-) ignorar; *j-n* ~ não fazer caso de alg., não se importar com alg.

ihm [i:m] (*dat. v.* er, es) a ele; *tonlos*: lhe; *ich gebe es ihm* dou-lho.

ihn [i:n] (*ac. v. er*) *j-n*: a ele, *tonlos u. et.*: o; *ich sehe* ~ vejo-o; *sie sehen* ~ vêem-no; '**~en 1.** (*dat. pl. v. er, sie,* es) a eles, a elas; *tonlos*: lhes, os (as), **2.** 2 (*dat. von Sie*) a V.a(s) Ex.a(s) = a Vossa(s) Excelência(s), a Você(s); *tonlos*: lhe(s), o(s), a(s).

ihr [i:r] **1.** (*dat. v. sie sg.*) a ela; *tonlos*: a, lhe; **2.** (*nom. pl. v. du, in Briefen* 2) vós, vocês; **3.** *besitzanzeigend*: (o) seu, (a) sua; dela(s), dele(s); 2 *a.* de Você(s), de V.a(s) Ex.a(s) = de Vossa(s) Excelência(s); *pl.* '**~e** ['-ə] os seus, as suas; dela(s), dele(s); 2 *a.* de Você(s), de V.as Ex.as = de Vossa(s) Excelência(s); **4.** *der, die, das* '**2e** o seu, a sua, deles, dela(s), *pl. die* '**2en** os seus; '**~er 1.** (*gen. v. sie, gen. u. dat. v. ihre*) *sg.* dela(s *pl.*); **2.** 2 (*gen. v. Sie, gen. u. dat. v. Ihre*) de *od.* do(s) seu(s), de *od.* da(s) sua(s), de Você(s), de V.a(s) Ex.a(s) = de Vossa(s) Excelência(s); '**~erseits** [-zaɪts] **1.** da parte deles *od.* dela(s), da sua parte, por sua vez; **2.** 2 da sua parte, 2 da parte de V.a(s) Ex.a(s) = de Vossa(s) Excelência(s) *od.* de Você(s) *od.* do(s) Senhor(es), da(s) Senhora(s); '**~esgleichen,** 2 seu *od.* sua igual, seus *od.* suas iguais; '**~et-halben** [-halbən], '**~et-wegen,** (*um*) '**~et-willen** por sua causa, por amor *od.* por causa dela(s) [*od.* deles *od.* 2 de V.a(s) Ex.a(s) = de Vossa(s) Excelência(s); de Você(s) *od.* do(s) senhor(es), da(s) senhora(s)]; '**~ig**: *der, die, das* ~*e* [-gə] **1.** o seu, a sua; dela(s), deles; **2.** 2 de Você(s), da V.a(s) Ex.a(s) = de Vossa(s) Excelência(s).

'illegitim ['ilegiti:m] ilegítimo.

Illumin|ati'on [iluminatsi'o:n] *f* iluminação *f*; **2'ieren** (-) iluminar.

Illus|i'on [iluzi'o:n] *f* ilusão *f*; **2'orisch** [-'zo:riʃ] ilusório.

Illustr|ati'on [ilustratsi'o:n] *f* ilustração *f*; **2'ieren** (-) ilustrar.

'Iltis ['iltis] *m* (*-ses*; *-se*) tourão *m.*

im [im] = *in dem.*

'Imbiß ['imbis] *m* (*-sses*; *-sse*) pequena refeição *f*, merenda *f.*

'Imker ['imkər] *m* abelheiro *m*, apicultor *m*; **~'ei** *f* apicultura *f.*

Immatrikul|ati'on [imatrikulatsi'o:n] *f* inscrição *f* (na matrícula); **2'ieren** (-): (*sich*) ~ (*lassen*) inscrever(-se), matricular(-se).

'Imme ['imə] *f* abelha *f.*

'immer ['imər] sempre (*auf, für* para; *wenn* que); ~ *drei auf einmal* a três e três; *vor comp.* cada vez; ~ *noch, noch* ~ ainda; continuar (a);

wer auch ~ quem quer que seja que; ~ *wieder* sempre de novo; ~ *und* ~ *wieder* = ~*zu*; ~**dar** [-da:r] para sempre; ~**fort** = ~*zu*; ~**grün**[1] sempre-verde; ꝋ**grün**[2] ♀ *n* (-*s*; *0*) pervince *f*, congrossa *f*; ~'**hin** sempre, todavia, ainda assim; ~! embora!; (*wenigstens*) pelo menos; *mag er* ~ que (*subj.*); ~**während** contínuo, perpétuo; ~'**zu** continuadamente, sempre; ~! mais!

Immo'bilien [imo'bi:liən] *pl. uv.* imóveis *m/pl.*; bens *m/pl.* de raiz.

Immor'telle [imɔr'tɛlə] *f* sempre-viva *f*.

im'mun [i'mu:n] imune; *Pol. a.* inviolável; ꝋ**i'tät** [-muni'tɛ:t] *f* imunidade *f*; *Pol. a.* inviolabilidade *f*.

'**Imperativ** ['imperati:f] *m* (-*s*; -*e*) imperativo *m*.

'**Imperfekt** ['impɛrfɛkt] *n* (-*s*; -*e*) imperfeito *m*.

Imperia'lis|mus *m* (-; *0*) imperialismo *m*; ~**t** *m*, ꝋ**tisch** imperialista *m*.

'**impf|en** ['impfən] vacinar; ꝋ**schein** *m* (-*es*; -*e*) certificado *m* de vacina(ção); ꝋ**stoff** *m* (-*es*; -*e*) vacina *f*; ꝋ**ung** *f* vacina(ção) *f*; ~**zwang** *m* (-*es*; *0*) vacinação *f* obrigatória.

impo'nieren [impo'ni:rən] (-) impressionar (*j-m* alg.); ~**d** *adj.* impressionante, imponente.

Im'port [im'pɔrt] *m* (-*es*; -*e*) importação *f*; ~'**eur** [-'tø:r] *m* (-*s*; -*e*) importador *m*; ꝋ'**ieren** (-) importar.

impo'sant [impo'zant] imponente.

imprägn'nier|en [imprɛg'ni:rən] (-) impregnar, impermeabilizar; ~**t** *adj.* impermeável.

im'stande [im'ʃtandə]: ~ *sn zu* ser capaz de.

in [in]: a) *dat.* (*Lage, wo?*, *Zeit wann?*; *fig.*) em, *unbestimmter a.*: por; (*innerhalb, binnen*) dentro de, daqui a; *im Norden usw.*, ~ *der Sonne, im Schatten* a(o), no, à, na; ~ e-r *Entfernung von* ... a uma distância de ...; ~ *aller Eile* a toda a pressa; ~ *Öl gemalt* pintado a óleo; ~ *dieser Hinsicht* a esse respeito; b) *ac.* (*Richtung, wohin?*): (*nach* ... *hin*) para, a; (~ ... *hinein*) a, em, para dentro de.

'**in-aktiv** ina(c)tivo; ⚔ reformado.

In-'an|griff-nahme [-na:mə] *f* (*0*) começo *m*; *bei* ~ (*gen.*) ao começar (*ac.*); ~**spruch-nahme** [-na:mə] *f* (*0*) ⊕ desgaste *m*; (*Benutzung*) uso *m*, emprego (*'ê) *m*; *starke* ~ *j-s*: muitos afazeres *m/pl.*

'**In-begriff** *m* suma *f*, essência *f*; mais alta representação *f*; *mit* ~ *gen.* = ꝋ**en** incluído, inclusive, incluso.

In-be'trieb|nahme [-na:mə] *f* (*0*), ~**setzung** *f* começo *m* da exploração.

'**In|brunst** *f* (*0*) fervor *m*, ardor *m*; ꝋ**brünstig** fervoroso.

in'dem **1.** *cj.*: *übers. durch ger.*; (*während*) *a.* ao + *inf.*, enquanto (que); quando; ao mesmo tempo que; **2.** *adv.* nisso.

'**Inder(in** *f*) *m* ['indər-] indiano *m* (-a *f*).

in'des(sen) **1.** *adv.* (no) entretanto; neste comenos; (*jedoch*) todavia, porém, contudo, ainda assim; **2.** *cj.* enquanto que.

'**Index** ['indɛks] *m* (-; *Indizes*), ~**zahl** *f* índice *m*.

Indi'an|er(in *f*) *m* [indi'a:nər-], ꝋ**isch** índio *m* (-a *f*).

In'dienststellung *f* emprego *m*; entrada *f* em serviço.

'**Indigo** ['indigo] *m* (-*s*; *0*) índigo *m*, anil *m*.

'**Indikativ** ['indikati:f] *m* (-*s*; -*e*) indicativo *m*.

'**indirekt** ['indirɛkt] indire(c)to.

'**indisch** ['indiʃ] indiano; hindu.

'**indiskret** ['indiskre:t] indiscreto; ꝋ**i'on** [-tsi'o:n] *f* indiscreção *f*.

indisku'tabel [indisku'ta:bəl] inadmissível, inaceitável.

indi|vidu'ell [individu'ɛl] individual; ꝋ'**viduum** [-'vi:duum] *n* (-*s*; *Individuen*) indivíduo *m*.

In'dizienbeweis [in'di:tsiən-] ⚖ *m* (-*es*; -*e*) prova *f* indiciária.

Indoger'man|e [indo:-] *m* (-*n*), ꝋ**isch** indo-europeu.

Indoss|a'ment [indɔsa'mɛnt] *n* (-*s*; -*e*), ~'**ierung** [-'si:ruŋ] *f* endosso (*'ô) *m*, endosse *m*, endossamento *m*; ~'**ant** [-'ant] *m* (-*en*) endossante *m*; ~'**at** [-'a:t] *m* (-*en*) endossatário *m*, endossado *m*.

Indukt|i'on [induktsi'o:n] *f* indução *f*; ~**or** [-'duk-] *m* (-*s*; -*en*) indutor *m*.

industriali'sier|en [industriali'zi:-

rən] (-) industrializar; **㊀ung** *f* industrialização *f*.
Indu'strie [indu'stri:] *f* indústria *f*; **~...**: *in Zssgn* industrial.
industri'ell [industri'ɛl], **㊀er** *m* industrial *m*.
in-ein'ander *m(pl.)* um (uns) ao(s) outro(s); *f(pl.)* uma(s) à(s) outra(s); **~flechten** (*L*) entrelaçar; **~fließen** (*L*; *sn*) confluir, *a. fig.* confundir-se; **~fügen** juntar; **~greifen** (*L*) engrenar.
in'fam [in'fa:m] infame; **㊀'ie** [-'mi:] *f* infâmia *f*.
'Infanter|ie ['infantəri:] *f* infantaria *f*; **~ist** *m* (*-en*) soldado *m* de infantaria.
Infekti'on [infɛktsi'o:n] *f* infe(c)ção *f*; **~s...**: *in Zssgn* infe(c)cioso.
'Infinitiv ['infiniti:f] *m* (*-s*; *-e*) infinitivo *m*.
infi'zieren [infi'tsi:rən] (-) infe(c)tar, contagiar.
Inflati'on [inflatsi'o:n] *f* inflação *f*.
Influ'enza [influ'ɛntsa] *f* (*0*) influenza *f*, gripe *f*.
in'folge (*gen.*) em consequência de, devido a; **~'dessen** por conseguinte.
Inform|ati'on [infɔrmatsi'o:n] *f* informação *f*; **㊀'ieren** (-) informar.
'infrarot infravermelho.
Infu'sorien [infu'zo:riən] *pl.* infusórios *m/pl.*
Ingeni'eur [inʒeni'ø:r] *m* (*-s*; *-e*) engenheiro *m*; **~wesen** *n* (*-s*; *0*), **~wissenschaft** *f* engenharia *f*.
Ingredi'enz [ingredi'ɛnts] *f* ingrediente *m*.
In'grimm [in'grim] *m* (*-es*; *0*) raiva *f*; **㊀ig** raivoso.
'Ingwer ['iŋgvɛr] *m* (*-s*; *0*) gengibre *f*.
'In-haber ['inha:bər] *m*, **~in** *f* proprietário *m*, -a *f*; dono *m*, -a *f*; *e-s Papiers*: portador(a *f*) *m*; *e-s Ordens*: condecorado *m*, -a *f* com; *e-s Regiments*: chefe *m*; ⚖, *Macht, Titel*: detentor(a *f*) *m*; **~aktie** *f*, **~papier** *n* (*-s*; *-e*) † título *m* ao portador.
in|haf'tieren [inhaf'ti:rən] (-) deter; **㊀'haftnahme** [-namə] *f* detenção *f*.
In-hal|ati'on(s-apparat *m* [*-es*; *-e*]) *f* [inhalatsi'o:n-] inalação *f* (inalador *m*); **㊀'ieren** (-) inalar.
'In-halt ['inhalt] *m* (*-es*; *-e*) conteúdo *m*; *Brief*: teor *m*; (*Raum*㊀) capacidade *f*; ⩚ volume *m*; **~s-angabe** *f* resumo *m*, sumário *m*; **㊀(s-)leer, ㊀(s-)los** vazio; *fig.* fútil; **㊀(s-)reich** substancial, substancioso, interessante; **~s-verzeichnis** *n* (*-ses*; *-se*) índice *m*.
Initi'ale [initsi'a:lə] *f* inicial *f*.
Initia'tive [initsia'ti:və] *f* (*0*) iniciativa *f* (*ergreifen* tomar).
In|jekti'on [injɛktsi'o:n] *f* inje(c)ção *f*; **㊀ji'zieren** (-) [-ji'tsi:rən] inje(c)tar.
In'kasso [in'kaso] *n* (*-s*; *-s*) cobrança *f* (*besorgen* efe[c]tuar).
inklu'sive [inklu'zi:və] inclusive; incluido, incluso.
'inkorrekt ['inkorɛkt] incorre(c)to; **㊀-heit** *f* incorre(c)ção *f*.
In'kraft-treten *n* entrada *f* em vigor.
'In|land *n* (*-es*; *0*) país *m*; interior *m* (do país); metrópole *f*.
'Inländ|er(in *f*) *m* ['inlɛndər-], **㊀isch, Inlands...**: *in Zssgn* nacional; interno.
'Inlaut *m* (*-es*; *-e*) letra *f* medial; *im* ~ no interior da palavra.
'Inlett ['inlɛt] *n* (*-es*; *-e*) travesseiro *m*; saco *m* (de cama).
'inliegend incluso, junto.
in'mitten (*gen.*) no meio (de).
'innehaben ['inə-] (*L*) ter, possuir; *Amt*: ocupar; *Macht*: deter; **~halten** (*L*) **1.** *v/t.* observar; submeter-se a; **2.** *v/i.* parar, deter-se.
'innen ['inən] (por) dentro, no interior; *nach* ~ (*hinein, zu*) para dentro; adentro; *von* ~ *her(aus)* de dentro; **㊀architekt** *m* (*-en*) decorador *m*; **㊀architektur** *f* (*0*) decoração *f*; **㊀aufnahme** *f* interior *m*; **㊀dienst** *m* serviço *m* interno; **㊀leben** *n* (*0*) vida *f* íntima, vida *f* (senti)mental; **㊀minister(ium** *n* [*-s*; *-ministerien*]) *m* Ministro (Ministério) *m* do Interior; **㊀politik** *f* (*0*) política *f* interna; **㊀raum** *m* (*-es*; *⸗e*) interior *m*; **㊀stadt** *f* (*-*; *⸗e*) centro *m*; *in Lissabon a.*: Baixa *f*; **㊀winkel** *m* ângulo *m* interior.
'inner ['inər] interior; *Dienst*, ⚕ interno; *Wert usw.*: intrínseco; ⚕ **~e** *Krankheiten f/pl.* clínica *f/sg.* médica; **㊀e(s)** *n* interior *m*; **~-halb** **1.** *adv.* (por) dentro; **2.** *prp.* (*gen.*) dentro de; **~lich** interno; (*geistig, seelisch*) mental; *Gemüt*: contemplativo; **~st** (mais) íntimo; **㊀ste(s)**

n íntimo *m*; âmago *m*, centro *m*, fundo *m*.

ˈ**inne|werden** (*L*; *sn*) (*gen.*) perceber; ~**wohnen** (*dat.*) ser inerente a, ser próprio de.

ˈ**innig** [ˈiniç] íntimo; efusivo; profundo; (*herzlich*) afe(c)tuoso; 2**keit** *f* (*0*) cordialidade *f*, afe(c)to *m*.

ˈ**Innung** [ˈinuŋ] *f* corporação *f*; grémio *m*; ~**s-wesen** *n* (*-s*; *0*) corporativismo *m*; grémios *m/pl*.

ins [ins] = *in das*.

Inqui|sitiˈ**on** [inkvizitsiˈon] *f* inquisição *f*; ~ˈ**sitor** [-ˈzitor] *m* (*-s*; *-en*) inquisidor *m*.

ˈ**Insass|e** [ˈinzasə] *m* (*-n*), ~**in** *f* habitante *m*, *f*; *Haus*: *a.* morador (-a *f*) *m*, ocupante *m*, *f*; *Anstalt*: internado *m*, -a *f*; *Fahrzeug*: passageiro *m*, -a *f*.

ins-beˈ**sondere** especialmente, particularmente, nomeadamente.

ˈ**Inschrift** *f* inscrição *f*; *Gebäude*: *a.* epígrafe *f*; *Grab*: epitáfio *m*.

Inˈ**sekt** [inˈzɛkt] *n* (*-es*; *-en*) inse(c)to *m*; 2**en-fressend,** ~**en-fresser** *m* inse(c)tívoro *m*; ~**en-kunde** *f* (*0*) entomologia *f*; ~**en-pulver** *n* pó *m* inse(c)ticida.

ˈ**Insel** [ˈinzəl] *f* (*-n*) ilha *f*; *kleine*: ilhota *f*; (*Verkehrs*2) placa *f*; ~**bewohner** *m* ilheu *m*, insular *m*, insulano *m*; ~**gruppe** *f*, ~**meer** *n* (*-es*; *-e*) arquipélago *m*; ~**volk** *n* (*-es*; *⸗er*) povo *m* insular.

Inseˈ**r|at** [inzeˈraːt] *n* (*-es*; *-e*) anúncio *m*; 2**ieren** (-) inserir, anunciar.

ins|geˈ**heim** em segredo (*ˈê); ~**ge**ˈ**samt** em soma; em globo; tudo junto.

inˈ**sofern** [inˈzoːfɛrn] **1.** *adv.* caso que, neste ponto; nisso; até aqui; **2.** *cj.* ~ (*als*) contanto que.

inˈ**sonderheit** = *insbesondere*.

inˈ**soweit** = *insofern*.

Inspekt|iˈ**on** [inspɛktsiˈoːn] *f* inspe(c)ção *f*; ˈ~**or** [-ˈspɛktor] *m* inspe(c)tor *m*; ⚒ administrador *m*.

Inspir|atiˈ**on** [inspiratsiˈoːn] *f* inspiração *f*; 2ˈ**ieren** (-) inspirar.

Inspiz|iˈ**ent** [inspitsiˈɛnt] *m* (*-en*) inspe(c)tor *m*; *Thea.* contra-regra *m*; 2ˈ**ieren** (-) inspe(c)cionar.

Install|aˈ**teur** [instalaˈtøːr] *m* (*-s*; *-e*) instalador *m*; ⚡ ele(c)tricista *m*; *Wasser*: canalizador *m*; ~**ati**ˈ**on** [-atsiˈoːn] *f* instalação *f*; ~**ati**ˈ**ons-geschäft** *n* (*-es*; *-e*) casa *f* de instalações; 2ˈ**ieren** (-) instalar.

inˈ**stand|halten** (*L*) conservar (em bom estado); 2**haltung** *f* manutenção *f*.

ˈ**inständig** [ˈinʃtɛndiç] instante; *adv.* com insistência; encarecidamente; ~**e** *Bitte* instância *f*.

inˈ**standsetz|en** (*-t*) arranjar, compor; *wieder* ~ restaurar, ⊕ consertar, reparar; 2**ung** *f* arranjo *m*; restauração *f*; conserto *m*, reparação *f*.

Inˈ**stanz** [inˈstants] ⚖ *f* instância *f*; ~**en-weg** *m* (*-es*; *-e*) instâncias *f/pl*.

Inˈ**stinkt** [inˈstiŋkt] *m* (*-es*; *-e*) instinto *m*; 2ˈ**iv** [-ˈtiːf], 2**mäßig** instintivo.

Instiˈ**tut** [instiˈtuːt] *n* (*-es*; *-e*) instituto *m*; (*privates Erziehungs*2) colégio *m*.

Instruˈ**ment** [instruˈmɛnt] *n* (*-es*; *-e*) instrumento *m*; 2ˈ**ieren** (-) orquestrar; ~ˈ**ierung** *f* orquestração *f*.

inszeˈ**nier|en** [instseˈniːrən] (-) ensaiar; encenar; 2**ung** *f* encenação *f*.

inˈ**takt** [inˈtakt] inta(c)to; *fig.* íntegro; 2**heit** *f* (*0*) integridade *f*.

Integriˈ**tät** [integriˈtɛːt] *f* (*0*) integridade *f*.

Intel|ˈ**lekt** [intɛˈlɛkt] *m* (*-es*; *0*) intele(c)to *m*; 2**lektu**ˈ**ell** [-tuˈɛl] intele(c)tual; 2**li**ˈ**gent** [-liˈgɛnt] inteligente; ~**li**ˈ**genz** [-liˈgɛnts] *f* inteligência *f*.

Intenˈ**dant** [intɛnˈdant] *m* (*-en*) intendente *m*; *staatlicher*: comissário *m* do governo (*ê); ~ˈ**ur** [-ˈtuːr] *f* intendência *f*.

intenˈ**siv** [intɛnˈziːf] intenso; ⚒ intensivo; ~ˈ**ieren** [-iˈviːrən] (-) intensificar.

Interˈ**dikt** [intɛrˈdikt] *n* (*-es*; *-e*) interdito *m*, interdição *f*.

interesˈ**s|ant** [intɛrɛˈsant] interessante; 2**e** [-ˈɛsə] *n* (*-s*; *-n*) interesse (*ˈê) *m* (*an dat.* em); 2ˈ**ent** [-ˈsɛnt] *m* (*-en*) interessado *m*; ~ˈ**ieren** (-) interessar (*j-n a.* alg. *an dat.*, *für* por).

ˈ**Interim** [ˈintɛrim] *n* (*-s*; *-s*) ínterim *m*; interinado *m*; 2ˈ**istisch,** ~**s...**: *in Zssgn* interino, provisório.

Inter|jektiˈ**on** [intɛrjɛktsiˈoːn] *f* interjeição *f*; ~ˈ**mezzo** [-ˈmɛtso] *n* (*-s*; *-s*, *-i*) intermédio *m*, entremez *m*; *fig.* incidente *m*, episódio *m*; 2**n** [inˈtɛrn] interno; ~ˈ**nat** [-ˈnaːt] *n* internato *m*; 2**national** internacional; 2'**nieren** [-'ni:rən] (-) internar; ~'**nierung** [-'ni:ruŋ] *f* internamento *m*, internação *f*; ~'**nierungslager** *n* campo *m* de concentração; ~'**pret** [-'pre:t] *m* (-*en*) intérprete *m*; ~**pretati'on** [-pretatsi'o:n] *f* interpretação *f*; 2**pre'tieren** [-pre'ti:rən] (-) interpretar; 2**pun'gieren** [-puŋ-'gi:rən] (-), 2**punk'tieren** (-) pontuar; ~**punkti'on** *f* pontuação *f*; ~'**vall** [-'val] *n* (-*s*; -*e*) intervalo *m*; 2**ve'nieren** [-ve'ni:rən] (-) intervir; ~**venti'on** [-vɛntsi'o:n] *f* intervenção *f*; '~**view** ['-vju:] *n* (-*s*; -*s*) entrevista *f*; 2'**viewen** [-'vju:ən] (-) entrevistar.

in'tim [in'ti:m] íntimo; 2**i'tät** [-i'tɛ:t] *f* intimidade *f*.

Intonati'on [intonatsi'on] *f* entoação *f*.

'**intra**|**nsitiv** ['intranziti:f] intransitivo; ~**venös** [-venø:s] intravenoso, endovenoso.

In'tri|**ge** [in'tri:gə] *f* intriga *f*, trama *f*; 2'**gieren** [-'gi:rən] (-) intrigar, tramar.

'**in- und 'auswendig**: ~ *wissen* saber de cor e salteado.

Inva'lid|**e** [inva'li:də] *m* (-*n*) inválido *m*; ⚔ mutilado *m*; ~**en-rente** *f* pensão *f* de invalidez; ~**en-versicherung** *f* seguro *m* contra a invalidez; ~**i'tät** [-i'tɛ:t] *f* (*0*) invalidez *f*.

Inven'tar [invɛn'ta:r] *n* (-*s*; -*e*) inventário *m*; ~ *aufnehmen* inventariar, ~-**aufnahme** *f* inventariação *f*; 2**i'sieren** (-) inventariar; ~**verzeichnis** *n* inventário *m*; rol *m*.

Inven'tur [invɛn'tu:r] *f* = *Inventar* (-*aufnahme*); ~-**ausverkauf** (-*es*; ⸚*e*) *m* liquidação *f*, saldo *m*.

Inversi'on [invɛrzi'o:n] *f* inversão *f*.

inve'stier|**en** [invɛ'sti:rən] (-) colocar, investir; 2**ung** *f* colocação *f*, investimento *m*.

'**in-wendig** interior; *adv*. *a*. por dentro.

in-wie|'**fern**, ~'**weit** até que ponto; (*wieso*) como.

In'zest [in'tsɛst] *m* (-*es*; -*e*) incesto *m*.

'**In-zucht** *f* (*0*) cruzamento *m* consanguíneo.

in'zwischen entretanto.

I'on [i'o:n] *n* (-*s*; -*en*) ião *m*.

'**I-Punkt** *m* (-*es*; -*e*) ponto *m* sobre o i.

'**ird**|**en** ['irdən] de barro; ~**isch** terreno; terrestre; (*weltlich*) temporal; mundano; (*sterblich*) mortal.

'**Ire** ['i:rə] *m* (-*n*) irlandês *m*.

'**irgend** ['irgənt]: ~ *etwas* (*Gutes*) qualquer coisa (de bom), algo (de bom); ~ *jemand* qualquer pessoa; alguém; *wenn* ~ *möglich* se (porventura) for possível; ~-**ein**(**e**) algum(a); qualquer; seja qual for; ~-**einer** alguém, uma pessoa qualquer, seja quem for; ~-**einmal** alguma vez; ~ **etwas** qualquer coisa; ~**wann** qualquer dia, em qualquer altura; ~**was** qualquer coisa; ~**welche** *f*(*pl*.) alguma(s); *m*/*pl*. alguns; ~**welcher** = ~*ein*; ~**wer** alguém, qualquer pessoa; ~**wie** de qualquer modo; ~**wo**('**her**), ~**wo'hin** (de) algures; em (de) qualquer ponto; ~**wo'mit** com qualquer coisa; ~**wo'zu** para qualquer coisa.

'**Ir**|**in** ['i:rin] *f* irlandesa (*ê) *f*, 2**isch**, ~**länder**(**in** *f*) *m* ['irlɛndər-] irlandês *m*, -esa (*ê) *f*, da Irlândia.

Iro'n|**ie** [iro'ni:] *f* ironia *f*; 2**isch** [i'ro:niʃ] irónico.

'**irre** ['irə] **1.** *adj*. (*verirrt*) perdido, desviado; extraviado; *a*. *fig*. desorientado; (*wirr*) confuso; ⚕ *a*. *su*. alienado, demente, louco; **2.** 2 *f*: *in die* ~ *führen* enganar; ionduzir a erro; *in die* ~ *gehen* perder-se; *fig*. enganar-se; ~**führen** enganar; desorientar; conduzir a erro (*ê); ~**d** *adj*. *fig*. enganador, falso; ~**gehen** (*L*; *sn*) enganar-se, errar o caminho; ~**leiten** (-*e*-) = ~*führen*.

'**irrelevant** ['irelevant] sem importância.

'**irre-machen** desconcertar, confundir.

'**irren** (*herum*~) errar, *sich* ~ *a*. enganar-se; (*sündigen*) pecar; 2**anstalt** *f* = ~*haus*; 2**arzt** *m* (-*es*; ⸚*e*) alienista *m*; psiquiatra *m*; 2**haus** *n* (-*es*; ⸚*er*) manicómio *m*.

'**irre**|**reden** (-*e*-) delirar, desatinar; ~**werden** (*L*) ⚕ enlouquecer, endoidecer; perder o juízo; *an* (*dat*.) ~ perder a confiança em, desconfiar de.

'**Irr**|**fahrt** ['ir-] *f* odisseia *f*; ~**gang** (-*es*; ⸚*e*), ~**garten** *m* (-*s*; ⸚) labirinto *m*; 2**gläubig** herético, heterodoxo; 2**ig** equivocado, erróneo, ~**lehre** *f* heresia *f*; **~licht** *n* (*-ęs*; *-er*) fogo *m* fátuo; **~sinn** *m* (*-ęs*; *0*) loucura *f*; **⁀sinnig** louco, doido; **~tum** ['-tu:m] *m* (*-s*; *⁼er*) erro (*ê) *m*, equívoco; *im ~* errado, equivocado, enganado; **⁀tümlich(er-weise)** ['-ty:mliç-] por equívoco, por engano; **~ung** *f* erro (*ê) *m*, engano *m*; **~weg** *m* (*-ęs*; *-e*) caminho *m* errado; *auf ~e geraten* desviar-se, extraviar-se.

'Ischias ['iʃias] *f* (*0*) ciática *f*; **~nerv** *m* (*-s*; *-en*) nervo *m* ciático.

'Islam ['isla:m] *m* (*-s*; *0*) islame *m*, islamismo *m*.

'Isländ|er(in *f*) *m* ['i:slɛndər-], **⁀isch** islandês *m*, -esa (*ê) *f*, da Islândia.

Iso'l|ator [izo'la:to:r] *m* (*-s*; *-en*), **~ier...**: *in Zssgn* isolador *m*; **~ier-band** *n* (*-ęs*; *⁼er*) fita *f* isoladora; **⁀ieren** (-) isolar; **~ierung** [-i:ruŋ] *f* isolamento *m*, isolação *f*.

Iso'top [izo'to:p] *n* (*-s*; *-e*) isótopo *m*.

Israe'lit [israe:'lit] *m* (*-en*), **~in** *f*, **⁀isch** isrealita.

'Ist|bestand ['ist-] *m* (*-ęs*; *⁼e*), **~stärke** *f* efe(c)tivo *m*.

'Isthmus ['istmus] *m* (-; *Isthmen*) istmo *m*.

Itali'en|er(in *f*) *m* [itali'e:nər], **⁀isch** italiano *m*, -a *f*, da Itália.

J

J, j [jot] *n uv.* J, j *m.*

ja [ja:] **1.** *adv.* sim; *o ~!, ~ doch!* sim pois!; *~ sagen* dizer que sim; *das ist ~ zu* (*inf.*) (pois) é de ...; *ich habe ~ schon ...* mas eu já ...; *~* (*sogar*) até mesmo, e até; *sei ~ vorsichtig!* (não deixes de ter) cautela!; *geh ~ nicht!* não vás!; **2.** ♀ *n uv.*, **♀wort** *n* (-*ęs*; -*e*) sim *m*; *sn ~ geben* consentir, estar de acordo (*'ô).

Jacht [jaxt] *f* iate *m*; **'~klub** *m* (-*s*; -*s*) clube *m* naval.

'Jack|e ['jakə] *f* casaco *m*; *a.* = **~'ett** [ja'kɛt] *n* (-*s*; -*e*, -*s*) jaqueta *f.*

Jagd [ja:kt] *f* caça *f*, caçada *f*; (*auf der* na, *auf die* à); *~ machen auf* (*ac.*) dar caça a; **'~-aufseher** *m* monteiro *m*; couteiro *m*; **'~beute** *f* caça(da) *f*; **'~flieger** *m* aviador *m* de caça; **'~flinte** *f* espingarda *f* caçadeira; **'~flugzeug** *n* (-*ęs*; -*e*) (avião *m* de) caça *m*; **'~frevel** *m* caça *f* ilegal (*od.* criminosa); delito *m* de caça; **'~geschwader** *n* esquadra *f* de «caças»; **~gewehr** *n* (-*ęs*; -*e*) = *~flinte*; **'~horn** *n* (-*ęs*; -*e*) buzina *f*; **'~hund** *m* (-*ęs*; -*e*) cão *m* de caça; **'~revier** *n* (-*s*; -*e*) tapada *f*, coutada *f*; **'~schein** *m* (-*ęs*; -*e*) licença *f* para caçar; **~spieß** *m* (-*es*; -*e*) venábulo *m*; **'~wesen** *n* (-*s*; *0*) montaria *f*; arte *f* venatória; **'~zeit** *f* temporada *f* de caça.

'jagen ['ja:gən] **1. a**) *v/t.* caçar; correr, (*ver~*) varrer (*aus* de); **b**) *v/i.* [*h. u. sn*] correr; ir a galope; **2.** ♀ *n* caça *f* (*nach* a); perseguição *f* (de).

'Jäger ['jɛ:gər] *m* caçador *m*; ✈ «caça» *m*; **~bursche** *m* (-*n*) monteiro *m*; **~'ei** *f* (*0*) montaria *f*; **~latein** *n* (-*s*; *0*) patranhas *f/pl.*; **~meister** *m* monteiro-mor *m*; **~s-mann** (-*ęs*; -*leute*) *m* caçador *m.*

jäh [jɛ:] repentino; súbito; brusco; (*heftig*) precipitado; (*steil*) íngreme; **'~lings** ['-liŋs] de repente; precipitadamente.

Jahr [ja:r] *n* (-*ęs*; -*e*) ano *m* (*übers* para o, daqui a um); *im ~e ...* em ..., no ano de ...; *ein halbes ~* meio ano, seis meses; *pl. ... ~e alt* com ... anos de idade; *... ~e alt sn* ter ... anos; *nach ~en* anos depois; *nach ~en gehen* ser por anos; *bei ~en* idoso, de idade; *in den besten ~en* na flor da idade; *~ für ~* = **♀-aus, ♀-'ein** todos os anos, ano por ano; **'~buch** *n* (-*ęs*; ⸚*er*) anuário *m*; *~bücher pl.* anais *m/pl.*; **'♀e-lang** de muitos anos; *adv.* durante (muitos) anos.

'jähren ['jɛ:rən]: *sich ~* fazer um ano (dois *usw.* anos).

'Jahres...: ['ja:rəs-] *in Zssgn oft* anual; **~-abschluß** *m* ['ja:rəs-] (-*sses*; ⸚*sse*) † balanço *m* anual; **~-anfang** *m* princípio *m* do ano; **~bericht** *m* relatório *m* anual; **~bilanz** = *~abschluß*; **~-einkommen** *n* receita *f* anual; **~feier** *f* (-; -*n*), **~fest** *n* (-*es*; -*e*) aniversário *m*; **~frist** *f*: *in ~, nach ~* no prazo de um ano, dentro de um ano; **~gehalt** *n* (-*es*; ⸚*er*) ordenário *m* anual; **~rate** *f* anu(al)idade *f*; **~ring** *m* (-*es*; -*e*) cerne *m*; **~schluß** *m* (-*sses*; ⸚*sse*) fim *m* do ano; **~tag** *m* (-*ęs*; -*e*) aniversário *m*; **~wechsel** *m*, **~wende** *f* passagem *f* do ano; Ano *m* Novo; **~zahl** *f* data *f*; ano *m*; **~zeit** *f* estação *f* (do ano).

Jahr|'fünft *n* (-*ęs*; -*e*) quinquénio *m*; lustro *m*; **'~gang** *m* (-*es*; ⸚*e*): *der ~ ... Wein*: do ano de ...; ⚔ classe *f* de ...; **~'hundert** *n* século *m*; **~'hundertfeier** *f* (-; -*n*) (festa *f* do) centenário *m.*

'jähr|ig ['jɛ:riç] de um ano; *drei~* (*usw.*) de três (*usw.*) anos; **~lich** anual; *adv.* por ano.

'Jahr|markt *m* (-*ęs*; ⸚*e*) feira *f*; **~'tausend** *n* (-*s*; -*e*) milénio *m*, mil anos *m/pl.*; **~'zehnt** [-'tse:nt] *n* (-*ęs*; -*e*) decénio *m*; década *f*; dez anos *m/pl.*

'Jäh-zorn *m* (-*ęs*; *0*) cólera *f*; *Eigenschaft*: irascibilidade *f*; **♀ig** irascível, colérico.

Jako'bin|er [jako'bi:nər] *m*; **♀isch** jacobino *m.*

Jalou'sie [ʒalu'zi:] *f* persiana *f.*

'Jammer ['jamər] *m* (-*s*; *0*) (*Klage*) lamento *m*, lamentação *f*; (*Kummer*) dor *f*; (*Elend*) miséria *f*; es ist ein ~ é uma lástima; **~geschrei** *n* (*-ès*; *0*) lamentações *f/pl.*, clamores *m/pl.*; **~gestalt** *f* mísero *m*, desgraçado *m*.

'**jämmerlich** ['jɛmərliç] lastimoso, lastimável; (*minderwertig*) miserável.

'**jammer|n** (*-e-*) lamentar-se; *j.*: (es) ~t mich tenho pena de; faz(-me) pena; **~schade**: ~ sn ser uma grande pena; **ꝰtal** *n* (*-ès*; *0*) vale *m* de lágrimas; **~voll** = jämmerlich.

'**Januar** ['janua:r] *m* (*-s*; *-e*) janeiro *m*.

Ja'pan|er(in *f*) *m* [ja'pa:nər-], **ꝰisch** japonês *m* (japonesa *f*), do Japão.

'**japsen** ['japsən] (*-t*) F (estar a) ofegar; nicht ~ können não poder respirar.

Jar'gon [ʒar'gɔŋ] *m* (*-s*; *-s*) calão *m*; gíria *f*.

Jas'min [jas'mi:n] *m* (*-s*; *-e*) jasmim *m*.

'**Jaspis** ['jaspis] *m* (*-ses*; *-se*) jaspe *m*.

'**jät|en** ['jɛ:tən] (*-e-*) mondar, sachar; **ꝰhacke** *f* sacho *m*.

'**Jauch|e** ['jauxə] *f* estrume *m*; ⚕ pús *m*; **ꝰig** purulento, fétido.

'**jauchzen** ['jauxtsən] (*-t*) **1.** jubilar; **2.** ꝰ *n* júbilo *m*, clamor *m*.

ja'wohl pois sim; sim senhor.

'**Jawort** *n* (*-ès*; *-e*) sim *m*; consentimento *m*; sn ~ geben *a.* concordar; estar de acordo (*'ô).

je [je:] nunca, jamais; von ~ desde sempre; ~ein(er), ~ *10 Wörter kosten* cada; ~ zwei de dois em dois; ~ zwei (und zwei) dois a dois; ~ drei auf einmal a três e três; ~ + *comp.* ... ~ (*od.* desto) quanto mais ... tanto mais ...; ~ nach conforme a, segundo; de acordo (*'ô) com; ~ nachdem conforme.

'**jede** ['je:də] cada, toda(s) a(s); ~ einzelne, e-e ~ cada uma.

'**jedenfalls** ['je:dən-] em todo o caso, em qualquer caso; ich ~ eu pelo menos.

'**jeder** cada; ~ (beliebige) qualquer; ~ einzelne, ein ~ cada um; (all und) ~, **~mann** todo o mundo, qualquer, cada qual; **~zeit** a qualquer hora; sempre.

'**jedes** ['je:dəs] = jede(r); **~mal(ig)** (de) todas (*ô) as vezes, (de) cada vez.

je'doch todavia, contudo, no entanto.

'**jegliche** ['je:kliçə], **~r**, **~s** = jede(r).

'**je'her**: von ~ desde sempre; abinício.

Je'längerje'lieber [je:'lɛŋərje:'li:bər] *n* madressilva *f*.

'**jemals** ['je:ma:ls] jamais.

'**jemand** ['je:mant] *m* alguém; *verneint*: ninguém.

'**jene** ['je:nə] aquela(s), aqueles; essa(s), esses; **~r**, **~s** aquele (*'ê), esse (*'ê).

'**jenseit|ig** ['jɛnzaɪtiç] do outro lado, oposto, além; **~s** *adv. u. prp.* (*gen.*) do outro lado de, oposto a, além de; **ꝰs** *n* (*-*; *0*) outro mundo *m*, Além *m*.

Jesu'it [ʒezu'i:t] *m* (*-en*) jesuita *m*; **~enorden** *m* Companhia *f* de Jesus.

'**jetzig** ['jɛtsiç] a(c)tual, presente.

jetzt [jɛtst] agora; bis ~ *a.* até aqui.

'**jeweil|s** ['je:vaɪls] cada vez; **~ig** respe(c)tivo.

Joch [jɔx] *n* (*-ès*; *-e*) jugo *m*; canga *f*; *Maß*: jugada *f*, jeira *f*; (*Bergꝰ*) cume *m*; (*Brückenꝰ*) estacada *f*; ~ Ochsen junta *f* de bóis; '**~bein** *n* (*-ès*; *-e*) osso *m* malar, osso *m* zigomático.

Jod [jo:t] *n* (*-s*; *0*) iodo *m*.

'**jodeln** ['jo:dəln] (*-le*) cantar à tirolesa.

Jo'hannis [jo'hanis] *n* = ~tag; **~beere** *f*, **~beersaft** *m* (*-ès*; *⸚e*) groselha *f*; **~beerstrauch** *m* (*-ès*; *⸚er*) groselheira *f*; **~brot** *n* (*-ès*; *0*) alfarroba *f*; **~brotbaum** *m* alfarrobeira *f*; **~tag** *m* (*-ès*; *-e*) dia *m* (*od.* festa *f*) de São João; **~würmchen** [-vyrmçən] *n* pirilampo *m*.

Johan'niter [joha'ni:tər] *m* cavaleiro *m* da ordem de São João.

'**johlen** ['jo:lən] berrar, uivar.

'**Jolle** ['jɔlə] *f* canoa *f*.

Jong'l|eur [ʒɔŋ'lø:r] *m* (*-s*; *-e*) equilibrista *m*; **ꝰieren** (*-*) fazer jogo (*ô) de equilibrista.

'**Joppe** ['jɔpə] *f* jaquetão *m*, gibão *m*.

Jour'nal [ʒur'na:l] *n* (*-s*; *-e*) jornal *m*.

Journa'list *m* (*-en*) jornalista *m*; **~ik** *f* (*0*) jornalismo *m*; **~in** *f* jornalista *f*; **ꝰisch** jornalístico.

jovi'al [jovi'a:l] condescendente.

'**Jubel** ['ju:bəl] *m* (*-s*; *0*) júbilo *m*; **~greis** F *m* (*-es*; *-e*) jubilado *m*; **~jahr** *m* (*-ès*; *-e*) (ano *m* de) jubileu *m*; alle ~e einmal F raríssimas vezes; **ꝰn** (*-le*) (re)jubilar.

Jubi'l|ar [jubi'la:r] *m* (*-s*; *-e*) festejado *m*; **~äum** [-'lɛ:um] *n* (*-s*; *Jubiläen*) jubileu *m*.

'**Juchten** ['juxtən] *n*, **~leder** *n*

(-*s*; *0*) coiro (*od.* couro) *m* da Rússia.

'juck|en ['jukən] **1.** fazer comichão; *dir juckt wohl das Fell?* F comem-te as costas?, queres que te escove?, *sich* ~*en* coçar-se; **2. ℒen** *n*, **~reiz** *m* comichão *f*, prurido *m*.

'Jude ['ju:də] *m* (-*n*) judeu *m*; *der Ewige* ~ o judeu errante.

'Juden|feind *m* (-*es*; -*e*), **ℒfeindlich** antisemita *m*; **~feindschaft** *f* (*0*) antisemitismo *m*; **~frage** *f* (*0*) questão *f* judaica; **~schaft** *f* (*0*) judeus *m/pl.*, judiaria *f*, *a.* = **~tum** *n* (-*s*; *0*) judaísmo *m*; **~viertel** *n* judiaria *f*.

'Jüd|in ['jy:din] *f* judia *f*; **ℒisch** judaico; judengo.

'Jugend ['ju:gənt] *f* (*0*) juventude *f*, mocidade *f*; (*Kindesalter*) infância *f*; *von* ~ *auf* desde pequeno; **~alter** (-*s*; *0*) *n* idade *f* juvenil; **~amt** *n* (-*es*; ⁻*er*) serviços *m/pl.* de assistência a menores; tutoria *f*; **~bewegung** *f* (*0*) movimento *m* da juventude; **~blüte** *f* (*0*) flor *f* da idade; **~fürsorge** *f* (*0*) assistência *f* a menores; **~gericht** *n* (-*es*; -*e*) tribunal *m* para menores; **~herberge** *f* albergue *m* da juventude; **~kraft** *f* (*0*) vigor *m* juvenil; **~kriminalität** *f* delinquência *f* juvenil; **ℒlich** juvenil; jovem (*a. su.*); *die* ℒ*en* os menores; **~liebe** *f* (*0*) primeiros amores *m/pl.*; **~pflege** *f* (*0*) assistência *f* a menores; **~schrift** *f* livro *m* infantil; **~schutzgesetz(gebung** *f* [*0*]) *n* (-*es*; -*e*) lei *f* (legislação *f*) da prote(c)ção de menores; **~streich** *m* (-*es*; -*e*) estroinice *f*; loucura *f* de rapaz.

Jugo'slaw|e [jugo'sla:və] *m*, (**-in** *f*), **ℒisch** jugoslavo *m* (-a *f*) (*iu-).

'Juli ['ju:li] *m* (-*s*; -*s*) Julho *m*.

jung [juŋ] jovem, novo (*a. Wein*); *Gemüse*: verde; *alt und* ~ velhos e novos *m/pl.*; *von* ~ *auf* desde pequeno; ~*e Eheleute* recém-casados *m/pl.*; ~*er Mann* menino *m*, rapaz *m*; ~*es Mädchen* menina *f*; *wieder* ~ *machen od. werden* rejuvenescer; *vgl. jünger, jüngst.*

'Junge ['juŋə] (-*n*) **a)** *m* rapaz *m*; *kleiner* ~ menino; *schwerer* ~ *fig.* criminoso *m*; **b)** **~**(**s**) *n* cria *f*; filho *m*; ~ *werfen*, ~ *bekommen* = **ℒn** parir; **ℒn-haft** pueril, arrapazado; **~nstreich** *m* (-*es*; -*e*) rapaziada *f*; *dummer* ~ estroinice *f*.

'jünger ['jyŋər] **1.** *comp. v. jung* mais jovem, mais novo; **2. ℒ** *m* discípulo *m*.

'Jungfer ['juŋfər] *f* (-; -*n*) donzela *f*; (*alte*) ~ solteirona *f*; *noch* ~ *sn* ser virgem.

'Jungfern|fahrt *f* viagem *f* inaugural; **~haut** *f*, **~häutchen** *n* hímen *m*; **~kranz** *m* (-*es*; ⁻*e*) coroa (*'ô) *f* virginal (*od.* nupcial); **~rede** *f Pol.* estreia *f*; **~reise** ⚓ *f* primeira viagem *f*; = ~*fahrt*; **~schaft** *f* (*0*) virgindade *f*.

'Jung|frau *f* donzela *f*; menina *f*; *poet.* virgem *f*; *die Heilige* ~ a Virgem; **ℒfräulich** [-frɔyliç] virginal; **~geselle** *m* (-*n*) solteiro *m*, celibatário *m*; *alter* ~ solteirão *m*; **~lehrer(in** *f*) *m* estagiário *m* (-a *f*).

'Jüngling ['jyŋliŋ] *m* (-*s*; -*e*) adolescente *m*, jovem *m*, rapaz *m*; **~s-alter** *n* (-*s*; *0*) adolescência *f*.

jüngst [jyŋst] **1.** *adj. sup. v. jung* mais jovem, mais novo; *zeitl.* recente, último; *das* ℒ*e Gericht, der* ℒ*e Tag* o dia do Juízo, o Juízo final; **2.** *adv.* recentemente, há pouco, *vor part.* recém-.

'Jung-stier *m* (-*es*; -*e*) novilho *m*.

'Juni ['ju:ni] *m* (-, -*s*; -*s*) Junho *m*.

'junior ['ju:niɔr] júnior, filho.

'Junker ['juŋkər] *m* morgado *m*; (*Fahnen*ℒ) cadete *m*; **~tum** *n* aristocracia *f* agrária.

'Jura ['ju:ra] *n/pl. uv.* Direito *m/sg.*

Ju'rist [ju'rist] *m* (-*en*) jurista *m*; (*Student*) estudante *m* de Direito; **ℒisch** jurídico; *Fakultät*: de Direito.

just [just] F justamente.

Jus'tiz [jus'ti:ts] *f* (*0*) justiça *f*; **~irrtum** *m* (-*es*; ⁻*er*) erro (*ê) *m* judiciário; **~minister(ium** *n* [-*s*; -*ministerien*]) *m* Ministro (Ministério) *m* de Justiça; **~mord** *m* (-*es*; -*e*) assassínio *m* jurídico; **~palast** *m* (-*es*; ⁻*e*) palácio *m* de Justiça; **~rat** *m* (-*es*; ⁻*e*) conselheiro *m*.

'Jute ['ju:tə] *f* (*0*), **~hanf** *m* (-*es*; *0*) juta *f*.

Ju'wel [ju've:l] *n* (-*s*; -*en*) jóia *f*; **~enhandel** *m* (-*s*; *0*) joalharia *f*; comércio *m* de jóias; **~en-händler** *m*, **~'ier** [-'li:r] *m* joalheiro *m*, ourives *m*; **~'ier-geschäft** *n* (-*es*; -*e*) joalharia *f*, ourivesaria *f*.

Jux [juks] F *m* (-*es*; -*e*) piada *f*, brincadeira *f*.

K

K, k [ka:] *n uv.* K, k *m.*
Ka'bale [ka'ba:lə] *f* cabala *f,* intriga *f.*
'Kabel ['ka:bəl] *n* cabo *m*; **~bericht** *m* (-*es*; -*e*), **~depesche** *f* cabo(grama) *m*; **~jau** [-jau] *m* (-*s*; -*e*, -*s*) bacalhau *m* fresco; **~länge** *f* cumprimento *m* de uma amarra (120 braços); **2n** (-*le*) mandar um cabo (-grama), telegrafar por cabo.
Ka'bine [ka'bi:nə] *f* ⚓ camarote *m*, beliche *m*; ✈, (*Ankleide2*), *Fernspr.*, *Film*: cabine *f.*
Kabi'nett [kabi'nɛt] *n* (-*s*; -*e*) gabinete *m*; *Pol. a.*: conselho *m* de ministros; **~skrise** *f* crise *f* ministerial.
Kabrio'lett [kabrio'lɛt] *n* (-*s*; -*e*) cabriolé *m.*
'Kachel ['kaxəl] *f* (-; -*n*) azulejo *m*; ladrilho *m*; **2n** (-*le*) pôr azulejos, pôr ladrilhos; **~ofen** *m* (-*s*; ⸚) estufa *f* de ladrilhos.
Ka'daver [ka'da:vər] *m* cadáver *m*; **~gehorsam** *m* (-*s*; *0*) obediência *f* cega.
Ka'denz [ka'dɛnts] *f* cadência *f.*
Ka'dett [ka'dɛt] *m* (-*en*) cadete *m*, aspirante *m* (militar), aluno *m* da escola do exército; **~en-anstalt** *f* escola *f* do exército.
'Käfer ['kɛ:fər] *m* escaravelho *m*; coleóptero *m.*
Kaffee (-*s*; -*s*) **1.** ['kafe] *m* café *m* (*ungemahlener* em grão; *ungerösteter* cru; *kochen* fazer; *trinken* tomar); **2.** [ka'fe:] *n* café *m*; **~baum** *m* (-*es*; ⸚*e*) cafèzeiro *m*; **~bohne** *f* grão *m* de café; **~geschirr** *n* (-*es*; -*e*) serviço *m* para café; **~haus** *n* (-*es*; ⸚*er*) café *m*; **~kanne** *f* cafeteira *f*; **~klatsch** F *m* (-*es*; -*e*) chocalhice *f*, mexericos *m/pl.*; **~maschine** *f* máquina *f* para fazer café; **~mühle** *f* moinho *m* de café; **~pflanzer** *m* cafèzista *m*; **~pflanzung** *f* cafèzal *m*; **~satz** *m* (-*es*; *0*) depósito *m*; borras *f/pl.*; **~tasse** *f* chávena *f* de café, chícara *f* de café; **~wärmer** *m* abafador *m.*
'Kaffer ['kafər] *m* cafre *m.*
'Käfig ['kɛ:fiç] *m* (-*s*; -*e*) gaiola *f*; jaula *f*; *in den ~ sperren* meter na jaula, enjaular.
kahl [ka:l] *j.*: calvo; ⚘ desfolhado; *Tier*: pelado; *Gegend*: escalvado; *a. fig.*: nu, despido, raso; **'2heit** *f* (*0*) nudez *f*, pobreza *f* (*a. fig.*); *Kopf*: calvície *f*; **'2kopf** *m* (-*es*; ⸚*e*) calva *f*; *j.*: calvo *m*, F careca *f*; **'~köpfig** ['kœpfiç] calvo; F careca, **'2köpfigkeit** *f* (*0*) calvície *f.*
Kahn [ka:n] *m* (-*es*; ⸚*e*) barco *m*, bote *m*, batel *m*; (*Fischer2*) barca *f*; (*Last2*) batelão *m*; **'~bein** *anat. n* (-*es*; -*e*) escafoide *m*; **'~fahrt** *f* passeio *m* de barco.
Kai [kai:, *a.* ke:] *m* (-*s*; -*s*) cais *m*; **'~anlagen** *f/pl.* cais *m/pl.*; **'~gebühr** *f*, **'~geld** *n* direitos *m/pl.* de cais; **'~mauer** *f* (-; -*n*) muro-cais *m*, paredão *m* (de cais).
'Kaiser ['kaɪzər] *m* imperador *m*; **~in** *f* imperatriz *f*; **2lich** imperial; **~reich** *n* (-*es*; -*e*) império *m*; **~schnitt** ⚕ *m* (-*es*; -*e*) operação *f* cesariana; **~tum** *n* império *m.*
Ka'jüte [ka'jy:tə] *f* camarote *m.*
Kakadu ['kakadu] *m* (-*s*; -*s*) cacatua *f.*
Ka'kao [ka'ka:o] *m* (-*s*; - *0*) cacau *m*; **~baum** *m* cacaueiro *m.*
'Kaktus ['kaktus] *m* (-; *Kak'teen*) cacto *m.*
Kalb [kalp] *n* (-*es*; ⸚*er*) vitela *f*; (*Milch2*) bezerro *m.*; **'2en** ['kalbən] parir; **'~fleisch** *n* (-*es*; *0*) (carne *f* de) vitela *f.*
'Kalbs|braten *m* vitela *f* assada; **~fuß** *m* (-*es*; ⸚*e*) mão *f* de vitela; **~leder** *n* (-*s*; *0*) (pele *f* de) vitela *f*; bezerro *m*; **~nieren-braten** *m* lombo *m* de vitela.
Kal'daunen [kal'daunən] *f/pl.* tripas *f/pl.*
Ka'lender [ka'lɛndər] *m* calendário *m*; almanaque *m*; **~jahr** *n* (-*es*; -*e*) ano *m* civil, **~tag** *m* (-*es*; -*e*) dia *m.*
kal'fatern [kal'fa:tərn] (-*re*) calafetar.
'Kali ['ka:li] *n* (-*s*; *0*) potassa *f.*
Ka'liber [ka'li:bər] *n* calibre *m.*

Ka'lif [ka'li:f] *m* (*-en*) califa *m*.
'Kali|salpeter ['ka:li-] *m* (*-s*; *0*) nitrato *m* de potassa; **~salz** *n* (*-es*; *-e*) potassa *f*; **~um** *n* (*-s*; *0*) potássio *m*.
Kalk [kalk] *m* (*-es*; *-e*) cal *f* (*gelöschter* extinta, apagada; *ungelöschter* virgem, viva); ⚗ cálcio *m*, **'~anstrich** *m* (*-es*; *-e*) caiadura *f*; **'2artig** calcário; **'~bewurf** *m* (*-es*; *⸚e*) caiadura *f*; **'~brennen** *n* calcinação *f*; **'~brenner** *m* caieiro *m*, caleiro *m*; **'~brennerei** *f* caieira *f*, forno *m* de cal; fábrica *f* de cal; **'~bruch** *m* (*-es*; *⸚e*) caleira *f*; **'2en** caiar; **'~grube** *f* cova (*od.* fossa) *f* para a cal; **'2(-halt)ig** calcário; **'~hütte** *f*, **'~ofen** *m* (*-s*; *⸚*) caieira *f*, forno *m* de cal; **'~spat** *m* (*-es*; *0*) espato *m* calcário; **'~stein** *m* (*-es*; *0*) calcário *m*; pedra *f* de cal.
Kalku|lati'on [kalkulatsi'o:n] *f* cálculo *m*; **2'lieren** [-'li:rən] (-) calcular.
Kalo'rie [kalo'ri:] *f* caloria *f*.
kalt [kalt] (*⸚er*; *⸚est*) frio (*es ist* faz, está; *mir ist* tenho), *fig. a.* indiferente, impassível; ~ *werden* arrefecer; *~e Küche* pratos *m/pl.* frios; *~es Buffet* copo-de-água *m*; ceia *f* volante; *j-m die ~e Schulter zeigen* desinteressar-se de alg.; **'~blütig** ['-bly:tiç] de (*adv.* com) sangue frio; *fig. a.* sereno; **'~blütigkeit** *f* (*0*) sangue-frio *m*.
'Kälte ['kɛltə] *f* (*0*) frio *m*; *fig.* frieza *f*; **~...**: *in Zssgn* de frio; = **2erzeugend** ⊕ frigorífero, frigorífico.
'kalt|herzig frio, indiferente; **~machen** *fig.* matar; **2schale** *f* sopa *f* fria; **~stellen** pôr ao fresco; *fig.* afastar; **2'wasser(heil)...**: ⚗ *in Zssgn* hidroterápico.
'Kalzium ['kaltsium] *n* (*-s*; *0*) cálcio *m*.
Ka'mel [ka'me:l] *n* (*-s*; *-e*) camelo *m*; *einhöckriges*: dromedário *m*; *Schimpfwort*: burro *m*; **~ie** [-iə] *f* camélia *f*; *Strauch*: cameleira *f*; **~treiber** *m* cameleiro *m*.
'Kamera ['kaməra] *f* (-; *-s*) câmara *f* fotográfica, máquina *f* fotográfica.
Kame'rad [kame'ra:t] *m* (*-en*), **~in** [-din] *f* camarada *f*, companheiro *m*, -a *f*; **~schaft** *f* camaradagem *f*; ⚔ = (*Gruppe*) esquadra *f*; **2schaftlich** de camarada(gem); **~schaftsgeist** *m* (*-es*; *0*) espírito *m* de companheirismo *m*; solidariedade *f*.
'Kameramann *m* (*-es*; *⸚er*, *-leute*) fotógrafo *m*; *Film*: operador *m*.
Ka'mille [ka'milə] *f* macela *f*, camomila *f*; **~ntee** *m* (*-s*; *0*) chà *m* de macela.
Ka'min [ka'mi:n] *m* (*-s*; *-e*) chaminé *f*; fogão *m*; **~feger** *m* limpa-chaminés *m*; **~(ge)sims** *n* (*-es*; *-e*) frontal *m* de fogão; **~kehrer** [-ke:rər] *m* = *~feger*.
Kamm [kam] *m* (*-es*; *⸚e*) pente *m*; *runder*: travessa *f*; ⊕ carda *f*; (*Staub2*) pente *m* de caspa; (*Hahnen2*) crista *f*; (*Gebirgs2*) cumeada *f*; *alles über e-n ~ scheren fig.* passar tudo pela mesma fieira, medir tudo pelo mesmo rasoiro.
'kämmen ['kɛmən] pentear; ⊕ cardar.
'Kammer ['kamər] *f* (-; *-n*) câmara *f* (*a.* ⊕); quarto *m*; **~diener** *m* criado *m* do quarto.
Kämme'rei [kɛmə'raɪ] *f* tesouraria *f*.
'Kämmerer ['kɛmərər] *m* tesoureiro; (*Kammerherr*) camareiro *m*.
'Kammer|frau *f* criada *f* grave; **~gericht** *n* (*-es*; *0*) Tribunal *m* Superior; **~herr** *m* (*-en*) camareiro *m*; **~musik** *f* música *f* de câmara; **~ton** ♪ *m* (*-es*; *0*) diapasão *m* normal.
'Kamm|garn *n* (*-es*; *-e*) (fio *m* de) estambre *m*; **~linie** *f* linha *f* de cumeada.
Kampf [kampf] *m* (*-es*; *⸚e*) combate *m*; ⚔ *a.* a(c)ção *f*; campanha *f*; (*Nah2*) peleja *f*; (*Ringen*, *a. fig.*) luta *f*; *Sport*: desafio *m*; *im ~e stehen* (*gegen*) combater (*ac.*), lutar (contra); *zum ~e stellen* obrigar ao combate; **'~bahn** *f* estádio *m*; pista *f*, arena *f*; **'~begier(de)** *f* ardor *m* bélico; **'2bereit** pronto para o combate; **'~einheit** *f* unidade *f* combativa.
'kämpfen ['kɛmpfən] combater (*gegen ac.*), lutar (*für*, *um* por); *um e-n Preis*: disputar-se (*ac.*).
'Kampfer ['kampfər] *m* (*-s*; *0*) cânfora *f*; **~...**: *in Zssgn* canforado; de cânfora.
'Kämpfer *m* combatente *m* (*für* por).
'Kampf...: *in Zssgn* ⚔ *oft* de combate; **2fähig** em condições de combater; **~geist** *m* (*-es*; *0*) espírito *m*

combativo; ⚔ *a.* moral *f*; **~genosse** *m* (*-n*) camarada *m*, companheiro *m* de armas; **~handlung** *f* operação *f* (militar); **&lustig** belicoso; **~platz** *m* (*-es*; *"e*) arena *f*; ⚔ campo *m* de batalha; **~preis** *m* (*-es*; *-e*) prémio *m*; *Sport*: *a.* troféu *m*; **~richter** *m* árbitro *m*; **&unfähig** incapaz de combater; ~ (*machen* pôr) fora de combate; **~wert** *m* (*-es*; *-e*) valor *m* militar.

kam'pieren [kam'pi:rən] (-) *v/i.* acampar.

Ka'nad|ier(in *f*) *m* [ka'na:diər-], **&isch** canadiano *m*, -a *f*, do Canadá.

Ka'nal [ka'nal] *m* (*-s*; *"e*) canal *m*; (*Rinne*) via *f*; (*Röhre*) tubo *m*; *Erdk.* (*Ärmel&*) Mancha *f*.

Kanali|sati'on [kanalizatsi'o:n] *f* canalização *f*; (*städtische ~s-anlage*) saneamento *m*; **&'sieren** [-'zi:rən] (-) canalizar.

Ka'narienvogel [ka'na:riən-] *m* [(*-s*; *"*) canário *m*.]

Kandi'd|at(in *f*) *m* (*-en*) [kandi'da:t-] candidato *m*, -a *f*; (*Lehramts&*) estagiário *m*, -a *f*; **~a'tur** [-da'tu:r] *f* candidatura *f*; **&ieren** (-) apresentar a sua candidatura.

kan|'dieren [kan'di:rən] (-) cristalizar (com açúcar); **'&dis(-zucker)** ['-dis-] *m* (-; *0*) cândi *m*; *brauner* ~ caramelo *m*.

'Känguruh ['kɛŋguru] *n* (*-s*; *-s*) canguru *m*.

Ka'ninchen [ka'ni:nçən] *n* coelho *m*; **~bau** *m* (*-es*; *-e*) toca *f*; **~jagd** *f* caça *f* ao coelho; **~stall** *m* (*-es*; *"e*) coelheira *f*.

Ka'nister [ka'nistər] *m* lata *f*.

'Kanne ['kanə] *f* jarro *m*; caneca *f*; (*Gieß&*) regador *m*; (*Kaffee&*) cafeteira *f*; (*Milch&*) leiteira *f*; (*Tee&*) bule *m*.

Kanni'bal|e [kani'ba:lə] *m* (*-n*) canibal *m*; **&isch** canibalesco.

'Kanon ['ka:nɔn] *m* (*-s*; *-s*) cânon(e) *m*, regra *f*, norma *f*.

Kano'nade [kano'na:də] *f* canhoneio *m*.

Ka'none [ka'no:nə] *f* canhão *m*; F *Sport j.*: ás *m*; *unter aller* ~ F detestável; **~nboot** *n* (*-es*; *-e*) canhoneira *f*; **~ndonner** *m* canhonada *f*; **~nfutter** *n* carne *f* de canhão; **~nkugel** *f* (-; *-n*) bala *f* de canhão; **~nrohr** *n* (*-es*; *-e*) tubo *m* de canhão; **~nschuß** *m* (*-sses*; *"sse*) canhonaço *m*, tiro *m* de canhão.

Kano'nier [kano'ni:r] *m* (*-s*; *-e*) artilheiro *m*, canhoneiro *m*.

Ka'noni|ker [ka'no:nikər] *m* cónego *m*; **&sch** canónico *m*.

Kan'tate [kan'ta:tə] *f* cantata *f*.

'Kant|e ['kantə] *f* canto *m*, bordo *m*, borda *f*; ⚒ aresta *f*; (*Tuch&*) orla *f*, ourela *f*; *auf die hohe ~ legen* economizar; **~en**[1] *m* canto *m*; **~en**[2] *f/pl.* rendas *f/pl.*; **&en**[3] (*-e-*) pôr de canto; **&ig** anguloso; esquinado; **~'ine** [-'ti:nə] *f* cantina *f*.

Kan'ton [kan'to:n] *m* (*-s*; *-e*) cantão *m*; **&'ieren** [-to'ni:rən] (-) acantonar; **~'ist** *m* (*-en*): *unsicherer* ~ sujeito *m* de pouca confiança.

'Kantor ['kantɔr] *m* (*-es*; *-e*) cantor *m*, chantre *m*; organista *m*.

Kanu [ka'nu:, 'ka:nu] *n* (*-s*; *-s*) canoa *f*; **~fahrer** *m* canoeiro *m*.

Ka'nüle [ka'ny:lə] *f* cânula *f*; ⚕ agulha *f*.

'Kanzel ['kantsəl] *f* (-; *-n*) púlpito *m*; **~rede** *f* sermão *m*; **~redner** *m* pregador *m*; *prot.*: predicador *m*.

Kanz|'lei [kants'laɪ] *f* chancelaria *f*; **'~ler** *m* chanceler *m*.

Kap [kap] *n* (*-s*; *-s*) cabo *m*, promontório *m*.

Ka'paun [ka'paun] *m* (*-s*; *-e*) capão *m*.

Ka'pell|e [ka'pɛlə] *f* capela *f*; *im Freien*: ermida *f*; ♪ banda *f* (de música), orquestra *f*; **~meister** *m* mestre (*od.* regente) *m* de orquestra; ⚔ chefe *m* de banda.

'Kaper ['ka:pər] **1.** ⚘ *f* (-; *-n*) alcaparra *f*; **2.** ⚓ *m* (*-s*; -) corsário *m*, pirata *m*; **&n** (*-re*) capturar.

ka'pieren [ka'pi:rən] (-) F compreender.

Kapi'tal [kapi'ta:l] *n* (*-s*; *-e*, *-ien*) capital *m*; *pl. a.* fundos *m/pl.*; **~abwanderung** *f* emigração *f* de capitais; **~-anlage** *f* colocação (*od.* aplicação) *f* de capitais; **~besitz** *m* capitais *m/pl.*; **~-bildung** *f* constituição *f* de capitais; **~flucht** *f* evasão *f* de capitais; **~'ismus** *m* (-; *0*) capitalismo *m*; **~'ist** *m* (*-en*) capitalista *m*; **&'istisch** capitalista; **&kräftig**: ~ *sn* ter fortuna; dispor de meios; **~markt** *m* (*-es*; *"e*) mercado *m* de capitais; **&schwach** sem recursos suficientes; **~verbrechen** *n* crime *m* capital.

Kapi'tän [kapi'tɛ:n] *m* (*-s*; *-e*) capitão *m* (*zur See* de mar e guerra);

~leutnant *m* (-*s*; -*s*) capitão-tenente *m*.
Ka'pitel [ka'pitəl] *n* capítulo *m*; *Rel. a.* cabido *m*.
Kapi'tell ⚠ [kapi'tɛl] *n* (-*s*; -*e*) capitel *m*.
Kapitu|lati'on [kapitulatsi'o:n] *f* capitulação *f*, rendição *f*; **2'lieren** (-) capitular, render-se.
Ka'plan [ka'pla:n] *m* (-*s*; ⸗*e*) capelão *m*.
'Kapp|e ['kapə] *f* boné *m*; (*Priester*2) barrete *m*; casquete *m*; (*Bauern*2, *Fischer*2) carapuça *f*; capuz *m*, capota *f*; gorra *f*; ⚠ cúpula *f*, ⊕ contraforte *m*, (*Schuh*2) biqueira *f*; et. *auf s-e ~ nehmen fig.* F tomar a responsabilidade de a.c.; **2en** cortar; *Baum*: podar; *Hahn*: capar; *den Anker ~* ⚓ picar a amarra.
Kapri|'ole [kapri'o:lə] *f* cabriola *f*; **2zi'ös** [-tsi'ø:s] caprichoso.
'Kapsel ['kapsəl] *f* (-; -*n*) cápsula *f*, ⚕ *a.* hóstia *f*; caixa *f*, (*Etui*) *a.* estojo *m*.
ka'putt [ka'put] F (*zerbrochen*) partido; (*zerrissen*) roto; (*müde*) estafado; (*bankrott*) arruinado; *~ gehen* partir-se; estragar-se; *~ machen* partir; estragar; arruinar.
Ka'puz|e [ka'pu:tsə] *f* capuz *m*; **~'iner** [-u'tsi:nər] *m* (frade *m*) capuchinho *m*.
Kara'biner [kara'bi:nər] *m* carabina *f*; **~haken** *m* mosquetão *m*.
Ka'raffe [ka'rafə] *f* garrafa *f*.
Ka'r|at [ka'ra:t] *n* (-*es*; -*e*) quilate *m*; **2ätig** [-'rɛ:tiç]: *10~* de dez quilates; *24~es Gold* ouro *m* de lei.
Kara'wane [kara'va:nə] *f* caravana *f*.
Kar'bid [kar'bi:d] *n* (-*es*; -*e*) carboneto *m*; **~lampe** *f* lâmpada *f* de acetileno.
Kar'bol [kar'bo:l] *n* (-*s*; *0*) fenol *m*; **~säure** *f* (*0*) ácido *m* fénico.
Kar'bunkel [kar'buŋkəl] *m* (-*s*; -) carbúnculo *m*.
Kardi'nal [kardi'na:l] *m* (-*s*; ⸗*e*) cardeal *m*, purpurado *m*; **~s-hut** *m* (-*es*; ⸗*e*) barrete *m* cardinalício; **~s-würde** *f* (*0*) cardinalato *m*; **~tugend** *f* virtude *f* cardeal; **~zahl** *f* número *m* cardinal.
Kar'freitag [ka:r'-] *m* (-*s*; -*e*) Sexta-feira *f* Santa.
karg [kark] escasso, pobre, parco; (*geizig*) mesquinho; **'~en** ['-gən]: *~ mit* ser forreta com; **'2heit** *f* (*0*) escassez *f*, parcimónia *f*.
'kärglich [kɛrkliç] escasso.
ka'riert [ka'ri:rt] aos quadrados; quadriculado.
Karik|atur [karika'tu:r] *f* caricatura *f*; **2'ieren** (-) caricaturar.
Karm|e'sin [karmə'zi:n] *n* (-*s*; *0*) carmesim *m*; **~'in** [-'mi:n] *n* (-*es*; *0*) carmim *m*; **2'inrot** carmim.
Karne'ol *min.* [karne'o:l] *m* (-*s*; -*e*) cornalina *f*.
'Karneval ['karnəval] *m* (-*s*; -*e*, -*s*) carnaval *m*, entrudo *m*.
Kar'nickel [kar'nikəl] F *n* coelho *m*; *das ~ sn fig.* F servir de bode expiatório (*od.* de cabeça de turco).
'Karo ['ka:ro] *n* (-*s*; -*s*) quadrado *m*; *Kartenspiel*: ouros *m/pl.*; **~'linger** [-'liŋər] Carolíngio *m*.
Ka'rosse [ka'rɔsə] *f* coche *m*; **~'rie** [-'ri:] *f* carroçaria *f*.
Ka'rotte [ka'rɔtə] *f* cenoura *f*.
'Karpfen ['karpfən] *m* carpa *f*; **~teich** *m* (-*es*; -*e*) viveiro *m* de carpas.
'Karre ['karə] *f* carroça *f*; carro *m*; carreta *f*; zorra *f*.
Kar'ree [ka're:] *n* (-*s*; -*s*) quadr(ad)o *m*.
'karren [karən] acarretar.
Karri'ere [kari'ɛ:rə] *f* carreira *f*.
Karst [karst] *m* (-*es*; -*e*) enxada *f*; *Erdk.* carso *m*; **'~...**: *in Zssgn* cársico.
Kar'täuser [kar'tɔyzər] *m*, **~mönch** *m* (-*es*; -*e*) cartuxo *m*; (*Likör*) «Chartreuse» *m* (*fr.*); **~orden** *m* Cartuxa *f*.
'Karte ['kartə] *f* (*Besuchs*2) cartão *m* (de visita); (*Brot*2 *usw.*) senha *f*; (*Anzeige*) participação *f*; (*Einladungs*2) convite *m*; (*Eintritts*2, *Fahr*2) bilhete *m*; (*Land*2) carta *f* (geográfica), mapa *m*; (*Post*2) bilhete *m* postal; (*Speise*2) lista *f* (*nach der* à), ementa *f*; (*Spiel*2) carta *f* (*legen* deitar).
Kar'tei [kar'taɪ] *f* ficheiro *m*; **~karte** *f* ficha *f*; verbete *m*.
Kar'tell [kar'tɛl] *n* (-*s*; -*e*) cartel *m*, sindicato *m* industrial; **~träger** *m* padrinho *m*; **~wesen** *n* (-*s*; *0*) (organização *f* dos) cartéis *m/pl.*, (organização *f* dos) sindicatos *m/pl.* industriais.
'Karten... ['kartən-]: *in Zssgn oft* de cartas *usw.*; **~kunst-stück** *n* (-*es*; -*e*) passe-passe; *m* **~leger(in** *f*)

m [-le:gər-] cartomante *m/f*; **~spiel** *n* (*-es*; *-e*) jogo (*'ô) *m* de cartas; (*Spielkarten*) baralho *m*; **~werk** *n* (*-es*; *-e*) obra *f* cartográfica; **~zeichner** *m* cartógrafo *m*.

Kar'toffel [kar'tɔfəl] *f* (-; *-n*) batata *f*; **~brei** *m* (*-es*; *-e*) puré *m* de batatas; **~feld** *n* (*-es*; *-er*) batat(eir)al *m*; **~käfer** *m* escaravelho *m* da batateira; **~mehl** *n* (*-es*; *0*) farinha *f* de batata; **~puffer** *m* bolo (*'ô) *m* de batata; **~salat** *m* (*-es*; *-e*) salada *f* de batatas; **~schälmaschine** [-ʃɛ:l-] *f* máquina *f* de descascar batatas; **~suppe** *f* sopa *f* de batatas.

Kar'ton [kar'toŋ; -to:n] *m* (*-s*; *-s*) cartolina *f*, cartão *m* (*a. Schachtel*); **2'ieren** [-to'ni:rən] (-) cartonar.

Karto'thek [karto'te:k] *f* ficheiro *m*; **~karte** *f* ficha *f*; verbete *m*.

Karus'sell [karu'sɛl] *n* (*-s*; *-e*, *-s*) carrocel *m*, cavalinhos *m/pl*.

'Karwoche ['ka:r-] *f* Semana *f* Santa.

'Karzer ['kartsər] *m* calabouço *m* (universitário); *cafua *f*.

Ka'schemme [ka'ʃɛmə] *f* tasco *m*.

'Kaschmir ['kaʃmi:r] *m* (*-s*; *-e*) casimira *f*.

'Käse ['kɛ:zə] *m* (*-s*; *0*) queijo *m*.

Kase'matte [ka:zə'matə] *f* casamata *f*.

Ka'sern|e [ka'zɛrnə] *f* quartel *m*; aquartelamento *m*; **2'ieren** (-) aquartelar.

Kas'kade [kas'ka:də] *f* cascata *f*.

'Kasper(le) ['kaspər(lə)] *m* (*a. n*) polichinelo *m*; **~theater** *n* Robertos *m/pl*.

'Kasko-versicherung *f* seguro *m* contra todos os riscos.

'Kasse ['kasə] *f* caixa *f*; *Thea. usw.* bilheteira *f*; (*Bargeld*) dinheiro *m* de contado; *bei ~ sn* ter dinheiro.

'Kassen|-abschluß *m* (*-sses*; *"sse*) balanço *m*; **~anweisung** *f* cheque *m*; vale *m*; letra *f*; nota *f*; **~bestand** *m* (*-es*; *"e*) dinheiro *m* em caixa; *den ~ aufnehmen* dar balanço; **~bote** *m* (*-n*) cobrador *m*; **~erfolg** *m* (*-es*; *-e*) êxito *m* de bilheteira; **~führer** *m* tesoureiro *m*; caixa *m*; **~revision** *f* balanço *m*; **~schein** *m* (*-es*; *-e*) vale *m*; **~stunden** *f/pl.* horas *f/pl.* de serviço (*od.* de despacho); **~wart** [-vart] *m* (*-es*; *-e*) tesoureiro *m*; caixa *m*; **~zettel** *m* vale *m*.

Kasse'rolle [kasə'rɔlə] *f* caçarola *f*; tacho *m*.

Kas'sette [ka'sɛtə] *f* cofre *m*; estojo (*'ô) *m*.

kas'sier|en [ka'si:rən] (-) ✝ cobrar; ⚖ anular, cassar; **2er(in** *f*) *m* caixa *m*.

Kas'tani|e [kas'ta:niə] *f* castanha *f*; = **~enbaum** *m* castanheiro *m* (*wilder* bravo; *a.* castinceira *f*); **2enbraun** castanho; **~enfest** (*-es*; *-e*), **~enfeuer** *n* magusto *m*; **~enwäldchen** *n* castanhal *m*, castinçal *m*.

'Kästchen ['kɛstçən] *n* caixinha *f*, cofresinho *m*.

'Kaste ['kastə] *f* casta *f*, classe *f*, raça *f*.

kas'tei|en [kas'taɪən] (-) mortificar, macerar; **2ung** *f* mortificação *f*.

Kas'tell [kas'tɛl] *n* (*-s*; *-e*) castelo *m*.

'Kasten ['kastən] *m* (*-s*; *"*) caixa *f*; (*Brief2*) marco *m*, *häuslicher*: receptáculo *m*; (*Truhe*) arca *f*; *alter ~* F (*Haus*) velho pardeeiro *m*; ⚓ chaveco *m*; **~geist** *m* (*-es*; *0*), **~wesen** *n* (*-s*; *0*) espírito *m* de classe; exclusivismo *m*.

Kastil|i'aner(in *f*) *m* [kastili'a:nər], **2i'anisch, ~ier(in** *f*) *m* [kas'ti:liər], **2isch** castelhano *m*, -a *f*, de Castela.

Kas'tr|at [ka'stra:t] *m* (*-en*) castrado *m*, eunuco *m*; **2ieren** (-) castrar, capar.

Kata|'falk [kata'falk] *m* (*-s*; *-e*) catafalco *m*; **~'kombe** [-'kɔmbə] *f* catacumba *f*.

Kata'lan|e [kata'la:nə] *m* (*-n*) catalão *m*; **~in** *f* catalã *f*; **2isch** catalão.

Kata'log [kata'lo:k] *m* (*-es*; *-e*) catálogo *m*; **2i'sieren** [-gi'zi:rən] (-) catalogar.

Kata'pult [kata'pult] *m u. n* (*-es*; *-e*) catapulta *f*.

Ka'tarrh [ka'tar] *m* catarro *m*.

Ka'taster [ka'tastər] *m u. n* cadastro *m*.

kata|stro'phal [katastro:fa:l] catastrófico; **2'strophe** [-'stro:fə] *f* catástrofe *f*.

Kate|'chet [kate'çe:t] *m* (*-en*) catequista *m*; **~'chismus** [-'çismus] *m* (-; *Katechismen*) catecismo *m*; **~go'rie** [-go'ri:] *f* categoria *f*; **'2gorisch** [-'go:riʃ] categórico.

'Kater ['ka:tər] *m* gato *m*; *fig.* *e-n ~ haben* estar enjoado, saber a alg. a boca a chapéu velho.

Ka'theder [ka'te:dər] *m u. n* cátedra *f*.

Kathe'drale [kate'dra:lə] *f* catedral *f*, sé *f*.

Ka'thete [ka'te:tə] *f* cateto *m*.

Ka'thode [ka'to:də] *f* cátodo *m*; **~n...**: *in Zssgn* catódico.

Katho'l|ik(in *f*) *m* (*-en*) [kato'li:k-] católico *m*, -a *f*; **≈isch** [-'to:liʃ] católico; **~i'zismus** [-i'tsismus] *m* (-; *0*) catolicismo *m*.

Kat'tun [ka'tu:n] *m* (*-s*; *-e*) chita *f*.

'katz|balgen ['kats-]: *sich* ~ engalfinhar-se; **≈balge'rei** *f* pancadaria *f*; **~buckeln** [-bukəln] (*-le*): *vor j-m* ~ *fig.* dar manteiga a alg.

'Kätzchen ['kɛtsçən] *n* gatinho *m*; ⚘ amentilho *m*, candeia *f*.

'Katze ['katsə] *f* gato *m*, gata *f*.

'katzen|-artig felino; **≈-auge** ⊕ *n* refle(c)tor *m*; **~freundlich** falso, traiçoeiro; **≈geschrei** *n* miado *m*, miadura *f*; **≈jammer** *m* (*-s*; *0*) enjoo (*'ô) *m*; *s. a. Kater fig.*; *moralischer*: abatimento *m*; **≈kopf** *m* (*-es*; *⸗e*) *fig.* bofetada *f*; **≈musik** *f* (*0*) miadura *f*; pandorga *f*; **≈sprung** *m* (*-es*; *⸗e*): *nur ein* ~ *fig.* (a) dois passos.

'Kauderwelsch ['kaudərvɛlʃ] *n* (*-s*; *0*) algarvia *f*, geringonça *f*, gíria *f*.

'kau|en ['kauən] mastigar, mascar; **~ern** (*-re*, *sn*), *sich* ~ acocorar-se, pôr-se de cócoras.

Kauf [kauf] *m* (*-es*; *⸗e*) compra *f* (*abschließen, tätigen* fazer, efe(c)tuar, realizar); *a.* (*Gekauftes*) aquisição *f*; *vorteilhafter* ~ F pechincha *f*; (*mit*) *in* ~ *nehmen* aguentar; *leichten* ~*es* sem grande prejuízo; '**~auftrag** *m* (*-es*; *⸗e*) ordem *f* de compra(r); '**≈en** comprar.

'Käufer ['kɔyfər] *m* comprador *m*; freguês *m*; **~in** *f* compradora *f*; freguesa *f*.

'Kauf|haus *n* (*-es*; *⸗er*) armazém *m*, armazéns *m/pl.*; **~kraft** *f* (*0*) poder *m* de compra; **~leute** *pl. s.* ~*mann*.

'käuflich ['kɔyfliç] comprável; ~ *sn a.* estar à venda; (*bestechlich*) venal; ~ *erwerben* adquirir por compra; **≈keit** *f* (*0*) venalidade *f*.

'Kauf|lust *f* (*0*) interesse (*'ê) *m*; (*Nachfrage*) demanda *f*; **~mann** *m* (*-es*; *-leute*) comerciante *m*, negociante *m*; mercador *m*; **≈männisch** [-mɛniʃ], **~manns...**: *in Zssgn* comercial, mercantil; **~preis** *m* (*-es*; *-e*), **~summe** *f* preço *m* (de compra); **~vertrag** *m* (*-es*; *⸗e*) contrato *m* de compra; **~zwang** *m* obrigação *f* de comprar.

'Kaugummi ['kaugumi] *m* (*-s*; *-s*) pastilha *f* elástica.

'Kaul|barsch ['kaul-] *m* (*-es*; *-e*) perca *f*; **~quappe** ['-kvapə] *f* girino *m*.

kaum [kaum] apenas, mal (*als* que); ~ *glauben können* custar (a alg.) crer.

'Kau|muskel ['kau-] *m* (*-s*; *-n*) músculo *m* mastigador; **~tabak** *m* (*-s*; *-e*) tabaco *m* de mascar.

Kauti'on [kautsi'o:n] *f* caução *f*, fiança *f* (*stellen* depositar).

'Kautschuk ['kautʃuk] *m u. n* (*-s*; *-e*) cauchu *m*, borracha *f* (*künstlicher* sintético, -a).

Kauz [kauts] *m* (*-es*; *⸗e*) *Zool.* coruja *f*; *komischer* ~ *fig.* tipo *m* esquisito.

Kava'lier [kava'li:r] *m* (*-s*; *-e*) cavalheiro *m*.

Kaval'kade [kaval'ka:də] *f* cavalgada *f*.

'Kavaller|ie ['kavaləri:] *f* cavalaria *f*; **~ist** *m* (*-en*) soldado *m* de cavalaria.

'Kaviar ['ka:via:r] *m* (*-s*; *-e*) caviar *m*.

keck [kɛk] atrevido, destemido; '**≈heit** *f* atrevimento *m*, ousadia *f*.

'Kegel ['ke:gəl] *m* (-; *-n*) ⩓ cone *m*; (*Spiel≈*) pau *m* de jogar; bola *f*; *mit Kind und* ~ *fig.* com todos os seus; **~bahn** *f* carreira *f* do jogo da bola; **≈förmig** cónico; **~kugel** *f* (-; *-n*) bola *f*; **≈n** jogar os paus, jogar a bola; **~schnitt** ⩓ *m* (*-es*; *-e*) se(c)ção *f* cónica; **~spiel** *n* (*-es*; *-e*) jogo *m* dos paus (*od.* da bola).

'Kehl|deckel ['ke:l-] *m* epiglote *f*; **~e** ['-ə] *f* garganta *f*; (*Gurgel*) *a.* goela *f*; (*Schlund*) *a.* fauce; ⊕ entalha *f*, chanfradura *f*; △ canelura *f*, estria *f*; *aus voller* ~ de plenos pulmões *m/pl.*; F et. *in die falsche* ~ *bekommen* engasgar-se; *fig.* melindrar-se; **~kopf** *m* (*-es*; *⸗e*) laringe *f*; **~kopfkatarrh** *m* (*-s*; *-e*) laringite *f*; **~kopfspiegel** *m* laringoscópio *m*; **~laut** *m* (*-es*; *-e*) som *m* gutural.

'Kehr|-aus ['ke:r-] *m* (-; *0*): ~ *machen fig.* dar bota-fora; arrumar; **~besen** *m* vassoura *f*; **~e** ['-ə] *f* volta *f*, curva *f*; **≈en** (*fegen*) varrer; *Kamin*: limpar; (*wenden*) volver;

gegen: dirigir; *sich nicht* ~ *an* (*ac.*) não fazer caso de; *in sich gekehrt* ensimesmado; *das Oberste zu unterst* ~ revolver tudo; *s. a. kehrtmachen*; **~icht** ['-çt] *m u. n* (*-es*; *0*) lixo *m*; **~reim** *m* (*-es*; *-e*) estribilho *m*, refrão *m*; **~seite** *f* reverso *m*.

'**kehrtmachen** [ke:rt-] voltar atrás; ⚔ dar meia volta.

'**keifen** ['kaɪfən] berrar.

Keil [kaɪl] *m* (*-es*; *-e*) cunha *f*; *im Stoff*: nesga *f*; '**2en** apertar (*od.* segurar) com uma cunha; *fig.* (*werben*) angariar; apanhar; '**~er** *m Zool.* javali *m*; **~e'rei** [-ə'raɪ] F *f* pancadaria *f*; '**2förmig** ['-fœrmiç] em forma de cunha; cuneiforme; '**~kissen** *n* travesseiro *m*; '**~schrift** *f* (*0*) caracteres *m/pl.* cuneiformes.

Keim [kaɪm] *m* (*-es*; *-e*) germe *m*, gérmen *m*; embrião *m*; '**~bildung** *f* germinação *f*; '**~blatt** *n* (*-es*; *=er*) ectoderma *m*; '**~drüse** *f* glândula *f* generativa; '**2en** (*h. u. sn*) germinar; brotar; '**2fähig** germinativo; '**2frei** esterilizado; '**2tötend** bactericida; '**~träger** *m* porta-bacilos *m*; **~zelle** *f* célula *f* germinativa, embrião *m*.

kein [kaɪn] *m u. n* **a**) *nom.*: não ... nenhum; não ... algum; não há ... que (*subj.*); **b**) *ac.* não ... (algum), não ... (nenhum); '**~e** ['-ə] **1.** *f* **a**) *nom.*: não ... nenhuma; não ... alguma; não há ... que (*subj.*); **b**) *ac.* não ... (alguma), não ... (nenhuma); ~ *von beiden* nem uma nem outra; **2.** *pl. v. kein*(*e*); '**~er 1.** *m* ninguém (não); ~ *von beiden* nem um nem outro; **2.** *f* **a**) *gen.* de nenhuma; **b**) *dat.* a nenhuma; '**~erlei** ['-ərlaɪ] nenhum; '**~(e)s 1.** *n* não ... nenhum; ~ *von beiden* nem um nem outro; **2.** *m u. n gen.* de nenhum; '**~esfalls**, '**~eswegs** [-ve:ks] em caso algum; (não ...) de modo nenhum; nada!; '**~mal** (não ...) nem uma vez; nunca.

Keks [ke:ks] *m* (*-es*; *-e*) bolacha *f*.

Kelch [kɛlç] *m* (*-es*; *-e*) cálice *m*; '**~glas** *n* (*-es*; *=er*) taça *f*; '**~blatt** *n* (*-es*; *=er*) sépala *f*.

'**Kelle** ['kɛlə] *f* colher(ão *m*) *f*; (*Suppen2*) concha *f*; caço *m*; ⚠ trolha *f*.

'**Keller** ['kɛlər] *m* cave *f*; (*Luftschutz2*) abrigo *m*; (*Wein2*) adega *f*; **~-assel** *f* (*-*; *-n*) bicho-de-conta *m*, centopeia *f*; **~'ei** [-'raɪ] *f* adegas *f/pl.*; **~geschoß** *n* (*-sses*; *-sse*) cave *f*, subterrâneo *m*; **~loch** *n* (*-es*; *=er*) respiradoiro *m*; **~meister** *m* despenseiro *m*, botelheiro *m*; **~wechsel** ⚕ *m* giro *m* fictício.

'**Kellner** ['kɛlnər] *m* criado *m*; *Ruf*: ó chefe!; **~in** *f* criada *f*, sirvente *f*; *Ruf*: menina *f*.

'**Kelte** ['kɛltə] *m* (*-n*) celta *m*.

'**Kelter** ['kɛltər] *f* (*-*; *-n*) lagar *m*, lagariça *f*; **2n** (*-re*) esprêmer.

'**kenn|bar** ['kɛn-] conhecível (*an dat.* por); ~ *sn a.* conhecer-se; **~en** (*L*) conhecer; (*wissen*) saber; *nicht* ~ *a.* desconhecer; **~enlernen** (chegar a) conhecer; **2er** *m* conhecedor *m*, perito *m*, versado *m*; **2karte** *f* bilhete *m* de identidade; **~tlich** = ~*bar*.

'**Kenntnis** ['kɛntnis] *f* (*-*; *-se*) conhecimento *m*; *pl. a.* noções *f/pl.*; ~ *von et. erhalten* chegar a saber a.c.; ~ *nehmen* tomar (boa) nota; *j-n von et. in* ~ *setzen*, *j-m et. zur* ~ *bringen* fazer saber a.c. a alg., informar alg. de a.c.; *amtlich*: notificar a.c. a alg., oficiar a.c. a alg.; **~nahme** [-na:mə] *f*: *zur* ~ para a sua informação; **2reich** muito instruído, muito versado.

'**Kenn|wort** *n* (*-es*; *=er*) lema *m*, divisa *f*; **~zeichen** *n* distintivo *m*, sinal *m*, marca *f*; *besondere* ~ *pl.* sinais *m/pl.* particulares; **2zeichnen** (*-e-*) assinalar, marcar; *j-n*: cara(c)terizar; *einzeln* ~ individualizar; ~ *als*: qualificar de; **2zeichnend** *adj.* cara(c)terístico (*für* de); **~zeichnung** *f* cara(c)terização *f* (*als* de).

'**kentern** ['kɛntərn] (*-re*; *sn*) sossobrar, virar-se.

Ke'ramik [ke'ra:mik] *f* cerâmica *f*; **~er** *m* ceramista *m*.

'**Kerb|e** ['kɛrbə] *f* entalho *m*, mossa *f*, corte *m*; **~el** *m* cerefólio *m*, cerefolho *m*; **2en** entalhar, cortar; **~holz** *n* (*-es*; *=er*) talha *f*, marca *f*; *et. auf dem* ~ *haben fig.* ter culpas no cartório; **~schnitt** *m* (*-es*; *-e*) entalhadura *f*; **~tier** *n* (*-es*; *-e*) insecto *m*.

'**Kerker** ['kɛrkər] *m* cárcere *m*; (*Verlies*) calabouço *m*; **~haft** *f* (*0*) prisão *f*; **~meister** *m* carcereiro *m*.

Kerl [kɛrl] *m* (*-es*; *-e*) homem *m*; sujeito *m*; *großer* ~ homenzarrão *m*; *guter* ~ tipo *m* simpático (*sonderbarer* esquisito; *übler* antipático).

Kern [kɛrn] *m* (-*ɇs*; -*e*) núcleo *m*; (*Kirsch*2, *usw.*) caroço *m*; (*Apfel*2 *usw.*) pevide *f*; *Weintraube*: grão *m*; (*Nuß*2) miolo *m*; *Holz*: coração; *fig.* núcleo *m*; âmago *m*; (*Gehalt*) substância *f*, essência *f*; '**~forschung** *f* (*0*) investigação *f* nuclear; '**~gehäuse** *n* coração *m*; '**2gesund** são como um pero; '**~-holz** *n* (-*es*; *⁼er*) coração *m* da madeira; '**2ig** *fig.* vigoroso, enérgico; (*stämmig*) robusto; '**~leder** *n* (-*s*; *0*) couro *m* forte; '**~obst** *n* (-*es*; *0*) fruta *f* de caroços; '**~physik** *f* (*0*) física *f* nuclear; '**~punkt** *m* (-*ɇs*; -*e*) ponto *m* essencial; '**~reaktor** *m* (-*s*; -*en*) rea(c)tor *m* nuclear; '**~spaltung** *f* cisão *f* nuclear; '**~spruch** *m* (-*ɇs*; *⁼e*) sentença *f*; '**~teilung** *f* = *~spaltung*; '**~truppe** *f* escol *m* do exército; '**~waffe** *f* arma *f* nuclear.

'**Kerze** ['kɛrtsə] *f* vela *f*; *Rel.* círio *m*.

'**kerzen|gerade** aprumado; '**2leuchter** *m* candeeiro *m*; '**2licht** *n* (-*ɇs*; -*er*), '**2schein** *m* (-*ɇs*; -*e*) luz *f* de vela; '**2stumpf** *m* (-*ɇs*; *⁼e*) couto *m* de vela.

keß [kɛs] (-*sser*; -*ssest*) F fresco.

'**Kessel** ['kɛsəl] *m* caldeira *f*; (*Tee*2) chaleira *f*; ⚔ bolsa *f*; (*Tal*2) barranco *m*; **~flicker** [-flikər] *m* caldeireiro *m*; **~-haken** *m* cremalheira *f*; **~pauke** *f* timbal *m*; **~raum** *m* (-*ɇs*; *⁼e*) casa *f* das caldeiras; **~schlacht** *f* batalha *f* de envolvimento; **~schmied** *m* (-*ɇs*; -*e*) caldeireiro *m*; **~schmiede** *f* caldeiraria *f*; **~stein** *m* (-*ɇs*; -*e*) incrustação *f*; pedra *f*; **~treiben** *n* *Jagd*: batida *f* (*veranstalten* dar, *gegen* a).

'**Kette** ['kɛtə] *f* cadeia *f*, corrente *f*; (*Hals*2) colar *m*; (*Berg*2) serra *f*; (*Reihe*) enfiada *f*; *fig.* série *f*.

'**ketten** ['kɛtən] (-*e*-) encadear; **2antrieb** *m* (-*ɇs*; -*e*) transmissão *f* por cadeia; **2bruch** ⅍ *m* (-*ɇs*; *⁼e*) fra(c)ção *f* contínua; **2brücke** *f* ponte *f* pênsil; **2gebirge** *n* cordilheira *f*; **2gelenk** (-*ɇs*; -*e*), **2glied** *n* (-*ɇs*; -*er*) elo *m* (*od.* argola *f*) da cadeia; **2-hund** *m* (-*ɇs*; -*e*) mastim *m*; **2rad** *n* (-*ɇs*; *⁼er*) roda *f* de engrenagem; **2raucher** *m* fumador *m* inveterado; **2reaktion** *f* rea(c)ção *f* em cadeia; **2regel** *f* (-; -*n*) regra *f* de três; **2stich** *m* (-*ɇs*; -*e*) ponto *m* de cadeia.

'**Ketzer** ['kɛtsər] *m* herege *m*, herético *m*; **~'ei** [-'raɪ] *f* heresia *f*; **2isch** herético; **~verbrennung** *f* auto-de-fé *m*.

'**keuch|en** ['kɔyçən] ofegar, arquejar, arfar; **2husten** *m* (-*s*; *0*) coqueluche *f*, tosse *f* convulsa.

'**Keule** ['kɔylə] *f* clava *f*; maça *f*; moca *f*; (*Mörser*2) pilão *m*; (*Bein*) perna *f*.

keusch [kɔyʃ] casto; '**2heit** *f* (*0*) castidade *f*.

'**Kicher|-erbse** ['kiçər-] *f* grão-de-bico *m*; **2n** (-*re*) rir-se à socapa.

'**Kiebitz** ['ki:bits] *m* (-*es*; -*e*) abibe *m*, galispo *m*; *fig.* F mirão *m*.

'**Kiefer** ['ki:fər] **1.** *m Anat.* queixada *f*, maxila *f*; **2.** *f* (-; -*n*) ♀ pinheiro *m* bravo; **~höhle** *f* seio *m* maxilar; **~nadel** *f* (-; -*n*) caruma *f*; **~n-holz** *n* (-*es*; *⁼er*) pinheiro *m*; **~(n-)wald** *m* (-*ɇs*; *⁼er*) pinhal *m*.

Kiel [ki:l] *m* (-*ɇs*; -*e*) (*Feder*2) cano *m* da pena; ⚓ quilha *f*; *auf ~ legen* assentar a quilha; querenar; **2'oben** com a quilha no ar; '**~raum** *m* (-*ɇs*; *⁼e*) sentina *f*; (*Lade*2) porão *m*; '**~wasser** *n* (-*s*; *0*) esteira *f*.

'**Kieme** ['ki:mə] *f* guelra *f*; **~n** *pl.* brânquias *f/pl.*; **~n...**: *in Zssgn* branquial.

Kien ['ki:n] *m* (-*ɇs*; *0*) lenha *f* resinosa; '**~-apfel** *m* (-*s*; *⁼*) pinha *f*; '**~fackel** *f* (-; -*n*) tocha *f*; '**~-holz** *n* (-*es*; *⁼er*) lenha *f* resinosa; '**2ig** resinoso; '**~-öl** *n* (-*ɇs*; *0*) terebintina *f*; '**~span** *m* (-*ɇs*; *⁼e*) cavaco *m* de pinheiro.

'**Kiepe** ['ki:pə] *f* poceiro *m*.

Kies [ki:s] *m* (-*es*; -*e*) saibro *m*, cascalho *m*; '**~boden** *m* (-*s*; *⁼*) terreno *m* saibroso.

'**Kiesel** ['ki:səl] *m* seixo *m*, calhau *m*; ⚗ sílex *m*, sílice *m*; **~-erde** *f* silício *m*; **2-haltig** [-haltiç] silicioso; **~säure** *f* (*0*) ácido *m* silícico; **~stein** *m* (-*ɇs*; -*e*) = *Kiesel*.

'**Kilo** ['ki:lo], (**~gramm** [-*s*; -*e*, -]) *n* (-*s*; -, -*s*) quilo(grama) *m*.

Kilo'meter *n u. m.* quilómetro *m*; **~leistung** *f* quilometragem *f*; **~stein** *m* (-*ɇs*; -*e*) marco *m* quilométrico; **~zahl** *f* quilometragem *f*; **~zähler** *m* conta-quilómetros *m*.

Kilo'watt *n* quilovátio *m*; **~stunde** *f* quilovátio-hora *m*.

'**Kimme** ['kimə] *f* javre *m*, entalho *m* (*a.* ⚔); ⚓ horizonte *m*.

Kind [kint] *n* (-*ɇs*; -*er*) *allgem.* criança *f*, menino *m*, -a *f*; *j-s*: filho *m*, -a *f*; *an* ~*es Statt annehmen* ado(p)tar; *sich bei j-m lieb* ~ *machen* insinuar--se nas graças de alg.; *mit* ~ *und Kegel fig.* com todos os seus.

'**Kindbett** *n* (-*es*; *0*) parto *m*; ~**fieber** *n* (-*s*; *0*) febre *f* puerperal.

'**Kinder**|-**arbeit** *f* trabalho *m* infantil; ~-**arzt** *m* (-*es*; ¨*e*) médico *m* de crianças, pediatra *m*; ~**beihilfe** *f* abono *m* de família; ~'**ei** [-'raɪ] *f* criancice *f*; ~**frau** *f* ama *f* seca; ~**garten** *m* (-*s*; ¨) (~**gärtnerin** *f* professora *f* de) jardim-escola *m od.* jardim *m* de infância; ~-**heilkunde** *f* pediatria *f*; ~**heim** *n* (-*es*; -*e*) colónia *f* infantil; ~**hort** *m* (-*es*; -*e*) infantário *m*; ~**krankheit** *f* doença *f* infantil; ~**lähmung** *f* (*0*) paralisia *f* infantil; poliomielite *f*; ♀**leicht** facílimo; ♀**lieb** menineiro; ~ *sn* ser amigo de crianças; ~**lied** *n* (-*es*; -*er*) canção *f* infantil; ♀**los** sem filhos; ~**mädchen** *n* criada *f* para as crianças; ~**märchen** *n* conto *m* infantil; ~**mord** *m* (-*es*; -*e*) infanticídio *m*; ~**pflege** *f* puericultura *f*; ♀**reich**: ~ *sn* ter muitos filhos; ser pai de família numerosa; ~**schar** *f* rancho *m*; ~**schuh** *m* (-*es*; -*e*): *noch in den* ~*en stecken fig. j.*: estar na infância; ser ainda muito verde; *et.*: estar ainda nos seus princípios; ~**spiel** *n* (-*es*; -*e*) jogo *m* infantil; *fig.* bagatela *f*; ~**sterblichkeit** *f* (*0*) mortalidade (*od.* mortandade) *f* infantil; ~**streich** *m* (-*es*; -*e*) garotice *f*; ~**stube** *f* quarto *m* de crianças; *fig.* (*k*)*eine gute* ~ *gehabt haben* (não) ter tomado chá em pequeno; ~**wagen** *m* carrinho *m* de crianças; ~**zulage** *f* = ~*beihilfe*.

'**Kindes**|-**alter** ['kindəs-] *n* (-*s*; *0*) meninice *f*, infância *f*; ~**beine** *n/pl.*: *von* ~*n an* desde pequeno; ~**kind** *n* (-*es*; -*er*) neto *m*; ~**liebe** *f* (*0*) amor *m* filial; ~**mörder**(**in** *f*) *m* infanticida *m*, *f*.

'**Kind**|**heit** ['kinthaɪt] *f* (*0*) meninice *f*, infância *f*; ♀**isch** ['-diʃ] pueril; ~ *sn a.* ser muito criança; ♀**lich** infantil, ingénuo; de criança; *Liebe*: filial; ~**taufe** *f* ba(p)tismo *m*, ba(p)tizado *m*.

'**Kinkerlitzchen** ['kinkərlitsçən] F *n/pl.* bugigangas *f/pl.*

Kinn [kin] *n* (-*es*; -*e*) queixo *m*; '~**backe**(**n** *m*) *f* maxila *f*, queixada *f*; '~**band** *n* (-*es*; ¨*er*) correia *f*; '~**bart** *m* (-*es*; ¨*e*) pera *f*; '~**haken** *m Boxkampf*: direito *m* ao queixo.

'**Kino** ['ki:no] *n* (-*s*; -*s*) cinema *m*; ~**vorstellung** *f* sessão *f* cinematográfica; *nachmittags*: matiné *f*.

'**Kiosk** ['ki:ɔsk] *m* (-*es*; -*e*) quiosque *m*.

'**Kipp**|**e** ['kipə] *f Turnen*: dominação *f*; *auf der* ~ *stehen* estar a pique, estar para cair, ✝ estar para falir; ♀**en 1.** *v/t.* voltar, virar; **2.** *v/i.* (*h. u. sn*) perder o equilíbrio; cair; virar--se; ~**karren** *m* carro *m* de taipais; ~**lastwagen** *m*, (~**lore** *f*) camião *m* (vagoneta *f*) basculante; ~**ung** *f* desequilíbrio *m*.

'**Kirche** ['kirçə] *f* igreja *f*; (*Gottesdienst*) serviço *m* religioso; missa *f*.

'**Kirchen**|-**älteste**(**r**) *m* decano *m*; deão *m*; ~**bann** *m* (-*es*; *0*) excomunhão *f*; *in den* ~ *tun* excomungar; ~**buch** *n* (-*es*; ¨*er*) registo *m* paroquial; ~**diener** *m* sacristão *m*; ~**fenster** *n* vitral *m*; ~**fest** *n* (-*es*; -*e*) festa *f* religiosa; ~**gemeinde** *f* paróquia *f*; ~**gerät** *n* (-*es*; -*e*) vaso *m* sagrado; ~**geschichte** *f* (*0*) história *f* eclesiástica (*od.* da Igreja); ~**jahr** *n* (-*es*; -*e*) ano *m* eclesiástico; ~**konzert** *n* (-*es*; -*e*) concerto *m* de música sacra; ~**lehre** *f* doutrina *f*; dogma *m*; ~**lied** *n* (-*es*; -*er*) hino *m* religioso, canção *f* religiosa; cântico *m*; coral *m*; ~**musik** *f* música *f* sacra; ~**rat** *m* (-*es*; ¨*e*) consistório *m*; sínodo *m*; conselho *m* paroquial; *Titel*: conselheiro *m* consistorial; ~**recht** *n* (-*es*; -*e*) direito *m* canónico; ~**schändung** *f* sacrilégio *m*; ~**spaltung** *f* (*0*) cisma *m*; ~**staat** *m* (-*es*; -*en*) Estado *m* do Vaticano; *hist.* Património *m* de São Pedro; ~**steuer** *f* (-; -*n*) imposto *m* para os cultos; ~**tag** *m* (-*es*; -*e*) *kath.* congresso *m* eucarístico; *prot.* congresso *m* evangélico; ~**vater** *m* (-*s*; ¨) Padre *m* da Igreja; ~**vorsteher** *m* deão *m*; mordomo *m*; fabriqueiro *m*.

'**Kirch**|**gang** ['kirç-] *m* (-*es*; ¨*e*) ida *f* à missa; ~**gänger**(**in** *f*) [-gɛŋər-] *m* praticante *m*, *f*; *eifrige*(*r*): papa--cantos *m*, *f*, papa-missas *m*, *f*; ~**hof** *m* cemitério *m*; ♀**lich** eclesiástico; da Igreja; religioso; (*fromm a.*) devoto; ⚖ canónico; ~**spiel** *n* (-*es*; -*e*) paróquia *f*, freguesia *f*; **~sprengel** *m* diocese *f*; **~turm** *m* (-*ẹs*; ⸚*e*) campanário *m*; **~weihe** *f* consagração da igreja; *a.* = **~weih(fest** *n* [-*es*; -*e*]) *f* = **'Kirmes** ['kirmɛs] *f* romaria *f*.

'kirre ['kirə]: ~ *machen* = **~n** domesticar, amansar; (*ködern*) engodar.

Kirsch [kirʃ] *m* ginginha *f*; **'~baum** *m* (-*ẹs*; ⸚*e*) cerejeira *f*; **'~e** ['-ə] *f* cereja *f*; *saure*: ginja *f*; *mit j-m ist nicht gut ~n essen* alg. não está para brincadeiras; **'~kern** *m* (-*ẹs*; -*e*) caroço *m*; **'~kuchen** *m* torta *f* de cerejas; **'~rot** acerejado; **'~stein** *m* (-*es*; -*e*) caroço *m*; **'~wasser** *n* (-*s*; *0*) ginginha *f*.

'Kissen ['kisən] *n* almofada *f*; *länglich-rund*: travesseiro *m*; **~bezug** *m* (-*ẹs*; ⸚*e*) fronha *f*.

'Kiste ['kistə] *f* caixa *f*; caixote *m*.

Kitsch [kitʃ] *m* (-*es*; *0*) pseudo-arte *f*; (*Schundware*) porcaria *f*; *a.* **'~ig** de gosto inferior; pires.

Kitt [kit] *m* (-*ẹs*; -*e*) betume *m*, argamassa *f*, almocega *f*; **'~chen** F *n* cadeia *f*, prisão *f*; **'~el** ['-əl] *m* blusa *f*; *für Kinder a.*: bibe *m*; **'~en** (-*e*-) betumar; argamassar.

'Kitz|el ['kitsəl] *m* (-*s*; *0*) cócegas *f/pl.*; ⚕ comichão *f*, pruridade *f*; (*Gelüst*) desejo *m*; (*Sinnen~*) lascívia *f*; **~(e)lig** comichoso; ~ *sn* ter cócegas; *fig.* melindroso; **~eln** (-*le*) fazer cócegas, fazer comichão; *fig.* lisonjear.

'Kladde ['kladə] *f* rascunho *m*.

'klaffen ['klafən] (*h. u. sn*) estar (entre)aberto; ter uma fenda; (*sich öffnen*) abrir-se; (*schlecht schließen*) não encaixar bem; **~d** *adj.* aberto.

'kläff|en ['klɛfən] ladrar, latir, ganir; **~er** *m* ladrador *m*.

'Klafter ['klaftər] *f* (-; -*n*) braça *f*, toesa *f*.

'Klage ['kla:gə] *f* queixa *f*, lamentação *f*; ⚖ querela *f*, demanda *f*, a[c]ção *f* (*anstrengen, einreichen, erheben, führen* intentar); **~lied** *n* (-*ẹs*; -*er*) canto *m* fúnebre; lamentação *f*; **~n** queixar-se (*j-m et.* de a.c. a alg.; *über ac.* de), ~ (*gegen*) ⚖ dar queixa (de), instaurar processo (contra).

'Kläger ['klɛ:gər] *m* queixoso *m*; acusador *m*; **~in** *f* queixosa *f*; acusadora *f*; **~partei** *f* parte *f* queixosa.

'Klage|ruf *m* (-*ẹs*; -*e*) gemido *m*; *pl.* = **~geschrei**; **~sache** *f* processo *m*; causa *f*; **~schrift** *f* libelo *m*; **~weg** *m* (-*ẹs*; -*e*): *auf dem ~e* por meio judicial; *den ~ beschreiten* proceder.

'kläglich ['klɛ:kliç] (*weinerlich*) lastimoso; (*elend*) lastimável; (*kümmerlich*) triste, ridículo.

Kla'mauk [kla'mauk] *m* (-*s*; *0*) barulho *m*.

klamm [klam] **1.** *adj.* apertado; *vor Kälte*: inteiriçado; **2.** **~** *f* garganta *f*, desfiladeiro *m*.

'Klammer ['klamər] *f* (-; -*n*) (*Metall~*) gancho *m*; gato *m*; ⚕ *a.* erina *f*; (*Wäsche~*) mola *f*; *Typ.* parêntese *m* (*in* entre; *runde* curvo; *eckige* re[c]to); *große* ~ chaveta *f*; **~n** enganchar, engatar, segurar com ganchos *usw.*; *sich an* (*ac.*) ~ agarrar-se a.

'Klampfe ['klampfə] *f* guitarra *f*.

Klang [klaŋ] *m* (-*ẹs*; ⸚*e*) som *m*; *in Worten*: acento *m*; *mit Sang und ~* com grande aparato *m*; **'~farbe** *f* timbre *m*; tonalidade *f*; **'~fülle** *f* (*0*) sonoridade *f*; **'~lehre** *f* (*0*) acústica *f*; **'~los** afónico; áfono; surdo; *fig. sang- und ~* sem chus nem bus; **'~rein** nítido; **'~reinheit** *f* (*0*) nitidez *f*; **'~voll** sonoro.

'Klapp|bett ['klap-] *n* (-*ẹs*; -*en*) catre *m*, cama *f* articulada; camilha *f*, dobradiça *f*; **~e** *f* portinhola *f*, válvula *f*; (*a.* ⚕); batente *f*; ♪ lingueta *f* chave; (*Tisch~*) aba *f*; F (*Bett*) cama *f*; F (*Mund*) boca (*'ô) *f*; *die ~ halten* calar o bico; **~en** *v/t. u. v/i.* bater; *auseinander*: abrir; *fig.* dar certo, bater certo; *nicht ~* não andar; *es kommt zum ~* F chega o momento crítico.

'Klapper ['klapər] *f* (-; -*n*) matraca *f*; **~dürr** magríssimo; **~ig** fraco; **~kasten** F *m* (-*s*; ⸚) chocolateira *f*; **~n** (-*re*) bater (*mit ac.*); matraquear; dar estalos (*a. Storch*); *Mühle u. fig.* taramelar; **~schlange** *f* (cobra *f*) cascável *f*; crótalo *m*; **~storch** F *m* (-*ẹs*; ⸚*e*) cegonha *f*.

'Klapp|fenster *n* janela *f* de bandeira; **~sitz** *m* (-*es*; -*e*) dobradiça *f*; **~stuhl** *m* (-*ẹs*; ⸚*e*) cadeira *f* articulada (*od.* dobradiça); **~tisch** *m* (-*es*; -*e*) mesa *f* articulada (*od.* dobradiça); **~verdeck** *n* (-*ẹs*; -*e*) capota *f*.

Klaps [klaps] *m* (*-es*; *-e*) pancada *f*, palmada *f*.

klar [kla:r] claro, *fig. a.* evidente; (*rein*) nítido; ~ zu ⚓, ⚔ pronto a; ~ werden aclarar-se; *fig.* evidenciar-se; sich ~werden resolver-se; sich über (*ac.*) ~werden compreender (*ac.*); sich über (*ac.*) im ~en sn não ter dúvidas sobre.

'**Klär|-anlage** ['klɛ:r-] *f* clarificador *m*; filtro *m*; **~becken** *n* tanque *m* de sedimentação.

'**klar-blickend** inteligente, perspicaz.

'**klären** clarificar; ⚗ filtrar; *fig.* esclarecer; sich ~ aclarar-se.

'**Klarheit** *f* claridade *f*, clareza *f*; ~ in et. bringen abrir um clarão em a.c.

Klari'nett|e [klari'nɛtə] *f*, **~'ist** *m* (*-en*) clarinete *m*.

'**klar|legen, ~machen, ~stellen** esclarecer; j-m et. ~ explicar a.c. a alg.; **♀stellung** *f* esclarecimento *m*.

'**Klärung** ['klɛ:ruŋ] *f* clarificação *f*, purificação *f*; *fig.* esclarecimento *m*.

'**Klasse** ['klasə] *f* classe *f*; *höhere Schule*: ano *m*.

'**Klassen|arbeit** *f* exercício *m*; **~buch** *n* (*-es*; *=er*) sumários *m/pl.* da aula; **~einteilung** *f* classificação *f*; **~geist** *m* (*-es*; *0*) exclusivismo *m*; **~kampf** *m* (*-es*; *=e*) luta *f* das classes; **~zimmer** *n* sala *f* de aula.

klassifi'zier|en [klasifi'tsi:rən] (-) classificar; **♀ung** *f* classificação *f*.

'**Klassi|k** ['klasik] *f* (*0*) classicismo *m*; **~ker** [-kər] *m* clássico *m*; **♀sch** clássico; **~'zismus** [-'tsismus] *m* (-; *0*) classicismo *m*.

Klatsch [klatʃ] *m* (*-es*; *-e*) bisbilhotice *f*; '**~base** *f* indiscreta *f*; mexeriqueira *f*; '**~e** ['-ə] *f* (*Fliegen♀*) moscadeiro *m*; '**♀en** *Peitsche*: estalar, dar estalos; *Hände*: bater (*a. Regen*), dar palmas; Beifall ~ *a.* aplaudir; (*schwatzen*) ser indiscreto, mexericar; **~e'rei** [-ə'raɪ] *f* bisbilhotice *f*; '**♀haft** ('**~maul** *n* [*-es*; *=er*]) indiscreto (*m*), mexeriqueiro (*m*); '**~mohn** *m* (*-es*; *0*), '**~rose** *f* papoila *f*; '**♀süchtig** = ~haft, **~'weib** *n* (*-es*; *-er*) = ~base.

'**Klau|e** ['klaʊə] *f* unha *f*; *Raubtier, Raubvogel*: garra *f*; *Spalthufer a.* casco *m*; pata *f*, F *Schrift*: letra *f* horrível; **♀en** P rapar; **~en-seuche** *f*: Maul- und ~ febre *f* aftosa.

'**Klaus|e** ['klaʊzə] *f* cela *f*; ermida *f*; (*Engpaß*) desfiladeiro *m*; **~el** *f* (-; *-n*) cláusula *f*; **~ner** [-nər] *m* ermitão *m*, eremita *m*; **~'ur** [-'zu:r] *f* clausura *f*; **~'urarbeit** *f* prova *f* escrita.

Klavia'tur [klavia'tu:r] *f* teclado *m*.

Kla'vier [kla'vi:r] *n* (*-s*; *-e*) piano *m* (spielen tocar); **~-auszug** *m* (*-es*; *=e*) partitura *f* para piano; **~lehrer(in** *f*) *m* professor(a *f*) *m* de piano; **~schule** *f* método *m* de piano; **~spiel** *n* (*-es*; *0*) execução *f* (ao piano); **~spieler(in** *f*) *m* pianista *m*, *f*; **~stimmer** [-ʃtimər] *m* afinador *m* de pianos; **~stunde** *f* lição *f* de piano; **~unterricht** *m* (*-es*; *0*) lições *f/pl.* de piano.

'**Klebe** ['kle:bə] *f* (*0*) cola *f*; **~marke** *f* selo (*ê) *m* (de seguro social); **~mittel** *n* cola *f*; ⚒ aglutinante *m*; **♀n** colar, pegar (*v/i. a.* estar pegado); j-m e-e ~ P chegar a alg.; **~presse** *f* coladeira *f* de pressão a seco (*ê); **~r** *m* ⚗ glúten *m*, goma *f*; ⚘ aparina *f*; *fig. j.*: chato *m*.

'**Kleb|pflaster** ['kle:p-] *n* (emplastro *m*) adesivo *m*; **♀rig** [-riç] pegajoso; (*schleimig*) viscoso; **~stoff** *m* (*-es*; *-e*) cola *f*; **~streifen** *m* fita *f* adesiva.

'**kleckern** ['klɛkərn] (*-re*) sujar-se; deixar cair.

Klecks [klɛks] *m* (*-es*; *-e*) borrão *m*; nódoa *f*; '**♀en** (*-t*) pôr nódoas; borrar; manchar; **~e'rei** [-ə'raɪ] *f* monte *m* de borrões.

Klee [kle:] *m* (*-s*; *0*) trevo *m*; '**~blatt** *n* (*-es*; *=er*) trevo *m*; (vierblättriges de quatro folhas), dreiblättriges ~ trifólio *m*; *fig.* tripeça *f*, três amigos *m/pl.*

Kleid [klaɪt] *n* (*-es*; *-er*) vestido *m*; traje *m*.

'**kleiden** ['klaɪdən] (*-e-*) vestir; j-n gut ~ ficar bem a alg.

'**Kleider|-ablage** ['klaɪdər-] *f* vestuário *m*, guarda-roupa *f*; **~bügel** *m* cruzeta *f*; **~bürste** *f* escova (para fatos); **~haken** *m* cabide *m*; **~schrank** *m* (*-es*; *=e*) guarda-vestidos *m*, guarda-fatos *m*; **~ständer** *m* cabide *m*.

'**kleidsam** ['klaɪtza:m] bonito; ~ sn *a.* ficar bem, vestir bem.

'**Kleidung** ['klaɪduŋ] *f* vestuário *m*; roupa *f*; traje *m*; vestidos *m/pl.*; indumentária *f*; warme ~ abafo *m*, agasalho *m*; **~s-stück** *n* (*-es*; *-e*) peça *f* do vestuário.

'**Kleie** ['klaɪə] *f* farelo(s *pl.*) *m*; sêmea *f*.

klein [klaɪn] pequeno; *j.*: *Gestalt*: baixo; (*winzig*), *Geld*: miúdo; *der ~e Mann fig.* o homem do povo; *~ anfangen* partir do nada; *~ beigeben* ceder; *~ machen* esmiuçar; *Holz ~ machen* partir lenha; *Steine*: britar; *sich ~ machen* baixar-se; *j-n ~ kriegen* F dar cabo de alg.; *im ~en* em escala pequena; ✝ em ponto pequeno; por miúdo; *von ~ auf* desde pequeno; *ein ~ wenig*, *ein ~ bißchen* (um) poucochinho; *pl. die ᛫en* (*Kinder*) os petizes, os pequenos, os miúdos; (*Leute*) a gente miúda, os pequenos burgueses *usw.*; *~er machen*, *~er werden* diminuir; '**᛫bahn** *f* via *f* férrea reduzida; '**᛫bürger** *m* pequeno burguês *m*; '**᛫geld** *n* (*-ęs*; *0*) (dinheiro *m*) miúdo *m*, troco *m*; **᛫handel** *m* (*-s*; *0*) comércio *m* a retalho (*od.* por miúdo); '**᛫händler** *m* retalhista *m*, retalheiro *m*; '**᛫heit** *f* (*0*) pequenez(a) *f*; '**᛫hirn** *n* (*-ęs*; *-e*) cerebelo *m*.

'**Kleinigkeit** ['klaɪniçkaɪt] *f* bagatela *f*, insignificância *f*; F *e-e ganze ~* uma coisa de nada; **~skrämer** *m* esmiuçador *m*, (homem *m*) agarrado aos pormenores mais insignificantes.

'**Klein|kind** *n* (*-ęs*; *-er*) bebé *m*, criança *f* pequena; **~kram** *m* (*-ęs*; *0*) bagatelas *f/pl.*, ninharias *f/pl.*; **~krieg** *m* (*-ęs*; *-e*) guerra *f* de guerrilhas; **᛫laut** desanimado, modesto; **᛫lich** mesquinho; **~lichkeit** *f* mesquinhez *f*; **~malerei** *f* pormenorização *f*; **~mut** *m* (*-ęs*; *0*) pusilanimidade *f*, desalento *m*; **~od** ['-o:t] *n* (*-es*; *-odien*) jóia *f*, brinco *m*; **~staat** *m* (*-ęs*; *-en*) pequeno Estado *m*; **~staate'rei** ['-ʃta:tə'raɪ] *f* particularismo *m*; **~stadt** *f* (*-*; *⸗e*) vila *f*, cidade *f* na província; '**~städter**(**in** *f*) *m* provinciano *m*, -a *f*; **᛫städtisch** provinciano; **~vieh** *n* (*-ęs*; *0*) gado *m* miúdo; **᛫zellig** [-tsɛliç] microcelular.

'**Kleister** ['klaɪstər] *m* cola *f*; grude *m*; pegamasso *m*; **᛫n** (*-re*) grudar, colar.

'**Klemm|e** ['klɛmə] *f* aperto (*ê) *m*; ⊕ pinça *f*; ⚡ borne *m*; (*Mund᛫*) trismo *m*; *fig.* apuro *m*, embaraço *m*; **᛫en**: (*sich* [*dat.*] *e-n Finger*) *~* apertar, entalar; (*sich*) *~* ⊕ estar entalado; **~enspannung** ⚡ *f* tensão *f* nos bornes; **~er** *m* lunetas *f/pl.*; **~schraube** *f* parafuso *m* de aperto (*ê).

'**Klempner** ['klɛmpnər] *m* latoeiro *m*; funileiro *m*; canalizador *m*; **~'ei** [-'raɪ] *f* latoaria *f*.

'**Klepper** ['klɛpər] *m* rocim *m*.

kler|i'kal [kleri'ka:l] clerical; '**᛫iker** *m* clérigo *m*; sacerdote *m*; '**᛫us** *m* (*-*; *0*) clero *m*.

'**Klette** ['klɛtə] *f* bardana *f*; pega-massa *f*; *fig. j.*: chato *m*.

'**Kletter|er** ['klɛtərər] *m* trepador *m*; *guter ~ a.* bom alpinista; **᛫n** (*-re*, *sn*) trepar, subir (*auf ac.* a); **~pflanze** *f* (planta *f*) trepadeira *f*; **~seil** *n* (*-ęs*; *-e*) corda *f*; **~stange** *f* pau *m* de cocanha.

Kli'ent [kli'ɛnt] *m* (*-en*) cliente *m*; freguês *m*; **~in** *f* cliente *f*; freguesa *f*.

'**Klima** ['kli:ma] *n* (*-s*; *-s*, *Klimata*) clima *m*; **~anlage** *f* condicionador *m* de ar; ar *m* condicionado; **᛫tisch** [-'ma:tiʃ] climático, climatérico.

'**klimm|en** ['klimən] (*h. u. sn*) = *klettern*; '**᛫zug** *m* (*-ęs*; *⸗e*) elevação *f*.

'**Klimper|kasten** ['klimpər-] F *m* (*-s*; *⸗*) chocolateira *f*; **᛫n** F (*-re*) arranhar; *mit dem Gelde ~* fazer tilintar (*ac.*).

'**Klinge** ['kliŋə] *f* lâmina *f*; folha (*ô) *f*; (*Schwert*) espada *f*; *j-n über die ~ springen lassen* passar alg. pelas armas; matar alg.

'**Klingel** ['kliŋəl] *f* (*-*; *-n*) campainha *f*; **~beutel** *m* saquinho *m* de peditório; **᛫n** (*-le*) tocar (a campainha); **~schnur** *f* (*-*; *⸗e*), **~zug** *m* (*-ęs*; *⸗e*) puxador *m* da campainha.

'**kling|en** ['kliŋən] (*L*) soar; **~end** sonante; sonoro; *Vers*: feminino.

'**Klin|ik** ['kli:nik] *f* clínica *f*; casa *f* de saúde; **᛫isch** clínico.

'**Klinke** ['kliŋkə] *f* tranqueta *f*; puxador *m*; **~r** ⚠ *m* tijolo *m* holandês; ladrilho *m*.

klipp [klip]: *~ und klar* evidente; *adv. a.* redondamente, claramente.

'**Klipp|e** ['klipə] *f* escolho *m*, recife *m* (*a. fig.*); **~fisch** *m* (*-ęs*; *-e*) bacalhau *m*.

'**klirr|en** ['klirən] soar; bater; *Gläser usw.*: tinir, tilintar.

Klis'tier [klis'ti:r] *n* (*-s*; *-e*) clister *m*; irrigador *m*; **~spritze** *f* seringa *f*.

'klitschig ['klitʃiç] pastoso; viscoso, pegadiço.
Klo'ake [klo'akə] *f* cloaca *f*.
'Klob|en ['klo:bən] *m* cepo *m*; toro *m*; **2ig** maciço; *fig.* grosseiro, bruto.
'klopf|en ['klɔpfən] bater (*auf ac.* em); *es klopft* estão a bater à porta; *mit dem Hammer* ~ martelar; *auf den Busch* ~ *fig.* estudar o terreno; sondar (*bei ac.*); **2er** *m* (*Tür2*) ferrolho (*'ô) *m*; (*Teppich2*) batedor *m*.
'Klöppel ['klœpəl] *m* (*Spitzen2*) bilro *m*; (*Glocken2*) badalo *m*; **2n** (*-le*): fazer rendas de bilro.
Klops [klɔps] *m* (*-es*; *-e*) almôndega *f*.
Klo'sett [klo'zɛt] *n* (*-s*; *-e*, *-s*) retrete *f*; **~bürste** *f* escovilhão *m*; **~papier** *n* (*-s*; *0*) papel *m* higiénico.
Kloß [klo:s] *m* (*-es*; *⸚e*) (*Erd2*) torrão *m*; (*Fleisch2*) almôndega *f*; bolinho *m*.
'Kloster ['klo:stər] *n* (*-s*; *⸚*) mosteiro *m*, (*Nonnen2*) *a.* convento *m*; *ins* ~ *gehen* tomar o hábito, *Nonne*: tomar o véu; **~bruder** *m* (*-s*; *⸚*) freire *m*, frade *m*; irmão *m*; **~frau** *f* freira *f*; **~kirche** *f* igreja *f* conventual; **~leben** *n* vida *f* monástica.
'klösterlich ['klø:stərliç] monástico, conventual.
'Kloster|regel *f* (*-*; *-n*) regra *f* monástica; **~schule** *f* colégio *m* conventual; **~zelle** *f* cela *f*.
Klotz [klɔts] *m* (*-es*; *⸚e*) tronco *m*, cepo *m*, talho *m*; *fig. j.*: bruto *m*; **'2ig** maciço; *fig.* bronco.
Klub [klup] *m* (*-s*; *-s*) clube *m*; (*Gesellschafts2*) *a.* círculo *m*; *Lit.*: centro *m*; **'~sessel** *m* «maple» *m* (*engl.*).
Kluft [kluft] *f* abismo *m*, precipício *m*; F (*Kleidung*) traje *m*.
klug [klu:k] (*⸚er*; *⸚st*) inteligente; esperto; prudente; ~ *werden aus* compreender (*ac.*); *durch Schaden* ~ *werden* apreender com.
Klüge'l|ei [kly:gə'laɪ] *f* subtileza *f*; subtilidade *f*; **'2n** ['kly:-] (*-le*) subtilizar.
'Klugheit *f* (*0*) inteligência *f*; prudência *f*.
'Klump|en ['klumpən] *m* torrão *m*; montão *m*; *runder*: pilha *f*; *durch Gerinnen*: grumo *m*; **~fuß** *m* (*-es*; *⸚e*) pé *m* equino, pé *m* aleijado.
'Klüngel ['klyŋəl] *m* camarilha *f*; clique *f*; conventículo *m*.

'Klunker ['kluŋkər] *m* caroço *m*.
'Klüver ['kly:vər] ⚓ *m*, **~baum** *m* (*-es*; *⸚e*) bujarrona *f*.
'knabbern [knabərn] (*-re*): (*an dat.*) ~ roer (*ac.*), debicar (*ac.*), mordiscar (*ac.*).
'Knabe ['kna:bə] *m* (*-n*) rapaz *m*, menino *m*.
'Knaben|-alter *n* (*-s*; *0*) adolescência *f*; **2haft** rapaz; **~kraut** ⚘ *n* (*-es*; *⸚er*) satirião *m*; **~liebe** (*0*), **~schändung** *f* pederastia *f*.
knack|en ['knakən] **1.** *v/t.* quebrar; **2.** *v/i.* estalar; crepitar; **'2mandel** *f* (*-*; *-n*) amêndoa *f* com casca; **2s** *m* (*-es*; *-e*) estalo *m*; *fig.* e-n ~ *haben* não estar bom; **'2wurst** *f* salchicha *f*.
Knall [knal] *m* (*-es*; *-e*) estalo *m*; estampido *m*; (*Krachen*) estrondo *m*, detonação *f*; (*Peitschen2*) estalido *m*; ~ *und Fall* de repente; **'~bonbon** *m u. n* (*-s*; *-s*) rebuçado *m* fulminante; **'~effekt** *m* (*-es*; *0*) efeito *m* teatral, efeito *m* espe(c)taculoso; **'2en** **1.** *v/i.* estalar, dar estalos; **2.** *v/t.* dar tiros; **'~erbse** *f* estalinho *m*; **'~frosch** *m* (*-es*; *⸚e*) bicha *f* de rabiar; **'~gas** *n* (*-es*; *-e*) gás *m* fulminante; **'2rot** muito encarnado.
knapp [knap] escasso, raro; (*eng*) estreito; *Stil*: conciso, sucinto, lacónico; *adv.* apenas, mal; *mit* ~*er Not* a muito custo; ~ *leben* viver pobremente; ~ *sn* escassear, estar a faltar; *j-n* ~ *halten* apertar alg.
'Knapp|e ['knapə] *m* (*-n*) escudeiro *m*; ⚒ mineiro *m*; **~heit** *f* escassez *f*; (*Enge*) estreiteza *f*; *Stil*: concisão *f*, laconismo *m*; **~schaft** ⚒ *f* corpo *m* de mineiros.
'Knarr|e ['knarə] *f* matraca *f*; **2en** chiar, ranger.
Knast [knast] *m* (*-es*; *-e*) nó *m* na madeira; **'~er** *m* tabaco *m* picado (*od.* em fios).
'knattern [knatərn] (*-re*) **1.** crepitar, estalar; (*Gewehr*) mosquetear; **2.** 2 *n* mosquetaria *f*; estalos *m/pl.*; crepitar *m*.
'Knäuel ['knɔyəl] *n u. m* novelo *m*; *Menschen*: aglomeração *f*.
Knauf [knauf] *m* (*-es*; *⸚e*) (*Degen2*) maçã *f* (do punho); maçaneta *f*; △ capitel *m*, remate *m*.
'Knauser ['knausər] *m* forreta *m*, sovina *m*; **~'ei** [-'raɪ] *f* mesquinhez

f, sovinice *f*; **ꝰig** avaro, mesquinho; **ꝰn** ser forreta.
'**knautschen** ['knautʃən] F amarrotar, amachucar, amassar.
'**Knebel** ['kne:bəl] *m* (*Holz*ꝰ) garrote *m*; (*Mund*ꝰ) mordaça *f*; **ꝰn** (*-le*) pôr garrote a, pôr mordaça a, amordaçar; **~ung** *f* opressão *f*.
Knecht [knɛçt] *m* (*-es*; *-e*) servo *m*, criado *m* (de lavoura), moço *m*; '**ꝰen** (*-e-*) subjugar, oprimir; '**ꝰisch** servil; '**~schaft** *f* (*0*) servidão *f*.
'**kneif|en** ['knaɪfən] (*L*) beliscar; *fig.* fugir, ser cobarde; **ꝰer** *m* lunetas *f/pl.*; **ꝰzange** *f* tenaz *f*, alicate *m*.
'**Kneipe** ['knaɪpə] *f* taberna *f*.
'**kneten** ['kne:tən] (*-e-*) amassar.
Knick [knik] *m* (*-es*; *-e*, *s*) prega *f*; dobra *f*; quebra *f*; ⚘ mata *f*; '**~-ei** *n* (*-es*; *-er*) ovo *m* amolgado; '**ꝰen** quebrar, rachar, vergar; '**ꝰerig** = *knauserig*; **~s** *m* (*-es*; *-e*) cortesia *f*, mesura *f*; '**ꝰsen** ['-zən] (*-t*) fazer uma cortesia (*od.* mesura); '**~ung** *f* flexão *f*; angulação *f*; cotovelo *m*; cotoveladura *f*.
Knie [kni:] *n* joelho *m* (*liegen* estar; *auf pl.* de *o. art.*); *Fluß*, *Weg*: curva *f*; ⊕ *Rohr*: sifão *m*; '**~beuge** *f* genuflexão *f*; '**~fall** *m* (*-es*; *⸚e*) genuflexão *f*; *fig.* prostração *f*; '**ꝰfällig** de joelhos, ajoelhado, prostrado; '**ꝰfrei** *Rock*: curto; '**~gelenk** *n* (*-es*; *-e*) articulação *f* do joelho; '**~geige** *f* violoncelo *m*; '**~holz** *m* (*-es*; *⸚er*) (madeira *f*) curva *f*; '**~hosen** *f/pl.* calções *m/pl.*; '**~kehle** *f* jarrete *m*; '**ꝰn** estar de joelhos, ajoelhar; prostrar-se; '**~scheibe** *f* rótula *f*; '**~schützer** *m* joelheira *f*; '**ꝰtief** (que chega) até aos joelhos.
Kniff [knif] *m* (*-es*; *-e*) (*Kneifen*) beliscão *m*; (*Falte*) prega *f*; vinco *m*; *fig.* manha *f*, jeito *m*; '**ꝰen** dobrar; vincar; '**ꝰlig** ['-liç] complicado; (*heikel*) bicudo.
'**knips|en** ['knipsən] *Fahrkarten*: furar; *Phot.* tirar (uma fotografia); ⚡ (*an*~) acender; dar uma volta (a); *mit den Fingern*: dar estalos com; **ꝰer** *m*, **ꝰzange** *f* perfurador *m*.
Knirps [knirps] *m* (*-es*; *-e*) homenzinho *m*; anão *m*; *Kind*: petiz *m*.
'**knirschen** ['knirʃən] ranger (*mit den Zähnen* os dentes).
'**knistern** ['knistərn] (*-re*) crepitar, estalar; (*Papier*) ranger.
'**knitter|frei** ['knitər-] anti-rugas; **~** *sn* não enrugar; **~n** engelhar, amarrotar.
'**knobeln** ['kno:bəln] (*-le*) F jogar aos dados.
'**Knoblauch** ['kno:plaux] *m* (*-es*; *0*) alho *m*; **~wurst** *f* (*-*; *⸚e*) alheira *f*; **~zehe** *f* dente *m* de alho.
'**Knöchel** ['knœçəl] *m* nó *m*; (*Fuß*ꝰ) maléolo *m*.
'**Knochen** ['knɔxən] *m* osso *m*; **~bruch** *m* (*-es-* *⸚e*) fra(c)tura *f*; **~fraß** *m* (*-es*; *0*) cárie *f*; **~gerüst** *n* (*-es*; *-e*) esqueleto *m*, ossamenta *f*; **~haut** *f* (*0*) periósteo *m*; **~kohle** *f* (*0*) carvão *m* animal; **~mark** *n* (*-es*; *0*) medula *f*; tutano *m*; **~splitter** *m* esquírola *f*.
'**knöchern** ['knœçərn] ósseo, ossuoso.
'**knochig** ['knoxiç] ossudo.
'**Knödel** ['knø:dəl] *m* almôndega *f*.
'**Knoll|e** ['knɔlə] *f* ⚘ bolbo *m*, tubérculo *m*; **~en...**: *in Zssgn* tuberculoso, tuberculado; abatatado; **ꝰig** tuber(cul)oso; abatatado; nodular.
Knopf [knɔpf] *m* (*-es*; *⸚e*) botão *m*; (*Stock*ꝰ) castão *m*; (*Deckel*ꝰ) meão *m*.
'**knöpfen** ['knœpfən] abotoar.
'**Knopf|fabrik** *f* fábrica *f* de botões; **~loch** *n* (*-es*; *⸚er*) casa *f* (de botão); **~loch-seide** *f* torçal *m*.
'**Knorpel** ['knɔrpəl] *m* cartilagem *f*; *Kchk.* tendão *m*; **ꝰig** cartilagíneo, cartilaginoso.
'**Knorr|en** ['knɔrən] *m* nó *m*; **ꝰig** nodoso; *fig.* rude.
'**Knosp|e** ['knɔspə] *f* botão *m*; olho (*'ô) *m*, rebento *m*; borbulha *f*; **ꝰen** brotar; abotoar.
'**Knot|e** ['kno:tə] F *m* (*-n*) vilão *m*; **~en** *m* nó *m*; (*Nerven*ꝰ) gânglio *m*; (*Geschwulst*) caroço *m*; **ꝰen** (*-e-*) fazer um nó; **~enpunkt** *m* 🚆 entroncamento *m*; **~enstock** *m* (*-es*; *⸚e*) cajado *m*; **ꝰig** nodoso; *fig.* grosseiro.
Knuff [knuf] *m* (*-es*; *-e*) murro *m*; empurrão *m*; '**ꝰen** *v/t.* dar um murro a.
'**knüllen** ['knylən] enrugar; amarrotar.
'**knüpfen** ['knypfən] ligar, atar; *fig.* travar.
'**Knüppel** ['knypəl] *m* cacete *m*, (vara)pau *m*; cachamorra *f*, moca *f*; estaca *f*.

ˈ**knurr|en** [ˈknurən] rosnar; *j.*: resmungar; ≈**hahn** *m* (-*es*; ⸚*e*) *Zool.* ruivo *m*; ⁓**ig** resmungão.
ˈ**knusp(e)rig** [ˈknuspəriç] tostado; *Brot*: estaladinho.
ˈ**Knute** [ˈknu:tə] *f* latego *m*, chicote *m*.
ˈ**knutschen** P [ˈknu:tʃən] (*drücken*) amarrotar; (*küssen*) beijocar.
ˈ**Kobalt** [ˈko:balt] *m* (-*s*; *0*) cobalto *m*.
ˈ**Koben** [ˈko:bən] *m* pocilga *f*.
ˈ**Kobold** [ˈko:bɔlt] *m* (-*es*; -*e*) duende *m*; *fig.* brincalhão *m*.
Ko'bolz [koˈbɔlts] P *m*: ⁓ *schießen* dar cambalhotas *f/pl*.
Koch [kɔx] *m* (-*es*; ⸚*e*) cozinheiro *m*; ˈ⁓**apfel** *m* (-*s*; ⸚) maçã *f* para cozer (*od.* para fazer compota); ˈ⁓**birne** *f* pera *f* para cozer (*od.* para fazer compota); ˈ⁓**buch** *n* (-*es*; ⸚*er*) livro *m* de cozinha (*od.* de receitas); ˈ≈**en**: **a**) *v/t.* cozer, cozinhar; *Milch, Wasser*: ferver; *Kaffee, Tee*: fazer; **b**) *v/i.* (estar a) ferver; ˈ⁓**en** *n* ⚗ cocção *f*; (*Sieden*) ebulição *f*; *das* ⁓ *besorgen* tratar da cozinha; ˈ≈**end** a ferver; ˈ⁓**er** *m* máquina *f*, esquentador *m*.
ˈ**Köcher** [ˈkœçər] *m* aljava *f*, carcaz *m*.
ˈ**Koch|gerät** *n* (-*es*; -*e*), ⁓**geschirr** *n* (-*es*; -*e*) trem *m* de cozinha; ⚔ marmita *f*; ⁓**herd** *m* (-*es*; -*e*) fogão *m*.
ˈ**Köchin** [ˈkœçin] *f* cozinheira *f*.
ˈ**Koch|kessel** *m* marmita *f*; ⁓**kiste** *f* estufa *f*; ⁓**kunst** *f* arte *f* culinária; ⁓**löffel** *m* colher *f*; ⁓**salz** *n* (-*es*; *0*) sal *m* (comum *od.* das cozinhas); ⚗ cloreto *m* de sódio; ⁓**salzlösung** *f* ⚗ solução *f* salina (de cloreto de sódio); ⚕ *physiologische* ⁓ *a.* soro *m* fisiológico; ⁓**schule** *f* curso *m* de cozinhar; ⁓**topf** *m* (-*es*; ⸚*e*) *hoher*: panela *f*; *niedriger*: tacho *m*; *mit Stiel*: caçarola *f*; *für Milch*: fervedor *m*.
ˈ**Köder** [ˈkø:dər] *m* isca *f*, engodo *m* (*a. fig.*); ≈**n** (-*re*) iscar, engodar (*a. fig.*).
ˈ**Kodex** [ˈko:dɛks] *m* (-*es*, -; -*e*, *Kodizes*) códice *m*; ⚖ código *m*.
Koffe'in [kɔfeˈi:n] *n* (-*es*; *0*) cafeína *f*; ≈**frei** sem cafeína.
ˈ**Koffer** [ˈkɔfər] *m* mala *f*; (*Hand*≈) maleta *f*, mala *f* de mão; ⁓**raum** *m* (-*es*; ⸚*e*) *Auto*: mala *f*; ⁓**träger** *m* carregador *m*, moço *m* (de fretes), carrejão *m*.
ˈ**Kognak** [ˈkɔnjak] *m* (-*s*; -*s*) conhaque *m*.
Kohl [ko:l] ⚘ *m* (-*es*; -*e*) couve *f*; *fig.* F disparates *f/pl.*; ˈ⁓**dampf** F *m* (-*es*; *0*) fome *f* (*schieben* passar).
ˈ**Kohle** [ˈko:lə] *f* carvão *m*; *pl. glühende* ⁓*n* brasa *f/sg.*; (*Holz*≈) carvão *m* vegetal; (*Stein*≈) carvão *m* de pedra; hulha *f*; *weiße* ⁓ hulha *f* branca; (*wie*) *auf* ⁓*n sitzen* estar sobre brasas; ⁓**hydrat** *n* (-*es*; -*e*) hidrato *m* de carvão; ≈**n** *v/i.* carbonizar-se; arder mal; ⚓ abastecer-se de carvão; *fig.* dizer disparates.
ˈ**Kohlen|-arbeiter** *m* mineiro *m* de carvão; ⁓**becken** *n* braseira *f*; ⚒ bacia *f* (carbonífera), jazigo *m* (hulhífero); ⁓**bergwerk** *n* (-*es*; -*e*) mina *f* de carvão; ⁓**bunker** *m* carvoeira *f*; ⁓**flöz** *n* (-*es*; -*e*) camada *f*; ⁓**grube** *f* mina *f* de carvão; ≈**haltig** [-haltiç] carbonífero; hulhífero; ⁓**händler** *m* carvoeiro *m*; ⁓**handlung** *f* carvoaria *f*; ⁓**kasten** *m* (-*s*; ⸚), ⁓**keller** *m* carvoeira *f*; ⁓**lager** *n* depósito *m* de carvão; ⚒ jazigo *m*; ⁓**oxyd** *n* (-*es*; *0*) óxido *m* de carvão; ⁓**revier** *n* (-*s*; -*e*) região (*od.* bacia) *f* carbonífera; ≈**sauer** carbónico; ⁓**säure** *f* (*0*) ácido *m* carbónico; anidrido *m* carbónico; ⁓**schaufel** *f* (-; -*n*) pá *f*; ⁓**staub** *m* (-*es*; *0*) cisco *m*; ⁓**stoff** ⚗ *m* (-*es*; *0*) carbono *m*; ⁓**trimmer** ⚓ *m* carvoeiro *m*; ⁓**wagen** 🚂 *m* tênder *m*; ⁓**zeche** ⚒ *f* mina *f*; ⁓**wasserstoff** *m* (-*es*; -*e*) hidrogénio *m* carburado.
ˈ**Kohlepapier** *n* (-*s*; -*e*) papel *m* químico.
ˈ**Köhler** [ˈkø:lər] *m* carvoeiro *m*.
ˈ**Kohle|stift** *m* (-*es*; -*e*) carvão *m*; ⁓**zeichnung** *f* desenho *m* a carvão.
ˈ**Kohl|kopf** *m* (-*es*; ⸚*e*) repolho (*ˈô) *m*; cabeça *f* de couve; ⁓**meise** *f* mejengra *f*; ≈(**raben**)**schwarz** preto como o carvão; ⁓ˈ**rabi** [-ˈra:bi] *m* (-, -*s*; -, -*s*) couve-rábano *f*; ⁓**rübe** *f* nabo *m*; ⁓**weißling** *m* (-*s*; -*e*) borboleta *f* da couve.
ˈ**Koje** [ˈko:jə] *f* ⚓ beliche *m*; F cama *f*.
Koka'in [kokaˈi:n] *n* (-*s*; *0*) cocaína *f*; ≈**süchtig** cocainómano.
Ko'karde [koˈkardə] *f* cocar *m*, distintivo *m*.

Koke'rei [kokə'raɪ] *f* fábrica *f* de coque.

ko'kett [ko'kɛt] janota, garrido, casquilho; **2e'rie** [-'ri:] *f* garridice *f*; **~'ieren**: *~ mit* namor(ic)ar (*ac.*), brincar com.

Ko'kon [ko'kɔŋ] *m* (*-s*; *-s*) casulo *m*.

'Kokos|nuß ['ko:kɔs-] *f* coco *m*; **~palme** *f* coqueiro *m*.

Koks [ko:ks] *m* (*-es*; *-e*) coque *m*.

'Kolben ['kɔlbən] *m* ⚗ alambique *m*, balão *m*; ⊕ êmbolo *m*, pistão *m*; (*Gewehr2*) coronha *f*; ⚘ (*Mais2*) espiga *f* (de milho), maçaroca *f*; (*Streit2*) maça *f*, clava *f*; **~hub** *m* ⊕ jogo *m* de êmbolo; **~pumpe** *f* bomba *f* de êmbolo.

'Ko'lik ['ko:lik, ko'li:k] *f* cólica *f*.

Kol'leg [kɔ'le:k] *n* (*-s*; *-s*) curso *m*; *einzelnes*: aula *f*; **~e** [-gə] *m* colega *m*, companheiro *m*; **~geld** *n* propina *f*; **2i'al** [-gi'a:l] de colega; **~iali'tät** [-giali'tɛt] *f* (*0*) (espírito *m* de) camaradagem; **~heft** *n* (*-es*; *-e*) apontamentos *m/pl.* (da aula); **~ium** [-gium] *n* (*-s*; *Kollegien*) colégio *m*; (*Lehrerschaft*) corpo *m* docente.

Kol'lekte [ko'lɛktə] *f* colheita *f*; peditório *m*; cole[c]ta *f*.

Kollek'tiv [kɔlɛk'ti:f] *n* (*-s*; *-e*) cole[c]tivo *m*; **~...**: *in Zssgn* cole[c]tivo; **~'ierung** [-'vi:ruŋ] *f* cole[c]tivização *f*.

'Koller ['kɔlər] **1.** *n* gibão *m*; **2.** *m* vet. vertigem *f*; *fig.* doidice *f*, telha *f*; **2n** (*-re*) *v/i.* (*fallen*) rolar, rebolar; (*h.*) *Truthahn*: gorgolejar; *Eingeweide*: roncar.

kolli'dieren [koli'di:rən] (-) colidir; *zeitl.* coincidir; *~ mit* haver incompatibilidade com.

koloni'al [koloni'a:l], **2...**: *in Zssgn* colonial; **2waren-händler** *m* merceeiro *m*; **2waren-handlung** *f* mercearia *f*.

Kolo'n|ie [kolo'ni:] *f* colónia *f*; **2i'sieren** [-i'zi:rən] (-) colonizar; **~ist** *m* (*-en*) colono *m*.

Kolon'nade [kolɔ'na:də] *f* arcada *f*.

Ko'lonne [ko'lɔnə] *f* coluna *f*.

Kolo|'phonium [kolo'fo:nium] *n* (*-s*; *0*) colofónia *f*, **~ra'tur** [-a'tu:r] ♪ *f* trinado *m*; **2'rieren** [-'ri:rən] (-) colorir; **~'rit** [-'ri:t] *n* (*-es*; *-e*) colorido *m*.

Ko'loß [ko'lɔs] *m* (*-sses*; *-sse*) colosso *m*.

Kolos'seum [kolo'se:um] *n* (*-s*; *0*) coliseu *m*.

kolpor'tieren [kɔlpɔr'ti:rən] (-) divulgar.

Ko'lumb|ier(in *f*) *m* [ko'lumbiər-] columbino *m*, -a *f*; **2isch** columbino, da Colúmbia *f*.

Kombi|nati'on [kɔmbinatsi'o:n] *f* combinação *f*; **2'nieren** [-'ni:rən] combinar.

Ko'met [ko'me:t] *m* (*-en*) cometa *m*; **~enbahn** *f* órbita *f* do cometa.

Kom'fort [kom'fo:r] *m* (*-s*; *0*) conforto (*'ô) *m*; comodidades *f/pl.*; **2'abel** [-fɔr'ta:bəl] confortável, cómodo.

'Komi|k ['ko:mik] *f* (*0*), **~ker** [-kər] *m* cómico *m*; **2sch** cómico, ridículo; esquisito; *Thea.*: burlesco; *Oper*: bufa.

Komi'tee [komi'te:] *n* (*-s*; *-s*) comissão *f*; junta *f*.

'Komma ['kɔma] *n* (*-s*; *-s*, *Kommata*) vírgula *f*.

Komman|'dant [kɔman'dant] *m* (*-en*) comandante *m*; **~dan'tur** [-'tu:r] *f* governo (*ê) *m* militar; **~'deur** [-'dø:r] *m* (*-s*; *-e*) comandante *m*; chefe *m*; **2'dieren** [-'di:rən] (-) comandar; **~'ditgesellschaft** [-'di:t-] *f* comandita *f*.

Kom'mando [kɔ'mando] *n* (*-s*; *-s*) ⚔ comando *m*; (*Abteilung*) destacamento *m*; *das ~ führen* mandar; **~brücke** ⚓ *f* ponte *f* de comando; **~ruf** *m* (*-es*; *-e*), **~wort** *n* (*-es*; *-e*) voz *f* de comando.

'kommen ['kɔmən] (*L*) **1.** (*sn*): **a)** vir, (*an~*) chegar ([*an*]*gelaufen usw.* a correr); *vom Sprechenden weg*: ir; *nach Hause*: voltar; *ich komme schon* já vou; *~ lassen* mandar vir; **b)** *teuer* (*zu stehen*) *~* custar, resultar, *fig. a.* sair; *wie es gerade kommt* como calha(r); *woher* (*od. wie*) *kommt es, daß?* como se explica que?; *dahin ~, daß* acabar por *inf.*; **c)** *mit prp.*: *an den Tag ~* vir à luz; *auf* (*ac.*) *~* (*erreichen*) alcançar; (*sich belaufen*) montar a; *Anteil*: *auf ihn kommt ...* cabe(m)-lhe, ele fica com...; (*sich entsinnen*) lembrar-se de; *Kosten*: vir a custar (*ac.*); *auf seine Kosten ~* ✝ não ficar prejudicado; *fig.* ficar satisfeito; *auf* (*ac.*) *nichts ~ lassen* não admitir (*od.* não tolerar) que se fale mal de; *aus e-r Sprache ~* derivar de; *aus der Mode*

~ passar de; ~ *durch* passar por; *hinter et.* (*ac.*) ~ (chegar a) descobrir; *in Gefahr* ~ pôr-se em perigo, expor-se ao perigo; *ins Laufen usw.* ~ começar a ...; *um et.* ~ ficar sem; *von der Stelle* ~ avançar, *a. fig.* adiantar; *das kommt davon* eis as consequências; *zu et.* ~ conseguir a.c.; *es kommt zu et.* chega a haver a.c.; produz-se a.c.; *wieder zu sich* ~ tornar a si; *wie kommst du dazu?* quem te deu o direito (de...)?; como te lembras(te) (de ...)?; para que fazes isto?; *hinzu kommt, daß* acresce que ...; **2.** ♀: ~ *und Gehen n* vinda *f*; vaivém *m*; **~d** *adj.* vindouro, futuro; *Monat usw.*: que vem; *Mann*: de amanhã, (do) futuro.

Kommen't|ar [kɔmɛn'ta:r] *m* (*-s*; *-e*) comentário *m*; **~ator** [-'ta:tɔr] *m* (*-s*; *-en*) comentador; **♀ieren** comentar.

Kom'mers [kɔ'mɛrs] *m* (*-es*; *-e*) reunião *f* de estudantes.

kommerzi|'ell [kɔmɛrtsi'ɛl] comercial; **♀enrat** [kɔ'mɛrtsiən-] *m* (*-es*; *⸗e*) conselheiro *m* comercial (= título honorífico).

Kommili'ton|e *m* (*-n*), **~in** *f* colega *m*, *f*; companheiro *m* (-a *f*) de estudos.

Kom'm|is [kɔ'mi:] *m* (-; -) caixeiro *m*; **~iß** [-'mis] F ⚔ *m* (*-sses*; *0*) tropa *f*.

Kommis'sar [kɔmi'sa:r] *m* (*-s*; *-e*) comissário *m*; delegado *m*; **~i'at** [-ri'a:t] *n* (*-es*; *-e*) comissariado *m*; **♀isch** provisório; em exercício.

Kom'mißbrot ⚔ *n* (*-es*; *-e*) munício *m*, pão *m* de munição.

Kommissi'on [kɔmisi'o:n] *f* comissão *f*; **~'är** [-'nɛ:r] *m* (*-s*; *-e*) comissionário *m*; **~s-geschäft** *n* (*-es*; *-e*) comissão *f*.

Kom'mode [kɔ'mo:də] *f* cómoda *f*.

kommu'nal [kɔmu'na:l] comunal, municipal.

Kom'mun|e [kɔ'mu:nə] *f* município *m*; **~i'on** [-i'o:n] *f* comunhão *f*; **~'ismus** *m* (-; *0*) comunismo *m*; **~'ist(in** *f*) *m* comunista *m*, *f*; **♀'istisch** comunista; **♀i'zieren** [-ni'tsi:rən] (-) comunicar; *Rel.* comungar.

Komödi'ant [kɔmø:di'ant] *m* (*-en*) (**~in** *f*) comediante *m*, *f*; a[c]tor *m* cómico (a[c]triz *f* cómica).

Ko'mödie [kɔ'm:ø:diə] *f* comédia *f*.

'Kompa|gnon ['kɔmpaniõ] *m* (*-s*; *-s*) sócio *m*; **~'nie** [-'ni:] *f* companhia *f*.

'Komparativ ['kɔmparati:f] *m* (*-s*; *-e*) comparativo *m*.

Kom'pars|e [kɔm'parzə] *m* (*-n*), **~in** *f* comparse *m*, *f*, **~e'rie** [-'ri:] *f* comparsaria *f*; comparsas *m/pl.*

'Kompaß ['kɔmpas] *m* (*-sses*; *sse*) bússola *f*; **~häuschen** [-'hɔysçən] *n* bitáculo *f*; **~nadel** *f* (-; *-n*) agulha *f* de marear; **~strich** *m* (*-es*; *-e*) rumo *m*.

kompen'sieren [kɔmpɛn'zi:rən] (-) compensar.

kompe'ten|t [kɔmpe'tɛnt] competente; autorizado; categorizado; **♀z** *f* competência *f*, autoridade *f*.

Kom'ple|t [kɔm'ple:] *n* (-, *-s*; *-s*) conjunto *m*; **♀tt** [-ɛt] completo; **~x** [-ɛks] *m* (*-es*; *-e*) complexo *m*; **♀x** complexo. [cúmplice *m*.]

Kom'plice [kɔm'pli:tsə] *m* (*-n*)

Kompli|'ment [kɔmpli'mɛnt] *n* (*-es*; *-e*) cumprimento *m*; **♀men'tieren** [-'ti:rən] (-) cumprimentar; **~ze** [-'pli:tsə] *m* (*-n*) cúmplice *m*; **♀'zieren** [-'tsi:rən] (-) complicar.

Kom'plott [kɔm'plɔt] *n* (*-es*; *-e*) conspiração *f*, trama *f*, intriga *f*.

kompo|'nieren [kɔmpo'ni:rən] (-) compor; **♀'nist** *m* (*-en*) compositor *m*; **♀siti'on** [-zitsi'o:n] *f* composição *f*.

Kom'post [kɔm'pɔst] *m* (*-es*; *-e*) estrume *m*.

Kom'pott [kɔm'pɔt] *n* (*-es*; *-e*) compota *f*; doce *m*; **~schale** *f*, **~schüssel** *f* (-; *-n*) taça *f*; compoteira *f*.

Kom'press|e [kɔm'prɛsə] *f* compressa *f*; **~i'on** [-i'o:n] *f* compressão *f*; **~or** *m* (*-s*; *-en*) compressor m.

Kompro'miß [kɔmpro'mis] *m* (*n*) (*-sses*; *-sse*) compromisso *m*, acordo (*'ô) *m*; **♀los** intransigente; **~lösung** *f* compromisso *m*.

kompromit'tieren [kɔmpromi'ti:rən] (-) comprometer.

Konden's|ator [kɔndɛn'za:tɔr] *m* (*-s*; *-en*) condensador *m*; **♀ieren** (-) condensar.

Kon'ditor [kɔn'di:tɔr] *m* (*-s*; *-en*) confeiteiro *m*; pasteleiro *m*; **~'ei** [-'raɪ] *f* confeitaria *f*; pastelaria *f*.

Kondo'l|enz [kɔndo'lɛnts] *f* pêsame(s *pl.*) *m*; condolência(s *pl.*) *f*; **♀ieren** (-) dar os pêsames.

Kon'fekt [kɔn'fɛkt] *n* (-*ẹs*; -*e*) doces *m/pl.*; confeitos *m/pl.*; **~i'on** [-tsi-'o:n] *f* (*0*) confe[c]ção *f*.

Konfe'r|enz [kɔnfe'rɛnts] *f* conferência *f*; conselho *m*; **²ieren** (-) conferenciar; estar em conselho; reunir-se em conselho.

Konfessi'on [kɔnfɛsi'o:n] *f* religião *f*, confissão *f*; **²slos** sem confissão; **~s-schule** *f* escola *f* confessional.

Kon'fetti [kɔn'fɛti] *pl. uv.* papelinhos *m/pl.*

Konfir'man|d [kɔnfir'mant] *m* (-*en*) catecúmeno *m*, catequizado *m*; confirmando *m*; **~den-unterricht** [-dən-] *m* (-*ẹs*; *0*) catequese *f*, catequização *f*; doutrina *f*; **~din** [-din] *f* catecúmena *f*, catequizada *f*; confirmanda *f*.

Konfirm|ati'on [kɔnfirmatsi'o:n] *f* confirmação *f*; **²'ieren** (-) confirmar.

Konfis|kati'on [kɔnfiskatsi'o:n] *f* confiscação *f*; **²'zieren** (-) [-'tsi:-rən] confiscar.

Konfi'türen [kɔnfi'ty:rən] *f/pl.* doces *m/pl.*

Kon'flikt [kɔn'flikt] *m* (-*ẹs*; -*e*) conflito *m*; *innerer*: dilema *m*.

konfron'tieren [kɔnfrɔn'ti:rən] (-) confrontar.

kon'fus [kɔn'fu:s] confuso.

Kon'greß [kɔn'grɛs] *m* (-*sses*; -*sse*) congresso *m*; **~teilnehmer** *m* congressista *m*.

'König ['kø:niç] *m* (-*ẹs*; -*e*) rei *m*; **~in(-mutter** [-; ⁼]) *f* [-gin-] rainha(-mãe) *f*.

'könig|lich ['kønik-] real; régio; **²reich** *n* (-*ẹs*; -*e*) reino *m*.

'Königs...: *in Zssgn oft*: real; régio; **~kerze** ♀ *f* verbasco *m*; **~mord** *m* (-*ẹs*; -*e*) regicídio *m*; **~mörder** *m* regicida *m*; **~paar** *n* (-*ẹs*; -*e*) reis *m/pl.*; **²treu** legitimista, monárquico; **~würde** *f* (*0*) realeza *f*.

'Königtum ['-niç-] *n* (-*s*; ⁼*er*) realeza *f*.

'konisch ['ko:niʃ] cónico.

Konju|gati'on [kɔnjugatsi'o:n] *f* conjugação *f*; **²'gieren** (-) conjugar; **~nkti'on** [-juŋktsi'o:n] *f* conjunção *f*, **~nktiv** ['-juŋkti:f] *m* (-*s*; -*e*) subjuntivo *m*, conjuntivo *m*.

Konjunk'tur [kɔnjuŋk'tu:r] *f* conjuntura *f*; *bsd.* ⚚ *steigende* ~ alta *f*; *fallende* ~ baixa *f*; **~forschung** *f* estudo *m* comparativo dos mercados; **~schwankungen** *f/pl.* flutuação *f/sg.* dos mercados.

kon'kav [kɔn'ka:f] côncavo.

Konkor'dat [kɔnkɔr'da:t] *n* (-*ẹs*; -*e*) concordata *f*.

kon'kret [kɔn'kre:t] concreto.

Konkur'r|ent [kɔnku'rɛnt] *m* (-*en*) concorrente *m*; competidor *m*; **~enz** [-'rɛnts] *f* concorrência *f*, competição *f*; **²enzfähig** capaz de concorrer; **²enzlos** único; **²ieren** (-) concorrer, competir.

Kon'kurs [kɔn'kurs] *m* (-*es*; -*e*) falência *f* (*anmelden* abrir), quebra *f*; *in* ~ *geraten* falir; **~eröffnung** *f* abertura *f* da falência; **~gläubiger** *m* credor *m* do falido; **~masse** *f* massa *f* falida; **~verwalter** *m* administrador *m* da massa falida.

'könn|en ['kœnən] (*L*) poder; (*gelernt h.*) saber; *ich kann nichts dafür* a culpa não é minha; *nicht umhin* ~ *zu* ... não poder deixar de; **²en** *n* saber *m*; capacidade *f*; talento *m*; virtuosidade *f*; **²er** *m* virtuoso *m*.

Konnosse'ment [kɔnɔsə'mɛnt] *n* (-*ẹs*; -*e*) conhecimento *m*.

konse'quen|t [kɔnzə'kvɛnt] consequente; **²z** [-ts] *f* consequência *f*.

konserva|'tiv [kɔnzɛrva'ti:f] conservador; **²'torium** [-'to:rium] *n* (-*s*; *Konservatorien*) instituto (*staatlich*: conservatório) *m* de música.

Kon'serv|e [kɔn'zɛrvə] *f* conserva *f*; **~enbüchse** *f* lata *f* de conservas; **²'ieren** (-) conservar.

Konsis'torium [kɔnzis'to:rium] *n* (-*s*, *Konsistorien*) consistório *m*.

Kon'sole [kɔn'zo:lə] *f* consola *f*.

konsoli'dier|en [kɔnzoli'di:rən] (-) consolidar; **²ung** *f* consolidação *f*.

Kon|so'nant [kɔnzo'nant] *m* (-*en*) consoante *f*; **~'sortium** [-'zɔrtsium] *n* (-*s*; *Konsortien*) consórcio *m*; **²sta'tieren** [-sta'ti:rən] (-) verificar; afirmar; **²stitu'ieren** [-stitu'i:rən] (-) constituir; **~stituti'on** [-stitutsi'o:n] *f* constituição *f*; **²stitutio'nell** [-stitutsio'nɛl] constitucional; **²stru'ieren** [-stru'i:rən] (-) construir; **~struk'teur** [-struk'tø:r] *m* (-*s*; -*e*) construtor *m*; **~strukti'on(s...)** [-struktsi'o:n(s...)] *f* (de) construção *f*.

'Konsul ['kɔnzul] *m* (-*s*; -*n*) cônsul *m*; **²'arisch** [-'la:riʃ] consular; **~'at** [-'la:t] *n* (-*ẹs*; -*e*) consulado *m*;

~'ats...: *in Zssgn* consular; do consulado.

konsul|'tieren [kɔnzul'ti:rən] (-) consultar; **⁀tati'on** [-tatsi'o:n] *f* consulta *f*; **⁀ta'tiv-vertrag** [-ta'ti:f-] *m* (-*ẹs*; ⸗*e*) tratado *m* de consulta.

Kon'sum [kɔn'zu:m] *m* (-*s*; -*e*) consumo *m*; **~'ent** [-'mɛnt] *m* (-*en*) consumidor *m*; **⁀'ieren** (-) consumir, gastar; **~verein** *m* (-*ẹs*; -*e*) cooperativa *f* de consumo.

Kon'takt [kɔn'takt] *m* (-*ẹs*; -*e*) conta[c]to *m*; **~schnur** ⚡ *f* (-; ⸗*e*) fio *m* elé[c]trico; **~stecker** *m*, **~stöpsel** *m* ⚡ ficha *f* de tomada.

'**Konter|admiral** *m* (-*s*; ⸗*e*) contra-almirante *m*; **~bande** *f* contrabando *m*; **~fei** [-faɪ] *n* (-*s*; -*e*) retrato *m*; **~marke** *f* contramarca *f*, contra-senha; **~revolution** *f* contra-revolução *f*.

Konti'nent [kɔnti'nɛnt] *m* continente *m*; **⁀'al** [-'ta:l] continental; **~'al-sperre** *f* Bloqueio *m* continental.

Kontin'gent [kɔntiŋ'gɛnt] *n* (-*ẹs*; -*e*) contingente *m*; **⁀'ieren** (-) limitar.

'**Konto** ['kɔnto] *n* (-*s*; *Konten*) conta *f* (corrente); **~auszug** *m* (-*ẹs*; ⸗*e*) extra[c]to *m* da conta; **~inhaber** *m* titular *m* da (*od.* de uma) conta.

Kon'tor [kɔn'to:r] *n* (-*s*; -*e*) escritório *m*; **~'ist(in** *f*) *m* (-*en*) [-to'rist-] empregado *m* (-a *f*) de escritório.

'**Kontra|baß** *m* (-*sses*; ⸗*sse*) contrabaixo *m*; **~'hent** [-'hɛnt] *m* (-*en*) contraente *m*; parte *f* contratante; *Duell*: adversário *m*.

Kon'trakt [kɔn'trakt] *m* (-*ẹs*; -*e*) contrato *m*.

Kon'trast [kɔn'trast] *m* (-*es*; -*e*) contraste *m*; **⁀'ieren** [-'ti:rən] (-) contrastar.

Kon'troll|abschnitt [kɔn'trɔl-] *m* (-*ẹs*; -*e*) senha *f*, talão *f*; **~e** [-ə] *f* controle (*'ô) *m*; fiscalização *f*; revisão *f*; inspe(c)ção *f*; regist(r)o *m*; vistoria *f*; ronda *f*; **~'eur** [-'lø:r] *m* (-*s*; -*e*) revisor *m*; **~gang** *m* (-*ẹs*; ⸗*e*) ronda *f*; **⁀'ieren** (-) fiscalizar; revisar; examinar; fazer a revisão de, fazer a vistoria de; **~kasse** *f* caixa *f* regist(r)adora; **~marke** *f*, **~zettel** *m* senha *f* (de saída).

Kon'tur [kɔn'tu:r] *f* contorno (*'ô) *m*.

Konventi'on [kɔnvɛntsi'o:n] *f* convénio *m*; convenção *f*; **~'alstrafe** [-'na:l-] *f* multa *f* convencional; **⁀'ell** [-'nɛl] convencional.

konver|'gieren [kɔnvɛr'gi:rən] (-) convergir; **⁀sati'on** [-zatsi'o:n] *f* conversa(ção) *f*; **⁀sati'ons-lexikon** *n* (-*s*; -*lexika*) enciclopédia *f*; **~'tierbar** [-'ti:rba:r] conversível, convertível; **~'tieren** [-'ti:rən] (-) converter; **⁀'tit(in** *f*) *m* (-*en*) [-'ti:t-] convertido *m*, -a *f*.

kon'vex [kɔn'vɛks] convexo.

Konzentr|ati'on(s...) [kɔntsɛntratsi'o:n(s-)] *f* (de) concentração *f*; **⁀'ieren** (-) concentrar.

Kon'zept [kɔn'tsɛpt] *n* (-*ẹs*; -*e*) minuta *f*, borrão *m*; rascunho *m*; *aus dem ~ kommen* (*bringen* fazer) perder o fio.

Kon'zern [kɔn'tsɛrn] *m* (-*s*; -*e*) união *f*, companhias *f*/*pl.* reunidas.

Kon'zert [kɔn'tsɛrt] *n* (-*ẹs*; -*e*) concerto (*ê) *m*; **~-abend** *m* (-*ẹs*; -*e*) sarau *m* musical; *Solist*: recital *m*; **⁀'ieren** (-) dar concertos; **~sänger (-in** *f*) *m* concertista *m*, *f*; cantor(a *f*) *m* de concerto (*ê); **~verein** *m* (-*ẹs*; -*e*) círculo *m* musical; sociedade *f* de concertos.

Konzessi'on [kɔntsɛsi'o:n] *f* alvará *m*, concessão *f*; **⁀'ieren** *v*/*t*. (-) admitir; **~s-inhaber** *m* concessionário *m*.

Kon'zil [kɔn'tsi:l] *n* (-*s*; -*e*, *Konzilien*) concílio *m*.

Koordi'n|ate [ko'ɔrdi'na:tə] *f* coordenada *f*; **⁀ieren** (-) coordenar.

Kopf [kɔpf] *m* (-*ẹs*; ⸗*e*) cabeça *f*; *fig.* inteligência *f*; (*~ende*) cabeceira *f*; *den ~ hängen lassen* andar cabisbaixo, andar desanimado; *s-n ~ anstrengen* puxar pela (sua) cabeça; *j-m den ~ zurechtsetzen* compor alg.; *j-m den ~ waschen fig.* dar uma ensaboadela a alg.; *~ oder Schrift? Münze*: cruzes ou cunhos?; *nicht auf den ~ gefallen sn* F não ser tolo; *auf den ~ zusagen* dizer na cara; *auf den ~ hauen* F *fig.* gastar; *auf den ~ stellen* remexer, revolver, pôr às avessas; *aus dem ~* de cor; *sich* (*dat.*) *aus dem ~ schlagen* desistir de; *sich* (*dat.*) *in den ~ setzen* meter-se na cabeça; *mit dem ~ durch die Wand wollen* ser teimoso; *j-m über den ~ wachsen* exceder as forças de alg., *fig.* emancipar-se (da autoridade) de alg.; *von ~ bis' Fuß* dos pés à cabeça; *j-n vor den ~ stoßen fig.* ofender alg.; escandalizar alg.; *wie es ihm gerade in den ~ kommt* para onde lhe dá; '**~-arbeit** *f* trabalho *m* intele(c)tual; '**~-arbeiter** *m* intele(c)tual *m*; '**~bedeckung** *f* chapéu *m*.

'**köpfen** ['kœpfən] *j-n*: decapitar, degolar; cortar a cabeça a; *Bäume*: podar, decotar.

'**Kopf|-ende** *n* (*-s*; *-n*) cabeceira *f*; **~-haut** *f* (*0*) couro *m* cabeludo; **~-hörer** *m* auscultador *m*; **~kissen** *n* travesseira *f*; **2los** sem cabeça; *fig. a.* perplexo; **~nicken** *n* aceno *m* da cabeça, gesto *m* afirmativo da cabeça; **~nuß** *f* (*-; ⸗sse*) sopapo *m*; pescoçada *f*; **~putz** *m* (*-es*; *0*) toucado *m*; **~rechnen** *n* cálculo *m* mental; **~salat** *m* (*-es*; *-e*) alface *m*; **2scheu** espantado, medroso; desconfiado; **~schmerz** *m* (*-es*; *-en*) dor *f* de cabeça; **~schütteln** *n* abanar *m* da cabeça, gesto *m* negativo da cabeça; **~sprung** *m* (*-es*; *⸗e*) salto *m* de cabeça (*machen* dar); **~steuer** *f* (*-*; *-n*) capitação *f*; imposto *m* pessoal; **~stimme** *f* (voz *f* de) falsete *m*; **~stoß** *m* (*-es*; *⸗e*) *Sport*: cabeçada *f*; **~tuch** *n* (*-es*; *⸗er*) lenço *m* (para a cabeça); **2-über** de cabeça (para baixo); **~wäsche** *f* lavagem *f* (da cabeça); **~zerbrechen** *n* (*-s*; *0*) preocupação *f*; *j-m ~ machen* causar preocupações a alg.; pôr a cabeça de alg. em água.

Ko'pie [ko'piː] *f* cópia *f*; **2ren** (*-*) copiar.

Ko'pier|presse [ko'piːr-] *f* prensa *f* de copiar; **~stift** *m* (*-es*; *-e*) lápis *m* de copiar; **~tinte** *f* tinta *f* comunicativa (*od.* de copiar).

'**Koppe** ['kɔpə] *f* cume *m*, cima *f*.

'**Koppel** ['kɔpəl]: **a)** *f* (*-*; *-n*) *Hunde*: matilha *f*; *Pferde*: récua *f*; (*Weide*) campo *m*, couto *m*; **b)** *n* ⚔ cinturão *m*; **2n** (*-le*) ligar; ⊕ *u.* ⚡ *a.* ajoujar; enganchar; *a. Radio*: acoplar; *Tiere*: aparelhar, atrelar; **~schloß** *n* (*-sses*; *⸗sser*) fecho *m* do cinturão.

'**Koppl|er** ['kɔplər] *m* acoplador *m*; **~ung** *f* ligação *f*; acoplamento *m*; ajoujo *m*; copulacão *f*, colhera *f*.

Ko'rall|e [ko'ralə] *f* coral *m*; **~en...**: *in Zssgn meist* de coral, de corais; **~en-fischer** *m* coraleiro *m*; **2en-rot** coralino.

Ko'ran [ko'raːn] *m* Alcorão *m*.

Korb [kɔrp] *m* (*-es*; *⸗e*) cesto (*ê) *m*, cesta *f*; canastra *f*, (*Markt2*) cesto (*ê) *m* de compras; (*geschlossener Henkel2*) cabaz *m*; *kleiner, geschlossener*: condessa *f*; *henkelloser, offener, flacher, runder*: açafate *m*; *fig.*: *e-n ~ bekommen* levar uma recusa; *e-n ~ geben* recusar; rejeitar; '**~ball** *m* (*-es*; *0*) basquetebol *m*; * cestobol *m*; '**~flasche** *f* garrafão *m*; '**~flechter** [-flɛçtər] *m* cesteiro *m*, vimeiro *m*; '**~geflecht** *n* (*-es*; *-e*) vimes *m/pl.*; '**~weide** ⚘ *f* vimeiro *m*.

'**Kordel** ['kɔrdəl] *f* (*-*; *-n*) cordão *m*, cordel *m*.

Ko'rinth|e [ko'rintə] *f* passa *f*, corinto *m*; **2isch** coríntio.

Kork [kɔrk] *m* (*-es*; *-e*) cortiça *f*; '**~-eiche** *f* sobreiro *m*; '**~-eichenhain** *m* (*-es*; *-e*) sobreiral *m*; '**~-eichenpflanzung** *f* sobral *m*; '**~en**[1] *m* (*Propfen*) rolha *f*; '**2en**[2] **a)** *v/t.* (ar)rolhar, tapar; **b)** *adj.* de cortiça; '**~en-industrie** *f* (*0*) indústria *f* rolheira; '**~enzieher** [-tsiːər] *m* saca-rolhas *m*.

Korn [kɔrn] *n* (*-es*; *~arten*) grão *m*; (*Getreide*) cereais *m/pl.*; (*Weizen*) trigo *m*; (*Roggen*) centeio *m*; (*Mais*) milho *m*; (*Samen2*) semente *f*; = *~branntwein*; ⚔ (ponto *m* de) mira *f*; *aufs ~ nehmen* (*ac.*) visar; apontar; '**~ähre** *f* espiga *f* de trigo; '**~blume** *f* escovinha *f*; '**~boden** *m* (*-s*; *⸗*) celeiro *m*; '**~branntwein** *m* (*-es*; *0*) aguardente *f* de trigo.

'**körnen** ['kœrnən] granular; *Leder*: *sich ~* ficar granuloso.

'**Korn|feld** *n* (*-es*; *-er*) campo *m* de trigo, trigal *m*, seara *f*; *Roggen*: centeal *m*; *Mais*: milh(eir)al *m*.

'**körnig** ['kœrniç] granuloso, granulado.

'**Korn|kammer** *f* (*-*; *-n*) celeiro *m* (*a. fig.*); **~speicher** *m* celeiro *m*, silo *m*; **~wurm** *m* (*-es*; *⸗er*) gorgulho *m*.

'**Körper** ['kœrpər] *m* corpo *m*; **~bau** *m* (*-es*; *0*) estatura *f*; **~beschaffenheit** *f* constituição *f*; compleição *f* física; **~chen** [-çən] *n* corpúsculo *m*, partícula *f*; **~-erziehung** *f* (*0*) educação *f* física; **~fülle** *f* (*0*) corpulência *f*; **~größe** *f* estatura *f*; **~-haltung** *f* atitude *f*; porte *m*; **~kraft** *f* (*-*; *⸗e*) força (*ô) *f* física; **~kultur** *f* (*0*) cultura *f* física;

~kunde *f* (*0*) somatologia *f*; **2lich** corpóreo; físico; **2los** sem corpo; imaterial; **~pflege** *f* (*0*) cultura *f* física; higiene *f* do corpo; (*Reinlichkeit*) asseio *m* pessoal; **~schaft** *f* entidade *f*; corporação *f*; **~-schwäche** *f* debilidade *f* física; **~verletzung** *f* lesão *f* corporal; ferida *f*; **~wuchs** *m* (*-es*; *0*) estatura *f*.

Korpo'ral [kɔrpo'ra:l] *m* (*-s*; *-e*) cabo *m* (de esquadra).

Korpora|ti'on *f* corporação *f*; **2'tiv** [-'ti:f] corporativo.

Korps [ko:r] *n* (-; -) corpo *m* (⚔ do exército).

korpu'len|t [kɔrpu'lɛnt] corpulento; **2z** [-ts] *f* (*0*) corpulência *f*.

kor'rekt [kɔ'rɛkt] corre[c]to; **2heit** *f* (*0*) corre[c]ção *f*.

Korrek'tur [kɔrɛk'tu:r] *f* emenda *f*; **~-abzug** *m* (*-es*; *=e*), **~bogen** *m* (*-s*; *=*) prova *f* (tipográfica) (*lesen* rever); **~fahne** *f* prova *f* de granel.

Korrespon'd|ent(in *f*) *m* [kɔrɛspɔn'dɛnt-] (*-en*) correspondente *m*, *f*; (*Zeitungs2*) *inländisch a.* delegado *m*, -a *f*; **~enz** [-'dɛnts] *f* correspondência *f*; **2ieren** (-) corresponder-se.

'Korridor ['kɔrido:r] *m* (*-s*; *-e*) corredor *m*.

korri'gieren [kɔri'gi:rən] (-) corrigir, emendar.

kor'rupt [kɔ'rupt] corru[p]to; **2i'on** [-tsi'o:n] *f* corru[p]ção *f*.

'Korse ['kɔrzə] *m* (*-n*) corso *m*.

Kor'sett [kɔr'zɛt] *n* (*-es*; *-e*, *-s*) espartilho *m*; colete *m*; cinta *f*; **~stange** *f* tira *f*.

'Kors|in ['kɔrzin] *f* corsa *f*; **2isch** corso, da Córsega.

Kor'vett|e [kɔr'vɛtə] *f* corveta *f*; **~enkapitän** *m* (*-s*; *-e*) capitão *m* de corveta.

Ko'sak [ko'zak] *m* (*-en*) cossaco *m*.

'koscher ['ko:ʃər] puro, limpo.

'kose|n ['ko:zən] acariciar; fazer festas a; **2name** *m* (*-ns*; *-n*) nome *m* familiar (*od.* de carinho); alcunha *f*; **2wort** *n* (*-es*; *=er*) palavra *f* carinhosa.

'Kosinus ['ko:zinus] *m* (-; -, *-se*) co-seno *m*.

Kos'meti|k [kɔs'me:tik] *f* (*0*) arte *f* cosmética; **2sch** cosmético.

'kosmisch ['kɔsmiʃ] cósmico.

Kosmopo'lit [kɔsmopo'li:t] *m* (*-en*) cosmopolita *m*; **2isch** cosmopolita.

Kost [kɔst] *f* (*0*) comida *f*, alimento *m*; (*Unterhalt*) sustento *m*; ~ *und Wohnung* pensão *f* completa; *in* ~ hospedado; *auf schmale* ~ *setzen* pôr de dieta; **'2bar** precioso; (*teuer*) custoso; **'~barkeit** *f* preciosidade *f*.

'kosten[1] ['kɔstən] (*-e-*) **1.** *v/i.* custar (*was?* quanto?); *koste es, was es wolle* custe o que custar; a todo o transe; **2.** *v/t.* provar; saborear; gozar de.

'Kosten[2] *pl. uv.* custo *m*; despesas *f/pl.*; gastos *m/pl.*; *auf* ~ *gen.*, *auf* ~ *von* à custa de; a expensas *f/pl.* de; *auf meine* ~ por minha conta; **~-anschlag** *m* (*-es*; *=e*) orçamento *m*; **~-aufwand** *m* (*-es*; *0*) dispêndio *m*; gastos *pl.*; despesas *f/pl.*; **~frage** *f* questão *f* de (*od.* do) preço; **2los** sem despesas, livre de despesas; gratuito; **2pflichtig** [-pfliçtiç]: ~ *sn* pagar; **~preis** *m* (*-es*; *-e*) preço *m* de custo; **~punkt** *m* (*-es*; *-e*) preço *m*.

'Kost|gänger ['-gɛŋər] *m* hóspede *m*; pensionista *m*; **~geld** *n* pensão *f*; **~-happen** *m* bocadinho *m*.

'köstlich ['kœstliç] delicioso.

'Kost|probe *f* bocadinho *m*; *fig.* amostra *f*; **2spielig** [-ʃpi:liç] dispendioso, caro.

Kos'tüm [kɔs'ty:m] *n* (*-s*; *-e*) traje *m*; (*Schneider2*) saia *f* e casaco *m*; (*Verkleidung*) disfarce *m*; **~fest** *n* (*-es*; *-e*) baile *m* de trajes; **2'ieren** (-) disfarcar (*als* de); **~'ierung** [-'mi:ruŋ] *f* disfarce *m*.

'Kost-verächter *m*: *kein* ~ *sn* ter boa boca (*ô).

Kot [ko:t] *m* (*-es*; *0*) lodo *m*, lama *f*; imundícia *f*; ⚕ excrementos *m/pl.*

Kote'lett [kot(ə)'lɛt] *n* (*-es*; *-e*, *-s*) costeleta *f*.

'Köter ['kø:tər] *m* cão *m*, mastim *m*.

'Kot|flügel *m* guarda-lama *m*; **~grube** *f* cloaca *f*, fossa *f*; **2ig** sujo de lama, enlameado.

'kotzen ['kɔtsən] P (*-t*) vomitar; *zum* 2 nojento; *zum* 2 *sn a.* meter nojo.

'Krabb|e ['krabə] *f* camarão *m*; *fig.* petiz *m*; **2eln** (*-le*) formigar, mexer; F (*kriechen*) arrastar-se.

Krach [krax] *m* (*-es*; *-e*, *-s*) ruído *m*; barulho *m*; fracasso *m*; (*Streit*) arrelia *f*; ✝ quebra *f*, catástrofe *f* financeira; ~ *schlagen* fazer barulho *m*; '2**en** estalar; rebentar; '~**en** *n* estalido *m*, estampido *m*; '~**mandel** *f* (-; -*n*) amêndoa *f* com casca.

'**krächzen** ['krɛçtsən] (-*t*) grasnar.

Kraft [kraft] (-; ⸚*e*) **1.** *f* força (*ô) *f*, vigor *m a.* ⚖; ⊕ potência *f*; ⚡ *a.* energia *f*; *moralische*: virtude *f*; *geistige*: faculdade *f*; *mit voller* ~ ⚓ a toda a força, a todo o vapor; *außer* ~ ⚖ nulo; sem efeito *m*; *außer* ~ *setzen* anular; *pl. nach Kräften* quanto mais possível; **2.** 2 *prp.* (*gen.*) em virtude de; '~-**anstrengung** *f*, '~-**aufwand** *m* (-*ęs*; *0*) esforço *m*; '~-**ausdruck** *m* (-*ęs*; ⸚*e*) termo *m* expressivo; expressão *f* enérgica, expressão *f* violenta; '~**brühe** *f* caldo *m*; '~-**einheit** *Phys. f* unidade *f* dinâmica; '~-**ersparnis** *f* (-; -*se*) economia *f* de energia; '~**fahrer** *m* automobilista *m*; motorista *m*; * volante *m*; '~**fahrwesen** *n* (-*s*; *0*) automobilismo *m*; ~**fahrzeug** *n* (-*ęs*; -*e*) automóvel *m*.

'**kräftig** ['krɛftiç] forte; vigoroso; robusto; (*wirksam*) eficaz; (*nahrhaft*) substancioso; *fig. a.* enérgico.

'**kräftig|en** ['krɛftigən] *v/t.* fortalecer; vigor(iz)ar; corroborar; ⚕ tonificar; 2**ung** *f* fortalecimento *m*; ⚕ tonificação *f*; 2**ungsmittel** ⚕ *n* tónico *m*.

'**Kraft|lehre** *f* (*0*) dinâmica *f*; 2**los** fraco; sem forças; ~**mensch** *m* (-*en*) atleta *m*; ~**messer** *m* dinamómetro *m*; ~**probe** *f* prova *f* (de forças); ~**stoff** *m* (-*ęs*; -*e*) combustível *m*, gasolina *f*; 2**strotzend** pujante, robusto; 2**voll** vigoroso; ~**wagen** *m* auto(móvel) *m*; ~**wagenfernverkehr** *m* (-*s*; *0*) camionagem *f*; ~**wagenverkehr** *m* (-*s*; *0*) trânsito *m* rodoviário; ~**werk** ⚡ *n* (-*ęs*; -*e*) central *f* (de energia) elé[c]trica; casa *f* de dínamos.

'**Kragen** ['kra:gən] *m* colarinho *m*; gola *f*; *es geht j-m an den* ~ alg. está perdido; ~**knopf** *m* (-*ęs*; ⸚*e*) botão *m* de colarinho; ~**nummer** *f*, ~**weite** *f* (-; -*n*) medida *f* do colarinho.

'**Kräh|e** ['krɛ:ə] *f* gralha *f*; 2**en** *Hahn*: cantar; ~**enfüße** [-fy:sə] *m/pl. Schrift*: rabiscos *m/pl.*; gatafunhos *m/pl*; (*Runzeln*) pés-de-galinha *m/pl.*

'**Krake** ['kra:kə] *f* polvo *m*.

Kra'keel [kra'ke:l] F *m* (-*s*; -*e*) barulho *m*; ~ *machen* = 2**en** fazer barulho; ~**er** *m* brigão *m*.

'**Krall|e** ['kralə] *f* unha *f*, garra *f*; 2**en**: *sich an* (*ac.*) ~ agarrar-se a.

Kram [kra:m] *m* (-*ęs*; *0*) coisas *f/pl.*; *der ganze* ~ F toda a tralha; *in den* ~ *passen* F dar jeito; '2**en**: *in* (*dat.*) ~ remexer (*ac.*), revolver (*ac.*).

'**Krämer** ['krɛ:mər] *m* merceeiro *m*; ~...: *in Zssgn meist* mercantil.

'**Kramladen** *m* (-*s*; ⸚) mercearia *f*.

'**Krammetsvogel** ['kramɛts-] *m* (-*s*; ⸚) tordo *m*; torda *f*.

'**Krampe** [krampə] ⊕ *f* gancho *m*, gato *m* (de ferro), grampo *m*.

Krampf [krampf] *m* (-*es*; ⸚*e*) cãibra *f*; breca *f*; convulsão *f*, espasmo *m*; '~-**ader** *f* (-; -*n*) variz *f*; '2**haft** convulsivo, espasmódico; *fig.* forçado; '2**stillend** antiespasmódico.

Kran [kra:n] ⊕ *m* (-*ęs*; ⸚*e*) guindaste *m*, grua *f*.

'**Kranich** ['kra:niç] *m* (-*ęs*; -*e*) grou *m*.

krank [kraŋk] (⸚*er*; ⸚*est*) doente; enfermo; ~ *werden* adoecer; *sich* ~ *melden* dar parte de doente.

'**kränkeln** ['krɛŋkəln] (-*le*) estar doente, estar adoentado, ser doentio.

'**kranken** ['kraŋkən]: *an* (*dat.*) ~ sofrer de; *fig.* ter o defeito do (*od.* da), ter o defeito de + *inf.*

'**kränken** ['krɛŋkən] ofender, magoar, melindrar.

'**Kranken|-auto** *n* (-*s*; -*s*) ambulância *f*; ~**bahre** *f* maca *f*; ~**bericht** *m* (-*es*; -*e*) boletim *m* médico; ~**besuch** *m* (-*es*; -*e*) visita *f* a um doente; *e-n* ~ *machen* visitar um doente; ~**bett** *n* (-*es*; -*en*): *auf dem* ~ *liegen* estar de cama; ~**geld** *n* (-*ęs*; -*er*) diária *f* paga pelas Caixas de Previdência em caso de doença; ~**haus** *n* (-*es*; ⸚*er*) hospital *m*, casa *f* de saúde (*ins* ~ *kommen* dar entrada no ...); ~**kasse** *f* Caixa *f* de Previdência; ~**kost** *f* (*0*) dieta *f*; regime *m*; ~**pflege** *f* assistência *f* aos enfermos; enfermagem *f*; ~**pfleger**(*in f*) *m* enfermeiro *m*, -a *f*; ~**saal** *m* (-*ęs*; ⸚*e*) enfermaria *f*; ~**schein** *m* (-*ęs*; -*e*) atestado *m* de doença; ~**schwester** *f* (-; -*n*) enfermeira *f*; ~**stuhl** *m* (-*ęs*; ⸚*e*) cadeira *f* de rodas; ~**versicherung** *f* seguro *m* contra a enfermidade;

~wagen *m* ambulância *f*; ~wärter (-in *f*) *m* enfermeiro *m*, -a *f*; ~wesen *n* (-*s*; *0*) serviços *m*/*pl.* sanitários (*od.* de saúde); ~zimmer *n* quarto *m* de doente(s); enfermaria *f*.

'**krank|haft** patológico, doentio; **⌇heit** *f* doença *f*, mal *m*.

'**Krankheits|bestimmung** *f* diagnóstico *m*; **~-erreger** *m* micróbio *m* patogénico; **~-erscheinung** *f* sintoma *m*; **⌇-halber** por motivo de doença; **~-herd** *m* (-*ės*; -*e*) foco de infe[c]ção; **~keim** *m* (-*ės*; -*e*) = ~*erreger*; **~zeichen** *n* sintoma *m*.

'**kränk|lich** ['krɛŋkliç] doentio, achacado; **⌇lichkeit** *f* estado *m* de doentio; **⌇ung** *f* ofensa *f*, agravo *m*.

Kranz [krants] *m* (-*es*; ⸚*e*) coroa *f*, grinalda *f*; ⚠ cornija *f*.

'**Krapfen** ['krapfən] *m* sonho *m*.

kraß [kras] (-*sser*; -*ssest*) crasso; flagrante.

'**Krater** ['kra:tər] *m* cratera *f*.

'**kratz|bürstig** ['kratzbyrstiç] *fig.* rabugento; **⌇e** ['-ə] *f* raspador *m*, carda *f*.

'**Krätze** ['krɛtsə] ⚕ *f* (*0*) sarna *f*, morrinha *f*.

'**kratzen** (-*t*) raspar; coçar; arranhar; (*ritzen*) esgravatar (*an dat.* em); ⊕ *Wolle*: cardar.

'**Kratzfuß** *m* (-*es*; ⸚*e*) *fig.* F rapapé *m*.

'**Kratzwunde** *f* arranhadura *f*.

'**krau|len** ['kraulən] nadar ao «crawl» (*engl.*); **~s** crespo, enrugado; ~ *ziehen Stirn*: franzir; **⌇se** ['-zə] *f* colar *m*, golilha *f*, cabeção *m*.

'**kräuseln** ['krɔyzəln] (-*le*) enrugar, encrespar, franzir; *Haar*: frisar.

Kraut [kraut] *n* (-*ės*; ⸚*er*) erva *f*; hortaliça *f*; (*sdd. Kohl*) couve *f*; *wie ~ und Rüben* numa grande desordem.

'**Kräuter|handlung** ['krɔytər-] *f* ervanário *m*; **~käse** *m* queijo *m* verde; **~sammler(in** *f*) *m* herborizador(a *f*) *m*; **~tee** *m* (-*s*; -*s*) chá *m* de ervas medicinais; tisana *f*.

Kra'wall [kra'val] *m* (-*s*; -*e*) tumulto *m*, desordem *f*.

Kra'watte [kra'vatə] *f* gravata *f*.

Krea'tur [krea'tu:r] *f* criatura *f*.

Krebs [kre:ps] *m* (-*es*; -*e*) caranguejo *m*; ⚕ cancro *m*; *Astr.* Câncer *m*; '**⌇-artig** canceroso; '**⌇en** apanhar caranguejos; *fig.* arrastar a vida; '**⌇-erregend** cancerígeno; '**~gang** *m* (-*ės*; *0*) andamento *m* de caranguejo; *den ~ gehen fig.* andar de mal em pior; '**~geschwür** *n* (-*ės*; -*e*) cancro *m*, tumor *m* canceroso, úlcera *f* cancerosa; '**⌇krank** canceroso; '**~schaden** *m* (-*s*; ⸚) ⚕ afe[c]ção *f* cancerosa; *fig.* gangrena *m*; '**~schere** *f* tenaz *f* de caranguejo.

kre'denz|en [kre'dɛntsən] (-*t*) oferecer; **⌇tisch** *m* aparador *m*, credência *f*.

'**Kredit**[1] ['kre:dit] ✝ *n* (-*s*; -*s*) haver *m*.

Kre'dit[2] [kre'di:t] *m* (-*ės*; -*e*) crédito *m* (*auf* a; *laufender* aberto; *eröffnen, geben* dar); **~bank** *f* banco *m* de crédito; **~brief** *m* (-*ės*; -*e*) carta *f* de crédito; **⌇fähig** solvente; **~fähigkeit** *f* (*0*) solvência *f*; **~geschäft** *n* (-*ės*; -*e*) negócio *m* a crédito; **⌇'ieren** (-) creditar, lançar em crédito de; dar a crédito; **~'iv** [-'ti:f] *n* (-*ės*; -*e*) credenciais *f*/*pl.*; **⌇würdig** solvente.

'**Kreide** ['kraɪdə] *f* cré *m*, greda *f* (branca); (*Schreib⌇*) giz *m*; **⌇bleich** branco como a parede; **~felsen** *m* rocha *f* cretácea; **⌇-haltig** [-haltiç] cretáceo; gredoso; **~zeichnung** *f* desenho *m* a giz.

Kreis [kraɪs] *m* (-*es*; -*e*) círculo *m*; *Lit. a.* cenáculo *m*, *fig. a.* esfera *f*; (*Bezirk*) distrito *m*, comarca *f*; (*Gesellschafts⌇*) roda *f*; *pl. die höheren* (*od. besseren*) *~e* a alta roda; *im Familien⌇* no seio da familia; *im engsten ~e* na maior intimidade; '**~-abschnitt** ⩘ *m* (-*ės*; -*e*) segmento *m*; '**~-arzt** *m* (-*es*; ⸚*e*) médico *m* do distrito; '**~-ausschnitt** ⩘ *m* (-*ės*; -*e*) sector *m*; '**~bahn** *f Astr.* órbita *f*; 🚂 caminho *m* de ferro local; '**~bewegung** *f* rotação *f*; '**~bogen** *m* arco *m*.

'**kreischen** ['kraɪʃən] gritar; *Räder usw.*: guinchar, chiar.

'**Kreisdrehung** *f* rotação *f*.

'**Kreisel** ['kraɪzəl] *m* pião *m*; '**~kompaß** *m* (-*sses*; -*sse*) giroscópio *m*; **⌇n** rodopiar; **~pumpe** *f* bomba *f* centrífuga.

'**kreis|en** ['kraɪzən] *Blut, Geld*: circular; *phys.* gravitar; **⌇fläche** *f* círculo *m*; **~förmig** [-fœrmiç] circular; **⌇korn** *n* (-*ės*; ⸚*er*) ⚔ mira *f* circular; **⌇lauf** *m* (-*ės*; *0*) circulação *f*; 2**laufstörung** *f* perturbação *f* circulatória; 2**linie** *f* linha *f* circular; ~**rund** circular; orbicular; 2**-säge** *f* serra *f* circular; 2**-sehne** *f* corda *f*; 2**-stadt** *f* (-; ¨e) cabeça *f* de comarca.

'**kreißen** ['kraɪsən] (-*t*) estar de parto.

'**Kreis|-umfang** *m* (-*es*; ¨*e*) circunferência *f*; ~**verkehr** *m* (-*s*; *0*) sentido *m* giratório.

Krema'torium [krema'to:rium] *n* (-*s*; *Krematorien*) crematório *m*.

Kreml [kreml] *m* Cremlim *m*.

'**Krempe** ['krɛmpə] *f* aba *f*; rebordo *m*; ~**l**: **a**) F *m* trastes *m/pl.*; farraparia *f*; **b**) ⊕ *f* carda *f*; 2**ln** ⊕ (-*le*) cardar.

Kre'ol|e [kre'o:lə] *m* (-*n*) crioulo *m*; ~**in** *f* crioula *f*.

kre'pieren [kre'pi:rən] (-; *sn*) (*platzen*) rebentar; (*sterben*) morrer.

Krepp [krɛp] *m* (-*s*; -*e*, -*s*) crepe *m*, fumo *m*.

'**Kresse** ['krɛsə] *f* agrião *m*, agriões *m/pl.*

Kreuz [krɔyts] *n* (-*es*; -*e*) cruz *f* (*a. fig.*); *Anat.* espinha *f*, cruzes *f/pl.*; (*Kruppe*) garupa *f*; ♪ (sinal *m* de) sustenido *m*; *Kartenspiel*: paus *m/pl.*; *Astr.* cruzeiro *m*; *das* (*od. ein*) ~ *schlagen* benzer-se; 2 *und quer* em todos os sentidos; ao ziguezague; '~**-abnahme** *f* (*0*) descimento *m* da cruz; '~**band** *n* (-*es*; ¨*er*): *unter* ~ com cinta *f*; cintado; '~**bein** *n* (-*es*; -*e*) sacro *m*; '~**berg** *m* (-*es*; -*e*) calvário *m*; '~**blütler** ['-bly:tlər] *m* crucífera *f*; '2**en** (-*t*) cruzar (*a.* ⚓); (*gegen den Wind*) ~ barlaventear; pôr-se a barlavento; '~**er** *m* ⚓ cruzador *m*; *Münze*: cruzado *m*; '~**fahrer** *m* cruzado *m*; '~**fahrt** *f* ⚓ cruzeiro *m*; *Rel.* cruzada *m*; '~**feuer** *n* (-*s*; *0*) fogo *m* cruzado ; 2**fi'del** folgazão; muito alegre; '2**förmig** ['-fœrmiç] cruciforme; '~**gang** *m* (-*es*; ¨*e*) claustro *m*; '~**gewölbe** *n* abóbada *f* de arestas; '2**igen** ['-igən] crucificar; '~**igung** ['-iguŋ] *f* crucificação *f*; '2**lahm** derreado; '~**-otter** *f* (-; -*n*) víbora *f*; '~**-spinne** *f* aranhão *m*, aranha *f* cruzeira; '~**-stich** *m* (-*es*; -*e*) ponto *m* de cruz; '~**ung** *f* cruzamento *m*; ⚱ intersecção *f*; '~**ungs-punkt** *m* (-*es*; -*e*) encruzilhada *f*; 🚂 entroncamento *m*; ⚱ ponto *m* de intersecção; '~**verhör** *n* (-*es*; -*e*) interrogatório *m* contraditório; '~**weg** *m* (-*es*; -*e*) encruzilhada *f*; '2**weise** *adv.* em cruz; *adj.* encruzado; atravessado; ~ *legen* (en)cruzar; '~**wort-rätsel** *n* (charada *f* de) palavras *f/pl.* cruzadas; crucigrama *m*; '~**zug** *m* (-*es*; ¨*e*) cruzada *f*.

'**kribbel|ig** ['kribəliç] F nervoso; ~**n** (-*le*) F formigar; (*jucken*) irritar; *fig.* apetecer.

'**kriech|en** ['kri:çən] (*L*; *h. u. sn*) arrastar-se; rastejar; (*auf allen vieren*) ~ andar de rasto, andar de gatas; *aus dem Ei*: sair de; ~**end** *adj.* rasteiro; *fig.* servil; 2**er** *m fig.* homem *m* servil, adulador *m*; 2**e'rei** [-ə'raɪ] *f fig.* servilismo *m*; ~**erisch** ['-əriʃ] servil; 2**tier** *n* (-*es*; -*e*) reptil *m*.

Krieg [kri:k] *m* (-*es*; -*e*) guerra *f*; ~ *führen* (*gegen*) fazer guerra (a), guerrear (*ac.*); *in den* ~ *ziehen* partir para a guerra.

'**kriegen** ['kri:gən] apanhar; (*erhalten*) receber, obter; *klein*~ F dar cabo de; amarfanhar; *sich* ~ F casar.

'**Krieger|denkmal** *n* monumento *m* aos mortos da guerra; 2**isch** guerreiro, belicoso; *Aussehen*: marcial; *Handlung*: bélico.

'**krieg|führend** beligerante; 2**führung** *f* (*0*) estratégia *f*; condução *f* da guerra.

'**Kriegs|anleihe** *f* empréstimo *m* de guerra; ~**-ausbruch** *f* (-*es*; ¨*e*) eclosão *f* da guerra; início *m* das hostilidades; ~**bedarf** *m* (-*es*; *0*) material *m* de guerra; *für den* ~ para (as necessidades *f/pl.* d)a guerra; 2**bereit** mobilizado; em pé de guerra; '~**berichter**(**statter**) *m* correspondente *m* de guerra; ~**beschädigte**(**r**) [-bəʃɛ:diçtə(r)] *m* mutilado *m* de guerra; ~**beute** *f* despojos *m/pl.* de guerra; ~**dauer** *f* (*0*): *für die* ~ durante a guerra; ~**dienst** *m* (-*es*; -*e*) serviço *m* militar; ~**dienstverweigerer** [-fɛrvaɪgərər] *m* refractário *m*; ~**-einsatz** *m* (-*es*; ¨*e*) mobilização *f*; *im* ~ *stehen* ser mobilizado; 2**-erfahren** aguerrido; ~**-erklärung** *f* declaração *f* de guerra; ~**fall** *m* (-*es*; ¨*e*) caso *m* de guerra; ~**flotte** *f* armada *f*, marinha *f* de guerra; ~**fuß** *m* (-*es*; *0*): *auf dem* ~ em pé de guerra; ~**gebiet** *n* (-*es*; -*e*) zona *f* de guerra;

~gefangene(**r**) *m* prisioneiro *m* de guerra; **~gefangenschaft** *f* (*0*) cativeiro *m*; *in ~ geraten* ser feito prisioneiro; **~gericht** *n* (*-es*; *-e*) conselho *m* de guerra; **~geschädigte**(**r**) [-gəʃɛ:diçtə(r)] *m* sinistrado *m* da guerra; **~geschichte** *f* (*0*) história *f* militar; **~gesetz** *n* (*-es*; *-e*) lei *f* marcial; **~-hafen** *m* (*-s*; *⸚*) porto (*'ô) *m* militar; **~-hetzer** *m* belicista *m*; **~-industrie** *f* indústria *f* de guerra; **~kamerad** *m* (*-en*) companheiro *m* de armas; **~kosten** *pl.* gastos *m/pl.* de guerra, despesas *f/pl.* de guerra; **~list** *f* estratagema *m*; **~macht** *f* (-; *⸚e*) força (*'ô) *f* militar; **~marine** *f* = *~flotte*; **~minister**(**ium** *n* [*-s*; *-ministerien*]) *m* Ministro (Ministério) *m* da Guerra; **~recht** *n* (*-es*; *0*) lei *f* marcial; **~-schaden** *m* (*-s*; *⸚*) estrago *m* de guerra; **~-schauplatz** *m* (*-es*; *⸚e*) teatro *m* da guerra; **~-schiff** *n* (*-es*; *-e*) vaso *m* de guerra, navio *m* de guerra; **~-schuld** *f* (*0*) responsabilidade *f* da guerra; (*Geld*): dívida *f* de guerra; **~-stärke** *f* efe[c]tivo *m* de guerra; **~-teilnehmer** *m* (antigo) combatente *m*; **~-treiber** *m* = *~hetzer*; **~-verbrecher** *m* criminoso *m* de guerra; **~verdienst** *n* (*-es*; *-e*) mérito *m* de guerra; **~wesen** *n* (*-s*; *0*) guerra *f*; **~wichtig** de importância militar; **~-zug** *m* (*-es*; *⸚e*) expedição *f* militar; **~-zustand** *m* (*-es*; *0*) estado *m* de guerra.

Krimi'nal|beamte(**r**) [krimi'na:l-] *m* agente *m* da polícia; **~film** *m* (*-es*; *-e*) filme *m* policial; **~gericht** *n* (*-es*; *-e*) tribunal *m* criminal, juízo *m* criminal; **~polizei** *f* (*0*) polícia *f* judiciária; **~roman** *m* (*-s*; *-e*) romance *m* policial.

'**Krimskrams** ['krimskrams] F *m* (*-es*; *0*) tralha *f*.

'**Kringel** ['kriŋəl] *m* rosquilha *f*, rosca *f*.

'**Krippe** ['kripə] *f* manjedoura *f*; (*Kinder*~) infantário *m*; creche *f*; (*Weihnachts*~) presépio *m*.

'**Kris**|**e** ['kri:zə] *f* crise *f*; **~eln** (*-le*) estar em crise; *es kriselt a.* há uma crise; **~en-fest**: *~ sn* resistir a crises.

Kris'tall [kris'tal] *m* (*-s*; *-e*) cristal *m*; **~glas** *n* (*-es*; *⸚er*) cristal *m* (fino, talhado), bacará *m*; **~'inisch** [-'li:niʃ] cristalino; **~i'sieren** [-li'zi:rən] (-; *sn*) cristalizar; **~klar** cristalino; **~zucker** *m* (açúcar *m*) pilé *m*, açúcar *m* cristalizado.

Kri'terium [kri'te:rium] *n* (*-s*; *Kriterien*) critério *m*.

Kri'tik [kri'ti:k] *f* crítica *f*, reparo *m* (*üben* fazer); **~'aster** [-ti'kastər] *m* F critiqueiro *m*.

'**Krit**|**iker** ['kri:tikər] *m* crítico *m*; **~isch** crítico; **~i'sieren** [-i'zi:rən] (-) criticar.

Kritt|**e'lei** [kritə'laɪ] *f* critiquice *f*; '**~eln** (*-le*) fazer crítica mesquinha; '**~ler** ['-lər] *m* critiqueiro *m*.

Kritze|'**lei** [kritsə'laɪ] *f* garatujas *f/pl.*, rabiscos *m/pl.*; '**~ln** (*-le*) rabiscar.

Kro'at|**e** [kro'a:tə] *m* (*-n*), **~in** *f* croata *m*, *f*; **~isch** croata; da Croácia.

Kroko'dil [kroko'di:l] *n* (*-s*; *-e*) crocodilo *m*; **~s-tränen** *f/pl.*: *~ weinen* chorar por um olho azeite e por outro vinagre.

'**Krokus** ['kro:kus] *m* (-; -, *-se*) croco *m*, açafrão *m*.

'**Krone** ['kro:nə] *f* coroa *f*; (*Baum*~) copa *f*; (*Blüten*~) corola *f*; *e-r Sache* (*dat.*) *die ~ aufsetzen fig.* ser o cúmulo.

'**krönen** ['krø:nən] coroar; △ rematar.

'**Kron**|**gut** ['kro:n-] *n* (*-es*; *⸚er*) bens *m/pl.* da coroa; **~leuchter** *m* lustre *m*; **~prinz** *m* (*-en*) príncipe *m* herdeiro (*od.* real); **~prinzessin** *f* princesa *f* real; esposa *f* do príncipe herdeiro; **~rat** *m* (*-es*; *⸚e*) conselho *m* da coroa.

'**Krönung** ['krø:nuŋ] *f* coroação *f*; △ *a.* remate *m*.

'**Kronzeuge** ⚖ *m* (*-n*) testemunha *f* principal.

Kropf [krɔpf] *m* (*-es*; *⸚e*) papo *m*; ⚕ bócio *m*, P papeira *f*.

'**kröpfen** ['krœpfən] *Baum*: podar, decotar; ⊕ dobrar, pregar.

'**Kröte** ['krø:tə] *f* sapo *m*.

'**Krück**|**e** ['krykə] *f*, **~stock** *m* (*-es*; *⸚e*) muleta *f*.

Krug [kru:k] *m* (*-es*; *⸚e*) cântaro *m*; *kleiner Schöpf*~: púcaro *m*; *einhenkliger*: jarro *m*; (*Wirtshaus*) taberna *f*.

'**Krume** ['kru:mə] *f* migalha *f*; miolo *m* de pão.

'**Krümel** ['kry:məl] *n u. m* migalha *f*; **~ig** esmigalhado; **~n** (*-le*) esmigalhar(-se).

krumm [krum] curvo; (en)curvado; torto; (*verbogen*) torcido; (*gewunden*) sinuoso, tortuoso (*a. fig.*); ~ *nehmen fig.* levar a mal; '**~beinig** ['-baɪnɪç] de pernas tortas, cambado, cambeta.

'**krümmen** ['krymən] (en)curvar; torcer, dobrar; arquear; *a. sich* ~ vergar; *Holz a.*: empenar; *gekrümmt adj.*: *a.* Ꭿ curvo.

'**Krümmung** ['krymuŋ] *f* curva *f*, curvatura *f*, sinuosidade *f*.

'**Kruppe** ['krupə] *f* garupa *f*.

'**Krüppel** ['krypəl] *m* aleijado *m*, mutilado *m*; **2-haft** aleijado, mutilado.

'**Kruste** ['krustə] *f* crusta *f*, crosta *f*; (*a. Brot*2) côdea *f*.

'**Kübel** ['ky:bəl] *m* cuba *f*.

Ku'bik|meter [ku'bi:k-] *n* (*a. m*) metro *m* cúbico; **~wurzel** Ꭿ *f* (-; -*n*) raíz *f* cúbica; **~zahl** *f* cubo *m*.

'**Kubus** ['ku:bus] *m* (-; -, *Kuben*) cubo *m*.

'**Küche** ['ky:çə] *f* cozinha *f*; *die* ~ *besorgen* cozinhar; tratar da comida; *kalte* ~ carnes *f/pl.* frias.

'**Kuchen** ['ku:xən] *m* bolo *m*, pastel *m* (*backen* fazer); **~bäcker** *m* pasteleiro *m*; **~bäckerei** *f* pastelaria *f*; **~blech** *n* (-*es*; -*e*) tabuleiro *m*.

'**Küchen-einrichtung** ['ky:çən-] *f* trem *m* de cozinha.

'**Kuchenform** *f* forma *f* (para bolos).

'**Küchen|garten** *m* (-*s*; ꞉) horta *f*; quintal; **~geschirr** *n* (-*es*; -*e*) trem *m* de cozinha; **~-herd** *m* (-*es*; -*e*) fogão *m* de cozinha; **~junge** *m* (-*n*) moço (*'ô) *m* de cozinha; **~latein** *n* (-*s*; *0*) latinório *m*, latim *m* macarrónico; **~meister** *m* cozinheiro-chefe *m*; **~schrank** *m* (-*es*; ꞉*e*) armário *m* de cozinha; **~zettel** *m* lista *f*; ementa *f*.

'**Küchlein** ['kyçlaɪn] *n* pintainho *m*.

'**Kuckuck** ['kukuk] *m* (-*s*; -*e*) cuco *m*; F *zum* ~*!* com mil diabos!; F *der* ~ *soll ihn holen!* diabos o levem!, raios o partem!

'**Kufe** ['ku:fə] *f* dorna *f*, cuba *f*, tina *f*; *pl.* ~*n am Schlitten u.* ✈ varais *m/pl.*

'**Küfer** ['ky:fər] *m* tanoeiro *m*; (*Kellermeister*) adegueiro *m*.

'**Kugel** ['ku:gəl] *f* (-; -*n*) Ꭿ esfera *f*; (*Erd*2) globo *m* terrestre; (*Geschoß*) bala *f*; (*Spiel*2) bola *f*; *sich* (*dat.*) e-e ~ *durch den Kopf jagen* (*od. schießen*) suicidar-se (por um tiro); **~-abschnitt** Ꭿ *m* (-*es*; -*e*) segmento *m*; **2-artig** globular; **~-ausschnitt** Ꭿ *m* (-*es*; -*e*) sector *m* esférico; **~fang** *m* (-*es*; ꞉*e*) pára-balas *m*; **2fest** à prova de bala; invulnerável; **~förmig** [-fœrmɪç] esférico; globular; **~gelenk** *n* (-*es*; -*e*) articulação *f* esférica (*od.* móvel); **~gestalt** *f* forma *f* esférica; esfericidade *f*; **~lager** *n* rolamento *m* de esferas; **2n** (-*le*) *v/i.*: **a**) (*sn*) rolar (*a. v/t.* [*h.*]); **b**) (*h.*) rotar por esferas; *sich* ~ rebolar-se; *fig. sich vor Lachen* ~ fartar-se de rir; **~regen** *m* (-*s*; *0*) rajada *f*; **2rund** redondo como uma bola; **~schreiber** *m* esferográfica *f*; **~stoßen** *n Sport*: lançamento *m* de peso (*ê); **~ung** *f* rotação *f* por esferas.

Kuh [ku:] *f* (-; ꞉*e*) vaca *f*; *Spiel*: *blinde* ~ cabra-cega *f*; '**~blume** *f* dente-de-leão *m*; '**~fladen** *m* bosta *f*; '**~futter** *n* forragem *f* (*od.* penso *m*) para gado bovino; '**~glocke** *f* chocalho *m*; '**~-handel** *m fig.* regateio *m*; '**~haut** *f* (-; ꞉*e*): *das geht auf keine* ~ *fig.* F parece mesmo impossível; '**~-hirt** *m* (-*en*) vaqueiro *m*.

kühl [ky:l] fresco; *fig.* frio; *adv.* com frieza; ~ *werden* arrefecer; '**2-anlage** *f* frigorífico *m*.

'**Kuhle** ['ku:lə] *f* cova *f*.

'**Kühl|e** ['ky:lə] *f* frescura *f*; fresco *m* (*in der* ao); *fig. j-s.*: reserva; **2en** refrescar, esfriar; ⊕ *u.* ⚗ refrigerar; **2end** *adj.* refrescante; ⊕ *u.* ⚗ refrigerante; **~er** *m Auto*: radiador *m*; **~-haus** *n* (-*es*; ꞉*er*) armazém *m* frigorífero; **~raum** *m* (-*es*; ꞉*e*) câmara *f* fria; **~schiff** *n* (-*es*; -*e*) barco *m* frigorífero; **~schlange** *f* radiador *m*; **~schrank** *m* (-*es*; ꞉*e*) frigorífico *m*; **~ung** ⊕ *f* refrigeração *f*, refrigério *m*; **~wasser** *n* (-*s*; *0*) água *f* de arrefecimento.

'**Kuh|magd** *f* (-; ꞉*e*) vaqueira *f*; **~mist** *m* (-*es*; -*e*) bosta *f*.

kühn [ky:n] temerário, ousado, audaz; '**2heit** *f* (*0*) audácia *f*; ousadia *f*; arrojo *m*.

'**Kuh|pocken** *f/pl.* vacina *f/sg.*; **~reigen** *m* charangueiro *m*; **~stall** *m* (-*es*; ꞉*e*) curral *m*; vacaria *f*.

'**Küken** ['ky:kən] *n* pintainho *m*.

ku'lant [ku'lant] amável; atencioso.

Ku'liss|e [ku'lisə] *f* bastidor *m*; **~en-schieber** *m* operário *m* do palco.
Kulmi|nati'on(s-punkt *m* [-*es*; -*e*]) *f* [kulminatsi'o:n-] culminação *f* (ponto *m* culminante); **2'nieren** (-) culminar.
Kult [kult] *m* (-*es*; -*e*) culto *m*; **2i'vieren** [-ti'vi:rən] (-) cultivar.
Kul'tur [kul'tur] *f* cultura *f*; *a.* ↗ cultivo *m*; (*Gesittung*) civilização *f*; **~-abteilung** *f* serviços *m*/*pl.* culturais; **~-aufgabe** *f* missão *f* civilizadora; **2'ell** [-tu'rɛl] cultural; **2fähig** cultivável; **~film** *m* (-*es*; -*e*) documentário *m*; **~geschichte** *f* história *f* da cultura (*od.* da civilização); **2geschichtlich** histórico-cultural; **~kunde** *f* (*0*) estudo *m* da cultura (*od.* da civilização); **~land** *n* (-*es*; ⸗*er* ↗ terra *f* de cultura; **~pflanze** *f* planta *f* cultivada; **~stufe** *f* grau *m* de cultura (*od.* de civilização); **~träger** *m* obreiro *m* da civilização; **~volk** *n* povo *m* civilizado.
'**Kultus** ['kultus] *m* (-; *0*) culto *m*; **~minister(ium** *n* [-*s*; -*ministerien*]) *m* Ministro *m* (Ministério *m*) de Educação (Nacional *od.* de Instrução Pública).
'**Kümmel** ['kyməl] *m* (-*s*; *0*) cominho *m*; *Schnaps*: kúmel *m*.
'**Kummer** ['kumər] *m* (-*s*; *0*) aflição *f*, desgosto (*'ô) *m*, pena *f* (*bereiten* causar).
'**kümmer|lich** ['kymərliç] pobre, miserável; **~n** (-*re*) preocupar, afligir; *verneint od. fragend*: importar, interessar; *sich ~ um* tratar de, cuidar de, interessar-se por; **2nis** *f* = *Kummer*.
'**kummervoll** aflito, muito preocupado.
Kum'pan [kum'pa:n] *m* (-*s*; -*e*) companheiro *m*, compadre *m*; ⚖ cúmplice *m*.
'**Kumpel** ['kumpəl] *m* mineiro *m*.
'**kündbar** ['kyntba:r] revogável.
'**Kunde** ['kundə] **a**) *f* (*0*) (*Kenntnis*) conhecimento *m*; (*Nachricht*) notícia *f*, nova *f*; **b**) *m* (-*n*) freguês *m*; cliente *m*.
'**Kunden|dienst** *m* (-*es*; *0*) serviço *m* da clientela; **~werbung** *f* propaganda *f*.
'**kundgeb|en** ['kunt-] (*L*) manifestar; *mit Worten a.*: exprimir; **2ung** *f* manifestação *f*, demonstração *f*, (*Ausdruck*) expressão *f*; (*Erklärung*) manifesto *m*.
'**kundig** ['kundiç] conhecedor; perito; versado em.
'**kündig|en** ['kyndigən]: *j-m ~* despedir alg.; mandar alg. embora; (*aufgeben*) *Stellung*: despedir-se; *Wohnung*: sair, mudar de; *Vertrag*: denunciar; rescindir; **2ung** *f j-s*: despedida *f*; *Vertrag*: denúncia *f*; rescisão *f*; *Wohnung*: aviso *m* de mudança (*od.* de saída); *mit monatlicher ~* com aviso *m* de um mês.
'**Kundin** ['kundin] *f* freguesa *f*; cliente *f*.
'**Kundschaft** ['kuntʃaft] *f* clientela *f*, freguesia *f*; *poet.* (*Nachricht*) nova *f*; **~er** *m* emissário *m*; espia *m*, *f*; explorador *m*.
'**kund|tun** (*L*) manifestar, exprimir; **~werden** (*L*; *sn*) anunciar-se; divulgar-se, espalhar-se.
'**künftig** ['kynftiç] futuro.
Kunst [kunst] *f* (-; ⸗*e*) arte *f* (*bildende* plástica; gráfica); = *~fertigkeit*, *schwarze ~* necromancia; magia *f* negra; **~-akademie** *f* (Academia das) Belas Artes; '**~-ausstellung** *f* exposição *f* de (obras de) arte; salão *m*; '**~betrachtung** *f* crítica *f* estética; '**~dünger** *m* adubo *m* (químico).
Künste'lei [kynstə'laɪ] *f* afe[c]tação *f*; artificialidade *f*; requinte *m*.
'**Kunst|erziehung** *f* (*0*) educação *f* estética; **~faser** *f* (-; -*n*) fibra *f* artificial; **2fertig** hábil, destro; **~fertigkeit** *f* habilidade *f*; destreza *f*; **~flieger** *m* aviador *m* acrobático; **~flug** (-*es*; ⸗*e*) *m* voo (*'ô) *m* acrobático; **~freund** *m* (-*es*; -*e*) amador *m* das belas artes; **~genuß** *m* (-*sses*; ⸗*sse*) prazer *m* estético; **~geschichte** *f* (*0*) história *f* de arte; **~gewerbe** *n* (-*s*; *0*) arte *f* aplicada; artesanato *m*; **2gewerblich** decorativo; **~griff** *m* (-*es*; -*e*) artifício *m*, jeito *m*; F truque *m*; **~handel** *m* (-*s*; *0*) comércio *m* de obje[c]tos de arte; **~händler** *m* negociante *m* de obje[c]tos de arte; **~handwerk** *n* (-*es*; *0*) arte(s *pl.*) *f* aplicada(s); **~handwerker** *m* artista *m*; artífice *m*; **~kenner** *m* conhecedor (*od.* versado) *m* em matéria de arte; **~kritik** *f* crítica *f* de arte; **~kritiker** *m* crítico *m* de arte; **~lauf** *m* (-*es*; ⸗*e*) *Eissport*: patinagem *f* artística; **~leder** *n* (-*s*; *0*) couro *m* artificial.

'**Künstler** ['kynstlər] *m* artista *m* (*bildender* plástico; gráfico); *Thea.*: a[c]tor *m*; **~in** *f* artista *f*; *Thea.*: a[c]triz *f*; **2isch** artístico, estético.
'**künstlich** [kynstliç] artificial; *Gebiß*, *Haar*: postiço; ⚗ sintético; plástico.
'**Kunst|liebhaber** *m* = *~freund*; **2los** sem arte; simples, natural; **~maler** *m* pintor *m* (artista); **~reiter** *m* picador *m*; **~reiterin** *f* amazona *f*; **~richtung** *f* estilo *m*; **~sammlung** *f* cole[c]ção *f* (de obje[c]tos) de arte; **~seide** *f* seda *f* vegetal, seda *f* artificial; **~sinn** *m* (-*ės*; *0*) sensibilidade *f* estética; **~-stickerei** *f* bordado *m* artístico; **~-stoff** *m* (-*ės*; -*e*) (material *m*) plástico *m*; **2-stopfen** cerzir; **~-stopferin** *f* cerzideira *f*; **~-stück** *n* habilidade *f*; **~-tischler** *m* ebanista *m*, marceneiro *m*; **~tischlerei** *f* marcenaria *f*; **2verständig**: *~ sn* entender de arte; **~werk** *n* (-*ės*; -*e*) obra *f* de arte; **~wert** *m* (-*ės*; -*e*) valor *m* artístico (*od.* estético); **~wolle** *f* (*0*) lã *f* artificial.
'**kunterbunt** ['kuntər-]: *~ durcheinander* baralhado.
Kunz [kunts] *m*: *Hinz und ~* Fulano *m* e Sicrano *m*.
'**Kupfer** ['kupfər] *n* (-*s*; *0*) cobre *m*; = *~stich*; **~blech** *n* (-*ės*; -*e*) cobre *m* laminado; **~druck** *m* (-*ės*; -*e*) = *~stich*; **2farben, 2farbig** cor-de-‑cobre; acobreado; **~geld** *n* (-*ės*; *0*) cobre *m*; **2haltig** [-haltiç] cuprífero; **2n** de cobre; **~schmied** *m* (-*ės*; -*e*) caldeireiro *m*; **~stecher** *m* gravador *m* em cobre; **~stich** *m* (-*ės*; -*e*) gravura *f* em cobre; estampa *f*; **~stich-kabinett** *n* (-*ės*; -*e*) cole[c]ção *f* de estampas; **~vitriol** *n* (-*s*; *0*) sulfato *m* de cobre.
Ku'pon [ku'põ] *m* (-*s*; -*s*) talão *m*.
'**Kuppe** ['kupə] *f* cimo *m*; cume *m*; (*Nagel2*, *Nadel2*) cabeça *f*.
'**Kuppel** ['kupəl] *f* (-; -*n*) cúpula *f*; abóbada *f*; zimbório *m*; **~'ei** [-'laɪ] *f* proxenetismo *m*; **2förmig** [-fœrmiç] abobadado; **2n** (-*le*) alcovitar; ⊕ acoplar, ligar; *Auto*: embraiar, *embrear; 🚂 engatar; **~ung** *f* ligação *f*; acoplamento *m*; engate *m*; *Auto*: embraiagem *f*; * embreagem *f*.
'**Kuppler** ['kuplər] *m*, (**~in** *f*) alcoviteiro *m* (-a *f*), casamenteiro *m* (-a *f*).
Kur [ku:r] *f* tratamento *m*, cura *f* (*gebrauchen* fazer); '**~-anstalt** *f* sanatório *m*.
Kura'tel [kura'tɛl] *f* curadoria *f*, curatela *f*; *unter ~ stellen* pôr sob tutela *f*.
Ku'rator [ku'ra:tɔr] *m* (-*s*; -*en*) curador *m*, administrador *m*; **~ium** [-'to:rium] *n* (-*s*; *Kuratorien*) conselho (*'ê) *m* administrativo.
'**Kur|-aufenthalt** *m* (-*ės*; -*e*) cura *f*; (*Sommerfrische*) vilegiatura *f*; **~bad** *n* (-*ės*; ⸗*er*) termas *f/pl.*, estação *f* balnear.
'**Kurbel** ['kurbəl] *f* (-; -*n*) manivela *f*; **2n** (-*le*) **1.** *v/i.* dar à manivela; *Film*: filmar; **2.** *v/t.* (*aufziehen*) dar corda *f* a; **~lager** *n* mancal *m* de manivela; **~stange** *f* biela *f*; **~welle** *f* cambota *f*.
'**Kürbis** ['kyrbis] *m* (-*ses*; -*se*) abóbora *f*; **~feld** *n* (-*ės*; -*er*) aboboral *m*; **~flasche** *f* ca(la)baça *f*; **~pflanze** *f* aboboreira *f*.
'**küren** ['ky:rən] eleger.
'**Kur|fürst** *m* (-*en*) Príncipe *m* Eleitor; **~fürstentum** *n* (-*s*; ⸗*er*) eleitorado *m*; **2fürstlich** eleitoral; **~gast** *m* (-*es*; ⸗*e*) banhista *m*, aquista *m*; **~haus** *n* (-*es*; ⸗*er*) estabelecimento *m* balnear; casino *m*; **~hotel** *n* (Grande) Hotel *m* das Termas.
Ku'rier [ku'ri:r] *m* (-*s*; -*e*), **~dienst** *m* (-*es*; *0*) correio *m* oficial (*od.* diplomático); **2en** (-) curar; **~zug** *m* (-*ės*; ⸗*e*) comboio *m* expresso.
kuri'os [kuri'o:s] curioso, estranho; **2i'tät** [-zi'tɛ:t] *f* curiosidade *f*.
'**Kur|karte** *f* cartão *m* de banhista; **~kosten** *pl.* (despesas *f/pl.* para o) tratamento *m/sg.*; **~liste** *f* lista *f* dos banhistas; **~-ort** *m* (-*ės*; -*e*) estação *f* termal, termas *f/pl.*; caldas *f/pl.*; águas *f/pl.*; (*Luft2*) estação *f* climática; **~pfuscher** *m* curandeiro *m*, charlatão *m*; **~pfusche'rei** *f* curandice *f*, charlatanaria *f*.
Kurs [kurs] *m* (-*es*; -*e*) rumo *m*, rota *f*, curso *m* (*wechseln* mudar de); ⚚ câmbio *m*; *außer ~ setzen* retirar da circulação; '**~bericht** *m* (-*ės*; -*e*) ⚚ boletim *m* da bolsa; cotações *f/pl.*; '**~buch** 🚂 *n* (-*ės*; ⸗*er*) horário *m*; guia *m* (dos caminhos de ferro).
'**Kur-saal** *m* (-*ės*; ⸗*e*) casino *m*.
'**Kürschner** ['kyrʃnər] *m* peleiro *m*; **~'ei** [-'raɪ] *f* pelicaria *f*.

'**Kurs|festsetzung** *f* cotação *f*; **~gewinn** *m* (-*es*; -*e*) lucro *m* de bolsa.
kur'sieren [kur'ziːrən] (-) circular.
kur'siv [kur'ziːf] em itálicos; **2druck** *m* (-*es*; -*e*), **2schrift** *f* itálico *m*.
'**Kurs|makler** *m* agente *m* de câmbio; **~notierung** *f* cotação *f*; **2'orisch** [-'zoːriʃ] *Lektüre*: seguida; **~-steigerung** *f* alta; **~us** ['-zus] *m* curso *m*; **~verlust** *m* (-*es*; -*e*) perda *f* ao câmbio; **~wert** *m* (-*es*; -*e*) valor *m* cotizado; **~zettel** *m* boletim *m* de cotação; lista *f* de câmbios.
'**Kurtaxe** *f* taxa *f* de turismo.
'**Kurve** ['kurvə] *f* curva *f*; *Temperatur*: gráfico *m*; *e-e ~ fahren, in die ~ gehen* entrar na curva.
kurz [kurts] (*=er*; *=est*) curto; *zeitl.*, *fig. u. adv.* (*sich ~ fassen* ser) breve; (*vergänglich*) efémero; *~ und bündig* conciso; *adv. a.* em poucas palavras; *~ (und gut)* numa palavra, emfim; em resumo; *~(e Zeit)* pouco (tempo); *in ~em, binnen ~em* (dentro) em breve, dentro de pouco; *nach ~er Zeit* pouco depois, passado pouco tempo; *vor ~em* há pouco; recentemente; *über ~ oder lang* mais dia menos dia; *~ nachdem* (*pron. ...*) pouco depois (de *inf.*); *zu ~ kommen* ficar atrás; *~ treten* ⚔ marchar a passo miúdo; *~ angebunden fig.* lacónico, de poucas palavras; *~ entschlossen adv.* de brusca resolução; *~ und klein schlagen* espancar, escangalhar; *es ~ machen* ser breve; *kürzer machen* encurtar, abreviar; *den kürzeren ziehen* perder, ficar atrás; '**2-arbeit** *f* trabalho *m* reduzido; '**~-atmig** ['-aːtmiç] asmático; '**2atmigkeit** *f* (*0*) asma *m*.
'**Kürze** ['kyrtsə] *f* (*0*) curteza *f*; *zeitl.* brevidade *f*; *Ausdruck*: concisão *f*; *in ~* (dentro) em breve; *der ~ halber* para abreviar, para ser breve.
'**Kur-zeit** *f* época *f* balnear.
'**Kürzel** ['kyrtsəl] *n* abreviatura *f*.
'**kürzen** ['kyrtsən] (-*t*) abreviar; *räumlich a.*: encurtar; *Text*: cortar; ⅍ *u.* (*mindern*) reduzir.
'**kurz|er-hand** sem rodeios, sem mais nada; **2film** *m* (-*es*; -*e*) filme *m* de curta metragem; **~fristig** ['-fristiç] a curto prazo; **~gefaßt** breve, sucinto, resumido; conciso; **~lebig** ['-leːbiç] efémero; de curta duração.
'**kürzlich** ['kyrtsliç] recentemente, há pouco; *vor part. pt.* recém-...; *er ist ~ angekommen* acaba de chegar.
'**Kurz|schluß** *m* (-*sses*; *=sse*) curto-circuito *m*; **~schrift** *f* estenografia *f*; taquigrafia *f*; **2sichtig** ['-ziçtiç] míope; **~sichtigkeit** *f* (*0*) miopia *f*; **~strecke(nläufer** *m*) *f* (corredor *m* a) pouca distância *f*; **2-'um** numa palavra; emfim.
'**Kürzung** ['kyrtsuŋ] *f* abreviação *f*; (*Minderung*) corte *m*, *a.* ⅍ redução *f*.
'**Kurzwaren** *f/pl.* miudezas *f/pl.*; **~geschäft** *n* (-*es*; -*e*) retrosaria *f*; **~-händler** *m* retroseiro *m*.
'**Kurz-weil** *f* (*0*) passatempo *m*, divertimento *m*, distra[c]ção *f*; **2ig** divertido, agradável, interessante.
'**Kurz-welle** *f* onda *f* curta; **~nsender** *m* emissora *f* de ondas curtas.
Ku'sine [ku'ziːnə] *f* prima *f*.
Kuß [kus] *m* (-*sses*; *=sse*) beijo *m*.
'**küssen** ['kysən] (-*ßt*) beijar.
'**kuß|fest** à prova de beijo; **2-hand** *f* (-; *=e*) beijos *m/pl.* (atirados com a mão); *mit ~!* com todo o prazer!
'**Küste** ['kystə] *f* costa *f*; = *~nland*; *an der ~ von* ao largo de.
'**Küsten|batterie** *f* bateria *f* costeira; **~bewohner** *m* habitante *m* do litoral; **~gewässer** *n/pl.* águas *f/pl.* litorais; **~land** *n* (-*es*; *=er*) litoral *m*; **~schiffahrt** *f* (*0*) navegação *f* costeira, cabotagem *f*; **~streifen** *m* área *f* marginal; **~strich** *m* (-*es*; -*e*) litoral *m*; **~wachschiff** *n* (-*es*; -*e*) patrulha-costeiro *m*.
'**Küster** ['kystər] *m* sacristão *m*; **~'ei** [-'raɪ] *f* sacristia *f*.
'**Kustos** ['kustos] *m* (-; *Kustoden*) conservador *m*.
'**Kutsch|bock** ['kutʃ-] *m* (-*es*; *=e*) boleia *f*; **~e** ['-ə] *f* coche *m*; carro *m*; **~er** *m* cocheiro *m*; **2'ieren** (-) conduzir num coche, ir de coche; **~wagen** *m* = *~e*.
'**Kutt|e** ['kutə] *f* hábito *m*; **~er** ⚓ *m* balandra *f*, chalupa *f*.
Ku'vert [ku'vɛrt] *n* (-*s*; -*s*) (*Gedeck*) talher *m*; (*Brief2*) sobrescrito *m*, envelope *m*; **2'ieren** [-'tiːrən] (-) meter num envelope.
Kux [kuks] ⚒ *m* (-*es*; -*e*) a[c]ção *f* de minas.

L

L, l [ɛl] *n uv.* L, l *m.*
'**laben** ['la:bən] animar, refrescar; *sich* ~ deleitar-se (*an dat.* com); ~**d** *adj.* delicioso, refrigerante.
la'bil [la'bi:l] instável; **ℒi'tät** [-bili-'tɛ:t] *f* (*0*) instabilidade *f.*
'**Lab|kraut** ['la:p-] *n* (*-ɇs*; *⁼er*) coalha-leite *f*; ~**magen** *m* (*-s*; *⁼*) coagulador *m.*
Labo'r|ant [labo'rant] *m* (*-en*) praticante *m* de laboratório; assistente *m* de analista; ~**a'torium** [-'to:rium] *n* (*-s*; *Laboratorien*) laboratório *m.*
'**Lab|sal** ['la:pza:l] *n* (*-ɇs*; *-e*), ~**ung** ['la:buŋ] *f* refresco (*'ê) *m*; bálsamo *m*; *fig.* alívio *m.*
Laby'rinth [laby'rint] *n* (*-ɇs*; *-e*) labirinto *m.*
'**Lache** ['laxə] *f*: **a**) poça *f*, charco *m*; **b**) gargalhada *f.*
'**lächeln** ['lɛçəln] **1.** (*-le*) sorrir; **2.** ℒ *n* sorriso *m*; ~**d** *adj.* sorridente.
'**lachen** ['laxən] **1.** rir(-se) (*über ac.* de); *ich muß über* (*ac.*) ~ (*nom.*) faz (-me) rir; *sich krank* ~ fartar-se de rir; **2.** ℒ *n* riso *m*; *zum* ~ ridículo.
'**lächerlich** ['lɛçərliç] ridículo; irisório; ~ *machen* ridicul(ar)izar, tornar ridículo; *sich* ~ *machen* ficar ridículo; ℒ**keit** *f* ridículo *m*; (*Geringfügigkeit*) bagatela *f.*
'**Lach|gas** *n* (*-es*; *-e*) gás *m* hilariante; ℒ**-haft** ridículo, caricato, irisório; ~**krampf** *m* (*-ɇs*; *⁼e*) riso *m* convulso.
Lachs [laks] *m* (*-es*; *-e*) salmão *m.*
'**Lach-salve** *f* gargalhada *f.*
'**Lachs|fang** *m* (*-ɇs*; *0*) pesca *f* de salmão; ℒ**farben** cor-de-salmão, assalmonado; ~**forelle** *f* truta *f* assalmoada; ~**schinken** *m* presunto *m* (em febra) cor-de-salmão.
'**Lachtaube** *f* rola-das-índias *f.*
Lack [lak] *m* (*-ɇs*; *-e*), '~**farbe** *f*, '~**firnis** *m* (*-ses*; *-se*) verniz *m*, laca *f*; charão *m* (*a. Glanz*ℒ); ℒ'**ieren** (-) envernizar; acharoar; '~**leder** *n* (*-s*; *0*) cabedal *m* envernizado; polimento *m*; '~**mus** *m* (*-*; *0*) tornassol *m*; '~**schuh** *m* (*-ɇs*; *-e*) sapato *m* de polimento (*od.* de verniz).
'**Lade** ['la:də] *f* arca *f*; cofre *m*; (*Schub*ℒ) gaveta *f*; ~**fähigkeit** *f* capacidade *f*; ⚓ tonelagem *f*; ~**hemmung** ⚔ *f* atravanco *m*, travanca *f.*
'**laden**[1] ['la:dən] (*L*) carregar; ⚖ citar; intimar; convocar; (*ein*~) convidar.
'**Laden**[2] *m* (*-s*; *⁼*) ⚕ loja *f*; (*Fenster*ℒ) porta(da) *f* de janela; ~**hüter** *m* mono *m*; ~**inhaber(in** *f*) *m* lojista *m*/*f*; ~**kasse** *f* caixa *f* (do estabelecimento); ~**preis** *m* (*-es*; *-e*) preço *m* de venda (*Buch*: de capa); ~**schild** *n* (*-ɇs*; *-er*) taboleta *f*; ~**schluß** *m* (*-sses*; *0*) encerramento *m*; ~**tisch** *m* (*-es*; *-e*) balcão *m.*
'**Lade|platz** *m* (*-es*; *⁼e*) embarcadouro *m*; ~**raum** ⚓ *m* (*-ɇs*; *⁼e*) porão *m*; ⚔ câmara *f*; ~**schein** ⚓ *m* (*-ɇs*; *-e*) conhecimento *m*; ~**ventil** *n* (*-s*; *-e*) válvula *f* de carregamento.
'**Ladung** ['la:duŋ] *f* carga *f* (*a.* ⚔ *u.* ⚡); carregamento *m*; ⚖ citação *f*; ~**sfähigkeit** *f* capacidade *f*; tonelagem *f.*
La'fette [la'fɛtə] *f* carreta *f* da peça.
'**Laffe** ['lafə] *m* (*-n*) pateta *m.*
'**Lage** ['la:gə] *f* situação *f*; (*Stellung*) posição *f*; (*Ort*) *a.* sítio *m*; (*Zustand*) estado *m*; *fig. a.* condições *f*/*pl.* (bei em); (*Schicht*) camada *f*; ~ (*Wolle*) meada *f* (de lã); ⚓ bordada *f*; *in der* ~ *sn zu* ... estar em condições de; *in die* ~ *versetzen zu* ... pôr em condições de; ~**beziehung** *f* posição *f* recíproca.
'**Lager** ['la:gər] *n* jazigo *m* (*a. geol. u.* ⚒); (*Bett*) cama *f*, leito *m*; *Tier*: cova *f*; ⚕ armazém *m*; depósito *m*; abastecedouro *m*; (*Vorrat*) sortido *m*; «stock» *m* (*engl.*); ⊕ caixa *f*; mancal *m*; chumeceira *f*; ⚔ acampamento *m*, *a. pol.* campo *m*; arraial *m*; ~**aufseher** *m* guarda *m*; ~**bestand** *m* (*-ɇs*; *⁼e*) «stock» *m* (*engl.*); ~**bier** *n* (*-ɇs*; *-e*) cerveja *f* de conserva; ~**feuer** *n* fogueira *f* de

acampamento; **~geld** *n* (-*ės*; -*er*) armazenagem *f*; **~-halter** *m* armazenista *m*; **~-haus** *n* (-*es*; ⸗*er*) armazém *m*; **2n** (-*re*) **1.** *v/i.* (*h.*, *sn*), (*sich*) ~ acampar, ⚔ *a.* bivacar; (*ausruhen*) descansar; ⚘ estar armazenado; *Wein*: estar na adega; **2.** *v/t.* ⚘ armazenar; *Wein*: pôr na adega; **~platz** *m* (-*es*; ⸗*e*), **~raum** *m* (-*ės*; ⸗*e*), **~stätte** *f* = *Lager*; **~ung** *f* armazenagem *f*; *geol.* estratificação *f*; ⊕ = *Lager*; **~verwalter** *m* armazenista *m*; **~verzeichnis** *n* (-*ses*; -*se*) inventário *m*.

'**Lagune** [la'gu:nə] *f* lagoa *f*.

lahm [la:m] *teilweise*: aleijado (*an dat.* de); *ganz*: paralítico; (*hinkend*) coxo; *fig. j.*: sem forças (*ô); *et.*: sem efeito; '**~en** coxear.

'**lähmen** ['lɛ:mən] paralisar; tolher; aleijar.

'**lahmleg|en** paralisar; **2ung** *f* paralisação *f*.

'**Lähmung** ['lɛ:muŋ] *f* ⚕ paralisia *f*; *fig.* paralisação *f*.

Laib [laɪp] *m* (-*ės*; -*e*): ~ *Brot* pão *m* (grande).

Laich [laɪç] *m* (-*ės*; -*e*) desova *f*, ovas *f/pl.*; '**2en**[1] desovar; '**~en**[2] *n*, '**~zeit** *f* desova(ção) *f*.

'**Laie** ['laɪə] *m* (-*n*) leigo *m*; *Rel. a.* profano *m*; *fig.* ignorante *m*; não-versado *m*.

'**Laien|bruder** *m* (-*s*; ⸗) irmão *m* leigo (*od.* converso); **~brüderschaft** *f* confraria *f*; **2haft** leigo; *Rel. a.* profano; *fig.* estranho ao assunto; ignorante; **~priester** *m* padre *m* secular; **~spiel** *n* (-*ės*; -*e*), **~theater** *n* teatro *m* de amadores.

La'kai [la'kaɪ] *m* (-*en*) lacaio *m*.

'**Lake** ['la:kə] *f* salmoura *f*; **~n** *n* lençol *m*.

la'konisch [la'ko:niʃ] lacónico.

La'kritze [la'kritsə] *f* alcaçuz *m*.

'**lallen** ['lalən] balbuciar; gaguejar.

La'melle [la'mɛlə] *f* lamela *f*.

Lamm [lam] *n* (-*ės*; ⸗*er*) cordeiro *m*, *nicht älter als 1 Jahr* borrego (*ê) *m*; '**2en** parir.

'**Lämmer|geier** ['lɛmər-] *m* abutre--dos-alpes *m*; **~wolke** *f* cirro *m*.

'**Lamm|fell** *n* (-*ės*; -*e*) agnelina *f*; **2fromm** manso como um borrego (*ê); **~sgeduld** *f* (*0*) paciência *f* de anjo; **~wolle** *f* (*0*) lã *f* agnelina; aninho *m*.

'**Lampe** ['lampə] **a**) *f* candeeiro *m*; **b**) *m poet.* a lebre.

Lampen|fieber *n* (-*s*; *0*) nervosidade *f*, nervosismo *m*; **~schirm** *m* (-*ės*; -*e*) abaju(r) *m*; abaixa-luz *m*; (*a. Reflektor*) pantalha *f*.

'**Lampi'on** ['lampi'o:n] *m* (-*s*; -*s*) lampião *m*.

Lam'prete [lam'pre:tə] *f* lampreia *f*.

Land [lant] *n* (-*ės*; ⸗*er*) terra *f* (*zu* por); *Art*: *a.* terreno *m*; *Stück* ~ terra *f*, fazenda *f*; (*Ggs. zu Stadt*) campo *m* (*auf dem* no, *aufs* ao); *Pol.* país; *an* ~ *gehen* desembarcar; *außer* ~*es gehen* emigrar, sair; *des* ~*es verweisen* expulsar; '**~-arbeit** *f* lavoura *f*; '**~-arbeiter** *m* trabalhador *m* agrícola; '**~-arzt** *m* (-*es*; ⸗*e*) médico *m* de aldeia; '**~-aufenthalt** *m* (-*ės*; -*e*) estância *f* no campo, descanso *m* no campo; '**~bau** *m* (-*ės*; *0*) agricultura *f*, lavoura *f*; '**~besitz** *m* (-*es*; -*e*) propriedade(s *pl.*) *f*; quinta *f*; *großer*: latifúndio *m*; '**~besitzer** *m* proprietário *m*; '**~bewohner** *m* camponês *m*; **2-'einwärts** terra adentro; '**2en** ['-dən] (-*e*-) **1.** *v/t.* desembarcar; **2.** *v/i.* ⚓ *Schiff*: abicar; *Passagier*: desembarcar; ✈ aterrar; *Boxhieb*: F chegar; '**~-enge** *f* istmo *m*; '**~eplatz** ['landə-] *m* (-*es*; ⸗*e*) desembarcadouro *m*; ✈ campo *m* de aterragem; aeroporto *m*.

'**Länder|'eien** [lɛndə'raɪən] *f/pl.* bens *m/pl.* de raiz; terrenos *m/pl.*; **~kampf** *m* (-*ės*; ⸗*e*) *Sport*: campeonato *m* internacional; **~kunde** *f* (*0*) geografia *f* política; **~name** *m* (-*ns*; -*n*) nome *m* de país; **~spiel** *n* (-*ės*; -*e*) jogo (*'ô) (*od.* desafio) *m* internacional.

'**Landes|aufnahme** ['landəs-] *f* levantamento *m* topográfico; topografia *f* oficial; **~beschreibung** *f* topografia *f*; **~brauch** *m* (-*ės*; ⸗*e*) costume *m* nacional; **~-erzeugnis** *n* (-*ses*; -*se*) produto *m* nacional; **~farben** *f/pl.* cores *f/pl.* nacionais; **2flüchtig** desertor, prófugo; **~-grenze** *f* fronteira *f*; **~-herr** *m* (-*en*) (**2-herrlich** do) soberano *m*; **~-hoheit** *f* soberania *f*; **~kirche** *f* Igreja *f* nacional (*od.* regional); **~kunde** *f* (*0*) geografia *f*; **~regierung** *f* governo (*ê) *m*; **~-sprache** *f* língua *f* (*od.* idioma *m*) nacional; **~trauer** *f* (*0*) luto *m* nacional; **2-üblich** usual; ~ *sn* ser costume nacional, ser uso nacional; **~verrat** *m* (-*es*; *0*) crime *m* de lesa-pátria; **~verräter** *m* traidor *m* à pátria; **~verteidigung** *f* (*0*) defesa *f* nacional; **~verweisung** *f* desterro (*'ê) *m*, expulsão *f*.

'**Land|flucht** *f* (*0*) êxodo *m* rural; **~frau** *f* camponesa *f*; **~gemeinde** *f* conselho *m*; **~gericht** *n* (-*es*; -*e*) juízo *m* de primeira instância, juízo *m* de comarca; **~gerichtsrat** *m* (-*es*; ¨*e*) juiz *m* de direito; **~gut** *n* quinta *f*; **~haus** *n* (-*es*; ¨*er*) casa *f* de campo; * chácara *f*; **~heim** *n* (-*es*; -*e*) colónia *f* infantil (*od.* escolar); **~jäger(ei** *f*) *m* guarda *m* (*f*) civil; **~karte** *f* mapa *m*, carta *f* geográfica; **~kreis** *m* (-*es*; -*e*) distrito *m*; comarca *f*; **~krieg** *m* (-*es*; -*e*) guerra *f* terrestre; **²läufig** usual, corrente; **~leben** *n* (-*s*; *0*) vida *f* rústica; **~leute** *pl.* aldeões *m/pl.*, camponeses *m/pl.*; gente *f/sg.* do campo; lavradores *m/pl.*

'**ländlich** ['lɛntliç] campestre, rústico, aldeão; *a. Pol.* rural.

'**Land|luft** *f* (*0*) ares *m/pl.* do campo; **~mann** *m* (-*es*; -*leute*) camponês *m*; lavrador *m*; **~messer** *m* agrimensor *m*; **~partie** *f* excursão *f*, passeio *m* ao campo; pique-nique *m*; **~pfarrer** *m* cura *m* de aldeia; **~plage** *f* calamidade *f*, praga *f*, flagelo *m*; **~rat** *m* (-*es*; ¨*e*) administrador *m* do concelho; **~ratte** ⚓ *f* marinheiro *m* de água doce; **~regen** *m* chuva *f* geral; **~rücken** *m* alto *m*.

'**Landschaft** *f* paisagem *f*; *Pol.* província *f*, região *f*; **²lich** regional; *Anblick*, *Bild*: da paisagem; paisagístico; **~sbild** *n* (-*es*; -*er*) panorama *m*; paisagem *f*; **~sgestaltung** *f* arquite(c)tura *f* paisagista; **~smaler** *m* paisagista *m*.

'**Land|schildkröte** *f* tartaruga *f*; **~schule** *f* escola *f* rural; **~schulheim** *n* (-*es*; -*e*) colónia *f* escolar; **~sitz** *m* (-*es*; -*e*) quinta *f*.

'**Lands|knecht** *m* (-*es*; -*e*) lansquenete *m*; **~mann** *m* (-*es*; -*leute*), **~männin** [-mɛnin] *f* compatriota *m*, *f*; conterrâneo *m*, -a *f*, patrício *m*, -a *f*; *was für ein(e)* ~? de que terra?; **~mannschaft** *f* *ehm.* associação *f* («nação» *f*, «república» *f*) de estudantes.

'**Land|spitze** *f* cabo *m*; **~stadt** *f* (-; ¨*e*) cidade *f* de província; vila *f*; **~stände** *m/pl.* Cortes (*ô) *f/pl.*; **~straße** *f* estrada *f* (nacional); **~streicher(ei** *f*) *m* vagabundo *m* (vagabundagem *f*); **~streitkräfte** ⚔ *f/pl.* forças (*ô) *f/pl.* terrestres; **~strich** *m* (-*es*; -*e*) região *f*; **~tag** *m* (-*es*; -*e*) dieta *f*; **~tier** *n* (-*es*; -*e*) animal *m* terrestre.

'**Landung** ['landuŋ] *f* ⚓ arribação *f*; *j-s*: desembarque *m*; ✈ aterragem *f*; **~sbahn** *f* ✈ pista *f* de aterragem; **~sbrücke** *f* ponte *f* de desembarque; **~splatz** *m* ⚓ (-*es*; ¨*e*) desembarcadouro *m*; ✈ campo *m* de aterragem; **~s-steg** *m* (-*es*; -*e*) prancha *f*, ponte *f* de atracar.

'**Land|weg** *m* (-*es*; -*e*) via *f* terrestre (*auf dem* por); **~wein** *m* (-*es*; -*e*) vinho *m* da região; **~wirt** *m* (-*es*; -*e*) agricultor *m*, lavrador *m*; *Diplom*² engenheiro *m* agrónomo; **~wirtschaft** *f* (*0*) agricultura *f*, lavoura *f*; **²wirtschaftlich** agrícola; agronómico; **~wirtschaftsminister(ium** *n* [-*s*; -*ministerien*]) *m* ministro (ministério) *m* da agricultura; **~zunge** *f* língua *f* de terra.

lang [laŋ] (¨*er*; ¨*st*) **a)** *räuml.* comprido; *10 Meter* ~ com (*od.* de) dez metros; *1 Meter* ~ *sn* ter um metro de comprimento; ~ *hinfallen* cair ao comprido; estatelar-se; *(des)* ~*(en) und breit(en)* com todos os pormenores; **b)** *zeitl.* longo, largo; *ein Jahr* ~ durante um ano; *seit* ~*em* desde (*od.* há *od.* faz) muito tempo; *von* ~*er Hand fig.* de antemão; *vgl. lange, länger, längst*; '**~-armig** ['-armiç] de braços largos; '**~-atmig** ['-a:tmiç] *fig.* prolixo; circunstanciado; enfadonho; '**~beinig** ['-baɪniç] de pernas altas, pernalto, '**~e** *adv.* (há) muito tempo; *nicht* ~ pouco (tempo); *es ist* ~ *her, daß* faz muito tempo que; *noch* ~ *nicht* falta ainda muito; *so* ~ tanto tempo; *so* ~ *bis* até que, até (*pron. u. inf. pers.*); *wie* ~? (há) quanto tempo?; *wie* ~ *(noch)?* até quando?; ~ *(aus)bleiben*, ~ *machen* demorar(-se), levar muito tempo; *ich habe ihn* ~ *nicht gesehen* há muito que não o vejo.

'**Länge** ['lɛŋə] *f* comprimento *m*; extensão *f*; longura *f*; *Zeit*: duração *f*; *Erdk. u.* ✈ longitude *f*; *der* ~ *nach*, *in die* ~ ao longo, ao comprido; (*sich*) *in die* ~ *ziehen* prolongar(-se); demorar; *Stoff*: esticar.

'**langen** ['laŋən] **1.** *v/i.* (*genügen*) chegar, bastar; ~ *nach* estender a mão para; *in* (*ac.*) ~ meter a mão em; **2.** *v/t.* F apanhar; passar, deixar ver; *j-m e-e* (*Ohrfeige*) ~ chegar a alg.

'**Längen|grad** *m* (grau *m* de) longitude *f*; **~kreis** *m* (*-es*; *-e*) meridiano *m*; **~maß** *n* (*-es*; *-e*) comprimento *m*.

'**länger** ['lɛŋər] (*comp. v. lang*) mais comprido, mais longo, mais extenso; *zeitl.* mais (tempo); ~ *machen* alongar, esticar.

Lange'weile *f* (*0*) aborrecimento *m*, tédio *m* (*aus, vor dat.* de); ~ *haben*, ~ *bekommen* aborrecer-se, ficar aborrecido.

'**Lang|finger** F *m* ladrão *m*, gatuno *m*; **⁀fristig** [-fristiç] a longo prazo; **⁀haarig** de cabelo comprido; **⁀jährig** de muitos anos; antigo; **⁀lebig** longevo; ⚘ vivaz; **~lebigkeit** *f* (*0*) longevidade *f*.

'**länglich** ['lɛŋliç] oblongo; alongado; **~rund** oval.

'**Lang|mut** *f* (*0*) paciência *f*, longanimidade *f*; **⁀mütig** ['-my:tiç] paciente.

längs [lɛŋs] (*gen.*, *dat.*) ao longo de.

'**langsam** lento; *adv.* devagar; **~er** *werden* (*od. fahren*) diminuir (*od.* baixar) o ritmo (*od.* a velocidade); **⁀keit** *f* (*0*) vagar *m*, lentidão *f*.

'**Längs|ansicht** *f* vista *f* longitudinal; **~schiff** *n* ⚠ (*-es*; *-e*) nave *f* central; (*Web⁀*) lançadeira *f*.

'**Lang|schläfer** *m* dorminhão *m*, dorminhoco *m*; **~spielplatte** *f* (disco *m* de) microgravação *f*.

'**Längsschnitt** *m* (*-es*; *-e*) corte *m* longitudinal.

längst [lɛŋst] (*superl. v. lang*) o mais comprido, o mais longo; *adv.* há muito (tempo); '**~ens** o mais tardar.

'**lang|stielig** ['-ʃti:liç] com pé alto; *fig.* maçador; **⁀strecken...**: *in Zssgn* a grande distância.

Lan'guste [laŋ'gustə] *f* lagosta *f*.

'**lang|weilen** aborrecer, maçar; **~weilig** [-vailiç] aborrecido, maçador; **⁀welle** *f* onda *f* comprida; **~wierig** [-vi:riç] moroso; ⚕ crónico; **⁀wierigkeit** *f* (*0*) morosidade *f*.

'**Lanze** ['lantsə] *f* lança *f*; **⁀nförmig** [-fœrmiç] lanceolado; **~nstechen** *n* torneio *m*.

Lan'zette [lan'tsɛtə] ⚕ *f* lanceta *f*.

Lap'palie [la'pa:liə] *f* bagatela *f*; insignificância *f*.

'**Lapp|e** ['lapə] *m* (*-n*) lapão *m*, lapónio *m*; **~en** *m* trapo *m*; farrapo *m*; *Anat.* lobo *m*; **⁀ig** trapento, ⚘ *u. Zool.* lobado; **~in** *f* lapoa *f*, lapónia *f*.

'**läppisch** ['lɛpiʃ] parvo, pueril; trivial.

'**Lappländ|er(in** *f*) *m* ['laplɛndər-], **⁀isch** lapão *m*, lapónio *m* (lapónia *f*), da Lapónia.

'**Lärche** ['lɛrçə] ⚘ *f* larício *m*.

Lärm [lɛrm] *m* (*-es*; *0*) ruído *m*, barulho *m*; *blinder* ~ rebate *m* falso; ~ *schlagen* tocar a rebate; = ~ *machen* (*a. fig.*) = '**⁀en** fazer barulho; '**⁀end** *adj.* ruidoso, barulhento.

'**Larve** ['larvə] *f* máscara *f*; *Zool.* larva *f*.

lasch [laʃ] frouxo; lasso; F mole; '**⁀e** *f* ⊕ encaixe *m*; (*Schuh⁀*) pala *f*, presilha *f*; 🚂 eclisa *f*; '**⁀enschraube** *f* parafuso *m* de junta; '**⁀heit** *f* (*0*) frouxidão *f*; lassidão *f*; *fig. a.* inércia *f*.

'**lassen** ['lasən] (*L*) (*erlauben, ver~*) deixar; (*aufgeben, unter~*), (*sn*) ~ deixar (*das Rauchen* de fumar), deixar ficar, deixar-se de; (*veran~*) mandar, fazer; ~ *von* desistir de, renunciar a; *sn Leben* ~ sacrificar a vida; *j-n* (*hoch*)*leben* ~ dar vivas a alg.; *vom Stapel* ~ lançar à água; *j-m Zeit* ~ dar tempo a alg.; *sich* (*dat.*) *Zeit* ~ não ter pressa; *Möglichkeit*: *sich auswechseln usw.* ~ poder-se; *sich sehen* ~ aparecer; *sich sehen* ~ *können fig.* apresentar-se bem; *darüber ließe sich viel sagen* sobre isto havia muito que dizer; *laß mich!* deixa-me em paz!; *laß nur!* deixa estar!

'**lässig** ['lɛsiç] negligente, indiferente; descuidado; **⁀keit** *f* (*0*) descuido *m*; indiferença *f*.

'**Lasso** ['laso:] *n* (*-s*; *-s*) laço *m*.

Last [last] *f* carga *f*; (*Gewicht, Bürde*) peso (*ê) *m*, fardo *m*; ⚖ agravo *m*, acusação *f*; responsabilidade *f*; ónus *m*; *j-m et. zur* ~ *legen* imputar a.c. a alg.; atribuir a alg. a responsabilidade de a.c.; incriminar alg. de (*od.* por) a.c.; ⚓ *zu*

~*en* a cargo; à conta; *Bank*: a débito; '~**-auto** *n* (*-s*; *-s*) camião *m*.

'**lasten** ['lastən] (*-e-*) pesar, carregar (*auf dat.* sobre); ♀**-aufzug** *m* (*-es*; *-̈e*) monta-cargas *m*; ♀**-ausgleich** *m* (*-es*; *0*) perequação *f* de encargos; ~**frei** isento de encargos.

'**Laster** ['lastər] *n* vício *m*.

'**Lästerer** ['lɛstərər] *m* difamador *m*; detra[c]tor *m*, *Rel.* blasfemo *m*.

'**lasterhaft** vicioso; perverso, depravado, corru[p]to; ♀**igkeit** *f* (*0*) perversidade *f*, depravação *f*.

'**Läster|maul** *n* ['lɛstər-] (*-es*; *-̈er*), ~**zunge** *f* má-língua *m*, *f*; ♀**n** (*-re*) *Rel.* blasfemar (contra), renegar; (*schmähen*) ofender, difamar; (*verleumden*) caluniar; ~**ung** *f* blasfémia *f*.

'**lästig** ['lɛstiç] importuno, enfadonho, maçador; *Ausländer*: indesejável; ~ *fallen* ser importuno *usw.*; molestar, maçar.

'**Last|kahn** *m* (*-es*; *-̈e*) batelão *m* de carga, barcaça *f*; ~**kraftwagen** *m* camião *m*; ~**pferd** *n* (*-es*; *-e*) (~**tier** *n* [*-es*; *-e*]) cavalo *m* (besta *f*) de carga; ~**träger** *m* moço *m* (de fretes); ~**wagen** *m* camião *m*; zorra *f*, carroça *f*.

La'**tein** [la'taɪn] *n* (*-s*; *0*) latim *m*; ~**er** *m* latino *m*; ♀**isch** latino; *Buchstabe*: romano.

La'**tern|e** [la'tɛrnə] *f* lanterna *f*; candeeiro *m*; ⚓ *u.* 🚂 farol *m*; ~**enpfahl** *m* (*-es*; *-̈e*) poste *m*.

'**Latsch|e** ['la:tʃə] *f* chinela *f*, pantufo *m*; ♆ pinheiro *m* anão; ♀**en** arrastar os pés.

'**Latte** ['latə] *f* ripa *f*, fasquia *f*, sarrafo *m*.

'**Latten|gestell** *n* (*-es*; *-e*) grade *f*; ~**verschlag** *m* (*-es*; *-̈e*) grade *f*; ~**zaun** *m* (*-es*; *-̈e*) taipa *f*, estacada *f*.

'**Lattich** ['latiç] *m* (*-es*; *-e*) alface *m*.

Latz [lats] *m* (*-es*; *-̈e*) (*Brust*♀) peitilho *m*; (*Hosen*♀) braguilha *f*.

'**Lätzchen** ['lɛtsçən] *n* babete *m*, babadouro *m*.

lau [laʊ] tépido, morno (*'ô); *fig.* tíbio.

Laub [laʊp] *n* (*-es*; *0*) folhagem *f*; *dürres* ~ folhas (*ô) *f/pl.* secas (*ê); '~**baum** *m* (*-es*; *-̈e*) árvore *f* de folha (*ô) caduca; '~**dach** *n* (*-es*; *-̈er*) ramagem *f*.

'**Laube** ['laʊbə] *f* caramanchão *m*; ~**ngang** *m* (*-es*; *-̈e*) ramada *f*; ⚠ arcadas *f/pl.*; ~**nkolonie** *f* colónia *f* de hortas pequenas com chalés; jardins *m/pl.* de operários.

'**Laub|fall** *m* (*-es*; *0*) desfolha *f*; ~**frosch** *m* (*-es*; *-̈e*) rela *f*, reineta *f*; ~**holz** *n* (*-es*; *-̈er*) árvores *f/pl.* de folha (*ô) caduca; mato *m* folhudo; ~**hüttenfest** *n* (*-es*; *-e*) festa *f* dos tabernáculos; ~**säge** *f* serra *f* mecânica; ~**wald** *m* (*-es*; *-̈er*) floresta *f* de folha (*ô) caduca; ~**werk** *n* (*-es*; *-e*) folhagem *f*, ramagem *f*.

Lauch [laʊx] *m* (*-es*; *-e*) (alho-)porro *m*.

'**Lauer** *f* (*0*): *auf der* ~ *liegen* estar à espreita; *sich auf die* ~ *legen* emboscar-se, pôr-se de emboscada; ♀**n** (*-re*): *auf* (*ac.*) ~ estar à espreita de; (*warten*) aguardar, esperar (*ac.*); (*j-m auf*~) espiar *alg.*

Lauf [laʊf] *m* (*-es*; *-̈e*) carreira *f*; curso *m*; *Wasser*: corrente *f*; (*Ver*♀) marcha *f*; decurso *m*, decorrer *m*; evolução *f*; (*Rohr*, *Gewehr*♀) cano *m*; ♪ passagem *f*; *Zool.* pata *f*; *im vollen* ~*e* em plena corrida, *im* ~*e des Lebens* pela vida fora; *im* ~*e der Zeit* com o tempo; '~**bahn** *f Sport*: pista *f*; *fig.* carreira *f*; '~**brücke** *f* ponte *f* provisória; '~**bursche** *m* (*-n*) moço *m* de recados; contínuo *m*; '♀**en** (*L*; *sn*) correr (*a. fließen*); (*gehen*) andar; marchar, ⊕ *a.* funcionar; *Film*: exibir-se, proje[c]tar-se; ser rodado; *Gefäß*: deitar; *aus dem Hafen* ~ ⚓ partir; levantar ferro; *sarpar; ~ *lassen* F *a.* soltar; *j-m in* (*od. über*) *den Weg* ~ cruzar o caminho de alg.; *ins Geld* ~ sair caro; '♀**end** *adj.* corrente; *Nummer*: corrido; *adv.* permanentemente; *am* ~*en Band* sem interrupção; em série; *auf dem* ~*en* ao corrente (*halten* pôr, *sn* estar).

'**Läufer** ['lɔyfər] *m* corredor *m*; ⚔ ordenança *f*; correio *m*; (*Flur*♀, *Treppen*♀) passadeira *f*; *Schach*: bispo *m*; *Sport*: médio *m*.

Lauf|e'rei [laʊfə'raɪ] *f* correria *f*; *viel* ~ *haben* ter que ir para trás e para diante; '~**feuer** *n* rastilho *m* de pólvora; *wie ein* ~ com a rapidez de um raio; ràpidamente; '~**graben** *m* (*-s*; *-̈*) trincheira *f*.

'**läufig** ['lɔyfiç] *Zool.*: ~ *sn* estar no cio.

'**Lauf|junge** *m* (*-n*) = ~*bursche*;

~käfer *m* cárabo *m*; **~katze** ⊕ *f* carrete *m*; **~kran** *m* (*-es*; *⸗e*) guindaste *m*; **~paß** F *m* (*-sses*; *0*): *j-m den ~ geben* despedir alg.; mandar alg. passear; **~schritt** *m* (*-es*; *-e*) passo *m* acelerado; **~steg** *m* (*-es*; *-e*) passadouro *m*; **~werk** *n* (*-es*; *-e*) movimento *m* por carretos; **~zeit** *f* *Sport*: tempo *m* de corrida; † prazo *m* de circulação; *Zool.*: cio *m*, brama *f*; **~zettel** *m* circular *f*; guia *f*.

'**Laug|e** ['laugə] *f* barrela *f*, lixívia *f*; **2en** meter na barrela, embarrelar; **~en-asche** *f* (*0*) barreleiro *m*; **~ensalz** *n* (*-es*; *-e*) potassa *f*; **~enwasser** *n* (*-s*; *0*) lixívia *f*, decoada *f*.

'**Lau|heit** *f* (*0*), **~igkeit** *f* (*0*) tibieza *f*, frouxidão *f*.

'**Laun|e** ['launə] *f* humor *m*; (*Grille*) capricho *m*; *gute ~* boa disposição; *bei guter ~* bem disposto; **2en-haft** caprichoso, esquisito; **~en-haftigkeit** *f* (*0*) esquisitice *f*, casmurrice *f*; **2ig** alegre, jovial, humorístico; **2isch** = *2enhaft*.

Laus [laus] *f* (*-*; *⸗e*) (*Kopf2*) piolho *m*; (*Filz2*) chato *m*; '**~bub** *m* (*-en*) maroto *m*.

'**lausch|en** ['lauʃən] escutar; *heimlich*: estar à escuta, espreitar; **~ig** conchegado, sossegado, agradável.

'**laus|en** catar; **~ig** piolhento; *fig.* P chato.

laut [laut] **1.** *adj. Stimme*: alto, sonoro; (*lärmend*) ruidoso; *adv.* em voz alta; *fig. ~ werden Stimmen*: correr; = *~bar werden*; **2.** *prp.* (*gen.*) segundo (*ac.*), conforme a; (*Kraft*) em virtude de; **3.** 2 *m* (*-es*; *-e*) som *m*; *keinen ~ von sich geben* ficar calado; '**~bar**: *~ werden* divulgar-se; '**2e** ♪ *f* alaúde *m*; '**~en** (*-e-*) soar; *Text*: dizer; rezar; *folgendermaßen ~*: ser do teor seguinte, ser concebido nos seguintes termos, rezar assim; *auf* (*ac.*) *~* † ir em nome de; ⚖ *Urteil*: *auf 3 Jahre Gefängnis usw. ~* determinar (*ac.*).

'**läuten** ['lɔytən] (*-e-*) **1.** tocar; *Kirchenglocken*: *a.* repicar, *zu Grabe*: dobrar; (*ertönen*) soar; *es läutet* estão a tocar; *ich habe et. ~ hören fig.* palpita-me; ouvi dizer a.c.; **2.** 2 *n* toque *m*, repique *m*.

'**lauter** ['lautər] **1.** (*comp. v. laut*) mais alto; **2.** (*rein*) puro; *fig.* sincero; leal; **3.** *uv.* (*nichts als*) não... senão; só; mero; (*viel*) uma data de; **2keit** *f* (*0*) pureza *f*, sinceridade *f*, lealdade *f*, integridade *f* (moral).

'**läuter|n** ['lɔytərn] (*-re*) purificar, apurar; *im Feuer*: acrisolar; *Zucker*: refinar; *fig.* sublimar; **2ung** *f* purificação *f*; sublimação *f*.

'**Laut|form** *f* forma *f* fonética; **~gesetz** *n* (*-es*; *-e*) *Gram.* lei *f* fonética; **~gestalt** *f* fonema *m*; **~lehre** *f* (*0*) fonética *f*; **2los** silencioso; **2malend** onomatopaico; **~malerei** *f* onomatopeia *f*; **~schrift** *f* transcrição *f* fonética; **~sprecher** *m* alto-falante *m*; **2stark** potente; intenso; **~stärke** *f* volume *m* do som, intensidade *f* do som; *Radio*: *a.* potência *f* sonora (*od.* do som); **~verschiebung** *f* *Gram.* mutação *f* consonântica; **~verstärker** *m* amplificador *m* de som; **~wandel** *m* (*-s*; *0*) alteração *f* fonética.

'**lauwarm** (*0*) morno.

La'vendel [la'vendəl] *m* (*-s*; *0*) alfazema *f*.

la'vieren ⚓ (*-*; *h.*, *sn*) bordejar; *fig.* oscilar, manobrar.

La'wine [la'vi:nə] *f* alude *m*, avalancha *f*.

lax [laks] desleixado, frouxo, lasso; '**2-heit** *f* (*0*) lassidão *f*.

Laza'rett [latsa'rɛt] *n* (*-es*; *-e*) hospital *m* (militar); **~schiff** *n* (*-es*; *-e*) navio-hospital *m*; **~zug** *m* (*-es*; *⸗e*) ambulância *f*.

'**Lebe|hoch** ['le:bə-] *n* (*-s*; *-s*) viva *m*; brinde *m*; **~mann** *m* (*-es*; *⸗er*) pândego *m*; homem *m* galante.

'**leben** ['le:bən] **1.** viver; *~ bleiben* sobreviver; *zu ~ haben* ter de que viver; *gut ~* levar boa vida; *~ Sie wohl!* adeus!; (*hoch*)*~ lassen* beber à saúde de; dar vivas a; *so wahr ich lebe!* pela minha vida!, pela minha alma!; **2.** 2 *n* vida *f* (*führen* levar); *am ~ sn* ser vivo, estar com vida; *am ~ bleiben* sobreviver; *ums ~ bringen* matar, assassinar; *ums ~ kommen* perder a vida, perecer; *~ (und Treiben)*: *a.* animação *f*, movimento *m*; a(c)tividade *f*; *für sein ~ gern* (*inf.*) dar a vida por; *j-m das ~ schenken* perdoar a vida a alg., *e-m Kinde*: dar à luz (*ac.*); *ins ~ rufen* fundar, criar; *nach dem ~ Mal.* do natural; *zu neuem ~ erstehen* ressuscitar, ressurgir; *sich* (*dat.*) *das* ~ *nehmen* suicidar-se; *mein* ~ *lang* (em) toda a minha vida; **~d** *adj.* vivo, vivente; **2d-gewicht** *n* (-*ės*; -*e*) peso (*ê) *m* vivo.

le'bendig [le'bɛndiç] vivo; **2keit** *f* (*0*) vida *f*, vitalidade *f*; vivacidade *f*.

'Lebens|-abend *m* (-*s*; -*e*) velhice *f*; **~-alter** *n* idade *f*; **~-art** *f* modo *m* de vida; (*Geschick*) jeito *m*; (*Umgangsformen*) maneiras *f/pl.*; **~-baum** *m* (-*ės*; ⁼*e*) tuia *f*; **~bedingung** *f* condição *f* de vida; **~bedürfnis** *n* (-*ses*; -*se*) necessidade *f* vital; **~beschreibung** *f* biografia *f*; **~dauer** *f* (*0*) (tempo *m* da) vida *f*; *auf* ~ *a.* vitalício; ⚘ *u. fig.* duração *f* (*geringe, kurze* pouca); **~-ende** *n* (-*s*; *0*) fim *m* da vida; morte *f*; **~-erfahrung** *f* experiência *f* da vida; **~-erinnerung** *f*: **~en** memórias *f/pl.*; **2fähig** *fig.* viável; **~fähigkeit** *f* (*0*) vitalidade *f*; **2feindlich** biófobo; **~feindlichkeit** *f* (*0*) biofobia *f*; **~frage** *f* questão *f* vital; **2fremd** ingénuo, inexperiente; **~-freude** *f* (*0*) = **~lust**; **2freundlich** biófilo; **2froh** alegre; **~führung** *f* modo *m* de viver; vida *f*; conduta *f*; **~gefahr** *f* perigo *m* de morte; *bei* ~, *mit* ~, *unter* (*dat.*) ~ com risco *m* da vida; **2gefährlich** muito perigoso, muito grave; **~gefährte** *m* (**~gefährtin** *f*) consorte *m(f)*, companheiro *m*, (-a *f*); **~geister** *m/pl.* espíritos *m/pl.* vitais; vitalidade *f/sg.*; **~geschichte** *f* biografia *f*; **2groß**, *in* **~größe** *f* (*0*) de tamanho *m* natural; *Bild*: em corpo *m* inteiro; **~-haltung(skosten** *pl.*) *f* (custo *m/sg.* da) vida *f*; **2klug** (*0*) prudente; **~-klugheit** *f* (*0*) experiência *f* da vida; prudência *f*; **~kraft** *f* (-; ⁼*e*) vitalidade *f*; força (*ô) *f* vital; **2-kräftig** vigoroso; **2länglich** perpétuo; *Rente, Stellung usw.*: vitalício; **~lauf** *m* (-*ės*; ⁼*e*) vida *f*; carreira *f*; *Schrift*: curriculum *m* vitae; **~licht** *n* (-*ės*; -*e*) vida *f*; **~lust** *f* alegria *f* da vida (*od.* de viver); **2lustig** vivo, alegre, folgazão; **~mittel** *n/pl.* víveres *m/pl.*; **~mittelkarte** *f* senha *f* de racionamento; **~mittelversorgung** *f* abastecimento *m*; **2müde** cansado da vida; farto de viver; **~mut** *m* (-*ės*; *0*) energia *f* vital, vitalidade *f*; **~nähe** *f* (*0*) realismo *m*; **~raum** *m* (-*ės*; ⁼*e*) espaço *m* vital; **~regel** *f* (-; -*n*) regra (*od.* norma) *f* de conduta, máxima *f*; **~rente** *f* renda *f* vitalícia; **~retter** *m*: (*mein*) ~ salvador *m* da (minha) vida; **~standard** *m* (-*s*; *0*) nível *m* da vida; **~stellung** *f* posição *f* (social); (*Posten*) lugar *m* vitalício; **~trieb** *m* (-*ės*; *0*) instinto *m* vital; **2tüchtig** a[c]tivo; **~-überdruß** *m* (-*sses*; *0*) tédio *m* da vida; **2-überdrüssig** desgostoso da vida; **~-unterhalt** *m* (-*ės*; *0*) subsistência *f*; sustento *m*; *sich* (*dat.*) *den* ~ *verdienen* ganhar a (sua *usw.*) vida; **~versicherung** *f* seguro *m* de vida; **~wandel** *m* (-*s*; *0*) vida *f* (*j-s* que alg. leva); **~weg** *m* (-*ės*; -*e*) vida *f*; carreira *f*; **~weise** *f* hábito *m*; ⚕ regime *m*; **~weisheit** *f* filosofia *f* prática; **~werk** *n* (-*ės*; -*e*): *sein* ~ a obra da sua vida; **2wichtig** (de interesse [*'ê]) vital; **~-zeit** *f*: *auf* ~ por toda (*ô) a vida; vitalício.

'Leber ['le:bər] *f* fígado *m*; *frisch von der* ~ *weg fig.* sem rodeios, F sem papas na língua; **~fleck** *m* (-*ės*; -*e*) sarda *f*, sinal *m*; **2krank** doente do fígado; ~ *sn a.* sofrer do fígado; **~krankheit** *f*, **~leiden** *n* doença *f* do fígado; hepatite *f*; **~tran** *m* (-*ės*; *0*) óleo *m* de fígados de bacalhau; **~wurst** *f* (-; ⁼*e*) chouriço *m* de fígado (picado).

'Lebe|wesen *n* ser *m* vivo; *kleinstes* ~ micróbio *m*; **~'wohl** *n* (-*s*; *0*) adeus *m*.

'lebhaft ['le:phaft] vivo; animado; caloroso; *Verkehr*: intenso; **2igkeit** *f* (*0*) vivacidade *f*; animação *f*; *Verkehr*: intensidade *f*.

'Leb|kuchen ['le:p-] *m* broa *f* de mel; **2los** sem vida, inânime; **~tag** *m* (-*ės*; -*e*): *mein* ~ toda a minha vida; **~zeiten** *f/pl.*: *bei* (*od. zu*) *j-s* ~ em vida de alg.

'lechzen ['lɛçtsən] (-*t*): ~ *nach* ser ávido de, ser sequioso (*od.* sedento) de.

leck [lɛk] **1.** *adj.* roto; ~ *sn* escorrer; estar com água aberta; ~ *werden* meter água; **2.** **2** *n* (-*ės*; -*e*) furo *m*; ⚓ rombo *m*; **'~en 1.** *v/i.* = *leck sn*; deitar (água); **2.** *v/t.* lamber; *sich die Finger nach et.* ~ *fig.* F lamber-se todo por (*inf.*) a.c.

'lecker ['lɛkər] delicioso, rico;

⁓bissen *m* petisco *m*; ⁓'**ei** *f* lambarice *f*; ⁓**maul** *n* (-*ės*; ⁼*er*) guloso *m*.
'**Leder** ['le:dər] *n* couro *m*; (*feines* ⁓) cabedal *m*; pele *f*, pelica *f*; vom ⁓ ziehen desembainhar (a espada); ⁓**-artig** coriáceo; ⁓(**-ein**)**band** *m* (-*ės*; ⁼*e*) encadernação *f* em couro; ⁓**händler** *m* coureiro *m*; ⁓**haut** *f* (-; ⁼*e*) derme *f* esclerótica; ⁓**n** de couro, de pelica; encorreado; *fig.* insípido; ⁓**riemen** *m* correia *f*; ⁓**zeug** *n* (-*ės*; *0*) correame *m*.
'**ledig** ['le:diç] livre; (*unverheiratet*) solteiro; celibatário; ⁓**ensteuer** ['-digən-] *f* (-; -*n*) imposto *m* de celibatários; ⁓**lich** ['-dig-] meramente; pura e simplesmente.
Lee [le:] ⚓ *f* (*0*) sotavento *m*.
leer [le:r] vazio; oco (*'ô) (*a. fig.*); *Stelle*: vago; (*unbewohnt*) desocupado (*stehen* estar); (*unbeschrieben*) em branco; *fig.* vão, fútil, insignificante; ⁓ *ausgehen, mit leeren Händen dastehen* ficar com as mãos a abanar; ⊕ ⁓ *machen* = '⁓*en*; ⁓ *werden* esvaziar-se, ficar vazio; '⁓**e** *f* vazio *m*; *Phys.* vácuo *m*; *fig.* vaidade *f*; '⁓**en** esvaziar; *Briefkasten usw.*, (*ausräumen*) tirar ... de; '⁓**gewicht** *n* (-*ės*; -*e*) peso (*ê) *m* em vazio; † tara *f*; '⁓**lauf** ⊕ *m* (-*ės*; ⁼*e*) funcionamento *m* em vazio; *Motor*: ponto *m* morto (*auf* em); '⁓**laufen** (*L*) *Faß*: esvaziar-se; ⊕ andar em ponto morto; ⁓'**stehen** (*L*) estar desocupado, estar sem mobília; ⁓*d* devoluto; '⁓**ung** *f* tiragem *f*; esvaziamento *m*; '⁓**zug** 🚂 *m* (-*ės*; ⁼*e*) comboio *m* sem passageiros (*od.* sem carga).
'**Leeseite** *f* ⚓ sotavento *m*.
'**Lefze** ['lɛftsə] *f* beiço *m*; *dicke*: belfo *m*.
Le'gat [le'ga:t] **1.** *m* (-*en*) legado *m*, núncio *m*; **2.** *n* (-*ės*; -*e*) legado *m*.
'**Lege-henne** ['le:gə-] *f* galinha *f* de pôr, galinha *f* poedeira.
'**legen** ['le:gən] pôr (*a. Eier*); *in* (*ac.*) *hinein a.*: meter; *Grund*(*stein*) lançar; *Kartoffeln*: semear; *Schienen*: assentar, colocar; *auf Kiel* ⁓ assentar a quilha; *aus der Hand* ⁓ largar, deixar; *zur Last* ⁓ atribuir, imputar; *sich* ⁓ (*nachlassen*) acalmar-se, abrandar, passar; *sich* (*lang hin*)⁓ deitar-se; estender-se; *sich auf* (*ac.*) ⁓ *fig.* dedicar-se a, tratar de.
Le'gend|e [le'gɛndə] *f* lenda *f*; ⁓**en-haft** lendário.
'**Lege|stachel** *m Zool.* aguilhão *m* (para depositar os ovos); ⁓**zeit** *f* época *f* de postura.
le'gier|en [le'gi:rən] (-) ligar; ⁓**ung** *f* liga *f*.
Legisla'tur [legisla'tu:r] *f* legislação *f*; legislatura *f*; ⁓**periode** *f* período *m* legislativo.
legi'tim [legi'ti:m] legítimo; ⁓**ati'on** [-timatsi'o:n] *f* documento (*od.* bilhete) *m* de identidade; ⁓'**ieren** (-): *sich* ⁓ provar a sua identidade.
'**Lehen** ['le:ən] *n* feudo *m*.
Lehm [le:m] *m* (-*ės*; -*e*) barro *m*; argila *f*; '⁓**boden** *m* (-*s*; ⁼) terreno *m* argiloso; '⁓**grube** *f* barreiro *m*; '⁓**ig** argiloso; '⁓**wand** *f* (-; ⁼*e*) taipa *f*; '⁓**ziegel** *m* adobe *m*.
'**Lehne** ['le:nə] *f* (*Arm*⁓) braço *m*; (*Rücken*⁓) espaldar *m*, costas *f/pl.*; (*Stütze*) apoio *m*; (*Berg*⁓) pendor *m*, encosta *f*; ⁓**n**: (*sich*) ⁓ *an* (*ac.*) *od. gegen* apoiar(-se) em, encostar(-se) a; *sich* ⁓ *aus* debruçar-se de.
'**Lehns|herr** *m* (-*en*) suserano *m*; ⁓**mann** *m* vassalo *m*; ⁓**pflicht** *f* vassalagem *f*.
'**Lehnswesen** *n* (-*s*; *0*) feudalismo *m*, sistema *m* feudal.
'**Lehn|stuhl** ['le:n-] *m* (-*ės*; ⁼*e*) poltrona *f*, cadeira *f* de braços; ⁓**wort** *n* (-*ės*; ⁼*er*) palavra *f* de empréstimo.
'**Lehr|-amt** ['le:r-] *n* (-*ės*; ⁼*er*) ensino *m*, magistério *m*, professorado *m*; ⁓**-anstalt** *f* estabelecimento *m* de ensino (*höhere* secundário); ⁓**-auftrag** *m* (-*ės*; ⁼*e*): *e-n* ⁓ *haben* ser encarregado da regência de um curso; ⁓**brief** *m* (-*ės*; -*e*) certificado *m* (de aprendizagem); ⁓**buch** *n* (-*ės*; ⁼*er*) livro *m* escolar; manual *m*, método *m*, compêndio *m*.
'**Lehr|e** ['le:rə] *f* ensin(ament)o *m*; doutrina *f*; 🕮 teoria *f*; ciência *f*; *gewerblich*: aprendizagem *f*; *einzelne*: lição *f*; *laß dir das e-e* ⁓ *sn* não te esqueças desta lição; *in der* ⁓ *sn* ser aprendiz, (estar a) aprender; *in die* ⁓ *kommen* ir de aprendiz; ⁓**en** ensinar; dar lições (de); *Univ.*: *a.* professar; ⁓**er**(**in** *f*) *m* professor(a *f*) *m*; ⁓**erschaft** *f* professorado *m*, corpo *m* docente; ⁓**fach** *n* (-*ės*; ⁼*er*) disciplina *f*; ⁓**film** *m* (-*ės*; -*e*) filme *m* didá[c]tico; ⁓**freiheit** *f* (*0*) liberdade *f* de ensino; ⁓**gang** *m* (-*ės*; ⁼*e*)

curso *m*; *praktischer* ~ tirocínio *m*; **~gebäude** *n* sistema *m*; **~gedicht** *n* (-es; -e) poema *m* didá[c]tico; **~geld** *n* (-es; -er) (paga *f* de) aprendizagem *f*; *fig.* ~ *zahlen müssen* pagar cara a lição; **~herr** *m* (-en) patrão *m*; **~jahr** *n* (-es; -e) ano *m* (*gewerbl.* de aprendizagem, *Schule*: escolar); **~junge** *m* (-n) aprendiz *m*; **~körper** *m* corpo *m* docente; **~kraft** *f* professor *m*; **~ling** *m* (-s; -e) aprendiz *m* (*Schuster*≗ *usw.* de sapateiro), praticante *m*; ✝ marçano *m*; **~mädchen** *n* aprendiza *f*, praticante *f*; **~meister** *m* patrão *m*; mestre *m*; **~mittel** *n/pl.* material *m/sg.* didá[c]tico; **~plan** *m* (-es; ≈e) programa *m*; **≗reich** instrutivo; **~saal** *m* (-es; -*säle*) sala *f* de aula; **~satz** *m* (-es; ≈e) tese *f*; *Rel.* dogma *m*; ℞ teorema *m*; **~stelle** *f* lugar *m* de aprendiz; **~stoff** *m* (-es; -e) matéria *f* (de ensino); programa *m*; **~stuhl** *m* (-es; ≈e) cadeira *f*, cátedra *f* (*innehaben* reger; *für* de); **~stunde** *f* aula *f*; lição *f*; **~tätigkeit** *f* ensino *m*; **~weise** *f* método *m* de ensino; **~zeit** *f* (tempo *m* da) aprendizagem *f*.

Leib [laɪp] *m* (-es; -er) corpo *m*; (*Bauch*) ventre *m*; barriga *f*; (*Unter*≗) abdómen *m*; (*dat.*) *zu* ~*e gehen*, (*dat.*) *auf den* ~ *rücken* atacar (*ac.*); *sich vom* ~*e halten* manter afastado; *bleib mir vom* ~*e* deixa-me em paz; *bei lebendigem* ~*e* vivo; **'~-arzt** *m* (-es; ≈e) médico *m* assistente, médico *m* de câmara; **'~-binde** *f* cinta *f*; faixa *f*; **'~chen** [-çən] *n* corpete *m*, colete *m*; **'≗-eigen** servo; **'~-eigenschaft** *f* (*0*) servidão *f*.

'Leibes|beschaffenheit ['laɪbəs-] *f* constituição *f*; **~frucht** *f* (-; ≈e) fruto *m*; *ungeborene*: feto *m*; **~fülle** *f* corpulência *f*; obesidade *f*; **~größe** *f* tamanho *m*, estatura *f*; **~kraft** *f* (-; ≈e) força (*ô) *f* física; *pl. aus* ~*kräften* a mais não poder; **~-übung** *f* exercício *m* físico; *pl. a.* educação *f/sg.* física; **~-untersuchung** *f*, **~visitation** *f* revista *f*.

'Leib|garde *f* (**~gardist** *m*) guarda *f* (*m*) de corpo; **~gericht** *n* (-es; -e) prato *m* favorito; **≗haft(ig)** mesmo, em pessoa; *der* ≗*e* o demónio; **≗lich** corporal, carnal; *Verwandter*: consanguíneo; **~rente** *f* renda *f* vitalícia; **~schmerz** *m* (-es; -en) dor *f* de barriga; **~wache** *f* (**~wächter** *m*) guarda *f* (*m*) de corpo; **~wäsche** *f* roupa *f* branca, roupa *f* de interior; **~weh** *n* (-es; *0*) = ~*schmerz*.

'Leiche ['laɪçə] *f* cadáver *m*; corpo *m*.

'Leichen|begängnis [-bəgɛŋnis] *n* (-*ses*; -*se*) funeral *m*, enterro (*'ê) *m*; **~bitter-miene** *f* cara *f* de farricoco; **≗blaß** (*0*) lívido; **~feier** *f* (-; -n) funerais *m/pl.*; exéquias *f/pl.*; **~-halle** *f* capela *f* mortuária; **~-haus** *n* (-es; ≈er) casa *f* mortuária; **~-hemd** *n* (-es; -en) mortalha *f*; **~rede** *f* oração *f* fúnebre; **~schändung** *f* profanação *f* do(s) morto(s); **~schau** *f* (*0*) autópsia *f*; **~schau-haus** *n* (-es; ≈er) necrotério *m*, morgue *f*; **~träger** *m* gato-pingado *m*, farricoco *m*; **~tuch** *n* (-es; ≈er) mortalha *f*; **~verbrennung** *f* cremação *f*; **~wagen** *m* carro *m* fúnebre; **~zug** *m* (-es; ≈e) cortejo *m* fúnebre, préstito *m*.

'Leichnam ['laɪçna:m] *m* (-es; -e) cadáver *m*, corpo *m*.

leicht [laɪçt] ligeiro; leve; *zu tun*: fácil (*zu* de); *adv. a.* à vontade; *zu* ~ *sn Gewicht*: não ter o peso (*ê); ~*fallen* dar pouco trabalho, não custar; ~(*er*) *machen* facilitar; *mir wird* ~*er* (*ums Herz*) sinto-me aliviado; *et. auf die* ~*e Achsel nehmen* importar-se pouco com a.c.; **'≗-athletik** *f* (*0*) atletismo *m* ligeiro; **'~blütig** ['-bly:tiç] alegre, jovial; **'≗er** ⚓ *m* lancha *f*, lanchão *m*; **'~fertig** leviano; frívolo; **'≗fertigkeit** *f* leviandade *f*; frivolidade *f*; **'≗fuß** *m* (-es; ≈e) leviano *m*, estróina *m*; **'~füßig** ['-fy:siç] ágil, ligeiro; **'≗gewicht** *n* (-es; -e) *Sport*: leve *m*; **'~gläubig** crédulo; **'≗gläubigkeit** *f* (*0*) credulidade *f*; **'~-hin** ao de leve; ligeiramente; sem pensar, à toa; **'≗igkeit** *f* (*0*) facilidade *f*; (*Behendigkeit*) ligeireza *f*; agilidade *f*; *a. fig.* desenvoltura *f*, desembaraço *m*; **'~lebig** ['-le:biç] leviano, descuidado; **'≗matrose** *m* (-n) grumete *m*; **'≗metall** *n* (-es; -e) metal *m* ligeiro; **'≗metall-fabrik** *f* fábrica *f* de metais ligeiros; **'≗sinn** *m* (-es; *0*) leviandade *f*, descuido *m*; **'~sinnig** leviano, descuidado; **'~-verwundet** levemente ferido.

leid [laɪt] **1.** *adj. uv.*: *es tut mir* ~

tenho pena (*um* de), lamento, sinto (muito); **2.** ♀ *n* (-*es*; *0*) (*Übel*) mal *m*; (*Schmerz*) pena *f*, dor *f*, mágoa *f*.

ˈ**Leideform** *gr.* [ˈlaɪdə-] *f* voz *f* passiva.

ˈ**leiden** [ˈlaɪdən] **1.** (*L*) *v/i.* sofrer, padecer (*an dat.* de); *unter* (*dat.*) ~ ressentir-se de; **2.** *v/t.* tolerar, sofrer, admitir, suportar; **3.** ♀ *n* sofrimento *m*, dor *f*; ⚕ doença *f*, padecimentos *m/pl.*; achaques *m/pl.*; *Rel.* paixão *f*; **~d** ⚕ doente; ♀**schaft** *f* paixão *f* (*für* por); afe[c]to *m*; **~schaftlich** apaixonado; **~schaftslos** impassível, frio, obje[c]tivo.

ˈ**Leidens|gefährte** *m* (-*n*), **~genosse** *m* (-*n*) companheiro *m* do infortúnio; **~geschichte** *f* (*0*) história *f* trágica, *Rel.* paixão *f*; **~weg** *m* (-*es*; -*e*) calvário *m*.

ˈ**leid|er** [ˈlaɪdər] infelizmente, por desgraça; sinto que ...; **~ig** triste, maçador, enfadonho; **~lich** razoável, sofrível; (*so*) ~ regular(mente); **~tragend** enlutado; **~voll** triste; ♀**wesen** *n* (-*s*; *0*): *zu meinem* ~ com grande pena minha (*od.* desgosto [*ˈô] meu).

ˈ**Leier** [ˈlaɪər] *f* (-; -*n*) lira *f*; *immer die alte* ~ *fig.* sempre a mesma cantiga; **~kasten** *m* realejo *m*; **~kastenmann** *m* (-*es*; ¨*er*) tocador *m* de realejo; ♀**n** tocar o realejo; *fig.* salmodiar; *et. herunter*~ dizer a sua lenga-lenga.

ˈ**Leih|amt** [ˈlaɪ-] *n* (-*es*; ¨*er*) casa *f* de penhores; **~bibliothek** *f*, **~bücherei** *f* biblioteca *f* pública; ♀**en** (*L*): *j-m et.* ~ emprestar a.c. a alg.; *Gehör*, *Hilfe*: prestar; *et. von j-m* ~ pedir a.c. emprestado a alg.; **~frist** *f* prazo *m* de empréstimo; **~gebühr** *f* (propina *f* de) empréstimo *m*; **~-haus** *n* (-*es*; ¨*er*) = **~amt**; **~schein** *m* (-*es*; -*e*) cautela *f* de penhor; **~verkehr** *m* (-*s*; *0*) serviço *m* de empréstimo; ♀**weise** emprestado; **~zettel** *m* boletim *m* de requisição.

Leim [laɪm] *m* (-*es*; -*e*) cola *f*; (*dat.*) *auf den* ~ *gehen fig.* deixar-se apanhar (por); deixar-se entrujar (por); *aus dem* ~ *gehen* desfazer-se; ˈ♀**en** colar; ˈ**~farbe** *f* tinta *f* desfeita em cola; ˈ♀**ig** pegajoso; viscoso; ˈ**~rute** *f* vara *f* viscosa.

Lein [laɪn] *m* (-*es*; -*e*) linho *m*; ˈ**~e** *f* corda *f*; (*Angel*♀) linha *f*; (*Jagd*♀) trela *f*; (*Pferde*♀) guia *f*; ⚓ sirga *f*; *an der* ~ *führen* levar preso por uma corda; ˈ**~en** *n* (pano *m* de) linho *m*; tela *f*; ˈ♀**en** de linho; ˈ**~endamast** *m* (-*es*; *0*) linho *m* adamascado; ˈ**~engarn** *n* (-*es*; -*e*) (fio *m* de) linho *m*; ˈ**~en-industrie** *f* (*0*) indústria *f* linifícia; ˈ**~enzeug** *n* (-*es*; *0*) roupa *f* branca; ˈ**~kraut** *n* (-*es*; ¨*er*) linária *f*; **~-öl** *n* (-*es*; *0*) óleo *m* de linhaça; **~same(n)** *m* linhaça *f*; **~tuch** *n* (-*es*; ¨*er*) lençol *m*; **~wand** *f* (*0*) tela; = **~enzeug**; ˈ**~weber** *m* tecelão *m*, tecedor *m*; ˈ**~weberei** *f* tecedura *f*; (*Fabrik*) tecelagem *f*.

ˈ**leise** [ˈlaɪzə] baixo; *fig.* leve, suave, manso; *adv. a.* em voz baixa; sem ruído; *auf* **~n** *Sohlen* com pèsinhos de lã; ♀**treter** [-treːtər] *m* pisa-mansinho *m*.

ˈ**Leiste** [ˈlaɪstə] *f* régua *f*; remate *m*, limite *m*; (*Borte*) orla *f*, borda *f*; (*Tuch*♀) ourela *f*; *Anat.* virilha *f*; ♀**n** (-*e*-) fazer (*a. Gesellschaft*), realizar; *Zahlung a.*: efe[c]tuar; *Dienst*, *Eid*, *Hilfe*: prestar; *den Fahneneid* ~ jurar a bandeira; *Folge*: aceitar; ⊕ render, produzir; *Versprochenes*: cumprir; *in e-m Fach et.* ~ ser forte em, distinguir-se em; *sich* (*dat.*) ~ permitir-se; **~n** *m* encospas *f/pl.*, encóspias *f/pl.*; *alles über e-n* ~ *schlagen fig.* medir tudo pelo mesmo rasoiro; **~nbeuge** *f* região *f* inguinal; **~nbruch** ⚕ *m* (-*es*; ¨*e*) hérnia *f* inguinal; **~ngegend** *f* = **~nbeuge**.

ˈ**Leistung** [ˈlaɪstʊŋ] *f* (*Arbeit*) trabalho *m*, obra *f*; realização *f*; (*Aufgabe*) função *f*; (*Erfolg*) resultado *m*, êxito *m*; (*Dienst*♀), *Eid*: prestação *f*; ⊕ força (*ô) *f*, potência *f*, poder *m*; rendimento *m*; *Schule*: aproveitamento *m*; (*Zahlung*) pagamento *m*, débito *m*; ♀**sfähig** capaz, produtivo; eficiente; ✝ solvente, de crédito; ⚔ *Truppe*: forte; ⊕ potente, eficiente; **~sfähigkeit** *f* força (*ô) *f*, capacidade *f*, ⊕ *a.* potência *f*, eficiência *f*; ✝ solvência *f*; **~smesser** *m* wattímetro *m*; **~sprüfung** *f* prova *f* de resistência; **~s-steigerung** *f* valorização *f*.

ˈ**Leit-artik|el** [ˈlaɪt-] *m* editorial *m*, artigo *m* de fundo; **~ler** *m* autor *m* do editorial (*od.* do artigo de fundo).

ˈ**leiten** [ˈlaɪtən] (-*e*-) conduzir (*a.* ⚡),

guiar; *fig.* dirigir; *Orchester*: reger; *in die Wege* ~ preparar; iniciar; encaminhar; **~d** *adj.* dirigente; ⚡ condutor; *Gedanke*: fundamental.

ˈ**Leiter** [ˈlaɪtər] **1. a)** **~(in** *f*) *m* dire[c]tor(a *f*) *m*, chefe *m*, ⚕ *a.* gerente *m*, *f*; presidente *m*, -a *f*; (*Schul*2) reitor(a *f*) *m*; **b)** *m* ⚡ condutor *m*; fase *f*; **2.** *f* (-; -*n*) escada *f* (de mão); escadote *m*; **~sprosse** *f* escalão *m*; **~wagen** *m* carro *m* com xalmas.

ˈ**Leit|faden** *m* (-*s*; ⸚) (*Lehrbuch*) método *m*, guia *m*; 2**fähig** ⚡ condutivo; **~fähigkeit** *f* (*0*) condutibilidade *f*; **~gedanke** *m* (-*ns*; -*n*) ideia *f* fundamental; **~-hammel** *m* carneiro-mestre *m*; **~motiv** ♪ *n* (-*s*; -*e*) motivo *m* condutor (*od.* principal); **~rad** *n* (-*es*; ⸚*er*) distribuidor *m*; **~seil** *n* (-*es*; -*e*) trela *f*; guias *f*/*pl.*; **~stern** *m* (-*es*; -*e*) (estrela [*ˈê] *f* do) norte *m*.

ˈ**Leitung** [ˈlaɪtuŋ] *f* dire[c]ção *f*, ⚕ gerência *f*; ⚡ *u.* ⊕ instalação *f* (elé[c]trica *usw.*), ⚡ *a.* fio *m*, linha *f*; ⊕ *a.* condução *f*; (*Kanal*) canalização *f*; *Anat.* conduto *m*; *fig.* F *e-e lange* ~ *haben* ser muito lento, ser muito parado.

ˈ**Leitungs|draht** *m* (-*es*; ⸚*e*) fio *m* elé[c]trico; **~mast** *m* (-*es*; -*en*) poste *m* elé[c]trico; **~netz** ⚡ *n* (-*es*; -*e*) rede (*ˈê) *f* elé[c]trica; **~rohr** *n* (-*es*; -*e*) tubo *m* (de gás *usw.*); **~schnur** *f* (-; ⸚*e*) fio *m* elé[c]trico; **~wasser** *n* (-*s*; *0*) água *f* da torneira, água *f* encanada.

ˈ**Leitvermögen** *n* (-*s*; *0*) condutibilidade *f*.

Lektiˈon [lɛktsiˈo:n] *f* lição *f* (*erteilen* dar).

ˈ**Lekt|or** [ˈlɛkto:r] *m* (-*s*; -*en*) leitor *m*; **~ˈüre** [-ˈty:rə] *f* leitura *f*.

ˈ**Lende** [ˈlɛndə] *f* (*Hüfte*) anca *f*, coxa *f*; ~*n pl.* rins *m*/*pl.*; *Tier*: lombo *m*.

ˈ**Lenden|braten** *m* lombo *m* assado; **~gegend** *f* região *f* lombar; **~-schurz** *m* (-*es*; -*e*) tanga *f*; **~stück** *n* (-*es*; -*e*) lombo *m*; **~weh** *n* (-*es*; *0*) lumbago *m*.

ˈ**lenk|bar** dirigível; (*folgsam*) dócil; **~en** *Wagen*: guiar, conduzir, *a. fig.* dirigir; governar; ✈ *u.* ⚓ pilotar; *Blick*: virar, fitar; 2**er** *m* condutor *m*; ✈ piloto (*ˈô) *m*; *fig.* senhor *m*; 2**rad** *n* (-*es*; ⸚*er*) volante *m*; **~sam** dócil, manso; 2**stange** *f* guiador *m*; 2**ung** *f* condução *f*, governo (*ê) *m*.

Lenz [lɛnts] *m* (-*es*; -*e*) primavera *f*; ˈ2**en** ⚓ (-*t*) achicar.

ˈ**Lepra** [ˈle:pra:] *f* (*0*) lepra *f*; 2**krank** leproso.

ˈ**Lerche** [ˈlɛrçə] *f* cotovia *f*.

ˈ**Lern|begier(de)** [ˈlɛrn-] *f* (*0*) interesse (*ˈê) *m*, curiosidade *f*; 2**begierig** estudioso; **~-eifer** *m* (-*s*; *0*) aplicação *f*, zelo (*ê) *m*; 2**en** aprender; estudar.

ˈ**Les|art** [ˈle:s-] *f* lição *f*; variante *f*; versão *f*; 2**bar** legível.

ˈ**Lese** [ˈle:zə] *f* colheita *f*; (*Wein*2) vindima *f*; **~buch** *n* (-*es*; ⸚*er*) livro *m* de leitura; antologia *f*; 2**n** (*L*) ler; (*aussuchen*) escolher; (*entziffern*) decifrar; *Ähren*: apanhar; *Früchte*: colher; *Messe*: dizer; *Professor*: dar aula; *über* (*ac.*) ~ prele[c]cionar sobre, reger um curso de; *Korrektur*: rever; *nicht zu* ~ ilegível; **~n** *n* leitura *f*; 2**nswert** digno de ser lido, interessante; **~probe** *f* ensaio *m* de leitura; *aus e-m Buch*: trecho *m*; **~pult** *n* (-*es*; -*e*) estante *f*, púlpito *m*; **~r(in** *f*) *m* leitor(a *f*) *m*; **~ratte** F *f* apaixonado leitor *m*; **~rkreis** *m* (-*es*; -*e*) leitores *m*/*pl.*, público *m*; 2**rlich** legível; **~rschaft** *f* = ~*rkreis*; **~saal** *m* (-*es*; -*säle*) sala *f* de leitura; **~stoff** *m* (-*es*; -*e*) leitura *f*; **~stück** *n* (-*es*; -*e*) trecho *m*; **~zeichen** *n* marca *f*, sinal *m*; fita *f*; **~zimmer** *n* gabinete *m* de leitura; **~zirkel** *m* círculo *m* de leitura.

ˈ**Lesung** [ˈle:zuŋ] *f* leitura *f*; versão *f*.

ˈ**Lett|e** [ˈlɛtə] *m* (-*n*), 2**isch** letão *m*; **~in** *f* letã *f*.

ˈ**Letter** [ˈlɛtər] *f* letra *f*, cará[c]ter *m*.

letzt [lɛtst] **1.** último, derradeiro; (*äußerst, höchst*) *a.* extremo, supremo; (*vorig*) passado, ⚕ próximo passado (*Abk.* pp.); *zum* ~*enmal* pela última vez; *in* ~*er Stunde* à última da hora; **2.** 2 *f* (*0*): *zu guter* ~ por último; ˈ**~ens** [ˈ-əns] em último lugar, finalmente; = ~*hin*; ˈ**~ere** [ˈ-ərə]: *der* ~, *das* ~ o último, este (*ˈê); *die* ~ a última, esta; ˈ**~erer,** ˈ**~eres** o último, este (*ˈê); ˈ**~hin,** ˈ**~lich** ùltimamente, há pouco; ˈ**~willig** testamentário; ~*e Verfügung* testamento *m*.

ˈ**Leucht|e** [ˈlɔyçtə] *f poet.* (*Fackel*) brandão *m*; lanterna *f*; *fig.* celebridade *f*; ≈**en** (*-e-*) luzir; (*glänzen*) brilhar; *j-m*: alumiar; ≈**end** *adj.* luminoso; ~**er** *m* castiçal *m*; (*Hand*≈) palmatória *f*; (*Kron*≈) lustre *m*; ~**feuer** *n* fanal *m*; ⚓ farol *m*; ~**gas** *n* (*-es*; *-e*) gás *m* (de iluminação); ~**käfer** *m* pirilampo *m*; ~**kraft** *f* (*0*) intensidade *f* de luz; luminiscência *f*; ~**kugel** *f* (*-*; *-n*) bala *f* luminosa; ~**pistole** ⚔ *f* pistola *f* lança-foguetes; ~**rakete** *f* foguete *m* luminoso; ~**reklame** *f* reclamo *m* luminoso; ~**schiff** *n* (*-es*; *-e*) navio-farol *m*; ~**spurgeschoß** ⚔ *n* (*-sses*; *-sse*) projé[c]til *m* de traje[c]tória luminosa, projé[c]til *m* traçador; ~**tafel** *f* (*-*; *-n*) tabuleta *f* luminosa; ~**turm**(**wächter**) *m* (*-es*; *=e*) farol(eiro) *m*; ~**zeichen** *n* sinal *m* luminoso; ~**zifferblatt** *n* (*-es*; *=er*) mostrador *m* luminoso.

ˈ**leugn|en** [ˈlɔyknən] (*-e-*) negar; ≈**er** *m* negador *m*; ≈**ung** *f* negação *f*.

ˈ**Leumund** [ˈlɔymunt] *m* (*-es*; *0*) reputação *f*, fama *f*; ~**s-zeugnis** *n* ⚖ (*-ses*; *-se*) certificado *m* criminal.

ˈ**Leute** [ˈlɔytə] *pl.* gente *f/sg.*; pessoas *f/pl.*; populares *m/pl.*; (*Angestellte*) pessoal *m/sg.*; (*Gesinde*) criadagem *f/sg.*; criados *m/pl.*; ⚔ praças *f/pl.*, soldados *m/pl.*; *die armen* ~ os pobres; *die jungen* ~ os rapazes; *die kleinen* ~ o povo (miúdo); *gute* ~ boa gente.

ˈ**Leutnant** [ˈlɔytnant] *m* (*-s*; *-s*) (segundo-)tenente *m*.

ˈ**leutselig** [ˈlɔytze:liç] afável, urbano; ≈**keit** *f* (*0*) afabilidade *f*, urbanidade *f*.

Leˈ**viten** [leˈvi:tən] *pl.*: *j-m die* ~ *lesen* dar uma descompostura a alg.

Levˈ**koje** [lɛfˈko:jə] *f* goivo *m*.

ˈ**Lexikon** [ˈlɛksikɔn] *n* (*-s*; *Lexika*) dicionário *m*; (*Konversations*≈) enciclopédia *f*.

Liˈ**ane** [liˈa:nə] *f* cipó *m*.

Liˈ**belle** [liˈbɛlə] *f* libélula *f*, libelinha *f*; ⊕ nível *m* de água.

libeˈ**ral** [libeˈra:l] liberal; ~**i**ˈ**sieren** [-iˈzi:rən] (-) liberalizar; ≈**i**ˈ**sierung** *f* liberalização *f*; ≈ˈ**ismus** *m* (*-*; *0*) liberalismo *m*.

Licht [liçt] **1.** *n* (*-es*; *-er*) luz *f* (*a. Beleuchtung*) (bei à); (*Kerze*) vela *f*; *das* ~ *der Welt erblicken* nascer; *ans* ~ *kommen* vir à luz, vir a lume; *ans* ~ *bringen* trazer à luz; *gegen das* ~ a contraluz; *j-n hinters* ~ *führen fig.* enganar alg., entrujar alg.; *ins rechte* ~ *rücken* (*od. setzen*) *fig.* pôr os pontos nos ii; pôr em relevo (*ˈê); **2.** ≈ claro, luminoso; *Haar, Wald*: raro, ralo; ~*er Augenblick* momento *m* lúcido; ~*e Stelle* aberta *f*, clareira *f*; ~*e Weite* ⊕ diámetro *m* interior; ˈ~**-anlage** *f* instalação *f* da luz; luzes *f/pl.*; iluminação *f*; ˈ~**bild** *n* (*-es*; *-er*) fotografia *f*; ˈ~**bildervortrag** *m* (*-es*; *=e*) conferência *f* acompanhada por proje[c]ções luminosas; ˈ~**bildwerfer** [-vɛrfər] *m* máquina *f* de proje[c]ções; epidiascópio *m*; ˈ~**blick** *m* (*-es*; *-e*) *fig.* rasgo *m* de esperança; ˈ~**bogen** ⚡ *m* (*-s*; *=*) arco *m* voltaico; ˈ~**brechung** *f* refra[c]ção *f*; ˈ~**druck** *m* (*-es*; *-e*) fototipia *f*; heliogravura *f*; ˈ≈**durchlässig** translúcido, diáfano; ˈ≈**-echt** insensível à luz; ~ *sn Stoff, Tapete*: não desbotar; ˈ~**-einheit** *f* unidade *f* de luz; ˈ≈**-empfindlich** sensível à luz; ˈ≈**en** (*-e-*) *Baum*: podar; *Wald*: aclarar; *Haare* (*sich* ~) rarear; *die Anker* ~ levantar ferro, *sarpar; *sich* ~ aclarar-se; ˈ≈**erloh** [-ərˈlo:]: ~ *brennen* estar em chamas; ˈ~**-erscheinung** *f* fenómeno *m* luminoso; ˈ~**hof** *m* (*-es*; *=e*) clarabóia *f*; *Mond usw., Phot.* halo *m*; ˈ~**jahr** *n* (*-es*; *-e*) ano-luz *m*; ˈ~**kegel** *m* cone *m* de luz; ˈ~**kreis** *m* (*-es*; *-e*) círculo *m* luminoso; ˈ~**lehre** *f* ó[p]tica *f*; ˈ~**leitung** *f* instalação *f* (da luz) elé[c]trica; ˈ~**meß** [ˈ-mɛs] *f* Candelária *f*, festa *f* das candeias; ˈ~**netz** ⚡ *n* (*-es*; *-e*) rede (*ˈê) *f* de iluminação; ˈ~**pause** ⊕ *f* calco *m* heliográfico; ˈ~**quelle** *f* fonte *f* luminosa (*od.* de luz); ˈ~**reklame** *f* reclamo *m* luminoso; ˈ~**schacht** *m* (*-es*; *=e*) clarabóia *f*; ˈ~**schein** *m* (*-es*; *-e*) clarão *m*; ˈ≈**scheu** lucífugo; ~ *sn a.* temer a luz (do dia); ~*es Gesindel* ralé *f*; ˈ≈**schwach** pouco luminoso, de pouca luz; ˈ~**seite** *f* lado *m* da luz; *fig.* aspe[c]to *m* favorável; ˈ~**signal** *n* (*-s*; *-e*) sinal *m* luminoso; ˈ~**spiel**(**-haus** *n* [*-es*; *=er*], **-theater** *n*) *n* (*-es*; *-e*) filme *m* (cinema *m*); ˈ≈**stark** muito luminoso, de luz intensa; ˈ~**stärke** *f* intensidade *f* luminosa (*od.* de luz); ˈ~**strahl** *m* (*-es*; *-en*) raio *m* de luz; ˈ~**streifen** *m* rasto *m* luminoso;

'~ung *f Wald*: aberta *f*, clareira *f*; *Anker*: leva *f*; '2voll lúcido, *fig. a.* elucidativo.

Lid [li:t] *n* (-es; -er) pálpebra *f*.

lieb [li:p] caro, querido, amado; (*angenehm*) agradável, *j. a.*: amável, simpático; *Gott*: bom; ... *ist mir* ~ gosto de ...; *es ist mir* ~ estimo; convém-me muito; *den* ~*en langen Tag* todo o dia; *um des* ~*en Friedens willen* por amor da paz; *vgl.* ~*er*, ~*st*; '~**äugeln** (-*le*): ~ *mit* namorar (*ac.*); *mit e-m Gedanken* ~ acariciar (*ac.*), nutrir (*ac.*).

'**Liebe** ['li:bə] *f* amor *m* (zu de, a, por); (*Eltern*2) amor *m* paternal; (*Kindes*2) amor *m* filial; (*Mutter*2) amor *m* maternal; abafos *m/pl.* maternos; (*Nächsten*2) caridade *f*; ~'**lei** [-'laɪ] *f* namorico *m*.

'**lieben** ['li:bən] amar; (*gern haben*) gostar de; ser amigo de; ~**d** *adj.* amante, *su. a.* namorado; ~**s-würdig** amável, gentil; 2**s-würdigkeit** *f* amabilidade *f*, gentileza *f*.

'**lieber** ['li:bər] (*comp. v. lieb, gern*): antes; ~ *haben*, ~ *mögen*, ~ *wollen* gostar mais de, preferir; *er sollte* (*eigentlich*) ~ ... devia, mas era ...; *hätte er* ~ ... que (*plusqu. subj.*).

'**Liebes|-abenteuer** ['li:bəs-] *n* aventura *f* amorosa; ~**brief** *m* (-es; -e) carta *f* de amor; ~**dienst** *m* (-es; -e) obséquio *m*; *Rel.* = ~*werk*; ~**-drama** *n* (-s; -*dramen*) drama *m* de amor; *fig. a.* crime *m* passional; ~**-erklärung** *f* declaração *f* (de amor); ~**gabe** *f* oferta *f*, dádiva *f* (de caridade); ~**gedicht** *n* (-es; -e) poema *m* de amor; ~**geschichte** *f* história *f* de amor(es), história *f* amorosa; ~**kummer** *m* desgosto (*'ô) *m* amoroso; ~**lied** *n* (-es; -er) canção (*od.* cantiga) *f* de amor; ~**mahl** *n* (-es; ⸚er) *Rel.* ágape *m, f*; ⚔ banquete *m* de oficiais; ~**paar** *n* (-es; -e) par *m* (de namorados); ~**roman** *m* (-s; -e) romance *m* de amor; ~**werk** *n* (-es; -e) obra *f* de caridade.

'**liebe-voll** afe[c]tuoso.

'**Lieb|frauen...**: *in Zssgn* de Nossa Senhora; 2**gewinnen** *v/t.* (*L*) afeiçoar-se a; 2**haben** (*L*) querer a; = *lieben*; ~**haber**(**in** *f*) *m* ['-ha:bər-] amante *m, f*; namorado *m* (-a *f*); *Thea.* galante *m* (dama *f*); *Kunst, Sport*: amador(a *f*) *m*; ~**habe'rei** [-'raɪ] *f* paixão *f*; ~**haber-wert** *m* (-es; -e) valor *m* de estimação; 2**kosen** acariciar; F fazer festas a; ~**kosung** ['-ko:zuŋ] *f* carícia *f*; F festa *f*; 2**lich** lindo; ameno; ~**lichkeit** *f* (*0*) graça *f*; amenidade *f*; ~**ling** *m* (-s; -e) favorito *m*; amor *m*; ~**lings...**: *in Zssgn* favorito, predile[c]to, preferido; 2**los** insensível, sem carinho, duro, seco (*ê), rude; egoísta; ~**losigkeit** ['-lo:ziç-] *f* (*0*) falta *f* de carinho; rudeza *f*; egoísmo *m*; 2**reich** afe[c]tuoso; ~**reiz** *m* (-es; *0*) encanto *m*, graça *f*; 2**reizend** encantador; ~**schaft** *f* namoro *m*.

liebst [li:pst] (*superl. v. lieb, gern*) preferido, favorito; *am* ~*en haben* preferir a todos; *am* ~*en würde* ... o que mais gostaria era ...; '2**e** *m u. f*, '2**er** *m* amor *m*, querido *m*, querida *f*.

Lied [li:t] *n* (-es; -er) canção *f*, cantiga *f*; canto *m*, *Rel. a.* cântico *m*; *fig. immer das alte* ~ sempre a mesma cantiga.

'**Lieder|-abend** ['li:dər-] *m* (-s; -e) recital *m* de canto; ~**buch** *n* (-es; ⸚er) cancioneiro *m*; ~**dichter** *m* cancionista *m*, poeta *m* lírico; ~**jan** [-ja:n] F *m* (-es; -e) estróina *m*; 2**lich** desmazelado; descuidado; devasso; desregrado; ~**lichkeit** *f* (*0*) descuido *m*, desleixo *m*; devassidão *f*; ~**tafel** *f* (-; -*n*) orfeão *m*.

Liefe'rant [li:fə'rant] *m* (-en) fornecedor *m*; abastecedor *m*; ~**en-eingang** *m* (-es; ⸚e) escada *f* de serviço.

'**Liefer|-auto** ['li:fər-] *n* (-s; -s) furgoneta *f*; 2**bar** à venda; ✝ *in 3 Tagen* ~ a entregar no prazo de três dias; ~**firma** *f* (-; -*firmen*) casa *f* fornecedora; ~**frist** *f* prazo *m* da entrega; 2**n** (-*re*) fornecer; (*ab*~) entregar; *Ertrag u.* ⚔ *Schlacht*: dar (*o. art.*); ~**schein** *m* (-es; -e) guia *f*, recibo *m*; ~**termin** *m* (-s; -e) = ~*frist*; ~**ung** *f* fornecimento *m*; (*Ab*2) entrega *f*; *Buch*: fascículo *m*; ~(**ungs**)**geschäft** *n* negócio *m* a prazo; ~(**ungs**)**zeit** *f* = ~*frist*; ~**wagen** *m* furgoneta *f*.

'**Liegekur** ['li:gəku:r] *f* cura *f* de repouso.

'**liegen** ['li:gən] (*L*) estar deitado; (*sich befinden*) encontrar-se; ficar; (*darnieder*~, *krank sn*) estar de cama; *im Grabe*: jazer; *Erdk.* estar situado; ficar; *fig.* residir; *nach ... zu* ~ dar a; *fig.* et. *liegt j-m* alg. tem jeito para a.c.; *an (dat.)* ~ ser (culpa) de; *woran liegt es?* qual é a causa?; *j-m liegt an (dat.)* alg. tem empenho em; *in (dat.)* ~ jazer em, residir em; **~bleiben** (*L*) ficar (*im Bett*: deitado; ⚔ imobilizado); **~d** *adj.* deitado; **~lassen** (*L*) deixar; *Arbeit*: suspender, abandonar; (*vergessen*) esquecer-se de; **2schaften** *f/pl.* bens *m/pl.* de raiz, imóveis *m/pl.*

'Liege|stuhl *m* (*-es*; *⸗e*) cadeira *f* articulada; cadeira *f* de repouso; **~zeit** *f* tempo *m* de repouso, hora *f* de repouso; ⚓ estadia *f*.

Lift [lift] *m* (*-es*; *-e*, *-s*) elevador *m*.

Li'kör [li'kø:r] *m* (*-s*; *-e*) licor *m*; **~glas** *n* (*-es*; *⸗er*) cálice *m*.

'lila ['li:la:] *uv.*, **~farben** (cor [*ô] de) lilás.

'Lilie ['li:liə] *f* lírio *m*; *weiße*: açucena *f*; lis *m*, flor-de-lis *f*.

Limo'nade [limo'na:də] *f* (*Zitronensaft*) limonada *f*; (*Brause2*) gasosa *f*; (*Fruchtsaft*) sumo *m* (de ...).

Limou'sine [limu'zi:nə] *f* limosina *f*.

lind [lint] suave.

'Lind|e ['lində] *f*, **~enbaum** *m* tília *f*; **~enblüte(ntee** *m* [*-s*; *0*]) *f* (chá *m* de) tília *f*.

'linder|n ['lindərn] (*-re*) mitigar, atenuar, aliviar; *den Reiz* ~ abirritar; **~nd** *adj.* calmante, lenitivo, mitigante, atenuante, paliativo; **2ung** *f* alívio *m*; **2ungsmittel** *n* calmante *m*; paliativo *m*.

Line'al [line'a:l] *n* (*-s*; *-e*) régua *f*.

Lingu'ist [liŋgu'ist] *m* (*-en*) linguísta *m*; **~ik** *f* linguística *f*; **2isch** linguístico.

'Lini|e ['li:niə] *f* linha *f*; *in erster* ~ *fig.* em primeiro lugar; **~en...** ⚔ de linha; **~enblatt** *n* (*-es*; *⸗er*) pauta *f*; **~enführung** *f* (*0*) traçado *m*; **~enpapier** *n* (*-s*; *-e*) papel *m* pautado; **~enrichter** *m Sport*: juiz (*od.* fiscal) *m* de linha; **~enschiff** *n* (*-es*; *-e*) navio *m* de linha; **2'(i)eren** [-(i)'i:rən] (-) pautar.

link [liŋk] esquerdo; *~e Seite e-s Tuches usw.* avesso *m*; **'2e** *f* esquerda *f*; *zur '~en* = **'~er-hand** à esquerda; **'~isch** acanhado.

links [liŋks] à esquerda; *von* ~ da esquerda; F *fig.* ~ *liegen lassen* não se importar com; **'2-außen(-stürmer)** *m Sport*: (dianteiro *od.* avançado) extremo-esquerdo *m*; ponta-esquerda *m*; **'~gerichtet** *Pol.* esquerdista, das esquerdas; **'2händer** ['-hɛndər] *m*, **~händig** canhoto *m*; **'2-innen(-stürmer)** *m Sport*: (dianteiro *od.* avançado) interior-esquerdo *m*; **'2steuerung** *f Auto*: condução *f* pela esquerda; **'~-'um!** ⚔ esquerda volver!

Li'noleum [li'no:leum] *n* (*-s*; *0*) oleado *m*.

'Linse ['linzə] *f* ⚘ lentilha *f*; *optische*: lente *f*; *im Auge*: cristalino *m*; **2nförmig** [-fœrmiç] lenticular.

'Lippe ['lipə] *f* lábio *m*; (*Unter2*) beiço *m*; *an j-s ~n hängen fig.* estar suspenso das palavras de alg.; **~nbildung** *f* formação *f* plástica de lábios; **~nblütler** [-bly:tlər] *m* labiada *f*; **~nlaut** *m* labial *f*; **~nstift** *m* «bâton» *m* (*fr.*).

Liquid|ati'on [likvidatsi'o:n] *f* liquidação *f*; **2'ieren** liquidar; pagar.

'lispeln ['lispəln] (*-le*) sibilar, ciciar.

List [list] *f* astúcia *f*, manha *f*; **'~e** *f* lista *f* (*aufstellen* organizar); **'2ig** astuto; *adv.* com manha, com astúcia.

Lita'nei [lita'naɪ] *f* ladainha *f*; lenga-lenga *f*.

'Litau|er(in *f*) *m* ['litauər-], **2isch** lituano *m* (-a *f*), da Lituânia.

'Liter ['li:tər] *n u. m* litro *m*.

lite'ra|risch [litə'ra:riʃ] literário; **2t** *m* (*-en*) literato *m*, homem *m* de letras; **2'tur** [-'tu:r] *f* literatura *f*; *schöne* ~ belas-letras *f/pl.*, boas-letras *f/pl.*; = **2'tur-angaben** *f/pl.* bibliografia *f/sg.*

'Litfaß-säule ['litfas-] *f* coluna *f* Morisse; cartaz *m*.

Lito'graph [lito'gra:f] *m* (*-en*) litógrafo *m*; **~'ie** *f* litografia *f*; **2'ieren** (-) litografar; **2isch** litográfico.

Litur|'gie [litur'gi:] *f* liturgia *f*; **2gisch** [li'turgiʃ] litúrgico.

'Litze ['litsə] *f* cordão *m*, sutache *m*; ⚔ galão *m*.

'Livländ|er(in *f*) *m*, **2isch** livónio *m* (-a *f*); da Livónia.

Li'vree [liv're:] *f* libré *f*; farda *f*.

Lizen|ti'at [litsɛntsi'at] *m* (*-en*) licenciado *m*; **~z** [li'tsɛnts] *f* licença *f*, autorização *f*; alvará *m*; **~z-erteilung** *f* licenciamento *m*, autorização *f*; **~z-inhaber** *m* concessionário *m*; **żz-pflichtig** [-pfliçtiç] sujeito a autorização (superior).

Lob [lo:p] *n* (-*ẹs*; -*e*) elogio *m*; louvor *m*.

ˈ**loben** [ˈlo:bən] louvar, elogiar; **~d** *adj.* elogioso; **~s-wert** louvável, digno de louvor.

ˈ**Lob|gedicht** *n* (-*ẹs*; -*e*) poema *m* encomiástico; **~gesang** *m* (-*ẹs*; ⸚*e*) hino *m*, cântico *m*.

ˈ**löblich** [ˈlø:pliç] louvável.

ˈ**Lob|lied** *n* (-*ẹs*; -*er*) hino *m*; **~preis** *m* encómio *m*; **żpreisen** (*L*) glorificar; exaltar; **~rede** *f* elogio *m*, panegírico *m*; **~redner** *m* elogiador *m*, encomiasta *m*, panegirista *m*; **~spruch** *m* (-*ẹs*; ⸚*e*) elogio *m*, louvor *m*; *Lit.* encómio *m*.

Loch [lɔx] *n* (-*ẹs*; ⸚*er*) buraco *m*; (*Bohr*ż) furo *m*; (*Luft*ż) vácuo *m*; F (*Kerker*) cárcere *m*; *im Zeug*: rasgão *m*; *elendes ~* cubículo *m*; *auf dem letzten ~ pfeifen fig.* estar nas últimas; ˈ**~-eisen** ⊕ *n* saca-bocados *m*, abre-ilhós *m*, vazador *m*, furador *m*; ˈ**żen** furar; ˈ**~er** ⊕ *m* (per)furador *m*, vazador *m*.

ˈ**löcherig** [ˈlœçəriç] (per)furado, poroso.

ˈ**Loch|karte** *f* ficha *f* perfurada; **~ung** *f* perfuração *f*; **~zange** *f* saca-bocados *m*, abre-ilhós *m*.

ˈ**Locke** [ˈlɔkə] *f* caracol *m*.

ˈ**locken 1.** (*an~*) atrair; engodar; chamar; **2.** encaracolar, frisar; **~d** *adj.* sedutor, atra[c]tivo; **żkopf** *m* (-*ẹs*; ⸚*e*) cabelo *m* encaracolado; **ż-wickel** *m* bigodim *m*; papelote *m*.

ˈ**lock|er** [ˈlɔkər] frouxo; fofo (*ˈô); abalofado; (*beweglich*) movediço; *~ sitzen* abanar; *fig.* relaxado; desarticulado; *moralisch*: pouco sério; *nicht ~ lassen fig.* não desistir; **~ern** (-*re*) afrouxar, afofar, alargar, soltar; *Erde*: cavar; *fig.* relaxar; desarticular; desvincular; **~ig** encaracolado, anelado; **żmittel** *n* engodo (*ˈô) *m*; **żpfeife** *f*, **żruf** *m* (-*ẹs*; -*e*) chamariz *m*, *f*; **żspeise** *f* isca *f*; **żspitzel** *m* agente *m* provocador; **żung** *f* sedução *f*; atra[c]ção *f*; **żvogel** *m* (-*s*; ⸚) chamariz *m*, reclamo *m*.

ˈ**Loden** [ˈlo:dən] *m* pano *m* bruto, pano *m* não pisoado.

ˈ**lodern** [ˈlo:dərn] (-*re*) chamejar; arder em labaredas.

ˈ**Löffel** [ˈlœfəl] *m* colher *f*; *Hase*: orelha *f*; *j-n über den ~ barbieren* F entrujar alg.; **~bagger** *m* escavador *m*; **żn** (-*le*) comer com a colher; **~voll** *m* colherada *f*; **żweise** às colheradas.

Logaˈrithm|enrechnung [logaˈritmən-] *f* cálculo *m* logarítmico; **~entafel** *f* (-; -*n*) tábua *f* de logaritmos; **~us** *m* (-; *Logarithmen*) logaritmo *m*.

ˈ**Logbuch** ⚓ *n* (-*ẹs*; ⸚*er*) diário *m* de bordo.

ˈ**Loge** [ˈlo:ʒə] *f* camarote *m*; (*Freimaurer*ż) loja *f*; **~nbruder** *m* (-*s*; ⸚) mação *m*; **~nschließer** *m* *Theat.* camaroteiro *m*.

Loˈgier|besuch [loˈʒi:r-] *m* (-*ẹs*; -*e*) visitas *f/pl.*; **żen** *v/t* (-) hospedar; *v/i.* estar hospedado; **~gast** *m* (-*es*; ⸚*e*) hóspede *m*; **~-haus** *n* (-*es*; ⸚*er*) casa *f* de hóspedes.

ˈ**Logik** [ˈlo:gik] *f* (*0*) lógica *f*.

Loˈgis [loˈʒi:] *n* (-; -) alojamento *m*; morada *f*.

ˈ**logisch** [ˈlo:giʃ] lógico.

ˈ**Logleine** ⚓ *f* cordel *m* da barquilha.

ˈ**Loh|e** [ˈlo:ə] *f*: **a**) labareda *f*, chamas *f/pl.*; **b**) ⊕ curtume *m*, tanino *m*; **żen** *v/i.* chamejar; *v/t.*, ⊕ curtir; **~gerber** *m* curtidor *m*; **~gerberei** *f* fábrica *f* de curtumes.

Lohn [lo:n] *m* (-*ẹs*; ⸚*e*) salário *m*; (*Tage*ż) diária *f*; *fig.* recompensa *f*, prémio *m*; ˈ**~-arbeit** *f* trabalho *m* assalariado; ˈ**~-arbeiter** *m* jornaleiro *m*; ˈ**~-empfänger** *m* assalariado *m*; ˈ**żen** (re)compensar, pagar; *sich ~* valer a pena; ˈ**żend** *adj.* lucrativo, vantajoso.

ˈ**Lohn|-erhöhung** *f* aumento *m* da salário; **~kampf** *m* (-*ẹs*; ⸚*e*) luta *f* pelo aumento dos salários; **~kürzung** *f*, **~senkung** *f* redução *f* dos salários; **~steuer** *f* (-; -*n*) imposto *m* de trabalho; **~tag** *m* (-*ẹs*; -*e*) dia *m* da paga dos salários; **~tarif** *m* (-*s*; -*e*) tarifa *f* de salário; *nach ~* à tabela; **~zahlung** *f* pagamento *m* do salário.

ˈ**Löhnung** [ˈlø:nuŋ] *f* paga(mento *m*) *f*.

Loˈkal [loˈka:l] **1.** *n* (-*ẹs*; -*e*) restaurante *m*, café *m*; **2.** ż local; **~es** *n* *Zeitung*: local *f*; crónica *f* local (*od.* da cidade); **~farbe** *f* cor (*ô) *f* local; **żiˈsieren** [lokaliˈzi:rən] (-) localizar; **~iˈtät** [~iˈtɛ:t] *f* localidade *f*; lugar *m*; **~patriotismus**

m (-; *0*) regionalismo *m*; bairrismo *m*; **~termin** ⚖ *m* (-*s*; -*e*) reconstituição *f* do crime *usw.*

Lokomo'tiv|e [lokomo'ti:və] *f* locomotiva *f*, máquina *f*; **~führer** *m* maquinista *m*.

Lom'bardgeschäft [lɔm'bart-] *n* (-*ẹs*; -*e*) negócio *m* de empréstimos.

'Lorbeer ['lɔrbe:r] *m* (-*s*; -*en*) lour(eir)o *m*; *fig.* ~*en pl.* lauréis.

'Lore 🚂 ['lo:rə] *f* vagoneta *f*.

Los[1] [lo:s] *n* (-*es*; -*e*) sorte *f*, (*Schicksal*) *a.* destino *m*; (*Anteil*) lote *m*; (*Lotterie*2) bilhete *m* (de lotaria), (*Teil*2) cautela *f*; *das große* ~ a sorte grande; o prémio grande; F a taluda.

los[2] (*vgl. lose*) solto (*'ô); (*frei*) livre; ~ *sn Hund, Teufel*: andar à solta; ~! vamos!; *was ist* ~? que é?; que há?; *mit ... ist nichts* ~ ... não presta para nada, não serve para nada; et. ~ *haben* ter que se lhe diga; ser inteligente.

'lösbar ['lø:sbar] solúvel; 2**keit** *f* (*0*) solubilidade *f*.

'los|bekommen (*L*; -) conseguir tirar; **~binden** (*L*) desatar, desligar; soltar; **~brechen** (*L*) *v/t.* (*v/i.* [*sn*]) desprender(-se), romper, brotar; *fig.* rebentar; estalar.

'Lösch|apparat ['lœʃ-] *m* (-*ẹs*; -*e*) extintor *m*; **~blatt** *n* (-*ẹs*; *⸚er*) mata-borrão *m*; 2**en** apagar; *Brand a.*: extinguir (*a. fig.*: *Schuld*); *fig. Durst*: matar; † *Firma, Hypothek*: liquidar; *Ladung*: desembarcar; ⚓ descargar; *Tinte*: chupar; **~er** *m* enxugador *m*; **~gerät** *n* (-*ẹs*; -*e*) extintor *m*; **~mannschaft** *f* bombeiros *m/pl.*; **~papier** *n* (-*s*; -*e*) = ~*blatt*; **~platz** ⚓ *m* (-*es*; *⸚e*) desembarcadouro *m*.

'los|drehen desaparafusar, desandar; **~drücken** disparar.

'lose ['lo:zə] solto (*'ô), desapertado; (*locker*) frouxo, movediço; desarticulado; (*beweglich*) móvel; *Ware*: avulso; a granel; *Zunge fig.*: má; ~*r Streich* travessura *f*.

'Löse|geld ['lø:zə-] *n* (-*ẹs*; -*er*) resgate *m*; **~mittel** *n* ⚗ dissolvente *m*; ⚕ expectorante *m*.

'losen ['lo:zən] deitar sortes; sortear.

'lösen ['lø:zən] soltar, desligar (*a. fig.*); ⚗ dissolver; *Aufgabe, Zweifel*: resolver; *Eintrittskarte, Fahrkarte*: tomar; comprar; *Pfand*: desempenhar; *Rätsel*: adivinhar; *Schuß*: disparar; *Thea. Konflikt*: desenlaçar; *Vertrag*: anular; rescindir; *noch zu* ~(*d*) *Frage*: pendente; por resolver; *sich vom Erdboden* ~ ✈ descolar.

'los|fahren (*L*; *sn*) pôr-se em marcha, partir; ir andando; *fig.*: ~ *auf j-n* increpar alg.; **~gehen** (*L*; *sn*) pôr-se em marcha, partir; ir andando; (*sich lösen*) desligar-se; *Feuerwaffe*: descarregar-se; *auf* (*ac.*) ~ investir contra; *auf j-n* ~ *a.* ir direito a alg.; arrojar-se sobre alg.; **~-haken** *Ösen*: desabrochar; *Wagen*: desengatar, desajoujar; 2**kauf** *m* (-*ẹs*; *⸚e*) resgate *m*; **~kaufen** resgatar; **~ketten** (-*e*-) desencadear, soltar; **~kommen** (*L*; *sn*) conseguir livrar-se, conseguir desembaraçar-se; ✈ descolar; **~lassen** (*L*) largar (*a. fig.*); soltar; **~legen** F começar; (*antworten*) desfechar.

'löslich ['lø:sliç] solúvel; 2**keit** *f* (*0*) solubilidade *f*.

'los|lösen, ~machen desprender, despegar; tirar; = ~*binden*; **~reißen** (*L*) arrancar; **~-sagen**: *sich* ~ *von* separar-se de; renunciar a; *Rel.* renegar (*ac.*); abjurar (*ac.*); 2**-sagung** [-za:guŋ] *f* separação *f*; renegação *f*; abjuração *f*, abjuramento *m*; **~schießen** (*L*) ⚔ disparar; *fig.* F começar a falar; *schießen Sie* (*mal*) *los!* (então) diga lá!; *auf* (*ac.*) ~ (*sn*) lançar-se sobre; **~schlagen 1.** *v/i.* (*L*) ⚔ atacar; *auf* (*ac.*) ~ bater em, golpear (*ac.*); **2.** *v/t.* tirar com golpes; *Ware*: vender a qualquer preço; **~schnallen** desafivelar; **~schrauben** desatarraxar; **~sprechen** (*L*) absolver; 2**sprechung** [-ʃprɛçuŋ] *f* absolvição *f*; **~stürmen** (*sn*), **~stürzen** (-*t*; *sn*) arremessar-se (*auf ac.* a, contra, sobre); **~trennen** separar; *Naht*: descoser.

'Losung ['lo:zuŋ] *f* sorteio *m*; *des Wildes*: frago *m*; ⚔ = **~s-wort** *n* (-*ẹs*; -*e*) (contra-)senha *f*.

'Lösung ['lø:zuŋ] *f* solução *f* (*a.* ⚗ *u.* ⚗); (*Ausgang*) desenlace *m*; desfecho *m*; (*Trennung*) separação *f*; descolamento *m*; *Fahrkarten usw.*: compra *f*; *Vertrag*: rescisão *f*; ⊕ desengate *m*; **~smittel** *n* solvente *m*.

'los|werden (*L*; *sn*) livrar-se de; desembaraçar-se de; ficar sem; *Geld a.*: gastar; **~-ziehen** (*L*) pôr-se em marcha, partir; abalar.

Lot [lo:t] *n* (-*ẹs*; -*e*) **a**) *ehm. Gewicht* (*16 g*) (-*ẹs*; *0*) meia onça *f*; **b**) perpendicular *m*; vertical *f* (*fällen* baixar); (*Senkblei*) prumo *m*; ⚓ sonda *f*; **'2en** (-*e*-) tomar o prumo; ⚓ sondar.

'löten ['løːtən] (-*e*-) soldar.

'Lothring|er(in *f*) *m* ['loːtriŋər-], **2isch** loreno *m* (-a *f*), da Lorena.

'Löt|kolben ['løt-] *m* soldador *m*, ferro *m* de soldar; **~lampe** *f* maçarico *m*; **~mittel** *n* solda *f*.

'Lotos ['loːtɔs] *m* (-; -), **~-blume** *f* lódão *m*.

'lot-recht perpendicular, vertical.

'Lots|e ['loːtsə] *m* (-*n*) piloto (*'ô) *m*; **2en** (-*t*) pilotar; F arrastar; **~enboot** *n* (-*ẹs*; -*e*), **~endampfer** *m* navio-piloto (*'ô) *m*; **~endienst** *m* (-*es*; -*e*) pilotagem *f*.

'Löt-stelle *f* soldadura *f*.

Lotte'rie [lɔtə'riː] *f* lotaria *f*; (*Verlosung*) rifa *f*; **~los** *n* (-*es*; -*e*) bilhete *m* de lotaria; (*Teil-*) cautela *f*.

'Lotter|leben *n*, **~wirtschaft** *f* (*0*) boémia *f*, estroinice *f*.

'Lotung ['loːtuŋ] ⚓ *f* sondagem *f*.

'Lötung ['løːtuŋ] *f* soldagem *f*.

'Löw|e ['løːvə] *m* (-*n*) leão *m*; **~en-anteil** *m* (-*ẹs*; -*e*) *fig.* maior parte *f*; **2en-artig** leonino; **~engrube** *f* covil *m* de leões; **~enjagd** *f* caça *f* ao leão; **~enmaul** ⚘ *n* (-*ẹs*; *0*) antirrino *m*, pé-de-bezerro *m*, *gelbes ~* linária *f*; **~enzahn** *m* (-*ẹs*; *0*) dente-de-leão *m*; **~in** *f* leoa *f*.

lo'yal [loa'jaːl] leal; **2i'tät** [-i'tɛːt] *f* (*0*) lealdade *f*.

Luchs [luks] *m* (-*es*; -*e*) lince *m*, lobo-cerva *m*.

'Lück|e ['lykə] *f* lacuna *f*; *Öffnung*: abertura *f*; fenda *f*; *fig.* vácuo *m*; defeito *m*; **~en-büßer** *m* suplente *m*; substituto *m*; ⚠ rípio *m*; **2enhaft** cheio de lacunas; deficiente (*a. fig.*); **2enlos** contínuo, completo.

'Luder ['luːdər] *n fig.* P *faules ~* (grande) preguiçoso *m*; *dummes ~* (grande) burro *m*.

Luft [luft] *f* (-; ⸗*e*) ar *m*; *umgebende*: atmosfera *f*, ambiente *m*; *in frischer ~* ao ar livre; (*frische*) *~ schöpfen* respirar, tomar ar; *nach ~ schnappen, keine ~ bekommen* (*od. kriegen*) não poder respirar; ter falta de ar; *sich* (*dat.*) *~ machen* aliviar-se; *~ herauslassen aus* (*dat.*) ⊕ esvaziar (*ac.*), deixar escapar o ar de; *s-m Herzen ~ machen* desabafar; *aus der ~ gegriffen* sem fundamento; *in der ~ liegen* andar no ar; *fig. a.* palpitar (a alg.); *an die ~ setzen* pôr na rua; *in die ~ gehen* explodir; *in die ~ sprengen* fazer explodir; dinamitar; **'~-abwehr** *f* (*0*) defesa *f* antiaérea; **'~-angriff** *m* (-*ẹs*; -*e*) ataque *m* aéreo; **'~-aufklärung** *f* reconhecimento *m* aéreo; **'~-aufnahme** *f* aerofotografia *f*; **'~ballon** *m* (-*s*; -*s*) balão *m* aerostático, aeróstato *m*; **'~beobachtung** *f* observações *f*/*pl.* feitas de bordo de aviões; **'~bild** *n* (-*ẹs*; -*er*) aerofotografia *f*; **'~blase** *f* borbulha *f*; *Fisch*: bexiga *f* de peixe; **'~brücke** *f* ponte *f* aérea; **'2dicht** hermético; **'~draht** ⚡ *m* (-*ẹs*; ⸗*e*) antena *f*; **'~druck** *m* (-*ẹs*; *0*) pressão *f* atmosférica; **'~druckbremse** *f* freio *m* pneumático; **'~druckmesser** *m* barómetro *m*.

'lüften ['lyftən] (-*e*-) arejar, ventilar; *Schleier*: erguer; *schlecht gelüftet* abafado.

'Luftfahrt *f* aviação *f*; transportes *m*/*pl.* aéreos; **~gesellschaft** *f* companhia *f* de transportes aéreos; **~minister(ium** *n* [-*s*; -*ministerien*]) *m* Ministro (Ministério) *m* da Aviação *od.* do Ar; **~wesen** *n* (-*s*; *0*) aeronáutica *f*; aviação *f*.

'Luftfeuchtigkeit *f* (*0*) humidade *f* atmosférica; **~sgrad** *m* grau *m* higrométrico; **~smesser** *m* higrómetro *m*.

'Luft|flotte *f* aviação *f*; **2gekühlt** [-gəkyːlt] refrigerado por ar; **~gewehr** *n* (-*ẹs*; -*e*) espingarda *f* de pressão de ar; **~-hauch** *m* (-*ẹs*; *0*) sopro (*'ô) *m* (de vento); **~-heizung** *f* calefa[c]ção *f* por ar quente; **2ig** aéreo, (*windig*) ventoso; *Zimmer*: arejado; *Kleid*: ligeiro; **~kampf** *m* (-*ẹs*; ⸗*e*) combate *m* aéreo; **~kissen** *n* almofada *f* pneumática (*od.* de ar); **~klappe** *f* válvula *f*; **~korridor** *m* (-*s*; -*e*) corredor *m* aéreo; **2krank** enjoado; *~ werden* enjoar; **~krankheit** *f* (*0*) enjoo (*'ô) *m*; **~krieg** *m* (-*ẹs*; -*e*) guerra *f* aérea; **~kühlung** *f* refrigeração *f* por ar; **~kur** *f* climatoterapia *f*; cura *f* de repouso; **~kurort** *m* (-*es*; -*e*) estação *f* climática; **~landetruppen** ⚔ *f/pl.* tropas *f/pl.* de aterragem; **~landung** *f* desembarque *m* aéreo; **2leer**: ~(*er Raum*) vácuo (*m*); **~leiter** ⚡ *m* antena *f*; **~linie** *f* linha *f* recta; ✈ linha *f* aérea; **~loch** *n* (-*es*; ¨*er*) ⚠ respiradouro *m*; ✈ vácuo *m*; **~mangel** *m* (-*s*; *0*) falta *f* de ar; abafamento *m*; abafação *f*; **~messer** *m* aerómetro *m*; **~post** *f* (*0*) correio *m* aéreo; *durch* ~, *mit* ~ por avião, via aérea; **~pumpe** *f* bomba *f* pneumática; *Auto, Rad*: bomba *f* de ar; **~raum** *m* (-*es*; *0*) *Phys.* atmosfera *f*; ✈ espaço *m* aéreo; **~reifen** *m* pneu (-mático) *m*; **~röhre** *f* traqueia *f*; **~röhren-entzündung** ⚕ *f* traqueite *f*; **~röhren-schnitt** *m* (-*es*; -*e*) traqueotomia *f*; **~schacht** *m* (-*es*; ¨*e*) ⚒ poço *m* de ventilação; ⚠ clarabóia *f*; **~schiffahrt** *f* (-) aeronáutica *f*; **~schlauch** *m* (-*es*; ¨*e*) *des Reifens*: câmara-de-ar *f*; **~schloß** *n* (-*sses*; ¨*sser*) castelo *m* no ar (*bauen* levantar); **~schraube** *f* hélice *m*, *f*; **~schutz** *m* (-*es*; *0*) defesa *f* civil do território; **~schutzkeller** *m*, **~schutzraum** *m* (-*es*; ¨*e*) abrigo *m* antiaéreo; **~schutz-übung** *f* exercício *m* de defesa civil; **~sperrgebiet** *n* (-*es*; -*e*) zona *f* vedada à aviação; **~spiegelung** *f* miragem *f*; **~sprung** *m* (-*es*; ¨*e*) salto *m*, pulo *m*; **~stewardeß** *f* (-; -*ssen*) hospedeira *f* de bordo; **~streitkräfte** *f/pl.* forças (*ô) *f/pl.* aéreas; aviação *f* militar; **~strom** *m* (-*es*; ¨*e*) corrente *f* de ar; **~strömung** *f* corrente *f* atmosférica; **~stützpunkt** *m* (-*es*; -*e*) base *f* aérea.

'**Lüftung** ['lyftuŋ] *f* arejamento *m*; ventilação *f*; **~s...**: *in Zssgn* de ventilação.

'**Luft|veränderung** *f* mudança *f* de ar(es); **~verband** *m* (-*es*; ¨*e*) formação *f* aérea; **2verdünnt** de ar diluído; **~verkehr** *m* (-*s*; *0*) serviço(s *pl.*) *m* aéreo(s); tráfego *m* aéreo; **~verkehrslinie** *f* linha *f* aérea, carreira *f* aérea; **~waffe** *f* arma *f* aérea; aviação *f* (militar); **~warte** *f* observatório *m* aeronáutico; **~weg** *m* (-*es*; -*e*) via *f* aérea (*auf dem* por); **~widerstand** *m* (-*es*; *0*) resistência *f* do ar; **~wirbel** *m* remoinho *m* (de ar); **~ziegel** ⚠ *m* adobe *m*; **~zufuhr** *f* ventilação *f*; **~zug** *m* (-*es*; *0*) corrente *f* de ar; **~zwischenfall** *m* (-*es*; ¨*e*) incidente *m* aéreo.

Lug [lu:k] *m* (-*es*; *0*): ~ *und Trug* pura mentira *f*.

'**Lüge** ['ly:gə] *f* mentira *f*; *pl.* ~*n strafen* desmentir; ~*n haben kurze Beine* mais depressa se apanha um mentiroso que um coxo.

'**lugen** ['lu:gən] mirar, espiar, espreitar (*aus dat.* por).

'**lügen** ['ly:gən] (*L*) mentir; **~-haft** (**2maul** *n* [-*es*; ¨*er*]) mentiroso (*m*).

'**Lügner** ['ly:knər] *m*, (**~in** *f*), **2isch** mentiroso *m* (-a *f*).

'**Luke** ['lu:kə] *f* gateira *f*; (*Dach*2) *a.* fresta *f*; ⚓ escotilha *f*.

'**Lulatsch** ['lu:la:tʃ] F *m* (-*es*; -*e*) trangalha-danças *m*.

'**lullen** ['lulən]: *in den Schlaf* ~ embalar, arrulhar, ninar.

'**Lümmel** ['lyməl] *m*, **2-haft** malcriado *m*, maroto *m*, patife *m*; **~'ei** *f* malcriadez *f*, patifaria *f*.

Lump [lump] *m* (-*en*) velhaco *m*; *armer* ~ pobretão *m*.

'**Lumpen** ['lumpən] **1.** *m* farrapo *m*, trapo *m*; **2.** 2: *sich nicht* ~ *lassen* ser liberal, ser generoso; **~gesindel** *n* canalha *f*; **~-händler** *m*, **~sammler** *m* trapeiro *m*.

Lumpe'rei [lumpə'raı] *f* patifaria *f*, velhacaria *f*; (*Kleinigkeit*) bagatela *f*.

'**lumpig** ['lumpiç] esfarrapado; *fig.* miserável, malvado.

'**Lunge** ['luŋə] *f* pulmão *m*.

'**Lungen|-entzündung** *f* pneumonia *f*; **~flügel** *m* pulmão *m*; **~-heilstätte** *f* sanatório *m* para tuberculosos; **2krank** tuberculoso; **~krankheit** *f*, **~leiden** *n* doença *f* dos pulmões; tuberculose *f*; **~schwindsucht** *f* (*0*) tísica *f*; tuberculose *f*; **~spitze** *f* ponta *f* do pulmão.

'**lungern** ['luŋərn] (-*re*; *h. u. sn*) vadiar, vagabundear.

'**Lunte** ['luntə] *f* morrão *m*, mecha *f*; ~ *riechen fig.* cheirar a caça.

'**Lupe** ['lu:pə] *f* lupa *f*; *unter die* ~ *nehmen fig.* examinar bem (*od.* de perto).

Lu'pin|e [lu'pi:nə] *f* tremoceiro *m*, = **~en-kern** *m* (-*es*; -*e*) tremoço *m*.

Lust [lust] *f* (-; ¨*e*) (*Genuß*) prazer *m*, gozo (*'ô) *m*; (*Verlangen*) vontade *f*, gosto (*'ô) *m*, desejo *m*; ~ *auf* (*ac.*) apetite *m* de; *ich habe keine* ~

não me apetece; '~**barkeit** *f* festa *f*; folia *f*.

'**Lüster** ['lystər] *m* lustre *m*; ⁲**n** cubiçoso (*nach* de); (*geil*) lascivo, concupiscente; *nach et.* ~ *sn* cubiçar a.c.; ~**n-heit** *f* (*0*) concupiscência *f*.

'**lustig** ['lustiç] alegre, divertido; jovial, jocoso; ~*e Person Thea.* gracioso *m*; *sich* ~ *machen* fazer troça, fazer pouco (*über ac.* de); ⁲**keit** *f* (*0*) jovialidade *f*.

'**Lüstling** ['lystliŋ] *m* (*-s*; *-e*) (homem *m*) lascivo *m*; libertino *m*.

'**lust|los** ✝ desanimado; ⁲**mord** *m* (*-es*; *-e*) assassínio *m* com estupro; ⁲**mörder** *m* assassino *m* estuprador; ⁲**spiel** *n* (*-es*; *-e*) comédia *f*; ⁲**spieldichter** *m* comediógrafo *m*; ~**wandeln** (*-le*) (*untr.*) passear.

Luthe'r|aner [lutə'ra:nər] *m*, ⁲**isch** ['-iʃ; -'teriʃ] luterano *m*.

'**lutsch|en** ['lutʃən] chupar; ⁲**er** *m* chucha *f*.

Luv ⚓ [lu:f] *f* (*0*), '~**seite** *f* barlavento *m*; '⁲**en** ['-vən] orçar.

'**Luxemburg|er(in** *f*) ['luksəmburgər-] *m* luxemburguês *m* (-esa *f*); ⁲**isch** luxemburguês.

luxuri'ös [luksuri'ø:s] luxuoso, sumptuoso.

'**Luxus** ['luksus] *m* (-; *0*) luxo *m*; ~...: *in Zssgn* de luxo.

Lu'zerne [lu'tsɛrnə] ⚘ *f* alfafa *f*, luzerna *f*.

'**Lymph|drüse** ['lymf-] *f* glândula *f* linfática; ~**drüsenschwellung** *f* linfatismo *m*; íngua *f*; ~**e** *f* linfa *f*.

'**lynch|en** ['lynçən] linchar; ⁲**justiz** *f* (*0*) linchamento *m*.

'**Lyr|a** ['ly:ra] *f* (-; *Lyren*) lira *f*; ~**ik** *f* (poesia *f*) lírica *f*; ~**iker** *m* poeta *m* lírico; ⁲**isch** lírico.

M

M, m [ɛm] *n uv.* M, m *m.*

Maat [maːt] ⚓ *m* (-*es*; -*e od.* -*en*) marinheiro-cabo *m.*

'**Mach|-art** ['max-] *f* feitio *m*; **~e** *f* (*0*) dissimulação *f*; *fig.* afe[c]tação *f.*

'**machen** ['maxən] **1.** *v/t.* fazer; ~ + *adj. oft*: tornar, *s. a. die betr. adj.*; ~ + *su. oft*: dar, *s. a. die betr. su.*; *was macht ...?* que é feito de ...?; *was machst du (da)?* que estás a fazer?; *was (od. wieviel) macht es?* quanto é?; *in (dat.)* ~ ✝ fazer negócios de (*od.* com); *das macht nichts* não faz mal, não tem importância; *was ist da zu ~?* que quere que se faça?; *da ist nichts zu ~* não há nada que fazer; *schnell ~* aviar-se; despachar-se; **2.** *v/refl.*: *sich (gut) ~ et.*: ir (bem); *j.*: fazer boa figura; *sich ~ lassen* arranjar-se; *sich (dat.) et. ~ lassen* mandar fazer; *sich auf den Weg ~* pôr-se a caminho; *sich (dat.) die Arbeit (od. Mühe) ~* dar-se ao trabalho (zu de); *sich (dat.) et. ~ aus fig.* fazer caso de, importar-se com; *gemacht adj. Mann*: feito, de fortuna; (*gespielt*) afe[c]tado; **°schaft** *f* intriga *f*; manobra *f.*

'**Macherlohn** *m* (-*es*; ⸗*e*) feitio *m*, trabalho *m.*

Macht [maxt] *f* (-; ⸗*e*) poder *m*; (*Staat*) potência *f*; (*Kraft*) força (*ô) *f*; (*Einfluß*) ascendente *m*, autoridade *f*; '**~befugnis** *f* (-; -*se*) autoridade *f*; poder *m*; '**~bereich** *m* (-*es*; -*e*) alcance *m*; autoridade *f*; competência *f*; '**~haber** ['-haːbər] *m* detentor *m* do poder; governante *m*; potentado *m.*

'**mächtig** ['mɛçtiç] poderoso, forte; (*imponierend a.*) imponente, impressionante; ⊕ potente; (*groß*) imenso; *des Deutschen usw. ~ sn* saber alemão *usw.*; dominar o alemão *usw.*; *s-r nicht ~ sn* não ser senhor de si; **°keit** ⚒ *f* (*0*) riqueza *f*; ⊕ potência *f.*

'**macht|los** (-*est*) impotente; ~ *sn gegen* não se poder fazer nada; **°losigkeit** ['-loːziç-] *f* (*0*) impotência *f*; **°politik** *f* (*0*) imperialismo *m*; **°spruch** *m* (-*es*; ⸗*e*) decisão *f* autoritária; a[c]to *m* autoritário; **°-übernahme** *f* advento *m* (*od.* subida *f*) ao poder (*durch* de); **°vollkommenheit** *f* (*0*) autoridade *f*; *aus eigener ~* de moto próprio; **°wort** *n* (-*es*; -*e*) = *~spruch*; *ein ~ sprechen* intervir com autoridade (em); pôr termo (a).

'**Machwerk** *n* (-*es*; -*e*) obra *f* mal feita.

'**Mädchen** ['mɛːtçən] *n* menina *f*, rapariga *f*; moça *f*; (*Dienst°*) criada *f*; **°-haft** de menina; juvenil; (*jungfräulich*) virginal; **~-handel** *m* (-*s*; *0*) escravatura *f* branca; **~schule** *f* escola *f* feminina; *Höhere ~* liceu *m* feminino; *private ~* colégio *m* feminino.

'**Made** ['maːdə] *f* bicho *m*, verme *m*, gusano *m.*

'**madig** ['maːdiç] bichoso.

Ma'donna [ma'dɔna] *f* (-; *Madonnen*) Virgem *f*, Nossa Senhora *f.*

Maga'zin [maga'tsiːn] *n* (-*s*; -*e*) armazém *m*; depósito *m*, ⚔ *a.* arsenal *m*, (*Bibliothek a.*) arquivo *m*; *Zeitschrift*: revista *f.*

Magd [maːkt] *f* (-; ⸗*e*) criada *f*; servente *f.*

'**Magen** ['maːgən] *m* (-*s*; ⸗) estômago *m*; (*Geflügel*) moela *f*; *schwer im ~ liegen* ser indigesto; *j-m im ~ liegen fig.* F afligir alg.; *auf den ~ schlagen fig.* fazer mal ao estômago; **~beschwerden** *f/pl.* dores *f/pl.* no estômago; indigestão *f/sg.*; **~-'Darm-Kanal** *m* (-*s*; *0*) tubo *m* digestivo; **~drücken** *n* (-*s*; *0*) peso (*ê) *m* no estômago; **~geschwür** *n* (-*es*; -*e*) úlcera *f* no estômago; **~grube** *f* epigástrio *m*; **~katarrh** *m* (-*s*; -*e*) gastrite *f*; **~krampf** *m* (-*es*; ⸗*e*) convulsão *f* estomacal; **~krebs** *m* (-*es*; *0*) cancro *m* no estômago; **~leiden** *n* gastrose *f*; **~saft** *m* (-*es*; ⸗*e*) suco *m* gástrico; **~säure** *f* ácido *m* gástrico; **~schmerzen** *m/pl.* dores *f/pl.* no estômago; **°stärkend** estomacal;

tônico; **~tropfen** *m/pl.* gotas (*ô) *f/pl.* estomacais; **~verstimmung** *f* indisposição *f* gástrica (*od.* do estômago), indigestão *f.*

'**mager** ['ma:gər] magro; *fig.* insuficiente, pouco satisfatório; ~ *werden* emagrecer; **&keit** *f (0)* magreza *f*; **&milch** *f (0)* leite *m* desnatado.

Ma'gie [ma'gi:] *f (0)* magia *f.*

'**Mag|ier** ['ma:giər] *m* mago *m*; **&isch** mágico.

Magis'trat [magis'tra:t] *m (-es; -e)* conselho *m* municipal; município *m*; **~s-person** *f* vereador *m.*

Mag'nesi|a [mag'ne:zia] *f (0)* magnésia *f*; **~um** *n (-s; 0)* magnésio *m.*

Mag'net [mag'ne:t] *m (-es od. -en; -e od. -en)* magnete *m*; íman (*ímã) *m*; ⚡ electroíman (*-ímã) *m*; **~feld** *n (-es; -er)* campo *m* magnético; **&isch** magnético; **&i'sieren** [-i'zi:-rən] (-) magnetizar; **~'ismus** *m (-; 0)* magnetismo *m*; **~nadel** *f (-; -n)* agulha *f* magnética; **~spule** *f* bobina *f* do electroíman (*-ímã); **~zündung** ⊕ *f* ignição *f* de (*od.* por) magnete.

Maha'goni [maha'go:ni] *n (-s; 0)*, **~holz** *n (-es; 0)* mogno *m.*

Mahd [ma:t] ↗ *f* ceifa *f.*

'**mäh|en** ['mɛ:ən] ceifar; segar; **&er(in** *f)* *m* ceifeiro *m* (-a *f*), segador(a *f*) *m.*

Mahl [ma:l] *n (-es; ⸚er od. -e)* refeição *f*, comida *f*; (*Fest&*) banquete *m*; '**&en** (*L*) moer; '**~gang** *m (-es; ⸚e)* moenda *f*; '**~zahn** *m (-es; ⸚e)* (dente *m*) molar *m*; '**~zeit** *f* refeição *f*; (*gesegnete*) ~! bom proveito!

'**Mähmaschine** ['mɛ:-] *f* ceifeira *f*; gadanheira *f.*

'**Mahnbrief** ['ma:n-] *m (-es; -e)* [reclamação *f.*]

'**Mähne** ['mɛ:nə] *f* crina *f*; (*Löwen&*) juba *f.*

'**mahn|en** ['ma:nən] advertir, admoestar; *j-n an (ac.)* ~ lembrar (*ac.*) a alg.; (*er~*) exortar (zu a); ~ *wegen* reclamar (*ac.*); **&er** *m* admoestador *m*; ✝ credor *m*; **&ruf** *m (-es; -e)* grito *m* de alarme; exortação *f*; **&ung** *f* advertência *f*; admoestação *f*; exortação *f*; ✝ reclamação *f*; **&wort** *n (-es; -e)* advertência *f*; **&zettel** *m* aviso *m.*

'**Mähre** ['mɛ:rə] *f* rocim *m*, pileca *f.*

Mai [maɪ] *m (-es od. -; -e)* Maio *m*; **~blume** *f* lírio *m* convale.

Maid [maɪt] *f* donzela *f*; moça *f.*

'**Mai|feier** *f (-; -n)* maia *f*; festa *f* de maio; **~glöckchen** ['-glœkçən] *n* = *~blume*; **~käfer** *m* besouro *m.*

'**Mailänd|er(in** *f)* *m* ['maɪlɛndər-], **&isch** milanês *m* (-esa *f*), de Milão.

Mais [maɪs] *m (-es; -e)* milho *m*; '**~brot** *n (-es; -e)* broa *f* (de milho).

'**Maische** ['maɪʃə] *f* mosto *m* de malte; **&n** molhar o malte.

'**Mais|feld** *n (-es; -er)* milheiral *m*; '**~-hülse** *f* camisa *f* de milho; '**~kolben** *m* maçaroca *f*, espiga *f* de milho.

Maje'stät [majɛs'tɛ:t] *f* majestade *f*; *Titel*: Majestade *f*; **&isch** majestoso; **~s-beleidigung** *f* crime *m* de lesa-majestade.

Ma'jor [ma'jo:r] *m (-s; -e)* major *m*; **~'an** [-'ra:n] ⚘ *m (-s; -e)* manjerona *f*; **~'at** [-'ra:t] *n (-es; -e)*, **~s-herr** *m (-n; -en)* morgado *m*; **&'enn** [-'rɛn] maior (de idade); **~enni'tät** [-ɛni-'tɛ:t] *f (0)* maioridade *f*; **~i'tät** [-i'tɛ:t] *f* maioria *f.*

Makel ['ma:kəl] *m* mácula *f*, mancha *f.*

Mäke'lei [mɛ:kə'laɪ] *f* critiquice *f.*

'**makellos** (*-est*) imaculado.

'**mäkeln** ['mɛ:kəln] (*-le*): *an (dat.)* ~ criticar (*ac.*).

Makka'roni [maka'ro:ni] *pl. uv.* macarrão *m/sg.*; massa *f/sg.*

'**Makler** ['ma:klər] *m* corretor *m*, agente *m*; *beeideter*: solicitador *m*; **~gebühr** *f* corretagem *f*; **~geschäft** *n (-es; -e)* agência *f*, corretagem *f.*

'**Mäkler** ['mɛ:klər] *m* critiqueiro *m.*

Ma'kr|ele [ma'kre:lə] *f* cavala *f*; **~one** *f* bolo *m* de amêndoa.

Makula'tur [makula'tu:r] *f* maculatura *f.*

Mal [ma:l] *n (-es; -e)* **1.** (*pl. a.* ⸚*er*) (*Fleck, Zeichen*) sinal *m*, marca *f*; (*Mutter&*) *a.* lunar *m*; (*Denk&, Mahn&*) monumento *m*; *Sport*: meta *f*; **2.** vez *f* (*zum* pela); *mit e-m* ~(e) de repente; **3.** & *adv.* F uma vez; *sagen Sie* & ora diga lá; *nicht* ~ nem sequer.

Ma'lai|e [ma'laɪə] *m (-n)*, (**~in** *f*), **&isch** malaio *m* (-a *f*), da Malásia.

Ma'laria [ma'la:ria] *f (0)* malária *f*; paludismo *m*; sezonismo *m*; **~-anfall** *m (-es; ⸚e)* sezões *f/pl.*; **~bekämpfung** *f (0)* campanha *f* anti-sezonática.

'mal|en ['ma:lən] pintar (*a. fig.*); (*porträtieren*) retratar; **2en** *n* pintura *f*.

'Maler ['ma:lər] *m* (**~in** *f*) pintor(a *f*) *m*; **~'ei** *f* pintura *f*; **2isch** pitoresco; (*gemalt*) pitórico; **~meister** *m* mestre *m* pintor.

'Mal|kasten *m* (*-s*; *¨*) caixa *f* de cores; **2nehmen** (*L*) multiplicar (*mit* por); **~schule** *f* escola *f* de pintura; **~stock** *m* (*-es*; *¨e*) tento *m*.

'Malve ['malvə] *f* malva *f*.

Malz [malts] *n* (*-es*; *0*) malte *m*; **'~bereitung** *f* maltagem *f*; **'~bier** *n* (*-es*; *0*) cerveja *f* de malte; **'~bonbon** *m* (*-s*; *-s*) rebuçado *m* de malte; **'~darre** *f* estufa *f* de cervejeiro; **'~extrakt** *m* (*-es*; *-e*) maltina *f*; **'~kaffee** *m* (*-s*; *0*) (café *m* de) cevada *f*, (café *m* de) malte *m*.

'Ma'ma [ma'ma:, 'mama] *f* (*-*; *-s*) mamã *f*; mãe *f*.

'Mammon ['mamɔn] *m* (*-s*; *0*) ouro *m*, riquezas *f/pl.*

'Mammut ['mamu:t] *n* (*-s*; *-e od. -s*) mamute *m*.

man [man] (*dat. m* einem, *f* einer; *ac. m* einen, *f* eine) a gente, se; *a. übers. durch 3. Person pl.*; ~ sagt diz-se, dizem, consta; ~ muß é preciso (*inf. od.* que *subj.*).

manch [manç]: **'~er** *m*, **'~es** *n*, (**'~e** *f*) muitos *m/pl.* (-as *f/pl.*), mais que um(a *f*) *m*; **'~e** (*Leute*) *pl.* alguns *m/pl.* (algumas *f/pl.*), muitos *m/pl.* (-as *f/pl.*); muita gente, há quem (*subj.*); '~es Mal muitas vezes; = ~mal; so '~es Mal tanta(s) vez(es); wie '~es Mal! quantas vezes!; **~er'lei** [-ər'laɪ] *uv. adj.* vários, muitos; *su.* várias coisas; **'~mal** às vezes, por vezes, de vez em quando.

Man|'dant(in *f*) [man'dant-] *m* (*-en*) constituinte *m*, *f*; **~da'rin** [-da'ri:n] *m* (*-s*; *-e*) mandarim *m*; **~da'rine** ⚘ *f* tangerina *f*; **~'dat** [-'da:t] *n* (*-es*; *-e*) mandato *m*; (*Befehl*) ordem *f*; **~da'tar** [-da'ta:r] *m* (*-s*; *-e*) mandatário *m*; **~'datsgebiet** *n* (*-es*; *-e*) território *m* sob administração.

'Mandel ['mandəl] *f* (*-*; *-n*) ⚘ amêndoa *f* (*gebrannte* torrada); ⚕ amígdala *f*; adenóide *f*; (*15 Stück*) quinzena *f*; **~baum** *m* (*-es*; *¨e*) amendoeira *f*; **~blüte** *f einzelne*: flor *f* da amendoeira; *Zustand*: as amendoeiras em flor; **~entzündung** *f* angina *f*; amigdalite *f*; **~kleie** *f* (*0*) farelo *m* de amêndoas; **~milch** *f* (*0*) amendoada *f*; **~-öl** *n* (*-es*; *0*) óleo *m* de amêndoas.

Mando'line [mando'li:nə] *f* bandolim *m*.

Ma'nege [ma'ne:ʒə] *f* picadeiro *m*; *Zirkus*: arena *f*.

Man'gan [maŋ'ga:n] *n* (*-s*; *0*) manganés(io) *m*; **~-eisen** *n* (*-s*; *0*) ferro *m* manganífero.

'Mangel ['maŋgəl] **1.** ⊕ *f* (*-*; *-n*) calandra *f*; enxugador *m*; **2.** *m* (*-s*; *¨*) falta *f* (*aus* por, *an dat.* de); (*Fehler*) defeito *m*; (*Not*) penúria *f*; ~ an Anstand indecoro *m*; ~ leiden an (*dat.*) carecer de, ter falta de; **2-haft** defeituoso, imperfeito, deficiente; insuficiente; *adv.* mal; **~-haftigkeit** *f* (*0*) imperfeição *f*; deficiência *f*; insuficiência *f*; **2n** (*-le*) ⊕ calandrar; (*fehlen*) (vir a) faltar, fazer falta; **~n** *n* ⊕ calandragem *f*; (*Fehlen*) falta *f*; **2s** (*gen.*) por falta de.

'Mangold ['maŋgɔlt] ⚘ *m* (*-es*; *-e*) acelga *f*.

Ma'nie [ma'ni:] *f* mania *f*.

Ma'nier [ma'ni:r] *f* maneira *f*; modo *m*; *Kunst*: estilo *m*; **2'iert** [-ni'ri:rt] afe[c]tado, amaneirado; **~'iertheit** *f* afe[c]tação *f*; **2lich** bem educado, de boas maneiras.

Mani'fest [mani'fɛst] *n* (*-es*; *-e*) manifesto *m*.

Mani'küre [mani'ky:rə] *f* manicura *f*; **2n** (-) tratar das mãos.

'manisch ['ma:niʃ] maníaco.

'Manko ['maŋko] *n* (*-s*; *-s*) defeito *m* ✝ défice *m*.

Mann [man] *m* (*-es*; *¨er*, *poet. -en*, ⚔ *u.* ⚓ *pl. uv.*) homem *m*; (*männliches Wesen*) varão *m*; (*Ehe2*) marido *m*; an den ~ bringen *Ware*: vender; *Tochter*: casar; an den rechten ~ geraten encontrar a pessoa indicada; ~ für ~ um atras outro; todos sem excepção; ~ gegen ~ ⚔ corpo a corpo; mit ~ und Maus ⚓ com toda a carga; wenn Not am ~ ist em caso de necessidade; den wilden ~ machen simular; s-n ~ stehen cumprir; fazer boa figura; **'2bar** *Mädchen*: núbil; *Jüngling*: púbere; **'~barkeit** *f* (*0*) nubilidade *f*; puberdade *f*.

'Männchen ['mɛnçən] *n* homenzinho *m*; *Zool.* macho *m*; ~ machen pôr-se nas patas traseiras.

'**Männer|chor** ['mɛnər-] *m* (-*es*; ¨*e*) coro (*'ô) *m* masculino; **~gesangverein** *m* (-*es*; -*e*) orfeão *m*; **~stimme** *f* voz *f* varonil (*od.* de homem).

'**Mannes|-alter** ['manəs-] *n* (-*s*; *0*) virilidade *f*; idade *f* viril; **~kraft** *f* (-; ¨*e*) virilidade *f*, força (*ô) *f* viril.

'**mann-haft** viril, varonil; (*tapfer*) valente; **≗igkeit** *f* (*0*) virilidade *f*, valentia *f*.

'**mannig|fach, ~faltig** ['maniç-] vário, diferente, variado, diverso, múltiplo; **≗faltigkeit** *f* (*0*) variedade *f*.

'**männlich** ['mɛnliç] másculo; varonil (*a. fig.*); (*tapfer*) valente; *Kind ~en Geschlechts a.* filho *m* varão; (*Tier*) macho; *Gram.* masculino; **≗keit** *f* (*0*) virilidade *f*.

'**Mannschaft** *f* ⚔ homens *m/pl.*, praças *f/pl.*, tropas *f/pl.*; ⚓ *u.* ✈ tripulação *f*; *Sport*: grupo *m*, equipa *f*; **~sführer** *m Sport*: chefe *m* (do grupo).

'**manns|-hoch** (*0*) da altura de um homem; **~toll** doida pelos homens; maluca.

'**Mannweib** *n* (-*es*; -*er*) mulherão *m*; marimacho *m*, virago *f*.

Ma'növ|er [ma'nø:vər] *n* manobra(s) *f*(*pl.*); **≗rieren** [-'vri:rən] (-) manobrar; **≗'rier-fähig** ⚓ governável.

Man'sarde [man'zardə] *f*, **~nstübchen, ~nzimmer** *n* águas-furtadas *f/pl.*

'**manschen** ['manʃən] misturar, fazer mistura.

Man'schette [man'ʃɛtə] *f* punho *m*; *vor* (*dat.*) *~en haben* F ter medo (*ê) *m* de; **~nknopf** *m* (-*es*; ¨*e*) botão *m* de punho.

'**Mantel** ['mantəl] *m* (-*s*; ¨) sobretudo *m*, casaco *m*; (*Umhang*) capa *f*, manto *m*; *langer*: ⚔ capote *m*; (*Hülle*), *Geschoß*, *Ofen*: camisa *f*; ⚹ superfície *f* (lateral); *den ~ nach dem Winde hängen fig.* mudar fàcilmente de opinião, ser catavento; *unter dem ~* (*gen.*) *fig.* sob o pretexto de.

Manufak'tur [manufak'tu:r] *f* manufa[c]tura *f*; **~waren** *f/pl.* artigos *m/pl.* manufa[c]turados.

Manu'skript [manu'skript] *n* (-*es*; -*e*) manuscrito *m*; *Typ.*: *a.* original *m*.

'**Mappe** ['mapə] *f* pasta *f*.

Mär [mɛ:r] *f* conto *m*, lenda *f*.

'**Marathon-lauf** ['ma:ratɔn-] *m* (-*es*; ¨*e*) maratona *f*.

'**Märchen** ['mɛ:rçən] *n* conto *m* (de fadas); história *f* (*a. fig.*); lenda *f*; **≗-haft** fabuloso, fantástico; **~stück** *n* (-*es*; -*e*) *Thea.* conto *m* dramatizado; **~welt** *f* (*0*) mundo *m* fantástico, mundo *m* fabuloso.

'**Marder** ['mardər] *m* marta *f*, (*Stein≗*) fuinha *f*.

Marga'rine [marga'ri:nə] *f* (*0*) margarina *f*.

Ma'rien|bild [ma'ri:ən-] *n* (-*es*; -*er*) imagem *f* da Virgem, imagem *f* de Nossa Senhora; **~käfer** *m* joaninha *f*; **~kult** *m* (-*es*; *0*) culto *m* mariano.

Ma'rine [ma'ri:nə] *f* (*Handels≗*) marinha *f* (mercante); ⚔ armada *f*; **~-attaché** *m* (-*s*; -*s*) adido *m* naval; **≗blau** azul-marinho; **~-ingenieur** *m* (-*s*; -*e*) engenheiro *m* naval; (oficial *m*) maquinista *m* da Armada; **~-offizier** *m* (-*s*; -*e*) oficial *m* da Armada; **~soldat** *m* (-*en*) marinheiro *m*; **~station** *f* base *f* naval.

mari'nieren [mari'ni:rən] (-) pôr de escabeche.

Mario'nette [mario'nɛtə] *f* títere *m*, boneco *m*; **~ntheater** *n* teatro *m* de títeres.

Mark [mark] **a**) *n* (-*es*; *0*) medula *f*; miolo *m*; (*Knochen≗*) tutano *m*; *j-m durch ~ und Bein gehen fig.* fazer estremecer alg.; **b**) *f* comarca *f*; província *f* limítrofe, região *f* fronteiriça; **c**) ⚕ *f* (-; -) marco *m*.

mar'kant [mar'kant] marcado, cara[c]terístico; *j.*: de relevo (*'ê).

'**Marke** ['markə] *f* marca *f* (*a.* ⚕); sinal *m*; ✉ selo (*ê) *m*, estampilha *f*; (*Erkennungs≗*) placa *f* de identidade; (*Kontroll≗*) senha *f*; (*Spiel≗*) ficha *f*; *Wein*: qualidade *f*; **~n-artikel** ⚕ *m* artigo *m* registado (*od.* marcado); **~nsammler** *m* filatelista *m*; **~nsammlung** *f* cole[c]ção *f* filatélica (*od.* de selos); **~nschutz** ⚕ *m* (-*es*; *0*) prote(c)ção *f* legal das marcas registadas.

'**mark-erschütternd** horripilante.

'**Mark|graf** *m* (-*en*) marquês *m*; *ehm.* margrave *m*; **~gräfin** *f* marquesa *f*; **~grafschaft** *f* marquesado *m*, margraviado *m*.

mar'kier|en [mar'ki:rən] (-) marcar; *Ton*: acentuar; (*darstellen*) simular (*a.* ⚔); ﹏ung *f* marcação *f*, sinais *m/pl.*

'**markig** ['markiç] *fig.* meduloso; *fig.* vigoroso.

Mar'kise [mar'ki:zə] *f* toldo (*'ô) *m.*

'**Mark|knochen** *m* osso *m* com tutano; **~stein** *m* (-*ęs*; -*e*) marco *m*; *ein ~ sn, e-n ~ bilden* marcar; **~stück** *n* (-*ęs*; -*e*) moeda *f* de um marco.

Markt [markt] *m* (-*ęs*; ⸚*e*) mercado *m*, praça *f*; *monatlicher u. Jahr*﹏: feira *f*; *auf den ~ bringen* lançar no mercado; '**~bericht** *m* (-*ęs*; -*e*) boletim *m* (do mercado); '**~bude** *f* barraca *f*; '**~flecken** *m* vila *f*; '**~frau** *f* regateira *f*; vendedora *f* (no mercado); '﹏**gängig**: *~ sn* ter venda; '**~-halle** *f* praça *f*; '**~platz** *m* (-*es*; ⸚*e*) praça *f* (do mercado); '**~preis** *m* (-*es*; -*e*) preço *m* corrente; '**~schreier** *m* charlatão *m*; '**~stand** *m* (-*ęs*; ⸚*e*) lugar *m*; '**~tag** *m* (-*ęs*; -*e*) dia *m* da feira (*od.* do mercado); '**~weib** *n* (-*ęs*; -*er*) regateira *f.*

Marme'lade [marmə'la:də] *f*: (*Erdbeer*)~ doce *m* (de morangos); *Quitten*﹏ marmelada *f.*

'**Marmor** ['marmɔr] *m* (-*s*; -*e*) mármore *m*; ﹏**-artig** *m* marmóreo; **~bruch** *m* (-*ęs*; ⸚*e*) canteira *f* de mármore; ﹏'**ieren** (-) marmorizar; ﹏**n** de mármore; **~platte** *f* lousa *f* de mármore; *auf Möbeln usw.*: tampo *m* de mármore.

ma'rode [ma'ro:də] cansado; fatigado; ⚔ doente.

Marok'kan|er(in *f*) *m* [marɔ'ka:nər-], ﹏**isch** marroquino *m* (-a *f*), de Marrocos.

Ma'rotte [ma'rɔtə] *f* capricho *m*, mania *f.*

Mar'qui|s [mar'ki:] *m* (-; -) marquês *m*; **~se** [-zə] *f* marquesa *f.*

Mars [mars] *m* **a)** *ast.* Marte *m*; **b)** ⚓ (-; -*e*) (cesto [*ê] *m* da) gávea *f.*

Marsch [marʃ] **1.** *m* (-*es*; ⸚*e*) marcha *f* (*auf dem* em); **2.** ﹏! ⚔ marche!; F embora!; **3.** *f* lezíria *f.*

'**Marschall** ['marʃal] *m* (-*s*; ⸚*e*) marechal *m*; **~stab** *m* (-*ęs*; ⸚*e*) bastão *m* de marechal; **~würde** *f* (*0*) marechalado *m.*

'**Marsch|befehl** *m* (-*ęs*; -*e*) ordem *f* de partir; ﹏'**ieren** (-; *sn*) marchar; **~land** *n* (-*ęs*; ⸚*er*) lezíria *f*; **~route** *f* itinerário *m.*

'**Mar-stall** ['mar-] *m* (-*ęs*; ⸚*e*) cavalariças *f/pl.* reais; estrebaria *f.*

'**Marter** ['martər] *f* (-; -*n*) martírio *m*, tortura *f*; suplício *m*; ﹏**n** (-*re*) torturar; **~pfahl** *m* (-*ęs*; ⸚*e*) pelourinho *m*; **~tod** *m* (-*ęs*; *0*) martírio *m.*

'**Märtyrer** ['mɛrtyrər] *m*, **~in** *f* mártir *m*, *f*; **~tum** *n* (-*s*; *0*) martírio *m.*

Mar'xis|mus [mark'sismus] *m* (-; *0*) marxismo *m*; **~t** *m* (-*en*), ﹏**tisch** marxista *m.*

März [mɛrts] *m* (- *od.* -*es*; -*e*) Março *m.*

Marzi'pan [martsi'pan] *n* (-*s*; -*e*) maçapão *m.*

'**Masche** ['maʃə] *f* malha *f* (*aufheben* apanhar); **~ndraht** *m* (-*ęs*; *0*) rede (*'ê) *f* de arame; ﹏**nfest**: *~ sn* não desmalhar.

Ma'schine [ma'ʃi:nə] *f* máquina *f*; ✈ aparelho *m*; *mit der ~ schreiben* escrever à máquina, da[c]tilografar; ﹏**ll** [-'nɛl] mecânico; *adv. a.* à máquina.

Ma'schinen|-antrieb *m* (-*ęs*; -*e*) força (*ô) *f* mecânica; **~-arbeit** *f* trabalho *m* (feito) à máquina; **~bau** *m* (-*ęs*; *0*) construção *f* de máquinas; **~defekt** *m* (-*ęs*; -*e*) avaria *f* (na máquina); **~fabrik** *f* fábrica *f* de construções mecânicas; **~gewehr** *n* (-*ęs*; -*e*) metralhadora *f*; **~gewehrfeuer** *n* metralha *f*, rajadas *f/pl.* de metralhadora *f*; *mit ~ angreifen* metralhar; **~-haus** *n* (-*es*; ⸚*er*) casa (*od.* sala *od.* secção) *f* das máquinas; ﹏**mäßig** mecânico; **~meister** *m* maquinista *m*; **~-öl** *n* (-*ęs*; -*e*) óleo *m* lubrificante; **~pistole** *f* pistola *f* automática; **~raum** *m* (-*ęs*; ⸚*e*) = *~haus*; **~satz** *m* (-*es*; *0*) *Typ.* linotipia *f*; composição *f* mecânica; **~schaden** *m* (-*s*; ⸚) avaria *f*; **~schlosser** *m* mecânico *m*; **~schreiben** *n* (-*s*; *0*) da[c]tilografia *f*; **~schreiber(in** *f*) *m* da[c]tilógrafo *m* (-a *f*); **~schrift** *f* da[c]tilografia *f*; *in ~* da[c]tilografado; **~teile** *m/pl.* peças *f/pl.* duma máquina; **~werk** *n* (-*ęs*; *0*) mecanismo *m.*

Maschin|e'rie [maʃinə'ri:] *f* mecanismo *m*; **~'ist** *m* (-*en*) maquinista *m.*

'**Maser** ['ma:zər] *f* (-; -*n*) veia *f*; nó *m*; **~holz** *n* (-*es*; ⸚*er*) madeira *f* betada, madeira *f* listrada; **~n** *pl.* ⚕ sarampo *m/sg.*; ﹏**n** (-*re*) veiar; **~ung** *f* veio *m*, list(r)a *f*, beta (*ê) *f*, veias *f/pl*.

'**Mask|e** ['maskə] *f* máscara *f*; *Thea.* caracterização *f*; (*Verkleidung*) *a.* disfarce *m*; **~enball** *m* (-*ẹs*; ⁼*e*) baile *m* de máscaras; **~enzug** *m* (-*ẹs*; ⁼*e*), **~e'rade** [-'ra:də] *f* mascarada *f*; cortejo *m*; **2'ieren** (-) mascarar, disfarçar.

Maß [ma:s] **a)** *f* (-; -*e*, *nach Zahlen uv.*) caneca *f* de litro; **b)** *n* (-*es*; -*e*) medida *f* (*nach* à; *nehmen* tomar a); (*Aus*2) proporção *f*; extensão *f*, (*Grad*) grau *m*; escala *f*; *fig.* moderação *f*; *in vollem ~e* plenamente; *in dem ~e wie* na (*od.* à) medida que, conforme; *in reichem ~e* profusamente; *über die ~en* sobremaneira, extremamente.

Mas'sage [ma'sa:ʒə] *f* maçagem *f*.

'**Maß-anzug** *m* (-*ẹs*; ⁼*e*) fato (* terno) *m* por medida.

'**Masse** ['masə] *f* massa *f*; (*Menschenmenge*) *a.* multidão *f*, vulgo *m*; (*Anzahl*) quantidade *f*; (*Umfang*) volume *m*, *Phys. a.* mole *f*; ⚔ *des Heeres*: grosso *m*.

'**Maß-ein|heit** *f* unidade *f* métrica; **~teilung** *f* graduação *f*; *mit ~* graduado.

'**Massen|-absatz** *m* (-*es*; *0*) venda *f* em grande escala; **~-artikel** *m* artigo *m* de grande consumo; **~-aufgebot** *n* (-*ẹs*; -*e*) leva *f* em massa; **~erkrankung** *f* epidemia *f*; **~-erzeugung, ~fabrikation** *f* produção *f* em grande escala (*od.* em série); **~grab** *n* (-*ẹs*; ⁼*er*) vala *f* comum; **2-haft** em grande quantidade; enorme; **~konsum** *m* consumo *m* em grande escala; **~kundgebung** *f* manifestação *f* popular; **~mord** *m* (-*ẹs*;- *e*) morticínio *m*; matança *f*; **~psychose** *f* psicose *f* geral; **~suggestion** *f* hipnotização *f* das multidões; **~versammlung** *f* = *~kundgebung*; **2weise** em massa(s).

Mas'seu|r [ma'sø:r] *m* (-*s*; -*e*), **~se** [-zə] *f* maçagista *m*, *f*.

'**Maß|gabe** *f* (*0*): *nach ~* conforme a; na medida que, à razão de; **2gebend, 2geblich** [-ge:pliç] *j.*: competente, abalizado; *et.*: normativo; *~ an* (*dat.*) *beteiligt sn* contribuir em larga escala para; ter intervenção decisiva em; **2-halten** (*L*) moderar-se, conter-se; **~-hemd** *n* (-*ẹs*; -*en*) camisa *f* por medida.

mas's|ieren [ma'si:rən] (-) ⚕ dar maçagem a; ⚔ *Truppen*: concentrar; '**~ig** maciço.

'**mäßig** ['mɛ:siç] módico, moderado; frugal, sóbrio; (*mittel~*) medíocre, regular; **~en** ['-igən] moderar; reprimir; temperar; **2keit** *f* (*0*) moderação *f*; frugalidade *f*; sobriedade *f*; temperança *f*; **2ung** ['-iguŋ] *f* moderação *f*.

mas'siv [ma'si:f] **1.** maciço, sólido; **2. 2** *n* (-*s*; -*e*) maciço *m*.

'**Maß|krug** *m* (-*ẹs*; ⁼*e*) caneca *f* de litro; **~liebchen** ⚘ *n* bem-me-quer *m*; **2los** (-*est*) desmedido; imenso, enorme; *fig.* imoderado; **~losigkeit** ['-lo:ziç-] *f* imoderação *f*; excesso *m*; **~nahme** ['-na:mə] *f*, **~regel** *f* (-; -*n*) medida *f*, (*Vorkehrung*) prevenção *f*; providência *f* (*treffen* tomar); **2regeln** (-*le*) repreender, castigar; **~regelung** *f* castigo *m* disciplinário; **~-schneider** *m* alfaiate *m* (que trabalha por medida); **~-stab** *m* (-*ẹs*; ⁼*e*) metro *m*; bitola *f*; craveira *f*; *Karten*: escala *f*; *fig.* critério *m*, norma *f* (*anlegen* seguir); **2voll** moderado.

Mast [mast]: **a)** *f* engorda *f*, ceva *f*; **b)** *m* (-*es*; -*e od.* -*en*) ⚓, *a.* '**~baum** *m* (-*ẹs*; ⁼*e*) mastro *m*; (*Leitungs*2) poste *m*; '**~darm** *m* (-*ẹs*; ⁼*e*) (intestino *m*) re[c]to *m*.

'**mästen** ['mɛstən] (-*e*-) engordar, cevar.

'**Mast|futter** *n* (-*s*; *0*) cevadura *f*; **~korb** ⚓ *m* (-*ẹs*; ⁼*e*) (cesto [*ê] *m* da) gávea *f*; **~kur** ⚕ *f* cura *f* de engorda; **~vieh** *n* (-*ẹs*; *0*) gado *m* cevado (*od.* para cevar).

Materi'al [materi'a:l] *n* (-*s*; -*ien*) material *m*; **~'ismus** *m* (-; *0*) materialismo *m*; **~'ist** *m* (-*en*), **2'istisch** materialista *m*; **~kosten** *pl.* preço *m/sg.* dos materiais; **~schaden** *m* (-*s*; ⁼) prejuízo(s *pl.*) *m* material (materiais); **~verlust** *m* (-*es*; -*e*) perda *f* em material.

Ma'teri|e [ma'te:riə] *f* matéria *f*; **2'ell** [-'ɛl] material.

Mathema't|ik [matema'ti:k] *f* (*0*) matemática(s *pl.*) *f*; **~iker** [-'ma:tikər] *m*, **2isch** [-'ma:tiʃ] matemático *m*.

Ma'tratze [ma'tratsə] *f* colchão *m*; enxergão *m*.

Ma'tri|kel [ma'trikəl] *f* (-; -*n*) matrícula *f*; **~ze** [-tsə] *f Typ.* matriz *f*.
Ma'trose [ma'tro:zə] *m* (-*n*) marinheiro *m*, marujo *m*.
Matsch [matʃ] *m* (-*es*; *0*) lama *f*, lodo (*'ô) *m*; '**≗ig** lamacento, lamoso.
matt [mat] (-*est*) fraco, débil, *j.*: *a.* abatido, extenuado; *Farbe*: apagado; baço; *Glas*: fosco, *Licht*: *a.* mortiço; *Phot.*, *Papier*, *Schach*: mate, *Metall*: *a.* embaciado; ~ *setzen* (*ac.*) dar mate a, pôr em xeque.
'**Matt|e** ['matə] *f* esteira *f*; (*Wiese*) prado *m*; **~heit, ~igkeit** *f* (*0*) fraqueza *f*, abatimento *m*; astenia *f*; **~scheibe** *f* vidro *m* fosco (*'ô).
'**Mauer** ['maʊər] *f* (-; -*n*) muro *m*; (*Stadt*≗) muralha *f*; (*Wand*) parede *f*; **~-absatz** *m* (-*es*; ¨*e*) ressalto *m*; **~-arbeit** *f* obra *f* de pedreiro, alvenaria *f*; **~blümchen** [-bly:mçən] *n fig.* F: ~ *sn* ficar sem par; **~kelle** *f* trolha (*ô) *f*; **≗n** (-*re*) fazer obra de pedreiro; *v/t.* murar; *Wand*: levantar; **~segler** *m* guincho *m*, andorinhão *m*; **~stein** *m* (-*ęs*; -*e*) tijolo *m*, ladrilho *m*; **~vorsprung** *m* (-*ęs*; ¨*e*) ressalto *m*, sacada *f*; **~werk** *n* (-*ęs*; -*e*) muros *m/pl.*; alvenaria *f*.
Maul [maʊl] *n* (-*ęs*; ¨*er*) boca (*ô) *f*; (*Schnauze*) focinho *m*; *fig.* P *ein großes ~ haben, das ~ weit aufreißen* falar muito; P *das ~ halten* calar o bico; '**~affen** *pl.*: ~ *feilhalten* papar moscas; '**~beerbaum** *m* (-*ęs*; ¨*e*) amoreira *f*; '**~beere** *f* amora *f*; '**≗en** (estar a) amuar; '**~-esel**(**in** *f*) *m* mulo *m* (-a *f*), macho *m*; '**~-esel-treiber** *m* almocreve *m*; '**≗faul** de poucas palavras; '**~-held** *m* (-*en*) fanfarrão *m*; '**~korb** *m* (-*ęs*; ¨*e*) açamo *m*, focinheira *f*, mordaça *f*; (*dat.*) e-n ~ *anlegen* abarbilhar (*ac.*); '**~schelle** *f* bofetada *f*; F pastilha *f*; '**~sperre** *f* trismo *m*; '**~tier** *n* (-*ęs*; -*e*) muar *m*; = ~*esel*; '**~trommel** *f* (-; -*n*) berimbau *m*; '**~- und 'Klauen-seuche** *f* febre *f* aftosa, epizootia *f*; '**~weite** ⊕ *f* abertura *f* (da boca [*ô]) da chave; '**~werk** *n* (-*ęs*; -*e*): P *ein gutes ~ haben* não ter papas na língua; '**~wurf** *m* (-*ęs*; ¨*e*) toupeira *f*; '**~wurfsgrille** *f* grilo *m* toupeirinho; '**~wurfs-hügel** *m* montículo *m* de terra levantado pela toupeira.
'**Maure** ['maʊrə] *m* (-*n*) mouro *m*.
'**Maurer** ['maʊrər] *m* pedreiro *m*; trolha (*ô) *m*; **~kelle** *f* trolha (*ô) *f*; **~meister** *m* mestre-pedreiro *m*; **~polier** *m* (-*s*; -*e*) (pedreiro) contra-mestre *m*.
'**Maur|in** ['maʊrin] *f* moura *f*; **≗isch** mourisco.
Maus [maʊs] *f* (-; ¨*e*) rato *m*.
'**Mäus-chen** ['mɔysçən] *n* ratinho *m*; *fig.* F amor *m*; **≗still** (*0*) caladinho, quietinho.
'**Mause-** (*od.* **Mäuse-**)|**falle** ['maʊzə-, 'mɔyzə-] *f* ratoeira *f*; **~loch** *n* (-*ęs*; ¨*er*) buraco *m* de rato.
'**maus|en** ['maʊzən] (-*t*) *v/i. Katze*: apanhar ratos; *fig.* F (*v/t.*) roubar; **≗er** *f* (*0*) muda *f*; *in der ~ sn* = (*sich*) **~ern** (-*re*) mudar, estar de muda; **~e-tot** (*0*) F morto, morto; bem morto; **~ig**: F *sich ~ machen* fazer-se fino.
maxi'mal [maksi'ma:l], **≗...**: *in Zssgn*, **≗betrag** *m* (-*ęs*; ¨*e*) máximo *m*.
Ma'xime [ma'ksi:mə] *f* máxima *f*; axioma *m*; norma *f*.
'**Maximum** ['maksimum] *n* (-*s*; *Maxima*) máximo *m*; *Auditorium* ≗ aula *f* máxima.
Mayon'naise [majo'nɛ:zə] *f* maionese *f*.
Mä'zen [mɛ'tse:n] *m* (-*s*; -*e*) mecenas *m*.
Me'chan|ik [me'ça:nik] *f* mecânica *f*; **~iker** *m*, **≗isch** mecânico *m*; **≗i'sieren** [-i'zi:rən] (-) mecanizar; **~'ismus** *m* (-; *Mechanismen*) mecanismo *m*.
'**Mecker|er** ['mɛkərər] *m fig.* critiqueiro *m*; **≗n** (-*re*) berrar; *fig.* criticar; fazer critiquice.
Me'daill|e [me'daljə] *f* medalha *f*; **~on** [-'ljɔŋ] *n* (-*s*; -*s*) medalhão *m*.
Medika'ment [medika'mɛnt] *n* (-*ęs*; -*e*) medicamento *m*, remédio *m*.
'**Medium** ['me:dium] *n* (-*s*; *Medien*) médio *m*; médium *m*.
Medi'zin [medi'tsi:n] *f* medicina *f*; (*Arznei*) remédio *m*; **~er**(**in** *f*) *m* estudante *m*, *f* de medicina; professor(a *f*) *m* de medicina; médico *m* (-a *f*); **≗isch** medicinal, médico; ~*e Fakultät* Faculdade *f* de Medicina.
Meer [me:r] *n* (-*ęs*; -*e*) mar *m*; *am* ~(e) *gelegen* marítimo; '**~-aal** *m* (-*ęs*; -*e*) congro *m*; '**~busen** *m* golfo (*'ô) *m*, baía *f*; '**~-enge** *f* estreito *m*.

'**Meeres**|**-arm** *m* (*-ęs*; *-e*) braço *m* de mar; estreito *m*; **~brandung** *f* ressaca *f*; **~fläche** *f* superfície *f* do mar; **~kunde** *f* (*0*) oceanografia *f*; **~-spiegel** *m* (*-s*; *0*) nível *m* do mar; **~-stille** *f* (*0*) calma *f*, bonança *f*; **~-strömung** *f* corrente *f* (marítima); **~-ungeheuer** *n* monstro *m* marítimo.

'**meer**|**grün** verde-mar, glauco; **2katze** *f* cercopiteco *m*; **2rettich** *m* (*-s*; *0*) rábano *m*; **2salz** *n* (*-es*; *0*) sal *m* marinho; **2schaum** *m* (*-ęs*; *0*) escuma (*od.* espuma) *f* do mar; **2schwein** *n* (*-ęs*; *-e*) porco-do-mar *m*, boto (*'ô) *m*; **2schweinchen** *n* cobaia *f*, porquinho-da-índia *m*.

Mehl [me:l] *n* (*-ęs*; *0*) farinha *f* (*sehr feines*: flor *f* de farinha); '**2artig** farináceo; '**~brei** *m* (*-ęs*; *-e*) papa(s *pl.*) *f*; '**~-händler** *m* farinheiro *m*; '**2ig** farinhoso; farinhento; '**~käfer** *m* tenebrião *m*; '**~sack** *m* (*-ęs*; *⸗e*) saco *m* (de farinha); *fig.* gordo *m*, gorducho *m*; '**~sieb** *n* (*-ęs*; *-e*) peneiro *m*; '**~speise** *f* pudim *m*, creme *m*; '**~wurm** *m* (*-ęs*; *⸗er*) bicho *m* da farinha.

mehr [me:r] **1.** (*comp. v. viel*) mais (*als* do que); *nicht* ~ já não; *nicht* ~ *als* apenas; não ... senão; *nicht* ~ (*inf.*) deixar de (*inf.*); *nicht* ~ (*wieder*) não voltar a (*inf.*); *und dergleichen* ~ e outras coisas assim; **2.** 2 *n* (*- od. -s*; *0*) excedente *m*; '**2-arbeit** *f* trabalho *m* adicional; excesso *m* de trabalho; '**2-aufwand** *m* (*-ęs*; *0*), '**2-ausgabe** *f* aumento *m* de gastos; gastos *m*/*pl.* a mais; '**2betrag** *m* (*-ęs*; *0*) excedente *m*; '**~deutig** ['-dɔytiç] ambíguo, equívoco; '**2-einnahme(n)** *f*(*pl.*) aumento *m* de receitas; *Überschuß*: excedente *m* de receitas; '**~en** aumentar; '**~ere** ['me:rərə] *pl.* vários; '**~eres** várias coisas; '**~fach** reiterado; várias vezes; *adv. a.* muito; '**~farbig** em cores, de várias cores; policromo, multicolor; '**2gebot** *n* (*-ęs*; *-e*) oferta *f* maior; *Auktion*: sobrelanço *m*; '**2gewicht** *n* (*-ęs*; *0*) excesso *m* de peso (*ê); '**2heit** *f* maioria *f*; pluralidade *f*; '**~jährig** de vários anos; '**2kosten** *pl.* excesso *m*/*sg.*; gastos *m*/*pl.* adicionais (*od.* suplementares); '**~malig** ['-ma:liç] reiterado, repetido; '**~-mals** ['-ma:ls] várias vezes; '**~phasig** ⚡ ['-fa:ziç] polifásico; '**~silbig** ['-zilbiç] polissílabo; '**~sprachig** ['-ʃpra:xiç] poliglota; '**~stimmig** ['-ʃtimiç] polifónico; a várias vozes; '**2verbrauch** *m* (*-ęs*; *0*) consumo *m* adicional, excedente *m* de consumo; '**2wert** *m* (*-ęs*; *0*) excedente *m*, aumento *m* de valor; '**2zahl** *f* maioria *f*; *Gram.* plural *m*.

'**meiden** ['maɪdən] (*L*) evitar, fugir (a).

'**Meil**|**e** ['maɪlə] *f* légua *f*, (*deutsche u. See2*) milha *f*; **~enstein** *m* (*-ęs*; *-e*) pedra *f* miliária; **2enweit** (*0*): ~ *entfernt* muito longe; **~er** *m* carvoaria *f*.

mein [maɪn] meu; '**~e** (a[s]) minha[s], (os) meus; *der, das* **~e** o meu; *die* **~e** a minha.

'**Mein-eid** *m* (*-ęs*; *-e*) perjúrio *m*; juramento *m* falso; *e-n* ~ *schwören* perjurar; **2ig** [-diç] perjuro.

'**meinen** ['maɪnən] pensar, achar, julgar, considerar, ser de opinião, opinar; *ich meine a.* parece-me; (*verstehen unter, beabsichtigen*) querer dizer, entender; (*sagen*) dizer; *j-n* ~ referir-se a alg.; *ehm.* (*lieben*) amar; *damit bin ich gemeint* isto é comigo; *das will ich* ~! pois é claro!; *es gut* ~ ter as melhores intenções; *es gut mit j-m* ~ ser amigo de alg., querer bem a alg.; *was* ~ *Sie?* que lhe parece?

'**mein**|**er** ['maɪnər] **1.** meu; **2.** (*gen. v. ich*) de mim; **3.** (*gen. u. dat. v. meine*) da(s) minha(s), à(s) minha(s); **~erseits** [-zaɪts] da (*od.* por) minha parte; **~es'gleichen** meu igual; **~et'halben** ['-ət'halbən], **~etwegen** por (amor de) mim; ~! cá por mim!; seja!; **~ige** ['-igə]: *der, das* ~ o meu; *die* ~ a minha.

'**Meinung** ['maɪnuŋ] *f* opinião *f*, parecer *m* (*sagen* dar); (*Absicht*) intenção *f*; *vorgefaßte* ~ preconceito *m*; *e-r* ~ *sn* (*mit*) ser da mesma opinião (como); *j-m* (*gehörig*) *die* ~ *sagen* F dizer as verdades a alg.; *meiner* ~ *nach* no meu entender; *in der* ~, *daß* julgando que; **~s-austausch** *m* (*-es*; *0*) troca *f* de impressões; **~s-verschiedenheit** *f* divergência *f* (de opinião).

'**Meise** ['maɪzə] *f* abelheiro *m*.

'**Meißel** ['maɪsəl] *m* cinzel *m*, escopro *m*; **2n** (*-le*) cinzelar.

meist [maɪst] (*sup. v. viel*): *die* **~en**

(*Fälle usw.*) a maioria (de), *a.* das ~e a maior parte (de); am ~en (o) mais; '**~begünstigt** mais favorecido; preferido; '**2begünstigung** *f* preferência *f*; '**~bietend**: ~ verkaufen vender em leilão; '**~ens**, '**~en-teils** na maior parte (das vezes); em geral, geralmente.

'**Meister** ['maɪstər] *m* mestre *m*; *Sport*: campeão *m*, F ás *m*; **2haft** **2lich** magistral; **~in** *f* mestra *f*; **2n** *v/t.* (*-re*) dominar; vencer; **~schaft** *f* mestrado *m*; mestria *f*; *Sport*: campeonato *m*; **~singer** *m* mestre-cantor *m*; **~stück, ~werk** *n* (*-es*; *-e*) obra-prima *f*.

Melanchol|ie [melaŋko'li:] *f* melancolia *f*; **~iker** [-'ko:likər] *m*, **2isch** [-'ko:liʃ] melancólico *m*.

Me'lasse [me'lasə] *f* melaço *m*.

'**Melde|-amt** ['mɛldə-] *n* (*-es*; *⸚er*) repartição *f* de registo (*od.* de recenseamento); (*polizeiliches*) arquivo *m* de identificação; polícia *f*; **~frist** *f* prazo *m* para a apresentação (*od.* inscrição), prazo *m* para a participação (da presença de ...); **2n** (*-e-*) anunciar; (*mitteilen*) informar, notificar, participar, comunicar; *polizeilich*: denunciar, (an~) participar à polícia; sich ~ apresentar-se (bei a); *Schule*: pedir (*od.* oferecer-se) para ser chamado; sich krank ~ dar parte de doente; sich zu et. ~ oferecer-se para a.c., *Examen*: requerer (*ac.*); sich zum Wort ~ pedir a palavra; **~zettel** *m* boletim *m* de alojamento.

'**Meldung** ['mɛlduŋ] *f* participação *f*, informe *m*, relatório *m*; (*Zeitungs2*) informação *f*; notícia *f*; *amtliche*: comunicado *m*; (*Vorstellung*) apresentação *f*.

Me'lisse [me'lisə] ⚘ *f* melissa *f*, erva-cidreira *f*.

'**melk|en** ['mɛlkən] (*L*) mungir, ordenhar; **2-kuh** *f* (-; *⸚e*) vaca *f* leiteira; **2schemel** *m* escabelo (*'ê) *m*.

Melo|'die *f* melodia *f*; **2disch** [-'lo:diʃ], **2di'ös** [-di'ø:s] melodioso; **~'drama** *n* (-; *~dramen*) melodrama *m*; **2dra'matisch** melodramático.

Me'lone [me'lo:nə] *f* melão *m*; (*Wasser2*) melancia *f*; F (*Hut*) coco (*'ô) *m*.

Mem'bran [mem'bra:n] *f*, **~e** *f* membrana *f*; ⚡ diafragma *m*.

'**Memme** ['mɛmə] *f* cobarde *m*, poltrão *m*.

Memoiren [memo'a:rən] *pl.* memórias *f/pl.*; **~schreiber** *m* memorialista *m*.

Menage'rie [menaʒə'ri:] *f* exposição *f* de feras; circo *m*.

'**Meng|e** ['mɛŋə] *f* quantidade *f*; ⅍ conjunto *m*; (*Menschen2*) multidão *f*; e-e ~ + *su.* grande número *m* de, uma data de; e-e ~ Wasser uma abada de água; **2en** misturar.

'**Menni|g** ['mɛniç] *m* (*-es*; *0*), **~ge** [-gə] *f* (*0*) ⚗ mínio *m*, vermelhão *m*.

Mensch [mɛnʃ] *m* (*-en*) homem *m*; ser *m* humano; pessoa *f*; *pl.* (*Leute*) *a.* gente *f/sg.*; kein ~ ninguém.

'**Menschen|-affe** *m* (*-n*) antropóide *m*; **2-ähnlich** antropomorfo; **~-alter** *n* idade *f* humana; geração *f*; **~feind** *m* (*-es*; *-e*) misantropo *m*; **~fresser** [-frɛsər] *m* antropófago *m*; canibal *m*; **~fresse'rei** *f* (*0*) canibalismo *m*, antropofagia *f*; **~freund** *m* (*-es*; *-e*) filantropo *m*; **2freundlich** filantrópico; humano; humanitário; **~freundlichkeit** *f* (*0*) filantropia *f*; humanitarismo *m*; **~gedenken** *n*: seit ~ desde tempos imemoráveis; **~geschlecht** *n* (*-es*; *0*) género *m* humano, geração *f* humana; humanidade *f*; **~kenner** *m* psicólogo *m*; **~kenntnis** *f* (*0*) conhecimento *m* da natureza humana; gute ~ haben *a.* ser bom psicólogo; **~leben** *n* vida *f* humana; **2leer** despovoado; (*öde*) deserto; **~liebe** *f* (*0*) filantropia *f*; amor *m* dos homens; caridade *f*; **~material** *n* (*-s*; *0*) material *m* humano; **~menge** *f* multidão *f*; **2möglich** humanamente possível; **~raub** *m* (*-es*; *0*) rapto *m*; **~recht** *n* (*-es*; *-e*) direito *m* do homem; direito *m* humano; **~scheu** *f* (*0*) timidez *f*, acanhamento *m*; **2scheu** tímido; acanhado; **~schlag** *m* (*-es*; *⸚e*) raça *f*; **~seele** *f*: keine ~ nem vivalma *f*; **~tum** *n* (*-es*; *0*) humanidade *f*; **~verstand** *m* (*-es*; *0*) inteligência *f* humana; gesunder ~ senso *m* comum, bom-senso *m*; tino *m*; **~würde** *f* (*0*) dignidade *f* humana; **2würdig** digno dum homem; humano, civilizado.

'**Mensch|heit** *f* (*0*) humanidade *f*; **2lich** humano; humanitário; **~lich-**

keit *f* (*0*) humanidade *f*; condição *f* humana; caridade *f*, humanitarismo *m*; **~werdung** [-vɛrduŋ] *f* (*0*) *Rel.* encarnação *f*.

Menstruati'on [mɛnstruatsi'o:n] *f* menstruação *f*.

Men'sur [mɛn'zu:r] *f* distância *f*; ♪ compasso *m*; medida *f*; *Fechtk.* duelo *m*.

Me'nü [me'ny:] *n* (*-s*; *-s*) ementa *f*.

Menu'ett [menu'ɛt] *n* (*-es*; *-e*) minuete *m*.

'Mergel ['mɛrgəl] *m* marga *f*.

Meridi'an [meridi'a:n] *m* (*-s*; *-e*) meridiano *m*.

'merk|bar ['mɛrk-] perceptível; sensível; **2blatt** *n* (*-es*; *⸗er*) aviso *m*; (folha [*ô] *f* de) instruções *f*/*pl.*; **2buch** *n* (*-es*; *⸗er*) agenda *f*; **~en** *v*/*t.* notar; perceber; sentir; *auf* (*ac.*) ~ atender a; *sich* (*dat.*) *et.* ~ tomar nota de a.c.; ficar sabendo; ~ *lassen* dar a perceber; *sich* (*dat.*) *nichts* ~ *lassen* dissimular; ficar impenetrável; **~lich** = *~bar*; visível; **2mal** *n* (*-es*; *-e*) indício *m*, marca *f*, sinal *m* cara(c)terístico; cara(c)terística *f*; **~würdig** notável, estranho, esquisito; **~würdiger'weise** [-vyrdigər-] é estranho que (*subj.*); **2würdigkeit** *f* coisa *f* notável, curiosidade *f*; **2zeichen** *n* sinal *m*.

'Mesner ['mɛsnər] *m* sacristão *m*.

'Meß|-amt ['mɛs-] *n* (*-es*; *⸗er*) *Rel.* ofício *m*, missa *f*; ✝ secretaria *f* da feira; **~band** *n* (*-es*; *⸗er*) fita *f* métrica; **2bar** mensurável; **~bildverfahren** *n* fotogrametria *f*; **~buch** *n* (*-es*; *⸗er*) livro *m* de missa; missal *m*; **~diener** *m* acólito *m*.

'Messe ['mɛsə] *f* *Rel.* missa *f* (*lesen* dizer); ✝ feira *f*; ⚓, ⚔ messe *f*, sala *f* dos oficiais; **~-amt** *n* (*-es*; *⸗er*) ✝ secretaria *f* da feira; **~gelände** *n* recinto *m* da feira.

'messen ['mɛsən] (*L*) medir; *Temperatur*: tirar; *sich* ~ *mit* medir as forças (*ô) com; *sich mit j-m* ~ *können* igualar alg. (*an dat.* em).

'Messer ['mɛsər]: **a**) *m j.*: medidor *m*; *et.*: contador *m*; **b**) *n* faca *f*; (*Klapp2*) navalha *f*, (*Taschen2*) canivete *m*; ⚕ escalpelo (*'ê) *m*; **~klinge** *f* lâmina *f* de faca; folha *f*; **~rücken** *m* costas *f*/*pl.* da faca; **~schmied** *m* (*-es*; *-e*) cuteleiro *m*; **~schneide** *f* fio *m* (da faca); **~spitze** *f* ponta *f* da faca; e-e ~ (*voll*) uma pitada; **~stecher** *m* faquista *m*; **~steche'rei** *f* facadas *f*/*pl.*; **~stich** *m* (*-es*; *-e*) facada *f*.

'Meß|gehilfe *m* (*-n*) acólito *m*; **~gerät** *n* (*-es*; *-e*) ⊕ instrumento *m* de agrimensor; *Rel.* vasos *m*/*pl.* sagrados; **~gewand** *n* (*-es*; *⸗er*) casula *f*; **~glas** *n* (*-es*; *⸗er*) copo *m* graduado.

'Messing ['mɛsiŋ] *n* (*-s*; *0*) latão *m*; **~blech** *n* (*-es*; *-e*) folha (*ô) *f* de latão; **~draht** *m* (*-es*; *⸗e*) fio *m* de latão.

'Meß|platte *f* placa *f* graduada; **~-stange** *f* vara *f*; **~tisch** *m* (*-es*; *-e*) prancheta *f*; **~tuch** *n* (*-es*; *⸗er*) *Rel.* corporal *m*; **~-uhr** *f* contador *m*.

'Messung ['mɛsuŋ] *f* medição *f*; e-e ~ *vornehmen* medir.

Mes'tiz|e [mes'ti:tsə] *m* (*-n*), **~in** *f* mestiço *m*, -a *f*.

Met [me:t] *m* (*-es*; *0*) hidromel *m*, água-mel *f*.

Me'tall [me'tal] *n* (*-s*; *-e*) metal *m*; **~-arbeiter** *m* operário *m* metalúrgico; **~belag** *m* (*-es*; *⸗e*) metalização *f*, camada *f* metálica; *mit* ~ (*versehen*) metalizado (metalizar); **2en** de metal, metálico; metalúrgico; **~gehalt** *m* (*-es*; *-e*) liga *f* metálica; **~geld** *n* (*-es*; *0*) metálico *m*; **~glanz** *m* (*-es*; *0*) lustre *m* metálico; **2-haltig** [-haltiç] metalífero; **~-industrie** *f* indústria *f* metalúrgica; **2isch** metálico; **2i'sieren** (-) metalizar; **~kunde** *f* (*0*) metalografia *f*; **~säge** *f* serrote *m* (para metal); **~späne** [-ʃpɛ:nə] *m*/*pl.* cisalhas *f*/*pl.*; **~waren** *f*/*pl.* artigos *m*/*pl.* metálicos.

Metamor'phose [metamɔr'fo:zə] *f* metamorfose *f*.

Me'taph|er [me'tafər] *f* (*-*; *-n*) metáfora *f*; **2'orisch** [-'fo:riʃ] metafórico.

Meta|phy'sik [meta-] *f* (*0*) metafísica *f*; **2'physisch** metafísico.

Mete'or [mete'o:r] *m* (*-s*; *-e*) meteoro *m*; **~o'loge** [-oro'lo:gə] *m* (*-n*) meteorologista *m*; **~olo'gie** [-rolo'gi:] *f* (*0*) meteorologia *f*; **~stein** *m* (*-es*; *-e*) aerolito *m*.

'Meter ['me:tər] *n u. m* metro *m*; **~maß** *n* (*-es*; *-e*) *Band*: fita *f* métrica; *Zollstock*: metro *m*; **2weise** ao metro.

Me'thod|e [me'to:də] *f* método *m*; **~enlehre** *f*, **~ik** *f* metodologia *f*; **2isch** metódico.

Me'thyl [me'ty:l] *n* (-*s*; *0*) metilo *m*; **~-alkohol** *m* (-*s*; *0*) álcool *m* metílico.

'Metr|ik ['me:trik] *f* métrica *f*; **²isch** métrico.

Metro'pole [metro'po:lə] *f* metrópole *f*.

'Mette ['mɛtə] *f* matinas *f/pl.*; (*Christ²*) missa-do-galo *f*.

'Mettwurst ['mɛt-] *f* (-; *ᵘe*) salsicha *f* defumada.

'Metz|e'lei [mɛtsə'laɪ] *f* morticínio *m*, matança *f*, carnificina *f*; **²eln** (-*le*) degolar; **~ger** [-gər] *m* carniceiro *m*; talhante *m*, cortador *m*; açougueiro *m*; **~ge'rei** [-gə'raɪ] *f* talho *m*.

'Meuchel|mord ['mɔyçəl-] *m* (-*ẹs*; -*e*) assassínio *m*, assassinato *m*; **~mörder** *m*, **²mörderisch** assassino *m*; **²n** (-*le*) assassinar.

'meuch|lerisch ['mɔyçləriʃ] pérfido, traiçoeiro; *adv.* = **~lings** ['-liŋs] atraiçoadamente, traiçoeiramente, pèrfidamente.

'Meute ['mɔytə] *f* matilha *f*; **~'rei** *f* motim *m*; revolta *f*; **~rer** *m* revoltoso *m*; sublevado *m*; amotinado *m*; **²rn** (-*re*) amotinar-se, revoltar-se, sublevar-se.

Mexi'kaner(in *f*) *m* [meksi'ka:-nər-], **²isch** mexicano *m* (-a *f*), do México.

mi'auen [mi'aʊən] (-) miar.

mich [miç] (*ac. v. ich*) (a) mim; *tonlos*: me.

'Mieder ['mi:dər] *n* corpete *m*.

'Mien|e ['mi:nə] *f* cara *f* (*aufsetzen* fazer); ar *m*; *~ machen zu* fazer menção *f* de; preparar-se para; *gute ~ zum bösen Spiel machen* fazer das tripas coração; *ohne e-e ~ zu verziehen* sem pestanejar; **~enspiel** *n* (-*ẹs*; *0*) mímica *f*, gestos *m/pl.*; fisionomia *f*.

mies [mi:s] (-*est*) F mau; **'²macher** *m* pessimista *m*, detra(c)tor *m*; desmancha-prazeres *m*; **'²muschel** *f* (-; -*n*) mexilhão *m*.

'Miet|e *f*: **a**) (*Vermietung*) arrendamento *m*; (*a. ~preis*) aluguer *m*, aluguel *m*; *zur ~ wohnen* ter alugado (um andar *usw.*); (*Haus²*) renda *f* (da casa); (*Schiffs²*) frete *m*; **b**) ✓ meda *f*; **c**) *Zool.* traça *f*, bicho *m*; **²en** (-*e*-) alugar, arrendar; *Schiff*: fretar; **~er(in** *f*) *m* inquilino *m* (-a *f*); ⚓ fretador *m*; **~geld** *n* (-*ẹs*; -*er*) aluguel *m*, aluguer *m*; **~preis** *m* (-*es*; -*e*) = *~geld*; **~s-haus** *n* (-*es*; *ᵘer*), **~s-kaserne** *f* casa *f* de andares; **~vertrag** *m* (-*ẹs*; *ᵘe*) contrato *m* de arrendamento; **~s-wohnung** *f* andar *m*, habitação *f*; **~wagen** *m* carro *m* de aluguer; automóvel *m* de praça (*od.* de aluguer); **~zins** *m* (-*es*; -*e*) aluguer *m*, renda *f*.

Mi'gräne [mi'grɛ:nə] *f* (*0*) enxaqueca *f*; hemicrania *f*.

Mi'kro|be [mi'kro:bə] *f* micróbio *m*; **'~film** *m* (-*ẹs*; -*e*) microfilme *m*; **'~filmherstellung** *f* microfilmagem *f*; **~'filmstelle** *f* serviços *m/pl.* de microfilmagem; **~'phon** [-o'fo:n] *n* (-*s*; -*e*) microfone *m*; **~'skop** [-o'sko:p] *n* (-*s*; -*e*) microscópio *m*; **²'skopisch** microscópico.

'Milbe ['milbə] *f* ácaro *m*.

Milch [milç] *f* (*0*) leite *m* (*dicke* coalhado); (*Fisch²*) ovas *f/pl.*; **'²artig** leitoso; **'~bart** *m* (-*ẹs*; *ᵘe*) buço *m*; *fig.* imberbe *m*; **'~brei** *m* (-*ẹs*; -*e*) papas *f/pl.*; **'~drüse** *f Anat.* glândula *f* mamária; **'~geschäft** *n* (-*ẹs*; -*e*) leitaria *f*; **'~flasche** *f* garrafa *f* de leite; *Säugling*: biberão *m*; **'~glas** *n* (-*es*; *ᵘer*) copo *m* de leite; *Glasart*: vidro *m* fosco; **'~-händler** *m* leiteiro *m*; **'~-handlung** *f* leitaria *f*; **'²ig** lá[c]teo, leitoso; **'~kaffee** *m* (-*s*; -*s*) café *m* com leite; **'~kalb** *n* (-*ẹs*; *ᵘer*) vitela *f* la(c)tante; **'~kanne** *f* leiteira *f*; **'~kuh** *f* (-; *ᵘe*) vaca *f* leiteira; **'~kur** *f* tratamento *m* com leite; **'~mädchen** *n* leiteira *f*; **'~mann** *m* (-*ẹs*; *ᵘer*) leiteiro *m*; **'~produkt** *n* (-*ẹs*; -*e*) la(c)ticínio *m*; **'~reis** *m* (-*es*; *0*) arroz *m* doce; **'~säure** *f* (*0*) ácido *m* lá[c]tico; **'~speise** *f* la[c]ticínio *m*; = *~brei*; **'~straße** *f* (*0*) *Astr.* via *f* lá[c]tea; **'~topf** *m* (-*ẹs*; *ᵘe*) fervedor *m*; **'~zahn** *m* (-*ẹs*; *ᵘe*) dente *m* de leite; **'~zucker** *m* (-*s*; *0*) açúcar *m* de leite; ⚗ la(c)tose *f*, la(c)tina *f*.

mil|d [milt] (-*est*), **'~de** ['~də] suave, doce; ameno; *Temperatur usw.*: moderado; *j.*: indulgente, clemente; benévolo; meigo; *Strafe*: ligeiro; *milde Gabe* esmola *f*; *milde Stiftung* obra *f* pia; *mild(er) werden* abrandar; **'²de** *f* (*0*) suavidade *f*, doçura *f*; amenidade *f*; *j-s*: benevolência *f*, indulgência *f*, clemência *f*; *a. Klima*: benignidade *f*; **'~dern** (-*re*) suavizar; amenizar; (*abschwächen*) atenuar; *Schmerz*: mitigar, aliviar; ⚖ comutar; *~der Umstand* atenuante *m*; '**≈derung** ['-dəruŋ] *f* suavização *f*; amenização *f*; atenuação *f*; ⚖ comutação *f*; '**≈derungsgrund** *m* (*-es*; *⸗e*) atenuante *m*; '**~d-herzig**, '**~d-tätig** caritativo, caridoso; '**≈d-tätigkeit** *f* (*0*) caridade *f*.

Mili'eu [mi'ljø:] *n* (*-s*; *-s*) meio *m*, ambiente *m*.

Mili'tär [mili'tɛ:r] **a)** *m* (*-s*; *-s*) militar *m*; **b)** *n* (*-s*; *0*) tropa *f*; exército *m*; **~dienst**(**pflicht** *f* [*0*]) *m* (*-es*; *0*) serviço *m* militar (obrigatório); **≈dienstpflichtig** sujeito ao serviço militar; **~flugzeug** *n* (*-es*; *-e*) avião *m* militar; **~gefängnis** *n* (*-ses*; *-se*) presídio *m* militar; **~geistliche**(**r**) *m* capelão *m*; **~gericht**(**sbarkeit** *f* [*0*]) *n* (*-es*; *-e*) tribunal *m* (jurisdição *f*) militar; **≈isch** militar; **~pflicht** *f* (*0*) = *~dienst*(*pflicht*); **~regierung** *f* governo (*ê) *m* militar; **~verwaltung** *f* administração *f* militar; **~wesen** *n* (*-s*; *0*) assuntos *m/pl.* militares, exército *m*; **~zeit** *f* (*0*) tempo *m* do serviço militar (*od.* da tropa).

Mi'liz [mi'li:ts] *f* (*0*) milícia *f*; **~soldat** *m* (*-en*) miliciano *m*.

Milliar'd|är [miliar'dɛ:r] *m* (*-s*; *-e*) *m* multimilionário *m*; **~e** [-'ardə] *f* bilião *m*.

Milli|'gramm [mili-] *n* (*-s*; *-e u.* -) miligrama *m*; **~'meter** *n u. m* milímetro *m*; **~'on** [-'o:n] *f* milhão *m*; **~o'när** [-o'nɛ:r] *m* (*-s*; *-e*) milionário *m*.

Milz [milts] *f* baço *m*; '**~brand** *m* (*-es*; *0*) baceira *f*; '**~brandbazillus** *m* (*-*; *-bazillen*) bacilo *m* antrácico; '**≈krank** esplenético; '**~krankheit** *f* esplenite *f*.

'**Mim|e** ['mi:mə] *m* (*-n*) mimo *m*; **~ik** *f* (*0*) mímica *f*; **~ikry** ['mimikri:] *f* (*0*) mimetismo *m*; **≈isch** mímico.

'**minder** ['mindər] (*geringer, weniger*) menor, inferior; *adv.* menos; **~bemittelt** modesto; menos abastado; **≈betrag** *m* (*-es*; *⸗e*), **≈-einnahme** *f* défice *m*; **≈gewicht** *n* (*-es*; *-e*) falta *f* de peso (*ê); **≈heit** *f* minoria *f*; **~jährig** menor; **≈jährigkeit** *f* (*0*) menoridade *f*; **~n** (*-re*) diminuir; reduzir; **~wertig** [-ve:rtiç] inferior; **≈wertigkeit** *f* inferioridade *f*; **≈zahl** *f* (*0*) minoria *f*.

'**mindest** ['mindəst] (*sup. v. minder*) *der ~e* o menor, *das ~e a.* o menos; *nicht das ~e* nem a mínima parte; nada; *nicht im ~en* de modo nenhum; *zum ~en* pelo menos, ao menos; * *a.* no mínimo; **≈betrag** *m* (*-es*; *⸗e*) mínimo *m*; quota *f* mínima, quantia *f* mínima; *Preis*: preço *m* mínimo; **~ens** pelo menos, ao menos; * *a.* no mínimo; **≈maß** *n* (*-es*; *-e*) mínimo *m*; **≈preis** *m* (*-es*; *-e*) preço *m* mínimo.

'**Mine** ['mi:nə] *f* mina *f* (*legen* colocar; *laufen auf ac.* chocar com).

'**Minen|feld** *n* (*-es*; *-er*) campo *m* minado (*od.* de minas); **~gang** ⚒ *m* (*-es*; *⸗e*) galeria *f* de mina; **~leger** ⚓ [-le:gər] *m* lança-minas *m*; **~räumboot** [-rɔym-] *n* (*-es*; *-e*) draga-minas *m*; **~schacht** ⚒ *m* (*-es*; *⸗e*) poço *m* de mina; **~sperre** *f*, **~sperrgürtel** *m* barragem *f* de minas; **~suchboot** [-zu:x-] *n* (*-es*; *-e*), **~sucher** *m* draga-minas *m*; **~treffer** *m* explosão *f* de minas; **~werfer** [-vɛrfər] ⚔ *m* lança-minas *m*.

Mine'ral [minə'ra:l] *n* (*-s*; *-e od. -ien*) mineral *m*; **~bad** *n* (*-es*; *⸗er*) banho *m* de águas minerais; **≈isch** mineral; **~'oge** [-'lo:gə] *m* (*-n*) mineralogista *m*; **~o'gie** [-lo'gi:] *f* (*0*) mineralogia *f*; **~quelle** *f* fonte *f* de águas minerais; **~wasser** *n* (*-s*; *⸗*) água *f* mineral.

Minia'tur [minia'tu:r] *f* miniatura *f*; **~...**: *in Zssgn* em miniatura; **~maler** *m* miniaturista *m*.

'**Minimum** ['mi:nimum] *n* (*-s*; *Minima*) mínimo *m*.

Mi'nister [mi'nistər] *m* ministro *m*.

Ministeri'al|beamte(**r**) [ministeri'a:l-] *m* funcionário *m* de (*od.* do) ministério; **~direktor** *m* (*-s*; *-en*) dire[c]tor-geral *m*; **~-erlaß** *m* (*-sses*; *⸗sse*) despacho *m* ministerial.

ministeri'ell [ministeri'ɛl] ministerial.

Minis'terium [minis'te:rium] *n* (*-s*; *Ministerien*) ministério *m*.

Mi'nister|krise *f* crise *f* ministerial; **~präsident** *m* (*-en*) Presidente *m* do Conselho (de Ministros); **~rat** *m* (*-es*; *⸗e*) Conselho *m* de Ministros; *der ~ trat zusammen* os ministros reuniram-se em conselho.

Minis'tr|ant [minis'trant] *m* (*-en*) *Rel.* acólito *m*; **²ieren** (-) acolitar.

'Minne ['minə] *f* (*0*) *poet.* amor *m*; **~lied** *n* (*-es*; *-er*) cantiga *f* de amor; **~sang** *m* (*-es*; *0*) lírica *f* trovadoresca; **~sänger, ~singer** *m* trovador *m* (alemão).

'minus ['mi:nus] **1.** menos; **2.** **²** *n* (-; -) ✝ défice *m*; *Arith.* menos *m*; **²pol** ⚡ *m* (*-es*; *-e*) pólo *m* negativo; **²-zeichen** *n* menos *m*.

Mi'nut|e [mi'nu:tə] *f* minuto *m*; *auf die* ~ em ponto; **²enlang** durante alguns minutos; **~enzeiger** *m* ponteiro *m* de minutos.

'Minze ['mintsə] *f* hortelã *f*.

mir [mi:r] (*dat. v. ich*) a mim; *tonlos*: me; *mit* ~ comigo; *ein Freund von* ~ ... meu; *es gehört* ~ é meu; *die Reihe ist an* ~ é a minha vez; ~ *nichts dir nichts* sem mais nem menos.

Mira'belle [mira'bɛlə] *f* abrunho *m* amarelo.

'Misch|-art ['miʃ-] *f* espécie *f* bastarda; **²bar** misturável; *Phys.* miscível; **~barkeit** *f* (*0*) miscibilidade *f*; **~ehe** *f* casamento *m* misto; **²en** misturar; *Karten*: baralhar; *sich in* (*ac.*) ~ intrometer-se em, imiscuir-se em; *gemischt* misto; variado; **~er** *m* misturador *m*; **~ling** *m* (*-s*; *-e*) mestiço *m*; **~masch** [-maʃ] *m* (*-es*; *-e*) mistura(da) *f*; **~maschine** *f* misturador *m*; (*Beton²*) betoneira *f*; **~rasse** *f* cruzamento *m* (de raças); **~ung** *f* mistura *f*; misto *m*; (*Metall²*) liga *f*; **²ungsfähig** miscível; **~ungsverhältnis** *n* (*-ses*; *-se*) dosagem *f*.

'Mispel ['mispəl] *f* (-; *-n*) nêspera *f*; **~baum** *m* (*-es*; *⸚e*) nespereira *f*.

miß|-'achten (*-e-*; -) desprezar, menosprezar; **²-'achtung** *f* (*0*) desprezo (*'ê) *m*, desdém *m*; **'²behagen** *n* (*-s*; *0*) desgosto (*'ô) *m*, aborrecimento *m*, desagrado *m* (*zu* com); *körperlich*: mal-estar *m*; **'²bildung** *f* deformação *f*; deformidade *f*; **'~billigen** (-) desaprovar; **'²billigung** *f* desaprovação *f*, reprovação *f*; **'²brauch** *m* (*-es*; *⸚e*) abuso *m*; **~'brauchen** (-) abusar de; **'~bräuchlich** ['-brɔyçliç] abusivo; **'~deuten** (*-e-*; -) interpretar mal; **'²deutung** *f* interpretação *f* falsa (*od.* errada).

'missen ['misən] *v/t.* (*-ßt*) prescindir de, passar sem.

'Miß|-erfolg *m* (*-es*; *-e*) fracasso *m*, insucesso *m*; *e-n* ~ *haben* falhar; **~-ernte** *f* má colheita *f*.

'Misse|tat ['misə-] *f* crime *m*, delito *m*; **~täter(in** *f*) *m* malfeitor(a *f*) *m*, criminoso *m* (-a *f*), delinquente *m, f*.

miß|'fallen (*L*; -) desgradar, não agradar, não gostar; **'²fallen** *n* (*-s*; *0*) desagrado *m*, desgosto (*'ô) *m*; **'~fällig** desfavorável; **'²geburt** *f* criatura *f* deforme; monstro *m* (*a. fig.*); **'²geschick** *n* (*-es*; *-e*) má sorte *f*; infortúnio *m*; contratempo *m*; *dauerndes*: *a.* adversidade *f*; **'²gestalt** *f* deformidade *f*; **'~gestalt(et)** disforme, deformado; **'~gestimmt** de mau humor; **~'glücken** (-; *sn*) falhar, fracassar, malograr-se, frustrar-se; **~'gönnen** (-) invejar; **'²griff** *m* (*-es*; *-e*) erro (*ê) *m*; **'²gunst** *f* (*0*) inveja *f*; **'~günstig** invejoso; **~'handeln** (*-le*; -) maltratar; **²'handlung** *f* mau trato *m*; sevícia *f*; **'²heirat** *f* casamento *m* desigual; **'²helligkeit** *f* dissensão *f*, desacordo (*'ô) *m*; desavença *f*.

Missi'on [misi'o:n] *f* missão *f*; **~'ar** [-o'na:r] *m* (*-s*; *-e*) missionário *m*.

'Miß|klang *m* (*-es*; *⸚e*) ♪ dissonância *f* (*a. fig.*); cacofonia *f*; **~kredit** *m* (*es*; *0*) descrédito *m* (*geraten* cair); *in* ~ *bringen* desacreditar; **²lich** precário; (*heikel*) melindroso; (*unangenehm*) desagradável; **'²liebig** ['-li:biç] não bem visto; *sich* ~ *machen bei* perder as simpatias de; **²'lingen** [-'liŋən] (*L*; -; *sn*) falhar; **~'lingen** *n* (*-s*; *0*) fracasso *m*; **~mut** *m* (*-es*; *0*) mau humor *m*; **²mutig** de mau humor, mal-humorado; **²'raten** (*L*; -; *sn*) sair mal, falhar; *adj. Kind*: ruim; **~stand** *m* (*-es*; *⸚e*) mal *m*; **~stimmung** *f* mau humor *m*; (*Verstimmung*) desavença *f*; **~ton** *m* (*-es*; *⸚e*) nota *f* falsa; dissonância *f* (*a. fig.*); **²'trauen** (-) (*dat.*) desconfiar de, suspeitar de; **~trauen** *n* (*-s*; *0*) desconfiança *f*; suspeita *f*; **~trauens-antrag** *m* (*-es*; *⸚e*) moção *f* de desconfiança; **~trauens-votum** *n* (*-s*; *-voten*) voto *m* de desconfiança; **²trauisch** ['-trauiʃ] desconfiado (*gegen* de); F ~ *sn* estar de pé atrás; **~vergnügen** *n* (*-s*; *0*) desgosto (*'ô) *m*; **²vergnügt** aborrecido, descontente; **~verhältnis** *n* (*-ses*; *-se*) desproporção *f*; **&verständlich** equívoco; **~verständnis** *n* (*-ses*; *-se*) mal-entendido *m*, equívoco *m*; **&verstehen** (*L*; -; *untr.*, *aber ~zuverstehen*) entender mal; **~wirtschaft** *f* (*0*) desgoverno (*'ê) *m*; corrupção *f*.

Mist [mist] *m* (*-es*; *-e*) esterco *m*; lixo *m*; (*Dünger*) estrume *m*; ⚓ nevoeiro *m*; *fig.* disparate *m*; **'~beet** *n* (*-es*; *-e*) alfobre *m*; **'~el** *f* (-; *-n*) visco *m*; **'&en** (*-e-*) estercar (*a. v/i. Tier*), estrumar, adubar com esterco; (*säubern*) limpar; **'~fink** F *m* (*-en*) porcalhão *m*; **'~gabel** *f* (-; *-n*) forcado *m*; **'~grube** *f*, **'~haufen** *m* esterqueira *f*, estrumeira *f*; **'~käfer** *m* estercoreiro *m*.

mit [mit] **1.** *prp.* (*dat.*) *Begleitung*: com; ~ *mir, dir, sich, ihm usw.* comigo, contigo, consigo, com ele (*'ê), com ela, con[n]osco, convosco, com eles, com elas; *Mittel*: com, a, por; *Ergänzung oft*: de (*s. die betr. vb.*); em; ~ *blauen Augen* de olhos (*'ô) azuis; ~ *e-m Wort* numa palavra, em resumo; *Art u. Weise oft*: a; ~ *Gewalt* à força (*ô); **2.** *adv.* ~ (*dabei*) também.

'Mit|-angeklagte(r *m*) *m*, *f* co-acusado *m*, -a *f*; co-reu *m*, co-ré *f*; **~-arbeit** *f* colaboração *f*, cooperação *f*; **~-arbeiter** *m* colaborador *m*; colega *m*; **&bekommen** (*L*; -) receber (*als Mitgift* em dote); **~benutzung** *f* uso *m* comum; ⚖ participação *f* no usufruto; *unter* ~ *von* servindo-se também de; **~besitzer** *m* co-proprietário *m*; **~bewerber** *m* concorrente *m*, competidor *m*; **~bewohner** *m* companheiro *m* de casa; *pl. a.* os outros inquilinos; **&bringen** (*L*) trazer (consigo); (*beisteuern*) contribuir com; **~bürger** *m* concidadão *m*; **~-eigentümer** *m* = *~besitzer*; **&-einander** junto; um com outro; **~-empfinden** *n* (*-s*; *0*) simpatia *f*; **&-empfinden** (*L*; -) simpatizar; **~-erbe** *m* (*-n*), (**~-erbin** *f*) co-herdeiro *m* (-a *f*); **&-erleben** (-) *v/t.* assistir a; **~-esser** ⚕ *m* espinha *f*; cravo *m*; **&fahren** (*L*; *sn*) acompanhar (*ac.*); [v]ir também; **~fahr(end)er** *m* companheiro *m* (de viagem), *pl.* os outros passageiros; *Sportmannschaft*: suplente *m*; **&fühlen** simpatizar; **&führen** levar (consigo); **&geben** (*L*) entregar (para levar; *e-r Braut*: em dote); **~gefühl** *n* (*-es*; *-e*) simpatia *f*; = *~leid*; **&gehen** (*L*; *sn*) ir também; acompanhar, ~ *mit a.* ir com; ~ *heißen* levar, roubar; **~gift** *f* dote *m*.

'Mitglied *n* (*-es*; *-er*) membro *m*; componente *m*; *Verein usw.*: sócio *m*; **~sbeitrag** *m* (*-es*; *⸚e*) quota *f*, cota *f*; **~schaft** *f* (*0*) qualidade *f* de sócio (*od.* de membro); **~skarte** *f* cartão *m* de sócio; **~staat** *m* (*-es*; *-en*) Estado-membro *m*.

'mit|haften (*-e-*): ~ *für* ser (também) fiador de; **~halten** (*L*) *v/t.* segurar também; *Zeitung*: participar na assinatura; *v/i.* acompanhar; **&herausgeber** *m* co-editor *m*; **&hilfe** *f* colaboração *f*, cooperação *f*; concurso *m*; ⚖ cumplicidade *f* (*unter dat.* com + *art.*); **~'hin** pois, portanto; **~hören** *Fernspr.* escutar; **&-inhaber** *m* (con)sócio *m*; co-proprietário *m*; **~kommen** (*L*; *sn*): ~ *mit* [v]ir com; acompanhar, *a. fig.* = **~können** (*L*) poder seguir (*od.* concorrer); **~laufen** (*L*; *sn*) concorrer; **&läufer** *m fig.* sequaz *m*; partidário *m* irrefle[c]tido; **&laut** *m* (*-es*; *-e*) *Gram.* consoante *f*; **&leid** *n* (*-es*; *0*) compaixão *f*; comiseração *f*; pena *f* (*erwecken* fazer); **&leidenschaft** *f* (*0*): *in* ~ *ziehen* afe[c]tar; **~leidig** compassivo, piedoso; **~leid(s)los** despiedoso, impassível; frio; **~machen** acompanhar; tomar parte em, assistir a; **&mensch** *m* (*-en*) próximo *m*; **~nehmen** (*L*) levar (consigo); *Gelegenheit*: aproveitar; (*hart, sehr*) ~ *fig.* tratar mal; afe[c]tar; *Gebiet a.*: devastar; ⚕ enfraquecer; *seelisch*: abalar, deprimir; **~'nichten** [-'niçtən] de modo nenhum; nada; **~rechnen** (*-e-*) **1.** *v/t.* acompanhar a contar; incluir (no cálculo *usw.*); **2.** *v/i. et.*: contar; **~reden** (*-e-*) tomar parte na discussão; (*ein Wort od. Wörtchen*) *mitzureden haben bei* ter voz em; *dabei habe ich auch ein Wort* (*od. Wörtchen*) *mitzureden* eu também tenho que ser ouvido; **&reisende(r** *m*) *m*, *f* = *&fahr(end)er*; **~reißen** (*L*) arrastar (consigo); arrebatar, *fig. a.* entusiasmar; **~'samt** (*dat.*) (junto) com; **~schikken** juntar, incluir; mandar também, mandar acompanhado por;

~schleppen arrastar consigo, arrastar atrás de si; **~schreiben** (*L*) (acompanhar a) escrever; ir escrevendo; **2schuld** *f* (*0*) cumplicidade *f*; **~schuldig** cúmplice (*an dat.* de); **2schüler(in** *f*) *m* condiscípulo *m* (-a *f*), companheiro *m* (-a *f*), colega *m*/*f*; **~singen** (*L*) cantar também, acompanhar (a cantar); **~spielen** tomar parte no jogo; *Sport, Thea.*: entrar (também); *j-m übel ~* fazer uma partida a alg.; **2spieler** *m* companheiro *m*, par (-ceiro) *m*; **2sprache-recht** *n* (-*ės*; *0*) voto (*'ô) *m*; **~sprechen** (*L*) = *~reden*; *alle*: falar em coro; *Gründe*: entrar em conta; acrescer.

'**Mittag** ['mita:k] *m* (-*ės*; -*e*) meio-dia *m* (*am, des* ao); *zu ~ essen* almoçar; **~brot** *n* (-*ės*; *0*), **~essen** *n* almoço (*'ô) *m*; **2s** ao meio-dia; **~s-pause** *f* hora *f* do almoço (*'ô); **~sruhe** *f* (*0*), **~s-schlaf** *m* (-*ės*; *0*) sesta *f* (*halten* dormir); **~s-tisch** *m* (-*es*; -*e*) pensão *f*; **~s-zeit** *f* (*0*) meio-dia *m* = *~spause*.

'**Mittäterschaft** *f* (*0*) cumplicidade *f*.

'**Mitte** ['mitə] *f* meio *m* (*in der* a, *von* de), (*Mittelpunkt*) centro *m* (*in der* no, ao); *~ Mai usw.* em meados *m*/*pl.* de Maio *usw.*; *in unsre(r) ~* entre nós, *aus unsrer ~* de (entre) nós.

'**mit-teil|bar** comunicável; **~en** comunicar, participar, notificar; *schriftlich auf dem Dienstwege*: *a.* oficiar; **~sam** expansivo; **2ung** *f* comunicação *f*, participação *f*; informação *f*; *amtliche*: *a.* ofício *m*.

'**Mittel** ['mitəl] *n* meio *m*; (*Geld2*) *pl. a.* recursos *m*/*pl.*; (*Ausweg*) *u.* ⚕ remédio *m*; ⚗ *u.* (*Durchschnitt*) média *f*; *sich ins ~ legen* intervir; mediar; **~-alter** *n* (-*s*; *0*) idade *f* média; **2-alterlich** medieval; **~-amerika** *f* (**2-amerikanisch** da) América *f* Central; **2bar** indire[c]to; **~ding** *n* (-*ės*; -*e*) meio termo *m*; coisa *f* intermédia; **~-europa** *n* (**2-europäisch** da) Europa *f* Central (*Zeit* hora); **~finger** *m* dedo *m* médio; **~gebirge** *n* montanha *f* média; montanha *f* central; **~gewicht** *n* (-*ės*; *0*) *Sport*: peso (*ê) *m* médio; **~glied** *n* (-*ės*; -*er*) articulação *f* média, falange *f* média; ⚗ termo *m* médio; **2groß** (*0*) mediano; meão; de tamanho médio; *j.*: de estatura média; **~-hand** *f* (-; ⁼*e*) metacarpo *m*; **2-hochdeutsch** médio alto alemão; **~-insel** *f* (-; -*n*) *Verkehr*: placa *f* central; **2ländisch** [-lɛndiʃ] mediterrâneo; **~läufer** *m* *Sport*: médio-centro *m*; **~linie** *f* ⚗ mediana *f*; *Sport*: linha *f* do meio; **2los** sem meios, sem recursos; **2mäßig** medíocre; regular; **~mäßigkeit** *f* (*0*) mediocridade *f*; **~-ohr** *n* (-*ės*; *0*) ouvido *m* médio; **~-ohrentzündung** *f* otite *f* média; **~punkt** *m* (-*ės*; -*e*) centro *m*; **2s(t)** *gen.* por meio de, mediante; **~schule** *f* escola *f* primária complementar; escola *f* secundária; **~s-mann** *m* (-*ės*; ⁼*er od.* -*leute*), **~s-person** *f* medianeiro *m*; intermediário *m*; **~stand** *m* (-*ės*; *0*) classe *f* média; **~straße** *f* rua *f* do meio; *fig. goldene ~* meio termo *m*, justo meio *m*; **~streifen** *m* faixa *f* central; **~stück** *n* (-*ės*; -*e*) parte *f* central; ⊕ (peça *f* de) ligação *f*; **~stürmer** *m* *Sport*: avançado-centro *m*; **~weg** *m* (-*ės*; -*e*) = *~straße*; **~welle** *f* onda *f* média; **~wort** *n* (-*ės*; ⁼*er*) *Gram.* particípio *m*.

'**mitten** ['mitən]: *~ in*, *~ auf*, *~ unter*, *~ hinein* no meio de, em pleno; *~ durch* através de; **~'drin, ~'drunter** mesmo no meio; **~'durch** de permeio, pelo meio, de meio a meio.

'**Mitter|nacht** ['mitər-] *f* (-; ⁼*e*) meia-noite *f* (*um* à); **2nächtig** [-nɛçtiç] de meia noite; = **2nächtlich** no[c]turno.

'**Mittler** ['mitlər] *m*, (-**in** *f*) medianeiro *m* (-a *f*); **2e(r)** *adj.* meio; *Größe*: meão; (*durchschnittlich*) mediano; *Lage*: central, do meio, médio; **2'weile** (no) entretanto.

'**mittschiffs** ['mitʃifs] a meia nau.

'**Mittwoch** ['mitvɔx] *m* (-*ės*; -*e*) quarta-feira *f*; **2s** às quartas-feiras.

mit|-'unter às vezes, por vezes, de vez em quando; '**~-unterzeichnen** (-*e*-; -) assinar também; '**2-ursache** *f* causa *f* secundária; '**~verantwortlich** co-responsável; '**2welt** *f* (*0*) contemporâneos *m*/*pl.*; '**~wirken** cooperar, colaborar, concorrer (*bei* em); *bei et. mitgewirkt haben a.* não ser estranho a; '**2wirkung** *f* (*0*) colaboração *f*; '**2wissen** *n* (-*s*; *0*) conhecimento *m* (*unter dat.* com + *art.*); *ohne mein ~* sem eu saber;

'**≗wisser** ['-visər] *m* consabedor *m*; confidente *m*; cúmplice *m*; '**~zählen** = *~rechnen*.

'**mix|en** ['miksən] (*-t*) misturar; **≗'tur** [-'tu:r] *f* mistura *f*; poção *f*.

Mob [mɔp] *m* (*-s*; *0*) populaça *f*, plebe *f*.

'**Möbel** ['mø:bəl] *n* móvel *m*; *pl. a.* mobiliário *m/sg.*; **~fabrik** *f* fábrica *f* de móveis; **~geschäft** *n* (*-es*; *-e*) (**~händler** *m*) armazém *m od.* loja *f* (vendedor *m*) de móveis; **~tischler** *m* marceneiro *m*; **~transport** *m* (*-es*; *-e*) mudança *f*; transporte *m* (de mobília); **~wagen** *m* carro *m* de mudanças, carro *m* de transporte.

mo'bil [mo'bi:l] ⚔ mobilizado; ⚕ líquido, móvel; F bem disposto; *~ machen* ⚔ mobilizar; **≗i'ar** [-i'a:r] *n* (*-s*; *-e*) mobília *f*; recheio *m* de casa; **≗ien** [-iən] *pl. uv.* (bens *m/pl.*) móveis *m/pl.*; **~i'sieren** [-i'zi:rən] (-) mobilizar; **≗machung** [-maxuŋ] *f* mobilização *f*.

mö'blieren [mœ'bli:rən] (-) mobilar.

'**Mode** ['mo:də] *f* moda *f* (*nach* à; *neuste* última); *~ sn a.* estar na moda; *aus der ~* fora da moda; *aus der ~ kommen* passar da moda; *in ~* em voga; **~-artikel** *m* artigo *m* de moda; novidade *f*; **~dame** *f* senhora *f* à moda; **~dichter** *m* poeta *m* em voga; **~geck** *m* (*-en*) janota *m*; **~heft** *n* (*-es*; *-e*) revista *f* de modas; figurinos *m/pl.*

Mo'dell [mo'dɛl] *n* (*-s*; *-e*) modelo (*ê) *m*; ⚠ maqueta *f*; (*Guß≗*) molde *m*; (*Muster*) padrão *m*; *~ stehen* servir de modelo (*ê); *Mal.* posar; **~flugzeug** *n* (*-es*; *-e*) avião-modelo (*ê) *m*; **≗'ieren** (-) modelar; ⊕ moldar; **~zeichnen** *n* (*-s*; *0*) desenho *m* de figuras.

'**modeln** ['mo:dəln] (*-le*) formar, moldar.

'**Mode|narr** *m* (*-en*) janota *m*; **~nschau** *f* exposição *f* de modas; passagem *f* de modelos; **~nzeitung** *f* = *~heft*; **~puppe** *f* figurino *m*; *j.*: *a.* sécia *f*.

'**Moder** ['mo:dər] *m* (*-s*; *0*) mofo (*'ô) *m*; **~'ator** [-'ra:tor] *m* moderador *m*; **~geruch** *m* (*-es*; *¨e*) cheiro *m* a mofo (*'ô); **≗ig** podre, mofento; **≗n**[1] (*-re*) apodrecer, criar mofo (*'ô).

mo'dern[2] [mo'dɛrn] moderno; **~i'sieren** [-i'zi:rən] (-) modernizar.

'**Mode|schöpfer** *m* figurinista *m*; **~schriftsteller** *m* autor *m* em voga; **~waren** *f/pl.* modas *f/pl.*, novidades *f/pl.*; **~zeitung** *f* = *~heft*.

'**modisch** ['mo:diʃ] de moda; *adv.* à moda.

Mo'distin [mo'distin] *f* modista *f*.

'**Modus** ['mo:dus] *m* (*-*; *Modi*) modo *m*.

Moge'lei [mo:gə'laɪ] *f* batota *f*.

'**mogel|n** ['mo:gəln] (*-le*) fazer batota; **≗zettel** *m* cábula *f*.

'**mögen** ['mø:gən] (*L*) (*wahrscheinlich sn, können, dürfen*) poder; (*wollen*) gostar de; *j-n gern* (*od. leiden*) *~ a.* achar alg. simpático; *lieber ~* gostar mais (de), preferir; *gern haben ~* querer; *das möchte schwer sn usw.* será, seria; *man möchte meinen* dir-se-ia; *mag er* (*inf.*)! *er möge* (*inf.*)! que (*subj.*)!; *was er auch sagen mag* (*od. möge*) diga o que quiser; *mag er auch noch so reich sn* por mais rico que seja.

'**möglich** ['mø:kliç] possível; *nicht für ~ halten* custar (a. alg.) acreditar; *alle ~en ...* todos os ... imagináveis; *so ... wie* (*od. als*) *~* = *~st*; **~er-weise** possìvelmente, talvez; **≗keit** *f* possibilidade *f*; eventualidade *f*; contingência *f*; *nach ~* quanto seja possível, no que puder; **≗keits-form** *f* subjuntivo *m*; modo *m* conjuntivo; **~st**: *sn ~es tun* fazer todos os possíveis; *~ groß usw.* o maior possível; *~ bald, ~ früh a.* quanto antes.

Mohamme'dan|er(in *f*) *m* [mo:hame'da:nər-], **≗isch** maometano *m* (-a *f*), da seita de Maomé.

Mohn [mo:n] *m* (*-es*; *-e*) papoula *f*.

Mohr [mo:r] *m* (*-en*) ('**~in** *f*) preto (*ê) *m* (-a *f*); (*Maure, Maurin*) mouro *m* (-a *f*).

'**Möhre** ['mø:rə] *f*, '**Mohr-rübe** *f* cenoura *f*.

mo'k|ant [mo'kant] malicioso; **~ieren** (-): *sich ~ über* (*ac.*) fazer troça de.

'**Mokka** ['mɔka] *m* (*-s*; *-s*) café *m* muito forte.

Molch [mɔlç] *m* (*-es*; *-e*) salamandra *f*.

'**Mole** ['mo:lə] *f* molhe *m*.

Mole|'kül [molə'ky:l] *n* (*-s*; *-e*) molécula *f*; **~ku'lar...** [-ku'la:r]: *in Zssgn*, **≗ku'lar** molecular.

'Molke ['mɔlkə] *f* soro (*'ô) *m* de leite; **~'rei** *f* leitaria *f*, vacaria *f*.
Moll ♪ [mɔl] *n* (-; -) bemol *m*; **'~ton** (**-art** *f*) *m* (*-ęs*; ⸚*e*) tom *m* menor.
'Möller ['mœlər] *m* ⊕ *Hochofen*: mistura *f*.
'mollig ['mɔliç] (*weich*) mole; *Wärme*: agradável; F bem quentinho.
Mol'luske [mɔ'luskə] *f* molusco *m*.
Mo'ment [mo'mɛnt] **1.** *m* (*-ęs*; *-e*) momento *m*, instante *m*; **2.** *n* (*-ęs*; *-e*) fa[c]tor *m*, elemento *m*; *Phys.* momento *m*; **2'an** [-'ta:n] momentâneo; pelo momento; por agora; **~-aufnahme** *f*, **~bild** *n* (*-ęs*; *-er*) instantâneo *m*.
Mo'narch [mo'narç] *m* (*-en*) monarca *m*; **~ie** [-'çi:] *f* monarquia *f*; **2isch, ~'ist(in** *f*) *m* (*-en*) monárquico *m* (-a *f*).
'Monat ['mo:nat] *m* (*-ęs*; *-e*) mês *m*; *am 5. dieses ~s* ✝ corrente (*Abk.* cte.); *des vorigen ~s* ✝ próximo passado (*Abk.* pp.); **2e-lang** de alguns meses; *adv.* durante (*od.* por) meses inteiros; **2lich** mensal; *adv. a.* por mês; todos os meses.
'Monats|-abschluß *m* (*-sses*; ⸚*sse*) balanço *m* mensal; **~frist** *f*: *binnen ~* no prazo de um mês; **~gehalt** *n* (*-ęs*; ⸚*er*) ordenado *m* mensal; mesada *f*; **~karte** *f* bilhete *m* mensal, passe *m* mensal; **~rate** *f* mensalidade *f*; mesada *f*; **~schluß** *m* (*-sses*; ⸚*sse*) fim *m* do mês (*am* ao); **~-schrift** *f* revista *f* mensal; **2weise** aos meses, mensal.
Mönch [mœnç] *m* (*-ęs*; *-e*) monge *m*, frade *m*; religioso *m*; **'2isch** monástico, monacal; de frade.
'Mönchs|kloster *n* (*-s*; ⸚) mosteiro *m*; **~kutte** *f* hábito *m*, capelo *m*; **~-orden** *m* ordem *f* religiosa; **~tum** [-tu:m] *n* (*-ęs*; *0*), **~wesen** *n* (*-s*; *0*) monacato *m*, monaquismo *m*; instituições *f/pl.* monásticas.
Mond [mo:nt] *m* (*-ęs*; *-e*) lua *f*; *poet.* (*Monat*) mês *m*; **'~bahn** *f* órbita *f* da lua; **'~finsternis** *f* (*-*; *-se*) eclipse *m* da lua; **'2hell** lua clara; iluminado pela lua; *~e Nacht* = *~nacht*; **'~kalb** *n* (*-ęs*; ⸚*er*) *fig.* tolo *m*; **'~karte** *f* mapa *m* selenográfico; **'~landung** *f* alunagem *f*; **'~nacht** *f* (*-*; ⸚*e*) noite *f* de luar; **'~rakete** *f* foguetão *m* lunar; **'~scheibe** *f* disco *m* da lua; **'~schein** *m* (*-ęs*; *0*) luar *m*; **'~sichel** *f* quarto *m* (da lua) crescente *od.* minguante; **'2süchtig** lunático; sonâmbulo; **'~wechsel** *m* lunação *f*; fases *f/pl.* da lua.
Mo'neten [mo'ne:tən] F *pl. uv.* massa *f/sg.*
Mon'gol|e [mɔŋ'go:lə] *m* (*-n*), **~in** *f* mongol *m*, *f*; da Mongólia; **2isch** mongol, da Mongólia; *bsd. Rasse*: mongólico.
mo'nieren [mo'ni:rən] (-) criticar, censurar.
Mono|'gramm [mono'gram] *n* (*-s*; *-e*) monograma *m*; **~kel** [-'nɔkəl] *n* monóculo *m*; **~'log** [-'lo:k] *m* (*-s*; *-e*) monólogo *m*; solilóquio *m*; **~'pol** *n* (*-s*; *-e*) monopólio *m*; **2poli'sieren** [-poli'zi:rən] (-) monopolizar; **~'polware** *f* artigo *m* monopolizado; **~the'ismus** *m* (*-*; *0*) monoteísmo *m*; **2'ton** monótono.
Mon'stranz [mɔns'trants] *f* custódia *f*.
'Monstrum ['mɔnstrum] *n* (*-s*; *Monstren od. Monstra*) monstro *m*.
Mon'sun [mɔn'zu:n] *m* (*-s*; *-e*) monção *f*.
'Montag ['mo:nta:k] *m* (*-ęs*; *-e*) segunda-feira *f* (*am* na); *des ~s* às segundas-feiras; F *blauen ~ machen* não trabalhar.
Mon'tage [mon'ta:ʒə] *f* montagem *f*.
'montags às segundas-feiras.
Mon'tan-industrie [mɔn'ta:n-] indústria *f* mineira e metalúrgica.
Mon't|eur [mɔn'tø:r] *m* (*-s*; *-e*) *Auto u.* ✈ mecânico *m*; ⚡ ele(c)tricista *m*; *Gas, Wasser*: canalizador *m*; ⊕ montador *m*; **~eur-anzug** *m* (*-ęs*; ⸚*e*) (fato *m*) macaco *m*; **2ieren** (-) montar; **~ierung** *f* ⊕ = *~age*; ⚔ = **~ur** [-'tu:r] *f* farda *f*.
Moor [mo:r] *n* (*-ęs*; *-e*) pântano *m*, paúl *m*; **'~bad** *n* (*-ęs*; ⸚*er*) banho *m* de lodo (*'ô); **'2ig** pantanoso; **'~land** *n* (*-ęs*; *0*) terra *f* pantanosa.
Moos [mo:s] *n* (*-es*; *-e*) ♀ musgo *m*; F (*Geld*) massa *f*; **'2ig** [-ziç] musgoso.
Mops [mɔps] *m* (*-es*; ⸚*e*) doguezinho *m*; **'2en** (*-t*) F (*stehlen*) rapar; *sich ~* F aborrecer-se.
Mo'ral [mo'ra:l] *f* moral *f*; (*geistige, seelische Verfassung*) moral *m*; **2isch** moral; **~prediger** *m* moralizador *m*.
Mo'räne [mo'rɛ:nə] *f* morena *f*.
Mo'rast [mo'rast] *m* (*-es*; *-e od.* ⸚*e*)

lama *f*, pântano *m*; lamaçal *m*; lameiro *m*; lodaçal *m*; ≈**ig** pantanoso.

Mora'torium [mora'to:rium] *n* (-*s*; *Moratorien*) moratória *f*.

'**Morchel** ['mɔrçəl] *f* (-; -*n*) cogumelo *m*.

Mord [mɔrt] *m* (-*ẹs*; -*e*) assassínio *m*; (*Totschlag*) homicídio *m*; '~**anschlag** *m* (-*ẹs*; ⸚*e*) atentado *m*; (à vida); '~**brenner** *m* incendiário *m* e assassino; *m* '≈**en** [-dən] (-*e*-) assassinar, matar; *v/i. a.* cometer homicídio.

'**Mörder** ['mœrdər] *m* assassino *m*, homicida *m*; ~**grube** *f* (*0*) *fig.*: *aus s-m Herzen keine* ~ *machen* ser franco; ≈**isch** homicida, sangrento, mortal; *fig.* F danado.

'**Mord|geselle** *m* (-*n*) assassino *m*; ~**gier** *f* (*0*) instintos *m/pl.* sanguinários, sede (*'ê) *f* de sangue; ≈**gierig** sanguinário; ~**s...**: *in Zssgn* = ≈**s-mäßig** formidável; F danado; ~**s-kerl** *m* (-*ẹs*; -*e*) F tipo *m* formidável; ~**-tat** *f* = *Mord*; ~**versuch** *m* (-*ẹs*; -*e*) tentativa *f* de assassínio.

'**Morgen** ['mɔrgən] **1.** *m* manhã *f*; (*Osten*) oriente *m*; ⸙ *Feldmaß*: jugada *f*, jeira *f*; *am* ~, *des* ~*s* de manhã, pela manhã; *am anderen* ~ na manhã seguinte; *um 8 Uhr* ≈*s*: às 8 da manhã; *frühe(r)* ~ = ~*frühe*; *guten* ~ bom dia (*a. pl.*); *heute* (*gestern*) ~ hoje (ontem) de manhã; **2.** ≈ *adv.* amanhã (*früh* cedo, de manhã; *mittag* ao meio dia; *abend* à tarde, à noitinha); ~**-ausgabe** *f* edição *f* de manhã; ~**dämmerung** *f* alvorada *f*; ≈**dlich** matutino; da manhã; ~**frühe** *f* (*0*) madrugada *f* (*in der* de); ~**grauen** *n* (-*s*; *0*) alvorada *f*; ~**land** *n* (-*ẹs*; *0*) Oriente *m*, Levante *m*; ≈**ländisch** [-lɛndiʃ] oriental; ~**post** *f* (*0*) correio *m* da manhã; ~**rock** *m* (-*ẹs*; ⸚*e*) robe *m*; ~**rot** *n* (-*ẹs*; *0*), ~**röte** *f* (*0*) aurora *f*, alva *f*; ≈**s** de manhã, pela manhã; ~**sonne** *f* (*0*) sol *m* nascente (*od.* matutino *od.* da manhã); ~**stern** *m* (-*ẹs*; *0*) estrela (*'ê) *f* da manhã, Vénus *f*; ~**stunde** *f* hora *f* matutina; ~**zeitung** *f* jornal *m* da manhã, diário *m* da manhã; matutino *m*.

'**morgig** ['mɔrgiç] de amanhã.

Morph|i'nist(in *f*) *m* (-*en*) [mɔrfi'nist-] morfinómano *m* (-a *f*); '~**ium** *n* (-*s*; *0*) morfina *f*.

morsch [mɔrʃ] podre; (*Zahn*) cariado.

'**Morse|-alphabet** ['mɔrzə-] *n* (-*ẹs*; *0*) alfabeto *m* Morse; ≈**n** (-*t*) transmitir sinais telegráficos.

'**Morse|schrift** *f* (*0*): *in* ~ em Morse *m*; ~**zeichen** *n* sinal *m* de Morse.

'**Mörser** ['mœrzər] *m* morteiro *m* (*a.* ⚔); almofariz *m*.

'**Mörtel** ['mœrtəl] *m* argamassa *f*.

Mosa'ik [moza'i:k] *n* (-*s*; -*en*) mosaico *m*.

Mo'schee [mɔ'ʃe:] *f* mesquita *f*.

'**Moschus** ['mɔʃus] *m* (-; *0*) almiscar *m*.

'**Mosel-wein** ['mo:zəl-] *m* (-*ẹs*; -*e*) vinho *m* do Mosela.

Mos'kito [mɔs'ki:to] *m* (-*s*; -*s*) mosquito *m*; ~**netz** *n* (-*es*; -*e*) mosquiteiro *m*.

'**Moslem** ['mɔslɛm] *m* (-*s*; -*s*) muçulmano *m*.

Most [mɔst] *m* (-*es*; -*e*) mosto *m*; (*Apfel*≈) cidra *f*.

'**Mostrich** ['mɔstriç] *m* (-*ẹs*; *0*) mostarda *f*.

Mo'tiv [mo'ti:f] *n* (-*s*; -*e*) motivo *m*.

'**Motor** ['mo:tor] *m* (-*s*; -*en*) motor *m*; ~**-antrieb** *m* (-*ẹs*; *0*) força (*ô) *f* motriz; ~**boot** *n* (-*ẹs*; -*e*) (lancha *f* de) gasolina *f*; ~**defekt** *m* (-*ẹs*; -*e*) avaria *f* (do *od.* no motor); ~**fahrzeug** *n* (-*ẹs*; -*e*) veículo *m* motorizado; ~**gehäuse** *n* caixa *f*; ~**haube** *f* «capot» *m* (*fr.*); ≈**i'sieren** [motori'zi:rən] (-) motorizar; ~**pflug** *m* (-*ẹs*; ⸚*e*) (charrua *f* de) tra[c]tor *m*; ~**rad** *n* (-*ẹs*; ⸚*er*) motocicleta *f*; ~**radfahrer** *m* motociclista *m*; ~**-sport** *m* (-*ẹs*; *0*) motorismo *m*.

'**Mott|e** ['mɔtə] *f* traça *f*; *von* ~*n zerfressen werden* ser corroído pela traça; traçar-se; ~**enfraß** *m* (-*es*; *0*) roedura *f* de traça; ~**enpulver** *n* naftalina *f*

'**Motto** ['mɔto] *n* (-*s*; -*s*) lema *m*, divisa *f*; *Text*: mote *m*, epígrafo *m*.

mous'sieren [mu'si:rən] (-) espumar.

'**Möwe** ['mø:və] *f* gaivota *f*.

'**Mücke** ['mykə] *f* mosquito *m*.

'**Mucken** ['mukən] **1.** F *pl. uv.* caprichos *m/pl.*; ~ *haben* = **2.** ≈ estar com manha; *s. mucksen*.

'**Mücken|netz** *n* (-*es*; -*e*), ~**schleier**

m mosquiteiro *m*; **~stich** *m* (-es; -e) picada *f* de mosquito.

'**Mucker** ['mukər] *m* beato *m*, hipócrita *m*; **~'ei** *f*, **~tum** *n* (-es; 0) beatice *f*, hipocrisia *f*.

'**mucksen** ['muksən] (-t) mexer-se; *sich nicht ~ (dürfen)* ficar quietinho, ficar sem dizer pio.

'**müd|e** ['my:də] cansado, fatigado; *~ sn a.* estar com sono; *e-r Sache (gen.) ~ sn* estar farto de a.c.; *~ machen* cansar; *~ werden* cansar-se; **2igkeit** *f* (0) cansaço *m*, fadiga *f* (*umfallen vor* já não poder mais de).

Muff [muf] *m* **a)** (-es; -e) regalo *m*; **b)** (-es; 0) F mofo (*'ô) *m*, (cheiro *m* a) bolor *m*; '**~e** ⊕ *f* manga *f*; '**~enrohr** *n* (-es; -e) tubo *m* de encaixe; '**2ig** mofoso; *Luft*: abafado; *~ riechen* cheirar a mofo (*'ô); F *j.*: (*a.* '**~el** *m*) focinho *m*.

'**Mühe** ['my:ə] *f* trabalho *m*, incómodo *m* (*sich dat. die ~ machen* dar-se ao ...); fadiga *f*; pena *f*; *der ~ wert sn* valer a pena; *mit (knapper) ~ u. Not* a (muito) custo; quase que não; *sich ~ geben* ter cuidado; esforçar-se; *geben Sie sich keine ~* não se incomode; **2los** (-est) fácil; *adv. a.* com facilidade; **2n**: *sich ~* esforçar-se, afadigar-se; **2voll** penoso; **~waltung** [-valtuŋ] *f* incómodo *m*, trabalho *m*.

'**Mühl|bach** ['my:l-] *m* (-es; ¨e) levada *f*, ribeiro *m*, arroio *m*; **~e** *f* moinho *m*, (*Wasser2*) azenha *f*; **~en-industrie** *f* (0) indústria *f* moleira; **~(en)rad** *n* (-es; ¨er) roda *f* de moinho; **~stein** *m* (-es; -e) mó *f*, *Ölmühle*: galga *f*.

'**Muhme** ['mu:mə] *f* tia *f*; comadre *f*.

'**Müh|sal** ['my:za:l] *f* (-; -e) labuta *f*, fadiga *f*; **2sam**, **2selig** penoso, dificultoso; *adv.* com muito trabalho; **~seligkeit** *f* moléstia *f*, dificuldade *f*.

Mu'latt|e [mu'latə] *m* (-n) (**~in** *f*) mulato *m* (-a *f*).

'**Mulde** ['muldə] *f* tigela *f*, gamela *f*, escudela *f*; (*Erd2*) vale *m*, depressão *f*.

Mull [mul] *m* (-es; -e) musselina *f*, «etamine» *f* (*fr.*), cassa *f*; gaza *f*.

Müll [myl] *m* (-es; 0) lixo *m*; '**~abfuhr** *f*: *städtische ~* Serviço *m* Municipal de Limpeza; '**~-eimer** *m* balde *m* de lixo.

'**Müller** ['mylər] *m* moleiro *m*.

'**Müll|-haufen** *m* (montão *m* de) lixo *m*; **~kasten** *m* (-s; ¨) caixote *m* de lixo; **~wagen** *m* carroça *f* de lixo.

'**mulmig** ['mulmiç] abafado; *fig.* F crítico, suspeito.

Multipli|'kand [multipli'kant] *m* (-en) multiplicando *m*; **~kati'on** [-katsi'o:n] *f* multiplicação *f*; **~'kator** [-'ka:tor] *m* (-s; -en) multiplicador *m*; **2'zieren** (-) multiplicar.

'**Mumi|e** ['mu:miə] *f* múmia *f*; **2fi'zieren** [mumifi'tsi:rən] (-) mumificar.

Mumm [mum] F *m* (-s; 0): *~ haben* ter fígado *m*; **~elgreis** *m* (-es; -e) velhote *m*; '**~enschanz** [-ʃants] *m* (-es; 0) mascarada *f*.

'**Mumpitz** ['mumpits] F *m* (-es; 0) disparate(s *pl.*) *m*.

Mumps [mumps] ⚕ *m* (-; 0) parotidite *f*; papeira *f*.

Mund [munt] *m* (-es; ¨er) boca (*ô) *f* (*halten* calar); *nicht auf den ~ gefallen sn, kein Blatt vor den ~ nehmen* não ter papas na língua; *j-m nach dem ~e reden* dar manteiga a alg.; falar ao gosto (*'ô) de alg.; '**~-art** *f* diale[c]to *m*, idioma *m*; '**2-artlich** diale[c]tal, idiomático.

'**Mündel** ['myndəl] *m u. n* pupilo *m*, pupila *f*; **2sicher** pupilar, absolutamente seguro.

'**munden** ['mundən] (-e-) saber bem; *sich ~ lassen* gozar, saborear.

'**münden** ['myndən] (-e-) desaguar, desembocar.

'**mund|faul** de poucas palavras; muito lacónico; **2fäule** *f* (0) estomatite *f*; **~gerecht**: *~ machen* arranjar; **2-harmonika** *f* (-; -s) gaita *f*; **2-höhle** *f* cavidade *f* bucal.

'**mündig** ['myndiç] maior; *~ sprechen* emancipar; **2keit** *f* (0) maioridade *f*; **2keits-erklärung**, **2-sprechung** [-ʃprɛçuŋ] *f* emancipação *f*.

'**mündlich** ['myntliç] *Examen, Überlieferung*: oral; *Erklärung usw.*: verbal; *adv.* de viva voz.

'**Mund|pflege** *f* (0) higiene *f* da boca (*ô); **~schenk** *m* (-en) copeiro *m*; **~stück** *n* (-es; -e) *Instrument*: bocal *m*, embocadura *f*; *Pfeife usw.*: bocadilha *f*; *Pferd*: bocado *m*; **2tot** interdito; *j-n* ~ *machen* interdizer; obrigar a calar-se; **~tuch** *n* (*-ės*; *⸗er*) guardanapo *m*.

'**Mündung** ['mʏndʊŋ] *f* (*Fluß*⸗) foz *f*; *Gefäß*, *Instrument* (*a.* ⚔) boca (*ô) *f*; **~s-arm** *m* (*-ės*; *-e*) braço *m* do delta.

'**Mund|voll** *m* (-; -) bocado *m*; **~-vorrat** *m* (*-ės*; *⸗e*) víveres *m/pl.*; provisão *f*; **~wasser** *n* (*-s*; *⸗*) água *f* dentífrica; **~werk** *n* (*-ės*; *-e*): *ein gutes* ~ *haben* F não ter papas na língua; **~winkel** *m* canto *m* da boca (*ô), comissura *f* dos lábios.

Muniti'on [munitsi'o:n] *f* munição *f*; **~s...**: *in Zssgn* de munições.

'**munkeln** ['mʊŋkəln] (*-le*) murmurar; *man munkelt* consta, corre; *ich habe* ~ *hören* palpitou-me, ouvi dizer.

'**Münster** ['mʏnstər] *n u. m* catedral *f*, sé *f*.

'**munter** ['mʊntər] alegre, vivo; (*wach*) acordado; *gesund und* ~ são e salvo; *wieder* ~ ⚕ restabelecido; ~ *werden* acordar; ⸗**keit** *f* (*0*) alegria *f*, saúde *f*, vivacidade *f*.

'**Münz|-amt** ['mʏnts-] *n* (*-ės*; *⸗er*), **~-anstalt** *f* Casa *f* da Moeda; **~e** *f* moeda *f*, peça *f*; (*Gedenk*⸗) medalha *f*; = **~amt**; *für bare* ~ *nehmen* acreditar piamente; **~-einheit** *f* unidade *f* monetária; ⸗**en** (*-t*) cunhar; *auf j-n gemünzt sn* ser com alg.; **~(en-)sammlung** *f* cole[c]ção *f* numismática (*od.* de moedas); **~-fernsprecher** *m* telefone *m* com mealheiro; **~kunde** *f* (*0*) numismática *f*; **~recht** *n* (*-ės*; *-e*) direito *m* de cunhar moeda; **~-stempel** *m* cunho *m*; **~-system** *n* (*-s*; *-e*) sistema *m* monetário; **~-umlauf** *m* (*-ės*; *⸗e*) circulação *f* monetária; **~-zeichen** *n* marca *f*.

mürbe ['mʏrbə] mole; bem cozido; *j.*: *fig.* cansado; ~ *machen fig.* domar; ~ *werden fig.* acabar por ceder.

Murmel ['mʊrməl] *f* (*-*; *-n*) belindre *m*; ⸗**n** (*-le*) murmurar; * bisbilhar; *Spiel*: jogar aos belindres; **~n** *n* murmúrio *m*; **~tier** *n* (*-ės*; *-e*) marmota *f*.

murren **1.** resmungar; **2.** ⸗ *n* queixas *f/pl.*

mürrisch ['mʏrɪʃ] rabugento; *Miene*: de poucos amigos.

Mus [mu:s] *n* (*-es*; *-e*) puré *m*; *von Früchten*: *a.* doce *m*.

'**Muschel** ['mʊʃəl] *f* (*-*; *-n*) concha *f*, (*Ohr*⸗) *a.* pavilhão *m*; *eßbare*: marisco *m*, (*Mies*⸗) mexilhão *m*; (*Hör*⸗) auscultador *m*; **~bank** *f* (*-*; *⸗e*) burgalhão *m*; **~kalk** *m* (*-ės*; *0*) calcário *m* conchífero; **~schale** *f* concha *f*, *halbe*: valva *f*; **~tier** *n* (*-ės*; *-e*) molusco *m* testáceo.

'**Muse** ['mu:zə] *f* (*-*; *-n*) musa *f*.

Mu'seum [mu'ze:ʊm] *n* (*-s*; *Museen*) museu *m*.

Mu'sik [mu'zi:k] *f* (*0*) música *f*; **~-abend** *m* (*-s*; *-e*) concerto (*ê) *m*; sarau *m* musical; **~'alien-handlung** [-zi'ka:liən-] *f* casa *f* de músicas; ⸗'**alisch** [-zi'ka:lɪʃ] musical; *j.*: músico; ~ *sn a.* ter sensibilidade musical; gostar de música; **~'ant** [-'kant] *m* (*-en*) músico *m*; **~begleitung** *f* acompanhamento *m* musical; **~direktor** *m* (*-s*; *-en*) dire[c]tor *m* de orquestra; **~drama** *n* (*-s*; *-dramen*) drama *m* musical; **~er(in** *f*) *m* ['muzikər-] músico *m* (-a *f*); **~fest** *n* (*-es*; *-e*) festival *m*; **~-freund** *m* (*-ės*; *-e*) amador (*od.* apaixonado) *m* da música; * musicista *m*; **~kapelle** *f*, **~korps** ⚔ *n* (-; -) banda *f* de música; **~kritiker** *m* crítico *m* musical; **~lehrer(in** *f*) *m* professor(a *f*) *m* de música; **~-liebhaber** *m* = **~freund**; **~stück** *n* (*-ės*; *-e*) peça *f* de música; **~-unterricht** *m* (*-ės*; *0*) ensino *m* da música; lições *f/pl.* de música; **~-verein** *m* (*-ės*; *-e*) sociedade *f* de concertos (*ê), círculo *m* de cultura musical; filarmónica *f*.

musi'zieren [muzi'tsi:rən] (-) tocar.

Mus'kat [mʊs'ka:t] *m* (*-ės*; *-e*), **~-nuß** *f* (*-*; *⸗sse*) noz-moscada *f*; **~'eller(-wein** *m* [*-ės*; *-e*]) *m* (vinho *m*) moscatel *m*.

'**Muskel** ['mʊskəl] *m* (*-s*; *-n*) músculo *m*; **~kater** F *m* dores *f/pl.* musculares; **~kraft** *f* (*-*; *⸗e*) força (*ô) *f* muscular; **~krampf** *m* (*-ės*; *⸗e*) cãibra *f*; **~schwäche** *f* (*0*) debilidade *f* muscular; **~schwund** *m* (*-ės*; *0*) atrofia *f* muscular; **~system** *n* (*-s*; *-e*) musculatura *f*; ⸗**stark** musculoso; **~zerrung** ⚕ *f* distensão *f* muscular.

Muskul|a'tur [mʊskula'tu:r] *f* musculatura *f*; ⸗'**ös** [-'lø:s] (*-est*) musculoso.

'Muße ['mu:sə] *f (0)* vagar *m*, ócio *m*.
Musse'lin [musə'li:n] *m (-s; -e)* musselina *f*.
'müssen ['mysən] *(L)* dever; *innerer Zusammenhang*: *a.* haver de; *Notwendigkeit*: precisar de; carecer de; *Zwang*: ter que, ter de, ser obrigado a; ser preciso que *(subj.)*.
'müßig ['my:siç] ocioso; ~ *gehen* ser preguiçoso; **⁓gang** *m (-es; 0)* ociosidade *f*; **⁓gänger** [-gɛŋər] *m* preguiçoso *m*, cábula *m*.
'Muster ['mustər] *n* modelo (*ê) *m*; *(Stoff⁓, ~ung)* padrão *m*, *(Zeichnung)* desenho *m*; *(Waren⁓)* amostra *f*; = **~bild** *n (-es; -er)* protótipo *m*; ideal *m*; **~buch** *n (-es; ⁼er)* cole[c]ção *f* de amostras *(od.* de padrões); **⁓gültig, ⁓haft** *(-est)* exemplar, modelar, perfeito; **~knabe** *m (-n)* menino *m* exemplar; **~koffer** *m* mostruário *m*; **~lager** *n* sortido *m* de amostras; **~messe** *f* feira *f* (de amostras); **⁓n** *v/t. (-re)* examinar; ⚔ passar revista a, inspe[c]cionar; *Stoff*: desenhar; modelar; *gemustert a.* de fantasia; **~schau** *f* = ~*messe*; **~schutz** *m (-es; 0)* prote[c]ção *f* legal (das marcas registadas); **~sendung** *f s.* ~*buch*; **~ung** ⚔ *f* revista *f*; recrutamento *m*; **~werk** *n (-es; -e)* obra *f* exemplar; **~zeichner(in** *f)* *m* desenhador(a *f*) *m*.
Mut [mu:t] *m (-es; 0)* coragem *f*; ânimo *m* *(fassen, schöpfen* cobrar); *j-m* ~ *machen* animar alg.; *den* ~ *sinken lassen (od. verlieren)* desanimar; abichar; *guten (od. gutes)* ~*es* optimista.
'Mütchen ['my:tçən] *n*: *sein* ~ *an (dat.) kühlen* vingar-se em; descarregar a ira sobre.
mut|ig corajoso, valente; **~los** *(-est)* desanimado, desalentado; **⁓losigkeit** ['-lo:ziç-] *f (0)* desânimo *m*, desalento *m*.
'mutmaß|en ['-ma:sən] *(-t; untr.)* presumir; *Böses*: suspeitar; **~lich** presuntivo; **⁓ung** *f* conje[c]tura *f*, presunção *f*.
'Mutter ['mutər] *f*: **a)** (-; ⁼) mãe *f*; *Anat.* madre *f*; útero *m*; matriz *f*; **b)** ⊕ (-; *-n*) *(Schrauben⁓)* porca *f*; **~brust** *f (0)* seio *m* maternal; **~gewinde** ⊕ *n* filete *m* matriz; **~'gottesbild** *n (-es; -er)* imagem *f* da Nossa Senhora; **~-haus** *n (-es; ⁼er)* casa-mãe *f*; central *f*; sede *f*; **~korn** ⚘ *n (-es; -e)* cravagem *f*; fungão *m*; **~kuchen** ⚕ *m* placenta *f*, secundinas *f/pl.*; **~land** *n (-es; ⁼er)* país *m* natal; metrópole *f*; **~leib** *m (-es; 0)* seio *m*.
'mütterlich ['mytərliç] materno; maternal; **~erseits** [-ərzaɪts] (pelo lado) materno; **⁓keit** *f (0)* sentimento *m* materno.
'Mutter|liebe *f (0)* amor *m* maternal; **⁓los** órfão da mãe; **~mal** *n (-es; -e)* sinal *m*; nevo *m* (materno); **~milch** *f (0)* leite *m* materno; **~mord** *m (es; -e)* matricídio *m*; **~mörder(in** *f)* *m* matricida *m, f*; **~mund** *m (-es; 0) Anat.* orifício *m* da matriz; **~schaft** *f (0)* maternidade *f*; **~schiff** *n (-es; -e)* navio-mãe *m*; **~schutz** *m (-es; 0)* prote[c]ção *f* da maternidade *(od.* das mães); **⁓seelen-al'lein** completamente sòzinho; **~söhnchen** [-zø:nçən] *n* menino *m* amimado; **~sprache** *f* língua *f* materna; **~stelle** *f (0)*: ~ *vertreten* fazer de mãe, fazer as vezes da mãe; **~tag** *m (-es; -e)* Dia das Mães; **~teil** ⚖ *n (-es; -e)* legítima *f* materna; **~witz** *m (-es; 0)* senso *m* comum; graça *f* natural; ~ *haben* ter graça.
'Mutti ['muti:] F *f (-; -s)* mãezinha *f*.
'Mut|wille *m (-ns; 0)* maldade *f*, malícia *f*, petulância *f*; *Unart*: diabrura *f*, travessura *f*; **⁓willig** traquinas; travesso; maligno; *adv.* de propósito, intencionalmente.
'Mütz|e ['mytsə] *f* boné *m*; barrete *m*; *(Zipfel⁓)* gorro (*'ô) *m*; *fig. (dat.) die* ~ *aufsetzen* abarretar-se; **~enschirm** *m (-es; -e)* pala *f*.
Myri'ade [myri'a:də] *f* miríade *f*.
'Myrte ['myrtə] *f* murta *f*, mirto *m*.
myst|eri'ös *(-est)* misterioso; **⁓'erium** [-'te:rium] *n (-s; Mysterien)* mistério *m*; **⁓ifikati'on** [mystifikatsi'o:n] *f* burla *f*; **~ifi'zieren** [-ifi'tsi:rən] (-) mistificar, burlar; **'⁓ik** *f (0)* mística *f*; misticismo *m*; **'⁓iker** *m*, **'~isch** místico *m*.
'Myth|e ['my:tə] *f* mito *m*; **⁓enhaft, ⁓isch** mítico.
Mytho|lo'gie [mytolo'gi:] *f* mitologia *f*; **⁓'logisch** mitológico.
'Myth|os [mytɔs], **~us** [-us] *m (-; Mythen)* mito *m*.

N

N, n [ɛn] *n uv.* N, n *m.*

na! F [na] ora!; ~ (*also*)! então!

ˈ**Nabe** [ˈnaːbə] ⊕ *f* meão *m*; cubo *m.*

ˈ**Nabel** [ˈnaːbəl] *m* umbigo *m*; **~binde** *f* faixa *f* umbilical; **~bruch** *m* (-*ẹs*; ⸚*e*) hérnia *f* umbilical; **~schnur** *f* (-; ⸚*e*) cordão *m* umbilical.

nach [naːx] **1.** *prp.* (*dat.*): **a**) *räuml.*: (*für vorübergehenden Aufenthalt*) a, (*für dauernden Aufenthalt*) para; ~ *j-m schicken* por; *Reihenfolge*: após; depois; ~ ... (zu) do lado de; **b**) *zeitl.*: depois de; passado; ~ (*Ablauf von*) ao cabo de; *5 Minuten* ~ *eins* uma e cinco; **c**) (*gemäß*) (je) ~ segundo, conforme a, de acordo (*ˈô) com; por; **d**) (*wie*) *riechen, schmecken*: a; **2.** *adv. mir* ~! sigam!; ~ *und* ~ sucessivamente, pouco a pouco; ~ *wie vor* (depois) como dantes; como de costume.

ˈ**nachäffen** [ˈ-ɛfən] (*dat. od. ac.*) arremedar (*ac.*), macaquear (*ac.*); = *nachahmen.*

ˈ**nach-ahm|en** [ˈ-aːmən] imitar; **~enswert** digno de imitação; **2er** *m* imitador *m*; **2ung** *f* imitação *f.*

ˈ**Nachbar** [ˈnaxbaːr] *m* (-*s od.* -*n*; -*n*) (**~in** *f*) vizinho *m* (-a *f*); **~land** *n* (-*ẹs*; ⸚*er*) país *m* vizinho; **2lich** vizinho; **~schaft** *f* vizinhança *f.*

ˈ**nach|bekommen** (*L*; -) receber em suplemento; *Speise*: repetir; ✝ = *~bestellen*; **~bessern** (-*re*) retocar; **~bestellen** (-) *v/t.* mandar vir mais; fazer outra encomenda; **2bestellung** *f* nova encomenda *f*; **~beten** (-*e*-) repetir (màquinalmente); **~bezahlen** (-) pagar o resto (mais tarde); **~bilden** (-*e*-) copiar, imitar; **2bildung** *f* cópia *f*, imitação *f*, reprodução *f*; (*unerlaubte*) ~ contrafa[c]ção *f*; **~blicken** (*dat.*) seguir (*ac.*) com a vista; **~datieren** (-) pós-datar.

nachˈdem **1.** *cj.* depois que (*ind.*); depois de (*inf.*); **2.** *adv.*: je ~ conforme (*subj. futur.*).

ˈ**nach|denken** (*L*) meditar, cismar; considerar; (*über ac.*) ~ refle[c]tir (sobre), ponderar (*ac.*); **2denken** *n* reflexão *f*, consideração *f*, ponderação *f*; **~denklich** pensativo, meditativo; **~dichten** (-*e*-) imitar, adaptar; **2dichtung** *f* versão *f* poética; adaptação *f*; **~drängen**, **~dringen** (*L*; *sn*) seguir; ⚔ perseguir o inimigo; **2druck** *m* (-*ẹs*; *0*) ênfase *f*; insistência *f*; ~ *auf* (*ac.*) *legen* insistir em; (*Tatkraft*) energia *f*; *Typ.* (*pl.* -*e*) reprodução *f*; reimpressão *f*; (*unerlaubter* pirata); **~drucken** reimprimir; *ungesetzlich*: contrafazer; **~drücklich** [ˈ-dryklɪç] enérgico, expresso; enfático; **~dunkeln** (-*le*; *sn*) ficar (mais) escuro; **~eifern** (-*re*) (*dat.*) procurar imitar (*ac.*); emular (*ac.*); pôr os olhos em; **2eiferung** *f* emulação *f*; **~eilen** (*sn*) (*dat.*) correr atrás de; **~eiˈnander** um atrás do outro; sucessivamente; **~empfinden** (*L*; -) = *~fühlen.*

ˈ**Nachen** [ˈnaxən] *m* barco *m.*

ˈ**nach|-erzählen** (-) narrar, contar; **2-erzählung** *f* narração *f*; **2fahr** [ˈ-faːr] *m* (-*s*; -*en*) descendente *m pl. a.* posteriores *m/pl.*; **~fahren** (*L*; *sn*) (*dat.*) seguir (*ac.*), ir atrás de; **~färben** retingir; **2folge** *f* (*0*) sucessão *f*; **2folge...**: *in Zssg(n)* sucessor; **~folgen** (*sn*) (*dat.*) seguir (-se) a; suceder a; **~folgend** seguinte; **2folger(in** *f*) *m* sucessor(a *f*) *m*; **~fordern** (-*re*) *v/t.* pedir a mais (*von et.*: de, *von j-m*: a); **2forderung** *f* exigência *f* suplementar (*od.* a mais); **~forschen** (*dat.*) indagar, investigar; informar-se sobre; **2forschung** *f* investigação *f*; indagação *f*; ✝ busca *f*; *polizeiliche*: *a.* pesquisa *f* (*anstellen* fazer, realizar); **2frage** *f*: ~ (*nach*) informação *f* (sobre); interesse (*ˈê) *m* (por); ✝ procura *f* (de), demanda *f* (de), pedido *m* (de); **~fragen** perguntar, informar-se; **2frist** *f* prorrogação *f* de prazo; **~fühlen**: *es j-m* ~ *können* compreender os sentimentos de alg.; **~füllen** deitar mais; **~geben** (*L*) *v/i.* ceder; *Boden*: abater(-se); *Preise*: baixar; *v/t.* dar mais; **♀geben** *n* ceder *m*; *Preise*: baixa *f*; ⚠ assentamento *m*; **♀gebühr** *f* sobretaxa *f*; **♀geburt** ⚕ *f* páreas *f/pl.*, secundinas *f/pl.*; **~gehen** (*L*; *sn*) (*dat.*) *j-m*: seguir (*ac.*); *Geschäft*: ocupar-se de; *Vergnügen*: entregar-se a; (*untersuchen*) examinar, estudar; *v/i. Uhr*: estar (*od.* andar) atrasado; **~geordnet** subordinado; **~gerade** pouco a pouco; ir + *ger.*; acabar por; **♀geschmack** *m* (-*ës*; *0*) ressaibo *m*; *a. fig.* travo *m*; **~gewiesenermaßen** ['-gəvi:zənərma:sən] como fica provado; **~giebig** ['-gi:biç] flexível; *fig.* condescendente, transigente (*gegenüber* para com); **♀giebigkeit** *f* flexibilidade *f*; *fig.* condescendência *f*, transigência *f* (*gegenüber* para com); **~graben** (*L*) escavar; **♀grabung** *f* escavação *f*; **~grübeln** (-*le*) (*dat.*, *über ac.*) ponderar (*ac.*), meditar ([sobre] *ac.*), ruminar (*ac.*), matutar (*ac.*); **♀hall** *m* (-*ës*; -*e*) ressonância *f*; eco *m*; **~hallen** ressoar, retumbar, ecoar; **~haltig** ['-haltiç] eficaz, duradouro, persistente; **~hängen** (*L*) *e-m Gedanken*: entregar-se a; acariciar (*ac.*); **♀'hauseweg** [-'hauzəve:k] *m* (-*ës*; -*e*) caminho *m* para casa; regresso *m*; **~helfen** (*L*) (*dat.*) auxiliar (*ac.*); **~'her** depois; em seguida; **♀hilfe(stunde)** *f* explicação *f*; **~hinken** (*sn*) (*dat.*) *fig.* ficar atrás, vir atrás; vir tarde; **~holen** recobrar, reparar; *Zeit*: recuperar; **♀hut** *f* retaguarda *f*; **~jagen** (*sn*) (*dat.*) perseguir (*ac.*), correr atrás (de); **♀klang** *m* (-*ës*; ⸚*e*) = *♀hall*; *fig.* reminiscência *f*; **~klingen** (*L*) = *~hallen*; **♀komme** *m* (-*n*) descendente *m*; **~kommen** (*L*; *sn*) (*dat.*) seguir (*ac.*); *später*: vir (*od.* chegar) mais tarde; *Bitte*: aceder a, satisfazer; *Pflicht*: cumprir; **♀kommenschaft** *f* descendência *f*; *bsd. zahlreiche*: prole *f*; **♀kömmling** ['-kœmliŋ] *m* (-*s*; -*e*) (descendente *m*) atrasado *m*; **♀kriegs·zeit** *f* após-guerra *m*; **♀kur** *f* cura *f* complementar; **♀laß** [-las] *m* (-*sses*; ⸚*sse*) ✝ redução *f*, abatimento *m*; ⚖ herança *f*; espólio *m*, *literarischer*: *a.* obras *f/pl.* póstumas; **~lassen** (*L*) **1.** *v/t. Seil*: alargar, relaxar; (*am*) *Preis*: reduzir (*ac.*), abater (em); **2.** *v/i.* diminuir, abater, esmorecer; *Spannung*, *Zucht*: *a.* afrouxar; *Regen*, *Wind*: *a.* abrandar; acalmar; *Widerstand*: *a.* enfraquecer; *nicht ~ j.*: não desistir (*in dat.* de); *nachgelassenes Werk* obra *f* póstuma; **~lassend** ⚕ remitente; **~lässig** negligente, desleixado, descuidado, desmazelado; **♀lässigkeit** *f* negligência *f*, descuido *m*, desleixo *m*; incúria *f* (*aus* por); **♀laßpfleger** ⚖ *m* administrador *m*; **~laufen** (*L*; *sn*) (*dat.*) correr atrás (de); **~legen** *Feuerung*: deitar mais, pôr mais; **♀lese** *f* respiga(dura) *f*; *Buch*: suplemento *m*; **~lesen** (*L*) respigar; *in e-m Buch*: ler em, ver em; consultar (*ac.*); **~liefern** (-*re*) entregar mais tarde; suprir; mandar ainda (o que falta); **♀lieferung** *f* remessa *f* suplementar; **~lösen** (-*t*) *Fahrkarte*: comprar no comboio; **~machen** imitar (*j-m et.* a.c. de alg. *od.* a alg.); copiar; contrafazer; falsificar; **~malen** copiar; repintar, (*restaurieren a.*) retocar (*a. Phot.*); **~mals** ['ma:ls] posteriormente; **~messen** (*L*) remedir, medir outra vez; verificar; **♀mittag** *m* (-*ës*; -*e*) tarde *f*; *am ~*, *des ~s* = **~mittags** de tarde, à tarde, pela tarde; **♀mittags...**: *in Zssgn* da tarde; **♀mittagsvorstellung** *f* matiné *f*; **~nähen** coser outra vez; **♀nahme** ✉ ['-na:mə] *f* reembolso (*'ô) *m*; cobrança *f* (*gegen* à); **~plappern** (-*re*) repetir apenas; **♀porto** *n* (-*s*; -*s*) sobretaxa *f*; **~prüfen** examinar, averiguar; conferir; **♀prüfung** *f* revisão *f*; **~rechnen** (-*e*-) verificar uma conta; conferir; **♀rede** *f* epílogo *m*; *üble ~* má língua *f*, difamação *f*; **~reden** (-*e*-) = *~sagen*; **~reifen** (*sn*) (a)madurecer depois de colhido; **~reisen** (-*t*; *sn*) (*dat.*) seguir (*ac.*), viajar atrás de; **♀richt** ['-riçt] *f* notícia *f*; nova *f*; informação *f*; **♀richten·agentur** *f* agência *f* noticiosa; **♀richtendienst** *m* (-*es*; -*e*) serviço *m* de informações, ⚔ serviço *m* de comunicações; *Zeitung*: serviço *m* informativo; *Pol. geheimer*: serviço *m* secreto; **~rücken** (*sn*) seguir; avançar, *im Amt*: *a.* ser promovido; **♀ruf** *m* (-*ës*; -*e*) necrológio *m*; **♀ruhm** *m* (-*ës*; *0*) fama *f* (póstuma); **~rühmen** dizer em louvor (*j-m* de, *ihm* seu); **~sagen** dizer (*j-m* de); **2saison** *f* (-; -*s*) fim *m* da estação; **2satz** *m* (-*es*; =*e*) *gr.* segunda parte *f*; *Phil.* consequente *m*, menor *f*; *Brief*: pós-escrito *m*; **~schauen** = *~blicken*; **~schicken** fazer seguir, remeter (*nach* para); **~schlagen** (*L*) consultar (*ac.*); ~ (*in dat.*) procurar (em); **2schlagewerk** *n* (-*es*; -*e*) obra *f* de consulta; **~schleichen** (*L*; *sn*) (*dat.*) seguir (*ac.*) furtivamente; **~schleppen** arrastar (atrás de si); **2schlüssel** *m* gazua *f*; **2schrift** *f* *Brief*: pós-escrito *m*; (*Diktat*) ditado *m*; **2schub** ⚔ *m* (-*es*; =*e*) *Material*: (re)abastecimento *m*, aprovisionamento *m*; *Truppen*: reforços *m/pl.*; **~sehen** (*L*): *j-m* ~ seguir alg. com os olhos (*'ô); et. ~ procurar a.c., examinar a.c.; *Hefte*: corrigir; *in e-m Buch* ~ consultar um livro, ver num livro; ~, *ob* verificar, se; ir ver, se; *j-m et.* ~ deixar passar; fazer vista grossa; **2sehen** *n*: *das* ~ *haben* ficar a ver navios no mar, ficar a chuchar no dedo; **~senden** (*L*) fazer seguir, remeter (*nach* para); **~setzen** (-*t*) **1.** *v/t.* pospor; **2.** *v/i.* (*sn*): *j-m* ~ perseguir alg.; **2sicht** *f* (*0*) indulgência *f*; ~ *üben*, ~ *haben* = *~sichtig sn*; **~sichtig** indulgente (*mit* para com); **2silbe** *f* sufixo *m*; **~sinnen** (*L*) meditar; ~ *über* (*ac.*) cogitar em; **~sitzen** (*L*): ~ (*müssen*) ficar retido; **2sommer** *m* verão *m* de São Martinho; **2spiel** *n* (-*es*; -*e*) epílogo *m*; *fig.* consequências *f/pl.*; **~sprechen** (*L*) repetir (*j-m et.* as palavras de alg.); **~spüren** (*dat.*) seguir o rasto de.

nächst [nɛ:çst] **1.** *adj.* (*sup. v. nahe*) mais perto, mais chegado, mais próximo (*a. zeitl.*), *Weg*: *a.* mais curto; *in ~er Nähe* (*gen.*) nas imediações de; *in ~er Zeit* em breve; brevemente; **2.** *prp.* (*dat.*) perto de, ao pé de; (*nach*) depois de; (logo) a seguir a; **'~best** o primeiro que se apresente; (*zweitbest*) segundo em qualidade; **~'dem** depois (disto); (logo) a seguir; **'2e 1.** *m* (*f*) próximo *m* (-a *f*); *an der Reihe*: seguinte *m*, *f*; **2.** *n* o mais próximo; *das* ~ (*zu tun*) a primeira coisa (a fazer).

'nach|stehen (*L*) ficar atrás (de); *fig. a.* ser inferior a; *~d adj.* seguinte; que segue; *adv.* a seguir; **~stellen** pôr detrás (de); *Uhr*: atrasar; ⊕ ajustar; *j-m* ~ perseguir alg., armar ciladas a alg.; **2stellung** *f* perseguição *f*; cilada *f*; *gr.* inversão *f*.

'Nächst|enliebe ['nɛ:çstən-] *f* (*0*) amor *m* do próximo; caridade *f*; **2ens** em breve, dentro em pouco; **~e(r)** *m* próximo *m*; **2folgend** seguinte, subsequente, a seguir; **2liegend** mais perto; *das 2e fig.* o mais indicado.

'nach|stürzen (-*t*; *sn*) ⚠ vir a desmoronar-se também, aluir também; *j-m*: lançar-se (*od.* correr) atrás de; **~suchen** procurar; (*um*) et. ~ solicitar a.c., requerer a.c.

Nacht [naxt] *f* (-; =*e*) noite *f* (*bei* de; *zur* à; *über* durante a); *über* ~ (*plötzlich*) de um dia para outro; *über ~ bleiben* passar a noite; *gute ~! ...* boa(s) noite(s) (*wünschen* dar as); *heute 2* hoje à noite; *zu ~ essen* cear; *in der ~ arbeiten* fazer serão; ~ *werden* anoitecer; *bei einbrechender* ~ ao anoitecer; **'~angriff** *m* (-*es*; -*e*) ataque *m* no(c)turno; **'~arbeit** *f* trabalho *m* no(c)turno; serão *m*, vigília *f*; **'~asyl** *n* (-*s*; -*e*) asilo *m* de noite; **'2blind** hemeralópico; **'~blindheit** *f* (*0*) hemeralopia *f*; **'~dienst** *m* (-*es*; *0*) serviço *m* no(c)turno (*od.* de noite).

'Nach·teil *m* (-*es*; -*e*) desvantagem *f*, defeito *m*, inconveniente *m*; (*Schaden*) prejuízo *m*; *zum* ~ *für* em detrimento *m* de; **2ig** desvantajoso; prejudicial.

'nächtelang ['nɛçtəlaŋ] noites inteiras.

'Nacht|-essen *n* ceia *f*; **~falter** *m* falena *f*; **~flug** *m* (-*es*; =*e*) voo (*'ô) *m* no(c)turno (*od.* de noite); **~geschirr** *n* (-*es*; -*e*) bacio *m*; P penico *m*; **~gleiche** ['-glaıçə] *f* equinóxio *m*; **~hemd** *n* (-*es*; -*en*) camisa *f* de noite.

'Nachtigall ['naxtigal] *f* rouxinol *m*.

'nächtigen ['nɛçtigən] pernoitar.

'Nach·tisch *m* (-*es*; *0*) sobremesa *f*.

'Nacht|jäger ✈ *m* caça *m* no(c)turno; **~lager** *n* cama *f*; pousada *f*; acampamento *m* no(c)turno; **~lampe** *f* lamparina *f*.

'nächtlich ['nɛçtliç] no(c)turno.

Nacht|lokal *n* (-*s*; -*e*) bar *m*; «boîte» *f* (*fr.*); **~musik** *f* (*0*) serenata *f*.

ˈ**Nach|trag** [ˈ-traːk] *m* (-*ḗs*; ⸗*e*) suplemento *m*, aditamento *m*; **ᵹtragen** (*L*) levar atrás de; *fig.* (*hinzufügen*) acrescentar; (*j-m et.*) ~ guardar rancor (a alg. por a.c.); **ᵹträglich** [ˈ-trɛːkliç] ulterior; posterior; = **~trags...**: *in Zssgn* suplementar, adicional.

ˈ**Nacht|ruhe** *f* (*0*) sono *m*; **ᵹs** de noite; **~schatten** ⚘ *m* erva-moura *f*; **~schattengewächs** *n* (-*es*; -*e*) solanácea *f*; **~schicht** *f* turno *m* da noite; **~schwärmer** *m Zool.* falena *f*, esfinge *f*, noitibó *m* (*a. fig.*); **~tisch** *m* (-*es*; -*e*) mesinha *f* da cabeceira; **~topf** *m* (-*ḗs*; ⸗*e*) bacio *m*; P penico *m*.

ˈ**nach|trauern** (-*re*) (*dat.*) ter saudades de; **~tun** (*L*): *es j-m* ~ imitar alg., seguir o exemplo de alg.

ˈ**Nacht|wache** *f* velada *f*; vigília *f*; ⚔ vigia *f*; ~ *halten* (*bei*) velar (*ac.*); **~wächter** *m* guarda-no(c)turno *m*; sereno *m*; **ᵹwandeln** (-*le*; *sn*) ser sonâmbulo; **~wandler** *m* sonâmbulo *m*; **~zeit** *f*: *zur* ~ de noite; **~zeug** *n* (-*ḗs*; *0*) roupa *f* da noite.

ˈ**Nach|-urlaub** *m* (-*ḗs*; -*e*) prorrogação *f* da licença; **~versicherung** *f* seguro *m* suplementar; **ᵹwachsen** (*L*; *sn*) voltar (a crescer); deitar rebentos; **~wahl** *f* segunda eleição *f*; eleição *f* complementar; **~wehen** ⚕ *f/pl.* dores *f/pl.* puerperais; *fig.* consequências *f/pl.*; **ᵹweinen** (*dat.*) ter saudades de; **~weis** *m* (-*es*; -*e*) prova *f*; atestado *m*, documento *m* comprobativo (*erbringen* trazer, apresentar); documentação *f*; índice *m*; **ᵹweisbar** = *ᵹweislich*; **ᵹweisen** (*L*) provar, demonstrar; apontar; indicar; *Arbeit*: arranjar, procurar, proporcionar; **ᵹweislich** demonstrável; que se pode provar (*od.* demonstrar); declarado; *adv.* segundo se pode provar; **~welt** *f* (*0*) posteridade *f*; **ᵹwiegen** (*L*) pesar outra vez; verificar o peso (*ê); **ᵹwirken** fazer sentir-se; continuar a a[c]tuar, continuar a produzir efeito; **~wirkung** *f* consequência *f*; repercussão *f*; **~wort** *n* (-*ḗs*; -*e*) epílogo *m*; posfácio *m*; **~wuchs** *m* (-*es*; *0*) *fig.* nova geração *f*; os jovens *m/pl.*; **ᵹzahlen** pagar a diferença; pagar depois; **ᵹzählen** contar; verificar; **~zahlung** *f* (pagamento *m* da) diferença *f*, (pagamento *m* do) suplemento *m*; **ᵹzeichnen** (-*e*-) copiar; tirar (de um modelo); **ᵹziehen** (*L*) arrastar atrás de si; *Linie*: destacar; *Schraube*: apertar mais; **~zügler** [ˈ-tsyːklər] *m* atrasado *m*; ⚔ retardatário *m*.

ˈ**Nacken** [ˈnakən] *m* nuca *f*, pescoço *m*; *Tier*: cachaço *m*; *den Kopf in den* ~ *werfen* empertigar-se; **ᵹd** = *nackt*; **~schlag** *m* (-*ḗs*; ⸗*e*) pancada *f* na nuca; *fig.* revés *m*; **~schutz** *m* (-*es*; *0*) cobre-nuca *m*.

nackt [nakt] nu; despido; *ganz* ~ em pêlo; *fig. die* ~*e Wahrheit* a verdade nua a crua; ˈ**ᵹheit** *f* (*0*) nudez *f*; ˈ**ᵹkultur** *f* (*0*) nudismo *m*.

ˈ**Nadel** [ˈnaːdəl] *f* (-; -*n*) agulha *f* (*a.* ⚘); (*Steck*ᵹ) alfinete *m*; **~baum** *m* (-*ḗs*; ⸗*e*) conífera *f*; **~-holz** *n* (-*es*; ⸗*er*) (árvores *f/pl.*) coníferas *f/pl.*; **~kissen** *n* alfineteira *f*, pregadeira *f*; **~-öhr** *n* (-*ḗs*; -*e*) olho *m* (da agulha), fundo *m*; **~stich** *m* (-*ḗs*; -*e*) picad(el)a *f*; **~wald** *m* (-*ḗs*; ⸗*er*) floresta *f* de coníferas; pinhal *m*.

ˈ**Nagel** [ˈnaːgəl] *m* (-*s*; ⸗) *Anat.* unha *f* (*eingewachsen* encravada); ⊕ prego *m*; (*Holz*ᵹ) cavilha *f*; *fig. den* ~ *auf den Kopf treffen* acertar (com a.c.); *an den* ~ *hängen* deixar, abandonar; desistir (de); *auf den Nägeln brennen* ser urgente; *ein* ~ *zu j-s Sarg sn* contribuir para a morte de alg.; **~bürste** *f* escova *f* de unhas; **~feile** *f* lima *f* (para unhas); **ᵹfest**: *niet- und* ~ absolutamente seguro; **~geschwür** *n* (-*ḗs*; -*e*) unheiro *m*, panarício *m*; **~lack** *m* (-*ḗs*; -*e*) verniz *m* para unhas; **ᵹn** (-*le*) pregar, cravar; **ᵹneu** (*0*) novo em folha; **~pflege** *f* (*0*) higiene *f* das unhas; **~schere** *f* tesoura *f* para unhas; **~schuh** *m* (-*ḗs*; -*e*) sapato *m* ferrado; bota *f* cardada.

ˈ**nage|n** [ˈnaːgən] roer; **ᵹtier** *n* (-*ḗs*; -*e*) roedor *m*.

ˈ**nah**(**e**) [ˈnaː(ə)] (⸗*er*; *nächst*) perto; *a. zeitl.* próximo, (*bevorstehend*) iminente; *adv.*: ~ (*bei*) perto de, ao pé de, próximo de; ~ *daran sn zu* (*inf.*) estar para; *j-m zu* ~ *treten* ofender alg., magoar alg., melindrar alg.; *von* ~ *und fern* de todas as partes.

ˈ**Näh-arbeit** [ˈnɛ-] *f* costura *f*.

ˈ**Nah-aufnahme** *f Phot.* fotografia *f* a pouca distância.

ˈ**Nähe** [ˈnɛːə] *f* (*0*) proximidade *f*, vizinhança *f*; *aus der* ~ de muito perto; *in der* ~ muito perto.

ˈ**nahe|bei** muito perto, ao pé, próximo; ~**bringen** (*L*): *j-m* ~: fazer compreender a alg.; *j-n*: aproximar de alg.; ~**gehen** (*L*; *sn*): *j-m* ~ sensibilizar alg.; (*bekümmern*) afligir alg.; ~**kommen** (*L*; *sn*) (*dat.*) aproximar-se (de); *j-m* ~ *fig.* chegar a conhecer alg. bem; entrar na intimidade de alg.; ~**legen** sugerir, dar a entender; ~**liegen** (*L*) *fig.* ser de supor, ser natural; ~**liegend** perto; *fig.* fácil de compreender, natural, evidente.

ˈ**nahen** [ˈnaːən] (*sn*) aproximar-se.

ˈ**nähen** [ˈnɛːən] **1.** coser; **2.** 2 *n* costura *f*.

ˈ**näher** [ˈnɛːər] (*comp. v. nahe*) mais perto; *adv.* mais de perto; *fig.* ~ *ausführen* pormenorizar; ~ *auf* (*ac.*) *eingehen a.* entrar em pormenores, ser mais extenso; aprofundar (*ac.*); *sich mit et.* ~ *bekannt machen* familiarizar-se com a.c.; ~*e Umstände m/pl.* = 2*es*; *j-m* ~*bringen* fazer melhor compreender a alg.; 2**e(s)** *n* (mais) pormenores *m/pl.*

Näheˈ**rei** [nɛːəˈraɪ] *f* costura *f*.

ˈ**Näherin** [ˈnɛːərin] *f* costureira *f*.

ˈ**näher|kommen** (*L*) aproximar-se; *fig.* compreender (melhor); começar a compreender; ~**n** (*-re*): (*sich*) ~ aproximar(-se); chegar(-se); avizinhar(-se); abeirar(-se de); ~**treten** (*L*) *a.* entrar; *e-r Sache* (*dat.*) ~ estudar a.c., interessar-se por a.c.; familiarizar-se com a.c.

ˈ**nahe|stehen** (*L*) (*dat.*) *fig.* simpatizar com; *j-m*: *a.* ser (amigo) íntimo de; ~*d adj. fig.* íntimo; ~**zu** quase.

ˈ**Nähgarn** [ˈnɛː-] *n* (*-ės*; *-e*) linha *f*, fio *m* para coser.

ˈ**Nah-kampf** *m* (*-ės*; *⸗e*) luta *f* corpo a corpo; combate *m* a pouca distância.

ˈ**Näh|korb** *m* (*-ės*; *⸗e*) cestinha *f* de costura; ~**maschine** *f* máquina *f* de costura; ~**nadel** *f* (*-*; *-n*) agulha *f*

ˈ**Nähr|boden** [ˈnɛːr-] *m* (*-s*; *⸗*) solo *m* alimentício; *fig.* foco *m*; 2**en** nutrir, alimentar (*a. fig.*); *Kind*: amamentar.

ˈ**nahrhaft** [ˈnaːrhaft] nutritivo; ⸗ produtivo.

ˈ**Nähr|kraft** *f* (*0*) poder *m* nutritivo; ~**mittel** *n* produto *m* alimentar (*od.* alimentício); ~**salz** *n* (*-es*; *-e*) sal *m* alimentício (*od.* nutritivo); ~**stoff** *m* (*-ės*; *-e*) substância *f* nutritiva.

ˈ**Nahrung** [ˈnaːruŋ] *f* alimento *m*; *für Tiere*: pasto *m*.

ˈ**Nahrungs|-aufnahme** *f* (*0*) alimentação *f*; ~**mangel** *m* (*-s*; *0*) falta *f* de víveres; carestia *f*; ~**mittel** *n* alimento *m*; *pl.* géneros *m/pl.* alimentícios; víveres *m/pl.*; ~**sorgen** *f/pl.* cuidados *m* da vida.

ˈ**Nährwert** [ˈnɛːr-] *m* (*-ės*; *-e*) valor *m* nutritivo.

ˈ**Nähseide** *f* retrós *m*.

Naht [naːt] *f* (*-*; *⸗e*) costura *f*; ⚕ sutura *f*.

ˈ**Nähtisch** *m* (*-es*; *-e*) mesa *f* de costura.

ˈ**Nahverkehr** [ˈnaː-] 🚂 *m* (*-s*; *0*) linhas *f/pl.* de cintura.

ˈ**Nähzeug** [ˈnɛː-] *n* (*-ės*; *-e*) (estojo [*ˈô] *m* de) costura *f*.

naˈ**iv** [naˈiːf] ingénuo; 2**i**ˈ**tät** [-iviˈtɛːt] *f* (*0*) ingenuidade *f*.

ˈ**Nam|e** [ˈnaːmə] (*-ns*; *-n*), ~**en** *m* nome *m*; (*Familien*2) apelido *m*; (*Ruf*2) primeiro nome *m*; *dem* ~*n nach* de nome; pelo nome; *die* ~*n aufrufen* fazer a chamada; *die Dinge beim rechten* ~*n nennen* chamar as coisas pelo seu nome, dizer as coisas como são.

ˈ**Namen|forschung** *f* (*0*) onomasologia *f*, onomástica *f*; ~**gebung** [-geːbuŋ] *f* denominação *f*; apelidação *f*; ~**gedächtnis** *n* (*-ses*; *0*) memória *f* para nomes; ~**liste** *f* lista *f* nominativa; matrícula *f*; índice *m* onomástico; nomenclatura *f*; 2**los** sem nome, anónimo; *fig.* imenso, indizível; ~**register** *n* índice *m* onomástico; nomenclatura *f*.

ˈ**namens** chamado; de nome; *prp.* (*gen.*) em nome de; 2**-aktie** *f* a[c]ção *f* pessoal, a[c]ção *f* nominativa; 2**-aufruf** *m* (*-ės*; *-e*) chamada *f*; 2**tag** *m* (*-ės*; *-e*) dia *m* onomástico, dia *m* de santo; 2**-unterschrift** *f* assinatura *f*; 2**verzeichnis** *n* (*-ses*; *-se*) índice *m* onomástico; 2**vetter** *m* (*-s*; *-n*) homónimo *m*, * tocaio *m*; 2**zug** *m* (*-ės*; *⸗e*) rubrica *f*, monograma *m*.

'**nam|entlich** ['na:məntliç] nominal; *adv.* por nomes; (*besonders*) nomeadamente, sobretudo, especialmente, particularmente; **~-haft** considerável, notável; ilustre; ~ *machen* nomear, denominar.
'**nämlich** ['nɛ:mliç] **1.** *adj.* mesmo; **2.** *adv.* a saber; *begründend*: é que ...
na'nu! [na'nu:] essa agora!
Napf [napf] *m* (*-es*; *⸗e*) tigela *f*; (*Eß*2) gamela *f*; '**~kuchen** *m* bolo (*'ô) *m*.
'**Naphtha** ['nafta] *n u. f* (*-s*; *0*) nafta *f*; **~'lin** [-'li:n] *n* (*-s*; *0*) naftalina *f*.
'**Narb|e** ['narbə] *f* cicatriz *f*; *Leder*: grão *m*; ⚘ estigma *m*; ⛏ camada *f* vegetal; céspedo *m*; 2**en** *Leder*: dar grão; 2**ig** cheio de cicatrizes, *Leder*: granoso.
Nar'ko|se [nar'kozə] *f* narcose *f*; anestesia *f*; 2**tisch** narcótico; 2**ti'sieren** [-ti'zi:rən] (-) narcotizar; anestesiar.
Narr [nar] *m* (*-en*) louco *m*; bobo (*'ô) *m*, tolo *m*; *Thea. ehm.* gracioso *m*; *fig. an j-m e-n gefressen haben* estar doido por alg., *j-n zum ~en haben* (*od. halten*) = *j-n* 2*en* fazer troça de alg., fazer pouco de alg.
'**Narren|-haus** *n* (*-es*; *⸗er*) manicómio *m*; **~kappe** *f* barrete *m* de bobo (*'ô); **~(s)possen** *f/pl.* doidices *f/pl.*; **~streich** *m* (*-es*; *-e*) loucura *f*.
'**Narrheit** *f* loucura *f*.
Nar'zisse [nar'tsisə] *f* narciso *m*, junquilho *m*.
'**naschen** ['naʃən] petiscar.
Näsche'rei [nɛʃə'raɪ] *f* gulodice *f*.
nasch|haft ['naʃ-] guloso; 2**haftigkeit** *f* (*0*) gulodice *f*, gulosice *f*, lambarice *f*.
'**Nase** ['na:zə] *f* nariz *m* (*putzen* assoar; *rümpfen* torcer; *stecken* meter); *fig.* olfa[c]to *m*; *e-e gute ~ haben* ter bom nariz; *j-m e-e lange ~ machen fig.* fazer pouco de alg.; *an der ~ herumführen* fazer troça de, conduzir pelo nariz, fazer gato--sapato de; *j-m auf der ~ herumtanzen* não se importar nada com alg.; fazer pouco de alg.; *j-m unter die ~ reiben* F atirar à cara de alg.; *j-m die Tür vor der ~ zuschlagen* F dar com a porta na cara de alg.; *immer der ~ nach* F sempre a direito; 2**lang** F: *alle ~* a cada passo.

'**näseln** ['nɛ:zəln] (*-le*) falar pelo nariz; ser fanhoso; **~d** fanhoso.
'**Nasen|bein** *n* (*-es*; *-e*) vómer *m*; **~bluten** *n* epistaxe *f*; *~ haben* deitar sangue *m* pelo nariz; **~flügel** *m* asa *f* do nariz; **~höhle** *f* fossa *f* nasal; **~laut** *m* (*-es*; *-e*) nasal *f*; **~loch** *n* (*-es*; *⸗er*) narícula *f*, venta *f*; **~rücken** *m* cana *f* do nariz; **~spitze** *f* ponta *f* do nariz; **~stüber** [-ʃty:bər] *m* piparote *m*; **~wurzel** *f* (*-*; *-n*) raíz *f* do nariz.
'**naseweis** [-vaɪs], (2 *m* [*-es*; *-e*]) indiscreto (*m*).
'**nas|führen** ['na:s-] (*untr.*) conduzir pelo nariz; enganar; 2**-horn** *n* (*-es*; *⸗er*) rinoceronte *m*.
naß [nas] (*⸗sser od. -sser*; *⸗ssest od. -ssest*) molhado; (*feucht*) húmido; *~ machen* (*werden*) molhar(-se); *nasse Füße bekommen* molhar(-se) os pés.
'**Nassauer** ['nasauər] *m* F *fig.* borlista *m*; 2**n** (*-re*) F ir de borla.
'**Nässe** ['nɛsə] *f* (*0*) humidade *f*; 2**n** (*-ßt*) molhar, humedecer; *v/i.* transpirar *a.* ⚕; *ins Bett*: urinar.
'**naß|kalt** frio e húmido; 2**luftfilter** *m* filtro *m* húmido de ar.
Nati'on [natsi'o:n] *f* nação *f*.
natio'nal [natsio'na:l] nacional; 2**-bewußtsein** *n* (*-s*; *0*) consciência *f* nacional; 2**feiertag** *m* (*-es*; *-e*) feriado *m* nacional, dia *m* de festa nacional; 2**gefühl** *n* (*-es*; *0*) sentimento *m* nacional; 2**-hymne** *f* hino *m* nacional; 2'**ismus** *m* (*-*; *0*) nacionalismo *m*; 2'**ist(in** *f*) *m* (*-en*) nacionalista *m*, *f*; **~'istisch** nacionalista; 2**i'tät** [-i'tɛt] *f* nacionalidade *f*; 2**mannschaft** *f Sport* equipa *f* nacional; 2**-ökonomie** *f* (*0*) ciencias *f/pl.* económicas; economia *f* política; 2**tracht** *f* traje *m* nacional; 2**versammlung** *f* assembleia *f* nacional.
'**Natr|ium** ['na:trium] *n* (*-s*; *0*) sódio *m*; *doppeltkohlensaures ~*, **~on** [-ɔn] *n* (*-s*; *0*) bicarbonato *m* de sódio.
'**Natter** ['natər] *f* (*-*; *-n*) víbora *f*, cobra *f*.
Na'tur [na'tu:r] *f* natureza *f*; (*Körper*) físico *m*; (*Körperbeschaffenheit*) constituição *f*, compleição *f*; (*Geistesart, Gemütsart*) = **~ell**; *in* (*gen.*) *~ liegen* ser próprio de; *freie ~* campo *m*; *nach der ~ malen* do natural.

Natu'ral|ien [natu'ra:liən] *pl. uv.* produtos *m/pl.* do solo; obje[c]tos *m/pl.* de história natural; *in* ~ em géneros; **2i'sieren** [-i'zi:rən] (-) naturalizar; **~'ismus** *m* (-; *0*) naturalismo *m*; **~'ist** *m* (-*en*) naturalista *m*; **2'istisch** naturalista, naturalístico; **~leistung** *f* pagamento *m* em géneros.

Na'tur|-anlage *f* disposição *f* natural; = **~'ell** [-'rɛl] *n* (-*s*; -*e*) índole *f*; génio *m*; feitio *m*; **~-erscheinung** *f* fenómeno *m* natural; **~forscher** *m* naturalista *m*; **~forschung** *f* (*0*) (estudo *m* das) ciências *f/pl.* naturais; **~freund** *m* (-*ės*; -*e*) amigo *m* da natureza; **2gemäß** natural; normal; **~geschichte** *f* (*0*) história *f* natural; **2geschichtlich** histórico-natural; **~gesetz** *n* (-*es*; -*e*) lei *f* natural, lei *f* da natureza; **2gesetzlich** determinado pela (*od.* segundo a) lei natural; **~gesetzlichkeit** *f* (*0*) determinação *f* natural; **2getreu** (ao) natural; **~-heilkunde** *f* (*0*) medicina *f* naturalista; **~heilverfahren** *n* terapêutica *f* naturalista; **~kunde** *f* (*0*) ciências *f/pl.* naturais.

na'türlich [na'ty:rliç] natural; *adv. a.* evidentemente; F *aber* ~! pois é claro!; **2keit** *f* naturalidade *f*.

Na'tur|recht *n* (-*ės*; *0*) direito *m* natural; **~reich** *n* (-*ės*; *0*) reino *m* da natureza; **2rein** natural; **~schätze** [-ʃɛtsə] *m/pl.* riquezas *f/pl.* naturais; **~schilderung** *f* descrição *f* natural (*od.* da natureza); **~schutz** *m* (-*es*; *0*) prote[c]ção *f* dos exemplares raros da fauna e vegetação; **~schutzpark** *m* (-*ės*; -*s*) parque *m* nacional; reserva *f*; **~trieb** *m* (-*ės*; -*e*) instinto *m*; **~volk** *n* (-*ės*; *⸗er*) povo *m* primitivo; **~wissenschaften** *f/pl.* ciências *f/pl.* (físicas e naturais); **~zustand** *m* (-*ės*; *0*) estado *m* natural, estado *m* primitivo.

Navigati'on [navigatsi'o:n] *f* (*0*) navegação *f*; **~s...**: *in Zssgn* náutico.

'Nebel ['ne:bəl] *m* nevoeiro *m*, névoa *f*, ⚓ bruma *f*; *Astr.* nebulosas *f/pl.*; **~fleck** *m* (-*ės*; -*e*) *Astr.* nebulosa *f*; **2-haft** (-*est*) nebuloso, vago; **~horn** ⚓ *n* (-*ės*; *⸗er*) sereia *f*; **2ig** nebuloso; nevoento; brumoso; *es ist* ~ está nevoeiro; **~krähe** *f* gralha *f* cinzenta; **~scheinwerfer** *m* farol *m* de (*od.* para) nevoeiro; **~schleier** *m* nuvem *f*; véu *m* nebuloso (*od.* brumoso); **~streifen** *m* nuvem *f*; tira *f* de nevoeiro.

'neben ['ne:bən] (*Lage wo?*: *dat.*, *Richtung wohin?*: *ac.*) junto de, ao pé de, ao lado de; ~ *sich haben* ser ladeado por; (*außer*) (*dat.*) fora de, a par de, além de; = *nebst*; **2-absicht** *f* segunda intenção *f*; **2-amt** *n* (-*ės*; *⸗er*) emprego (*'ê) *m* acessório; **~-'an** ao lado; **2-anschluß** *m* (-*sses*; *⸗sse*) *Fernspr.* extensão *f*; 🚂 = *2linie*; **2-arbeit** *f* trabalho *m* acessório; **2-ausgabe** *f* despesa *f* acessória (*od.* complementar); **2-ausgang** *m* (-*ės*; *⸗e*) saída *f* lateral; **~'bei** ao lado; *fig.* de passagem; (*außerdem*) além disso; **2beschäftigung** *f* ocupação *f* acessória; **2-buhler**(**in** *f*) *m* rival *m*, *f*; **~-ei'nander** um ao lado do outro; **~ei'nanderstellen** pôr junto; justapor; *fig.* confrontar, comparar; **2-einanderstellung** *f* justaposição *f*; *fig. a.* confronto *m*, comparação *f*; **2-eingang** *m* (-*ės*; *⸗e*) entrada *f* lateral (*od.* de serviço); **2-einkünfte** *f/pl.*, **2-einnahme**(**n** *pl.*) *f* emolumentos *m/pl.*; acumulações *f/pl.*, receitas *f/pl.* acessórias (*od.* eventuais); **2-erzeugnis** *n* (-*ses*; -*se*) derivado *m*; **2figur** *f* figura (*od.* personagem) *f* secundária; **2fluß** *m* (-*sses*; *⸗sse*) afluente *m*; tributário *m*; **2gebäude** *n* dependência *f*; (*Anbau*) (edifício *m*) anexo *m*; **2gedanke** *m* (-*ns*; -*n*) outra intenção *f*; **2geleise**, **2gleis** *n* (-*es*; -*e*) contra-carril *m*; **2geräusch** *n* (-*es*; -*e*) *Radio*: ruído *m* parasita; **2-handlung** *f* episódio *m*; **2-haus** *n* (-*es*; *⸗er*) casa *f* ao lado; casa *f* vizinha; **~-'her**, **~-'hin** = *~bei*; acessòriamente; **2kläger** ⚖ *m* co-autor *m*; assistente *m*, litisconsorte *m*; **2linie** *f* linha *f* (co)lateral; 🚂 ramal *m*; **2mann** *m* vizinho *m*; companheiro *m* (*rechter* do lado direito); **2person** *f* personagem *f* secundária; **2produkt** ⚗ *n* (-*ės*; -*e*) derivado *m*; **2raum** *m* (-*ės*; *⸗e*) = *2zimmer*; **2rolle** *f Thea.* papel *m* secundário; **2sache** *f* coisa *f* secundária; ~ *sn* não importar, não interessar; **~sächlich** secundário; de pouca importância; **2satz** *m* (-*es*; *⸗e*) oração (*od.* proposição) *f* subordinada; **~stehend** ao lado; à margem; **2straße** *f* travessa *f*; (*Fahr*2) estrada *f* secundária; **2tisch** *m* (*-es*; *-e*) mesa *f* ao lado; **2tür** *f* porta *f* lateral; **2-umstand** *m* (*-es*; *⸗e*) circunstância *f* secundária (*od.* acessória), pormenor *m*; **2-ursache** *f* causa *f* secundária; **2verdienst** *m* (*-es*; *-e*) ganhos *m/pl.* casuais; **2-winkel** ⩚ *m* ângulo *m* adjacente; **2zimmer** *n* quarto *m* contíguo.

nebst [ne:pst] *dat.* (juntamente) com; acompanhado por; mais.

'**neck|en** ['nɛkən] *v/t.* troçar, fazer troça de; brincar; (*reizen*) provocar; **2e'rei** [-ə'raɪ] *f* troça *f*; **~isch** engraçado.

'**Neffe** ['nɛfə] *m* (*-n*) sobrinho *m*.

'**negativ** (2 *n* [*-s*; *-e*]) ['ne:gati:f] negativo (*m*).

'**Neger** ['ne:gər] *m* negro *m*, preto *m*; **~häuptling** *m* (*-s*; *-e*) soba *m*; **~in** *f* negra *f*, preta *f*.

'**nehmen** ['ne:mən] (*L*) tomar (*als, für, zum* por; *beim* pelo; *Platz* lugar); (*an~*) aceitar; (*mit~*) levar; (*weg~*) tirar; *Hindernis*: vencer; *an sich* (*ac.*) ~ ficar com; *auf sich* (*ac.*) ~ tomar a seu cargo; *in Empfang* ~ receber, *zu sich* (*dat.*) ~ *j-n*: *a.* acolher, *et.*: tomar, comer; ingerir; *Rache* ~ vingar-se (*für* de, *an* em); *j-n zu* ~ *verstehen* saber lidar com alg.; dar-se com alg.; *j-n beim Wort* ~ lembrar; *auf die leichte Schulter* ~ fazer pouco caso de, ligar pouca importância a; *wie man's nimmt* conforme; *im ganzen genommen* afinal, depois de tudo; *genau genommen* a rigor.

'**Nehrung** ['ne:rʊŋ] *f* *Erdk.* língua *f* de terra.

Neid [naɪt] *m* (*-es*; *0*) inveja *f* (*erregen* causar); '**2en** ['-dən] (*-e-*) invejar; '**~er** ['-dər] *m* invejoso *m*; '**2isch** ['-dɪʃ] invejoso (*auf* de).

'**Neig|e** ['naɪgə] *f* resto *m*; fundagem *f*; (*Bodensatz*) borra *f*, pé *m*; *bis zur* ~ *trinken* beber até à última gota; **2en**: (*sich*) ~ inclinar(-se); *fig.* *a.* tender para; *geneigt sn a.* estar disposto (*zu* a); *j-m*: ser afeiçoado a; *sich* (*zum Ende*) ~ *Tag*: declinar; **~ung** *f* inclinação *f* (*a.* ⩚); *fig.* *a.* tendência *f*; (*Zuneigung*) afeição *f*; simpatia *f*; (*Abhang*) declívio *m*, pendor *m*.

nein [naɪn] não; ~ *sagen*, *mit* (*e-m*) 2 *antworten* que não; ~ *so was!* parece impossível!; vejam-lá!

'**Nelke** ['nɛlkə] *f* cravo *m* (*Gewürz*2) cravo-da-índia *m*.

'**nenn|en** ['nɛnən] (*L*) nomear; dizer *od.* indicar *od.* (*als Kandidaten*) indigitar (o nome de); chamar; *mit Spitznamen*: alcunhar (de); (*benennen, betiteln*) designar de, qualificar de; (*erwähnen*) mencionar; referir; *das nenne ich Glück usw.* isto é que é ...; que grande ...; *was man so nennt* como quem diz; **~ens-wert** digno de menção; **2er** ⩚ *m* denominador *m*; **2fall** *m* (*-es*; *⸗e*) nominativo *m*; **2form** *f* infinitivo *m*; **2wert** ✝ *m* (*-es*; *-e*) valor *m* nominal.

'**Neon** ['ne:ɔn] *n* (*-s*; *0*) néon *m*, neónio *m*.

Nerv [nɛrf] *m* (*-s*; *-en*) nervo *m*; *auf die* ~*en fallen* (*od. gehen*) dar aos nervos; ⚘ nervura *f*.

'**Nerven|-arzt** *m* (*-es*; *⸗e*) especialista *m* de doenças nervosas, neurologista *m*; **~bündel** *n* feixe *m* de nervos; **~-entzündung** *f* nevrite *f*; **~fieber** *n* (*-s*; *0*) febre *f* nervosa, febre *f* tifóide; **~-heilanstalt** *f* casa *f* de saúde (para doenças nervosas); clínica *f* psiquiátrica; **~-heilkunde** *f* neurologia *f*; **~kitzel** *m* sensação *f*; **~knoten** *m* gânglio *m*; **2krank** nervoso; **~-krankheit** *f*, **~leiden** *n* doença *f* nervosa; **~schmerzen** *m/pl.* neuralgia *f*; **~schock** *m* (*-es*; *-s*) ataque *m* nervoso; abalo *m*; **2schwach** neurasténico; **~schwäche** *f* (*0*) neurastenia *f*; **2stärkend** tónico *m* nervino; **~system** *n* (*-s*; *-e*) sistema *m* nervoso; **~-überreizung** *f* neurose *f*; excitação *f* nervosa; **~zucken** *n* tique *m* nervoso; **~zusammenbruch** *m* (*-es*; *⸗e*) crise *f* nervosa.

'**nerv|ig** ['nɛrviç] nervudo; **~'ös** [-'vø:s] nervoso; ~ *machen* irritar; **2osi'tät** [-ozi'tɛ:t] *f* (*0*) nervosismo *m*; neurastenia *f*.

Nerz [nɛrts] *m* (*-es*; *-e*), '**~fell** *n* (*-es*; *-e*) marta *f* do Canadá.

'**Nessel** ['nɛsəl] ⚘ *f* (*-*; *-n*) urtiga *f*; **~fieber** *n* ⚕ urticária *f*; **~tuch** *n* (*-es*; *⸗er*) pano *m* cru.

Nest [nɛst] *n* (*-es*; *-er*) ninho *m*; *kleiner Ort*: aldeiazinha *f*; *fig.* *elendes* ~ lugarejo *m*, aldeola *f*; '**2eln** (*-le*) (*auf*~ des)atar; ligar;

~ *an (dat.)* estar a mexer em; '~-**häkchen** ['-hɛ:kçən] *n* menino *m* mais novo; benjamin *m*; * cacula *m*.

nett [nɛt] simpático; *(freundlich) a.* gentil; *(hübsch)* engraçado, bonito; *et.: oft übers. durch Diminutiv: das ist ~ von dir* és muito amável; '**2igkeit** *f* gentileza *f*.

'**netto** ['nɛto] 2...: *in Zssgn* líquido.

Netz [nɛts] *n (-es; -e)* rede (*'ê) *f*; *großes Fang2* arrastão *m*; *Anat.* redenho *m*; *pl.* ~*e stellen* armar laços; *ins* ~ *gehen* cair no laço; '~-**anschluß** *m (-sses; ¨sse)* ligação *f* à corrente; '**2en** *(-t)* molhar; '~**flügler** ['-fly:klər] *m* neuróptero *m*; '**2förmig** ['-fœrmiç] reticular, reticulado; '~-**haut** *f (-; ¨e)* retina *f*; '~-**hemd** *n (-es -en)* camisola *f* de rede (*'ê); '~**werk** *n (-es; -e)* obra *f* de malha; ⚠ entrelaçado *m*.

neu [nɔy] novo; *(kürzlich)* recente; moderno; *fast* ~, *wie* ~ em estado de novo; ~*ere Sprachen* línguas *f/pl.* vivas; ~*este Mode* última; *nichts 2es* nada de novo; *das ist mir* ~ não sabia; para mim é novidade; ~ *(adv.), aufs* ~*e, von* ~*em* de novo, voltar a *(inf.)*, outra vez; '~-**angekommen** ('2-**ankömmling** ['-ankœmliŋ] *m [-s; -e]*) recém-chegado *(m)*; '2-**anschaffung** *f*: ~ *von* aquisição *f* de novos ...; '~-**artig** moderno; '2-**auflage** *f* = *2druck*; '**2bau** *m (-es; -ten)* **a)** casa *f* nova, casa *f* recém-construída; casa *f* em construção; **b)** reconstrução *f*; '**2bearbeitung** *f* edição *f* refundida; '**2belebung** *f* reanimação *f*; '**2bildung** *f* reprodução *f*; *sprachliche*: neologismo *m*; ⚕ neoplasma *m*; '**2druck** *m (-es; -e)* reimpressão *f*; '**2e(s)** *n* novo *m* (et. algo de); '~-**einstudieren** *(-) Thea.* repor em cena; '2-**einstudierung** [-ʃtudi:ruŋ] *f* encenação *f* nova; '2-**einteilung** *f* nova classificação *f*.

'**neuer**|**dings** ['nɔyərdiŋs] recentemente, agora; novamente; **2er** *m* inovador *m*; ~**lich** recente; *(von neuem)* de novo, novamente.

'**Neu**|-**erscheinung** *f* novidade *f* (literária); ~**erung** ['-əruŋ] *f* inovação *f*; reforma *f*; ~**erungs-sucht** *f (0)* mania *f* da inovação; reformismo *m*; **2erungs-süchtig** inovador; ~**este** ['-əstə] *n* actualidades *f/pl.*; **2geboren** recém-nascido; *sich wie* ~ *fühlen* sentir-se como rejuvenescido; **2gestalten** *(-e-; -)* reorganizar; ~**gestaltung** *f* reorganização *f*; ~**gier(de)** *f (0)* curiosidade *f*; **2gierig** curioso *(auf ac.* por); indiscreto; ~**heit** *f* novidade *f*; **2hochdeutsch** do moderno alto alemão; ~**igkeit** *f* notícia *f*, nova *f*; novidade *f*; ~**jahr(s-tag** *m [-es; -e]) n (-es; 0)* (dia *m* do) Ano-Novo *m*; ~**jahrswunsch** *m (-es; ¨e)* votos *m/pl.* de feliz Ano-Novo; ~**land** *n (-es; 0)* terra *f* virgem; *fig.* novos horizontes *m/pl.*; **2lich** *adj.* recente; *adv. a.* o outro dia, há pouco; ~**ling** *m (-s; -e)* principiante *m*, novato *m*; **2modisch** à última moda; ~**mond** *m (-es; 0)* lua *f* nova; *Zeit des* ~*s* novilúnio *m*.

neun [nɔyn] (2 *f*) nove *(m)*; '2-**auge** *n (-s; -n) Zool.* lampreia *f*; '~**erlei** ['-ərlaı] nove espécies de; '~**fach** nónuplo, nove vezes tanto; '~**hundert** novecentos; '~**jährig** de nove anos (de idade); '~**mal(ig)** nove vezes (repetido); '~**tausend** nove mil; '**2tel** *n*, '~**te(r)** nono *m*; '~**tens** (em) nono (lugar); '~**zehn** dezanove; '~**zehnte** décimo nono; '~**zig** ['-tsiç] noventa; '~**ziger** ['-tsigər] **1.** *in den* ~ *Jahren* na década de noventa; *j.: in den* ~*n (sn* andar) na casa dos noventa (anos); **2.** 2 *m* nonogenário *m*; '~**zigste** nonogésimo.

'**Neuphilologe** *m (-n)* professor *m* de línguas vivas; filòlogo *m* moderno.

Neural|'**gie** [nɔyral'gi:] *f* neuralgia *f*; **2gisch** [-'ralgiʃ] neurálgico.

'**Neu**|**regelung** *f* reorganização *f*; **2reich** novo-rico; ~**schnee** *m (-s; 0)* neve *f* recém-caída; ~**silber** *n (-s; 0)* cristofle *m*; ~**sprachler** ['-ʃpra:xlər] *m* = ~*philologe*.

neu'tral [nɔy'tra:l] neutral, neutro; ~**i'sieren** [-i'zi:rən] *(-)* neutralizar; **2i'tät(s-bruch** *m [-es; ¨e]) f (0)* [-i'tɛ:t-] (violação *f* da) neutralidade *f*.

Neu'tron [nɔy'tro:n] *n (-s; -en)* neutrão *m*.

'**Neutrum** ['nɔytrum] *n (-s; -tra od. -tren)* género *m* neutro.

'**neu**|**vermählt** recém-casado; *die 2en pl. a.* os noivos *m/pl.*; '**2wahl** *f* novas eleições *f/pl.*; **2zeit** *f (0)* tempos *m/pl.* modernos; **~zeitlich** moderno.

nicht [niçt] não; ~ *wahr?* não é verdade?; *auch* ~ nem; '~ *doch!* (por favor,) não!; '~ *etwa* de modo algum; *durchaus* ~ de modo nenhum; nada; *gar* ~ nada, de modo algum; ~ *einmal* nem sequer; ~ *mehr* já não.

'**Nicht|-achtung** *f* (*0*) irreverência *f*; falta *f* de respeito; '**~-angriffspakt** *m* (*-es*; *-e*) pa[c]to *m* de não-agressão; **~-annahme** ✝ *f* recusa *f*; não-aceitação *f*; **~beachtung, ~befolgung** *f* inobservância *f*; desrespeito *m*; **~bezahlung** *f* não-pagamento *m*, falta *f* de pagamento.

'**Nichte** ['niçtə] *f* sobrinha *f*.

'**Nicht|-einhaltung** *f* inobservância *f*; **~-einmischung** *f* não-ingerência *f*; não-intervenção *f*; **~-erfüllung** *f* falta *f* ao compromisso; não-execução *f*; **~-erscheinen** *n* (*-s*; *0*) falta *f*, ausência *f*, não-comparência *f*; ⚖ contumácia *f*; *Zeitung*: suspensão *f*; **°ig** fútil, vão; (*null und*) ~ nulo; **~igkeit** *f* futilidade *f*, nulidade *f*; **~igkeits-erklärung** *f* anulação *f*; **~lieferung** *f* não-fornecimento *m*; **°mischbar, °mischungsfähig** imiscível; **°-öffentlich** privado, particular; **~-raucher** *m* não-fumador *m*.

nichts [niçts] **1.** (não ...) nada; *für* (*od. um*) ~ *und wieder* ~ por nada; *mir* ~ *dir* ~ sem mais nem menos; ~ *wissen von* não saber nada de; F não saber patavina de; **2.** ° *n uv.* nada *m*, vácuo *m*; '**~desto'weniger** nem por isso, não obstante, contudo; '**°nutz** *m* (*-es*; *-e*) mandrião *m*; abana-moscas *m*; '**~nutzig** ruim; '**~sagend** insignificante; '**°tuer** ['-tu:ər] *m* mandrião *m*; '**°tun** *n* (*-s*; *0*) ócio (*od.* descanso) *m* completo; '**~würdig** indigno; '**°würdigkeit** *f* indignidade *f*.

'**Nicht|wissen** *n* (*-s*; *0*) desconhecimento *m*, ignorância *f*; **~zulassung** *f* não-admissão *f*; **~zutreffende(s)** *n* o que não diz respeito.

'**Nickel** ['nikəl] *m u. n* (*-s*; *0*) niquel *m*.

'**nick|en** ['nikən] inclinar a cabeça, acenar com a cabeça; *zustimmend*: abanar a cabeça, fazer que sim; **°erchen** [-ərçən] *n* F soneca *f*.

nie [ni:]: ~ (*und nimmer*) nunca, jamais.

'**nieder** ['ni:dər] **1.** *adj.* baixo; *Rang, Wert*: inferior; *fig. a.* ignóbil; **2.** *adv.* abaixo; ~ *mit* ...! abaixo (*ac.*)!, morra (*nom.*)!; **~beugen** inclinar; dobrar; *fig.* abater, humilhar; **~brennen** (*L*) queimar, destruir pelo fogo; **~bücken** curvar; **~deutsch** baixo-alemão; **~drücken** abaixar; oprimir; *fig. a.* deprimir; **~d** *adj.* abatedor; deprimente; **~ducken** agachar; **~fallen** (*L*; *sn*) cair para o chão; precipitar-se; *vor* (*dat.*) ~ lançar-se aos pés de; prostrar-se (*od.* prosternar-se) diante de; **°frequenz** ⚡ *f* baixa frequência *f*; **°gang** *m* (*-es*; *⸚e*) *fig.* decadência *f*; **~gehen** (*L*; *sn*) descer; ✈ *a.* aterrar, baixar; *aufs Wasser*: amarar; **~geschlagen** deprimido, abatido; **°geschlagen-heit** *f* (*0*) depressão *f*, abatimento *m*, desânimo *m*; **~holen** ⚓, *a. Flagge*: arrear (o. *art.*); ✈ abater; obrigar a aterrar; **~kauern** (*-re*; *sn*), *sich* ~ acocorar-se; **~knien** (*sn*) ajoelhar; **~knallen** abater (por tiro); **~kommen** (*L*; *sn*) parir; ~ *mit* dar à luz (*ac.*); **°kunft** *f* (*-*; *⸚e*) parto *m*; **°lage** *f* ✝ armazém *m*, depósito *m*; sucursal *f*; ⚔ derrota *f*; *j-m e-e* ~ *beibringen* derrotar alg.; **°länder(in** *f*) *m* [-lɛndər-] neerlandês *m* (-esa *f*); **~ländisch** [-lɛndiʃ] neerlandês, dos Países-Baixos; **~lassen** (*L*) abaixar; *sich* ~ (*sich setzen*) sentar-se; (*s-n Wohnsitz nehmen, sich festsetzen*) estabelecer-se, instalar-se; *sich als Rechtsanwalt* ~ abancar-se, abrir cartório de advogado; **°lassung** [-lasuŋ] *f* colónia *f*; ✝ estabelecimento *m*; (*Zweig°*) sucursal *f*; **~legen** pôr no chão; deitar; ⚠ = **~reißen**; *Amt*: renunciar a; demitir-se de; *Geld*: depo(sita)r; *Kranz, Waffen*: depor; *Krone*: abdicar; *schriftlich*: assentar; expor; *sich* ~ deitar-se; **~machen** abater; = **~metzeln** (*-le*) matar, assassinar; massacrar; acutilar; **~reißen** (*L*) abater; derrubar; ⚠ *a.* demolir; deitar abaixo; **~rheinisch** do Baixo-Reno; **~schießen** (*L*) matar (a tiros); **°schlag** *m* (*-es*; *⸚e*) ⚗ precipitado *m*, sedimento *m*; *pl.* (*Regen*) chuvas *f/pl.*; *fig. s-n* ~ *finden* manifestar-se; **~schlagen**

(*L*) *v/t.* abater, derribar; *Augen, Temperatur*: baixar; *fig.* abater, abafar, ⚖ *a.* arquivar; *sich* ~ ⚗ precipitar-se; ~*d adj.* deprimente; calmante; **~schmettern** (*-re*) derrubar, fulminar; *fig.* aterrar, esmagar; ~*d adj.* fulminante *fig.* desolador, esmagador; **~schreiben** (*L*) assentar; **&schrift** *f* minuta *f*; escrito *m*; relação *f*; manuscrito *m*; *Schule*: reda[c]ção *f*; **~setzen** (*-t*) pôr no chão; posar; *sich* ~ sentar-se; **~sinken** (*L*; *sn*) ir descendo; deixar-se cair; sumir-se; **&spannung** ⚡ *f* baixa tensão *f*; **~stechen** (*L*) matar a punhaladas; **~steigen** (*L*; *sn*) descer; **~stoßen** (*L*), **~strecken** derrubar; abater; **&tracht** *f* infâmia *f*; **~trächtig** infame; abje[c]to; **~treten** (*L*) calcar aos pés; acalcanhar; **&ung** *f* terreno *m* baixo; chã *f*; **~werfen** (*L*) derrubar; *Aufstand*: reprimir; (*sich*) ~ prostrar(-se); **&werfung** [-vɛrfuŋ] *f* repressão *f*.

ˈ**niedlich** [ˈni:tliç] engraçado.

ˈ**Niednagel** [ˈni:t-] ⚕ *m* (*-s*; ¨) espiga *f*, espigão *m*.

ˈ**niedrig** [ˈni:driç] baixo; *hoch und* ~ *Leute*: grandes e pequenos *m/pl.*; ~*er machen, hängen, schrauben* abaixar; **&keit** *f* baixeza *f*; *der Herkunft*: humildade *f*; **&wasser** *n* baixa-mar *f*.

ˈ**nie|mals** [ˈ-ma:ls] (não ...) nunca, jamais; **~mand** (não ...) ninguém; **&mandsland** [ˈ-mant] ⚔ *n* (*-es*; *0*) terra *f* de ninguém.

ˈ**Niere** [ˈni:rə] *f* rim *m*; **~n-entzündung** nefrite *f*; **&nkrank, &nleidend** nefrítico, doente dos rins; ~ *sn a.* = *ein* **~nleiden** *n haben* sofrer dos rins; **~nstein** *m* (*-es*; *-e*) cálculo *m* renal; **~nstück** *n* (*-es*; *-e*) lombo *m*.

ˈ**niesel|n** [ˈni:zəln] (*-le*) chuviscar; * garoar; **®en** *m* chuvisco *m*; * garoa *f*.

ˈ**niesen** [ˈni:zən] (*-t*) espirrar.

ˈ**Nieß|brauch** [ˈni:s-] (*-es*; *0*) *m* usufruto *m*.

ˈ**Nieswurz** [ˈni:svurts] *f* heléboro *m*.

Niet [ni:t] *n* (*-es*; *-e*) ⊕ rebite *m*; ˈ**~e** *f*: **a**) ⊕ rebite *m*; **b**) sorte *f* em branco; ˈ**&en** (*-e-*) rebitar; ˈ**&- und** ˈ**nagelfest** absolutamente seguro; ˈ**~ung** *f* rebitagem *f*.

Nihiˈlis|mus [nihiˈlismus] *m* (*-*; *0*) niilismo *m*; (**~t** *m* [*-en*]), **&tisch** niilista (*m*).

Nikoˈtin [nikoˈti:n] (*-s*; *0*) nicotina *f*; **&frei** sem nicotina; **&-haltig** [-haltiç] com nicotina; **~vergiftung** *f* intoxicação *f* de nicotina.

ˈ**Nilpferd** [ˈni:l-] *n* (*-es*; *-e*) hipopótamo *m*.

ˈ**Nimbus** [ˈnimbus] *m* (*-*; *-se*) nimbo *m*; *a. fig.* auréola *f*.

ˈ**nimmer** [ˈnimər], **~mehr** nunca mais; jamais; **&satt** *m* (*-es*; *-e*) comilão *m*; **&ˈwiedersehen** *n*: *auf* ~ para (todo o) sempre; para nunca mais voltar.

ˈ**nipp|en** [ˈnipən]: ~ (*an dat.*) provar (*ac.*); F beberricar (*ac.*); **&sachen** *f/pl.* nicas *f/pl.*, quinquilharias *f/pl.*

ˈ**nirgend** [ˈnirgənt], **~s, ~wo** em parte alguma; nenhures.

ˈ**Nische** [ˈni:ʃə] *f* nicho *m*.

ˈ**nisten** [ˈnistən] (*-e-*) aninhar; nidificar.

Niˈveau [ni:ˈvo:] *n* (*-s*; *-s*) nível *m*.

nivelˈlier|en [nivɛˈli:rən] (-) nivelar; aplanar; **&ung** *f* nivelamento *m*.

ˈ**Nixe** [ˈniksə] *f* ninfa *f*.

ˈ**nobel** [ˈno:bəl] (*-bl-*) generoso; distinto.

noch [nɔx] ainda; outro (-a); mais um(a); ~ *einmal* outra vez (*so viel* tanto; *so breit* a largura); ~ *immer* ainda, sempre; *immer* ~ (*inf.*) continuar a; ~ *zu* (*inf.*) *sn usw.* ficar por (*inf.*); *heute* ~ hoje mesmo; *wenn ... auch* ~ *so* ... por mais ... que (*subj.*); *weder* ... ~ ... (não) nem ... nem ...; ˈ**~malig** [ˈ-ma:liç] repetido, reiterado; ˈ**~mal**(**s**) outra vez, mais uma vez.

ˈ**Nocken** ⊕ [ˈnɔkən] *m* came *f*, excêntrico *m*; **~welle** *f* árvore *f* cames.

Noˈmad|e [noˈma:də] *m* (*-n*) nómada *m*; **&enhaft, &isch** nómada; **~enleben** *n* vida de nómada; **~entum** *n* (*-s*; *0*) nomadismo *m*.

nomiˈn|al [nomiˈna:l], **&al...** *in Zssgn*, **~ell** [-ˈnɛl] nominal; **&ativ** [ˈnominati:f] *m* (*-s*; *-e*) nominativo *m*.

ˈ**Nonne** [ˈnɔnə] *f* freira *f*.

Nord [nɔrt] *m* (*-es*; *0*) *poet.* = ~*en*; ~*wind*; ˈ**~...**: *in Zssgn mit Länder- und Völkerbezeichnungen* do Norte, setentrional; **~-ameriˈkaner** *m*, **&-ameriˈkanisch** norte-americano (*m*); **~-at'lantik(pakt** [-*ẹs*; *0*]) *m* (-*s*; *0*) (tratado *m* do) Atlântico *m* Norte; **'~en** ['-dən] *m* (-*s*; *0*) norte *m*; **'2isch** ['-diʃ] do Norte; nórdico.

'nördlich ['nœrtliç] setentrional; do (*adv.* ao) norte; *Breite*: norte; *Erdhälfte*: *a.* boreal; *Pol(arkreis)*: ártico.

'Nord|licht *n* (-*ẹs*; -*er*) aurora *f* boreal; **~-'ost(en)** *m* (-*ens*; *0*) (**2-'östlich** do, *adv.* ao) nordeste *m*; **~pol** *m* (-*s*; *0*) pólo *m* norte, pólo *m* ártico, pólo *m* boreal; **~see** *f* (*0*) mar *m* do Norte; **~stern** *m* (-*ẹs*; *0*) estrela (*'ê) *f* polar; **~'west(en)** *m* (-*ens*; *0*) (**2'westlich** do, *adv.* ao) noroeste *m*; **~wind** *m* (-*ẹs*; -*e*) vento *m* norte, nortada *f*.

Nörg|e'lei [nœrgə'laɪ] *f* critiquice *f*; **'2eln** (-*le*) fazer critiquice; estar descontente; *j-n*: irritar; **'~ler** *m* critiqueiro *m*; sempre descontente *m*.

Norm [nɔrm] *f* norma *f*.

nor'mal [nɔr'ma:l] normal; **~spurig** [-ʃpu:riç] de via normal; **2-uhr** *f* relógio *m* padrão; **2zeit** *f* hora *f* oficial.

Nor'mann|e [nɔr'manə] *m* (-*n*) normando *m*; **2isch** normando.

'norm|en ['nɔrmən] normalizar; **2ung** *f* normalização *f*.

'Norweg|er(in *f*) *m* ['nɔrve:gər-] norueguês *m* (-esa *f*); **2isch** norueguês, da Noruega.

Not [no:t] *f* (-; *¨e*) necessidade *f*; (*Mangel*) *a.* falta *f*; (*Elend*) miséria *f*; (*Eile*) urgência *f*, precisão *f*; (*Gefahr*) perigo *m*; (*Kummer*) pena *f*, aflição *f*; *~ leiden* estar na miséria; *an* (*dat.*) *~ leiden* carecer de; *s-e* (*liebe*) *~ haben mit* estar a braços com; ter dificuldades com; ver-se aflito com; *es hat keine ~* não há perigo, não tem dúvida; *mit genauer ~* a unhas, a muito custo; *zur ~* no pior dos casos; *~ tun* ser preciso; *wenn ~ am Mann ist* em caso de urgência.

No'tar [no'ta:r] *m* (-*s*; -*e*) notário *m*; **~i'at** [-i'a:t] *n* (-*ẹs*; -*e*) (*Amt*) notariado *m*; (*Büro*) cartório *m* de notário; **~i'ats...** *in Zssgn*, **2i'ell** [-i'ɛl] notarial.

'Not|-ausgang *m* (-*ẹs*; *¨e*) porta *f* de segurança; **~behelf** *m* (-*ẹs*; -*e*) provisório *m*, expediente *m*, recurso *m*; **~bremse** 🚂 *f* freio *m* de alarme; **~brücke** *f* ponte *f* provisória; **~durft** *f* (*0*) necessidade *f* (*verrichten* fazer *pl.*); **2dürftig** necessitado; provisório; *adv. a.* mal.

'Note ['no:tə] *f* nota *f*; ♪ *pl. a.* música *f*/*sg*.

'Noten|-austausch *m* (-*es*; *0*) troca *f* de notas; **~bank** *f* banco *m* emissor; **~blatt** ♪ *n* (-*ẹs*; *¨er*) folha (*'ô) *f* de música; **~-heft** ♪ *n* (-*ẹs*; -*e*) caderno *m* de música; **~pult** *n* (-*ẹs*; -*e*), **~ständer** *m* estante *f* de música; **~-umlauf** *m* (-*ẹs*- *¨e*) circulação *f* das notas.

'Not|fall *m* (-*ẹs*; *¨e*) (**2falls** em) caso *m* de necessidade; (a caso; casualmente); **2gedrungen** forçoso; *adv. a.* à força (*'ô); **~groschen** *m* mealheiro *m*; pecúlio *m*; **~-hafen** *m* porto (*'ô) *m* de salvação (*od.* de abrigo); refúgio *m a. fig.*; **~-hilfe** *f* serviço *m* de emergência.

no'tier|en [no'ti:rən] (-) notar; tomar nota; ✝ cotizar; **2ung** *f* apontamento *m*; ✝ cotação *f*.

'nötig ['nø:tiç] preciso, necessário; *~ haben* precisar de, necessitar; ter necessidade de; **~en** [-gən] obrigar; coagir; (*drängen*) urgir; *sich ~ lassen* fazer-se rogar, fazer cerimónias; **~enfalls** em caso de necessidade, se for preciso; **2ung** [-guŋ] *f* intimação *f*; (*Dringlichkeit*) urgência *f*, (*Zwang*) coa[c]ção *f*, obrigação *f*.

No'tiz [no'ti:ts] *f* nota *f*, apontamento *m* (*sich dat. machen* tomar); (*Zeitungs2*) notícia *f*; *~ nehmen von* (*bemerken*) dar por, reparar em; **~block** *m* (-*ẹs*; *¨e*) bloco *m* de notas; **~buch** *n* (-*ẹs*; *¨er*) livro *m* de notas, agenda *f*.

'Not|lage *f* calamidade *f*; necessidade *f*; más condições *f*/*pl.*; **2landen** ✈ (-*e*-) (sn *u.* h.) fazer uma aterragem forçada; **~landung** *f* ✈ aterragem (⚓ arribação) *f* forçada *od.* de emergência; **2leidend** necessitado; **~lüge** *f* mentira *f* forçada (*od.* oficiosa); **~maßnahme** *f* medida *f* urgente.

no'torisch [no'to:riʃ] notório, público.

'Not|ruf *m* (-*s*; -*e*), **~schrei** *m* (-*ẹs*; -*e*) grito *m* de socorro; **~signal** *n* (-*s*; -*e*) sinal *m* de alarme; **~sitz** *m* (-*es*; -*e*) *Auto*: lugar *m* sobressalente; **~stand** *m* (-*ẹs*; *¨e*) estado *m* de necessidade (*od.* de emergência); crise *f*, calamidade *f* pública; **~stands-arbeiten** *f/pl.* obras *f/pl.* públicas urgentes (*od.* extraordinárias); **~taufe** *f* ba[p]tismo *m* «in articulo mortis»; **~verband** ⚕ *m* (-*es*; ⸚*e*) ligadura *f* provisória; **~verordnung** *f* decreto-lei *m*; **~wehr** *f* (*0*) legítima defesa *f* (*aus* em); **♀wendig** preciso, necessário; **~wendigkeit** *f* necessidade *f*; **~zucht** *f* (*0*) estupro *m*, violação *f*; **♀züchtigen** estuprar, violar.

No'velle [no'vɛlə] *f* novela *f*.

No'vember [no'vɛmbər] *m* Novembro *m*.

No'vize [no'vi:tsə] *m* (-*n*) (*f*) noviço *m* (-a *f*).

Nu [nu:]: *im* ~ num ai, num instante, num ápice.

Nu'anc|e [ny'ã:sə] *f* grau *m*, matiz *f*; cambiante *f*; e-e ~ + *comp.* F uma coisa de nada mais ...; **♀'ieren** (-) graduar, matizar, variar.

'nüchtern ['nyçtərn] *j.*: em jejum; *a. et.*: sóbrio; (*salzlos*) sem sal, insosso (*'ô), (*a. fade*) insípido; *fig. a.* prosaico; (*besonnen*) sensato; *j.*: *wieder* ~ desembriagado; **♀-heit** *f* (*0*) sobriedade *f*, *fig. a.* prosaísmo *m*.

'Nudel ['nu:dəl] *f* (-; -*n*), (*meist* **~n** *pl.*) massa(s *pl.*) *f*; (*Faden♀*) aletria *f*; *italienische*: macarrão *m*, macaronete *m*; **♀n** (-*le*) cevar, engordar; *sich* ~ F enrolar-se.

'Nugat ['nu:gat] *n* (-*s*; -*s*) nogado *m*.

null [nul] **1.** zero; ~ (*und nichtig*) nulo; **2.** ♀ *f* zero *m*, *fig.* nulidade *f*; **'♀punkt** *m* (-*es*; -*e*) zero *m*; *Achsenkreuz*: origem *f*.

nume'rier|en [numə'ri:rən] (-) numerar; **♀ung** *f* numeração *f*.

'Nummer ['numər] *f* (-; -*n*) número *m*; *Bibliothek*: cota *f*; **~n-scheibe** *f* *Fernspr. usw.*: disco *m*; **~n-schild** *n* (-*es*; -*er*) *Auto usw.*: placa *f* da matrícula.

nun [nu:n] agora; então; ~ (*aber*) *überleitend*: ora; ~ *ja!*, ~ *gut!* ora bem!, pois bem!; seja!; **'~mehr** de ora avante; agora; daqui em diante; **'~mehrig** ['-me:riç] a[c]tual.

'Nuntius ['nuntsius] *m* (-; *Nuntien*) núncio *m*.

nur [nu:r] só, apenas, sòmente, não ... senão; ~ (*noch*) não ... mais que; *nicht* ~, *sondern auch* não só ... mas (*od.* como) também; ~ *zu!* vamos!; *wenn* ~ contanto que.

Nuß [nus] *f* (-; ⸚*sse*) noz *f*; (*Hasel♀*) avelã *f*; *fig. harte* ~ bico-de-obra *m*; **'~baum(-holz** *n*) *m* nogueira *f*; **'~kern** *m* (-*es*; -*e*) amêndoa *f*, miolo *m*; **'~knacker** *m* quebra-nozes *m*; **'~schale** *f* casca *f* (da noz); ⚓ casquinha-de-noz *f*.

'Nüster ['nystər] *f* (-; -*n*) venta *f*, narina *f*.

'Nut|e ['nu:tə] ⊕ *f* ranhura *f*, entalho *m*; **♀en** (-*e*-) entalhar.

nutz [nuts] (*nur pred.*) útil (*zu* para); *zu nichts* ~ *sn* não prestar para nada; **'♀-anwendung** *f* aplicação *f*; *Lehre*: lição *f*; **'~bar** útil, proveitoso; ~ *machen* ⚒ cultivar; *sich* ~ *machen* aproveitar; **'~bringend** útil; **'♀-effekt** *m* (-*es*; -*e*) rendimento *m*.

'nutz|en ['nutsən] (-*t*) *v/t.* aproveitar, utilizar, tirar proveito de; **♀en** *m* utilidade *f*; proveito *m*, ⚚ *a.* benifício *m* (*zum* em).

'nützen ['nytsən] (-*t*) **a)** *v/i.* servir, prestar, ser útil (*zu* para); *j-m* ~ valer a alg.; *nichts* ~ ser inútil; não adiantar (nada); **b)** *v/t.* = *nutzen*.

'Nutz|garten *m* (-*s*; ⸚) horta *f*; **~-holz** *n* madeira *f*; **~last** *f* carga *f* útil.

'nützlich ['nytsliç] útil; **♀keit** *f* (*0*) utilidade *f*; proveito *m*.

'nutz|los inútil; **♀losigkeit** ['-lo:-ziç-] (*0*) inutilidade *f*; **♀nießer** ['-ni:sər] *m* beneficiário *m*, usufrutuário *m*; **♀nießung** ['-ni:suŋ] *f* us(ufrut)o *m*; **♀pflanze** *f* planta *f* útil; **♀ung** *f* us(ufrut)o *m*, gozo (*'ô) *m*; ⚚ *u.* ⚒ exploração *f*; **♀ungs-recht** *n* (-*es*; -*e*) domínio *m* útil.

'Nymphe ['nymfə] *f* ninfa *f*.

O

O, o [o:] *n* O, o *m*.
O'ase [o'a:zə] *f* oásis *m*.
ob [ɔp] **1.** *cj.* se; *als* ~ como se (*subj.*); *und* ~ (...)! se...!; pois (é claro que...)!; ~ ... *auch* ainda que (*subj.*); **2.** + *prp.* (*gen.*) por causa de; (*dat.*) por cima de.
'Obacht ['o:paxt] *f* (*0*): ~ (*geben* ter *od.* tomar) cuidado *m*, (fazer *od.* prestar) atenção *f*.
'Obdach ['ɔpdax] *n* (-*es*; *0*) casa *f*; abrigo *m*; asilo *m* (*gewähren* dar); **2los** sem casa, desabrigado, **~losen-asyl** *n* (-*s*; -*e*) albergue *m*; **~losig-keit** [-lo:ziç-] *f* (*0*) desabrigo *m*.
Obdu|kti'on [ɔpduktsi'o:n] *f* autópsia *f*; **2'zieren** (-) fazer a autópsia.
'O-|Beine ['o:baınə] *n/pl.* pernas *f/pl.* curvas, pernas *f/pl.* arqueadas; **2beinig** [-baınıç] cambado.
Obe'lisk [obe'lisk] *m* (-*en*) obelisco *m*.
'oben ['o:bən] em cima, por cima; *da* ~, *dort* ~ lá em cima; *hier* ~ cá em cima; *nach* ~ para cima; *von* ~ *bis unten* de cima para baixo; *von* ~ *herab fig.* sobranceiro; **~-'an** em cima; à frente; em primeiro lugar; **~'(dr)auf** = *oben*; ~ *sn fig.* ser alegre e optimista; F estar no poleiro; = *die Oberhand haben*; **~'drein** demais a mais; além disso, por cima; **~-erwähnt**, **~genannt** supracitado, mencionado atrás; **~-'hin** ao de leve, superficialmente.
'ober ['o:bər] **1.** (*nur atr.*) superior; **2.** 2 F *m* (*Herr*) ~ chefe *m*.
'Ober|-arm *m* (-*es*; -*e*) braço *m*; **~-arzt** *m* (-*es*; ⸚*e*) chefe *m* de serviço; ⚔ tenente *m* médico; **~-auf-sicht** *f* (*0*) inspe[c]ção *f* geral; superintendência *f*; **~bau** *m* (-*es*; -*ten*) superstrutura *f*; construção *f* superior; *Auto.*: carroçaria *f*; **~be-fehl** *m* (-*es*; *0*) comando *m* supremo; **~befehlshaber** *m* comandante-em-chefe *m*; **~bett** *n* (-*es*; -*en*) edredão *m*; **~bürgermeister** *m* presidente *m* da câmara (municipal); primeiro-burgomestre *m*; **~deck** ⚓ *n* (-*es*; -*e*) tolda *f*; **2-deutsch** alto-alemão; **~e(r)** *m* (-*n*) superior *m*, chefe *m*; **~'feld-arzt** ⚔ *m* tenente-coronel *m* médico; **~-feldwebel** *m* primeiro-sargento *m*; **~fläche** *f* superfície *f*; *Wasser*: *a.* tona *f*; *an der* ~ à flor da ...; **2fläch-lich** [-flɛxliç] superficial; sumário; **~geschoß** *n* (-*sses*; -*sse*) andar *m* superior; **2halb** (*gen.*) na parte de cima de; acima de; *am Fluß*: o rio acima; **~hand** *f* (*0*): *die* ~ *haben* predominar, prevalecer; *die* ~ *gewinnen* sobrepor-se, impor-se (*über ac.* a); **~haupt** *n* (-*es*; ⸚*er*) chefe *m*; **~haus** *n* (-*es*; ⸚*er*) Câmara *f* Alta, Câmara *f* dos Pares; **~haut** *f* (*0*) epiderme *f*; cútis *f*; **~hemd** *n* (-*es*; -*en*) camisa *f*; **~herrschaft** *f* soberania *f*; supremacia *f*, hegemonia *f*; **~hoheit** *f* suserania *f*; supremo poder *m*; **~in** *f* *Rel.* madre-superiora *f*; ⚕ enfermeira-dire[c]tora *f*; **2-irdisch** aéreo; **~kellner** *m* chefe *m* de criados; **~kiefer** *m* maxila *f* superior; **~kommando** *n* (-*s*; -*s*) alto--comando *m*; **~körper** *m* busto *m*, meio-corpo *m*; **~'landesgericht** *n* (-*es*; -*e*) tribunal *m* de relação; **~-lauf** *m* (-*es*; ⸚*e*) curso *m* superior; **~leder** *n* cabedal *m*; **~lehrer** *m* professor *m* efe[c]tivo do liceu; **~-leitung** *f* dire[c]ção *f* geral; ⊕ catenária *f*; ⚡ rede (*'ê) *f* (elé[c]trica) aérea; **~leutnant** *m* (-*s*; -*s*) primeiro-tenente *m*; **~licht** *f* (-*es*; -*er od.* -*e*) luz *f* de cima; *Fenster*: clarabóia *f*; **~lippe** *f* lábio *m* superior; **~post-direktion** *f* administração *f* geral dos correios; **~priester** *m* pontífice *m*; **~prima** *f* (-; -*men*) nono ano *m* liceal; **~primaner(in** *f*) *m* finalista *m*, *f* do liceu; **~(real)schule** *f* liceu *m*; **2rheinisch** [-raınıʃ] do Reno superior; **~schenkel** *m* coxa *f*; **~-schicht** *f* *Pol.* classes *f/pl.* superiores; **~schulrat** *m* (-*es*; ⸚*e*) inspe[c]tor-geral *m* do ensino secundário; **~schwester** ⚕ *f* primeira-enfermeira *f*; **~sekunda(ner** *m*) *f* (aluno *m* do) sétimo ano *m* (do liceu).

'oberst ['o:bərst] **1.** *superl. v.* *ober* o mais alto; supremo; sumo; *zu~* em cima; **2.** ♀ ⚔ *m* (*-en*) coronel *m*.
'Ober|'staats-anwalt *m* (*-es*; *⸗e*) procurador *m* geral da República; **~'stabs-arzt** ⚔ *m* (*-es*; *⸗e*) médico *m* do estado-maior.
Oberst'-leutnant *m* (*-s*; *-s*) tenente-coronel *m*.
'Ober|studien-direktor *m* (*-s*; *-en*) reitor *m* de liceu; **~teil** *m* (*-es*; *-e*) parte *f* superior, parte *f* de cima; **~tertia(ner** *m*) *f* (*-*; *-tien*) (aluno *m* do) quinto ano *m* (do liceu); **~wasser** *n* (*-s*; *0*): *~ bekommen fig.* conseguir sobrepor-se (*od.* impor-se).
ob'gleich [ɔp'glaɪç] ainda que, se bem que, embora (*subj.*).
'Obhut ['ɔphu:t] *f* (*0*) guarda *f*; prote[c]ção *f*; *in j-s ~* aos cuidados *m/pl.* de alg., sob a custódia de alg.
'obig ['o:biç] sobredito, supradito.
Ob'jekt [ɔp'jɛkt] *n* (*-es*; *-e*) obje[c]to *m*; *gr.* complemento *m*; **~'iv** [-'ti:f] *n* (*-es*; *-e*) obje[c]tiva *f*; **♀'iv** obje[c]tivo; **~ivi'tät** [-ivi'tɛ:t] *f* (*0*) obje[c]tividade *f*.
O'blate [o'bla:tə] *f* obreia *f*; *Rel.* hóstia *f*.
'ob-liegen (*dat.*) (*L*): *e-r Sache* (*gen.*) *~* dedicar-se a a.c.; *j-m ~* cumprir a alg., caber a alg.; **♀-heit** *f* incumbência *f*, obrigação *f*.
obli'gat [obli'ga:t] de rigor; **~'orisch** [-ga'to:riʃ] obrigatório.
'Ob-mann *m* (*-es*; *⸗er*) chefe *m*, (*Schiedsrichter*) árbitro *m*; ⚖ presidente *m*.
O'brigkeit ['o:briçkaɪt] *f* autoridade(s *pl.*) *f*; **♀lich** da autoridade.
ob'schon ainda que, se bem que, embora (*subj.*).
obs'kur [ɔps'ku:r] obscuro.
Obst [o:pst] *n* (*-es*; *-sorten*) fruta *f*; **'~bau** *m* (*-es*; *0*) fruticultura *f*; **'~baum** *m* (*-es*; *⸗e*) árvore *f* de fruto, árvore *f* frutífera; **'~ernte** *f* colheita *f* de fruta; **'~garten** *m* (*-s*; *⸗*) pomar *m*; **'~händler(in** *f*) *m* vendedor(a *f*) *m* de fruta; fruteiro (-a *f*) *m*; **'~kern** *m* (*-es*; *-e*) pevide *f*; caroço *m*; **~markt** *m* (*-es*; *⸗e*) mercado *m* de fruta; **'~messer** *n* faca-de-fruta *f*; **'~schale** *f* pele *f* da fruta, casca *f* da fruta; (*Schüssel*) fruteira *f*; **'~zucht** *f* (*0*) pomicultura.
obs'zön [ɔps'tsø:n] obsceno.
ob'wohl = *obgleich*.
'Ochse ['ɔksə] *m* (*-n*) boi *m*; *fig.* burro *m*; **♀n** F (*-t*) estudar como um burro.
'Ochsen|-auge ♤ *n* (*-s*; *-n*) olho-de-boi (*'ô) *m*; **~fleisch** *n* (*-es*; *0*) carne *f* de vaca; **~gespann** *n* (*-es*; *-e*) junta *f* (de bois); cambão *m*; **~schwanz-suppe** *f* sopa *f* de rabo de boi; **~stall** *m* (*-es*; *⸗e*) curral *m*; **~treiber** *m* boieiro *m*; **~zunge** *f* língua *f* de boi.
'Ocker ['ɔkər] *m* (*-s*; *-*) ocra *f*; (*Rötel*) almagre *m*.
'Ode ['o:də] *f* ode *f*.
'öde [ø:də] **1.** deserto, despovoado, ermo; *fig.* aborrecido, desolador; **2.** ♀ *f* deserto *m*, ermo *m*; solidão *f*.
'oder ['o:dər] ou; *~ aber*, *~ auch* ou então.
'Ödland ['ø:t-] *n* (*-es*; *⸗ereien*) terreno *m* inculto; ermo *m*; *hohes*: páramo *m*.
'Ofen ['o:fən] *m* (*-s*; *⸗*) fogão *m*; (*Back♀*) *u.* ⊕ forno *m*; **~rohr** *n* (*-es*; *-e*) cano *m* do fogão; chaminé *f* do fogão; **~röhre** *f* estufa *f*; = *~rohr*; **~schirm** *m* (*-es*; *-e*) guarda-fogo *m*; **~setzer** *m* estufeiro *m*; **~tür** *f* porta *f* do forno.
'offen ['ɔfən] aberto (*bleiben* ficar em); descoberto; (*unbesetzt*) vago, livre; (*unausgefüllt*) em branco; *Betrag*: por liquidar; *Frage*: em suspenso; *Kredit*: ilimitado; *See*: alto; ⚔ *Stadt*: aberta, indefesa; *fig.* franco, sincero; *~ gesagt*, *~ gestanden* com franqueza; *auf ~er Straße* em plena rua; *~es Konto* conta-corrente *f*; **~bar** evidente, manifesto, patente; *adv. a.* pelos vistos; *~ werden* evidenciar-se, revelar-se; **~'baren** [-'ba:rən] (*-*) manifestar; (*aufdecken*) revelar; **♀'barung** [-'ba:ruŋ] *f* revelação *f*; *~* (*Johannis*) Apocalipse *m*; **♀'barungs-eid** *m* (*-es*; *-e*) declaração *f* ajuramentada de insolvência; **~-halten** (*L*) deixar aberto; *fig.* reservar; **♀-heit** *f* (*0*) franqueza *f*, sinceridade *f*; **~-herzig** franco, sincero; **♀-herzigkeit** *f* (*0*) franqueza *f*, sinceridade *f*; **~-kundig** notório; evidente; **~sichtlich** evidente; *~ sn a.* saltar aos olhos; **♀'sive** [-'zi:və] *f* ofensiva *f* (*ergreifen* tomar); **~stehen** (*L*) estar aberto; *~d adj.* aberto; *Geschäft*: pendente; *Stelle*: vago, vacante.

'**öffentlich** ['œfəntliç] público, notório; ~*e Hand* fisco *m*; *adv.* em público; ~ *bekanntmachen* publicar; ℒ**keit** *f* (*0*) público *m*; publicidade *f*; *an die* ~ *bringen* fazer público, dar publicidade a; *an die* ~ *treten* apresentar-se (*od.* dirigir-se) ao público; *unter Ausschluß der* ~ à porta fechada.

offe'rieren [ɔfə'ri:rən] ✝ (-) oferecer.

Of'ferte [ɔ'fɛrtə] *f* oferta *f*.

Offizi|'al-verteidiger [ɔfitsi'a:l-] *m* defensor *m* oficioso (*od.* de ex-ofício); ℒ'**ell** [-'ɛl] oficial; *adv. a.* de ofício.

Offi'zier [ɔfi'tsi:r] *m* (-*s*; -*e*) oficial *m*; *erster* ~ ⚓ imediato *m*; ~**s-anwärter** *m* aspirante *m*; ~**s-bursche** *m* (-*n*) impedido *m*; ~(**s-**)**korps** *n* (-; -) oficialidade *f*; ~**s-messe** *f* cantina *f* de oficiais, «messe» *f* (*engl.*).

offizi'ös [ɔfitsi'ø:s] oficioso.

'**öffn|en** ['œfnən] (-*e*-) abrir; *Gefäß*: destapar; ℒ**ung** *f* abertura *f*; aberta *f*; (*Ausgang*) saída *f*; (*Loch*) buraco *m*, orifício *m*; (*Spalt*) fenda *f*.

oft [ɔft] frequentemente; a miúdo; muitas vezes; *so* ~ tantas vezes, quantas vezes (*wie* que *subj.*); *wie* ~ quantas vezes; *so*~ ... sempre que (*subj.*).

'**öfter** ['œftər] (*comp. v. oft*) mais vezes; com mais frequência; ~(**s**) às vezes.

'**oftmal|ig** [-ma:liç] frequente; ~**s** = *oft*.

oh! [o:] oh!

Ohm ⚡ *n* ómio *m*.

'**ohne** ['o:nə] *prp.* (*ac.*), ~ *zu* (*inf.*) sem; *cj.* ~ *daß* sem que (*subj.*); sem (*nom.* + *inf.*); ~ *weiteres* sem mais nada; sem detenças; ~'**dem**, ~'**dies** sem isso; = ~*hin*; ~'**gleichen** sem igual, sem par; ~'**hin** mesmo assim, além disso; (*übrigens*) aliás.

'**Ohn|macht** ['o:n-] *f* impotência *f*; fraqueza *f*; ⚕ desmaio *m*, desfalecimento *m*; *in* ~ *fallen* desmaiar; ~**machts-anfall** *m* (-*s*; ⸗*e*) desmaio *m*, P chilique *m*; ℒ**mächtig** impotente; ⚕ desmaiado; ~ *werden* desmaiar; perder os sentidos.

Ohr [o:r] *n* (-*ės*; -*en*) orelha *f*, ouvido *m*; *die* ~*en steif halten fig.* não desaminar; *sich aufs* ~ *legen* deitar-se; *bis über die* ~*en verliebt in* (*ac.*) doido por; *bis über die* ~*en verschuldet* endividado até às orelhas; *es* (*faustdick*) *hinter den* ~*en haben* ser finório; *noch nicht trocken hinter den* ~*en fig.* muito verde; *sich* (*dat.*) *hinter die* ~*en schreiben können* ficar sabendo; *j-m in den* ~*en liegen fig.* maçar alg.; *j-n übers* ~ *hauen*, *j-m das Fell über die* ~*en ziehen fig.* entrujar alg.; explorar alg.

Öhr [ø:r] *n* (-*ės*; -*e*) olho *m* (da agulha), fundo *m*; asa *f*.

'**Ohren|-arzt** *m* (-*es*; ⸗*e*) médico *m* especializado em doenças do ouvido; *Hals-*, *Nasen-*, ~*-arzt m* otorinolaringologista *m*; ~**beichte** *f* confissão *f* auricular; ℒ**betäubend** estrondoso; ~**-entzündung** *f* otite *f*; ~**-heilkunde** *f* (*0*) otologia *f*; ~**-sausen** *n* (-*s*; *0*) zunido (*od.* zumbido) *m* dos ouvidos; ~**schmalz** *n* (-*es*; *0*) cerume *m*, cera *f* dos ouvidos; ~**schmaus** *m* (-*es*; *0*) encanto *m* para os ouvidos; ~**schmerz** *m* (-*es*; -*en*) dor *f* nos ouvidos; ~**spiegel** ⚕ *m* otoscópio *m*; ~**zeuge** *m* (-*n*) testemunha *f* auricular.

'**Ohr|feige** *f* bofetada *f*; ℒ**feigen** ['-faɪgən] esbofetear; dar bofetada(s) em; ~**gehänge** *n* brinco *m*, arrecada *f*; ~**läppchen** ['-lɛpçən] *n* lóbulo *m*; ~**löffel** esgravador *m* das orelhas; ~**muschel** *f* (-; -*n*) concha *f* do ouvido; ~**ring** *m* (-*ės*; -*e*) brinco *m*; ~**wurm** *m* (-*ės*; ⸗*er*) bicha-cadela *f*.

Öko'nom [øko'no:m] *m* (-*en*) ecónomo *m*; (*Landwirt*) engenheiro *m* agrónomo *m*; (*Verwalter*) administrador *m*; mordomo *m*; ~'**ie** [-no'mi:] *f* economia *f*; (*Verwaltung*) administração *f*; ℒ**isch** económico.

Okta'eder [ɔkta'e:dər] *n* octaedro *m*.

Ok'tav [ɔk'ta:f] *n* (-*s*; -*e*): *in* ~, *in* ~*format*, ~...: *in Zssgn* em oitavo *m*; ~**e** [-və] *f* oitava *f*.

Ok'tober [ɔk'to:bər] *m* Outubro *m*; ~**fest** *n* (-*es*; -*e*) feira *f* de outubro.

oku'lieren [oku'li:rən] (-) enxertar.

Öl [ø:l] *n* (-*ės*; -*e*) (*Oliven*ℒ) azeite *m*; (*Erdnuß*ℒ *usw.*) *Rel.*, *Mal. u.* (*Schmier*ℒ) óleo *m* (*in* a); '~**baum** *m* (-*ės*; ⸗*e*) oliveira *f*; '~**berg** *m* (-*ės*; *0*) *Rel.* Horto *m* das Oliveiras; '~**bild** *n* (-*ės*; -*er*) pintura *f* a óleo, quadro *m* a óleo; '~**druck** *m* (-*ės*; -*e*) oleografia *f*.

Ole'ander [ole'a:ndər] *m* (e)loendro *m*.
'öl|en ['ø:lən] ⊕ untar (*a. salben*), lubrificar; olear; **2en** *n* lubrificação *f*; **2er** ⊕ *m* oleador *m*; = *2kanne*; **2farbe** *f* tinta *f* de óleo; **2feuerung** *f* combustível *m* líquido; combustão *f* a óleo; **2flasche** *f* azeiteira *f*, galheta *f*; **2frucht** *f* fruto *m* oleaginoso; **2gemälde** *n* = *2bild*; **2götze** *m* (-*n*) *fig.* F pateta *m*; **~ig** oleoso, gorduroso; oleaginoso; ~ *sn a.* ter óleo.
O'live [o'li:və] *f* azeitona *f*.
O'liven|baum *m* (-*ës*; ⸗*e*) oliveira *f*; **~ernte** *f* apanha *f* da azeitona; **2farbig** cor-de-azeitona; **~hain** *m* (-*ës*; -*e*) olival *m*; **~öl** *n* azeite *m*; **~pflanzung** *f* olival *m*.
'Öl|kanne *f* azeiteira *f*; (*Kanister*) lata *f*; **~krug** *m* (-*ës*; ⸗*e*) almotolia *f*; **~lampe** *f* candeeiro *m* de azeite; **~leitung** *f* oleoduto *m*; **~malerei** *f* = *~bild*; **~mühle**, **~presse** *f* lagar *m*; **~pflanze** *f* planta *f* oleaginosa; **~pumpe** *f* bomba *f* de óleo; **~quelle** *f* poço *m* de petróleo; **~sardine** *f* sardinha *f* em azeite (*od.* em lata); **~stoff** *m* (-*ës*; -*e*) oleína *f*; **~ung** *f* *Rel.* unção *f* (*letzte* extrema); ⊕ ~ lubrificação *f*; **~wechsel** *m* mudança *f* de óleo.
O'lymp [o'lymp] *m* (-*s*; *0*) Olimpo *m*; F *Thea.* geral *f*; **~i'ade** [-i'a:də] *f* Olimpíada *f*; **2isch** olímpico.
'Öl|zeug ⚓ *n* (-*ës*; *0*) oleado *m*; **~zweig** *m* (-*ës*; -*e*) ramo *m* de oliveira.
Ome'lett [omə'lɛ:t] *n* (-*ës*; -*e*) omeleta *f*.
'Om|en ['o:mən] *n* (-*s*; *Omina*) agouro *m*, augúrio *m*; **2i'nös** [-i'nø:s] (-*est*) ominoso, de mau augúrio.
'Omnibus ['ɔmnibus] *m* (-*ses*; -*se*) ó[m]nibus *m*; (*Autobus*) auto-carro *m*; **~bahnhof** *m* (-*ës*; ⸗*e*) estação *f* rodoviária.
Ona'nie [ona'ni:] *f* (*0*) masturbação *f*; **2ren** (-) masturbar-se.
ondu'lieren [ondu'li:rən] (-) ondular.
'Onkel ['ɔnkəl] *m* tio *m*.
O'pal [o'pa:l] *m* (-*s*; -*e*) ópalo *m*, ópala *f*.
'Oper ['o:pər] *f* (-; -*n*) ópera *f* (*komische* bufa).
Opera|'teur [opəra'tø:r] *m* (-*s*; -*e*) operador *m*; **~ti'on** [-tsi'o:n] *f* operação *f*; **~ti'ons-saal** *m* (-*ës*; -*säle*) sala *f* de operações; **~ti'ons-tisch** *m* (-*es*; -*e*) mesa *f* operatória; **2'tiv** [-'ti:f] cirúrgico, operatório.
Ope'rette [opə'rɛtə] *f* opereta *f*.
ope'rieren [opə'ri:rən] (-) operar; *sich ~ lassen* fazer uma operação.
'Opern|dichter ['o:pərn-] *m* libretista *m*; **~glas** *n* (-*es*; ⸗*er*), **~gucker** *m* binóculo *m*; **~-haus** *n* (-*es*; ⸗*er*) (teatro *m* da) ópera *f*; **~sänger(in** *f*) *m* cantor(a *f*) *m* de ópera; **~text** *m* (-*es*; -*e*) libreto *m*; **~-übertragung** *f* ópera *f* radiodifundida; transmissão *f* radiofónica de uma ópera.
'Opfer ['ɔpfər] *m* sacrifício *m* (*a. fig.*) (*bringen* fazer); (*Sühn2*) holocausto *m*; (*~tier*) vítima *f* (*a. fig.*); *e-s Raubtiers*: presa (*ê) *f*; **~bereitschaft** *f* (*0*) espírito *m* de sacrifício, abnegação *f*; **~gabe** *f* oferenda *f*; **~gefäß** *n* (-*es*; -*e*) libatório *m*; **~lamm** *n* (-*ës*; ⸗*er*) vítima *f* (*fig.* inocente); **2n** (-*re*) sacrificar (*a. fig.*); (*schlachten*) imolar; *Gabe*: oferecer; **~stock** *m* (-*ës*; ⸗*e*) cepo *m* (de esmolas); **~tag** *m* (-*ës*; -*e*) dia *m* de peditório; **~ung** *f* sacrifício *m*; imolação *f*; **~wille** *m* (-*ns*; *0*) abnegação *f*.
'Opium ['o:pium] *n* (-*s*; *0*) (**~tropfen** *m/pl.* tintura *f/sg.* de) ópio *m*.
Oppo|'nent [ɔpo'nɛnt] *m* (-*en*) oponente *m*, opositor *m*; **2'nieren** (-) opor-se; **~siti'on** [-zitsi'o:n] *f* oposição *f*.
op'tieren [ɔp'ti:rən] (-) optar.
'Optik ['ɔptik] (*0*) óptica *f*; **~er** *m* óptico *m*, oculista *m*.
Opti'mis|mus [ɔpti'mismus] *m* (-; *0*) optimismo *m*; **~t(in** *f*) *m* (-*en*) optimista *m*, *f*; **2tisch** optimista.
'optisch ['ɔptiʃ] óptico.
O'rakel [o'ra:kəl] *n*, **~spruch** *m* (-*ës*; ⸗*e*) oráculo *m*.
O'rang|e [o'raŋʒə] **1.** *f* laranja *f*; **2.** 2 *adj.* cor-de-laranja; **~'eade** [-'ʒa:də] *f* laranjada *f*; **~enbaum** *m* (-*ës*; ⸗*e*) laranjeira *f*; **2enfarben**, **2enfarbig** cor-de-laranja; **~e'rie** [-ʒə'ri:] *f* estufa *f* de laranjeiras.
'Orang-'Utan ['o:raŋ-'u:tan] *m* (-*s*; -*s*) orangotango *m*.
Ora'torium [o:ra'to:rium] *m* (-*s*; *Oratorien*) oratório *m*.
Or'chester [ɔr'kɛstər] *n* orquestra *f*; **~platz** *m* (-*es*; ⸗*e*), **~sitz** *m* (-*es*; -*e*)

Thea. cadeira *f*; «fauteuil» *m* (*fr.*) de orquestra.

Orchi'dee [ɔrçi'de:] *f* orquídea *f*.

'**Orden** ['ɔrdən] *m* ordem *f*; (*Ehrenzeichen*) condecoração *f*; *j-m e-n ~ verleihen* condecorar alg.

'**Ordens|band** *n* (-*es*; "*er*) banda *f*; **~bruder** *m* (-*s*; ") confrade *m*; (*Mönch*) frade *m*, religioso *m*; **~geistlichkeit** *f* (*0*) clero *m* regular; **~gesellschaft** *f* congregação *f*; **~gelübde** *n* voto *m* monástico; **~kleid** *n* (-*es*; -*er*) hábito *m*; **~meister** *m* mestre *m*; **~-schnalle** *f* fivela (*od.* barreta) *f* de condecorações; **~schwester** *f* (-; -*n*) (irmã *f*) religiosa *f*; **~verleihung** *f* condecoração *f*; imposição *f* de insígnias; **~-zeichen** *n* insígnia *f*; condecoração *f*.

'**ordentlich** ['ɔrdəntliç] *adj.* ordeiro, regular; metódico; *Mitglied*: efe[c]tivo; *Professor*: catedrático, ordinário; *adv. a.* devidamente; *fig.* bastante, (*kräftig*) a valer.

'**Order** ['ɔrdər] *f* (-; -*n*) ordem *f*; *~ parieren* F obedecer.

Ordi'n|alzahl [ɔrdi'na:l-] *f* número *m* ordinal; **2är** [-'nɛr] ordinário; indecente; **~arius** [-'na:rius] *m* (-; *Ordinarien*) (professor *m*) catedrático *m*; **~ate** [-'na:tə] ⚹ *f* ordenada *f*; **~ati'on** [-atsi'o:n] *f* ordenação *f*; **2ieren** (-) *Rel.* ordenar; ⚕ receitar.

'**ordn|en** ['ɔrtnən] (-*e*-) ordenar; pôr em ordem; **2er** *m j.*: ordenador *m*; organizador *m*; *für Aktien*: classificador *m*; **2ung** *f* (*0*) ordem *f*; disciplina *f*; *in ~ sn et.*: *a.* estar arrumado, estar arranjado; *in ~ bringen* pôr em ordem; arranjar, ⊕ *a.* compor.

'**Ordnungs|dienst** *m* (-*es*; *0*) serviço *m* de ordem; **~liebe** *f* (*0*) amor *m* da ordem; **2liebend** ordeiro; **2mäßig** regular; legal; rotineiro; **~ruf** *m* (-*es*; -*e*) chamada *f* à ordem; **~sinn** *m* (-*es*; *0*) espírito *m* ordeiro, espírito da ordem; **~strafe** *f* multa *f*; pena *f* disciplinar; **2widrig** contrário à ordem; irregular; **~-zahl** *f* número *m* ordinal.

Ordon'nanz [ɔrdɔ'nants] ⚔ *f* ordenança *f*, impedido *m*.

Or'gan [ɔr'ga:n] *n* (-*s*; -*e*) órgão *m*; (*Stimme*) voz *f*; **~isati'on** [-izatsi'o:n] *f* organização *f*; **~i'sator** [-i'za:tɔr] *m* (-*s*; -*en*) organizador *m*; **2isch** orgânico; **2i'sieren** [-i'zi:rən] (-) organizar; **~'ismus** [-'nismus] *m* (-; *Organismen*) organismo *m*; **~'ist** *m* (-*en*) organista *m*.

'**Orgel** ['ɔrgəl] *f* (-; -*n*) órgão *m*; (*Dreh2*) realejo *m*; **~bauer** *m* organeiro *m*; **2n** (-*le*) tocar o órgão; *Hirsch*: bramar; **~konzert** *n* (-*es*; -*e*) recital *m* de órgão; **~pfeife** *f* tubo *m* de órgão; **~spiel** *n* (-*es*; *0*) música *f* de órgão; **~spieler** *m* organista *m*.

'**Orient** ['o:riɛnt] *m* (-*s*; *0*) oriente *m*; **~'ale** [-'ta:lə] *m* (-*n*), **~'alin** [-'ta:lin] *f* oriental *m*, *f*; **2'alisch** [-'ta:liʃ] oriental; **2'ieren** [-'ti:rən] (-) orientar, informar; **~'ierung** [-'ti:ruŋ] *f* orientação *f*; *die ~ verlieren* ficar desorientado.

origi'n|al [origi'na:l] (**2al** *n* [-*s*; -*e*]), **2al...**: *in Zssg(n)* original (*m*; *a. j.* F tipo esquisito); **~ell** [-'nɛl] original; interessante.

Or'kan [ɔr'ka:n] *m* (-*es*; -*e*) furacão *m*.

Orna'ment [ɔrna'mɛnt] *n* (-*es*; -*e*) ornamento *m*, adorno (*'ô) *m*; **~ik** *f* (*0*) ornamentos *m/pl.*, adornos (*'ô) *m/pl.*

Or'nat [ɔr'na:t] *m* (-*es*; -*e*) hábito-talar *m*; toga *f*.

Ort [ɔrt] *m* (-*es*; -*e u. Örter*) lugar *m*, sítio *m*; = *~schaft*; '**2en** ⚓ *u.* ✈ (-*e*-) tomar a situação; localizar.

ortho'dox [ɔrto'dɔks] (-*est*) ortodoxo.

Orthogra'ph|ie [ɔrtogra'fi:] *f* (*0*) ortografia *f*; **2isch** [-'gra:fiʃ] ortográfico.

'**örtlich** ['œrtliç] local; **2keit** *f* localidade *f*.

'**Orts|-angabe** *f* indicação *f* do lugar; **2-ansässig** domiciliado; local; habitante; **~beschreibung** *f* topografia *f*; **~bestimmung** *f* orientação *f*; localização *f*.

'**Ortschaft** ['ɔrtʃaft] *f* lugar(ejo) *m*; povoação *f*.

'**Orts|-empfang** *m* (-*es*; "*e*) *Radio*: recepção *f* local; **2fest** ⊕ fixo; preso (*ê); **2fremd** forasteiro; **~gespräch** *n* (-*es*; -*e*) *Fernspr.* chamada *f* local; **~gruppe** *f* secção *f* local; **~-heilige(r)** *m* (-*n*) orago *m*; **~kenntnis** *f* (-; -*se*) conhecimentos *m/pl.* locais; **~kommandant** *m* (-*en*) ⚔ comandante *m* da praça;

2**kundig**: ~ *sn* ter conhecimentos locais; conhecer o(s) sítio(s); 2**name** *m* (*-ns*; *-n*) nome *m* de lugar; ~**namenforschung** *f* (*0*), ~**namenkunde** *f* (*0*) toponímia *f*; ~**polizei** *f* polícia *f* local; ~**sender** *m* emissora *f* local; 2**-üblich** local; *Preise usw.* da praça; ~**veränderung** *f* mudança *f* de lugar; locomoção *f*; ~**verkehr** *m* (*-s*; *0*) movimento *m* local, trâfego *m* local; ☏ serviços *m/pl.* locais; *Fernspr.* comunicações *f/pl.* locais; ~**vorsteher** *m* regedor *m*; ~**-zeit** *f* hora *f* local.

'**Ortung** ['ɔrtuŋ] *f* localização *f*.

'**Öse** ['øːzə] *f* colcheta *f*; *Haken und* ~*n* colchetes *m/pl.*; macho *m* e fêmea *f*; (*Schlinge*) aselha *f*.

Ost [ɔst] *m* (*-es*; *0*) *poet.* = ~*en*; = ~*wind*; '~...: *in Zssg(n)* oriental; *mit Ländernamen* Oriental; '~**en** *m* (*-s*; *0*) leste *m*, oriente *m*; *der Ferne* ~ o Extremo Oriente; *der Nahe* ~ o Próximo Oriente.

'**Oster|blume** ['oːstər-] pulsatilha *f*, bonina *f*; ~**-ei** *n* (*-es*; *-er*) ovo *m* da Páscoa; ~**fest** *n* (*-es*; *-e*) = ~*n*; ~**lamm** *n* (*-es*; *=er*) cordeiro *m* pasc[o]al.

'**österlich** ['øːstərliç] pasc[o]al.

'**Ostern** ['oːstərn] *n* (*-*; *0*) Páscoa *f/sg.*; *fröhliche* ~ uma Páscoa muito feliz.

'**Österreich|er(in** *f*) *m* ['øːstəraɪçər-] austríaco *m* (-a *f*); 2**isch** austríaco, da Áustria.

'**Oster|woche,** ~**zeit** *f* Semana *f* Santa.

'**Ost|gote** *m* (*-n*) ostrogodo *m*; 2**-indisch** das Índias *f/pl.* Orientais.

'**östlich** ['œstliç] oriental, de leste; *adv.* a leste.

'**Ost|see** *f* (*0*) (mar *m*) Báltico *m*; ~**wind** *m* (*-es*; *-e*) vento *m* leste.

'**Otter** ['ɔtər] *f* (*-*; *-n*): **a**) *oft m* (*Fisch*2) lontra *f*; **b**) víbora *f*.

Ouver'ture [uvɛr'tyːrə] *f* abertura *f*.

o'val [o'vaːl] oval; (*adv.* em) oval.

Ovati'on [ovatsi'oːn] *f* ovação *f*; *j-m e-e* ~ *darbringen* ovacionar alg., aclamar alg.

O'xy|d [ɔk'syːt] *n* (*-es*; *-e*) óxido *m*; 2'**dieren** [-'diːrən] (-) *v/t.* (*v/i.* [sn]) oxidar; ~'**dierung** [-'diːruŋ] *f* oxidação *f*.

'**Ozean** ['oːtseaːn] *m* (*-s*; *-e*) oceano *m*; ~**dampfer** *m* transatlântico *m*; ~**flug** *m* (*-es*; *=e*) voo (*'ô) *m* transatlântico; 2**isch** [-'aːniʃ] oceânico.

O'zon [o'tsoːn] *n* (*-s*; *0*) ozone *m*.

P

P, p [pe:] *n uv.* P, p *m.*

Paar [pa:r] **1.** *n* (*-ės*; *-e*) par *m* (de); (*Braut*♀) noivos *m/pl.*; (*Ehe*♀) casal *m* (*a. Tiere*); *bsd. Pferde*: parelha *f*; *ein ~ Hosen* umas calças *f/pl.*; **2.** ♀: *ein ~* um par de; alguns, uns poucos; '**♀en** emparelhar; juntar (*a. fig.*); *Tiere*: copular, acasalar; '**♀ig** par; '**♀mal**: *ein ~* algumas vezes, umas poucas vezes, várias vezes; '**~ung** *f* cópula *f*; '**♀weise** aos pares; dois a dois, em fila de dois.

Pacht [paxt] *f* renda *f*, arrendamento *m*; '**♀en** (*-e-*) arrendar; tomar de (ar)renda(mento).

'**Pächter** ['pɛxtər] *m* (**~in** *f*) arrendatário *m* (-a *f*), caseiro *m* (-a *f*).

'**Pacht|geld** *n* (*-ės*; *-er*) = *Pacht*; **~gut** *n* (*-ės*; *⸚er*) herdade *f*, fazenda *f*, casal *m*; **~herr** *m* rendeiro *m*; **~ung** *f* arrendamento *m*; **~zins** *m* (*-es*; *-en*) = *Pacht*.

Pack [pak]: **a)** *m u. n* (*-ės*; *-e*) pacote *m*, *großer*: fardo *m*; *Papier*: maço *m*; *Zeug*: trouxa *f*; **b)** *fig. n* (*-ės*; *0*) canalha *f*, gentalha *f*, corja *f*.

'**Päckchen** ['pɛkçən] *n* pacote *m*; *Tabak*, *Zigaretten*(*papier*): maço *m.*

'**Pack|-eis** *n* (*-es*; *0*) gelos (*ê) *m/pl.* movediços; **♀en** embrulhar, empacotar; ⚓ embalar; encaixar; *Koffer*: fazer; (*fassen*) agarrar; filar; *fig.* impressionar, arrebatar; *voll~* encher; **♀end** *adj. fig.* impressionante, empolgante; **~er** *m* empacotador *m*; embrulhador *m*, enfardador *m*; **~-esel** *m* burro *m* de carga (*a. fig.*); **~leinwand** *f* (*0*) serapilheira *f*; canhamaço *m*; **~nadel** *f* (*-*; *-n*) agulha *f* de albarda; **~papier** *n* (*-s*; *-e*) papel *m* de embrulho; **~raum** *m* (*-ės*; *⸚e*) sala *f* de embalagem; **~sattel** *m* albarda *f*; **~ung** *f* embalagem *f*; ⚕ cataplasma *m*; **~wagen** *m* zorra *f*; carroça *f*; 🚂 furgão *m*, vagão *m* bagageiro.

Päda'gog|e [pɛda'go:gə] *m* (*-n*) pedagogo *m*; **~ik** *f* (*0*) pedagogia *f*; **♀isch** pedagógico.

Padd|el-boot ['padəl-] *n* (*-ės*; *-e*) canoa *f*; **♀eln** (*-le*) andar de canoa; **~ler** *m* canoeiro *m.*

Päde'rast [pɛdə'rast] *m* (*-en*) pederasta *m*; **~'ie** [-'ti:] *f* pederastia *f.*

paffen ['pafən] fumar a grandes fumaças; bufar.

'**Page** ['pa:ʒə] *m* (*-n*) paje(m) *m.*

Pa'ket [pa'ke:t] *n* (*-ės*; *-e*) pacote *m*; embrulho *m*; (*Post*♀) encomenda *f* (postal); **~-adresse** *f* guia *f* de encomenda; **~-abfertigung**, **~-annahme** *f* expedição *f* de encomendas; **~-ausgabe** *f* entrega *f* de encomendas.

Pakt [pakt] *m* (*-ės*; *-e*) pa[c]to *m*; convénio *m*; acordo (*'ô) *m.*

Pa'l|ais [pa'lɛ:] *n* (*-*; *-*): (*kleines ~*) palacete *m*; **~ast** *m* (*-es*; *⸚e*) palácio *m.*

Pa'lette [pa'lɛtə] *f* paleta *f.*

Pali'sade [pali'za:də] *f* paliçada *f*; **~n-zaun** *m* estacada *f.*

Pali'sander [pali'zandər] *m* (*-s*; *0*); **~holz** *n* (*-es*; *0*) palissandro *m.*

'**Palm|baum** ['palm-] *m* (*-ės*; *⸚e*), **~e** *f* palm(ei)ra *f*; **~en-hain** *m* (*-ės*; *-e*) palmar *m*; **~-öl** *n* (*-ės*; *0*) óleo *m* de palma; **~sonntag** *m* (*-ės*; *-e*) Domingo *m* de Ramos; **~zweig** *m* (*-ės*; *-e*) palma *f*, ramo *m* de palmeira.

Pam'phlet [pam'fle:t] *n* (*-ės*; *-e*) panfleto *m*; **~'ist** [-e'tist] *m* (*-en*) panfletista *m.*

Pa'neel [pa'ne:l] ⚠ *n* (*-s*; *-e*) painel *m.*

Pa'nier [pa'ni:r] *n* (*-s*; *-e*) bandeira *f*, pendão *m*; **♀en** (*-*) panar.

'**Pan|ik** ['pa:nik] *f* (*0*) pânico *m*; **♀isch** pânico.

'**Panne** ['panə] *f* avaria *f.*

'**panschen** ['panʃən] aguar, *Wein a.*: ba[p]tizar, adulterar.

'**Panther** ['pantər] *m* pantera *f.*

Pan'tine [pan'ti:nə] *f* tamanco *m.*

Pan'toffel [pan'tɔfəl] *m* (*-s*; *-n*) chinela *f*, pantufo *m*; *mit Absätzen*: chinelo *m*; (*Holz*♀) tamanco *m*; *fig. unter dem ~ stehen*, *ein ~held sn* estar debaixo da férula da mulher.

'**Panzer** ['pantsər] *m* couraça *f*; =

~ung; = ~wagen; ~-**abwehr** *f* defesa *f* anti-carro; ~**division** *f* divisão *f* blindada; ~**hemd** *n* (-*es*; -*en*) cota *f* de malha; ~**kreuzer** *m* (cruzador *m*) couraçado *m*; 2**n** (-*re*) blindar; couraçar; *sich* ~ *gegen fig.* defender-se de; ~**platte** *f* chapa *f* de blindagem; ~**truppen** *f/pl.* unidades *f/pl.* blindadas; ~**turm** *m* (-*es*; ⸚*e*) torre (*ô) *f* blindada; ~**ung** *f* blindagem *f*; ~**wagen** *m* carro *m* blindado.

Papa [pa'pa:, F 'papa] *m* (-*s*; -*s*) papá *m*.

Papa'gei [papa'gaɪ] *m* (-*es od.* -*en*; -*en*) papagaio *m*; ~**enkrankheit** *f* (*0*) psitacose *f*.

Pa'pier [pa'pi:r] *n* (-*s*; -*e*) papel *m* (*Fetzen* bocado *m* de, pedaço *m* de); ⚖ *u.* ✝ *a.* documento *m*, *pl. a.* documentação *f/sg.*; (*Wert*2) título *m*; valor *m*; *zu* ~ *bringen* assentar, escrever; ~**drachen** *m* papagaio *m*; ~**geld** *n* (-*es*; *0*) papel *m* (moeda), notas *f/pl.*; ~**geschäft** *n* (-*es*; -*e*), ~-**handlung** *f* papelaria *f*; ~**korb** *m* (-*es*; ⸚*e*) cesto (*ê) *m* dos papéis; ~**krieg** *m* (-*es*; *0*) *fig.* burocracia *f*; ~**messer** *n* corta-papel *m*; ~**mühle** *f* fábrica *f* de papel; ~**schere** *f* tesoura *f* para (re)cortar papel; ~**schlange** *f* serpentina *f*; ~**schneide-maschine** *f* guilhotina *f*; ~**streifen** *m* tira *f* de papel; ~**wisch** *m* (-*es*; -*e*) papelório *m*.

'Papp|-arbeit *f* cartonagem *f*; ~**band** *m* encadernação *f* em cartão; livro *m* cartonado; ~**deckel** *m* cartão *m*; ~**e** *f* cartão *m*, papelão *m*.

'Pappel ♀ ['papəl] *f* choupo *m*.

'pappen ['papən] F (*essen*) papar; (*kleben*) pegar; 2**stiel** F *m* bagatela *f*.

'papp|ig ['papiç] pastoso; 2**karton** *m* (-*s*; -*s*) cartão *m*.

'Paprika ['paprika] *m* (-*s*; -*s*) pimento *m*, colorau *m*.

Papst [pa:pst] *m* (-*es*; ⸚*e*) Papa *m*, Sumo Pontífice *m*; '~**krone** *f* tiara *f*.

'päpstlich ['pɛ:pstliç] papal, pontifical.

'Papst|tum *n* (-*es*; *0*) papado *m*; pontificado *m*; papismo *m*; ~**würde** *f* (*0*) pontificado *m*.

Pa'rabel [pa'ra:bəl] *f* (-; -*n*) parábola *f*.

Pa'rade [pa'ra:də] *f* parada *f* (*a. Fechtkunst*), ⚔ *a.* desfile *m*, revista *f*; *die* ~ *abnehmen* passar em revista; ~**marsch** *m* (-*es*; ⸚*e*) desfile *m* = ~*schritt*; ~**pferd** *n* (-*es*; -*e*) cavalo *m* de batalha (*a. fig.*); ~-**schritt** *m* (-*es*; *0*) passo *m* militar.

Para'die|s [para'di:s] *n* (-*es*; -*e*) paraíso *m*; 2**sisch** [-ziʃ] paradisíaco.

para'dox [para'dɔks] paradoxo, paradoxal.

Paraf'fin [para'fi:n] *n* (-*s*; -*e*) parafina *f*; 2'**ieren** (-) parafinar.

Para'graph [para'gra:f] *f* (-*en*) parágrafo *m*; (*Gesetzes*2) artigo *m*.

paral'lel [para'le:l] paralelo; 2**e** *f* paralela *f*; *fig. u.* 2**o'gramm** [-lo-'gram] *n* (-*s*; -*e*) paralelograma *m*; 2**schaltung** ⚡ *f* ligação *f* em paralelo.

Para'ly|se [para'ly:zə] *f* paralisia *f*; 2**tisch** [-tiʃ] paralítico.

para'phieren [para'fi:rən] (-) rubricar.

Para'sit [para'zi:t] *m* (-*en*) parasita *m*; 2**isch** parasítico.

Par'don [par'dɔŋ] *m* (-*s*; *0*) perdão *m*.

Paren'these [parɛn'te:zə] *f* parêntese *m*; *in* ~ entre parênteses.

Par'füm [par'fy:m] *n* (-*s*; -*e od.* -*s*) perfume *m*; ~**e'rie** [-ə'ri:] *f* perfumaria *f*; ~**fläschchen** *n* frasquinho *m* de perfumes; 2'**ieren** (-) perfumar; ~**zerstäuber** *m* pulverizador *m* (de perfume).

'pari ['pa:ri] **1.** (ao) par; **2.** 2 *n* (-*s*; *0*) par *m*.

pa'rieren [pa'ri:rən] (-) parar; (*gehorchen*) obedecer.

Pa'riser [pa'ri:zər] *m*, ~**in** *f* parisiense *m*, *f*; 2**isch** parisiense, de Paris.

Pari'tät [pari'tɛ:t] *f* igualdade *f* de direitos; paridade *f*; 2**isch** igual.

Park [park] *m* (-*es*; -*s*) parque *m*; '~-**anlage** *f* jardim *m* público *m*; '2**en** *Auto*: estacionar; '~**en** *n* estacionamento *m*.

Par'kett [par'kɛt] *n* (-*es*; -*e*) *Thea.* plateia *f*; = ~(**fuß**)**boden** *m* (-*s*; ⸚) parquete *m*; ~**loge** *f* frisa *f*; ~**platz** *m* (-*es*; ⸚*e*), ~**sitz** *m* (-*es*; -*e*) plateia *f*, cadeira *f*.

'Park|platz *m* (-*es*; ⸚*e*) (parque *m* de) estacionamento, *Taxis*: praça *f*; ~**verbot** *n* (-*es*; -*e*) proibição *f* de estacionar; estacionamento *m* proibido; ~**wächter** *m* guarda(-automóveis) *m*.

Parla'ment [parla'mɛnt] *n* (*-es*; *-e*) parlamento *m*, Câmara *f* dos Deputados; *in Portugal ehm. a.* Cortes *f/pl.*, *jetzt*: Assembleia *f* Nacional; **~'är** [-'tɛːr] *m* (*-s*; *-e*) parlamentário *m*; **~'arier** [-'taːriər] *m* deputado *m*; **2'arisch** [-'taːriʃ] parlamentar.

Paro'd|ie [paro'diː] *f* paródia *f*; **2ieren** (-) parodiar; **2istisch** paródico.

Pa'role [pa'roːlə] ⚔ *f* santo-e-senha *f* (*ausgeben* dar).

Par'tei [par'taɪ] *f* partido *m* (*ergreifen* tomar; *eintreten in ac.* filiar-se em); fra[c]ção *f*; ⚖ parte *f*; ~ *nehmen für* declarar-se por, aderir a; **~-abzeichen** *n* distintivo *m* do partido; **~buch** *n* (*-es*; *⸚er*) caderneta *f* de membro do partido; **~führer** *m* (**~führung** *f*) chefe *m* (dire[c]ção *f*) do partido; **~gänger** [-gɛŋər] *m* partidário *m*; (*aufständischer*) sedicioso *m*; **~geist** *m* (*-es*; *0*) fa[c]ciosismo *m*; partidarismo *m*; **~genosse** *m* (*-n*) correligionário *m*; camarada *m*; = **~mitglied** *n* (*-es*; *-er*) membro *m* do partido; partidário *m*; **2isch, 2lich** fa[c]cioso, parcial; **2los** independente; neutro; **~nahme** [-naːmə] *f* parcialidade *f*; ~ *für* adesão *f* a; **~politik** *f* (*0*) política *f* partidária; **~tag** *m* (*-es*; *-e*) Congresso *m* do Partido; **~wesen** *n* partidarismo *m*; **~zugehörigkeit** *f* filiação *f* partidária.

Par'terre [par'tɛr] *n* (*-s*; *-s*) rés-do-chão *m*; *Thea.* plateia *f*.

Par'tie [par'tiː] *f* (*Ausflug*) excursão *f*; (*Heirat*) partido *m*; (*Spiel*) partida *f*; *Teil* (*a.* ♪) parte *f*; † lote *m*; *von der* ~ *sn* tomar parte.

parti'ell [partsi'ɛl] parcial.

Par'tikel [par'tikəl] *f* (*-*; *-n*) partícula *f*.

Partikula'ris|mus [partikula'rismus] *m* (*-*; *0*) particularismo *m*; **~t** *m* (*-en*) particularista *m*; **2tisch** particularista.

Parti'san [parti'zaːn] *m* (*-s od. -en*; *-en*) guerrilha *m*, guerrilheiro *m*.

Parti'tur [parti'tuːr] *f* partitura *f*.

Parti'zip [parti'tsiːp] *n* (*-s*; *-ien*) particípio *m* (*erstes* do presente; *zweites* passado).

'Partner ['partnər] *m*, (**~in** *f*) † sócio *m* (-a *f*); *Gespräch*: interlocutor(a *f*) *m*; *Spiel*: parceiro *m* (-a *f*); *Tanz*: par *m*, *f*; *Thea.* j-s ~ *sn* contracenar com alg.

'Parze ['partsə] *f* parca *f*.

Par'zell|e [par'tsɛlə] *f* parcela *f*; lote *m*; **2'ieren** (-) parcelar; lotar.

'Paspel ['paspəl] *f* (*-*; *-n*) galão *m*.

Paß [pas] *m* (*-sses*; *⸚sse*) *Erdk.*: desfiladeiro *m*; (*Reise2*) passaporte *m* = **~gang**.

Pas'sage [pa'saːʒə] *f* passagem *f*; (*a.* ⚓) travessa *f*; (*Stück, Teil*) passo *m*.

Passa'gier [pasa'ʒiːr] *m* (*-s*; *-e*) passageiro *m* (*blinder* clandestino); **~...**: *in Zssgn meist*: de passageiros; **~gut** *n* (*-es*; *⸚er*) bagagem *f*.

'Paßamt *n* (*-es*; *⸚er*) repartição (*od.* se[c]ção) *f* de passaportes.

Pas'sant [pa'sant] *m* (*-en*), **~in** *f* transeunte *m*, *f*.

Pas'sat [pa'saːt] *m* (*-es*; *-e*), **~wind** *m* (*-es*; *-e*) monção *m*.

'Passe ['pasə] *f* *Kleidung*: cabeção *m*, encaixe *m*.

'passen ['pasən] (*-ßt*) servir, caber; ⊕ ajustar; *Kleidung*: *a.* ser justo; assentar; (*genehm sn*) convir; não fazer diferença; *Spiel*: passar; *zu et.* ~ dizer bem com a.c., fazer jogo (*'ô) com a.c., prestar-se a a.c.; *j.*: *für j-n* ~ ser bom para alg.; *zu j-m*: ser próprio de alg.; *zuea.* ~ condizer; quadrar; adaptar-se; convir; **~d** *adj.* justo; próprio; conveniente; (*günstig*) oportuno.

'Paß-gang *m* (*-es*; *⸚e*) andadura *f*; hacaneia *f*.

pas'sier|bar [pa'siːrbar] transitável; praticável; **~en** (*-*; *sn*) *v/i.* passar (*a. v/t.*); suceder, acontecer; **2schein** *m* (*-es*; *-e*) passe *m*, bilhete *m* de livre trânsito.

Passi'on [pasi'oːn] *f* paixão *f*; *Rel.* Paixão *f*; **2'iert** [-o'niːrt] apaixonado; **~sblume** *f* flor-da-quaresma *f*; **~s-spiel** *n* (*-es*; *-e*) Mistério *m* da Paixão; **~s-zeit** *f* quaresma *f*.

'passiv ['pasiːf] **1.** passivo; **2.** 2 *n* (*-s*; *0*) *n gr.* voz *f* passiva; **2a** [-va], **2en** [-vən] *pl.* † passivo *m/sg.*

'Paß|stelle *f* se[c]ção (*od.* agência) *f* de passaportes; **~zwang** *m* (*-es*; *0*) passaporte *m* obrigatório.

'Past|e ['pastə] pasta *f*; **~'ell** [-s'tɛl] *n* (*-es*; *-e*) pastel *m*; **~'ell-maler** *m* pastelista *m*; **~'ell-malerei** *f* (*0*) pintura *f* a pastel; **~'ete** [-s'teːtə] *f* pastel *m*; empada *f*; **~'ille** [-s'tilə] *f* pastilha *f*.

'Pastor ['pastɔr] *m* (*-s*; *-en*) pastor *m*; sacerdote *m* (protestante).

'Pat|e ['pa:tə] *m* (*-n*) padrinho *m*; ~ *stehen bei* apadrinhar (*ac.*); **~engeschenk** *n* (*-es*; *-e*) prenda *f* de ba[p]tizado; **~enkind** *n* (*-es*; *-er*) afilhado *m* (-a *f*); **~enschaft** *f* patrocínio *m*; **~enstelle** *f*: ~ *vertreten bei* apadrinhar (*ac.*).

Pa'tent [pa'tɛnt] **1.** *n* (*-es*; *-e*) patente *f*; diploma *m*; **2.** ♀ F *adj.* prático; *j.*: *a.* jeitoso; **~-amt** *n* (*-es*; *=er*) registo *m*; ♀**'ieren** (-) regist(r)ar; *sich* (*dat.*) et. ~ *lassen* tirar a patente de a.c.

'Pater ['pa:tər] *m* (*-s*; - *od. Patres*) Padre *m*; **~'noster** ['-nɔstər] **1.** *n uv.* padre-nosso *m*, rosário *m*; **2.** ⊕ *m* (*Aufzug*) elevador *m* sem fim.

pa'thetisch [pa'te:tiʃ] patético.

Patho'log|e [pato'lo:gə] *m* (*-n*) patologista *m*; **~'ie** [-'gi:] *f* (*0*) patologia *f*; ♀**isch** patológico.

'Pathos ['pa:tɔs] *n* (-; *0*) patético *m*; *Stil*: ênfase *f*; patetismo *m*.

Pati'ent [patsi'ɛnt] *m* (*-en*), **~in** *f* doente *m*, *f*.

'Patin ['pa:tin] *f* madrinha *f*.

Patri'arch [patri'arç] *m* (*-en*) patriarca *m*; ♀**'alisch** [-'ça:liʃ] patriarcal.

Patri'ot [patri'o:t] *m* (*-en*), **~in** *f* patriota *m*, *f*; **~'ismus** [-'tis-] *m* patriotismo *m*.

Pa'triz|ier(in *f*) *m* [pa'tri:tsiər-] patrício *m* (-a *f*); ♀**isch** patrício.

Pa'tron [pa'tro:n] *m* (*-s*; *-e*) patrão *m*; (*Schutz*♀) padroeiro *m*; *übler usw.* ~ tipo ...; **~'at** [-o'na:t] *n* (*-es*; *-e*) *Rel.* padroado *m*; *Fest usw.*: patrocínio *m*.

Pa'trone [pa'tro:nə] *f* cartucho *m*; **~ngurt** *m* (*-es*; *-e*) canana *f*, cartucheira *f*; **~n-hülse** *f* cápsula *f*; cartucho *m* vazio; **~nlager** *n* câmara *f*; **~nmagazin** *n* (*-s*; *-e*) depósito *m*.

Pa'trouill|e [pa'truljə] *f* patrulha *f*; (*Stadt*♀) ronda *f*; **~enboot** *n* (*-es*; *-e*) patrulha *m*; ♀**'ieren** (-; *sn*) patrulhar; fazer ronda.

'Patsche ['patʃə] *f* F (*Hand*) mãosinha *f*; (*Pfütze*) charco *m*; atoleiro *m*; *fig.*: *in der* ~ *sn* (*od. sitzen*) estar num autêntico atoleiro; ♀**'naß** molhado até aos ossos.

'patzig ['patsiç] arrogante, impertinente, rabugento.

'Pauk|e *f* timbale *m*; '♀**en** tocar os timbales; (*fechten*) esgrimir; F (*lernen*) meter na cabeça; **~er** F *m* (*Lehrer*) professor *m*.

'Paus|backen *f/pl.* bochechas *f/pl.*; ♀**bäckig** [-bɛkiç] papudo.

Pau'schal... [pau'ʃa:l]: *in Zssgn* global; **~e** *n*, **~summe** *f* soma *f* global.

'Paus|e ['pauzə] *f*: **a)** pausa *f*; intervalo *m*; aberta *f*; **b)** (*Durchzeichnung*) calco *m*, cópia *f*; ♀**en** (*-t*) (de)calcar, trasfoliar; **~enzeichen** *n* ♪ pausa *f*; *Radio*: sinal *m* (da Rádio); ♀**'ieren** (-) pausar, parar; interromper (o trabalho); **~papier** *n* (*-s*; *-e*) papel *m* transparente; papel *m* químico.

'Pavian ['pa:via:n] *m* (*-s*; *-e*) babuino *m*.

'Pavillon ['paviljõ, -o:n] *m* (*-s*; *-s*) pavilhão *m*.

Pazi'fismus [patsi'fismus] *m* (-; *0*); **~t(in** *f*) (*-en*) pacifista *m*, *f*; ♀**tisch** pacifista.

Pech [pɛç] *n* (*-es*; *0*) pez *m*, breu *m*; *fig.* azar *m*, má sorte *f*; F macaca *f*; **'~blende** *f* pechblenda *f*; uraninite *f*; **'~draht** *m* (*-es*; *=e*) linhol *m*; **'~fackel** *f* (-; *-n*) archote *m*; **~'kohle** *f* azeviche *m*; '♀**schwarz** (*0*) negro como azeviche *m*; *Nacht*: escuro; **'~strähne** *f fig.* azar *m*; **'~vogel** *m* (*-s*; *=*) desgraçado *m*, pessoa *f* de pouca sorte.

Pe'dal [pe'da:l] *n* (*-s*; *-e*) pedal *m*; **~stange** *f* pedaleiro *m*.

Pe'dant [pe'dant] *m* (*-en*) caturra *m*; **~e'rie** [-ə'ri:] *f* caturrice *f*; ♀**isch** caturra; ultra-meticuloso.

Pe'dell [pe'dɛl] *m* (*-s*; *-e*) bedel *m*.

Pedi'küre [pedi'ky:rə] *f* tratamento *m* dos pés; *j.*: pedicura *f*.

'Pegel ['pe:gəl] *m* fluviómetro *m*; marégrafo *m*; **~stand** *m* (*-es*; *=e*) nivel *m* da água.

'Peil|-antenne ['paɪl-] *f* antena *f* radiogoniométrica; ♀**en** ⚓ *u.* (✈) orientar-se (por [radio]goniometria); **~funk** *m* (*-es*; *0*) radiogoniometria *f*; **~station** *f* radiofarol *m*; **~ung** *f* ⚓ *u.* (✈) orientação *f* ([radio]goniométrica).

Pein [paɪn] *f* (*0*) pena *f*, tormento *m*; sofrimento *m*; tortura *f*; '♀**igen** ['-igən] atormentar, torturar; **'~iger**

['-igər] *m* verdugo *m*; '𝟐**lich** penoso; *j. a.*: meticuloso; *j-m*: desagradável, desgostoso; ~ *berührt* mal impressionado, melindrado.
'**Peitsch|e** ['paɪtʃə] *f* chicote *m*; açoite *m u. f*; 𝟐**en** chicotear, fustigar, vergastar; *j-n*: *a.* açoitar; ~**enhieb** *m* (-*ës*; -*e*) chicotada *f*.
pekuni'är [pekuni'ɛ:r] pecuniário, financeiro.
Pele'rine [pelə'ri:nə] *f* capa *f*; manto *m*.
'**Pelikan** ['pe:lika:n] *m* (-*s*; -*e*) pelicano *m*.
'**Pell|e** ['pɛlə] *f nd.* casca *f*; pele *f*; 𝟐**en** descascar; ~**kartoffeln** *f/pl.* batatas *f/pl.* cozidas com a casca.
Pelz [pɛlts] *m* (-*es*; -*e*) pele *f*; peliça *f*; '~**besatz** *m*: *mit* ~ debruado de peles *f/pl.*; '~**-händler** *m* peleiro *m*; '~**-handlung** *f* pelaria *f*; '~**mantel** *m* (-*s*; ⸗) casaco *m* de peles; peliça *f*; '~**-stiefel** *m* bota *f* forrada de peles; '~**waren** *f/pl.* peles *f/pl.*
Pen'dant [pã'dã:] *n* (-*s*; -*s*) correspondente *m*; *ein* ~ *bilden* fazer jogo (zu com).
'**Pendel** ['pɛndəl] *n u. m* pêndulo *m*; (*Uhr*𝟐) *a.* pêndula *f*; ~**-ausschlag** *m* (-*ës*; ⸗*e*) amplitude *f* das oscilações do pêndulo; 𝟐**n** (-*le*) *v/t. u. v/i.* oscilar; ~**schwingung** *f* oscilação *f*; ~**-uhr** *f* pêndula *f*; ~**verkehr** *m* (-*s*; *0*) serviço *m* de ida e volta.
pe'nibel [pe'nibəl] meticuloso, minucioso; (*schwierig*) melindroso.
Penici'llin [penitsi'li:n] *n* (-*s*; *0*) penicilina *f*.
Pen'n|äler [pɛ'nɛ:lər] F *m* estudante *m* (do liceu); '~**bruder** *m* (-*s*; ⸗) F vagabundo *m*; '~**e** F *f* escola *f*; '𝟐**en** F dormir.
Pensi'on [pãzi'o:n, pɛnzi'o:n] *f* pensão *f* (*volle* completa); casa *f* de hóspedes; (*Alters*𝟐) reforma *f* (*a.* ⚔); (*Hinterbliebenen*𝟐) pensão *f*; ~'**är** [-o'nɛ:r] *m* (-*s*; -*e*) pensionista *m*; *Schüler*: interno *m*; ~'**at** [-o'na:t] *n* (-*ës*; -*e*) colégio *m* para internos; internato *m*; 𝟐'**ieren** (-) reformar; *sich* ~ *lassen* pedir a reforma; 𝟐'**iert** [-'ni:rt] reformado, aposentado, jubilado; ~'**ierung** [-'ni:ruŋ] *f* reforma *f*, aposentação *f*; 𝟐**s-berechtigt** com direito à reforma; ~**s-empfänger** *m* pensionista *m*; ~**s-kasse** *f* caixa *f* de aposentações; ~**s-preis** *m* (-*es*; -*e*) diária *f*.
'**Pensum** ['pɛnzum] *n* (-*s*; *Pensa od. Pensen*) matéria *f*, programa *m*.
per [pər] por; ~ *Adresse* aos cuidados de (*Abk.* a/c); ~ *Bahn* por grande (*od.* por pequena) velocidade; ~'**fekt** [-'fɛkt] perfeito; ~ *machen* concluir; '𝟐**fekt** *n* (-*ës*; -*e*) pretérito *m* (perfeito *od.* definitivo), perfeito *m*; 𝟐**fekti'on** [-tsi'o:n] *f* (*0*) perfeição *f*.
Perga'ment [pɛrga'mɛnt] *n* (-*ës*; -*e*) pergaminho *m*.
Peri'od|e [peri'o:də] *f* período *m*; 𝟐**isch** periódico.
Periph|e'rie [perife'ri:] *f* periferia *f*; circunferência *f*; 𝟐'**erisch** [-'fe:riʃ] periférico.
Peri'skop [peris'ko:p] *n* (-*s*; -*e*) periscópio *m*.
'**Perl|e** ['pɛrlə] *f* pérola *f*; *fig.* F criada; 𝟐**en**[1] brilhar, borbulhar; ~**en**[2]...: *in Zssgn* de pérolas; 𝟐**grau** aperolado; ~**-huhn** *n* (-*ës*; ⸗*er*) galinha-de-angola *f*; ~**muschel** *f* (-; -*n*) ostra *f* perolífera, madre-pérola *f*; ~**mutter** *f* (*0*) madre-pérola *f*, nácar *m*; ~**schrift** *f Typ.* missanga *f*.
perma'nen|t [pɛrma'nɛnt] permanente; 𝟐**z** *f* (*0*) permanência *f*.
Perpen'dikel [pɛrpɛn'di:kəl] *m, n* perpendículo *m*.
per'plex [pɛr'plɛks] perplexo; consternado.
'**Pers|er(in** *f*) *m* persa *m, f*; 𝟐**isch** pérsio; *Golf*: Pérsico.
Per'son [pɛr'zo:n] *f* pessoa *f* (*in eigener em*); *Thea.* personagem *f*; *ich für m-e* ~ cá por mim.
Perso'nal [pɛrzo'na:l] *n* (-*s*; *0*) pessoal *m*; ~**-akte** *f* folha (*ô) *f* de serviços; processo *m*; ~**-ausweis** *m* (-*es*; -*e*) bilhete *m* de identidade; cédula *f* pessoal; ~**beschreibung** *f* ficha *f* (antropométrica); sinais *m/pl.* pessoais; ~**ien** [-iən] *pl.* papéis *m/pl.* de identidade; documentação *f/sg.*; ~**-union** *f Pol.* dualismo *m*; união *f*.
Per'sonen|-aufzug *m* (-*ës*; ⸗*e*) elevador *m*; ~**beförderung** *f* transporte *m* de passageiros; transporte *m* cole[c]tivo; ~**dampfer** *m* vapor *m* de passageiros; ~**kraftwagen** *m* automóvel (*od.* carro) *m* particular; ~**name** *m* (-*ns*; -*n*) nome *m* de pessoa; (*Familien*~) apelido *m*; ~**stand** *m* (-*ës*; *0*) estado *m* civil;

~tarif *m* (-*ęs*; -*e*) tarifa *f* de passageiros; **~zug** *m* (-*ęs*; ⸗*e*) comboio *m*.
per'sönlich [pɛr'zø:nliç] pessoal; *adv. a.* em pessoa; ~ *werden* (*nehmen*) ofender(-se); **≗keit** *f* personalidade *f*; (*hohe*) ~ (alta) individualidade *f*; (*offizielle*) ~ entidade *f* (oficial).
Perspek'tiv|e [pɛrspɛk'ti:və] *f* perspe[c]tiva *f*; **≗isch** perspe[c]tívico.
Peru'an|er(in *f*) *m* [peru'a:nər] peruano *m* (-a *f*); **≗isch** peruano, do Perú.
Pe'rück|e [pɛ'rykə] *f* cabeleira *f*; chinó *m*; **~enmacher** *m* cabeleireiro *m*.
per'vers [pɛr'vɛrs] perverso, depravado.
Pessi'mis|mus [pɛsi'mismus] *m* (-; *0*) pessimismo *m*; **~t(in** *f*) *m* (-*en*) pessimista *m*, *f*; **≗tisch** pessimista.
Pest [pɛst] ⚕ *f* (*0*) peste *f*; *Beulen≗* peste *f* bubónica; '**≗-artig** pestilencial; '**~beule** *f* bubão *m*; '**≗krank** empestado.
Peter'silie [petər'zi:liə] *f* salsa *f*.
Pe'troleum [pe'tro:leum] *n* (-*s*; *0*) petróleo *m*; **~gesellschaft** *f* companhia *f* petroleira; **≗-haltig** [-haltiç] petrolífero; **~lampe** *f* candeeiro *m* de petróleo; **~(tank)-schiff** *n* (-*ęs*; -*e*) petroleiro *m*.
'**Petschaft** ['pɛtʃaft] *n* (-*ęs*; -*e*) sinete *m*.
Pfad [pfa:t] *m* (-*ęs*; -*e*) atalho *m*; senda *f*; '**~finder** *m* escoteiro *m*.
'**Pfaffe** ['pfafə] (-*n*) padre *m*; clérigo *m*; frade *m*; P padreco *m*; **~ntum** *n* (-*ęs*; *0*) clero *m*; clericalismo *m*.
Pfahl [pfa:l] *m* (-*ęs*; ⸗*e*) estaca *f*; (*Mast*) poste *m*; (*Baum≗*, *Wein≗*) tanchão *m*, mourão *m*; (*Schand≗*) pelourinho *m*; '**~bau** *m* (-*ęs*; -*ten*) habitação *f* lacustre; '**~dorf** *n* (-*ęs*; ⸗*er*) aldeia *f* lacustre.
'**Pfahl|rost** *m* (-*es*; -*e*) soleira *f*; estacada *f*; **~werk** *n* (-*ęs*; -*e*) estacaria *f*; ⚔ paliçada *f*; **~wurzel** *f* (-; -*n*) raiz *f* mestra.
Pfand [pfant] *n* (-*ęs*; ⸗*er*) penhor *m*; fiança *f*; prenda *f*; depósito *m*; *in* ~ *geben* penhorar, empenhar; *auf* ~ *leihen* emprestar sobre penhores; '**~brief** *m* (-*ęs*; -*e*) (título *m* de) hipoteca *f*.
'**pfänd|en** ['pfɛndən] (-*e*-) penhorar, *j-n*: *a.* executar; **≗er-spiel** *n* (-*ęs*; -*e*) jogo *m* de prendas.
'**Pfand|haus** *n* (-*es*; ⸗*er*) casa *f* de penhores; P prego *m*; **~leiher** [-laɪər] *m* penhorista *m*; P preguista *m*; **~recht** *n* (-*ęs*; *0*) direito *m* hipotecário; **~schein** *m* (-*ęs*; -*e*) cautela *f* de penhor.
'**Pfändung** ['pfɛnduŋ] *f* penhora *f*.
'**Pfann|e** ['pfanə] *f* sertã *f*; frigideira *f*; *Anat.* (*Gelenk≗*) cótilo *m*; **~kuchen** *m* crepe *m*; (*Berliner*) ~ bolo *m* de Berlim.
'**Pfarr|-amt** ['pfar-] *n* (-*ęs*; ⸗*er*) curato *m*; *Funktion*: *a.* sacerdócio *m*; **~bezirk** *m*, **~e** *f* paróquia *f*; **~er** *m* cura *m*, pároco *m*, abade *m*; *protestantischer*: pastor *m*; **~gemeinde** *f* paróquia *f*; **~haus** *n* (-*es*; ⸗*er*) casa do cura, casa *f* do pastor; **~kind** *n* (-*ęs*; -*er*) paroquiano *m*; **~kirche** *f* igreja *f* paroquial.
Pfau [pfaʊ] *m* (-*ęs*; -*en*) pavão *m*.
'**Pfeffer** ['pfɛfər] *m* pimenta *f*; *spanischer* ~ pimentão *m*; F *da liegt der Hase im* ~ aí está o caso; **~büchse** *f*, **~dose** *f* pimenteira *f*; **~kuchen** *m* pão *m* de espécie; broa *f* de Natal; **~minze** ⚘ *f* hortelã-pimenta *f*; **~mühle** *f* moinho *m* de pimenta; **≗n** (-*re*) apimentar; *gepfeffert fig.* picante; *Preis*: exorbitante; **~nuß** *f* (-; ⸗*sse*) = **~***kuchen*; **~strauch** *m* (-*ęs*; ⸗*er*) pimenteiro *m*.
'**Pfeife** ['pfaɪfə] *f* apito *m*, assobio *m*; (*Dampf≗*) sereia *f*; ♪ (*Quer≗*) pífaro *m*; flautim *m*; (*Orgel≗*) tubo *m*; (*Tabaks≗*) cachimbo *m*, pito *m*; **≗n** (*L*) apitar, assobiar; tocar o pífaro; *auf* (*ac.*) ~ *fig.* rir-se de, fazer pouco de; *nach j-s* ~ *tanzen* fazer tudo que alg. manda; **~nspitze** *f* boquilha *f*; **~r** ♪ *m* pífaro *m*.
Pfeil [pfaɪl] *m* (-*ęs*; -*e*) frecha *f*, seta *f*; '**~er** *m* pilar *m*, pilastre *f*; '**~gift** *n* (-*ęs*; -*e*) curare *m*; '**≗-schnell** (*0*) como um raio; '**~schuß** *m* (-*sses*; ⸗*sse*) setada *f*.
'**Pfennig** ['pfɛniç] *m* (-*s*; -*e*), (*als Maß im pl. uv.*) (centésima parte do marco) «pfennig» *m*; **~fuchser** [-fuksər] F *m* sovina *m*.
Pferch [pfɛrç] *m* (-*ęs*; -*e*) redil *m*, aprisco *m*; '**≗en** meter em redil.
Pferd [pfe:rt] *n* (-*ęs*; -*e*) cavalo *m*; *Turngerät*: cavalo *m* de pau; *sich aufs hohe* ~ *setzen fig.* meter-se em cavalarias altas; ser arrogante; *mit ihm kann man* ~*e stehlen* ele é um excelente companheiro.

'**Pferde**|**-apfel** ['pfe:rdə-] *m* (-*s*; ⸗) esterco (*'ê) *m* de cavalo; **~futter** *n* forragem *f*; **~geschirr** *n* (-*es*; -*e*) arreios *m*/*pl*.; **~haar** *n* (-*es*; -*e*) seda *f* de cavalo; crina *f*; **~händler** *m* contratador *m* de cavalos; **~länge** *f* distância *f* de um cavalo; **~rennen** *n* corrida *f* (de cavalos); concurso *m* hípico; **~sport** *m* (-*es*; *0*) hipismo *m*; **~stall** *m* (-*es*; ⸗*e*) cavalariça *f*; **~stärke** ⊕ *f* (*Abk*. *PS*) cavalo-vapor *m*, cavalo-força (*ô) *m*; **~zucht** *f* (*0*) criação *f* de gado cavalar; coudelaria *f*.

Pfiff [pfif] *m* (-*es*; -*e*) assobio *m*, apito *m*; *fig*. jeito *m*, manha *f*; '**~erling** ['-ərliŋ] ⚘ *m* (-*s*; -*e*) fungo *m*; *fig*. *keinen* ~ *wert sn* não valer um figo; '**⁓ig** esperto; finório, manhoso; '**~igkeit** *f* (*0*) manha *f*; finura *f*; inteligência *f*; '**~ikus** ['-ikus] *m* (-; -*se*) espertalhão *m*.

'**Pfingst**|**en** ['pfiŋstən] *n* (-; *0*) Espírito *m* Santo; Pentecostes *m*; **~rose** ⚘ *f* peónia *f*.

'**Pfirsich** ['pfirziç] *m* (-*es*; -*e*) pêssego *m*; **~baum** *m* (-*es*; ⸗*e*) pessegueiro *m*.

'**Pflanz**|**e** ['pflantsə] *f* planta *f*; **⁓en** (-*t*) plantar.

'**Pflanzen**|**butter** *f* margarina *f*; manteiga *f* vegetal; **~faser** *f* (-; -*n*) fibra *f* vegetal; **~fett** *n* (-*es*; -*e*) margarina *f*; banha *f* vegetal; **⁓fressend** herbívoro; **~kost** *f* (*0*) regime *m* vegetariano; **~kunde** *f* (*0*) botânica *f*; **~reich** *n* (-*es*; *0*) reino *m* vegetal; **~sammlung** *f* herbário *m*; **~welt** *f* = *~reich*; **~zelle** *f* alvéolo *m*.

'**Pflanz**|**er** ['pflantsər] *j*.: colono *m*; *a*. *et*.: plantador *m*; **~ung** *f* plantação *f*.

'**Pflaster** ['pflastər] *n* (*Heft*⁓) adesivo *m* (*auflegen* aplicar); (*Straßen*⁓) calçada *f*, pavimento *m*; pavimentação *f*; **⁓n** (-*re*) *Straßen*: calçar; calcetar, empedrar; *mit Fliesen*: ladrilhar, lajear; **~stein** *m* (-*es*; -*e*) pedra *f* de calçada.

'**Pflaume** ['pflaumə] *f* ameixa *f* (*getrocknete* seca); **~nbaum** *m* (-*es*; ⸗*e*) ameix[o]eira *f*; **~nkern** *m* (-*es*; -*e*) caroço *m* de ameixa; **~nmus** *n* (-*es*; -*e*) doce *m* de ameixas; **⁓nweich** (*0*) F muito mole.

'**Pflege** ['pfle:gə] *f* tratamento *m*, cuidado(s) *m* (*pl*.); assistência *f*; *Garten*: cultura *f*; *geistige*: cultivo *m*; (*Förderung*) prote[c]ção *f*; **⁓bedürftig**: *~sn* precisar de assistência (*od*. de tratamento, *od*. de cuidados); **~-eltern** *pl*. pais *m*/*pl*. adoptivos; **~mutter** *f* (-; ⸗) mãe *f* adoptiva; (*Amme*) ama *f*, aia *f*; **⁓n** *v*/*t*. cuidar de, tratar (de) (*beide a*. *refl*.); atender a; *Freundschaft*, *Künste*: cultivar; *Umgang*: ter; ~ *zu* (*inf*.) costumar (*inf*.); **~r**(**in** *f*) *m* ⚕ enfermeiro *m* (-a *f*); ⚖ curador(a *f*) *m*; (*Vormund*) tutor *m*; **~sohn** *m* filho *m* adoptivo.

'**pfleg**|**lich** ['pfle:kliç] cuidadosamente; **⁓ling** *m* (-*s*; -*e*) pupilo *m*, -a *f*; **⁓schaft** *f* (*0*) curadoria *f*; tutela *f*.

Pflicht [pfliçt] *f* dever *m*, obrigação *f*; obrigatoriedade *f*; '**⁓bewußt** consciente do(s) seu(s) dever(es); cumpridor; '**~bewußtsein** *n* (-*s*; *0*) consciência *f* do(s) seu(s) dever(es); '**~-eifer** *m* (-*s*; *0*) zelo (*ê) *m*; '**⁓-eifrig** zeloso; '**~-erfüllung** *f* cumprimento *m* do dever; **~fach** *n* (-*es*; ⸗*er*) disciplina *f* obrigatória; cadeira *f* obrigatória; '**~gefühl** *n* (-*s*; *0*) sentimento *m* do dever; '**⁓gemäß** devido; '**⁓**(**ge**)**treu** leal, cumpridor; '**⁓ig** (*dat*.) cativo de; '**⁓schuldig** obrigatório; devido; '**~teil** ⚖ *n* (-*es*; -*e*) legítima *f*; '**⁓vergessen** descuidado (dos seus deveres); prevaricado; '**~vergessenheit** (*0*), '**~verletzung** *f* falta *f* (ao dever); prevaricação *f*; **⁓widrig** contrário ao dever; desleal.

Pflock [pflɔk] *m* (-*es*; ⸗*e*) cavilha *f*, estaca *f*, calço *m*.

'**pflücken** ['pflykən] colher.

Pflug [pflu:k] *m* (-*es*; ⸗*e*) arado *m*; charrua *f*; '**~-eisen** *n* relha *f*.

'**pflüg**|**en** ['pfly:gən] arar, lavrar; **⁓er** *m* arador *m*; lavrador *m*.

'**Pflug**|**schar** *f* selha *f*; **~sterz** (-*es*; -*e*) *m* rabiça *f*; esteva *f*.

'**Pforte** ['pfɔrtə] *f* porta *f*.

'**Pförtner** ['pfœrtnər] *m*: **a**) (**~in** *f*) porteiro *m* (-a *f*); **b**) *Anat*. piloro *m*.

'**Pfosten** ['pfɔstən] *m* poste *m*; (*Tür*⁓) ombreira *f*.

'**Pfote** ['pfo:tə] *f* pata *f*.

Pfriem [pfri:m] *m* (-*es*; -*e*) sovela *f*; ⊕ punção *f*.

'**Pfropf**|**en** ['prɔpfən] *m* (*Kork*⁓) rolha (*ô) *f*; *dicker*: batoque *m*, *a*. ⚔ (*Gewehr*⁓) taco *m*; (*Lade*⁓) bucha *f*; '**2en** (ar)rolhar; tapar (*od.* fechar) com rolha (*ô); ⚘ enxertar; '**~reis** ⚘ *n* (*-es*; *-er*) enxerto (*'ê) *m*.

'**Pfründ|e** ['pfryndə] *f* benefício *m*; prebenda *f*; sinecura *f*; **~ner** [-nər] *m* prebendado *m*.

Pfuhl [pfu:l] *m* (*-es*; *-e*) charco *m*, lameiro *m*, paul *m*; abafeira *f*.

pfui! [pfui] que feio!, que vergonha!

Pfund *n* [pfunt] (*-es*; *-e*), (*als Maß im pl. uv.*) arrátel *m*, meio quilo *m*; ~ *Sterling* libra *f* esterlina; '**2ig** [-diç], **~s...**: *in Zssgn* P formidável; '**2weise** por libras, aos meio-quilos.

'**pfusch|en** ['pfuʃən] trabalhar mal; remendar; P aldravar; **2er**(**in** *f*) *m* incompetente *m*, *f*; trapalhão *m* (trapalhona *f*); P aldravão *m*; (aldravona *f*); **2e'rei** [-ə'raɪ] *f*, **2werk** *n* (*-es*; *0*) obra *f* mal feita; porcaria *f*.

'**Pfütze** ['pfytsə] *f* poça *f* (de água), charco *m*, atoleiro *m*.

Phäno'men [fɛno'me:n] *n* (*-s*; *-e*) fenómeno *m*.

Phanta'sie [fanta'zi:] *f* fantasia *f*; imaginação *f*; **2ren** [-rən] (-) desvairar; ⚕ delirar; ♪ improvisar.

Phan'tast [fan'tast] *m* (*-en*) fantasista *m*; utopista *m*; **2isch** fantástico; fabuloso, utópico.

Phan'tom [fan'to:m] *n* (*-s*; *-e*) fantasma *m*.

Phari'sä|er(**tum** *n* [*-s*; *0*]) *m* [fari'zɛ:ər-] fariseu *m* (farisaísmo *m*).

Pharma'zeut(**in** *f*) *m* (*-en*) farmacêutico *m* (-a *f*); **~ik** *f* (*0*) ciências *f*/*pl*. farmacêuticas; **2isch** farmacêutico.

'**Phase** ['fa:zə] *f* fase *f*.

Philan'trop [filan'tro:p] *m* (*-en*) filantropo *m*; **2isch** filantrópico.

philhar'monisch [fil-] filarmónico.

Phi'list|er [fi'listər] *m* filisteu *m*; **2erhaft** aburguesado.

Philo'log|e [filo'lo:gə] *m* (*-n*) filólogo *m*; **~ie** [-lo'gi:] *f* (*0*) filologia *f*; **2isch** filológico.

Philo'soph [filo'zo:f] *m* (*-en*) filósofo *m*; **~'ie** [-zo'fi:] *f* (*0*) filosofia *f*; **2'ieren** (-) filosofar, fazer filosofia; raciocinar; **2isch** filosófico.

Phi'ole [fi'o:lə] *f* frasquinho *m*.

'**Phlegma** ['flɛgma] *n* (*-s*; *0*) fleuma *m*.

Phleg'mat|iker [flɛg'ma:tikər] *m* fleumático *m*; **2isch** fleumático.

Pho'net|ik [fo'ne:tik] *f* (*0*) fonética *f*; **2isch** fonético.

'**Phosphor** ['fɔsfɔr] *m* (*-s*; *0*) fósforo *m*; **2es'zieren** [-forɛs'tsi:rən] (-) fosforescer; **2sauer**: ~*es Salz* fosfato *m*; **~säure** *f* (*0*) ácido *m* fosfórico.

'**Photo** ['fo:to] F *n* (*-s*; *-s*) foto *f*; **~-apparat** *m* (*-es*; *-e*) máquina *f* fotográfica.

Photo'graph [foto'gra:f] *m* (*-en*) fotógrafo *m*; **~'ie** [-gra'fi:] *f* (-) fotografia *f*; (*Bildnis*) retrato *m*; **2'ieren** (-) tirar uma fotografia (de); fotografar; **~in** *f* fotógrafa *f*; **2isch** fotográfico.

Photo|ko'pie *f* fotocópia *f*; **2ko'pieren** (-) tirar uma fotocópia (de); **~montage** *f* fotomontagem *f*.

'**Phras|e** ['fra:zə] *f* frase *f*; *pl.* ~*en!* palavras *f*/*pl.*!; palavrório *m*/*sg.*!; **~endrescher** *m* palavreiro *m*; **2enhaft** palavroso, verboso.

Phy'sik [fy'zi:k] *f* (*0*) física *f*; **2'alisch** [-i'ka:liʃ] físico.

'**Physiker** ['fy:zikər] *m* físico *m*.

Physio|gno'mie [fyziɔgno'mi:] *f* fisionomia *f*; **~'loge** [-'lo:gə] *m* (*-n*) fisiologista *m*; fisiólogo *m*; **~lo'gie** [-lo'gi:] *f* (*0*) fisiologia *f*; **2'logisch** fisiológico.

'**physisch** ['fy:siʃ] físico.

Pia'n|ist(**in** *f*) [pia'nist-] *m* (*-en*) pianista *m*, *f*; '**~o** [pi'a:no] *n* (*-s*; *-s*) piano *m*.

'**pichen** empesgar; ⚓ calafetar.

'**Picke** ['pikə] *f* picareta *f*.

'**Pickel** ['pikəl] *m* picareta *f*; ⚕ borbulha *f*; **2ig** cheio de nódoas (*od.* de borbulhas).

'**picken** ['pikən] picar; debicar.

'**Picknick** ['piknik] *n* (*-s*; *-e od. -s*) piquenique *m*.

'**piek|en** ['pi:kən] F *nd.* picar; **~fein** F muito elegante; *j.*: muito janota.

'**piep|en** ['pi:pən] piar, chiar; **2matz** [-mats] P *m* (*-es*; *"e*) passaroco *m*; **~sen** [-sən] = ~*en*; **~sig** [-ziç] fraquinho.

Pier [pi:r] *m* (*-s*; *-e*) molhe *m*; desembarcadouro *m*.

Pie'tät [pie'tɛ:t] *f* (*0*) piedade *f*; respeito *m*; *aus* ~ *für* em memória de; **2voll** piedoso; discreto.

Pik [pi:k] *n* (*-s*; *-e*) (*Berg*) pico *m*; *Kartenspiel*: espadas *f*/*pl.*; *fig. m* F *e-n* ~ *auf j-n haben* guardar rancor a alg.; **2'ant** [pi'kant] picante; interessante; '~e *f* lança; *fig.* rancor *m*; *von der ~ auf* desde o início; ~'ee [pi'ke:] *m* (*-s*; *-e*) piqué *m*; ⁓'iert [-'ki:rt] melindrado.

'**Pilger**(**in** *f*) *m* ['pilgər-] peregrino *m* (-a *f*); romeiro *m* (-a *f*); ~**fahrt** *f* peregrinação *f*; romaria *f*, romagem *f*; ⁓**n** (*-re*) peregrinar, ir em romaria (*nach* a); ~**stab** *m* (*-es*; *⸚e*) bordão *m*.

'**Pille** ['pilə] *f* pílula *f*, grajeia *f*; ~**en-dreher** *m* F boticário *m*.

Pi'lot [pi'lo:t] *m* (*-en*) piloto (*'ô) *m*.

Pilz [pilts] *m* (*-es*; *-e*) fungo *m*, cogumelo.

'**pimp**(**e**)**lig** ['pimp(ə)liç] F fraquinho, mimoso.

'**Pinie** ['pi:niə] *f* pinheiro *m*; ~**n-hain** *m* (*-es*; *-e*) pinhal *m*; ~**nkern** (*-es*; *-e*) *m* pinhão *m*.

'**Pinne** ['pinə] *f* percevejo *m*; ⚓ (*Ruder*⁓) temão *m*.

'**Pinscher** ['pinʃər] *m* cão *m* fral-d(iqu)eiro.

'**Pinsel** ['pinzəl] *m* pincel *m*; *grober*: brocha *f*; *fig. j.*: simplório *m*; ~'**ei** [-'laɪ] *f* borradura *f*; ⁓**n** (*-le*) pincelar; (*schmieren*) borrar; *j-n*: ⚕ dar uma tintura a; ~**strich** *m* (*-es*; *-e*) pincelada *f*.

Pin'zette [pin'tsɛtə] *f* pinça *f*.

Pio'nier [pio'ni:r] *m* (*-s*; *-e*) pioneiro *m*; *fig. a.* iniciador *m*; ⚔ sapador *m*, soldador *m* de engenharia; ~...: *in Zssgn* ⚔ de engenharia, de sapadores.

Pips [pips] *m* (*-es*; *0*) gogo (*'ô) *m*, gosma *f*.

Pi'rat [pi'ra:t] *m* (*-en*) pirata *m*.

Pi'rol [pi'ro:l] *m* (*-s*; *-e*) melro *m* dourado.

Pirsch [pirʃ] *f* caça *f*; '⁓**en** caçar.

'**pissen** P (*-ßt*) mijar.

Pis'tazie [pis'ta:tsiə] *f* pistácia *f*.

Pis'tol|**e** [pis'to:lə] *f* pistola *f*; ~**en...**: *in Zssgn* de pistola(s); ~**en-schuß** *m* (*-sses*; *⸚sse*) pistolada *f*.

pitto'resk [pito'rɛsk] pitoresco.

pla'cier|**en** [pla'si:rən] (-) colocar; *Sport*: classificar (*an dat.* em); ⁓**ung** *f* colocação *f*; classificação *f*.

'**placke**|**n** ['plakən] vexar; *sich ~* esfalfar-se, maçar-se; ⁓'**rei** [-'raɪ] *f* vexação *f*; maçada *f*.

plä|'**dieren** [plɛ'di:rən] (-): ~ (*für*) defender, advogar (a causa de); ⁓**do'yer** [-doa'je:] *n* (*-s*; *-s*) ⚖ defesa *f*; discurso *m* final.

'**Plage** ['pla:gə] *f* mal *m*, calamidade *f*; (*Land*⁓) praga *f*; flagelo *m*; (*Last*) maçada *f*; (*Qual*) dor *f*, tormento *m*; ~**geist** *m* (*-es*; *-er*) demónio *m*; *j.*: maçador *m*; ⁓**n** atormentar; maçar; *sich ~* esfalfar-se, maçar-se.

Plagi'at [plagi'a:t] *n* (*-es*; *-e*) plágio *m*; ~**or** [-ɔr] *m* (*-en*) plagiário *m*.

Pla'kat [pla'ka:t] *n* (*-es*; *-e*) cartaz *m*.

Pla'kette [pla'kɛtə] *f* distintivo *m*, medalha *f*; (*Wand*⁓) placa *f* (comemorativa).

Plan [pla:n] **1.** *m* (*-es*; *⸚e*) plano *m*; proje[c]to *m*; (*Grundriß*, *Stadt*⁓) planta *f*; desenho *m* (*entwerfen* esboçar, traçar); (*offenes Feld*) campo *m*; *fig. auf dem ~ erscheinen* surgir; *auf den ~ rufen* provocar a rea[c]ção de; **2.** ⁓ plano, liso; '~**e** *f* lona *f*.

'**planen** ['pla:nən] proje[c]tar, planear; planificar.

Pla'net [pla'ne:t] *m* (*-en*) planeta *m*; ⁓'**arisch** [-e'ta:riʃ], ~**en...**: *in Zssgn* planetário, dos planetas; ~**enbahn** *f* órbita *f*.

pla'nier|**en** [pla'ni:rən] (-) aplanar; nivelar; ⁓**ung** *f* nivelação *f*.

'**Planke** ['plankə] *f* prancha *f*; tábua *f*.

Plänk|**e'lei** [plɛŋkə'laɪ] *f* tiroteio *m*, escaramuça *f*; '⁓**eln** (*-le*) escaramuçar.

'**Plankton** ['plaŋktɔn] *n* (*-s*; *0*) plâncton *m*.

'**plan**|**los** sem plano, sem método; desorientado; ⁓**losigkeit** [-lo:ziç-] *f* (*0*) falta *f* de método; ~**mäßig** metódico, sistemático; *verlaufen a.*: segundo o(s) plano(s) prestabelecido(s); *Beamter*: do quadro; efe[c]tivo; ⁓**mäßigkeit** *f* (*0*) ordem *f*; método *m*.

'**planschen** ['planʃən] patinhar, chapinhar.

Plan'tage [plan'ta:ʒə] *f* plantação *f*.

'**Plan**|**ung** ['pla:nuŋ] *f* planificação *f*; (*städtebauliche ~*) urbanização *f*; ⁓**voll** = ~*mäßig*; ~**wagen** *m* carro *m* com toldo; ~**wirtschaft** *f* economia *f* dirigida (*od.* planificada); dirigismo *m*.

'**Plapper**|**maul** ['plapər-] *n* (*-es*; *⸚er*) palreiro *m*; indiscreto *m*; ⁓**n** (*-re*) palrar; ser indiscreto; não ter freio na língua; *Kind*: galrear.

'**plärren** ['plɛrən] chorami[n]gar.

'**Plast**|**ik** ['plastik] **1.** *f* (arte *f*) plástica *f*; escultura *f*; *Anschaulich-*

keit plasticidade *f*; **2. ~ik** *n* (*0*) (*Kunststoff*) plástico *m*; **2isch** plástico; *Chirurgie*: estética.
Pla'tane [pla'ta:nə] *f* plátano *m*.
Pla'teau [pla'to:] *n* (-*s*; -*s*) planalto *m*; * platô *m*.
'Platin ['pla:ti:n] *n* (-*s*; *0*) plátina *f*.
pla'tonisch [pla'to:niʃ] platónico.
'plätschern ['plɛtʃərn] (-*re*) patinhar; *Bach*: murmurar.
platt [plat] plano; chato; *Nase*: achatado; *fig.* trivial; F (*erstaunt*) pasmado, espantado.
'Plättbrett ['plɛt-] *n* (-*es*; -*er*) tábua *f* de engomar.
'Plattdeutsch *n* baixo-alemão *m*; *auf* ~ em baixo-alemão.
'Platte ['platə] *f* chapa *f*; lâmina *f*; (*Schall*2) disco *m*; (*Speise*2) prato *m*; (*Schüssel*) travessa *f*; (*Stein*2) laje *f*; lousa *f*; (*Tisch*2) tampo *m*; F (*Glatze*) careca *f*.
'Plätt|-eisen ['plɛt-] *n* ferro *m* de engomar; **2en** (-*e*-) engomar; passar a ferro.
'Platten|druck *m* (-*es*; -*e*) *Typ.* estereotipia *f*; **~spieler** *m* gira-discos *m*; **~trockner** *m* *Phot.* secador *m*.
Plätt|e'rei [plɛtə'raɪ] *f* engomadaria *f*; **'~erin** *f* engomadeira *f*.
'Platt|form *f* plataforma *f*; **~fuß** *m* (-*es*; ⸚*e*) pé *m* chato; F *Auto*: furo *m*; **~fuß-einlage** *f* palmilha *f* ortopédica; **2füßig** [-fy:siç]: ~ *sn* ter os pés chatos; **2gedrückt** achatado; **~-heit** *f* achatadura *f*; achatado *m*; *fig.* trivialidade *f*; **2'ieren** (-) chapear; **~nasig** [-na:ziç] (de nariz) chato.
'Plättwäsche ['plɛt-] *f* (*0*) roupa *f* para engomar.
Platz [plats] *m* (-*es*; ⸚*e*) *öffentlicher*, ⚕ *u.* ⚔ praça *f*; (*Ort*) sítio *m*; (*a.* *Sitz*2 *u.* ⚕) lugar *m*; (*Gelände*, *Raum*) recinto *m*; ✈ *u.* *Sport*: campo *m*; (*Anzahl der Plätze*) lotação *f*; ~ *finden* caber; ~ *machen* abrir caminho; ~ *nehmen* sentar-se; *bis auf den letzten* ~ *besetzt a.* a abarrotar; *am* ~*e* ⚕ *a.* local; *am* ~*e* *sn fig.* ser oportuno, estar indicado; *nicht* (*od.* *fehl*) *am* ~*e* *sn fig.* estar fora do seu lugar, *fig. a.* ser inoportuno, ser despropositado; **'~-angst** *f* ⚕ (*0*) agorafobia *f*; **'~anweiser(in** *f*) *m* ['-anvaɪzər-] arrumador(a *f*) *m*.
'Plätzchen ['plɛtsçən] *n* bolacha *f*.
'platz|en ['platsən] (-*t*, *sn*) (ar)rebentar; estalar; **2karte** *f* 🚂 (bilhete *m* de) marcação *f* de lugar; **2patrone** *f* cartucho *m* de pólvora seca; **2regen** *m* aguaceiro *m*; **2wechsel** *m* mudança *f* de lugar; ⚕ letra *f* local.
Plaud|e'rei [plaudə'raɪ] *f* palestra *f*; cavaco *m*; conversa(ção) *f*; (**'~erer** *m*), **'2erhaft** falador (*m*); **'2ern** (-*re*) cavaquear; conversar; *fig.* (*aus der Schule*) ~ ser indiscreto; **'~erstündchen** [-ʃtyntçən] *n* conversa(ção) *f*.
plau'sibel [plau'zi:bəl] plausível, razoável.
Ple'bej|er(in *f*) *m* [ple'be:jər-] plebeu *m* (plebeia *f*); **2isch** plebeu.
Plebs [plɛps] *m* (-*es*; *0*) plebe *f*.
'Pleite ['plaɪtə] F **1.** *f* bancarota *f*; falência *f*; fracasso *m*; ~ *machen* falir; **2.** 2 falido; ~ *gehen* falir.
Ple'nar... [ple'na:r]: *in Zssg(n)* plenário.
'Pleuelstange ['plɔyəl-] *f* biela *f*.
'Plomb|e ['plɔmbə] *f* chumbo *m*; **2'ieren** chumbar; obturar; *mit Gold*: aurificar.
'plötzlich ['plœtsliç] súbito, repentino; *adv. a.* de repente.
plump [plump] (*schwer*) pesado; maciço; (*grob, ungeschickt*) grosseiro, deselegante; **'2-heit** *f* peso (*ê) *m*; informidade *f*; *fig.* grosseria *f*; deselegância *f*; **'~sen** ['-sən] (-*t*, *sn*) cair.
'Plunder ['plundər] *m* (-*s*; *0*) farraparia *f*; tarecos *m/pl.*
'Plünder|er ['plyndərər] *m* saqueador *m*; pilhador *m*; **2n** (-*re*) saquear; **~ung** *f* saque *m*, pilha(gem) *f*.
plus [plus] **1.** ✗ mais; **2.** 2 *n* (*0*) vantagem *f*; *ein* ~ *haben a.* ter uma coisa em seu favor; ⚕ superavit *m*.
Plüsch [ply:ʃ] *m* (-*es*; -*e*) pelúcia *f*.
'Plusquamperfekt ['pluskvampərfɛkt] *m* (-*es*; -*e*) mais-que-perfeito *m*.
Plu'tonium [plu'to:nium] *n* (-*s*; *0*) plutónio *m*.
Pneu'mat|ik [pnɔy'ma:tik] *f* (*0*) pneumático *m*; **2isch** pneumático.
'Pöbel ['pø:bəl] *m* (-*s*; *0*) plebe *f*; populaça *f*; **2-haft** plebeu, ordinário; indecente.
'poch|en ['pɔxən] bater, *Herz*: *a.*

palpitar; ⊕ *Erz*: moer; *fig. auf* (*ac.*) ~ prevalecer-se de; (*fordern*) reclamar (*ac.*).

'**Pock|e** ⚕ ['pɔkə] *f* bexiga *f* (negra); **~en** *pl. a.* varíola *f/sg.*; **~enimpfung** *f* vacinação *f*; **2en-narbig** bexigoso.

'**Podium** ['po:dium] *n* (-*s*; *Podien*) estrado *m.*

Poe'sie [poe'zi:] *f* poesia *f.*

Po'et [po'e:t] *m* (-*en*) poeta *m*; **~ik** *f* poética *f*; **2isch** poético.

Po'inte [po'ɛ̃:tə] *f* graça *f.*

Po'kal [po'ka:l] *m* (-*s*; -*e*) taça *f.*

'**Pökel** ['pø:kəl] *m*, **~brühe** *f* salmoura *f*; **~faß** *n* (-*sses*; ⸗*sser*) salmoeira *f*; **~fleisch** *n* (-*es*; *0*) carne *f* salgada; febra *f*; P salé *f*; **2n** (-*le*) salgar, pôr de salmoura.

Pol [po:l] *m* (-*ĕs*; -*e*) pólo *m.*

po'lar [po'la:r] polar; **2-expedition** *f* expedição *f* polar; **2forscher** *m* explorador *m* das regiões polares; **2isati'on** [-izatsi'o:n] *f* polarização *f*; **~i'sieren** [-i'zi:rən] polarizar; **2ität** [-i'tɛ:t] *f* polaridade *f*; **2kreis** *m* (-*es*; -*e*) círculo *m* polar (*od.* ár[c]tico); **2licht** *n* (-*ĕs*; -*er*) aurora *f* boreal; **2stern** *m* (-*ĕs*; -*e*) estrela (*'ê) *f* polar.

'**Pole** ['po:lə] *m* (-*n*) polaco *m.*

Po'lem|ik [po'le:mik] *f* polémica *f*; controvérsia *f*; **~iker** [-ikər] *m* polemista *m*; **2isch** polémico; **2i'sieren** [-i'zi:rən] (-) fazer polémica, polemicar.

Po'lice [po'li:sə] *f* apólice *f.*

Po'lier [po'li:r] ⚠ *m* (-*s*; -*e*) (pedreiro *m*) contra-mestre *m*; **2en** (-) polir, brunir, dar polimento a, dar lustro a; ⊕ afagar; **~er** *m* polidor *m*; brunidor *m.*

'**Poliklinik** ['poli-] *f* policlínica *f*; banco *m* (de hospital).

'**Polin** ['po:lin] *f* polaca *f.*

Poli'tik [poli'ti:k] *f* política *f.*

Po'liti|ker [po'li:tikər] *m* político; **2sch** político; **2'sieren** [-'zi:rən] (-) *v/i.* fazer política; discutir política.

Poli'tur [poli'tu:r] *f* polimento *m*; lustre *m.*

Poli'zei [poli'tsaɪ] *f* polícia *f*; **~aufsicht** *f* (*0*) policiamento *m*; vigilância *f* da polícia; **~beamte(r)** *m* (-*n*) agente *m* da polícia; **~behörde** *f* polícia *f* (de segurança pública); **~gewahrsam** *m* (-*ĕs*; -*e*) prevenção *f* (*in* de); *in* ~ detido; **~gewalt** *f* (*0*) autoridade *f* (policial); **~kommissar** *m* (-*s*; -*e*) comissário (*od.* delegado) *m* de polícia; **2lich** policial; de polícia, da polícia; *adv.* pela polícia; **~präsident** *m* (-*en*) chefe *m* da polícia; **~präsidium** *n* (-*s*; -*dien*) = **~***behörde*; **~revier** *n* (-*s*; -*e*) sector *m* de polícia; = **~***wache*; **~spitzel** *m* agente *m* (secreto) da polícia; **~streife** *f* patrulha *f* de polícia; (*Razzia*) rusga *f*; **~stunde** *f* hora *f* de recolha; **~wache** *f* esquadra *f* da polícia, posto *m* da polícia.

Poli'zist [poli'tsist] *m* (-*en*) polícia *m*, guarda *m.*

'**Pollen** ['pɔlən] *m* pólen *m.*

'**polnisch** ['pɔlniʃ] polaco, da Polónia.

'**Polster** ['pɔlstər] *n* estofo (*'ô) *m*; (*Kissen*) almofada *f*, coxim *m*; **~möbel** *n/pl.* móveis *m/pl.* estofados; **2n** (-*re*) estofar; almofadar; **~stuhl** *m* (-*ĕs*; ⸗*e*) cadeira *f* estofada; **~ung** *f* estofo (*ô) *m.*

'**Polter|-abend** ['pɔltər-] *m* (-*ĕs*; -*e*) véspera *f* de núpcias; **~geist** *m* (-*ĕs*; -*er*) duende *m*, diabrete *m*; **2n** (-*re*) fazer barulho; raivar.

Poly|'eder [poly:'e:dər] *n* poliedro *m*; **~ga'mie** [-ga'mi:] *f* poligamia *f*; **~'gon** [-'go:n] *n* (-*s*; -*e*) polígono *m.*

Po'lyp [po'ly:p] *m* (-*en*) ⚕ pólipo *m*; *Zool.* polvo *m.*

Poly'technikum [poly'-] *n* (-*s*; -*ken*) escola *f* politécnica.

Po'mad|e [po'ma:də] *f* pomada *f*; **2ig** *fig.* F fleumático.

Pome'ranze [pomə'rantsə] *f* laranja *f*; (*Baum*) laranjeira *f.*

Pomp [pɔmp] *m* (-*ĕs*; *0*) pompa *f*; fausto *m*; '**2-haft, 2'pös** [-'pø:s] pomposo, faustoso.

Pon'ton [pɔn'tõ] *m* (-*s*; -*s*), **~brücke** *f* pontão *m.*

'**Popanz** ['po:pants] *m* (-*es*; -*e*) espantalho *m*; estafermo *m.*

Pope'lin [popə'li:n] *m* (-*s*; -*e*) popeline *f.*

Po'po [po'po:] *m* (-*s*; -*s*) nádegas *f/pl.*; *Kind*: fofo *m.*

popu|lär [popu'lɛ:r] popular; **2lari'tät** [-lari'tɛ:t] *f* (*0*) popularidade *f.*

'**Por|e** ['po:rə] *f* poro *m*; **2'ös** [-'rø:s] poroso.

'**Porphyr** ['pɔrfy:r] *m* (-*s*; -*e*) pórfiro *m.*

'**Porree** ['pore] *m* (*-s*; *-s*) alho--porro *m*.
Por'tal [pɔrta:l] *n* (*-s*; *-e*) portal *m*.
Portemon'naie [pɔrtmɔ'nɛ:] *n* (*-s*; *-s*) porta-moedas *m*.
Porti'er [porti'e:] *m* (*-s*; *-s*) porteiro *m*; **~(s)frau** *f* porteira *f*; **~(s)-loge** *f*: *in der ~* ao porteiro *m*.
Porti'on [pɔrtsi'on] *f* porção *f*; *Restaurant a.*: prato *m*.
'**Porto** ['pɔrto] *n* (*-s*; *-s od. Porti*) porte *m*; franquia *f*; **~-auslagen** *f/pl.* despesas *f* de porte; portes *m/pl.*; **2frei** isento de porte, franco de porte; **~kosten** *pl.* portes *m/pl.*; **2pflichtig** sujeito a porte; **~zuschlag** *m* (*-es*; *⸚e*) porte *m* adicional.
Por'trät [pɔr'trɛ:] *n* (*-s*; *-s*) retrato *m*; **2'ieren** (-) retratar; **~maler** *m* retratista *m*.
Portu'gies|e [pɔrtu'gi:zə] *m* (*-n*) (**~in** *f*) português *m* (-esa *f*); **2isch** português, de Portugal.
'**Portwein** ['pɔrt-] *m* (*-es*; *-e*) vinho *m* do Porto (*'ô).
Porzel'lan [pɔrtsə'la:n] *n* (*-s*; *-e*) porcelana *f*; **~...**: *in Zssg(n)* de porcelana.
Po'saun|e [po'zaunə] *f* trombone *m*; *fig.* trombeta *f*; **2en** (-) tocar trombone; *fig.* vociferar.
'**Pose** ['po:zə] *f* pose *f*; afe[c]tação *f*; postura *f*. [situação *f*.]
Positi'on [pozitsi'o:n] *f* posição *f*;
'**positiv** ['poziti:f] **1.** positivo; **2.** **2** *n* (*-s*; *-e*) *Phot.* prova *f* positiva; **2ismus** [-'vismus] *m* (*-*; *0*) positivismo *m*; **2'vist** [-'vist] *m* (*-en*) positivista *m*; **~'istisch** positivista.
Posi'tur [pozi'tu:r] *f* postura *f*; *in ~* perfilado; *sich in ~ setzen* compor--se.
'**Posse** ['pɔsə] *f* farsa *f*; **2n-haft** burlesco; **~nreißer** *m* charlatão *m*; farsista *m*.
'**possessiv** ['pɔsəsi:f] possessivo; **2pronomen** *n* (*-s*; *- od. Pronomina*) pronome *m* possessivo.
pos'sierlich [pɔ'si:rliç] engraçado.
Post [pɔst] *f* correio *m* (*mit der, per* por); (*Brief2*) *a.* correspondência *f*; *auf die ~ bringen* pôr no correio; * postar; *mit gleicher ~* ✝ separado; '**~-abschnitt** *m* (*-es*; *-e*) talão *m* do vale do correio; **2'alisch** [-'ta:liʃ] postal.
Posta'ment [pɔsta'mɛnt] *n* (*-es*; *-e*) pedestal *m*.
'**Post|-amt** *n* (*-es*; *⸚er*) (estação *f* de) correio(s) *m(pl.)*; **~-anweisung** *f* vale *m* do correio; **~-auftrag** *m* (*-es*; *⸚e*) reembolso (*'ô) *m*; cobrança *f* postal; **~auto** *n* carro *m* dos correios; (*Überlandauto*) autocarro *m*; **~beamte(r)** *m* (*-n*) (**~beamtin** *f*) empregado *m* (-a *f*) do correio; **~beförderung** *f* expedição *f* postal; **~beutel** *m* saco *m* postal (*od.* de correspondência); **~bezirk** *m* (*-es*; *-e*) zona *f* postal, área *f* postal; **~-boot** *m* (*-es*; *-e*) paquete *m*; **~bote** *m* (*-n*) carteiro *m*; distribuidor *m* dos correios; **~direktion** *f* administração *f* dos correios; **~-eingang** ✝ *m* (*-es*; *⸚e*) correio *m* do dia, correspondência *f* do dia; **~-einzahlung** *f* vale *m* do correio.
'**Posten** ['pɔstən] *m* posto (*'ô) *m*; (*Amt*) *a.* cargo *m*; emprego (*'ê) *m*; (*Wach2*) sentinela *f* (*stehen* estar de); ♧ parte *f*; ✝ *Buchung*: entrada *f*; *Rechnung*: verba *f*; *Ware*: lote *m*, partida *f*, remessa *f*; *fig. nicht auf dem ~ sn* não se sentir bem; ter uma indisposição; **~kette** ⚔ *f* linha *f* de sentinelas.
'**Post|fach** *n* (*-es*; *⸚er*) apartado *m*, caixa *f* postal; **~flugzeug** *n* (*-es*; *-e*) avião *m* de correio; **~horn** *n* (*-es*; *⸚er*) corneta *f* de postilhão; **2'ieren** (-) colocar; **~karte** *f* bilhete *m* postal; **~kutsche** *f* diligência *f*; **2lagernd** posta restante; **~nachnahme** *f*: *per ~* contra reembolso (*'ô) *m*; **~paket** *n* (*-es*; *-e*) encomenda *f* postal; **~sack** (*-es*; *⸚e*) *m* = *~beutel*; **~schalter** *m* postigo *m*; **~scheck** *m* (*-s*; *-s*) cheque *m* postal; **~schließfach** (*-es*; *⸚er*) = *~fach*; **~sendung** *f* remessa *f* postal; **~stempel** *m* carimbo *m* postal; **~tarif** *m* (*-es*; *-e*) taxa *f* postal; **~vermerk** *m* (*-es*; *-e*) nota *f* postal; **~wagen** *m* mala-posta *f*; 🚃 vagão *m* postal; **2wendend** na volta do correio; **~wertzeichen** *n* selo (*ê) *m* postal; **~wesen** *n* (*-s*; *0*) serviço(s) *m(pl.)* postal (-ais); **~zug** 🚃 *m* (*-es*; *⸚e*) comboio-correio *m*.
Po'tenz [po'tɛnts] *f* potência *f*; **2'ieren** (-) elevar a uma potência.
'**Pott|-asche** ['pɔt-] *f* (*0*) potassa *f*; *reine ~* carbonato *m* de potássio; **~fisch** (*-es*; *-e*), **~wal** *m* (*-es*; *-e*) cachalote *m*.

Prä'ambel [prɛ'ambəl] *f* (-; -*n*) preâmbulo *m*.
Pracht ['praxt] *f* (*0*) fausto *m*, luxo *m*, esplendor *m*, magnificência *f*; pompa *f*.
'prächtig ['prɛçtiç] magnífico, vistoso, faustoso, sumptuoso; *j.*: excelente.
'Pracht|kerl *m* (-*s*; -*e*) jóia *f* de rapaz; **'~stück** *n* exemplar *m* primoroso; **'2voll** = *prächtig*.
Prädi'kat [prɛdi'ka:t] *n* (-*ɇs*; -*e*) (*Adels2 usw.*) título *m*; *gr.* predicado *m*; (*Zensur*) nota *f*.
Prä'fix [prɛ:'fiks] *n* (-*es*; -*e*) *gr.* prefixo *m*.
prä'g|en ['prɛ:gən] estampar; *Münze*: cunhar; **2e-stempel** *m* cunho *m*; **~'nant** [-'nant] expressivo; conciso; vincado; **2'nanz** [-'nants] *f* (*0*) expressividade *f*; concisão *f*; **2ung** *f* cunho *m*.
'prahl|en ['pra:lən] blasonar; gabar-se, vangloriar-se (*mit* de); **2er** *m* fanfarrão *m*; **2e'rei** [-ə'raɪ] *f* bazófia *f*, fanfarronice *f*, jactância *f*; **~erisch** [-əriʃ], (**2hans** *m* [-*en*; ⸚*e*]) fanfarrão (*m*).
Prahm [pra:m] *m* (-*ɇs*; -*e*) pontão *m*.
Prakti'kant [prakti'kant] *m* (-*en*) praticante *m*; estagiário *m*.
'Prakti|ken ['praktikən] *pl.* *uv.* manobras *f/pl.*, maquinações *f/pl.*; **~ker** *m* homem *m* prático; **2sch** prático; *Arzt*: clínico; **2'zieren** (-) praticar; exercer; ⚕ fazer clínica.
Prä'lat [prɛ'la:t] *m* (-*en*) prelado *m*.
Pra'lin|e [pra'li:nə] *f*, **~'é** [-'ne:] *n* (-*s*; -*s*) bombom *m*.
prall 1. [pral] *adj.* (*eng*) apertado, justo; (*straff*) te[n]so; (*voll u. rund*) repleto; *Backe usw.*: gordo, cheio; *Muskel*: marcado; *Sonne*: pleno; **2.** **2** *m* (-*ɇs*; -*e*) choque *m*, ricochete *m*, ressalto *m*, rechaço *m*; **'~en** *v/i.* *u.* *v/t.* ressaltar; ricochetear; ~ *gegen* embater em.
Prä'ludium [prɛ'lu:dium] *n* (-*s*; -*dien*) prelúdio *m*.
'Prämie [prɛ:miə] *f* prémio *m*.
prämi'ier|en [prɛmi'irən] (-) premiar; **2ung** *f* distinção *f*; (*Preisverteilung*) distribuição *f* de prémios.
'prang|en ['praŋən] brilhar, ostentar-se; **2er** *m* pelourinho *m*.
'Pranke ['praŋkə] *f* garra *f*.
Präpa'r|at [prɛpa'ra:t] *n* (-*ɇs*; -*e*) preparado *m*; **2ieren** (-) preparar; ⚕ dissecar.
Prägositi'on [prɛpozitsi'o:n] preposição *f*.
'Präsens ['prɛ:zɛns] *n* (-; *Präsentia*) presente *m*.
Prä'sen|t [prɛ'zɛnt] *n* (-*ɇs*; -*e*) presente *m*; **2'tieren** [-'ti:rən] (-) apresentar (*das Gewehr* armas); **~z** [-ts] (*0*) assistência *f*, frequência *f*; **~z-liste** *f* ponto *m*.
Präsi'dent [prɛzi'dɛnt] *m* (-*en*) presidente *m*; **~in** *f* presidenta *f*; **~schaft** *f* presidência *f*.
präsi'dieren [prɛzi'di:rən] (-) presidir.
Prä'sidium [prɛ'zi:dium] *n* (-*s*; -*dien*) dire[c]ção *f*, presidência *f*; mesa *f*.
'prasse|ln ['prasəln] (-*le*) crepitar; *Regen*: bater; **~n** (-*ßt*) banquetear-se; **2r** *m* glutão *m*; *pl.* comes e bebes *m/pl.*
Präten'dent [prɛtɛn'dɛnt] *m* (-*en*) pretendente *m*.
Prä'teritum [prɛte:ritum] *n* (-*s*; -*ta*) pretérito *m*.
präven'tiv [prɛvɛn'ti:f], **2...**: *in Zssgn* preventivo.
'Praxis ['praksis] *f* (-; *Praxen*) prática *f*; ⚖, ⚕ consultório *m*, ⚕ *a.* clínica; (*Kundschaft*) clientela *f*.
Präze'denzfall [prɛtse'dɛnts-] *m* (-*ɇs*; ⸚*e*) precedente *m*, antecedente *m*.
prä'zis [prɛ'tsi:s] preciso, exa[c]to.
präzi's|ieren [prɛtsi'zi:rən] (-) precisar, especificar; **2i'on(s...**: ⊕) (-i'o:n[s]) *f* (de) precisão *f*.
'predig|en ['pre:digən] pregar; **2er** *m* pregador *m*; capelão *m*; **2t** [-çt] *f* sermão *m* (*halten* fazer, proferir); homília *f*.
Preis [praɪs] *m* (-*es*; -*e*) preço *m* (*im*, *zum* ao); (*Gewinn*) prémio *m*; (*Lob*) elogio *m*, honra *f*; *im ~ steigen* subir de preço; *um jeden ~* custe o que custar; *um keinen ~* de modo algum; *e-n ~ ansetzen für* cotizar; *e-n ~ ausschreiben* abrir concurso; **'~-abbau** *m* (-*ɇs*; *0*) redução *f* de (*od.* dos) preços; **'~-angabe** *f* indicação *f* do preço; **'~-aufgabe** *f* tema *m* de concurso; **'~-aufschlag** *m* (-*ɇs*; ⸚*e*) sobretaxa *f*; aumento *m*; **'~-ausschreiben** *n* concurso *m*, *künstlerisches a.* certame *m*.
'Preiselbeere ['praɪzəl-] *f* murtinho *m*.

'**preisen** ['praɪzən] elogiar, exaltar, enaltecer.

'**Preis**|**-erhöhung** *f* alta *f*; aumento *m* de (*od.* dos) preços; **~-ermäßigung** *f* abatimento *m* (do preço), desconto *m*; **~festsetzung** *f* tabelamento *m* dos preços; **~frage** *f* questão *f* de preço; problema *m*; = *~aufgabe*; **~gabe** *f* (*0*) abandono *m*; *Geheimnis*: revelação *f*; **≈geben** (*L*) abandonar; **≈gekrönt** premiado; **~gericht** *n* (-*ės*; -*e*) júri *m*; **~-gestaltung** *f* formação *f* dos preços; **~-herabsetzung** *f* abate *m* (*od.* redução *f*) dos preços; = *~ermäßigung*; **~lage** *f* preço *m* (*in* a, por); **~liste** *f* tabela *f*; **~nachlaß** *m* (-*sses*; *⸚sse*) = *~ermäßigung*; **~notierung** *f* cotização *f*; **~richter** *m* juiz *m*; membro *m* do júri; **~-schwankung** *f* flutuação *f* dos preços; **~-senkung** *f* = *~herabsetzung*; **~-steigerung** *f* = *~erhöhung*; **~-sturz** *m* (-*es*; *⸚e*) queda (*od.* baixa) *f* súbita dos preços; **~träger** *m* premiado *m*; **~treibe'rei** [-traɪbə'raɪ] *f* alta *f* forçada; especulação *f*; **~-überwachung** *f* fiscalização *f* de (*od.* dos) preços; **~vermerk** *m* (-*ės*; -*e*) marca *f* de preço; **~verteilung** *f* distribuição *f* de (*od.* dos) prémios; **~verzeichnis** *n* (-*ses*; -*se*) tabela *f*; **≈wert** barato.

pre'kär [pre'kɛːr] precário.

'**Prell**|**bock** ['prɛl-] 🚂 *m* (-*ės*; *⸚e*) pára-choque *m*; **≈en** mantear; (*verletzen*) contusionar; *fig.* lograr; **~e'rei** [-ə'raɪ] *f* logro *m*, roubalheira *f*; **~stein** *m* (-*ės*; -*e*) marco *m*; frade *m* (de pedra); **~ung** ⚕ *f* contusão *f*.

Premi'ere [premi'ɛːrə] *f* estreia *f*.

'**Presse** ['prɛsə] *f* prensa *f*; *Typ. a.* prelo *m*; *Zeitungswesen*: imprensa *f*; (*Öl≈*, *Wein≈*) lagar *m*; (*Schule*) colégio *m*; **~-amt** *n* (-*ės*; *⸚er*), **~-dienst** *m* (-*ės*; -*e*) *Pol.* se[c]ção *f* (*od.* repartição *f od.* serviços *m*/*pl.*) da imprensa, serviço *m* de informações; **~freiheit** *f* (*0*) liberdade *f* da imprensa; **~gesetz** *n* (-*es*; -*e*) lei *f* de imprensa; **~konferenz** *f* conferência *f* de imprensa (*abhalten* realizar); **≈n** (-*ßt*) apertar, prensar, comprimir; espremer; **~photograph** *m* (-*en*) repórter *m* fotográfico; **~-schau** *f* revista *f* da imprensa; **~-zensur** *f* (*0*) censura *f* da imprensa.

'**Preß**|**glas** *n* (-*es*; *0*) vidro *m* comprimido; **~kohle** *f* carvão *m* comprimido; **~luft** *f* (*0*) ar *m* comprimido.

'**Preuß**|**e** ['prɔysə] *m* (-*n*), (**~in** *f*) prussiano *m* (-a *f*); **≈isch** prussiano, da Prússia.

'**prickeln** ['prikəln] **1.** (-*le*) picar; arder, fazer comichão; *Wein*: espumar; **2.** **≈** *n* comichão *f*; **~d** *adj.* picante.

Priem [priːm] *m* (-*ės*; -*e*) pedaço *m* de tabaco para mascar; '**≈en** mascar tabaco.

'**Priester** ['priːstər] *m* sacerdote *m*; **~-amt** *n* (-*ės*; *⸚er*) sacerdócio *m*; **~-herrschaft** *f* teocracia *f*; **≈lich** sacerdotal; **~rock** *m* (-*ės*; *⸚e*) sota[i]na *f*; **~tum** *n* (-*ės*; *0*) clero *m*; **~weihe** *f* ordenação *f*.

'**Prima** ['priːma] **1.** *f* (-; *Primen*) oitavo e nono (*a.* primeiro) ano *m* do liceu; **2.** **≈** da primeira qualidade; primoroso; F *a.* esplêndido; **~-wechsel** † *m* primeira via *f* de letra.

'**Primel** ['priːməl] *f* (-; -*n*) primavera *f*; prímula *f*.

primi'tiv [primi'tiːf] primitivo.

'**Prim-zahl** *f* número *m* primo.

Prinz [prints] *m* (-*en*) príncipe *m*; **~'essin** [-'tsɛsin] *f* princesa *f*; '**~-gemahl** *m* (-*ės*; -*e*) príncipe-consorte *m*.

Prin'zip [prin'tsiːp] *n* (-*s*; -*ien*) princípio *m*; **≈i'ell** [-ipi'ɛl] em princípio, de princípio.

'**Prinz**|**regent** *m* (-*en*) (príncipe-)regente *m*.

'**Prior** ['prior] *m* (-*s*; -*en*) prior *m*; **~in** [-oː'rin] *f* superiora *f*; **~i'tät** -i['tɛːt] *f* prioridade *f*.

'**Prise** ['priːzə] *f* ⚓ presa (*ê) *f*; *Tabak*: pitada *f*.

'**Pritsche** ['pritʃə] *f* catre *m*; ⚔ tarimba *f*.

pri'vat [pri'vaːt] particular; privado, pessoal; *~ wohnen* estar alojado em casa particular; **≈-angelegenheit** *f* assunto *m* particular; *j-s ~ sn* ser (só) com alg.; **≈-audienz** *f* audiência *f* particular; **≈-auto** *n* (-*s*; -*s*) automóvel *m* particular; **≈besitz** (-*es*; *0*) propriedade *f* particular (*od.* pessoal); **≈dozent** *m* (-*en*) professor *m* livre; **≈-eigentum** *n* (-*ės*; *0*) = *~besitz*; **≈fahrzeug** *n* (-*ės*; -*e*) veículo *m* particular; **≈gelehrte(r)** *m* (-*n*) homem *m* de letras; **≈-haus** *n*

(*-es*; *⸗er*) casa *f* particular; **⁀-interesse** *n* interesse (*ˈê) *m* pessoal (*od.* particular); **⁀leben** *n* (*-s*; *0*) vida *f* privada; intimidade *f*; **⁀lehrer(in** *f*) *m* professor(a *f*) *m* particular; **⁀mann** *m* (*-es*; *-leute*), **⁀person** *f* particular *m*; **⁀recht** *n* (*-es*; *0*) direito *m* privado; **⁀sache** *f* negócio *m* particular; **⁀schule** *f* colégio *m*; **⁀sekretär(in** *f*) *m* (*-s*; *-e*) secretário *m* (-a *f*) (particular); **⁀stunde** *f* lição *f* particular; **⁀-unterricht** *m* (*-es*; *0*) ensino *m* particular; **⁀vermögen** *n* (*-s*; *0*) fortuna *f* pessoal; **⁀versicherung** *f* seguro *m* privado; **⁀wagen** *m* carro *m* particular; **⁀weg** *m* (*-es*; *-e*) caminho *m* privado; **⁀wirtschaft** *f* (*0*) economia *f* privada; **⁀wohnung** *f* domicílio *m*; = *⁀haus*; **⁀zweck** *m* (*-es*; *-e*) fim *m* pessoal.

Priviˈle|g [priviˈleːk] *n* (*-es*; *-ien*) privilégio *m*; **⁀ˈgieren** [-ˈgiːrən] (-) privilegiar.

pro [prɔ] **1.** por, o, a; **2.** ⁀ *n* (-; *0*) pro *m*.

proˈbat [proˈbaːt] (com)provado, seguro.

ˈ**Probe** [ˈproːbə] *f* prova *f*; ⚕ amostra *f* (*auf*, *zur* de, para, como); *Thea.*: ensaio *m*, (*Versuch*): *a.* experiência *f*; *auf die* ~ *stellen* pôr à prova; **~-abzug** *m* (*-es*; *⸗e*) prova *f*; **~fahrt** *f* (viagem *f* de) experiência *f* (*auf* em); **~flug** *m* (*-es*; *⸗e*) voo (*ˈô) *m* de experiência; **~jahr** *n* (*-es*; *-e*) aprendizado *m*; *Rel.* noviciado *m*; **⁀n** provar, experimentar; *Thea.* ensaiar; **~nummer** *f* (-; *-n*) espécime[n] *m*; **~sendung** *f*, **~stück** *n* (*-es*; *-e*) amostra *f*; **⁀weise** a título de experiência; **~zeit** *f* = *~jahr*.

proˈbier|en [proˈbiːrən] (-) provar, experimentar; **⁀glas** ⚗ *n* (*-es*; *⸗er*) proveta *f*.

Proˈblem [proˈbleːm] *n* (*-s*; *-e*) problema *m*.

Probleˈmat|ik [probleˈmaːtik] *f* (*0*) problemática *f*; **⁀isch** problemático.

Proˈdukt [proˈdukt] *n* (*-es*; *-e*) produto *m*; **~en...**: *in Zssgn* de mercadorias; **~en-handlung** *f* mercearia *f*; **~iˈon** [-tsiˈoːn] *f* produção *f*; **~iˈons...**: *in Zssgn* de produção; **⁀ˈiv** [-ˈtiːf] produtivo; **~iviˈtät** [-tiviˈtɛːt] *f* (*0*) produtividade *f*.

Produˈz|ent [produˈtsɛnt] *m* (*-en*) produtor *m*; ⊕ fabricante *m*; **⁀ieren** (-) produzir, fabricar.

proˈfan [proˈfaːn] profano; **~ˈieren** (-) profanar.

professionell [-fɛsioːˈnɛl] profissional.

Proˈfessor [proˈfɛsɔr] *m* (*-s*; *-en*) professor *m*; (*Universitäts⁀*) *a.* lente *m*; *ordentlicher* ~ *a.* catedrático *m*; **~enschaft** [-ˈsoːrən-] *f* (*0*) professorado *m*; corpo *m* docente.

Profesˈsur [profəˈsuːr] *f* cadeira *f*; cátedra *f* (*für* de).

Proˈfil [proˈfiːl] (*-s*; *-e*) perfil *m*.

Proˈfit [proˈfiːt] *m* (*-es*; *-e*) proveito *m*, lucro *m*; **~gier** *f* (*0*) cobiça *f*; **⁀ˈieren** [-fiˈtiːrən] (-) lucrar, aproveitar (*bei*, *von* com); **⁀lich** interesseiro.

Proˈgnose [proˈgnoːzə] *f* prognóstico *m* (*stellen* fazer).

Proˈgramm [proˈgram] *n* (*-s*; *-e*) programa *m*; **⁀ˈatisch** [-ˈmaːtiʃ] programático; **~gestaltung** *f* organização *f* do programa.

Proˈjekt [proˈjɛkt] *n* (*-es*; *-e*) proje[c]to *m*.

Projektiˈon *f* [projɛktsiˈoːn] proje[c]ção *f*; **~s-apparat** *m* (*-es*; *-e*) aparelho *m* (*od.* máquina *f*) de proje[c]ções; proje[c]tor *m*.

projiˈzieren [projiˈtsiːrən] (-) proje[c]tar.

Proklam|atiˈon [proklamatsiˈoːn] *f* proclamação *f*; **⁀ˈieren** (-) proclamar.

Proˈkur|a [proˈkuːra] *f* (*0*) procuração *f*; **~ˈist** [-uˈrist] *m* (*-en*) procurador *m*; ⚕ gerente *m*.

Proˈlet [proˈleːt] *m* (*-en*) plebeu *m*; **~ariˈat** [-letariˈaːt] *n* (*-es*; *-e*) proletariado *m*; **~ˈarier** [-leˈtaːriər] *m*, **⁀ˈarisch** proletário (*m*).

Proˈlog [proˈloːk] *m* (*-es*; *-e*) prólogo *m*.

prolonˈgieren [prolɔŋˈgiːrən] (-) prolongar; prorrogar; *Wechsel*: reformar.

Promeˈn|ade [proməˈnaːdə] *f* passeio *m*; **⁀ieren** (-; *sn*) dar um passeio.

promiˈnent [promiˈnɛnt] proeminente.

Promo|tiˈon [promotsiˈoːn] *f* licenciatura *f*, formatura *f*; doutoramento *m*; **⁀ˈvieren** [-ˈviːrən] (-) **1.** *v/t.* promover; doutorar; **2.** *v/i.* (*h.*) formar-se; doutorar-se.

prompt [prɔmpt] pronto; rápido.
Propa'g|anda [propa'ganda] (*0*) (*in Zssgn* de) propaganda *f*; **~an'dist** *m* (*-en*) propagandista *m*; **⁀ieren** (-) propagar; divulgar.
Pro'peller [pro'pɛlər] *m* hélice *m, f*.
Pro'phet [pro'fe:t] *m* (*-en*) profeta *m*; **~in** *f* profetisa *f*; **⁀isch** profético.
prophe'zei|en [profe'tsaɪən] (-) profetizar; *bsd. Wetter*: prognosticar; prever; **⁀ung** *f* profecia *f*; vaticínio *m*.
Proporti'on [propɔrtsi'o:n] *f* proporção *f*; **~'al** [-o'na:l] proporcional; ⩚ *~ sn a.* estar na razão dire[c]ta (*od. umgekehrt* inversa *od.* indire[c]ta; *zu* de).
Propst [pro:pst] *m* (*-es*; *⸚e*) prior *m*; (padre *m*) prepósito *m*; *protestantischer*: primeiro-pastor *m*.
'Pro-rektor ['pro:-] *m* (*-s*; *-en*) vice-reitor *m*.
Pro'sa ['pro:za] *f* (*0*) prosa *f*.
pro'saisch [pro'za:iʃ] prosaico; em prosa.
Prose'lyt [proze'ly:t] *m* (*-en*) prosélito *m*.
'prosit! ['pro:zit] à sua saúde!; *~ Neujahr!* F Feliz Ano Novo!
Pros'pekt [pro'spɛkt] *m* (*-ės*; *-e*) prospe[c]to *m*.
prost [pro:st] = *prosit*.
prostitu|'ieren [prostitu'i:rən] (-) prostituir; **⁀'ierte** [-'i:rtə] *f* prostituta *f*; **⁀ti'on** [-tsi'o:n] *f* (*0*) prostituição *f*.
prote'gieren [prote'ʒi:rən] (-) proteger.
Protekt|i'on [protɛktsi'o:n] *f* prote[c]ção *f*; **~or** [-'tɛktɔr] *m* (*-s*; *-en*) prote[c]tor *m*; **~o'rat** [-o'ra:t] *n* (*-ės*; *-e*) prote[c]torado *m*; patrocínio *m*.
Pro'test [pro'tɛst] *m* (*-ės*; *-e*) protesto *m*; *~ erheben* protestar.
Protes'tant [protɛs'tant] *m* (*-en*), **~in** *f* protestante *m, f*; **⁀isch** protestante; **~'ismus** *m* (-; *0*) protestantismo *m*.
protes'tieren [protɛs'ti:rən] (-) protestar.
Pro'these [pro'te:zə] *f* prótese *f*.
Proto'koll [proto'kɔl] *n* (*-s*; *-e*) a[c]ta *f*, auto *m* (*aufnehmen* lavrar); protocolo *m*; *~ führen* secretariar, ser o secretário; *zu ~ nehmen* registar; **~führer** *m* secretário *m*; *mit j-m als ~* secretariado por alg.; **⁀'ieren** (-) registar.
Pro'ton [pro'to:n] *n* (*-s*; *-en*) protão *m*.
Protz [prɔts] *m* (*-en*) ricaço *m*; **'⁀en** (*-t*) F *~ mit* ostentar (*ac.*), gabar-se de; **⁀ig** empolado, ostentoso.
Provi'ant [provi'ant] *m* (*-ės*; *-e*) provisões *f/pl.*, víveres *m/pl.*; abastecimento *m*; **~-amt** *n* (*-ės*; *⸚er*) administração (*od.* intendência) *f* dos abastecimentos.
Pro'vinz [pro'vints] *f* província *f*; **~...**: *in Zssgn*, **⁀i'al...**: *in Zssgn* [-i'a:l], **⁀'ell** [-i'ɛl], **~ler** *m* provincial (*m*), provinciano (*m*), da província.
Provis|i'on [provizi'o:n] *f* comissão *f*; **~or** [-'vi:zɔr] *m* (*-s*; *-en*) ajudante *m* de farmácia; **⁀'orisch** [-'zo:riʃ] provisório, interino.
provo'zieren [provo'tsi:rən] (-) provocar.
Proze'dur [protse'du:r] *f* procedimento *m*, processo *m*.
Pro'zent [pro'tsɛnt] *n* (*-ės*; *-e*) por cento *m*; **~e** *pl.* juros *m/pl.*, interesses (*'ê) *m/pl.*; **~satz** *m* (*-es*; *⸚e*) percentagem *f* (*hoch* grande); **⁀u'al** [-tu'a:l] proporcional, a tanto por cento.
Pro'zeß [pro'tsɛs] *m* (*-sses*; *-sse*) processo *m* (*kurzer* sumário; *anstrengen* intentar); *j-m den ~ machen* processar alg.; proceder contra alg.; *kurzen ~ machen mit fig.* dar despacho rápido a; acabar com; **~-akte** *f* auto *m*; **⁀führend** litigante; **~führung** *f* procedimento *m*.
prozes'sieren [protsɛ'si:rən] (-) pleitear, litigar, processar.
Prozessi'on [protsɛsi'o:n] *f* procissão *f*.
Pro'zeß|-ordnung *f* procedimento *m* judicial; *Straf⁀* código *m* do processo criminal; **~recht** *n* (*-ės*; *0*) direito *m* processual (*od.* judicial).
'prüde ['pry:də] pudibundo; afe[c]tado.
'prüf|en ['pry:fən] examinar; (*nachprüfen*) verificar, conferir; (*erproben*) experimentar, provar; **⁀er** *m* examinador *m*, ✝ revisor *m*; **⁀ling** *m* (*-s*; *-e*) candidato *m*, examinando *m*; **⁀stein** *m* (*-ės*; *-e*) pedra-de-toque *f*; **⁀ung** *f* exame *m* (*ablegen* fazer); prova *f* (*mündliche* oral; *schriftliche* escrita); (*Heimsuchung*) pro-

vação *f*, tribulação *f*; ✝ revisão *f*; ⊕ ensaio *m*; *die* ~ *bestehen* passar, ficar aprovado; *in der* ~ *durchfallen* não passar, ficar reprovado.

'**Prüfungs|-arbeit** *f* prova *f* escrita; **~-aufgabe** *f* ponto *m*; **~-ausschuß** *m* (*-sses*; *⸗sse*), **~kommission** *f* júri *m*; **~gebühren** *f/pl.* propinas *f/pl.* de exame; **~-zeugnis** *n* (*-ses*; *-se*) diploma *m*.

'**Prügel** ['pry:gəl] *m* pau *m*, cacete *m*; *pl.* pancada *f/sg.*; **~'ei** *f* pancadaria *f*; **~knabe** *m* (*-n*) malhadeiro *m*; **2n** (*-le*) bater; dar pancada a; *sich* ~ pegar-se; andar na pancadaria; **~-strafe** *f* corre[c]ção *f* (*od.* castigo *m*) corporal.

Prunk [pruŋk] *m* (*-ęs*; *0*) pompa *f*, fausto *m*; '**~...**: *in Zssgn oft* de luxo, de gala; '**2en** brilhar; ~ *mit* ostentar; '**2haft** sumptuoso, faustoso, luxuoso; '**~sucht** *f* (*0*) ostentação *f*; '**2süchtig** ostentoso; '**2voll** = *2haft*.

Psal|m [psalm] *m* (*-ęs*; *-en*) salmo *m*; **~'mist** *m* (*-en*) salmista *m*; '**~ter** *m* saltério *m*.

Pseudo'nym [psɔydo'ny:m] *n* (*-s*; *-e*) pseudónimo *m*.

'**Psych|e** ['psy:çə] *f* alma *f*; psique *f*; **~i'ater** [-i'a:tər] *m* psiquiatra *m*, alienista *m*; **2isch** psíquico, mental.

Psycho|-ana'lyse [psy:ço-] *f* (*0*) psicanálise *f*; **~-ana'lytiker** *m* psicanalista *m*; **~'loge** [-'lo:gə] *m* (*-n*) psicólogo *m*; **~lo'gie** [-lo'gi:] *f* (*0*) psicologia *f*; **2'logisch** psicológico; **~'path** [-'pa:t] *m* (*-en*) psicopata *m*; **2'pathisch** psicopático; **~se** [psy'ço:zə] *f* psicose *f*; **~thera'pie** *f* (*0*) psicoterapia *f*, psicoterapêutica *f*.

Puber'tät [pubər'tɛ:t] *f* (*0*) puberdade *f*.

'**Publi|kum** ['publikum] *n* (*-s*; *0*) público *m*; **2'zieren** [-'tsi:rən] (-) publicar; **~'zist** *m* (*-en*) publicista *m*; **~'zistik** *f* (*0*) publicismo *m*; jornalismo *m*.

'**Pudel** ['pu:dəl] *m* cão-de-água *m*; **~mütze** *f* carapuça *f*; **2naß** (*0*) molhado até os ossos.

'**Puder** ['pu:dər] *m* pó(-de-arroz) *m*; **~dose** *f* caixa *f* de pó-de-arroz; **2n** (*-re*) pôr pó; empoar; **~quaste** *f* borla *f* do pó-de-arroz; **~zucker** *m* (*-s*; *0*) açúcar *m* em pó.

Puff [puf] *m* (*-ęs*; *⸗e*) murro *m*; safanão *m*; *Spiel*: ganha-perde *m*; P bordel *m*; '**~ärmel** *m* manga *f* fofa; '**2en** empurrar, dar um murro a; (*bauschen*) afofar; '**~er** *m* bolo (*'ô) *m*; ⚓ defesa *f*; 🚂 bomba *f*, tampão *m* de choque; '**~er-staat** *m* (*-ęs*; *-en*) estado-tampão *m*.

'**Pulle** ['pulə] F *f* garafa *f*.

Puls [puls] *m* (*-ęs*; *-e*) pulso *m* (*fühlen* tomar); '**~-ader** *f* (*-*; *-n*) artéria *f*; '**2en** [-'zən] (*-t*), **2'ieren** [-'zi:rən] (-) pulsar, latejar, palpitar; *Blut*: circular ~*des Leben* vida *f* intensa; '**~-schlag** *m* (*-ęs*; *⸗e*) pulsação *f*; '**~wärmer** ['-vɛrmər] *m* punho *m*; manguito *m*.

Pult [pult] *n* (*-ęs*; *-e*) (*Redner2*) púlpito *m*; (*Schreib2*) escrevaninha *f*; (*Ständer*) estante *f*; '**~dach** *n* (*-ęs*; *⸗er*) telhado *m* de uma só água.

'**Pulver** ['pulvər] pólvora *f*; ⚕ pós *m/pl.*; **2förmig** [-fœrmiç] em pó; **2i'sieren** [-i'zi:rən] (-) pulverizar; **~schnee** *m* (*-s*; *0*) neve *f* solta.

Pump [pump] F *m* (*-ęs*; *-e*) crédito *m*; empréstimo *m*; '**~e** *f* bomba *f*; '**2en** dar à bomba; *fig.* F: *j-m* ~ emprestar a alg.; *von j-m* ~ pedir emprestado a alg.; '**~enkolben,** '**~en-schwengel** *m* êmbolo *m*, pistão *m*; '**~-hosen** *f/pl.* calças *f/pl.* afofadas; '**~werk** *n* (*-ęs*; *-e*) máquina *f* hidráulica, central *f* hidráulica.

Punkt [puŋkt] *m* (*-ęs*; *-e*) ponto *m*, (*für, nach, um* por); *pl.* ~*e für Auslassungen* (...) reticências *f/pl.*; 2 *3 Uhr* às três em ponto; *der springende* ~ *fig.* o que interessa; o busílis; **2'ieren** (-) pontear, pontilhar; ⚕ puncionar; **~i'on** [-tsi'o:n] *f* ⚕ punção *f*.

'**pünktlich** ['pynktliç] pontual, exa[c]to; *adv.* *a.* em ponto; 🚂 à tabela; **2keit** *f* (*0*) pontualidade *f*; exa[c]tidão *f*.

Punsch [punʃ] *m* (*-ęs*; *-e*) ponche *m*.

Pu'pill|e [pu'pilə] *f* pupila *f*, menina-do-olho (*'ô) *f*.

'**Pupp|e** ['pupə] *f* boneca *f*; *Thea.* títere *m*; (*Schneider2*) figurino *m*, manequim *m*; *Zool.* ninfa *f*; crisálida *f*; **~en-spiel** (*-ęs*; *-e*), **~en-theater** *n* teatro *m* de títeres; **~en-wagen** *m* carrinho *m* de bonecas.

pur [pu:r] puro; ✝ *a.* incondicional; ~*er Unsinn* autêntico disparate *m*.

Pü'ree [py're:] *n* (*f*) (*-s*; *-s*) puré *m*.

'**Purpur** ['purpur] *m* (*-s*; *0*) púrpura *f*; **℞farbig, ℞n, ℞rot** purpúreo, purpurino; **~schnecke** *f* púrpura *f*; múrice *m*.

'Purzel|baum ['purtsəl-] *m* (-*ẹs*; ⸗*e*) cabriola *f*, trambolhão *m*, cambalhota *f* (*schlagen* dar); **~n** (-*le*; *sn*) cair; dar um trambolhão *usw.*

'Pust|e ['pu:stə] F *f* (*0*) *aus der ~ kommen*, *keine ~ mehr haben* perder o fôlego; **~el** ['pustəl] ⚕ *f* (-; -*n*) pústula *f*; **℞en** (-*e*-) soprar.

'Put|e ['pu:tə] *f* perua *f*; **~er** *m* peru *m*; **℞er-rot** rubro.

Putsch [putʃ] *m* (-*es*; -*e*) revolta *f*, golpe-de-estado *m*; **~'ist** *m* (-*en*) reviralhista *m*.

'Putte ['putə] *f Mal.* anginho *m*.

Putz [puts] *m* (-*es*; *0*) enfeite *m*; adorno (*'ô) *m*; «toilette» *f* (*fr.*); artigos *m/pl.* de moda; ⚠ reboco (*'ô) *m*; **'℞en** (-*t*) limpar; (*blank machen*) polir; *Metalle*: *a.* arrear; *Schuhe*: *a.* engraxar; ⚠ rebocar; *Licht*: espevitar; *Zähne*: lavar; *sich ~* enfeitar-se; *sich* (*dat.*) *die Nase ~* assoar-se; **'~frau** *f* mulher *f* a dias (*od.* de limpeza); **'~geschäft** *n* (-*ẹs*; -*e*) loja *f* de modas; **'℞ig** engraçado; **'~lappen** *m* pano (*od.* trapo *od.* farrapo) *m* para limpar; **'~macherin** ['-maxərin] *f* modista *f*; **'~mittel** *n* limpa-metais *m*; **'~-sucht** *f* (*0*) vaidade *f*; **'℞-süchtig** vaidoso; **'~waren** *f/pl.* artigos *m/pl.* de moda; **'~-zeug** *n* (-*ẹs*; *0*) = *~lappen*.

Pyra'mide [pyra'mi:də] *f* pirâmide *f*.

Pyro'technik [pyro-] *f* (*0*) pirotécnica *f*.

Q

Q, q [ku:] *n uv.* Q, q *m.*
'**quabb(e)lig** ['kvab(ə)liç] mole, balofo, gelatinoso.
'**Quacksalber** ['kvakzalbər] *m* curandeiro *m*; charlatão *m*; **~'ei** [-'raɪ] *f* charlatanaria *f*; **2n** (*-re*) fazer de curandeiro.
'**Quaddel** ['kvadəl] *f* ⚕ pápula *f*; inje(c)ção *f* subcutânea.
'**Quaderstein** ['kva:dər-] *m* (*-ės*; *-e*) bloco *m* de pedra; pedra *f* de cantaria.
Qua'drant [kva'drant] *m* (*-en*) quadrante *m.*
Qua'drat [kva'dra:t] *n* (*-ės*; *-e*) quadrado *m*; **2isch** quadrado; *Gleichung*: do segundo grau; **~(kilo)meter** *n, m* (quiló)metro *m* quadrado; **~'ur** [-'tu:r] *f* quadratura *f*; **~wurzel** *f* (*-*; *-n*) raiz *f* quadrada.
'**quaken** ['kva:kən] grasnar, coaxar.
Qual [kva:l] *f* dor *f*, pena *f*, tormento *m*, tortura *f*, martírio *m.*
'**quäl|en** ['kvɛ:lən] atormentar, torturar; (*belästigen*) importunar; (*beunruhigen*) afligir, preocupar; (*plagen*) maçar; **2e'rei** [-ə'raɪ] *f* tormento *m*, tortura *f*; (*Plackerei*) maçada *f*; **2geist** *m* (*-ės*; *-er*) importuno *m.*
Qualifi|kati'on [kvalifikatsi'o:n] *f* qualificação *f*; aptidão *f*; **2'zieren** [-'tsi:rən] (-) qualificar; **2ziert** *a.* diplomado.
Quali|'tät [kvali'tɛ:t] *f* qualidade *f*; **2ta'tiv** [-ta'ti:f] qualitativo.
'**Qualle** [kvalə] *f* medusa *f.*
Qualm ['kvalm] *m* (*-ės*; *0*) fumo *m*, fumaça *f*; fumaceira *f*; '**2en** fum(eg)ar; '**2ig** cheio de fumo.
'**qualvoll** doloroso; torturoso; cruel.
'**Quan|tentheorie** ['kvantən-] *f* teoria *f* dos quantas; **2ti'tät** [-ti-'tɛ:t] *f* quantidade *f*; **2titativ** [-titati:f] quantitativo; **~tum** [-tum] *n* (*-s*; *Quanten*) quantidade *f*, porção *f.*
Quark [kvark] *m* (*-ės*; *0*) queijo *m* mole; requeijão *m*; *fig.* F disparate *m.*
Quart [kvart]: *f* ♪ *u. Fechtk.*: quarta *f*; **~'al** [-'ta:l] *n* (*-s*; *-e*) trimestre *m*; **2'al(s)weise** trimestral; de três em três meses; '**~band** *m* (*-ės*; *⸚e*) livro em quarto; '**~blatt** *n* (*-ės*; *⸚er*) quartilho *m*; **~'ett** [-'tɛt] *n* (*-ės*; *-e*) quarteto *m.*
Quar'tier [kvar'ti:r] *n* (*-s*; *-e*) alojamento *m*; ⚔ quartel *m*; aquartelamento *m*; **~macher** ⚔ *m* boleteiro *m.*
Quarz [kvarts] *m* (*-es*; *-e*) quarço *m*; quartzo *m.*
'**quassel|n** ['kvasəln] F (*-le*) dizer disparates; disparatar.
'**Quaste** ['kvastə] *f* borla *f.*
Quatsch [kvatʃ] F *m* (*-es*; *0*) disparate(s *pl.*) *m*; '**2en** dizer disparates; '**~kopf** *m* (*-ės*; *⸚e*) pateta *m.*
'**Quecke** ['kvɛkə] *f* grama *f.*
'**Quecksilber** ['kvɛk-] *n* (*-s*; *0*) mercúrio *m*; **~...**: *in Zssgn* ⚕ mercurial, de mercúrio; ⚗ mercúrico.
Quell [kvɛl] *m* (*-ės*; *-e*) *poet.*, '**~e** *f* fonte *f* (*a. fig.*), manancial *m*, nascente *f*; mina *f*; '**2en** *v/i.* (*L*; *sn*) brotar, saltar, nascer; *Erbsen usw.*: inchar; '**~en-angabe** *f*, '**~en-nachweis** *m* (*-es*; *-e*) indicação *f* das fontes; '**~gebiet** *n* (*-ės*; *-e*) cabeceira *f*; '**~wasser** *n* água *f* de mina.
'**Quendel** ['kvendəl] *m* serpão *m*, serpol *m*; serpilho *m.*
Queng|e'lei [kvɛŋə'laɪ] F *f* quezília *f*; '**2elig** quezilento; '**2eln** (*-le*) quezilar, embirrar.
quer [kve:r] transversal; *adv.* de través; ~ *durch*, ~ *über* (*ac.*) através de; *sich* ~ *stellen* atravessar-se; '**2balken** *m* travessa *f*; travessão *m*; '**2e** *f* (*0*): *j-m in die* ~ *kommen et.*: vir ao encontro de alg.; passar pelo caminho a alg., *j.*: contrariar (os proje[c]tos de) alg.; **~feld'ein** (a) corta-mato; '**2flöte** *f* flauta *f* travessa; ('**2kopf** *m* [*-ės*; *⸚e*]), '**~köpfig** [-kœpfiç] teimoso (*m*); intratável (*m*); '**2pfeife** *f* pífaro *m*; '**2schiff** *n* (*-ės*; *-e*) *Kirche*: nave *f* transversal; '**2schnitt** *m* (*-ės*; *-e*) corte *m* (*od.* secção *f*) transversal; '**2stange** *f* travessa *f*; '**2straße** *f* travessa *f*;

große ~ travessão *m*; '2**strich** *m* (-*ės*; -*e*) risco *m* (*od.* linha *f*) transversal *m*; *Typ.* barra *f* transversal; *fig.* contratempo *m*; '2**summe** *f* soma *f* dos algarismos dum número; '2**treiber** *m* intrigante *m*; 2**treibe'rei** [-traıbə'raı] *f* intriga *f*; 2**u'lant** [kveru'lant] *m* (-*en*) querelante *m*; '2**verbindung** *f* ligação *f* transversal.

'**Quetsch|e** ['kvɛtʃə] *f* prensa *f*; 2**en** esmagar; pisar; ~**kartoffeln** *f/pl.* puré *m/sg.* de batatas; ~**ung** *f* contusão *f*; pisadura *f*.

'**quie|ken** ['kvi:kən], ~**tschen** [-tʃən] *Schwein*: grunhir; *j.*: guinchar; *Tür*: chiar.

Quint [kvint], '~**e** ♪ *f* quinta *f*; '~**a** ['-ta] *f* (-; -*ten*) segundo ano do liceu; '~**-essenz** *f* quinta-essência *f*; ~'**ett** [-'tɛt] *n* (-*ės*; -*e*) quinteto *m*.

Quirl [kvirl] *m* (-*ės*; -*e*) molinilho *m*, batedor *m*; *fig. Kind*: traquina *m*, *f*; '2**en** remexer (com o molinilho).

quitt [kvit] livre; quite; *wir sind* ~ estamos pagos; '2**e** *f* marmelo *m*; '2**enmarmelade** *f* marmelada *f*; ~'**ieren** (-) *v/t.* passar recibo; '2**ung** *f* recibo *m*.

'**Quote** ['kvo:tə] *f* quota *f*, cota *f*.

Quoti'ent [kvotsi'ɛnt] *m* (-*en*) quociente *m*.

R

R, r [ɛr] *n uv.* R, r *m.*
Ra'batt [ra'bat] *m* (-*es*; -*e*) desconto *m*, abate *m*, abatimento *m*; **~e** ✓ *f* alegrete *m.*
Rab'biner [ra'bi:nər] *m* rabino *m.*
'Rab|e ['ra:bə] *m* (-*n*) corvo *m*; **~eneltern** *pl.* pais *m/pl.* desnaturados; **2enschwarz** (*0*) muito preto (*ê); *Nacht*: muito escuro.
rabi'at [rabi'a:t] raivoso.
'Rache ['raxə] *f* (*0*) vingança *f*; ~ *nehmen* vingar-se; **~gefühl** *n* rancor *m* (*hegen* guardar); **~göttin** *f* fúria *f.*
'Rachen ['raxən] *m* goela *f*; *Tier*: fauces *f/pl.*; ⚕ garganta *f*, faringe *f.*
'rächen ['rɛçən] vingar (*an dat.*, *für*, *wegen* de); **~d** *adj.* vingador.
'Rachen|höhle faringe *f*; **~katarrh** *m* (-*s*; -*e*) faringite *f.*
'Rächer ['rɛçər] *m* (**~in** *f*) vingador (a *f*) *m.*
'Rach|gier (*0*), **~sucht** ['rax-] *f* (*0*) sede (*'ê) *f* de vingança; rancor *m*; **2gierig, 2süchtig** vingativo, rancoroso.
Ra'chiti|s [ra'xi:tis] *f* (*0*) raquitismo *m*; **2sch** raquítico.
'Racker ['rakər] F *m* maroto *m.*
Rad [ra:t] *n* (-*es*; ⸗*er*) roda *f*; *Bewegung*: *a.* pirueta *f* (*schlagen* fazer); (*Fahr2*) bicicleta *f*; *s. a. Rädchen.*
'Radar|gerät ['ra:dar-] *n* (-*es*; -*e*) aparelho *m* de radar; **~schirm** *m* (-*es*; -*e*) «écran» *m* (*fr.*) de radar.
Ra'dau [ra'dau] F *m* (-*s*; *0*) barulho *m.*
'Rädchen ['rɛ:tçən] *n Schneiderei*: recartilha (*od.* roseta) *f* de alfaiate.
'Rad-dampfer *m* vapor *m* de rodas.
'radebrechen ['ra:də-] arranhar.
'radeln ['ra:dəln] (-*le*) andar de bicicleta; F pedalar.
'Rädelsführer ['rɛ:dəls-] *m* chefe *m* (dum bando), cabecilha *m.*
'räder|n ['rɛ:dərn] (-*re*) rodar; *fig.* moer; **2werk** *n* (-*es*; -*e*) rodado *m*; engrenagem *f* (*a. fig.*).
'Rad|fahrbahn *f* velódromo *m*; **2fahren** (*L*) = *radeln*; **~fahrer(in** *f*) *m* ciclista *m, f*; **~(fahr)sport** *m* (-*es*; *0*) ciclismo *m*; **2förmig** [-fœrmiç] ⚘ rotáceo.
'Radi ['ra:di:] *m* rábano *m*, bávaro.
ra'dier|en [ra'di:rən] (-) raspar; ⊕ gravar; **2gummi** *n u. m* (-*s*; -*s*) borracha *f*; **2messer** *n* raspadeira *f*; **2nadel** *f* (-; -*n*) buril *m*; **2ung** *f* raspadura *f*; água-forte *f.*
Ra'dieschen [ra'di:sçən] *n* rabanete *m.*
radi'kal [radi'ka:l] radical; *Pol. a.* extremista.
'Radio ['ra:dio] *n* (-*s*; -*s*) rádio *m, f*; T.S.F. (= telegrafia *f* sem fio); *im ~ sprechen* falar na Rádio; **2-aktiv** rádioa[c]tivo; **~aktivi'tät** *f* (*0*) radioa[c]tividade *f*; **~-apparat** *m* (-*es*; -*e*) aparelho *m* de rádio; **~-empfang** *m* recepção *f* (radiofónica); audição *f*; **~-empfänger** *m* receptor *m*; **~hörer** *m* radio-ouvinte *m*; **~-industrie** *f* (*0*) indústria *f* radiofónica; **~logie** *f* (*0*) radiologia *f*; **~sender** *m* emissora *f*; **~sendung** *f* emissão *f* (radiofónica); **~(tele)gramm** *n* (-*es*; -*e*) radiograma *m*; **~telegraphie** *f* (*0*) radiotelegrafia *f*; **~teleskop** *n* (-*s*; -*e*) radiotelescópio *m*; **~-übertragung** *f* transmissão *f* radiofónica; radiodifusão *f.*
'Radium ['ra:dium] *n* (-*s*; *0*) rádio *m*; **~therapie** *f* radioterapia *f.*
'Radius ['ra:dius] *m* (-; *Radien*) raio *m.*
'Rad|mantel *m* (-*s*; ⸗) capa *f*; **~nabe** *f* meão *m*; **~reifen** *m* pneu *m*; **~rennbahn** *f* velódromo *m*; **~rennen** *n* corrida *f* de bicicletas; **2schlagen** (*L*) fazer a roda, fazer a pirueta; **~sport** *m* (-*es*; *0*) ciclismo *m*; **~spur** *f* sulco *m* das rodas; rodeira *f*; (*Geleise*) via *f.*
'raff|en ['rafən] apanhar; arrebatar; **2gier** *f* (*0*) rapacidade *f*; **~gierig** ávido, rapace.
Raffi'n|ade [rafi'na:də] *f* açúcar *m* refinado; **~e'rie** *f* [-ə'ri:] refinaria *f*; **2'ieren** (-) refinar; **2'iert** [-'ni:rt] *fig.* fino.

'**ragen** ['ra:gən] erguer-se.
Ra'gout [ra'gu:] *n* (-*s*; -*s*) * ragu *m*.
'**Rahe** ['ra:ə] *f* verga *f*.
Rahm [ra:m] *m* (-*s*; *0*) nata *f*; creme *m*.
'**Rahmen** ['ra:mən] **1.** ♀ *m* (*Bilder*♀) moldura *f*, (*a. Fenster*♀, *Tür*♀) caixilho *m*; ⊕ armação *f*; (*Stick*♀) bastidor *m*; *fig.* quadro *m*; ambiente *m*; **2.** ♀ emoldurar; encaixilhar; **~antenne** *f* antena *f* de quadro; **~gestell** *n* (-*ẹs*; -*e*) armação *f*.
'**rahmig** ['ra:miç] cremoso.
Rain [raɪn] *m* (-*ẹs*; -*e*) ourela *f*, linda *f*.
Ra'ket|e [ra'ke:tə] *f* foguete *m* (*steigen lassen* fazer subir); *rojão *m*; ⚔, ✈ foguetão *m*; **~en-abschuß(rampe** *f*) *m* (-*sses*; ¨*sse*) (rampa *f* de) lançamento *m* de foguetões; **~en-antrieb** *m* (-*ẹs*; -*e*) propulsão *f* por ja[c]to (*mit* de); **~enbasis** *f* (-; -*basen*) base *f* de foguetões; **~enflugzeug** *n* (-*ẹs*; -*e*) avião *m* de ja[c]to.
'**Ramm|bär** ['ram-] *m* (-*en*), **~bock** ⊕ *m* (-*ẹs*; ¨*e*), **~e** *f* bate-estacas *m*; maço *m* de calceteiro, malho *m*; ♀**eln** (-*le*) cravar; *Hase usw.*: estar com cio, rolar; ♀**en** cravar, bater estacas; (*anfahren*) abalroar; **~ler** *m* macho *m* de lebre.
'**Ramp|e** ['rampə] 🚂 *f* plataforma *f*, *a. Thea.*: rampa *f*; **~enlicht** *n* (-*ẹs*; -*er*) ribalta *f*.
rampo'nieren [rampo'ni:rən] (-) estragar, avariar.
Ramsch [ramʃ] *m* (-*es*; *0*) refugo *m*; rebotalho *m*; *im* ~ (*ver*)*kaufen* em globo (*'ô), a saldo, por junto; '**~laden** *m* (-*s*; ¨) barateiro *m*; '**~ware** *f* refugo *m*, rebotalho *n*.
ran [ran] F = *heran*.
Rand [rant] *m* (-*ẹs*; ¨*er*) margem *f*; borda *f*; bordo *m*; *Fluß*: *a.* beira *f* (*a. Grab*); *Besatz*: cairel *m*; *Gebirge*, *Hut*: aba *f*; (*Kante*) canto *m*; *Münze*: serrilha *f*; (*Saum*) orla *f*; *pl. Ränder unter den Augen* olheiras *f*/*pl.*; (*äußerster*) ~ extremidade *f*; *außer* ~ *und Band sn* andar fora dos eixos; *an den* ~ *legen*, *stellen usw.*: abeirar, *bis an den* ~ *füllen* (*bis an den* ~ *voll* a) abarrotar; *mit et. zu* ~*e kommen* levar a.c. a cabo, (conseguir) acabar a.c.; '**~auslöser** *m* *Schreibmaschine*: solta-margem *m*; **~bemerkung** *f* nota *f* marginal.
'**Rand|gebiet** *n* (-*ẹs*; -*e*) periferia *f*; **~leiste** *f* bordo *m* (*od.* crista *f*) marginal; **~meer** *n* (-*ẹs*; -*e*) mar *m* litoral; **~staat** *m* (-*ẹs*; -*en*) Estado *m* limítrofe; ♀**ständig** periférico; **~steller** [-ʃtɛlər] *m* *Schreibmaschine*: ajustador *m* marginal, marcador *m* marginal; **~verzerrung** *f* aberração *f* de esfericidade.
Rang [raŋ] *m* (-*ẹs*; ¨*e*) categoria *f*; dignidade *f*; posição *f*; (**~***stufe*) grau *m*; ⚔ posto (*'ô) *m*, patente *f*; *Thea.* ordem *f*; *j-m den* ~ *ablaufen* levar as lampas a alg., deixar alg. para trás; '**~-abzeichen** *n* distintivo *m*; '♀**ältest** mais velho; '**~älteste(r)** *m* decano *m*; '**~e** *m* (-*n*) (*f*) maroto *m* (-a *f*).
Ran'gier|bahnhof [raŋ'ʒi:r-] *m* (-*ẹs*; ¨*e*) estação *f* de manobras; ♀**en** (-) *v*/*t.* 🚂 manobrar; ⚔ *Zug*: formar; *v*/*i.* ocupar um lugar, ter uma categoria; **~en** *n* 🚂 manobras *f*/*pl.*; **~gleis** *n* (-*es*; -*e*) via *f* de manobras; **~lokomotive** *f* máquina *f* de manobras.
'**Rang|liste** *f* ⚔ anuário *m* militar; **~ordnung** *f* hierarquia *f*, jerarquia *f*; precedência *f*; **~streit** *m* (-*ẹs*; -*e*) conflito *m* de precedências; **~stufe** *f* grau *m*.
rank [raŋk] esbelto; (*biegsam*) flexível.
'**Ranke** ['raŋkə] *f* gavinha *f*; abraço *m*; (*Kletter*♀) trepadeira *f*; (*Erdbeer*♀) estolho *m*.
'**Ränke** ['rɛnkə] *m*/*pl.* intrigas *f*; ~ *schmieden* intrigar.
'**ranken** ['raŋkən]: *sich* ~ *um* trepar por.
'**Ränke|spiel** *n* (-*ẹs*; -*e*) intrigas *f*/*pl.*; ♀**voll** intrigante.
'**Ranzen** ['rantsən] *m* mochila *f*; *a. fig.* alforge *m*.
'**ranzig** ['rantsiç] rançoso.
'**Rappe** ['rapə] *m* (-*n*) (cavalo *m*) morzelo *m*; *auf Schusters* ~*n* a pé.
'**Rappel** ['rapəl] F *m*: *e-n* ~ *haben* não regular bem; ter manias *f*/*pl.*; ♀(**köpf**)**ig** [-(kœpf)iç] tolo, doido; ♀**n** (-*le*) fazer ruído; *bei j-m rappelt* es alg. não regula bem.
Raps [raps] ⚘ *m* (-*es*; -*e*) colza *f*.
Ra'punzel [-'puntsəl] raponço *m*, *f* rapôncio *m*.
rar [ra:r] raro, escasso; ♀**i'tät** [-i'tɛ:t] *f* raridade *f*, curiosidade *f*.

rasch [raʃ] rápido; *adv. a.* depressa; ˈ**~eln** (*-le*) sussurrar; fazer ruído.

ˈ**rasen**[1] [ˈra:zən] raivar; enfurecer-se; estar furioso; (*jagen*) correr a toda a pressa; (*stürmen*) tempestear; **~d** *adj.* furioso, raivoso; (*schnell*) a toda a pressa.

ˈ**Rasen**[2] *m*, **~fläche** *f*, **~platz** *m* (*-es*; *⸗e*) relva *f*, relvado *m*; **~stück** *n* (*-es*; *-e*) céspede *m*.

Raseˈrei [ra:zəˈraɪ] *f* raiva *f*, fúria; ⚕ delírio *m*; (*Fahrt*) correria *f* louca.

Raˈsier|-apparat [raˈzi:r] *m* (*-es*; *-e*) máquina *f* de barbear; aparelho *m* para fazer a barba; **≗en** *sich* ~ (*lassen* mandar) fazer a barba; **~messer** *n* navalha *f* de barba; **~pinsel** *m* pincel *m* de barba; **~seife** *f* sabão *m* de barbear; **~zeug** *n* (*-es*; *0*) utensílios *m/pl.* de barbear.

ˈ**Raspel** [ˈraspəl] *f* (-; *-n*) lima *f* grossa, limatão *m*; *Küche*: ralo *m*, ralador *m*; **≗n** (*-le*) raspear, limar; ralar; *Süßholz* ~ *fig.* namorar; galantear.

ˈ**Rasse** [ˈrasə] *f* raça *f.*

ˈ**Rassel** [ˈrasəl] *f* (-; *-n*) matraca *f*; **≗n** matraquear; fazer ruído; *mit der Kette* ~ sacudir a cadeia; *durchs Examen* ~ F chumbar.

ˈ**Rassen|frage** *f* (*0*) questão *f* (*od.* problema *m*) racial; **~kunde** *f* (*0*) etnografia *f*; **~lehre** *f* (*0*) racismo *m*; **~mischung** *f* miscegenação *f.*

ˈ**Rass|e-pferd** *n* (*-es*; *-e*) cavalo *m* de raça; **≗e-rein**, **≗ig** de raça pura, castiço; **≗isch** racial.

Rast [rast] *f* descanso *m*; repouso *m*; ⚔ alta *f*; ˈ**≗en** (*-e-*) descansar; ⚔ fazer alta; ˈ**~er** *m Typ.* retículo *m*; ˈ**~-haus** *n* (*-es*; *⸗er*) pousada *f*; ˈ**≗los** infatigável, sem descanso; ˈ**~losigkeit** [ˈ-lo:ziç-] *f* (*0*) a(c)tividade *f* infatigável; ˈ**~-ort** *m* pousada *f.*

Raˈsur [raˈzu:r] *f* raspagem *f*, raspadura *f.*

Rat [ra:t] *m* (*-es*; *⸗e*) conselho *m*; (*Berater*) conselheiro *m*; (*Mittel*) remédio *m*; *sich bei j-m* ~ *holen*, *j-n zu* ~*e ziehen*, *j-n um* ~ *fragen* pedir conselho a alg., consultar alg., aconselhar-se com alg.; *sich* (*dat.*) *keinen* ~ *mehr wissen* já não saber que fazer; ~ *schaffen* encontrar remédio; *da ist guter* ~ *teuer* é difícil encontrar uma solução.

ˈ**Rate** [ˈra:tə] *f* prestação *f*; quota *f*; cota *f.*

ˈ**raten** [ˈra:tən] (*L*) aconselhar; (*er*~) adivinhar, acertar; *zu et.* ~ recomendar a.c.; **~weise** a prestações; **≗zahlung** *f* pagamento *m* a prestações.

ˈ**Räte|regierung** [ˈrɛ:tə-] *f* governo *m* soviético; soviétes *m/pl.*

ˈ**Rat|geber** *m* conselheiro *m*; *Buch*: prontuário *m*; **~haus** *n* (*-es*; *⸗er*) Câmara *f* Municipal, Paço *m* de Concelhos.

ratifiˈzieren [ratifiˈtsi:rən] (-) ratificar.

Ratiˈon [ratsiˈo:n] *f* ração *f*, porção *f*; **≗ˈell** [-ˈnɛl] racional, razoável; **≗ˈieren** (-) racionar; **~ˈierung** [-ˈni:ruŋ] *f* racionamento *m.*

ˈ**rat|los** perplexo; **≗losigkeit** [-lo:ziç-] *f* (*0*) perplexidade *f*; desespero (*ˈê) *m*; **~sam** conveniente, oportuno, de aconselhar; **≗schlag** *m* (*-es*; *⸗e*) conselho *m*; **≗schluß** *m* (*-sses*; *⸗sse*) decreto *m.*

ˈ**Rätsel** [ˈrɛ:tsəl] *n* enigma *m*, problema *m* (*a. fig.*); adivinha *f*; **≗-haft** enigmático; misterioso.

ˈ**Rats|herr** [ˈra:ts-] *m* (*-en*) vereador *m*; **~keller** *m* restaurante *m* da Câmara.

ˈ**Ratte** [ˈratə] *f* ratazana *f*; **~nfalle** *f* ratoeira *f*; **~nfänger** [-fɛŋər] *m* caçador *m* de ratos; *Hund*: rateiro *m*; **~ngift** *n* (*-es*; *-e*) veneno *m* para ratos; mata-ratos *m.*

ˈ**rattern** [ˈratərn] **1.** (*-re*) fazer barulho; estalar; crepitar; **2.** ≗ *n* barulho *m*; estalos *m/pl.*; crepitação *f.*

Raub [raup] *m* (*-es*; *-e*) roubo *m*; (*Beute*) *a.* presa (*ê) *f*; (*Entführung*) rapto *m*; ˈ**~bau** *m* (*-es*; *0*) cultura *f* exaustiva; *a. fig.* abuso *m*; ~ *treiben* abusar (*an dat.*, *mit* de).

ˈ**rauben** [ˈraubən] *et.*: roubar; *j-n*: raptar.

ˈ**Räuber** [ˈrɔybər] *m* ladrão *m*; (*Straßen*≗) salteador *m*, bandido *m*; **~bande** *f* quadrilha *f*; **~geschichte** *f fig.* façanha *f*; **~höhle** *f* ladroeira *f*; **≗isch** de ladrão; rapace; **≗n** (*-re*) roubar, saquear.

ˈ**Raub|fisch** *m* (*-es*; *-e*) peixe *m* voraz; **~gesindel** *n* bandidos *m/pl.*; **~gier** *f* (*0*) rapacidade *f*; **≗gierig** rapace, carniceiro; **~mord** *m* (*-es*; *-e*) assassínio *m* (seguido de roubo); **~ritter** *m* salteador *m*; **~tier** *n* (*-es*; *-e*) animal *m* de presa (*ê); *großes*:

fera *f*; **⁓vogel** *m* (-*s*; ¨) ave *f* de rapina; **⁓zug** *m* (-*ẹs*; ¨*e*) saque *m*.
Rauch [raux] *m* (-*ẹs*; *0*) fumo *m*; '**2en** *j*.: fumar; *pitar; *et*.: deitar fumo; 2 *verboten!* proibido fumar!; '**⁓er** *m* fumador *m*; *pitador *m*; '**⁓er-abteil** *n* (-*ẹs*; -*e*) compartimento *m* de fumadores.
'**Räucher|hering** ['rɔyçər-] *m* (-*s*; -*e*) arenque *m* fumado; **⁓kammer** *f* (-; -*n*) fumeiro *m*, fumigatório *m*; **⁓kerze** *f* pivete *m*; **2n** (-*re*) defumar; fumigar; *Rel*. incensar; **⁓ware** *f* produto *m* fumado.
'**Rauch|fahne** *f* fumaça *f*; **⁓fang** *m* (-*ẹs*; ¨*e*) fumeiro *m*; **⁓fleisch** *n* (-*es*; *0*) carne *f* fumada; **2ig** fumarento; cheio de fumo; **⁓leder** *n* (-*s*; *0*) coiro *m* bronzeado; **2los** sem fumo; **⁓salon** *m* (-*s*; -*s*) fumatório *m*; **⁓säule** *f* coluna *f* de fumo; **⁓schwaden** *m* fumaçada *f*, fumarada *f*; **⁓schwalbe** *f* martinete *m*; **⁓tisch** *m* (-*ẹs*; -*e*) mesinha *f*; **⁓verbot** *n* (-*ẹs*; -*e*) proibição *f* de fumar; **⁓verzehrer** [-fɛrtseːrər] fumívoro *m*; **⁓waren** *f*/*pl*. *f* (*Pelze*) pelicaria *f*/*sg*.; **⁓wolke** *f* fumaça *f*, fumarada *f*; *Vulkan*: fumarola *f*; **⁓zimmer** *n* fumatório *m*.
'**Räud|e** ['rɔydə] *f* sarna *f*; *Hunde*: rabugem *f*; *Pferde, Schafe*: ronha *f*; **2ig** sarnoso; rabugento; ronhoso.
rauf [rauf] F = *herauf*.
'**Rauf|bold** ['-bɔlt] *m* (-*ẹs*; -*e*) brigão *m*; arruaceiro *m*; **⁓e** *f* grade *f* de manjedoura; **2en** *Haare*: arrancar (*a. refl*.); (*sich*) ⁓ brigar; **⁓e'rei** [-ə'raɪ] *f* briga *f*, rixa *f*; **⁓lust** *f* (*0*) mania *f* de brigar; **2lustig** brigoso, rixoso.
rauh [raʊ] áspero; (*grob*) rude, brusco; (*heiser*) rouco; '**2bank** ⊕ *f* garlopa *f*; '**2beinig** ['-baɪnɪç] rude.
'**Rauheit** ['raʊhaɪt] *f* (*0*) aspereza *f*, rudeza *f*; (*Heiserkeit*) rouquidão *f*.
'**rauh|en** ['raʊən] ⊕ *Tuch*: cardar; *Vögel*: estar na muda; **⁓haarig** hirsuto; **2reif** *m* (-*s*; *0*) geada *f*.
Raum [raʊm] *m* (-*ẹs*; ¨*e*) espaço *m*; lugar *m*, (*Platz*) *a*. sítio *m*; (*Ausdehnung, Gegend*) área *f*; *abgegrenzt*: recinto *m*; zona *f* (*a. fig*.); (*Zimmer*) quarto *m*; *e-r Wohnung*: divisão *f*.
'**räumen** ['rɔymən] (*Gebiet*) evacuar; *Wohnung*: desocupar; sair de; (*frei machen*) despejar; (*säubern*) limpar; *aus dem Wege* ⁓ tirar do caminho, (*ermorden*) assassinar; *Schutt*: desentulhar.
'**Raum|ersparnis** *f* (-; -*se*) aproveitamento *m* de espaço; *aus* ⁓ para ganhar espaço; **⁓fahrer** *m* astronauta *m*; cosmonauta *m*; **⁓-inhalt** *m* (-*ẹs*; -*e*) capacidade *f*, volume *m*; **⁓kunst** *f* (*0*) arte *f* decorativa; **⁓lehre** *f* (*0*) geometria *f*.
'**räumlich** ['rɔymlɪç] espacial; **2keit** *f* = *Raum*.
'**Raum|mangel** *m* (-*s*; *0*) falta *f* de espaço (*aus* por); **⁓meter** *n* metro *m* cúbico; *Holzmaß*: estere *m*; **⁓schiff** *n* (-*ẹs*; -*e*) nave *f* espacial; **⁓schiffahrt** *f* (*0*) astronáutica *f*; **⁓sonde** *f* sonda *f* interplanetária; **⁓ton** (... *in Zssgn*) *m* (-*ẹs*; *0*) estereofonia *f* (estereofónico).
'**Räumung** ['rɔymʊŋ] *f* evacuação *f* (*a*. ⚔); ⚖ despejo *m* (*gerichtliche* judicial); ✝ = **⁓s-ausverkauf** *m* (-*ẹs*; ¨*e*) saldo *m*; **⁓sklage** *f* a[c]ção *f* de despejo.
'**raunen** ['raʊnən] segredar; murmurar; *fig*. sussurar.
'**Raupe** ['raʊpə] *f* lagarta *f*; **⁓nschlepper** ⊕ *m* tra[c]tor *m* de lagarta (*od*. de rasto contínuo).
raus [raʊs] F = *heraus, hinaus*.
Rausch [raʊʃ] *m* (-*es*; ¨*e*) bebedeira *f*; embriaguês *f*; *fig*. êxtase *m*; *e-n* ⁓ *haben* estar ébrio, estar embriagado; *s-n* ⁓ *ausschlafen* cozer a mona; '**2en**[1] rumorejar; *sanft*: murmurar; *Laub*: ciciar, sussurrar, ramalhar; *heftig, Meer*: marulhar; *Stoffe*: fazer frufru; *daher*⁓ vir ruidosamente; *vorbei*⁓ passar ruidosamente; '**⁓en**[2] *n* rumor *m*, murmúrio *m*; sussurro *m*; marulhada *f*; *Stoffe*: frufru *m*; '**2end** *adj*. ruidoso; rumoroso, rumorejante; sussurrante; '**⁓gift** *n* (-*ẹs*; -*e*) estupefaciente *m*; '**⁓gift-handel** ('**⁓gifthändler** *m*) *m* (-*s*; *0*) tráfico (traficante) *m* de estupefacientes; '**⁓gold** *n* (-*ẹs*; *0*) ouropel *m*.
'**räuspern** ['rɔyspərn] (-*re*): *sich* ⁓ tossir levemente; pigarr(e)ar.
'**Raute** ['raʊtə] *f* ⚘ arruda *f*; ⟁ rombo *m*, losango *m*.
'**Razzia** ['ratsia] *f* (-; -*s*, *Razzien*) busca *f*, rusga *f*.
Rea'g|ens [rea'gɛnts] ⚗ *n* (-*s*; *Reagenzien*) reagente *m*; **⁓enz-glas** *n* (-*es*; ¨*er*) proveta *f*; **2ieren** (-) reagir.

Reakti'on [reaktsi'o:n] *f* rea[c]ção *f*; ᘎ**är** [-'nɛ:r] rea[c]cionário; ~**s-vermögen** *n* faculdade *f* de rea[c]ção.

re'al [re'a:l] real, efe[c]tivo; ᘎ**ien** [-liən] *pl. uv.* coisas *f/pl.* reais; ~**i'sieren** [-i'zi:rən] (-) realizar; ᘎ'**ismus** *m* realismo *m*; 'ᘎ**ist** *m* (*-en*), '~**istisch** realista (*m*); ᘎ**i'tät** [-li'tɛ:t] *f* realidade *f*; ᘎ**lohn** *m* (*-ẹs*; *⸚e*) salário *m* efe[c]tivo; ᘎ**politik** *f* (-) política *f* realista; ᘎ**wert** *m* (*-ẹs*; *-e*) valor *m* real.

'**Rebe** ['re:bə] *f* vide *f*, videira *f*; *Ranke*: sarmento *m*.

Re'bell [re'bɛl] *m* (*-en*) rebelde *m*; 'ᘎ**ieren** (-) rebelar; insurgir-se; ~**i'on** [-li'o:n] *f* rebelião *f*; sublevação *f*; ᘎ**isch** rebelde.

'**Reb|huhn** ['rɛp-] *n* (*-ẹs*; *⸚er*) perdiz *f*; ~**laus** *f* (-; *⸚e*) filoxera *f*; ~**stock** *m* (*-ẹs*; *⸚e*) cepa (*ê) *f*; vide *f*, videira *f*.

'**Rechen** ['rɛçən] ⚒ *m* ancinho *m*.

'**Rechen|-aufgabe** *f* problema *m* de aritmética; ~**brett** *n* (*-ẹs*; *-er*) ábaco *m*; ~**buch** *n* (*-ẹs*; *⸚er*) livro *m* de aritmética; ~**-exempel** *n* operação *f* aritmética; cálculo *m*; ~**fehler** *m* erro (*ê) *m* de cálculo; ~**lehrer** *m* professor *m* de aritmética; ~**maschine** *f* máquina *f* de calcular (*od.* de cálculo); ~**schaft** *f* conta *f* (*ablegen* dar, prestar *pl.*); *j-n zur ~ ziehen* pedir contas *f/pl.* a alg.; ~**schaftsbericht** *m* (*-ẹs*; *-e*) relatório *m*; ~**schaftslegung** [-le:guŋ] *f* apresentação *f* de contas; ~**schieber** *m* régua *f* de cálculo; aritmógrafo *m*.

'**rechn|en** ['reçnən] (*-e-*) **1.** calcular; fazer a conta; ~ *auf* (*ac.*) contar com; ~ *zu* **a**) *v/t.* incluir em, acrescentar a; **b**) *v/i.* pertencer a, fazer parte de; *sich* (*dat.*) *zur Ehre ~* considerar uma honra; **2.** ᘎ**en** *n* cálculo *m*, aritmética *f*; ~**erisch** [-əriʃ] aritmético, calculador.

'**Rechnung** ['rɛçnuŋ] *f* cálculo *m*, operação *f* aritmética; ✝ conta *f* (*auf* na, = *für* por); (*Waren*ᘎ) fa[c]tura *f*; (*dat.*) ~ *tragen* ter em conta (*ac.*); *auf eigene ~* por conta própria; ~**s-abschluß** *m* (*-sses*; *⸚sse*) balanço *m*; saldo *m*; ~**s-art** ⩕ *f* conta *f*; regra *f* fundamental aritmética, operação *f* aritmética; ~**s-auszug** *m* (*-ẹs*; *⸚e*) extra[c]to *m* de contas; ~**sführung** *f* contabilidade *f*; ~**s-jahr** *n* (*-ẹs*; *-e*) ano *m* económico; ~**s-hof** *m* (*-ẹs*; *0*) Tribunal *m* de Contas; ~**swesen** *n* (*-s*; *0*) contabilidade *f*.

recht[1] [rɛçt] direito; ⩕ re[c]to; (*gerecht*): ~ *und billig* justo, (*richtig*) *a.* certo; exa[c]to; *adv.* bem; (*passend*) conveniente; (*echt*) verdadeiro, autêntico; ~*e Seite Stoff*: direito *m*; *Münze*: face *f*; *zur ~en Zeit*, *gerade ~* a tempo, mesmo a propósito; (*sehr*) muito, bastante; *ganz ~* exa[c]tamente; ~ *haben* ter razão; *erst ~* com maior razão; *j-m ~ sn* parecer bem a alg., convir a alg.; *es j-m ~ machen* contentar alg.; *keiner kann es ihm ~ machen* (ele) nunca está satisfeito; *das geschieht ihm ~* bem (o) merece; ~ *so!* bem feito!

Recht[2] *n* (*-ẹs*; *-e*) direito *m* (*auf ac.* a); (*Gerechtigkeit*) justiça *f*; *Doktor der ~e* Doutor em Direito; *Student der ~e* estudante de Direito; ~ *sprechen* julgar, sentenciar, pronunciar sentença; *mit* (*vollem*) ~ com (toda a) razão; *von ~s wegen* de direito, ⚖ segundo a lei; *zu ~* com razão *f*; *zu ~ bestehen* ser legal; *alle ~e vorbehalten* com todos os direitos reservados; *j-m ~ widerfahren lassen* fazer justiça a alg.; *j-m zu s-m ~ verhelfen* cuidar de que seja feito justiça a alg.; *j-m das ~ verweigern* (de)negar justiça a alg.; '~**e 1.** *f* (mão *f*) direita *f* (*zur* à); *Pol.* direitas *f/pl.*; **2.** *n* bem *m*; *nichts ~s* nada de valor; *nach dem ~n sehen* ver o que se passa; '~**-eck** *n* (*-ẹs*; *-e*) re[c]tângulo *m*; 'ᘎ**-eckig** re[c]tangular; 'ᘎ**en**: *um et. ~* discutir a.c.; 'ᘎ**ens** legal; 'ᘎ**fertigen** justificar; explicar; '~**fertigung** *f* justificação *f*; explicação *f*; 'ᘎ**gläubig** ortodoxo; '~**gläubigkeit** *f* (*0*) ortodoxia *f*; '~**haber** ['-ha:bər] *m* teimoso *m*; ~**habe'rei** [-habə'raɪ] *f* mania *f* de ter sempre razão; teimosia *f*; 'ᘎ**haberisch** ['-habəriʃ] teimoso; 'ᘎ**lich** ⚖ jurídico; '~**lichkeit** *f* (*0*) legalidade *f*; 'ᘎ**los** destituído de direitos; ilegal; '~**losigkeit** ['-lo:ziç-] *f* (*0*) ausência (*od.* privação) *f* de direitos; ilegalidade *f*; 'ᘎ**mäßig** legítimo, legal; ~**mäßigkeit** *f* legitimidade *f*; legalidade *f*.

rechts [rɛçts] à direita; ~ *stehen Pol.* ser das direitas.

'**Rechts|-anspruch** *m* (*-ẹs*; *⸚e*) direito *m* (*auf ac.* a); **~-anwalt** *m* (*-es*; *⸚e*) advogado *m*; **~-auskunft** *f* (-; *⸚e*) informação *f* jurídica, consulta *f* jurídica; **~ˈaußen** *m Sport*: extremo-direito *m*; **~beistand** *m* (*-es*; *⸚e*) advogado *m*; **~berater** *m* jurisconsulto *m*; **~bruch** *m* (*-es*; *⸚e*) violação *f* da lei.

ˈrecht·schaffen honrado, honesto, re[c]to, íntegro; **2heit** *f* (*0*) honradez *f*, lealdade *f*, re[c]tidão *f*; integridade *f*.

ˈRechtschreibung *f* (*0*) ortografia *f*.

ˈRechts|fähigkeit *f* (*0*) capacidade *f* legal; **~fall** *m* (*-es*; *⸚e*) caso *m*, causa *f*; **~form** *f* forma *f* legal; **~frage** *f* questão *f* jurídica, questão *f* de direito; **~gelehrte(r)** *m* jurista *m*, jurisconsulto *m*; **~geschäft** *n* (*-es*; *-e*) negócio *m* jurídico; **2grundlage** *f* fundamento *m* jurídico (*od.* legal); **2gültig** legal; autêntico; **~gültigkeit** *f* validez *f*; autenticidade *f*; **~handel** *m* (*-s*; *⸚*) processo *m*, pleito *m*, litígio *m*; **~ˈinnen** *m Sport*: interior-direito *m*; **~kraft** *f* (*0*) força (*ô) *f* de lei; **2kräftig** válido; *~ machen* validar; *~ sn* vigorar; *~ werden* entrar em vigor; **ˈ~kunde** *f* (*0*) jurisprudência *f*; **2kundig** versado em direito (*od.* em leis); **~lage** *f* situação *f* jurídica; **~mittel** *n* meio *m* legal; recurso *m*; *ein ~ einlegen* recorrer; **~nachfolge** *f* (*0*) sucessão *f*; **~person** *f* pessoa *f* moral; **~pflege** *f* (*0*) justiça *f*.

ˈRechtsprechung [ˈ-ʃprɛçuŋ] *f* jurisdi[c]ção *f*.

ˈRechts|sache *f* processo *m*; causa *f*; **~satz** *m* (*-es*; *⸚e*) norma (*od.* disposição) *f* jurídica; **~schutz** *m* (*-es*; *0*) prote[c]ção *f* das leis; **~sprache** *f* (*0*) linguagem *f* jurídica; **~spruch** *m* (*-es*; *⸚e*) sentença *f*; **~staat** *m* (*-es*; *-en*) Estado-Direito *m*; **~streit** *m* (*-es*; *-e*) controversa *f* jurídica; **2um 1.** à direita; **2. ~ˈum!** direita volver!; **2-ungültig** inválido; **~-ungültigkeit** *f* invalidez *f*; **~verdreher** [ˈ-fɛrdre:ər] *m* rábula *m*; **~verfahren** *n* processo *m*; procedimento *m* legal; **~verkehr** *m* (*-s*; *0*) ⚖ justiça *f*; (*Verkehrswesen*) circulação *f* pela direita; **~vertreter** *m* procurador *m*; **~weg** *m*: *den ~ beschreiten* recorrer aos tribunais; **2widrig** ilegal; **~widrigkeit** *f* (*0*) ilegalidade *f*; **~wissenschaft** *f* (*0*) jurisprudência *f*; *Student der ~* de Direito; *Doktor der ~* em Direito

ˈrecht|winklig re[c]tangular; **~zeitig** oportuno; *adv.* a tempo, 🚂 à tabela.

Reck [rɛk] *n* (*-es*; *-e*) barra *f* fixa; **ˈ2en** esticar; *sich ~ a.* espreguiçar-se.

Redakˈt|eur [redakˈtø:r] *m* (*-s*; *-e*) reda[c]tor *m*; **~iˈon** [-tsiˈo:n] *f* reda[c]ção *f*.

ˈRede [ˈre:də] *f* discurso *m* (*a. gr.*), *feierliche*: oração *f*, (*Ansprache*) alocução *f* (*halten* fazer, pronunciar); (*Gerücht*) boato *m*; (*Unterhaltung*) conversa *f*; (*un*)*gebundene ~* (prosa *f*) poesia *f*; *in ~ stehend* em questão; *wovon ist die ~?* de que se trata?; *j-m in die ~ fallen* interromper alg.; *j-m ~ (und Antwort) stehen* dar contas *f/pl.* a alg., responder a alg.; *j-n zur ~ stellen* pedir explicações *f/pl.* a alg.; *nicht die ~ sn können von* nem se discutir; nem pensar em; *nicht der ~ wert sn* não ter importância; **~fluß** *m* (*-sses*; *0*) verbosidade *f*; loquacidade *f*; **~freiheit** *f* (*0*) liberdade *f* de falar; **~gabe** *f* (*0*) eloquência *f*; **2gewandt** eloquente; **~kunst** *f* (*0*) retórica *f*; **2n** falar (*über ac.* de, sobre); *mit sich ~ lassen* não ser intransigente; *wie ein Buch ~* falar como um livro aberto, falar que nem um missal; **~ns-art** *f* modo *m* de falar, locução *f*; frase *f*; expressão *f* idiomática; (*das sind*) *~n!* palavrório *m/sg.*!, palavras *f/pl.*!; **~ˈrei** [-ˈraɪ] *f* palavrório *m*; (*Gerücht*) rumor *m*, boato *m*; **~schwall** *m* (*-es*; *0*) verbosidade *f*; verborreia *f*; **~weise** *f* modo *m* de falar; linguagem *f*; estilo *m*; **~wendung** *f* = *~nsart.*

rediˈgieren [rediˈgi:rən] (-) redigir; *Zeitung*: dirigir.

ˈredlich [ˈre:tliç] honrado, honesto; sério; **2keit** *f* (*0*) honradez *f*; probidade *f*; seriedade *f*.

ˈRedner [ˈre:tnər] *m* orador *m*; **~bühne** *f* tribuna *f*; **~gabe** *f* (*0*) eloquência *f*.

ˈredselig [ˈre:t-] falador; **2keit** *f* (*0*) loquacidade *f*.

Redu|ktiˈon [reduktsiˈo:n] *f* redução *f*; **2ˈzieren** (-) reduzir (*auf ac.* a); *Erz*: beneficiar.

ˈReede [ˈre:də] *f* ancoradouro *m*;

auf der ~ *liegen* estar fundeado; ~**r** *m* armador *m*; ~'**rei** [-'raɪ] *f* companhia *f* de navegação.

re'ell [re'ɛl] *Wert*: efe[c]tivo, real; *Ware*: bom; *Geschäft, Bedienung*: sério, de confiança; *Preis*: módico.

Reep [re:p] ⚓ *n* (-*es*; -*s*) cabo *m*.

Refe|'rat [refe'ra:t] *n* (-*es*; -*e*) relatório *m*; exposição *f*; *Kongreß*: comunicação *f* (*halten* fazer); ~**ren'dar** [-ren'da:r] *m* (-*s*; -*e*) estagiário *m*; ~'**rent** [-'rɛnt] *m* (-*en*) relator *m*; informador *m*; *Behörden, Institute usw.*: *a.* dire[c]tor *m* de uma se[c]ção (*od.* repartição); *Prüfungen*: arguente *m*; ~'**renz** [-'rents] *f* referência *f*; ♀'**rieren** [-'ri:rən] (-): (*über ac.*) ~ referir (*ac.*), relatar (*ac.*); apresentar um relatório, informar (sobre).

'**reffen** ['rɛfən] ⚓ colher os rizes.

Reflek't|ant [reflɛk'tant] *m* (-*en*) interessado *m*; ♀**ieren** (-) *Phys.* refle[c]tir; ~ *auf* (*ac.*) ✝ interessar-se por, ter em vista.

Re'flex [re'flɛks] *m* (-*es*; -*e*), ~**bewegung** *f* reflexo *m*; ♀**iv** [-'ksi:f] reflexivo.

Re'form [re'fɔrm] *f* reforma *f*; ~**a-ti'on** [-atsi'o:n] *f* Reforma *f*; ~'**ator** [-'ma:tɔr] *m* (-*s*; -*en*) reformador *m*; ♀'**ieren** [-'mi:rən] (-) reformar; ~'**ierte**(**r**) [-'mi:rtə(r)] *m Rel.* calvinista *m*.

Re'frain [rə'frɛ̃:] *m* (-*s*; -*s*) estribilho *m*.

Re'gal [re'ga:l] *n* (-*s*; -*e*): **a**) (*Gestell*) estante *f*; (*Küchen*♀) prateleira *f*; **b**) *Pol.* regalia *f*.

Re'gatta [re'gata] *f* (-; *Regatten*) regata *f*.

'**rege** ['re:gə] a[c]tivo; (*lebhaft*) vivo, *Verkehr*: animado.

'**Regel** ['re:gəl] *f* (-; -*n*) regra *f*; norma *f*; ⚕ menorreia *f*; *in der* ~ em regra; ♀**los** desordenado, confuso, irregular; ~**losigkeit** [-lo:ziç-] *f* irregularidade *f*; desordem *f*; ♀**mäßig** regular; ~**mäßigkeit** *f* regularidade *f*; ♀ simetria *f*; ♀**n** (-*le*) regular, arranjar; *gesetzlich*: regulamentar; ♀**recht** corre[c]to, normal; autêntico; ~**ung** *f* regulamento *m*; ♀**widrig** irregular, contra a regra.

'**regen**[1] ['re:gən] mover; mexer; *sich* ~ *fig. et.*: fazer-se sentir; dar conta de si.

'**Regen**[2] *m* chuva *f*; *feiner*: chuvisco *m*; *garoa *f*; ~**bogen** *m* (-*s*; ¨) arco-íris *m*; ~**bogen-haut** *f* (-; ¨*e*) íris *f*; ~**dach** *n* ⚠ telheiro *m*, alpendre *m*; *Wagen*: tejadilho *m*, toldo (*'ô) *m*; ♀**dicht** impermeável; ~**fall** *m* (-*es*; ¨*e*) chuva *f*; ~**guß** *m* (-*sses*; ¨*sse*) chuvada *f*, aguaceiro *m*; ~-**höhe** *f* altura *f* pluviométrica; ~**jahr** *n* (-*es*; -*e*) ano *m* chuvoso; ~**mantel** *m* (-*s*; ¨) impermeável *m*; ~**menge** *f* (quantidade *f* de) chuva *f* caída; ~**messer** *m* pluviómetro *m*, pluvímetro *m*; ~**rinne** *f* caleira *f*; ~**schauer** *m* = ~*guß*; ~**schirm** *m* (-*es*; -*e*) guarda-chuva *m*; chapéu-de-chuva *m*; ~**tag** *m* (-*es*; -*e*) dia *m* de chuva.

Re'gent [re'gɛnt] *m* (-*en*), ~**in** *f* regente *m*, *f*; ~**schaft** *f* regência *f* (*führen* exercer).

'**Regen|wasser** *n* (-*s*; *0*) águas *f*/*pl*. pluviais; ~**wetter** *n* (-*s*; *0*) tempo *m* de chuva; ~**wurm** *m* (-*es*; ¨*er*) minhoca *f*; ~**zeit** *f* estação *f* das chuvas.

Re'gie [re'ʒi:] *f Thea.* dire[c]ção *f* artística; ~ *führen* dirigir.

re'gier|en [re'gi:rən] (-) *v/t. a.* ~ *über* (*ac.*) governar (*ac.*); *gr.* reger (*ac.*); *fig.* dirigir (*ac.*); (*König sn*) reinar (sobre); ♀**ung** *f* governo (*ê) *m*; *e-s Königs*: reinado *m*; *zur* ~ *gelangen* subir ao poder (*Herrscher*: ao trono).

Re'gierungs|-antritt *m* (-*es*; -*e*) advento *m* ao poder, subida *f* ao poder (*Herrscher*: ao trono); ~**bezirk** *m* (-*es*; -*e*) distrito *m*; ♀**feindlich** antigovernamental; ~**form** *f* regime *m*; ♀**freundlich** governamental; ~**partei** *f* partido *m* governamental; ~**krise** *f* crise *f* ministerial; ~**mehrheit** *f* maioria *f* governamental; ~**präsident** *m* (-*en*) chefe *m* do distrito; ~**rat** *m* (-*es*; ¨*e*) conselheiro (= título de alto funcionário administrativo); ~-**zeit** *f* reinado *m*.

Regi'ment [regi'mɛnt] *n* **a**) (-*es*; -*e*) *Pol.* regime *m*; *das* ~ *führen* mandar; **b**) (*pl.* -*er*) ⚔ regimento *m*.

Regi'on [regi'o:n] *f* região *f*.

Regis'seur [reʒi'sø:r] *m* (-*s*; -*e*) dire[c]tor *m* artístico, ensaiador *m*, encenador *m*; *Film*: realizador *m*.

Re'gister [re'gistər] *n* registo *m* (*a.* ♪ *u. fig.*); *im Buch*: índice *m*.

Regis'tr|ator [regis'tra:tɔr] *m* (-*s*;

-*en*) registador *m*; **~a'tur** [-a'tu:r] *f* registo *m*, arquivo *m*; **2ieren** (-) registar; arquivar; **~ierkasse** [-i:r-] *f* caixa *f* registadora.

'Regler ['re:klər] *m* regulador *m*; ⚡ reóstato *m*.

'regne|n ['re:knən] (-*e*-) chover; *fein*: choviscar; *garoar; **~risch** [-riʃ] chuvoso.

Re'greß [re'grɛs] ⚖ *u.* † *m* (-*sses*; -*sse*) recurso *m*; **2pflichtig** responsável.

'regsam ['re:kza:m] a[c]tivo, mexido, vivo; **2keit** *f* (*0*) a[c]tividade *f*; vivacidade *f*; *geistige*: *a.* curiosidade *f*.

regu'l|är [regu'lɛ:r] regular, normal; **~ieren** [-'li:rən] (-) regul(ament)ar; **2ierwiderstand** *m* (-*ės*; ⸗*e*) reóstato *m*.

'Regung ['re:guŋ] *f* movimento *m*; *fig.* emoção *f*, sentimento *m*; *plötzliche*: acesso *m*; **2s-los** imóvel, inerte; **~s-losigkeit** [-lo:ziç-] *f* (*0*) imobilidade *f*, inércia *f*; *fig. a.* impassível *m*.

Reh [re:] *n* (-*ės*, -*e*), **'~bock** *m* (-*ės*; ⸗*e*) corço *m*.

'Reib|e ['raɪbə] *f*, **~-eisen** ['raɪp-] *n* ralò *m*, ralador *m*; **~elaut** *m* (-*ės*; -*e*) *gr.* fricativa *f*; **2en** (*L*) esfregar; *leicht*: roçar; *Küche*: ralar (*ab~*) esfregar, ⚙ fri[c]cionar; *gerieben adj. fig.* finório, sabido; **~e'rei** [-ə-'raɪ] *f fig.* atrito *m*; **~fläche** ['raɪp-] *f* lixa *f*; **~ung** *f* fri[c]ção *f*; atrito *m* (*a. fig.*); **2ungs-los** *fig.* sem dificuldade(s), sem atritos.

reich[1] [raɪç] rico (*an dat.* em); ~ *machen*, ~ *werden* enriquecer; *Land*: ~ *sn an* (*dat.*) abundar em.

Reich[2] (-*ės*; -*e*) império *m* (*a. Kaiser2*); (*König2*) reino *m*.

'reich|en **1.** *v/t.* passar, *Hand*: estender; **2.** *v/i.* ir, estender-se; chegar (*a. aus~*); (*genügen*) *a.* bastar; *bis auf den Boden* ~ bater no chão; *so weit der Blick reicht* a perder de vista; **~haltig** [-haltiç] abundante, rico; **2haltigkeit** *f* (*0*) abundância *f*, riqueza *f*; **~lich** = *~haltig*; *adv.* bastante; abastadamente; ~ *vorhanden sn* abundar.

'Reich|tum *m* (-*s*; ⸗*er*) riqueza *f*; **~weite** *f* alcance *m* (*in* ao); proje[c]ção *f*.

reif[1] [raɪf] maduro; *fig.* (*entwickelt*) *a.* feito; ~ *werden* = *reifen*.

Reif[2] *m*: **a**) (-*ės*; -*e*) ar[c]o *m*; círculo *m*; anel *m*; **b**) (-*ės*; *0*) (*Frost*) geada *f*.

'Reife ['raɪfə] *f* (*0*) maturidade *f*, madureza *f*; maturação *f*.

'reifen[1] ['raɪfən] (a)madurecer, madurar; maturar; *Oliven, Kartoffeln*: vingar; *Frost*: gear; ~ *lassen fig.* aboborar.

'Reifen[2] *m* arco *m*; roda *f*; *Auto*: pneu(mático) *m*; **~panne** *f* furo *m*.

'Reife|prüfung *f* exame *m* final do liceu; **~zeugnis** *n* (-*ses*; -*se*) carta *f* do curso liceal.

'reif|lich maduro, refle[c]tido; **2-rock** *m* (-*ės*; ⸗*e*) crinolina *f*.

'Reigen ['raɪgən] *m* roda *f*.

'Reihe ['raɪə] *f* fil(eir)a *f*; (*Folge*) enfiada *f*; série *f*; *der* ~ *nach* por ordem; *außer der* ~ salteado; fora do turno; *ich bin an der* ~ é a minha vez; *wer ist jetzt an der* ~? quem segue?; *in e-r* ~ *maschieren* marchar a um de fundo; *in e-r* ~ *stehen* (*od. gehen*) formar bicha; *in Reih und Glied* em fila; **2n** colocar em fila; pôr em fila; enfi(leir)ar; alinhavar; **~nfolge** *f* em ordem *f*; **~nschaltung** ⚡ *f* ligação *f* em série; **~n-untersuchung** *f* exame *m* em série; rastreio *m*; **2nweise** por filas; † em série.

'Reiher ['raɪər] *m* garça *f*; **~busch** *m* (-*es*; ⸗*e*) penacho *m*.

reih'um [raɪ'um] por turno; por turmas.

Reim [raɪm] *m* (-*ės*; -*e*) rima *f*; **'2en**: (*sich*) ~ rimar; (*übereinstimmen*) concordar; *fig.* compreender-se; **'~los** sem rima; não rimado; *Vers*: *a.* solto.

rein[1] [raɪn] limpo; (*unvermischt*) *u. fig.* puro; (*nur*) *a.* mero; *Gewicht*: líquido; † *Akzept*: incondicional; ~ *gar nichts* absolutamente nada; *mit et.* (*j-m*) *ins ~e kommen* resolver a.c., arranjar a.c. (arranjar-se com alg.).

rein[2] F = *herein, hinein*.

'Rein|ertrag *m* (-*ės*; ⸗*e*), **~gewinn** *m* (-*s*; -*e*) produto *m* líquido; **~fall** F *m* (-*ės*; ⸗*e*) fracasso *m*; engano *m*; **2fallen** F (*L*) fracassar, enganar-se; **~gewinn** *m* (-*ės*; -*e*) = *~ertrag*; **~-heit** *f* (*0*) limpeza *f*; pureza *f* (*a. fig.*); (*Klarheit*) nitidez *f*; **2igen** [-nigən] limpar; assear; *Flüssigkeit*: depurar; *Luft u. fig.*: purificar; ⚙

abluir; ~d ⚕ abluente, ablutor; **~igung** [-niguŋ] *f* limpeza *f*; depuração *f*; purificação *f*; ⚕ ablução *f*; **~kultur** *f*: *in* ~ puro; **2legen**: F *j-n* ~ lograr alg.; meter uma peta a alg.; **2lich** limpo; asseado; **~lichkeit** *f* (*0*) limpeza *f*; asseio *m*; **~machefrau** *f* mulher *f* de limpeza; **2machen** limpar; fazer limpeza; **2rassig** de raça pura; castiço; **~schrift** *f* cópia *f* a limpo.

Reis [raɪs]: **a**) *m* (*-es*; *0*) arroz *m*; **b**) *n* (*-es*; *er*) rebento *m*.

'Reise ['raɪzə] *f* viagem *f*; *pl. auf ~n sn* estar de viagem; *auf ~n gehen* partir para uma viagem; **~-abkommen** *n* acordo (*'ô) *m* turístico; **~-apotheke** *f* farmácia *f* portátil; **~büro** *n* (*-s*; *-s*) agência *f* de viagens (*od.* de turismo); **~bus** *m* (*-ses*; *-se*) autocarro *m*; **~decke** *f* manta *f*; **2fertig** pronto para partir; **~führer** *m* guia *m*; **~gefährte** *m* (*-n*) (**~gefährtin** *f*) companheiro *m* (-a *f*) de viagem; **~geld** *n* (*-ės*; *-er*) dinheiro *m* para a viagem; **~gepäck** *n* (*-ės*; *-e*) bagagem *f*; **~gesellschaft** *f* grupo *m* de turistas; **2lustig**: ~ *sn* gostar de viajar.

'reisen ['raɪzən] (*-t*; *sn*) viajar; ~ *nach* partir para; ir a; ~ *durch* atravessar; ~ *über* (*ac.*) passar por; **2de(r)** *m* passageiro *m*; turista *m*; viajante *m*; † caixeiro-viajante *m*.

'Reise|paß *m* (*-sses*; *⸚sse*) passaporte *m*; **~plan** *m* (*-ės*; *⸚e*), **~route** [-ru:tə] *f* itinerário *m*; **~stipendium** *n* (*-s*; *-stipendien*) bolsa (*ô) *f* de viagem; **~tasche** *f* mala *f*; **~verkehr** *m* (*-s*; *0*) turismo *m*; movimento *m* (de passageiros); viagens *f/pl.*; **~ziel** *n* (*-ės*; *-e*) destino *m*.

'Reis-feld *n* (*-ės*; *-er*) arrozal *m*.

'Reisig ['raɪzɪç] *n* (*-s*; *0*) chamiço *m*.

Reiß|'-aus [raɪs-]: ~ *nehmen* fugir, safar-se; **'~brett** *n* (*-ės*; *-er*) estirador *m*; **'2en¹** (*L*) **1.** *v/t.* (*ab~*, *weg~*) tirar, arrancar; (*zer~*) rasgar; *Witze*: dizer, fazer; *an sich* (*ac.*) ~ apoderar-se de, usurpar; abarcar; *sich um et.* ~ disputar-se a.c.; **2.** *v/i.* rasgar, romper-se; partir; *mir reißt die Geduld* já não tenho paciência; *gerissen adj. fig.* sabido; **'~en²** ⚕ *n* reumatismo *m*; dores *f/pl.* reumáticas; (*Ab2*) arrancamento *m*; (*Zer2*) rotura *f*; **'2end** *adj.* rápido; *Schmerz*: agudo, reumático; *Strom*: caudaloso, torrencial; † *~en Absatz finden* vender-se num instante; **'~er** F *m* artigo *m* de moda; *Thea.* êxito *m* teatral; **'~feder** *f* (*-*; *-n*) tira-linhas *f*; **'~schiene** *f* régua *f*; **'~verschluß** *m* (*-sses*; *⸚sse*) fecho *m* de correr; **'~-zeug** *n* (*-ės*; *0*) estojo (*'ô) *m* de desenho; **'~-zwecke** *f* percevejo *m*.

'Reit|bahn ['raɪt-] *f* picadeiro *m*; **2en¹** (*L*) montar; andar a cavalo, ir a cavalo; **~en²** *n* equitação *f*; **2end** *adj.* montado, a cavalo.

'Reiter ['raɪtər] *m* cavaleiro *m*; ⚔ *a.* soldado *m* de cavalaria; *spanischer* ~ cavalo *m* de frisa; **~'ei** [-'raɪ] *f* cavalaria *f*; **~in** *f* amazona *f*; **~standbild** *n* estátua *f* equestre; **~zug** *m* (*-ės*; *⸚e*) cavalgada *f*.

'Reit|gerte *f* chibata *f*; **~-hose** *f* calções *m/pl.* de montar; **~knecht** *m* (*-ės*; *-e*) estribeiro *m*, moço (*'ô) *m* de estribeira; **~kunst** *f* (*0*) (**~lehrer** *m* professor *m* de) equitação *f*; **~peitsche** *f* chicote *m*; **~pferd** *n* (*-ės*; *-e*) cavalo *m* de sela (*od.* de montar); **~schule** *f* escola *f* de equitação; picadeiro *m*; **~sport** *m* (*-ės*; *0*) hipismo *m*; **~stall** *m* (*-ės*; *⸚e*) picadeiro *m*; **~stiefel** *m* bota *f* alta, bota *f* de montar; **~tier** *n* (*-ės*; *-e*) cavalgadura *f*; **~- und 'Springturnier** *n* (*-s*; *-e*) concurso *m* hípico; **~weg** *m* caminho *m* para cavaleiros.

Reiz [raɪts] *m* (*-es*; *-e*) (*Empfindung*) sensação *f*; (*An2*) estímulo *m*; (*~ung*) irritação *f*, (*Juck2*) comichão *f*; (*Lieb2*) encanto *m*, atra[c]tivo *m*; *den ~ lindern* abirritar; **'2bar** irritável; sensível; **'~barkeit** *f* (*0*) irritabilidade *f*; sensibilidade *f*; **'2en** (*-t*) estimular, excitar; irritar; provocar; (*locken*) atrair; interessar; **'2end** *adj.* excitante; (*hübsch*) encantador; **'2lindernd** abirritante; **'2los** sem graça; (*fade*) insípido; **'~mittel** ⚕ *n* estimulante *m*; excitante *m*; **'~ung** *f* irritação *f*; **'2voll** encantador, interessante.

'rekeln ['re:kəln] F (*-le-*): *sich* ~ espreguiçar-se.

Reklamati'on [reklamatsi'o:n] *f* reclamação *f*.

Re'klame [re'kla:mə] *f* reclamo *m*; propaganda *f*; publicidade *f*; (*machen* dar; *für* a); (*~teil*) anúncios *m/pl.*; **~fachmann** *m* (*-ės*; *-leute*) agente *m* de publicidade; propagandista *m*; **~schild** *n* (-*ės*; -*er*) cartaz *m*; **~wesen** *n* (*0*) propaganda *f*; publicidade *f*.

rekla'mieren [rekla'mi:rən] (-) [reclamar.]

Rekonvales'zen|t [rekɔnvalɛs'tsɛnt] *m* (-*en*) convalescente *m*; **~z** *f* convalescença *f*.

Re'kord [re'kɔrt] *m* (-*ės*; -*e*) recorde *m* (*aufstellen* estabelecer; *brechen, schlagen* bater).

Re'krut [re'kru:t] *m* (-*en*) recruta *m*; **2'ieren** [-u'ti:rən] (-) recrutar; **~'ierung** *f* recrutamento *m*.

'Rektor ['rɛktɔr] *m* (-*s*; -*en*) reitor *m*; **~'at** [-o'ra:t] *n* (-*ės*; -*e*) reitoria *f*; (*Amtzeit*) *a.* reitorado *m*; **~in** [-'to:rin] *f* reitora *f*.

'relativ ['relati:f] relativo; **2vi'tät** *f* relatividade *f*; **2pronomen** [-'ti:f-] *n* (-*s*; -*pronomina*) pronome *m* relativo; **2satz** [-'ti:f-] *m* (-*es*; ¨*e*) oração *f* relativa.

Reli'ef [reli'ɛf] *n* (-*s*; -*s*) relevo (*'ê) *m*.

Religion [religi'o:n] *f* religião *f*.

Religi'ons|freiheit *f* (*0*) liberdade *f* de culto; **~geschichte** *f* (*0*) história *f* sagrada; história *f* das religiões; **~krieg** *m* (-*ės*; -*e*) guerra *f* religiosa; **~lehrer** *m* professor *m* de doutrina; catequista *m*; **~-unterricht** *m* (-*ės*; -*e*) (ensino *m* da) doutrina *f*; catequese *f*.

religi'ös [religi'ø:s] (-*est*) religioso.

'Reling ⚓ ['re:liŋ] *f* (-; -*s*) balustrada *f*.

Re'liquie [re'li:kviə] *f* relíquia *f*; **~nschrein** *m* (-*ės*; -*e*) relicário *m*.

Re'mise [re'mi:zə] *f* cocheira *f*.

Renais'sance [renɛ'sã:s] *f* renascimento *m*; (*Zeit*) (*0*) Renascença *f*; **~...**: *in Zssgn* renascentista.

'Renn|bahn ['rɛn-] *f* pista *f*; **2en**[1] (*L*) **1.** *v/i.* (*sn*) correr; *gegen*: dar; **2.** *v/t. zu Boden*: atropelar; **~en**[2] *n* corrida *f*; **~er** *m* cavalo *m* corredor; **~fahrer** *m* corredor *m*; **~pferd** *n* (-*ės*; -*e*) cavalo *m* de corridas; **~platz** *m* (-*ės*; ¨*e*) hipódromo *m*; **~sport** *m* (-*ės*; *0*) (desporte *m* de) corridas *f/pl.*; **~stall** *m* (-*ės*; ¨*e*) cavalariça *f*; **~strecke** *f* percurso *m*; **~tier** *n* (-*ės*; -*e*) rangífer *m*; **~wagen** *m* carro *m* de corridas.

Renom'm|ee [renɔ'me:] *n* (-*s*; -*s*) reputação *f*, fama *f*; **2ieren** (-) fanfarronar.

ren't|abel [rɛn'ta:bəl] (-*bl*-) rentável; lucrativo; **2abili'tät** [-abili'tɛ:t] *f* (*0*) produ[c]tividade *f*; rendimento *m*; **'2en-anspruch** *m* (-*ės*; ¨*e*) direito *m* a uma pensão; **'2ner** *m* (**~in** *f*) pensionista *m, f*; **~'ieren** (-): *sich* ~ render; ser lucrativo.

Repar|ati'on [reparatsi'o:n] *f* reparação *f*; **~atur** [-a'tu:r] *f* reparação *f*; conserto *m*; **~-a'turwerkstatt** *f* (-; ¨*en*) oficina *f*; *Auto.*: estação *f* de serviço; **2'ieren** (-) reparar, consertar.

Reperto'ire [reperto'a:r] *n* (-*s*; -*s*) repertório *m*.

Repor't|age [repɔr'ta:ʒə] *f* reportagem *f*; **~er** [-'pɔrtər] *m* repórter *m*.

Repräsen't|ant [reprɛzɛn'tant] *m* (-*en*) representante *m*; **2ieren** (-) representar.

Repres'salie [reprɛ'sa:liə] *f* represália *f*.

reprodu|'zieren [re-] (-) reproduzir; **2kti'on** *f* reprodução *f*.

Rep'til [rɛp'ti:l] *n* (-*s*; -*e, Reptilien*) réptil *m*.

Repu'blik [repu'bli:k] *f* república *f*; **~'aner** [-i'ka:nər] *m* republicano *m*; **2'anisch** republicano.

requi|'rieren [rekvi'ri:rən] (-) requisitar; **2'sit** [-'zi:t] *n* (-*ės*; -*en*) requisito *m*; *Thea. pl.* apetrechos *m*.

Re'serv|e [re'zɛrvə] *f* reserva *f*; **~e...**: *in Zssgn*: ⚔ *u.* ✝ de (*od.* da) reserva; **~e-rad** *n* (-*ės*; ¨*er*) roda *f* sobresselente; **2'ieren** (-) reservar, guardar; *Platz*: *a.* marcar; **~'ist** *m* (-*en*) reservista *m*; **~o'ir** [-o'a:r] *n* (-*s*; -*e*) depósito *m*, tanque *m*.

Resi'd|enz [rezi'dɛnts] *f* residência *f*; **2ieren** (-) residir.

Resign|ati'on [rezignatsi'o:n] *f* resignação *f*; **2'ieren** (-) resignar-se.

reso'lut [rezo'lu:t] resoluto; **2i'on** [-tsi'o:n] *f* resolução *f*; deliberação *f*.

Reso'nanz [rezo'nants] *f* (**~boden** *m* [-*s*; ¨] caixa *f* de) ressonância *f*.

Re'spekt [re'spɛkt] *m* (-*ės*; *0*) respeito *m* (*vor dat.* por); **2'ieren** (-) respeitar; **2'ive** [-'ti:və] *adv.* respe[c]tivamente; **2los** irreverente; **~losigkeit** [-lo:ziç-] *f* falta *f* de respeito, irreverência *f*; **2voll** respeitoso; **2widrig** irreverente.

Res'sort [rɛ'so:r] *n* (-*s*; -*s*) repartição *f*; competência *f*.

Rest [rɛst] *m* **a**) (-*es*; -*e*) resto *m*;

~ 3 ⚒ três de resto; ⚗ resíduo *m*; **b**) (*-es*; *-er*) (*Tuch*≗ *usw.*) retalho *m*; saldo *m*; '**~auflage** *f* resto *m* da edição.

Restau'ra|nt [rɛsto'rã:] *n* (*-s*; *-s*) restaurante *m*; (*Bier*≗) cervejaria *f*; **~'teur** [-ratø:r] *m* (*-s*; *-e*) dono *m* de um restaurante; **~ti'on** [-ratsi'o:n] *f* restauração *f*; restauro *m*; (*Speisehaus*) restaurante *m*; cantina *f*.

Restau'rierung [restau'ri:ruŋ] *f* restauro *m*, restauração *f*.

'**Rest|befund** *m* (*-es*; *-e*) estase *f*, resíduos *m/pl.*; **~bestand** ✝ *m* (*-es*; *=e*) saldo *m*; = *Rest*; **~betrag** *m* resto *m*; ≗**lich** restante; ≗**los** *adv.* completamente, inteiramente; **~schuld** *f* dívida *f* restante; **~stickstoff** *m* (*-es*; *-e*) azote *m* restante.

Resul|'tat [rezul'ta:t] *n* (*-es*; *-e*) resultado *m*; ≗**tieren** (-) resultar (*aus* de).

Re'torte [re'tɔrtə] *f* retorta *f*; alambique *m*.

'**rett|en** ['rɛtən] (*-e-*) salvar; ≗**er** *m* salvador *m*; (*Befreier*) libertador *m*.

'**Rettich** ['rɛtiç] *m* (*-s*; *-e*) rábano *m*.

'**Rettung** ['rɛtuŋ] *f* salvação *f*; *a.* ⚓ salvamento *m*; (*Befreiung*) libertação *f*.

'**Rettungs|-anker** *m* âncora *f* de salvação; **~boot** *n* (*-es*; *-e*) (barco *m*) salva-vidas *m*; ≗**los** sem remissão; irremediàvelmente; **~mannschaft** *f* corpo *m* de socorros; **~ring** *m* (*-es*; *-e*) salva-vidas *m*; **~stelle, ~wache** *f* posto (*'ô) *m* de socorros.

Re'tusch|e [re'tuʃə] *f* retoque *m*; ≗'**ieren** *v/t.* (-) retocar, dar um retoque a.

'**Reu|e** ['rɔyə] *f* (*0*) arrependimento *m*; ≗**en** fazer arrepender; *es reut mich* estou arrependido; ≗**e-voll** arrependido; *Rel.* penitente; ≗**ig,** ≗**mütig** [-my:tiç] = ≗*evoll*.

'**Reuse** ['rɔyzə] *f* nassa *f*.

Re'van|che [re'vã:ʃə] *f* desforra *f*; desagravo *m*; ≗'**chieren** [-vã'ʃi:rən] (-): *sich* ~ pagar (*od.* tirar) a desforra, desforrar-se; *sich bei j-m für etwas* ~ retribuir a.c. a alg.

Re'vers [re'vɛrs] *m* (-; -) declaração *f*; recibo *m*; (*Rückseite*) reverso *m*; anverso *m*; *Kleidung*: virado *m*.

revi'dieren [revi'di:rən] (-) rever; revistar.

Re'vier [re'vi:r] *n* (*-s*; *-e*) distrito *m*, comarca *f*; bairro *m*; (*Jagd*≗) devesa *f*; **~stube** *f* ⚔ enfermaria *f*.

Revis|i'on [revizi'o:n] *f* revisão *f*; vistoria *f*; inspe[c]ção *f*; **~or** [-'vi:zɔr] *m* (*-s*; *-en*) revisor *m*; inspe[c]tor *m*.

Re'volt|e [re'vɔltə] *f* revolta *f*; ≗'**ieren** (-) revoltar-se.

Revoluti'on [revolutsi'o:n] *f* revolução *f*; ≗'**är** (**~'är** *m* [*-s*; *-e*]) [-o'nɛ:r] revolucionário (*m*).

Re'volver [re'vɔlvər] *m* revólver *m*; **~held** *m* (*-es*; *-en*) pistoleiro *m*.

Re'vue [re'vy:] *f* revista *f*.

Rezen's|ent [retsɛn'zɛnt] *m* (*-en*) crítico *m*; ≗'**ieren** (-) criticar; **~i'on** [-i'o:n] *f* recensão *f*; crítica *f*, resenha *f* (bibliográfica).

Re'zept [re'tsɛpt] *n* (*-es*; *-e*) receita *f*.

rezi'prok [retsi'pro:k] recíproco.

Rezit|a'tiv [retsita'ti:f] *n* (*-s*; *-e*) recitativo *m*; ≗'**ieren** (-) recitar.

Rha'barber [ra'barbər] *m* ruibarbo *m*.

'**rhein|isch** (≗**länder** [-lɛndər] *m*) renano (*m*), do Reno.

Rhe'tor|ik [re'to:rik] *f* (*0*) retórica *f*; ≗**isch** retórico.

'**Rheuma**('**tismus** *m* [-; *0*]) ['rɔyma('tismus)] *n* (*-s*; *0*) (*m*) reumatismo *m*; ≗**tisch** [-'ma:tiʃ] reumático.

Rhi'nozeros [ri'no:tsərɔs] *n* (-; *-ses*; *-se*) rinoceronte *m*.

'**Rhombus** ['rɔmbus] *m* (-; *Rhomben*) rombo *m*.

'**Rhythm|ik** ['rytmik] *f* (*0*) rítmica *f*; ≗**isch** rítmico; **~us** *m* (-; *Rhythmen*) ritmo *m*.

'**Richt|-antenne** ['riçt-] *f* antena *f* dirigida; ≗**en** (*-e-*) dirigir (*auf, an ac.* a, para); *Brief*: *a.* endereçar a; ⊕ ajustar; *Geschütz*: apontar; ⚖ julgar; pronunciar; condenar; (*her*~) arranjar; *poet.* (*hin*~) supliciar; (*gerade*)~ endireitar; acertar; *sich nach e-m Vorbild* ~ guiar-se por, regular-se por; governar-se por; atender a; orientar-se por.

'**Richter** ['riçtər] *m* juiz *m*; *fig. a.* abalizador *m*; (*Schieds*≗) árbitro *m*; ≗**lich** jurisdicional, judicial, judiciário, de juiz.

'**Richt|fest** ⚠ *n* (*-es*; *-e*) alboroque *m*; ≗**ig** corre[c]to; justo; certo (*echt*) autêntico, verdadeiro, típico; ~! exa[c]tamente!; *sehr* ~! apoiado!; *das* ≗*e treffen* acertar; *für* ~ *halten* ter por bem; aprovar; (*für*) ~ (*befinden* achar (por) bem; *Konto*: achar conforme; **~igkeit** *f* (*0*) corre[c]ção *f*; exa[c]tidão *f*; *s-e* ~ *haben* estar certo, estar em ordem; **Ꙩig-stellen** re[c]tificar; corrigir; **~ig-stellung** *f* re[c]tificação *f*; **~linie** *f* norma *f*, dire[c]tiva *f*, instrução *f*; **~scheit** ⚠ *n* (-*ės*; -*e*) regra *f*; **~schnur** ⚠ *f* (*0*) fio *m* de alinhar; *fig.* norma *f*; **~strahler** *m* antena *f* dirigida; onda *f* dirigida.

'**Richtung** ['riçtuŋ] *f* dire[c]ção *f* (*in* em, com; *auf ac.* a); orientação *f*, *fig. a.* tendência *f*; *Kunst*: escola *f*, estilo *m*; *nach allen* ~*en a.* em todos os sentidos; **~sanzeiger** *m* indicador *m* (de dire[c]ção).

'**Ricke** ['rikə] *f* corça *f*.

'**riech|en** ['ri:çən] (*L*) cheirar (*nach* a); *v/i. a.* ter cheiro; *v/t. a.* sentir; (*wittern*) farejar; F *j-n nicht* ~ *können fig.* não poder ver alg.; *et.* (*doch*) *nicht* ~ *können* não poder adivinhar ac.; **Ꙩer** F *m* nariz *m*; *fig.* faro *m*; **Ꙩfläschchen** *n* frasquinho *m* de cheiro; inalador *m*.

Ried [ri:t] *n* (-*ės*; -*e*) cana *f*; canavial *m*; '**~gras** *n* (-*es*; ⸚*er*) caniço *m*, esparto *m*.

'**Riege** ['ri:gə] *f* turma *f*.

'**Riegel** ['ri:gəl] *m* ferrolho (*'ô) *m*, tranca *f*, trinco *m* (*vorschieben* fechar); *Kleidung*: meia-cinta *f*; *Seife*: barra *f*; *fig.* barreira *f*; *hinter Schloß und* ~ na cadeia; **~stellung** ⚔ *f* posição *f* de barreira.

'**Riemen** ['ri:mən] *m* ⊕ correia *f*, tira *f*; ⚓ remo *m*; **~-antrieb** *m* (-*ės*; -*e*) transmissão *f* por correia; **~scheibe** *f* polé *m*.

Ries [ri:s] *n* (-*es*; -*e*) (*als Maß nach Zahlen uv.*) resma *f*.

'**Riese** ['ri:zə] *m* (-*n*) gigante *m*.

'**Riesel|feld** ['ri:zel-] *n* (-*ės*; -*er*) campo *m* de regadio, campo *m* de irrigação; **Ꙩn** correr; *Sand*: escorregar; (*quellen*) manar; (*regnen*) choviscar, * garoar.

'**Riesen|gestalt** *f* colosso *m*; **Ꙩgroß, Ꙩ-haft** gigantesco, enorme; **~kraft** *f* (-; ⸚*e*) força (*ô) *f* hercúlea; **~schlange** *f* boa *f*, gibóia *f*; **~schritt** *m* (-*ės*; -*e*): *mit* ~*en* a passos *m/pl.* de gigante.

'**ries|ig** ['ri:ziç] gigantesco; *es hat mich* ~ *gefreut* tive grande prazer; **Ꙩin** *f* gigante *f*.

Riff [rif] *n* (-*ės*; -*e*) recife *m*; '**Ꙩeln** ⊕ (-*le*) esbaganhar; ⚠ canelar.

'**Rill|e** ['rilə] *f* canela *f*, encaixe *m*, estria *f*; *Schallplatte*: sulco *m*.

Rind [rint] *n* (-*ės*; -*er*) bezerro *m*; *pl. a.* gado *m/sg.* bovino.

'**Rinde** ['rində] *f* casca *f*; (*Baum*Ꙩ) córtice *f*; (*Brot*Ꙩ) côdea *f*; *Anat.* córtex *f*.

'**Rinder|braten** *m* carne *f* de vaca assada; **~-herde** *f* manada *f* de bois; * boiada *f*; **~pest** *f* (*0*) peste *f* bovina; **~schmorbraten** *m* carne *f* de vaca estufada.

'**Rind|fleisch** *n* (-*es*; *0*) carne *f* de vaca; **~leder** *n* bezerro *m*; **~vieh** *n* (-*ės*; *0*) gado *m* bovino; *fig.* F burro *m*, estúpido *m*.

Ring [riŋ] *m* (-*ės*; -*e*) anel *m*; (*Ehe*Ꙩ) aliança *f*; (*Reifen*) aro *m*; *Kette*: elo *m*; (*Kreis*) ciclo *m*; círculo *m*; *Pol. a.* grémio, *a.* ✝ sindicato *m*; (*Turn*Ꙩ, *Servietten*Ꙩ) *u. an Vorhängen*: argola *f*; *Boxsport*: ringue *m*; *pl.* ~*e um die Augen* olheiras *f/pl.*; '**~bahn** *f* carro *m* de circulação.

'**Ringel|locke** ['riŋəl-] *f* caracol *m*, anelzinho *m*; **Ꙩn** (-*le*) encaracolar, anelar; *sich* ~ contorcer-se; **~natter** *f* (-; -*n*) cobra-de-água *f*; **~reigen** *m* dansa *f* de roda; **~taube** *f* rola *f*.

'**ring|en** ['riŋən] (*L*) **1.** *v/t.* torcer; **2.** *v/i.* lutar (*a. fig. nach, um* por); *mit dem Tode* ~ *a.* agonizar; *nach Atem* ~ respirar com dificuldade; **Ꙩen** *n* luta *f*; **Ꙩer** *m* lutador *m*.

'**Ring|finger** *m* dedo *m* anular; **Ꙩförmig** [-fœrmiç] em anel; circular; **~heft** *n* (-*ės*; -*e*) caderno *m* de argolas; **~kampf** *m* (-*ės*; ⸚*e*) luta *f* greco-romana; **~kämpfer** *m* lutador *m*; **~mauer** *f* (-; -*n*) cerca *f*; **~richter** *m* *Sport*: árbitro *m*; **Ꙩs, Ꙩs-(her)'um** ao redor, em redor, em volta, em torno (*'ô) (*um* de).

'**Rinn|e** ['rinə] *f* rego *m*; calha *f*; (*Dach*Ꙩ) caleira *f*; ⚠ canelura *f*; **Ꙩen** (*L*) correr; *Topf*: deitar (água); **~sal** [-za:l] *n* (-*ės*; -*e*) regato *m*, arroio *m*; regueira *f*, regueiro *m*; *Blut*: derramamento *m*; **~stein** *m* (-*ės*; -*e*) valeta *f*; (cano de) esgoto; agueiro.

'**Rippe** ['ripə] *f* costela *f*; *kurze*: costeleta *f*; ⚘ nervo *m*, *a.* ⚠ nervura *f*; ⊕ alheta *f*; ⚓ entre-costado *m*; **Ꙩn** estriar; acanelar; **~nfell** *n*

(-*ęs*; -*e*) pleura *f*; **~nfell-entzündung** *f* pleurisia *f*; **~nstoß** *m* (-*ęs*; ⸗*e*) entrecosto *m*.

Rips [rips] *m* (-*es*; -*e*) gorgorão *m*.

'**Risiko** ['ri:ziko] *n* (-*s*; -*s*, *Risiken*) risco *m*.

ris'k|ant [ris'kant] arriscado, perigoso; de responsabilidade; **~ieren** (-) arriscar; experimentar, ousar.

'**Rispe** ['rispə] *f* panícula *f*.

Riß [ris] *m* (-*sses*; -*sse*) rotura *f*; *Stoff*: rasgão *m*, rasgadela *f*, rasgadura *f*; *Mauer*: fenda *f*, racha *f*; *Haut*: arranhadura *f*; (*Plan*) planta *f*, plano *m*, desenho *m*; (*Spaltung*) cisão *f*; e-n ~ bekommen ⚠ gretar, fender-se.

'**rissig** ['risiç] rachado, fendilhado, com fendas.

Rist [rist] *m* (-*es*; -*e*) (*Fuß*≈) metatarso *m*; (*Hand*≈) metacarpo *m*.

Ritt [rit] *m* (-*ęs*; -*e*) corrida *f* a cavalo; (*Spazier*≈) passeio *m* a cavalo; *auf* e-n ~, *in* e-m ~ *fig.* F de uma vez.

'**Ritter** ['ritər] *m* cavaleiro *m* (*fahrender* andante); *zum* ~ *schlagen* armar cavaleiro; *arme* ~ *pl. Speise*: fatias *f*/*pl.* douradas; **~burg** *f* castelo *m* feudal; **~gut** *n* (-*ęs*; ⸗*er*) solar *m*, morgado *m*; **≈lich** cavalheiresco; **~lichkeit** *f* (*0*) cavalheirismo *m*; **~-orden** *m* ordem *f* militar, ordem *f* de cavalaria (*od.* equestre); **~schlag** *m* (-*ęs*; ⸗*e*): *den* ~ *erhalten* ser armado cavaleiro; *j-m den* ~ *erteilen* armar alg. cavaleiro; **~sporn** ⚘ *m* (-*ęs*; -*e*) espor(eir)a *f*; **~tum** *n* (-*ęs*; *0*) cavalaria *f*.

'**rittlings** [-liŋs] às cavaleiras.

Ritu|'al [ritu'a:l] *n* (-*s*; -*e*, *Ritualien*) ritual *m*; **≈'ell** [-'ɛl] ritual; **~s** ['ri:tus] *m* (-; *Riten*) rito *m*.

'**Ritz|e** ['ritsə] *f* fenda *f*, racha *f*; *Fenster*: frincha *f*; **≈en** (-*t*) rachar, arranhar; *Phys.* raiar.

Ri'val|e [ri'va:lə] *m* (-*n*), **~in** *f* rival *m*, *f*, concorrente *m*, *f*; **≈i'sieren** [-vali'zi:rən] (-) rivalizar, concorrer; **~i'tät** [-i'tɛ:t] *f* rivalidade *f*, concorrência *f*.

'**Rizinusöl** ['ri:tsinusˀø:l] *n* (-*ęs*; *0*) óleo *m* de rícino.

'**Robbe** ['rɔbə] *f* foca *f*.

'**Roboter** ['robɔtər] *m* robot *m*.

'**Robe** ['ro:bə] *f* vestido *m*, ⚖ toga *f*.

ro'bust [ro'bust] robusto.

'**röcheln** ['rœçəln] (-*le*) **1.** estertorar, agonizar; **2.** ≈ *n* estertor *m*.

'**Rochen** ['rɔxən] *m* (ar)raia *f*.

Rock [rɔk] *m* (-*ęs*; ⸗*e*) casaco *m*; casacão *m*; *doppelreihiger*: jaquetão *m*; *einreihiger* paletó *m*; (*Frauen*≈) saia *f*; '**~en** *m* roca *f*; '**~schoß** *m* (-*es*; ⸗*e*) aba *f* (do casaco); '**~weite** *f* roda *f*; rodado *m*.

'**Rodel|bahn** ['ro:dəl-] *f* pista *f* de trenós; **≈n** (-*le*) descer de trenó; **~schlitten** *m* trenó *m*; **~sport** *m* (-*ęs*; *0*) desporte *m* de trenó.

'**rod|en** ['ro:dən] (-*e*-) arrotear, desbravar; desmoitar; **≈ung** *f* desmoita *f*; derrubada *f*.

'**Rogen** ['ro:gən] *m* (-*s*; *0*) ovas *f*/*pl.* de peixe; ovário *m* do peixe.

'**Roggen** ['rɔgən] *m* (-*s*; *0*) centeio *m*.

roh [ro:] cru; (*unbearbeitet*) tosco (*'ô), bruto; *Buch*: em folhas (*'ô) soltas; *fig.* rude, brutal; (*unvollkommen*) rudimentar; '**≈bau** ⚠ *m* (-*ęs*; -*bauten*) obra *f* de alvenaria; '**≈baumwolle** *f* (*0*) algodão *m* em rama; '**≈eisen** *n* (-*s*; *0*) ferro *m* em bruto.

'**Roheit** ['ro:hait] *f* crueza *f*; *fig.* rudeza *f*; brutalidade *f*.

'**Roh|fabrikat** *n* (-*ęs*; -*e*) produto *m* em bruto (*od.* não manufa[c]turado); **~kost** *f* (*0*) regime *m* vegetariano; comida *f* não cozida; **~köstler** [-kœstlər] *m* vegetariano *m*; **~ling** *m* (-*s*; -*e*) bruto *m*; **~material** *n* (-*s*; -*materialien*) matéria-prima *f*; **~-öl** *n* (-*ęs*; -*e*) petróleo *m* em rama.

Rohr [ro:r] *n* ⚘ (-*ęs*; -*e*) cana *f*, junco *m* (*spanisches* da Índia); ⊕ tubo *m*; ⚔ cano *m*; '**~bruch** *m* (-*ęs*; ⸗*e*) rotura *f* de cano; '**~dach** *n* (-*ęs*; ⸗*er*) telhado *m* de canas (*od.* de caniço); '**~dickicht** *n* (-*s*; -*e*) canavial *m*, juncal *m*; '**~dommel** ['-dɔməl] *f* (-; -*n*) alcaravão *m*.

'**Röhre** ['rø:rə] *f* tubo *m*; *Anat. a.* trompa *f*; cano *m*; *Phys.* vaso *m*; *Radio*: lâmpada *f*; **≈n** *Hirsch*: bramar; **≈nförmig** [-fœrmiç] tubular; **~nsystem** *n* (-*s*; -*e*) canalização *f*.

'**Rohr|flöte** *f* charamela *f*; **~geflecht** *n* (-*ęs*; -*e*) obra *f* de verga; palhinha *f*.

'**Röhricht** ['rø:riçt] *n* (-*s*; -*e*) canavial *m*, juncal *m*.

'**Rohr|leger** ['-le:gər] *m* canalizador *m*; **~leitung** *f* conduta *f*; **~post** *f* (*0*) correio *m* pneumático; **~schlange** *f* serpentina *f*; **~spatz** *m* (*-en*) verdelhão-de-cana *m*; **~stock** *m* (*-ęs*; *⸚e*) cana *f*; **~stuhl** *m* (*-ęs*; *⸚e*) cadeira *f* de palhinha; **~weite** *f* calibre *m*, diâmetro *m* (do tubo); **~zucker** *m* (*-s*; *0*) açúcar *m* de cana.

'Roh|seide *f* seda (*ê) *f* crua; **~stoff** *m* (*-ęs*; *-e*) matéria-prima *f*.

'Rolladen ['rɔla:dən] *m* (*-s*; *⸚*) gelosia *f* (*herunterlassen* correr).

'Roll|bahn ['rɔl-] *f* ✈ pista *f* de descolagem; **~e** *f* rolo (*'ô) *m*; ⊕ roldana *f*, (*Winde*) polé *f*; (*Garn*2) carrinho *m*; (*Spule*) bobina *f*; (*Walze*) cilindro *m*; (*Tuch*2) peça *f*; (*Wäsche*2) calandra *f*; *Thea.* papel *m* (*a. fig.*; *spielen* fazer, desempenhar); *keine* ~ *spielen* não ter importância; *aus der* ~ *fallen* sair do seu papel; F perder a linha; **2en 1.** *v/i.* (*h.*, *bei Ortsveränderungen sn*); rodar; ⚓ balançar(-se); *Donner*: retumbar; *Geld*: correr; gastar-se; **2.** *v/t.* rolar; (*ein*~) enrolar; *Wäsche*: calandrar; **~enbesetzung** *Thea. f* distribuição *f* (dos papéis); **2end** *adj.* rolante; *Angriff*: ⚔ ininterrupto; *Material*: rodoviário; **~er** *m Kinderspielzeug*: trotinete *f*; (*Kanarienvogel*) canário *m* flauta; **~feld** ✈ *n* (*-ęs*; *-er*) pista *f* de aterragem; **~film** *m* (*-ęs*; *-e*) película *f*; **~geld** *n* (*-ęs*; *-er*) recovagem *f*, carreto *m*, camionagem *f*; **~mops** *m* (*-es*; *⸚e*) arenque de escabeche enrolado; **~schinken** *m* paio *m*; **~schuh** *m* (*-ęs*; *-e*) patim (de rodas); ~ *laufen* (*sn*) patinar (sobre rodas); **~sitz** ⚓ *m* (*-es*; *-e*) banco *m* móvel; **~stuhl** *m* (*-ęs*; *⸚e*) cadeira *f* de rodas; **~treppe** *f* escada *f* rolante.

Ro'man [ro'ma:n] *m* (*-s*; *-e*) romance *m*; **~e** *m* (*-n*) latino *m*; **2-haft** romanesco; **~ik** *f* (*0*) estilo *m* românico; **2isch** românico; **~'ist** [-a'nist] *m* (*-en*) romanista *m*; **~'istik** [-a'nistik] *f* (*0*) filologia *f* românica; **~schreiber** *m*, **~schriftsteller** *m* romancista *m*.

Ro'mant|ik [ro'mantik] *f* (*0*) romant[ic]ismo *m*; **~iker** *m*; **2isch** romântico (*m*); *wild* ~ *Landschaft*: acidentado.

Ro'manze [ro'mantsə] *f* romance *m*, romança *f*; balada *f*.

'Röm|er ['rø:mər] *m* **a)** *Glas*: copo *m* (verde para vinho branco); **b)** **~er(in** *f*) *m* romano *m* (-a *f*); **2isch** romano, de Roma.

'röntgen ['rœntgən] *v/t.* tirar uma radiografia, radiografar; **2-apparat** *m* (*-ęs*; *-e*) aparelho *m* de radiografia (*od.* de raios-X); **2aufnahme** *f* radiografia *f*; **2behandlung** *f* radioterapia *f*; **2bild** *n* (*-ęs*; *-er*) radiografia *f*; **2reihen-untersuchung** *f* radio-rastreio *m*; **2-strahlen** *m/pl.* raios-X *m/pl.*, raios *m/pl.* de Rœntgen; **2-untersuchung** *f* radioscopia *f.*

'rören ['rø:rən] bramar.

'rosa ['ro:za] *uv.* cor-de-rosa.

'Rose ['ro:zə] *f* rosa *f*; ⚕ erisipela *f*.

'Rosen|busch *m* (*-es*; *⸚e*) roseira *f*, rosal *m*; **~garten** *m* ros(eir)al *m*; **~kohl** *m* (*-ęs*; *0*) couve *f* de Bruxelas; **~kranz** *m* (*-es*; *⸚e*) *Rel.* rosário *m*; **~montag** *m* (*-ęs*; *-e*) segunda-feira *f* do carnaval; **~-öl** *n* (*-ęs*; *0*) essência *f* de rosas; **~stock** *m* (*-ęs*; *⸚e*), **~strauch** *m* (*-ęs*; *⸚er*) rosal *m*, roseira *f* (*wilder* brava); **~wasser** *n* (*-s*; *0*) água *f* de rosas; **~züchter** *m* roseirista *m*.

Ro's|ette [ro'zɛtə] *f* roseta *f*; △ rosetão *m*; **'2ig** ['ro:ziç] rosado, róseo; *in* ~*er Laune sn* estar bem disposto, navegar num mar de rosas; **~'ine** [-'zi:nə] *f* uva *f* passa.

Rosma'rin [rɔsma'ri:n] *m* (*-s*; *0*) alecrim *m*.

Roß [rɔs] *n* (*-sses*; *⸚sser*) cavalo *m*; **'~haar(matratze** *f*) *n* (*-ęs*; *-e*) (colchão *m* de) crina *f*; **'~kamm** *m* (*-ęs*; *⸚e*) brossa *f*; **'~kastanie** *f* castanha-da-índia *f*.

'Rösselsprung ['rœsəl-] *m* (*-ęs*; *⸚e*) salto *m* de cavalo.

Rost [rɔst] *m* (*-es*; *0*) ferrugem *f*; (*Brat*2) grelha *f*; **'~braten** *m* carne *f* grelhada, carne *f* assada na grelha.

'Röstbrot ['rœst-] *n* (*-ęs*; *-e*) torrada *f*, pão *m* torrado.

'rosten ['rɔstən] (*-e-*; *h. u. sn*) enferrujar.

'rösten ['rœstən] (*-e-*) grelhar; tostar; *Brot*, *Kaffee*: torrar; *stark* ~, *tief* ~ esturrar; *Flachs*: curtir.

'rost|frei inoxidável; **~ig** ferrugento, enferrujado; **2schutz-anstrich** *m* (*-ęs*; *-e*) pintura *f* anti-corrosiva.

rot [ro:t] (*⸚er*; *⸚est*) **1.** vermelho, encarnado; *Haar*: ruivo; *Meer*: roxo; ~ *werden j.*: corar; **2.** 2 *n* vermelho *m*, encarnado *m*; ~ (*Schminke*) *auflegen* pintar-se.

Rotati'ons|maschine *f*, **~presse** [rotatsi'o:ns-] *f* (máquina *f*) rotativa *f*.

'Rot|-auge *n* (-*s*; -*n*) *Fisch*: eritroftalmo *m*; sargo *m*; **2bäckig** ['-bɛkiç] de faces vermelhas; **2-blond** ruivo; **2braun** moreno; castanho; **~buche** *f* faia *f* vermelha; **~dorn** *m* (-*ẹs*; -*e*) espinheiro *m* de flores vermelhas; **~drossel** *f* (-; -*n*) ruiva *f*.

'Röte ['rø:tə] *f* (*0*) rubor *m*; vermelhidão *f*.

Rote-'Kreuz ['ro:tə-]: *in Zssgn* da Cruz Vermelha.

'Röt|el ['rø:təl] *m* (-*s*; *0*) *Mal.* almagra *f*; **~eln** *pl.* ⚕ sarampo *m*/*sg.*; **2en** (-*e*-) avermelhar; corar.

'Rot|fuchs *m* (-*es*; ⸚*e*) alazão *m*; **2gelb** amarelo avermelhado; **2glühend** candente, em brasa; **2haarig** ruivo; **~haut** (-; ⸚*e*) *f* pele-vermelha *m*; **2'ieren** [ro'ti:rən] (-) girar; **2'ierend** *adj.* giratório, rotativo; **~kehlchen** ['-ke:lçən] *n* pintarroxo *m*, pisco *m*; **~kohl** *m* (-*ẹs*; *0*) repolho (*'ô) *m* roxo; **~lauf** *m* ⚕ (-*ẹs*; *0*) disentaria *f*; (*Rose*) erisipela *f*.

'rötlich ['rø:tliç] avermelhado.

'Rot|schimmel *m* ruão *m*; **~schwänzchen** ['-ʃvɛntsçən] *n* pega *f* parda; **~stift** *m* (-*ẹs*; -*e*) lápis *m* vermelho.

'Rotte ['rɔtə] *f* bando *m*, quadrilha *f*; assuada *f*; turma *f*; ⚔ fila *f*; pelotão *m*.

'rot|wangig ['-vaŋiç] de faces vermelhas; **2wein** *m* (-*ẹs*; -*e*) vinho *m* tinto; **2wild** *n* (-*ẹs*; *0*) veado *m*, caça *f* de veação.

Rotz [rɔts] *m* (-*es*; -*e*) ranho *m*, muco *m*; **'~nase** *f* nariz *m* mucoso; *fig.* fedelho *m*.

'Rot·zunge *f Fisch*: patença *f*.

Rou'l|ade [ru'la:də] *f* rolo (*'ô) *m*; bife *m* enrolado; **~eau** [-'lo:] *n* (-*s*; -*s*) estore *m*; **~ett** [-'lɛt] *n* (-*ẹs*; -*e*, -*s*) roleta *f*.

'Rout|e ['ru:tə] *f* rumo *f*; **~'ine** [ru'ti:nə] *f* rotina *f*; prática *f*, experiência *f*; **2'inemäßig** rotineiro; **2i'niert** [ruti'ni:rt] experimentado.

'Rübe ['ry:bə] *f* nabo *m*; *gelbe*: cenoura *f*; (*Zucker2*) beterraba *f*.

'Rubel ['ru:bəl] *m* rublo *m*.

'Rüben|feld ['ry:bən-] *n* (-*ẹs*; -*er*) nabal *m*; **~zucker** *m* (-*s*; *0*) açúcar *m* de beterraba.

Ru'bin [ru'bi:n] *m* (-*s*; -*e*) rubi(m) *m*.

'Rüb·öl ['ryp-] *n* (-*ẹs*; *0*) azeite *m* de colza.

Ru'br|ik [ru'bri:k] *f* rubrica *f*; coluna *f*; quadro *m*; **2i'zieren** [-i'tsi:rən] (-) rubricar; classificar.

'Rüb|samen ['ry:p-] *m* (-*s*; *0*) colza *f*.

'ruch|bar ['ru:xba:r] público, notório; ~ *werden* divulgar-se; **~los** perverso, malvado; desalmado; **2losigkeit** ['-lo:ziç-] *f* (*0*) perversidade *f*; maldade *f*; depravação *f*.

Ruck [ruk] *m* (-*ẹs*; -*e*) empurrão *m*, arranque *m*, solavanco *m*, aban(ã)o *m*; *mit e-m* ~, *auf e-n* ~ de um golpe, num pulo.

'Rück|-ansicht *f* (re)verso *m*; **~antwort** *f* resposta *f*; *mit* ~ ✉ com resposta paga; **~-äußerung** *f* réplica *f*; **2bezüglich** *gr.* relativo; reflexivo; **~bildung** *f* involução *f*; **~blick** *m* (-*ẹs*; -*e*) olhar *m* retrospe[c]tivo.

'rücken[1] ['rykən] **1.** *v/t.* (*v/i. an* [*dat.*] ~) mover (*ac.*), empurrar (*ac.*), afastar (*ac.*); tirar (*ac.*) do seu lugar; (*zurecht*~) assestar (*ac.*); **2.** *v/i.* (*sn*) sair do sítio; (*Platz machen*) mudar para lá (*od.* para cá); *sich nicht* ~ *noch rühren* não (se) mexer; *an j-s Stelle* ~ substituir alg.

'Rücken[2] *m* costas *f*/*pl.* (*hinter j-s*, *auf dem* às; *auf den* nas; *in den* pelas); dorso *m*; *Berg*: espinhaço *m*; *Buch*: lombada *f*; *Schlachttier*: lombo *m*; **~deckung** ⚔ *f* prote[c]ção *f* da retaguarda; *fig.* apoio *m*; **~lehne** *f* costas *f*/*pl.* da cadeira; espaldar *m*; = ~*stütze*; **~mark** *n* (-*ẹs*; *0*) medula *f* espinhal; **~markentzündung** *f* medulite *f*; **~schmerz** *m* (-*es*; -*en*) dor *f* dorsal (*od.* nas costas); **~schwimmen** *n* natação *f* de costas; **~stück** *n* (-*ẹs*; -*e*) lombo *m*; **~stütze** *f* encosto *m*; **~wind** *m* (-*ẹs*; -*e*) vento *m* em popa; **~wirbel** *m* vértebra *f* espinhal.

'Rück|-erstattung *f* restituição *f*; reembolso (*'ô) *m*; **~fahrkarte** *f* bilhete *m* de ida e volta; **~fahrt** *f* volta *f*; regresso *m*; **~fall** *m* (-*ẹs*; ⸚*e*) recaída *f*, ⚕, ⚖ *a.* recidiva *f*, reincidência *f*; **2fällig** recidivo, reincidente *m*; **~flug** *m* (-*ẹs*; ⸚*e*) (voo [*'ô] de) regresso; **~fluß** *m* (-*sses*; ⸚*sse*) refluxo *m*; **~fracht** *f* carga *f* (*od.*

frete *m*) de retorno (*'ô); **~frage** *f*: ~ *halten* pedir mais informações; **~gabe** *f* restituição *f*, devolução *f*; retorno (*'ô) *m*; **~gang** *m* (-és; ¨e) retrocesso *m*; *Temperatur*: descida *f*; *fig.* diminuição *f*; ♰ *a.* baixa *f*, quebra *f*; **2gängig** retrógrado; ~ *machen* anular; **~gewinnung** *f* recuperação *f*; **~grat** *n* (-és; -e) espinha *f* dorsal; *fig.* aprumo *m*; dignidade *f*; **~halt** *m* (-és; *0*) reserva *f*; (*Stütze*) apoio *m*; **2haltlos** sem reserva; abandonadamente; **~kauf** *m* (-és; ¨e) rea[d]quisição *f*; resgate *m*; **~kehr** ['-ke:r] *f* volta *f*; regresso *m*; **~koppler** ['-kɔplər] *m* aparelho *m* de rea[c]ção; **~kopp(e)lung** *f* rea[c]ção *f*; **~lage** *f* reserva *f* (*machen* acumular); **~lauf** *m* (-és; ¨e) retrocesso *m*; **2läufig** retrógrado; **~lehne** *f* = *~enlehne*; **~licht** *n* (-és; -*er*) (luz *f* do) retrovisor *m*; **~lieferung** *f* restituição *f*; retorno (*'ô) *m*; **2lings** ['-liŋs] para trás; (*von*) ~ pelas costas; **~marsch** *m* (-*es*; ¨e) volta *f*; regresso *m*; **~prall** *m* (-és; *0*) recuo *m*, rechaço *m*; **~reise** *f* = *~kehr*.

'**Rucksack** ['ruk-] *m* (-és; ¨e) saco *m* alpino, mochila *f*.

'**Rück|schalt-taste** *f* tecla *f* de retrocesso; **~schau** *f* (*0*) retrospe[c]ção *f*; vista *f* retrospe[c]tiva; ~ *halten* olhar para trás; **~schlag** *m* = *~wirkung*; *fig.* revés *m*; **~schluß** *m* (-*sses*; ¨*sse*) conclusão *f*; **~schritt** *m* (-és; -e) retrocesso *m*; *Pol.* rea[c]ção *f*; **2schrittlich** retrógrado; rea[c]cionário; atrasado; **~seite** *f* (re)verso *m*; costas *f/pl.*; *Gebäude*: traseiras *f/pl.*; **2seitig** ['-zaɪtiç] no verso; **~sendung** *f* remessa *f*; **~sicht** *f* consideração *f*; *auf* et. (*ac.*) ~ *nehmen* tomar a.c. em consideração; *auf j-n* ~ *nehmen* respeitar alg., atender alg.; *mit* ~ *auf* (*ac.*) tendo presente; atendendo a; considerando que; *mit* ~ *auf j-n* por consideração por alg.; **2sichts-los** desconsiderado; pouco delicado; brutal; **~sichtslosigkeit** [-lo:ziç-] *f* falta *f* de consideração (*od.* de delicadeza *od.* de atenção), brutalidade *f*; **2sichts-voll** atencioso, delicado; **~sitz** *m* (-*es*; -e) assento *m* de trás; **~spiegel** *m* espelho *m* retrovisor (*od.* de retrovisão); **~sprache** *f*: ~ *nehmen* (*nach* ~ *mit* depois de) conferenciar com; **~stand** *m* (-és; ¨e) resto *m*; ⚗ resíduo *m*; refugo *m*; ⚖ reliquat *m*; ♰ atraso *m* (*meist pl.*); *im* ~ = **2ständig** atrasado; *mit Zahlungen*: *a.* (ainda) devedor de; **~ständigkeit** *f* atraso *m*; **~stoß** *m* (-*es*; ¨e) ⚔ retrocesso *m*; rechaço *m*, recuo *m*; **~strahler** *m* refle[c]tor *m* (*Schlußlicht*) farolim *m* (da retaguarda); **~taste** *f Schreibmaschine*: tecla *f* de retrocesso; **~tritt** *m* (-és; -e) demissão *f* (*einreichen* pedir); **~tritt-bremse** *f Fahrrad*: travão *m* de pé; **~-übersetzung** *f* retroversão *f*; **2vergüten** (-) reembolsar; **~vergütung** *f* reembolso (*'ô) *m*; **~versicherung** *f* resseguro *m*; **~wand** *f* (-; ¨e) parede *f* traseira; **2wärtig** ['-vɛrtiç] *Bewegung*: retrógrado; de retirada; *Verbindung, Gelände*: ⚔ da retaguarda; **2wärts** ['-vɛrts] para trás; **~wärts-gang** ⊕ *m* (-és; ¨e) marcha *f* atrás; (*einschalten* meter); **~wechsel** ♰ *m* recâmbio *m*; **~weg** *m* (-és; -e) = *~kehr*.

'**ruck-weise** aos arrancos; por intervalos.

'**rück|wirkend** rea[c]tivo; ⚖ retroa[c]tivo; **2wirkung** *f* rea[c]ção *f*; *fig. a.* repercussão *f*; ⚖ retroa[c]tividade *f*; **~zahlbar** reembolsável; **2zahlung** *f* reembolso (*'ô) *m*; **2zug** *m* (-és; ¨e) retirada *f*; *zum* ~ *blasen* tocar a retirar.

'**Rüde** ['ry:də] **1.** *m* (-*n*) mastim *m*; **2.** 2 rude.

'**Rudel** ['ru:dəl] *n* bando *m*; tropel *m*; *Hunde*: matilha *f*; *Hirsche*: manada *f*; *Wölfe*: alcateia *f*.

'**Ruder** ['ru:dər] *n* remo *m*; *fig. u.* (*Steuer2*) leme *m*, temão *m*; *ans* ~ *kommen fig.* subir ao poder; **~bank** *f* (-; ¨e) banco *m* de remar; **~blatt** *n* (-és; ¨*er*) pá *f* do remo; leme *m*; **~boot** *n* (-és; -e) barco *m* de remos; **~er** *m* remador *m*; **~gast** ⚓ *m* temoneiro *m*; **~haus** *n* (-*es*; ¨*er*) casa *f* do leme; **~klub** *m* (-*s*; -*s*) clube *m* náutico; **2n 1.** (*h. u. sn*) remar; ⚓ *a.* vogar; **2.** 2 *n* remo *m*; **~regatta** *f* (-; -*regatten*) regata *f* de barcos a remo; **~schlag** *m* (-és; ¨e) remada *f*; **~verein** *m* (-és; -e) = *~klub*.

Ruf [ru:f] *m* (-és; -e) grito *m*; (*An2*) chamada *f*; (*Ansehen*) reputação *f*, fama *f* (*stehen in* [*dat.*] ter [*ac.*], gozar de); ♰ crédito *m*; (*Beru-*

fung) convite *m*; nomeação *f*; *fig.* vocação *f*; *von* ~ de renome; e-*n* ~ (*als Professor, auf e-n Lehrstuhl*) *erhalten* ser convidado para reger a cadeira de; *in üblen* ~ *bringen* desacreditar, difamar; *besser als sein* ~ melhor do que se diz; '2**en** (*L*) chamar (*nach* por); (*schreien*) gritar; *um Hilfe* ~ pedir socorro; *wie gerufen kommen fig.* vir (mesmo) a propósito.

'**Rüffel** ['ryfəl] F *m* ensaboadela *f* (*bekommen* ter); 2**n** *v/t.* (*-le*) F dar uma ensaboadela a.

'**Ruf|name** *m* (*-ns*; *-n*) primeiro nome *m*; ~**weite** *f* (*0*) alcance *m* da voz; ~**zeichen** *n Fernspr.* sinal *m* (de chamada).

'**Rüge** ['ry:gə] *f* repreensão *f*; descompostura *f*; *j-m e-e* ~ *erteilen* = *j-n* 2**n** censurar alg.

'**Ruhe** ['ru:ə] *f* (*0*) (*Ausruhen*) descanso *m*, repouso *m* (*a.* ⚕); (*Stille*) silêncio *m*; ⚓ calma *f*, *a. Gemüt*; tranquilidade *f*, sossego *m*; (*Friede*) paz *f*; *in* ~ *lassen* deixar em paz, deixar em sossego; (*sich*) *aus der* ~ *bringen* (*lassen*) abalar(-se); *sich zur* ~ *begeben* ir deitar-se; *sich zur* ~ *setzen* retirar-se dos negócios, *Beamter*: aposentar-se; 2**bedürftig**: ~ *sn* precisar de descansar; ~**gehalt** *n* (*-es*; *⸚er*) reforma *f*; pensão *f*; ~**lage** *f* descanso *m*; (*Gleichgewicht*) equilíbrio *m*; 2**los** agitado, irrequieto; ~**losigkeit** [-lo:ziç-] *f* (*0*) agitação *f*, desassossego *m*, irrequietude *f*; 2**n** descansar, repousar; *Arbeit, Verkehr*: suspender-se; (*liegen*) jazer; ~ *lassen* deixar (em paz); 2**nd** *j.*: a descansar, a repousar; *et.*: inerte; (*unterbrochen*) suspenso; ~**pause** *f* pausa *f*, intervalo *m*; *e-e* ~ *machen* descansar; ~**stand** *m* (*-es*; *0*): *im* ~ jubilado, aposentado, reformado; *in den* ~ *versetzen* jubilar, aposentar, reformar; ~**stätte** *f* asilo *m*; *letzte* ~ jazigo *m*; ~**stellung** *f* descanso *m*; ⚔ *in* ~ na reserva *f*; ~**störer** [-ʃtø:rər] *m* perturbador *m*; ~**störung** *f* alteração *f* da ordem, perturbação *f* da ordem; ~**tag** *m* (*-es*; *-e*) dia *m* de repouso; dia *m* de descanso; 2**voll** calmo, sossegado; ~**zustand** *m* = ~*lage*.

'**ruhig** ['ru:iç] quieto; tranquilo; calmo (*a.* ⚓); (*beruhigt*) descansado, sossegado (*sich verhalten* estar, *sn a.* ficar); (*sanft*) suave (*a.* ⊕); *Tier*: manso.

Ruhm [ru:m] *m* (*-es*; *0*) glória *f*; fama *f*; renome *m*; '2**bedeckt** glorioso.

'**rühmen** ['ry:mən] *j-n*: elogiar; *et.*: enaltecer; *Gott*: glorificar; *sich* ~ gabar-se, vangloriar-se; ~**s-wert** louvável.

'**Ruhmes|blatt** *n* (*-es*; *⸚er*) página *f* gloriosa; ~**halle** *f* panteão *m*.

'**rühmlich** ['ry:mliç] glorioso, louvável.

'**ruhm|los** sem glória, inglório, obscuro; ~**reich** glorioso; 2**sucht** *f* (*0*) ambição *f*; ~**süchtig** ambicioso; ~**voll** glorioso.

Ruhr [ru:r] ⚕ *f* (*0*) disenteria *f*.

'**Rühr|-ei** ['ry:raı] *n* (*-es*; *-er*) ovos *m/pl.* mexidos; 2**en** (re)mover; (re)mexer; *Trommel*, ♪ *an* (*ac.*) ~ tocar (*ac.*); *fig.* comover, enternecer; *zu Tränen* ~ abalar; *Schlag* ⚕ acometer; ⚔ descansar; *sich* ~ mexer-se; abelhar-se; 2**end** *adj.* emocionante, enternecedor, comovedor, comovente; 2**ig** a[c]tivo; mexido; ~**igkeit** *f* (*0*) a[c]tividade *f*; 2**selig** sentimental; ~**ung** *f* comoção *f*.

Ru'in [ru'i:n] *m* (*-s*; *0*), ~**e** *f* ruína *f*; 2'**ieren** [-i'ni:rən] (-) arruinar; F estragar.

'**rülpse|n** ['rylpsən] (*-t*) arrotar; 2**r** *m* arroto (*'ô) *m*.

rum [rum] **1.** F = *herum*; **2.** 2 *m* (*-s*; *0*) rum *m*.

Ru'män|e [ru'mɛ:nə] *m* (*-n*), (~**in** *f*) romeno *m* (-a *f*); 2**isch** romeno; da Roménia.

'**Rummel** ['ruməl] *m* barulho *m*, sarilho *m*; (*Plunder*) tarecos *m/pl.*; *fig.* F *den* ~ *kennen* saber o que é; = ~**platz** *m* (*-es*; *⸚e*) feira *f* popular.

ru'moren [rumo:rən] (-) rumorejar.

'**Rumpel|kammer** ['rumpəl-] *f* (-; *-n*) arrecadação *f*, casa *f* de despejo; 2**n** (*-le*) dar solavancos.

Rumpf [rumpf] *m* (*-es*; *⸚e*) tronco *m*; ⚓ casco *m*; ✈ fuselagem *f*; *Kunst*: busto *m*, torso *m*.

'**rümpfen** ['rympfən] torcer.

rund [runt] redondo; curvo; (*kreisförmig*) circular; *adv. fig.* ~ *heraus* francamente; (*ungefähr*) aproximadamente; à volta de; '2**bau** *m* (*-es*;

-ten) rotunda *f*; ˈ**꞉blick** *m* (*-es*; *-e*) panorama *m*; ˈ**꞉bogen** *m* (*-s*; *⸚*) arco *m* redondo, cimbre *m*; cambota *f*.

ˈ**Rund|e** [ˈrundə] *f* volta *f* (*machen* dar); *Boxen*: «round» *m* (*engl.*); ⚔ ronda *f*; (*Gesellschaft*) grupo *m*; círculo *m*; (*Rundheit*, *Umkreis*) redondeza *f*; circuito *m*; *die* ~ *machen* correr; **꞉en** (*-e-*) arredondar; bolear.

ˈ**Rund|fahrt** *f* circuito *m*; volta *f*; **~flug** *m* (*-es*; *⸚e*) circuito *m* aéreo; **~frage** *f* inquérito *m*.

ˈ**Rund-funk** *m* (*-es*; *0*) rádio *f*, radiotelefonia *f*; *Sender*: Emissora *f*; *durch* ~ *verbreiten* radiodifundir; **~darbietung** *f* emissão *f* radiofónica; **~-empfang** *m* (*-es*; *⸚e*) audição *f*; recepção *f*; **~gebühr** *f* taxa *f* radiofónica; **~gerät** *n* (*-es*; *-e*) aparelho *m* de rádio; **~hörer** *m* radiouvinte *m*; **~meldung** *f* notícia *f* radiofónica; **~programm** *n* (*-es*; *-e*) programa *m* radiofónico; **~rede** *f* discurso *m* radiodifundido; **~sender** *m* (estação *f*) emissora *f*; **~sendung** *f* emissão *f* pela rádio; radiodifusão; **~sprecher** *m* locutor *m* da rádio; **~station** *f* = *~sender*; **~übertragung** *f* radiodifusão *f*.

ˈ**Rund|gang** *m* (*-es*; *⸚e*) volta *f*; ⚔ ronda *f*; **~gesang** *m* (*-es*; *⸚e*) canção *f* cantada em roda; **꞉-heraus** francamente; redondamente; **꞉-herum** ao redor, em torno (*ˈô), em volta; **~lauf** *m* (*-es*; *⸚e*) passos *m/pl.* de gigante; **꞉lich** redondinho; **~marsch** *m* (*-es*; *⸚e*) circuito *m* pedestre; volta *f*; **~reise** *f* circuito *m*; volta *f*; **~reisefahrkarte** *f* bilhete *m* circular; **~schau** *f* panorama *m*; *Lit.* revista *f*; **~schreiben** *n* circular *f*; **꞉-um(ˈher)** ao redor; **~ung** [-duŋ] *f* redondeza *f*; rotundidade *f*; curva *f*; **꞉weg** redondamente.

ˈ**Run|e** [ˈruːnə] *f* runa *f*; **~en...**: *in Zssgn* rúnico.

ˈ**Runkelrübe** [ˈruŋkəl-] *f* beterraba *f*.

ˈ**runter** [ˈruntər] F *s. herunter, hinunter*.

ˈ**Runzel** [ˈruntsəl] *f* (*-*; *-n*) ruga *f*; **꞉ig** rugoso, enrugado; ~ *werden* enrugar-se; **꞉n** (*-le*) enrugar; *Stirn*: franzir.

ˈ**Rüpel** [ˈryːpəl] *m* malcriado *m*; **~ˈei** [-ˈlaɪ] *f* má-criação *f*; **꞉-haft** malcriado.

ˈ**rupf|en** [ˈrupfən] **1.** *Gras*: arrancar, tirar; *Federn u. fig.*: depenar; **2.** **꞉** *m Stoff*: estopa *f*.

ˈ**Rüsche** [ˈryːʃə] *f* rufo *m*, folho (*ˈô) *m*.

Ruß [ruːs] *m* (*-es*; *0*) ferrugem *f*; fuligem *f*.

ˈ**Russe** [ˈrusə] *m* (*-n*) russo *m*.

ˈ**Rüssel** [ˈrysəl] *m* tromba *f*; *Schwein*: focinho *m*.

ˈ**ruß|en** [ˈruːsən] (*-t*) causar fuligem; fumegar; **~ig** fuliginoso.

ˈ**Russ|in** [ˈrusin] *f* russa *f*; **꞉isch** russo, da Rússia.

ˈ**rüst|en** [ˈrystən] (*-e-*) preparar; ⚔ armar; **꞉er** ⚘ *f* olm(eir)o *m*; **~ig** robusto, forte, vigoroso; **꞉igkeit** *f* (*0*) robustez *f*, força (*ô) *f*, vigor *m*; **꞉ung** *f* ⚔ armamento *m*; (*Harnisch*) armação *f*, armadura *f*; **꞉ungs...**: *in Zssgn* ⚔ de armamentos; **꞉zeug** ⊕ *n* (*-es*; *0*) ferramenta *f*; material *m*.

ˈ**Rute** [ˈruːtə] *f* vara *f* (*a. Maß*); *zum Schlagen*: verga(sta) *f*, açoute *m*; *Anat.* membro *m* viril; (*Schwanz*) cauda *f*.

Rutsch [rutʃ] *m* (*-es*; *-e*) (*Berg꞉*) desabamento *m*; F resvalo *m*; F (*Ausflug*) passeio *m*; ˈ**~bahn** *f* resvaladouro *m*; montanhas *f/pl.* russas; ˈ**~e** *f* escorrega *m*; ˈ**꞉en** (*h. u. sn*) resvalar, escorregar; ˈ**~tuch** *n* (*-es*; *⸚er*) *Feuerwehr*: pano *m* deslizadeiro.

ˈ**rütteln** [ˈrytəln] (*-le*): *an* (*dat.*) ~ sacudir (*ac.*); abalar (*ac.*); abanar (*ac.*); *Wagen*: dar solavancos.

S

S, s [ɛs] *n uv.* S, s *m.*
Saal [za:l] *m* (-*ęs*; *Säle*) sala *f.*
Saat [za:t] *f* (*Säen*) sementeira *f*; (*Samen*) semente(s) *f*(*pl.*); = ˈ**~feld** *n* (-*ęs*; -*er*) seara *f*; ˈ**~korn** *n* (-*ęs*; ⁼*er*) trigo *m*; semente *f*; ˈ**~krähe** *f* gralha *f* calva; ˈ**~zeit** *f* (tempo *m* de) semeação *f.*
ˈ**Sabbat** [ˈzabat] *m* (-*s*; -*e*) sábado *m.*
ˈ**Säbel** [ˈzɛ:bəl] *m* sabre *m*; espada *f*; **~-hieb** *m* (-*ęs*; -*e*) espadadeira *f*; **2n** (-*le*) acutilar.
Saboˈt|age [zaboˈta:ʒə] *f* (*0*) sabotagem *f*; **2ieren** (-) sabotar.
Sachaˈrin [zaxaˈri:n] *n* (-*s*; *0*) sacarina *f.*
ˈ**Sach|bearbeiter** [ˈzax-] *m* relator *m*; encarregado *m*; **~beschädigung** *f* danos *m*/*pl.* materiais; **2dienlich** útil; ~ *sn a.* ter utilidade, vir a propósito; **~e** *f* coisa *f*; (*Gegenstand*) obje[c]to *m*; (*Angelegenheit*) assunto *m*; negócio *m*; ⚖ *u. Pol.* causa *f*, questão *f*; (*Fall*) caso *m*; (*Stoff*) matéria *f*; *alte* ~ velharia *f*; *zur* ~ *gehören*, *zur* ~ *kommen* vir ao caso; *nichts zur* ~ *tun* nada fazer ao caso; *bei der* ~ *bleiben* cingir-se ao assunto, não fugir do assunto; *nicht bei der* ~ *sn* estar distraído; e-e ~ *für sich* outra coisa; *j-s* ~ *sn* caber a alg.; *nicht j-s* ~ *sn a.* não ser com alg.; *~n pl.* (*Habe*) *a.* bens *m*/*pl.*, haveres *m*/*pl.*; (*Wäsche*) roupa *f*; **~-erklärung** *f* explicação *f* dos fa[c]tos; comentário *m*; **2gemäß** apropriado, próprio, específico; obje[c]tivo; **~katalog** *m* (-*ęs*; -*e*) catálogo *m* de assuntos; **~kenner** *m* experto *m*, perito *m*, versado *m*; **~kenntnis** (-; -*se*), **~kunde** *f* (*0*) experiência *f*, conhecimento *m* da matéria; perícia *f*; **2kundig** experto, versado na matéria; **~lage** *f* situação *f*; estado *m* de coisas; circunstâncias *f*/*pl.*; condições *f*/*pl.*; **~leistung** *f* pagamento *m* em géneros; **2lich** obje[c]tivo; pragmático; *j.*: *a.* prático, realista.
ˈ**sächlich** [ˈzɛçliç] *gr.* neutro.
ˈ**Sach|lichkeit** *f* (*0*) obje[c]tividade *f*; realismo *m*; pragmatismo *m*; **~lieferung** *f* fornecimento *m* (*od.* entrega *f*) de géneros; **~register** *n* índice *m* de matérias; **~schaden** *m* (-*s*; ⁼) dano *m* material.
ˈ**Sachse** [ˈzaksə] *m* (-*n*) saxão *m.*
ˈ**Sächs|in** [ˈzɛksin] *f* saxónia *f*; **2isch** saxónio, da Saxónia.
ˈ**sacht**(**e**) [ˈzaxt(ə)] lento, *adv. a.* de mansinho, ao de leve, pouco a pouco.
ˈ**Sach|verhalt** [ˈ-fɛrhalt] *m* (-*ęs*; -*e*) fa[c]tos *m*/*pl.*; matéria *f*; constelação *f*; ⚖ tipo *m* legal; **2verständig** perito, técnico (*a. su.*); **~walter** [ˈ-valtər] *m* procurador *m*; advogado *m*; **~wert** *m* (-*ęs*; -*e*) valor *m* real, valor *m* efe[c]tivo; **~wörterbuch** *n* (-*ęs*; ⁼*er*) dicionário *m.*
Sack [zak] *m* (-*ęs*; ⁼*e*) saco *m*, saca *f*; F *mit* ~ *und Pack* com tudo.
ˈ**Sack|gasse** *f* beco *m* sem saída; **~leinen** *n* (-*s*; *0*), **~leinwand** *f* (*0*) linhagem *f*, serapilheira *f.*
ˈ**säen** [ˈzɛ:ən] **1.** semear; **2.** 2 *n* sémea *f.*
ˈ**Saffian** [ˈzafia:n] *m* (-*s*; *0*) marroquim *m.*
ˈ**Safran** [ˈzafra:n] *m* (-*s*; *0*) açafrão *m.*
Saft [zaft] *m* (-*ęs*; ⁼*e*) suco *m*; (*Frucht*2) sumo *m*; ⚘ seiva *f*; *Physiol. Säfte pl.* humores *m*/*pl.*; *fig.* (*Kraft*) força (*ô) *f*; ˈ**2ig** suculento; *fig.* F (*derb*) forte; ˈ**2los** seco (*ê); *fig. a.* mole; ˈ**~presse** *f* espremedor *m.*
ˈ**Sage** [ˈza:gə] *f* lenda *f* heróica; mito *m*; tradição *f.*
ˈ**Säge** [ˈzɛ:gə] *f* serra *f*; **~blatt** *n* (-*ęs*; ⁼*er*) lâmina *f* de serra, folha *f* de serra; **~bock** *m* (-*ęs*; ⁼*e*) burro *m*; **~fisch** *m* (-*es*; -*e*) peixe-serra *m*; **~gestell** *n* (-*ęs*; -*e*) testicos *m*/*pl.*; **~maschine** *f* serra *f* mecânica; **~mühle** *f* serração *f*; (*Dampf*2) serraria *f*; **~mehl** *n* (-*ęs*; *0*) serradura *f.*
ˈ**sagen** [ˈza:gən] dizer (*zu* a; *über ac.* sobre, acerca de); *fig. nichts zu* ~ *haben et.*: não ser nada, não ter importância; *j.*: não mandar; *was*

Sie (nicht) ~! parece impossível!; *sich (dat.) gesagt sn lassen* ficar sabendo; *sich nichts* ~ *lassen (wollen)* não ouvir ninguém; *damit ist nicht gesagt* isto não quer dizer.

'**sägen** ['zɛ:gən] serrar.

'**sagen-haft** lendário.

'**Säge|späne** [-ʃpɛ:nə] *m/pl.* serradura *f/sg.*; ~**werk** *n* (-*es*; -*e*) serração *f*, serraria *f*.

'**Sago** ['za:go] *m* (-*s*; *0*) sagu *m*; tapioca *f*.

'**Sahne** ['za:nə] *f* (*0*) nata *f*; creme *m*; (*Schlag*∼) nata *f* batida.

Sai'son [zɛ'zõ] *f* (-; -*s*) estação *f*; (*Bade*∼ *usw.*) época *f* (de ...); ~-**arbeit** *f* trabalho *m* de estação, trabalho *m* durante a época de ...; ~-**schlußverkauf** *m* (-*es*; ⸚*e*) saldo *m*.

'**Sait|e** ['zaɪtə] *f* corda *f*; *fig. andere (stärkere)* ~*en aufziehen* mudar de tom (ser mais rigoroso); ~**en-instrument** *n* (-*es*; -*e*) instrumento *m* de cordas.

'**Sakko** ['zako] *m* paletó *m*.

Sakra'ment [zakra'mənt] *n* (-*s*; -*e*) sacramento *m*.

Sakris't|an [zakris'ta:n] *m* (-*s*; -*e*) sacristão *m*; ~**ei** *f* sacristia *f*.

Sala'mander [zala'mandər] *m* salamandra *f*.

Sa'lat [za'la:t] *m* (-*es*; -*e*) salada *f*; (*Kopf*∼) alface *f*; *fig.* disparates *m/pl.*; *da haben wir den* ~! F estamos arranjados!; ~**schüssel** *f* (-; -*n*) saladeira *f*.

'**Salb|e** ['zalbə] *f* pomada *f*; bâlsamo *m*; ~**ei** ⚘ *m* (-*s*; *0*) *u. f* (*0*) salva *f*; ∼**en** ungir, untar; ~**ung** *f* unção *f*, consagração *f*; ∼**ungsvoll** untuoso.

'**Saldo** ['zaldo] *m* (-*s*; -*en od. Saldi*) saldo *m*.

Sa'line [za'li:nə] *f* salina *f*.

Sali'zyl [zali'tsy:l] *n* (-*s*; *0*) salicilato *m*; ~**säure** *f* (*0*) ácido *m* salicílico.

Salm [zalm] *m* (-*es*; -*e*) salmão *m*; *fig.* sermão *m*.

'**Salmiak** ['zalmiak] *m* (-*s*; *0*) sal *m* amoníaco; ~**geist** *m* (-*es*; *0*) amoníaco *m*.

Sa'lon [za'lõ] *m* (-*s*; -*s*) salão *m*; sala *f* (de visitas); ∼**fähig**: ~ *sn j.*: apresentar-se bem; ter boas maneiras; *et.*: ser chique.

sa'lopp [za'lɔp] negligente.

Sal'peter [zal'pe:tər] *m* (-*s*; *0*) salitre *m*; nitro *m*; ~**grube** *f* nitreira *f*, salitral *m*; ∼**ig** nitroso, salitroso; ~**säure** *f* (*0*) ácido *m* nítrico (*od.* azótico).

Sa'lut [za'lu:t] *m* (-*es*; -*e*) salva *f*; ∼'**ieren** (-) saudar; ⚔ fazer a continência.

'**Salve** ⚔ ['zalvə] *f* salva *f*; descarga *f*.

Salz [zalts] *n* (-*es*; -*e*) sal *m*; '~**bergwerk** *n* (-*es*; -*e*) mina *f* de sal, salina *f*; '∼**en** (-*t*) salgar, pôr sal em; '~**gehalt** *m* (-*es*; *0*) salinidade *f*; '~**gurke** *f* pepino *m* de conserva; '∼-**haltig** ['haltiç] salino; = '∼**ig** salgado; '~**säure** *f* (*0*) ácido *m* clorídico; '~**see** *m* (-*s*; -*n*) marinha *f* de sal; '~**streuer** ['-ʃtrɔyər] *m* saleiro *m*; '~**wasser** *n* (-*s*; ⸚) água *f* salgada.

'**Sä|mann** *m* (-*es*; ⸚*er*), ~**maschine** *f* ['-zɛ:-] semeador *m*.

'**Sam|e** ['za:mə] (-*ns*; -*n*), ~**en** *m* semente *f*; grão *m*; *männlicher* ~ esperma *m*, sémen *m*.

'**Samen|-erguß** *m* (-*sses*; ⸚*sse*) ejaculação *f*; polução *f*; ~-**handlung** *f* comércio *m* (loja *f*) de sementes; ~**kapsel** *f* (-; -*n*) cápsula *f*; ~**korn** *n* (-*es*; ⸚*er*) grão *m*; ~**leiter** *m* canal *m* seminífero; ~**staub** ⚘ *m* (-*es*; *0*) pólen *m*.

Säme'rei [zɛmə'raɪ] *f* sementes *f/pl.*

'**sämig** ['zɛ:miç] espesso; ligado.

'**Sammel|band** ['zaməl-] *m* (-*es*; ⸚*e*) miscelânea *f*, colectânea *f*; ~**becken** *n* reservatório *m*, depósito *m*; ~-**büchse** *f* mealheiro *m*; ~**gut** *n* (-*es*; ⸚*er*), ~**ladung** *f* 🚂 expedição *f* cole[c]tiva; † consignação *f* global; ~**lager** *m* campo *m* (de concentração); acampamento *m*; ~**linse** *f* lente *f* convergente; ~**mappe** *f* álbum *m*; ∼**n** (-*le*) **1.** *v/t.* reunir, juntar (*a. refl.*); (*ein*∼) recolher; *Bilder usw.*: cole[c]cionar; fazer cole[c]ção (et. de a.c.); *Pflanzen* ~ herborizar; *sich* ~ *fig.* concentrar-se; recolher-se consigo; **2.** *v/i.* fazer um peditório; ~**name** *m* (-*ns*; -*n*) nome *m* cole[c]tivo; ~**paß** *m* (-*sses*; ⸚*sse*) passaporte *m* cole[c]tivo; ~**platz** (-*es*; ⸚*e*), ~**punkt** *m* (-*es*; -*e*) lugar *m* de concentração; ponto *m* de encontro; ~**stelle** *f* depósito *m* central, depósito *m* geral; ~'**surium** [-'zu:rium] F *n* (-*s*; -*surien*) grande mistura *f*, confusão *f*; mixórdia *f*; ~**transport** *m* (-*es*; -*e*) transporte *m* cole[c]tivo.

'**Samml|er(in** *f*) *m* ['zamlər-] cole[c]cionador(a *f*) *m*; cole[c]cionista *m*, *f*; (*Straßen*2) cole[c]tor(a *f*) *m*; **~ung** *f* cole[c]ção *f*; cole[c]tânea *f*; (*Auswahl*) sele[c]ta *f*; (*Straßen*2) peditório *m*; *fig.* recolhimento *m*, concentração *f*.

'**Samstag** ['zamsta:k] *m* (-*es*; -*e*) sábado *m*; 2**s** aos sábados.

samt[1] [zamt] (*dat.*) com; mais; ~ *und sonders* todos juntos; sem excepção.

Samt[2] *m* (-*es*; -*e*) veludo *m*; '**~...**: *in Zssgn* = '2**-artig** aveludado; = '2**en** de veludo.

'**sämtlich** ['zɛmtliç] todos; **~e** *Werke* Obras *f/pl.* Completas.

Sana'torium [zana'to:rium] *n* (-*s*; -*torien*) (*Heilstätte*) sanatório *m*; (*Erholungsheim*) casa *f* de repouso.

Sand [zant] *m* (-*es*; -*e*) areia *f* (*bestreuen mit* deitar *ac.*); *j-m* ~ *in die Augen streuen fig.* deitar poeira nos olhos de alg., entrujar alg., deslumbrar alg.; *sich* (*dat.*) *keinen* ~ *in die Augen streuen lassen* ter os olhos abertos; *sich im* ~ *verlaufen fig.* ficar sem efeito.

San'dale [zan'da:lə] *f* sandália *f*.

'**Sand|bank** ⚓ *f* (-; ⸚*e*) banco *m* (de areia), alfaque *m*; restinga *f*; *auf* e-e ~ *geraten* encalhar; **~boden** *m* (-*s*; ⸚) terreno *m* arenoso; **~floh** *m* nígua *f*; **~grube** *f* areal *m*; 2**ig** [-diç] arenoso; **~korn** *n* (-*es*; ⸚*er*) grão *m* de areia; **~mann** *m* (-*es*; *0*) *fig.* João Pestana *m*; **~papier** *n* (-*s*; -*e*) papel *m* de lixa; **~stein** *m* (-*es*; -*e*) arenito *m*; **~strahlgebläse** *n* aparelho *m* de ja[c]to de areia; **~uhr** *f* ampulheta *f*.

sanft [zanft] suave, brando; *fig.* afável; = **~***mütig*; *adv. a.* docemente, levemente, (ao) de leve.

'**Sänfte** ['zɛnftə] *f* liteira *f*.

'**Sanft|-heit** *f* (*0*) suavidade *f*, brandura *f*; **~mut** *f* (*0*) mansidão *f*; 2**-mütig** ['-my:tiç] manso; meigo.

Sang [zaŋ] *m* (-*es*; ⸚*e*) canto *m*; *mit* ~ *und Klang* com grande aparato *m*; '2*- und klanglos* sem chus nem bus.

'**Sänger** ['zɛŋər] *m* (**~in** *f*) cantor(a *f*) *m*; P cantadeiro *m* (-a *f*); (*Singende*[*r*]) cantador(a *f*) *m*, cantante *m*, *f*.

Sangu'in|iker [zaŋgu'i:nikər] *m* sanguíneo *m*; 2**isch** sanguíneo; vivo.

sa'nier|en [za'ni:rən] (-) sanear; 2**ung** *f* saneamento *m*.

Sani'täter [zani'tɛ:tər] *m* enfermeiro *m*; socorrista *m*.

Sani'täts|wagen *m* ambulância *f*; **~wesen** *n* (-*s*; *0*) serviços *m/pl.* de Saúde.

Sankt [zaŋkt]: *vor Namen mit vokalischem* (*konsonantischem*) *Anlaut*: Santo (São) *m*, Santa (*a.* Sã) *f*.

Sankti'on [zaŋktsi'o:n] *f* sanção *f*; 2'**ieren** [-o'ni:rən] (-) sancionar.

'**Saphir** ['za:fir] *m* (-*s*; -*e*) safira *f*.

Sar'delle [zar'dɛlə] *f* anchova *f*.

Sar'dine [zar'di:nə] *f* sardinha *f* (*in Öl* em azeite).

Sarg [zark] *m* (-*es*; ⸚*e*) caixão *m*, urna *f*; ataúde *m*, féretro *m*.

Sar'kas|mus [zar'kasmus] *m* (-; -*men*) sarcasmo *m*; 2**tisch** [-tiʃ] sarcástico.

'**Satan** ['za:tan] *m* (-*s*; -*e*) Satanás *m*; 2**isch** [za'ta:niʃ] satânico.

Satel'lit [zatɛ'li:t] *m* (-*en*) satélite *m*.

Sa'tin [za'tɛ̃] *m* (-*s*; -*s*) cetim *m*.

Sa'tir|e [za'ti:rə] *f* sátira *f*; (**~iker** [-ikər] *m*), 2**isch** satírico (*m*).

satt [zat] farto, satisfeito; *sich* ~ *essen* (*trinken*) saciar-se; fartar-se de comer (de beber); *sich* '~ *gegessen haben* ficar como um abade; (*ac.*) ~ *sn* estar farto de; (*ac.*) ~ *haben* ficar farto de.

'**Sattel** ['zatəl] *m* (-*s*; ⸚) sela *f*; *Fahrrad*: selim *m*; (*Berg*2) cresta *f*; cume *m*; (*Saum*2) albarda *f*; *aus dem* ~ *heben fig.* derribar; *ohne* ~ *reiten* montar em pelo (*ê); **~decke** *f* manta *f*; xairel *m*; 2**fest** firme na sela; *fig.* seguro; versado; **~gurt** *m* (-*es*; -*e*) cilha *f*; 2**n** (-*le*) selar; **~zeug** *n* (-*es*; *0*) arreios *m/pl.*

'**sättig|en** ['zɛtigən] saciar (*mit* de), fartar; ⚗ saturar; 2**ung** *f* saciedade *f*; ⚗ saturação *f*.

'**Sattler** ['zatlər] *m* seleiro *m*; **~'ei** [-'raɪ] *f* selaria *f*.

Satz [zats] *m* (-*es*; ⸚*e*) *gr.* frase *f*, oração *f*; *Logik u.* ⩕ teorema *m*; proposição *f*; axioma *m*; (*Behauptung*) tese *f*; (*Bestimmung*) norma *f*; (*Sprung*) salto *m* (*mit* de); (*Boden*2) borra *f*, pé *m*; (*Reihe*) *Spiel*: série *f*; jogo (*'ô) *m*, conjunto *m*; (*Ein*2) parada *f*, entrada *f*; *Typ.* composição *f*; ♪ *a.* andamento *m*; (*Zins*2) percentagem *f*; ✝ (taxa *f* de) juro *m*; '**~-aussage** *f gr.* predicado *m*;

verbo *m*; '**~bau** *m* (-*es*; *0*) construção *f* (da frase), fraseologia *f*; '**~gefüge** *n* período *m*; '**~gegenstand** *m* (-*es*; *⸗e*) sujeito *m*; '**~lehre** *f* (*0*) sintaxe *f*; '**~teil** *m* (-*es*; -*e*) parte *f* da oração; elemento *m* sintá[c]tico; '**~ung** *f* estatuto *m*; regulamento *m*; norma *f*; *Rel.* dogma *m*; '**~-zeichen** *n* sinal *m* de pontuação.

Sau [zaʊ] *f* (-; *⸗e od. -en*) porca *f*, *fig. a.* porcalhona *f*; (*Wild*2) javalina *f*.

'**sauber** ['zaʊbər] limpo (*a. fig.*), *j.*: *a.* asseado; (*blank*) polido; (*hübsch*) bonito (*a. iron.*); 2**keit** *f* (*0*) limpeza *f*; *j-s*: *a.* asseio *m*.

'**säuber|lich** ['zɔybərliç] limpo; *Trennung*: nítido; *adv. a.* com limpeza; bem; **~n** (-*re*) limpar; ⚕ lavar; desinfe[c]tar; *fig.* depurar; (*befreien*) livrar; von Unkraut ~ roçar; 2**ung** *f* limpeza *f*; *fig.* depuração *f*.

'**Sau-bohne** *f* fava *f*.

'**sauer** ['zaʊər] (*saurer*; *sauerst*) azedo; acre; ⚗ ácido; *fig.* (*mühsam*) penoso, árduo; (*verdrießlich*) tristonho, aborrecido, carrancudo; ~ werden azedar; ficar azedo; *Milch*: estragar-se; ~ werdend ⚗ acescente; *fig.* j-m ~ werden custar a alg.; 2**-ampfer** *m* (-*s*; *0*) azedas *f/pl.*; 2**braten** *m* assado *m* em vinagre; estufado *m*; 2**brunnen** *m* água *f* mineral gasosa; 2'**ei** *f* F porcaria *f*; 2**kirsche** *f* ginja *f*; 2**klee** *m* (-*s*; *0*) azedinha *f*; 2**kohl** *m* (-*es*; *0*), 2**kraut** *n* (-*es*; *0*) «choucroute» *f*, couve *f* fermentada, couve *f* picada.

'**säuer|lich** ['zɔyərliç] azedo; acídulo; ⚗ acescente; **~n** (-*re*) azedar; avinagrar; ⚗ acidificar, oxidar; *Teig*: meter levedura na massa; (fazer) fermentar.

'**Sauer-stoff** *m* (-*es*; *0*) oxigénio *m*; **~flasche** *f* bomba *f* de oxigénio, garrafa *f* de oxigénio.

'**Sauerteig** *m* (-*es*; *0*) massa *f* azeda, fermento *m*.

'**saufen** ['zaʊfən] (*L*) beber (muito).

'**Säufer** ['zɔyfər] *m* alcoólico *m*; F bêbado *m*; beberrão *m*, borrachão *m*.

Sauf|erei [zaʊfə'raɪ] *f*, '**~gelage** *n* órgia *f*.

'**saugen** ['zaʊgən] chupar; *Kind*: mamar; ⊕ aspirar.

'**säugen** ['zɔygən] **1.** amamentar; *bsd. Tier*: criar; **2.** 2 *n* la[c]tação *f*.

'**Sauger** ['zaʊgər] *m* chupador *m*; chupeta *f*; ⊕ êmbolo *m*.

'**Säugetier** ['zɔygə-] *n* (-*es*; -*e*) mamífero *m*.

'**Saugflasche** ['zaʊk-] *f* biberão *m*.

'**Säugling** ['zɔykliŋ] *m* (-*s*; -*e*) bébé *m*; criança *f* de peito (*od.* de mama); ⚕ lactante *m*; **~s-heim** *m* (-*es*; -*e*) creche *f*; **~s-pflege** *f* (*0*) puericultura *f*; **~s-sterblichkeit** *f* (*0*) mortalidade *f* infantil.

Saug-pumpe *f* bomba *f* aspirante.

'**sau-grob** (*0*) F rude, grosseiro, bruto.

'**Saug|rohr** *n* (-*es*; -*e*) tubo *m* de aspiração; **~rüssel** *m* chupador *m*; **~- und Hebepumpe** *f* bomba *f* aspirante e premente; **~ventil** *n* (-*s*; -*e*) válvula *f* de aspiração.

'**Säul|e** ['zɔylə] *f* coluna *f*; *Pfeiler*: pilha *f*; **~en-gang** *m* (-*es*; *⸗e*) arcada *f*; colunata *f*; claustro *m*; **~en-halle** *f* pórtico *m*; alpendre *m*; **~en-knauf** *m* (-*es*; -*e*) capitel *m*.

Saum [zaʊm] *m* (-*es*; *⸗e*) (*Rand*) orla *f*; *Gebirge*: aba *f*; *Kleid*: bainha *f*, debrum *m*.

'**säum|en** ['zɔymən] **1.** *v/t.* debruar, abainhar; *zum Schmuck*: orlar; **2.** *v/i.* tardar; **~ig** demorado, tardio, lento; ✝ moroso; ~ sn demorar(-se).

'**Saum|pfad** *m* (-*es*; -*e*) senda *f*, sendeiro *f*; **~sattel** *m* (-*s*; *⸗*) albarda *f*; 2**selig** = *säumig*; **~seligkeit** *f* (*0*) demora *f*, lentidão *f*; **~tier** *n* (-*es*; -*e*) besta *f* de carga.

'**Säure** ['zɔyrə] *f* ácido *m*; **~bildung** *f* acidificação *f*; 2**fest** à prova de ácidos; ~ sn resistir aos ácidos; **~gehalt** *m* (-*es*; *0*) acidez *f*; azedume *m*.

Saure'gurken-zeit [zaʊrə-] F *f* canícula *f*.

Saus [zaʊs] *m* (-*es*; *0*): in ~ und Braus leben viver à farta; ser estróina.

'**säuseln** ['zɔyzəln] (-*le*) sussurrar, murmurar.

'**sausen** ['zaʊzən] (-*t*) sibilar; zunir; (*eilen*) correr.

'**Sau-wetter** *n* (-*s*; *0*) F tempo *m* horrível.

'**Schabe** ['ʃa:bə] *f* barata *f*; **~fleisch** *n* (-*es*; *0*) carne *f* picada; 2**n** ra[s]par; **~r-nack** [-nak] *m* (-*es*; -*e*) travessuras *f/pl.* (treiben fazer); partida *f* (spielen pregar).

'**schäbig** ['ʃɛ:biç] mesquinho, pelintra, sórdido.

Scha'blon|e [ʃa'blo:nə] *f* padrão *m*; modelo *m*; *fig.* rotina *f*; **2n-haft** mecânico; *fig.* rotineiro.
Schach [ʃax] *n* (*-es*; *0*) xadrez *m*; *~!* xeque! (*bieten* dar; *stehen* estar); *im ~ halten fig.* atalhar; meter respeito a; **'~brett** *n* (*-es*; *-er*) tabuleiro *m* de xadrez; **'~er** *m* regateio *m*; tráfico *m*; *übler ~ a.* baldroca *f*.
'Schach|erer *m* regateiro *m*; traficante *m*; **2ern** (*-re*) regatear; traficar, baldrocar; **~figur** *f* peça *f* de xadrez; **2'matt** (*0*) xamate; xeque e mate; *fig.* alquebrado; **~meister** (**-schaft** *f*) *m* campeão (campeonato) *m* de xadrez; **~spiel** *n* (*-es*; *-e*) (jogo [*'ô] *m* de) xadrez *m*; **~spieler** *m* jogador *m* de xadrez.
Schacht [ʃaxt] *m* (*-es*; *⸚e*) △ clarabóia *f*; ⚒ *a.* poço *m*.
'Schachtel ['ʃaxtəl] *f* (*-*; *-n*) caixa *f*; *alte ~ fig.* F carcassa *f*; **~-halm** ⚘ *m* (*-es*; *-e*) cavalinha *f*, equiseto *m*; **~satz** *m* (*-es*; *⸚e*) frase *f* encadeada.
'Schach|turnier *n* (*-s*; *-e*) concurso *m* de xadrez; **~zug** *m* (*-es*; *⸚e*) lance *m*; *fig.* estratagema *m*.
'schade ['ʃa:də]: *es ist ~* é pena; *~ um ...* mal empregado (*nom.*); (*wie*) *~!* que pena!
'Schädel ['ʃɛ:dəl] *m* crânio *m*; (*Toten2*) caveira *f*; *fig.* cabeça *f*; **~bruch** *m* (*-es*; *⸚e*) fra[c]tura *f* do crânio; **~dach** *n* (*-es*; *⸚er*) abóbada *f* craniana (*od.* do crânio).
'schaden¹ ['ʃa:dən] (*-e-*) (*dat.*) prejudicar (*ac.*); fazer mal a; *was schadet das?* que importa?; que mal faz?
'Schaden² *m* (*-s*; *⸚*) dano *m*, estrago *m*, (*a. Nachteil*) prejuízo *m*, detrimento *m* (*zum* em; *anrichten* causar); ⚓ *u.* ⊕ avaria *f*; *~ nehmen, zu ~ kommen et.*: estragar-se, *j.*: ferir-se, ficar prejudicado; *den ~ haben* não levar a melhor; *durch ~ klug werden* escarmentar; receber uma lição; **~ersatz** *m* (*-es*; *0*) indemnização *f*; *j-m ~ leisten* indemnizar alg.; **~-ersatzpflicht** *f* (*0*) responsabilidade *f*; **~freude** *f* (*0*) alegria (*od.* satisfação) *f* maliciosa; **2froh** malicioso.
'schadhaft ['ʃathaft] deteriorado; defeituoso; ⚕ lesado; *Zahn*: cariado; *~ sn a.* ter um defeito; estar estragado; *~ werden* estragar-se.
'schädig|en ['ʃɛ:digən] prejudicar; lesar (*um* em); **2ung** *f* danificação *f*; lesão *f*; prejuízo *m*.
'schäd|lich ['ʃɛ:tliç] nocivo, pernicioso; ⚖ prejudicial; ⚘ *u. Zool.* daninho; **2lichkeit** *f* (*0*) nocividade *f*; **2ling** *m* (*-s*; *-e*) parasita *m* (*a. fig.*); ⚘ *a.* planta *f* daninha; *Zool. a.* bicho *m* daninho; *j.*: perigo *m*, elemento *m* anti-social; **2lings-bekämpfungs-mittel** *n* pestiada *m*; insecticida *m*.
'schadlos ['ʃa:tlo:s]: *~ halten* indemnizar (*für* por); (*sich*) *~ halten* compensar(-se) (*für* de).
Schaf [ʃa:f] *n* (*-es*; *-e*) ovelha *f*; *fig.* F pateta *m*; simplório *m*; **'~bock** *m* (*-es*; *⸚e*) carneiro *m*.
'Schäfchen ['ʃɛ:fçən] *n* cordeiro *m*, anho *m*; ⚘ amentilho *m*; *pl. Wolken*: carneiros *m/pl.*, cirros *m/pl.*; *fig. sn ~ ins trockne bringen* pôr o seu pé de meia a salvo; encher-se.
'Schäfer ['ʃɛ:fər] *m* pastor *m*; **~hund** *m* (*-es*; *-e*) mastim *m*, cão-de-pastor *m*, cão *m* de gado; **~in** *f* pastora *f*; **~stunde** *f fig.* hora *f* de amor.
'Schaf-fell *n* (*-es*; *-e*) tosão *m*.
'schaffen ['ʃafən] **1.** (*arbeiten*) trabalhar; (*bewirken*) criar, (*hin~*) levar; (*ver~*) procurar; *es ~* conseguir; levar a cabo; *zu ~ haben mit* ter que ver (*od.* que lidar) com; *j-m zu ~ machen* dar que fazer a alg.; *aus der Welt ~* acabar com; **2.** (*L*) criar; produzir; **~d** *adj.* criador; trabalhador; produtivo; **2s-kraft** *f* (*-*; *⸚e*) força (*ô) *f* criadora (*od.* produtiva); **2s-lust** *f* (*0*) vontade *f* de trabalhar, amor *m* ao trabalho.
'Schaffner ['ʃafnər] *m* ✝ *u.* ⚒ feitor *m*; 🚂 revisor *m*; *Straßenbahn, Autobus*: condutor *m*; **~in** *f* condutora *f*; † ⚒ governanta *f*.
'Schaf|garbe *f* milefólio *m*; **~herde** *f* rebanho *m* de ovelhas; **~leder** *n* badana *f*, carneira *f*.
Scha'fott [ʃa'fɔt] *n* (*-es*; *-e*) cadafalso *m*.
'Schaf|pelz *m* (*-es*; *-e*) pele *f* de carneiro; **~schur** *f* tosquia *f*; **~stall** *m* (*-es*; *⸚e*) redil *m*.
Schaft [ʃaft] *m* (*-es*; *⸚e*) cabo *m*; (*Blüten2*) escapo *m*; (*Gewehr2*) coronha *f*; (*Lanzen2*) haste *m*, *a.* (*Säulen2*) fuste *m*; (*Stiefel2*) cano *m*; **'~stiefel** *m* bota *f* alta.

ˈ**Schaf|zucht** *f* (**~züchter** *m*) criação *f* (criador *m*) de gado ovino.
Schah [ʃaː] *m* (-*s*; -*s*) xá *m*.
Schaˈkal [ʃaˈkaːl] *m* (-*s*; -*e*) chacal *m*.
ˈ**Schäker** [ˈʃɛːkər] *m* brincalhão *m*, gracejador *m*; **2n** (-*re*) gracejar, brincar; namoricar.
schal[1] [ʃaːl] sensabor, sem-sabor, insípido.
Schal[2] *m* (-*s*; -*e od.* -*s*) chaile *m*; manta *f*; (*Halstuch*) cachecol *m*.
ˈ**Schale** [ˈʃaːlə] *f* ⚘ casca *f*; *dünne*: pele *f*; (*Tier*2, *Waag*2) concha *f*; (*Umhüllung*) invólucro *m*; *Gefäß*: taça *f*.
ˈ**schälen** [ˈʃɛːlən] descascar; tirar a casca; *Baum*: descortiçar; *sich* ~ *a.* perder a casca.
Schalk [ʃalk] *m* (-*ẹs*; -*e od.* ⸚*e*) maganão *m*; ˈ**2haft** maganão, travesso; chistoso; ˈ**~haftigkeit** *f* maganice *f*, travessura *f*.
Schall [ʃal] *m* (-*ẹs*; ⸚*e*) som *m*; (*Widerhall*) ressonância *f*; ˈ**~brechung** *f* refra[c]ção *f* do som; ˈ**~dämpfer** *m* abafador *m*; *Motor*: amortecedor *m* de som; ♪ *u. Radio*: surdina *f*; ˈ**~deckel** *m* guarda-voz *m*; ˈ**2dicht** à prova de ruídos; ˈ**~dose** *f* diafragma *m*; ˈ**2en** (*L*) ressoar; ˈ**2end** *adj.* sonoro, retumbante; ~*es Gelächter* gargalhada *f*; ˈ**~geschwindigkeit** *f* velocidade *f* do som; ˈ**~grenze** *f*, ˈ**~mauer** *f* (-; -*n*) barreira *f* do som; ˈ**~(l)ehre** *f* (*0*) acústica *f*; ˈ**~messer** *m* fonómetro *m*; ˈ**~platte** *f* disco *m*; *auf* ~*n aufnehmen* gravar; ˈ**~plattensammlung** *f* discoteca *f*; ˈ**~trichter** *m* buzina *f*; ˈ**~welle** *f* onda *f* sonora.
Schalˈmei [ʃalˈmaɪ] *f* charamela *f*.
ˈ**Schalt|brett** [ˈʃalt-] ⚡ *n* (-*ẹs*; -*er*) = ~*tafel*; **2en** ⚡ (-*e*-) comutar; ligar; *fig.* (*verstehen*) perceber; *fig.* ~ *und walten* mandar; pôr e dispor; ~ *mit* dispor livremente de, dispor à vontade de; **~er** *m* bilheteira *f*; postigo *m*; ⚡ comutador *m*, interruptor *m*; **~er-beamte(r)** *m* empregado *m* de serviço (*od.* de «guichet» *fr.*); **~erstunden** *f/pl.* horas *f/pl.* de despacho (*od.* de serviço); **~gehäuse** *n* caixa *f* de velocidades; **~hebel** *m* ⚡ alavanca *f* de comutação (*Auto*: de velocidade).
ˈ**Schaltier** [ˈʃaːl-] *n* (-*ẹs*; -*e*) crustáceo *m*.
ˈ**Schalt|jahr** *n* (-*ẹs*; -*e*) ano *m* bissexto; **~röhre** *f* interruptor *m* de mercúrio; **~skizze** ⚡ *f* esquema *m* de conta[c]tos; **~tafel** ⚡ *f* (-; -*n*) quadro *m* de comutadores (*od.* de distribuição *od.* de comando); **~tag** *m* (-*ẹs*; -*e*) dia *m* intercalar; **~ung** *f* ligação *f*; conta[c]to *m*; *Auto*: caixa *f* de velocidades; embraiagem *f*; *Radio*: montagem *f*.
Schaˈluppe [ʃaˈlupə] *f* chalupa *f*, lancha *f*.
Scham [ʃaːm] *f* (*0*) vergonha *f*; pejo *m*; = ~*haftigkeit*; *Anat.* vulva *f*, vergonhas *f/pl.*; ˈ**~bein** *n* (-*ẹs*; -*e*) pubes *m*, púbis *m*.
ˈ**schämen** [ˈʃɛːmən]: *sich* ~ ter vergonha, envergonhar-se, estar envergonhado (*gen.*, *über ac.* de); *schäme dich!* não tens vergonha?; *sich zu Tode* ~ morrer de vergonha.
ˈ**Scham|gefühl** *n* (-*ẹs*; -*e*) = *Scham*; **~gegend** *f* região *f* pudenda; **2-haft** púdico; (*beschämt*) envergonhado; **~-haftigkeit** *f* (*0*) pudor *m*; **2los** desavergonhado, impudente; indecente; (*frech*) descarado; **~losigkeit** [ˈ-loːziç-] *f* falta *f* de vergonha, descaramento *m*.
Schaˈmotte [ʃaˈmɔtə] *f* barro *m* refra[c]tário.
ˈ**scham|rot** corado de vergonha (*od.* de pejo); **2röte** *f* (*0*) pudor *m*, rubor *m*; **2teile** *m/pl.* partes *f/pl.* pudendas.
ˈ**Schande** [ˈʃandə] *f* (*0*) vergonha *f*; desonra *f* (*zur* com); (*Schimpf*) opróbrio *m*, ignomínia *f*; *j-m* ~ *machen*, *j-m zur* ~ *gereichen* desonrar alg.
ˈ**schänden** [ˈʃɛndən] (-*e*-) desonrar; *a. Frau*: violar, prostituir; *Rel.* profanar.
ˈ**Schandfleck** *m* (-*ẹs*; -*e*) mácula *f*.
ˈ**schändlich** [ˈʃɛntliç] vergonhoso, infame.
ˈ**Schand|mal** *n* (-*ẹs*; ⸚*er*) estigma *m*; mácula *f*; **~pfahl** *m* (-*ẹs*; ⸚*e*) pelourinho *m*; **~tat** *f* crime *m*, infâmia *f*.
ˈ**Schändung** [ˈʃɛnduŋ] *f* violação *f*; *e-r Frau*: *a.* estupro *m*; *Rel.* profanação *f*.
Schank [ʃaŋk] *m* (-*ẹs*; -*e*), ˈ**~betrieb** *m* (-*ẹs*; -*e*) venda *f* de bebidas (a retalho); ˈ**~er** ⚕ *m* cancro *m* venéreo, cavalo *m*; ˈ**~tisch** *m* (-*es*; -*e*) balcão *m* (de taberna); ˈ**~wirt** *m* (-*ẹs*;

-*e*) taberneiro *m*; '**~wirtschaft** *f* taberna *f*.

'**Schanz|e** ['ʃantsə] *f* trincheira *f*; reduto *m*; *kleine*: fortim *m*; **2en** (-*t*) entrincheirar.

Schar [ʃa:r] *f* grupo *m*, bando *m*; *Kinder*: rancho *m*; *große*: multidão *f*; ⚒ (*Pflug*2) relha (*ê) *f*; *pl.* in (hellen) **~en** em bandos, em massa.

Scha'rade [ʃa'ra:də] *f* charada *f*.

'**Schäre** ['ʃɛ:rə] *f* escolho *m*, recife *m*.

'**scharen** ['ʃa:rən] reunir, juntar; **~weise** em bandos, em massa.

scharf [ʃarf] **1.** cortante, afiado; (*spitz*) *u. fig. Stimme, Geist*: agudo; penetrante (*a. Blick, Kälte*); ⚗ *u. Brille*: forte; *Gehör*: fino; apurado, afinado; *Geruch*: acre; *Hund*: mordedor; *Luft*: frio; *Phot.* focado; *Speise*: picante; *Wind*: cortante; *Zunge*: *fig.* mordaz; (*deutlich*) claro, nítido; (*genau*) preciso; (*streng*) rigoroso, severo; **2.** *adv.* ~ ansehen fitar; ~ einstellen *Phot.* focar bem; *fahren*: ràpidamente; *schießen*: ⚔ com bala(s); '**2blick** *m* (-*ɛs*; *0*) perspicácia *f*; '**~blickend** perspicaz.

'**Schärf|e** ['ʃɛrfə] *f* corte *m*, fio *m*; agudeza *f*; ⚗ acidez *f*; *fig.* acrimónia *f*; (*Deutlichkeit*) nitidez *f*; (*Geistes*2) agudeza *f*; (*Genauigkeit*) precisão *f*; (*Strenge*) rigor *m*; *s.* Scharfsinn; **2en** afiar, aguçar.

'**Scharf|-einstellung** *f Phot.*: in ~ focado; **2kantig** anguloso; **~macher** *m fig.* agitador *m*, instigador *m*; **~richter** *m* verdugo *m*, carrasco *m*; **~schütze** *m* (-*n*) bom atirador *m*, caçador *m* destro; **2sichtig** ['-ziçtiç] *fig.* perspicaz; **~sichtigkeit** *f* (*0*) perspicácia *f*; **~sinn** *m* (-*ɛs*; *0*) penetração *f*, sagacidade *f*, perspicácia *f*; **2sinnig** fino, sagaz.

'**Scharlach** ['ʃarlax] **1.** *m* (-*s*; -*e*) (*Farbe*) escarlate *m*; **2.** *n* (-*s*; *0*) escarlatina *f*; **2rot** (*0*) escarlate.

'**Scharlatan** ['ʃarlata:n] *m* (-*s*; -*e*) charlatão *m*.

Schar'mützel [ʃar'mytsəl] *n* escaramuça *f*.

Schar'nier [ʃar'ni:r] *n* (-*s*; -*e*) charneira *f*, dobradiça *f*.

'**Schärpe** ['ʃɛrpə] *f* faixa *f*, cinto *m*, banda *f*.

'**scharren** ['ʃarən] *v/t. u. v/i.* esgravatar; patear; raspar.

'**Schart|e** ['ʃartə] *f Messer*: mossa *f*, falha *f*; *Mauer*: brecha *f*; die ~ auswetzen *fig.* tirar a desforra; **~'eke** [-'te:kə] *f Buch*: alfarrábio *m*; *j.*: carcassa *f*; **2ig** com bocas; amolgado; ~ werden amolgar.

'**Schatten** ['ʃatən] *m* sombra *f*; *Mal.* sombras *f/pl.*; in den ~ stellen *fig.* sobrepujar, exceder; **~bild** *n* (-*ɛs*; -*er*) silhueta *f*, perfil *m*; **2-haft** vago; **~seite** *f* sombra *f* (auf der na); *fig.* lado *m* fraco, reverso *m*, inconveniente *m*; **~spiel** *n* (-*ɛs*; -*e*) sombras *f/pl.* chinesas, sombrinhas *f/pl.*

schat't|ieren [ʃa'ti:rən] (-) sombrear; (*abtönen*) matizar; **2ierung** *f* matiz *m*, cambiante *f*; sombreado *m*; '**~ig** sombrio, sombroso.

Scha'tulle [ʃa'tulə] *f* cofre *m*, caixa *f*.

Schatz [ʃats] *m* (-*es*; ⸗*e*) tesouro *m*; património *m*; F *j.*: amor *m* (*a. Anrede*; lieber meu, rico); '**~-amt** *n* (-*ɛs*; ⸗*er*) Tesouraria *f*; '**~-anweisung** *f* título *m* do Tesouro.

'**schätz|en** ['ʃɛtsən] (-*t*) (*ab*~) avaliar (auf *ac.* em); *a. fig.* apreciar, estimar (*a.* ✝); wie alt ~ Sie ihn? que idade julga que tem?; sich glücklich ~ congratular-se (über *ac.* com); **~ens-wert** estimável.

'**Schatz|gräber** ['-grɛ:bər] *m* pesquisador *m* de tesouros; **~kammer** *f* (-; -*n*) tesouro *m*; **~meister** *m* tesoureiro *m*.

'**Schätzung** ['ʃɛtsuŋ] *f* avaliação *f*; cálculo *m*; taxação *f*; estima[ção] *f*; **2s-weise** aproximadamente.

Schau [ʃau] *f* vista *f*, aspe[c]to *m*; *Phil.* intuição *f*, *a. Rel.* visão *f*; (*Ausstellung*) exposição *f*; (*Gewerbe*2) exibição *f*; (*Muster*2) *a.* mostra *f*; (*Revue*) revista *f*; zur ~ stellen expor, exibir, pôr à mostra; zur ~ tragen ostentar; (*heucheln*) afe[c]tar; '**~bild** *n* diagrama *m*.

'**Schauder** ['ʃaudər] *m* arrepio *m*; calafrio *f*; ~ einflößen causar horror; horrorizar; **2haft** horrível, horrendo, horripilante; **2n** (-*re*) *v/i.* estremecer; arrepiar-se, horripilar-se; *vor Kälte*: ter calafrios.

'**schauen** ['ʃauən] ver, olhar, contemplar, mirar.

'**Schauer** ['ʃauər] *m* (*Schauder*) arrepio *m*, horror *m*; (*Anfall*) calafrio *m*; (*Regen*2) aguaceiro *m*, borrasca *f*; **2lich** horrível, horripilante; **2n**

(-re) estremecer; arrepiar-se; *vor Kälte*: ter calafrios.

'**Schaufel** ['ʃaʊfəl] *f* (-; -*n*) pá *f*; (*Rad*∻) palheta *f*; ∻**n** (-*le*) trabalhar (*od.* remexer) com a pá; *Korn*: aventar; *Grab(en)*: abrir; ~**rad** *n* (-*ės*; ⸚*er*) roda *f* de palhetas.

'**Schau|fenster** *n* vitrina *f*; montra *f*; ~**kasten** *m* (-*s*; ⸚) vitrina *f*.

'**Schaukel** ['ʃaʊkəl] *f* (-; -*n*) baloiço *m*; ∻**n** (-*le*) *v/t.* (*v/i. u. sich*) baloiçar(-se), balançar, oscilar; ~**pferd** *n* (-*ės*; -*e*) cavalo *m* de baloiço; ~**stuhl** *m* (-*ės*; ⸚*e*) cadeira *f* de baloiço.

'**Schau-lust** *f* (*0*) curiosidade *f*; ∻**ig** curioso.

Schaum ['ʃaʊm] *m* (-*ės*; ⸚*e*) espuma *f*, escuma *f*; *zu* ~ *werden* esvanecer(-se); ∻**bedeckt** espumoso, escumoso.

'**schäumen** ['ʃɔymən] espumar; *vor Wut* ~ espumejar, (estar a) raivar; ~**d** *adj.* espumante, espumoso.

'**Schaum|feuerlöscher** *m* extintor *m* de espuma; ~**gummi** *m* (-*s*; *0*) espuma *f* de borracha; ∻**ig** espumoso; ~**kelle** *f*, ~**löffel** *m* escumadeira *f*; ~**schläger** *m* batedor *m* de claras; *fig.* pantomineiro *m*; aldrabão *m*; ~**wein** *m* (-*ės*; -*e*) vinho *m* espumoso.

'**Schau|platz** *f* (-*es*; ⸚*e*) cena *f*; teatro *m*; ∻**rig** ['-riç] horripilante; ~**spiel** *n* (-*ės*; -*e*) espe[c]táculo *m*; *Thea.* drama *m*, peça *f* (de teatro); ~**spieldichter** *m* dramaturgo *m*, autor *m* dramático; ~**spieler** *m* a[c]tor *m*; comediante *m*; ~**spielerei** *f* comédia *f*; ~**spielerin** *f* a[c]triz *f*; comediante *f*; ∻**spielern** (-*re*) ser a[c]tor (*od.* a[c]triz); *fig.* simular; ~**spiel-haus** *n* (-*es*; ⸚*er*) teatro *m*; ~**stellung** *f* exibição *f*; ~**turnen** *n* exibição *f* de ginástica.

Scheck [ʃɛk] *m* (-*s*; -*s*) cheque *m*; '~**buch** *n* (-*ės*; ⸚*er*) caderneta *f* de cheques; '~**e** *m* (-*n*) cavalo *m* malhado; '∻**ig** malhado; desbotado; '~**-inhaber** *m* portador *m* de um cheque; '~**verkehr** ⚚ *m* (-*s*; *0*) transacções *f/pl.* por cheques.

scheel [ʃe:l], '~**-äugig** ['-ɔygiç] vesgo.

'**Scheffel** ['ʃɛfəl] *m* alqueire *m*; ∻**n** (-*le*) *Geld*: acumular; ∻**weise** às arrobas; *fig.* a granel.

'**Scheibe** ['ʃaɪbə] *f* disco *m*; *Brot, Käse usw.*: fatia *f*; *Obst usw.*: talhada *f*, roda *f*; (*Dreh*∻) torno (*'ô) *m*; (*Fenster*∻) vidro *m*; *Honig*: favo *m*; (*Schieß*∻) alvo *m*.

'**Scheiben|-honig** *m* (-*s*; *0*) mel *m* em favos; ~**rad** 🚂 *n* roda *f* maciça; ~**schießen** *n* tiro *m* ao alvo; ~**wischer** *m* limpa-vidros *m*; *Auto*: limpador *m* do pára-brisas.

'**Scheide** ['ʃaɪdə] *f* bainha *f*; *Anat.* vágina *f*; *Waffe*: *in die* ~ *stecken* (*aus der* ~ *ziehen* des)embainhar; ~**linie** *f* linha *f* divisória; ∻**n** (*L*) **1.** *v/t.* separar; *sich* ~ *lassen* divorciar-se; **2.** *v/i.* [*sn*] despedir-se; *aus dem Amte* ~ demitir-se; ser jubilado; (*freiwillig*) *aus dem Leben* ~ falecer (suicidar-se); ~**n** *n* despedida *f*; ∻**nd** *adj.* que parte; demissionário; ~**wand** *f* (-; ⸚*e*) parede *f* divisória, tabique *m*; ⚘, ⚡ diafragma *m*; *Anat. a.* septo *m*; ~**weg** *m* (-*ės*; -*e*) encruzilhada *f*, bifurcação *f*, *fig.* dilema *m*.

'**Scheidung** ['ʃaɪdʊŋ] *f* separação *f*; (*Ehe*∻) divórcio *m* (*einreichen* pedir); ⚗ decomposição *f*; ~**s-grund** *m* (-*ės*; ⸚*e*) causa *f* do divórcio; ~**s-klage** *f* a[c]ção *f* de divórcio; *die* ~ *einreichen* pedir o divórcio; ~**s...**: *in Zssgn* divórcio.

Schein [ʃaɪn] *m* (-*ės*; -*e*) luz *f*, brilho *m*; clarão *m*; (*An*∻) aparência(s) *f* (*pl.*; *wahren* salvar; *trügen* iludir; *zum* para salvar as); *nur zum* ~ para disfarçar; F para inglês ver; (*Bescheinigung*) certificado *m*; (*Geld*∻) nota *f*; (*Fahr*∻) bilhete; (*Gepäck*∻) senha *f*; (*Quittung*) recibo *m*; (*Gut*∻) abono *m*; (*Schuld*∻) título *m* de dívida; '~**-angriff** *m* (-*ės*; -*e*) ataque *m* simulado (*od.* fingido); '∻**bar** aparente; '~**blüte** *f* prosperidade *f* ilusória; '~**-ehe** *f* matrimónio *m* fictício; '∻**en** (*L*) brilhar; *fig.* parecer; *die Sonne scheint a.* faz sol; *auf, in et.* ~ bater em a.c.; *in et. hinein* ~ entrar em a.c.; '∻**-heilig** hipócrita; '~**-heiligkeit** *f* (*0*) hipocrisia *f*; '~**tod** *m* (-*ės*; *0*) catalepsia *f*; '∻**tot** cataléptico; '~**vertrag** *m* (-*ės*; ⸚*e*) contrato *m* fictício; '~**werfer** ['-vɛrfər] *m* proje[c]tor *m*; *Auto.*: farol *m*.

'**Scheiß|e** ['ʃaɪsə] V *f* (*0*) merda *f*; ∻**en** V (*L*) cagar; ~**kerl** V *m* (-*s*; -*e*) tipo *m* da merda.

Scheit [ʃaɪt] *n* (-*ės*; -*e*) cavaca *f*, acha *f*.

ˈ**Scheitel** [ˈʃaɪtəl] *m* vértice *m* (*a.* ✗ *u. fig.*); *Berg*: cume *m*; *Haar*: risca *f*; *vom ~ bis zur Sohle* dos pés até à cabeça; **~linie** *f* linha *f* vertical; **2n** (*-le*): *das Haar ~* fazer a risca; **~punkt** *m* (*-ės*; *-e*) vértice *m*; *Astr.* zenite *m*; *fig. a.* auge *m*.

ˈ**Scheiterhaufen** [ʃaɪtər-] *m* fogueira *f*.

ˈ**scheitern** [ˈʃaɪtərn] **1.** (*-re*) *v/i.* ⚓ naufragar; *fig.* falhar, fracassar; **2.** 2 *n* naufrágio *m*; *fig. a.* fracasso *m*.

ˈ**Schellack** [ˈʃɛlak] *m* (*-ės*; *-e*) laca *f*.

ˈ**Schelle** [ˈʃɛlə] *f* cascável *m*, guizo *m*; choca *f*; (*Klingel*) campainha *f*; (*Hand2*) algema *f*; (*Maul2*) bofetada *f*; **2n** tocar (a campainha); **~ngeläute** *n* (*-s*; *0*) (tinido *m* de) cascáveis *m/pl*.

ˈ**Schellfisch** [ˈʃɛl-] *m* (*-es*; *-e*) bacalhau *m* fresco.

Schelm [ʃɛlm] *m* (*-ės*; *-e*) maroto *m*, maganão *m*; garoto *m*; *armer ~* desgraçado *m*; *Lit.* pícaro *m*; **-~en-roman** *m* (*-s*; *-e*) romance *m* picaresco; ˈ**~en-streich** *m* (*-ės*; *-e*), **~en-stück** *n* (*-ės*; *-e*) garotice *f*; **~eˈrei** [-məˈraɪ] *f* travessura *f*; ˈ**2isch** maganão; chistoso.

ˈ**Schelt|e** [ˈʃɛltə] *f* descompostura *f* (*bekommen* apanhar uma); **2en** (*L*) ralhar; (*nennen*) (*ac.*) tratar de; **~wort** *n* (*-ės*; *=er*) inve[c]tiva *f*, injúria *f*.

ˈ**Schema** [ˈʃeːma] *n* (*-s*; *-s od. Schemata*) esquema *m*; **2tisch** [-ˈmaːtiʃ] esquemático; **2tiˈsieren** [-tiˈziːrən] (-) esquematizar.

ˈ**Schemel** [ˈʃeːməl] *m* escabelo *m*, banquinho *m*.

ˈ**Schemen** [ˈʃeːmən] *m* sombra *f*, fantasma *m*; **2-haft** fantasmagórico.

Schenke [ʃɛŋkə] *f* taberna *f*; tenda *f*.

ˈ**Schenkel** [ˈʃɛŋkəl] *m Anat.* (*Ober2*) coxa *f*, (*Unter2*) perna *f* (*a. Zirkel*); ✗ *Winkel*: lado *m*; **~bein** *n* fémur *m*; **~bruch** *m* (*-ės*; *=e*) fra[c]tura *f* femoral.

ˈ**schenk|en** [ˈʃɛŋkən] oferecer, dar de presente; *j-m et. ~ a.* presentear alg. com a.c.; ⚖ legar; (*erlassen*) dispensar alg. de a.c.; perdoar; *Freiheit usw.*: restituir à; *e-m Kinde das Leben ~* dar à luz (*ac.*); **2ung** *f* doação *f*; dotação *f*.

ˈ**Scherbe** [ˈʃɛrbə] *f* caco *m*; † vaso *m*.

ˈ**Schere** [ˈʃeːrə] *f* tesoura *f*; *Zool. pl.* tenazes *f/pl.*; **2n 1.** (*L*) *Tiere*: tosquiar; *Tuch*: aparar, tosar; *Haare*: cortar; *Bart*: fazer; **2.** *fig.* (*kümmern*) importar a; *sich ~ um* fazer caso de; F dar cavaco de; *was schert das dich?* que tens tu com isso?; *scher dich!* vá! (*zum Teufel* para o diabo, à fava).

ˈ**Scheren|fernrohr** ⚔ *n* (*-ės*; *-e*) binóculo *m* de tesouras; **~schleifer** [-ʃlaɪfər] *m* amolador *m*; **~schnitt** *m* (*-ės*; *-e*) silhueta *f*.

Schereˈrei [ʃeːrəˈraɪ] *f* maçada *f*.

ˈ**Scherflein** [ˈʃɛrflaɪn] *n* óbolo *m*.

Scherz [ʃɛrts] *m* (*-es*; *-e*) brincadeira *f*, gracejo *m*; *derber*: piada *f*; *aus ~, im ~, zum ~* por brincadeira; *~ beiseite!* deixemo-nos de brincadeiras!; ˈ**~-artikel** *m* artigo *m* humorístico; ˈ**2en** (*-t*) brincar, gracejar; ˈ**2-haft** engraçado, jovial; = ˈ**2weise** por brincadeira; ˈ**~wort** *n* (*-ės*; *=er*) gracejo *m*.

scheu [ʃɔy] **1.** tímido, envergonhado; *Pferd u. fig.*: medroso; *~ machen* espantar; *~ werden* espantar-se; **2.** 2 *f* (*0*) timidez *f*; medo (*ê) *m*.

ˈ**Scheuch|e** [ˈʃɔyçə] *f* espantalho *m*; **2en** espantar, afugentar.

ˈ**scheuen** [ˈʃɔyən]: (*sich*) *~* ter medo (*ê) de; *sich nicht ~ et. zu tun a.* não ter pejo de fazer a.c.; não se poupar de fazer a.c.; *Pferd*: espantar-se (*vor dat.* de).

ˈ**Scheuer|bürste** *f* escova (*ô) *f* de esfregar; **~frau** *f* esfregadeira *f*; **~lappen** *m* esfregão *m*; **2n** (*-re*) esfregar, lavar; **~sand** *m* (*-es*; *0*) areia *f* de limpar; **~tuch** *n* (*-ės*; *=er*) serapilheira *f*.

ˈ**Scheu-klappen** *f/pl.* antolhos (*ˈô) *m/pl*.

ˈ**Scheune** [ˈʃɔynə] *f* celeiro *m*, granja *f*.

ˈ**Scheusal** [ˈʃɔysaːl] *n* (*-s*; *-e*) monstro *m*.

ˈ**scheußlich** [ˈʃɔysliç] monstruoso, horrível; (*Tat*) atroz; **2keit** *f* monstruosidade *f*; atrocidade *f*.

Schi [ʃiː] *m* (*-s*; *od. -es*) esqui *m* (*laufen* andar aos).

Schicht [ʃiçt] *f* camada *f* (*a. fig.*); *a. Geol.* estrato *m*; *Holz*: pilha *f*; *Steine*: carreira *f*; *Luft*: região *f*; *Arbeiter*: turma *f*; (*Arbeits2*) turno *m*; ˈ**2en** (*-e-*) acamar, dispor em camadas; (*sich*) *~* estratificar(-se); ˈ**~ung** *f* (*Geol.* folhas [*ô] *f/pl.* de)

estratificação *f*, camadas *f/pl.* (sedimentares); *Holz*: empilhamento *m*; '**~wolke** *f* estrato *m*.
schick [ʃik] **1.** chique, elegante; **2.** ≈ *m* elegância *f*.
'**schick|en** ['ʃikən] mandar, enviar (*nach* por, buscar); remeter; *sich* ~ *für* convir a; *sich* ~ *in* (*ac.*), conformar-se com; resignar-se a; **~lich** conveniente, decoroso; **≈lichkeit** *f* (*0*) decência *f*, decoro *m*.
'**Schicksal** ['ʃikza:l] *n* (-*s*; -*e*) destino *m*; (*Los*) sorte *f*; (*Fatum*) fado *m*; *launenhaftes*: fortuna *f*; **≈-haft** fatal; **~s-frage** *f* questão *f* vital; **~s-fügung** *f* destino *m*; fatalidade *f*; **~s-glaube** *m* (-*n*) fatalismo *m*; **~s-schlag** *m* (-*és*; ⸚*e*) revés *m*.
'**Schiebe|dach** ['ʃi:bə-] *n* (-*és*; ⸚*er*) te[c]to *m* de correr; **~fenster** *n* janela *f* de correr; **≈n** (*L*) empurrar, impelir; *Kegel*: jogar; *Schuld*: atribuir, imputar (*auf ac.* a); *zur Seite* ~ afastar, tirar; *fig.* F traficar; **~r** *m* (*Riegel*) ferrolho (*'ô) *m*, trinco *m*; tranca *f*; *Radio*: regist[r]ador *m*; ⊕ corrediça *f*; *j.*: *fig.* traficante *m*; **~tür** *f* porta *f* de correr; porta *f* deslizante.
'**Schiebung** ['ʃi:buŋ] *f* tráfico *m*; traficância *f*; patifaria *f*; F batota *f*.
'**Schieds|gericht** ['ʃi:ts-] *n* (-*és*; -*e*) tribunal *m* arbitral (*od.* de arbitragem); **~gerichtsbarkeit** *f* (*0*) arbitragem *f*; **~richter** *m* árbitro *m*; **≈richterlich** arbitral; **~-spruch** *m* (-*és*; ⸚*e*) sentença *f* arbitral, árbitrio *m*, arbitragem *f*.
schief [ʃi:f] oblíquo; enviezado; (*geneigt*) inclinado; (*krumm*) torto; *fig.* equívoco; *adv. a.* de través; de viés; *ansehen*: de soslaio, de esguelha; ~ *gehen fig.* falhar, fracassar, andar mal.
'**Schiefer** ['ʃi:fər] *m* ardósia *f* (*a. Geol.*), lousa *f*; **~bruch** *m* (-*és*; ⸚*e*) louseira *f*; **~dach** *n* (-*és*; ⸚*er*) telhado *m* de lousa; **~tafel** *f* lousa *f*, pedra *f*.
'**schief-wink(e)lig** de ângulos oblíquos, obliquângulo.
'**schielen** ['ʃi:lən] **1.** ser vesgo, ser estrábico, olhar de través, olhar de soslaio, ter olhos (*'ô) tortos; *nach et.* ~ *fig.* cubiçar a.c.; **2.** ≈ *n* ⚕ estrabismo *m*; **~d** *adj.* vesgo, estrábico.
'**Schien|bein** ['ʃi:n-] *n* (-*és*; -*e*) canela *f*, tíbia *f*; **~e** *f* 🚂 carril *m*; ⚕ tala *f*; ⊕ chapa *f*; **≈en** ⚕ entalar, encanar; ⊕ chapear, calçar.
'**Schienen|strang** *m* (-*és*; ⸚*e*) via *f* férrea, carris *m/pl.*; **~weg** *m* (-*és*; -*e*) via *f* (férrea).
schier [ʃi:r] puro, mero; *Fleisch*: limpo, só febra; *adv.* quase; '**≈ling** ♀ *m* (-*és*; -*e*) cegude *f*, cicuta *f*.
'**Schieß|baumwolle** ['ʃi:s-] *f* (*0*) algodão *m* explosivo, algodão-pólvora *m*; **≈en** (*L*) tirar, (*ab*~) disparar; *Fußball*: lançar, arrojar; *sich e-e Kugel durch den Kopf* ~ suicidar-se a tiro; *fig.* (*sn*) (*stürzen*) precipitar-se; ~ *lassen* largar; (*sprießen*) crescer; espigar, *ins Kraut* ~ *a.* grelar; **~en** *n* tiros *m/pl.*; = **~e'rei** [-ə'raɪ] *f* tiroteio *m*; **~gewehr** *n* (-*és*; -*e*) arma *f* de fogo; espingarda *f*; **~platz** *m* (-*es*; ⸚*e*) carreira *f* de tiro; **~pulver** *n* (-*s*; *0*) pólvora *f*; **~scharte** *f* seteira *f*; *Geschütz*: canhoneira *f*; **~stand** *m* (-*és*; ⸚*e*) carreira *f* de tiro; **~-übung** *f* exercício *m* de tiro.
Schiff [ʃif] *n* (-*és*; -*e*) navio *m*, (*Dampf*≈) vapor *m* (*zu* de); *kleines*: embarcação *f*; ⚓ nave *f*; ⊕ = **~chen**; *Typ.* galé *f*; '**~(f)ahrt** *f* (*0*) navegação *f*; '**~(f)ahrtsgesellschaft** *f* companhia *f* de navegação; '**≈bar** navegável; '**~barkeit** *f* (*0*) navigabilidade *f*; '**~bau** *m* (-*és*; *0*) construção *f* de navios; construção *f* naval; '**~bau-ingenieur** *m* (-*s*; -*e*) engenheiro *m* naval; '**~bruch** *m* (-*és*; ⸚*e*) naufrágio *m*; '**≈brüchig** náufrago; '**~brücke** *f* ponte *f* de barcas; '**~chen** ['-çən] *n* ⊕ (*Web*≈) lançadeira *f*; naveta *f*; '**≈en** *v/i.* navegar; V mijar; '**~er** *m* marinheiro *m*; patrão *m*; (*Kahn*≈) barqueiro *m*; '**~er-patent** *n* (-*és*; -*e*) carta *f* de piloto (*'ô).
'**Schiffs|-arzt** *m* (-*es*; ⸚*e*) médico *m* de bordo; **~besatzung** *f* tripulação *f*; **~-eigentümer**, **~-eigner** *m* armador *m*; patrão *m*; **~flagge** *f* pavilhão *m*; **~junge** *m* (-*n*) grumete *m*; **~ladung** *f* carga *f*, frete *m*; **~mannschaft** *f* tripulação *f*; **~modell** *n* (-*s*; -*e*) navio-miniatura *m*; **~papiere** *n/pl.* papéis *m/pl.* de bordo; **~raum** *m* (-*és*; ⸚*e*) porão *m*; (*Tonnengehalt*) tonelagem *f*; **~rumpf** *m* (-*és*; ⸚*e*) casco *m*; **~schnabel** *m* (-*s*; ⸚) esporão *m*, talhamar *m*;

~schraube *f* hélice *f*; **~-spediteur** *m* (*-es*; *-e*) agente *m* de transportes marítimos; **~verkehr** *m* (*-s*; *0*) tráfego *m* marítimo, movimento *m* marítimo; **~wache** *f* vigia *f*; **~-werft** *f* estaleiro *m*; **~zusammenstoß** *m* (*-es*; *⸗e*) abalroamento *m*, abalroada *f*, abalroação *f*; **~-zwieback** *m* (*-es*; *-e*) bolacha *f* de munição.

Schi'kan|e [ʃi'ka:nə] *f* chicana *f*; **≈'ieren** [-ka'ni:rən] (-) *v/t.* fazer chicanas a, chicanar.

'Schi|kursus *m* (-; *-kurse*) curso *m* de esquis; **~laufen** *n* corrida *f* de esquis; **~läufer** *m* esquiador *m*.

Schild [ʃilt]: **a)** *m* (*-es*; *-e*) escudo *m*; (*Lang≈*) adarga *f*; (*Rund≈*) rodela *f*; *kleiner*: broquel *m*; et. *im ~e führen fig.* levar água no bico; **b)** *n* (*-es*; *-er*) letreiro *m*; rótulo *m*; (*Laden≈*) tabuleta *f*, *a.* (*Nummern≈*) placa *f*; **'~bürger-streich** *m* (*-es*; *-e*) tolice *f*, disparate *m*; **'~drüse** *f Anat.* (glândula *f*) tireóide *f*.

'Schilder|haus ['ʃildər-] *n* (*-es*; *⸗er*) guarita *f*; **≈n** (*-re*) descrever; **~ung** *f* descrição *f*.

'Schild|kröte *f*, **~patt** ['-pat] *n* (*-es*; *0*) tartaruga *f*; **~wache** *f* sentinela *f*.

'Schi-lehrer *m* professor *m* de esqui.

Schilf [ʃilf] *n* (*-es*; *-e*) canavial *m*; **'≈ig** caniçoso; **'~matte** *f* esteira *f*; **'~rohr** *n* (*-es*; *-e*) cana *f*, junco *m*.

'schillern ['ʃilərn] (*-re*) cintilar; reluzir; *Stoff*: ser de cores cambiantes; **~d** *adj. Stoff*: furta-cor.

'Schilling *m* (*-s*; *-e*) xelim *m*; dinheiro *m*.

Schi'märe [ʃi'mɛ:rə] *f* quimera *f*.

'Schimmel ['ʃiməl] *m* cavalo *m* branco; ⚘ bolor *m*, mofo (*'ô) *m*; **≈ig** bolorento; *~ werden* = **≈n** (*-le*) criar bolor; **~pilz** *m* (*-es*; *-e*) penicilo *m*.

'Schimmer ['ʃimər] *m* brilho *m*; *fig.* vislumbre *m*; F ideia *f*, sombra *f*; **≈n** (*-re*) brilhar, cintilar, vislumbrar.

Schim'panse [ʃim'panzə] *m* (*-n*) chimpanzé *m*.

Schimpf [ʃimpf] *m* (*-es*; *-e*) ultraje *m*, afronta *f*; (*Schande, Schmach*) vergonha *f*; *mit ~ und Schande* vergonhosamente; **'≈en¹** ralhar; *j-n e-n Schuft usw. ~* F chamar nomes a alg.; *auf j-n ~* vociferar contra alg.; **'~en²** *n* = **~e'rei** [-ə'raɪ] *f* invectivas *f/pl.*; **'≈lich** vergonhoso; ignominioso; **'~name** *m* (*-ns*; *-n*) nome *m* injurioso, alcunha *f*; *pl. j-n mit ~n belegen* chamar nomes a alg.; **'~wort** *n* (*-es*; *⸗er*) injúria *f*, insulto *m*.

'Schindel ['ʃindəl] *f* (-; *-n*) ripa *f*; **~dach** *n* (*-es*; *⸗er*) telhado *m* de ripas.

'schind|en ['ʃindən] (*L*) desfolar; *fig.* vexar; *Pferd*: arruinar, *desflorar; *sich ~* matar-se com o trabalho; **≈er** *m* esfolador *m*; algoz *m*; **≈e'rei** [-ə'raɪ] *f* canil *m*, esfoladura *f*; *fig.* vexame *m*, trabalho *m* de preto; **≈luder** *n*: *~ treiben mit* vexar (*ac.*); **≈mähre** *f* rocim *m*.

'Schinken ['ʃiŋkən] *m*: *roher ~* presunto *m*; *gekochter ~* fiambre *m*; **~brötchen** *n* sanduíche *f* com fiambre; **~speck** *m* (*-es*; *0*) toucinho *m*.

'Schipp|e ['ʃipə] *f* pá *f*; **≈en** trabalhar (*od.* remexer) com a pá.

Schirm [ʃirm] *m* (*-es*; *-e*) (*Lampen≈*) abaju *m*, abaixa-luz *m*; pantalho *m*; (*Mützen≈*) pala *f*; (*Ofen≈*) guarda-fogo *m*; (*Regen≈*) guarda-chuva *m*, chapéu-de-chuva *m*; (*Sonnen≈*) guarda-sol *m*, chapéu-de-sol *m*; (*Wand≈*) biombo *m*; *fig.* abrigo *m*, amparo *m*; **'≈en** proteger; **'~herr** *m* (*-en*) prote[c]tor *m*; patrono *m*; padroeiro *m*; **'~-herrschaft** *f* patrocínio *m*; *bsd. Pol.* prote[c]torado *m*; **'~mütze** *f* boné *f* de pala; **'~ständer** *m* bengaleiro *m*.

'schirren ['ʃirən] aparelhar.

'Schisma ['ʃisma] *n* (*-s*; *Schismen*) cisma *m*; (**~tiker** [-'ma:tikər] *m*), **≈tisch** [-'ma:tiʃ] cismático (*m*).

'Schi|sport *m* (*-s*; *0*) desporto *m* de esquis; **~springen** *n* salto *m* com esquis.

Schiß V [ʃis] *m* (*-sses*; *0*) *fig.* medo *m* danado.

Schlacht [ʃlaxt] *f* batalha *f* (*bei* de; *schlagen* ferir; *liefern* dar); **'~bank** *f* matadouro *m*, *a. fig.* açougue *m*; **'≈en¹** (*-e-*) matar; (*Vieh*) *~* abater (rêses); (*opfern*) imolar; **'~en²** *n* matança *f*; **'~en-bummler** *m* espe[c]tador *m* de batalhas (*od.* de manobras militares).

'Schlächter ['ʃlɛçtər] *m* (*Fleischer*) carniceiro *m*; açougeiro *m*; abatedor *m*; *Verkäufer*: talhante *m*, cortador *m*; **~'ei** *f fig.* matança *f*; carnificina *f*; = **~laden** *m* talho *m*.

'Schlacht|feld *n* (-*ẹs*; -*er*) campo *m* de batalha; **~-haus** *n* (-*es*; ⸗*er*), **~-hof** *m* (-*ẹs*; ⸗*e*) matadouro *m*; **~-schiff** *n* (-*ẹs*; -*e*) navio *m* de linha; **~vieh** *n* (-*s*; *0*) rêses *f*/*pl*.
'Schlack|e ['ʃlakə] *f* escória *f*; ⚒ ganga *f*; **~en-halde** *f* escorial *m*; **2ig** impuro, cheio de escórias; **~-wurst** *f* (-; ⸗*e*) salsichão *m*.
Schlaf [ʃla:f] *m* (-*ẹs*; *0*) sono *m*; *im ~e liegen* estar a dormir; **'~abteil** 🚃 *n* (-*ẹs*; -*e*) compartimento *m* de cama; **~anzug** *m* (-*ẹs*; ⸗*e*) pijama *m*.
'Schläfchen ['ʃlɛ:fçən] *n* soneca *f*.
'Schläfe ['ʃlɛ:fə] *f* fonte *f*.
'schlafen ['ʃla:fən] (*L*) dormir; *~ gehen* ir deitar-se; *~ legen* deitar.
'Schläfen-bein *n* (-*ẹs*; -*e*) osso *m* temporal.
'Schlafens-zeit *f* hora *f* de dormir.
'Schläfer ['ʃlɛ:fər] *m* (**~in** *f*) adormecido *m* (-a *f*); dorminhoco *m* (-a *f*).
schlaff [ʃlaf] frouxo; brando; *j.*: *a.* indolente, mole; **'2heit** *f* (*0*) frouxidão *f*; *j-s*: indolência *f*.
'Schlaf|gast *m* hóspede *m* para a noite; **~gemach** *n* (-*ẹs*; ⸗*er*) quarto *m* de dormir; **~krankheit** *f* (*0*) doença *f* do sono, pedra-escrófula *f*; **~lied** *n* (-*ẹs*; -*er*) canção *f* de embalar; **2los** sem dormir; **~losigkeit** [-lo:ziç-] *f* (*0*) insónia *f*; **~mittel** *n* soporífero *m*; dormitivo *m*; **~mütze** *f* touca *f*; *fig.* dorminhão *m*; burro *m*.
'schläfrig ['ʃlɛ:friç] sonolento; *fig.* lento; *~ sn a.* ter sono; *~ machen* fazer adormecer; *~ werden* ficar com sono; **2keit** *f* (*0*) sonolência *f*; *fig.* indolência *f*.
'Schlaf|rock *m* (-*ẹs*; ⸗*e*) roupão *m*; «robe» *m* (*fr.*); **~saal** *m* (-*ẹs*; -*säle*) dormitório *m*; **~stelle** *f* cama *f*; alojamento *m* para a noite; **~sucht** *f* (*0*) modorra *f*; sonolência *f*; **2trunken** sonolento; tonto de sono; **~-trunkenheit** *f* (*0*) sonolência *f*; **~-wagen** 🚃 *m* carruagem-cama *f*, carruagem-leito *f*; **~wandeln**[1] *n* sonambulismo *m*; **2wandeln**[2] (-*le*) ser sonâmbulo; **~wandler(in** *f*) *m* ['-vantlər-] sonâmbulo *m* (-a *f*); **~-zimmer** *n* quarto *m* (de dormir); *camarinha *f*.
Schlag *m* (-*ẹs*; ⸗*e*) golpe *m* (*mit e-m* de um); pancada *f* (*a.fig.pl.*); *Herz*: palpitação *f*; (*Puls2*) pulsação *f*; ⚕ (*Herz2*) síncope *f*; (*vom*) *~* (*gerührt werden* ter uma) apoplexia *f*; (*Hitz2*) insolação *f*; ⚡ choque *m* (*bekommen* apanhar); *e-s Vogels*: canto *m*; (*Wagentür*) portinhola *f*; = *~baum*; *Forst*: tala *f*; ↗ folha (*ô) *f*; *pl. in Schläge teilen* afolhar; (*Art*) espécie *f*, raça *f*; *~ 2 Uhr* às duas em ponto; *harter ~, schwerer ~ fig.* golpe rude, grande perda *f*; **'~-ader** *f* (-; -*n*) artéria *f*; **'~-anfall** ⚕ *m* (-*ẹs*; ⸗*e*) ataque *m* de apoplexia; **'2-artig** repentino; **'~baum** *m* (-*ẹs*; ⸗*e*) barreira *f*.
'schlag|en ['ʃla:gən] (*L*) **1.** *v*/*t.* bater (*a. Ei, Rekord*), (*besiegen*) *a.* vencer, ⚔ *a.* derrotar; *in die Flucht ~* pôr em fuga; *Brücke, Wurzel*: lançar; *Wurzeln ~ fig.* pegar de estaca; *Falten, Feuer*: fazer; *Holz*: talar; *Kapital aus* (*dat.*) *~* explorar (*ac.*); *zum Kapital*: juntar; *Kreis*: ⟁ descrever; *ans Kreuz* (*nageln*): pregar; *in Papier ~* embrulhar; *zum Ritter ~* armar cavaleiro; *Schlacht*: ferir; *sich auf j-s Seite ~ a.* pôr-se do lado de alg.; **2.** *v*/*i.*: **a)** (*h.*) bater; *Herz*: *a.* palpitar; *Gewissen*: acusar (*ac.*); *Pferd*: dar coices; *Uhr*: dar horas; *es* (*od. die Glocke*) *schlägt drei* estão a dar as três; *nun schlägt's dreizehn* F passa das marcas; *Vogel*: cantar; **b)** (*sn*): *an* (*ac.*) *~*, *auf* (*ac.*) *~* dar contra; *aus der Art ~* degenerar, abastardar; *in j-s Fach ~* ser com alg., ser da especialidade de alg.; interessar a alg.; *nach j-m ~* (*arten*) sair a alg.; *e-e geschlagene Stunde* uma hora inteira; **~end** *adj. fig.* concludente, convincente; *~e Wetter* ⚒ *n*/*pl.* grisu *m*/*sg.*; **2er** *m* ♪ canção *f* (que está na moda); modinha *f*; ✝ êxito *m* da temporada.
'Schläger ['ʃlɛ:gər] *m Golf, Hockey*: «club» *m* (*engl.*), clava *f*; *Tennis*: raqueta *f*; *Waffe*: espada *f*; **~'ei** *f* briga *f*, pancadaria *f*, desordem *f*.
'schlag|fertig *fig.* de resposta pronta; *~ sn a.* não ter papas na língua; ter boas saídas; **2fertigkeit** *f* (*0*) *fig.* prontidão *f* (na resposta); presença *f* de espírito; **2-holz** *n* (-*es*; ⸗*er*) *Sport*: palheta *f*; **2kraft** *f* (*0*) força (*ô) *f* (⚔ combativa *od.* ofensiva); **~kräftig** ⚔ de grande força (*ô) combativa; *Grund*: concludente; **2licht** *n*

(-*ęs*; -*er*) golpe *m* de luz; 2**ring** *m* (-*ęs*; -*e*) boxe *m*; 2**sahne** *f* (*0*) nata *f* batida; 2**seite** ⚓ *f* balanço *m*; ~ *haben* adernar; 2**werk** *n* (-*ęs*; -*e*) mecanismo *m* de dar horas; 2**wetter** ⚒ *n* grisu *m*; 2**wort** *n* (-*ęs*; ⸚*er*) tópico *m*; 2**zeile** *f* letreiro *m*, título *m*; 2**zeug** ♪ *n* (-*ęs*; -*e*) instrumentos *m*/*pl*. de percussão.

Schlamm [ʃlam] *m* (-*ęs*; -*e*) lodo (*ˈô) *m*, lama *f* (*a*. ⚘); ˈ2**ig** lamacento.

ˈ**Schlämmkreide** [ˈʃlɛm-] *f* branco [*m* de Mendon.

ˈ**Schlamp|e** [ˈʃlampə] *f* F porcalhona *f*; ~**eˈrei** *f* F porcaria *f*; 2**ig** mal feito; desmazelado; *Arbeit*: obra da feira.

ˈ**Schlange** [ˈʃlaŋə] *f* serpente *f*, cobra *f*; *giftige*: víbora *f*; ⊕ serpentina *f*; *fig*. víbora *f*; (*Reihe*) bicha *f* (*stehen* fazer; estar na).

ˈ**schlängeln** [ˈʃlɛŋəln] (-*le*): *sich* ~ serp(ent)ear; (*kriechen*) arrastar-se; *um et*.: enroscar-se.

ˈ**Schlangen|biß** *m* (-*sses*; -*sse*) mordedura *f* de serpente; ~**brut** *f* (*0*) ninhada *f* de víboras; 2**förmig** [-fœrmiç] anguiforme; serpentino, sinuoso; ~**gift** *n* (-*ęs*; *0*) veneno *m* de serpente; ~**kraut** *n* dragonteia *f*, serpentária *f*; ~**linie** *f* linha *f* sinuosa; ~**mensch** *m* (-*en*) contorcionista *m*; ~**rohr** ⊕ *n* (-*ęs*; -*e*) serpentina *f*.

schlank [ʃlaŋk] delgado; *Wuchs*: elegante, esbelto, esguio; ~ *werden* emagrecer; ~*er machen* adelgaçar; ~*e Linie* = ˈ2**heit** *f* (*0*) elegância *f*.

schlapp [ʃlap] frouxo; *j*.: mole; ~*machen* F pôr-se abaixo das pernas; ˈ2**e** *f* derrota *f*; *e-e* ~ *erleiden* ficar derrotado, ficar escarmentado; ˈ2**hut** *m* (-*ęs*; ⸚*e*) chapéu *m* mole de aba caída.

Schlaˈraffenland [ʃlaˈrafən-] *n* (-*ęs*; *0*) país *m* das delícias, país *m* de cucanha.

schlau [ʃlau] (-*est od*. -*st*) esperto; astuto; ˈ2**berger** [ˈ-bɛrgər] F *m* espertalhão *m*.

Schlauch [ʃlaux] *m* (-*ęs*; ⸚*e*) mangueira *f*; tubo *m* (de borracha); (*Reifen*) pneu(mático) *m*; *innerer*: câmara-de-ar *f*; (*Wein*2) *u*. *fig*. F *j*.: odre *m*; ˈ2**los** sem câmara-de-ar.

ˈ**schlauerˈweise** [ˈʃlauər-] prudentemente.

ˈ**Schlaufe** [ˈʃlaufə] *f* laço *m*.

ˈ**Schlau|heit** *f* (*0*) esperteza *f*; astúcia *f*; ~**kopf** *m* (-*ęs*; ⸚*e*), ~**meier** F *m* espertalhão *m*.

schlecht [ʃlɛçt] mau; *adv*. mal; *Zahn*: podre; ~ *machen fig*. falar mal de; ~ *werden et*.: estragar-se; deteriorar-se; *j-m*: sentir-se mal; ~ *auf j-n zu sprechen sn* estar arreliado com alg.; estar mal com alg.; ~ *und recht* sofrìvelmente; ˈ~**er** *comp*. pior; ~ *als a*. inferior a; (*immer*) ~ *werden* ir de mal em pior; ficar (cada vez) pior; piorar (cada vez mais); ˈ~**erdings** [ˈ-ərdiŋs] simplesmente; ˈ~**est** [ˈ-əst] *sup*. pior; mais inferior; ˈ~**gelaunt** mal disposto; ˈ~**gesinnt** mal intencionado; ˈ~ˈ**hin** pura e simplesmente; ˈ2**igkeit** *f* maldade *f*; inferioridade *f*; *sittliche*: perversidade *f*.

ˈ**schlecken** [ˈʃlɛkən] lamber.

ˈ**Schlegel** [ˈʃle:gəl] *m* malho *m*, maço *m*; ♪ baqueta *f*; (*Wild*2) perna *f*.

ˈ**Schleh|dorn** [ˈʃle:-] *m* (-*ęs*; -*e*) abrunheiro *m* bravo; ~**e** *f* abrunho *m* bravo.

ˈ**schleich|en** [ˈʃlaɪçən] (*L*; *sn*) andar de vagarinho, andar às furtadelas; (*sich*) *in* (*ac*.) ~ coar(-se) em; entrar furtivamente em; ~**end** *adj*. furtivo; *Übel usw*.: lento; insidioso; latente; *adv*. *a*. às furtadelas; 2**er** *m fig*. hipócrita *m*, surrateiro *m*; 2-**handel** *m* (-*s*; *0*) contrabando *m*; mercado *m* negro; 2-**händler** *m* contrabandista *m*; 2**weg** *m* (-*ęs*; -*e*) caminho *m* torto; rodeio *m*.

ˈ**Schleie** [ˈʃlaɪə] *f* tenca *f*.

ˈ**Schleier** [ˈʃlaɪər] *m* véu *m*; ~-**eule** *f* coruja-das-torres *f*; ˈ2-**haft** *fig*. misterioso.

ˈ**Schleif|e** [ˈʃlaɪfə] *f* laço *m*; nó *m* (*a*. *Schlips*); (*Runde*) volta *f* (*machen*, *ziehen* dar); curva *f*; 2**en** **1.** (*L*) afiar, amolar; *spitz*: aguçar; *opt*. *Glas*: graduar; *Stein usw*.: polir; lavrar; *fig*. *j-n*: vexar; fazer suar (sangue); **2.** arrastar, rojar; *Festung*: arrasar; *Mauer*: demolir; *v*/*i*. arrastar, roçar (*am Boden* pelo chão); resvalar, deslizar, rojar; ~**er** *m* afiador *m*; amolador *m*; re[c]tificador *m*; ~**eˈrei** [-əˈraɪ] *f* oficina *f* de afiador (*od*. de amolador *od*. de brunidor); ~**maschine** *f* máquina *f* de afiar (*od*. de amolar *od*. de re[c]tificar); **~mittel** *n* abrasivo *m*; **~ring** ⚡ *m* (-*es*; -*e*) cole[c]tor *m*; **~scheibe** *f* rebolo (*'ô) *m*; **~stein** *m* (-*es*; -*e*) afiador *m*, amoladeira *f*; **~ung** *f* afiação *f*, amoldura *f*; re[c]tificação *f*.

Schleim ['ʃlaɪm] *m* (-*es*; -*e*) muco *m*; escarro *m*; mucosidade *f*; viscosidade *f*; '**~-absonderung** *f* secreção *f* mucosa; '**2-artig** mucoso; viscoso; **~-auswurf** *m* (-*es*; *⸚e*) expe[c]toração *f*; '**~fluß** *m* (-*sses*; *⸚sse*) ⚕ pituíta *f*; blenorreia *f*; '**~-haut** *f* (-; *⸚e*) mucosa *f*; '**2ig** viscoso; ⚕ mucoso; *fig.* adulão.

'**schlemm|en** ['ʃlɛmən] regalar-se; **2er** *m* patusco *m*; *pl.* comes e bebes *m/pl.*; **2e'rei** [-ə'raɪ] *f* patuscada *f*.

'**schlend|ern** ['ʃlɛndərn] (-*re*) vadiar, (andar a) passear; **2rian** ['-riaːn] *m* (-*es*; *0*) praxe *f*; rotina *f*; (*Schlamperei*) desleixo *m*.

'**schlenkern** (-*re*) *v/t. u.* ~ *mit* agitar (*ac.*), menear (*ac.*); *v/i.* gingar; *Auto*: derrapar.

'**Schlepp|dampfer** ['ʃlɛp-] *m* rebocador *m*; **~e** *f* cauda *f*; **2en** *v/t.* arrastar; (= *sich* ~ *mit*) ir carregado de; ⚓ rebocar; **2end** *adj.* lento; **~er** *m* rebocador *m*; **~kahn** *m* (-*es*; *⸚e*) batelão *m* de carga; **~netz** *n* (-*es*; -*e*) arrastão *m*; **~seil** *n* (-*es*; -*e*) sirga *f*, toa *f*; = **~tau** *n* (-*es*; -*e*) reboque *m* (*ins* ~ *nehmen* levar de ...); **~-trosse** *f* cabo *m* de reboque.

'**Schleuder** ['ʃlɔydər] (-; -*n*) *f* funda *f*; ✈ catapulta *f*; **~bewegung** *f* *Auto.*: derrapagem *f*; **~kraft** *f* força (*ô) *f* centrífuga; **~maschine** *f* ⊕ (máquina *f*) centrífuga *f*; ✈ *u.* *ehm.* ⚔ catapulta *f*; **2n**[1] (-*re*) arrojar; lançar; arremessar; *v/i. Auto.*: derrapar; **~n**[2] *n* lançamento *m*; *Auto.*: derrapagem *f*; *ins* ~ *geraten* derrapar; **~preis** *m* (-*es*; -*e*) preço *m* muito baixo; *zu* ~*en* ao desbarato; **~ware** *f* refugo *m*, rebotalho *m*.

'**schleunig** ['ʃlɔyniç] rápido; *adv. a.* depressa; **~st** *adv.* quanto antes, o mais depressa possível.

'**Schleus|e** ['ʃlɔyzə] *f* (re)presa *f*; açude *m*; = **~en-tor** *n* (-*es*; -*e*) comporta *f*; **~en-wärter** *m* guarda (-represa) *m*.

Schlich [ʃliç] *m* (-*es*; -*e*) artimanha *f*; *pl.* ~*e* rodeios *m/pl.*, tretas *f/pl.*; intrigas *f/pl.*

schlicht [ʃliçt] (-*est*) simples; despretencioso; (*glatt*) liso; '**~en** (-*e*-) aplanar, alisar; *fig.* apaziguar; arranjar; '**2heit** *f* (*0*) simplicidade *f*; '**2ung** *f* arbitragem *f*; acordo (*'ô) *m*; '**2ungs-ausschuß** *m* (-*sses*; *⸚sse*) comissão *f* de arbitragem.

Schlick [ʃlik] *m* (-*es*; -*e*) lamas *f/pl.*

'**schließ|en** ['ʃliːsən] (*L*) fechar (*a. v/i.*); *v/i.* (*gut, dicht*) ~ vedar (bem); *in s-e Arme* ~ abraçar; *Freundschaft*: travar; estreitar; *Frieden* ~ fazer as pazes; *Geschäft, Veranstaltungen*: encerrar; *Kreis*: formar; (*beenden*) *u. v/i.* terminar, acabar; (*folgern*) deduzir, concluir (*aus* de); *Vertrag*: concluir, fazer; *in sich* ~ implicar, incluir, abranger; **2fach** *n* (-*es*; *⸚er*) 📯 apartado *m*, caixa *f* postal, caixa *f* do correio; ✝ cofre *m*; **~lich** definitivo; final; *adv.* finalmente, por fim; ~ *et. tun* acabar por fazer a.c.; **2muskel** *m* (-*s*; -*n*) esfíncter *m*; músculo *m* anular; **2ung** *f* encerramento *m*.

Schliff [ʃlif] *m* (-*es*; -*e*) gume *m*, fio *m*; (*Glätte*) polimento *m*; *fig.* maneiras *f/pl.*, educação *f*; ⚔ F rigorosa instrução *f* militar.

schlimm [ʃlim] mau; *Zustand, Folge*: grave; *Zahn*: doente; *adv.* mal; '**~er** *comp.* pior; ~ *werden* piorar; **~st** *sup.* pior; '**~sten-falls** na pior das hipóteses, em caso pior.

'**Schling|e** ['ʃliŋə] *f* laço *m*, (*Falle*) *a.* armadilha *f*; **~el** *m* maroto *m*; **2en** (*L*) (*binden*) atar; *ineinander*: entrelaçar; (*schlucken*) engulir, tragar; *sich* ~ *um* enroscar-se a; **2ern** ⚓ (-*re*) balançar, balouçar, rolar; **~-pflanze** *f* trepadeira *f*.

Schlips [ʃlips] *m* (-*es*; -*e*) gravata *f*.

'**Schlitt|en** ['ʃlitən] *m* trenó *m*; ⊕ carro *m* (de rojo [*'ô]); **~en-bahn** *f* pista *f* de neve; **~en-fahrt** *f* passeio *m* de (*od.* em) trenó; **~er-bahn** *f* resvaladouro *m*; **2ern** (-*re*) resvalar (sobre o gelo [*ê]); **~schuh** *m* (-*es*; -*e*) patim *m*; ~ *laufen* patinar (sobre o gelo [*ê]); **~schuh-laufen** *n* patinagem *f*; **~schuh-läufer** *m* patinador *m*.

Schlitz [ʃlits] *m* (-*es*; -*e*) abertura *f*; *Hose*: braguilha *f*; (*Riß*) rasgão *m*; (*Spalt*) fenda *f*; '**~-augen** *n/pl.* ('**2-äugig** ['-ɔygiç] de) olhos *m/pl.* oblíquos; '**2en** (-*t*) abrir, fender, cortar, rachar.

Schloß [ʃlɔs] *n* (-*sses*; *⸚sser*) **a)** fechadura *f*; fecho *m*; (*Gewehr*2) gatilho *m*, cão *m*; (*Vorhänge*2) cadeado *m*; *hinter ~ und Riegel* na cadeia; **b)** ⚠ palácio *m*, castelo *m*.

'**Schlosser** ['ʃlɔsər] *m* serralheiro *m*; **~'ei** *f* serralharia *f*.

'**Schloß|herr(in** *f*) *m* (*-en*) senhor(a *f*) *m* do castelo; castelão *m* (-lã *f*); **~vogt** *m* (*-es*; *⁼e*) castelão *m*.

Schlot [ʃloːt] *m* (*-es*; *-e*) chaminé *f* (*a. Geol.*); *fig.* F malcriado *m*.

'**schlott|(e)rig** ['ʃlɔt(ə)riç] a tremer; tremulante; *Kleidung*: desleixado; **~ern** (*-re*) tremer; cambalear; *Anzug*: cair, estar muito largo.

Schlucht [ʃluxt] *f* garganta *f*, barranco *m*.

'**schluchzen** ['ʃluxtsən] **1.** (*-t*) soluçar; **2.** 2 *n* soluços *m/pl*.

Schluck [ʃluk] *m* (*-es*; *-e*) gole *m*, trago *m*; '**~auf** *m* (*-s*; *0*) soluços *m/pl.*; '**2en** engulir, tragar; deglutir; (*aufstoßen*) arrotar; '**~er** *m*: *armer ~* pobre diabo *m*.

'**Schlummer** ['ʃlumər] *m* (*-s*; *0*) sono *m* (ligeiro); soneca *f*; **~lied** *n* (*-es*; *-er*) canção *f* de embalar; **2n** (*-re*) dormitar.

Schlund [ʃlunt] *m* (*-es*; *⁼e*) goela *f*, fauce *f*; garganta *f*; (*Abgrund*) abismo *m*.

'**schlüpf|en** ['ʃlypfən] *v/i.* meter-se, enfiar-se; *~ aus* sair de; **2er** *m* calças *f/pl.* de senhoras.

'**Schlupf-loch** ['ʃlupf-] *n* (*-es*; *⁼er*) esconderijo *m*.

'**schlüpfrig** ['ʃlypfriç] escorregadiço, escorregadio; *fig.* equívoco, lascivo, obsceno.

'**Schlupf|wespe** *f* icnêumon *m*; **~winkel** *m* esconderijo *m*.

'**schlürfen** ['ʃlyrfən] sorver, saborear; (*gehen*) arrastar os pés.

Schluß [ʃlus] *m* (*-sses*; *⁼sse*) fim *m* (*zum* por); termo (*ê) *m*; *logischer*: conclusão *f*; (*~teil*) final *m*; *~ machen mit* pôr termo (*ê) a, pôr cobro (*'ô) a, acabar com; '**~bemerkung** *f* observação *f* final.

'**Schlüssel** ['ʃlysəl] *m* chave *f*; ♪ clave *f*; **~bein** *n* (*-es*; *-e*) clavícula *f*; **~blume** *f* primavera *f*; **~bund** *n* (*-es*; *-e*) molho *m* de chaves; **~loch** *n* (*-es*; *⁼er*) buraco *m* de fechadura; **2n** (*-le*) cifrar; **~ring** *m* (*-es*; *-e*) argola *f* de chaves; **~stellung** *f* posição-chave *f*; **~wort** *n* (*-es*; *⁼er*) palavra-chave *f*.

'**Schluß|-ergebnis** *n* (*-ses*; *-se*) resultado *m* final; **~folgerung** *f* conclusão *f*.

'**schlüssig** ['ʃlysiç] decidido; *Beweis*: concludente; *sich ~ werden* decidir-se, resolver-se.

'**Schluß|kurs** *m* (*-es*; *-e*) cotização *f* de última hora; **~licht** *n* (*-es*; *-er*) farolim *m* da retaguarda; ⚓ luz *f* da popa; **~rechnung** *f* balanço *m*; **~runde** *f Sport*: final *m*; **~satz** *m* (*-es*; *⁼e*) conclusão *f*; ♪ final *m*; **~sitzung** *f* sessão *f* de encerramento; **~-stein** *m* (*-es*; *-e*) chave *f* (*od.* fecho *m*) da abóbada; **~wort** *n* (*-es*; *-e*) epílogo *m*; ⚖ *u. Pol.* última palavra *f*.

Schmach [ʃmaːx] *f* (*0*) vergonha *f*, ignomínia *f*; ultraje *m*; opróbio *m*.

'**schmachten** ['ʃmaxtən] (*-e-*) languir; *~ nach* suspirar por; estar sequioso de; **~d** *adj.* lânguido; sequioso.

'**schmächtig** ['ʃmɛçtiç] magro, franzino.

'**schmach-voll** infame, ignominioso, ignóbil.

'**schmackhaft** ['ʃmakhaft] saboroso, gostoso; **2igkeit** *f* (*0*) sabor *m*, bom gosto (*'ô) *m*, bom paladar *m*.

'**schmäh|en** ['ʃmɛːən] injuriar, insultar; (*herabsetzen*) difamar; **~lich** ignominioso, vergonhoso; **2rede** *f* inve[c]tiva *f*; **2schrift** *f* panfleto *m*; **2ung** *f* insulto *m*, injúria *f*; difamação *f*.

schmal [ʃmaːl] estreito; *j.*: magro; definhado; *fig.* escasso, pouco.

'**schmäle|rn** [ʃmɛːlərn] (*-re*) reduzir, estreitar, minguar; **2rung** [-ruŋ] *f* redução *f*; míngua *f*.

'**Schmal|film** *m* (*-es*; *-e*) filme *m* de formato reduzido; **~spur...**: *in Zssgn*, **2spurig** ['-ʃpuːriç] de via reduzida.

Schmalz [ʃmalts] *n* (*-es*; *-e*) pingue *m*; banha *f*; (*Schweine*2) *a.* manteiga *f* de porco; '**2ig** *fig.* sentimental.

schma'rotz|en [ʃma'rɔtsən] (*-t*) parasitar; **2er** *m* parasita *m*; **2er-tum** *n* (*-s*; *0*) parasitismo *m*.

'**Schmarr|e** ['ʃmarə] *f* gilvaz *m*; (*Narbe*) cicatriz *m*; **~en** *m* filhó *m*; *fig.* porcaria *f*; pieguice *f*.

schmatzen [ʃmats-] (*-t*) mascar.

Schmau|s [ʃmaus] *m* (*-es*; *⁼e*) regalo

m, repasto *m*; festim *m*; '2**sen** ['-zən] (*-t*) regalar-se.

'**schmecken** ['ʃmɛkən]: ~ (*nach*) saber (a); ter gosto (*'ô) (de); (*kosten*) provar; *sich* (*dat.*) et. ~ *lassen* gozar; es *schmeckt ihm* ele gosta.

Schmeichel|ei [ʃmaɪçə'laɪ] *f* lisonja *f*; adulação *f*; '2**-haft** lisonjeiro; '~**katze** *f fig.* adulador(a *f*) *m*; '2**n** (*-le*) (*dat.*) lisonjear (*ac.*), adular (*ac.*); *Bild*: ser lisonjeiro; *sich geschmeichelt fühlen* sentir-se lisonjeado; '2**nd** lisonjeiro.

'**Schmeichler** ['ʃmaɪçlər] *m*, (~**in** *f*) lisonjeador(a *f*) *m*; adulador(a *f*) *m*; 2**isch** lisonjeiro, adulador, bajulador.

'**schmeiß|en** ['ʃmaɪsən] F atirar, arrojar, botar, arremessar; 2**fliege** *f* varejeira *f*.

Schmelz [ʃmɛlts] *m* (*-es*; *-e*) esmalte *m*; (*Glanz*) brilho *m*; *Stimme*: suavidade *f*; '2**bar** fusível; '~**barkeit** *f* (*0*) fusibilidade *f*; '~**e** *f* fundição *f*; fusão *f*; (*Schnee*2) degelo (*'ê) *m*; '2**en** *v/t.* (*-t*) (*v/i.* [*L*; *sn*]) derreter(-se); *Metalle*: fundir(-se); '2**end** *adj. Eis*: fundente; *fig.* ♪ melodioso; '~**-hütte** *f* fundição *f*; '~**-ofen** *m* (*-s*; ⸚) forno *m* de fundição; '~**-punkt** *m* (*-es*; *-e*) ponto *m* de fusão; '~**tiegel** *m* crisol *m*.

Schmerbauch [ʃme:r-] *m* (*-es*; ⸚*e*) pança *f*.

Schmerz [ʃmɛrts] *m* (*-es*; *-en*) dor *f*; (*Kummer*) pena *f*, mágoa *f*, desgosto (*'ô) *m*; '2**en** (*-t*) causar dor; (*weh tun*) doer; *fig.* magoar, afligir; '2**end** *adj.* dorido; '~**ens-geld** *n* (*-es*; *-er*) indemnização *f*, multa *f*; '2**-haft**, '2**lich** doloroso; *fig. a.* aflitivo; '2**lindernd** calmante; lenitivo; '2**los** sem dor; ⚕ anestésico, análgico; '2**-stillend** analgésico; sedativo; paliativo; '2**voll** doloroso.

'**Schmetterling** ['ʃmɛtərliŋ] *m* (*-s*; *-e*) borboleta *f*; mariposa *f*.

'**schmettern** ['ʃmɛtərn] (*-re*) **1.** *v/t.* arrojar (*od.* atirar) com força (*ô); *Lied*: cantar com brio; *zu Boden* ~ derribar; *fig. a.* esmagar; **2.** *v/t.* ♪ ressoar; **3.** 2 *n* estrépito *m*; ~**d** *adj.* retumbante.

Schmied [ʃmi:t] *m* (*-es*; *-e*) ferreiro *m*; forjador *m*; (*Huf*2) ferrador *m*.

'**Schmiede** ['ʃmi:də] *f* forja *f*, ferraria *f*; ~**-eisen** *n* ferro *m* forjado; 2**-eisern** de (*od.* em) ferro forjado; ~**-hammer** *m* (*-s*; ⸚) martelo *m*; ~**-handwerk** *n* (*-es*; *0*) ofício *m* de ferreiro; 2**n** (*-e-*) forjar; *Ränke* ~ tramar (*od.* urdir) intrigas; *Verse* ~ versejar.

'**schmieg|en** ['ʃmi:gən]: *sich* ~ dobrar-se; *sich an* (*ac.*) ~ ajustar-se a, adaptar-se a; *j.*: estar com mimo; *fig.* afeiçoar-se a; ~**sam** flexível; *fig.* dócil, insinuante; 2**samkeit** *f* (*0*) flexibilidade *f*; *fig.* docilidade *f*.

'**Schmier|e** ['ʃmi:rə] *f* graxa *f*; (*Wagen*2) unto *m*; ⊕ lubrificante *m*; *Thea.* barraca *f*; ~ *stehen* P estar à espreita, fazer de espia; 2**en a**) *v/t.* untar; *Brot*: barrar; ⊕ lubrificar; engraxar; *fig.* F *j-n* ~ dar luvas, peitar; **b**) *v/i.* (*beschmutzen*) sujar; *Feder*: borrar; (*schreiben*) rabiscar, garatujar; ~**e'rei** [-ə'raɪ] *f* porcaria *f*, borratada *f*; ~**fink** *m* (*-en*) porco *m*; porcalhão *m*; ~**geld** F *n* (*-es*; *-er*) peita *f*; 2**ig** ensebado, engordurado; *fig.* sórdido, ignóbil; ~**mittel** *n* lubrificante *m*; ~**-öl** *n* (*-es*; *-e*) óleo *m* (lubrificante); ~**seife** *f* sabão *m* mole.

'**Schmink|e** ['ʃmiŋkə] *f* arrebique *m*; *rote*: «rouge» *m* (*fr.*); 2**en** pintar; arrebicar; *Thea.* caracterizar.

'**Schmirgel** ['ʃmirgəl] *m* esmeril *m*; 2**n** esmerilhar.

Schmiß [ʃmis] *m* (*-sses*; *-sse*) (*Narbe*) cicatriz *f*; (*Schneid*) brio *m*; elegância *f*.

'**schmissig** ['ʃmisiç] F elegante, brioso, chique.

'**Schmöker** ['ʃmø:kər] F *m* alfarrábio *m*; 2**n** (*-re*): *in* (*dat.*) ~ folh(e)ar (*ac.*).

'**schmollen** ['ʃmɔlən] amuar; estar amuado.

'**Schmor|braten** ['ʃmo:r-] *m* carne *f* estufada; 2**en** estufar; *fig.* abafar de calor.

Schmu [ʃmu:] F *m* (*-s*; *0*) batota *f*.

Schmuck [ʃmuk] **1.** *m* (*-es*; *0*) adorno *m*, enfeite *m*; ornamento *m*; jóias *f/pl.*; **2.** 2 bonito, lindo.

'**schmücken** ['ʃmykən] enfeitar, adornar, ornamentar.

'**Schmuck|kästchen** ['-kɛstçən] *n* cofresinho *m*, estojo (*'ô) *m*; 2**los** simples; sem adorno; ~**losigkeit** ['-lo:ziç-] *f* (*0*) simplicidade *f*; (*Stil*) sobriedade *f*; ~**stück** *n* (*-es*; *-e*) jóia *f*.

'**Schmugg|el** ['ʃmugəl] *m* contrabando *m*; **‿eln** (*-le*) fazer contrabando; **~el-ware** *f* contrabando *m*; **~ler** *m* contrabandista *m*.

'**schmunzeln** ['ʃmuntsəln] (*-le*) sorrir-se satisfeito.

Schmus [ʃmu:s] F *m* (*-es*; *0*) palavrório *m*; '**‿en** ['-zən] (*-t*) palavrear, gastar palavras; *mit j-m* ~ dar manteiga a alg.

Schmutz [ʃmuts] *m* (*-es*; *0*) sujidade *f*; porcaria *f*; (*Kehricht*) lixo *m*; *durch den* ~ *ziehen fig.* infamar; poluir; '**‿en** (*-t*) sujar-se, manchar-se; '**~fink** *m* (*-en*) porcalhão *m*; '**~fleck** *m* (*-es*; *-en*) nódoa *f*; '**‿ig** sujo; *fig.* indecente; '**~literatur** *f* literatura *f* pornográfica.

'**Schnabel** ['ʃna:bəl] *m* (*-s*; ⸚) bico *m* (*fig.* F *halten* calar); (*Schiffs‿*) esporão *m*, talhamar *m*.

'**schnäbeln** ['ʃnɛ:bəln] (*-le*): (*sich*) ~ espicaçar-se; beij(oc)ar-se.

'**Schnake** ['ʃna:kə] *f* mosquito *m*.

'**Schnall|e** ['ʃnalə] *f* fivela *f*; **‿en** afivelar; *enger* ~, *fester* ~ apertar mais.

'**schnalzen** ['ʃnaltsən] (*-t*) dar estalos com a língua (*od.* com os dedos).

'**schnapp|en** ['ʃnapən] apanhar (*nach* et. a.c. com a boca); fechar-se, *Tür*: *a.* estalar no fecho; *nach Luft* ~ respirar com dificuldade; **‿feder** *f* (*-*; *-n*) mola *f*; **‿schloß** *n* (*-sses*; ⸚*sser*) fechadura *f* com mola (*od.* de salto); **‿schuß** *m* (*-sses*; ⸚*sse*) *Phot.* instantâneo *m*, flagrante *m*.

Schnaps [ʃnaps] *m* (*-es*; ⸚*e*) aguardente *f*, cachaça *f*; licor *m*; '**~brennerei** *f* destilaria *f*; '**~glas** *n* (*-es*; ⸚*er*) copinho *m*; '**~-idee** *f* disparate *m*.

'**schnarchen** ['ʃnarçən] ressonar, roncar.

'**schnarren** ['ʃnarən] ranger, roncar; chilr(e)ar.

'**schnattern** ['ʃnatərn] (*-re*) grasnar; *fig.* F palrar.

'**schnauben** ['ʃnaubən] soprar; bufar, bafejar; *Pferd*: fungar; *Rache*: clamar; *Wut* ~ esbravejar; (*sich dat.*) *die Nase* ~ assoar-se.

'**schnaufen** ['ʃnaufən] ofegar.

'**Schnauz|bart** ['ʃnauts-] F *m* (*-es*; ⸚*e*) bigode *m*; **‿bärtig** F com bigode; **~e** *f* focinho *m*; ⊕ bica *f*; *fig.* P bico *m* (*halten* calar); **‿en** F (*-t*) ralhar.

'**Schnecke** ['ʃnɛkə] *f* *Zool.* caracol *m* (*a. Anat.*); *nackte*: lesma *f*; ⚠ voluta *f*; ⊕ rosca *f*.

'**schnecken|förmig** [-fœrmiç] espiral; ⊕ enroscado; helicoidal; **‿gang** *m* (*-es*; *0*) *fig.*: *im* ~ como um caracol; **‿getriebe** *n* engrenagem *f* helicoidal; **‿-haus** *n* (*-es*; ⸚*er*) cas(c)a *f* de caracol, concha *f* de caracol; **‿linie** *f* espiral *f*; **‿tempo** *n* (*-s*; *0*) = *‿gang*.

Schnee [ʃne:] *m* (*-s*; *0*) neve *f*; *zu* ~ *schlagen Eier*: bater a(s) clara(s) (*steif*: em castelo); '**~ball** *m* (*-es*; ⸚*e*) bola *f* de neve; '**‿bedeckt** coberto de neve; '**‿blind** cegado pela neve; '**~decke** *f* lençol *m* de neve; '**~fall** *m* (*-es*; ⸚*e*) nevada *f*; '**~feld** *n* campo *m* de neve; '**~flocke** *f* floco *m* de neve; '**~gestöber** *n* nevão *m*, nevasca *f*; '**~grenze** *f* limite *m* de altitude das neves; '**~-huhn** *n* (*-es*; ⸚*er*) tetraz *f* branca; **~kette** *f* *Auto*: cadeia *f* anti-deslizante; '**~mann** *m* (*-es*; ⸚*er*) boneco *m* de neve; '**~pflug** *m* (*-es*; ⸚*e*) limpa-neve *m*; '**~schläger** *m* batedor *m*; '**~schmelze** *f* degelo (*'ê) *m*; '**~schuh** *m* (*-es*; *-e*) esqui *m*; '**~sturm** *m* (*-es*; ⸚*e*) temporal *m* de neve; '**~treiben** *n* nevão *m*; '**~wasser** *n* (*-s*; ⸚) água *f* de neve; '**~wehe** *f* nevão *m*; '**‿weiß** branco como a neve; '**~wetter** *n* tempo *m* nevoso.

Schneid [ʃnaɪt] *m* (*-es*; *0*) brio *m*.

'**Schneide** ['ʃnaɪdə] *f* corte *m*; fio *m*, gume *m*; *Waage*: navalha *f*, cutelo *m*; **~mühle** *f* serração *f*; **‿n**[1] (*L*) cortar, partir; *Fleisch usw.*: *a.* talhar; ✂ (*be~*) podar; (*mähen*) ceifar; ⊕ gravar; *Holz*: serrar; *Gewinde*: lavrar; *fig. j-n* ~ deixar de cumprimentar alg.; *Gesichter* ~ fazer caretas; *ins Herz* ~ partir o coração; *sich an et.* ~ cortar-se com a.c.; **~n**[2] *n* corte *m*; **‿nd** *adj.* cortante; *fig.* agudo.

'**Schneider** ['ʃnaɪdər] *m* alfaiate *m*; **~geselle** *m* (*-n*) oficial *m* de alfaiate; **~in** *f* modista *f*; (*Haus‿*) costureira *f*; **~kreide** *f* giz *m*; **~lohn** *m* (*-es*; ⸚*e*) feitio *m*; **‿n** (*-re*) trabalhar de alfaiate, fazer fatos; *Schneiderin*: trabalhar na costura, fazer vestidos; **~meister** *m* (mestre-)alfaiate *m*; **~puppe** *f* cabide-manequim *m*; **~werkstatt** *f* (*-*; ⸚*en*) alfaiataria *f*, oficina *f* de alfaiate.

'**Schneide·zahn** *m* (-*ȩs*; ¨*e*) (dente *m*) incisivo *m*.
'**schneidig** ['ʃnaɪdiç] elegante, brioso.
'**Schneid·zange** *f* alicate *m* corta-arame.
'**schneien** ['ʃnaɪən] nevar; *es schneit* cai neve.
'**Schneise** ['ʃnaɪzə] *f* (*Weg*) atalhada *f*; *Zool*. (a)boiz *m*.
schnell [ʃnɛl] rápido; veloz; *Schritt*: acelerado; *adv*. depressa; '**♀boot** *n* (-*ȩs*; -*e*) vedeta *f* rápida; '**♀e** *f* (*0*) rapidez *f*; '**~en 1.** *v/t*. arremessar, arrojar, lançar; **2.** *v/i*. (*sn*): *in die Höhe* ~ dar um salto; *Preis*: subir ràpidamente; '**♀feuer** *n* fogo *m* rápido; '**~füßig** ['-fy:siç] ligeiro; '**♀gericht** *n* (-*ȩs*; -*e*) tribunal *m* sumário; '**♀-hefter** ['-hɛftər] *m* classificador *m*; '**♀igkeit** *f* (*0*) rapidez *f*; *a*. *Phys*. *u*. ⊕ velocidade *f*; '**♀kraft** *f* (*0*) elasticidade *f*; '**♀(l)auf** *m* (-*ȩs*; ¨*e*) corrida *f*; '**♀(l)äufer** *m* corredor *m*; '**♀presse** *f* *Typ*. rotativa *f*; '**♀verfahren** ⚖ *n* processo *m* sumário; '**♀waage** *f* (balança *f*) romana *f*; '**♀zug** *m* (-*ȩs*; ¨*e*) rápido *m*.
'**Schnepfe** ['ʃnɛpfə] *f* galinhola *f*.
'**schneuzen** ['ʃnɔytsən] (-*t*) assoar.
'**schniegeln** ['ʃni:gəln] (-*le*) enfeitar, ataviar; *geschniegelt und gebügelt* de vinte e quatro alfinetes, catita, muito janota.
'**Schnipp|chen** ['ʃnipçən] *n*: *j-m ein ~ schlagen* fazer troça de alg., pregar uma partida a alg.; **♀eln** F (-*le*) retalhar, cortar em pedaços; **♀isch** impertinente.
'**Schnipsel** ['ʃnipzəl] *m u. n* bocado *m*, retalho *m*.
Schnitt [ʃnit] *m* (-*ȩs*; -*e*) corte *m*; ⊕ *a*. talho *m*; ⚕ *a*. abcisão *f*; amputação *f*; △ *a*. se[c]ção *f*; ⟋ (inter)se[c]ção *f*; *Bier*: meio quartilho; *Buch*: borda *f*; (*Ein♀*) incisão *f*; *Kleidung*: feitio *m*; talhe *m*; *Kunst*: gravura *f*; '**~blumen** *f/pl*. flores *f/pl*. cortadas; '**~bohnen** *f/pl*. feijão *m/sg*. verde; '**~e** *f* talhada *f*; *Brot usw*.: fatia *f*; '**~er(in** *f*) *m* segador(a *f*) *m*, ceifeiro *m* (-a *f*); '**~fläche** *f* superfície *f* do corte; '**♀ig** elegante, chique; '**~lauch** *m* (-*ȩs*; *0*) cebolinha *f* francesa; '**~linie** *f* secante *f*; linha *f* de interse[c]ção; '**~muster** *n* molde *m*, risco *m*, padrão *m*; '**~punkt** *m* (-*ȩs*; -*e*) (ponto *m* de) interse[c]ção *f*; '**~waren** *f/pl*. retalhos *m/pl*.; '**~wunde** *f* golpe *m*, cortadela *f*.
'**Schnitz|-arbeit** ['ʃnits-] *f* obra *f* de talha; entalhe *m*; **~el** *n* retalho *m*, apara *f*; (*Wiener*) ~ escalope *m* de vitela; **♀eln** (-*le*) aparar, cortar; **♀en** (-*t*) entalhar, esculpir; **~er** *m* entalhador *m*; (*Fehler*) lapso *m*; **~e'rei** [-ə'raɪ] *f*, **~werk** *n* (-*ȩs*; *0*) escultura *f*; entalhe *m*; **~messer** *n* cinzel *m*, buril *m*.
'**schnoddrig** ['ʃnɔdriç] F irreverente, impertinente; **♀keit** *f* irreverência *f*, impertinência *f*.
'**schnöde** ['ʃnø:də] vil, indigno; *adv*. com desprezo (*'ê).
'**Schnörkel** ['ʃnœrkəl] *m* floreado *m*; arabesco *m*; △ *a*. voluta *f*; *Namenszug*: rubrica *f*.
'**schnorren** ['ʃnɔrən] F mendigar.
'**Schnösel** ['ʃnø:zəl] F *m* malcriado *m*.
'**schnüff|eln** ['ʃnyfəln] (-*le*) tomar o faro; *fig*. meter o nariz, ser indiscreto; **♀ler** *m* espia *m*; indiscreto *m*.
'**Schnuller** ['ʃnulər] *m* chupeta *f*.
'**Schnupf|en**[1] ['ʃnupfən] *m* constipação *f*; coriza *f*, defluxo *m*; *e-n ~ kriegen*, *sich e-n ~ holen* constipar-se; *den ~ haben* estar constipado; **♀en**[2] tomar rapé; **~tabak** *m* (-*ȩs*; -*e*) rapé *m*.
'**schnupp|e** ['ʃnupə] F: *das ist mir ~* pouco me importa; quero lá saber!; **~ern** (-*re*) tomar o faro.
Schnur [ʃnu:r] *f* (-; ¨*e*) cordão *m*, cordel *m*; (*Bindfaden*) guita *f*; fio *m*; ⚔ galão *m*; *über die ~ hauen fig*. passar os limites.
'**Schnür|band** ['ʃny:r-] *n* (-*ȩs*; ¨*er*) atacador *m*; **~boden** *m* *Thea*. desvão *m*; **~chen** ['-çən] *n*: *wie am ~ gehen* F ir que é uma beleza; **♀en** atar; apertar (*a*. *v/i*.); *sein Bündel ~* fazer (*od*. emalar) a trouxa; *sich ~* espartilhar-se.
'**schnur-gerade** direitinho.
'**Schnurr|bart** ['ʃnur-] *m* (-*ȩs*; ¨*e*) bigode *m*; **♀bärtig** de bigode, com bigode; **♀en** fazer ronrom; ronronar; **♀ig** engraçado.
'**Schnür|schuh** *m* (-*ȩs*; -*e*) sapato *m* de atacadores; (*Damen♀*) sapato *m* abotinado; **~senkel** *m* atacador *m*; **~stiefel** *m* bot(in)a *f* de atacadores.
'**schnurstracks** ['ʃnu:rʃtraks] dire[c]tamente, direito.

ˈ**Schober** [ˈʃo:bər] *m* feneiro *m*.
Schock [ʃɔk] **a**) *m* (-*ės*; -*s*) choque *m*; ⚕ *a*. abalo *m*; **b**) *n* (-*ės*; -*e*; *nach Zahlen uv*.): sessenta.
ˈ**schofel** [ˈʃo:fəl] miserável, pelintra.
Schöff|e [ˈʃœfə] *m* (-*n*) jurado *m*; vereador *m*; **~en-gericht** *n* (-*ės*; -*e*) tribunal *m* de jurados; vereamento *m*.
Schofˈför [ʃɔˈfø:r] *m* (-*s*; -*e*) motorista *m*, * volante *m*.
ˈ**Schokoˈlad|e** [ʃokoˈla:də] *f* chocolate *m*; **2en-braun** achocolado; **~en-fabrik** *f* chocolataria *f*; **~en-fabrikant** *m* (-*en*) chocolateiro *m*; **~en-plätzchen** *n* pastilha *f* de chocolate.
Schoˈlast|ik [ʃoˈlastik] *f* (*0*) Escolástica *f*, escolasticismo *m*; (**~iker** *m*), **2isch** escolástico (*m*).
ˈ**Scholle** [ˈʃɔlə] *f* gleba *f*, *fig*. *a*. torrão *m*; (*Eis*2) pedaço *m* de gelo (*ê); (*Erd*2) leiva *f*; (*Fisch*) solha (*ô) *f*.
schon [ʃo:n] já; ~ *jetzt* agora mesmo; ~ *lange* desde há muito; ~ *der Gedanke* a própria ideia; ~ *gut* está bem; *wenn* ~ (*!*) embora (!); *wenn er* ~ *geht usw*., ... desde que (já) vai ...
schön [ʃø:n] **1.** *adj*. belo, lindo; formoso; (*nett*) bonito (*a*. *iron*.), amável; ~*e Literatur* belas-letras *f*/*pl*., boas-letras *f*/*pl*.; *das wäre noch* ~*er iron*. não faltava mais nada; **2.** *adv*. *a*. bem; *bitte* ~! à vontade!; (*Antwort auf Dank*) não há de quê!; *danke* ~! muito obrigado!; *aufs* ~*ste*, ~*stens* da melhor maneira; ˈ**2e** *n* belo *m*.
ˈ**schon|en** [ˈʃo:nən] poupar; *sich* ~ *a*. cuidar da saúde; = ~*end behandeln* tratar bem, tratar com cuidado; **~end** *adj*. cuidadoso; *adv*. *a*. com cuidado; **2er** *m* ⚓ escuna *f*.
ˈ**schön|färben** pintar cor-de-rosa; **2färberei** *f* ilusionismo *m*; o[p]timismo *m*; **~geistig** estético; ~*e Literatur* belas-letras *f*/*pl*., boas-letras *f*/*pl*.; **2-heit** *f* beleza *f*; formosura *f*.
ˈ**Schönheits|fehler** *m* defeito *m*; **~königin** *f* rainha *f* de beleza; **~mittel** *n* cosmético *m*; **~pflaster** *n* mosca *f*; **~pflege** *f* (*0*) cosmética *f*.
ˈ**Schön|schrift** *f* caligrafia *f*; **~tuerei** [ˈ-tuəraɪ] *f* preciosismo *m*, afe[c]tação *f*; **2tun** (*L*): *mit j-m* ~ cortejar alg., galantear alg.
ˈ**Schon|ung** [ˈʃo:nuŋ] *f* cuidado *m*; conservação *f*; (*Rücksicht*) consideração *f*, deferência *f*; (*Forst*) tapada *f*, vedação *f*, criadouro *m*; **2ungs-los** sem piedade, impiedoso; cruel; **~zeit** *f* veda *f*, defeso *m*.
Schopf [ʃɔpf] *m* (-*ės*; ⸚*e*) poupa *f*, topete *m*; *beim* ~*e fassen* agarrar pelos cabelos; *fig*. *Gelegenheit*: aproveitar.
ˈ**Schöpf|brunnen** [ˈʃœpf-] *m* poço *m*; nora *f*; **~-eimer** *m* alcatruz *m*; **2en** *mit e-m Gefäß*: tirar; *poet*. haurir; *Recht*: (*erschaffen*) criar; *leer* ~ vasar; *Atem usw*. ~ tomar fôlego; *Hoffnung*, *Mut*: ganhar; *Verdacht* ~ suspeitar (*gegen* de); **~er** *m* criador *m*; **2erisch** criador, produtivo; **~erkraft** *f* (-; ⸚*e*) força (*ô) *f* criadora (*od*. produtiva); **~löffel** *m* concha *f*, colherão *m*; **~rad** *n* (-*ės*; ⸚*er*) nora *f*; **~ung** *f* criação *f*; **~ungs-geschichte** *f* (*0*) Génese (*ˈê) *m*.
ˈ**Schoppen** [ˈʃɔpən] *m* (½ *l*) quartilho *m*; copo *m* (pequeno).
Schorf [ʃɔrf] *m* (-*ės*; -*e*) escara *f*; crusta *f*; ˈ**~bildung** *f* escarificação *f*; ˈ**2ig** escarificado.
ˈ**Schorn-stein** [ˈʃɔrn-] *m* (-*ės*; -*e*) chaminé *f*; **~feger** *m* limpa-chaminés *m*.
Schoß 1. [ʃɔs] ⚘ *m* (-*sses*; -*sse*) rebento *m*, pimpolho (*ˈô) *m*; **2.** [ʃo:s] *m* (-*es*; ⸚*e*) regaço *m*; *bsd*. *fig*. seio *m*, colo *m*; (*Rock*2) aba *f*; ˈ**~-hund** *m* (-*ės*; -*e*) cãozinho *m* fraldeiro; ˈ**~kind** *n* (-*ės*; -*er*) mimalho *m*.
ˈ**Schößling** [ˈʃø:sliŋ] *m* (-*s*; -*e*) rebento *m*, pimpolho (*ˈô) *m*.
ˈ**Schot|e** [ˈʃo:tə] *f* **a**) ⚘ vagem *f*; *grüne*: ervilha *f*; **b**) ~(e) ⚓ escota *f*.
ˈ**Schott|e** [ˈʃɔtə] *m* (-*n*) escocês *m*; ˈ**~er** *m* cascalho *m*; 🚂 balastro *m*; ˈ**2ern** (-*re*) encher de cascalho; balastrar; ˈ**~in** *f* escocesa *f*; ˈ**2isch** escocês, da Escócia.
schrafˈfier|en [ʃraˈfi:rən] (-) tracejar; **2ung** *f* tracejado *m*.
schräg [ʃrɛ:k] oblíquo; ⚒ transversal, diagonal; (*geneigt*) inclinado; *adv*. *a*. de través, de esguelha; ˈ**2e** [ˈ-gə] *f* obliquidade *f*; = ˈ**2lage,** ˈ**2stellung** *f* inclinação *f*; **~ˈüber** quase em frente.

'**Schramm|e** ['ʃramə] *f* arranhadura *f*, esfoladela *f*; beliscadura *f*; **2en** arranhar, roçar.

Schrank [ʃraŋk] *m* (-*ęs*; ⸗*e*) armário *m*; (*Kleider*2) guarda-vestidos *m*; (*Küchen*2) guarda-louça *m*; '**~e** *f* barreira *f*; *fig.* limite *m*; (*Kampfplatz*) liça *f*; '**2en-los** ilimitado; '**~enwärter** *m* guarda-barreira *m*; '**~fach** *n* (-*ęs*; ⸗*er*) prateleira *f*; '**~koffer** *m* mala-armário *f*, mala-cabide *f*.

'**Schraube** ['ʃraʊbə] *f* parafuso *m*; ⚓ *u.* ✈ hélice *m*, *f*; F *fig. bei j-m ist e-e ~ los* alg. não regula bem; **2n** (a)parafusar; atarraxar; *in die Höhe ~ Preis*: fazer subir; *geschraubt fig.* torcido; amaneirado; afe[c]tado.

'**Schrauben|bohrer** *m* broca *f*; **~dampfer** *m* vapor *m* de hélice; **~flügel** *m* pá *f* de hélice; **2förmig** [-fœrmiç] em forma de parafuso, helicóide, helicoidal; **~gang** *m* (-*ęs*; ⸗*e*) volta *f* de parafuso; **~gewinde** *n* rosca *f*; **~linie** *f* hélice *f*, *m*, rosca *f*, espira(l) *f*; **~mutter** *f* (-; -*n*) porca *f* de parafuso; **~rad** *n* (-*ęs*; ⸗*er*) roda *f* helicoidal; **~schlüssel** *m* desandador *m*, chave *f* inglesa; **~windung** *f* volta *f* de parafuso, espira *f*; **~zieher** [-tsiːər] *m* chave *f* de fundo; **~zwinge** *f* gastalho *m*.

'**Schraub-stock** ['ʃraʊp-] *m* (-*ęs*; ⸗*e*) torno (*'ô) *m*, tornilho *m*.

'**Schreber-garten** ['ʃreːbər-] *m* (-*s*; ⸗) horta *f* pequena (independente).

Schreck [ʃrɛk] *m* (-*ęs*; -*e*) susto *m*, medo *m* (*einflößen* meter); espanto *m*; *j-m e-n ~ einjagen* assustar alg.; *e-n ~ bekommen* assustar-se; '**~bild** *n* (-*ęs*; -*er*) espantalho *m*; '**~en¹** *m* = *Schreck*; '**2en²** *v/t.* (*v/i.* [*L*; *sn*]) assustar(-se); (*kühlen*) passar por água fria; esfriar; '**~ens-herrschaft** *f* terrorismo *m*, *hist. a.* Terror *m*; '**~ens-jahr** *n* ano *m* terrível; '**~gespenst** *n* (-*es*; -*er*) espe[c]tro *m*, espantalho *m*; '**2haft** medroso, assustadiço; '**~haftigkeit** *f* (*0*) temor *m*; timidez *f*; '**2lich** terrível, horrível; espantoso, medonho, tremendo; **~nis** *n* (-*ses*; -*se*) horror *m*; **~schuß** *m* (-*sses*; ⸗*sse*) tiro *m* de prevenção (*abgeben* disparar).

Schrei [ʃraɪ] *m* (-*ęs*; -*e*) grito *m* (*ausstoßen* soltar).

'**Schreib|-art** ['ʃraɪp-] *f* estilo *m*; di[c]ção *f*; = *~ung*; **~bedarf** *m* (-*ęs*; *0*) artigos *m/pl.* de escritório; **~block** *m* (-*ęs*; ⸗*e*) bloco *m* de papel.

'**schreib|en¹** ['ʃraɪbən] (*L*) escrever; **2en²** *n* carta *f*; *amtliches*: ofício *m*; **2er(in** *f*) *m* autor(a *f*) *m*; ✝ escrevente *m*, *f*; escrivão *m* (*a.* ⚖), secretário(-a *f*) *m*; (*Ab*2) copista *m*, *f*; **2e'rei** [-ə'raɪ] *f* papelada *f*.

'**schreib|faul**: *~ sn* não gostar muito de escrever; **2feder** *f* (-; -*n*) aparo *m*, pena *f* de escrever; **2fehler** *m* erro (*ê) *m* ortográfico; lapso *m*; **2-heft** *n* (-*ęs*; -*e*) caderno *m*; **2mappe** *f* pasta *f*; **2maschine** *f* máquina *f* de escrever; *~ schreiben* escrever à máquina, da[c]tilografar; **2(maschinen-)papier** *n* (-*s*; -*e*) papel *m* para (máquina de) escrever; **2pult** *n* (-*ęs*; -*e*) secretária *f*, escrivaninha *f*; **2stube** *f* escritório *m*; **2tafel** *f* (-; -*n*) lousa *f*; (*Wandtafel*) quadro *m*; **2tisch** *m* (-*es*; -*e*) secretária *f*.

'**Schreibung** ['ʃraɪbuŋ] *f* escrita *f*; ortografia *f*.

'**schreib|-unkundig** analfabeto, iletrado; **2-unterlage** *f* pasta *f*; **2waren** *f/pl.* artigos *m/pl.* de escritório; **2waren-geschäft** *n* (-*ęs*; -*e*) papelaria *f*; **2weise** *f* (*0*) (orto)grafia *f*; *j-s*: estilo *m*; **2zeug** *n* (-*ęs*; *0*) coisa(s) *f*(*pl.*) para escrever; **2zimmer** *n* escritório *m*; sala *f* de escrever.

'**schrei|en¹** ['ʃraɪən] (*L*) gritar; *Kind*: chorar; *laut*: dar vozes; *zornig*: vociferar, clamar; *Hirsch*: bramar; **2en²** *n* gritos *m/pl.*, vozes *f/pl.*, bramidos *m/pl.*; **~end** *adj.*: *laut ~* a gritar; *a. fig.* (*grell*) berrante; *Unrecht*: que clama aos céus; **2er** *m* clamador *m*, vociferador *m*; *Pol.* agitador *m*; = **2-hals** *m* (-*es*; ⸗*e*) *Kind*: chorami(n)gas *m*.

Schrein [ʃraɪn] *m* (-*s*; -*e*) armário *m*; cofre *m*; escrínio *m*; '**~er** *m* marceneiro *m*.

'**schreiten** ['ʃraɪtən] (*L*; *sn*) andar, caminhar; *~ zu fig.* proceder a.

Schrift [ʃrift] *f* escrita *f*, (*Hand*2) *a.* letra *f*; *Typ.* cara[c]teres *m/pl.*, corpo *m*, tipo(s) *m*(*pl.*); *Lit.* publicação *f*, escrito *m*; estudo *m*, dissertação *f*; (*Werk*) obra *f*; *kleine ~* opúsculo *m*; (*Heilige*) *~* Escritura *f* Sagrada; '**~deutsch** *n* alemão *m* literário; '~führer *m* secretário *m*; *mit ... als ~* secretariado por ...; '~gelehrte(r) *m* escriba *m*; *ehm.* letrado *m*; '~kasten *m* (-*s*; ¨) caixa *f* tipográfica; '~leiter *m* reda[c]tor *m*; '~leitung *f* reda[c]ção *f*; '2lich (*adv.* por) escrito; '~sachverständige(r) *m* grafólogo *m*; '~satz *m* (-*es*; ¨*e*) ⚖ libelo *m*; *Typ.* composição *f*; '~setzer *m* tipógrafo *m*, compositor *m*; '~sprache *f* (*0*) linguagem *f* literária (*od.* escrita).

'**Schrift-steller** ['-ʃtɛlər] *m* (~in *f*) escritor(a *f*) *m*, autor(a *f*) *m*; 2isch literário; 2n (-*re*; -) escrever (livros); ser autor(a), ser escritor(a).

'**Schrift|stück** *n* (-*es*; -*e*) escrito *m*, documento *m*; ~tum *n* (-*s*; *0*) letras *f*/*pl.*; literatura *f*; ~verkehr *m* (-*s*; *0*) correspondência *f*; ~wart *m* (-*es*; -*e*) secretário *m*; ~wechsel *m* (troca *f* de) correspondência *f*; *mit j-m im ~ stehen* corresponder-se com alg., cartear-se com alg.; ~zeichen *n* cará[c]ter *m*; ~zug *m* (-*es*; ¨*e*) assinatura *f*, rubrica *f*; *pl.* ~züge letra *f*/*sg*.

schrill [ʃril] estridente, agudo.

Schritt [ʃrit] *m* (-*es*; -*e*) passo *m* (*für, im, vor ac.* a); *fig.* diligência *f* (*unternehmen* fazer, efe[c]tuar); *Hose*: junta *f*; *auf ~ und Tritt* a cada passo; *j-m auf ~ und Tritt folgen* não largar alg., seguir os passos de alg.; *~ halten mit* aguentar (*ac.*); estar à altura de; *pl. mit schnellen ~en* a passos largos; '~macher *m* pioneiro *m*, precursor *m*; '2weise passo a passo.

schroff [ʃrɔf] *Berg*: escarpado; *fig.* brusco, rude; '2heit *f* (*0*) escarpado *m*; *fig.* rudeza *f*, brusquidão *f*.

'**schröpf|en** ['ʃrœpfən] *v*/*t.* ⚕ aplicar ventosas a; *fig.* esfolar, cardar, lograr; 2kopf ⚕ *m* (-*es*; ¨*e*) ventosa *f*.

Schrot [ʃro:t] *m u. n* (-*es*; -*e*) trigo *m* triturado, centeio *m* mondado; *Jagdw.* chumbo *m*, escumilha *f*; ⊕ *s. Schrott*; *fig. von echtem ~ und Korn* da gema, às direitas; '2en (-*e*-) triturar; '~korn *n* (-*es*; ¨*er*) grão *m* de chumbo; '~mehl *n* (-*es*; *0*) farinha *f* grossa (*od.* de aveia mondada), rolão *m*; '~mühle *f* triturador *m*; '~säge *f* serra *f* grande.

Schrott [ʃrɔt] *m* (-*es*; -*e*) sucata *f*; ferros-velhos *m*/*pl*.

'**schrubb|en** ['ʃrubən] esfregar; 2er *m* escova *f* de esfregar.

'**Schrull|e** ['ʃrulə] *f* capricho *m*, mania *f*; 2en-haft, 2ig caprichoso, extravagante; esquisito.

'**schrumpel|ig** ['ʃrumpəliç] F enrugado, arrugado; ~n F (-*le*; *sn*) = *schrumpfen*.

'**schrumpf|en** ['ʃrumpfən] (*sn*) enrugar-se; encolher; ⚕ atrofiar, ficar atrofiado; 2niere *f* rim *m* atrofiado; 2ung *f* encolhimento *m*; *fig.* diminuição *f*; ⚕ atrofia *f*.

'**Schrunde** ['ʃrundə] *f* fenda *f*, greta *f*; (*Schramme*) arranhadura *f*.

Schub [ʃu:p] *m* (-*es*; ¨*e*) empurrão *m*, surto *m*, puxada *f*; *Brot*: fornada *f*; ⚕ leva *f*; 🚂, 📯 transporte *m*; '~fach *n* (-*es*; ¨*er*) gaveta *f*; '~karren *m* carrinho *m* de mão, carreta *f*; '~lade *f* gaveta *f*; '~lehre *f* craveira *f*; '2weise aos empurrões; por surtos.

'**schüchtern** ['ʃyçtərn] tímido, acanhado; 2-heit *f* (*0*) timidez *f*.

Schuft [ʃuft] *m* (-*es*; -*e*) patife *m*; '2en F (-*e*-) trabalhar como um preto; '2ig vil, infame.

Schuh [ʃu:] *m* (-*es*; -*e*) sapato *m*; *Maß* (*im pl. uv.*): pé *m*; *Phot.* calço *m*; *fig. pl. j-m et. in die ~e schieben* imputar a.c. a alg.; *wo drückt der ~?* onde é que está o mal?; '~-anzieher ['-antsi:ər] *m* calçador *m*, calçadeira *f*; '~bürste *f* escova *f* (para o calçado); '~fabrik *f* fábrica *f* de calçado; '~geschäft *n* (-*es*; -*e*), '~laden *m* (-*s*; ¨) sapataria *f*; '~-krem *f* (-; -*s*) pomada *f*, graxa *f*; '~macher *m* sapateiro *m*; '~nagel *m* (-*s*; ¨) prego (*od.* cravo) *m* de sapato; tacha *f*; '~putzer *m* engraxador *m*; '~sohle *f* (meia-)sola *f*; '~werk *n* (-*es*; *0*) = ~zeug; '~wichse *f* graxa *f*; '~zeug *n* (-*es*; *0*) calçado *m*.

'**Schul|-amt** ['ʃu:l-] *n* (-*es*; ¨*er*) = *~behörde*; ~-anfang *m* (-*es*; ¨*e*) abertura *f* das aulas; início *m* do ano escolar; ~-arbeit *f* dever *m*, obrigação *f*; *pl. ~en machen a.* preparar a lição, estudar; ~ausflug *m* (-*es*; ¨*e*) excursão *f* escolar; ~bank *f* (-; ¨*e*) carteira *f*; ~behörde *f* inspe[c]ção *f* do ensino (primário *od.* secundário); ~beispiel *n* (-*es*; -*e*) exemplo *m* clássico; ~besuch *m* (-*es*; -*e*) frequência *f* da escola;

~betrieb *m* (*-es*; *-e*) ensino *m* (escolar); **~bildung** *f* instrução *f*; habilitações *f/pl.* literárias.

Schuld [ʃult] *f* culpa *f*; ✝ dívida *f*; (*Sünde*) pecado *m*; (*Vergehen*) delito *m*, crime *m*; *in j-s ~ stehen* estar em dívidas *pl.* com alg.; *pl. in ~en geraten* endividar-se; * infusar; *j-m ~ geben* atribuir a culpa a alg.; *~ sn* ter culpa (*an dat.* de, em); **'~bekenntnis** *n* (*-ses*; *-se*) confissão *f* da (sua) culpa(bilidade); **'~bewußt** consciente da sua culpa(bilidade); **'~bewußtsein** *n* (*-s*; *0*) consciência *f* da (sua) culpabilidade; **'~buch** *n* (*-es*; *=er*) livro *m* de contas.

'schulden ['ʃuldən] (*-e-*) dever; **~frei** sem dívidas; **~last** *f* dívidas *f/pl.*; cargos *m/pl.*; **~tilgung** *f* amortização *f*.

'Schuld|forderung *f* dívida *f* a[c]tiva; crédito *m*; **~frage** *f* (questão *f* das) responsabilidades *f/pl.*; **'~haft** culposo; culpado; **'~haftigkeit** *f* (*0*) culpabilidade *f*.

'schuldig ['ʃuldiç] culpado; ✝ *u. Rel.* devedor; *et. ~ sn* dever a.c.; **~e(r** *m*) ['-digə(r)] *m*, *f* culpado *m*, -a *f*; ⚖ *a.* réu *m*, ré *f*; **~keit** *f* (*0*) obrigação *f*, dever *m*.

'Schul-direktor(in *f*) *m* (*-s*; *-en*) reitor(a *f*) *m* de (*od.* do) liceu; *Vor- u. Privatschule*: dire[c]tor(a *f*) *m*.

'Schuld|klage *f* a[c]ção *f* por dívidas; **~los** (*-est*) inocente, sem culpa; * inculpe; *~ angeklagt* falso culpado; **~losigkeit** ['-lo:ziç-] *f* (*0*) inocência *f*; **~ner(in** *f*) *m* devedor(a *f*) *m*; **~schein** *m* (*-es*; *-e*) título *m* de dívida; **~verschreibung** *f* obrigação *f*; promissória *f*.

'Schul|e ['ʃu:lə] *f* escola *f* (primária); *höhere ~* escola *f* secundária, liceu *m*; *~ haben* ter aula; *keine ~ haben* ter feriado; *aus der ~ plaudern fig.* ser indiscreto; **~en** instruir; formar; adestrar.

'Schüler ['ʃy:lər] *m* aluno *m*; estudante *m* (de liceu); (*Jünger*) discípulo *m*; **~-haft** (*-est*) de principiante, de estudante; imperfeito; **~in** *f* aluna *f*; estudante *f* (de liceu); discípula *f*; **~schaft** *f* alunos *m/pl.*; alunas *f/pl.*; **~streich** *m* (*-es*; *-e*) brincadeira *f* de rapazes, garotice *f*.

'Schul|feier *f* (*-*; *-n*), **~fest** *n* (*-es*; *-e*) festa *f* escolar; **~frei** feriado; **~freund** *m* (*-es*; *-e*) companheiro *m* de escola (*od.* de liceu *od.* de colégio); **~funk** *m* (*-es*; *0*) emissão *f* escolar; **~garten** *m* (*-s*; *=*) horto *m* escolar; **~gebäude** *n* edifício *m* escolar (*od.* da escola *od.* do liceu); **~geld** *n* (*-es*; *-er*) propina *f* escolar; **~-hof** *m* (*-es*; *=e*) pátio *m* de recreio; **~jahr** *n* (*-es*; *-e*) ano *m* le[c]tivo, ano *m* escolar; **~kamerad** *m* (*-en*) colega *m*, condiscípulo *m*; = *~freund*; **~kind** *n* (*-es*; *-er*) aluno *m*; estudante *m* do liceu; **~klasse** *f* classe *f*; (*Raum*) sala *f* de aula; **~lehrer(in** *f*) *m* professor(a *f*) *m* (do ensino primário *od.* secundário); **~-mappe** *f* pasta *f*; carteira *f*; **~-meister** *m* mestre-escola *m*; *fig.* doutrinário *m*; maçador *m*; **~meistern** (*-re*) censurar; *j-n ~ a.* dar uma lição a alg.; **~-ordnung** *f* regulamento *m* escolar; **~pflicht** *f* (*0*) (**~pflichtig** sujeito ao) ensino *m* obrigatório; **~rat** *m* (*-es*; *=e*) inspe[c]tor *m* de ensino; **~reform** *f* reforma *f* do ensino escolar; **~reiten** *n* alta escola *f*; **~schiff** *n* (*-es*; *-e*) navio-escola *m*; **~stunde** *f* aula *f*; **~tag** *m* (*-es*; *-e*) dia *m* de aula; **~tafel** *f* (*-*; *-n*) quadro *m*; **~tasche** *f* sacola *f* de colégio.

'Schulter ['ʃultər] *f* (*-*; *-n*) ombro *m*; espádua *f*; *~ an ~* lado a lado; *fig. j-m die kalte ~ zeigen* não atender alg.; *et. auf die leichte ~ nehmen* não fazer caso de a.c.; **~blatt** *n* (*-es*; *=er*) omoplata *f*; **~n** (*-re*) pôr ao ombro; ⚔ *das Gewehr ~* carregar armas; **~riemen** *m*: (*am*) *~* (em) bandoleira *f*; (ao) tira-colo *m*; **~stück** *n* (*-es*; *-e*) espaldeira *f*, ombreira *f*; (*Achselstück*) ⚔ dragona *f*, galão *m*.

'Schul|ung ['ʃu:luŋ] *f* instrução *f*; **~-unterricht** *m* (*-es*; *0*) ensino *m* escolar; **~versäumnis** *n* (*-ses*; *-se*) falta *f*; **~weg** *m* (*-es*; *-e*) caminho *m* da escola; **~vorsteher(in** *f*) *m* dire[c]tor(a *f*) *m* de (*od.* do) colégio; **~wesen** *n* (*-s*; *0*) ensino *m*, instrução *f* pública.

'Schul|zeit *f* horas *f/pl.* de aula; anos *m/pl.* de escola; **~zeugnis** *n* (*-ses*; *-se*) certidão *f*, certificado *m*, diploma *m*; **~zimmer** *n* sala *f* de aula; **~zwang** *m* (*-es*; *0*) ensino *m* obrigatório.

'Schumm|e'lei [ʃumə'laɪ] *f* batota

f; ²eln (-*le*) fazer batota; ²(e)rig crepuscular.

Schund [ʃunt] *m* (-*es*; *0*) refugo *m*; (*a. fig.*) porcaria *f*; coisa *f* sem valor; ˈ**~literatur** *f* (*0*) literatura *f* barata; literatura *f* pornográfica; ˈ**~ware** *f* refugo *m*; rebotalho *m*.

ˈ**Schupo** [ˈʃu:po] **a)** *m* (-*s*; -*s*) *Abk.* für (Schutz-)Polizist, Schutzmann guarda *m*, polícia *m*; **b)** *f uv. Abk.* für Schutzpolizei guarda *f*, polícia *f*.

ˈ**Schupp|e** [ˈʃupə] *f Fisch*: escama *f*; (*Kopf*²) caspa *f*; ²**en**[1] escamar; sich ~ coçar-se; esfolar-se; **~en**[2] *m* alpendre *m*; ✝ armazém *m*; (*Wagen*²) cocheira *f*; (*Auto*²) garagem *f*; ✈ hangar *m*; **~en-panzer** *m* loriga *f*; ²**ig** escamoso.

Schur [ʃu:r] *f* tosquia *f*, tosadura *f*.

ˈ**Schür|-eisen** [ˈʃy:r-] *n* atiçador *m*; ²**en** atiçar.

ˈ**schürfen** [ˈʃyrfən] arranhar; ⚒ fazer sondagens (nach de).

ˈ**Schurk|e** [ˈʃurkə] *m* (-*n*) malandro *m*; patife *m*; **~en-streich** *m* (-*es*; -*e*), **~eˈrei** [-əˈraɪ] *f* malandrice *f*; ²**isch** infame, vil, velhaco.

Schurz [ʃurts] *m* (-*es*; -*e*) mandil *m*; tanga *f*; avental *m*.

ˈ**Schürz|e** [ˈʃyrtsə] *f* avental *m*; e-e ~ voll uma abada; **~en-jäger** *m* mulherengo *m*, «Dom João» *m*.

ˈ**Schurz-leder** *n* mandil *m* de couro, fraldilha *f*.

Schuß [ʃus] *m* (-*sses*; ⸚*sse*) ⚔ tiro *m* (abgeben disparar); *Fußball*: pontapé *m*; ⚘ = Schößling; *Weberei*: trama *f*; ⚕ ferida *f*; ein ~ Pulver uma carga *f* de; ein ~ *Rum usw.* uma pinguinha de; *fig.* weit vom ~ sn estar longe, não correr perigo; im ~ sn estar perfeito; in ~ bringen compor, arranjar; ˈ**~bereich** *m u. n* (-*es*; -*e*): im ~ a alcance *m* de tiro; ˈ²**bereit** pronto para disparar.

ˈ**Schüssel** [ˈʃysəl] *f* (-; -*n*) prato *m* (*a. Gericht*), travessa *f*; *tiefe*: alguidar *m*; *mit Deckel*: terrina *f*.

ˈ**Schuß|linie** *f* linha *f* de proje[c]ção; **~waffe** *f* arma *f* de fogo; **~weite** *f* = ~bereich; **~wunde** *f* tiro *m*, ferida *f*.

ˈ**Schuster** [ˈʃu:stər] *m* sapateiro *m*; ²**n** (-*re*) fazer (*od.* consertar) sapatos; *fig.* trabalhar mal. [lancha *f.*]

ˈ**Schute** [ˈʃu:te] *f* ⚓ gabarra *f*,

Schutt [ʃut] *m* (-*es*; *0*), ˈ**~-abladestelle** *f* escombros *m/pl.*, entulho *m*, lixo *m*.

ˈ**Schüttel|frost** [ˈʃytəl-] *m* (-*es*; ⸚*e*) calafrios *m/pl.*; ²**n** (-*le*) sacudir; *Gefäß*: agitar; *Kopf*: abanar; *Hand*: apertar; **~reim** *m* (-*es*; -*e*) rima *f* trocada.

ˈ**schütt|en** [ˈʃytən] (-*e*-) deitar, despejar; **~er** ralo, raro; ²**gut** *n* (-*es*; ⸚*er*) material *m* a granel.

ˈ**Schutt|-halde** *f* escorial *m*; **~-haufen** *m* montão *m* de entulho (*od.* de lixo).

Schutz [ʃuts] *m* (-*es*; *0*) prote[c]ção *f*; (*Obhut*) amparo *m*; (*Zuflucht*) refúgio *m*, abrigo *m*; (*Verteidigung*) defesa *f* (vor *dat.* de, contra); in ~ nehmen defender; in s-n ~ nehmen proteger; im ~e (*gen.*) ao abrigo de; a coberto de; ˈ**~-anstrich** *m* (-*es*; -*e*) pintura *f* prote[c]tora; ⚔ camuflagem *f*; ˈ**~befohlene(r** *m*) *m*, *f* [ˈ-bəfo:lənə(r)] protegido *m*, -a *f*; pupilo *m*, -a *f*; ˈ**~blech** *n* (-*es*; -*e*) guarda-lamas *m*; ˈ**~brief** *m* (-*es*; -*e*) salvo-conduto *m*; ˈ**~brille** *f* óculos *m/pl.* de resguardo; ˈ**~bündnis** *n* (-*ses*; -*se*) aliança *f* defensiva; ˈ**~-dach** *n* (-*es*; ⸚*er*) telheiro *m*, abrigo *m*.

ˈ**Schütz|e** [ˈʃytsə] **1.** *m* (-*n*) atirador *m*; ⚔ fusileiro *m*; (*Jäger*) caçador *m*; *ehm.* besteiro *m*; *Astr.* Sagitário *m*; **2.** ⊕ *f* comporta *f*; *Weberei*: lançadeira *f*; ²**en** (-*t*): ~ vor (*dat.*), ~ gegen proteger de, proteger contra, amparar de; defender de, defender contra; (*schirmen*) abrigar, resguardar de; geschützt vor (*dat.*) ao abrigo de; **~en-fest** *n* (-*es*; -*e*) festa *f* de tiro ao alvo.

ˈ**Schutz-engel** *m* anjo *m* custódio, anjo *m* da guarda.

ˈ**Schützen|graben** *m* (-*s*; ⸚) trincheira *f*; **~stand** *m* (-*es*; ⸚*e*) tiro *m*.

ˈ**Schutz|farbe** *f* cor (*ô) *f* de prote[c]ção; = **~färbung** *f* ⚔ camuflagem *f*; *Zool.* mimetismo *m*; **~gebiet** *n* (-*es*; -*e*) *Pol.* prote[c]torado *m*; **~gitter** *n* grada *f* de prote[c]ção; gegen *Feuer*: guarda-fogo *m*; **~-haft** *f* (*0*) detenção *f* preventiva; **~-heilige(r** *m*) *m*, *f* padroeiro *m*, -a *f*; **~-herr(in** *f*) *m* (-*en*) prote[c]tor(a *f*) *m*; **~-herrschaft** *f* (*0*) prote[c]torado *m*; **~-hülle** *f* capa *f*; **~-hütte** *f* abrigo *m*; **~-impfung** *f* vacinação *f* (preventiva).

'Schützling ['ʃytsliŋ] *m* (-*s*; -*e*) protegido *m*, -a *f*.

'schutz|los desamparado, desprotegido; ⚔ indefeso; **2macht** *f* (-; ⸚*e*) potência *f* prote[c]tora; **2mann** *m* (-*es*; ⸚*er od.* -*leute*) polícia *m*, guarda *m*; **2marke** ✝ *f* marca *f* registrada; **2mittel** ⚕ *n* preservativo *m*; **2patron(in** *f*) *m* (-*s*; -*e*) padroeiro *m* (-a *f*); **2polizei** *f* (*0*) polícia *f* de segurança pública, guarda *f*; **2polizist** *m* (-*en*) guarda *m*, polícia *m*; **2raum** ⚔ *m* (-*es*; ⸚*e*) abrigo *m* (✈ antiaéreo); **2scheibe** *f* parabrisa(s) *m*; **2streitkräfte** *f/pl.* forças (*ô) *f/pl.* de cobertura; **2-verband** *m* (-*es*; ⸚*e*) sociedade (*od.* associação) *f* prote[c]tora; **2wache** *f* guarda *f* (de honra), escolta *f*; **2-waffe** *f* arma *f* defensiva; **2zoll** *m* (-*es*; ⸚*e*) direitos *m/pl.* proibitivos; **2zoll-system** *n* (-*s*; -*e*) prote[c]cionismo *m*.

schwach [ʃvax] (⸚*er*; ⸚*st*) fraco; débil; *Stimme*: *a.* sumido; ~*e Stunde* momento *m* de fraqueza; ~*e Seite* fraco *m*; ~ *werden* enfraquecer.

'Schwäche ['ʃvɛçə] *f* fraqueza *f*; ⚕ *a.* astenia *f*, abirritação *f*; *fig.* defeito(s) *m*(*pl.*); fraco *m* (*für* por); **~gefühl** *n* (-*es*; -*e*) sensação *f* de fraqueza; **2n** enfraquecer.

'Schwach|heit *f* fraqueza *f*; (**~kopf** *m* [-*es*; ⸚*e*]) **2köpfig** ['-kœpfiç] imbecil (*m*).

'schwäch|lich ['ʃvɛçliç] fraquinho; ⚕ doentio, delicado; *a. fig.* sem energia, fraco; **2ling** *m* (-*s*; -*e*) homem *m* fraco (*od.* sem energia); F fracote *m*; abóbora *m*.

'schwach|sichtig ['-ziçtiç] míope; ~ *sn a.* não ver bem, ter a vista cansada; **2sinn** *m* (-*es*; *0*) imbecilidade *f*; **~sinnig** imbecil; **2strom** *m* (-*es*; *0*) corrente *f* de baixa tensão.

'Schwächung ['ʃvɛçuŋ] *f* enfraquecimento *m*.

'Schwaden ['ʃva:dən] *m* tufo *m*; ⚒ mofeta *f*, grisu *m*; *pl.* (*Nebel2*) nevoeiro *m/sg.*, nuvens *f/pl.*; (*Rauch2*) fumaçada *f*, fumarada *f*.

Schwa'dron [ʃva'dro:n] *f* esquadrão *m*; **2'ieren** (-) fanfarronar.

'schwafeln ['ʃva:fəln] F (-*le*) disparatar.

'Schwager ['ʃva:gər] *m* (-*s*; ⸚) cunhado *m*.

'Schwäger|in ['ʃvɛ:gərin] *f* cunhada *f*; **~schaft** *f* (*0*) cunhadia *f*, -o *m*.

'Schwalbe ['ʃvalbə] *f* andorinha *f*.

Schwall [ʃval] *m* (-*es*; -*e*) torrente *f*; *Menge*: multidão *f*, data *f*.

Schwamm [ʃvam] *m* (-*es*; ⸚*e*) esponja *f*; ♀ fungo *m*, cogumelo *m*; (*Feuer2*) isca *f* (para fazer lume); *fig.* ~ *d(a)rüber!* pronto, acabou-se!; já não se fala nisso!; o que lá vai, lá vai!; água em terra!; **'2ig** esponjoso; abalofado; fungoso; *fig.* mole.

Schwan [ʃva:n] *m* (-*es*; ⸚*e*) cisne *m*; **'2en**: *mir schwant* palpita-me; **'~en-gesang** *m* (-*es*; ⸚*e*) canto *m* de cisne.

'schwanger [ʃvaŋər] grávida; pejada; prenhe (*a. fig.*).

'schwängern ['ʃvɛŋərn] (-*re*) tornar grávida, emprenhar; *fig.* impregnar.

'Schwangerschaft *f* gravidez *f*.

Schwank [ʃvaŋk] *m* (-*es*; ⸚*e*) facécia *f*; *Thea.* farsa *f*; *Lit.* conto *m* burlesco; **'2en** abanar; *a. fig.* vacilar, oscilar; *j.*: *a.* hesitar; **'2end** *adj.* oscilante, vacilante, indeciso; *Gesundheit*: precário *m*; **'~ung** *f* oscilação *f*.

Schwanz [ʃvants] *m* (-*es*; ⸚*e*) cauda *f* (*a. Astr.*); rabo *m*.

'schwänz|eln ['ʃvɛntsəln] (-*le*) agitar (*od.* mover) a cauda; *fig.* saracotear-se; **~en** (-*t*) pôr (uma) cauda a; *fig.* F *die Schule* ~ gazear.

'Schwanz|feder *f* (-; -*n*) pena *f* da cauda; **~flosse** *f* barbatana *f*; ✈ deriva *f* caudal.

'Schwär|e ['ʃvɛ:rə] *f* úlcera *f*; ab(s)cesso *m*; **2en** supurar, criar pús, ulcerar.

Schwarm [ʃvarm] *m* (-*es*; ⸚*e*) *Bienen*: enxame *m*; *Fische*: cardume *m*; *Menschen*: tropel *m*, rancho *m*, multidão *f*; chusma *f*; *Vögel*: bando *m*; *fig.* paixão *f*, amor *m*, fraco *m*.

'schwärm|en ['ʃvɛrmən] (*h. u. sn*) voltear; vaguear; *Bienen*: enxamear; ⚔ dispersar-se; (*bummeln*) levar vida alegre; ir à pândega; *fig.* (*h.*): ~ *von* delirar de, imaginar (*ac.*); ~ *für* entusiasmar-se com, apaixonar-se por, andar doido por; **2er** *m j.*: exaltado *m*, entusiasta *m*; *Rel.* visionário *m*; fanático *m*; *Zool.* esfinge *f*; *Feuerwerk*: busca-pé *m*; **2e'rei** [-ə'raɪ] *f* paixão *f*, entusiasmo *m*, exaltação *f*, fanatismo *m*;

~erisch entusiástico; exaltado; *Rel.* fanático.

'**Schwarte** ['ʃvartə] *f* pele *f* de porco, couro *m* de toucinho; (*altes Buch*) cartapácio *m*, calhamaço *m*.

schwarz [ʃvarts] (*⸚er*; *⸚est*) preto; negro (*a. Meer*), *fig. a.* ilegal, ilícito; ~ *auf weiß* por escrito; em letra redonda; ~ *machen*, ~ *werden* enegrecer; ~ *machen Kartenspiel*: dar capote; *j-m wird* ~ *vor den Augen* foge a vista a alg.; *warten, bis man* ~ *wird* até que lhe crescesse uma barba grisalha; ~ *sehen* ser pessimista; *ins* ♀*e treffen* acertar, dar em cheio; *fig.* dar no vinte; '♀**-arbeit** *f* trabalho *m* ilegal (*od.* ilícito); '~**-äugig** ['-ɔygiç] de olhos pretos; '~**bärtig** de barba preta; '~**blau** azul negro, roxo; '♀**blech** *n* (-*es*; -*e*) chapa *f* de ferro; '~**braun** moreno; *Pferd*: baio escuro; '♀**brot** *n* (-*es*; -*e*) pão *m* de centeio; '♀**dorn** *m* (-*s*; -*e*) abrunheiro *m* silvestre; '♀**drossel** *f* (-; -*n*) melro *m*, toutinegra *f*.

'**Schwärz|e** ['ʃvɛrtsə] *f* negridão *f*; (*Drucker*♀) tinta *f*; ♀**en** (-*t*) enegrecer, pintar preto.

'**Schwarz|fahrer** *m* passageiro *m* sem bilhete (*od.* de borla); *Auto*: motorista *m* sem licença; ~**fahrt** *f* viagem *f* sem bilhete; *Auto*: passeio *m* não autorizado; ♀**gestreift** com riscas pretas; ♀**-haarig** de cabelos pretos; ~**-handel**(**s...**:) *m* (do) mercado *m* negro; ~**-händler** *m* traficante *m* do mercado negro; ~**-hörer** *m* radiouvinte *m* clandestino; ~**-kunst** *f* (*0*) necromancia *f*; ~**künstler** *m* necromante *m*.

'**schwärzlich** ['ʃvɛrtsliç] negrinho.

'**Schwarz|markt...**: *in Zssg(n)* do mercado negro; ~**-seher** *m* tele-espe[c]tador *m* clandestino; *fig.* pessimista *m*; ~**-sender** *m Radio*: emissora *f* clandestina; ~'**weißzeichnung** *f* desenho *m* em branco e preto; ~**wild** *n* (-*es*; *0*) javali *m*, caça *f* grossa; ~**wurz** ['-vurts] *f* (*0*) consolda *f* maior; ~**wurzel** *f* (-; -*n*) escorcioneira *f*.

Schwatz [ʃvats] *m* (-*es*; -*e*) cavaco *m*; '♀**en** (-*t*) palrar, cavaquear; ser indiscreto.

'**schwätz|en** ['ʃvɛtsən] (-*t*) = *schwatzen*; ♀**er**(**in** *f*) *m* falador(a *f*) *m*, indescreto(-a *f*) *m*; tagarela *m*, *f*.

'**schwatz-haft** palrador; indiscreto; ♀**igkeit** *f* (*0*) loquacidade *f*; indiscreção *f*.

'**Schwebe** ['ʃve:bə] *f* (*0*): *in der* ~ = ♀*nd*; ~**bahn** *f* teleférico *m*; ~**-balken** *m* trave *f* olímpica; ♀**n** pairar; estar suspenso; *in Gefahr*: estar; *noch* ~ *fig.* = ♀*nd sn*; ♀**nd** *adj.* suspenso, *fig. a.* pendente, em suspensão; *Schuld*: ✝ flutuante.

'**Schwebung** ['ʃve:buŋ] *f Phys.* interferência *f*.

'**Schwed|e** ['ʃve:də] *m* (-*n*) (~**in** *f*) sueco *m* (-a *f*); ♀**isch** sueco, da Suécia.

'**Schwefel** ['ʃve:fəl] *m* (-*s*; *0*) enxofre *m*; ~**...**: *in Zssg(n)* ⚗ (*z.B.* ~*eisen*) *a.* sulfureto de ...; = ♀*haltig*; ~**bad** *n* (-*es*; *⸚er*) banho *m* sulfuroso (*od.* sulfúreo); *Ort*: = ~*quellen*; ~**faden** *m* (-*s*; ⸚) mecha *f*; ♀**farbig**, ♀**gelb** sulfurino; ~**grube** *f* mina *f* de enxofre; ♀**-haltig** [-haltiç] sulfúreo, sulfúroso; ~**-holz** *n* (-*es*; *⸚er*), ~**-hölzchen** [-hœltsçən] *n* fósforo *m*; ♀**ig** sulfuroso; ~**kies** *m* (-*es*; *0*) pirite *f* sulfúrea; ♀**n** (-*le*) enxofrar, sulfurar; ~**quellen** *f/pl.* águas *f/pl.* sulfurosas; ♀**sauer** sulfato *m* de ...; ~**säure** *f* (*0*) ácido *m* sulfúrico; ~**-wasserstoff** *m* (-*es*; *0*) ácido *m* sulfídrico.

Schweif [ʃvaɪf] *m* (-*es*; -*e*) cauda *f*; '♀**en** *v/i.* (*h. u. sn*) vaguear; errar; ~ *lassen Blick*: passar; *v/t.* chanfrar, abaular; *geschweift adj. a.* curvado; *Tier*: de cauda; '~**stern** *m* (-*es*; -*e*) cometa *m*.

'**Schweige|geld** ['ʃvaɪgə-] *n* (-*es*; -*er*) suborno *m* (para impor silêncio); ♀**n**[1] (*L*) calar(-se); estar calado, ficar calado; ~ *über* (*ac.*), ~ *von* calar (*ac.*); ~**n**[2] *n* silêncio *m*; *zum* ~ *bringen* fazer calar; ♀**nd** *adj.* calado, silencioso, tácito (*sich verhalten* ficar); ~**pflicht** *f* (*0*) segredo *m* profissional.

'**schweigsam** ['ʃvaɪkza:m] silencioso, taciturno; ♀**-keit** *f* (*0*) taciturnidade *f*; mutismo *m*.

Schwein [ʃvaɪn] *n* (-*es*; -*e*) porco *m* (*wildes* montês; javali *m*), varrão *m*, suíno *m*; *fig.* F (*Glück*) sorte *f*.

'**Schweine|braten** *m* porco *m* assado; ~**fett** *n* (-*es*; -*e*) banha *f*; ~**-fleisch** *n* (-*es*; *0*) (carne *f* de) porco *m*; ~**-hirt** *m* (-*en*) porqueiro *m*; ~**-hund** F *m* (-*es*; -*e*) patife *m*, velhaco *m*; ~'**rei** [-'raɪ] *f* porcaria *f*; ~-

schmalz *n* (-*es*; *0*) banha *f*, manteiga *f* de porco; **~stall** *m* (-*es*; *"e*) curral *m* de porcos, casa *f* de porcos; chiqueiro *m* (*a. fig.*); **~zucht** *f* (*0*) criação *f* de porcos.

'**schweinisch** ['ʃvaɪniʃ] porco; obsceno; pornográfico.

'**Schweins|blase** *f* bexiga *f* de porco; **~borste** *f* cerda *f*; **~kopf** *m* (-*es*; *"e*) cabeça *f* de porco (*od. Wildschwein*: de javali); **~leder** *n* couro *m* de porco; pergaminho *m*.

Schweiß [ʃvaɪs] *m* (-*es*; *0*) suor *m* (*a. fig.*); transpiração *f*; *Jägersprache*: sangue *f*; (*Angst*2, *kalter* ~) suores *m/pl.* frios; *in* ~ *geraten* começar a suar; '**~-absonderung** *f* transpiração *f*; '**~blatt** *n* (-*es*; *"er*) sovaco *m*; '**~brenner** *m* maçarico *m* de soldar; '**~drüse** *f* glândula *f* sudorífera; '**2en** (-*t*) **1.** *v/t.* ⊕ soldar; **2.** *v/i. Jägersprache*: deitar sangue; '**~er** *m* ⊕ soldador *m*; '**~hund** *m* (-*es*; -*e*) braco *m*; '**2ig** em suor, a suar, suarento, suado; '**~naht** *f* (-; *"e*) ⊕ soldadura *f*; '**2treibend** sudorífico; '**2triefend** suado, banhado em suor, gotejante de suor; '**~tropfen** *m* gota *f* de suor; '**~tuch** *n* (-*es*; *"er*) sudário *m*.

'**Schweizer** ['ʃvaɪtsər] *m* (**~in** *f*) suíço *m* (-a *f*); **2isch** suíço, helvético, da Suíça.

'**schwel|en**[1] ['ʃveːlən] arder sem chama; *Teer* ~ extrair pez; **2en**[2] *n* ⊕ carbonização *f* incompleta.

'**schwelg|en** ['ʃvɛlgən] gozar; ~ *in* (*dat.*) regalar-se com; **2er** *m* patusco *m*; **2e'rei** [-ə'raɪ] *f* patuscada *f*; excesso *m*; **~erisch** luxuoso; *Mahl*: opíparo.

'**Schwell|e** ['ʃvɛlə] *f* limiar *m* (*a. fig.*); soleira *f*, umbral *m*; 🚂 travessa *f*, chulipa *f*, dormente *f*; **2en** *v/t. u. v/i.* (*L*) inchar; entumecer, tumefazer; *v/i. Wasser*: crescer; **~ung** *f* inchaço *m*.

'**Schwemm|e** ['ʃvɛmə] *f* vau *m*; bebedouro *m*; F cervejaria *f* popular; **2en** levar; fazer flutuar; *Pferd*: banhar; **~land** *n* (-*es*; *"er*) aluvião *m*.

'**Schwengel** ['ʃvɛŋəl] *m* manivela *f*; braço *m* (da bomba), picota *f*; palança *f*; (*Glocken*2) badalo *m*; *am Wagen*: balancim *m*.

'**schwenk|bar** ['ʃvɛŋk-] giratório; **~en 1.** *v/t.* agitar; (*drehen*) virar, fazer girar; (*spülen*) lavar; **2.** *v/i.* virar-se, ⚔ fazer uma evolução; **2ung** *f* conversão *f*, evolução *f*; volta *f*.

schwer [ʃveːr] **1.** *adj.* pesado (*a.* ⚔); (*schwierig*) difícil; (*mühevoll*) penoso, duro; (*ernst*) grave; (*streng*) severo; *Getränk usw.*: forte; ~*es Geld* um dinheirão; **2.** *adv. arbeiten, wiegen*: muito; *krank*: gravemente; *drei Kilo* ~ *sn* pesar; ~ *werden* = ~*fallen*; *ich habe es* ~ *mit ihm* (ele) dá-me muito que fazer; '**2-arbeit** *f* (*0*) trabalho *m* de indústrias pesadas; '**2-arbeiter** *m* operário *m* de indústrias pesadas; '**2-athletik** *f* (*0*) atletismo *m* pesado; '**~be'laden** muito carregado; '**2beschädigte(r)** ['-bəʃɛːdiçtə(r)] *m* gravemente mutilado *m*; '**2e** *f* (*0*) peso (*ê) *m*; *fig. a.* gravidade *f*; (*Schwierigkeit*) dificuldade *f*; '**~e-los** liberto de gravidade; '**2e-nöter** [-nøːtər] *m* galante(ador) *m*; maroto *m*; '**~fallen** (*L*) custar; '**~fällig** pesado(nho), lento, parado; '**2fälligkeit** *f* (*0*) peso (*ê) *m*; *fig.* lentidão *f*; '**~flüssig** refra[c]tário; '**2gewicht** *n* (-*es*; -*e*) peso (*ê) *m* (*Sport*: pesado); '**~hörig** mouco; surdo; '**2hörigkeit** *f* (*0*) surdez *f*; '**2-industrie** *f* indústria *f* pesada; '**2kraft** *f* (*0*) gravitação *f*; '**~krank** gravemente doente; '**2-kriegs-beschädigte(r)** [-bəʃɛːdiçtə(r)] *m* mutilado *m* grave de guerra; '**~lich** dificilmente; '**2mut** *f* (*0*) melancolia *f*; ⚕ hipocondria *f*; '**~mütig** ['-myːtiç] melancólico, triste; '**2-öl** *n* (-*es*; -*e*) óleo *m* pesado; '**2punkt** *m* (-*es*; -*e*) centro *m* de gravidade; *fig.* ponto *m* principal; '**~reich** muito rico; '**2spat** *m* (-*es*; -*e*) espato *m* pesado, sulfato *m* de barita.

Schwert [ʃveːrt] *n* (-*es*; -*er*) espada *f*; '**~fisch** *m* (-*es*; -*e*) peixe-espada *m*; '**2förmig** ['-fœrmiç] ensiforme; '**~lilie** *f* espadana *f*, gladiolo *m*.

'**Schwer|verbrecher** *m* grande criminoso *m*; **2verdaulich** indigesto; **2verständlich** difícil de compreender; **2verwundet** gravemente ferido; **2wiegend** *fig.* grave, transcendente.

'**Schwester** ['ʃvɛstər] *f* (-; -*n*) irmã *f*; (*Kranken*2) enfermeira *f*; **2lich** de irmã, como irmã; **~n-schaft** ⚕ *f* (*0*) as enfermeiras *f/pl.*; **~schiff** *n*

(-*ês*; -*e*) navio *m* irmão, navio *m* gêmeo; **~sprache** *f* língua *f* irmã.

'**Schwib-bogen** ['ʃvip-] ⚠ *m* (-*s*; ⸚) arco *m* botante.

'**Schwieger|eltern** ['ʃvi:gər-] *pl.* sogros (*'ô) *m/pl.*; **~mutter** *f* (-; ⸚) sogra *f*; **~sohn** *m* (-*ês*; ⸚*e*) genro *m*; **~tochter** *f* (-; ⸚) nora *f*; **~vater** *m* (-*s*; ⸚) sogro (*'ô) *m*.

'**Schwiel|e** ['ʃvi:lə] *f* calo(sidade *f*) *m*; **≗ig** caloso.

'**schwierig** ['ʃvi:riç] difícil; **≗keit** *f* dificuldade *f*.

'**Schwimm|bad** ['ʃvim-] *n* (-*ês*; ⸚*er*), **~bassin** *n* (-*s*; -*s*), **~becken** *n* piscina *f*; **~blase** *f* bexiga *f* natatória; **~-dock** *n* (-*ês*; -*s od.* -*e*) doca *f* flutuante; **≗en**[1] (*L*; *sn*) flutuar, boiar; *j.*: nadar; *in Tränen*: desfazer-se; *es schwimmt mir vor den Augen* foge-me a vista; **~en**[2] *n* natação *f*; **~er** *m* **a)** ⊕ bóia *f*; flutuador *m* (*a. Angel*); **b)** **~er(in** *f*) *m* nadador(a *f*) *m*; **~fähigkeit** *f* (*0*) flutuabilidade *f*; **~gurt** *m* (-*ês*; -*e*), **~gürtel** *m* cinto *m* de natação; **~-haut** *f* (-; ⸚*e*) membrana *f*; **~körper** *m* = *~er a*); **~-lehrer** *m* professor (*od.* mestre) *m* de natação; **~(m)eisterschaft** *f* campeonato *m* de natação; **~sport** *m* (-*ês*; *0*) natação *f*; **~stoß** *m* (-*es*; ⸚*e*) braçada *f*; **~vogel** *m* (-*s*; ⸚) ave *f* aquática, ave *f* palmípede; **~weste** *f* = *~gurt*; salva-vidas *m*.

'**Schwindel** ['ʃvindəl] *m* **a)** = **~-anfall** *m* (-*ês*; ⸚*e*) vertigem *f*, tonturas *f/pl.*; **b)** = **~'ei** *f* mentira *f*, peta *f*; burla *f*, entrujice *f*, embuste *m*; **≗-erregend** vertiginoso; **≗frei**: *~ sn* não ter vertigens; **~gefühl** *n* (-*ês*; -*e*) sensação *f* de vertigens; **≗-haft** fraudulento, mentiroso; **≗ig** vertiginoso; *~ sn* ter vertigens, ter tonturas; **≗n** (-*le*): *j-m schwindelt* alg. está com vertigens; *fig.* (*lügen*) mentir, dizer petas, ser mentiroso.

'**schwinden** ['ʃvindən] (*L*; *sn*) (*abnehmen*) diminuir; (*hin~*) desvanecer; fugir; (*ver~*) desaparecer; *j-m ~ die Sinne* alg. perde os sentidos.

'**Schwind|ler** ['ʃvintlər] *m* aldrabão *m*, embusteiro *m*; tratante *m*; burlador *m*; **~sucht** *f* (*0*) tísica *f*; **≗süchtig** tísico.

'**Schwing|-achse** ['ʃviŋ-] *f* árvore *f* de cambo; **~e** *f* asa *f*; (*Getreide≗*) ventilabro *m*, ciranda *f*, joeira *f*; (*Flachs≗*) espadela *f*; **≗en** (*L*) **1.** *v/t.* agitar; *Degen*: vibrar; *Lanze*: arrojar; *Korn*: cirandar, joeirar; *Flachs*: espadelar; *sich ~* lançar-se, arrojar-se; **2.** *v/i.* vibrar; *Pendel*: oscilar; **~ung** *f* vibração *f*; *Pendel*: oscilação *f*; **~ungs-kreis** *m* (-*es*; -*e*) circuito *m* oscilante; **~ungs-weite** *f* amplitude *f* oscilatória; **~ungs-zahl** *f* frequência *f*.

Schwips [ʃvips] F *m* (-*es*; -*e*) bico *m*.

'**schwirren** ['ʃvirən] (*h. u. sn*) vibrar; zunir; *pfeifend*: sibilar; *Gerücht*: circular.

'**Schwitz|bad** ['ʃvits-] *n* (-*ês*; ⸚*er*) banho *m* de vapor; **≗en** (-*t*) suar, transpirar; **~kasten** *m* (-*s*; ⸚) estufa *f*, casa *f* de abafos.

'**schwören** ['ʃvø:rən] (*L*) jurar; *e-n Eid ~* prestar juramento.

schwül [ʃvy:l] abafado; pesado; '**≗e** *f* (*0*) calor *m* sufocante (*od.* abafadiço); abafamento *m*.

Schwulst [ʃvulst] *m* (-*es*; ⸚*e*) estilo *m* empolado; *Lit.* cultismo *m*, gongorismo *m*.

'**schwülstig** ['ʃvylstiç] empolado, bombástico.

Schwund [ʃvunt] *m* (-*ês*; *0*) redução *f*, diminuição *f*, definhamento *m*; ⚕ atrofia *f*; *gänzlicher*: desaparecimento *m*, perda *f*.

Schwung [ʃvuŋ] *m* (-*ês*; ⸚*e*) arranco *m*; (*Antrieb*) impulso *m*, ímpeto *m*, *fig. a.* brio *m*; *Höhe*: elevação *f*; *in ~ bringen* (*ac.*) pôr em marcha; *fig.* dar impulso a, a[c]tivar; '**~brett** *n* (-*ês*; -*er*) trampolim *m*; '**~feder** *f* (-; -*n*) remígio *m*; '**≗haft** (-*est*) florescente, próspero, lucrativo; '**~-kraft** *f* (-; ⸚*e*) força (*ô) *f* motriz (*od.* centrífuga); *fig.* elasticidade *f*; brio *m*; '**≗los** (-*est*) monótono, aborrecido; '**~rad** *n* (-*ês*; ⸚*er*) volante *m*; '**≗voll** = *≗haft*; enfático, brilhante, brioso.

Schwur [ʃvu:r] *m* (-*ês*; ⸚*e*) juramento *m*; '**~gericht** *n* (-*ês*; -*e*) (tribunal *m* de) jurados *m/pl.*, júri *m*.

sechs [zɛks] (≗ *f*) seis (*m*); '**≗-eck** *n* hexágono *m*; '**~-eckig** hexagonal; '**~erlei** ['-ərlaɪ] de seis espécies, de seis ... diferentes; '**~fach**, '**~fältig** ['-fɛltiç] sêxtuplo; '**~-hundert** seiscentos; '**~hundertste(r)** seiscentésimo; '**~jährig** ['-jɛ:riç] de seis anos (de idade); '**~mal(ig)** seis vezes (repetido); '**~monatlich** semestral; '**~seitig** ['-zaɪtiç] de seis páginas; = ˷*eckig*; '˷**silbig** de seis sílabas, hexassílabo; '˷**stimmig** a seis vozes; '˷**stündig** de seis horas; ♀'**tage-rennen** *n* corridas *f/pl.* de seis dias; '˷**tägig** ['-tɛːgiç] de seis dias; '˷**tausend** seis mil; '˷**te** sexto; '♀**tel** *n* sexto *m*; '˷**tens** ['-təns] (em ...) sexto (lugar); '˷**ter** sexto; '˷**und'zwanzig** vinte-e-seis.

'**sechzehn** ['zɛçtseːn] dezasseis, * *a.* dezesseis; ˷**te** décimo sexto; *Ludwig XVI.* (*der* ♀) Luís XVI (dezasseis); ♀**tel** *n* décimo *m* sexto; ♀**telnote** ♪ *f* semicolcheia *f*.

'**sechzig** ['zɛçtsiç] sessenta; ♀**er**(**in** *f*) *m* [-gər-] sexagenário *m* (-a *f*); *in den* ˷*n* (*sn andar*) na casa dos sessenta; ˷**jährig** [-jɛːriç] sexagenário; ˷**ste** [-stə] (♀**stel** *n*) sexagésimo (*m*).

See [zeː] **a**) *f* (-; -*n*) mar *m* (*auf der* no; *zur* por); (*Sturz*♀) vagalhão *m*; (*Woge*) onda *f*, vaga *f*; *in* ˷ *gehen, in* ˷ *stechen* fazer-se ao mar; embarcar; *zur* ˷ *fahren* ser marinheiro; *zur* ˷ ⚓ marítimo; ⚔ de mar e guerra; **b**) *m* (-*s*; -*n*) lago *m*; '˷-**aal** *m* (-*es*; -*e*) congro *m*; '˷-**adler** *m* pigargo *m*; '˷-**anemone** *f* anémona *f* do mar; '˷**bad** *n* (-*es*; ¨*er*) banho *m* de mar; *Ort*: praia *f*; '˷**bär** *m* (-*en*) *fig.* velho marujo *m*; lobo (*'ô) *m* do mar; '˷**beben** *n* maremoto *m*; '˷**fahrer** *m* marinheiro *m*; navegador *m*; '˷**fahrt** *f* navegação *f*; (*Reise*) viagem *f* marítima; '˷**fischerei** *f* (*0*) pesca *f* marítima; '˷**flughafen** *m* (-*s*; ¨) base *f* aero--naval; '˷**frachtbrief** *m* (-*es*; -*e*) conhecimento *m*; '˷**gang** *m* (-*es*; ¨*e*) marulho *m*; '˷**geruch** *m* (-*es*; ¨*e*) cheiro *m* de marisco; '˷**gras** *n* (-*es*; ¨*er*) sargaço *m*; algas *f/pl.*; '˷**herrschaft** *f* domínio *m* do(s) mar(es); '˷**hund** *m* (-*es*; -*e*) foca *f*; '˷**hundsfell** *n* (-*es*; -*e*) lixa *f*; '˷**jungfer** *f* (-; -*n*) sereia *f*; *Zool.* libelinha *f*; '˷**kabel** *n* cabo *m* submarino; '˷**karte** *f* mapa *m* náutico; '♀**krank** enjoado; ˷ *sn*, ˷ *werden*: *a.* enjoar; '˷**krankheit** *f* (*0*) enjoo (*'ô) *m*; '˷**küste** *f* litoral *m*.

'**Seele** ['zeːlə] *f* alma *f*; *e-e* ˷ *von Mensch* uma santa pessoa; *j-m in der* ˷ *weh tun* afligir alg. muito; *j-m in der* ˷ *zuwider sn* repugnar profundamente a alg.; *j-m aus der* ˷ *sprechen* pensar como alg.

'**Seelen**|-**amt** *n* (-*es*; ¨*er*) ofício *m* de defuntos; ˷-**angst** *f* (*0*) angústias *f/pl.* mortais; ˷**größe** *f* (*0*) magnanimidade *f*; ˷-**heil** *n* (-*s*; *0*) salvação *f*; ˷**messe** *f* sufrágio *m*; ˷**ruhe** *f* (*0*) serenidade *f*; ♀**ruhig** sereno; todo sossegado; ♀**vergnügt** muito satisfeito, contentíssimo; (♀**verwandt**), ˷**verwandtschaft** *f* (de) afinidades *f/pl.* espirituais; ˷**wanderung** *f* metempsicose *f*.

'**seel**|**isch** ['zeːliʃ] psíquico, anímico; íntimo; ♀**sorge** *f* (*0*) cura *f* (♀**sorger** *m* cura *m*) de almas.

'**See**|**luft** *f* (*0*) ar *m* marítimo; ares *m/pl.* do mar; ˷**macht** *f* (-; ¨*e*) poder *m* naval; *Staat*: potência *f* naval, potência *f* marítima; *Flotte*: forças (*ô) *f/pl.* navais; ˷**mann** *m* (-*es*; -*leute*) marinheiro *m*; ♀**männisch** ['-mɛniʃ] de marinheiro; náutico; ˷**meile** *f* milha *f*, légua *f* marítima; ˷**muschel** *f* (-; -*n*) marisco *m*; ˷**not** *f* (*0*) perigo *m*; ˷**raub** *m* (-*es*; *0*) pirataria *f*; ˷**räuber** *m* pirata *m*; ˷**recht** *n* (-*es*; *0*) direito *m* marítimo; ˷**reise** *f* viagem *f* marítima (*od.* por mar); ˷**rose** *f* *Zool.* a[c]tínia *f*; ⚘ anémona *f* do mar; nenúfar *m*; ˷**schlacht** *f* batalha *f* naval; ˷**stern** *m* (-*es*; -*e*) estrela (*'ê)-do-mar *f*; ˷**streitkräfte** *f/pl.* forças (*ô) *f/pl.* navais; ˷**sturm** *m* (-*es*; ¨*e*) temporal *m*, borrasca *f*; ˷**tang** *m* (-*s*; *0*) sargaço *m*; algas *f/pl.*; ♀**tüchtig** em condições de navegar; ♀-**untüchtig** inavegável; ˷**warte** *f* observatório *m* marítimo; ♀**wärts** ao largo, para o mar, do lado do mar; ˷**wasser** *n* (-*s*; *0*) água *f* salgada, água *f* do mar; ˷**weg** *m* (-*es*; -*e*) via *f* marítima (*auf dem* por ... *od.* por mar); ˷**wesen** *n* (-*s*; *0*) marinha *f*; ciência *f* náutica; ˷**wind** *m* (-*es*; -*e*) vento *m* mareiro; brisa *f* do mar; ˷**zeichen** *n* bóia *f*; ˷**zunge** *f* *Zool.* linguado *m*.

'**Segel** ['zeːgəl] *n* vela *f*; *unter* ˷ *gehen* fazer-se à vela, ir à vela; *pl. mit vollen* ˷*n* a todo o pano; ˷**boot** *n* (-*es*; -*e*) barco *m* à vela; ˷**flieger** *m* aviador *m* de voo (*'ô) à vela; ˷**flug** *m* (-*es*; ¨*e*) aviação *f* de voo (*'ô) à vela; *einzelner*: voo (*'ô) à vela; ˷**flugzeug** *n* (-*es*; -*e*) avião *m* de voo (*'ô) à vela, planador *m*; ˷**macher** *m* veleiro *m*; ♀**n** (-*le*) *v/i. u. v/t.* ir à vela; ˷**schiff** *n* (-*es*; -*e*) (navio *m*) veleiro *m*; **~sport** *m* (*-es*; *0*) desporto *m* de barco à vela; **~tuch** *n* (*-ḛs*; *-e*) lona *f*; brim *m*; **~verein** *m* (*-s*; *-e*) clube *m* naval; **~werk** *n* (*-ḛs*; *0*) velame *m*.

'**Segen** ['ze:gən] *m* bênção *f* (*erteilen* lançar); *fig. a.* prosperidade *f*, felicidade *f*; **~spender** *m* abençoador *m*; **⁀sreich** abençoado; propício, benéfico; **~s-wunsch** *m* (*-es*; *⸚e*) felicitação *f*; voto *m*.

'**segn|en** ['ze:knən] (*-e-*) abençoar, *Rel. a.* benzer; *gesegnet a.* bendito; **⁀ung** *f* bênção *f*.

'**sehen** ['ze:ən] **1.** (*L*) ver; (*an~, hin~*) *a.* olhar (*auf ac.* para; *sorgend*: por); *zu ~ sn* ver-se; *sich ~ lassen* aparecer; *sich ~ lassen können* apresentar-se bem; fazer boa figura; *j-m ähnlich ~* parecer-se com alg.; *gern ~* gostar de ver, ver com agrado; **2.** ⁀ *n* vista *f*; visão *f*; *vom ~ kennen* conhecer de vista; **~swert** (*-est*), **~s-würdig** notável, interessante; **⁀s-würdigkeit** *f* coisa *f* interessante; *pl.* *~en* monumentos *m/pl*.

'**Seh|fehler** ['ze-] *m* defeito *m* visual (*od.* nos olhos [*'ô]); **~kraft** *f* (*0*) vista *f*, força (*ô) *f* visual.

'**Sehn|e** ['ze:nə] *f* *Anat.* tendão *m*, nervo *m*; ⚔ *u.* (*Bogen⁀*) corda *f*; **⁀en**: *sich* (*zurück*)*~ nach* ter saudades de; *sich nach et.* (*künftigem*) *~* ansiar (*ac.*); **~en-zerrung** *f* distensão *f* do tendão.

'**Seh-nerv** *m* (*-s*; *-en*) nervo *m* ó[p]tico, nervo *m* visual.

'**sehnig** ['ze:niç] *j.*: musculoso, nervudo; *Fleisch*: tendinoso.

'**sehn|lich** ['ze:nliç] ardente, veemente; **⁀sucht** *f* (*-*; *⸚e*) *nach Vergangenem*: saudade *f*; *nach Künftigem*: ânsia *f* (*nach* de); **~süchtig** saudoso; ansioso.

sehr [ze:r]: *~* (*viel*) muito; *so ~* tanto; *so* (*od. wie*) *~ ... auch* por mais que (*subj.*); *wie ~* quanto.

'**Seh|rohr** ⚓ *n* (*-ḛs*; *-e*) periscópio *m*; **~schärfe** *f* (*0*), **~vermögen** *n* (*-s*; *0*) = *~kraft*; **~weite** *f* alcance *m* da vista; **~winkel** *m* ângulo *m* visual.

seicht [zaıçt] baixo, pouco profundo; *fig.* superficial; fútil.

'**Seide** ['zaıdə] *f* seda (*ê) *f*.

'**seiden** de seda (*ê); **~-artig** sedoso, seríceo; **⁀faden** *m* (*-s*; *⸚*) fio *m* de seda (*ê), retrós *m*; **⁀-handel** *m* (*-s*; *0*) comércio *m* de sedas (*ê); **⁀-industrie** *f* indústria *f* de sedas (*ê); **⁀raupe** *f* bicho-da-seda (*ê) *m*; *prov.* sirgo *m*; **⁀schnur** *f* (*-*; *⸚e*) torçal *m*; **⁀waren** *f/pl.* sedas (*ê) *f/pl.*; **⁀zucht** *f* (*0*) sericicultura *f*.

'**seidig** ['zaıdiç] sedoso.

'**Seife** ['zaıfə] *f* sabão *m*; sabonete *m*; **⁀n** ensaboar.

'**Seifen|behälter** *m*, **~dose** *f* saboneteira *f*; **~blase** *f* bola *f* de sabão; **~fabrik** *f a.* saboaria *f*; **~flocken** *f/pl.* flocos *m/pl.* de sabão; **~lauge** *f* lixívia *f*; **~pulver** *n* sabão *m* em pó; **~schaum** *m* (*-ḛs*; *⸚e*) espuma *f* de sabão; **~sieder** [-zi:dər] *m* saboeiro *m*; **~siederei** *f* saboaria *f*; **~zäpfchen** ⚕ *n* supositório *m*, saponáceo *m*.

'**seifig** ['zaıfiç] ensaboado.

'**seihen** ['zaıən] coar, passar, filtrar.

Seil [zaıl] *n* (*-ḛs*; *-e*) corda *f*; cabo *m*; '**~bahn** *f* funicular *m*; teleférico *m*; '**~er** *m* cordoeiro *m*; **~e'rei** [-ə'raı] *f* cordoaria *f*; '**~tänzer** *m* saltimbanco *m*; '**~werk** *n* (*-ḛs*; *0*) cordame *m*, cordagem *f*, cordoalha *f*.

Seim [zaım] *m* (*-ḛs*; *-e*) mucilagem *f*; '**⁀ig** mucilaginoso.

sein[1] [zaın] **1.** (*L*; *sn*) ser; *örtl.*, *Zustand*: estar; *Ergebnis a.* ficar; *im Perfekt der v/i.*: ter; *es ist* (*od. sind*) ... *Jahr*(*e*) *her* há, faz; *es ist* (*od. sind*) ... *vorhanden* há; *mir ist wohl* estou bem, sinto-me bem; *was ist dir?* que tens? *wie wär's?* que lhe parece?; *nicht zu* (*inf.*) *~* não se poder ...; *ich bin dran, ich bin an der Reihe* é a minha vez; et. *~ lassen* deixar (estar) a.c.; *es sei denn, daß* a não ser que (*subj.*); a menos que (*subj.*); **2.** ⁀ *n* ser *m*, existência *f*; vida *f*.

sein[2] **1.** (o) seu, (a) sua; **2.** *gen. v. er* = '**~er**[1] dele; '**~er**[2] do(s) seu(s), da(s) sua(s); '**~erseits** [-zaıts] da sua parte, pela sua parte, da parte dele, por sua vez; '**~er-zeit** a seu tempo, em tempos; '**~es-gleichen** (seu) igual; *nicht ~ haben a.* não ter rival.

'**seinet|-halben** ['zaınəthalbən], **~-wegen**, *um* **~willen** por ele, por causa dele.

'**seinige** ['zaınigə]: *der ~, das ~* (o) seu; *die ~* (a) sua.

Seismo'graph [zaɪsmo'gra:f] *m* (*-en*) sismógrafo *m*.

seit [zaɪt] **1.** *prp.* (*dat.*) desde, a partir de; **2.** *cj.* desde que; **~'dem** desde então; *cj.* desde que.

'Seite ['zaɪtə] *f* lado *m*, *Körper*: *a.* ilharga *f*, ⚔ *u.* ⚓: *a.* flanco *m*, ⚓ *u.* *Fluß*: *a.* banda *f*; *Buch*, *Zeitung*: página *f*; *Münze* (*Stoff*): *rechte* ~ face *f*; *linke* ~ verso *m* (*a.* avesso *m*, invés *m*); *fig.* aspe[c]to *m*; *von der* ~ *ansehen* de soslaio, de esguelha; *auf die* ~ *gehen*, *zur* ~ *gehen* passar para o lado; *mit j-m zur* ~ ladeado por alg.; *auf die* ~ *bringen* pôr de lado; *j-n auf s-e* ~ *bringen* convencer alg.; *j-s schwache* ~ o fraco *m* de alg.; *von* ♀*n* (*gen.*) = ♀*ns*; *j-m zur* ~ *stehen* assistir (a) alg.; *j-m an die* ~ *stellen* comparar com alg.; *s-e guten* ~*n haben j.*: ter boas qualidades; *et.*: ter as suas vantagens.

'Seiten|ansicht *f* perfil *m*; **~blick** *m* (*-es*; *-e*) relance *m*; **~-eingang** *m* (*-es*; *⸚e*) entrada *f* lateral (*od.* do lado); **~fläche** *f* face *f* lateral; **~-flügel** △ *m* ala *f*; **~front** △ *f* fachada *f* lateral; **~gang** *m* (*-es*; *⸚e*) corredor *m* lateral; **~gasse** *f* travessa *f*; **~gebäude** *n* anexo *m*; **~-gewehr** *n* (*-es*; *-e*) baioneta *f*; **~-hieb** *m* (*-es*; *-e*) revés *m*; *fig.* remoque *m*; **~linie** *f* linha *f* lateral *od.* 🚂 secundária *od.* *Stammbaum*: colateral; **~rand** *m* (*-es*; *⸚er*) margem *f*; **~riß** *m* (*-sses*; *-sse*) proje[c]ção *f* lateral; perfil *m*; **~ruder** *n* dire[c]ção *f* lateral, condução *f* lateral; ♀**s** (*gen.*) da parte de; **~schiff** △ *n* (*-es*; *-e*) nave *f* lateral; **~-schmerz** *m* (*-es*; *-en*) dor *f* de ilharga; **~schwimmen** *n* natação *f* à indiana; **~sprung** *m* (*-es*; *⸚e*) salto *m* para o lado; *fig.* escorregadela *f*; **~stechen** ⚕ *n* pontada(s *pl.*) *f* no lado; **~steuer** *n* = ~*ruder*; **~straße** *f* travessa *f*; **~stück** *n* (*-es*; *-e*) peça *f* lateral; *fig.* par *m*; **~tasche** *f* bolsa *f* do lado; **~weg** *m* (*-es*; *-e*) atalho *m*.

seit|'her desde então; **'~lich** lateral; ~ *zu* de flanco para; = **'~wärts** ['-vɛrts] de lado, ao lado.

Se'kante [ze'kantə] *f* secante *f*.

Se'kret [ze'kre:t] *n* (*-es*; *-e*) secreção *f*.

Sekre|'tär(in *f*) *m* [zekre'tɛ:r-] (*-s*; *-e*) secretário *m* (-a *f*); **~tari'at** [-tari'a:t] *n* (*-es*; *-e*) secretaria(do) *f* (*m*); **~ti'on** [-tsi'o:n] *f* secreção *f*.

Sekt [zɛkt] *m* (*-es*; *-e*) champanhe *m*; **'~e** *f* seita *f*; **'~en-wesen** *n* (*-s*; *0*) se[c]tarismo *m*; seitas *f/pl.*; **~'ierer** [-'ti:rər] *m* se[c]tário *m*; **~i'on** [-tsi'o:n] *f* se[c]ção *f*; ⚕ autópsia *f*, disse[c]ção *f*.

Se'kun|da [ze'kunda] *f* (-; *Sekunden*) sexto (*od.* segundo) ano *m* do liceu; **~'dant** [-'dant] *m* (*-en*) padrinho *m*, testemunha *f*; ♀**'där** [-'dɛr] secundário; subsidiário; **~de** *f* segundo *m*; **~den-zeiger** *m* ponteiro *m* de segundos; ♀**'dieren** [-'di:rən] (-) (*dat.*) apadrinhar, servir de padrinho, servir de testemunha; ♪ acompanhar.

selbst [zɛlpst] **1.** *adj.* mesmo, próprio; *Herr X* ~ o próprio senhor X; *von* ~ por si (mesmo), espontâneamente; ⊕ automàticamente; **2.** *adv.* mesmo, até; ~ *wenn* ainda que (*subj.*); **'♀-achtung** *f* (*0*) dignidade *f*.

'selbständig ['zɛlpʃtɛndiç] independente, autónomo; ♀**keit** *f* (*0*) independência *f*, autonomia *f*.

'Selbst|-aufopferung *f* (*0*) abnegação *f*; **'~-auslöser** *m* disparador *m* automático; **~bedarf** *m* (*-es*; *0*) consumo *m* próprio; **'~bedienung** *f* auto-serviço *m*; **~beherrschung** *f* (*0*) auto-domínio *m*, sangue-frio *m*; **~beköstigung** *f* auto-alimentação *f*; **~bestimmung** *f* (*0*) liberdade *f*, independência *f*; auto-determinação *f*; **~bestimmungsrecht** *n* (*-es*; *0*) direito *m* à auto-determinação; **~betrug** *m* (*-es*; *0*) ilusão *f*; ♀**bewußt** consciente de si; (*stolz*) presunçoso; **~bewußtsein** *n* (*-s*; *0*) consciência *f* do seu valor (*od.* da sua dignidade); (*Stolz*) presunção *f*; **~bildnis** *n* (*-ses*; *-se*) auto-retrato *m*; **~biographie** *f* autobiografia *f*; **~-einschätzung** *f* declaração *f*; *fig.* presunção *f*; **~-entzündung** *f* inflamação *f* espontânea; auto-inflamação *f*; **~-erhaltung(strieb** *m* [*-es*; *0*]) *f* (*0*) (instinto *m* de) conservação *f*; **~-erkenntnis** *f* (*0*) conhecimento *m* de si próprio (*od.* dos seus próprios defeitos); *Phil.*: *a.* introspe[c]ção *f*; **~-erniedrigung** *f* (*0*) humilhação *f* voluntária; servilismo *m*; **~gebrauch** *m* (*-es*; *0*) uso *m* pessoal; ♀**gefällig** vaidoso, presunçoso; **~gefälligkeit** *f* (*0*) vaidade *f*, presunção *f*; **≈gefertigt** caseiro; **~gefühl** *n* (-*es*; *0*) orgulho *m*; dignidade *f* própria; **≈gemacht** feito por mim *usw.*; feito em casa; **≈gerecht** presumido, presunçoso; **~gespräch** *n* (-*es*; -*e*) monólogo *m*, solilóquio *m*; **≈-herrlich** autocrático; **~-herrschaft** *f* (*0*) autocracia *f*; **~-herrscher** *m* autócrata *m*; **~-hilfe** *f* (*0*) defesa *f* própria (*od.* pessoal); **~kosten(-preis** *m* [-*es*; -*e*]) *pl.* custo *m/sg.* da fábrica; **~kritik** *f* auto-crítica *f*; **~ladepistole** *f* pistola *f* automática; **~-laut** *m* (-*es*; -*e*) vogal *f*; **~liebe** *f* (*0*) amor-próprio *m*; **≈los** desinteressado; abnegado(r), altruísta; **~losigkeit** ['-lo:ziç-] *f* (*0*) desinteresse (*'ê) *m*; abnegação *f*; altruísmo *m*; **~mord** *m* (-*es*; -*e*) suicídio *m*; **~-mörder(in** *f*) *m*, **≈mörderisch** suicida (*m*, *f*); **≈redend** naturalmente, claro que ...; **~schutz** *m* (-*es*; *0*) auto-prote[c]ção *f*; defesa *f* legítima; **≈sicher** seguro de si (próprio); aprumado; **~sicherheit** *f* (*0*) aprumo *m*; **~sucht** *f* (*0*) egoísmo *m*; **≈süchtig** egoísta; **≈tätig** auto-a[c]tivo; espontâneo; automático; **~-täuschung** *f* ilusão *f*; **~-unterricht** *m* (-*es*; *0*) (instrução *f*) autodidá[c]tica *f*, ensino *m* autodidá[c]tico; **~-verbrennung** *f* combustão *f* espontânea; **~verleugnung** *f* abnegação *f*; **≈verschuldet** por sua (própria) culpa; **≈verständlich** natural; indiscutível; *adv. a.* evidentemente; **~verständlichkeit** *f* naturalidade *f*; coisa *f* natural (*od.* evidente); **~verstümmelung** *f* mutilação *f* voluntária; **~verteidigung** *f* legítima defesa *f*; **~vertrauen** *n* (-*s*; *0*) confiança *f* (em si mesmo); **~verwaltung** *f* autonomia *f* administrativa; **≈zufrieden** vaidoso, presunçoso; **~zweck** *m* (-*es*; *0*): ~ *sn* ter o seu fim em si mesmo.

Se'len [ze'le:n] ⚗ *n* (-*s*; *0*) selénio *m*; **≈-haltig** [-'haltiç] seleniado.

'selig ['ze:liç] bemaventurado; *fig.* feliz; (*verstorben*) saudoso; que Deus haja; **≈keit** *f* bemaventurança *f*, glória *f*; felicidade *f*; **~sprechen** (*L*) beatificar; **≈sprechung** [-ʃprɛçuŋ] *f* beatificação *f*.

'Sellerie ['zɛləri:] *m* (-*s*; -*s*), *f* (-; -) aipo *m*.

'selten ['zɛltən] raro; *adv. a.* raras vezes; *nicht* ~ frequentemente; **≈heit** *f* raridade *f*; coisa *f* rara.

'Selterswasser ['zɛltər-] *n* (-*s*; ≈) água *f* gasosa, água *f* de seltz.

'seltsam ['zɛltza:m] estranho, esquisito, singular; **≈keit** *f* singularidade *f*, estranheza *f*, esquisitice *f*.

Se'mester [ze'mɛstər] *n* semestre *m*.

Semi'kolon [zemi'ko:lɔn] *n* (-*s*; -*s*, *Semikola*) ponto *m* e vírgula.

Semi'nar [zemi'na:r] *n* (-*s*; -*e*) seminário *m*, (*Universitäts≈*) *a.* instituto *m*; (*Lehrer≈*) escola *f* normal, *für Vorschullehrer*: escola *f* de magistério primário; **~'ist** *m* (-*en*) seminarista *m*; normalista *m*.

Se'mit [ze'mi:t] *m* (-*en*), **~in** *f* semita *m*, *f*; **≈isch** semita, semítico.

'Semmel ['zɛməl] *f* (-; -*n*) pãozinho *m*; *pl.* pãezinhos *m/pl.*

Se'nat [ze'na:t] *m* (-*es*; -*e*) senado *m*; **~or** *m* (-*s*; -*en*) senador *m*.

'Sendbote ['zɛnt-] *m* (-*n*) emissário *m*, enviado *m*.

'Sende|-anlage ['zɛndə-] *f* (instalação *f*) emissora *f*; **~beginn** *m* (-*es*; *0*) abertura *f* da estação; **≈n** (*L*) enviar, mandar, expedir; remeter; *Radio*: transmitir; **~r** *m* remetente *m*; *Radio*: (estação *f*) emissora *f*; **~-raum** *m* (-*es*; ≈*e*) estúdio *m*.

Sendschreiben *n* missiva *f*, epístola *f*, circular *f*.

'Sendung ['zɛnduŋ] *f* ✝ remessa *f*; *fig.* missão *f*; *Radio*: emissão *f*.

Senf [zɛnf] *m* (-*es*; -*e*) mostarda *f*; *fig.* (*Unsinn*) disparates *m/pl.*; **'~-gurke** *f* pepino *m* de conserva; **'~-korn** *n* (-*es*; ≈*er*) semente *f* de mostardeira, mostarda *f* (✿ branca); **'~pflaster** *n* sinapismo *m*; **'~topf** *m* (-*es*; ≈*e*) mostardeira *f*.

'sengen ['zɛŋən] chamuscar.

'senior ['ze:niɔr] **1.** sénior, pai; **2.** ≈ *m* (-*s*; -*en*) decano *m*.

'Senk|blei [zɛŋk-] *n* (-*es*; -*e*) prumo *m*, sonda *f*; **~e** *f* depressão *f*; **~el** *m* atacador *m*; **≈en** (a)baixar; abater; *sich* ~ baixar; *in et. hinein*: (*sich*) ~ mergulhar; **~fuß** *m* (-*es*; ≈*e*) pé *m* chato; **~grube** *f* desaguadouro *m*, escoadouro *m*; **≈recht** vertical, perpendicular; *adv. a.* a prumo; ~ *zu* normal a; **~rechte** *f* vertical *f*, perpendicular *f* (*fällen* baixar); **~reis** ✐ *n* (-*es*; -*er*) tanchão *m*; mergulhão *m*; **~ung** *f* descida *f*; △ *u. Geol.* abaixamento *m*; ✝ baixa *f*;

Vers: tésis *f*; *Meteor.* depressão *f*; ⚕ *Blut*: sedimentação *f*; **~waage** *f* aerómetro *m*.

Senn [zɛn] *m* (*-en*), '**~e(rin** *f*) *m* (*-n*) vaqueiro *m* (-a *f*); '**~es-blätter** ⚕ *n/pl.* folhas (*ô) *f/pl.* de senes; '**~-hütte** *f* vacaria *f* alpina.

Sensati'on [zɛnzatsi'o:n] *f* sensação *f*, acontecimento *m* sensacional; **2'ell** [-o'nɛl], **~s...**: *in Zssg(n)* sensacional; **~s-prozeß** *m* (*-sses*; *-sse*) causa *f* célebre.

'**Sense** ['zɛnzə] *f* foice *f*, gadanha *f*.

Sen'tenz [zɛn'tɛnts] *f* sentença *f*; (*Spruch*) adágio *m*; **2-artig**, **2enhaft** sentencioso.

sentimen'tal [zɛntimɛnta:l] sentimental; **2i'tät** [-tali'tɛ:t] *f* sentimentalismo *m*.

sepa'rat [zepa'ra:t] *adj.* separado, particular, reservado; *Eingang usw.*: independente; *adv.* à parte; **2'ismus** [-ra'tismus] *m* (-; *0*) separatismo *m*; (**2'ist** *m* [*-en*]), **~'istisch** separatista (*m*).

'**Sepia** ['ze:pia] *f* (*0*) *Farbstoff*: sépia *f*.

Sep'tember [zɛp'tɛmbər] *m* setembro *m* (*im* em).

Sep'tett [zɛp'tɛt] *n* (*-ɇs*; *-e*) séptuor *m*.

Se'rail [ze'rail] *n* (*-s*; *-s*) serralho *m*.

'**Serb|e** ['zɛrbə] *m* (*-n*) (**~in** *f*) sérvio *m* (-a *f*); **2isch** sérvio, da Sérvia.

Sere'nade [zere'na:də] *f* serenata *f*.

Ser'geant [sɛr'ʒant] *m* (*-en*) sargento *m*.

'**Seri|e** ['ze:riə] *f* série *f*; **~en...**: *in Zssg(n)*, **2en-weise** em série.

Serpen'tine [zɛrpen'ti:nə] *f* serpentina *f*.

'**Serum** ['ze:rum] *n* (*-s*; *Sera, Seren*) soro *m*, linfa *f*; **~behandlung** *f* soroterapia *f*, seroterapia *f*.

Ser'v|ice [zɛr'vi:s] *n* serviço *m*; (*Tafel2*) baixela *f*; **2ieren** (-) servir; **~i'ette** [-vi'ɛtə] *f* guardanapo *m*.

'**Sessel** ['zɛsəl] *m* cadeira *f* (de braço), poltrona *f*, «maple» (*engl.*) *m*; **~lift** *m* (*-ɇs*; *-e*, *-s*) teleférico *m*.

'**seßhaft** ['zɛshaft] sedentário; (*wohnhaft*) domiciliado.

'**Setzei** ['zɛts?aɪ] *n* (*-ɇs*; *-er*) ovo (*'ô) *m* estrelado.

'**setzen** ['zɛtsən] (*-t*) **1.** *v/t.* pôr (*a. fig.*), meter, colocar; *Belohnung, Frist*: fixar, estabelecer; *Denkmal*: levantar, erguer; *in Brand* ~ lançar fogo a; *in Erstaunen* ~ admirar, assombrar; *den Fall* ~ supor; *die Hoffnung auf* (*ac.*) ~ confiar em; *in den Kopf*: meter; *an Land* ~ desembarcar; ♪ *u. Typ.* compor; (*pflanzen*) plantar; semear; *Schläge*: haver; *Segel* ~ içar vela; *Spiel*: entrar com; (*wetten*) apostar (*auf ac.* em); **2.** *v/i.* (*sn*): ~ *über* (*ac.*) (*springen*) saltar por cima de; (*fahren*) transpor (*ac.*); **3.** *v/r. sich* ~ sentar-se; *Flüssigkeit*: assentar; *sich in Betrieb* ~ entrar em funcionamento.

'**Setzer** ['zɛtsər] *m* tipógrafo *m*, compositor *m*; **~'ei** *f* tipografia *f*.

'**Setz|kasten** *m* (*-s*; *=*) caixa *f* tipográfica; **~ling** *m* (*-s*; *-e*) tanchão *m*, estaca *f*; (*Fisch*) peixinho *m*; **~maschine** *f* máquina *f* de compor; **~ung** *f* estabelecimento *m*; posição *f*; ⚖ *a.* positivização *f*.

'**Seuche** ['zɔyçə] *f* epidemia *f*; **2nartig** epidémico; **~nbekämpfung** *f* luta *f* antiepidémica; **~n-erreger** *m* micróbio *m*, bacilo *m*, bactéria *f*; **2nfrei** desinfe[c]to; **~n-herd** *m* (*-ɇs*; *-e*) foco *m* de contágio.

'**seufz|en** ['zɔyftsən] (*-t*) suspirar (*nach* por); *stärker*: gemer; **2er** *m* suspiro *m*; gemido *m*.

sexu'ell [zɛksu'ɛl] sexual.

Se'zier|besteck [ze'tsi:r-] *n* (*-ɇs*; *-e*) bisturi *m*; **2en** (-) dissecar; fazer a autópsia de, autopsiar; **2messer** *n* escalpelo (*'ê) *m*.

sich [ziç] se; *mit prp.* si; *an* ~ em si, de per si; pròpriamente; em princípio; *für* ~ para si; *für* ~ *leben*: retirado; *bei* ~ *denken* para consigo; *nichts auf* ~ *haben* não ter importância.

'**Sichel** ['ziçəl] *f* (-; *-n*) foicinha *f*; (*Mond2*) crescente *m* (da lua); **2-förmig** [-fœrmiç] falciforme.

'**sicher** ['ziçər] seguro (*gehen* andar; estar); (*gewiß*) certo; sem falta, sem dúvida; (*treff~*) certeiro; ~ *vor* (*dat.*) ao abrigo de; **2heit** *f* segurança *f*; certeza *f*; garantia *f*; (*Treff2*) acerto *m*; precisão *f*; *im Auftreten*: aprumo *m*; firmeza *f*; *in* ~ *bringen* pôr a salvo; **2heits...**: *in Zssg(n)* de segurança; ✝, ⚖ *a.* de caução; **~lich** certamente, sem dúvida; **~n** *v/t.* (*-re*), **~stellen** segurar; ✝ garantir; (*befestigen*) consolidar; (*schützen*) proteger, pôr a salvo, abrigar; *sich* ~ reservar-se; **2ung** *f* segurança *f*; garantia *f*; (*Schutz*) prote[c]ção *f*; (*Befestigung*) consolidação *f*; ⚡ fusível *m*; **2ungs...**: *in Zssg(n)* de segurança.

Sicht [ziçt] *f* vista *f* (✝ *auf* à); *Wetter*: *a.* visibilidade *f*; *fig.* aspecto *m*, perspectiva *f* (*aus* sob); *auf kurze* (*lange*) ~ a curto (longo) prazo; *in* ~ = '**2bar** visível; evidente; '**~barkeit** *f* (*0*) visibilidade *f*; '**2en** (-*e*-) avistar (*a.* ⚓); (*ordnen*) ordenar; classificar, (*auswählen*) *a.* eliminar; '**2lich** visível; manifesto; '**~ung** *f* exame *m*, classificação *f*; '**~vermerk** *m* (-*es*; -*e*) visto *m*; '**~wechsel** ✝ *m* letra *f* à vista; '**~weite** *f* horizonte *m*; alcance *m* da vista.

'**sickern** ['zikərn] (-*re*; *h. u. sn*) passar, infiltrar-se.

sie [zi:] **1.** *pron.* **a**) *3. Pers. f sg.* (*pl.*) ela(s), *ac. tonlos*: -a(s); **b**) *3. Pers. m/pl. u. n/pl.* eles; *ac. tonlos*: -os; **c**) *Anrede*: *sg.* (*pl.*) 2 Vossa(s) Excelência(s), o(s) Senhor(es) + (*Titel u.*) *Familienname*; o(s) meu(s) amigo(s); a(s) Senhora(s) Dona(s) + *Vorname(n)*; *weniger förmlich*: Vossê(s *pl.*); *ac. tonlos*: -o(s), -a(s); F 2 (*Esel*)! seu (burro)!; **2.** 2 *f* fêmea *f*.

Sieb [zi:p] *n* (-*es*; -*e*) crivo *m*; peneira *f*; (*Küchen*2) passador *m*.

'**sieben** ['zi:bən] **1.** *v/t.* peneirar; *bsd. Flüssigkeiten*: passar; *fig.* escolher; **2.** (*Zahl*) sete; **3.** 2 *f* sete *m*; F *böse* ~ mulher *f* endiabrada; **2eck** *n* (-*es*; -*e*) heptágono *m*; **~eckig** heptagonal; **~erlei** [-ərlaı] de sete espécies, de sete ... diferentes; **~fach**, **~fältig** [-fεltiç] séptuplo; sete vezes tanto; **2gestirn** *n* (-*es*; *0*) Pleiades *f/pl.*; **~hundert** setecentos; **~jährig** de sete anos (de idade); **~mal(ig)** sete vezes (repetido); **2sachen** *f/pl.* coisas *f/pl.*; trouxa *f/sg.* (*packen* fazer); **2schläfer** *m Zool.* arganaz *m*; *fig.* (*Langschläfer*) dorminhão *m*, dorminhoco *m*; *pl.* os sete dormentes; **~seitig** [-zaıtiç] de sete páginas; = *~eckig*; **~stündig** [-ʃtyndiç] de sete horas; **~tägig** [-tε:giç] de sete dias; **~tausend** sete mil; **~te** sétimo; **2tel** *n* sétimo *m*; **~tens** (em) sétimo (lugar); **~-und-zwanzig** vinte-e--sete.

'**siebte** ['zi:ptə], **2l**, **~ns**, **~r** = *siebente usw.*

'**siebzehn** ['zi:ptse:n] dezassete; **~te** (**2tel** *n*) décimo sétimo (*m*).

'**siebzig** ['zi:ptsiç] setenta; **2er(in** *f*) *m* [-igər-] septuagenário *m* (-a *f*); *in den* ~*n* (*sn* andar) na casa dos setenta; **~jährig** septuagenário; **~ste** (**2stel** *n*) septuagésimo (*m*).

siech [zi:ç] doente, doentio, enfermo; '**~en** definhar-se; languescer; '**2en-haus** *n* (-*es*; =*er*) hospício *m* de inválidos; '**2tum** *n* (-*s*; *0*) enfermidade *f*.

'**Siede|grad** ['zi:də-] *m* (-*es*; -*e*) grau *m* de ebulição; **~hitze** *f* (*0*) temperatura *f* de ebulição; *fig.* calor *m* tropical; **2n**[1] (-*e*-) ferver; **~n**[2] *n* ebulição *f*, fervor *m*; **2nd** *adj.* a ferver, em ebulição; **~punkt** *m* (-*es*; -*e*) ponto *m* de ebulição.

'**Siedl|er** ['zi:tlər] *m* colono *m*; **~ung** *f* colónia *f*; (*Wohnviertel*) bairro *m* económico; (= **~ungspolitik** *f* [*0*] política *f* de) colonização *f* interna; **~ungs-haus** *n* (-*es*; =*er*) casa *f* económica.

Sieg [zi:k] *m* (-*es*; -*e*) vitória *f*, triunfo *m*; (*dat.*) *zum* ~*e verhelfen* fazer triunfar (*ac.*).

'**Siegel** ['zi:gəl] *n* selo (*ê) *m*; **~lack** *m* (-*es*; -*e*) lacre *m*; **2n** (-*le*) selar; *mit Siegellack*: lacrar; **~ring** *m* (-*es*; -*e*) anel *m* para selar.

'**sieg|en** ['zi:gən]: ~ (*über ac.*) vencer (*ac.*); triunfar (de); **2er(in** *f*) *m* vencedor(a *f*) *m*.

'**Sieges|feier** ['zi:gəs-] *f* (-; -*n*) festa (*od.* celebração *f*) *f* da vitória; **2gewiß** certo da vitória; **~preis** *m* (-*es*; -*e*) prémio *m*; *fig.* palma *f*; = **~-zeichen** *n* troféu *m*.

'**siegreich** vitorioso, triunfal.

Siel [zi:l] *n* (-*es*; -*e*) esgoto (*'ô) *m*; '**~e** *f* correão *m*, tirante *m*; *pl. in den* ~*n sterben fig.* morrer em plena a[c]tividade; '**~en-geschirr** *n* (-*es*; -*e*) arreios *m/pl.*

'**siezen** ['zi:tsən] tratar por Vossa Excelência (*od.* por Vossê).

'**Sigel** ['zi:gəl] *n* sigla *f*, abreviatura *f*.

Sig'nal [zig'na:l] *n* (-*s*; -*e*) sinal *m*; **~-anlage** *f* sinalização *f*; **~e'ment** [-ə'mã] *n* (-*s*; -*s*) sinais *m/pl.* pessoais (*od.* particulares); **~feuer** *n* almenara *f*; **~flagge** *f* sinal *m*; bandeira *f* de sinalização; **~gast** ⚓ *m*

(-*es*; -*en*) sinaleiro *m*; **2i'sieren** [-ali'zi:rən] (-) dar sinal, assinalar, avisar; **~lampe** *f* lâmpada-piloto (*'ô) *f*; **~mast** *m* (-*es*; -*en*) semáforo *m*; **~scheibe** 🚂 *f* disco *m* de sinalização.

Sign|a'tarmacht [zigna'ta:r-] *f* (-; ¨*e*) potência *f* signatária; **~a'tur** [-a'tu:r] *f* assinatura *f*; (*Zeichen*) marca *f*; sinal *m*; *auf Landkarten*: sinais *m/pl.* topográficos; **2'ieren** (-) assinar; (*bezeichnen*) marcar.

'**Silbe** ['zilbə] *f* sílaba *f*.

'**Silben|maß** *n* (-*es*; -*e*) quantidade *f* (das sílabas); **~rätsel** *n* charada *f*; **~trennung** *f* divisão *f* silábica.

'**Silber** ['zilbər] *n* (-*s*; *0*) prata *f*; **2-farben, 2farbig** prateado, argênteo; **~fuchs** *m* (-*es*; ¨*e*) raposa *f* branca; **~gehalt** *m* (-*es*; -*e*) lei *f*; **~geschirr** *n* (-*es*; -*e*) pratas *f/pl.*; **2-haltig** [-haltiç] argentífero; com prata; **~hochzeit** *f* bodas *f/pl.* de prata; **2n** de prata; argentino, argênteo; **~papier** *n* (-*s*; -*e*) papel *m* prateado (*od.* de estanho); **~pappel** *f* (-; -*n*) álamo *m* branco; **~tanne** *f* abeto *m* branco; **~währung** *f* padrão-prata *m*; **~waren** *f/pl.*, **~zeug** *n* (-*es*; *0*) pratas *f/pl.*

Silhou'ette [zilu'ɛtə] *f* silhueta *f*.

Si'lizium [zi'li:tsium] *n* (-*s*; *0*) silécio *m*.

'**Silo** ['zi:lo] *m* (-*s*; -*s*) silo *m*; **~-futter** *n* (-*s*; *0*) silagem *f*.

Sil'vester [zil'vɛstər] *m*, **~-abend** *m* (-*s*; -*e*) véspera *f* do Ano Novo; noite *f* de São Silvestre.

Sims [zims] *m*, *n* (-*es*; -*e*) cornija *f*; friso *m*.

Simu'l|ant(in *f*) [zimu'lant-] *m* (-*en*) simulador(a *f*) *m*; **2ieren** (-) simular.

Simul'tan|-anlage [zimul'ta:n-] *f* sistema *m* de tradução simultânea; **~dolmetschen** *n* tradução *f* simultânea; **~schule** *f* escola *f* interconfessional.

'**Sing|akademie** ['ziŋ-] *f* academia *f* de canto; **2bar** cantável; de cantar; **2en¹** (*L*) cantar; **~en²** *n* canto *m* coral; **~sang** *m* (-*es*; *0*) ladainha *f*; **~spiel** *n* (-*es*; -*e*) opereta *f*, melodrama *m*; comédia *f* lírica; **~stimme** *f* voz *f*; parte *f* vocal; parte *f* do canto; **~stunde** *f* lição *f* de canto; *Schule*: aula *f* de canto coral.

'**Singular** ['ziŋgula:r] *m* (-*s*; -*e*) singular *m*.

'**Singvogel** *m* (-*s*; ¨) ave *f* canora.

'**sink|en¹** ['ziŋkən] (*L*; *sn*) descer; baixar; abaixar(-se); ir(-se) abaixo; ⚓ *a.* afundar-se, ir-se a pique; *fig.* mergulhar; (*fallen*) cair, *j.*: *a.* deixar-se cair; (*abnehmen*) diminuir; *den Mut ~ lassen* desanimar; **2en²** *n* baixa *f*, descida *f*; afundamento *m*; diminuição *f*.

Sinn [zin] *m* (-*es*; -*e*) sentido *m*; (*Bedeutung*) *a.* significado *m*, (*Geist, Verstand*) mente *f*, espírito *m*; *~ für* interesse (*'ê) *m* por, gosto (*'ô) *m* de; inclinação *f* para, disposição *f* para; *keinen ~ (Zweck) haben* não fazer sentido; *ohne ~ (und Verstand)* = *2los*; *e-s ~es sn mit* estar de acordo (*'ô) *m* com, concordar com; *anderen ~es werden* mudar de ideias *f/pl.*; *nach j-s ~ sn* agradar a alg.; *j-m in den ~ kommen* dar na cabeça, lembrar, ocorrer; *das will mir nicht in den ~* não (o) compreendo; *das kommt mir nicht aus dem ~* não me posso esquecer disto; não me sai da cabeça; *sich* (*dat.*) *aus dem ~ schlagen* deixar-se de, abandonar a ideia de; procurar esquecer-se de; *aus dem Auge, aus dem ~* longe da vista, longe do coração; *von ~en sn, nicht recht bei ~en sn* não ter juízo; '**~bild** *n* (-*es*; -*er*) símbolo *m*; emblema *m*; alegoria *f*; '**2bildlich** simbólico; alegórico; *~ darstellen* simbolizar.

'**sinnen** ['zinən] **1.** (*L*) meditar, refle[c]tir, cismar; *~ auf* (*ac.*) pensar em; *s. a. gesonnen, gesinnt*; **2.** **2** *n* pensamento *m*, meditação *f*, reflexão *f*; *all sn ~ und Trachten* todo o seu pensar, todos os seus pensamentos; **~d** *adj.* pensativo; meditativo; *adv. a.* a meditar, a refle[c]tir, a cismar; **2lust** *f* (*0*), **2rausch**, **2-taumel** *m* sensualidade *f*, volúpia *f*; prazeres *m/pl.* sensuais; **2welt** *f* (*0*) mundo *m* físico.

'**Sinnes|-änderung** *f* mudança *f* de ideias; **~-art** *f* (*0*) mentalidade *f*; índole *f*; **~-organ** *n* (-*s*; -*e*) sentido *m*; **~-täuschung** *f* alucinação *f*.

'**sinn|fällig** manifesto, patente, evidente; **2gedicht** *n* (-*es*; -*e*) epigrama *m*; **~gemäß** análogo; adequado; que corresponde (ao sentido); respe[c]tivo; **~getreu** exa[c]to, fiel;

~ig engenhoso; (*zart*) fino; **~lich** sensual, erótico; *Phys.* físico; **ℒlichkeit** *f* (*0*) sensualidade *f*; volúpia *f*; **~los** absurdo; sem sentido; *Handlung*: *a.* insensato; ~ *sn* não fazer sentido; **ℒlosigkeit** ['-lo:ziç-] *f* absurdo *m*, insensatez *f*; **~reich** engenhoso; **ℒspruch** *m* (*-es*; *⸚e*) sentença *f*, adágio *m*; **~verwandt** sinónimo; **~widrig** absurdo.

'**Sinter** ['zintər] *m* concreção *f* calcária; **ℒn** (*-re*; *sn*) ressum(br)ar.

'**Sint-flut** ['zint-] *f* dilúvio *m*.

'**Sinus** ['zi:nus] ⩘ *m* (*-*; *-*, *-se*) seno *m*; **~kurve** *f* sinusóide *f*.

'**Sipp|e** ['zipə] *f*, **~schaft** *f* parentela *f*; *verächtlich*: malta *f*.

Si'rene [zi're:nə] *f* sereia *f*.

'**Sirup** ['zi:rup] *m* (*-s*; *-e*) xarope *m*; *Rest*: melaço *m*.

'**Sitte** ['zitə] *f* costume *m*.

'**Sitten|bild** *n* (*-es*; *-er*), **~gemälde** *n* quadro *m* de costumes; **~gesetz** *n* (*-es*; *-e*) lei *f* moral; **~lehre** *f* (*0*) moral *f*; ética *f*; **ℒlos** imoral; **~losigkeit** [-lo:ziç-] *f* (*0*) imoralidade *f*; **~polizei** *f* (*0*) polícia *f* de costumes; **~prediger** *m* moralizador *m*; **ℒstreng** austero *m*; **~strenge** *f* (*0*) austeridade *f*; **~verderbnis** *f* (*0*) desmoralização *f*; corrupção *f*; **~verfall** *m* (*-es*; *0*) decadência *f* moral (*od.* de costumes).

'**Sittich** ['zitiç] *m* (*-es*; *-e*) periquito *m*.

'**sittlich** ['zitliç] moral; ético.

'**Sittlichkeit** *f* (*0*) moralidade *f*; **~s-verbrechen** *n*, **~s-vergehen** *n* atentado *m* (*an dat.* na pessoa de).

'**sittsam** ['zitza:m] honesto; decente, modesto; **ℒkeit** *f* (*0*) honestidade *f*, decência *f*, modéstia *f*.

Situ|ati'on [zituatsi'o:n] *f* situação *f*; **ℒ'iert** [-'i:rt]: *gut* ~ em boa situação, em boas condições.

Sitz [zits] *m* (*-es*; *-e*) lugar *m*; assento *m*; (*a. fig.* ⚕ *u. Pol.*) sede *f*; (*Wohn*ℒ) domicílio *m*, residência *f*; *Reiter*: posição *f*; *Kleid*: feitio *m*; '**~bad** *n* (*-es*; *⸚er*) banho *m* de assento.

'**sitzen** ['zitsən] (*L*; *h. u. sn*) estar (sentado; *Vogel*: pousado, empoleirado); (*im Gefängnis*) ~ estar preso (*'ê); *e-m Maler*: pousar; *Hieb*, *Schuß*, *gut*: acertar bem; *Kleid*: assentar; ficar; *locker* ~ abanar; ⚘ inserir-se; *e-e Beleidigung usw. auf sich* ~ *lassen* engulir; **~-bleiben** (*L*; *sn*) ficar sentado; *Schule*: não passar; *Mädchen*: ficar solteira; *beim Tanz*: não ter par, não encontrar par; **~d** *adj.* sentado; ~*e Lebensweise* vida sedentária; **~lassen** (*L*) abandonar.

'**Sitz|fleisch** *n* (*-es*; *0*): ~ *haben* ser sedentário; *kein* ~ *haben* não ter paciência, não ter pachorra; **~gelegenheit** *f*, **~platz** *m* (*-es*; *⸚e*) assento *m*, lugar *m* (sentado *od.* para se sentar); **~reihe** *f* bancada *f*; fila *f*.

'**Sitzung** ['zitsuŋ] *f* sessão *f*; ⚖ *a.*: audiência *f*; **~s-bericht** *m* (*-es*; *-e*) a[c]ta *f*; **~s-periode** *f* legislatura *f*; **~s-protokoll** *n* (*-s*; *-e*) = ~*sbericht*; **~s-saal** *m* (*-es*; *-säle*) sala *f* de sessões.

Sizili'an|er(in *f*) *m* [zitsili'a:nər-] siciliano *m* (-a *f*); **ℒisch** siciliano, da Sicília.

'**Skala** ['ska:la] *f* (*-*; *Skalen*) escala *f* (*gleitende* variável), graduação *f*; ♪, *Farbe*: gama *f*.

Skalp [skalp] *m* (*-s*; *-e*) escalpo *m*; **~'ell** [-'pɛl] *n* (*-s*; *-e*) escalpelo (*'ê) *m*; **ℒ'ieren** (-) escalpar.

Skan'dal [skan'da:l] *m* (*-s*; *-e*) escândalo *m*; (*Lärm*) barulho *m*; **ℒ'ös** [-'lø:s] escandaloso.

skan'dieren [skan'di:rən] (-) escandir.

Skandi'nav|ier(in *f*) *m* [skandi'na:viər-] escandinavo *m* (-a *f*); **ℒisch** escandinavo, da Escandinávia.

Ske'lett [ske'lɛt] *n* (*-es*; *-e*) esqueleto *m*.

'**Skep|sis** ['skɛpsis] *f* (*0*) cepticismo *m*; **~tiker** ['-tikər] *m* céptico *m*; **ℒtisch** ['-tiʃ] céptico.

Ski [ski:, ʃi:] *m* (*-s*; *-er*) = *Schi*.

'**Skizz|e** ['skitsə] *f* esboço (*'ô) *m*; rascunho *m*; ⚔ *a.* «croquis» (*fr.*) *m*; **ℒen-haft** esboçado ràpidamente; **ℒ'ieren** (-) esboçar.

'**Sklav|e** ['skla:və] *m* (*-n*) escravo *m*; **~en-handel** *m* (*-s*; *0*) tráfico de escravos, escravatura *f*; **~en-händler** *m* tanganhão *m*, negociante *m* de escravos; **~e'rei** [-ə'raɪ] *f* (*0*) escravidão *f*; **~in** *f* escrava *f*; **ℒisch** servil.

Skle'rose [skle'ro:sə] *f* esclerose *f*.

'**Skonto** ['skɔnto] ⚕ *m*, *n* (*-s*; *-s*) desconto *m*.

Skor'but [skor'bu:t] *m* (*-es*; *0*) escorbuto *m*.

Skorpi'on [skɔrpi'o:n] *m* (-*s*; -*e*) escorpião *m*; *Zool. a.*: lacrau *m*.
'Skrofel ['skro:fəl] *f* (-; -*n*) escrófula *f*;
skrofu|'lös [skrofu'lø:s] escrofuloso; **~'lose** *f* escrofulose *f*.
'Skrupel ['skru:pəl] *m* escrúpulo *m*; **~-haft** escrupuloso; **~los** sem escrúpulos.
Skulp'tur [skulp'tu:r] *f* escultura *f*.
'Slaw|e ['sla:və] *m* (-*n*) eslavo *m*; **~in** *f* eslava *f*; **~isch** eslavo.
Sma'ragd [sma'rakt] *m* (-*s*; -*e*) esmeralda *f*; **~en** esmeraldino.
so [zo:] assim; *vor adj. u. adv.* tão; ~ *groß*, ~ *hoch a.* tamanho; (*wenn*) † se; *im Nachsatz* (*dann*): então (*od. unübersetzt*); *~?* é verdade?, será verdade?; (*ach*) *~!* já compreendo!; não sabia!; ~ (*sehr*) tanto; *um ~ beim comp.* tanto; ~ *ein* tal; ~ *ein ...!* que ...!; ~ *etwas* tal coisa, uma coisa assim; ~ *etwas!* essa!; *ganz ~ a.*: tal e qual; ~ *oder* ~ duma maneira ou doutra; ~ *groß usw. wie möglich* o maior possível; ~ *bald wie möglich*, ~ *bald* (*wie*) *j. kann* quanto antes; ~ ... *auch* por ... que (*subj.*); ~ *daß* de modo que, de maneira que, a modos que; ~ *ziemlich* quase; **~'bald**: ~ (*als*) logo que, assim que; mal.
'Sock|e ['zɔkə] *f* peúga *f*; **~el** *m* pedestal *m*; base *f*, soco *m*; **~enhalter** *m* liga *f*.
'Soda ['zo:da] *f* (*0*) soda *f*.
so'dann depois, logo, a seguir, em seguida.
'Soda-wasser *n* (-*s*; *0*) soda *f*, água *f* gasosa.
'Sodbrennen ['zo:t-] *n* (-*s*; *0*) azia *f*, azedume *m* do estômago, pirose *f*.
so'eben agora mesmo; ~ *et. getan haben* acabar de fazer a.c.
'Sofa ['zo:fa] *n* (-*s*; -*s*) sofá *m*.
so'fern contanto que (*subj.*); ~ *nicht* a não ser que (*subj.*).
So'ffitte [zɔ'fitə] *f Thea.* bambolina *f*.
so'fort imediatamente, logo a seguir; **~ig** imediato.
Sog [zo:k] *m* (-*ẹs*; -*e*) ⚓ *u.* ✈ esteira *f*; *Brandung*: ressaca *f*.
so|'gar até, mesmo; ~ *der usw.* ... o próprio ...; **'~genannt** ['-gənant] chamado; pretenso; **~'gleich** imediatamente, logo a seguir, de caminho.
'Sog-wirkung *f* aspiração *f*.
'Sohle ['zo:lə] *f* (*Fuß~*) planta *f* (do pé); (*Schuh~ usw.*) (meia-)sola *f*; (*Strumpf~*) palmilha *f*; (*Tal~*) *u.* ⚒ fundo *m*; *auf leisen ~n* com pèzinhos *m/pl.* de lã.
Sohn [zo:n] *m* (-*ẹs*; *⸚e*) filho *m* (*verloren* pródigo).
so'lange tanto tempo; ~ (*wie od. als*) enquanto.
'Sola-wechsel ['zo:la-] *m* única (letra) *f* de câmbio.
'Solbad [zo:l-] *n* (-*ẹs*; *⸚er*) banho *m* de águas salinas; *Ort*: caldas *f/pl.*
solch [zɔlç]: ~ *ein*(*e*) tal, ... semelhante; ~ *ein*(*e*) ...*!* que ...!; **'~er'lei** ['-ər'laɪ] tais, semelhantes; **'~er-maßen** de tal maneira.
Sold [zɔlt] *m* (-*ẹs*; -*e*) pré *m*, soldo (*'ô) *m*, paga *f*.
Sol'dat [zɔl'da:t] *m* (-*en*) soldado *m*; militar *m*; ~ *werden* assentar praça; ir para a tropa; **~en-sprache** *f* (*0*) linguagem *f* militar; **~isch** militar.
'Sold-buch *n* (-*ẹs*; *⸚er*) livro *m* de pré, livro *m* de soldo, livro *m* de salário.
'Söldner ['zœltnər] *m* mercenário *m*.
'Sol|e ['zo:lə] *f* água *f* salina; ⚗ solução *f* salina; (*Salzlake*) salmoura *f*; **~-ei** *n* (-*ẹs*; -*er*) ovo (*'ô) *m* cozido em água salgada.
soli'dar|isch [zoli'da:rɪʃ] solidário; **~i'tät** [-ari'tɛ:t] *f* (*0*) solidariedade *f*.
so'lid|e [zo'li:də] sólido; *j.*: sério; *Ware*: de boa qualidade; **~i'tät** [-i'tɛ:t] *f* (*0*) solidez *f*.
So'list [zo'list] *m* (-*en*), **~in** *f* solista *m*, *f*.
Soll [zɔl] ⚜ *n* (-*s*; -*s od. uv.*) débito *m*; ~ *und Haben* deve *m* e haver; **'~bestand** ⚜ *m* (-*ẹs*; *⸚e*) existências *f/pl.* teóricas; **'~-einnahme** *f* receitas *f/pl.* previstas.
'sollen ['zɔlən] *v/t.* dever; ser obrigado a; *ich soll* quere(m) que eu (*subj.*) *soll ich lesen usw.*? *a.*: leio *usw.*?; *was soll ich* (*inf.*)? que quere(s) que eu (*subj.*)?; *ich sollte eigentlich* ... devia, mas era ...; *was soll das?* que significa isto?; *was soll das heißen?* que quer isto dizer?; *sollte es möglich sn?* seria possível?; *man sollte meinen* dir-se-ia; *Befehl*: *übers. durch subj.*: *er soll kommen* que venha; *du sollst nicht töten!* não matarás!; *Behaup-*

tung: diz-se que; dizem que, consta que; *er soll reich sn* dizem que é rico; *Möglichkeit*: *sollte er kommen, falls* (*od.* *wenn*) *er kommen sollte* se (ele) vier.

ˈ**Solo** [ˈzo:lo] *n* (*-s*; *Soli*) solo *m*; **~sänger**(**in** *f*) *m* solista *m*, *f*.

ˈ**Solquelle** [ˈzo:l-] *f* fonte *f* de águas salinas.

ˈ**so**ˈ**mit** assim, por consequência, por conseguinte, pois, portanto.

ˈ**Sommer** [ˈzɔmər] *m* verão *m*; estio *m*; **~frische** *f* vilegiatura *f*; *in die ~ gehen* ir veranear, ir passar o verão; **~frischler** [-friʃlər] *m*, **~gast** *m* (*-es*; *⸗e*) veraneante *m*, turista *m*; ⋆ veranista *m*; *in Badeorten*: banhista *m*; **2lich** estival; de verão; **~semester** *n* semestre *m* de verão; **~sitz** *m* (*-es*; *-e*) residência *f* de verão; **~sonnenwende** *f* solstício *m* de verão; **~sprosse** *f* sarda *f*; **~zeit** *f* verão *m*; (*Uhrzeit*) hora *f* de verão.

ˈ**so-nach** por conseguinte.

Soˈ**nate** [zoˈna:tə] *f* sonata *f*.

ˈ**Sonde** [ˈzɔndə] *f* sonda *f*;

ˈ**sonder** [zɔndər] (*ac.*) sem; **2-abdruck** *m* (*-es*; *-e*) separata *f*; **2-angebot** *n* (*-es*; *-e*) oferta *f* especial; **2-auftrag** *m* (*-es*; *⸗e*): *im ~* em missão *f* especial; **2-ausgabe** *f* edição *f* especial; **~bar** estranho; esquisito; singular; **~barer-weise** o que estranha é que; coisa estranha; **2bericht-erstatter** *m* correspondente *m* especial; **2friede**(**n**) *m* paz *f* separada; **2gericht** *n* (*-es*; *-e*) tribunal *m* especial; **~**ˈ**gleichen** sem igual, sem par; **2-interesse** *n* (*-s*; *-n*) interesse (⋆ˈê) *m* particular; **~lich** = **~***bar*, *nicht ~ a.* regular; *nicht ~ groß usw.* não muito ...; **~ling** *m* (*-s*; *-e*) original *m*; homem *m* esquisito; F tipo *m* esquisito; **~n 1.** *cj.* senão; mas sim; **2.** *v/t.* (*-re*) apartar, separar; (*unterscheiden*) distinguir; *gesondert* à parte; **2recht** *n* (*-es*; *-e*) privilégio *m*; **~s**: *samt und ~* todos juntos; **2stellung** *f* posição *f* privilegiada, situação *f* privilegiada; **2ung** *f* separação *f*; distinção *f*; **2vollmachten** *f/pl.* poderes *m/pl.* extraordinários; **2zug** 🚂 *m* (*-es*; *⸗e*) comboio *m* especial; **2zuteilung** *f* ração *f* extraordinária.

sonˈ**dier|en** [zɔnˈdi:rən] (-) sondar; **2ung** *f* sondagem *f*.

Soˈ**nett** [zoˈnɛt] *n* (*-es*; *-e*) soneto *m*.

ˈ**Sonn|-abend** [ˈzɔn-] *m* (*-s*; *-e*) sábado *m*; **2-abends** aos sábados; **~e** *f* sol *m*; **2en** pôr ao sol; expor ao sol; assoalhar; *sich ~* tomar um banho de sol; *fig.* gozar (*in* de).

ˈ**Sonnen|-aufgang** *m* (*-es*; *⸗e*) nascer (*od.* nascimento) *m* do sol; **~bad** *n* (*-es*; *⸗er*) banho *m* de sol; **~batterie** *f* bateria *f* solar; **~blende** *Phot.* *f* pára-sol *m*; **~blume** *f* girassol *m*; **~brand** *m* (*-es*; *⸗e*) queimadura *f* do sol; **~brille** *f* óculos *m/pl.* escuros; **~dach** *n* (*-es*; *⸗er*) toldo (⋆ˈô) *m*; **~deck** *n* (*-es*; *-e*, *-s*) solário *m*; **~finsternis** *f* (*-*; *-se*) eclipse *m* solar; **~fleck** *m* (*-es*; *-e*) mancha *f* solar; **2klar** evidente; **~satellit** *m* (*-en*) planetóide *m*; **~schein** *m* (*-es*; *0*) (luz *f* do) sol *m*; **~schirm** *m* (*-es*; *-e*) guarda-sol *m*, sombrinha *f*; **~spektrum** *n* (*-s*; *-spektren*) espectro *m* solar; **~stand** *m* (*-es*; *0*) altura *f* do sol; **~stich** ⚕ *m* (*-es*; *-e*) insolação *f*; **~uhr** *f* solário *m*, relógio-de-sol *m*; **~-untergang** *m* (*-es*; *⸗e*) pôr-de-sol *m*; **2verbrannt** queimado pelo sol; **~wende** *f* solstício *m*.

ˈ**sonn|ig** [ˈzɔniç] soalheiro; exposto ao sol; *j.*: radiante; **2tag** *m* (*-es*; *-e*) domingo *m*; **~täglich** dominical; de domingo; *~ gekleidet* endomingado; **~tags** aos domingos; **2tags-...**: *in Zssg*(*n*) = *~täglich*; **2tagskind** *n* (*-es*; *-er*) que nasceu num domingo; *fig.* felizardo *m*.

sonst [zɔnst] (*einst*) outrora, antes; (*oder aber*) senão; (*übrigens*) aliás; *~* (*noch*) mais; *wie ~* como de costume; *~ nichts* nada mais; *~ niemand* mais ninguém; *~ nirgends* em parte alguma; *mehr als ~* mais do que de costume; *was* (*wer*) *~?* que(m) senão...?; *was* (*wer*) *~ noch?* que(m) mais?; *wie ~?* como, senão assim?; ˈ**~ig** outro; ˈ**~wo** noutra parte.

soˈ**oft** sempre que.

Soˈ**phist** [zoˈfist] *m* (*-en*) sofista *m*; **~e**ˈ**rei** [-əˈraɪ] *f* sofisma *m*; **2isch** sofístico.

Soˈ**pran** [zoˈpra:n] *m* (*-s*; *-e*) soprano *m*, tiple *m*.

ˈ**Sorge** [ˈzɔrgə] *f* cuidado *m* (*a. Für-2*, *Sorgfalt*), *stärker*: preocupação *f*, inquietação *f* (*machen* dar, inspirar); *~ tragen für* cuidar de; tratar de; *keine ~!*, *seien Sie ohne ~!* fique descansado, pode ficar descansado; *pl. sich keine ~n machen* descansar; *lassen Sie das meine ~ sn!* deixe isto comigo!

'**sorgen** ['zɔrgən]: *~ für* cuidar de, tratar de; providenciar; (*beschaffen*) arranjar, procurar; (*wachen über*) velar por; *sich ~* preocupar-se, inquietar-se (*um* com); **~frei** descansado, despreocupado; **2kind** *n* (*-es; -er*): *ein* (*od. j-s*) *~ sn* dar muito cuidado (a alg.); **~voll** cheio de cuidados; muito preocupado.

'**Sorg|falt** ['zɔrkfalt] *f* (*0*) cuidado *m*; **2fältig** ['-fɛltiç] cuidadoso; esmerado; **2los** despreocupado, sem cuidados; (*fahrlässig*) descuidado; **~losigkeit** ['-lo:ziç-] *f* (*0*) sossego *m*, descanso *m*; descuido *m*; **2sam** cuidadoso.

'**Sort|e** ['zɔrtə] *f* qualidade *f*, espécie *f*; género *m*; **2'ieren** (-) classificar; separar; **~'ierung** [-'ti:ruŋ] *f* classificação *f*; separação *f*; **~i'ment** [-i'mɛnt] *n* (*-es; -e*) sortido *m*; sortimento *m*; **~i'menter** *m* livreiro *m*; **~i'ments-buchhandlung** *f* livraria *f* (geral).

'**Soß|e** ['zo:sə] *f* molho (*'ô) *m*; **~enschüssel** *f* (*-; -n*) molheira *f*.

Sou'brette [zu'brɛtə] *f* cantadeira *f*.

Souf'fleur [zu'flø:r] *m* (*-s; -e*) ponto *m*; **~kasten** *m* (*-s; ¨*) caixa *f* do ponto.

Souf'fl|euse [zu'flø:zə] *f* ponto *m*; **2ieren** (-) ser o ponto, servir de ponto; *fig.* sugerir.

'**So-und-so**: *Herr* (*Frau*) *~* Fulano (-a); *2 viel*(*e*) tantos (e tantos); **2vielte** [-fi:ltə]: *den ~n Juli* a tantos de.

souve'rän [zuvə'rɛ:n] (*2 m* [*-s; -e*]) soberano (*m*); **2i'tät** [-eni'tɛ:t] *f* (*0*) soberania *f*.

so|'viel tanto; *~ + Satz*: quanto; *~ ich weiß* ao que eu saiba; *noch einmal ~* outro tanto; *~ ... auch* (*inf.*) *mag* por mais que (*subj.*); **~'wenig** tão pouco; **~'wie** assim como; (*sobald*) logo que, assim que; **~wie-'so** em todo o caso, duma maneira ou doutra, em qualquer das hipóteses.

'**Sowjet** ['zɔvjɛt] *m* (*-s; -s*) soviete *m*; **~...** *in Zssg*(*n*) soviético, dos sovietes.

so'wohl: *~ als auch* tanto ... como; não só ..., como ainda ...

sozi'al [zotsi'a:l] social; **2-abgabe** *f* contribuição *f* social; **2beamte**(**r**) *m* funcionário *m* da assistência social; (**2demokrat** *m* [*-en*]), **~demokratisch** social-democrata (*m*); **2demokratie** *f* social-democracia *f*; **2-ethik** *f* (*0*) ética *f* social; **2fürsorge** *f* (*0*) assistência *f* social; **~i'sieren** [-i'zi:rən] (-) nacionalizar; **2i'sierung** [-i'zi:ruŋ] *f* nacionalização *f*; **2'ismus** *m* (*-; 0*) socialismo *m*; **2'ist**(**in** *f*) *m* (*-en*) socialista *m*, *f*; **~'istisch** socialista; **2politik** *f* (*0*) política *f* social; **~politisch** político-social; **2reform** *f* reforma *f* social; **2rente** *f* renda *f* social; **2versicherung** *f* seguro *m* social; **2wissenschaft** *f* ciências *f*/*pl.* sociais.

Sozio|'loge [zotsio'lo:gə] *m* (*-n*) sociólogo *m*; **~lo'gie** [-lo'gi:] *f* (*0*) sociologia *f*; **2'logisch** sociológico.

'**Sozius** ['zo:tsius] *m* (*-; -se*) sócio *m*; **~sitz** *m* (*-es; -e*) *Motorrad*: assento *m* suplementar.

sozu'sagen [zotsu-] por assim dizer, como quem diz; à laia de.

'**Spachtel** ['ʃpaxtəl] *m* espátula *f*.

'**späh|en** ['ʃpɛ:ən]: *~ nach* espreitar (*ac.*), espiar (*ac.*); **2er** *m* espia *m*; **2trupp** *m* (*-s; -s*) patrulha *f*.

Spa'lier [ʃpa'li:r] ✓ *n* (*-s; -e*) ramada *f*, latada *f*; (*Wein2*) parreira *f*; *fig. ~ stehen* formar alas (*od.* fileiras) *f*/*pl.*

Spalt [ʃpalt] *m* (*-es; -e*) fenda *f*, racha *f*; frincha *f*; abertura *f*; '**2bar** ⚛ fissível; *Phys.*: cindível; '**~e** *f* = *Spalt*; *Typ.* coluna *f*; '**2en** (*-e-*) fender, rachar; *Holz ~ a.* partir lenha; *Baum*: esgalhar; ⚛ dissociar, *a. Phys.* cindir; *fig.* dividir, separar; '**~pilz** *m* (*-es; -e*) micróbio *m*; '**~ung** *f* separação *f*, desdobramento *m*, fra[c]ção *f*; divisão *f*; *atomphys.* cisão *f* (*a. fig.*); (*Kirchen2*) cisma *m*; '**~ungs-produkt** *n* (*-es; -e*) produto *m* de cisão.

Span [ʃpa:n] *m* (*-es; ¨e*) falha *f*, apara *f*; (*Hobel2*) lasca *f*; *Metall*: limalha *f*; '**~ferkel** *n* leitão *m*.

'**Spange** ['ʃpaŋə] *f* fivela *f*, gancho *m*, colchete *m*, broche *m*; (*Arm2*) bracelete *m*.

'**Span|ier**(**in** *f*) *m* ['ʃpa:niər-] espanhol(a *f*) *m*; **2isch** espanhol, da Espanha; *fig. das kommt mir ~ vor* acho muito esquisito; *s. Fliege, Reiter, Rohr, Wand.*

Spann [ʃpan] *m* (-*ęs*; -*e*) peito *m* do pé; '**~e** *f* palmo *m*; (*Zeit*∼) espaço *m* (de tempo); '**∼en 1.** *v/t.* esticar, tender, estirar; *weit* ~ estender; *Feder, Bogen usw., Phot.*: armar; *in den Schraubstock*: pôr; *vor den Wagen* ~ atrelar; *auf die Folter* ~ torturar; *fig.* excitar; *seine Erwartungen zu hoch* ~ ter ilusões exageradas; *s. a. gespannt*; **2.** *v/i.* apertar; '**∼end** *fig.* muito interessante, palpitante; '**~er** *m* ⊕ esticador *m*; *Zeitungen*: suporte *m* (para jornais); '**~feder** *f* (-; -*n*) mola *f*; '**~futter** *n* bucha *f*; '**~kraft** *f* (*0*) elasticidade *f*; energia *f*; '**~muskel** *m* (-*s*; -*n*) extensor *m*; '**~ung** *f* tensão *f*; ⚡ *a.* voltagem *f*, (*Dampf*∼) pressão *f*; (*Erwartung*) interesse (*'ê) *m*; angústia *f*, aperto *m*; impaciência *f*; = ~*weite*; '**~ungs-messer** *m* voltímetro *m*; '**~ungs-prüfer** *m* busca-pálos *m*; '**~ungs-teiler** *m* distribuidor *m* de tensão; '**~weite** *f* envergadura *f*, ⚠ vão *m*.

Spant [ʃpant] *n* (-*ęs*; -*en*) caverna *f*.

'**Spar|buch** ['ʃpa:r-] *n* (-*ęs*; ⸚*er*) caderneta *f* de depósitos; **~-büchse** *f* mealheiro *m*; **~-einlage** *f* depósito *m* na caixa económica; **∼en** poupar, fazer economias; **~er** *m* economizador *m*.

'**Spargel** ['ʃpargəl] *m* espargo *m*.

'**Spar|gelder** *n/pl.* economias *f/pl.*; pecúlio *m/sg.*; **~guthaben** *n* depósito *m* na caixa económica; **~herd** *m* (-*ęs*; -*e*) fogão *m* económico; **~kasse** *f* caixa *f* económica, caixa *f* de depósitos; **~kassenbuch** *n* (-*ęs*; ⸚*er*) = ~*buch*.

'**spärlich** ['ʃpɛ:rliç] escasso, raro; parco; *Mahl*: frugal; **∼keit** *f* (*0*) escassez *f*; raridade *f*; frugalidade *f*.

'**Spar|maßnahme** *f* (medida *f* de) economia *f*; **~pfennig** *m* (-*ęs*; -*e*) pequenas economias *f/pl.*; pecúlio *m*.

'**Sparren** ['ʃparən] *m* caibro *m*, barrote *m*; asna *f*; *fig.* telha *f*; **~werk** *n* (-*ęs*; -*e*) vigamento *m*, madeiramento *m*.

'**sparsam** ['ʃpa:rza:m] económico, poupado; **∼keit** *f* (*0*) economia *f*; parcimónia *f*.

'**Sparte** ['ʃpartə] *f* se[c]ção *f*, coluna *f*.

Spaß [ʃpa:s] *m* (-*es*; ⸚*e*) brincadeira *f* (zum por); (*Vergnügen*) prazer *m*; (*Witz*) graça *f*, gracejo *m*; ~ *machen*, *s-n* ~ *treiben* = ∼*en*; *an* (*dat.*) *s-n* ~ *haben* gostar de; ~ *verstehen* gostar de brincadeiras; *keinen* ~ *verstehen* não estar para brincadeiras, melindrar-se fàcilmente; '**∼en** (-*t*) brincar, fazer brincadeira; '**∼-haft,** '**∼ig** engraçado; **~macher** *m*, '**~vogel** *m* (-*s*; ⸚) brincalhão *m*, trocista *m*.

Spat [ʃpa:t] *m* (-*ęs*; -*e*, ⸚*e*) *Min.* espato *m*; *Pferd*: esparavão *m*.

spät [ʃpɛ:t] *adj.* tardio, atrasado; *Stunde*: adiantado; *Alter, verspätet*: seródio; *Alterswerk*: da última fase; *adv.* tarde; *wie* ~ *ist es?* que horas são?; *bis* ~ *in die Nacht* até alta noite; *s. a.* ~*er*, ~*est*.

'**Spat|el** ['ʃpa:təl] *m*, *f* espátula *f*; **~en** *m* pá *f*; **~enstich** *m* (-*ęs*; -*e*) enxadada *f*.

'**spät|er** ['ʃpɛ:tər] *adj.* posterior, (*weiter*) ulterior; *adv.* mais tarde; **~est** último; **~estens** o mais tardar; **∼herbst** *m* (-*es*; -*e*) fim *m* do outono (*im* ao); **∼-obst** *n* (-*es*; *0*) fruta *f* seródia; **∼sommer** *m* fim *m* do verão.

Spatz [ʃpats] *m* (-*en*) pardal *m*.

'**Spät-zündung** *f* inflamação (*od.* ignição) *f* retardada *od.* retardatária; atraso *m* da inflamação (*od.* ignição); *auf* ~ *einstellen* retardar a ignição.

spa'zieren [ʃpa'tsi:rən] (-) passear; **~führen** levar para um passeio; **~gehen** (*L*) (**~fahren** [*L*], **~reiten** [*L*]) (*sn*) dar um passeio (de carro, a cavalo).

Spa'zier|fahrt [ʃpa'tsi:r-] *f* passeio *m*; **~gang** *m* (-*ęs*; ⸚*e*) passeio *m*; **~gänger** [-gɛŋər] *m* passeante *m*; **~-ritt** *m* (-*ęs*; -*e*) passeio *m* a cavalo; **~stock** *m* (-*ęs*; ⸚*e*) bengala *f*; **~weg** *m* (-*ęs*; -*e*) passeio *m*.

Specht [ʃpɛçt] *m* (-*ęs*; -*e*) picanço *m*, picapau *m*.

Speck [ʃpɛk] *m* (-*ęs*; -*e*) toucinho *m*; '**~grieben** ['-gri:bən] *f/pl.* rijões *m/pl.*; '**∼ig** gordo, sebento; '**~-schwarte** *f* pele *f* de toucinho; '**~seite** *f* tira (*od.* banda) *f* de toucinho.

Spedi't|eur [ʃpedi'tø:r] *m* (-*s*; -*e*) despachante *m*; **~i'on** [-tsi'o:n] *f* expedição *f*, transporte *m*, despacho *m*; **~i'ons-geschäft** *n* (-*ęs*; -*e*)

agência *f* de transportes (*od.* de despachos).
Speer [ʃpe:r] *m* (*-es*; *-e*) lança *f*, dardo *m*; **ˈ~werfen** *n Sport*: lançamento *m* do dardo.
ˈSpeiche [ˈʃpaɪçə] *f* raio *m*.
ˈSpeichel [ˈʃpaɪçəl] *m* (*-s*; *0*) saliva *f*; * *a.* babo *m*; (*Auswurf*) escarro *m*, cuspo *m*; **~drüse** *f* glândula *f* salivar; **~fluß** *m* (*-sses*; *⸗sse*) salivação *f*; ⚕ prialismo *m*; **~lecker** *m* bajulador *m*; manteigueiro *m*, sabujo *m*; louvaminheiro *m*; **~leckeˈrei** *f* bajulação *f*.
ˈSpeicher [ˈʃpaɪçər] *m* armazém *m*, depósito *m*; (*Korn*⁀) celeiro *m*; **⁀n** (*-re*) armazenar; **~ung** *f* armazenagem *f*; acumulação *f*.
ˈspeien [ˈʃpaɪən] (*L*) cuspir, escarrar: *fig.* vomitar; lançar.
ˈSpeise [ˈʃpaɪzə] *f* comida *f*; (*Gericht*) prato *m*; *süße ~* doce *m*; **~-eis** *n* (*-es*; *0*) gelado *m*, sorvete *m*; **~kammer** *f* (*-*; *-n*) despensa *f*; **~karte** *f* carta *f*, lista *f*; ementa *f*; **⁀n** (*-t*) **1.** *v/t.* alimentar (*a.* ⊕); dar de comer a; ⊕ encher; **2.** *v/i.* comer, *zu Mittag ~* almoçar; *zu Abend ~* jantar; *zur Nacht ~* cear; *wünsche wohl zu ~!* bom proveito!; **~n-aufzug** *m* (*-es*; *⸗e*) elevador *m*; **~nfolge** *f* ementa *f*; **~-öl** *n* (*-es*; *-e*) azeite *m* de mesa; **~röhre** *f* esófago *m*; **~saal** *m* (*-es*; *-säle*) sala *f* de jantar; *Kloster*, *Kaserne*: refeitório *m*; **~wagen** *m* vagão-restaurante *m*.
ˈSpeisung [ˈʃpaɪzuŋ] *f* alimentação *f*.
Spekˈtakel [ʃpɛkˈta:kəl] *m* ruído *m*, barulho *m*, sarilho *m*.
Spek|ˈtral-analyse [ʃpɛkˈtra:l-] *f* análise *f* espectral; **ˈ~trum** [ˈ-trum] *n* (*-s*; *Spektren*) espectro *m*.
Spekuˈl|ant [ʃpekuˈlant] *m* (*-en*) especulador *m*; **~atiˈon** [-atsiˈo:n] *f* (*-*) especulação *f*; **⁀ˈieren** especular.
Speˈlunke [ʃpeˈluŋkə] *f* espelunca *f*; taverna *f*; tasca *f*.
Spelz [ʃpɛlts] *m* (*-es*; *-e*) espelta *f*; **ˈ~e** *f* gluma *f*, barba *f* das espigas.
ˈSpend|e [ˈʃpɛndə] *f* donativo *m*, dádiva *f*; **⁀en** (*-e-*) dar; (*gewähren*) dispensar; *Lob*: fazer; *Sakrament*: administrar; *Segen*: lançar; **~er(in** *f*) *m* doador(a *f*) *m*; **⁀ˈieren** (*-*): et. *~* fazer regalo de a.c.
ˈSperber [ˈʃpɛrbər] *m* gavião *m*.
ˈSperling [ˈʃpɛrliŋ] *m* (*-s*; *-e*) pardal *m*.
ˈsperrangelˈweit [ˈʃpɛrˀaŋəlˈvaɪt] de par em par.
ˈSperr|balken [ˈʃpɛr-] *m* tranca *f*; **~baum** *m* (*-es*; *⸗e*) barreira *f*; **~druck** *m* (*-es*; *-e*): *in ~* espaçado; **~e** *f* barreira *f*; *Zugang*: encerramento *m*; ⚔, ⚓ bloqueio *m*; 🚂 entrada *f* (do cais); (*Verbot*) interdição *f*, vedação *f*; (*Hunde*⁀) proibição *f* de deixar os cães andar à solta; **⁀en** fechar; (*ver~*) obstruir, impedir, (*a.* ✝, ⚓, 🚂) bloquear, travar; *Gas*, *Wasser*, *Verbindung*: cortar; *ins Gefängnis*: meter; (*verbieten*) proibir, vedar; *Urlaub*: cancelar, anular; *Typ.* espaçar; *sich ~* opor-se (*gegen* a); **~feder** *f* tranqueta *f*, mola *f* de escape; **~feuer** ⚔ *n* fogo *m* de barragem; **~haken** *m* tranqueta *f*, travão *m*; **~holz** *n* contraplacado *m*; **⁀ig** esc(arr)anchado; perro; *Güter*: volumoso; **~kette** *f* tranca *f*, tranqueta *f*; ⚔ cordão *m*; **~klinke** *f* travinca *f*; **~konto** ✝ *n* (*-s*; *-konten*) conta *f* bloqueada; **~kreis** *m* (*-es*; *-e*) *Radio*: circuito *m* eliminador; **~(r)ad** *n* (*-es*; *⸗er*) roqueta *f*; **~sitz** *m* (*-es*; *-e*) *Thea.* cadeira(s *pl.*) *f*; **~ung** *f* encerramento *m*; ⚔, ⚓, 🚂 bloqueio *m*; **~vorrichtung** *f* travão *m*; **~zone** *f* zona *f* interdita.
ˈSpesen [ˈʃpe:zən] *pl. uv.* despesas *f/pl.*
Speziˈal|arbeiter [ʃpetsiˈa:l-] *m* operário *m* especializado; **⁀iˈsieren** [-aliˈzi:rən] (*-*) especializar; **~ˈist** *m* (*-en*) especialista *m* (*a.* ⚕).
speziˈell [ʃpetsiˈɛl] especial, particular.
ˈSpezies [ˈʃpe:tsiɛs] *f* (*-*; *-*) espécie *f*.
speˈzif|isch [ʃpeˈtsi:fiʃ] específico; **~iˈzieren** [-tsifiˈtsi:rən] (*-*) especificar.
ˈSphär|e [ˈsfɛ:rə] *f* esfera *f*; *fig. a.* ambiente *m*; **⁀isch** esférico.
Sphinx [sfiŋks] *f* (*-*; *-e*) esfinge *f*.
ˈSpick|aal [ˈʃpik-] *m* (*-es*; *-e*) enguia *f* defumada; **⁀en** lardear; F *fig.* untar as unhas; **~nadel** *f* (*-*; *-n*) lardeadeira *f*.
ˈSpiegel [ˈʃpi:gəl] *m* espelho *m*; ⚓ carro *m*; *Wasser*: nível *m*; ⚕ espéculo *m*; (*Gehalt*) percentagem *f*; taxa *f*; *~ am Kragen* distintivo *m* da gola; ⚔ *Scheibe*: centro *m*; **~bild** *n*

(-*ės*; -*er*) imagem *f*, reflexo *m*; (*Täuschung*) miragem *f*; 2**blank** muito limpo; **~-ei** *n* (-*ės*; -*er*) ovo (*'ô) *m* estrelado; **~fechte'rei** [-fɛçtə'raɪ] *f* espalhafato *m*; **~fernrohr** *n* (-*ės*; -*e*) telescópio *m* catóptrico; **~glas** *n* (-*es*; ⸗*er*) cristal *m*; 2**glatt** liso, espelhado; ~ *sn a.* parecer um espelho; 2**n** (-*le*) refle[c]tir; *sich in der Sonne* ~ espelhar-se; brilhar; **~scheibe** *f* vidraça *f* de cristal; **~schrank** *m* (-*ės*; ⸗*e*) guarda-fato *m* com espelhos; **~schrift** *f* escrita *f* invertida; **~ung** *f* reflexo *m*; **~zahl** *f* capicua *f*.

Spiel [ʃpi:l] *n* (-*ės*; -*e*) jogo *m*; = *~erei*; ~ *Karten* baralho *m*; *j-s*: *Thea.* realização *f*, *e-r Gruppe*: representação *f*; interpretação *f*; ♪ *a.* execução *f*; = *~art*; ⊕ folga *f*; *aufs ~ setzen* arriscar; *auf dem ~e stehen* estar em jogo; *sn ~ treiben mit* brincar com; *die Hand im ~e haben* ter mão no jogo; *gewonnenes ~ haben* ter o jogo na mão; '**~art** *f* ⚘ variedade *f*; ♪ maneira *f* de tocar; '**~ball** *m* (-*es*; ⸗*e*) péla *f*; *fig.* joguete *m*; '**~bank** *f* casa *f* de jogo; '**~dose** ♪ *f* caixa *f* de música; '2**en** jogar (*Billard* o bilhar, *Karten* as cartas); ♪ tocar; *Kinderspiele usw.*: brincar a; *Thea. Rolle*: desempenhar; *Stück*: representar; *Handlung*: (*v/i.*) passar-se; *e-e traurige Rolle ~* fazer triste figura; *den Dummen ~* fingir-se; *j-m e-n Streich ~* fazer (*od.* pregar) uma partida a alg.; *ins Blaue ~* tirar para; *falsch ~* fazer batota; '**~er(in** *f*) *m* jogador(a *f*) *m*; ♪ tocador(a *f*) *m*; artista *m*, *f*; (*Klavier*2) pianista *m*, *f*; (*Geigen*2) violinista *m*, *f*; (*Gitarren*2) guitarrista *m*, *f*; *Thea.* a[c]tor *m* (a[c]triz *f*); **~e'rei** [-ə'raɪ] *f* brincadeira *f*; '2**erisch** [-əriʃ] ligeiro; '**~feld** *n* (-*ės*; -*er*) campo *m* de jogo(s); '**~gefährte** *m* (-*n*) companheiro *m*; '**~geld** *n* (-*ės*; -*er*) (*Einsatz*) entrada *f*; '**~hölle** *f* = *~bank*; '**~kamerad** *m* (-*en*) companheiro *m* de brinquedos; '**~karte** *f* carta *f* de jogo; '**~leiter** *m* dire[c]tor *m*; realizador *m*; '**~leitung** *f* dire[c]ção *f*; realização *f*; '**~marke** *f* tento *m*, ficha *f*; '**~plan** *m* (-*ės*; ⸗*e*) programa *m*; repertório *m*; '**~platz** *m* (-*es*; ⸗*e*) *Sport*: campo *m* de jogos (*od.* de desportos); (*Kinder*2) parque *m* infantil; '**~raum** *m* (-*ės*; ⸗*e*) *fig.* margem *f*, espaço *m*; ⊕ folga *f*; '**~regel** *f* (-; -*n*) regra *f* do jogo; '**~stunde** *f* hora *f* de recreio; '**~sucht** *f* (*0*) paixão *f* (*od.* vício *m*) do jogo; '**~tisch** *m* (-*ės*; -*e*) mesa *f* de jogo; '**~-uhr** *f* = *~dose*; '**~verbot** *n* (-*ės*; -*e*) interdição *f*; '**~verderber** *m* desmancha-prazeres *m*; '**~waren** *f/pl.* brinquedos *m/pl.*; '**~wart** *Thea. m* (-*ės*; -*e*) contra-regra *m*; '**~zeit** *f Sport*: período *m*; *Thea.* estação *f*, época *f*; '**~zeug** *n* (-*ės*; -*e*) brinquedo(s *pl.*) *m*.

Spieß [ʃpi:s] *m* (-*es*; -*e*) pique *m*, alabarda *f*; (*Brat*2) espeto *m*; (*Speer*) lança *f*; ('**~bürger** *m*) '2**bürgerlich** *fig.* burguês (*m*); atrasado (*m*); '2**en** (-*t*) espetar; traspassar; '**~er** *m Jagd*: cervato *m*; = *~bürger*; '2**ig** = 2*bürgerlich*; '**~rute** *f* vareta *f*; *pl.*: *~n laufen* passar pelas varetas; *fig.* correr as ruas.

Spill [ʃpil] ⚓ *n*, (-*ės*; -*e*) cabrestante *m*.

Spi'nat [ʃpi'na:t] *m* (-*ės*; -*e*) espinafre *m*.

Spind [ʃpint] *n*, *m* (-*ės*; -*e*) armário *m*.

'**Spindel** ['ʃpindəl] *f* (-; -*n*) fuso *m*; 2**dürr** muito magro, magro como um bacalhau.

Spi'nett [ʃpi'nɛt] ♪ *n* (-*ės*; -*e*) espineta *f*.

'**Spinn|e** ['ʃpinə] *f* aranha *f*; 2**efeind**: *j-m ~ sn* ter um ódio figadal a alg.; 2**en** fiar; *Katze*: fazer ronrom; *fig.* tramar; F *v/i.* não regular bem; **~er(in** *f*) *m* fiandeiro *m* (-a *f*); **~e'rei** [-ə'raɪ] *f* (fábrica *f* de) fiação *f*; **~(ge)webe** *n* teia *f* de aranha; **~maschine** *f* máquina *f* de fiar; **~rad** *n* (-*ės*; ⸗*er*) roda *f* de fiar; **~rocken** *m* roca *f* (de fiar).

Spi'on *m* (-*s*; -*e*) espião *m*; **~'age** [-o'na:ʒə] *f* espionagem *f*; **~'ageabwehr** *f* (*0*) contra-espionagem *f*; 2'**ieren** (-) espiar, fazer espionagem; **~in** *f* espia *f*.

Spi'ral|bohrer [ʃpi'ra:l-] *m* broca *f* espiral; **~e** *f* espiral *f*; **~feder** *f* (-; -*n*) mola *f* espiral; 2**förmig** [-fœrmiç] espiral, em hélice; **~linie** *f* espiral *f*.

Spiri't|ismus [ʃpiri'tismus] *m* (-; *0*) espiritismo *m*; (**~ist** *m*) 2**istisch** espiritista (*m*); **~u'osen** [-tu'o:zən] *pl.* bebidas *f/pl.* alcoólicas.

'**Spiritus** ['ʃpi:ritus] *m* (-; -*se*) álcool *m*; **~kocher** *m* máquina *f* de álcool.

Spi'tal [ʃpi'ta:l] *n* (-*s*; *⸗er*) hospital *m*; (*Armenhaus*) casa *f* dos pobres.
spitz [ʃpits] **1.** *adj.* (-*est*) (ponte) agudo; *Nase*: *a.* afilado; *fig.* mordaz; **2.** 2 *m* (-*es*; -*e*) *Hund*: lulu *m*; F (*Rausch*) piteira *f*; '**2bart** *m* (-*ẹs*; *⸗e*) pera *f*; '**2bogen** *m* (-*s*; *⸗*) ogiva *f*; arco *m* ogival; '**2bohrer** *m* furador *m*; '**2bube** *m* (-*n*) ladrão *m*, patife *m*; '**2bübin** *f* ladra *f*; '**~bübisch** de gatuno, velhaco; (*verschmitzt*) gaiato; '**2e** *f* ponta *f*; (*Berg*2) pico *m*, cume *m*; (*Ende*) extremidade *f*; topo (*a.* ⚓) *m*; *Feder*: bico *m*; *Handarbeit*: renda *f*; ⚔ frente *f*, vanguarda *f*; (*Zigarren*2) boquilha *f*; *fig. gegen j-n*: dentada *f*, alusão *f*, remoque *m*; *indireta *f*; *an der* ~ à frente; *die* ~*n pl. der Behörden* as altas autoridades *f/pl.*; *die* ~ *bieten* (*dat.*) fazer frente a; *auf die* ~ *treiben* exagerar, abusar; '**2el** *m* agente *m* provocador; '**~en** *v/t.* (-*t*) aguçar, apontar; abicar; *die Ohren* ~ arrebitar as orelhas; *den Mund* ~ fazer bico; *sich auf* (*ac.*) ~ contar com, esperar ansiosamente.
'**Spitzen|-einsatz** *m* (-*es*; *⸗e*) entremeio *m*, aberto *m*; **~fabrikant** *m* (-*en*) rendeiro *m*; **~gruppe** *f Sport*: sele[c]ta *f*; **~klöpplerin** *f* rendeira *f*; **~leistung** *f* «record» *m*; *Sport*: *a.* campeonato *m*.
'**spitz|findig** subtil, sofístico; **2findigkeit** *f* subtileza *f*, sofisma *m*; **2-hacke** *f* alvião *m*; **~ig** *fig.* mordaz; **2maus** *f* (-; *⸗e*) musaranho *m*; **2-name** *m* (-*ns*; -*n*) alcunha *f*; **2nase** *f* nariz *m* ponteagudo, nariz *m* afilado; **~wink(e)lig** acutângulo.
Splint [ʃplint] ⊕ *m* (-*ẹs*; -*e*), '**~holz** *n* (-*es*; *⸗er*) alburno *m*.
'**Splitter** ['ʃplitər] *m* estilha *f*; (*Glas*2, *Granat*2) estilhaço *m*; (*Holz*2, *Stein*2) lasca *f*; (*Knochen*2) esquirola *f*; *sich* (*dat.*) *e-n* ~ *einreißen* espetar um pico; **2(faser-)nackt** nu (em pêlo), em couro, despido; **2n** (-*re*; *h. u. sn*) lascar(-se); (*zer*~) estilh(aç)ar; (*sich spalten*) fender-se; **~partei** *f* minoria *f* dissidente; **2-sicher** ⚔ à prova de estilhaços.
spon'tan [ʃpɔn'ta:n] espontâneo.
spo'radisch [ʃpo'ra:diʃ] esporádico.
'**Spore** [ʃpo:rə] *f* espora *f*, esporo *m*.
Sporn [ʃpɔrn] *m* (-*ẹs*; -*e*) espora *f*; *Vögel*: esporão *m*; *pl. dem Pferde die Sporen geben* dar com as esporas a; '**2en** *fig.* estimular; '**2streichs** ['-ʃtraɪçs] a toda a pressa, imediatamente.
Sport [ʃpɔrt] *m* (-*ẹs*; -*e*) desporto *m*; '**~-abzeichen** *n* insígnia *f* desportiva; '**~-artikel** *m* artigo *m* de desporto(s); '**~beilage** *f* crónica *f* desportiva; '**~bericht** *m* (-*ẹs*; -*e*) reportagem *f* desportiva; '**~eln** *f/pl.* emolumentos *m/pl.*; '**~flugzeug** *n* (-*ẹs*; -*e*) avião *m* de desporto; '**~journalist** *m* (-*en*) jornalista *m* desportivo; '**~lehrer** *m* instrutor *m*, professor *m* de educação física; '**~ler** *m* desportista *m*; '**2lich** desportivo; '**~nachricht** *f* notícia *f* desportiva; '**~palast** *m* (-*es*; *⸗e*) palácio *m* de desportos; '**~platz** *m* (-*es*; *⸗e*) campo *m* de desportos; '**~s-mann** *m* (-*ẹs*; -*leute*) = ~*ler*; '**2treibend** = 2*lich*; '**~trikot** *n* (-*s*; -*s*) fato *m* de malha; '**~verein** *m* (-*ẹs*; -*e*) clube *m* desportivo; '**~zeitung** *f* jornal *m* de desportos.
Spott [ʃpɔt] *m* (-*ẹs*; *0*) escárnio *m*, troça *f*; '**~bild** *n* (-*ẹs*; -*er*) caricatura *f*; '**2billig** baratíssimo, ao desbarato; ~ *sn* ser uma pechincha.
Spötte'l|ei [ʃpœtə'laɪ] *f* = *Spott*; '**2n** (-*le*) = *spotten*.
'**spotten** ['ʃpɔtən] (-*e*-) fazer troça (*über ac.* de); *jeder Beschreibung* ~ ser espantoso, ultrapassar todos os limites.
'**Spötter** ['ʃpœtər] *m* trocista *m*; *Rel.* blasfemo *m*.
'**Spott|gedicht** *n* (-*ẹs*; -*e*) sátira *f*; **~geld** *n* (-*ẹs*; -*er*) = ~*preis*.
'**spöttisch** ['ʃpœtiʃ] trocista.
'**Spott|lied** *n* (-*ẹs*; -*er*) canção *f* satírica; **~name** *m* (-*ns*; -*n*) alcunha *f*; **~preis** *m* (-*es*; -*e*): *zu e-m* ~ ao desbarato; **~schrift** *f* sátira *f*; **~sucht** *f* (*0*) mania *f* de fazer troça *f*; **2süchtig** trocista; **2wenig** muito pouco.
'**Sprach|-atlas** ['ʃpra:x-] *m* (-*ses*; *0*) atlas *m* linguístico; **~e** *f* língua *f* (*a. Sprachfähigkeit*); idioma *m*; (*Ausdrucksweise*) linguagem *f*; (*Sprechart*) fala *f*; *zur* ~ *kommen* ser tratado; **~-eigentümlichkeit** *f* idiotismo *m*; **~en-kenner** *m* filólogo *m*; poliglota *m*; **~fehler** *m* erro (*ê) de gramática, solecismo *m*; ⚕ defeito *m* de língua; **~forscher** *m* filólogo *m*, linguista *m*; **~forschung** *f* filologia *f*, linguística *f*; **~führer** *m* manual *m* de conversação; **~gebiet**

n (-*ės*; -*e*): *deutsches* ~ países *m/pl.* de língua alemã; **~gebrauch** *m* (-*ės*; *0*) uso *m*; ~ *sn a.* ser corrente; **~gefühl** *n* (-*ės*; *0*) sentimento *m* da língua; sensibilidade *f* estilística; **~grenze** *f* fronteira *f* linguística; **~kunde** *f* filologia *f*, linguística *f*; **2kundig** versado numa língua; *allgemein*: versado em filologia; **~lähmung** ⚕ *f* afasia *f*; **~laut** *m* fonema *m*; **~lehre** *f* gramática *f*; método *m* de língua; **~lehrer** *m* professor *m* de língua(s); **2lich** de língua, de linguagem, linguístico, idiomático; **2los** mudo, sem fala; ~ *sn*, ~ *dastehen fig.* ficar pasmado, ficar de boca aberta; **~regel** *f* (-; -*n*) regra *f* de gramática; **~regelung** *f* versão *f* oficial; **~reiniger** *m* purista *m*; **~rohr** *n* (-*ės*; -*e*) porta-voz *m* (*a. fig.*); ⚓ trombeta *f* marinha (*od.* falante); **~schatz** *m* (-*es*; *0*) vocabulário *m*; **~unterricht** *m* (-*ės*; *0*) ensino *m* da(s) língua(s); *deutscher usw.* ~ ensino de Alemão *usw.*; **~vergleichung** *f* filologia *f* comparada; gramática *f* comparada; **2widrig** incompatível com o génio da língua; ~*er Ausdruck* barbarismo *m*; **~wissenschaft** *f* = ~*forschung*; **~wissenschaftler** *m* filólogo *m*; linguista *m*; **2wissenschaftlich** filológico, linguístico.

ˈ**Sprech|-art** [ˈʃprɛç-] *f* modo *m* de falar; fala *f*; **~-chor** *m* (-*ės*; ⸚*e*) coro (*ˈô) *m* falado; **2en** (*L*) falar (*j-n*: a, com; *über ac.* de, sobre); *Gedicht*: recitar; *Worte*: dizer; *a. Urteil*: pronunciar; proferir; *schuldig* ~ condenar; *Anzeichen usw.*: ~ *für* denotar (*ac.*), indicar (*ac.*); *zu* ~ *sn* estar (em casa); *für j-n zu* ~ *sn* receber alg.; *auf* (*ac.*) *nicht gut zu* ~ *sn* não gostar de, não simpatizar com; estar zangado com; **2end** *adj.* expressivo; *adv.* ~ *ähnlich* muito parecido; **~er** *m* orador *m*; *Beauftragter*: porta-voz *m*; representante *m*; *Radio*: locutor *m*; **~gebühr** *f* taxa *f* telefónica; **~stunde** *f* ⚖ *u.* ⚕ horas *f/pl.* de consulta; *Krankenhaus*: horas *f/pl.* de visita; ~ *haben* receber; dar consulta; **~-übung** *f* exercício *m* de conversação; **~weise** *f* = ~*art*; **~zelle** *f Fernspr.* cabine *f*; **~zimmer** *n* gabinete *m*; ⚖ *u.* ⚕ consultório *m*; *Kloster*: locutório *m*.

ˈ**spreiz|en** [ˈʃpraɪtsən] (-*t*) estender; *Beine*: escarranchar; abduzir; ⚠ espeçar; *sich* ~ *fig.* pavonear-se; *gegen*: ser teimoso; **2ung** *f* abdução *f*; alargamento *m*.

ˈ**Spreng|bombe** [ˈʃprɛŋ-] *f* bomba *f* explosiva; **~el** *m Rel.* diocese *f*; (*Kirchspiel*) freguesia *f*; **2en 1.** *v/t.* *Garten usw.*: regar; *Wäsche usw.*: borrifar; *Weihwasser*: aspergir; *Ring*: romper; *Tür*: arrombar; (*in die Luft*) ~ fazer saltar; fazer ir pelos ares; dinamitar; **2.** *v/i.* (*sn*): *heran*~ vir a galope; (*fort*~) ir a galope; **~geschoß** *n* (-*sses*; -*sse*) projé[c]til *m* explosivo; **~kapsel** *f* (-; -*n*) detonador *m*; **~kraft** *f* (*0*) força (*ô) *f* explosiva; **~ladung** *f* carga *f* explosiva; **~loch** *n* (-*ės*; ⸚*er*) buraco *m* para tiro de mina; **~schuß** *m* (-*sses*; ⸚*sse*) tiro *m* (de mina), barreno *m*; **~stoff** *m* (-*ės*; -*e*) explosivo *m*; **~ung** *f* destruição *f* (por meio de dinamite); *a. fig.* rotura *f*; = ~*schuß*; **~wagen** *m* carro *m* de irrigação; **~wirkung** *f* = ~*kraft*; explosão *f*.

ˈ**Sprenkel** [ˈʃprɛŋkəl] *m* salpico *m*; **2n** (-*le*) salpicar; malhar.

Spreu [ʃprɔy] *f* (*0*) debulho *m*; moinha *f*; *a. fig.* joio *m*.

ˈ**Sprich|wort** [ˈʃpriç-] *n* (-*ės*; ⸚*er*) provérbio *m*, dito *m*, adágio *m*; **2wörtlich** proverbial.

ˈ**sprießen** [ˈʃpri:sən] (*L*; *h. u. sn*) brotar, nascer.

ˈ**Spring|brunnen** [ˈʃpriŋ-] *m* repuxo *m*; **2en** (*L*; *sn u. h.*): ~ (*über ac.*) saltar (por cima de); galgar (*ac.*); (*hüpfen*) pular, dar pulos; (*zer*~, *bersten*) estalar; *Wasser*: brotar, jorrar; *fig. in die Augen* ~ saltar aos olhos; ser evidente; *Geld* ~ *lassen* gastar um dinheirão; *der* ~*de Punkt* o principal; o busílis; **~er** *m* saltador *m*; *Schach*: cavalo *m*; **~flut** *f* (maré *f* de) águas-vivas *f/pl.*; **~ins-feld** *m* (-*ės*; *0*) estouvado *m*; **~maus** *f* (-; ⸚*e*) gerbo *m*; **~seil** *n* (-*ės*; -*e*) corda *f* de saltar.

Sprit F [ʃprit] *m* (-*ės*; -*e*) álcool *m*.

ˈ**Spritz|e** [ˈʃpritsə] *f* (*Feuer*2) bomba *f* de incêndios; (*Garten*2) mangueira *f*; ⚕ seringa *f*; (*Einspritzung*) inje[c]ção *f*; **2en** (-*t*) *v/t.* deitar água a; regar; esguichar; ⚕ inje[c]tar; *a. v/i.* (*h. u. sn*) esguichar; **~enhaus** *n* (-*es*; ⸚*er*) casa (*od.* estação) *f* das bombas de incêndio; bombeiros *m/pl.*; **~er** *m* salpico *m*, esguicho *m*, salpicadura *f*; **~fahrt** *f* passeio *m*; **~guß** *m* (*-sses*; *¨sse*) fundição *f* por inje[c]ção; **~kuchen** *m* filhó *m*; **~leder** *n* guarda-lamas *m*; **~rohr** *n* (*-es*; *-e*) lança *f*.

'**spröd|e** ['ʃprœ:də] frágil, quebradiço; *Haut*: áspero, gretado; *j.*: reservado, arisco; frio; *Metall*: imaleável; (*rauh*) áspero; **2igkeit** *f* (*0*) fragilidade *f*; aspereza *f*; *Haut*: cieiro *m*; *j-s*: reserva *f*; esquivez *f*.

Sproß [ʃprɔs] *m* (*-sses*; *-sse*) renovo (*'ô) *m*; rebento *m*, vergôntea *f*; *j.*: descendente *m*.

'**Spross|e** ['ʃprɔsə] *f* degrau *m*; (*Sommer2*) sarda *f*; **2en** (*-ßt*) brotar, nascer; **~ung** *f* proliferação *f*.

'**Sprößling** ['ʃprœsliŋ] *m* (*-s*; *-e*) = *Sproß*; *fig.* filho *m*.

'**Sprotte** ['ʃprɔtə] *f* pequeno arenque *m*.

Spruch [ʃprux] *m* (*-es*; *¨e*) sentença *f*; ⚖ *a.* veredi[c]to *m*; (*Bibel2*) versículo *m*; (*Sinn2*) dito *m*, provérbio *m*, adágio *m*; (*Zauber2*) fórmula *f* (mágica); '**~band** *n* (*-es*; *¨er*) letreiro *m*, dístico *m*; '**2reif**: *~ sn* estar suficientemente esclarecido.

'**Sprudel** ['ʃpru:dəl] *m* jorro (*'ô) *m*, borbulhão *m*; ⚕ fonte *f* termal; *Getränk*: água *f* gasosa; ⚕ águas *f/pl.* medicinais; **2n** (*-le*; *sn u. h.*) brotar, borbulhar; *fig.* falar muito depressa; *Witz*: ter muita graça, ter muito espírito; **2nd** *adj.* espumoso; *fig. j.*, *Witz*: brilhante.

'**sprüh|en** ['ʃpry:ən] faiscar; saltar; (*regnen*) chuviscar; *garoar; **~end** *adj.* brilhante, cintilante; **2regen** *m* chuvisco *m*; *garoa *f*.

Sprung [ʃpruŋ] *m* (*-es*; *¨e*) salto *m*, pulo *m* (*machen* dar; *in e-m* de); (*Riß*) fenda *f*, racha *f*; *auf dem ~e stehen zu* (*inf.*) estar para; *pl.* *Sprünge bekommen* rachar, estalar; *j-m auf die Sprünge helfen* dar uma ajuda a alg.; meter alg. no caminho; '**~brett** *n* (*-es*; *-er*) trampolim *m*; '**~feder** *f* (*-*; *-n*) mola *f*; '**~federmatratze** *f* colchão *m* de molas; '**~gelenk** *n* (*-es*; *-e*) *Anat.* astrágalo *m*; tendão *m* da perna; *Tier*: jarrete *m*, curvão *m*; '**2haft** saltitante, incoerente; '**~kraft** *f* (*0*) elasticidade *f*; '**~riemen** *m* gamarra *f*, correão *m*; '**~tuch** *n* (*-es*; *¨er*) pano *m* salva-vidas; '**2weise** aos saltos.

'**Spuck|e** ['ʃpukə] *f* (*0*) cuspo *m*, escarro *m*; esputo *m*; * *a.* babo *m*; **2en** cuspir, escarrar; *beim Sprechen*: perdigotar; ⚕ expe[c]torar; **~napf** *m* (*-es*; *¨e*) escarrador *m*.

Spuk [ʃpu:k] *m* (*-es*; *-e*) aparição *f* de fantasmas; rumor *m* (de duendes); '**2en**: *es spukt* andam fantasmas (pela casa); *es spukt in s-m Kopf* tem manias; '**~geschichte** *f* conto *m* fantástico (*od.* de fantasmas); '**2haft** fantástico.

'**Spul|e** ['ʃpu:lə] *f* bobina *f*; fuso *m*; *im Schiffchen*: canilha *f*; **2en** dobar, bobinar.

'**spül|en** ['ʃpy:lən] lavar; enxaguar; passar por água; *den Mund ~* bochechar; *an den Strand*: arrojar; (*be~*) banhar; **2becken** *n* tina *f*; **2ung** *f* lavagem *f*; ⚕ *a.* irrigação *f*; *des Mundes*: bochecho *m*; = **2vorrichtung** *f am Klosett*: autoclismo *m*.

'**Spul-wurm** ['ʃpu:l-] *m* (*-es*; *¨er*) ascáride *f*; lombriga *f*; oxiuro *m*.

Spund [ʃpunt] *m* (*-es*; *¨e*) batoque *m*; rolha *f*; = *~loch*; '**2en** ['-dən] (*-e-*) (a)batocar; tapar; '**~loch** *n* (*-es*; *¨er*) batoqueira *f*; orifício *m* da pipa.

Spur [ʃpu:r] *f* vestígio *m* (*a. fig.*); (*Fährte*) pista *f*, rasto *m*; (*Fuß2*) pisada *f*; (*Rad2*) carril *m*; 🚂 (*~weite*) via *f*; *keine ~ fig.* F nada, nem rasto; nem patavina; *keine ~ von et. haben* não ter sombra de a.c.

'**spür|bar** ['ʃpy:rba:r] sensível, notável; **~en** *v/t. Jagd*: encontrar (*od.* seguir) a pista de, (*wittern*) farejar; (*fühlen, merken*) sentir, notar; perceber.

'**Spuren-element** *n* (*-es*; *-e*) elemento-traço *m*.

'**Spür-hund** *m* (*-es*; *-e*) cão *m* de busca.

'**Spur|-kranz** *m* 🚂 (*-es*; *¨e*) rebordo (*'ô) *m*, friso *m*; **2los** sem deixar vestígios.

'**Spür|nase** *f* farejador *m*; **~sinn** *m* (*-es*; *0*) faro *m*; *fig.* sagacidade *f*.

'**Spur-weite** *f* 🚂 via *f*; *Auto*: distância *f*.

'**sputen** ['ʃpu:tən] (*-e-*): *sich ~* mexer-se, aviar-se, abelhar-se.

Staat [ʃta:t] *m* (*-es*; *-en*) Estado *m*; (*Prunk*) gala *f*, luxo *m*; aparato *m*; *~ machen* brilhar; '**~en-bund** *m* (*-es*; *¨e*) confederação *f*; '**~enkunde** *f* (*0*) (geografia) política *f*; '**2enlos** sem nacionalidade, apátrida; '**2lich** público, do Estado, nacional; estatal, estadual; ~ *anerkannt* oficializado; ~ *geprüft* diplomado; ~ *unterhalten* financeiramente ligado ao Estado.

'**Staats|-akt** *m* (-*es*; -*e*) cerimónia *f*; ~**-angehörige** *f*, ~**-angehörige(r)** *m* cidadão *m*, cidadã *f*; súbdito *m*, -a *f*; *pl.* nacionais *pl.*; ~**-angehörigkeit** *f* (*0*) nacionalidade *f*; e-e ~ *erwerben* naturalizar-se; ~**-anwalt** *m* (-*es*; =*e*) procurador *m* da República; ~**-anwaltschaft** *f* ministério *m* público; ~**-anzeiger** *m* Diário *m* do Governo (*ê); ~**beamte(r)** *m* funcionário *m* público; ~**begräbnis** *n* (-*ses*; -*se*) funerais *m/pl.* nacionais; ~**bürger** *m* cidadão *m*; ~**bürgerkunde** *f* (*0*) instrução *f* cívica; 2**bürgerlich** civil; cívico; ~**dienst** *m* (-*es*; *0*) serviço *m* público; ~**-eigentum** *n* (-*s*; *0*) património *m* nacional; ~**-examen** *n* (-*s*; -*examina*) exame *m* do Estado; licenciatura *f*; ~**feind** *m* (-*es*; -*e*) inimigo *m* público; 2**feindlich** hostil ao Estado; ~**form** *f* forma *f* do governo (*ê); ~**führung** *f* governo (*ê) *m* da nação; ~**gebäude** *n* edifício *m* público; 2**gefährdend** subversivo; ~**geheimnis** *n* (-*ses*; -*se*) segredo (*'ê) *m* de Estado; ~**gerichtshof** *m* (-*es*; =*e*) (Supremo) Tribunal *m* Político; ~**gewalt** *f* (*0*) autoridade *f* pública; ~**haushalt** *m* (-*es*; -*e*) orçamento *m* nacional; ~**-hoheit** *f* (*0*) soberania *f* (nacional); ~**kasse** *f* Tesouro *m* (do Estado); ~**kirche** *f* Igreja *f* nacional; ~**klugheit** (*0*), ~**kunst** *f* (*0*) política *f*, diplomacia *f*; ~**lehre** *f* (*0*) política *f*; teoria *f* política (*od.* do Estado); filosofia *f* política; ~**lenker** *m*, ~**mann** *m* (-*es*; =*er*) estadista *m*; 2**männisch** ['-mɛniʃ] político; de estadista; ~**-minister** *m* ministro *m* do Estado; ~**-oberhaupt** *n* (-*es*; =*er*) chefe *m* do Estado; ~**papier** *n* (-*s*; -*e*) documento *m*; *pl.* ✝ ~*e* fundos (*od.* valores) *m/pl.* públicos; ~**polizei** *f* (*0*) Polícia *f* Internacional e de Defesa do Estado; ~**rat** *m* (-*es*; =*e*) conselho *m* do Estado; *j.*: conselheiro *m* do Estado; ~**recht** *n* (-*es*; *0*) direito *m* público; ~**rechtler** ['-rɛçtlər] *m* professor *m* de direito público; 2**-rechtlich** de (*od.* do) direito público; ~**schatz** *m* (-*es*; =*e*) Tesouro *m* público; ~**schuld** *f* dívida *f* pública; ~**-sekretär** *m* (-*s*; -*e*) secretário-geral *m* do Ministério; secretário *m* de Estado; ~**sicherheitsdienst** *m* (-*es*; *0*) serviços *m/pl.* de segurança pública (*od.* do Estado); ~**-streich** *m* (-*es*; -*e*) golpe-de-estado *m*; ~**verbrechen** *n* crime *m* político; ~**verbrecher** *m* criminoso *m* político; ~**vertrag** *m* (-*es*; =*e*) tratado *m* político; contrato *m* com o Estado; ~**wesen** *n* Estado *m*; ~**wissenschaft** *f* ciências *f/pl.* políticas; ~**wohl** *n* (-*es*; *0*) bem *m* público; ~**-zuschuß** *m* (-*sses*; =*sse*) subsídio *m* oficial (*od.* do governo [*ê]).

Stab [ʃta:p] *m* (-*es*; =*e*) bastão *m*; haste *f*; (*Eisen*2) barra *f*; *zum Springen*: vara *f*; ⚔ Estado-Maior *m*; *den* ~ *über j-n brechen* condenar alg.; '~**-eisen** *n* ferro *m* em barras; '2**en** ['-bən] aliterar; '~(**hoch-**)**sprung** *m* (-*es*; *0*) salto *m* à vara (em altura).

sta'bil [ʃta'bi:l] estável; (*fest*) seguro, sólido; ~**i'sieren** [-bili'zi:rən] (-) estabilizar; 2**i'sierung** *f* estabilização *f* (✝ monetária); 2**i'tät** [-i'tɛ:t] *f* (*0*) estabilidade *f*.

'**Stab|reim** *m* (-*es*; -*e*) aliteração *f*; ~**s...** *in Zssg(n)*: do Estado-Maior; ~**s-quartier** *n* (-*s*; -*e*) quartel *m* general; ~**träger** *m* bastonário *m*.

'**Stachel** ['ʃtaxəl] *m* ponta *f*, pico *m*; aguilhão *m*, *Zool. a.* ferrão *m*; espinho *m*; ⚘ acúleo *m*; ~**beere** *f* uva-espim *f*; ~**draht**(-**verhau** *m* [-*es*; -*e*]) *m* (-*es*; =*e*) (linha *f* de) arame *m* farpado; 2**ig** espinhoso, eriçado; ⚘ aculeado; 2**n** (-*le*) picar; aguilhoar; *fig.* estimular; ~**schwein** *n* (-*es*; -*e*) porco-espinho *m*.

'**Stadi|on** ['ʃta:diɔn] *n* (-*s*; *Stadien*) estádio *m*; ~**um** *n* (-*s*; *Stadien*) fase *f*.

Stadt [ʃtat] *f* (-; =*e*) cidade *f*; *kleinere*: vila *f*; '~**bahn** *f* caminho *m* de ferro urbano; '~**baumeister** *m* arquite[c]to *m* municipal; '2**bekannt** notório; '~**bevölkerung** *f* população *f* urbana; '~**bibliothek** *f* biblioteca *f* municipal; '~**bild** *n* (-*es*; -*er*) vista *f* da cidade, panorama *m* da cidade.

'**Städtchen** ['ʃtɛ:tçən] *n* vila *f*.

'**Stadt-direktor** *m* (-*s*; -*en*) governador *m* civil.

'**Städte|bau(kunst** *f* [*0*]) ['ʃtɛ:tə-] *m* (-*es*; *0*) urbanização *f*; ~**bauer** *m*

urbanizador *m*; **⁓baulich** urbanístico; **⁓gründer** *m* povoador *m*; **⁓r** (**-in** *f*) *m* habitante *m*, *f* da cidade; urbano *m* (-a *f*); burguês *m* (burguesa *f*); **⁓tag** *m* (-es; -e) congresso *m* de delegados municipais.
'**Stadt|garten** *m* (-s; ⁼) jardim *m* municipal; **⁓gebiet** *n* (-es; -e) área *f* urbana, área *f* municipal; **⁓gemeinde** *f* município *m*; **⁓gespräch** *n* (-es; -e) *Fernspr.* chamada *f* local (*od.* urbana); *fig.* ⁓ *sn* ser notório; estar na boca de toda a gente; **⁓innere(s)** *n* centro *m*; *in port. Städten oft*: F Baixa *f*.
'**städtisch** ['ʃtɛ:tiʃ] urbano; *Pol.* municipal.
'**Stadt|kommandant** *m* (-en) comandante *m* da praça; **⁓kundig**: ⁓ *sn* ter conhecimentos locais; = ⁓*bekannt*; **⁓mauer** *f* (-; -n) muralha *f*; **⁓mitte** *f* centro *m*; **⁓park** *m* (-s; -s) parque *m* municipal (*od.* da cidade); **⁓plan** *m* (-es; ⁼e) planta *f* da cidade; **⁓planung** *f* (plano *m* de) urbanização *f*; **⁓polizei** *f* (0) polícia *f* da cidade; **⁓rand** *m* (-es; ⁼er) periferia *f* (*od.* abas *f/pl.*) da cidade; **⁓rat** *m* (-es; ⁼e) câmara *f* municipal; *j.*: vereador *m*; **⁓teil** *m* (-es; -e) bairro *m*; **⁓theater** *n* teatro *m* municipal; **⁓väter** *m/pl.* edilidade *f/sg.*; **⁓verkehr** *m* (-s; 0) serviço *m* urbano; **⁓verordnete(r)** *m* vereador *m*; **⁓verordneten-versammlung** *f* vereação *f*; conselho *m* municipal; **⁓verwaltung** *f* serviços *m/pl.* municipais; câmara *f*; **⁓viertel** *n* bairro *m*; **⁓wappen** *n* armas *f/pl.* da cidade.
Sta'fett|e [ʃta'fɛtə] *f* estafeta *f*; **⁓en-lauf** *m* (-es; ⁼e) corrida *f* de estafetas.
Sta'ffage [ʃta'fa:ʒə] *f* cenário *m*; enfeite *m*.
'**Staffel** ['ʃtafəl] *f* (-; -n) degrau *m*; ✝ escalão *m*, ⚔ *u. Sport*: *a.* turma *f*; ✈ esquadrilha *f*; **⁓'ei** *f* cavalete *m*; **⁓lauf** *m* (-es; ⁼e) corrida *f* de estafetas; **⁓n** (-le) escal(on)ar; graduar; **⁓tarif** *m* (-s; -e) tarifa *f* em escalões; **⁓ung** *f* escalamento *m*; graduação *f*.
Stagn|ati'on [stagnatsi'o:n] *f* estagnação *f*; paralização *f*; **⁓'ieren** (-) estagnar; estar paralizado.
Stahl [ʃta:l] *m* (-es; ⁼e) aço *m*; *in* ⁓ *verwandeln* ace(i)rar; '**⁓artig** aceirado; '**⁓blau** azul ferrete.
'**stähl|en** ['ʃtɛ:lən] ace(i)rar, temperar com aço; *fig.* fortalecer; **⁓ern** de aço; *fig.* de ferro.
'**Stahl|feder** *f* (-; -n) mola *f* de aço; (*Schreibfeder*) pena *f* de escrever; **⁓-helm** *m* (-es; -e) capacete *m* de aço; **⁓kammer** *f* (-; -n) casa-forte *f*; **⁓stich** *m* (-es; -e) gravura *f* em aço; **⁓trosse** *f* cabo *m* de aço; **⁓waren** *f/pl.* aços *m/pl.*; **⁓werk** *n* (-es; -e) aceraria *f*; * acearia *f*.
'**staken** ['ʃta:kən] **1.** levar à vara; **2.** ⁓ *m* percha *f*.
Sta'ket [ʃta'kɛt] *n* (-es; -e) estacada *f*, paliçada *f*.
Stall [ʃtal] *m* (-es; ⁼e) estábulo *m*, curral *m*; (*Pferde*⁓) caval(h)ariça *f*; '**⁓dienst** *m* (-es; -e) serviço *m* das estrebarias; '**⁓fütterung** *f* estabulação *f*; '**⁓knecht** *m* (-es; -e) moço (*'ô) *m* de estrebaria; '**⁓meister** *m* estribeiro *m*; '**⁓ung** *f* currais *m/pl.*, caval(h)ariças *f/pl.*, estrebarias *f/pl.*
Stamm [ʃtam] *m* (-es; ⁼e) ♣ tronco *m*; (*Geschlecht*) estirpe *f*, linhagem *f*, raça *f*; (*Volks*⁓) tribo *f*; *Gram.* raiz *f*; *Personal*: quadro *m*; '**⁓aktie** *f* a[c]ção *f* primitiva; '**⁓baum** *m* (-es; ⁼e) árvore *f* genealógica; '**⁓buch** *n* (-es; ⁼er) álbum *m*; '**⁓eln** (-le) balbuciar; '**⁓en** (*sn*) *et.*: (pro)vir; *Gram.* derivar; *j.*: ⁓ *aus* ser natural de; ⁓ *von* descender de, ser descendente de; '**⁓gast** *m* (-es; ⁼e) freguês *m*, cliente *m*; '**⁓-halter** *m* (filho *m*) primogénito *m*, morgado *m*; '**⁓-haus** *n* (-es; ⁼er) ✝ casa-mãe *f*, central *f*; '**⁓-holz** *n* (-es; ⁼er) árvores *f/pl.* de haste alta.
'**stämmig** ['ʃtɛmiç] robusto.
'**Stamm|kapital** *n* (-s; -*kapitalien*) fundos *m/pl.*; **⁓ler** *m* gago *m*; **⁓lokal** *n* (-es; -e) restaurante *m* (*od.* café *m*) onde alg. costuma ir; **⁓personal** *n* (-s; 0) pessoal *m* do quadro; **⁓rolle** ⚔ *f* matrícula *f*; **⁓silbe** *f* radical *f*; **⁓tisch** *m* (-es; -e) mesa *f* reservada; **⁓vater** *m* (-s; ⁼) tronco *m*; **⁓verwandt** da mesma origem, da mesma raça; **⁓wort** *n* (-es; ⁼er) radical *m*, palavra *f* primitiva.
'**Stampfe** ['ʃtampfə] *f* maço *m*, malho *m*; **⁓n** bater com o(s) pé(s); patear; calcar; ⚒ triturar; moer; *Trauben*: pisar; ⚓ arfar; ⊕ machucar; **⁓r** *m* pilão *m*, calcador *m*.

Stand [ʃtant] *m* (-*ẹs*; ⸚*e*) posto (*'ô) *m*; (*Droschken*⁀) praça *f*; (*Lage*) posição *f*, situação *f*; (*Höhe*) altura *f*; ✝ câmbio *m*, cotização *f*; *Preis, Wasser*: nível *m*; (*Zu*⁀) estado *m*; (*Klasse*) *a.* classe *f*, condição *f*; (*Rang*) categoria *f*; (*Beruf*) profissão *f*; (*Zeitungs*⁀) quiosque *m*; (*Ausstellungs*⁀) «stand» *m* (*engl.*); e-n schweren ~ haben estar numa situação difícil.

'**Standard** ['ʃtandart] *m* (-*s*; -*s*) norma *f*; modelo (*ê) *m*; ⁀**i'sieren** [-di'ziːrən] (-) normalizar.

Stan'darte [ʃtan'dartə] *f* estandarte *m*, pendão *m*.

'**Stand-bild** *n* (-*ẹs*; -*er*) estátua *f*.

'**Ständchen** ['ʃtɛntçən] *n* serenata *f* (bringen fazer).

'**Ständer** ['ʃtɛndər] *m* suporte *m*; cavalete *m*.

'**Standes**|-**amt** ['ʃtandəs-] *n* (-*ẹs*; ⸚*er*) registo *m* civil; ⁀**amtlich** (do registo) civil; ~**beamte**(**r**) *m* funcionário *m* do registo civil; ~**dünkel** *m* (-*s*; *0*) altivez *f*, arrogância *f*; ⁀**gemäß** conforme à (sua) categoria; ~**person** *f* pessoa *f* de categoria; ~**register** *n* registo *m* do estado civil; ~**vorurteil** *n* (-*ẹs*; -*e*) preconceito *m* da casta; ⁀**widrig** derogante; ~ handeln derogar.

'**stand**|**fest** firme, inabalável; ⁀**gericht** *n* (-*ẹs*; -*e*) conselho *m* de guerra; ~**haft** constante, firme; ⁀**haftigkeit** *f* (*0*) constância *f*, firmeza *f*; ~**halten** (*L*) resistir.

'**ständ**|**ig** ['ʃtɛndiç] permanente, contínuo; ~**isch** corporativo.

'**Stand**|**licht** *n* (-*ẹs*; -*er*) mínimos *m/pl.*; ~**ort** *m* (-*ẹs*; -*e*) posição *f*; posto *m*; ⚔ praça *f*, guarnição *f*; den ~ feststellen localizar; ~**pauke** F *f* descompostura *f* (halten dar; *a.* ler a cartilha a); ~**platz** = ~ort; ~**punkt** *m* (-*ẹs*; -*e*) ponto *m* de vista; das ist ein überwundener ~ já não se pensa assim; j-m den ~ klarmachen dizer a alg. o que se pensa; ~**quartier** ⚔ *n* (-*s*; -*e*) quartel *m*, guarnição *f*, acantonamento *m*; ~**recht** *n* (-*ẹs*; *0*) lei *f* marcial; ⁀**rechtlich**: ~ erschießen fuzilar, (fazer) passar pelas armas; ~**uhr** *f* relógio *m* de pé alto.

'**Stange** ['ʃtaŋə] *f* (*Holz*⁀) percha *f*; *kürzere*: vara *f*; (*Metall*⁀) barra *f*; *Siegellack*: pau *m*; *Hühnerstall*: poleiro *m*; (*Bohnen*⁀) vara *f*, rama *f*; (*Korsett*⁀) tira *f*; j-m die ~ halten *fig.* ajudar alg.; bei der ~ bleiben *fig.* não fugir; von der ~ kaufen comprar já feito; ~**nbohne** *f* fava *f* estacada (*od.* de estaca); ~**nspargel** *m* espargo *m* comprido.

'**Stänker** ['ʃtɛŋkər] *m fig.* P intrigante *m*; ⁀**n** (-*re*) cheirar mal, feder; *fig.* (andar a) intrigar.

Stanni'ol [ʃtani'oːl] *n* (-*s*; -*e*) folha (*ô) *f* de estanho.

'**Stanz**|**e** ['ʃtantsə] *f Lit.* estância *f*; ⊕ perfuradora *f*; estampa *f*; ⁀**en** (-*t*) (per)furar; estampar; ~**maschine** *f* máquina *f* de perfurar (*od.* de estampar).

'**Stapel** ['ʃtaːpəl] *m* ✝ depósito *m*; *Holz usw.*: pilha *f*, montão *m*; ⚓ (auf) ~ (legen colocar na) carreira *f*; vom ~ laufen ser lançado à água; vom ~ laufen lassen lançar à água; *fig.* apresentar, F *e-e Rede*: pronunciar; ~**lauf** *m* (-*ẹs*; ⸚*e*) lançamento *m* à água, bota-fora *m*; ⁀**n** (-*le*) empilhar, amontoar; ~**platz** *m* (-*es*; ⸚*e*) depósito *m*; *Stadt*: empório *m*.

'**stapfen** ['ʃtapfən] andar com dificuldade.

Star [ʃtaːr] *m* **a**) (-*ẹs*; -*e*) *Zool.* estorninho *m*; **b**) ⚕ (-*ẹs*; -*e*) grauer ~ catarata *f*; grüner ~ glaucoma *m*; schwarzer ~ gota *f* serena, amaurosa *f*; **c**) (-*s*; -*s*) *Thea.* estrela (*'ê) *f*.

stark [ʃtark] (⸚*er*; ⸚*st*) robusto; *a. fig.* vigoroso, forte, enérgico; intenso; (*dick*) grosso, *j.*: gordo; (*groß*) grande; (*heftig*) violento; (*zahlreich*) numeroso; *adv. a.* muito; ~e Seite forte *m*; das ist ein ~es Stück *fig.* F é forte; *100 Mann* ~ de ...; *100 Mann* ~ sn contar ...; ~ werden, stärker werden aumentar; robustecer, *j.*: *a.* engordar.

'**Stärke** ['ʃtɛrkə] *f*: **a**) robustez *f*, vigor *m*; ⊕ potência *f*, *a. fig.* força (*ô) *f*, intensidade *f*; (*Anzahl*) quantidade *f*, número *m*, ⚔ *a.* efe[c]tivo *m*; (*Dicke*) grossura *f*; j-s ~ sn ser o forte de alg.; j-s besondere ~ sn ser a especialidade de alg.; **b**) ⚗ fécula *f*, amido *m*; *Wäsche*: goma *f*; ⁀**haltig** [-haltiç] feculento, feculoso, amidólico; ~**mehl** *n* (-*ẹs*; *0*) fécula *f*, amido *m*; ⁀**n** fortificar, fortalecer; robuste-

cer; vigorizar; (*be*~) corroborar; ⚕ *a.* tonificar; *Wäsche*: engomar; *sich* ~ tomar a.c., comer a.c.; 2**nd** *adj.* tonificante; fortificante; ~**zucker** *m* (-*s*; *0*) glucose *f*, glicose *f*.
'**stark|knochig** ossudo, robusto; 2**strom** ⚡ *m* (-*ẹs*; *0*) corrente *f* de alta tensão.
'**Stärkung** ['ʃtɛrkuŋ] *f* fortalecimento *m*; (*Imbiß*) refeição *f*; ~**smittel** *n* tónico *m*; fortificante *m*.
starr [ʃtar] rígido (*a.* ✈); (*unbeweglich*) imóvel, teso, hir(su)to; (*unbeugsam*) inflexível; intransigente; (~*sinnig*) teimoso; *Blick*: fixo; ~ *ansehen* fixar, fitar; *vor Kälte*: enteiriçado; ~ *vor Entsetzen usw.* atónito; '~**en**: ~ *auf* (*ac.*), ~ *nach* fitar (*ac.*), cravar os olhos (*'ô) em; ~ *von* estar cheio de, estar repleto de; '2**heit** *f* (*0*) rigidez *f*; (*Blick*) fixidez *f*; *fig.* intransigência *f*; ('2**kopf** *m* [-*ẹs*; ¨*e*]) '~**köpfig** ['-kœpfiç] teimoso (*m*); '2**köpfigkeit** *f* (*0*) teimosia *f*; '2**krampf** *m* (-*ẹs*; ¨*e*) tétano *m*; '2**sinn** *m* (-*es*; *0*) teimosia *f*, obstinação *f*; '~**sinnig** teimoso; '2**sucht** *f* (*0*) catalépsia *f*.
Start [ʃtart] *m* (-*ẹs*; -*e*, -*s*) partida *f*, ✈ *a.* descolagem *f*, ⚓ *a.* largada *f*; *Auto*: arranque *m*; *Sport*: arrancada *f*; = ~*platz*; '~**bahn** *f* ✈ pista *f* de descolagem; '2**bereit** pronto para a partida; '2**en** (-*e*-; *h. u. sn*) partir (*nach* para), ✈ *a.* descolar; '~**platz** *m* (-*es*; ¨*e*) ponto *m* de partida; ✈ = ~*bahn*; '~**schuß** *m* (-*sses*; ¨*sse*) sinal *m* de partida.
'**Statik** ['ʃta:tik] *f* (*0*) estática *f*.
Stati'on [ʃtatsi'o:n] *f* 🚂 estação *f*; ⚕ se[c]ção *f*, enfermaria *f*; *Polizei*: posto (*'ô) *m*; (*Halt*) apeadeiro *m*; *freie* ~ pensão *f* completa; ~ *machen* parar, ficar; ~**s-vorsteher** *m* chefe *m* de estação.
'**statisch** ['ʃta:tiʃ] estático.
Sta'tist [ʃta'tist] *m* (-*en*), ~**in** *f* figurante *m*/*f*, comparsa *m*/*f*; ~**ik** *f* estatística *f*; (~**iker** *m*) 2**isch** estatístico (*m*).
Sta'tiv [ʃta'ti:f] *n* tripé *m*.
statt [ʃtat] **1.** *prp.* (*gen.*, *zu* + *inf.*) em vez de, em lugar de, em substituição de; ~ *meiner* em meu lugar; **2.** 2 *f* (*0*) lugar *m*, sítio *m*; *an Eides* ~ por ..., *an Zahlungs* ~ em lugar de; *an Kindes* ~ *annehmen* perfilhar.
'**Stätte** ['ʃtɛtə] *f* lugar *m*, sítio *m*.
'**statt|finden** (*L*) ter lugar, haver, realizar-se; ~**geben** (*L*) (*dat.*) admitir (*ac.*), permitir (*ac.*), aceder a; dar seguimento a; ~**haben** (*L*) = ~*finden*; ~**haft** lícito, admissível; 2**halter** *m* lugar-tenente *m*; governador *m*; ~**lich** imponente, *et.*: *a.* considerável.
'**Statue** ['ʃta:tuə] *f* estátua *f*.
statu'ieren ['ʃtatu'i:rən] (-) estabelecer; (*feststellen*) registar.
Sta'tu|r [ʃta'tu:r] *f* estatura *f*; ~**t** *n* (-*ẹs*; -*en*) estatuto *m*, regulamento *m*.
'**Stauanlage** ['ʃtau-] *f* represa *f*, [barragem *f*.]
Staub [ʃtaup] *m* (-*ẹs*; *0*) pó *m*; *viel* ~ *a.* uma grande poeira; ~ *aufwirbeln* fazer pó, espalhar pó; *fig.* causar sensação *f*, ser um escândalo; *in* ~ *verwandeln* pulverizar, reduzir a pó, fazer em pó, desfazer; *in* ~ *zerfallen* desfazer-se, reduzir-se a pó; *in den* ~ *ziehen fig.* desacreditar, desonrar, desprestigiar; *sich aus dem* ~*e machen* safar-se; '~**beutel** ⚘ *m* antera *f*.
'**Stau-becken** *n* represa (*ê) *f*.
'**stauben** ['ʃtaubən] (*h. u. sn*) fazer pó; *es staubt a.* está poeira.
'**stäuben** ['ʃtɔybən] *v/t.* (*ab*~) desempoeirar; (*be*~) empoeirar; *v/i.* = *stauben.*
'**Staub|faden** ⚘ *m* (-*s*; ¨) estame *m*; ~**fänger** ['-fɛŋər] *m* guarda-pó *m*; ~**flügler** ['-fly:klər] *Zool. m* lepidóptero *m*; 2**frei** sem pó, limpo; *Luft*: puro; ~**gefäß** ⚘ *n* (-*es*; -*e*) estame *m*; 2**ig** ['-biç] poeirento, cheio de pó; ~**körnchen** ['-kœrnçən] *n* cisco *m*; ~**lappen** *m* = ~*tuch*; ~**mantel** *m* (-*s*; ¨) guarda-pó *m*; ~**regen** *m* chuvisco *m*; * garoa *f*; ~**sauger** *m* aspirador *m* (de pó); ~**tuch** *n* (-*ẹs*; ¨*er*) pano *m* de limpar (o pó); ~**wedel** *m* espanador *m*; ~**wolke** *f* poeirada *f*.
'**stauch|en** ['ʃtauxən] torcer; cavalgar; 2**ung** *f* cavalgamento *m*.
'**Stau-damm** *m* represa (*'ê) *f*, dique *m*, barragem *f*.
'**Staud|e** ['ʃtaudə] *f*, ~**engewächs** *n* (-*es*; -*e*) subarbusto *m*.
'**stauen** ['ʃtauən] *Wasser*: estancar; ⚓ estivar; *sich* ~ ⚕ *Blut*: congestionar-se.
'**staun|en** ['ʃtaunən] admirar-se (*über ac.* de), ficar admirado; 2**en**

n admiração *f*; **~ens-wert** admirável, estupendo.

'Staupe ['ʃtaʊpə] *f* fustigação *f*; *vet.* mo(n)quilho *m*, P esgana *f*.

'Stau|see *m* (-*s*; -*n*) represa (*'ê) *f*; **~ung** *f* estancação *f*; ⚕ congestão *f*; **~wasser** *n* água *f* estancada, água *f* morta; **~werk** *n* (-*es*; -*e*) represa (*'ê) *f*, barragem *f*.

Stea'rin [ʃtea'ri:n] *n* (-*s*; -*e*) estearina *f*.

'Stech|-apfel ['ʃtɛç-] *m* (-*s*; ¨) estramónio *m*; figueira-do-inferno *f*; **~becken** *n* arrastadeira *f*; **2en** (*L*) picar; *Biene*: ferrar; *Sonne*: queimar; ferir; *j-m den Degen durch den Leib ~*: passar ...; *Karte*: cortar; *in Kupfer*: gravar; *Loch*: fazer; *Spargel*: cortar; *Torf*: tirar, cavar; (*schlachten, töten*) matar; *in See ~* ⚓ fazer-se ao mar; *den Star ~* ⚕ *u. fig.* tirar as cataratas; *ins Auge ~* dar na vista; *ins Grüne ~* tirar para o verde; *ihn sticht der Hafer* o êxito sobe-lhe à cabeça; **2end** *adj. Blick*: duro; *Schmerz*: agudo; **~er** *m Gewehr*: gatilho *m*; **~fliege** *f* moscardo *m*; **~ginster** *m* tojo *m*; **~-heber** *m* pipeta *f*; **~mücke** *f* mosquito *m*; **~palme** *f* aquifólio *m*, P azevinho *m*; **~-uhr** *f* hodómetro *m*.

'Steck|brief ['ʃtɛk-] *m* (-*es*; -*e*) (**2brieflich** por) mandado *m* de captura; **~dose** *f* tomada *f*; **'2en a)** *v/t.*: *an* (*ac.*) *~* pôr em; *in* (*ac.*) *~* meter em (*a. fig.*); cravar em; *Pflanzen*: plantar; *in Brand ~* incendiar; deitar fogo a; *Geld in ein Unternehmen*: colocar; *in die Scheide ~* embainhar; *die Nase aus dem Fenster ~* deitar o nariz de fora da janela; *fig. j-m et. ~* sugerir a.c. a alg., *unfreundlich*: dar a entender a.c. a alg.; *sich hinter j-n ~* valer-se de alg.; **b)** *v/i.* estar (metido), encontrar-se; *in der Kehle ~ h.* ter alojado em; *dahinter steckt et.* ali há coisa; **~en** *m* bastão *m*, pau *m*, bengala *f*; estaca *f*.

'stecken|bleiben (*L*; *sn*) atolar-se, atascar-se; *beim Sprechen*: atrapalhar-se; * afobar-se; **~lassen** (*L*) deixar (metido); **2pferd** *n* (-*es*; -*e*) cavalo *m* de cana; *fig.* mania *f*; passatempo *m*.

'Steck|er ⚡ ['ʃtɛkər] *m* ficha *f*; **~kontakt** ⚡ *m* (-*es*; -*e*) tomada *f*; **~ling** ✓ *m* (-*s*; -*e*) estaca *f*; **~nadel** *f* (-; -*n*) alfinete *m*; **~reis** *n* (-*es*; -*er*) tanchão *m*; **~rübe** *f* nabo *m*.

Steg [ʃte:k] *m* (-*es*; -*e*) atalho *m*, vereda *f*; (*Brücke*) ponte *f* pequena; prancha *f*; ♪ *u. Typ.* cavalete *m*; *Hose*: presilha *f*; *Weg und ~* rodeios e atalhos *m/pl.*; **'~reif** *m* (-*es*; -*e*): *aus dem ~* de improviso; *aus dem ~ sprechen a.*: improvisar (um discurso); **'~reif-dichter** *m* improvisador *m*; **'~reif-gedicht** *n* (-*es*; -*e*) improvisação *f*.

'Steh|auf(-männchen *n*) ['ʃte:-] *m* teimoso *m*; **~bier-halle** *f* quiosque *m* de cerveja; bar *m*.

'stehen ['ʃte:ən] (*L*) **1.** (*h. u. sn*) estar; *j.*, (*aufrecht ~*) estar em pé; (*Uhr*) estar parado; ✝ *~ auf* estar em, *Betrag*: *a.* estar a; *auf dem Programm ~* vir em, figurar em; *Gram.* empregar-se; *Kleid usw.*: ficar; *~ für* substituir (*ac.*), (*ein~*) responder por; *bei j-m ~ fig.* depender de; *Geld bei e-r Bank ~ h.* ter (depositado) em; *j-m teuer zu ~ kommen* sair caro a alg., vir a custar caro a alg.; *es steht zu hoffen* é de; *auf Mord steht ...* ⚖ é punido com ...; *wie steht es mit* (*od. um*) ...? que tal vai ...?; *die Sache steht gut* vai bem, anda bem; *sich gut ~* viver em boas condições, *mit j-m*: dar-se bem com; *s-n Mann ~* cumprir; *nicht fest auf den Beinen ~* andar a abanar; **2.** 2 *n*: *zum ~ bringen* deter; *Blut*: fazer parar; **~bleiben** (*L*; *sn*) parar, ficar parado; **~d** *adj.* em pé, de pé; *a. et.*: direito; *aufrecht*: ao alto; *Heer*: permanente; *Wasser*: estagnado, manente; *Ausdruck*: corrente; estereotipado; *~en Fußes* sem demora, imediatamente, a[c]to contínuo; **~lassen** (*L*) deixar (lá *od.* ficar); (*vergessen*) esquecer, *sich* (*dat.*) *den Bart ~* deixar crescer.

'Steh|kragen *m* (-*s*; ¨) colarinho *m* alto; **~lampe** *f* candeeiro *m*; **~leiter** *f* (-; -*n*) escada *f* de mão; escadote *m*.

'stehlen ['ʃte:lən] (*L*) roubar, furtar; *sich ~ aus* sair furtivamente de, sair às escondidas de; *sich in* (*ac.*) *~* entrar furtivamente em, entrar às escondidas em; *fig.* insinuar-se em; *du kannst mir gestohlen bleiben!* F vai passear!

'Steh|platz *m* (-*es*; ¨*e*) lugar *m* de

pé; geral *f*; **~pult** *n* (*-ẹs*; *-e*) estante *f*.

steif [ʃtaɪf] teso, rígido, rijo, inteiriçado; *Wäsche*: engomado; *~er Hals* torcicolo *m*; *fig. Benehmen*: acanhado, constrangido; cerimonioso; *Grog, Wind*: forte; *Stil*: duro; *~ machen* = *~en*; *~ werden* enteiriçar-se; *Speise*: coalhar; *fig. die Ohren ~ halten* (*zuhören*) prestar atenção, (*fest bleiben*) não desanimar; *~ und fest behaupten* afirmar com toda a certeza; *sich* (*dat.*) *~ und fest einbilden, daß* estar absolutamente persuadido de que; **'~en** enrijar, entesar; *Wäsche*: engomar; *fig. j-m den Rücken ~* apoiar alg.; *sich auf* (*ac.*) *~* insistir em, teimar em; **'♀-heit** *f* (*0*) rigidez *f*; *fig. a.* acanhamento *m*, constrangimento *m*; **'♀leinen** *n* (*-s*; *0*) entretela *f*, bocaxim *m*.

Steig [ʃtaɪk] *m* (*-ẹs*; *-e*) caminho *m*, vereda *f*; **'~bügel** *m* estribo *m*; **'~bügelriemen** *m* loro *m*; **'~-eisen** *n* degrau *m* de ferro; *pl. Sport* sapatos *m/pl.* de pontas.

'steig|en¹ ['ʃtaɪgən] (*L*; *sn u. h.*) subir (*auf, in ac.* a), *Pferd*: empinar-se; *aufs Pferd*: montar a; *vom Pferde, aus dem Wagen* descer-de; *an Land ~* desembarcar; *ins Fenster ~* entrar pela janela; *über et. ~* passar (*od.* trepar) por cima de a.c.; *Wasser*: crescer; (*zunehmen*) *a.*: aumentar; *~ lassen Ballon, Rakete*: lançar; **♀en²** *n* subida *f*, aumento *m*; **~end** *adj. fig.* crescente; **♀er** ⚒ *m* capataz *m* (de minas); *Feuerwehr*: bombeiro *m*; **~ern** *v/t.* fazer subir; aumentar; elevar; desenvolver; *fig. a.* intensificar; *Gram.* formar os graus de comparação de; *sich ~* intensificar-se; acentuar-se; **♀erung** *f* aumento *m*, subida *f*; desenvolvimento *m*; (*Ertrags♀*) melhoramento *m*; *Gram.* comparação *f*; ♪ *u. Rhetorik*: gradação *f*; intensificação *f*; **♀fähigkeit** ✈ *f* (*0*) poder *m* ascensional; **♀höhe** ✈ *f* altura *f* alcançada; **♀leitung** ⚡ *f* cabo *m* vertical; **♀ung** *f* subida *f*.

steil [ʃtaɪl] íngreme, abrupto, escarpado, alcantilado; *adv.* a pique; *~ stellen* endireitar, pôr vertical; **'♀-hang** *m* (*-ẹs*; *⸚e*) escarpa *f*; **'♀-heit** *f* ingremidade *f*, escarpado *m*; **'♀küste** *f* riba *f*; *a.* **♀-ufer** *n* ribanceira *f*; **'♀wand** *f* (*-*; *⸚e*) escarpa *f*.

Stein [ʃtaɪn] *m* (*-ẹs*; *-e*) pedra *f* (*des Anstoßes* de escândalo; *der Weisen* filosofal); ⚕ *a.* cálculo *m*; *Spiel*: peão *m*; *Obst*: caroço *m*; (*Gedenk♀*) lápide *f*; *fig. ~ u. Bein schwören* por todos os santos; *bei j-m e-n ~ im Brett haben* ser muito estimado por alg.; *j-m fällt ein ~ vom Herzen* alg. sente um grande alívio; **'~-adler** *m* xofrango *m*; **'♀-alt** muito velho; **'~bock** *m* (*-ẹs*; *⸚e*) bode *m*, cabrito *m* montês; *Astr.* Capricórnio *m*; **'~boden** *m* (*-s*; *⸚*) terreno *m* pedregoso; = *~fußboden*; **'~bruch** *m* (*-ẹs*; *⸚e*) pedreira *f*; **'~butt** ['-but] *m* (*-ẹs*; *-e*) *Zool.* rodovalho *m*; **'~druck** *m* (*-ẹs*; *-e*) litografia *f*; **'~drucker** *m* litógrafo *m*; **'~eiche** *f* azinheiro *m*; **'♀ern** de pedra; **'~fliese** *f* ladrilho *m*, laje *f*; **'~frucht** *f* (*-*; *⸚e*) drupa *f*; **'~fußboden** *m* (*-s*; *⸚*) lajes *f/pl.*, chão *m* de pedra, soalho *m* de pedra; **'~garten** *m* (*-s*; *⸚*) rocheira *f*; **'~gut** *n* (*-ẹs*; *0*) louça *f* (de pó de pedra); **'♀-hart** duro como pedra; **'~-hauer** *m* canteiro *m*; **'♀ig** pedregoso; **'♀igen** ['-nigən] apedrejar; **'~igung** ['-niguŋ] *f* apedrejamento *m*, lapidação *f*; **'~klopfer** *m* britador *m*; **'~kohle(n...)** *f* (de) carvão *m* de pedra; (de) hulha *f*; **'~krug** *m* (*-ẹs*; *⸚e*) botija *f*, cântaro *m* (de pó de pedra); **'~marder** *m* fuínha *f*; **'~meißel** *m* cinzel *m*, escopro *m*; **'~metz** ['-mɛts] *m* (*-en*) canteiro *m*; **'~metz...**: *in Zssg(n)* de cantaria; **'~-obst** *n* (*-es*; *0*) drupa *f*; **'~pflaster** *n* calçada *f*, laje(a)do *m*, pavimento *m*; **'~pilz** *m* (*-es*; *-e*) boleto *m* comestível; **'~platte** *f* laje *f*; lousa *f*; **'♀reich** muito rico; **'~salz** *n* (*-es*; *0*) sal *m* gema; **'~schlag** *m* (*-ẹs*; *⸚e*) desabamento *m* de pedras; (*Geröll*) cascalho *m*, entulho *m*; **'~schotter** *m* pedregulho *m*, cascalho *m*; **'~setzer** *m* calceteiro *m*, ladrilhador *m*; **'~splitter** *m* lasca *f*; **'~tafel** *f* (*-*; *-n*) lápide *f*, lousa *f*; **'~wurf** *m* (*-ẹs*; *⸚e*) pedrada *f*; **'~zeit** *f* idade *f* da pedra lascada; *ältere ~* paleolítico *m*; *jüngere ~* neolítico *m*; *mittlere ~* mesolítico *m*.

Steiß [ʃtaɪs] *m* (*-es*; *-e*) traseiro *m*; *Vögel*: uropígio *m*; *a.* **'~bein** *n* (*-ẹs*; *-e*) cóccix *m*.

ˈ**stell|bar** [ˈʃtɛlbaːr] movediço; ⁓**bock** *m* (-*es*; ⁼*e*) cavalete *m* de manobra; ⁓**-dich-ein** *n* entrevista *f*.

ˈ**Stelle** [ˈʃtɛlə] *f* lugar *m*, sítio *m*; local *m*; *bsd.* ⚔ ponto *m*; (*Amt*) emprego *m*, colocação *f*; *Buch*: passo *m*, trecho *m*; *amtliche* (*Dienst*⁓): repartição *f*; serviços *m/pl.*; *Zahl*: casa *f*; *freie* ⁓ vaga *f*; ⚕ ferida *f*; mancha *f*; *an* ⁓ *von* (*od. gen.*) em lugar de, em substituição de; *an* + *gen.* ⁓ *treten* substituir (*ac.*); *an* + *gen* ⁓ *setzen* substituir por; *auf der* ⁓ *fig.* já, imediatamente, sem demora; *auf der* ⁓ *treten* marcar passo; *nicht von der* ⁓ *kommen* não avançar, não adiantar o trabalho; *zur* ⁓*!* presente!; *zur* ⁓ *schaffen* trazer; *an Ort und* ⁓ *sn* estar no seu lugar; *an Ort und* ⁓ *ankommen* chegar.

ˈ**stellen 1.** *v/t.* pôr, colocar, meter; *Antrag*: fazer; *Pol.*, ⚖ propor; *Bürgen, Zeugen*: trazer, apresentar; *Bürgschaft*: dar; *Falle*: armar; *Frage*: fazer, pôr, formular; *Frist*: marcar; *Uhr*: acertar; *Wild*: parar; (*liefern*) fornecer; *j-n*: apanhar; *zum Kampfe* ⁓ obrigar a lutar; *zur Rede* ⁓ pedir explicações a; **2.** *refl.* *sich* ⁓ (*erscheinen*) apresentar-se, ⚖ comparecer; *sich krank usw.* ⁓ fingir-se ...; *sich* ⁓ *als ob* fingir + *inf.*; *sich quer* ⁓ atravessar-se; *sich teuer* ⁓ sair caro, ficar caro; *sich auf* (*ac.*) ⁓ custar; ⁓**-angebot** *n* (-*es*; -*e*) procura *f*; vaga *f*; ⁓**gesuch** *n* (-*es*; -*e*) oferta *f*; ⁓**los** desempregado; ⁓**nachweis** *m* (-*es*; -*e*), ⁓**vermittlung(s-büro** *n* [-*s*; -*s*]) *f* agência *f* de colocações; ⁓**weise** parcial(mente); aqui e acolá; por vezes.

ˈ**Stell|macher** *m* segeiro *m*; ⁓**schraube** *f* rosca *f* móvel.

ˈ**Stellung** [ˈʃtɛlʊŋ] *f* posição *f* (*bringen* pôr); (*Haltung*) atitude *f*; (*Amt*) emprego *m*, colocação *f*; (*Lage*) situação *f*; ⁓ *nehmen* tomar posição, definir a sua posição; (*sich äußern*) pronunciar-se (*zu* sobre); ⁓**nahme** [-naːmə] *f* tomada *f* de posição; (*Erklärung*) declaração *f*; (*Urteil*) parecer *m*; ⁓**s-befehl** ⚔ *m* (-*es*; -*e*): *s-n* ⁓ *erhalten* ser chamado (às fileiras); ⁓**s-krieg** *m* (-*es*; -*e*) guerra *f* das trincheiras; ⁓**s-los** desempregado; ⁓**s-wechsel** *m* mudança *f* de posição.

ˈ**stell-vertret|end** vice-..., substituto; interino; adjunto; ⁓**er** *m* representante *m*, substituto *m*; lugar-tenente *m*; *Rel.* vigário *m*; ⁓**ung** *f* representação *f*; substituição *f*; *in* ⁓ ✝ por procuração.

ˈ**Stell-werk** 🚂 *n* (-*es*; -*e*) guarita *f* de sinais.

ˈ**Stelz|e** *f* andas *f/pl.*; ⁓**en** (-*t*; *h. u. sn*) andar sobre andas.

ˈ**Stemm|-eisen** [ˈʃtɛm-] *n* escopro *m*; (*Hebel*) alavanca *f* de ferro; ⁓**en** fincar; *Gewichte*: levantar; *sich* ⁓ *auf* (*ac.*) apoiar-se em; *sich* ⁓ *gegen* encostar-se contra; *fig.* opor-se a.

ˈ**Stempel** [ˈʃtɛmpəl] *m* carimbo *m*; selo (*ê) *m*; (*Münz*⁓) *u. fig.* cunho *m*; (*Waren*⁓) marca *f*; ⚠ *u.* ⚒ pilão *m*, punção *m*; ⚘ estilete *m*; ⁓**gebühr** *f* taxa *f* de selo (*ê); ⁓**marke** *f* selo (*ê) *m* (fiscal); ⁓**n** carimbar; *Marke*: inutilizar; *bsd. Wertpapiere*: selar; *j-n* ⁓ *zum fig.* qualificar alg. de; ⁓ *gehen* F estar desempregado; ⁓**papier** *n* (-*s*; -*e*) papel *m* selado.

ˈ**Stengel** [ˈʃtɛŋəl] *m* caule *m*; haste *m*; (*Blüten*⁓) pedúnculo *m*; ⁓**los** acaule; ⁓**-umfassend** abarcante, amplexicaule.

Stenoˈgramm [ʃtenoˈ-] *n* (-*es*; -*e*) taquigrama *m*, apontamentos *m/pl.* estenográficos.

Steno-ˈgraph [-ˈgraːf] *m* (-*en*) estenógrafo *m*, taquígrafo *m*; ⁓ˈ**ie** *f* estenografia *f*, taquigrafia *f*; ⁓ˈ**ieren** (-) estenografar, taquigrafar; ⁓**in** *f* estenógrafa *f*, taquígrafa *f*; ⁓**isch** estenográfico, taquigráfico.

Steno-tyˈpist [-tyˈpist] *m* (-*en*), (⁓**in** *f*) esteno-dactilógrafo *m* (-a *f*).

ˈ**Stepp|decke** [ˈʃtɛp-] *f* colcha *f*; cobertor *m*; ⁓**e** *f* estepe *f*; ⁓**en** pespontar.

ˈ**Sterbe|bett** [ˈʃtɛrbə-] *n* (-*es*; -*en*) leito *m* de morte; ⁓**fall** *m* (-*es*; ⁼*e*) falecimento *m*; óbito *m*; ⁓**geld** *n* (-*es*; -*er*) lutuosa *f*; ⁓**-haus** *n* (-*es*; ⁼*er*) casa *f* mortuária; ⁓**-hemd** *n* (-*es*; -*en*) mortalha *f*; ⁓**kasse** *f* lutuosa *f*; ⁓**lager** *n* leito *m* de morte; ⁓**n**[1] (*L*; *sn*) morrer (*an dat.* de), falecer; ⁓**n**[2] *n* morte *f*, falecimento *m*; *im* ⁓ *liegen* estar moribundo, agonizar; ⁓**nde**(**r** *m*) *m*, *f* moribundo *m*, -a *f*; ⁓**ns-krank**: ⁓ *sn* estar à morte; ⁓**nswörtchen** *n*: *kein* ⁓ nem palavrinha, nem pio; ⁓**sakramente** *n/pl.* últimos sacramentos *m/pl.*, extrema-unção *f/sg.*, viático *m/sg.*; **~stunde** *f* hora *f* da morte; **~-urkunde** *f* certidão *f* de óbito; **~-zimmer** *n* quarto *m* mortuário.

'**sterblich** ['ʃtɛrpliç] mortal; **2keit** *f* mortalidade *f*, mortandade *f*.

Stereo|me'trie [stereome'tri:] *f (0)* estereometria *f*; **2'metrisch** estereométrico; **~'skop** [-ɔ'sko:p] *n (-s; -e)* estereoscópio *m*; **~'ton** *m* estereofonia *f*; **2'typ** estereotípico; estereotipado; **~ty'pie** [-ty'pi:] *f (0)* estereotipia *f*.

ste'ril [ʃte'ri:l] estéril; **~i'sieren** [-rili'zi:rən] (-) esterilizar; **2i'sierung** *f* esterilização *f*; **2i'tät** [-i'tɛ:t] *f (0)* esterilidade *f*.

Stern [ʃtɛrn] *m (-es; -e)* estrela (*'ê) *f*, *Astr. a.*: astro *m*; '**~bild** *n (-es; -er)* *Astr.* constelação *f*; '**~chen** ['-çən] *n Typ.* asterisco *m*; '**~deuter** ['-dɔytər] *m* astrólogo *m*; '**~en-banner** *n* bandeira *f* estrelada; '**~(en)-himmel** *m* céu *m* estrelado; '**2(en)-klar** estrelado; es *ist* ~ vêem-se as estrelas; '**~en-zelt** *n (-es; 0)* cúpula *f* celeste, esfera *f* celeste; '**2förmig** ['-fœrmiç] estrelado; '**~karte** *f* carta *f* (*od.* mapa *m*) celeste; '**~kunde** *f (0)* astronomia *f*; '**2los** sem estrelas (*'ê); '**~schnuppe** *f* estrela (*'ê) *f* cadente; '**~warte** *f* observatório *m* astronómico.

stet [ʃte:t], '**~ig** contínuo; constante; '**2igkeit** *f (0)* continuidade *f*; constância *f*; **~s** sempre.

'**Steuer** ['ʃtɔyər]: **a)** *f (-; -n)* imposto *m*; contribuição *f*; **b)** *n* ⚓ *u.* ✈ leme *m*, timão *m*; *Auto.* volante *m*; **c)** *f fig.*: *zur ~ der Wahrheit* em honra *f* da verdade; **~-abzug** *m (-es; ⸚e)* desconto *m* do imposto (sobre os salários); **~-amt** *n (-es; ⸚er)* repartição *f* de impostos, recebedoria *f*; *cole[c]toria *f*; **~-anschlag** *m (-es; ⸚e)* avaliação *f* dos impostos; **~beamte(r)** *m* oficial *m* de impostos; **~behörde** *f* = *~amt*; **~berater** *m* consultor *m* fiscal; **~-bord** ⚓ *n (-es; -e)* estibordo *m*; *boreste *m*; **~-erhebung** *f* cobrança *f* de impostos, levantamento *m* de impostos; **~-erklärung** *f* declaração *f* de rendimentos; **~-erleichterung** *f*, **~-ermäßigung** *f* redução *f* de impostos; **2frei** isento de impostos; **~freiheit** *f (0)* isenção *f* de impostos; **~gesetz** *n (-es; -e)* lei *f* fiscal; **~gesetzbuch** *n (-es; ⸚er)* código *m* fiscal; **~gesetzgebung** *f* legislação *f* fiscal; **~-hinterziehung** *f* fraude *f* de contribuições; **~kasse** *f* caixa *f* de impostos; **~knüppel** ✈ *m* alavanca *f* (do leme); **~last** *f* impostos *m/pl.*, contribuições *f/pl.*; **2los** *Fahrzeug*: desarvorado; **~-mann** *m (-es; ⸚er, -leute)* piloto (*'ô) *m*; ⚓ *a.* timoneiro *m*; **~-manns...** *in Zssg(n)*: de pilotagem; **2n** ⚓ *(-re)* governar, estar ao leme; *a.* ✈ dirigir, pilotar; *Auto.* guiar, conduzir; ~ *nach* dirigir-se (par)a; ~ (*dat.*) (*Zahlen*) pagar impostos a; *fig.* remediar (*ac.*), (*hindern*) impedir (*ac.*); refrear (*ac.*); **2pflichtig** sujeito a impostos; *j.*: contribuinte; ~ *sn a.*: pagar impostos; **~rad** *n (-es; ⸚er)* ⚓ roda *f* do leme; *Auto.* volante *m*; **~recht** *n (-es; 0)* ⚖ direito *m* fiscal; **2rechtlich** fiscal; **~-reform** *f* reforma *f* fiscal; **~register** *n* registro *m* dos contribuintes; **~revisor** *m (-s; -en)* agente *m* de impostos; **~ruder** *n* leme *m*, timão *m*; **~sache** *f* matéria *f* fiscal (*od.* de impostos); **~satz** *m (-es; ⸚e)* taxa *f* de impostos; **~schraube** *f*: *die ~ anziehen fig.* aumentar os impostos; **~ung** *f* ⚓ manobra *f*; governo (*ê) *m*; ⊕, ✈, *Auto.* comando *m*; (*Führung*) comando *m*; condução *f*; ✈ pilotagem *f*; = *Steuer b*); **~veranlagung** *f* distribuição *f* de contribuições; **~vergünstigung** *f* = *~erleichterung*; **~wesen** *n (-s; 0)* impostos *m/pl.*; **~zahler** *m* contribuinte *m*; **~zettel** *m* aviso *m* para pagar impostos; **~zuschlag** *m (-es; ⸚e)* imposto *m* adicional.

'**Steven** ['ʃte:vən] ⚓ *m* roda *f*; proa *f*.

'**Stewardeß** ['stju:ərdɛs] *f (-; -ssen)* hospedeira *f*.

sti'bitzen [ʃti'bitsən] F *(-t)* empalmar, bifar, ladripar, surripiar.

Stich [ʃtiç] *m (-es; -e)* picad(el)a *f*; *a.* ✗ pontada *f*; (*Insekten2*) ferrada *f*; *Näherei*: ponto *m*; *Kartenspiel*: vaza *f*; *Kunstwerk*: gravura *f*; (*Säure*) acescência *f*; *fig.* e-n ~ *bekommen Speise*: estragar-se; e-n ~ *haben Speise*: estar estragado; e-n ~ *ins Grüne usw. haben* tirar a; *im ~ lassen* abandonar, *Gedächtnis*: falhar; *auf Hieb und ~* de ponta e de talho; '**~el** ⊕ *m* buril *m*, cinzel *m*; **~e'lei**

[-ə'laɪ] *f* picada *f*; *fig. a.* alusão *f*; quezília *f*; '**⁓eln** (*-le*) coser; *fig.* picar; quezilar; '**⁓fest** invulnerável; '**⁓flamme** *f* labareda *f*, língua *f* de fogo, espadena *f*; '**⁓-haltig** ['-haltiç] plausível, convincente; sólido; '**⁓ling** *m* (*-s*; *-e*) *Zool.* gastrósteo *m*, esgana-gata *m*; '**⁓probe** *f* prova *f* (feita ao acaso); '**⁓tag** *m* (*-es*; *-e*) dia *m* marcado; '**⁓waffe** *f* arma *f* de ponta; '**⁓wahl** *f* escrutínio *m* decisivo; eleição *f* de desempate; '**⁓wort** *n* (*-es*; *⁓er*, *-e*) (*Notiz*) apontamento *m*; *Thea.* deixa *f*; *Typ.* título *m*; '**⁓wunde** *f* ferida *f* de ponta.

'**Stick|arbeit** ['ʃtik-] *f* bordado *m*; '**⁓en** *v/t.* bordar; **⁓e'rei** [-ə'raɪ] *f* bordado *m*; **⁓erin** ['-ərin] *f* bordadora *f*; '**⁓fluß** *m* (*-sses*; *⁓sse*) apoplexia *f* pulmonar; '**⁓gas** *n* (*-es*; *0*) gás *m* mefítico; '**⁓ig** abafado, abafadiço; '**⁓muster** *n* padrão *m* para bordados; '**⁓rahmen** *m* bastidor *m*; '**⁓stoff** *m* (*-es*; *0*) azoto *m*, azote *m*, nitrogéneo *m*; '**⁓stoffdünger** *m* adubos *m/pl.* azotados; '**⁓stoffhaltig** [-haltiç] azotado.

'**Stiefbruder** ['ʃti:f-] *m* (*-s*; *⁓*) meio-irmão *m*.

'**Stiefel** ['ʃti:fəl] *m* bota *f*; **⁓knecht** *m* (*-es*; *-e*) descalçador *m*; **⁓n** (*-le*) **1.** *v/t.* calçar; **2.** *v/i.* F andar (a grandes passos); **⁓schaft** *m* (*-es*; *⁓e*) cano *m* da bota.

'**Stief-eltern** *pl.* padrastos *m/pl.*

'**Stiefel-wichse** *f* graxa *f*.

'**Stief|geschwister** *pl.* meios-irmãos *m/pl.*; **⁓kind** *n* (*-es*; *-er*) = *⁓sohn*, *⁓tochter*; *als ⁓ fig.* = *⁓mütterlich*; **⁓mutter** *f* (*-*; *⁓*) madrasta *f*; **⁓mütterchen** ['-mytərçən] *n* amor-perfeito *m*; **⁓mütterlich** de madrasta, como madrasta; *fig. adv.* com indiferença; com desprezo; **⁓schwester** *f* (*-*; *-n*) meia-irmã *f*; **⁓sohn** *m* (*-es*; *⁓e*) enteado *m*; **⁓tochter** *f* (*-*; *⁓*) enteada *f*; **⁓vater** *m* (*-s*; *⁓*) padrasto *m*.

'**Stiege** ['ʃti:gə] *f* escada *f*.

Stiel [ʃti:l] *m* (*-es*; *-e*) cabo *m*; talo *m*, haste *m*; *a. Anat.* pedículo *m*; (*Blatt⁓*) pecíolo *m*; (*Blüten⁓*) pedúnculo *m*; (*Frucht⁓*) pé *m*; '**⁓augen** *n/pl.*: *⁓ machen* arregalar os olhos.

Stier [ʃti:r] **1.** *m* (*-es*; *-e*) touro *m*; **2.** ⁓ fixo; '**⁓en** fitar, olhar fixamente; '**⁓kampf** *m* (*-es*; *⁓e*) tourada *f*, corrida *f* de touros; '**⁓kämpfer** *m* toureiro *m*; '**⁓kampf-platz** *m* (*-es*; *⁓e*) praça *f* de touros.

Stift [ʃtift] (*-es*; *-e*) **a**) *m* ponta *f*, agulheta *f*; cavilha *f*; (*Nagel*) prego *m*; (*Blei⁓*) lápis *m*; *im Schloß*: broca *f*; (*Zahn⁓*) arruela *f*; F (*Lehrling*) marçano *m*; **b**) *n* fundação *f*; asilo *m*, instituto *m*; (*Kloster*) convento *m*; (*Dom⁓*) capítulo *m*; '**⁓en** (*-e-*) fundar; instituir; (*schenken*) doar; (*hervorrufen*) causar, provocar; *Frieden ⁓* restabelecer a paz; '**⁓er(in** *f*) *m* fundador(a *f*) *m*.

'**Stiftung** ['ʃtiftuŋ] *f* fundação *f*; instituição *f*; *milde ⁓* obra *f* pia; (*Schenkung*) doação *f*; donativo *m*; **⁓s-fest** *n* (*-es*; *-e*) aniversário *m* da fundação.

'**Stift-zahn** *m* (*-es*; *⁓e*) pivô *m*.

Stil [ʃti:l] *m* (*-es*; *-e*), '**⁓-art** *f* estilo *m*; '**⁓bruch** *m* (*-es*; *⁓e*) quebra *f* de estilo; '**⁓bühne** *f* cenário *m* estilizado; **⁓'ett** [sti'lɛt] *n* (*-es*; *-e*) punhal *m*, estilete *m*; '**⁓gebung** ['-ge:buŋ] *f* estilização *f*; '**⁓gerecht** estilizado, adequado (ao estilo); **⁓i'sieren** (*-*) [-i'zi:rən] redigir; *a. Mal.*: estilizar; **⁓'ist** *m* (*-en*) estilista *m*; **⁓'istik** [-'listik] *f* (*0*) estilística *f*; **⁓'istisch** estilístico; '**⁓kunde** *f* (*0*) estilística *f*.

still [ʃtil] (*ruhig*) quieto, sossegado; tranquilo; calmo, imóvel; (*lautlos*) silencioso; *fig. Krieg*: frio; *Schmerz*: surdo; (*heimlich*) secreto; *Geschäft*: desanimado; *Teilhaber*: comanditário; *Rel. Freitag, Woche*: Santa; *Gebet*: mental; *der ⁓e Ozean* o Pacífico; *⁓e Zeit* estaçaõ *f* morta; *⁓es Wasser* água *f* morta; '**⁓bleiben** (*L*) ficar quieto; (*schweigen*) ficar calado; '**⁓e**[1] *f* tranquilidade *f*; silêncio *m*; sossego *m*; ⚓ *u.* calma *f*; *in der ⁓*, *in aller ⁓* na intimidade; em segredo (*'ê); '**⁓e**[2] F = *still*; '**⁓(l)eben** *n* idílio *m*; *Mal.* natureza *f* morta; '**⁓(l)egen** *v/t.* ⊕ par(alis)ar; suspender, fechar; embargar; '**⁓(l)egung** ['-le:guŋ] *f* suspensão *f*; encerramento *m*; paralisação *f*; embargo *m*.

'**Stil-lehre** *f* (*0*) estilística *f*.

'**still|en** ['ʃtilən] (a)calmar; sossegar; *Blut*: estancar; *Durst, Hunger*: matar; *nüchtern*: F matar o bicho; *Kind*: amamentar; *s-e Sehnsucht ⁓*

matar saudades; **~end** *adj.* ⚕ calmante, sedativo; **~gestanden!** ⚔ sentido!; **≈-halte-abkommen** *n* ⚜ convenção *f* de moratória; **~-halten** (*L*) ficar quieto, estar quieto; não se mexer; parar; ⚜ conceder uma moratória; **~(l)iegen** (*L*) não se mexer; ⚜ *u.* ⊕ estar para(lisa)do.

ˈ**stil-los** sem estilo; sem gosto (*ˈô).

ˈ**still|schweigen** (*L*) estar calado, ficar calado; **≈schweigen** *n* silêncio *m* (*bewahren* guardar); **~-schweigend** calado; *fig.* tácito, mental; implícito; **~sitzen** (*L*) ficar quieto, não se mexer; **≈stand** *m* (*-es*; *0*) demora *f*, pausa *f*; *Arbeit*: suspensão *f*, paralisação *f* (*a.* ⚜ *u.* ⊕); *Bewegung*: cessação *f*; **~stehen** (*L*) *j.*: parar; não se mexer; ⊕ estar parado; ⚜ ficar paralisado; **~-vergnügt** muito contente, com satisfação íntima.

ˈ**Stil|möbel** *n/pl.* móveis *m* estilizados, móveis *m* no estilo da época; **~-übung** *f* exercício *m* estilístico, exercício *m* de reda[c]ção; **≈voll** estilizado; de (bom) estilo.

ˈ**Stimm|-abgabe** [ˈʃtim-] *f* voto *m*, votação *f*; **~band** *n* (*-es*; *⸗er*) corda *f* vocal; **≈berechtigt** com direito de votar; vogal, votante; **~bruch** *m* (*-es*; *0*) muda(nça) *f* da voz.

ˈ**Stimme** [ˈʃtimə] *f* voz *f*; ♪ (*Part*) *a.* parte *f*; *Pol.* voto *m*; *s-e ~ abgeben* votar; *die ~n zählen* apurar o escrutínio; ♪ *bei ~ sn* estar de boa voz.

ˈ**stimmen 1.** *v/t.* ♪ afinar; (*un*)*günstig ~* (in)dispor; *milder ~* apaziguar; **2.** *v/i.* ♪ estar afinado, *mehrere*: ir de acordo (*ˈô); *fig.* estar certo; ⚜ estar conforme; *Pol. ~ für* votar em; **≈gewirr** *n* vozes *f/pl.*; balbúrdia *f*, algaravia *f*; **≈gleichheit** *f* (*0*) empate *m*; **≈mehrheit** *f* maioria *f* (de votos).

ˈ**Stimm|enthaltung** *f* abstenção *f*; **~en-zähler** *m* escrutinador *m*; **~en-zählung** *f* escrutínio *m*; **~gabel** *f* (*-*; *-n*) diapasão *m*; **≈-haft** sonoro; **~lage** *f* registo *m*; **≈los** áfono; afónico; surdo; **~losigkeit** [-lo:ziç-] *f* (*0*) afonia *f*; **~recht** *n* direito *m* de votar; voto *m*, sufrágio *m* (*allgemeines* universal); **~ritze** *f* glote *f*; **~ung** *f* ♪ afinação *f*; *fig.* disposição *f*; *allgemeine*: ambiente *m*, atmosfera *f*; *Mal.* efeito *m*; ⚜ tendência *f*; ⚔ moral *m*.

ˈ**Stimmungs|bild** *n* (*-es*; *-er*) impressão *f*; **~mensch** *m* (*-en*) pessoa *f* impressionável; **≈voll** impressionante; íntimo; expressivo.

ˈ**Stimm|wechsel** *m* muda(nça) *f* da voz; **~zettel** *m* voto *m*, lista *f*.

ˈ**stink|en** [ˈʃtiŋkən] (*L*) cheirar mal, feder; **~end** *adj.*, **~ig** fedorento, fétido; **≈tier** *n* (*-es*; *-e*) zorilha *f*.

Stipendi|ˈat(in *f*) [ʃtipɛndiˈa:t-] *m* (*-en*) bolseiro *m* (-a *f*); **~um** [ˈ-pɛndium] *n* (*-s*; *Stipendien*) bolsa *f*.

ˈ**stippen** [ˈʃtipən] molhar.

Stirn [ʃtirn] *f* testa *f*; (*Frechheit*) descaro *m*, descaramento *m*; *die ~ bieten fig.* fazer frente a; ˈ**~-ader** *f* (*-*; *-n*) veia *f* frontal; ˈ**~band** *n* (*-es*; *⸗er*) testeira *f*; frontal *m*; *Schmuck*: diadema *m*; ˈ**~bein** *n* (*-es*; *-e*) osso *m* frontal; ˈ**~-höhle** *f* seio *m* frontal; ˈ**~-höhlen-katarrh** *m* (*-s*; *-e*) sinusite *f* frontal; ˈ**~locke** *f* topete *m*, melena *f*; ˈ**~riemen** *m* frontal *m*, testeira *f*; ˈ**~seite** ⚠ *f* fachada *f*, frontaria *f*, lado *m* frontal.

ˈ**stöbern** [ˈʃtø:bərn] (*-re*) *Schnee*: cair miudinha; *in* (*dat.*) *~* remexer (*ac.*).

ˈ**stochern** [ˈʃtɔxərn] (*-re*): *~ in* (*dat.*) *Essen*: remexer (*ac.*); *Feuer*: atiçar (*ac.*); *Zähne*: esgaravatar, palitar (*ac.*).

Stock [ʃtɔk] *m* (*-es*; *⸗e*) **a)** bastão *m*; (*Almosen≈*) cepa *f*; (*Berg≈*) varapau *m*; bordão *m*, *Geol.* maciço *m*; (*Bienen≈*) colmeia *f*; *Billard*: taco *m*, (*Knüppel*) pau *m*; (*Rohr≈*) cana *f* junco *m*; (*Rosen≈*) pé *m*; (*Spazier≈*) bengala *f*; (*Wein≈*) cepa *f*; *über ~ und Stein* por paus e pedras, por montes e vales; **b)** ⚠ andar *m*, piso *m* (*hoch sn* ter); **c)** ⚜ capital *m*; **≈ˈdumm** (*0*) idiota, estúpido; **≈-ˈdunkel** (*0*) escuro como breu.

ˈ**Stöckel-schuh** [ˈʃtœkəl-] *m* (*-es*; *-e*) sapato *m* com salto alto.

ˈ**stock|en** [ˈʃtɔkən] (*h. u. sn*) interromper-se; *beim Sprechen*: *a.* hesitar; (*haltmachen*) parar; ⚜ ficar paralisado, *Verkehr*: *a.* congestionar-se; *Zahn*: cariar; (*schimmeln*) criar bolor; **~finster** (*0*) escuro como breu; **≈fisch** *m* (*-es*; *-e*) bacalhau *m*; **≈fleck** *m* (*-es*; *-e*) caruncho *m*; **≈-hieb** *m* (*-es*; *-e*) paulada *f*; **~ig** carunchoso; *Zahn*: cariado; ≈-

schnupfen *m*: ~ *haben* ter o nariz entupido; ~ˈ**taub** (*0*) mouco de todo, surdo de todo; ≗**ung** *f* interrupção *f*; paralisação *f*; congestionamento *m*; ⚕ congestão *f*; ≗**werk** *n* (-*ɇs*; -*e*) andar *m*, piso *m*.

Stoff [ʃtɔf] *m* (-*ɇs*; -*e*) matéria *f*; material *m*; (*Zeug*) fazenda *f*, tecido *m*, estofo (*ˈô) *m*; (*Grund*≗) elemento *m*; (*Thema*) assunto *m*; ˈ~**el** *m* imbecil *m*; ˈ≗**lich** material; ˈ~**wechsel** *m* metabolismo *m*.

ˈ**stöhnen** [ˈʃtøːnən] gemer; *über* (*ac.*) ~ *fig.* queixar-se de.

ˈ**Sto|iker** [ˈʃtoːikər] *m* estóico *m*; ≗**isch** estóico.

ˈ**Stollen** [ˈʃtɔlən] *m* ⚒ galeria *f*; (*Hufeisen*≗) calo *m*; (*Kuchen*) bolo *m*.

ˈ**stolpern** [ˈʃtɔlpərn] (-*re*; *sn u. h.*): ~ *über* (*ac.*) tropeçar em, topar com.

stolz [ʃtɔlts] **1.** (-*est*) orgulhoso, *a. et.*: soberbo; (*stattlich*) imponente; ~ *sn auf* (*ac.*) orgulhar-se de, ufanar-se de; **2.** ≗ *m* (-*es*; *0*) orgulho *m*, soberba *f*; ~ˈ**ieren** (-) pavonear-se.

ˈ**stopf|en** [ˈʃtɔpfən] meter (*in ac.* em); (*füllen*) encher (*mit* de), *Gänse, Wurst*: *a.* embuchar, cevar; *Loch*: tapar; *Pfeife*: carregar; *Strumpf*: passajar, pontear; ⚕ constipar, produzir prisão de ventre; ≗**garn** *n* (-*ɇs*; -*e*) algodão *m* de passajar; ≗**mittel** *n* ⚕ astringente *m*; ≗**nadel** *f* (-; -*n*) agulha *f* de passajar.

stopp! [ʃtɔp] alto!

ˈ**Stoppel** [ˈʃtɔpəl] *f* (-; -*n*) restolho (*ˈô) *m*; ~**bart** *m* (-*ɇs*; ⸚*e*) barba *f* rala; ~**feld** *n* (-*ɇs*; -*er*) restolhal *m*.

ˈ**stopp|en** [ˈʃtɔpən] parar; ˈ≗**uhr** *f* hodómetro *m*.

ˈ**Stöpsel** [ˈʃtœpsəl] *m* (*Flaschen*≗) rolha (*ô) *f*; ⊕ válvula *f*; ⚡ ficha *f*; ≗**n** (-*le*) arrolhar; tapar.

Stör [ʃtøːr] *m* (-*ɇs*; -*e*) esturjão *m*.

Storch [ʃtɔrç] *m* (-*ɇs*; ⸚*e*) cegonha *f*; ˈ~**schnabel** *m* (-*s*; ⸚) bico *m* de cegonha; ⚘ gerânio *m*; ⊕ *u. Mal.* pantógrafo *m*; (*Kran*) grua *f*; ˈ~**schnabel-gewächse** *n/pl.* geraniáceas *f/pl.*

ˈ**stören** [ˈʃtøːrən] estorvar, perturbar; *j-n*: incomodar, molestar; *Ordnung*: alterar; *Plan*: causar transtorno (*ˈô) a; ⚡ interromper, interceptar; ~**d** *adj.* perturbador, incómodo; molesto; ≗**fried** [-friːt] *m* (-*ɇs*; -*e*) perturbador *m*; desmancha-prazeres *m*.

ˈ**störr|ig** [ˈʃtœriç], ~**isch** teimoso, recalcitrante, obstinado, *j.*: *a.* cabeçudo.

ˈ**Störung** [ˈʃtøːruŋ] *f* perturbação *f* (*a.* ⚕); desordem *f*, desarranjo *m*; (*Belästigung*) incómodo *m*, (*Hindernis*) estorvo (*ˈô) *m*; *Phys.* interferência *f*; *Radio*: parasita *m*; avaria *f*; (*Veränderung*) transtorno (*ˈô) *m*; *Verkehr u.* ⚡: interrupção *f*; ~**s-geräusch** *n* (-*es*; -*e*) *Radio*: parasita *m*.

Stoß [ʃtoːs] *m* (-*es*; ⸚*e*) golpe *m*; (*Anprall*) choque *m*, encontrão *m*; (*Erschütterung*) sacudid(el)a *f*, *a. fig.* abalo *m* (*versetzen* causar); *Fechtk.* estocada *f*; (*Haufen*) maço *m*, monte *m*; (*Schub*) empurrão *m*; (*Schwimm*≗) braçada *f*; *Wagen*: solavanco *m*; ˈ~**dämpfer** *m* amortecedor *m*; ˈ~**degen** *m* espada *f*, estoque *m*.

ˈ**Stößel** [ˈʃtøːsəl] *m* pilão *m*.

ˈ**stoß|en** [ˈʃtoːsən] (*L*) **1.** *v/t.* empurrar; impelir; (*klein*)~ moer, pilar, pisar; *aus dem Hause* ~ pôr na rua; *mit den Hörnern* ~ levantar nas pontas; *sich an* (*dat.*) ~ dar contra (*ac.*); *fig.*: ofender-se com, escandalizar-se com; *vor den Kopf* ~ *fig.* ofender; escandalizar; *von sich* ~ repelir; *fig.* repudiar; **2.** *v/i.* (*h. u. sn*) *Wagen*: dar solavancos; ~ *an* (*ac.*) bater em, dar contra; *stolpernd*: tropeçar com; (*grenzen*) confinar com; ~ *auf* (*ac.*) encontrar (*ac.*), topar com; *Raubvogel*: cair sobre; ~ *gegen* bater contra; *ins Horn*: tocar (*ac.*); *mit den Hörnern* ~ dar cornada; *mit dem Kopf* ~ marrar; *vom Ufer*: fazer-se ao largo; *zu j-m* ~ juntar-se a; ≗**gebet** *n* (-*ɇs*; -*e*) jaculatória *f*.

ˈ**Stoß|kante** *f* barra *f*, guarda-lama *m*; = ~*litze*; ~**kraft** *f* (*0*) ⊕ força (*ô) *f* de propulsão; *a. fig.* impulso *m*, energia *f*; ⚔ força (*ô) *f* ofensiva; ~**litze** *f* guarda-pisa *f*; ~**seufzer** *m* suspiro *m* ardente, grito *m* de aflição; ~**-stange** *f Auto.* pára-choque *m*; ~**trupp** *m* (-*s*; -*s*) destacamento *m* de tropas de choque (*od.* de assalto); ~**waffe** *f* estoque *m*; ≗**weise** aos empurrões; intermitente; ~**wind** *m* (-*ɇs*; -*e*) rajada *f*; ~**zahn** *m* (-*ɇs*; ⸚*e*) defesa *f*.

ˈ**Stotter|er** [ˈʃtɔtərər] *m* gago *m*;

2n[1] (-*re*) gaguejar, balbuciar, tartamudear; **~n**[2] *n* gaguez *f*; *auf* ~ ✝ F a prestações.

'**Straf|-abteilung** ['ʃtra:f-] *f* ⚔ depósito *m* disciplinar; **~-anstalt** *f* casa *f* de corre[c]ção; **~-antrag** *m* (-*es*; ⸗*e*) requisitório *m*, deprecada *f* (*stellen* fazer); **~-anzeige** *f* denúncia *f* (*erstatten* fazer uma); **~-arbeit** *f* ⚖ trabalho *m* forçado; *Schule*: castigo *m*; **~-aufschub** *m* (-*es*; ⸗*e*) suspensão *f* de pena; **2bar** punível; criminal; *sich* ~ *machen* cometer delito; ser sujeito a procedimento; **~barkeit** *f* (*0*) punibilidade *f*; culpabilidade *f*; criminalidade *f*; **~befehl** *m* (-*es*; -*e*) auto *m*; intimação *f*; **~e** *f* castigo *m*; ⚖ pena(lidade) *f*; sanção *f* penal; (*Geld*2) multa *f*; ~ *zahlen müssen* ser multado; **2en** punir; *Kind*: castigar; **~-erlaß** *m* (-*sses*; -*sse*) remissão *f* de uma pena; amnistia *f*.

straff [ʃtraf] teso; rígido; esticado; liso; *j.*: rijo, *fig.* enérgico, *et.*: rigoroso; ~ *sitzen* apertar; ~ *ziehen* esticar.

'**straf-fällig** = *strafbar*.

'**straff|en** tender; esticar; **2-heit** *f* (*0*) tensão *f*, rigidez *f*; *j-s*: vigor *m*, *fig. a.* energia *f*, rigor *m*.

'**straf|frei** = *~los*; **2freiheit** *f* (*0*) = *2losigkeit*.

'**Straffung** ['ʃtrafuŋ] *f* rigor *m*; tensão *f*.

'**Straf|gefangene(r)** *m* preso (*ê) *m*, recluso *m*; **~gericht** *n* (-*es*; -*e*) julgamento *m*; castigo *m*; punição *f*; **~gerichtsbarkeit** *f* jurisdição *f* criminal; **~gesetz(buch** *n* [-*es*; ⸗*er*]) *n* (-*es*; -*e*) código *m* penal; **~kammer** *f* (-; -*n*) tribunal *m* corre[c]cional; **~kolonie** *f* degredo *m*, colónia *f* penal; **~kompanie** *f* companhia *f* de corre[c]ção.

'**sträf|lich** ['ʃtrɛ:fliç] = *strafbar*; *fig.* incrível, imperdoável; **2ling** *m* (-*s*; -*e*) presidiário *m*; recluso *m*.

'**straf|los** impune (*ausgehen* ficar); **2losigkeit** ['-lo:ziç-] *f* (*0*) impunidade *f*; **2mandat** *n* (-*es*; -*e*) = *~befehl*; **2maßnahme** *f* sanção *f*; **~mildernd** atenuante; **2milderung** *f* comutação *f* da pena; **~mündig**: ~ *sn* estar na idade da responsabilidade criminal; **2porto** *n* (-*s*; -*s*) sobretaxa *f* postal, multa *f*; **2predigt** *f* prédica *f*, descompostura *f* (*halten* dar); **2prozeß** *m* (-*sses*; -*sse*) processo *m* criminal; **2prozeßordnung** *f* código *m* do processo criminal; **2punkt** *m* (-*es*; -*e*) *Sport*: «penalty» *m* (*engl.*), penalidade *f*; **2recht** *n* (-*es*; *0*) direito *m* penal (*od.* criminal); **2rechtler** ['-rɛçtlər] *m* criminalista *m*; **~rechtlich** penal; ~ *verfolgen* autuar; **2rechtswissenschaft** *f* (*0*) criminologia *f*; **2register** *n* cadastro *m* judiciário; **2richter** *m* juiz *m* criminal; **2sache** *f* causa *f* criminal; **2stoß** *m* (-*es*; ⸗*e*) *Fußball*: (pontapé de) «penalty» *m* (*engl.*); **2verfahren** *n* processo *m* criminal; **~verschärfend** agravante; **2verschärfung** *f* agravamento *m* da pena; **2versetzung** *f* degradação *f*; transferência *f* disciplinar; **2vollstreckung** *f* execução *f* da pena; **2zeit** *f* pena *f*.

Strahl [ʃtra:l] *m* (-*es*; -*en*) raio *m*; (*Wasser*2) ja[c]to *m*; (*Blut*2) golfada *f*; *Huf*: ranilha *f*; '**2en** (ir)radiar; brilhar; *fig.* estar radiante.

'**strählen** ['ʃtrɛ:lən] pentear; *Tiere*: *a.* almofaçar.

'**Strahlen|behandlung** *f* radioterapia *f*; **~brechung** *f* refra[c]ção *f*; **2d** *adj.* radiante, radioso; **2förmig** [-fœrmiç] radiado; **~kranz** *m* (-*es*; ⸗*e*) auréola *f*; **~kunde** *f* (*0*) radiologia *f*.

'**Strahlung** ['ʃtra:luŋ] *f* radiação *f*; **~s-feld** *n* (-*es*; -*er*) campo *m* de irradiação; **~s-wärme** *f* (*0*) calor *m* irradiado.

'**Strähn|e** ['ʃtrɛ:nə] *f* madeixa *f*; **2ig** liso; desgrenhado.

stramm [ʃtram] = *straff*; *fig.* direito, robusto; '**~stehen** (*L*) ⚔ pôr-se em posição de sentido.

'**strampeln** ['ʃtrampəln] (-*le*) estrebuchar; espernear.

Strand [ʃtrant] *m* (-*es*; -*e*) praia *f*; beira-mar *f*; (*Fluß*2) ribeira *f*; *auf den* ~ *laufen* ⚓ = '**2en** ['-dən] (-*e*-; *h. u. sn*) encalhar, naufragar; '**~gut** *n* (-*es*; ⸗*er*) despojos (*'ô) *m/pl.* do mar, bens *m/pl.* naufragados; '**~korb** *m* (-*es*; ⸗*e*) cadeira *f* de praia; '**~räuber** *m* pirata *m*; '**~see** *m* (-*s*; -*n*) albufeira *f*; '**~ung** ['-duŋ] *f* encalhe *m*, naufrágio *m*.

Strang [ʃtraŋ] *m* (-*es*; ⸗*e*) corda *f*; cordão *m*; (*Zug*2) tirante *m*; 🚂 lance *m* de carril; *Wolle*: meada *f*; *durch den* ~ *sterben* morrer estrangulado; *zum Tod durch den ~ verurteilen* condenar a ser enforcado; *über die Stränge schlagen* ultrapassar os limites; *wenn alle Stränge reißen* no pior dos casos.

Stra'paz|e [ʃtra'pa:tsə] *f* fadiga *f*; faina *f*, estafa(deira) *f*; **2'ieren** [-pa'tsi:rən] (-) cansar, estafar; *et.*: gastar; **2'ierfähig** resistente.

'Straße ['ʃtra:sə] *f* rua *f*, (*Land2*) estrada *f*; (*Weg*) caminho *m*, via *f* pública (*od.* ⚓ marítima); *Geogr.* estreito *m*.

'Straßen|-anlage *f* arruamento *m*; **~-anzug** *m* (-*es*; ⁼*e*) traje *m* de passeio; **~-arbeiter** *m* cantoneiro *m*; **~-aufsicht** *f* inspe[c]ção (*od.* fiscalização) *f* das vias públicas (*od.* das estradas) *usw.*; **~bahn(wagen** *m*) *f* carro *m* eléctrico; * bonde *m*; **~bahner** [-ba:nər] *m* condutor *m*; funcionário *m* dos serviços municipalizados de tra[c]ção elé[c]trica; **~bau** *m* (-*es*; *0*) arruamento *m*; **~beleuchtung** *f* iluminação *f* das ruas; **~damm** *m* (-*es*; ⁼*e*) meio *m* da rua; calçada *f*; **~-ecke** *f* esquina *f*; **~feger** [-fe:gər] *m* varredor *m*; **~graben** *m* (-*s*; ⁼) valeta *f*; **~-handel** *m* (-*s*; *0*) venda *f* ambulante; **~-händler** *m* vendedor *m* ambulante; **~junge** *m* (-*n*) garoto (*'ô) *m*; **~kampf** *m* (-*es*; ⁼*e*) combate *m* nas ruas; **~kehrer** [-ke:rər] *m* varredor *m*; **~kehr-maschine** *f* varredouro *m* mecânico; **~kleid** *n* (-*es*; -*er*) vestido *m* de passeio; **~kreuzung** *f* encruzilhada *f*; encruzamento *m* de ruas; **~laterne** *f* candeeiro *m*, lampião *m* da rua; **~leben** *n* movimento *m* na(s) rua(s); **~mädchen** *n* prostituta *f*; **~netz** *n* (-*es*; -*e*) rede (*'ê) *f* de estradas; **~pflaster** *n* calçada *f* da rua, pavimento *m*; **~rand** *m* (-*es*; ⁼*er*) bordo *m*; **~raub** *m* (-*es*; *0*) assalto *m*; **~reinigung** *f* serviços *m/pl.* municipalizados de limpeza pública; **~sammlung** *f* colheita *f*; **~sänger(in** *f*) *m* cantadeiro *m* (-a *f*); **~schild** *n* (-*es*; -*er*) placa *f* das ruas; **~seite** *f* *Haus*: frente *f* (da casa); **~-überführung** *f* passagem *f* superior; **~-übergang** *m* (-*es*; ⁼*e*) passagem *f* de nível; *zwischen zwei Häusern*: passadiço *m*; **~-unterführung** *f* passagem *f* inferior; **~verkehr** *m* (-*s*; *0*) trânsito *m*, circulação *f*; movimento *m* nas ruas; **~verkehrs-ordnung** *f* código *m* das estradas; **~verzeichnis** *n* (-*ses*; -*se*) índice *m* das ruas (*od.* estradas); **~walze** *f* cilindro *m*; **~zoll** *m* (-*es*; ⁼*e*) portagem *f*, direitos *m/pl.* de trânsito; **~zug** *m* (-*es*; ⁼*e*) ⚠ arruamento *m*.

Stra'teg|e [ʃtra'te:gə] *m* (-*n*) estrategista *m*; **~'ie** [-te'gi:] *f* estratégia *f*; **2isch** estratégico.

Strato'sphär|e [ʃtratɔ-] *f* (*0*) estratosfera *f*; **~en...**: *in Zssg(n)* estratosférico.

'sträuben ['ʃtrɔybən] eriçar; *sich ~* arripiar-se; *fig.* opor-se, resistir (*gegen* a); teimar em não (*inf.*).

Strauch [ʃtraux] *m* (-*es*; ⁼*er*) arbusto *m*; **'~dieb** *m* (-*es*; -*e*) bandido *m*; salteador *m*; **'2eln** (-*le*; *sn*) tropeçar.

Strauß [ʃtraus] *m*: **a**) (-*es*; ⁼*e*) ramo *m* (de flores), ramalhete *m*; **b**) (-*es*; -*e*) *Zool.* avestruz *m*, *f*; **'~en...**: *in Zssg(n)* de avestruz.

'Strebe ['ʃtre:bə] *f* escora *f*, espeque *m*; **~balken** *m* pontalete *m*; **~bogen** *m* (-*s*; ⁼) arcobotante *m*; **~mauer** *f* (-; -*n*) contraforte *m*; **2n**[1]: *~ nach* aspirar a, ambicionar (*ac.*), esforçar-se por alcançar (*ac.*); **~n**[2] *n* (*nach*) aspiração *f* (a), tendência *f* (para), ambição *f* (de); **~pfeiler** *m* botaréu *m*, contraforte *m*; **~r** *m* ambicioso *m*; *Schule*: urso *m*; **2rhaft** ambicioso, arrivista.

'strebsam ['ʃtre:pza:m] aplicado; assíduo; ambicioso; **2keit** *f* (*0*) aplicação *f*, assiduidade *f*, zelo (*ê) *m*.

'Streckbett ['ʃtrɛk-] *n* (-*es*; -*en*) cama *f* ortopédica.

'Strecke ['ʃtrɛkə] *f* espaço *m*; lanço *m*; (*Reise*) traje[c]to *m* (*zurücklegen* percorrer); (*Weg2*) pedaço *m* de caminho; troço *m*; distância *f*; *auf einer ~ von* numa extensão de; 🚂 linha *f* (*nach* de); (*Gleis*) via *f*; ⚒ galeria *f* (de avanço); (*Jagdbeute*) caça *f*; *zur ~ bringen* matar; **2n**[1] estender, distender, alongar; (*sich*) *~* esticar(-se; espreguiçar-se); *Waffen*: depor; *Vorräte*: racionar; *zu Boden ~* derribar, derrotar; prostrar; *in gestrecktem Galopp* a rédea solta; **~n**[2] *n* repuxamento *m*.

'Strecken|-arbeiter *m* ⚒ mineiro *m*; 🚂 cantoneiro *m*; **~bau** ⚒ (-*es*; *0*) *m* construção *f* de galerias; **~personal** 🚂 *n* (-*s*; *0*) pessoal *m* da linha; **~wärter** 🚂 *m* guarda-linha *m*; **⁀weise** aqui e acolá; de tempos a tempos.

ˈ**Streck|er** *m* extensor *m*; **~muskel** *m* (*-s*; *-n*) músculo *m* extensor.

Streich [ʃtraɪç] *m* (*-es*; *-e*) golpe *m*, pancada *f*; *fig.* partida *f* (*spielen* fazer, pregar); *dummer* ~ tolice *f*, disparate *m*; garotice *f*; *lustiger* ~ travessura *f*; ˈ**⁀eln** (*-le*) acariciar, afagar; ˈ**⁀en** (*L*) **1.** *v/i.* (*sn u. h.*) passar (*über ac.* por, sobre; *mit der Hand* a); (*herum~*) vag(ue)ar; **2.** *v/t.* *Brot*: pôr manteiga em; barrar (com manteiga); *Haar*: alisar; *Messer*: passar (*über ac.* por, sobre); *Wand*: pintar (*frisch* de fresco); ♪ *Baß*: tocar; ⚓ *Flagge*: arrear, *Segel*: *a.* amainar; (*aus~*) riscar; ✝ *Betrag*: abater; ~ *lassen fig.* largar; *mit Ruten* ~ açoitar; **3.** ⁀ *n Geol.* alinhamento *m*; ˈ**~er** *m/pl.* (tocadores *m/pl.* de) instrumentos *m/pl.* de corda; ˈ**~-holz** *n* (*-es*; *⸚er*) fósforo *m*; ˈ**~-holz-schachtel** *f* (*-*; *-n*) caixa *f* de fósforos; ˈ**~-instrument** *n* (*-es*; *-e*) instrumento *m* de corda; ˈ**~konzert** (ˈ**~orchester** *n*) *n* (*-es*; *-e*) concerto *m* (orquestra *f*) de instrumentos de corda; ˈ**~quartett** *n* (*-es*; *-e*) quarteto *m* de cordas; ˈ**~-riemen** *m* afiador *m*, couro *m* para amolar; ˈ**~ung** *f* abate *m*.

Streif [ʃtraɪf] *m* (*-es*; *-e*) tira *f*; risca *f*, risco *m*, listra *f*; estria *f*; ˈ**~band** *n* (*-es*; *⸚er*) ✉ cinta *f*; ˈ**~e** *f* ⚔ patrulha *f*; ˈ**~en¹** *m* = *Streif*; *schmaler* ~ filete *m*; *pl.* ⚔ galões *m/pl.*; **⁀en²** **a**) *v/t.* roçar; *vom Finger*: tirar; *in die Höhe* ~ arregaçar; (*berühren*) *a. fig.* tocar (ao de leve); **b**) *v/i.*: ~ *an* (*ac.*) tocar as raias de; *fig.* chegar a ser; ~ *durch* vag(ue)ar por; ˈ**⁀ig** riscado, listrado, de riscas; ˈ**~licht** *n* (*-es*; *-er*) reflexo *m* de luz, raio *m* de luz; ˈ**~schuß** *m* (*-sses*; *⸚sse*), ˈ**~wunde** *f* arranhadura *f*, arranhadela *f*, roçadura *f*; ˈ**~zug** *m* (*-es*; *⸚e*) correria *f*; ⚔ incursão *f*.

Streik [ʃtraɪk] *m* (*-es*; *-s*) greve *f*; *in* ~ *treten* = ⁀*en*; ˈ**~brecher** [ˈ-brɛçər] *m* anti-grevista *m*, não-grevista *m*; ˈ**⁀en** declarar-se em greve, estar em greve; fazer greve; *fig.* não andar; ˈ**~ende**(**r**) [-də(r)] *m*, ˈ**~er** *m* grevista *m*; ˈ**~posten** *m* sentinela *f* dos grevistas.

Streit [ʃtraɪt] *m* (*-es*; *-e*) contenda *f*, conflito *m*; (*Kampf*) luta *f*; ⚖ litígio *m*, questão *f*; pleito *m*; (*Unstimmigkeit*) desavença *f*; (*Wort⁀*) disputa *f*, discussão *f*, controvérsia *f*, polémica *f*; (*Zank*) briga *f*, rixa *f*; ~ *suchen* andar de brigas; ˈ**⁀bar** belicoso; *a. fig.* militante; (*tapfer*) valente; ˈ**⁀en** (*L*): (*sich*) ~ *um, über* (*ac.*) lutar por; brigar por; discutir (*ac.*); disputar-se (*ac.*); *sich* ~ altercar; ⚖ pleitear, litigiar; *die* ~*den Parteien* as partes litigantes; ~ *für a.* defender (*ac.*); ˈ**~er** *m* combatente *m*, lutador *m*; ~ *für* defensor *m* de; ˈ**~fall** *m* (*-es*; *⸚e*) litígio *m*; ˈ**~frage** *f* questão *f*; diferendo *m*; ˈ**⁀ig** duvidoso, discutível; ~ *machen* disputar; negar; ˈ**~igkeit** *f* desavença *f*; contenda *f*; quizília *f*; ˈ**~kräfte** *f/pl.* forças (*ˈô) *f/pl.* (armadas); ˈ**~macht** *f* (*-*; *⸚e*) = ~*kräfte*; ˈ**~-objekt** *n* (*-es*; *-e*) obje[c]to *m* do litígio; ˈ**~punkt** *m* (*-es*; *-e*) ponto *m* litigioso; ˈ**~sache** *f* causa *f*; = ~*objekt*; ˈ**~schrift** *f* polémica *f*, escrito *m* polémico, libelo *m*; ˈ**~sucht** *f* (*0*) mania *f* das discussões (*od.* das polémicas); ˈ**⁀süchtig** polémico; brigoso; quezilento.

streng [ʃtrɛŋ] severo, rigoroso, *a. Sitte*: austero; (*genau*) exa[c]to; *Geschmack*: acerbo, agro; *adv.* ~, ~*stens, aufs* ~*ste a.* à risca; ˈ**⁀e** *f* (*0*) severidade *f*; rigor *m*; (*Genauigkeit*) exa[c]tidão *f*; (*Sitten⁀*) austeridade *f*; ˈ**~-genommen** em rigor; ˈ**~-gläubig** ortodoxo.

Streu [ʃtrɔy] *f* cama *f* (de gado); (*Stroh*) palha *f*; ˈ**~dose** *f für Pfeffer*: pimenteira *f*; *für Salz*: saleiro *m*; *für Sand*: areeiro *m*; *für Zucker*: açucareiro *m*; ˈ**⁀en** espalhar, semear, deitar, polvilhar; disseminar; *Blumen auf den Weg* ~ juncar o caminho; ˈ**~sand** *m* (*-es*; *0*) areia *f*; ˈ**~zucker** *m* (*-s*; *0*) açúcar *m* pilé, açúcar *m* em pó.

Strich [ʃtriç] *m* (*-es*; *-e*) traço *m*; risco *m*; linha *f* (*a.* ✈); *am Kompaß*: rumo *m*; (*Land⁀*) terreno *m*; região *f*; (*Quer⁀*) travessão *m*; (*Streifen*) estria *f*; *Fische*: desova *f*; *Vögel*: voo (*ˈô) *m*, passo *m*; *Zeug*: fio *m*; ♪ *mit dem Bogen*: arcada *f*; *mit der Bürste*: escovadela *f*; *mit dem Kamm*: penteadela *f*; *mit dem Pinsel*: pincelada *f*; *gegen den* ~ a contrapelo; *gegen den ~ gehen fig.* ser antipático, não convir; *unter dem ~ Zeitung*: no folhetim; F *fig. j-n auf dem ~ haben* não gostar nada de alg.; ter espinha com alg.; *fig. j-m e-n ~ durch die Rechnung machen* contrariar alg., frustrar os planos de alg.; '**2eln** (*-le*) tracejar; '**~elung** *f* tracejado *m*; '**~punkt** *m* (*-es*; *-e*) ponto *m* e vírgula; '**~regen** *m* chuva *f* parcial, chuvas *f/pl.* locais; '**2weise** local; regional; *adv.* em alguns pontos; a riscas.

Strick [ʃtrik] *m* (*-es*; *-e*) corda *f*; baraço *m*; *fig.* maroto *m*; '**~arbeit** *f*, **~e'rei** *f* (trabalho *m* de) malha *f*; '**2en** fazer malha; *Strumpf*: fazer meia; *Netze*: fazer rede (*'ê); *gestrickt* de malha; '**~garn** *n* (*-es*; *-e*) estambre *m*; *baumwollenes*: algodão *m* para malha (*od.* para meia); *wollenes*: lã *f* para malha (*od.* para meia); '**~jacke** *f* casaco *m* de malha; '**~leiter** *f* (*-*; *-n*) escada *f* de corda; '**~maschine** *f* máquina *f* de tricotar; '**~nadel** *f* (*-*; *-n*) agulha *f* de fazer malha (*od.* meias); '**~strumpf** *m* (*-es*; *⸗e*) meia *f* feita à mão; '**~waren** *f/pl.* malhas *f/pl.*; '**~zeug** *n* (*-es*; *-e*) = *~arbeit*.

'**Striegel** ['ʃtri:gəl] *m* brossa *f*, almofaça *f*; **2n** (*-le*) almofaçar.

'**Striem|e** ['ʃtri:mə] *f*, **~en** *m* vergão *m*, vinco *m*; estria *f*.

strikt [ʃtrikt] estrito, rigoroso.

'**Strippe** ['ʃtripə] *f* corda *f*.

'**strittig** ['ʃtritiç] duvidoso, discutível, ⚖ litigioso.

Stroh [ʃtro:] *n* (*-es*; *0*) palha *f*; '**2blond** ruço; '**~blume** *f* perpétua *f*; '**~boden** *m* (*-s*; *⸗*) palheiro *m*; '**~dach** *n* (*-es*; *⸗er*) telhado *m* de colmo; '**~decke(r** *m*) *f* esteira *f* (colmeiro *m*); '**2farben** cor-de--palha, cor-de-milho; '**~flasche** *f* garrafão *m*; '**~flechter** ['-flɛçtər] *m* palheireiro *m*; '**2gedeckt** *Haus*: colmado; '**~geflecht** *n* (*-es*; *-e*) obra *f* de palha; *um Flaschen usw.*: barça *f*, balsa *f*; '**2gelb** = *2farben*; '**~-halm** *m* (*-es*; *-e*) palhinha *f*, cálamo *m*; '**~-hut** *m* (*-es*; *⸗e*) chapéu *m* de palha; '**~-hütte** *f* colmado *m*, choça *f*, palhoça *f*; '**~lager** *n* cama *f* de palha; '**~mann** *m* (*-es*; *⸗er*) 🌾 espantalho *m*; *fig.* ✝ testa-de-ferro *m*; *Spiel*: morto *m*; '**~matte** *f* esteira *f* de palha; '**~sack** *m* (*-es*; *⸗e*) enxergão *m*; '**~seil** *n* (*-es*; *-e*) vencelho *m*; '**~witwe(r** *m*) *f*: *~ sn* estar sem o marido (sem a esposa).

Strolch [ʃtrɔlç] *m* (*-es*; *-e*) vadio *m*, vagabundo *m*; '**2en** (*h. u. sn*) vadiar, vaguear.

Strom [ʃtro:m] *m* (*-es*; *⸗e*) rio *m*, (*Berg2*) *u. fig.* torrente *f*; (*Strömung*) caudal *m*, *a.* ⚡ corrente *f*; *Blut*: golfada *f*; *fig. Menschen*: multidão *f*; *in Strömen regnen*: a cântaros; '**~-abnehmer** ⚡ *m* consumidor *m* (de corrente elé[c]trica); **2-'ab(wärts)** rio abaixo; jusante; **2-'auf(wärts)** rio acima, contra a corrente; (a) montante (do rio); '**~-bett** *n* (*-es*; *-en*) álveo *m*, leito *m* (* cama *f*) do rio.

'**strömen** ['ʃtrø:mən] (*h. u. sn*) correr; *Regen*: chover torrencialmente, cair a cântaros; *fig.* (*herbei~*), *~ nach* afluir a; *~ aus* sair em massa de; *~ in* (*ac.*) entrar em massa em; **~d** *adj. Regen*: torrencial.

'**Strom-enge** *f* estreito *m* de um rio.

'**Stromer** [ʃtro:mər] *m* vagabundo *m*.

'**Strom|-erzeuger** ⚡ *m* gerador *m*, ele[c]tro-motor *m*; **~gebiet** *n* (*-es*; *-e*) bacia *f* de um rio; **~kreis** ⚡ *m* (*-es*; *-e*) circuito *m*; **~leiter** ⚡ *m* fio *m* condutor; **~linie** *f* forma *f* aerodinámica; **~-messer** ⚡ *m* amperímetro *m*, ampere-metro *m*; **~netz** ⚡ *n* (*-es*; *-e*) rede (*'ê) *f* elé[c]trica; **~schnelle** *f* salto *m*, rápido *m*; **~spannung** ⚡ *f* voltagem *f*; **~-sperre** ⚡ *f* corte *m* de energia (elé[c]trica); **~stange** *f* trólei *m*; **~stärke** ⚡ *f* intensidade *f* da corrente; amperagem *f*.

'**Strömung** ['ʃtrø:muŋ] *f* corrente *f*.

'**Strom|verbrauch** ⚡ *m* (*-es*; *0*) consumo *m* de energia (elé[c]trica); **~verlust** ⚡ *m* (*-es*; *-e*) perda *f* de corrente; **~versorgung** ⚡ *f* abastecimento *m* de energia (elé[c]trica); **~zähler** ⚡ *m* contador *m* (de ele[c]tricidade).

'**Strontium** ['ʃtrɔntsium] *n* estrôncio *m*.

'**Strophe** ['ʃtro:fə] *f* estrofe *f*; estância *f*.

'**strotzen** ['ʃtrɔtsən] (*-t*) regorgitar; **~d** *adj.* regorgitante, pujante (*vor dat.*, *von* de).

'**Strudel** ['ʃtru:dəl] *m* turbilhão *m* (*a. fig.*); re(de)moinho *m*; * jupia *f*; **2n** (*-le*) re(de)moinhar.

Struk'tur [ʃtruk'tu:r] *f* estrutura *f*.
Strumpf [ʃtrumpf] *m* (-*ẹs*; ¨*e*) meia *f*; (*Herren*♀) peúga *f*; (*Glüh*♀) camisa *f* (de lâmpada de gás); '**~band** *n* (-*ẹs*; ¨*er*), '**~-halter** *m* liga *f*; '**~waren** *f*/*pl*. artigos *m*/*pl*. de malha.
Strunk [ʃtruŋk] *m* (-*ẹs*; ¨*e*) talo *m* (de couve), tronco *m*.
'**struppig** ['ʃtrupiç] desgrenhado, esguedelhado, hirsuto; *Bart*: eriçado.
Strych'nin [ʃtryç'ni:n] *n* (-*s*; *0*) estricnina *f*.
'**Stübchen** ['ʃty:pçən] *n* quartinho *m*, saleta *f*.
'**Stube** [ʃtu:bə] *f* quarto *m*; *gute* ~ sala *f*.
'**Stuben**|**-älteste**(**r**) *m* chefe *m* de turma; **~-arrest** *m* (-*es*; -*e*) proibição *f* de sair; **~fliege** *f* mosca *f*; **~gelehrte**(**r**) *m* teórico *m*, teorista *m*; **~-hocker** *m*: *ein* ~ *sn* ser muito caseiro; **~mädchen** *n* criada *f* do quarto, criada *f* de dentro; ♀**rein** limpo.
Stuck [ʃtuk] *m* (-*ẹs*; *0*) estuque *m*.
Stück [ʃtyk] *n* (-*ẹs*; -*e*; *als Maß nach Zahlen uv.*) *ganzes*: peça *f* (*a. Thea.*, ⚔ *u.* ♪); *pro* ~ ✝ a ..., cada um; *Vieh*: cabeça *f*; *Teil*: pedaço *m*; *Zucker*: torrão *m*; (*Bruch*♀) fragmento *m*; (*Lese*♀) trecho *m*; (*Strekke*) troço *m*; *e-r Anleihe*: título *m*; *altes* ~ *a*. velharia *f*; ~ *für* ~ peça por peça, um por um; *das ist ein starkes* ~! é forte!, parece impossível!, não há direito!; *aus e-m* ~, *in e-m* ~ inteiro; *pl*. *in allen* ~*en* inteiramente, completamente; *große* ~*e auf j-n halten* estimar alg. muito, ter alg. em muita consideração; ser muito amigo de alg.; *aus freien* ~*en* espontâneamente; mótu-próprio; *in vielen* ~*en* a muitos respeitos; *in* ~*e schlagen* partir, despedaçar; *in* ~*e gehen* partir-se, despedaçar-se; '**~-arbeit**(**er** *m*) *f* trabalho *m* (trabalhador *m*) de empreitada; '♀**eln** (-*le*) despedaçar; dividir (✝ em títulos; ⚒ em parcelas); '♀**en** remendar, consertar; '**~-zucker** *m* (-*s*; *0*) açúcar *m* em quadradinhos; '**~gut** *n* (-*ẹs*; ¨*er*) carga *f* diversa; '**~lohn** *m* (-*ẹs*; ¨*e*) salário *m* por ajuste; '♀**weise** aos pedaços; por partes; ✝ a retalho; avulso; '**~werk** *n* (-*ẹs*; *0*) obra *f* mal feita; ~ *sn* ser incompleto, ser fragmentário; '**~zoll** *m* (-*ẹs*; ¨*e*) direitos *m*/*pl*. específicos.

Stu'dent [ʃtu'dɛnt] *m* (-*en*) estudante *m* (da Universidade); **~enausweis** *m* (-*es*; -*e*) cartão *m* de estudante; **~en-haus** *n* (-*es*; ¨*er*) casa *f* dos estudantes, Associação *f* Académica; **~en-heim** *n* (-*ẹs*; -*e*) residência *f* universitária; **~enschaft** *f* estudantes *m*/*pl*.; (*Körperschaft*) Associação *f* Académica; **~enwohnheim** *n* (-*ẹs*; -*e*) = **~en-heim**; **~in** *f* estudante *f* (da Universidade); **~innen-heim** *n* (-*ẹs*; -*e*) lar *m*; ♀**isch** de estudante, académico.
'**Studie** ['ʃtu:diə] *f* estudo *m*.
'**Studien**|**-assessor**(**in** *f*) *m* (-*s*; -*en*) professor(a *f*) *m* agregado(-a); **~direktor**(**in** *f*) *m* (-*s*; -*en*) reitor(a *f*) *m* de liceu; **~rat** *m* (-*ẹs*; ¨*e*) (**~rätin** *f*) professor(a *f*) *m* efe[c]tivo(-a); **~referendar**(**in** *f*) *m* (-*s*; -*e*) estagiário *m* (-a *f*); **~zeit** *f* anos *m*/*pl*. de estudante.
stu'dier|**en** [ʃtu'di:rən] (-) estudar; ♀**te**(**r**) *m* universitário *m*; ♀**zimmer** *n* gabinete *m*, escritório *m*, quarto *m* de estudo.
'**Studium** ['ʃtu:dium] *n* (-*s*; *Studien*) estudo(s *pl*.) *m*.
'**Stufe** ['ʃtu:fə] *f* degrau *m*; ⊕ andar *m*; velocidade *f*; *fig*. grau *m*; fase *f*; (*Rang*♀) categoria *f*.
'**Stufen**|**folge** *f* graduação *f*, progressão *f*; ♀**förmig** [-fœrmiç] gradual; *Anordnung*: em escadaria; **~gang** *m* (-*ẹs*; ¨*e*) = **~folge**; **~leiter** *f* (-; -*n*) escala *f*; *fig*. hierarquia *f*; ♀**los** infinitamente variável; ♀**weise** gradualmente.
Stuhl [ʃtu:l] *m* (-*ẹs*; ¨*e*) cadeira *f*; *der Heilige* ~ a Santa Sé *f*; '**~gang** ⚕ *m* (-*ẹs*; *0*) evacuação *f*; fezes *f*/*pl*.; excrementos *m*/*pl*.; *flüssiger*: soltura *f*; **~lehne** *f* costas *f*/*pl*. da cadeira, espaldar *m* da cadeira.
Stukka'tur [ʃtuka'tu:r] *f* estuque *m*.
'**Stulle** ['ʃtulə] *f* fatia *f* de pão (com manteiga).
'**Stulpe** ['ʃtulpə] *f* canhão *m* (de bota); (*Manschette*) punho *m*.
'**stülpen** ['ʃtylpən] (*auf*~) tapar, (*um*~) virar.
'**Stülp-nase** ['ʃtylp-] *f* nariz *m* arrebitado.
stumm [ʃtum] mudo; *fig*. calado; ~ *werden* emudecer; '♀**el** *m* (*Arm*♀, *Bein*♀ *usw*.) coto *m*, (*Licht*♀) *a*. toco *m*, *a*. (*Zahn*♀) arnela *f*; (*Zigarren*♀)

ponta *f*; F beata *f*; '♀-**heit** *f* (*0*) mudez *f*; mutismo *m*, *fig. a.* silêncio *m*.

'**Stümper** ['ʃtympər] *m* ignorante *m*; remendão *m*; *ein ~ sn*: *a.* não ter jeito; ~'**ei** *f* obra *f* mal feita; ♀-**haft** remendão; ♀**n** fazer a.c. sem jeito; ♪ *auf der Geige*: arranhar (*ac.*).

stumpf [ʃtumpf] **1.** embotado, rombo; *Klinge*: *a.* gasto; *Nase*: chato; ⚔ *Kegel*: troncado; *Winkel*: obtuso; *fig.* apático; *~ machen* embotar; *~ werden* embotar-se; **2.** ♀ *m* (*-es*; *⁼e*) *Baum*: cepo *m*, tronco *m*; *Gliedmaßen*: coto *m*; *mit ~ und Stiel ausrotten* exterminar, extirpar; '♀**heit** *f* (*0*) embotamento *m*; *fig.* apatia *f*; desinteresse (*'ê) *m*; toleima *m*, parvoice *f*; '♀**nase** *f* nariz *m* chato, F narigueta *f*; '♀**sinn** *m* (*-es*; *0*) estupidez *f*; '~**sinnig** estúpido, parvo; ~'**winklig** obtusângulo, obtusangulado; amblígono.

'**Stunde** ['ʃtundə] *f* hora *f* (*festgesetzte* certa, prefixa; *in zwölfter fig.* à última); (*Unterrichts*♀) lição *f*, aula *f*.

'**stunden** *v/t.* adiar um prazo; ♀**geschwindigkeit** *f* velocidade *f* horária; ♀**glas** *n* (*-es*; *⁼er*) ampulheta *f*; ♀**kilometer** *n* (*m*) quilómetro *m* horário; ~**lang** por horas (inteiras); *adv.* horas e horas; ♀**lohn** *m* (*-es*; *⁼e*) salário *m* por hora; *im ~* a tanto por hora; ♀**plan** *m* (*-es*; *⁼e*) horário *m*; ~**weise** por horas; *Unterricht*: por lições; ♀**zeiger** *m* ponteiro *m* de horas.

'**stündlich** ['ʃtynt-] de hora em hora; de uma hora para outra; *einmal ~* por hora.

'**Stundung** ['ʃtunduŋ] *f* (*gen.*) prorrogação *f*.

stu'pide [ʃtu'pi:də] parvo; estúpido.

'**Stups-nase** ['ʃtups-] *f* F nariz *m* arrebitado.

stur [ʃtu:r] parado; obstinado, cabeçudo.

Sturm [ʃturm] *m* (*-es*; *⁼e*) tempestade *f*, tormenta *f* (*a. fig.*); (*Gewitter*♀) trovoada *f*; (*Regen*♀) temporal *m*; ⚓ procela *f*, borrasca *f*; ⚔ assalto *m* (*im* de); *fig.* tumulto *m*; *~ laufen gegen* assaltar (*ac.*); *fig.* fazer uma campanha contra; *~ läuten* tocar (a) rebate; '~-**angriff** *m* (*-es*; *-e*) assalto *m*.

'**stürm|en** ['ʃtyrmən] **1.** *v/t.* assaltar, tomar de assalto; forçar; **2.** *v/i.* ⚔ dar assalto, assaltar; *gegen*: arremessar-se; *Wetter*: *es stürmt* há vento, há temporal; ♀**er** *m* assaltador *m*; *Sport*: avançado *m*; ~**erreihe** *f* linha *f* de avançados.

'**Sturm|flut** *f* grande cheia *f*, inundação *f*; ♀**frei** ao abrigo do vento; *fig. ~e Bude* F quarto *m* independente; ~**glocke** *f* sino *m* de rebate; *die ~ läuten* tocar a rebate.

'**stürmisch** ['ʃtyrmiʃ] tempestuoso, ⚓ proceloso; *a. fig.* turbulento; *j.*: impetuoso.

'**Sturm|läuten** *n* rebate *m*, alarme *m*; ~**leiter** *f* (*-*; *-n*) escada *f* de escalar; ~**riemen** *m* francalete *m*; ~**schaden** *m* (*-s*; *⁼*) prejuízos *m/pl.* causados pela tempestade; ~**schritt** *m* (*-es*; *-e*): *im ~* à carga; ~**signal** *n* (*-es*; *-e*) sinal *m* de alarme; ~ **und Drang** *m Lit.*: «Titanismo» *m od.* «Impetuosismo» *m* (literário alemão); ~**wind** *m* (*-es*; *-e*) ventania *f*, borrasca *f*, ciclone *m*.

Sturz [ʃturts] *m* (*-es*; *⁼e*) queda *f*; ✝ *u. Meteor*: baixa *f* (repentina *od.* súbita); '~**acker** *m* (*-s*; *⁼*) campo *m* recém-arado; '~**bach** *m* (*-es*; *⁼e*) torrente *f*, enxurrada *f*.

'**stürzen** ['ʃtyrtsən] (*-t*) **1.** *v/t.* deitar abaixo; derribar (*a. fig.*); (*kippen*) vazar; (*werfen*) precipitar, lançar, arrojar; *die Kasse ~* ✝ fazer balanço; *ins Unglück ~* arruinar; **2.** *refl.*: *sich ~* atirar-se (*auf ac.* a; *aus dem Fenster* de); precipitar-se, lançar-se, arrojar-se (*auf ac.* sobre); *sich ~ in* (*ac.*) *fig. Gefahr*: expor-se a; *sich in Schulden ~* fazer (*ac.*); **3.** *v/i.* (*sn*) cair; (*eilen*) correr, (*herbei~*) acorrer; (*ab~*) ✈ despenhar-se; (*zusammen~*) derribar; vir (*od.* ir-se) abaixo.

'**Sturz|flug** ✈ *m* (*-es*; *⁼e*) voo (*'ô) *m* picado; ~-**helm** *m* (*-es*; *-e*) capacete *m* de aviador; ~**see** *f*, ~**welle** *f* vagalhão *m*.

'**Stute** ['ʃtu:tə] *f* égua *f*, jumenta *f*.

'**Stütz|balken** ['ʃtyts-] *m* esteio *m*, escora *f*; ~**e** *f* apoio *m*; ✂ tutor *m*; estaca *f*; ⊕ suporte *m*; ⚠ = *~balken*; *fig.* amparo *m*, auxílio *m*; (*der Hausfrau*) governanta *f*.

'**stutz|en** ['ʃtutsən] (*-t*): **a)** *v/t.* cortar; *Bart*: aparar; ✂ podar; **b)** *v/i.* ficar perplexo, ficar surpreendido;

pasmar; *Pferd*: espantar; **2en** *m* ⚔ carabina *f*; (*Wadenstrumpf*) meia (*od.* peúga) *f* até ao joelho, *Kind*: soquete *m*.

'**stützen** ['ʃtytsən] (-*t*) apoiar (*a. refl.*), suster; amparar; *fig. Behauptung*: corroborar; *sich* ~ *auf* (*ac.*): *a.* encostar-se em; *fig.*: *a.* fundar-se em, basear-se em.

'**Stutz|er** ['ʃtutsər] *m* janota *m*; peralta *m*; **2erhaft** janota; **~flügel** ♪ *m* piano *m* de meia-cauda; **2ig** perplexo, surpreendido, admirado (*machen* deixar, *werden* ficar).

'**Stütz|mauer** *f* (-; -*n*) muro *m* de apoio; **~pfahl** *m* (-*ės*; ⁻*e*) estaca *f*; **~pfeiler** *m* esteio *m*, pilar *m*; **~punkt** *m* (-*ės*; -*e*) ponto *m* de apoio; *Pol.*, ✈, ⚔ *u.* ⚓ base *f*; (*Schanze*) reduto *m*.

Sub'jekt [zup'jɛkt] *n* (-*ės*; -*e*) sujeito *m*; **2'iv** [-'ti:f] subje[c]tivo; **~ivi'tät** [-tivi'tɛ:t] *f* (*0*) subje[c]tivismo *m*.

Subli'm|at [zubli'ma:t] *n* (-*ės*; -*e*) sublimado *m*; **2ieren** (-) sublimar.

Sub'sidium [zup'zi:dium] *n* (-*s*; -*dien*) subsídio *m*.

Subskri|'bent [zupskri'bɛnt] *m* (-*en*) subscritor *m*, assinante *m*; **2'bieren** [-'bi:rən] (-) subscrever, assinar; **~pti'on** [-ptsi'o:n] *f* subscrição *f*, assinatura *f*.

substanti'ell [zupstantsi'ɛl] substancial; substancioso.

'**Substantiv** ['zupstanti:f] *n* (-*s*; -*e*) substantivo *m*; **2isch** [-'iviʃ] substantivo.

Sub'stanz [zup'stants] *f* substância *f*.

subtra|'hieren [zuptra'hi:rən] (-) subtrair; **2'hier-maschine** *f* máquina *f* subtra[c]tora; **2kti'on** [-ktsi'o:n] *f* subtra[c]ção *f*.

Subventi'on [zupvɛntsi'o:n] *f* subvenção *f*; **2'ieren** (-) subvencionar.

'**Such|e** ['zu:xə] *f*: (*auf* [*der*] ~ *nach*) (à) procura *f* (de); (em) busca *f* (de); (à) cata *f* (de); ⚒ prospe[c]ção *f*; **~dienst** *m* (-*es*; -*e*) serviço *m* de informações; **2en** procurar; ~ *zu inf.*: *a.* tratar de; *gesucht adj. fig.* afe[c]tado; rebuscado; ✝ *gesucht werden* precisar-se (de); **~er** *m Phot.* visor *m*; ⚒ prospe[c]tor *m*; = **~gerät** *n* (-*ės*; -*e*) ⚒ aparelho *m* de prospe[c]ção.

Sucht [zuxt] *f* (-; ⁻*e*) mania *f* (*nach* de).

'**süchtig** ['zyçtiç]: ~ *sn nach* ter o vício de.

Süd ['zy:t] *m* (-*ės*; *0*) sul *m*; ('**~-afrikaner** *m*), '**2-afrikanisch** sul-africano (*m*); ('**~-amerikaner** *m*), '**2-amerikanisch** sul-americano (*m*); '**2-deutsch** da Alemanha meridional, da Alemanha do Sul.

Sude|'lei [zudə'laɪ] *f* porcaria *f*, coisa *f* mal feita; **2ln** ['zu:dəln] (-*le*) sujar, fazer a.c. muito mal.

'**Süden** ['zy:dən] *m* (-*s*; *0*) sul *m*.

'**Süd|frucht** *f* (-; ⁻*e*) fruta *f* meridional; (**~länder[in** *f*] *m*) **2ländisch** ['-lɛndiʃ] meridional (*m*, *f*); **2lich** meridional, do sul; *adv.* ao sul; *Astr.*, *Zone*: austral; ~*e Breite* latitude *f* sul; **~-'ost(en)** *m* (-*ės*; *0*) sudeste *m*; **2'-östlich** do sudeste; *adv.* ao sudeste; **~pol** *m* (-*s*; *0*) pólo *m* sul; **~-süd'osten** *m* (-*s*; *0*) su-sudeste *m*; **~-süd'westen** *m* (-*s*; *0*) su-sudoeste *m*; **2wärts** ['-vɛrts] para o sul; **~'west(en)** *m* (-*ės*; *0*) sudoeste *m*; **2'westlich** de sudoeste; *adv.* ao sudoeste; **~wind** *m* (-*ės*; -*e*) vento *m* sul.

Suff [zuf] P *m* (-*ės*; *0*) alcoolismo *m*; *im* ~ borracho.

'**süffig** ['zyfiç]: F ~ *sn* ter bom paladar.

Suf'fix [zu'fiks] *n* (-*es*; -*e*) sufixo *m*.

sugge|'rieren [zugə'ri:rən] (-) sugerir; **2sti'on** [-sti'o:n] *f* sugestão *f*.

'**Sühn|e** ['zy:nə] *f* expiação *f*; ⚖ *a.* desagravo *m*; *Rel. a.* penitência *f*; (*Entschädigung*) reparação *f*; = **~e-maßnahme** *f* sanção *f*; **2en** expiar; desagravar; **~-opfer** *n* holocausto *m*; sacrifício *m* expiatório.

Sul'fat [zul'fa:t] *n* (-*ės*; -*e*) sulfato *m*.

'**Sultan** ['zulta:n] *m* (-*s*; -*e*) sultão *m*; **~'at** [-ta'na:t] *n* (-*ės*; -*e*) sultanado *m*.

'**Sülze** ['zyltsə] *f* geleia *f* de carne.

sum'marisch [zu'ma:riʃ] sumário.

'**Summ|e** ['zumə] *f* soma *f*; (*Anzahl*) número *m*; (*Betrag*) quantia *f*; (*Gesamtbetrag*) total *m*; **~en**[1] *n* sumido *m*; zumbido *m*; sussurro *m*; **2en**[2] zumbir; **~er** ⚡ *m* vibrador *m*; **2'ieren** (-) somar.

Sumpf [zumpf] *m* (-*ės*; ⁻*e*) pântano *m*; paúl *m*; abafeira *f*; '**~boden** *m* (-*s*; ⁻) solo *m* pantanoso; '**~dotterblume** *f* malmequer-dos-brejos *m*; '**~-fieber** *n* febre *f* intermitente, malária *f*, sezões *f/pl.*, (im)paludismo *m*; '**2ig** pantanoso; '**~land** *n* (-*es*; ⸚*er*) terra *f* pantanosa; '**~pflanze** *f* planta *f* palustre; '**~vogel** *m* (-*s*; ⸚) ave *f* palustre, ave *f* dos charcos.

Sund [zunt] *m* (-*es*; -*e*) estreito *m*.

'**Sünde** ['zyndə] *f* pecado *m*.

'**Sünden|bekenntnis** *n* (-*ses*; -*se*) confissão *f* de pecados; **~bock** *m* (-*es*; ⸚*e*) bode *m* expiatório (*od.* emissário); **~-erlaß** *m* (-*sses*; -*sse*) absolução *f*; **~fall** *m* (-*es*; *0*) pecado *m* original (*od.* de Adão).

'**Sünd|er(in** *f*) *m* pecador(a *f*) *m*; *arme(r)* ~ delinquente *m*, *f*; **2-haft, 2ig** pecaminoso, vicioso, pecador; **2igen** ['-igən] pecar (*an dat.* contra).

'**super|fein** ['zu:pər-] superfino; **2-intendent** *m* (-*en*) superintendente *m*; **~klug** (*0*) esperto demais.

'**Suppe** ['zupə] *f* sopa *f*, caldo *m*.

'**Suppen|fleisch** *n* (-*es*; *0*) cozido *m*; *roh*: carne *f* para cozer; **~grün** *n* (-*s*; *0*) verdura *f*; **~kelle** *f* concha *f*; **~kraut** *n* (-*es*; ⸚*er*) ervas *f/pl.* para a sopa; **~löffel** *m* colher *f* de sopa; **~schüssel** *f* (-; -*n*) terrina *f*; *ensopadeira *f*; **~teller** *m* prato *m* de sopa; **~würfel** *m* cubo *m* de caldo.

'**surren** ['zurən] vibrar, zunir, zumbir.

Surro'gat [zuro'ga:t] *n* (-*es*; -*e*) sucedâneo *m*, substituto *m*.

suspen'dieren [zuspɛn'di:rən] (-) suspender (*vom Amt* das suas funções).

süß [sy:s] doce; açucarado; *Wein*: abafado; *fig.* suave; (*reizend*) encantador; *~es Geschöpf* F amor *m*; '**2e** *f* (*0*) doçura *f*; '**~en** (-*t*) adoçar; açucarar, deitar açúcar; '**2-holz** *n* (-*es*; *0*) alcaçuz *m*; ~ *raspeln fig.* F galantear, fazer a corte a; '**2igkeit** *f* doçura *f*; *~en pl.* doces *m/pl.*; '**~lich** adocicado, *fig. a.* sentimental; '**~sauer** agridoce; '**2stoff** *m* (-*es*; -*e*) sacarina *f*; '**2wasser** *n* água *f* doce.

Sym'bol [zym'bo:l] *n* (-*s*; -*e*) símbolo *m*; emblema *m*; **~ik** *f* simbólica *f*, simbolismo *m*; **2isch** simbólico; **2i'sieren** [-i'zi:rən] (-) simbolizar.

Sym|me'trie [zyme'tri:] *f* simetria *f*; **2'metrisch** simétrico; **~pa'thie** [-pa'ti:] *f* simpatia *f*; **2'pathisch** [-'pa:tiʃ] simpático; **2pathi'sieren** (-) [-pati'zi:rən] simpatizar; **~pho'nie** [-fo'ni:] *f* sinfonia *f*; **2'phonisch** [-'fo:niʃ] sinfónico.

Symp'tom [zymp'to:m] *n* (-*s*; -*e*) sintoma *m*; **2'atisch** [-to'ma:tiʃ] sintomático.

Syna'goge [zyna'go:gə] *f* sinagoga *f*.

synchroni'sier|en [zynkroni'zi:rən] (-) sincronizar; **2ung** *f* sincronização *f*.

Syndi'kat [zyndi'ka:t] *n* (-*es*; -*e*) sindicato *m*.

'**Syn|dikus** ['zyndikus] *m* (-; *Syndiken*, *Syndizi*) síndico *m*; **~'kope** [-'ko:pə] ♪ *f* síncope *f*; **2ko'pieren** sincopar; *v/i.* fazer síncope; **~'ode** [-'no:də] *f* sínodo *m*; **2o'nym** [-o'ny:m] sinónimo; **2'taktisch** sintá[c]tico; **~tax** [-taks] *f* (*0*) sintaxe *f*; **~'these** *f* síntese *f*; **2'thetisch** [-'te:tiʃ] sintético.

'**Syphil|is** ['zy:filis] *f* (*0*) sífilis *f*; (**~'itiker** [zyfi'litikər] *m*) **2'itisch** [zyfi'li:tiʃ] sifilítico (*m*).

'**Syr|er(in** *f*) *m* ['zy:rər-], **~ier(in** *f*) *m* ['-iər-] sírio *m* (-a *f*); **2isch** sírio, da Síria.

Sys'tem [zys'te:m] *n* (-*s*; -*e*) sistema *m*; **2'atisch** [-te'ma:tiʃ] sistemático.

'**Szen|e** ['stse:nə] *f* cena *f*; *in ~ setzen* pôr em cena (*a. refl.*); levar ao palco; (*Streit*) *a.*: disputa *f*; escândalo *m*; **~en-wechsel** *m* mudança *f* de cena; **~e'rie** [-ə'ri:] *f* cenário *m*; **2isch** cénico.

T

T, t [teː] *n uv.* T, t *m.*

'Tabak ['taːbak] *m* (-*ęs*; -*e*) tabaco *m*; **~bau** *m* (-*s*; *0*) cultura *f* do tabaco; **~händler** *m* estanqueiro *m*; **~laden** *m* (-*s*; ⁼) tabacaria *f*; estanco *m*; **~monopol** *n* (-*s*; *0*) monopólio *m* de tabaco; **~(s)beutel** *m* bolsa (*ô) *f* do tabaco; **~(s)dose** *f* tabaqueira *f*; *ehm.* caixa *f* de rapé; **~(s)-pfeife** *f* cachimbo *m*; **~steuer** *f* (-; -*n*) direito *m* sobre o tabaco.

tabel'l|arisch [tabɛ'laːriʃ] tabelar; em forma de tabela, sinóptico; **2e** [-'bɛlə] *f* tabela *f*, lista *f*; quadro *m* sinóptico.

Ta'blett [ta'blɛt] *n* (-*ęs*; -*e*) bandeja *f*, tabuleiro *m*; **~e** *f* comprimido *m*.

Tacho'meter [taxo'meːter] *m* taxímetro *m*.

'Tadel ['taːdəl] *m* repreensão *f*; *Schule*: censura *f*, *scharfer*: descompostura *f*; *ohne* ~ = **2los** irrepreensível, perfeito, sem defeito; (*vorzüglich*) impecável; **2n** (-*le*) censurar, desaprovar, criticar; *j-n*: *a.* repreender; *hart* ~ increpar; **2nswert** repreensível, de censurar.

'Tafel ['taːfəl] *f* (-; -*n*) (*Holz2*) tábua *f*; (*Metall2*) placa *f*; (*Schiefer2*) lousa *f*; (*Schild*) letreiro *m*; *Schokolade*: pau *m*; (*Tabelle*) tabela *f*; (*Tisch*) mesa *f*; (*Wand2*) quadro *m*; *geogr.* platô *m*; *Typ.* (*Bild*) lâmina *f*; **~-aufsatz** *m* (-*es*; ⁼*e*) centro *m* de mesa; **~besteck** *n* (-*ęs*; -*e*) faqueiro *m*; **2förmig** [-fœrmiç] tabular; **~-geschirr** *n* (-*ęs*; -*e*) baixela *f*, louça *f*; **~-land** *n* (-*ęs*; ⁼*er*) meseta *f*, planalto *m*; **2n** (-*le*) jantar, estar à mesa; banquetear.

'täfeln ['tɛːfəln] (-*le*) forrar de madeira lavrada, assoalhar.

'Tafel|-obst *n* (-*es*; *0*) fruta *f* escolhida; **~runde** *f* mesa *f* redonda; *Lit.* Távola *f* redonda; **~service** *n* serviço *m* de mesa, baixela *f*; **~tuch** *n* (-*ęs*; ⁼*er*) toalha *f* de mesa.

'Täfelung ['tɛːfəluŋ] *f* paineis *m/pl.*; apainelamento *m*; *Fußboden*: soalho *m* embutido.

Taft [taft] *m* (-*ęs*; -*e*) tafetá *m.*

Tag [taːk] *m* (-*ęs*; -*e*) dia *m*; (*Tagung*) congresso *m*; jornada *f*; *der Jüngste* ~ o Dia do Juízo; *am* ~*e*, *bei* ~*e* de dia; *am hellichten* ~*e* em pleno dia; *am* ~*e* (*da*)*nach* no dia seguinte; *am* ~*e vor* (*dat.*) na véspera de; *über* ~*e* ⚒ à superfície da terra; *unter* ~*e* ⚒ debaixo da terra; *zu* ~*e* à luz; *e-n* ~ *um den andern* dia sim, dia não; *e-s* (*schönen*) ~*es* qualquer dia, *Vergangenheit*: um dia; *sich e-n vergnügten* ~ *machen* ir à pândega; *an den* ~ *bringen* revelar, descobrir, trazer a lume; *an den* ~ *kommen* revelar-se, descobrir-se; *an den* ~ *legen* manifestar; ~ *werden* amanhecer; *guten* ~! *vormittags*: bom dia!; *nachmittags*: boa tarde!; *in den* ~ *hinein leben* viver ao Deus dará; *pl. in* ... ~*en* daqui a (*od.* hoje a *od.* dentro de) ... dias; *vor* ... ~*en* faz ... dias; ~ *für* ~ = **2'aus**, **2'ein** dia por dia, todos os dias.

'Tage|bau ['taːgə-] ⚒ *m* (-*s*; *0*) extra[c]ção *f* à superfície; **~blatt** *n* (-*ęs*; ⁼*er*), **~buch** *n* (-*ęs*; ⁼*er*) diário *m*; **~dieb** *m* (-*ęs*; -*e*) mandrião *m*; **2-lang** por dias inteiros; **~lohn** *m* (-*ęs*; ⁼*e*) diária *f*; jornal *m*; **~löhner** [-løːnər] *m* jornaleiro *m*; **2n 1.** (*beraten*) estar reunido em conselho (*od.* em congresso); (estar a) deliberar; **2.** (*Tag werden*) amanhecer; **~reise** *f* jornada *f*.

'Tages|-anbruch *m* (-*ęs*; *0*) romper *m* do dia (*bei* ao); alvorada *f*, madrugada *f*; **~bericht** *m* (-*ęs*; -*e*) boletim *m* do dia; **~gespräch** *n* (-*ęs*; -*e*) assunto *m* de todas as conversas; ~ *sn* ser notório; **~kasse** *f Thea.* bilheteira *f* (aberta de dia); **~kurs** *m* (-*es*; -*e*) ⚕ câmbio *m* do dia; **~leistung** *f* (produção *f*) diária *f*; rendimento *m* por dia; **~licht** *n* (-*ęs*; *0*) (luz *f* do) dia *m*; **~nachrichten** *f/pl.* notícias *f/pl.* do dia; noticiário *m/sg.*; **~-ordnung** *f* ordem *f* do dia (*an der* na); **~presse** *f* (*0*) imprensa *f* diária; **~schau** *f* (*0*) *Fernsehen*: telejornal *m*; **~-zeit** *f* hora *f* do dia; **~-zeitung** *f* (jornal *m*) diário *m*.

'**tage|weise** por dia(s); **⁀werk** *n* (-*ẹs*; *0*) trabalho *m* diário.
'**Tag|falter** *m* borboleta *f* diurna; **⁀-hell**: ~ *sn* ser (*od.* estar) pleno dia; ~ *erleuchten* acender todas as luzes.
'**täglich** ['tɛ:kliç] diário; quotidiano, cotidiano; *Astr.*, ♆, *Zool.* diurno; (*all*~) *adv. a.* todos os dias; *zweimal* ~ por dia.
tag|s [ta:ks] de dia, durante o dia; ~ *darauf* no dia seguinte; ~ *zuvor* na véspera; '**~s-über** de dia, durante o dia; **~'täglich** dia por dia, todos os dias; **⁀-und-'nacht-gleiche** [-glaıçə] *f* equinócio *m*.
'**Tagung** ['ta:guŋ] *f* jornada *f*, congresso *m*; colóquio *m*; reunião *f*; **~steilnehmer** *m* congressista *m*.
Tai'fun [taı'fu:n] *m* (-*ẹs*; -*e*) tufão *m*.
'**Taille** ['taljə] *f* cinta *f*; (*Mieder*) corpinho *m*.
'**takel|n** ['ta:kəln] (-*le*) aparelhar; **⁀ung** *f*, **⁀werk** *n* (-*ẹs*; -*e*) cordame *m*, enxárcia *f*.
Takt [takt] *m* (-*ẹs*; -*e*) ♪ compasso *m* (*im*, *nach dem* ao; *angeben* marcar; *halten* observar; *nicht halten* ir fora do; *schlagen* bater); (*Rhythmus*) cadência *f*; *Motor*: tempo *m*; *im* $^3/_4$-~ a três tempos; *aus dem* ~ *bringen* desconcertar; *fig.* = ~*gefühl*; '**⁀-fest** firme; ~ *sn* ⚒ ter resistência; ♪ guardar bem o compasso; *fig.* ser versado; '**~gefühl** *n* (-*ẹs*; *0*) ta[c]to *m*, delicadeza *f*, discrição *f*; '**~ik** *f* tá[c]tica *f*; ('**~iker** *m*), '**⁀isch** tá[c]tico (*m*); '**⁀los** indiscreto, grosseiro, pouco delicado; '**~losigkeit** ['-lo:ziç-] *f* falta *f* de ta[c]to; indiscrição *f*; '**⁀mäßig** compassado, cadenciado, rítmico; '**~stock** *m* (-*ẹs*; ⸚*e*) batuta *f*; '**~strich** *m* (-*ẹs*; -*e*) risco *m*; '**⁀voll** discreto, delicado.
Tal [ta:l] *n* (-*ẹs*; ⸚*er*) vale *m*; **⁀-'ab(-wärts)** vale abaixo.
Ta'lar [ta'la:r] *m* (-*ẹs*; -*e*) hábito *m* talar; ⚖ toga *f*.
tal-'auf(wärts) vale acima.
Ta'lent [ta'lɛnt] *n* (-*ẹs*; -*e*) talento *m*, jeito *m*; **⁀'iert** [-'ti:rt], **⁀voll** talentoso, com muito jeito.
'**Tal-fahrt** *f* 🚗 descida *f*; ⚓ passagem *f* (*od.* transporte *m*) rio abaixo.
Talg [talk] *m* (-*ẹs*; -*e*) sebo *m*; '**~-absonderung** *f* seborreia *f*; '**~drüse** *f* glândula *f* sebácea; '**⁀ig** ['-giç] seboso, sebento.
'**Talisman** ['ta:lisman] *m* (-*s*; -*e*) talismã *m*, amuleto *m*.
Talk [talk] *m* (-*ẹs*; *0*) talco *m*; '**~-erde** *f* (*0*) magnésia *f*.
'**Tal-kessel** *m* barranco *m*.
'**Talmi** ['talmi] *n* (-*s*; *0*), **~gold** *n* (-*ẹs*; *0*) pechisbeque *m*.
'**Tal|mulde**, **~sohle** *f* fundo *m* do vale; **~sperre** *f* represa (*'ê) *f*, barragem *f*.
Tambu'rin [tambu'ri:n] *n* (-*s*; -*e*) pandeiro *m*, pandeireta *f*.
tampo'nieren [tampo'ni:rən] (-) ⚕ tapar, pensar.
Tand [tant] *m* (-*ẹs*; *0*) futilidades *f/pl*.
Tänd|e'lei [tɛndə'laı] *f* brincadeira *f*, namorico *m*; '**⁀eln** (-*le*): ~ (*mit*) brincar (com), namoricar (*ac.*).
Tang [taŋ] *m* (-*ẹs*; -*e*) sargaço *m*, algas *f/pl*.
Tan'gente [taŋ'gɛntə] *f* tangente *f*.
Tank [taŋk] *m* (-*ẹs*; -*s*) depósito *m*; ⚔ tanque *m*, carro *m* blindado; '**⁀en** meter (*od.* abastecer-se de) gasolina; '**~er** *m*, '**~schiff** *n* (-*ẹs*; -*e*) navio-tanque *m*, petroleiro *m*; '**~stelle** *f* posto (*'ô) *m* de gasolina (*od.* de abastecimento).
'**Tanne** ['tanə] *f*, '**~n-baum** *m* (-*ẹs*; ⸚*e*), '**~n-holz** *n* (-*es*; ⸚*er*) abeto *m*; pinheiro *m*; (*Weihnachtsbaum*) árvore *f* de Natal; '**~n-nadel** *f* (-; -*n*) agulha *f* de abeto, caruma *f*; '**~n-wald** *m* (-*ẹs*; ⸚*er*) floresta *f* de abetos; pinhal *m*; '**~n-zapfen** *m* pinha *f*.
'**Tante** ['tantə] *f* tia *f*.
Tanti'eme [tanti'ɛ:mə] *f* participação *f* nos lucros; *Thea.* direitos *m/pl.* de autor.
Tanz [tants] *m* (-*es*; ⸚*e*) dança *f*; baile *m*; (*Ballett*) bailado *m*.
'**tänzeln** ['tɛntsəln] (-*le*; *h. u. sn*) dançar; *Pferd*: saracotear.
'**tanzen** ['tantsən] (-*t*; *h. u. sn*) dançar; bailar, *baiar.
'**Tänzer(in** *f*) *m* dançarino *m* (-a *f*); (*Berufs*⁀) bailarino *m* (-a *f*).
'**Tanz|fest** *n* (-*ẹs*; -*e*) baile *m*; **~fläche** *f* pista *f* de dança; **~lehrer** *m* mestre (*od.* professor) *m* de dança; **~lokal** *n* (-*s*; -*e*) bar *m*; **⁀lustig** dançarino; **~musik** *f* (*0*) música *f* de dança; **~schule** *f* curso *m* de dança; **~stunde** *f* lição *f* de dança; **~-tee** *m* (-*s*; -*s*) chá *m* dançante.
Ta'pet [ta'pe:t] *n*: *aufs* ~ *bringen* trazer à discussão; **~e** *f* papel *m*

pintado; *gewirkte*: tapeçaria *f*; **~entür** *f* porta *f* falsa.

tape'zier|en [tape'tsi:r-] (-) forrar a papel; pôr os papéis (pintados); **2er** *m* estofador *m*, forrador *m*, armador *m*.

'tapfer ['tapfər] valente, corajoso; **2keit** *f* (*0*) valentia *f*, coragem *f*.

'tappen ['tapən] (*h. u. sn*) apalpar; *im Dunkeln* ~ andar às apalpadelas (*a. fig.*).

'täppisch ['tɛpiʃ] acanhado; mal jeitoso, lorpa, boçal.

'Tara ['ta:ra] ✝ *f* (-; *Taren*) tara *f*.

Ta'rantel [ta'rantɛl] *f* (-; -*n*) tarântula *f*.

Ta'rif [ta'ri:f] *m* (-*s*; -*e*) tarifa *f*, tabela *f*, pauta *f* (*nach* à); **~lohn** *m* (-*ẹs*; ⸚*e*) salário *m* mínimo; **2mäßig** à tabela.

'tarn|en ['tarnən] disfarçar, dissimular; ⚔ *a.* camuflar; **2kappe** *f* carapuça *f* mágica; **2ung** *f* disfarce *m*, ⚔ *a.* camuflagem *f*.

'Tasche ['taʃə] *f* bolso (*'ô) *m*, algibeira *f*; (*Beutel, Geld*2) bolsa (*ô) *f*; (*Hand*2, *Reise*2) malinha *f* (*stecken* meter); *fig. j-m auf der* ~ *liegen* viver a custa de alg.; *fig. j-n in die* ~ *stecken* ser superior a alg.; et. *in der* ~ *haben fig.* ter a.c. assegurado.

'Taschen|-ausgabe *f* edição *f* de bolso (*'ô) (*od.* de algibeira); **~buch** *n* (-*ẹs*; ⸚*er*) livro *m* de bolso (*'ô); (*Notizbuch*) livro *m* de notas, agenda *f*; **~dieb** *m* (-*ẹs*; -*e*) carteirista *m*; *vor* **~***en wird gewarnt* cuidado com os carteiristas; **~geld** *n* (-*ẹs*; -*er*) dinheiro *m* para despesas miúdas; **~kalender** *m* agenda *f*; **~krebs** *m* (-*es*; -*e*) caranguejo *m*; **~lampe** *f* lâmpada *f* de mão; **~messer** *n* navalha *f*, canivete *m*; **~spieler** *m* prestidigitador *m*; **~tuch** *n* (-*ẹs*; ⸚*er*) lenço *m* (de mão); **~-uhr** *f* relógio *m* de bolso (*'ô); **~wörterbuch** *n* (-*ẹs*; ⸚*er*) dicionário *m* de bolso (*'ô), dicionário *m* portátil.

'Tasse ['tasə] *f* chávena *f*, xícara *f*.

Tasta'tur *f* teclado *m*.

'Tast|e *f* tecla *f*; *Tel.* = **~***er*; **2en** (-*e*-) apalpar, tocar; **~er** *m* *Tel.* manipulador *m*; ⊕ compasso *m* curvo; *Zool.* pálpo *m*; **~sinn** *m* (-*ẹs*; *0*) ta[c]to *m*.

Tat [ta:t] *f* feito *m*; (*Handlung*) a[c]ção *f*, a[c]to *m*; (*Helden*2) *a.*: façanha *f*, proeza *f*; (*Verbrechen*) crime *m*, delito *m*; *auf frischer* ~ em flagrante delito; *in der* ~ de fa[c]to, com efeito; realmente; *in die* ~ *umsetzen* realizar, levar a efeito; **'~bestand** *m* (-*ẹs*; ⸚*e*) fa[c]tos *m/pl.*; ⚖ *a.* tipo *m* legal; *den* ~ *aufnehmen* registar os fa[c]tos; ⚖ proceder à instrução judiciária, instruir uma causa; **'~beweis** *m* (-*es*; -*e*) corpo *m* de delito; **'~en-drang** *m* (-*ẹs*; *0*), **'~en-durst** *m* (-*ẹs*; *0*) iniciativa *f*; **'2en-los** ina[c]tivo, passivo.

'Täter(in *f*) *m* ['tɛ:tər] autor(a *f*) *m*; ⚖ agente *m*, *f* do crime; criminoso *m* (-a *f*), réu *m* (ré *f*); **~schaft** *f* (*0*) culpa(bilidade) *f*.

tätig ['tɛ:tiç] a[c]tivo, *et. a.*: efe[c]tivo; *Vulkan*: em a[c]tividade; ~ *sn als* exercer (*od.* desempenhar) as funções de, fazer de; **~en** ['-igən] efe[c]tuar; **2keit** *f* a[c]tividade *f*; a[c]ção *f*; (*Verrichtung*) a[c]tuação *f*; ⚕ funções *f/pl.*

'Tätigkeits|bereich *m* (-*ẹs*; -*e*) âmbito *m* (*od.* esfera *f od.* campo *m*) de a[c]tividade (*od.* de a[c]ção); **~bericht** *m* (-*ẹs*; -*e*) relatório *m* de (*od.* das) a[c]tividades; **~form** *f* voz *f* a[c]tiva; **~wort** *n* (-*ẹs*; ⸚*er*) verbo *m*.

'Tat|kraft *f* (*0*) energia *f*, a[c]tividade *f*; **2kräftig** enérgico, a[c]tivo.

'tätlich ['tɛ:tliç]: ~ *werden* vir às mãos; passar a vias de fa[c]to; praticar um a[c]to de violência; **2keit** *f* a[c]to *m* de violência; *pl.* **~***en* vias *f/pl.* de fa[c]to.

'Tat-ort *m* (-*ẹs*; -*e*) local *m*; *e-s Verbrechens*: teatro *m*; **~besichtigung** *f* exame *m* ao local.

täto'wier|en [tɛto'vi:rən] (-) tatuar; **2ung** *f* tatuagem *f*.

'Tat|sache *f* fa[c]to *m*; **2'sächlich** real, positivo, efe[c]tivo; *adv. a.* de fa[c]to, com efeito.

'tätscheln ['tɛtʃəln] (-*le*) *v/t.* fazer festas a; acariciar.

'Tatze ['tatsə] *f* pata *f*, garra *f*.

Tau [tau] **a)** *n* (-*ẹs*; -*e*) corda *f*; cabo *m*, ⚓ *a.* amarra *f*; **b)** *m* (-*ẹs*; *0*) orvalho *m*.

taub [taup] *j.*: surdo; *et.*: oco (*'ô), vazio; *Gestein*: estéril; *Nessel*: morta; ~ *machen*, ~ *werden* ensurdecer; *sich* ~ *stellen* fazer ouvidos de mercador.

'Taube ['taubə] *f* pomba *f*, pombo *m*; *junge* ~ borracho *m*.

'Tauben|schießen *n* tiro *m* aos

pombos; **~schlag** *m* (-*ẹs*; ⁼*e*) pombal *m*.

'**Tauber** ['taubər] *m*, '**Täuberich** ['tɔybərɪç] *m* (-*ẹs*; -*e*) pombo *m*.

'**Taub|-heit** *f* (*0*) surdez *f*; **~nessel** *f* (-; -*n*) ortiga *f* morta; **2stumm** surdo-mudo; **~stummheit** *f* (*0*) surdo-mudez *f*, surdo-mutismo *m*.

'**Tauch|boot** ['taux-] *n* (-*ẹs*; -*e*) submersível *m*; **2en** *v/i*. (*h. u. sn*) mergulhar, *v/t. a.* embeber, molhar; *U-Boot*: submergir; **~er** *m* mergulhador *m*; *mit Ausrüstung*: escafandrista *m*; **~er-anzug** *m* (-*ẹs*; ⁼*e*) escafandro *m*; **2fähig** submersível; **~sieder** ['-ziːdər] *m* fervedor *m* de imersão.

'**tauen** ['tauən] (*h. u. sn*) degelar; *Schnee*: derreter-se; es *taut* (*h.*) degela; (*fällt Tau*) cai orvalho.

'**Tauf|becken** ['tauf-] *n* pia *f* ba[p]tismal; **~e** *f* ba[p]tismo *m*; *aus der ~ heben* apadrinhar, ser padrinho de; amadrinhar, ser madrinha de; **2en** ba[p]tizar.

'**Täufling** ['tɔyf-] *m* (-*s*; -*e*) ba[p]tizando *m* (-a *f*); neófito *m* (-a *f*); afilhado *m* (-a *f*).

'**Tauf|name** *m* (-*ns*; -*n*) nome *m* de ba[p]tismo; **~pate** *m* (-*n*) padrinho *m*; **~patin** *f* madrinha *f*; **~schein** *m* (-*ẹs*; -*e*) certidão *f* de ba[p]tismo.

'**taug|en** ['taugən] prestar, valer, servir (*zu* para); **2e-nichts** *m* (-*es*; -*e*) maroto (*'ô) *m*; **~lich** útil; (*befähigt*) apto; *et.*: próprio, bom (*zu* para).

'**Taumel** ['tauməl] *m* (-*s*; *0*) cambaleio *m*, vertigem *f*; *fig*. delírio *m*; **2n** (-*le*; *h. u. sn*) cambalear; vacilar; *zu Boden ~* ir-se abaixo das pernas; **2nd** *adj*. vacilante, titubeante.

'**Tau-punkt** *m* (-*ẹs*; -*e*) ponto *m* de condensação.

Tausch [tauʃ] *m* (-*es*; -*e*) troca *f*; (*Aus2*) permuta *f*; ⩚ permutação *f*; = *~geschäft*; '**2en** trocar; ✝ cambiar; (*aus~*) permutar.

'**täuschen** ['tɔyʃən] enganar, iludir; (*foppen*) mistificar; (*hintergehen*) abusar de; (*prellen*) burlar; lograr; *Hoffnung*: frustrar; **~d** *adj*. ilusório; *adv*. muito.

'**Tausch|geschäft** *n* (-*ẹs*; -*e*), **~handel** *m* (-*s*; *0*) (negócio *m* de) câmbio *m*.

'**Täuschung** ['tɔyʃuŋ] *f* engano *m*; ilusão *f* (*optische* de ó[p]tica).

'**tausend** ['tauzənt] **1.** mil; **2.** **2** *n* (-*s*; -*e*) milhar *m*; *zu ~en* aos milhares; **2er** [-dər] *m Arith*. mil *m*; (*Banknote*) nota *f* de mil; **~er'lei** [-dər'laɪ] mil(hares de); **~fach**, **~fältig** [-fɛltɪç] milenário; *adv*. mil(hares de) vezes; **2füßler** [-fyːslər] *m* centopeia *f*; **2'gülden-kraut** [-'gyldən-] *n* (-*ẹs*; *0*) fel-da-terra *m*, centáurea *f*; **~jährig** de mil anos, milenário; **~mal** mil vezes; **2schön** ⚘ *n* (-*s*; -*e*) margarida-dos-prados *f*, bonina *f*; **~ste** (**2stel** *n*) milésimo (*m*; milésima parte *f*).

'**Tau|tropfen** *m* gota (*ô) *f* de orvalho; **~werk** *n* (-*ẹs*; *0*) cordame *m*; enxârcia(s *pl.*) *f*; **~wetter** *n* (tempo *m* de) degelo (*'ê) *m*; **~ziehen** *n* *Sport*: luta *f* de tra[c]ção à corda.

Taxa|'meter [taksa-] *m* taxímetro *m*; **~tor** [-'ksaː-] *m* (-*s*; -*en*) avaliador *m*, louvado *m*.

'**Tax|e** ['taksə] *f* taxa *f*, tarifa *f*, tabela *f*; **2'ieren** (-) avaliar, estimar, taxar (*auf ac.* em).

'**Technik** ['tɛçnɪk] *f* (*0*) técnica *f*; ♪ *a.* execução *f*; **~er** *m* técnico *m*; **~um** *n* (-*s*; -*ka od.* -*ken*) escola *f* técnica.

'**technisch** ['tɛçnɪʃ] técnico.

Tee [teː] *m* (-*s*; -*s*) chá *m*; ⚕ infusão *f*, tisana *f*; '**~kanne** *f* bule *m*; '**~kessel** *m* chaleira *f*; '**~löffel** *m* colher *f* de chá.

Teer [teːr] *m* (-*ẹs*; -*e*) alcatrão *m*, breu *m*; '**~anstrich** *m* (-*ẹs*; -*e*) breadura *f*; breagem *f*; '**2en** alcatroar, brear; '**~farbe** *f* cor (*ô) *f* de anilina; '**~jacke** ⚓ *f* oleado *m*.

'**Teerose** *f* rosa-chá *f*.

'**Teer-seife** *f* sabonete *m* de alcatrão.

'**Tee|sieb** *n* (-*ẹs*; -*e*) passador *m* de chá; **~strauch** *m* (-*ẹs*; ⁼*er*) planta *f* de chá; **~tasse** *f* chávena *f* (de chá); **~wagen** *m* mesa *f* de chá com rodas; **~wärmer** ['-vɛrmər] *m* abafador *m*.

Teich [taɪç] *m* (-*ẹs*; -*e*) tanque *m*, lago *m*; (*Fisch2*) viveiro *m*.

Teig [taɪk] *m* (-*es*; -*e*) massa *f*; '**2ig** ['-gɪç] pastoso; abetumado; '**~waren** *f/pl*. massas *f/pl*. alimentícias.

Teil [taɪl] *m u. n* (-*ẹs*; -*e*) parte *f* (*zum* em; *ein großer* grande); (*An2*) *a.* porção *f*, quota *f*, cota *f*; (*Bestand2*) *a.* elemento *m*; '**2bar** divisível; *Phys*. cindível; '**~barkeit** *f* (*0*) divisibilidade *f*; '**~betrag** *m* (-*ẹs*; ⁼*e*) parte *f* (da quantia); '**~chen**

['-çən] *n* partícula *f*; '℞en dividir; (*auf*~) partir; (*ver*~) repartir; *mit j-m*: compartilhar; *sich in die Kosten* ~ partilhar; '**~er** ⚕ *m* divisor *m*; '**~grundstück** *n* (-*ęs*; -*e*) lote *m* de terreno; '**℞-haben** (*L*) tomar parte, participar, compartilhar (*an dat.* em); '**~-haber** ['-ha:bər] *m* sócio *m* (*stiller* comanditário); '**℞-haftig** ['-haftiç] (*gen.*) participante de, partícipe de; '**~nahme** ['-na:mə] *f* (*0*): ~ (*an dat.*) participação *f* (em); interesse (*'ê) *m* (por), simpatia *f* (por); (*Anwesenheit*) assistência *f* (a); (*Beileid*) condolência *f*, pêsames *m*/*pl*.; '**℞nahm**(**s**)**los** ['-na:m-] indiferente, impassível, sem interesse (*'ê); ⚕ apático; '**~nahm**(**s**)**losigkeit** [-lo:ziç-] *f* (*0*) indiferença *f*, desinteresse (*'ê) *m*; ⚕ apatia *f*; '**℞nehmen** (*L*): ~ *an* (*dat.*) tomar parte em; (*mitwirken*) *a.*: colaborar em; (*beiwohnen*) assistir a; *fig.* interessar-se por; '**℞nehmend** participante; *fig.* compassivo, amigo; '**~nehmer**(**in** *f*) *m* ['-ne:mər-]: ~ *an* (*dat.*) participante *m*, *f* em; elemento *m* de; *Fernspr.* assinante *m*, *f*; (*Anwesender*) assistente, ouvinte, *pl. a.* assistência *f*/*sg.*, auditório *m*/*sg.*, público *m*/*sg.*; *in Zssg*(*n*) *oft* ...℞ -ista (*z. B. Kongreß*℞ congressista *m*); ℞**s** em parte; ~ ..., ~ ... já ..., já ...; meio ..., meio ...; '**~strecke** *f* zona *f*.

'**Teilung** ['taɪluŋ] *f* divisão *f*; *Phys.*, ⚗ partição *f*; (*Auf*℞, *Ver*℞) distribuição *f*; *Erbe*: partilha *f*; **~s-artikel** *m gr.* artigo *m* partitivo.

'**teil**|**weise** parcial; *adv. a.* em parte; ℞**zahlung** *f* prestação *f*; pagamento *m* em prestações *pl.*; *auf* ~, *pl. in* ~*en* a prestações *pl.*

Teint [tɛ̃:] *m* (-*s*; -*s*) tez *f*.

Tele'gramm [tele'gram] *n* (-*s*; -*e*) telegrama *m*; **~-adresse** *f* endereço *m* telegráfico; **~bote** *m* (-*n*) boletineiro *m*; **~formular** *n* (-*s*; -*e*) impresso *m* para telegrama.

Tele'graph [tele'gra:f] *m* (-*en*) telégrafo *m*; **~en-amt** *n* (-*ęs*; ⸗*er*) estação *f* telegráfica; **~en-mast** *m* (-*es*; -*en*) poste *m* telegráfico; **~'ie** [-gra'fi:] *f* (*0*) telegrafia *f* (*drahtlose* sem fios); ℞'**ieren** (-) telegrafar; mandar um telegrama; ℞**isch** telegráfico; *adv.* por telegrama; **~'ist**(**in** *f*) *m* (-*en*) telegrafista *m*, *f*.

'**Teleobjektiv** ['tele-] *n* (-*s*; -*e*) teleobje[c]tiva *f*.

Tele'phon [tele'fo:n] *n* (-*s*; -*e*) telefone *m*; **~-anruf** *m* (-*ęs*; -*e*) chamada *f* telefónica; **~buch** *n* (-*ęs*; ⸗*er*) lista *f* telefónica; **~gabel** *f* (-; -*n*) descanso *m* (do telefone); **~gespräch** *n* (-*ęs*; -*e*) telefonema *m*, chamada *f* telefónica (*od.* ao telefone), conversa *f* telefónica (*od.* ao telefone); ℞'**ieren** [-fo'ni:rən] (-) telefonar; ℞**isch** telefónico; *adv.* por telefone; **~'ist**(**in** *f*) *m* (-*en*) telefonista *m*, *f*; **~leitung** *f* linha *f* telefónica; **~netz** *n* (-*es*; -*e*) rede (*'ê) *f* telefónica; **~zelle** *f* cabine *f* telefónica; **~zentrale** *f* central *f* telefónica.

Teles'kop [telɛs'ko:p] *n* (-*s*; -*e*) [telescópio *m*.]

'**Teller** ['tɛlər] *m* prato *m* (*flacher* raso; *tiefer* fundo); (*Hand*℞) palma *f*; **~wärmer** [-vɛrmər] *m* esquentador *m* de pratos.

Tel'lur [tɛ'lu:r] ⚗ *n* (-*s*; *0*) telúrio *m*; ℞**isch** telúrico.

'**Tempel** ['tɛmpəl] *m* templo *m*; **~-herr** *m* (-*n od.* -*en*) templário *m*.

'**Tempera...** ['tɛmpəra-]: *in Zssg*(*n*) *Mal.* à têmpera, (de) guache.

Tempera'ment [tɛmpəra'mɛnt] *n* (-*ęs*; -*e*) temperamento *m*, índole *f*, feitio *m*; ℞**los** frio; ℞**voll** vivo, brioso.

Tempera'tur [tɛmpəra'tu:r] *f* temperatura *f*; **~regler** [-re:klər] *m* termostato *m*.

tempe'rieren [tɛmpə'ri:rən] (-) temperar.

'**Tempo** ['tɛmpo] *n* (-*s*; -*s od. Tempi*) ♪ andamento *m*; ⊕ velocidade *f*; ℞'**rär** [-'rɛ:r] temporário, interino.

Ten'denz [tɛn'dɛnts] *f* tendência *f*; ℞**i'ös** [-i'ø:s] tendencioso.

'**Tender** ['tɛndər] *m* 🚂 ténder *m*; ⚓ aviso *m*.

'**Tenne** ['tɛnə] *f* eira *f*.

'**Tennis** ['tɛnis] *n* (-; *0*) ténis *m*; **~-schläger** *m* raqueta *f*; **~-schuh** *m* (-*ęs*; -*e*) sapatilha *f*; **~-spieler**(**in** *f*) *m* tenista *m*, *f*; jogador(a *f*) *m* de ténis.

'**Tenor**[1] ['te:nɔr] *m* (-*s*; *0*) teor *m*.

Te'nor[2] [te'no:r] *m* ♪ (-*s*; ⸗*e*) tenor *m*.

'**Teppich** ['tɛpiç] *m* (-*s*; -*e*) tapete *m*; carpete *m*; *pl. mit* ~*en auslegen* atapetar, alcatifar; **~klopfer** *m* batedor *m* de tapetes.

Ter'min [ter'mi:n] *m* (-*s*; -*e*) prazo *m*; termo (*ê) *m*; (*Datum*) data *f*; ⚖ citação *f*, ~ *haben* ser chamado (a juízo); **~geschäft** ✝ *n* (-*ẽs*; -*e*) negócio *m* a prazo; **~kalender** *m* agenda *f*; **2mäßig** no prazo; **2weise** a prazo; **~zahlung** ✝ *f* pagamento *m* a prazo.

Ter'mite [ter'mi:tə] *f*, **~n-ameise** *f* térmita *f*, térmite *f*, formiga *f* branca; **~n-hügel** *m* formigueira *f*.

Terpen'tin [tɛrpɛn'ti:n] *n* (-*s*; -*e*) terebintina *f*; = **~öl** *n* (-*ẽs*; -*e*) aguarrás *f*.

Ter'rain [tɛ'rɛ̃:] *n* (-*s*; -*s*) terreno *m*; campo *m*.

Ter'rasse [tɛ'rasə] *f* terraço *m*.

Ter'rine [tɛ'ri:nə] terrina *f* para sopa, sopeira *f*, ensopadeira *f*.

'Terror ['tɛrɔr] *m* (-*s*; *0*) terror *m*; *hist.*, *Pol.* terrorismo *m*; **2i'sieren** [-i'zi:rən] (-) terrorizar; (**~'ist** *m* [-*en*]), **2'istisch** terrorista (*m*).

Terz [tɛrts] *f* terça *f*, ♪ *a.* terceira *f* (*große* maior, *kleine* menor); **~'ett** [-'tsɛt] *n* (-*ẽs*; -*e*) terceto *m*, ♪ *a.* trio *m*.

Testa'ment [tɛsta'mɛnt] *n* (-*ẽs*; -*e*) testamento *m*; **2'arisch** [-'ta:riʃ] testamentário; **~s-eröffnung** *f* abertura *f* do testamento; **~s-vollstrecker** *m* testamenteiro *m*.

'testen ['tɛstən] (-*e*-) testar.

'teuer ['tɔyər] caro; *sich* ~ *stellen* ficar caro (*od.* por muito dinheiro), *im Betrieb*, *im Verbrauch*: gastar muito, não ser económico; *j-m* ~ *zu stehen kommen* custar caro a alg.; *wie* ~ *ist* ...? quanto custa ...?; **2ung** *f* carestia *f*.

'Teufel ['tɔyfəl] *m* diabo *m*; demónio *m*; P diacho *m*; *armer* ~ pobre diabo; *des* ~*s sn* estar louco; *zum* ~! que diabo!, com mil diabos!; **~'ei** [-'laɪ] *f* diabrura *f*, maldade *f*; a[c]ção *f* diabólica.

'Teufels|brut *f* raça *f* diabólica; **~kerl** *m* (-*s*; -*e*) diabo *m* de homem, F levado *m* da breca.

'teuflisch ['tɔyfliʃ] diabólico, infernal.

Text [tɛkst] *m* (-*es*; -*e*) texto *m*; letra *f*, palavras *f*/*pl.*; **'~buch** *n* (-*ẽs*; ⸗*er*) livro *m* de textos; ♪ libreto *m*; *Film*: argumento *m*; **'~dichter** *m* autor *m* (*Film*: dos argumentos); ♪ libretista *m*.

Tex'til|ien [tɛks'ti:liən] *pl.* produtos *m*/*pl.* têxteis, tecidos *m*/*pl.*; **~-industrie** *f* indústria *f* têxtil; **~waren** *f*/*pl.* = ~*ien*.

The'ater [te'a:tər] *n* teatro *m*; (*Vorstellung*) espe[c]táculo *m*; ~ *spielen* representar; *fig.* simular; fingir; **~-abend** *m* (-*s*; -*e*) sarau *m* teatral; **~-abonnement** *n* (-*s*; -*s*) assinatura *f*; **~besucher** *m* espe[c]tador *m*; *pl.* público *m*/*sg.*; **~dichter** *m* dramaturgo *m*; autor *m* dramático; **~karte** *f* bilhete *m* de teatro (*od.* de entrada); **~kasse** *f* bilheteira *f*; **~kritik** *f* crítica *f* teatral; **~kritiker** *m* crítico *m* teatral; **~probe** *f* ensaio *m*; **~stück** *n* (-*ẽs*; -*e*) peça *f* dramática (*od.* de teatro); **~vorstellung** *f* representação *f* teatral; **~zettel** *m* programa *m*; (*Anschlag*) cartaz *m*.

thea'tralisch [tea'tra:liʃ] teatral; dramático; *j.*: *a.* patético.

'Theke ['te:kə] F *f* balcão *m*.

'Thema ['te:ma] *n* (-*s*; *Themen*) assunto *m*; *a.* ♪ tema *m*; **2tisch** [te-'ma:tiʃ] temático.

Theo'log|e [teo'lo:gə] *m* (-*n*) teólogo *m*; **~'ie** [-'gi:] *f* teologia *f*; **2isch** teológico.

Theo'ret|iker [teo're:tikər] *m* teórico *m*, teorista *m*; **2isch** teórico, teorista.

Theo'rie [teo'ri:] *f* teoria *f*.

Thera'p|eut [tera'pɔyt] *m* (-*en*) terapeuta *m*; **~eutik** *f* (*0*) terapêutica *f*; **2eutisch** terapêutico; **~ie** [-'pi:] *f* terapia *f*, terapêutica *f*.

Ther'm|al-quelle [tɛr'ma:l-] *f* águas *f*/*pl.* termais, caldas *f*/*pl.*; **'~en** *f*/*pl.* termas *f*/*pl.*; caldas *f*/*pl.*; **~o-'meter** [-mo-'] *n* termómetro *m*; **'~os-flasche** ['tɛrmɔs-] *f* garrafa-termo *f*; termo *m*; **~os'tat** [-os'ta:t] *m* (-*en*) termostato *m*.

'These ['te:zə] *f* tese *f*; dissertação *f*.

Thron [tro:n] *m* (-*ẽs*; -*e*) trono *m*; **'~-anwärter** *m* pretendente *m* (ao trono); **'~besteigung** *f* subida *f* ao trono; **'2en** estar sentado no trono; (*herrschen*) dominar; **'~folge** *f* sucessão *f* (ao trono); **'~folger** *m* príncipe *m* herdeiro; **'~-himmel** *m* docel *m*; *Rel.* pálio *m*; **'~räuber** *m* usurpador *m*; **'~rede** *f* discurso *m* da coroa; **'~verzicht** *m* (-*ẽs*; -*e*) abdicação *f*, renúncia *f* ao trono.

'Thun-fisch ['tu:n-] *m* (-*es*; -*e*) atum *m*.

'Thüring|er(in *f*) *m* ['ty:riŋər-]

turíngio *m* (-a *f*); ²isch turíngio, da Turíngia.

'**Thymian** ['ty:mia:n] *m* (-*s*; -*e*) tomilho *m*, serpão *m*, timo *m*.

Tick [tik] *m* (-*es*; -*s*) ⚕ tique *m*, tara *f*; F mania *f*, telha *f*; e-n ~ *haben fig*. F ter pancada *f* na mola; '²en fazer tique-taque; '~**tack** ['-tak] *n* (-*s*; *0*) tique-taque *m*.

tief [ti:f] **1.** (pro)fundo; (*niedrig*) baixo, ♪ *a*. grave; *Farbe*: carregado; *Geheimnis*: grande; *Nacht*: alta; *Schnee*: espesso; *Trauer*: pesado; *Winter*: pleno; *2 Meter* ~ ... de profundidade (*od. nach hinten*: de fundo); ~ *in* (*dat*.) *stecken* estar engolfado em; ~ *blicken lassen* ser muito significativo, dar que pensar; *comp*. ~*er legen* (*ac*.) baixar o nível de; **2.** ² *n* (-*es*; -*s*) depressão *f* atmosférica, baixa pressão *f*; '²**bau** *m* (-*es*; -*bauten*) construção *f* subterrânea; '~**bewegt** profundamente comovido; '~**blau** muito azul; '²**druck**(-**gebiet** *n* [-*es*; -*e*]) *m* (-*es*; *0*) (zona *f* de) depressão *f* atmosférica *od*. (de) baixa pressão *f*; '²**druck**(-**verfahren** *n*) *m* (-*es*; -*e*) *Typ*. ocogravura *f*; '²**e** *f* profundidade *f*; profundeza *f*; (*Abgrund*) abismo *m*, (*Grund, Hintergrund*) fundo *m*; '²-**ebene** *f* planície *f* baixa; '²**enmesser** *m* profundímetro *m*; '²**enpsychologie** *f* (*0*) psicologia *f* das profundidades; '²**enschärfe** *f Phot*. profundidade *f* de foco; '²**ensteuer** ✈ *n* leme *m* da profundidade; '²**gang** ⚓ *m* (-*es*; *0*) calado *m*; '~**gehend** ⚓ de grande calado; *fig*. = '~**greifend** radical; = '~**gründig** ['-gryndiç] profundo; '²**land** *n* (-*es*; -*e od*. ²*er*) pais *m* baixo; planície *f* baixa; '²**schlag** *m* (-*es*; ²*e*) *Sport*: golpe *m* baixo; '~**schürfend** profundo, penetrante; '²**see** *f* (*0*) oceano *m*; '²**see-forschung** *f* investigação *f* oceanográfica; '²**sinn** *m* (-*es*; *0*) profundidade *f* do pensamento; (*Schwermut*) melancolia *f*; '~**sinnig** profundo; *j*.: pensativo; melancólico; '²**stand** *m* (-*es*; *0*) baixo nível *m*; *Barometer u*. ✝ depressão *f*.

'**Tiegel** ['ti:gəl] *m* caçarola *f*; (*Schmelz*²) cadinho *m*.

Tier [ti:r] *n* (-*es*; -*e*) animal *m*; *vierbeiniges*: *a*. besta *f*; *unvernünftiges*: bruto *m* (*a. fig*.); *wildes*: fera *f*, *kleines u. Insekt*: bicho *m*; *fig. hohes* ~ F pessoa *f* importante; '~-**arzt** *m* (-*es*; ²*e*) (médico *m*) veterinário *m*; '²**ärztlich** veterinário; '~**bändiger** *m* domador *m* (de feras); '~**freund** *m* (-*es*; -*e*) zoófilo *m*; '~**garten** *m* (-*s*; ²) jardim *m* zoológico; tapada *f*; '~-**heilkunde** *f* (*0*) veterinária *f*; '²**isch** animal; *fig*. bestial, brutal; '~**kreis** *m* (-*es*; *0*) *Astr*. zodíaco; '~-**kreis...**: *in Zssg*(*n*) zodiacal; '~**kunde** *f* zoologia *f*; '~**leben** *n* (-*s*; *0*) fauna *f*, vida *f* animal; '~**park** (-*es*; -*s*) jardim *m* zoológico; tapada *f*; '~**quälerei** *f* mau trato *m* dos animais; '~**reich** *n* (-*es*; *0*) reino *m* animal; '~**schau** *f* exposição *f* de feras; ✓ feira *f* de gado; '~**schutz-verein** *m* (-*s*; -*e*) Sociedade *f* Prote[c]tora dos Animais; '~**welt** *f* (*0*) = ~*reich*; fauna *f*; '~**zeichner** *m* animalista *m*.

'**Tiger** ['ti:gər] *m* tigre *m*; ~**in** *f* tigra *f*; ~**katze** *f* gato *m* montês.

'**tilg|bar** ['tilk-] apagável; ✝ *a*. amortizável, extinguível; ~**en** ['-gən] exterminar, extinguir, anular; (*streichen*) *a*. riscar, apagar; ✝ *Schuld*: pagar, amortizar; ²**ung** ['-guŋ] *f* anulação *f*; ✝ pagamento *m*, amortização *f*; ²**ungs...**: *in Zssg*(*n*) de amortização.

Tink'tur [tink'tu:r] *f* tintura *f*.

'**Tinte** ['tintə] *f* tinta *f*; *in der* ~ *sitzen fig*. F ver-se em apuros; ~**n-faß** *n* (-*sses*; ²*sser*) tinteiro *m*; ~**n-fisch** *m* (-*es*; -*e*) lula *f*, calamar *m*; choco *m*, siba *f*; ~**nfleck** *m* (-*es*; -*e*), ~**nklecks** *m* (-*es*; -*e*) borrão *m*, nódoa *f* de tinta; ~**nstift** *m* (-*es*; -*e*) lápis-tinta *m*; ~**nwischer** *m* limpa-penas *m*.

Tip [tip] *m* (-*s*; -*s*) F *Sport*: prognóstico *m*; *a. fig*. bom conselho *m*.

'**tipp|eln** ['tipəln] (-*le*) F andar, caminhar; ~**en**: ~ *auf* (*ac*.), ~ *an* (*ac*.) tocar (*ac*.) levemente; ✝ da[c]tilografar, escrever à máquina; ²**fehler** *m* erro (*ê) *m* de da[c]tilografia; ²**fräulein** *n* da[c]tilógrafa *f*.

Tisch [tiʃ] *m* (-*es*; -*e*) mesa *f* (*am, bei, zu* à; *auf dem a*. na); *Rel*. ~ *des Herrn* Santa Ceia *f*; *vor* ~ antes da refeição; *nach* ~ à sobremesa; depois da refeição; *zu* ~ *kommen* vir comer, vir almoçar, vir jantar; *zu* ~ *bitten* convidar para o almoço (*'ô) (*od*. para o jantar); '~**decke** *f* toalha *f* de mesa; **'~gast** *m* (-*es*; ⸚*e*) convidado *m*; **'~gebet** *n* (-*ės*; -*e*) oração *f* de graças; **'~gesellschaft** *f* convidados *m/pl.*; comensais *m/pl.*; **'~gespräch** *n* (-*ės*; -*e*) conversa *f* à mesa; **'~klappe** *f* aba *f*; **'~lampe** *f* candeeiro *m* de mesa.

'Tischler ['tiʃlər] *m* carpinteiro *m*; (*Möbel*♀) marceneiro *m*; (*Kunst*♀) ebanista *m*; **~'ei** *f* carpintaria *f*; marcenaria *f*.

'Tisch|nachbar *m* (-*s od.* -*n*; -*n*) vizinho *m* à mesa; **~ordnung** *f* marcação *f* de lugares à mesa; **~platte** *f* tampo *m* da mesa; **~rede** *f* discurso *m* à mesa; brinde *m*; **~tennis** *n* (-; *0*) ténis *m* de mesa; pingue-pongue *m*; **~tuch** *n* (-*ės*; ⸚*er*) toalha *f* de mesa; **~wein** *m* (-*ės*; -*e*) vinho *m* de mesa; **~zeit** *f* hora *f* de comer (*od.* das refeições).

Ti'tan|e [ti'ta:nə] *m* (-*n*), **~in** *f* titã *m*, *f*; **♀isch** titânico.

'Titel ['ti:təl] *m* título *m*; **~bild** *n* (-*ės*; -*er*) vinheta *f*; **~blatt** *n* (-*ės*; ⸚*er*) frontispício *m*; **~halter** *m Sport*: campeão *m*; **~kopf** *m* (-*ės*; ⸚*e*) título *m*; **~rolle** *f* papel *m* titular; **~träger** *m* titular *m*.

Titul|a'tur [titula'tu:r] *f* títulos *m/pl.*; (*Anrede*) tratamento *m*; **♀'ieren** (-): ~ *als* tratar de, chamar (*ac.*).

Toast [to:st] *m* (-*es*; -*e od.* -*s*) brinde *m*; **'♀en** (-*e*-): ~ *auf* (*ac.*) brindar por; **'~er**, **'~röster** ['-rœstər] *m* torradeira *f*.

'toben ['to:bən] raivar; estar furioso; *gegen*: vociferar, bramar, clamar; *Meer*: estar bravo; *Sturm usw.*: desencadear-se, bramir.

'Tob|sucht ['to:p-] *f* (*0*) raiva *f*; frenesi(m) *m*; *a. fig.* fúria *f*, delírio *m*; **♀süchtig** raivoso, frenético.

'Tochter ['tɔxtər] *f* (-; ⸚) filha *f*; **~gesellschaft** ⚜ *f* sucursal *f*, filial *f*.

Tod [to:t] *m* (-*ės*; *0*) morte *f* (*bis in ac.* até à; *auf den, e-s natürlichen ~es* de); falecimento *m*; *auf Leben und ~* de vida e morte; *zu ~e* mortalmente; *sich zu ~e ärgern* morrer de aborrecimento.

'Todes|-ahnung ['to:dəs-] *f* pressentimento *m* da morte; **~-angst** *f* (-; ⸚*e*) angústia *f* mortal; *pl.* ~ *ausstehen* sofrer mil mortes; **~-anzeige** *f* participação *f* de morte (*od.* de óbito); **~fall** *m* (-*ės*; ⸚*e*) morte *f*, falecimento *m* (*im* em caso de); óbito *m*; **~gefahr** *f* perigo *m* de vida; **~kampf** *m* agonia *f*; **~-stoß** *m* (-*es*; ⸚*e*) golpe *m* mortal (*versetzen* dar); **~-strafe** *f* pena *f* capital; *bei* ~ sob pena de morte; **~-stunde** *f* hora *f* suprema (*od.* da morte); **~tag** *m* (-*ės*; -*e*) dia *m* da morte; aniversário *m* da morte; **~-urteil** *n* (-*ės*; -*e*) sentença *f* de morte; **~verachtung** *f* (*0*) desprezo (*'ê) *m* da morte.

'Tod|feind *m* (-*ės*; -*e*) inimigo *m* figadal; **♀krank** (*0*): ~ *sn* estar à morte, estar doente de morte.

'tödlich ['tø:tliç] mortal; *adv. a.* de morte; ~ *hassen* odiar até à morte.

'tod|'müde (*0*) cansadíssimo; **~'sicher** (*0*) absolutamente seguro; (*od.* certo); **♀sünde** *f* pecado *m* mortal.

Toi'lette [toa'lɛtə] *f* (*Abort*) retrete *f*; casa *f* da banho; lavatório *m*; (*Kleid*) vestido *m*; ~ *machen* vestir-se, arranjar-se; **~npapier** *n* (-*s*; *0*) papel *m* higiénico; **~nseife** *f* sabonete *m*; **~nspiegel** *m* psiqué *f*; **~ntisch** *m* (-*es*; -*e*) toucador *m*.

toll [tɔl] louco; (*rasend*) frenético, furioso; *et.*: extravagante, absurdo; *Lärm*: infernal; *das ist ja* ~ é fantástico; **'♀e** *f* F *Haar*: poupa *f*; topete *m*; **'~en** fazer algazarra, barulhar; **'♀-heit** *f* loucura *f*; maluqueira *f*; maluquice *f*; estravagância *f*; = **♀wut**; **'♀kirsche** *f* beladona *f*; **'~kühn** (*0*) audacioso, audaz, temerário; **'♀kühnheit** *f* (*0*) audácia *f*, temeridade *f*; **'♀wut** *f* raiva *f*; **'~wütig** raivoso, danado.

'Tolpatsch ['tɔlpatʃ] *m* (-*es*; -*e*) desastrado *m*; = *Tölpel*; **♀ig** desastrado; = *tölpelhaft*.

'Tölpel ['tœlpəl] *m* pateta *m*; **♀-haft** pateta; grosseiro.

To'mate [to'ma:tə] *f* tomate *m*.

'Tombola ['tɔmbola] *f* (-; *Tombolen*) tômbola *f*, rifa *f*.

Ton [to:n] *m* **a**) (-*ės*; ⸚*e*) som *m*, *a. fig.* tom *m*; *Gram.* acento *m* (tónico); *der Tonleiter*: voz *f*; **b**) (-*ės*; *0*) barro *m*, argila *f*; **'~-abnehmer** *m* «pickup» *m* (*engl.*); **'♀angebend**: ~ *sn* dar o tom, *fig. a.* mandar; **'~-art** ♪ *f* tom *m*, tonalidade *f*; **'~-aufnahme** *f* gravação *f* do som; **'~band(-aufnahme** *f*) *n* (-*ės*; ⸚*er*) (gravação *f* em) fita *f* magnética; **'~band-gerät** *n* (-*ės*; -*e*) magnetofone *m*; **'~dichter** *m* compositor *m*;

ˈ~dichtung *f* composição *f* musical; poema *m* sinfónico.
ˈtönen [ˈtøːnən] *v/i.* soar; *laut*: ressoar; *v/t. Mal.* matizar.
ˈTon-erde *f* (*0*) argila *f*; ⚗ alumina *m*; *essigsaure* ~ acetato *m* de alumina.
ˈtönern [ˈtøːnərn] de barro.
ˈTon|fall *m* (-*ẹs*; *0*) entoação *f*, intonação *f*, cadência *f*, tom *m*; ~film *m* (-*ẹs*; -*e*) filme *m* sonoro; ~(fixier)bad *Phot. n* (-*ẹs*; ¨*er*) banho *m* fixador; ~geschirr *n* (-*ẹs*; -*e*) louça *f* de barro; ~grube *f* barreira *f*; ♀haltig [-haltiç] argiloso; ~lage ♪ *f* tonalidade *f*; ~leiter *f* (-; -*n*) escala *f*; ♀los átono, atónico.
ˈTonne [ˈtɔnə] *f* tonel *m*; (*Faß*) barril *m*; *für Trockenware*: barrica *f*; ⚓ bóia *f*; *Maß*, ⚓ *u. Gewicht*: tonelada *f*; ~n-gehalt *m* (-*ẹs*; -*e*) tonelagem *f*; ~n-gewölbe *n* abóbada *f* cilíndrica (*od.* de berço).
ˈTon|schiefer *m* argilite *f*; ~setzer *m* compositor *m*; ~silbe *f* sílaba *f* tónica.
Tonˈsur [tɔnˈzuːr] *f* tonsura *f*, coroa *f*.
ˈTönung [ˈtøːnuŋ] *f* tonalidade *f*; ♪ timbre *m*; *Mal.* matização *f*.
ˈTon|verstärker *m* ampliador *m* (de ressonância); ~waren *f/pl.* louça *f/sg.* (de barro); ~wiedergabe *f* som *m*; reprodução *f* sonora; ~zeichen *n* ♪ nota *f*; *Gram.* acento *m*.
Toˈpas [toˈpaːs] *m* (-*es*; -*e*) topázio *m*.
Topf [tɔpf] *m* (-*ẹs*; ¨*e*) pote *m*; (*Blechgefäß*) lata *f*; (*Blumen*♀) vaso *m*; (*Koch*♀) panela *f*, *flacher*: tacho *m*.
ˈTöpfer [ˈtœpfər] *m* oleiro *m*; (*Ofensetzer*) estufeiro *m*; ~-arbeit *f* obra *f* de barro; ~ˈei *f* olaria *f*.
ˈTopf|gucker [ˈ-gukər] *m fig.* maricas *m*; ~kuchen *m* bolo (*ˈô) *m*; ~lappen *m* pega *f*; ~-pflanze *f* planta *f* de vaso.
Topp [tɔp] ⚓ *m* (-*s*; -*e od.* -*s*) topo (*ˈô) *m*, tope *m*; ˈ♀segel *n* sobrejoanete *f*.
Tor [toːr] **1.** *m* (-*en*) tolo *m*, doido *m*, louco *m*; **2.** *n* (-*ẹs*; -*e*) portão *m*; (*Stadt*♀) porta *f*; *Sport*: golo *m* (*schießen* fazer); ˈ~esschluß *m* (-*sses*; *0*): *kurz vor* ~ *fig.* à última hora.
Torf [tɔrf] *m* (-*ẹs*; *0*) turfa *f*; ˈ~boden *m* (-*s*; ¨), ˈ~grube *f*, ˈ~moor *n* (-*ẹs*; -*e*), ˈ~stich *n* (-*ẹs*; -*e*) turfeira *f*.
ˈTor|flügel *m* batente *m*; ~-heit *f* tolice *f*, loucura *f*; disparate *m*.
ˈtöricht [ˈtøːriçt] *j.*: tolo; doido; *et.*: disparatado, insensato.
ˈTörin [ˈtøːrin] *f* tola *f*, doida *f*, louca *f*.
ˈtorkeln [ˈtɔrkəln] F (-*le*; *sn u. h.*) cambalear.
Torˈnister [tɔrˈnistər] *m* mochila *f*.
torpeˈdier|en [tɔrpeˈdiːrən] (-) torpedear; ♀ung *f* torpedeamento *m*.
Torˈpedo [tɔrˈpeːdo] *m* (-*s*; -*s*) torpedo *m*; ~boot *n* (-*ẹs*; -*e*) torpedeiro *m*; ~boot-zerstörer *m* contra-torpedeiro *m*; ~flugzeug *n* (-*ẹs*; -*e*) avião *m* torpedeiro; ~lager *n* depósito *m* de torpedos; ~rohr *n* (-*ẹs*; -*e*) tubo *m* lança-torpedo.
ˈTort|e [ˈtɔrtə] *f* torta *f*, pastel *m*; ~ˈur [-ˈtuːr] *f* tortura *f*.
ˈTor|wart [ˈ-vart] *m* (-*ẹs*; -*e*) porteiro *m*; *Sport*: guarda-redes *m*; ~weg *m* (-*ẹs*; -*e*) porta-cocheira *f*, portão *m*, portal *m*.
ˈtosen [ˈtoːzən] (-*t*; *h. u. sn*) bramar, bramir, rugir; retumbar; ~d *adj.* retumbante.
tot [toːt] (*0*) morto (*a. fig.*), *j.*: a. falecido, defunto, finado; *fig.* inánime; *Ort*: deserto; *Sport*: empatado.
toˈtal [toˈtaːl] total; *Staat*: totalitário; ♀-ansicht *f* vista *f* de conjunto; panorama *m*; ♀iˈsator [-iˈzaːtɔr] *m* (-*s*; -*en*) totalizador *m*; ~iˈtär [-iˈtɛːr] totalitário; ♀iˈtät [-iˈtɛːt] *f* (*0*) totalidade *f*; ♀iˈtäts-prinzip *n* (-*s*; -*ien*) princípio *m* totalitário.
ˈtöten [ˈtøːtən] (-*e*-) matar; (*ermorden*) assassinar; *Nerv*: cauterizar.
ˈToten|bahre *f* féretro *m*; ~bett *n* (-*ẹs*; -*en*) leito *m* mortuário; ♀blaß, ♀bleich lívido; ~blässe *f* (*0*) lividez *f* (cadavérica); palidez *f* mortal; ~feier *f* (-; -*n*) funerais *m/pl.*; ~fest *n* (-*ẹs*; -*e*) dia *m* de finados; ~geläute *n* dobre *m* de finados; ~geleit *n* (-*ẹs*; -*e*) séquito *m* fúnebre, préstito *m* fúnebre; ~gerippe *n* esqueleto *m*; ~gesang *m* (-*ẹs*; ¨*e*) canto *m* fúnebre; ~glocke *f* sino *m* de finados, dobre *m* de sinos; ~gräber [-grɛːbər] *m* coveiro *m*; *Zool.* necróforo *m*; ~-hemd *n* (-*ẹs*; -*en*) mortalha *f*; ~kopf *m* (-*ẹs*; ¨*e*)

caveira *f*; *Zool.* átropos *m*; **~liste** *f* obituário *m*; **~maske** *f* máscara *f* mortuária; **~messe** *f* missa *f* de corpo presente; **~reich** *n* (-*es*; *0*) reino *m* dos mortos; **~schau** *f* autópsia *f*; **~schein** *m* (-*es*; -*e*) certidão *f* de óbito; **~starre** *f* (*0*) rigidez *f* cadavérica; **~stille** *f* (*0*) silêncio *m* sepulcral (*od.* solene); **~tanz** *m* (-*es*; *⸚e*) dança *f* macabra (*od.* dos mortos); **~vogel** *m* (-*s*; *⸚*) coruja *f*; **~wache** *f*: *die ~ halten bei* velar (*ac.*).

ˈ**tot|fahren** (*L*) atropelar mortalmente; esmagar; **~geboren** nado-morto; nascido morto; **2geburt** *f* aborto (*ˈô) *m*; **~lachen**: *sich ~* fartar-se de rir; **~schießen** (*L*) matar a tiro; **2schlag** *m* (-*es*; *⸚e*) homicídio *m*; **~schlagen** (*L*) matar (à pancadas), abater; *fig. die Zeit ~* fazer cera; **2schläger** *m j.*: homicida *m*; *et.*: cacete *m*; **~schweigen** (*L*) calar; passar em silêncio; *Fall*: abafar; **~stellen**: *sich ~* fingir-se morto.

ˈ**Tötung** [ˈtøːtuŋ] *f* morte *f*; homicídio *m* (*fahrlässige* por imprudência, por negligência); (*Hinrichtung*) execução *f*.

Tour [tuːr] *f* ⊕ *u.* (*Rundfahrt*) volta *f*; (*Ausflug*) excursão *f*; (*Spazierfahrt*) passeio *m*; (*Weg*) itinerário *m*, rumo *m*; ˈ**~enwagen** *m* automóvel (*od.* autocarro) *m* de turismo; ˈ**~enzahl** *f* ⊕ número *m* de rotações; ˈ**~en-zähler** *m* contarotações *m*.

Touˈrist [tuˈrist] *m* (-*en*) turista *m*, excursionista *m*; **~en...**: *in Zssg(n)* de turismo; **~enverkehr** *m* (-*s*; *0*), **~ik** *f* (*0*) turismo *m*.

Tour|ˈnee [turˈneː] *f* (-; -*s*) digressão *f* artística (*auf* em); (*Rundreise*) volta *f*; **~ˈnier** [-ˈniːr] *n* (-*s*; -*e*) torneio *m*; concurso *m*.

Trab [traːp] *m* (-*es*; *0*) trote *m* (*im* ao); *auf ~ bringen* fazer andar.

Traˈb|ant [traˈbant] *m* (-*en*) ⚔ (soldado *m* da) guarda *m*; *Astr. u. fig.* satélite *m*; ˈ**2en** (*sn*) trotar, ir ao trote; ˈ**~er** *m* trotador *m*; ˈ**~rennen** *n* corridas *f/pl.* a trote.

Tracht [traxt] *f* traje *m*; andaina *f*; (*Last*) carga *f*; *~ Prügel* sova *f*; ˈ**2en**[1] (-*e*-): *~ nach* ambicionar (*ac.*); aspirar a; pretender (*ac.*); *j-m nach dem Leben ~* atentar contra a vida de alg.; ˈ**~en**[2] *n* ambição *f*; *Sinnen und ~* pensamento *m*, interesse (*ˈê) *m*.

ˈ**trächtig** [ˈtrɛçtiç] prenhe; **2keit** *f* (*0*) gestação *f*.

Tradiˈtion *f* tradição *f*; **2ˈell** [-ˈnɛl] tradicional.

ˈ**Trag|bahre** [ˈtraːk-] *f* maca *f*; *für Särge*: andas *f/pl.*; *in Prozessionen*: andor *m*; **~balken** *m* travessa *f*; **~band** *n* (-*es*; *⸚er*) suspensório *m*; **2bar** portátil; *fig.* suportável.

ˈ**träge** [ˈtrɛːgə] preguiçoso; indolente; *et.*: inerte.

ˈ**tragen** [ˈtraːgən] (*L*) **1.** *v/t.* trazer, levar; *Kleid*: vestir, usar; *Früchte*: produzir; *Zins*: render; (*er~, stützen*) suportar, aguentar; *Kosten*: pagar; carregar com; *Bedenken, Schuld*: ter (*an dat.* de); *sich mit dem Gedanken usw. ~* estar com ... de; *sich gut (schlecht) ~ Stoff*: (não) ser muito resistente; *getragen adj.* ♪ grave; **2.** *v/i. Eis*: estar sólido; *~ bis (reichen)* chegar até, alcançar; (*trächtig sn*) ser prenhe; **3. 2** *n e-s Kleides*: uso *m*; **~d** *adj.* prenhe; *fig.* basilar, fundamental, principal; portador.

ˈ**Träger** [ˈtrɛːgər] *m j.*: portador *m*; (*Gepäck2*) moço (*ˈô) *m* (de fretes); (*Hosen2*) suspensório *m*; *fig.* representante *m*, defensor *m*; (*Inhaber*) detentor *m*, *e-s Titels*: titular *m*; ⊕ *u.* ⚠ suporte *m*, esteio *m*; **~rakete** *f* foguetão *m* portador (*od.* -veículo).

ˈ**Trage-zeit** [ˈtraːgə-] *f Zool.* (tempo *m* da) gestação *f*.

ˈ**trag|fähig** capaz; resistente; ⚒ produtivo, fértil; *~ sn a.* render; **2fähigkeit** *f* (*0*) capacidade *f* (⊕ de carga, ✈ de suporte), resistência *f*; ⚒ produ[c]tividade *f*, rendimento *m*; **2fläche** ✈ *f* asa *f*; **2gestell** *n* (-*es*; -*e*) andaime *m*, suporte *m*; = *2bahre.*

ˈ**Trägheit** [ˈtrɛːkhaɪt] *f* (*0*) indolência *f*, preguiça *f*; *Phys.* inércia *f*.

ˈ**Tragik** [ˈtraːgik] *f* (*0*): *die ~* o (elemento *m*) trágico *m*; tragicidade *f*; **~er** *m* poeta *m* trágico.

tragi|ˈkomisch [tragi-] tragicómico; **2koˈmödie** *f* tragicomédia *f*.

ˈ**tragisch** trágico.

ˈ**Trag|korb** *m* (-*es*; *⸚e*) alcofa *f*, canastra *f*, cesto (*ê) *m*; **~kraft** *f* (*0*) força (*ô) *f*; = *~fähigkeit.*

Traˈgöd|e [traˈgøːdə] *m* (-*n*) a[c]tor

m trágico; **~ie** [-diə] *f* tragédia *f*; **~in** *f* a[c]triz *f* trágica.

'**Trag|riemen** *m* correão *m*, correia *f*; ⚔ bandoleira *f*; *Lasttier*: cilha *f*; **~sattel** *m* (-*s*; ⸚) albarda *f*; **~schrauber** ['-ʃraubər] ✈ *m* autogiro *m*; **~seil** *n* (-*es*; -*e*) tirante *m*; **~sessel** *m* cadeirinha *f*; liteira *f*; **~weite** *f* alcance *m*; *fig. a.* transcendência *f*, envergadura *f*.

'**Train|er** ['trɛːnər] *m* instrutor *m*; **2'ieren** [trɛ'niːrən] (-) treinar(-se), exercitar(-se); fazer exercícios; **~ing** ['-iŋ] *n* (-*s*; -*s*) treino *m*, exercício *m*; **~ings-anzug** *m* (-*es*; ⸚*e*) fato *m* de macaco.

Trak't|at [trak'taːt] *m* (-*es*; -*e*) tratado *m*; **2ieren** (-) tratar; receber; '**~or** ['-tɔr] ⊕ *m* (-*s*; -*en*) tra[c]tor *m*.

'**trällern** ['trɛlərn] (-*re*) cantarolar, trautear.

'**trampel|n¹** ['trampəln] (-*le*) patear; *auf et.* ~ pisar a.c. aos pés; *Fahrrad*: pedalar; **2n²** *n* pateada *f*; **2tier** *n* (-*es*; -*e*) camelo *m* (*a. fig.*), dromedário *m*.

Tran [traːn] *m* (-*es*; -*e*) óleo *m* de fígado de bacalhau; *fig. im* ~ *sn* estar a dormir.

Tran'chier|besteck [tran'ʃiːr-] *n* (-*es*; -*e*) talher *m* de trinchar; **2en** (-) talhar, trinchar; **~messer** *n* faca *f* de trinchar.

'**Trän|e** ['trɛːnə] *f* lágrima *f* (*ausbrechen in ac.* romper em); *pl. zu* ~*en gerührt* comovido, quase a chorar; **2en** lagrimejar; chorar; **2end** *adj.* lacrimoso; a chorar.

'**Tränen|drüse** *f* glândula *f* lacrimal; **~fluß** *m* (-*sses*; ⸚*sse*) choro (*'ô) *m*; ⚕ lacrimação *f*, epífora *f*; **~gas** *n* (-*es*; *0*) gás *m* lacrimogéneo; **~sack** *m* (-*es*; ⸚*e*) saco *m* lacrimal; **2überströmt** banhado em lágrimas.

'**tranig** ['traːniç] gordurento; *schmecken usw.*: a óleo de fígado de bacalhau; *fig.* lento.

Trank [traŋk] *m* (-*es*; ⸚*e*) bebida *f*; ⚕ poção *f*; *widerlicher*: beberagem *f*; (*Zauber*2) filtro *m*.

'**Tränk|e** ['trɛŋkə] *f* bebedouro *m*; **2en** dar de beber a; *Vieh*: abeberar; *et.*: molhar; (*durch*~) impregnar.

trans|-at'lantisch [trans-] transatlântico; **2'fer** [-'fɛr] *m* transferência *f*; **2for'mator** [-fɔr'maːtɔr] *m* (-*s*; -*en*) transformador *m*.

'**Transit** ['tranziːt] ✝ *m* (-*s*; -*e*), (~... de) trânsito *m*; **2iv** ['-itiːf] *gr.* transitivo.

Trans|missi'on *f* transmissão *f*; **~pa'rent** [-pa'rɛnt] **1.** *n* (-*es*; -*e*) transparente *m*; **2.** 2 transparente.

Transpir|ati'on [transpiratsi'oːn] *f* transpiração *f*; **2'ieren** (-) transpirar.

Trans'port [trans'pɔrt] *m* (-*es*; -*e*) transporte *m*; (*Übertrag*) saldo *m*; **~-arbeiter** *m* operário *m* de transportes; **~er** *m* = ~*schiff*; **2fähig** transportável; **~flugzeug** *n* (-*es*; -*e*) avião *m* de transportes; **2'ieren** (-) transportar; transferir; **~mittel** *n* meio *m* de transporte; **~schiff** *n* (-*es*; -*e*) navio-transporte *m*; **~-unternehmen** *n* empresa (*'ê) *f* de transportes; **~wesen** *n* (-*s*; *0*) transportes *m/pl.*

Tra'pez [tra'peːts] *n* (-*es*; -*e*) trapézio *m*; **~künstler(in** *f*) *m* trapezista *m*, *f*.

'**Trapp|e** ['trapə] *f* abetarda *f*; **2eln** (-*le*) patear, mexer os pés; *Pferd*: trotar.

Tras's|ant [tra'sant] ✝ *m* (-*en*) sacador *m*; **~at** [-'saːt] *m* (-*en*) sacado *m*; **2ieren** (-) sacar.

'**Tratte** ['tratə] ✝ *f* saque *m*.

'**Trau-altar** ['trau-] *m* (-*s*; ⸚*e*) altar *m*.

'**Traube** ['traubə] *f* cacho *m* (de uvas); **~n-lese** *f* vindima *f*; **~n-saft** *m* (-*es*; ⸚*e*) sumo *m* de uvas; **~n-zucker** *m* (-*s*; *0*) glucose *f*, glicose *f*.

'**trauen** ['trauən] **1.** *v/i.* (*dat.*), *auf* (*ac.*) ~ confiar em; acreditar (em); *j-m*: *a.* fiar-se em, ter confiança em; *sich* ~ atrever-se (*zu* a); *dem Frieden nicht* ~ estar de pé atrás; **2.** *v/t.* casar; *sich* ~ *lassen* casar-se.

'**Trauer** ['trauər] *f* (*0*) tristeza *f*, aflição *f*; dó *m*; (*Toten*2) luto *m* (*tiefe* ~ carregado, *halbe* ~ aliviado); ~ *anlegen* tomar luto; ~ *haben*, *in* ~ *sn* estar de luto; **~-anzeige** *f* participação *f* de luto; **~fall** *m* (-*es*; ⸚*e*) caso *m* de morte; **~feier** *f* (-; -*n*) exéquias *f/pl.*; **~flor** *m* (-*es*; -*e*) crepe *m*; **~gesang** *m* (-*es*; ⸚*e*) canto *m* fúnebre; **~-haus** *n* (-*es*; ⸚*er*) casa *f* enlutada (*od.* fúnebre *od.* de defunto); **~kleid** *n* (-*es*; -*er*) vestido *m* de luto; **~kleidung** *f* luto *m* (*in* de; *anlegen* tomar); **~marsch** *m*

(*-es*; *⸗e*) marcha *f* fúnebre; **⁓n** (*-re*) estar de luto; *⁓ um et.* afligir-se por; *a. um j-n*: chorar (*ac.*); **⁓nd** enlutado; **⁓rand** *m* (*-es*; *⸗er*) tarja *f* preta; **⁓schleier** *m* véu *m* de luto; **⁓spiel** *n* (*-es*; *-e*) tragédia *f*; **⁓weide** *f* chorão *m*; **⁓zeit** *f* luto *m*; **⁓zug** *m* (*-es*; *⸗e*) séquito *m* fúnebre, préstito *m* fúnebre.

'**Traufe** ['traufə] *f* goteira *f*.

'**träufeln** ['trɔyfəln] (*-le*) **1.** *v/t.* ⚕ instilar; **2.** *v/i.* (*h. u. sn*) gotejar; pingar.

'**traulich** ['trauliç] íntimo, conchegado, familiar; **⁓keit** *f* (*0*) intimidade *f*.

Traum [traum] *m* (*-es*; *⸗e*) sonho *m*; '**⁓bild** *n* (*-es*; *-er*) visão *f*; '**⁓deuter** ['-dɔytər] *m* intérprete *m* dos sonhos.

'**träum|en** ['trɔymən] sonhar (*von* com); *es träumte mir* sonhei; *das hätte ich mir nie ⁓ lassen* isso nem por sonhos; nunca teria imaginado tal coisa; **⁓er**(**in** *f*) *m* sonhador(a *f*) *m*; visionário *m* (-a *f*); **⁓e'rei** [-'raɪ] *f* sonho *m*, fantasia *f*, meditação *f*; **⁓erisch** sonhador, distraído, pensativo.

'**Traum|gesicht** *n* (*-es*; *-e*) visão *f*; **⁓-haft** visionário; fantástico; onírico; **⁓welt** *f* (*0*) mundo *m* fantástico (*od.* imaginado *od.* visionário).

'**traurig** ['trauriç] triste (*a. iron.*), *j.*: *a.* aflito; *⁓ machen* causar tristeza (a), entristecer, afligir; **⁓keit** *f* tristeza *f*, aflição *f*.

'**Trau|ring** *m* (*-es*; *-e*) aliança *f*; **⁓schein** *m* (*-es*; *-e*) certidão *f* de casamento; **⁓t** querido; = **⁓lich**; **⁓ung** *f* casamento *m* (*kirchliche* religioso; *standesamtliche* civil); **⁓zeuge** *m* (*-n*) (**⁓zeugin** *f*) padrinho *m* (madrinha *f*) do casamento.

'**Treber** ['tre:bər] *pl.* bagaço *m/sg.*; bagulho *m/sg.*, borras *f/pl.*

'**Trecker** ['trɛkər] *m* tra[c]tor *m*.

Treff [trɛf] *n* (*-s*; *-s*) *Karten*: paus *m/pl.*

'**treff|en**¹ ['trɛfən] **a**) *v/t. u. v/i.* (*L*) acertar (*a. fig. erraten*), *Schuß*, *Schlag*: *a.* apanhar; *nicht ⁓* errar (o alvo); (*verwunden*) ferir; (*be⁓*), *Los*: tocar, atingir; *j-n* (be)⁓ ser com alg., interessar a alg.; (*an⁓*, *begegnen*) encontrar; *Maßnahme*: tomar; *Abkommen*, *Vorbereitungen*: fazer; *auf* (*ac.*) *⁓* dar com, deparar com, encontrar (*ac.*); *Licht*: cair em; *Verantwortung*: caber (*j-n* a alg.); *es gut ⁓* ter sorte; *wie's* (*gerade*) *trifft* como calha(r); *gut getroffen Bild*: bem apanhado; **b**) *refl. sich ⁓* encontrar-se, reunir-se; (*geschehen*) suceder; *sich gut ⁓* vir a propósito; *sich getroffen fühlen* magoar-se, melindrar-se; **⁓en**² *n* (*Begegnung*) encontro *m*, ⚔ *a.* embate *m*; (*Zusammenkunft*) reunião *f*, congresso *m*; jornada *f*; **⁓end** *adj.* acertado; exa[c]to; bem apanhado; *fig. a.* justo, oportuno; **⁓er** *m* ⚔ acerto *m*, bom tiro *m*; *Los*: sorte *f*, prémio *m*; *Sport*: tento *m*; **⁓lich** excelente; *adv. a.* muito bem; **⁓punkt** *m* (*-es*; *-e*) ponto *m* de reunião; ⩘ ponto *m* de interse[c]ção; **⁓sicher** certeiro; **⁓sicherheit** *f* (*0*) precisão *f*; pontaria *f*; acerto (*ê) *m*.

'**Treib|beet** ['traɪp-] *n* (*-es*; *-e*) alfobre *m*; **⁓-eis** *n* (*-es*; *0*) gelo (*ê) *m* flutuante.

'**treib|en**¹ ['traɪbən] (*L*) **a**) *v/t.* mover, fazer andar; (*an⁓*) impelir, *fig.* estimular (*a.* ⚕), dar impulso a; levar; *Metall*: amolgar; (*tun*), *Schmuggel*, *Studien*: fazer; (*be⁓*) praticar; *Sprachen*: estudar; *Künste*: cultivar + *art.*; *Gewerbe*: dedicar-se a; *Handwerk*: exercer; ⊕ a[c]cionar; ⚘ *Blüten*, *Knospen*: fazer brotar; *Vieh*: conduzir; *Preis*: (*in die Höhe*)⁓ fazer subir; *Handel ⁓* negociar; fazer negócios (*mit* de); *in* (*ac.*) *hinein⁓* empurrar para; *Nagel*: pregar, encravar; *in die Enge ⁓* apertar; * acuar; *zur Eile ⁓* apress(ur)ar; *es zu weit ⁓* abusar; *et. zu weit ⁓* abusar de a.c.; **b**) *v/i.* (*h. u. sn*) ⚓ ir à deriva; (a)boiar; *a. Ballon*: vogar; *vor Anker*: estar surto; ⚘ brotar, germinar; *Jagd*: (*h.*) levantar a caça; *⁓de Kraft* força (*ô) *f* motriz; *j.*: responsável *m*, promotor *m* (*bei* de); **⁓en**² *n* = **⁓***jagd*; (*Bewegung*, *Verkehr*) movimento *m*, vida *f*, tráfego *m*; (*Beschäftigung*) ocupação *f*; (*Tun*) a[c]tividade *f*.

'**Treiber** ['traɪbər] *m* condutor *m*; (*Esel*⁓) arrieiro *m*; almocreve *m*; (*Jagd*⁓) batedor *m*; (*Vieh*⁓) vaqueiro *m*.

'**Treib|-haus** *n* (*-es*; *⸗er*) estufa *f*; **⁓-holz** *n* (*-es*; *⸗er*) lenha (*od.* madeira) *f* de arribação; **⁓jagd** *f* batida *f*, montaria *f*; **⁓kraft** *f* (*-*; *⸗e*) força (*ô) *f* motriz; **~rad** *n* (*-es*; *⸗er*) roda *f* motriz; **~riemen** *m* correia *f* (de transmissão); **~sand** *m* (*-es*; *0*) areia *f* movediça; **~stoff** *m* (*-es*; *-e*) combustível *m*.

ˈ**treidel|n** [ˈtraɪdəln] (*-le*) atoar, rebocar, levar a reboque, levar à sirga; **⁓pfad** *m* (*-es*; *-e*) caminho *m* de reboque.

ˈ**trenn|bar** [ˈtrɛnbaːr] separável; **~en** separar; dividir; partir; (*loslösen*) desligar; dissociar; *Ehe*: dissolver; *Freunde*: desunir; ⚡ *u. Fernspr.*: cortar, interromper; *sich* ~ *Gatten*: separar-se, *mit Scheidung*: divorciar-se; **~scharf** *Radio*: sele[c]tivo; **⁓schärfe** *f Radio*: sele[c]tividade *f*.

ˈ**Trennung** [ˈtrɛnuŋ] *f* separação *f*; divisão *f*; dissolução *f*; **~s-linie** *f* linha *f* divisória; **~s-strich** *m* (*-es*; *-e*) traço *m* de separação.

trepp|-ˈab [trɛpˈap] escada(s) abaixo; **~-ˈauf** escada(s) acima.

ˈ**Treppe** [ˈtrɛpə] *f* escada *f*; (*Stockwerk*) andar *m*; e-e ~ *hoch* no primeiro andar; *Geol.* lanço *m*.

ˈ**Treppen|-absatz** *m* (*-es*; *⸗e*) patamar *m*; **~flur** (*-es*; *-e*) corredor (*od.* vestíbulo) *m* da escada; **~beleuchtung** *f* iluminação (*od.* luz) *f* nas escadas; **~-geländer** *n* corrimão *m*; **~-haus** *n* (*-es*; *⸗er*) escadaria *f*; caixa *f* da escada, vão *m* da escada; **~läufer** *m* passadeira *f*; **~stufe** *f* degrau *m*; **~witz** *m* (*-es*; *-e*) disparate *m*; *ein* ~ *sn a.* não ter graça *f* nenhuma.

Treˈsor [treˈzoːr] *m* (*-s*; *-e*) tesouro *m*; (*Stahlkammer*) cofre *m*.

ˈ**Tresse** [ˈtrɛsə] *f* galão *m*; *pl. mit* ~*n besetzen* agaloar.

ˈ**Trester** [ˈtrɛstər] *pl.* borras *f/pl.*; bagulho *m/sg.*; bagaço *m/sg.*; **~wein** *m* (*-es*; *-e*) água-pé *f*.

ˈ**tret|en** [ˈtreːtən] (*L*) **1.** *v/i.* (*gehen*) ir, andar; *Fahrrad*: pedalar; (*sich stellen*) pôr-se, colocar-se; comparecer; *an* (*ac.*) *heran*~ aproximar-se de, *fig.* dirigir-se a; *auf* (*ac.*) ~ pisar (*ac.*); *Bühne usw.*: subir a; *auf der Stelle* ~ ⚔ marcar o passo; *auf j-s Seite* ~ tomar o partido de alg.; *aus* (*dat.*) ~ *Raum*: sair de; *Amt, Partei*: demitir-se de, abandonar (*ac.*); *in* (*ac.*) ~ pisar (*ac.*), *Raum, Dienst, Verbindung*: entrar em; *ins Gewehr* ~ ⚔ tomar armas; *in j-s Fußtapfen* ~ seguir o exemplo de alg.; *über die Ufer* ~ trasbordar; *j-m unter die Augen* ~ apresentar-se a alg.; *zu j-m* ~ dirigir-se a alg.; **2.** *v/t.* pisar; *den Blasebalg* ~ dar aos foles; *Maschine*: carregar no pedal; *mit Füßen* ~ calcar aos pés; *Pferd*: dar um coice; *fig. j-n*: espezinhar, maltratar; **⁓mühle** *f* nora *f*; *fig.* rotina *f*; maçada *f*; **⁓rad** *n* (*-es*; *⸗er*) tambor *m*.

treu [trɔy] fiel, leal; *auf* ⁓ *und Glauben* de boa fé; ˈ**⁓bruch** *m* (*-es*; *⸗e*) traição *f*; ˈ**~brüchig** traidor, perjuro; ˈ**⁓e** *f* fidelidade *f*, (*a. historische*) lealdade *f*; *eheliche*: fé *f*; ˈ**⁓eid** *m* (*-es*; *-e*) juramento *m* de fidelidade (*schwören* prestar); ˈ**⁓händer** [ˈ-hɛndər] *m* fiel depositário *m*; ˈ**~herzig** franco, ingénuo, cândido; ˈ**⁓herzigkeit** *f* (*0*) franqueza *f*, ingenuidade *f*; candura *f*; ˈ**~los** desleal, infiel; ˈ**⁓losigkeit** [ˈ-loːziç-] *f* (*0*) deslealdade *f*, infidelidade *f*; traição *f*.

Triˈangel [triˈaŋəl] *m* triângulo *m*.

Triˈbun [triˈbuːn] *m* (*-es*; *-e*) tribuno *m*; **~ˈal** [-buˈnaːl] *n* (*-s*; *-e*) tribunal *m*.

Triˈbüne [triˈbyːnə] *f* tribuna *f*.

Triˈbut [triˈbuːt] *m* (*-es*; *-e*) tributo *m*; **⁓pflichtig** [-pfliçtiç] tributário.

Triˈchin|e [triˈçiːnə] *f* triquina *f*; **⁓ös** [-çiˈnøːs] triquinado; **~ˈose** [-çiˈnoːzə] *f* triquinose *f*.

ˈ**Trichter** [ˈtriçtər] *m* funil *m*; ⊕ tremonha *f*; (*Schall*⁓) buzina *f*; megafone *m*; **⁓förmig** [-fœrmiç] afunilado.

Trick [trik] *m* (*-s*; *-s od. -e*) truque *m*; ˈ**~-aufnahme** *f* trucagem *f*; truque *m* fotográfico; ˈ**~film** *m* (*-es*; *-e*) (filme *m* de) desenhos *m/pl.* animados.

Trieb [triːp] *m* (*-es*; *-e*) impulso *m*; (*Neigung*) inclinação *f*; ⚘ rebento *m*; *natürlicher* ~ instinto *m*; ˈ**~feder** *f* (*-*; *-n*) mola *f*; motor *m*; *fig.* móbil *m*; motivo *m*; ˈ**~kraft** *f* (*-*; *⸗e*) força (*ô) *f* motriz; ˈ**~rad** *n* (*-es*; *⸗er*) roda *f* motriz; ˈ**~sand** *m* (*-es*; *0*) areia *f* movediça; ˈ**~stange** *f* biela *f*; ˈ**~wagen** *m* automotora *f*; ˈ**~werk** *n* (*-es*; *-e*) mecanismo *m*; (*Getriebe*) engrenagem *f*.

ˈ**Trief|-auge** [ˈtriːf-] *n* olho (*ˈô) *m* remeloso; **⁓-äugig** [ˈ-ɔygiç] remeloso; **⁓en** pingar; estar molhado;

~ *von* escorrer (*ac.*); *Auge*: remelar; **2end**: ~ *naß sn* estar a escorrer.

Trift [trift] *f* pastagem *f*; várzea *f*; ⚓ corrente *f*; **'2ig** *Bemerkung*: justo, acertado; *Grund*: concluente, importante.

Trigono|me'trie [trigonome'tri:] *f* (*0*) trigonometria *f*; **2'metrisch** trigonométrico.

Tri'kot [tri'ko:] *m* (*n*) (*-s*; *-s*) malha *f*; **~'agen** [-o'ta:ʒən] *f/pl.* artigos *m/pl.* de malha.

'Triller ['trilər] *m* trilo *m*; *Gesang*: trinado *m*; **2n¹** (*-re*) trinar, gorjear; **~n²** *n* trinados *m/pl.*, gorjeio *m*; **~pfeife** *f* apito *m*.

'trimm|en ['trimən] ✈ estabilizar; *Kohlen*: ⚓ levar, carregar; **2er** ⚓ *m* carvoeiro *m*; **2vorrichtung** ✈ *f* estabilizador *m*.

'trink|bar ['triŋkba:r] potável; ~ *sn a.* beber-se; **2becher** *m* copo *m*; **~en** (*L*) beber; *Kaffee*, *Tee*: tomar; **2er** *m* bebedor *m*; (*Säufer*) alcoólico *m*; F borrachão *m*; **~fest**: ~ *sn* ser bom copo; **2gefäß** *n* (*-es*; *-e*), **2glas** *n* (*-es*; *⸗er*) copo *m*; **2gelage** *n* órgia *f*, bacanal *m*; **2geld** *n* (*-es*; *-er*) gorjeta *f*; **2kur** *f* cura *f* (*od.* tratamento *m*) de águas (medicinais); **2lied** *n* (*-es*; *-er*) canção *f* ao beber; **2spruch** *m* (*-es*; *⸗e*) brinde *m*; e-n ~ *ausbringen auf* (*ac.*) brindar por; **2wasser** *n* água *f* potável.

'Trio ['tri:o] *n* (*-s*; *-s*) trio *m*.

Tri'ole [tri'o:lə] *f* tresquiáltera *f*.

'tripp|eln ['tripəln] (*-le*, *sn u. h.*) andar a passos pequenos; estar a patear; **2er** ⚕ *m* gonorreia *f*.

'Triptyk ['triptyk] *n* (*-s*; *-s*) tríptico *m*.

Tritt [trit] *m* (*-es*; *-e*) passo *m* (*im* a); passada *f*; (*Fuß2*) pontapé *m*; (*Spur*) vestígio *m*; rasto *m*; (*Stufe*) escalão *m*; *Tür*: pedra *f*, escadas *f/pl.*; (*Fußbank*) banquinho *m*; ⊕ pedal *m*; *Webstuhl*: peanha *f*; ~ *fassen* ⚔ marchar ao compasso; ~ *halten* acompanhar; *auf Schritt und* ~ a cada passo; **'~brett** *n* (*-es*; *-er*) estribo *m*; **'~leiter** *f* (*-*; *-n*) escadote *m*.

Tri'umph [tri'umf] *m* (*-es*; *-e*) triunfo *m*; **~bogen** *m* arco *m* de triunfo; **2'ieren** (*-*) triunfar (*über ac.* de); **~marsch** *m* (*-es*; *⸗e*) marcha *f* triunfal; **~zug** *m* (*-es*; *⸗e*) cortejo *m* (*od.* viagem *f*) triunfal.

'trocken ['trɔkən] seco (*ê) (*a. fig.*); enxuto; ⛏ árido; *Stil*: lacónico; ~ *werden* secar; *noch nicht* ~ *hinter den Ohren sn fig.* ser fedelho; *auf dem* ~*en sitzen fig.* estar entalado, ficar em seco; *im* ~*en sitzen* estar ao abrigo; *fig.* ter um pé de meia; **2-apparat** *m* (*-es*; *-e*) secador *m*; **2batterie** ⚡ *f* pilha *f* seca; **2boden** *m* (*-s*; *⸗*) estendedoiro *m*; **2dock** *n* (*-es*; *-s od. -e*) varadoiro *m*; doca *f* flutuante; **2-element** ⚡ *n* (*-es*; *-e*) pilha *f* seca; **2futter** *n* forragem *f* seca; **2gemüse** *n* legumes *m/pl.* secos; **2gestell** *n* (*-es*; *-e*) secadouro *m*; **2-haube** *f* secador *m*; **2-heit** *f* (*0*) seca (*ê) *f*, secura *f*; ⛏ aridez *f*; *Wetter*: estiagem *f*; **~legen** *v/t.* pôr a secar, pôr a enxugar; *Land*: desaguar; *Kind*: mudar as fraldas a; *fig.* F estabelecer a proibição em; **2legung** [-le:guŋ] *f* desaguamento *m*; *fig.* estabelecimento *m* da proibição (em); **2platz** *m* estendedoiro *m*, secadouro *m*; **2ständer** *m* enxugador *m*; **2zeit** *f* (período *m* da) seca (*ê) *f*; estiagem *f*.

'trocknen ['trɔknən] (*-e-*) secar; (*ab*~) enxugar.

'Troddel ['trɔdəl] *f* (*-*; *-n*) borla *f*; *Degen*: fiador *m*.

'Trödel ['trø:dəl] *m* (*-s*; *0*) trapalhada *f*, tralha *f*; *pl.* coisas *f/pl.* velhas; **~'ei** [-'laɪ] *f* demora *f*; **2ig** lento, demorado; **~kram** *m* (*-es*; *0*) tarecada *f*, trastes *m/pl.* velhos; = *Trödel*; **~laden** *m* (*-s*; *⸗*) ferro-velho *m*; **~markt** *m* (*-es*; *⸗e*) feira *f* da ladra, feira *f* de trapos, mercado *m* de ferros-velhos; **2n** (*-le*) demorar(-se); ser lento.

'Trödler ['trø:tlər] *m* ferro-velho *m*; trapeiro *m*; **~in** *f* trapeira *f*, adela *f*.

Trog [tro:k] *m* (*-es*; *⸗e*) selha *f*; (*Back2*) amassadeira *f*; (*Freß2*) gamela *f*; comedouro *m*.

Tro'jan|er(in *f*) [tro'ja:nər-] *m* troiano *m* (-a *f*); **2isch** troiano, de Tróia.

'trollen ['trɔlən]: *sich* ~ ir-se embora, safar-se.

'Trommel ['trɔməl] *f* (*-*; *-n*) tambor *m* (*a.* ⊕); **~fell** *n* (*-es*; *-e*) pele *f* de tambor; *Anat.* (membrana *f* do) tímpano *m*; **~feuer** ⚔ *n* metralha *f*, canhoneio *m*; **2n** (*-le*) rufar o tambor; *mit den Fingern* ~ tamborilar; **~schlag** *m* (*-es*; *⸗e*) toque *m* de tambor; **~stock** *m* (*-es*; *⸗e*) baqueta *f* de tambor; **~wirbel** *m* rufo *m*.

'**Trommler** [trɔmlər] *m* tambor *m*.

Trom'pete [trɔm'pe:tə] *f* trombeta *f*, corneta *f*, clarim *m*; **⁲n** (*-e-*) tocar (a) trombeta *usw.*; **~n-stoß** *m* (*-es*; *⸗e*) sinal *m* do clarim, toque *m* do clarim; **~r** *m* trombeteiro *m*, clarim *m*.

'**Trope** ['tro:pə] *f* metáfora *f*, tropo *m*; **~n** *pl.* trópicos *m/pl.*, zonas *f/pl.* tropicais; **~n-gegend** *f* região *f* tropical; **~n-helm** *m* (*-es*; *-e*) capacete *m* colonial; **~n-welt** *f* região *f* intertropical.

Tropf [trɔpf] *m* (*-es*; *⸗e*) pateta *m*, palerma *m*; *armer ~* pobre diabo *m*.

'**tröpfeln** ['trœpfəln] (*-le*, *h. u. sn*) = *tropfen*.

'**tropfen** ['trɔpfən] **1.** (*h. u. sn*) gotejar, pingar, deitar; **2.** **⁲** *m* gota (*ô) *f*, pinga *f*; **~weise** às gotas (*ô); **⁲zähler** *m* conta-gotas (*ô) *m*.

'**Tropf-stein** *m* (*-es*; *0*) estala[c]tite *f*; **~bildung** *f* concreção *f* estala[c]títica; **~-höhle** *f* gruta *f* de estala[c]tites.

Tro'phäe [tro'fɛ:ə] *f* troféu *m*.

'**tropisch** ['tro:piʃ] tropical; *fig.* trópico, metafórico.

Troß [trɔs] *m* (*-sses*; *-sse*) trem *m*, recovagem *f*, bagagem *f*; (*Gefolge*) séquito *m*.

'**Trosse** ['trɔsə] *f* cabo *m*.

Trost [tro:st] *m* (*-es*; *0*) consolação *f*, consolo (*'ô) *m*, conforto (*'ô) *m*; *nicht recht bei ~ sn* F ser doido; ter peneiras.

'**tröst|en** ['trø:stən] (*-e-*) consolar; **~end** *adj.*, **⁲er(in** *f*) *m* consolador (-a *f*) *m*; **~lich** consolador.

'**trost|los** *Anblick*: desconsolador, aflitivo; *Lage*: desesperado; *j.*: desconsolado, aflito; **⁲preis** *m* (*-es*; *-e*) prémio *m* de consolação.

'**Tröstung** ['trø:stuŋ] *f* consolação *f*.

Trott [trɔt] *m* (*-es*; *-e*) trote *m* (*im* ao); '**~el** *m* pateta *m*, imbecil *m*; '**⁲en** (*-e-*; *h. u. sn*) trotar, ir a trote; **~oir** [-o'a:r] *n* (*-s*; *-e*) passeio *m*.

trotz [trɔts] **1.** *prp.* (*gen. u. dat.*) apesar de, não obstante (*ac.*); **2.** **⁲** *m* (*-es*; *0*) teimosia *f*, obstinação *f*; (*dat.*) *zum ~* a despeito de; *~ bieten* (*dat.*) = **⁲en**; '**~dem** apesar disso, a despeito disso, não obstante isso; *~* (*daß*) apesar de (que), embora; '**~en** (*-t*) opor-se (a), resistir (a), *j-m ~ a.* desafiar alg., *e-m Feind*, *e-r Gefahr*: enfrentar (*ac.*), fazer frente a; = *~ig sn*; '**~ig** teimoso; obstinado; *Blick*: altivo, arrogante; ('**⁲kopf** *m* [*-es*; *⸗e*]), '**~köpfig** ['kœpfiç] teimoso (*m*).

trüb [try:p], '**~e** ['-bə] *Flüssigkeit*: turvo; *optisch*: opaco, *Glas* (*beschlagen*): baço; *Himmel*: coberto, nublado; *fig.* sombrio, triste; *im '~en fischen* pescar nas águas turvas.

'**Trubel** ['tru:bəl] *m* tumulto *m*, confusão *f*.

'**trüben** ['try:bən] turvar (*a. fig.*); *Glas*: embaciar; *Freude*: estragar; perturbar; (*verdunkeln*) escurecer; *sich ~ Himmel*: cobrir-se, anuviar-se.

'**Trüb|sal** ['try:pza:l] *f* (*-*; *-e*) aflição *f*, tristeza *f*; melancolia *f*; (*Not*) miséria *f*; tribulação *f*; *~ blasen* F estar melancólico; **⁲selig** triste; melancólico; **~sinn** *m* (*-es*; *0*) tristeza *f*, melancolia *f*; **⁲sinnig** melancólico, triste, tristonho.

'**Trübung** ['try:buŋ] *f* turvação *f*, opacidade *f*; *fig.* perturbação *f* (*des Bewußtseins* mental).

'**trudeln** ['tru:dəln] (*-le*) rebolar.

'**Trüffel** ['tryfəl] *f* (*-*; *-n*) trufa *f*.

Trug [tru:k] *m* (*-es*; *0*) engano *m*; fraude *f*; '**~bild** *n* (*-es*; *-er*) ilusão *f*, miragem *f*, fantasma *m*.

'**trüge|n** ['try:gən] (*L*) iludir, enganar; **~risch** [-riʃ] ilusório, fictício; enganador, mentiroso.

'**Trug-schluß** *m* (*-sses*; *⸗sse*) sofisma *m*; paralogismo *m*; ♪ cadência *f* enganadora.

'**Truhe** ['tru:ə] *f* arca *f*, cofre *m*.

'**Trümmer** ['trymər] *pl.* destroços *m/pl.*, ruínas *f/pl.*, escombros *m/pl.*; *in ~ fallen* cair em ruínas, arruinar-se; *in ~ schlagen* destruir, arruinar; **~feld** *n* (*-es*; *-er*) campo *m* de ruínas; **~haufen** *m* montão *m* de destroços.

Trumpf [trumpf] *m* (*-es*; *⸗e*) trunfo *m*; *e-n ~ darauf setzen* ir às do cabo; '**⁲en** cortar.

Trunk [truŋk] *m* (*-es*; *⸗e*) bebida *f*; (*Schluck*) trago *m* (*tun* beber); = *~sucht*; *dem ~ ergeben sn* ser dado à bebedice, ser borracho; '**⁲en** bêbedo, embriagado; *a. fig.* ébrio; '**~enbold** [-bɔlt] *m* (*-es*; *-e*) alcoólico *m*; beberrão *m*; borrachão *m*; '**~en-heit** *f* (*0*) bebedeira *f*, embriaguez *f*; *fig.*

ebriedade *f*, delírio *m*; '**~sucht** *f* (*0*) alcoolismo *m*; '**2süchtig**: ~ *sn* beber, ser um alcoólico.

Trupp [trup] *m* (-*s*; -*s*) grupo *m*, bando *m*; ⚔ destacamento *m*; pelotão *m*; '**~e** *f* ⚔ tropa *f*; *Thea.* companhia *f*; elenco *m*.

'**Truppen|-ansammlung** *f* concentração *f* de tropas; **~-aushebung** *f* recrutamento *m* militar; **~bewegung** *f* movimento *m* de tropas; **~gattung** *f* arma *f*; **~schau** *f* revista *f*; **~teil** *m* (-*es*; -*e*) unidade *f*; **~übungsplatz** *m* (-*es*; ⸗*e*) campo *m* de treino; **~verschiebung** *f* deslocação *f* de tropas.

'**trupp-weise** em grupos, por grupos.

'**Trut|hahn** ['tru:t-] *m* (-*es*; ⸗*e*) peru *m*; **~henne** *f* perua *f*.

'**Tschako** ['tʃako] *m* (-*s*; -*s*) barretina *f* (militar).

'**Tschech|e** ['tʃɛçə] *m* (-*n*) (**~in** *f*) checo *m* (-a *f*); **2isch** checo; (**~o-slo'wake** *m* [-*n*]), **2o-slo'wakisch** checoslovaco (*m*).

'**Tube** ['tu:bə] *f* bisnaga *f*; tubo *m*.

Tu'berk|el [tu'bɛrkəl] *f* tubérculo *m*; **2u'lös** [-u'lø:s] tuberculoso; **~u'lose** [-u'lo:zə] *f* tuberculose *f*.

Tuch [tu:x] *n*: **a**) (-*es*; -*e*) (**~art**) fazenda *f*, pano *m*; **b**) (-*es*; ⸗*er*) pano *m*; (*Hals2*, *Kopf2*, *Taschen2*) lenço *m*; (*Hand2*) toalha *f* de mão; (*Schal*) cha(i)le *m*; '**~fühlung** ⚔ *f* (*0*) conta[c]to *m* (*halten* manter; *nehmen* apertar); '**~-händler** *m* fanqueiro *m*.

'**tüchtig** ['tyçtiç] hábil; capaz; *adv.* muito; a valer; *iron.* que é uma beleza; **2keit** *f* (*0*) habilidade *f*, capacidade *f*; valor *m*.

'**Tuch-waren** *f/pl.* fazendas *f/pl.*, panos *m/pl.*

'**Tück|e** ['tykə] *f* perfídia *f*, insídia *f*, maldade *f*; **2isch** pérfido, insidioso; traidor; ⚕ maligno.

Tuff [tuf] *m* (-*es*; -*e*), '**~stein** *m* (-*es*; -*e*) tufo *m*.

Tüft|e'lei [tyftə'laɪ] *f* subtileza *f*, subtilidade *f*; '**2eln** (-*le*) subtilizar.

'**Tugend** ['tu:gənt] *f* virtude *f*; **2haft** virtuoso.

Tüll [tyl] *m* (-*s*; -*e*) tule *m*; '**~e** *f* bico *m*.

'**Tulpe** ['tulpə] *f* tulipa *f*; **~enbaum** *m* (-*es*; ⸗*e*) tulipeiro *m*.

'**tummel|n** ['tuməln] (-*le*) *Pferd*: ensinar, fazer voltear, fazer caracolar; *sich* ~ mover-se (*a. sich üben*); mexer-se; **2platz** *m* (-*es*; ⸗*e*) (*Spielplatz*) campo *m* de jogos; parque *m* infantil; *für Pferde*: picadeiro *m*; *fig.* arena *f*.

'**Tümmler** ['tymlər] *m* tonin(h)a *f*.

'**Tümpel** ['tympəl] *m* charco *m*, poça *f*.

Tu'mult [tu'mult] *m* (-*es*; -*e*) tumulto *m*; alvoroço (*'ô) *m*; desordem *f*; **2u'arisch** [-u'a:riʃ] tumultuário, tumultuoso.

tun [tu:n] **1.** (*L*) fazer; (*handeln*) agir; *Pflicht*: cumprir; *Schritt*: dar; *et.*: *an* (*ac.*) ~ pôr em; *in* (*ac.*) ~ meter em, *Blick*: deitar a; *alle Hände voll zu* ~ *haben* não ter mãos a medir; *zu* ~ *haben mit* ter (que ver) com; es *zu* ~ *haben mit* ter de lidar com; *das tut nichts* (*zur Sache*) não importa, não tem importância; es *ist mir sehr darum zu* ~ importa-me muito, tenho muito empenho (*daß* em que *subj.*); (*so*) ~, *als ob* (*man nichts merkt*) fingir (não notar nada); **2.** 2 *n*: *j-s* (~ *und Lassen*, ~ *und Treiben*) (tudo) o que alg. faz, os a[c]tos (*od.* feitos) *m/pl.* de alg., a a[c]tividade *f* de alg.

'**Tünch|e** ['tynçə] *f* caio *m*, caiadura *f*; *fig.* verniz *m*; **2en** caiar.

'**Tu-nicht-gut** ['tu:-] *m* (-*es*; -*e*) patife *m*; maroto (*'ô) *m* (*a. Kind*).

'**Tunke** ['tuŋkə] *f* molho (*'ô) *m*; **2n** molhar.

'**tunlich** ['tu:nliç] oportuno; **~st** se as circunstâncias o permitem.

'**Tunnel** ['tunəl] *m* (-*s*; - *od.* -*s*) túnel *m*.

'**Tüpfel** ['typfəl] *m u. n*, **~chen** [-çən] *n* ponto *m*; **2n** (-*le*) pontear, salpicar.

'**tupf|en**[1] ['tupfən] tocar ao de leve; **2en**[2] *m* ponto *m*; pinta *f*; **~enförmig** [-fœrmiç] mosqueado.

Tür [ty:r] *f* porta *f*; (*Wagen2*) *a.* portinhola *f*; ~ *und Tor öffnen* dar livre acesso (*od.* entrada); *j-n vor die* ~ *setzen* pôr alg. na rua; (*j-m*) *mit der* ~ *ins Haus fallen* dar de chofre (a alg.); *vor der* ~ *stehen* estar à porta; *fig.* estar iminente; *zwischen* ~ *und Angel* ao sair, no último momento; *pl. hinter verschlossenen* ~*en* à porta fechada; '**~-angel** *f* (-; -*n*) gonzo *m*; bisagra *f*.

ˈ**Turban** [ˈturban] *m* (*-s*; *-e*) turbante *m*.
Turˈbine [turˈbiːnə] *f* turbina *f*; **~n-anlage** *f* turbinas *f/pl*.
ˈ**Tür|drücker** *m* trinco *m*; **~flügel** *m* batente *m* (de porta), meia-porta *f*; **~füllung** *f* almofada *f* da porta; **~-hüter** *m* porteiro *m*, guarda-portão *m*.
ˈ**Türk|e** [ˈtyrkə] *m* (*-n*) (**~in** *f*) turco *m* (-a *f*); **~ˈis** [-ˈkiːs] *m* (*-es*; *-e*) turquesa *f*; **2isch** turco.
ˈ**Türklinke** *f* tranqueta *f*.
Turm [turm] *m* (*-es*; *⸚e*) torre (*ô) *f*, *Schach*: *a*. roque *m*; (*Glocken2*) campanário *m*; (*Wach2*) atalaia *f*.
ˈ**türm|en** [ˈtyrmən] **1.** *v/t*. acumular; *sich* ~ *a*. elevar-se; *Wolken*: acastelar-se; **2.** *v/i*. (*sn*) F safar-se; **2er** *m* atalaia *m*; vigia *m*; (*Glöckner*) sineiro *m*.
ˈ**Turm|falke** *m* (*-n*) milhafre *m*; **2-hoch** muito alto; gigantesco; ~ *über* (*dat*.) *stehen fig*. estar muito por cima de (a.c.), ser muito superior a (alg.); **~schwalbe** *f*, **~segler** *m* andorinhão *m*, guincho *m*; **~-spitze** *f* agulha (*od*. flecha) *f* de torre (*ô).
ˈ**turn|en**[1] [ˈturnən] fazer (exercícios de) ginástica; **2en**[2] *n*, **2eˈrei** [-əˈraɪ] *f* ginástica *f* (aplicada); **2er(in** *f*) *m* ginasta *m*, *f*; **~erisch** [ˈ-əriʃ] ginástico; **2fahrt** *f* excursão *f* de um clube desportivo; **2fest** *n* (*-es*; *-e*) festa *f* de ginástica; **2gerät** *n* (*-es*; *-e*) aparelho *m* de ginástica; **2-halle** *f* ginásio *m*; **2-hose(n)** *f* (*pl*.) calções *m/pl*. (de ginástica); **2ˈier** [-ˈniːr] *n* (*-s*; *-e*) torneio *m*; **2jacke** *f* blusa *f* de treino; **2lehrer(in** *f*) *m* professor(a *f*) *m* de ginástica (*od*. de educação física); **2stunde** *f* aula *f* de ginástica; **2-unterricht** *m* (*-es*; *0*) ginástica *f*; **2verein** *m* (*-es*; *-e*) clube *m* desportivo.
ˈ**Tür|pfosten** *m* ombreira *f* (da porta), umbral *m*; **~-rahmen** *m* almofada *f* (da porta); **~schließer** *m j*.: porteiro *m*; *et*.: fechadura *f* da porta; **~spalte** *f*: *durch die* ~ pela porta encostada (*od*. entreaberta); **~-steher** [ˈ-ʃteːər] *m* guarda-portão *m*; **~sturz** *m* (*-es*; *⸚e*) verga *f*.
ˈ**Turtel-taube** [ˈturtəl-] *f* rola *f*.
Tusch [tuʃ] *m* (*-s*; *-s*) toque *m* de clarins; fanfarra *f*; ˈ**~e** *f* tinta *f* da China, tinta *f* de aguarela; ˈ**2eln** (*-le*) cochichar; ˈ**2en** lavar (com tinta da China), pintar a aguarela; ˈ**~kasten** *m* (*-s*; *⸚*) caixa *f* de aguarelas; ˈ**~zeichnung** *f* aguarela *f*.
ˈ**Tüte** [ˈtyːtə] *f* cartucho *m*, saco *m* de papel (*drehen* fazer).
ˈ**tuten** [ˈtuːtən] (*-e-*) tocar a buzina, ⊕ *u*. ⚓ tocar a sereia; buzinar.
ˈ**Tüttel** [ˈtytəl] *m*, **~chen** [-çən] *n* ponto *m*, til *m*; *kein* ~ nem ponto.
Twist [tvist] *m* (*-es*; *-e*) linha *f* de algodão.
Typ [tyːp] *m* (*-s*; *-en*), ˈ**~e** *f* tipo *m*; *Typ*.: *a*. corpo *m*.
ˈ**Typhus** [ˈtyːfus] *m* (*-*; *0*) tifo *m*; (*Unterleibs2*) febre *f* tifóide.
ˈ**typ|isch** [ˈtyːpiʃ] típico; **2us** *m* (*-*; *Typen*) tipo *m*.
Tyˈrann [tyˈran] *m* (*-en*) tirano *m*; **~ˈei** [-ˈnaɪ] *f* tirania *f*; **~en-mord** *m* (*-es*; *-e*) tiranicídio *m*; **~en-mörder(in** *f*) *m* tiranicida *m*, *f*; **2isch** tiránico; **2iˈsieren** [-iˈziːrən] (-) tiranizar.

U

U, u [u:] *n* U, u *m*.
U-Bahn *f* metro *m*.
'übel ['y:bəl] **1.** *adj.* mau [*comp. übler, sup.* ~*st* pior (*a. adv.*)]; *adv.* mal; *mir ist* ~, *mir wird* ~ não me sinto bem; tenho náuseas; *wohl oder* ~ quer queira quer não; **2.** ♀ *n* mal *m*; *vom* ~ *sn a.* ser prejudicial, ser pernicioso; ~**gelaunt** mal disposto, mal-humorado; ~**gesinnt** mal-intencionado; ♀**keit** *f* (*0*) náusea *f*; vómitos *m/pl.*, enjoo (*ô) *m*, nojo *m*, ~ *erregend* nauseabundo; ~**nehmen** (*L*) levar a mal; ~**nehmerisch** [-ne:məriʃ] melindroso; ~**riechend** fétido; ~ *sn a.* cheirar mal; ♀**stand** *m* (*-es*; *⸗e*) inconveniente *m*; ♀**tat** *f* má a[c]ção *f*, crime *m*, delito *m*; ♀**täter** *m* malfeitor *m*; ~**wollen**[1]: *j-m* ~ querer mal a alg.; ♀**wollen**[2] *n* malquerença *f*, malevolência *f*; má vontade *f*; ~**wollend** mal-querente, malévolo.
'üben ['y:bən] exercitar, praticar (*a. fig.*); estudar; *Sport*: treinar-se.
'über ['y:bər] **1.** *prp.* (*Lage, wo?*: *dat.*; *Richtung, wohin?*: *ac.*) sobre (*ô), acima de; (*mehr als*) mais de; *Fehler* ~ *Fehler* ... sobre (*ô) ...; ... e mais ...; *den Tag* ~ durante; *Scheck* ~ de; *sprechen usw.*: (acerca) de; sobre (*ô) (*s. die betr. vb.*); ~ *die Straße gehen* atravessar a rua; ~ *Berlin reisen* (*od. kommen*) passar por, *fliegen*: passar por cima de; (*heute*) ~ hoje a, aqui a; ~*s Jahr* de aqui a um ano; ~ ... (*hin*) por, por cima de, por sobre (*ô); ~ ... (*hinaus* para) além de; ~ ... (*hinweg*) por cima de; ~ et. (*ac.*) *hinausgehen* passar (de) a.c., exceder a.c., *a. j-n* ultrapassar (*ac.*); ~ *See* no ultramar; *ein Mal* ~ *das andere* uma vez sim, outra não; alternadamente; ~ *40* (*Jahre alt*) *sn* ter passado os 40; **2.** *adv. Gewehr* ~! ⚔ ombro armas!; ~ *und* ~ completamente; *j-m* ~ *sn* ser superior a alg.; *et. ist mir* ~ (*zuviel*) estou farto de; ~-**'all** por toda (*ô) a parte; ♀-**angebot** ✝ *n* (*-es*; *-e*) oferta *f* superior à demanda; ~-**'anstrengen** (-) extenuar, cansar, fatigar; ♀-**'anstrengung** *f* esforço *m* excessivo; ~-**'antworten** (*-e-*; -) entregar; ~-**'arbeiten** (*-e-*; -) retocar, dar um retoque a; *Lit. a.* refundir; *sich* ~ trabalhar excessivamente; cansar-se; ♀-**'arbeitung** *f* retoque *m*; refundição *f*; *j-s*: excesso *m* de trabalho; ~-**'aus** sumamente, extremamente, sobremaneira; ♀**bau** *m* (*-es*; *-ten*) superstrutura *f*; ♀**beanspruchung** *f* super-exigência *f*; desgaste *m* excessivo; ♀-**bein** ⚕ *n* (*-es*; *-e*) sobreosso *m*, exostose *f*; ♀**belastung** *f* sobrecarga *f*; ~**belichten** *v/t.* (*-e-*; -) *Phot.* dar exposição demais a; ♀**belichtung** *f* (*0*) excesso *m* de exposição; ~**bewerten** (*-e-*; -) *v/t.* exagerar o valor de; ~**'bieten** (*L*; -) *v/t.* oferecer mais, puxar; *Auktion*: *j-n* ~ tirar o lanço a alg.; *Spiel*: reenvidar; *fig.* sobrepujar; ♀**bleibsel** [-blaɪpzəl] *n* resto *m*, sobejo *m*; *pl.* ⚗ resíduos *m/pl.*; *Speisen*: sobras *f/pl.*; ♀**blick** *m* (*-es*; *-e*) vista *f* geral; vista *f* de conjunto, visão *f* de conjunto; panorama *m*, relance *m*; *fig.* ideia *f* geral; (*Zusammenfassung*) resumo *m*, sumário *m*, exposição *f* sumária; ~**'blicken** (-) *v/t.* abranger com a vista; *rasch* ~ lançar um olhar rápido a; *fig.* dar-se conta de, ter presente; ~**'bringen** (*L*; -) levar; (*her*~) trazer; (*liefern*) entregar; *Grüße*: transmitir; ♀**'bringer(in** *f*) *m* [-'briŋər-] portador(a *f*) *m*; ~**'brücken** *v/t.* (-) lançar uma ponte sobre (*ô); *fig.* vencer; ♀**'brückung** [-'brykuŋ] *f* construção *f* de uma ponte; (*Überführung*) viaduto *m*: *zur* ~ *fig.* para vencer; ♀-**'brückungshilfe** *f* crédito *m* social; ~**'dachen** [-'daxən] (-) telhar, cobrir; ~**'dauern** *v/t.* sobreviver a; ~**'decken** (-) sobrepôr a; ~**'denken** (*L*; -) *v/t.* refle[c]tir (em); ~**'dies** de mais a mais, além disso; ~**'drehen** (-) forçar; ♀**druck** *m* (*-es*; *-e*) ⊕ pressão *f* excessiva; *Typ.* sobrecarga *f*; ♀-**druß** [-drus] *m* (*-sses*; *0*) tédio *m*;

fastio *m*; **~drüssig** [-drysiç] farto, enfastiado; **~-'eck** de través; transversalmente; **≈-eifer** *m* (*-s*; *0*) zelo (*ê) *m* excessivo (*od.* exagerado); **~-eifrig** precipitado, fanático; ~ *sn a.* ser uma abelha; **~-'eignen** (*-e-*; -) transmitir, ceder; **≈-'eignung** *f* transmissão *f*; **~-'eilen** (-) precipitar; **~-'eilt** precipitado; prematuro; **≈-'eilung** [-'aılʊŋ] *f* (*0*) precipitação *f*.

über·ein'ander um por cima do outro, um sobre (*ô) o outro; **~legen** sobrepor; *Beine* = **~schlagen** (*L*) cruzar.

über-'ein|kommen[1] (*L*; *sn*) pôr-se de acordo (*'ô), acordar, combinar, convir (*über ac.* sobre (*ô); *zu inf.*, *daß* de *inf.*); **≈kommen**[2] *n*, **≈kunft** [-kunft] *f* (-; *⸚e*) acordo (*'ô) *m*, convénio *m*, ajuste *m*; *Preis nach* ~ ajustado, combinado; **~stimmen** concordar (*a. gr.*); estar conforme; conjugar-se; *mit j-m* ~ estar de acordo (*'ô) com alg.; *~d adj.* conforme, análogo; consentâneo; *adv.* de acordo (*'ô); **≈stimmung** *f* concordância *f*, harmonia *f*; *in* ~ de acordo (*'ô).

'über|-empfindlich hipersensível; **~-'essen** (*L*): *sich* ~ comer demais; *sich* (*dat.*) *et. übergegessen haben* já estar farto de comer a.c.; **~'fahren 1.** (*L*; -) *j-n*: atropelar; trucidar; **2.** (*L*) *Meer*, *See*: atravessar; *Signal*: passar; **≈fahrt** *f* travessia *f*, passagem *f*, traje[c]to *m*; **≈fall** *m* (*-es*; *⸚e*) assalto *m*, agressão *f*, ⚔ *a.* investida *f*, ataque *m* de surpresa (*ê); **~'fallen** (*L*; -) assaltar, ⚔ *a.* atacar de surpresa (*ê); **~fällig** ✈ *u.* ⚓ atrasado; ✝ caduco; **≈fall·kommando** *n* (*-s*; *-s*) esquadra *f*; **~'fliegen** (*L*; -) *v/t.* voar sobre (*ô), voar por cima de; *fig.* correr com os olhos; **~fließen** (*L*; *sn*) trasbordar; **~'flügeln** [-'fly:gəln] (*-le*) *v/t.* sobrepujar, exceder; **≈fluß** *m* (*-sses*; *0*) abastança *f* (super)abundância *f*, profusão *f* (*an dat.* de); (*≈maß*) excesso *m*; *im* ~ em demasia; *zum* ~ demais a mais; **~flüssig** supérfluo; ~ *sn a.* sobejar; *fig.* ser escusado; **~'fluten** (*-e-*; -) inundar (*mit* de); **≈'flutung** [-'flu:tʊŋ] *f* inundação *f* (*mit* de); **~'fordern** (*-re*; -) exigir demais a; **≈fracht** *f* (*0*) excesso *m* de bagagem, excesso *m* de carga; **≈'fremdung** [-'frɛmdʊŋ] *f* invasão *f* de elementos estrangeiros (*gen.* em); **'~führen**[1] transportar; **~'führen**[2] (-) trasladar; ⚖ convencer, persuadir; **~'führt** [-'fy:rt] convi[c]to; **≈'führung** *f* trasla(da)ção *f*; *Verkehr*: passagem *f* aérea, viaduto *m*; **≈fülle** *f* (*0*) = *≈fluß*; **~'füllt** [-'fylt] repleto; apinhado; **≈'füllung** *f* (*0*) repleção *f*; *wegen* ~ por estar cheio; por estar repleto; **~'füttern** (*-re*; -) dar alimento a mais a; *sich* ~ atestar-se; **≈gabe** *f* entrega *f*; *Amt*, *Geschäft*, (*Weitergabe*) transmissão *f*; ⚔ rendição *f*; **≈gang** *m* (*-es*; *⸚e*) passagem *f*; *fig.* transição *f*; *in anderen Besitz*: transferência *f*; **≈gangs...**: *in Zssg(n) fig.* interino, transitório, de transição; *Kleidung*: de meia-estação; 🚂 de trânsito; **≈gangs-stelle** *f* passagem *f*; **~'geben** (*L*; -) entregar; *Amt*: transmitir; *sich* ~ ⚔ render-se; ☤ vomitar; **~gehen**[1] *v/i.* (*L*; *sn*) passar (*zu* ⚔ para [o outro lado]; *beginnen*: a); ~ *in* (*ac.*) transformar-se em; tornar-se (*ac.*); ficar (*ac.*); *in Fäulnis* ~ apodrecer; **~'gehen**[2] *v/t.* (*L*; -) passar por cima de; passar por alto; passar em silêncio; omitir; *j-n* ~ passar por alg.; não fazer caso de alg.; *bei Beförderungen*: preterir alg.; **≈'gehung** [-'ge:ʊŋ] *f* omissão *f*; preterição *f*; **~genug** sobrado; farto; *adv.* de sobra; **≈gewicht** *n* (*-es*; *0*) sobrepeso (*ê) *m*; excesso *m* de peso (*ê); *fig.* preponderância *f*; *das* ~ *bekommen* perder o equilíbrio; *fig.* ficar na maioria; ficar a preponderar; **~gießen**[1] (*L*) deitar; verter; **~'gießen**[2] (*L*; -): *mit et.* ~ deitar (*od.* verter) a.c. sobre; **~glücklich** (*0*) muito feliz; radiante; **~greifen** (*L*) ⊕ engrenar (*an ac.* com); *Übel*: ~ *auf* (*ac.*) estender-se a; alastrar para; propagar-se a; *in Rechte*: usurpar (*ac.*); **≈griff** *m* (*-es*; *-e*) abuso *m*; usurpação *f* (*auf ac.* de); ⚖ atropelo *m*; **~groß** (*0*) enorme; desmedido; **≈guß** *m* (*-sses*; *⸚sse*): ~ *aus* banho *m* de; (*Zucker≈*) vidrado *m*.

'über|-haben (*L*) *Mantel*: trazer; (*übrig haben*) ficar com; *fig. et.* ~ *für* interessar-se por; estimar (*ac.*); *et.* ~ F estar farto de a.c.; **~-'handnehmen** (*L*) aumentar; chegar a ser excessivo; **~-hängen 1.** *v/i.* (*L*) sobressair; pender; *Wand*: estar inclinado; **2.** *v/t.* pôr; **~-'häufen** (-) (a)cumular, sobrecarregar; cobrir (*mit* de); *j-n mit Freundlichkeiten ~* obsequiar alg.; *j-n mit Vorwürfen ~* increpar alg.; **Ꝫ-'häufung** *f* excesso *m*, acumulação *f* (*mit* de); **~-'haupt** em geral, de todo; *~ nicht* nada, de modo algum (*od.* nenhum); **~-'heben** (*L*; -) dispensar; *sich ~* exceder-se (a levantar a.c.); *fig.* ufanar-se, ensoberbecer-se; **~-'heblich** [-'he:pliç] presunçoso, petulante, arrogante; **Ꝫ-'heblichkeit**, **Ꝫ-'hebung** *f* presunção *f*, petulância *f*, arrogância *f*; **~-'heizen** (-*t*; -) aquecer demasiado; ⊕ = **~-'hitzen** [-'hitsən] (-*t*; -) sobreaquecer; **~-'höhen** [-'hø:ən] (-) fazer sobressair, alçar; **~-'höht** *a.* exagerado; **Ꝫ-'höhung** [-'hø:uŋ] *f* sobrelevação *f*; alçamento *m*; altura *f* exagerada; **~-holen**[1] (v)ir buscar (na outra banda); **~-'holen**[2] *v/t.* (-) ultrapassar (*a. fig.*); passar além de, passar para diante de; (*prüfen*) ⊕ examinar, fazer a vistoria de, limpar, arranjar; **~-'holt** *adj. fig. Ereignis*: consumado, ultrapassado; *Gegenstand*: antiquado; **~-'hören** (-) não ouvir, não reparar; (*abhören*) ouvir a lição a; **~-irdisch** ⊕ *u.* ⚡ aéreo; *Rel.* celeste, sobrenatural; **~-kippen** (*h. u. sn*) virar(-se); perder o equilíbrio; **~kleben**[1] colar por cima (de); **~'kleben**[2] (-) colar, cobrir; **~'kleiden** (-*e*-; -): *~ mit* revestir de, forrar de; **~klug** sabichão; petulante; **~kochen** (*h. u. sn*) deitar por fora; *fig.* F deitar fora; **~'kommen** (*L*; -) **a)** *v/t.* acometer; **b)** *v/i.* (*sn*) passar para, ser transmitido; **c)** *adj.* tradicional; **~kultiviert** requintado; **~'laden** (*L*; -) sobrecarregar (*a. fig.*), abarrotar; **~'lagern** *v/t.* (-*re*; -) sobrepor(-se) a; **Ꝫ'land...**: *in Zssg(n)* inter-urbano; **~'lassen** (*L*; -) abandonar (*a. refl.*); (*abtreten*) ceder; (*anheimstellen*) deixar (com); **Ꝫ'lassung** [-'lasuŋ] *f* cessão *f*; entrega *f*; **Ꝫlast** *f* sobrecarga *f*, sobrepeso (*'ê) *m*; **~'lasten** sobrecarregar; **Ꝫ'lastung** [-'lastuŋ] *f* excesso *m* de carga; *fig.* excesso *m* de trabalho; **~laufen**[1] *v/i.* (*L*; *sn*) deitar por fora, sair, *Wasser*: *a.* transvazar, trasbordar (*a. See*); ⚔ desertar; *fig. j-m läuft die Galle über* alg. irrita-se; **~'laufen**[2] (*L*; -) **a)** *v/t.* importunar com visitas; *Furcht, Schauer usw.*: arrepiar, dar calafrios; **b)** *adj.* muito concorrido; **Ꝫ-läufer** *m* desertor *m*; **~laut** ruidoso, barulhento; **~'leben** (-) *v/t.* sobreviver a; *sich ~* passar de moda; **Ꝫ-'lebende(r** *m*) *m, f* sobrivente *m, f*; **~'lebens-groß** de (*od.* em) tamanho sobrenatural.

'über-legen[1] pôr em cima de, pôr por cima de; *Kind*: castigar (a pancadas).

über'legen[2] **a)** *v/t.* (-): (*es sich*) *~* refle[c]tir (sobre), pensar (em), (*noch einmal* re)considerar (*ac.*); **b)** *adj.* superior; **Ꝫ-heit** *f* (*0*) superioridade *f*.

Über-'legung [-'le:guŋ] *f* reflexão *f*; consideração *f*, raciocínio *m*, discernimento *m*; (*vorherige*) *~* premeditação *f* (*bsd.* ⚖); *ohne ~* à doida.

'über|leiten (-*e*-): *~ zu* conduzir a, levar a; *Lit. a.* servir de transição para; ⊕ transmitir a; **Ꝫleitung** *f* transmissão *f*; transição *f*; **~lesen** (*L*; -) percorrer; **~'liefern** (-*re*; -) transmitir; (*ausliefern*) entregar; **Ꝫ-'lieferung** *f* tradição *f*; **~'listen** [-'listən] (-*e*-; -) enganar, lograr, iludir; **Ꝫ'listung** [-'listuŋ] *f* logro *m*, ludíbrio *m*; **~m** F = *über dem*; **~'machen** (-) transmitir, legar; **Ꝫmacht** *f* (*0*) superioridade *f* numérica; prepotência *f*; **~mächtig** superior, prepotente; **~'malen** (-) retocar; **~'mannen** [-'manən] (-) vencer, dominar; **Ꝫmaß** *n* (-*es*; *0*) excesso *m* (*an dat.* de; *im* com); *im ~ a.* em demasia; **~mäßig** excessivo, desmedido; exorbitante; *adv.* demais, em demasia; **Ꝫmensch** *m* (-*en*) super-homem *m*; **~menschlich** sobre-humano; **~-'mitteln** [-'mitəln] (-*le*; -) transmitir; (*senden*) remeter; **Ꝫ'mittlung** [-'mitluŋ] *f* transmissão *f*; **~modern** ultramoderno; **~morgen** depois de amanhã; **~'müdet** [-'my:dət] estafado; **Ꝫ'müdung** [-'my:duŋ] *f* fadiga *f*, cansaço *m*; **Ꝫmut** *m* (-*es*; *0*) alegria *f* doida; *kränkend*: petulância *f*, arrogância *f*; *Kind*: traquinice *f*; **~mütig** [-my:tiç] doido de alegria; atrevido, petulante, arrogante; travesso; **~-'nachten** [-'naxtən] (-*e*-; -) pernoitar; passar a noite; **~nächtig** [-nɛçtiç] tresnoitado; fatigado (de velar); ~ *aussehen* ter olheiras; **⁀'nachtung** [-'naxtuŋ] *f* hospedagem *f*; *auf Rechnungen*: quarto *m*; **⁀nahme** [-na:mə] *f* recepção *f*, aceitação *f*, tomada *f*; *e-s Amtes, Besitzes*: (a[c]to *m* da) posse *f*; ~ *der Macht* subida *f* ao poder; ⚓ *u. Personen*: embarque *m*, *Waren*: carga *f*, carregamento *m*; **~natürlich** sobrenatural; **~'nehmen** (*L*; -) *Amt, Besitz, Verantwortung*: assumir; (*an~*) aceitar; *et. von j-m*: receber; *e-e Verpflichtung* ~ comprometer-se; *sich* ~ exceder-se; abarbar-se; abusar das suas forças; **~-ordnen** (-*e*-) antepor, prepor; *~geordnet adj.* superior; **~parteilich** imparcial; **~pinseln** (-*le*; -) F retocar; rebocar; **⁀produktion** *f* superprodução *f*; **~'prüfen** (-) *v/t.* rever; examinar, dar uma vistoria a; **⁀'prüfung** *f* revisão *f*; **~quellen** brotar; **~'quer** de través; **~'queren** [-'kve:rən] (-) atravessar; **~'ragen** (-) sobressair, dominar; (*~treffen*) exceder (*an dat.* em); (*vorherrschen*) predominar; *~d adj.* predominante; *fig. a.* transcendente; **~'raschen** [-'raʃən] (-) surpreender; **⁀'raschung** [-'raʃuŋ] *f* surpresa (*ê) *f*; **~-'rechnen** (-*e*-; -) calcular; **~'reden** (-*e*-; -) persuadir; **⁀-'redung** [-'re:duŋ] *f* persuasão *f*; **~reich** profuso; ~ *sn an* (*dat.*) *a.* abundar em; **~-'reichen** (-) entregar, apresentar; **~-reichlich** (super)abundante; **⁀-'reichung** [-'raıçuŋ] *f* entrega *f*; **~-reif** (*0*) demasiado maduro; **~-'reizen** (-*t*; -) sobreexcitar; **~-'reizt** *adj.* nervoso; **⁀'reizung** *f* sobreexcitação *f*; **~-'rennen** (*L*; -) atropelar; *a.* ⚔ derribar, esmagar; **⁀-rest** *m* (-*es*; -*e*) resto *m*; ⚗ resíduo *m*; *pl.* ~*e Speise*: sobras *f/pl.*; *sterbliche ~e* despojos (*'ô) *m/pl.* mortais; **~-'rumpeln** (-*le*; -) assaltar; surpreender; tomar de surpresa; **⁀-'rumpelung** [-'rumpəluŋ] *f* surpresa (*ê) *f*, assalto *m* (imprevisto); **~'runden** (-*e*-; -) sobrepujar; **~s** F = *über das*; **~'säen** (-): ~ *mit* semear de, salpicar com; cobrir de; **~'sättigen** (-): fartar; ⚗ sobressaturar; **⁀schall** *m* (-*es*; *0*) suprasom *m*; **⁀schall-flugzeug** *n* (-*es*; -*e*) avião *m* supersónico; **~'schatten** (-*e*-; -) (as)sombrear; **~'schätzen** (-*t*; -) *v/t.* sobrestimar; exagerar o valor de; *fig.* atribuir (*od.* dar) demasiada importância a; **⁀'schätzung** *f* sobrestimação *f*, avaliação *f* exagerada; **⁀schau** *f* (*0*) sinopse *f*; quadro *m* sinóptico; = *⁀blick*; **~-'schauen** (-) abranger com a vista; **~schäumen** sair (escumando); *fig.* ~ *vor* (*dat.*) *Freude*: rebentar de; *Wut*: espumar de; *~d adj.* exuberante; **~'schlafen** (*L*; -) F consultar a almofada (*od.* o travesseiro); **⁀-schlag** *m* (-*es*; ⸚*e*) cálculo *m* aproximativo; **~schlagen**[1] (*L*) *Beine*: cruzar; (*umlegen*) dobrar; **~'schlagen**[2] (*L*; -) (*auslassen*) omitir, passar por alto; (*berechnen*) calcular; *sich* ~ voltar-se; dar voltas sobre si; *Auto,* ✈ *a.* capotar; *Funker*: saltar; *Stimme*: esganiçar-se; **⁀schlaglaken** *n* lençol *m* de cima; **~schnappen** (*sn*) ⊕ saltar; soltar-se; *Stimme*: dar uma fífia; *j.*: *fig. ~geschnappt sn* F ter peneiras; **~'schneiden** (*L*; -): *sich* ~ cruzar-se; *Phys. Wellen*: interferir; *fig.* ser incompatível (um com outro); **⁀'schneidung** [-'ʃnaıduŋ] *f* entrecruzamento *m*; *Phys.* interferência *f*; incompatibilidade *f*; **~'schreiben** (*L*; -) transcrever; *Text*: intitular; ⚖ transferir; ✝ transportar, passar, averbar; **⁀-'schreibung** *f* ⚖ transferência *f*, ✝ transporte *m*; **~'schreien** (*L*; -) *v/t.* dominar com a voz, gritar mais alto que; *sich* ~ esganiçar-se; **~-'schreitbar** [-'ʃraıtba:r] excedível; **~'schreiten** (*L*; -) *v/t.* atravessar; *fig.* (ultra)passar, exceder; transcender; *Befugnis*: abusar de; ⚖ transgredir; violar; **⁀'schreitung** [-'ʃraıtuŋ] *f* passagem *f* (*gen.* de), *e-s Flusses*: *a.* travessia *f*; ⚖ transgressão *f*, infra[c]ção *f*; *Amtsgewalt*: abuso *m*; **⁀schrift** *f* título *m*; **⁀-schuh** *m* (-*es*; -*e*) galocha *f*; **⁀schuß** *m* (-*sses*; ⸚*sse*) excesso *m*; excedente *m*; ✝ saldo *m* (a[c]tivo); *staatlich*: *a.* superavit *m*; **~schüssig** [-ʃysiç] excedente, a mais; **~'schütten** (-*e*-; -): ~ *mit* cobrir de, *fig. a.* (a)cumular de; **⁀schwang** *m* (-*es*; *0*) excesso *m*, transporte *m*; **~schwemmen** (-) inundar (*mit* de); submergir; **⁀-'schwemmung** [-'ʃvɛmuŋ] *f* inundação *f*; **⁀'schwemmungsgebiet** *n* (-*es*; -*e*) (terreno *m*) alagadiço *m*; região *f* inundada; **~schwenglich**

[-ʃvɛŋliç] exaltado, efusivo; 2see *f* (*0*) Ultramar *m*, ultramar *m*; 2**seebrücke** *f* estação *f* marítima; 2**seedampfer** *m* transatlântico *m*; ~**seeisch** [-ze:iʃ] ultramarino; ~ˈ**sehen** (*L*; -) *v/t.* abranger com a vista; (*nicht sehen*) não ver, não reparar; não dar por; *fig.* dar-se conta de; ter presente; ~ˈ**senden** (*L*; -) remeter, enviar; 2ˈ**sender** *m* remetente *m*; 2ˈ**sendung** *f* envio *m*, remessa *f*; ~**setzen**¹ (*-t*) *v/t.* transportar (*od.* levar) para a outra banda; *v/i.* passar para a outra banda; ~ˈ**setzen**² (*-t*; -) traduzir, verter (*ins* para); 2ˈ**setzer(in** *f*) *m* tradutor(a *f*) *m*; 2ˈ**setzung** *f*: *Lit.* ~ (*ins*) tradução *f* (para *od.* + *adj.*), versão *f* (+ *adj.*); ⊕ transmissão *f*; 2ˈ**setzungs-verhältnis** *n* (*-ses*; *-se*) ⊕ desmultiplicação *f*.

ˈ**Über-sicht** *f* vista *f* geral; (*tabellarische*) ~ quadro *m* (sinóptico); (*Zusammenfassung*) resumo *m*; 2**lich** claro, distinto; nítido; ~**lichkeit** *f* (*0*) clareza *f*; boa disposição *f*.

ˈ**über|siedeln** (*-le*; *sn*) mudar (*nach* para); 2**siedlung** *f* mudança *f*; (*Auswanderung*) emigração *f*; ~**sinnlich** sobrenatural; transcendente; metafísico; ~ˈ**spannen** (-): **a**) ~ *mit* cobrir de; **b**) (*zu sehr spannen*) estirar muito; *fig.* exagerar; ~ˈ**spannt** [-ˈʃpant] *adj. fig. et.*: exagerado; *j.*: exaltado, excêntrico; 2ˈ**spanntheit** *f* exaltação *f*, extravagância *f*; excentricidade *f*; ~ˈ**spitzen** (*-t*; -) exagerar; ~**springen**¹ *v/i.* (*L*; *sn*): ~ (*auf ac.*) saltar (para); *fig.* passar (para); ~ˈ**springen**² *v/t.* (*L*; -) saltar por cima (de), passar por cima (de); *fig. s. a.* ~*gehen*²; ~**sprudeln** (*-le*; *sn*) jorrar, brotar, cachoar; *fig.* ~ *von Witz* ter imensa graça; ~**stehen**¹ (*L*) sobressair; ~ˈ**stehen**² (*L*; -) *v/t.* passar; (acabar por) vencer; *glücklich* ~ sair ileso de; ~ˈ**steigen** (*L*; -) *v/t.* passar por cima de; *fig.* ultrapassar, exceder; ~ˈ**steigern** (*-re*; -) encarecer; ~ˈ**stimmen** (-) derrotar; vencer por maioria de votos; ~*stimmt werden* ficar na minoria; ~ˈ**strahlen** (-) eclipsar, ofuscar; *fig.* deslumbrar; ~ˈ**streichen** (*L*; -): *mit Farbe* ~ pintar; *mit Fett* ~ untar; ~**strömen** (*sn*) trasbordar; ~ˈ**strömt** inundado; 2**stunde** *f* hora *f* extraordinária (de serviço), serão *m*; ~ˈ**stürzen** (*-t*; -) precipitar; 2ˈ**stürzung** [-ˈʃtyrtsuŋ] *f* precipitação *f*; ~ˈ**tölpeln** [-ˈtœlpəln] (*-le*; -) burlar; ~ˈ**tönen** (-) dominar; 2**trag** [-tra:k] *m* (*-es*; *ᵘe*) transporte *m*; ~ˈ**tragbar** transmissível; ⚕ *a.* contagioso; ~ˈ**tragen** (*L*; -) *Amt*: confiar, *j-m* ~ *a.* encarregar alg. de; ✝ transferir; *Betrag*: *a.* transportar; ⊕, *Radio*, ⚕ (*vererben*) transmitir; *Krankheit*: contagiar, F pegar; ♪, ✍ *u.* (*abschreiben*) transcrever; (~*setzen*) traduzir, verter (*ins* para); *in* ~*er Bedeutung* em sentido figurado; 2ˈ**tragung** [-ˈtra:guŋ] *f* transporte *m*, transferência *f*; *Lit.*: ~ (*ins*) tradução *f* (para *od.* + *adj.*), versão *f* (+ *adj.*); ~ˈ**treffen** (*L*; -) exceder, ultrapassar, superar, ser superior a (*an dat.* em); ~ˈ**treiben** (*L*; -) exagerar; 2ˈ**treibung** [-ˈtraɪbuŋ] *f* exagero (*ˈê) *m*; ~**treten**¹ *v/i.* (*L*; *sn*) *Fluß*: trasbordar; *Fuß*: torcer; ~ *auf* (*ac.*), ~ *zu* passar para (o outro lado); ~ *zu Rel.* converter-se a; ~ˈ**treten**² (*L*; -) *v/t.* transgredir, violar, infringir; 2ˈ**tretung** [-ˈtre:tuŋ] *f* violação *f*, transgressão *f*, contravenção *f*, infra[c]ção *f*; ~ˈ**trieben** [-ˈtri:bən] exagerado; 2**tritt** *m* (*-es*; *-e*) passagem *f* (*auf ac.*, *zu* para); *Rel.* conversão *f* (*zu* a); ~ˈ**trumpfen** (-) recortar; dar sota e ás; *fig.* sobrepujar; ~ˈ**tünchen** (-) rebocar; *fig.* disfarçar; ~ˈ**völkern** [-ˈfœlkərn] (*-re*; -) super-povoar; 2ˈ**völkerung** *f* super-povoamento *m*; ~**voll** (*0*) repleto; ~ˈ**vorteilen** [-ˈfɔrtaɪlən] (-) prejudicar, lograr; ~ˈ**wachen** (-) vigiar; fiscalizar; 2ˈ**wachung** [-ˈvaxuŋ] *f* vigilância *f*, fiscalização *f*; *polizeiliche* ~ policiamento *m*; ~ˈ**wältigen** [-ˈvɛltigən] (-) dominar, subjugar; ~*d adj. fig.* imponente; ~ˈ**weisen** (*L*; -) enviar, remeter; ✝ lançar; 2ˈ**weisung** *f* envio *m*, remessa *f*; ✝ lançamento *m* (*vornehmen* fazer); ~**werfen**¹ (*L*): (*sich*) ~ cobrir(-se) de, pôr; ~ˈ**werfen**² (*L*; -): *sich* (*mit j-m*) ~ zangar-se (com alg.), estar zangado (com alg.); ~ˈ**wiegen** (*L*; -) preponderar, estar na maioria; prevalecer (*ac.* sobre); ~*d adj.* preponderante; *Mehrheit*: grande; *adv.* na sua maioria; ~ˈ**winden** (*L*; -) vencer; *a. Gefühle*: dominar; 2ˈ**windung** *f* dominação *f*; *fig.* ~ *kosten* ser um grande sacrifício; custar; ~'**wintern** [-'vintərn] (*-re*; -) (*v/t.* fazer) invernar, (manter durante o inverno), hibernar; ⚔ *a.* passar o inverno; ꝋ'**winterung** [-'vintəruŋ] *f* hibernação *f*; ~'**wölben** (-) abobadar; ~'**wuchern** (*-re*; -) cobrir inteiramente, sufocar; ꝋ**wurf** *m* (*-es*; *⸗e*) capa *f*, manta *f*; ꝋ**zahl** *f* (*0*) número *m* superior; *in der* ~ *sn* estar na maioria; ~**zählig** [-tsɛːliç]: ~ (*sn* estar) a mais, (ser) supernumerário; ~'**zeichnen** (*-e-*; -) ⚕ exceder; ~'**zeugen** (-) convencer; ꝋ'**zeugung** *f* convicção *f*; ꝋ'**zeugungs-kraft** *f* (*0*) força (*ô) *f* convincente (*od.* persuasiva); ~**ziehen**¹ (*L*) *v/t. Mantel*: pôr, vestir; F (*dat.*) *eins* ~ dar uma chicotada a; ~'**ziehen**² (*L*; -): ~ (*mit*) cobrir (de), *Möbel*: *a.* forrar (de), *Wand*: *a.* revestir (de); ⚕ *Konto*: exceder (a cobertura); *ein Bett frisch* ~ mudar a roupa da cama; *Kissen*: enfronhar; *mit Krieg* ~ invadir, levar a guerra a; ~'**zuckern** (*-re*; -) cobrir de açúcar; ꝋ**zug** *m* (*-es*; *⸗e*) cobertura *f*; revestimento *m*; (*Schicht*) capa *f*; *Kissen*: fronha *f*.

'**üb|ler** ['yːplər] (*comp. v. übel*) pior; ~**lich** normal, habitual, de costume; ~ *werden* generalizar-se.

'**U-Boot** *n* (*-es*; *-e*) submarino *m*.

'**übrig** ['yːbriç] restante; *das* ~*e* o resto, o demais; *pl. die* ~*en* os outros, os demais; *im* ~*en* = ~*ens*; *ein* ~*es tun* mais do que o necessário; ~ *sn* = ~*bleiben*; ~ *haben* = ~*behalten*; *nichts* ~ *haben für* não se interessar por; não estimar; ~**behalten** (*L*; -) ficar com; *ich behalte ... übrig a.* ficam-me ...; ~**bleiben** (*L*; *sn*) ficar, restar, sobrar, sobejar; ~**ens** [-gəns] de resto; aliás; a propósito; ~**lassen** (*L*) deixar; *viel zu wünschen* ~ deixar muito que desejar.

'**Übung** ['yːbuŋ] *f* exercício *m*; (*Ausꝋ*) *a.* prática *f*; ⚔ (*Ausbildung*) tirocínio *m* (*Manöver*) manobras *f/pl.*, (*Scheingefecht*) simulacro *m*; (*Kolleg*) aula *f* prática; (*Brauch*) uso *m*, hábito *m*; *aus der* ~ *kommen* perder o hábito, perder a prática; ~**s-flug** *m* (*-es*; *⸗e*) voo (*'ô) *m* de instrução (*od.* de experiência); ~**s-platz** *m* (*-es*; *⸗e*) ⚔ polígono *m*; campo *m* de manobras; ~**s-turm** *m* (*-es*; *⸗e*) *Feuerwehr*: casa-esqueleto *f*.

'**Ufer** ['uːfər] *n* margem *f*; borda *f*; (*Flußꝋ*) *a.* ribeira *f*; *erhöhtes*: riba *f*; (*Meeresꝋ*) costa *f*, beira-mar *f*, praia *f*; *am* ~ (*gen.*) *Lage*: na margem de; sobre (*ô); ~**bewohner** *m* ribeirinho *m*; *am Meer*: habitante *m* do litoral; ꝋ**los** ilimitado, infinito, sem fim; ~**straße** *f* estrada *f* marginal.

Uhr [uːr] *f* relógio *m*; *Zeit*: hora *f* (*um* à; *wieviel?* que?); *es ist ein* ~ é uma hora; *es ist zwei* ~ são duas horas; *was ist die* ~*?* que horas são?; '~**feder** *f* (-; *-n*) mola *f*; '~**gehäuse** *n* caixa *f* de relógio; '~**getriebe** *n* tear *m*; '~**macher(ei** *f*) *m* relojoeiro *m* (relojoaria *f*); '~**werk** *n* (*-es*; *-e*) tear *m*; '~**zeiger** *m* ponteiro *m*; '~**zeit** *f* hora *f*.

'**Uhu** ['uːhu] *m* (*-s*; *-s*) bufo *m*.

Ulk [ulk] *m* (*-es*; *-e*) gracejo *m*, piada *f*, pilhéria *f*; 'ꝋ**en** gracejar; 'ꝋ**ig** engraçado; cómico; ~ *sn a.* ter piada.

'**Ulme** ['ulmə] *f* olm(eir)o *m*.

Ulti'matum [ulti'maːtum] *n* (*-s*; *-ten*) ultimato *m* (*stellen* apresentar).

'**Ultimo** ['ultimo] *m* (*-s*; *-s*) fim *m* do mês (*zum* no).

'**Ultra|kurzwelle** *f* onda *f* ultracurta *Radio*: modulação *f* de frequência; ~**schall** *m* (*-es*; *0*) ultra-som *m*; ꝋ**violett** ultravioleta.

um [um] **1.** *prp.* (*ac.*) **a**) *örtl.*: ~ (*... herum*) em volta de, ao (*od.* em) redor de; **b**) *zeitl.*, *Aufeinanderfolge*: a; *ungefähr*: ~ (*... herum*) cerca (*ê) de, perto de, *Uhrzeit*: pela(s); *Jahr* ~ *Jahr* por; *e-n Tag* ~ *den andern* dia sim, dia não; **c**) *Grund*: ~, ~ (*gen.*) *willen* por; por causa de, no interesse (*'ê) de, ~ (*Gottes*) *willen* por amor de (Deus); **d**) *Maß*: *zunehmen usw.* por; ~ *e-n Meter höher* um metro; ~ *so besser* tanto; ~ *et. kommen* perder a.c.; **e**) *Preis*: por, pelo preço de; ~ *keinen Preis fig.* (não) de nenhum modo; **2.** *cj.*: ~ *zu* (*inf.*) para; **3.** *adv.*: ~ *und* ~ por todos os lados; completamente; ~ *haben Schal usw.*: ter posto; ~ *sn örtl.* estar em volta de; *zeitl.* ter terminado, ter acabado.

'**um|-adressieren** (-) remeter, pôr

outro endereço (*'ê); **~-ändern** (-*re*) mudar, transformar, reorganizar; **~-arbeiten** (-*e*-) refazer, modificar; *Buch*: refundir.

um'arm|en [-'armən] *v/t.* (-) abraçar, dar um abraço a; **2ung** *f* abraço *m*; abarcamento *m*.

'Um|bau *m* (-*es*; -*ten*) reconstrução *f*; *fig. a.* reforma *f*, reorganização *f*; **2bauen** reconstruir; reformar, reorganizar; **2betten** (-*e*-) mudar de cama; *Leiche*: trasladar; **2biegen** (*L*) dobrar, torcer; **~biegung** *f* encurvamento *m*; **2bilden** (-*e*-) transformar; reformar; *Pol. a.* remodelar; **~bildung** *f* transformação *f*; *fig.* reorganização; *Pol. bsd. Ministerium*: remodelação *f*, recomposição *f*; **2binden** (*L*) ligar (em volta); (*a. sich dat.*) *Schlips*: pôr; *Schwert*: cingir; **2blasen** (*L*) derribar com um sopro; **2blättern** (-*re*) virar a(s) folha(s); **2blicken**: *sich* ~ olhar em volta, olhar para trás, virar a cabeça (*nach* à procura de); **2brechen**[1] (*L*) romper; ⚒ surribar; **2'brechen**[2] *Typ.* (*L*; -) compaginar, *Zeilen*: recorrer; **2bringen** (*L*) matar, assassinar; **~bruch** *m* (-*es*; ¨*e*) ⚒ surriba *f*; *Typ.* compaginação *f*; *Pol.* revolução *f*, mudança *f* radical; **2-buchen** passar para outra conta; **2drehen** *v/t.* virar, dar uma volta a; *zweimal* ~ dar duas voltas a; (*dat.*) *den Hals*: torcer; *sich* ~ virar-se, voltar-se, volver a cabeça; **~'drehung** *f* rotação *f*; volta *f*, giro *m*; **~'drehungs...**: *in Zssg(n)* de rotação; **~druck** *m* (-*es*; -*e*) reprodução *f*; **2drucken** reimprimir; **2-erziehen** (*L*; -) reeducar; **~-erziehung** *f* reeducação *f*; **2fahren**[1] (*L*) derribar; *j-n*: atropelar; **2'fahren**[2] *v/t.* (*L*; -) dar a volta de; ⚓ dobrar; rondar; **~fall** *m* (-*es*; ¨*e*) queda *f*; derrubamento *m*; *fig.* retratação *f*, mudança *f* de opinião (*od.* de atitude); **2fallen** (*L*; *sn*) cair; tombar; *Wagen*: virar-se; *fig.* retratar-se, mudar de opinião, mudar de atitude; **~fang** *m* (-*es*; ¨*e*) circunferência *f*, circuito *m*; ⩓ perímetro *m*; (*Ausdehnung*) extensão *f*, ♪ *a.* diapasão *f*; *körperlich*: volume *m*, *fig.* proporções *f/pl.*, envergadura *f*; **2'fangen** (*L*) abraçar; **2fang-reich** volumoso; *fig.* extenso, de grande envergadura; **2färben** retingir.

um'fass|en (-*ßt*; -) abranger, abarcar, compreender; *mit der Faust*: empunhar; ⚔ cercar, *a. fig.* envolver; **~end** *adj.* extenso, amplo; abarcador; ⚔ de contorno (*'ô); **2ung** *f* cerca (*ê) *f*, circuito *m*; ⚔ cerco (*ê) *m*, envolvimento *m*, contorno (*'ô) *m*; **2ungs-mauer** *f* (-; -*n*) muralha *f* de circunvalação.

um|'flattern *v/t.* (-*re*; -) esvoaçar em volta de; **~'fliegen** *v/t.* (*L*; -) voar em volta de; **~'fließen** (*L*; -), **~'fluten** (-*e*-; -) *v/t.* correr ao redor de, banhar; **'~formen** transformar; **'2former** *m* transformador *m*; **'2formung** *f* transformação *f*; **'2frage** *f* inquérito *m*; ~ *halten* fazer um inquérito; **~'frieden** (-*e*-; -) cercar; **2'friedung** [-'fri:duŋ] *f* cerca (*ê) *f*; **'~füllen** transvasar; trasfegar; mudar (*in ac.* para); **'2füllung** *f* trasfega *f*; **'2gang** *m* (-*es*; ¨*e*) ⩓ galeria *f*; volta *f*; *Rel.* procissão *f*; (*Verkehr*) relações *f/pl.*; ~ *haben mit* lidar com, *mit j-m* ~ *haben a.* dar-se com alg.; **'~gänglich** ['-gɛŋliç] tratável; sociável; de bem.

'Umgangs|formen *f/pl.* modos *m/pl.*; maneiras *f/pl.*, trato *m/sg.*; **~sprache** *f* linguagem *f* corrente.

um|'garnen [-'garnən] (-) enredar; *fig.* iludir; seduzir; **~'geben** (*L*; -) rodear, cercar (*mit* de); envolver; **2'gebung** [-'ge:buŋ] *f j-s persönliche*: companhia *f*, intimidade *f*; *e-s Fürsten usw.*: séquito *m*, corte (*ô) *f*; = **'2gegend** *f* arredores *m/pl.*, arrabaldes *m/pl.*; *nähere*: imediações *f/pl.*, vizinhança *f*; **'~gehen**[1] *v/i.* (*L*; *sn*) circular; *Geist*: andar; *mit j-m* ~ ter relações com, dar-se com; *mit et.* ~ tratar de, lidar com; manejar (*ac.*); *gut usw.*: tratar (*ac.*); *mit e-r Absicht usw.* ~ ter (*ac.*); ~*d adj.* imediato; *adv.* ✉ na volta do correio; **~'gehen**[2] *v/t.* (*L*; -) dar a volta de; ⚔ envolver; *fig.* evitar; iludir; **2'gehung** [-'ge:-uŋ] *f j-s*: exclusão *f*; ⚔ envolvimento *m*; *unter* ~ (*gen. od. von*) *a.* evitando (*ac. od.* que ...); **2'gehungs-straße** *f* desvio *m*; **'~gekehrt** *adj.* inverso; *adv.* às avessas; ao contrário; *und* ~ e vice versa; **'~gestalten** (-*e*-; -) transformar; remodelar; *fig.* reorganizar; **'2gestaltung** *f* transformação *f*; remodelação *f*; *fig. a.* reorganização *f*; ˈ**~gießen** (*L*) (*umfüllen*) transvasar; trasfegar; mudar (*in ac.* para); (*umschütten*) verter; *Lit. u.* ⊕ refundir; ˈ**~graben** (*L*) escavar; **~ˈgrenzen** (*-t*; -) limitar; demarcar; (*umzäunen*) cercar; *fig.* delimitar, determinar.

ˈ**um·gruppier|en** *v/t.* (-) mudar a disposição de, dar outra disposição a; reorganizar; recompor; **2ung** *f* mudança *f* de disposição; reorganização *f*, recomposição *f*.

um|ˈgürten (*-e-*; -) cingir; ˈ**2guß** *m* (*-sses*; *"sse*) refundição *f*; ˈ**~haben** (*L*) ter posto; usar, trazer; **~ˈhalsen** [-ˈhalzən] (*-t*; -) abraçar; ˈ**2·hang** *m* (*-es*; *"e*) capa *f*; manta *f*; ˈ**~·hängen** *Bilder*: mudar (para outro lugar); (*sich dat.*) ~ pôr; ˈ**2·hängetasche** *f* sacola *f* a tiracolo; ˈ**~hauen** (*L*) abater, derribar.

umˈher em volta, em redor, em roda; **~blicken** olhar em volta; **~fahren** (*L*), **~gehen** (*L*; *sn*) andar a passear; **~·irren** (andar a) vaguear; errar; **~d** *adj.* vadio; **~laufen** (*L*) correr de um lado para o outro; **~schleichen** (*L*) (andar a) rodar; **~stehen** (*L*) estar para aí, estar a mandriar; **~ziehen** (*L*; *sn*): ~ *in* (*dat.*) andar por; **~d** *adj.* ambulante.

umˈhin: *nicht ~ können zu* não poder deixar de.

ˈ**um·hören**: *sich ~* informar-se (*nach* de).

umˈhüll|en envolver, encapar, encobrir; **2ung** *f* capa *f*; invólucro *m*; ⚘, ⊕ camisa *f*.

um·ˈjubeln (*-le*; -) acolher com júbilo, aplaudir frenèticamente.

ˈ**Um·kehr** [ˈ-keːr] *f* (*0*) volta *f*; regresso *m*; *fig.* conversão *f*; = **~ung**; **2bar** reversível; **2en 1.** *v/t.* virar, mudar; ♈, ⚡ *u. gr.* inverter; *alles* ~ revolver tudo, remexer tudo; *s. a.* *umgekehrt*; **2.** *v/i.* (*sn*) voltar para trás, regressar (pelo mesmo caminho); **~ung** *f* inversão *f*.

ˈ**um·kippen** *v/t.* virar; *v/i.* (*sn*) voltar-se, virar-se; *fig.* mudar de opinião, mudar de atitude.

um·ˈklammer|n (*-re*) *v/t.* apertar, *a. fig.* agarrar-se a; **2ung** *f* aperto (*ê) *m*; ⚔ cerco (*ê) *m*.

ˈ**um|kleiden**[1] (*-e-*) mudar a roupa a; *sich ~* mudar de roupa (*od.* de fato); **~ˈkleiden**[2] (*-e-*; -) revestir (*mit* de); ˈ**2kleide·raum** *m* (*-es*; *"e*) vestiário *m*; *kleiner*: cabine *f*; **2ˈkleidung** *f* revestimento *m*; **~knicken** dobrar, quebrar; *v/i.* (*sn*) cair; *mit dem Fuß ~* torcer o pé; **~kommen** (*L*; *sn*) perecer; morrer; *a. et.* perder-se; **2kreis** *m* (*-es*; *-e*) circuito *m*; circunferência *f*; periferia *f*; *Raum*: âmbito *m*; amplitude *f*; *im ~ von ...* numa área de ...; **~ˈkreisen** (*-t*; -) *v/t.* girar à volta de; **~krempeln** (*-le*) (*fig.* re)volver; *Hose*: arregaçar; **~laden** (*L*) carregar doutra maneira; baldear, tra(n)sbordar; **2ladung** *f* baldeação *f*, tra(n)sbordo (*ˈô) *m*; **2lage** *f* repartição *f*; quota (*od.* cota) *f* extraordinária; **~lagern**[1] (*-re*) mudar; **~ˈlagern**[2] (*-re*; -) sitiar, cercar.

ˈ**Um·lauf** *m* (*-es*; *"e*) circulação *f*; *Astr. u.* ⊕ revolução *f*; = **~schreiben**; *in ~ bringen, in ~ setzen* fazer circular; *im ~ sn* = **2en** (*L*) **1.** *v/i.* (*sn*) circular; **2.** *v/t.* atropelar; **~schreiben** *n* circular *f*.

ˈ**Um·laut** *m* (*-es*; *-e*) metafonia *f*.

ˈ**umlegen** mudar; (*falten*) dobrar; (*hinlegen*) deitar; ⚠ derribar, apear; abater; *Kragen, Mantel*: pôr; ⚕ *Verband* aplicar; ⚓ querenar; (*verteilen*) repartir.

ˈ**um|leiten** (*-e-*) desviar; **2leitung** *f* (via *f* de) desvio *m*; **~lenken** fazer voltar; = **~leiten**; **~lernen** mudar de método, mudar de hábito; seguir uma orientação diferente; **~liegend** (circun)vizinho; adjacente; circunjacente; **~ˈmauern** (*-re*; -) amuralhar; **~ˈnachtet** [-ˈnaxtət]: (*geistig*) ~ demente; **2ˈnachtung** [-ˈnaxtuŋ] *f* demência *f*; **~ˈnebeln** [-ˈneːbəln] (*-le*; -) ofuscar, enevoar; **~packen** mudar; **~pflanzen** (*-t*) transplantar; **2pflanzung** *f* transplantação *f*; **~pflügen** arar, lavrar, surribar; **~polen** *v/t.* comutar; **~prägen** converter; refundir; **~quartieren** [ˈ-kvartiːrən] (-) dar outro alojamento a; *sich ~* mudar de alojamento; **~ˈrahmen** (-) encaixilhar; emoldurar; ~ *mit* enquadrar em; rodear de; **~ˈranden** [-ˈrandən] (*-e-*; -) orlar (*mit* de); *schwarz ~ a.* tarjar; **~ˈranken** (-) *v/t.* cobrir; enroscar(-se); **~räumen** mudar.

ˈ**um·rechn|en** (*-e-*): ~ *in* (*ac.*) passar para; converter em; ♈ reduzir a; 2ung *f* câmbio *m*; conversão *f*; redução *f*; 2ungs-kurs *m* (-*es*; -*e*) câmbio *m*.

'**um|reißen**[1] (*L*) derribar, demolir; ~'**reißen**[2] (*L*; -) esboçar; ~**rennen** (*L*) *j-n*: atropelar; *et.*: derribar; ~'**ringen** *v/t.* (-) rodear; 2**riß** *m* (-*sses*; -*sse*) esboço (*'ô) *m*; perfil *m*, contorno (*'ô) *m*; *im großen* ~ a grandes traços; ~**rühren** remexer; ~**s** F = *um das*; ~**satteln** (-*le*) *v/t.* mudar de sela; *fig.* mudar de profissão; 2**satz** *m* (-*es*; ¨*e*) movimento *m*; 2**satz-steuer** *f* (-; -*n*) imposto *m* sobre a venda; ~'**säumen** (-) cercar, orlar (*mit* de).

'**um-schalt|en** (-*e*-) ⚡ comutar; *Auto.* mudar a velocidade; 2**er** *m* comutador *m*; 2-**taste** *f* comutador *m*; 2**ung** ⚡ *f* comutação *f*; *Schreibmaschine*: comando *m od.* mudança *f* (de minúsculas para maiúsculas).

'**Um-schau** *f* (*0*) (*Rundblick*) panorama *m*; *fig.* revista *f* (*halten* passar, *in* a); 2**en**: *sich* ~ olhar em volta; olhar para trás, virar a cabeça; *sich* ~ *nach* procurar (*ac.*); *sich in der Welt* ~ ver (*od.* correr) mundo.

'**um|schaufeln** (-*le*) revolver *od.* remexer (com a pá); ~**schichtig** ['-ʃiçtiç] alternadamente; ~ *et. tun* alternar, revezar-se; 2**schichtung** *f*: *soziale* ~ revolução *f* social; ~'**schiffen** *v/t.* circum-navegar; *Kap*: dobrar; *fig.* evitar; 2'**schiffung** [-'ʃifuŋ] *f* circum-navegação *f*.

'**Um-schlag** *m* (-*es*; ¨*e*) embrulho *m*; (*Brief*2) sobrescrito *m*, envelope *m*; (*Buch*2) capa *f*; (*Falte*) prega *f*, dobra *f*; ⚓ transbordo (*'ô) *m*; ⚕ *heißer*: cataplasma *m*; *kalter*: compressa *f*; (*Wechsel*) mudança *f*; 2**en** (*L*) **1.** *v/i.* (*sn*) (*kippen*) virar-se; *Wetter*: mudar; ~ *in* (*ac.*) transformar-se em; **2.** *v/t. Tuch*: pôr, (*falten*) dobrar; (*wenden*) virar; *Ärmel usw.*: arregaçar; ⚓ transbordar, mudar; ~**tuch** *n* (-*es*; ¨*er*) chaile *m*, manto *m*; ~-**hafen** *m* (-*s*; ¨) porto (*'ô) *m* de transbordo (*'ô); ~**platz** *m* (-*es*; ¨*e*) ponto *m* de transbordo (*'ô).

um|'schleichen (*L*; -) espiar, rod(e)ar; ~'**schließen** (*L*; -) *v/t.* cercar, abarcar; *fig.* abranger; ~**d** *adj.* abarcador; ~'**schlingen** (*L*; -) abraçar, abarcar; 2'**schlingung** [-'ʃliŋuŋ] *f* abarcamento *m*; '~**schmeißen** F (*L*) **1.** *v/t.* deitar abaixo; **2.** *v/i.* falir; '~**schmelzen** (*L*) refundir; '~**schnallen** cingir; '~**schreiben**[1] (*L*) transcrever; (*ändern*) refundir; ⚖ *u.* ⚓ transferir; ~'**schreiben**[2] (*L*; -) circunscrever; *fig.* dizer por perífrase; parafrasear; '2**schreibung**[1] *f* transcrição *f*, transferência *f* (*vornehmen* fazer); 2'**schreibung**[2] *f* circunscrição *f*; perífrase *f*; '2**schrift** *f* transcrição *f*; *Münze*: legenda *f*, inscrição *f*; '~**schulen** mudar de escola; = ~*erziehen*; '2**schulung** *f* mudança *f* de escola; = 2*erziehung*; '~**schütten** (-*e*-) verter; entornar; ~'**schwärmen** (-) *v/t.* esvoaçar em volta de; voar em volta de; ⚔ envolver; *Frau*: adorar, fazer a corte (*ô) a, namorar; '2**schweif** *m* (-*es*; -*e*) rodeio *m*.

'**um|schwenken** virar; *fig.* mudar de atitude, mudar de opinião; 2**schwung** *m* (-*es*; ¨*e*) mudança *f*, revolução *f*, reviravolta *f*; ~'**segeln** (-*le*; -) circum-navegar; *Kap*: dobrar; 2'**segelung** [-'ze:gəluŋ] *f* circum-navegação *f*; ~**sehen** (*L*): *sich* ~ olhar em volta, olhar para trás, virar a cabeça (*nach* à procura de); *sich* ~ *nach fig.* procurar; *sich in der Welt* ~ *fig.* ver (*od.* correr) mundo; *im* 2 *fig.* num instante; ~**seitig** [-zaɪtiç] no verso; ~**setzbar** [-zɛtsba:r] ⚓ vendável; convertível; ~**setzen** (-*t*) ⚓ vender, colocar; ♪ transpor; ✓ transplantar; ~ *in* (*ac.*) transformar em, converter em; 2**sich-greifen** *n* extensão *f*; propagação *f*; 2**sicht** *f* (*0*) vista *f*, panorama *m*; *fig.* cautela *f*, circunspe[c]ção *f*; ~**sichtig** ['-ziçtiç] cauteloso, prudente, circunspe[c]to; ~**sinken** (*L*; *sn*) (deixar-se) cair; ~'**sonst** de graça, gratuito; F de borla; *fig.* em vão, debalde, inùtilmente; ~**spannen**[1] ⚡ transformar; ~'**spannen**[2] (-) abraçar; abarcar; *fig.* abranger; ~'**spinnen** (*L*; -) cobrir de fio, envolver em fio; ~**springen** (*L*) *Wind*: mudar; (*übel*) ~ *mit* tratar à vontade (maltratar) (*ac.*); ~'**spülen** (-) banhar; 2**stand** *m* (-*es*; ¨*e*) circunstância *f*; (*Lage*) situação *f*; 2**stände** *m/pl.* circunstâncias *f/pl.*, condições *f/pl.*, situação *f/sg.*; ~ *machen j.*: fazer cerimónias *f/pl.*; *j-m*: causar transtorno (*'ô) *m/sg.* a; *sich* (*dat.*) ~ *machen* incomodar-

-se; *in anderen (od. gesegneten)* ~*n* no seu estado *sg.* interessante; *unter* ~*n a.* talvez; *unter allen* ~*n* a todo o custo, a todo o transe, em todo o caso; *unter keinen* ~*n* de modo algum; **~ständlich** ['-ʃtɛnt-liç] *et.*: complicado; *Bericht*: circunstanciado, pormenorizado; *j.*: ceremonioso; maçador; **2stands-krämer** *m* formalista *m*; maçador *m*; P piegas *m*; **2stands-wort** *n* (-*es*; ⸚*er*) advérbio *m*; **~'stehen** (*L*; -) rodear, cercar; **~stehend** *adj.* (*umseitig*) no verso; *die* 2*en pl.* as pessoas *f/pl.* presentes, os circunstantes *m/pl.*; **2steige-fahr-schein** *m* (-*es*; -*e*), **2steige-karte** *f* [-ʃtaɪgə-] bilhete *m* de transbordo (*'ô); **~steigen** (*L*; *sn*) mudar de carro (*od.* 🚂 de comboio); **~stellen**[1] *v/t.* mudar; dispor de outra forma; *sich* ~ mudar de orientação; adaptar-se às circunstâncias; **~'stellen**[2] (-) cercar; **2stellung**[1] *f gr.* inversão *f*; ⊕ reorganização *f*; *fig.* nova orientação *f*; adaptação *f* (*auf ac.* a); **2'stellung**[2] *f* cerco (*ê) *m*; **~stem-peln** (-*le*) pôr outro carimbo (*od.* selo); **~stimmen** ♪ mudar (para outra tonalidade); *fig.* demover; fazer mudar de parecer; **~stoßen** (*L*) derrubar, deitar abaixo; *fig. a.* anular, revogar; **~'stricken** (-) *fig.* iludir, seduzir; **~'stritten** [-'ʃtri-tən] duvidoso, discutido; **~stülpen** entornar; *Ärmel*: arregaçar; **2sturz** *m* (-*es*; ⸚*e*) subversão *f*; revolução *f*; **~stürzen** (-*t*) **1.** *v/t.* virar, entornar; derrubar (*a. fig.*); **2.** *v/i.* (*sn*) entornar-se, cair (*a. fig.*); **2stürzler** [-ʃtyrtslər] *m* reviralhista *m*; **~-stürzlerisch** subversivo; **~taufen** *v/t.* mudar o nome de (*od.* a); *sich* ~ *lassen* mudar de nome; *Rel.* converter-se; **2tausch** *m* (-*es*; *0*) troca *f*; **~tauschen** trocar (*gegen* por); **2triebe** ['-tri:bə] *m/pl.* intrigas *f/pl.*; maquinações *f/pl.*, manejos *m/pl.*; **~tun** (*L*): (*sich dat.*) et. ~ pôr a.c.; *fig. sich* ~ ver, procurar; informar-se; **2'wallung** *f* circunvalação *f*; **~wälzen** (-*t*) revolver; transformar; **2wälzung** ['-vɛltsuŋ] *f* revolução *f*, reviravolta *f*; transtorno (*'ô) *m*; **~wandeln** (-*le*) transformar (*a.* ⚡), mudar; ✝ converter; ⚖ comutar; **2wandlung** *f* transformação *f*; comutação *f*; *Rel.* transubstanciação *f*; **~wechseln** (-*le*) trocar; (*abwechseln*) alternar(-se); **2weg** *m* (-*es*; -*e*) volta *f*, desvio *m*; *a. fig.* rodeio *m*; *auf* ~*en pl. a.* indire[c]tamente; **~wehen**[1] derribar; **~'wehen**[2] (-) rodear; **2welt** *f* (*0*) ambiente *m*, meio *m*, **~wenden** (*L*) virar; *sich* ~ *a.* voltar-se, volver a cabeça; **~'werben** (*L*) *Frau*: namorar, cortejar; *et.*: solicitar; **~wer-fen** (*L*) **1.** *v/t.* derrubar, deitar abaixo; *Mantel*: pôr (nos ombros): **2.** *v/i. Wagen*: virar; ✝ falir, quebrar; **2wertung** *f* ✝ conversão *f*, revalorização *f*; *Phil.* revolução *f*; **~'wickeln** (-*le*; -) envolver; embrulhar; ⚕ ligar; **~'wogen** banhar; **~'wölken** [-'vœlkən] cobrir de nuvens; anuviar (*a. fig.*); **~'zäunen** [-'tsɔynən] (-) cercar; **2'zäunung** [-'tsɔynuŋ] *f* (*Zaun*) grades *m/pl.*; *Gebiet*: cercado *m*, tapada *f*; **~zie-hen**[1] (*L*) **a)** *v/i.* mudar (de casa); **b)** *v/t.* mudar a roupa a; *sich* ~ mudar de roupa (*od.* de fato); **~'ziehen**[2] (*L*; -) rodear, cercar (*mit* de); **~'zingeln** [-'tsiŋəln] (-*le*; -) envolver, cercar; **2zug** *m* (-*es*; ⸚*e*) mudança *f* (de casa); (*Festzug*) cortejo *m*; *Rel.* procissão *f*.

unab|-'änderlich ['un-] inalterável, invariável; *Beschluß*: irrevogável; **'~-hängig** independente; **'2-hän-gigkeit** *f* (*0*) independência *f*; **'~-kömmlich** indispensável; **~'lässig** contínuo, ininterrupto; **~'sehbar** imenso, ilimitado; interminável; *Folge*: incalculável; **~'setzbar** inamovível; **'2setzbarkeit** *f* (*0*) inamovibilidade *f*; **'~sichtlich** involuntário; *adv.* sem querer; **~'weis-bar** [-'vaɪsba:r], **~'weislich** imperioso; irrecusável; ~ *sn a.* impor-se; **~'wendbar** inevitável, fatal.

'un|-achtsam distraído; descuidado; **2-achtsamkeit** *f* distra[c]ção *f*, inadvertência *f*, descuido *m*; **~-ähn-lich** (*dat.*) diferente; pouco (*od.* nada) parecido com; **~-an'fechtbar** incontestável, indiscutível; **~-ange-bracht** inoportuno, descabido, despropositado; **~-angefochten** [-angəfɔxtən] tranquilo, incólume, sem ser molestado; (*unbestritten*) incontestado; ~ *lassen a.* deixar em paz; **~-angemeldet** sem ser anunciado; **~-angemessen** inconveniente; *s.* ~-*angebracht*; **~-angenehm** desagradável; *j.*: antipático; **~-angerührt, ~-angetastet** [-angətastət] inta[c]to; **~-an'nehmbar** inaceitável; **≗-annehmlichkeit** *f* desgosto (*'ô) *m*, transtorno (*'ô) *m*; **~-ansehnlich** pequeno; *j. von Wuchs*: baixo; *fig.* insignificante, mesquinho; **~-anständig** indecente, indecoroso; **≗-anständigkeit** *f* indecência *f*; patifaria *f*; **~-an'tastbar** [-an'tastba:r] intangível, inviolável; **~-appetitlich** repugnante; **≗art** *f* (*Fehler*) vício *m*, mao costume *m*; (*Unhöflichkeit*) descortesia *f*; *Kind*: maldade *f*; **~-artig** mau, feio, travesso, ruim; (*unhöflich*) descortês; **~-ästhetisch** feio, de mau gosto (*'ô); **~-aufdringlich, ~-auffällig** discreto; **~-auf'findbar** [-'fint-]: *er ist ~* não há maneira de o encontrar; **~-aufgefordert** [-gəfɔrdərt] espontâneo; **~-aufgeklärt** ainda não esclarecido; misterioso; **~-aufgeräumt** desarrumado; **~-auf'haltsam** [-'haltza:m] irresistível; **~-auf'hörlich** [-'hørliç] incessante, constante, contínuo; *adv. a.* sem cessar; **~-auf'lösbar, ~-auf'löslich** insolúvel; *fig.* indissolúvel; **~-aufmerksam** desatento, distraído; descuidado; **≗-aufmerksamkeit** *f* falta *f* de atenção, distra[c]ção *f*, descuido *m*; **~-aufrichtig** falso, pouco sincero; **≗-aufrichtigkeit** *f* (*0*) falta *f* de sinceridade; **~-auf'schiebbar** urgente; impreterível.

un-aus|'bleiblich [-'blaıpliç] inevitável, fatal; **~'führbar** irrealizável, impraticável, inexecutável, inexequível; **'~gebildet** não desenvolvido; *Organ*: rudimentar; *j.*: sem instrução (⚔ militar); **'~geführt** não realizado; *Mal.* esboçado; **'~gefüllt** vago, em branco; **'~geglichen** desequilibrado; **'~gesetzt** = *unaufhörlich*; **~'löschlich** [-'lœʃliç] indelével; **~'rottbar** [-'rɔtba:r] inexterminável; *fig.* incorrigível; **~'sprechlich** [-'ʃprɛçliç] indizível; inefável; **~'stehlich** [-'ʃte:liç] insuportável; **~'weichlich** inevitável.

'un|bändig indómito, indomável; *Freude*: exuberante; F doido; **~barmherzig** despiedoso, desumano; **≗barmherzigkeit** *f* (*0*) despiedade *f*, desumanidade *f*; **~beabsichtigt** ['-bəˀapziçtiçt] involuntário; **~beachtet** despercebido (*bleiben* passar); *~ lassen* (*ac.*) não fazer caso de; **~beanstandet** sem oposição; sem reclamação; **~beantwortet** sem resposta, por responder; **~bebaut** sem construções; ⚒ inculto, ermo (*ê); **~bedacht(sam)** inconsiderado, irrefle[c]tido; **~bedeckt** descoberto; **~bedenklich** *adv.* sem hesitar; *~ sn et.*: não ter inconveniente, ser inofensivo; **~bedeutend** insignificante, sem importância; **~bedingt** incondicional, absoluto; *adv. a.* sem falta; *~ nötig* indispensável, imprescindível; **~beeinflußt** ['-bəˀaınflust] sem ser influenciado (*von* por); independente (*durch* de); ⚖ imparcial; **~befahrbar** impraticável, intransitável; ⚓ inavegável; **~befangen** desembaraçado, despreocupado; ⚖ imparcial; (*offen*) franco; (*arglos*) ingénuo, cândido; **≗befangenheit** *f* (*0*) desenvoltura *f*; ingenuidade *f*; ⚖ imparcialidade *f*; **~befleckt** sem mancha; *a. Rel.* imaculado; **~befriedigend** pouco satisfatório, nada satisfatório; **~befriedigt** descontente, insatisfeito; **~befristet** sem prazo; *~ sn a.* não ter prazo; **~befugt** não autorizado; ⊕ estranho ao serviço; ⚖ incompetente; **~begabt** sem talento, pouco inteligente; **~beglichen** ['-begliçən] ✝ não pago; **~begreiflich** incompreensível, inconcebível; **~begrenzt** ilimitado; *~ haltbar* de duração (*od.* resistência) ilimitada; **~begründet** infundido; sem fundamento; injustificado; *~ sn a.* não ter fundamento; **≗behagen** *n* (*-s*; *0*) mal-estar *m*; **~behaglich** desagradável; (*lästig*) incómodo; *Zimmer*: pouco confortável; ⚕ indisposto; *~es Gefühl* = *≗behagen*; **~behauen** bruto, tosco (*'ô); **~behelligt** sem ser molestado; **~behindert** livre; desimpedido; *adv. a.* sem ser impedido, sem encontrar obstáculo; **~beholfen** ['-bəhɔlfən] acanhado, desajeitado; **≗beholfenheit** *f* (*0*) acanhamento *m*, falta *f* de jeito; **~beirrt** ['-bəˀirt] firme; **~bekannt** desconhecido; *~ sn mit* desconhecer (*ac.*), ignorar (*ac.*), não conhecer (*ac.*); *die ≗e* ⅍ *f* a incógnita *f*; **~bekleidet** despido, nu; **~bekümmert** indiferente; (*sorglos*) despreocupado (*um* com); **≗bekümmertheit** *f* (*0*) indiferença *f*, despreocupação *f*; **~belebt** inanimado, sem vida, inânime; *Ort*: pouco frequentado; **~belehrbar** incorrigível; fanático; **~beliebt** impopular (*bei* entre); malvisto, malquisto (*bei* por); **2beliebtheit** *f* (*0*) impopularidade *f*; falta *f* de simpatia; **~bemannt** não tripulado; sem tripulação; **~bemerkbar** imperceptível; **~bemerkt** despercebido; *adv.* sem ser notado, sem ser visto; **~bemittelt** sem meios; **~benannt** [-bənant] anónimo, sem nome; 𝒜 indefinido; **~benommen**: *es bleibt j-m ~ zu* alg. está livre de; **~benutzbar** inutilizável; **~benutzt** sem proveito; *noch ~* novo; *~ lassen* (*versäumen*) deixar passar; **~beobachtet** inobservado, despercebido, sem ser notado; **~bequem** incómodo; **2bequemlichkeit** *f* incomodidade *f*; **~berechenbar** [ˈ-bərɛçənba:r] incalculável; *j.* irregular, incerto; **~berechtigt** *et.* injustificado; *j.*: não autorizado; *adv. a.* = **~berechtigter·weise** sem direito, sem fundamento, sem autorização; **~berücksichtigt**: *~ lassen* não tomar em consideração, não fazer caso de; **~berufen** sem autorização; F *~!* que o diabo seja surdo!; **~berührt** inta[c]to; **~beschadet** [-bəʃa:dət] (*gen.*) salvo (*ac.*), sem prejuízo de; **~beschädigt** inta[c]to, indemne; *j.*: ileso, são e salvo; ✝ em boas condições; **~beschäftigt** desocupado; **~bescheiden** imodesto; indiscreto; impertinente; **2bescheidenheit** *f* (*0*) imodéstia *f*; **~bescholten** [ˈ-bəʃɔltən] íntegro, irrepreensível; ⚖ sem antecedências judiciárias; **2bescholtenheit** *f* (*0*) integridade *f*, reputação *f* inta[c]ta; irrepreensibilidade *f*; **~beschränkt** ilimitado; **~beschreiblich** [ˈ-bəʃraɪpliç] indescritível; **~beschrieben** [-bəʃri:bən] em branco; **~beschützt** indefeso, desprotegido; **~beschwert** *fig. et.*: ligeiro; *j.*: despreocupado; **~beseelt** inânime, inanimado; **~besehen** sem (o) ver, sem olhar (para ...); **~besetzt** livre, desocupado; *Amt*: vago; **~besiegbar** [-bəsi:kba:r] invencível, inexpugnável; **~besoldet** sem ser pago; **~besonnen** inconsiderado, irrefle[c]tido, *j.*: *a.* imprudente; **2besonnenheit** *f* (*0*) imprudência *f*; desatino *m*; **~besorgt** descansado; **~beständig** inconstante, instável; variável; pouco seguro; **2beständigkeit** *f* instabilidade *f*; inconstância *f*; vicissitude *f*; **~bestätigt** não confirmado; **~bestechlich** incorrupto, incorruptível; íntegro; *Urteil*: obje[c]tivo; **2bestechlichkeit** *f* integridade *f* (moral); obje[c]tividade *f*; **~besteigbar** [-bəʃtaɪkba:r] inacessível; **~bestellbar** [-bəʃtɛlba:r] 📯 devolvido (ao remetente); ⛏ não arável; **~bestellt** ⛏ inculto, baldio; **~bestimmbar** indeterminável; **~bestimmt** indeterminado; indefinido; vago; indeciso; incerto; **~bestraft** impune; = *~bescholten*; **~bestreitbar** incontestável; **~bestritten** [ˈ-bəʃtritən] incontestado; incontroverso; **~beteiligt** desinteressado (*bei* em); **~betont** não acentuado, átono; **~beträchtlich** insignificante; **~beugsam** [ˈ-bɔykza:m] inflexível; *fig. a.* inabalável; **2beugsamkeit** *f* firmeza *f*; inflexibilidade *f*; **~bevölkert** despovoado, deserto; **~bewacht** não guardado; não vigiado; *Augenblick*: *a.* de fraqueza; **~bewaffnet** desarmado (*a. Auge*); sem armas; inerme; **~bewandert** pouco versado; ignorante (*in dat.* de); **~bewässert** *Land*: de sequeiro; **~beweglich** imóvel; *fig.* impassível; *~es Gut* bens *m/pl.* imóveis, bens *m/pl.* de raiz; **2beweglichkeit** *f* (*0*) imobilidade *f*; **~bewegt** imóvel; *fig.* impassível; **~beweint** não chorado; **~beweisbar** indemonstrável; *~ sn a.* não se poder provar; **~bewiesen** [-bəvi:sən] não provado; **~bewohnbar** inabitável; **~bewohnt** inabitado; despovoado; deserto; *vorübergehend*: desabitado; **~bewölkt** desanuviado, sem nuvens; **~bewußt** inconsciente (*a.* ⚕); instintivo, involuntário; *et. ist mir ~* ignoro *a.c.*, desconheço *a.c.*; *sich* (*gen.*) *~ sn* não ter a consciência de; *adv. a.* sem reparar; **~bezahlbar** impagável; **~bezahlt** não pago; por pagar; **~bezähmbar** indomável; **~bezähmt** indómito; **~bezwingbar** [ˈ-bətsviŋba:r], **~bezwinglich** invencível, inexpugnável; **2bilden** *f/pl.*: *~ der Witterung* intempérie *f/sg.*, inclemências *f/pl.* do tempo; **2bildung** *f* falta *f* de educação (*od.*

de instrução *od.* de cultura); **⁓bill** *f* (-; *-bilden*) iniquidade *f*; injustiça *f*, agravo *m*; **⁓billig** injusto, iníquo; **⁓blutig** não sangrento; incruento; sem derramação de sangue; **⁓botmäßig** ['-bo:tmɛ:siç] insubordinado, insubmisso; **⁓botmäßigkeit** *f* insubordinação *f*, rebeldia *f*; **⁓brauchbar** inútil; ⁓ *sn a.* não prestar; ⁓ *machen* inutilizar; (*unfähig*) incapaz; **⁓brauchbarkeit** *f* (*0*) inutilidade *f*; *j-s*: incapacidade *f*, inaptidão *f*; **⁓christlich** pouco cristão.

und [unt] e; ⁓ *so weiter* (*usw.*) etcétera (etc.), e assim por diante; ⁓ *zwar* e (precisamente), e (nomeadamente).

'Un-dank *m* (-*ęs*; *0*) ingratidão *f*; **⁓bar** ingrato; **⁓barkeit** *f* (*0*) ingratidão *f*.

'un|datiert ['-dati:rt] sem data; **⁓definierbar** indefinível; **⁓'denkbar** inconcebível, inimaginável; **⁓denklich** imemorial; **⁓deutlich** indistinto; confuso; ininteligível; *Schrift*: ilegível; **⁓dicht** permeável; ⁓ *sn a.* fechar mal; *Gefäß*: deitar; **⁓ding** *n* (-*ęs*; -*e*) absurdo *m*, disparate *m*; **⁓duldsam** intolerante; **⁓duldsamkeit** *f* (*0*) intolerância *f*; **⁓durch-dringlich** impenetrável; *Phys.* impermeável; **⁓durchführbar** inexequível, inexecutável; irrealizável; impossível; **⁓durchlässig** impermeável; **⁓durchsichtig** opaco; não transparente; **⁓durchsichtigkeit** *f* (*0*) opacidade *f*.

'un-eben desigual, irregular; *Gelände, Weg*: acidentado; *nicht* ⁓ *sn fig.* não estar mal; **⁓-heit** *f* desigualdade *f*, irregularidade *f*; sinuosidade *f*; desnível *m*; *stilistische*: deslise *m*.

'un|-echt falso; (*nachgemacht*) imitado; (*gefälscht*) contrafeito; (*künstlich*) artificial; *Haar, Zahn*: postiço; *Farbe*: não fixo; **⁓-ehelich** ilegítimo, natural; **⁓-ehre** *f* (*0*) desonra *f*; **⁓-ehrenhaft** desonroso, indigno, indecoroso; **⁓-ehrerbietig** irreverente; **⁓-ehrerbietigkeit** *f* (*0*) irreverência *f*; **⁓-ehrlich** desonesto, desleal; **⁓-ehrlichkeit** *f* deslealdade *f*; má fé *f*; **⁓-eigennützig** desinteressado, altruísta; **⁓-eigennützigkeit** *f* desinteresse (*'ê) *m*, altruísmo *m*; **⁓-eigentlich** impróprio.

'un-ein|gelöst † sem cobertura; **⁓geschränkt** ilimitado; absoluto; **⁓ig** desunido; em desacordo (*'ô); **⁓igkeit** *f* discórdia *f*, desacordo (*'ô) *m*, desunião *f*; **⁓'nehmbar** [-'ne:mba:r] ⚔ inexpugnável; **⁓s** = ⁓*ig*.

'un-emp|fänglich: ⁓ *für* insensível a, não susceptível de; ⚕ imune contra; **⁓fänglichkeit** *f* (*0*) insensibilidade *f*; **⁓findlich** insensível (*gegen* a); (*stumpf*) indiferente, apático; ⁓ *machen* ⚕ anestesiar; **⁓findlichkeit** *f* (*0*) insensibilidade *f*; apatia *f*.

un'endlich infinito, imenso; **⁓keit** *f* (*0*) infinito *m*, infinidade *f*.

'un-ent|behrlich indispensável, imprescindível; **⁓geltlich** gratuito; *adv. a.* de graça, grátis; **⁓rinnbar** [-rinba:r] inevitável; **⁓schieden** indeciso; pendente; *Spiel*: empatado; ⁓ *n Ergebnis*: empate *m*; **⁓schlossen** irresoluto; **⁓schlossenheit** *f* (*0*) irresolução *f*; **⁓schuldbar** imperdoável, indesculpável; ⁓ *sn a.* não ter desculpa; **⁓wegt** constante, tenaz; *Pol.* intransigente; **⁓wickelt** pouco desenvolvido, rudimentar; *Phot.* não revelado; **⁓wirrbar** [-virba:r] inextricável; **⁓zifferbar** indecifrável.

'un-er|bittlich ['-ɛrbitliç] inexorável; implacável; **⁓fahren** inexperiente; **⁓fahrenheit** *f* (*0*) inexperiência *f*; **⁓findlich** incompreensível; **⁓forschlich** ['-ɛrfɔrʃliç] inescrutável, impenetrável; **⁓forscht** inexplorado; **⁓freulich** desagradável; **⁓füllbar** irrealizável; **⁓giebig** improdutivo; **⁓'gründlich** impenetrável, insondável; **⁓heblich** insignificante; **⁓'hört** inaudito; nunca visto; **⁓kannt** ['-ɛrkant] incógnito, sem ser conhecido; **⁓kennbar** ininteligível; incognoscível; **⁓klärbar**, **⁓klärlich** inexplicável; **⁓läßlich** ['-ɛrlɛsliç] indispensável, imprescindível; **⁓laubt** ilícito; não permitido; **⁓ledigt** por despachar; *Frage*: pendente; **⁓meßlich** ['-ɛrmɛsliç] imenso; **⁓müdlich** incansável, infatigável; **⁓örtert**: ⁓ *bleiben* não (chegar a) ser discutido; ⁓ *lassen* não discutir; **⁓quicklich** pouco agradável; **⁓reichbar** inacessível; fora do alcance; inigualável; **⁓reicht** sem igual, sem par;

~sättlich ['-ɛrzɛtliç] insaciável; **~schlossen** ['-ɛrʃlɔsən] virgem; inexplorado; **~schöpflich** ['-ɛrʃœpfliç] inesgotável; **~schrocken** intrépido, destemido, intemerato, arrojado; **2schrockenheit** *f (0)* intrepidez *f*, desassombro *m*, arrojo *m*, ousadia *f*; **~schütterlich** ['-ɛrʃytərliç] *j.*: imperturbável; *Wille*: inabalável; **~schwinglich** exorbitante; *für j-n*: inacessível; **~setzbar, ~setzlich** *et.*: irreparável; *j.*: insubstituível; **~sprießlich** improfícuo; **~träglich** insuportável; **~wähnt**: ~ *bleiben* não ser mencionado; ~ *lassen* não fazer menção de; **~wartet** inesperado, imprevisto; *adv. a.* de improviso, inopinadamente; **~widert** sem resposta; *Liebe*: não correspondido; **~wünscht** não desejado; inoportuno; *adv.* fora de propósito; **~zogen** ['-ɛrtso:gən] mal educado, malcriado.

'**un·fähig** incapaz (*zu* de); **2keit** *f* [(*0*) incapacidade *f*.]

'**Un·fall** *m* (-*es*; ⁼*e*) acidente *m*, *stärker*: desastre *m*; **~station** *f* posto (*'ô) *m* de socorros (urgentes); **~verletzte(r)** *m* sinistrado *m*; **~versicherung** *f* seguro *m* contra acidentes.

'**un·faß|bar, ~lich** inconcebível.

'**un·fehlbar** ['-fe:lba:r] infalível; **2keit** *f (0)* infalibilidade *f*.

'**un|fein** pouco delicado, deselegante; grosseiro; **~fern** (*gen., dat., von*) perto de, não longe de; **~fertig** incompleto, imperfeito, não acabado; **2flat** ['-fla:t] *m* (-*es*; *0*) porcaria *f*, imundície *f*; **~flätig** ['-flɛ:tiç] porco; obsceno, torpe; **~folgsam** desobediente; **~förmig** ['-fœrmiç] deforme; informe; **2förmigkeit** *f (0)* deformidade *f*; informidade *f*; **~förmlich** informe; **2förmlichkeit** *f* informidade *f*; **~frankiert** sem franquia; **~frei** servo; sem liberdade; *Bewegung*: acanhado; **~freiwillig** involuntário; forçado.

'**un·freundlich** pouco amável; *Wetter*: pouco agradável; *Gesicht*: carrancudo; F de poucos amigos; **2keit** *f* falta *f* de delicadeza, pouca amabilidade *f*; *Wetter*: inclemência *f*.

'**Un·friede** *m* (-*ns*; *0*) discórdia *f*.

'**un·fruchtbar** estéril (*a. fig.*); infecundo, árido; **2keit** *f (0)* esterilidade *f*; infertilidade *f*, aridez *f*.

'**Un|fug** *m* (-*es*; *0*) abuso *m*; *e-s Kindes*: travessura *f*; *a. Rede*: disparates *m/pl.*; *grober* ~ ⚖ desordem *f*; ~ *reden* estar a disparatar; ~ *treiben a.* fazer disparates; **2fügsam** indisciplinado; **2fühlbar** insensível; **2galant** (-*est*) deselegante; **2gangbar** intransitável, impraticável; *fig.* impossível; *Münze*: retirado da circulação; ✝ ~ *sn* não ter venda.

'**Ungar** ['uŋgar] *m* (-*n*) (**~in** *f*) húngaro *m* (-a *f*); **2isch** húngaro, da Hungria.

'**un·gastlich** pouco hospitaleiro; inóspito.

'**un·ge|achtet** ['-gəʔaxtət] **1.** *adj.* pouco estimado; **2.** *prp.* (*gen.*) não obstante (*ac.*), apesar de, a despeito de; **~ahndet** ['-gəʔa:ndət] impune; **~ahnt** ['-gəʔa:nt] imprevisto; **~bärdig** ['-gəbɛ:rdiç] rude; revoltoso; (*störrisch*) teimoso; **~beten** não convidado, não rogado; espontâneo; *~er Gast* intruso; **~beugt** direito; *fig.* firme, inabalado; **~bildet** inculto; sem educação; iletrado; **~brannt** cru; **~bräuchlich** desusado, pouco usado; obsoleto; ~ *werden* deixar de ser usado, cair em desuso; **~braucht** novo; *Geschirr usw.*: limpo.

'**Un·gebühr** *f (0)* inconveniência *f*; (*Ungerechtigkeit*) injustiça *f*; **2lich** inconveniente, impertinente; irreverente; (*ungerecht*) injusto; **~lichkeit** *f* impertinência *f*; falta *f* de respeito, irreverência *f*.

'**un·gebunden** *Buch*: não encadernado; *Blätter*: soltas; *fig.* livre, independente; (*zügellos*) dissoluto; *~e Rede* prosa *f*; **2·heit** *f (0)* liberdade *f*, independência *f*; (*Zwanglosigkeit*) à-vontade *m*.

'**un·ge|deckt** descoberto; *Tisch*: não posto; **~druckt** ['-gədrukt] *Lit.* inédito; **2duld** *f (0)* impaciência *f*; **~duldig** impaciente; ~ *machen* impacientar; ~ *werden* impacientar-se; **~·eignet** impróprio, inadequado; pouco apropriado; *j.*: incapaz; **~fähr** ['-gəfɛ:r] aproximativo; *adv.* cerca (*ê) de, pouco mais ou menos; aproximadamente; *vor Zahlen a.* uns (umas); ~ *um ein Uhr* pela ...; *von* ~ por acaso; **~fährdet** sem perigo; **~fährlich** não perigoso, sem perigo; (*harmlos*) inofensivo; **~fäl-**

lig pouco atencioso; pouco obsequioso, descortês; **~fälscht** [ˈ-gəfɛlʃt] genuino, autêntico; **~färbt** [ˈ-gəfɛrpt] de cor natural, não pintado; **~fragt** sem ser perguntado; **~füge, ~fügig** volumoso; *j.*: intratável; **~gerbt** [ˈ-gəgɛrpt] sem curtir; não curtido; **~halten** descontente; indignado, irritado (*über ac.* com); *~ werden* zangar-se; **~heißen** espontâneamente; **~hemmt** [ˈ-gəhɛmt] livre; *adv. a.* sem entraves; **2heuer** *n* monstro *m*; **~heuer(lich)** monstruoso, enorme; ingente; **2heuerlichkeit** *f* monstruosidade *f*; **~hindert** [ˈ-gəhindərt] = *~hemmt*; **~hobelt** [ˈ-gəho:bəlt] não aplainado; *fig.* grosseiro, rústico; **~hörig** impertinente; **2hörigkeit** *f* impertinência *f*; **~horsam**[1] *adj.* desobediente; **2horsam**[2] *m (-s; 0)* desobediência *f*; **~hört** [ˈ-gəhø:rt] sem ser ouvido; *j.*: sem ser atentido; **~kämmt** [ˈ-gəˈkɛmt] despenteado, desgrenhado; **~klärt** [ˈ-gəklɛ:rt] obscuro, inexplicado; **~künstelt** natural; **~laden** não convidado; ⚔ não carregado; **~läufig** pouco familiar; **~legen** inoportuno; *~ kommen* não vir a jeito; **2legenheit** *f* incómodo *m*; maçada *f*; **~lehrig** indócil, pouco inteligente; **~lenk(-ig)** acanhado; mal jeitoso; **~lernt** [ˈ-gəlɛrnt] sem preparação; **~löscht** [ˈ-gəlœʃt] não apagado; *Kalk*: viva; **2mach** *n (-es; 0)* desgraça *f*, adversidade *f*; desventura *f*, males *m/pl.*; **~mein** extraordinário; *adv. a.* extremamente; **~mischt** puro; **~mütlich** pouco confortável, incómodo; *j.*: pouco simpático; **~nannt** [ˈ-gənant] anónimo; **~nau** inexa[c]to, impreciso; **2nauigkeit** *f* inexa[c]tidão *f*, imprecisão *f*; **~niert** [ˈ-ʒəni:rt] tranquilo; *j.*: desembaraçado; sem cerimónia; com à-vontade; **~nießbar** péssimo, intragável; *~ sn* não se poder comer (*od.* beber); *fig.* ser insuportável; **~nügend** insuficiente; **~nügsam** difícil de contentar; **~ordnet** [ˈ-gəˀɔrtnət] em desordem; desorganizado; *Leben*: desordinada, desregrada; **~pflastert** [ˈ-gəpflastərt] não calçado; **~pflegt** [ˈ-gəpfle:kt] descuidado, desleixado, descurado; **~prüft** [ˈ-gəpry:ft] não examinado; *adv.* sem examinar; **~rächt** [ˈ-gərɛçt] impune, não vingado; **~rade** torto; *Zahl*: impar; **~raten** *j.*: ruim, malvado; **~rechnet** [ˈ-gərɛçnət] sem contar, não contado.

ˈ**un-gerecht** injusto; **~fertigt** injustificado; **2igkeit** *f* injustiça *f*.

ˈ**un-geregelt** [ˈ-gəre:gəlt] não regulado; irregular.

ˈ**un-gereimt** [ˈ-gəraımt] não rimado; *fig.* absurdo, disparate; **2heit** *f* absurdo *m*, disparate *m*.

ˈ**un-gern** de má vontade.

ˈ**un-ge|rügt** [ˈ-gəry:kt]: *~ lassen* deixar passar; **~rührt** insensível, impassível; **~sagt** [ˈ-gəza:kt]: *~ bleiben* não ser mencionado; *~ lassen* não fazer menção de; **~salzen** sem sal, ensosso, fresco; **~sattelt** [ˈ-gəzatəlt] sem sela; **~säuert** [ˈ-gəzɔyərt] ázimo; **~schehen**: *als ~ ...* como não sucedido; *~ machen* desfazer; anular; *das läßt sich nicht ~ machen* o que lá vai, lá vai.

ˈ**Un-geschick** *n (-es; 0)*, **~lichkeit** *f* falta *f* de jeito; **2t** desajeitado; acanhado.

ˈ**un-ge|schlacht** [ˈ-gəʃlaxt] informe; *j.*: rude, grosseiro; **~schliffen** [ˈ-gəʃlifən] impolido; *fig.* bruto, tosco; **~schmälert** [ˈ-gəʃmɛ:lərt] inteiro; **~schminkt** [ˈ-gəʃmiŋkt] *fig.* sem disfarce, franco; *Wahrheit*: puro; **~schoren** [ˈ-gəʃo:rən] não tosquiado; *fig. ~ lassen* deixar em paz; **~schrieben** [ˈ-gəʃri:bən] oral; *~es Gesetz fig.* convenção *f*, tradição *f*; **~schützt** [ˈ-gəʃytst] indefeso, desprotegido; desamparado; **~schwächt** [ˈ-gəʃvɛçt] não enfraquecido; com todo o vigor; **~sehen** desapercebido, sem ser visto; **~sellig** insociável, intratável; selvagem; *Zool.* solitário; **~setzlich** ilegal; **~sittet** inculto, não civilizado; bárbaro; (*wild*) selvagem; **~stalt(et)** informe; amorfo; **~stört** [ˈ-gəʃtø:rt] imperturbado, tranquilo; *Besitz*: contínuo, incontestado; *Ruhe*: *a.* absoluto; *adv. a.* em paz; **~straft** [ˈ-gəʃtra:ft] impune, impunido; **~stüm**[1] [ˈ-gəʃty:m] *adj.* impetuoso; **2stüm**[2] *n (-es; 0)* ímpeto *m*, impetuosidade *f*; **~sund** *j.*: doentio; achacoso; *Gewohnheit*, *Klima*: malsão; *Ort*: *a.* insalubre, não higiénico; *~ sn Speise usw.*: fazer mal (à saúde); **~tan** [ˈ-gəta:n]: *~ lassen* não fazer, não executar; *~ bleiben* ficar por fazer; **~teilt** ['-gətaɪlt] indiviso, inteiro; (*einstimmig*) unânime; (*rückhaltlos*) sem reserva; **~treu** infiel; desleal; **~trübt** ['-gətry:pt] claro, transparente; *fig. a.* puro, sereno; **2tüm** ['-gəty:m] *n* (-*ẹs*; -*e*) monstro *m*; **~übt** sem prática; desajeitado; **~waschen** sujo; *~es Zeug fig.* disparates *m/pl.*; **~wiß** incerto; duvidoso; *Lage*: precário; *im Ungewissen* na incerteza, na dúvida; **2wißheit** *f* incerteza *f*, dúvida *f*; **2witter** *n* temporal *m*, tempestade *f*, furacão *m*; **~wöhnlich** invulgar, extraordinário; insólito; (*seltsam*) estranho; **~wohnt** desacostumado; insólito; **~zählt** ['-gətsɛ:lt] não contado, inúmero, inumerável; **~zähmt** ['-gətsɛ:mt] indómito, indomado; **2ziefer** ['-gətsi:fər] *n* bicharada *f*, bichos *m/pl.*; **~zogen** ['-gətso:gən] mal educado; malcriado; *Kind*: *a.* ruim; (*unhöflich*) descortês, impertinente; **2gezogenheit** *f* ruindade *f*; má-criação *f*; descortesia *f*; impertinência *f*; **~zügelt** ['-gətsy:gəlt] desenfreado; **~zwungen** *fig.* desembaraçado, natural; sem constrangimento; **2zwungenheit** *f* (*0*) desembaraço *m*, naturalidade *f*; sem-cerimónia *m*.

'**Un|glaube** *m* (-*ns*; *0*) incredulidade *f*, descrença *f*; **2gläubig** incrédulo; descrente; ateu; (*heidnisch*) infiel; **2glaublich** incrível; **2glaubwürdig** não fidedigno; pouco digno de fé (*od.* de crédito); *et.*: *a.* invero(s)símil.

'**un·gleich** desigual; (*verschieden*) diferente (*dat.* de); *adv.* ~ + *comp.* sem comparação, muito; **~-artig** heterogéneo; **~förmig** ['-fœrmiç] desproporcionado; ⩘ assimétrico; **2heit** *f* desigualdade *f*; diferença *f*, disparidade *f*; **~mäßig** desigual; irregular; *Dreieck*: escaleno.

'**Un·glimpf** ['-glimpf] *m* (-*ẹs*; *0*) injustiça *f*; (*Schimpf*) insulto(s *pl.*) *m*, injúria *f*; **2lich** injusto, duro.

'**Un·glück** *n* (-*ẹs*; -*e*) desgraça *f*, desdita *f*, infelicidade *f*; calamidade *f*; *dauerndes*: infortúnio *m*; (*Pech*) má sorte *f*, pouca sorte *f*; = *~sfall*; *ins ~ stürzen* arruinar; **2lich** infeliz, desgraçado, desditoso; calamitoso; **2licher·weise** infelizmente, por desgraça; **2selig** desditoso; malfadado; *et.*: funesto; **~s-fall** *m* (-*ẹs*; *ⁿe*) acidente *m*, desastre *m*; sinistro *m*; **~s-rabe** *m* (-*n*) homem *m* de pouca sorte; **~s-tag** *m* (-*ẹs*; -*e*) dia *m* infausto, dia *m* aziago.

'**Un|gnade** *f* (*0*) desgraça *f*; desfavor *m*; **2gnädig** pouco benévolo, de mau humor.

'**un·gültig** inválido, nulo, sem valor; *~ machen, für ~ erklären* anular, invalidar; inutilizar, suprimir; **2keit** *f* (*0*) nulidade *f*, invalidade *f*, invalidez *f*; caducidade *f*; **2keitserklärung** *f* declaração *f* de invalidade; ⚖ = **2machung** [-maxuŋ] *f* invalidação *f*; anulação *f*.

'**Un|gunst** *f* (*0*) desfavor *m*, prejuízo *m*; *zu j-s ~en a.* em detrimento *m* de alg., em desabono *m* de alg.; *zu m-n ~en a.* em meu desfavor; = *Ungnade*; *der Witterung*: intempérie *f*; **2günstig** desfavorável; pouco propício; ⚓ contrário; **2gut**: *nichts für ~!* não o leve a mal; sem desfazer; **2-haltbar** insustentável; **2-handlich** difícil de manejar; **2-harmonisch** desarmonioso.

'**Un·heil** *n* (-*ẹs*; *0*) desgraça *f*; calamidade *f*; **2bar** incurável; irremediável; **2bringend** nefasto, funesto, fatal; **2ig** profano; (*gottlos*) impio; **2verkündend** sinistro, de mau augúrio; **2voll** funesto, calamitoso.

'**un|·heimlich** inquietante; sinistro, lúgubre, medonho; numinoso; *mir ist ~ zumute* tenho medo; **~höflich** descortês; **2-höflichkeit** *f* descortesia *f*; **2-hold** *m* (-*ẹs*; -*e*) monstro *m*, malvado *m*; **~-hörbar** imperceptível; *adv.* sem ruído; **~-hygienisch** nada higiénico.

Uni'form [uni'fɔrm] *f* uniforme *m*, farda *f*.

'**Unikum** ['unikum] *n* (-*s*; -*s od.* -*ka*) exemplar *m* único; *fig.* coisa *f* única; F *j.*: (tipo *m*) original.

'**un·interess|ant** sem interesse (*'ê), pouco interessante; **~iert** [-i:rt] desinteressado; indiferente.

Uni'on [uni'o:n] *f* união *f*.

univer'sal [univerza:l] universal; **2-erbe** *m* (-*n*) (**2-erbin** *f*) herdeiro *m* (-a *f*) universal; **2lexikon** *n* (-*s*; -*ka*) enciclopédia *f*; **2mittel** *n* panaceia *f*; **2schlüssel** *m* chave *f* universal.

Universi'tät [univerzi'tɛ:t] *f* universidade *f*; **~s-diener** *m* contínuo *m*; **~s-professor** *m* (-*s*; -*en*) professor *m* universitário (*od.* da universidade); lente *m*; *ordentlicher* ~ *a.* (professor *m*) catedrático *m*.

Uni'versum [uni'vɛrzum] *n* (-*s*; *0*) universo *m*.

'**un-kameradschaftlich** nada camarada, pouco amigo; ~ *sn a.* não ser bom companheiro.

'**Unk|e** ['uŋkə] *f* sapo *m* doméstico, rela *f*; **2en** F (estar a) augurar mal.

'**un|kenntlich** irreconhecível; desfigurado; ~ *machen* desfigurar; disfarçar; **2kenntnis** *f* (*0*) ignorância *f*; desconhecimento *m*; **~kindlich** pouco infantil; pouco filial; (*frühreif*) precoce; **~klar** pouco claro; confuso; (*trübe*) turvo; *über* (*ac.*) *im* ~*en sn* não saber bem (*ac.*); *j-n im* ~*en lassen* não informar alg.; **2klarheit** *f* falta *f* de clareza; confusão *f*; *einzelne*: ponto *m* obscuro; **~kleidsam** de mau gosto; ~ *sn* não ficar bem; **~klug** imprudente; tolo; **2klugheit** *f* imprudência *f*; tolice *f*; **~kontrollierbar** incontrolável; difícil de comprovar (*od.* de controlar *od.* de fiscalizar); **2kosten** *pl.* despesas *f/pl.*; **2kraut** *n* (-*es*; ⸗*er*) erva *f* má; **~kultiviert** inculto; bárbaro; **~'kündbar** ✝ irremível; inconvertível; *Stellung*: permanente; ~ *sn j.*: ser inamovível; *Vertrag*: não poder ser denunciado; **~kundig** ignorante, sem conhecimentos; ~ *sn* (*gen.*) ignorar (*ac.*); ser pouco versado em; não saber (*ac.*, *inf.*); **~längst** há pouco; recentemente; **~lauter** impuro; ilícito, desleal (*a. Charakter*); **2lauterkeit** *f* impureza *f*; deslealdade *f*; **~lenksam** indócil, indómito; **~leserlich** ilegível; **~leugbar** ['-lɔykba:r] inegável, incontestável, insofismável; **~lieb**: *j-m* ~ *sn* desagradar a alg.; **~liebenswürdig** pouco amável; **~liebsam** desagradável; **2logik** *f* (*0*) falta *f* de lógica; **~logisch** ilógico; **~lösbar, ~löslich** insolúvel; *Ehe*: indissolúvel; **2lust** *f* (*0*) falta *f* de vontade; repugnância *f*; *mit* ~ contrariado; **~lustig** mal-humorado; *adv.* de mau humor.

'**un|manierlich** pouco educado, de maneiras grosseiras; **~männlich** efeminado; mulherengo; (*feige*) cobarde; **2masse** *f* F quantidade *f* enorme, sem-número *m*; **~maßgeblich** incompetente, não categorizado; (*bescheiden*) despretensioso; **~mäßig** imoderado, descomedido, excessivo; **2mäßigkeit** *f* intemperança *f*, excesso *m*; **2menge** *f* quantidade *f* enorme; sem-número *m*.

'**Un-mensch** *m* (-*en*) monstro *m*; **2lich** desumano; bárbaro; **~lichkeit** *f* desumanidade *f*, barbaridade *f*.

'**un|merklich** imperceptível; **~militärisch** pouco militar, pouco garboso; paisano; **~mißverständlich** inequívoco; categórico; **~mittelbar** imediato, dire[c]to; espontâneo; **~möbliert** vazio, sem mobília; **~modern** fora da moda, antiquado; **~möglich** impossível (*ich kann* é me); *das ist* ~ *a.* não pode ser; **2möglichkeit** *f* (*0*) impossibilidade *f*; **~moralisch** imoral; **~motiviert** inexplicável, sem razão; ⚖ fictício; **~mündig** menor; **2mündigkeit** *f* (*0*) menoridade *f*; **~musikalisch** sem sensibilidade musical; ~ *sn a.* não ter ouvido, não entender de música; não ter jeito para a música; **2mut** *m* (-*es*; *0*) mau humor *m*; má disposição *f*; **~mutig** mal-humorado, de mau humor; mal disposto.

'**un|nachahmlich** ['-naxʔa:mliç] inimitável; **~nachgiebig** inflexível; *j.*: *a.* intransigente; **~nachsichtig** inconivente, severo; **~nahbar** ['-na:ba:r] inacessível; **2natur** *f* (*0*) afe[c]tação *f*; monstruosidade *f*, perversidade *f*; **~natürlich** desnaturado, pouco natural; afe[c]tado; **~nennbar** ['-nɛnba:r] indizível, inexplicável; **~notiert** ✝ não cotizado.

'**un-nötig** inútil, desnecessário; (*überflüssig*) escusado; *Wort*: redundante; **~er-weise** [-tigər-] sem necessidade; inùtilmente.

'**un-nütz** ['-nyts] inútil; (*a. unartig*) ruim; ~ *sn a.* não servir para nada; *adv.* (*a.* **~er-weise**) = *unnötigerweise*.

'**un|-ordentlich** em desordem, desordenado, desarranjado; *Zimmer*: *a.* desarrumado; *j.*: desleixado; **2ordnung** *f* desordem *f*, confusão *f*, desarranjo *m*, desalinho *m*; *in* ~ *bringen* desarranjar, pôr em desordem, desordenar; **~-organisch** inorgânico.

'**un|paar(ig)** impar; **~parteiisch**

imparcial; **Ꙩparteiische(r)** *m* árbitro *m*; **Ꙩparteilichkeit** *f* imparcialidade *f*; **~passend** impróprio (*für* de); inconveniente, descabido; *Betragen*: incorre[c]to; *Zeit*: inoportuno; *zu ~er Zeit a.* a desoras, fora de tempo; **~passierbar** intransitável; **~päßlich** [ˈ-pɛsliç] indisposto; **Ꙩpäßlichkeit** *f* indisposição *f*; **~persönlich** impessoal; **~politisch** não político; impolítico; (*unklug*) *a.* pouco diplomático; **~populär** impopular; **~praktisch** pouco prático; **~produktiv** improdutivo; **~pünktlich** impontual; **Ꙩpünktlichkeit** *f* (*0*) impontualidade *f*; falta *f* de pontualidade; **~qualifizierbar** inqualificável; **~rasiert** sem a barba feita, com a barba por fazer, não barbeado; **Ꙩrat** *m* (-*es*; *0*) imundície *f*; lixo *m*; *~ wittern fig.* ter as suas suspeitas; cheirar a caça; **~ratsam** inoportuno; **~recht**[1] **a**) *adj.* injusto; (*schlecht*) mau; *Zeit*: inoportuno; *zu ~er Zeit*: *a.* fora de tempo; **b**) *adv.* mal, sem razão; *~ haben* não ter razão; **Ꙩrecht**[2] *n* (-*es*; *0*) injustiça *f*; *angetanes*: agravo *m*; *mit ~, zu ~* injustamente, sem razão; *im ~ sn* não ter razão; não estar no seu direito; *~ tun* fazer mal; *j-m*: ser injusto para com; **~rechtmäßig** ilegítimo; ilegal; *adv. a.* sem direito; *sich ~ aneignen* usurpar; **Ꙩrechtmäßigkeit** *f* ilegitimidade *f*; ilegalidade *f*; **~redlich** desleal, desonesto; ⚕ fraudulento; **Ꙩredlichkeit** *f* (*0*) deslealdade *f*, falta *f* de probidade; fraudulência *f*; **~reell** desleal; de pouca confiança; pouco sério.

ˈ**un-regelmäßig** irregular, anormal; anómalo; assimétrico; **Ꙩkeit** *f* irregularidade *f*, anormalidade *f*; anomalia *f*; assimetria *f*.

ˈ**un-reif** não maduro, verde; imaturo; **Ꙩe** *f* (*0*) falta *f* de madureza; imaturidade *f*; *fig.* falta *f* de experiência.

ˈ**un-rein** impuro; (*schmutzig*) sujo; ♪ dissonante; *ins Ꙩe schreiben* fazer um rascunho; **Ꙩlichkeit** *f* desasseio *m*, falta *f* de limpeza.

ˈ**un|rentabel** pouco lucrativo; *~ sn a.* não render; **~rettbar** [-rɛtba:r] perdido, fatal; *~ sn a.* não ter salvação; *adv.* sem remédio, irremediàvelmente; **~richtig** inexa[c]to; errado, incorre[c]to; **Ꙩrichtigkeit** *f* inexa[c]tidão *f*; incorre[c]ção *f*.

ˈ**Un-ruh** [ˈunru:] *f der Uhr*: volante *m*; **~e** *f* inquietação *f*, desassossego *m*, agitação *f*, perturbação *f*; (*Gemurmel*) rumores *m/pl.*; *~en pl.* distúrbios *m/pl.*; *j-m ~ machen, j-n in ~ versetzen* inquietar alg.; **~(e)stifter** *m* amotinador *m*, revolucionário *m*, perturbador *m* da ordem pública; **Ꙩig** inquieto, agitado; *j.*: *a.* irrequieto, desassossegado.

ˈ**un-rühmlich** inglório.

uns [uns] (*dat. u. ac. v. wir*) nos; *betont*: a nós; *ein Freund von ~* um amigo nosso.

ˈ**un|sachgemäß** impróprio; **~sachlich** sem obje[c]tividade; impertinente; **Ꙩsachlichkeit** *f* (*0*) falta *f* de obje[c]tividade; impertinência *f*; **~ˈsagbar** [-ˈza:kba:r], **~ˈsäglich** [-ˈzɛ:kliç] indizível, indescritível; **~sanft** rude, duro, áspero; **~sauber** sujo; **~schädlich** inofensivo; *~ machen* neutralizar; *j-n ~ machen* reduzir alg. à ina[c]tividade (*od.* à ina[c]ção); **~scharf** *Phot.* desfocado, pouco nítido; *~ einstellen* focar mal; **~schätzbar** [ˈ-ʃɛtsba:r] inestimável, incalculável; **~scheinbar** de pouca aparência, pouco vistoso; (*zurückhaltend*) discreto; **~schicklich** indecoroso, indecente; **~schlüssig** irresoluto, indeciso; **Ꙩschlüssigkeit** *f* (*0*) irresolução *f*, indecisão *f*; **~schön** feio; deselegante; **Ꙩschuld** *f* (*0*) inocência *f*; **~schuldig** inocente; **~schwer** fácil; **~selbständig** *j.*: dependente; subalterno; sem personalidade, sem iniciativa; *Arbeit*: feito com auxílio alheio; **Ꙩselbständigkeit** *f* (*0*) falta *f* de independência; falta *f* de iniciativa; falta *f* de personalidade; **~selig** desgraçado, fatal, funesto, infausto.

ˈ**unser** [ˈunzər] **1.** (*gen. v. wir*) de nós; **2.** (o) nosso, (a) nossa; **3. ~e**: *das ~, der ~* o nosso; *die ~* a nossa; **~ige** [-igə]: *das ~, der ~* o nosso, *die ~* a nossa; **~-einer, ~-eins** cá nós, a gente; **~(er)seits** da nossa parte; **~(e)sgleichen** o nosso igual; **~t-wegen** por (causa de) nós, por nossa causa.

ˈ**un|sicher** inseguro; (*ungewiß*) incerto; (*zweifelhaft*) duvidoso; *Existenz, Gesundheit*: precário; (*ris-*

kant) arriscado, perigoso; ~ *machen* *Gegend*: infestar; *j-n*: confundir; 2**sicherheit** *f* incertitude *f*; incerteza *f*; inseguridade *f*, falta *f* de segurança; ~**sichtbar** invisível; 2**sichtbarkeit** *f* (*0*) invisibilidade *f*; 2**sinn** *m* (-*es*; *0*) absurdo *m*, disparate(s *pl.*) *m*; ~**sinnig** absurdo, disparatado; 2**sinnigkeit** *f* (*0*) absurdidade *f*, loucura *f*; 2**sitte** *f* mau hábito *m*, mau costume *m*, vício *m*; ~**sittlich** imoral; 2**sittlichkeit** *f* (*0*) imoralidade *f*; ~**solide** ✝ de pouca confiança; *Arbeit*: mal feito; *j.*: pouco sério; *a. Leben*: desregrado, desordenado; ~**sozial** anti-social, *j.*: *a.* egoísta; ~**sportlich** pouco desportivo; anti-desportivo.

'**unsr(ig)e** ['unzr(ig)ə]: *das* ~, *der* ~ o nosso; *die* ~ a nossa.

'**un|statthaft** ilícito, inadmissível, proibido; ~**sterblich** imortal; 2-'**sterblichkeit** *f* (*0*) imortalidade *f*; 2**stern** *m* (-*es*; *0*) má estrela (*'ê) *f*, má sorte *f*; ~**stet(ig)** inconstante; *Charakter*: volúvel, irrequieto; *Leben*: agitado; (*schweifend*) errante; ~**stillbar** insaciável; ~**stimmig** ['-ʃtimiç] em desacordo (*'ô); 2-**stimmigkeit** *f* desacordo (*'ô) *m*; (*Zwist*) desavença *f*; ~**streitig** indiscutível, incontestável; *adv. a.* sem dúvida alguma; ~**sühnbar** ['-zy:nba:r] inexpiável; 2**summe** *f* quantia *f* enorme; e-e ~ *Geld* um dinheirão; e-e ~ *von Arbeit* imenso; ~**symmetrisch** assimétrico; ~**sympathisch** antipático; ~**tadelhaft,** ~**tadelig** impreensível, impecável; 2**tat** *f* crime *m*; ~**tätig** ina[c]tivo; 2**tätigkeit** *f* (*0*) ina[c]tividade *f*; ~**tauglich** inútil; *geistig*: inepto; *a.* ⚔ incapaz (*für* de); (*unzulänglich*) insuficiente; ~ *sn a.* não prestar; 2**tauglichkeit** *f* (*0*) inutilidade *f*; *geistige*: inépcia *f*; *a.* ⚔ incapacidade *f*; (*Unzulänglichkeit*) insuficiência *f*; ~**teilbar** indivisível; 2-**teilbarkeit** *f* (*0*) indivisibilidade *f*.

'**unten** ['untən] em baixo, por baixo, abaixo; *da* ~, *dort* ~ lá em baixo; *hier* ~ cá em baixo; *nach* ~ para baixo, abaixo; *von oben bis* ~ de cima para baixo; *von* ~ *herauf* de baixo; a subir; *weiter* (*nach*) ~ mais abaixo, mais para baixo; *siehe* ~! veja-se mais abaixo (*od.* mais adiante); ~ *in* (*dat.*) no fundo de; ~-'**an**: ~ *sitzen* estar no último lugar, ter o último lugar; ~**genannt** ['-gənant], ~**stehend** abaixo mencionado, abaixo indicado.

'**unter** ['untər] **1.** *prp.* **a**) *örtlich*: (*Lage, wo?*: *dat., Richtung, wohin?*: *ac.*) debaixo de, sob, por baixo de, abaixo de; ~ *freiem Himmel* a céu aberto; (*zwischen, von*) entre; ~ *Tränen* entre, com; ~ *uns* entre nós; ~ *and(e)rem* entre outras coisas; ~ (*dat.*) *hervor* de debaixo de; ~ *der Hand* ✝ particularmente; ~ *vier Augen* a sós; **b**) *zeitlich*: sob; durante; ~ *dem heutigen Datum* com a data de hoje; ~ *dem 2. Mai* com a data de 2 de Maio; **c**) (*weniger als*): ~ *zehn Jahren* a menos de dez anos; ~ *dem Preis* abaixo do preço; *nicht* ~ ... não menos do que ...; ~ *aller Kritik* inqualificável; **d**) *Abhängigkeit*: sob; ~ *s-r Leitung* sob a sua dire[c]ção; **e**) *Art u. Weise*: sob, com; ~ *diesen Umständen* nestas condições; **2.** *adj.*: inferior; (*unten gelegen*) de baixo; (*nieder*) baixo; *die* ~*e Stadt* a baixa *f*; 2-**abteilung** *f*, 2-**abschnitt** *m* (-*es*; -*e*) subdivisão *f*; *Text*: *a.* alínea *f*; 2-**arm** *m* (-*es*; -*e*) antebraço *m*; 2-**art** *f* sub-espécie *f*; 2-**arzt** *m* (-*es*; ⸚*e*) médico *m* adjunto, assistente *m* (do médico); ⚔ tenente-médico *m*; 2-**ausschuß** *m* (-*sses*; ⸚*sse*) subcomissão *f*; 2-**bau** *m* (-*es*; -*ten*) infra-estrutura *f*; substrução *f*; ⊕ pedestal *m*; ~'**bauen** (-) fundamentar, alicerçar; ~**belichten** (-*e*-; -) *v/t.* dar pouca exposição (a); 2**belichtung** *f* pouca exposição *f*; ~**bewerten** (-*e*-; -) depreciar; desestimar; desprezar; ~**bewußt** subconsciente; 2**bewußtsein** *n* (-*s*; *0*) subconsciente *m*; ~'**bieten** (*L*; -) *v/t.* oferecer melhor preço que; *Sport*: bater um recorde (de tempo); 2**bilanz** *f* défice *m*; ~'**binden**[1] (*L*; -) atar por baixo, ligar por baixo; ~'**binden**[2] (*L*) fazer ligadura; *fig.* impedir, acabar com; ~'**bleiben** (*L*; -) não ter lugar, não se realizar, não ser levado a cabo; ~'**brechen** (*L*; -) interromper; quebrar; (*einstellen*) suspender; ⚡ desligar; 2'**brechung** *f* interrupção *f*; suspensão *f*; ~'**breiten** [-'braɪtən] (-*e*-; -) *fig.* submeter, apresentar;

~bringen (*L*) colocar; acomodar; *Gast*: alojar, hospedar; ⚔ acantonar, aquartelar; **2bringung** [-briŋuŋ] *f* acomodação *f*; (*Wohnung*) alojamento *m*; ⚔ aquartelamento *m*; ~ *in Baracken* abarracamento *m*; *fig.* colocação *f*; **~'des(sen)** [-'dɛs(-ən)] entretanto; **2druck** *m* (*-és*; *0*) depressão *f*; **~'drücken** (-) reprimir; *gänzlich*: suprimir; *Volk*: oprimir; submeter; (*vertuschen*) abafar; **2'drücker** *m* opressor *m*; **2'drückung** [-'drykuŋ] *f* repressão *f*; supressão *f*; opressão *f*; **~-ein-'ander** entre eles (nós *usw.*), uns com os outros; reciprocamente; **~-entwickelt** subdesenvolvido; **~-ernährt** subalimentado; **2-ernährung** *f* alimentação *f* deficiente, subalimentação *f*; **2'fangen** *n* atrevimento *m*; empreendimento *m* (arriscado); **~fassen** (*-ßt*) *v/t.* dar o braço a; *sich* ~ ir de braços dados; **~'fertigen** (-) assinar; rubricar; *der 2fertigte* o abaixo-assinado; **2führer** *m* chefe *m* subalterno; **2'führung** *f* passagem *f* subterrânea; **2futter** *n* forro (*'ô) *m*; **~'füttern** (*-re*; -) forrar; **2gang** *m* (*-és*; *⸗e*) ⚓ naufrágio *m*; (*Sinken*) afundamento *m*; *Astr.* pôr *m* (do sol), *a. fig.* ocaso *m*; *fig.* queda *f*, declínio *m*; **~'geben** subordinado, inferior, subalterno; **~geh(e)n** (*L*; *sn*) ⚓ afundar-se, ir ao fundo, ir a pique; *Astr.* pôr-se; *fig.* acabar, perecer, declinar; **~geordnet** [-gəˀɔrtnət] subordinado, subalterno; *an Bedeutung*: inferior, secundário; **2geschoß** *n* (*-sses*; *-sse*) rés-do-chão *m*; **2gestell** *n* (*-és*; *-e*) armação *f*; (*Fahrgestell*) «chassis» *m* (*fr.*), ✈ trem *m* de aterragem; **2gewicht** *n* (*-és*; *0*) falta *f* de peso (*ê); **~'graben** (*L*; -) sapar, *a. fig.* minar; *Gesundheit*: estragar, dar cabo de; **2grund** *m* (*-és*; *0*) subsolo *m*; *Mal.* fundo *m*; *Pol.* resistência *f* clandestina; **2-grund-bahn** *f* metro(politano) *m*; **~haken** = *~fassen*; **~halb** (*gen.*) por baixo de; abaixo de; *adv.* da parte de baixo; **2halt** *m* (*-és*; *0*) sustento *m*; subsistência *f*; manutenção *f*; **~'halten** (*L*; -) conservar; (*ernähren*) manter, suster; *Personal*: pagar; *finanziell*: subvencionar; *im Gespräch*: entreter; *sich* ~ conversar; (*vergnügen*) divertir, distrair (*a. refl.*); **~'haltend, ~'haltsam** interessante; divertido; *Lit.* ameno.

Unter'haltung *f* conversa *f*; (*Vergnügen*) divertimento *m*, distra[c]ção *f* = *Unterhalt*; ⚠ manutenção *f*, conservação *f*; **~s-beilage** *f* suplemento *m* literário; folhetim *m*; **~s-kosten** *pl.* despesas *f/pl.* de manutenção; **~s-literatur** *f* (*0*) literatura *f* amena; **~s-musik** *f* (*0*) música *f* de salão; **~s-roman** *m* (*-és*; *-e*) romance *m* ligeiro; **~s-teil** *m* (*-és*; *-e*) folhetim *m*.

unter|'handeln (*-le*; -): ~ *über* (*ac.*) negociar (*ac.*); tratar de; **'2händler** *m* negociador *m*; delegado *m*; ✝ agente *m*; ⚔ parlamentário *m*; **2-'handlung** *f* negociação *f*; **'2haus** *n* (*-es*; *0*) Câmara *f* Baixa (*od.* dos Comuns); **'2hemd** *n* (*-és*; *-en*) camisola *f*; **~'höhlen** [-'høːlən] (-) sapar, *a. fig.* minar; **'2holz** *n* (*-es*; *0*) mata *f* de corte; **'2hose(n** *pl.*) *f kurze*: cuecas *f/pl.*; *lange*: ceroulas *f/pl.*; **'~-ir-disch** subterrâneo; **~'jochen** [-'jɔxən] (-) subjugar; **'2kiefer** *m* maxila *f* inferior; mandíbula *f*; **'2kleid** *n* (*-és*; *-er*) combinação *f*; **'2kleidung** *f* roupa *f* interior; **'~kommen** (*L*) encontrar alojamento; *im Beruf*: encontrar colocação; (*Raum h.*) caber; **'~kriegen** F vencer, dominar; **'2kunft** [-kunft] *f* (-; *⸗e*) alojamento *m*, hospedagem *f*; ⚔ aquartelamento *m*; (*Anstellung*) colocação *f*, emprego (*'ê) *m*; (*Schutz*) abrigo *m*; **'2lage** *f* base *f* (*a. fig.*); (*Schreib2*) pasta *f*; ⚙ borracha *f*; (*Beleg*) documento *m*; *~n pl.* documentação *f/sg.*; papéis *m/pl.*; elementos *m/pl.*; **'2land** *n* (*-és*; *0*) país *m* baixo; **'2laß** [-las] *m*: *ohne* ~ sem cessar; **~'lassen** (*L*; -) deixar (zu de); et. ~ deixar-se de a.c., deixar de fazer a.c.; **2'lassung** [-'lasuŋ] *f* omissão *f*, falta *f*; **'2lauf** *m* (*-és*; *⸗e*) curso *m* inferior; **~'laufen 1.** (*L*; -; *sn*): (*mit*) ~ passar inadvertido, escapar; **2.** *adj.*: *mit Blut* ~ inje[c]tado de sangue; pisado; **'~legen¹** pôr por baixo, colocar por baixo; *fig. Sinn*: atribuir; ♪ *e-n Text e-r Melodie* ~ adaptar ... à música; **~'legen²** (-) **a)** ~ *mit* forrar de; **b)** *adj.*: ~ *sn* ficar vencido; *j-m*: ser inferior (*an dat.* em); **'2leib** *m* (*-és*; *-er*) baixo-ventre *m*; abdómen *m*; **'2leibs...**:

in Zssg(n) ⚕ abdominal; **~ˈliegen** (*L*; -; *sn*) sucumbir; ⚔ *a.* ser vencido; *fig.* estar sujeito a, ser susceptível de; *keinem Zweifel* ~ não admitir dúvida; **ˈ≈lippe** *f* beiço *m* inferior; **ˈ~m** F = *unter dem*; **~ˈmalen** (-) empastar; **~ˈmauern** (*-re*; -) alicerçar, cimentar; **ˈ~mengen** (-) misturar; **ˈ≈mieter** *m* sublocatário *m*; hóspede *m*; **~miˈnieren** (-) minar; **ˈ~mischen** misturar; **~n** F = *unter den.*

unter-ˈnehm|en¹ (*L*; -) empreender; **≈en²** *n* empresa (*ˈê) *f*; empreendimento *m*; ⚔ operação *f*; **~end** empreendedor, de iniciativa; **≈er** *m* industrial *m*, patrão *m*; ⚠ empreiteiro *m*; *Theat.* empresário *m*; **≈ung** *f* = ≈en²; **≈ungs-geist** *m* (*-ȩs*; *0*) espírito *m* empreendedor, *a.* **≈ungs-lust** *f* (*0*) iniciativa *f*; **~ungs-lustig** empreendedor, de iniciativa.

ˈUnter|-offizier *m* (*-s*; *-e*) sargento *m*; **≈-ordnen** (*-e-*) subordinar; *s. a. untergeordnet*; **~-ordnung** *f* (*0*) subordinação *f*; **~pfand** *n* (*-ȩs*; *¨er*) penhor *m*; **~prima** *f* (-; *-men*) oitavo ano *m* do liceu; **≈ˈreden** (*-e-*; -): *sich* ~ conversar; conferenciar; **~ˈredung** [-ˈreːduŋ] *f* conversa *f*, conferência *f*; entrevista *f*.

ˈUnterricht [ˈ-riçt] *m* (*-ȩs*; *0*) ensino *m*; instrução *f*; *deutscher usw. a.* lições *f/pl.* de ... (*nehmen* ter, *bei* com); *der* ~ *fällt aus* não há aula; **≈en** [-ˈriçtən] (*-e-*; -): (*j-n in dat.*) ~ ensinar (a.c. a alg.), dar lições (de a.c. a alg.); *j-n* ~ instruir alg.; informar alg. (*über ac.* de); **~s-fach** *n* (*-ȩs*; *¨er*) discipline *f*; **~s-minister(ium** *n* [*-s*; *-rien*]) *m* Ministro *m* (Ministério *m*) de Educação Nacional *od. ehm.* de Instrução Pública; **~s-stunde** *f* aula *f*; **~s-wesen** *n* (*-s*; *0*) ensino *m*; **~ung** [-ˈriçtuŋ] *f* (*0*) informação *f*, instrução *f*.

ˈUnter|rock *m* (*-ȩs*; *¨e*) saiote *m*; combinação *f*; **≈s** F = *unter das*; **≈ˈsagen** (-) proibir, interdizer, vedar; **~satz** *m* (*-es*; *¨e*) suporte *m*, esteio *m*; *Gefäß*: prat(inh)o *m*; *Logik*: menor *f*; **≈ˈschätzen** (*-t*; -) subestimar; menosprezar; ter em pouco, não estimar bem; **~ˈschätzung** *f* apreciação *f* insuficiente; **~ˈscheidbar** [-ˈʃaɪtbaːr] distinguível; discernível; **≈ˈscheiden** (*L*; -) distinguir; *sich von ea.* ~ diferir entre si; **≈ˈscheidend** distintivo.

Unterˈscheidung *f* distinção *f*; **~s-merkmal** *n* (*-ȩs*; *-e*) cara[c]terística *f*; **~s-vermögen** *n* (*-s*; *0*) discernimento *m*.

ˈUnter|schenkel *m* perna *f*, parte *f* inferior da coxa; **≈schieben** (*L*) pôr de baixo, meter por baixo; *fig.* substituir; *j-m et.* ~ imputar a.c. a alg.; **~schied** [-ʃiːt] *m* (*-ȩs*; *-e*) diferença *f*; **≈ˈschieden** [-ˈʃiːdən] *adj.*, **≈schiedlich** [-ʃiːtliç] distinto, diferente, diverso; **≈schieds-los** indistintamente, sem distinção, indiscriminadamente; **≈schlagen¹** (*L*) *Arme*: cruzar; **≈ˈschlagen²** (*L*; -) defraudar, desfalcar; *Dokumente*: extraviar; *a. Tatsache*: abafar; ocultar; **~ˈschlagung** [-ˈʃlaːguŋ] *f* fraude *f*, dolo *m*, desfalque *m*; **~schlupf** [-ʃlupf] *m* (*-ȩs*; *¨e*) abrigo *m*, refúgio *m*; **≈ˈschreiben** (*L*; -) assinar, subscrever (*a. fig.*); **≈ˈschreiten** (*L*; -) *Umfang usw.*: não alcançar; **~schrift** *f* assinatura *f*; *e-s Bildes*: legenda *f*; **~see-boot** *n* (*-ȩs*; *-e*) submarino *m*; **~see-kabel** *n* cabo *m* submarino; **≈ˈsetzt** [-ˈzɛtst] baixo(te); **≈sinken** (*L*; *sn*) ir ao fundo, afundar-se; **≈ˈspülen** (-) minar, escavar, corroer; **≈st** inferior, mais baixo, (*niedrigst*) *a.* ínfimo; *zu* ~ no último lugar; **~ˈstaatssekretär** *m* (*-s*; *-e*) subsecretário *m* do Estado; **~stadt** *f* (-; *¨e*) Baixa *f*; **~stand** *m* (*-ȩs*; *¨e*) abrigo *m*; **≈ˈstehen** (*L*; -) depender de; *sich* ~ *zu* (*inf.*) atrever-se a; **≈stellen¹** pôr debaixo de; **≈ˈstellen²** (-) (*unterordnen*) subordinar; *Absicht*: supor; atribuir; *Schuld*: imputar; *als wahr* ~ dar como provado; **≈ˈstreichen** (*L*; -) sublinhar; *fig. a.* acentuar.

unterˈstütz|en (*-t*; -) apoiar; *fig.* proteger; (*helfen*) auxiliar; ✝ subvencionar, subsidiar; **≈ung** *f* apoio *m*; *fig.* prote[c]ção *f*; auxílio *m*, socorro *m*; *Geldmittel*: subvenção *f*, subsídio *m*; **≈ungs-empfänger** *m* subvencionado *m*, subsidiado *m*.

unterˈsuch|en (-) examinar (*a.* ⚕); investigar (*a. forschen*); inquirir; ⚗ analisar; **≈ung** *f* exame *m*, ⚕ *a.* observação *f*; ⚗ análise *f*; *polizeiliche, wissenschaftliche*: investigação *f*, pesquisa *f*; ⚖ instrução *f* (judiciária *od.* criminal); *disziplinarische*: sindicância *f* (*anstellen* proceder a).

Untersuchungs|-ausschuß *m* (*-sses*; *⸗sse*) comissão *f* de inquérito; **~-gefängnis** *n* (*-ses*; *-se*), **~-haft** *f* (*0*) detenção *f* preventiva, prisão *f* preventiva; **~-kommission** *f* = *~ausschuß*; **~-richter** *m* juiz *m* de instrução criminal.

'Unter|tan[1] ['-ta:n] *m* (*-en*) súbdito *m*; **⸗tan**[2]: (*dat.*) ~ sujeito a; súbdito de; *sich* (*dat.*) ~ *machen* sujeitar; **⸗tänig** [-tɛ:niç] submisso; *~st* muito humilde; **~tasse** *f* pires *m*; **⸗tauchen** mergulhar; submergir; **~teil** *m u. n* (*-ęs*; *-e*) suporte *m*; **⸗'teilen** (-) subdividir; **~'teilung** *f* subdivisão *f*; **~temperatur** *f* ⚕ temperatura *f* inferior à normal; **~titel** *m* subtítulo *m*; **⸗'tunneln** [-'tunəln] (*-le*; -) *v/t.* abrir um túnel por baixo de; **⸗vermieten** (*-e-*; -) sublocar; **⸗wärts** [-vɛrts] para baixo; **~wäsche** *f* (*0*) roupa *f* interior; **~'wasser...**: *in Zssg(n)* ⚓, ⊕ submarino; ⚘ *u. Zool.* subaquático; **⸗'wegs** [-'ve:ks] de caminho, no caminho; ~ *nach* a caminho de; **⸗'weisen** (*L*; -) instruir, ensinar; **~'weisung** *f* instrução *f*; **~welt** *f* (*0*) inferno(s *pl.*) *m*; reino *m* dos mortos; *sozial*: refugo *m* da sociedade; **⸗'werfen** (*L*; -): (*sich*) ~ sujeitar(-se), submeter(-se); subjugar; **~'werfung** [-'vɛrfuŋ] *f* sujeição *f*, submissão *f* (*unter ac.* a); **⸗'wühlen** (-) sapar, minar (*a. fig.*); **⸗'würfig** [-'vyrfiç] submisso; **~'würfigkeit** *f* submissão *f*, humildade *f*.

unter'zeichn|en (*-e-*; -) assinar; firmar; **⸗er(in** *f*) *m* signatário *m* (-a *f*); **⸗ete(r)** [-ətə(r)] *m* (o) abaixo-assinado *m*; **⸗ung** *f* assinatura *f*.

'Unter|zeug *n* (*-ęs*; *0*) roupa *f* interior; **⸗ziehen**[1] (*L*) pôr por baixo; **⸗'ziehen**[2] (*L*; -) (*sich*) *dat.* ~ submeter(-se) a; sujeitar(-se) a; *sich e-r Aufgabe* ~ encarregar-se de, tomar conta de.

'Un|tiefe *f* baixio *m*; *fig.* abismo *m*; **~tier** *n* (*-ęs*; *-e*) monstro *m*; **⸗tilgbar** inextinguível; **⸗tragbar** insuportável; **⸗trennbar** inseparável; **⸗treu** infiel, ⚘ *a.* desleal; *dat.* ~ *werden* abandonar *od.* renegar (a causa de); *sich* (*dat.*) *selbst* ~ *werden* ser inconsequente, desmentir-se a si mesmo; **~treue** *f* (*0*) infidelidade *f*, deslealdade *f*; **⸗tröstlich** desconsolado, inconsolável; **⸗trüglich** ['-try:kliç] infalível, seguro; **⸗tüchtig** incapaz; **~tüchtigkeit** *f* (*0*) incapacidade *f*; **~tugend** *f* vício *m*, defeito *m*.

'un-über|brückbar [-brykba:r] *fig.* irreconciliável; **~legt** [-le:kt] inconsiderado, irrefle[c]tido; leviano; **⸗legt-heit** *f* imprudência *f*, irreflexão *f*; leviandade *f*; **~sehbar** [-ze:ba:r] imenso, ilimitado; **~setzbar** [-zɛtsba:r] intraduzível; **~sichtlich** desordenado, confuso, difuso, intricado, complicado; *Gelände*: de orientação difícil; **~steigbar** [-ʃtaɪkba:r], **~trefflich, ~troffen** [-trɔfən] insuperável; **~windbar** [-vintba:r], **~windlich** invencível; *Festung*: inexpugnável.

'un-um|gänglich inevitável, indispensável; **~schränkt** [-ʃrɛŋkt] absoluto; **~stößlich** [-ʃtøsliç] irrefutável; *Behauptung*: *a.* peremptório; *Beschluß*: irrevogável; = **~stritten** incontestável; incontroverso; **~wunden** [-vundən] franco; *adv. a.* sem rodeios, sem reservas.

'un-unter|brochen [-brɔxən] ininterrupto, contínuo; *adv. a.* sem cessar, sem interrupção; **~scheidbar** indiscernível.

'un-ver|änderlich invariável, inalterável; imutável; **~ändert** inalterado; como sempre; ~ *sn a.* continuar na mesma; **~antwortlich** irresponsável; injustificável; (*unverzeihlich*) imperdoável; **⸗antwortlichkeit** *f* (*0*) irresponsabilidade *f*; (*Unverzeihlichkeit*) imperdoável *m*; **~arbeitet** tosco, não lavrado; *fig.* mal assimilado; **~äußerlich** inalienável; **~besserlich** incorrigível; **~bindlich** sem compromisso; facultativo; **~blümt** nu e cru; *adv.* sem rodeios; ~ *reden* F não ter papas na língua; **~brüchlich** ['-fɛrbryçliç] inviolável; *Gehorsam*: cego; **~bürgt** não garantido, sem garantia; *Gerücht*: não confirmado; **~dächtig** insuspeito; **~daulich** indigesto; **~daut** mal digerido; **~dient** imerecido, indevido; **~dorben** em bom estado; *a. fig.* inta[c]to, incorrupto; puro; *Kind*: inocente, ingénuo; **~drossen**

infatigável; **~-eidigt**: ~ *bleiben* não prestar juramento; **~-einbar** incompatível; **~fälscht** autêntico; (*rein*) puro; natural; **~fänglich** inofensivo; nada capcioso; **~froren** descarado; **2frorenheit** *f* descaramento *m*; **~gänglich** imorredouro, imperecível; eterno; **~gessen, ~geßlich** inolvidável, inesquecível; **~gleichlich** incomparável, sem igual; **~hältnismäßig** desproporcionado; *adv.* excessivamente; **~heiratet** solteiro; celibatário; **~hofft** ['-fɛrhɔft] inesperado; **~hohlen** ['-fɛrho:lən] franco, sincero; = *unverblümt*; *adv. a.* redondamente; **~käuflich** invendível; ~ *sn* não se vender; **~kauft** não vendido, que não se vendeu; **~kennbar** evidente, inconfundível; **~kürzt** completo; inteiro; *Text*: integral; *Vers*: acataléptico; **~langt** não solicitado; espontâneo; **~letzbar, ~letzlich** invulnerável; inviolável; *parlamentarisch*: imune; **2letzbarkeit** *f* (*0*), **2letzlichkeit** *f* (*0*) invulnerabilidade *f*, inviolabilidade *f*; *parlamentarische*: imunidade *f*; *Gebiet*: integridade *f*; **~letzt** ileso; são e salvo; **~mählt** solteiro; **~meidbar, ~meidlich** inevitável; **~merkt** despercebido; *adv.* sem ser notado; **~mindert** indiminuto; **~mischt** puro; **~mittelt** repentino, súbito; dire[c]to; *adv.* de repente, de improviso; **2mögen** *n* (*-s*; *0*) incapacidade *f*; impotência *f* (*a.* ⚕); **~mögend** incapaz; (*arm*) sem fortuna, sem meios; **~mutet** inesperado; **2nunft** *f* (*0*) desrazão *f*; insensatez *f*; imprudência *f*; **~nünftig** *j.*: insensato; (*unklug*) imprudente; *et.*: absurdo; *Tier*: irracional; **~-öffentlicht** inédito; **~packt** ✝ sem embalagem; **~richtet**: *~er Dinge, ~er Sache* sem ter feito nada, sem ter conseguido nada; **~schämt** descarado; insolente; desavergonhado; **2schämtheit** *f* descaro *m*, descaramento *m*; insolência *f*, desvergonha *f*; **~schuldet** imerecido; ✝ isento de dívidas; **~sehens** de repente, inopinadamente; de improviso; **~sehrt** ileso, incólume; a salvo; *et.*: inta[c]to; **~sichert** sem seguro; **~siegbar** ['-fɛrzi:kba:r] inesgotável; **~siegelt** sem selo (*ê); ✉ ~ *sn a.* não estar lacrado; **~söhnlich** irreconciliável; implacável; *Haltung*: intransigente; **~sorgt** desamparado; **2stand** *m* (*-es*; *0*) insensatez *f*, falta *f* de juízo; **~ständig** insensato, desajuizado, irrefle[c]tido; **~ständlich** incompreensível; *Wort*: *a.* ininteligível; **~steuert** isento de impostos; **~sucht**: *nichts ~ lassen* tentar todos os meios; **~teidigt** ['-fɛrtaɪdiçt] indefeso, sem defesa; **~träglich** *j.*: intratável; *et.*: nocivo, ⚕ inassimilável; incompatível; **2träglichkeit** *f* (*0*) *j-s*: mau génio *m*; *e-r Sache*: nocividade, ⚕ inassimilabilidade *f*; incompatibilidade *f*; **~wandt** fixo; ~ *anblicken* fixar, fitar; **~wehrt**: *es ist j-m ~ zu* (*inf.*) alg. está livre de; **~weslich** ['-fɛrve:sliç] imputrescível; **~wundbar** invulnerável; **~wüstlich** ['-fɛrvy:stliç] indestrutível; **~zagt** intrépido; ~ *sn a.* não desanimar; **~zeihlich** imperdoável; **~zinslich**: ~ *sn* não vencer juros; **~zollt** *einführen*: sem pagar direitos; *noch* ~ ainda não sujeito a direitos; **~züglich** ['-fɛrtsy:kliç] imediato; *adv. a.* sem demora, a[c]to contínuo.

'**un-voll|endet** incompleto; **~kommen** imperfeito; defeituoso; **2kommenheit** *f* imperfeição *f*; **~ständig** incompleto; **2ständigkeit** *f* (*0*) estado *m* incompleto; deficiência *f*.

'**un-vor|bereitet** não preparado; *j.*: *a.* desprevenido; *et.*: *a.* improvisado; **~denklich** [-dɛŋkliç] imemorial; **~hergesehen** [-he:rgəze:ən] imprevisto; **~sichtig** imprudente, descuidado; ~ *sn a.* não ter cautela; *adv. a.*: **~sichtigerweise** a incauto; **2sichtigkeit** *f* imprudência *f*, descuido *m*, incauto *m*, falta *f* de cautela; improvidência *f*; **~teilhaft** desvantajoso; *gekleidet*: com mau gosto; ~ *wirken j.*: fazer má figura; *et.*: não fazer efeito.

'**un-wägbar** imponderável; **2keit** *f* (*0*) imponderabilidade *f*.

'**un-wahr** falso; *j.*: *a.* = **~haftig** mentiroso; **2heit** *f* falsidade *f*; (*Lüge*) mentira *f*; *eine ~ sagen* faltar à verdade; **~scheinlich** improvável, inveros(s)ímil; **2scheinlichkeit** *f* (*0*) improbabilidade *f*, inverosimilhança *f*.

'**un|wandelbar** imutável, inalterável; constante; **2wandelbarkeit** *f* imutabilidade *f*; constância *f*; **~weg-**

sam ['-ve:kza:m] intransitável, impraticável; ~weiblich: ~ sn não ser próprio da mulher, não convir à mulher; ~weigerlich ['-vaɪgərliç] necessário; forçoso; absoluto; *adv. a.* sem falta; ~weit (*gen.*) perto de; ~wert indigno; 2wesen *n* (*-s; 0*) desordem *f*; ruindade *f*; *sn* ~ *treiben* fazer das suas; ~wesentlich não essencial; secundário; (*zufällig*) acidental, acessório; = *unwichtig*; 2wetter *n* temporal *m*; *a. fig.* borrasca *f*; ~wichtig insignificante, sem importância, de pouca importância; ~ *sn a.* não ter importância.

'un-wider|legbar [-le:kba:r], ~leglich irrefutável; ~ruflich irrevogável; ~ *letzter Termin* improrrogável; ~stehlich [-ʃte:liç] irresistível.

'un-wieder-bringlich [-briŋliç] irreparável.

'Un-will|e *m* (*-ns; 0*) indignação *f*; mau humor *m*; 2ig 1. *adj.* mal-humorado; ~ *über* (*ac.*) indignado com, irritado com; ~ *werden* indignar-se, irritar-se; 2. *adv.* de mau humor; 2kommen *j.*: importuno, maçador; *et.*: inoportuno; *adv. a.* mal a propósito; 2kürlich involuntário; *adv. a.* sem querer.

'un-wirk|lich irreal; ~sam ineficaz; 2samkeit *f* (*0*) ineficácia *f*.

'unwirsch ['unvirʃ] mal-humorado, rude, áspero.

'un-wirt|lich inóspito (*a. fig.*), inospitaleiro; ~schaftlich pouco económico; custoso.

'un-wissen|d ignorante; 2-heit *f* (*0*) ignorância *f*; ~schaftlich sem valor científico, sem método científico, sem rigor científico; ~t-lich inconscientemente, sem saber, sem querer.

'un-wohl indisposto, mal (*mir ist* sinto-me); 2sein *n* (*-s; 0*) indisposição *f*; incómodo *m*.

'un|wohnlich pouco confortável; ~würdig indigno; (*gen.*) ~ *sn* desmerecer de; 2zahl *f* (*0*) sem-número *m*, infinidade *f*; ~zählbar, ~zählig ['-tsɛ:liç] inumerável, inúmero; ~zähmbar indom(estic)ável.

'Unze ['untsə] *f* onça *f* (*a. Zool.*).

'Un-zeit *f*: *zur* ~ fora de tempo; desa[c]tual; = 2ig, 2gemäß inoportuno; (*zu früh*) prematuro.

'un-zer|brechlich inquebrável; ~legbar indesmontável; ~reißbar ilacerável; ~störbar ['-tsɛrʃtø:r-] indestrutível; ~trennlich ['-tsɛrtrɛnliç] inseparável.

'un-ziemlich inconveniente; impertinente; irreverente; ~zivilisiert não civilizado, inculto, bárbaro; 2zucht *f* (*0*) impudicícia *f*; luxúria *f*; *öffentliche*: prostituição *f*; ~züchtig impúdico; obsceno, pornográfico.

'un-zu|frieden descontente; 2friedenheit *f* (*0*) descontentamento *m*; insatisfação *f*; ~gänglich inacessível; ~länglich insuficiente; 2länglichkeit *f* insuficiência *f*; ~lässig inadmissível; ~rechnungsfähig irresponsável; imbecil; 2rechnungsfähigkeit *f* (*0*) irresponsabilidade *f*; imbecilidade *f*; ~reichend insuficiente; ~sammengehörig dispar; ~sammenhängend incoerente; ~träglich nocivo, inconveniente; ~ *sn a.* fazer mal; 2träglichkeit *f* nocivo *m*, inconveniente *m*; ~treffend inexa[c]to; errado; ~verlässig pouco seguro; pouco sério; de pouca confiança; 2verlässigkeit *f* (*0*) falta *f* de seriedade; *j-s* ~ *a.* a pouca confiança *f* que alg. merece.

'un|zweckmäßig inoportuno; inconveniente; (*schädlich*) contraproducente; ~zweideutig inequívoco; ~zweifelhaft indubitável; *adv. a.* sem dúvida.

'üppig ['ypiç] ⚘ exuberante; *Wald*: frondoso; (*reich*) sumptuoso, opulento, *Mahl*: *a.* opíparo, lauto; (*sinnlich*) voluptuoso; F (*übermütig*) travesso; arrogante; 2keit *f* (*0*) exuberância *f*; opulência *f*, sumptuosidade *f*; voluptuosidade *f*.

Ur [u:r] *m* (*-es; -e*) *Zool.* uro *m*; '~-abstimmung *f* primeira votação *f*; '~-ahn(e *f*) *m* (*-es; -en*) bisavô *m* (*-ó f*); antepassado *m*; (*Stammvater*) tronco *m*; '2-alt velhíssimo; *et.*: *a.* antiquíssimo; *Zeit*: remoto.

U'ran [u'ra:n] *n* (*-es; 0*) urânio *m*; ~blende *f* pechblenda *f*, uraninite *f*.

'ur|aufführen estrear; 2-aufführung *f* estreia *f*; ~bar lavradio, cultivável, arável; ~ *machen* desbravar, arrotear, desmoitar; 2barmachung [-maxuŋ] *f* arroteamento *m*; 2bestandteil *m* (*-es; -e*) elemento *m*; 2bevölkerung *f*, 2bewohner *m/pl.* aborígenes *m/pl.*;

⁀bild *n* (-*ės*; -*er*) original *m*; protótipo *m*, modelo (*ê) *m*; **~-eigen** intrínseco; específico; **⁀-eltern** *pl.* antepassados *m/pl.*; **⁀-enkel(in** *f*) *m* bisneto *m* (-a *f*); **~gemütlich** F *j.*: muito jovial; *et.*: muito aconchegado; **⁀geschichte** *f* história *f* primitiva, proto-história *f*; **⁀großeltern** *pl.* bisavôs *m/pl.*; **⁀großmutter** *f* (-; ¨) bisavó *f*; **⁀großvater** *m* (-*s*; ¨) bisavô *m*; **⁀grund** *m* (-*ės*; ¨*e*) origem *f*; causa *f* primária.

'**Ur·heber(in** *f*) *m* autor(a *f*) *m*; **~recht** *n* (-*ės*; -*e*) direito *m* de autor; **~schaft** *f* (*0*) autoria *f*; **~schutz** *m* (-*es*; *0*) prote[c]ção *f* da propriedade intelectual.

U'rin [u'riːn] *m* (-*s*; -*e*) urina *f*; ~ *lassen* = **⁀'ieren** (-) urinar.

'**ur|komisch** F engraçadíssimo; **⁀kraft** *f* (-; ¨*e*) força (*ô) *f* elementar; espontaneidade *f*.

'**Ur·kund|e** *f* documento *m*; **~enfälschung** *f* falsificação *f* de documentos; **~en-sammlung** *f* arquivo *m*; **⁀lich** documental; *adv.* com documentos; ~ *belegen* documentar.

'**Urlaub** ['uːrlaup] *m* (-*ės*; -*e*): (*auf*) ~ (de) licença *f*, *a.* ⚔ (*nehmen* pedir uma), (em) férias *f/pl.*; **~er** [-bər] *m* veranista *m*, turista *m*; ⚔ soldado *m* de licença; **~s-gesuch** *n* (-*ės*; -*e*) pedido (*od.* requerimento) *m* de licença; **~s-paß** *m* (-*sses*; ¨*sse*), **~s-schein** ⚔ *m* (-*ės*; -*e*) licença *f*; **~s-zeit** *f* férias *f/pl.*; licença *f*.

'**Ur·mensch** *m* (-*en*) primeiro homem *m*; homem *m* primitivo.

'**Urne** ['urnə] *f* urna *f*.

'**ur|plötzlich** F todo de repente; **⁀sache** *f* causa *f*; (*Beweggrund*) motivo *m*; (*Grund*) razão *f*; *keine* ~! não há de quê!, não tem de quê!; **~sächlich** causal; causativo; **⁀schrift** *f* original *m*; **~schriftlich** (*adv.* no) original; **⁀sprung(s...)** *m* (de) origem *f*, (de) procedência *f*; (originário); **~sprünglich** ['-ʃpryŋliç] primitivo, original; *fig.* espontâneo; **⁀stoff** *m* (-*ės*; -*e*) ⚗ elemento *m*; ⚕ matéria *f* prima.

'**Urteil** ['urtaıl] *n* (-*ės*; -*e*) juízo *m* (*haben* fazer); ⚖ sentença *f* (*fällen* proferir, pronunciar); (*Gutachten*) parecer *m*; **⁀en**: *über* (*ac.*) ~ julgar (*ac.*) (*nach* por); ⚖ *a.* sentenciar; **~s-begründung** ⚖ *f* considerandos *m/pl.*; **~s-eröffnung** *f* pronunciação *f* da sentença; **⁀s-fähig** capaz de julgar; em uso da razão; criterioso; **~s-kraft** *f* (*0*) juízo *m*, razão *f* = ~*svermögen*; **~s-spruch** *m* (-*ės*; ¨*e*) sentença *f*; **~s-vermögen** *n* (-*s*; *0*) discernimento *m*; critério *m*; = ~*skraft*.

'**Ur|text** *m* (-*es*; -*e*) original *m*; **~tierchen** ['-tiːrçən] *n* protozoário *m*; **⁀tümlich** ['-tyːmliç] originário; **~-urgroßeltern** *pl.* trisavôs *m/pl.*; **~-urgroßmutter** *f* (-; ¨) trisavó *f*; **~urgroßvater** *m* (-*s*; ¨) trisavô *m*; **~vater** *m* (-*s*; ¨) pai *m* da humanidade; Adão *m*; **~volk** *n* (-*ės*; ¨*er*) primeiros habitantes *m/pl.*; **~wald** *m* (-*ės*; ¨*er*) floresta *f* virgem; selva *f*; **~welt** *f* mundo *m* antediluviano; **⁀weltlich** antediluviano; **⁀wüchsig** ['-vyksiç] original; dos quatro costados; *noch* ~ natural; **~zeit** *f* tempos *m/pl.* primitivos; **~zeugung** *f* geração *f* espontânea; **~zustand** *m* (-*ės*; ¨*e*) estado *m* primitivo.

Uten'silien [utɛn'ziːliən] *pl.* utensílios *m/pl.*

Utop|ie [uto'piː] *f* utopia *f*; **⁀isch** [u'toːpiʃ] utópico; **~ist** [-'pist] *m* (-*en*) utopista *m*.

'**uzen** ['uːtsən] F *v/t.* (-*t*) fazer troça de.

V

V, v [faʊ] V, v *m.*

Vagabun|d [vaga'bunt] *m* (*-en*) vagabundo *m*; **2'dieren** [-'di:rən] (-) vadiar, vagabundear.

va'kan|t [va'kant] vago; **2z** [-ts] *f* vaga *f.*

'Vakuum ['va:kuum] *n* (*-s*; *Vakua*) vácuo *m.*

Va'luta [va'lu:ta] *f* (-; *-ten*) *Kurs*: (taxa *f* de) câmbio *m*, cotização *f*; (*Währung*) moeda *f.*

'Vampir ['vampi:r] *m* (*-s*; *-e*) vampiro *m.*

Va'nille [va'nil(j)ə] *f* (*0*) baunilha *f*; *mit* ~*geschmack* abaunilhado; **~(n)-...**: *in Zssg(n)* de baunilha.

Vari|'ante [vari'antə] *f* variante *f*; *Zool. u.* ⚘ variedade *f*; **~e'té** [-e'te:] *n* (*-s*; *-s*) (teatro *m*) de variedades *f/pl.*; **2'ieren** (-) variar.

Va'sall [va'zal] *m* (*-en*) vassalo *m*; **~entum** *n* (*-s*; *0*) vassalagem *f.*

'Vase ['va:zə] *f* vaso *m*, jarro *m*, floreira *f.*

Vase'line [vazə'li:nə] *f* (*0*) vaselina *f.*

'Vater ['fa:tər] *m* (*-s*; *=*) pai *m*; *der heilige* ~ o Santo Padre; *Ihr Herr* ~ o senhor seu pai; **~haus** *n* (*-es*; *=er*) casa *f* paterna; **~land** *n* (*-es*; *=er*) pátria *f*; **2ländisch** [-lɛndiʃ] patriótico; *Boden*: pátrio, nacional; **~lands-liebe** *f* (*0*) patriotismo *m*, amor *m* pátrio; **~lands-verräter** *m* traidor *m* à pátria.

'väterlich ['fɛ:tərliç] paterno; *bsd. Liebe*: paternal; **~er-seits** [-zaɪts] do lado paterno, do lado do pai.

'vater|los orfão de pai; **2mord** *m* (*-es*; *-e*) parricídio *m*; **2mörder(in** *f*) *m* parricida *m*, *f*; **2schaft** *f* (*0*) paternidade *f*; **2stadt** *f* (-; *=e*) cidade *f* natal; **2stelle** *f*: ~ *vertreten bei* ser tutor *m* de; **2-'unser** *n* padre-nosso *m.*

vegeta'bilisch [vegeta'bi:liʃ] vegetal.

Vege'tar|ier(in *f*) *m* [vege'ta:riər-] vegetariano *m* (-a *f*); **2isch** vegetariano.

Vegetati'on [vegetatsi'o:n] *f* vegetação *f.*

Ve'hikel [ve'hi:kəl] *n* veículo *m.*

'Veilchen [faɪlçən] *n* violeta *f*; **2blau** roxo.

'Veits-tanz ['faɪts-] *m* (*-es*; *0*) coreia *f.*

'Ven|e ['ve:nə] *f* veia *f*; **~en...**: *in Zssg(n)* venoso; **~en-entzündung** *f* flebite *f.*

ve'nerisch [ve'ne:riʃ] venéreo.

Venezi'an|er(in *f*) *m* [venetsi'a:nər-] veneziano *m* (-a *f*); **2isch** veneziano, de Veneza.

Ven'til [vɛn'ti:l] *n* (*-s*; *-e*) válvula *f*; **~ati'on** [-tilatsi'o:n] *f* ventilação *f*; **~'ator** [-ti'la:tɔr] *m* (*-s*; *-en*) ventilador *m*; ventoinha *f*; **2'ieren** [-ti'li:rən] (-) ventilar.

ver'ab-folg|en [fɛr-] (-) dar; ministrar, aplicar; **2ung** *f* ministração *f*; aplicação *f.*

ver-'ab-red|en (*-e-*; -) combinar (*sich mit j-m* ~ encontrar-se com alg.); (*vereinbaren*) *a.* acordar, ajustar; **2ung** *f* compromisso *m*; (*Treffen*) encontro *m*, entrevista *f*; (*Vereinbarung*) acordo (*'ô) *m*, ajuste *m.*

ver-'ab|reichen (-) = ~*folgen*; **~säumen** (-) omitir, descuidar; **~scheuen** (-) detestar; **~schieden** [-ʃi:dən] (*-e-*; -) *v/t.* despedir (*a. refl.*); ⚔ licenciar; *Beamte*: exonerar; *Gesetz*: votar; **2schiedung** [-ʃi:duŋ] *f* despedida *f*; ⚔ licenciamento *m*; exoneração *f.*

ver-'achten (*-e-*; -) desprezar, desdenhar.

Ver-'ächt|er(in *f*) *m* [-'ɛçtər-] desprezador(a *f*) *m*, desdenhador(a *f*) *m*; **2lich** desprezível; (*geringschätzig*) desdenhoso, *adv.* com desdém; ~ *machen* desprestigiar, desacreditar; ridicul(ar)izar.

Ver'achtung *f* (*0*) desdém *m*, desprezo (*'ê) *m.*

ver-allge'meiner|n (*-re*; -) generalizar; **2ung** *f* generalização *f.*

ver-'alte|n (*-e-*; -; *sn*) passar da moda; **~t** antiquado; ~*er Ausdruck* arcaísmo *m.*

Ve'randa [ve'randa] *f* (-; *-den*) varanda *f.*

ver'änderlich [-'ɛndərliç] variável (*a.* ♑); mutável; (*unbeständig*) inconstante; **2keit** *f* (*0*) variabilidade *f*, mutabilidade *f*; *Gesinnung*: inconstância *f*.
ver-'änder|n (*-re*; -) transformar, mudar, alterar, modificar; **2ung** *f* transformação *f*, mudança *f*, alteração *f*, modificação *f*; variação *f*.
ver-'ankern (*-re*; -) ⚓ ancorar; ⚔ amarrar; △ cimentar, *a. fig.* consolidar.
ver-'anlag|en (-) avaliar, fixar; *j-n* ~ *Steuer*: cole[c]tar alg.; **~t** = *befähigt*; **2ung** *f Steuer*: fixação *f* (zu de), colecta *f*; *geistige*: (⚕ pre-) disposição *f*, dom *m* (natural); (*Fähigkeit*) aptidão *f*.
ver-'anlass|en (*-ßt*; -) *et.*: causar, ocasionar, provocar, originar; *j-n* ~ *zu* levar alg. a; **2ung** *f* ocasião *f*, causa *f*; motivo *m*, razão *f*; *auf* ~ (*gen.*) por iniciativa de, por incumbência de; ~ *nehmen zu* aproveitar o ensejo para.
ver'anschaulich|en *v/t.* (-) ilustrar; concretizar, dar uma ideia (plástica) de; **2ung** *f* ilustração *f*, concretização *f*, representação *f* plástica.
ver-'anschlag|en (-) avaliar (*auf ac.* em); **2ung** *f* cotização *f*.
ver-'anstalt|en (*-e-*; -) organizar, promover; **2er**(**in** *f*) *m* organizador(a *f*) *m*, promotor(a *f*) *m*; **2ung** *f* organização *f*; (*Feier*) a[c]to *m*, cerimónia *f*, festa *f*; *sportliche*: concurso *m*; desafio *m*; *gesellschaftliche*: reunião *f*.
ver-'antwort|en (*-e-*; -) *v/t.* responder (por), tomar a responsabilidade (de); *nicht zu* ~ *sn* não ter desculpa; *sich* ~ justificar-se (*bei* perante); **~lich** responsável (*für* de); *j-n für et.* ~ *machen* tornar alg. responsável por a.c.; **2ung** *f* responsabilidade *f*; *j-n zur* ~ *ziehen* pedir contas a alg.; **~ungs-bewußt** (**2ungs-bewußtsein** *n* [*-s*; *0*]) cônscio (consciência *f*) da sua responsabilidade; **~ungsfreudig** disposto a assumir a sua responsabilidade; **~ungs-los** irresponsável; **~ungs-voll** de grande (*od.* alta) responsabilidade.
ver-'arbeit|en (*-e-*; -) *v/t.* empregar; fabricar; ⚕ *u. fig.* digerir, assimilar; = *bearbeiten*; **2ung** *f* emprego (*'ê) *m*, uso *m*; fabricação *f*, manufa[c]tura *f*; assimilação *f*.
ver|-'argen [-'argən] (-) levar a mal; **~'ärgern** (*-re*; -) desgostar, aborrecer, irritar.
ver-'arm|en (-; *sn*) empobrecer; **2ung** *f* empobrecimento *m*; *Pol. a.* depauperação *f*.
ver'ästel|n [-'ɛstəln] (*-le*; -): *sich* ~ ramificar-se; **2ung** *f* ramificação *f*.
ver-'aus|gaben (-) gastar; *sich* ~ ficar sem recursos; *a. fig.* arruinar-se, esgotar-se; **2gabung** [-ga:buŋ] *f* desgaste *m*; esgotamento *m*; **~lagen** (-) emprestar, (*vorstrecken*) adiantar.
ver-'äußer|lich alienável; **~n** alienar, vender; **2ung** *f* venda *f*, alienação *f*.
Verb [vɛrp] *n* (*-ẹs*; *-en*) verbo *m*.
ver-'ballhorn|en [-'balhɔrnən] F (-) estropear; **2ung** *f* abastardamento *m*.
Ver-'band *m* (*-ẹs*; *⸗e*) associação *f*, liga *f*; grémio *m*, junta *f*; ⚔ unidade *f*, formação *f*; ⚕ ligadura *f*; **~kasten** *m* (*-s*; *⸗*) farmácia *f* portátil; estojo (*'ô) *m* de cirurgia; **~zeug** *n* (*-ẹs*; *0*) ligaduras *f/pl.*; artigos *m/pl.* de penso.
ver-'bann|en (-) desterrar, exilar, degredar; **2ung** *f* desterro (*'ê) *m*, exílio *m*; degredo (*'ê) *m*.
ver|barrika'dieren (-) *v/t.* obstruir; abarreirar; ⚔ entrincheirar; (*~rammeln*) atravancar; **~'bauen** (-) obstruir; *Geld*: gastar em obras; (*schlecht bauen*) construir mal; **~'beißen** (*L*; -): *sich* (*dat.*) et. ~ reprimir a.c., conter a.c.; *sich in* (*ac.*) ~ não largar (*ac.*); *fig.* aferrar-se a; **~'bergen** (*L*; -) esconder, ocultar, dissimular.
ver'besser|n (*-ßre*; -) melhorar; reformar; *Schrift*: corrigir, emendar; (*vervollkommnen*) aperfeiçoar; **2ung** *f* melhoramento *m*, ⊕ beneficiação *f*; corre[c]ção *f*; emenda *f*; aperfeiçoamento *m*; **~ungsfähig** susceptível de melhoramento; corrigível.
ver-'beug|en (-): *sich* ~ inclinar-se, abaixar a cabeça (*vor dat.* perante *ac.*); cumprimentar (*ac.*); **2ung** *f* reverência *f*, vénia *f*, cumprimento *m*.
ver|'beulen (-) amolgar, amachucar; **~'biegen** (*L*; -) torcer; **~'bie-**

ten (*L*; -) proibir, vedar, interdizer; ~'**bildet** [-'bildət] deformado; *fig.* afe[c]tado; ≗'**bildung** *f* deformação *f*; ~'**billigen** (-) *Preis*: baixar, reduzir; *fig.* diminuir; ≗'**billigung** *f* redução *f* do preço.

ver-'bind|en (*L*; -) juntar, unir; ligar (*a. Tel.*, *falsch verbunden sn* ser engano); ✲ pensar; *Augen*: vendar; ⚗ combinar, *Metalle*: amalgamar; (*verpflichten*) obrigar; vincular; *sich* ~ *a.* = *sich verbünden*; *mit Schwierigkeiten usw. verbunden sn* apresentar (*ac.*), implicar (*ac.*), trazer (*ac.*); ~**lich** obrigatório; (*gefällig*) solícito, amável; ~*sten Dank* muitíssimo obrigado; ≗**lichkeit** *f* amabilidade *f*; ⚖ cará[c]ter *m* obrigatório; obrigatoriedade *f*; ✝ obrigação *f*; compromisso *m*; *pl.* dívidas *f/pl.*; ≗**ung** *f* união *f*; *Pol. a.* liga *f*; relação *f*, *a. persönliche*: conta[c]to *m*; *eheliche*: enlace *m*; *Verkehr, Fernspr., einzelne*: ligação *f* (*a.* ⚔), *allgemeine*: comunicação *f*; (*Gesellschaft*) associação *f* (*a. Ideen*-≗); ⚗ composição *f*, composto *m*.

ver'bissen encarniçado; aferrado; = *verbohrt*.

ver'bitten (*L*; -): *sich* (*dat.*) *et.* ~ não admitir a.c., não consentir a.c.

ver'bitter|n (-*re*; -) amargar; ~**t** *adj.* acrimonioso; ≗**ung** *f* amargura *f*, azedume *m*.

ver|'blassen [-'blasən] (-*ßt*; -; *sn*) desbotar; *a. fig.* perder a cor, desvanecer-se; ≗'**bleib** [-'blaɪp] *m* (-*ĕs*; *0*) paradeiro *m*; ~'**bleiben** (*L*; -; *sn*) ficar; permanecer; *weiter* ~ continuar; *Briefschluß*: ter a honra de ser; ~'**blenden** (-*e*-; -) cegar, deslumbrar; obcecar; ⚠ revestir; ≗'**blendung** *f* (*0*) cegueira *f*; deslumbramento *m*, desvairamento *m*; obcecação *f*; ⚠ revestimento *m*; ~'**blöden** [-'blø:dən] (-*e*-; -; *sn*) imbecilizar, embrutecer.

ver'blüff|en [-'blyfən] (-) desconcertar, espantar; abananar; ~**end** *adj.* assombroso, estupendo; ~**t** atónito, perplexo, estupefa[c]to; ≗**ung** *f* perplexidade *f*, estupefa[c]ção *f*.

ver|'blühen (-; *sn*) murchar, desflorecer; passar; ~'**blümt** [-'bly:mt] figurado; indire[c]to, velado; ~'**bluten** (-*e*-; -; *sn*): (*sich*) ~ sangrar, perder o sangue, ficar exangue; ~'**bogen** torto.

ver'bohr|en (-): *sich in* (*ac.*) ~ matutar a.c.; aferrar-se a a.c.; ~**t** *adj.* obstinado; doutrineiro; ≗**t-heit** *f* (*0*) obstinação *f*; aferro (*ê) *m*.

ver'borgen 1. *v/t.* emprestar; **2.** *adj.* (*geheim*) secreto, clandestino, oculto; *Krankheit*: latente; *im* ≗*en* às escondidas; ≗**-heit** *f* (*0*) segredo (*'ê) *m*; *j-s*: recolhimento *m*; *in der* ~ *leben* viver retirado, viver recolhido.

Ver'bot [fɛr'bo:t] *n* (-*ĕs*; -*e*) proibição *f*; interdição *f*.

ver'brämen [fɛr'brɛ:mən] (-) debruar, orlar.

Ver'brauch *m* (-*ĕs*; *0*) consumo *m*; desgaste *m*; ≗**en** (-) gastar, consumir; ~**er**(**in** *f*) *m* consumidor(a *f*) *m*; ~**s-steuer** *f* (-; -*n*) imposto *m* sobre o consumo.

ver'brech|en[1] (*L*; -) *v/t.* cometer; ≗**en**[2] *n* crime *m*.

Ver'brecher|(**in** *f*) *m* [-'brɛçər] criminoso *m* (-a *f*); ≗**isch** criminoso; ~**-album** *n* (-*s*; -*alben*) cadastro *m* criminal; ~**-höhle**, ~**-kneipe** *f* madrigueira *f*; ~**tum** *n* (-*s*; *0*) criminalidade *f*, criminosos *m/pl.*

ver'breit|en (-*e*-; -) divulgar; propagar, propalar; *Radio*: difundir; *sich über* (*ac.*) ~ estender-se por, alargar-se sobre, *fig. a.* derramar-se; ~**ern** (-*re*; -) alargar; ≗**erung** [-ruŋ] *f* alargamento *m*; ≗**ung** *f* divulgação *f*, propagação *f*, propaganda *f*; difusão *f*, disseminação *f* (*a.* ⚕); ~ *durch den Rundfunk* radiodifusão *f*.

ver'brenn|bar combustível; ~**en** (*L*; -) **1.** *v/t.* queimar, arder; *Tote*: incinerar; **2.** *v/i.* (*sn*) queimar-se; consumir-se com o fogo; (*umkommen*) morrer queimado; *sich* ~ queimar-se; ≗**ung** *f* combustão *f*; *Tote*: cremação *f*; incineração *f*; ≗**ungsmotor** *m* (-*s*; -*en*) motor *m* de explosão; ≗**ungs-ofen** *m* (-*s*; ¨) crematório *m*.

ver|'briefen [-'bri:fən] (-) confirmar (por diploma); ~'**bringen** (*L*; -) passar; (*ausgeben*) gastar.

ver'brüder|n (-*re*; -): *sich* ~ confraternizar; ≗**ung** *f* confraternização *f*.

ver|'brühen (-) escaldar; ~'**buchen** (-) assentar, registar; ~'**bummeln** (-*le*; -) **1.** *v/t.* perder; **2.** *v/i.* (*sn*) levar uma vida desregrada; estroinar; ~'**bummelt** *adj. j.*: devasso, vagabundo; ~'**bunden** [-'bundən] *p. pt. v. verbinden; j-m sehr ~ sn* ser muito obrigado a alg.; ~'**bünden** [-'byndən] (*-e-*; -): *sich ~* aliar-se, unir-se, *Bundesstaat*: confederar-se; ♀'**bunden-heit** *f* (*0*) solidariedade *f*; ♀'**bündete(r** *m*) *m*, *f* [-'byndətə(r)] aliado *m*, aliada *f*; confederado *m*, confederada *f*; ~'**bürgen** (-) garantir; *sich ~ für* responder por, responsabilizar-se por; ~'**bürgerlichen** [-'byrgərliçən] (-) aburguesar(-se); ~'**bürgt** [-'byrkt] *adj.* autêntico; ~'**büßen** (*-t*; -) expiar; ~'**chromen** [-'kro:mən] (-) cromar; ♀'**dacht** [-'daxt] *m* (*-es*; *0*) suspeita *f* (*auf ac.* de); *in ~ kommen, in ~ geraten* cair na suspeita; *in ~ bringen* = *~dächtigen*; ~'**dächtig** [-'dɛçtiç] suspeito; ~'**dächtigen** [-'dɛçtigən] *v/t.* (-) suspeitar de, desconfiar de; ♀'**dächtigung** *f* suspeição *f*; ♀'**dachts-moment** *n* (*-es*; *-e*) ponto *m* suspeito.

ver'damm|en [-'damən] (-) condenar; *~t!* P (raça de) diabo!; ♀**nis** *f* (-; *-se*), ♀**ung** *f* condenação *f*.

ver'dampf|en (-) evaporar; ♀**ung** *f* evaporação *f*.

ver'danken (-) dever.

ver'dattert [-'datərt] F boquiaberto.

ver'dau|en [-'dauən] (-) digerir; *~***lich** digerível; *leicht ~* fácil de digerir, de fácil digestão; *schwer ~* indigesto; ♀**ung** *f* (*0*) digestão *f*; ♀**ungs-beschwerden** *f/pl.* indigestão *f/sg.*; ♀**ungs-mittel** *n* digestivo *m*; ♀**ungs-störung** *f* indigestão *f*.

Ver'deck *n* (*-es*; *-e*) ⚓ convés *m*, coberta *f*; (*Klapp*♀) capota *f*; ♀**en** (-) cobrir; *fig.* encobrir, ocultar.

ver'denken (*L*; -) levar a mal.

Ver'derb [-'dɛrp] *m* (*-es*; *0*) ruína *f*; (*Schädigung*) deterioração *f*; (*Vergeudung*) desperdício *m*; ♀**en**[1] [-bən] **a**) *v/t.* (*L*; -) estragar; arruinar (*a. j-n*); (*schädigen*) deteriorar; abastardar; corromper; viciar, perverter; *fig. a.* depravar; *es mit j-m ~* perder a(s) simpatia(s) de alg.; *sich* (*dat.*) *den Magen ~* apanhar uma indigestão; **b**) *v/i.* (*L*; -; *sn*) (*verfaulen*) estragar-se; (*zugrunde gehen*) arruinar-se; *sittlich*: corromper-se; *~***en**[2] *n* (*-s*; *0*) ruína *f*, perdição *f*; *ins ~ stürzen* perder, arruinar; ♀**enbringend** funesto, desastroso; de perdição; ♀**lich**: *leicht ~ sn* estragar-se fàcilmente; (*schädlich*) pernicioso; (*unheilvoll*) = ♀*enbringend*; *~***nis** *f* (-; *-se*) corrupção *f*, perversão *f*; ♀**t** depravado, corrupto, perverso; *~***t-heit** *f* perversidade *f*, depravação *f*.

ver|'deutlichen [-'dɔytliçən] (-) elucidar; evidenciar; tornar explícito; ~'**deutschen** [-'dɔytʃən] (-) traduzir (*od.* verter) para alemão; ~'**dichten** (*-e-*; -) comprimir, *a. fig.* condensar; ♀'**dichtung** *f* condensação *f*; compressão *f*, concentração *f*; ~'**dicken** (-) engrossar, espessar; ♀'**dickung** [-'dikuŋ] *f* engrossamento *m*; espessura *f*; *am Körper*: caroço *m*; ~'**dienen** (-) merecer; *Geld*: ganhar; *sich sn Brot ~* ganhar a vida; *s. a. ~dient*.

Ver'dienst (*-es*; *-e*) **a**) *n* mérito *m*; *pl. ~e um et.* serviços *m/pl.* prestados a a.c.; **b**) *m* ganho *m*; *~***-ausfall** *m* (*-es*; *⸚e*) perda *f* de ganho; *~***-kreuz** *n* (*-es*; *-e*) cruz *f* de mérito(s); ♀**lich,** ♀**voll** benemérito, meritório.

ver'dient [-'di:nt] **1.** *p. pt. v. verdienen*; **2.** *adj.* meritório; *sich ~ machen um* bem merecer de; *~***er'maßen** [-ər'ma:sən] devidamente, merecidamente, com justiça.

ver|'dingen (*L*; -) contratar; *sich ~* ir servir; ~'**dolmetschen** (-) traduzir; ~'**donnern** (*-re*; -) F condenar.

ver'doppel|n (*-le*; -) dobrar, duplicar; redobrar (*a. fig.*); ♀**ung** *f* duplicação *f*; redobramento *m*.

ver'dorben [-'dɔrbən] *p. pt. v. verderben*; = *verderbt*; *~er Magen* indigestão *f*; ♀**-heit** *f* (*0*) perversidade *f*, depravação *f*.

ver'dorren [-'dɔrən] (-; *sn*) secar, ressequir.

ver'dräng|en (-) desalojar; *fig. a.* suplantar; *Psychologie*: reprimir; *Wasser*: deslocar; ♀**ung** *f* desalojamento *m*; *Phys.* deslocamento *m*; *Psychologie*: repressão *f*.

ver'dreh|en (-) torcer; *Augen*: virar, esgazear; *Worte*: deturpar; *j-m den Kopf ~* fazer perder a cabeça a alg.; *~***t** *adj. j.*: tarado; *et.*: absurdo; ♀**t-heit** *f* extravagância *f*, loucura *f*; absurdo *m*; ♀**ung** *f* ⚕ contorção *f*; *fig.* deturpação *f*.

ver'dreifachen [-'draɪfaxən] (-) triplicar.
ver'drieß|en [-'dri:sən] (*L*; -) aborrecer; *sich* (*dat.*) *die Mühe nicht* ~ *lassen* não desanimar; **~lich** aborrecido; *j.*: *a.* rabugento; *Gesicht*: carrancudo; **≈lichkeit** *f* desgosto (*'ô) *m*, aborrecimento *m*.
ver'drossen [-'drɔsən] **1.** *p. pt. v. verdrießen*; **2.** *adj.* = *verdrießlich*; **≈-heit** *f* (*0*) mau humor *m*.
ver'drücken (-): *sich* ~ F eclipsar-se, safar-se.
ver'druckt: ~ *sn* estar errado.
Ver'druß [-'drus] *m* (*-sses*; *-sse*) desgosto (*'ô) *m*, dissabor *m*.
ver'duften (*-e-*; -; *sn*) evaporar(-se), perder-se; *fig.* F sumir-se, safar-se.
ver'dumm|en (-) *v/t.* (*v/i.* [*sn*]) entontecer; **≈ung** *f* entontecimento *m*.
ver'dunkel|n (*-le*; -) escurecer; *a. fig.* obscurecer, ofuscar, eclipsar; ⚖ encobrir; ⚔ ocultar as luzes; **≈ung** *f* obscurecimento *m*; ⚖ encobrimento *m*; ⚔ ocultação *f* das luzes.
ver'dünn|en (-) adelgaçar; *Flüssigkeit*: diluir; *Luft*: rarefazer; **≈ung** *f* diluição *f*; rarefa[c]ção *f*.
ver'dunst|en (*-e-*; -; *sn*) evaporar(-se); **≈ung** *f* (*0*) evaporação *f*.
ver'dursten (*-e-*; -; *sn*) morrer de sede.
ver'dutzt [-'dutst] perplexo, aparvalhado.
ver'edel|n (*-le*; -) enobrecer; (*verbessern*) melhorar; sublimar; *Rohstoffe*: refinar, afinar; acabar; ✓ enxertar; **≈ung** *f* refinação *f*, afinação *f*; acabamento *m*; ✓ enxerto (*'ê) *m*.
ver'ehr|en (-) *v/t.* venerar, honrar, respeitar, *Rel. a.* adorar; *j-m et.* ~ obsequiar alg. com a.c.; *sehr* **~te** *gnädige Frau!* Minha Senhora!; **≈er(in** *f*) *m* venerador(a *f*) *m*; adorador(a *f*) *m*; **≈ung** *f* respeito *m*; veneração *f*, adoração *f*; *Rel. a.* culto *m*; **~ungswürdig** venerando, venerável.
ver-'eid(ig)|en [-'aɪd(ig)ən] (*-e-*; -; [-]) ajuramentar; **≈ung** *f* ajuramentação *f*; juramento *m* (⚔ de bandeira); *Pol.* compromisso *m* de honra.
Ver'ein [-'aɪn] *m* (*-es*; *-e*) associação *f*, sociedade *f*; união *f*; clube *m*; *im* ~ *mit* em colaboração *f* com; **≈bar** compatível; **≈baren** [-ba:rən] *v/t.* (-) combinar; acordar (*a. Gehalt*); *Arbeit*, *Preis*: ajustar; *sich* (*nicht*) ~ *lassen* ser (in)compatível; **~barung** [-ba:ruŋ] *f* acordo (*'ô) *m* (*a. Pol.*); ajuste *m*; **≈en** (-) juntar (*mit* a); (re)unir, concentrar; **≈fachen** [-faxən] (-) simplificar; **~fachung** [-faxuŋ] *f* simplificação *f*; **≈-heitlichen** [-haɪtliçən] (-) unificar, uniformizar; **~-heitlichung** [-haɪtliçuŋ] *f* unificação *f*, uniformização *f*; **≈igen** (-) (re)unir; juntar; conjugar; *die ≈igten Staaten* os Estados Unidos *m/pl.*; **~igung** *f* união *f*; associação *f*; cole[c]tividade *f*; (*Kreis*) cenáculo *m*; (*Zusammenfassung*) concentração *f*; conjugação *f*; **≈nahmen** [-na:mən] (-) cobrar; **≈samen** [-za:mən] (-) *v/t.* isolar; *v/i.* ficar isolado, ficar só; **~samung** [-za:muŋ] *f* (*0*) isolamento *m*; **~s-haus** *n* (*-es*; *⸚er*) sede (*'ê) *f*; **~s-mitglied** *n* (*-es*; *-er*) sócio *m*; **≈zeln** [-tsɛln] (*-le*; -) isolar; **≈zelt**: ~ *auftretend* esporádico.
ver|-'eisen (*-t*; -) cobrir-se de gelo (*ê); *Geol.* cobrir-se de geleiras; **≈-'eisung** [-'aɪzuŋ] *f* gelificação *f*; **~-'eiteln** [-'aɪtəln] (*-le*; -) frustrar, fazer malograr, baldar; **~-'eitern** (*-re*; -; *sn*) supurar; ab(s)ceder; **≈-'eiterung** *f* supuração *f*; ab(s)cesso *m*; **~-'ekeln** (*-le*; -): *j-m et.* ~ estragar a.c. a alg., fazer perder o gosto (*'ô) de a.c. a alg.; **~-'elenden** [-'e:lɛndən] (*-e-*; -; *sn*) empobrecer; ficar reduzido à miséria; **≈-'elendung** [-'e:lɛnduŋ] *f* (*0*) depauperação *f*, depauperamento *m*; **~-'enden** (*-e-*; -; *sn*) morrer.
ver-'eng|e(r)n [-'ɛŋə(r)n] (- [*-re*; -]) estreitar; restringir; **≈ung** *f* estreitamento *m*, restringimento *m*, restrição *f*.
ver-'erb|en (-) legar, deixar; (*sich*) ~ *auf* (*ac.*) transmitir(-se) a; **~t** *adj.* hereditário; **≈ung** *f* transmissão *f* hereditária; **≈ungs-gesetz** *n* (*-es*; *-e*) lei *f* da hereditariedade; **≈ungslehre** *f* (*0*) teoria *f* da hereditariedade.
ver-'ewig|en [-'e:vigən] (-) eternizar, perpetuar; *Namen*: imortalizar; **~t** [-içt] *adj.* saudoso; defunto.
ver'fahr|en[1] **a)** (*L*; -) *v/i.* (*sn u. h.*) proceder; **b)** *v/t.* *Geld*: gastar (em viagens *usw.*); (*verwirren*) embrulhar, atrapalhar; *sich* ~ enganar-se,

perder-se (no caminho); **c)** *adj.* confuso; **2en²** *n* procedimento *m*; método *m*; ⊕, ⚗, ⚖ processo *m* (*einleiten* instaurar, *einstellen* arquivar).

Ver'fall *m* (-es; 0) decadência *f*; declínio *m*; *a.* ⚠ ruína *f*; *Sitten*: corrupção *f*, ✝ vencimento *m*; (*Verjährung*) prescrição *f*; *in ~ geraten* = **2en 1.** (*L*; -; *sn*) decair; ⚠ desmoronar-se, ruir; ✝ vencer-se; ⚖ caducar; *j.*: *auf* (*ac.*) ~ lembrar-se de; *in* (*ac.*) ~ incorrer em; *j-m* ~ caber a alg.; **2.** *adj.* ⚠ em ruínas; ⚖ caduco; *dem Laster*: entregue a; *j-m ~ sn* estar à mercê de alg.

ver'fälsch|en (-) falsificar, falsear; viciar, adulterar; abastardar; **2ung** *f* falsificação *f*, adulteração *f*; abastardamento *m*.

ver|'fangen (*L*; -) *v/i.* valer, servir; fazer efeito; *sich* ~ embrulhar-se, atrapalhar-se, prender-se; **~'fänglich** [-'fɛŋliç] capcioso; insidioso; melindroso; **~'färben** (-): *sich* ~ mudar de cor.

ver'fass|en (-ßt; -) compor, escrever, *Artikel*: *a.* redigir; **2er(in** *f*) *m* autor(a *f*) *m*.

Ver'fassung *f* (*Zustand*) estado *m*, disposição *f* (*a.* ⚕), situação *f*, condição *f* (*a. pl.*); (*Staats2*) Constituição *f*; **~s-bruch** *m* (-es; ⸚e) violação *f* da Constituição; **~s-gericht** *n* (-es; -e) tribunal *m* constitucional; **2s-mäßig** constitucional; **~s-mäßigkeit** *f* (0) constitucionalidade *f*; **~s-recht** *n* (-es; 0) direito *m* constitucional; **2s-widrig** anticonstitucional, inconstitucional.

ver'faulen (-; *sn*) apodrecer.

ver'fechten (*L*; -) *v/t.* defender.

ver'fehl|en (-) falhar, errar; *Zug*: perder; *j-n*: não encontrar; *ea.* ~ desencontrar-se; *nicht ~ zu* (*inf.*) não deixar de; **~t** *adj.* errado; mal organizado; *Leben*: fracassado; **2ung** *f* falta *f*; delito *m*.

ver'feinden [-'faɪndən] (-e-; -) desavir.

ver'feiner|n [-'faɪnərn] (-re; -) refinar, requintar (*a. fig.*); (*vervollkommnen*) aperfeiçoar; **2ung** *f* requinte *m*; aperfeiçoamento *m*.

ver'femen [-'fe:mən] (-) proscrever.

ver'fett|et [-'fɛtət] adiposo; **2ung** *f* (0) adipose *f*; adiposidade *f*.

ver'feuern (-re; -) gastar.

ver'film|en (-) filmar; *Buch*: tirar um filme de; **2ung** *f* adaptação *f* cinematográfica.

ver'filzen [-'filtsən] (-t; -) feltrar; *fig.*: *sich* ~ enredar-se.

ver'finster|n (-re; -) obscurecer; *Astr. sich* ~ eclipsar-se; **2ung** *f* eclipse *m*.

ver|'flachen [-'flaxən] (-) *v/i.* (*sn*) *fig.* trivializar-se; **~'flechten** (*L*; -) entrelaçar; *fig.* implicar; **2'flechtung** [-'flɛçtuŋ] *f* entrelaçamento *m*; *fig.* interdependência *f*; **~'fliegen** (*L*; -; *sn*) evaporar-se; *a. fig.* dissipar-se; *Zeit*: passar, correr; **~'fließen** (*L*; -; *sn*) (de)correr; *Frist*: expirar; **~'flossen** [-'flɔsən] **1.** *p.pt. v. verfließen*, **2.** *adj.* antigo; ex-; **~'fluchen** (-) *v/t.* amaldiçoar; *Rel.* anatemizar; **~'flucht** *adj.* maldito; *fig.* F *a.* danado; **~!** com mil raios!; *adv.* terrìvelmente; **~'flüchtigen** [-'flyçtigən] (-): *sich* ~ volatilizar-se.

ver'flüssig|en [-'flysigən] (-) liquefazer, derreter; *Luft*: condensar; **2ung** *f* (0) liquefação *f*, condensação *f*.

ver'folg|en (-) perseguir; ⚖ *a.* processar; *et. weiter* ~ prosseguir, continuar; *genau*: seguir de perto; **2er** *m* perseguidor *m*; **2ung** *f* perseguição *f*; *fig.* prosseguimento *m*; **2ungs-wahn** *m* (-es; 0) mania *f* da perseguição.

ver'fracht|en (-e-; -) fretar; embarcar; **2ung** *f* fretamento *m*; embarque *m*; **2er** *m* fretador *m*.

ver'früht [-'fry:t] prematuro; *Nachricht usw.*: antecipado.

ver'fügbar [-'fy:kba:r] disponível; **2keit** *f* (0) disponibilidade *f*.

ver'füg|en (-) dispor (*über ac.* de); *amtlich*: ordenar, decretar; *sich ~ nach* dirigir-se a; **2ung** *f* disposição *f*; decreto *m*; *letztwillige* ~ testamento *m*; *j-m zur ~ stehen* estar à disposição de alg.; **2ungs-recht** *n* (-es; 0) direito *m* de dispor (*über ac.* de); disponibilidade *f*.

ver'führ|en (-) seduzir; ~ *zu* levar a; **2er(in** *f*) *m* sedutor(a *f*) *m*; **~erisch** [-riʃ] sedutor, tentador; **2ung** *f* sedução *f*; tentação *f*.

ver|'gaffen (-): *sich ~ in* (*ac.*) perder a cabeça por; **~'gällen** [-'gɛlən] (-) amargar; *fig.* envenenar, estragar.

ver'gangen [-'gaŋən] **1.** *p.pt. v. vergehen;* **2.** *adj.* ido; transa[c]to; **♀-heit** *f (0)* passado *m; gr.* pretérito *m* imperfeito; *der ~ angehören a.* ter passado para a história.

ver'gänglich [-'gɛŋliç] passageiro, transitório; efémero; **♀keit** *f (0)* transitoriedade *f*, inconstância *f*.

ver'gas|en (-*t*; -) gas(e)ificar; *vertilgen*: gasear; **♀er** ⊕ *m* carburador *m*; **♀ung** *f* gas(e)ificação *f*; *Tötung*: gaseamento *m*; ⊕ carburação *f*.

ver'geb|en (*L*; -) dar; *Amt*: conferir; *Auftrag*: *a.* adjudicar; *Recht*: *a.* ceder; *zu ~ haben* dispor de; *zu ~ sn* estar vago, estar vacante; (*verzeihen*) perdoar; *Sünde*: absolver de; *sich ~ Karten*: enganar-se; *sich (dat.) et. ~* fazer um sacrifício; *sich (dat.) nichts ~* não fazer nenhum sacrifício; **~ens** em vão, debalde; **~lich** inútil, frustrado, perdido; *adv.* em vão; debalde; **♀lichkeit** *f (0)* vaidade *f*, inutilidade *f*; **♀ung** *f* perdão *m*; *Rel. a.* absolvição *f*.

ver-gegen'wärtig|en [-'vɛrtigən] (-) apresentar; *sich (dat.) ~* ter presente; **♀ung** *f (0)* apresentação *f*; a[c]tualização *f*; *Phil.* presentificação *f*.

ver'geh|en[1] (*L*; -; *sn*) passar; (*dahinschwinden*) definhar; desvanecer-se; (*zugrunde gehen*) perecer; *vor (dat.) ~* morrer de; *sich an (dat.) ~* violar (*ac.*); *sich ~ gegen* faltar ao respeito a; ⚖ transgredir (*ac.*); **♀en**[2] *n* falta *f*; ⚖ crime *m*, delito *m*.

ver'geistig|en [-'gaɪstigən] (-) espiritualizar; **♀ung** *f (0)* espiritualização *f*.

ver'gelt|en (*L*; -) pagar (*Gleiches mit Gleichem* pela mesma moeda); retribuir; *j-m s-e Güte ~* corresponder à amabilidade de alg.; *Untat*: vingar-se de; **♀ung** *f* paga *f*; (*Rache*) desforra *f*; (*Strafe*) retribuição *f*; **♀ungsmaßnahme** *f* represália *f*.

ver-ge'sellschaft|en (-*e*-; -) socializar, nacionalizar; **♀ung** *f* socialização *f*, nacionalização *f*.

ver'gessen [-'gɛsən] **1.** (*L*; -) esquecer(-se de); olvidar; *sich ~* ser incorre[c]to; **2.** ♀ *n* = **♀-heit** *f (0)* esquecimento *m*; *in ~ geraten* cair no esquecimento.

ver'geßlich [-'gɛsliç] esquecido, distraído; **♀keit** *f (0)* falta *f* de memória; *aus ~* por distração.

ver'geud|en [-'gɔydən] (-*e*-; -) dissipar, desperdiçar; delapidar; *Zeit*: gastar; **♀ung** *f (0)* desperdício *m*.

ver-ge'waltig|en [-gə'valtigən] (-) violar, desonrar; **♀ung** *f* violação *f*.

ver-ge'wissern [-gə'visərn] (-*re*; -): *sich ~* certificar-se.

ver'gießen (*L*; -) verter; *a. fig.* derramar.

ver'gift|en (-*e*-; -) envenenar; ⚕ intoxicar; **♀ung** *f* envenenamento *m*; intoxicação *f*.

ver|'gilben [-'gilbən] (-) amarelecer; **~'gilbt** *adj.* amarelado; **~'gipsen** [-'gipsən] (-*t*; -) engessar; **♀'gißmein-nicht** ⚘ [-'gis-] *n* (-*es*; -*e*) miosótis *m*; **~'gittern** [-'gitərn] (-*re*; -) gradear; **~'glasen** [-'gla:zən] (-*t*; -) *v/t.* (*v/i.* [*sn*]) envidraçar(-se); *v/t. Fenster*: pôr vidros em.

Ver'gleich *m* (-*es*; -*e*) confronto *m*, comparação *f* (*zu* com); paralelo *m* (*ziehen* estabelecer); (*Einigung*) compromisso *m*, acordo (*'ô) *m*; **♀bar** comparável; **♀e** (*Abk. vgl.*) vidé, ver, veja-se; **♀en** (*L*; -) comparar; (*gegenüberstellen*) confrontar; *Rechnungen usw.*: conferir; *sich ~* ⚖ *u.* ✝ acordar(-se); **♀end** *adj.* comparado, comparativo; **♀s-weise** relativamente, em comparação.

ver'glimmen (-) ir-se apagando.

ver'gnüg|en[1] [-'gny:gən] (-): *sich ~* divertir-se (*an dat.* com); **♀en**[2] *n* prazer *m* (*machen* dar; *es macht mir a.* tenho); *Unterhaltung*: divertimento *m*, recreio *m*; **~t** *adj.* alegre; contente, satisfeito; **♀ung** *f* divertimento *m*.

Ver'gnügungs|lokal *n* (-*es*; -*e*) estabelecimento *m* de recreio(s); **♀-süchtig** pândego.

ver'gold|en (-*e*-; -) dourar; **♀er** *m* dourador *m*; **♀ung** *f* dourado *m*, douradura *f*.

ver|'gönnen (-) permitir, conceder; **~'göttern** [-'gœtərn] (-*re*; -) deificar; *fig.* adorar, idolatrar; **~'graben** (*L*; -) enterrar; *fig. sich ~ in (ac.)* enfronhar-se em; **~'grämt** [-'grɛ:mt] azedado; **~'greifen** (*L*; -): *sich ~* enganar-se (na tecla *usw.*); *fig. a.* equivocar-se; *sich an (dat.) ~* violar (*ac.*), atentar contra; *sich an j-m ~ a.* maltratar alg., *sich an et. ~ a.* profanar a.c.; **~'griffen**

[-'grifən] **1.** *p.pt. v.* vergreifen; **2.** *adj. Buch*: esgotado.
ver'größer|n [-'grø:sərn] (*-re*; -) engrandecer; aumentar (*a. optisch u. fig.*); *weiter machen, breiter machen* amplificar, alargar; *Phot.* ampliar; (*übertreiben*) exagerar; **≈ung** *f* engrandecimento *m*, aumento *m*; amplificação *f*; *Phot.* ampliação *f*; **≈ungsapparat** *m* (*-ės*; *-e*) ampliador *m*; **≈ungsglas** *n* (*-es*; *ᵘer*) lupa *f*; microscópio *m*.
Ver'günstigung [-'gynstiguŋ] *f* favor *m*, facilidade(s *pl.*) *f*; bónus *m*.
ver'güt|en [-'gy:tən] (*-e-*; -) *Arbeit*: remunerar; *Geld*: reembolsar; *e-n Schaden*: reparar; *j-m et.* ~ indemnizar alg.; ⊕ afinar, * *Stahl*: revenir; **≈ung** *f* remuneração *f*, reembolso *m*; reparação *f*, indemnização *f*.
ver'haft|en (*-e-*; -) prender, deter; **≈ung** *f* prisão *f*, detenção *f*.
ver'hallen (-; *sn*) perder-se.
ver'halt|en[1] (*L*; -) reter, reprimir; *sich* ~ *et.*: ser (*zu* em relação a); ⅍ estar (*zu* para); *j.*: comportar-se, proceder (*zu* para com); reagir (*zu* contra, perante); *sich ruhig* ~ ficar quieto; **≈en**[2] *n j-s*: atitude *f*; conduta *f*, comportamento *m*, procedimento *m*; *a. e-r Sache*: rea[c]ção *f*.
Ver'hältnis [-'hɛltnis] *n* (*-ses*; *-se*) relação *f*; ⅍ proporção *f*; *im* ~ *zu* em relação a; (*Liebes≈*) namoro *m*; *pl.* ~*se* situação *f/sg.*, condições *f/pl.*; circunstâncias *f/pl.* (*unter dat.* em); **≈mäßig** relativo; ⅍ proporcional; **~wahl** *f* representação *f* proporcional; **~wort** *n* (*-ės*; *ᵘer*) preposição *f*; **~zahl** *f* número *m* proporcional.
Ver'haltung ⚕ *f* retenção *f*; **~smaßregel** *f* (-; *-n*) regra *f* de conduta, instrução *f*; dire[c]tiva *f*.
ver'hand|eln (*-le*; -) *v/t. u. v/i.* (*über ac.*) negociar (*ac.*); tratar (de); discutir (*ac.*); **≈lung** *f* negociação *f*, discussão *f*, debate *m*.
ver'häng|en (-) cobrir; *Strafe*: impor, infligir (*über ac.* a); *Belagerungszustand*: declarar; *Konkurs über* (*ac.*) ~ quebrar (*ac.*); *mit* ~*tem Zügel* à rédea solta; **≈nis** *n* (*-ses*; *-se*) fatalidade *f*; (*Schicksal*) destino *m*; **~nis-voll** fatídico, funesto.
ver|'härmt [-'hɛrmt] acabrunhado; **~'harren** (-) permanecer, ficar, continuar; (*beharren*) persistir; **~'harschen** [-'harʃən] (-; *sn*) cicatrizar; *Schnee*: regelar; **~'härten** (*-e-*; -) endurecer; *verhärtet fig. a.* obstinado; **≈'härtung** *f* endurecimento *m*; ⚕ *a.* calosidade *f*, esclerose *f*; (*harte Stelle*) calo *m*; **~'haspeln** (*-le*; -): *sich* ~ embaraçar-se; **~'haßt** [-'hast] odioso; ~ *bei* odiado de; **~'hätscheln** (*-le*; -) amimar.
Ver'hau [-'hau] *m* (*-ės*; *-e*) estacada *f*; ⚔ abatis *m*; (*Draht≈*) arame *m* farpado; **≈en** F (*L*; -) espancar, dar pancada a; *sich* ~ enganar-se; ~ *werden* apanhar.
ver'heer|en [-'he:rən] (-) devastar, assolar; **~end** *adj.* devastador, assolador (*wirken* ter efeito); **≈ung** *f* devastação *f*; (*Schaden*) estrago *m*.
ver|'hehlen (-) encobrir, dissimular, ocultar; **~'heilen** (-; *sn*) sarar, cicatrizar; **~'heimlichen** [-'haımliçən] (-) dissimular, ocultar.
ver'heirat|en (*-e-*; -): (*sich*) ~ casar(-se); **≈ung** *f* casamento *m*.
ver'heiß|en (*L*; -) prometer; **≈ung** *f* promessa *f*; *Rel.* promissão *f*; **~ungs-voll** prometedor.
ver'helfen (*L*; -): *j-m zu et.* ~ proporcionar a.c. a alg., arranjar a.c. para alg.
ver'herrlich|en (-) glorificar, enaltecer; **≈ung** *f* glorificação *f*.
ver'hetz|en (*-t*; -) incitar; **≈ung** *f* incitamento *m*.
ver'hexen (*-t*; -) enfeitiçar, embruxar.
ver'hinder|n (*-re*; -) impedir (*j-n am* ... alg. de *inf.*); evitar; ~*t sn a.* ter já um compromisso; **≈ung** *f* impedimento *m*.
ver'höhn|en (-) *v/t.* escarnecer, troçar de; **≈ung** *f* escárnio *m*, troça *f*.
Ver'hör [-'hø:r] *n* (*-ės*; *-e*) interrogatório *m*; *ins* ~ *nehmen* = **≈en** (-) *v/t.* interrogar; *sich* ~ entender mal.
ver|'hüllen (-) (en)cobrir, velar; *fig. a.* ocultar; **~'hundert-fachen** [-faxən] (-) centuplicar; **~'hungern** (*-re*; -; *sn*) morrer de fome; ~*hungert aussehen* ter ar de esfomeado; ~ *lassen* esfomear; **~'hunzen** [-'huntsən] (*-t*; -) F estropear; **~'hüten** (*-e-*; -) impedir, evitar; preservar; ~*hütend adj.* impeditivo; preservativo, ⚕ *a.* profilá[c]tico;

~'hütten [-'hytən] (-e-; -) fundir; ♀'hüttung [-'hytuŋ] f fundição f.

Ver'hütung [-'hy:tuŋ] f prevenção f, preservação f; ⚕ profilaxia f; ~s-maßnahme f medida f preventiva; ~s-mittel n preservativo m.

ver'hutzelt [-'hutsəlt] corcovado.

ver'innerlich|en (-) interiorizar; ♀ung f interiorização f.

ver'irr|en (-): sich ~ perder-se; ♀ung f fig. aberração f; leichte: deslize m.

ver'jagen (-) afugentar, expulsar.

ver'jähr|en (-; sn) prescrever, caducar; ♀ung f prescrição f.

ver'jubeln (-le; -) gastar na pândega.

ver'jüng|en [-'jyŋən] (-) rejuvenescer; Maßstab: reduzir; ⚠ diminuir; ♀ung f rejuvenescimento m; redução f, diminuição f.

ver'kalk|en (-) 1. v/t. ⊕ calcinar; 2. v/i. (sn) calcificar-se; endurecer; ⚕ esclerotizar; ~t adj. esclerótico; ♀ung f calcinação f, calcificação f; endurecimento m; esclerose f.

ver|'kannt [-'kant] 1. p.pt. v. verkennen; 2. adj. incompreendido; ~'kappt [-'kapt] encapotado; fig. disfarçado (als de); ~'kapseln [-'kapsəln] (-le; -): sich ~ enquistar-se.

Ver'kauf m (-ęs; ⸚e) venda f; ♀en vender.

Ver'käuf|er(in f) m vendedor m (vendedeira f); ♀lich vendável, vendível; ~ sn a. estar para vender; vender-se (leicht com facilidade).

Ver'kaufs|bude f locanda f; ~-chef m (-s; -s) dire[c]tor m da se[c]ção de vendas; ~-stand m (-ęs; ⸚e) posto (*'ô) m (od. pavilhão m) de venda; lugar m; ~-tisch m (-ęs; -e) balcão m; ~wert m (-ęs; -e) valor m de venda.

Ver'kehr [-'ke:r] m (-ęs; 0) trânsito m, circulação f; a. ✈ movimento m, tráfego m; (Straßen♀) viação f; regelmäßiger: 🚂, 🚌 serviço m, comunicações f/pl., ⚓, ✈ a. carreiras f/pl.; (Umgang; in ~ stehen mit ter) relações f/pl. (com); brieflicher: correspondência f; in ~ bringen fazer circular; ♀en (-) 1. v/i. circular; efe[c]tuar-se; in e-m Hause ~ frequentar (ac.); mit j-m ~ lidar com alg., dar-se com alg.; geschlechtlich ~ mit ter relações sexuais com; 2. v/t. transtornar; invertir; vgl. ♀t.

Ver'kehrs|-ader f (-; -n) artéria f; ~-ampel f (-; -n) lanterna f da sinalização; ~-amt n (-ęs; ⸚er), ~büro n (-s; -s) (agência f de) Turismo m; ~flugzeug n (-ęs; -e) avião m de carreira; avião m de transportes; ~-hindernis n (-ses; -se) obstáculo m para a circulação; ~-insel f (-; -n) placa f; ~knotenpunkt m (-ęs; -e) entroncamento m; ~minister(ium n [-s; -ministerien]) m Ministro m (Ministério m) de Comunicações; ~mittel n meio m de transporte; ~-ordnung f regulamento m de trânsito; código m das estradas; ~polizei f (0) polícia f de trânsito; ~polizist m (-en) polícia m de trânsito; ♀reich movimentado; ~sicherheit f (0) segurança f nas estradas; ~-stauung f, ~-stockung f congestão f do trânsito; ~-störung f interrupção f do trânsito; ~-straße f Stadt: rua f de grande movimento; Land: estrada f, via f de comunicação; ~-umleitung f desvio m; ~-unfall m (-ęs; ⸚e) acidente m de viação; ~vorschrift f = ~ordnung; ~weg m (-ęs; -e) via f (pública); ~wesen n (-s; 0) viação f; ~-zeichen n sinal m de trânsito.

ver'kehrt [-'ke:rt] 1. p.pt. v. verkehren; 2. adj. invertido; a. adv. às avessas; fig. errado; adv. mal; ♀-heit f perversão f, absurdidade f.

ver'keilen ⊕ (-) acunhar; F (verprügeln) chegar a, dar pancada em.

ver'kennen (L; -) desconhecer; não compreender; nicht ~ a. não negar.

ver'kett|en (-e-; -) encadear; a. fig. concatenar; ♀ung f encadeamento m, concatenação f.

ver|'kitten (-e-; -) (a)betumar; ~'klagen (-): ~ (bei) acusar (perante); ⚖ denunciar (a); pôr demanda (j-n contra alg.); ~'klammern (-re; -) enganchar; ~'klaren (-) ⚓, ⚖ depor; ~'klären (-) transfigurar; ♀'klarung [-'kla:ruŋ] f depoimento m, audiência f; ♀'klärung f transfiguração f; apoteose f; ~'klatschen (-) denunciar; difamar; ~klausu'lieren [-klauzu'li:rən] (-) clausular; ~'kleben (-) tapar; colar; (a)betumar; ~'kleiden (-e-; -) disfarçar; ⚠, ⊕ revestir;

Holz: forrar (*mit* de); ²'**kleidung** *f* disfarce *m*; ⚠, ⊕ revestimento *m*; (*Holz*²) forro (*'ô) *m*.
ver'kleiner|n [-'klaınərn] (-*re*; -) reduzir (*a*. ⚔), *a*. *fig*.: diminuir, apoucar; ²**ung** *f* redução *f*, diminuição *f*; ²**ungs-wort** *n* (-*ẹs*; ⁼*er*) diminutivo *m*.
ver|'klingen (*L*; *sn*) ir-se perdendo; ²'**knappung** [-'knapuŋ] *f* (*0*) escassez *f*; ~'**kneifen** F (*L*; -): *sich et*. ~ desistir de a.c.; *das Lachen*: conter; ~'**knöchern** (-*re*; -; *sn*) ossificar(-se); ~*knöchert adj*. *fig*. burocrático; ~'**knüpfen** (-) ligar, juntar; *fig*. *a*. associar, combinar; ²'**knüpfung** [-'knypfuŋ] *f* enlace *m*; *fig*. combinação *f*, associação *f*; ~'**kohlen** (-) *v/t*. (*v/i*. [*sn*]) carbonizar(-se); reduzir(-se) a carvão; *fig*. F *v/t*.: *j-n* ~ contar petas a alg.; ~'**koken** [-'ko:kən] (-) calcinar.
ver'kommen **1.** *v/i*. (*L*; -; *sn*) ir-se arruinando, ir-se degenerando; *j*.: ir-se depravando; ~ *lassen* abandalhar; **2.** *adj*. arruinado; decadente, depravado; ²-**heit** *f* (*0*) decadência *f*, depravação *f*.
ver'korken (-) arrolhar.
ver'körper|n (-*re*; -) personificar; encarnar; *sich* ~ *a*. tomar corpo; *Rolle*: representar, interpretar; ~**t** *adj*. em pessoa; ²**ung** *f* encarnação *f*, personificação *f*; representação *f*.
ver|'krachen F *v/i*. (-; *sn*) falir, quebrar; fracassar; *sich* ~ zangar-se; ~'**kramen** (-) extraviar; ~'**kriechen** (*L*; -): *sich* ~ esconder-se; ~'**krümeln** (-*le*; -) esmigalhar; *sich* ~ *fig*. sumir-se; *Geld*: ir-se gastando; ²'**krümmung** *f* ⚕ deformação *f*.
ver'krüppel|n (-*le*; -; *sn*) atrofiar-se; *j*.: ficar aleijado; ²**ung** *f* atrofia *f*.
ver|'krusten [-'krustən] (-*e*-; -) incrustar; ²'**krustung** *f* incrustação *f*; ~'**kühlen** (-): *sich* ~ constipar-se; ~'**kümmern** (-*re*; -) **1.** *v/i*. (*sn*) enfezar, estiolar(-se); ⚘, ⚕ atrofiar-se; **2.** *v/t*. perturbar, estragar; ~'**kümmert** *adj*. raquítico.
ver'künd(ig)|en (-*e*-; -) anunciar, preconizar; *laut*: proclamar; *Gesetz*: promulgar, publicar; *Urteil*: pronunciar; *Rel*. (*predigen*) pregoar; (*weissagen*) profetizar; ²**ung** *f* publicação *f*, proclamação *f*, promulgação *f*; *Mariä* ~ Anunciação *f*.
ver'kupfer|n (-*re*; -) (a)cobrear; ²**ung** *f* acobreado *m*.
ver'kuppeln (-*le*; -) ⊕ engatar; *j-n*: alcovitar.
ver'kürz|en (-*t*; -) reduzir, encurtar, abreviar; *Mal*. escorçar; *sich* (*dat*.) *die Zeit* ~ matar o tempo; ²**ung** *f* redução *f*; abreviação *f*, abreviamento *m*; *Mal*. escorço (*'ô) *m*; ⚕ encurtamento *m*.
ver'lad|en (*L*; -) carregar; embarcar; ²**e-platz** *m* (-*es*; ⁼*e*) cais *m* de embarque; ²**ung** *f* carga *f*, carregamento *m*; embarque *m*.
Ver'lag [-'la:k] *m* (-*ẹs*; -*e*) edição *f*; = ~*sanstalt*; *in* ~ *nehmen* publicar.
ver'lager|n (-*re*; -) dislocar; ²**ung** *f* dislocação *f*.
Ver'lags|-anstalt *f* (casa *f*) editora *f*; ~**buchhändler** *m* livreiro *m* editor; ~**buchhandlung** *f* livraria *f* editora; ~**recht** *n* (-*ẹs*; -*e*) direitos *m/pl*. editoriais.
ver'lang|en[1] (-): ~ (*von*) pedir (a), exigir (de); *nach et*. ~ ansiar a.c.; (*a*. *nach j-m*) ter saudades de (alg.); ²**en**[2] *n* desejo *m*; (*Forderung*) exigência *f*, reclamação *f*; (*Sehnsucht*) ânsia *f*, saudade *f* (*nach* de).
ver'länger|n [-'lɛŋərn] (-*re*; -) alongar, prolongar; *Frist*: prorrogar; ²**ung** *f* alongamento *m*; prolongamento *m*, prorrogação *f*; ²**ungs-schnur** *f* ⚡ extensão *f*.
ver'langsam|en (-) retardar; ²**ung** *f* retardação *f*, retardamento *m*.
Ver'laß [-'las] *m* (-*sses*; *0*): *es ist kein* ~ *auf* (*ac*.) não se pode ter confiança *f* em.
ver'lassen **1.** *v/t*. (*L*; -) deixar, abandonar; *Ort*: *a*. sair de; *sich auf* (*ac*.) ~ fiar-se em, confiar em, contar com; **2.** *adj*. abandonado; *j*.: *a*. desamparado; *Haus*: *a*. desabitado; ²-**heit** *f* (*0*) abandono *m*, solidão *f*.
ver'läßlich [-'lɛsliç] seguro, de confiança; *j*.: sério; (*treu*) fiel; (*sicher*) certo; *Nachricht*: *a*. fidedigno.
Ver'lauf *m* (-*ẹs*; *0*) decurso *m*, decorrer *m*; *Handlung*: *a*. marcha *f*, progresso *m*, evolução *f*; *im* ~ *des Jahres* pelo ano fora; *nach* ~ *von* ao cabo de; ²**en** (*L*; -) *v/i*. decorrer; passar(-se); evolucionar; *gut* (*schlecht*) ~ tomar rumo (des)favo-

rável; *sich* ~ (*auseinandergehen*) dispersar-se; *Wasser*: espalhar-se, *nach Überschwemmungen*: descer; F (*sich verirren*) perder-se.

ver'laust [-'laʊst] piolhento.

ver'lautbar|en (-): ~ *lassen* comunicar; **2ung** *f* publicação *f*, comunicado *m*.

ver'lauten (-*e*-; -) constar; ~ *lassen* manifestar, mandar dizer, mandar publicar, mandar divulgar; *nichts* ~ *lassen* calar-se; *nichts von sich* (*dat.*) ~ *lassen* a. não dar notícias.

ver'leb|en (-) passar; **~t** *adj.* gasto.

ver'leg|en 1. *v/t.* (-) transferir, trasladar, mudar (*auf ac.* para); *Gegenstand*: não pôr no sítio; *Handlung*: situar; localizar; (*einbauen, legen*) assentar, colocar; (*aufschieben*) adiar; pôr no sítio; (*veröffentlichen*) publicar, editar; (*versperren*) trancar, cortar; **2.** *adj.* embaraçado; *nie um e-e Antwort* ~ *sn* estar sempre pronto a ripostar; ~ *werden* embaraçar-se; **2en-heit** *f* embaraço *m*; (*Geld*2) apuros *m/pl.*; **2er** *m* editor *m*; **2ung** *f* transferência *f*; *zeitl. a.* adiamento *m*.

ver'leiden (-*e*-; -): *j-m et.* ~ estragar a.c. a alg., fazer perder o gosto de a.c. a alg.

Ver'leih [-'laɪ] *m* (-*es*; -*e*) aluguer *m*, aluguel *m*; **2en** (*L*; -) *v/t.* emprestar; (*vermieten*) alugar; *Form, Glanz*: dar, *Titel*: *a.* conferir, *Glanz*: *a. Orden*: *a.* agraciar com, condecorar com; *Insignien*: impor; *Recht*: outorgar, conceder; (*angedeihen l.*) proporcionar; **~er(in** *f*) *m* emprestador(a *f*) *m*; (*Vermieter*[*in*]) alugador(a *f*) *m*; **~ung** *f Insignien*: imposição *f*; (*Ordens*2) condecoração *f*; *Recht*: concessão *f*; *Würde*: investidura *f*; (*Vermietung*) aluguer *m*.

ver'leit|en (-*e*-; -) induzir; *stärker*: tentar (*zu* a); **2ung** *f* indução *f*; tentação *f*.

ver'lernen (-) desaprender, esquecer.

ver'lesen (*L*; -) *v/t.* ler; fazer a leitura de; *sich* ~ enganar-se (na leitura).

ver'letz|bar [-'lɛtsba:r] vulnerável; *fig. j.*: melindroso (*leicht* muito); **~en** (-*t*; -) ferir; lesar; *fig.* faltar; *Interesse*: prejudicar; *j-n*: melindrar, ofender; **~lich** = **~***bar*; **2ung** *f* ferida *f*, lesão *f*; violação *f*, ofensa *f*.

ver'leugnen (-*e*-; -) (ar)renegar (*a. Rel.*); (*sich nicht* não se) desmentir; *sich* ~ *lassen* negar-se.

ver'leumd|en [-'lɔymdən] (-*e*-; -) caluniar, difamar; **2er(in** *f*) *m* caluniador(a *f*) *m*, difamador(a *f*) *m*; **~erisch** [-rɪʃ] caluniador, difamador, difamante; **2ung** *f* calúnia *f*, difamação *f*.

ver'lieb|en (-): *sich in* (*ac.*) ~ namorar-se de, apaixonar-se por; **~t** namorado, apaixonado; **2t-heit** *f* amor *m*, namoro *m*.

ver'lier|en [-'li:rən] (*L*; -) perder; *s. a. verloren*; **2er** *m* quem perde.

Ver'lies [-'li:s] *n* (-*es*; -*e*) calabouço *m*.

ver|'loben (-): *sich* ~ celebrar esponsais; **~***lobt sn* ser noivo; **2'löbnis** [-'lø:pnɪs] *n* (-*ses*; -*se*) noivado *m*; esponsais *m/pl.*; **2'lobte(r** *m*) *m*, *f* noivo *m*, -a *f*.

Ver'lobung [-'lo:bʊŋ] *f* noivado *m*; esponsais *m/pl.*; **~s-anzeige** *f* participação *f* de noivado; **~s-ring** *m* (-*es*; -*e*) aliança *f*.

ver'lock|en (-) atrair; **~end** *adj.* atra[c]tivo; **2ung** *f* atra[c]ção *f*, sedução *f*.

ver'logen [-'lo:gən] mentiroso; **2-heit** *f* (*0*) mentira *f*.

ver'lohnen (-): *sich* (*der Mühe*) ~ valer a pena.

ver'loren [-'lo:rən] **1.** *p.pt. v. verlieren*; ~ *geben* considerar perdido; **2.** *adj.*: *der* ~*e Sohn* o filho pródigo; ~*e Eier Kochk.* ovos *m/pl.* escalfados; **~gehen** (*L*) perder-se.

ver|'löschen (-) **1.** *v/i.* (*sn*) extinguir-se; **2.** *v/t.* sujar; **~'losen** (-*t*; -) sortear, rifar; **2'losung** *f* sorteio *m*, rifa *f*; **~'löten** (-*e*-; -) soldar; **~'lottern** [-'lɔtərn] (-*re*; -) desorganizar-se; *j.*: estroinar, desmoralizar-se; ~ *lassen* abandalhar; **2'lötung** [-'lø:tʊŋ] *f* soldagem *f*; *Anat.* sínfise *f*; **~'ludern** [-'lu:dərn] (-*re*; -) = ~*lottern*; **~'lumpen** (-) **1.** *v/t.* desperdiçar, (mal)gastar; **2.** *v/i.* (*sn*) desmoralizar-se.

Ver'lust [-'lʊst] *m* (-*es*; -*e*) perda *f*; (*Schade*) prejuízo *m*; ⚔ baixa *f*; **2bringend** prejudicial; **2ig**: ~ *gehen* (*gen.*) perder (*ac.*); *s-s Amtes für* ~ *erklären* demitir (das suas funções); **2reich** ⚔ sangrento.

ver|'machen (-) legar; **2'mächtnis** *n* (-*ses*; -*se*) legado *m*, património *m*; testamento *m*.

ver'mähl|en [-'mɛ:lən] (-): *sich* ~ casar(-se); **ˆte(n)** [-tə(n)] *pl.* esposos *m/pl.*, casal *m/sg.*; **ˆung** *f* casamento *m*, enlace *m*.

ver|'mahnen (-) admoestar; **ˆmahnung** *f* admoestação *f*; **~'mannigfachen** [-'maniçfaxən] (-) multiplicar.

ver'mehr|en (-) aumentar (*a. refl.*); *sich* ~ *Zool.* multiplicar-se; **ˆung** *f* aumento *m*; multiplicação *f*.

ver'meidbar [-'maɪtba:r] evitável.

ver'meid|en (*L*; -) evitar; **~lich** evitável; **ˆung** *f* evitação *f*; *bei* ~ *e-r Strafe von* sob pena de ...

ver'mein|en (-) supor, julgar; **~tlich** suposto, pretenso, fictício.

ver'melden (*-e-*; -) noticiar, notificar.

ver'mengen (-) misturar; *fig. a.* confundir.

Ver'merk [-'mɛrk] *m* (*-es*; *-e*) nota *f*; **ˆen** (-) notar; *übel* ~ levar a mal.

ver'messen (*L*; -) **1.** *v/t.* medir; *Erdk.* levantar o plano topográfico; *sich* ~ enganar-se na medida; *fig. sich* ~ *zu* (*inf.*) atrever-se a; **2.** *adj.* atrevido; **ˆ-heit** *f* (*0*) atrevimento *m*.

Ver'messung *f* medição *f*; levantamento *m* topográfico; **~s-kunde** *f* (*0*) geodesia *f*; ⚒ geodésia *f*; **~s-schiff** *n* (*-es*; *-e*) navio *m* hidrográfico.

ver'miet|en (*-e-*; -) alugar, arrendar; *sich* ~ *j.*: ir servir; **ˆer(in** *f*) *m* alugador(a *f*) *m*; **ˆung** *f* aluguer *m*, aluguel *m*, arrendamento *m*.

ver'minder|n (*-re*; -) diminuir, reduzir; **ˆung** *f* diminuição *f*, redução *f*.

ver'misch|en (-) misturar; *Zool.* cruzar; **~t** *adj.* misto; *pl. a.* vários; *~e Nachrichten a.* ocorrências várias; *~e Schriften* miscelânea *f/sg.*; **ˆung** *f* mistura *f*, mescla *f*; cruzamento *m*.

ver|'missen (*-ßt*; -) *v/t.* dar pela (*od.* sentir a) falta de; fazer falta a; **~'mißt** [-'mist] (**ˆ'mißte[r]** *m*) desaparecido (*m*).

ver'mitt|eln [-'mitəln] (*-le*; -) **1.** *v/i.* intervir; *zwischen Streitenden*: servir de medianeiro; *zwischen Meinungen usw.*: conciliar (*ac.*); **2.** *v/t.* (*zustande bringen*) facilitar, arranjar; *~d adj.* medianeiro, conciliatório; **~els(t)** por meio de, mediante; **ˆler(in** *f*) *m* medianeiro *m* (-a *f*); mediador(a *f*) *m*, agente *m*, *f*; **ˆlung** [-luŋ] *f* mediação *f*; **ˆlungs-stelle** *f* agência *f*; central *f*; **ˆlungs-gebühr** *f* comissão *f*.

ver'modern (*-re*; -; *sn*) apodrecer.

ver'möge [-'mø:gə] (*gen.*) em virtude de; **~n**[1] (*L*; -) *v/t.* poder; *j-n*: levar; *nichts über j-n* ~ não ter autoridade sobre alg.; **ˆn**[2] *n* (*Besitz*) fortuna *f*, bens *m/pl.*; (*Macht*) poder *m*; **~nd** *adj.* abastado; ~ *sn a.* ter fortuna; **ˆns-steuer** *f* (-; *-n*) contribuição *f* de bens; **ˆns-verhältnisse** *n/pl.* situação *f/sg.* financeira; recursos *m/pl.*; **ˆnsverwaltung** *f* administração *f* de bens.

ver'morscht [-'mɔrʃt] podre, apodrecido.

ver'mumm|en [-'mumən] (-) disfarçar; **ˆung** *f* disfarce *m*.

ver'mut|en (*-e-*; -) supor, presumir; suspeitar; **~lich** provável, presumível; *adv. a.* parece que, é de supor que; **ˆung** *f* suposição *f*, conje[c]tura *f*; suspeita *f*; *gegen alle* ~ contra toda a expectativa.

ver'nach-lässig|en [-lɛsigən] (-) descurar, descuidar, desleixar, desprezar; **ˆung** *f* descuido *m*; desleixo *m*.

ver|'nageln encravar; *~nagelt sn fig.* F ter perdido o tino; **~'narben** [-'narbən] (-; *sn*) cicatrizar; **~'narrt** [-'nart]: *in* (*ac.*) ~ *sn* estar doido por; **~'naschen** (-) gastar em gulosices; **~'nebeln** (*-le*; -) enevoar.

ver'nehm|bar [-'ne:mba:r] perceptível; **~en** (*L*; -) perceber, sentir; ouvir (dizer); (*erfahren*) *a.* saber; ⚖ (*verhören*) interrogar; *dem* ˆ *nach* segundo consta; **~lich** distinto, claro, inteligível; **ˆung** ⚖ *f* interrogatório *m*; **~ungs-fähig** em estado de depor.

ver'neig|en (-): *sich* ~ inclinar-se; cumprimentar (*ac.*); **ˆung** *f* reverência *f*, vénia *f*, cumprimento *m*.

ver'nein|en (-) negar; dizer que não; **~end, ~t** *adj.* negativo; **ˆung** *f* negação *f*.

ver'nicht|en (*-e-*; -) aniquilar; (*ausrotten*) exterminar; **ˆung** *f* aniquilamento *m*; extermínio *m*; **ˆungskrieg** *m* (*-es*; *-e*) guerra *f* de extermínio.

ver'nickel|n (*-le*; -) niquelar; **ˆung** *f* niquelagem *f*.

ver'niet|en (*-e-*; -) rebitar; **~ung** *f* rebitagem *f*.
Ver'nunft [-'nunft] *f* (*0*) razão *f*, juízo *m*; *zur ~ bringen* chamar à razão; *zur ~ kommen, ~ annehmen* vir à razão, tomar juízo; **~-ehe** *f* casamento *m* de conveniência; **~gemäß** razoável, sensato, lógico; **~glaube** *m* (*-ns*; *0*) racionalismo *m*; **~gründe** [-gryndə] *m/pl.* argumentos *m/pl.*; razões *f/pl.*
ver'nünftig [-'nynftiç] razoável, sensato.
Ver'nunft|lehre *f* (*0*) lógica *f*; **~los** irracional; **~widrig** absurdo.
ver-'öd|en [-'ø:dən] (*-e-*; -; *sn*) ficar deserto, ficar despovoado; **~ung** *f* despovoação *f*, despovoamento *m*.
ver'öffentlich|en (-) publicar; *Gesetz*: promulgar; **~ung** *f* publicação *f*; *Gesetz*: promulgação *f*.
ver'ordn|en (*-e-*; -) ordenar, decretar; ⚕ receitar, prescrever; **~ung** *f* decreto *m*, portaria *f*, ordem *f*; *städtische ~* postura *f* camarária; ⚕ receita *f*, prescrição *f*.
ver|'pachten (*-e-*; -) arrendar, dar em arrendamento; **~'pachtung** *f* arrendamento *m*; **~'packen** (-) empacotar, embrulhar; ✝ enfardar, embalar; **~'packung** *f* embalagem *f*; **~'passen** (*-ßt*; -) perder; *j-n ~* desencontrar-se com alg.; **~'pesten** [-'pɛstən] (*-e-*; -) infestar; **~'petzen** F (*-t*; -) denunciar; **~'pfänden** (*-e-*; -) empenhar, penhorar; ⚖ hipotecar; **~'pfändung** *f* empenho *m*; ⚖ hipoteca *f*; **~'pflanzen** (*-t*; -) transplantar; **~'pflanzung** *f* transplantação *f*.
ver'pfleg|en (-) alimentar; (*unterhalten*) suster; *j-n ~ a.* dar pensão a alg.; *Heer*: abastecer; **~ung** *f* alimentação *f*; víveres *m/pl.*; *Hotel*: comida *f*; *volle ~* pensão *f* completa; ⚔ abastecimento *m*; manutenção *f*.
ver'pflicht|en (*-e-*; -) obrigar; *j-n zu Dank ~* penhorar alg., obsequiar alg.; *sich ~ (zu)* comprometer-se (a); **~end** *adj.* obrigatório, penhorante; **~ung** *f* obrigação *f*, dever *m*; compromisso *m*.
ver|'pfuschen (-) estragar; **~'plappern** (*-re*; -): *sich ~* dar com a língua nos dentes; **~'plaudern** (*-re*; -): *sich ~, die Zeit ~* perder o seu tempo no cavaco; **~'plempern** [-'plɛmpərn] F mal-gastar; (*sich*) ~ dispersar(-se); **~'pönen** [-'pø:nən] (-) proibir, desaprovar; **~'prassen** (*-ßt*; -) desperdiçar em órgias; **~provian'tieren** [-provian'ti:rən] (-) abastecer; **~'prügeln** (*-le*; -) *v/t.* desancar, dar pancada em; **~'puffen** (-; *sn*) não dar nada; **~'pulvern** [-'pulvərn] (*-re*; -) (mal)gastar; **~'pumpen** (-) F emprestar; **~'puppen** [-'pupən] (-): *sich ~* transformar-se em crisálida; **~'pusten** (*-e-*; -) F: (*sich*) ~ descansar; **~'putz** ⚠ *m* (*-es*; *0*) reboco (*'ô) *m*; **~'putzen** ⚠ (*-t*; -) rebocar; **~'qualmen** (-) encher de fumo; gastar a fumar; **~'qualmt** cheio de fumo; **~'quer** travésso; **~'quicken** [-'kvikən] confundir; **~'quollen** [-'kvɔlən] inchado; **~'rammeln** (*-le*; -) trancar, atravancar; **~'ramschen** (-) F vender por nada; **~'rannt** [-'rant]: *fig.* ~ obstinado, *in (ac.) ~ sn* ter a mania de.
Ver'rat [-'ra:t] *m* (*-es*; *0*) traição *f*; **~en** (*L*; -) atraiçoar; *a. et.*: denunciar; *Geheimnis*: *a.* revelar; *Glauben*: quebrantar; *fig. a.* deixar ver; *sich ~* trair-se.
Ver'räter [-'rɛ:tər] *m* traidor *m*; **~'ei** *f* traição *f*; **~in** *f* traidora *f*; **~isch** atraiçoeiro.
ver|'rauchen (-) *v/i.* (*sn*) *fig.* dissipar-se; **~'räuchern** (*-re*; -) defumar; **~'rauschen** (-) passar; **~'rechnen** (*-e-*; -) descontar; *sich ~* enganar-se na conta; **~'rechnung** *f* compensação *f*, «clearing» (*engl.*) *m*; **~'recken** (-) F (*sn*) espichar; **~'regnen** (*-e-*; -) ficar estragado com a chuva; **~'reisen** (*-t*; -) *v/i.* ir viajar; partir para uma viagem; *~reist sn a.* estar para fora; **~'renken** [-'rɛŋkən] (-) dislocar; (*sich dat.*) ~ torcer; **~'renkung** [-rɛŋkuŋ] *f* dislocação *f*, torcedura *f*; luxação *f*; **~'rennen** (*L*; -): *sich ~ in (ac.)* aferrar-se a; **~'richten** (*-e-*; -) fazer; *Gebet*: rezar; **~'richtung** *f* execução *f*; *pl.* funções *f/pl.*; *häusliche*: afazeres *m/pl.*; **~'riegeln** [-'ri:gəln] (*-le*; -) *v/t.* aferrolhar, trancar.
ver'ringer|n [-'riŋərn] (*-re*; -) diminuir, reduzir; **~nd** *adj.* abaixador; **~ung** *f* diminuição *f*, redução *f*.
ver'rinnen (*L*; -; *sn*) passar, correr, ir-se passando, ir-se correndo.

ver'roh|en (-) *v/t.* (*v/i.* [*sn*]) embrutecer; **2ung** *f* embrutecimento *m*.
ver'rosten (-*e*-; -; *sn*) enferrujar.
ver'rotte|n (-*e*-; -; *sn*) apodrecer; *a. fig.* corromper-se; **~t** *adj.* corru(p)to.
ver'rucht [-'ru:xt] infame; *j.*: *a.* malvado; *Rel.* impio; **2-heit** *f* (*0*) infâmia *f*; impiedade *f*.
ver'rück|en (-) remover; **~t** *adj.* louco, doido (*nach* por); alienado, demente; *wie* ~ à doida; ~ *werden* enlouquecer, endoidecer; **2t-heit** *f* loucura *f*, doidice *f*, demência *f*.
Ver'ruf *m* (-*es*; *0*) má fama *f*; *in* ~ *kommen* ter má fama; *in* ~ *bringen* difamar; **2en** *adj.* de má fama, de má reputação.
Vers [fɛrs] *m* (-*es*; -*e*) verso *m*; (*Bibel2*) versículo *m*; (*Strophe*) estrofe *f*; *in* ~*e bringen* pôr em verso, versificar; *sich* (*dat.*) *keinen* ~ *auf et. machen können* F não saber explicar a.c.
ver'sag|en[1] (-) **a**) *v/t.* negar, recusar; *sich* (*dat.*) *et.* ~ privar-se de a.c., desistir de a.c.; (*es*) *sich* (*dat.*) *nicht* ~ *können zu* não poder deixar de; (*schon*) ~*t sn* ter outro compromisso, estar compromitido; **b**) *v/i.* falhar, ir(-se) abaixo; ⊕ *a.* não funcionar; *Knie*: fraquejar; *Kräfte usw.*: faltar; *Stimme*: ficar presa; **2en**[2] *n* falha *f*, insuficiência *f*; **2er** *m* falhado *m*; *et.*: falha *f*.
ver'salzen (-*t*; -) salgar; *fig.* desmanchar.
ver'samm|eln (-*le*; -) reunir; **2-lung** *f* reunião *f*, assembleia *f*; (*Volks2*) comício *m*.
Ver'sand [-'zant] *m* (-*es*; *0*) expedição *f*, envio *m*; (*Auslands2*) exportação *f*; **~-anzeige** *f* aviso *m* (de expedição); **2bereit** pronto (a ser expedido); **2en** [-dən] (-*e*-; -; *sn*) assorear; **~haus** *n* (-*es*; *⸗er*) casa *f* de expedição; **~ung** [-duŋ] *f* assoreamento *m*.
ver'säum|en (-) *v/t. Arbeit, Pflicht, Schule*: faltar a; *Gelegenheit, Zeit, Zug*: perder; ~ *zu* (*inf.*) deixar de; **2nis** *n* (-*ses*; -*se*) falta *f*; descuido *m*; **2nis-urteil** *n* (-*s*; -*e*) condenação *f* à revelia.
'Versbau ['fɛrsbau] *m* (-*es*; *0*) versificação *f*, métrica *f*.
ver'schachern (-*re*; -) vender ao desbarato.
ver'schaffen (-) arranjar, conseguir, proporcionar.
ver'schal|en [-'ʃa:lən] (-) forrar, ⚒ cofrar; **2ung** *f* forramento *m*, forro (*'ô) *m*; ⚒ cofragem *f*.
ver'schämt [-'ʃɛ:mt] envergonhado; **2-heit** *f* (*0*) vergonha *f*.
ver'schandeln [-'ʃandəln] (-*le*; -) estragar.
ver'schanz|en (-*t*; -) entrincheirar; *sich* ~ *fig.* escusar-se (*hinter dat.* com); **2ung** *f* entrincheiramento *m*; trincheiras *f/pl.*
ver'schärf|en (-) agravar; *Tempo*: acelerar; **2ung** *f* agravamento *m*; *Tempo*: aceleração *f*.
ver|'scharren (-) soterrar; *Leiche*: enterrar; **~'scheiden**[1] (*L*; -) *v/i.* (*sn*) expirar, falecer; **2'scheiden**[2] *n* falecimento *m*; **~'schenken** dar, fazer presente de; **~'scherzen** (-*t*; -) perder por sua falta; **~'scheuchen** (-) afugentar; *fig.* dissipar; **~'schicken** (-) expedir, enviar (*Kind*: a uma colónia infantil); ⚖ deportar; **2'schickung** *f* expedição *f*; envio *m*; transporte *m*; ⚖ deportação *f*; **~'schiebbar** [-'ʃi:pba:r] móvel; **2'schiebbarkeit** *f* (*0*) mobilidade *f*; **2'schiebe-bahnhof** *m* (-*es*; *⸗e*) estação *f* de manobras; **~'schieben** (*L*; -) remover; *zeitl.*: adiar; protelar; F, ✝ traficar; *sich* ~ sair do sítio; *zeitl.*: ficar adiado; **2'schiebung** *f* modificação *f*; transposição *f*; *zeitl.*: adiamento *m*; F, ✝ traficância *f*.
ver'schieden [-'ʃi:dən] **1.** *p. pt. v. verscheiden*; **2.** *adj.* diferente, distinto, diverso, *pl. a.* vários; ~ *sn a.* diferir; **~-artig** diverso, heterogéneo; **2-artigkeit** *f* diversidade *f*; heterogeneidade *f*; **2e(s)** *n* diversos *m/pl.*; *Zeitung*: ocorrências *f/pl.* diversas; **~farbig** variegado, de várias cores, polícromo; **2-heit** *f* diversidade *f*; variedade *f*; heterogeneidade *f*; **~t-lich** diversas vezes.
ver'schießen (*L*; -) **1.** *v/t.*: (*sich*) ~ esgotar (a munição); *Typ.* transpor; **2.** *v/i.* desbotar, perder a cor; *fig. sich in* (*ac.*) ~ apaixonar-se de.
ver'schiff|en (-) embarcar; enviar por navio; **2er** *m* carregador *m*; **2ung** *f* embarque *m*, transporte *m* (*Flußweg*: fluvial, *Seeweg*: marítimo); **2ungs...**: *in Zssg*(*n*) de embarque.

ver'schimmeln (*-le*; -) ganhar bolor.
ver'schlacken [-'ʃlakən] (-; *sn*) ficar cheio de escória.
ver'schlafen 1. (*L*; -) *v/t.*: *die Zeit* ~ acordar tarde; passar o tempo a dormir; **2.** *adj.* sonolento.
Ver'schlag *m* (*-ės*; *"e*) tabique *m*.
ver'schlagen 1. (*L*; -) *v/t.* revestir de tábuas; *Buchseite*: perder; ⚓ desnortear, arrastar; ~ *werden* ⚓ derivar; ~ *werden nach* desviar-se para; *fig.* F vir parar em; *nichts* ~ não importar; **2.** *adj.* *j.*: astuto, manhoso; abispado; *Temperatur*: quebrada da friura; **2-heit** *f* (*0*) astúcia *f*, manha *f*.
ver'schlammen [-'ʃlamən] (-) *v/t.* (*v/i.* [*sn*]) encharcar(-se); **~'schlampen** [-'ʃlampən] (-) desmazelar-se.
ver'schlechter|n [-'ʃlɛçtərn] (*-re*; -): (*sich*) ~ piorar; *et.*: *a.* deteriorar; *Zustand*: *a.* agravar(-se); **2ung** *f* piora(mento *m*) *f*; agravamento *m*, deterioração *f*.
ver'schleier|n (*-re*; -) disfarçar, velar; ✝, ⚖ encobrir, falsificar; **2ung** *f* encobrimento *m*.
ver'schleim|en (-; *sn*) ficar cheio de muco; **2ung** *f* mucosidade *f*; catarro *m*.
Ver'schleiß [-'ʃlaɪs] *m* (*-es*; *-e*) ✝ venda *f* ao desbarato; ⊕ desgaste *m*; **2en** (*L*; -) ✝ vender ao desbarato; ⊕ (des)gastar; *Zeug*: puir; estragar.
ver'schlepp|en (-) *j-n*: raptar; *et.*: desviar, roubar; *zeitl.* demorar; ⚕ propagar; (*vernachlässigen*) descurar, descuidar; **2ung** *f j-s*: rapto *m*; *e-r Sache*: roubo *m*; *zeitl.*: demora *f*; ⚕ propagação *f*; (*Vernachlässigung*) descuido *m*.
ver'schleudern (*-re*; -) *Geld*: dissipar, malbaratar.
ver'schließ|bar [-'ʃli:sba:r] com fechadura; ~ *sn a.* fechar(-se); **~en** (*L*; -) fechar a chave; (*verstopfen*) tapar; *sich* ~ *gegen*, *sich* (*dat.*) ~ fechar-se a; *s. a. verschlossen*.
ver'schlimmer|n [-'ʃlimərn] (*-re*; -): (*sich*) ~ piorar; *Zustand*, *a. fig.* (*sich*) ~ agravar(-se); **2ung** *f* agravação *f*, agravamento *m*.
ver'schlingen (*L*; -) devorar, tragar; *hastig* ~ engolir; *viel Geld* ~ custar um dinheirão; (*sich*) *mitea.* ~ entrelaçar(-se).
ver'schlissen [-'ʃlisən] *adj.* gasto; *Zeug*: puído.
ver'schlossen [-'ʃlɔsən] **1.** *p. pt. v. verschließen*; **2.** *adj. fig.* reservado, pouco comunicativo; **2-heit** *f* (*0*) reserva *f*.
ver'schlucken engolir (*a. Buchstaben*); ingerir; *sich* ~ engasgar-se (*an dat.* com).
Ver'schluß *m* (*-sses*; *"sse*) fecho *m*; *Flasche*: rolha (*ô) *f* de pressão; ⊕ *u. Phot.* obturador *m*; *unter* ~ (*halten* guardar) fechado; *unter Zoll*2 selado, depositado na alfândega.
ver'schlüssel|n (*-le*; -) cifrar; **2ung** *f* cifra *f*.
Ver'schluß|kappe *f* tampa *f*; **~laut** *m* (*-ės*; *-e*) oclusiva *f*.
ver'schmachten (*-e-*; -; *sn*) morrer de sede; *fig.* languescer.
ver|'schmähen (-) desdenhar, desprezar; **~'schmälern** (*-re*; -) estreitar; **2'schmälerung** *f* estreitamento *m*; **~'schmelzen** (*L*; -) **1.** *v/t.* (con)fundir, amalgamar; **2.** *v/i.* fundir-se; **2'schmelzung** [-'ʃmɛltsuŋ] *f* fusão *f*; **~'schmerzen** (*-t*; -) *v/t.* aguentar, consolar-se de, esquecer; **~'schmieren** (-) tapar (com barro *usw.*); *Papier*: borrar; **~'schmitzt** [-'ʃmitst] manhoso; (*schalkhaft*) de maroto; **~'schmutzen** (*-t*; -) *v/t.* (*v/i.* [*sn*]) sujar(-se); **~'schnaufen** (-): *sich* ~ descansar; **~'schneiden** (*L*; -) *v/t.* estragar; *Wein*: adulterar; (*kastrieren*) castrar, capar; **~'schneien** (-; *sn*) cobrir(-se) de neve; *~schneit a.* nevado; **~'schnörkelt** [-'ʃnœrkəlt] com arabescos, florido; **~'schnupft** [-'ʃnupft] constipado; *fig.* amuado; **~'schnüren** (-) atar; **~'schollen** [-'ʃɔlən] desaparecido (*sn* ter); (*~klungen*) extinto; **~'schonen** (-) poupar, deixar em paz; *j-n mit et.* ~ *a.* dispensar alg. de a.c.; **~'schönern** [-'ʃø:nərn] (*-re*; -) embelezar, aformosear; *geistig*: amenizar; **2'schönerung** [-'ʃø:nəruŋ] *f* embelezamento *m*, aformoseamento *m*; **~'schossen** [-'ʃɔsən] *p. pt. v. verschießen*; **~'schränken** [-'ʃrɛŋkən] (-) cruzar; **~'schrauben** (-) aparafusar; **~'schreiben** (*L*; -) *Tinte*: gastar; ⚕ receitar; ⚖ legar; *sich* ~ enganar-se (a escrever), escrever mal; *sich dem Teufel* ~ vender a

sua alma; *sich* (*dat.*) et. ~ encomendar a.c.; *sich* (*dat.*) *j-n* ~ contratar alg.; ♀'**schreibung** *f* prescrição *f*; (*Zusicherung*) promessa *f* (escrita); ~'**schrien** [-'ʃri:ən] mal-afamado; ~'**schroben** [-'ʃro:bən] excêntrico; *j.*: *a.* maluco; ♀'**schroben-heit** *f* excentricidade *f*; *j-s*: *a.* maluquice *f*; ~'**schrotten** [-'ʃrɔtən] (*-e-*; -) vender como sucata; ⚓ desmantelar para sucata, transformar em sucata; ~'**schrumpeln** [-'ʃrumpəln] (*-le*; -) F enrugar-se; ~'**schüchtern** (*-re*; -) intimidar.

ver'schuld|en[1] (*-e-*; -) **a**) *v/t.* ter a culpa de, ser a causa de; **b**) *v/i.* (*sn*) endividar-se; ♀**en**[2] *n* culpa *f*, falta *f*; ♀**ung** *f* dívidas *f/pl.*; hipoteca *f*.

ver|'schütten (*-e-*; -) verter; *Weg*: entulhar; *j-n*: enterrar; ~'**schwägern** [-'ʃvɛ:gərn] (*-re*; -): *sich* ~ aparentar-se; ~'**schweigen** (*L*; -) calar, ocultar.

ver'schwend|en [-'ʃvɛndən] (*-e-*; -) dissipar, esbanjar; *Zeit*: perder; ♀**er(in** *f*) *m* esbanjador(a *f*) *m*, pródigo *m* (-a *f*), dissipador(a *f*) *m*; mãos rotas *m*, *f*; ~**erisch** [-əriʃ] *j.*: = ♀er; *et.*: profuso; ♀**ung** *f* desperdício *m*, esbanjamento *m*, dissipação *f*; (*Überfluß*) profusão *f*; ♀**ungs-sucht** *f* (*0*) prodigalidade *f*.

ver'schwiegen [-'ʃvi:gən] calado; discreto; reservado; ♀**-heit** *f* (*0*) discrição *f*; reserva *f*.

ver'schwimmen (*L*; -) confundir-se.

ver'schwind|en[1] (*L*; -; *sn*) desaparecer; F safar-se; ~ *lassen* escamot(e)ar; ♀**en**[2] *n* desaparecimento *m*; ~**end**: ~ *klein* ínfimo, mínimo.

ver'schwitzen (*-t*; -) F esquecer(-se de).

ver'schwommen [-'ʃvɔmən] vago, difuso; *Farbe*: esfumado; *Phot.* indistinto, pouco nítido; ♀**-heit** *f* (*0*) nebulosidade *f*.

ver'schwör|en (-) abjurar; *sich* ~ conjurar-se, conspirar; ♀**er(in** *f*) *m* conjurado *m* (-a *f*), conspirador(a *f*) *m*; ♀**ung** *f* conjura *f*, conspiração *f*.

ver'sehe|n[1] (*L*; -) *v/t.* *Amt*: exercer, desempenhar; *mit Bildern usw.*: guarnecer de; *mit Bänken* ~ abancar; (*sich*) ~ *mit* abastecer(-se) de, abastar(-se) de, munir(-se) de; equipar(-se) com; *sich* ~ (*irren*) enganar-se; equivocar-se; *ehe man sich dessen versieht* sem se dar por isso; ♀**n**[2] *n* engano *m*, equívoco *m* (*aus* por); erro *m*; ~**nt-lich** por engano.

ver'sehren [-'ze:rən] (-) lesar; *j-n*: *a.* ferir; *et.*: estragar.

ver'seif|en [-'zaɪfən] (-) saponificar; ♀**ung** *f* saponificação *f*.

ver'send|en (*L*; -) enviar; (*absenden*) expedir, despachar; ♀**ung** *f* expedição *f*, envio *m*.

ver'sengen (-) *v/t.* (*v/i.* [*sn*]) chamuscar(-se).

ver|'senkbar [-'zɛŋkba:r] submergível; ⊕ de (re)baixar; ~'**senken** (-) afundar, ⚓ *a.* meter a pique; (*untertauchen*) submergir; *ins Meer* ~ lançar ao mar; ⊕ (re)baixar; *Nagel*: rebater; embeber, mergulhar; *sich* ~ *fig.* mergulhar(-se), abismar-se; ♀'**senkung** *f* submersão *f*; ⚔ *u.* ⚓ afundamento *m*; *Thea.* alçapão *m*.

ver'sessen [-'zɛsən]: ~ *auf* (*ac.*) aferrado a.

ver'setz|en (*-t*; -) *v/t.* mudar, deslocar; *in Ruhe(lage)*: pôr: ✓ transplantar; *Beamte*: transferir; *in den Ruhestand* ~ aposentar; *Schüler* (*a.* ~*t werden*): passar de classe; *Schlag, Stoß*: vibrar; *Tritt*: dar; (*sagen*) replicar, acudir; *als Pfand*: empenhar; *j-n in Angst usw.* ~ causar (*ac.*) a alg.; *sich in e-e Lage* ~ imaginar-se; ♀**ung** *f* transferência *f*; ✓ transplantação *f*; *Schule*: passagem *f* de classe; ~ *in den Ruhestand* aposentação *f*.

ver'seuch|en (-) infestar; inquinar; ♀**ung** *f* infestação *f*; inquinação *f*.

'Vers-fuß *m* (*-es*; *⸚e*) pé *m* de verso.

ver'sicher|n (*-re*; -) (as)segurar; ⚕ ~ (*lassen*) *a.* pôr no seguro; (*behaupten*) afirmar, asseverar; ~**t** *adj.* segurado; ♀**ung** *f* afirmação *f*, garantia *f*; ⚕ seguro *m*.

Ver'sicherungs|-agent *m* (*-en*) agente *m* de seguros; ~**gebühr** *f* prémio *m* de seguro; ~**gesellschaft** *f* companhia *f* de seguros; ~**police** *f* apólice *f*; ~**prämie** *f* = ~*gebühr*; ~**-summe** *f*, ~**wert** *m* valor *m* segurado; ~**wesen** *n* (*-s*; *0*) seguros *m/pl.*

ver|'sickern (*-re*; -) perder-se; ~'**siegeln** (*-le*; -) selar, lacrar; ~'**siegen** (-) secar; *a. fig.* esgotar-se; ~'**siert** [vɛr'zi:rt] versado; ~'**silbern** (*-re*; -) pratear; *fig.* F vender;

♀'silberung [-'zilbəruŋ] *f* prateação *f*, prateado *m*; casquinha *f*; **~'sinken** (*L*; -) afundar-se, ir a pique; *fig.* perder-se, abismar-se; *in Gedanken* ~ ensimesmar-se, ficar pensativo; **~'sinnbild(lich)en** (-) simbolizar.

Versi'on [vɛrzi'o:n] *f* versão *f*.

'Vers|lehre *f* (*0*) (arte *f*) métrica *f*; **~maß** *n* (*-es*; *-e*) metro *m*.

ver'söhn|en [-'zø:nən] (-) reconciliar; *sich* ~ *a.* fazer as pazes; **~lich** conciliador, conciliante; *Ausgang*: satisfatório; **♀ung** *f* reconciliação *f*.

ver'sonnen [-'zɔnən] pensativo, sonhador.

ver'sorg|en (-) prover, fornecer a; *im großen*: abastecer, abastar, aprovisionar (*mit* de); *Kranke*: cuidar de; *j-n* (*unterbringen*): colocar; **♀er** *m* sustentador *m*; **♀ung** *f* abastecimento *m*; (*Lebensstellung*) futuro *m* garantido (*od.* assegurado); **~ungsberechtigt** com direito a colocação (nos serviços públicos); **♀ungsstelle** *f* abastecedouro *m*.

ver'spät|en (*-e-*; -): *sich* ~ atrasar-se; *sich* (*um 5 Minuten*) ~ 🚂 chegar com (5 minutos de) atraso; **♀ung** *f* atraso *m* (*haben* trazer).

ver|'speisen (*-t*; -) comer, consumir; **~'sperren** (-) trancar; *Aussicht*: tapar, impedir; *Weg*: obstruir; vedar; *a. fig.* abarreirar; **~'spielen** (-) perder no jogo (*'ô); *Zeit*: passar a brincar, passar a jogar; **~'spotten** (*-e-*; -) escarnecer, fazer troça de, zombar de; **♀'spottung** [-'ʃpɔtuŋ] *f* escárnio *m*; troça *f*; zombaria *f*; **~'sprechen**[1] (*L*; -) prometer; *sich* ~ enganar-se, dizer mal; **♀'sprechen**[2] *n* promessa *f*; **~'sprengen** (-) dispersar; *~sprengt* disperso; **~'spritzen** (*-t*; -) derramar, salpicar; **~'spüren** (-) *v/t.* sentir; *Folgen*: ressentir-se de.

ver'staatlich|en (-) nacionalizar; *Kirchengut*: secularizar; *Unterricht*: oficializar; **♀ung** *f* nacionalização *f*; secularização *f*; oficialização *f*.

ver'städter|n (*-re*; -) urbanizar(-se); **♀ung** *f* urbanização *f*; urbanismo *m*.

ver'stähl|en (-) ace(i)rar; **♀ung** *f* [aceração *f*.]

Ver'stand *m* (*-es*; *0*) entendimento *m*, inteligência *f*, intele[c]to *m*; (*Vernunft*) razão *f*; (*Urteilskraft*) juízo *m*; *bei* ~ *sn* ter juízo.

Ver'standes|kraft *f* (-; ⁼*e*) inteligência *f*; **♀mäßig** intele[c]tual; racional; **~mensch** *m* (*-en*) intele[c]tual *m*, racionalista *m*; **~schärfe** *f* (*0*) inteligência *f*, perspicácia *f*; penetração *f*; lucidez *f*.

ver'ständ|ig sensato, razoável; **~igen** [-igən] (-) informar; *sich* ~ entender-se; **♀igung** [-iguŋ] *f* entendimento *m*; *Fernspr.*: ligação *f*, comunicação *f*; **~lich** compreensível; inteligível; *leicht* ~ fácil de entender; *allgemein* ~ ao alcance de todos.

Ver'ständnis [-'ʃtɛntnis] *n* (*-ses*; *0*) compreensão *f*, inteligência *f*; ~ *haben für* compreender (*ac.*); **♀innig** compreensivo; **♀los** insensato; *a. adv.* incompreensivo; **~losigkeit** [-lo:ziç-] *f* (*0*) incompreensão *f*; **♀voll** compreensivo.

ver'stärk|en (-) reforçar; *a. sich* ~ aumentar, *Eindruck*: acentuar-se; *Radio*: amplificar; **♀er** *m Phot.* reforçador *m*; *Radio*: amplificador *m*; **♀ung** *f* reforço(s ⚔) (*'ô) *m* (*pl.*); aumento *m*; amplificação *f*.

ver'stauben (-; *sn*) ficar empoeirado, ficar cheio de pó.

ver'stauch|en [-'ʃtauxən] (-): *sich* (*dat.*) *den Fuß* ~ torcer o pé; **♀ung** *f* luxação *f*; e-e ~ *haben* ter um ... torcido.

ver'stauen (-) arrumar; ⚓ estivar.

Ver'steck [-'ʃtɛk] *n* (*-es*; *-e*) esconderijo *m*; (*Hinterhalt*) emboscada *f*; ~ *spielen* jogar às escondidas; **♀en** (-) esconder, ocultar (*vor dat.* de); **~spiel** *n* (*-es*; *-e*) escondidas *f/pl.*; **♀t** *adj. Anspielung*, *Vorwurf*: indire[c]to.

ver'steh|en[1] (*L*; -) entender (*unter dat.* por), compreender, perceber; (*können*) saber; *zu* ~ *geben* dar a entender; *zu* ~ *sn* entender-se; compreender-se, perceber-se; *sich auf* (*ac.*) ~ entender de; *sich* ~ *zu* consentir em, prestar-se a; **♀en**[2] *n* inteligência *f*, compreensão *f*; *Phil. a.* hermenêutica *f*.

ver'steif|en ⊕ (-) reforçar; ⚠ apontoar; *sich* ~ ⚕ ficar teso; *fig. sich* ~ *Beziehung*, *Meinung*: manter-se intransigente, manter-se na intransigência; *j.*: *sich auf* (*ac.*) ~ teimar em (*inf.*); **♀ung** *f* reforço (*'ô) *m*; ⚕ anquilose *f*; *Pol.*, ✝ paralisação *f*.

ver'steige|n (*L*; -): *sich* ~ perder-se

(nas montanhas); *fig.* sich ~ zu atrever-se a; ~**rn** (*-re*; -) leiloar, arrematar; öffentlich ~ vender em hasta pública; ♀**rung** *f* leilão *m*, arrematação *f*.

ver'steiner|n [-'ʃtaɪnərn] (*-re*; -; *sn*) petrificar(-se); ♀**ung** *f* petrificação *f*; (*Körper*) fóssil *m*.

ver'stell|bar [-'ʃtɛlbaːr] móvel; ~**en** (-) deslocar, remover, ⊕ mudar; regular; (*versperren*) obstruir, *barrar, (*Aussicht*) vedar; *Schrift usw.*: disfarçar; sich ~ fingir, ser dissimulado; ♀**ung** *f* fingimento *m*, (dis-)simulação *f*.

ver'steuern (*-re*; -) *v/t.* pagar o imposto.

ver'stiegen [-'ʃtiːgən] **1.** *p. pt. v.* versteigen; **2.** *adj.* extravagante, quimérico; ♀**-heit** *f* extravagância *f*.

ver'stimm|en (-) ♪ desafinar; *fig.* desgostar, arrufar; ~**t** *adj. fig.* arrufado, amuado, melindrado; ♀**ung** *f* desgosto (*'ô) *m*, arrufo *m*, amuo *m*; *gegenseitige*: desavença *f*.

ver'stockt [-'ʃtɔkt] obstinado, teimoso; *Sünder*: impenitente; ♀**-heit** *f* (*0*) obstinação *f*, teima *f*; impenitência *f*.

ver'stohlen [-'ʃtoːlən] furtivo, clandestino; *adv.* ~**er-weise** furtivamente; às furtadelas.

ver'stopf|en (-) obstruir; *Loch*: tapar; *Rohr*: entupir; ♀**ung** *f* obstrução *f*; ⚕ prisão *f* de ventre.

ver'storben [-'ʃtɔrbən] falecido, defunto.

ver'stört [-'ʃtøːrt] perturbado, transtornado; ♀**heit** *f* (*0*) atordoamento *m*.

Ver'stoß *m* (*-es*; ⸚*e*): ~ (gegen) falta *f* (a), ⚖ infra[c]ção *f* (de); violação *f* (de); ♀**en** (*-t*; -) **1.** *v/t. j-n*: repudiar; **2.** *v/i.*: ~ gegen faltar a; ⚖ infringir (*ac.*); violar (*ac.*); ~**ung** *f* repúdio *m*, expulsão *f*.

ver'streb|en (-) reforçar; ⚠ apontoar; ♀**ung** *f* reforço (*'ô) *m*; pontões *m/pl.*

ver|'streichen (*L*; -) **1.** *v/t.* tapar; *Butter*: pôr, barrar de; **2.** *v/i.* (*sn*) passar; *Frist*: vencer-se; ~**'streuen** (-) espalhar, dispersar; ~**'stricken** (-) envolver, enredar; ~**'strömen** (-) escorrer.

ver'stümmel|n [-'ʃtyməln] (*-le*; -) mutilar; *fig. a.* estropear; ♀**ung** *f* mutilação *f*.

ver'stumm|en[1] (-; *sn*) emudecer; ♀**en**[2] *n*, ♀**ung** *f* (*0*) emudecimento *m*.

Ver'such [-'zuːx] *m* (*-ẹs*; *-e*) ensaio *m*, tentativa *f*; *Phys. usw.*: experiência *f*; ♀**en** (-) *v/t.* experimentar; (*probieren*) *a.* provar; ensaiar; (*a.* ~ zu *inf.*) tentar (*inf.*); ~**er(in** *f*) *m* tentador(a *f*) *m*; ~**s-ballon** *m* (*-s*; *-e*; *-s*) balão *m* de ensaio; ~**s-kaninchen** *n* cobaia *f*, cobaio *m*; ~**s-körper** *m* proveta *f*; ~**s-reaktor** *m* (*-s*; *-en*) rea[c]tor *m* de ensaio; ~**s-reihe** *f* série *f* de experiências; ~**s-station** *f* estação *f* (experimental) (für de); ♀**s-weise** a título de experiência (*od.* de ensaio), em regime experimental; ~**ung** *f* tentação *f*; in ~ führen tentar.

ver'sumpfen [-'zumpfən] (-; *sn*) empantanar-se; F *j.*: corromper-se.

ver'sündig|en (-): sich ~ (an *dat.*) pecar (contra); ofender (*ac.*); ♀**ung** *f* pecado *m*, ofensa *f*.

ver'sunken [-'zuŋkən] *p. pt. v.* versinken; ♀**-heit** *f* (*0*) *fig.* meditação *f*.

ver'süßen (-) adoçar, adocicar; *fig. a.* atenuar; *Pille*: dourar.

ver|'tagen (-) adiar, transferir, protelar (auf *ac.* para); sich ~ interromper as sessões; ♀**'tagung** *f* adiamento *m*; ~**'tändeln** (*-le*; -) *Zeit*: perder com ninharias; ~**'täuen** [-'tɔyən] (-) amarrar, abitar.

ver'tausch|en (-) trocar; (*verwechseln*) confundir; ♀**ung** *f* troca *f*; confusão *f*.

ver'teidig|en [-'taɪdigən] (-) defender; ♀**er** *m* defensor *m*; ⚖ advogado *m* da defesa; *Sport*: = ♀**ung** *f* defesa *f*; in der ~ ⚔ na defensiva.

Ver'teidigungs|bündnis *n* (*-ses*; *-se*) aliança *f* defensiva; ~**krieg** *m* (*-ẹs*; *-e*) guerra *f* defensiva; ~**minister(ium** *n* [*-s*; *-ministerien*]) *m* ministro (ministério) *m* da Defesa; ~**schrift** *f* apologia *f*; ~**zustand** *m* (*-ẹs*; *0*) estado *m* de defesa.

ver'teil|en distribuir, difundir; (*austeilen*) repartir; sich ~ dispersar-se; ♀**er** *m* distribuidor *m*; ♀**ung** *f* distribuição *f*; repartição *f*; ♀**ungs...**: in *Zssg(n)* distribuidor, distributivo, de distribuição.

ver'teuer|n (*-re*; -) encarecer; ♀**ung** *f* encarecimento *m*, subida *f* dos preços.

ver'teufelt [-'tɔyfəlt] endiabrado, diabólico.
ver'tief|en [-tifən] (-) (a)profundar; *sich* ~ abismar-se, enfronhar-se; **Ꝯung** *f* aprofundamento *m*; (*Höhlung*) cavidade *f*; *im Gelände*: depressão *f*; (*Aushöhlung*) escavação *f*.
ver'tier|en (-; *sn*) embrutecer; **Ꝯung** *f* embrutecimento *m*.
ver'tilg|en (-) exterminar; (*essen*) consumir; **Ꝯung** *f* extermínio *m*.
ver'ton|en (-) pôr em música; **Ꝯung** *f* música *f*, composição *f*.
ver'trackt [-'trakt] F bicudo.
Ver'trag *m* (-*es*; ⸗*e*) contrato *m*; *Pol.* tratado *m*, pa[c]to *m*; (*Akbommen*) acordo (*'ô) *m*; **Ꝯen** (*L*; -) suportar, aguentar; *Kleid*: gastar; *gut* ~, *sich gut* ~ *mit* dar-se bem com; *sich wieder* ~ fazer as pazes; **Ꝯlich** por contrato, contratual, convencional.
ver'träglich [-'trɛːkliç] *j.*: tratável, pacífico; *et.*: ⚕ assimilável; *a. fig.* ~ (*mit*) compatível (com); **Ꝯkeit** *f* (*0*) *j-s*: bom génio *m*; *e-r Sache*: ⚕ cará[c]ter *m* assimilável, inocuidade *f*; *zweier Sachen mitea.*: compatibilidade *f*.
Ver'trags|-abschluß *m* (-*sses*; ⸗*sse*) conclusão *f* do contrato (*od.* do tratado); **Ꝯbrüchig**: ~ *werden* faltar ao contrato, violar o tratado.
ver'trag|schließend contratante; **~s-mäßig** convencional, contratual; em conformidade com o contrato (*od.* o tratado), nos termos do contrato (*od.* do tratado); **Ꝯs-strafe** *f* multa *f* convencional; **~s-widrig** contrário ao contrato (*od.* ao tratado).
ver'trau|en¹ (-) *v/t.* confiar; *v/i.*: *j-m* ~, *auf* (*ac.*) ~ confiar em, ter confiança em; **Ꝯen²** *n* confiança *f* (*auf ac.*, *zu* em, *schenken* dar); *im* ~ confidencialmente; *im* ~ *auf* (*ac.*) confia(n)do em; *j-n ins* ~ *ziehen* meter alg. no segredo; **~en-erwekkend** sério, de confiança, que inspira confiança.
Ver'trauens|bruch *m* (-*es*; ⸗*e*) abuso *m* de confiança; **~frage** *f* questão *f* de (*od.* da) confiança; **~mann** *m* (-*es*; ⸗*er*, -*leute*) delegado *m*; *j-s* ~ *a.* homem *m* da confiança de alg.; **~sache** *f* caso *m* de confiança; **Ꝯ-selig** crédulo; **~-stellung** *f* lugar *m* de confiança; **Ꝯvoll** confiado; **~votum** *n* (-*s*; -*vota*) voto *m* de confiança; **Ꝯwürdig** digno de confiança, sério.
ver'traulich confidencial; *mit j-m*: familiar, íntimo; **Ꝯkeit** *f* cará[c]ter *m* confidencial; *mit j-m*: intimidade *f*.
ver'träum|en (-) passar ... a sonhar; **~t** *adj.* sonhador, absorto, enlevado.
ver'traut **1.** *p.pt. v. vertrauen*; **2.** *adj. j.*: íntimo; *a. et.*: familiar; ~ *sn mit* conhecer (*ac.*) a fundo; ~ *werden mit*, *sich* ~ *machen mit* familiarizar-se com; **Ꝯe(r** *m*) *m*, *f* íntimo *m*, íntima *f*, confidente *m*, *f*; **Ꝯ-heit** *f* intimidade *f*; *a. mit et.*: familiaridade *f*.
ver'treib|en (*L*; -) expulsar, desalojar; *Schmerzen usw.*: eliminar, tirar; ⚕ *a.* curar; ⚚ vender; *Nachrichten*: divulgar; *sich* (*dat.*) *die Zeit* ~ passar; **Ꝯung** *f* expulsão *f*.
ver'tret|en (*L*; -) *v/t. j-n*: substituir; *a. Pol. u.* ⚚ representar; *Meinung*, *Sache*: defender; (*dat.*) *den Weg* ~ meter-se no caminho de; *sich* (*dat.*) *die Beine* ~ F estender as pernas; *sich* (*dat.*) *den Fuß* ~ deslocar o pé; **Ꝯer(in** *f*) *m* substituto *m* (-a *f*); suplente *m*, *f*; (*Beauftragter*) representante *m*, *f*, delegado *m*, -a *f*, ⚚ *a.* agente *m*, *f*; *amtliche* ~ *pl.* entidades *f/pl.* oficiais; **Ꝯung** *f* substituição *f*; *beauftragte*, *ständige*: representação *f*, delegação *f*; *in* ~ (*gen.*) *Unterschrift*: pelo.
Ver'trieb *m* (-*es*; -*e*) venda *f*; **Ꝯen** ['-triːbən] **1.** *p.pt. v. vertreiben*; **2.** *adj.* expulso, desterrado, deslocado.
ver|'trinken (*L*; -) gastar nas bebidas; **~'trocknen** (-*e*-; -; *sn*) secar; **~'trödeln** (-*le*; -) perder; **~'trösten** (-*e*-; -) fazer esperar; **~'tun** (*L*; -) malgastar, desperdiçar; **~'tuschen** (*L*; -) encobrir, paliar; **~'übeln** [-'yːbəln] (-*le*; -) levar a mal; **~'üben** (-) cometer; perpetrar; **~'ulken** (-) F *v/t.* fazer troça de, zombar de.
ver'un|-einigen (-) desunir; **~-glimpfen** [-glimpfən] (-) difamar; **~glücken** (-) *j.*: ser vítima de um acidente; *tödlich* ~ morrer num acidente; *et.*: malograr-se; ⚓ naufragar; **Ꝯglückte(r** *m*) *m*, *f* sinistrado *m*, -a *f*; **~reinigen** (-) sujar; ⚕ infe[c]tar; *Rel.* profanar; **~stalten** [-ʃtaltən] (-*e*-; -) desfigurar, defor-

mar, afear; *durch Fremdwörter* ~ abarbarizar; 2**staltung** [-ʃtaltuŋ] *f* deformação *f*; ~**treuen** [-trɔyən] (-) desfalcar, defraudar; *Pol.* malversar; 2**treuung** [-trɔyuŋ] *f* desfalque *m*, fraude *f*; malversação *f*; ~**zieren** (-) = ~*stalten*.

ver-ˈur|sachen [-ˈuːrzaxən] (-) causar, produzir; ~**teilen** (-) condenar; (*wegen* por); ⚖ *a.* sentenciar; 2**teilung** *f* condenação *f* (*zu* a).

verˈviel-fältig|en [-fɛltigən] (-) multiplicar; *Bild*: reproduzir; *Phot.* tirar (mais) provas; 2**ung** *f* multiplicação *f*; reprodução *f*; 2**ungs-apparat** *m* (-*es*; -*e*) multiplicador *m*.

verˈvier|fachen [-faxən] (-) quadruplicar.

verˈvoll-kommn|en [-kɔmnən] (-*e*-; -) aperfeiçoar; 2**ung** *f* aperfeiçoamento *m*, perfeição *f*.

verˈvoll-ständig|en [-ʃtɛndigən] (-) completar; 2**ung** *f* complemento *m*.

verˈwachs|en 1. (*L*; -) *v/i. Wunde*: cicatrizar; *Knochen*: soldar; *mitea.* ~ confundir-se; *sich mit der Zeit* ~ ir desaparecendo; 2. *adj.* aleijado; (*buckelig*) corcovado, corcunda (*a. su.*); *Wald*: emaranhado; ~ *mit* ⚙ *u.* ⚕ aderente a; *mitea.* ~ muito juntos; *fig.* unidos; 2**ung** *f Gelenke*: sinartrose *f*; *Knochen*: soldadura *f*.

verˈwackelt [-ˈvakəlt] *Phot.* tremido.

verˈwahr|en (-) guardar; *gut, sorgfältig* ~ acautelar; *sich* ~ protestar; ~**losen** (-*t*; -) *v/t.* descuidar; *v/i.* (*sn*) ficar descuidado; ~**lost** [-loːst] desleixado, descuidado; 2**losung** *f* abandono *m*; abandalhamento *m*; 2**ung** *f* custódia *f*; *gegen*: protesto *m*; ~ *einlegen* (*gegen*) protestar (contra), ⚖ recorrer (de); *in* ~ *geben* pôr em depósito *m*, depositar; *j-m*: entregar aos cuidados *m/pl.* de.

verˈwaisen [-ˈvaɪzən] (-; *sn*) ficar órfão; *fig.* ficar desamparado.

verˈwalt|en (-*e*-; -) administrar; *Amt*: exercer; 2**er**(**in** *f*) *m* administrador(a *f*) *m*; gerente *m, f*; (*Guts*2) abegão *m*; 2**ung** *f* administração *f*; gerência *f*.

Verˈwaltungs|-apparat *m* (-*es*; -*e*) aparelho *m* administrativo; burocracia *f*, ~**bezirk** *m* (-*es*; -*e*) distrito *m*; ~**gebäude** *n* administração *f*; ~**gericht** *n* (-*es*; -*e*) tribunal *m* administrativo; ~**rat** *m* (-*es*; ⸚*e*) conselho *m* de administração; ~**recht** *n* direito *m* administrativo; ~**reform** *f* reforma *f* administrativa; ~**wesen** *n* (-*s*; *0*) administração *f*.

verˈwand|eln (-*le*; -) transformar, *Element*: transmutar; *a.* ⚖ converter, comutar; Å reduzir; *sich* ~ *in* (*ac.*) tornar-se em; 2**lung** *f* transformação *f*; transmutação *f*; metamorfose *f*; *Strafe*: comutação *f*; *Thea.* mudança *f* de cena (*od.* de cenário).

verˈwandt [-ˈvant] parente (*mit* de); (*an*~) aparentado; *er ist mit mir* ~ é meu parente; *fig.* (*ähnlich*) afim; (*entsprechend*) análogo (*mit* a); 2**e**(**r** *m*) *m, f* parente *m, f*; 2**schaft** *f* parentesco *m*; (*Verwandte*) parentes *m/pl.*, parentela *f*; ⌒ *u. fig.* afinidade *f*; ~**schaftlich** de parente; *adv.* como parente; 2**schafts-grad** *m* (-*es*; -*e*) parentesco *m* (*a.* ⌒).

verˈwanzt [-ˈvantst] infestado de percevejas.

verˈwarn|en (-) advertir, admoestar; 2**ung** *f* repreensão *f*, admoestação *f*.

ver|ˈwaschen (*L*; -) 1. *v/t.* gastar (na lavagem); 2. *adj.* pouco nítido; impreciso; *fig.* vago; ~ˈ**wässern** (-*re*; -) aguar; *fig.* trivializar; ~**weben** (-) aproveitar para tecer; (*hinein*~) entretecer.

verˈwechsel|n (-*le*; -) confundir; trocar; 2**ung** *f* engano *m*, equívoco *m*, confusão *f*.

verˈwegen temerário, ousado, audaz; 2-**heit** *f* (*0*) temeridade *f*, audácia *f*, ousadia *f*.

verˈwehen (-) *v/t.* (*v/i.* [*sn*]) dispersar(-se), dissipar(-se); *Spur*: apagar(-se).

verˈwehren (-) vedar; impedir, proibir.

verˈweichlich|en (-) amimalhar, efeminar; 2**ung** *f* (*0*) amolecimento *m*; enervação *f*, efeminação *f*.

ver|ˈweigern (-*re*; -) recusar; (de-)negar; 2ˈ**weigerung** *f* recusa *f*; (de)negação *f*; ~ *des Gehorsams* insubordinação *f*; ~ˈ**weilen** (-) demorar(-se); ficar; ~ˈ**weint** [-ˈvaɪnt] inchado de chorar; 2ˈ**weis** [-ˈvaɪs] *m* (-*es*; -*e*) repreensão *f*, censura *f* (*erteilen* dar); ~ˈ**weisen** (*L*; -) remeter (*an ac.* para, *auf ac.* a), referir-se (*auf ac.* a); *j-m et.* ~

repreender alg. por causa de, interdizer a.c. a alg.; (*des Landes*) ~ expulsar, desterrar; 2'**weisung** *f* referência *f*; expulsão *f*, desterro (*'ê) *m*; ~'**welken** (-) murchar.

ver'weltlich|en (-) secularizar; 2**ung** *f* (*0*) secularização *f*.

ver'wendbar [-'vɛntba:r] utilizável; 2**keit** *f* (*0*) utilidade *f*.

ver'wend|en (*-e- od. L*; -) empregar (*auf ac., für, zu* em), utilizar; (*anwenden*) aplicar; *j-n* ~ *a.* servir-se de alg. (para); *Geld, Zeit*: gastar (em); aplicar; *sich* ~ *für* interessar-se por, intervir a favor de; 2**ung** *f* emprego (*'ê) *m*, uso *m*; *fig.* intervenção *f*.

ver'werf|en (*L*; -) rejeitar, repudiar; *Rel.* condenar; ⚖ indeferir; ~**lich** rejeitável, reprovável; condenável; 2**ung** *f* rejeição *f*, repúdio *m*, condenação *f*; *Geol.* falha *f*.

ver'wert|bar aproveitável, utilizável; ~**en** (*-e-*; -) aproveitar, utilizar; ⚕ valorizar; 2**ung** *f* aproveitamento *m*, utilização *f*; valorização *f*.

ver'wes|en (*-t*; -) **1.** *v/i.* (*sn*) apodrecer, decompor-se; **2.** *v/t.* administrar; *Reich*: ser regente de; 2**er** *m* administrador *m*; *Pol.* regente *m*; 2**ung(s-prozeß** *m* [*-sses*; *-sse*]) *f* putrefa[c]ção *f*, decomposição *f*.

ver'wetten (*-e-*; -) perder em apostas.

ver'wick|eln (*-le*; -) embrulhar; *fig. a.* complicar; *in* (*ac.*) ~ implicar em; *sich in Widersprüche* ~ incorrer em; ~**elt** *adj. fig.* complicado; 2**lung** [-luŋ] *f* complicação *f*, confusão *f*; *a. Lit.* enredo (*'ê) *m*, entrecho *m*.

ver'wilder|n (*-le*; -; *sn*) voltar à selvajaria, asselvajar-se; *Garten*: não ser cuidado; *fig. j.*: embrutecer-se; *Zustände*: anarquizar; ~**t** *adj.* bárbaro, inculto; ⚘ subespontâneo; *j.*: indisciplinado; *Zustand*: anárquico; 2**ung** *f* (regresso *m* à) selvajaria *f*; anarquia *f*; falta *f* de disciplina; embrutecimento *m*.

ver|'winden (*L*; -) *v/t.* consolar-se de; ~'**wirken** (-) *v/t.* incorrer em; *Gunst*: perder; *sn Leben verwirkt haben* merecer a morte.

ver'wirklich|en (-) realizar; 2**ung** *f* realização *f*.

ver'wirr|en (-) emaranhar; *a. j-n*: confundir, perturbar; *fig. a.*: *j-n* ~ desconcertar alg.; *et.* ~ complicar a.c.; ~**end** *adj.* desconcertante; ~**t** *adj. Haar*: despenteado; *j.*: embaraçado; desnorteado; 2**ung** *f* confusão *f*.

ver|'wirtschaften (*-e-*; -) gastar, dissipar; ~'**wischen** (-) sujar, confundir; ~'**wittern** (*-re*; -; *sn*) decompor-se; aluir; 2'**witterung** *f* decomposição *f*; ~'**witwet** [-'vitvət] enviuvado, viúvo; ~'**wöhnen** [-'vø:nən] (-) acarinhar; amimalhar; estragar com mimos; 2'**wöhnung** [-'vø:nuŋ] *f* mim(alh)o *m*.

ver'worfen [-'vɔrfən] **1.** *p.pt. v. verwerfen*; **2.** *adj.* abje[c]to; *Rel.* réprobo; 2-**heit** *f* abje[c]ção *f*.

ver'worren [-'vɔrən] **1.** *p.pt. v. verwirren*; **2.** *adj.* confuso; 2-**heit** *f* (*0*) confusão *f*.

ver'wund|bar vulnerável; ~**en** [-'vundən] (*-e-*; -) ferir; *a. fig.* magoar.

ver'wunder|lich estranho; ~**n** (*-re*; -) *v/t.* causar surpresa a; (*sich*) ~ (*über ac.*) admirar(-se com *od.* de); *zu* ~ de estranhar, de admirar; ~**t** admirado; ~ *sn a.* = *sich* ~*n*; 2**ung** *f* admiração *f*, surpresa (*ê) *f*.

Ver'wund|ete(r) [-'vundətə(r)] *m* ferido *m*; mutilado *m*; ~**ung** *f* ferida *f*, ferimento *m*.

ver'wünsch|en (-) amaldiçoar; (*verzaubern*) encantar, enfeitiçar; ~*t!* maldito!; 2**ung** *f* maldição *f*; imprecação *f*.

ver'wurzeln (*-le*; -) enraizar, arraigar.

ver'wüst|en (*-e-*; -) devastar; 2**ung** *f* devastação *f*.

ver'zag|en (-) desanimar; 2**t-heit** *f* (*0*) desalento *m*.

ver'zählen (-): *sich* ~ enganar-se na conta (*um* por), contar mal.

ver'zahn|en (-) engrenar, endentar, engranzar; 2**ung** *f* engrenagem *f*.

ver'zapfen (-) *Getränke*: servir da pipa; ⚠ ensamblar; F *Unsinn* ~ dizer disparates.

ver'zärtel|n [-'tsɛrtəln] (*-le*; -) amimalhar; 2**ung** *f* mimo *m*.

ver'zauber|n (*-re*; -) encantar, enfeitiçar; *in* (*ac.*) ~ transformar em; 2**ung** *f* encantamento *m*.

ver'zehn-fachen [-faxən] (-) decupl(ic)ar.

Ver'zehr [-'tse:r] *m* (*-es*; *0*) consumo *m*; 2**en** consumir, comer; 2**end** *adj. fig.* ardente, consumptivo; ~**ung** *f* consumo *m*; consumpção *f*.

ver'zeich|nen (*-e-*; -) registar, assinalar; *Mal.* desenhar mal, desfigurar; **&nis** *n* (*-ses*; *-se*) lista *f*, rol *m*; catálogo *m*; índice *m*.
ver'zeih|en (*L*; -) perdoar; ~ *Sie!* = *&ung!*; **~lich** perdoável; **&ung** *f* perdão *m*, desculpa *f* (*bitten um* pedir *ac.*); *~! a.* desculpe!
ver'zerr|en (-) desfigurar; *Gesicht usw.*: torcer; **&ung** *f* desfiguração *f*; ⚕ contorção *f*; distorção *f*; *Radio*: vibração *f*.
ver'zetteln [-'tsɛtəln] (*-le*; -) dispersar; *Wörter usw.*: pôr em verbetes, organizar um ficheiro.
Ver'zicht [-'tsiçt] *m* (*-ẹs*; *-e*): ~ *auf* (*ac.*) renúncia *f* a; desistência *f* de; (*Thron&*) abdicação *f*; ~ *leisten* = **&en** (*-e-*; -): ~ *auf* (*ac.*) renunciar a, desistir de; abdicar de; abnegar; prescindir de; **~leistung** *f* renunciação *f* (*auf ac.* a).
ver-'ziehen (*L*; -) **1. a**) *v/t. Kind*: estragar com mimos; *Mund usw.*: (dis)torcer; *das Gesicht ~ a.* fazer caretas; *keine Miene ~* nem pestanejar; **b**) *v/r.*: *sich ~ Holz*: empenar; *Tuch*: encolher; *Wolken*: dissipar-se; *fig. Gefahr*: desaparecer; *Feind*: retirar(-se); F *j.*: safar-se; **c**) *v/i.* (*zögern*) demorar; (*umziehen*) (*sn*) mudar, deslocar-se (*nach* para); **2.** *p.pt. v. verzeihen.*
ver'zier|en (-) (ad)ornar, enfeitar, guarnecer; **&ung** *f* adorno *m*, ornamento *m*.
ver'zinken [-'tsiŋkən] (-) zincar, galvanizar.
ver'zinnen [-'tsinən] (-) estanhar.
ver'zins|bar a juro; **~en** (*-t*; -) pagar juro (*mit* de); *sich* (*gut*) ~ render (bom) juro; *mit* 5% ~ pagar 5% de juros; **~lich** a juro; **&ung** [-'tsinzuŋ] *f* (*Ertrag*) rendimento *m*; (*Zinsen*) juros *m/pl.*; (*Zinsfuß*) taxa *f* de juro, percentagem *f*.
ver'zöger|n (*-re*; -) retardar; (*sich*) ~ demorar(-se); **&ung** *f* demora *f*; retardação *f*; ⋆ retarde *m*.
ver'zoll|bar sujeito aos direitos (de alfândega); ~ *sn*, **~en** (-) *v/t.* pagar direitos; *et. zu ~ haben* ter a.c. a declarar; **&ung** *f* despacho *m*, pagamento *m* de direitos (na alfândega).
ver'zück|en (-) arrebatar, extasiar; **&ung** *f* arrebatamento *m*, êxtase *m*, enlevo (⋆'ê) *m*; *in ~ geraten* extasiar-se.
ver'zuckern (*-re*; -) açucarar.
Ver'zug *m* (*-ẹs*; *0*) demora *f*, atraso *m*; *Kind*: mim(alh)o *m*; (*bei*) *Gefahr im ~* (com o) perigo iminente; (na) iminência do perigo; **~s-zinsen** *m/pl.* juros *m/pl.* de mora.
ver'zweif|eln (*-le*; -) desesperar (*an dat.* de); **&lung** [-luŋ] *f* (*0*) desespero (⋆'ê) *m*.
ver'zweig|en [-'tsvaɪgən] (-): *sich ~* ramificar-se; **&ung** *f* ramificação *f*.
ver'zwickt [-'tsvikt] intri(n)cado, bicudo.
'Vesper ['fɛspər] *f* (*-*; *-n*) véspera(s *pl.*) *f*; **~brot** *n* (*-ẹs*; *0*) merenda *f*, lanche *m*; **~stunde, ~zeit** *f* (hora *f* das) ave-marias *pl.*
Vesti'bül [vɛsti'byːl] *n* (*-s*; *-e*) vestíbulo *m*.
Vete|'ran [vete'raːn] *m* (*-en*) veterano *m*; **~ri'när** [-ri'nɛːr] *m* (*-s*; *-e*) (médico *m*) veterinário *m*.
'Veto ['veːto] *n* (*-s*; *-s*) veto *m* (*einlegen* opor); **~recht** *n* (*-ẹs*; *0*) direito *m* ao veto.
'Vetter ['fɛtər] primo *m*; **~n-schaft** *f* parentela *f*; **~n-wirtschaft** *f* nepotismo *m*.
Via'dukt [via'dukt] *m* (*-ẹs*; *-e*) viaduto *m*.
vi'brieren [vi'briːrən] (-) vibrar.
Vieh [fiː] *n* (*-ẹs*; *0*) gado *m*; *Stück ~* cabeça *f* de gado, rês *f*; *fig. j.*: besta *f*; bruto *m*; **'~bestand** *m* (*-ẹs*; *⸚e*) número *m* de reses; **'~futter** *n* (*-s*; *0*) forragem *f*, pasto *m*; **'~-handel** *m* (*-s*; *0*) negócio *m* pecuário (*od.* de gado), comércio *m* pecuário (*od.* de gado); **'~-händler** *m* marchante *m*, negociante *m* de gado; **'&isch** bestial; **'~markt** *m* (*-ẹs*; *⸚e*) feira *f* de gado; **'~seuche** *f* epizootia *f*; **'~stall** *m* (*-ẹs*; *⸚e*) estábulo *m*; **'~treiber** *m* vaqueiro *m*; **'~wagen** 🚂 *m* vagão-jaula *m*; **'~weide** *f* pasto *m*; **'~zählung** *f* recenseamento *m* pecuário; **'~zucht** *f* criação *f* de gado, pecuária *f*; **'~züchter** *m* pecuário *m*.
viel [fiːl] (*comp. mehr, sup. meist*) muito; *sehr ~* muitíssimo; *ziemlich ~* bastante; *~ Glück!* muitas felicidades!, boa sorte!; **'~bändig** ['-bɛndiç] de muitos volumes; **'~beschäftigt** atarefado; **'~deutig** ['-dɔytiç] ambíguo; (**'&-eck** *n* [*-ẹs*; *-e*]) **'~-eckig** polígono (*m*); **'~erlei** ['-ərlaɪ] *uv.* toda a sorte de; muitos; **'~fach** múltiplo; (*häufig*) frequente; (*wiederholt*) reiterado; *adv.* mui-

tas vezes; ˈ♀falt *f* (*0*) multiplicidade *f*, variedade *f*; ˈ⁓fältig [ˈ-fɛltiç] = ⁓*fach*; ˈ♀fältigkeit *f* (*0*) = ♀*falt*; ˈ⁓farbig policromo, multic(ol)or; ˈ♀fraß *m* (*-es*; *-e*) comilão *m*; ˈ⁓genannt [ˈ-gənant] famoso; ˈ⁓gereist [-gəraɪst] muito viajado; ˈ⁓gestaltig [ˈ-gəʃtaltiç] multiforme; ˈ♀götterei [ˈ-gœtəraɪ] *f* (*0*) politeísmo *m*; ˈ♀-heit *f* pluralidade *f*; (*Buntheit*) variedade *f*; (*Menge*) grande quantidade *f*; ˈ⁓köpfig [ˈ-kœpfiç] de várias cabeças; *fig.* numeroso; ⁓ˈleicht talvez, (*etwa*) por acaso, porventura; ˈ⁓malig [ˈ-maːliç] reiterado, repetido; ˈ⁓mals [ˈ-maːls] muitas vezes; *danke* ⁓ muit(íssim)o obrigado; ⁓ˈmehr antes (pelo contrário); ˈ⁓sagend significativo; ˈ⁓seitig [ˈ-zaɪtiç] polígono; *fig.* vário, vasto; *j.*: de muitas facetas; *Geist*: universal; *Wissen*: enciclopédico; ˈ♀seitigkeit *f* (*0*) variedade *f*; *geistige*: universalidade *f*; ˈ⁓sprachig [-ˈʃpraːxiç] poligloto, poliglótico; ˈ⁓stimmig [ˈ-ʃtimiç] a várias vozes; ˈ⁓verheißend, ˈ⁓versprechend prometedor; ˈ♀weiberei [ˈ-vaɪbəraɪ] *f* (*0*) poligamia *f*.

vier [fiːr] **1.** quatro; *auf allen* ⁓*en* de gatinhas; *unter* ⁓ *Augen* a sós, cara a cara; **2.** ♀ *f* quatro *m*; ˈ⁓-armig [ˈ-armiç] de quatro braços; ˈ⁓beinig [ˈ-baɪniç] de quatro pés; *Zool. a.* quadrúpede; ˈ⁓blättrig [ˈ-blɛtriç] de quatro folhas; ⚘ *a.* quadrifoliado; ˈ♀-eck *n* (*-ės*; *-e*) quadrado *m*, quadrângulo *m*; ˈ⁓-eckig quadrado, quadrangular; ˈ♀er *m Sport*, ⚓ barco *m* de quatro remadores; ˈ♀er...: *in Zssg(n) oft* a quatro; ˈ⁓erˈlei [ˈ-ərˈlaɪ] *uv.* quatro espécies de; ˈ⁓fach, ˈ⁓fältig [ˈ-fɛltiç] quádruplo; ⁓*en Lohn usw.* quatro vezes o ...; ˈ♀füßler [ˈ-fyːslər] *m* quadrúpede *m*; ˈ⁓händig [ˈ-hɛndiç] ♪ a quatro mãos; ˈ⁓hundert quatrocentos; ˈ♀hundert-ˈjahr-feier *f* (*-*; *-n*) quarto centenário *m*; ˈ♀hundertstel *n* quadringentésimo *m*; ˈ⁓hundertste quadringentésimo; ⁓ˈjahres...: *in Zssg(n)* quadrienal; ˈ⁓jährig [ˈ-jɛːriç] de quatro anos; ˈ♀kampf *m* (*-ės*; *⸚e*) quadriatlo *m*; ˈ♀ling [ˈ-liŋ] *m* (*-s*; *-e*) quadrigémeo *m*; ♀ˈmächte... [-ˈmɛçtə] *in Zssg(n)* quadripartido; ˈ⁓mal(ig de) quatro vezes; ˈ⁓motorig [ˈ-motoːriç] a quatro motores; quadrimotor; ˈ⁓prozentig [ˈ-protsɛntiç] a quatro por cento; ˈ⁓schrötig [-ʃrœːtiç] quadrado; *fig.* robusto; ˈ⁓seitig [ˈ-zaɪtiç] de quatro lados, quadrilateral; ˈ⁓spurig [ˈ-ʃpuriç] de quatro pistas; ˈ⁓stellig [ˈ-ʃtɛliç] de quatro algarismos; ˈ⁓stimmig [ˈ-ʃtimiç] a quatro vozes; ˈ⁓stöckig [ˈ-ʃtœkiç] de quatro andares, de quatro pisos; ˈ⁓stündig [ˈ-ʃtyndiç] de quatro horas; ⁓t: *zu* ⁓ aos quatro; ˈ⁓tägig [ˈ-tɛgiç] de quatro dias; ˈ♀taktmotor *m* (*-s*; *-en*) motor *m* a quatro tempos; ˈ⁓tausend quatro mil; ˈ⁓te quarto; ˈ⁓teilen (es)quartejar, dividir-se em quatro partes; ˈ⁓teilig [ˈ-taɪliç] dividido em quatro partes, quadripartido.

ˈ**Viertel** [ˈfirtəl] *n* quarto *m*; (*Stadt*♀) bairro *m*; ⁓ˈjahr *n* (*-ės*; *-e*) trimestre *m*, três meses *m/pl.*; *Drei*♀ nove meses *m/pl.*; ♀jährlich trimestral; ⁓note *f* semínima *f*; ⁓pfund *n* quarta *f*; ⁓ˈstunde *f* (♀stündig [-ʃtyndiç] de um) quarto *m* de hora; ♀stündlich todos os quartos de hora.

ˈ**vier|tens** [ˈ-tɛns] (em) quarto (lugar); ⁓-und-zwanzig *usw.* vinte-e-quatro *usw.*; ♀ˈviertel-takt *m* (*-ės*; *-e*) compasso *m* quaternário.

ˈ**vierzehn** [ˈfirtseːn] catorze, quatorze; ⁓ *Tage* quinze dias; ⁓tägig [-tɛgiç] quinzenal; ♀tel *n* décimo quarto *m*; ⁓te décimo quarto; *Ludwig XIV.* Luís-Quatorze.

ˈ**Vier-zeiler** [ˈ-tsaɪlər] *m* quadra *f*.

ˈ**vierzig** [ˈfirtsiç] quarenta; ♀er(in *f*) *m* [-igər-] quadragenário *m* (-a *f*); de quarenta anos *m/pl.*; *in den* ⁓*n* (*sn* andar) na casa dos quarenta; ⁓ste [-stə] (♀stel *n*) quadragésimo (*m*).

Viˈkar [viˈkaːr] *m* (*-s*; *-e*) vigário *m*.

ˈ**Villa** [ˈvila] *f* (*-*; *Villen*) vivenda *f*, moradia *f*.

vioˈlett [vioˈlɛt] roxo.

Vioˈlin|e [vioˈliːnə] *f* violino *m*; rabeca *f*; ⁓ˈist(in *f*) *m* violinista *m*, *f*; rabequista *m*, *f*; ⁓schlüssel *m* clave *f* de sol.

ˈ**Viper** [ˈviːpər] *f* (*-*; *-n*) víbora *f*.

virtuˈos [virtuˈoːs] (♀e [-zə] *m* [*-n*]) virtuoso (*m*); ♀en-tum *n* (*-ės*; *0*), ♀iˈtät [-ziˈtɛːt] *f* (*0*) virtuosidade *f*.

Vi'sier [vi'zi:r] *n* (*-s*; *-e*) viseira *f*; *am Gewehr*: mira *f*; **2en** (-) visar; ⚔ *a.* apontar contra; **~linie** *f* linha *f* de mira.

Visi'on [vizi'o:n] *f* visão *f*; **2'är** [-o'nɛ:r] visionário.

Vi'site [vi'zi:tə] *f* visita *f*; **~n-karte** *f* cartão *m* de visitas.

'Visum ['vi:zum] *n* (*-s*; *Visa*) visto [*m.*]

Vita'min [vita'mi:n] *n* (*-s*; *-e*) vitamina *f*; **2-arm**: ~ *sn* ter poucas vitaminas; **2reich** rico em vitaminas.

Vitri'ol [vitri'o:l] *n* (*-s*; *-e*) vitríolo *m*; **~...**: *in Zssg(n)* vitriolado.

'Vize... ['fi:tsə] *in Zssg(n) meist* vice-, ... substituto.

Vlies [fli:s] *n* (*-es*; *-e*) tosão *m* (*goldenes* de ouro).

'Vogel ['fo:gəl] *m* (*-s*; *⸚*) ave *f* (*Sing2* ... canora); *kleiner*: pássaro *m*; *den ~ abschießen fig.* levar a palma; **~bauer** *n u. m* gaiola *f*; **~beerbaum** *m* (*-ɇs*; *⸚e*) sorveira *f* brava; **~beere** *f* sorva *f*; **~beize** *f* altanaria *f*; **~fang** *m* (*-ɇs*; *0*) caça *f* de pássaros; **~fänger** [-fɛŋər], **~-händler** *m* passar(inh)eiro *m*; **2frei** fora da lei (*erklären* pôr); **~futter** *n* (*-s*; *0*) alpista *f*, alpiste *m*; **~-haus** *n* (*-es*; *⸚er*) passareira *f*; **~-herd** *m* (*-ɇs*; *-e*) boiz *f*; **~kunde** *f* (*0*) ornitologia *f*; **~perspektive** *f* = *~schau*; **~schar** *f* passa(rinh)ada *f*; **~schau** *f* (*0*): *aus der ~* a voo (*'ô) *m* de pássaros; **~schwarm** *m* (*-ɇs*; *⸚e*) = *~schar*; **~scheuche** *f* espantalho *m*; **~steller** [-ʃtɛlər] *m* passar(inh)eiro *m*; **~-'Strauß-Politik** *f* (*0*) ilusionismo *m* político; **~wiese** *f* arraial *m*; **~zucht** *f* (*0*) criação *f* de pássaros; **~züchter** *m* passar(inh)eiro *m*; **~zug** *m* (*-ɇs*; *⸚e*) migração *f* das aves.

'Vöglein ['fø:klaın] *n* passarinho *m*.

Vo'kab|el [vo'ka:bəl] *f* (*-*; *-n*) vocábulo *m*; **~el-heft** *n* (*-ɇs*; *-e*) caderno *m* de significados; **~u'lar** [-u'la:r] *n* (*-s*; *-e*) vocabulário *m*.

Vo'kal [vo'ka:l] *m* vogal *f*; **2isch** vocálico.

Volk [fɔlk] *n* (*-ɇs*; *⸚er*) povo *m*; nação *f*; *Jagd*: bando *m*; ⚔ tropa *f*; *das gemeine ~* o vulgo *m*, a plebe *f*; (*Leute*) gente *f*.

'Völker|bund ['fœlkər-] *m* (*-ɇs*; *0*) Sociedade *f* das Nações; **~friede** *m* (*-ns*; *0*) paz *f* entre os povos; **~kunde** *f* (*0*) etnologia *f*, etnografia *f*; **~kundler** [-kuntlər] *m* etnólogo *m*, etnógrafo *m*; **2kundlich** [-kuntliç] etnológico, etnográfico; **~recht** *n* (*-ɇs*; *0*) (**2rechtlich** do) direito *m* internacional; (do) direito *m* das gentes; **~rechtler** *m* internacionalista *m*; **~schaft** *f* povo *m*; *wilde*: tribo *f*; **~wanderung** *f* migração *f*.

'völkisch ['fœlkiʃ] étnico; racista.

'volk-reich populoso.

'Volks|-abstimmung *f* plebiscito *m*; **~-auflauf** *m* (*-ɇs*; *⸚e*) motim *m*; **~-aufstand** *m* sublevação *f* popular; insurreição *f*; **~-ausgabe** *f* edição *f* popular; **~befragung** *f*, **~begehren** *n* plebiscito *m*, referendo *m*; **~bibliothek** *f* biblioteca *f* popular; **~bildung** *f* (*0*) educação *f* popular; **~brauch** *m* (*-ɇs*; *⸚e*) costume *m* nacional (*od.* popular); **~-charakter** *m* (*-s*; *-e*) cará[c]ter *m* nacional; **~dichtung** *f* poesia *f* popular; **2-eigen** nacional(izado); **~-entscheid** *m* (*-ɇs*; *-e*) referendo *m*; **~fest** *n* (*-ɇs*; *-e*) festa *f* popular (*od.* nacional); **~front** *f* Frente *f* Popular; **~gemeinschaft** *f* nação *f*; **~genosse** *m* (*-n*) compatriota *m*; **~-herrschaft** *f* (*0*) democracia *f*; **~-hochschule** *f* universidade *f* popular; **~küche** *f* cozinha *f* económica; **~kunde** *f* folclore *m*; **~kundler** [-kuntlər] *m* folclorista *m*; **2kundlich** folclorístico; **~lied** *n* (*-ɇs*; *-er*) canção *f* popular; **~meinung** *f* opinião *f* pública; **~menge** *f* multidão *f*; **~mund** *m* (*-ɇs*; *0*) voz *f* do povo; *fig.* linguagem *f* popular; **~polizei** *f* (*0*) polícia *f* popular; **~redner** *m* tribuno *m*; **~republik** *f* república *f* popular; **~schicht** *f* classe *f*; **~schule** *f* escola *f* primária; **~schullehrer(in** *f*) *m* professor(a *f*) *m* de instrução primária; **~schul-unterricht** *m* (*-ɇs*; *0*), **~-schulwesen** *n* (*-s*; *0*) ensino *m* primário; **~sprache** *f* linguagem *f* vulgar; **~stamm** *m* (*-ɇs*; *⸚e*) tribo *f*; raça *f*; grupo *m* étnico; **~tanz** *m* (*-es*; *⸚e*) dança *f* popular; **~tracht** *f* traje *m* nacional (*od.* regional); **~tum** *n* (*-ɇs*; *0*) índole *f* nacional; nacionalidade *f*; **2tümlich** [-ty:mliç] popular; **~tümlichkeit** *f* (*0*) popularidade *f*; **~vertreter** *m* deputado *m*; **~vertretung** *f* representação *f* de povo; Assembleia *f* Nacional; deputados *m/pl.*; **~wirt** *m* (*-es*; *-e*) economista *m*; **~wirtschaft** *f* (*0*) economia *f* política; **~wirtschaftler** *m* economista *m*; **2wirtschaftlich** político-económico; **~wohl(fahrt** *f* [*0*]) *n* (*-es*; *0*) bem *m* público; **~zählung** *f* censo *m*; recenseamento *m*.

voll [fɔl] (+ *uv. su.* [*a.* ~*er*] *od. von od. gen.* [*bsd. mit adj.*]) cheio (de), *fig. a.* pleno (de), repleto (de); (*üppig*) opulento; P (*betrunken*) borracho; (*gänzlich, völlig*) completo, inteiro; (*~ständig, ~besetzt*) completo; = *~gepfropft*; *~e Verpflegung* pensão *f* completa; *bis an den Rand* ~ a abarrotar; *eine Schürze* ~ uma abada; *mit ~er Kraft, aus ~em Halse* a toda a força; ~ *und ganz* inteiramente; *aus ~em Herzen* de todo o coração; *in ~em Lauf* em plena corrida; *mit ~en Segeln* a todo o pano; *für* ~ *nehmen* tomar a sério; **'~auf** completamente; ~ *genug a.* em abundância; **'2bad** *n* (*-es*; *⸚er*) banho *m* de imersão; **2bart** *m* (*-es*; *⸚e*) barba *f* toda; barba *f* cerrada; **~besetzt** de lotação completa; a abarrotar; **'2besitz** *m* (*-es*; *0*) plenitude *f*; **'2blut** (...: *in Zssg*[*n*]) puro sangue *m*; **'~blütig** ['-blyːtiç] pletórico; **'2blütigkeit** *f* (*0*) pletora *f*; **~'bringen** (*L*; *-*) realizar; **'2dampf** *m* (*-es*; *0*): *mit* ~ a todo o vapor; **~'enden** (*-e-*; *-*) terminar, concluir, ultimar; *Jahr*: completar; **~'endet** *adj.* perfeito; *Tatsache, Kunst*: consumado; **'~ends** ['-ɛnts] de todo; **2-'endung** *f* conclusão *f*; perfeição *f*; *bei* ~ *des ersten* (*zweiten*) *usw. Jahres* ao completar um (dois *usw.*) ano(s).

Völle'rei *f* [-lə'raɪ] *f* gula *f*.

voll|'führen (-) realizar; **'~füllen** encher; **'2gas** *n* (*-es*; *0*) toda a velocidade *f*; **'2genuß** *m* (*-sses*; *0*) plenitude *f*; **'~gepfropft** ['-gəpfrɔpft] **1.** *p.pt. v. vollpfropfen*; **2.** *adj.* repleto, à cunha; **'~gießen** (*L*) encher; *j-n*: molhar; **'~gültig** válido; *Beweis*: concludente; **'2-gummi** *n* (*-s*; *0*) borracha *f* maciça.

'völlig ['fœliç] completo, inteiro.

'voll|jährig [-jɛːriç] maior; **2jährigkeit** *f* (*0*) maioridade *f*; **~'kommen** perfeito; **2'kommenheit** *f* (*0*) perfeição *f*; **2korn-brot** *n* (*-es*; *-e*) pão *m* integral; **2kraft** *f* (*0*) vigor *m*, plenitude *f*, pujança *f*; **~(l)aufen** (*L*) encher-se (de água *usw.*); ~ *lassen* encher (*mit* de); **~machen** encher; *Summe*: completar; *das Maß* ~ *fig.* ser o cúmulo; P sujar; **2macht** *f* pleno poder *m*; ✝, ⚖ procuração *f*; **2machtgeber** *m* constituinte *m*; **2matrose** *m* (*-n*) primeiro-marinheiro *m*; **2milch** *f* (*0*) leite *m* inteiro; **2mond** *m* (*-es*; *0*) lua *f* cheia; **~packen** encher; **~pfropfen** apinhar; *s. a. ~gepfropft*; **~saugen**: *sich* ~ *mit* abeberar-se de; **~schenken** encher (*mit* de); **~schlank** F vistoso; **~ständig** completo; integral; *adv. a.* de todo; **2ständigkeit** *f* (*0*) integridade *f*; *der* ~ *halber* para completar; **~stopfen** abarrotar.

voll'streck|bar [-'ʃtrɛk-] executável, exequível; **~en** (-) executar; *~d adj.* executivo, executor; **2ung** *f* execução *f*; **2ungs...**: *in Zssg*(*n*) *oft* executivo, executor, de execução.

'voll|tönend sonoro; **2treffer** *m* golpe *m* dire[c]to; (*Bomben2*) bombas *f/pl.* em cheio; **2versammlung** *f* assembleia *f* magna; sessão *f* plenária; **~wertig** (de valor) integral, valioso, válido; **~zählig** [-tsɛːliç] completo; **~'ziehen** (*L*; *-*) executar; *Ehe*: consumar; *Vertrag*: ratificar; *~d adj.* executivo; **2-'ziehung** *f*, **2'zug** *m* (*-es*; *0*) execução *f*, ratificação *f*; *Ehe*: consumpção *f*; **2'zugs-meldung** *f* participação *f* da execução; *e-e* ~ *erstatten* dar parte da execução.

Volon'tär [volɔn'tɛːr] *m* (*-s*; *-e*) voluntário *m*.

Volt [vɔlt] *n* vóltio *m*; **'~meter** *n* voltómetro *m*; **'~zahl** *f* voltagem *f*.

Vo'lumen [vo'luːmən] *n* (*-s*; *Volumina*) volume *m*.

vom [fɔm] F = *von dem*.

von [fɔn] *prp.* (*dat.*) de; *beim Passiv meist* por; ~ ... *ab*, ~ ... *an* desde ... em diante, de ... em diante; ~ ... *bis* de ... a(té); *ein Freund* ~ *mir* um amigo meu; *nett* ~ *ihm* da parte dele; *nichts* ~ *et. haben* não lucrar nada com a.c.; **~ein'ander** um do outro, uns dos outros, uma(s) da(s) outra(s); **~'nöten** [-'nøːtən] necessário, preciso; **~'statten** [-'ʃtatən]: ~ *gehen* realizar-se; *gut* ~ *gehen* andar bem.

vor [fo:r] **1.** *prp.* **a**) *örtl.* (*Lage, wo*?: *dat.*; *Richtung, wohin*?: *ac.*): diante de, perante (*a. fig.*); ~ der Küste ao largo da costa; ~ dem Winde ⚓ de vento em popa; **b**) *zeitl.* (*dat.*) antes de; (*schon* ~ + *Zeitmaß*) há, faz; 5 *Minuten* ~ *drei* cinco menos três; ~ *allen Dingen* antes de mais nada; *fig. a.* ~ *allem* sobretudo; **c**) *kausal* (*dat.*) de, por; ~ *Schmerz* de dor; **2.** *adv.* antes; *nach wie* ~ (depois) como dantes, como de costume; *da sei Gott* ~! Deus nos livre!; **~-'ab** em primeiro lugar; **'2-abend** *m* (*-s*; *-e*) véspera *f*; *am* ~ (*gen.*) em vésperas de; **'2-ahnung** *f* pressentimento *m*.

vo'ran [fo'ran] à frente, adiante; **~-gehen** (*L*; *sn*) ir à frente; ir adiante; *zeitl.* preceder (*ac.*); **~kommen** (*L*) avançar; *a. fig.* fazer progressos; **~laufen** (*L*) correr à frente.

'Vor-anmeldung *f* pré-aviso *m*.

vo'ran-reiten (*L*) preceder (*ac.*).

vo'ran-schicken mandar adiante; (*bemerken*) dizer antes de mais nada.

'Vor-anschlag *m* (*-ęs*; *⸚e*) orçamento *m*.

vo'ranschreiten (*L*) marchar à frente; **~stellen** antepor; = **~-schicken**; (*vorwegnehmen*) antecipar; **~treiben** (*L*) levar por diante.

'Vor|-anzeige *f* anúncio *m*; **~-arbeit** *f* trabalho *m* preparatório; *Lit.* trabalho *m* anterior; trabalho *m* preliminar; **2-arbeiten** (*-e-*) adiantar o seu trabalho; *j-m*: facilitar o trabalho a, preparar o caminho para; *sich* ~ ⚔ ir avançando; **~-arbeiter** *m* capataz *m*.

vo'raus [fo'raus] para diante; = *voran*; *im* '~ de antemão, adiantado, antecipadamente; *e-n Monat im* '~ *zahlen* pagar com um mês de antecedência; **~-ahnen** pressentir; **~bestellen** encomendar com antecedência; mandar reservar; **~bezahlen** adiantar, pagar adiantado; **2-bezahlung** *f* pagamento *m* prévio; pagamento *m* adiantado; **~datieren** (-) antedatar; **~-eilen** correr adiante; *fig.* antecipar-se a, preceder; **~-fahren, ~gehen** (*L*) = *vorangehen*; **~gesetzt** *p. pt. v.* ~*setzen*; ~, *daß* contanto que (*subj.*); **~-haben** (*L*): *et. vor j-m* ~ exceder alg. em a.c.; **~laufen** (*L*) = ~*eilen*; **2sage** *f* vaticínio *m*; *a.* ⚕ prognóstico *m*; **~-sagen** predizer; prognosticar; vaticinar; **~schauen** prever; ~**d** *adj.* prospe[c]tivo; **~schicken** *v/t.* mandar adiante; *fig.* (*bemerken*) dizer antes de mais nada; = ~*setzen*; **~-sehen** (*L*) prever, antever; **~setzen** (*-t*) (pres)supor, presumir; **2setzung** *f* (pres)suposto *m*; *a.* ⚖ hipótese *f*; condição *f* prévia; **2sicht** *f* (*0*) previsão *f*; **~sichtlich** presumível, presuntivo; *adv.* provàvelmente; **2-zahlung** *f* pagamento *m* antecipado.

'Vor|bau *m* (*-ęs*; *-ten*) sacada *f*; **2-bauen** construir uma sacada; *v/i. fig.*: (*dat.*) ~ prevenir (*ac.*); evitar (*ac.*); **2bedacht**[1] premeditado; **~-bedacht**[2] *m* premeditação *f*, *mit* ~ premeditado; de propósito; **~bedeutung** *f* presságio *m*, agouro *m*; **~bedingung** *f* condição *f* prévia; **~behalt** *m* (*-ęs*; *-e*) reserva *f* (*unter* com); **2behalten** (*L*; -) reservar; *Irrtum* ~ ✝ salvo erro ou omissão; **2behaltlich** (*gen.*) salvo (*ac.*); com a reserva de; **2behaltlos** sem reservas; **~behandlung** *f* tratamento *m* preliminar.

vor'bei por diante (*an dat.* de); junto de; ~ *sn zeitl.* passar de (*es ist drei Uhr* ~ passa das três); ter passado, ter acabado (*es ist* ~ já passou, já acabou); **~fahren** (*L*; *sn*), **~gehen** (*L*; *sn*), **~kommen** (*L*; *sn*) passar (*an dat.* por, ao lado de, junto de; [*besuchen*] pela casa de); **~lassen** (*L*) deixar passar; **2-marsch** *m* (*-ęs*; *⸚e*) desfile *m*; *den* ~ (*gen.*) *abnehmen* passar revista *f* a; **~marschieren** (-) desfilar (*vor dat.* diante de); **~reden** (*-e-*): *aneo.* ~ falar sem se entender; **~-schießen** (*L*) errar o alvo; **~ziehen** (*L*) passar.

'Vor-bemerkung *f* nota *f* prévia (*od.* preliminar); *Gesetz*: preâmbulo *m*.

'vor-bereit|en (*-e-*; -) preparar; **~end** *adj.* preparatório; **2ung** *f* preparação *f*; *pl.* preparativos *m/pl.*; **2ungs...**: *in Zssg(n)* preparatório, preliminar.

'Vor|bericht *m* (*-ęs*; *-e*) relatório *m* preliminar; *Presse, Radio*: reportagem *f* preliminar; **~besprechung** *f* conferência *f* preliminar; **2bestellen** (-) mandar reservar; *Platz*: marcar; **~bestellung** *f* reserva *f*; *Platz*: marcação *f*; **2bestraft** cadastrado, ~ *sn a.* ter cadastro; **~-beten** (*-e-*) recitar (uma oração).

'**vor-beug|en 1.** *v/t.* (*sich*) ~ debruçar(-se), inclinar(-se) para a frente; **2.** *v/i.* (*dat.*) prevenir, evitar (*ac.*); **~end** *adj.* preventivo; preservativo; ⚕ *a.* profilá[c]tico; **²ung** *f* prevenção *f*; **²ungs-maßnahme** *f* medida *f* preventiva (*od.* ⚕ profilá[c]tica); **²ungs-mittel** *n* preservativo *m*; ⚕ remédio *m* profilá[c]tico.

'**Vor-bild** *n* (*-es*; *-er*) modelo (*ê) *m*; exemplo *m*; **²en** (*-e-*) preparar; *Lit.* prefigurar; **²lich** modelar, exemplar; **~ung** *f* preparação *f*; instrução *f* preparatória; preparatórios *m/pl.*

'**vor|binden** (*L*): (*sich dat.*) ~ pôr; **²bote** *m* (*-n*) precursor *m*; arauto *m*; *fig.* indício *m*; sintoma *m*; **~bringen** (*L*) trazer (para a frente); *Beweise, Gründe usw.*: apresentar, alegar, aduzir; **~christlich** anterior à era cristã; **²dach** *n* (*-es*; *⸚er*) alpendre *m*, telheiro *m*; **~datieren** (-) antedatar; **~dem** (d)antes; outrora.

'**Vorder|-achse** ['fɔrdər-] *f* eixo *m* da frente; **~-ansicht** *f* vista *f* de frente; fachada *f*; **~-arm** *m* (*-es*; *-e*) antebraço *m*; **~bein** *n* (*-es*; *-e*) mão *f*; **~bühne** *f* proscénio *m*; **~deck** *n* (*-s*; *-s*) proa *f*, antepopa *f*; **²e** de diante, dianteiro; anterior; *die* **~n** *Reihen* as primeiras filas; *der* ² *Orient* o Próximo Oriente; **~fuß** *m* (*-es*; *⸚e*) pata *f* anterior; **~grund** *m* (*-es*; *⸚e*) primeiro plano *m*.

vor-der-'hand por enquanto.

'**Vorder|-haus** *n* (*-es*; *⸚er*) parte *f* dianteira da casa; **~mann** *m* (*-es*; *⸚er*) homem *m* da frente; ⚔ *a.* cabo *m* de fila; ~ *halten* cobrir pela frente; **~rad** *n* (*-es*; *⸚er*) roda *f* da frente; **~rad-antrieb** *m* tra[c]ção *f* à frente; **~reihe** *f* primeira fila *f*; **~satz** *m* (*-es*; *⸚e*) *Phil.* premissa *f*, maior *f*; **~schiff** *n* (*-es*; *-e*) proa *f*; **~seite** *f* parte *f* anterior; frente *f*; △ *a.* fachada *f*; **~sitz** *m* (*-es*; *-e*) lugar *m* da frente; **²st**: *der* **~e** o primeiro, o da frente; **~steven** ⚓ *m* roda *f*; **~teil** *n* (*-es*; *-e*) dianteira *f*, ⚓ proa *f*; **~tür** *f* porta *f* da frente; **~zahn** *m* (*-es*; *⸚e*) (dente *m*) incisivo *m*; **~zimmer** *n* quarto *m* da frente.

'**vor|drängen** empurrar; *sich* ~ pôr-se à frente; **~dringen[1]** (*L*; *sn*) avançar; **²dringen[2]** *n* avanço *m*; **~dringlich** mais urgente; da primeira necessidade; **²druck** *m* (*-es*; *-e*) impresso *m*; **~-ehelich** antenupcial.

'**vor-eilig** precipitado, arrebatado; **²keit** *f* (*0*) precipitação *f*.

'**vor-ein-genommen** [-gənɔmən] parcial; prevenido (*für* em favor de), ~ *gegen a.* desconfiado de; **²-heit** *f* (*0*) parcialidade *f*; preconceito *m*; *gegen*: animosidade *f*.

'**vor|-enthalten** (*L*; -) reter; ⚖ deter; *j-m et.* ~ privar alg. de a.c.; *Wahrheit*: ocultar; **²-enthaltung** *f* retenção *f*; ⚖ detenção *f*; **~-'erst** em primeiro lugar; (*einstweilen*) por agora; **~-erwähnt** mencionado atrás; **²fahr** [-fa:r] *m* (*-en*) antepassado *m*; **~en** *pl. a.* avós *m/pl.*; **~fahren** (*L*; *sn*) *vor dem Hause*: parar; *vorgefahren sn* estar à porta; (*voranfahren*) passar para a frente; **²fahrt(s-recht** *n* [*-es*; *0*]) *f* (*0*) prioridade *f*; **²fall** *m* (*-es*; *⸚e*) acontecimento *m*; caso *m*; *ärgerlicher*: incidente *m*; ⚕ prolapso *m*, descenso *m*; **~fallen** (*L*) acontecer, suceder, dar-se; **²feier** *f* (-; *-n*) véspera *f* da festa, prelúdios *m/pl.* da festa; festa *f* preliminar; **~finden** (*L*) encontrar; **~flunkern** (*-re*): *j-m et.* ~ mentir a alg., contar petas a alg.; **²frage** *f* questão *f* preliminar; **²-freude** *f* alegria *f* antecipada; **²-friede** *m* (*-ns*; *-n*) paz *f* preliminar; **²frühling** *m* (*-s*; *-e*) princípios *m/pl.* da primavera.

'**Vor-führ|dame** ['-fy:r-] *f* manequim *m*; **²en** ⚔ levar para a frente; (*zeigen*) apresentar; *Lichtbild*: *a.* mostrar, proje[c]tar; *Film*: *a.* exibir; *Thea.* representar; *Zeugen*: produzir; **~er** *m* *Film*: operador *m*; **~-raum** *m* (*-es*; *⸚e*) cabine *f*; **~ung** *f* representação *f*; *Film*: apresentação *f*; exibição *f*, proje[c]ção *f*; *Platten*: audição *f*.

'**Vor|gabe** *f* *Sport*: partido *m*; (*Behauptung*) afirmação *f*; **~gang** *m* (*-es*; *⸚e*) sucesso *m*; caso *m*; (*Natur*-²) fenómeno *m*; (*Akte*), ⊕, ⚗, ⚕ processo *m*; *Beispiel*: exemplo *m* precedente; **~gänger(in** *f*) *m* ['-gɛŋər-] predecessor(a *f*) *m*; antecessor(a *f*) *m*; **~garten** *m* (*-s*; *⸚*) jardim *m* da frente; *Café*: terraço *m*; **²gaukeln** (*-le*) simular, fingir; **²geben** (*L*) (*behaupten*) pretender, afirmar; *Punkte im Spiel*: dar de partido; **~gebirge** *n* cabo *m*, promontório *m*; **2gefaßt** preconcebido; *~e Meinung* preconceito *m*; **~gefühl** *n* (-*es*; -*e*) pressentimento *m*; **2gehen**[1] *v/i.* (*L*; *sn*) passar para diante, passar para a frente, ir à frente; *Uhr*: estar adiantado, ir adiantado; *gegen*: proceder; ⚔ avançar; *im Rang*: preceder (*ac.*); (*geschehen*) suceder, passar-se; *bei j-m ~* passar pela casa de alg.; **~gehen**[2] *n* procedimento *m*; ⚔ avanço *m*; **~gelände** *n* ⚔ esplanada *f*; zona *f* neutra; **~gelege** ['-gəle:gə] *n* contramarcha *f*; **2genannt** [-gənant] atrás mencionado; **~gericht** *n* (-*es*; -*e*) entrada *f*; **2gerückt** ['-gərykt] *Alter*: avançado (*in dat.* de); *Stunde*: adiantado (*zu* a); **~geschichte** *f* (*0*) pré-história *f*; ⚖ antecedentes *m/pl.*; **2geschichtlich** pré-histórico; **~geschmack** *m* (-*es*; *0*) prova *f*, antegosto (*'ô) *m*; **~gesetzte(r)** *m* superior *m*; **2gestern** anteontem (*abend* à noite, *morgen* de manhã); **2gestrig** de anteontem; **2greifen** (*L*) antecipar-se (*j-m* a alg.); **2-haben**[1] (*L*) *v/t.* *Schürze*: ter posto; *fig.* ocupar-se de; tencionar fazer; propor-se; *für den Abend et. ~* ter um compromisso; **~haben**[2] *n* proje[c]to *m*, propósito *m*, intenções *f/pl.*; **~-hafen** *m* (-*s*; *=*) anteporto (*'ô) *m*; **~-halle** *f* vestíbulo *m*; (*Säulen2*) pórtico *m*, átrio *m*; **2-halten** (*L*) *v/t.* pôr em frente; (*zeigen*) mostrar, apresentar; *fig. j-m et. ~* repreender alg. por a.c.; *v/i.* chegar; **~-haltung** *f* repreensão *f*; **~-hand** *f* (*0*) *Pferd*: antebraço *m*; (*Vorkaufsrecht*) prioridade *f*; preferência *f*; *die ~ haben Spiel*: ser mão *f*; **2-'handen** [-'handən] existente; *~ sn* existir, haver; **~-'handen-sein** *n* existência *f*; **~-hang** *m* (-*es*; *=e*) cortinado *m*, cortina *f*; *Thea.* pano *m* (*eiserner* de ferro); (*Tür2*) reposteiro *m*; **2-hängen** colgar; *Schloß*: pôr; **~-hänge-schloß** *n* (-*sses*; *=sser*) cadeado *m*; **~-haut** *f* (-; *=e*) prepúcio *m*.

'**vor-her** antes (*kurz* pouco); (*im voraus*) de antemão, adiantado; *am Abend ~* na véspera; **~bestimmen** (-) predeterminar; predestinar; **2-bestimmung** *f* predeterminação *f*; predestinação *f*; **~gehen** (*L*) preceder; *~d adj.* precedente, anterior; **~ig** prévio; anterior, antigo.

'**Vor-herr|schaft** *f* supremacia *f*, hegemonia *f*; predomínio *m*; **2-schen** predominar; *fig. a.* prevalecer; *~d adj.* predominante.

vor'her|sagen, ~sehen (*L*) prever, antever.

'**vor|-'hin** há pouco, há um bocado; **2hof** *m* átrio *m*; *Rel.* adro *m*; *Anat. des Herzens*: aurícula *f*; **2-hut** *f* vanguarda *f*; **~ig** precedente, anterior; *Mal*: última; *Zeit*: transa[c]to; **2jahr** *n* (-*es*; -*e*) ano *m* passado; **~jährig** ['-jɛ:riç] do ano passado; **2kämpfer** *m* defensor *m*, propugnador *m*, campeão *m*; **~kauen** mastigar; F *fig.* explicar; **2kauf** ⚖ *m* (-*es*; *=e*) preempção *f*; **2kaufs-recht** *n* (-*es*; *0*) prioridade *f* de compra, preferência *f*; **2kehrung** ['-ke:ruŋ] *f* medida *f*, disposição *f*; precaução *f* (*treffen* tomar); (*Vorrichtung*) dispositivo *m*, mecanismo *m*; **2kenntnis** *f* (-; -*se*) conhecimento *m* prévio; preparação *f*.

'**vor-komm|en**[1] *v/i.* (*L*; *sn*) (*auftreten*) aparecer, haver, encontrar-se; (*geschehen*) acontecer, suceder; (*scheinen*) parecer; *sich* (*dat.*) *~* wie sentir-se como (*od. ac.*); **2en**[2] *n* presença *f*; ⚒ jazigos *m/pl.*; **~endenfalls** em caso afirmativo; **2nis** *n* (-*ses*; -*se*) acontecimento *m*, caso *m*.

'**Vor|kriegs...**: *in Zssg(n)* de antes da guerra; **2laden** ⚖ (*L*) citar; **~ladung** *f* citação *f*, contrafé *f*; **~lage** *f* *Pol.* proje[c]to *m* de lei, moção *f*; (*Muster*) modelo (*ê) *m*; (*Schablone*) padrão *m*; **2lassen** (*L*) deixar passar (para a frente); *zu sich*: atender, receber; **2laufen** (*L*; *sn*) correr para a frente; *Uhr*: estar adiantado; **~läufer** *m* precursor *m*; **2läufig** provisório, interino; *adv.* por enquanto, por agora; **2laut** indiscreto, petulante, abelhudo; **~leben** *n* antecedentes *m/pl.*

'**Vor-leg|e-besteck** ['-le:gə-] *n* (-*es*; -*e*) talher *m* de trinchar; **2en** apresentar; *Frage, Schloß*: pôr; *Speisen*: servir; (*unterbreiten*) submeter; *Tempo*: acelerar a marcha, ir mais depressa; **~er** *m* tapete *m*; **~eschloß** *n* (-*sses*; *=sser*) cadeado *m*; **~ung** *f* apresentação *f*.

'**vor-les|en** ler; **2er(in** *f*) *m* leitor(a *f*) *m*; **2ung** *f* leitura *f* (em voz alta);

Universität: curso *m* (*über ac.* de), prele[c]ção *f*, lição *f* (*halten* fazer).

'**vor|letzt** penúltimo; **2liebe** *f* predile[c]ção *f* (*für* por); **~'lieb·nehmen** (*L*) contentar-se; **~liegen** (*L*) haver, existir; *fertig ~* estar pronto; *~d adj.* presente, em questão; *Nachricht*: recebido; **~lügen** (*L*): *j-m et. ~* enganar alg., iludir alg.; fazer crer a.c. a alg.; **~m** F = *vor dem*; **~machen** ensinar; = *vorlügen*; *sich* (*dat.*) *nichts* (*od. kein* X *für ein* U) *~ lassen* não se deixar enganar; **2macht(stellung** *f* [*0*]) *f* (*0*) hegemonia *f*, supremacia *f*; **~malig** ['-ma:liç] antigo, anterior; **~mals** ['-ma:ls] antigamente, anteriormente; **2marsch** *m* (*-es*; *⸚e*) avanço *m*, ofensiva *f*; **~merken** *v/t.* tomar († boa) nota de; marcar; **2merkung** ['-mɛrkuŋ] *f* marcação *f*; († boa) nota *f*; **2mittag** *m* (*-es*; *-e*) manhã *f*; (*morgen*) *~*, *am ~*, *des ~s* = **~mittags** de manhã, antes do meio dia.

'**Vor·mund** *m* (*-es*; *⸚er*) tutor *m*; **~schaft** *f* tutela *f*, tutoria *f*; **2schaftlich** tutelar; **~schafts·gericht** *n* (*-es*; *-e*) tutoria *f*.

vorn [fɔrn] à frente, em frente; (por *od.* em) diante; *von ~* de frente; de topo (*'ô); *zeitl.* de novo; *nach ~ hinaus liegen* dar para a rua.

'**Vor|nahme** ['-na:mə] *f* despacho *m*, execução *f*; **~name** *m* (*-ns*; *-n*) prenome *m*; nome *m* de baptismo.

vorn-'an à frente.

'**vor·nehm** ['-ne:m] distinto; nobre; *Welt*: elegante, aristocrático; **~en** *v/t.* (*anlegen*) pôr; (*tun*) fazer, efe[c]tuar; *Untersuchung*: proceder a; *sich* (*dat.*) *et. ~* propor-se a.c., estudar a.c., ocupar-se de a.c.; *sich j-n ~* chamar alg., examinar alg.; **2·heit** *f* (*0*) nobreza *f*; distinção *f*; fidalguia *f*; elegância *f*; **~lich** principalmente, nomeadamente; **~st** *a.* principal.

'**vorn|-he'rein**: *von ~* desde o princípio; de antemão; **~-'über** para a frente; *fallen*: *a.* de bruços.

'**Vor|-ort** *m* (*-es*; *-e*) subúrbio *m*; **~-orts...**: *in Zssg(n)* suburbano; dos arredores; **~platz** *m* (*-es*; *⸚e*) átrio *m*; vestíbulo *m*; *Treppe*: patamar *m*; **~posten** *m* posto (*'ô) *m* avançado; **~posten...**: *in Zssg(n)* de patrulha; **~prüfung** *f* prova *f* eliminatória; **~rang** *m* (*-es*; *⸚e*) precedência *f*, primazia *f* (*vor dat.* em, *vor j-m* sobre alg.); **~rat** *m* (*-es*; *⸚e*) provisão *f*; abastamento *m*; existências *f/pl.*; sortido *m*; *auf ~* para armazenar; **2rätig** ['-rɛ:tiç] no armazém; *~ sn a.* haver.

'**Vor·rats|haus** *n* (*-es*; *⸚er*) armazém *m*; **~kammer** *f* (*-*; *-n*), **~schrank** *m* (*-es*; *⸚e*), **~raum** *m* (*-es*; *⸚e*) dispensa *f*.

'**Vor|raum** *m* (*-es*; *⸚e*) vestíbulo *m*; antecâmara *f*; **2rechnen** (*-e-*): *j-m ~* fazer o cálculo a (*od.* diante de) alg.; **~recht** *n* (*-es*; *-e*) privilégio *m*, prerrogativa *f*; **~rede** *f* prefácio *m*, prólogo *m*; **~redner** *m* preopinante *m*; **2richten** (*-e-*) dispor, aprestar, preparar; **~richtung** *f* dispositivo *m*, mecanismo *m*; *~en pl.* medidas *f/pl.*, disposições *f/pl.*, precauções *f/pl.* (*treffen* tomar); **2rücken**[1] **a**) *v/i.* (*sn*) ⚔ avançar; **b**) *v/t.* adiantar; **~rücken**[2] *n* avanço *m*; **~runde** *f* eliminatória *f*; **~saal** *m* (*-es*; *-säle*) antessala *f*, corredor *m*, sala *f* de espera; **2sagen** dizer, ditar; *Schule*: segredar; *Thea.* fazer de ponto; **~saison** *f* (*-*; *-s*) princípio *m* da época; **~sänger** *m* chantre *m*, antifoneiro *m*; **~satz** *m* (*-es*; *⸚e*) propósito *m* (*mit* de); **2sätzlich** ['-zɛtsliç] de propósito, premeditado; **~schein** *m*: *zum ~ bringen* trazer à luz; revelar; *zum ~ kommen* aparecer; manifestar-se; **2schicken** mandar adiante; ⚔ fazer avançar; **2schieben** (*L*) empurrar (*od.* impelir) para a frente; *Riegel*: fechar; *fig.* escusar-se com; **2schießen** (*L*) adiantar; **~schiff** *n* (*-es*; *-e*) proa *f*.

'**Vor·schlag** *m* (*-es*; *⸚e*) proposta *f* (*auf* de); ♪ «appoggiatura» *f* (*it.*); *in ~ bringen* = **2en** propor; **~sliste** *f* lista *f* de candidatos; **~srecht** *n* (*-es*; *0*) direito *m* de proposta.

'**vor|schneiden** (*L*) trinchar; **~schnell** precipitado; **~schnellen** (*sn*) saltar para a frente; **~schreiben** (*L*) escrever; *fig.* prescrever; *Bedingung, Norm, Preis*: fixar; **~schreiten** (*L*) avançar; *fig.* progredir.

'**Vor·schrift** *f* prescrição *f*; *amtliche*: regulamento *m*; instrução *f*; *~ sn* ser de rigor; **2s·mäßig** corre[c]to, regular; **2s·widrig** incorre[c]to, irregular.

'**Vor|schub** *m*: *~ leisten* favorecer; **~schule** *f* curso *m* elementar, escola *f* de instrução primária; **~schuß** *m* (*-sses*; *⸗sse*) adiantamento *m*; empréstimo *m*; **⁓schützen** (*-t*) tomar por pretexto; **⁓schweben**: *mir schwebt et. vor* tenho uma vaga ideia de a.c.; *es schwebt mir vor, zu* (*inf.*) penso em; **⁓schwindeln** (*-le*): *j-m et. ~* enganar alg.; iludir alg.; fazer crer a.c. a alg.; **⁓sehen** (*L*) prever; proje[c]tar; *sich ~* (*vor dat.*) ter cuidado com, ter cautela com, precaver-se contra; **~sehung** ['-ze:uŋ] *f* Providência *f*; **⁓setzen** (*-t*) pôr à frente (de), *j-m*: *a.* antepor (a); (*anbieten*) oferecer, servir; *sich* (*dat.*) *et. ~* propor-se.

'**Vor·sicht** *f* (*0*) cautela *f*, cuidado *m* (*üben* ter); **⁓ig** caut(elos)o, cuidadoso, prudente; *~ sn a.* ter cautela, ter cuidado; **⁓s-halber** por precaução; **~s-maßregel** *f* (*-*; *-n*) precaução *f*, providência *f* (*treffen* tomar).

'**Vor|signal** *n* (*-s*; *-e*) sinal *m* de aviso; **~silbe** *f* prefixo *m*; **⁓singen** (*L*) cantar; entoar; **⁓sintflutlich** antediluviano; **~sitz** *m* (*-es*; *-e*) presidência *f* (*übernehmen* assumir); *den ~ führen* = **⁓sitzen** (*L*) presidir (a); **~sitzende(r** *m*) *m*, *f* presidente *m*, *f*; *bei Berufsverbänden*: bastonário *m*; **~sorge** *f* precaução *f*; *~ treffen a.* tomar providências (*daß* para que *subj.*); **⁓sorgen** providenciar; **⁓sorglich** providente; *adv.* por precaução; **~spann** *m* (*-es*; *-e*) muda *f*; **⁓spannen** emparelhar; ⋆acolherar; **~speise** *f* entrada *f*, acepipes *m/pl.*; **⁓spiegeln** (*-le*) simular, fingir; **~spiegelung** *f* miragem *f*, ilusão *f*; *~ falscher Tatsachen* mentira *f*, impostura *f*, falsidade *f* (*unter* com); **~spiel** *n* (*-es*; *-e*) prelúdio *m* (*a. fig.*); *Oper*: abertura *f*; *Thea.* prólogo *m*; **⁓-spielen** preludiar; *j-m et. ~* tocar a.c. a alg.; **⁓sprechen** (*L*): *j-m et. ~* dizer (*od.* pronunciar) a.c. para que alg. o repita; *bei j-m ~* passar por casa de alg.; **⁓springen** (*L*) dar um salto para a frente; (v)ir a saltar; ⚠ saltar, sobressair; **~d** *adj.* saliente; **~sprung** *m* ⚠ (*-es*; *⸗e*) saliência *f*; *Dach*: algeroz *m*; ⊕ ressalto *m*; *Küste*: ponta *f*; (*Vorteil*) dianteira *f*; vantagem *f*; *e-n ~ gewinnen vor* (*dat.*) tomar a dianteira a; **~stadt** *f* arrabalde *m*, subúrbio *m*; **⁓städtisch** suburbano.

'**Vor·stand** *m* (*-es*; *⸗e*) dire[c]ção *f*; **~s...**: *in Zssg(n)* da dire[c]ção.

'**vor·steck|en** meter; *Kopf*: avançar; **⁓nadel** *f* (*-*; *-n*) alfinete *m*, broche *m*.

'**vor·steh|en** ⚠ (*L*) sobressair; (*dat.*, *leiten*) dirigir (*ac.*); **~end** *adj.* saliente; (*obig*) dito, mencionado; **⁓er(in** *f*) *m* dire[c]tor(a *f*) *m*; chefe *m*, *f*; *Rel.* superior(a *f*) *m*; (*Gemeinde⁓*) regedor *m*, presidente *m* da junta da freguesia; **⁓er-drüse** *f* próstata *f*; **⁓-hund** *m* (*-es*; *-e*) cão *m* perdigueiro.

'**vor·stell|en** pôr (mais) a frente; *Uhr*: adiantar; *Bild, Thea.*: representar; (*bedeuten*) *a.* significar; (*bekanntmachen*) apresentar (*a. refl.*); (*klarmachen*) fazer observar (*od.* ver); *sich* (*dat.*) *~* imaginar; *sich ~ können* fazer ideia de; calcular; **~ig**: *~ werden bei* manifestar-se junto de, fazer uma representação a, apresentar um protesto a; **⁓ung** *f j-s*: apresentação *f*; (*Begriff*) ideia *f*, noção *f*; *Thea.* representação *f*, espe[c]táculo *m*, récita *f*; (*Kritik*) repreensão *f*; (*Ermahnung*) advertência *f*; **⁓ungs-kraft** *f* (*0*) imaginação *f*; **⁓ungs-vermögen** *n* (*-s*; *0*) inteligência *f*; poder *m* de abstra[c]ção.

'**Vor|stich** *m* (*-es*; *-e*) ponto *m* adiante; **~stoß** *m* (*-es*; *⸗e*) investida *f*, ataque *m*; ⚔ *a.* avanço *m*; *Schneiderei*: pestana *f*; **⁓stoßen** (*L*) *v/i.* (*sn*) avançar; *~ gegen* investir contra, atacar (*ac.*); **~strafe** *f* pena *f* anterior; *j-s ~n* antecedências *f/pl.* judiciárias; **~strafen-register** *n* cadastro *m*; **⁓strecken** estender; *Geld*: adiantar; **~studie** *f* estudo *m* preliminar, estudo *m* preparatório; **~stufe** *f* primeiro grau *m*; curso *m* elementar; **⁓stürmen** arremessar-se; **⁓tanzen** (*-t*) iniciar a dança; exibir uma dança; **⁓täuschen** simular, fingir; *j-m ~* fazer crer a alg.

'**Vorteil** ['fɔrtaɪl] *m* (*-es*; *-e*) vantagem *f*; (*Gewinn*) proveito *m*; *j-m zum ~ gereichen* ser vantajoso para alg., redundar em proveito de alg.; **⁓-haft** vantajoso, proveitoso.

'**Vor·trag** ['-tra:k] *m* (*-es*; *⸗e*) conferência *f* (*halten* fazer, proferir); (*Bericht*) relato *m*, exposição *f*; *Dichtung*: declamação *f*, recitação *f*; ♪ interpretação *f*, execução *f*; ✝

transporte *m*; 2**en** (*L*) expor, recitar; ♪ tocar; *Lied*: cantar; ✝ *Saldo*: transportar; ~ *auf neue Rechnung*: passar para; ~**ende**(**r** *m*) *m*, *f* conferente *m*, *f*, conferencista *m*, *f*; ~**s-abend** *m* (-*s*; -*e*) recital *m*; ~**s-art** *f* di[c]ção *f*, interpretação *f* (*a*. ♪); ~**s-künstler** *m* recitador *m*; ~**s-weise** *f* = ~*sart*.

vor'trefflich excelente, primoroso; *Arbeit*: *a*. esmerado; 2**keit** *f* (*0*) excelência *f*, primor *m*.

'vor|treiben (*L*) impelir; ⚒ abrir; ~**treten** (*L*) avançar; ⚔ sair da fila; ~! apresentar-se!, dar um passo em frente!; 2**tritt** *m* (-*es*; *0*) precedência *f* (*vor dat*. sobre); *j-m den* ~ *lassen* ceder o passo a alg.; 2**trupp** *m* (-*s*; -*s*) guarda *f* avançada.

vo'rüber [fo'ry:bər] passado; *es ist* ~! já passou!; ~**gehen** (*L*) passar (*an dat*. por, junto de); *im* 2 de passagem; ~**gehend** *adj*. passageiro; (*zeitweilig*) interino, temporário; *nur* ~ *da sn* estar de abalada; 2**gehende**(**r** *m*) *m*, *f* transeunte *m*, *f*; ~**ziehen** (*L*) passar.

'Vor|-übung *f* exercício *m* preliminar; ~**-untersuchung** *f* ⚖ inquérito *m*.

'Vor-urteil *n* (-*s*; -*e*) preconceito *m*; 2**s-frei**, 2**s-los** sem preconceitos, independente, imparcial.

'Vor|väter ['-fɛ:tər] *m/pl*. antepassados *m/pl*.; ~**verfahren** *n*, ~**verhandlung** *f* preliminares *m/pl*.; ~**verkauf** *m* (-*es*; ⸚*e*) venda *f* antecipada; 2**verlegen** (-) adiantar; ⚔ *Front*: avançar; 2**vorgestern** há três dias; 2**vorig** antepenúltimo; 2**wagen**: *sich* ~ atrever-se a avançar; *fig*. arriscar-se; ~**wahl** *f* eleição *f* preliminar; ~**wand** *m* (-*es*; ⸚*e*) pretexto *m*; subterfúgio *m*; 2**wärmen** aquecer.

'vorwärts ['forvɛrts] avante; 2**bewegung** *f* marcha *f* para diante; ⚔ avanço *m*; ~**bringen** (*L*) levar para diante; *j-n* ~ *fig*. proteger alg.; ~**kommen** (*L*; *sn*) avançar; *fig*. *a*. progredir, fazer progressos, *j*.: *a*. fazer fortuna.

vor'weg [-'vɛk] antecipadamente, primeiro; 2**nahme** [-na:mə] *f* antecipação *f*; ~**nehmen** (*L*) antecipar.

'vor|weisen (*L*) apresentar, mostrar; ~**werfen** (*L*) lançar à frente; *fig*. censurar, repreender (*j-m et*. alguém por a.c.); 2**werk** *n* (-*es*; -*e*) ↗ anexo *m*; ⚔ fortim *m*, baluarte *m*; ~**wiegen** (*L*) preponderar; predominar; ~**wiegend** *adj*. preponderante, predominante; *adv*. *a*. principalmente; 2**wissen** *n* conhecimento *m* prévio; *ohne j-s* ~ *a*. sem alg. saber.

'Vor|witz *m* (-*es*; *0*) indiscreção *f*, curiosidade *f* indiscreta; 2**witzig** indiscreto; abelhudo; ~**woche** *f* semana *f* passada; 2**wölben** abaular; ~**wölbung** *f* abaulamento *m*; ~**wort** *n* (-*es*; -*e*) prefácio *m*; *mit e-m* ~ *versehen* prefaciar.

'Vor-wurf *m* (-*es*; ⸚*e*) censura *f*; repreensão *f*; responsabilidade *f* atribuída (a); (*Thema*) assunto *m*; *zum* ~ *machen* repreender; 2**s-frei** irrepreensível; 2**s-voll** repreensivo.

'vor|zählen contar; (*aufzählen*) enumerar; 2**zeichen** *n* augúrio *m*, presságio *m*, *a*. 𝔄 *u*. ♪ sinal *m*; ~**zeichnen** (-*e*-) desenhar; *fig*. traçar, indicar.

'vor-zeig|en apresentar, mostrar; 2**er**(**in** *f*) *m* portador(a *f*) *m*; 2**ung** *f* apresentação *f*.

'Vor-zeit *f* passado *m*; tempos *m/pl*. remotos; 2**en** [-'tsaɪtən] antigamente, outrora; 2**ig** prematuro; *adv*. *a*. antes do tempo.

'Vor|zensur *f* censura *f* prévia; 2**ziehen** (*L*) tirar; *Vorhang*: correr; *fig*. preferir; *vorzuziehen* preferível; ~**zimmer** *n* antecâmara *f*, antessala *f*; sala *f* de espera; ~**zug** *m* (-*es*; ⸚*e*) **a**) preferência *f*; (*Recht*) prioridade *f*; (*Vorteil*) vantagem *f*; (*gute Eigenschaft*) mérito *m*, qualidade *f*; (*Vorrecht*) prerrogativa *f*; **b**) 🚂 desdobramento *m*; 2'**züglich** [-'tsy:kliç] ó[p]timo, primoroso, sumo; *adv*. *a*. principalmente.

'Vorzugs...: *in Zssg*(*n*) de preferência, preferencial; ~**preis** *m* (-*es*; -*e*) preço *m* especial (*od*. de amigo); 2**weise** de preferência.

vo'tieren [vo'ti:rən] (-) *v/i*. *u*. *v/t*. votar.

Vo'tiv-bild [vo'ti:f-] *n* (-*es*; -*er*) [ex-voto *m*.]

'Votum ['vo:tum] *n* (-*s*; *Vota*) voto *m*; (*Gutachten*) parecer *m*.

vul'gär [vul'gɛ:r] vulgar.

Vul'kan [vul'ka:n] *m* (-*es*; -*e*) vulcão *m*; 2**i'sieren** [-ani'zi:rən] (-) vulcanizar; 2**isch** vulcânico.

W

W, w [ve:] *n uv.* W, w (v dobrado) *m.*

ˈ**Waage** [ˈva:gə] *f* balança *f*; *Astr. a.* Libra *f*; (*Dezimal*≳) báscula *f*; *an der Deichsel*: pau *m* da boleia; *zur ~ führen* à pesagem *f*; *sich die ~ halten* equilibrar-se, estar em equilíbrio *m*; **~balken** *m* travessão *m*; **≳recht** horizontal.

ˈ**Waag-schale** *f* prato *m.*

ˈ**wabbelig** [ˈvabəliç] molenga.

ˈ**Wabe** [ˈva:bə] *f* favo *m.*

wach [vax] acordado, desperto; *~ machen, ~ werden* acordar, despertar; *~ (er)halten* desvelar, não deixar dormir; ˈ**≳e** *f* guarda *f*, (*Schild*≳) sentinela *f*, *Lokal*: esquadra *f*, posto (*ˈô) *m*; *Dienst* ⚓ *u.* ⚔: vigia *f*, quarto *m*; *auf ~ sn* estar de guarda; *auf ~ ziehen* montar a guarda; ˈ**~en** estar acordado, estar desperto; *~ bei* velar (*ac.*); *~ über* (*ac.*) vigiar (*ac.*); velar sobre, velar por, zelar por; ˈ**≳feuer** *n* fogo *m* de bivaque; ˈ**~-habend** de guarda; de quarto; ˈ**~-halten** (*L*) desvelar, não deixar dormir; ˈ**≳-hund** *m* (*-es*; *-e*) cão *m* de guarda; ˈ**≳mannschaft** *f* esquadra *f*; (homens *m/pl.* da) guarda *f.*

Waˈcholder [vaˈxɔldər] *m* zimbro *m*; **~beere** *f* bago *m* de zimbro; **~branntwein** *m* (*-es*; *-e*), **~schnaps** *m* (*-es*; *=e*) genebra *f*; **~strauch** *m* (*-es*; *=er*) zimbro *m.*

ˈ**wach|rufen** despertar; *fig.* evocar; **~rütteln** fazer despertar.

Wachs [vaks] *n* (*-es*; *-e*) cera *f.*

ˈ**wachsam** [ˈvaxza:m] vigilante; **≳keit** *f* (*0*) vigilância *f.*

ˈ**wachs|en**[1] [ˈvaksən] **a)** *v/i.* (*L*; *sn*) crescer; *fig.* aumentar; (*steigen*) subir; *gut ge~ sn* ter boa figura; (*dat.*) *ge~ sn* estar à altura de; *e-r Sache*: *a.* dar (conta do) recado de a.c.; *~d adj.* crescente, cada vez maior; **b)** *v/t.* (*-t*) encerar; **≳en**[2] *n* **a)** crescimento *m*; (*An*≳) aumento *m*; **b)** enceramento *m.*

ˈ**wächsern** [ˈvɛksərn] de cera.

ˈ**Wachs|figur** *f* figura *f* de cera; **~kerze** *f* círio *m*; **~licht** *n* (*-es*; *-er*) vela *f* de cera; **~stock** *m* (*-es*; *=e*) pavio *m*; **~streichholz** *n* (*-es*; *=er*) cerilha *f*; **~tuch** *n* (*-es*; *=er*) oleado *m*; **~tum** *n* (*-s*; *0*) crescimento *m*; vegetação *f.*

Wacht [vaxt] *f* guarda *f.*

ˈ**Wachtel** [ˈvaxtəl] *f* (*-*; *-n*) codorniz *f*; **~-hund** *m* (*-es*; *-e*) perdigueiro *m.*

ˈ**Wächter** [ˈvɛçtər] *m* guarda *m*; (*Leuchtturm*≳) faroleiro *m*; **~häuschen** *n* guarita *f.*

ˈ**Wacht|meister** *m* primeiro-sargento *m* (de cavalaria); F (*Schutzmann*) guarda *m*; **~posten** *m* sentinela *f*; **~schiff** *n* (*-es*; *-e*) vedeta *f*; (*Küsten*≳) guarda-costas *m*; **~stube** *f* corpo *m* de guarda; **~turm** *m* (*-es*; *=e*) torre (*ô) *f* de observação; atalaia *f.*

ˈ**wack|(e)lig** [ˈvak(ə)liç] abalado; *~ sn* = **~eln** (*-le*) (estar a) abanar, (estar a) dançar; *a. fig.* estar pouco seguro; **~er** honrado, galhardo; bravo.

ˈ**Wad|e** [ˈva:də] *f* barriga *f* da perna; **~en-bein** *n* (*-es*; *-e*) peróneo *m*; **~en-krampf** *m* (*-es*; *=e*) breca *f*; cãibra *f*; **~en-strumpf** *m* (*-es*; *=e*) meia (*od.* peúga) *f* até ao joelho; *Kind*: soquete *m.*

ˈ**Waffe** [ˈvafə] *f* arma *f* (*in, unter ~n pl.* em); *zu den ~n greifen* pegar nas armas; *die ~n strecken* render-se.

ˈ**Waffel** [ˈvafəl] *f* (*-*; *-n*) barquilho *m*; **~-eisen** *n* forma *f* de «talassas».

ˈ**waffen|fähig** em condições de trazer armas, apto para o serviço militar; **≳gattung** *f* arma *f*; **≳gewalt** *f* (*0*) força (*ô) *f* das armas; *mit ~* à mão armada; **≳-händler** *m* armeiro *m*; **~los** sem armas; *poet.* inerme; **≳rock** *m* (*-es*; *=e*) farda *f*; **≳ruhe** *f* (*0*) trégua(s *pl.*) *f*; **≳schein** *m* (*-es*; *-e*) licença *f* de porte de armas; **≳schmied** *m* (*-es*; *-e*) alfageme *m*; **≳stillstand** *m* (*-es*; *0*) armistício *m*; **≳tat** *f* façanha *f*, proeza *f.*

ˈ**wägbar** [ˈvɛ:kba:r] ponderável.

ˈ**Wage|hals** [ˈva:gə-] *m* (*-es*; *=e*) atrevido *m*, temerário *m*, arrojado *m*; **2halsig** ['-halziç] atrevido, temerário, arrojado.

'**Wage-mut** *m* (-*ẹs*; *0*) ousadia *f*, audácia *f*; iniciativa *f*; **2ig** ousado, corajoso; empreendedor, de iniciativa.

'**wagen**[1] ['va:gən] *v/t.* ousar; atrever-se a; arriscar(-se); venturar; *sich an* (*ac.*) ~ abalançar-se a.

'**Wagen**[2] *m* carro *m*; 🚂 carruagem *f*, vagaõ *m*; (*Last2*, *Leichen2*) carroça *f*; (*Lastauto*) camião *m*; *Schreibmaschine*: carrete *m*; *Astr.* *der Große* (*Kleine*) ~ a Ursa *f* Maior (Menor).

'**wägen** ['vɛ:gən] pesar; *fig.* ponderar.

'**Wagen**|**-abteil** *n* (-*ẹs*; -*e*) compartimento *m*; **~-aufbau** *m* (-*es*; -*aufbauten*) carroçaria *f*; **~bauer** *m* construtor *m* de carros; segeiro *m*; fabricante *m* de carruagens; **~führer** *m* cocheiro *m*; *Auto*: motorista *m*; * volante *m*; *Verkehrsmittel*: guarda-freio *m*; * motor(n)eiro *m*; **~gestell** *n* (-*ẹs*; -*e*) «chassis» (*fr.*); **~-heber** *m* macaco *m* (de automóvel); **~ladung** *f* carretada *f*; 🚂 carga *f* de vagão; ⚓ vagão *m* (de); **~lenker** *m* = *~führer*; *ehm.* auriga *m*; **~park** 🚂 *m* (-*s*; -*s*) material *m* rodoviário, material *m* rolante; **~schlag** *m* portinhola *f*; **~schmiere** *f* gordura *f*; **~spur** *f* rodado *m*; **~tür** *f* portinhola *f*.

Wag'gon [va'gɔŋ] *m* (-*s*; -*s*) vagão *m*, carruagem *f*.

'**wag**|**halsig** ['va:khalziç] arrojado; arriscado; **2nis** *n* (-*ses*; -*se*) risco *m*, façanha *f*.

Wahl [va:l] *f* escolha *f*; *zwischen et.*: alternativa *f*; *a.* ⚖ opção *f*; *Pol.* eleição *f*; (*Abstimmung*) votação *f*.

'**wählbar** ['vɛ:lba:r] elegível; **2keit** *f* elegibilidade *f*.

'**wahl**|**berechtigt** com direito a voto; ~ *sn* ter voto; *pl.* *die 2en* os eleitores; **2berechtigung** *f* (*0*) direito *m* ao voto; **2beteiligung** *f* afluência *f* às urnas; *statistisch*: votação *f*; **2bezirk** *m* (-*ẹs*; -*e*) círculo *m* eleitoral.

'**wählen** ['vɛ:lən] escolher; *Pol.* eleger; (*stimmen*) votar; *Fernspr.* marcar (o número); *gewählt adj.* *Sprache*: culto; *stärker*: rebuscado.

'**Wahl**|**-enthaltung** *f* abstenção *f*; **~-ergebnis** *n* (-*ses*; -*se*) resultado *m* das eleições (*od.* do escrutínio).

'**Wähler** ['vɛ:lər] *m* eleitor *m*; ⚡ sele[c]tor *m*; **~in** *f* eleitora *f*; **2isch** meticuloso; esquisito; *im Essen* ~ *sn* *a.* ter má boca; **~liste** *f* cadernos *m/pl.* eleitorais; **~schaft** *f* eleitorado *m*, eleitores *m/pl.*; **~scheibe** *f* disco *m*.

'**Wahl**|**fach** *n* (-*ẹs*; ⸚*er*) disciplina *f* facultativa; cadeira *f* de opção; **2frei** facultativo; **~gang** *m* (-*ẹs*; ⸚*e*) escrutínio *m*; **~-heimat** *f* (*0*) pátria *f* adoptiva; **~kampf** *m* (-*ẹs*; ⸚*e*) campanha *f* eleitoral; **~kreis** *m* (-*es*; -*e*) círculo *m* eleitoral; **~liste** *f* lista *f* dos candidatos; * cédula *f*; **~lokal** *n* (-*s*; -*e*) assembleia *f* de voto; **2los** indistinto, indiscriminado; **~mann** *m* (-*es*; ⸚*er*) delegado *m*; **~manöver** *n* manobra *f* eleitoral; **~recht** *n* (-*ẹs*; *0*) direito *m* de sufrágio; *allgemeines* ~ sufrágio *m* universal; *passives* ~ eligibilidade *f*; **~reform** *f* reforma *f* eleitoral; **~schwindel** *m* fraude *f* eleitoral; **~spruch** *m* (-*ẹs*; ⸚*e*) divisa *f*, lema *m*; **~tag** *m* (-*ẹs*; -*e*) dia *m* das eleições; **~versammlung** *f* sessão *f* de propaganda eleitoral; **~verwandtschaft** *f* afinidade *f* ele[c]tiva; **~vorschlag** *m* (-*ẹs*; ⸚*e*) = *~liste*; **~vorstand** *m* (-*ẹs*; ⸚*e*) mesa *f* eleitoral; **~zettel** *m* (boletim *m* de) voto *m*, lista *f*.

Wahn [va:n] *m* (-*ẹs*; *0*) ilusão *f*, = *~sinn*; '**~bild** *n* (-*ẹs*; -*er*) quimera *f*; ⚕ alucinação *f*.

'**wähnen** ['vɛ:nən] julgar, presumir.

'**Wahn**|**gebilde** *n* = *~bild*; **~sinn** *m* (-*ẹs*; *0*) loucura *f*, demência *f*; ⚕ *a.* alienação *f* mental; **2sinnig** demente, louco, alienado; **~vorstellung** *f* alucinação *f*; **~witz** *m* (-*es*; *0*) loucura *f*, absurdidade *f*; **2witzig** louco; absurdo.

wahr [va:r] verdadeiro, verídico; (*richtig*) *a.* certo; ~ *sn a.* ser verdade; (*echt*) autêntico; *nicht ~?* não é verdade?; ~ *machen* cumprir, realizar; *so ~ mir Gott helfe!* assim Deus me salve!; '**~en** *v/t.* cuidar de; *Anstand* ~ guardar a linha; *Rechte*: defender; *Schein*: salvar; *Würde*: guardar.

'**währen** ['vɛ:rən] *v/t.* durar; continuar; **~d** *prp.* (*gen.*) durante, a quando de; *cj.* enquanto (*Gegensatz*: que), ao passo que.

'**wahr|haben** (*L*): et. *nicht ~ wollen* não admitir (a possibilidade de) a.c.; negar a.c.; **~haft, ~'haftig** [-'haftiç] verdadeiro, verídico, sincero; *adv. a.* deveras, realmente; **2'haftigkeit** *f* (*0*) veracidade *f*; sinceridade *f*.

'**Wahrheit** *f* verdade *f*; *j-m* (*gehörig*) *die ~ sagen* dizer as verdades a alg., *der ~ zu nahe treten* faltar à verdade; **2s-gemäß** verídico, conforme a verdade; **~s-liebe** *f* amor *m* da verdade; **2s-liebend** verídico, amigo da verdade.

'**wahrlich** realmente, deveras.

'**wahrnehm|bar** ['va:rne:mba:r] perceptível, visível; **~en** (*L*) perceber, distinguir, notar; *Gelegenheit*: aproveitar; *Interessen, Rechte*: defender; **2ung** *f* percepção *f*, observação *f*; *Interessen, Rechte*: defesa *f*.

'**wahr-sag|en** adivinhar; *aus der Hand ~* ler a sina; **2er(in** *f*) *m* quiromante, adivinho *m* (-a *f*); **2e'rei** [-'raɪ] *f* adivinhação *f*, quiromancia *f*.

wahr'scheinlich provável, (*) veros(s)ímil; **2keit** *f* probabilidade *f*, verosimilhança *f*; * verossemelhança *f*.

'**Wahr-spruch** *m* (-*ɇs*; ⁼*e*) veredi[c]to *m*.

'**Wahrung** ['va:ruŋ] *f* defesa *f* (*zur* em); *unter ~* sem prejuízo *m* (*gen.* de).

'**Währung** ['vɛ:ruŋ] *f* valor *m* da moeda; *Gold2* padrão-ouro *m*; **~s-politik** *f* (*0*) política *f* monetária; **~s-reform** *f* reforma *f* monetária; **~s-verfall** (-*ɇs*; *0*) *m* depreciação *f* monetária.

'**Wahr-zeichen** *n* símbolo *m*.

'**Waise** ['vaɪzə] *f* órfã *f*, órfão *m*; **~n-haus** *n* (-*es*; ⁼*er*) orfanato *m*; **~n-kind** *n* (-*ɇs*; -*er*), **~n-knabe** *m* (-*n*) órfão *m*.

Wal [va:l] *m* (-*ɇs*; -*e*) baleia *f*.

Wald [valt] *m* (-*ɇs*; ⁼*er*) floresta *f*; bosque *m*; mata *f*; '**2-arm** desarborizado; '**~brand** *m* (-*ɇs*; ⁼*e*) fogo *m* na floresta; '**~-erdbeere** *f* morango *m* silvestre; '**~frevel** *m* delito *m* florestal; '**~-horn** *n* (-*ɇs*; ⁼*er*) buzina *f*, corneta *f*; '**2ig** ['-diç] selvoso; '**~kultur** *f* silvicultura *f*; '**~land** *n* (-*ɇs*; ⁼*er*) terreno *m* selvoso, selva(s) *f*/(*pl.*); '**~lauf** *m* (-*es*; ⁼*e*) corrida *f* pelo bosque; '**~meister** ♀ *m* aspérula *f*; '**~rand** *m* (-*ɇs*; ⁼*er*) orla *f* do bosque; '**2reich** selvoso, rico de florestas; '**~schrat** [-'ʃra:t] *m* (-*ɇs*; -*e*) *Myth.* sátiro *m*; '**~schule** *f* escola *f* ao ar livre; '**~ung** ['-duŋ] *f* mata *f*; '**~wirtschaft** *f* (*0*) exploração *f* florestal; (*Lokal*) restaurante *m* na floresta.

'**Wal-fisch** ['va:l-] *m* (-*ɇs*; -*e*) baleia *f*; **~boot** *n* (-*ɇs*; -*e*), **~fahrer** *m* baleeira *f*; **~fang** *m* (-*ɇs*; ⁼*e*) pesca *f* da baleia; **~fänger** [-fɛŋər] *m* baleeiro *m*.

'**Walk|e** ['valkə] *f* pisão *m*; **2en** (a)pisoar, calcar; **~er** *m* pisoeiro *m*; **~mühle** *f* pisão *m*.

Wall [val] *m* (-*ɇs*; ⁼*e*) terrapleno *m*; valado *m*; talude *m*; dique *m*; ⚔ trincheira *f*; (*Stadt2*) circunvalação *f*.

'**Wallach** ['valax] *m* (-*ɇs*; -*e*) cavalo *m* capado, * capão *m*.

'**wall|en** ['valən] (*sn u. h.*) flutuar, ondear; (*sieden*) ferver, efervescer; = *~fahr(t)en*; **2fahrer(in** *f*) *m* peregrino *m* (-a *f*), romeiro *m* (-a *f*); **2fahrt** *f* peregrinação *f*, romaria *f*; **~fahr(t)en** (*sn*) peregrinar, ir em romaria; **2ung** *f* ondulação *f*; (*Sieden*) ebulição *f*, fervura *f*; *fig.* fervor *m*, efervescência *f*; *in ~ bringen* excitar; *in ~ geraten* excitar-se.

'**Wal|nuß** ['val-] *f* (-; ⁼*sse*) noz *f*; **~nußbaum** *m* (-*ɇs*; ⁼*e*) nogueira *f*; **~roß** *n* (-*sses*; -*sse*) morsa *f*, cavalo-marinho *m*.

'**walten** ['valtən] (-*e*-) reinar; *über* (*ac.*) *et. ~* dominar (*ac.*); *j.*: governar (*ac.*); *~ als* a[c]tuar de; *s-s Amtes ~* cumprir o seu dever; *Milde ~ lassen* usar de; *das walte Gott!* assim seja!

'**Walz|blech** ['valts-] *n* (-*ɇs*; -*e*) folha (*ô) *f* laminada; **~e** *f* rolo (*'ô) *m*; ⊕ cilindro *m*; *auf der ~* P a vadiar; **2en** (-*t*) ⊕ laminar, cilindrar; *Boden*: aplanar; (*tanzen*) valsar.

'**wälzen** ['vɛltsən] (-*t*) rolar, revolver (*a. refl.*); *sich ~ a.* dar voltas; *am Boden*: ir rolando por.

'**walzen-förmig** ['-fœrmiç] cilíndrico.

'**Walzer** ['valtsər] *m* valsa *f*.

ˈ**Walz|maschine** *f*, **~werk** *n* (-*ės*; -*e*) laminador *m*.

ˈ**Wamme** [ˈvamə] *f* papada *f*.

Wams [vams] *n ehm.* gibão *m*.

Wand [vant] *f* (-; ⸚*e*) parede *f*; (*Mauer*) muro *m*, muralha *f*; (*Fels*♀) escarpa *f*; *hölzerne*: tabique *m*; *spanische* ~ biombo *m*, paravento *m*; ~ *an* ~ de paredes *pl.* meias; *mit dem Kopf durch die* ~ *wollen* ser muito teimoso, ser cabeçudo.

ˈ**Wandel** [ˈvandəl] *m* mudança *f*; (*Lebens*♀) vida *f*; *Handel und* ~ o comércio; ~ *schaffen* remediar, reformar; ♀**bar** variável; *a. j.*: inconstante; **~gang** *m* (-*ės*; ⸚*e*), **~-halle** *f* sala *f* dos passos perdidos; *Thea.* vestíbulo *m*; ♀**n** (-*le*) **1.** *v/i.* pass(e)ar, andar, caminhar; **2.** *v/t.* transformar.

ˈ**Wander|-ausstellung** [ˈvandər-] *f* exposição *f* ambulante; **~bibliothek** *f* biblioteca *f* ambulante; **~bursche** *m* (-*n*) peregrino *m*, peão *m*; (*Handwerks*♀) oficial *m* andante; **~düne** *f* medo *m* movediço; **~er** *m* caminheiro *m*, peregrino *m*, romeiro *m*, viandante *m*; excursionista *m*; turista *m*; **~fahrt** *f* excursão *f*; viagem *f*; peregrinação *f*, romaria *f*; **~-falke** *m* (-*n*) falcão *m* peregrino; **~jahre** [ˈ-ja:rə] *n/pl.* anos *m/pl.* de peregrinação; **~leben** *n* (-*s*; *0*) vida *f* nómada; ♀**n**[1] (-*re*) *v/i.* (*sn*) andar, peregrinar; **~n**[2] *n* pedestrianismo *m*, excursionismo *m*; (*Verschiebung*) deslocamento *m*; **~niere** *f* rim *m* flutuante; **~schaft** *f* peregrinação *f*; **~schuh** *m* (-*ės*; -*e*) sapato *m* ferrado; **~s-mann** *m* (-*ės*; -*leute*) = **~er**; **~stab** *m* (-*ės*; ⸚*e*) bordão *m*; **~trieb** *m* (-*ės*; *0*) sangue *m* andarilho; nomadismo *m*; **~ung** *f* peregrinação *f*, viagem *f* (a pé); excursão *f* (a pé); *hist.* migração *f*; **~vogel** *m* (-*s*; ⸚) ave *f* de arribação; *fig. j.*: andarilho *m*, escuteiro *m* (livre); **~volk** *n* (-*ės*; ⸚*er*) povo *m* nómada.

ˈ**Wand|gemälde** *n* pintura *f* mural (*od.* parietal); **~-haken** *m* escápula *f*; **~kalender** *m* calendário *m* de parede; **~karte** *f* mapa *m* de parede; **~leuchter** *m* aplique *m*, candelabro *m* de parede; **~lung** *f* mudança *f*, transformação *f*, metamorfose *f*; ♀**lungsfähig** proteico, mutável; **~malerei** *f* pintura *f* mural, pintura *f* a fresco; **~schirm** *m* (-*ės*; -*e*) biombo *m*; **~schrank** *m* (-*ės*; ⸚*e*) armário *m* de parede; **~tafel** *f* (-; -*n*) quadro *m* preto, pedra *f* lousa; **~teppich** *m* (-*ės*; -*e*) tapeçaria *f*; **~tisch** *m* (-*ės*; -*e*) mesa *f* de encostar; **~-uhr** *f* relógio *m* de parede.

ˈ**Wange** [ˈvaŋə] *f* face *f*.

ˈ**Wankel|mut** [ˈvaŋkəl-] *m* (-*ės*; *0*) irresolução *f*, inconstância *f*, veleidade *f*; ♀**mütig** [-my:tiç] inconstante, vacilante, versátil.

ˈ**wanken** [ˈvaŋkən] vacilar; claudicar; titubear; *ins* ♀ *bringen* fazer vacilar; ⚔ desmoralizar; *ins* ♀ *kommen, ins* ♀ *geraten* começar a vacilar; ⚔ perder o moral.

wann [van] quando.

ˈ**Wanne** *f* banheira *f*; *runde*: tina *f*, alguidar *m*; **~n-bad** *n* (-*ės*; ⸚*er*) banho *m* geral, banho *m* de imersão.

Wanst [vanst] *m* (-*es*; ⸚*e*) pança *f*, barriga *f*.

Want [vant] *f* ovém *m*.

ˈ**Wanze** [ˈvantsə] *f* percevejo *m*.

ˈ**Wappen** [ˈvapən] *n* brasão *m*, armas *f/pl.*; **~kunde** *f* (*0*) heráldica *f*; **~schild** *m* (-*ės*; -*e*) escudo *m*, brasão *m*; **~spruch** (-*ės*; ⸚*e*) divisa *f*.

ˈ**wappnen** [ˈvapnən] (-*e*-) armar (*mit* de).

ˈ**Ware** [ˈva:rə] *f* mercadoria *f*; ~*n pl. a.* géneros *m/pl.*

ˈ**Waren|-absatz** *m* (-*es*; *0*) venda *f*; **~-aufzug** *m* (-*ės*; ⸚*e*) monta-cargas *m*; **~bestand** *m* (-*ės*; ⸚*e*) existências *f/pl.*; **~börse** *f* bolsa (*ô) *f* de mercadorias; **~-einfuhr** *f* importação *f*; **~-haus** *n* (-*es*; ⸚*er*) armazém *m*; **~kunde** *f* (*0*) tecnologia *f* industrial; **~lager** *n* depósito *m*; armazém *m*; **~probe** *f* amostra *f*; **~rechnung** *f* fa[c]tura *f*; **~stempel** *m*, **~zeichen** *n* marca *f* de fábrica.

warm [varm] (⸚*er*; ⸚*st*) quente; ~*e Kleidung*, ~*es Zeug* abafo *m*, abafamento *m*; *fig.* caloroso; *Dank*: sincero; *es ist* ~ faz calor; *mir ist* ~ tenho calor; ~ *machen* aquecer; ~ *werden* aquecer; *fig. j.*: sentir-se à vontade; ~ *anziehen* agasalhar; *sich* (*dat.*) *j-n* ~ *halten* cuidar de conservar as simpatias de alg.; ˈ**~blütig** [ˈ-bly:tiç] de sangue quente.

ˈ**Wärme** [ˈvɛrmə] *f* (*0*) calor *m*; **~-einheit** *f* caloria *f*; **~-entwicklung** *f* calorificação *f*; ♀**-erzeugend** calorífico, calorígero, termogénico; **~-erzeugung** *f* termogenia *f*, calorificação *f*; **~grad** *m* (*-ɇs*; *-e*) temperatura *f*, grau *m* de calor; **~lehre** *f* (*0*) termologia *f*; *Phys.* termodinâmica *f*; **≈leitend** (**~leiter** *m*) condutor (*m*) do calor; **~messer** *m* termómetro *m*; calorímetro *m*.

'**wärm|en** aquecer; **≈e-regler** [-re:klər] *m* termostato *m*; **≈flasche** *f* botija *f*.

'**warm|herzig** caloroso; **~laufen** (*L*): *sich* ~ aquecer(-se).

Warm'wasser|-heizung *f* aquecimento *m* central (a água quente); **~versorgung** *f* (instalação *f* de) água quente.

'**warn|en** ['varnən] advertir, prevenir, avisar; **≈er** *m* admoestador *m*; **≈ung** *f* advertência *f*, aviso *m*, prevenção *f*; ⚔ alarme *m*, rebate *m*.

'**Warte** ['vartə] *f* atalaia *f*, vigia *f*, mirante *m*, observatório *m*; **~frau** *f* *für Kinder*: ama *f* seca; (*Wärterin*) guarda *f*; **~geld** *n* (*-ɇs*; *-er*) pensão *f*; **~halle** *f* sala *f* de espera; **≈n** (*-e-*) **1.** *v/i.*: ~ *auf* (*ac.*) aguardar (*ac.*), esperar (*ac. od.* por; *bis cj.* que *subj.*); *auf sich* ~ *lassen* fazer-se esperar, demorar(-se); **2.** *v/t.* cuidar de.

'**Wärter** ['vɛrtər] *m* guarda *m*, ⚕ enfermeiro *m*.

'**Warte-raum** *m* (*-ɇs*; *⸗e*) sala *f* de espera. [**~in** *f* guarda *f*.]

'**Wärter|-häus-chen** *n* guarita *f*;

'**Warte|saal** *m* (*-ɇs*; *-säle*), **~zimmer** *n* sala *f* de espera.

'**Wart-turm** ['vart-] *m* (*-ɇs*; *⸗e*) atalaia *f*.

'**Wartung** ['vartuŋ] *f* cuidados *m/pl.*, tratamento *m*; ⊕ manutenção *f*; **~s-dienst** *m* (*-es*; *-e*) serviço *m* de manutenção.

wa'rum [va'rum] porque; ~? porquê?

'**Warze** ['vartsə] *f* verruga *f*; (*Brust≈*) bico *m* do peito, mamilo *m*.

was [vas]: ~? o quê?; ~ *sagt er?* que diz?; ~ *kostet ...?* quanto custa ...?; *relativ*: (o) que, o qual; F (*et.*) alguma coisa; ~ *für* (*ein*) ... que ...; *ach* ~! qual (+ *subst.*)!; ~ *auch* (*immer*) o que quer que (*subj.*).

'**Wasch|-anstalt** ['vaʃ-] *f* lavandaria *f*; **≈bar** lavável; **~bär** *m* (*-en*) coati-lavadeiro *m*; **~becken** *n* lavatório *m*, bacia *f*; **~blau** *n* anil *m*.

'**Wäsche** ['vɛʃə] *f* roupa *f* (branca); (*Waschung*) lavagem *f*; *große* ~ dia *m* da roupa; **~bündel** *n* trouxa *f*.

'**wasch-echt** lavável; *Farbe*: de cor fixa, de cor garantida; *fig.* autêntico, da gema.

'**Wäsche|geschäft** *n* (*-ɇs*; *-e*) camisaria *f*; **~klammer** *f* (*-*; *-n*) mola *f*; **~leine** *f* corda *f* (para estender a roupa); **~mangel** *f* (*-*; *-n*) calandra *f*.

'**waschen** ['vaʃən] (*L*) lavar; ⚕ abluir.

'**Wäscher** ['vɛʃər] *m* lavadeiro *m*; **~'ei** *f* lavandaria *f*; **~in** *f* lava(n)deira *f*.

'**Wäsche-schrank** *m* (*-ɇs*; *⸗e*) armário-roupeiro *m*.

'**Wasch|faß** *n* (*-sses*; *⸗sser*) selha *f*; **~frau** *f* lava(n)deira *f*; **~-haus** *n* (*-es*; *⸗er*), **~küche** *f* lavadouro *m*; **~lappen** *m* luva *f* de lavar; *fig.* poltrão *m*; **~lauge** *f* barrela *f*; **~leder** *n* camurça *f*; **~maschine** *f* lavadeira *f*; máquina *f* de lavar; **~raum** *m* (*-ɇs*; *⸗e*) lavatório(s *pl.*) *m*, lavabo(s *pl.*) *m*; **~schüssel** *f* (*-*; *-n*) lavatório *m*, bacia *f*; **~seide** *f* seda *f* lavável; **~seife** *f* sabão *m*; **~tisch** *m* (*-ɇs*; *-e*), **~toilette** *f* lavatório *m*; **~trog** *m* (*-ɇs*; *⸗e*) selha *f*; **~ung** *f* lavação *f*, *a.* ⚕ lavagem *f*, *a. Rel.* ablução *f*; **~wanne** *f* alguidar *m*, tina *f*; **~weib** *n* (*-ɇs*; *-er*) lava(n)deira *f*; *fig.* tagarela *f*; **~zettel** *m* rol *m* (da roupa); *fig.* cinta *f*.

'**Wasser** ['vasər] *n* água *f* (*auf dem* ~); *aufs* ~ *niedergehen* ✈ amarar; *sich über* ~ *halten* (manter-se a) flutuar; *fig.* aguentar-se; *unter* ~ *setzen* inundar; *unter* ~ *stehen* estar inundado; *zu* ~ *und zu Lande* por mar e terra; *zu* ~ *werden* desfazer-se; *j-m nicht das* ~ *reichen können* *fig.* não chegar aos calcanhares de alg.; *das* ~ *läuft j-m bei et. im Munde zusammen* a.c. faz crescer a água à boca de alg.; **~-abfluß** *m* (*-sses*; *⸗sse*) desaguamento *m*, desaguadouro *m*; **~-abgabe** *f* desidração *f*; **~-arm**[1] *m* (*-ɇs*; *-e*) braço *m*; **≈-arm**[2] (*⸗er*; *⸗st*) árido; ~ *sn a.* ter falta de água; **~-armut** *f* (*0*) falta *f* de água; **~bad** *n* banho-maria *m*; **~ball(-spiel** *n*) *m* «water-polo» *m* (*engl.*); **~becken** *n* bacia *f*, tanque *m*; **~behälter** *m* depósito *m* de água; **~blase** *f* bolha (*ô) *f*; **≈blau** azulado; ~**bombe** *f* bomba *f* de profundidade; ~**dampf** *m* (-*ẹs*; ⸗*e*) vapor *m*; 2**dicht** impermeável; ~-**entziehung** ⚗ *f* desidração *f*; ~**fall** *m* (-*ẹs*; ⸗*e*) cascata *f*, catarata *f*, queda *f* de água; ~**farbe** *f* aguarela *f*; ~**fläche** *f* toalha-de-água *f*; ~**flasche** *f* garrafa *f*; ~**flugzeug** *n* (-*ẹs*; -*e*) hidr(o)avião *m*; ~**flut** *f* cheia *f*, dilúvio *m*; ~*en pl.* enxurradas *f/pl.*; ~**fracht** *f* frete *m*; 2**gekühlt** [-gəky:lt] arrefecido por água; hidroarrefecido; ~**glas** *n* (-*es*; ⸗*er*) copo *m* para água; ⚗ silicato *m* de potassa; ~**graben** *m* (-*s*; ⸗) rego (*ê) *m*, fosso (*'ô) *m*; ~-**hahn** *m* (-*ẹs*; ⸗*e*) torneira *f*; 2-**haltig** [-haltiç] aquífero; 2-**heil...**: *in Zssg(n)* hidroterápico; ~-**heilkunde** *f* (*0*) hidroterapia *f*; ~-**heizung** *f* aquecimento *m* central a água quente; ~-**hose** *f* tromba *f* (de água).

'**wässerig** ['vɛsəriç] cheio de água, aguado, aquoso; *a. fig.* insípido; (*j-m*) *den Mund* ~ *machen* fazer crescer a água à boca (a alg.).

'**Wasser|jungfer** *f* (-; -*n*) *Zool.* libelinha *f*; ~**kanne** *f* jarro *m*; *kleine*: caneca *f*; ~**kessel** *m* chaleira *f*; ⊕ caldeira *f*; ~**klosett** *n* (-*s*; -*e*, -*s*) retrete *m*; *s. Wasserspülung*; ~**kopf** *m* (-*ẹs*; ⸗*e*) hidrocéfalo *m*; ~**kraft** *f* (*0*) força (*ô) *f* hidráulica, hulha *f* branca; ~**kraftwerk** *n* (-*ẹs*; -*e*) central *f* hidr(o)elé[c]trica; ~**krug** *m* (-*ẹs*; ⸗*e*) bilha *f*, cântaro *m*; ~**kühlung** *f* refrigeração *f* por água, hidroarrefecimento *m*; ~**kur** *f* tratamento *m* hidroterápico; ~**landung** *f* amaragem *f*; ~**lauf** *m* (-*ẹs*; ⸗*e*) corrente *f* de água; ~**leitung** *f* canalização *f*; *ehm.* aqueduto *m*; ~**lilie** *f* nenúfar *m*; ~**linie** *f* linha *f* de flutuação; ~**mangel** *m* (-*s*; *0*) falta *f* de água, seca (*ê) *f*; ~**mann** *m* (-*ẹs*; ⸗*er*) aguadeiro *m*; *Astr.* Aquário *m*; (*Nix*) espírito *m* das águas; ~**masse** *f* caudal *m*; ~**melone** *f* melancia *f*; ~**mühle** *f* azenha *f*; 2**n**[1] (-*re*) *v/i.* amarar; ~**n**[2] *n* amaragem *f*.

'**wässern** ['vɛsərn] (-*re*) (*gießen*) regar; (*einweichen*) pôr de molho; (*verdünnen*) aguar; *Phot.* lavar.

'**Wasser|not** *f* (*0*) = ~*mangel*; ~-**pflanze** *f* planta *f* aquática; ~-**pocken** *f/pl.* varicela *f/sg.*; ~**rad** *n* (-*ẹs*; ⸗*er*) roda *f* hidráulica; ⚒ nora *f*; ~**ratte** *f* rato *m* de água; *fig.* ⚓ lobo *m* do mar; *Sport*: nadador *m* entusiástico; entusiasta *m* dos desportos náuticos; ~**recht** *n* (-*ẹs*; *0*) legislação *f* fluvial; código *m* fluvial; 2**reich** abundante em água; *Fluß*: caudaloso; ~**rose** *f* nenúfar *m*; ~**schaden** *m* (-*s*; ⸗) estrago (*od.* prejuízo) *m* causado pela água; ⚓ avaria *f*; ~**scheide** *f* linha *f* divisória das águas; 2**scheu** hidrófobo; ~ *sn a.* ter horror à água; ~**schi** *m* (-*s*; -*er*) esqui *m* aquático; ~**schlange** *f* serpente *f* aquática; ~**schlauch** *m* mangueira *f*; ~**s-not** *f* (-; ⸗*e*) cheia *f*; ~**speier** ⚠ [-ʃpaɪər] *m* gárgula *f*; ~**spiegel** *m* espelho *m* da água, nível *m* da água; ~**sport** *m* (-*ẹs*; *0*) desporto *m* aquático, desporto *m* náutico; ~**spülung** *f* autoclismo *m*; ~**stand** *m* (-*ẹs*; ⸗*e*) nível *m*, altura *f* da água; ~**stands-anzeiger** *m* nível *m*, indicador *m* da altura de água; ~**stelle** *f* aguada *f*; ~**stoff**(-**bombe** *f*) *m* (-*ẹs*; *0*) (bomba *f* de) hidrogénio *m*; ~**stoffsuperoxyd** *n* (-*ẹs*; *0*) água *f* oxigenada; ~**strahl** *m* (-*ẹs*; -*en*) ja[c]to *m* de água, jorro (*'ô) *m*; ~**straße** *f* via *f* fluvial; ~**sucht** *f* (*0*) hidropisia *f*; 2**süchtig** hidrópico; ~**suppe** *f* sopa *f* de jejum; ~**träger** *m* aguadeiro *m*; ~**transport** *m* (-*ẹs*; -*e*) transporte *m* fluvial (*od. zur See*: marítimo); ~**trog** *m* pia *f*; ~**turm** *m* depósito *m* de água, castelo *m* de água; ~**verdrängung** *f* deslocação *f* de água; ~**versorgung** *f* (*0*) abastecimento *m* de água; serviço *m* das águas; ~**waage** *f* nível *m*; ~**weg** *m* (-*ẹs*; -*e*): *auf dem* ~ por via *f* fluvial; *zur See*: por via *f* marítima; ~**wellen** *f/pl.* *fig.* «mise(-en-plis)» *f/sg.* (*fr.*); ~-**werk** *n* (-*ẹs*; -*e*) mãe-de-água *f*, central *f* hidráulica; ~ *mit Filteranlage* instalação *f* de tratamento de água; ~*e pl.* serviços *m/pl.* hidráulicos; ~**zeichen** *n* filigrana *f*.

'**waten** ['va:tən] (-*e*-; *h. u. sn*) passar a vau; *durch Schmutz usw.*: caminhar por.

'**watschel|ig** ['va:tʃəliç] bambaleante; ~**n** (-*le*; *h. u. sn*) gingar, ter andar de patos.

Watt [vat] *n* **a**) (-*ẹs*; -*en*) *Erdk.* baixio *m*; **b**) ⚡ vátio *m*.

'**Watt|e** ['vatə] *f* algodão *m* (em rama); ~**en-meer** *n* (-*ẹs*; -*e*) estuário *m*; ²'**ieren** (-) enchumaçar, acolchoar.

'**Web-art** ['ve:p-] *f* tecido *m*, textura *f*.

'**weben** ['ve:bən] tecer; *v/i. poet.* menear-se.

'**Weber** ['ve:bər] *m* tecelão *m*, tecedor *m*; ~'**ei** *f* tecelagem *f*; ~**in** *f* tecedeira *f*.

'**Web|stuhl** *m* (-*es*; ⸚*e*) tear *m*; ~**waren** *f/pl.* tecidos *m/pl.*

'**Wechsel** ['vɛksəl] *m* mudança *f*; (*Änderung*) *a.* modificação *f*; (*Umschwung*) reviravolta *f*; *a. Astr.* revolução *f*; *regelmäßiger*: alternação *f*; ✝ letra *f* de câmbio (*ziehen auf* sacar sobre, *gezogen a.* girada); (*Monats*²) mensalidade *f*; (*Tausch*) troca *f*; *Devisen*: câmbio *m*; ~-**aussteller** *m* sacador *m*; ~**balg** *m* (-*es*; ⸚*e*) criança *f* substituída, monstro *m*; ~**bank** *f* casa *f* de câmbio; banco *m* de desconto; ~**beziehung** *f* correlação *f*; ~**brief** *m* (-*es*; -*e*) cambial *m*; ~**bürge** *m* (-*n*) abonador *m*; ~**bürgschaft** *f* aval *m*; ²**fähig** apto para sacar e assinar uma letra; ~**fälle** [-fɛlə] *m/pl.* vicissitudes *f/pl.*, peripécias *f/pl.*; ~**fieber** *n* febre *f* intermitente; sezão *f*; ~**geber** *m* sacador *m*; ~**geld** *n* (-*es*; -*er*) troco (*'ô) *m*; ~**gesang** *m* (-*es*; ⸚*e*) canto *m* alternado, desafio *m*; ~**getriebe** *n* engrenagem *f* de velocidade; ~-**inhaber** *m* portador *m*; ~**jahre** *n/pl.* climatério *m/sg.*, menopausa *f/sg.*; ~**kurs** *m* (-*es*; -*e*) câmbio *m*, cotação *f*; ~**makler** *m* corretor *m*.

'**wechseln** (-*le*) **1.** *v/t.* (*aus*~) *u.* ✝, *Worte*: trocar; *Briefe* ~ *a.* corresponder-se; *Kleidung, Stimme, Wohnung* mudar de; **2.** *v/i.* (*ab*~) alternar; ~**d** *adj.* alternante; diverso.

'**Wechsel|nehmer** [-ne:mər] *m* cobrador *m*, portador *m* (endossado); ~**protest** *m* (-*es*; -*e*) protesto *m*; ~**recht** *n* (-*es*; *0*) direito *m* de câmbios; ~**schalter** ⚡ *m* comutador *m* de escada; ²**seitig** [-zaɪtiç] mútuo, recíproco; ~*e Durchdringung* interpenetração *f*; ~**seitigkeit** *f* (*0*) reciprocidade *f*; ²**ständig** alterno; ~**strom** *m* (-*es*; ⸚*e*) corrente *f* alterna; ~**stube** *f* casa *f* de câmbio; agência *f* de câmbio; ~**verkehr** *m* (-*s*; *0*) giro *m*; ²**voll** cheio de vicissitudes; vari(eg)ado; ²**weise** recìprocamente, alternativamente; ~**wirkung** *f* a[c]ção *f* recíproca; ~**wirtschaft** *f* (*0*) cultura *f* alterna(da).

'**Wechsler** ['vɛkslər] *m* cambista *m*.

'**weck|en**[1] acordar, despertar; *a. fig.* chamar; ²**en**[2] ⚔ *n* (toque *m* de) alvorada *f*; ²**er** *m* (relógio *m*) despertador *m*.

'**Wedel** ['ve:dəl] *m* abanador *m*, abano *m*; (*Fliegen*²) enxota-moscas *m*; (*Staub*²) espanador *m*; (*Weih*²) hissope *m*; ²**n** abanar; *mit dem Schwanz* ~ dar ao rabo.

'**weder** ['ve:dər]: ~ ... *noch* nem ... nem.

Weg[1] [ve:k] *m* (-*es*; -*e*) caminho *m* (*a. fig.*, *auf dem* em, *auf halbem* a meio); (*Durchgang*) travessa *f*; (*Straße*) estrada *f*; (*Strecke*) traje[c]to *m*; ⊕ *u.* ⚓ *a.* carreira *f*; *fig.* (*Aus*²) remédio *m*; (*Mittel*²) meio *m*; *auf dem* ~*e über* (*ac.*) via; *auf mechanischem* ~*e* por via mecânica; *auf dem* ~*e* (*gen.*) *sn fig.* estar em vias *f/pl.* de; *sich auf den* ~ *machen* pôr-se a caminho; (*dat.*) *aus dem* ~*e gehen* afastar-se (de); *fig.* evitar (*ac.*); *aus dem* ~*e räumen* tirar; *a. fig.* afastar; *im* ~*e sn, im* ~*e stehen* estorvar (*ac.*); (*dat.*) *in den* ~ *treten* impedir o caminho a; *a. fig.* fazer frente a; *pl. et. in die* ~*e leiten* encaminhar a.c.

weg[2] [vɛk]: ~ *sn* não estar; *j.*: *a.* estar fora, estar ausente, ter-se ido; *fig.* F estar fora de si, estar pasmado (*vor dat.* de); ~! vamos!; ~ (*damit*)! fora!, embora!; ~ *mit j-m! a. stärker*: morra!

'**weg|-ätzen** (-*t*) tirar com corrosivo, tirar com água-forte; ⚕ cauterizar; ~**begeben** (*L*): *sich* ~ ir-se embora, sair; ~**beizen** (-*t*) = ~*ätzen*; ~**bekommen** (*L*) conseguir tirar, apanhar; ²**bereiter** ['ve:k-] *m fig.* precursor *m*, pioneiro *m*; ~**blasen** (*L*) soprar; *es ist wie weggeblasen* desapareceu por completo; ~**bleiben** (*L*; *sn*) não vir; *nicht lange* ~ não se demorar; ~**blicken** desviar o olhar; ~**bringen** (*L*) levar; ~**denken** (*L*) *v/t.* prescindir de, abstrair de; ~**drängen** repelir, afastar.

'**Wege|bau** *m* (-*es*; -*bauten*) construção *f* das estradas; ~**bezeichnung** *f* indicações *f/pl.* turísticas; ~**geld** *n* (-*es*; -*er*) peagem *f*, portagem *f*.

'**weg-eilen** partir depressa.
'**Wege|karte** *f* itinerário *m*; **~lagerer** [-lagərər] *m* salteador *m*.
'**wegen** ['ve:gən] (*gen.*, *dat.*) por (causa de); *von Amts* ~ de ofício; *von Rechts* ~ de direito, F (*eigentlich*) a bem dizer.
'**Wege|netz** *n* (-*es*; -*e*) rede (*'ê) de (*od.* das) estradas; **~rich** [-riç] ⚘ *m* (-*s*; *0*) tanchagem *f*.
'**weg|essen** (*L*): *j-m et.* ~ comer a.c. a alg.; **~fahren** (*L*) partir; **2fall** *m* (-*es*; *0*) supressão *f*; ausência *f*; **~fallen** (*L*; *sn*) cair; ficar suprimido; (*ausfallen*) não se realizar; **~fangen** (*L*) apanhar; **~fegen** varrer; **~fischen** apanhar; **~fliegen** (*L*; *sn*) levantar voo (*'ô), *Vogel*: *a.* fugir, *j.*: *a.* partir por avião; *et.*: ser levado pelo vento; **~fließen** (*L*; *sn*) ser levado pela corrente; **~führen** levar (consigo); **2gang** *m* (-*es*; *0*) saída *f*; **~geben** (*L*) *v/t.* dar; desfazer-se de; **~gehen** (*L*; *sn*) ir-se embora, sair; *beim* 2 ao partir; **~gießen** (*L*) despejar; **~-haben** (*L*) ter (recebido); F *et.* ~ ser inteligente; *e-n* ~ ter bebido demais; **~-hängen** guardar no guarda-fato; (*umhängen*) *Bild*: mudar; **~-holen** (vir) levar; **~jagen** despedir; afugentar; **~kommen** (*L*; *sn*) (conseguir) sair (*fig. bei* de); (*abhanden kommen*) perder-se; *machen Sie, daß Sie* ~! tire-se daí!; **~können** (*L*) poder sair.
'**Weg-kreuzung** *f* cruzamento *m*.
'**weg|lassen** (*L*) *et.*: suprimir; *j-n*: deixar (sa)ir; **~laufen** (*L*) fugir; **~legen** pôr de parte, guardar; **~meißeln** (-*le*) extirpar; **~müssen** (*L*) ter que sair; **2nahme** ['-na:mə] *f* (*0*) tomada *f* (*a.* ⚔); roubo *m*; ⚖ confiscação *f*; ⚓ aprisionamento *m*; **~nehmen** (*L*) tirar; roubar; ⚓ capturar; **~packen** pôr no seu lugar, arrumar, guardar; **~radieren** (-) tirar; **~raffen** arrebatar; **~reisen** (-*t*) partir; **~reißen** (*L*) arrancar; **~reiten** (*L*) partir a cavalo; **~rollen** *v/t.* tirar; *v/i.* rebolar; **~rücken** tirar, afastar; **~rufen** (*L*) chamar; **~schaffen** levar (para fora), ⚒ eliminar; **~schenken** dar; **~scheren** cortar, *sich* ~ P ir à fava; **~scheuchen** afugentar; **~schicken** mandar; *j-n*: mandar embora; **~schieben** (*L*) tirar, afastar; empurrar; **~schleichen** (*L*; *sn*): (*sich*) ~ escapulir(-se); **~schleifen** (*L*), **~schleppen** arrastar (consigo); **~schließen** (*L*) fechar; **~schmeißen** (*L*) deitar fora; **~schnappen** apanhar; **~schneiden** (*L*) cortar; ⚕ extirpar; **~schütten** (-*e*-) despejar; **~schwemmen** = *~spülen*; **~schwimmen** (*L*; *sn*) *et.*: ser arrastado pela corrente; *j.*: partir a nadar; **~sehen** (*L*) desviar o olhar; *fig. über et.* ~ não fazer caso de a.c.; **~sehnen**: *sich* ~ estar ansioso por sair; **~ sein** (*L*) não estar, *j.*: *a.* estar fora, estar ausente; *fig.* F estar perdido (*vor dat.* de); estar arrebatado (*von* por); **~setzen** (-*t*) **1.** *v/t.* pôr de lado; **2.** *v/i.* (*sn*): ~ *über* (*ac.*) saltar por cima de; *fig. sich über* (*ac.*) ~ não se importar com; **~spülen** lavar; *Wellen*: arrastar; **~stekken** esconder; **~stehlen** (*L*): *sich* ~ furtar-se; **~stellen** pôr de lado, guardar; **~sterben** (*L*; *sn*) morrer (*über dat.* antes de acabar *ac.*); **~stoßen** (*L*) repelir, empurrar; **~streichen** (*L*) riscar.
'**weg|stürzen** (-*t*) sair (*od.* partir) precipitado; **~tragen** (*L*) levar (embora); **~treten** ⚔ (*L*; *sn*) retirar; *~getreten!* retirar!; **~tun** (*L*) = *~legen*, *~stecken*, *~werfen*; **~waschen** (*L*) lavar, limpar; **~wehen** levar; *v/i.* (*sn*) ser levado pelo vento.
'**Weg-weiser** *m* sinal *m* itinerário; *fig.* guia *m*.
'**weg|wenden** (*L*) desviar; **~werfen** (*L*) deitar fora; *sich* ~ rebaixar-se, aviltar-se, prostituir-se; *~d adj.* desdenhoso; *adv.*: *a.* com desdém; **~wischen** limpar; **~wollen** querer ir-se embora.
'**Weg-zehrung** *f* viático *m*.
'**weg|ziehen** (*L*) **1.** *v/t.* retirar; *Vorhang*: correr; **2.** *v/i.* (*sn*) ir-se (embora); (*ausziehen*) mudar (de casa); *Vögel*: ir de passagem; **2zug** *m* (-*es*; *⸚e*) partida *f*; (*Umzug*) mudança *f* (*nach* para).
weh [ve:] **1.** *adj.* magoado, doente; *adv.* (*a.* '**~e**[1] ['-ə]): ~ *tun* doer; *j-m* ~ *tun* magoar alg.; *sich* (*dat.*) ~ *tun* magoar-se; (*o*) ~!, (*au*) ~! ai!; ~! (*dat.*) ai de ...!; **2.** 2 *n* dor *f*; *mit Ach und* ~ com grandes ais; *j-s Wohl und* ~*e* bem-estar *m*; '**2e**[2] *f* **a)** (*Schnee*2) nevão *m*; **b)** ⚕ *~n pl.* dores *f/pl.* do parto; '**~en** soprar;

Fahne: flutuar; ~ *lassen* desfraldar; '2**geschrei** *n* (-*ẹs*; *0*) lamúrias *f/pl.*; queixumes *m/pl.*; '2**klage** *f* lamento *m*, pranto *m*; '~**klagen** (*untr.*): ~ *über* (*ac.*) lamentar(-se de); '~**leidig** dolorido, plangente; '2**mut** *f* (*0*) melancolia *f*, tristeza *f*; saudade *f*; '~**mütig** ['-my:tiç] melancólico, triste; ~*e Erinnerung* saudade *f*.

Wehr [ve:r] **a**) *f* defesa *f*; arma(s *pl.*) *f*; *Anlage* ⚔: parapeito *m*, couraça *f*; *sich zur* ~ *setzen* defender-se; **b**) *n* (-*ẹs*; -*e*) açude *m*; barragem *f*; '~**bezirk** *m* (-*ẹs*; -*e*) distrito *m* militar; '~**dienst** *m* (-*es*; *0*) serviço *m* militar; '2**dienst-tauglich** = 2-*fähig*; '2**en** (*dat.*) vedar; *e-m Übel*: combater (*ac.*); *sich* (*s-r Haut*) ~ defender-se (*gegen* de, contra); '2**fähig** apto para o serviço militar; '2**haft** capaz de trazer armas, resistente; ~ *machen* armar; '~**kraft** *f* (*0*) força (*ô) *f* defensiva; '2**los** indefeso; ~ *machen* desarmar; '~**macht** *f* (*0*) forças (*ô) *f/pl.* armadas; '~**pflicht** *f* (*0*) ('2**pflichtig** sujeito ao) serviço *m* militar obrigatório.

Weib [vaɪp] *n* (-*ẹs*; -*er*) mulher *f*; *poet.* esposa (*ô) *f*; '~**chen** ['-çən] *n* mulherzinha *f*; *Zool.* fêmea *f*; '~**erfeind** *m* (-*ẹs*; -*e*) misógino *m*.

'**weib**|**isch** ['vaɪbiʃ] efeminado, mulherengo; ~**lich** feminino; ♀ *u. Zool.* fêmea; 2**lichkeit** *f* (*0*) feminilidade *f*; F belo sexo *m*.

'**Weibs**|**bild** *n* (-*ẹs*; -*er*), ~**person** *f* mulher *f*, criatura *f*; *derbe*(*s*): mulherão *m*.

weich [vaɪç] mole, brando; *j.*: *a.* meigo, sensível; *Ei*: quente; *Haut, Stoff*: macio; *Metall*: maleável; *fig.* doce, suave; ~ *machen* abrandar, amolecer; *fig.* suavizar; ~ *werden* abrandar, amolecer-se; *fig.* suavizar, *j.*: enternecer-se; '2**bild** *n* (-*ẹs*; -*er*) arredores *m/pl.*; '2**e** *f Anat.* flanco *m*, ilharga *f*; 🚂 agulha *f* (*stellen* manejar); '~**en** (*L*; *sn*) ceder, retirar(-se), retroceder; *Preise*: descer; *nicht von der Stelle* ~ não se mexer; '2**en-steller** ['-ʃtɛlər] *m* agulheiro *m*; '2**en-stellung** *f* mudança *f* de via; '2**en-stellwerk** *n* (-*ẹs*; -*e*) guarita *f* de sinais; '~**gekocht** *Ei*: cozido durante três minutos; '2**heit** *f* (*0*) moleza *f*; brandura *f*; *Haut*: maciez *f*; '~**herzig** meigo; '~**lich** mole; *j.*: *a.* molenga; '2**ling** *m* (-*s*; -*e*) maricas *m*, molengueirão *m*.

'**Weichsel**|**kirsche** ['vaɪksəl-] *f* ginja *f*; ~**kirschbaum** *m* (-*ẹs*; ⁼*e*) ginjeira *f*; ~**rohr** *n* (-*ẹs*; -*e*) tubo *m* de cachimbo de ginjeira.

'**Weich**|**teile** *pl.* entranhas *f/pl.*; ~**tier** *n* (-*ẹs*; -*e*) molusco *m*.

'**Weide** ['vaɪdə] *f* **1.** ♀ salgueiro *m*; (*Korb*2) vime(iro) *m*; **2.** ↗ = ~**land** *n* (-*ẹs*; ⁼*er*) pastagem *f*; pasto *m*, ervaçal *m*; 2**n 1.** (-*e*-) *v/t. u. v/i.* pastar, pascer; *a. fig.* apascentar; *sich* ~ deleitar-se, regalar-se (*an dat.* com); **2.** *adj.* vimoso, vimíneo; ~**nbaum** *m* (-*ẹs*; ⁼*e*) salgueiro *m*; ~**nkätzchen** *n* amentilho *m* do salgueiro; ~**n-korb** *m* (-*ẹs*; ⁼*e*) cesto (*ê) *m* de vime; ~**n-rute** *f* vime *m*; ~**platz** *m* (-*es*; ⁼*e*) pasto *m*; ~**recht** *n* (-*ẹs*; -*e*) direito *m* de pastagem.

'**weid**|**gerecht** ['vaɪt-] de (*adv.* como) caçador consumado; ~**lich** a valer; ~**männisch** ['-mɛniʃ] = ~-*gerecht*.

'**weiger**|**n** ['vaɪgərn] (-*re*) recusar, negar; 2**ung** *f* recusa *f*.

'**Weih**|**becken** ['vaɪ-] *n* pia *f* da água benta; ~**bischof** *m* (-*s*; ⁼*e*) bispo *m* sufragâneo; bispo *m* coadjutor; ~**e** *f* **a**) *Rel.* consagração *f*; ~*n pl.* ordenação *f/sg.*; (*Segen*) bênção *f*; *fig.* solenidade *f*; **b**) *Zool. a. m* milhafre *m*; 2**en**: (*sich*) ~ consagrar(-se), (*widmen*) *a.* dedicar(-se); *Priester*: ordenar; *Wasser*: benzer; *geweiht Ort*: sagrado *m*; ~**er** *m* tanque *m*; ~**estunde** *f* cerimónia *f*, a[c]to *m* solene; 2**e-voll** solene; ~**geschenk** *n* (-*ẹs*; -*e*) oferenda *f*; ~**nacht**(*en pl.*) *f* Natal *m/sg.*; 2**nachtlich** de Natal.

'**Weihnachts**|**-abend** *m* (-*s*; -*e*) véspera *f* de Natal, consoada *f*; ~**baum** *m* (-*ẹs*; ⁼*e*) árvore *f* de Natal; ~**bescherung** *f* distribuição *f* de presentes de Natal; ~**feier** *f* (-; -*n*), ~**fest** *n* (-*es*; -*e*) festa *f* de Natal; ~**geschenk** *n* (-*ẹs*; -*e*) presente *m* de Natal; ~**lied** *n* (-*ẹs*; -*er*) canção *f* de Natal; ~**mann** *m* (-*ẹs*; ⁼*er*) Pai *m* Natal; ~**mette** *f* missa-do-galo *f*; ~**-zeit** *f* (*0*) época *f* de Natal.

'**Weih**|**rauch-faß** *n* (-*sses*; ⁼*sser*) incensário *m*, turíbulo *m*; ~**wasser** (-**becken** *n*) *n* (-*s*; *0*) (pia *f* de) água *f* benta; ~**wedel** *m* hissope *m*.

weil [vaɪl] porque; como; visto que;

'♀chen ['-çən] *n* bocado *m*; '♀e *f* (algum) tempo *m*, momento *m*; e-e *ganze* ~ um bom bocado; *Eile mit* ~ devagar se vai longe; '~en encontrar-se, demorar-se; '♀er *m* casaria *f*, aldeia *f*.

Wein [vaın] *m* (-ės; -e) vinho *m* (*roter* tinto; *edler* generoso; *süßer* abafado); *a.* = ~*rebe*, ~*traube*; *wilder* ~ vinha *f* virgem; *j-m reinen* ~ *einschenken fig.* dizer a verdade a alg.; '~**bau** *m* (-ės; 0) viticultura *f*; ~**bauer** *m* (-*n*) vinheiro *m*, viticultor *m*; ~**beere** *f* bago *m* de uva; ~**berg** *m* (-ės; -e) vinha *f*; ~**blatt** *n* (-ės; ¨er) folha (*ô) *f* de parra; ~**brand** *m* (-*s*; ¨e) conhaque *m*.

'**wein|en**[1] ['vaınən] chorar; ♀**en**[2] *n* choro *m*; *zum* ~ *bringen* fazer chorar; ~**erlich** choroso.

'**Wein|-ernte** *f* vindima *f*; ~**-essig** *m* (-*s*; 0) vinagre *m*; ~**faß** *n* (-*sses*; ¨*sser*) pipa *f*, barril *m*; *großes*: tonel *m*; (*Gär*♀) dorna *f*; ~**flasche** *f* garrafa *f* de vinho; ~**garten** *m* (-*s*; ¨) vinha *f*; ~**gärtner** *m* vinh(ad)eiro *m*; ~**gegend** *f* região *f* vinícola; ~**geist** *m* (-*es*; 0) espírito *m* de vinho; álcool *m* (do comércio); ~**glas** *n* (-*es*; ¨*er*) copo *m* de vinho; cálice *m*; ~**-handel** *m* comércio *m* de vinhos; ~**-händler** *m* negociante *m* de vinhos; ~**-handlung** *f* loja *f* de vinhos; casa *f* vinícola; ~**jahr** *n* (-ės; -e) ano *m* vinícola; ~**karte** *f* lista *f* dos vinhos; ~**keller** *m* adega *f*; ~**kelter** *f* lagar *m*; ~**kneipe** *f* taberna *f*; ~**krampf** *m* (-ės; ¨e) choro *m* convulsivo; ~**land** *n* (-ės; ¨*er*) país *m* vinícola; ~**laub** *n* (-ės; 0) parra *f*; ~**laube** *f* parreira *f*, latada *f*; ~**lese** *f* vindima *f*; ~**lokal** *n* (-*s*; -*e*) restaurante *m*, bar *m*; ~**ranke** *f* sarmento *m*, pâmpano *m*; ~**rebe** *f* videira *f*, vide *f*, cepa *f*; ~**reisende(r)** *m* viajante *m* de vinhos; ~**säure** *f* (0) ácido *m* tartárico; ~**schenke** *f* taberna *f*; ~**schlauch** *m* (-ės; ¨e) odre *m*; ~**stein** *m* (-ės; 0) tártaro *m*; ~**stock** *m* (-ės; ¨e) = ~*rebe*; ~**stube** *f* bar *m*; ~**traube** *f* cacho *m* de uvas; ~**zwang** *m* (-ės; 0) consumo *m* obrigatório de vinho.

'**weise**[1] ['vaızə] sábio.

'**Weise**[2] *f* maneira *f*, modo *m* (*auf ac.* de, *nach* a); ♪ melodia *f*; ♀**n** mostrar, indicar; *j-n an* (*ac.*) ~ remeter alg. para; ~ *aus* expulsar de; *j-m die Tür* ~ pôr alg. na rua; *von sich* (*dat.*) ~, *von der Hand* ~ não querer saber de; ~(**r**[1]) *m* sábio *m*; *pl. die* ~*n aus dem Morgenlande* os Reis *m/pl.* Magos; *der Stein der* ~*n* a pedra *f* filosofal; ~**r**[2] *m* indicador *m*.

'**Weis|heit** ['vaıshaıt] *f* sabedoria *f*; ~**heits-zahn** *m* (-ės; ¨e) dente *m* de siso; ♀**lich** prudentemente; ♀**machen** fazer crer.

weiß [vaıs] branco; ~*e Haare* cãs *f/pl.*

'**weis-sag|en** (*untr.*) predizer, vaticinar, profetizar; ♀**ung** *f* profecia *f*, vaticínio *m*.

'**Weiß|bier** *n* (-ės; 0) cerveja *f* branca; ~**blech** *n* (-ės; -*e*) folha (*ô) *f* de Flandres; ~**bluten**: *bis zum* ~ até mais não poder; ~**brot** *n* (-ės; -*e*) pão *m* alvo; pão *m* de trigo; ~**buche** *f*, ~**dorn** *m* (-ės; 0) espinheiro *m* alvar; ~**e 1.** *f* brancura *f*; **2.** *n* branco *m*; *im Ei*: clara *f*; ♀**en** (-*t*) branquear; *Wand*: caiar; *Felle*: surrar; ~**fisch** *m* (-ės; -*e*) alburnete *m*; ♀**gekleidet** ['-gəklaıdət] vestido de branco; ♀**gelb** branco amarelado; ~**gerber** *m* surrador *m*, peliqueiro *m*; ~**gerberei** *f* pelicaria *f*; ♀**glühend** candente, incandescente; ~**glut** *f* (0) incandescência *f*; ♀**haarig** de cabelos brancos, de cãs; ~**kohl** *m* (-ės; 0) repolho (*'ô) *m*; ♀**lich** esbranquiçado; ~**ling** *m* (-*s*; -*e*) borboleta *f* da couve; ~**mehl** *n* (-ės; 0) farinha-flor *f*; ~**näherin** *f* costureira *f* de roupa branca; ~**tanne** *f* abeto *m*; ~**waren** *f/pl.* roupa *f/sg.* branca; *Geschäft*: camisaria *f/sg.*; lençaria *f/sg.*; ~**wein** *m* (-ės; -*e*) vinho *m* branco; ~**zeug** *n* (-ės; 0) roupa *f* branca.

'**Weisung** *f* ordem *f*; instrução *f*; dire[c]tiva *f*.

weit [vaıt] (*ausgedehnt*) extenso, vasto; (*geräumig*) espaçoso; *a. fig.* amplo; *Kleid*: largo; *Entfernung*, *Weg*: grande; ~ *entfernt* longe (*von* de); *Reise*: longo; *Tür*: ~ *offen* de par em par; *2 km* ~ *von* a ... de, *wie* ~? até onde?; *wie* ~ *ist es bis* ...? que distância é até?; *es* ~ *bringen*, ~ *kommen* chegar longe; ~ *sn fig. a.* estar adiantado; ~ + *comp.*, *bei* ~*em* + *comp.* muito; *bei* ~*em* (*nicht* nem) de longe; *nicht* ~ *her sn fig.* não ser grande coisa; *so* ~ *fig.*

até este ponto; *fig.* zu ~ *gehen* exagerar; *a.* es zu ~ *treiben* abusar; ~ *und breit* por toda a parte; '~-'**ab** (muito) longe, (muito) distante; '~-'**aus** de muito; '**2blick** *m* (*-es*; *0*) vistas *f/pl.* largas, perspicácia *f*; '~**blickend** de vistas largas, de grande perspicácia *f*; '**2e 1.** *f* largura *f*, amplidão *f*; *a. fig.* amplitude *f*; ⚔ calibre *m*; (*Ausdehnung*) extensão *f*; (*Entfernung*) distância *f*; *lichte* ~ △ vão *m*, ⊕ diámetro *m* interior; **2.** *n*: *das* ~ *suchen* pôr-se ao largo, fugir; '~**en** (*-e-*) alargar.

'**weiter** *comp. von weit*; *zeitl.* ulterior; *a.* (*mehr*) outro, *pl.* ~*e a.* demais; *adv.* (= des ~*en*) de mais a mais; (*dann*) a seguir; depois; ~ *vorn usw.* mais para ...; ~ *nichts* nada mais; *ohne* ~*es* sem mais nada; *bis auf* ~*es* por agora; ✝ até nova ordem; *und so* ~ etcétera, ~! adiante!; ~ (+ *vb.*) continuar (a *inf.*); ~ *machen Kleid*: alargar; *fig. so* ~*machen* continuar; *nicht* ~*können* não poder mais; *nicht* ~*sprechen können* atrapalhar-se; *afobar-se; *das* ~*e* o resto *m*; ~**befördern** (*-re*; -) reexpedir; **2beförderung** *f* reexpedição *f*; ~**bilden** (*-e-*) aperfeiçoar; ~**fahren** (*L*) seguir, continuar; **2fahrt** *f* = **2***reise*; ~**fliegen** (*L*; *sn*) continuar o voo (*'ô); **2flug** *m* (*-es*; *"e*) continuação *f* do voo (*'ô); ~**führen** continuar; ~**geben** (*L*) transmitir; dar depois; ~**gehen** (*L*; *sn*) passar, seguir; *a. fig.* continuar (o seu caminho); ~**helfen** (*L*) ajudar; ~**hin** mais (para lá); ~**kommen** (*L*) avançar, progredir, fazer progressos; ~**leiten** (*-e-*) transmitir, fazer seguir; **2reise** *f* continuação *f* da viagem; ~**reisen** (*-t*) prosseguir, continuar a viagem; ~**sagen** dizer a(os) outros, divulgar; **2ungen** ['-uŋən] *f/pl.* consequências *f/pl.*; dificuldades *f/pl.*; complicações *f/pl.*; ~**vermieten** (*-e-*) sublocar; ~**ziehen** (*L*) passar, seguir, continuar (o seu caminho).

'**Weit|flug** *m* (*-es*; *"e*) voo (*'ô) *m* a longa distância; **2gehend** extenso, amplo, considerável, vasto; **2-'her** de (muito) longe; **2-herzig** generoso; **2-'hin** (muito) ao longe; **2läufig** vasto, (*adv.* por) extenso; (*ausführlich*) pormenorizado; *Verwandter*: afastado; = **2***schweifig*; **2**-**maschig** ['-maʃiç] de grandes malhas; **2reichend** extenso; *s. a.* **2**-*tragend*; **2schauend** de vistas largas; previdente; **2schweifig** ['-ʃvaɪfiç] prolixo, verboso; '~**schweifigkeit** *f* prolixidade *f*, verbosidade *f*; **2sichtig** ['-ziçtiç] ⚕ presbita; ~**sichtigkeit** ⚕ *f* (*0*) presbitia *f*; ~-**sprung** *m* (*-es*; *"e*) salto *m* em comprimento; **2spurig** ['-ʃpu:riç] de via larga; **2tragend** de grande alcance; *fig.* transcendente; **2verbreitet** muito frequente, muito divulgado; popular; **2verzweigt** de vasta ramificação; ~**winkel-objektiv** *n* (*-s*; *-e*) lente *f* grande-angular.

'**Weizen** ['vaɪtsən] *m* (*-s*; *0*) trigo *m*; *türkischer* ~ milho *m*; ~**boden** *m* (*-s*; *0*) terra *f* para trigo; ~**brot** *n* (*-es*; *-e*) pão *m* de trigo; ~**feld** *n* (*-es*; *-er*) trigal *m*; ~**mehl** *n* (*-es*; *0*) farinha *f* de trigo; *feinstes* ~ flor *f* de farinha.

welch [vɛlç] **a)** ~ (*ein*[*e*]) ...! que ...!; **b)** '~**e**(**r**), '~**es** *fragend*: que ...?; ~ *von* ...? qual de ...?; *relativ*: que, o qual, a qual, os quais, as quais; ~*e*(*r*) *auch immer* quem quer que *subj.*; seja quem for; ~*es auch immer* o que quer que *subj.*; seja o que for; *ich habe* ~*e pl.* tenho alguns, tenho algumas; *ich habe* ~*es* tenho; '~**erlei** ['-ərlaɪ] de que espécie, de que género; *in* ~ *Form es auch sei* de qualquer forma.

welk [vɛlk] murcho, fanado; (*faltig*) enrugado; ⚕ débil; ~ *werden* = '~**en** (*sn*) murchar; '**2-heit** ⚕ *f* (*0*) fraqueza *f*, debilidade *f*.

'**Wellblech** ['vɛl-] *n* (*-es*; *0*) chapa *f* ondulada.

'**Welle** ['vɛlə] *f* onda *f* (*a. Phys.*); (*Kälte***2**) *u. fig.* vaga *f* (de); (*Erd***2**) elevação *f*; (*Haar***2**) ondulação *f*; ~*n legen* ondular; ⊕ cilindro *m*, eixo *m*, rolo (*'ô) *m*, árvore *f*; (*Winde*) torno (*'ô) *m*; *Turnen*: volta *f*, molinete *m*; **2n** ondular; (*sich*) ~ ondear(-se).

'**Wellen|bereich** *m* (*-es*; *-e*) gama *f* de ondas; banda *f*; ~**berg** *m* (*-es*; *-e*) crista *f*; *Phys.* bojo (*'ô) *m*; ~**bewegung** *f* ondulação *f*; ~**brecher** [-brɛçər] *m* quebra-mar *m*, paredão *m*; **2förmig** [-fœrmiç] ondulatório; ~**gang** *m* (*-es*; *0*) ondulação *f*; ~-**kamm** *m* (*-es*; *"e*) crista *f* (da vaga); ~**lager** ⊕ *n* cossinete *m*; ~**länge** *f* comprimento *m* de onda; **~linie** *f* ondulação *f*; **~schlag** *m* (*-es*; *⁼e*) golpe *m* de mar; = *~gang*; **~schwingung** *f* ondulação *f*; **~sittich** *m* (*-es*; *-e*) periquito *m*; **~tal** *n* (*-es*; *⁼er*) côncavo *m* (das ondas).

ˈ**Well|fleisch** *n* (*-es*; *0*) carne *f* de porco cozida; **2ig** ondeado, ondulado; **~pappe** *f* papel *m* canelado.

Wels [vɛls] *m* (*-es*; *-e*) siluro *m*.

Welt [vɛlt] *f* mundo *m*; universo *m*; *was in aller ~ ...* que diabo ...; *zur ~ bringen* dar à luz; *aus der ~ schaffen fig.* acabar com, arranjar; ˈ**2-abgeschieden** *Insel usw.*: muito remoto, isolado do mundo; ˈ**2abgewandt** recolhido; ˈ**~-all** *n* (*-s*; *0*) universo *m*; ˈ**2-anschaulich** ideológico; ˈ**~-anschauung** *f* concepção *f* (*od.* visão *f*) do mundo; mundi-videncia *f*; filosofia *f*, ideologia *f*; ˈ**~-ausstellung** *f* exposição *f* mundial; ˈ**2bekannt**, ˈ**2berühmt** de fama universal; notório; ˈ**2-bewegend** = *2erschütternd*; ˈ**~-bild** *n* (*-es*; *-er*) imagem *f* (*od.* visão *f*) do mundo; ˈ**~bürger** *m* cosmopolita *m*; ˈ**~bürgertum** *n* (*-s*; *0*) cosmopolitismo *m*; ˈ**~dame** *f* senhora *f* da alta sociedade; ˈ**~enbummler** *m* vagamundo *m*; ˈ**2-erfahren** experimentado; ˈ**~-erfahrung** *f* (*0*) experiência *f* do mundo; ˈ**2-erschütternd** de repercussão universal, de transcendência universal; sensacional; ˈ**~firma** *f* (*-*; *-en*) casa *f* de renome mundial; ˈ**2-fremd** ingénuo; ˈ**~friede(n)** *m* paz *f* universal; ˈ**~gebäude** *n* (sistema *m* do) universo *m*; **~geschichte** *f* (*0*) história *f* universal; ˈ**2geschichtlich** histórico-universal; da (*od.* relativo à *od.* sobre a) história *f* universal; ˈ**2gewandt** elegante; *~ sn a.* ter mundo; ˈ**~-handel** *m* (*-s*; *0*) comércio *m* internacional; ˈ**~-herrschaft** *f* (*0*) domínio *m* do mundo, hegemonia *f* mundial; ˈ**~karte** *f* mapa-mundi *m*; ˈ**~kenntnis** *f* (*0*) experiência *f* do mundo; ˈ**~kind** *n* (*-es*; *-er*) mundano *m*; ˈ**~kirchenrat** *m* (*-es*; *0*) conselho *m* ecuménico das Igrejas; ˈ**~krieg** *m* (*-es*; *-e*) Grande Guerra *f*, guerra *f* mundial; ˈ**~kugel** *f* (*-*; *-n*) globo *m* (terrestre); ˈ**~lage** *f* (*0*) situação *f* internacional; ˈ**2lich** mundano; frívolo; *Rel.* profano; secular; temporal; leigo; ˈ**~literatur** *f* (*0*) literatura *f* universal; ˈ**~macht** *f* Grande Potência *f*, potência *f* mundial; ˈ**~mann** *m* (*-es*; *⁼er*) homem *m* do mundo; ˈ**2männisch** [ˈ-mɛniʃ] distinto, elegante; ˈ**~markt** *m* (*-es*; *⁼e*) mercado *m* mundial; ˈ**~meer** *n* (*-es*; *-e*) oceano *m*; ˈ**~meister** *m* campeão *m* internacional; campeão *m* do mundo; ˈ**~meisterschaft** *f* campeonato *m* internacional, campeonato *m* do mundo; ˈ**~politik** *f* (*0*) política *f* internacional; ˈ**~postverein** *m* (*-s*; *0*) União *f* Postal Universal; ˈ**~raum** *m* (*-es*; *0*) universo *m*; ˈ**~raum-fahrer** *m* astronauta *m*; ˈ**~reich** *n* (*-es*; *-e*) Império *m* (universal); Monarquia *f* universal; ˈ**~reise** *f* volta *f* do mundo; ˈ**~rekord** *m* (*-es*; *-e*) recorde *m* mundial; ˈ**~ruf** *m* (*-es*; *0*), ˈ**~ruhm** *m* (*-es*; *0*) fama *f* mundial; ˈ**~schmerz** *m* (*-es*; *0*) tédio *m* da vida; ˈ**~sprache** *f* língua *f* universal; ˈ**~stadt** *f* (*-*; *⁼e*) metrópole *f*; ˈ**~-umseg(e)lung** *f* circumnavegação *f* do mundo, volta *f* ao mundo; ˈ**~-untergang** *m* (*-es*; *0*) fim *m* do mundo; ˈ**~verbesserer** *m* reformador *m* do mundo; ˈ**~verkehr** *m* (*-s*; *0*) tráfego *m* internacional, relações *f/pl.* internacionais; ˈ**~wirtschaft** *f* (*0*) economia *f* mundial; ˈ**2wirtschaftlich** da economia mundial; relativo à economia mundial; ˈ**~wunder** *n* maravilha *f*, prodígio *m*.

wem [veːm] (*dat. v. wer*); *~?* a quem?; *von ~?* de quem?; ˈ**2fall** *m* dativo *m*.

wen [veːn] (*ac. v. wer*): *~?* (a) quem? (*a.* = *an ~?*).

ˈ**Wende** [ˈvɛndə] *f* volta *f*; viragem *f*; (*Übergang*) transição *f*; (*Wechsel*) mudança *f*; = *~punkt*; **~boje** *f* baliza *f*; **~-hals** *m* (*-es*; *⁼e*) torcicolo *m*, pápa-formigas *m*; **~kreis** *m* (*-es*; *-e*) trópico *m*.

ˈ**Wendel-treppe** [ˈvɛndəl-] *f* escada *f* de caracol.

ˈ**wenden** [ˈvɛndən] (*L*) virar; *Geld usw. an* (*ac.*) *~* gastar com; *postwendend* na volta do correio; *sich ~ an* (*ac.*) dirigir-se a, recorrer (par)a.

ˈ**Wend|e-punkt** *m* (*-es*; *-e*) *fig.* momento *m* crítico, momento *m* da transição; crise *f*; **2ig** [ˈvɛndiç] jeitoso, hábil; **~igkeit** *f* (*0*) jeito *m*, habilidade *f*; **~ung** *f* volta *f*; *Auto*

usw. viragem *f*; *Weg*: curva *f*; *a. fig.* rumo *m*; *sprachliche*: locução *f*; (*Wechsel*) mudança *f*.
'**Wen-fall** *m* acusativo *m*.
'**wenig** ['ve:niç] pouco; *ein* (*klein*) ~ ... um bocad(inh)o de; *eins zu* ~ um a menos; **~er** ['-igər] menos; *in* ~ *als zwei Tagen* em menos de ...; ~ *werden* diminuir; **≗keit** *f* (*0*): *meine* ~ F a minha insignificância *f*; **~st**: *das* ~*e* o menos, o mínimo; *die* ~*en* muito poucos; *am* ~*en* menos; **~stens** ['-stɛns] pelo menos, ao menos.
wenn [vɛn] se; (*falls*) caso que; *zeitl.* quando; ~ *es* (*od. dem*) *so ist* a ser assim; *als* ~, *wie* ~ (*subj.*) como se (*subj.*); *selbst* ~, ~ *auch*, ~*schon* = ~*gleich*; ~ *er auch noch so* ... por mais ... que (*subj.*); ~ *nur* contanto que (*subj.*); **~'gleich** se bem que (*subj.*), ainda que (*subj.*), embora (*subj.*).
wer [ve:r] **1.** *fragend*: quem?; ~ *da?* ⚔ quem vive?; ~ *von* ...? *a.* qual de ...?; **2.** *relativ*: aquele que, quem; ~ *es auch sei* quem quer que seja, seja quem for.
'**Werbe|-abteilung** ['vɛrbə-] *f* se[c]ção *f* de propaganda; **~-agent** *m* (*-en*) angariador *m*; **~blatt** *n* (*-ẹs*; *¨er*) prospecto *m*; **~büro** *n* (*-s*; *-s*) agência *f* de publicidade; **~fachmann** *m* (*-es*; *¨er*, *-leute*) propagandista *m*; **~kosten** *pl.* despesas *f/pl.* de propaganda; **~leiter** *m* propagandista *m*.
'**werb|en** ['vɛrbən] (*L*) **1.** *v/t.* angariar; (*an*~) engajar; ⚔ *a.* alistar; **2.** *v/i.* ~ *für* fazer a propaganda de; *um ein Mädchen* ~ pedir a mão de, solicitar a mão de, pedir em casamento; *um j-s Gunst* ~ cortejar alg.; **≗er** *m* ⚔ engajador *m*; ✝ angariador *m*; propagandista *m*; (*Freier*) pretendente *m*; **≗ung** *f* (*An*≗) recrutamento *m*; *e-s Freiers*: pedido *m* de casamento; ✝ propaganda *f* (*für* de).
'**Werde-gang** ['ve:rdə-] *m* (*-ẹs*; *¨e*) desenvolvimento *m*, evolução *f*, *j-s*: *a. äußerer*: carreira *f*; *innerer*: formação *f*; génese *f*; ⊕ processo *m*.
'**werd|en**[1] ['ve:rdən] (*L*; *sn*) *Hilfsverb* **a**) *fut.*: *sie* ~ *tun* farão, vão fazer; hão-de fazer; passam a fazer; *sie* ~ *es tun* fazê-lo-ão; *sie würden tun* fariam; **b**) *pass.* ser; ficar; *a. übers. durch refl. od. vb. 3. Pers. pl.*; **c**) *mit su. od. adj.*: ficar, chegar a ser, resultar, sair, tornar-se; *oft übers. durch vb. auf* -ecer (*s. die adj.*), *z.B. groß* ~ engrandecer; **d**) ~ *aus oft* resultar de; **e**) (*zum*) *su.* ~ chegar a; **f**) ~ *wollen* querer ser; *was ist aus ... geworden?* que é feito de ...?; *was soll daraus* ~? onde vai isto parar?; *es wird nichts aus* (*dat.*) *et.*: a.c. fracassa, a.c. não se realiza; *aus j-m wird nichts* alg. nunca será alguém; *nun, wird's bald?* F então, nunca mais vem?; **≗en**[2] *n* desenvolvimento *m* (*im* em); evolução *f*; génese *f*; processo *m* evolutivo; gestação *f*; *Phil.* devir *m*.
'**Werder** ['vɛrdər] *m* ilhota *f*.
'**Wer-fall** *m* nominativo *m*.
'**werfen** ['vɛrfən] (*L*) atirar, lançar (*a.* ✝); ⚔ derrotar; (*gebären*) parir; *optisch*: proje[c]tar; *sich* ~ *Holz*: empenar; *sich auf* (*ac.*) ~ *fig.* dedicar-se a.
Werft [vɛrft] *f* estaleiro *m*.
Werg [vɛrk] *n* (*-ẹs*; *0*) estopa *f*.
Werk [vɛrk] *n* (*-ẹs*; *-e*) obra *f*; *ans* ~ *gehen* pôr mãos à obra; *ins* ~ *setzen* realizar; (*Arbeit*) *a.* labor *m*, trabalho *m*; (*Aufgabe*) tarefa *f*; ⊕ mecanismo *m*; (*Fabrik*) fábrica *f*; ⚡ central *f*; estação *f* (elé[c]trica); ⚔ fortificação *f*; *adv. am* ~*e sn j.*: estar a trabalhar; *im* ~*e sn et.*: estar a tramar-se; *zu* ~*e gehen* proceder; '**~bank** *f* (-; *¨e*) banco *m*; '**~meister** *m* capataz *m*, contra-mestre *m*, △ mestre *m* de obras; '**~schule** *f* escola-oficina *f*; '**~spionage** *f* (*0*) espionagem *f* industrial; '**~statt** *f* (-; *¨en*), '**~stätte** *f* oficina *f*; *Kunst*: estúdio *m*; '**~stoff** *m* (*-ẹs*; *-e*) material *m*; (*Ersatz*≗) substituto *m*; (*Kunst*≗) plástico *m*; '**~student** *m* (*-en*) estudante *m* que ganha a sua vida a empregar-se; '**~tag** *m* (*-ẹs*; *-e*) dia *m* útil, dia *m* de trabalho; *an* ~*en* = '**≗tags** nos dias úteis; '**≗tätig**: ~ *sn* trabalhar, ter uma profissão; '**~-unterricht** *m* (*-ẹs*; *0*) ensino *m* de trabalhos manuais; educação *f* estética; '**~zeug** *n* (*-ẹs*; *-e*) instrumento *m* (*a. fig.*); ferramenta(s *pl.*) *f*; '**~zeug-tasche** *f* saco *m* de ferramentas.
'**Wermut** ['ve:rmu:t] *m* (*-ẹs*; *0*) ⚘ absíntio *m*; *fig.* amargura *f*; **~wein** *m* (*-ẹs*; *-e*) vermute *m*.
wert[1] [ve:rt] (*würdig*) digno, mere-

cedor; (*geehrt*) estimado, prezado; ~ *sn* valer; *j.*: merecer; *nicht der Rede* ~ *sn* não ser nada.

Wert[2] *m* (-*ẹs*; -*e*) valor *m*; (*Verdienst*) mérito *m*; ~ *legen auf* (*ac.*) ligar importância a; '**~angabe** *f* declaração *f* de valor; *unter* ~ com valor *m* declarado; '**2beständig** *Börse*: consolidado; *Währung*: estabilizado, sólido; '**~beständigkeit** *f* (*0*) estabilidade *f*; '**~brief** *m* (-*ẹs*; -*e*) carta *f* com valor declarado; '**2en** (-*e*-) avaliar, estimar; *Sport*: qualificar (*nach* por); '**2(e-)schaffend** produtivo; '**~gegenstand** *m* (-*ẹs*; ⸚*e*) obje[c]to *m* de valor; '**2ig** ⚗ valente; *zwei*~ bivalente; *drei*~ trivalente; '**~igkeit** ⚗ *f* (*0*) valência *f*; '**2los**: (*ganz*) ~ sem valor (algum); '**~losigkeit** ['-lo:ziç-] *f* (*0*) desvalor *m*; '**~messer** *m* medida *f* (*sn* dar; *für* de); '**~minderung** *f* depreciação *f*; '**~paket** *n* (-*ẹs*; -*e*) encomenda *f* com valor declarado; '**~papier** *n* (-*s*; -*e*) papel *m* de crédito, título *m*; ~*e pl. a.* valores *m*/*pl.*; '**~sache** *f* = ~*gegenstand*; ✉ valor *m* declarado; '**2schätzen** (-*t*) estimar; '**~schätzung** *f* estima *f*; '**~(steiger)ung** *f* valorização *f*; '**~ung** *f* valoração *f*; *Sport*: qualificação *f*; '**~-urteil** *n* (-*s*; -*e*) apreciação *f*; juízo *m* valorativo; '**2voll** valioso, precioso; '**~zeichen** *n*/*pl.* valores *m*/*pl.* selados; '**~zuwachs** *m* (-*es*; *0*) acréscimo *m* de valor.

'**Wesen** ['ve:zən] *n* ser *m*, ente *m*; (*Geschöpf*) *a.* criatura *f*; (*Art*) *j-s*: índole *f*, carácter *m*, génio *m*; feitio *m*; (*Benehmen*) modos *m*/*pl.*; *e-r Sache*: natureza *f*; (*Kern*) essência *f*, substância *f*; *viel* ~*s machen von* fazer muito caso de; *sn* ~ *treiben* fazer das suas; **~-heit** *f* (*0*) substancialidade *f*, essência *f*; **2los** vão, ilusório; **~s-art** *f* índole *f*, modo *m* de ser; **2s-gleich** idêntico; **2t-lich** essencial, substancial; *Teil*: integrante; *adv.* sensivelmente; *vor comp. a.* muit(íssim)o; *im* ~*en* em substância.

'**Wes|fall** *m* genitivo *m*; **2-**'**halb**: ~? porquê?; *relativ*: pelo qual, razão essa por que.

'**Wespe** ['vɛspə] *f* vespa *f*; *große*: abelhão *m*; **~n-nest** *n* (-*es*; -*er*) vespeiro *m*.

'**wessen** ['vɛsən] **1.** ~? **a**) (*gen. v. wer*) de quem?, cujo (-a)?; **b**) (*gen. v. was*) de que?; **2.** *relativ*: cujo (-a).

West [vɛst] *m* (-*ẹs*; *0*), '**~en** *m* (-*s*; *0*) oeste *m*, ocidente *m*; *bsd. poet.* poente *m*; '**~-afrika** *n* (-*s*; *0*) África *f* Ocidental; ('**2deutsch**) '**~-deutschland** *n* (-*s*; *0*) (da) Alemanha *f* Ocidental; '**~e** *f* colete *m*; ~'**fale** [-'fa:lə] *m* (-*en*), ~'**fälin** [-'fɛ:lin] *f*, **2**'**fälisch** [-'fɛ:liʃ] da Vestefália *f*; '**~gote** *m* (-*en*), '**2gotisch** visigodo *m*; **2-**'**indisch** das Índias *f*/*pl.* ocidentais; '**2isch** do oeste; '**2lich** ocidental, do oeste; '**~mächte** ['-mɛçtə] *f*/*pl.* potências *f*/*pl.* ocidentais; '**~nordwest(en)** *m* oés-noroeste *m*; '**~seite** *f* lado *m* oeste; '**~südwest(en)** *m* oés-sudoeste *m*; '**2wärts** ['-vɛrts] (par)a oeste; '**~wind** *m* (-*ẹs*; -*e*) vento *m* oeste.

'**Wett|bewerb** ['vɛt-] *m* (-*ẹs*; -*e*) concurso *m*, competência *f*; *Sport*: *a.* provas *f*/*pl.*; campeonato *m*; ⚕ concorrência *f* (*unlauterer* desleal); **~bewerber(in** *f*) *m* competidor(a *f*) *m*; **~büro** *n* (-*s*; -*s*) agência *f* de apostas; **~e** *f* aposta *f*; *was gilt die* ~? quanto aposta?; *um die* ~ à porfia, ao desafio, à compita; **~eifer** *m* (-*s*; *0*) rivalidade *f*, emulação *f*; **2-eifern** *v*/*i.* (-*re*) rivalizar (*an dat.* em); **2en** (-*e*-) apostar.

'**Wetter** ['vɛtər] *n* tempo *m*; (*Un*2) temporal *m*; *pl.* ⚒ ventilação *f*/*sg.*, *schlagende*: grisu *m*/*sg.*; *alle* ~! caramba!; **~bericht** *m* (-*ẹs*; -*e*) boletim *m* meteorológico; **~dach** *n* (-*ẹs*; ⸚*er*) abrigo *m*, alpendre *m*; **~dienst** *m* (-*es*; *0*) serviço(s *pl.*) *m* meteorológico(s); **~fahne** *f* catavento *m*; *a. fig.* veleta *f*; **2fest** resistente, impermeável; **~-hahn** *m* (-*ẹs*; ⸚*e*) catavento *m*; **~-häuschen** *n* casinha *f* de higrómetro; **~karte** *f* mapa *m* meteorológico; **~kunde** *f* (*0*) meteorologia *f*; **~lage** *f* estado *m* do tempo, condições *f*/*pl.* atmosféricas; **~leuchten**[1] *n* corisco *m*; **2leuchten**[2] *v*/*i.* (-*e*-) coriscar, faiscar; **~mantel** *m* (-*s*; ⸚) impermeável; *m* **~meldung** *f* notícia *f* meteorológica; **2n** (-*re*) trovejar; *fig.* praguejar; **~prophet** *m* (-*en*) prognosticador *m* do tempo; **~schacht** ⚒ *m* (-*ẹs*; ⸚*e*) clarabóia *f*; **~scheide** *f* limite *m* meteorológico; **~seite** *f* lado *m* do oeste; **~station** *f* posto (*'ô) *m* meteorológico; **~sturz** *m* (-*es*; ⸚*e*) brusca depressão *f* atmosférica; **~-umschlag** *m* (-*es*; ⸚*e*) mudança *f* do tempo; **~vorhersage** *f* previsão *f* do tempo; **~-warte** *f* observatório *m* meteorológico; **2wendisch** ['-vɛndiʃ] inconsistente, versátil, volúvel; **~wolke** *f* nuvem *f* borrascosa.

'**Wett|fahrt** *f* corrida(s *pl.*) *f*, ⚓ regata(s *pl.*) *f*; **~kampf** *m* (-*es*; ⸚*e*) desafio *m*, luta *f*, *s.* ~*bewerb*; **~kämpfer** *m* concorrente *m*; **~lauf** *m* (-*es*; ⸚*e*) corrida *f*; **~läufer** *m* concorrente *m*; **2machen** *v/t.* reparar, compensar; **~rennen** *n* corridas *f/pl.* de cavalos; **~rudern** *n* regata *f*; **~schießen** *n* concurso *m* de tiro; **~schwimmen** *n* concurso *m* de natação; **~spiel** *n* (-*es*; -*e*) encontro *m*, desafio *m*; **~streit** *m* (-*es*; -*e*) concurso *m*, desafio *m*, *fig.* rivalidade *f*.

'**wetz|en** ['vɛtsən] (-*t*) amolar, aguçar, afiar; **2stahl** *m* (-*es*; ⸚*e*) fuzil *m*; * chaira *f*; **2stein** *m* (-*es*; -*e*) pedra *f* de amolar, pedra *f* de afiar.

'**Wichse** ['viksə] *f* graxa *f*; F (*Prügel*) pancada(s *pl.*) *f*; '**2n** (-*t*) engraxar; *Fußboden*: pôr cera (em), encerar.

Wicht [viçt] *m* (-*es*; -*e*) sujeito *m*; joão-ninguém *m*; *armer* ~ desgraçado *m*; *erbärmlicher* ~ miserável *m*; '**~el-männchen** ['-əl-] *n* duende *m*.

'**wichtig** ['viçtiç] importante; ~ *sn a.* importar; ~ *tun*, *sich* ~ *machen* dar-se importância *f*; **2keit** *f* importância *f*; *stärker*: transcendência *f*; **2tuer** [-tu:ər] *m* presumido *m*; *ein* ~ *sn*: *a.* dar-se ares de importância; **2tue'rei** *f* presunção *f*; ares *m/pl.* de importância.

'**Wicke** ['vikə] *f* ervilha-de-cheiro *f*; (*Futter*2) ervilhaca *f*.

'**Wickel** ['vikəl] *m* novelo *m*; (*Haar*2) rolo (*'ô) *m*; (*Locken*2) bigodim *m*; ⚕ compressa *f* de ligaduras; F *beim* ~ *kriegen* apanhar, prender; **~band** *n* (-*es*; ⸚*er*) faixa *f*, cueiro *m*; **~kind** *n* (-*es*; -*er*) bébé *m* enfaixado; **2n** (-*le*) enrolar; (*ein*~) *a.* embrulhar, envolver, ⚡ bobinar; *Garn*: enovelar; *Kind*: enfaixar.

'**Widder** ['vidər] *m* carneiro *m*, bode *m*; *Astr.* Carneiro *m*, áries *m*.

'**wider** ['vi:dər] *prp.* (*ac.*) contra; **~'fahren** (*L*; *sn*) acontecer, suceder; ~ *lassen* fazer; **2-haken** *m* farpa *f*, barbela *f*; **2-hall** *m* (-*es*; -*e*) eco *m*, ressonância *f*; *fig. a.* repercussão *f*; **~-hallen** ecoar, ressoar; *dröhnend*: retumbar; *fig.* repercutir; **2-halt** *m* (-*es*; -*e*) apoio *m*, estribo *m*; **2lager** *n* contraforte *m*; **~'legbar** [-'le:kba:r] refutável; **~'legen** refutar, desmentir; **2'legung** [-'le:guŋ] *f* refutação *f*, desmentido *m*; **~lich** repugnante, nojento; *adv.* ~ *süß* de um doce nojento; **~natürlich** contrário à natureza, perverso; **~'raten** (*L*) desaconselhar; *j-m et.* ~ *a.* dissuadir alg. de a.c.; **~rechtlich** ilegal, arbitrário; **2rede** *f* réplica *f*; *s.* 2*spruch*; **2ruf** *m* (-*es*; -*e*) revogação *f*; desmentido *m*; retra[c]tação *f*; abjuração *f*; palinódia *f*; ⚚ contra-ordem *f*; *bis auf* ~ até nova ordem; **~'rufen** (*L*; -) revogar; abjurar; desmentir(-se); retra[c]tar(-se); **~ruflich** [-ru:fliç] revogável; **2sacher** [-zaxər] *m* adversário *m*, rival *m*, émulo *m*; *Rel.* Satanás *m*; **2schein** *m* (-*es*; -*e*) reflexo *m*; **~'setzen** (-*t*): *sich* ~ opor-se, resistir; **~'setzlich** [-'zɛtsliç] insubordinado, recalcitrante; **2'setzlichkeit** *f* (*0*) insubordinação *f*; **2sinn** *m* (-*es*; *0*) contra-senso *m*, absurdo *m*; **~sinnig** absurdo, paradoxo; **~spenstig** [-ʃpɛnstiç] renitente, rebelde, recalcitrante; **2-spenstigkeit** *f* (*0*) renitência *f*, obstinação *f*, rebeldia *f*; **~spiegeln** (-*le*) refle[c]tir; **~'sprechen** (*L*) (*dat.*) contradizer (*ac.*), contrariar (*ac.*), protestar contra, opor-se a; ~*d adj.* contraditório; **2spruch** *m* (-*es*; ⸚*e*) contradição *f*, protesto *m*; antinomia *f*; *im* ~ *stehen zu* estar em desacordo (*'ô) com; **~spruchsvoll** contraditório; **2stand** *m* (-*es*; ⸚*e*) resistência *f*, oposição *f* (*leisten* fazer); ~ *leisten a.* resistir; **~standsfähig** resistente; **~stands-los** sem resistência; **~'steh(e)n** (*L*), **~'streben**[1] resistir (a), contrariar (*ac.*); *Speise*: repugnar (a); **2'streben**[2] *n* resistência *f*; *mit* ~ com repugnância *f*; **2streit** *m* (-*es*; -*e*) conflito *m*; antagonismo *m*; colisão *f*; *im* ~ *stehen mit* = **~'streiten** (*dat.*) (*L*) estar em desacordo (*'ô) com; ~*d adj.* antagónico; **~wärtig** antipático; *stärker*: repugnante; *s. a.* *widrig*; **2wärtigkeit** *f* adversidade *f*, contrariedade *f*, desgosto (*'ô) *m*; 2**wille** *m* (*-ns*; *0*) relutância *f*; repugnância *f*; antipatia *f*; **~willig** contrariado; *adv. a.* de má vontade.

'**widm|en** ['vitmən] (*-e-*): (*sich*) ~ dedicar(-se); *a. Zeit*: consagrar; 2**ung** *f* dedicatória *f*.

'**widrig** ['vi:driç] contrário; *Schicksal*: adverso; *s. a. widerwärtig*; **~enfalls** [-igən-] em caso contrário.

wie [vi:] como (*a.* ?); F *nach comp.* (= *als*) do que; ~ *man sagt* segundo, conforme; *Ausruf*: que + *adj.*!, quão + *adj.*!; *aussehen* ~ (*j.*) parecer(-se com alg.), ter o aspe[c]to de; ~ *breit usw. ist* ...? que largura *usw.* tem?; ~ *lange?* quanto tempo?, até quando?; ~ *oft?* quantas vezes?; ~ *spät ist es?* que horas são?; ~ *teuer ist* ...? quanto custa ...?; ~ *weit geht* ...? até onde chega ...?; ~ *weit ist* ... *gekommen?* até onde chegou ...?; ~ *weit ist es bis* ...? que distância é até ...?; ~ *sehr*, ~ *viel(e*, ~ *mancher)* quanto(s); *zeitl.* (*so*) ~ quando, assim que; ~ *der Vater, so der Sohn* qual pai tal filho; ~ *dem auch sei* seja como for; ~ *groß usw. auch* (*immer*) ... *sei* por maior *usw.* que ... seja.

'**Wiedehopf** ['vi:dəhopf] *m* (*-es*; *-e*) poupa *f*.

'**wieder** ['vi:dər] de novo, novamente, outra vez; = **~um**; *hin und* ~ uma vez por outra; 2**-abdruck** *m* reimpressão *f*; **~-'abdrucken** reimprimir; **~-'abreisen** (*-t*) partir novamente; **~-'anfangen** (*L*) recomeçar; **~-'anknüpfen** reatar; **~-anzünden** (*-e-*) reacender; 2**-'aufbau** *m* (*-es*; *0*) reconstrução *f*; **~-'aufbauen** reconstruir; **~-'aufblühen** voltar a florescer; *fig.* renascer; **~-'auferstehen** (*L*) ressurgir; 2**-'auferstehung** *f* (*0*) ressureição *f*; **~-'aufführen** repetir; 2**-aufführung** *f* repetição *f*; **~-'aufkommen** (*L*), **~-'aufleben** (*sn*) renascer; 2**-aufnahme** *f* reassunção *f*, regresso *m a*; *Mitglied*: readmissão *f*; 2**-'aufnahme-verfahren** *n* ⚖ revisão *f* do processo; **~-'aufnehmen** (*L*) reassumir; *Arbeit*: retomar; ⚖ rever; **~-'aufrichten** (*-e-*) repor, reedificar; 2**-aufrichtung** *f* reedificação *f*, restauração *f*; **~-'aufrüsten** (*-e-*) rearmar(-se); 2**-aufrüstung** *f* rearmamento *m*; 2**-aufstieg** *m* (*-es*; *-e*) ressurgimento *m*; 2**-'auftreten** *n* reaparecimento *m*; **~-'ausführen** reexportar; 2**-ausführung** *f* reexportação *f*; **~-'ausgraben** (*L*) exumar; **~-'aussöhnen** reconciliar; 2**beginn** *m* (*-es*; *0*) recomeço *m*; **~bekommen** (*L*) tornar a receber, reaver, recuperar; (*Wechselgeld*) receber de troco; *ich habe* ~ devolveram-me; **~beleben** reanimar; 2**belebungs-versuch** *m* (*-es*; *-e*): ~ *an* (*dat.*) tentativa *f* para reanimar (*ac.*); **~bringen** (*L*) devolver; **~-'einbringen** (*L*) recuperar; *Verlust*: compensar; **~-'einführen** restabelecer, reintroduzir; ✝ importar novamente; 2**-einführung** *f* restabelecimento *m*, reintrodução *f*; *Staatsform*: reimplantação *f*, restauração *f*; ✝ reimportação *f*; **~-'einlösen** (*-t*) desempenhar; **~-'einschiffen** reembarcar; **~-'einschlafen** (*L*) voltar a adormecer; **~-'einsetzen** (*-t*) restabelecer; *in ein Amt*: reinstalar, reintegrar, reconduzir; 2**-einsetzung** *f* (*0*) restabelecimento *m*; *Staatsform*: restauração *f*; *j-s*: reinstalação *f*, reintegração *f*; **~-'eintreten** (*L*) voltar a entrar; 2**-eintritt** *m* (*-es*; *0*) nova entrada *f*; regresso *m*; **~-erhalten** (*L*) = **~bekommen**, **~-erkennen** (*L*; -) reconhecer; **~-erobern** (*-re*; -) reconquistar; 2**eroberung** *f* (*0*) reconquista *f*; **~-eröffnen** (*-e-*; -) reabrir; 2**-eröffnung** *f* reabertura *f*; **~erscheinen** (*L*; -) reaparecer; **~-ersetzen** (*-t*; -), **~-erstatten** (*-e-*; -) restituir; *Geld*: reembolsar; **~-erzählen** (-) repetir, narrar; **~finden** (*L*) (re-) encontrar; 2**gabe** *f* restituição *f*; *Lit.*, *Mal.*, *Ton*: reprodução *f*; *kurze* ~ resumo *m*; *Thea.* representação *f*; (*Übersetzung*) versão *f*; ♪ interpretação *f*; *Radio*: transmissão *f*; **~geben** (*L*) devolver, restituir; *Text*: reproduzir (*a. Mal.*); (*übersetzen*), *a. Gedanken*: traduzir, interpretar (*a.* ♪); *Radio*: transmitir; *kurz* ~ resumir; 2**geburt** *f* (*0*) renascimento *m*; *Rel.* regeneração *f*; 2**genesung** *f* (*0*) (re)convalescença *f*; restabelecimento *m*; **~gewinnen** (*L*) recuperar; reconquistar; **~'gutmachen** reparar, remediar; 2'**gutmachung** [-maxuŋ] *f* reparação *f*;

~-haben (*L*) reaver; ~-'**herstellen** reparar, restabelecer, restaurar, reconstituir; 𝔖-'**herstellung** *f* reparação *f*, restabelecimento *m* (*a.* ⚕); restauração *f*; reconstituição *f*; ~-**holen**[1] ir buscar novamente; ~-'**holen**[2] (-) repetir; *bsd. Dank usw.*: reiterar; ~-'**holt** [-'ho:lt] *adv.* repetidas vezes; amiude; 𝔖-'**holung** [-'ho:luŋ] *f* repetição *f*; *kurze* ~ recapitulação *f*, revisão *f*; 𝔖-'**holungsfall** *m* (-*ẹs*; *0*): *im* ~*e* ⚖ em caso de reincidência; ~-**in'standsetzen** (-*t*) = ~*herstellen*; 𝔖-**in'standsetzung** *f* = 𝔖*herstellung*; ~**käuen** [-kɔyən] ruminar; 𝔖**käuer** [-kɔyər] *m* ruminante *m*; 𝔖**kehr** [-ke:r] *f* (*0*) regresso *m*; *Jahrestag*: aniversário *m*; = 𝔖*holung*; ~**kehren,** ~**kommen** (*L*; *sn*) voltar, regressar; *Gelegenheit*: *a.* repetir-se (*a. Jahrestag*); *adj. regelmäßig* ~*d* periódico; *nie* ~*d* único; 𝔖**kunft** [-kunft] *f* (-; ⸗*e*) regresso *m*; ~**nehmen** (*L*) retomar, voltar a tomar; ~**sagen** repetir; ~**sehen**[1] (*L*) tornar a ver; 𝔖**sehen**[2] *n* novo encontro *m*; *auf* ~! até à vista!; até logo!; 𝔖**täufer** *m* anabaptista *m*; ~**um** *adv.* = *wieder*; *cj.* por outro lado, em compensação, em contrapartida; por sua vez; ~-**vereinigen** (-) reunir, reunificar; 𝔖**vereinigung** *f* (*0*) reunião *f*, reunificação *f*; ~**vergelten** (*L*; -) pagar, retribuir, retaliar; 𝔖**vergeltung** *f* represália *f*, desforra *f*, retaliamento *m*; ~**verheiraten** (-*e*-; -): *sich* ~ voltar a casar; 𝔖**verheiratung** *f* segundo matrimónio *m*; 𝔖-**verkauf** *m* (-*ẹs*; ⸗*e*) revenda *f*; ~-**verkaufen** (re)vender; 𝔖**verkäufer** *m* revendedor *m*; ~**verwendbar** reutilizável; 𝔖**vorlage** *f* nova apresentação *f*; 𝔖**wahl** *f* reeleição *f*; ~**wählbar** reelegível; ~**wählen** reeleger; ~'**zulassen** (*L*) readmitir; 𝔖'**zulassung** *f* readmissão *f*; ~'**zustellen** devolver; 𝔖'**zustellung** *f* devolução *f*, restituição *f*.

'**Wiege** ['vi:gə] *f* berço *m*; 𝔖**n 1.** *v/t.* abalançar; *a. v/i.* pesar; **2.** *v/t. Fleisch*: picar; *Kind*: embalar; ~**n-druck** *m* (-*ẹs*; -*e*) incunábulo *m*; ~**n-fest** *n* (-*ẹs*; -*e*) aniversário *m*, dia *m* dos anos; ~**n-lied** *n* (-*ẹs*; -*er*) canção *f* de berço, canção *f* de embalar.

'**wieher|n**[1] ['vi:ərn] (-*re*) rinchar, relinchar; ~*des Gelächter n* gargalada(s *pl.*) *f*; 𝔖**n**[2] *n* rincho *m*.

'**Wiener** ['vi:nər] *m*, ~**in** *f* vienense *m*, *f*; 𝔖**isch** vienense, de Viena.

'**Wiese** ['vi:zə] *f* prado *m*; ~**l** *n* doninha *f*; ~**n-blume** *f* flor *f* do prado; ~**n-grund** *m* (-*ẹs*; ⸗*e*) pradaria *f*; ~**n-land** *n* (-*ẹs*; *0*) terra *f* de prados; ~**n-kresse** *f* (*0*), ~**n-schaumkraut** *n* (-*ẹs*; ⸗*er*) cardamina *f*.

wie|'**so** porque; ~? porquê?; ~-'**viel**(**e**) quanto(s); ~'**vielte** [-tə]: *der* ~? qual?; *direkt vor dem su.* que?; *den* ~*n haben wir heute?* que dia é hoje?, em que dia estamos?; ~-'**weit**: ~ (...)? até que ponto (...)?; ~'**wohl** se bem que (*subj.*), ainda que (*subj.*).

wild [vilt] **1.** (-*est*) selvagem, selvático; ⚒ inculto; agreste; bravio; ⚓ *u. Zool.* bravo, ⚘ *a.* silvestre; *Raubtier u. fig.* feroz; *Flucht*: precipitado; *Gerücht*: fantástico; ✝ ilícito; *Kind*: vivo, traquina; *Lauf*: desenfreado; ⚕ *Fleisch*: morto; *Streik*: espontâneo; *fig.* (*irregulär*) irregular; (*wütend*) furioso, raivoso; ~ *romantisch* acidentado; ~ *machen* enfurecer, enraivecer; ~ *werden* ficar furioso, enfurecer(-se), enraivecer; ~*e Ehe* concubinato *m*; ~*es Durcheinander* caos *m*, grande desordem *f*; ~*es Tier* fera *f*; **2.** 𝔖 *n* (-*ẹs*; *0*) caça *f*, veação *f*; '𝔖**bach** *m* (-*ẹs*; ⸗*e*) torrente *f*; '𝔖**braten** *m* assado *m* de veação; '𝔖**bret** ['-brɛt] *n* (-*s*; *0*) caça *f*, veação *f*; '𝔖**dieb** *m* (-*ẹs*; -*e*) caçador *m* furtivo, caçador *m* ilícito; 𝔖**diebe'rei** *f* caça *f* furtiva, caça *f* ilícita; '𝔖**ente** *f* pato *m* bravo.

'**Wilde**(**r** *m*) ['vildə(r)] *m*, *f* selvagem *m*, *f*; ~**rer** [-rər] *m* caçador *m* furtivo, caçador *m* ilícito; 𝔖**rn** (-*re*) andar à caça ilícita.

'**Wild**|**fang** *m* (-*ẹs*; ⸗*e*) traquina(s) *m*, *f*; 𝔖**fremd** absolutamente desconhecido (*od.* estranho); ~**gehege** *n* = ~*park*; ~-**heit** *f* (*0*) selvajaria *f*; braveza *f*; ferocidade *f*; selvagismo *m*; ~**leder** *n* camurça *f*; ~**ling** ⚘ *m* (-*s*; -*e*) árvore *f* silvestre; *zu veredelnder*: cavalo *m*; ~**nis** *f* (-; -*se*) deserto *m*; ermo (*ê) *m*; selvas *f*/*pl.*; ~**park** *m* (-*ẹs*; -*s*) tapada *f*; ~**sau** *f* javalina *f*; ~**schaden** *m* (-*s*; ⸗) estrago *m* causado por animais bravos; ~**schütz**(**e**) *m* = ~*dieb*;

~schwein *n* (-*es*; -*e*) javali *m*; **2wachsend** silvestre, agreste.

'**Wille(n)** *m* ['vilə(n)] (-*ns*; -*n*) vontade *f*; (*Zustimmung*) consentimento *m*; *böser* ~ malquerença *f*, má fé *f*; *freier* ~ livre-arbítrio *m*; *aus freiem* ~*n* espontâneamente, mótu-próprio; *letzter* ~ *a.* testamento *m*; *j-m zu* ~*n sn*, *j-m den* ~***n*** *tun* fazer as vontades a alg.; *mit* ~*n* de propósito; *wider* ~*n* contrariado; *s-n* ~*n durchsetzen* impor-se; *um* (*gen.*) *2n* por causa de; *um* (*Gottes*) *2n* por amor de (Deus).

'**willen|los** indolente, ⚕ abúlico; **2losigkeit** [-lo:ziç-] (*0*) falta *f* de vontade, inércia *f*; ⚕ abulia *f*; **~s** disposto.

'**Willens|-äußerung** *f* expressão *f* da vontade; **~-entscheidung** *f* decisão *f* arbitrária; **~freiheit** *f* (*0*) livre-arbítrio *m*; **~kraft** *f* (*0*) energia *f*, força (*ô) *f* de vontade; **2schwach** = *willenlos*; **~schwäche** *f* (*0*) = *Willenlosigkeit*.

will|'fahren [vil-] *v/i.* (*p.pt.* [ge-] *willfahrt*): *j-m* ~ condescender para com alg., anuir à vontade de alg.; '**~fährig** ['-fɛ:riç] condescendente, complacente; '**2fährigkeit** *f* (*0*) deferência *f*, complacência *f*; '**2ig** dócil, (*bereit*~) solícito; *adv.* de boa vontade, de boa mente; '**2komm** *m* (-*s*; -*e*), 2'**kommen**[1] *n* boas-vindas *f*/*pl*.; ~'**kommen**[2] *adj. j.*: bem-vindo; *et.*: oportuno; *j-n* ~ *heißen* dar as boas-vindas a alg.; '**2kür** ['-ky:r] *f* (*0*) arbitrariedade *f*; *nach* ~ ao arbítrio *m*; '**2kür-herrschaft** *f* tirania *f*, despotismo *m*; '**~kürlich** arbitrário, despótico.

'**wimmeln** ['viməln] (-*le*) formigar; *von Menschen* ~ *a.* parecer um formigueiro.

'**wimmern** ['vimərn] (-*re*) gemer, choramingar.

'**Wimpel** ['vimpəl] *m* ⚓ galhardete *m*, flâmula *f*; ⚔ bandeirola *f*.

'**Wimper** ['vimpər] *f* (-; -*n*) pestana *f*; *mit der* ~ *zucken* pestanejar.

Wind [vint] *m* (-*es*; -*e*) vento *m*; ⚕ flato *m*, ⚓ *am* (*beim*) ~*e fahren* bolinar; *mit* (*od. vor*) *dem* ~*e* de vento em popa; *mit halbem* ~*e* com vento oblíquo; *fig.* ~ *bekommen von* (chegar a) ter conhecimento de; *in den* ~ *schlagen* não querer saber de, desprezar; '**~beutel** *m* (*Gebäck*) sonho *m*; *fig. j.*: cabeça-de-alhos *m*, *f*; '**~bruch** *m* (-*es*; ¨*e*) árvores *f*/*pl*. derribadas pelo vento; '**~büchse** *f* espingarda *f* de pressão de ar.

'**Winde** ['vində] *f* sarilho *m*; roldana *f*; (*Garn2*) doubadora *f*, ⚘ convólvulo *m*.

'**Wind-ei** *n* (-*es*; -*er*) ovo (*'ô) *m* sem gema.

'**Windel** ['vindəl] *f* (-; -*n*) fralda *f*; cueiro *m*, envolta *f*; *in* ~*n schlagen* enfaixar; **~-hose** *f* papagaio *m*; **2weich**: ~ *schlagen* espancar.

'**winden** ['vindən] (*L*) torcer; *Garn*: dobar; *Kranz*: tecer, fazer; (*sich*) ~ *et.*: ⊕ enroscar(-se *a.* ⚘); *Weg*: serpear; *sich* ~ *j.*: *vor Schmerz* torcer-se; *fig.* (*unentschlossen sn*) retorcer-se; *j-m et. aus der Hand* ~ arrancar a.c. das mãos de alg.; *in die Höhe* ~ guindar, içar; *sich* (*dat.*) *et. um die Stirn* ~ cingir a.c.

'**Wind|fahne** *f* catavento *m*; **~fang** *m* (-*es*; ¨*e*) guarda-vento *m*; **2geschützt** ['-gəʃytst] ao abrigo do vento; **~-hose** *f* tromba *f*; **~-hund** *m* (-*es*; -*e*) galgo *m*; *fig. j.*: cabeça-de-alhos *m*, *f*; *stärker*: estróina *m*.

'**windig** ['vindiç] ventoso; ~ *sn a.* fazer vento; *fig.* leviano.

'**Wind|jacke** *f* jaqueta *f* impermeável; **~kanal** ✈ *m* (-*s*; ¨*e*) = ~*tunnel*; **~licht** *n* (-*es*; -*er*) lanterna *f*; **~messer** *m* anemómetro *m*; **~motor** *m* (-*s*; -*en*) aeromotor *m*; **~mühle** *f* moinho *m* de vento; **~pocken** *f*/*pl*. bexigas *f*/*pl*. doidas, varicela *f*/*sg*.; **~rose** ⚓ *f* rosa-náutica *f*, rosa-dos-ventos *f*; **2schief** torto; **~(schutz-)scheibe** *f* pára-brisas *m*; **~seite** *f* lado *m* do vento; ⚓ barlavento *m*; **~spiel** *n* (-*es*; -*e*) galgo *m*; **~stärke** *f* força (*ô) *f* e velocidade *f* do vento; **2still** calmo; **~stille** *f* (*0*) calma(ria) *f*; ⚓ *a.* bonança *f*; **~stoß** *m* (-*es*; ¨*e*) pé-de-vento *m*; rajada *f*; **~strich** *m* (-*es*; -*e*), **~strömung** *f* corrente *f* aérea; **~tunnel** *m* ⊕ *u.* ✈ túnel *m* aerodinámico, túnel *m* do ar.

'**Windung** ['vinduŋ] *f* volta *f*; *Anat.* circunvolução *f*, ⊕ rosca *f*; *Weg*: curva *f*, *a. fig.* sinuosidade *f*.

Wink [viŋk] *m* (-*es*; -*e*) aceno *m*; sinal *m*; *fig.* aviso *m*, advertência *f*; (*Hinweis*) indicação *f*; *j-m e-n* ~ *geben fig.* avisar alg.

'**Winkel** ['viŋkəl] *m* ângulo *m*; (*Ecke*) canto *m* (*a. fig.*); *entlegener* ~ recanto *m*; *Geol.* rincão *m*; = **~maß**; **~-advokat** *m* (*-en*) zângano *m*; **~-eisen** *n* esquadro *m*; esquadria *f*; **2förmig** [-fœrmiç] (de forma) angular; **~-haken** *m* componedor *m*; **~-halbierende** *f* bissectriz *f*; **2ig** angular, anguloso; *Gasse*: tortuoso; **...2ig**: *in Zssg(n) wie acht~ usw.* de oito ângulos, octangular; **~maß** *n* (*-es*; *-e*) angulário *m*; **~-messer** *m* transferidor *m*; ⚓ *u.* ✈ goniómetro *m*; *Landmessung*: grafómetro *m*; **~messung** *f* goniometria *f*; **~-öffnung** ⚒ *f* abertura *f*; **~zug** *m* (*-es*; *⸚e*) subterfúgio *m*; sofisma *m*, rodeio *m*.

'**wink|en** ['viŋkən] acenar; fazer sinal; ⚓, ⚔ fazer sinais semafóricos; **2er** *m j.*: sinaleiro *m*; *Auto.* indicador *m* de dire[c]ção; **2zeichen** *n* ⚓, ⚔ sinal *m* semafórico.

'**winseln** ['vinzəln] (*-le*) gemer, gemir, chorami(n)gar.

'**Winter** ['vintər] *m* inverno *m*; *es wird* ~ começa o inverno; **~...**: *in Zssg(n) meist* de inverno; **~garten** *m* (*-s*; *⸚*) estufa *f*; **~grün** *n* (*-s*; *0*) pervinca *f*; **~getreide** *n* (*-s*; *0*), **~korn** *n* (*-es*; *0*) = **~saat**; **~kurort** *m* (*-es*; *-e*) estação *f* de inverno; **2lich** de inverno, invernal; **~saat** *f* semeada *f* de outono; **~schlaf** *m* (*-es*; *0*) hibernação *f*; *den* ~ *halten* hibernar; **~semester** *n* semestre *m* de inverno; **~sonnenwende** *f* solstício *m* de inverno; **~wetter** *n* invernia *f*; **~sport**(**-platz** *m* [*-es*; *⸚e*]) *m* (*-es*; *0*) (centro *m* de) desportos *m/pl.* de inverno; **~s-zeit** *f* tempo (-rada *f*) *m* do inverno; *zur* ~ no inverno; **~zeit** *f* hora *f* de inverno.

'**Winzer** ['vintsər] *m* vinhateiro *m*; vindimador *m*; **~fest** *n* (*-es*; *-e*) vindima *f*; **~messer** *m* podadeira *f*.

'**winzig** ['vintsiç] diminuto, minúsculo; *a. j.*: miúdo; *Gabe*: mesquinho.

'**Wipfel** ['vipfəl] *m* copa *f*, cume *m*.

'**Wippe** ['vipə] *f* arreburrinho *m*; **2n** jogar ao arreburrinho.

wir [vi:r] nós; ~ + *su.* nós, os...

'**Wirbel** ['virbəl] *m Anat.* vértebra *f*; (*Haar2*) remoinho *m*; *Tier*: rodopelo *m*; (*Wasser2*, *Wind2*) re(de)moinho *m*, turbilhão *m*; ♪ (*Geigen2*) cravelha *f*; (*Trommel2*) rufo *m*; **~-anlage** *f* anexo *m* vertebral; **~bogen** *m* (*-s*; *⸚*) arco *m* vertebral; **2ig** turbinoso, remoinhoso; *mir wird* ~ *im Kopf* fico tonto; **2n** (*-le*) **1.** *v/t.* agitar; *die Trommel* ~ rufar; **2.** *v/i.* girar, rodopiar, re(de)moinhar; **~d** *adj.* = **2ig**; **~säule** *f* coluna *f* vertebral, espinha *f* dorsal; **~sturm** *m* (*-es*; *⸚e*) ciclone *m*; **~tier** *n* (*-es*; *-e*) vertebrado *m*; **~wind** *m* (*-es*; *-e*) remoinho *m*, turbilhão *m*, tufão *m*.

'**wirk|en**[1] ['virkən] **1.** *v/i.* a[c]tuar (*als* de); ⊕ (⚗ re)agir; (*gut*) ~ fazer (bom) efeito; *j.*: fazer (boa) figura; *schädlich* ~ ser nocivo; **2.** *v/t.* produzir, operar; (*stricken*) fazer malha; (*weben*) tecer; **2en**[2] *n* (*-s*; *0*) a[c]tividade *f*; a[c]tuação *f*.

'**wirklich** ['virkliç] real, efe[c]tivo; verdadeiro; *adv. a.* de fa[c]to, deveras; **2er** *Geheimer Rat* Conselheiro *m* titular; **2keit** *f* realidade *f*; **2keitsnah** positivo, realista; **2-keits-sinn** *m* (*-es*; *0*) realismo *m*.

'**wirksam** ['virkza:m] eficaz, eficiente, a[c]tivo; ~ *sn a.* dar efeito; **2keit** *f* a[c]ção *f*, eficácia *f*; eficiência *f*.

'**Wirk-stoff** ['virk-] *m* (*-es*; *-e*) hormona *f*; ⚗ agente *m* químico.

'**Wirkung** ['virkuŋ] *f* efeito *m*; (⚗ re)a[c]ção *f*; resultado *m*; (*Eindruck*) impressão *f*; **~s-bereich** *m* (*-es*; *-e*) âmbito *m*; ⚔ alcance *m*; **~s-feld** *n* (*-es*; *-er*) campo *m* de a[c]ção; **~s-kraft** *f* (*-*; *⸚e*) eficácia *f*, eficiência *f*; **~s-kreis** *m* (*-es*; *-e*) esfera *f* de a[c]tividade; = **~sfeld**; **2s-los** ineficaz, sem efeito, **~s-losigkeit** [-lo:ziç-] *f* (*0*) ineficácia *f*; **2s-voll** eficaz; *Lit.*, *Kunst*: impressionante.

'**Wirk-waren** *f/pl.* malhas *f/pl.*

wirr [vir] confuso; *Haar*: desordenado; **~es** *Durcheinander* caos *m*; '**2en** *f/pl.* desordens *f/pl.*, distúrbios *m/pl.*, motins *m/pl.*; '**2nis** *f* (*-*; *-se*), '**2warr** ['-var] *m* (*-s*; *0*) confusão *f*, trapalhada *f*; (*Lärm*) barulho *m*.

'**Wirsing-kohl** ['virziŋ-] *m* (*-s*; *0*) couve *f* lombarda.

Wirt [virt] *m* (*-es*; *-e*) ('**~in** *f*) dono *m* (-a *f*) da casa (*od.* do café, do restaurante *usw.*); patrão *m* (patroa *f*); (*Gast2*) gastrónomo *m*, taberneiro *m* (-a *f*); *Herberge*: estalajadeiro *m* (-a *f*), hospedeiro *m* (-a *f*); *Hotel*: hoteleiro *m* (-a *f*); (*Gastgeber*) hospedeiro *m*; anfitrião *m*; '**2lich** hospitaleiro.

'**Wirtschaft** ['virtʃaft] *f* economia *f*; (*Haushalt*) governo (*ê) *m* da casa; ↗ abegoaria *f*; = *Wirtshaus*; *iron.* (*schöne*) ~ (grande) desordem *f*; **2en** (*-e-*) *Haushalt u. Pol.*: governar; ↗ explorar; ⚔ administrar, tratar dos negócios; **~er** *m* administrador *m*, gerente *m*, ecónomo *m*; **~erin** [-ərin] *f* governanta *f*; **~ler** [-lər] *m* economista *m*; **2lich** económico; **~lichkeit** *f* (*0*) economia *f*, rentabilidade *f*.

'**Wirtschafts|berater** *m* conselheiro *m* económico; **~buch** *n* (*-es*; *⸚er*) agenda *f* doméstica; **~führer** *m* grande industrial *m*; **~gebäude** *n*/*pl.* anexos *m*/*pl.*, dependências *f*/*pl.*, abegoaria *f*; **~geld** *n* (*-es*; *-er*) dinheiro *m* para governo (*ê) da casa; **~gemeinschaft** *f* (organização *f* de) cooperação *f* económica; *Europäische* ~ Comundade *f* Europeia de Economia; **~geographie** *f* (*0*) geografia *f* económica; **~hilfe** *f* assistência *f* económica, auxílio *m* económico; **~lehre** *f* economia *f* política; *einzelne*: teoria *f* económica; **~lenkung** *f* dirigismo *m* económico; **~minister(ium** *n* [*-s*; *-ministerien*]) *m* Ministro (Ministério) *m* de Economia; **~politiker** *m* economista *m*; **2politisch** político-económico, económico-político; **~wissenschaft** *f* ciências *f*/*pl.* económicas e financeiras; **~wissenschaftler** *m* economista *m*.

'**Wirts|-haus** *n* (*-es*; *⸚er*) restaurante *m*; cervejaria *f*; taberna *f*; (*Rasthaus*) pousada *f*; **~leute** *pl.* patrões *m*/*pl.*, senhorio *m*/*sg*.

Wisch [viʃ] *m* (*-es*; *-e*) papelucho *m*; (*Stroh2*) molho de palha; '**2en** esfregar; (*säubern*) limpar; *Staub*: *a.* tirar; *Mal.* esfumar; '**~er** *m* esfregão *m*; *Mal.* esfuminho *m*; (*Feder2*) limpa-penas *m*; (*Scheiben2*) limpa-vidros *m*; *Auto*: limpa-pára-brisas *m*; ⚔ escovilhão *m*; *fig.* descompostura *f*; '**~lappen** *m*, '**~tuch** *n* (*-es*; *⸚er*) rodilha *f*, esfregão *m*.

'**Wisent** ['vi:zɛnt] *m* (*-es*; *-e*) bisonte *m*.

'**Wismut** ['vismu:t] *n* (*m*) (*-es*; *0*) bismuto *m*.

'**wispern** ['vispərn] (*-re*) cochichar; *poet.* murmurar.

'**Wiß-begier|(de)** ['vis-] *f* (*0*) curiosidade *f*; **2ig** curioso, interessado, ávido de saber.

'**wiss|en**[1] (*L*) saber (*um* de); *nicht ~ a.* ignorar; *nicht ~ wohin vor Arbeit* não ter mãos a medir; *soviel ich weiß* que eu saiba; *was weiß ich!* sei lá!; *j-m für et. Dank ~* agradecer a.c. a alg.; **2en**[2] *n* saber *m*; (*Gelehrsamkeit*) erudição *f*; (*Kenntnisse*) conhecimentos *m*/*pl.*; *m-s ~s* que eu saiba; *mit j-s ~* com o conhecimento *m* de alg.; *ohne mein ~* sem eu saber; *wider besseres ~* contra a sua própria convicção; *nach bestem ~ und Gewissen* em toda a consciência.

'**Wissenschaft** *f* ciência *f*; *der ~ halber* F por curiosidade; **~ler** [-lər] *m* erudito *m*, homem *m* de ciência, cientista *m*; **2lich** científico.

'**Wissens|drang** *m* (*-es*; *0*), **~durst** *m* (*-es*; *0*) curiosidade *f*; **2wert** interessante.

'**wissentlich** ['visəntliç] consciente; *adv. a.* de propósito, de caso pensado.

'**witter|n** ['vitərn] (*-re*) farejar; (*sichern*) tomar o vento; *fig. j. wittert Gefahr* palpita a alg. que haverá perigo; **2ung** *f* tempo *m*; *Jagd*: *a.* faro *m*.

'**Witterungs|-einfluß** *m* (*-sses*; *⸚sse*) influência *f* atmosférica; **~-umschlag** *m* (*-es*; *⸚e*) mudança *f* de temperatura, mudança *f* de tempo; **~verhältnisse** *n*/*pl.* condições *f*/*pl.* atmosféricas; **~wechsel** *m* = *~umschlag*.

'**Witw|e** ['vitvə] *f* viúva *f*; **~en-geld** *n* (*-es*; *-er*), **~en-pension** *f* pensão *f* (à viúva *od.* de sobrevivência); **~enkasse** *f* montepio *m*; **~en-stand** *m* (*-es*; *0*) viuvez *f*; **~er** *m* viúvo *m*.

Witz [vits] *m* (*-es*; *-e*) graça *f*, espírito *m*; (*~wort*) gracejo *m*, piada *f*, pilhéria *f* (*reißen* dizer); *fig. der ~ bei et.* o essencial de a.c.; '**~blatt** *n* (*-es*; *⸚er*) jornal *m* humorístico; '**~bold** ['-bɔlt] *m* (*-es*; *-e*) bom ponto *m*; **~e'lei** [-'laɪ] *f* gracinha *f*; *grobe*: grosseria *f*; '**2eln** (*-le*) gracejar; ~ über (ac.) a. troçar de; '≈ig engraçado; ~ sn a. ter graça.

wo [vo:] onde; ~ *auch (immer)* onde quer que (*subj.*); ~ *nicht* a não ser que; *heute*, ~ ... que; *i* ~! qual!; ~'**bei** *oft übers. durch ger.*; em que, no qual, na qual, pelo qual, pela qual; *örtl.* perto de que, perto do qual, perto da qual; ~? *a. örtl.* onde?; *zeitl.* quando?

'**Woche** ['vɔxə] *f* semana *f*; *pl.* ~*n*, ⚕ = ~*nbett*; *in die* ~*n kommen* dar à luz.

'**Wochen**|**-arbeit** *f* trabalho *m* semanal; ~**bericht** *m* (*-es*; *-e*) boletim *m* semanal; ~**bett** *n* (*-es*; *-en*) (sobre)parto *m* (*im* de); ⚕ puerpério *m*; ~**blatt** *n* (*-es*; *⸚er*) semanário *m*; ~**-end...**: *in Zssg(n)* do fim da semana, para o fim da semana; ~**-ende** *n* fim *m* da semana; ≈**lang** (por *od.* durante) semanas inteiras; ~**lohn** *m* (*-es*; *⸚e*) salário *m* semanal; ~**markt** *m* (*-es*; *⸚e*) feira *f* semanal; ~**schau** *f Kino*: documentário *m*, jornal *m* sonoro; *Radio*: semanário *m* radiofónico; ~**schrift** *f* revista *f* semanal, hebdomadário *m*; ~**tag** *m* (*-es*; *-e*) dia *m* da semana; (*Werktag*) dia *m* útil; *pl. an* ~*en* = ≈**tags** nos dias úteis.

'**wöchentlich** ['vœçəntliç] semanal; *adv. a.* todas as semanas; *dreimal usw.* ~ três vezes por semana.

'**wochen-weise** por semanas, semanal.

'**Wöchnerin** ['vœçnərin] *f* parturiente *f*.

wo|'**durch**: ~? como?, de que modo?; *örtl.* por onde?; *relativ*: pelo que, pelo qual, pela qual; ~'**fern** caso (*subj.*); contanto que (*subj.*); ~ *nicht* a não ser que (*subj.*); '~**für**[1]: ~? para que?; a favor de que?; ~'**für**[2] *relativ*: para o que, pelo qual, pela qual.

'**Woge** ['vo:gə] *f* vaga *f*, onda *f*.

wo'gegen: ~? contra que(m)?; em troca de que?; *relativ*: contra que, contra o qual, contra a qual, em troca de que, em troca do qual, em troca da qual; = *wohingegen*.

'**wogen** ondear, flutuar; *Meer*: encapelar-se; *Menschen*: agitar-se.

wo|'**her** donde; ~'**hin** para onde, aonde; ~**hin'gegen** enquanto que, ao passo que.

wohl[1] [vo:l] *adv.* bem [*comp.* ~*er* melhor; *sup. am* ~*sten* (o) melhor]; ~ *aber* mas, porém; (*vielleicht*) talvez, *fragend*: *a.* porventura; *vermutend*: *er hat* ~ deve ter; ~ *oder übel* quer queira, quer não; ~ *dem, der* feliz aquele que, ditoso aquele que; *ob er* ~ *kommt?* ele virá?; *es sich* ~ *sn lassen* gozar.

Wohl[2] *n* (*-es*; *0*) bem *m*; *a.* = ~*befinden*; *zum* ~*e* (*gen.*) por bem *m* de, a bem *m* de, em prol *m* de, em benefício *m* de; (*auf*) *Ihr* ~! (à sua) saúde *f*!

wohl|**-'an** pois bem, vamos; '~**-anständig** decoroso; ~**-'auf** bem de saúde, de boa saúde; ~! = ~*an*!; '≈**befinden** *n* (*-s*; *0*) bem-estar *m*, boa saúde *f*; '≈**behagen** *n* (*-s*; *0*) agrado *m*, prazer *m*; = ≈*befinden*; '~**behalten** são e salvo; *et.*: inta[c]-to, ✝ em boas condições; '~**beleibt** corpulento; '≈**-ergehen** *n* = ≈*befinden*; prosperidade *f*.

'**Wohl-fahrt** *f* (*0*) bem(-estar) *m*; = ~*spflege*; ~**s-amt** *n* serviços *m/pl.* de assistência social; ~**s-ausschuß** *m* (*-sses*; *0*) *hist.* Comité *m* de Salvação Pública; ~**s-einrichtung** *f* instituição *f* de assistência pública; ~**s-empfänger(in** *f*) *m* pensionista *m*, *f*; ~**s-pflege** *f* (*0*) assistência *f* social; *Rel.* caridade *f*, beneficência *f*.

'**wohl**|**feil** barato; ~**geboren** ilustríssimo; ≈**gefallen** *n* agrado *m*; prazer *m*; ~**gefällig** agradável, aprazível; *adv. a.* com agrado, com prazer; ~**geformt** ['-gəfɔrmt] bem formado; ~**gemeint** [-gəmaɪnt] bem-intencionado, amigável; ~**gemut** ['-gəmu:t] alegre, bem disposto, contente; ~**genährt** ['-gənɛ:rt] bem nutrido; ~**geraten** *j.*: bem-educado; *et.*: bem feito; ≈**geruch** *m* (*-es*; *⸚e*) bom cheiro *m*, fragrância *f*; perfume *m*; ≈**geschmack** *m* (*-es*; *0*) gosto (*'ô) *m* agradável; sabor *m* agradável; bom paladar *m*; ~**gesinnt** bem-intencionado; *j-m* ~ *sn* ser amigo de alg.; ~**gesittet** de bons costumes; ~**gestalt(et)** bem proporcionado; ~**-habend** abastado; ≈**-haben-heit** *f* (*0*) riqueza *f*; ~**ig** agradável; *Gefühl*: de bem-estar; ≈**klang** *m* (*-es*; *0*) harmonia *f*; = ≈*laut*; ~**klingend** harmonioso, eufónico; ≈**laut** *m* (*-es*; *0*) eufonia *f*; ≈**leben** *n* (*-s*; *0*) vida *f* regalada;

~meinend = *~gemeint*; **~riechend** aromático, perfumado; **~schmekkend** saboroso, gostoso; **⁲sein** *n* (*-s*; *0*) saúde *f*; **⁲stand** *m* (*-és*; *0*) abastança *f*, prosperidade *f*; **⁲tat** *f* benefício *m*, favor *m*; ⚕ alívio *m*; **⁲täter(in** *f*) *m* benfeitor(a *f*) *m*; **~tätig** benéfico, caritativo; = *~tuend*; **⁲tätigkeit** *f* (*0*) beneficência *f*, caridade *f*; **~tuend** ['-tu:ɛnt] agradável; *fig*. *a*. simpático; **~tun** (*L*) fazer bem; *Rel*. *a*. bem-fazer; **~überlegt** bem refle[c]tido; **~-unterrichtet** bem informado; **~verdient** bem-merecido; *j*.: benemérito (*um* de); **~versorgt** abastado; **~verstanden** bem entendido; **~'weislich** prudentemente; **~wollen**[1] *v/i*. querer bem (a); **⁲wollen**[2] *n* benevolência *f*, simpatia *f*; **~wollend** = *~gemeint*; benévolo; *adv*. com simpatia, com benevolência.

'wohn|en ['vo:nən] viver, habitar, morar, residir; *im Hotel*: estar alojado; **⁲-haus** *n* (*-es*; *⁼er*) casa *f* de habitação; **~-haft** domiciliado, residente; **⁲küche** *f* quarto-cozinha *m*; **~lich** confortável, cómodo; **⁲-ort** *m* (*-és*; *-e*) domicílio *m*, morada *f*; **⁲-raum** *m* (*-és*; *⁼e*) sala *f*; **⁲-Schlafraum** *m* (*-és*; *⁼e*) quarto-salinha *m*; **⁲sitz** *m* (*-es*; *-e*) domicílio *m*, residência *f*; **⁲ung** *f* casa *f*, habitação *f*, morada *f*; (*Etagen⁲*) andar *m*; (*Unterkunft*) alojamento *m*; (*Wohnsitz*) domicílio *m*.

'Wohnungs|-amt *n* (*-és*; *⁼er*) repartição *f* de alojamento; serviços *m/pl*. de alojamento; **~bau** *m* (*-és*; *-bauten*) construção *f* de habitações; **~-frage** *f* (*0*) problema *m* habitacional; **~geld** *n* (*-és*; *-er*) subsídio *m* de habitação; **~mangel** *m* (*-s*; *0*) falta *f* de habitações; **~miete** *f* renda *f* (da casa *usw*.); **~nachweis** *m* (*-es*; *-e*) = *~amt*; **~not** *f* (*0*) crise *f* habitacional; **~suche** *f* procura *f* de alojamento; **~tausch** *m* (*-és*; *0*) troca *f* de habitação; **~-wechsel** *m* mudança *f* de domicílio; **~-zulage** *f* = *~geld*.

'Wohn|viertel *n* bairro *m* habitacional; **~wagen** *m* roulote *f*; **~-zentrum** *n* (*-s*; *-zentren*) centro *m* habitacional; **~zimmer** *n* sala *f* de estar.

'wölb|en ['vœlbən] ⚠ arquear, abobadar; *a. sich ~* abaular; *Holz*: empenar; **⁲ung** *f* curva *f*; abaulamento *m*; ⚠ arqueação *f*; (*Gewölbe*) abóbada *f*.

Wolf [vɔlf] *m* (*-és*; *⁼e*) lobo (*'ô) *m*; ⊕ *Küche*: máquina *f* para (passar a) carne; ⚕ intertrigem *f*.

'Wölfin ['vœlfin] *f* loba (*ô) *f*.

'Wolfram ['vɔlfram] *n* (*-s*; *0*) tungsténio *m*, volfrâmio *m*.

'Wolfs|-eisen *n* cepo *m*, abrolho *m*; **~grube** *f* fojo *m* (*a*. ⚔); **~-hund** *m* (*-és*; *-e*) lobecão *m*; **~-hunger** *m* (*-s*; *0*) fome *f* canina; **~milch** ⚘ *f* (*0*) ésula *f*, maleiteira *f*, eufórbio *m*.

'Wolk|e ['vɔlkə] *f* nuvem *f*; **~enbruch** *m* (*-és*; *⁼e*) chuva *f* torrencial; *kurzer*: aguaceiro *m*; **~en-kratzer** [-kratsər] *m* arranha-céus *m*; **⁲enlos** sem nuvens, límpido, desanuviado; **~enwand** *f* (*-*; *⁼e*) faixa *f* de nuvens; **⁲ig** nublado.

'Woll|decke ['vɔl-] *f* coberta *f* de lã; **~e** *f* lã *f*; ⚘ cotão *m*, lanugem *f*; *sich* (*ea*.) *in die ~ geraten* F altercar; **⁲en**[1] *adj*. de lã; **⁲en**[2] querer; (*wünschen*) desejar; (*beabsichtigen*, *behaupten*) pretender; *wie Sie ~* como quiser, como entender; *lieber ~* preferir; *wir ~ essen usw*. *a*. vamos ...; *wir ~ gehen* vamos (embora); *~ Sie bitte* (*inf*.) tenha a bondade de; *gelernt sn ~* requerer alguma experiência; não se improvisar; *hier* (*od*. *da*) *ist nichts zu ~!* F não se pode fazer nada!; Paciência!; *wenn wir alles sagen wollten*, *was* ... se fôssemos a dizer tudo quanto ...; *gewollt adj*. propositado; **~en**[3] *n* querer *m*; *Phil*. volição *f*; **~-haar** *n* (*-és*; *-e*) cotão *m*; *j-s*: cabelo *m* crespo; **~-handel** *m* (*-s*; *0*) comércio *m* de lãs; **~-handlung** *f* loja *f* de lãs; **⁲ig** lanoso; *Haar*: crespo; **~-industrie** *f* indústria *f* de lanifícios; **~kamm** *m* (*-és*; *⁼e*), **~kratze** ['-kratsə] *f* carda *f*; **~markt** *m* (*-és*; *⁼e*) mercado *m* de lãs; **~-schur** *f* tosquia *f*; **~spinnerei** *f* fiação *f* de lãs; **~stoff** *m* (*-és*; *-e*) lã *f*.

Wol|lust ['vɔlust] *f* (*-*; *⁼e*) voluptuosidade *f*, luxúria *f*; **⁲lüstig** ['-lystiç] voluptuoso, lascivo.

'Woll|waren *f/pl*. artigos *m/pl*. de lã, lanifícios *m/pl*.; **~zeug** *n* (*-és*; *0*) tecidos *m/pl*. de lã; *Kleidung*: roupa *f* de lã.

wo|'mit: ~(?) com que(?), com o qual, com a qual; *~ kann ich Ihnen* *dienen?* em que posso servi-lo?; **~'möglich** porventura; **~'nach**: ~*?* *örtl.* atrás de que?; *zeitl.*: ~*?* depois de que?; *verknüpfend*: segundo o qual, segundo a qual; *örtl.*: atrás de que, atrás do qual; atrás da qual; *zeitl.* depois de que, depois do qual, depois da qual.

'Wonne ['vɔnə] *f* delícia *f*; encanto *m*; *ewige*: *Rel.* glória *f*; *a.* **~gefühl** *n* (*-es*; *-e*) (sensação *f* de) enlevo (*'ê) *m*, deleite *m*; **~monat** *m* (*-es*; *-e*), **~mond** *m* (*-es*; *-e*) (mês *m* de) Maio *m*; **2trunken** extasiado; **2voll** = *wonnig*.

'wonnig ['vɔniç] delicioso.

wo'r|an [vo:'ran]: ~*(?)* a que(?), em que(?), onde(?); ~ *leidet er?* de que sofre?; no qual, na qual; ao qual, à qual; *nicht wissen,* ~ *man ist* não saber a que ater-se; **~auf**: ~*(?)* sobre que(?); onde(?), aonde(?), sobre o qual, sobre a qual; *zeitl.* depois de que(?); depois do qual, depois da qual; **~aus**: ~*(?)* de que(?), donde(?), do qual, da qual; **~ein**: ~*(?)* em que(?); onde(?); para onde(?); no qual, na qual.

'worfeln ['vɔrfəln] ⟋ (*-le*) joeirar, aventar.

wo'rin [vo:'rin]: ~*(?)* em que(?), onde(?); no qual, na qual.

Wort [vɔrt] *n* (*-es*; *-e*, *"er*) palavra *f* (*a. Versprechen*; *mit e-m* ~ numa); (*Ausdruck*) termo (*ê) *m*; (*Ausspruch*) frase *f*, dito *m* (*geflügeltes* célebre, histórico); sentença *f*; ⚔ senha *f*; *Rel.* Verbo *m*; *aufs* ~ *gehorchen* cegamente; *auf mein* ~*!* palavra de honra!; (*nicht*) *zu* ~*e kommen lassen* (não) deixar falar; *das* ~ *ergreifen* tomar a (*od.* usar da) palavra; *das* ~ *führen* falar, ser o orador; *iron.* ser fanfarrão, ostentar-se; ~ *halten* cumprir; *beim* ~ *nehmen* lembrar; *ein* ~ *mitreden können* ter competência; *ein* ~ *mitzureden haben* ter que ser ouvido; *pl.* *schöne* ~*e* palavrinhas *f/pl.*; *viele* ~*e machen* falar muito, ser prolixo; *in* ~*en* por extenso; **'~-akzent** *m* (*-es*; *-e*) acento *m* tónico; **'2-arm** (*"er*; *"st*) lacónico; **'~-art** *f* espécie *f* de palavra; **'~bedeutungslehre** *f* (*0*) semântica *f*; **'~bildung** *f* formação *f* de palavras; **'~bruch** *m* (*-es*; *"e*) falta *f* de palavra, quebra *f* de palavra; **'2brüchig**: ~ *sn* faltar à palavra.

'Wört|chen ['vœrtçən] *n* palavrinha *f*; *ein* ~ *mitzureden haben* ter que ser ouvido; **~er-buch** *n* (*-es*; *"er*) dicionário *m*; **~erbuch-verfasser** *m* dicionarista *m*, lexicógrafo *m*; **~er-verzeichnis** *n* (*-ses*; *-se*) vocabulário *m*, glossário *m*.

'Wort|folge *f* ordem *f* das palavras; **~führer** *m* orador *m*; porta-voz *m*; *fig.* representante *m*; **2getreu** = *2wörtlich*; **2karg** lacónico, de poucas palavras; **~klauber** ['-klaubər] *m* subtilizador *m*; **~klaube'rei** *f* logomaquia *f*, verbalismo *m*; **~körper** *m* fonema *m*; **~laut** *m* teor *m*; *im* ~ no original, textualmente.

'wörtlich ['vœrtliç] literal, textual; *adv. a.* à letra, ao pé da letra.

'wort|los silencioso; *adv.* sem dizer nada; **~reich** de rico vocabulário; *Stil*: abundante; (*phrasenhaft*) verboso; **2schatz** *m* (*-es*; *0*) vocabulário *m*; **2schwall** *m* (*-es*; *0*) verbosidade *f*; **2sinn** *m* (*-es*; *0*) sentido *m* literal, significado *m* literal, acepção *f* literal; **2spiel** *n* (*-es*; *-e*) jogo (*'ô) *m* de palavras, trocadilho *m*; **2stellung** *f* = ~*folge*; **2-ungetüm** *n* (*-es*; *-e*) palavrão *m*; **2wechsel** *m* discussão *f*, disputa *f*; altercação *f*; **~'wörtlich** palavra por palavra.

wo'r|über [vo:'ry:bər]: ~*(?)* sobre que(?), de que(?); sobre o qual, sobre a qual, do qual, da qual, no qual, na qual; **~um**: ~*(?)* em volta de que(?), em volta do qual, em volta da qual; *fig.* de que(?); **~unter**: ~*(?)* debaixo de que(?), entre quem(?), entre quais pessoas(?); debaixo do qual, debaixo da qual, entre os quais, entre as quais.

wo|'selbst onde; **~'von**: ~*(?)* de que(?); do qual, da qual; **'~vor**: ~*(?)* diante de que(?); diante do qual, diante da qual; ~ *fürchtest du dich?* que temes?; **'~zu¹**: ~*?* para que?; para que fim?; para que efeito?; **~'zu²** *relativ*: para o que, para o qual, para a qual.

Wrack [vrak] *n* (*-es*; *-e*, *-s*) destroços (*'ô) *m/pl.* de um navio; carcaça *f*.

'wring|en ['vriŋən] (*L*) torcer (a roupa); **2maschine** *f* máquina *f* de hidroextra[c]ção.

ˈ**Wucher** [ˈvu:xər] *m* usura *f*; ~ *mit Waren* açambarcamento de; ~ *treiben* usurar; (~**er** *m*), ≈**isch** usurário (*m*); onzenário (*m*); ≈**n** (-*re*) pulular; ✝ usurar; ~**ung** *f* excrescência *f*, tumor *m*; vegetações *f/pl.*; ~**zins** *m* (-*es*; -*en*) interesse (*ˈê) *m* usurário.
Wuchs [vuks] *m* (-*es*; ¨*e*) crescimento *m*; (*Gestalt*) estatura *f* (*schlank* elegante), talhe *m*, tamanho *m*, forma *f*.
Wucht [vuxt] *f* ímpeto *m*; (*Gewicht*) peso (*ê) *m*; *mit voller* ~ com toda a força (*ô); ˈ≈**ig** impetuoso, pesado; *fig.* impressionante.
ˈ**Wühl**|**-arbeit** [ˈvy:l-] *f fig.* agitação *f* clandestina; ≈**en** *Pol.* agitar os espíritos, fazer propaganda subversiva; *in* (*dat.*) ~ revolver (*ac.*), remexer (*ac.*); *in der Erde*: escavar (*ac.*); ~**er** *m* (agente *m*) agitador *m*, intriguista *m*; ~**eˈrei** [-əˈraɪ] *f* agitação *f* clandestina, propaganda *f* subversiva; ≈**erisch** [ˈ-əriʃ] sedicioso, subversivo; ~**maus** *f* (-; ¨*e*) arvícola *f*.
Wulst [vulst] *m* (-*es*; ¨*e*) chumaço *m*; (*Verdickung*) rolete *m*; bojo (*ˈô) *m*; ⚘ protuberância *f*; bocel *m*; ˈ≈**ig** balofo; *Lippe*: grosso.
wund [vunt] ferido; (~*gescheuert*) esfolado, escoriado; *sich* ~*liegen* ulcerar-se, chagar-se; *sich* (*dat.*) *die Füße* ~ *laufen* esfolar os pés; ~*e Stelle* esfoladela *f*; ~*er Punkt fig.* ponto *m* delicado, ponto *m* fraco; ≈**arzt** *m* (-*es*; ¨*e*) cirurgião *m*.
ˈ**Wunde** [ˈvundə] *f* ferida *f*; *offene*: *a.* chaga *f*.
ˈ**Wunder** [ˈvundər] *n* milagre *m* (*bsd. Rel.*); (~*werk*) maravilha *f*; (~*ding*) prodígio *m*, portento *m*; *es ist kein* ~ não é de admirar, não é de estranhar; *glauben*, ≈ *was getan zu haben* julgar ter feito maravilhas; *sich* ≈ *was auf* (*ac.*) *einbilden* julgar sabe-se lá o que de ...; *sn blaues* ~ *erleben* ver as do diabo; ≈**bar** maravilhoso, prodigioso; *bsd. Rel.* milagroso; (*herrlich*) admirável; (*seltsam*) estranho; *adv.* (*ganz*) ~ à(s mil) maravilha(s); ~**bild** *n* (-*es*; -*er*) imagem *f* milagrosa; ~**ding** *n* (-*es*; -*e*) prodígio *m*; ~**doktor** *m* (-*s*; -*en*) curandeiro *m*, charlatão *m*; ~**geschichte** *f* história *f* milagrosa; ~**glaube** *m* (-*ns*; *0*) crença *f* em milagres; ≈**gläubig** milagreiro; ≈**hübsch** muito lindo; ~**kind** *n* (-*es*; -*er*) menino-prodígio *m*; ~**kraft** *f* (-; ¨*e*) poder *m* milagroso, poder *m* mágico; ~**kur** *f* cura *f* milagrosa; ~**land** *n* (-*es*; ¨*er*) país *m* das maravilhas; ≈**lich** esquisito, estranho; ~**lichkeit** *f* esquisitice *f*, extravagância *f*; ≈**n** (-*re*): (*sich*) ~ admirar (-se, *über ac.* de); *es soll mich doch* ~, *ob* admirar-me-ia se; ≈**nehmen** (*L*) = ≈*n*; estranhar; ≈**sam** estranho; ≈**schön** muito formoso, magnífico; *adv.* com rara perfeição, às mil maravilhas; ~**tat** *f* feito *m* milagroso, milagre *m*; (~**täter** *m*), ≈**tätig** *Rel.* taumaturgo (*m*), milagreiro (*m*); ≈**voll** maravilhoso, admirável, magnífico; *adv. s. a.* ≈*schön*; ~**welt** *f* mundo *m* das maravilhas; ~**werk** *n* (-*es*; -*e*) maravilha *f*; ~**zeichen** *n* sinal *m* milagroso.
ˈ**Wund**|**fieber** *n* (-*s*; *0*) febre *f* traumática; ~**mal** *n* (-*es*; -*e*) (*Narbe*) cicatriz *f*; *Rel.* chaga *f*; ~**starrkrampf** *m* (-*es*; *0*) tétano *m*.
Wunsch [vunʃ] *m* (-*es*; ¨*e*) desejo *m* (*nach* de); *auf* ~ a pedido *m*; *nach* ~ à vontade *f*; *nach j-s* ~ segundo os desejos de alg.; (*Glück*≈) voto *m* (*aussprechen* formular); ˈ~**bild** *n* (-*es*; -*er*) ideal *m*. [*f* mágica.]
ˈ**Wünschel-rute** [ˈvynʃəl-] *f* varinha
ˈ**wünschen** [ˈvynʃən] desejar; *sehnsüchtig* ~ ansiar, anelar; *j-m Glück* ~ felicitar alg.; *guten Tag* ~ dar os bons dias; *ganz wie Sie* ~ como quiser; *gewünscht werden j.*: ser chamado; *et.* ✝: ser pedido; ~**swert** desejável, de desejar.
ˈ**Wunsch**|**konzert** *n* (-*es*; -*e*) programa *m* de música pedida pelos ouvintes; ~**liste** *f* lista *f* de pedidos; ~**satz** *m* (-*es*; ¨*e*) oração *f* optativa; ~**traum** *m* (-*es*; ¨*e*) ideal *m*, ilusão *f*; ~**zettel** *m* lista *f* de prendas pedidas.
ˈ**Würde** [ˈvyrdə] *f* dignidade *f*; *akademische*: grau *m*; ≈**los** indigno, indecoroso; ~**losigkeit** [-lo:ziç-] *f* (*0*) falta *f* de dignidade; ~**n-träger** *m* dignitário *m*; ≈**voll** grave; decoroso; solene.
ˈ**würdig** [ˈvyrdiç] digno; = *würdevoll*; *sich* (*gen.*) ~ *erweisen* saber corresponder a; ~**en** [-gən] apreciar; julgar digno; *j-n keiner Antwort* ~ não se dignar responder a

alg.; ˜ung *f* apreciação *f*; *Lit.* crítica *f*.

Wurf [vurf] *m* (-*es*; ⸚*e*) arremesso *m*; *a. Spiel*: lance *m*; *Würfel*: *a.* jogada *f*; *Zool.* ninhada *f*; cria *f*; *fig.* realização *f*; '**~bahn** *f* traje[c]tória *f*.

'**Würfel** ['vyrfəl] *m* dado *m*; (*Suppen*˜) *u.* ⩘ cubo *m*; (*Zucker*˜) quadradinho *m* de açúcar; *auf Stoffen*: quadrado *m*; *der ~ ist gefallen fig.* está deitada a sorte; **~becher** *m* copo *m*; **˜förmig** [-fœrmiç] cúbico; **˜n** (-*le*) jogar (a)os dados; *gewürfelt adj.* quadriculado; **~spiel** *n* (-*es*; -*e*) jogo (*'ô) *m* de dados; **~spieler** *m* jogador *m* de dados; **~zucker** *m* (-*s*; *0*) açúcar *m* em quadradinhos.

'**Wurf|geschoß** *n* (-*sses*; -*sse*) arma *f* de arremesso, projé[c]til *m*; **~leine** *f* ⚓ espia *f*; **~sendung** *f* ✆ (remessa *f* por) avença *f*; **~speer** *m* (-*es*; -*e*) venábulo *m*, dardo *m*; **~weite** *f* alcance *m*.

'**würg|en** ['vyrgən] **1.** *v/t.* sufocar, estrangular; **2.** *v/i.* reprimir os vómitos; *~ an* (*dat.*) ter dificuldade em tragar (*od.* em engolir) a.c.; **˜engel** *m* anjo *m* exterminador; **˜er** *m Zool.* esmerilhão *m*.

Wurm [vurm] (-*es*; ⸚*er*) **a)** *m* verme *m*; (*Holz*˜) caruncho *m*; (*Regen*˜) minhoca *f*; (*Eingeweide*˜) bicha *f*, lombriga *f*; oxiuro *m*; **b)** *n* F *das arme ~* coitad(inh)o *m*, -a *f*; '**˜artig** vermicular, vermiforme; '**˜en** *v/t.* mortificar, fazer embirrar a; '**˜förmig** ['-fœrmiç] vermiforme; '**~fort-satz** *m* (-*es*; ⸚*e*) apêndice *m*; '**~fraß** *m* (-*es*; *0*) carcoma *f*; '**~mittel** ⚕ *n* vermicida *m*, vermífugo *m*; '**˜stichig** ['-ʃtiçiç] carunchoso.

Wurst [vurst] *f* (-; ⸚*e*) chouriço *m*; (*Brat*˜, *Knack*˜) salsicha *f*; (*Blut*˜) morcela *f*; *das ist mir ~* F isso não me interessa.

'**Würstchen** ['vyrstçən] *n* salsicha *f*.

'**wurst|eln** ['vurstəln] (-*le*) F trabalhar sem entusiasmo, trabalhar sem interesse (*'ê); **˜vergiftung** *f* intoxicação *f* por ingestão de salsichas; **˜waren** *f/pl.* salsichas *f/pl.*

'**Würze** ['vyrtsə] *f* tempero *m*, condimento *m*; (*Bier*˜) mosto *m*; (*Geschmack usw.*) aroma *m*; *a. fig.* sabor *m*.

'**Wurzel** ['vurtsəl] *f* (-; -*n*) raiz *f* (⩘ *zweite* quadrada, *dritte* cúbica), *Gram. a.* radical *m*; (*Fuß*˜) tarso *m*; (*Hand*˜) carpo *m*; (*Mohrrübe*) cenoura *f*; *~ fassen*, *~ schlagen* lançar raízes, arraigar, pegar de estaca; **~behandlung** ⚕ *f* tratamento *m* da raiz; **~bildung** *f* radicação *f*; **~faser** *f* (-; -*n*) radícula *f*; **~-haut** *f* (-; ⸚*e*) membrana *f* peri-odontal, ligamento *m* dentário; **~haut-entzündung** *f* inflamação *f* da membrana peri-odontal, inflamação *f* do ligamento dentário; **~knollen** *m* tubérculo *m*; **˜los** *fig.* desarraigado; **˜n** (-*le*) radicar; **~reis** *n* (-*es*; -*er*), **~schößling** *m* (-*s*; -*e*) pimpolho *m*, rebento *m* (junto ao tronco); **~stock** *m* (-*es*; ⸚*e*) estirpe *f*; **~werk** *n* (-*es*; *0*) raízes *f/pl.*; **~wort** *n* (-*es*; ⸚*er*), **~zeichen** ⩘ *n* radical *m*.

'**würz|en** ['vyrtsən] (-*t*) condimentar, temperar; *a. fig.* sazonar; **~ig** aromático, bem temperado; *fig.* forte, vigoroso.

Wust [vu:st] *m* (-*es*; *0*) trapalhada *f*.

wüst [vy:st] (*öde*) deserto, ermo (*ê); (*unbebaut*) inculto; (*ohne Ordnung*) desordenado; (*lärmend*) tumultuoso; *j.*: brutal; *a. Leben*: desregrado; '**˜e** *f* deserto *m*; *zur ~ machen*, '**~en** (-*e*-) devastar; '**˜ling** *m* (-*s*; -*e*) estróina *m*, perdulário *m*, libertino *m*.

Wut [vu:t] *f* (*0*) raiva *f*, fúria *f*, furor *m*; sanha *f*, mania *f*; *in ~ bringen*, *in ~ geraten* enfurecer; '**~-anfall** *m* (-*es*; ⸚*e*), '**~-ausbruch** *m* (-*es*; ⸚*e*) ataque *m* de cólera.

'**wüten** ['vy:tən] (-*e*-) enfurecer, raivar, estar furioso, estar zangado; *Sturm*: descencadear-se com fúria; *~ in* (*dat.*) *a.* causar estragos em; (*verwüsten*) devastar; **~d** *adj.* furioso, zangado, raivoso (*werden* ficar); *~ machen* enfurecer, zangar; *~ werden* enfurecer, enraivecer, zangar-se; *auf j-n ~ sn* estar furioso com alg.

'**wut|-entbrannt** ['-ɛntbrant], **~-schnaubend** furibundo.

'**Wüterich** ['vy:təriç] *m* (-*es*; -*e*) homem *m* feroz, homem *m* furibundo; *Pol.* tirano *m*.

X

X, x [iks] *n* X, x *m*; *Herr X* Fulano; *j-m ein X für ein U vormachen* enganar alg., vender gato por lebre.

Xan'thippe [ksan'tipə] *f fig.* megera *f.*

'X|-Beine *n/pl.*: *~ haben*, **~-beinig** ['-baɪniç]: *~ sn* ser cambaio; **ꝰ-beliebig** qualquer; **ꝰ-mal** não sei quantas vezes; **~-Strahlen** *m/pl.* raios X; **ꝰ-te** ['-tə]: *~ Potenz* potência *f* x.

Xylo'graph [ksylo'gra:f] *m* (*-en*) xilógrafo *m.*

Xylo'phon [ksylo'fo:n] *n* (*-s*; *-e*) xilofone *m.*

Y

Y, y ['ypzilɔn] *n* Y, y *m.*

Yacht [jaxt] *f* = *Jacht.*

Z

Z, z [tsɛt] *n* Z, z *m*; *von A bis* ~ de cabo a rabo, de ponta a ponta.

ˈ**Zack|e** [ˈtsakə] *f*, ~**en**¹ *m* ponta *f*, (*Spitze*) pua *f*; ⊕ dente *m*; (*Zinne*) ameia *f*; 2**en**² recortar, dent(e)ar; ~**en-litze** *f* espiguilha *f*; 2**ig** dent(e)ado; com puas; *fig.* F *j.*: bizarro.

ˈ**zag|en** [ˈtsa:gən] **1.** ter medo (*ê), hesitar; **2.** 2 *n* medo (*ê) *m*; ~**haft** tímido, medroso; 2**haftigkeit** *f* (*0*) timidez *f*, medo (*ê) *m*.

zäh [tsɛ:] tenaz, *j.*: *a.* teimoso; *et.*: *a.* resistente, *Fleisch*: duro; ˈ~**flüssig** espesso; (*klebrig*) viscoso; *adv.* *a.* com tenacidade; ˈ2**flüssigkeit** *f* (*0*) dureza *f*, tenacidade *f*; viscosidade *f*.

Zahl [tsa:l] *f* número *m*; (*Ziffer*) algarismo *m*; ˈ~**-adverb** *n* (*-s*; *-ien*) advérbio *m* numeral; ˈ~**-amt** *n* (*-ẹs*; *=er*) tesouraria *f*, contabilidade *f*.

ˈ**zahlbar** pagável; ~ *werden* vencer.

ˈ**zählbar** contável, numerável.

ˈ**zahlen** pagar; ~! a conta, se faz favor!; *was habe ich zu* ~? quanto é?; ~**d** *adj. Mitglied*: contribuinte.

ˈ**zählen** [ˈtsɛ:lən] contar (*auf ac.* com; *zu s-n Kunden usw.* entre); *Bevölkerung*: recensear; *nicht bis 3* ~ *können* F ser parvo.

ˈ**Zahlen|-angabe** *f*/*pl.* elementos *m*/*pl.* estatísticos, dados *m*/*pl.* estatísticos; ~**folge** *f* série *f* de números; 2**mäßig** numérico; ~**material** *n* (*-s*; *0*) = ~*angabe*; ~**reihe** *f* = ~*folge*; ~**verhältnis** *n* (*-ses*; *0*) proporção *f* numérica; ~**wert** *m* (*-ẹs*; *-e*) valor *m* numérico.

ˈ**Zahler(in** *f*) *m* [ˈtsa:lər-] pagador (-a *f*) *m*.

ˈ**Zähler** [ˈtsɛ:lər] *m* ⚡ *u.* ⊕ contador *m*; ✗ numerador *m*.

ˈ**Zahl|grenze** *f* zona *f*; ~**karte** *f* vale *m* de correio; ~**kasse** *f* caixa *f*; 2**los** inumerável; ~*e pl.* um sem-número de; ~**meister** *m* ⚔ quartel-mestre *m*; ⚓ comissário *m*; 2**reich** numeroso; ~*e pl. a.* grande número de; ~**stelle** *f* caixa *f*; ~**tag** *m* (*-ẹs*; *-e*) dia *m* de pagamento; *e-s Wechsels*: vencimento *m*; ~**ung** *f* paga *f*; pagamento *m*; *an* ~*s Statt, als* ~ (*für*), *in* ~ em ... (de).

ˈ**Zählung** [ˈtsɛ:luŋ] *f* numeração *f*; contagem *f*; *Statistik*: recenseamento *m*.

ˈ**Zahlungs|-anweisung** *f* cheque *m*, *a.* ~**-auftrag** *m* (*-ẹs*; *=e*) ordem *f* de pagamento; ~**-aufforderung** *f* aviso *m* de pagamento; ~**-aufschub** *m* (*-ẹs*; *=e*) prórroga *f*, moratória *f*; ~**befehl** *m* (*-ẹs*; *-e*) mandado *m* de pagamento; ~**bilanz** *f* balanço *m* de pagamento; ~**-einstellung** *f* suspensão *f* de pagamentos; ~**-empfänger** *m* recebedor *m*; destinatário *m*; 2**fähig** solvente; ~**fähigkeit** *f* (*0*) solvência *f*; ~**frist** *f* (prazo *m* de) vencimento *m*; ~**mittel** *n* moeda *f*; ~**-ort** *m* (*-ẹs*; *-e*) local *m* de pagamento; ~**termin** *m* (*-s*; *-e*) (dia *m* do) vencimento *m*; 2**-unfähig** insolvente; ~**-unfähigkeit** *f* (*0*) insolvência *f*; ~**verkehr** *m* (*-s*; *0*) (serviço *m* de) pagamentos *m*/*pl.*; ~**weise** *f* modo *m* de pagamentos.

ˈ**Zahl|wort** *n* (*-ẹs*; *=er*) adjectivo *m* numeral; ˈ~**zeichen** *n* algarismo *m*.

zahm [tsa:m] manso; (*gezähmt*) domesticado, doméstico; ~ *werden* amansar, domesticar-se.

ˈ**zähm|bar** [ˈtsɛ:mba:r] domável; ~**en** amansar, *a.* (*bändigen*) domar; *fig.* dominar.

ˈ**Zahmheit** [ˈtsa:mhaɪt] *f* (*0*) mansidão *f*.

ˈ**Zähmung** [ˈtsɛ:muŋ] *f* domesticação *f*.

Zahn [tsa:n] *m* (*-ẹs*; *=e*) dente *m*; *der* ~ *der Zeit fig.* a lima do tempo; *j-m auf den* ~ *fühlen fig.* examinar alg.; sondar alg.; *Zähne bekommen* = 2*en*; ˈ~**-arzt** *m* (*-es*; *=e*) médico-dentista *m*; ˈ~**-ärztin** *f* médica-dentista *f*; ˈ2**-ärztlich** *Behandlung*: dos dentes; *Studium*: odontológico; ˈ~**bürste** *f* escova *f* de dentes.

ˈ**Zähne|fletschen** [ˈtsɛ:nə-] *n* arreganho *m*; ~**klappern** *n* tremor *m*; ~**knirschen** *n* rangido *m*.

ˈ**zahn|en**¹ [ˈtsa:nən] dentar; *v*/*i.* *a.* ter os dentes a nascer, estar com os dentes a nascer; 2**en**² *n* dentição *f*.

ˈ**Zahn**|**-ersatz** *m* (*-es*; *0*) dentadura *f* postiça; prótese *f*; **⁓fäule** *f* (*0*) cárie *f* (dos dentes); **⁓fleisch** *n* (*-es*; *0*) gengiva *f*; **⁓geschwür** *n* (*-es*; *-e*) ab[s]cesso *m* da gengiva; **⁓-heilkunde** *f* (*0*) medicina *f* dentária, odontologia *f*; estomatologia *f*; **⁓-höhle** *f* alvéolo *m*; **⁓-klinik** *f* clínica *f* odontológica (*od.* estomatológica); **⁓-kranz** *m* (*-es*; *ᵘe*) coroa *f* dent[e]ada; **⁓leiste** *f* lámina *f* dentária; **ᑐlos** desdentado; **⁓lücke** *f* falta *f* (de um dente); **⁓nerv** *m* (*-s*; *-en*) nervo *m* dentário; **⁓pasta** *f* pasta *f* dentifrícia, pasta *f* dentífrica; **⁓pflege** *f* (*0*) higiene *f* dos dentes; **⁓praxis** *f* (*-*; *-praxen*) consultório *m* odontológico, consultório *m* de dentista; **⁓pulver** *n* pós *m/pl.* para os dentes; **⁓rad** *n* (*-es*; *ᵘer*) roda *f* dentada; **⁓rad-bahn** *f* elevador *m*; **⁓rad-getriebe** *n* engrenagem *f*; **⁓schmerz** *m* (*-es*; *-en*) dor *f* de dentes; **⁓stein** *m* (*-es*; *-e*) tártaro *m*; P sarro *m*; **⁓stocher** [ˈ-ʃtɔxər] *m* palito *m*; **⁓stumpf** *m* (*-es*; *ᵘe*) arnela *f*; **⁓techniker** *m* dentista *m*; **⁓wasser** *n* (*-s*; *ᵘ*) água *f* dentifrícia; **⁓-werk** *n* (*-es*; *-e*) dentadura *f*; **⁓-wurzel** *f* (*-*; *-n*) raiz *f* do dente; **⁓zange** *f* boticão *m*; **⁓ziehen** *n* extra[c]ção *f* de dentes.

ˈ**Zander** [ˈtsandər] *m* lúcio *m*.

ˈ**Zang**|**e** [ˈtsaŋə] *f* tenaz *f*; (*Greif*ᑐ) alicate *m*; ⚕ pinça *f*; (*Geburts*ᑐ) fórceps *m*, fórcipe *m*; (*Zahn*ᑐ) boticão *m*; *pl.* **⁓n** pinças *f/pl.*; **⁓en-geburt** *f* parto *m* com fórceps.

Zank [tsaŋk] *m* (*-es*; *0*) questão *f*, disputa *f*; briga *f*, rixa *f*; ˈ**⁓-apfel** *m* (*-s*; *ᵘ*) pomo *m* de discórdia; ˈ**ᑐen**: (*sich*) ⁓ andar às bulhas (*od.* às turras); brigar, querelar; *sich mit j-m* ⁓ zangar-se com alg.; *sich* ⁓ *um*, *sich* ⁓ *über* (*ac.*) disputar sobre, disputar-se (*ac.*); *mit j-m* ⁓ ralhar com alg.

ˈ**Zänk**|**er** [ˈtsɛŋkər] *m* querelante *m*, quezilento *m*; **ᑐisch** quezilento, embirrento, bulhento.

ˈ**Zank**|**sucht** *f* (*0*) mania *f* das bulhas; mania *f* de ralhar; **ᑐsüchtig** = *zänkisch*; **⁓teufel** *m* = *Zänker*; *Frau*: megera *f*.

ˈ**Zäpfchen** [ˈtsɛpfçən] *n Anat.* úvula *f*, campainha *f*; ⚕ supositório *m*.

ˈ**zapfen**¹ [ˈtsapfən] *v/t.* tirar.

ˈ**Zapfen**² *m am Gefäß*: espiche *m*, batoque *m*, torneira *f*; ⊕ espiga *f*, clavija *f*; (*Bolzen*) perno *m*; (*Eis*ᑐ) caramelo *m*; (*Holz*ᑐ) tarugo *m*, dente *m*; ♀ cone *m*, estróbilo *m*; (*Tannen*ᑐ) pinha *f*; **ᑐförmig** [-fœrmiç] cónico; **⁓lager** *n* cossinete *m*; **⁓loch** *n* (*-es*; *ᵘer*) batoque *m*; **⁓streich** *m* (*-es*; *-e*) toque *m* de recolher.

ˈ**Zapf**|**säule** [ˈtsapf-] *f* bomba *f* (de gasolina); **⁓stelle** *f* posto (*ˈô) *m* de gasolina.

ˈ**zapp**|**(e)lig** [ˈtsap(ə)liç] inquieto; *Kind*: *a.* rabino; **⁓eln** (*-le*): (*mit den Armen usw.*) ⁓ estrebuchar; agitar (*ac.*).

Zar [tsa:r] *m* (*-en*) czar *m*; ˈ**⁓in** *f* czarina *f*.

ˈ**Zarge** [ˈtsargə] *f* borda *f*; caixilho *m*; encaixe *m*.

zart [tsart] tenro; terno; (*fein*) delicado; frágil; (*dünn*) delgado, ténue; (*empfindlich*) sensível, mimoso; *adv. behandeln*: com delicadeza, com ternura; ˈ**⁓besaitet** melindroso, sensível; mimoso; ⁓ *sn a.* ser como uma sensitiva; ˈ**⁓fühlend** delicado; ˈ**ᑐgefühl** *n* (*-es*; *0*) delicadeza *f*; ˈ**ᑐ-heit** *f* (*0*) fragilidade *f*; delicadeza *f*, *fig. a.* ternura *f*.

ˈ**zärtlich** [ˈtsɛrtliç] terno, afe[c]tuoso (*zu* para com); **ᑐkeit** *f* carinho *m*, ternura *f*.

Zäˈsur [tsɛˈzu:r] *f* cesura *f*; ♪ pausa *f*.

ˈ**Zauber** [ˈtsaubər] *m* encanto *m*, magia *f*, feitiço *m*; *fig. a.* fascinação *f*; = *⁓ei*; *fauler* ⁓ F entrujice *f*; **⁓-buch** *n* (*-es*; *ᵘer*) livro *m* mágico; **⁓ˈei** *f* feitiçaria *f*, encantamento *m*, magia *f*, bruxaria *f*; **⁓er** *m* feiticeiro *m*; mágico *m*; bruxo *m*; = *⁓künstler*; **⁓flöte** *f* flauta *f* mágica; **⁓formel** *f* (*-*; *-n*) = *⁓spruch*; **⁓garten** *m* (*-s*; *ᵘ*) jardim *m* encantado; **ᑐ-haft** encantador; feiticeiro; mágico; fantasmagórico; **⁓in** *f* feiticeira *f*, maga *f*; bruxa *f*; **ᑐisch** = *ᑐhaft*; **⁓kraft** *f* (*-*; *ᵘe*) feitiço *m*; poder *m* mágico; **⁓kunst** *f* (*-*; *ᵘe*) magia *f*; ilusionismo *m*; **⁓künstler** *m* ilusionista *m*; prestidigitador *m*; **⁓land** *n* país *m* encantado; **⁓lehrling** *m* (*-s*; *-e*) feiticeiro *m* aprendiz; **⁓mittel** *n* feitiço *m*; **ᑐn** (*-re*) fazer habilidades (de prestidigitador); *v/t.* produzir; **⁓reich** *n* = *⁓land*; **⁓spiegel** *m* espelho *m* mágico; **⁓spruch** *m* (*-es*; *ᵘe*) fórmula *f* mágica (*od.* de encantamento); conjuro *m*; **⁓stab** *m* (*-es*;

≈e) var(inh)a *f* mágica; ⁓**trank** *m* (-es; ≈e) filtro *m*, feitiço *m*; ⁓**wort** *n* (-es; -e) palavra *f* mágica.

'**Zauder|er** ['tsaudərər] *m* (homem *m*) irresoluto *m*, (homem *m*) temporizador *m*; 2**n**[1] (-re) hesitar, temporizar; vacilar; ⁓**n**[2] *n* irresolução *f*, hesitação *f*.

Zaum [tsaum] *m* (-es; ≈e) freio *m*, rédea *f*; *im* ⁓*e halten* refrear, *fig. a.* conter.

'**zäumen** ['tsɔymən] pôr a brida, ★enfre[n]ar; *a. fig.* (em)bridar, refrear.

'**Zaum-zeug** *n* (-es; 0) brida *f*, arreios *m/pl.*

Zaun [tsaun] *m* (-es; ≈e) sebe *f*; ★gradil *m*; (*Draht*2) rede (★'ê) *f*; (*Holz*2) estacada *f*; *vom* ⁓*e brechen fig.* provocar; '⁓**gast** *m* (-es; ≈e) borlista *m*; '⁓**könig** *m* (-s; -e) carriça *f*; '⁓**pfahl** *m* (-es; ≈e) estaca *f*; *Wink m mit dem* ⁓ *fig.* F lembrança *f* (pouco discreta); aviso *m*.

'**zausen** ['tsauzən] arrepelar; *Haar*: desgrenhar.

'**Zebra** ['tse:bra] *n* (-s; -s) zebra *f*; ⁓**streifen** *m* risca *f* de zebra, passadeira *f*.

'**Zech|bruder** ['tsɛç-] *m* (-s; ≈) compincha *m*; ⁓**e** *f* despesas *f/pl.*; ⚒ mina *f*; *die* ⁓ *bezahlen müssen fig.* (ficar a) pagar o pato; 2**en** (fartar-se de) beber; ⁓**er** *m* bebedor *m*; ⁓**e'rei** [-ə'raı] *f*, ⁓**gelage** *n* órgia *f*; ⁓**preller** ['-prɛlər] *m* burlador *m*, parasita *m*.

'**Zecke** ['tsɛkə] *f* carraça *f*.

'**Zeder** ['tse:dər] *f* (-; -n) cedro *m*.

Zeh [tse:] *m* (-es; -en), '⁓**e** *f* dedo *m* do pé; *große* ⁓ polegar *m* do pé; ⚕ dente *m*; *auf den* '⁓**en**(**spitzen**) *f/pl.* nas pontas *f/pl.* dos pés.

zehn [tse:n] **1.** (P *a.* ⁓**e**) dez; *etwa* ⁓ *Stück* uma dezena; *Zeitraum m von* ⁓ *Jahren* decénio *m*, década *f*; **2.** 2 *f* dez *m*; '2-**ender** ['-ɛndər] *m* veado *m* de dez galhos (*od.* pontas); '2**er** ✠ *m* dezena *f*; = 2*pfennigstück*; '2**er...**: *in Zssg(n)* decimal; de dez; '⁓**erlei** ['-ərlaı] de dez espécies, de dez ... diferentes; '⁓**fach** dez vezes tanto; décuplo; '⁓**jährig** de dez anos; '2**kampf** *m* (-es; ≈e) decatlo *m*; '⁓**mal**(**ig**) dez vezes repetido; 2-'**pfennig-stück** *n* (-es; -e) moeda *f* de dez pfennig; '⁓**stündig** de dez horas; '⁓**tägig** ['-tɛ:giç] de dez dias; ⁓'**tausend** dez mil; ⁓'**tausendste(l)** décimo-milésimo; '⁓**te**[1] décimo; *am* ⁓*n Mai* no dia dez de Maio; em dez de Maio; *den* ⁓*n Mai* dez de Maio; '2**te**[2] *m* décima *f*; *Rel.* dízimo *m*; '2**tel** ['-təl] *n* décimo *m*, décima parte *f*; '⁓**tens** ['-təns] décimo, em décimo lugar.

'**zehr|en** ['tse:rən]: *an* (*dat.*) ⁓ enfraquecer (*ac.*), *a. fig.* consumir (*ac.*); ⁓ *von* viver de (*a. fig.*), alimentar-se de; ⁓**end** *adj.* ⚕ consumptivo; 2**geld** *n* (-es; -er) viático *m*; 2**ung** *f* consumo *m*; comida *f*; (*Weg*2) viático *m*.

'**Zeichen** ['tsaıçən] *n* sinal *m*; (*Ab*2) distintivo *m*, insígnia *f*; (*An*2) indício *m*, ⚕ *a.* sintoma *m*; *Astron. a.* signo *m*; (*Merk*2) *u.* ✝ marca *f*; *Rel.* milagre *m*; símbolo *m* (*a.* ♫), (*Vor*2) augúrio *m*; (*Ton*2) acento *m*; (*Wink*, ⁓*sprache*) senha *f*; *s-s* ⁓*s* de ofício; *j-m ein* ⁓ *geben* fazer sinal a alg.; *zum* ⁓ (*gen.*), *zum* ⁓, *daß* em sinal de (*su.*); ⁓**brett** *n* (-es; -er) estirador *m*; ⁓-**erklärung** *f* explicação *f* de sinais e abreviaturas; legenda *f*; ⁓**feder** *f* (-; -n) pena *f* de desenhar; ⁓**gebung** [-ge:buŋ] *f* sinalização *f*; ⁓-**heft** *n* (-es; -e) caderno *m* de desenho(s); ⁓**kohle** *f* carvão *m*; ⁓**kunst** *f* (0) arte *f* de desenhar; desenho *m*; ⁓**lehrer**(**in** *f*) *m* professor(a *f*) *m* de desenho; ⁓-**papier** *n* (-s; -e) papel *m* para desenhar; ⁓**setzung** [-zɛtsuŋ] *f Gram.* pontuação *f*; ⁓**sprache** *f* linguagem *f* por senhas; ⁓**stift** *m* (-es; -e) lápis *m*; ⁓**stunde** *f* aula (*od.* lição) *f* de desenho; ⁓-**unterricht** *m* (-es; 0) (aulas *f/pl.* de) desenho *m*.

'**zeichn|en**[1] ['tsaıçnən] (-e-) desenhar; *mit Kohle*: esfumar; *Plan*: delinear, traçar, riscar; *Skizze*: esboçar; *Wäsche usw.*: marcar; (*unter*⁓) assinar; *e-n Betrag*: subscrever-se com; 2**en**[2] *n* desenho *m*; 2**er** *m* desenhador *m*; ✝ subscritor *m*; ⁓**erisch** ['-ərıʃ] gráfico; 2**ung** *f* desenho *m*; ✝ subscrição *f*.

'**Zeige|finger** ['tsaıgə-] *m* indicador *m*, 2**n**: (*sich*) ⁓ mostrar(-se); (*angeben*) indicar, ensinar; (*ausstellen*) exibir, expor, patentear; (*erklären*) fazer ver; *Flagge*: desfraldar; *Veränderung usw.*: assinalar, acusar; *auf* (*ac.*) ⁓ apontar para; *sich am Fenster* ⁓ assomar à janela; *das* *wird sich* ~ ver-se-à; **~r** *m* indicador *m*; (*Waage*) fiel *m*; (*Uhr*≈) *u.* **~stock** *m* (-*ės*; ⸚*e*) ponteiro *m*.

ˈ**Zeile** *f* linha *f*; (*Reihe*) fil(eir)a *f*; *neue* ~ alínea *f*; *zwischen den ~n pl.* nas entrelinhas *f/pl.*; **~n-abstand** *m* (-*ės*; ⸚*e*) entrelinha *f*; **~n-schalter** *m*, **~n-schalthebel** *m* ajustador *m* de entrelinhas; **≈n-weise** por linhas.

ˈ**Zeisig** [ˈtsaɪzɪç] *m* (-*ės*; -*e*) pintassilgo *m*; *fig.* F *lockerer* ~ grande pândego *m*.

Zeit [tsaɪt] *f* tempo *m* (*finden* ter; *lassen* dar); (*~abschnitt*) época *f*, *hist. a.* idade *f*; *Rel.* século *m*; (*Uhr*≈) hora *f*; *begrenzte*: prazo *m*; (*~raum*) período *m*; *lange ~ hindurch* ao longo de um grande período de tempo; ~ *meines Lebens* = ≈*lebens*; *du liebe ~!* meu Deus!; *es ist* (*höchste*) ~ é tempo, são horas; *es ist auch* ~ já não é sem tempo; *auf* ~ a prazo; *für alle* ~ para (todo o) sempre; *von ~ zu ~ a.* de vez em quando; de tempo(s) a tempo(s); *zur* ~ a[c]tualmente; *zur rechten* ~ a tempo; *sich* (*dat.*) ~ *lassen, sich ~ nehmen* não precipitar nada; *kommt ~, kommt Rat* atrás de tempo tempo vem; *pl. in früheren ~en, vor ~en* antigamente, outrora; ˈ**~-abschnitt** *m* (-*ės*; -*e*) período *m*, época *f*; = *~alter*; ˈ**~-abstand** *m* (-*ės*; ⸚*e*) espaço *m* de tempo; ˈ**~-alter** *n a.* idade *f*; era *f*; ˈ**~-angabe** *f* data *f*; (indicação *f* da) hora *f*; ˈ**~-aufnahme** *f* fotografia *f* em pose; ˈ**~-auslösung** *f*: *mit* ~ de'a[c]ção *f* retardada; ˈ**~bestimmung** *f* cronologia *f*; ˈ**~dauer** *f* (*0*) duração *f*; período *m*; ˈ**≈en**[1] verificar com o cronómetro; ˈ**~en**[2] *n* cronometragem *f*; ˈ**~enfolge** *f* concordância *f* dos tempos; ˈ**~-ereignis** *n* (-*ses*; -*se*) acontecimento *m* contemporâneo; ˈ**~folge** *f* ordem *f* cronológica; ˈ**~funk** *m* (-*ės*; *0*) a[c]tualidades *f/pl.*; crónica *f* do dia; ˈ**~geist** *m* (-*ės*; *0*) espírito (*od.* génio) *m* da época; **≈gemäß** moderno, a[c]tual; oportuno; (ˈ**~genosse** *m* [-*n*]), ˈ**≈genössisch** [ˈ-gənœsɪʃ] contemporâneo (*m*), coevo (*m*); ˈ**~geschäft** ⚕ *n* (-*ės*; -*e*) operação *f* a prazo; ˈ**~geschichte** *f* (*0*) história *f* contemporânea; ˈ**≈ig** oportuno; *adv. a.* cedo, a tempo; (*reif*) maduro; ˈ**≈igen** [ˈ-igən] madurar, sazonar; *fig.* produzir; *Folgen*: trazer, acarretar; ˈ**~karte** *f* assinatura *f*; passe *m*; ˈ**~lang** *f*: e-e ~ por algum tempo, durante algum tempo; ≈ˈ**lebens** durante toda a (minha *usw.*) vida; ˈ**≈lich** temporal; *das* ≈*e segnen* dar a alma a Deus; ˈ**≈los** independente da moda; de todos os tempos; ˈ**~lupe** *f* retardador *m*; ˈ**~lupen-aufnahme** *f* filmagem *f* com retardador *m*; ˈ**~mangel** *m* (-*s*; *0*): *aus* ~ por falta *f* de tempo; ˈ**~maß** ♪ *n* (-*es*; -*e*) compasso *m*, tempo *m*; ˈ**~messer** *m* cronómetro *m*; ˈ**~messung** *f* cronometria *f*; ˈ**≈nah** moderno, de a[c]tualidade; ˈ**~nehmer** [ˈ-neːmər] *m* apontador *m*; cronometrista *m*; ˈ**~-ordnung** *f* ordem *f* cronológica; ˈ**~punkt** *m* (-*ės*; -*e*) momento *m*; (*Datum*) data *f*; ˈ**~raffer** [ˈ-rafər] *m* acelerador *m*; ˈ**≈raubend** demorado, (de)moroso; **~raum** *m* (-*ės*; ⸚*e*) período *m*; lapso *m*; ˈ**~rechnung** *f* cronologia *f*; *christliche usw.*: era *f*; ˈ**~schrift** *f* revista *f*; ˈ**~spanne** *f* = *~raum*; ˈ**~tafel** *f* (-; -*n*) quadro *m* cronológico; ˈ**~-umstände** *m/pl.* circunstâncias *f/pl.*, conjuntura *f/sg.*

ˈ**Zeitung** [ˈtsaɪtuŋ] *f* jornal *m*; periódico *m*, diário *m*; *poet.* notícia *f*.

ˈ**Zeitungs**|**-abonnement** *n* (-*s*; -*s*) assinatura *f* de um jornal; **~-anzeige** *f* anúncio *m*; **~-artikel** *m* artigo *m* de jornal; **~-ausschnitt** *m* (-*ės*; -*e*) recorte *m*; **~-austräger** *m* distribuidor *m* de jornais; **~beilage** *f* suplemento *m*; **~blatt** *n* (-*ės*; ⸚*er*) = *Zeitung*; **~-ente** *f* peta *f*; **~-halter** *m* ⊕ suporte *m* (para jornais); **~herausgeber** *m* dire[c]tor *m* de um jornal; **~junge** *m* (-*n*) ardina *m*; **~mann** *m* (-*ės*; -*leute*), **~schreiber** *m* jornalista *m*; **~reklame** *f* reclamo *m*; **~verkäufer**(**in** *f*) *m* vendedor *m* (vendedeira *f*) de jornais; **~verleger** *m* proprietário *m* de um jornal, editor *m* de um jornal; **~wesen** *n* (-*s*; *0*) imprensa *f*, periodismo *m*; **~wissenschaft** *f* (*0*) ciência *f* de jornalismo.

ˈ**Zeit**|**-unterschied** *m* (-*ės*; -*e*) diferença *f* de tempo; **~verlust** *m* (-*ės*; -*e*) perda *f* de tempo; **~vertreib** *m* passatempo *m*; **≈weilig** [ˈ-vaɪlɪç] temporário; **≈weise** de vez em quando; por momentos; **~wende** *f* época *f* de transição; viragem *f* dos tempos; **~wort** *n* (*-es*; *=er*) verbo *m*; **~zeichen** *n* sinal *m* horário; **~zünder** *m* espoleta *f* automática; *mit ~* de relógio *m*.

ˈ**Zell|e** [ˈtsɛlə] *f* célula *f*; (*Bienen*2) *a.* alvéolo *m*; ⚓ cela *f*; ⚔ calabouço *m*; (*Bade*2), *Fernspr.*, *Film*: cabine *f*; **2en-förmig** [-fœrmiç] celular; **~en-gefängnis** *n* (*-ses*; *-se*) prisão *f* celular; **~en-gewebe** *n* tecido *m* celular; **~-haut** *f* (*-*; *=e*) membrana *f* celular; **2ig** celular; **~o**ˈ**phan** [-oˈfa:n] *n* (*-s*; *0*) celofã *f*; **~stoff** *m* (*-es*; *0*) celulóide *f*; **~u**ˈ**loid** [-uˈlɔyt] *n* (*-s*; *0*) celulóide *f*; **~u**ˈ**lose** [-uˈlo:zə] *f* celulose *f*.

Zelt [ˈtsɛlt] *n* (*-es*; *-e*) tenda *f*, *großes*: pavilhão *m*; (*Strand*2) barraca *f*; ˈ**~bahn** *f* lona *f*; ˈ**~dach** *n* (*-es*; *=er*) toldo (*ˈô) *m*; ˈ**2en**[1] (*-e-*) fazer campismo; ˈ**~en**[2] *n* campismo *m*; ˈ**~er** *m* palafrém *m*; **~lager** *n* acampamento *m*; ˈ**~pflock** *m* estaca *f*; ˈ**~platz** *m* (*-es*; *=e*) parque *m* de campismo; ˈ**~stange** *f* pau *m* de fileira; ˈ**~stock** *m* (*-es*; *=e*) mastro *m*; ˈ**~tuch** *n* (*-es*; *-e*) lona *f*.

Zeˈ**ment** [tseˈmɛnt] *m* (*-es*; *-e*) cimento *m*; **2**ˈ**ieren** (-) cimentar.

Zeˈ**nit** [tseˈni:t] *m* (*-es*; *0*) zénite *m*.

zen|ˈ**sieren** [tsenˈzi:rən] (-) censurar, submeter à censura; *Schule*: classificar; ˈ**2sor** [ˈ-zɔr] *m* (*-s*; *-en*) censor *m*; **2**ˈ**sur** [-ˈzu:r] *f* censura *f*; *Schule*: nota *f*, classificação *f*.

Zenˈ**taur** [tsɛnˈtaur] *m* (*-en*) centauro *m*.

Zenti|ˈ**gramm** [tsɛnti-] *n* (*-s*; *-s*) centigrama *m*; **~**ˈ**meter** *n u. m* centímetro *m*; **~**ˈ**meter-maß** *n* (*-es*; *-e*) fita *f* métrica.

ˈ**Zentner** [ˈtsɛntnər] *m* quintal *m*; cinquenta quilogramas; **2schwer** muito pesado; **2weise** aos quintais.

zenˈ**tral** [tsɛnˈtra:l] central; **2e** *f* central *f*; **2-heizung** *f* aquecimento *m* central; **~i**ˈ**sieren** [-iˈzi:rən] (-) centralizar; **2i**ˈ**sierung** *f* centralização *f*; **2stelle** *f*: *~ für* centro *m* de.

Zentri|fuˈ**gal-kraft** [tsɛntrifuˈga:l-] *f* (*-*; *=e*) força *f* centrífuga; **~**ˈ**fuge** *f* centrifugador *m*; (*Milch*2) desnatadeira *f*; **~pe**ˈ**tal-kraft** [-peˈta:l-] *f* (*-*; *=e*) força *f* centrípeta.

ˈ**Zentrum** [ˈtsɛntrum] *n* (*-s*; *Zentren*) centro *m*; *Scheibe*: *a.* branco *m*.

ˈ**Zephir** [ˈtse:fir] *m* (*-s*; *-e*) zéfiro *m*.

ˈ**Zeppelin** [ˈtsɛpəli:n] *m* (*-s*; *-e*) zepelim *m*, dirigível *m*.

ˈ**Zepter** [ˈtsɛptər] *n* cetro *m*.

zer|ˈ**beißen** [tsɛr-] (*L*; -) partir com os dentes, trincar; **~**ˈ**bersten** (*L*; -; *sn*) rebentar, rachar, estalar; **~**ˈ**beulen** amachucar; **~**ˈ**brechen** (*L*; -) *v/t.* (*v/i.* [*sn*]) partir(-se), quebrar(-se), despedaçar(-se); **~**ˈ**brechlich** [-ˈbrɛçliç] frágil (*a.* ~!), quebradiço; **2**ˈ**brechlichkeit** *f* (*0*) fragilidade *f*; **~**ˈ**bröckeln** *v/t.* (*-le*; -) (*v/i.* [*sn*]) esmigalhar(-se); desmoronar(-se); **~**ˈ**drücken** (-) esmagar; *Stoff*: amarrotar; amachucar; F esborrachar.

Zeremo|ˈ**nie** [tseremoˈni:] *f* cerimónia *f*; **~ni**ˈ**ell**[1] [-niˈɛl] *n* ceremonial *m*; **2ni**ˈ**ell**[2] ceremonioso.

zer|ˈ**fahren** confuso; *j.*: *a.* distraído; **2**ˈ**fahren-heit** *f* (*0*) confusão *f*, distra[c]ção *f*; **2**ˈ**fall** *m* (*-es*; *0*) ruína *f*, desmoronamento *m*, desagregação *f*; ⚗ decomposição *f*; *fig.* decadência *f*; desintegração *f*; **~**ˈ**fallen** (*L*; -; *sn*) desmoronar-se; (*sich auflösen*) desfazer-se; desintegrar-se; *Stoffe*: decompor-se; *~* (*eingeteilt werden*) *in* (*ac.*) dividir-se em, compor-se de; *fig.* decair, estar em (plena) decadência; *mit j-m ~ sn* estar de relações cortadas com alg.; **~**ˈ**fasern** (*-re*; -) *v/t.* (*v/i.* [*sn*]) desfiar(-se); **~**ˈ**fetzen** (*-t*; -) esfarrapar; = **~**ˈ**fleischen** [-ˈflaɪʃən] (-) dilacerar; **~**ˈ**fließen** (*L*; -; *sn*) derreter-se, diluir-se, desfazer-se; **~**ˈ**fressen** (*L*; -) roer, *a.* ⚗ corroer, *a. Würmer*: carcomer; *adj.* corroído, carcomido; **~**ˈ**gehen** (*L*; *sn*) desfazer-se; **~**ˈ**gliedern** (*-re*; -) desmembrar; *Anat.* dissecar; *fig.* dividir; analisar; **2**ˈ**gliederung** *f* desmembramento *m*; dissecação *f*; análise *f*; **~**ˈ**hacken** (-) partir; despedaçar; rachar; **~**ˈ**hauen** (-) partir, despedaçar; **~**ˈ**kauen** (-) esmoer, mastigar; **~**ˈ**kleinern** [-ˈklaɪnərn] (*-re*; -) esmiuçar; *Steine*: britar; *Holz ~* partir lenha, fazer falhas; **~**ˈ**klopfen** britar; **~**ˈ**klüftet** [-ˈklyftət] alcantilado, escabroso; **~**ˈ**knirscht** [-ˈknirʃt] contrito; **2**ˈ**knirschung** [-ˈknirʃuŋ] *f* contrição *f*; **~**ˈ**knittern** (*-re*; -), **~**ˈ**knüllen** (-) amarrotar, amachucar; **~**ˈ**kochen** (-) desfazer(-se); **~**ˈ**kratzen**

(*-t*; -) esgadanhar; **~'krümeln** (*-le*; -) esmigalhar; **~'lassen** (*L*; -) derreter; *adj.* derretido; **~'laufen** (*L*; -) desfazer-se; diluir-se; **~'legbar** [-'le:kba:r] desmontável; **~'legen** (-) decompor; *Anat.* dissecar; *Braten*: trinchar; *Vieh*: retalhar; ⊕ desmontar; desmanchar; **2'legung** [-'le:guŋ] *f* decomposição *f*; dissecação *f*; desmonte *m*; **~'lesen** *adj.* muito usado, muito lido; **~'lumpt** esfarrapado; **~'mahlen** (-) triturar; *adj.* triturado, em pó; **~'malmen** [-'malmən] (-) triturar, esmoer; *a. fig.* esmagar; **~'martern** (*-re*; -): *sich das Hirn ~* quebrar a cabeça, moer os miolos; **~'mürben** (-) roer, triturar; *fig. a.* cansar; ⚔ desmoralizar; **2'mürbung** [-'myrbuŋ] *f* desgaste *m*; **~'nagen** (-) roer; **~'pflücken** (-) (d)esfolhar; *a. fig.* desfiar; **~'platzen** (*-t*; -; *sn*) (ar)rebentar, estoirar; **~'quetschen** (-) esmagar, machucar.

'Zerr-bild ['tsɛr-] *n* (*-es*; *-er*) caricatura *f*.

zer|'reiben (*L*; -) triturar; **~reißbar** [-'raɪsba:r]: *leicht ~* fácil de rasgar; **~'reißen** *v/t.* (*v/i.* [*sn*]) rasgar(-se); *Faden*: partir; *in Stücke*: dilacerar, despedaçar; *Raubtier*: devorar; *Vertrag*: violar; **2'reißung** *f* laceração *f*; *fig.* violação *f*.

'zerr|en ['tsɛrən] puxar; (*dehnen*) estirar; ⚕ distender; (*schleppen*) arrastar; **2ung** *f* ⚕ distensão *f*.

zer|'rinnen (*L*; -; *sn*) desfazer-se, derreter-se, diluir-se; **2'rissenheit** [-'risənhaɪt] *f* (*0*) desunião *f*; *j-s innere ~* desequilíbrio *m* moral; **~'rütten** [-'rytən] desconcertar; *Ordnung*: desorganizar; ⚕ *u.* ✝ arruinar; *Nerven ~* desmoralizar; **2'rüttung** [-'rytuŋ] *f* desordem *f*; desorganização *f*; ruína *f*; desmoralização *f*; *geistige*: perturbação *f*; **~'sägen** (-) serrar; **~'schellen** (-; *sn*) despedaçar-se (*an* contra), *a. fig.* naufragar; **~'schlagen** (*L*; -) destroçar; *sich ~ fig.* malograr-se; *wie ~ adj. j.*: F moído; **~'schlissen** [-'ʃlisən] puído; **~'schmettern** (*-re*) esbarrar; *Glieder*: esmagar; *a. fig.* fulminar, *a.* ⚔ destroçar; **~'schneiden** (*L*) cortar (em pedaços), (re)talhar; despedaçar; *Braten*: trinchar; **~'setzen** (*-t*; -) decompor; ⚗ *a.* desagregar; *fig.* corromper; desmoralizar; **~d** *adj.* dissolvente; *fig.* destrutivo; **2'setzung** [-'zɛtsuŋ] *f* decomposição *f*; desagregação *f*; *fig.* corrupção *f*; desmoralização *f*; **~'splittern** (*-re*; -) **1.** *v/t.* estilh(aç)ar; *fig.* (*sich*) *~* dissipar(-se); ⚔ dispersar; *Pol.* desunir; **2.** *v/i.* (*sn*) partir-se em estilhaços, despedaçar-se; **2'splitterung** *f fig.* desunião *f*, dispersão *f*; estilhaçamento *m*; **~'sprengen** (*L*; -) quebrar, partir; ⚔ dispersar; **~'springen** (*L*; *sn*) romper-se; *Glas*, (*platzen*) estalar; **~'stampfen** triturar, pisar, quebrantar; **~'stäuben** pulverizar; **2'stäuber** [-'ʃtɔybər] *m* pulverizador *m*; **~'stochen** [-'ʃtɔxən] picado; *adj. a.* cheio de picadas; **~'stören** destruir; ⚠ *a.* deitar abaixo, demolir; *fig. a.* fazer fracassar; **~d** *adj.* destrutivo; **~'störer** [-'ʃtø:rər] *m* destruidor *m*; ⚓ *a.* contratorpedeiro *m*; **2'störung** *f* destruição *f*; demolição *f*; **~en** (*pl.*) *a.* estragos *m/pl.*; **~'störungswut** *f* selvajaria *f*, vandalismo *m*; **~'stoßen** (*L*; -) pisar, triturar, pulverizar; **~'streuen** (-) dispersar; dissipar; *j-n*: distrair, divertir; **~'streut** [-'ʃtrɔyt] *adj.* disperso; *j.*: distraído; **2'streutheit** *f* (*0*) distra[c]ção *f*; **2'streuung** [-'ʃtrɔyuŋ] dispersão *f*; *j-s*: distra[c]ção *f*; **2'streuungs-linse** *f* lente *f* divergente; **~'stückeln** [-'ʃtykəln] (*-le*; -) despedaçar; fragmentar; *Gebiet*: parcelar; *Körper*: esquartejar; *Reich*: desmembrar; **2'stückelung** *f* despedaçamento *m*; *a. fig.* desmembramento *m*; **~'teilen** (-) dividir; = *zerlegen*, *zerstückeln*; *Nebel*: dissipar; **~'trampeln** (*-le*; -) pisar; **~'trennen** (-) descoser, desfazer; **~'treten** (*L*; -) calcar aos pés; pisar; *fig.* aniquilar; **~'trümmern** [-'trymərn] (*-re*; -) destroçar; destruir; desintegrar; **2'trümmerung** *f* destroço (*'ô) *m*, destruição *f*; *a. Phys.* desintegração *f*; **2'würfnis** [-'vyrfnis] *n* (*-ses*; *-se*) desavença *f*; **~'zausen** (*-t*; -) sacudir; *Haar*: desgrenhar; *a. fig.* amarrotar.

'Zeter ['tse:tər] *n* (*-s*; *0*): *~ und 'Mordio schreien* dar altos gritos, gritar: socorro!, gritar: daqui el-rei!; **~geschrei** *n* (*-es*; *0*) clamores *m/pl.*, pranto *m*, gritaria *f*; **2n** (*-re*) clamar.

'Zettel ['tsɛtəl] *m* papelinho *m*; (*Blatt*) folha (*ô) *f*; (*Etikett*) rótulo *m*; *e-r Kartei*: ficha *f*; *e-s Katalogs, mit Notizen*: verbete *m*; *zum Anschlagen*: cartaz *m*; *zum Ausfüllen*: boletim *m*, (*Stimm*♀) *a.* lista *f*, voto *m*; ⊕ urdidura *f*; **~kasten** *m* (-*s*; ⁼) ficheiro *m*.

Zeug [tsɔyk] *n* (-*es*; -*e*) fazenda *f*, tecido *m*, pano *m*; (*Kleidung*) roupa *f*; *warmes* ~ abafo *m*; (*Sachen*) coisas *f/pl.*, matéria *f*, material *m*; (*Werk*♀) ferramenta(s *pl.*) *f*; (*unnützes*) ~ trastes *m/pl.* inúteis; *fig.* *dummes* ~ disparates *m/pl.*; *das* ~ *haben zu* ter estofo (*'ô) para; *j-m et. am* ~*e flicken* cortar na casaca a alg.; *was das* ~ *hält* F até mais não poder; *sich ins* ~ *legen, sich ins* ~ *werfen* meter-se a fundo em a.c.

'Zeuge ['tsɔygə] *m* (-*n*) testemunha *m, f*; ~ *sn von* assistir a, presenciar (*ac.*); ♀**n** **1.** *v/i.* testemunhar, depor (*für* em favor de); ~ *von* mostrar, revelar; **2.** *v/t.* gerar, procriar; engendrar; **~n-aussage** *f* testemunho *m*, depoimento *m*; **~n-beweis** *m* (-*es*; -*e*) prova *f* testemunhal; **~n-vernehmung** *f* inquirição *f* das testemunhas.

'Zeug-haus *n* (-*es*; ⁼*er*) arsenal *m*; (*Museum*) museu *m* militar.

'Zeugin ['tsɔygin] *f* testemunha *f*.

'Zeugnis ['tsɔyknis] *n* (-*ses*; -*se*) testemunho *m*; (*Bescheinigung*) certificado *m*; atestado *m*; (*Prüfungs*♀) diploma *m*, carta *f* (de curso); **~-abschrift** *f* pública-forma *f* do diploma *usw.*

'Zeugung ['tsɔyguŋ] *f* geração *f*; procriação *f*; **~s-akt** *m* (-*es*; -*e*) a[c]to *m* genésico, a[c]to *m* de procriação; (*Beischlaf*) coito *m*; ♀**s-fähig** prolífico; potente; **~s-glied** *n* (-*es*; -*er*) membro *m* genital; **~s-kraft** *f* (-; ⁼*e*) potência *f*; força (*ô) *f* de procriação, capacidade *f* genésica; ♀**s-unfähig** impotente; **~s-unfähigkeit** *f* (*0*) impotência *f*.

Zi'chorie [tsi'ço:riə] *f* chicória *f*.

'Zick|e ['tsikə] F *f* cabra *f*; *pl.* ~*n* *fig.* tolices *f/pl.*; **~lein** ['-laın] *n* cabrito *m*.

'Zickzack ['tsiksak] *m* (-*es*; -*e*) ziguezague *m*; *im* ~ *gehen a.* ziguezaguear; ♀**förmig** [-fœrmiç] em ziguezague.

'Ziege ['tsi:gə] *f* cabra *f*; F *alte* ~ (seu) estafermo *m*; *dumme* ~ (sua) palerma *f*.

'Ziegel ['tsi:gəl] *m* tijolo *m*; (*Dach*♀) telha *f*; **~bau** *m* (-*es*; -*bauten*) construção *f* em tijolos; **~brenner** *m* ladrilheiro *m*, tijoleiro *m*; **~brennerei** *f* = ~*ei*; **~dach** *n* (-*es*; ⁼*er*) telhado *m*; **~'ei** *f* fábrica *f* de tijolos; telhal *m*, telheira *f*; **~-erde** *f* (*0*) barro *m*, terra *f* argilosa; **~gewölbe** *n* abobadilha *f*; **~mehl** *n* (-*es*; *0*) pós *m/pl.* de ladrilho; **~-ofen** *m* (-*s*; ⁼) telhal *m*; ♀**rot** encarnado; **~stein** *m* (-*es*; -*e*) = *Ziegel*.

'Ziegen|bart *m* (-*es*; ⁼*e*) pera (*ê) *f*; **~bock** *m* (-*es*; ⁼*e*) bode *m*, cabrão *m*; *junger*: chibo *m*; **~-hirt** *m* (-*en*) cabreiro *m*; **~käse** *m* queijo *m* (de leite) da cabra; **~lamm** *n* (-*es*; ⁼*er*) cabrito *m*; **~leder** *n* pelica *f*; **~melker** [-mɛlkər] *m* *Zool.* noitibó *m*; **~peter** ⚕ *m* parotidite *f*; papeira *f*.

'Zieh|bank ['tsi:-] *f* (-; ⁼*e*) fieira *f*; **~brunnen** *m* poço *m*; cegonha *f*.

'zieh|en[1] ['tsi:ən] (*L*) **1.** *v/t.* puxar (*an dat.* por); (*heraus*~, *hervor*~), *Hut, Los*: tirar (*a. fig. Schlüsse usw.*); *Degen*: desembainhar; *Zahn*: arrancar, *Wurzel, a.* ⚗: extrair; ⚕ *Blasen*: levantar; *Bilanz, Falten, Fratzen, Furchen*: fazer; *Draht*: estirar; estender; *Damm*: construir; *Faden* ~ estar em ponto de fio; *Graben*: abrir; *Linie*: traçar; *Spielfigur*: jogar; *Wechsel*: sacar (*auf ac.* sobre); ↗, *Zool.* criar, ⚘ *a.* cultivar; *sich* ~ *Holz*: empenar; *an sich* (*ac.*) ~, *auf sich* (*ac.*) ~ atrair, *Aufmerksamkeit*: *a.* chamar; (*nach sich*) ~ arrastar, ⚓ rebocar; *nach sich* ~ *fig.* trazer consigo, acarretar; *auf Leinen* ~ colar em pano cru; *durch e-e Öffnung*: passar (por); *ins Geheimnis*: meter; *ins Lächerliche* ~ meter a ridículo; *j-n ins Vertrauen* ~ confiar-se a alg.; *in Zweifel*: pôr em; *vor Gericht usw.*: levar a; *j-n zur Verantwortung* ~ pedir contas a alg.; **2.** *v/i.* **a)** (*zugig sn*) haver corrente de ar; *Ofen, Zigarre*: ter tiragem; *Tee*: abrir; *an der Zigarre*: chupar; *fig.* F (*Eindruck m.*) pegar; *Grund*: convencer; *Ware*: vender-se; **b)** (*sn*) ir (*nach* a; *dauernd*: para); ⚔ *a.* marchar (*auf ac.* sobre); *a. Wolken*: passar; ~ *durch a.* atravessar (*ac.*); (*um*~) mudar (*nach* para); *gezogen kom-*

men vir; 2en² n dor f reumática; 2feder f (-; -n) tira-linhas m; 2-harmonika f (-; -s) acordeão m; 2ung f sorteio m; heute ist ~ hoje anda a roda; 2ungs-liste f lista f da lotaria.

Ziel [tsi:l] n (-ės; -e) alvo m (a. ⚔); (Ende) fim m; (Endpunkt) termo (*ê) m; Sport: meta f; e-s Wunsches: obje[c]tivo m, (Absicht) a. finalidade f; ✝ prazo m (auf drei Monate a três meses de); '~band n (-ės; ⁼er) meta f; '2bewußt consequente, enérgico; '2en¹ apontar (auf ac., nach a), visar (ac.); fig. tender para; j.: aspirar a; '~en² n pontaria f; '~fernrohr n (-ės; -e) alça f telescópica; '~linie ⚓ f linha f de chegada; '2los desnorteado; desorientado, j.: a. indeciso; '~-scheibe f alvo m; '2strebig ['-ʃtre:-biç] = 2bewußt; '~strebigkeit f (0) consequência f; iniciativa f.

'**ziem|en** ['tsi:mən]: sich ~ convir; 2er m lombo m; (Ochsen2) vergalho m; ~lich bastante grande; ~ viel bastante bem; ~ gut bastante; so ~ quase, pouco mais ou menos.

'**ziepen** ['tsi:pən] F (ar)repelar.

Zier [tsi:r] f (0) ornamento m, adorno (*'ô) m; fig. honra f, glória f; '~affe m (-n) peralta m; pisa-flores m; = ~puppe; '~at ['-a:t] m (-ės; -e) ornamento m; adorno (*'ô) m; '~de ['-də] f = ~at; fig. honra f, glória f; '2en ornar, enfeitar; decorar; fig. honrar; sich ~ fazer cerimónias; fazer-se rogado; geziert adj. fig. afe[c]tado; ~e'rei [-ə'raɪ] f afe[c]tação f; melindres m/pl.; '~garten m (-s; ⁼) jardim m; '~-leiste ⚠ f moldura f; friso m; '2lich gracioso; fino; elegante; '~lichkeit f (0) graça f; elegância f; '~pflanze f planta f decorativa; '~puppe f sécia f, casquilha f.

'**Ziffer** ['tsifər] f (-; -n) algarismo m; cifra f; ~blatt n (-ės; ⁼er) mostrador m.

Ziga'rette [tsiga'rɛtə] f cigarro m.

Ziga'retten|-etui n (-s; -s) cigarreira f; ~päckchen n maço m de cigarros; ~papier n (-s; -e) papel m de fumar, mortalha f (Päckchen livro m de); ~schachtel f (-; -n) caixa f de cigarros; ~spitze f boquilha f; ~stummel m ponta f de cigarro; F beata f.

Ziga'rillo [tsiga'riljo] m (-s; -s) cigarilha f.

Zi'garre [tsi'garə] f charuto m; ~n-abschneider m corta-charutos m; ~n-laden m (-s; ⁼) tabacaria f, estanco m; * charutaria f; ~n-spitze f boquilha f; ~n-stummel m ponta f de charuto; F beata f; ~n-tasche f charuteira f.

Zi'geuner [tsi'gɔynər] m cigano m; 2-haft (de) cigano; ~in f cigana f; 2isch (de) cigano; ~junge m (-n) ciganito m; ~leben n vida f nómada; fig. boémia f; estroinice f; ~mädchen n ciganita f; ~sprache f gíria f (dos ciganos).

Zi'kade [tsi'ka:də] f cigarra f.

'**Zille** ['tsilə] f barcaça f.

'**Zimbel** ['tsimbəl] f (-; -n) címbalo m.

'**Zimmer** ['tsimər] n quarto m; sala f; (Arbeits2, Herren2) escritório m, gabinete m; (Eß2) sala f de jantar; (Schlaf2) quarto m (de dormir); (Wohn2) sala f (de estar); das ~ hüten (müssen) não (poder) sair; ~-antenne f antena f; ~-arbeit f carpintaria f; ~decke f te[c]to m; ~-einrichtung f mobília f; ~flucht f enfiada f de quartos, enfiada f de salas; ~-herr m (-en) inquilino m, hóspede m; ~höhe f pé-direito m; ~holz n madeira f de construção; ~mädchen n criada f do quarto; ~mann m (-ės; -leute) carpinteiro m; ~meister m mestre m carpinteiro; 2n carpintejar; et. ~ construir; ~pflanze f planta f decorativa; ~vermieter(in f) m alugador(a f) m de quartos.

'**zimperlich** ['tsimpərliç] melindroso, mimoso; ~ tun afe[c]tar melindres.

Zimt ['tsimt] m (-ės; -e) canela f; der ganze ~ F todo aquilo; '~baum m (-ės; ⁼e) ('~blüte f flor f de) caneleira f; '2farben cor-de-canela.

Zink [tsiŋk] n (-ės; 0) zinco m; '~blech n (-ės; -e) chapa f de zinco; '~blende f blenda f; '~e ['tsiŋkə] f dente m, pua f; (Holz2) rabo-de-andorinha m; ♪ corneta f; '~en m = ~e; F (Nase) nariz m.

Zinn ['tsin] n (-ės; 0) estanho m; '~e f ameia f; '2e(r)n de estanho; legiert: de peltre; '~geschirr n (-ės; -e) baixela f de estanho; '~gießer m picheleiro m; '2-haltig ['-haltiç] estanífero; '**~krug** *m* (*-es*; *⸚e*) caneca *f* de estanho; pichel *m*; **~'ober** [-'no:bər] *m* cinabre *m*, cinábrio *m*; '**~soldat** *m* (*-en*) soldado *m* de chumbo.

Zins ['tsins] *m* (*-es*; *-en* [*Erträge*], *-e* [*Mieten*]) interesse (*'ê) *m*, juro *m*; (*Miet*≗) renda *f*, aluguel *m*; † tributo *m*; (*Lehns*≗) censo *m*; *pl.* 3% *~en* 3% de interesse (*'ê) (*od.* de juro); *auf ~en* a juros; '**~-abzug** *m* (*-es*; *⸚e*) desconto *m*; '**≗bar** tributário; = '**≗bringend** lucrativo, produtivo, rendoso; *~ sn a.* render.

'**Zinses-zins** ['tsinzəs-] *m* (*-es*; *-en*) juro *m* composto.

'**Zins|-erhöhung** *f* aumento *m* da taxa de juros; **≗frei** isento de juros, (*abgabenfrei*) isento de impostos; gratuito; **~fuß** *m* (*-es*; *⸚e*) taxa *f* de juro; percentagem *f*; **≗los** = *≗frei*; **≗pflichtig** ['-pfliçtiç] tributário; (*abgabepflichtig*) sujeito a impostos; **~rechnung** *f* cálculo *m* de juros; **~-satz** *m* (*-es*; *⸚e*) = *~fuß*; **~-schein** *m* (*-es*; *-e*) «coupon» (*fr.*) *m*, talão *m*; **~-senkung** *f* redução *f* da taxa de juros; **≗tragend** lucrativo, produtivo, rendoso.

'**Zipfel** ['tsipfəl] *m* ponta *f*; (*Rock*≗) cauda *f*; **~mütze** *f* carapuça *f*.

'**Zipperlein** ['tsipərlaın] F *n* gota *f*.

'**Zirbel-drüse** ['tsirbəl-] *f* glândula *f* pineal.

'**zirka** ['tsirka] cerca (*ê) de, mais ou menos, a volta de.

'**Zirkel** ['tsirkəl] *m* compasso *m*; (*Kreis*) círculo *m*, *fig. a.* grupo *m*; **≗n** (*-le*) compassar, medir a compasso.

Zirku'l|ar [tsirku'la:r] *n* (*-s*; *-e*) circular *f*; **≗'ieren** (-) circular; 🚂 *a.* efe[c]tuar-se.

'**Zirkumflex** ['tsirkumfleks] *m* (*-es*; *-e*) acento *m* circunflexo.

'**Zirkus** ['tsirkus] *m* (*-*; *-se*) circo *m*.

'**zirpen** ['tsirpən] estridular, cantar.

'**zisch|eln** ['tsiʃəln] (*-le*) cochichar; **~en**[1] sibilar; *Thea.* assobiar; **≗en**[2] *n* sibilo(s *pl.*) *m*, assobios *m/pl.*; **≗laut** *m* (*-es*; *-e*) letra *f* sibilante.

zise'lieren [tsizə'li:rən] (-) cinzelar.

Zis'terne [tsis'tɛrnə] *f* cisterna *f*.

Zita'delle [tsita'dɛlə] *f* cidadela *f*, fortim *m*.

Zi'tat [tsi'ta:t] *n* (*-es*; *-e*) citação *f*.

'**Zither** ['tsitər] *f* (*-*; *-n*) cítara *f*; **~spieler(in** *f*) *m* citarista *m*, *f*.

zi'tieren [tsi'ti:rən] (-) citar.

Zitro'nat [tsitro'na:t] *n* (*-es*; *-e*) cidrão *m*.

Zi'trone [tsi'tro:nə] *f* limão *m*; **~n-baum** *m* (*-es*; *⸚e*) limoeiro *m*; **~n-limonade** *f* limonada *f*; **~n-presse** *f* espremedor *m*; **~n-saft** *m* (*-es*; *⸚e*) sumo *m* de limão; **~n-säure** *f* (*0*) ácido *m* cítrico; **~n-schale** *f* casca *f* de limão; **~n-wasser** *n* (*-s*; *0*) limonada *f*.

'**Zitter|-aal** ['tsitər-] *m* (*-es*; *-e*) gimnoto *m*; **~gras** *n* (*-es*; *⸚er*) bole-bole *m*; **≗ig** trémulo; **≗n**[1] (*-re*) tremer; (*er~*) estremecer; *~d adj.* trémulo; vibrante; **~n**[2] *n* tremor *m*; vibração *f*; **~pappel** *f* (*-*; *-n*) choupo *m* tremedor; **~rochen** *m Zool.* torpedo *m*.

'**Zitze** ['tsitsə] *f* teta *f*.

zi'vil [tsi'vi:l] **1.** civil; *Preis*: módico; **2.** ≗ *n* (*-s*; *0*) civis *m/pl.*; *in ~* (*gehen*, *~ tragen* vestir) à paisana; **≗bevölkerung** *f* população *f* civil; civis *m/pl.*; **≗-ehe** *f* casamento *m* civil; **≗isati'on** [-izatsi'o:n] *f* (*0*) civilização *f*; **~i'sieren** [-i'zi:rən] (-) civilizar; **≗'ist** *m* (*-en*) civil *m*; **≗klage** *f* a[c]ção *f* civil; **≗kleidung** *f*: *in ~* à paisana; **≗prozeß** *m* (*-sses*; *-sse*) processo *m* civil, pleito *m*; **≗prozeßordnung** *f* código *m* do processo civil; **≗recht** *n* (*-es*; *0*) direito *m* civil; **≗sache** *f* caso *m* de direito civil.

'**Zobel** ['tso:bəl] *m* zibelina *f*.

'**Zofe** ['tso:fə] *f* criada *f* grave.

'**zög|ern**[1] ['tsø:gərn] (*-re*) hesitar (*mit* em, *zu* de); **≗ern**[2] *n* hesitação *f*.

'**Zögling** ['tsø:kliŋ] *m* (*-s*; *-e*) educando *m*; aluno *m*; pupilo *m*.

Zöli'bat [tsœli'ba:t] *n a. m* (*-es*; *0*) celibato *m*.

Zoll [tsɔl] *m* (*-es*; *⸚e*, *als Maß im pl. nach Zahlen uv.*) polegada *f*; (*Abgabe*) direitos *m/pl.* de alfândega; (*Brücken*≗, *Wege*≗) portagem *f*; = *~amt*, = *~tarif*, = *~wesen*; *fig.* tributo *m*; *~ um ~* palmo a palmo; '**~-abfertigung** *f* despacho *m* aduaneiro (*od.* da alfândega); '**~-abkommen** *n* acordo (*'ô) *m* aduaneiro; '**~-amt** *n* (*-es*; *⸚er*) alfândega *f*; '**≗-amtlich** aduaneiro; *~ untersuchen* examinar, rever; '**~beamte(r)** *m* empregado *m* da alfândega; '**~begleitschein** *m* (*-es*;

-*e*) guia *f* de trânsito; '**~behörde** *f* administração *f* de alfândegas; '**2dick** da grossura de uma polegada; '**~-einnahmen** *f/pl.* receitas *f/pl.* alfandegárias; '**2en** tributar, *fig. a.* prestar; '**~-erhöhung** *f* aumento *m* das taxas aduaneiras; '**~-erklärung** *f* declaração *f* para a alfândega; '**2frei** isento de direitos; '**~freiheit** *f* (*0*) isenção *f* de direitos; '**~grenze** *f* barreira *f* aduaneira; '**~-haus** *n* (-*es*; ⸗*er*) alfândega *f*; '**~kontrolle** *f* (serviços *m/pl.* da) alfândega *f*; '**~krieg** *m* (-*es*; -*e*) guerra *f* aduaneira.

'**Zöllner** ['tsœlnər] *m* empregado *m* da alfândega; *ehm.* publicano *m.*

'**zoll|pflichtig** ['-pfliçtiç] sujeito a direitos; **2revision** *f* visita *f* da alfândega; **2stab** *m* (-*es*; ⸗*e*), **2stock** *m* (-*es*; ⸗*e*) duplo metro *m* articulado; **2tarif** *m* (-*es*; -*e*) tarifa *f*, pauta *f* das alfândegas; **2verband** *m* (-*es*; ⸗*e*), **2verein** *m* (-*es*; *0*) união *f* aduaneira; **2verschluß** *m* (-*sses*; *0*): *unter* ~ selado; depositado na alfândega; **2wesen** *n* (-*s*; *0*) regime *m* aduaneiro; (serviços *m/pl.* da) alfândega *f.*

'**Zon|e** ['tso:nə] *f* zona; **~en...**: *in Zssg(n)* da zona; de zona(s), em zonas, por zonas.

Zoo [tso:] F *m* (-, -*s*; -*s*) *Abk. für zoologischer Garten m* jardim *m* zoológico.

Zoo'log|e [tsoo'lo:gə] *m* zoólogo *m*; **~'ie** [-'gi:] *f* (*0*) zoologia *f*; **2isch** zoológico.

Zopf [tsɔpf] *m* (-*es*; ⸗*e*) trança *f* (de cabelo); rabicho *m*; *alter* ~ *fig.* atraso *m*, costume *m* atrasado; '**2ig** atrasado.

Zorn [tsɔrn] *m* (-*es*; *0*) cólera *f*, ira *f*; *im* ~ = *2ig*; *in* ~ *bringen* encolerizar, irritar; *in* ~ *geraten* = *2ig werden*; '**2-entbrannt** ['-ɛntbrant] = '**2ig** irado, colérico, encolerizado; ~ *werden* encolerizar-se, irritar-se.

'**Zot|e** ['tso:tə] *f* obscenidade *f* (*reißen* dizer); **2ig** obsceno.

'**Zott|el** ['tsɔtəl] *f* melena *f*; *Anat.* vilosidade *f*; **2ig** viloso, guedelhudo, jubado.

zu [tsu:] **1.** *prp.* (*dat.*) *s. a. entsprechende su. u. vb.*; **a**) *örtl.* (*Lage*) em; (*Richtung*) (par)a; *der Weg* ~ de; ~ *j-m* (par)a casa de alg.; ~ *e-m Arzt gehen* ir a um médico; ~*r Seite* (*gen.*) ao lado de, junto a; ~ ... *hinaus* por; von ... ~ de ... a, desde ... até; **b**) *zeitl.* em; *Stunde*: a; ~*m Frühstück* ao pequeno almoço; ~*m ersten Male usw.* pela ...; **c**) *Mittel*: ~ *Fuß* a; ~ *Wagen, Schiff*: de; ~ *Lande*, ~*r See* por; **d**) *Preis*: a; **e**) *Ziel, Zweck*: para, a; ~ *j-s Gunsten* a favor de alg.; **f**) *Anlaß*: por (motivo de); quanto a, com respeito a; **g**) *Art u. Weise*: *freundlich usw.* (para) com; ~ *dreien* três a três; ~ *dritt*, ~ *Hunderten usw.* às, aos; ~ *m-r großen Freude* com grande alegria minha; **h**) *Verhältnis*: a; (*mal*) por; 2 ~ 0 *siegen* por dois a zero; **i**) *mit inf.*: a; para; de; que; **2.** *adv. ab und* ~ uma vez por outra; (*geschlossen*) fechado; ~ *sehr*, ~ *viel*, ~ *groß usw.* demasiado ..., muito ..., ... demais; *Tür* ~! fechar a porta!; *nur* ~! vamos!; **~-aller'erst** o primeiro de todos; em primeiro lugar; **~-aller'letzt** o último de todos; em último lugar; '**~bauen** tapar; '**2behör(teile** *n/pl.*) *n* ['-bəhø:r] (-*es*; -*e*) equipamento *m*; acessórios *m/pl.*; pertença(s *pl.*) *f*, ⚠ *a.* anexos *m/pl.*; '**~beißen** (*L*) morder; '**~bekommen** (*L*; -) conseguir fechar; ✝ receber por cima.

'**Zuber** ['tsu:bər] *m* cuba *f*, tina *f*.

'**zu-bereit|en** (-*e*-; -) preparar; **2ung** *f* preparação *f*; apresentação *f*.

'**zu|billigen** conceder; **~binden** (*L*) atar; ligar; *Augen*: vendar; **~blasen** (*L*) segredar; **~bleiben** (*L*; *sn*) ficar fechado; **~blinzeln** (-*le*) piscar um olho (*'ô).

'**zu-bring|en** (*L*) trazer; *Zeit*: passar; **2er-dienst** *m* (-*es*; -*e*) serviço *m* de ligação; ✈ autocarro *m*; **2erstraße** *f* acesso *m* rodoviário; **2erwagen** *m* carro *m* de ligação.

'**Zu-buße** *f* suplemento *m*, sobretaxa *f*.

Zucht [tsuxt] *f* ✓ criação *f*; *a.* ⚘ cultura *f*; (*Rasse*) raça *f*; ⚔ disciplina *f*; *sittliche*: honestidade *f*; '**~bulle** *m* (-*n*) marel *m*; '**~-eber** *m* varrão *m*.

'**zücht|en** ['tsyçtən] (-*e*-) criar; ⚘ *u.* ✿ cultivar; **2er** *m* criador *m*; cult(ivad)or *m*.

'**Zucht|-haus** *n* (-*es*; ⸗*er*) penitenciária *f*; = ~*hausstrafe*; *lebenslängliches* ~ pena *f* maior, prisão *f* perpétua; **~-häusler** ['-hɔyslər] *m* recluso *m*; **~-hausstrafe** *f* pena *f* de prisão maior celular; **~-hengst** *m* (-*es*; -*e*) garanhão *m*; **~-henne** *f* galinha *f* de criação.

'**züchtig** ['tsyçtiç] honesto; casto; **~en** ['-igən] açoutar; *fig.* castigar; **2ung** ['-iguŋ] *f* castigo *m*.

'**zucht|los** indisciplinado, desregrado; **2losigkeit** ['-lo:ziç-] *f* (*0*) falta *f* de disciplina; imoralidade *f*; **2sau** *f* (-; *=e*) porca *f* de criação; **2schaf** *n* (-*es*; -*e*) ovelha *f* de criação; **2stier** *m* (-*es*; -*e*) marel *m*; **2stute** *f* égua *f* de criação; **2tier** *n* (-*es*; -*e*) animal *m* semental.

'**Züchtung** ['tsyçtuŋ] *f* criação *f*; ⚘ *u.* ⚕ cultura *f*.

'**Zucht|vieh** *n* (-*es*; *0*) gado *m* de criação; **~wahl** *f* sele[c]ção *f*.

'**zucken** ['tsukən] palpitar; *ganzer Körper*: confranger-se; (*schaudern*) estremecer; *Blitz*: fulminar; *Flamme*: oscilar; *mit den Achseln* ~ encolher os ombros; *mit den Wimpern* ~ pestanejar.

'**zücken** ['tsykən] puxar por; *Degen*: *a.* desembainhar.

'**Zucker** ['tsukər] *m* (-*s*; *0*) açúcar *m*; **~bäcker** *m* pasteleiro *m*; confiteiro *m*; **~dose** *f* açucareiro *m*; **~fabrik** *f* refinaria *f* de açúcar; **~guß** *m* (-*sses*; *=sse*) cobertura *f* de açúcar; *mit* ~ (*kandiert*) confeitado; **2-haltig** [-haltiç] açucarado; **~-hut** *m* (-*es*; *=e*) pão-de-açúcar *m*; pilão *m*; **2ig** açucarado; **~kand** [-kant] *m* (-*s*; *0*), **~kandis** [-kandis] *m* (-; *0*) cândi *m*; *brauner*: caramelo *m*; **2-krank** (**~kranke[r]** *m*) diabético (*m*); **~krankheit** *f* (*0*) diabete(s) *f*; **~mandel** *f* (-; -*n*) amêndoa *f* doce; **2n** (-*re*) açucarar; **~rohr** *n* (-*es*; -*e*) cana *f* de açúcar; **~rohrpflanzung** *f* canavial *m* de açúcar; **~rübe** *f* beterraba *f*; **~saft** *m* (-*es*; *=e*) xarope *m*; **~stange** *f* chupa *f*; **2süß** açucarado; muito doce; *fig.* melífluo; **~wasser** *n* (-*s*; *0*) água *f* açucarada; **~werk** *n* (-*es*; *0*) doces *m/pl.*; doçaria *f*; **~zange** *f* tenaz *f* para açúcar.

'**Zuckung** ['tsukuŋ] *f* ⚕ contra[c]ção *f*, convulsão *f*, palpitação *f*.

'**zu|decken** cobrir; abafar; *Öffnung*: tapar; **~'dem** além disso, de mais a mais; **~denken** (*L*) destinar; (*hin~*) imaginar; **~diktieren** (-) impor; *Strafe*: *a.* infligir; **2drang** *m* (-*es*; *0*) afluência *f*; **~drehen** fechar; *j-m den Rücken* ~ virar as costas a alg.; **~dringlich** importuno; impertinente; abelhudo; **2-dringlichkeit** *f* importunidade *f*, impertinência *f*; **~drücken** fechar (*ein Auge* os olhos); **~-eignen** (-*e*-) dedicar; ⚖ adjudicar; (*schenken*) oferecer; *sich* (*dat.*) ~ apropriar-se; **2-eignung** *f Lit.* dedicatória *f*; **~-eilen** (*sn*): *auf* (*ac.*) ~ correr para; **~-ein'ander** um ao outro, uns aos outros, uma(s) à(s) outra(s); ~ *kommen* reunir-se; ~ *passen* quadrar; adaptar-se; **~-erkennen** (*L*; -) adjudicar; conceder; *Strafe*: infligir; **~-'erst** (em) primeiro (lugar); et. ~ *tun* começar por fazer a.c.; **~fächeln** (-*le*): *sich* (*dat.*) *Kühlung* ~ abanar-se; **~fahren** (*L*; *sn*) *schon vorauf*: ir andando; *weiter*: seguir; *schneller*: ir mais depressa; ~ *auf* (*ac.*) dirigir-se para, *hastig*: precipitar-se sobre; **2fahrt** *f* acesso *m*; **2fahrts-straße** *f* rua *f* de acesso; **2fall** *m* (-*es*; *=e*) acaso *m*; **~fallen** (*L*; *sn*) fechar-se; *fig. j-m* ~ tocar a alg.; *Los*, *Pflicht*, ⚖ (*heimfallen*) caber a alg.; (*leichtfallen*) não custar nada a alg.

'**zu-fällig** casual, acidental, fortuito; aleatório, *adv.* (= **~erweise** [-igər-]) *a.* por acaso; **2keit** *f* casualidade *f*.

'**Zufalls...**: *in Zssg(n)* casual, acidental.

'**zu|fassen** (-*ßt*) deitar a mão (a); **~fliegen** (*L*; *sn*): ~ *auf* (*ac.*) voar para; *fig. j-m* ~ não custar nada a alg.; **~fließen** (*L*; *sn*) afluir (*a. fig.*); *j-m et.* ~ *lassen* conceder a.c. a alg., outorgar a.c. a alg.; **2flucht** *f* (*0*) abrigo *m*, refúgio *m*, asilo *m*; (*Ausweg*) recurso *m*; *s-e* ~ *nehmen zu* recorrer a; **2fluchts-ort** *m* (-*es*; -*e*) refúgio *m*, asilo *m*; **2fluß** *m* (-*sses*; *=sse*) afluência *f* (*a. fig.*); *Erdk.* afluente *f*; **~flüstern** (-*re*) segredar; **~'folge**: (*dat.*) ~ segundo (*ac.*); em consequência de.

zu'frieden contente, satisfeito; ~ *lassen* deixar em paz; **~geben** (*L*): *sich* ~ dar-se por satisfeito; *sich mit et.* ~ contentar-se com a.c.; **2-heit** *f* (*0*) contentamento *m*, satisfação *f*; *des Gemütes*: sossego *m*; *zu j-s* ~ *a* contento *m* de alg.; **~stellen** satisfazer, contentar; ~d *adj.* satisfatório.

'zu|frieren (*L*; *sn*) gelar, cobrir-se de gelo (*ê); ~**fügen** acrescentar; *Schaden usw.*: causar, infligir; ≗**fuhr** ['-fu:r] *f* transporte *m*; (*Versorgung*) abastecimento *m*; ⊕ entrada *f*; *Wasser*: adução *f*; ~**führen** levar (a); (*dat.*) *Nahrung* ~ alimentar (*ac.*); *Kunden*: arranjar; ≗**führung** *f* ⊕ *u.* ⚡ conduta *f*.

Zug [tsu:k] *m* (-*es*; ¨*e*) tirada *f*; puxada *f*; *heftiger*: puxão *m*; tra[c]ção *f*; 🚂 comboio *m* (*mit dem* de); ⚔ pelotão *m*; *Lasttiere*: récua *f*; *Ofen*: tiragem *f*; *Rauchen*: chupada *f*; *Reiter*: grupo *m*, cavalgada *f*; *Spiel*: lance *m*, muda *f*; *Trinken*: trago *m* (*auf e-n, in e-m, mit e-m* de um; *tun* dar); *Vögel*: bandada *f*; (*Atem*≗) folgo *m*; fôlego *m*; (*Charakter*≗, *Feder*≗) rasgo *m*, *a.* (*Gesichts*≗) traço *m*; (*Fang*) lanço *m*, F (*Fest*≗) cortejo *m*; redada *f*; (*Gespann*) tiro *m*; (*Griff*) puxador *m*; (*Leichen*≗) préstito *m*; (*Luft*≗) corrente *f* de ar; (*Marsch*) marcha *f*; (*Trieb*) impulso *m*; (*Weg*) expedição *f*; *in e-m* ~*e* a eito *m*; *gut im* ~*e sn* estar em plena a[c]tividade *f*; *im* ~*e der Maßnahmen usw.* em virtude *f* de.

'**Zu|gabe** *f* suplemento *m*; acréscimo(s *pl.*) *m*; *Konzert*: número *m* extraprograma; P *Getreide, Flüssigkeiten*: semichas *f/pl.*; ~**gang** *m* (-*es*; ¨*e*) acesso *m*; entrada *f*; ≗**gänglich** ['-gɛŋliç] acessível.

'**Zug·brücke** *f* ponte *f* levadiça.

Züge ['tsy:gə] (= *pl. v.* Zug) (*Gesichtszüge*) feições *f/pl.*; (*Gewehrzüge*) estrias *f/pl.*, raias *f/pl.*; (*Schriftzüge*) letra *f/sg.*; *in den letzten* ~*n liegen* agonizar, estar na agonia.

'**zu|geben** (*L*) dar a mais; *Konzert*: tocar extraprograma; *fig.* admitir; reconhecer; (*bekennen*) confessar; (*erlauben*) permitir, deixar; ~'**gegen** presente; ~ *sn bei a.* assistir a, presenciar (*ac.*); ~**gehen** (*sn*) (*geschehen*) acontecer; ser possível; *nicht mit rechten Dingen* ~ parecer impossível; (*schließen*) fechar; (*schon vorangehen*) ir andando; (*schneller gehen*) ir mais depressa, acelerar o passo; (*weitergehen*) seguir (já para a frente); ~ *auf* aproximar-se de; *dem Ende* ~ aproximar-se do fim; *j-m* ~ ser enviado a alg., chegar às mãos de alg.; ~ *lassen* enviar, mandar; ≗**geh-frau** ['-ge:-] *f* mulher *f* a dias.

'**zu-gehör|en** (-) pertencer; ~**ig** correspondente; afim; *Teil*: acessório; ⚠ anexo; *j-m*: pertencente; ≗**igkeit** *f* pertença *f*; *Pol.* filiação *f* (*a. Rel.*), *zu e-m Staat*: nacionalidade *f* + *adj.*

'**Zügel** ['tsy:gəl] *m* freio *m*, *a. fig.* rédea(s *pl.*) *f* (*anziehen* apertar; *halten* ter; *lockern, schießen lassen* soltar, abandonar); (*dat.*) *die* ~ *anlegen* pôr freio a, (*) enfre(n)ar (*ac.*); *mit verhängtem* ~ a matacavalo, à rédea solta; ≗**los** desenfreado; abandonado; ~**losigkeit** [-lo:ziç-] *f* (*0*) desenfreamento *m*, *fig. a.* libertinagem *f*, devassidão *f*; ≗**n** (-*le*) refrear, (*) enfre(n)ar; *fig. a.* reprimir.

'**zu|gesellen** (-) (a)juntar; *j-m*: associar, *sich* ~ *a.* acompanhar (*ac.*); ≗**geständnis** *n* (-*ses*; -*se*) concessão *f*; ~**gestehen** (*L*; -) conceder; (*eingestehen*) confessar; ~**getan** [-gəta:n] (*dat.*) dedicado a, afeiçoado a.

'**Zug|feder** *f* (-; -*n*) espiral *f*; ~**führer** *m* 🚂 condutor *m* de (*od.* do) comboio; ⚔ comandante *m* de (*od.* do) pelotão.

'**zu-gießen** (*L*) (*schließen*) chumbar; (*hinzufügen*) deitar mais.

'**zugig** ['tsu:giç] exposto à corrente de ar; es *ist* ~ há corrente de ar.

'**Zug|kraft** *f* (-; ¨*e*) (força [*ô] *f* de) tra[c]ção *f*; *fig.* atra[c]ção *f*; ≗**kräftig** ✝ de boa venda; *Thea.* de êxito; ~ *sn* atrair o público.

zu'**gleich** ao mesmo tempo (*mit mir* que eu); simultâneamente.

'**Zug|leine** *f* tirante *m*; ⚓ cabo *m* de reboque; ~**loch** *n* (-*es*; ¨*er*) respiradouro *m*; ~**luft** *f* (*0*) corrente *f* de ar; ar *m* coado; ~**maschine** *f* tra[c]tor *m*; ~**mittel** *n* reclamo *m*; ~**netz** *n* (-*es*; -*e*) rede (*'ê) *f* de arrastar; ~**ochse** *m* (-*n*) boi *m* de lavoura; ~**pferd** *n* (-*es*; -*e*) cavalo *m* de tiro; ~**pflaster** *n* emplastro *m* vesicatório.

'**zu-greifen** (*L*) deitar a mão (a); *bei Tisch*: servir-se; *fig.* aproveitar a oportunidade.

zu'**grunde** [-'grundə]: ~ *gehen* perecer; arruinar-se; ⚓ ir a pique;

~ *legen* tomar por base, partir de; ~ *liegen* (*dat.*) servir de base a, ser o motivo de, estar na base de, estar na origem de; ~ *richten* arruinar.

'**Zug|schnur** *f* tirante *m*; **~seil** *n* (*-ęs*; *-e*) = *~leine*; **~tier** *n* (*-ęs*; *-e*) animal *m* de tiro; **~-unglück** *n* (*-ęs*; *-e*) desastre *m* ferroviário.

zu|'gunsten [-'gunstən] a favor de; em defesa de; **~'gute** [-'gu:tə]: ~ *halten* não levar a mal; ter em conta; *entschuldigen*) desculpar; (*dat.*) ~ *kommen* ser favorável a, trazer proveito para; beneficiar (*ac.*); reverter em favor de; *sich* (*dat.*) et. *~tun auf* (*ac.*) ufanar-se de; **~guter'letzt** [-gu:tər'lɛtst] pelo sim, pelo não.

'**Zug|verbindung** *f* ligação *f*; **~verkehr** *m* (*-s*; *0*) circulação *f* de comboios; **~vieh** *n* (*-ęs*; *0*) animais *m*/*pl.* de tiro; **~vogel** *m* (*-s*; ⸚) ave *f* de arribação; **~wind** *m* (*-ęs*; *-e*) corrente *f* de ar.

'**zu|-haben** (*L*) *v*/*t.* (*v*/*i.*) ter (estar) fechado; **~-haken** acolchetar; fechar com gancho; **~-halten** (*L*) **1.** *v*/*t.* guardar fechado; cobrir com as mãos; (*sich dat.*) ~ tapar (*ac.*); **2.** *v*/*i.* ~ *auf* (*ac.*) dirigir-se para; **2-hälter** ['-hɛltər] *m* rufião *m*; *cáften *m*; **~-'handen** [-'handən] ao(s) cuidado(s) de (*Abk.* a/c); **~-hängen** encobrir, velar; **~-hauen** **1.** *v*/*t.* talhar; *Holz*: desbastar; **2.** *v*/*i.* ~ *auf* (*ac.*) espancar (*ac.*); **~-heilen** (*sn*) sarar, cicatrizar; **2-'hilfe-nahme** [-na:mə]: *unter* ~ (*gen.*) com (o) auxílio de, servindo-se de, valendo-se de.

'**zu-hör|en** escutar; F ouvir; **2er(in** *f*) *m* ouvinte *m*; **2er-schaft** *f* auditório *m*.

zu-'innerst no fundo; ìntimamente.

'**zu|jauchzen** (*-t*), **~jubeln** (*-le*) (*dat.*) aclamar, vitorear, ovacionar (*ac.*); **~kaufen** comprar também, comprar ainda, comprar mais; *Spielkarte*: tirar; **~kehren** virar para; apresentar; *j-m den Rücken* ~ virar as costas a alg.; **~klappen** fechar; **~kleben** colar; **~klinken** ['-kliŋkən] *v*/*t.* fechar; **~knallen** F bater; **~knöpfen** abotoar; *zugeknöpft adj. fig.* reservado; **~kommen** (*L*; *sn*): ~ *auf* (*ac.*) vir para, vir ao encontro de; *j-m* ~ competir a alg., caber a alg., pertencer a alg.; *j-m* et. ~ *lassen* proporcionar a.c. a alg.; fazer chegar a.c. às mãos de alg., deixar a.c. (par)a alg.; (*schikken*) mandar a.c. a alg.; **~korken** (ar)rolhar; **2kost** *f* (*0*) conduto *m*, acompanhamento *m*; *ohne* ~ a seco (*ê), sem nada; **2kunft** ['-kunft] *f* (*0*) futuro *m* (*a. gr.*), porvir *m*; *in* ~ de futuro, daqui em diante; **~künftig** futuro, vindouro; **2kunfts...**: *in Zssg*(*n*) do futuro; vindouro; **~-lächeln** (*-le*) (*dat.*) sorrir(-se par)a; **2lage** *f* aumento *m*; suplemento *m*; **~'lande** [-'landə]: *bei uns* ~ no nosso país, na nossa terra; **~langen** tomar; *bei Tisch*: servir-se; **~länglich** suficiente.

'**zu-lass|en** (*L*) admitir; (*erlauben*) permitir; *Tür*: deixar fechado; **2ung** *f* admissão *f*; autorização *f*; **2ungs-bescheinigung** *f* carteira *f* profissional; **2ungs-prüfung** *f* exame *m* de admissão (*od.* aptidão).

'**zu-lässig** admissível; (*erlaubt*) permitido, lícito; **2keit** *f* (*0*) legitimidade *f*.

'**Zu-lauf** *m* (*-ęs*; *0*) afluência *f*, concorrência *f*; frequência *f*; *großen* ~ *haben a.* ser muito concorrido, *Thea.* ser muito frequentado, *j.*: ter grande clientela *f*; **2en** (*L*; *sn*): *j-m* ~ vir para alg.; ~ *auf* (*ac.*) correr para; *spitz* ~ terminar em ponta.

'**zu-legen** cobrir; (*draufgeben*) acrescentar; *Gehalt*: dar mais; *sich* (*dat.*) *et.* ~ adquirir, F arranjar.

zu'leide [-'laɪdə]: *j-m et.* ~ *tun* fazer mal a alg., ofender alg., melindrar alg. (*nichts* não).

'**zu-leit|en** (*-e-*) dirigir; (*verteilen*) distribuir (entre); ⊕ levar, *Wasser*: *a.* aduzir; **2ung** ⊕ *f* conduta *f*; canalização *f*; **2ungs...**: *in Zssg*(*n*) ⊕ de condução; de entrada.

'**zu|lernen** aprender coisas novas; **~'letzt** em último lugar; por fim; ~ *kommen* ser o último (a chegar); **~'liebe**: (*dat.*) ~ por amor de; **~löten** (*-e-*) soldar; **~m** [tsum] = *zu dem, s. zu*; **~machen** **1.** *v*/*t.* fechar; *Rock*: abotoar; **2.** *v*/*i.* fechar; F (*sich beeilen*) fazer depressa, aviar-se; **~'mal** sobretudo; ~ (*da*) tanto mais (quanto é certo) que; **~mauern** (*-re*) tapar; **~'meist** na maior parte; em geral, geralmente; **~messen** (*L*) medir; *j-m sn Teil* ~ dar a ração a alg.; **~'mute** [-'mu:tə]: *mir ist nicht wohl* ~ não me sinto bem (*bei* com); **~muten** (*-e-*) exigir (*j-m* de alg.); *sich* (*dat.*) *zuviel* ~ abarbar-se, exagerar; **2mutung** ['-mu:tuŋ] *f* exigência *f*; *starke* ~ impertinência *f*; **~'nächst** **1.** *adv.* (em) primeiro (lugar); (*vorläufig*) por agora; **2.** *prp.* (*dat.*) muito perto de; **~nageln** (*-le*) pregar; **~nähen** coser; consertar; **2nahme** ['-na:mə] *f* aumento *m*, incremento *m*; *Mond*: crescer *m*; **2name** *m* (*-ns*; *-n*) apelido *m*.

'zünden ['tsyndən] (*-e-*) acender; pegar (*a. fig.*); *Motor*: fazer explosão; *fig.* ele[c]trizar, arrebatar; **~d** *adj.* vibrante.

'Zunder ['tsundər] *m* isca *f*.

'Zünder ['tsyndər] *m* ⚔ espoleta *f*.

'Zünd|holz ['tsynt-] *n* (*-es*; *=er*), **~-hölzchen** ['-hœltsçən] *n* fósforo *m*; **~holz-schachtel** *f* (*-*; *-n*) caixa *f* de fósforos; **~hütchen** ['-hy:tçən] *n*, **~kapsel** *f* (*-*; *-n*) fulminante *m*; **~kerze** *f* vela *f*; **~schnur** *f* (*-*; *=e*) mecha *f*; **~stoff** *m* (*-es*; *-e*) matéria *f* inflamável; **~ung** ['-duŋ] *f* inflamação *f*; *Motor*: ignição *f*.

'zu-nehmen (*L*) aumentar (*an dat.* de, em); crescer (*a. Tage, Wasser*), *Mond*: estar no crescente; *Fieber*: subir; *an Wissen*: fazer progressos; **~d** *adj.* crescente, progressivo.

'zu-neig|en: (*sich*) *dat.* ~ inclinar-se para; simpatizar com; *sich dem Ende* ~ ir-se acabando; **2ung** *f* inclinação *f* (para), simpatia *f* (para com).

Zunft [tsunft] *f* (*-*; *=e*) corporação *f*.

'zünftig ['tsynftiç] em conformidade com os estatutos da corporação; F em forma.

'Zunft-wesen *n* (*-s*; *0*) corporativismo *m*.

'Zunge ['tsuŋə] *f* língua *f* (*Wort auf der* debaixo da); *Fisch*: linguado *m*; ⊕ lingueta *f*, ♪ *a.* palheta *f*; *Waage*: fiel *m*; *Weiche*: agulheta *f*; *Schnalle*: bico *m*; *fig.* (*Geschmack*) paladar *m*.

'züngeln ['tsyŋəln] (*-le*) *Feuer*: levantar-se em labaredas; *Schlange*: sibilar.

'Zungen|band *n* (*-es*; *=er*) freio *m* da língua; **~blüte** ⚘ *f* flor *f* linguada; **2fertig** linguareiro; verboso; **~fertigkeit** *f* (*0*) verbosidade *f*; F lábia *f*; **~spitze** *f* ponta *f* da língua.

'Zünglein ['tsyŋlaın] *n* fiel *m*, lingueta *f*; *fig. das* ~ *an der Waage sn* decidir.

zu|'nichte [-'niçtə]: ~ *machen* (*werden*) aniquilar(-se); *Hoffnung*: frustrar(-se); *Plan*: malograr(-se); **'~-nicken**: *j-m* ~ fazer sinal da cabeça a alg., saudar alg. inclinando a cabeça; **~'nutze** [-'nutsə]: *sich* (*dat.*) ~ *machen* aproveitar-se de; utilizar (*ac.*); **~-'oberst** por cima, em cima; *das Unterste* ~ *kehren* transtornar tudo; **'~-ordnen** (*-e-*) ajuntar, agregar; coordenar; **'~packen** deitar a mão; **~'paß** [-'pas]: ~ *kommen* vir a propósito, convir, fazer jeito.

'zupf|en ['tsupfən] puxar (*an dat.* por); *Leinen*: des(en)fiar; *Wolle*: carmear; **2geige** *f* guitarra *f*.

'zu-pfropfen (ar)rolhar; tapar.

zur [tsu:r] = *zu der*, *s. zu.*

'zu-rate|n[1] (*L*) recomendar, aconselhar; **2n**[2] *n* conselho *m*; **2ziehung** *f* consultação *f*; *unter* ~ (*gen.*) consultando (*ac.*).

'zu-rechn|en (*-e-*) acrescentar, juntar (na conta); **~ungs-fähig** responsável, imputável; **2ungs-fähigkeit** *f* (*0*) responsabilidade *f* pessoal, imputabilidade *f*.

zu'recht em ordem; devidamente; **~biegen** (*L*) endireitar, destorcer; **~finden** (*L*): (*sich*) ~ poder orientar-se; encontrar saída; *sich nicht* ~ *fig.* não entender nada; **~kommen** (*L*; *sn*) chegar a tempo; *mit j-m* ~ entender-se com alg.; *mit et.* ~ *a.* conseguir arranjar a.c.; **~legen** preparar, dispor, pôr em ordem; *sich* (*dat.*) *et.* ~ *fig.* explicar-se a.c.; **~-machen** arranjar, preparar; *sich* ~ *Thea.* cara[c]terizar-se; **~rücken**, **~setzen** (*-t*) pôr em ordem; regular; *j-m den Kopf* ~ compor alg.; **~stellen** = *~legen*; **~weisen** (*-t*) *v/t.* ensinar o caminho a; *fig.* pôr alg. no seu lugar, pôr alg. a direito; **2weisung** *f* repreensão *f*, reprimenda *f* (*bekommen* ter).

'zu|reden[1] (*-e-*) *v/i.*: *j-m* (*gut*) ~ procurar persuadir alg., animar alg.; **2reden**[2] *n* instâncias *f/pl.*, conselho(s *pl.*) *m*; **~reichen** bastar, chegar; *j-m et.* ~ passar a.c. a alg.; *~d adj.* suficiente; **~reiten** (*L*) **1.** *v/t.* adestrar; **2.** *v/i.* (*sn*): *auf* (*ac.*) ~ cavalgar para; *schnell* ~ não poupar o cavalo; **2reiter** *m* picador *m*; **~-**

richten (-*e*-) preparar; arranjar; *Typ.* ajustar; *übel* ~ maltratar, *et.*: *a.* estragar; **2richtung** *f* preparação *f*; arranjo *m*; **~riegeln** (-*le*) aferrolhar.

'**zürnen** ['tsyrnən] estar zangado (*j-m* com alg.).

zu'rück [tsu:'ryk] atrás, para trás; (*~geblieben*) atrasado; (*~gekehrt*) de regresso; ~ *sn a.* estar de volta; *Wechselgeld*: de troco (*'ô); *hin und* ~ ida e volta; **~begeben** (*L*; -): *sich* ~ regressar, voltar; **~behalten** (*L*; -) guardar, reter; ficar com; **~bekommen** (*L*; -) tornar a receber; recuperar; *Wechselgeld*: receber de troco (*'ô); *ich habe et.* ~ devolveram-me a.c.; **~berufen** (*L*; -) chamar; **2berufung** *f* chamada *f*; **~beugen** inclinar para trás; **~bezahlen** reembolsar, devolver, pagar; **~bleiben** (*L*; *sn*) ficar (atrás *od.* retido); *hinter den Erwartungen* ~ não corresponder a; *~geblieben fig.* atrasado; **~blicken** olhar atrás; ~ *auf* (*ac.*) lançar um olhar retrospe[c]tivo (par)a; *fig.* ~ *können auf* (*ac.*) ter; **~bringen** (*L*) *j-n*: acompanhar (para casa); reconduzir; (*holen*) ir buscar; *et.*: trazer; levar; repor no seu lugar; (*geben*) devolver; *fig.* atrasar, *j-n*: *a.* fazer perder tempo a; ⚕ enfraquecer; *zum Gehorsam*: reduzir à; **~datieren** (-) antedatar; **~denken** (*L*): ~ *an* (*ac.*) recordar-(-se de); **~drahten** (-*e*-) telegrafar em resposta, responder por telegrama; **~drängen** repelir; fazer recuar; *fig.* reprimir; **~drehen** virar para trás; **~dürfen** (*L*) ter licença para voltar; **~-eilen** regressar depressa; correr para trás; **~-erbitten** (*L*) *v/t.* reclamar; pedir a devolução de, pedir a restituição de; **~-erhalten** (*L*; -) = *~bekommen*; **~-erinnern** (-*re*): *sich* ~ = *~denken*; **~-erobern** (-*re*; -) reconquistar; **~-erstatten** (-*e*-; -) = *~geben*; **~-erwarten** (-*e*-; -) *v/t.* esperar o regresso de; **~fahren 1.** *v/t.* reconduzir (no carro), levar para casa (no carro); **2.** *v/i.* (*sn*) voltar (de carro); *fig.* recuar assustado; **~fallen** (*L*; *sn*) cair para trás; *fig.* ~ *an, in* (*ac.*) recair em; ~ *auf* (*ac.*) recair sobre; **~finden** (*L*): (*sich*) ~ encontrar o caminho para trás (*od.* para voltar); **~fliegen** (*L*; *sn*): ~ *nach* regressar a, voar novamente para; ~ *gegen*, ~ *auf* (*ac.*) voltar-se contra; **~fließen** (*L*; *sn*) refluir; **~fordern** (-*re*) reclamar, reivindicar; **~führen** reconduzir; ~ *auf* (*ac.*) reduzir a; *auf ein Versehen* ~ atribuir a; **2gabe** *f* restituição *f*; devolução *f*; **~geben** devolver; restituir, *Geld*: reembolsar; **~gehen** (*L*; *sn*) voltar atrás; recuar, retroceder, ⚔ *a.* retirar-se; *Fieber, Preise*: descer; *fig.* ~ *auf* (*ac.*) remontar a; partir de; ~ *lassen* devolver; **~gewinnen** (*L*) recuperar, reconquistar; **~gezogen** [-gətso:gən] retirado, recolhido; **2gezogen-heit** *f* (*0*) retiro *m*, recolhimento *m*; **~gleiten** (*L*; *sn*) retroceder; **~greifen** (*L*): ~ *auf* (*ac.*) recorrer a; remontar a, partir de; **~haben** (*L*): ~ *wollen* reclamar, pedir a devolução de; **~-halten** (*L*) deter; reter; conter; *fig.* impedir; *sich* ~ conter-se, observar certa reserva; *mit et.* ~ abster-se de a.c.; *~d adj.* reservado, discreto; **2-haltung** *f* reserva *f*, discreção *f*; **~-holen** ir buscar; **~kehren** (*sn*) regressar, voltar; **~klappbar** descapotável; **~klappen** abrir, desdobrar; (*hoch~*) levantar; **~kommen** (*L*; *sn*) voltar; *fig.* ficar atrás; ~ *auf* (*ac.*) voltar a falar de; ~ *von* desistir de; **~können** (*L*) poder voltar (atrás); **2kunft** [-kunft] *f* regresso *m*; **~lassen** (*L*) deixar (atrás *od.* ficar); **2lassung** [-lasuŋ] *f*: *unter* ~ (*gen.*) abandonando (*ac.*), deixando (ficar) (*ac.*); **~laufen** (*L*; *sn*) correr para trás; retroceder; = *~fließen*; **~legen** pôr de parte, pôr de lado; *Weg*: vencer, percorrer; *an s-n Platz* ~ repor no seu lugar, tornar a pôr no seu lugar; **~lehnen** encostar; **~melden** (-*e*-) responder; *sich* ~ participar o seu regresso; *sich bei j-m* ~ apresentar-se a alg.; **~müssen** (*L*) ter de voltar; ter de recuar; **2nahme** [-na:mə] *f* retirada *f*; *fig. a. Äußerung*: retra[c]tação *f*; † anulação *f*; ⚔ recuo *m*; **~nehmen** (*L*) *v/t.* retirar; ⚔ recuar; *Ware*: aceitar (quando devolvido), admitir a devolução; *fig.* revogar; *s-e Aussage* ~ retra[c]tar-se; *sn Wort* ~ desdizer-se; **~prallen** (*sn*) ressaltar; *j.*: recuar espantado; **~rechnen** (-*e*-) fazer remontar o seu cálculo; **~reichen**: ~ *bis* remontar a, ter a sua origem em; **~reisen** (*-t*; *sn*) voltar, regressar; **~reiten** (*L*; *sn*) voltar (a cavalo); **~rollen** *v/t.* (*v/i.* [*sn*]) rolar para trás; **~rufen** (*L*) chamar; *ins Gedächtnis ~* fazer recordar, fazer lembrar, evocar; *ins Leben ~* reanimar, ressuscitar; **~schalten** (*-e-*) *Auto*: *e-n Gang ~* passar para a velocidade inferior; **~schauen** = *~blicken*; **~scheuchen** afugentar; **~schicken** devolver; reenviar; *j-n*: mandar voltar; **~schieben** (*L*) empurrar para trás; (*weg~*) retirar; **~schlagen** (*L*) repelir (*a.* ⚔); *Ball*: devolver; *Decke*: tirar (*a. Schleier*), dobrar (para trás); *Verdeck*: abrir; **~schnellen** *v/i.* (*sn*) ressaltar; **~schrauben** *fig.* reduzir; **~schrekken 1.** *v/t.* intimidar; fazer recuar; **2.** *v/i.* (*sn*): *~* (*vor dat.*) assustar-se (com); horrorizar-se (com), recuar (diante); **~schreiben** (*L*) responder; **~sehen** (*L*) = *~blicken*; **~sehnen**: *sich ~ nach* ter saudades de; **~senden** (*L*) = *~schicken*; **~setzen** (*-t*) pôr atrás, *a. fig.* pôr de parte; *j-n ~ fig.* tratar alg. injustamente, *im Rang*: preterir alg.; *~gesetzte Ware* artigo *m* de preço reduzido, artigo *m* de refugo; **2setzung** [-zɛtsuŋ] *f* injustiça *f*; preterição *f*, postergação *f*; **~sinken** (*L*; *sn*) cair para trás; *~ in* (*ac.*) *fig.* recair em; **~springen** (*L*; *sn*) dar um salto para trás; *Ball usw.*: ressaltar; **~stehen** (*L*; *sn*) estar atrás; *fig. ~ hinter* (*dat.*) ser inferior a; *~ müssen* ter de renunciar, ter de desistir; **~stellen** *s. ~setzen*; *Uhr*: atrasar; *fig. zeitl.* deixar para mais tarde; pospor; **~stoßen** (*L*) repelir; **~strahlen** *v/t.* (*v/i.*) refle[c]tir(-se); **~streichen** (*L*) afastar; alisar; **~streifen** arregaçar; **~strömen** (*sn*) refluir; **~taumeln** (*-le*) recuar estonteado; **~telegrafieren** (*-*) = *~drahten*; **~tragen** (*L*) levar, voltar a trazer; repor no seu lugar; **~treiben** (*L*) repelir; *Vieh*: recolher; **~treten** (*L*; *sn*) dar um passo para trás; recuar; retroceder; *fig.* desistir; *Amt*: demitir-se; abdicar; *~ hinter* (*dat.*) ficar atrás de; **~verfolgen** (*-*): *et. ~ bis* regressar na história de a.c. até; **~verlangen** (*-*) **1.** *v/t.* reclamar, pedir a devolução de, pedir a restituição de; **2.** *v/i.*: *~ nach* ter saudades de; **~versetzen** (*-t*) *Schüler*: obrigar a repetir o ano; *fig. sich ~ in* (*ac.*) transportar-se para; **~wandern** (*-re*; *sn*) regressar; repatriar-se; **~weichen** (*L*) recuar; retirar-se; *fig.* ceder; **~weisen** (*L*) repelir; (*ablehnen*) recusar; rejeitar, não aceitar; *~ auf* (*ac.*) referir-se a, indicar, *j-n*: remeter a; **2weisung** *f* repulsão *f*; (*Ablehnung*) recusa *f*; rejeição *f*; **~werfen** (*L*) repelir (*a.* ⚔); *Ball*: devolver; *Licht*: refle[c]tir; **~wirken** reagir; exercer rea[c]ção; **~wollen** querer voltar; **~zahlen** reembolsar, devolver, pagar; **2zahlung** *f* reembolso (*'ô) *m*, devolução *f*, pagamento *m*; **~ziehen** (*L*) retirar; recolher.

'**Zu-ruf** *m* (*-es*; *-e*) grito *m*, voz *f*; *durch ~* por aclamação *f*; **2en** (*L*) gritar; (*dat.*) *Beifall ~* aclamar (*ac.*).

'**zu-rüst|en** (*-e-*) preparar, arranjar; **2ung** *f* preparativo *m* (*treffen* fazer).

'**Zu-sag|e** *f* resposta *f* afirmativa; (*Versprechen*) promessa *f*, palavra *f*; **2en 1.** *v/t.* prometer; *j-m auf den Kopf ~* dizer na cara de alg.; **2.** *v/i.* aceitar; (*gefallen*) agradar.

zu'sammen [tsu:'zamən] junto (*sn* estar); juntamente; em conjunto; (*im ganzen*) ao todo, em soma, em globo; *bsd.* ⚖ *u.* ⚕ no total; *mit j-m ~ a.* em colaboração com alg.; **2-arbeit** *f* colaboração *f*, cooperação *f*; **~-arbeiten** (*-e-*) colaborar, cooperar (*an dat.* em); **~ballen**: (*sich*) *~* conglobar(-se), *a. fig.* aglomerar(-se); *Gewitter, Wolken*: acumular-se, acastelar-se; **2bau** ⊕ *m* (*-es*; *-e*) montagem *f*; **~bauen** ⊕ montar; **~beißen** (*L*) *Zähne*: cerrar; **~bekommen** (*L*; *-*) conseguir juntar; *fig.* recordar; **~binden** (*L*) atar, ligar; **~bleiben** (*L*; *sn*) ficar reunido, ficar junto; **~brauen** misturar; *fig.* tramar; *sich ~ Wolken*: acastelar-se, acumular-se; **~brechen** (*L*; *sn*) sucumbir; ir(-se) abaixo, vir abaixo; *Firma*: *a.* quebrar; *Haus*: *a.* abater-se; *Unternehmen*: *a.* fracassar; **~bringen** (*L*) amontoar; (conseguir) juntar; *fig. wieder ~* conseguir reconciliar; **2bruch** *m* (*-es*; *⸚e*) desmoronamento *m*, ruína *f*; *fig.* colapso *m* (*a.* ⚕), fracasso *m*, malogro *m*; ⚖ bancarrota *f*; *Pol. u.* ⚔ derrota *f*; **~drängen** apertar; = *~ballen*; concentrar; *fig.* resumir; **~drücken** comprimir; *flach*: achatar; **~fahren** (*L*; *sn*) 🚗 *usw.* chocar, embater; *fig. j.*: estremecer; **~fallen** (*L*; *sn*) cair, *et.*: *a.* abater(-se), desmoronar-se, *j.*: *a.* sucumbir; *zeitl.* coincidir (*a.* ⅍); **~faltbar** [-faltba:r] dobradiço, de dobrar; *Möbel*: articulado; **~falten** (*-e-*) dobrar; **~fassen** (*-ßt*) (*vereinigen*) reunir; concentrar, centralizar; coordenar; (kurz) ~ resumir; ~*d adj.* resumido; *adv.* em resumo; ~de Darstellung = **2fassung** *f* resumo *m*; *Kräfte*: concentração *f*; coordenação *f*; **~fegen** varrer, juntar (o lixo); **~finden** (*L*) encontrar-se; sich ~ *a.* reunir-se, juntar-se; **~fließen** (*L*) confluir; *a. fig.* confundir-se; **2fluß** *m* (*-sses*; *=sse*) confluência *f*; **~fügen** juntar, *Holz*: *a.* ensamblar; *a. fig.* reunir; **~führen** reunir; **~geben** (*L*) casar; **~gehen** (*L*) ir junto, andar junto; *fig.* ir conforme, andar conforme; **~gehören** (-) pertencer ao mesmo grupo *usw.*; (*zuea.gehören*) estar relacionado; *Personen*: *a.* ser companheiros; *Dinge*: fazer jogo; **~gehörig** correspondente; par; do mesmo grupo; **2gehörigkeit(s-gefühl** *n* [*-es*; *0*]) *f* (*0*) solidariedade *f*; **~gewachsen** [-gəvaksən] *Augenbrauen*: unido; *Knochen*: soldado; **~gießen** (*L*) misturar; **2-halt** *m* (*-es*; *0*) consistência *f*; coesão *f*; *fig.* união *f*, solidariedade *f*; **~-halten** (*L*) **1.** *v/t.* guardar junto(s); conservar intacto; (*vergleichen*) confrontar; *Geld*: poupar; **2.** *v/i.* ter consistência; segurar; *Gruppe*: estar unido, estar solidário; **2-hang** *m* (*-es*; *=e*) (co)nexo *m*, conexão *f*; coesão *f*; *a. Phys.* coerência *f*; (*Beziehung*) relação *f*; (*Verknüpfung*) concatenação *f*; *fortlaufender*: continuidade *f*; *höherer*: ordem *f*; *Text*: contexto *m*; in ~ bringen concatenar; im ~ stehen = **~-hängen**: ~ mit estar ligado a, relacionar-se com, prender-se com; *Zimmer*: comunicar; ~*d adj.* coerente; contínuo; **~-hanglos** incoerente, desconexo; **~-hauen** despedaçar, destruir; j-n ~ dar cabo de alg., dar tareia a alg.; **~-häufen** amontoar; **~-heften** (*-e-*) alinhavar; *Buch*: brochar; **~-holen** ir buscar por toda a parte, juntar; recolher; **~kauern** (*-re*): sich ~ acocorar-se, pôr-se de cócoras; **~kaufen** comprar por toda a parte; **2klang** *m* (*-es*; *=e*) consonância *f*; ♪ acordo (*ˈô) *m*; *a. fig.* harmonia *f*; **~klappbar** [-klapba:r] = ~faltbar; **~klappen** **1.** *v/t.* dobrar; *Buch*, *Messer*: fechar; **2.** *v/i.* (*sn*) cair; ⚕ ter um colapso; **~kleben** pegar; *v/i. a.* estar pegado; **~kneifen** (*L*) apertar; *Augen*: piscar; **~knüpfen** atar, ligar; **~kommen** (*L*; *sn*) reunir-se (zu *a.* em), mit j-m ~ *a.* encontrar-se com alg.; *Umstände*: concorrer, coincidir; **~krampfen** [-krampfən]: sich ~ confranger-se, constranger-se; **~kratzen** (*-t*) juntar; *fig. Geld*: arrebanhar; **2kunft** [-kunft] *f* (-; *=e*) encontro *m*; *a.* (*Besprechung*) reunião *f*; **~lassen** (*L*) deixar junto, deixar juntar-se; **~laufen** (*L*; *sn*) concorrer, acorrer em massa; *lärmend*: amotinar-se; (~*fließen*) confluir, *Farben*: confundir-se; *Linien*: convergir; *Milch*: coagular; *Stoff*: encolher; **~leben**[1] conviver, coabitar; **2leben**[2] *n* convívio *m*; vida *f* em comum; eheliches ~ vida *f* conjugal; **~legbar** [-le:kba:r] = ~faltbar; **~legen** juntar; ✝ reunir; *Aktien*: consolidar; Geld ~ cotizar-se; (*falten*) dobrar; **~leimen** colar; **~lesen** (*L*) respigar; *aus Büchern*: coligir; **~liegen** (*L*) estar junto; *Räume*: confinar; **~löten** (*-e-*) soldar; **~nageln** (*-le*) encravar; **~nähen**: (wieder) ~ (re-)coser; **~nehmen** (*L*) tomar em conjunto; (*vereinigen*) juntar, reunir; *Gedanken*: *a.* recolher, concentrar (*a. Kräfte*); sich ~ conter-se; fazer um esforço; alles ~genommen em soma; **~packen** embrulhar, empacotar; **~passen** (*-ßt*) **1.** *v/t.* ajustar, adaptar; **2.** *v/i.* condizer; fazer jogo; ⊕ ajustar; *j.*: dar-se; *Farbe*: casar-se; *Töne*: harmonizar; **~pferchen** encerrar; **2prall** *m* (*-es*; *-e*) choque *m*, embate *m*; **~prallen** (*sn*) chocar, embater, esbarrar; **~pressen** (*-ßt*) comprimir; **~raffen** apanhar (a toda a pressa); *Reichtum*: acumular; sich ~ aprumar-se; fazer um (grande) esforço (*ˈô); **~rechnen** (*-e-*) somar; fazer a adição; **~reimen**: sich ~ explicar-se; *mit*: concordar; **~reißen** (*L*) = ~raffen; **~rollen** enrolar; **~rotten** [-rɔtən] (*-e-*): sich ~ reunir-se;

abandoar-se; *Menge*: amotinar-se; **2rottung** [-rɔtuŋ] *f* motim *m*; **~rücken** *v/t.* (*v/i.*) juntar(-se), chegar(-se) (näher mais); **~rufen** (*L*) convocar; chamar; **~scharen**: sich ~ reunir-se; **~scharren** juntar; *fig. Geld*: arrebanhar; **~schichten** (*-e-*) empilhar; **~schieben** (*L*) juntar; **~schießen** (*L*) **1.** *v/t.* ⚔ aniquilar, *et.*: *a.* destruir; *Geld*: cotizar-se; **2.** *v/i.* (*sn*) juntar-se; **~schlagen** (*L*) **1.** *v/t.* (*vereinigen*) juntar; *Gerüst usw.*: armar; (*vernichten*) dar cabo de; *Hände*: bater; die Hände (über dem Kopf) ~ *fig.* ficar pasmado; **2.** *v/i.* (*sn*) fechar-se; über *j-m*: sepultar (*ac.*); **~schließen** (*L*) juntar, encadear; sich ~ unir-se; **2schluß** *m* (*-sses*; *-sse*) união *f*; ✝ *u. Pol. a.* fusão *f*; **~schmelzen** (*L*) *v/t.* (*v/i.* [*sn*]) derreter(-se); *Metalle*: amalgamar(-se); *v/i. fig.* ir-se diminuindo; **~schmieren** misturar; *fig.* compilar à pressa e sem critério; **~schnüren** atar; *fig. Herz*: confranger; **~schrauben** juntar por parafusos, aparafusar; **~schrecken** (*sn*) estremecer; **~schreiben** (*L*) escrever numa palavra; *Text*: compilar; **~schrumpfen** (*sn*) enrugar(-se), encolher; ⚕ atrofiar; *fig.* diminuir; **~schütten** (*-e-*) misturar; **~schweißen** (*-t*) soldar; **~setzen** (*-t*): (sich) ~ (aus) compor(-se de); ⊕ montar, armar; sich ~ *j.*: sentar-se juntos, reunir-se; sich mit *j-m* ~ sentar-se junto de alg.; reunir-se com alg.; **2setzung** [-zɛtsuŋ] *f* composição *f*; ⊕ montagem *f*; **~sinken** (*L*; *sn*) sucumbir; **~sitzen** (*L*): mit *j-m* ~ estar (sentado) junto de alg.; estar (reunido) com alg.; **~sparen** ir economizando; **2spiel** *n* (*-es*; *-e*) conjunto *m*; *fig. Farben*: combinação *f*; *Kräfte*: concurso *m*; **~spielen** ♪ tocar ao mesmo tempo, concertar; *Sport*: gut ~ formar um bom conjunto; *Thea.*: contracenar; *fig.* corresponder-se, combinar-se, entrar em combinação; **~stecken** **1.** *v/t.* segurar com alfinetes; die Köpfe ~ mexericar; **2.** *v/i.* estar junto; F immer ~ *j.*: estar sempre pegado; **~stehen** (*L*) estar junto, formar grupo(s); *fig.* fazer causa comum, ajudar-se mùtuamente; **~stellen** reunir; combinar; conjugar; ⊕ montar, armar; *schriftlich*: compilar; *Liste*: organizar; *Ergebnisse*: classificar; (*vergleichen*) comparar; **2stellung** *f* combinação *f*; composição *f*; lista *f*; compilação *f*; (*Tabelle*) quadro *m* sinóptico; **~stimmen** concordar; conjugar-se; = ~passen 2; **~stoppeln** [-ʃtɔpəln] F (*-le*) compilar (sem método); **2stoß** *m* (*-es*; *-e*) choque *m*, embate *m*; *Kräfte*: *a.* colisão *f*; ⚔ encontro *m*; *fig.* conflito *m*; **~stoßen** (*L*) *v/i.* (*sn*) (*v/t.* [*h.*] fazer) chocar, (fazer) embater, (fazer) colidir; ⚓ abalroar; (*sich berühren*) tocar-se, encontrar-se; confinar; **~streichen** (*L*) cortar parte de, reduzir; **~strömen** (*sn*) confluir; *j.*: afluir, acorrer em massa; **2sturz** *m* (*-es*; *-e*) desmoronamento *m*; derrocada *f*; ruína *f*; **~stürzen** (*-t*; *sn*) desmoronar-se; *j.*: cair, sucumbir; **~suchen** rebuscar (*a. fig.*), ir buscar por toda a parte; **~tragen** (*L*) reunir; juntar; *Lit. a.* compilar; **~treffen**[1] (*L*) *v/i.* (*sn*) encontrar-se; reunir-se; **2treffen**[2] *n* encontro *m*; *zeitl. u. Umstände*: coincidência *f*; **~treiben** (*L*) reunir; recolher; **~treten** (*L*; *sn*) reunir-se; **2tritt** *m* (*-es*; *-e*) reunião *f*; **~trommeln** (*-le*) reunir, convocar; **~tun** (*L*) juntar; sich ~ *a.* unir-se, fazer causa comum; associar-se; *Interessenverbände*: mancomunar-se; **~wachsen** (*L*; *sn*) concrescer; ⚕ soldar-se; **~wehen** juntar, amontoar; **~werfen** (*L*) juntar, amontoar; *fig.* confundir; **~wickeln** (*-le*) enrolar; **~wirken**[1] *v/i.* cooperar; *Umstände*: concorrer; **2wirken**[2] *n u.* **2wirkung** *f* cooperação *f*; concurso *m*; **~wohnen** coabitar; estar na mesma casa (mit que); **~würfeln** (*-le*) confundir, misturar; bunt zusammengewürfelt misturado, variegado; **~zählen** somar; **~ziehen** (*L*) **1.** *v/t.* contrair; *Augenbrauen*: franzir; (*verengen*) estreitar, apertar; ⚕ adstringir; ⚔ concentrar; 𝔄 somar, (*kürzen*) reduzir; sich ~ apertar-se, constranger-se; *Stoff*: encolher; *Gewitter*: acumular-se; **2.** *v/i.* (*sn*) ir viver junto; **~ziehend** *adj.* ⚕ adstringente; **2ziehung** *f* contra[c]ção *f*; concentração *f*.

'**Zu|satz** *m* (*-es*; *-e*) aditamento *m*; ⚖ codicilo *m*; (*Beimischung*) ingrediente *m*; **~satz...**: *in Zssg(n)* =

≈sätzlich ['-zɛtsliç] adicional; suplementar; acessório; **≈'schanden** [-'ʃandən]: ~ *machen* frustrar, *a.* ~ *reiten*, ~ *schlagen* estragar; ~ *werden* malograr-se, fracassar; **≈schanzen** ['-ʃantsən] (*-t*) arranjar, (fazer) passar para.

'zu·schau|en: (*dat.*, *bei et.*) ~ ver (*ac.*), olhar (*ac.*), assistir (a), observar (*ac.*); ~, *daß* tratar de (*inf.*); **≈er(in** *f*) *m* espe[c]tador(a *f*) *m*; **≈erraum** *m* (*-es*; *=e*) sala *f* (de espe[c]tadores).

'zu|schaufeln (*-le*) entulhar; (*nachschütten*) deitar (mais); **~schicken** mandar remeter; **~schieben** (*L*) fechar; *Riegel*: correr; *fig. j-m et.* ~ fazer passar a.c. para alg.; *Eid*: deferir a; *Schuld*: atribuir a, imputar a; **~schießen** (*L*) *fig. Geld* ~ subsidiar, subvencionar.

'Zu·schlag *m* (*-es*; *=e*) *Auktion*: adjudicação *f*, arrematação *f*; (*~s-gebühr*) suplemento *m*; sobretaxa *f*; aumento *m*; **≈en** (*L*) **1.** *v/t.* fechar (a bater); *Auktion*: adjudicar; (*zurechnen*) acrescentar; *j-m die Tür vor der Nase* ~ dar com a porta na cara de alg.; **2.** *v/i.* (*sn*) bater; *Tür*: fechar-se (de golpe); **≈(s)frei** isento de sobretaxa; **~(s)-gebühr** *f* suplemento *m*, sobretaxa *f*; **~(s)karte** *f* bilhete *m* de sobretaxa; **~(s)-prämie** *f* prémio *m* adicional.

'zu|schleudern (*-re*) atirar; **~schließen** (*L*) fechar (à chave); **~schmeißen** (*L*) fechar com estrondo; **~schnallen** afivelar, apertar; **~schnappen** abocar; *Tür* (*sn*): fechar-se; **~schneiden** (*L*) talhar; **≈schneider** *m* talhador *m*; **~schneien** (*sn*) cobrir-se de neve; **≈schnitt** *m* (*-es*; *-e*) corte *m*; feitio *m*; *fig.* cará[c]ter *m*, estilo *m*; *j-s*: talhe *m*; **~schnüren** a(per)tar; *Stiefel*: abotinar; *j-m die Kehle* ~ estrangular alg.; **~schrauben** aparafusar; **~schreiben** (*L*) conferir (por escrito); assentar (na conta de); (*hinzufügen*) acrescentar; *fig.* atribuir, *Schuld*: *a.* imputar; *zu~ sn* dever-se; **~schreiten** (*L*; *sn*): *auf j-n* (*ac.*) ~ dirigir-se para; *tüchtig* ~ ir a passos largos; **≈schrift** *f* carta *f*, participação *f*; *amtliche*: ofício *m*; **~'schulden**: *sich* (*dat.*) *et.* ~ *kommen lassen* cometer qualquer falta; cometer a falta de (*inf.*) a.c.; **≈schuß** *m* (*-sses*; *=sse*) subsídio *m*, subvenção *f*; **~schütten** (*-e-*) entulhar; (*nachschütten*) deitar (mais); **~sehen** (*L*): (*bei et.*) ~ *dat.* ver (*ac.*), olhar (*ac.*), assistir (a), observar (*ac.*); ~, *daß* tratar de (*inf.*); **~sehends** a olhos vistos; **~senden** (*L*) mandar; remeter; **~setzen** (*-t*) acrescentar; (*verlieren*) perder, sacrificar († dinheiro); pôr do seu (bolso *od.* dinheiro); *j-m* (*hart*) ~ apertar alg., importunar alg.; F abarrancar alg.; *et. zu~ haben* dispor de reservas; ⚕ dispor de saúde; **~sichern** (*-re*) assegurar, asseverar; prometer; **≈sicherung** *f* asseveração *f*, promessa *f*; **~spielen** *Ball*: passar a; *fig.* proporcionar a; **~spitzen** (*-t*) apontar, aguçar; *sich* ~ terminar em ponta, adelgaçar; *fig.* agravar-se; **~sprechen** (*L*) adjudicar; *Telegramm*: telefonar o teor de ...; *j-m Mut* ~ animar alg.; *j-m Trost* ~, *j-m gut* ~ consolar alg., sossegar alg.; **~springen** (*L*; *sn*) acudir; *Tür*: fechar-se (de golpe); **≈spruch** *m* (*-es*; *0*) conselhos *m/pl.*; (*Trost*) consolações *f/pl.*; *Rel.* assistência *f*; (*Zulauf*) afluência *f*; *viel* ~ *haben j.*: ter muita clientela; **≈stand** *m* (*-es*; *=e*) estado *m*; (*Beschaffenheit*) condição *f*, condições *f/pl.* (*a. pl.*: *Lage*); situação *f/sg.*

zu'stande [-'ʃtandə]: ~ *bringen* realizar; ~ *kommen* dar-se, realizar-se; **≈kommen** *n* realização *f*.

'zu·ständig competente; **≈keit** *f* (*0*) competência *f*.

zu|'statten [-'ʃtatən]: ~ *kommen* vir a propósito; (*dat.*) reverter em favor de; **'~stecken** segurar com alfinete; *fig. j-m et.* ~ passar a.c. furtivamente a alg.; **'~stehen** (*L*) pertencer; caber, (*obliegen*) *a.* competir; **'≈stell-bezirk** ['-ʃtɛl-] *m* (*-es*; *-e*) zona *f* de distribuição; **'~stellen** *Tür*: tapar; *j-m*: (*schicken*) remeter, entregar (ao domicílio), 📯 distribuir, ⚖ notificar; **'≈steller** ['-ʃtelər] *m* distribuidor *m*; **'≈stellung** *f* entrega *f*; envio *m*; distribuição *f*; notificação *f*; **'≈stellungs...**: *in Zssg(n)* † de entrega; 📯 de distribuição; ⚖ de notificação; **'~steuern** (*-re*) **1.** *v/t.* contribuir com; **2.** *v/i.* (*sn*): *auf* (*ac.*) ~

dirigir-se (par)a; seguir o rumo de.

'**zu·stimm|en** concordar (com), anuir (a); estar de acordo (com); *j-m* ~ *a.* aprovar a opinião *usw.* de alg., aderir à opinião *usw.* de alg.; **~end** *adj.* afirmativo; **Ƨung** *f* assentimento *m*, consentimento *m*; adesão *f*.

'**zu|stopfen** tapar; *Kleidung*: passajar; **~stoßen** (*L*) **1.** *v/t.* fechar a empurrar; **2.** *v/i.* a) (*h.*) *beim Fechten*: dar uma estocada, dar um golpe; b) (*sn*) acontecer, suceder; **~streben** dirigir-se (par)a; tender para; *geistig*: aspirar a, ambicionar (*ac.*); **Ƨstrom** *m* (-*es*; *0*) afluência *f*; **~strömen** (*sn*) afluir; **~stürzen** (-*t*; *sn*): *auf* (*ac.*) ~ arremessar-se para, precipitar-se sobre; **~'tage**: ~ *fördern* trazer à luz, pôr a descoberto; ⚒ extrair; *fig.* revelar; ~ *kommen* vir à luz, revelar-se; ~ *treten* ⚒ aflorar; *fig.* ser evidente; **Ƨtat** *f* ⚗ *u. Speisen*: ingrediente *m*; *Schneiderei*: preparo *m*; **~'teil**: ~ *werden* cair em sorte; caber; ~ *werden lassen* fazer; **~teilen** distribuir; repartir; adjudicar; *j-n*: agregar; **Ƨteilung** *f* partilha *f*; adjudicação *f*; (*Bewirtschaftung*) racionamento *m*; (*Ration*) ração *f*, capitação *f*; **~'tiefst** muito profundamente; **~tragen** (*L*) trazer; *fig.* contar, denunciar; *sich* ~ acontecer, suceder, ocorrer.

'**Zu·träger** *m* indiscreto *m*, mexeriqueiro *m*; denunciador *m*; **~'ei** *f* indiscreção *f*, mexeriquice *f*; denunciação *f*.

'**zu·träglich** ['-trɛːkliç] (*dat.*) propício, salutar.

'**zu·trau|en**[1]: *j-m et.* ~ julgar alg. capaz de a.c. (*od.* de + *inf.*); *sich* (*dat.*) *zuviel* ~ exagerar, exceder-se; **Ƨen**[2] *n* confiança *f* (*zu* em); **~lich** confiado; familiar; *Kind*: meigo; *Tier*: manso; **Ƨlichkeit** *f* confiança *f*, familiaridade *f*; meiguice *f*.

'**zu|treffen** (*L*) ser exa[c]to, ser justo, ser verdade; estar certo; *auf* (*ac.*) ~ acontecer com, ser o caso de; **~treffend** justo, exa[c]to; certo; **Ƨes** *unterstreichen* sublinhar o que interessa; *Nicht~es streichen* riscar o que não interessa; **~treiben** (*L*) *v/i.* (*sn*) ser levado pela corrente, ser levado pelo vento (*auf ac.* a); **~trinken** (*L*): *j-m* ~ beber à saúde de alg.; **Ƨtritt** *m* (-*es*; *0*) entrada *f*, *a. fig.* acesso *m*; **~tun**[1] (*L*) *v/t.* juntar; *kein Auge* ~ não fechar os olhos; **Ƨtun**[2] *n* intervenção *f*; *ohne mein* ~ *a.* sem eu intervir; **~-'ungunsten** [-'ungunstən] (*gen.*) em prejuízo de, com prejuízo de; **~-'unterst** ao fundo (*in dat.* de).

'**zu·verlässig** ['-fɛrlɛsiç] seguro, de confiança; *j.*: *a.* sério; (*treu*) fiel, *Freund*: *a.* certo; *Nachricht*: autêntico, fidedigno; **Ƨkeit** *f* (*0*) confiança *f*, certeza *f*; autenticidade *f*; *j-s*: seriedade *f*; **Ƨ-keits...**: *in Zssg(n)* ⊕ de precisão; *a. Sport*: de resistência.

'**Zuversicht** ['-fɛrziçt] *f* (*0*) confiança *f*, esperança *f*; **Ƨlich** confiado; *Hoffnung*: firme; *adv. a.* com toda a certeza.

zu|'viel demais, demasiado; *2 Mark* ~ a mais; *die* ~ *berechnete Fracht usw.* o excedente de; **~'vor** antes, prèviamente, (em) primeiro (lugar); **~'vörderst** [-'fœrdərst] antes de mais nada.

zu'vorkommen (*L*; *sn*) antecipar-se a; *e-r Gefahr*: *a.* prevenir (*ac.*); **~d** *adj.* obsequioso, atencioso, solícito (*gegen* para com); **Ƨ-heit** *f* (*0*) gentileza *f*, atenção *f*, deferência *f*.

zu'vor·tun (*L*): *es j-m an* (*dat.*) ~ exceder alg. em.

'**Zuwachs** ['-vaks] *m* (-*es*; *0*) aumento *m*, incremento *m*; acréscimo *m*; *auf* ~ *berechnet* largo; **Ƨen** (*L*; *sn*) fechar-se; *Wunde*: sarar; *Knochen*: soldar(-se); **~steuer** *f* (-; -*n*) imposto *m* de incremento.

'**zu·wander|n** (-*re*; *sn*) (*einwandern*) imigrar; *auf* (*ac.*) ~ caminhar para; **Ƨung** *f* afluência *f*; (*Einwanderung*) imigração *f*.

zu|'wege: ~ *bringen* (*ac.*), ~ *kommen mit* conseguir fazer, chegar a fazer; **~'weilen** às vezes, de vez em quando, de quando em quando; '**~weisen** (*L*) destinar; (*~senden*) enviar, mandar; *j-m Quartier* ~ alojar alg.; '**~wenden** (*L*) (*dat.*) virar para, voltar para; *fig.* (*widmen*) dedicar a, dispensar a; *j-m et.* ~ *a.* proporcionar a.c. a alg., (*schenken*) contemplar alg. com a.c.; '**Ƨwendung** *f* donativo *m*; ⚖ doação *f*; **~'wenig** muito pouco;

~ *sn a.* não chegar; '**~werfen** (*L*) atirar (*a. Tür*); *Blick*: lançar; (*zuschütten*) entulhar.

zu'wider 1. *prp.* (*dat.*, *nachgestellt*) contra (*ac.*), contrário a; **2.** *adv.* antipático, repugnante; *j-m* ~ *sn a.* repugnar a alg.; **~handeln** (*-le*) (*dat.*) contrariar (*ac.*); ⚖ transgredir (*ac.*), violar (*ac.*), infringir (*ac.*); **♀handlung** *f* contravenção *f*; transgressão *f*, violação *f*; **~laufen** (*L*; *sn*) (*dat.*) contrariar (*ac.*); **~d** *adj.* contrário a.

'**zu-winken** fazer sinal a.

'**zu-zahl|en** pagar mais, pagar (... de) sobretaxa; **♀ung** *f* paga(mento *m*) *f* adicional; suplemento *m*, sobretaxa *f*.

'**zu-zählen** (*hinzufügen*) acrescentar, juntar (na conta).

'**zu|ziehen** (*L*) **1.** *v/t.* fechar; *Vorhang*: correr; (*fest* ~) apertar; *Arzt usw.*: chamar, consultar; *zu*: convidar; *sich* (*dat.*) ~ apanhar, contrair, *Unannehmlichkeiten*: ter; **2.** *v/i.* (*sn*): ~ (*nach*) chegar (a); vir (residir em); *in e-e Wohnung*: mudar(-se) para, ir instalar-se em; **♀ziehung** *f* (*0*): *unter* ~ (*gen.*) consultando (*ac.*), com a assistência de; **♀zug** *m* (*-es*; *⸗e*): ~ (*nach*) fixação *f* de residência (em); imigração *f* (em); ⚔ reforços (*'ô) *m/pl.* (para); (*Zustrom*) afluência *f* (a); **~züglich** ['-tsy:kliç] (*gen.*) com mais (*ac.*); **~zwinkern** (*-re*) piscar um olho.

Zwang [tsvaŋ] *m* (*-es*; *0*) obrigação *f*; (*Druck*) pressão *f*, ⚖ coa[c]ção *f*; (*Gewalt*) violência *f*; ~ *sn a.* ser obrigatório, ser de rigor; *j-m* ~ *antun* exercer pressão sobre alg.; *sich* (*dat.*) ~ *antun* conter-se; F fazer cerimónia; *sich* (*dat.*) *keinen* ~ *antun a.* estar à vontade.

'**zwängen** ['tsvɛŋən] apertar; et. *durch*~ fazer força (*ô) para a.c. passar por ...; et. *in* (*ac.*) ~ fazer força (*ô) para a.c. entrar em.

'**zwang-los** sem violência; *fig.* desembaraçado, íntimo; *adv.* à vontade, com à-vontade, sem cerimónia; sem ordem prefixa; **♀igkeit** ['-loziç-] *f* (*0*) à-vontade *m*, desembaraço *m*.

'**Zwangs|-anleihe** *f* empréstimo *m* forçado; **~-arbeit** *f* trabalhos *m/pl.* forçados; **~bewirtschaftung** *f* fiscalização *f*; racionamento *m*; **~-enteignung** *f* expropriação *f* forçada; **~jacke** *f* camisa-de-fôrças (*ô) *f*, colete-de-forças (*'ô) *m*; **~lage** *f* posição *f* forçada; dilema *m*; *in e-r* ~ *a.* entre a espada e a parede; **♀läufig** forçoso; ⊕ automático; **~maßnahme** *f*, **~mittel** *n* medida *f* coerciva; **~vergleich** *m* (*-es*; *-e*) concordata *f* judicial; **~verkauf** *m* (*-es*; *⸗e*) venda *f* judicial; **~versteigerung** *f* leilão *m* judicial; **~vollstreckung** *f* execução *f*; **~vorstellung** *f* alucinação *f*; obsessão *f*; **♀weise** forçosamente, por força (*ô), à força (*ô); **~wirtschaft** *f* (*0*) economia *f* dirigida; dirigismo *m* económico.

'**zwanzig** ['tsvantsiç] vinte; *etwa* ~ *a.* uma vintena; *in den* ~*er Jahren* entre vinte e trinta; **♀er** [-gər] *m* rapaz *m* de vinte anos; *in den* ~*n* na casa dos vinte (anos); **♀erin** [-gərin] *f* rapariga *f* de vinte anos; **~erlei** [-gərlaɪ] de vinte espécies, de vinte ... diferentes; **~fach** vinte vezes tanto; **~jährig** de vinte anos (de idade); **~mal** vinte vezes; **~ste** [-stə] vigésimo; *Datum*, *Jahrhundert*: vinte; **♀stel** *n* vigésimo *m*; **~stens** (em) vigésimo (lugar).

zwar [tsva:r] na verdade; é verdade que; ~ ..., *doch*, ~ ... *aber* embora ... (*subj.*), não deixa de; *und* ~ e (precisamente), e (nomeadamente); *vor Aufzählungen*: a saber.

Zweck [tsvɛk] *m* (*-es*; *-e*) fim *m* (zu com); (*Absicht*) intenção *f*, desígnio *m*; (*Ziel*) obje[c]tivo *m*, finalidade *f*; efeito *m*; (*keinen*) ~ *haben* ser (in)útil; não fazer sentido; '**~-bestimmung** *f* finalidade *f*; '**♀-dienlich** útil; oportuno; ~ *sn a.* vir a propósito; '**~e** *f* pino *m*, preguinho *m*; (*Heft*♀, *Reiß*♀) percevejo *m*; '**♀-entsprechend** conveniente, oportuno; '**♀los** inútil; '**~losigkeit** ['-lo:ziç-] *f* (*0*) inutilidade *f*; '**♀mäßig** conveniente, oportuno, prático, útil; metódico; '**~mäßigkeit** *f* (*0*) conveniência *f*, utilidade *f*; oportunidade *f*; **♀s** (*gen.*) com o fim de, com o obje[c]tivo de, com vista a, para (*ac. od. inf.*); '**~verband** *m* (*-es*; *⸗e*) consórcio *m*; '**♀widrig** contraproducente, inoportuno.

zwei [tsvaɪ] **1.** (*gen.* ~*er*, *dat.* ~*en*)

dois, duas; *um* ~ (*Uhr*) às duas; **2.** ♀ *f* dois *m*; '**~-armig** ['-armiç], '**~beinig** ['-baɪniç] de dois pés, de duas pernas; *Zool.* bípede; '**~deutig** ['-dɔytiç] ambíguo, equívoco; obsceno; '**♀deutigkeit** *f* ambiguidade *f*; equívoco *m*; obscenidade *f*; '**♀er** ⚓ *m* barco *m* de dois remos; '**~erlei** ['-ərlaɪ] duas espécies de, de dois (*od.* de duas) ... diferentes; duas coisas distintas; '**~fach** duplo; '**~farbig** de duas cores, bicolor.

'**Zweifel** ['tsvaɪfəl] *m* dúvida *f* (*im* na; *bestehen* haver, *hegen* ter); *in* ~ *ziehen* pôr em dúvida, duvidar de; *keinem* ~ *unterliegen* (, *daß*) não haver dúvida (de que), não caber dúvida (de que); ♀**-haft** duvidoso; (*ungewiß*) incerto, indeciso; (*verdächtig*) suspeito; ♀**los** indubitável; *adv. a.* sem dúvida; ♀**n** (*-le*) duvidar, desconfiar (*an dat.* de); **~s-fall** *m* (*-ęs*; *⸚e*): *im* ~ na dúvida *f*, em caso *m* de dúvida; ♀**s-ohne** sem dúvida.

'**Zweifler** ['tsvaɪflər] *m* céptico *m*; ♀**isch** céptico.

Zweig [tsvaɪk] *m* (*-ęs*; *-e*) ramo *m*; *fig. auf keinen grünen* ~ *kommen* não ter sorte; não conseguir nada.

'**zwei'geschlechtig** bissexual.

'**Zweiggeschäft** *n* (*-ęs*; *-e*) sucursal *f*, filial *f*.

'**zwei-gleisig** ['-glaɪziç] de via dupla.

'**Zweig|leitung** *f* derivação *f*; **~linie** *f* 🚂 ramal *m*; **~niederlassung** *f* = *~geschäft*; **~station** *f* bifurcação *f*; **~stelle** *f* delegação *f*.

'**zwei|-händig** ['-hɛndiç] bímano; ♪ a duas mãos; ♀**heit** *f* (*0*) dualidade *f*; ♀**hufer** ['-hu:fər] *m*, **~hufig** ['-hu:fiç] bissulco (*m*); ~'**hundert** duzentos; ~'**hundertste**(**r**) (♀'**hundertstel** *n*) ducentésimo (*m*); **~jährig** ['-jɛ:riç] de dois anos (de idade); bienal; bisanual; **~jährlich** bienal; bisanual; ♀**kampf** *m* (*-ęs*; *⸚e*) duelo *m*; **~köpfig** ['-kœpfiç] de duas cabeças; bicéfalo; **~mal** duas vezes; ~ *monatlich erscheinend* bimensal; ~ *wöchentlich erscheinend* bissemanal; **~malig** ['-ma:liç] duplo; ♀**master** ['-mastər] *m* barco *m* de dois mastros; **~monatlich**, ♀**monats...**: *in Zssg(n)* bimestral; **~motorig** ['-moto:riç] bimotor; ♀**phasen...** ['-fa:zən...]: *in Zssg(n)* bifásico; **~polig** ['-po:liç] bipolar; ♀**rad** *n* (*-ęs*; *⸚er*) bicicleta *f*; **~rädrig** ['-rɛ:driç] de duas rodas; **~reihig** ['-raɪiç] de duas filas; **~schneidig** de dois gumes, *fig. a.* perigoso; **~seitig** ['-zaɪtiç] bilateral; *adv.* dos dois lados; **~silbig** ['-zilbiç] de duas sílabas, dissílabo, dissilábico; ♀**sitzer** ['-zitsər] *m* carro (⚓ barco, ✈ avião) *m* de dois lugares; *Fahrrad*: tândem *m*; **~sitzig** ['-zitsiç] de dois lugares; **~spaltig** ['-ʃpaltiç] de duas colunas; **~sprachig** ['-ʃpra:xiç] bilingue; **~spurig** ['-ʃpu:riç] de via dupla; **~stellig** ['-ʃtɛliç] de dois algarismos; **~stimmig** ['-ʃtimiç] a duas vozes; **~stöckig** ['-ʃtœkiç] de dois andares, de dois pisos; **~stündig** ['ʃtyndiç] de duas horas; **~stündlich** de duas em duas horas.

zweit [tsvaɪt] segundo; *Datum*: dois; *zu* ~ os dois; aos pares; *wir sind zu* ~ estamos nós dois.

'**zwei|tägig** ['-tɛ:giç] de dois dias; ♀**taktmotor** *m* (*-s*; *-en*) motor *m* a dois tempos.

'**zweit-ältest** ['-ɛltəst] segundo em idade.

'**zwei-tausend** dois mil; **~ste** [-stə] (♀**stel** *n*) segundo milésimo (*m*).

'**zweit-best** ['-bɛst] segundo em qualidade.

'**zwei|te** ['-tə] segundo; *Datum*: dois; *ein* ~*r Mozart usw.* outro; **~teilig** ['-taɪliç] dividido em duas partes, de duas partes; *Tür*: de dois batentes; **~tens** ['-təns] (em) segundo (lugar).

'**zweit|jüngst** penúltimo; **~klassig** ['-klasiç] de segunda ordem; de categoria inferior, de qualidade inferior; **~letzt** ['-lɛtst] penúltimo; ♀**schrift** *f* segunda via *f*.

Zwei'viertel|note *f* breve *f*; **~takt** *m* (*-ęs*; *-e*) compasso *m* binário.

'**zwei|zeilig** ['-tsaɪliç] *Lit.* de dois versos; **~zellig** ['-tseliç] bicelular.

'**Zwerch-fell** ['tsvɛrç-] *n* (*-ęs*; *-e*) diafragma *m*; *das* ~ *erschüttern* F desopilar o fígado.

Zwerg [tsvɛrk] *m* (*-ęs*; *-e*) anão *m*; '♀(**en**)**-haft** ['-gən-] anão; '**~in** ['-gin] *f* anã *f*; '**~volk** *n* (*-ęs*; *⸚er*) povo *m* de pigmeus; '**~wuchs** *m* (-*es*; *0*) nanismo *m*.

'**Zwetsch(g)e** ['tsvetʃ(g)ə] *f* ameixa *f*; **~n-baum** *m* (-*es*; ⸚*e*) ameixeira *f*.

'**Zwick|el** ['tsvikəl] *m* nesga *f*; (*Strumpf*⸗) pinha *f*; ⚠ canto *m*; ⸗**en** beliscar; *ehm. mit Zangen*: atenazar; *fig.* importunar; **~mühle** *f* moinho *m* duplo; *fig.* dilema *m*.

'**Zwieback** ['tsvi:bak] *m* (-*es*; ⸚*e*) tosta *f*; biscoito *m*.

'**Zwiebel** ['tsvi:bəl] *f* (-; -*n*) cebola *f*; (*Blumen*⸗) bolbo *m*; ⸗**-artig** bolboso; ⸗**förmig** [-fœrmiç] bulbiforme; **~gewächs** *n* (-*es*; -*e*) planta *f* bolbosa; **~knollen** *m* bolbo *m*; ⸗**n** (-*le*) esfregar com cebolas; *fig.* F apertar.

'**zwie|fach** ['tsvi:-], **~fältig** ['-fɛltiç] duplo; ⸗**gespräch** *n* (-*es*; -*e*) diálogo *m*; conversa *f*; colóquio *m*; ⸗**licht** *n* (-*es*; *0*) lusco-fusco *m*, meia luz *f*; ⸗**spalt** *m* (-*es*; -*e*) discórdia *f*; discrepância *f*; *j-s innerer* ~ dilema *m*; **~spältig** ['-ʃpɛltiç] discrepante, discordante; ⸗**sprache** *f* conversa *f*; ~ *halten mit* falar a sós com; ⸗**tracht** *f* (*0*) discórdia *f*.

'**Zwilling** ['tsviliŋ] *m* (-*s*; -*e*) gémeo *m*; **~s-bruder** *m* (-*s*; ⸚) irmão *m* gémeo; **~s-paar** *n* (-*es*; -*e*) irmãos *m/pl.* gémeos, irmãs *f/pl.* gémeas; **~s-schwester** *f* (-; -*n*) irmã *f* gémea.

'**Zwing|e** ['tsviŋə] *f* virola *f*; (*Schrauben*⸗) barrilete *m*; *Folter*: tornilho *m*; ⸗**en** (*L*) obrigar, forçar; levar; coagir; (*erreichen*) conseguir; (*be*~) dominar; *sich* ~ fazer força (*ô) (*zu* para *inf.*); ⸗**end** *adj.* grave, urgente; *Beweis*: concludente; **~er** *m* ⚠ baluarte *m*; (*Tier*⸗) jaula *f*; (*Hunde*⸗) canil *m*; (*Löwen*⸗) leoneira *f*.

'**zwinkern** ['tsviŋkərn] (-*re*): *mit den Augen* ~ piscar os olhos, pestanejar.

'**zwirbeln** ['tsvirbəln] (-*le*) retorcer.

Zwirn [tsvirn] *m* (-*es*; -*e*) linha *f*; (*Seiden*⸗) retrós *m*; '⸗**en** **1.** *adj.* de linha; **2.** *v/t.* torcer; '**~rolle** *f* carrinho *m*; '**~(s-)faden** *m* (-*s*; ⸚) linha *f*; enfiadela *f*.

'**zwischen** ['tsviʃən] *prp.* (*Lage, wo?*: *dat.*; *Richtung, wohin?*: *ac.*) entre; *gehen, sitzen*: ladeado por.

'**Zwischen|-akt** *m* (-*es*; -*e*) entrea[c]to *m*; **~bemerkung** *f* obje[c]ção *f*; *eine* ~ *machen a.* dizer entre parênteses *m/pl.*; **~bilanz** *f* balancete *m*; **~deck** *n* (-*es*; -*s*) entrecobertas *f/pl.*; entreponte(s *pl.*) *f*; **~ding** *n* (-*es*; -*e*) intermediário *m*; coisa *f* entre ... e ...; ⸗'**durch** entrementes; **~-ergebnis** *n* (-*ses*; -*se*) resultado *m* provisório; **~fall** *m* (-*es*; ⸚*e*) incidente *m*; **~frequenz** *f* frequência *f* média; **~gang** *m* (-*es*; ⸚*e*), **~gericht** *n* (-*es*; -*e*) prato *m* de meio; **~geschoß** ⚠ *n* (-*sses*; -*sse*) sobreloja *f*; **~-handel** *m* (-*s*; *0*) comércio *m* intermediário; **~-händler** *m* intermediário *m*, corretor *m*; **~-handlung** *f Lit.* episódio *m*; **~landung** *f* ⚓ *u.* ✈: (e-e) ~ (*vornehmen* fazer) escala *f*; ⸗**liegend** intermédio, intermediário; **~lösung** *f* solução *f* provisória; **~pause** *f*, **~raum** *m* (-*es*; ⸚*e*) intervalo *m*; entremeio *m*; **~ruf** *m* (-*es*; -*e*) voz *f*; interrupção *f*; exclamação *f*; **~runde** *f Sport*: semifinal *f*; **~satz** *m* (-*es*; ⸚*e*) parêntese *m*; ♪ andamento *m* intermédio; ⸗**schalten** (-*e*-) intercalar, interpor; interpolar; **~spiel** *n* (-*es*; -*e*) *Thea.* intermédio *m*; *lustiges*: entremez *m*; ⸗**staatlich** internacional; **~station** *f* estação *f* intermédia; ⚓ *u.* ✈ escala *f*; **~stock** ⚠ *m* (-*es*; ⸚*e*) sobreloja *f*; **~träger** *m* indiscreto *m*, mexeriqueiro *m*; **~wand** *f* (-; ⸚*e*) parede *m* de tabique; **~zeit** *f* intervalo *m*; *in der* ~ *a.* entretanto.

Zwist [tsvist] *m* (-*es*; -*e*), '**~igkeit** *f* dissensão *f*, desavença *f*; (*Feindschaft*) inimizade *f*; (*Streit*) discórdia *f*, contenda *f*, questão *f*.

'**zwitschern** ['tsvitʃərn] (-*re*) gorjear, trinar.

'**Zwitter** ['tsvitər] *m* ser *m* híbrido; hermafrodita *m*; ⸗**-haft** híbrido; hermafrodita, bissexual.

zwölf [tsvœlf] **1.** doze; ~ *Stück* uma dúzia; **2.** ⸗ *f* doze *m*; '⸗**-eck** *n* (-*es*; -*e*) dodecágono *m*; '**~-eckig** dodecagonal; '**~erlei** ['-ərlaɪ] doze espécies de, de doze ... diferentes; '**~fach** duodécuplo; doze vezes tanto; ⸗'**finger-darm** *m* (-*es*; ⸚*e*) duodeno *m*; '**~jährig** de doze anos (de idade); '**~mal(ig)** doze vezes (repetido); '~**seitig** ['-zaɪtiç] = ~*eckig*; '~**stündig** ['-ʃtyndiç] de doze horas; '~**tägig** [-tɛ:giç] de doze dias; '~**te** ['-tə] duodécimo; *Datum, Jahrhundert*: doze; ᘔ**tel** *n* duodécimo *m*, duodécima parte *f*; '~**tens** (em) duodécimo (lugar).

Zy'an [tsy'a:n] *n* (-*s*; *0*) cianogénio *m*; ~'**kali** *n* (-*s*; *0*) cianeto *m* de potássio.

'**zyklisch** ['tsy:kliʃ] cíclico.

Zy'klon [tsy'klo:n] *m* (-*s*; -*e*) ciclone *m*.

Zy'klop [tsy'klo:p] *m* (-*en*) ciclope *m*; ᘔ**isch** ciclópico.

'**Zyklus** ['tsy:klus] *m* (-; *Zyklen*) ciclo *m*; *Thea.* série *f*.

Zy'lind|er [tsy'lindər] *m* cilindro *m*; (*Lampen*ᘔ) chaminé *f*; (*Hut*) chapéu *m* alto; ᘔ**er-förmig** [-fœrmiç], ᘔ**risch** [-riʃ] cilíndrico.

'**Zyni|ker** ['tsy:nikər] *m* cínico *m*; ᘔ**sch** cínico.

Zy'press|e [tsy'prɛsə] *f* cipreste *m*; ~**en-hain** *m* (-*ès*; -*e*) ciprestal *m*.

'**Zyste** ['tsystə] *f* cisto *m*.

Eigennamen

Nomes próprios

A

'Aachen ['a:xən] *n* Aquisgrana *f.*
AB'C-Staaten [a:be:'tse:ʃta:ten] *m/pl.* Argentina *f*, Brasil *m* e Chile *m.*
Abes'sinien [abɛ'si:niən] *n* Abissínia *f.*
'Abraham ['a:braham] *m* Abr(a)ão *m.*
'Adalbert ['a:dalbɛrt] *m* Adalberto *m.*
'Adam ['a:dam] *m* Adão *m.*
'Adelheid ['a:dəlhaɪt] *f* Adelaide *f.*
'Adolf ['a:dɔlf] *m* Adolfo *m.*
'Adria ['a:dria] *f* Adriático *m.*
'Afrika ['a:frika] *n* África *f.*
Ä'gäische(s) Meer [ɛ'gɛ:iʃə(s) me:r] *n* Egeu *m.*
Ä'gypten [ɛ'gyptən] *n* Egipto *m.*
'Agnes ['aknɛs] *f* Inês *f.*
Al'banien [al'ba:niən] *n* Albânia *f.*
'Albert ['albɛrt] *m* Alberto *m.*
'Albrecht ['albrɛçt] *m* Alberto *m.*
Ale'xander [alɛk'sandər] *m* Alexandre *m.*
'Alfons ['alfɔns] *m* Afonso *m.*
'Alfred ['alfre:t] *m* Alfredo *m.*
Al'gerien [al'ge:riən] *n* Argélia *f.*
'Algier ['alji:r] *n* **a)** *Land*: Argélia *f*; **b)** *Stadt*: Argel *su.*
'Alpen ['alpən] *pl.* Alpes *m/pl.*
Ama'zonas [ama'tso:nas] *m*, **Ama'zonenstrom** [ama'tso:nənʃtro:m] *m* (rio *m*) Amazonas *m.*
A'merika [a'me:rika] *n* América *f.*
Amster'dam [amstər'dam] *n* Amsterdã *su.*
'Anden ['andən] *pl.* Andes *m/pl.*
An'dreas [an'dre:as] *m* André *m.*
An'gola [aŋ'go:la] *n* Angola *f.*
'Ankara ['aŋkara] *n* Angora *su.*
'Anna ['ana] *f* Ana *f.*
An'tillen [an'tilən] *f/pl.* Antilhas *f/pl.*
'Anton ['anto:n] *m* António *m.*
Ant'werpen [ant'vɛrpən] *n* Antuérpia *f.*
Apen'nin(en) [ape'ni:n(ən)] *m(pl.)* Apenino(s) *m(pl.).*
Ä'quator [ɛ'kva:to:r] *m* Equador *m.*
A'rabien [a'ra:biən] *n* Arábia *f.*
Ar'dennen [ar'dɛnən] *pl.* Ardenas *f/pl.*
Argen'tinien [argɛn'ti:niən] *n* Argentina *f.*
'Ärmelkanal ['ɛrməlkana:l] *m* canal *m* da Mancha.
'Asien ['a:ziən] *n* Ásia *f.*
A'then [a'te:n] *n* Atenas *f.*
Äthi'opien [ɛti'o:piən] *n* Etiópia *f.*
At'lantik [at'lantik] *m* (Oceano *m*) Atlântico *m.*
'Ätna ['ɛtna] *m* Etna *m.*
'Augsburg ['aʊksburk] *n* Augsburgo *m.*
'August ['aʊgust] *m* Augusto *m.*
Augus'tin(us) [aʊgus'ti:n(us)] *m* Agostinho *m.*
Aus'tralien [aus'tra:liən] *n* Austrália *f.*
A'zoren [a'tso:rən] *pl.*: **die ~** os Açores *m/pl.*

B

'Babylon ['ba:bylɔn] *n* Babilónia *f.*
Bach [bax], *compositor alemão.*
'Balkan ['balka:n] *m* Balcãs *m/pl.*
'Baltikum ['baltikum] *n* Báltico *m.*
Barba'rossa [barba'rɔsa] *m* Barba-Roxa *m*, *o imperador alemão Frederico I.*
'Barlach ['barlax], *escultor e poeta alemão.*
'Basel ['ba:zəl] *n* Basileia *f.*
'Bayern ['baɪərn] *n* Baviera *f.*
'Beethoven ['be:tho:vən], *compositor alemão.*
'Belgien ['bɛlgiən] *n* Bélgica *f.*
'Belgrad ['bɛlgra:t] *n* Belgrado *su.*
Ben'galen [bɛŋ'ga:lən] *n* Bengala *m.*
Ber'lin [bɛr'li:n] *n* Berlim *f.*
Bern [bɛrn] *n* Berna *f.*
'Bernhard ['bɛrnhart] *m* Bernardo *m.*

ˈBethlehem [ˈbeːtlehɛm] *n* Belém *su.*
Bisˈkaya [bisˈkaːja] Biscaia *f.*
ˈBismarck [ˈbismark], *chanceler alemão.*
ˈBodensee [ˈboːdənzeː] *m* Lago *m* de Constança.
ˈBöhmen [ˈbøːmən] *n* Boémia *f.*
Boˈlivien [boˈliːviən] *n* Bolívia *f.*
Bonn [bɔn] *n* Bona *f.*
ˈBosnien [ˈbɔsniən] *n* Bosnia *f.*
Brahms [braːms], *compositor alemão.*
ˈBrandenburg [ˈbrandənburk] *n* Brandeburgo *m.*
Braˈsilien [braˈziːliən] *n* Brasil *m.*
ˈBraunschweig [ˈbraunʃvaɪk] *n* Brunsvique *su.*
Brecht [brɛçt], *dramaturgo alemão.*
ˈBremen [ˈbreːmən] *n* Brema *su.*
Brenˈtano [brɛnˈtaːno], *poeta alemão.*
Breˈtagne [breˈtanjə] *f*: *die* ~ a Bretanha *f.*
Briˈgitte [briˈgitə] *f* Brígida *f*, Brízida *f.*
Briˈtannien [briˈtaniən] *n* Bretanha *f.*
ˈBrocken [ˈbrɔkən] *m*, *pico culminante do Harz.*
ˈBruckner [ˈbruknər], *compositor austro-alemão.*
ˈBrüssel [ˈbrysəl] *n* Bruxelas *f.*
ˈBudapest [ˈbuːdapɛst] *n* Budapeste *su.*
ˈBukarest [ˈbuːkarɛst] *n* Bucareste *su.*
Bulˈgarien [bulˈgaːriən] *n* Bulgária *f.*
Burˈgund [burˈgunt] *n* Borgonha *f.*
Byˈzanz [byˈtsants] *n hist.* Bizâncio *su.*; Constantinopla *f.*

C

Cäˈcilie [tsɛˈtsiːliə] *f* Cecília *f.*
Calˈvin [kalˈviːn] *m* Calvino *m.*
ˈCäsar [ˈtsɛːzar] *m* César *m.*
ˈChile [ˈtʃiːle] *n* Chile *m.*
ˈChina [ˈçiːna] *n* China *f.*
ˈChristoph [ˈkristɔf] *m* Cristóvão *m.*
ˈChristus [ˈkristus] *m* Cristo *m.*
ˈCoburg [ˈkoːburk] *n* Coburgo *m.*

D

ˈDänemark [ˈdɛːnəmark] *n* Dinamarca *f.*
ˈDanzig [ˈdantsiç] *n* Danzigue *f.*
Dardaˈnellen [dardaˈnɛlən] *pl.* Dardanelos *m/pl.*
Den ˈHaag [den ˈhaːk] *m* Haia *f.*
ˈDeutschland [ˈdɔytʃlant] *n* Alemanha *f.*
ˈDietrich [ˈdiːtriç] *m* Teodorico *m.*
ˈDonau [ˈdoːnau] *f* Danúbio *m.*
Doroˈthea [doroˈteːa] *f* Doroteia *f.*
ˈDroste-Hülshoff [ˈdrɔstə-ˈhylshɔf], *poetisa alemã.*
ˈDünkirchen [ˈdyːnkirçən] *n* Dunquerque *su.*
ˈDürer [ˈdyːrər], *pintor alemão.*
ˈDüsseldorf [ˈdysəldɔrf] *n* Dusseldórfia *f.*

E

Ecuaˈdor [ekuaˈdoːr] *n* Equador *m.*
ˈEduard [ˈeːduart] *m* Eduardo *m*, Duarte *m.*
ˈEichendorff [ˈaɪçəndɔrf], *poeta alemão.*
ˈEismeer [ˈaɪsmeːr] *n* Oceano *m* Glacial, *Nördliches* ~ Ártico *m*, *Südliches* ~ Antártico *m.*
ˈElbe [ˈɛlbə] *f* (rio *m*) Elba *m.*
Eˈlisabeth [eˈliːzabet] *f* Isabel *f.*
ˈElsaß [ˈɛlzas] *n* Alsácia *f.*
ˈElse [ˈɛlzə] *f* Elsa *f.*
ˈEmil [ˈeːmiːl] *m* Emílio *m.*
ˈEngland [ˈɛŋlant] *n* Inglaterra *f.*
ˈErich [ˈeːriç] *m* Erico *m.*
Ernst [ɛrnst] *m* Ernesto *m.*
ˈErzgebirge [ˈɛrtsgəbirgə] *n*, *cadeia de montanhas que separa a Saxónia da Checoslováquia.*
ˈEstland [ˈɛstlant] *n* Estónia *f.*
Etsch [ɛtʃ] *f* Ádige *m.*
ˈEugen [ˈɔygeːn] *m* Eugénio *m.*
Euˈklid [ɔyˈkliːt] *m* Euclides *m.*
ˈEuphrat [ˈɔyfraːt] *m* Eufrates *m.*
Euˈropa [ɔyˈroːpa] *n* Europa *f.*

F

Faust [faust] *m* Fausto *m.*
ˈFerdinand [ˈfɛrdinant] *m* Fernando *m.*
ˈFichtelgebirge [ˈfiçtəlgəbirgə] *n*, *maciço montanhoso na Baviera.*
ˈFinnland [ˈfinlant] *n* Finlândia *f.*
ˈFlandern [ˈflandərn] *n* Flandres *f.*
Floˈrenz [floˈrɛnts] *n* Florença *f.*
ˈFranken [ˈfraŋkən] *n* Francónia *f.*
ˈFrankfurt [ˈfraŋkfurt] *n* Franco-forte *f* (*am Main* do Meno; *an der Oder* do Oder).
ˈFrankreich [ˈfraŋkraɪç] *n* França *f.*

Franz [frants] *m* Francisco *m*.
'Freiburg ['fraıburk] *n* Friburgo *su*.
'Friedrich ['fri:driç] *m* Frederico *m*.
'Friesland ['fri:slant] *n* Frísia *f*.

G

Ga'licien [ga'li:tsiən] *n* Galiza *f*.
Ga'lizien [ga'li:tsiən] *n* Galícia *f*.
'Gallien ['galiən] *n* Gália *f*.
Genf [gɛnf] *n* Genebra *f*; **'~er See** [ze:] *m* Lago *m* de Genebra.
'Genua ['ge:nua] *n* Génova *f*.
'Georg ['ge:ɔrk] *m* Jorge *m*.
Ge'orge [ge:'ɔrgə], *poeta alemão*.
'Gerhard ['ge:rhart] *m* Gerardo *m*.
Ger'manien [gɛr'ma:niən] *n* Germânia *f*.
'Goethe ['gø:tə], *poeta alemão*.
'Golfstrom ['gɔlfʃtro:m] *m* corrente do Golfo ('ô), «gulfstream» (*engl*.).
'Gottfried ['gɔtfri:t] *m* Godofredo *m*.
Grau'bünden [grau'byndən] *n* Grisões *m/pl*.
'Grete ['gre:tə] *f* Margarida *f*.
'Griechenland ['gri:çənlant] *n* Grécia *f*.
'Grillparzer ['grilpartsər], *poeta austro-alemão*.
'Grönland ['grø:nlant] *n* Gronelândia *f*.
Großbri'tannien [gro:sbri'taniən] *n* Grã-Bretanha *f*.
Gui'nea [gi'ne:a] *n* Guiné *f*.
'Gustav ['gustaf] *m* Gustavo *m*.

H

'Habsburg ['ha:psburk] *hist*. Habsburgo, *dinastia imperial alemã* (*austríaca*).
'Hamburg ['hamburk] *n* Hamburgo *su*.
'Händel ['hɛndəl], *compositor alemão*.
Han'nover [ha'no:fər] *n* Hanôver *f*.
Hans [hans] *m* João *m*.
Harz [harts] *m*, *pequeno maciço montanhoso na Alemanha Central*.
'Hauptmann ['hauptman], *poeta alemão*.
'Hedwig ['he:tviç] *f* Hedviges *f*.
'Hegel ['he:gəl], *filósofo alemão*.
'Heidegger ['haıdɛgər], *filósofo alemão*.
'Heidelberg ['haıdəlbɛrk] *n* Heidelberga *f*.
'Heinrich ['haınriç] *m* Henrique *m*.
Heinz [haınts] *m* Henrique *m*.
'Heisenberg ['haızənbɛrk], *físico alemão*.
He'lene [he'le:nə] *f* Helena *f*.
'Helgoland ['hɛlgolant] *n* Heligolândia *f*.
'Hermann ['hɛrman] *m* Hermano *m*; *hist*. Armínio *m*.
'Hessen ['hɛsən] *n* Hesse *m*.
'Hilde ['hildə] *f* Ilda *f*; **~gard** [-gart] *f* Hildegarda *f*.
'Hinter|-indien ['hintər-] *n* Indochina *f*; **~pommern** *n* Pomerânia *f* Ulterior.
'Hiob ['hi:ɔp] *m* Job *m*.
'Hoffmann ['hɔfman], *novelista e compositor alemão*.
'Hofmannsthal ['ho:fmansta:l], *poeta austro-alemão*.
Hohen'staufen [ho:ən'ʃtaufən] *m*, *monte na Alemanha do Sul*; *hist*. *m/pl*., *dinastia imperial alemã*.
Hohen'zollern [ho:ən'tsɔlərn] *n*, *país alemão*; *hist*. *m/pl*., *dinastia alemã* (*prussiana*).
'Hölderlin ['hœldərli:n], *poeta alemão*.
'Holland ['hɔlant] *n* Holanda *f*.
'Holstein ['hɔlʃtaın] *n* Holsácia *f*.
Huch [hu:x], *poetisa alemã*.
'Humboldt ['humbɔlt]: Alexander von ~ *cientista alemão*; Wilhelm von ~ *estadista e filósofo alemão*.
'Husserl ['husɛrl], *filósofo alemão*.

I

'Ilias ['i:lias] *f* Ilíada *f*.
'Indien ['indiən] *n* a(s) Índia(s) *f*/(*pl*.).
I'rak [i'ra:k] *m* Iraque *m*.
I'ran [i'ra:n] *m* Irã *m*.
'Irland ['irlant] *n* Irlanda *f*.
'Island ['i:slant] *n* Islândia *f*.
'Israel ['israɛl] *n* Israel *m*.
I'talien [i'ta:liən] *n* Itália *f*.

J

'Jakob ['ja:kɔp] *m* Jacó *m*.
Ja'kobus [ja'ko:bus] *m*: der Heilige ~ Santiago *m*.
'Japan ['ja:pan] *n* Japão *m*.
'Jesus ['je:zus] *m* Jesus *m*.
Jo'achim [jo'axim] *m* Joaquim *m*.
Jo'hann [jo'han] *m* João *m*.
'Josef, 'Joseph ['jo:zɛf] *m* José *m*.
Jugo'slawien [jugo'sla:viən] *n* Jugoslávia *f*.
'Jütland ['jy:tlant] *n* Jutlândia *f*.

K

'Kaffer(n)land ['kafər(n)lant] *n* Cafraria *f*.
Kame'run [kamə'ru:n] *n* Camarão *m*, Camarões *m/pl*.
'Kanada ['kanada] *n* Canadá *m*.
Ka'narische 'Inseln [ka'na:riʃə 'inzəln] *f/pl*. Canárias *f/pl*.
Kant [kant], *filósofo alemão*.
Kap der 'Guten 'Hoffnung [kap dər 'gu:tən 'hɔfnuŋ] *n* Cabo *m* da Boa Esperança.
'Kapstadt ['kapʃtat] *n* Cidade *f* do Cabo.
Karl [karl] *m* Carlos *m*; ~ *der Große* Carlos Magno.
'Kärnten ['kɛrntən] *n* Caríntia *f*.
Kar'paten [kar'pa:tən] *pl*. Cárpatos *m/pl*.
'Kaspar ['kaspar] *m* Gaspar *m*.
'Kaspische(s) Meer ['kaspiʃə(s) me:r] *n* Mar *m* Cáspio.
Kas'tilien [kas'ti:liən] *n* Castela *f*.
Kata'lonien [kata'lo:niən] *n* Catalunha *f*.
Katha'rina [kata'ri:na] *f*, **'Käthe** ['kɛ:tə] *f* Catarina *f*.
'Kaukasus ['kaukazus] *m* Cáucaso *m*.
Klaus [klaus] *m* Nicolau *m*.
Klein'asien [klaɪn'a:ziən] *n* Ásia *f* Menor.
Kleist [klaɪst], *poeta alemão*.
'Koblenz ['ko:blɛnts] *n* Coblença *f*.
Köln [kœln] *n* Colónia *f*.
Ko'lumbien [ko'lumbiən] *n* Colúmbia *f*.
Ko'lumbus [ko'lumbus] *m* Colombo *m*.
'Königsberg ['kø:niçsbɛrk] *n* Conisberga *f*.
'Konrad ['kɔnra:t] *m* Conrado *m*.
'Konstanz ['kɔnstants] *n* Constança *f*.
Kon'stanze [kɔn'stantsə] *f* Constança *f*.
Kopen'hagen [kopən'ha:gən] *n* Copenague *su*., Copenhaga *su*.
Ko'rea [ko're:a] *n* Coreia *f*.
'Korsika ['kɔrzika] *n* Córsega *f*.
Krim [krim] *f*: *die* ~ a Crimeia *f*.
'Kurmark ['ku:rmark] *f hist*. Comarca *f* de Brandeburgo.
Kurt [kurt] *m* Conrado *m*.

L

'Lappland ['laplant] *n* Lapónia *f*.
'Leipzig ['laɪptsiç] *n* Lípsia *f*.
'Lettland ['lɛtlant] *n* Letónia *f*.
Li'beria [li'be:ria] *n* Libéria *f*.
'Libyen ['li:byən] *n* Líbia *f*.
'Liebermann ['li:bərman], *pintor alemão*.
'Lissabon ['lisabɔn] *n* Lisboa *f*.
Liszt [list], *compositor alemão*.
'Litauen ['litauən] *n* Lituânia *f*.
'London ['lɔndɔn] *n* Londres *f*.
'Lothar ['lo:tar] *m* Lotário *m*.
'Lothringen ['lo:triŋən] *n* Lorena *f*, *hist*. Lotaríngia *f*.
'Lotte ['lɔtə] *f* Carlota *f*.
'Ludwig ['lu:tviç] *m* Luís *m*.
Lu'ise [lu'i:zə] *f* Luísa *f*.
'Lukas ['lu:kas] *m* Lucas *m*.
'Luther ['lutər] *m* Lutero *m*.
Lu'zern [lu'tsɛrn] *n* Lucerna *f*.

M

Maas [ma:s] *f* Mosa *m*.
Magda'lena [makda'le:na] *f* Madalena *f*.
'Mähren ['mɛ:rən] *n* Morávia *f*.
'Mailand ['maɪlant] *n* Milão *su*.
Main [maɪn] *m* Meno *m*.
Mainz [maɪnts] *n* Mogúncia *f*.
Mandschu'rei [mantʃu'raɪ] *f* Manchúria *f*.
Marga'rete [marga're:tə] *f* Margarida *f*.
Ma'ria [ma'ri:a] *f*, **Ma'rie** [ma'ri:] *f* Maria *f*.
'Markus ['markus] *m* Marco *m*.
Ma'rokko [ma'rɔko] *n* Marrocos *m/pl*.
Mat'thäus [ma'tɛ:us] *m* Mateus *m*.
'Menzel ['mɛntsəl], *pintor alemão*.
'Mexiko ['mɛksiko] *n* México *m*.
'Michael ['miçaɛl] *m* Miguel *m*.
'Mittel|-amerika ['mitəl-] *n* América *f* Central; **~-europa** *n* Europa *f* Central; **~meer** [-me:r] *n* Mediterrâneo *m*.
Moçam'bique [mosam'bik] *n* Moçambique *f*.
'Mohammed ['mo:hamɛt] *m* Maomé *m*.
'Moldau ['mɔldau] *f* Moldávia *f*.
Mongo'lei [mɔŋgo'laɪ] *f* Mongólia *f*.
'Moritz ['mo:rits] *m* Maurício *m*.
'Mosel ['mo:zəl] *f* Mosela *m*.
'Moses ['mo:zɛs] *m* Moisés *m*.
'Moskau ['mɔskau] *n* Moscovo *su*., Moscóvia *f*.
'Mozart ['mo:tsart], *compositor alemão*.
'München ['mynçən] *n* Munique *su*.

N

Ne'apel [ne'a:pəl] *n* Nápoles *f*.
Neu'fundland [nɔy'funtlant] *n* Terra *f* Nova.
Neu'seeland [nɔy'ze:lant] *n* Nova-Zelândia *f*.
New 'York [nju:'jɔrk] *n* Nova-Iorque *f*.
'Nieder|lande ['ni:dərlandə] *n/pl*. Neerlândia *f/sg*., Países-Baixos *m/pl*.; **~rhein** *m* Baixo-Reno *m*; **~sachsen** *n* Baixa-Saxónia *f*.
'Nietzsche ['ni:tsʃə], *filósofo alemão*.
'Nikolaus ['nikolaus] *m* Nicolau *m*.
Nil [ni:l] *m* Nilo *m*.
'Nord|-'afrika ['nɔrt-] *n* África *f* do Norte; **~-a'merika** *n* América *f* do Norte; **~deutschland** *n* Alemanha *f* do Norte; **~pol** ['-po:l] *m* Pólo *m* Norte; **~see** ['-ze:] *f* Mar *m* do Norte.
Norman'die [nɔrman'di:] *f*: *die ~* a Normandia *f*.
'Norwegen ['nɔrve:gən] *n* Noruega *f*.
No'valis [no'va:lis], *poeta alemão*.
'Nürnberg ['nyrnbɛrk] *n* Nuremberga *f*.

O

'Ober|bayern ['o:bər-] *n* Alta-Baviera *f*; **~rhein** *m* Alto-Reno *m*.
Odys'see [ody'se:] *f* Odisseia *f*.
O'dysseus [o'dysɔys] *m* Ulisses *m*.
O'lymp [o'lymp] *m* Olimpo *m*.
'Orient ['o:riɛnt] *m* Oriente *m*.
'Ost-'asien ['ɔst-] *n* Asia *f* Oriental.
'Österreich ['ø:stəraıç] *n* Áustria *f*.
'Ost|-'indien ['ɔst-] *n* Índias *f/pl*. Orientais; **~mark** *f* Marca *f* Oriental; **~preußen** *n* Prússia *f* Oriental; **~see** *f* (Mar *m*) Báltico *m*.
'Otto ['ɔto] *m* Otão *m*.
Oze'anien [otse'a:niən] *n* Oceânia *f*.

P

Paläs'tina [palɛs'ti:na] *n* Palestina *f*.
Pa'ris [pa'ri:s] *n* Paris *f*.
'Parsifal, 'Parzival ['parsifal] *m* Persival *m*.
'Paul(us) ['paul(us)] *m* Paulo *m*.
'Peking ['pe:kiŋ] *n* Pequim *m*.
'Persien ['pɛrziən] *n* Pérsia *f*.
Pe'ru [pe'ru:] *n* Peru *m*.
'Peter ['pe:tər] *m*, **'Petrus** ['pe:trus] *m* Pedro *m*.
Pfalz [pfalts] *f* Palatinado *m*.
'Philipp ['fi:lip] *m* Filipe *m*.
Philip'pinen [fili'pi:nən] *pl*. Filipinas *f/pl*.
Pi'latus [pi'la:tus] *m* Pilato *m*.
Po'larmeer [po'la:rme:r] *n* Oceano *m* Glacial, (Mar *m*) Ártico *m*.
'Polen ['po:lən] *n* Polónia *f*.
'Pommern ['pɔmərn] *n* Pomerânia *f*.
'Portugal ['pɔrtugal] *n* Portugal *m*.
'Posen ['po:zən] *n* Posnânia *f*.
Prag [pra:k] *n* Praga *f*.
'Preußen ['prɔysən] *n* Prússia *f*.
Pyre'näen [pyrə'nɛ:ən] *pl*. Pirenéus *m/pl*.

R

'Regensburg ['re:gənsburk] *n* Ratisbona *f*.
'Reinhard ['raınhart] *m* Rainaldo *m*.
Rhein [raın] *m* Reno *m*; **'~land** ['-lant] *n* Renânia *f*.
'Rhone ['ro:nə] *f* Ródano *m*.
'Richard ['riçart] *m* Ricardo *m*.
'Riesengebirge ['ri:zəngəbirgə] *n* Serra *f* dos Gigantes, Montes *m/pl*. da Silésia.
'Rilke ['rilkə], *poeta austro-alemão*.
'Robert ['ro:bɛrt] *m* Roberto *m*.
'Roland ['ro:lant] *m* Rolão *m*, Rolando *m*, Orlando *m*.
Rom [ro:m] *n* Roma *f*.
'Röntgen ['rœntgən], *físico alemão, descobridor dos raios-X*.
Rotter'dam [rɔtər'dam] *n* Roterdão *su*.
Ruhr [ru:r] *f* Rur *m*.
Ru'mänien [ru'mɛ:niən] *n* Roménia *f*.
'Ruprecht ['ruprɛçt] *m* Ruperto *m*; *Knecht ~* São Nicolau.
'Rußland ['ruslant] *n* Rússia *f*.

S

Saar [za:r] *f* Sarre *m*.
'Sachsen ['zaksən] *n* Saxónia *f*.
Sar'dinien [zar'di:niən] *n* Sardenha *f*.
'Schelling ['ʃɛliŋ], *filósofo alemão*.
'Schiller ['ʃilər], *poeta alemão*.
'Schlesien ['ʃle:ziən] *n* Silésia *f*.
'Schleswig ['ʃle:sviç] *n* Eslésvico *m*.
'Schopenhauer ['ʃo:pənhauər], *filósofo alemão*.
'Schottland ['ʃɔtlant] *n* Escócia *f*.
'Schubert ['ʃu:bərt], *compositor austro-alemão*.

ˈSchumann [ˈʃuːman], *compositor alemão.*
ˈSchwaben [ˈʃvaːbən] *n* Suábia *f.*
ˈSchwarze(s) Meer [ˈʃvartsə(s) meːr] *n* Mar *m* Negro.
ˈSchwarzwald [ˈʃvartsvalt] *m* Floresta *f* Negra.
ˈSchweden [ˈʃveːdən] *n* Suécia *f.*
Schweiz [ʃvaɪts] *f*: *die* ~ a Suíça *f.*
ˈSerbien [ˈzɛrbiən] *n* Sérvia *f.*
Siˈbirien [siˈbiːriən] *n* Sibéria *f.*
Siebenˈbürgen [siːbənˈbyrgən] *n* Transilvânia *f.*
Siˈzilien [ziˈtsiːliən] *n* Sicília *f.*
Skandiˈnavien [skandiˈnaːviən] *n* Escandinávia *f.*
Soˈphie [zoˈfiː] *f* Sofia *f.*
ˈSowjetrußland [ˈzɔvjɛt-] *n* Rússia *f* soviética.
ˈSpanien [ˈʃpaːniən] *n* Espanha *f.*
ˈSparta [ˈʃparta] *n* Esparta *f.*
ˈSteiermark [ˈʃtaɪərmark] *f* Estíria *f.*
ˈStille(r) ˈOzean [ˈʃtilə(r) ˈoːtseaːn] *m* (Oceano *m*) Pacífico *m.*
Stockˈholm [ʃtɔkˈhɔlm] *n* Estocolmo *su.*
Strauss [ʃtraus]: *Richard* ~, *compositor alemão de óperas e de música sinfónica.*
Strauß [ʃtraus]: *Johann* ~, *compositor austríaco de valsas e operetas.*
ˈStuttgart [ˈʃtutgart] *n* Estugarda *f.*
ˈSüd|-ˈafrika [ˈzyːt-] *n* África *f* do Sul; **~-aˈmerika** *n* América *f* do Sul.
Suˈdan [zuːˈdaːn] *m* Sudão *m.*
ˈSüd|deutschland [ˈzyːt-] *n* Alemanha *f* do Sul; **~pol** [ˈ-poːl] *m* Pólo *m* Sul; **~see** [ˈ-zeː] *f* (Oceano *m*) Pacífico *m*; **~see-länder** [-lɛndər] *n/pl.* Australásia *f/sg.*
ˈSyrien [ˈzyːriən] *n* Síria *f.*

T

ˈTanger [ˈtaŋər] *n* Tânger *su.*
Teheˈran [teheˈraːn] *n* Teerão *su.*
ˈThemse [ˈtɛmzə] *f* Tamisa *m.*
ˈTheodor [ˈteːodoːr] *m* Teodoro *m.*
ˈThomas [ˈtoːmas] *m* Tomás *m*, Tomé *m.*
ˈThüringen [ˈtyːriŋən] *n* Turíngia *f.*
Tiˈrol [tiˈroːl] *n* Tirol *m.*
ˈTokio [ˈtoːkio] *n* Tóquio *su.*
ˈTroja [ˈtroːja] *n* Tróia *f.*
Tschechoslowaˈkei [tʃɛçoslovaˈkaɪ] *f* Checoslováquia *f.*
Tuˈnesien [tuˈneːziən] *n* Tunísia *f.*
ˈTunis [ˈtuːnis] *n* Tunes *f.*
Türˈkei [tyrˈkaɪ] *f* Turquia *f.*

U

ˈUngarn [ˈuŋgarn] *n* Hungria *f.*
Uˈral [uˈraːl] *m rio*: Ural *m*; *montes*: Urais *m/pl.*

V

Veˈnedig [veˈneːdiç] *n* Veneza *f.*
Verˈeinigte ˈStaaten [fɛrˈaɪniçtə ˈʃtaːtən] *m/pl.* Estados-Unidos *m/pl.* (*von Nordamerika* da América do Norte, E.U.A.).
Vierˈwaldstätter See [firˈvaltʃtɛtər zeː] *m* Lago *m* dos Quatro Cantões.
Voˈgesen [voˈgeːzən] *pl.* Vosgos *m/pl.*
Vorder|-ˈasien [fɔrdər-] *n* Ásia *f* Menor; **~-ˈindien** *n* Índia *f* inglesa.

W

ˈWagner [ˈvaːknər], *compositor alemão.*
ˈWalt(h)er [ˈvaltər] *m* Gualtério *m.*
ˈWarschau [ˈvarʃau] *n* Varsóvia *f.*
ˈWeichsel [ˈvaɪksəl] *f* Vístula *m.*
ˈWestdeutschland [ˈvɛst-] *n* Alemanha *f* Ocidental.
Westˈfalen [vɛstˈfaːlən] *n* Vestefália *f.*
ˈWest-ˈindien [ˈvɛstˈindiən] *n* Índias *f/pl.* Ocidentais.
Wien [viːn] *n* Viena *f* (de Áustria).
ˈWilhelm [ˈvilhɛlm] *m* Guilherme *m.*
ˈWürttemberg [ˈvyrtəmbɛrk] *n* Vurtemberga *m.*

Z

ˈZürich [ˈtsyriç] *n* Zurique *f.*
ˈZwingli [ˈtsviŋli] *m* Zuínglio *m.*
ˈZypern [ˈtsyːpərn] *n* Chipre *su.*

Gebräuchliche deutsche Abkürzungen

Abreviaturas alemãs usuais

A

A.A. *Auswärtige(s) Amt* Ministério dos Negócios Estrangeiros (*od.* *das Relações Exteriores).
a.a.O. *am angegebenen Ort* no lugar citado (l.c.).
Abb. *Abbildung* ilustração, estampa, gravura.
Abg. *Abgeordneter* deputado.
Abk. *Abkürzung* abreviatura.
Abs. *Absatz* parágrafo, alínea; *Absender* remetente (Rem.).
Abschn. *Abschnitt* parágrafo, período, capítulo.
Abt. *Abteilung* se[c]ção, ⚖ vara.
a.D. *außer Dienst* na ina[c]tividade, aposentado, jubilado, *bsd.* ⚔ reformado; *an der Donau* do Danúbio.
ADAC *Allgemeiner Deutscher Automobil-Club* Automóvel Club Geral da Alemanha.
AEG *Allgemeine Elektricitäts-Gesellschaft* Companhia Geral de Ele[c]tricidade.
AG. *Aktiengesellschaft* Sociedade Anónima, Sociedade por acções, Sociedade por cotas, Sociedade por quotas.
allg. *allgemein* geral.
a.M. *am Main* do Meno.
Angekl. *Angeklagter* réu, acusado.
Anm. *Anmerkung* anotação, nota (N., n.).
a.O. *an der Oder* do Oder.
ao. Prof. *außerordentlicher Professor* professor extraordinário.
apl. Prof. *außerplanmäßiger Professor* professor além do quadro.
a. Rh. *am Rhein* do Reno.
Art. *Artikel* artigo (art.º).
a.S. *an der Saale* do Saale.
AStA *Allgemeiner Studentenausschuß* Associação Geral de Estudantes.
A.T. *Altes Testament* Velho Testamento.
Aufl. *Auflage* edição, tiragem.
Ausg. *Ausgabe* edição (ed.).

B

b. *bei* junto de, perto de, ao pé de; ✉ ao cuidado de (a/c).
Bd. *Band* volume (vol.), tomo (t.); *Bände* volumes (vols.), tomos (t.).
Bearb. *Bearbeiter* editor; *Bearbeitung* versão.
bed. *bedeutet* significa.
Bed. *Bedeutung* significado, acepção.
Beibl. *Beiblatt* suplemento (supl.).
beif. *beifolgend* junto, anexo.
beil. *beiliegend* incluso (incl.).
Bem. *Bemerkung* nota, comentário, observação, glosa.
bes. *besonders* especialmente, particularmente.
betr. *betreffend, betrifft, betreffs* com respeito a, referente (ref.te) a, relativo a.
bez. *bezahlt* pago (pg.); *bezüglich* com respeito a, referente (ref.te) a, relativo a.
Bez. *Bezirk* distrito, ⚖ vara, comarca.
BGB *Bürgerliche(s) Gesetzbuch* Código Civil.
Bhf. *Bahnhof* estação.
bisw. *bisweilen* por vezes.
Bl. *Blatt* folha (*ô) (fl., *pl.* fls., fols.).
Br. *Bruder* Irmão, Frei (Fr.).
br. *broschiert* brochado (br.).
BRD *Bundesrepublik Deutschland* República Federal da Alemanha.
BRT *Brutto-Register-Tonnen* toneladas brutas.
b.w. *bitte wenden!* virar!
bzw. *beziehungsweise* respe[c]tivamente.

C

ca. *circa, ungefähr, etwa* cerca (*ê) de, por volta de, aproximadamente, mais ou menos.
cand. *Kandidat* candidato.
cbm *Kubikmeter* metro cúbico.
ccm *Kubikzentimeter* centímetro cúbico.

CDU *Christlich-Demokratische Union* União Democrática Cristã.
Cie. *Compagnie* Companhia (C.ª).
cm *Zentimeter* centímetro.
Co. *Kompagnon* sócio; *Kompanie* Companhia (C.ª).
CSU *Christlich-Soziale Union* União Social Cristã.
c.t. *cum tempore* com um quarto de hora de tolerância.

D

d. *der, das* o, *die* a, *den* (*bei Daten*) em, no dia *od. unübersetzt.*
D. *Dampfer* vapor.
d. Ä. *der Ältere* sénior, Pai.
DAG *Deutsche Angestellten-Gewerkschaft* Sindicato dos empregados alemães.
DBB *Deutscher Beamtenbund* União dos funcionários alemães.
DDR *Deutsche Demokratische Republik* República Democrática Alemã.
desgl. *desgleichen* igualmente, bem assim.
DGB *Deutscher Gewerkschaftsbund* Confederação dos sindicatos alemães.
dgl. *dergleichen* coisa(s) semelhante(s).
d. Gr. *der Große* o Grande, Magno.
d. h. *das heißt* quer(e) dizer, isto é.
d. i. *das ist* isto é.
DIN *Deutsche Industrie-Norm* norma industrial alemã.
Dipl. *Diplom* diploma, diplomado, encartado.
Dipl.-Ing. *Diplomingenieur* Engenheiro.
d. J. *der Jüngere* júnior, Filho; *dieses Jahres* do ano corrente (c.te).
DM *Deutsche Mark* marco alemão.
d. M. *dieses Monats* do mês corrente (c.te).
do. *dito* o mesmo, idem (id.).
d. O. *der Obige* o atrás-mencionado, o atrás-assinado.
Doz. *Dozent* docente.
d. R. *der Reserve* na reserva.
Dr. *Doktor* Doutor, doutor, Licenciado (L.do) (jur. *der Rechte* em Direito; med. *der Medizin* em Medicina, médico; phil. *der Philosophie* em Letras; rer. nat. *der Naturwissenschaften* em Ciências Naturais; rer. pol. *der Nationalökonomie* em Ciências Económicas e Financeiras; sc. pol. *der Politischen Wissenschaft* em Ciências Políticas; theol. [*evangelisch D.*] *der Theologie* em Teologia).
Dr.-Ing. *Doktor der Ingenieurwissenschaften* Engenheiro-Doutor.
DRK *Deutsches Rotes Kreuz* Cruz Vermelha Alemã.
DRP *Deutsches Reichspatent* patente alemã registada.
Dt. *Deutsch* Alemão.
dt(sch). *deutsch* alemão.
Dtz(d). *Dutzend* dúzia.
d. u. ⚔ *dienstuntauglich* inválido, incapaz (de prestar serviço).
d. U. *der Unterzeichnete* o assinado.
d. Vf. *der Verfasser* o Autor (A.).
dz *Doppelzentner* 100 quilós.
D-Zug *Durchgangszug, Schnellzug* rápido.

E

ebd. *ebenda(selbst)* no mesmo lugar (*ib.*).
ed., edd. *edidit, ediderunt* editado por; organizado por.
E. h. *ehrenhalber honoris causa*, por distinção (*h. c.*).
eig(tl). *eigentlich* pròpriamente.
Einl. *Einleitung* Introdução (Intr.).
einz. *einzeln* separado, singular, ✝ avulso.
einschl. *einschließlich* inclusive (incl.).
entspr. *entsprechend* correspondente(mente).
erg. *ergänze* acrescentar, acrescente-se; *ergebener* atencioso (at.º).
Erl. *Erläuterung* comentário, glosa.
ev. *evangelisch* evangélico, protestante.
e. V. *eingetragener Verein* associação registada.
evtl. *eventuell* eventualmente, possìvelmente, porventura.
Ew. *Euer* Vossa (V.ª).
EWG *Europäische Wirtschaftsgemeinschaft* Comunidade Económica Europeia.
exkl. *exklusive* excepto, sem, não incluso.
Expl. *Exemplar* exemplar.
Exz. *Exzellenz* Excelência (Ex.ª).

F

f. *folgende* e seguinte (e sg.); *für* para.
Fa. *Firma* Casa.

FDP *Freie Demokratische Partei* Partido Democrático Livre.

f. d. R. *für die Richtigkeit* está conforme.

ff. *fein-fein* extra-fino, superfino; *und das Folgende* e o seguinte; *folgende Seiten* e páginas seguintes (e sgs.).

Forts. *Fortsetzung* continuação; ~ *folgt* continua.

frdl. *freundlich* amável, gentil.

Frl. *Fräulein* Senhora Dona (S.ra D), Menina (*beide stets mit Vornamen gebraucht*).

G

g *Gramm* grama.

geb. *geboren* nascido (n.), ~ *in* natural de; *geborene* filha de (*Namen der Eltern*).

geb(d). *gebunden* encadernado (enc.).

Gebr. *Gebrüder* Irmãos.

gefl. *gefällig* amável, estimado.

gegr. *gegründet* fundado.

geh. *geheftet* brochado (br.).

geistl. *geistlich* espiritual, sacro, eclesiástico.

gek. *gekürzt* abreviado, reduzido.

Ges. *Gesellschaft* Sociedade (Soc.de), Companhia (C.a).

ges. gesch. *gesetzlich geschützt* registado.

gest. *gestorben* morto (m.), falecido.

Gew. *Gewicht* peso (*ê).

gez. *gezeichnet* assinado (ass.).

G.m.b.H. *Gesellschaft mit beschränkter Haftpflicht od. Haftung* Sociedade de Responsabilidade Limitada (L.da).

H

ha *Hektar* hectare.

Hapag *Hamburg-Amerikanische Paketfahrt-Aktien-Gesellschaft* Companhia Hamburgo-Americana de Vapores.

Hauptm. *Hauptmann* Capitão.

Hbf. *Hauptbahnhof* Estação Central.

H-Bombe *Wasserstoffbombe* bomba de hidrogénio.

hg. *herausgegeben* editado, organizado (*von* por).

Hg. *Herausgeber* editor, organizador da edição.

HGB *Handelsgesetzbuch* Código Comercial.

hl. *Hektoliter* hectolitro.

Hl., hl. *Heilige(r)* São (S.), Santo (S.to), Santa (S.ta).

hrsg. = *hg.*

Hs. *Handschrift* manuscrito (ms.).

I

i. *in, im* em, no.

i. A. *im Auftrage* por poder (p.p.), por ordem (p.o.), por, pelo, pela.

i. allg. *im allgemeinen* em geral.

i. b. *im besonderen* particularmente.

i. Durchschn. *im Durchschnitt* em média.

IG *Interessengemeinschaft* Companhias reunidas; *Industriegewerkschaft* sindicato industrial.

inkl. *inklusive, einschließlich* inclusive (incl.).

i. J. *im Jahre* no ano (de).

Ing. *Ingenieur* Engenheiro (Eng.o).

i. R. *im Ruhestand* aposentado, jubilado, *bsd.* ⚔ reformado.

i. V. *in Vertretung* pelo, pela; em exercício, em substituição (de).

J

J. *Jahr* ano.

Jb. *Jahrbuch* Anuário.

Jg. *Jahrgang* ano; ⚔ classe.

Jh. *Jahrhundert* século (séc.o).

JH *Jugendherberge* albergo para jovens.

jr., jun. *junior, der Jüngere* júnior, Filho.

K

Kap. *Kapitel* capítulo (c.).

kath. *katholisch* católico.

kfm. *kaufmännisch* comercial.

Kfm. *Kaufmann* comerciante, negociante.

Kfz. *Kraftfahrzeug* automóvel.

kg *Kilogramm* quilo(grama).

KG. *Kommanditgesellschaft* comandita.

Kl. *Klasse* classe (cl.).

km *Kilometer* quilómetro.

Ko., Komp. *Kompanie* Companhia (C.a).

kons. *konservativ* conservador.

KP *Kommunistische Partei* Partido Comunista.

Kto. *Konto* conta.

kW *Kilowatt* quilowatt (kw).

kWh *Kilowattstunde* quilowatt-hora.

KZ *Konzentrationslager* campo de concentração.

L

l *Liter* litro.
l. *links* esquerdo (E.).
LDP *Liberal-Demokratische Partei* Partido Democrático Liberal.
lfd. *laufend* corrente (c.te).
Lit. *Literatur* Literatura.
L.K.W., Lkw. *Lastkraftwagen* camião.
lt. *laut* segundo, conforme.
Ltn. *Leutnant* Tenente (T.te).
luth. *lutherisch* luterano.

M

m *Meter* metro.
m. *mit* com.
M. d. B. *Mitglied des Bundestags* Deputado à Assembleia Federal; *Mitglied der Bürgerschaft* Deputado à Dieta Municipal (*nas cidades hanseáticas*).
M. d. L. *Mitglied des Landtags* Deputado à Dieta (regional).
M. d. R. *Mitglied des Reichstags ehm.* Deputado da Nação.
m. E. *meines Erachtens* ao meu ver.
M.E.Z. *Mitteleuropäische Zeit* Hora da Europa Central.
mg *Milligramm* miligrama.
Min. *Minute* minuto.
Mitropa *Mitteleuropäische Schlaf- und Speisewagen-Aktiengesellschaft* Companhia de Carruagens-Camas e Carruagens-Restaurantes da Europa Central, „Wagons-Lits" (*fr.*).
mm *Millimeter* milímetro.
möbl. *möbliert* mobilado.
MS. *Motorschiff* Navio-Motor.
mtl. *monatlich* mensal, por mês.
m. W. *meines Wissens* pelo que eu saiba.

N

N *Norden* Norte.
Nachf. *Nachfolger* sucessor.
nachm. *nachmittags* à tarde, da tarde.
NATO *North Atlantic Treaty Organization, Atlantik-Pakt-Organisation* Organizaçao do Pa[c]to do Atlântico Norte (OTAN).
n. Chr. *nach Christus* depois de cristo (d.C.).
NDR *Norddeutscher Rundfunk* Emissora da Alemanha do Norte.
n. J. *nächsten Jahres* do ano próximo.
n. M. *nächsten Monats* do mês seguinte, do próximo mês, do mês que vem.
N. N. *nescio nomen* nome desconhecido.
NNO *Nordnordost* Nor-nordeste.
NNW *Nordnordwest* Nor-noroeste.
NO *Nordosten* Nordeste.
No., Nr. *Numero, Nummer* número (n.º).
NS *Nachschrift* pós-escrito (Ps.).
N. T. *Neues Testament* Novo Testamento.
NW *Nordwesten* Noroeste.

O

O *Osten* Leste, Oriente.
o. *ohne* sem.
o. B. *ohne Befund* ⚕ não acusa, negativo.
od. *oder* ou.
OEZ *Osteuropäische Zeit* Hora da Europa Oriental.
O.H.G. *Offene Handelsgesellschaft* Sociedade.
o. J. *ohne Jahr* sem data (s. d.).
o. O. *ohne Ort* sem (indicação do) lugar.
o. Prof. *ordentlicher Professor* professor ordinário, catedrático, lente.

P

p. Adr. *per Adresse* ao cuidado de (a/c.).
part. *parterre* rés-do-chão (r/c.).
Pf. *Pfennig* moeda alemã, 0,01 marcos; *Pfarrer* Padre, Cura (P.e).
P.K.W., Pkw. *Personenkraftwagen* automóvel.
P.P. *praemissis praemittendis* títulos respectivos.
p.p. *der, das (die) Vorgenannte* o atrás-mencionado (a atrás-mencionada).
p.p., p.pa., ppa. *per Prokura* por procuração.
Prof. *Professor* professor.
Prov. *Provinz* província.
PS *Pferdestärke* cavalo-força (*ô), cavalo-vapor (cv).
P.S. *postscriptum, Nachschrift* pós-escrito.
PSchA *Postscheckamt* correio de cheques postais.

Q

qkm *Quadratkilometer* quilómetro quadrado.
qm *Quadratmeter* metro quadrado.

R

r. *rechts* direito (D., Dt.º).
Reg. Bez. *Regierungsbezirk* distrito administrativo.
Rel. *Religion* religião.
resp. *respektive* respectivamente.
Rh. *Rhein* Reno.
Rp(t). *Rezept* receita.

S

S *Süden* Sul.
S. *Seite* página (pág., p., *pl.* págs., pp.); *Schiff* Navio, Vapor.
s. *siehe* ver, veja(-se), vidé (v.).
Sa. *summa, Summa* soma, total.
Schw. *Schwester* Irmã, Soror.
s. d. *siehe dies, siehe dort* ver atrás.
SED *Sozialistische Einheitspartei Deutschlands* Partido Unitário Socialista Alemão.
sen. *Senior, der Ältere* sénior, Pai.
sm *Seemeile* légua marítima.
SO *Südosten* Sueste.
s. o. *siehe oben* ver atrás.
sog. *sogenannt* chamado.
SPD *Sozialdemokratische Partei Deutschlands* Partido Social-democrata Alemão.
spez. *speziell, besonders, spezial* especialmente, em especial.
spr. *sprich* pronunciar.
S. S. *Sommersemester* semestre de verão, segunda metado do ano académico alemão (Abril-Julho).
SSO *Südsüdost* Su-sueste.
SSW *Südsüdwest* Su-sudoeste.
St. *Stück* peça; *Sankt* São (S.), Santo (S.to); *Sancta* Santa (S.ta).
s. t. *sine tempore* em ponto.
Std. *Stunde* hora.
StGB *Strafgesetzbuch* Código Penal.
StPO *Strafprozeßordnung* Código do Processo Penal.
Str. *Straße* Rua (R.).
stud. *Studiosus, Student* estudante.
s. u. *siehe unten* ver adiante.
SW *Südwesten* Sudoeste.
s. Z. *seinerzeit* ao seu tempo, em tempos, outrora.

T

t *Tonne* tonelada.
tägl. *täglich* diàriamente, por dia.
teilw. *teilweise* em parte, parcial.
Tgb.-Nr. *Tagebuchnummer* número de jornal.
T. H. *Technische Hochschule* Escola Superior Técnica.
Tl. *Teil* Parte (p.).
T. U. *Technische Universität* Universidade Técnica (U.T.).

U

u. *und* e.
u. a. *und anderes* e outras coisas; *unter anderem, unter anderen* entre outros, entre outras coisas.
u. ä. *und ähnliche(s)* e (coisas) semelhantes.
u. a. m. *und anderes mehr* e outras coisas mais, etc.
U. A. w. g. *Um Antwort wird gebeten* roga-se o favor de responder.
U-Bahn *Untergrundbahn* metro(politano).
u. dgl. (m.) *und dergleichen (mehr)* e (mais) coisas semelhantes.
u. d. M. *unter dem Meeresspiegel* abaixo do nível do mar.
ü. d. M. *über dem Meeresspiegel* acima do nível do mar.
UdSSR *Union der Sozialistischen Sowjetrepubliken* União das Repúblicas Socialistas Soviéticas.
UKW *Ultrakurzwelle* onda ultracurta.
unbest. *unbestimmt* indeterminado, indefinido.
Univ. *Universität(s* da) Universidade (universitário).
UNO ['u:no] *United Nations Organization, Organisation Vereinte Nationen* Organização das Nações Unidas (ONU).
unr., unreg. *unregelmäßig* irregular.
urspr. *ursprünglich* original(mente).
usf. *und so fort* e assim por diante.
usw. *und so weiter* etcétera (etc.).
u. U. *unter Umständen* se as circunstâncias o permitem, se for possível.

V

v. *von* de; *vom* do; ⚖ *gegen* contra.
V. *Volt* vóltio.
V. *Vers* verso (v., *pl.* vv.).
v. Chr. *vor Christus* antes de Cristo (a. C.).
VEB *Volkseigener Betrieb* (*DDR*) empresa nacionalizada (*RDA*).
Verf., Vf. *Verfasser* o Autor (A., *pl.* AA.).
Verl. *Verleger* editor; *Verlag* Casa editora.

vgl. *vergleiche* comparar, conferir (cf.).
v. H. *vom Hundert,* % por cento.
v. J. *vorigen Jahres* do ano passado.
v. M. *vorigen Monats* do mês passado.
vorm. *vormals* antigamente, outrora; *vormittags* de manhã, antes do meio-dia.
Vors. *Vorsitzender* presidente.
v.T. *vom Tausend,* ‰ por mil.
VW *Volkswagen* Volkswagen.

W

W *Westen* Oeste, Ocidente.
WDR *Westdeutscher Rundfunk* Emissora da Alemanha Ocidental.
WEZ *Westeuropäische Zeit* Hora da Europa Ocidental.
W.S. *Wintersemester* semestre do inverno, primeira metade do ano académico alemão (Novembro-Fevereiro).
Wwe. *Witwe* viúva.

Z

Z. *Zahl* número, algarismo; *Zeile* linha.
z. *zu* a, para; *zum* ao, para o; *zur* à, para a.
z. B. *zum Beispiel* por exemplo (p. ex.; v. gr.).
z. D. *zur Disposition* na Disponibilidade.
z. H(d). *zu Händen* ao cuidado de (a/c.).
ZPO *Zivilprozeßordnung* Código do Processo Civil.
Zs. *Zeitschrift* Revista (Rev.).
z. S. *zur See* de mar e guerra, ...-marinha.
z. T. *zum Teil* em parte.
Ztg. *Zeitung* jornal, periódico.
Ztr. *Zentner* 50 quilos.
Ztschr. *Zeitschrift* Revista.
zus. *zusammen* em total, soma.
zw. *zwischen* entre.
z. Z(t). *zur Zeit* a[c]tualmente, presentemente, temporàriamente.

Regras da declinação dos substantivos alemães

O seguinte esquema da declinação alemã limita-se a descrever as formas actuais, sem considerar os factos históricos (das declinações forte, fraca e mista), resultando daí simplificações consideráveis e verificando-se que grande número de substantivos alemães podem ser declinados correctamente sem indicação gramatical, desde que se observem as seguintes regras:

Regra geral

1. O **dativo do plural** termina sempre em *-n*; quando o nominativo termina em **-n,** não se acrescenta outro -n (p.ex. *den Gärten*, dativo pl. de *der Garten*). Substantivos que no plural terminam em *-s*, não têm -n. A metafonia da vogal radical no plural é marcada por (⁼), transformando-se

a em **ä, au** em **äu, o** em **ö, u** em **ü**

Substantivos femininos

2. Os **substantivos femininos** são todos invariáveis no singular. Não são marcados no Dicionário, quando no plural terminam em *-en* ou, depois de -e, em *-n*, ou quando, terminando no singular em **-in,** no plural terminam em *-nen*.

Exemplos:

die Frau	die Frau**en**	die Maschine	die Maschine**n**
der ,,	der ,,	der ,,	der ,,
der ,,	den ,,	der ,,	den ,,
die ,,	die ,,	die ,,	die ,,

die Lehrerin	die Lehrerin**nen**
der ,,	der ,,
der ,,	den ,,
die ,,	die ,,

Todas as excepções do plural atrás descrito aparecem no Dicionário indicadas

(*-n*)	ˈ**Leber** *f* (-; *-n*) :	die Leber, (der Leber), die Leber**n**
(⁼)	ˈ**Tochter** *f* (-; ⁼):	die Tochter, (der Tochter), die T**ö**chter
(⁼*e*)	**Hand** *f* (-; ⁼*e*) :	die Hand, (der Hand), die H**ä**nd**e**

Substantivos masculinos

3. As indicações (*-en*) ou (*-n*) referem-se nos substantivos masculinos à seguinte declinação:

der Student	die Student**en**	der Bote	die Bote**n**
des Student**en**	der ,,	des Bote**n**	der ,,
dem ,,	den ,,	dem ,,	den ,,
den ,,	die ,,	den ,,	die ,,

Substantivos masculinos e neutros

4. Substantivos masculinos e neutros declinados segundo o modelo seguinte não levem indicação no Dicionário:

der Lehrer	die Lehrer	das Fenster	die Fenster
des Lehrers	der Lehrer	des Fensters	der Fenster
dem Lehrer	den Lehrern	dem Fenster	den Fenstern
den Lehrer	die Lehrer	das Fenster	die Fenster

5. **Todas as excepções** a este esquema são no Dicionário indicadas entre parênteses depois da respectiva palavra, ficando a forma do genitivo e a do plural separadas por ponto e vírgula, com os significados seguintes:

-*ės*: O genitivo pode terminar em -*s* ou -*es*:

Mann *m* (-*ės*; ⸚*er*) der Mann, des Mannes *ou* des Manns; die Männer.
Kind *n* (-*ės*; -*er*) das Kind, des Kindes *ou* des Kinds; die Kinder.

Nos substantivos monossilábicos são preferíveis hoje os genitivos em -*es*, sobretudo quando terminam em -*ld*, -*lg*, -*nd*. Depois de -*s* e -*z* o genitivo termina sempre em -*es*.

Exemplos:

der Wald, des Waldes
das (der) Balg, des Balges
das Rind, des Rindes
das Haus, des Hauses
der Schutz, des Schutzes

As formas do genitivo fixadas pela regra ou pelo uso são marcadas pelas seguintes indicações depois das respectivas palavras:

-*s* :	'**Billard** *n* (-*s*; -*s*) :	das Billard, des Billards; die Billards
-*es* :	**Gast** *m* (-*es*; ⸚*e*) :	der Gast, des Gastes; die Gäste
-*ens* :	**Herz** *n* (-*ens*; -*en*) :	das Herz, des Herzens; die Herzen
-*sses*:	**Ge'biß** *n* (-*sses*; -*sse*):	das Gebiß, des Gebisses; die Gebisse

6. O dativo dos substantivos masculinos e neutros que formam o genitivo sing. com -(*e*)*s* e o plural com -*e*, -*er* ou -*en* pode terminar em -*e*. O emprego deste -*e* é hoje ùnicamente determinado pela eufonia, com excepção de expressões estereotipadas (p.ex., *am Tage*) que sempre terminam em -*e*.

7. Quando uma palavra é invariável no genitivo, as indicações atrás mencionadas são substituídas por (-). Por exemplo:

'**Laban** *m* (-; -*e*): der Laban, des Laban; die Labane.

Pro'nomen *n* (-*s*; - *od. Pronomina*): das Pronomen, des Pronomens; die Pronomen, *ou* Pronomina.

8. Quando uma palavra não tem plural, é independentemente do seu género marcada por (*0*) só ou ao lado da forma que indica o genitivo:

'**Güte** *f* (*0*) : die Güte, der Güte; não tem plural.
Mut *m* (*-és*; *0*): der Mut, des Mutes, *ou* Muts; não tem plural.
Muß *n* (-; *0*) : das Muß, des Muß; não tem plural.

Regras da declinação dos adjectivos

As formas do adjectivo que precede o substantivo distinguem-se por três categorias:

1. O adjectivo precedido por artigo definido ou por palavra com terminação idêntica à do artigo.

der	groß[e]	Mann	die	jung[e]	Frau	das	klein[e]	Kind
des	~**en**	~es	der	~**en**	~	des	~**en**	~es
dem	~**en**	~e	der	~**en**	~	dem	~**en**	~
den	~**en**	~	die	~[e]	~	das	~[e]	~
die	~**en**	~̈er	die	~**en**	~en	die	~**en**	~er
der	~**en**	~̈er	der	~**en**	~en	der	~**en**	~er
den	~**en**	~̈ern	den	~**en**	~en	den	~**en**	~ern
die	~**en**	~̈er	die	~**en**	~en	die	~**en**	~er

Igualmente no singular e no plural a seguir a **dieser, jener, welcher, mancher, solcher,** e no plural a seguir a **alle, keine; meine, deine, seine, ihre, unsere, euere, ihre; irgendwelche, sämtliche.**

2. O adjectivo precedido por artigo indefinido ou palavra com terminação idêntica ao artigo indefinido.

ein	groß[er]	Mann	eine	jung[e]	Frau
eines	~**en**	~es	einer	~**en**	~
einem	~**en**	~	einer	~**en**	~
einen	~**en**	~	eine	~[e]	~

ein	klein[es]	Kind
eines	~**en**	~es
einem	~**en**	~
ein	~**es**	~

Igualmente a seguir a **kein, mein, dein, sein, ihr, unser, euer, ihr, folgend.**

3. O adjectivo não precedido por artigo.

		cf.			*cf.*			*cf.*
alt**er**	Wein	(*der*)	lange	Zeit	(*die*)	frisches	Brot	(*das*)
~[en]	~es		~**er**	~	(*der*)	~[en]	~es	
~**em**	~	(*dem*)	~**er**	~	(*der*)	~**em**	~	(*dem*)
~**en**	~	(*den*)	~**e**	~	(*die*)	~**es**	~	(*das*)
~**e**	~e		böse	~en		~**e**	~e	(*die*)
~**er**	~e		~**er**	~en		~**er**	~e	(*der*)
~**en**	~en		~**en**	~en		~**en**	~en	(*den*)
~**e**	~e		~**e**	~en		~**e**	~e	(*die*)

Igualmente no singular e no plural a seguir a **manch, solch, welch,** não declinados, e no plural a seguir a **andere, einige, etliche, mehrere, verschiedene, viele, wenige, folgende.**

No genitivo plural aparecem também por vezes adjectivos a terminarem em **-en** (em vez de -er) a seguir às últimas palavras citadas.

4. Muitos adjectivos são empregados como substantivos. São declinados como os adjectivos correspondentes e são no Dicionário indicados por **-(r)**:

Reisende(r) *m/f* (= der, die Reisende, eine Reisende, ein Reisender)
der Reisende, die Reisende: terminações idênticas às de 1.;
ein Reisender, eine Reisende: terminações no singular idênticas às de 2., no plural às de 3.

Os adjectivos substantivados como *das Gute, ein Gutes* não foram incluídos no Dicionário; como substantivos abstractos não têm plural. No singular terminam no caso de *ein Gutes* como em 2., no de *das Gute* como em 1.

A comparação dos adjectivos

schnell, schnell**er**, { schnell**st**, só diante de um substantivo, com desinência de adjectivo; **am** schnell**sten** como advérbio.

As comparações irregulares são indicadas no Dicionário entre parênteses curvos a seguir aos respectivos adjectivos:

a) Comparação com metafonia:

groß	(*"er; "ßt*)	(= größer; größt..., am größten)
hart	(*"er; "est*)	(= härter; härtest..., am härtesten)
klug	(*"er; "st*)	(= klüger; klügst..., am klügsten).

b) **gut** (*besser; best-*)
viel (*mehr; meist-*)

Adjectivos que terminam em **-el**, **-en** e **-er** sofrem muitas vezes elisão do **e** desta desinência, quando na comparação se acrescenta outra desinência com *e*, p.ex.:

dunkel: dunk**ler**; im dunk**len** Zimmer.

No Dicionário a elisão do *e* é indicada nos respectivos adjectivos em parênteses curvos, p.ex.:

dunkel (*-kl-*).

Adjectivos que não formam nem comparativo nem superlativo são indicados por (*0*), p.ex.:

lauwarm (*0*).

Pronomes

A) Os pronomes pessoais

SINGULAR					«es» pessoal neutro	«es» impessoal geral
N	ich	du; Sie	er	sie	es	es
G	meiner (mein**)	deiner (dein**)	seiner (sein**)	ihrer	seiner*) (sein**)	dessen, es
D	mir	dir; Ihnen	ihm	ihr	ihm	—
A	mich	dich; Sie	ihn	sie	es	es

PLURAL			
N	wir	ihr; Sie	sie
G	unser	euer; Ihrer	ihrer
D	uns	euch; Ihnen	ihnen
A	uns	euch; Sie	sie

Nota: Na linguagem corrente *er* e *sie* acentuados são muitas vezes substituídos por **der** e **die**.

B) O artigo definido e o pronome demonstrativo

SINGULAR	*Masculino*			
Nominativo	d*er*	dies*er*	jen*er*	solch*er*
Genitivo	d*es*	dies*es*	jen*es*	solch*es*
Dativo	d*em*	dies*em*	jen*em*	solch*em*
Acusativo	d*en*	dies*en*	jen*en*	solch*en*
	Feminino			
Nominativo	d*ie*	dies*e*	jen*e*	solch*e*
Genitivo	d*er*	dies*er*	jen*er*	solch*er*
Dativo	d*er*	dies*er*	jen*er*	solch*er*
Acusativo	d*ie*	dies*e*	jen*e*	solch*e*
	Neutro			
Nominativo	d*as*	dies(*es*)	jen*es*	solch*es*
Genitivo	d*es*	dies*es*	jen*es*	solch*es*
Dativo	d*em*	dies*em*	jen*em*	solch*em*
Acusativo	d*as*	dies(*es*)	jen*es*	solch*es*
PLURAL				
Nominativo	d*ie*	dies*e*	jen*e*	solch*e*
Genitivo	d*er*	dies*er*	jen*er*	solch*er*
Dativo	d*en*	dies*en*	jen*en*	solch*en*
Acusativo	d*ie*	dies*e*	jen*e*	solch*e*

O artigo definido pode igualmente servir de pronome demonstrativo; neste caso é acentuado e geralmente seguido por oração relativa.

---

*) Raro. **) Antiquado.

As respectivas formas acentuadas do genitivo são:

m	*f*	*n*	*pl.*
dessen	derer	(dessen)	derer; deren

O dativo do plural é: denen

Deren diz-se quando relacionado com pessoas ou coisas já mencionadas.

Exemplo:

Ich erinnere mich **derer**, die an der Konferenz teilnahmen, noch gut; es waren **deren** sieben. Sagen Sie es allen **denen**, die nicht dabei waren.

C) O artigo indefinido e os adjectivos possessivos

SINGULAR	*m*	*f*	*n*
Nominativo	ein	ein*e*	ein
Genitivo	ein*es*	ein*er*	ein*es*
Dativo	ein*em*	ein*er*	ein*em*
Acusativo	ein*en*	ein*e*	ein

Anàlogamente: **mein, dein, sein, unser, euer, ihr** e a negação de *ein*: **kein.**

O *-e-* em *unser* e *euer* sofre por vezes elisão, quando à palavra se acrescenta outra desinência: uns(e)res, uns(e)rem, *etc.*

As desinências do plural são para todos os géneros:

-e	*cf.* (*die*)
-er	(*der*)
-en	(*den*)
-e	(*die*)

Empregados como substantivos, os adjectivos possessivos e o numeral **der eine** com o artigo são declinados como **der, die Reisende**:

der Deine	die Deine	die Deinen
der eine	die eine	die einen

Sem artigo, tomam as desinências do artigo definido:

m:	Sing. nom.	einer	meiner	deiner	} *etc.*
	ac.	einen	meinen	deinen	
	Plur.	—	meine	deine	*etc.*

As formas do genitivo não se usam.

D) O pronome relativo

der Mann, der ...	die Frau, die ...	das Kind, das ...
„ „ , dessen	„ „ , deren	„ „ , dessen
„ „ , dem	„ „ , der	„ „ , dem
„ „ , den	„ „ , die	„ „ , das

die Männer, Frauen, Kinder, die
, deren
, denen
, die

Em vez de *der* aparecem também **welcher, welche, welches** no nominativo, no dativo e no acusativo.

E) O pronome reflexo

Acusativo	Dativo	
ich freue **mich**	ich kaufe **mir**	(a.c. [*ac.*])
du freust **dich**	du kaufst **dir**	„
Sie freuen **sich**	Sie kaufen **sich**	„
er freut **sich**	er kauft **sich**	„
sie freut **sich**	sie kauft **sich**	„
es freut **sich**	es kauft **sich**	„
wir freuen **uns**	wir kaufen **uns**	„
ihr freut **euch**	ihr kauft **euch**	„
Sie freuen **sich**	Sie kaufen **sich**	„
sie freuen **sich**	sie kaufen **sich**	„

F) O pronome interrogativo

Substantivo		**Adjectivo**			
pessoas	*coisas*	*m*	*f*	*n*	*pl.*
wer?	was?	welcher?	welche?	welches?	welche?
wessen?	wessen?				
wem?	—	*As desinências correspondem às do artigo definido.*			
wen?	was?				

G) O pronome indefinido

jemand	**niemand**
~es	~es
~(em)	~(em)
~(en)	~(en)
etwas	**nichts**

não são declinados

Adjectivo e substantivo:

jeder **jede** **jedes**

Desinências análogas às do artigo definido.

O emprego substantivo do genitivo é raro; o adjectivo é muitas vezes *jed***en**.

Regras da conjugação dos verbos alemães

1. Todos os verbos alemães terminam no infinito em **-en** ou **-n** p.ex. sag**en**, handel**n**

2. Verbos que no Dicionário não são acompanhados por *(L)* seguem a conjugação regular ou, na terminologia da gramática alemã, fraca:

Indicativo e Condicional

	VOZ ACTIVA		VOZ PASSIVA*)	
Infinito do presente:	loben		gelobt werden	
Presente:	ich lob**e**		ich werde	gelobt
	du lob**st**		du wirst	
	er, sie, es lob**t**		er, sie, es wird	
	wir lob**en**		wir werden	
	ihr lob**t**		ihr werdet	
	sie, Sie lob**en**		sie, Sie werden	
Imperfeito:	ich lob**te**		ich wurde	gelobt
	du lob**test**		du wurdest	
	er, sie, es lob**te**		er, sie, es wurde	
	wir lob**ten**		wir wurden	
	ihr lob**tet**		ihr wurdet	
	sie, Sie lob**ten**		sie, Sie wurden	
Infinito do perfeito:	gelobt haben		gelobt worden sein	
Perfeito:	ich habe	ge-lobt	ich bin	gelobt worden
	du hast		du bist	
	er, sie, es hat		er, sie, es ist	
	wir haben		wir sind	
	ihr habt		ihr seid	
	sie, Sie haben		sie, Sie sind	

---

*) Além da voz passiva que indica o processo (o «Werden») há no Alemão, no presente e no imperfeito, a expressão, na voz passiva, de um estado que indica uma acção terminada (o «Sein»).

ich bin	ver-gessen	ich war	ver-gessen
du bist		du warst	
er, sie, es ist		er, sie, es war	
wir sind		wir waren	
ihr seid		ihr wart	
sie, Sie sind		sie, Sie waren	

Cf.: *Die Tür wird geschlossen* (processo!)
Die Tür ist geschlossen (estado!)

Note-se que no último caso o verbo (*geschlossen*) já não tem força verbal, atribuindo-se-lhe, pelo contrário, carácter adjectivo.

Mais-que-perfeito:	ich hatte gelobt du hattest gelobt *etc.*	ich war gelobt worden du warst gelobt worden *etc.*
1.º Futuro:	ich werde loben du wirst loben *etc.*	ich werde gelobt werden du wirst gelobt werden *etc.*
2.º Futuro:	ich werde gelobt haben du wirst gelobt haben *etc.*	ich werde gelobt worden sein du wirst gelobt worden sein *etc.*
Presente do condicional:	ich würde loben *etc.*	ich würde gelobt werden *etc.*
Perfeito do condicional:	ich würde gelobt haben *etc.*	ich würde gelobt worden sein *etc.*
Singular do imperativo:	lobe! loben Sie!	sei (werde) gelobt! seien Sie gelobt!
Plural:	lobt! lobet! loben Sie!	seid (werdet) gelobt! seien Sie gelobt!
Particípio do presente:	lob**end**	
perfeito:	gelob**t**	

3. **Conjuntivo**

Na terceira pessoa do singular o conjuntivo termina sempre em **-e**.

As restantes desinências são iguais às do indicativo.

As desinências **-st** e **-t** da segunda pessoa do singular e do plural são no presente do conjuntivo precedidas por **-e-**.

O imperfeito da voz activa do conjuntivo é igual ao do indicativo.

Para as formas do conjuntivo dos verbos auxiliares «haben», «sein», «werden» vidé (*L*) página 1232.

	VOZ ACTIVA	VOZ PASSIVA
Presente:	ich lobe du lobest er, sie, es lobe wir loben ihr lobet sie, Sie loben	ich werde du werdest er, sie, es werde wir werden ihr werdet sie, Sie werden } gelobt
Imperfeito:	*veja indicativo*	ich würde gelobt *etc.*
Perfeito:	ich habe gelobt *etc.*	ich sei gelobt worden *etc.*
Mais-que-perfeito:	ich hätte gelobt *etc.*	ich wäre gelobt worden *etc.*
1.º Futuro:	ich werde loben du werdest loben *etc.*	ich werde gelobt werden du werdest gelobt werden *etc.*
2.º Futuro:	ich werde gelobt haben *etc.*	ich werde gelobt worden sein *etc.*

4. Verbos acompanhados pelas indicações (*-e-*), (*-t*), (*-ßt*), (*-le*), (*-re*) ou (-) divergem em algumas formas do paradigma **«loben»** segundo o esquema seguinte.

(-e-) **'reden** (*-e-*)

Presente:
ich rede
du red**e**st
er, sie, es red**e**t
wir reden
ihr red**e**t
sie, Sie reden

Imperfeito:
ich red**e**te
du red**e**test
er, sie, es red**e**te
etc.

Particípio: gered**e**t

(-t) **'reisen** (*-t*)

Presente:
ich reise
du reis**t** (reisest)
er, sie, es reist
wir reisen
ihr reist
sie, Sie reisen

(-ßt) **'fassen** (*-ßt*)

Presente:
ich fasse
du fa**ßt** (fassest)
er, sie, es fa**ßt**
wir fassen
ihr fa**ßt**
sie, Sie fassen

Imperfeito: ich fa**ßt**e *etc.*

Particípio: gefa**ßt**

(-le) **'handeln** (*-le*)

Presente:
ich hand(e)**le**
du handelst
er, sie, es handelt
wir handeln
ihr handelt
sie, Sie handeln

Imperfeito: ich handelte *etc.*

Imperativo: hand**le**! handelt!

Particípio: gehandelt

(-re) **'wandern** (*-re*)

Presente:
ich wand(e)**re**
du wanderst
er, sie, es wandert
wir wandern
ihr wandert
sie, Sie wandern

Imperfeito: ich wanderte *etc.*

Imperativo: wand**re**! wandert!

Particípio: gewandert

(-) **stu'dieren** (-)

Particípio perfeito: studiert, portanto **sem** o prefixo **ge-**
Perfeito: ich habe studiert

durch'brechen (*L*; -)

Perfeito: ich habe durch'brochen
(**mas: 'durchbrechen Perf.:** ich habe 'durchgebrochen)

miß'brauchen (-)

Perfeito: ich habe miß'braucht

5. Verbos irregulares

a) Os verbos irregulares (ou fortes) têm as mesmas desinências pessoais que os verbos regulares com excepção de três formas; *cf.* b) e c).

b) Não têm desinência na 1.ª e 3.ª pessoa do singular do Imperfeito:

ich lob**te**	**mas**	ich gab
er, sie, es lob**te**		er, sie, es gab

c) O particípio do perfeito termina em -en; na maior parte das vezes a vogal da radical sofre apofonia:

ich habe getr**unken**, Infinito: trinken

d) Os verbos fortes não formam o imperfeito com *-t-*, mas sim por apofonia da vogal radical.

e) Muitas vezes a vogal radical da 2.ª e 3.ª pessoa do presente também sofre apofonia:

ich fahre	wir fahren
du fährst	ihr fahrt
er, sie, es fährt	sie, Sie fahren

f) O conjuntivo do Imperfeito é muitas vezes formado por metafonia da vogal do Imperfeito do indicativo (¨).

Imperf. do indicativo: ich fuhr
Imperf. do conjuntivo: ich f**ü**hre

g) Alguns verbos que sofrem apofonia da vogal radical formam o Imperfeito e o Particípio com o *-t* dos verbos fracos. Esta conjugação é classificada de «mista»:

brennen — brannte — gebrannt

h) Quanto às formas diversas veja a lista (*L*), págs. 1232—1236.

Paradigma

ˈfahren *v/t.* e *v/i.*

	VOZ ACTIVA	VOZ PASSIVA
Presente:	ich fahre	ich werde gefahren
	du fährst	du wirst gefahren
	er, sie, es fährt	*etc.*
	wir fahren	
	ihr fahrt	
	sie, Sie fahren	
Imperfeito:	ich fuhr	ich wurde gefahren
	du fuhrst	du wurdest gefahren
	er, sie, es fuhr	*etc.*
	wir fuhren	
	ihr fuhrt	
	sie, Sie fuhren	
Perfeito: *v/t.*	ich habe gefahren	ich bin gefahren worden
v/i.	ich bin gefahren	*etc.*

Mais-que-perfeito: *v/t.*	ich hatte gefahren	ich war gefahren worden
v/i.	ich war gefahren	*etc.*
1.º Futuro:	ich werde fahren *etc.*	ich werde gefahren werden *etc.*
2.º Futuro: *v/t.*	ich werde gefahren haben	ich werde gefahren worden sein
v/i.	ich werde gefahren sein	*etc.*
Presente do condicional:	ich würde fahren	ich würde gefahren werden
Perfeito do condicional: *v/t.*	ich würde gefahren haben	ich würde gefahren worden sein
v/i.	ich würde gefahren sein	*etc.*

Imperativo: Singular	fahr(e)! fahren Sie!	*) cf. nota!
Plural	fahrt! fahren Sie!	
Particípio presente:	fahrend	
perfeito:	gefahren	
Presente do conjuntivo: (Conjuntivo I)	ich fahre du fahrest *etc.*	como em *loben*, cf. 3!
Imperfeito do conjuntivo: (Conjuntivo II)	ich führe du führest er, sie, es führe wir führen ihr führet sie, Sie führen	cf. o que foi dito em 5f!

Todas as restantes formas (da voz activa e passiva) são formadas anàlogamente a «loben».

6. (*sn*) Verbos que formam o perfeito e o mais-que-perfeito da voz activa com **sein** em vez de **haben** são indicados por (*sn*):

   ˈ**gehen** (*sn*) = «ich **bin gegangen**» (*cf.* 5, fahren no paradigma).

7. Verbos compostos são separados quando o primeiro elemento é acentuado. Em todos os verbos o acento tónico é indicado por (ˈ) antes da sílaba acentuada:

ˈ**abfahren** (*L*; *sn*)	ich fahre ab ich fuhr ab ich bin **abgefahren** ich war abgefahren *etc.*
ˈ**radfahren** (*L*; *sn*)	ich fahre Rad ich fuhr Rad ich bin **radgefahren** *etc.*

---

*) O Imperativo da voz passiva só pode ser formado de poucos verbos, p.ex. «preisen»:

sei (werde) gepriesen!	Seien Sie gepriesen!
seid (werdet) gepriesen!	Seien Sie gepriesen!

'durchbrechen (*L*) *v/t.* *v/i.*	ich breche durch ich habe (a.c. *ac.*) 'durchgebrochen ich bin 'durchgebrochen

mas

durch'brechen (*L*; -)

ich durch'breche
ich habe durch'brochen (*cf.* 4, [-]).

Todos os verbos com os prefixos *be-*, *emp-*, *ent-*, *er-*, *ge-*, *ver-*, *zer-*, nunca acentuados, seguem o modelo de «durch'brechen».

O prefixo *miß-* é inseparável no presente e no imperfeito; no particípio porém, introduz-se *-ge-* entre *miß-* e o verbo, quando *miß-* é acentuado e o verbo não tem outro prefixo:

'mißbilden (*-e-*)	ich mißbilde ich habe 'mißgebildet
'mißverstehen (*L*; -)	ich 'mißverstehe ich habe 'mißverstanden

Quando o prefixo é composto por várias partes, todo ele é separável se a parte acentuada precede imediatamente o verbo, p.ex.

hin'zufügen	ich füge hin'zu ich habe hin'zugefügt

mas

'anerkennen	ich er'kenne 'an ich habe 'anerkannt

Prefixos compostos com «be-» e «ver-» são inseparáveis do verbo:

be'antragen	ich be'antrage ich habe be'antragt
ver'unglücken	ich ver'unglücke ich bin ver'unglückt

Lista dos Verbos fortes e irregulares

(*subj.* significa *impf. subj.* O *impf. ind.* alemão pode corresponder ao *pt. perf.* e ao *pt. impf.* do Português).

backen *prs.* backe, bäckst, bäckt; *imp.* back(e); *p. pt.* gebacken.
befehlen *prs.* befehle, befiehlst, befiehlt; *impf.* befahl; *subj.* beföhle; *imp.* befiehl; *p. pt.* befohlen.
beginnen *prs.* beginne, beginnst, beginnt; *impf.* begann; *subj.* begönne (begänne); *imp.* beginn(e); *p. pt.* begonnen.
beißen *prs.* beiße, beißt, beißt; *impf.* biß, bissest; *subj.* bisse; *imp.* beiß(e); *p. pt.* gebissen.
bergen *prs.* berge, birgst, birgt; *impf.* barg; *subj.* bürge (bärge); *imp.* birg; *p. pt.* geborgen.
bersten *prs.* berste, birst (berstest), birst (berstet); *impf.* barst, barstest; *imp.* birst; *p. pt.* geborsten.
bewegen *prs.* bewege, bewegst, bewegt; *impf.* bewegte (*fig.* bewog); *imp.* beweg(e); *p. pt.* bewegt (*fig.* bewogen).
biegen *prs.* biege, biegst, biegt; *impf.* bog; *subj.* böge; *imp.* bieg(e); *p. pt.* gebogen.
bieten *prs.* biete, biet(e)st; bietet; *impf.* bot, bot(e)st; *subj.* böte; *imp.* biet(e); *p. pt.* geboten.
binden *prs.* binde, bindest, bindet; *impf.* band, band(e)st; *subj.* bände; *imp.* bind(e); *p. pt.* gebunden.
bitten *prs.* bitte, bittest, bittet; *impf.* bat, bat(e)st; *subj.* bäte; *imp.* bitte; *p. pt.* gebeten.
blasen *prs.* blase, bläst, bläst; *impf.* blies, bliesest; *subj.* bliese; *imp.* blas (blase); *p. pt.* geblasen.
bleiben *prs.* bleibe, bleibst, bleibt; *impf.* blieb (bliebst); *subj.* bliebe; *imp.* bleib(e); *p. pt.* geblieben.
braten *prs.* brate, brätst, brät; *impf.* briet, briet(e)st; *subj.* briete; *imp.* brat(e); *p. pt.* gebraten.
brechen *prs.* breche, brichst, bricht; *impf.* brach; *subj.* bräche; *imp.* brich; *p. pt.* gebrochen*).
brennen *prs.* brenne, brennst, brennt; *impf.* brannte; *subj.* brennte; *imp.* brenne; *p. pt.* gebrannt.
bringen *prs.* bringe, bringst, bringt; *impf.* brachte; *subj.* brächte; *imp.* bring(e); *p. pt.* gebracht.
denken *prs.* denke, denkst, denkt; *impf.* dachte; *subj.* dächte; *imp.* denk(e); *p. pt.* gedacht.
dringen *prs.* dringe, dringst, dringt; *impf.* drang, drangst; *subj.* dränge; *imp.* dring(e); *p. pt.* gedrungen.
dürfen *prs.* darf, darfst, darf; dürfen; *impf.* durfte; *subj.* dürfte; *imp.* —; *p. pt.* gedurft.
empfehlen *prs.* empfehle, empfiehlst, empfiehlt; *impf.* empfahl; *subj.* empföhle (empfähle); *imp.* empfiehlt; *p. pt.* empfohlen.
erlöschen *prs.* erlösche, erlischst, erlischt; *impf.* erlosch, erloschest; *subj.* erlösche; *imp.* erlisch; *p. pt.* erloschen.
essen *prs.* esse, issest (ißt), ißt; *impf.* aß, aßest; *subj.* äße; *imp.* iß; *p. pt.* gegessen.
fahren *prs.* fahre, fährst, fährt; *impf.* fuhr, fuhrst; *subj.* führe; *imp.* fahr(e); *p. pt.* gefahren.
fallen *prs.* falle, fällst, fällt; *impf.* fiel; *subj.* fiele; *imp.* fall(e); *p. pt.* gefallen.
fangen *prs.* fange, fängst, fängt; *impf.* fing; *subj.* finge; *imp.* fang(e); *p. pt.* gefangen.
fechten *prs.* fechte, fichtst, ficht; *impf.* focht, focht(e)st; *subj.* föchte; *imp.* ficht; *p. pt.* gefochten.
finden *prs.* finde, findest, findet; *impf.* fand, fand(e)st; *subj.* fände; *imp.* find(e); *p. pt.* gefunden

*) ehebrechen: daß sie ehebrechen (ehebrachen), *mas*: er bricht (brach) die Ehe, er hat die Ehe gebrochen.

flechten *prs.* flechte, flichtst, flicht; *impf.* flocht, flochtest; *subj.* flöchte; *imp.* flicht; *p. pt.* geflochten.
fliegen *prs.* fliege, fliegst, fliegt; *impf.* flog, flogst; *subj.* flöge; *imp.* flieg(e); *p. pt.* geflogen.
flieh(e)n *prs.* fliehe, fliehst, flieht; *impf.* floh, flohst; *subj.* flöhe; *imp.* flieh(e); *p. pt.* geflohen.
fließen *prs.* fließe, fließt, fließt; *impf.* floß, flossest; *subj.* flösse; *imp.* fließ(e); *p. pt.* geflossen.
fressen *prs.* fresse, frißt, frißt; *impf.* fraß, fraßest; *subj.* fräße; *imp.* friß; *p. pt.* gefressen.
frieren *prs.* friere, frierst, friert; *impf.* fror; *subj.* fröre; *imp.* frier(e); *p. pt.* gefroren.
geben *prs.* gebe, gibst, gibt; *impf.* gab; *subj.* gäbe; *imp.* gib; *p. pt.* gegeben.
gedeihen *prs.* gedeihe, gedeihst, gedeiht; *impf.* gedieh; *subj.* gediehe; *imp.* gedeih(e); *p. pt.* gediehen.
geh(e)n *prs.* gehe, gehst, geht; *impf.* ging; *subj.* ginge; *imp.* geh(e); *p. pt.* gegangen.
gelingen *prs.* es gelingt; *impf.* es gelang; *subj.* es gelänge; *imp.* geling(e); *p. pt.* gelungen.
gelten *prs.* gelte, giltst, gilt; *impf.* galt, galt(e)st; *subj.* gölte (gälte); *imp.* gilt; *p. pt.* gegolten.
genesen *prs.* genese, genest, genest; *impf.* genas, genasest; *subj.* genäse; *imp.* genese; *p. pt.* genesen.
genießen *prs.* genieße, genießt, genießt; *impf.* genoß, genossest; *subj.* genösse; *imp.* genieß(e); *p. pt.* genossen.
geschehen *prs.* es geschieht; *impf.* es geschah; *subj.* es geschähe; *imp.* —; *p. pt.* geschehen.
gewinnen *prs.* gewinne, gewinnst, gewinnt; *impf.* gewann, gewannst; *subj.* gewönne (gewänne); *imp.* gewinn(e); *p. pt.* gewonnen.
gießen *prs.* gieße, gießt, gießt; *impf.* goß, gossest; *subj.* gösse; *imp.* gieß(e); *p. pt.* gegossen.
gleichen *prs.* gleiche, gleichst, gleicht; *impf.* glich, glichst; *subj.* gliche; *imp.* gleich(e); *p. pt.* geglichen.
gleiten *prs.* gleite, gleitest, gleitet; *impf.* glitt, glittst; *subj.* glitte, glittst; *imp.* gleit(e); *p. pt.* geglitten.
graben *prs.* grabe, gräbst, gräbt; *impf.* grub, grubst; *subj.* grübe; *imp.* grab(e); *p. pt.* gegraben.
greifen *prs.* greife, greifst, greift; *imp.* griff, griffst; *subj.* griffe; *imp.* greif(e); *p. pt.* gegriffen.
haben *prs.* habe, hast, hat; *impf.* hatte; *subj.* hätte; *imp.* habe; *p. pt.* gehabt.
halten *prs.* halte, hältst, hält; *impf.* hielt, hieltst; *subj.* hielte; *imp.* halt(e); *p. pt.* gehalten.
hängen *v/i.*: *prs.* hänge, hängst, hängt; *impf.* hing, hingst; *subj.* hinge; *imp.* häng(e); *p. pt.* gehangen.
heben *prs.* hebe, hebst, hebt; *impf.* hob, hobst; *subj.* höbe; *imp.* hebe; *p. pt.* gehoben.
heißen *prs.* heiße, heißt, heißt; *impf.* hieß, hießest; *subj.* hieße; *imp.* heiß(e); *p. pt.* geheißen.
helfen *prs.* helfe, hilfst, hilft; *impf.* half, halfst; *subj.* hülfe; *imp.* hilf; *p. pt.* geholfen.
kennen *prs.* kenne, kennst, kennt; *impf.* kannte; *subj.* kennte; *imp.* kenne; *p. pt.* gekannt.
klingen *prs.* klinge, klingst, klingt; *impf.* klang, klangst; *subj.* klänge; *imp.* kling(e); *p. pt.* geklungen.
kneifen *prs.* kneife, kneifst, kneift; *impf.* kniff, kniffst; *subj.* kniffe; *imp.* kneif(e); *p. pt.* gekniffen.
kommen *prs.* komme, kommst, kommt; *impf.* kam; *subj.* käme; *imp.* komm(e); *p. pt.* gekommen.
können *prs.* kann, kannst, kann; können; *impf.* konnte; *subj.* könnte; *imp.* —; *p. pt.* gekonnt.
kriechen *prs.* krieche, kriechst, kriecht; *impf.* kroch; *subj.* kröche; *imp.* kriech(e); *p. pt.* gekrochen.
laden *prs.* lade, lädst, lädt; *impf.* lud, ludst; *subj.* lüde; *imp.* lad(e); *p. pt.* geladen.
lassen *prs.* lasse, läßt, läßt; *impf.* ließ, ließest; *subj.* ließe; *imp.* laß; *p. pt.* gelassen.
laufen *prs.* laufe, läufst, läuft; *impf.* lief, liefst; *subj.* liefe; *imp.* lauf(e); *p. pt.* gelaufen.
leiden *prs.* leide, leidest, leidet; *imp.* litt, littst; *subj.* litte; *imp.* leid(e); *p. pt.* gelitten.

leihen *prs.* leihe, leihst, leiht; *impf.* lieh, liehst; *subj.* liehe; *imp.* leih(e); *p. pt.* geliehen.

lesen *prs.* lese, liest, liest; *impf.* las, lasest; *subj.* läse; *imp.* lies; *p. pt.* gelesen.

liegen *prs.* liege, liegst, liegt; *impf.* lag; *subj.* läge; *imp.* lieg(e); *p. pt.* gelegen.

lügen *prs.* lüge, lügst, lügt; *impf.* log, logst; *subj.* löge; *imp.* lüg(e); *p. pt.* gelogen.

meiden *prs.* meide, meidest, meidet; *impf.* mied, mied(e)st; *subj.* miede; *imp.* meid(e); *p. pt.* gemieden.

messen *prs.* messe, mißt, mißt; *impf.* maß, maßest; *subj.* mäße; *imp.* miß; *p. pt.* gemessen.

mißlingen *s.* gelingen.

mögen *prs.* mag, magst, mag; mögen; *impf.* mochte; *subj.* möchte; *imp.* —; *p. pt.* gemocht.

müssen *prs.* muß, mußt, muß; müssen, müßt, müssen; *impf.* mußte; *subj.* müßte; *imp.* müsse; *p. pt.* gemußt.

nehmen *prs.* nehme, nimmst, nimmt; *impf.* nahm, nahmst; *subj.* nähme; *imp.* nimm; *p. pt.* genommen.

nennen *prs.* nenne, nennst, nennt; *impf.* nannte; *subj.* nennte; *imp.* nenne; *p. pt.* genannt.

pfeifen *prs.* pfeife, pfeifst, pfeift; *impf.* pfiff, pfiffst; *subj.* pfiffe; *imp.* pfeif(e); *p. pt.* gepfiffen.

preisen *prs.* preise, preist, preist; *impf.* pries, priesest; *subj.* priese; *imp.* preise; *p. pt.* gepriesen.

quellen (*v/i.*) *prs.* quelle, quillst, quillt; *impf.* quoll; *subj.* quölle; *imp.* quill; *p. pt.* gequollen.

raten *prs.* rate, rätst, rät; *impf.* riet, riet(e)st; *subj.* riete; *imp.* rat(e); *p. pt.* geraten.

reiben *prs.* reibe, reibst, reibt; *impf.* rieb, riebst; *subj.* riebe; *imp.* reib(e); *p. pt.* gerieben.

reißen *prs.* reiße, reißt, reißt; *impf.* riß, rissest; *subj.* risse; *imp.* reiß(e); *p. pt.* gerissen.

reiten *prs.* reite, reit(e)st, reitet; *impf.* ritt, rittst; *subj.* ritte; *imp.* reit(e); *p. pt.* geritten.

rennen *prs.* rennen, rennst, rennt; *impf.* rannte; *subj.* rennte; *imp.* renne; *p. pt.* gerannt.

riechen *prs.* rieche, riechst, riecht; *impf.* roch; *subj.* röche; *imp.* riech(e); *p. pt.* gerochen.

ringen *prs.* ringe, ringst, ringt; *impf.* rang; *subj.* ränge; *imp.* ring(e); *p. pt.* gerungen.

rinnen *prs.* rinne, rinnst, rinnt; *impf.* rann, rannst; *subj.* ränne; *imp.* rinn(e); *p. pt.* geronnen.

rufen *prs.* rufe, rufst, ruft; *impf.* rief, riefst; *subj.* riefe; *imp.* ruf(e); *p. pt.* gerufen.

saugen *prs.* sauge, saugst, saugt; *impf.* sog (saugte); *subj.* söge; *imp.* saug(e); *p. pt.* gesogen (gesaugt).

schaffen (er~) *prs.* schaffe, schaffst, schafft; *impf.* schuf, schufst; *subj.* schüfe; *imp.* schaff(e); *p. pt.* geschaffen.

scheiden *prs.* scheide, scheidest, scheidet; *impf.* schied, schied(e)st; *subj.* schiede; *imp.* scheid(e); *p. pt.* geschieden.

scheinen *prs.* scheine, scheinst, scheint; *impf.* schien, schienst; *subj.* schiene; *imp.* schein(e); *p. pt.* geschienen.

schelten *prs.* schelte, schiltst, schilt; *impf.* schalt, schaltst; *subj.* schölte; *imp.* schilt; *p. pt.* gescholten.

scheren *prs.* schere, scherst, schert; *impf.* schor, schorst; *subj.* schöre; *imp.* scher(e); *p. pt.* geschoren.

schieben *prs.* schiebe, schiebst, schiebt; *impf.* schob, schobst; *subj.* schöbe; *imp.* schieb(e); *p. pt.* geschoben.

schießen *prs.* schieße, schießt, schießt; *impf.* schoß, schossest; *subj.* schösse; *imp.* schieß(e); *p. pt.* geschossen.

schlafen *prs.* schlafe, schläfst, schläft; *impf.* schlief, schliefst; *subj.* schliefe; *imp.* schlaf(e); *p. pt.* geschlafen.

schlagen *prs.* schlage, schlägst, schlägt; *impf.* schlug, schlugst; *subj.* schlüge; *imp.* schlag(e); *p. pt.* geschlagen.

schleichen *prs.* schleiche, schleichst, schleicht; *impf.* schlich, schlichst; *subj.* schliche; *imp.* schleich(e); *p. pt.* geschlichen.

schleifen *prs.* schleife, schleifst, schleift; *impf.* schliff, schliffst; *subj.* schliffe; *imp.* schleif(e); *p. pt.* geschliffen.

schließen *prs.* schließe, schließt, schließt; *impf.* schloß, schlossest; *subj.* schlösse; *imp.* schließ(e); *p. pt.* geschlossen.
schlingen *prs.* schlinge, schlingst, schlingt; *impf.* schlang, schlangst; *subj.* schlänge; *imp.* schling(e); *p. pt.* geschlungen.
schmeißen *prs.* schmeiße, schmeißt, schmeißt; *impf.* schmiß, schmissest; *subj.* schmisse; *imp.* schmeiß(e); *p. pt.* geschmissen.
schmelzen *prs.* schmelze, schmilzt, schmilzt; *impf.* schmolz, schmolzest; *subj.* schmölze; *imp.* schmilz; *p. pt.* geschmolzen.
schneiden *prs.* schneide, schneidest, schneidet; *impf.* schnitt, schnittst; *subj.* schnitte; *imp.* schneid(e); *p. pt.* geschnitten.
schrecken (*v/i.* = er~) *prs.* schrecke, schrickst, schrickt; *impf.* schrak, schrakst; *subj.* schräke; *imp.* schrick; *p. pt.* erschrocken.
schreiben *prs.* schreibe, schreibst, schreibt; *impf.* schrieb, schriebst; *subj.* schriebe; *imp.* schreib(e); *p. pt.* geschrieben.
schreien *prs.* schreie, schreist, schreit; *impf.* schrie; *subj.* schriee; *imp.* schrei(e); *p. pt.* geschrie(e)n.
schreiten *prs.* schreite, schreitest, schreitet; *impf.* schritt, schrittst; *subj.* schritte; *imp.* schreit(e); *p. pt.* geschritten.
schweigen *prs.* schweige, schweigst, schweigt; *impf.* schwieg, schwiegst; *subj.* schwiege; *imp.* schweig(e); *p. pt.* geschwiegen.
schwellen *prs.* schwelle, schwillst, schwillt; *impf.* schwoll, schwollst; *subj.* schwölle, schwöllst; *imp.* schwill; *p. pt.* geschwollen.
schwimmen *prs.* schimme, schwimmst, schwimmt; *impf.* schwamm, schwammst; *subj.* schwömme (schwämme); *imp.* schwimm(e); *p. pt.* geschwommen.
schwinden *prs.* schwinde, schwindest, schwindet; *impf.* schwand, schwand(e)st; *subj.* schwände; *imp.* schwind(e); *p. pt.* geschwunden.
schwören *prs.* schwöre, schwörst, schwört; *impf.* schwur, schwurst; *subj.* schwüre; *imp.* schwör(e); *p. pt.* geschworen.
sehen *prs.* sehe, siehst, sieht; *impf.* sah; *subj.* sähe; *imp.* sieh(e); *p. pt.* gesehen.
sein *prs.* bin, bist, ist; sind, seid, sind; *subj. prs.* sei, sei(e)st, sei; seien, seiet, seien; *impf.* war, warst, war; waren; *subj. pret.* wäre; *imp.* sei, seid; *p. pt.* gewesen.
senden *prs.* sende, sendest, sendet; *impf.* sandte, sendete*); *subj.* sendete; *imp.* send(e); *p. pt.* gesandt, gesendet*).
singen *prs.* singe, singst, singt; *impf.* sang, sangst; *subj.* sänge; *imp.* sing(e); *p. pt.* gesungen.
sinken *prs.* sinke, sinkst, sinkt; *impf.* sank, sankst; *subj.* sänke; *imp.* sink(e); *p. pt.* gesunken.
sinnen *prs.* sinne, sinnst, sinnt; *impf.* sann, sannst; *subj.* sänne (sönne); *imp.* sinn(e); *p. pt.* gesonnen.
sitzen *prs.* sitze, sitzt, sitzt; *impf.* saß, saßest; *subj.* säße; *imp.* sitze (sitz); *p. pt.* gesessen.
sollen *prs.* soll, sollst, soll; *impf.* sollte; *subj.* sollte; *imp.* —; *p. pt.* gesollt.
spinnen *prs.* spinne, spinnst, spinnt; *impf.* spann, spannst; *subj.* spönne; *imp.* spinn(e); *p. pt.* gesponnen.
sprechen *prs.* spreche, sprichst, spricht; *impf.* sprach, sprachst; *subj.* spräche; *imp.* sprich; *p. pt.* gesprochen.
springen *prs.* springe, springst, springt; *impf.* sprang, sprangst; *subj.* spränge; *imp.* spring(e); *p. pt.* gesprungen.
stechen *prs.* steche, stichst, sticht; *impf.* stach, stachst; *subj.* stäche; *imp.* stich; *p. pt.* gestochen.
steh(e)n *prs.* stehe, stehst, steht; *impf.* stand, stand(e)st; *subj.* stände; *imp.* steh(e); *p. pt.* gestanden.
stehlen *prs.* stehle, stiehlst, stiehlt; *impf.* stahl; *imp.* stiehl; *p. pt.* gestohlen.
steigen *prs.* steige, steigst, steigt; *impf.* stieg, stiegst; *subj.* stiege; *imp.* steig(e); *p. pt.* gestiegen.
sterben *prs.* sterbe, stirbst, stirbt;

*) emissão radiofónica.

impf. starb; *subj.* stürbe; *imp.* stirb; *p. pt.* gestorben.
stinken *prs.* stinke, stinkst, stinkt; *impf.* stank, stankst; *subj.* stänke; *imp.* stink(e); *p. pt.* gestunken.
stoßen *prs.* stoße, stößt, stößt; *impf.* stieß, stießest; *subj.* stieße; *imp.* stoß(e); *p. pt.* gestoßen.
streichen *prs.* streiche, streichst, streicht; *impf.* strich, strichst; *subj.* striche; *imp.* streich(e); *p. pt.* gestrichen.
streiten *prs.* streite, streitest, streitet; *impf.* stritt, stritt(e)st; *subj.* stritte; *imp.* streit(e); *p. pt.* gestritten.
tragen *prs.* trage, trägst, trägt; *impf.* trug; *subj.* trüge; *imp.* trag(e); *p. pt.* getragen.
treffen *prs.* treffe, triffst, trifft; *impf.* traf, trafst; *subj.* träfe; *imp.* triff; *p. pt.* getroffen.
treiben *prs.* treibe, treibst, treibt; *impf.* trieb; *subj.* triebe; *imp.* treib(e); *p. pt.* getrieben.
treten *prs.* trete, trittst, tritt; *impf.* trat, trat(e)st; *subj.* träte; *imp.* tritt; *p. pt.* getreten.
trinken *prs.* trinke, trinkst, trinkt; *imp.* trank, trankst; *subj.* tränke; *imp.* trink(e); *p. pt.* getrunken.
trügen *prs.* trüge, trügst, trügt; *impf.* trog, trogst; *subj.* tröge; *imp.* trüg(e); *p. pt.* getrogen.
tun *prs.* tue, tust, tut; tun; *impf.* tat, tat(e)st; *subj.* täte; *imp.* tu(e); *p. pt.* getan.
verderben *prs.* verderbe, verdirbst, verdirbt; *impf.* verdarb; *subj.* verdürbe; *imp.* verdirb; *p. pt.* verdorben.
verdrießen *prs.* verdrieße, verdrießt, verdrießt; *impf.* verdroß, verdrossest; *subj.* verdrösse; *imp.* verdrieß(e); *p. pt.* verdrossen.
vergessen *prs.* vergesse, vergißt, vergißt; *impf.* vergaß, vergaßest; *subj.* vergäße; *imp.* vergiß; *p. pt.* vergessen.
verlieren *prs.* verliere, verlierst, verliert; *impf.* verlor; *subj.* verlöre; *imp.* verlier(e); *p. pt.* verloren.
wachsen *prs.* wachse, wächst, wächst; *impf.* wuchs, wuchsest; *subj.* wüchse; *imp.* wachse; *p. pt.* gewachsen.
wägen (er~) *prs.* wäge, wägst, wägt; *impf.* wog; *subj.* wöge; *imp.* wäg(e); *p. pt.* gewogen.
waschen *prs.* wasche, wäschst, wäscht; *impf.* wusch, wuschest; *subj.* wüsche; *imp.* wasch(e); *p. pt.* gewaschen.
weichen *prs.* weiche, weichst, weicht; *impf.* wich, wichst; *subj.* wiche; *imp.* weich(e); *p. pt.* gewichen.
weisen *prs.* weise, weist, weist; *impf.* wies, wiesest; *subj.* wiese; *imp.* weis (weise); *p. pt.* gewiesen.
wenden *prs.* wende, wendest, wendet; *impf.* wandte (wendete); *subj.* wendete; *imp.* wende; *p. pt.* gewandt (gewendet).
werben *prs.* werbe, wirbst, wirbt; *impf.* warb; *subj.* würbe; *imp.* wirb; *p. pt.* geworben.
werden *prs.* werde, wirst, wird; *impf.* wurde; *subj.* würde; *imp.* werde; *p. pt.* geworden (worden*).
werfen *prs.* werfe, wirfst, wirft; *impf.* warf, warfst; *subj.* würfe; *imp.* wirf; *p. pt.* geworfen.
wiegen *prs.* wiege, wiegst, wiegt; *impf.* wog; *subj.* wöge; *imp.* wieg(e); *p. pt.* gewogen.
winden *prs.* winde, windest, windet; *impf.* wand, wandest; *subj.* wände; *imp.* winde; *p. pt.* gewunden.
wissen *prs.* weiß, weißt, weiß; wissen, wißt, wissen; *impf.* wußte; *subj.* wüßte; *imp.* wisse; *p. pt.* gewußt.
wollen *prs.* will, willst, will; wollen; *impf.* wollte; *subj.* wollte; *imp.* wolle; *p. pt.* gewollt.
zeihen (ver~) *prs.* zeihe, zeihst, zeiht; *impf.* zieh, ziehst; *subj.* ziehe; *imp.* zeih(e); *p. pt.* geziehen.
ziehen *prs.* ziehe, ziehst, zieht; *impf.* zog, zogst; *subj.* zöge; *imp.* zieh(e); *p. pt.* gezogen.
zwingen *prs.* zwinge, zwingst, zwingt; *impf.* zwang, zwangst; *subj.* zwänge; *imp.* zwing(e); *p. pt.* gezwungen.

*) quando acompanhado pelo *p. pt.* de outros verbos.

Zahlwörter — Numerais

Die portugiesischen Grundzahlen um und dois und die Hunderte von duzentos an sowie die Ordnungszahlen haben eine besondere Form für das weibliche Geschlecht; sie lautet für die ersten beiden Zahlen uma und duas, bei den übrigen wird sie wie bei den Adjektiven durch Verwandlung der Endung -o(s) in -a(s) gebildet.

Wir geben daher im folgenden nur die männliche Form ohne Artikel.

Die portugiesischen Ordnungszahlen 13te bis 19te werden mit Hilfe von décimo und der Ordnungszahl des betreffenden Einers gebildet. Die Zehner der Ordnungszahlen haben von 20ste ab die Endung -ésimo.

Grundzahlen — Numerais cardinais

0 *null* zero
1 *eins* um, uma
2 *zwei* dois, duas
3 *drei* três
4 *vier* quatro
5 *fünf* cinco
6 *sechs* seis
7 *sieben* sete
8 *acht* oito
9 *neun* nove
10 *zehn* dez
11 *elf* onze
12 *zwölf* doze
13 *dreizehn* treze
14 *vierzehn* catorze, *quatorze
15 *fünfzehn* quinze
16 *sechzehn* dezasseis
17 *siebzehn* dezassete
18 *achtzehn* dezoito
19 *neunzehn* dezanove
20 *zwanzig* vinte
21 *einundzwanzig* vinte-e-um
22 *zweiundzwanzig* vinte-e-dois
30 *dreißig* trinta
31 *einunddreißig* trinta-e-um
40 *vierzig* quarenta
50 *fünfzig* cinquenta
60 *sechzig* sessenta
70 *siebzig* setenta
80 *achtzig* oitenta
90 *neunzig* noventa
100 *hundert* cem (*ohne angeschlossene Zahl*), cento (*vor und nach angeschlossenen Zahlen*)
101 *einhunderteins* cento-e-um
200 *zweihundert* duzentos
300 *dreihundert* trezentos
400 *vierhundert* quatrocentos
500 *fünfhundert* quinhentos
600 *sechshundert* seiscentos
700 *siebenhundert* setecentos
800 *achthundert* oitocentos
900 *neunhundert* novecentos
1000 *tausend* mil
1875 *eintausendachthundertfünfundsiebzig, referente ao ano: achtzehnhundertfünfundsiebzig* mil oito centos e setenta-e-cinco
2000 *zweitausend* dois mil
3000 *dreitausend* três mil
100000 *hunderttausend* cem mil
500000 *fünfhunderttausend* quinhentos mil
1000000 *eine Million* um milhão (de)
2000000 *zwei Millionen* dois milhões (de)
1000000000 *eine Milliarde* um bilhão (de)
2000000000 *zwei Milliarden* dois bilhões (de)
1000000000000 *eine Billion* mil bilhões (de)

Ordnungszahlen — Numerais ordinais

1. *erste* primeiro
2. *zweite* segundo
3. *dritte* terceiro
4. *vierte* quarto
5. *fünfte* quinto
6. *sechste* sexto
7. *siebente* sétimo
8. *achte* oitavo

9. *neunte* nono
10. *zehnte* décimo
11. *elfte* undécimo, décimo primeiro
12. *zwölfte* duodécimo, décimo segundo
13. *dreizehnte* décimo terceiro
14. *vierzehnte* décimo quarto
15. *fünfzehnte* décimo quinto
16. *sechzehnte* décimo sexto
17. *siebzehnte* décimo sétimo
18. *achtzehnte* décimo oitavo
19. *neunzehnte* décimo nono
20. *zwanzigste* vigésimo
21. *einundzwanzigste* vigésimo primeiro
22. *zweiundzwanzigste* vigésimo segundo
30. *dreißigste* trigésimo
31. *einunddreißigste* trigésimo primeiro
40. *vierzigste* quadragésimo
50. *fünfzigste* quinquagésimo
60. *sechzigste* sexuagésimo
70. *siebzigste* septuagésimo
80. *achtzigste* o(c)tagésimo
90. *neunzigste* nonagésimo
100. *hundertste* centésimo
101. *hunderterste* centésimo primeiro
200. *zweihundertste* ducentésimo
300. *dreihundertste* trecentésimo
400. *vierhundertste* quadringentésimo
500. *fünfhundertste* quingentésimo
600. *sechshundertste* sexcentésimo
700. *siebenhundertste* septingentésimo [simo
800. *achthundertste* o(c)tingenté-
900. *neunhundertste* non(in)gentésimo
1000. *tausendste* milésimo
1875. *eintausendachthundertfünfundsiebzigste* milésimo o(c)tingentésimo septuagésimo quinto
3000. *dreitausendste* trimilésimo
10000. *zehntausendste* décimo milésimo
100000. *hunderttausendste* centésimo milésimo
500000. *fünfhunderttausendste* quingentésimo milésimo
1000000. *einmillionte* milionésimo
2000000. *zweimillionte* segundo milionésimo

Bruchzahlen — Números fraccionários

$^1/_2$ *ein halb* meio, meia; $1^1/_2$ *eineinhalb, anderthalb* um(a) e meio (-a); $^1/_2$ *Kilo* meio quilo; $1^1/_2$ *Meilen* légua e meia; $2^1/_2$ *Meilen* duas léguas e meia.

$^1/_3$ *ein drittel* um terço (*ê); $^2/_3$ dois terços (*ê).

$^1/_4$ *ein viertel* um quarto; $^3/_4$ três quartos, três quartas partes.

$^1/_4$ *Stunde* um quarto de hora; $1^1/_4$ *Stunde* uma hora e um quarto.

$^1/_5$ *ein fünftel* um quinto, uma quinta parte; $3^4/_5$ três e quatro quintos.

$^1/_{11}$ *ein elftel* um onze avos, um undécimo; $^5/_{12}$ cinco doze avos, cinco duodécimos; $^7/_{13}$ sete treze avos, etc.

Vervielfältigungszahlen — Multiplicadores

Einfach simples, *zweifach* duplo, dois tantos, *dreifach* triplo, três tantos, *vierfach* quádruplo, quatro tantos, *fünffach* quíntuplo, cinco tantos, etc.

Einmal uma vez; *zwei-, drei-, viermal* usw. duas, três, quatro vezes, etc.; *zweimal so viel* duas vezes tanto; *noch einmal* outra vez.

Erstens, zweitens, drittens usw. primeiro, segundo, terceiro (1.º, 2.º, 3.º), etc.; em primeiro (segundo, terceiro) lugar; primeiramente.

7 + 8 = 15 sieben und acht sind fünfzehn sete e oito fazem (*od.* são) quinze.

10—3 = 7 zehn weniger drei sind sieben dez menos três fazem (*od.* são) sete.

2 × 3 = 6 zwei mal drei ist sechs duas vezes três são seis.

20 : 4 = 5 zwanzig (geteilt) durch vier ist fünf vinte divididos por quatro são cinco.

Deutsche Maße und Gewichte

Medidas e Pesos alemães

a) Medidas de comprimento

1 mm *Millimeter* milímetro
1 cm *Zentimeter* centímetro
1 dm *Dezimeter* decímetro
1 m *Meter* metro
1 km *Kilometer* quilómetro
1 sm *Seemeile* légua marítima = 1852 metros

b) Medidas de capacidade

1 dl *Deziliter* decilitro
1 l *Liter* litro
1 hl *Hektoliter* hectolitro

c) Medidas de superfície

1 qmm *Quadratmillimeter* milímetro quadrado
1 qcm *Quadratzentimeter* centímetro quadrado
1 qdm *Quadratdezimeter* decímetro quadrado
1 qm *Quadratmeter* metro quadrado
1 a *Ar* are
1 ha *Hektar* hectare
1 qkm *Quadratkilometer* quilómetro quadrado
1 Morgen *jeira*

d) Medidas cúbicas

1 cmm *Kubikmillimeter* milímetro cúbico
1 ccm *Kubikzentimeter* centímetro cúbico
1 cdm *Kubikdezimeter* decímetro cúbico
1 cbm *Kubikmeter* metro cúbico
1 rm *Raummeter* metro cúbico
1 fm *Festmeter* estere
1 BRT *Bruttoregistertonne* tonelada bruta

e) Pesos

1 mg *Milligramm* miligrama
1 g *Gramm* grama
1 Pfd. *Pfund ehm.* arrátel, *jetzt* meio quilo
1 kg *Kilogramm, Kilo* quilograma, quilo
1 Ztr. *Zentner* 50 quilogramas, 50 quilos
1 dz *Doppelzentner* quintal métrico = 100 quilogramas, 100 quilos
1 t *Tonne* tonelada (métrica)

f) Quantidades

1 Dtz. *Dutzend* dúzia
1 Mandel quinze
1 Schock sessenta